Loewenheim/Meessen/Riesenkampff
Kersting/Meyer-Lindemann
Kartellrecht

Kartellrecht

Kommentar

Herausgegeben von

Prof. Dr. Ulrich Loewenheim
Frankfurt am Main

Prof. Dr. Karl M. Meessen (†)
Rechtsanwalt in Düsseldorf

Prof. Dr. Alexander Riesenkampff
Rechtsanwalt in Frankfurt am Main

sowie ab dieser Auflage von

Prof. Dr. Christian Kersting
Heinrich-Heine-Universität Düsseldorf

Prof. Dr. Hans Jürgen Meyer-Lindemann
Rechtsanwalt in Düsseldorf/Brüssel

Bearbeitet von:

MMag. Dr. Ablasser-Neuhuber, Wien, RA *Dr. Jochen Anweiler,* Brüssel, MinR a.D. *Michael Baron,* Berlin, RA *Dr. Stephan Barthelmeß,* Brüssel, RA *Dr. Michael Bauer,* Brüssel, RA *Dr. Helmut Bergmann,* Berlin, RAin *Birgit Buth,* Bonn, Vors. RiOLG *Heinz-Peter Dicks,* Düsseldorf, RAin *Dr. Lilly Fiedler,* Berlin, RA *Dr. Thomas Funke,* LL.M., Köln, RA *Dr. Carsten Grave,* Düsseldorf, *Prof. Dr. Justus Haucap,* Düsseldorf, RA *Dr. Wolfgang Heckenberger,* München, RA *Dr. Christoph Herrmann,* LL.M., Bremen, *Dr. Andrea Herzog,* München, RA *Michael Hörst,* Berlin, RAin *Dr. Anna Blume Huttenlauch,* Berlin, Vors. RiOLG a.D. *Wolfgang Jaeger,* Düsseldorf, RA *Dr. Harald Kahlenberg,* Stuttgart, *Dr. Gunnar Kallfaß,* Bonn, *Prof. Dr. Christian Kersting,* LL.M. (Yale), Düsseldorf, *Prof. Dr. Matthias Knauff,* LL.M., Jena, Vors. RiOLG *Prof. Dr. Jürgen Kühnen,* Tönisvorst, *Prof. Dr. Ulrich Loewenheim,* Frankfurt am Main, RA *Prof. Dr. Thomas Lübbig,* Berlin, *Dr. Jörn Lüdemann,* Bonn, *Prof. Dr. Volker Lüdemann,* Osnabrück, RA *Prof. Dr. Karl M. Meessen* (†), Düsseldorf, RA *Prof. Dr. Hans Jürgen Meyer-Lindemann,* m.c.J. (NYU), Düsseldorf/Brüssel, RA *Kai Neuhaus,* LL.M., Brüssel, RA *Prof. Dr. Jan Bernd Nordemann,* LL.M., Berlin, *Dr. Carsten Nowak,* Frankfurt (Oder), *Jenny Nyberg,* LL.M., Düsseldorf, Vizepräs. d. BKartA *Prof. Dr. Konrad Ost,* LL.M., Bonn, *Jens Holger Quellmalz,* LL.M., Bonn, *Prof. Dr. Eckard Rehbinder,* Frankfurt am Main, RA *Prof. Dr. Alexander Riesenkampff,* Frankfurt am Main, RA *Lars-Peter Rudolf,* Brüssel, *Prof. Dr. Rolf Sack,* Mannheim, RA *Dr. Markus Schöner,* M.Jur., Hamburg, RA *Dr. Joachim Schütze,* Düsseldorf, RA *Dr. Marc Schweda,* Hamburg, *Dr. Roland Schwensfeier,* LL.M., Bonn, *Prof. Dr. Stephan Simon,* LL.M., Brüssel, RA *Dr. Sebastian Steinbarth,* LL.M., Brüssel, Vizepräs. BKartA a.D. *Dr. Kurt Stockmann,* Bonn, *Detlef-Holger Sturhahn,* Bonn, *Prof. Louis Vogel,* Paris, RA *Dr. Lorenz Wachinger,* Bremen, RA *Dieter Wallenfels,* Wiesbaden, *Prof. Dr. Wolfgang Weiß,* Speyer, RA *Prof. Dr. Andreas Weitbrecht,* Bonn, RA *Dr. Kathrin Westermann,* Berlin, RA *Clemens Graf York von Wartenburg,* Brüssel/Düsseldorf, *Dr. Andreas Zuber,* Berlin

3. Auflage 2016

C.H.BECK

www.beck.de

ISBN 978 3 406 67483 9

Wilhelmstraße 9, 80801 München

Satz, Druck, Bindung und Umschlaggrafik: Druckerei C. H. Beck Nördlingen
Adresse wie Verlag

Gedruckt auf säurefreiem, alterungsbeständigem Papier
(hergestellt aus chlorfrei gebleichtem Zellstoff)

Vorwort zur 3. Auflage

Seit der 2. Aufl. des Kommentars sind sieben Jahre vergangen, ein Zeitraum, in dem sich im europäischen und deutschen Kartellrecht vieles geändert hat. Neben neu gefassten europäischen Verordnungen und Richtlinien und der Rechtsprechung der europäischen Gerichte war es im deutschen Recht vor allem die achte GWB-Novelle, die einschneidende Veränderungen mit sich gebracht hat. Mitten in die Vorbereitungen dieser Neuauflage fiel der unerwartete Tod von Karl M. Meessen, der zu den Begründern dieses Kommentars gehört und dessen umfangreiches Wissen und stetiges Engagement den Kommentar entscheidend geprägt haben. An dieser Stelle gelten ihm Dank und Andenken der Mitherausgeber und des Verlages. Schon vor seinem Ableben konnte der Herausgeberkreis erweitert werden, der Kommentar wird jetzt von Christian Kersting und Hans Jürgen Meyer-Lindemann mit herausgegeben. Auch im Autorenkreis haben sich eine ganze Reihe von Veränderungen ergeben.

An der Zielsetzung des Kommentars hat sich nichts geändert. Es soll auf wissenschaftlicher Basis eine Synthese von Theorie und Praxis gefunden werden, die den Umgang mit diesem schwierigen Rechtsgebiet erleichtert. Im Gegensatz zur Vorauflage enthält die 3. Aufl. nicht mehr eine Kommentierung des Vergaberechts. Das Vergaberecht hat sich zu einem eigenständigen Rechtsgebiet entwickelt, dessen Einbeziehung den Rahmen der einbändigen Kommentare der Beck'schen Grauen Reihe gesprengt hätte und dem eine eigene Kommentierung am besten gerecht wird.

Ulrich Loewenheim
Christian Kersting

Alexander Riesenkampff
Hans Jürgen Meyer-Lindemann

Inhaltsübersicht

Inhaltsverzeichnis

Inhaltsverzeichnis

4. Teil. Verkehr

5. Teil. Landwirtschaft

6. Teil. AEU-Vertrag

7. Teil. Gruppenfreistellungsverordnungen

8. Teil. Kartellverfahrensverordnung

Deutsches Recht

10. Teil. Gesetz gegen Wettbewerbsbeschränkungen (GWB)

Erster Teil. Wettbewerbsbeschränkungen

Erster Abschnitt. Wettbewerbsbeschränkende Vereinbarungen, Beschlüsse und abgestimmte Verhaltensweisen

Zweiter Abschnitt. Marktbeherrschung, sonstiges wettbewerbsbeschränkendes Verhalten

Dritter Abschnitt. Anwendung des europäischen Wettbewerbsrechts

Vierter Abschnitt. Wettbewerbsregeln

Fünfter Abschnitt. Sonderregeln für bestimmte Wirtschaftsbereiche

Sechster Abschnitt. Befugnisse der Kartellbehörden, Sanktionen

Zweiter Abschnitt. Bußgeldverfahren

Bearbeiterverzeichnis

Dr. Astrid Ablasser-Neuhuber	FKVO Art. 5, 7, 10, 18, 23–26
Dr. Jochen Anweiler	VerfVO Art. 7–10
Michael Baron	GVO Vertikalvereinbarungen
Dr. Stephan Barthelmeß	VerfVO Art. 17–19, 22 und 28 (mit Rudolf)
Dr. Michael Bauer	FKVO Art. 6, 8
Dr. Helmut Bergmann	Art. 102 AEUV Rn. 35–177 (mit Fiedler)
Birgit Buth	Landwirtschaft; § 28 GWB
Heinz-Peter Dicks	§§ 87–95 GWB (ohne § 90a)
Dr. Lilly Fiedler	Art. 102 Rn. 35–177 AEUV (mit Bergmann)
Dr. Thomas Funke	IntKartR (mit Meessen)
Dr. Carsten Grave	Art. 101 Abs. 1 AEUV (mit Nyberg)
Prof. Dr. Justus Haucap	§§ 44–47 GWB
Dr. Wolfgang Heckenberger	GVO Spezialisierungsvereinbarungen (mit Herzog)
Dr. Christoph Herrmann	Verkehr, Landverkehr, Binnenschifffahrt (mit Wachinger)
Dr. Andrea Herzog	GVO Spezialisierungsvereinbarungen (mit Heckenberger)
Michael Hörst	GVO Versicherungswirtschaft
Dr. Anna Blume Huttenlauch	Art. 102 Rn. 1–34, 178–314 AEUV (mit Lübbig)
Wolfang Jaeger	Art. 101 Abs. 2 AEUV
Dr. Harald Kahlenberg	§ 36 GWB Abs. 1
Dr. Gunnar Kallfaß	VerfVO Art. 11–13
Prof. Dr. Christian Kersting	Einführung (mit Meessen); GU; FKVO Art. 2 Rn. 186–203, 3 Rn. 40–79; Anh. § 1 GWB, § 37 GWB (Rn. 46–60)
Prof. Dr. Matthias Knauff	Art. 106 AEUV; § 130 Abs. 1 GWB (mit Schwensfeier)
Prof. Dr. Jürgen Kühnen	§§ 18, 63–80 GWB
Prof. Dr. Ulrich Loewenheim	§§ 19–22 GWB
Prof. Dr. Thomas Lübbig	Art. 102 AEUV Rn. 1–34, 178–314 (mit Huttenlauch)
Dr. Jörn Lüdemann	§§ Vor 47a–47l (mit V. Lüdemann)
Prof. Dr. Volker Lüdemann	§§ Vor 47a–47l (mit J. Lüdemann)
Prof. Dr. Karl M. Meessen	Einführung (mit Kersting), IntKartR (mit Funke)
Prof. Dr. Hans Jürgen Meyer-Lindemann	§§ 81–86a GWB
Kai Neuhaus	§§ 35, 36 Abs. 2 u. 3, 38 GWB
Prof. Dr. Jan Bernd Nordemann	GRUR; Art. 101 Abs. 3 AEUV; §§ 1–3, 30 GWB
Prof. Dr. Carsten Nowak	VerfVO Art. 20, 21, 23, 25, 26
Jenny Nyberg	Art. 101 Abs. 1 AEUV (mit Grave)
Prof. Dr. Konrad Ost	VerfVO Einf., Art. 5, 29, 43–45
Jens Holger Quellmalz	§§ 48–62 GWB
Prof. Dr. Eckard Rehbinder	§§ 32–34a GWB
Prof. Dr. Alexander Riesenkampff	FKVO Art. 2 Rn. 1–185, 3 Rn. 1–39, 80–91; § 37 Rn. 1–45, §§ 39–43 GWB (mit Steinbarth)
Lars-Peter Rudolf	VerfVO Art. 17–19, 22 und 28 (mit Barthelmeß)

Bearbeiterverzeichnis

Prof. Dr. Rolf Sack	§§ 24–27 GWB
Dr. Markus Schöner	Verkehr, Seeverkehr
Dr. Joachim Schütze	GVO Forschung und Entwicklung
Dr. Marc Schweda	GVO Technologietransfer
Dr. Roland Schwensfeier	§§ 29, 130 Abs. 1 (mit Knauff) u. Abs. 3, 131 GWB
Prof. Dr. Stephan Simon	FKVO Einf., Art. 1
Dr. Sebastian Steinbarth	FKVO Art. 2 Rn. 1–185, 3 Rn. 1–39 u. 80–91; § 37 Rn. 1–45, §§ 39–43 GWB (mit Riesenkampff)
Dr. Kurt Stockmann	§ 130 Abs. 2 GWB
Detlef-Holger Sturhahn	Art. 103–105 AEUV
Prof. Louis Vogel	GVO Allgemeines, Automobilvertrieb
Dr. Lorenz Wachinger	Verkehr, Landverkehr, Binnenschifffahrt (mit Herrmann)
Dieter Wallenfels	Anh. zu § 30 GWB
Prof. Dr. Wolfgang Weiß	VerfVO Art. 1, 4, 14, 24, 27, 30, 31, 33–35
Prof. Dr. Andreas Weitbrecht	Verkehr, Luftverkehr
Dr. Kathrin Westermann	FKVO Art. 9, 19–22
Clemens Graf York von Wartenburg	FKVO Art. 4, 11–17
Dr. Andreas Zuber	VerfVO Art. 2, 3, 6, 15, 16; §§ 31–31b, 90a GWB

Abkürzungsverzeichnis

a. A.	anderer Ansicht
a. a. O.	am angegebenen Ort
abgedr.	abgedruckt
abl.	ablehnend
ABl.EG	Amtsblatt der Europäischen Gemeinschaften (Buchstabe, Nummer und Seite)
Abs.	Absatz
Abschn.	Abschnitt
abw.	abweichend
ACI	Allied Continental Intermodal Services Ltd.
AcP	Archiv für die civilistische Praxis (Band, Jahr und Seite)
a. E.	am Ende
AEUV	Vertrag über die Arbeitsweise der Euopäischen Union
a. F	alte Fassung
AFDI	Annuaire Français de droit international (Band, Jahr und Seite)
AfP	Archiv für Presserecht (Jahr und Seite)
AG	Die Aktiengesellschaft (Jahr und Seite)
AGB	Allgemeine Geschäftsbedingungen
AJDA	s. Actual.jur.dr.admin.
AJIL	s. Am. J. Int. L.
AJP	Aktuelle juristische Praxis (Jahr und Seite)
AKP	Partnerschaftsabkommen zwischen den Staaten Afrikas, dem Karibischen Raum, dem Pazifischen Ozean und der EG
AktG	Aktiengesetz
All E. R.	The All England Law Reports (z. B.: [1982] 3 … 93)
allg.	allgemein
Alt.	Alternative
Am. Econ. Rev.	The American Economic Review (Band, Jahr und Seite)
Am. J. Comp. L.	The American Journal of Comparative Law (Band, Jahr und Seite)
Am. J. Int. L.	American Journal of International Law (Band, Jahr und Seite)
AMK	Antimonopolkomitee
AMO	Polnisches Kartellamt
amtl.	amtlich
Amtl.Begr.	Amtliche Begründung
Anh.	Anhang
Anl.	Anlage
Anm.	Anmerkung
ANTIB	Franz. Verband der Binnenschiffer (Association Nationale des Travailleurs Indépendants de la Batellerie)
Antitrust Bull.	The Antitrust Bulletin (Band, Jahr und Seite)
Antitrust L. J.	Antitrust Law Journal (Band, Jahr und Seite)
AöR	Archiv des öffentlichen Rechts (Band, Jahr und Seite)
APEC	Asia-Pacific Economic Cooperation Conference
AR	Assoziationsratsbeschluss
ArchivPF	Archiv für das Post- und Fernmeldewesen (Jahr und Seite)
ArchivPT	Archiv für Post und Telekommunikation (Jahr und Seite)
Art., Artt.	Artikel
art.	article(s)
ASEM	The Asia-Europe Meeting
AT	Allgemeiner Teil/Arbeitstag
Aufl.	Auflage
AWD	Außenwirtschaftsdienst des Betriebs-Beraters (Jahr und Seite)
AWG	Außenwirtschaftsgesetz
Az.	Aktenzeichen

Abkürzungsverzeichnis

BA	British Airways (Fluggesellschaft)
BAnz	Bundesanzeiger
BayObLG	Bayerisches Oberstes Landesgericht
BB	Betriebs-Berater (Jahr und Seite)
Bd.	Band
BDI	Bundesverband der Deutschen Industrie
Bearb.	Bearbeiter
Begr.	Begründung
begr.	begründet
Bek.	Bekanntmachung
BekG	Bekanntmachungsgesetz
ber.	berichtigt
bes.	besonders
Beschl.	Beschluss
betr.	betreffend
Betrieb	s. DB
Bez.	Bezeichnung
BFE	Buyer Furnished Equipment
BFH	Bundesfinanzhof
BGB	Bürgerliches Gesetzbuch
BGBl.	Bundesgesetzblatt
BGH	Bundesgerichtshof
BGHSt	Entscheidungen des Bundesgerichtshofes in Strafsachen (Band und Seite)
BGHZ	Entscheidungen des Bundesgerichtshofes in Zivilsachen (Band und Seite)
BGW	Bundesverband der deutschen Gas- und Wasserwirtschaft e. V.
BHO	Bundeshaushaltsordnung
BKartA	Bundeskartellamt
BMI	Bundesminister des Innern
BMJ	Bundesminister der Justiz
BMPT	Bundesminister für Post und Telekommunikation
BMWF	Bundesminister für Wirtschaft und Finanzen
BMWi	Bundesminister für Wirtschaft
BPatG	Bundespatentgericht
BPatGE	Entscheidungen des Bundespatentgerichts
BPG s. BPatG	
BRAGO	Bundesrechtsanwaltsgebührenordnung
BRAO	Bundesrechtsanwaltsordnung
BSchVG	Gesetz über den gewerblichen Binnenschifffahrtsverkehr
BStBl.	Bundessteuerblatt
BT	Bundestag
BT-Drucks.	Bundestagsdrucksache (Wahlperiode und Nummer)
Buchst.	Buchstabe
BV	Budapester Vertrag über die Internationale Anerkennung der Hinterlegung von Mikroorganismen für die Zwecke von Patentverfahren
BVerfG	Bundesverfassungsgericht
BVerfGE	Entscheidungen des Bundesverfassungsgerichts (Band und Seite)
BVerwG	Bundesverwaltungsgericht
BVerwGE	Entscheidungen des Bundesverwaltungsgerichts (Band und Seite)
Bull.Civ.	Bulletin des arrêts de la Cour decassation. Chambres civiles (Jahr, röm. Ziff., Seite und Nr.; z. B.: 1978.IV.69 Nr. 108)
Bull.EC	Bulletin of the European Communities (multilingual)
Bull.EG	Bulletin der Europäischen Gemeinschaften
Bull.EU	Bulletin der Europäischen Union
Bus. L. Brief	Business Law Brief (Monat, Jahr und Seite)
Bus. Lawyer	The Business Lawyer (Band, Jahr und Seite)
C. A.	Court of Appeal (GB); Court of Appeals (USA)
Cah. dr. eur.	Cahiers de droit européen (Band, Jahr und Seite)
Cartou	Cartou, Communautés européennes, 10me éd. 1991
CCH	Commerce Clearing House

Abkürzungsverzeichnis

C. com.	Code de commerce
CDE	s. Cah.dr.eur.
CD-ROM	Compact Disc Read only Memory
CDG	Flughafen Paris „Charles de Gaulle"
CEEP	Europäischer Zentralverband der öffentlichen Wirtschaft
CEIS	Center for International Studies on Economic Growth
CEWAL	Associated Central West African Lines
CFO	Committee Francais d'Organisation du Coup du Monde de Football
chap.	chapter
Chr.; Chron.	Chronique
CIA	Vereinbarung von Eisenbahnunternehmen zur Gründung der „Interessengemeinschaft Automobil" (Communauté d'intérét automobiles)
Clunet	Journal du droit international (Band, Jahr und Seite)
C. M. L. R.	Common Market Law Reports (z. B.: [1974] 2 C. M. L. R. 108)
C. M. L.Rep.	s. C. M. L. R.
C. M. L.Rev.	Common Market Law Review (Jahr und Seite)
CO	Formblatt CO „Concentration"
COCC	Wettbewerbsamt bzw. Wettbewerbsrat (Rumänien)
COM	Bericht der Kommission an den Rat
Comp. Lawyer	The Computer Lawyer
CPO	Slowenisches Amt für Wettbewerbsschutz
C. Prop. int.	Code de la proprieté intellectuelle
CR	Computer und Recht (Jahr und Seite)
CRS	Computergesteuerte Buchungssysteme durch Luftverkehrsunternehmen (Computerized Reservation Systems)
DB	Der Betrieb (Jahr und Seite)/Deutsche Bahn
ders.	derselbe
d. h.	das heißt
dies.	dieselbe(n)
DIN-Normen	Normen des Deutschen Instituts für Normung e. V.
DIHT	Deutscher Industrie- und Handelstag
Diss.	Dissertation
DJ	Deutsche Justiz (Jahr und Seite)
DJZ	Deutsche Juristenzeitung (Jahr und Seite)
DM	Deutsche Mark (Währungseinheit)
Doc., doc.	Document
DöV	Die öffentliche Verwaltung (Jahr und Seite)
Dok.	Dokument
DPatA	Deutsches Patentamt, München
DPCI	Droit et pratique du commerce international/International Trade Law and Practice (Band, Jahr und Seite)
DPMA	Deutsches Patent- und Markenamt
Drucks.	Drucksache
DStR	Deutsches Steuerrecht (Jahr und Seite)
DVBl.	Deutsches Verwaltungsblatt (Jahr und Seite)
DVO	Durchführungsverordnung
DWiR	Deutsche Zeitschrift für Wirtschaftsrecht (Jahr und Seite)
E.	Entscheidung
EA	Europa-Abkommen
EAG	Europäische Atomgemeinschaft (Euratom)
EATE	Enterprise Artisanale de Transport par Eau (franz. Particuliergenossenschaft)
ebd.	ebenda
EBOR	European Business Organization Law Review
EBU	European Broadcasting Union
EC	European Community
ECA	European Competition Authenties
E. C. C.	European Commercial Cases

ECN	Europäisches Netz der Wettbewerbsbehörden (European Competition Network)
ECU	European Currency Unit (Währungseinheit)
ECJ	European Court of Justice
ECLR	s. Eur.Compet. L.Rev.
E. C. R.	European Court Reports
ECSC	European Coal and Steel Community
ed.	edited; edition; editor; edizione
éd.	éditeur; édition
EDICOM	Electronic Data Interchange on Commerce
E.D.N.Y	United States Attorney's Office. Eastern District of New York
eds.	editors
éds.	éditeurs
EEC	European Economic Community/Council Regulation No. 139/04 on the control of concentrations between undertakings („EC Mergen Regulation")
EFTA	European Free Trade Association
EFTA-ESA	EFTA-Überwachungsbehörde (EFTA-Surveillance Authority)
EFTA-GH	EFTA-Gerichtshof
EG	Europäische Gemeinschaft/Vertrag zur Gründung der Europäischen Gemeinschaft
EGBGB	Einführungsgesetz zum Bürgerlichen Gesetzbuche
EG-Komm.	s. KOMM.
EGKS	Europäische Gemeinschaft für Kohle und Stahl
EGKSV	Vertrag über die Gründung der Europäischen Gemeinschaft für Kohle und Stahl vom 18. 4. 1951 (Montanunion)
Einf.	Einführung
Einl.	Einleitung
einstw.	einstweilig
E. I. P. R.	s. Eur. Int. Prop. Rev.
E. L. R.	s. Eur. L. Rev.
EltBiRL	EG-Richtlinie betreffend gemeinsamer Vorschriften für den Elektrizitätsbinnenmarkt
EMGR	Entscheidungen des Europäischen Gerichtshofs für Menschenrechte
EMRK	Europäische Konvention zum Schutze der Menschenrechte und Grundfreiheiten
EnBW	Energie Baden-Württemberg
ENS	Gemeinschaftsunternehmen von Eisenbahnunternehmen (European Night Services)
Entsch.	Entscheidung
entspr.	entsprechend
Entw.	Entwurf
EnWG	Energiewirtschaftsgesetz
EPI	Institut der beim Europäischen Patentamt zugelassenen Vertreter
EPÜ	Übereinkommen über die Erteilung Europäischer Patente (Europäisches Patentübereinkommen)
Erg.Bd.	Ergänzungsband
Erl.	Erläuterung
ESA	EFTA-Surveillance Authority
ETSI	Europäisches Institut für Telekommunikationsstandards
EU	Europäische Union
EuG	Gericht erster Instanz der Europäischen Gemeinschaften
EuGH	Gerichtshof der Europäischen Gemeinschaften
EuR	Europarecht (Jahr und Seite)
EUR	Euro (Währungseinheit)
Eur. Bus. L. Rev.	European Business Law Review (Jahr und Seite)
Eur. Compet. L. Rev.	European Competition Law Review (Jahr und Seite)
Eur. Econ. Rev.	European Economic Review (Band, Jahr und Seite)
Eur. Int. Prop. Rev.	European Intellectual Property Review
Eur. L. J.	European Law Journal (Band, Jahr und Seite)
Eur. L. Rev.	European Law Review (Band, Jahr und Seite)

EuroMed	Europa-Mittelmeer-Abkommen
Eur. T. S.	European Treaty Series
EUV	Vertrag über die Europäische Union
EuZW	Europäische Zeitschrift für Wirtschaftsrecht (Jahr und Seite)
EVU	Energieversorgungsunternehmen
e. V.	eingetragener Verein
EV	Europäische Verwaltung
EWG	Europäische Wirtschaftsgemeinschaft
EWGV	Vertrag zur Gründung der Europäischen Wirtschaftsgemeinschaft
EWIV	Europäische Wirtschaftliche Interessenvereinigung
EWR	Europäischer Wirtschaftsraum
EWRA	Europäischer Wirtschaftsraum
EWS	Europäisches Wirtschafts- und Steuerrecht (Jahr und Seite)
f., ff.	folgend(e)
FAG	Flughafen Frankfurt/Main AG
FFP	Zusammenlegung von Vielfliegerprogrammen (Frequent Flyer Program)
FHA	Freihandelsabkommen
FIA	Fédération Internationale de l'Automobile
FIDE	International Federation of European Law
FIFA	Fédération Internationale de football assocation
FIW-Schriftenreihe	Schriftenreihe des Forschungsinstituts für Wirtschaftsverfassung und Wettbewerb e. V., Köln
FK	Frankfurter Kommentar
FKVO	Fusionskontrollverordnung
Fn.	Fußnote
Fordham Corp. L. Inst.	Annual Proceedings of the Fordham Corporate Law Institute (Hawk ed.)
Fordham Int. L. J.	Fordham International Law Journal (Band, Jahr und Seite)
Fordham L. Rev.	Fordham Law Review (Band, Jahr und Seite)
FrankfK	s. FK
FS	Festschrift
FTC	Federal Trade Commission
FuE-GVO	GVO Forschung und Entwicklung
G; Ges.	Gesetz
GA	Generalanwalt
GasBiRL	EG-Richtlinie betreffend gemeinsamer Vorschriften für den Erdgasbinnenmarkt
GATS	General Agreement on Trade in Services
GATT	General Agreement on Tariffs and Trade
GD	Generaldirektion
gem.	gemäß
GEMA	Gesellschaft für musikalische Aufführungs- und mechanische Vervielfältigungsrechte
GemKomm.(-Bearb)	s. GK(-Bearb.)
GenG	Gesetz betreffend die Erwerbs- und Wirtschaftsgenossenschaften
GeschmG	Geschmacksmustergesetz
GG	Grundgesetz für die Bundesrepublik Deutschland
ggf.	gegebenenfalls
GK(-Bearb.)	Gemeinschaftskommentar
GmbH	Gesellschaft mit beschränkter Haftung
GmbHG	Gesetz betreffend die Gesellschaften mit beschränkter Haftung
GPÜ	Übereinkommen über Europäische Patente für den Gemeinsamen Markt (Gemeinschaftspatentabkommen)
GebrMG	Gebrauchsmustergesetz
GRC	Charta der Grundrechte der Europäischen Union
grds.	grundsätzlich
GRUR	Gewerblicher Rechtsschutz und Urheberrecht, Inlandsteil
GRUR Int.	Gewerblicher Rechtsschutz und Urheberrecht, Auslands- und Internationaler Teil (Jahr und Seite)

GSM	Global System for Mobile Communication (volldigitales Mobilfunk-Netz)
GU	Gemeinschaftsunternehmen
GVBl.	Gesetz- und Verordnungsblatt
GUH	Amt für wirtschaftlichen Wettbewerb (Ungarn)
GVL	Deutsche Gesellschaft zur Verwertung von Leistungsschutzrechten ausübender Künstler
GVO	Gruppenfreistellungsverordnung
GWB	Gesetz gegen Wettbewerbsbeschränkungen (Kartellgesetz)
H.	Heft
Halbs.	Halbsatz
HGB	Handelsgesetzbuch
h. L.	herrschende Lehre
HHI	Herfindahl-Hirschmann-Index
h. M., H. M.	herrschende Meinung
HMA	Haager Abkommen über die Internationale Hinterlegung gewerblicher Muster oder Modelle
HOV-SVZ	Havenondernehmen Vereniging Rotterdam
Hrsg.	Herausgeber
hrsg.	herausgegeben
IATA	Internationaler Luftverkehrsverband (International Air Transport Association)
IBA	Eastern European Forum
i. d. Bek.	in der Bekanntmachung
i. d. F.	in der Fassung
i. d. R.	in der Regel
IIC	International Review of Industrial Property and Copyright Law (Band, Jahr und Seite)
insbes.	insbesondere
Int.	International
Int. Bus. Lawyer	International Business Lawyer (Jahr und Seite)
Int. Comp. L. Q.	International and Comparative Law Quarterly (Band, Jahr und Seite)
Int. Enc. Comp. L.	International Encyclopedia for Comparative Law
Int. Fin. L. Rev.	International Financial Law Review (Jahr, Heft-Nr. oder Monat und Seite)
Int. Lawyer	The International Lawyer (Band, Jahr und Seite)
IP	Adressen zur Identifizierung von Computern u. a. Geräten in Netzwerken (z. B. Internet)
Int. Leg. Mat.	International Legal Materials (Band, Jahr und Seite)
i. S. d.	im Sinne der (des)
IStR	Internationales Steuerrecht (Jahr und Seite)
i. S. v.	im Sinne von
i. V. m.	in Verbindung mit
IWB	Internationale Wirtschaftsbriefe (Jahr und Seite)
i. Zw.	im Zweifel
J. C. M. Stud.	Journal of Common Market Studies (Jahr und Seite)
J. C. P.	La Semaine Juridique (Jahr, Edition, röm. Ziff. und Nr.; z. B. 1996, ed.G, I.3963)
J. Econ. Lit.	Journal of Economic Literature (Band, Jahr und Seite)
J. Econ. Persp.	Journal of Economic Perspective (Jahr und Seite)
JIBL	Journal of International Banking Law (Jahr und Seite)
JITE	Journal of Institutional and Theoretical Economics (Band, Jahr und Seite)
JURA	Juristische Ausbildung (Zeitschrift)
JuS	Juristische Schulung (Jahr und Seite)
JZ	Juristenzeitung (Jahr und Seite)
KartR	Kartellrecht
KartVO	Kartellverordnung vom 2.11.1923
Kfz-GVO	GVO Automobil

KG	Kammergericht (Berlin)
KGJ	Jahrbuch der Entscheidungen des Kammergerichts (Jahr und Seite)
KMU	kleine und mittlere Unternehmen
Komm.	Kommission
KOMM.	EG-Kommission; Europäische Kommission; Kommission der EG
– Gesamtbericht	Gesamtbericht über die Tätigkeit der Europäischen Gemeinschaften (Nr. und Berichtsjahr, Rn.)
– Wettbewerbsbericht	Bericht über die Wettbewerbspolitik (Nr. und Berichtsjahr, Rn.)
krit.	kritisch
KSW	Bulgarische Kommission zum Schutz des Wettbewerbs
KWK	Kraft-Wärme-Kopplung
LG	Landgericht
lit., litt.	litera, literae (Buchstabe)
LKartB	Landeskartellbehörde
LNG	Flüssig-Erdgas-Anlagen
Loseblatt	Loseblattsammlung
LPG	Landespressegesetz
Ltd.	Limited
LUA	Lissabonner Abkommen über den Schutz der Ursprungsbezeichnungen und ihre Internationale Registrierung
LUG	Gesetz betreffend das Urheberrecht an Werken der Literatur und der Tonkunst
MA	Der Markenartikel (Jahr und Seite)
MarkenG	Markengesetz
MB	Mega Byte
MBl.	Ministerialblatt
MEC	Tschechisches Ministerium für wirtschaftlichen Wettbewerb
MHA	Madrider Abkommen über die Unterdrückung falscher oder irreführender Herkunftsangaben
Mio.	Million(en)
Mitt.	Mitteilung
M.J.	Maastricht Journal of European and Comparative Law (Band, Jahr und Seite)
MMA	Madrider Abkommen über die Internationale Registrierung von Marken
m. Nachw.	mit Nachweisen
MOEL	Mittel- und osteuropäische Länder
Mrd.	Milliarde(n)
m. w. N.	mit weiteren Nachweisen
NAAT-Regel	No appreciable affectation of trade-Regel
Nachw.	Nachweise
NCA	Network of Competition Authorities
NERA Economic Consulting	Internationale Wirtschaftsfirma (National Economic Research Associates Inc.)
NEVO-E	Entwurf einer Netzentgeltverordnung Strom
N. F.	Neue Folge
n. F.	neue Fassung
NJW	Neue Juristische Wochenschrift (Jahr und Seite)
NJW-RR	Neue Juristische Wochenschrift – Rechtsprechungsreport (Zeitschrift)
NKA	Abkommen von Nizza über die Internationale Klassifikation von Waren und Dienstleistungen für die Eintragung von Marken
No.	Number
Nr., Nrn.	Nummer(n)
NVwZ	Neue Zeitschrift für Verwaltungsrecht
NZG	Neue Zeitschrift für Gesellschaftsrecht (Jahr und Seite)
NZKart	Neue Zeitschrift für Kartellrecht
NZV	Neue Zeitschrift für Verkehrsrecht (Jahr und Seite)
NZVO-E	Entwurf einer Netzzugangsverordnung Strom

Abkürzungsverzeichnis

OAM	Slowakisches Kartellamt
OECD/OCDE	Organisation für wirtschaftliche Zusammenarbeit und Entwicklung (Organisation für Economic Cooperation and Development)
OHG	offene Handelsgesellschaft
O.J. EC	Official Journal of the European Communities
OLG	Oberlandesgericht
OVG	Oberverwaltungsgericht
OWiG	Gesetz über Ordnungswidrigkeiten
p.	page
PA	Patentamt
PAngV	Verordnung über Preisangaben
PatG	Patentgesetz
PCT	Vertrag über die Internationale Zusammenarbeit auf dem Gebiet des Patentwesens
PflVG	Pflichtversicherungsgesetz
PDF	Portable Data Format (Systemunabhängigkeit typographischer Informationen)
P & I-Versicherungen	Protection and Indemnity-Versicherungen
PVÜ	Pariser Verbandsübereinkunft zum Schutz des gewerblichen Eigentums
PZA	Partnerschafts- und Zusammenarbeitsabkommen
RabelsZ	Rabels Zeitschrift für ausländisches und internationales Privatrecht (Band, Jahr und Seite)
RBÜ	Berner Übereinkunft zum Schutz von Werken der Literatur und Kunst
RDAI/IBLJ	Revue de droit des affaires internationales/International Business Law Journal (Jahr und Seite)
RdE	Recht der Energiewirtschaft (Jahr und Seite)
RefE	Referentenentwurf
REGTP	Regulierungsbehörde für Elektrizität, Gas, Telekommunikation und Post
Rev. aff. eur.	Revue des Affaires Européennes (Jahr, Heft-Nr. und Seite; ab 1996 Jahr und Seite)
Rev. dr. com. belge	Revue de droit commercial belge (Jahr und Seite)
Rev. fr. dr. administr.	Revue française de droit administratif (Jahr und Seite)
Rev. int. de. d'auteur	Revue internationale de droit d'auteur
Rev. int. dr. comp.	Revue internationale de droit comparé (Jahr und Seite)
Rev. int. dr. écon.	Revue internationale de droit économique (Jahr und Seite)
Rev. M. C.	Revue du Marché Commun (seit 1991 mit dem Zusatz: ... et de l'Union européenne) (Jahr und Seite)
Rev. M. unique eur.	Revue du Marché Unique Européen (Jahr, Heft-Nr. und Seite)
Rev. prat. société	Revue pratique des sociétés (Band, Jahr und Seite)
Rev. soc.	Revue des sociétés (Jahr und Seite)
Rev. suisse dr. int. concurr.	Revue suisse du droit international de la concurrence/Swiss Review of International Competetion Law (Jahr, Heft-Nr. und Seite)
Rev. trim. dr. com.	Revue trimestrielle de droit commercial et de droit économique (Band, Jahr und Seite)
Rev. trim. dr. comp.	Revue trimestrielle de droit comparé (Band, Jahr und Seite)
Rev. trim. dr. eur.	Revue trimestrielle de droit européen (Jahr und Seite)
RG	Reichsgericht
RGSt	Entscheidungen des Reichsgerichts in Strafsachen (Band und Seite)
RGZ	Entscheidungen des Reichsgerichts in Zivilsachen (Band und Seite)
RIDA	s. Rev.int.dr.d'auteur
RIDC	s. Rev.int.dr.comp.
RiLi	Richtlinie
RIW	Recht der Internationalen Wirtschaft/Außenwirtschaftsdienst des Betriebs-Beraters (Jahr und Seite)
RL	Richtlinie
RMC	s. Rev. M. C.
Rn.	Randnummer
Rom-Abkommen	Internationales Abkommen über den Schutz der Ausübenden Künstler, der Hersteller von Tonträgern und der Sendeunternehmen

Ro-Ro-Schiffe	„Roll on-roll of"-Schiffe
Rs., Rsn.	Rechtssache(n)
Rspr.	Rechtsprechung
RTDE	Revue trimestrielle de droit européen
S.	Seite
s.	siehe
SA	société anonyme
SEW	Social-Economische Wetgeving
SFE	Supplier Furnished Equipment
SIEC	Significant Impedement of Effective Competition
SJZ	Schweizerische Juristen-Zeitung
SLC	Substantial Lessening of Competition
Slg.	Sammlung der Rechtsprechung des Gerichtshofes der Europäischen Gemeinschaften
SNCF	Société Nationale des Chemins de Fer Francais
s. o.	siehe oben
sog.	so genannt
SortSchG	Sortenschutzgesetz
Sp.	Spalte
Spez-GVO	GVO Spezialisierungsvereinbarungen
SSNIP-Test	Small but Significant Non-transitory Increase in Price-Test
StGB	Strafgesetzbuch
StPO	Strafprozessordnung
stPrax	ständige Praxis
stRspr.	ständige Rechtsprechung
s. u.	siehe unten
Suppl.	Supplement
TACA	Trans-Atlantic Agreement
TKG	Telekommunikationsgesetz
Transp. L. J.	Transportation Law Journal (Band, Jahr und Seite)
TranspR	Transportrecht (Jahr und Seite)
TRIPS	Übereinkommen über handelsbezogene Aspekte der Rechte des Geistigen Eigentums (Agreement of Trade Related Aspects of Intellectual Property Rights)
TT-GVO	GVO Technologietransfer
TÜV	Technischer Überwachungs-Verein
TVG	Tarifvertragsgesetz
U.	Urteil
u. a.	unter anderem; und andere
UEFA	Union der Europäischen Fußballverbände
UFITA	Archiv für Urheber-, Film-, Funk- und Theaterrecht (Band, Jahr und Seite)
ÜGA	Abkommen zwischen den EFTA-Staaten zur Errichtung einer Überwachungsbehörde und eines Gerichtshofes
unstr.	unstreitig
Unterabs.	Unterabs.
UPOV	Internationales Übereinkommen zum Schutz von Pflanzenzüchtungen
UrhG	Gesetz über Urheberschutz und verwandte Schutzrechte
U. S.	United States
usw.	und so weiter
u. U.	unter Umständen
UWG	Gesetz gegen den unlauteren Wettbewerb
v.	vom/versus (gegen)
VAG	Versicherungsaufsichtsgesetz
VDEW	Vereinigung Deutscher Elektrizitätswerke
verb. Rs.	verbundene Rechtssachen
VerfVO	Kartellverfahrensverordnung

Abkürzungsverzeichnis

Vert-GVO	GVO Vertikalvereinbarungen
VersW-GVO	GVO Versicherungswirtschaft
VerwWissStud	Versicherungswissenschaftliche Studien
VerwArch.	Verwaltungsarchiv (Jahr und Seite)
VG	Verwaltungsgericht
VGH	Verwaltungsgerichtshof
vgl.	vergleiche
VgV	Vergabeverordnung
VIK	Verband der Industriellen Kraftwirtschaft e. V.
VKU	Verband kommunaler Unternehmen e. V.
VO	Verordnung
Vol.	Volume
VO 17	Erste Durchführungsverordnung zu den Artikeln 85 und 86 des EWG-Vertrages (Kartellverordnung)
VR	Verwaltungsrundschau (Jahr und Seite)
VVG	Versicherungsvertragsgesetz
VW	Versicherungswirtschaft (Jahr und Seite)
VwGO	Verwaltungsgerichtsordnung
VwVfG	Verwaltungsverfahrensgesetz
WB	Wettbewerbsberichte
WBI	Wirtschaftsrechtliche Blätter
WbR	Wettbewerbsrecht
WCT	WIPO Copyright Treaty
WIPO	Übereinkommen zur Errichtung der Weltorganisation für Geistiges Eigentum (World Intellectual Property Organisation)
WiRO	Wirtschaft und Recht in Osteuropa (Jahr und Seite)
WiStG	Wirtschaftsstrafgesetz
WM	Wertpapier-Mitteilungen (Jahr und Seite)
WPPT	Phonograms and Performances Treaty
WRP	Wettbewerb in Recht und Praxis (Jahr und Seite)
WTO	Übereinkommen zur Errichtung der Welthandelsorganisation World Trade Organization
WUA	Welturheberrechtsabkommen
WuW	Wirtschaft und Wettbewerb (Jahr und Seite)
WuW/E	WuW-Entscheidungssammlung zum Kartellrecht
WuW/E DE	WuW-Entscheidungssammlung zum deutschen Kartellrecht
WuW/E EU	WuW-Entscheidungssammlung zum europäischen Kartellrecht
WZB	Wissenschaftszentrum Berlin für Sozialforschung & GmbH
ZGR	Zeitschrift für Unternehmens- und Gesellschaftsrecht (Band, Jahr und Seite)
ZgS	Zeitschrift für die gesamte Staatswissenschaft (Band, Jahr und Seite)
ZHR	Zeitschrift für das gesamte Handels- und Wirtschaftsrecht (Band, Jahr und Seite)
Ziff.	Ziffer
ZIP	Zeitschrift für Wirtschaftsrecht (Jahr und Seite)
ZögU	Zeitschrift für öffentliche und gemeinwirtschaftliche Unternehmen (Band, Jahr und Seite)
ZNER	Zeitschrift für neues Energierecht (Jahr und Seite)
ZPO	Zivilprozessordnung
ZRP	Zeitschrift für Rechtspolitik (Jahr und Seite)
zust.	zuständig; zustimmend
ZUM	Zeitschrift für Urheber- und Medienrecht (Jahr und Seite)
ZVglRWiss.	Zeitschrift für vergleichende Rechtswissenschaft (Band, Jahr und Seite)
ZWeR	Zeitschrift für Wettbewerbsrecht
ZwV	Zwangsvollstreckung
ZZP	Zeitschrift für Zivilprozess (Jahr und Seite)

Einführung in das europäische und deutsche Kartellrecht

Übersicht

Schrifttum: *Arrowsmith,* Government Procurement in the WTO, 2003; *Ason,* Ordre-public-Kontrolle von Schiedssprüchen mit kartellrechtlichem Bezug, WuW 2014, 1057; *Bain,* Barriers to New Competition, 1956; *Bartling,* Leitbilder der Wettbewerbspolitik, 1980; *Bartmann,* Grenzen der Monopolisierung durch Urheberrechte am Beispiel von Datenbanken und Computerprogrammen, 2005; *Basedow,* Konsumentenwohlfahrt und Effizienz, WuW 2007, 712; *Baumol/Panzard/Willig,* Contestable Markets and the Theory of Industry Structure, 1982; *Bechtold,* Zu den pressespezifischen Änderungen der 8. GWB-Novelle, ZWeR 2013, 387; *Böge,* Der „more economic approach" und die deutsche Wettbewerbspolitik, WuW 2004, 726; *Bungenberg,* Vergaberecht im Wettbewerb der Systeme, 2007; *Burholt,* Gesundheitskartellrecht in der 8. GWB-Novelle, WuW 2013, 1164; *Clark,* Competition as a Dynamic Process, 1961; *Hayek,* Der Wettbewerb als Entdeckungsverfahren, 1968; *Herdzina,* Wettbewerbspolitik, 5. Aufl. 1999; *Immenga,* Leitlinien als Instrument europäischer Wettbewerbspolitik, Vorträge und Berichte, Nr. 169, Zentrum für Europäisches Wirtschaftsrecht (Bonn), 2008; *Inderst/Thomas,* Schadensersatz bei Kartellverstößen, 2015; *Jüntgen,* Die prozessuale Durchsetzung privater Ansprüche im Kartellrecht, 2007; *Kantzenbach,* Die Funktionsfähigkeit des Wettbewerbs, 2. Aufl. 1967; *Kartte,* Ein neues Leitbild für die Wettbewerbspolitik, 1969; *Kersting,* Perspektiven der privaten Rechtsdurchsetzung im Kartellrecht, ZWeR 2008, 252; *Kersting,* Wettbewerbsrechtliche Haftung im Konzern, Der Konzern 2011, 445; *Kersting,* Anmerkung zu EuGH, Urt. v. 14.6.2011 – C-360/09 Pfleiderer ./. Bundeskartellamt, JZ 2012, 42; *Kersting,* Anmerkung zu dem Urteil des EuGH v. 6. Juni 2013 in der Rechtssache C-536/11 – Donau Chemie, JZ 2013, 737; *Kersting,* Die neue Richtlinie zur privaten Rechtsdurchsetzung im Kartellrecht, WuW 2014, 564; *Kersting,* Die Rechtsprechung des EuGH zur Bußgeldhaftung in der wirtschaftlichen Einheit, WuW 2014, 1156ff.; *Kronstein,* Das Recht der internationalen Kartelle, 1967; *Lindsay,* EC Merger Regulation: Substantive Issues, 2003; *Meessen,* The Application of Rules of Public International Law Within Community Law, Com. Mkt L. Rev. 1976, 485; *Meessen,* Economic Law in Globalizing Markets, 2004; *Meessen,* Wirtschaftsrecht im Wettbewerb des Systeme, 2005; *Meessen,* Ultra vires Making of Competition Law by the Commission, in: Pasquinucci/Preda (Hrsg.), The Road Europe Travelled Along, The Evolution of the EEC/EU Institutions and Policies, 2009; *Meessen,* Überdehnung des europarechtlichen Effektivitäts-Grundsatzes in Courage und Manfredi, in: FS Loewenheim, 2009, S. 418; *Möschel,* Behördliche oder private Durchsetzung des Kartellrechts?, WuW 2007, 483; *Peeperkorn/Verouden,* The Economics of Competition, in: Faull/Nikpay (Hrsg.), The EC Law of Competition, 2. Aufl. 2007, S. 3–85; *Puissochet,* La place du droit international dans la jurisprudence de la Cour de Justice des Communautés Européennes, in: FS Mancini, Bd. 2, 1998, S. 779; *Roesen,* Mehrfache Sanktionen im internationalen und europäischen Recht, 2009; *I. Schmidt,* Wettbewerbspolitik und Kartellrecht, 9. Aufl. 2012; *Schladebach/Simantiras,* Grundstrukturen des unionalen Rundfunkrechts, EuR 2011, 784; *Schumpeter,* Theorie der wirtschaftlichen Entwicklung, 1912; *Schwalbe/Zimmer,* Kartellrecht und Ökonomie, 2006; *Schweitzer,* Die neue Richtlinie für wettbewerbsrechtliche Schadensersatzklagen, NZKart 2014, 335; *Schweizer* (Hrsg.) The Generation and Distribution of Knowledge, 21st International Seminar on the New Institutional Economics, JITE 160 (2004) I-186; *Smith,* An Enquiry into the Nature and Causes of the Wealth of Nations, 5. Aufl. 1789; *Sosnitza,* Der Regierungsentwurf zur Änderung des Gesetzes gegen den unlauteren Wettbewerb, GRUR 2015, 318; *Trute,* in Hahn/Vesting, Rundfunkrecht, 3. Aufl. 2012 § 26 RStV; *L. Ulmer,* Kartellverbot und außerökonomische Rechtfertigung, 2014; *v. Weizsäcker,* Marktzutrittsschranken, in: Oberender (Hrsg.), Effizienz und Wettbewerb, 2005, S. 43; *v. Weizsäcker,* Konsumentenwohlfahrt und Wettbewerbsfreiheit, WuW 2007, 1078; *Wurzbacher,* Welthandelsrecht als Wettbewerbsordnung des Systemwettbewerbs, Exemplifiziert am Zulässigkeitsregime interner Agrarbeihilfen, 2008.

Vorbemerkung[1]

1 **Europäisches und deutsches Kartellrecht hängen enger denn je zusammen.** Sie werden in diesem Kommentar in einem Band behandelt. In **Deutschland** sind die Vorschriften des europäischen und deutschen Kartellrechts in der Regel nebeneinander zu prüfen, auch wenn sie im Ergebnis nicht immer gleichzeitig zur Anwendung gelangen. Im EU-Mitgliedstaat **Österreich** ist das europäische Recht ebenso verbindlich wie in Deutschland. Das deutsche Recht wird in Österreich aufgrund des Wirkungsprinzips häufig angesichts der engen Verflechtung der Wirtschaft der beiden Länder zusätzlich zum österreichischen Recht zu beachten sein. Der Anwendungsbereich sowohl des europäischen als auch des deutschen Rechts wird sich aus demselben Grunde oft auch auf die **Schweiz,** die weder EU- noch EWR-Mitglied ist, erstrecken und dort zusätzlich zum schweizerischen Recht Beachtung verlangen.

2 Diese **Einführung in das europäische und deutsche Kartellrecht** soll eine Orientierungshilfe bieten. Es geht darum, **Zusammenhänge** zwischen den einzelnen kartellrechtlichen Regeln sowie **Gemeinsamkeiten und Unterschiede** im europäischen und im deutschen Recht aufzuzeigen. Etwas ausführlicher soll in Abschnitt D das **„Ineinanderwirken"** europäischen und deutschen Rechts, das bei der Anwendung von Kartellrecht

[1] Die Einführung stammt von *Meessen* und wurde von *Kersting* behutsam aktualisiert.

besondere Schwierigkeiten hervorruft, dargestellt werden. In dieser Hinsicht haben die am 1. Mai 2004 in Kraft getretene EU-Kartellverfahrensverordnung (VO 1/2003)[2] und das deutsche Gesetz gegen Wettbewerbsbeschränkungen (GWB) aufgrund der am 1. Juli 2005 in Kraft getretenen 7. GWB-Novelle sowie der 8. GWB-Novelle vom 30. Juni 2013 eine grundlegende Änderung, nicht aber eine Vereinfachung der Rechtslage bewirkt. Außerdem wird in Abschnitt E ein Überblick über den **Rechtsschutz vor den europäischen Gerichten** gegeben, während der Rechtsschutz vor deutschen Gerichten hauptsächlich der Kommentierung der entsprechenden Vorschriften des GWB überlassen bleibt.

A. Kartellrecht als Wirtschaftsordnungsrecht

I. Abgrenzung des Rechtsgebiets

Kartelle sind horizontale zwischen Unternehmen derselben Marktstufe, also Wettbewerbern, abgeschlossene wettbewerbsbeschränkende Vereinbarungen. Noch in der Zeit zwischen den beiden Weltkriegen konnte man von einem **Recht der Kartelle** sprechen und meinte damit das Vertrags- und Gesellschaftsrecht derartiger Vereinbarungen.[3] Seit dem Ende des Zweiten Weltkrieges sind Kartelle in Deutschland zunächst nach Besatzungsrecht und seit dem 1. Januar 1958 nach § 1 GWB in allen seitherigen Fassungen grundsätzlich verboten. Gleiches gilt seit demselben Tage in den zunächst sechs, heute achtundzwanzig Mitgliedstaaten der Europäischen Union. Der Begriff Recht der Kartelle ist damit außer Gebrauch geraten. Verblieben ist der Begriff **Kartellrecht.** Unter Kartellrecht ist das „gegen" Kartelle gerichtete Recht zu verstehen, wie dies in der Bezeichnung des deutschen Gesetzes gegen Wettbewerbsbeschränkungen und in dem US-amerikanischen Begriff Antitrustrecht zum Ausdruck kommt. 3

Traditionell umfasst der Begriff **Kartellrecht** jedoch nicht nur das gegen horizontale wettbewerbsbeschränkende Vereinbarungen, sondern auch das gegen sonstige wettbewerbsbeschränkende Vereinbarungen gerichtete Recht. Zu den sonstigen wettbewerbsbeschränkenden Vereinbarungen gehören u. a. vertikale, d. h. zwischen Unternehmen unterschiedlicher Marktstufe getroffene Vereinbarungen. Der Begriff Kartellrecht umfasst ferner die einseitiges wettbewerbsbeschränkendes Verhalten betreffenden Regeln sowie das Recht der Zusammenschlusskontrolle. Unter **Zusammenschlusskontrollrecht** oder – im Kartellrecht gleichbedeutend – **Fusionskontrollrecht** sind wiederum nur die Regeln zu verstehen, die der Verhinderung oder notfalls Auflösung wettbewerbsbeschränkender Unternehmenszusammenschlüsse, nicht aber ihrem – meist gesellschaftsrechtlichen – Vollzug dienen. Seit der Einbeziehung vergaberechtlicher Vorschriften in die am 1. Januar 1999 in Kraft getretene 6. Novelle zum GWB wird in Deutschland auch das **Vergaberecht** als Teil des Kartellrechts angesehen. Das europäische Vergaberecht, das weitgehend aus Rechtsangleichungsrichtlinien besteht, enthält wesentliche Vorgaben zum Vergaberecht der Mitgliedstaaten. Es wird aber trotz des engen sachlichen Zusammenhangs nicht als Teil des europäischen Kartellrechts angesehen. Von einer Kommentierung sowohl der europäischen als auch der deutschen vergaberechtlichen Vorschriften wird abgesehen. 4

Gemeinsames Ziel aller Vorschriften des Kartellrechts und auch des Vergaberechts ist der Schutz des Wettbewerbs. Im Unionsrecht wird als Überschrift des die Regeln des Kartellrechts enthaltenden Kapitels der auch das Beihilferecht umfassende Begriff „Wettbewerbsregeln" verwandt.[4] Auf den Schutzzweck abstellend und den Sprachgebrauch des Vertrages 5

---

[2] Verordnung (EG) Nr. 1/2003 des Rates vom 16. Dezember 2002 zur Durchführung der in den Artikeln 81 und 82 des Vertrags niedergelegten Wettbewerbsregeln, ABl. 2003 L 1/1.

[3] Darstellung und Kritik grenzüberschreitender Vereinbarungen dieser Art: *Kronstein,* Das Recht der internationalen Kartelle, 1967.

[4] Art. 101 ff. AEUV.

über die Arbeitsweise der Europäischen Union (AEUV) aufnehmend wird Kartellrecht daher auch als **Wettbewerbsrecht** (competition law, droit de la concurrence) bezeichnet. Gegen diesen Sprachgebrauch ist prinzipiell nichts einzuwenden. Entsprechend dem überwiegenden Sprachgebrauch wurde in diesem Kommentar jedoch der Bezeichnung Kartellrecht auch in Bezug auf das europäische Recht der Vorzug gegeben. Das Beihilferecht ist damit nicht erfasst. Zugleich wird eine Verwechslung mit dem Wettbewerbsrecht im engeren Sinne, d. h. dem **Recht des unlauteren Wettbewerbs** oder Lauterkeitsrecht vermieden.[5]

II. Schutz des Wettbewerbs

6 Der Begriff Wettbewerb ist einer umfassenden und zugleich aussagekräftigen Definition nicht zugänglich. Die wirtschaftswissenschaftliche **Wettbewerbstheorie** hat jeweils Teilinhalte unter ceteris paribus-Annahmen herausgearbeitet, während die **Wettbewerbspolitik** Leitbilder für die Rechtsetzung und den Vollzug entwickelt hat.[6] Im europäischen und deutschen Recht ist jedoch keine verbindliche Festlegung auf derartige Leitbilder oder gar auf wettbewerbstheoretische Modelle erfolgt. Rechtsauslegung und Rechtsanwendung sind damit darauf verwiesen, die im jeweiligen rechtlichen Zusammenhang maßgeblichen Aspekte herauszuarbeiten. Verallgemeinernd lassen sich für das europäische und das deutsche Kartellrecht jedoch folgende Elemente des Begriffs Wettbewerb hervorheben:

1. Wettbewerb als Entdeckungsverfahren

7 Anders als die Schutzgüter Leben, Gesundheit und Eigentum bezeichnet Wettbewerb keinen Besitzstand, und anders als Freiheit besteht Wettbewerb nicht lediglich aus Verhaltensmöglichkeiten eines Einzelnen. Wettbewerb ist vielmehr ein **prozesshaftes Geschehen** unter Beteiligung einer Mehrzahl von voneinander unabhängigen – aktuellen und/oder potenziellen – Akteuren. Über Angebot und Nachfrage wird im Markt dezentral aufgrund von Informationen entschieden, die nur hinsichtlich der eigenen Möglichkeiten und Bedürfnisse sehr genau sind, ansonsten aber auf vagen Beobachtungen und Vermutungen beruhen. Anhand von Kriterien wie Preis, Qualität, Liefertermin entscheidet jeder Akteur selbst über das Zustandekommen von Transaktionen und trägt damit auch die Chancen und Risiken selbst. Aufgrund des hieraus resultierenden Eigeninteresses ist die Wahrscheinlichkeit rationaler Entscheidungen (homo oeconomicus) relativ hoch. Dies sorgt auf beiden Seiten jeder Transaktion und in gesamtwirtschaftlicher Summierung für eine Optimierung im Sinne allokativer Effizienz. Das Ergebnis der wettbewerblichen Entscheidungsprozesse ist offen. Es ergibt sich von Fall zu Fall aus einem **„Entdeckungsverfahren“**.[7] Dank der „unsichtbaren Hand des Marktes“[8] werden tendenziell höhere Wohlfahrtsgewinne als in planwirtschaftlichen Wirtschaftsordnungen erzielt – mit der weiteren Folge einer in der Regel größeren gesamtwirtschaftlich zur Umverteilung verfügbaren Masse.

8 Die Sicherung eines prozesshaften Geschehens mit **rechtsstaatlichen Mitteln** bereitet besondere Schwierigkeiten. Störungen des Wettbewerbs lassen sich mit Sicherheit nur ex post feststellen. Auch dann bleibt die Zuordnung von Ursache und Wirkung schwierig. Um das Eintreten von Schäden zu vermeiden, ist ein frühzeitiges Einschreiten aufgrund von Prognosen unverzichtbar. Prognosen können sich nicht allein auf Momentaufnahmen

---

[5] Unten Rn. 134 ff.

[6] *Schumpeter,* Theorie der wirtschaftlichen Entwicklung, 1912; *Bain,* Barriers to New Competition, 1956; *Clark,* Competition as a Dynamic Process, 1961; *Kantzenbach,* Die Funktionsfähigkeit des Wettbewerbs², 1967; *Kartte,* Ein neues Leitbild für die Wettbewerbspolitik, 1969; *Bartling,* Leitbilder der Wettbewerbspolitik, 1980.

[7] *Hayek,* Der Wettbewerb als Entdeckungsverfahren, 1968.

[8] *Smith,* An Enquiry into the Nature and Causes of the Wealth of Nations⁵, 1789.

stützen, sondern müssen zurückliegende Entwicklungen in die Zukunft fortschreiben. Um ein derartig komplexes Geschehen realitätsnah zu erfassen, hat sich als Argumentationsraster, nicht aber als stringentes Modell kausaler Beziehungen die Unterscheidung zwischen **Marktstruktur, Marktverhalten** und **Marktergebnis** eingebürgert.[9]

In einer ersten Annäherung kann die **Marktstruktur** je nach Zahl der Marktteilnehmer als **Monopol, Oligopol** oder **Polypol** gekennzeichnet werden. Soweit mehrere Marktteilnehmer vorhanden sind, sind die Marktanteile einzelner Unternehmen oder Unternehmensgruppen und die Unterschiede zwischen diesen Marktanteilen und denjenigen der übrigen Marktteilnehmer von Bedeutung. Für den **aktuellen Wettbewerb** relevant können auch Angebote von Marktteilnehmern sein, die bei nur selten georderten Großobjekten nicht zum Zuge gekommen sind und sich daher nicht in Marktanteilen niedergeschlagen haben. Darüber hinaus kann auch auf den **potenziellen Wettbewerb** derjenigen abgestellt werden, die bisher keine Angebote unterbreitet haben, mit deren Markteintritt jedoch insbesondere aufgrund eines Vergleichs der zu erwartenden Gewinne mit den durch den Markteintritt entstehenden Kosten gerechnet werden kann. Entscheidendes Strukturmerkmal ist damit die **„Bestreitbarkeit von Märkten".**[10] Sie hängt insbesondere von den Markteintrittsschwellen ab, die sich aus technischen, wirtschaftlichen und auch rechtlichen (z. B. Zollgrenzen) Faktoren ergeben können. Die Marktstruktur wird ferner charakterisiert durch sekundäre Faktoren wie Kapazitätsauslastung, Dynamik der Produktentwicklung und Markttransparenz. 9

Wichtigster, aber keineswegs alleiniger Parameter des **Marktverhaltens** ist die Festsetzung von **Preisen.** Anders als in vielen ökonomischen Modellen der Preistheorie sind aber die im Markt gehandelten Produkte nicht in statischer Betrachtung als unabänderliche Gegebenheiten anzusehen. Vielmehr kann sich im Verlauf des wettbewerblichen Entdeckungsverfahrens **dynamischer Wettbewerb** darin zeigen, dass Produkte fortentwickelt und verändert werden, wobei unter Produkten nicht nur die Waren und Dienstleistungen selbst, sondern auch mit ihnen verbundene Beratungs-, Wartungs- und durch die Werbung vermittelte Informationsleistungen zu verstehen sind.[11] 10

Unter den **Marktergebnissen** gilt das Hauptaugenmerk dem im Markt durchgesetzten Preis. Nach Kunden und Zeitablauf variierende Preise sprechen für das Vorliegen von Wettbewerb, Einheitspreise sowie stabile oder ausschließlich steigende Preise eher dagegen. Weit über den Herstellungskosten liegende Preise lassen in einer ersten Annäherung auf die Erzielung von **Monopolrenten** durch eines oder mehrere marktbeherrschende Unternehmen und damit auf ein Fehlen von Wettbewerb schließen. Gleiches gilt, wenn die Produktentwicklung trotz gegebener technischer und wirtschaftlicher Möglichkeiten stagniert oder gar die Qualität von Waren und Dienstleistungsprodukten nachlässt. Umgekehrt können die Entwicklung neuer Produkte und die Einsparung von Kosten der Produkterzeugung und -verteilung zu **Effizienzgewinnen** führen. Für die wettbewerbliche Beurteilung entscheidend ist in diesem Fall die Aufteilung der Gewinne zwischen Anbietern und Nachfragern und vor allem, ob nachstoßender – imitativer und/oder innovativer – Wettbewerb möglich bleibt. 11

2. Marktabgrenzung

Wettbewerb findet in sachlich und räumlich abgegrenzten Märkten statt. Entsprechend setzt die Feststellung von Wettbewerbsbeschränkungen in der Regel voraus, dass Klarheit über die **sachliche und räumliche Marktabgrenzung** gewonnen wird. Unverzichtbar ist eine genaue Marktabgrenzung, wenn die Feststellung der Marktmacht des oder der be- 12

[9] *Herdzina,* Wettbewerbspolitik[5], 1999, S. 47 f.; *I. Schmidt,* Wettbewerbspolitik und Kartellrecht[9], 2012, S. 8 f., 71 ff.

[10] *Baumol/Panzard/Willig,* Contestable Markets and the Theory of Industry Structure, 1982.

[11] *v. Weizsäcker,* Marktzutrittsschranken, in: *Oberender* (Hrsg.), Effizienz und Wettbewerb, 2005, S. 43.

teiligten Unternehmen Teil des Tatbestands der kartellrechtlichen Verbotsnorm ist. Auch bei der Feststellung von Art und Bedeutung vereinbarter Wettbewerbsbeschränkungen kann es darauf ankommen, ob sich die beteiligten Unternehmen als Wettbewerber gegenüberstehen und über welche Marktanteile sie verfügen. Die Abgrenzung des sachlich und räumlich relevanten Markts ist jedoch stets nur eine Hilfsüberlegung zur Feststellung des Vorliegens anderer Tatbestandsmerkmale.

13 Allgemein gilt, dass die **Sichtweise der jeweiligen Marktgegenseite,** also bei Angebotsmärkten der Abnehmer- und bei Nachfragemärkten der Anbieterseite, maßgeblich ist. Bei der Untersuchung von Angebotsmärkten lautet die übliche Testfrage, ob sich Nachfrager bei einer hypothetischen Erhöhung der Preise der angebotenen Produkte um 5–10% Alternativangeboten zuwenden würden (SSNIP-Test).[12] Ist dies der Fall, zählt das Alternativangebot zum Markt des Anbieters. Verzichten die Nachfrager hingegen auf einen Wechsel, so dass für den Anbieter ein Zusatzgewinn entsteht, so gehört das Alternativprodukt nicht zum Markt des Anbieters.[13]

14 Bei der **sachlichen Marktabgrenzung** oder Produktmarktabgrenzung geht es um die Identifizierung der relevanten Waren- oder Dienstleistungsprodukte. In Fusionskontrollfällen kann es sich für die beteiligten Unternehmen anbieten, sich durch die Annahme weiter Produktmärkte gegen die Zuschreibung hoher Marktanteile zu wehren. Bisweilen neigen die Kartellbehörden zur Annahme enger Produktmärkte mit der Folge höherer Marktanteile der beteiligten Unternehmen. Die Annahme benachbarter enger Produktmärkte schließt wettbewerbliche Wirkungen jedoch nicht aus. So können die Unternehmen, die an einem Zusammenschluss auf einem engen Produktmarkt beteiligt sind, auf den Wettbewerbsdruck der Hersteller von durch den Zusammenschluss nicht betroffenen **Ausweichprodukten** (Substituten) hinweisen, und die Kartellbehörden können bei einem Zusammenschluss von auf benachbarten Märkten tätigen Unternehmen wettbewerbliche Bedenken aus den von einer **Erweiterung der Produktpalette** zu erwartenden Verstärkungseffekten (Portfolioeffekte) ableiten. Im Übrigen sind Produktmarktabgrenzungen nie endgültig. Die Einstellung der Abnehmer kann sich, oft ausgelöst durch technische Entwicklungen, ändern. Auch wenn verschiedene Güter verschiedenen sachlichen Märkten zuzuordnen sind, so führt dies nicht zwingend zu einer getrennten wettbewerbsrechtlichen Betrachtung. Zu berücksichtigen sind ggfls. Wechselwirkungen zwischen den Märkten. Korreliert etwa der Wert eines Gutes mit dem Erfolg eines anderen Gutes bzw. betrifft ein Gut mehrere Märkte, so spricht man von einem **zweiseitigen Markt.** Dies ist etwa bei Zeitungen der Fall, die sich auf zwei Märkte, nämlich den Lesermarkt und den Anzeigenmarkt beziehen, wobei der Erfolg bei den Anzeigenkunden mit dem Erfolg bei den Lesern korreliert.[14]

15 Der **räumlich relevante Markt** (oder geographisch relevante Markt) wird im Unionsrecht ausschließlich aus wirtschaftlicher Sicht nach den auch für die Abgrenzung des sachlich relevanten Markts angewandten Methoden festgestellt. Soweit nicht aus technisch-physikalischen Gründen, z. B. bei Transportbeton, eng begrenzte lokale Märkte anzunehmen sind, hat die Beseitigung von Handelsschranken im Binnenmarkt zunehmend zur Annahme europaweiter räumlich relevanter Märkte geführt. Auf Grund der weltweiten Handelsliberalisierung im GATT und seit 1995 in der WTO geht die Europäisierung der Märkte langsam in eine Globalisierung der Märkte über. Nach einer vom Bundesgerichtshof im Jahre 1995 bestätigten Praxis des Bundeskartellamts war aus juristischer Sicht äußerstenfalls der **deutsche Inlandsmarkt** als räumlich relevanter Markt zu Grunde zu legen.[15] Der Bundesgerichtshof hat diesen Standpunkt jedoch inzwischen aufgegeben und sich der von der Kommission und den europäischen Gerichten seit jeher zu Grunde gelegten **wirtschaft-**

---

[12] Hierzu und zum Folgenden *Lindsay,* EC Merger Regulation: Substantive Issues, 2003, S. 73 f.
[13] *Mestmäcker/Schweitzer,* Europäisches Wettbewerbsrecht[3], 2014, § 17 Rn. 7 ff.
[14] Vgl. *Thomas,* in: Immenga/Mestmäcker, Wettbewerbsrecht[5], 2014, § 36 GWB Rn. 66 ff.
[15] BGH, B. v. 24.10.1995, KVR 17/94 – *Backofenmarkt,* WuW/E BGH 3026.

lichen Marktabgrenzung angeschlossen.[16] Diese Auslegung wurde durch den in § 19 Abs. 2 GWB mit Wirkung vom 1. Juli 2005 neu eingefügten Satz 3, seit der 8. GWB-Novelle vom 30. Juni 2013 durch § 18 Abs. 2 GWB, gesetzlich festgeschrieben.

3. Unternehmen als Adressaten

Die kartellrechtlichen Regeln („Wettbewerbsregeln") befinden sich in Kapitel 1 des Titels VII des AEUV (vormals Titel VI des EG-Vertrages) in einem mit **Vorschriften für Unternehmen** überschriebenen Abschnitt 1. Sie sind damit von dem mit „Staatliche Beihilfen" überschriebenen Abschnitt 2 abgegrenzt. Allerdings enthält Art. 106 AEUV (ex Art. 86 EG) in Verbindung mit Art. 4 Abs. 3 AEUV (entspricht im Wesentlichen dem ehemaligen Art. 10 EG) eine an die Mitgliedstaaten gerichtete Pflicht zur Deregulierung und ermächtigt in Art. 106 Abs. 3 AEUV die Kommission zum Erlass von Richtlinien oder Beschlüssen gegenüber den Mitgliedstaaten. Auch das deutsche Kartellrecht wendet sich, wie sich aus den einzelnen Verbotstatbeständen ergibt, primär an Unternehmen, fügt aber im Vergaberecht Vorschriften hinzu, die von der öffentlichen Hand zu beachten sind. 16

Da sich sowohl der Kartellverbotstatbestand (Art. 101 AEUV) als auch das Verbot des Missbrauchs einer marktbeherrschenden Stellung nur an Unternehmen und Unternehmensvereinigungen richten, wird der Begriff des Unternehmens funktional im Hinblick auf den mit diesen Normen angestrebten Schutz des Wettbewerbs ausgelegt.[17] Sowohl das deutsche Recht als auch das europäische Recht gehen vor diesem Hintergrund von einem **funktionalen Unternehmensbegriff** aus. Unternehmen ist jede eine wirtschaftliche Tätigkeit ausübende Einheit unabhängig von ihrer Rechtsform und Finanzierung.[18] 17

Die kartellrechtlichen Vorschriften sind daher auch auf diejenigen von der **öffentlichen Hand gehaltenen Unternehmen,** die sich unbeschadet ihrer öffentlichrechtlichen oder privatrechtlichen Rechtsform am wirtschaftlichen Wettbewerb beteiligen, anwendbar. Für das deutsche Recht ist dies in § 130 Abs. 1 GWB ausdrücklich angeordnet. Für das europäische Recht ergibt sich dies mittelbar aus Art. 106 Abs. 1 AEUV. Die Rechtsformunabhängigkeit des Unternehmensbegriffs führt zudem dazu, dass dieser nicht an den Grenzen der juristischen Person Halt macht. Auch eine Mehrheit rechtlich selbständiger Gesellschaften kann ein Unternehmen im unionskartellrechtlichen Sinne bilden, wenn diese Gesellschaften zu einer **wirtschaftlichen Einheit** zusammengefasst sind, d. h. dann wenn die Tochter ihr Marktverhalten nicht autonom bestimmt, sondern im Wesentlichen Weisungen der Mutter befolgt.[19] Dies hat Folgen auch für die Bußgeldhaftung und zivilrechtliche Schadensersatzhaftung. Alle Träger der wirtschaftlichen Einheit haften gesamtschuldnerisch für gegen das Unternehmen verhängte Bußgelder und von dem Unternehmen verwirkte zivilrechtliche Schadensersatzansprüche, insbesondere haftet die Mutter für ihre Töchter.[20] 18

Sowohl nach europäischem als auch nach deutschem Recht sind **private Verbraucher** kartellrechtlichen Vorschriften nicht unterworfen. Sie sind jedoch häufig Begünstigte und können in dieser Eigenschaft auf das Kartellrecht gestützte Ansprüche oder Einwendungen 19

[16] BGH, B. v. 5.10.2004, KVR 14/03 – *Staubsaugerbeutelmarkt,* WuW/E DE-R 1355.

[17] *Kersting,* Die Rechtsprechung des EuGH zur Bußgeldhaftung in der wirtschaftlichen Einheit, WuW 2014, 1156, 1157.

[18] Siehe nur EuGH, U. v. 10.9.2009, C-97/08 P, ECLI:EU:C:2009:536, *Akzo Nobel,* Slg. 2009, I-8237, Rn. 54 = WuW/E EU-R 1639.

[19] Siehe nur EuGH, U. v. 10.9.2009, C-97/08 P, ECLI:EU:C:2009:536, *Akzo Nobel,* Slg. 2009, I-8237, Rn. 58 = WuW/E EU-R 1639.

[20] Aus der Rechtsprechung siehe nur EuGH, U. v. 10.9.2009, C-97/08 P, ECLI:EU:C:2009:536, *Akzo Nobel,* Slg. 2009, I-8237, Rn. 58 = WuW/E EU-R 1639. Vgl. auch *Kersting,* Die Rechtsprechung des EuGH zur Bußgeldhaftung in der wirtschaftlichen Einheit, WuW 2014, 1156 ff.; *Kersting,* Wettbewerbsrechtliche Haftung im Konzern, Der Konzern 2011, 445 ff. Zur zivilrechtlichen Haftung siehe Art. 1 Abs. 1 RL 2014/104/EU sowie *Kersting,* Die neue Richtlinie zur privaten Rechtsdurchsetzung im Kartellrecht, WuW 2014, 564, 565 f.

im Zivilprozess geltend machen sowie als Beigeladene, Beschwerdeführer oder Streithelfer an kartellrechtlichen Verwaltungsverfahren und/oder ihrer gerichtlichen Überprüfung beteiligt sein.

III. Integrationspolitische Zusatzfunktion

20 Die Märkte in den europäischen Staaten, die die Europäische Union ursprünglich errichteten oder ihr später beitraten, waren meist durch tarifäre und nichttarifäre staatliche Handelsschranken voneinander getrennt. Es war zu befürchten, dass die **Aufteilung in nationale Märkte** auch nach Beseitigung der staatlichen Handelsschranken für eine mehr oder weniger lange Zeit beibehalten worden wäre, wenn es den Unternehmen gestattet gewesen wäre, die bisherigen Vertriebsstrukturen durch alte oder neue wettbewerbsbeschränkende Praktiken aufrechtzuerhalten. Aufgabe des europäischen Kartellrechts war und ist es, dieser Gefahr entgegen zu wirken und die Integration der nationalen Märkte zu einem europäischen Binnenmarkt zu beschleunigen.

21 Die europarechtliche Zusatzfunktion der Marktintegration durch Kartellrecht kommt in den Art. 101 und 102 AEUV, Art. 3 Abs. 3 und 51 EUV i. V. m. dem Protokoll (Nr. 27) über den Binnenmarkt und den Wettbewerb[21] sowie in den Art. 1 und 2 FKVO zum Ausdruck: Nach dem Protokoll (Nr. 27) über den Binnenmarkt und den Wettbewerb umfasst der Binnenmarkt ein System „das den **Wettbewerb im Binnenmarkt** vor Verfälschungen schützt." Die Bedeutung des Wettbewerbsschutzes ist damit gegenüber der bisherigen Rechtslage noch gestärkt worden. Nach Art. 3 Abs. 1g) EG umfasste die Tätigkeit der Gemeinschaft im Sinne des Art. 2 EG die Errichtung „ein(es) System(s), das den Wettbewerb innerhalb des Binnenmarkts vor Verfälschungen schützt". Der Wettbewerbsschutz war somit ein Zwischenziel zur Erreichung der Ziele des Art. 2 EG. Demgegenüber ist der Wettbewerbsschutz nunmehr Teil des Binnenmarktbegriffs in Art. 3 EUV und damit selbst zu einem eigentlichen Vertragsziel geworden.[22]

22 Art. 101 Abs. 1 und 102 AEUV sowie Art. 2 Abs. 3 FKVO sehen als Rechtsfolge die Unvereinbarkeit mit dem Binnenmarkt vor. Außerdem sind die Art. 101 und 102 AEUV sowie die FKVO nur dann anwendbar, wenn das wettbewerbsbeschränkende Verhalten geeignet ist, den **zwischenstaatlichen Handel** zu beeinträchtigen (Art. 101 und 102 AEUV), oder wenn das Zusammenschlussvorhaben **gemeinschaftsweite Bedeutung** aufweist (Art. 1 Abs. 1 FKVO). Inzwischen, d. h. seit dem In-Kraft-Treten des Maastrichter Vertrags im Jahre 1993, erstreckt sich der „Grundsatz einer offenen Marktwirtschaft mit freiem Wettbewerb" (Art. 119 Abs. 1 AEUV, ex Art. 4 Abs. 1 EG) auch auf nicht grenzüberschreitende Geschäftsbeziehungen innerhalb der Mitgliedstaaten. In dieser Hinsicht ist aber bisher keine Ergänzung der operativen Vorschriften des EU-Kartellrechts erfolgt. Auch das deutsche Recht enthält in § 48 Abs. 2 GWB eine Art Zwischenstaatlichkeitsklausel, indem die Zuständigkeit des Bundeskartellamts an über das Gebiet eines (Bundes-)Landes hinausreichende Wirkungen anknüpft, wohingegen das materielle deutsche Kartellrecht einheitlich für alle sich in Deutschland auswirkenden Wettbewerbsbeschränkungen gilt (§ 130 Abs. 2 GWB).

B. Normstruktur

I. Verbotsnormen im Mittelpunkt

23 Um das prozesshafte Wettbewerbsgeschehen in Gang zu halten, schützt das Kartellrecht auch die Entscheidungsfreiheit der Unternehmen, und zwar selbst gegen den Willen von

[21] ABl. C 83 vom 30.3.2010, 309.

[22] Siehe hierzu *Kersting/Walzel*, in: Kölner Kommentar, Kartellrecht (noch unveröffentlicht), Art. 101 Abs. 3.

Unternehmen derselben Marktstufe. Miteinander im Wettbewerb stehende Unternehmen haben in der Tat oft ein gemeinsames Interesse, untereinander den Wettbewerb einzuschränken, um überwettbewerbliche Preise bei ihren Abnehmern durchsetzen zu können. Um die **unternehmerische Freiheit** insgesamt zu erhalten, muss die Gestaltungsfreiheit des einzelnen Unternehmens eingeschränkt werden. Dies geschieht dadurch, dass bestimmte, die Entscheidungsfreiheit **einschränkende Verhaltensweisen und Strukturveränderungen** verboten werden. Es würde dem Wettbewerbsprinzip zuwiderlaufen, ein bestimmtes unternehmerisches Handeln positiv vorzuschreiben. Dies geschieht nur ausnahmsweise, und zwar nur hinsichtlich von den Wettbewerb vorbereitendem Handeln, z.B. bei Verpflichtungen zur Gewährung von Netzzugang. An die Verletzung der Verbote und vereinzelter Gebote schließen sich jeweils unterschiedliche verwaltungsrechtliche (einschließlich ordnungswidrigkeitenrechtliche) und zivilrechtliche Rechtsfolgen an. Zunächst sind in den Unterabschnitten 1–3 drei Verbotstatbestände zu unterscheiden. Anschließend wird in Unterabschnitt 4 auf Handlungsgebote eingegangen:

1. Zwei- und mehrseitiges Verhalten

Grundtatbestand ist das Verbot der Bildung von **Kartellen**, d.h. des Abschlusses horizontaler wettbewerbsbeschränkender Vereinbarungen. Kartelle wurden bis zum 30. Juni 2005 im deutschen Recht noch gesondert behandelt, indem § 1 GWB u.a. bestimmte Vereinbarungen „zwischen miteinander im Wettbewerb stehenden" Unternehmen verboten hat. Die in Anführungszeichen gesetzten Worte fehlen seit jeher in Art. 101 Abs. 1 AEUV. Sie fehlen seit dem 1. Juli 2005 auch in der Neufassung von § 1 GWB nach der 7. Novelle. Sowohl im europäischen als auch im deutschen Recht wird damit das Verbot über den Tatbestand der Bildung horizontaler Kartelle hinaus auf **vertikale Vereinbarungen** zwischen Unternehmen und ihren Abnehmern (nachgelagerter Markt) sowie ihren Lieferanten (vorgelagerter Markt) und sonstige Vereinbarungen zwischen Unternehmen erstreckt. 24

Trotz grundsätzlicher Anwendbarkeit des Verbotstatbestands sind die wettbewerbsbeschränkenden Wirkungen vertikaler und sonstiger nicht horizontaler Vereinbarungen in der Regel erheblich weniger schwerwiegend. Unternehmen verschiedener Marktstufen stehen anders als Unternehmen derselben Marktstufe in einem **natürlichen Interessengegensatz** zueinander. Im europäischen Recht wird dem durch Gruppenfreistellungsverordnungen und die Legalausnahme des Art. 101 Abs. 3 AEUV Rechnung getragen. Im deutschen Recht wiederholt § 2 Abs. 1 GWB den Wortlaut von Art. 101 Abs. 3 AEUV und § 2 Abs. 2 GWB erklärt die Gruppenfreistellungsverordnungen für entsprechend anwendbar. Außerdem enthält das deutsche Recht Sonderregelungen für vertikale Vereinbarungen (etwa §§ 28 Abs. 2, 30 GWB). 25

Mit Vereinbarungen gleich behandelt werden sowohl im europäischen als auch im deutschen Recht **Beschlüsse von Unternehmensvereinigungen.** Anderenfalls hätte die Herbeiführung einer vereins- oder gesellschaftsrechtlichen Bindung einen allzu einfachen Weg zur Umgehung des Verbots von Vereinbarungen geboten. Ebenfalls nach beiden Rechtsordnungen wird nicht auf die rechtliche, sondern die **faktische Verbindlichkeit** von Vereinbarungen und Beschlüssen abgestellt. Auf diese Weise wird vermieden, den subjektiven Tatbestand eines rechtlichen Bindungswillens nachweisen zu müssen. 26

Schließlich werden in beiden Rechtsordnungen **aufeinander abgestimmte Verhaltensweisen** mit Vereinbarungen und Beschlüssen gleich behandelt. Hierunter ist ein auf vorheriger Abstimmung beruhendes gleichförmiges Verhalten zu verstehen. Von dem Verbot nicht erfasst ist damit jedoch ein nicht abgestimmtes gleichförmiges Verhalten oder reines Parallelverhalten, das sich auch ohne Abstimmung aus ökonomischen Notwendigkeiten, z.B. einer alle Hersteller betreffenden Veränderung der Preise für ein Vorprodukt, ergeben kann. 27

28 Selbstverständlich sind Vereinbarungen, Beschlüsse und abgestimmte Verhaltensweisen nur dann verboten, wenn sie eine **Beschränkung des Wettbewerbs** bezwecken oder bewirken und – im europäischen Recht – zusätzlich geeignet sind, den **zwischenstaatlichen Handel** zu beeinträchtigen. Die Feststellung dieser Voraussetzungen stellt die Kartellrechtsanwendung vor außerordentliche Probleme. Diese Probleme werden dadurch noch vergrößert, dass Art. 101 Abs. 3 AEUV und – in enger Anlehnung an diese Vorschrift – die seit dem 1. Juli 2005 geltende Neufassung von § 2 GWB eine Ausnahme für solche Vereinbarungen, Beschlüsse und abgestimmte Verhaltensweisen vorsehen, die bestimmte an die Verbraucher zumindest teilweise weitergegebene, nicht anders erreichbare Effizienzsteigerungen, wie Produktverbesserungen und Kosteneinsparungen, erwarten lassen.

2. Einseitiges Verhalten eines oder mehrerer Unternehmen

29 Einseitiges Verhalten, mit dem Chancen wahrgenommen und Risiken in Kauf genommen werden, hält den Wettbewerb in Bewegung und ist daher eigentlich erwünscht. Dies gilt jedoch dann nicht, wenn das einseitig handelnde Unternehmen eine bereits früher erlangte Marktstellung missbräuchlich ausnutzt. Gleich behandelt wird der Fall des Missbrauchs einer marktbeherrschenden Stellung mehrerer Unternehmen. Sowohl das europäische als auch das deutsche Recht sehen daher ein **Missbrauchsverbot als Sonderrecht** für marktbeherrschende Unternehmen in Art. 102 AEUV und § 19 GWB vor. Das deutsche Recht enthält in § 20 Abs. 1, 3 und 5 GWB ein derartiges Missbrauchsverbot auch für Unternehmen mit relativer bzw. überlegener Marktmacht.

30 Die Feststellung der die **Anwendung des Sonderrechts** auslösenden Schwellenwerte von Marktstärke bereitet erhebliche Schwierigkeiten, wobei sich das deutsche Recht mit widerleglichen Marktbeherrschungsvermutungen behilft (§ 18 Abs. 4 und 6 GWB). Noch schwieriger ist die Abgrenzung zwischen verbotener missbräuchlicher Ausnutzung dieser Stellung einerseits und der legitimen Wahrnehmung der durch frühere Leistung erlangten Vorteile andererseits. Eine gewisse Hilfe bieten in beiden Rechtsordnungen nicht erschöpfende Kataloge von Anwendungsbeispielen (Art. 102 S. 2 AEUV, § 19 Abs. 2 GWB). Das „missbräuchliche Verhalten" marktbeherrschender Unternehmen bzw. von Unternehmen mit relativer Marktmacht (§ 20 Abs. 2 GWB) wird in § 19 Abs. 2 GWB unter anderem in den Tatbeständen eines **Diskriminierungsverbots** und eines **Verbots unbilliger Behinderung** etwas genauer definiert. Zusätzlich enthält das deutsche Kartellrecht in § 21 GWB durch den Tatbestand des **Boykottverbots** eine sich an alle Unternehmen richtende, lauterkeitsrechtlich begründete Verbotsnorm. Die 8. GWB Novelle hat die Missbrauchsvorschriften des GWB neu gefasst und die einzelnen Tatbestände neu sortiert. Inhaltliche Änderungen waren insofern, abgesehen von der Anhebung der Schwelle für die Marktbeherrschungsvermutung auf 40% (§ 18 Abs. 4 GWB), nicht beabsichtigt.[23]

3. Zusammenschlusskontrolle

31 Erst nachträglich wurde in beiden Rechtsordnungen – 1973 in Deutschland, 1990 in der jetzigen EU – eine inzwischen auch nach deutschem Recht stets mit einem Vollzugsverbot verbundene **vorbeugende Kontrolle von Zusammenschlüssen** von Unternehmen eingeführt. Grundgedanke ist, dass eine zu einer generellen Verschlechterung der Wettbewerbsverhältnisse führende Veränderung der Marktstruktur zu vermeiden ist, wenn sie durch äußeres Wachstum in der Form eines Zusammenschlusses erfolgt. Zusammenschlüsse sind auf die Beteiligung an einem Unternehmen oder auf Vermögenswerte eines Unternehmens bezogene Rechtsgeschäfte, durch die die **wettbewerbliche Kontrolle** oder – zusätzlich im deutschen Recht – ein **wettbewerblich erheblicher Einfluss** über eines oder mehrere andere Unternehmen erworben wird (Art. 3 FKVO, § 37 GWB). Gleich

---

[23] Regierungsbegründung 8. GWB-Novelle, BT-Drs. 17/9852, S. 20.

behandelt wird der Fall, dass zwei oder mehr Unternehmen ein anderes Unternehmen als **Gemeinschaftsunternehmen** errichten oder erwerben.

Zusammenschlüsse sind zu untersagen, wenn durch sie **wirksamer Wettbewerb erheblich behindert** würde. Dies gilt im europäischen Recht in Bezug auf den Binnenmarkt oder einen wesentlichen Teil desselben, Art. 2 Abs. 2 und 3 FKVO. Durch die 8. GWB-Novelle wurde dieses Kriterium zum 30. Juni 2013 auch in das deutsche Recht (§ 36 Abs. 1 GWB) übernommen. Das zuvor allein maßgebliche Kriterium der Begründung oder Verstärkung einer marktbeherrschenden Stellung ist seitdem nur noch ein Regelbeispiel für das Vorliegen einer erheblichen Behinderung wirksamen Wettbewerbs. Sowohl nach EU-Kartellrecht als auch nach deutschem Kartellrecht ist der Vollzug eines anmeldepflichtigen, aber nicht freigegebenen Zusammenschlusses verboten (Art. 7 Abs. 1 FKVO, § 41 Abs. 1 S. 1 GWB) und bußgeldbewehrt. Mit hohen Bußgeldern kann außerdem in beiden Rechtsordnungen die Nichtbeachtung der Untersagung ordnungsgemäß angemeldeter Zusammenschlussvorhaben geahndet werden (Art. 14 FKVO, § 81 GWB). 32

4. Verhaltensgebote

Ausnahmsweise ergeben sich Verhaltensgebote, wenn die Verletzung eines Verbotes nach den gegebenen Umständen nur durch ein bestimmtes Verhalten vermieden werden kann. Dies ist z.B. bei kartellrechtswidrigen **Lieferverweigerungen** der Fall oder auch dann, wenn sich ein marktbeherrschendes Unternehmen durch Verweigerung des **Zugangs zu wesentlichen Einrichtungen** („essential facilities") ein missbräuchliches Verhalten nach § 19 Abs. 2 Nr. 4 GWB zu Schulden kommen lässt. Rechtstechnisch können sich Verhaltensgebote auch aus Bedingungen oder Auflagen ergeben, die in ähnlichen Fallkonstellationen an die Freigabe von Zusammenschlüssen geknüpft werden. Schließlich stellt u.a. die Anmeldepflicht im europäischen und deutschen Fusionskontrollrecht ein Verhaltensgebot dar. 33

Die Beachtung der kartellrechtlichen Verbote und Gebote wird durch **Verwaltungsvollzug** einschließlich der Verhängung von Zwangsgeldern und Bußgeldern und durch **zivilrechtliche Rechtsfolgen** sichergestellt. Während das deutsche und europäische Kartellrecht traditionell den Verwaltungsvollzug (unten unter II.) in den Vordergrund gestellt haben, folgen beide Rechtsordnungen inzwischen insofern dem US-amerikanischen Vorbild, als sie die zivilrechtliche Durchsetzung (unten unter III.) zu stärken versuchen. 34

II. Verwaltungsvollzug

Kartelle sind **Gewinnsummenspiele** zu Lasten der Marktgegenseite. Sofern die Marktgegenseite von der Existenz eines Kartells nichts erfährt oder die geschäftlichen oder prozessualen Risiken zivilrechtlicher Interventionen scheut, liegt es im Interesse der Beteiligten, Kartelle über Jahrzehnte hinweg funktionsfähig zu erhalten. Selbst Außenseiter erwirtschaften höhere Margen im Schatten der Hochpreispolitik eines Kartells, und die Abnehmer geben – durchaus auch im Wettbewerb untereinander – ihre Kosten an ihre Abnehmer bis zum Endverbraucher weiter. Die Wettbewerbsfähigkeit industrieller Abnehmer im Inland wird verschlechtert, und der Lebenshaltungsindex erhöht sich. Dies sind **öffentliche Interessen,** die es nahelegen, den Vollzug der gegen private Wettbewerbsbeschränkungen gerichteten Gesetze zumindest auch Verwaltungsbehörden anzuvertrauen. 35

Vollzugsentscheidungen greifen in die Wettbewerbsfreiheit des Unternehmens ein, an das sie gerichtet sind. Nach dem Rechtsstaatsprinzip bedürfen derartige Entscheidungen sowohl im europäischen als auch im deutschen Kartellrecht einer **Ermächtigungsgrundlage,** die an die Verletzung einer kartellrechtlichen Verbotsnorm anknüpft und Inhalt und Ausmaß der Vollzugsmaßnahme festlegt und ihre Begründung vorschreibt. Die rechtsstaatlichen Anforderungen sind im deutschen Recht tendenziell strenger als im europäischen Recht. Im europäischen Recht ergehen verbindliche Maßnahmen in der Regel als Be- 36 schluss im Sinne von Art. 288 Abs. 4 AEUV (ex Art. 249 Abs. 4 EG). Im deutschen Recht werden regelmäßig Verwaltungsakte im Sinne von § 35 VwVfG erlassen.

1. Abstellungsverfügungen

37 Nach Art. 7 VO 1/2003 kann die Kommission Unternehmen verpflichten, Verletzungshandlungen abzustellen. Eine Abstellungsverfügung beinhaltet in der Regel die Untersagung des verbotenen Verhaltens. Insoweit als die Verbotsnorm durch Unterlassen verletzt wurde, kann als Abstellung auch ein positives Handeln (Belieferung, Gewährung von Netzzugang usw.) angeordnet werden. Bei der Auswahl der Mittel ist der **Grundsatz der Verhältnismäßigkeit** zu wahren. Die vorgenannten Verfügungen können als einstweilige Maßnahmen erlassen werden (Art. 8 VO 1/2003). Bei beendeten Zuwiderhandlungen kommt auch der Erlass rein feststellender Entscheidungen in Betracht. Schließlich können die Parteien **Verpflichtungszusagen** anbieten und auf diese Weise die Einstellung von Verfahren unter Verbindlicherklärung der Zusagen erreichen (Art. 9 Abs. 1 VO 1/2003).[24] Außerdem steht der Kommission nach Art. 29 VO 1/2003 das Recht zu, den Rechtsvorteil einer Gruppenfreistellungsverordnung zu entziehen.

38 Dieselben Befugnisse werden nach §§ 32ff. GWB aufgrund von Verletzungen sowohl des europäischen als auch des deutschen Kartellrechts den **deutschen Kartellbehörden** eingeräumt. Aufgrund des völkergewohnheitsrechtlichen Grundsatzes der Territorialität des Geltungsbereichs staatlicher Hoheitsakte[25] ist die Wirkung deutscher Vollzugsakte auch bei Anwendung von europäischem Kartellrecht **auf Deutschland beschränkt,** es sei denn, das Recht eines anderen Mitgliedstaats der Europäischen Union ordnet eine Erstreckung der Wirkung auf sein Staatsgebiet an. Letzteres ist in Deutschland hinsichtlich der **Bindungswirkung von Vollzugsakten** anderer Mitgliedstaaten im Rahmen der Geltendmachung schadensersatzrechtlicher Folgeansprüche vor deutschen Gerichten geschehen (§ 33 Abs. 4 S. 1 GWB). Art. 9 der Kartellschadensersatzrichtlinie,[26] der bis zum 27. Dezember 2016 in nationales Recht umzusetzen ist, regelt diese Frage nun europaweit dahingehend, dass bestandskräftige Entscheidungen der Kartellbehörde eines Mitgliedstaates die Gerichte dieses Mitgliedstaates in Schadensersatzverfahren binden (Abs. 1). Vor Gerichten anderer Mitgliedstaaten können sie immerhin zumindest als Anscheinsbeweis für das Vorliegen einer Zuwiderhandlung gegen das Wettbewerbsrecht vorgelegt werden (Abs. 2). Die weitergehende deutsche Regelung kann bestehen bleiben, da Abs. 2 nur eine Mindestregel aufstellt („zumindest").

2. Finanzielle Sanktionen

39 Nach **europäischem Recht** (Art. 23 Abs. 2 VO 1/2003) kann die Kommission bei vorsätzlicher oder fahrlässiger Verletzung kartellrechtlicher Verbotsnormen oder Anordnungen **Geldbußen** in einer Höhe von bis zu 10% des gesamten Umsatzes des betroffenen Unternehmens während des vorangehenden Geschäftsjahres – also nicht nur des Umsatzes in dem jeweiligen kartellrechtlich relevanten Produktmarkt – verhängen. Geldbußen in Höhe von bis zu 1% des Vorjahresumsatzes sind nach Art. 23 Abs. 1 VO 1/2003 für bestimmte Formen der Behinderung von Ermittlungen vorgesehen. Außerdem können zur Erzwingung einzelner Maßnahmen nach Art. 24 VO 1/2003 Zwangsgelder festgesetzt werden.

---

[24] Komm., E. v. 19.1.2005 DG COMP/C-2/37 214 – *Gemeinsame Vermarktung der Medienrechte an der deutschen Bundesliga,* WuW/E EU-V 1035.

[25] S. unten *Meessen/Funke,* IntKartR Rn. 11, 15, 67.

[26] Richtlinie 2014/104/EU des Europäischen Parlaments und des Rates vom 26. November 2014 über bestimmte Vorschriften für Schadensersatzklagen nach nationalem Recht wegen Zuwiderhandlungen gegen wettbewerbsrechtliche Bestimmungen der Mitgliedstaaten und der Europäischen Union, ABl. L 349 vom 5.12.2014, 1ff.

Nach **deutschem Recht** können seit Inkrafttreten der 7. GWB-Novelle am 1. Juli 2005 wegen vorsätzlicher oder fahrlässiger Nichtbeachtung von Verboten und Einzelentscheidungen des europäischen und des deutschen Rechts nach § 81 Abs. 4 GWB **Bußgeldsanktionen** in gleicher Höhe verhängt werden. Im Unterschied zum europäischen Kartellrecht umfasst der Kreis der Verbotsadressaten nach deutschem Ordnungswidrigkeitenrecht nicht nur das betroffene Unternehmen, sondern auch **natürliche Personen** wie Vertreter, Beauftragte, Organmitglieder usw. Außerdem sieht das deutsche Recht als zusätzliche Verwaltungssanktion in § 34 GWB wegen Verletzung europäischen und deutschen Kartellrechts eine **Abschöpfung des wirtschaftlichen Vorteils** durch die Kartellbehörde vor. Die Fülle der Sanktionsmöglichkeiten und die konkurrierende Zuständigkeit europäischer und mitgliedstaatlicher Kartellbehörden können zu einer Kumulation von Sanktionen führen, deren Zulässigkeit nach speziellen Rechtsnormen und nach den Grundsätzen **ne bis in idem** und rechtsstaatlicher **Anrechnungspflichten** zu bestimmen ist.[27] 40

3. Fusionskontrollverfahren

Zum **Vollzug des europäischen und deutschen Fusionskontrollrechts** sind – bei etwas abweichender Terminologie – gleichartige verwaltungsrechtliche Instrumente wie beim Vollzug von Verletzungen der kartellrechtlichen Verbote zwei- und mehrseitiger sowie einseitiger Wettbewerbsbeschränkungen vorgesehen. Ermächtigungsgrundlage sind jedoch in beiden Rechtsordnungen andere Vorschriften: im europäischen Recht sind es insbesondere die Art. 7, 8 und 14 FKVO sowie im deutschen Fusionskontrollrecht die §§ 41, 42 GWB und – allerdings mit dem allgemeinen Kartellverfahrensrecht übereinstimmend – die Bußgeldvorschrift des § 81 GWB. Zu beachten ist ferner, dass nicht nur die Europäische Union, sondern auch Deutschland und die übrigen Mitgliedstaaten ausschließlich zum Vollzug des jeweiligen eigenen Fusionskontrollrechts zuständig sind. Das anwendbare Fusionskontrollrecht kann sich auch aus einer durch Verweisung begründeten Zuständigkeit zum Vollzug ergeben. 41

In beiden Rechtsordnungen gilt ein System **präventiver Fusionskontrolle,** d. h. alle anmeldepflichtigen Zusammenschlussvorhaben dürfen nur unter der Voraussetzung vorheriger Anmeldung und Freigabe vollzogen werden. Bei Nichtbeachtung der Anmeldepflicht und/oder des Vollzugsverbots kann es zu Entflechtungsanordnungen, die bei Verschulden mit der Verhängung von Geldbußen verbunden werden, kommen. In aller Regel werden Zusammenschlussvorhaben freigegeben, allerdings nicht selten unter **Auflagen** und/oder **Bedingungen.** Nur wenige Zusammenschlussvorhaben werden untersagt. Als Besonderheit des deutschen Rechts ist zu vermerken, dass der **Bundesminister für Wirtschaft und Energie** ermächtigt ist, aus nicht wettbewerblichen überwiegenden Gründen des gemeinen Wohls eine Erlaubnis zu einem vom Bundeskartellamt untersagten Zusammenschlussvorhaben zu erteilen (§ 42 Abs. 1 GWB). 42

Der Schwerpunkt des Fusionskontrollverfahrens liegt auf dem **Anmeldeverfahren.** Zunächst ist die **Anmeldepflichtigkeit** nach europäischem und deutschem Recht vor allem anhand von auf verschiedene geographische Räume bezogenen **Umsatzkriterien** festzustellen. Die Zuständigkeit zur Prüfung angemeldeter Zusammenschlussvorhaben kann gemäß Art. 4, 9 und 22 FKVO auch durch **Verweisung** an die Kommission oder eine mitgliedstaatliche Kartellbehörde begründet werden. Anmeldungen, die den detaillierten Vorgaben des Formblatts CO im europäischen Recht[28] oder den allgemein gehaltenen Anforderungen des § 39 Abs. 3 GWB im deutschen Recht genügen, setzen **knappe Fristen** in Lauf, innerhalb derer das Zusammenschlussvorhaben entweder freigegeben oder aber mit gerichtsfester Begründung untersagt werden muss. In beiden Rechtsordnungen wird 43

---

[27] *Roesen,* Mehrfache Sanktionen im internationalen und europäischen Recht, 2009.

[28] Neu gefasst mit Wirkung zum 1.1.2014 durch die Durchführungsverordnung (EU) Nr. 1269/2013 der Kommission vom 5. Dezember 2013, ABl. L 336 S. 1, 4 ff.

das Anmeldeverfahren in **zwei Phasen** unterteilt: Dabei dient die erste Phase der Vorprüfung, während in der zweiten, längeren Phase eine intensivere Hauptprüfung durchgeführt wird. Eine Prüfung nach deutschem Recht ist nach insgesamt maximal vier Monaten ab Anmeldung abgeschlossen, wohingegen die Gesamtdauer bei einer Prüfung nach europäischem Recht bei Eintritt in die zweite Phase in der Regel insgesamt mehr als sechs Monate dauert. Die meisten Vorhaben werden in der ersten Phase freigegeben. Die zweite Phase einer vertieften Überprüfung wird nur dann eingeleitet, wenn innerhalb der ersten Phase die Kommission „Anlass zu ernsthaften Bedenken" feststellt (Art. 6 Abs. 1c FKVO) oder – im deutschen Recht – das Bundeskartellamt mitteilt, dass es in das „Hauptprüfverfahren" eingetreten ist (§ 40 Abs. 1 GWB). **Unrichtige Angaben** in der Anmeldung können nicht nur zur Verhängung von Geldbußen, sondern auch zum Widerruf einer Freigabe in der ersten oder zweiten Phase führen (Art. 8 Abs. 6 FKVO, § 40 Abs. 3a GWB).

44 Freigabeentscheidungen können im europäischen und deutschen Kartellrecht unter **Bedingungen** und **Auflagen** gestellt werden, woraus sich, wie bereits erwähnt, Verhaltensgebote ergeben können. Zur Wahrung der Wettbewerbsfreiheit sieht das deutsche Kartellrecht anders als das europäische Recht (Art. 6 Abs. 2 (2), Art. 8 Abs. 2 (2) FKVO) ausdrücklich vor, dass die Freigabe von Zusammenschlussvorhaben nicht unter die Bedingung oder Auflage einer laufenden **Verhaltenskontrolle** gestellt werden darf (§ 40 Abs. 3 S. 2 GWB). In Deutschland sind also nur strukturelle Bedingungen und Auflagen, wie Pflichten zur Veräußerung von Unternehmen oder Unternehmensteilen, zulässig. Diese Regelung schränkt die Möglichkeiten zur vertraglichen Gestaltung freigabefähiger Zusammenschlüsse ohne überzeugenden Grund ein.

4. Verfahrensleitende Entscheidungen

45 Positive und negative Endentscheidungen sind für die beteiligten Unternehmen von großer Tragweite. Sie bedürfen sorgfältiger Vorbereitung. Spätere Korrekturen sind insbesondere im Fusionskontrollrecht kaum noch möglich. Entflechtungen vollzogener Zusammenschlüsse werden mit einem „unscrambling" von „scrambled eggs" gleichgesetzt. Entsprechend sind die Kommission und die deutschen Kartellbehörden mit umfassenden **Ermittlungsmöglichkeiten** ausgestattet.

46 Nach Art. 18 VO 1/2003 und Art. 11 FKVO kann die Kommission **Auskunftsverlangen** nicht nur an die Regierungen und Kartellbehörden der Mitgliedstaaten, sondern auch an Unternehmen und Unternehmensvereinigungen richten. Auskünfte, die von Unternehmen und Unternehmensvereinigungen nicht oder nicht vollständig erteilt werden, können durch Entscheidung angefordert werden. In ähnlicher Abstufung können nach Art. 19f. VO 1/2003 und nach Art. 13 FKVO **Nachprüfungen** vorgenommen und notfalls unter Zwangsgeldandrohung angeordnet werden. Nach § 57 GWB stehen den deutschen Kartellbehörden im Verwaltungsverfahren die meisten Beweismittel des Zivilprozessrechts zur Verfügung. Darüber hinaus können sie nach § 59 GWB durch Beschluss Auskunftsverlangen an Unternehmen und Unternehmensvereinigungen richten sowie aufgrund gerichtlicher Anordnung Durchsuchungen durchführen. Die Gewährung rechtlichen Gehörs ist im europäischen und deutschen Kartellverfahren durch eine eingehende Regelung von **Anhörungsrechten** gewährleistet. Die Durchführung von Ermittlungen in **Ordnungswidrigkeitenverfahren** richtet sich nach dem weitgehend auf die Strafprozessordnung verweisenden Ordnungswidrigkeitengesetz.

III. Zivilrechtliche Rechtsfolgen

47 Die **Privatisierung des Gesetzesvollzugs** dient dem Abbau unmittelbarer staatlicher Aufgabenerfüllung. Sie funktioniert jedoch nur, wenn die Verteilung von Chancen und Risiken der zivilrechtlichen Geltendmachung von Kartellrechtsverletzungen ausreichende Anreize schaffen, sich auf Kartellrechtsverletzungen zu berufen. Im **US-amerikanischen**

Recht ist dies der Fall. Kläger haben bei Kartellrechtsverletzungen häufig den Anreiz eines dreifachen Schadensersatzanspruchs. Im Unterliegensfall sind sie in der Regel nicht verpflichtet, dem obsiegenden Beklagten außergerichtliche Kosten zu erstatten. Vor allem verfügt der Kläger auf Grund der Regelungen zur pre-trial discovery über Ermittlungsbefugnisse, die kartellbehördlichen Auskunftsrechten vergleichbar sind und sich wegen ihrer nicht abwälzbaren Kosten zur Erzwingung gerichtlicher und außergerichtlicher Vergleiche nutzen lassen. Lange war keine dieser Voraussetzungen nach europäischem und deutschem Kartellrecht erfüllt. Unter den zivilrechtlichen Rechtsfolgen stand zumindest in Deutschland daher das Recht im Vordergrund, sich gegenüber Vertragsklagen auf die Nichtigkeit des Vertrages wegen Verletzung kartellrechtlicher Verbotsnormen zu berufen.

Dies hat sich in den letzten Jahren deutlich geändert. Die **private Rechtsdurchsetzung im Wege von Schadensersatzklagen** rückt in Deutschland und Europa immer mehr in den Vordergrund.[29] Hierzu haben einerseits grundlegende Entscheidungen des EuGH beigetragen.[30] Andererseits wurde 2014 eine Richtlinie über Vorschriften für Schadensersatzklagen nach nationalem Recht erlassen, welche die Durchsetzung von Schadensersatzansprüchen erleichtern soll.[31] Diese klammert jedoch bewusst Mechanismen zur kollektiven Rechtsdurchsetzung aus (Erwägungsgrund 13), so dass die Möglichkeit zur Erhebung von **Sammelklagen** (class actions) in der EU weiterhin geringer ist als im US-amerikanischen Recht. 48

1. Nichtigkeit

Die Nichtigkeit wettbewerbsbeschränkender Vereinbarungen und Beschlüsse von Unternehmensvereinigungen ist in **Art. 101 Abs. 2 AEUV** angeordnet. Die Anordnung erfasst nur die verbotenen Teile einer Vereinbarung. Welche Folgen dies auf die Wirksamkeit der Vereinbarung im Übrigen hat, ist dem internationalprivatrechtlich anwendbaren Vertragsrecht zu entnehmen. Nach deutschem Recht ist nach **§ 139 BGB** von einer Vermutung für die Nichtigkeit des gesamten Vertrages auszugehen. Allerdings ist eine Widerlegung der Vermutung auf Grund einer in der Vertragspraxis üblichen salvatorischen Klausel häufig möglich. Bei einer Verletzung von Verboten des deutschen Kartellrechts wäre, sofern der Vertrag deutschem Recht unterliegt, die Nichtigkeitsfolge **§ 134 BGB** zu entnehmen. 49

Zur Durchsetzung von Kartellrecht gegenüber **hard-core Kartellen** dürfte die Nichtigkeitsfolge wenig beitragen. Derartige Verträge werden anders als Verträge mit Unternehmen einer anderen Marktstufe auch dann eingehalten, wenn sie rechtlich unwirksam sind. Immerhin wird eine Disziplinierung der Mitglieder eines Kartells durch gerichtliche oder – was früher häufig der Fall war – schiedsgerichtliche Durchsetzung verhindert. Ob und inwieweit die Parteien durch Wahl des Vertragsrechts eines Drittstaates oder eines anationalen Rechts in Verfahren vor staatlichen Gerichten oder Schiedsgerichten der Anwendung europäischen oder deutschen Kartellrechts entgehen können, ist eine nach dem Vertragskollisionsrecht des Gerichtsstaats oder der lex arbitri zu klärende Frage. Der Trend dürfte dahin gehen, die Anwendbarkeit kartellrechtlichen Eingriffsrechts zu bejahen, soweit die Anwendungsvoraussetzungen dieses Rechts im Rahmen des kartellrechtlichen Wirkungsprinzips erfüllt sind.[32] 50

2. Unterlassungs- und Schadensersatzansprüche

Sofern Ansprüche auf Schadensersatz oder Unterlassung auf unerlaubte Handlung gestützt werden, ist zunächst nach dem internationalen Privatrecht des Gerichtsstaats das an- 51

---

[29] Siehe hierzu *Inderst/Thomas,* Schadensersatz bei Kartellverstößen, 2015.
[30] S. sogleich Rn. 53.
[31] S. sogleich Rn. 54.
[32] S. auch unten *Meessen/Funke,* IntKartR Rn. 146–156 sowie zur Schiedsgerichtsbarkeit *Ason,* Ordre-public-Kontrolle von Schiedssprüchen mit kartellrechtlichem Bezug, WuW 2014, 1057 ff.

wendbare nationale Recht der unerlaubten Handlung festzustellen. Wenn das deutsche Recht der unerlaubten Handlung anwendbar ist, können Schadensersatz- und Unterlassungsansprüche auf die in **§ 33 GWB** enthaltene Spezialregelung zu § 823 Abs. 2 BGB gestützt werden.

52 § 33 GWB setzt erstens eine Verletzung von einer Vorschrift des GWB, von Art. 101 oder 102 AEUV oder von einer Verfügung der Kartellbehörde voraus. Als zweite Voraussetzung wird nicht (mehr) verlangt, dass die jeweilige Vorschrift oder kartellbehördliche Verfügung den Schutz des Klägers bezweckt. Vielmehr genügt die **Betroffenheit** des Klägers. Betroffen ist nach § 33 Abs. 1 Satz 3 GWB, „wer als Mitbewerber oder sonstiger Marktbeteiligter durch den Verstoß beeinträchtigt ist." Schadensersatz kann außerdem nur dann verlangt werden, wenn dem Beklagten Vorsatz oder Fahrlässigkeit zur Last fällt. Näher ausgeformt wurde das deutsche Recht insbesondere durch die Entscheidung des Bundesgerichtshofs in der Rechtssache **ORWI.** In dieser Entscheidung betonte der BGH die Anspruchsberechtigung indirekter Abnehmer, akzeptierte im Grundsatz den Einwand des Beklagten, der Kläger habe den Schaden auf dessen eigene Abnehmer abgewälzt **(passing-on defense),** und schuf insgesamt ein sorgfältig austariertes System der Schadensgeltendmachung.[33]

53 Der Schadensersatzanspruch des § 33 GWB ist jedoch auch vor dem Hintergrund des europäischen Rechts zu betrachten. Der EuGH hat zunächst aus dem Primärrecht abgeleitet, dass jedermann Ersatz des ihm entstandenen Schadens verlangen kann.[34] Sodann hat er zwar ausgesprochen, dass die Ausgestaltung des Schadensersatzanspruchs Sache des nationalen Rechts sei, aber im gleichen Atemzug verlangt, dass das nationale Recht dem **Effektivitätsgrundsatz und Äquivalenzgrundsatz** genügen müsse. Es dürfe daher für die Durchsetzung europarechtlich gewährter Rechte keine strengeren Voraussetzungen aufstellen als für auf nationalem Recht beruhende Ansprüche (Äquivalenzgrundsatz). Außerdem dürfe das nationale Recht nicht so ausgestaltet sein, dass es die Durchsetzung des unionsrechtlich gebotenen Schadensersatzanspruches praktisch unmöglich mache oder übermäßig erschwere (Effektivitätsgrundsatz).[35] Insbesondere auf den Effektivitätsgrundsatz hat der EuGH sodann eine Reihe von Entscheidungen gestützt, die dem Gestaltungsspielraum des nationalen Gesetzgebers Grenzen ziehen.[36]

54 Diese Entwicklung kulminierte in dem Erlass der Richtlinie über bestimmte Vorschriften für Schadensersatzklagen nach nationalem Recht wegen Zuwiderhandlungen gegen wettbewerbsrechtliche Bestimmungen der Mitgliedstaaten und der Europäischen Union **(Kartellschadensersatzrichtlinie).**[37] Diese Richtlinie, die bis zum 27. Dezember 2016 in nationales Recht umzusetzen ist, kodifiziert einerseits die Rechtsprechung des EuGH zum Primärrecht (Art. 3, 4). Andererseits enthält sie detaillierte Vorschriften über die Offenlegung von Beweismitteln, die gesamtschuldnerische Haftung, die Bindungswirkung nationaler Entscheidungen, die Verjährung, die Ermittlung des Schadensumfangs, einschließlich der Vermutung eines Schadenseintritts, und die einvernehmliche Streitbeilegung. Sie gestaltet zudem das Jedermannsrecht auf Schadensersatz näher aus. Auch nach der Richtlinie können sowohl direkte als auch indirekte Abnehmer Schadensersatz geltend machen und

---

[33] BGH, U. v. 28.6.2011, KZR 75/10, BGHZ 190, 145.

[34] EuGH, U. v. 20.9.2001, C-453/99, ECLI:EU:C:2001:465, *Courage/Crehan,* WuW/E EU-R 479.

[35] EuGH, U. v. 20.9.2001, C-453/99, ECLI:EU:C:2001:465, *Courage/Crehan,* WuW/E EU-R 479; U. v. 13.7.2006, C-295/04 bis C-298/04, ECLI:EU:C:2006:461, *Manfredi/Lloyd Adriatico Assecurazioni,* WuW/E EU-R 1107.

[36] Siehe die Nachweise in Fn. 35 sowie EuGH, U. v. 14.6.2011, C-360/09, ECLI:EU:C:2011:389, *Pfleiderer;* U. v. 6.6.2013, C-536/11, ECLI:EU:C:2013:366, *DonauChemie;* U. v. 5.6.2014, C-557/12, ECLI:EU:C:2014:1317, *Kone.*

[37] Richtlinie 2014/104/EU vom 26.11.2014, ABl. L 349/1. Siehe hierzu *Kersting,* Die neue Richtlinie zur privaten Rechtsdurchsetzung im Kartellrecht, WuW 2014, 564 ff.; *Schweitzer,* Die neue Richtlinie für wettbewerbsrechtliche Schadensersatzklagen, NZKart 2014, 335 ff.

steht dem Beklagten der Einwand der Schadensabwälzung zu (Art. 12ff.). Aufgrund der Möglichkeit beider Parteien, Offenlegung von Beweismitteln zu verlangen, sowie aufgrund einer zugunsten der indirekten Abnehmer eingreifenden Vermutung der Schadensabwälzung, gibt es jedoch auch deutliche Unterschiede zum geltenden deutschen Recht, die im Rahmen der Umsetzung zu beseitigen sind. Schließlich bemüht sich die Richtlinie, eine Minderung der Anreize für Kartellbeteiligte, sich als Kronzeugen zur Verfügung zu stellen,[38] zu vermeiden. Zu diesem Zweck wird die Offenlegung von Kronzeugenerklärungen und Vergleichsausführungen generell ausgeschlossen (Art. 6 Abs. 6) und dem Kronzeugen eine Haftungsprivilegierung im Außenverhältnis gegenüber dem Geschädigten (Art. 11 Abs. 4) gewährt. Beide Regelungen sind verfehlt; das angestrebte Ziel hätte sich durch eine Privilegierung des Kronzeugen im Innenverhältnis zu den Mitkartellanten deutlich einfacher und besser erreichen lassen.[39]

IV. Methoden der Kartellrechtsanwendung

Selbstverständlich gilt die **allgemeine juristische Methodenlehre** auch für das Kartellrecht. Als Wirtschaftsordnungsrecht ist das Kartellrecht jedoch in besonderem Maße mit wirtschaftswissenschaftlichen Begriffen durchsetzt und auf wirtschaftliche Sachverhalte bezogen. Zum Verständnis dieser Begriffe und zur Feststellung und Würdigung dieser Sachverhalte muss bei der Anwendung von Kartellrecht auf **wirtschaftswissenschaftliche** und **sonstige sozialwissenschaftliche Methoden** stärker als in anderen Gebieten des Wirtschaftsrechts zurückgegriffen werden. Dies soll am **Beispiel des Fusionskontrollrechts** verdeutlicht werden:[40] 55

Die besondere Schwierigkeit der Anwendung von Fusionskontrollrecht liegt darin, dass aus einer **Veränderung der Marktstruktur** auf eine Beschränkung des Wettbewerbs als **prozesshaftes Geschehen** geschlossen werden muss. Zunächst gilt es, die Schwelle zu definieren, deren Überschreitung eine Strukturveränderung bewirkt, von der man erwarten kann, dass sie künftig eine ein Eingreifen rechtfertigende Beschränkung des Wettbewerbs zur Folge hat. Seit der Einführung des SIEC-Tests durch die 8-GWB-Novelle auch im deutschen Recht ist Eingriffsvoraussetzung das Vorliegen einer erheblichen Behinderung wirksamen Wettbewerbs. Dem Marktbeherrschungskriterium, also der Erwartung der Begründung oder Verstärkung einer marktbeherrschenden Stellung, kommt damit sowohl im europäischen als auch im deutschen Recht nur eine Indizwirkung zu, die allerdings in der großen Mehrzahl der Fälle zum Tragen kommt. Beide Kriterien sind durch wirtschaftswissenschaftliche Begriffe oder Begriffsgruppen ausgedrückt. Dabei hat das Kriterium der erheblichen Behinderung wirksamen Wettbewerbs den Vorzug, das eigene wettbewerbspolitische Ziel genau wiederzugeben. Es ist aber mit dem Nachteil eines noch höheren Abstraktionsgrades verbunden. 56

In der Praxis besteht nach beiden Rechtsordnungen die erste Aufgabe darin, den **sachlich und räumlich relevanten Markt** zu bestimmen. Die Wirtschaftswissenschaft bietet hierzu insofern eine Hilfe, als sie die Anreizstrukturen für ein Ausweichen von Teilen der Marktgegenseite auf andere Produkte zu analysieren vermag. Für das Wettbewerbsverhalten entscheidend sind letztlich jedoch nicht das objektive Interesse des homo oeconomicus, sondern die tatsächliche Bewusstseinshaltung der jeweiligen Marktteilnehmer. Zu ihrer Feststellung können sozialwissenschaftliche Befragungsmethoden, die irrationale Faktoren, 57

---

[38] Siehe hierzu *Meessen,* Überdehnung des europarechtlichen Effektivitätsgrundsatzes in *Courage* und *Manfredi,* FS Loewenheim, 2009, S. 418.

[39] *Kersting,* Die neue Richtlinie zur privaten Rechtsdurchsetzung im Kartellrecht, WuW 2014, 564, 566f., 568f.; so schon *ders.,* ZWeR 2008, 252, 266ff.; *ders.,* JZ 2012, 42, 45; *ders.,* JZ 2013, 737, 739.

[40] *Schwalbe/Zimmer,* Kartellrecht und Ökonomie², 2011; *Peeperkorn/Verouden,* The Economics of Competition, in: Faull/Nikpay (Hrsg.), The EC Law of Competition², 2007, S. 3–85.

wie eine Begünstigungs- oder Benachteiligungsabsicht der Befragten, einbeziehen, am ehesten einen Beitrag leisten.

58 Die zweite und noch weit schwierigere Aufgabe besteht darin, die **Wirkungen des Vollzugs des geplanten Zusammenschlusses** für einen angemessenen Zeitraum zu prognostizieren. In diesem Zusammenhang ist nach der Struktur des Zusammenschlusses (horizontal, vertikal oder konglomerat) und nach der Zahl der verbleibenden Marktteilnehmer und ihrer Neigung, sich zu koordinieren oder untereinander in einen Wettbewerb zu treten, zu unterscheiden. Zugleich ist in **dynamischer Betrachtung** nach der Weiterentwicklung der Produkte, sei es in technischer Hinsicht, sei es hinsichtlich ihrer Verteilung (durch neue Vertriebswege, Aufbau von Marken zur Erleichterung ihrer Wiedererkennung usw.) zu fragen.

59 Die erste Hilfsüberlegung besteht meist darin, die **Marktanteile** der an dem Zusammenschluss beteiligten Unternehmen festzustellen und mit den Marktanteilen der verbleibenden Wettbewerber oder auch von Gegenmacht ausübenden Unternehmen auf vor- oder nachgelagerten Märkten zu vergleichen. Die Anteilsberechnung erfolgt im Rahmen öffentlich zugänglicher **Statistiken** auf Grund interner Daten und informierter Annahmen des Vertriebspersonals der beteiligten Unternehmen. Zu den wettbewerblich bedenklichen Schwellenwerten liegen wirtschaftswissenschaftliche Erfahrungswerte in Verbindung mit besonderen Berechnungsmethoden (Herfindahl-Hirschman Index – HHI) vor. Sie sind jedoch auf Grund besonderer Marktstrukturen (potenzieller Wettbewerb, Ausschreibungsmärkte usw.) widerleglich und zwar unabhängig davon, ob es sich juristisch um Indizien wie im europäischen Recht oder um gesetzliche Vermutungen wie im deutschen Recht handelt. Nach Addition der Marktanteile der beteiligten Unternehmen sind u. U. Abschmelzungserwartungen zu berücksichtigen. Vor allem muss die Bewertung von Marktanteilszuwächsen zu den von dem Zusammenschluss zu erwartenden Effizienzgewinnen in Beziehung gesetzt werden.

60 Zur **Kategorisierung und Berechnung von Effizienzgewinnen** stellen die Wirtschaftswissenschaften Methoden zur Verfügung, weniger allerdings zu der fusionskontrollrechtlich entscheidenden Frage, ob die Gewinne von den beteiligten Unternehmen an die Marktgegenseite ganz oder teilweise weitergegeben werden. **Spieltheorie** und **Simulationsmodelle** bieten in dieser Hinsicht eine gewisse Hilfe. Dynamische Effizienzgewinne verstärken auch Marktmacht, können aber zugleich wettbewerbspolitisch erwünschte Anreize zu Innovationen darstellen, soweit die hierdurch erlangte Stellung bestreitbar (contestable) bleibt. Ob das abstraktere Kriterium der erheblichen Behinderung wirksamen Wettbewerbs eine Kompensation **(trade-off)** der Wettbewerbsbehinderung durch Effizienzgewinne erlaubt, ist unter Wirtschaftswissenschaftlern und Juristen umstritten. Ohne Weiteres möglich ist eine Kompensation durch Effizienzgewinne, die den Wettbewerb intensivieren. Ausdrücklich gestattet wird eine Kompensation durch die **Abwägungsklausel** des deutschen Rechts (§ 36 Abs. 1 S. 2 Nr. 1 GWB) für den besonderen Fall, dass „durch den Zusammenschluss auch Verbesserungen der Wettbewerbsbedingungen eintreten und diese Verbesserungen die Behinderung des Wettbewerbs überwiegen."

61 Die **wettbewerbspolitische Gestaltung** kartellrechtlicher Normen bedarf einer **Zusammenarbeit zwischen Juristen und Ökonomen.** Wirtschaftswissenschaftler definieren wettbewerbspolitische Aufgaben. Juristen tragen zur Operationalisierung bei. Aufgrund rechtsstaatlicher Bestimmtheitsanforderungen kann hiermit eine **Typisierung** verbunden sein, die in komplexen Sachverhalten keine punktgenaue Erreichung der ökonomischen Ziele erlaubt. Weitere Ungenauigkeiten ergeben sich daraus, dass die Rechtsätze, die schließlich erlassen werden, in aller Regel von Partei- und Interessenpolitik geprägte Kompromissentscheidungen darstellen.

62 Bei der **Auslegung** kartellrechtlicher Normen sind Konzeption und Entstehungsgeschichte aus der Sicht beider Disziplinen zu beachten. Die normative Vorgabe gilt jedoch so, wie sie beschlossen wurde. Gutgemeinte „Nachbesserungen" von positivem

Recht sind, wenn die Grenzen teleologischer Auslegung überschritten werden, unzulässig. Insofern können die Wirtschaftswissenschaften nur Hilfen anbieten. Die umfassende Bewertung des einzelnen Falls, die stets mit einer Berücksichtigung der sich auch aus dem konkreten Sachverhalt ergebenden Umstände verbunden ist, liegt ebenso wie bei Fragen, die im Umweltrecht nach dem Stand der Technik zu entscheiden sind, in juristischer Verantwortung.

Zumindest seit 1998 verfolgt die Kommission zur Anwendung bestehenden und zur Schaffung neuen europäischen Kartellrechts einen **„more economic approach".** Mit diesem Ziel kündigte Karel *Van Miert* als seinerzeit für Wettbewerb zuständiges Mitglied der Kommission eine Änderung der Vollzugspraxis an, die schließlich zum Erlass der neuen Verfahrensverordnung und auch zur bereits erwähnten Propagierung privater Schadensersatzklagen führte.[41] Van Mierts Nachfolger Mario *Monti* machte den „more economic approach" geradezu zum Kennzeichen seiner Amtszeit.[42] **63**

Soweit der „more economic approach" seinen Niederschlag in EG- bzw. EU-Verordnungen, wie der Gruppenfreistellungsverordnung Vertikalvereinbarungen von 2010[43] sowie der bereits erwähnten Verfahrensverordnung von 2003 und der Fusionskontrollverordnung von 2004, gefunden hat, ist das **geänderte Recht** nach Wortlaut und Sinn – durchaus unter Berücksichtigung dieser Zielvorstellung der beim Erlass von EU- bzw. EG-Verordnungen mit dem alleinigen Vorschlagsrecht ausgestatteten Kommission – auszulegen und anzuwenden. Soweit aber der „more economic approach" zur Durchsetzung einer **geänderten Auslegung bestehenden Rechts** genutzt wird, muss man in der Tat an die „rechtlichen Grenzen einer Ökonomisierung europäischen Wettbewerbsrechts" erinnern.[44] **64**

Dies ist zunächst eine Frage der Rechtsform. Leitlinien bewirken lediglich eine Selbstbindung der Kommission. Die Kommission ist jedoch nicht ermächtigt, im Wege des Erlasses von Leitlinien die Tatbestandsmerkmale „Beitrag zur Verbesserung der Warenerzeugung oder -verteilung oder zur Förderung des technischen oder wirtschaftlichen Fortschritts" in Art. 101 Abs. 3 AEUV durch das ökonomische Konzept **„Effizienzgewinne"** zu ersetzen.[45] Sie ist auch nicht ermächtigt, durch ein Diskussionspapier die **Konsumentenwohlfahrt** zunächst als Ziel und gleich anschließend als zusätzliches Tatbestandsmerkmal von Art. 102 AEUV auszuweisen.[46] Letzteres ist inzwischen vom EuGH eindeutig abgelehnt worden.[47] Hieran ist auch dann festzuhalten, wenn von wirtschaftswissenschaftlicher Seite Konsumentenwohlfahrt als geeignetes Sekundärkriterium zur Wahl zwischen verschiedenen Wegen zur Verwirklichung von Wettbewerbsfreiheit bezeichnet wird.[48] Im Übrigen entbehrt das Schlagwort „more economic" auch der Bestimmtheit, die für **materiellrechtliche Tatbestandsmerkmale** von Ermächtigungsnormen für Eingriffe in die unternehmerische Freiheit vorausgesetzt werden muss.[49] Die Spannweite zwischen Effizienzgewinnen und Konsumentenwohlfahrt deutet auf eine rechtlich nicht tragbare Beliebigkeit wirtschaftswissenschaftlicher Deutungen des „more economic approach" hin. **65**

---

41 Presseerklärung vom 30.9.1998, 18/98/853.

42 S. z.B. *Monti,* Rede zur Einführung des neuen Präsidenten des Bundeskartellamts, 13.1.2000, SPEECH/00/6.

43 VO 330/2010 vom 20.4.2010, ABl. L 102, 1.

44 *Immenga,* Leitlinien als Instrument europäischer Wettbewerbspolitik, Vorträge und Berichte, Nr. 169, Zentrum für Europäisches Wirtschaftsrecht (Bonn), 2008.

45 So aber Ziffer 50, 51 der Leitlinien zur Anwendung von Art. 81 Abs. 3 EG-Vertrag, ABl. 2004 C 101/97.

46 So aber Kommission, DG Competition discussion paper on the application of Article 82 of the Treaty to exclusionary abuses, December 2005, Rn. 54, 55.

47 EuGH, U. v. 15.3.2007, C-95/04 P, ECLI:EU:C:2007:166, *British Airways/Kommission,* WuW/E EU-R 1259; so auch *Basedow,* Konsumentenwohlfahrt und Effizienz, WuW 2007, 712.

48 In diesem Sinne *v. Weizsäcker,* Konsumentenwohlfahrt und Wettbewerbsfreiheit, WuW 2007, 1078.

49 Näheres *Meessen,* Ultra vires Making of Competition Law by the Commission, in: Pasquinucci/Preda (Hrsg.), 2009.

66 Trotz dieser bislang kaum erörterten Bedenken hat der „more economic approach" erheblichen **Einfluss auf die Anwendungspraxis** der Kommission. Zwar hat sich im Jahre 2004 der damalige Präsident des Bundeskartellamts gegen eine stärkere Ökonomisierung der deutschen Anwendungspraxis ausgesprochen,[50] dennoch hat die auch durch die Einrichtung der Position eines Chief Economist und seiner regelmäßigen Befassung mit laufenden Verfahren geschaffene „wirtschaftswissenschaftlicher" geprägte **Kultur der Kartellrechtsanwendung** auch die deutsche Praxis erfasst.[51]

C. Rechtsquellen

I. Europäisches Recht

1. Geschichtliche Entwicklung

67 Bereits der Vertrag über die Gründung der Europäischen Gemeinschaft für Kohle und Stahl vom 18. April 1951 enthielt preisrechtliche Vorschriften sowie ein Verbot wettbewerbsbeschränkender Vereinbarungen und Vorschriften über eine vorbeugende Fusionskontrolle (Art. 60f., 65 und 66 EGKS). Der **EGKS-Vertrag** ist am 22. Juli 2002 durch Zeitablauf außer Kraft getreten. Seither gilt auch für Unternehmen der Kohle- und Stahlindustrie (Art. 80 EGKS) ausschließlich das Kartellrecht des Vertrages zur Gründung der Europäischen Wirtschaftsgemeinschaft vom 25. März 1957 in der derzeitigen insoweit weitgehend wortgleichen und nur durch den Änderungsvertrag von Amsterdam vom 2. Oktober 1997 neu nummerierten Fassung, auf die in diesem Kommentar unter der vom EuGH empfohlenen Bezeichnung **EG** Bezug genommen wird. Durch den am 1. Dezember 2009 in Kraft getretenen Vertrag von **Lissabon**[52] wurden der Vertrag über die Europäische Union **(EUV)** und der Vertrag zur Gründung der Europäischen Gemeinschaft reformiert und letzterer in Vertrag über die Arbeitsweise der Europäischen Union **(AEUV)** umbenannt. Die kartellrechtlichen Regelungen blieben inhaltlich unverändert; die Regelungen der Art. 81 und 82 EG finden sich nunmehr in Art. 101 und 102 AEUV.

2. Primäres Unionsrecht

68 Aus unionsrechtlicher Sicht stehen EUV und AEUV an der Spitze der unionsrechtlichen Normenhierarchie. **Art. 3 Abs. 3 S. 1 EUV** (ex Art. 2 EG) sieht die Errichtung eines Binnenmarktes vor. Aus den Verträgen ergibt sich, dass zur Errichtung des Binnenmarktes einerseits die Beseitigung aller staatlichen Beschränkungen des Handels unter den Mitgliedstaaten und andererseits, wie bereits erwähnt, die an Unternehmen und – im Rahmen der Beihilfenaufsicht – an die Mitgliedstaaten gerichteten Verbote wettbewerbsbeschränkenden Verhaltens gehören. Über die Beseitigung staatlicher und privater Handelshemmnisse hinausgehend umfasst der Binnenmarkt gemäß Art. 51 EUV i. V. m. dem **Protokoll (Nr. 27) über den Binnenmarkt und den Wettbewerb**[53] (ex Art. 3 Abs. 1g EG) ein „System […], das den Wettbewerb vor Verfälschungen schützt". Art. 119 Abs. 1 AEUV (ex Art. 4 Abs. 1 EG) enthält zudem sowohl für die Europäische Union selbst als auch für ihre Mitgliedstaaten eine wirtschaftsverfassungsrechtliche Festlegung auf den „Grundsatz einer offenen Marktwirtschaft mit freiem Wettbewerb".

69 Das materielle europäische Kartellrecht ist in den **Art. 101 und 102 AEUV** enthalten. Nach Art. 101 AEUV sind wettbewerbsbeschränkende Vereinbarungen und abgestimmte

[50] *Böge,* Der „more economic approach" und die deutsche Wettbewerbspolitik, WuW 2004, 726.
[51] Vgl. Bundeskartellamt, Tätigkeitsbericht 2011/2012, BT-Drs. 17/13675, S. 42ff.
[52] Konsolidierte Textfassungen in ABl. C 326 v. 26.10.2012, 1ff.
[53] ABl. C 83 vom 30.3.2010, 309.

Verhaltensweisen, die geeignet sind, den zwischenstaatlichen Handel zu beeinträchtigen, verboten. Nach Art. 102 AEUV ist die missbräuchliche Ausnutzung einer marktbeherrschenden Stellung durch ein oder mehrere Unternehmen verboten. Das materielle europäische Kartellrecht wurde 1990 durch **Art. 2 Abs. 3 FKVO** um eine Ermächtigung, unionsweite Zusammenschlüsse, die eine marktbeherrschende Stellung begründen oder verstärken, zu untersagen, ergänzt. Seit 2004 knüpft die Untersagungsbefugnis an eine erhebliche Behinderung wirksamen Wettbewerbs an. Grundlage für diese Erweiterung des materiellen Kartellrechts ist die heute in **Art. 352 AEUV** (ex Art. 308 EG) enthaltene subsidiäre Ermächtigung zum Erlass von zur Verwirklichung der Ziele des Binnenmarktes geeigneten Vorschriften.

Die erwähnten materiellrechtlichen Vorschriften werden im primären Vertragsrecht nur **70** durch wenige, ausschließlich auf das Kartellrecht bezogene Vorschriften ergänzt oder auch beschränkt (**Art. 103 bis 106 AEUV,** ex Art. 83 bis 86 EG). Zu den wichtigsten Beschränkungen gehört die notwendige Wahrnehmung bestimmter staatlich übertragener Aufgaben im „allgemeinen wirtschaftlichen Interesse" **(Art. 106 Abs. 2 AEUV).** Aus dem sonstigen Inhalt der Verträge ergeben sich jedoch weitere Ergänzungen und auch Beschränkungen der kartellrechtlichen Vorschriften. Zu den wichtigsten Ergänzungen gehören die in **Art. 4 Abs. 3 EUV** (entspricht im Wesentlichen dem Art. 10 EG) enthaltene Verpflichtung der Mitgliedstaaten zur Erfüllung der sich aus dem Primärrecht und Sekundärrecht ergebenden Verpflichtungen sowie Vorschriften über das Verwaltungsverfahren, wie die sich aus **Art. 296 AEUV** (ex Art. 253 EG) ergebende Begründungspflicht und die Vorschriften über die gerichtliche Kontrolle nach **Art. 19 EUV** (entspricht im Wesentlichen den ex Art. 220f. EG). Zu den wichtigsten sich aus anderen Teilen der Verträge ergebenden Beschränkungen gehören die von planwirtschaftlichen Vorstellungen getragenen Vorschriften des Titels Landwirtschaft (**Art. 38–44 AEUV,** ex Art. 32–38 EG) und die inzwischen allerdings weitgehend abgebauten Einschränkungen der Anwendbarkeit europäischen Kartellrechts auf den Verkehrssektor (**Art. 90–100 AEUV,** ex Art. 70–80 EG).

3. Sekundäres Unionsrecht

Die Übersichtlichkeit der kartellrechtlichen Vorschriften des primären Unionsvertrags- **71** rechts wird durch einen Wildwuchs sekundärrechtlichen Verordnungsrechts und in bestimmten Industriesektoren auch Richtlinienrechts von Rat und Kommission überlagert. Die Feststellung des jeweils anwendbaren sekundären Rechts wird durch die bisherige Zurückhaltung von Rat und Kommission, konsolidierte Neufassungen des weit verzweigten Verordnungsrechts zu erlassen, zusätzlich erschwert. Das durchweg unmittelbar oder mittelbar aufgrund von Art. 103 AEUV erlassene sekundäre Vertragsrecht umfasst eine Anzahl **verfahrensrechtlicher Verordnungen** von Rat und Kommission, an ihrer Spitze die zur Ablösung der Verordnung (EWG) Nr. 17/62 des Rates vom 6. Februar 1962 neu erlassene Verordnung (EG) Nr. 1/2003 des Rates vom 16. Dezember 2002 (VO 1/2003). Die das materielle Recht ergänzende und ein eigenes Verfahrensrecht enthaltende **Fusionskontrollverordnung** vom 21. Dezember 1989, die zur Zeit in der Fassung der Verordnung (EG) Nr. 139/2004 des Rates (FKVO) gilt, wurde bereits erwähnt. Von großer Bedeutung sind ferner die zur generalisierenden Anwendung von Art. 101 Abs. 3 AEUV erlassenen **Gruppenfreistellungsverordnungen** für bestimmte Kategorien wettbewerbsbeschränkender Vereinbarungen. Eine wichtige Gerichtsentscheidung[54] und ihr folgend eine große Anzahl sektorenbezogener EG- bzw. EU-Verordnungen haben die stufenweise Deregulierung der verschiedenen Sektoren des **Verkehrs** bewirkt. Die formelle Verbindlichkeit und

---

[54] EuGH, U. v. 30.4.1986, Rs. 209–213/84, ECLI:EU:C:1986:188, *Ministère public/Asjes („Nouvelles Frontières"),* Slg. 1986, 1425, WuW/E EWG/MUV 730.

unmittelbare Anwendbarkeit sämtlicher Verordnungen ergeben sich aus Art. 288 Abs. 2 AEUV (ex Art. 249 Abs. 2 EG). Richtlinien hingegen sind nach Art. 288 Abs. 3 AEUV – unter erheblichen Erweiterungen durch die Rechtsprechung – nur hinsichtlich des zu erreichenden Ziels verbindlich. Vom Erlass von Richtlinien wurde zur Deregulierung von Bereichen der Energiewirtschaft und der Telekommunikation Gebrauch gemacht. Von besonderer Bedeutung ist auch die **Kartellschadensersatzrichtlinie** (2014/104/EU), welche die zivilrechtliche Durchsetzung von Schadensersatzansprüchen gegen Kartellanten erleichtern soll.[55]

4. Allgemeine Rechtsgrundsätze des Unionsrechts

72 Das sekundäre Unionsrecht und alle von Unionsorganen erlassenen Einzelentscheidungen unterliegen der Gültigkeitskontrolle am Maßstab der allgemeinen Rechtsgrundsätze des Unionsrechts. Im Kartellrecht einschlägig sind insbesondere im Verwaltungsverfahren zu beachtende Grundsätze wie der **Verhältnismäßigkeitsgrundsatz,** der Anspruch auf **rechtliches Gehör** und der **Schutz von Geschäftsräumen.** Häufig sind derartige Grundsätze allerdings in sekundärrechtlichen Normen ausreichend konkretisiert. Zur inhaltlichen Ausfüllung kann nach Art. 6 EUV auch auf die **Charta der Grundrechte** der Europäischen Union vom 7. Dezember 2000[56] (Abs. 1) sowie die **Europäische Menschenrechtskonvention** (Abs. 2, 3) Bezug genommen werden.

5. Bekanntmachungen und Mitteilungen

73 Bekanntmachungen und Mitteilungen der Kommission werden im Teil C (communicatio) und nicht im Teil L (legislatio) des Amtsblatts der EU veröffentlicht. Sie sind nicht formell rechtsverbindlich. Gerade im Bereich des Kartellrechts, das sich von den meisten anderen Rechtsgebieten dadurch unterscheidet, dass die Kommission als Verwaltungsbehörde Rechtsakte mit Wirkung für und gegen den Einzelnen erlässt, sind diese Texte von großer, auch **rechtlicher Bedeutung.** Zwar ist auf diese Weise keine Änderung geltenden Rechts möglich, die Kommission bindet sich aber in gewissem Umfang selbst. Sachlich nicht begründbare Abweichungen sind als Verletzung des Gleichheitssatzes angreifbar.[57] Dies gilt nur für punktuelle Abweichungen. Eine generelle – auch rückwirkende – Änderung von Leitlinien wird im Rahmen der anwendbaren primär- und sekundärrechtlichen Vorgaben als zulässig angesehen.[58]

74 In jedem Falle haben Bekanntmachungen und Mitteilungen einen hohen **Informationswert.** Sie geben den Standpunkt der Kommission zu materiellrechtlichen Fragen und zum eigenen Verfahren in sorgfältiger, authentischer Formulierung wieder. Sehr oft enthalten sie kommentarartige Nachweise der Rechtsprechung. Die Heranziehung der einschlägigen Bekanntmachungen und Mitteilungen empfiehlt sich für die kartellrechtliche Praxis. Als besonders wichtig hervorzuheben sind die Leitlinien über das Verfahren zur Festsetzung von Geldbußen,[59] die Mitteilung über den Erlass und die Ermäßigung von Geldbußen,[60] die Bekanntmachungen über Vereinbarungen von geringer Bedeutung (de minimis)[61] und über die Definition des relevanten Marktes,[62] die Leitlinien zur horizontalen Zusammenar-

---

[55] S. oben Rn. 54.

[56] Charta der Grundrechte der Europäischen Union v. 7.12.2000, ABl 2000 C 364/1.

[57] Vgl. z.B. EuG, U. v. 20.3.2002 Rs. T-31/99, ECLI:EU:T:2002:77, *ABB Asea Brown Boveri/Komm.* Slg. 2002, II-1881, 1912 Rn. 244.

[58] EuG, U. v. 9.7.2003 Rs. T-220/00, ECLI:EU:T:2003:193, *Cheil Jedang/Komm.* Slg. 2002, II-2473, 2493f. Rn. 33.

[59] ABl. C 210 v. 1.9.2006, 2ff.

[60] ABl. C 298 v. 8.12.2006, 17ff.

[61] ABl. C 368 v. 22.12.2001, 13ff.

[62] ABl. C 372 v. 9.12.1997, 5ff.

beit[63] und zu Technologietransfer-Vereinbarungen[64] sowie Mitteilungen und Bekanntmachungen zu diversen Fragen der Fusionskontrolle (Zusammenschlussbegriff,[65] Vollfunktionsgemeinschaftsunternehmen,[66] Nebenabreden[67] usw.).

II. Deutsches Kartellrecht

1. Geschichtliche Entwicklung

Die großen Konzerne der Zwischenkriegszeit galten als Stütze nationalsozialistischer Kriegspolitik. Verständlicherweise bestanden die drei westlichen Siegermächte nach dem Ende des Zweiten Weltkrieges auf ihrer Auflösung und Entflechtung. Zugleich erließen sie in den drei Westzonen an das amerikanische Antitrustrecht angelehnte allgemeine **Dekartellierungsvorschriften.** Vom Anwendungsbereich dieser Vorschriften wurden 1952 die Unternehmen der Montanindustrie ausgeklammert und der Kartellaufsicht der Hohen Behörde des **EGKS-Vertrages** unterstellt. Vollständig abgelöst wurde das besatzungsrechtliche Kartellrecht erst 1958 und zwar einerseits durch das Kartellrecht des EWG-Vertrages vom 25. März 1957 und andererseits durch das gleichzeitig in Kraft tretende Gesetz gegen Wettbewerbsbeschränkungen vom 27. Juli 1957. 75

Das **GWB** stellte, und stellt nach acht größeren Novellierungen noch heute, eine vom amerikanischen Recht in wichtigen Punkten abweichende eigenständige ordnungspolitische Regelung dar. Ausgangspunkt waren die Thesen der **Freiburger ordoliberalen Schule** von Walter *Eucken*, Franz *Böhm* und Leonhard *Miksch*. Die Gestalt, in der das Gesetz schließlich nach langem Ringen in Kraft trat, spiegelte allerdings Kompromisse wieder, die mit dem damals noch nicht so wettbewerbsfreundlichen Bundesverband der Deutschen Industrie hatten abgestimmt werden müssen. Dennoch galt das GWB in dem damaligen europäischen Umfeld als großer Wurf. 76

1973 führte die **2. GWB-Novelle** die **Fusionskontrolle** in Deutschland ungefähr zeitgleich mit einem Vorschlag der Kommission, der vom Rat aber erst nach vielfacher Änderung im Jahre 1989 verabschiedet wurde, ein. 1990 wurde der Geltungsbereich des GWB bereits durch den Staatsvertrag vom 18. Mai 1990 auf das Gebiet der neuen Länder erstreckt. Von besonderer Bedeutung war ferner die **6. GWB-Novelle,** die am 1. Januar 1999 in Kraft trat. Sie vollendete die durch die vorangehende Novelle begonnene Abschaffung der Ausnahmebereiche insbesondere für Banken, Versicherungen, Telekommunikationsdienstleistungen und für die Versorgungsindustrie, verlagerte das Vergaberecht vom Haushaltsrecht in das GWB und bewirkte insgesamt eine Annäherung an das europäische Kartellrecht. 77

Die am 1. Juli 2005 in Kraft getretene **7. GWB-Novelle** erkennt die durch die VO 1/2003 kraft Vorrangs herbeigeführten Änderungen an und sucht nur wenige Besonderheiten des deutschen Rechts aufrecht zu erhalten. Mit Wirkung vom 1. Januar 2008 wurde die Missbrauchsaufsicht im **Elektrizitäts- und Gasmarkt** durch Einfügung eines neuen § 29 GWB, der durch die 7. Novelle aufgehoben worden war, verschärft und der Wettbewerb im Lebensmitteleinzelhandel durch ein Verbot von Angeboten unter Einstandspreis in § 20 GWB geschwächt. § 29 GWB trat zwischenzeitlich außer Kraft und ist mittlerweile bis zum 31.12.2017 befristet (§ 131 Abs. 7 GWB). 78

---

[63] ABl. C 11 v. 14.1.2011, 1 ff.

[64] ABl. C 101 v. 27.4.2004, 2 ff.

[65] Konsolidierte Mitteilung der Kommission zu Zuständigkeitsfragen gemäß der Verordnung (EG) Nr. 139/2004 des Rates über die Kontrolle von Unternehmenszusammenschlüssen, ABl. C 43 v. 21.2.2009, 9 ff.

[66] Konsolidierte Mittelung zu Zuständigkeitsfragen, aaO.

[67] Bekanntmachung der Kommission über Einschränkungen des Wettbewerbes, die mit der Durchführung von Unternehmenszusammenschlüssen unmittelbar verbunden und für dieses notwendig sind, ABl. C 56, 5.3.2005, 24 ff.

79 Ziel des **Dritten Mittelstandsentlastungsgesetzes** war es, durch Einführung einer zweiten Inlandsumsatzschwelle in den jetzigen § 36 Abs. 1 S. 2 Nr. 2 GWB (damals § 35 Abs. 2 Nr. 2 GWB) die Zahl der anmeldepflichtigen Zusammenschlussvorhaben herabzusetzen.[68] Mit Gesetz vom 5. Dezember 2012 wurde eine **Markttransparenzstelle** für den Großhandel mit Strom und Gas und für Kraftstoffe geschaffen (vgl. §§ 47a ff. GWB).

80 Die **8. GWB-Novelle** verfolgt verschiedene Ziele.[69] So sollen zunächst die Unterschiede zwischen der deutschen und europäischen Fusionskontrolle weiter verringert werden. Zu diesem Zweck wurde u. a. der **SIEC-Test** der europäischen Fusionskontrolle in das deutsche Recht der Zusammenschlusskontrolle übernommen (§ 36 Abs. 1 GWB n. F.). Zudem sollte der Handlungsspielraum kleiner und mittlerer **Presseunternehmen** erweitert werden, indem der Multiplikator für die Berechnung der Umsatzschwellen deutlich abgesenkt wurde (§ 38 Abs. 3 GWB) und Sanierungsfusionen im Pressebereich erleichtert werden sollten (§ 36 Abs. 1 Nr. 3 GWB).[70] Mit der Neufassung der Regelungen zur **Missbrauchsaufsicht** sollten diese „systematisch einfacher, anwenderfreundlicher und verständlicher" gestaltet werden, ohne dass der materielle Gehalt der Vorschriften geändert werden sollte.[71] Lediglich die Schwelle für die Vermutung der Marktbeherrschung wurde von einem Drittel auf 40% Marktanteil angehoben (§ 18 Abs. 4 GWB). Daneben wurde u. a. die Rechtsnachfolge in die Bußgeldhaftung einer Teilregelung zugeführt (§ 30 Abs. 2a OWiG), der vergebliche[72] Versuch unternommen, dass Pressegrosso abzusichern (§ 30 Abs. 2a GWB), sowie die Zusammenschlusskontrolle bei Vereinigungen von Krankenkassen geregelt (§ 172a SGB V). Gescheitert ist hingegen das Vorhaben, die Anwendbarkeit des Kartellrechts auf die Rechtsbeziehungen der Krankenkassen und ihrer Verbände untereinander und zu den Versicherten zu erstrecken.[73]

2. Einfaches Gesetzesrecht

81 Das deutsche Kartellrecht ist auf Grund einer konkurrierenden Gesetzgebungszuständigkeit des Bundes nach Art. 74 Abs. 1 Nr. 16 GG umfassend geregelt. Nur beim Vollzug durch die Landeskartellbehörde und im Vergaberecht lässt es Raum für ergänzende landesrechtliche Regelungen. Auf der Ebene des Bundesrechts sind zur Ergänzung der im GWB enthaltenen Verfahrensvorschriften insbesondere das **Verwaltungsverfahrensgesetz,** das **Ordnungswidrigkeitengesetz** und die **Zivilprozessordnung** heranzuziehen. Ferner sind Überschneidungen mit dem **Energiewirtschaftsgesetz** und dem **Telekommunikationsgesetz** zu beachten.

3. Höherrangiges Recht

82 Wie vom EuGH in grundlegenden Entscheidungen von 1964 und 1970 festgestellt wurde, nimmt das **europäische Recht** sowohl für primäres als auch sekundäres Unionsrecht einen Vorrang vor jeglichem mitgliedstaatlichen Recht in Anspruch.[74] Von Deutschland ist dieser Vorranganspruch sogar für deutsches Verfassungsrecht in der Solange II-Entscheidung des Bundesverfassungsgerichts anerkannt und in der Maastricht-Entscheidung desselben Gerichts lediglich für ultra vires-Akte von Unionsorganen eingeschränkt wor-

---

[68] Art. 8 Drittes Gesetz zum Abbau bürokratischer Hemmnisse insbesondere in der mittelständischen Wirtschaft, Entwurf der Bundesregierung vom 8. August 2008, BR Drs. 558/08.

[69] Regierungsbegründung 8. GWB-Novelle, BT-Drs. 17/9852, S. 17.

[70] Dazu *Bechtold,* Zu den pressespezifischen Änderungen der 8. GWB-Novelle, ZWeR 2013, 387 ff.

[71] Regierungsbegründung 8. GWB-Novelle, BT-Drs. 17/9852, S. 20.

[72] S. OLG Düsseldorf, U. v. 26.2.2014, VI-U (Kart) 7/12, GRUR-RR 2014, 353.

[73] Dazu *Burholt,* Gesundheitskartellrecht in der 8. GWB-Novelle, WuW 2013, 1164 ff.

[74] EuGH, U. v. 15.7.1964 Rs. 6/64, ECLI:EU:C:1964:66, *Costa/ENEL* Slg. 1964, 1251; U. v. 17.12.1970 Rs. 11/70, ECLI:EU:C:1970:114, *Internationale Handelsgesellschaft mbH/Einfuhr- und Vorratsstelle für Getreide und Futtermittel* Slg. 1970, 1125.

den.[75] Trotz Vorrangs ist bei Anwendbarkeit von Unionsrecht nicht automatisch auf die Nichtanwendbarkeit von mitgliedstaatlichem Recht zu schließen. Vielmehr ist ausdrücklichen oder konkludenten Regelungen des Unionsrechts jeweils zu entnehmen, ob und inwieweit mitgliedstaatliches Recht zusätzlich angewandt werden darf. Zum Verhältnis des europäischen zum mitgliedstaatlichen Kartellrecht sind diese Regelungen recht kompliziert. In Abschnitt D „Ineinanderwirken europäischen und deutschen Kartellrechts" wird ein Überblick gegeben.

Deutsches Verfassungsrecht ist immer dann mit Vorrang vor einfachem Gesetzesrecht 83
anwendbar, wenn Organe der Bundesrepublik Deutschland, sei es im Vollzug von deutschem, sei es im Vollzug von europäischem Recht, tätig werden. Insoweit kommt eine Berufung auf sämtliche Grundrechte sowie auf rechtsstaatliche Grundsätze insbesondere der Verhältnismäßigkeit und Bestimmtheit in Betracht. Mit der Verfassung nicht übereinstimmendes „nachkonstitutionelles" Gesetzesrecht kann nur vom Bundesverfassungsgericht im Wege abstrakter oder konkreter Normenkontrolle oder auf Grund einer Verfassungsbeschwerde gegen die letztinstanzliche Entscheidung für nichtig erklärt werden. Oft genügt jedoch eine verfassungskonforme Auslegung, die durch jedes Gericht erfolgen kann. Die Rolle von Völkerrecht als höherrangiges Recht wird im folgenden Abschnitt behandelt.

III. Völkerrecht

Völkerrechtliche Normen werden jeweils von zwei und mehr Staaten unmittelbar oder 84
vermittelt durch internationale und/oder supranationale Organisationen erzeugt. Sie schaffen Rechte und Pflichten für Staaten, internationale und supranationale Organisationen sowie zusätzlich oft auch für Privatpersonen einschließlich Unternehmen. Als Rechtsquellen kommen im Kartellrecht **völkerrechtliche Verträge** und **Völkergewohnheitsrecht** in Betracht. Aus völkerrechtlicher Sicht sind derartige Normen stets vorrangig zu beachten. Für die Praxis entscheidend ist, ob und gegebenenfalls inwieweit sie auch von europäischen und deutschen Gerichten zu beachten sind. Diese Frage ist nach den die Anwendung des Völkerrechts betreffenden Normen des europäischen und deutschen Rechts getrennt zu beantworten.

1. Völkerrecht vor europäischen Gerichten

Durch Errichtung der Europäischen Gemeinschaften konnten sich die Mitgliedstaaten 85
nicht ihrer völkerrechtlichen Verpflichtungen gegenüber Drittstaaten entziehen oder diese auch nur modifizieren.[76] Schon im Farbstoffe-Fall haben sich Unternehmen aus nicht den Europäischen Gemeinschaften angehörenden Drittstaaten (Schweiz und damals auch Großbritannien) auf **völkergewohnheitsrechtliche Zustellungs- und Jurisdiktionsregeln** berufen.[77] Der EuGH hat die Bindungswirkung und Anwendbarkeit der völkergewohnheitsrechtlichen Regeln weder im Farbstoffe-Fall noch in späteren Fällen verneint und zu den jeweils vorgetragenen Inhalten sachbezogen, wenn auch nicht immer überzeugend, Stellung genommen.[78] Der EuGH geht nach Meinung eines seiner Mitglieder davon aus, dass den die EU bindenden **völkerrechtlichen Verträgen** ein Rang nach dem Primärrecht der Verträge aber vor dem auf Grund der Verträge erlassenen sekundären Unionsrecht

[75] BVerfG, B. v. 22.10.1986 – *Solange II,* E 73, 339; U. v. 12.10.1993 – *Maastricht,* E 89, 155. Siehe hierzu auch BVerfG, B. v. 14.1.2014, 2 BvR 2728/13 ua – *EZB,* E 134, 366.

[76] *Meessen,* Com. Mkt L. Rev. 1976, 485.

[77] EuGH, U. v. 14.7.1972 Rs. 48/69, ECLI:EU:C:1972:70, *ICI/Komm.* Slg. 1972, 619; Rs. 52/69, ECLI:EU:C:1972:73, *Geigy/Komm.* Slg. 1972, 787, WuW/E EWG/MUV 287; Rs. 53/69, ECLI:EU:C:1972:74, *Sandoz/Komm.* Slg. 1972, 845.

[78] EuGH, U. v. 27.9.1988 Verb. Rs. 89/85 u. a., ECLI:EU:C:1988:447, *Åhlström/Komm.* Slg. 1988, 5193, WuW/E EWG/MUV 829.

zukommt.[79] Die Anwendbarkeit völkervertragsrechtlicher Normen ist im Einklang mit der Praxis vieler Staaten als abhängig davon angesehen worden, ob und inwieweit die jeweilige Norm aus völkerrechtlicher Sicht unmittelbar anwendbar ist. Völkerrechtlich zutreffend verneinen EuGH und EuG die unmittelbare Anwendbarkeit der in die Vertragsabschlusskompetenz der EU fallenden WTO-Abkommen.[80] Die bisher abgeschlossenen kartellrechtlichen Abkommen sind wohl durchweg nicht unmittelbar anwendbar, also – abgesehen von der Möglichkeit völkerrechtskonformer Auslegung europäischen Rechts – nur auf völkerrechtlicher Ebene durchsetzbar.[81]

2. Völkerrecht vor deutschen Gerichten

86 Nach Art. 25 GG hat das **allgemeine Völkerrecht** Vorrang vor dem einfachen Gesetzesrecht und ist, soweit strukturell möglich, unmittelbar anwendbar. **Völkerrechtliche Verträge,** die nach Art. 59 Abs. 2 S. 1 GG der Zustimmung in der Form eines Bundesgesetzes bedürfen, werden Bestandteil des einfachen Bundesrechts mit dem zeitlichen Rang des Inkrafttretens des Zustimmungsgesetzes. Für den Fall, dass es zu einer Ergänzung der WTO-Abkommen durch eine kartellrechtliche Regelung kommt, mag dies praktische Bedeutung erlangen. Bislang hat Deutschland völkerrechtliche Verträge lediglich in der Form von **Verwaltungsabkommen** nach Art. 59 Abs. 2 S. 2 GG abgeschlossen. Derartige Verträge sind gegenüber dem deutschen Gesetzesrecht nachrangig. Dies bedeutet für die Kartellrechtspraxis insbesondere, dass sie den durch Verfassungsrecht und/oder einfaches Gesetzesrecht gewährleisteten Schutz von Geschäfts- und Betriebsgeheimnissen nicht einschränken können.

D. Ineinanderwirken europäischen und deutschen Kartellrechts

87 Übermäßige Klarheit kann dem Verhältnis zwischen europäischem und deutschem Kartellrecht nicht nachgesagt werden. Dies liegt einerseits am Europarecht, das in Anerkennung der Eigenständigkeit der Mitgliedstaaten seinen Alleingeltungsanspruch auf das integrationspolitisch Notwendige beschränkt. Andererseits verweist das deutsche Recht nicht einfach auf europäisches Recht, sondern macht von dem verbliebenen Spielraum für autonome Regelungen nach Maßgabe der am 1. Juli 2005 in Kraft getretenen 7. GWB-Novelle durchaus Gebrauch. Insgesamt kann daher nur von einem **Ineinanderwirken** beider Rechtsordnungen – beide jeweils unter Einbeziehung des Völkerrechts in der im vorangehenden Abschnitt dargestellten Weise – gesprochen werden. Im Einzelnen ist nach den jeweils anwendbaren materiellrechtlichen Vorschriften (I.), nach den zivilrechtlichen Folgen einer Rechtsverletzung (II.) und nach der verwaltungsverfahrensrechtlichen Durchsetzung (III.) zu unterscheiden.

I. Materiellrechtliche Vorschriften

88 Europäisches Recht kann Vorrang vor dem Recht der Mitgliedstaaten beanspruchen. In Deutschland wird ein derartiger **Anspruch auf Vorrang** unter den Ausnahmen, die das Bundesverfassungsgericht insbesondere im Solange II-Beschluss und im Maastricht-Urteil genannt hat,[82] anerkannt. Für das europäische Kartellrecht ist somit zu klären, ob und inwieweit ein Anspruch auf Vorrang erhoben wird. Anschließend ist zu klären, ob und in-

---

[79] *Puissochet,* in: FS Mancini, Bd. 2, 1998, S. 779, 801 f., 804 f.

[80] St. Rspr. seit EuGH, U. v. 23.11.1999 Rs. C-149/96, ECLI:EU:C:1999:574, *Portugal/Rat* Slg. 1999, I-8395 Rn. 42–46.

[81] S. unten *Meessen/Funke,* IntKartR, Rn. 32–37.

[82] S. oben Fn. 75.

wieweit deutsches Kartellrecht den den Mitgliedstaaten verbleibenden Regelungsspielraum nutzt. Auf diese Fragen ist eine nach Normbereichen differenzierende Antwort zu geben.

1. Zwei- und mehrseitiges Verhalten

Art. 101 AEUV ist nach seinem Absatz 1 auf zwei- und mehrseitige wettbewerbsbeschränkende Verhaltensweisen nur anwendbar, wenn diese Verhaltensweisen geeignet sind, den zwischenstaatlichen Handel zu beeinträchtigen **(Zwischenstaatlichkeitsklausel).**[83] In diesem Falle sind die mitgliedstaatlichen Behörden und Gerichte nach Art. 3 Abs. 1 VO 1/2003 verpflichtet, Art. 101 AEUV zumindest auch anzuwenden. Hieraus ergibt sich, dass mitgliedstaatliches Kartellrecht zwar anwendbar, seine Anwendbarkeit aber unberücksichtigt bleibt, wenn ein Verhalten, das nach europäischem Kartellrecht verboten ist, nach mitgliedstaatlichem Kartellrecht erlaubt sein sollte. Art. 3 Abs. 2 S. 1 VO 1/2003 fügt hinzu, dass mitgliedstaatliches Kartellrecht zwei- und mehrseitiges Verhalten, das nach Art. 101 AEUV erlaubt ist, nicht verbieten darf. Mit anderen Worten darf mitgliedstaatliches Kartellrecht oberhalb der Zwischenstaatlichkeitsschwelle zwei- und mehrseitiges Verhalten unter der Bedingung nach Belieben regeln, dass das Ergebnis seiner Anwendung mit dem Ergebnis der Anwendung von Art. 101 AEUV übereinstimmt. Unterhalb der Zwischenstaatlichkeitsschwelle ist die kartellrechtliche Regelung von zwei- und mehrseitigem Verhalten keinen konkreten europarechtlichen Bindungen unterworfen. **89**

Im deutschen Recht wird nach der am 1. Juli 2005 in Kraft getretenen 7. GWB-Novelle einerseits der Wortlaut von Art. 101 Abs. 1 und 3 AEUV in **§§ 1 und 2 GWB** wiederholt, andererseits werden Sonderregelungen für Mittelstandskartelle, für landwirtschaftliche Erzeugnisse und für Zeitungen und Zeitschriften **(§§ 3, 28 und 30 GWB)** getroffen. Den Geltungsanspruch des deutschen Rechts einschränkend fügt **§ 22 Abs. 2 S. 1 GWB** in Einklang mit Art. 3 Abs. 2 S. 1 VO 1/2003 hinzu, dass bei Erfüllung der Voraussetzungen der Zwischenstaatlichkeitsklausel ein Verhalten, das nach Art. 101 Abs. 3 AEUV oder nach einer zu Art. 101 Abs. 3 AEUV erlassenen Gruppenfreistellungsverordnung erlaubt ist, auch nicht aufgrund der Anwendung deutscher Sonderregeln verboten wird. Für den umgekehrten Fall eines nach deutschem Recht erlaubten Verhaltens setzte sich bei Erfüllung der Zwischenstaatlichkeitsklausel eine europarechtliche Verbotsnorm schon immer durch. Dies wird in **§ 22 Abs. 2 S. 3 GWB** anerkannt. Auch nach deutschem Recht gilt daher im Ergebnis bei Erfüllung der Zwischenstaatlichkeitsklausel ein **Grundsatz der ausschließlichen Beachtung** von Art. 101 AEUV. Abweichendes deutsches Sonderrecht gilt letztlich nur unterhalb der Zwischenstaatlichkeitsschwelle. **90**

2. Einseitiges Verhalten

Ebenso wie Art. 101 AEUV ist auch das in **Art. 102 AEUV** enthaltene Verbot der missbräuchlichen Ausnutzung einer marktbeherrschenden Stellung nur bei Erfüllung der Voraussetzungen der Zwischenstaatlichkeitsklausel anwendbar. Ebenfalls übereinstimmend mit der zu Art. 101 AEUV getroffenen Regelung sind mitgliedstaatliche Behörden und Gerichte nach Art. 3 Abs. 1 S. 2 VO 1/2003 verpflichtet, bei Erfüllung der Zwischenstaatlichkeitsklausel zumindest auch Art. 102 AEUV anzuwenden. Anders als bei Anwendbarkeit von Art. 101 AEUV bleiben die Mitgliedstaaten nach Art. 3 Abs. 2 S. 2 VO 1/2003 aber nach der zuvor auch für Art. 101 AEUV geltenden Rechtsprechung[84] in der Regel **91**

[83] Vgl. hierzu Bekanntmachung der Kommission vom 27. April 2004, Leitlinien über den Begriff der Beeinträchtigung des zwischenstaatlichen Handels in den Artikeln 81 und 82 des Vertrags, ABl. 2004 C 101/81.

[84] EuGH, U. v. 13.2.1969 Rs. 14/68, ECLI:EU:C:1969:4, *Walt Wilhelm u. a./Bundeskartellamt* Slg. 1969, WuW/E EWG/MUV 201; U. v. 28.2.1991 Rs. C-234/89, ECLI:EU:C:1991:91, *Delimitis/Henninger Bräu* Slg. 1991, I-935, WuW/E EWG/MUV 911.

berechtigt, strengere Vorschriften zur Kontrolle einseitigen Verhaltens zu erlassen und anzuwenden. Art. 102 AEUV sichert insoweit nur einen **europaweiten Mindeststandard** an Missbrauchskontrolle über marktbeherrschende Unternehmen.

92 Durch die GWB-Novellen ist es zu keinen wesentlichen Änderungen im Hinblick auf die Kontrolle einseitigen Verhaltens gekommen. Vielmehr wird bewusst an der ähnlichen, aber durch deutsche Rechtsprechung konkretisierten Missbrauchsaufsicht über marktbeherrschende Unternehmen in **§ 19 GWB** und an den in den **§§ 20, 21 GWB** enthaltenen strengeren Regelungen des deutschen Rechts festgehalten.[85] Soweit europäisches Kartellrecht aufgrund der Zwischenstaatlichkeitsklausel und deutsches Recht nach dem Wirkungsprinzip (§ 130 Abs. 2 GWB) gleichzeitig anwendbar sind, läuft die Parallelität von deutschem und europäischem Kartellrecht auf einen Doppelstandard nach der **Zwei-Schranken-Theorie** hinaus. Unterhalb der Zwischenstaatlichkeitsschwelle ist deutsches Kartellrecht ausschließlich anwendbar.

3. Fusionskontrolle

93 Im Recht der Zusammenschlusskontrolle gilt ein **Grundsatz der alternativen Anwendbarkeit** von europäischem und deutschem Kartellrecht. Nach Art. 21 Abs. 3 FKVO ist den Mitgliedstaaten die Anwendung ihres Kartellrechts auf Zusammenschlüsse von unionsweiter Bedeutung verboten. Entsprechend sieht § 35 Abs. 3 GWB die Anwendbarkeit des deutschen Rechts der Zusammenschlusskontrolle nur dann vor, wenn die Kommission keine ausschließliche Zuständigkeit nach der FKVO in ihrer jeweiligen Fassung besitzt. Praktisch bedeutet dies, dass als Voraussetzung zur Anwendbarkeit des deutschen Rechts der Zusammenschlusskontrolle jeweils auch das Nichtvorliegen eines unionsweiten Zusammenschlusses anhand der Umsatzkriterien von Art. 1 Abs. 2 und 3 FKVO festgestellt werden muss. Eine die Anwendung deutschen Zusammenschlusskontrollrechts ausschließende Zuständigkeit der Kommission kann auch dadurch begründet werden, dass ein Zusammenschlussvorhaben von nicht unionsweiter Bedeutung unter den Voraussetzungen von Art. 4 Abs. 5 FKVO oder von Art. 22 FKVO an die Kommission zur Entscheidung nach europäischem Fusionskontrollrecht verwiesen wird. Umgekehrt kann die Kommission unter den Voraussetzungen von Art. 4 Abs. 4 oder 9 Abs. 3 FKVO Zusammenschlussfälle an einen Mitgliedstaat zur alleinigen oder teilweisen Entscheidung nach dem Recht des betreffenden Mitgliedstaats verweisen. Bezogen auf den jeweiligen Teil eines Falles wird auch insoweit der Grundsatz der alternativen Anwendbarkeit von europäischem und mitgliedstaatlichem Fusionskontrollrecht gewahrt.

II. Zivilrechtliche Folgen von Kartellrechtsverletzungen

94 Die Sanktionierung von Verletzungen mitgliedstaatlichen, also auch deutschen Kartellrechts ist Angelegenheit des jeweiligen Mitgliedstaats, wobei dieser im Hinblick auf zivilrechtliche Schadensersatzansprüche europarechtliche Vorgaben zu beachten hat.[86] Für **Verletzungen europäischen Kartellrechts** enthält **Art. 101 Abs. 2 AEUV** eine punktuelle Regelung, derzufolge nach Art. 101 Abs. 1 und 3 AEUV verbotene Vereinbarungen und Beschlüsse von Unternehmensvereinigungen nichtig sind. Dies gilt nur für die jeweilige wettbewerbsbeschränkende Klausel einer Vereinbarung oder eines Beschlusses. Welche Folgen dies für die Gültigkeit der Vereinbarung oder des Beschlusses im Übrigen hat, ist eine nach dem jeweils anwendbaren – mitgliedstaatlichen, drittstaatlichen oder (vor Schiedsgerichten bei entsprechender Rechtswahl) sogar anationalem – Vertrags- oder Gesellschaftsrecht zu beantwortende Frage.

---

[85] Zu zwischenzeitlichen Änderungen s. oben Rn. 80.
[86] S. sogleich Rn. 95 sowie oben Rn. 53 f.

Das europäische Kartellrecht enthält anders als das deutsche Kartellrecht (§ 33 GWB) keine Vorschrift, auf die **zivilrechtliche Ansprüche** auf Unterlassung, Beseitigung und/oder Schadensersatz gestützt werden könnten. Aus dem europarechtlichen **Effektivitätsgrundsatz** werden von Gerichtshof und Kommission ins Einzelne gehende Verpflichtungen der Mitgliedstaaten zur Ausgestaltung ihres der Durchsetzung des europäischen Kartellrechts dienenden Schadensersatzrechts abgeleitet.[87] Inwieweit dieser Standpunkt rechtlich vertretbar und angesichts der aufgrund von Selbstanzeigen erzielten Ermittlungserfolge tatsächlich begründbar ist,[88] mag hier dahinstehen. Für Deutschland unproblematisch ist die ebenfalls vom Gerichtshof befürwortete Anwendung des europarechtlichen **Äquivalenzgrundsatzes,**[89] denn § 33 GWB sieht schon jetzt eine vollständige Gleichbehandlung der schadensersatzrechtlichen Durchsetzung europarechtlicher Kartellrechtsnormen mit deutschen Kartellrechtsnormen vor. Diese primärrechtlichen Vorgaben für nationale Schadensersatzansprüche werden von der **Kartellschadensersatzrichtlinie** (2014/104/EU) aufgegriffen, kodifiziert und durch eine Vielzahl detaillierter Vorschriften ergänzt.[90] 95

III. Verwaltungsverfahrensrecht

Grundsätzlich ist der Vollzug von Unionsrecht Sache der Mitgliedstaaten, die insoweit ihr eigenes Verwaltungsverfahrensrecht anwenden. Für den Bereich des europäischen Kartellrechts wurde dieser Grundsatz mit Inkrafttreten der Verordnung 17/62 am 1. Januar 1963 insofern durchbrochen, als die Kommission ermächtigt wurde, mit unmittelbarer Wirkung Einzelfallentscheidungen für und gegen Unternehmen zu erlassen. Außerdem wurde bis zum 30. April 2004 Art. 81 Abs. 3 EG (jetziger Art. 101 Abs. 3 AEUV) als ausschließliche Ermächtigung der Kommission zur Dispensierung vom Verbot zwei- und mehrseitiger wettbewerbsbeschränkender Verhaltensweisen verstanden. Auf diese Weise wurde die Zuständigkeit zur Anwendung der Art. 101 und 102 AEUV bei der Kommission zentralisiert. Diese Regelung ist seit dem 1. Mai 2004 durch ein **dezentrales Zuständigkeitssystem** ersetzt worden. Es wurden Vorkehrungen getroffen, die Einheitlichkeit und Wirksamkeit des Kartellrechtsvollzugs dennoch zu wahren. 96

1. Zuständigkeitsverteilung im Europäischen Wettbewerbsnetz

Nach Art. 5 VO 1/2003 sind die Kartellbehörden der Mitgliedstaaten für die Anwendung der Art. 101 und 102 AEUV zuständig. Die Kommission bleibt jedoch nach einer Reihe von Einzelvorschriften der VO 1/2003 (Art. 7–10, 18–21, 23 und 24) ermächtigt, alle denkbaren verfahrensleitenden und -beendenden Entscheidungen selbst zu treffen. Die Streuung der Zuständigkeiten wird dadurch handhabbar, dass sich Kommission und mitgliedstaatliche Kartellbehörden im „Europäischen Wettbewerbsnetz" gegenseitig informieren (vgl. § 50a GWB) und nach Art. 11 Abs. 4 VO 1/2003 von Fall zu Fall entscheiden, welche mitgliedstaatliche Behörde oder Behörden tätig werden oder ob die Kommission selbst tätig wird. Während die Zuständigkeitsverteilung unmittelbar nach den ersten Ermittlungsschritten erfolgen soll, hat die Kommission ein zeitlich nicht befristetes **Selbsteintrittsrecht** nach Art. 11 Abs. 6 VO 1/2003. Die Kriterien, nach denen über die Zuständigkeitsverteilung entschieden werden soll, sind in einer Bekanntmachung der Kommission vom 27. April 2004[91] niedergelegt. 97

---

[87] S. oben Rn. 51 ff.

[88] Hierzu s. *Meessen,* Überdehnung des europarechtlichen Effektivitätsgrundsatzes in *Courage* und *Manfredi,* FS Loewenheim, S. 418.

[89] EuGH, U. v. 13.7.2006, C-295/04 bis C-298/04, ECLI:EU:C:2006:461, *Manfredi/Lloyd Adriatico Assecurazioni*, WuW/E EU-R 1107, Rn. 62.

[90] S. oben Rn. 53 f.

[91] Bekanntmachung der Kommission über die Zusammenarbeit innerhalb des Netzes der Wettbewerbsbehörden v. 27.4.2004, ABl. 2004 C 101/43, insbes. Rn. 5–15.

2. Mitgliedstaatliche Zuarbeit im Ermittlungsverfahren

98 Nach Art. 11 VO 1/2003 stehen die Kommission und die mitgliedstaatlichen Kartellbehörden von den ersten Verfahrensschritten an in einem engen Informationsaustausch. Letztere dürfen die Kommission auch zu jedem Fall, in dem es um die Anwendung europäischen Kartellrechts geht, konsultieren, Art. 11 Abs. 5 VO 1/2003. Für den Fall allerdings, dass die Kommission die Ermittlungen führt, ist das kollegiale Miteinander wie schon nach dem Recht der VO 17/62 durch **hierarchische Strukturen** überlagert. Wenn die Kommission einfache oder verbindliche Auskunftsverlangen an Unternehmen richtet und die mitgliedstaatlichen Kartellbehörden durch Übersendung von Kopien informiert, kann sie gleichzeitig nach Art. 18 Abs. 6 VO 1/2003 von Regierungen und Kartellbehörden alle sachdienlichen Auskünfte verlangen und auf diese Weise Ergänzungen, Bestätigungen oder auch Korrekturen der Unternehmensangaben erhalten. Bei Befragungen erhalten die mitgliedstaatlichen Behörden des Orts der Befragung hierüber Mitteilung und können verlangen, die Bediensteten der Kommission bei der Befragung unterstützen zu dürfen (Art. 19 Abs. 2 VO 1/2003). Ebenso ist bei Nachprüfungen zu verfahren, wobei in diesem Falle auch die Kommission von der örtlich zuständigen mitgliedstaatlichen Kartellbehörde Unterstützung verlangen kann (Art. 20 Abs. 5 VO 1/2003). Soweit nach mitgliedstaatlichem Recht wie in Deutschland für eine Durchsuchung ein Gerichtsbeschluss erforderlich ist, ist ein entsprechender Antrag zu stellen (Art. 20 Abs. 7 und 8 VO 1/2003). Gleiches gilt für Nachprüfungen „in anderen Räumlichkeiten" nach Art. 21 VO 1/2003.

3. Bindung deutscher Gerichte

99 Entscheidungen, geplante Entscheidungen und Stellungnahmen der Kommission entfalten in Verfahren vor mitgliedstaatlichen d. h. auch deutschen Gerichten eine **teils rechtliche, teils faktische Bindungswirkung.** So wird im Einklang mit der Rechtsprechung des EuGH[92] mitgliedstaatlichen Gerichten durch Art. 20 Abs. 8 und 21 Abs. 3 VO 1/2003 verboten, die Rechtmäßigkeit der Nachprüfungsentscheidungen der Kommission zu überprüfen. Als europäische Rechtsakte unterliegen diese Entscheidungen ausschließlich der Kontrolle durch die europäischen Gerichte. Fraglich ist, ob diese Kontrolle rechtzeitig zu erlangen ist. Mangels Suspensiveffekts von Nichtigkeitsklagen bedarf es einer gerichtlichen Entscheidung, die Durchführung der angefochtenen Entscheidung nach Art. 278 AEUV (ex Art. 242 EG) auszusetzen oder nach Art. 279 AEUV (ex Art. 243 EG) eine einstweilige Anordnung zu erlassen. Mitgliedstaatliche Gerichte dürfen keine Entscheidungen erlassen, die Entscheidungen der Kommission, soweit sie nicht durch EuG oder EuGH aufgehoben sind, zuwiderlaufen (Art. 16 VO 1/2003). Sie dürfen noch nicht einmal Entscheidungen erlassen, „die einer Entscheidung zuwiderlaufen, die die Kommission in einem von ihr eingeleiteten Verfahren zu erlassen beabsichtigt" (Art. 16 Abs. 1 S. 2 VO 1/2003). Schriftliche und mündliche Stellungnahmen, die die Kommission oder mitgliedstaatliche Kartellbehörden nach Art. 15 VO 1/2003 vor mitgliedstaatlichen Gerichten abgeben, sind zwar nicht rechtlich verbindlich, faktisch wird die Neigung jedoch groß sein, einer kartellrechtlichen Bewertung insbesondere der mit einem Informationsvorsprung ausgestatteten Kommission zu folgen. Der Aufwand für eine Begründung von Abweichungen wäre hoch.

E. Rechtsschutz

100 Die Zuständigkeit zur Gewährung von Rechtsschutz im **Verwaltungsvollzug** hängt von der Zuordnung des zu überprüfenden Hoheitsaktes ab: Verordnungen, Richtlinien

[92] EuGH, U. v. 22.10.2002 Rs. C-94/00, ECLI:EU:C:2002:603, *Roquette Frères* Slg. 2002, I-9011, WuW/E EU-R 611.

und vor allem Einzelentscheidungen der Unionsorgane sind ausschließlich von den beiden **europäischen Gerichten,** dem Gericht (EuG, ehemals Gericht Erster Instanz der Europäischen Gemeinschaften) und dem Gerichtshof (EuGH, ehemals Gerichtshof der Europäischen Gemeinschaften), zu überprüfen.[93] Rechtssätze der Mitgliedstaaten und Verwaltungsakte ihrer Kartellbehörden unterliegen ausschließlich der Überprüfung durch die **Gerichte der Mitgliedstaaten.** Allerdings sind die mitgliedstaatlichen Gerichte, wenn die Gültigkeit oder Auslegung von Rechtsakten von Unionsorganen noch ungeklärt und zugleich entscheidungserheblich ist, berechtigt und als letztinstanzliche Gerichte verpflichtet, die Überprüfung im Wege eines Vorabentscheidungsverfahrens nach Art. 267 AEUV (ex Art. 234 EG) dem EuGH zu überlassen. Dem Rechtsschutz vor europäischen und mitgliedstaatlichen Gerichten geht jeweils ein mit Anhörungsrechten verbundenes Verwaltungsverfahren voraus.

Die Entscheidung über die **zivilrechtlichen Rechtsfolgen** der Verletzung von Kartellrecht obliegt den im Einzelfall zuständigen Gerichten der Mitgliedstaaten oder auch von Drittstaaten. Nur die Gerichte der Mitgliedstaaten können allerdings berechtigt oder verpflichtet sein, Vorlagefragen nach Art. 267 AEUV dem EuGH zu unterbreiten. Die Zuständigkeit zur Entscheidung über zivilrechtliche Rechtsfolgen kann auf Grund von Schiedsklauseln auch Schiedsgerichten und in Vereinbarungen mit der EU gemäß Art. 272 AEUV (ehemals Art. 238 EG) theoretisch sogar dem EuGH übertragen werden. **101**

Im Folgenden wird ein Überblick über den Rechtsschutz vor europäischen und deutschen Gerichten und zur Schiedsgerichtsbarkeit gewährt und durch einige Hinweise zum einstweiligen Rechtsschutz abgeschlossen. Die Darstellung beschränkt sich auf den **Rechtsschutz von Unternehmen.** Selbstverständlich können auch in Kartellrechtssachen Mitgliedstaaten oder Unionsorgane Nichtigkeitsklagen gegen europarechtliche Normen erheben oder es können Vertragsverletzungsverfahren zwischen der Kommission und Mitgliedstaaten der Europäischen Union eingeleitet werden. **102**

I. Europäische Gerichte

Seit Inkrafttreten des Beschlusses von 1988, dem jetzigen Gerichtshof (EuGH) das jetzige Gericht (EuG) beizuordnen, gibt es zwei europäische Gerichte, die ihren Sitz im selben Gebäudekomplex in Luxemburg haben (vgl. Art. 19 EUV). Das EuG wurde errichtet, um den EuGH bei Individualklagen von der Verantwortung für die **Tatsachenermittlung** zu entlasten und insoweit auf die Aufgaben eines Rechtsmittelgerichts zu reduzieren. Anfangs beschränkte sich das EuG freilich in Kartellsachen auf eine eher formale Überprüfung der Tatsachenermittlungen durch die Kommission und überließ der Kommission insbesondere eine Prärogative zur Bewertung der wirtschaftlichen Zusammenhänge. In der Airtours-Entscheidung vom 6. Juni 2002 hat das EuG erstmalig die wettbewerbliche Analyse der Kommission auf breiter Front durch eine eigene abweichende Beurteilung ersetzt.[94] Der folgende Überblick beschränkt sich auf die in Kartellsachen bedeutsamen Aspekte der wichtigsten Verfahrensarten. **103**

1. Nichtigkeitsklagen

Nach **Art. 263 Abs. 2 und 4 AEUV** (ex Art. 230 Abs. 2 und 4 EG) können natürliche und juristische Personen wegen „Unzuständigkeit, Verletzung wesentlicher Formvorschriften, Verletzung dieses Vertrags oder einer bei seiner Durchführung anzuwendenden Rechtsnorm oder wegen Ermessensmissbrauchs" auf Nichtigerklärung der an sie ergangenen Entscheidungen klagen. Im Wege der Nichtigkeitsklage anfechtbar sind „die an sie gerichteten oder sie unmittelbar und individuell betreffenden Handlungen sowie […] **104**

[93] Gerichtshof, Gericht und Fachgerichte bilden gemeinsam den Gerichtshof der Europäischen Union, vgl. Art. 19 Abs. 1 S. 1 EUV.

[94] EuG, U. v. 6.6.2002 Rs. T-342/99, ECLI:EU:T:2002:146, *Airtours/Komm.* Slg. 2002, II-2585, WuW/E EU-R 559.

Rechtsakte mit Verordnungscharakter, die sie unmittelbar betreffen und keine Durchführungsmaßnahmen nach sich ziehen".

105 Nichtigkeitsklagen müssen stets auf mindestens eine der vier genannten **Klagerügen** gestützt werden. Die Reihenfolge in Art. 263 Abs. 2 AEUV bestimmt zugleich die Reihenfolge der gerichtlichen Prüfung. Zur Zuständigkeit gehören sowohl die Organzuständigkeit als auch die Zuständigkeit der EU als juristische Person im Verhältnis zu Mitgliedstaaten und auch zu Drittstaaten. Die **Verletzung wesentlicher Formvorschriften** spielt bei der gerichtlichen Kontrolle im Kartellrecht eine große Rolle. Dies gilt insbesondere für die Gewährung des rechtlichen Gehörs und für die Beachtung der Begründungspflicht für Rechtsakte aller Art nach Art. 296 Abs. 2 AEUV (ex Art. 253 EG). Nach Abschichtung von Zuständigkeits- und Formfragen betrifft die Rüge einer Verletzung primären und sekundären Vertragsrechts im Sinne eines Auffangtatbestands alle übrigen Rechtsverletzungen mit einem Schwerpunkt auf den materiellrechtlichen Entscheidungsvoraussetzungen. Die Rüge wegen **„Ermessensmissbrauchs"** erfasst Ermessensfehlgebrauch, nicht aber Ermessensüberschreitungen, die jedoch als Verletzung der im primären oder sekundären Unionsrecht enthaltenen Ermächtigungsnorm rügefähig sind.

106 Bei Adressatenklagen genügt zur Feststellung der **Klagebefugnis** das Vorliegen einer Entscheidung. Abzustellen ist nach Art. 288 Abs. 4 AEUV (ex Art. 249 Abs. 4 EG) auf das Vorliegen rechtsverbindlicher Wirkungen der Handlungen eines Organs. Bei verfahrensleitenden Handlungen geht das Interesse an einer zusammenfassenden Prüfung nach Abschluss des Verfahrens vor. So wurde die Einleitung des Verfahrens durch die Kommission einschließlich der Mitteilung der Beschwerdepunkte nicht als Entscheidung angesehen, obwohl sie zur Beendigung der Vollzugszuständigkeit der Mitgliedstaaten im konkreten Fall nach Art. 9 Abs. 3 der damaligen Verfahrensverordnung 17/62 führte.[95]

107 **Drittunternehmen** sind klagebefugt, wenn sie insbesondere als Wettbewerber „unmittelbar und individuell" betroffen sind. Zulässig waren Klagen eines Selbstbedienungsgroßhandels gegen die mit einem teilweisen Negativattest verbundene Freistellung des selektiven Vertriebssystems eines Fernsehherstellers und von zwei Zigarettenherstellern gegen die Zurückweisung ihrer bei der Kommission eingelegten Beschwerde, weil diese nicht gegen eine kapitalmäßige Verflechtung zweier anderer Zigarettenhersteller vorgehe.[96] Das EuG erklärte zwei Klagen wegen Freistellung der Zusammenarbeit vor allem öffentlichrechtlicher Fernsehanstalten im Rahmen der Europäischen Rundfunkunion für zulässig und begründet.[97] Auch im **Fusionskontrollrecht** wurden Konkurrentenklagen für zulässig gehalten.[98] Inzwischen hat das EuG einer Konkurrentenklage stattgegeben.[99] Der EuGH hat dieses Urteil jedoch auf ein Rechtsmittel der Streithelferin hin aufgehoben und das Verfahren an das EuG zurückverwiesen,[100] vor dem die Sache später für erledigt erklärt wurde.[101]

---

[95] EuGH, U. v. 11.11.1981 Rs. 60/81, ECLI:EU:C:1981:264, *IBM* Slg. 1981, 2639, WuW/E EWG/MUV 545.

[96] EuGH, U. v. 25.10.1977 Rs. 26/76, ECLI:EU:C:1977:167, *Metro* Slg. 1977, 1875, WuW/E EWG/MUV 400; U. v. 17.11.1987 Rs. 142 und 156/84, ECLI:EU:C:1987:490, *BAT und Reynolds/Kommission* Slg. 1987, 4487, WuW/E EWG/MUV 840.

[97] EuG, U. v. 11.7.1996 verb. Rs. T-528/93 u. a., ECLI:EU:T:1996:99, *Métropole télévision/Kommission* Slg. 1996, II-649; U. v. 21.3.2001 Rs. T-206/99, ECLI:EU:T:2001:101, *Métropole télévision/Kommission* Slg. 2001, II-1057, WuW/E EU-R 413.

[98] EuG, U. v. 24.3.1994 Rs. T-3/93, ECLI:EU:T:1994:36, *Air France/Kommission* Slg. 1994, II-121; U. v. 19.5.1994 Rs. T-2/93, ECLI:EU:T:1994:55, *Air France/Kommission* Slg. 1994, II-323; U. v. 4.7.2006 Rs. T-177/04, ECLI:EU:T:2006:187, *easyJet/Kommission*, WuW/E EU-R 1079.

[99] EuG, U. v. 13.7.2006 Rs. T-464/04, ECLI:EU:T:2006:216, *Impala/Kommission*, WuW/E EU-R 1091.

[100] EuGH, U. v. 10.7.2008 Rs. C-413/06 P, ECLI:EU:C:2008:392, *Bertelsmann und Sony Corporation of America/Impala*, WuW/E EU-R 1498.

[101] S. EuG, B. v. 30.6.2009 Rs. T-464/04, ECLI:EU:T:2006:216, *Impala/Kommission*.

2. Untätigkeitsklagen

Unionsrechtliche Untätigkeitsklagen gemäß Art. 265 AEUV (ex Art. 232 EG) bleiben hinter Verpflichtungsklagen in der Form der Untätigkeitsklage nach deutschem Verwaltungsprozessrecht zurück. Zwar sind sie ebenso wie diese darauf gerichtet, eine Untätigkeit zu beseitigen, die im EU-Recht darin besteht, „dass ein Organ oder eine Einrichtung oder sonstige Stelle der Union es unterlassen hat, einen anderen Akt als eine Empfehlung oder eine Stellungnahme an" den Kläger zu richten (Art. 265 Abs. 3 AEUV). Der Unterschied besteht jedoch darin, dass das Unionsorgan die Klagebefugnis dadurch beseitigen kann, dass es innerhalb von zwei Monaten nach einer entsprechenden Aufforderung gemäß Art. 265 Abs. 2 AEUV „Stellung (nimmt)". **Ablehnende Stellungnahmen** stellen nicht in jedem Fall eine Entscheidung dar und sind dann auch nicht im Wege einer Nichtigkeitsklage nach Art. 263 AEUV anfechtbar.[102] 108

3. Schadensersatzklagen

Nach Art. 268 AEUV (ex Art. 235 EG) in Verbindung mit Art. 256 Abs. 1 AEUV (ex Art. 225 Abs. 1 EG) ist das EuG für Klagen auf Schadensersatz wegen außervertraglicher Haftung der Europäischen Union nach Art. 340 Abs. 2 AEUV (ehem. Art. 288 Abs. 2 EG) zuständig. Derartige Klagen, die auf die rechtswidrige Verursachung eines Schadens zu stützen sind, sind **subsidiär** zulässig und setzen die Erhebung einer Nichtigkeitsklage gegen den rechtswidrigen Rechtsakt voraus. Eine selbständige Erhebung kommt in Betracht, wenn die Schadensverursachung durch einen nicht rechtsmittelfähigen Realakt erfolgt war. So hat ein „whistle-blower" einen Schadensersatzanspruch wegen versehentlicher Preisgabe seiner Identität durch die Kommission mit Erfolg geltend gemacht.[103] In *Schneider/Legrand* wurde vor dem EuG nach Aufhebung der Untersagung eines Zusammenschlusses ein Schadensersatzanspruch wegen eines schwerwiegenden Verfahrensfehlers im Untersagungsverfahren mit Erfolg gegen die Kommission geltend gemacht.[104] Der EuGH folgte dem im Grundsatz, verneinte aber im konkreten Fall die Kausalität der Pflichtverletzung der Kommission für den Schaden.[105] Das EuG verneinte in einem ähnlichen Fall das Vorliegen einer „hinreichend qualifizierten Rechtsverletzung" als Voraussetzung außervertraglicher Haftung der Europäischen Union.[106] 109

4. Vorabentscheidungsverfahren

Vorabentscheidungsverfahren gem. Art. 267 AEUV können auch in Verfahren, an denen Unternehmen als Kläger und/oder Beklagte beteiligt sind, nur durch Gerichte der Mitgliedstaaten in Gang gesetzt werden. Es ist denkbar, dass die Dezentralisierung des Kartellrechtsvollzugs und der geplante Ausbau privatrechtlicher (schadensersatzrechtlicher) Rechtsfolgen zu einer Zunahme EU-kartellrechtlicher Streitigkeiten vor den Gerichten der Mitgliedstaaten und damit auch zu einer Zunahme der Vorabentscheidungsverfahren führen. Zu den **vorlageberechtigten Gerichten** gehören nach der Rechtsprechung des EuGH auch Vergabekammern, nicht aber Schiedsgerichte.[107] Vorlagefragen sind zulässig, wenn sie die Auslegung des Vertrages oder die Gültigkeit oder Auslegung von Handlungen 110

[102] Zu einer zulässigen Klage gegen eine ablehnende Stellungnahme s. oben EuGH, U. v. 17.11. 1987 (Fn. 96).
[103] EuGH, U. v. 7.11.1985 Rs. C-145/83, ECLI:EU:C:1985:448, *Adams/Komm.* Slg. 1985, 3539.
[104] EuG, U. v. 11.7.2007, Rs. T-351/03, ECLI:EU:T:2007:212, *Schneider Electric/Kommission,* WuW/E EU-R 1397.
[105] EuGH, U. v. 16.7.2009, Rs. C-440/07 P, ECLI:EU:C:2009:459, *Kommission/Schneider Electric.*
[106] EuG, U. v. 9.9.2008, T-212/03, ECLI:EU:T:2008:315, *My Travel/Komm.* WuW/E EU-R 1484.
[107] EuGH, U. v. 17.9.1997 Rs. C-54/96, ECLI:EU:C:1997:413, *Dorsch Consult Ingenieursgesellschaft/Bundesbaugesellschaft Berlin* Slg. 1997, I-4961; U. v. 23.3.1982 Rs. 102/81, ECLI:EU:C: 1982:107, *Nordsee/Reederei Mond* Slg. 1982, 1095.

der Europäischen Union zum Gegenstand haben. Weitere Voraussetzungen sind, dass die vorgelegte Rechtsfrage nach nachvollziehbarer Auffassung des vorlegenden Gerichts für das anhängige Verfahren **entscheidungserheblich** und dass sie nicht bereits im Sinne eines **acte clair** geklärt ist. Letztinstanzliche Gerichte sind zur Vorlage verpflichtet. Wenn ein deutsches Gericht dieser Verpflichtung nicht nachkommt, kommt die Erhebung einer Verfassungsbeschwerde beim Bundesverfassungsgericht auf Grund einer Verletzung von Art. 101 Abs. 1 S. 2 GG in Betracht.[108]

II. Deutsche Gerichte

111 Europäisches Kartellrecht ist im Gebiet der Europäischen Union **unmittelbar anwendbares Recht.** Kläger und Beklagte vor deutschen Gerichten können sich daher nicht nur auf deutsches Kartellrecht, sondern in allen Verfahren auch auf europäisches Kartellrecht berufen. Die Berufung auf europäisches Kartellrecht wird bei zwei- und mehrseitigen wettbewerbsbeschränkenden Verhaltensweisen erheblich zunehmen, weil erstens oberhalb der Zwischenstaatlichkeitsschwelle im Ergebnis ausschließlich Europarecht zu beachten ist und weil zweitens die Anwendbarkeit von Art. 101 Abs. 3 AEUV keine Anmeldung bei der Kommission mehr voraussetzt. An der Struktur des Rechtsschutzes ändert sich jedoch nichts. Sie ist allein dem GWB und ergänzend anwendbaren verfahrensrechtlichen Regeln, insbesondere des Zivilprozessrechts, zu entnehmen.

1. Kartellverwaltungsakte

112 Erlassende Behörde ist in der Regel das Bundeskartellamt, an dessen Spitze ein Präsident steht. Die ausschließliche Entscheidungskompetenz liegt jedoch nach § 51 Abs. 2 S. 1, Abs. 3 GWB bei den durch drei Mitglieder quasi-justiziell entscheidenden **Beschlussabteilungen.** Der Präsident kann mit Argumenten, nicht aber mit Weisungen auf den Inhalt der Entscheidungen einwirken. Auch das Bundesministerium für Wirtschaft und Energie, zu dessen Geschäftsbereich das Bundeskartellamt, gehört, ist nicht befugt, Weisungen zu einzelnen anhängigen Verfahren zu erteilen.

113 Das Verfahren vor dem Bundeskartellamt weist ein höheres Maß an institutioneller Sicherung von Rechtsstaatlichkeit auf, als das Verfahren vor der in der Generaldirektion Wettbewerb monokratisch organisierten, aber letztlich als politisch besetztes Kollegialorgan entscheidenden Kommission. Dennoch stellen die Entscheidungen des Bundeskartellamts Verwaltungsakte dar, die selbstverständlich vor Gericht angefochten werden können. Hierfür ist ein besonderer zweizügiger Rechtsweg der Beschwerde zum **Oberlandesgericht Düsseldorf** und der Rechtsbeschwerde zum **Bundesgerichtshof** eröffnet. Beim Oberlandesgericht Düsseldorf sind mittlerweile fünf Kartellsenate sowie ein Senat für Vergabesachen eingerichtet. Auch beim Bundesgerichtshof gibt es einen besonderen Kartellsenat. Vorsitzender ist traditionell der Präsident des Bundesgerichtshofs. Die Mitglieder nehmen ihre Aufgabe in Personalunion mit ihrer Mitgliedschaft in verschiedenen anderen Senaten wahr. Über Beschwerden gegen Verfügungen des Bundesministers für Wirtschaft und Energie entscheidet ebenfalls das Oberlandesgericht Düsseldorf. Über Beschwerden gegen Verfügungen von Landeskartellbehörden entscheidet das jeweils örtlich zuständige Oberlandesgericht. **Landeskartellbehörden** sind die für die Wirtschaft zuständigen obersten Landesbehörden (Minister oder Senatoren). Die Landeskartellbehörden entscheiden ebenso wie der Bundesminister für Wirtschaft und Energie in der üblichen Weise als monokratisch gesteuerte Behörden.

2. Kartellrecht im Zivilprozess

114 Wie bereits erwähnt, sind die Vorschriften des deutschen und europäischen Kartellrechts als Teil der Grundlage von Schadensersatzansprüchen oder als Einwendung gegen vertragli-

[108] Vgl. z. B. BVerfG, B. v. 29.7.2004, 2 BvR 2248/03, WuW/E Verg 983, 987.

che Ansprüche in **zivilgerichtlichen Verfahren** anwendbar. Besonderheiten ergeben sich nur insofern, als auf der Ebene der Oberlandesgerichte die Kartellsenate der für Kartellsachen zuständigen Oberlandesgerichte anzurufen sind. Erstinstanzlich sind die Landgerichte unabhängig vom Streitwert zuständig. Auch auf Landgerichtsebene ist landesrechtlich eine Bündelung bei bestimmten Landgerichten vorgenommen worden. Darüber hinaus können kartellrechtliche Fragen auch bei weiteren Gerichten, z.B. in Durchsuchungssachen bei Amtsgerichten und in Telekommunikationssachen bei Verwaltungsgerichten, entscheidungserheblich sein. Verfahrensrechtliche Besonderheiten sind hierfür nicht vorgesehen.

III. Einstweiliger Rechtsschutz

Wirtschaftliches Handeln im globalen Wettbewerb steht unter Zeitdruck. Die Fristenregelungen im Fusionskontroll- und Vergabeverfahren versuchen, dem Rechnung zu tragen. Dennoch besteht gerade in diesen Verfahren, insbesondere bei dem Versuch, in durch „bottlenecks" geschützte Märkte einzudringen, ein **Bedürfnis für einstweiligen Rechtsschutz.** Die verfahrensrechtlichen Voraussetzungen hierfür sind sowohl vor europäischen Gerichten als auch vor deutschen Gerichten gegeben. **115**

Nach **Art. 278 AEUV** (ex Art. 242 EG) haben Klagen keine aufschiebende Wirkung. Der Gerichtshof kann jedoch die Durchführung der angefochtenen Handlung aussetzen. Auch der Vollzug einstweiliger Verpflichtungen, die von der Kommission angeordnet worden waren, kann gerichtlich ausgesetzt werden. Nach **Art. 279 AEUV** (ex Art. 243 EG) ist der Gerichtshof ermächtigt, einstweilige Anordnungen zu erlassen. **116**

Im deutschen Recht steht ebenfalls eine Fülle von Möglichkeiten zu einer einstweiligen Regelung im Verwaltungsprozess zur Verfügung. Von besonderer Bedeutung sind die zivilprozessualen Möglichkeiten. So sind die bereits erwähnten Zugangsrechte durch einstweilige Verfügung durchsetzbar, wobei sich oftmals der Erlass temporärer **Erfüllungsverfügungen** nicht vermeiden lässt. **117**

IV. Schiedsgerichte

Innerhalb von Kartellen diente früher die schiedsgerichtliche Erledigung dazu, das Licht der Öffentlichkeit von kartellinternen Auseinandersetzungen fernzuhalten. Auf Grund der erheblichen finanziellen Sanktionen, in den USA und Großbritannien sogar Haftstrafen, sind die Praktizierung von Kartellen und ihre Disziplinierung durch Schiedsgerichte äußerst risikoreich geworden. Damit ist der Weg frei für eine unbelastete Beurteilung von Kartellrechtsfragen durch Schiedsgerichte. Über die USA hinaus von Bedeutung war die Bejahung der **Schiedsfähigkeit** nach US-amerikanischem Recht im *Mitsubishi*-Fall zunächst für transnationale Sachverhalte und in der Rechtsprechung erstinstanzlicher Bundesgerichte später auch für inneramerikanische Sachverhalte.[109] **118**

Aus heutiger Sicht sind Schiedsgerichte ebenso wie die Zivilgerichte von Mitgliedstaaten und Drittstaaten in der Lage, europäisches und deutsches Kartellrecht anzuwenden. Durch die **Abschaffung der Freistellungserklärung** nach Art. 101 Abs. 3 AEUV ist für das europäische Recht die Notwendigkeit, kartellbehördliche Entscheidungen abzuwarten, entfallen. Das deutsche Recht ist dabei, dem weitgehend auch für Sachverhalte unterhalb der Zwischenstaatlichkeitsschwelle zu folgen. Lediglich das Fusionskontrollverfahren bleibt – in Europa und Deutschland – von behördlichen Entscheidungen abhängig. **119**

Im *Mitsubishi*-Fall hatte der amerikanische Supreme Court die Änderung seiner Rechtsprechung zur Schiedsfähigkeit ausdrücklich mit der Erwartung verbunden, dass Schiedsgerichte amerikanisches Kartellrecht immer dann anwenden, wenn dieses Kartellrecht nach seinen eigenen auf dem **Wirkungsprinzip** aufgebauten Vorschriften anwendbar ist. Die- **120**

---

[109] *Mitsubishi Motors Corp. v. Soler Chrysler-Plymouth Inc.,* 105 S.Ct.3346 (1985); vgl. z.B. *Acquaire v. Canada Dry Bottling,* 906 F. Supp. 812 (E.D.N.Y. 1995).

selbe Erwartung hat der EuGH in *Eco-Swiss* zum Ausdruck gebracht.[110] Man darf annehmen, dass die Schiedsgerichte diesen höchstrichterlichen Erwartungen gerecht werden. Bei Schiedssprüchen, in denen dies nicht geschieht, muss wegen Verletzung des ordre public mit Aufhebungsverfahren und Verweigerung der Anerkennung und Vollstreckung gerechnet werden.[111]

F. Angrenzende Rechtsgebiete

121 Das Kartellrecht kann als **Kern des Wirtschaftsordnungsrechts** angesehen werden. Dieser Kern ist von einer Vielzahl anderer wirtschaftsrechtlicher Regelungen umgeben. Zum Teil dienen derartige Regelungen ebenfalls dem Schutz des Wettbewerbs, zum Teil dienen sie anderen wirtschafts- und/oder sozialpolitischen Zielen und schränken den sachlichen Anwendungsbereich des Kartellrechts ein. In welcher Weise das Konkurrenzverhältnis geregelt ist, kann nur von Normbereich zu Normbereich bestimmt werden.

I. Sektorielle Sonderregelungen

122 Die Ausnahmebereiche des europäischen deutschen Kartellrechts stehen durchweg unter **Deregulierungsdruck.** Politikökonomisch ist der Druck eine Folge des sich im Zeichen der Globalisierung verschärfenden Systemwettbewerbs.[112] Die Europäische Union und Deutschland folgen dem Beispiel der Vereinigten Staaten (Reagan) und Großbritanniens (Thatcher), um Standortnachteile wettzumachen. Art. 106 AEUV (ex Art. 86 EG) bietet in Verbindung mit Art. 4 Abs. 3 AEUV (ex Art. 10 EG) eine Handhabe, Mitgliedstaaten zu Deregulierungsschritten zu veranlassen. Nach einer Grundsatzentscheidung des EuGH sind die Mitgliedstaaten verpflichtet, keine Regulierungsmaßnahmen aufrecht zu erhalten oder gar neue zu treffen, die die praktische Wirksamkeit des europäischen Kartellrechts beeinträchtigen.[113] Die Kommission ist nach Art. 106 Abs. 3 AEUV (ex Art. 86 Abs. 3 EG) ermächtigt, diese Verpflichtung durch Einzelentscheidungen gegenüber den Mitgliedstaaten zu konkretisieren. Sie hat von dieser Ermächtigung u. a. im Bereich der Postdienste gelegentlich Gebrauch gemacht.[114] Zu den wichtigsten Sektoren, die kartellrechtlichen Sonderregelungen unterliegen, gehören die Folgenden:

1. Energiewirtschaftsrecht

123 Die **Sicherheit der Energieversorgung** ist für industrielle und private Verbraucher existenznotwendig. Ausschließlich private Versorgungsstrukturen haben sich nicht nur in Krisenzeiten als anfällig erwiesen, vielmehr zeigen Stromausfälle in Nordrhein-Westfalen und vor allem in Kalifornien, dass auch hoch entwickelten Volkswirtschaften im Zuge der Deregulierung Fehler unterlaufen können. Dennoch stehen die Zeichen auf Privatisierung und Deregulierung. Das europäische Kartellrecht sieht keine energiewirtschaftsrechtlichen Sonderregelungen vor. Wegen der traditionellen gebietsweisen Aufteilung der Lieferbeziehungen gelangt nach der Zwischenstaatlichkeitsklausel häufig noch mitgliedstaatliches Kartellrecht zur Anwendung. Da die Mitgliedstaaten zur einseitigen Öffnung ihrer Märkte wenig Bereitschaft zeigten, fiel es der damaligen EG (jetzt: EU) zu, durch **Richtlinien-**

---

[110] EuGH, U. v. 1.6.1999 Rs. C-126/97, ECLI:EU:C:1999:269, *Eco Swiss/Benetton* Slg. 1999, I-3033, WuW/E EU-R 203.

[111] *Meessen,* Economic Law in Globalizing Markets, 2004, S. 316f. Siehe auch *Ason,* Ordre-public-Kontrolle von Schiedssprüchen mit kartellrechtlichem Bezug, WuW 2014, 1057ff.

[112] *Meessen,* Wirtschaftsrecht im Wettbewerb der Systeme, 2005.

[113] EuGH, U. v. 16.11.1977 Rs. 13/77, ECLI:EU:C:1977:185, *INNO/ATAB* Slg. 1977, 2115, 2145 Rn. 30, 35, WuW/E EWG/MUV 465.

[114] Komm., E. v. 23.10.2001, *La Poste,* WuW/E EU-V 733; E. v. 20.10.2004 Rs. COMP/38.745, *Postgesetz,* WuW/E EU-V 1035.

recht Wettbewerbsverzerrungen zu vermeiden, wobei sich die ihre Liberalisierung vorantreibenden Mitgliedstaaten durch Reziprozitätsvorbehalte gegenüber Importen aus anderen Mitgliedstaaten schützen durften.

Inzwischen sind in **Deutschland** die kartellrechtlichen Ausnahmebereiche abgeschafft. 124
Unternehmen, die in neue geographische Märkte eintreten wollen, können Abnehmer weitgehend durch kartellrechtliche und/oder energiewirtschaftsrechtliche Rechte auf Netzzugang und Durchleitung erreichen. Weitere Verbesserungen der Wettbewerbsverhältnisse sind nötig und auch möglich, wie die am 16. Juni 2005 vom Bundestag beschlossene und am 1. Juli 2005 in Kraft getretene Novellierung des **Energiewirtschaftsgesetzes** und die seit dem 1.1.2008 verschärfte Missbrauchsaufsicht aufgrund des neu eingefügten § 29 GWB zeigen.[115] Kartellrechtliche Hindernisse stellen nicht nur öffentlich-rechtliche Regelungen, sondern auch langfristige privatvertragliche Bindungen dar, die den flächenbezogenen Bedarf so vollständig abdecken, dass neu in den Markt eintretende Unternehmen keinen Bedarf vorfinden, der ihre aufgrund geringeren Volumens höheren Betriebskosten zu konkurrenzfähigen Preisen decken könnte. Als Alternative zu vertraglichen Bindungen wurde in Deutschland versucht, die bisherigen Absatzstrukturen durch vertikale Zusammenschlüsse aufrecht zu erhalten. Dem ist das Bundeskartellamt durch Untersagungsverfügungen entgegengetreten. In einem Musterverfahren wurde die Untersagung des Zusammenschlusses des Versorgungsunternehmens E.ON mit den Stadtwerken Eschwege durch den Bundesgerichtshof aufrechterhalten.[116]

Die wettbewerbliche Situation im Bereich Energie hat sich durch die im Jahr 2011 be- 125
schlossene **Energiewende** verändert.[117] Einerseits könnten sich aufgrund der Energiewende die Marktanteile der vier großen Energieversorgungsunternehmen verringern, was zu einer Stärkung des Wettbewerbs führen würde. Andererseits findet die Förderung erneuerbarer Energien außerhalb wettbewerblicher Strukturen statt. Zudem ist im Jahr 2012 der Gesetzgeber tätig geworden und hat „zur Sicherstellung einer wettbewerbskonformen Bildung der Großhandelspreise von Elektrizität und Gas“ eine **Markttransparenzstelle** eingerichtet, die „laufend die Vermarktung und den Handel mit Elektrizität und Erdgas auf der Großhandelsstufe“ beobachtet (§§ 47a ff. GWB). Die Daten werden kontinuierlich ausgewertet und auf Anzeichen für einen Verstoß gegen kartellrechtliche Vorschriften überprüft.[118]

2. Landwirtschaftsrecht

Kartellrecht findet nach Art. 42 AEUV (ex Art. 36 EG) insoweit Anwendung, als der 126
Rat dies unter Berücksichtigung der Ziele des Art. 39 AEUV (ex Art. 33 EG) bestimmt. Zu diesen Zielen gehören nicht nur Produktivität und Versorgungssicherheit, sondern vor allem auch die „Erhöhung der Pro-Kopf-Einkommen der in der Landwirtschaft tätigen Personen“. Entsprechend hat der Rat zwar die Anwendbarkeit der Art. 101–106 AEUV (ex Art. 81–86 EG) vorgeschrieben, jedoch die zur Verwirklichung der Ziele des Art. 39 AEUV (ex Art. 33 EG) notwendigen Vereinbarungen, Beschlüsse und Verhaltensweisen von der Anwendung von Art. 101 Abs. 1 AEUV (ex Art. 81 Abs. 1 EG) freigestellt.[119] Im Ergebnis wird für die Produkte der ersten Verarbeitungsstufe die Anwendung des Kartellrechts durch **planwirtschaftliches Marktordnungsrecht** und ein **genossenschaftlich organisiertes „Recht der Kartelle“**[120] verdrängt.

---

[115] Zweites Gesetz zur Neuregelung des Energiewirtschaftsrechts vom 7. Juli 2005, BGBl. 2005 I S. 1954; zu § 29 GWB s. oben Rn. 78.

[116] BGH, B. v. 11.11.2008, KVR 60/07 – *E.ON/Stadtwerke Eschwege,* WuW/E DE-R 2451.

[117] Vgl. Bundeskartellamt, Tätigkeitsbericht 2011/2012, BT-Drs. 17/13675, S. 99 ff.

[118] Vgl. Bundeskartellamt, Tätigkeitsbericht 2011/2012, BT-Drs. 17/13675, S. 100.

[119] Art. 1a f. VO 1184/2006/EG; siehe auch Art. 40 f. VO 1379/2013/EU sowie Art. 175 ff. VO 1234/2007/EG.

[120] S. oben Rn. 3.

127 Die europarechtliche Freistellung des Ausnahmebereichs ist auch bei der Anwendung mitgliedstaatlichen Kartellrechts zu beachten. **Deutschland** schreibt in § 28 GWB die weitgehende Nichtanwendbarkeit des Verbots wettbewerbsbeschränkender Vereinbarungen vor. Dieses Verbot und seine Einschränkung betreffen im Ergebnis aber ohnehin nur noch Vereinbarungen unterhalb der Zwischenstaatlichkeitsschwelle. Sowohl das europäische als auch das deutsche Recht zu marktbeherrschenden und marktstarken Unternehmen und zur Fusionskontrolle bleiben grundsätzlich anwendbar. Bei der Anwendung sind jedoch die eingeschränkten Wettbewerbsbedingungen zu beachten. So können gelegentlich selbst Zusammenschlüsse die durch Kooperationen geprägten Marktverhältnisse nicht weiter verschlechtern und sollten daher trotz Anwendbarkeit der Marktbeherrschungsvermutungen fusionskontrollrechtlich genehmigt werden.[121] Es ist zu hoffen, dass ein Abschluss der WTO-Verhandlungen der Doha-Runde zu mehr Wettbewerb auch im europäischen Agrarmarkt führen wird.[122]

3. Verkehrsrecht

128 Die Dichte und Leistungsfähigkeit des Personenbeförderung und Gütertransport dienenden Verkehrsnetzes sind maßgeblicher Bestandteil EU-weiter, nationaler und regionaler **Infrastruktur.** Aufbau und Unterhaltung dienen nicht nur der Abdeckung vorhandenen Bedarfs, sondern der Erschließung neuer Räume und der Herstellung von Verteilungsgerechtigkeit. Insbesondere letztere Ziele werden von den Renditeüberlegungen privater Investoren nicht erfasst. Ein gewisses Maß an staatlicher Infrastruktur vorzuhalten, ist aber auch aus Gründen der Versorgungssicherheit geboten. Im Verkehrssektor hat die Aufteilung zwischen staatlichen und privaten Aufgaben in den letzten 200 Jahren immer wieder geschwankt und auch immer wieder zu von Land zu Land abweichenden Entwicklungen geführt. Der heutige Trend geht eindeutig dahin, die Staatsquote abzubauen und dem Wettbewerb insbesondere auch durch eine funktionale Aufteilung von Märkten, z. B. der Trennung von Netzeigentum und Netznutzung, größeres Gewicht beizulegen.

129 Im **europäischen Recht** sind die für die verschiedenen Verkehrssektoren geltenden materiellrechtlichen und verfahrensrechtlichen Sonderregeln aufgehoben oder der vom EuGH im *Nouvelles Frontières* Urteil[123] festgestellten grundsätzlichen Geltung der Art. 101 f. AEUV (ex Art. 81 f. EG) angepasst worden. Im **deutschen Recht** sind die Ausnahmebereiche mit der 5. und 6. GWB-Novelle ebenfalls aufgelöst worden. Zum Teil sind allerdings Sonderregeln in die Fachgesetze wie das Allgemeine Eisenbahngesetz verdrängt worden und zum Teil ergeben sich Unterschiede bei der Kartellrechtsanwendung, wie die Ersetzung des Wettbewerbs „im" Markt durch einen Wettbewerb „um" den Markt, z. B. durch periodische Neuvergabe von Konzessionen für bestimmte Nahverkehrsgebiete, zeigt.[124] Wettbewerbliche Impulse ergeben sich seit dem 1. Januar 2013 aus der Liberalisierung des **Fernbuslinienverkehrs** (§§ 42 ff. PBefG), wodurch sowohl den Eisenbahnunternehmen als auch den Luftverkehrsunternehmen Konkurrenz erwachsen ist.

4. Presse- und Rundfunkrecht

130 Das Rundfunkrecht diente ursprünglich zwei Zielen, die sich gut miteinander verknüpfen ließen, und zwar der Zuteilung knapper Frequenzen und der bildungspolitischen Versorgung. Das erste Ziel ist auf Grund des geringeren Knappheitsgrads der über Kabel und Satellit erreichbaren Sender entfallen, und das zweite Ziel hat sich aufgefächert in einen nach wie vor erforderlichen Kern strafrechtlicher Kontrolle vor allem im Bereich des Ju-

---

[121] Vgl. z. B. BKartA, E. v. 24.6.2002, B2–31/02 – *Nordzucker/Union-Zucker.*

[122] *Wurzbacher,* Welthandelsrecht als Wettbewerbsordnung des Systemwettbewerbs, Exemplifiziert am Zulässigkeitsregime interner Agrarbeihilfen, 2008.

[123] EuGH, U. v. 30.4.1986, Rs. 209–213/84 (Fn. 54).

[124] OLG Düsseldorf, B. v. 22.12.2004 – *ÖPNV Hannover,* WuW/E DE-R 1397, 1401 f.

gendschutzes und ein diffuses Mandat zur Grundversorgung unter Sicherung von Freiheit durch Institutionalisierung **pluralistischer Strukturen.**

Europäisches Kartellrecht ist auf den Rundfunk grundsätzlich uneingeschränkt an- **131**
wendbar. Allerdings zeigt sich die Kommission bei der Anwendung aus Respekt vor der Kulturhoheit der Mitgliedstaaten zurückhaltend.[125] Zudem versucht offenbar die Kommission die in der Europäischen Rundfunkunion zusammengeschlossenen Sender durch Gestattung der Quersubventionierung mit Hilfe von der Grundversorgung zugerechneten Sport- und Eurovisionsprogrammen zu fördern.[126]

Im **deutschen Recht** wird der Anwendungsbereich des Kartellrechts durch Absenkung **132**
der fusionskontrollrechtlich relevanten Umsätze in § 38 Abs. 3 GWB auf 12,5% der Normalwerte zur oft unter Hinweis auf Art. 5 Abs. 1 S. 2 GG begründeten Erhaltung der Meinungsvielfalt erweitert. § 1 GWB findet seit der Aufhebung von § 31 GWB a. F. auch auf die Vermarktung von Sportrechten Anwendung. Aus weitergehenden Einschränkungsvorhaben der 7. GWB-Novelle hat nur § 30 GWB Gesetzeskraft erlangt. Danach ist die Preisbindung bei Zeitungen und Zeitschriften erleichtert. Dies gilt aber nur, soweit nicht Art. 101 AEUV (ex Art. 81 EG) infolge Erfüllung der Voraussetzungen der Zwischenstaatlichkeitsklausel das Ergebnis der Rechtsanwendung vorgibt. Dies zeigte sich deutlich im Fall des **Pressegrossos**. Mit der 8. GWB-Novelle wurde der Versuch unternommen, dass Pressegrosso abzusichern, indem es vom Anwendungsbereich des § 1 GWB ausgenommen wurde (§ 30 Abs. 2a S. 1 GWB) und Presseverlage und Grossisten als mit Dienstleistungen von allgemeinem wirtschaftlichen Interesse betraut bezeichnet wurden (S. 2). Das OLG Düsseldorf wies dies jedoch unter Hinweis auf Art. 101 AEUV zurück und hielt die Betrauung für nicht ausreichend.[127]

Im Bereich des Rundfunkkonzentrationsrechts tritt in Deutschland der Rundfunks- **133**
taatsvertrag neben die Fusionskontrolle, welche auch im Bereich des Rundfunks volle Anwendung findet. Die §§ 26 ff. RStV verfolgen gegenüber der Fusionskontrolle das eigenständige Ziel der Sicherung von Meinungsvielfalt. Die Regelungen erfassen neben dem Ausscheiden und dem Zusammenschluss einzelner Anbieter auch das innere Wachstum zugelassener Programveranstalter.[128] Zuständige Behörde ist die Kommission zur Ermittlung der Konzentration im Medienbereich (KEK) mit Sitz in Berlin, §§ 26, 35 RStV.

II. Recht des unlauteren Wettbewerbs

Das Recht des unlauteren Wettbewerbs, das auch als Wettbewerbsrecht im engeren Sin- **134**
ne bezeichnet wird, ist nicht Teil des Kartellrechts, denn es dient nicht unmittelbar dem Schutz des Wettbewerbs, sondern nach § 3 UWG[129] dem Schutz der **„Mitwettbewerber“, „Verbraucher“** und **„sonstigen Marktteilnehmer“** gegen eine Benachteiligung durch „unlautere geschäftliche Handlungen“. Den Wettbewerb schützt es als mögliche, aber nicht zwingende Folge. Die Lebhaftigkeit des Wettbewerbs dürfte durch die zur Angleichung an das Recht anderer EU-Mitgliedstaaten erfolgte Aufgabe einiger Verbotstatbestände des deutschen Rechts im Jahre 2004 keine Einbuße erlitten haben, zumal der Abbau von Behinderungen des grenzüberschreitenden Waren- und Dienstleistungsverkehrs zu einer Vergrößerung des räumlich relevanten Marktes – mit zusätzlichen ausländischen Wettbewerbern – beigetragen haben kann. Eine Beschränkung des Wettbewerbs als „pro-

---

[125] Vgl. Art. 21 Abs. 4 UAbs. 2 FKVO.

[126] Vgl. *Schladebach/Simantiras,* Grundstrukturen des unionalen Rundfunkrechts, EuR 2011, 784, 804 f.

[127] S. OLG Düsseldorf, U. v. 26.2.2014, VI-U (Kart) 7/12, GRUR-RR 2014, 353. Siehe auch *L. Ulmer,* Kartellverbot und außerökonomische Rechtfertigung, 2014, S. 190 ff.

[128] *Trute,* in Hahn/Vesting, Rundfunkrecht^3, 2012, § 26 RStV, Rn. 7 f.

[129] Gesetz gegen den unlauteren Wettbewerb, grundlegend geänderte Fassung v. 3.7.2004, BGBl. 2004 I 1414, erneut geändert durch Gesetz v. 22.12.2008, BGBl. 2008 I 2949.

zesshaftes Geschehen"[130] braucht im Recht des unlauteren Wettbewerbs daher auch nicht nachgewiesen zu werden.

135 Wie im Kartellrecht stehen auch im Mittelpunkt des UWG einige **generell gefasste Verbotsnormen.** Das bereits erwähnte Verbot unlauterer Wettbewerbshandlungen wird in § 4 UWG durch eine nicht erschöpfende Aufzählung von Unlauterkeitstatbeständen konkretisiert. Nach § 5 UWG werden irreführende Werbung, nach § 6 UWG bestimmte Formen vergleichender Werbung und nach § 7 UWG unzumutbar belästigende Werbung als unlauter im Sinne von § 3 UWG verboten. Die Rechtsfolgen sind privatrechtlicher und – bei bestimmten Tatbeständen – nebenstrafrechtlicher Natur. Dem primär individualschützenden Charakter des Gesetzes entsprechend ist ein Verwaltungsvollzug nicht vorgesehen.

136 **Tatbestandliche Überschneidungen** zum Kartellrecht ergeben sich insbesondere im Bereich der Missbrauchsaufsicht über marktbeherrschende und marktstarke Unternehmen (Art. 102 AEUV, §§ 19, 20 GWB). Auch Verletzungen des kartellrechtlichen Boykottverbots (§ 21 Abs. 1 GWB) stellen in der Regel unlautere Wettbewerbshandlungen im Sinne des UWG dar. Im Zivilprozess sind die kartellrechtlichen und die lauterkeitsrechtlichen Anspruchsgrundlagen kumulativ heranzuziehen. Das Kartellrecht verdrängt das Lauterkeitsrecht jedoch insofern, als die Regelung von zivilrechtlichen Ansprüchen bei Verstößen gegen kartellrechtliche Bestimmungen in §§ 33, 34a GWB als abschließend betrachtet wird. Stützt sich der Vorwurf der Unlauterkeit allein auf die Verletzung eines kartellrechtlichen Tatbestands (§ 4 Nr. 11 UWG), bestehen daher keine – kartellrechtlich nicht vorgesehenen – lauterkeitsrechtlichen Ansprüche.[131] Andernfalls würde die gezielte kartellrechtliche Beschränkung der zivilrechtlichen Folgen bestimmter Kartellrechtsverletzungen lauterkeitsrechtlich unterlaufen.

137 Am 30. Dezember 2008 ist eine weitere „grundlegende" Änderung des Gesetzes gegen den unlauteren Wettbewerb in Kraft getreten.[132] Veranlasst wurde die Neuregelung durch die **EG-Richtlinie 2005/29/EG über unlautere Geschäftspraktiken** vom 11. Mai 2005,[133] deren Erlass am 3. Juli 2004 bei der Beschlussfassung über die vorangehende grundlegende Änderung auch für den deutschen Gesetzgeber erkennbar bevorstand. Der damit gebotenen EU-weiten Harmonisierung des Lauterkeitsrechts konnte sich Deutschland nicht entziehen, auch wenn die immer wieder beschworenen Gefahren einer lauterkeitsrechtlichen Vielfalt für den Handel zwischen den Mitgliedsstaaten, wenn man etwa den intensiven Handel mit der Schweiz zum Vergleich heranzieht, nicht sehr plausibel erscheinen. Im April 2015 hat die Bundesregierung nunmehr den Entwurf eines Zweiten Gesetzes zur Änderung des Gesetzes gegen den unlauteren Wettbewerb[134] vorgelegt. Dieses hat vor dem Hintergrund der Richtlinie 2005/29/EG die Zielsetzung, Klarstellungen gesetzessystematischer Art, insbesondere im Hinblick auf den Wortlaut des UWG und den Bereich des Verbraucherschutzes, vorzunehmen.[135]

III. Gewerblicher Rechtsschutz und Urheberrecht[136]

138 Geistiges Eigentum schafft Besitzstände. Nationale Regeln verleihen unter anderem Patent- und Markeninhabern und Urhebern **absolute Rechte,** deren Geltungsbereich je-

[130] S. oben Rn. 7.

[131] BGH, U. v. 7.2.2006, KZR 33/04, *Probeabonnement,* WuW/E DE-R 1779 = NJW 2006, 2627.

[132] Erstes Gesetz zur Änderung des Gesetzes gegen den unlauteren Wettbewerb v. 22.12.2008, BGBl. I 2849, Entwurf der Bundesregierung v. 23.5.2008, BR-Drs. 345/08.

[133] Richtlinie 2005/29/EG v. 11.5.2005, ABl. 2005 L 149/22.

[134] BT-Drs. 18/4535.

[135] Vergleiche zum Regierungsentwurf bspw. *Sosnitza,* Der Regierungsentwurf zur Änderung des Gesetzes gegen den unlauteren Wettbewerb, GRUR 2015, 318.

[136] Vergleiche ausführlich zum gewerblichen Rechtsschutz und Urheberrecht *Nordemann,* 3. Teil. Gewerblicher Rechtsschutz und Urheberrecht.

doch zunächst auf das Gebiet des verleihenden Staates beschränkt ist. Völkerrechtliche Verträge erstrecken den Schutz auf andere Staaten. Im Markenrecht ist die EU durch das Angebot, im Gebiet ihrer 28 Mitgliedstaaten eine Gemeinschaftsmarke zu verleihen, wie ein einzelner Staat tätig geworden.[137] Gleiches gilt für das Europäische Patent mit einheitlicher Wirkung.[138]

Die Wirkungen des Schutzes geistigen Eigentums auf den Wettbewerb sind **ambivalent.** Einerseits werden unangreifbare Machtpositionen geschaffen, die imitativen Wettbewerb und – bei zu weitgehendem Schutz an Weichenstellungen der technischen Entwicklung – sogar innovativen Wettbewerb behindern können. Andererseits ginge im Rahmen eines dynamischen Wettbewerbsverständnisses[139] der Anreiz zur Schaffung geistigen Eigentums verloren, wenn der Inhaber nicht hoffen könnte, für neue Produkte, Marken oder Werke nicht nur die Entwicklungskosten wiederzuerlangen, sondern über sie hinaus einen das Entwicklungs- und Vermarktungsrisiko rechtfertigenden Gewinn zu erzielen. Aus europarechtlicher Sicht ist außerdem zu beachten, dass die territoriale Gewährung von Rechten auf geistiges Eigentum nicht zu einer unverhältnismäßigen Behinderung des grenzüberschreitenden Waren- und Dienstleistungsverkehrs unter den Mitgliedstaaten führen darf, auch wenn Europarecht nach Art. 345 AEUV (ex Art. 295 EG) die auch geistiges Eigentum umfassende **Eigentumsordnung in den Mitgliedstaaten** unberührt lässt. 139

Nicht zuletzt die Garantie der mitgliedstaatlichen Eigentumsordnung hat im Europarecht zu einer Unterscheidung zwischen Gewährleistung von Bestand und Ausübung von Rechten auf geistiges Eigentum geführt, und zwar nicht nur im Hinblick auf die Grenzziehung nach Art. 34, 36 AEUV (ex Art. 28, 30 EG), sondern auch im Hinblick auf die Frage, ob der Tatbestand einer Wettbewerbsbeschränkung im Sinne von Art. 101 AEUV (Art. 81 Abs. 1 EG) vorliegt.[140] Der Übergang von der Freistellungsmöglichkeit zur Legalausnahme würde inzwischen erlauben, die Abgrenzung stärker an den Effizienzkriterien von Art. 101 Abs. 3 AEUV (ex Art. 81 Abs. 3 EG), insbesondere an dem Umfang der Verbraucherbeteiligung an den Effizienzgewinnen, zu orientieren. Man wird hierzu die weitere Anwendungspraxis abwarten müssen. Allerdings dürfte im juristischen Alltag das Hauptaugenmerk auf der Anwendung der einschlägigen **Gruppenfreistellungsverordnungen** liegen. 140

Von besonderer Bedeutung ist die Schnittstelle zwischen Kartellrecht und geistigem Eigentum bei der Anwendung von **Art. 102 AEUV** (ex Art. 82 EG) auf die Frage, ob die durch geistiges Eigentum gesicherte Monopolstellung in einem vorgelagerten Markt dazu berechtigt, den **Zugang zu einem nachgelagerten Markt** zu monopolisieren.[141] Zur 141

[137] Verordnung (EG) Nr. 40/94 des Rates vom 20.12.1993 über die Gemeinschaftsmarke, ABl. 1994 L 11/1.

[138] Verordnung (EU) Nr. 1257/2012 des Europäischen Parlaments und des Rates vom 17.12.2012 über die Umsetzung der Verstärkten Zusammenarbeit im Bereich der Schaffung eines einheitlichen Patentschutzes, ABl. 2012 L 361/1. Diese Verordnung gilt gemäß ihres Art. 18 Abs. 2 ab dem Tag des Inkrafttretens des Übereinkommens über ein Einheitliches Patentgericht (vgl. dazu Übereinkommen über ein Einheitliches Patentgericht ABl. 2013 C 175 1/1, das gemäß seines Art. 89 Abs. 1 am ersten Tag des vierten Monats nach Hinterlegung der dreizehnten Ratifikations- oder Beitrittsurkunde [einschließlich der Hinterlegung durch die drei Mitgliedstaaten, in denen es im Jahr vor dem Jahr der Unterzeichnung des Übereinkommens die meisten geltenden europäischen Patente gab] in Kraft treten wird). Vergleiche zum Stand der Ratifizierung des Übereinkommens über ein Einheitliches Patentgericht: http://www.consilium.europa.eu/en/documents-publications/agreements-conventions/agreement/?aid=2013001 (zuletzt abgerufen am 7.10.2015).

[139] S. oben Rn. 10.

[140] Zu Reichweite und Grenzen dieses Ansatzes siehe *Ullrich/Heinemann,* in: Immenga/Mestmäcker, EU-Wettbewerbsrecht[5], 2012, Immaterialgüterrecht Rn. 13 f., 15.

[141] EuGH, U. v. 6.4.1995 verb. Rs. C-241/91 P und C-242/91 P, ECLI:EU:C:1995:98, *RTE/Komm. (Magill)* Slg. 1995, I-743; U. v. 29.4.2004 Rs. C-418/01, ECLI:EU:C:2004:257, *IMS Health/NDC Health,* WuW/E EU-R 804; U. v. 17.9.2007, Rs. T-201/04, ECLI:EU:T:2007:289, *Microsoft/Kommission,* WuW/E EU-R 1307; *Bartmann,* Grenzen der Monopolisierung durch Urheberrechte am Beispiel von Datenbanken und Computerprogrammen, 2005.

Förderung und Erhaltung dynamischen Wettbewerbs bedürfen die notwendigen Anreize zur Innovation ständiger wirtschaftswissenschaftlicher Überprüfung.[142] Neuere Entwicklungen haben sich hier im Bereich der **Standardessentiellen Patente** ergeben. Eine Lizenzverweigerung sieht der BGH nach der Entscheidung Orange Book dann als missbräuchlich an, wenn der Patentnutzer ein unbedingtes Lizenzangebot macht und sich während der Nutzung bereits an den abzuschließenden Lizenzvertrag hält.[143] Inwiefern diese strengen Bedingungen für die Erhebung des Zwangslizenzeinwands europäischem Recht entsprechen, ist Gegenstand einer Vorlage des LG Düsseldorf.[144] Die Kommission hat in ihrer Motorola-Entscheidung[145] bereits die Forderung des Lizenzgebers nach einer Nichtangriffsabrede als rechtsmissbräuchlich eingestuft.

IV. Subventionsrecht

142 Subventionen oder Beihilfen sind aus öffentlichen Mitteln an Unternehmen ohne Gegenleistung gewährte Zuwendungen. Unternehmen, die Zuwendungen erhalten, können ihre Produkte auf dem Markt billiger anbieten als Unternehmen, die keine Zuwendungen erhalten. Ungleichmäßig vergebene Subventionen wirken daher **wettbewerbsverzerrend.** Wenn ein EU-Mitgliedstaat Subventionen gewährt, kann nicht erwartet werden, dass diese Subventionen auch an Wettbewerber aus anderen Mitgliedstaaten oder aus Drittstaaten gewährt werden. In diesen Fällen treten in aller Regel Wettbewerbsverzerrungen und Beeinträchtigungen des zwischenstaatlichen Handels auf. Innerhalb der Europäischen Union unterliegen diese Subventionen einer strengen Kontrolle anhand materiellrechtlicher Standards, die in Art. 107 AEUV (ex Art. 87 EG) niedergelegt sind, nach Maßgabe eines Anmeldeverfahrens, dessen Grundzüge in Art. 108 AEUV (ex Art. 88 EG) geregelt sind. Darüber hinaus können Regeln des völkerrechtlichen Vertragsrechts, insbesondere im Rahmen der WTO-Abkommen, verletzt sein. Schließlich können in Deutschland wettbewerbsverzerrende Subventionen die grundrechtlich geschützte Wettbewerbsfreiheit verletzen.

143 Weitgehend ergänzen Subventionsrecht und Kartellrecht einander.[146] Zu Überschneidungen und Konflikten kann es kommen, wenn Entscheidungen über Subventionen mit **kartellrechtsrelevanten Auflagen,** z.B. Privatisierungsauflagen, verbunden werden. Die subventionsrechtlichen und die kartellrechtlichen Aspekte sind getrennt zu würdigen. So darf die Errichtung eines Gemeinschaftsunternehmens nicht schon etwa deswegen genehmigt werden, weil eine zulässige Subventionszusage vorliegt. In der Kommission ist die Generaldirektion Wettbewerb sowohl für den Vollzug von Kartellrecht als auch für die Aufsicht über die Vergabe von Subventionen durch die Mitgliedstaaten zuständig. Eine Vermischung von Beurteilungskriterien ist nicht auszuschließen.

V. Welthandelsrecht

144 Die Liberalisierung des Welthandels dient der Öffnung nationaler Märkte und im Falle der EU der Öffnung des europäischen Binnenmarkts. Die hierdurch bewirkte **Erweiterung des räumlich relevanten Marktes** erleichtert Unternehmen aus Drittstaaten den Marktzugang und trägt damit zur Verschärfung des Wettbewerbs innerhalb der Europäischen Union bei.

---

[142] *Schweizer* (Hrsg.), The Generation and Distribution of Knowledge, JITE 160 (2004) I-186; *Oberender* (Hrsg.), Wettbewerb und geistiges Eigentum, 2007.

[143] BGH, U. v. 6.5.2009, KZR 39/06, BGHZ 180, 312.

[144] LG Düsseldorf, B. v. 21.3.2013, 4b O 104/12, GRUR Int. 2013, 547. Siehe auch den Schlussantrag von Generalanwalt *Wathelet,* 20.11.2014, Rs. C-170/13 – *Huawei/ZTE.*

[145] Komm., E. v. 29.4.2014, AT.39985, *Motorola – Enforcement of GPRS Standard Essential Patents,* Rn. 492ff.

[146] Vgl. *Kühling,* in Streinz, AEUV/EUV^2, 2012, Art. 107 AEUV, Rn. 10, 27.

Nach Art. 206f. AEUV (ex Art. 131f. EG) haben die EU-Mitgliedstaaten die Zuständigkeit zur Regelung des Welthandels mit Drittstaaten der Europäischen Union zur ausschließlichen Wahrnehmung übertragen. Die EU und ihre Mitgliedstaaten, deren Zustimmung wegen einiger nicht der Aushandelskompetenz unterfallender Gegenstände erforderlich war, sind Mitgliedstaaten der **WTO** (Welthandelsorganisation) und zugleich Mitgliedstaaten der im Rahmen der WTO abgeschlossenen multilateralen und auch plurilateralen, d.h. nicht von allen WTO-Mitgliedern akzeptierten, Abkommen wie dem Government Procurement Agreement.[147] **145**

Das Recht der multilateralen und plurilateralen WTO-Abkommen bindet die EU völkerrechtlich. Soweit Auslegungsspielräume bestehen, sind Europarecht und deutsches Recht zwar WTO-konform auszulegen, die WTO-Abkommen sind jedoch nach zutreffender Auffassung des EuGH **nicht unmittelbar anwendbar.**[148] Verletzungen des WTO-Rechts können daher nicht von Unternehmen in Verfahren vor den europäischen Gerichten oder den Gerichten der Mitgliedstaaten geltend gemacht werden. Die Geltendmachung von Rechtsverletzungen ist der EU und den übrigen Mitgliedstaaten der WTO in einem völkerrechtlichen Streitbeilegungsverfahren, das einen erheblichen Effektivitätsgrad aufweist, überlassen. **146**

Das WTO-Recht umfasst auch das **Antidumpingrecht.** Fälle von Dumping können nach der Antidumping-Grundverordnung nicht im Rahmen der WTO-Abkommen verfolgt werden. Sie können zugleich Fälle von Kampfpreisunterbietung darstellen, die als Missbrauch von marktbeherrschenden Stellungen dem Missbrauchsverbot von Art. 102 AEUV (ex Art. 82 EG) und/oder § 19 GWB unterliegen.[149] **147**

---

[147] ABl. 1994 L 336/273; *Arrowsmith,* Government Procurement in the WTO, 2003; zu einer „rechtsebenen übergreifenden Analyse des Vergaberechts" s. *Bungenberg,* Vergaberecht im Wettbewerb der Systeme, 2007.

[148] *Bungenberg* (Fn. 44), S. 108–116.

[149] *Meessen,* Economic Law in Globalizing Markets, 2004, S. 103f.

Europäisches Recht

1. Teil. Internationales Kartellrecht der Europäischen Union

Übersicht

Schrifttum: *Bleckmann,* Self-Executing Treaty Provisions, in: Bernhardt (Hrsg.), Encyclopedia of Public International Law, Bd. 4, 2000, S. 374 f.; *Bodenstein,* Zurück zum bewährten Grundsatz: Wer handelt der haftet, NZKart 2015, 141; *Brei/Hoffet,* Das neue Abkommen zwischen der EU und der Schweiz über die Zusammenarbeit bei der Anwendung ihres Wettbewerbsrechts, NZKart 2013, 393; *Bremer,* Treuhandverwaltung und Jurisdiktionsbefugnis, 1998; *Deville,* Die Konkretisierung des Abwägungsgebots im internationalen Kartellrecht, 1990; *Dlouhy,* Extraterritoriale Anwendung des Kartellrechts im Europäischen und US-Amerikanischen Recht, 2003; *Friess,* Die internationale Zusammenarbeit der EU und der USA – Austausch von Informationen, in: Konvergenz der Wettbewerbsrechte, 2002, S. 69; *Gerber,* The Extraterritorial Application of the German Antitrust Laws, AJIL 77 (1983) 756; *Grave/Barth,* Von „Dawn Raids" zu „eRaids", EuZW 2014, 369; *Griffin,* Foreign Governmental Reactions to U.S. Assertions of Extraterritorial Jurisdiction, George Mason L.Rev. 6 (1988) 505; *Harms,* Der Gerichtsstand des Sachzusammenhangs (Art. 6 Nr. 1 EuGVVO) bei kartellrechtlichen Schadensersatzklagen, EuZW 2014, 129; *Herrmann/Soiné,* Durchsuchung persönlicher Datenspeicher und Grundrechtsschutz, NJW 2011, 2922; *Immenga,* Zur extraterritorialen Anwendung der europäischen Fusionskontrolle, in: FS Zäch, 1999, S. 347; *Immenga,* Kodifizierung des internationalen Wettbewerbsrechts im Gemeinschaftsrecht, WuW 2008, 1043; *Juenger,* The „Extraterritorial" Application of American Antitrust Law and the New Foreign Relations Law Restatement, WuW 1990, 602;

Kaffanke, Nationales Wirtschaftsrecht und internationale Wirtschaftsordnung, 1990; *Kather,* Der Kodex der Vereinten Nationen über wettbewerbsbeschränkende Geschäftspraktiken, 1986; *Koutsoukou/Pavlova,* Der Gerichtsstand der Streitgenossenschaft bei Schadensersatzklagen wegen Verletzung des EU-Kartellrechts, WuW 2014, 153; *Kramp,* Die Begründung und Ausübung staatlicher Zuständigkeit für das Verbot länderübergreifender Fusionen nach geltendem Völkerrecht, 1993; *Laufkötter,* Parteiautonomie im Internationalen Wettbewerbs- und Kartellrecht, 2001; *Mann,* Staatliche Aufklärungsansprüche und Völkerrecht, 1983; *Mankowski,* Der europäische Gerichtsstand des Tatortes aus Art. 5 Nr. 3 EuGVVO bei Schadensersatzklagen bei Kartelldelikten, WuW 2012, 797; *Martinek,* Das internationale Kartellprivatrecht, 1987; *Meessen,* Der räumliche Anwendungsbereich des EWG-Kartellrechts und das allgemeine Völkerrecht, EuR 8 (1973) 18; *Meessen,* Völkerrechtliche Grundsätze des internationalen Kartellrechts, 1975; *Meessen,* The Application of Rules of Public International Law Within Community Law, Common Market Law Review 13 (1976) 485; *Meessen,* Kollisionsrecht der Zusammenschlußkontrolle, 1984; *Meessen,* Antitrust Jurisdiction Under Customary International Law, AJIL 78 (1984) 783; *Meessen,* Competition of Competition Laws, Nw. J Int'l L. & Business 10 (1989) 17; *Meessen,* Das Für und Wider eines Weltkartellrechts, WuW 50 (2000) 5; *Meessen,* Völkerrechtliche Pflicht zur Beachtung ausländischen Kartellrechts bei der gerichtlichen Durchsetzung privatvertraglicher Ansprüche, FS Folz, 2003, S. 231; *Meessen,* Economic Law in Globalizing Markets, 2004; *Meessen,* Wirtschaftsrecht im Wettbewerb der Systeme, 2005; *Meessen,* Streitigkeiten über Auslandsinvestitionen vor völkervertraglichen Schiedsgerichten, Liber amicorum Riesenkampff, 2006, 93; *Meessen,* ICN Accompanied Convergence, Instead of WTO Imposed Harmonization of Competition Laws, in: Hohmann, Agreeing and Implementing the Doha Round of the WTO, 2008, S. 485; *Meng,* Extraterritoriale Jurisdiktion im öffentlichen Wirtschaftsrecht, 1993; *Hirsbrunner,* Extraterritoriale Anwendung des EU-Rechts, in: v. d. Groeben/Schwarze/Hatje, Europäisches Unionsrecht, 7. Aufl., 2015 VO (EG) 139/2004, Art. 1, Rn. 44–54; *Möschel,* Wettbewerb der Wettbewerbsordnungen, WuW 55 (2005) 599; *Mozet,* Internationale Zusammenarbeit der Kartellbehörden, 1991; *Nerep,* Extraterritorial Control of Competition under International Law, 1983, Bd. 2; *Ost,* Kartellbußgelder, Grundrechte und europäische Konvergenz: der Nebel lichtet sich …, NZKart 2013, 173 *Pearce,* The Comity Doctrine as a Barrier to Judicial Jurisdiction, Stanford Journal of International Law 30 (1994) 525; *Rehbinder/Emmerich/Markert,* Kommentierung zu § 130 GWB, in: Immenga/Mestmäcker, Wettbewerbsrecht, 5. Aufl., 2014; *Repas/Keresteš,* Neue Dimensionen der privaten Durchsetzung der EU-Wettbewerbsregeln: Preisschirmeffekte, WiRO 2015, 74; *Röhrig,* Zum Stand des Grundrechtsschutzes bei kartellrechtlichen Ermittlungen der Kommission, WuW 2014, 814; *Romano,* La fusion Boeing/MDD et l'accord conclu entre L'UE et les USA sur l'application de leur lois antitrust, Revue de droit des affaires internationales 1998, 347; *Schäfer,* Internationaler Anwendungsbereich der präventiven Fusionskontrolle im deutschen und europäischen Recht, 1996; *Schnyder,* Wirtschaftskollisionsrecht, Zürich 1990; *Soltész,* Richterliche Kontrolle im Europäischen Kartellbußgeldverfahren – Die Vernehmung von (Kron-)Zeugen nach Lissabon, NZKart 2013, 53; *Steinvorth,* Probleme der geographischen Marktabgrenzung, WuW 2014, 924; *Treier/Wernicke,* Die Transatlantische Handels- und Investitionspartnerschaft (TTIP) – Trojanisches Pferd oder ein steiniger Weg zum Olymp?, EuZW 2015, 334; *Turner,* Die Lösung von Zuständigkeitskonflikten bei der Anwendung nationaler Wettbewerbsvorschriften, WuW 32 (1982) 5; *Veelken,* Interessenabwägung im Wirtschaftskollisionsrecht, 1988; *Voet van Vormizeele,* Kartellrecht und Verfassungsrecht, NZKart 2013, 386; *Weitbrecht,* Völkerrecht und Kollisionsrecht in der deutschen Fusionskontrolle, in: FS Birk, 2008, 977; *Wiedemann,* Drittstaaten-Zusammenschlüsse und EG-Fusionskontrollverordnung, in: FS Lieberknecht, 1999, S. 625; *Wiedemann,* Extraterritoriale Anwendung der Wettbewerbsregeln, in: Wiedemann (Hrsg.), Handbuch des Kartellrechts, 2. Auflage, 2008, S 73; *Wurmnest,* Internationale Zuständigkeit und anwendbares Recht bei grenzüberschreitenden Kartelldelikten, EuZW 2012, 933; *Wurmnest/Lund,* Die internationale Reichweite der europäischen Wettbewerbsregeln nach dem Intel-Urteil des EuG, NZKart 2015, 73.

A. Terminologie

1 Im europarechtlichen Teil dieses Kommentars wird das **internationale Kartellrecht der Europäischen Union** behandelt. Hierunter ist das europarechtlich anwendbare internationale Kartellrecht zu verstehen. Das nach deutschem Recht anwendbare internationale Kartellrecht ist in § 130 Abs. 2 GWB niedergelegt und wird daher auch dort kommentiert. Unter europarechtlich anwendbarem internationalem Kartellrecht werden diejenigen Regeln des internationalen Kartellrechts verstanden, die sich entweder aus primärem oder sekundärem Europarecht ergeben oder deren Anwendung europarechtlich vorgeschrieben

ist. Letzteres gilt für alle Regeln des **allgemeinen Völkerrechts,** also insbesondere für das Völkergewohnheitsrecht, sowie für die die Europäische Union bindenden **völkerrechtlichen Verträge** und Verwaltungsabkommen.

2 Das internationale Kartellrecht der Europäischen Union umfasst nicht nur die für die Anwendung des Kartellrechts relevanten Normen, die sich aus völkerrechtlichen Rechtsquellen (insbesondere **Völkergewohnheitsrecht** und **Völkervertragsrecht**) ergeben, sondern auch die europarechtlichen Normen, die die Anwendung europäischen Kartellrechts in **drittstaatsbezogenen Sachverhalten** regeln. Drittstaatsbezogene Sachverhalte sind die nach europäischem Kartellrecht relevanten Sachverhalte, in denen die Staatsangehörigkeit oder Staatszugehörigkeit beteiligter Unternehmen, der Ort oder die Wirkung kartellrechtlich vorwerfbaren Verhaltens oder die zivil- oder verwaltungsrechtliche Durchsetzung von Kartellrecht einen Bezug zu Drittstaaten, also Staaten, die nicht Mitgliedstaaten der Europäischen Union sind, aufweisen. Außerdem kann sich ein Drittstaatsbezug aus dem Recht ergeben, das nach dem am Ort des Gerichtsverfahrens anwendbaren internationalen Privatrecht (IPR der lex fori) oder aus dem in einem schiedsgerichtlichen Verfahren anwendbaren internationalen Privatrecht (IPR der lex arbitri) anwendbar ist.

B. Quellen des internationalen Kartellrechts der Europäischen Union

3 Im internationalen Kartellrecht sind wie auch sonst im Wirtschaftsrecht und vermutlich darüber hinaus nach einem **Mehrebenenansatz** Normen aller Rechtsquellenebenen anzuwenden, die eine Aussage zu dem jeweiligen Problem enthalten.[1] Es wäre demgemäß unzweckmäßig, die nachfolgend erörterten Rechtsquellen – geschriebenes primäres und sekundäres Europarecht, europäische Grundrechte und geschriebenes und ungeschriebenes Völkerrecht – getrennt voneinander auszulegen und anzuwenden.

I. Europarecht

4 Anders als im deutschen Recht sind die internationalkartellrechtlichen Aussagen des europäischen Rechts nicht in einer gesonderten Kollisionsnorm wie § 130 Abs. 2 GWB, sondern in einzelnen **Tatbestandsmerkmalen der kartellrechtlichen Normen** des materiellen Rechts mitenthalten, wie folgender Überblick zeigt:[2]

5 **Art. 101 AEUV** ist internationalkartellrechtlich bereits anwendbar, wenn eine Wettbewerbsbeschränkung „innerhalb des Gemeinsamen Marktes" bezweckt oder bewirkt wird.[3] Die Anwendbarkeit von Art. 101 AEUV ist nicht nach dem Ort des wettbewerbsbeschränkenden Handelns und auch nicht nach der Staatsangehörigkeit oder Staatszugehörigkeit der handelnden Person eingeschränkt. In gleicher Weise ist die Anwendbarkeit von **Art. 102 AEUV** an das Bestehen einer „beherrschenden Stellung auf dem Gemeinsamen Markt oder auf einen wesentlichen Teil desselben" geknüpft. Unerheblich ist, von welchem Staat aus die beherrschende Stellung, die ja auch durch bloßen Export von Waren oder Dienstleistungen in den Binnenmarkt erlangt werden kann, ausgeübt wird. Ebenso wenig relevant ist, an welchem Ort die missbräuchliche Ausnutzung einer derartigen Stellung stattfindet. Daneben kommt dem Merkmal der Beeinträchtigung des zwischenstaatlichen Handels sowohl in Art. 101 Abs. 1 als auch in Art. 102 AEUV nicht nur eine die Anwendbarkeit des europäischen Kartellrechts gegenüber dem Kartellrecht der Mitgliedstaaten abgrenzende Funktion zu. Vielmehr schließt das Fehlen einer Beeinträchtigung des zwischenstaatlichen Handels zugleich die Anwendbarkeit des europäischen Rechts in Drittstaatssachverhalten aus.

[1] Zum Mehrebenenansatz *Meessen,* Wirtschaftsrecht im Wettbewerb der Systeme, 2005, S. 15 f.
[2] Näheres unten Rn. 68–91.
[3] Näheres hierzu und zum Folgenden bei der Darstellung des Wirkungsprinzips unten Rn. 72 f., 81, 86.

6 Die Anwendbarkeit der **Fusionskontrollverordnung** schließlich knüpft nach ihrem Art. 1 Abs. 1 an das Vorliegen eines „Zusammenschlusses von gemeinschaftsweiter Bedeutung“ an. Dieser Begriff wird unter anderem durch innerhalb der Gemeinschaft erzielte Umsätze nach Art. 1 Abs. 2 und 3 FKVO ausgefüllt. Die Anwendbarkeit des europäischen Fusionskontrollrechts kann auch durch Verweisung durch einen oder mehrere von dem Zusammenschluss betroffene Mitgliedstaaten begründet werden (Art. 4 Abs. 4 und 5, 22 Abs. 1 FKVO).

7 Selbstverständlich sind jeweils sämtliche Normen des europäischen Rechts, also auch die **europäischen Grundrechte,** die als allgemeine Rechtsgrundsätze im Sinne von Art. 340 Abs 2 AEUV von der Rechtsprechung vor allem in Anlehnung an die von den Mitgliedstaaten ratifizierten Menschenrechtskonventionen entwickelt wurden, anzuwenden. In drittstaatsbezogenen Sachverhalten sind die Justizgewährleistungen vor allem von Art. 6 der Europäischen Menschenrechtskonvention und die in Art. 1 des (ersten) Zusatzprotokolls enthaltene Eigentumsgarantie von besonderer Bedeutung. Bei der Anwendung der materiellrechtlichen Grundrechte kommt im europäischen Recht wie auch im deutschen Recht dem **Grundsatz der Verhältnismäßigkeit** eine besondere Bedeutung zu.

II. Völkerrecht

8 Wie bereits erwähnt, ist Völkerrecht im Rahmen des internationalen Kartellrechts der Europäischen Union anwendbar. Die **Anwendbarkeit des allgemeinen Völkerrechts** ist in der Praxis europäischer Behörden und Gerichte anerkannt. Zum **Rangverhältnis** zwischen den allgemeinen Regeln des Völkerrechts und primärem und sekundären Europarecht wird nachfolgend von einem Vorrang des allgemeinen Völkerrechts ausgegangen.[4] Den Vertragsstaaten der europäischen Verträge kann nicht unterstellt werden, gegen allgemeines Völkerrecht verstoßende Regeln vereinbart zu haben. Auch haben sie die Organe der Europäischen Union nicht zur Verletzung des allgemeinen Völkerrechts durch den Erlass von sekundärem Europarecht ermächtigt. Die völkerrechtliche Verbindlichkeit von **Abkommen der Europäischen Union mit Drittstaaten** ergibt sich aus Art. 216 Abs. 2 AEUV. Inwieweit Normen derartiger Verträge lediglich die Europäische Union als Völkerrechtssubjekt binden oder vor den Behörden und Gerichten der Union unmittelbar anwendbar sind, ist durch Auslegung der jeweiligen Regelung zu ermitteln.[5]

9 Demgemäß können **völkerrechtliche Verträge,** die Geltung und Anwendung europarechtlicher Kartellrechtsnormen beschränken oder erweitern. Von spezifischer Bedeutung für das Kartellrecht sind die völkergewohnheitsrechtlichen Grundsätze der **Territorialität des Geltungsbereichs** staatlicher Hoheitsakte, der Grundsatz der **sinnvollen Anknüpfung** für die Anwendbarkeit staatlicher Hoheitsakte und schließlich das im bilateralen Verhältnis dem Schutz souveräner Gleichheit dienende **Einmischungsverbot** oder Abwägungsgebot. Die folgende Darstellung konzentriert sich auf Hinweise auf kartellrechtlich relevante Normen, die in völkerrechtlichen Verträgen der Union enthalten sind, sowie auf die Auslegung und Anwendung der drei genannten völkergewohnheitsrechtlichen Grundsätze, deren Gegenstand sich wie folgt umreißen lässt:

10 (1) **Geltungsbereich** ist der Bereich formaler Geltung. Das ist der Bereich, innerhalb dessen Behörden und Gerichte Hoheitsakte eines bestimmten Staates oder einer supranationalen Organisation (Rechtssätze, Vollzugsakte und Gerichtsentscheidungen) zu be-

---

[4] So bereits *Meessen,* Der räumliche Anwendungsbereich des EWG-Kartellrechts und das allgemeine Völkerrecht, EuR 8 (1973) 18, 34f.

[5] *Meessen,* The Application of Rules of Public International Law Within Community Law, Common Market Law Review 13 (1976) 485; grundsätzlich *Bleckmann,* Self-Executing Treaty Provisions, in: Bernhardt (Hrsg.), Encyclopedia of Public International Law, Bd. 4, 2000, S. 374f. Mit dem Inkrafttreten des Vertrags von Lissabon erhielt die Union Rechtspersönlichkeit, sie ist heute ein Völkerrechtssubjekt.

achten haben. Nach allgemeinem Völkerrecht ist der Geltungsbereich von Hoheitsakten streng territorial begrenzt. Dies bedeutet, dass die Vornahme von Hoheitsakten im Ausland oder – aus der Sicht des europäischen Rechts – in Drittstaaten außer bei Einwilligung des jeweils betroffenen Staats verboten ist (unten unter C.).

(2) Unter **Anwendungsbereich** ist der Bereich der Sachverhalte zu verstehen, auf den sich staatliche Hoheitsakte beziehen können. Die völkerrechtlichen Grenzen des Anwendungsbereichs kartellrechtlicher Hoheitsakte sind nach dem Wirkungsprinzip weit gezogen und werden daher selten relevant. Relevant werden in der Regel nur diejenigen kollisionsrechtlichen Grenzen, die sich das europäische Kartellrecht „autonom" gesetzt hat (unten unter D.). 11

(3) Das **Einmischungsverbot** oder Gebot der Rücksichtnahme auf andere Staaten zielt auf den Einzelfall. Es ist beim Erlass kartellrechtlicher Hoheitsakte auch oder gerade dann zu beachten, wenn die durch die Territorialität des Geltungsbereichs und die nach dem Wirkungsprinzip zu bestimmenden weiten Grenzen des Anwendungsbereichs gewahrt sind (unten unter E.). 12

Über die **internationalprivatrechtliche Anwendbarkeit** des europäischen Kartellrechts ist nach dem internationalen Privatrecht, das jeweils als Recht des Gerichts oder Schiedsgerichts anwendbar ist, zu entscheiden. Die unter (1) bis (3) erwähnten völkerrechtlichen Grundsätze sind in diesem Zusammenhang allenfalls am Rande von Bedeutung. Von Bedeutung ist allerdings der Standpunkt der Europäischen Union, die auf einer Beachtung des nach EU-Recht anwendbaren europäischen Kartellrechts besteht (unten unter G.). Vorgeschaltet ist noch ein Abschnitt über Ansätze zur Herausbildung eines **europäischen Grundrechtsschutzes in drittstaatsbezogenen Sachverhalten** (unten unter F.). 13

C. Geltungsbereich

Der völkerrechtliche Grundsatz der **Territorialität des Geltungsbereichs** staatlicher Hoheitsakte war in einem obiter dictum des Ständigen Internationalen Gerichtshofs im Urteil zum Lotus-Fall aus dem Jahre 1927 anerkannt worden.[6] Der Grundsatz entspricht der Realität der tatsächlichen Machtverhältnisse.[7] Staatliche Behörden und Gerichte werden im Ausland nur mit Zustimmung des jeweiligen Staates tätig. Die gelegentliche Verletzung des Grundsatzes in Spionagefällen wird als solche sanktioniert (z. B. durch Ausweisung der Spione) oder geheilt durch nachträgliche – stillschweigende oder ausdrückliche – Genehmigung des Staates, dessen Territorialhoheit verletzt wurde. In beiden Varianten bestätigt diese Staatenpraxis die völkergewohnheitsrechtliche Geltung des Grundsatzes. 14

Im internationalen Kartellrecht der Europäischen Union gilt es, 15

- das **Gebiet der Geltung** des europäischen Kartellrechts und die Bemühungen der Europäischen Union um die Rezeption europäischen Kartellrechts in Drittstaaten zu umschreiben (unten unter I.),
- die **Anwendung** des Grundsatzes der Territorialität des Geltungsbereichs **auf kartellrechtliche Verfahrensakte** darzustellen (unten unter II.) und
- einen Überblick über die von der EU mit Drittstaaten – in Anerkennung des Territorialitätsprinzips – vereinbarte **Zusammenarbeit in Kartellsachen** zu geben (unten unter III.).

I. Gebiet der Geltung kartellrechtlicher Hoheitsakte

Im Sinne des völkerrechtlichen Grundsatzes der Territorialität des Geltungsbereichs ist die Geltung kartellrechtlicher Hoheitsakte der Europäischen Union auf das **Gebiet der** 16

---

[6] The Case of the „S.S. Lotus", France v. Turkey, Permanent Court of International Justice, U. v. 7.9.1927, P. C. I. J. Rep., Series A, No. 10, S. 18.

[7] *Meessen,* Völkerrechtliche Grundsätze des internationalen Kartellrechts, 1975, S. 15 f.

Europäischen Union beschränkt, d. h. nur innerhalb dieses Gebietes können Organe der Europäischen Union rechtsetzende, vollziehende und rechtsprechende Hoheitsakte mit unmittelbarer Wirkung erlassen (unten unter 1.). In den Zusammenhang des Grundsatzes der Territorialität des Geltungsbereichs gehört jedoch auch, dass die Europäische Union im Abkommen über den **Europäischen Wirtschaftsraum** vom 17. März 1993 mit drei der vier verbliebenen Mitgliedstaaten der EFTA (Island, Liechtenstein und Norwegen) den Erlass von inhaltlich identischem Parallelrecht einschließlich seines koordinierten Vollzugs vereinbart hat (unten unter 2.). Ferner ist zu beachten, dass die Europäische Union teils zur Vorbereitung engerer institutioneller Beziehungen, teils zur Verbreitung ihrer wettbewerbspolitischen Grundeinstellung völkervertragliche Vereinbarungen mit **Drittstaaten** über den Erlass und Vollzug kartellrechtlicher Normen getroffen hat (unten unter 3.).

1. Unmittelbare Geltung in der EU 28

17 Das **Gebiet der Europäischen Union** umfasst seit dem Beitritt Kroatiens am 1. Juli 2013 28 Mitgliedstaaten **(EU 28).**

18 Dies ergibt sich aus Art. 52 AEUV. In Art. 355 AEUV ist zudem zusätzlich festgelegt, inwieweit die Umschreibung des Staatsgebiets in der Verfassung des jeweiligen Mitgliedstaats hinsichtlich überseeischer Gebiete und Territorien mit Sonderstatus zugleich für die Abgrenzung des Geltungsbereichs des EU-Vertrags maßgeblich ist. Zu diesem Zweck verweist Art. 355 AEUV an einigen Stellen auf die Beitrittsverträge der jeweiligen Mitgliedstaaten.

19 Die stufenweise Erweiterung der nach dem Pariser Vertrag vom 18. April 1951 und nach den Römischen Verträgen vom 25. März 1957 zunächst nur sechs Mitgliedstaaten (Deutschland, Frankreich, Italien und die Beneluxstaaten) umfassenden Europäischen Gemeinschaften zur heutigen EU 28, hat **rechtstechnisch** eine erhebliche Vergrößerung des territorialen Geltungsbereichs der – inhaltlich unverändert fortgeltenden – Vorschriften des materiellen Kartellrechts in den heutigen Art. 101 und 102 AEUV mit sich gebracht. **Wettbewerbspolitisch** war insbesondere die Erstreckung der Geltung des europäischen Kartellrechts auf das Gebiet der bis zum Beginn der 90er Jahre der sozialistischen Staatengruppe zugehörenden Staaten Mittel- und Osteuropas einschließlich der ehemaligen Deutschen Demokratischen Republik von Bedeutung. **Internationalkartellrechtlich** sind zugleich zahlreiche Konfliktmöglichkeiten dadurch entfallen, dass bei grenzüberschreitenden Sachverhalten in aller Regel europäisches Kartellrecht ausschließlich oder zumindest vorrangig zur Anwendung kommt. Aufgrund der eigenen positiven Erfahrungen ist verständlich, dass die Europäische Union die weitere Ausbreitung ihrer kartellrechtlichen Vorstellungen auf Drittstaaten teils in Vorbereitung institutioneller Annäherung, teils als flankierende Maßnahme zur Liberalisierung des grenzüberschreitenden Handels mit den jeweiligen Drittstaaten aktiv betreibt (unten unter 2. und 3.).

2. Parallelrecht mit koordiniertem Vollzug im EWR

20 **a) Überblick.** Das Abkommen zwischen der Europäischen Gemeinschaft und ihren Mitgliedstaaten einerseits, mit Island, Liechtenstein und Norwegen andererseits über den Europäischen Wirtschaftsraum **(EWR)** vom 17. März 1993 einschließlich seiner Protokolle und Anhänge sowie das Abkommen zwischen Island, Liechtenstein und Norwegen über die Errichtung einer Überwachungsbehörde und einen Gerichtshof vom 31. Januar 1994 enthalten Vorschriften, die mit Art. 101 und 102 AEUV sowie mit Art. 2 FKVO inhaltlich übereinstimmen. Ihre Durchsetzung ist an das Verfahrensrecht des Europäischen Kartellrechts angelehnt. Außerdem sind zusätzliche Normen zur Zuständigkeitsabgrenzung und Koordinierung zwischen den Überwachungsorganen beider Seiten enthalten. Texte des Rechts des EWR werden nur beispielhaft wiedergegeben. Ihr aktueller Stand ist über das Internet (www.efta.int) abrufbar.

b) Praktische Bedeutung. Soweit wettbewerbsbeschränkendes Verhalten oder Zusammenschlussvorhaben sowohl das Gebiet der Europäischen Union oder Teile des Gebiets der Europäischen Union als auch die Gebiete von Island, Liechtenstein und/oder Norwegen betreffen, kann sich ergeben, dass die EFTA-Überwachungsbehörde anstelle (aber in Zusammenarbeit mit) der Europäischen Kommission zuständig ist. Häufiger wird in derartigen Fällen allerdings die Europäische Union überwiegend betroffen sein und daher in alleiniger Zuständigkeit über die Aufrechterhaltung und Wiederherstellung von Wettbewerb nicht nur in ihrem Gebiet, sondern auch in dem der drei nicht der Europäischen Union angehörenden Mitgliedstaaten des EWR entscheiden können. Die für die Zuständigkeitsabgrenzung relevanten Daten werden von beiden Seiten erhoben. In der europäischen Fusionskontrolle z.B. ist dies in dem Formblatt CO[8] vorgeschrieben. 21

c) Hintergrund. Als Antwort auf die Gründung der Europäischen Wirtschaftsgemeinschaft als Zollunion und gemeinsamer Markt hatte Großbritannien im Jahre 1960 eine Europäische Freihandelszone (European Free Trade Association – EFTA) gemeinsam mit Dänemark, Norwegen, Österreich, Portugal, Schweden und der Schweiz (auch handelnd für Liechtenstein) errichtet. Finnland wurde 1961 assoziiertes Mitglied, und Island 1970 Vollmitglied der EFTA. Großbritannien und Dänemark schlossen sich jedoch bereits 1973 den Europäischen Gemeinschaften an. Anfang der 90er Jahre zeichnete sich ab, dass sich – nach Portugal im Jahre 1985 – auch Österreich, Schweden und Finnland der Europäischen Union anschließen würden, so dass die **Rest-EFTA** nur noch aus Island, Liechtenstein, Norwegen und der Schweiz bestehen würde. Diese vier Staaten schlossen das EWR-Abkommen vom 17. März 1993 **(EWRA)** ab. Allerdings konnte das Abkommen von der Schweiz aufgrund einer Volksabstimmung mit negativem Ergebnis nicht ratifiziert werden. Heute sind daher nur drei der vier verbliebenen EFTA-Mitglieder Vertragsstaaten des EWR-Abkommens. Die zur Überwachung und rechtlichen Kontrolle von den drei dem EWR angehörenden Staaten der EFTA durch Vertrag vom 31. Januar 1994 gebildeten Organe tragen jedoch auf die EFTA bezogene Bezeichnungen: EFTA-Überwachungsbehörde und EFTA-Gerichtshof. 22

d) Materielles Kartellrecht. Art. 53 EWRA stimmt nahezu wörtlich mit Art. 101 AEUV überein. Statt auf den „Binnenmarkt" ist im ersten Absatz auf den „räumlichen Geltungsbereich dieses Abkommens" Bezug genommen. In Absatz 3 wird eine Bezugnahme auf die Kommission durch eine passive Konstruktion vermieden („können für nicht anwendbar erklärt werden"). **Art. 54 EWRA** stimmt mit Art. 102 AEUV überein. Wiederum ist das Wort „Binnenmarkt" durch die Worte „räumlicher Geltungsbereich dieses Abkommens" ersetzt. **Art. 59 EWRA** stimmt weitgehend mit Art. 106 AEUV überein. Die Bezugnahme auf die Mitgliedstaaten ist durch eine Bezugnahme auf die Vertragsparteien ersetzt. Die Aufgabe der Überwachung ist nach Abs. 3 der „EG-Kommission und (der) EFTA-Überwachungsbehörde … im Rahmen ihrer jeweiligen Zuständigkeit" übertragen. Zu beachten ist weiterhin, dass **Art. 8 Abs. 3 EWRA** gewisse produktspezifische, vor allem die Landwirtschaft betreffende Einschränkungen seines Anwendungsbereichs des EWR-Abkommens enthält. 23

e) Materielles Fusionskontrollrecht. Das materielle Fusionskontrollrecht des EWR-Abkommens folgt noch dem **Marktbeherrschungstest,** der wie folgt formuliert ist: 24

Artikel 57 EWRA

(1) **Zusammenschlüsse, deren Kontrolle in Abs. 2 vorgesehen ist, und die eine beherrschende Stellung begründen oder verstärken durch die wirksamer Wettbewerb im räumlichen Geltungsbereich dieses Abkommens oder in einem wesentlichen Teil**

[8] ABl. EG 2004 L 133/9.

desselben erheblich behindert wird, werden für mit diesem Abkommen unvereinbar erklärt.

25 Allerdings sieht der Anhang XIV zum EWR-Abkommen in Abschnitt A 1 eine gegenüber Art. 57 Abs. 1 EWRA offenbar vorrangige Übernahme der seit dem 1. Mai 2004 geltenden Fassung von Art. 2 Abs. 2 und 3 FKVO mit dem **SIEC-Test** vor. Vgl. hierzu auch das Protokoll 24 zur Kooperation im Bereich der Zusammenschlusskontrolle, das ausdrücklich auf den SIEC-Test der aktuellen FKVO Bezug nimmt.

26 **f) Zuständigkeitsabgrenzung.** Zur Abgrenzung der Zuständigkeit von Kommission und **EFTA-Überwachungsbehörde** enthalten vor allem die Artikel 56 und 57 Abs. 2 EWRA folgende Regeln:

Artikel 56 EWRA

(1) **Einzelfälle, die in den Anwendungsbereich des Artikels 53 fallen, werden von den Überwachungsorganen wie folgt entschieden:**

a) **Einzelfälle, die nur den Handel zwischen EFTA-Staaten beeinträchtigen, werden von der EFTA-Überwachungsbehörde entschieden.**

b) **Unbeschadet des Buchstabens c entscheidet die EFTA-Überwachungsbehörde nach Maßgabe des Artikels 58, des Protokolls 21 und der diesbezüglichen Durchführungsbestimmungen, des Protokolls 23 und des Anhangs XIV in Fällen, in denen der Umsatz der betreffenden Unternehmen im Hoheitsgebiet der EFTA-Staaten 33 % oder mehr ihres Umsatzes im räumlichen Geltungsbereich dieses Abkommens ausmacht.**

c) **In allen sonstigen Fällen sowie in Fällen gemäß Buchstabe b, die den Handel zwischen EG-Mitgliedstaaten beeinträchtigen, entscheidet die EG-Kommission unter Berücksichtigung der Bestimmungen des Artikels 58, des Protokolls 21, des Protokolls 23 und des Anhangs XIV.**

(2) **Einzelfälle, die in den Anwendungsbereich des Artikels 54 fallen, werden von dem Überwachungsorgan entschieden, in dessen Zuständigkeitsbereich die beherrschende Stellung festgestellt wird. Besteht die beherrschende Stellung in den Zuständigkeitsbereichen beider Überwachungsorgane, so gilt Absatz 1 Buchstaben b und c.**

(3) **Einzelfälle, die in den Anwendungsbereich des Absatzes 1 Buchstabe c fallen und die keine spürbaren Auswirkungen auf den Handel zwischen EG-Mitgliedstaaten oder auf den Wettbewerb innerhalb der Gemeinschaft haben, werden von der EFTA-Überwachungsbehörde entschieden.**

(4) **Die Begriffe „Unternehmen" und „Umsatz" im Sinne dieses Artikels werden im Protokoll 22 bestimmt.**

Artikel 57 EWRA

(2) **Die Kontrolle der Zusammenschlüsse im Sinne des Absatzes 1 wird durchgeführt von:**

a) **der EG-Kommission in den unter die Verordnung (EWG) Nr. 4064/89 fallenden Fällen im Einklang mit jener Verordnung und den Protokollen 21 und 24 sowie dem Anhang XIV dieses Abkommens. Vorbehaltlich einer Überprüfung durch den Gerichtshof der Europäischen Gemeinschaften hat die EG-Kommission in diesen Fällen die alleinige Entscheidungsbefugnis;**

b) **der EFTA-Überwachungsbehörde in den nicht unter Buchstabe a genannten Fällen, sofern die einschlägigen Schwellen des Anhangs XIV im Hoheitsgebiet der EFTA-Staaten erreicht werden, im Einklang mit den Protokollen 21 und 24 sowie dem Anhang XIV und unbeschadet der Zuständigkeiten der EG-Mitgliedstaaten.**

Aus der Bezugnahme auf das Protokoll 24 ergibt sich, dass eine Zusammenarbeit bei der Kooperationskontrolle nur bei Erreichen der in Art. 2 Abs. 1 des Protokolls 24 vorgesehenen Schwellenwerte stattfindet: 27

– Entweder muss der Umsatz der beteiligten Unternehmen im Gebiet der EFTA-Staaten mindestens 25% des Umsatzes im gesamten EWR erreicht haben
– oder je zwei der beteiligten Unternehmen müssen einen Umsatz von mehr als 250 Millionen Euro im Gebiet der EFTA-Staaten erzielt haben
– oder der Zusammenschluss führt in den Gebieten der EFTA-Staaten oder in einem Teil dieser Gebiete zu einer erheblichen Behinderung wirksamen Wettbewerbs.

Bei der letzten Voraussetzung ist als Regelbeispiel hinzugefügt, dass diese Behinderung als Folge des Entstehens oder der Verstärkung einer **marktbeherrschenden Stellung** auftreten mag.[9]

g) Verfahren. Die vor allem in den Art. 55 und 58 EWRA sowie in den Protokollen 21, 23 und 24 und im Anhang XIV enthaltenen Verfahrensregeln zur Zusammenarbeit richten sich an die zuständigen Behörden. Für die betroffenen oder beteiligten Unternehmen ist von Interesse, dass die EFTA-Überwachungsbehörde nach Art. 55 Abs. 2 EWRA nur zur verbindlichen **Feststellung von Zuwiderhandlungen** befugt ist. Die Anordnung und Durchsetzung von Abhilfemaßnahmen ist Aufgabe der einzelstaatlichen Behörden, die hierzu von den zuständigen Überwachungsorganen ermächtigt werden können. In derselben Bestimmung ist darüber hinaus vorgesehen, dass die EFTA-Überwachungsbehörde die Kommission (oder umgekehrt die Kommission die EFTA-Überwachungsbehörde) ersuchen kann, „die Staaten in dem jeweiligen Zuständigkeitsbereich zu ermächtigen, solche Maßnahmen zu treffen." Nach dem EWR-Abkommen ist die Ermächtigung der EFTA-Überwachungsbehörde auf den Erlass feststellender Verwaltungsakte beschränkt. Diese Verwaltungsakte sind zwar vor dem EFTA-Gerichtshof anfechtbar, zu ihrer Vollziehung bedürfen sie aber noch der Umsetzung durch die Vertragsstaaten, soweit diese hierzu ermächtigt werden. 28

3. Kartellrechtliche Verpflichtungen von Drittstaaten

Die Liberalisierung des grenzüberschreitenden Waren- und Dienstleistungsverkehrs kann dadurch erheblich gefördert werden, dass die beteiligten Staaten auch private Wettbewerbsbeschränkungen durch den Erlass und den Vollzug von kartellrechtlichen Normen unterbinden. Der Zusammenhang zwischen dem Abbau staatlicher Handelsschranken und dem Verbot privater Wettbewerbsbeschränkungen ist offensichtlich.[10] Schon die Verfasser der **Havanna Charta** vom 24. März 1948, die vom vorläufigen Inkrafttreten des Allgemeinen Zoll- und Handelsabkommens (GATT) am 1. Januar 1948 bis zum Abschluss des Abkommens von Marrakesch am 15. April 1994 eine epochale Liberalisierung des Welthandels auslöste, sahen folgerichtig die Bekämpfung wettbeschränkender Praktiken privater und öffentlicher Unternehmen vor.[11] Kartellrechtliche Verpflichtungen, die diesem Teil der Havanna Charta entsprechen, sind auf universeller Ebene bis heute nicht in Kraft getreten. In Kraft getreten und außerordentlich erfolgreich war jedoch die im Vertrag über die Errichtung der Europäischen Wirtschaftsgemeinschaft auf regionaler Ebene vorgenommene Ergänzung der stufenweisen Liberalisierung des zwischenstaatlichen Handels durch kartellrechtliche Vorschriften. 29

Angesichts der eigenen positiven Erfahrungen versteht es sich, dass sich die **Europäische Union** seit jeher für den Erlass und die wirksame Vollziehung kartellrechtlicher Normen in den Staaten, mit denen sie Vereinbarungen über den Abbau staatlicher Handelsschranken getroffen hat oder treffen will, eingesetzt hat und weiterhin einsetzt. In vielen Fällen sind die wettbewerbspolitischen Motive dieser Politik mit integrationspolitischen 30

[9] Vgl. oben Rn. 25.
[10] *Meessen,* Economic Law in Globalizing Markets, 2004, S. 131 f.
[11] *Meessen* (Fn. 7), S. 37 f.

Motiven verknüpft, nämlich einer Annäherung der jeweiligen Partnerstaaten an die Europäische Union mit oder ohne Perspektive eines späteren Beitritts. Schließlich hatte diese **doppelte Motivation,** die heute noch an der Formulierung von Art. 101 Abs. 1 AEUV („mit dem Binnenmarkt unvereinbar und verboten sind …") erkennbar ist, auch die Entwicklung des europäischen Kartellrechts vorangetrieben.

31 Im Folgenden wird ein Überblick über die von Drittstaaten in **bilateralen Verträgen** mit der Europäischen Union übernommenen kartellrechtlichen Verpflichtungen gegeben (unten unter b.). Danach folgen Hinweise auf derartige Verpflichtungen in bestehenden und geplanten unter Beteiligung der Europäischen Union abgeschlossenen oder abzuschließenden **multilateralen Verträgen** (unten unter c.). Vorab werden **Inhalt, Wirkung und praktische Bedeutung** derartiger Verpflichtungen anhand des Freihandelsabkommens der Europäischen Wirtschaftsgemeinschaft mit der Schweiz **(FHA EG-Schweiz)** erörtert (unten unter a.). Nicht angestrebt wird, derartige Vertragsklauseln vollständig aufzuzählen. Insoweit wird auf die ständig aktualisierte Dokumentation durch die Europäische Union unter www.europa.eu verwiesen.

32 **a) Kartellrechtliche Staatenverpflichtungen.** In aller Regel sind die von der EU in bilateralen und multilateralen Verträgen mit Drittstaaten eingegangenen kartellrechtlichen Verpflichtungen **nicht unmittelbar anwendbar.** Dies wird nachstehend anhand von Art. 23 FHA EG-Schweiz nachgewiesen. Es handelt sich demnach um bloße Staatenverpflichtungen, deren Verletzung allein auf völkerrechtlicher Ebene festgestellt und sanktioniert werden kann. Die Vereinbarung unmittelbar anwendbarer kartellrechtlicher Normen in völkerrechtlichen Verträgen ist allerdings keineswegs ausgeschlossen. Sie wird bisher nur nicht praktiziert.

33 Das **Fehlen unmittelbarer Anwendbarkeit** (oder unmittelbarer Wirksamkeit) bedeutet, dass die EU-Mitgliedstaaten, soweit sie Vertragspartner sind, und vor allem das Völkerrechtssubjekt Europäische Union von dem jeweiligen Partnerstaat oder Partnerstaaten die Erfüllung der übernommenen Staatenverpflichtungen durch Erlass und Vollzug kartellrechtlicher Normen verlangen können. In völkerrechtlichen Verträgen übernommene Staatenverpflichtungen bedürfen **gesetzgeberischer Umsetzung.** Diese kann auch pauschal erfolgen, indem der verpflichtete Staat durch innerstaatlichen Rechtsakt – alle oder bestimmte – durch einen völkerrechtlichen Vertrag übernommene Staatenverpflichtungen für unmittelbar anwendbar erklärt. In diesem Falle beruht die unmittelbare Anwendbarkeit auf dem Recht des verpflichteten Staates und kann von diesem jederzeit durch einen weiteren innerstaatlichen Rechtsakt widerrufen werden. Solange die unmittelbare Anwendbarkeit weder durch Völkerrecht noch durch innerstaatliches Recht in dieser Weise vorgeschrieben ist, ist eine völkerrechtliche Staatenverpflichtung nach dem Recht des jeweiligen Staates von seinen Behörden und Gerichten höchstens im Rahmen **völkerrechtskonformer Auslegung** anderer Normen des innerstaatlichen Rechts zu beachten.

34 Auf völkerrechtlicher Ebene erfolgt die **Durchsetzung kartellrechtlicher Staatenverpflichtungen** nach den in dem jeweiligen Vertrag oder in einem allgemeinen zwischen denselben Vertragspartnern abgeschlossenen Vertrag vorgesehenen Verfahren. Außerdem kann auf die – in derartigen Fällen schwachen – Sanktionen des Völkergewohnheitsrechts zurückgegriffen werden. Darüber hinaus könnte die Europäische Union Drittstaaten, die sich unter Bezugnahme auf das völkerrechtliche **Einmischungsverbot** gegen kartellrechtliche Vollzugsakte der Europäischen Union zur Wehr setzen, die von diesen Staaten übernommenen kartellrechtlichen Verpflichtungen entgegenhalten. Dies wäre im Rahmen der nach dem Einmischungsverbot gebotenen Interessenabwägung als einer unter mehreren Faktoren zu berücksichtigen.

35 Die **Kartellrechtsklausel** des **Freihandelsabkommens** zwischen der Europäischen Gemeinschaft und der Schweiz **(FHA EG-Schweiz)** vom 22. Juli 1972[12] hat auch wegen

[12] ABl. EG 1972 L 300/189. Zum Kooperationsabkommen der EU mit der Schweiz siehe nachstehend unter Rn. 39.

der Konflikte, die auf die von der Schweiz bis in die 90er Jahre gewahrten Zurückhaltung gegenüber der Durchsetzung kartellrechtlicher Normen zurückzuführen waren, eine Reihe von Stellungnahmen in Praxis und Literatur ausgelöst.[13] Die beiden für die Feststellung einer unmittelbaren Wirkung relevanten Vorschriften des Abkommens lauten wie folgt:

Artikel 23 FHA EG-Schweiz

(1) **Mit dem guten Funktionieren dieses Abkommens sind unvereinbar, soweit sie geeignet sind, den Warenverkehr zwischen der Gemeinschaft und der Schweiz zu beeinträchtigen,**

i) **alle Vereinbarungen zwischen Unternehmen, Beschlüsse von Unternehmensvereinigungen und aufeinander abgestimmte Verhaltensweisen zwischen Unternehmen, welche eine Verhinderung, Einschränkung oder Verfälschung des Wettbewerbs bezüglich der Produktion und des Warenverkehrs bezwecken oder bewirken;**

ii) **die mißbräuchliche Ausnutzung einer beherrschenden Stellung auf dem gesamten Gebiet der Vertragsparteien oder auf einem wesentlichen Teil desselben durch ein oder mehrere Unternehmen;**

iii) **jede staatliche Beihilfe, die den Wettbewerb durch Begünstigung bestimmter Unternehmen oder Produktionszweige verfälscht oder zu verfälschen droht.**

(2) **Ist eine Vertragspartei der Auffassung, daß eine Praktik mit diesem Artikel unvereinbar ist, so kann sie gemäß den in Artikel 27 festgelegten Voraussetzungen und Verfahren geeignete Maßnahmen treffen.**

Artikel 27 FHA EG-Schweiz (Auszug)

(2) **Die betroffene Vertragspartei stellt in den Fällen der Artikel 22 bis 26 vor Ergreifen der darin vorgesehenen Maßnahmen, in den Fällen des Absatzes 3 Buchstabe d) so schnell wie möglich dem Gemischten Ausschuß alle zweckdienlichen Angaben zur Verfügung, um eine gründliche Prüfung der Lage im Hinblick auf eine für die Vertragsparteien annehmbare Lösung zu ermöglichen.**

Mit Vorrang sind die Maßnahmen zu treffen, die das Funktionieren dieses Abkommens am wenigsten beeinträchtigen.

Die Schutzmaßnahmen werden dem Gemischten Ausschuß unverzüglich notifiziert und sind dort, insbesondere im Hinblick auf ihre möglichst baldige Aufhebung, Gegenstand regelmäßiger Konsultationen.

(3) **Zur Durchführung des Absatzes 2 gilt folgendes:**

a) **Bezüglich des Artikels 23 kann jede Vertragspartei den Gemischten Ausschuß befassen, wenn ihrer Ansicht nach eine bestimmte Praktik mit dem guten Funktionieren dieses Abkommens im Sinne des Artikels 23 Absatz 1 unvereinbar ist.**

Zur Prüfung des Falles und gegebenenfalls zur Beseitigung der beanstandeten Praktik erteilen die Vertragsparteien dem Gemischten Ausschuß alle zweckdienlichen Auskünfte und leisten die erforderliche Hilfe.

Hat die betreffende Vertragspartei innerhalb der im Gemischten Ausschuß festgesetzten Frist den beanstandeten Praktiken nicht ein Ende gesetzt oder kommt innerhalb von drei Monaten nach Befassung des Gemischten Ausschusses in diesem keine Einigung zustande, so kann die betroffene Vertragspartei die von ihr für erforderlich erachteten Schutzmaßnahmen treffen, um die aus den genannten Praktiken entstehenden ernsten Schwierigkeiten zu beheben; sie kann insbesondere Zollzugeständnisse zurückziehen.

---

[13] *Baudenbacher,* Rn. 21–51 zu Drittstaatsverträge, in: Loewenheim/Meessen/Riesenkampff, Kartellrecht Bd. 1, 1. Aufl. 2005.

36 **Für die Annahme unmittelbarer Anwendbarkeit** spricht, dass Art. 23 (1) ii) FHA EG-Schweiz an Klarheit nicht hinter Art. 102 AEUV zurückbleibt. Auch Art. 23 (1) i) FHA EG-Schweiz ist ebenso klar formuliert wie Art. 101 Abs. 1 AEUV; allerdings fehlt im FHA EG-Schweiz die in Art. 101 Abs. 3 AEUV vorgesehene Einschränkung, und zwar unabhängig davon, ob man diese als Ermächtigung der Kommission zur Freistellung oder als Legalausnahme, wie dies seit Inkrafttreten der VerfVO am 1. Mai 2004 der Fall ist, versteht. **Entscheidend gegen unmittelbare Anwendbarkeit** spricht jedoch, dass die Rechtsfolge nicht etwa in einem Verbot der beschriebenen Verhaltensweisen, sondern hauptsächlich in ihrer Unvereinbarkeit „mit dem guten Funktionieren dieses Abkommens" besteht. Zudem ist Folge der Unvereinbarkeit gemäß Art. 23 (2) FHA EG-Schweiz lediglich, dass das in Art. 27 (2) und (3) a) FHA EG-Schweiz vorgesehene Verfahren eingeleitet werden kann. Für ein derartiges Verfahren bestünde kein Anlass, wenn die Vertragspartner die Kartellrechtsklausel als unmittelbar anwendbar hätten ausgestalten wollen.[14]

37 Zu Recht hat sich das **schweizerische Bundesgericht** gegen die unmittelbare Anwendbarkeit von Art. 23 FHA EG-Schweiz ausgesprochen.[15] Ähnlich hatte Generalanwalt Lenz zu dem inhaltsgleichen Art. 23 des inzwischen außer Kraft getretenen Freihandelsabkommens zwischen der EG und Österreich ausgeführt: „Angesichts dieser Regel erscheint es … ausgeschlossen, dass ein Wirtschaftsteilnehmer sich vor den Gerichten unmittelbar auf einen Verstoß gegen Art. 23 des Abkommens berufen könnte."[16] Wenn der EuGH von einem derart entschieden in den Schlussanträgen vorgetragenen Standpunkt hätte abweichen wollen, so hätte er dies deutlich zum Ausdruck gebracht. Auch der EuGH kann daher nicht als Befürworter der unmittelbaren Anwendbarkeit angesehen werden.

38 **b) Bilaterale Verträge der EU.** Dem bereits erörterten FHA EG-Schweiz vom 22. Juli 1972 war das **Assoziierungsabkommen mit der Türkei** vom 12. September 1963[17] vorangegangen. Dieses noch heute gültige Abkommen sieht in seinem Art. 28 für den Fall seines Funktionierens die Verpflichtung der Vertragsparteien vor, „die Möglichkeit eines Beitritts der Türkei zur Gemeinschaft (zu) prüfen". Diese oft überinterpretierte Prüfverpflichtung lässt offen, ob die Verhandlungen tatsächlich zu einem Beitritt der Türkei führen werden. Das Abkommen mit der Türkei enthält eine Kartellrechtsklausel mit folgendem Wortlaut:

Artikel 16 Assoziierungsabkommen EG-Türkei

Die Vertragsparteien erkennen an, dass die Grundsätze der Bestimmungen des Dritten Teils Titel I des Vertrages zur Gründung der Gemeinschaft über den Wettbewerb, die Steuern und die Angleichung der Rechtsvorschriften auch im Rahmen ihres Assoziationsverhältnisses anwendbar zu machen sind.

39 Auch wenn der in Bezug genommene „Titel" eindeutig die heutigen Art. 101–106 AEUV umfasst, so ist die von der Türkei übernommene Verpflichtung doch sehr vage formuliert. Sie ist zur unmittelbaren Anwendbarkeit **nicht einmal geeignet,** denn es bleibt unklar, in welchem Umfang und zu welchem Zeitpunkt die „Grundsätze" anwendbar zu machen sind.

40 Die 33 Jahre später in dem **Assoziierungsabkommen der EG mit Marokko** vom 26. Februar 1996[18] vereinbarte Kartellrechtsklausel hat folgenden Wortlaut:

---

[14] *Meessen,* The Application of Rules of Public International Law Within Community Law, Common Market Law Review, 13 (1976) 485, 492f.

[15] (Schweiz.) Bundesgericht, U. v. 3.5.1978, BGE 104 IV 17, S. 179 (1978) – Adams.

[16] EuGH U. v. 23.2.1995, C-334/93 – Bonapharma, Slg. 1995, I-319, 325.

[17] ABl. EG, Nr. 217 vom 29.12.1964, S. 3687.

[18] ABl. EG 2000 L70/2.

Artikel 36 Assoziierungsabkommen EG-Marokko

(1) **Soweit sie geeignet sind, den Handel zwischen der Gemeinschaft und Marokko zu beeinträchtigen, sind mit dem ordnungsgemäßen Funktionieren dieses Abkommens unvereinbar**

a) alle Vereinbarungen zwischen Unternehmen, Beschlüsse von Unternehmensvereinigungen und aufeinander abgestimmte Verhaltensweisen, die eine Verhinderung, Einschränkung oder Verfälschung des Wettbewerbs bezwecken oder bewirken;

b) die mißbräuchliche Ausnutzung einer beherrschenden Stellung im Gebiet der Gemeinschaft oder Marokkos oder auf einem wesentlichen Teil desselben durch ein oder mehrere Unternehmen;

...

(2) **Alle Verhaltensweisen, die im Gegensatz zu diesem Artikel stehen, werden nach den Kriterien beurteilt, die sich aus den Artikeln 85, 86 und 92 des Vertrags zur Gründung der Europäischen Gemeinschaft (1) beziehungsweise im Falle der EGKS-Erzeugnisse aus den Artikeln 65 und 66 des Vertrags über die Gründung der Europäischen Gemeinschaft für Kohle und Stahl sowie den Regeln über staatliche Beihilfen einschließlich des Sekundärrechts ergeben.**

(3) **Der Assoziationsrat erläßt binnen fünf Jahren nach Inkrafttreten dieses Abkommens die erforderlichen Durchführungsbestimmungen zu den Absätzen 1 und 2.**

Bis zum Erlaß dieser Bestimmungen werden die Bestimmungen des Übereinkommens zur Auslegung und Anwendung der Artikel VI, XVI und XXIII des Allgemeinen Zoll- und Handelsabkommens als Durchführungsbestimmungen zu Absatz 1 Buchstabe c) und den einschlägigen Teilen von Absatz 2 angewandt.

...

(6) **Wenn die Gemeinschaft oder Marokko der Auffassung ist, daß eine bestimmte Verhaltensweise mit Absatz 1 unvereinbar ist, und**

- **in den in Absatz 3 genannten Durchführungsbestimmungen nicht in angemessener Weise geregelt ist, und**
- **wenn bei Fehlen derartiger Regeln diese Verhaltensweise den Interessen der anderen Vertragspartei eine bedeutende Schädigung oder einem inländischen Wirtschaftszweig einschließlich des Dienstleistungsgewerbes eine Schädigung verursacht oder zu verursachen droht,**

kann die betreffende Vertragspartei nach Konsultationen im Assoziationsausschuß oder dreißig Arbeitstage nach dem Ersuchen um derartige Konsultationen geeignete Maßnahmen treffen.

...

(7) **Unbeschadet aller anderslautenden Bestimmungen, die gemäß Absatz 3 erlassen werden, tauschen die Vertragsparteien Informationen unter Berücksichtigung der erforderlichen Beschränkungen zur Wahrung des Berufs- und Geschäftsgeheimnisses aus.**

Der erste Teil der in dem Assoziierungsabkommen mit Marokko enthaltenen Kartellrechtsklausel nimmt die Formulierung von Art. 23 des Freihandelsabkommens mit der Schweiz auf. Die weiteren Teile gehen jedoch über die mit der Schweiz getroffene Vereinbarung insofern hinaus, als nach Art. 36 (3) des Assoziierungsabkommens ein **Assoziationsrat** zum Erlass von Durchführungsbestimmungen **ermächtigt** wird. Außerdem konkretisiert Art. 36 (6) des Assoziierungsabkommens mit Marokko die nach dem völkerrechtlichen **Einmischungsverbot** gebotene Interessenabwägung. Art. 36 (7) schließlich sieht einen sonst auch in Verwaltungsabkommen vorgesehenen Informationsaustausch vor. 41

Die Europäische Union hat zahlreiche **weitere bilaterale Verträge,** die Kartellrechtsklauseln enthalten, abgeschlossen. Obige Erörterung der Kartellrechtsklauseln der Abkommen mit der Schweiz, der Türkei und Marokko kann nur das Spektrum inhaltlicher Gestal- 42 tungsmöglichkeiten aufzeigen. Ob und inwieweit Klauseln dieser Art aus Verträgen mit anderen Staaten in Betracht gezogen werden müssen, ist nach Feststellung eines territorialen Bezugs und Aufsuchen der „Internationalen Übereinkünften“, die die EU mit dem jeweiligen Staat abgeschlossen hat, im Internet (http://eur-lex.europa.eu/de/index.htm) zu prüfen.[19]

43 Bilaterale **Kooperationsabkommen** erleichtern die Zusammenarbeit zwischen der Kommission und den Wettbewerbsbehörden von Drittstaaten. Die Abkommen mit den USA (1991), Kanada (1999), Japan (2003) und Südkorea (2009) sehen Instrumente für die Zusammenarbeit im Bereich der Wettbewerbspolitik vor. Diese werden als Abkommen der ersten Generation bezeichnet, da sie einen Austausch von im Rahmen von Untersuchungen erlangten Informationen und Unterlagen zwischen den Behörden ausschließen, sofern keine Zustimmung der Informationsquelle vorliegt. Deutlich weiter geht das am 1. Dezember 2014 in Kraft getretene Kooperationsabkommen mit der **Schweiz.** Dieses versetzt die Kommission und die Schweizer Wettbewerbskommission (WEKO) in die Lage, Beweismittel auszutauschen, wenn beide Behörden dieselben oder miteinander verbundene Vereinbarungen oder Verhaltensweisen untersuchen. Informationen aus Kronzeugenanträgen oder Vergleichsverfahren sind jedoch nur mit Zustimmung des Unternehmens auszutauschen. Eine Weiterleitung von Informationen durch die Kommission an die Behörden der Mitgliedstaaten erfolgt nur im Rahmen der Konsultationspflichten vor Erlass einer Entscheidung, nicht etwa mit Blick auf die Eröffnung eigener Verfahren durch die mitgliedstaatlichen Behörden.[20]

44 **c) Multilaterale Verträge mit EU-Beteiligung.** Seit 1964 steht die Europäische Union bzw. die E(W)G in einer im Fünf-Jahres-Rhythmus erneuerten vertraglichen Beziehung zunächst mit aus den ehemaligen französischen Kolonien hervorgegangenen Staaten Afrikas, dann aber auch mit anderen afrikanischen, karibischen und pazifischen Staaten. Diese auf einander folgenden multilateralen **AKP-Abkommen** tragen jeweils den Namen ihres Abschlussorts (Yaoundé, Lomé, Cotonou). Das jetzt Partnerschaftsabkommen genannte AKP-Abkommen zwischen den Mitgliedern der afrikanischen, karibischen und pazifischen Staatengruppe einerseits und der Europäischen Union und ihren Mitgliedstaaten andererseits vom 23. Juni 2000, in der geänderten Fassung von Luxemburg (25. Juni 2005) und Ougadougou (22. Juni 2010) enthält in Art. 45 eine Kartellrechtsklausel. In dieser Klausel erklären sich die Vertragspartner darin einig, dass die Einführung und Entwicklung einer wirksamen und vernünftigen Wettbewerbspolitik von besonderer Bedeutung sei, um (1) ein investitionsfreundliches Umfeld aufzubauen, (2) den Industrialisierungsprozess nachhaltig zu fördern und (3) zur Transparenz beim Marktzugang beizutra-

---

[19] Weitere bilaterale Abkommen der EU in jüngerer Vergangenheit, die entweder allein der Zusammenarbeit bei wettbewerbswidrigem Verhalten gewidmet sind, oder als allgemein gefasstere Handels- oder Kooperationsabkommen zumeist entsprechende Wettbewerbsvereinbarungen beinhalten, sind mit folgenden Staaten geschlossen worden:

(Partnerschafts- und Kooperationsabkommen): Albanien: in Kraft seit 2009, Bosnien: in Kraft seit 2008, Georgien: vorläufige Anwendung seit 2014, Indonesien: in Kraft seit 2014, Irak: vorläufige Anwendung seit 2012 Kamerun: vorläufige Anwendung seit 2014, Kasachstan: Paraphierung 2015, Madagaskar/Mauritius/Seychellen/Simbabwe: Unterzeichnung 2009, Mongolei: Paraphierung 2010, Montenegro: in Kraft seit 2010, Ostafrika: Paraphierung 2014, Philippinen: Unterzeichnung 2012, Singapur: Paraphierung 2013, Südliches Afrika: Paraphierung 2014, Tadschikistan: in Kraft seit 2010, Vietnam: Paraphierung am 2010, Westafrika: Paraphierung 2014.

(Handelsabkommen): Brasilien (Memorandum of Understanding in Cooperation): 2009, Kanada (CETA): Verhandlungen seit 2013 offiziell beendet, Malaysia: 2010, Peru/Kolumbien: 2011, Singapur, 2014, Süd-Korea: 2010, sowie Abkommen über Zusammenarbeit bei wettbewerbswidrigen Verhaltensweisen mit Süd-Korea 2009, Thailand: 2013, Vietnam: 2012. Aktuelle Informationen unter http://ec.europa.eu/competition/international/bilateral/index.htm.

[20] *Brei/Hoffet,* Das neue Abkommen zwischen der EU und der Schweiz über die Zusammenarbeit bei der Anwendung ihres Wettbewerbsrechts, NZKart 2013, 393.

gen. Der Inhalt dieser schon sehr zurückhaltend formulierten Klausel wird weiter dadurch abgeschwächt, dass sich die Europäische Union und ihre Mitgliedstaaten verpflichtet haben, auf den unterschiedlichen Entwicklungsstand des jeweiligen AKP-Staates Rücksicht zu nehmen.

Über ihre Mitgliedstaaten ist die Europäische Union auch an der **UNCTAD** – mit Beobachterstatus und Rederecht – beteiligt. Nach Vorarbeiten des Wirtschafts- und Sozialrats der Vereinten Nationen in den 50er Jahren wandte sich die UNCTAD der Ausarbeitung eines „**Kodex multilateral gebilligter Grundsätze** und Regeln zur Kontrolle wettbewerbsbeschränkender Geschäftspraktiken" zu, der von der Generalversammlung der Vereinten Nationen durch Resolution vom 5.12.1980 im Konsenswege ohne Gegenstimmen angenommen wurde.[21] **45**

Der Kodex und ein später erarbeitetes Modellgesetz sind jedoch kaum beachtet worden. Kartellrechtsgesetzgebungen haben sich nicht unter dem Druck des UNCTAD-Kodex, sondern infolge des wirtschaftlichen Erfolgs marktwirtschaftlich organisierter Staaten ausgebreitet. Unterstützt worden ist die Ausbreitung durch das seit 2001 aktive **International Competition Network,** in dem die Kartellbehörden von annähernd 100 Staaten zusammenarbeiten.[22] Weitgehend unbeachtet blieb das Hauptanliegen des Kodex. Es ging dahin, dass die Industriestaaten ihr Kartellrecht nicht wegen Inlandswirkungen, sondern wegen der in Entwicklungsländer auftretenden Auslandswirkungen inländischer wettbewerbsbeschränkender Praktiken anwenden sollten.[23] **46**

Die Vorstellung, dass die Einführung von Kartellrecht ein nach dem jeweiligen Entwicklungsstand und – so muss man hinzufügen – nach den von dem jeweiligen Staat gesetzten politischen Prioritäten differenzierendes Vorgehen erfordert, hat bisher die Einführung einer umfassenden Kartellrechtsklausel in die **WTO-Vereinbarungen** verhindert.[24] Zwar hatte man nicht zuletzt auf Initiative der Europäischen Kommission die Wettbewerbspolitik zu einem der vier neuen Themen auf der Konferenz von Singapur im Jahre 1996, also nur zwei Jahre nach Unterzeichnung des Abkommens von Marrakesch erklärt, gerade diese Bemühungen des für den Außenhandel zuständigen Mitglieds der Europäischen Kommission Pascal Lamy hatten jedoch zu dem Zusammenbruch der in der Doha-Runde anberaumten Ministerkonferenz in Cancún im Jahre 2003 beigetragen. Danach wurde das Thema Wettbewerbspolitik von der Agenda der immer wieder unterbrochenen Verhandlungen der Doha-Runde ausgeklammert und bleiben trotz der 2013 in Bali erzielten Fortschritte kontrovers. Immerhin können schon nach geltendem Recht staatliche Maßnahmen, die Marktzugangsbeschränkungen durch private wettbewerbsbeschränkende Praktiken unterstützen, die Pflicht zur Gleichbehandlung mit Inländern verletzen. Im **Kodak-Fall** war ein dahingehender Antrag der Vereinigten Staaten gegen Japan nur aus tatsächlichen Gründen abgelehnt worden.[25] Im **Telmex-Fall** glaubte ein WTO-Panel, unter Bezugnahme auf die nie in Kraft getretene Kartellrechtsklausel der Havana-Charta[26] und gestützt auf ein von einer Reihe von Regierungen anerkanntes Papier über Telekommunikations- **47**

---

[21] Int'l Leg. Mat. 19 (1980) 813; englischer Text und deutsche Übersetzung, in: WuW 1982, 32.

[22] *Meessen,* ICN Accompanied Convergence, Instead of WTO Imposed Harmonization, of Competition Laws, in: Hohmann (Hrsg.), Agreeing and Implementing the Doha Round of the WTO, 2008, S. 485.

[23] *Kather,* Der Kodex der Vereinten Nationen über wettbewerbsbeschränkende Geschäftspraktiken, 1986, S. 151 f., 215; zur zeitweisen (1980–1998) Ausweitung des Wirkungsprinzips im deutschen Recht: *Rehbinder,* Rn. 122 zu § 130 GWB, in: Immenga/Mestmäcker, Kommentar zum Deutschen Kartellrecht, 4. Aufl. 2007.

[24] *Meessen,* Competition in the Doha Round of WTO Negotiations, in: Schrijver/Weiss (Hrsg.), International Law and Sustainable Development, 2004, S. 217 f.

[25] Japan – Measures Affecting Consumer Photographic Film and Pater, WTO Panel Report vom 31. März 1998, WT/DS 44/R; zu einer Stellungnahme vgl. *Meessen* (Fn. 10), S. 134 f.

[26] S. oben Rn. 27.

dienstleistungen eine Übernahme von wettbewerbsrechtlichen Verpflichtungen durch Mexiko annehmen zu können.[27]

48 Nachdem sich über 100 Staaten zum Erlass von Kartellgesetzen entschlossen haben, besteht für die Vereinbarung einer Kartellrechtsklausel im Namen der mehr als 150 Staaten umfassenden Welthandelsorganisation **kein akuter Bedarf.** Eine einheitliche Rechtslage würde zwar Wettbewerb und Rechtssicherheit fördern, bei realitätsnaher Erwartung würde aber eine derartige Klausel kaum präziser ausfallen als die Klausel des Cotonou-Abkommens. Wesentliche Beiträge zu Kooperation und Konvergenz gingen in den vergangenen Jahren immer häufiger zurück auf die Zusammenarbeit von mittlerweile über 100 Wettbewerbsbehörden im Rahmen des **International Competition Network** (ICN). Die Untersagung von auf Märkte in Entwicklungsländer ausgerichteten Exportkartellen ist nach den mit dem UNCTAD-Kodex gemachten Erfahrungen nicht durchsetzbar und entspricht auch nicht den Interessen dieser Länder, soweit das Verbot von Exportkartellen zum Unterlassen der Exporte führt.

49 Allmählich dringt auch in der Wissenschaft die Auffassung vor, dass ein offener **Wettbewerb der Wettbewerbsgesetze** einem durch Ergänzung der WTO-Abkommen vereinbarten und im Wege von WTO-Panelverfahren durchgesetzten Weltkartellrecht vorzuziehen ist.[28] Wettbewerb fördert die Qualität der Kartellrechtsgesetzgebung und erlaubt die jederzeitige Anpassung an neue Umstände sowie die ständige Erprobung neuer Erkenntnisse und zwar nicht weltweit, sondern innerhalb begrenzter Jurisdiktionsbereiche wie der EU oder der USA. Um wirksam vollzogen werden zu können, muss Kartellrecht außerdem den jeweiligen wirtschaftlichen Verhältnissen und den wirtschafts- und sozialpolitischen Zielen entsprechen.

50 Die **Transatlantische Handels- und Investitionspartnerschaft** (TTIP) soll die gegenseitige Öffnung des öffentlichen Beschaffungswesens und auch die regulatorische Zusammenarbeit befördern. Die hier vorgesehenen Bestimmungen zur Kontrolle von Zusammenschlüssen oder Beihilfen werden den transatlantischen Dialog zur Wettbewerbspolitik weiter intensivieren, eine vollständige Angleichung des Kartellrechts ist aber hiervon nicht zu erwarten.[29]

II. Ort der Vornahme kartellverfahrensrechtlicher Hoheitsakte

51 Der Geltungsbereich kartellrechtlicher Hoheitsakte ist auf das Gebiet des Staats oder der supranationalen Organisation begrenzt, die dem Hoheitsakt (Rechtsakt, Verwaltungsakt oder gerichtliche Entscheidung) erlassen hat. Hinsichtlich der rechtlichen Wirkungen von Rechtsätzen, Verwaltungsakten und Gerichtsentscheidungen ist damit eine **klare territoriale Grenze** gezogen. Schwierigkeiten treten auf, wenn sich der Erlass des Hoheitsaktes über eine Gebietsgrenze hinweg erstreckt. Dann gilt es, den nach dem völkerrechtlichen Grundsatz der Territorialität des Geltungsbereichs staatlicher Hoheitsakte zulässigen Ort der Vornahme kartellverfahrensrechtlicher Hoheitsakte zu bestimmen.

Kartellverfahrensrechtliche Hoheitsakte können **faktisch eine Gebietsgrenze überschreiten,**

- wenn Ermittlungen im Inland veranlasst und im Ausland durchgeführt werden (unten unter 2.)
- oder wenn ein Vollstreckungsakt im Inland angeordnet und im Ausland vollzogen wird (unten unter 3.).

---

[27] Mexico – Measures Affecting Telecommunications Services, WTO-Panel Report vom 2. April 2004, WT/DS 204/R.

[28] *Meessen,* Competition of Competition Laws, Nw.J. Int'l L. Business 10 (1989) 17; *derselbe,* Das Für und Wider eines Weltkartellrechts, WuW 50 (2000) 5; *Möschel,* Wettbewerb der Wettbewerbsordnungen, WuW 55 (2005) 599.

[29] *Treier/Wernicke,* Die Transatlantische Handels- und Investitionspartnerschaft (TTIP) – Trojanisches Pferd oder steiniger Weg zum Olymp?, EuZW 2015, 334.

1. Zustellungen

Ähnlich wie im internationalen Deliktsrecht stellt sich bei der Anwendung des völkerrechtlichen Verbots der Vornahme von Hoheitsakten im Ausland die Frage, ob Hoheitsakte am **Handlungsort,** also dem Ort der Beschlussfassung oder Unterzeichnung, und/oder am **Erfolgsort,** also dem Ort der Zustellung an den Adressaten, zu lokalisieren sind. Die Rechtsprechung ist uneinheitlich: **52**

Im **Farbstoffe-Fall** hat der EuGH sowohl die Zustellung der Mitteilung der Beschwerdepunkte per eingeschriebenen Brief an die im Drittstaat Schweiz ansässige JR Geigy AG als auch die Zustellung der Geldbußenentscheidung per Einschreiben an die JR Geigy AG zu Händen ihrer in Deutschland ansässigen Tochtergesellschaft in der – im Verfahrensverlauf bestätigten – Erwartung der Kenntnisnahme durch die Muttergesellschaft als rechtmäßig und wirksam angesehen.[30] Acht Jahre später hat ein amerikanisches Bundesberufungsgericht die Zustellung eines kartellrechtlichen Hoheitsaktes an die in Paris ansässige Muttergesellschaft der **Saint Gobain** Gruppe durch Aufgabe zur Post in den USA als völkerrechtswidrig und daher nichtig angesehen.[31] Wiederum acht Jahre darauf hat sich der US Supreme Court in einer Entscheidung über die Zustellung einer Produkthaftpflichtklage gegen die **Volkswagen AG** zu Händen ihrer in Illinois ansässigen Tochtergesellschaft dem Standpunkt des EuGH angeschlossen.[32] **53**

In einem Beschluss vom 22.3.1983 hatte das **Bundesverfassungsgericht** die Frage der Völkerrechtsmäßigkeit der Zustellung eines ausländischen Hoheitsaktes in Deutschland durch einen im Ausland aufgegebenen eingeschriebenen Brief offen gelassen.[33] Spätere Entscheidungen des Bundesverfassungsgerichts zur völkerrechtlichen Zulässigkeit der inländischen Zustellung ausländischer Hoheitsakte betrafen nicht den Grundsatz der Territorialität des Geltungsbereichs, sondern die Frage, inwieweit deutsche Gerichte verfassungsrechtlich berechtigt sind, derartige Zustellungen – im Einklang mit der Territorialität des Geltungsbereichs – auf Ersuchen des ausländischen Staates im Inland vorzunehmen.[34] **54**

Die bloße **grenzüberschreitende Übermittlung von Nachrichten,** die also nicht mit einer Grenzüberschreitung durch einen inländischen Hoheitsträger verbunden ist, wird man heute als völkerrechtlich zulässig ansehen müssen.[35] Zum einen stellt sie die Gewährung rechtlichen Gehörs sicher. Zum anderen dient der Grundsatz der Territorialität staatlicher Hoheitsakte hauptsächlich der Wahrung der **physischen Integrität** der Gebietsgrenzen. Daher wäre eine durch einen Gerichtsvollzieher im Ausland bewirkte Zustellung als völkerrechtswidrig anzusehen, nicht jedoch die Ersatzform einer im Inland bewirkten Zustellung, bei der die Kenntnisnahme durch den im Ausland ansässigen Empfänger durch Postbrief, Fax, E-Mail oder auch öffentliche Bekanntmachung bewirkt wird. **55**

2. Ermittlungen

Die nach US-amerikanischem Prozessrecht zu betreibende pre-trial-discovery hat zu einer umfangreichen Praxis und noch umfangreicheren wissenschaftlichen Diskussion Anlass gegeben. Der auch für die EU maßgebliche derzeitige Stand des Völkergewohnheitsrechts zu drittstaatsbezogenen Ermittlungen lässt sich etwa wie folgt beschreiben:[36] **56**

---

30 EuGH U. v. 14.7.1972 Rs. 52/69 – *Geigy/Kommission* Slg 1972, 787, 826, 827/828, WuW/E EWG/MUV 287.

31 Federal Trade Commission v. Compagnie de Saint-Gobain-Pont-à-Mousson, 636 F. 2d 1300, 1306 (D. C. Cir. 1980).

32 Volkswagenwerk Aktiengesellschaft v. Schlunk, 108 S. Ct. 2104 (1988).

33 BVerfG, B. v. 22.3.1983, E 63, 343, 372.

34 BVerfG, B. v. 7.12.1994, E 91, 335; B. v. 17.7.2003, E 108, 186; B. v. 24.1.2007, 2 BvR 1133/04; B. v. 14.6.2007, 2 BvR 2247–2249/06.

35 *Meessen* (Fn. 10), S. 271.

36 *Meessen* (Fn. 10), S. 272 f.

57 a) **Völkerrechtswidrig** wäre es, wenn Bedienstete der Kommission in einen Drittstaat ohne dessen Zustimmung reisen und dort Ermittlungen (Augenscheineinnahme, Zeugenvernehmung, Urkundenbeschaffung) selbst vornehmen. Gleiches gilt für eine Vornahme der Ermittlungen durch einen von der Kommission beauftragten privaten Wirtschaftsprüfer, wie anhand eines deutsch-schweizerisches Falls, der sich kurz vor Ausbruch des Zweiten Weltkrieges zugetragen hat, belegt werden kann.[37] Schon aus diesem Grund war das Vorgehen der Kommission im Fall Adams völkerrechtswidrig.[38] Adams war, wie sich später auf Grund einer wegen Verletzung der Verschwiegenheitspflicht erfolgreich gegen die Kommission erhobenen Schadensersatzklage herausstellte, als Mitarbeiter von Hoffmann-La Roche (Basel) ermuntert worden, in der Schweiz unter Verstoß gegen schweizerisches Recht Kopien von Unterlagen eines kartellrechtswidrig praktizierten Treuerabattsystems anzufertigen und der Kommission zu übermitteln.[39] Hingegen wird der Fernzugriff auf Daten, die auf externen Servern gespeichert sind, aber von der durchsuchten Betriebsstätte erreichbar sind, nach Auffassung des österreichischen Verwaltungsgerichtshofes als rechtmäßig angesehen, zur Reichweite des Durchsuchungsbefehls sei auf die Erreichbarkeit der Daten abzustellen.[40] Ähnliches regelt für Deutschland § 110 Abs. 2 StPO. Die technische Möglichkeit des Zugriffs von der rechtmäßig durchsuchten Niederlassung aus kann aber kaum die völkerrechtliche Problematik entkräften, wenn die begehrten Daten auf Servern im Ausland gespeichert sind.[41]

58 b) Als **völkerrechtlich zulässig** wird man es ansehen, wenn Unternehmen innerhalb der EU veranlasst werden, freiwillig, meist freilich unter Androhung von Sachverhaltsannahmen zu ihren Lasten, Unterlagen aus Drittstaaten zu beschaffen oder Zeugen zur Vernehmung durch die Kommission oder das EuG zu stellen. Im C. S. V-Fall wies die Kommission darauf hin, dass die verlangte Information nicht nur in der Schweiz, wo die Herausgabe strafrechtlich verboten war, sondern auch innerhalb der EWG verfügbar war.[42]

59 c) **Von Fall zu Fall** unterschiedlich ist die völkerrechtliche Zulässigkeit in den Fällen zu beurteilen, in denen Ermittlungen in Drittstaaten durch Ausübung von Druck innerhalb der Europäischen Union betrieben werden, wenn völkerrechtlich unbedenkliche Ermittlungen innerhalb der EU möglich gewesen wären oder wenn die Ermittlungen in besonders schwerwiegender Weise in die Rechts- und/oder Wirtschaftsordnung des betreffenden Drittstaates eingreifen. Maßgeblicher völkerrechtlicher Gesichtspunkt ist insoweit das völkerrechtliche **Einmischungsverbot** (Gebot der Rücksichtnahme).[43]

3. Vollstreckungsakte

60 Die Beschlagnahme von Sachvermögen, Pfändung von Konten und andere Vollstreckungsakte in Drittstaaten sind völkerrechtlich unzulässig. Die Vollstreckung kartellrechtlicher Entscheidungen innerhalb der EU bereitet jedoch in der Regel keine Schwierigkeiten. Entscheidungen der Kommission über die Verhängung von Geldbußen oder Zwangsgeldern stellen gemäß Art. 299 Abs. 1 AEUV **innerhalb der EU vollstreckbare Titel** dar. Sie sind nach dem Prozessrecht der Mitgliedstaaten in Sacheigentum, gewerbliche Schutzrechte und vor allem in gegenwärtige und künftige Forderungen gegen in der EU ansässige Kunden vollstreckbar. Entscheidungen, die auf Handlungen oder Unterlassungen

---

[37] Schweizerisches Bundesgericht, U. v. 6.3.1939, BGE 65 I 39.

[38] Zum Sachverhalt: EuGH U. v. 7.11.1985 Rs. 145/83 – *Adams/Kommission,* Slg 1985, 3539; zu einem weiteren völkerrechtlichen Gesichtspunkt vgl. unten Rn. 115 f.

[39] EuGH (Fn. 39), 3578, 3585 f.; vgl. auch EuGH U. v. 13.2.1979 Rs. 85/76 – *Hoffmann-La Roche/Kommission,* Slg 1979, 461, 471 f., WuW/E EWG/MUV 447.

[40] ÖsterrVGH, E. v. 22. 4.

[41] Vgl. *Bär* ZIS 2008, 53; *Bruns,* in: KK-StPO § 110 Rn. 8a.

[42] Komm. E. v. 25.6.1976 Rs. IV/26 186 – *C. S. V.,* ABl. 1976 L 192/27.

[43] Vgl. unten Rn. 97 f.

lauten, können bei Nichterfüllung durch die Verhängung von Geldbußen oder Zwangsgeldern jederzeit um vollstreckbare Zahlungstitel ergänzt werden. In Drittstaaten ansässige Unternehmen, die die Erfüllung einer auf Zahlung gerichteten Entscheidung verweigern, können Vollstreckungsakte dieser Art nur vermeiden, wenn sie bereit sind, sich praktisch vom weiteren Handel mit der Europäischen Union auszuschließen.

III. Kartellbehördliche Zusammenarbeit

Das ursprüngliche Ziel kartellbehördlicher Zusammenarbeit bestand darin, bei Ermittlungen in auslandsbezogenen Sachverhalten die für den jeweiligen ausländischen Staat zuständige Behörde frühzeitig zu **konsultieren,** um kartellrechtliche Gegenmaßnahmen nach dem Grundsatz der comity so zu begrenzen, dass ausländische Interessen nicht unnötig oder übermäßig verletzt werden.[44] Diese erstmals im Jahre 1959 bilateral zwischen den USA und Kanada entwickelte Zusammenarbeit wurde im multilateralen Rahmen der OECD unter allen Industriestaaten fortgeführt und auf einen **Austausch von Informationen** ausgedehnt.[45] Ein derartiger Informationsaustausch kann die Vornahme von Ermittlungen im Ausland oder ihre indirekte Erzwingung durch inländische Maßnahmen erübrigen. 61

Nach einem 1991 vereinbarten, 1995 und 1998 modifizierten Abkommen zwischen der Europäischen Kommission und der US-Regierung erhielt die Zusammenarbeit eine neue Komponente.[46] Zusätzlich zu Konsultationen und Informationsaustausch haben sich Kommission und US-Regierung verpflichtet, auf Ersuchen der jeweils anderen Seite die Aufnahme kartellrechtlicher Ermittlungen und Einleitung kartellrechtlicher Verfahren wohlwollend zu prüfen, soweit die ersuchte Seite, z. B. als Heimatstaat der beteiligten Unternehmen, über einen leichteren Zugriff verfügt als die ersuchende Seite. Diese nicht bindende Verpflichtung wird in dem Abkommen **positive comity** bezeichnet. Aufgrund der Anknüpfung des europäischen Kartellrechts an Inlandswirkungen[47] kann allerdings positive comity nur gewährt werden, wenn und soweit zugleich Wirkungen im Gebiet der EU 28 auftreten. Das Abkommen selbst ermächtigt nicht zu Eingriffen. 62

Zu einer **Anwendung** der Vorschriften über positive comity ist es bislang offenbar erst in einem Fall, in dem die Kommission von US-amerikanischer Seite veranlasste Ermittlungen gegen europäische Fluglinien wegen des Amadeus-Reservierungssystems aufnahm, gekommen.[48] Jedenfalls werden zwar die Vorschriften des Abkommens über positive comity in den Wettbewerbsberichten 2001–2007 häufiger erwähnt, nie aber wird von einem weiteren Anwendungsfall berichtet. Zur begrifflichen Unterscheidung spricht man inzwischen von **traditional comity,** wenn man wie ursprünglich die – immer wieder relevant gewordene – Bereitschaft zur Rücksichtnahme auf ausländische Interessen durch einschränkende Anwendung des eigenen Rechts meint. 63

---

[44] *Meessen,* Völkerrechtliche Grundsätze des internationalen Kartellrechts, 1975, S. 48 f.; zur neueren Entwicklung s. *Griffin,* George Mason L. Rev. 6 (1998) 505.

[45] OECD, Recommendation of the Council Concerning Cooperation Between Member Countries on Anticompetitive Practices Affecting International Trade, 27.7.1995, OECD Doc. C (95) 130 final; Zusammenstellung älterer Texte: *Lowe,* Extraterritorial Jurisdiction, An Annotated Collection of Legal Materials, 1983.

[46] Abkommen zwischen der Regierung der Vereinigten Staaten von Amerika und der Kommission der Europäischen Gemeinschaften über die Anwendung ihrer Wettbewerbsregeln v. 23.9.1991, ABl. 1995 L 95/47; Interpretativer Briefwechsel v. 31.5./31.7.1995, ABl. 1995 L 95/51; Abkommen zwischen den Europäischen Gemeinschaften und der Regierung der Vereinigten Staaten von Amerika über die Anwendung der „Positive Comity"-Grundsätze bei der Durchsetzung ihrer Wettbewerbsregeln v. 3./4.6.1998, ABl. 1998 L 173/28.

[47] S. unten Rn. 76 f.

[48] Kommission, Bericht über die Wettbewerbspolitik 2000, S. 336 f.; *Friess* in: Konvergenz der Wettbewerbsrechte, 2002, S. 69, 70.

64 Weder sind die OECD-Empfehlungen verbindlich, noch kann das EU-US-Abkommen als **Regierungsabkommen** primäres oder sekundäres Gemeinschaftsrecht oder mitgliedstaatliches Recht abändern. Anderenfalls hätte es in der Form ratifizierungsbedürftiger völkerrechtlicher Verträge abgeschlossen werden müssen. Das dem EU-US-Abkommen vergleichbare Abkommen mit der Regierung von Kanada enthält in Abschnitt XI einen ausdrücklichen Vorbehalt zugunsten des Rechts beider Vertragsparteien.[49] Die sich aus der gewählten Rechtsform ergebende Aufrechterhaltung der Rechtslage in der Gemeinschaft und in den Mitgliedstaaten ist in zweierlei Hinsicht von Bedeutung:

1. Inländischer Ermittlungszweck

65 Die Weitergabe von Informationen darf nur den Zwecken dienen, denen die ursprüngliche Erlangung der Informationen zu dienen bestimmt war. Wenn also die Kommission Ermittlungen angestellt hat, um einem Anfangsverdacht wegen Verletzung von Verbotsnormen des europäischen Kartellrechts nachzugehen, dann bedeutet die Begrenzung auf einen inländischen, hier also **innereuropäischen Ermittlungszweck,** dass diese Informationen nicht an die US-Regierung weitergegeben werden dürfen, um dort die Einleitung eines Verfahrens wegen Verletzung US-amerikanischen Kartellrechts vorzubereiten. Die Kartellbehörden begrenzen das Risiko der Rechtswidrigkeit ihres Informationsaustauschs routinemäßig dadurch, dass von den betroffenen Unternehmen eine Verzichtserklärung (waiver) eingeholt wird. In der Regel werden derartige Verzichtserklärungen bereitwillig abgegeben, weil die Unternehmen befürchten, anderenfalls der Verdeckung weiterer Kartellrechtsverletzungen verdächtigt zu werden.

2. Geschäfts- und Betriebsgeheimnis

66 Die Weiterleitung von Informationen, die insbesondere von Unternehmen im anhängigen Verfahren als Wettbewerber oder Marktgegenseite gegeben wurden, kann **Geschäfts- und Betriebsgeheimnisse** dieser Unternehmen verletzen. Bei der Weitergabe sind die Normen zum Schutz von Geschäfts- und Betriebsgeheimnissen sowohl nach dem Recht des Staates, aus dem die Informationen stammen, als auch nach dem Recht des Staates, an den die Informationen weitergeleitet werden, zu beachten.[50] Problematisch erscheint daher das Auftauchen von Informationen über die US-amerikanischen Ermittlungen im Oracle/PeopleSoft-Fall im Internet, über das die Kommission berichtet hat.[51]

D. Anwendungsbereich

67 Kartellrechtsrelevante Sachverhalte, wie wettbewerbsbeschränkende Vereinbarungen, missbräuchliches Verhalten und Unternehmenszusammenschlüsse weisen in aller Regel Berührungspunkte zu mehr als einem Staat auf. Die früher gelegentlich geforderte **Erstreckung des Grundsatzes strikter Territorialität** des Geltungsbereichs kartellrechtlicher Hoheitsakte auf ihren Anwendungsbereich würde bedeuten, dass entweder nur reine Inlandssachverhalte kartellrechtlich verfolgt werden dürften oder dass der inländische Teil eines grenzüberschreitenden Sachverhalts inländischem Kartellrecht und der oder die ausländischen Teile den Kartellrechtsordnungen der jeweils betroffenen Staaten unterlägen.

---

[49] Abkommen zwischen den Europäischen Gemeinschaften und der Regierung von Kanada über die Anwendung ihres Wettbewerbsrechts v. 17.6.1999, ABl. 1999 L 175/50.

[50] *Meessen* (Fn. 10), S. 251 ff.; vgl. auch US-EU Merger Working Group, Best Practices on Cooperation in Merger Investigations, no. 15.

[51] Kommission, Entsch. v. 26.10.2004, COMP/M. 3216 – Oracle/PeopleSoft, WuW/E EU-V 1068, Rn. 9.

Die Nichtanwendbarkeit von Kartellrecht auf grenzüberschreitende Sachverhalte ist **wettbewerbspolitisch untragbar,** und die Mosaiklösung einer Anwendung verschiedener nationaler Rechte auf Teile eines einheitlichen Sachverhalts ist jedenfalls dann **rechtsstaatlich undurchführbar,** wenn der Ort des kartellrechtlich relevanten Verhaltens, die für das Verhalten verantwortliche natürliche oder juristische Person und die Wirkung des Verhaltens zwei oder mehr verschiedenen Staaten zuzuordnen sind. Unter den Bedingungen grenzüberschreitender wirtschaftlicher Beziehungen würde eine territoriale Begrenzung des Anwendungsbereichs die Durchsetzung nationalen oder supranationalen Kartellrechts unmöglich machen. Das Inland kann sich in der Regel nicht darauf verlassen, dass ausländische Staaten ihr Kartellrecht auf die jeweiligen grenzüberschreitenden Sachverhalte anwenden. Ein derartiges **kartellrechtliches free riding** kann sich nur ein Staat leisten, der sich selbst, wie früher die Schweiz, mit einem milden Kartellrechtsvollzug zufrieden gibt und dessen Wirtschaft zugleich mit anderen Staaten, die sich einem strengen Kartellrechtsvollzug verschrieben haben, eng verflochten ist.[52]

Die Nichtanwendbarkeit des Grundsatzes der Territorialität führt freilich in grenzüberschreitenden Sachverhalten häufig zu einer **konkurrierenden Zuständigkeit** von zwei und – sehr oft im Zeitalter der Globalisierung – mehr Staaten. Die Häufung von Zuständigkeiten ist nur dann problematisch, wenn sie gegenläufige Reaktionen auslöst oder durch eine Kumulation gleichlaufender Reaktionen die gegenüber den verantwortlichen Personen zu wahrenden rechtsstaatlichen Grenzen überschreitet. Weder das eine noch das andere kommt häufig vor. **68**

In aller Regel wird die **extraterritoriale Anwendung inländischen Kartellrechts** von den jeweils betroffenen ausländischen Staaten, wenn sie überhaupt bemerkt wird, hingenommen oder im Falle des free riding sogar begrüßt. Protestiert wird jedoch, wenn Art und Umfang der Kartellrechtsdurchsetzung im konkreten Einzelfall gegenläufige Interessen eines ausländischen Staates verletzen und damit einen Mangel an Rücksichtnahme erkennen lassen. Derartige durch diplomatische Noten oder auch gesetzgeberische Akte dokumentierte **Proteste** sind als Staatenpraxis unter dem Gesichtspunkt des Einmischungsverbots völkerrechtlich relevant.[53] Die Kumulation kartellrechtlicher Maßnahmen hingegen kann als unverhältnismäßige Belastung der für das wettbewerbsbeschränkende Verhalten verantwortlichen Unternehmen grundrechtlich – nach europäischem oder nationalem Verfassungsrecht – relevant werden.[54] **69**

Die meist unproblematische Häufung oder Überlappung von Zuständigkeiten kennzeichnet die für die völkergewohnheitsrechtliche Begrenzung des Anwendungsbereichs kartellrechtlicher Hoheitsakte maßgebliche Staatenpraxis. Dies bedeutet, dass jeder Staat bei der Abgrenzung des Anwendungsbereichs kartellrechtlicher (und auch sonstiger) Hoheitsakte seinem **aufgeklärten Eigeninteresse** („enlightened self-interest“) folgt.[55] Zum aufgeklärten Eigeninteresse gehört, dass wettbewerbsbeschränkendes Verhalten, das zum Inland keinen oder nur einen schwachen Bezug aufweist, inländischem Kartellrecht nicht unterworfen wird. Auch gehört hierzu, dass Regelungen nur insoweit getroffen werden, als sie unter rechtsstaatlichen Bedingungen zurechenbar sind. **70**

Für den Anwendungsbereich staatlicher Hoheitsakte gilt ein **Prinzip der sinnvollen Anknüpfung.**[56] Sinnvoll heißt nicht beliebig. Vielmehr ist der einen kartellrechtlichen Hoheitsakt erlassende Staat in auslands- oder drittstaatsbezogenen Sachverhalten an die Logik seiner eigenen Kartellrechtsordnung gebunden. Strenge Kartellrechtsordnungen wie das **71**

---

[52] *Meessen,* Das Für und Wider eines Weltkartellrechts, WuW 50 (2000), 5, 12.

[53] Vgl. hierzu unten Rn. 92f.

[54] Zur Konkurrenz zwischen Einmischungsverbot und Verhältnismäßigkeitsprinzip s. unten Rn. 116.

[55] Zu dem Gesichtspunkt des „enlightened self-interest“ s. *Meessen,* Antitrust Jurisdiction Under Customary International Law, Am. J. Int’l L. 78 (1984) 783, 798f.

[56] *Meessen* (Fn. 7), S. 101f.

europäische und auch das US-amerikanische Recht haben eine Selbstbindung an das **Wirkungsprinzip** vorgenommen.[57] Danach ist die Anwendung kartellrechtlicher Hoheitsakte auf die Sachverhalte zulässig, die sich innerhalb des jeweiligen Gebiets in unmittelbarer, vorhersehbarer und erheblicher Weise auswirken.[58] Zum Beispiel bleiben nicht spürbare Wirkungen im Binnenmarkt nicht nur hinter den tatbestandlichen Anforderungen von Art. 101 und 102 AEUV,[59] sondern auch hinter den völkergewohnheitsrechtlichen Anforderungen zurück.[60] An Wirkungen unterhalb der Spürbarkeitsschwelle anzuknüpfen, ist nicht „sinnvoll".

72 Im Folgenden ist die **Anwendung des europäischen Kartellrechts auf drittstaatsbezogene Sachverhalte** einschließlich der sich aus Völkergewohnheitsrecht ergebenden zusätzlichen Einschränkungen darzustellen. Die Darstellung folgt der Reihenfolge der kartellrechtlichen Verbotsnormen.

I. Art. 101 Abs. 1 AEUV

73 Das Wirkungsprinzip ergibt sich aus dem materiellrechtlichen Tatbestand der Verbotsnorm: Nur die Vereinbarungen, Verbandsbeschlüsse und aufeinander abgestimmte Verhaltensweisen sind verboten, die zum einen geeignet sind, den zwischenstaatlichen Handel zu beeinflussen, und zum anderen eine Wettbewerbsbeschränkung innerhalb des gemeinsamen Marktes bezwecken oder bewirken. Ein **„Bezwecken"** genügt. Auch aus völkerrechtlicher Sicht ist es sinnvoll, präventiv gegen beabsichtigte, aber noch nicht eingetretene Wirkungen vorzugehen.

74 Negativ folgt aus dieser Regelung, dass die **Staatsangehörigkeit** oder bei juristischen Personen die durch Sitz oder Gründungsrecht bestimmte **Staatszugehörigkeit** der Unternehmen ohne Bedeutung ist. Die Anwendbarkeit von Art. 101 Abs. 1 AEUV auf Unternehmen mit Staatsangehörigkeit oder Staatszugehörigkeit in Drittstaaten ist nicht beschränkt. Heute ist dies unstreitig. Im Farbstoffe-Fall hatte der EuGH noch geglaubt, dem Problem mit der Annahme einer grenzüberschreitenden Unternehmenseinheit ausweichen zu müssen.[61] Im Zellstoff-Fall stellte auch aus der Sicht des EuGH das Fehlen von Tochtergesellschaften bei einigen beteiligten Drittstaatenunternehmen innerhalb der EG kein Anwendungshindernis dar.[62]

75 Negativ bedeutet die Verankerung des Wirkungsprinzips ferner, dass weder der beliebig wählbare **Abschlussort** von Vereinbarungen oder Ort der Abstimmung bei abgestimmten Verhaltensweisen, noch der ebenso frei wählbare Ort der Beschlussfassung von Unternehmensvereinigungen für die Anwendbarkeit von Art. 101 Abs. 1 AEUV relevant sind. Dasselbe gilt für den **Ort der Durchführung** von Vereinbarungen und Beschlüssen sowie für den Ort des Verhaltens in der abgestimmten Weise.

76 Während die mangelnde Relevanz des Abschlussorts unstreitig ist,[63] ist ein **Bekenntnis zum reinen Wirkungsprinzip** in der Rechtsprechung des **EuGH** nur indizienhaft nachzuweisen. Der Sache nach bedeutete schon die Anwendung der Theorie der Unternehmenseinheit im Farbstoffe-Fall, dass von den Muttergesellschaften außerhalb der EG an ihre Tochtergesellschaften innerhalb der EG gerichtete Anweisungen zu Preisfestsetzungen,

---

[57] *Meessen* (Fn. 7), S. 121 f.; *Juenger* WuW 1990, 602.

[58] *Meessen* (Fn. 7), S. 171; *ders.* AJIL 78 (1984) 783, 799 f.; heute h. M. statt vieler: *Emmerich/Markert/Rehbinder,* II. Abschnitt, A, Rn. 6, in: Immenga/Mestmäcker, EU-WbR Bd. I; *Wiedemann,* in: Wiedemann, Handbuch des Kartellrechts, 5, Rn. 9.

[59] Zutreffend zu Art. 101 AEUV OLG Düsseldorf, U. v. 23.6.2004 – Tschechisches Bier, WuW/E DE-R 1410, 1412.

[60] A. A. unten *Stockmann,* Rn. 12–13 zu § 130 GWB.

[61] EuGH (Fn. 30), 838.

[62] EuGH U. v. 27.9.1988 Verb. Rs. 89, 104, 114, 116, 117 und 125 bis 129/85 – *Ahlström/Kommission* Slg 1988, 5193, 5243, WuW/E EWG/MUV 829.

[63] EuGH (Fn. 62), 5243.

die dann von den Tochtergesellschaften befolgt worden waren, mit der Verhängung von Geldbußen gegenüber den Muttergesellschaften geahndet wurden.[64] Mangels Tochtergesellschaften innerhalb der EG wurde im Zellstoffe-Fall vom EuGH nicht auf die außerhalb der EG aufgestellten und versandten Preislisten, sondern auf das Bekanntwerden der Preisquotierungen innerhalb der EG als eines EG-internen Durchführungsakts unter Strapazierung des kartellrechtlichen Tatbestands abgestellt.[65] Ausdrücklich anerkannt wurde das Wirkungsprinzip bereits von Generalanwalt Mayras im Farbstoffe-Fall[66] und von Generalanwalt Darmon im Zellstoff-Fall[67] sowie inzwischen vom **EuG** in dem allerdings die Fusionskontrolle betreffenden Fall Gencor.[68] Der **EuGH** hat jüngst klargestellt, dass die Kommission in Fällen, in denen die kartellierten Produkte von einem vertikal integrierten Unternehmen außerhalb des EWR bezogen und in Endprodukte eingebaut wurden, die dann im EWR an Dritte verkauft wurden, die entsprechenden Umsätze im Rahmen der Bußgeldbemessung berücksichtigen darf. Danach stehen diese Umsätze im Zusammenhang mit dem betreffenden Kartell, nämlich wegen der Auswirkungen des kartellierten Preises der eingebauten Komponenten auf den Markt der Endprodukte im EWR.[69] Damit reicht der Arm der EU-Kommission nunmehr ggf. weiter als der des amerikanischen Kartellrechts: So hat das Bundesgericht für den 7th Circuit mit Entscheidungen vom März und November 2014 eine Klage von Motorola abgewiesen, die auf Schäden gerichtet war, die aus dem Bezug von LCD-Komponenten außerhalb der USA rührten, die aber letztlich für in den USA vertriebenen Mobiltelefone bestimmt waren. Der Foreign Trade Antitrust Improvements Act (FTAIA) stehe dem entgegen.[70]

Das Wirkungsprinzip ist positivrechtlich in den beiden Merkmalen der Eignung zur **Beeinträchtigung des zwischenstaatlichen Handels** und des Bezweckens oder Bewirkens einer **Wettbewerbsbeschränkung** im Binnenmarkt verankert. Die materiellrechtlich gebotene Auslegung überschreitet nicht die durch das Wirkungsprinzip gesetzten völkerrechtlichen Grenzen. Dies ist insbesondere darauf zurückzuführen, dass mit dem für beide Tatbestandsmerkmale geltenden Kriterium der **Spürbarkeit** eine quantitative Grenze gesetzt wird, die dem völkerrechtlichen Erfordernis beträchtlicher Inlandswirkungen entspricht.[71] Grundsätzlich kann daher auf die Kommentierung zu Art. 101 Abs. 1 AEUV verwiesen werden. Dennoch erscheint es angebracht, die Anwendung des Wirkungsprinzips anhand einiger Gerichtsentscheidungen mit Drittstaatsbezug zu verdeutlichen: 77

1. Export in die Europäische Union

Nach der bereits erwähnten Zellstoff-Entscheidung ist Art. 101 Abs. 1 AEUV verletzt, wenn außerhalb der EU ansässige Hersteller außerhalb der EU die in der EU zu berechnenden Preise abstimmen und direkt oder indirekt Waren zu den koordinierten Preisen an Abnehmer in der EU verkaufen.[72] Dabei ist auch die Kartellierung von Komponenten re- 78

[64] EuGH (Fn. 30), 838; *Meessen* EuR 8 (1973) 18, 38.

[65] EuGH (Fn. 62), 5243; *Puttler* AJIL 83 (1989) 357, 360.

[66] EuGH (Fn. 30), 700.

[67] EuGH (Fn. 62), 5227.

[68] EuG U. v. 25.3.1999 Rs. T-102/96 – *Gencor/Kommission* Slg 1999, II-753, 785, WuW/E EU-R 213.

[69] EuGH U. v. 9. Juli 2015 Rs. C-231/14 P – *InnoLux/Kommission.*

[70] Nach 15 U.S.C. § 6a braucht es für die Eröffnung eines amerikanischen Gerichtsstands einen „direct, substantial, and reasonably foreseeable effect (A) on trade or commerce which is not trade or commerce with foreign nations, or on import trade or import commerce with foreign nations; or (B) on export trade or export commerce with foreign nations, of a person engaged in such trade or commerce in the United States….".

[71] Vgl. auch die Mitteilung der Kommission – Leitlinien über den Begriff der Beeinträchtigung des zwischenstaatlichen Handels in den Artikeln 81 und 82 des Vertrags, Amtsblatt C 101 vom 27.4.2004.

[72] EuGH (Fn. 61), 5243; ähnlich Komm. Entsch, WuW/E EU-V 684 v. 7.6.2000 Rs. COMP/ 36 545/F3 – *Aminosäuren,* ABl. 2001 L 152/24 Rn. 182, WuW/E EU-V 684.

levant, wenn die Endprodukte letztlich in einem europäischen Markt verkauft werden.[73] Auch Verträge über den Vertrieb von Waren aus Drittstaaten in die EU verletzen Art. 101 Abs. 1 AUEV, wenn der Reexport in andere Mitgliedstaaten in wettbewerbsbeschränkender Weise eingeschränkt wird.[74] Vertriebsverträge dieser Art, die lediglich den Handel zwischen einem Drittstaat und einem EU-Mitgliedstaat beeinträchtigen, beeinträchtigen der älteren Rechtsprechung zufolge nicht den Handel zwischen den Mitgliedstaaten und unterfallen daher nicht Art. 101 Abs. 1 AEUV.[75]

2. Export in Drittstaaten

79 Die Vereinbarung eines Verbots, die zu liefernden Waren in einen bestimmten Drittstaat zu reexportieren, verletzt Art. 101 Abs. 1 AEUV nicht.[76] Die Vereinbarung einer Verpflichtung, zu liefernde Waren nur in einen bestimmten Drittstaat weiter zu exportieren, enthält mittelbar ein auf alle EU-Mitgliedstaaten bezogenes Reexportverbot und unterfällt daher der Verbotsnorm des Art. 101 Abs. 1 AEUV.[77] Eine Abstimmung über Exporte nach Drittstaaten kann Art. 101 Abs. 1 AEUV unterfallen, wenn sich die Beteiligten anderenfalls veranlasst sähen, einen größeren Teil ihrer Produktion innerhalb der EU abzusetzen und damit den Wettbewerb innerhalb der EU zu intensivieren.[78]

II. Art. 102 AEUV

80 Auch in Art. 102 AEUV kommt das Wirkungsprinzip in zwei Merkmalen des materiellrechtlichen Tatbestands zum Ausdruck: Zum einen richtet sich die Vorschrift nur an Unternehmen, die allein oder gemeinsam eine „beherrschende Stellung auf dem Binnenmarkt oder auf einem wesentlichen Teil desselben" innehaben. Zum anderen muss die missbräuchliche Ausnutzung der marktbeherrschenden Stellung zu einer Beeinträchtigung des „Handels zwischen Mitgliedstaaten" führen können.

81 Eine **beherrschende Stellung auf dem Binnenmarkt** können auch Unternehmen innehaben, die in der EU nicht ansässig sind. Im Continental Can-Fall wurde dies in Bezug auf ein US-amerikanisches Unternehmen, das allerdings durch Tochtergesellschaften in der EU präsent war, für möglich gehalten, wie der Gerichtshof in dieser kurz nach der Farbstoffe-Entscheidung ergangenen Entscheidung feststellte.[79] Ebenso wie in dem zu Art. 101 Abs. 1 AEUV erlassenen Zellstoff-Urteil[80] dürfte der EuGH eine ausschließlich aus Direktverkäufen herrührende marktbeherrschende Stellung als ausreichend ansehen. Auch die Argumentation der Kommission in der Freigabe-Entscheidung Boeing/McDonnell-Douglas beruht auf dieser Annahme.[81]

82 Das Merkmal der **missbräuchlichen Ausnutzung** ist durch die mögliche Folge einer Beeinträchtigung des zwischenstaatlichen Handels mit den Wettbewerbsverhältnissen im Binnenmarkt verknüpft. Erforderlich ist nicht, dass sich die missbräuchliche Ausnutzung ausschließlich auf den zwischenstaatlichen Handel auswirkt. Vielmehr ist durchaus denkbar,

---

[73] EuGH U. v. 9. Juli 2015 Rs. C-231/14 P – *InnoLux/Kommission*.

[74] EuGH U. v. 25.11.1971 Rs. 22/71 – *Béguelin Import Co./S. A. G. L. Import Export* Slg 1971, 949, 959/960. Zur Verordnung (EU) Nr. 330/2010 vgl. *Funke/Just* DB 2010, 1389.

[75] EuGH U. v. 20.6.1978 Rs. 28/77 – *Tepea/Kommission* Slg 1978, 1391, 1415/1416.

[76] EuGH U. v. 18.2.1986 Rs. 174/84 – *Bulk Oil/Sun Oil* Slg 1986, 559, 589.

[77] EuGH U. v. 28.3.1984 verb. Rs. 29 und 30/83 – *CRAM* und *Rheinzink/Kommission* Slg 1984, 1679, 1704, WuW/E EWG/MUV 624.

[78] EuGH U. v. 16.12.1975 verb. Rs. 40 bis 48, 50, 54 bis 56, 111, 113 und 114/73 – *Suiker Unie/Kommission* Slg 1975, 1663, 2038.

[79] EuGH U. v. 21.2.1973 Rs. 6/72 – *Europemballage und Continental Can/Kommission* Slg 1973, 215, 242/243, WuW/E EWG/MUV 296.

[80] Siehe oben Fn. 61 und zugehöriger Text.

[81] Komm. E. v. 30.7.1997 Rs. IV/M.877 – *Boeing/McDonnell-Douglas,* ABl. 1997 L 336/16, WuW/E EU-V 7; vgl. auch unten Rn. 114.

dass die Hauptwirkung auf Drittstaaten gerichtet ist.[82] Erforderlich ist aber eine spürbare Auswirkung auf den Handel zwischen den Mitgliedstaaten.[83]

Eine Aufwertung des Auswirkungsgrundsatzes jedenfalls im Rahmen der Missbrauchskontrolle liegt in dem Urteil des EuG in Sachen **Intel,**[84] welches das Durchführungs- und Ausführungsprinzip zur Begründung der internationalen Zuständigkeit weitgehend als **gleichberechtigte Alternativen** beschreibt.[85] **83**

III. Fusionskontrolle

Nach der Neufassung der FKVO ist Überprüfungsmaßstab die insbesondere aus Begründung oder Verstärkung einer marktbeherrschenden Stellung resultierende erhebliche Behinderung wirksamen Wettbewerbs. Bei der Subsumtion ist eine Prognose anzustellen, die nur indirekt durch bereits vorliegende Tatsachen belegt werden kann. Dennoch haben die an Zusammenschlüssen beteiligten Unternehmen einen legitimen Anspruch auf **Rechtssicherheit.** Anderenfalls würde das Fusionskontrollrecht zu willkürlichen Verhinderungen von Fusionen ermächtigen und den Wettbewerb auf dem Markt für Unternehmenskontrolle beschränken. **84**

Im europäischen Fusionskontrollrecht[86] wird das Regelungsdilemma durch formale Aufgriffskriterien und durch die Ermächtigung, unter knappen Fristen kartellbehördliche Entscheidungen zu treffen, aufgelöst. Ob die unter dem Begriff „gemeinschaftsweite Bedeutung" in Art. 1 FKVO zusammen gefassten formalen Kriterien den wettbewerbspolitischen Anliegen der Fusionskontrolle und zugleich einer angemessenen Aufgabenteilung zwischen der Union und den Mitgliedstaaten gerecht werden, mag hier dahinstehen.[87] Für die Umgrenzung des Anwendungsbereichs in drittstaatsbezogenen Sachverhalten ergibt sich jedenfalls – anders als bei der Verhaltenskontrolle nach Art. 101 und 102 AEUV – eine **Divergenz** zwischen den materiellrechtlichen und verfahrensrechtlichen Regelungen der europäischen Fusionskontrolle und dem durch das völkerrechtliche Wirkungsprinzip gesetzten Regelungsrahmen. Bei der Feststellung der Divergenz ist zwischen den Voraussetzungen einer Untersagungsentscheidung oder Freigabe unter Bedingung oder Auflagen einerseits und den Voraussetzungen der Anmeldepflicht andererseits zu unterscheiden: **85**

1. Untersagung

Zusammenschlüsse von gemeinschaftsweiter Bedeutung, die zu einer erheblichen Behinderung wirksamen Wettbewerbs im Gemeinsamen Markt führen, werden nach Art. 2 Abs. 3 FKVO für mit dem Gemeinsamen Markt unvereinbar erklärt und damit untersagt. **86**

Unter den **Zusammenschlussbegriff,** der in Art. 3 FKVO näher definiert ist, fallen auch Zusammenschlüsse von Unternehmen, die in Drittstaaten ansässig und nur in Drittstaaten tätig sind. Eine Inlandsbeziehung wird durch das die Anwendung des europäischen Fusionskontrollrechts auslösende Merkmal **gemeinschaftsweiter Bedeutung** hergestellt. **87**

---

[82] EuGH U. v. 22.1.1974 verb. Rs. 6 u. 7/73 – *Commercial Solvents/Kommission* Slg 1974, 223, 253/254.

[83] EuGH U. v. 14.2.1978 Rs. 27/76 – *United Brands/Kommission* Slg 1978, 207, 299, WuW/E EWG/MUV 425; ähnlich EuGH U. v. 25.10.1979 Rs. 22/79 – *Greenwich Film Production/SACEM* Slg 1979, 3275, 3288/3289.

[84] EuG, Urt. v. 12.6.2014 – T-286/09 – *Intel/Kommission.*

[85] Vgl. *Wurmnest/Lund* NZKart 2015, 73, 74, wonach der Auswirkungsgrundsatz schon aufgrund seiner Verbreitung als Völkergewohnheitsrecht eingestuft wird. Die für Völkergewohnheitsrecht typische *opinio iuris* weisen die Autoren allerdings nicht nach.

[86] Einführend zur Fusionskontrolle *Ebel/Funke,* Fusionskontrolle beim Unternehmenskauf.

[87] Kommission, Grünbuch v. 11.12.2001 über die Revision der Verordnung (EWG) Nr. 4064/89 des Rates, KOM (2001) 745/6 endg.

Nur solche Zusammenschlüsse haben eine gemeinschaftsweite Bedeutung, bei denen entweder nach Art. 1 Abs. 2 FKVO zwei beteiligte Unternehmen einen gemeinschaftsweiten Gesamtumsatz von jeweils mehr als 250 Millionen Euro aufweisen oder nach Art. 1 Abs. 3 FKVO zwei beteiligte Unternehmen in drei Mitgliedstaaten einen Umsatz von jeweils mehr als 25 Millionen Euro und zusätzlich gemeinsam in mindestens drei Mitgliedstaaten einen Umsatz von 100 Millionen Euro erzielen.

88 In drittstaatsbezogenen Sachverhalten kann den **Aufgreifkriterien** des Art. 1 FKVO jegliche wettbewerbliche Relevanz fehlen. Dies ist z.B. dann der Fall, wenn zwei in Drittstaaten ansässige Unternehmen, die die Umsatzkriterien von Art. 1 Abs. 2 FKVO oder Art. 1 Abs. 3 FKVO erfüllen, in einem Drittstaat ein Gemeinschaftsunternehmen errichten, das innerhalb des Prognosezeitraums keinerlei Tätigkeit in der Gemeinschaft entfalten wird. Zusammenschlussvorhaben dieser Art dürfen von der Kommission nicht untersagt werden, denn die Gründung des Gemeinschaftsunternehmens würde die Stellung, die die beteiligten Unternehmen im Gemeinsamen Markt innehaben, nicht verändern.[88] Dies gilt auch dann, wenn die Muttergesellschaften des GU, oder eine von ihnen, in der EU ansässig sind.[89] Wenn allerdings ein Zusammenschluss zwischen Unternehmen, die in Drittstaaten ansässig sind und die Aufgreifkriterien von Art. 1 Abs. 2 oder Abs. 3 FKVO erfüllen, zu einer erheblichen Behinderung wirksamen Wettbewerbs insbesondere durch Begründung oder Verstärkung einer marktbeherrschenden Stellung im Gemeinsamen Markt führt, dann ist ein solcher Zusammenschluss zu untersagen:

89 Die **Untersagungsentscheidungen** Aerospatiale-Alenia/de Havilland und Gencor/Lonrho betrafen schwerpunktmäßig auf Drittstaaten bezogene Zusammenschlüsse, an denen jedoch auf der Erwerberseite auch in der EU ansässige Unternehmen beteiligt waren.[90] Das EuG bestätigte die Gencor-Entscheidung der Kommission mit der Begründung, dass der geplante Zusammenschluss in der Gemeinschaft eine unmittelbare und wesentliche Auswirkung haben werde und seine Untersagung damit „völkerrechtlich gerechtfertigt" sei.[91] Hinsichtlich des Zusammenschlusses der US-amerikanischen Unternehmen General Electric und Honeywell wurde erstmalig ein Zusammenschluss, an dem ausschließlich in einem Drittstaat ansässige Unternehmen beteiligt waren, gerichtlich überprüft, allerdings hatten die Parteien – mit Recht – noch nicht einmal ein Fehlen ausreichender Inlandswirkungen gerügt.[92]

90 Die Erfüllung der Voraussetzungen von Art. 2 Abs. 3 FKVO indiziert in drittstaatsbezogenen Sachverhalten jedoch nur dann die Erfüllung der völkerrechtlichen Voraussetzungen des Wirkungsprinzips, wenn keine auf die Vermeidung einer erheblichen Behinderung wirksamen Wettbewerbs innerhalb der EG beschränkte **Teiluntersagung** nach den Umständen des Falles in Betracht kommt. Es liegt in der Logik des Wirkungsprinzips, dass lediglich ein Vorgehen gegen den inländischen Teil breiter gestreuter Wirkungen gerechtfertigt wird. Im Zigaretten-Fall hat das Bundeskartellamt im Einklang mit dem völkerrechtlichen Wirkungsprinzip die Folgen der Untersagung des Zusammenschlusses zwischen dem südafrikanischen Unternehmen Rembrandt und dem britischen Unternehmen Rothmans von vorne herein auf die jeweiligen deutschen Tochtergesellschaften beider Unternehmen beschränkt,[93] und das Kammergericht hat den Beschlusstenor im Sinne einer Teiluntersa-

---

[88] Vgl. z.B. Komm. E. v. 30.6.1993 IV/M.346 – *JCSAT/SAJAC.*

[89] Vgl. z.B. Komm. E. v. 26.8.1991 IV/M.124 – *BNP/Dresdner Bank – Czechoslovakia;* E. v. 14.2. 1997 IV/M.878 – *RTL 7.*

[90] Komm. E. v. 2.10.1991 IV/M.053 – *Aerospatiale-Alenia/de Havilland;* E. v. 24.4.1996 IV/M.619 – *Gencor/Lonrho.*

[91] EuG (Fn. 68), II-785.

[92] EuG, U. v. 14.12.2005, Rs T-210/01 – General Electric/Kommission, Slg. 2005, II-5575, WuW/E EU-R 977; Komm. E. v. 3.7.2001 COMP/M.2220 – *General Electric/Honeywell,* WuW/E EU-V 631.

[93] BKartA, B. v. 24.2.1982, WuW/E BKartA 1943 – *Morris-Rothmans.*

gung präzisiert.[94] Denkbar ist es auch, die Untersagung auf einen von einem Auslandszusammenschluss juristisch abgetrennten Inlandszusammenschluss zu beschränken.[95]

Bei drittstaatsbezogenen Zusammenschlüssen hat die Kommission bisher noch nie eine Teiluntersagung verfügt. Dieses Ergebnis wurde jedoch praktisch dadurch erreicht, dass derartige Zusammenschlüsse unter **Bedingungen** und/oder **Auflagen,** die die nach Ansicht der Kommission die EU betreffenden wettbewerblichen Bedenken ausräumten, freigegeben wurden.[96] **91**

2. Anmeldepflicht

Nach dem Wortlaut des Art. 4 Abs. 1 FKVO sind Zusammenschlussvorhaben von gemeinschaftsweiter Bedeutung, ohne Rücksicht darauf, ob eine erhebliche Behinderung wirksamen Wettbewerbs in Betracht kommt, anzumelden. Die Anmeldepflicht ist nach Art. 7 Abs. 1 FKVO mit einem **Vollzugsverbot** verbunden. Eine mit unrichtigen oder irreführenden Angaben verbundene Anmeldung kann bei Vorsatz oder Fahrlässigkeit nach Art. 14 Abs. 1a FKVO mit einer Geldbuße in Höhe von bis zu 50000 Euro geahndet werden. Der Vollzug eines nicht angemeldeten oder zwar angemeldeten aber noch nicht genehmigten oder untersagten Zusammenschlusses kann bei Vorsatz oder Fahrlässigkeit nach Art. 14 Abs. 2 FKVO mit einer Geldbuße in Höhe von bis zu 10% des Gesamtumsatzes der beteiligten Unternehmen im letzten Geschäftsjahr geahndet werden. Außerdem kann der Vollzug eines Zusammenschlusses je nach dem im Einzelfall international privatrechtlich anwendbaren Recht wegen Verletzung des Vollzugsverbots des europäischen Kartellrechts zivilrechtlich unwirksam sein.[97] **92**

Die Anmeldepflicht stellt zwar lediglich eine Formalität dar, und die Freigabe eines Zusammenschlusses durch die Kommission ist nicht kostenpflichtig. Dennoch entstehen den beteiligten Unternehmen durch die Erfüllung der Anmeldepflicht **erhebliche Kosten.** Zu diesen Kosten gehören zum einen die unternehmensinterne Zusammenstellung eines umfangreichen nach Produktgruppen und geographischen Märkten aufgefächerten Datenmaterials und zum anderen die durch eigene Rechtsabteilungen und/oder von Anwaltskanzleien zu erbringende rechtliche Beratung hinsichtlich der gesellschaftsrechtlichen und wettbewerbsrechtlichen Darstellung des Zusammenschlussvorhabens in einer dem Formblatt CO entsprechenden Weise. **93**

Die bloße Tatsache, dass die beteiligten Unternehmen die Mindestumsatzkriterien des Art. 1 Abs. 2 oder Abs. 3 FKVO erfüllen, vermag einen derartigen, rasch sechs- bis siebenstellige Euro-Beträge erreichenden Aufwand nach dem völkerrechtlichen Wirkungsprinzip nicht zu rechtfertigen. Eine **Beschränkung der Anmeldepflicht** ist völkerrechtlich geboten. Diesem Gebot kann europarechtlich dadurch nachgekommen werden, dass Ausnahmen von der Anmeldepflicht trotz Erfüllung der Kriterien von Art. 1 Abs. 2 oder 3 der FKVO oder Beschränkungen des Umfangs der Anmeldepflicht vorgesehen werden. Ausnahmen von der Anmeldepflicht sind allerdings auch in dem seit dem 1. Mai 2004 geltenden Recht nicht enthalten. **94**

Dagegen ergeben sich erhebliche Einschränkungen des Umfangs der Anmeldepflicht aus der nunmehr erweiterten Möglichkeit, das **„vereinfachte Formblatt"** zu verwenden, und aus der Ermächtigung der Kommission, auf Antrag von der Pflicht zur Vorlage be- **95**

[94] KG, B. v. 1.7.1983, WuW/E OLG 3051 – *Morris-Rothmans.*

[95] BKartA, B. v. 3.3.1989, WuW/E BKartA 2363 – *Linde-Lansing;* BGH, B. v. 10.12.1991, WuW/E BGH 2731 – *Inlandstochter.*

[96] Vgl. z. B. Komm. E. v. 16.1.1996 Rs. IV/M.623 – *Kimberly-Clark/Scott,* ABl. 1996 L 183/1; E. v. 17.6.1996 IV/M.737 – *Ciba-Geigy/Sandoz,* ABl. 1997 L 201/1; E. v. 30.7.1997 (Fn. 77) – *Boeing/McDonnell-Douglas;* E. v. 11.7.2003, COMP/M. 3091 – *Konica/Minolta;* E. v. 20.2.2007, COMP/M.4494 – *Evraz/Highveld,* WuW/E EU-V 1213.

[97] Vgl. unten Rn. 119f.

stimmter Angaben einschließlich der zugehörigen Unterlagen zu befreien.[98] Ob damit den völkerrechtlichen Anforderungen Genüge getan wird, hängt von der Dispenspraxis im Einzelfall ab. Gegen die grundsätzliche Festlegung einer Anmeldepflicht wird man angesichts der sich aus der Erfüllung der Voraussetzungen von Art. 1 Abs. 2 oder 3 FKVO ergebenden Inlandswirkungen auf Grund des völkerrechtlichen Wirkungsprinzips keine Einwendungen erheben können.

96 Bei der Anmeldung drittstaatsbezogener Zusammenschlüsse, die die Kriterien von Art. 1 Abs. 2 oder 3 FKVO erfüllen, wird man immerhin von folgenden **europarechtlichen Beschränkungsmöglichkeiten** Gebrauch machen können: Art. 3 Abs. 1 der Durchführungsverordnung zur FKVO[99] erlaubt, Anmeldungen „unter den in Anhang II aufgeführten Voraussetzungen" nach dem vereinfachten Formblatt vorzunehmen. Die Verwendung des vereinfachten Formblatts ist danach u. a. zulässig, wenn ein Gemeinschaftsunternehmen errichtet werden soll, dessen EWR-Umsatz und dessen im EWR belegene Vermögenswerte jeweils weniger als 100 Mio. EUR betragen. Im Hinblick auf die zu erwartende wettbewerbsrechtliche Unbedenklichkeit kann das vereinfachte Formblatt auch bei Fehlen horizontaler Überschneidungen und vertikaler Beziehungen oder bei Vorhandensein derartiger Beziehungen mit Marktanteilen unterhalb bestimmter Prozentsätze verwandt werden. Trotz Vorliegens dieser oder weiterer Voraussetzungen kann die Kommission eine Vervollständigung der Angaben nach Maßgabe des Standard(CO)-Formblatts verlangen und damit den für den Beginn der Bearbeitungsfristen wichtigen Zeitpunkt der Wirksamkeit der Anmeldung hinausschieben, wenn dies „für eine angemessene Untersuchung möglicher Wettbewerbsprobleme" erforderlich ist. Bei Verwendung des vereinfachten oder auch des CO-Formblatts kann die Kommission auf Antrag gemäß Art. 4 Abs. 2 der Durchführungsverordnung zur FKVO-Befreiung „von der Pflicht zur Vorlage einzelner verlangter Angaben einschließlich aller Unterlagen oder von anderen in den (Formblättern) festgelegten Anforderungen" gewähren. Wenn man eine Verzögerung des Beginns der Bearbeitungsfristen vermeiden will, lässt sich Rechtssicherheit nur in informellen Vorgesprächen, zu deren frühzeitiger Abhaltung sowohl in dem allgemeinen „Best Practices"-Code der Generaldirektion Wettbewerb als auch in dem „Best Practices"-Code der US-EU Merger Working Group ermuntert wird.

E. Rücksichtnahme auf Drittstaaten

97 Kartellrechtliche Normen, Verwaltungsakte und Gerichtsentscheidungen beziehen sich oft auf grenzüberschreitend vernetzte Sachverhalte und steuern damit unternehmerisches Verhalten, das sich seinerseits im Ausland oder – aus der Sicht der EU – in Drittstaaten auswirkt. Der extraterritorialen Wirkung von Wettbewerbsbeschränkungen steht also eine **extraterritoriale Wirkung kartellrechtlicher Hoheitsakte** gegenüber. Die sich hieraus entwickelnden zwischenstaatlichen Auseinandersetzungen haben eine gewisse Regelmäßigkeit angenommen, die zur Herausbildung einer weiteren Regel des Völkergewohnheitsrechts geführt hat. Diese nicht die Begründung, sondern die Ausübung der völkerrechtlichen Zuständigkeit betreffende Regel setzt dem Erlass kartellrechtlicher Hoheitsakte – zusätzlich zur Territorialität des Geltungsbereichs und zum Erfordernis unmittelbarer, vorhersehbarer und erheblicher Inlandswirkungen – eine im Einzelfall zu beachtende völkerrechtliche Grenze.

[98] Durchführungsverordnung (EU) Nr. 1269/2013 der Kommission vom 5. Dezember 2013 zur Änderung der Verordnung (EG) Nr. 802/2004 zur Durchführung der Verordnung (EG) Nr. 139/2004 des Rates über die Kontrolle von Unternehmenszusammenschlüssen, ABl. 2013 L 336/1.

[99] Verordnung (EG) Nr. 802/2005 der Kommission vom 7. April 2004 zur Durchführung der Verordnung (EG) Nr. 139/2004 des Rates über die Kontrolle von Unternehmenszusammenschlüssen, ABl. 2004 L 133/1, zuletzt geändert durch Verordnung (EU) Nr. 1269/2013 der Kommission vom 5. Dezember 2013, ABl. 2013 L 336/1.

Der **Nachweis neuen Völkergewohnheitsrechts,** der sich an der Rechtsfindungsmethode des Internationalen Gerichtshofs orientiert,[100] setzt die Feststellung und Bewertung einer variantenreichen, von unterschiedlichen Interessenlagen bestimmten Staatenpraxis voraus. Im Folgenden kann nur ein Überblick gegeben werden: 98

I. Staatenpraxis

Die extraterritoriale Wirkung kartellrechtlicher Hoheitsakte besteht darin, im Ausland Verhalten zu veranlassen, das inländischem Kartellrecht entspricht. Dies ist in vielen Drittstaaten zunehmend erwünscht. Die weltweite Konvergenz marktwirtschaftlicher Politiken und kartellrechtlicher Regelungen hat auch die Staaten erfasst, die man früher der Zweiten Welt sozialistischer Staaten und der Dritten Welt oft planwirtschaftlich orientierter Entwicklungsländer zurechnete. Daher hat sich die Akzeptanz kartellrechtlicher Regelungen erhöht. Dennoch kann es im Einzelfall zu **Regelungskonflikten** kommen, insbesondere wenn kartellrechtliche Hoheitsakte des einen Staates im anderen Staat industriepolitische Förderungsmaßnahmen, justitielle Rechtsschutzgarantien oder Maßnahmen der nationalen Sicherheit berühren. 99

Seit Beginn der Anwendung des kartellrechtlichen Wirkungsprinzips im Alcoa-Fall von 1945 sind Konflikte dieser Art immer wieder aufgetreten.[101] Sie haben zu diplomatischen **Protesten** und zum Erlass von Gegengesetzen (blocking statutes, claw-back statutes) geführt und gelegentlich sogar gegenläufige gerichtliche Anordnungen (antisuit injunctions) ausgelöst. Teils wegen der bereits erwähnten Konvergenz der Kartellgesetze, teils wegen der durch bilaterale Vereinbarungen und OECD-Empfehlungen gestützten Praxis frühzeitiger Konsultationen sind Konflikte dieser Art in den letzten 20 Jahren jedoch seltener geworden. Aus jüngster Vergangenheit ist allerdings die Kritik der amerikanischen Regierung an der Untersagung des Zusammenschlusses zwischen General Electric und Honeywell durch die Kommission (und auch an dem Missbrauchsverfahren der Kommission gegen Microsoft) zu erwähnen.[102] 100

Insgesamt gesehen sind Proteste ausländischer Staaten oft nicht sofort, aber doch meist im weiteren Verlauf durch eine **Praxis der Rücksichtnahme** beantwortet worden.[103] Rücksichtnahme ist in vielen Formen praktiziert worden. So wurden an Stelle von Strafsanktionen nur verwaltungsrechtliche Sanktionen erlassen. Die verwaltungsrechtlichen Sanktionen wurden von vorne herein auf die Beseitigung der wesentlichen wettbewerbsbeschränkenden Inlandswirkungen beschränkt oder mit Vorbehalten zu Gunsten anderweitiger ausländischer Regelungen versehen. US-amerikanische Gerichte sind schließlich dazu übergegangen, in die unter dem Gesichtspunkt der comity durchzuführende Interessenabwägung nicht nur inländische öffentliche und private Interessen, sondern auch Gegeninteressen ausländischer Staaten einzustellen.[104] 101

II. Einmischungsverbot oder Rücksichtnahmegebot

Die Abfolge in der Staatenpraxis, die von der These extraterritorialer Hoheitsakte über die Antithese ausländischer Proteste zur Synthese von Kompromisslösungen geführt hat, ist von einer aus allgemeinen Prinzipien abgeleiteten Rechtsüberzeugung getragen und hat daher zur Entstehung einer **völkergewohnheitsrechtlichen Norm** geführt, die man wie folgt formulieren kann:[105] 102

---

[100] *Meessen* (Fn. 7), S. 65f.

[101] United States v. Aluminum Co. of America, 148 F. 2d 416 (2d Cir. 1945); *Meessen* (Fn. 7), S. 27f.; *ders.* AJIL 78 (1984) 783, 791f.

[102] *Briggs/Rosenblatt,* Antitrust 16 (Fall 2001) 26, 27f.

[103] *Meessen* (Fn. 7), S. 208f.; *ders.* AJIL 78 (1984) 783, 795f.

[104] Nachweise s. unten Rn. 105.

[105] *Meessen* (Fn. 7), S. 231/232.

103 „Bei der Ausübung der Zuständigkeit zum Erlass kartellrechtlicher Hoheitsakte ist die Souveränität ausländischer Staaten nach Maßgabe des völkerrechtlichen **Grundsatzes der Nichteinmischung** zu beachten. Wenn kartellrechtliche Hoheitsakte, zu denen nicht nur Einzelfallentscheidungen, sondern auch Gesetze zählen, die Ausübung der Funktionen eines ausländischen Staates erheblich stören, liegt eine Einmischung im völkerrechtlichen Sinne vor. Die Einmischung ist verboten, wenn die Interessen des ausländischen Staates an dem Ausbleiben der Störung die Interessen des Inlands an dem Erlass des kartellrechtlichen Hoheitsakts überwiegen."

104 Das völkerrechtliche Verbot der Einmischung, dem positiv ein Gebot der Rücksichtnahme entspricht, beruht auf dem völkerrechtlichen Grundsatz der **Gleichheit der Staaten** und verpflichtet den einen kartellrechtlichen Hoheitsakt erlassenden Staat seine Regelungsinteressen auf die grundsätzlich als gleichwertig anzusehenden Regelungsinteressen anderer Staaten abzustimmen. Gewiss stellt die Abwägung inländischer und ausländischer Interessen nationale Kartellbehörden und -gerichte vor eine schwierige Aufgabe. Nicht miteinander kompatible Interessen abzuwägen ist jedoch eine Aufgabe, die Behörden stets und Gerichten zumindest gelegentlich, z.B. bei der gerichtlichen Überprüfung einer Ministererlaubnis nach deutschem Kartellrecht oder im einstweiligen Kartellrechtsschutz zugemutet wird. Allerdings findet die Anwendung des kartellrechtlichen Gebots der Rücksichtnahme auf ausländische oder dritte Staaten bereits im Vorfeld behördlicher und auch diplomatischer Zusammenarbeit sowie bei der Vereinbarung von Zusagen zwischen der Behörde und den beteiligten Unternehmen statt. Die gerichtliche Anwendung hat insofern lediglich subsidiäre Bedeutung.

III. Grad der Anerkennung

105 In der Literatur ist die These einer völkergewohnheitsrechtlichen Pflicht zur Rücksichtnahme oder eines Verbots einer Einmischung nach der Interessenabwägungsformel teils akzeptiert, teils abgelehnt worden.[106] Vielfach beruhen die kritischen Stimmen auf einer Verkennung der Breite der zum Nachweis von Völkergewohnheitsrecht **maßgeblichen Staatenpraxis.** Diese Praxis umfasst nicht nur (und nicht einmal in erster Linie) Gerichtsentscheidungen, sondern jede Form kartellbehördlichen Einlenkens angefangen vom Nichtaufgreifen drittstaatsbezogener Sachverhalte bis zur schonenden Vermeidung drittstaatsbezogener Abhilfemaßnahmen. Verkannt wird auch die **völkerrechtliche Qualität** des Einmischungsverbots, wenn etwa eingewandt wird, nach deutschem Recht dürfe die Kartellbehörde nur wettbewerbliche Gesichtspunkte, nicht aber außerwettbewerbliche Interessen (noch dazu eines ausländischen Staates) berücksichtigen.[107] Auch nach deutschem

[106] Insgesamt zustimmend u.a.: *Turner* WuW 32 (1982) 5; *Wildhaber,* Schweizerisches Jahrbuch für Internationales Recht 41 (1985) 99, 104f.; *Kaffanke,* Nationales Wirtschaftsrecht und internationale Wirtschaftsordnung, 1990, S. 273f.; *Rehbinder* (Fn. 57), Rn. 14; *Pearce,* Stanford Journal of International Law 30 (1994) 525; *Bremer,* Treuhandverwaltung und Jurisdiktionsbefugnis, Baden-Baden 1998, S. 137f.; *Wiedemann* (Fn. 57), S. 78; unter Absenkung des Standards: *Veelken,* Interessenabwägung im Wirtschaftskollisionsrecht, Baden-Baden 1988, S. 151; unter Verlagerung des Geltungsanspruchs vom Völkerrecht auf das Kollisionsrecht: *Schnyder,* Wirtschaftskollisionsrecht, 1990, S. 109f., 160f.; ähnlich *Deville,* Die Konkretisierung des Abwägungsgebots im internationalen Kartellrecht, 1990, S. 62, 71f.; unter Beschränkung auf eine verfahrensrechtliche Pflicht zur Interessenabwägung verbunden mit einem materiellrechtlichen Rechtsmissbrauchsverbot: *Meng,* Extraterritoriale Jurisdiktion im öffentlichen Wirtschaftsrecht, 1993, S. 647; ähnlich, aber verbunden mit der Anerkennung materiellrechtlicher Pflichten als „Vorstadien völkerrechtlicher Normen": *Kramp,* Die Begründung und Ausübung staatlicher Zuständigkeit für das Verbot länderübergreifender Fusionen nach geltendem Völkerrecht, Berlin 1993, S. 221f.; insbesondere auf Grund abweichender rechtstheoretischer Prämissen grundsätzlich ablehnend u.a.: *Mann* in: FS Mosler 1983, S. 529, 542f.; *Nerep,* Extraterritorial Control of Competition under International Law, Stockholm 1983, Bd. 2, S. 391f., 526f., 556f.; zu weiteren Nachweisen: *Meessen,* Kollisionsrecht der Zusammenschlusskontrolle, 1984, S. 32f.

[107] S. unten *Stockmann,* Rn. 10 zu § 130 GWB.

Recht ist die Kartellbehörde von der Beachtung von Rechtsnormen, die die Berücksichtigung ausländischer Interessen vorschreiben, nicht freigestellt. Soweit es sich hierbei um völkergewohnheitsrechtliche Normen handelt, schreibt Art. 25 GG sogar eine Beachtung mit Vorrang vor einfachem Gesetzesrecht vor – ganz abgesehen davon, dass deutsches Recht das Bestehen von Völkergewohnheitsrecht, auch wenn es dies wollte, nicht ausschließen kann. Im übrigen ist das Einmischungsverbot inzwischen auch in der Praxis des Bundeskartellamts anerkannt und sein Eingreifen jeweils anhand zutreffender Kriterien geprüft worden.[108]

Von besonderer Bedeutung für den Spiegel der Meinungen in der Literatur ist das vom **106** American Law Institute, einer Vereinigung von 2000 ad personam ausgewählten amerikanischen Juristen, in Abstimmung mit der amerikanischen Regierung innerhalb eines Jahrzehnts erarbeitete **Völkerrechtsrestatement.** In § 403 (3) des Restatements wurde das Einmischungsverbot im Zusammenhang mit der Interessenabwägungsformel im Jahre 1986 wie folgt formuliert:[109]

„When it would not be unreasonable for each of two states to exercise jurisdiction over a **107** person or activity, but the prescriptions by the two states are in conflict, each state has an obligation to evaluate its own as well as the other state's interest in exercising jurisdiction, in light of all the relevant factors, *(an dieser Stelle folgt ein Hinweis auf § 403 (2), der eine nicht erschöpfende Liste von acht zu berücksichtigenden Faktoren enthält);* a state should defer to the other state if that state's interest is clearly greater."

Nach diesem Text wurde die verfahrensrechtliche Pflicht als bindende Verpflichtung **108** formuliert, während die materiellrechtliche Pflicht nicht zuletzt unter dem Eindruck von Vorbehalten der amerikanischen Regierung in der schwachen Form eines „should" zum Ausdruck gebracht wurde.[110]

Als Stütze für die Anerkennung einer völkergewohnheitsrechtlichen Norm darf schließ- **109** lich neben einer umfangreichen, aber schwer nachweisbaren administrativen Praxis die **Rechtsprechung** US-amerikanischer, deutscher und mittelbar auch europäischer Gerichte angeführt werden. Das Bestehen der Norm ausdrücklich ablehnende Entscheidungen liegen nicht vor. Ein gewichtiger, von Judge Wilkey im Laker-Fall vorgetragener Einwand, Gerichte seien nicht in der Lage, inländische und ausländische Interessen gegeneinander abzuwägen,[111] wurde noch im weiteren Verlauf desselben Falles – und in einer Reihe anderer Fälle – widerlegt, indem die britische Seite die für die amerikanische Seite nicht akzeptable Überreaktion einer antisuit injunction zurücknahm und damit das Rücksichtnahmegebot im Ergebnis beachtete.[112] Im Einklang mit dem – ohnehin nur in Ausnahmefällen in Betracht kommenden – völkerrechtlichen Einmischungsverbot stehen insbesondere folgende nach 1975 erlassene Entscheidungen:

1. US-amerikanische Rechtsprechung

In zwei Entscheidungen **amerikanischer Bundesberufungsgerichte** aus den Jahren **110** 1976 und 1979 wurde der Anwendungsbereich des amerikanischen Kartellrechts unter anderem unter Berücksichtigung ausländischer Interessen einschränkend interpretiert.[113] In den 80er Jahren wurden auch außerhalb des Kartellrechts ausländische Gegeninteressen

[108] BKartA, B. v. 14.2.2007, B 5–10/07 – *Sulzer/Kelmix,* WuW/E DE-V 1340, 1342/3 (Rn. 25–26); B. v. 11.4.2007, B 3–578/06 – *Phonak/Resound,* WuW/E DE-V 1365, 1367/8 (Rn. 27, 30).

[109] Restatement (Third) of the Foreign Relations Law of the United States as adopted and promulgated by the American Law Institute at Washington, D.C. May 14, 1986, St. Paul, MN 1987.

[110] American Law Institute, Proceedings 1985, 374 f.

[111] *Laker Airways Ltd. v. Sabena,* 731 F. 2d 909, 950 (D.C. Cir. 1984.

[112] *British Airways Board v. Laker Airways Ltd.* [1985] 1 A.C. 58 (H.L.(E.)); zur Interpretation: *Meessen* (Fn. 10), S. 281.

[113] *Timberlane Lumber Co. v. Bank of America,* 549 F. 2d 597 (9th Cir. 1976); *Mannington Mills, Inc., v. Congoleum Corp.,* 595 F. 2d 1287 (3d Cir. 1979).

insbesondere bei der inneramerikanischen Erzwingung auslandsbezogener Verfahrensakte beachtet, allerdings nicht immer in ausreichendem Maße.[114] Im Ergebnis zutreffend, aber mit unglücklich formulierter Begründung gab der **US Supreme Court** in einer Entscheidung aus dem Jahre 1994 der Anwendung amerikanischen Kartellrechts vor britischen Gegeninteressen den Vorzug.[115] Bemerkenswert ist, dass der US Systeme Court zehn Jahre später im **Vitamin-Fall** eine (völkerrechtliche oder kollisionsrechtliche) Pflicht angenommen hat, (amerikanische) Gesetze seien so auszulegen, dass sie keine unvernünftige Einmischung in die souveränen Hoheitsrechte anderer Staaten zur Folge haben.[116]

111 Weiterhin hat das Bundesgericht für den 7th Circuit mit Entscheidungen vom März und November 2014 eine Klage von Motorola abgewiesen, die auf Schäden gerichtet war, die aus dem Bezug von LCD-Komponenten außerhalb der USA rührten, die aber letztlich für in den USA vertriebenen Mobiltelefone bestimmt waren. Der Foreign Trade Antitrust Improvements Act (FTAIA) stehe dem entgegen.[117]

2. Deutsche Rechtsprechung

112 Aus der **deutschen Rechtsprechung** ist insbesondere der Bayer/Firestone-Fall zu erwähnen, in dem das Kammergericht eine Untersagungsverfügung des Bundeskartellamts unter Bezugnahme auf das Einmischungsverbot wegen französischer beschäftigungspolitischer Gegeninteressen aufhob, obwohl die Untersagungsvoraussetzungen nach der bisherigen Praxis zum deutschen Fusionskontrollrecht gegeben waren.[118] So bestätigte das Oberlandesgericht Düsseldorf eine Entscheidung des Bundeskartellamts, den Erwerb eines dänischen Unternehmens durch ein schweizerisches Unternehmen zu untersagen.[119] Die schweizerische Regierung hatte darauf hingewiesen, dass sich der Schwerpunkt der Wirkungen in den beiden Sitzstaaten und nicht in Deutschland, auf das weniger als 10% des Weltumsatzes der beiden Unternehmen entfiel, befand. Im Rahmen der nach dem „völkerrechtlichen Grundsatz der Nichteinmischung" gebotenen Interessenabwägung lehnte das Gericht aber die Anwendung einer Schwerpunkttheorie ab und hielt ein **deutliches Überwiegen** der entgegenstehenden ausländischen Interessen für erforderlich. Mangels konkreten Sachvortrags vermochte das Gericht ein derartiges Überwiegen nicht festzustellen. Als nicht ausreichend für eine derartige Feststellung wurde der Umstand angesehen, dass sich die Wirkungen der deutschen Untersagungsentscheidung nicht auf die in Deutschland zu erwartenden Wirkungen des nach schweizerischem und dänischem Fusionskontrollrecht zulässigen Zusammenschlusses beschränken ließen.

3. Europäische Rechtsprechung

113 Im Zellstoff-Fall nahm der **EuGH** zur Berufung der Klägerin auf das Einmischungsverbot Bezug, ließ aber den völkerrechtlichen Nachweis offen und begnügte sich mit der

[114] Vgl. insbesondere Société Nationale Industrielle Aerospatiale v. United States District Court for the Southern District of Iowa, 107 S. Ct. 2542 (1987), die zu dem Verfahren abgegebenen Stellungnahmen (amicus briefs) ausländischer Regierungen sind wiedergegeben in: ILM 25 (1986) 1519, 1539, 1549 und 1557.

[115] *Hartford Fire Insurance Co. v. California,* 113 S. Ct. 2891 (1993).

[116] *Hoffmann-La Roche v. Empagran,* 124 S. Ct. 2359 (2004), WuW/E KRInt 37, 38.

[117] Nach 15 U.S.C. § 6a braucht es für die Eröffnung eines amerikanischen Gerichtsstands einen „direct, substantial, and reasonably foreseeable effect (A) on trade or commerce which is not trade or commerce with foreign nations, or on import trade or import commerce with foreign nations; or (B) on export trade or export commerce with foreign nations, of a person engaged in such trade or commerce in the United States….".

[118] KG, B. v. 26.11.1980, WuW/E OLG 2419 – *Synthetischer Kautschuk;* zur Bewertung s. *Gerber* AJIL 77 (1983) 756, 773f.

[119] OLG Düsseldorf, B. v. 26.11.2008 – *Phonak/Resound,* WuW/E DE-R 2477; zur Entscheidung des BKartA s. oben Fn. 102.

sowohl zutreffenden als auch – nach den Kriterien des Einmischungsverbots – relevanten Feststellung, dass die betroffenen Staaten im vorliegenden Falle „keine Einwände auf Grund eines eventuellen Kompetenzkonflikt erhoben (hätten)“.[120] In Gencor ließ auch das **EuG** die völkerrechtliche Frage nach der Geltung des Einmischungsverbots unbeantwortet, prüfte aber (und verneinte) das Vorliegen einer Verletzung mit der zutreffenden Begründung, die Südafrikanische Republik habe kein der Untersagung des Zusammenschlusses durch die Kommission entgegenstehendes „berechtigtes Anliegen“ geltend gemacht.[121] Der **EuGH** hat jüngst klargestellt, dass die Kommission in Fällen, in denen die kartellierten Produkte von einem vertikal integrierten Unternehmen außerhalb des EWR bezogen und in Endprodukte eingebaut wurden, die dann im EWR an Dritte verkauft wurden, die entsprechenden Umsätze im Rahmen der Bußgeldbemessung berücksichtigen darf. Danach stehen diese Umsätze im Zusammenhang mit dem betreffenden Kartell, nämlich wegen der Auswirkungen des kartellierten Preises der eingebauten Komponenten auf den Markt der Endprodukte im EWR.[122]

IV. Kommissionspraxis

In der Kommissionspraxis lässt sich die Anwendung des völkerrechtlichen Einmischungsverbots nur schwer nachweisen. Die gebotene Rücksichtnahme findet im **administrativem Vorfeld** statt. So wurden die Ermittlungen gegen das Verkaufssyndikat GFU norwegischer Gasproduzenten nach einer Intervention der norwegischen Regierung von der Kommission eingestellt, nachdem sich Statoil und Norsk Hydro verpflichteten, 5% des Jahresabsatzes von Gas an neue Kunden anzubieten; Wettbewerbskommissar Monti sah hierdurch „die Interessen der Parteien unter Wahrung des europäischen Kartellrechts berücksichtigt.“[123] Wie jede gute Verwaltungsbehörde legt die Kommission Wert darauf, keine Präzedenzfälle zu schaffen. Die wenigen förmlichen Entscheidungen, in denen sich Elemente einer Rücksichtnahme nachweisen lassen, könnten daher so verstanden werden, dass sie eine stillschweigende Praxis widerspiegeln: 114

1. Verfahrensrecht

Im **Farbstoffe-Fall** war die durch eingeschriebenen Brief in der Schweiz zugestellte Mitteilung der Beschwerdepunkte der Kommission unter Bezugnahme auf eine kritische Stellungnahme der schweizerischen Regierung zurück gesandt worden.[124] Immerhin nahm die Kommission anschließend auf Empfindlichkeiten der Schweiz dadurch Rücksicht, dass die Geldbußenentscheidung der schweizerischen Adressatin zu Händen ihrer innerhalb der Gemeinschaft ansässigen Tochtergesellschaft zugestellt wurde.[125] 115

Die im **Vitamin-Fall** an einen Mitarbeiter von Hoffmann-La Roche gerichtete Aufforderung, unter Verletzung schweizerischen Strafrechts Unterlagen des in der Schweiz ansässigen Unternehmens zu beschaffen, stellte einen völkerrechtswidrigen Eingriff in den schweizerischen Schutz von Geschäftsgeheimnissen dar.[126] Nachdem ein Anfangsverdacht begründet war, hätte die Kommission ihre Ermittlungen auf rechtsstaatlichem Wege betreiben und damit einen Eingriff in die schweizerische Souveränität vermeiden können. In dem sich anschließenden Kartellverfahren hatte Hoffmann-La Roche das unter Berufung auf Völkerrecht geltend gemachte Verwertungsverbot fallen gelassen und sich damit mög- 116

[120] EuGH (Fn. 62), 5244.
[121] EuG (Fn. 68), II-788/789.
[122] EuGH U. v. 9. Juli 2015 Rs. C-231/14 P – *InnoLux/Kommission.*
[123] Presseerklärung vom 17.7.2002, IP/02/1084.
[124] EuGH (Fn. 30), 792, l. Sp.
[125] EuGH (Fn. 30), 792, r. Sp.
[126] EuGH (Fn. 38).

licherweise für die Verhängung einer milden Geldbuße (300 000 RE = ca. 500 000 EUR; vom Gerichtshof auf 200 000 RE herabgesetzt) qualifiziert.[127]

2. Verhaltenskontrolle

117 Auf Grund einer Anmeldung zur Erlangung einer Einzelfallfreistellung aus dem Jahre 1970 nahm die Kommission Ermittlungen wegen der Praktizierung einer Exportselbstbeschränkungsvereinbarung von innerhalb und außerhalb der EU ansässigen **Aluminiumherstellern** auf und gelangte im Jahre 1984 zu dem Ergebnis, dass die Vereinbarung den heutigen **Art. 101 Abs. 1 AEUV** verletze und nicht nach Art. 101 Abs. 3 AEUV freigestellt werden könne.[128] Angesichts der „besonderen Umstände" des Falles beschloss die Kommission, von ihrem Rechtsfolgeermessen Gebrauch zu machen und keine Geldbußen zu verhängen.[129] Die besonderen Umstände bestanden u. a. darin, dass Partner der Vereinbarung nicht nur staatliche Außenhandelsorganisationen sozialistischer Staaten Osteuropas waren, sondern dass die Regierung des Vereinigten Königreichs, das zu dem maßgeblichen Zeitpunkt noch nicht EU-Mitglied, sondern Drittstaat war, die Vereinbarung und ihre Praktizierung aktiv unterstützte.[130] Nachdem die beteiligten Unternehmen die völkerrechtliche Zuständigkeit bestritten hatten, berief sich die Kommission zunächst auf das Wirkungsprinzip und fügte hinzu, dass die „Ausübung der Zuständigkeit … weder seitens der betreffenden Unternehmen eine Zuwiderhandlung gegen die Vorschriften ihres nationalen Rechts (dritter Staaten) erfordere, noch … wichtige Interessen eines dritten Staates berühre".[131]

118 Die amerikanische Kartellbehörde führte gegen **IBM** in den 70er Jahren umfangreiche Ermittlungen u. a. mit dem Vorwurf, den Nachahmungswettbewerb durch Ankündigung von Produktverbesserungen ohne Angabe der von Konkurrenten für die Herstellung von peripheren Geräten benötigten technischen Daten zu behindern. Auf Grund eines Verdachts einer Verletzung des heutigen **Art. 102 AEUV** durch dieselben Verhaltensweisen nahm die Kommission Ende der 70er Jahre ebenfalls Ermittlungen auf, die sie jedoch auch nach Einstellung des amerikanischen Verfahrens fortführte.[132] IBM sah die Fortsetzung des europäischen Verfahrens als völkerrechtswidrigen Eingriff in die US-amerikanische Einstellung eines schwerpunktmäßig auf die USA bezogenen Verfahrens an, zumal der verspäteten Bekanntgabe der technischen Details nur durch eine der US-amerikanischen Entscheidung zuwiderlaufende weltweite Veröffentlichung hätte begegnet werden können.[133] Eine gegen die Einleitung des förmlichen Verfahrens erhobene Nichtigkeitsklage wurde als unzulässig abgewiesen.[134] Erst nach weiteren Protesten der amerikanischen Regierung wurde das Verfahren drei Jahre später mit einer Kompromissentscheidung, die IBM nach eigener Aussage keine wesentliche Änderung ihrer Praktiken abverlangte, eingestellt.[135]

3. Fusionskontrolle

119 In mehreren Fusionskontrollfällen sind Zusagen ausgehandelt worden, die die Untersagungsfolgen auf das Gebiet der EU beschränkt haben.[136] Hierbei handelt es sich jedoch in

---

[127] EuGH (Fn. 39), 472, 510.
[128] Kommission, E. v. 19.12.1984 Rs. IV/26 870 – *Aluminiumeinfuhren aus Osteuropa,* ABl. 1985 L 92/1.
[129] Kommission (Fn. 128), 53.
[130] Kommission (Fn. 128), 38 f.
[131] Kommission (Fn. 128), 48.
[132] Zum Sachverhalt: EuGH, U. v. 11.11.1981 Rs. 60/81 – *IBM/Kommission* Slg 1981, 2639, WuW/E EWG/MUV 545.
[133] EuGH (Fn. 132), 2648, 2650.
[134] EuGH (Fn. 132), 2654.
[135] Wall Street Journal (European Edition), 3.8.1984, S. 1; EG Bull. 1984/10, 105.
[136] S. oben Rn. 84 ff.

der Regel nicht um Anwendungsfälle des Einmischungsverbots oder Rücksichtnahmegebots, sondern um die nach dem Wirkungsprinzip gebotene Anpassung an das Regelungsinteresse der EU.

Rücksichtnahme auf gegenläufige US-amerikanische Interessen war ausnahmsweise im **120**
Boeing/McDonnell-Douglas-Fall angezeigt.[137] In diesem Fall aus dem Jahre 1997 bereitete die Kommission die Untersagung des Zusammenschlusses zweier US-amerikanischer Hersteller großer Verkehrsflugzeuge vor und glaubte, hierfür sogar eine insgeheime Zustimmung bei Vertretern der amerikanischen Kartelladministration vorzufinden.[138] McDonnell-Douglas drohte die Insolvenz. Daher war die amerikanische Regierung daran interessiert, die Herstellung von Militärflugzeugen an Boeing, das bisher nur Zivilflugzeuge hergestellt hatte, zu überführen. Gegen das Vorhaben der Kommission, den Zusammenschluss zu untersagen, hat sich die amerikanische Seite offenbar nicht durch eine diplomatische Note, dafür aber durch öffentliche Erklärungen des Präsidenten, Vizepräsidenten, der Außenministerin und vieler anderer gewandt.[139] Die Kommission entschied sich schließlich zur Rücksichtnahme, klammerte den Militärbereich von ihren Ermittlungen aus und gab schließlich den Zusammenschluss unter offenbar nicht allzu belastenden Auflagen frei.[140]

V. Verhältnis zu anderen Rechtsgrundsätzen

Das Einmischungsverbot wird auch in der Praxis[141] gelegentlich in einem Atemzug mit **121**
dem **Rechtsmissbrauchsverbot** genannt. Ein derartiger Zusammenhang besteht jedoch nicht. Das Rechtsmissbrauchsverbot ist Teil jeder Rechtsordnung und daher als allgemeiner Rechtsgrundsatz im Sinne von Art. 38 Abs. 1c des Statuts des Internationalen Gerichtshofs auch Teil des Völkerrechts. Es verbietet im Einzelfall die Ausübung eines eigentlich bestehenden Rechts. Nicht präzisiert sind aber die Kriterien des Einzelfalls, der die Ausübung des Rechts als missbräuchlich erscheinen lässt. Zurückzugreifen ist letztlich auf das – naturrechtlich abgestützte – Judiz des zur Überprüfung angerufenen Gerichts. Das **Einmischungsverbot** hingegen ist Teil des Völkergewohnheitsrechts, das gemäß Art. 38 Abs. 1b IGH-Statut auf einer von einer Rechtsüberzeugung getragenen ständigen Staatenpraxis beruht. Es hat einen durch die Interessenabwägungsformel präzisierten Inhalt und dient ausschließlich dem Schutz der Souveränität eines oder mehrerer ausländischer Staaten, also Drittstaaten in der Terminologie des Europarechts.

In der Literatur zum deutschen internationalen Kartellrecht (oder deutschen Kartellkollisi- **122**
onsrecht) ist der Standpunkt vertreten worden, der **Grundsatz der Verhältnismäßigkeit**[142] erübrige die Anwendung des völkerrechtlichen **Einmischungsverbots** oder Rücksichtnahmegebots.[143] In Wirklichkeit verhalten sich die Anwendungsbereiche beider Grundsätze wie **sich überschneidende Kreise.** Es gibt Sachverhalte, bei denen sowohl der allen Behörden und Gerichten geläufige Verhältnismäßigkeitsgrundsatz als auch das in der Praxis schwerer handhabbare Einmischungsverbot zur Anwendung kommt. Darüber hinaus gibt es zahlreiche Fälle, die nur einen schwachen Drittstaatsbezug aufweisen, so dass nur der an Grundrechtsverletzungen anknüpfende Verhältnismäßigkeitsgrundsatz zur Anwendung kommt, wie überhaupt die ständige Überprüfung der Erforderlichkeit von Eingriffen an-

---

[137] Kommission (Fn. 81).

[138] *Van Miert,* Markt Macht Wettbewerb, Meine Erfahrungen als Kommissar in Brüssel, 2000, S. 298.

[139] Ausführlicher Bericht bei *van Miert* (Fn. 130), S. 292–318.

[140] Kommission, E. v. 30.7.1997 (Fn. 81), 18, 39; zur Würdigung des Einlenkens der Kommission: *Romano,* Revue de droit des affaires internationales 1998, 509, 513 f.

[141] Z. B. BKartA s. oben Fn. 108.

[142] Zur Anwendung im europäischen Kartellrecht s. unten Rn. 120.

[143] So zuletzt *Weitbrecht,* Völkerrecht und Kollisionsrecht in der deutschen Fusionskontrolle, in: FS Birk, 2008, S. 977, 987/988.

hand des Verhältnismäßigkeitsgrundsatzes den gesamten Verwaltungsvollzug von Kartellrecht begleiten sollte.[144] Während die Anwendung des Verhältnismäßigkeitsgrundsatzes sich stets an die Anwendung von Grundrechten zum Schutz individueller Rechte von Einzelpersonen anschließt, ist Schutzgut des Einmischungsverbots die ausländische Souveränität. Das Einmischungsverbot hat daher in den politisch brisanten Anwendungskonflikten einen eigenständigen, vom Verhältnismäßigkeitsgrundsatz nicht erfassten Anwendungsbereich.

F. Europarechtlicher Grundrechtsschutz in drittstaatsbezogenen Sachverhalten

123 Der europarechtliche Grundrechtsschutz ist dem **völkerrechtlichen Menschenrechtsschutz** sowohl hinsichtlich seiner inhaltlichen Gewährleistungen als auch hinsichtlich seiner Durchsetzbarkeit überlegen. Auch wenn dies nicht ohne weiteres zugleich für den durch bilaterale mit Schiedsklauseln versehene Investitionsschutzverträge gewährleisteten Ausländerschutz gilt,[145] beschränken sich die folgenden Ausführungen auf das Aufzeigen einiger Ansatzpunkte für den europarechtlichen Grundrechtsschutz in drittstaatsbezogenen Sachverhalten.

124 Der durch die Rechtsprechung von EuGH und EuG entwickelte **europarechtliche Grundrechtsschutz** ist durch Art. 6 Abs. 2 des Vertrages über die Gründung der Europäischen Union in der Fassung des Vertrags von Nizza vom 26.2.2001 kodifiziert worden. Nach dieser Vorschrift „achtet (die EU) die Grundrechte, wie sie in der am 4. November 1950 in Rom unterzeichneten Europäischen Konvention zum Schutze der Menschenrechte und Grundfreiheiten gewährleistet sind und wie sie sich aus den gemeinsamen Verfassungsüberlieferungen der Mitgliedstaaten als allgemeine Grundsätze des Gemeinschaftsrechts ergeben".

125 Anwendbar ist der europarechtliche Grundrechtsschutz sowohl in ausschließlich auf das Gebiet der EU bezogenen Sachverhalten als auch in **drittstaatsbezogenen Sachverhalten.** Die folgende Darstellung beschränkt sich auf letztere. Wie bereits erwähnt handelt es sich um Ansatzpunkte, deren Reichweite gerichtlich noch kaum ausgelotet ist.

126 Der **Grundsatz der Verhältnismäßigkeit** ist im Europarecht im selben Maße anerkannt wie im deutschen Recht.[146] Im Rahmen der **Verhaltenskontrolle** ist er vor allem bei der Auswahl von Abhilfemaßnahmen und insbesondere bei der Bemessung von Geldbußen heranzuziehen. Unternehmen, deren Verhalten in der EU als wettbewerbsbeschränkend verboten, in einem Drittstaat aber erlaubt, erwünscht oder sogar geboten ist, können auf diese Pflichtenkollision hinweisen und die Anordnung solcher Abhilfemaßnahmen verlangen, die einerseits den Mindestanforderungen der Durchsetzung des europäischen Kartellrechts genügen und andererseits der dem Unternehmen durch die Pflichtenkollision entstehenden besonderen Härte Rechnung tragen. Bei der Verhängung und Bemessung von Geldbußen kann eine Verneinung oder zumindest Verminderung der Schuld der Verantwortlichen in Betracht kommen. Für die **Fusionskontrolle** stehen in drittstaatsbezogenen Sachverhalten Bedingungen und Auflagen nach Art. 6 Abs. 2 und 8 Abs. 2 FKVO als flexibel einsetzbares Instrumentarium zur Wahrung der Verhältnismäßigkeit zur Verfügung.

127 Der **Grundsatz ne bis in idem** besagt, dass eine nochmalige Verfolgung desselben Verhaltens unzulässig ist. Nach einer Entscheidung des EuG ist dieser Grundsatz jedoch

---

[144] *Meessen,* Kollisionsrecht der Zusammenschlusskontrolle, 1984, S. 38f.

[145] *Meessen,* Streitigkeiten über Auslandsinvestitionen vor völkervertraglichen Schiedsgerichten, Liber amicorum Riesenkampff, 2006, S. 93.

[146] Zur Anwendung des Verhältnismäßigkeitsgrundsatzes im europäischen Kartellrecht: EuG, U. v. 27.9.2006, Rs. T-43/02 – *Jungbunzlauer/Kommission,* Slg. 2006, II-3435 – Rn. 226, WuW/E EU-R 1192 mit weiteren Nachweisen.

nicht anwendbar, wenn die vorangehende Ahndung in einem Drittstaat erfolgte.[147] In Wirklichkeit wird man jedoch nicht von einer grundsätzlichen Unanwendbarkeit, sondern nur von der regelmäßigen Nichterfüllung der tatbestandlichen Voraussetzungen des Grundsatzes ne bis in idem ausgehen können. Im Rechtsmittelverfahren zum Graphitelektroden-Fall bezeichnete der EuGH den Grundsatz ne bis in idem zwar als einen „fundamentalen Grundsatz des Gemeinschaftsrechts", hielt aber den Grundsatz wegen fehlender Identität der Tat jedenfalls dann für unanwendbar, wenn die Behörden oder Drittstaaten ein grenzübergreifendes Kartell ausschließlich wegen der sich in ihrem Gebiet ergebenden Wirkungen verfolgt haben.[148] Aufgrund der auch in Drittstaaten allgemein geübten Anknüpfung an Inlandswirkungen dürfte es in der Tat zu Teilsanktionierungen kommen, die eine Ergänzung durch die Verhängung von Sanktionen des europäischen Kartellrechts nicht ausschließen. Allerdings sind in diesem Fall frühere Sanktionierungen, wie der EuGH weiter ausgeführt hat, bei der Bemessung der wegen der Wirkungen im Gebiet der EU verhängten Geldbuße im Sinne einer **Anrechnungspflicht** zu „berücksichtigen".[149]

G. Internationalprivatrechtliche Anwendbarkeit

Die Anwendung von europäischem Kartellrecht im Rahmen privatrechtlicher Ansprüche kommt insbesondere in den folgenden **drei Fallgruppen** in Betracht: 128

(1) Der aus einem privatrechtlichen Vertrag in Anspruch genommene Beklagte kann einwenden, der **Vertrag** sei infolge der Verletzung von Verbotsnormen des europäischen Kartellrechts unwirksam. 129

(2) Ein Kläger, der als Abnehmer, Lieferant oder Wettbewerber infolge der Verletzung von Verbotsnormen des europäischen Kartellrechts einen Schaden erlitten hat, kann **deliktische Ansprüche** auf Beseitigung, Unterlassung und/oder Schadensersatz in Geld geltend machen. 130

(3) Die Unwirksamkeit des **gesellschaftsrechtlichen Vollzugs** eines Zusammenschlusses kann infolge einer Verletzung des Vollzugsverbots des europäischen Fusionskontrollrechts von verschiedener Seite in unterschiedlichen prozessualen Situationen geltend gemacht werden. 131

Über die Anwendbarkeit von europäischem Kartellrecht ist in allen genannten Fällen nach dem **jeweils anwendbaren internationalen Privatrecht** zu entscheiden. Im gerichtlichen Verfahren ist nach der lex fori-Regel stets das internationale Privatrecht des Staates, der das Gericht errichtet und seinen Rechtsprechungsauftrag umschrieben hat, anzuwenden.[150] Bei Schiedsgerichten wählen die Schiedsparteien das vom Schiedsgericht anzuwendende materielle Recht selbst aus oder beauftragen das Schiedsgericht, das anzuwendende materielle Recht – mit oder ohne Bindung an ein staatliches internationales Privatrecht – auszuwählen.[151] 132

Im Folgenden kann es nicht darum gehen, die Kriterien der internationalprivatrechtlichen Anwendbarkeit von europäischem Kartellrecht aus der Sicht von Schiedsgerichten oder auch nur staatlichen Gerichten im Einzelnen darzustellen. Daher beschränkt sich die Darstellung auf die Wiedergabe der **europarechtlichen Vorgaben** und der Form ihrer Beachtung in Verfahren vor Gerichten von Mitgliedstaaten, Gerichten von Drittstaaten und Schiedsgerichten. 133

---

[147] EuG, U. v. 29.4.2004, Verb. Rs. T-236/01, T-239/01, T-244/01 – T-246/01, T-251/01 und T 252/01 – *Graphitelektroden,* Slg. 2004, II-1181, Rn. 133, WuW/E EU-R 847.

[148] EuGH, U. v. 29.6.2006, C-308/04 P – *SGL Carbon/Kommission,* Slg. 2006, I-5915, Rn. 29, WuW/E EU-R 1069.

[149] EuGH (Fn. 148), Rn. 139.

[150] *Meessen* (Fn. 10), S. 145f.

[151] *Meessen* (Fn. 10), S. 159f.

I. Europäisches Kartellrecht als zwingendes Recht

134 Europäisches Kartellrecht ist **international zwingendes Recht.** Diese Feststellung, die auf Grund europäischen Rechts allerdings nur im eigenen Geltungsbereich, also innerhalb der Europäischen Union und ihrer Mitgliedstaaten, zu beachten ist, lässt sich durch folgende Entscheidungen des EuGH belegen:

135 Im **Nordsee-Fall** hat der EuGH festgestellt, dass die ordentlichen Gerichte bei der Unterstützung oder Überprüfung schiedsgerichtlicher Verfahren verpflichtet sind, Gemeinschaftsrecht anzuwenden und gegebenenfalls im Wege von Vorabentscheidungsverfahren den EuGH mit der Auslegung oder Prüfung der Gültigkeit zu befassen.[152]

136 Im **Van Schijndel-Fall** anerkannte der EuGH zwar den zwingenden Charakter der heutigen Art. 3 Abs. 2, 101, 102 und 106 AEUV, schränkte die Pflicht zur Beachtung durch nationale Gerichte aber für den Fall ein, dass den nationalen Gerichten die Berücksichtigung europäischen Kartellrechts aus prozessualen Gründen (Beschränkung auf Streitgegenstand oder vor Gericht vorgetragene Tatsachen) verwehrt sei.[153]

137 Im **Eco Swiss-Fall** verschärfte der EuGH seine im Van Schijndel-Fall abgegebene Stellungnahme dahingehend, dass der heutige Art. 101 AEUV der öffentlichen Ordnung (ordre public) im Sinne von Art. 5 Abs. 2 der New Yorker Konvention über die Anerkennung und Vollstreckung ausländischer Schiedssprüche[154] zuzurechnen sei.[155] Hieraus folgerte der EuGH, dass staatliche Gerichte trotz der Beschränkung der gerichtlichen Überprüfung von Schiedssprüchen im Aufhebungs- und Anerkennungsverfahren auf „außergewöhnliche Fälle" verpflichtet seien, eine Überprüfung am Maßstab des heutigen Art. 101 AEUV vorzunehmen.[156] Von Schiedssprüchen, die europäisches Kartellrecht verletzen, kann demnach innerhalb der Europäischen Union Aufhebung oder Verweigerung der – als Voraussetzung der Zwangsvollstreckung erforderlichen – Anerkennung verlangt werden.

II. Internationales Privatrecht der Europäischen Union

138 Zur Anwendung von Kartellrecht enthält die **Rom II** genannte EG-Verordnung vom 11.7.2007 in Art. 6 Abs. 3 eine **allseitige Kollisionsnorm** folgenden Inhalts:[157]

Artikel 6 Rom II-Verordnung

Unlauterer Wettbewerb und den freien Wettbewerb einschränkendes Verhalten

…

(3) a) **Auf außervertragliche Schuldverhältnisse aus einem den Wettbewerb einschränkenden Verhalten ist das Recht des Staates anzuwenden, dessen Markt beeinträchtigt ist oder wahrscheinlich beeinträchtigt wird.**

b) **Wird der Markt in mehr als einem Staat beeinträchtigt oder wahrscheinlich beeinträchtigt, so kann ein Geschädigter, der vor einem Gericht im Mitgliedstaat des Wohnsitzes des Beklagten klagt, seinen Anspruch auf das Recht des Mitgliedstaats des angerufenen Gerichts stützen, sofern der Markt in diesem Mitgliedstaat zu den Märkten gehört, die unmittelbar und wesentlich durch**

---

152 EuGH U. v. 23.3.1982 Rs. 102/81 – *Nordsee/Reederei Mond* Slg 1982, 1095, 1111.

153 EuGH U. v. 14.12.1995 verb. Rs. C-430/93 u. C-431/93 – *Van Schijndel/Stichting Pensioenfonds* Slg 1995, I-4705, 4736, 4738.

154 Übereinkommen über die Anerkennung und Vollstreckung ausländischer Schiedssprüche v. 10.6.1958, BGBl 1965 II 102.

155 EuGH U. v. 1.6.1999 Rs. C-126/97 – *Eco Swiss/Benetton* Slg 1999, I-3055, 3093, WuW/E EU-R 203.

156 EuGH (Fn. 147), I-3092/3093.

157 Verordnung (EG) Nr. 864/2007 vom 11.7.2007 über das auf außervertragliche Schuldverhältnisse anzuwendende Recht („Rom II"), ABl. EG 2007/L/199/40.

das den Wettbewerb einschränkende Verhalten beeinträchtigt sind, das das außervertragliche Schuldverhältnis begründet, auf welches sich der Anspruch stützt; klagt der Kläger gemäß den geltenden Regeln über die gerichtliche Zuständigkeit vor diesem Gericht gegen mehr als einen Beklagten, so kann er seinen Anspruch nur dann auf das Recht dieses Gerichts stützen, wenn das den Wettbewerb einschränkende Verhalten, auf das sich der Anspruch gegen jeden dieser Beklagten stützt, auch den Markt im Mitgliedstaat dieses Gerichts unmittelbar und wesentlich beeinträchtigt.

(4) **Von dem nach diesem Artikel anzuwendenden Recht kann nicht durch eine Vereinbarung gemäß Artikel 14 abgewichen werden.**

Die Rom II-Verordnung ist nach Art. 1 nur auf **außervertragliche Schuldverhältnisse** in Zivil- und Handelssachen in den Mitgliedstaaten der Europäischen Union mit Ausnahme von Dänemark anwendbar. Sie trat nach Art. 32 am 11.1.2009 in Kraft. Bei der Anwendung von Art. 6 Abs. 3 ist zu beachten, dass Eingriffsnormen des Gerichtsstaats nach Art. 16 Rom II-Verordnung Vorrang zukommt. In den Mitgliedstaaten der Europäischen Union gilt europäisches Kartellrecht als international zwingendes Recht und enthält somit ausschließlich Eingriffsnormen im Sinne von Art. 16 der Rom II-Verordnung. **139**

Die **Verweisung** auf das Kartellrecht eines anderen Mitgliedstaats oder eines Drittstaats ist nach Art. 6 Abs. 3 (a) Rom II-Verordnung in zweierlei Hinsicht eingeschränkt: **140**

(1) Nach Art. 6 Abs. 3 (b) Rom II-Verordnung kann der Geschädigte seinen Anspruch auf das Recht des Gerichtsstaats stützen, wenn der dortige Markt „zu den Märkten gehört, die unmittelbar und wesentlich durch das den Wettbewerb einschränkende Verhalten beeinträchtigt sind". **141**

(2) Nach Art. 16 Rom II-Verordnung geht das Eingriffsrecht des Gerichtsstaats – zu dem Kartellrecht wegen Inlandswirkungen vor den Gerichten der EU-Mitgliedsstaaten stets gehört[158] – den Verweisungsnormen der Rom II-Verordnung vor. **142**

Die **Anwendung des Kartellrechts eines anderen Mitgliedstaats oder eines Drittstaats** auf Ansprüche aus außervertraglichen Schuldverhältnissen kommt nur dann in Betracht, wenn im Gerichtsstaat keine Inlandswirkungen auftreten und wenn europäisches Kartellrecht auch nicht aufgrund von Wirkungen in einem anderen Mitgliedstaat – z.B. mangels Beeinträchtigung des zwischenstaatlichen Handels – anwendbar ist. Ob Art. 6 Abs. 3 der – im Übrigen auf einer zweifelhaften Ermächtigungsgrundlage beruhenden – Rom II-Verordnung praktische Bedeutung zukommen wird, ist zweifelhaft.[159] **143**

Gemäß Art. 6 Abs. 1 der Verordnung (EG) Nr. 44/2001 über die gerichtliche Zuständigkeit und die Anerkennung und Vollstreckung von Entscheidungen in Zivil- und Handelssachen **(EuGVVO)** kann eine Person, die ihren Wohnsitz im Hoheitsgebiet eines Mitgliedstaats hat, auch gemeinsam mit anderen verklagt werden vor dem Gericht des Ortes, an dem einer der Beklagten seinen Wohnsitz hat, „sofern zwischen den Klagen eine so enge Beziehung gegeben ist, dass eine gemeinsame Verhandlung und Entscheidung geboten erscheint, um zu vermeiden, dass in getrennten Verfahren widersprechende Entscheidungen ergehen könnten." Diese Bestimmung ist auch auf Kartellschadensklagen anwenbar, und zwar auch bei örtlich oder zeitlich unterschiedlicher Beteiligung der Kartellanten an einem einheitlichen und fortgesetzten Verstoß. Wird die Klage gegen den Ankerbeklagten aufgrund eines Vergleichs zurückgenommen, bleibt der einmal zulässig begründete Gerichtsstand erhalten, sofern nicht der Vergleich allein zum Zweck der Begründung des Gerichtsstandes künstlich hinausgezögert wurde. Art. 5 Nr. 3 der EuGVVO ist dahin auszulegen, dass bei einer Klage, mit der von in verschiedenen Mitgliedstaaten ansässigen Beklagten Schadensersatz wegen eines europaweiten Kartells verlangt wird, das schädigende **144**

---

[158] Zum europäischen Kartellrecht s. oben Rn. 67 ff.

[159] Aus anderen Gründen kritisch: *Immenga,* Kodifizierung des internationalen Wettbewerbsrechts im Gemeinschaftsrecht, WuW 2008, 1043.

Ereignis in Bezug auf jeden einzelnen Geschädigten eingetreten ist und dieser daher entweder bei dem Gericht des Orts klagen kann, an dem das betreffende Kartell gegründet oder gegebenenfalls eine spezifische Absprache getroffen wurde, die für sich allein als das ursächliche Geschehen für den behaupteten Schaden bestimmt werden kann, oder bei dem Gericht des Orts, an dem er seinen Sitz hat.[160]

145 Dabei werden Gerichtsstandsklauseln die Möglichkeiten eines Kartellgeschädigten in der Regel nicht beschränken, da eine Klausel, die sich in abstrakter Weise auf Rechtsstreitigkeiten aus Vertragsverhältnissen bezieht, nicht einen Rechtsstreit erfasst, in dem ein Vertragspartner aus deliktischer Haftung wegen seines einem rechtswidrigen Kartell entsprechenden Verhaltens belangt wird. „Bei einem solchen Rechtsstreit kann nämlich, da er für das geschädigte Unternehmen im Zeitpunkt seiner Zustimmung zu der genannten Klausel nicht hinreichend vorhersehbar war, weil diesem Unternehmen eine Beteiligung seines Vertragspartners an dem rechtswidrigen Kartell zu diesem Zeitpunkt nicht bekannt war, nicht davon ausgegangen werden, dass er auf den Vertragsverhältnissen beruht."[161]

III. Gerichte der EU und ihrer Mitgliedstaaten

146 Der EuGH hat das europäische Kartellrecht, falls vor ihm auf Grund einer Schiedsklausel gemäß Art. 272 AEUV ein privatvertraglicher Anspruch geltend gemacht wird, selbst und auch dann zu beachten, wenn die Vertragsparteien ausdrücklich das Recht eines Drittstaats als anwendbares Recht gewählt haben. Von größerer praktischer Bedeutung ist, dass die Feststellungen des EuGH zum zwingenden Charakter des europäischen Kartellrechts von allen Gerichten der EU-Mitgliedstaaten kraft **Vorrangs** des Europarechts und kraft **unmittelbarer Anwendbarkeit** seiner kartellrechtlichen Vorschriften zu beachten ist.[162] Europäisches Kartellrecht ist damit sowohl vor europäischen als auch mitgliedstaatlichen Gerichten international zwingendes Recht des Gerichtsstaats im Sinne von Art. 7 Abs. 2 der Römischen Konvention über das auf vertragliche Schuldverhältnisse anwendbare Recht von 1980 (Rom I).[163]

147 Der Grundsatz des Vorrangs und der Effektivität des Unionsrechts verlangen von den Mitgliedstaaten nicht nur eine entsprechende Ausrichtung ihres materiellen Rechts, sondern auch des Verfahrensrechts. So darf das Recht auf effektive Geltendmachung von Kartellschäden nicht durch nationale Regelungen übermäßig erschwert oder gar unmöglich gemacht werden.[164]

148 Aus dem Gebot des Vorrangs und der Effektivität folgt auch, dass die Vertragsparteien zwar das Recht eines Drittstaates als anwendbares Vertragsrecht bestimmen können, dass jedoch diese Rechtswahl nichts an der **Anwendbarkeit des europäischen Kartellrechts** im Hinblick auf die Überprüfung von Wirksamkeit und Inhalt des Vertrages ändert. Auch eine für deliktische oder gesellschaftsrechtliche Verfahren getroffene Rechtswahl wäre, soweit sie überhaupt nach dem anwendbaren internationalen Privatrecht zulässig ist, aus der Sicht der Gerichte der EU und ihrer Mitgliedstaaten insoweit unwirksam, als sie die Anwendbarkeit des europäischen Kartellrechts ausschließt.

IV. Gerichte von Drittstaaten

149 Gerichte von Drittstaaten unterliegen nicht dem Geltungsbereich des europäischen Kartellrechts.[165] Ob und inwieweit europäisches Kartellrecht, das aus der Sicht des Drittstaats

---

[160] EuGH Urt. v. 21.5.2015, Rs. C-352/13 – *CDC/Akzo u.a.*

[161] EuGH Urt. v. 21.5.2015, Rs. C-352/13 – *CDC/Akzo u.a.*, Rn. 69 f.

[162] Zum Vorrang von Europarecht: EuGH U. v. 15.7.1964 Rs. 6/64 – *Costa/ENEL* Slg 1964, 1251, 1269 f.; zur unmittelbaren Anwendbarkeit von europäischem Kartellrecht: EuGH U. v. 6.4.1962 Rs. 13/61 – *De Geus/Bosch* Slg 1962, 97, 111 f.

[163] Übereinkommen über das auf vertragliche Schuldverhältnisse anwendbare Recht v. 19.6.1980, ABl. 1980 L 266/1.

[164] EuGH Urt. v. 13. Juli 2006, Rs. C-295/04–298/04 Slg. 2006 I 6641, 6673 – *Manfredi*.

[165] Zum Geltungsbereich s. oben Rn. 11, 17 f.

ausländisches Eingriffsrecht darstellt, zur Anwendung kommt, bestimmt sich nach dem internationalen Privatrecht des jeweiligen Drittstaats.

In der Regel wird europäisches Kartellrecht jedenfalls dann zur Anwendung kommen, wenn nach dem internationalen Privatrecht des Drittstaats das Recht eines EU-Mitgliedstaats anwendbares materielles Recht ist, sofern zusätzlich die nach dem Wirkungsprinzip zu bestimmenden Voraussetzungen der Anwendbarkeit europäischen Kartellrechts gegeben sind.[166] Wenn diese Voraussetzungen gegeben sind, kann nach **Art. 19 des schweizerischen IPR-Gesetzes** europäisches Kartellrecht vor den Gerichten der Schweiz auch dann anwendbar sein, wenn die Parteien – aus welchem Grund auch immer – das Recht eines Drittstaates als auf den Vertrag anwendbares Recht gewählt haben.[167] Eine derartige Anwendung ausländischen Eingriffsrechts ist jedoch keineswegs üblich. Möglicherweise ist sie aber auf Grund des völkerrechtlichen Einmischungsverbots oder Gebots der Rücksichtnahme beispielsweise dann geboten, wenn ein Drittstaat sein Recht den Vertragsparteien zur Umgehung ausländischen Kartellrechts zur Verfügung stellt (cartel haven).[168] **150**

Innerhalb der Europäischen Union muss auf Grund der Feststellungen des EuGH im Eco Swiss-Fall[169] die **Anerkennung** und **Vollstreckung** von Urteilen drittstaatlicher Gerichte, die anwendbares europäisches Kartellrecht verletzen, wegen Verstoß gegen die europäische öffentliche Ordnung verweigert werden. **151**

V. Schiedsgerichte

Die Eco Swiss-Entscheidung des EuGH[170] stellt klar, dass unter Verletzung anwendbaren europäischen Kartellrechts zustande gekommene Schiedssprüche **innerhalb der Europäischen Union** nicht anerkannt und vollstreckt werden dürfen. Im Fruchtsäfte-Fall war der BGH bereits 30 Jahre vor der Eco Swiss-Entscheidung so verfahren.[171] Aus demselben Grunde haben mitgliedstaatliche Gerichte Klagen auf **Aufhebung** von Schiedssprüchen, soweit eine Zuständigkeit gegeben ist, stattzugeben.[172] **152**

Gegenüber **Drittstaaten** ist das europäische Kartellrecht auf Grund der Beschränkung seines Geltungsbereichs auf das Gebiet der Europäischen Union nicht verbindlich. Ob Drittstaaten daher unter Verletzung von europäischem Kartellrecht ergangene Schiedssprüche anerkennen und vollstrecken, ist offen. Offen ist ferner, ob in Drittstaaten Aufhebungsklagen stattgegeben wird. **153**

Einer Klage auf Ersatz von Kartellschäden vor den ordentlichen Gerichten stehen **Schiedsklauseln** in den Lieferverträgen über die kartellierte Ware jedenfalls nach Auffassung von Generalanwalt Jääskinen nicht entgegen, da eine Anwendung solcher Klauseln auf Schäden aus vorsätzlichem Kartelldelikt für das arglose Opfer bei Vertragsschluss regelmäßig nicht vorhersehbar ist und nicht als vom Willen der Vertragsparteien getragen angesehen werden kann.[173] **154**

Schiedsgerichte sind an europäisches Kartellrecht nur dann **förmlich gebunden,** wenn die Parteien ihnen dies im Schiedsvertrag unmittelbar oder durch Wahl des Rechts eines EU-Mitgliedstaats mittelbar vorschreiben. Problematisch sind die Fälle, in denen die Par- **155**

---

[166] *Martinek,* Das internationale Kartellprivatrecht, 1987, S. 38 f.; *Schnyder* (Fn. 100), S. 29 f.

[167] Bundesgesetz über das Internationale Privatrecht v. 18.12.1987, Bundesblatt 1988 II 5; aus der schweizerischen Rechtsprechung: Handelsgericht Zürich, E. v. 19.12.1996, S IC 1998, 97; Obergericht Thurgau, E. v. 20.1.2000, S IC 2001, 669; bestätigt durch Bundesgericht, E. v. 7.5.2001, S IC 2001, 675; vgl auch BGE 118 II 193.

[168] *Meessen* in: FS Folz, 2003, S. 231, 240.

[169] S. oben Rn. 137.

[170] S. oben Rn. 137.

[171] BGH U. v. 27.2.1969, WuW/E BGH 1000, 1001 – *Fruchtsäfte.*

[172] Zutreffend OLG Düsseldorf, B. v. 21.7.2004 – *Regenerative Wärmeaustauscher,* WuW/E DE-R 1647; a. A. OLG Jena, B. v. 8.8.2007 – *Schott,* WuW/E DE-R 2219.

[173] Schlussanträge vom 11. Dezember 2014, Rs. C-352/13 *CDC/Akzo u. a.,* Rn. 130.

teien die Anwendbarkeit von europäischen Kartellrecht im Schiedsvertrag keine Festlegung getroffen haben oder die Anwendbarkeit ausdrücklich ausgeschlossen haben.

156 Bei fehlender Aussage im Schiedsvertrag kann das Schiedsgericht europäisches Kartellrecht ohne Verletzung des Schiedsvertrags mit der Begründung anwenden, dass den Parteien die Unsicherheiten, die aus der Verletzung von europäischem Kartellrecht herrühren, bei Anerkennung und Vollstreckung des Schiedsspruchs erspart würden. Wenn die Schiedsparteien das Schiedsgericht jedoch angewiesen haben, ohne Berücksichtigung des eigentlich anwendbaren europäischen Kartellrechts zu entscheiden, steht das Schiedsgericht vor dem **Dilemma,** entweder den Schiedsvertrag zu verletzen oder selbst zum Instrument einer Kartellrechtsverletzung zu werden. Die Akzeptanz privater Schiedsgerichtsbarkeit beruht darauf, sich nicht zur Umgehung und Verletzung staatlichen Rechts missbrauchen zu lassen. Es ist daher zu hoffen und zunehmend zu erwarten, dass Schiedsgerichte entweder ihre Zuständigkeit verneinen oder die ihnen unterbreitete Streitigkeit unter Beachtung des europäischen Kartellrechts entscheiden.[174]

157 Obwohl Schiedsgerichte demgemäß als verpflichtet anzusehen sind, europäisches Kartellrecht als zwingendes Recht anzuwenden, sind sie nach der Rechtsprechung des EuGH nicht **„Gericht eines Mitgliedstaats"** im Sinne von Art. 267 Abs. 2 AEUV. Sie sind daher weder verpflichtet noch auch nur berechtigt, Gültigkeits- und Auslegungsfragen im Wege des Vorabentscheidungsverfahrens an den Gerichtshof zu richten. Dies kann zur Folge haben, dass ein gerichtliches Verfahren an ein schiedsgerichtliches Verfahren nur deswegen angeschlossen wird, um eine Auslegungsfrage durch ein Vorabentscheidungsverfahren klären zu lassen. Im Bulk Oil-Fall war dies so geschehen.[175] Man kann darüber streiten, ob aus funktionaler Sicht Schiedsgerichte nicht doch mit Gerichten im Vorabentscheidungsverfahren gleich zu behandeln sind. Jedoch lassen sich Schiedsgerichte keinem bestimmten Mitgliedstaat zuordnen, so dass man nach dem derzeitigen Wortlaut von Art. 267 AEUV keine Änderung der Rechtsprechung erwarten kann.

158 Nicht selten werden in der **europäischen Fusionskontrolle** Verhaltenszusagen (Zugang zu wesentlichen Einrichtungen, Lizenzverträge, Belieferungspflichten usw.) mit Schiedsgerichtsklauseln verbunden.[176] Auf diese Weise entlastet sich die Kommission von der dauernden Überwachung der Einhaltung derartiger Zusagen, behält sich aber in der Ausgestaltung der Schiedsgerichtsklauseln eine in der Schiedsgerichtsbarkeit ungewöhnliche einseitige **Steuerungsfunktion** vor. Bei der Erhebung von Schiedsgerichtseinreden von staatlichen Gerichten und bei der Vollstreckung derartiger Schiedssprüche kann dies zu Problemen führen. Bisher sind allerdings noch keine aufgrund dieser Klauseln durchgeführte Schiedsgerichtsverfahren bekannt geworden.

[174] *Meessen* (Fn. 10), S. 167, 316f.

[175] GA Slynn Rs. 174/84 – *Bulk Oil/Sun International* (Fn. 72), Slg 1986, 559, 562.

[176] *Blanke,* The Use and the Utility of International Arbitration in EC Commission Merger Remedies, 2006.

2. Teil. Gemeinschaftsunternehmen

Übersicht

Schrifttum: *Axster,* Gemeinschaftsunternehmen als Kooperations- oder Konzentrationstatbestand im EG-Recht, in: FS Gaeddertz, 1992, S. 1 ff.; *Böni/Wassmer,* Gemeinschaftsunternehmen – Black Box für Kartellabsprachen?, WuW 2014, 681 ff.; *Börner,* Gemeinschaftsunternehmen im Wettbewerbsrecht von EWGV und EGKS, FIW-Schriftenreihe Heft 80 (1978), 179 ff.; *Fischer,* Gruppeneffekt und Fusionskontrolle über Gemeinschaftsunternehmen, FIW-Schriftenreihe Heft 122 (1987), 57 ff.; *Gerwing,* Kooperative Gemeinschaftsunternehmen im EWG-Kartellrecht unter besonderer Berücksichtigung der Abgrenzungsfrage, 1994; *v. Graevenitz,* Erweiterte Gemeinschaftsunternehmen in der fusionskontrollrechtlichen Unwirksamkeitsfalle?, BB 2010, 1172 ff.; *Huerkamp,* Änderung der Tätigkeit des Gemeinschaftsunternehmens, WuW 2010, 1118 ff.; *Illiopoulos,* Gemeinschaftsunternehmen im EGKS- und EWG-Kartellrecht, 1986; *Kapp/Wegner,* Das Gemeinschaftsunternehmen – Kartellrechtliche Herausforderungen von der Wiege bis zur Bahre, CCZ 2015, 208 ff.; *Köhler,* „Gemeinsame Kontrolle" von Unternehmen aufgrund von Minderheitsbeteiligungen, EuZW 1992, 634 ff.; *Kuhn,* Kooperative Aspekte von Gemeinschaftsunternehmen im Europäischen Kartellrecht (2006); *Kurz/Rall,* Zur wettbewerbspolitischen Beurteilung von Gemeinschaftsunternehmen, WuW 1986, 765; *Lohse,* Kartellfreie Gemeinschaftsunternehmen im europäischen Wettbewerbsrecht, 1992; *dies.,* Gemeinschaftsunternehmen nach Inkrafttreten der Fusionskontrollverordnung, ZHR 159 (1995), 164 ff.; *Meessen,* Gemeinschaftsunternehmen im EWG-Wettbewerbsrecht, WuW 1993, 901 ff.; *Montag,* Strukturelle kooperative Gemeinschaftsunternehmen, RIW 1994, 918 ff.; *Pohlmann,* Doppelkontrolle von Gemeinschaftsunternehmen im europäischen Kartellrecht, WuW 2003, 473 ff.; *Polley/Grave,* Die Erweiterung eines bestehenden Gemeinschaftsunternehmens als Zusammenschluss, WuW 2003, 1010 ff.; *Rudolf/Leupold,* Joint Ventures – The Relevance of the Full Functionality Criterion under the EU Merger Regulation, JECLP 2012, 439 ff.; *Scherf,* Kooperative Gemeinschaftsunternehmen in europäischen Wettbewerbsrecht, RIW 1993, 297 ff.; *ders.,* Konzentrative und kooperative Gemeinschaftsunternehmen im europäischen Kartellrecht, AG 1992, 245; *Schröder,* Schnittstellen der Kooperations- und Oligopolanalyse im Fusionskartellrecht, WuW 2004, 893 ff.; *Schröter,* Gemeinschaftsunternehmen im EWG-Kartellrecht, FIW-Schriftenreihe Heft 122 (1987), 67 ff.; *Ulmer,* Gemeinschaftsunternehmen im EG-Kartellrecht, WuW 1979, 433; *Wissel,* Gemeinschaftsunternehmen im EG-Kartellrecht – Eine Erwiderung, FIW-Schriftenreihe Heft 122 (1987), 85 ff.

I. Begriff und Bedeutung des Gemeinschaftsunternehmens[1]

1 Charakteristisch für das Gemeinschaftsunternehmen ist die regelmäßig gegebene organisatorische Verselbständigung gegenüber seinen Gründern.[2] Der Begriff des Gemeinschaftsunternehmens setzt zunächst voraus, dass es sich bei der fraglichen Entität um ein Unternehmen im Sinne des EU-Wettbewerbsrechts handelt. Der **unionsrechtliche Unternehmensbegriff** erfasst dabei jede wirtschaftlich tätige Einheit unabhängig von ihrer Rechtsform und Finanzierung.[3] Dies bedingt eine Zusammenfassung von personellen und sachlichen Mitteln, mit denen auf Dauer ein bestimmter wirtschaftlicher Zweck verfolgt wird.[4] Auch für die das Gemeinschaftsunternehmen beherrschenden Anteilseigner gilt, dass zumindest zwei von ihnen Unternehmen sein müssen.[5] Natürlichen Personen kommt Unternehmenseigenschaft insofern nur zu, wenn sie bereits mindestens ein anderes Unternehmen kontrollieren.[6]

2 Als ***Gemeinschafts*unternehmen** sind nach EU-Kartellrecht solche Unternehmen anzusehen, die von mindestens zwei anderen Unternehmen oder natürlichen Personen, die bereits mindestens ein anderes Unternehmen kontrollieren, **gemeinsam kontrolliert** werden.[7] Gemeinsame Kontrolle bedeutet dabei einen Zwang zur Zusammenarbeit bei strategischen Entscheidungen; ausreichen kann daher bereits eine beidseitige Blockademöglichkeit (zu den Einzelheiten der gemeinsamen Kontrolle siehe die Erläuterungen zu Art. 3 FKVO Rn. 33 ff.).[8] Fehlt es an der gemeinsamen Kontrolle, so liegt kein Gemeinschaftsunternehmen iSd FKVO vor. Darin unterscheidet sich die EU-Fusionskontrolle derzeit (siehe sogleich Rn. 3) von der deutschen Regelung, die ein Gemeinschaftsunternehmen auch unterhalb der Schwelle der gemeinsamen Kontrolle bereits bei einer Beteiligung ab 25 % entstehen lässt (vgl. § 37 Abs. 1 Ziffer 3 Satz 3 GWB).[9] Für das Merkmal der gemeinschaftlichen Kontrolle ist es unerheblich, ob diese bereits bei der Gründung des Unternehmens oder erst **nachträglich** begründet wird bzw. ob die (Mit-)Kontrolle von den Muttergesellschaften gleichzeitig oder nacheinander erworben wird. Art. 3 Abs. 4 FKVO spricht zwar nur von der Gründung eines Gemeinschaftsunternehmens, findet aber ebenso auf den späteren Erwerb der gemeinsamen Kontrolle über ein Unternehmen Anwendung.[10]

---

[1] Die Kommentierung beruht auf der Vorauflage von *Lindemann.* Der Bearbeiter dankt Herrn *Lindemann* für die freundliche Überlassung des Textes.

[2] Diese unterscheidet es vom Joint Venture des US-Antitrustrechts, vgl. *Rating,* in: Schröter/Jakob/Klotz/Mederer, Europäisches Wettbewerbsrecht[2] (2014), Art. 101 AEUV (2B) Rn. 627.

[3] Siehe nur EuGH, 10.4.2014, Rs. C-231/11 P u.a., ECLI:EU:C:2014:256, *Kommission/Siemens,* Rn. 42; *Körber,* in: Immenga/Mestmäcker, EU-Wettbewerbsrecht[5] (2012), Bd. I/2, Art. 3 FKVO Rn. 6; sowie ausführlich die Erläuterungen zu Art. 101 Rn. 131 ff.

[4] *Schröer,* in: FK, EG-Kartellrecht (76. Lfg. 2012), Art. 3 FKVO Rn. 2.

[5] *Körber,* in: Immenga/Mestmäcker, EU-Wettbewerbsrecht[5] (2012), Bd. I/2, Art. 3 FKVO Rn. 124; *Rating,* in: Schröter/Jakob/Klotz/Mederer, Europäisches Wettbewerbsrecht (2014), Art. 101 AEUV (2B) Rn. 627; siehe auch die Erläuterungen zu Art. 3 FKVO Rn. 44 ff.

[6] *Körber,* in: Immenga/Mestmäcker, EU-Wettbewerbsrecht[5] (2012), Bd. I/2, Art. 3 FKVO Rn. 9; *Schröer,* in: FK, EG-Kartellrecht (76. Lfg. 2012), Art. 3 FKVO Rn. 2, 5, 36. Vgl. auch Art. 3 Abs. 1 lit. b) FKVO.

[7] *Henschen,* in: Schulte, Handbuch Fusionskontrolle[2] (2010), Rn. 1008 ff.; *Hirsbrunner,* in: Bechtold/Bosch/Brinker, EU-Kartellrecht[3] (2014), FKVO Art. 3 Rn. 18; *Hirsbrunner/Rating,* in: Schröter/Jakob/Klotz/Mederer, Europäisches Wettbewerbsrecht[2] (2014), Art. 3 FKVO (4C) Rn. 33 ff.; *Schröer,* in: FK, EG-Kartellrecht (76. Lfg. 2012), Art. 3 FKVO Rn. 86; *Wessely/Wegner,* in: MünchKomm, Europäisches Wettbewerbsrecht I[2] (2015), Art. 3 FKVO Rn. 114.

[8] Siehe hier nur die Nachweise in Fn. 7 sowie die Erläuterungen zur Art. 3 FKVO Rn. 33 ff.

[9] Österreich und Großbritannien, die USA und Kanada haben vergleichbare Bestimmungen zu Erfassung von Minderheitsbeteiligungen, vgl. *Käseberg,* in: Langen/Bunte, Kartellrecht[12] (2014), Art. 3 FKVO, Rn. 134.

[10] *Hirsbrunner/Rating,* in: Schröter/Jakob/Klotz/Mederer, Europäisches Wettbewerbsrecht[2] (2014), Art. 3 FKVO (4C) Rn. 33, 45; *Käseberg,* in Langen/Bunte, Kartellrecht[12] (2014), Art. 3 FKVO,

Die **Kommission überlegt derzeit,** die wettbewerblichen Effekte von Minderheitsbeteiligungen, die keine Kontrolle über das Zielunternehmen begründen, nach den Regeln der europäischen Fusionskontrolle zu prüfen.[11] Ausgangspunkt für die Reformüberlegungen der Kommission war dabei der Fall *Ryanair/Aer Lingus.*[12] Dies könnte dann einen erweiterten Begriff des Gemeinschaftsunternehmens zur Folge haben, bei dem auf das Beherrschungserfordernis verzichtet wird.[13] 3

Die **Ausweitung der Tätigkeit** eines bereits existierenden Gemeinschaftsunternehmens oder die Gründung von Tochtergesellschaften, die auf anderen Gebieten tätig werden sollen, ist für sich allein nicht als „Gründung" eines neuen Gemeinschaftsunternehmens, als neuer Zusammenschluss zu behandeln. Dies ist aber dann durchaus der Fall, wenn sich die Ausweitung der Tätigkeit von den Müttern ableitet. Übertragen die Muttergesellschaften **weitere bedeutende Vermögenswerte oder Rechte,** die sie zuvor allein besaßen, auf das Gemeinschaftsunternehmen, so ist dies wie die erneute Gründung eines Gemeinschaftsunternehmens zu behandeln.[14] Dies gilt insbesondere dann, wenn diese Vermögenswerte oder Rechte die Grundlage für die **Ausdehnung der Geschäftstätigkeit** des Gemeinschaftsunternehmens auf andere sachliche oder räumliche Märkte bilden, die ursprünglich nicht zum Tätigkeitsbereich des Gemeinschaftsunternehmens gehörten.[15] Auch kann ein Teilfunktionsgemeinschaftsunternehmen in ein Vollfunktionsgemeinschaftsunternehmen[16] übergehen, wenn sich die Tätigkeit des Gemeinschaftsunternehmens entsprechend ändert. Dies stellt dann einen Zusammenschluss im Sinne des Art. 3 Abs. 4 FKVO dar.[17] Nicht unproblematisch ist, dass sich die Veränderung des Tätigkeitsbereichs des Gemeinschaftsunternehmens und auch die Übertragung von Vermögenswerten schleichend vollziehen können. Für die Unternehmen kann sich hieraus eine gewisse Rechtsunsicherheit ergeben, da ein verwirklichter Zusammenschlusstatbestand unerkannt bleiben kann. Fehlt es aus diesem Grund an einer Anmeldung des Zusammenschlusses gemäß Art. 4 FKVO, so ist der Zusammenschluss schwebend unwirksam (Art. 7 Abs. 4 FKVO) und es droht der Erlass eines Bußgeldes gegen die Muttergesellschaften (Art. 14 Abs. 2 lit. a) FKVO).[18] 4

Der Übergang von der **Mitkontrolle** zur **alleinigen Kontrolle** bei einem Gemeinschaftsunternehmen stellt einen neuen Zusammenschluss dar; das Gleiche gilt, wenn weitere Gesellschafter die Mitkontrolle erlangen. Dagegen bedeutet das **Ausscheiden** mitkontrollierender Gesellschafter keinen erneuten Zusammenschluss, solange noch mindestens 5

Rn. 62; *Körber,* in: Immenga/Mestmäcker, EU-Wettbewerbsrecht[5] (2012), Bd. I/2, Art. 3 FKVO Rn. 91; *Schröer,* in: FK, EG-Kartellrecht (76. Lfg. 2012), Art. 3 FKVO Rn. 136; *Wessely/Wegner,* in: MünchKomm, Europäisches Wettbewerbsrecht I[2] (2015), Art. 3 FKVO Rn. 113.

[11] *Kommission,* Commission Staff Working Document, Towards more effective EU merger control, SWD(2013) 239 final.

[12] EuG, 6.7.2010, Rs. T-411/07, ECLI:EU:T:2010:281, Slg. 2010, II-3691; Komm. E., 27.6.2007, COMP/M.4439, *Ryan Air/Aer Lingus.*

[13] Vgl. *Kommission,* Commission Staff Working Document, Towards more effective EU merger control, SWD(2013) 239 final Part 1/3, S. 3.

[14] Konsolidierte Mitteilung der Kommission zu Zuständigkeitsfragen gemäß der Verordnung (EG) Nr. 139/2004 des Rates über die Kontrolle von Unternehmenszusammenschlüssen, ABl. C 95, 1 v. 16.4.2008 und deren Berichtigung, ABl. C 43, 10 vom 21.2.2009 (im Folgenden: Konsolidierte Mitteilung zu Zuständigkeitsfragen), Rn. 92, 106 f.; Komm. E., 30.1.2003, COMP/M.3039, *Soprol/Céréol/Lesieur; Wessely/Wegner,* in: MünchKomm, Europäisches Wettbewerbsrecht I[2] (2015), Art. 3 FKVO Rn. 130 ff. Siehe auch LG Köln, 23.12.2009, 28 O (Kart) 479/08, WuW 2010, 440, Rn. 133 ff.; sowie OLG Dresden, 15.12.2009, 14 U 818/09, Rn. 40 ff., juris.

[15] Ausführlich dazu *Polley/Grave,* WuW 2003, 1010 ff.

[16] Vgl. zu den Begrifflichkeiten Vollfunktions- und Teilfunktionsgemeinschaftsunternehmen unten Rn. 10 f.

[17] Konsolidierte Mitteilung zu Zuständigkeitsfragen (Fn. 14), Rn. 109; *Wessely/Wegner,* in: MünchKomm, Europäisches Wettbewerbsrecht I[2] (2015), Art. 3 FKVO Rn. 134.

[18] *von Graevenitz,* BB 2010, 1172 ff.; *Huerkamp,* WuW 2010, 1118 (1119).

zwei Gesellschafter gemeinsam die Kontrolle ausüben können; anderes gilt, wenn durch das Ausscheiden eines Gesellschafters andere Gesellschafter erstmals die Mitkontrolle erlangen.[19]

6 Gemeinschaftsunternehmen kommt eine **große Bedeutung im Wirtschaftsleben** zu. Viele komplexe Aufgaben in der Entwicklung, Fertigung und im Vertrieb lassen sich nämlich häufig nur gemeinsam von mehreren Unternehmen lösen. Zu diesem Zweck fassen die beteiligten Unternehmen ihre jeweiligen Spezialkenntnisse und Erfahrungen, oftmals auch Entwicklungs- und Fertigungseinrichtungen sowie Personal in einem Gemeinschaftsunternehmen zusammen. Solche Gemeinschaftsunternehmen können sämtliche Funktionen eines Unternehmens von der Entwicklung über die Fertigung bis zum Vertrieb erfüllen; sie können aber auch auf einzelne Funktionen, insbesondere Hilfsfunktionen für die Muttergesellschaften, beschränkt sein (z. B. bloße Entwicklungsaufgaben oder die Fertigung von Vorprodukten für die Muttergesellschaften).

7 Gemeinschaftsunternehmen haben daher in der **Fusionskontrolle der EU-Kommission** eine große Bedeutung. Von 1996 bis 2005 betrafen etwa 40 % der Entscheidungen in Fusionskontrollverfahren Gemeinschaftsunternehmen bzw. Fälle gemeinsamer Kontrolle.[20] Im Zeitraum von 2005 bis Mai 2012 betrafen noch etwa 33 % der Entscheidungen Gemeinschaftsunternehmen.[21] Auch wenn bei einer Vielzahl der angemeldeten Gemeinschaftsunternehmen der konzentrative Charakter bzw. die Eigenschaft eines Vollfunktionsunternehmens und damit die Anwendbarkeit der Fusionskontrollvorschriften bejaht wird, so bedeutet dies nicht, dass auch die Mehrzahl aller Gemeinschaftsunternehmen die Voraussetzungen eines Vollfunktionsunternehmens erfüllt. Liegen die Voraussetzungen für ein Vollfunktionsgemeinschaftsunternehmen offensichtlich nicht vor, so werden die Beteiligten auch keine Anmeldung nach Art. 4 FKVO vornehmen. In Zweifelsfällen werden sie versuchen, in einem Vorgespräch mit der Generaldirektion Wettbewerb deren Meinung einzuholen. Zur Entscheidung kommen daher nur die zweifelhaften Fälle.

II. Auswirkungen von Gemeinschaftsunternehmen auf den Wettbewerb

8 Gemeinschaftsunternehmen können sehr vielfältige und unterschiedliche Auswirkungen auf den Wettbewerb haben. Zum einen können sie eine **dauerhafte Strukturänderung** des Marktes herbeiführen. Dies ist insbesondere dann der Fall, wenn ein Gemeinschaftsunternehmen alle Funktionen eines selbstständigen Unternehmens erfüllt und die Muttergesellschaften sich aus seinem Tätigkeitsgebiet zurückziehen. Gemeinschaftsunternehmen können aber zum anderen auch zu einer **Beschränkung des Wettbewerbs der Muttergesellschaften** bei bestimmten Teilfunktionen führen, z. B. bei der Entwicklung, dem Einkauf, der Fertigung oder dem Vertrieb. Schließlich sind auch Auswirkungen auf den Wettbewerb der Muttergesellschaften untereinander sowohl auf den Märkten des Gemeinschaftsunternehmens als auch auf vor- oder nachgelagerten Märkten oder sogar völlig anderen Märkten möglich (sogenannte „Gruppeneffekte" bzw. „spill-over-effects").

Die Behandlung von Gemeinschaftsunternehmen muss daher ihren verschiedenen Erscheinungsformen Rechnung tragen. Bewirkt ein Gemeinschaftsunternehmen eine dauerhafte Strukturveränderung des Marktes, so kommt in erster Linie die Anwendung der **Fu-**

---

[19] Vgl. die Erläuterungen zur Art. 3 FKVO Rn. 38; sowie Konsolidierte Mitteilung zu Zuständigkeitsfragen (Fn. 14), Rn. 83 ff.; *Hirsbrunner/Rating,* in: Schröter/Jakob/Klotz/Mederer, Europäisches Wettbewerbsrecht² (2014), Art. 3 FKVO (4C) Rn. 33, 45; *Käseberg,* in Langen/Bunte, Kartellrecht¹² (2014), Art. 3 FKVO, Rn. 62; *Körber,* in: Immenga/Mestmäcker, EU-Wettbewerbsrecht⁵ (2012), Bd. I/2, Art. 3 FKVO Rn. 91.

[20] Siehe Bericht über die Wettbewerbspolitik der Europäischen Union (2005), S. 127.

[21] *Pohlmann,* in: MünchKomm, Europäisches Wettbewerbsrecht I² (2015), Art. 101 AEUV Rn. 343; *Mestmäcker/Schweitzer,* Europäisches Wettbewerbsrecht³ (2014), § 27 Rn. 2; nach *Mestmäcker/Schweitzer,* Europäisches Wettbewerbsrecht³ (2014), § 27 Rn. 2, betreffen ca. 50% der Fusionskontrollverfahren Gemeinschaftsunternehmen.

sionskontrollvorschriften in Betracht. Dient das Gemeinschaftsunternehmen dagegen vor allem der Koordinierung von Teilfunktionen der Muttergesellschaften, so liegt es näher, die Vorschriften über **vertragliche Wettbewerbsbeschränkungen** („Kartelle") anzuwenden. Dabei wäre es denkbar, entweder nur die Vorschriften über Fusionen oder nur die über Kartelle anzuwenden, je nachdem ob das Gemeinschaftsunternehmen überwiegend eine Strukturveränderung des Marktes oder eine Koordinierung des Wettbewerbsverhaltens der Muttergesellschaft bewirkt **(„Trennungsprinzip").** Es könnten aber auch sowohl die Vorschriften über die Fusionskontrolle als auch die über Kartelle nebeneinander auf Gemeinschaftsunternehmen angewendet werden **(„Zweischrankenprinzip").**

III. Rechtslage im EU-Kartellrecht

1. Trennungsprinzip des EU-Kartellrechts

Während im deutschen Kartellrecht das Zweischrankenprinzip Anwendung findet,[22] gilt im EU-Kartellrecht im Wesentlichen das **Trennungsprinzip.**[23] Danach fallen Gemeinschaftsunternehmen in der Regel (zumindest formal) entweder nur unter die Vorschriften des Art. 101 AEUV oder nur unter die Vorschriften der FKVO.[24] Dabei ist jedoch zu beachten, dass gem. Art. 2 Abs. 4 FKVO auch die Gründung eines Gemeinschaftsunternehmens, das der Fusionskontrolle unterfällt, zusätzlich nach Art. 101 Abs. 1 und 3 AEUV zu beurteilen ist, sofern eine Koordinierung des Wettbewerbsverhaltens unabhängig bleibender Unternehmen, also der Muttergesellschaften, bezweckt oder bewirkt wird. Dies hat zur Folge, dass sogenannte kooperative Vollfunktionsgemeinschaftsunternehmen[25] in der Sache einer Doppelkontrolle unterliegen.[26] 9

2. Unterscheidung verschiedener Arten von Gemeinschaftsunternehmen

Ob sich die Beurteilung eines Gemeinschaftsunternehmens nach der FKVO oder nach Art. 101 AEUV richtet, hängt von der Art des gegründeten Gemeinschaftsunternehmens ab: Gemäß Art. 3 Abs. 4 FKVO stellt die „Gründung eines Gemeinschaftsunternehmens, das auf Dauer alle Funktionen einer selbstständigen wirtschaftlichen Einheit erfüllt," einen Zusammenschluss im Sinne des Art. 3 Abs. 1 lit. b) FKVO dar. Vorausgesetzt, dass dieser Zusammenschluss unionsweite Bedeutung hat, d. h. vorausgesetzt, dass die Schwellenwerte des Art. 1 FKVO überschritten sind, greift damit die europäische Fusionskontrolle ein. Dabei genügt eine operative Selbstständigkeit des Gemeinschaftsunternehmens, um es als **Vollfunktionsgemeinschaftsunternehmen** zu qualifizieren. Nicht erforderlich ist, dass es auch seine strategischen Entscheidungen selbstständig treffen kann.[27] 10

Teilfunktionsgemeinschaftsunternehmen erfüllen demgegenüber nicht auf Dauer alle Funktionen einer selbstständigen wirtschaftlichen Einheit. Vielmehr übernehmen sie nur bestimmte Aufgaben im Rahmen der Geschäftstätigkeit ihrer Muttergesellschaften, ohne jedoch einen eigenen Marktzugang oder eine eigene Marktpräsenz zu haben.[28] Sie 11

---

[22] Siehe dazu unten Anhang 1 zu § 1 GWB Rn. 4 ff.

[23] *Zimmer,* in: Immenga/Mestmäcker, EU-Wettbewerbsrecht[5] (2012), Bd. I/1, Art. 101 Abs. 1 AEUV Rn. 307.

[24] Verordnung (EG) Nr. 139/2004 über die Kontrolle von Unternehmenszusammenschlüssen, ABl. L 24 vom 29.1.2004, 1 ff.; siehe dazu im Einzelnen unten die Erläuterungen zur FKVO Art. 3 Rn. 40 ff.

[25] Vgl. zur Begrifflichkeit sogleich unten Rn. 10,12.

[26] *Käseberg,* in: Langen/Bunte, Europäisches Kartellrecht[12] (2014), Art. 2 FKVO Rn. 339.

[27] Konsolidierte Mitteilung zu Zuständigkeitsfragen (Fn. 14) Rn. 93; EuG, U. v. 23.2.2006, Rs. T-282/02, *Cementbouw/Kommission,* Rn. 62.

[28] Konsolidierte Mitteilung zu Zuständigkeitsfragen (Fn. 14) Rn. 95; vgl. zur Abgrenzung von Vollfunktions- und Teilfunktionsgemeinschaftsunternehmen auch *Kuhn,* Kooperative Aspekte von Gemeinschaftsunternehmen im Europäischen Kartellrecht (2006), S. 25.

führen daher nicht zu einer Strukturveränderung des Marktes, so dass sie nicht der Fusionskontrolle unterfallen. Ihre Zulässigkeit wird daher nach Art. 101 AEUV beurteilt.

12 Grundsätzlich geht die FKVO davon aus, dass Vollfunktionsgemeinschaftsunternehmen **konzentrativ** sind, d. h. durch ihre Gründung Strukturveränderungen des Marktes bewirken, ohne dass mit ihrer Gründung zugleich eine Koordinierung des Wettbewerbsverhaltens der Mütter bezweckt oder bewirkt wird.[29] Dies rechtfertigt die ausschließliche Anwendung der Vorschriften der FKVO. Die FKVO trägt jedoch auch der Möglichkeit Rechnung, dass ein Vollfunktionsgemeinschaftsunternehmen **kooperativ** ist, d. h. dass seine „Gründung die Koordinierung des Wettbewerbsverhaltens unabhängig bleibender Unternehmen bezweckt oder bewirkt".[30] Gemäß Art. 2 Abs. 4 FKVO wird in diesem Fall Art. 101 AEUV zur Beurteilung der Koordinierungseffekte neben der FKVO angewandt und es werden insbesondere auch die Kriterien des Art. 2 Abs. 5 FKVO berücksichtigt.[31] Teilfunktionsgemeinschaftsunternehmen sind demgegenüber nie konzentrativ, da sie keine Strukturveränderung des Marktes bewirken,[32] sondern stets kooperativ und daher nach Art. 101 AEUV zu beurteilen.[33]

3. Unterschiede in der Behandlung konzentrativer und kooperativer (Vollfunktions-)Gemeinschaftsunternehmen

13 Vollfunktionsgemeinschaftsunternehmen sind nach dem oben Gesagten entweder konzentrativ oder kooperativ. In beiden Fällen findet die FKVO Anwendung, Art. 3 Abs. 4 FKVO differenziert insofern nicht. Unterschiede bestehen nur insofern, als konzentrative Vollfunktionsgemeinschaftsunternehmen nur nach Art. 2 Abs. 1 bis 3 FKVO beurteilt werden, während kooperative Vollfunktionsgemeinschaftsunternehmen zusätzlich noch gemäß Art. 2 Abs. 4 und 5 FKVO nach Art. 101 AEUV beurteilt werden. Sämtliche Beurteilungen, auch die nach Art. 101 AEUV, erfolgen nach der FKVO, Art. 8 Abs. 1 bis 3 FKVO. Die Anwendbarkeit der FKVO auf (konzentrative und kooperative) Vollfunktionsgemeinschaftsunternehmen wird als **Konzentrationsprivileg**[34] bezeichnet.

14 In **verfahrensrechtlicher Hinsicht** besteht dieses Privileg zunächst darin, dass die Kommission bei Vollfunktionsgemeinschaftsunternehmen nach den Verfahrensregeln der FKVO eine abschließende Entscheidung über deren Vereinbarkeit mit dem Binnenmarkt trifft. Dies führt dazu, dass für kooperative Vollfunktionsgemeinschaftsunternehmen eine förmliche Entscheidung der Kommission über die Vereinbarkeit der vertraglichen Vereinbarung mit Art. 101 AEUV erlangt werden kann, obwohl diese Beurteilung nach dem

---

[29] *Schroeder,* in: Grabitz/Hilf/Nettesheim, Das Recht der Europäischen Union, 53 EL 2014, Art. 101 AEUV Rn. 472; *Kuhn,* Kooperative Aspekte von Gemeinschaftsunternehmen im Europäischen Kartellrecht (2006), S. 26.

[30] Ob ein Gemeinschaftsunternehmen kooperativ ist, wird dementsprechend in der Regel negativ abgegrenzt; kooperativ sind alle Gemeinschaftsunternehmen, die nicht konzentrativ sind, vgl. *Schroeder,* in: Grabitz/Hilf/Nettesheim, Das Recht der Europäischen Union, 53. EL 2014, Art. 101 AEUV Rn. 472.

[31] Die Prüfung des Art. 101 AEUV erfolgt allerdings im Verfahren der Fusionskontrolle, siehe dazu im Einzelnen unten die Erläuterungen zu FKVO Art. 2 Rn. 186 ff.

[32] Bei strukturellen kooperativen Gemeinschaftsunternehmen, die zwar nicht unbedingt alle Funktionen einer selbständigen wirtschaftlichen Einheit erfüllen, die aber erhebliche Investitionen erfordern, wird angenommen, dass diese auch eine Änderung der Marktstruktur bewirken können (vgl. *Montag,* Strukturelle kooperative Gemeinschaftsunternehmen, RIW 1994, 918, 920 f.). Insofern wird vertreten, dass für solche Gemeinschaftsunternehmen das Verfahren der Fusionskontrolle angemessener erscheint, vergleiche *Lindemann,* in: Vorauflage, Art. 3 FKVO Rn. 40.

[33] Vgl. *Kuhn,* Kooperative Aspekte von Gemeinschaftsunternehmen im Europäischen Kartellrecht, (2006) S. 26; *Schroeder,* in: Grabitz/Hilf/Nettesheim, Das Recht der Europäischen Union, 53. EL 2014, Art. 101 AEUV Rn. 472.

[34] Vgl. dazu FKVO Art. 3 Rn. 70, 75 ff.; *Zimmer,* in: Immenga/Mestmäcker, EU-Wettbewerbsrecht^5 (2012), Bd. I/1, Art. 101 Abs. 1 AEUV Rn. 312.

durch die VO 1/2003 eingeführten System der Legalausnahme eigentlich den Betroffenen selbst überlassen ist.[35] Demgegenüber ist für (stets kooperative) Teilfunktionsgemeinschaftsunternehmen eine solche **abschließende Kommissionsentscheidung** für die Beteiligten nicht erreichbar. Diese müssen nach dem System der Legalausnahme selbst beurteilen, ob ihr Vorhaben nach Art. 101 AEUV zulässig ist. Damit geht für (stets kooperative) Teilfunktionsgemeinschaftsunternehmen ein erhebliches Risiko einer Fehleinschätzung einher, die insbesondere auch die Unwirksamkeit nach Art. 101 Abs. 2 AEUV zur Folge hätte. Über die Wirksamkeit wird u. U. erst nach langer Zeit durch ein nationales Gericht oder eine nationale Kartellbehörde – schlimmstenfalls sogar divergierend durch mehrere nationale Gerichte oder Kartellbehörden – entschieden. Für Teilfunktionsgemeinschaftsunternehmen, die mit erheblichen Investitionen verbunden sein können, ist das ein gravierender Nachteil beim Verfahren gegenüber Vollfunktionsunternehmen, die unter die Fusionskontrolle fallen und nach Abschluss des Fusionskontrollverfahrens Rechtssicherheit genießen.[36]

Neben dieser verfahrensrechtlichen Komponente hat das Konzentrationsprivileg auch eine **materiellrechtliche Komponente.** Diese äußert sich freilich nur im Fall von konzentrativen Vollfunktionsgemeinschaftsunternehmen. Diese werden ausschließlich nach dem Maßstab des Art. 2 Abs. 2 und 3 FKVO beurteilt, während der ggfls. strengere Maßstab des Art. 101 AEUV unberücksichtigt bleibt. Für kooperative Vollfunktionsgemeinschaftsunternehmen sowie für Teilfunktionsgemeinschaftsunternehmen ist demgegenüber immer (auch) der Maßstab des Art. 101 AEUV zu beachten. Freilich soll das materiellrechtliche Privileg, welches mit stärkeren Synergieeffekten bei Fusionen gerechtfertigt wird,[37] mittlerweile durch eine Konvergenz der Prüfungsmaßstäbe an Bedeutung verlieren.[38] 15

IV. Beurteilung kooperativer Gemeinschaftsunternehmen nach Art. 101 AEUV

1. Begriff des kooperativen Gemeinschaftsunternehmens

Die Mitteilung der Kommission über den Begriff des Vollfunktionsgemeinschaftsunternehmens vom 2. März 1998[39] wurde 2007 durch die „Konsolidierte Mitteilung der Kommission zu Zuständigkeitsfragen"[40] ersetzt. Darin befasst sich die Kommission in den Ziffern 91–105 mit der Abgrenzung der Gemeinschaftsunternehmen, die nach Art. 3 Abs. 4 FKVO unter die Fusionskontrolle fallen, von denjenigen, die nicht von Art. 3 Abs. 4 FKVO erfasst werden und damit ausschließlich nach Art. 101 AEUV zu beurteilen sind.[41] Von dem hier verwandten Begriff des kooperativen Gemeinschaftsunternehmens werden daher **in erster Linie die (stets kooperativen) Teilfunktionsgemeinschaftsunternehmen erfasst.** Die ebenfalls nach Art. 101 AEUV zu beurteilenden Koordinierungseffekte bei kooperativen Vollfunktionsgemeinschaftsunternehmen werden in Bezug auf die Gruppeneffekte (unten Rn. 30ff.) sowie die Nebenabreden (unten Rn. 38ff.), ansonsten 16

[35] *Käseberg,* in Langen/Bunte, Kartellrecht[12] (2014), Art. 2 FKVO, Rn. 338.

[36] Teilweise wird jedoch argumentiert, auch Teilfunktionsgemeinschaftsunternehmen könnten der FKVO unterfallen, wenn die Mütter bereits bestehende Vermögenswerte zusammenlegten, *Rudolf/ Leupold,* JECLP 2012, 439, 440f., anders jedoch die Kommission, Konsolidierte Mitteilung zu Zuständigkeitsfragen (Fn. 14) Rn. 92.

[37] *Hirsbrunner/Rating,* in: Schröter/Jakob/Klotz/Mederer, Europäisches Wettbewerbsrecht[2] (2014), Art. 3 FKVO (4C) Rn. 48f.

[38] *Zimmer,* in: Immenga/Mestmäcker, EU-Wettbewerbsrecht[5] (2012), Bd. I/1, Art. 101 Abs. 1 AEUV Rn. 312.

[39] ABl. C 66 v. 2.3.1998, 1ff.

[40] Konsolidierte Mitteilung Zuständigkeitsfragen (Fn. 14).

[41] Siehe dazu im Einzelnen FKVO Art. 3 Rn. 40ff.

im Rahmen des Art. 2 Abs. 4 und 5 FKVO erläutert (dort Rn. 193ff.; siehe auch unten Rn. 46).[42]

2. Beurteilung nach Art. 101 AEUV im Einzelnen

17 **a) Allgemeine Regeln.** 2011 hat die Kommission eine neue Mitteilung über „Leitlinien zur Anwendbarkeit von Artikel 101 des Vertrags über die Arbeitsweise der Europäischen Union auf Vereinbarungen über horizontale Zusammenarbeit"[43] erlassen. Diese sogenannten Horizontal-Leitlinien sind grundsätzlich auch auf Gemeinschaftsunternehmen anwendbar, sofern diese nicht als Vollfunktionsgemeinschaftsunternehmen nach Art. 3 Abs. 4 FKVO unter die FKVO fallen.[44] Die neuen **Horizontal-Leitlinien** ersetzen die Leitlinien der Kommission zur Anwendbarkeit von Art. 81 EG-Vertrag (jetzt Art. 101 AEUV) auf Vereinbarungen über horizontale Zusammenarbeit[45] von 2001. Teilfunktionsgemeinschaftsunternehmen werden damit im Wesentlichen nach den gleichen Kriterien beurteilt wie andere Formen der horizontalen Kooperation.[46]

18 Im Jahr 1993 hatte die Kommission Leitlinien zur Beurteilung kooperativer Gemeinschaftsunternehmen nach Art. 85 EGV (jetzt Art. 101 AEUV) veröffentlicht.[47] Diese wurden dann aber zum Teil dadurch überholt, dass ab 1998 die kooperativen Vollfunktionsgemeinschaftsunternehmen gemäß Art. 3 Abs. 2 (jetzt Abs. 4) FKVO in die Fusionskontrolle einbezogen wurden. Allerdings enthielt die **Bekanntmachung von 1993** spezielle Kriterien für die Beurteilung von Gemeinschaftsunternehmen, die auch jetzt noch von Bedeutung sein können (siehe dazu unten Rn. 23ff.); die neuen Bekanntmachungen befassen sich dagegen mehr mit dem Gegenstand der Zusammenarbeit, ohne auf die Form näher einzugehen.

19 Grundsätzlich fallen kooperative Gemeinschaftsunternehmen unter Art. 101 AEUV, wenn sie eine spürbare Beschränkung des Wettbewerbs des zwischenstaatlichen Handels bezwecken oder bewirken. Sie fallen jedoch insbesondere dann nicht unter das Verbot des Art. 101 AEUV, wenn die Voraussetzungen der **Bagatellbekanntmachung**[48] oder einer **Gruppenfreistellung** vorliegen. Bei **horizontalen** Wettbewerbsbeschränkungen kommen als Gruppenfreistellungen insbesondere die VO Nr. 1218/2010 über Spezialisierung[49] sowie die VO Nr. 1217/2010 über (gemeinsame) Forschung und Entwicklung[50] in Betracht. Daneben können sich Freistellungen aus der VO Nr. 316/2014 über Technologietransfer[51] ergeben. Für vertikale Wettbewerbsbeschränkungen bei Gemeinschaftsunternehmen kann

[42] Damit behandelt dieser Abschnitt in erster Linie die Beurteilung von Teilfunktionsgemeinschaftsunternehmen mit unionsweiter Bedeutung, die der Regelung des Art. 101 AEUV unterfallen. Vergleiche im Übrigen für die Vollfunktionsgemeinschaftsunternehmen (sowohl bezüglich der konzentrativen als auch der kooperativen Aspekte) die Kommentierungen zu Art. 2 FKVO (Rn. 186ff.) sowie zu Art. 3 FKVO (Rn. 40ff.). Zur deutschen nationalen Rechtlage nach dem GWB vgl. die Kommentierungen im Anhang zu § 1 GWB sowie zu § 37 GWB (Rn. 46ff.).

[43] Leitlinien zur Anwendbarkeit von Artikel 101 des Vertrags über die Arbeitsweise der Europäischen Union auf Vereinbarungen über horizontale Zusammenarbeit, ABl. C 11 v. 14.1.2011, 1ff. (im Folgenden: „Horizontal-Leitlinien").

[44] Horizontal-Leitlinien (Fn. 43) Rn. 6.

[45] Bekanntmachung der Kommission über Leitlinien zur Anwendung von Art. 81 EG-Vertrag auf Vereinbarungen über horizontale Zusammenarbeit, ABl. C 3 v. 6.1.2001, 2ff.

[46] Horizontal-Leitlinien (Fn. 43) Rn. 6.

[47] Vgl. Bekanntmachung der Kommission über die Bewertung kooperativer Gemeinschaftsunternehmen nach Art. 81 (früher 85) des EG-Vertrags, ABl. C 43 v. 16.2.1993, 2ff.; diese Bekanntmachung verweist auch auf die Kooperationsbekanntmachung von 1968, ABl. C 75 v. 29.7.1968, 3ff.

[48] Bekanntmachung der Kommission über Vereinbarungen von geringer Bedeutung, die den Wettbewerb gemäß Art. 81 Abs. 1 des Vertrages zur Gründung der Europäischen Gemeinschaft nicht spürbar beschränken (de minimis), ABl. C 368 v. 22.12.2001, 13ff.

[49] VO (EU) Nr. 1218/2010 v. 14.12.2010, ABl. L 335, 43ff.; siehe dazu Erläut. zur GVO-Spez.

[50] VO (EU) Nr. 1217/2010 v. 14.12.2010, ABl. L 335, 36ff.; siehe dazu Erläut. zur GVO-FuE.

[51] VO (EU) Nr. 316/2014 v. 21.3.2014, ABl. L 93, 17ff.; siehe dazu Erläut. zur GVO-Technologie.

sich eine Freistellung aus der VO Nr. 330/2010[52] ergeben. Soweit die Voraussetzungen der Bagatellbekanntmachung oder einer Gruppenfreistellungsverordnung vorliegen, bedarf es keiner Prüfung mehr, ob ein Gemeinschaftsunternehmen von Art. 101 Abs. 1 AEUV erfasst wird. Ebenfalls nicht unter das Verbot des Art. 101 Abs. 1 AEUV fallen Gemeinschaftsunternehmen zwischen Unternehmen, die eine **wirtschaftliche Einheit** bilden,[53] da zwischen ihnen kein Wettbewerbsverhältnis besteht (Konzernprivileg[54]).

b) Teilfunktionsgemeinschaftsunternehmen in marktfernen Bereichen. Art. 101 AEUV ist nicht anwendbar, wenn ein Gemeinschaftsunternehmen Aufgaben dient, die **marktfern** und deshalb **wettbewerbsneutral** sind.[55] Insofern kommt es dann nicht darauf an, ob es sich bei den Müttern um Wettbewerber (dazu unten Rn. 22) oder um Nichtwettbewerber (dazu unten Rn. 21) handelt. Zu den marktfernen und deshalb wettbewerbsneutralen Bereichen gehören insbesondere solche Gemeinschaftsunternehmen, deren einzige Aufgabe die Beschaffung und Weitergabe nicht vertraulicher Informationen zur Vorbereitung autonomer Entscheidungen der beteiligten Unternehmen ist oder die als einzige Aufgabe die Kooperation bei Hilfstätigkeiten organisatorisch-technischer Art haben. Auch die Zusammenarbeit auf anderen Gebieten, die marktfern sind und die relevanten Wettbewerbsparameter nicht beeinflussen, fällt nicht unter Art. 101 Abs. 1 AEUV. Erforderlich ist jeweils eine Gesamtwürdigung unter Berücksichtigung der jeweiligen Tätigkeitsfelder der Muttergesellschaften und des Gemeinschaftsunternehmens und der Auswirkungen auf den Wettbewerb bei Innovation, Produktion und Vertrieb.[56] 20

c) Teilfunktionsgemeinschaftsunternehmen zwischen Nichtwettbewerbern. Teilfunktionsgemeinschaftsunternehmen zwischen Unternehmen, die weder aktuelle noch potentielle Wettbewerber[57] sind, fallen in der Regel nicht unter Art. 101 Abs. 1 AEUV. Das gilt selbst dann, wenn die Tätigkeit des Gemeinschaftsunternehmens einen Marktbezug hat, sofern nicht der **Marktzugang für Dritte** spürbar beeinträchtigt wird.[58] So wird ein Gemeinschaftsunternehmen von Nichtwettbewerbern für den Vertrieb oder den Kunden- und Reparaturdienst in der Regel nicht unter Art. 101 Abs. 1 AEUV fallen.[59] Das gilt auch für **Arbeitsgemeinschaften** in Form von Gemeinschaftsunternehmen, wenn sie sich auf ein konkretes Projekt beschränken und die beteiligten Unternehmen bei den zu erbringenden Leistungen keine Wettbewerber sind oder allein nicht in der Lage wären, die Leistungen zu erbringen.[60] Gemeinschaftsunternehmen zwischen Nichtwettbewerbern für den **Einkauf** beschränken den Nachfragewettbewerb, wenn die Muttergesellschaften gleiche oder ähnliche Produkte einkaufen. Insofern ist eine strengere Betrachtung geboten, weil es hier zu einer erheblichen Beeinträchtigung der Anbieter kommen kann. Daher können 21

[52] VO (EU) Nr. 330/2010 v. 20.4.2010, ABl. L 102, 1 ff.; siehe dazu Erläut. zur GVO-Vertikal.

[53] Horizontal-Leitlinien (Fn. 43) Rn. 11.

[54] Siehe zum Konzernprivileg EuGH, U. v. 24.10.1996, Rs. C-73/95 P, ECLI:EU:C:1996:405, *Viho/Kommission,* Slg 1996, I-5457, Rn. 16 ff.; sowie unten Art. 101 AEUV Rn. 153; siehe zum Konzernprivileg bei einem Gemeinschaftsunternehmen auch *Rating,* in: Schröter/Jakob/Klotz/Mederer, Europäisches Wettbewerbsrecht² (2014), Art. 101 AEUV (2B) Rn. 627, 637.

[55] *Rating,* in: Schröter/Jakob/Klotz/Mederer, Europäisches Wettbewerbsrecht² (2014), Art. 101 AEUV (2B) Rn. 648; *Zimmer,* in: Immenga/Mestmäcker, EU-Wettbewerbsrecht⁵ (2012), Bd. I/1, Art. 101 Abs. 1 AEUV Rn. 337.

[56] *Rating,* in: Schröter/Jakob/Klotz/Mederer, Europäisches Wettbewerbsrecht² (2014), Art. 101 AEUV (2B) Rn. 648; Komm. E., 15.12.1994, IV/34.768, *International Private Satellite Partners,* ABl. L 354/75, 31.12.1994, Rn. 55 ff.

[57] Siehe zu potentiellen Wettbewerbern unten Rn. 23; *Zimmer,* in: Immenga/Mestmäcker, EU-Wettbewerbsrecht⁵ (2012), Bd. I/1, Art. 101 Abs. 1 AEUV Rn. 334 f.

[58] Komm. E., 15.12.1994, IV/34.768, *International Private Satellite Partners,* ABl. L 354/75, 31.12.1994, Rn. 55 ff.; *Rating,* in: Schröter/Jakob/Klotz/Mederer, Europäisches Wettbewerbsrecht² (2014), Art. 101 AEUV (2B) Rn. 650.

[59] *Rating,* in Schröter/Jakob/Klotz/Mederer, Europäisches Wettbewerbsrecht² (2014), Art. 101 AEUV (2B) Rn. 650; Komm. E., 23.2.1972, IV/26844, *Wild/Leitz,* ABl. L 61/27, 13.3.1973.

[60] So zu Vermarktungsvereinbarungen Rn. 237 der Horizontal-Leitlinien (Fn. 43).

auch Einkaufskooperationen unter Art. 101 AEUV fallen. Die Kommission ist hier sogar verhältnismäßig großzügig und sieht im Normalfall die Möglichkeit einer spürbaren Beschränkung erst ab 15% Gesamtanteil der beteiligten Unternehmen am Nachfrage- und Absatzmarkt. Unter dieser Schwelle liege ohnehin eine Freistellung nach Art. 101 Abs. 3 AEUV nahe.[61] Gemeinschaftsunternehmen für die **Forschung und Entwicklung** zwischen Nichtwettbewerbern sind im Allgemeinen unbedenklich,[62] insbesondere wenn die Muttergesellschaften frei bleiben, eigene FuE-Tätigkeiten durchzuführen und die Ergebnisse der FuE den Muttergesellschaften für die individuelle Verwertung zur Verfügung stehen.[63] Art. 4 Abs. 1 GVO FuE stellt gemeinsame FuE-Tätigkeiten von Nichtwettbewerbern dementsprechend generell frei, ohne hierfür auf bestimmte Marktanteilsschwellen abzustellen.[64] Auch Gemeinschaftsunternehmen für die **Produktion** zwischen Nichtwettbewerbern beschränken meist nicht den Wettbewerb.[65] Allerdings können Abschottungswirkungen gegenüber Dritten eintreten, wenn die Muttergesellschaften bisher die Produkte von Dritten bezogen haben. Werden die Absatzmöglichkeiten der bisherigen Lieferanten durch das Gemeinschaftsunternehmen erheblich eingeschränkt, so kann eine Anwendung von Art. 101 Abs. 1 AUEV in Betracht kommen.[66]

22 **d) Teilfunktionsgemeinschaftsunternehmen zwischen Wettbewerbern.** Bei einem Gemeinschaftsunternehmen zwischen Wettbewerbern, das nicht lediglich marktferne Tätigkeiten zum Gegenstand hat (vgl. hierzu bereits oben Rn. 20), muss jeweils **im Einzelfall geprüft** werden, ob und inwieweit die Voraussetzungen des Art. 101 Abs. 1 AEUV erfüllt sind. Dabei spielen bei Gemeinschaftsunternehmen häufig folgende Besonderheiten eine Rolle:

23 **aa) Gründung des Gemeinschaftsunternehmens.** Unter strukturellen Gesichtspunkten kann die bloße Gründung eines Gemeinschaftsunternehmens eine Wettbewerbsbeschränkung i. S. d. Art. 101 Abs. 1 AEUV sein, wenn die beteiligten Unternehmen vorher **aktuelle** oder zumindest **potentielle** Wettbewerber[67] waren. Für die Prüfung, ob die beteiligten Unternehmen potentielle Wettbewerber sind, hatte die Kommission in ihrer Bekanntmachung über die Beurteilung kooperativer Gemeinschaftsunternehmen nach Art. 85 EGV (jetzt Art. 101 AEUV) vom 16. Februar 1993[68] zunächst abstrakt einen Leitgedanken herausgearbeitet: Ein zumindest potentielles Wettbewerbsverhältnis sollte bestehen, wenn jeder Gründer allein in der Lage ist, die Aufgaben des Gemeinschaftsunternehmens zu erfüllen, und er diese Fähigkeiten nicht mit der Errichtung des Gemeinschaftsunternehmens einbüßt.[69]

24 Diesen Gedanken konkretisierte die Kommission sodann durch einen Katalog von Fragen.[70]

– **Eingebrachte Ressourcen:** Hätte jede Muttergesellschaft genügend finanzielle Ressourcen, um die nötigen Investitionen allein zu tätigen, Zugang zu Vorprodukten und

---

[61] Rn. 208 der Horizontal-Leitlinien (Fn. 43).

[62] Rn. 130 der Horizontal-Leitlinien (Fn. 43); *Zimmer,* in: Immenga/Mestmäcker, EU-Wettbewerbsrecht[5] (2012), Bd. I/1, Art. 101 Abs. 1 AEUV Rn. 334.

[63] Siehe hierzu auch Rn. 130, Fn. 1 der Horizontal-Leitlinien (Fn. 43).

[64] VO Nr. 1217/2010.

[65] *Rating,* in: Schröter/Jakob/Klotz/Mederer, Europäisches Wettbewerbsrecht[2] (2014), Art. 101 AEUV (2B) Rn. 652; *Zimmer,* in Immenga/Mestmäcker EU-Wettbewerbsrecht[5] (2012), Bd. I/1, Art. 101 Abs. 1 AEUV Rn. 334. Siehe auch Rn. 162 ff. der Horizontal-Leitlinien (Fn. 43).

[66] *Rating,* in Schröter/Jakob/Klotz/Mederer, Europäisches Wettbewerbsrecht[2] (2014), Art. 101 AEUV (2B) Rn. 652; a. A. *Zimmer,* in: Immenga/Mestmäcker, EU-Wettbewerbsrecht[5] (2012), Bd. I/1, Art. 101 Abs. 1 AEUV Rn. 334, da das Kartellrecht die Anbieter eines Vorprodukts nicht davor schütze, dass die bisherigen Nachfrager zur Eigenanfertigung übergehen.

[67] Zur Erfassung auch der potentiellen Wettbewerber siehe Rn. 10 der Horizontal-Leitlinien (Fn. 43).

[68] ABl. C 43 vom 16.2.1993, S. 2 ff. Rn. 18 ff. (Fn. 47); vgl. auch *Zimmer,* in: Immenga/Mestmäcker, EU-Wettbewerbsrecht[5] (2012), Bd. I/1, Art. 101 Abs. 1 AEUV Rn. 335.

[69] ABl. C 43 vom 16.2.1993, S. 2 ff. Rn. 18 (Fn. 47).

[70] ABl. C 43 vom 16.2.1993, S. 2 ff. Rn. 19 (Fn. 47).

ausreichend Managementqualifikation, um die Aufgaben des Gemeinschaftsunternehmens allein zu lösen?

– **Produktion:** Hat jede Muttergesellschaft Kenntnis der erforderlichen Produktionstechnologie? Stellt jede Muttergesellschaft Vorprodukte und nachgelagerte Produkte selbst her und hat sie Zugang zu den notwendigen Produktionseinrichtungen?
– **Verkäufe:** Besteht eine aktuelle oder potentielle Nachfrage, die eine individuelle Produktion durch jede Muttergesellschaft erlaubt? Hätte jede Muttergesellschaft Zugang zu den Vertriebskanälen, die benötigt werden, um die hergestellten Produkte zu vertreiben?
– **Risiken:** Könnte jede Muttergesellschaft die technischen und finanziellen Risiken, die mit der Tätigkeit des Gemeinschaftsunternehmens verbunden sind, allein tragen?
– **Zugang zum relevanten Markt:** Welches ist der relevante räumliche und sachliche Markt? Gibt es Marktzutrittsschranken? Wäre jede Muttergesellschaft in der Lage, allein in diesen Markt einzutreten? Könnte jede Muttergesellschaft bestehende Zutrittsschranken innerhalb eines vernünftigen Zeitraums zu zumutbaren Bedingungen und zu tragbaren Kosten überwinden?

Diese Fragestellungen können **weiterhin hilfreich** sein,[71] um im Einzelfall festzustellen, 25
ob die Muttergesellschaften eines Gemeinschaftsunternehmens als aktuelle oder potentielle Wettbewerber anzusehen sind, so dass eine Wettbewerbsbeschränkung nach Art. 101 AEUV in Betracht kommt. Die Kommission hat dabei zunehmend eine **pragmatische Sicht** entwickelt: Selbst wenn die Muttergesellschaft theoretisch in der Lage wäre, eigenständig als Wettbewerber aufzutreten, berücksichtigt sie doch, ob dies unter wirtschaftlichen oder technischen Gesichtspunkten eine **realistische Alternative** wäre.[72] Nur wenn das der Fall ist, betrachtet sie die Muttergesellschaften als potentielle Wettbewerber und damit die Gründung des Gemeinschaftsunternehmens als mögliche Wettbewerbsbeschränkung. Dabei prüft die Kommission die Koordinierungswirkung für die verschiedenen Stufen der Tätigkeit eines Gemeinschaftsunternehmens **getrennt:** So kann die gemeinsame Forschung und Entwicklung gerechtfertigt sein, weil keines der beteiligten Unternehmen allein dazu in der Lage gewesen wäre; daraus folgt jedoch noch nicht, dass auch die gemeinsame Produktion oder gar der gemeinsame Vertrieb gerechtfertigt sind. Ebenso kann es sein, dass zwar die gemeinsame Fertigung verschiedener Unternehmen wirtschaftlich unvermeidbar erscheint; damit ist jedoch keineswegs impliziert, dass dieses auch für den gemeinsamen Vertrieb gilt.[73]

bb) Tätigkeiten des Gemeinschaftsunternehmens in marktnahen Bereichen. Je 26
mehr sich die Funktionen eines Gemeinschaftsunternehmens zwischen Wettbewerbern auf den Markt der Mutterunternehmen beziehen und je umfassender sie sind, umso eher können sie von Art. 101 AEUV erfasst werden (zu Tätigkeiten in marktfernen Bereichen siehe oben Rn. 20). Aufgrund der größeren Marktferne wird ein auf die **FuE-Tätigkeit** beschränktes Gemeinschaftsunternehmen, das nicht auch die gemeinsame Nutzung der Ergebnisse zum Gegenstand hat, häufig noch unproblematisch sein. Wenn zudem die Gründer frei bleiben, auch eigenständige FuE-Arbeiten durchzuführen, wird ein solches zumeist nicht unter Art. 101 AEUV fallen.[74] Soweit jedoch auch die Verwertung der im Gemeinschaftsunternehmen erzielten Ergebnisse in Forschung und Entwicklung, insbesondere die Verwertung in Form einer gemeinsamen Produktion, einbezogen wird und die Tätigkeit

---

[71] *Zimmer,* in Immenga/Mestmäcker, EU-Wettbewerbsrecht[5] (2012), Bd. I/1, Art. 101 Abs. 1 AEUV Rn. 335 mit Verweis auf die Kommissionspraxis.

[72] In ihren Horizontal-Leitlinien (Fn. 43) Rn. 10 führt die Kommission aus, dass die Prüfung des potentiellen Wettbewerbsverhältnisses auf einer realistischen Grundlage erfolgen müsse und die rein theoretische Möglichkeit eines Marktzutritts nicht ausreiche.

[73] ABl. C 43 vom 16.2.1993, S. 2 ff. Rn. 19 (Fn. 47).

[74] Vgl. Komm. E., v. 19.1.1990, *Alcatel/ANT,* ABl. L 32 v. 3.2.1990, 19, 23 ff.; *Rating,* in: Schröter/Jakob/Klotz/Mederer, Europäisches Wettbewerbsrecht[2] (2014), Art. 101 AEUV (2B) Rn. 649 mwN; *Zimmer,* in: Immenga/Mestmäcker, EU-Wettbewerbsrecht[5] (2012), Bd. I/1, Art. 101 Abs. 1 AEUV Rn. 337. Siehe allgemein Horizontal-Leitlinien (Fn. 43) Rn. 111 ff., 127 ff.

damit deutlich marktnäher wird, kommt eine Anwendung von Art. 101 AEUV vielfach in Betracht. Wenn der Marktanteil der beteiligten Unternehmen nicht höher als 25% ist, wird zumeist die FuE-Gruppenfreistellungs-Verordnung helfen.[75] Aber auch bei höheren Marktanteilen kommt eine Freistellung nach Art. 101 Abs. 3 AEUV in Betracht, insbesondere wenn der Vertrieb durch die Muttergesellschaften getrennt erfolgt.[76]

27 Die **gemeinsame Produktion** von Wettbewerbern in einem Gemeinschaftsunternehmen führt allerdings zu einer Vereinheitlichung der Produkte und der Produktionskosten und damit zu einer Einschränkung des Spielraums für den Produkt- und Preiswettbewerb zwischen den Muttergesellschaften.[77] Sofern der gemeinsame Marktanteil nicht mehr als 20% beträgt, kommt eine Freistellung durch die Gruppenfreistellungsverordnung für Spezialisierungsvereinbarungen in Betracht.[78] Die gemeinsame Produktion kann verschiedene Intensitätsgrade haben: Bei einem **Zuliefer**-Gemeinschaftsunternehmen werden nur bestimmte Teile des Endprodukts von dem Gemeinschaftsunternehmen hergestellt. Je höher der Anteil der Kosten an den Gesamtkosten des Endprodukts ist, desto größer sind die Auswirkungen auf den Wettbewerb der Muttergesellschaften. Wenn nur ein kleinerer Teil der Gesamtkosten auf das gemeinsam gefertigte Produkt entfällt, werden die Auswirkungen auf das Wettbewerbsverhalten der Muttergesellschaften gering und Art. 101 AEUV nicht anwendbar sein[79] oder zumindest unter die Gruppenfreistellung für gemeinsame Forschung und Entwicklung[80] oder Spezialisierung[81] fallen. Denkbar ist auch, dass das Gemeinschaftsunternehmen aus den Zulieferungen der Muttergesellschaften ein **Endprodukt** herstellt. Auch hier kommt es auf den Anteil der Wertschöpfung des Gemeinschaftsunternehmens an den Gesamtkosten an. Dabei ist es allerdings wahrscheinlicher als bei einem Zuliefer-Gemeinschaftsunternehmen, dass sich die Transferpreise und damit auch die Endpreise der Muttergesellschaften angleichen. Neben der Frage der Kostenangleichung ist für die wettbewerbsrechtliche Beurteilung einer gemeinsamen Produktion nach Art. 101 AEUV auch die Marktstellung der Muttergesellschaften bei den Endprodukten von erheblicher Bedeutung: Je höher die Marktanteile sind oder je mehr es sich um einen oligopolistischen Markt handelt, umso wahrscheinlicher sind wettbewerbsbeschränkende Wirkungen.[82] Ferner sind auch die Abschottungswirkungen von Gemeinschaftsunternehmen für die Produktion von Vorprodukten in die Betrachtung einzubeziehen. So können insbesondere Zuliefer-Gemeinschaftsunternehmen die Wettbewerbsmöglichkeiten anderer Zulieferunternehmen spürbar beschränken.[83] Schließlich sind auch **weitere Kriterien** wie die Stabilität von Marktanteilen und hiermit zusammenhängend die Wahrscheinlichkeit weiterer Markteintritte, besondere Charakteristika der Produkte sowie die Nachfragemacht der Marktgegenseite zu berücksichtigen.[84]

---

[75] Vgl. Art. 2, 4 Abs. 2 VO (EU) Nr. 1217/2010 v. 14.12.2010, ABl. L 335, 36.

[76] Vgl. Komm. E., 23.12.1992, IV/33.814, *Ford/Volkswagen,* ABl. L 20 v. 28.1.1993, 14 Rn. 23ff.; Komm. E., 11.10.1988, IV/32.173, *Continental/Michelin,* ABl. L 305 v. 10.11.1988, 33 Rn. 21ff.; Komm. E., 22.12.1987, IV/32.306, *Olivetti/Canon,* ABl. L 52 v. 26.2.1988, 51 Rn. 54ff.; Komm. E., 17.1.1979, IV/28.796, *Beecham/Parke Davis,* ABl. L 70 v. 21.3.1979, 11 Rn. 35ff.

[77] Detailliert *Zimmer,* in: Immenga/Mestmäcker, EU-Wettbewerbsrecht[5] (2012), Bd. I/1, Art. 101 Abs. 1 AEUV Rn. 338f.; Horizontal-Leitlinien (Fn. 43) Rn. 157ff.

[78] Art. 2, 3 VO (EU) Nr. 1218/2010 v. 14.12.2010, ABl. L 335, 46.

[79] So ausdrücklich die alten Horizontal-Leitlinien, ABl. C 3 v. 6.1.2001, Rn. 88; vgl. auch Kommission E., 21.12.1994, IV/34.252, *Philips/Osram,* ABl. L 378, 37 v. 31.12.1994, Rn. 18. Siehe auch Horizontal-Leitlinien (Fn. 43) Rn. 158, 165, 175ff.

[80] VO (EU) Nr. 1217/2010 v. 14.12.2010, ABl. L 335, 41.

[81] VO (EU) Nr. 1218/2010 v. 14.12.2010, ABl. L 335, 46.

[82] Horizontal-Leitlinien (Fn. 43) Rn. 170f.; vgl. auch *Zimmer,* in: Immenga/Mestmäcker, EU-Wettbewerbsrecht[5] (2012), Bd. I/1, Art. 101 AEUV Rn. 338f.

[83] Rn. 159 der Horizontal-Leitlinien (Fn. 43).

[84] *Zimmer,* in: Immenga/Mestmäcker, EU-Wettbewerbsrecht[5] (2012), Bd. I/1, Art. 101 AEUV Rn. 338; vgl. auch Horizontal-Leitlinien (Fn. 43) Rn. 45, 170f.

Ein Gemeinschaftsunternehmen von Wettbewerbern für den **Vertrieb (Verkaufsgemeinschaft)** wird in der Regel unter Art. 101 AEUV fallen, da es weitgehend den Preiswettbewerb der Muttergesellschaften ausschließt;[85] allerdings können auch hier die Bagatellbekanntmachung oder Gruppenfreistellungen anwendbar sein, soweit sie ausnahmsweise auch den gemeinsamen Vertrieb zulassen. 28

Gemeinschaftsunternehmen von Wettbewerbern für den **Einkauf** (Einkaufsgemeinschaften) können in zweifacher Hinsicht wettbewerbsbeschränkende Wirkungen haben. Zum einen beschränken sie den Nachfragewettbewerb der Muttergesellschaften und damit die Wahlmöglichkeiten der Anbieter; zum anderen haben sie durch die Vereinheitlichung der Einkaufskosten Auswirkungen auf den Wettbewerb der Muttergesellschaften beim Endprodukt.[86] Die Kommission behandelt selbst Einkaufsgemeinschaften von Wettbewerbern in ihren Leitlinien recht großzügig; bei einem gemeinsamen Marktanteil von nicht mehr als 15% sowohl auf den Einkaufsmärkten als auch auf den Verkaufsmärkten hält sie diese in der Regel für unbedenklich.[87] Bei hohen Marktanteilen im Einkauf und Bezugszwang ist dagegen Art. 101 AEUV regelmäßig verletzt; auch die Erfüllung der Freistellungsvoraussetzungen des Art. 101 Abs. 3 AEUV ist möglicherweise ausgeschlossen.[88] 29

e) Gruppeneffekt („Spill-over-effect"). Die Beteiligung an einem Gemeinschaftsunternehmen kann auch Auswirkungen auf das Wettbewerbsverhalten zwischen den Muttergesellschaften auf dem Tätigkeitsgebiet des Gemeinschaftsunternehmens oder auf Drittmärkten, insbesondere auf **vor- oder nachgelagerten Märkten** haben.[89] Diese Koordinierungswirkung tritt nicht nur bei Teilfunktions- sondern auch bei Vollfunktionsgemeinschaftsunternehmen, deren koordinierende Effekte gem. Art. 2 Abs. 4 FKVO ebenfalls gem. Art. 101 Abs. 1 AEUV, allerdings im Verfahren der Fusionskontrolle, zu prüfen sind, auf. Die Beteiligung an einem Gemeinschaftsunternehmen kann für die Muttergesellschaften einen Anreiz darstellen, ihr Wettbewerbsverhalten dort zu koordinieren, wo diese Koordinierung wirtschaftlich vernünftig erscheint. Denkbar sind etwa die Anhebung der Preise über das Wettbewerbsniveau sowie der Ausschluss von Wettbewerbern. Entsprechende Möglichkeiten bieten sich z.B. dann, wenn durch die Gründung des Gemeinschaftsunternehmens eine marktbeherrschende Stellung entsteht oder verstärkt wird. 30

Insbesondere auf Märkten für **homogene Produkte** besteht ein Anreiz zu parallelem Verhalten, der durch die Beteiligung an einem Gemeinschaftsunternehmen verstärkt werden kann. Aber auch auf Märkten für heterogene Produkte kann die Koordinierung auf den Märkten eine naheliegende Konsequenz sein, insbesondere wenn die beteiligten Unternehmen über entsprechende **Marktmacht** verfügen. Weitere wichtige Faktoren, die Einfluss auf das Wettbewerbsverhalten der Muttergesellschaften haben, sind die Größe des Gemeinschaftsunternehmens und seine Bedeutung für die Muttergesellschaften, insbesondere seine Größe im Verhältnis zu den unabhängig bleibenden Aktivitäten der Muttergesellschaften, die Beteiligungs- und Beherrschungsstruktur bei dem Gemein- 31

[85] Horizontal-Leitlinien (Fn. 43), Rn. 230ff.; Komm. E., 19.12.1990, IV/33.016, *ANSAC,* ABl. L 152/54 v. 15.6.1991 Rn. 19ff.; Komm. E., 23.12.1992, IV/32.745, *Astra,* ABl. L 20/13 v. 28.1.1993 Rn. 16ff.; Komm. E., 28.10.1988, IV/B-2/31.424, *Hudson's Bay – Dansk Pelsdyravlerforening,* ABl. L 316/43 v. 23.11.1988 Rn. 9ff.; Komm. E. 12.7.1989, IV/30.566, *UIP,* ABl. L 226/25 3.8.1989 Rn. 42f.; Komm. E., 28.11.1979, IV/29.672, *Floral,* ABl. L 39/51, 15.2.1980, S. 55f.; *Zimmer,* in: Immenga/Mestmäcker, EU-Wettbewerbsrecht[5] (2012), Bd. I/1, Art. 101 Abs. 1 AEUV Rn. 338.

[86] Siehe dazu Komm. E., 9.7.1980, IV/27.958, *National Sulphuric Acid Association,* ABl. L 260/24, 3.10.1980, Rn. 29ff.

[87] Horizontal-Leitlinien (Fn. 43), Rn. 208.

[88] Komm. E., 5.12.1979, IV/29.011, *Rennet,* ABl. L 51/19, 25.2.1980, Rn. 28ff.

[89] Dieser Koordinierungseffekt wird auch bei Vollfunktionsgemeinschaftsunternehmen, die gem. Art. 3 Abs. 4 FKVO unter die Fusionskontrolle fallen, geprüft. Allerdings sehen Art. 8 Abs. 1 bis Abs. 3 iVm Art. 2 Abs. 4 FKVO insofern vor, dass die Prüfung nach Art. 101 AEUV in dem Verfahren und innerhalb der Fristen der FKVO zu erfolgen hat. Siehe dazu die Kommentierung zu Art. 2 FKVO Rn. 186ff.

schaftsunternehmen sowie die Dauer der Vereinbarungen und der Umfang des Austauschens kommerziell bedeutsamer Informationen.[90]

32 **aa) Gruppeneffekte auf den zum Tätigkeitsgebiet des Gemeinschaftsunternehmens gehörenden Markt.** Bleiben die Muttergesellschaften auf den zum Tätigkeitsgebiet des Gemeinschaftsunternehmens gehörenden **Märkten weiterhin selbst tätig,** so sind Auswirkungen auf das Wettbewerbsverhalten der Muttergesellschaften sehr wahrscheinlich. Umfang und Bedeutung dieser Auswirkungen hängen dabei sowohl von der Struktur der betroffenen Märkte als auch von der wirtschaftlichen Bedeutung des Gemeinschaftsunternehmens für die Muttergesellschaften ab. Insbesondere bei einem erheblichen Anteil des Gemeinschaftsunternehmens an der Gesamtproduktion der Muttergesellschaften kommt ein beachtlicher Gruppeneffekt in Betracht.[91] Insgesamt ist es nach Ansicht der Kommission erforderlich, jeweils im Einzelnen eine wirtschaftliche Analyse der Anreize für die Muttergesellschaften und der Wirkungen eines solchen Verhaltens vorzunehmen, um festzustellen, ob das Gemeinschaftsunternehmen zu einer spürbaren Beschränkung des Wettbewerbs führen wird.[92]

33 **bb) Gruppeneffekte auf anderen Märkten.** Die Beteiligung an einem Gemeinschaftsunternehmen kann auch zu einer Koordinierung des Wettbewerbsverhaltens der Muttergesellschaften auf **anderen** Produktmärkten oder auch geographischen Märkten führen. Meist handelt es sich dabei um Produktmärkte, die dem Tätigkeitsgebiet des Gemeinschaftsunternehmens vor- oder nachgelagert sind. Insbesondere die gemeinsame Produktion von Teilen, die einen erheblichen Anteil an den Kosten des Endprodukts haben, kann den Spielraum für den Wettbewerb auf dem nachgelagerten Produktmarkt erheblich einschränken. Ist der Anteil nur gering, so ist ein spürbarer Einfluss auf das Wettbewerbsverhalten eher unwahrscheinlich.[93] Zur Bedeutung einer Kostenangleichung siehe bereits oben Rn. 27.

34 Auch wenn die Muttergesellschaften des Gemeinschaftsunternehmens auf **anderen,** nicht benachbarten Produktmärkten zueinander in Wettbewerb stehen, kann sich die gemeinsame Beteiligung an dem Gemeinschaftsunternehmen auf das Wettbewerbsverhalten der Muttergesellschaften auf diesen Märkten auswirken. Dies setzt jedoch voraus, dass sich die Verhältnisse auf dem Markt des Gemeinschaftsunternehmens auch auf die Verhältnisse des anderen Produktmarktes auswirken **(Reaktionsverbundenheit).** Hiervon kann in der Regel jedoch gerade nicht ausgegangen werden, wenn die Märkte nicht benachbart sind und damit keine entsprechenden Verbindungen bzw. Wirkungszusammenhänge aufweisen.[94] Folgerichtig sieht die Kommission daher die Gefahr eines Gruppeneffekts nur dann, wenn zwischen den beiden Märkten eine enge Verbindung besteht, insbesondere wenn die Produkte des Gemeinschaftsunternehmens die der Muttergesellschaften ergänzen.[95]

35 Gruppeneffekte können durch das Gemeinschaftsunternehmen auch auf benachbarten **geographischen** Märkten ausgelöst werden. So hatte die Kommission bei einem Gemeinschaftsunternehmen zwischen der deutschen Telekom und der France Telekom, das internationale Telekommunikationsdienste für gewerbliche Abnehmer anbieten sollte, die Befürchtung, dass die Muttergesellschaften sich nach der Liberalisierung der Telekom-

---

[90] Vgl. insoweit ABl. C 43 vom 16.2.1993, S. 2ff. Rn. 26 (Fn. 47).

[91] *Zimmer,* in: Immenga/Mestmäcker, EU-Wettbewerbsrecht[5] (2012), Bd. I/1, Art. 101 Abs. 1 AEUV Rn. 323f.

[92] Vgl. dazu Horizontal-Leitlinien (Fn. 43) Rn. 26ff.

[93] *Zimmer,* in: Immenga/Mestmäcker, EU-Wettbewerbsrecht[5] (2012), Bd. I/1, Art. 101 Abs. 1 AEUV Rn. 324; Komm. E., 3.5.2005, COMP/M.3178, *Bertelsmann/Springer/JV.* Vgl. auch Komm. E., 21.12.1994 – *Philips/Osram,* ABl. L 378 vom 31.12.1994, 37ff., Rn. 18.

[94] Vgl. Komm. E., 13.6.2007 – *Wärtsilä/Hyundai/JV,* WuW/E EU-V 1230ff.

[95] Bekanntmachung der Kommission über die Beurteilung kooperativer Gemeinschaftsunternehmen, ABl. Nr. C 43 vom 16.2.1993, 2ff., insbesondere Rn. 41; dazu auch Komm. E., 23.12.1992, *Ford/Volkswagen,* ABl. L 20 vom 28.1.1993, 14ff., Rn. 21.

munikationsdienste auf ihren jeweiligen Heimatmärkten keine Konkurrenz machen würden.[96]

cc) Netzwerkeffekt. Einen weiteren wettbewerbsbeschränkenden Effekt nimmt die Kommission im Fall von Netzen von Gemeinschaftsunternehmen an. Solche Netze „können den Wettbewerb in besonderem Maße einschränken, weil sie die von den einzelnen GU ausgehenden Wirkungen auf die Geschäftspolitik der Gründer und die Marktstellung dritter Unternehmen potenzieren".[97] Die Kommission geht davon aus, dass die Muttergesellschaften auf Grund ihrer Einflussmöglichkeiten einen Wettbewerb zwischen den Gemeinschaftsunternehmen auf ihren jeweiligen Heimatmärkten ausschließen werden. Außerdem werde der Wettbewerb zwischen den Muttergesellschaften untereinander durch die Beteiligung an mehreren Gemeinschaftsunternehmen beeinträchtigt. Diesen sogenannten „Netzwerkeffekt" hat die Kommission erstmals in dem Fall „Lichtwellenleiter" behandelt.[98] Umstritten ist, ob die im Netz verbundenen Gemeinschaftsunternehmen **denselben Markt** betreffen müssen. In der Vorauflage wurde aus der Entscheidung des Gerichts in der Rechtssache **European Night Services**[99] gefolgert, dass die Gemeinschaftsunternehmen auf demselben Markt tätig sein müssen.[100] Dies dürfte jedoch auf einer Überinterpretation der Entscheidung beruhen, da das EuG die Kommissionsentscheidung nicht aufgrund einer anderen wettbewerblichen Beurteilung von Netzwerkeffekten, sondern lediglich aufgrund von Begründungsmängeln im konkreten Fall aufhob.[101] Schließlich kann es auch im Ergebnis nicht hierauf ankommen. Entscheidend sind die tatsächlichen Effekte einer mehrfachen Verflechtung auf den Wettbewerb zwischen den Gründern. Solche sind aber auch bei einer Tätigkeit der Gemeinschaftsunternehmen auf unterschiedlichen Märkten denkbar.[102] 36

f) Wettbewerbsbeschränkende Wirkungen gegenüber Dritten. Von der Beteiligung der Muttergesellschaften an dem Gemeinschaftsunternehmen können insbesondere auch wettbewerbsbeschränkende Wirkungen gegenüber Dritten ausgehen. So beschränken Gemeinschaftsunternehmen, die den **gemeinsamen Ein- oder Verkauf** für die Muttergesellschaften zum Gegenstand haben, die Wahlmöglichkeiten der Marktgegenseite (siehe oben Rn. 29 sowie die Erläuterungen zu Art. 101 Rn. 379ff.). Ähnliches gilt für ein Gemeinschaftsunternehmen, in dem die Muttergesellschaften ihre Patente poolen, und das dann allein Lizenzen vergibt.[103] Ebenso können Ausschließlichkeitsbindungen zwischen den Muttergesellschaften und dem Gemeinschaftsunternehmen den Marktzutritt Dritter ausschließen oder erschweren.[104] Alle diese Beschränkungen sind im Rahmen einer Gesamtbewertung zu berücksichtigen und können dazu führen, dass eine spürbare Beschränkung nach Art. 101 Abs. 1 AEUV anzunehmen ist. 37

g) Nebenabreden. Bei Nebenabreden handelt es sich in der Regel um zusätzliche Vereinbarungen, die inhaltlich über die bloße Gründung des Gemeinschaftsunternehmens hinausgehen. Beispiele sind Wettbewerbsverbote für die Muttergesellschaften oder Belie- 38

---

[96] Komm. E., 17.7.1996, IV/35.337, *Atlas,* ABl. L 239/23, 19.9.1996, Rn. 38ff.

[97] ABl. C 43 vom 16.2.1993, 2ff. Rn. 27 (Fn. 47); vgl. auch *Zimmer,* in: Immenga/Mestmäcker, EU-Wettbewerbsrecht[5] (2012), Bd. I/1, Art. 101 Abs. 1 AEUV Rn. 340.

[98] Komm. E., 14.7.1986, IV/30.320, *Lichtwellenleiter,* ABl. L 236/30, 22.8.1986, Rn. 48ff. Siehe auch Komm. E., 21.9.1994, IV/34.600, *Night Services,* ABl. L 259/20, 7.10.1994, Rn. 49ff.

[99] EuG, 15.9.1998, Rs. T-374/94 u. a. – *European Night Services,* Slg. 1998, II-3141.

[100] *Lindemann,* in: Vorauflage (2. Auflage, 2009), Rn. 20.

[101] EuG, 15.9.1998, Rs. T-374/94 u. a. – *European Night Services,* Slg. 1998, II-3141, Rn. 155ff.; dies betont zu Recht *Zimmer,* in: Immenga/Mestmäcker, EU-Wettbewerbsrecht[5] (2012), Bd. I/1, Art. 101 Abs. 1 AEUV Rn. 340 mwN.

[102] *Zimmer,* in: Immenga/Mestmäcker, EU-Wettbewerbsrecht[5] (2012), Bd. I/1, Art. 101 Abs. 1 AEUV Rn. 340.

[103] *Emmerich/Hoffman,* in: Dauses, EU-Wirtschaftsrecht (36. EL 2014), Art. 101 AEUV Rn. 207.

[104] Bekanntmachung der Kommission über Einschränkungen des Wettbewerbs, die mit der Durchführung von Unternehmenszusammenschlüssen unmittelbar verbunden und für diese notwendig sind, ABl. C 56 v. 5.3.2005, 24ff. (im Folgenden: „Bekanntmachung Nebenabreden") Rn. 34.

ferungs- und Bezugsverpflichtungen für das Gemeinschaftsunternehmen oder die Muttergesellschaften. Hierbei wird zwischen den **notwendigen Beschränkungen** („ancillary restraints“) einerseits und den **nicht-notwendigen (zusätzlichen) Nebenabreden** unterschieden.[105]

39 Soweit es sich um notwendige Beschränkungen („ancillary restraints“) handelt, werden diese durch die **Entscheidung im Rahmen der Fusionskontrolle mit abgedeckt,** sofern die Gründung des Gemeinschaftsunternehmens der FKVO unterfällt (vgl. Art. 6 Abs. 1 lit. b) S. 2, 8 Abs. 1 UAbs. 2 FKVO sowie die Erläuterungen zu Art. 3 FKVO Rn. 70 f.). Allerdings prüft die Kommission im Fusionskontrollverfahren grundsätzlich nicht mehr, welche Beschränkungen gerechtfertigt sind. Diese Frage ist von den Beteiligten selbst zu prüfen (zum Maßstab der Prüfung siehe sogleich Rn. 41 ff.) und daher möglicherweise Gegenstand eines späteren Verfahrens vor den Kartellbehörden oder Zivilgerichten.[106] Nicht notwendige Beschränkungen fallen grundsätzlich unter Art. 101 AEUV.

40 Bei **Vollfunktionsgemeinschaftsunternehmen** (Art. 3 Abs. 4 FKVO) erfolgt eine Prüfung nach Art. 2 Abs. 4 und Art. 8 Abs. 3 FKVO im Verfahren der Fusionskontrolle, soweit es sich um die aus der Gründung des Gemeinschaftsunternehmens resultierenden Koordinierungseffekte handelt; für andere Nebenabreden gelten die Verfahrensvorschriften der VO 1/2003.[107] Auch bei den **Teilfunktionsgemeinschaftsunternehmen** erfolgt eine Sonderbehandlung der notwendigen Nebenabreden. Sie werden nicht getrennt geprüft, sondern in die Prüfung des Gemeinschaftsunternehmens nach Art. 101 AEUV einbezogen und teilen das rechtliche Schicksal des Gemeinschaftsunternehmens.[108]

41 Für die Beurteilung von Nebenabreden ist es dementsprechend erforderlich festzustellen, welche Beschränkungen des Gemeinschaftsunternehmens und der Gründer mit der Gründung und Tätigkeit des Gemeinschaftsunternehmens **notwendig verbunden** sind. Die Kommission hat in ihrer Bekanntmachung über Einschränkungen des Wettbewerbs, die mit der Durchführung von Unternehmenszusammenschlüssen unmittelbar verbunden und für diese notwendig sind („Bekanntmachung Nebenabreden“),[109] gewisse Grundsätze für die Beurteilung aufgestellt. Allerdings wird von der Kommission in dieser Bekanntmachung für die Beurteilung jeweils auf den Einzelfall abgestellt; die Kriterien geben daher nur generelle Hinweise für die Beurteilung. Es lassen sich dabei bestimmte Arten von Beschränkungen unterscheiden:

42 **aa) Beschränkungen der Gründer.** Hier kommt vor allem ein **Wettbewerbsverbot zugunsten des Gemeinschaftsunternehmens** in Betracht. Gegen ein solches Wettbewerbsverbot hat die Kommission keine Bedenken, soweit es sich auf das sachliche und räumliche Tätigkeitsgebiet und die Dauer der Beteiligung an dem Gemeinschaftsunternehmen beschränkt.[110] Anderes gilt, wenn das Wettbewerbsverbot über den Gegenstand

---

[105] Vgl. Art. 6 Abs. 1 lit. b) S. 2, 8 Abs. 1 UAbs. 2 FKVO sowie die Bekanntmachung Nebenabreden (Fn. 104).

[106] Vgl. Bekanntmachung Nebenabreden (Fn. 104), Rn. 1 ff.; *Mestmäcker/Schweitzer,* Europäisches Wettbewerbsrecht[3] (2014), § 25 Rn. 53 ff.; *Pohlmann,* in: MünchKomm, Europäisches Wettbewerbsrecht I[2] (2015), Art. 101 AEUV Rn. 335.

[107] Vgl. dazu Art. 2 FKVO Rn. 186 f.; *Körber,* in: Immenga/Mestmäcker, EU-Wettbewerbsrecht[5] (2012), Bd. I/2, Art. 2 FKVO Rn. 615; *Henschen,* in: Schulte, Handbuch Fusionskontrolle[2] (2010), Rn. 1804.

[108] Vgl. *Zimmer,* in: Immenga/Mestmäcker, EU-Wettbewerbsrecht[5] (2012), Bd. I/1, Art. 101 Abs. 1 AEUV Rn. 348; Komm. E., 21.12.1994, IV/34.252, *Philips/Osram,* ABl. L 378/37, 31.12.1994, Rn. 20; Komm. E., 27.7.1994, IV/34.857, *BT/MCI,* ABl. L 223/36, 27.8.1994, Rn. 46; Komm. E., 13.7.1990, IV/32.009, *Elopak/Metal Box – Odin,* ABl. L 209/15, 8.8.1990, Rn. 29 ff., 34 ff.

[109] Bekanntmachung Nebenabreden (Fn. 104).

[110] Bekanntmachung Nebenabreden (Fn. 104), Rn. 36 ff.; vgl. zur Problematik nachvertraglicher Wettbewerbsverbote *Kapp/Wegner,* Das Gemeinschaftsunternehmen – Kartellrechtliche Herausforderungen von der Wiege bis zur Bahre, CCZ 2015, 198, 208.

des Gemeinschaftsunternehmens oder über die Dauer der Beteiligung an dem Gemeinschaftsunternehmen hinausgeht oder ein Gründerunternehmen ohne Mitkontrolle betrifft;[111] eine solche Beschränkung wird meist unter Art. 101 AEUV fallen. Auch exklusive Lizenzen für das Gemeinschaftsunternehmen und Beschränkungen hinsichtlich der Verwertung der Schutzrechte des Gemeinschaftsunternehmens[112] sowie Bezugspflichten der Muttergesellschaften können gerechtfertigt sein, allerdings u. U. nur für eine bestimmte Zeitspanne.[113] Dagegen sind Beschränkungen der Muttergesellschaften hinsichtlich der **Mengen und Preise oder Gebiete** meist im Hinblick auf Art. 101 AEUV problematisch.

bb) Beschränkungen des Gemeinschaftsunternehmens. Beschränkungen, die die Muttergesellschaften dem Gemeinschaftsunternehmen auferlegen, sind weniger problematisch als solche für die Gründer selbst. Das gilt insbesondere für Beschränkungen das Tätigkeitsgebietes sowie der Produktionsstandorte. Auch ein **Wettbewerbsverbot zugunsten der Muttergesellschaften** sowie Beschränkungen des Gemeinschaftsunternehmens hinsichtlich der Verwertung ihm überlassener Schutzrechte sind als unbedenklich anzusehen.[114] **43**

Dagegen werden Beschränkungen des Gemeinschaftsunternehmens hinsichtlich der **Mengen, Preise und Kunden** sowie **Ausfuhrverbote** für bedenklich gehalten.[115] Das erscheint nicht gerechtfertigt, da es den Muttergesellschaften als Gesellschafter überlassen bleiben muss, die Geschäftspolitik des Gemeinschaftsunternehmens zu bestimmen. Etwas anderes gilt, wenn daraus auch Rückwirkungen auf das Wettbewerbsverhalten der Gründer untereinander resultieren. Ziehen sich die Gründer vom Markt des Gemeinschaftsunternehmens zurück, so führen solche Abreden ebenfalls zu einer Wettbewerbsbeschränkung, die eine Beurteilung nach Art. 101 AEUV rechtfertigt. **44**

V. Konzentrative Aspekte bei Vollfunktionsgemeinschaftsunternehmen (Art. 3 Abs. 4 FKVO)

Vollfunktionsgemeinschaftsunternehmen im Sinne des Art. 3 Abs. 4 FKVO werden in jedem Fall unter dem Aspekt einer **Marktstrukturveränderung** beurteilt. Auf sie findet die FKVO Anwendung, vgl. hierzu oben Rn. 10, 12. Die fusionskontrollrechtliche Beurteilung der konzentrativen Aspekte von Vollfunktionsgemeinschaftsunternehmen ist bei Art. 3 Abs. 4 FKVO (dort Rn. 70ff.) erläutert. **45**

VI. Koordinierungseffekte bei kooperativen Vollfunktionsgemeinschaftsunternehmen (Art. 2 Abs. 4, 5 FKVO)

Vollfunktionsgemeinschaftsunternehmen im Sinne des Art. 3 Abs. 4 FKVO können auch die **Koordinierung des Wettbewerbsverhaltens** unabhängig bleibender Unternehmen bezwecken oder bewirken. Es handelt sich dann um kooperative Vollfunktionsgemeinschaftsunternehmen, welche im Rahmen des Verfahrens nach der FKVO (vgl. Art. 8 Abs. 2 bis Abs. 4 FKVO) nach den Kriterien des Art. 101 Abs. 1 und 3 AEUV beurteilt werden, Art. 2 Abs. 4, 5 FKVO. Vgl. hierzu oben Rn. 13ff., 16. Die wettbewerbsrechtliche Beurteilung dieser Koordinierungseffekte bei Vollfunktionsgemeinschaftsunternehmen sind bei Art. 2 FKVO (dort Rn. 193ff.) erläutert, vgl. hinsichtlich möglicher Gruppeneffekte und Nebenabreden auch oben Rn. 30ff. sowie Rn. 38ff. **46**

---

[111] Bekanntmachung Nebenabreden (Fn. 104), Rn. 36ff.

[112] Bekanntmachung Nebenabreden (Fn. 104), Rn. 42f.

[113] Bekanntmachung Nebenabreden (Fn. 104), Rn. 44, 32ff.

[114] Bekanntmachung Nebenabreden (Fn. 104), Rn. 42f.; *Rating,* in: Schröter/Jakob/Klotz/Mederer, Europäisches Wettbewerbsrecht[2] (2014), Art. 101 AEUV (2B), Rn. 680ff.; Komm. E., 13.7.1990, IV/32.009, *Elopak/Metal Box – Odin,* ABl. L 209/15, 8.8.1990, Rn. 35.

[115] *Rating,* in: Schröter/Jakob/Klotz/Mederer, Europäisches Wettbewerbsrecht[2] (2014), Art. 101 AEUV (2B), Rn. 681.

3. Teil. Gewerblicher Rechtsschutz und Urheberrecht[1]

Übersicht

Schrifttum: *Althaus,* Markenrechtliche Abgrenzungsvereinbarungen, 2010; *Besen/Gärtner/Mayer/Vormann,* Zum Kommissionsbericht über die Untersuchung des Arzneimittelsektors – Kritische Notizen aus patent- und kartellrechtlicher Sicht, PharmaR 2009, 432, 435; *Besen/Slobodenjuk,* Die neue TT-GVO – Überblick über wesentliche praxisrelevante Änderungen, GRUR 2014, 740 ff.; *BKartA,* Hintergrundpapier zur Pressekonferenz am 24.7.2008 zum Thema Zentralvermarktung der Verwertungsrechte der Fußball-Bundesliga ab dem 1. Juli 2009, zit. „Hintergrundpapier"; *Buhrow/J. B. Nordemann,* Grenzen ausschließlicher Rechte geistigen Eigentums durch Kartellrecht (Q187), GRUR Int. 2005, 407 ff.; *Casper,* Die wettbewerbsrechtliche Begründung von Zwangslizenzen, ZHR 166 (2002), 685 ff.; *Cepl/Rütung,* Kartellrechtliche Zulässigkeit von Nichtangriffsabreden und ihre Prüfung im Patentnichtigkeitsverfahren, WRP 2013, 305 ff.; *Christoph,* Wettbewerbsbeschränkungen in Lizenzverträgen über gewerbliche Schutzrechte nach deutschen und europäischem Recht, 1998; *Dreher/Körner,* Die einseitige Offenlegung von Informationen gegenüber einem konkurrierenden Lizenzvertragspartner, WuW 2013, 104 ff.; *Eilers,* Fußballübertragungsrechte für Internet und Mobilfunktechnik – Abgegrenzte Gebiete oder Doppelvergabe der Fernsehrechte?, SpuRt 2006, 221 ff.; *Ensthaler/Bock,* Verhältnis zwischen Kartellrecht und Immaterialgüterrecht am Beispiel der Essential-facility-Rechtsprechung von EuGH und EuG, GRUR 2009, 1 ff.; *Enßlin,* Der Erwerb von Übertragungsrechten für Sportereignisse im europäischen Wettbewerbsrecht am Beispiel der EBU – die Sicht der Privatsender,

[1] Der Beitrag basiert teilweise auf der Ausarbeitung „GRUR" in der Vorauflage von *Oliver Axster* und *Joachim Schütze.*

ZEuP 2006, 380 ff.; *Fikentscher,* Die Zulässigkeit von Einkaufsvereinbarungen im Sport aus Sicht des öffentlich-rechtlichen Rundfunks in Europa, ZEuP 2006, 388 ff.; *Fleischer,* Absprachen im Profisport, WRP 1996, 473 ff.; *ders.* in: Beier/Götting/Moufang, FS Schricker, S. 149 ff.; *Frey,* Neue Herausforderungen für die exklusive Contentverwertung – Der wettbewerbsrechtliche Rahmen für die Vermarktung und den Erwerb von Medienrechten, GRUR 2003, 931 ff.; *Fuchs,* Kartellrechtliche Grenzen der Forschungskooperationen, 1989; *Gottschalk,* Wettbewerbsverbote in Verlagsverträgen, ZUM 2005, 359 ff.; *Graf,* Übertragungsrechte für Sportereignisse im europäischen Wettbewerbsrecht aus der Sicht von Sportverbänden, ZEuP 2006, 371 ff.; *Harte-Bavendamm/v.Bomhard,* Abgrenzungsvereinbarungen und Gemeinschaftsmarken, GRUR 1998, 530 ff.; *Hausmann,* Der Deutsche Fußball Bund (DFB) – Ein Kartell für Fernsehrechte?, BB 1994, 1089 ff.; *Heermann,* Keine kartellrechtliche Ausnahme für die Zentralvermarktung durch Sportligen aufgrund der Single Entity Defense, WRP 2011, 36 ff.; *ders.,* Anwendung des europäischen Kartellrechts im Bereich des Sports, WuW 2009, 394 ff.; *ders.,* Kartellrechtliche Ausnahme für die Vermarktung des Ligasports, in ZWeR 2009, 472 ff.; *ders.,* Professionelle Sportligen auf der Flucht vor dem Kartellrecht, RabelsZ 67 (2003), 106 ff.; *ders.,* Mehrheitsbeteiligungen an Sportkapitalgesellschaften im Lichte des Europarechts, WRP 2003, 724 ff.; *ders.,* Sport und Kartellrecht, in: Arter (Hrsg.), Sport und Recht, 2. Tagungsband, 2005, 197 ff.; *ders.,* Aktuelle kartellrechtliche Probleme im Zusammenhang mit Spielertransfers, in: Arter/Baddele (Hrsg.), Sport und Recht, 4. Tagungsband, 2007, 263 ff.; *ders.,* Verbandsautonomie versus Kartellrecht, Causa Sport 2006, 345 ff.; *Heinemann,* Kartellrechtliche Zwangslizenzen im Patentrecht – Die Spundfass-Entscheidung des BGH vom 13. Juli 2004, ZWeR 2005, 198 ff.; *ders.,* Immaterialgüterschutz in der Wettbewerbsordnung, 2002; *ders.,* Die Relevanz des „more economic approach" für das Recht des geistigen Eigentums, GRUR 2008, 949 ff.; *ders.,* Sportübertragungsrechte im europäischen Kartellrecht am Beispiel der Olympischen Spiele, ZEuP 2006, 337 ff.; *Hellmann/Bruder,* Kartellrechtliche Grundsätze der zentralen Vermarktung von Sportveranstaltungen – Die aktuellen Entscheidungen der Kommission zur Bundesliga und FA Premier League, EuZW 2006, 359 ff.; *Helmer,* Die sogenannte Materialleihgebühr der Musikverleger, UFITA 2006, 7 ff.; *Hillig/Blechschmidt,* Die Materialentschädigung für reversgebundenes Notenmaterial, ZUM 2005, 505 ff.; *Hilty,* Renaissance der Zwangslizenzen im Urheberrecht? Gedanken zu Ungereimtheiten auf der urheberrechtlichen Wertschöpfungskette, GRUR 2009, 633 ff.; *Höppner,* Der Kartellrechtliche Zwangslizenzeinwand gegen Ansprüche aus Patent- und Urheberrechten, ZWeR 2010, 395 ff.; *Holznagel,* Der Zugang zu Premium-Inhalten: Grenzen einer Exklusivvermarktung nach Europäischem Recht, K&R 2005, 385 ff.; *Jänich,* Fußballübertragungsrechte und Kartellrecht – Anmerkungen zu BGH Beschl. v. 11.12.1997 – KVR 7/96 – Europapokalheimspiele, GRUR 1998, 438 ff.; *Jansen/Johannsen,* Die Bewertung von Vergleichsvereinbarungen in Patentstreitigkeiten nach dem europäischen Kartellverbot, EuZW 2012, 893, 894, *Jung,* Die Zwangslizenz als Instrument der Wettbewerbspolitik, ZWeR 2004, 379 ff.; *Kirchner,* Patentrecht und Wettbewerbsbeschränkungen, in: Ott/Schäfer, Ökonomische Analyse der rechtlichen Organisation von Innovationen, 1994, S. 166 ff.; *Körber,* Die erstmalige Anwendung der Verpflichtungszusage gem. Art. 9 VO 1/2003 und die Zukunft der Zentralvermarktung von Medienrechten an der Fußballbundesliga, WRP 2005, 463 ff.; *Kreile/Becker/Riesenhuber,* Recht und Praxis der GEMA, 2. Aufl. 2008; *Laier,* Sportcontent für die Neuen Medien – Kartellrechtliche Fragen des Zugangs und der Vergabe, in: Vieweg (Hrsg.), Prisma des Sportrechts (Band 26), 2006, 65 ff.; *Lehmann,* Eigentum, Geistiges Eigentum und gewerbliche Schutzrechte, GRUR Int. 1983, 356 ff.; *Lettl/Jan Bernd Nordemann,* Schützt das Kartellverbot (Art. 101 AEUV, § 1 GWB) auch rechtswidrigen Wettbewerb? Zugleich Besprechung von EuGH, 7.2.2013 – C-68/12 – Slowakische Banken, NZKart 2014, 207 ff.; *Loewenheim,* Gewerbliche Schutzrechte, freier Warenverkehr und Lizenzverträge, GRUR 1982, 461 ff.; *ders.,* Urheberrecht und Kartellrecht, UFITA 79 (1977), 175, 192 ff.; *ders.,* Warenzeichen und Wettbewerbsbeschränkung, 1970; *Lux,* Verwertungsgesellschaften, Kartellrecht und 6. GWB-Novelle, WRP 1998, 31, 32 ff.; *Mennicke,* „Magill" – Von der Unterscheidung zwischen Bestand und Ausübung von Immaterialgüterrechten zur „essential facilities"-Doktrin in der Rechtsprechung des Europäischen Gerichtshofes?, ZHR 160 (1996), 626 ff.; *Niebel,* Das Kartellrecht der Markenlizenz unter besonderer Berücksichtigung des Europäischen Gemeinschaftsrechts, WRP 2003, 482 ff.; *J. B. Nordemann,* Markenpools und Patentpools im Kartellrecht, FIW-Schriftreihe 2009, S. 143 ff.; *ders.,* Urhebervertragsrecht und neues Kartellrecht gem. Art. 81 EG und § 1 GWB, GRUR 2007, 203 ff.; *ders.,* in: Fromm/Nordemann, Urheberrecht, 11. Aufl. 2014, vor §§ 31 ff. Rn. 56 ff., 222, 251 ff.; *ders.,* § 12 Kartellrecht, in: Bröcker/Czychowski/Schäfer, Praxishandbuch Geistiges Eigentum im Internet, 2003; *ders.,* Die MFM-Bildhonorare – Marktübersicht für angemessene Lizenzgebühren im Fotobereich, ZUM 1998, 642 ff.; *J. B. Nordemann/Waiblinger,* Kartelle und Boykotte gegen Schutzrechtsverletzer?, GRUR 2015, 1070 ff.; *Peifer,* Wissenschaftsmarkt und Urheberrecht: Schranken, Vertragsrecht, Wettbewerbsrecht, GRUR 2009, 22 ff.; *Rauda,* Fallgruppen statt IMS Health, GRUR 2007, 1022; *Rißmann,* Die kartellrechtliche Beurteilung der Markenabgrenzung, 2007; *Sack,* Zur Vereinbarkeit wettbewerbsbeschränkender Abreden in Lizenz- und Know-How-Verträgen mit europäischem und deutschen Kartellrecht, WRP 1999, 592 ff.; *Sandberger/Treeck* UFITA 47 (1966), 165 ff.; *Schmitt*, Gemeinsame Vergütungsregeln europäisch gesehen, GRUR 2003, 294 f.; *Schröder*, Sportrecht und Europäisches Wettbewerbsrecht – Zu neueren Entwicklungen in der Praxis der Kommission und des EuGH, SpuRt 2006, 1 ff.; *Schürnbrand*, Die Anwendung des Kartellrechts im Bereich des Sports, ZWeR 2005, 396 ff.; *Spindler/Apel*, Urheber- versus Kartellrecht – Auf dem Weg zur Zwangslizenz?, JZ 2005, 133 ff.; *Springer*, Die zentrale Vermarktung von Fernsehrechten im Ligasport nach deutschem und europäischem Kartellrechts unter besonderer Berücksichtigung des amerikanischen Antitrust-Rechts, WRP 1998, 477 ff.; *Stockmann*, Sportübertragungsrechte und Kartellrecht am Beispiel der Europacup-Spiele, ZIP 1996, 411 ff.; *ders.* in: Becker, Verwertungsgesellschaften im Europäischen Binnenmarkt (Symposium R. Kreile), 1990; *Stopper*, Ligasportvermarktung: Verhaltenskoordination oder Gemeinschaftsproduktion, ZWeR 2008, 412 ff.; *Streinz*, Der Fall Bosman: Bilanz und seine Folgen, ZEuP 2005, 340 ff.; *Vetter*, Das FIFA-Spielervermittler-Reglement im Spannungsverhältnis zum europäischen Kartellrecht – zugleich Besprechung von EuG, T-193/02, SpuRt 2005, 233; *Ullrich*, Lizenzkartellrecht auf dem Weg zur Mitte, GRUR Int. 1996, 555 ff.; *Waldhauser*, Anm. zu BGH Europapokalheimspiele, ZUM 1998, 129 ff.; *Weiler*, Multi-Club Ownership-Regelungen im deutschen Profifußball – Eine kritische Bestandsaufnahme, SpuRt 2007, 133 ff.; *Werberger*, Die kartellrechtliche Beurteilung von Verlagsverträgen, 1985; *Wertenbruch*, Die zentrale Vermarktung von Fußball-Fernsehrechten als Kartell nach § 1 GWB und Art. 85 EGV, ZIP 1996, 1417 ff.; *Weyhs*, Die zentrale Vermarktung von Fußballübertragungsrechten aus kartellrechtlicher Sicht, in: Vieweg (Hrsg.), Perspektiven des Sportrechts (Band 19), 2005, 149 ff.; *Wirtz/Holzhäuser*, Die kartellrechtliche Zwangslizenz, WRP 2004, 683 ff.; *Wolf*, Markenabgrenzungsvereinbarungen, Nichtangriffsverpflichtungen und Vorrechtserklärungen, NZKart 2015, 90 ff.; *Worm/Lorenz*, „Reverse payments" und „Pay-For-Delay" im Lichte aktueller Entscheidungen, Mitt. 2013, 390, 397.

I. Gewerbliche Schutzrechte, Urheberrechte und Leistungsschutzrechte

Die deutsche und die europäische Rechtsordnung gewähren – im Regelfall auf der Grundlage völkerrechtlicher Verträge – verschiedene **Immaterialgüterrechte,** auch genannt Rechte des Geistigen Eigentums. Diese Schutzrechte vermitteln für bestimmte Schutzgegenstände zeitlich begrenzt absolute Rechte gegen eine Nutzung Anderer. Die **Rechtfertigungen für Immaterialgüterrechte** sind vielschichtig und auch von Schutzrecht zu Schutzrecht unterschiedlich.[2] Ein wichtiges Argument ist der natürliche Anspruch des Menschen, die Ergebnisse seiner Kreativität eigentumsgleich zu kontrollieren (Naturrecht- oder Eigentumstheorie).[3] Der Schutz wird außerdem als Preis für die Veröffentlichung bzw. Offenlegung der Neuerung begriffen (Vertrags- oder Offenbarungstheorie). Daneben soll das Schutzrecht aber auch die Innovation belohnen und dazu anspornen (Anspornungs- und Belohnungstheorie).[4] Die Schutzrechte sind durch Artikel 14 GG[5] und Art. 17 Abs. 2 EU Charta der Grundrechte[6] **verfassungsrechtlich abgesichert.** Der Schutz des geistigen Eigentums besteht grundsätzlich nur in den gesetzlich vorgesehenen Fällen. Es besteht also ein *numerus clausus* für die Rechte des geistigen Eigentums. Üblicherweise werden diese Schutzrechte in **Gewerbliche Schutzrechte einerseits und Urheberrechte andererseits** unterteilt. Die Unterscheidung rührt daher, dass Gewerbliche Schutzrechte grundsätzlich nur Schutz gegen gewerbliche Verwendungen des Schutzgegen- 1

---

[2] Überblick bei *Heinemann*, Immaterialgüterrechtsschutz in der Wettbewerbsordnung, S. 14 ff., und bei *Jung* ZWeR 2004, 379, 381.

[3] Diese ist vor allem im Urheberrecht von Bedeutung, vgl. *Loewenheim* in Schricker/Loewenheim, Urheberrecht, Einleitung Rn. 8 ff.; *Dreier* in: Dreier/Schulze, Urheberrecht, Einl. Rn. 10; *E. Ulmer*, Urheber- und Verlagsrecht, § 16.

[4] Dazu umfassend *Heinemann*, Immaterialgüterrechtsschutz in der Wettbewerbsordnung, S. 15 ff.; zum Urheberrecht auch *Dreier* in: Dreier/Schulze, Urheberrecht, Einl. Rn. 10, ferner *Loewenheim* in: Schricker/Loewenheim, Urheberrecht, Einleitung Rn. 8 ff. Die Belohnungs- bzw. Anspornungstheorie steht im Patentrecht im Vordergrund, vgl. *Kraßer*, Patentrecht, § 3 II; *Oppenländer*, Patentwesen, technischer Fortschritt und Wettbewerb, 1984, S. 47 ff.

[5] Siehe beispielsweise *Wieland* in: Dreier Art. 14 GG Rn. 51 f.; *Papier* in: Maunz/Dürig, Grundgesetz, 74. Ergänzungslieferung, Mai 2015, Art. 14 GG Rn. 197 ff.

[6] Art. 17 Abs. 2 EU Charta der Grundrechte: „Geistiges Eigentum wird geschützt."

standes gewähren, während das Urheberrecht auch Schutz gegen eine nicht gewerbliche, also insbesondere eine private Nutzung bietet.

2 Im Gewerblichen Rechtsschutz kommt dem **Patentschutz** eine herausragende Rolle zu. Als Patent werden technische Erfindungen geschützt, „die neu sind, auf einer erfinderischen Tätigkeit beruhen und gewerblich anwendbar sind" (§ 1 PatG). Patente können nur für technische Herstellungs- oder Anwendungsverfahren (sog. Verfahrenspatente) oder für Erzeugnisse und deren Einrichtungen (sog. Sachpatente) erteilt werden. Die Schutzdauer des Patents beträgt grundsätzlich 20 Jahre, kann jedoch im Bereich von Arznei- und Pflanzenschutzmitteln verlängert werden.[7] Die „kleine Münze" des Patentschutz bildet der **Gebrauchsmusterschutz** für technische Erfindungen. Auch Erfindungen, die durch Gebrauchsmuster geschützt werden sollen, müssen neu und gewerblich anwendbar sein sowie einen technischen Charakter aufweisen (§ 1 GebrMG). Anders als Patente werden Gebrauchsmuster bereits bei Vorliegen der formellen Voraussetzungen registriert. Eine vorgeschaltete inhaltliche Prüfung findet nicht statt, so dass sehr viel schneller als bei Patenten ein Schutzrecht erlangt werden kann. Gemäß § 2 Nr. 3 GebrMG können jedoch im Unterschied zu Patenten keine Verfahren geschützt werden. Die maximale Schutzdauer beträgt 10 Jahre (§ 23 Abs. 2 GebrMG).

3 Der **Sortenschutz** schützt das geistige Eigentum an Pflanzenzüchtungen, indem es ein Ausschließlichkeitsrecht hinsichtlich solcher Pflanzensorten verleiht, die neu, unterscheidungskräftig, homogen, beständig und durch eine eintragbare Sortenbezeichnung bezeichnet sind (§ 1 Abs. 1 SortSchG).

4 Das HalbleiterschutzG gewährt nach Registrierung **Halbleitertopografieschutz** für neue dreidimensionale Strukturen mikroelektronischer Halbleitererzeugnisse, sofern diese eine Eigenart aufweisen (§ 1 HalbLSchG).

5 **Designschutz** (älterer Begriff: Geschmacksmusterschutz) in Deutschland ist möglich für ein beim Patent- und Markenamt eingetragenes Design im Sinne des § 1 DesignG, soweit dieses neu ist und Eigenart aufweist (§ 2 Abs. 1 DesignG). Die Schutzdauer des DesignG beträgt maximal 25 Jahre ab Eintragung in das Register beim Patent- und Markenamt (§ 27 DesignG). Daneben besteht auch auf der europäischen Ebene EU-weiter Designschutz auf der Grundlage der Verordnung (EG) Nr. 6/2002 des Rates vom 12. Dezember 2001 für das (eingetragene) Gemeinschaftsgeschmacksmuster sowie das nicht eingetragene Gemeinschaftsgeschmacksmuster.

6 Das MarkenG gewährt zunächst **Markenschutz** für alle Zeichen (insbesondere Wörter, Bilder, Buchstaben, Zahlen, Hörzeichen, dreidimensionale Gestaltungen, Farben und Farbzusammenstellungen), die geeignet sind, Waren oder Dienstleistungen eines Unternehmens von denjenigen anderer Unternehmen zu unterscheiden (§ 3 MarkenG). Dafür ist grundsätzlich eine Registrierung erforderlich, es sei denn, es besteht ausnahmsweise Verkehrsgeltung oder notorische Bekanntheit als Marke (§ 4 MarkenG). Anders als bei den anderen Schutzrechten gibt es im Markenrecht keine von vornherein geltende zeitliche Begrenzung des Schutzes. Der Markenschutz kann beliebig häufig in 10-Jahres-Schritten verlängert werden (§ 47 MarkenG), verfällt jedoch bei fehlender Benutzung über mindestens 5 Jahre. Daneben schützt das MarkenG als **geschäftliche Bezeichnungen** auch Unternehmenskennzeichen und Werktitel ohne Registrierung ab Benutzungsaufnahme bis zur endgültigen Aufgabe der Benutzung (§ 5 MarkenG). Weiter besteht auch Schutz für **geografische Herkunftsangaben** (§§ 126ff. MarkenG iVm. EU-Verordnung 510/2006). Auf europä-

[7] Ermöglicht wurde diese Sonderregelung durch die Verordnung (EWG) Nr. 1768/92 des Rates v. 18. Juni 1992 über die Schaffung eines ergänzenden Schutzzertifikats für Arzneimittel, ABl. L 182/1 v. 2.7.1992 und die Verordnung (EG) 1610/96 des Europäischen Parlaments und des Rates v. 23. Juli 1996 über die Schaffung eines ergänzenden Schutzzertifikats für Pflanzenschutzmittel, ABl. L 198 v. 8.8.1996, S. 30; aktuell werden die ergänzenden Schutzzertifikate geregelt durch die Verordnung (EG) Nr. 469/2009 des Europäischen Parlaments und des Rates vom 6. Mai 2009 über das ergänzende Schutzzertifikat für Arzneimittel.

ischer Ebene bietet die GemeinschaftsmarkenVO einen EU-weiten Markenschutz für Marken bei Registrierung. Aufgrund ihres Ausschließlichkeitscharakters ist Marken eine wettbewerbsbeschränkende Wirkung immanent, wobei sie umgekehrt auch zur Förderung eines Wettbewerbs insbesondere im Hinblick auf Innovationen beitragen können; das Markenrecht ist seinerseits ein wesentlicher Bestandteil des Systems des unverfälschten Wettbewerbs.[8]

Zu den gewerblichen Schutzrechten wird darüber hinaus auch der **Schutz des geheimen Know-hows** gerechnet. Als Know-how wird eine Gesamtheit wesentlicher praktischer Kenntnisse verstanden, die durch Erfahrungen und Versuche gewonnen werden. Geheim ist Know-how, wenn es allgemein bekannt und nicht leicht zugänglich ist.[9] Know-how kann sich dabei auf die Produktion von Waren beziehen, aber auch sonst im Zusammenhang mit einem Geschäftsbetrieb stehen. Solange solches Wissen geheim ist, kann es zu einem wesentlichen Wettbewerbsvorsprung des Inhabers gegenüber seinen Konkurrenten führen und damit eine Marktposition für Inhabers schaffen, die der Marktposition entspricht, die sich aus einer Patentierung der Technologie ergeben würd. Der Wettbewerbsvorsprung durch geheimes Know-how unterliegt keiner zeitlichen Begrenzung, sondern bleibt so lange bestehen, wie es geheim ist. Für geheimes Know-how besteht jedoch kein Ausschließlichkeitsrecht; es stellt damit kein geistiges Eigentum im engeren Sinne dar. Rechtlich besteht derzeit nur über §§ 17, 18 UWG sowie über § 3 Abs. 1 UWG Know-how-Schutz. Art. 1 Abs. 1 lit. i) GVO Technologietransfer enthält eine Definition und benennt Know-how als Gegenstand von Technologietransfervereinbarungen. Durch eine geplante EU-Richtlinie zum Know-how Schutz wird es zukünftig einen einheitlichen Europäischen Rechtsrahmen geben. 7

Urheberschutz besteht für Werke der Literatur, Wissenschaft und Kunst (§ 1 UrhG). Das sind Sprachwerke (Schriftwerke, Reden und Computerprogramme), Musikwerke, pantomimische Werke einschließlich der Werke der Tanzkunst, Werke der bildenden Künste einschließlich der Werke der Baukunst und der angewandten Kunst und Entwürfe solcher Werke, Fotografiewerke (Lichtbildwerke), Filmwerke, Darstellungen wissenschaftlicher oder technischer Art (Zeichnungen, Pläne, Karten, Skizzen, Tabellen und plastische Darstellungen), Bearbeitungen sowie Sammelwerke und Datenbankwerke (§§ 2 Abs. 1, 3, 4 UrhG). Um urheberrechtlich geschützt zu sein, muss es sich um persönlich geistige Schöpfungen handeln (§ 2 Abs. 2 UrhG). Schutz wird ohne Registrierung automatisch mit Schöpfung gewährt. Die Schutzfrist beträgt grundsätzlich 70 Jahre nach dem Tod des Urhebers (§§ 64ff. UrhG). Das UrhG schützt daneben auch bestimmte andere Leistungen über sog. **Leistungsschutzrechte** (auch verwandte Schutzrechte), nämlich Verfasser wissenschaftlicher Ausgaben (§ 70 UrhG), Lichtbildner (§ 72 UrhG), ausübende Künstler (§§ 73ff. UrhG), Veranstalter (§ 81 UrhG), Tonträgerhersteller (§ 85 UrhG), Sendeunternehmen (§ 87 UrhG), Datenbankhersteller (§§ 87af. UrhG), Presseverleger (§ 87f UrhG), Filmhersteller (§ 94 UrhG) und Laufbildhersteller (§ 95 UrhG). Die Schutzfrist hat je nach Leistungsschutzrecht eine unterschiedliche Laufzeit und ist teilweise erheblich kürzer als beim Urheberrecht. Auch für Leistungsschutzrechte ist keine Registrierung notwendig. 8

II. Spannungsverhältnis: Immaterialgüterrechte – Kartellrecht

1. Ausgangspunkt

Immaterialgüterrechte haben einen eigenen Stellenwert im Wirtschaftssystem. Sie gewähren ausschließliche Rechte, also einen grundsätzlichen Schutz vor imitierendem (statischem) Wettbewerb, sie können jedoch den substitutiven (dynamischen) Wettbewerb 9

[8] OLG Frankfurt WuW/E DE-R 4011 Tz. 33 (juris) – *Kalksteinprodukte* = WRP 2013, 1663, unter Berufung auf EuGH GRUR 2003, 55, 57 – *Arsenal* und EuGH GRUR 1998, 922, 924 – *Canon*.

[9] Vgl. die Definition von Know-how in Art. 1 Abs. 1 lit. i) GVO Technologietransfer.

fördern.[10] Die Ausschließlichkeitsrechte des geistigen Eigentums sind insoweit nicht Ausnahme vom Wettbewerb, sondern sein Mittel, das auf substitutiven statt auf imitierenden Wettbewerb verweist.[11] Immaterialgüterrechtschutz und Kartellrecht stehen also einerseits in einem nicht zu leugnenden Spannungsverhältnis im Hinblick auf die Beschränkung imitierenden Produktwettbewerbs. Andererseits führt dieses Spannungsverhältnis aber – ganz im Sinne des Kartellrechts – zu einer Stärkung der dynamischen Wettbewerbsfunktionen, insbesondere der Innovation.

2. Lösungsansätze

10 Dieses komplexe Verhältnis von Immaterialgüterrecht und Kartellrecht auf „mehreren Ebenen"[12] mag erklären, warum es im Verhältnis von Immaterialgüterrechten und Kartellrecht keine eindeutigen Grenzziehungen gibt. Lange Zeit postulierte allerdings die in Deutschland vorherrschende **frühere „Inhaltstheorie"** eine grundsätzliche Unanwendbarkeit des Kartellrechts innerhalb des Inhaltes des betreffenden Immaterialgüterrechts,[13] also insoweit einen kartellrechtsfesten Kern der Immaterialgüterrechte. Einen gesetzlichen Niederschlag fand diese Auffassung in § 17 Abs. 1 GWB a. F. im Hinblick auf Patente, Gebrauchsmuster, Topographien und Sortenschutzrechte sowie in Verbindung mit § 18 GWB a. F. auch für geheimes Know-How. Danach sollten insbesondere „Beschränkungen hinsichtlich Art, Umfang, technischem Anwendungsbereich, Menge, Gebiet oder Zeit der Ausübung des Schutzrechts" zum Inhalt des Schutzrechts gehören und damit kartellrechtlich unantastbar sein. Aber auch für den Inhalt von Marken-, Urheber- und Designrechten sollte nach der Inhaltstheorie ein kartellrechtsfreier Raum verbleiben. Letztlich erscheint das Konzept eines klar umzäunten Naturschutzparks Immaterialgüterrecht aber als untauglich, die oben dargestellten Spannungen zwischen Immaterialgüterrechten einerseits und Kartellrecht andererseits abzubilden, auch wenn solche Lösungsmodelle für den Praktiker einfach handhabbar sind. Deshalb war die strikte Anwendung der Inhaltstheorie zuletzt stark umstritten; es wurde mit Recht eine flexiblere Handhabung unter Berücksichtigung kartellrechtlicher Interessen gefordert.[14]

11 Inzwischen hat sich sowohl im europäischen als auch im deutschen Kartellrecht dieser flexiblere Ansatz durchgesetzt. **Heute** muss nach der ganz herrschenden Auffassung **durch eine umfassende Interessenabwägung ein gerechter Ausgleich zwischen Wettbe-**

---

[10] Zur Differenzierung zwischen statischen und dynamischen Wettbewerbsfunktionen § 1 GWB Rn. 6 sowie *Bartling* WuW 1993, 16, 17; *J. B. Nordemann*, Gegenmacht und Fusionskontrolle, S. 64f.

[11] BGH GRUR 2004, 966, 968 – *Standard-Spundfass* für das Patentrecht; ferner Europäische Kommission, Leitlinien GVO Technologietransfer, ABl. C 89/3 vom 28.3.2014, Rn. 5ff.; *Ullrich/Heinemann* in: Immenga/Mestmäcker, EU-WettbR, GRUR B. Rn. 21; *Westrick/Loewenheim* Vorbemerkung § 15 Rn. 8; *Lehmann*, Rechtsschutz von Computerprogrammen, XVI A. Rn. 4; *v. Weizsäcker* WuW 2007, 1978, 1080.

[12] Vgl. auch zur sog. Mehrebenentheorie *Lehmann* GRUR Int. 1983, 356; *Kirchner*, Patentrecht und Wettbewerbsbeschränkungen, in: Ott/Schäfer, Ökonomische Analyse der rechtlichen Organisation von Innovationen, 1994, S. 166ff.; vgl. auch *Jung* ZWeR 2004, 379, 380. Distanziert zum Mehrebenenansatz *Heinemann*, Immaterialgüterrechtsschutz in der Wettbewerbsordnung, S. 15f., 25f.

[13] Jeweils zum Patentrecht BGH WuW/E 823 – *Schweißbolzen* = BGHZ 46, 365ff.; BGH WuW/E BGH 1034f. – *Rüben-Verladeeinrichtung; Axster* in: Gemeinschaftskommentar §§ 20, 21 GWB Rn. 152; *von Gamm*, § 20 GWB Rn. 12; *Gaul/Bartenbach*, Handbuch des gewerblichen Rechtsschutzes, Band II, Rn. 591ff.

[14] Vor allem *Ullrich* GRUR Int. 1996, 555, 558; *Loewenheim*, GRUR 1982, 461ff.; *ders.* UFITA 79 (1977), 175, 192; *ders.*, Warenzeichen und Wettbewerbsbeschränkung, 1970, S. 217ff.; *Mestmäcker/Schweitzer*, Europäisches Wettbewerbsrecht, § 28 Rn. 22; *Möschel*, Recht der Wettbewerbsbeschränkungen, Rn. 462, 499; *Heinemann*, Immaterialgüterrechtsschutz in der Wettbewerbsordnung, S. 153; *Christoph*, Wettbewerbsbeschränkungen in Lizenzverträgen über gewerbliche Schutzrechte nach deutschem und europäischen Recht, S. 69ff., 105; *Schwarze* in: Kreile/Becker/Riesenhuber Kap. 5 Rn. 86ff.

werbsfreiheit und Immaterialgüterrechtsschutz gefunden werden. Im Europarecht kann man zusätzlich auf die Unterscheidung zwischen Bestand und Ausübung des Schutzrechts zurückgreifen, weil EU-Kartellrecht wegen der nationalen Regelungskompetenz für (geistiges) Eigentum (Art. 345 EUV) nur die Ausübung regeln kann. Zur Beantwortung der Frage, ob die Ausübung zulässig ist, findet eine Interessenabwägung unter besonderer Berücksichtigung des **spezifischen Gegenstandes des Schutzrechts** statt.[15] Diese Unterscheidung zwischen Bestand und Ausübung nimmt der erforderlichen Interessenabwägung allerdings nicht ihre Komplexität. Wichtiger ist es, den spezifischen Schutzgegenstand zu identifizieren, weil er den Ausgangspunkt der Interessenabwägung bildet. Der spezifische Schutzgegenstand entspricht jedoch – wie bei der Inhaltstheorie – dem Inhalt des Schutzrechts.[16] Je enger die wettbewerbsbeschränkende Regelung mit dem Inhalt des Schutzrechts (spezifischen Gegenstand) verbunden ist, desto weniger Rechtfertigungsaufwand bedarf es, um die Regelung als kartellrechtlich unbedenklich einzustufen. Grundsätzlich respektiert das Kartellrecht den spezifischen Schutzgegenstand.[17]

Der spezifische Schutzgegenstand lässt sich für die Immaterialgüterrechte grob damit beschreiben, dass **der Inhaber des Schutzrechts** in die Lage versetzt werden soll, **andere von der Verwertung des Schutzgegenstandes** ohne seine Zustimmung **auszuschließen.**[18] Auch soll er das Inverkehrbringen oder die Bereitstellung der Schutzgegenstände dadurch kommerziell nutzen können, dass **gegen Zahlung einer Vergütung Lizenzen erteilt** werden.[19] Siehe unten für Einzelheiten bei den verschiedenen Schutzrechten.[20] Allerdings akzeptiert das Kartellrecht als Ausfluss dieses Ausschließlichkeitsrechts **nur „angemessene" Vergütungen**[21] und kontrolliert damit die Gewinnmaximierungsmöglichkeit des Schutzrechtsinhabers.[22] 12

Beim **Verbot von wettbewerbsbeschränkenden Vereinbarungen gem. Art. 101 AEUV (bzw. § 1 GWB)** führt diese Interessenabwägung – wenn sich das Immaterialgüterrecht durchsetzt – zu einer **Tatbestandsreduktion** des Art. 101 Abs. 1 AEUV bzw. in nicht zwischenstaatlichen Sachverhalten des § 1 GWB.[23] Ansonsten ist noch eine **Freistellung** nach Art. 101 Abs. 3 AEUV (§ 2 GWB) zu prüfen. Es kommen mehrere Gruppenfreistellungen in Betracht, z. B. die GVO Technologietransfer und die GVO Forschung & Entwicklung.[24] Außerhalb ihres Anwendungsbereiches kann zudem eine Einzelfreistellung erwogen werden.[25] 13

---

[15] EuGH Slg. 1966, 321, 394 – *Grundig/Consten;* EuGH Slg. 1971, 69, 83 – *Sirena/Novimpex;* EuGH Slg. 1971, 497, 499 – *Deutsche Grammophon;* EuGH v. 8.6.1982 C-258/78 – *Nungesser/Kommission („Maissaatgut")* = Slg. 1982, 2015, 2061; EuGH GRUR 2012, 156 Tz. 106 – *Football Association Premier League und Murphy;* EuGH EuGH v. 6.10.1982 C-262/81 – *Coditel/Ciné-Vog Films II* = Slg. 1982, 3381 = NJW 1983, 1255, 1256; ferner *Gaster* in: Schröter/Jakob/Mederer, Kommentar zum Europäischen Wettbewerbsrecht, Art. 101 AEUV Rn. 1019 mwN.; *Jestaedt* in Langen/Bunte Nach Art. 101 AEUV Rn. 1241; *J. B. Nordemann* in Fromm/Nordemann, Urheberrecht, Vor §§ 31 ff. UrhG Rn. 58; kritisch lediglich zur Terminologie *Ullrich/Heinemann* in: Immenga/Mestmäcker, EU-WettbR, GRUR B., Rn. 14.

[16] So auch *Sack,* WRP 1999, 592, 599; *J. B. Nordemann* in: Bröcker/Czychowski/Schäfer, Praxishandbuch Geistiges Eigentum im Internet, § 12 Rn. 133.

[17] Siehe nur EuGH GRUR 2012, 156 Tz. 106 – *Football Association Premier League und Murphy;* EuGH EuGH v. 6.10.1982 C-262/81 – *Coditel/Ciné-Vog Films II* = Slg. 1982, 3381 = NJW 1983, 1255, 1256.

[18] Europäische Kommission, Leitlinien Technologietransfer, Tz. 6.

[19] EuGH GRUR 2012, 156 Tz. 106 – *Football Association Premier League und Murphy* mwN. aus der EuGH-Rechtsprechung.

[20] Siehe Rn. 49 ff.

[21] EuGH GRUR 2012, 904 Tz. 63 – *UsedSoft/Oracle;* EuGH GRUR 2012, 156 Tz. 107 – *Football Association Premier League Ltd. und Murphy;* EuGH NJW 1994, 375, 376 – *Phil Collins.*

[22] *Ullrich* GRUR Int. 1966, 555, 567; *Jestaedt* in Langen/Bunte, Nach Art. 101 AEUV Rn. 1236.

[23] Dazu Rn. 14 ff.

[24] Siehe jeweils die separaten Kommentierungen hierzu.

[25] Dazu Rn. 41 ff.

Für **Art. 102 AEUV (Missbrauchsverbot für marktbeherrschende Unternehmen)** ergeben sich aus der erforderlichen Interessenabwägung unter besonderer Berücksichtigung des spezifischen Schutzzwecks des Schutzrechts ebenfalls zahlreiche Besonderheiten.[26]

III. Wettbewerbsbeschränkende Vereinbarungen und Immaterialgüterrechte (Art. 101 AEUV, §§ 1, 2 GWB)

14 Das Spannungsverhältnis zwischen den Schutzrechten einerseits und dem **Verbot wettbewerbsbeschränkender Vereinbarungen** andererseits kann eine Tatbestandsreduktion des Art. 101 Abs. 1 AEUV (bzw. des § 1 GWB) bedingen. Ansonsten ist noch eine Gruppen- oder Einzelfreistellung nach Art. 101 Abs. 3 AEUV (§ 2 GWB) zu prüfen. In der Praxis hat sich – in gewisser Abweichung von der vorstehend erläuterten Systematik – folgende **Prüfungsreihenfolge** herausgebildet:[27] **(1) Prüfung, ob Freistellung nach einer GVO.** Das erspart die eigentlich systematische vorrangige, aber oft nicht einfache Prüfung, ob der Tatbestand des Art. 101 Abs. 1 AEUV erfüllt ist. Es kommen mehrere Gruppenfreistellungen in Betracht, z. B. die GVO Technologietransfer und die GVO Forschung & Entwicklung.[28] **(2) Falls die GVO nicht greift, Prüfung, ob der Tatbestand des Art. 101 Abs. 1 AEUV gegeben ist.** Das schließt auch die Prüfung zur Tatbestandsreduktion wegen des spezifischen Satzgegenstandes des Immaterialgüterechts und der Spürbarkeit ein. **(3) Erst danach: Prüfung einer Einzelfreistellung nach Art. 101 Abs. 3 AEUV.** Die nachfolgenden Erläuterungen halten sich jedoch an die systematisch eigentlich richtige Reihenfolge.

1. Anwendung des Art. 101 Abs. 1 AEUV (§ 1 GWB) auf Immaterialgüterrechte

15 **a) Allgemeines.** Wettbewerbsbeschränkende Vereinbarungen, die Schutzrechte betreffen, fallen nicht zwingend unter den Tatbestand des Art. 101 Abs. 1 AEUV (in nicht zwischenstaatlichen Sachverhalten: § 1 GWB). Vielmehr können sie durch den spezifischen Schutzgegenstand des Immaterialgüterrechts privilegiert sein. Dann erfolgt eine **Tatbestandsreduktion** des Art. 101 Abs. 1 AEUV (§ 1 GWB).

16 Nach der Rechtsprechung des EuGH ist die Schutzrechtsausübung immer dann unzulässig, wenn sie den Gegenstand, das Mittel oder die Folge einer Kartellabsprache darstellt.[29] Nach heutigem Stand ist danach zu fragen, ob die Schutzrechtsausübung eine Wettbewerbsbeschränkung bezweckt oder zumindest bewirkt. Damit ist für die Anwendung von Art. 101 Abs. 1 AEUV zwischen autonomer Schutzrechtsausübung einerseits und nichtautonomer Geltendmachung andererseits zu unterscheiden.[30] Für sich genommen bietet dieses Unterscheidung allerdings nur wenig Hilfe bei der Bewertung von Schutzrechtsvereinbarungen nach Art. 101 Abs. 1 AEUV. Denn ob und inwieweit die Tatbestandsreduktion erfolgen muss, entscheidet sich aufgrund einer **Interessenabwägung unter besonderer Berücksichtigung des spezifischen Gegenstandes des Schutzrechts.**[31] Je enger

---

[26] Dazu Rn. 121 ff.

[27] *Auf'mkolk* WuW 2011, 699, 702; siehe auch *Bahr/Loest* EWS 2002, 263. I. Erg. genauso: OLG Naumburg v. 19.9.2013, 2 U 20/13 (Kart) Tz. 65 ff. (juris) – *Haftklebestoffe* = BeckRS 2013, 21552, S. 9 ff.: Zunächst Prüfung Gruppenfreistellung (im Fall § 2 Abs. 2 GWB), dann Prüfung Tatbestand des Kartellverbots (im Fall § 1 GWB). Siehe auch oben die Kommentierung zu Art. 101 Abs. 1.

[28] Siehe jeweils die separaten Kommentierungen hierzu.

[29] EuGH v. 8.6.1982 C-258/78 – *Nungesser/Kommission („Maissaatgut")* = Slg. 1982, 2015, 2061; EuGH v. 6.10.1982 C-262/81 – *Coditel/Ciné-Vog Films II* = Slg. 1982, 3381 = NJW 1983, 1255, 1256; EuGH v. 14.9.1982 C-144/81 – *Keurkoop/Nancy Kean Gifts* = Slg. 1982, 2853, 2873.

[30] *Axster/Schütze* in Voraufl. (2. Aufl.) GRUR Rn. 81.

[31] EuGH GRUR 2012, 156 Tz. 106 f. – *Football Association Premier League Ltd. und Murphy; Deutsche Grammophon;* EuGH v. 8.6.1982 C-258/78 – *Nungesser/Kommission („Maissaatgut")* = Slg. 1982, 2015, 2061; EuGH Slg. 1966, 321, 394 – *Grundig/Consten;* EuGH Slg. 1971, 69, 83 – *Sirena/Novimpex;* EuGH Slg. 1971, 497, 499; siehe auch oben Rn. 10 ff.

die wettbewerbsbeschränkende Absprache mit dem spezifischen Gegenstand verbunden ist, desto eher ist sie kartellrechtlich unbedenklich. Grundsätzlich respektiert Art. 101 Abs. 1 AEUV Abreden, die auf dem spezifischen Schutzgegenstand beruhen.[32] **Damit sind Abreden tendenziell kartellrechtlich zulässig, die ihre Rechtfertigung im spezifischen Schutzgegenstand des jeweiligen Schutzrechts haben.** In solchen Fällen kommt im Regelfall allenfalls eine bewirkte Wettbewerbsbeschränkung in Betracht. Demgegenüber können Wettbewerbsbeschränkungen, die außerhalb des spezifischen Schutzgegenstandes liegen, auch bezweckte Wettbewerbsbeschränkungen sein.[33] Nachfolgend werden wichtige Regelungsgegenstände von Schutzrechtsvereinbarungen dargestellt. Ansonsten sei noch auf die Kommentierung zu den einzelnen Schutzrechten verwiesen.[34]

b) Gebietsaufteilungen. Bei Gebietsaufteilungen in Schutzrechtsverträgen prallen der 17
marktintegrative Ansatz der Wettbewerbsregeln mit der vom Schutzrecht vermittelten territorialen Aufspaltbarkeit von Märkten aufeinander. Es ist eine sorgfältige Abwägung vorzunehmen. Wichtige Anhaltspunkte für die Interessenabwägung lassen sich aus der Verhältnismäßigkeitsprüfung im Rahmen der Waren- und Dienstleistungsfreiheit (Art. 34, 56 AEUV) gewinnen, die im Zusammenhang mit der Ausübung von Immaterialgüterrechten im Regelfall parallel mit der kartellrechtlichen Prüfung läuft.[35] Aus dem Spanungsverhältnis zwischen diesen Grundfreiheiten und der absoluten territorialen Wirkung von Schutzrechten hat sich vor allem die **Erschöpfungslehre** entwickelt. Bei körperlicher Verwertung tritt Erschöpfung der körperlichen Verwertungsrechte bei allen Schutzrechten ein, sofern der geschützte Gegenstand mit Zustimmung des Schutzrechtsinhabers innerhalb der EU oder des EWR in den Verkehr gebracht wurde. Die Erschöpfung bildet die verhältnismäßige Lösung unter Berücksichtigung des spezifischen Schutzgegenstandes, weil sie dem Inhaber erlaubt, eine angemessene Vergütung zu erzielen.[36] Weitergehende Abreden, die die Erschöpfungswirkung einschränken, sind tendenziell auch kartellrechtlich unzulässig.[37] Ausnahmsweise können sie allerdings erlaubt sein, z. B. nach der GVO Vertikalvereinbarungen.

c) Preisabreden. Der Inhaber soll sein Schutzrecht dadurch kommerziell nutzen kön- 18
nen, dass gegen **Zahlung einer Vergütung Lizenzen erteilt** werden.[38] Damit ist es grundsätzlich zulässig, Lizenzentgelte oder Entgelte für die Schutzrechtsübertragung zu verabreden.[39] Demgegenüber sind **darüber hinausgehende Preisabreden grundsätzlich nicht durch den spezifischen Schutzgegenstand von Schutzrechten zu rechtfertigen.** Das gilt in horizontaler Richtung (d. h. zwischen Mitbewerbern) und in vertikaler Richtung (d. h. zwischen verschiedenen Marktstufen unter Bindung des Weiterverkaufspreises). Die angemessene Vergütung, die Teil des spezifischen Schutzgegenstandes ist, muss sich grundsätzlich im freien Preiswettbewerb bilden und darf nicht künstlich durch Preisabreden verfälscht werden. Eine gewisse Ausnahme bilden das Urheberrecht im engeren Sinne und das Leistungsschutzrecht des ausübenden Künstlers. Nach §§ 32, 36 UrhG

---

[32] Siehe nur EuGH GRUR 2012, 156 Tz. 106 – *Football Association Premier League und Murphy;* EuGH v. 6.10.1982 C-262/81 – *Coditel/Ciné-Vog Films II* = Slg. 1982, 3381 = NJW 1983, 1255, 1256.

[33] Siehe zur Unterscheidung von bezweckten und bewirkten Wettbewerbsbeschränkungen oben Art. 101 Abs. 1 AEUV Rn. 265 ff.

[34] Rn. 49 ff.

[35] Eingehend *Jestaedt* in Langen/Bunte Nach Art. 101 AEUV Rn. 1238 ff.; *Axster/Schütze* in Vorauﬂ. (2. Aufl.) GRUR Rn. 38 ff.

[36] EuGH Slg. 1971, 487, 500 – *Deutsche Grammophon/Metro;* EuGH Slg. 1982, 329, 346 – *Polydor/Harlequin;* EuGH Slg. 1989, 79, 96 – *EMI/Patricia.* Siehe auch EuGH GRUR 2012, 904 Tz. 63 – *UsedSoft/Oracle,* allerdings zur Erschöpfung im Bereich der unkörperlichen Verwertung.

[37] Vgl. EuGH GRUR 2012, 156 Tz. 134 ff. – *Premier League/Murphy.*

[38] EuGH GRUR 2012, 156 Tz. 106 – *Football Association Premier League und Murphy* mwN. aus der EuGH-Rechtsprechung.

[39] Eingehend zu Lizenzgebühren unten Rn. 26.

können sich hier Verbände der Urheber bzw. der ausübenden Künstler mit Verbänden horizontal für die Nutzungsvergütung zu sog. gemeinsamen Vergütungsregeln verabreden, also horizontale Preisabsprachen treffen, wobei noch nicht abschließend geklärt ist, inwieweit solche Abreden dem europäischen Kartellverbot standhalten.[40]

19 **d) Outputbeschränkungen.** Beschränkungen des Outputs sind grundsätzlich eine kartellrechtliche Kernbeschränkung. Jedoch ist die Möglichkeit, die Quantität der Nutzung von Schutzrechten zu bestimmen, Teil ihres spezifischen Schutzgegenstandes. Es bedarf deshalb einer umfassenden Interessenabwägung. Art. 4 Abs. 1 lit b) GVO Technologietransfer verbietet grundsätzlich für die dort geregelten Schutzrechte Outputbeschränkungen in Lizenzvereinbarungen zwischen zwei Unternehmen, allerdings mit der wichtigen Ausnahme von Output-Beschränkungen, die dem Lizenznehmer in einer nicht wechselseitigen Vereinbarung oder nur einem Lizenznehmer in einer wechselseitigen Vereinbarung in Bezug auf die Vertragsprodukte auferlegt werden. Auch außerhalb des Anwendungsbereiches der GVO Technologietransfer für andere Schutzrechte sollten danach einseitige Outputbeschränkungen tendenziell zulässig sein, weil sie zum Wesen des Schutzrechts gehören.

20 **e) Schutzrechtsübertragungen.** Veräußerungen von Schutzrechten sind grundsätzlich kartellrechtlich neutral. Zu den Befugnissen des Schutzrechtsinhabers gehört es, das Schutzrecht auf Dritte zu übertragen. Hier gilt nichts anderes als bei der Übertragung körperlichen Eigentums. Zu beachten ist, dass Schutzrechtsübertragungen wettbewerbsbeschränkende **Nebenabreden** tragen können. Diese sind nach den üblichen Regeln kartellrechtlich privilegiert, wenn sie notwendig für das Austauschgeschäft sind. Das gilt insbesondere für Wettbewerbsverbote.[41] Kartellrechtswidrig können durch Schutzrechtsübertragungen ermöglichte **Gebietsaufteilungen** sein, die nicht durch den spezifischen Schutzgegenstand gerechtfertigt sind, sondern ihn missbrauchen, um bezweckte Wettbewerbsbeschränkungen zu ermöglichen. Dazu zählt beispielsweise die Konstellation, dass der Hersteller seinem für ein bestimmtes (nationales) Gebiet eingesetzten Alleinvertriebshändler eine Zweitmarke für dieses Gebiet überträgt, die diesen in die Lage versetzt, Parallelimporteure von einem Vertrieb der Produkte in seinem Gebiet abhalten zu können, ohne sich eine Erschöpfung des Markenrechts vorhalten lassen zu müssen.[42] Anders ist es allerdings, wenn zwischen der Inhabern verschiedener (identischer) nationaler Schutzrechte, die die räumliche Aufteilung bedingen, keine rechtliche, finanzielle, technische oder wirtschaftliche Verbindung besteht, sondern die Inhaber das Schutzrecht autonom ohne Zweck der Wettbewerbsbeschränkung erworben haben. In derartigen Fallkonstellationen besteht für eine Anwendung von Art. 101 Abs. 1 AEUV auf die Ausübung von Schutzrechten kein Raum.[43] Demgegenüber sind horizontale oder vertikale **Preisabreden** in Schutzrechtsübertragungen grundsätzlich nicht durch den spezifischen Schutzzweck von Schutzrechten privilegiert, weil sie über die Vereinbarung der Gegenleistung für die Übertragung hinausgehen.[44] – Zu beachten ist, dass die **Bezeichnung als Schutzrechtsübertragung nicht entscheidend** für die kartellrechtliche Einordnung ist. Vielmehr muss die Übertragung nach den Maßstäben eines Lizenzvertrages beurteilt werden, wenn zwar Schutzrechte übertragen werden, jedoch das mit der Verwertung verbundene Risiko zum Teil beim Veräußerer verbleibt (vgl. Art. 1 Abs. 1 lit c) ii) GVO Technologietransfer).

21 Besondere Fragen kann die geteilte Schutzrechtsübertragung aufwerfen. Beispielsweise können Inhaber ihre Schutzrechte sachlich oder räumlich spalten **(Schutzrechtsspaltung).** Das ist erst einmal für sich genommen kartellrechtlich neutral, und zwar unabhän-

---

[40] Eingehend unten Rn. 88 ff.

[41] Zu notwendigen Nebenabreden bei Veräußerungsgeschäften Art. 101 Rn. 308 ff.

[42] EuGH v. 13.7.1966 C-56/64 – *Consten und Grundig/Kommission* = Slg. 1966, 321.

[43] EuGH v. 3.7.1974 C-192/73 – *Hag I* = Slg. 1974, 731; EuGH v. 17.10.1990 C-10/89 – *Hag II* = Slg. 1990, I-3711, 3757 ff.

[44] Vgl. auch Rn. 26.

gig davon, ob die Spaltung auf Rechtsgeschäft oder auf Hoheitsakt (z.B. Enteignung) beruht.[45] Sachliche und räumliche Spaltungen sollten grundsätzlich zulässig sein, sofern der spezifische Schutzgegenstand die Spaltung und eigenständige Veräußerung erlaubt. Ein Beispiel ist ein internationale Registrierung, die räumlich aufgespalten wird, oder eine deutsche Marke, die nach Waren gespalten wird. Unzulässig wäre aber die Aufteilung eine Gemeinschaftsmarke (EU-Marke) in verschiedene EU-Staaten, weil sie nur einheitlichen Schutz gewährt.[46] Denkbar ist allerdings, die Gemeinschaftsmarke in unterschiedliche nationale Schutzrechte zerfallen zu lassen. Allerdings besteht für räumliche Spaltungen innerhalb der EU ein besonderes Spannungsverhältnis zu Art. 101 Abs. 1 AEUV; dazu oben.[47] Eine Spaltung ist deshalb auch immer darauf zu untersuchen, ob sie eine bezweckte Wettbewerbsbeschränkung zwischen Mitbewerbern enthält. Zu Abgrenzungsvereinbarungen im Markenrecht siehe unten.[48]

f) Lizenzverträge. Lizenzverträge betreffen eine zeitlich begrenzte Überlassung der Nutzungsmöglichkeit von Schutzrechten. **Einfache Lizenzen** berechtigen den Lizenznehmer zur Nutzung, ohne dass eine Nutzung durch andere ausgeschlossen ist. Das begegnet für sich genommen keinen kartellrechtlichen Bedenken, weil hier zusätzlicher Wettbewerb entsteht. 22

Demgegenüber berechtigen **ausschließliche Lizenzen** zu einer Nutzung unter Ausschluss aller anderen Personen (im Regelfall einschließlich des Schutzrechtsinhabers). Die Ausschließlichkeit kann sich dabei auf einen bestimmten sachlichen Teil des Schutzrechts und/oder einen bestimmten räumlichen Teil des Schutzrechts beziehen. 23

Bei **ausschließlicher Lizensierung eines bestimmten sachlichen Gegenstands** des Schutzrechts kann tendenziell von einer kartellrechtlichen Neutralität der Lizensierung ausgegangen werden, wenn diese sachliche Nutzungserlaubnis durch den spezifischen Schutzzweck hinreichend gerechtfertigt ist. Im deutschen Vertragsrecht für Schutzrechte kann hier die Frage danach helfen, ob die ausschließlich erlaubte Verwendungsform (Nutzungsart) dinglich als eigenständig abspaltbar anerkannt ist.[49] Denn dann ist sie Teil des spezifischen Schutzgegenstandes und damit tendenziell kartellrechtlich zulässig.[50] Mit Recht wird allerdings angemerkt, dass die Figur der dinglichen Abspaltbarkeit in einigen EU-Mitgliedsstaaten nicht bekannt und deshalb nicht generell tauglich ist, um abschließende Bewertungen nach Art. 101 Abs. 1 AEUV vorzunehmen.[51] Es bleibt dabei, dass solche abschließenden kartellrechtlichen Wertungen nur im Rahmen der erforderlichen Interessenabwägung zwischen spezifischen Schutzgegenstand und Wettbewerbsfreiheit erzielt werden können. 24

Räumlich ausschließliche Lizenzen weisen ein besonderes Spannungsverhältnis zum Kartellrecht auf, weil sie insbesondere eine territoriale Aufspaltung des Binnenmarktes ermöglichen und damit der marktintegrativen Zielrichtung des Art. 101 AEUV zuwiderlaufen. Dennoch akzeptiert Art. 101 Abs. 1 AEUV im Ausgangspunkt auch die Möglichkeit der ausschließlich Gebietslizenzen. Denn die Gebietsaufteilung entspricht dem spezifischen 25

[45] *Jestaedt* in Langen/Bunte, Kartellrecht, Nach Art. 101 AEUV Rn. 1261; vgl. ferner EuGH GRUR int. 1994, 614 Tz. 46 – *Ideal Standard II* zur Warenverkehrsfreiheit; zur Spaltung durch Hoheitsakt: EuGH GRUR Int. 1990, 960 Tz. 12ff. – *HAG II*.

[46] *Jestaedt* in Langen/Bunte, Kartellrecht, Nach Art. 101 AEUV Rn. 1260.

[47] Rn. 21; ferner zur Markenspaltung: OLG Düsseldorf WuW/E DE-R 4632 Tz. 43 (juris) – *Markenrechtliche Abgrenzungsvereinbarung* = NZKart 2015, 109.

[48] Rn. 66ff.

[49] Siehe z.B. die dingliche Abspaltbarkeit von ausschließlichen Nutzungsrechten vom Urheberrecht für bestimmte Nutzungsarten; dazu *J. B. Nordemann* in Fromm/Nordemann, Urheberrecht, 11. Aufl. 2014, § 31 UrhG Rn. 11, 58ff., 65ff. mwN.

[50] *Kreile* ZUM 2012, 177, 184; *J. B. Nordemann* GRUR 2007, 203, 206; *Loewenheim* UFITA 79 (1977), 177, 197; *Schricker,* Verlagsrecht, 3. Aufl. Einl. Rn. 39.

[51] *Ullrich/Heinemann* in: Immenga/Mestmäcker, EU-WettbR, GRUR B 29ff.

Schutzgegenstand des Immaterialgüterrechts, die es dem Inhaber grundsätzlich erlaubt, zur optimalen Auswertung die ausschließlichen Verwertungsrechte räumlich aufzuspalten. Nach der Rechtsprechung des EuGH erfüllt jedenfalls dann die Vergabe einer ausschließlichen Lizenz für ein bestimmtes Gebiet nicht den Tatbestand des Art. 101 Abs. 1 AEUV, wenn ohne die Ausschließlichkeit der Lizenz durch neue Erzeugnisse innerhalb der Gemeinschaft entstehender Wettbewerb im Keim erstickt würde[52] oder besondere Merkmale und Absatzbedingungen in einer bestimmten Industrie zu dem Schluss führen, dass die Ausschließlichkeit der Lizenzgewährung nicht geeignet ist, den Wettbewerb zu beeinträchtigen.[53] Art. 4 Abs. 1 und Abs. 2 GVO Technologietransfer enthält weitere Konkretisierungen der Verhältnismäßigkeitsprüfung für Lizenzen zwischen zwei Unternehmen: Während bei Vereinbarungen zwischen Konkurrenten grundsätzlich keine Gebietsaufteilungen verabredet werden können, sind sie bei Abreden zwischen nicht konkurrierenden Unternehmen eher möglich; dort ist insbesondere eine exklusive Lizenz auch ohne Passivverkäufe in das Gebiet zulässig, das sich der Lizenzgeber vorbehalten hat. Vereinbarungen, die nicht unter die GVO Technologietransfer fallen, etwa weil die genannten Marktanteilsschwellen überschritten oder mehr als zwei Unternehmen beteiligt sind, sind einer Einzelprüfung zu unterziehen. Die dabei zu berücksichtigenden Kriterien hat die Kommission in ihren parallel zur GVO Technologietransfer erlassenen Leitlinien veröffentlicht.[54] Im Bereich der **körperlichen Verwertung** ist die Möglichkeit ausschließlicher Lizenzen allerdings grundlegenden Einschränkungen unterworfen. Ist die Ware einmal mit Zustimmung des Rechteinhabers in Verkehr gebracht, **erschöpft** sich insoweit das Schutzrecht. Beschränkungen der weiteren Verbreitung innerhalb der EU verstoßen gegen Art. 34, 36 AEUV.[55] Sie können damit grundsätzlich auch nicht ohne Verstoß gegen Art. 101 Abs. 1 AEUV vereinbart werden. Es verletzt Art. 101 Abs. 1 AEUV, dass die Premier League als Rechteinhaberin dem griechischen Lizenznehmer verbot, Decodiervorrichtungen für den Satelliten-Empfang der griechischen Sendungen mit Premier League Inhalten auch außerhalb Griechenlands zu verkaufen.[56] Damit ist die Praxis der territorial begrenzten Vergabe von Nutzungsrechten innerhalb der EU in gewisser Weise in Frage gestellt, das gilt zumindest bei EU-weiter Abstrahlung von Fernsehsignalen, beispielsweise durch Satellit. Für **unkörperliche Verwertungen** ist es hingegen anerkannt, dass der Rechtsinhaber das Gebiet für die Nutzung – auch innerhalb der EU – aufteilen kann. Unkörperliche Verwertungen sind z.B. im Urheberrecht das Vorführrecht und das Senderecht. Insoweit scheidet dann auch eine Erschöpfung aus,[57] so dass grundsätzlich kartellrechtsfest Gebietsaufteilungen stattfinden können.[58]

26 Die Verpflichtung zur Zahlung von **Lizenzgebühren** ist grundsätzlich kartellrechtlich neutral.[59] Sie stellt insbesondere grundsätzlich keine Wettbewerbsbeschränkung (Art. 101 Abs. 1 AEUV, § 1 GWB) dar. Der Inhaber soll sein Schutzrecht gerade dadurch kommer-

---

[52] EuGH v. 8.6.1982 C-258/78 – *Nungesser/Kommission („Maissaatgut")* = Slg. 1982, 2015, 2069.

[53] EuGH v. 6.10.1982 C-262/81 – *Coditel/Ciné-Vog Films II* = Slg. 1982, 3381 = NJW 1983, 1255, 1256.

[54] Europäische Kommssion, Leitlinien zur Anwendung von Artikel 101 AEUV auf Technologietransfer-Vereinbarungen, ABl. C 89/3 vom 28.3.2014 („Leitlinien Technologietransfer"), Tz. 156 ff.

[55] EuGH Slg. 1971, 487, 500 – *Deutsche Grammophon/Metro;* EuGH Slg. 1982, 329, 346 – *Polydor/Harlequin;* EuGH Slg. 1989, 79, 96 – *EMI/Patricia.*

[56] EuGH GRUR 2012, 156 Tz. 134 ff. – *Premier League/Murphy.*

[57] EuGH Slg. 1980, 881, 903 – *Coditel I* für das Vorführrecht; BGH GRUR 2000, 699, 700 – *Kabelweitersendung* für das Senderecht. Allerdings gilt für Software unter bestimmten Voraussetzungen auch eine Erschöpfung bei Inverkehrbringen Online: EuGH GRUR 2012, 904 – *UsedSoft/Oracle;* dazu *Czychowski* in: Fromm/Nordemann, aaO., § 69c Rn. 32 ff. mwN.

[58] Siehe eingehend zum Urheberrecht unten Rn. 83. Ferner: *J. B. Nordemann* in Fromm/Nordemann, Urheberrecht, 11. Auflage 2014, Vor §§ 31 ff. UrhG Rn. 65.

[59] OLG Hamburg WuW/E DE-R 4443 Tz. 405 (juris) – *FC St. Pauli II; Fezer,* Markenrecht, § 30 MarkenG Rn. 72; beide für markenrechtliche Lizenzverträge.

ziell nutzen können, dass gegen Zahlung einer Vergütung Lizenzen erteilt werden.[60] Lizenzgebühren sind vergleichbar mit der Verpflichtung zur Zahlung eines Kaufpreises als Gegenleistung für den Anspruch auf Übertragung einer Sache.[61] Allerdings akzeptiert das Kartellrecht als Ausfluss dieses Ausschließlichkeitsrechts nur „angemessene" Vergütungen[62] und kontrolliert damit die Gewinnmaximierungsmöglichkeit des Schutzrechtsinhabers.[63] Eine direkte Preiskontrolle kann hier aber nicht über Art. 101 Abs. 1 AEUV, sondern nur über Art. 102 AEUV erfolgen. Mindestlizenzgebühren und Lizenzgebühren, die sich am Absatzerfolg des Lizenznehmers orientieren (Stücklizenzen; umsatz- oder erlösbezogene Lizenzen), sind grundsätzlich kartellrechtlich neutral und bewirken insbesondere keine kartellrechtlich unzulässige Einengung der Preissetzungsfreiheit des Lizenznehmers gegenüber seinen Abnehmern. Anders kann es sein bei absatzbezogenen Vergütungen, die außerhalb des sachlichen oder räumlichen Schutzgegenstandes liegen, also z.B. bei Lizenzgebühren auch für Territorien, in denen gar kein Schutz besteht[64] oder für die der Schutz weggefallen ist.[65]

Zu **Nichtangriffsabreden, Kündigungsvereinbarungen** bei Angriff auf Schutzrechte 27
und Rücklizenzverpflichtungen enthält Art. 5 GVO Technologietransfer wichtige Grundentscheidungen, die in den Leitlinien Technologietransfer weiter konkretisiert werden.[66]

Kommt es Lizenzverträgen zu einem **Informationsaustausch zwischen konkurrie-** 28
renden Lizenzvertragspartnern, kann dies Art. 101 AEUV verletzen.[67] Die Europäische Kommission wirft diese Problematik zumindest im Rahmen der Lizensierung durch Technologiepools auf und verweist auf ihre allgemeinen Ausführungen in den Horizontalleitlinien zum Informationsaustausch.[68] Eine Beurteilung sollte differenziert erfolgen: Sofern sich der Informationsaustausch nicht durch dem spezifischen Schutzgegenstand des lizensierten Schutzrechts rechtfertigt, gelten die allgemeinen Regeln für die kartellrechtliche Zulässigkeit.[69] Ein Beispiel ist der Austausch von Preisinformationen, die nach der Funktion des Schutzrechts und des Lizenzvertrages nicht erforderlich sind. In anderen Fällen muss die übliche Interessenabwägung zwischen dem spezifischen Schutzgegenstand, wie er sich im Lizenzvertrag manifestiert, und den kartellrechtlichen Regelungen erfolgen.[70] Ein Beispiel wäre der Austausch geheimer Produktionsdaten, um bei Markenlizenzen die Produktqualität zu überwachen. Da es sich im Regelfall um bloß bewirkte Beschränkungen handelt, tritt das Kartellrecht regelmäßig zurück. Nur bei bezweckten oder sonst schwerwiegenden Beschränkungen kommt in Betracht, dass sie freigestellt werden müssen (Art. 101 Abs. 3 AEUV). Das kommt bei Austausch von Mengen- und Preisinformationen in Betracht, die für die Abrechnung der Lizenzgebühren benötigt werden. Fallen sie wegen ihrer Bedeutung für den Wettbewerb nach Einzelfallabwägung unter das Kartellverbot (Art. 101 Abs. 1 AEUV),[71] müssen allerdings die Voraussetzungen für ein Einzelfreistellung vorliegen. Damit

---

[60] EuGH GRUR 2012, 156 Tz. 106 – *Football Association Premier League und Murphy* mwN. aus der EuGH-Rechtsprechung.

[61] OLG Hamburg WuW/E DE-R 4443 Tz. 405 (juris) – *FC St. Pauli II.*

[62] EuGH GRUR 2012, 904 Tz. 63 – *UsedSoft/Oracle;* EuGH GRUR 2012, 156 Tz. 107 – *Football Association Premier League Ltd. und Murphy;* EuGH NJW 1994, 375, 376 – *Phil Collins.*

[63] *Ullrich* GRUR Int. 1966, 555, 567; *Jestaedt* in Langen/Bunte, Nach Art. 101 AEUV Rn. 1236.

[64] Siehe zu Art. 4 GVO Technologietransfer *Fuchs* in Immenga/Mestmäcker, EU-WettbR, Art. 4 GVO Technologietransfer Rn. 180 ff.

[65] *Ulrich/Heinemann* in: Immenga/Mestmäcker, EU-WettbR, GRUR B, Rn. 32.

[66] Europäische Kommission, Leitlinien Technologietransfer, Tz. 129 ff., 133 ff. Siehe ferner die separate Kommentierung zu Art. 4 und Art. 5 GVO Technologietransfer.

[67] Eingehend *Dreher/Körner* WuW 2013, 104 ff.

[68] Europäische Kommission, Leitlinien Technologietransfer, Tz. 259, unter Verweis auf Horizontalleitlinien, Tz. 55 ff.; siehe dazu Art. 101 Abs. 3 AEUV Rn. 71 ff.

[69] Art. 101 Abs. 3 Rn. 71 ff.

[70] *Dreher/Körner* WuW 2013, 104, 113.

[71] *Dreher/Körner* WuW 2013, 104, 114.

eine Unerlässlichkeit gegeben ist, kann auf das mildere Mittel der Einschaltung eines Wirtschaftsprüfers oder vergleichbarer Personen für den Austausch zurückgegriffen werden.[72]

29 **g) Unternehmensveräußerungen.** Werden ausschließliche Lizenzen im Rahmen von Unternehmensveräußerungen (in Gänze oder von Teilen) abgeschlossen, sind derartige Lizenzverträge als Bestandteile des Zusammenschlusses anzusehen und darauf zu untersuchen, ob sie für die Unternehmensveräußerung notwendige und damit kartellrechtsfeste Wettbewerbsbeschränkungen darstellen. Die **Kommission** hat hierzu in der **Bekanntmachung zu Nebenabreden** bei Unternehmensveräußerungen einige Grundsätze veröffentlicht.[73] Die Lizenzverträge können danach zunächst unbefristet abgeschlossen werden.[74] Grundsätzlich zulässig sind ausschließliche Lizenzen, die auf bestimmte Anwendungsbereiche beschränkt sind, sofern diese Anwendungsbereiche dem Tätigkeitsbereich des übertragenden Unternehmens bzw. Unternehmensteils entsprechen.[75] Dagegen sind Lizenzvereinbarungen über Schutzrechte nicht privilegiert, die den Erwerber räumlich auf das Gebiet beschränken, in dem die übertragende Geschäftstätigkeit ausgeübt wird.[76] Erteilt der Veräußerer dem Erwerber eine Lizenz, kann dem Veräußerer in der Lizenzvereinbarung unter denselben Voraussetzungen wie bei einem Wettbewerbsverbot im Falle der Veräußerung eines Geschäfts eine Gebietsbeschränkung auferlegt werden. Beschränkungen in Lizenzvereinbarungen, die über die vorstehend beschriebenen Bestimmungen hinausgehen (z. B. Beschränkungen, die eher den Lizenzgeber schützen als den Lizenznehmer), sind nach Auffassung der Kommission für die Durchführung des Zusammenschlusses nicht notwendig.[77] Bei ausschließlichen Lizenzen, die bei **Gründung eines Gemeinschaftsunternehmens** verabredet werden, hat die Kommission ebenfalls Beurteilungsgrundsätze veröffentlicht.[78] Danach sind ausschließliche Lizenzen privilegiert, und zwar unabhängig davon, ob die Lizenz befristet oder unbefristet ist. Auch gilt wiederum, dass im Rahmen derartiger Lizenzvereinbarungen hinsichtlich der Nutzung Einschränkungen vorgenommen werden können, vorausgesetzt, diese Einschränkungen stimmen mit der sachlichen Geschäftstätigkeit des Gemeinschaftsunternehmens überein. Für die Gewährung von Lizenzen, die das Gemeinschaftsunternehmen einem oder mehreren seiner Gründer gewährt, oder für den Fall von Überkreuzlizenzen, die sich das Gemeinschaftsunternehmen und seine Gründer gegenseitig erteilen, gilt nach Auffassung der Kommission, dass sie in demselben Rahmen wie bei Unternehmensveräußerungen als notwendige Abreden anzusehen sind. Insoweit trifft die Kommission aber die Klarstellung, dass dies nicht für Lizenzverträge gilt, die die Gründungsunternehmen untereinander abschließen. Diese sind nach der Kommission keine notwendigen Abreden.

---

[72] *Dreher/Körner* WuW 2013, 104, 115. Siehe auch Europäische Kommission, Leitlinien Technologietransfer, Tz. 259.

[73] Europäische Kommission, Bekanntmachung über Einschränkungen des Wettbewerbs, die mit der Durchführung von Unternehmenszusammenschlüssen unmittelbar verbunden und für diese notwendig sind, ABl. C 56/24 v. 5.3.2005, Tz. 27 ff.

[74] Europäische Kommission, Bekanntmachung über Einschränkungen des Wettbewerbs, die mit der Durchführung von Unternehmenszusammenschlüssen unmittelbar verbunden und für diese notwendig sind, aaO., Tz. 28.

[75] Europäische Kommission, Bekanntmachung über Einschränkungen des Wettbewerbs, die mit der Durchführung von Unternehmenszusammenschlüssen unmittelbar verbunden und für diese notwendig sind, aaO., Tz. 28.

[76] Europäische Kommission, Bekanntmachung über Einschränkungen des Wettbewerbs, die mit der Durchführung von Unternehmenszusammenschlüssen unmittelbar verbunden und für diese notwendig sind, aaO., Tz. 29.

[77] Europäische Kommission, Bekanntmachung über Einschränkungen des Wettbewerbs, die mit der Durchführung von Unternehmenszusammenschlüssen unmittelbar verbunden und für diese notwendig sind, aaO., Tz. 30.

[78] Europäische Kommission, Bekanntmachung über Einschränkungen des Wettbewerbs, die mit der Durchführung von Unternehmenszusammenschlüssen unmittelbar verbunden und für diese notwendig sind, aaO., Tz. 42 f.

h) Zulieferkonstellationen. Spezielle kartellrechtliche Privilegien bei Schutzrechtsvereinbarungen ergeben sich im Hinblick auf Art. 101 Abs. 1 AEUV (und § 1 GWB) in Zulieferkonstellationen. Die **Kommission** hat hierzu bereits im Jahre 1978 eine **Bekanntmachung** veröffentlicht.[79] Was genau als Zuliefervertrag in diesem Sinne anzusehen ist, hat die Kommission dabei allerdings nicht exakt definiert. Die dortige Beschreibung von Zulieferverträgen erfasst sämtliche Vereinbarungen, durch die ein Unternehmen ein anderes Unternehmen als Zulieferer beauftragt, nach seinen Weisungen Erzeugnisse herzustellen, Dienstleistungen zu erbringen oder Arbeiten zu verrichten, die für das auftraggebende Unternehmen bestimmt sind oder für seine Rechnung ausgeführt werden.[80] Des Weiteren sieht die Kommission als Wesensmerkmal für Zulieferverträge an, dass der Auftraggeber dem Zulieferer besondere Kenntnisse oder Betriebsmittel zur Verfügung stellt, um zu gewährleisten, dass seine Weisungen durch den Zulieferer entsprechend ausgeführt werden. Für die Kommission ist für den Zuliefervertrag zudem charakteristisch, dass der Zulieferer gewerbliche Tätigkeiten ausübt, ohne als selbstständiger Anbieter auf dem Markt in Erscheinung zu treten.[81] Davon ist nach Auffassung der Kommission auszugehen, wenn der Zulieferer auf die Nutzung gewerblicher Schutzrechte oder technischen Know-hows des Auftraggebers angewiesen ist.[82] Dies wiederum führt aus Sicht des Auftraggebers zu der Notwendigkeit, den wirtschaftlichen Wert derartiger Kenntnisse und Betriebsmittel zu erhalten. Vor diesem Hintergrund erklärt die Kommission in der Zuliefer-Bekanntmachung eine Reihe beschränkender Bestimmungen für von der Anwendung des Art. 101 Abs. 1 AEUV ausgenommen. 30

Nach Auffassung der Kommission sind solche Vertragsbestimmungen in Zulieferverträgen **keine tatbestandlichen Beschränkungen im Sinne von Art. 101 Abs. 1 AEUV,** die dem Zulieferer die Verpflichtung auferlegen, **die vom Auftraggeber stammenden Kenntnisse oder Betriebsmittel nur zum Zwecke der Vertragserfüllung zu benutzen,** Dritten jedoch nicht zur Verfügung zu stellen. Auch nicht tatbestandlich ist die Verpflichtung, mit Hilfe des Zulieferers hergestellte Erzeugnisse, erbrachte Dienstleistungen oder verrichtete Arbeiten allein für den Auftraggeber oder nur für dessen Rechnung ausführen zu lassen.[83] Dies gilt allerdings nur, wenn die vom Auftraggeber zur Verfügung gestellten Kenntnisse oder Betriebsmittel tatsächlich erforderlich sind, um den Zulieferer in die Lage zu versetzen, unter angemessenen Bedingungen die den Weisungen des Auftraggebers entsprechenden Erzeugnisse herzustellen oder etwaige Dienstleistungen zu erbringen oder die betreffenden Arbeiten zu verrichten. Weitere Voraussetzung für die Nichtanwendbarkeit des Art. 101 Abs. 1 AEUV ist nach Auffassung der Kommission, dass der Zulieferer nicht bereits über die erforderlichen Kenntnisse und Betriebsmittel zur Ausführung des Auftrages verfügte.[84] 31

Sind diese Voraussetzungen gegeben, nimmt die Kommission auch noch weitere, vertraglich vorgesehene Verpflichtungen der Vertragspartner von der Anwendung des Art. 101 Abs. 1 AEUV aus, so etwa die Verpflichtung jedes Vertragspartners, **geheimes Know-** 32

---

[79] Europäische Kommission, Bekanntmachung v. 18.12.1978 über die Beurteilung von Zulieferverträgen nach Art. 85 Abs. 1 des Vertrages zur Gründung der Europäischen Wirtschaftsgemeinschaft, ABl. C/1 v. 3.1.1979.

[80] Europäische Kommission, Bekanntmachung über die Beurteilung von Zulieferverträgen, aaO., Tz. 1.

[81] Europäische Kommission, Bekanntmachung über die Beurteilung von Zulieferverträgen, aaO., Tz. 2.

[82] Gleiches gilt für die Zurverfügungstellung von durch den Auftraggeber oder in dessen Rechnung erstellte Entwürfe, Pläne oder sonstige Anlagen oder Stanzen, Formen, Werkzeuge und deren Zubehör, selbst wenn dafür keine gewerblichen Schutzrechte bestehen.

[83] Europäische Kommission, Bekanntmachung über die Beurteilung von Zulieferverträgen, aaO., Tz. 2.

[84] Europäische Kommission, Bekanntmachung über die Beurteilung von Zulieferverträgen, aaO., Tz. 2.

how während der Durchführung des Vertrages nicht zu offenbaren, sowie die Verpflichtung des Zulieferers, derartiges Know-how auch nach Vertragserfüllung nicht selbst zu verwerten, soweit es noch geheim ist, sowie **technische Verbesserungen,** die der Zulieferer während der Laufzeit des Vertrages entwickelt hat, dem Auftraggeber auf nicht ausschließlicher Basis bekannt zu geben oder bei patentfähigen Erfindungen des Zulieferers dem Auftraggeber für die Laufzeit seines Grundpatents eine nicht ausschließliche Lizenz auf das Verbesserungs- oder Anwendungspatent zu erteilen.[85] Diese Verpflichtung kann sogar mit Ausschließlichkeit versehen werden, wenn die vom Zulieferer gemachten Erfindungen ohne die Nutzung des Grundpatentes des Auftraggebers nicht verwertbar sind.[86] Besteht hingegen eine selbstständige Verwertbarkeit für derartige Erfindungen und Weiterentwicklungen des Zulieferers, darf er vertraglich nicht daran gehindert werden, sie zu verwerten. Darüber hinaus trifft die Zuliefer-Bekanntmachung in Bezug auf die Nutzung von **Marken,** Handelsnamen oder bestimmten Aufmachungen die Klarstellung, dass dem Zulieferer durch den Auftraggeber vertraglich untersagt werden kann, diese für Erzeugnisse, Dienstleistungen oder Arbeiten zu verwenden, die nicht für den Auftraggeber bestimmt sind.[87]

33 **Keine Zulieferverträge** im Sinne der Bekanntmachung der Kommission sind Verträge, nach denen Unternehmen fremde Produkte (z. B. Ersatzteile oder Komponenten) bei einem Unternehmen zukaufen, ohne dem Lieferanten dieser Produkte für deren Fertigung technische Kenntnisse oder Betriebsmittel zur Verfügung zu stellen.[88] Dies gilt auch dann, wenn im Rahmen derartiger Zukäufe bestimmte Spezifizierungen nach den Anforderungen des Bestellers vertraglich festgelegt werden.[89] Ebenfalls nicht als Zulieferverträge im Sinne der Bekanntmachung der Kommission können Lizenzverträge über gewerbliche Schutzrechte angesehen werden. Dies gilt selbst dann, wenn der Zulieferer schutzrechtlich geschütztes technisches Wissen von dem Auftraggeber in schriftlicher oder sonstiger Form für die Fertigung der betreffenden Produkte erhält. Maßgebliches Unterscheidungskriterium ist insofern, dass der Zulieferer das schutzgegenständliche technische Wissen nur zur Erfüllung des Zulieferauftrages erhält, jedoch nicht in die Lage versetzt werden soll, selbstständig den Schutzrechtsgegenstand generell zu nutzen. Wenn jedoch – ausnahmsweise – zwischen dem Auftraggeber und dem Zulieferer ein Lizenzvertrag abgeschlossen wird, der die Nutzung des schutzgegenständlichen technischen Wissens auf die Erfüllung des Zulieferauftrages beschränkt, unterfällt dieser Lizenzvertrag ebenfalls der Zuliefer-Bekanntmachung.[90]

34 **i) Vergleichsvereinbarungen (Streitbelegungsvereinbarungen).** Außergerichtliche und gerichtliche Streitigkeiten um Schutzrechte sind Alltag. Häufig versuchen die Streitparteien, Konflikte durch Vergleichsvereinbarungen zu beenden und neue Konflikte zu vermeiden. Schließen aktuelle oder potentielle Wettbewerber miteinander einen Vergleich, der mindestens eine Partei in ihrer Wettbewerbsfreiheit beschränkt, so wird auch dies grundsätzlich von Art. 101 Abs. 1 AEUV (bzw. § 1 GWB) erfasst. Das Kartellverbot kennt kein Vergleichsprivileg; § 779 BGB geht in keiner Weise vor.[91] Allerdings sind Wettbe-

---

[85] Europäische Kommission, Bekanntmachung über die Beurteilung von Zulieferverträgen, aaO., Tz. 3.

[86] Europäische Kommission, Bekanntmachung über die Beurteilung von Zulieferverträgen, aaO., Tz. 3.

[87] Europäische Kommission, Bekanntmachung über die Beurteilung von Zulieferverträgen, aaO., Tz. 4.

[88] *Gleiss/Hirsch,* EG-Kartellrecht, Bd. 1, Art. 85 Abs. 1, Rn. 647.

[89] Europäische Kommission, Bekanntmachung über die Beurteilung von Zulieferverträgen, aaO., Tz. 2.

[90] *Gleiss/Hirsch,* EG-Kartellrecht, Bd. 1, Art. 85 Abs. 1, Rn. 650.

[91] Europäische Kommission, Case AT.39226 – *Lundbeck,* Entscheidung vom 19.6.2013, Tz. 637; *Beater* WuW 2000, 584, 590; *Bechthold/Bosch/Brinker,* EU-Kartellrecht, Art. 101 AEUV Tz. 48.

werbsbeschränkungen in Vergleichen zulässig, wenn der entsprechende Wettbewerb ohnehin verboten wäre, sei es (zulässigerweise) vertraglich oder gesetzlich auf Grund staatlicher Regulierung. Dann bekräftigt der Vergleich nur, was das Kartellrecht ohnehin respektiert. Das eigentliche Problem besteht jedoch darin, dass bei Vergleichsabschluss teilweise nicht endgültig feststeht, ob Wettbewerb vertraglich oder gesetzlich verboten ist. Die Parteien schließen Vergleiche als Kompromisse vielmehr regelmäßig, um einen längeren und teureren Rechtsstreit über die Problematik zu vermeiden (sogenanntes **Prozessvermeidungsinteresse**). Dieses Prozessvermeidungsinteresse ist bei gerichtlichen Auseinandersetzungen unproblematisch gegeben. Bei außergerichtlichen Streitigkeiten sollte geprüft werden, ob die Parteien ernsthaft streiten.[92] Außergerichtlich genügt es auch, wenn auf eine Abmahnung hin – eben zur Vermeidung eines Rechtsstreits – die geforderte Unterlassungserklärung abgegeben wird, auch wenn dann im Rechtsinne kein Vergleich vorliegt.

Bei Handlungen im Prozessvermeidungsinteresse wird den Parteien ein **kartellrechtlicher Beurteilungsspielraum** zugebilligt. Wenn ernsthafte objektive Anhaltspunkte zur Bejahung des durch den Vergleich beigelegten Anspruch bestehen und sich die wettbewerbsbeschränkende Koordinierung innerhalb dessen hält, was bei objektiver Beurteilung ernsthaft zweifelhaft sein kann, findet Art. 101 Abs. 1 AEUV (bzw. § 1 GWB) keine Anwendung.[93] Es mangelt dann an einer Wettbewerbsbeschränkung.[94] Vielmehr handelt es sich um eine legitime Möglichkeit, einen für beide Seiten akzeptablen Kompromiss in einer Bona-fide-Rechtsstreitigkeit zu finden.[95] Abreden, die nach diesem Maßstab außerhalb des Beurteilungsspielraumes des spezifischen Schutzgegenstandes des betreffenden Schutzrechts liegen, z.B. sachlich, räumlich oder zeitlich darüber hinausgehen, entfalten aber keine rechtfertigende Wirkung. 35

Die Europäische Kommission hat zu Vergleichsvereinbarungen („Streitbeilegungsvereinbarungen“) in den **Leitlinien zur GVO Technologietransfer**[96] differenzierte Beurteilungsmaßstäbe und speziell zu „Patent Settlements“ verschiedene **„Reports on the Monitoring of Patent Settlements“** veröffentlicht.[97] Leitcharakter kommt auch der Kommissionsentscheidung ***Lundbeck*** vom 19. Juni 2013 zu.[98] 36

Die Kommission stellt zunächst klar, dass eine **Lizenzvergabe** einschließlich Cross-Licensing im Rahmen von Streitbeilegungsvereinbarungen grundsätzlich keine Wettbewerbsbeschränkung nach Art. 101 Abs. 1 AEUV darstellt, weil sie es den Parteien erlaubt, ihre Technologien nach Abschluss der Vereinbarung zu nutzen und sie sonst möglicherweise vom Markt ausgeschlossen wären.[99] Lizenzvereinbarungen im Rahmen von Streitbeilegungsvereinbarungen werden genauso behandelt wie andere Lizenzvereinbarungen.[100] **Cross-Licensing** in Streitbeilegungsvereinbarungen können ebenfalls unter Artikel 101 Absatz 1 AEUV fallen. Das gilt vor allem bei erheblicher Marktmacht und bei Beschränkungen, die eindeutig über das hinausgehen, was zur Auflösung einer Sperrposition erforderlich 37

---

[92] Ähnlich *Cepl/Rüting* WRP 2013, 307, 309, zu Nichtangriffsabreden.

[93] EuGH C-35/83 – *BAT Cigaretten-Fabriken GmbH/Kommission* = Slg. 1985, I-363, 385; Komm. E. *Pennys* ABl. 1978 Nr. L 60, S. 19, 23 f.; Europäische Kommission GRUR Int. 1983, 294, 297 – *Toltecs/Dorzet;* siehe ferner die parallel deutsche Praxis BGH GRUR 2005, 845, 847 – *Abgasreinigungsvorrichtung;* BGH WuW/E BGH 1385, 1386 – *Heilquelle* = BGHZ 65, 147; WuW/E BGH 2003, 2005 – *Vertragsstrafenrückzahlung;* vgl. auch BGHZ 65, 147 – *Thermalquelle; Harte-Bavendamm/von Bomhard* GRUR 1998, 530, 532; *Utescher* GRUR 1976, 326.

[94] *Zimmer* in: Immenga/Mestmäcker, GWB, § 1 Rn. 189 ff. Siehe auch zu Vergleich und Wettbewerbsbeschränkungen die Kommentierung oben Art. 101 Abs. 1 AEUV Rn. 323.

[95] Europäische Kommission, Leitlinien Technologietransvereinbarungen, 2014, Tz. 235.

[96] Europäische Kommission, Leitlinien Technologietransvereinbarungen, 2014, Tz. 234 ff.

[97] Zuletzt Europäische Kommission, 5th Report on the Monitoring of Patent Settlements, Berichtszeitraum 1. Januar 2013 bis 31. Dezember 2013.

[98] Europäische Kommission, Case AT.39226 – *Lundbeck,* Entscheidung vom 19.6.2013.

[99] Europäische Kommission, Leitlinien Technologietransvereinbarungen, 2014, Tz. 236.

[100] Siehe dazu die Kommentierung zur GVO Technologietransfer.

ist. Artikel 101 Absatz 1 greift insbesondere dann, wenn die Parteien Märkte aufteilen oder wechselseitig Lizenzgebühren festsetzen, die sich spürbar auf die Marktpreise auswirken.[101] Zu Vergleichsvereinbarungen, die auch **künftige Entwicklungen** mit einbeziehen, siehe unten.[102]

38 Besonderes kartellrechtliches Augenmerk erhält die **vergütete Beschränkung in Streitbeilegungsvereinbarungen.** Enthalten sie keine Lizenzvereinbarungen, fallen sie im Regelfall unter Art. 101 Abs. 1 AEUV.[103] Enthält die Vereinbarung eine Lizenz für die Technologierechte, die von der zugrundeliegenden Streitigkeit betroffen sind, und bewirkt sie eine Verzögerung oder sonstige Beschränkung der Möglichkeiten des Lizenznehmers, das Produkt auf den betroffenen Märkten einzuführen, muss eine Einzelfallprüfung stattfinden,[104] insbesondere auf der Grundlage des Artikels 4 Abs. 1 lit. c) und d) GVO Technologietransfer.[105] Die Kommission steht Vergleichsvereinbarungen skeptisch gegenüber, wenn die Parteien (auch potenzielle) Wettbewerber sind und ein wesentlicher Vermögenstransfer vom Lizenzgeber an den Lizenznehmer stattgefunden hat.[106] Das gilt vor für Vergleichsvereinbarungen im **Pharmabereich,** die eine Werteübertragung an den Generikahersteller vorsehen, um seinen Markteintritt nach Ablauf eines Patentes hinauszuzögern **(„pay to delay“).**[107] Es kann sich beim Wertetransfer um direkte Zahlungen handeln,[108] aber auch um Vertriebsvereinbarungen, um „side-deals“ (in dem etwa dem Generikahersteller erlaubt wird, vor Ablauf der Schutzfrist des Patentes auf einem anderen geografischen Markt tätig zu werden) oder auch um Lizenzvereinbarungen, die es dem Generikahersteller erlauben, in den Markt einzutreten.[109] Im Fall *Lundbeck* kam die Kommission zu dem Ergebnis, dass sämtliche der von Lundbeck mit verschiedenen Generikaherstellern abgeschlossenen Vereinbarungen eine Wettbewerbsbeschränkung im Sinne von Art. 101 Abs. 1 AEUV bezweckten und daher kartellrechtswidrig waren.[110] Bei der von der Kommission vorgenommenen Gesamtbetrachtung betonte die Kommission insbesondere, dass Lundbeck an die betreffenden Generikahersteller signifikante Werte übertragen hatte, die in der Höhe etwa mit den vom Generikahersteller im Falle eines Markteintritts erwarteten Gewinn korrespondierten. Die Verpflichtungen der Generikahersteller in den Vergleichsvereinbarungen gingen außerdem über den Schutzumfang der Verfahrenspatente hinaus. Auch gab es keine Verpflichtung von Lundbeck, nach Ablauf der Vereinbarung von Verletzungsprozessen gegen den Generikahersteller abzusehen, sollten diese in den Markt eintreten.[111]

39 **Nichtangriffsklauseln in Streitbeilegungsvereinbarungen** erfüllen in der Regel nicht den Tatbestand des Artikel 101 Abs. 1 AEUV.[112] Der (legitime) Zweck der Streitbelegungsvereinbarungen liegt gerade darin, bestehende Konflikte zu lösen und künftige zu vermeiden. Ausnahmsweise können Nichtangriffsklauseln aber wettbewerbsschädigend

---

[101] Europäische Kommission, Leitlinien Technologietransvereinbarungen, 2014, Tz. 240.
[102] Rn. 45.
[103] Europäische Kommission, Leitlinien Technologietransvereinbarungen, 2014, Tz. 238.
[104] Europäische Kommission, 5th Report on the Monitoring of Patent Settlements, Tz. 13.
[105] Siehe dazu die Kommentierung dort.
[106] Europäische Kommission, Leitlinien Technologietransvereinbarungen, 2014, Tz. 239.
[107] Europäische Kommission, 5th Report on the Monitoring of Patent Settlements, Tz. 17. Dazu auch *Worm/Lorenz,* Mitt. 2013, 390, 397; *Jansen/Johannsen,* EuZW 2012, 893, 894; *Besen/Gärtner/Mayer/Vormann* PharmaR 2009, 432, 435; *Ulrich/Heinemann* in: Immenga/Mestmäcker, EU-WettbR, Artikel 101 AEUV Rn. 34c.
[108] Europäische Kommission, 5th Report on the Monitoring of Patent Settlements, Tz. 12.
[109] Europäische Kommission, 5th Report on the Monitoring of Patent Settlements, Tz. 12 mit weiteren Beispielen für Werteübertragungen in Vergleichsvereinbarungen.
[110] Europäische Kommission, Case AT.39227 – *Lundbeck,* Entscheidung vom 19.6.2013, Tz. 824, 874, 962, 1013, 1174.
[111] Ebd.
[112] Europäische Kommission, Leitlinien Technologietransvereinbarungen, 2014, Tz. 242.

sein. Eine Nichtangriffsklausel kann gegen Artikel 101 Abs. 1 AEUV verstoßen, wenn ein Recht des geistigen Eigentums auf der Grundlage unrichtiger oder irreführender Auskünfte gewährt wurde[113] oder der Lizenzgeber dem Lizenznehmer über die Lizenz hinaus einen finanziellen oder sonstigen Anreiz für den Nichtangriff bietet.[114] Die Einordnung einer Nichtangriffsklausel als wettbewerbsbeschränkend für den Fall der Gewährung eines geistigen Eigentumsrechts auf Grundlage unrichtiger oder irreführender Auskünfte wird in der deutschen kartellrechtlichen Literatur zu Recht kritisiert.[115] Der Hinweis der Kommission auf die *AstraZeneca*-Entscheidung des EuGH ist nicht überzeugend; in jenem Fall hat der Hauptvorwurf in einem einseitigen missbräuchlichen Verhalten des Patentinhabers gelegen. Häufig hat der Lizenznehmer ohnehin keine Kenntnis vom Erschleichen des Schutzrechts, so dass fraglich ist, ob Artikel 101 Abs. 1 AEUV zur Anwendung kommen sollte, der einen bilateral vereinbarten Kartellrechtsverstoß voraussetzt. **Schutzrechte, die gar nicht Gegenstand des Streites waren,** dürfen in die Nichtangriffsabrede einbezogen werden, wenn auch insoweit ein hinreichendes Prozessvermeidungsinteresse besteht,[116] z.B. bei parallelen Schutzrechten in anderen Territorien, Gebrauchsmusterabzweigungen oder Teilanmeldungen.[117]

j) Schutzrechtspools. Inhaber von Schutzrechten kombinieren („poolen") immer 40
wieder ihre Schutzrechte mit anderen Schutzrechten. Im Bereich von Patenten spricht man hier auch von **Patentpools** oder **Technologiepools.** Ein Beispiel sind Technologiepools für technische Standards. Auch im Markenbereich existieren **Markenpools.** Für solche Pools ergibt sich auch keine besondere Privilegierung für die Schutzrechtsinhaber aus dem spezifischen Gegenstand des Schutzrechts, weil das Poolen nicht für die Funktion des Schutzrechts erforderlich ist. Denn der spezifische Schutzgegenstand ist das ausschließliche Recht der Verwertung entweder selbst oder durch Dritte einschließlich der Entscheidung über das Inverkehrbringen sowie die Möglichkeit, sich gegen jegliche Zuwiderhandlung zur Wehr zu setzen[118] und damit grundsätzlich nicht die horizontale Abstimmung mit Mitbewerbern oder die vertikale Kombination über verschiedene Marktstufen. Insbesondere horizontalen Pools ausnahmslos den Makel des verbotenen Kartells anzuhängen, geht allerdings zu weit. Siehe zu Technologiepools[119] und zu Markenpools[120] die separaten Ausführungen.

2. Freistellung nach Art. 101 Abs. 3 AEUV, § 2 GWB

Soweit der Tatbestand des Art. 101 Abs. 1 AEUV (oder in nicht zwischenstaatlichen 41
Sachverhalten des § 1 GWB) erfüllt ist, kann für Vereinbarungen hinsichtlich der Übertragung oder Nutzung von Schutzrechten noch auf der Ebene des Art. 101 Abs. 3 AEUV (§ 2 GWB) eine Freistellung erwogen werden.

Vorrangig sind Gruppenfreistellungsverordnungen (GVOen) zu prüfen. Es kom- 42
men mehrere Gruppenfreistellungen in Betracht, z.B. die GVO Technologietransfer und die GVO Forschung & Entwicklung.[121]

Greifen sie nicht, ist **in einem nächsten Schritt die Einzelfreistellung** zu unter- 43
suchen. Hierfür gilt der Grundsatz der Selbsteinschätzung. Ein behördliches Freistel-

[113] Vgl. dazu EuGH v. 6.12.2012, C-457/10P Tz 62ff. – *AstraZeneca/Kommission;* Europäische Kommission, Leitlinien Technologietransvereinbarungen, 2014, Tz. 243.
[114] Europäische Kommission, Leitlinien Technologietransvereinbarungen, 2014, Tz. 243.
[115] *M. Besen/D. Slobodenjuk* GRUR 2014, 740, 744.
[116] Siehe oben Rn. 34.
[117] *Cepl/Rüting* WRP 2013, 307, 309.
[118] EuGH Slg. 1974, 1147, 1163 *Centrapharm/Sterlin Drug;* EuGH Slg. 1996, I 6285, 6287 *Merck/Beecham;* siehe auch *Mestmäcker/Schweitzer,* Europäisches Wettbewerbsrecht, § 27 Rn. 20f.
[119] Siehe die Kommentierung zur GVO Technologietransfer.
[120] Siehe unten Rn. 73.
[121] Siehe jeweils die separaten Kommentierungen hierzu.

lungstellungsverfahren gibt es nicht mehr.[122] Die Einzelfreistellung nach Art. 101 Abs. 3 AEUV (§ 2 Abs. 1 GWB) erfordert, dass dessen vier Voraussetzungen kumulativ erfüllt sind.[123]

44 Insoweit ist zunächst festzustellen, dass es gerade im Bereich der technischen Schutzrechte nahe liegt, dass der betreffende Vertrag zur **Verbesserung der Warenerzeugung oder -verteilung oder zur Förderung des technischen oder wirtschaftlichen Fortschritts** im Sinne von Art. 101 Abs. 3 AEUV beiträgt (sog. Effizienzgewinne). Entgegen dem Wortlaut kann sich das auch auf Dienstleistungen beziehen. Die Gewinne können quantitativer Natur (Kosteneinsparungen) aber auch qualitativer Natur sein, sich also auf neue oder verbesserte Waren und Dienstleistungen oder Produktionsmethoden beziehen. Dabei werden ein etwaiger Innovationsschub und Technologieweiterentwicklungen zu berücksichtigen sein.[124]

45 Weiter kommt es für die Anwendung von Art. 101 Abs. 3 AEUV in Bezug auf die Übertragung und Nutzung von Schutzrechten darauf an, dass die den beteiligten Unternehmen auferlegten Wettbewerbsbeschränkungen **unerlässlich, um die Effizienzgewinne zu erzielen.** Das bedingt eine doppelte Verhältnismäßigkeitsprüfung: Erstens muss die wettbewerbsbeschränkende Vereinbarung notwendig für die Erzielung der Effizienzgewinne sein. Zweitens ist ihre Angemessenheit zu prüfen.[125] Notwendig ist eine Beschränkung, wenn die daraus folgenden Effizienzgewinne oder deren Eintrittswahrscheinlichkeit sonst wegfallen oder erheblich geschmälert werden würden.[126] Gesichtspunkte bei der Angemessenheitsprüfung sind in diesem Zusammenhang die Wahl der wettbewerbsbeschränkenden Mittel: Je gravierender die Beschränkung, desto strenger sind die Anforderungen an die Freistellung.[127] Kernbeschränkungen (in Horizontalvereinbarungen: Preis-, Gebiets- und Kundenaufteilungen, Produktionsbeschränkungen; Vertikalvereinbarungen: Mindestpreisabsprachen, auch passiver Gebiets- oder Kundenschutz; siehe im Einzelnen auch die in den GVOen benannten Kernbeschränkungen) dürften die Anforderungen tendenziell nicht erfüllen.[128] Im Hinblick auf die Angemessenheitsprüfung bestehen damit Überschneidungen mit der Prüfung, ob die Abrede zu einer Ausschaltung des Wettbewerbs führt.[129] Schutzrechtspezifische Erwägungen im Rahmen der Prüfung der Unerlässlichkeit sind insbesondere, ob die Beschränkung die im Einzelfall notwendige rechtliche Absicherung darstellt oder schon durch den spezifischen Gegenstand des Schutzrechts bedingt ist.[130] Darüber hinaus werden Erwägungen in Bezug auf Investitionsschutz und -amortisierung eine nachhaltige Rolle spielen. Wenn Effizienzgewinne nicht ohne unerhebliche Investitionen erzielt werden können, muss insbesondere der für die Gewährleistung einer angemessenen Kapitalrendite erforderliche Zeitraum zugestanden werden.[131] Bei **Streitbeilegungsvereinbarungen** hat sich die Europäische Kommission kritisch zu Vereinbarungen geäußert, die die Möglichkeit, dass eine Partei einen Wettbewerbsvorsprung erlangt, ausschalten oder erheblich reduzieren. Das kann insbesondere der Fall sein, wenn die Parteien eine gemeinsame Nutzung künftiger Innovationen vereinbaren. Die Parteien dürften in der Regel nicht daran gehindert werden, einen Wettbewerbsvorsprung gegenüber der anderen Partei zu erlangen.[132] Nicht notwendig ist nach der Rechtsprechung des EuGH eine private Ab-

---

[122] Siehe Art. 101 Abs. 3 AEUV Rn. 9ff.
[123] Dazu allgemein Art. 101 Abs. 3 AEUV Rn. 20ff.
[124] Siehe Art. 101 Abs. 3 AEUV Rn. 25ff.
[125] Dazu ausführlich Art. 101 Abs. 3 AEUV Rn. 42ff.
[126] Europäische Kommission, Leitlinien Art. 81 Abs. 3 EG, Tz. 79.
[127] Europäische Kommission, Leitlinien Art. 81 Abs. 3 EG, Tz. 79.
[128] *Bechtold/Bosch/Brinker,* EU-Kartellrecht, Art. 101 AEUV Rn. 164.
[129] Dazu unten Rn. 47ff.
[130] Vgl. *Ullrich/Heinemann* in: Immenga/Mästmecker, EU-WettbR, GRUR B. Rn. 41.
[131] Europäische Kommission, Leitlinien Art. 81 Abs. 3 EG, Tz. 81.
[132] Europäische Kommission, Leitlinien Technologietransfer, 2014, Tz. 241.

sprache von Wettbewerbern, ein illegal auf dem Markt tätiges Unternehmen vom Markt auszuschließen, weil die „zuständigen Behörden mit einer diesbezüglichen Beschwerde" zu befassen seien.[133] Dennoch sollte eine **Selbstregulierung im Bereich der Immaterialgüterrechte** möglich bleiben. Eine Behörde zur Ahndung von Schutzrechtsverstößen gibt es nicht, sieht man von der Staatsanwaltschaft ab, die aber nur bei vorsätzlichen Verletzungen und auch in der Praxis nur selten eingreift.[134]

46 Die außerdem von Art. 101 Abs. 3 AEUV geforderte **angemessene Beteiligung der Verbraucher am Gewinn**[135] wird man regelmäßig schon dann begründen können, wenn durch die Nutzung der Schutzrechte Leistungsverbesserungen für die relevanten Waren oder Dienstleistungen erzielbar sind, also Qualitätsverbesserungen, Produktinnovation bis hin zu neuen Produkten oder größere Leistungsvielfalt. Führt das schutzgegenständliche geistige Eigentum zu höherer Fertigungs- oder Produkteffizienz, kann zudem auf die Erwartung günstigerer Produktpreise zu Gunsten des Verbrauchers abgestellt werden.[136] Ferner sind auch andere zu erwartende Vorteile für den Abnehmer relevant wie z. B. höhere Energieeffizienz und damit Umweltschutz[137] oder andere Gemeinwohlvorteile[138] wie Volksgesundheit.[139]

47 Effizienzgewinne um den Preis der Gefährdung des Wettbewerbs darf es nicht geben.[140] Schutzrechte vermitteln häufig eine nachhaltige Marktposition. Deshalb ist die in Art. 101 Abs. 3 lit. b) AEUV vorgesehene Negativvoraussetzung, dass für die beteiligten Unternehmen nicht die **Möglichkeit** eröffnet wird, **für einen wesentlichen Teil der betreffenden Waren oder Dienstleistungen den Wettbewerb auszuschalten,** regelmäßig von besonderer Bedeutung bei der Bewertung, ob die Voraussetzungen des Art. 101 Abs. 3 AEUV vorliegen.[141] Die Auswirkungen einer Vereinbarung auf die Wettbewerbsbedingungen des jeweiligen Marktes sind an Hand verschiedener quantitativer und qualitativer Kriterien zu bestimmen:[142] Quantitativ kommt der Marktstellung der Kooperationspartner, insbesondere ihrem Umsatzanteil im Vergleich zum Rest des Marktes Bedeutung zu, also ihrem Marktanteil. Qualitativ sind die betroffenen Wettbewerbsparameter (insbesondere Frage nach Kernbeschränkungen), Markstruktur, Substitutionswettbewerb von benachbarten Märkten, potenzieller Wettbewerb und gegengewichtige Marktmacht relevant.[143]

48 Siehe neben der allgemeinen Kommentierung zu Art. 101 Abs. 3 AEUV die gesonderten Kommentierungen zur Einzelfreistellung im Bereich **Forschung und Entwicklung**[144] und **Technologietransfer (einschließlich Technologiepools).**[145] Siehe ferner die Kommentierung an den einzelnen Schutzrechten unten.[146]

---

[133] EuGH vom 7.2.2013, C-68/12 Rn. 35 – *Slowakische Banken.*

[134] *Lettl/J. B. Nordemann* NZKart 2014, 207, 212; ferner *J. B. Nordemann/Waiblinger* GRUR 2015, 1070 ff. Siehe zur Freistellung von Selbstregulierung (Verhaltenskodizes) allgemein Art. 101 Abs. 3 AEUV Rn. 157 ff.

[135] Dazu eingehend Art. 101 Abs. 3 AEUV Rn. 48 ff.

[136] Kommission, Entscheidung v. 23.12.1977 – *Campari* ABl. EG 1978 L 70, 69, Tz. III.

[137] *Hengst* in Langen/Bunte, EU-Kartellrecht, Art. 101 AEUV Rn. 384.

[138] Siehe dazu Art. 101 Abs. 3 AEUV Rn. 59 ff.

[139] Europäische Kommission v. 6.10.1994, ABl. 1999 L 309/1 Rn. 89 – *Pasteur Mérieux-Merck; Ellger* in Immenga/Mestmäcker, EU-WettbR, Art. 101 Abs. 3 AEUV Rn. 245.

[140] *Bechtold/Bosch/Brinker/Hirsbrunner* Art. 81 Rn. 167.

[141] Eingehend Art. 101 Abs. 3 AEUV Rn. 55 ff.

[142] Gl. A. *Fuchs* in: Immenga/Mestmäcker, GWB, § 2 Rn. 111, 113; *Schneider* in: Langen/Bunte § 2 GWB Rn. 53.

[143] Ausführlich Art. 101 Abs. 3 AEUV Rn. 57 ff.

[144] Art. 101 Abs. 3 AEUV Rn. 78 ff. und ferner die separate Kommentierung zur GVO Forschung und Entwicklung.

[145] Art. 2 GVO Technoloegietransfer Rn. 114 ff.

[146] Rn. 49 ff.

3. Die einzelnen Schutzrechte und Art. 101 AEUV, §§ 1, 2 GWB

a) Patente, Gebrauchsmuster, geheimes Know-How, Sortenschutz, Halbleitertopographieschutz. Für die Lösung des kartellrechtlichen Spannungsverhältnisses von Patenten, Gebrauchsmustern, geheimen Know-How und Sortenschutz ist – wie gesehen[147] – auf den jeweiligen **spezifischen Schutzgegenstand** abzustellen. Eigentlich beschränkende Vereinbarungen, die durch diesen Schutzgegenstand gerechtfertigt werden, sind tendenziell kartellrechtsfest. Der spezifische Gegenstand des Schutzes beim **Patent und beim Gebrauchsmuster** liegt darin, dass der Inhaber des Patents zum Ausgleich für seine schöpferische Erfindertätigkeit das ausschließliche Recht erhält, gewerbliche Erzeugnisse herzustellen, in den Verkehr zu bringen, mithin die Erfindung entweder selbst oder im Wege der Lizenzvergabe an Dritte zu verwerten, und dass er berechtigt ist, gegen Zuwiderhandlungen vorzugehen.[148] Der spezifische Gegenstand des Schutzes **geheimen Know-hows** umfasst den Erhalt des durch das Geheimnis gewährten Wettbewerbsvorsprungs; der Träger des Geheimnisses hat ein berechtigtes Interesse daran, dass es nicht allgemein zugänglich wird. Der spezifische Gegenstand im **Sortenschutzrecht** läuft mit dem Patent parallel.[149] Beim **Halbleitertopografieschutz** liegt er darin, dass der Inhaber des Schutzrechts zum Ausgleich für seine innovative Tätigkeit das ausschließliche Recht erlangt, gewerbliche Erzeugnisse herzustellen, in den Verkehr zu bringen, mithin die Halbleitertopografie entweder selbst oder im Wege der Lizenzvergabe an Dritte zu verwerten, und dass er berechtigt ist, sich gegen Zuwiderhandlungen zur Wehr zu setzen. 49

Bestimmte wettbewerbsbeschränkende Vereinbarungen werden von **EU-Gruppenfreistellungsverordnungen (GVOen)** reguliert. Sie gelten gemäß Art. 101 Abs. 3 AEUV im Europarecht und gemäß § 2 Abs. 2 GWB auch im Rahmen nationalen Rechts bei fehlender Zwischenstaatlichkeit. Diese GVOen stellen auch Sachverhalte frei, die schon gar nicht tatbestandsmäßig gemäß Art. 101 Abs. 1 AEUV, § 1 GWB sind; insbesondere geht in ihnen die Interessenabwägung des Kartellrechts mit dem spezifischen Schutzzweck des betroffenen Schutzrechts auf, die zu einem Ausschluss schon des Verbotstatbestands des Art. 101 Abs. 1 AEUV bzw. des § 1 GWB führen kann.[150] Es handelt sich also um mehr als echte Freistellungen vom Verbot. 50

Im Bereich der **Lizenzverträge** ist hier die **GVO Technologietransfer** zu nennen. Die Kommission hat in den dazugehörenden Leitlinien Technologietransfer dazu eingehende Erläuterungen veröffentlicht.[151] Einige Grundentscheidungen spielen auch eine Rolle, wenn eine Einzelfreistellung erforderlich ist.[152] Das gilt insbesondere für die Kernbeschränkungen nach Art. 4 GVO Technologietransfer[153] sowie für die Nichtangriffsabreden, Kündigungsvereinbarungen bei Angriff auf Schutzrechte[154] und Rücklizenzverpflichtungen[155] nach Art. 5 GVO Technologietransfer. Die GVO Technologietransfer erfasst allerdings ohnehin nur Lizenzverträge zwischen zwei Unternehmen. Lizenzverträge zwischen 51

---

[147] Oben Rn. 10ff.

[148] EuGH v. 31.10.1974 C-15/74 – *Centrafarm/Sterling Drug* = Slg. 1974, 1147, 1163; EuGH v. 14.9. 1981 C-187/80 – *Merck/Stephar* = Slg. 1981, 2063, 2080; EuGH v. 9.7.1985 C-19/84 – *Pharmon/Hoechst* = Slg. 1985, 2281, 2298.

[149] EuGH v. 18.2.1992 C-235/89 – *Kommission/Italien* = Slg. 1992, I-777, 824, Tz. 17.

[150] Dazu Rn. 13.

[151] Siehe zur GVO Technologietransfer und den Leitlinien die separate Kommentierung hierzu.

[152] Siehe Art. 101 Abs. 3 AEUV Rn. 19.

[153] Dazu eingehend: Europäische Kommission, Leitlinien Technologietransfer, Tz. 94ff. Vgl. ferner die separate Kommentierung zu Art. 4 GVO Technologietransfer.

[154] Dazu eingehend: Europäische Kommission, Leitlinien Technologietransfer, Tz. 133ff. Vgl. ferner die separate Kommentierung zu Art. 5 GVO Technologietransfer.

[155] Dazu eingehend: Europäische Kommission, Leitlinien Technologietransfer, Tz. 129ff. Vgl. ferner die separate Kommentierung zu Art. 5 GVO Technologietransfer.

mehr Unternehmen als zwei unterliegen der Einzelprüfung und ggf. Einzelfreistellung. Dabei will die Kommission die in der GVO Technologietransfer dargelegten Grundsätze analog anwenden.[156] Zu Lizenzverträgen siehe ferner die allgemeine Kommentierung oben.[157]

52 Im Bereich **Forschung und Entwicklung** einschließlich der Verwertung daraus entstehender Patente, Gebrauchsmuster oder geheimen Know-hows gilt die **GVO für Forschungs- und Entwicklungsvereinbarungen.**[158]

53 Im Hinblick auf **Schutzrechtsübertragungen,**[159] **Nebenabreden**[160] und **Zulieferkonstellationen**[161] siehe die allgemeine Kommentierung oben.

54 Die Gründung von **Technologiepools** – sofern sie nur aus Patenten bestehen, auch Patentgemeinschaften oder **Patentpools** genannt – wird durch die GVO Technologietransfer nicht erfasst. Dabei stellen zwei oder mehr Parteien ein Technologiepaket zusammen, das dann an die Mitglieder des Pools, aber auch an Dritte lizenziert wird. Die Zusammenstellung des Pools stellt für sich genommen keinen Technologietransfer dar und ist deshalb nicht nach GVO Technologietransfer freigestellt. Die Europäische Kommission hat in ihren Leitlinien zur GVO Technologietransfer detaillierte Beurteilungsmaßstäbe für Technologiepools gemäß Art. 101 Abs. 1 AEUV aufgestellt.[162]

55 Wettbewerbsbeschränkende Vereinbarungen und Abstimmungen im Hinblick auf **Sortenschutzrechte** werden nicht durch die GVO Technologietransfer reguliert. Insoweit dürften allerdings deren Bestimmungen – soweit möglich – entsprechend anzuwenden sein. Der Bundesgerichtshof hat Inhabern von Sortenschutzrechten erlaubt, sich – vergleichbar mit Urhebern in Verwertungsgesellschaften[163] – abzusprechen, und zwar im Hinblick auf Lizenzpreise, wenn eine individuelle Rechtewahrnehmung durch den Inhaber „kaum möglich" ist.[164] Im Fall ging es um die kollektive Geltendmachung der sortenschutzrechtlichen Nachbaugebühr bei Landwirten durch die Rechteinhaber. Insoweit gehen nach Auffassung des Bundesgerichtshofes die Regelungen in § 10a Abs. 4 SortG und in Art. 3 Abs. 2, 5 Abs. 4 NachbauV dem Kartellverbot des Art. 101 Abs. 1 AEUV (§ 1 GWB) vor. Nach Auffassung des BKartA lässt sich § 10a SortG allerdings nicht analog auf Mindestpreisempfehlungen von berufsständischen Vereinigungen der Inhaber von Sortenschutzrechten mit Landwirten anwenden.[165]

56 **b) Marken und sonstige Kennzeichen.** Wettbewerbsbeschränkende Vereinbarungen im Sinne des Art. 101 Abs. 1 AEUV bzw. des § 1 GWB, die Marken (§ 4 MarkenG, Art. 4 GemMVO) einerseits oder andere Kennzeichen (§ 5 MarkenG; § 126 MarkenG) andererseits zum Gegenstand haben, werden grundsätzlich **von keiner Gruppenfreistellungsverordnung geregelt.** Im Hinblick auf Markenlizenzen bestehen allerdings zwei Ausnahmen im Rahmen der GVO Technologietransfer[166] und der GVO Vertikal.[167] Ohne GVO muss für jeden Einzelfall nach der Lehre vom spezifischen Schutzgegenstand eine Interessenabwägung zwischen dem Inhalt des Zeichenrechts und den wettbewerbsbeschränkenden Wirkungen stattfinden. Es genügt für eine kartellrechtliche Zulässigkeit seit Aufgabe der Inhaltstheorie[168]

---

[156] Europäische Kommission, Leitlinien Technologietransfer, Tz. 56.
[157] Rn. 22 ff.
[158] Dazu im Einzelnen die separate Kommentierung.
[159] Rn. 20 ff.
[160] Rn. 20, siehe auch Art. 101 Abs. 1 AEUV Rn. 308 ff.
[161] Rn. 30 ff.
[162] Europäische Kommission, Leitlinien Technologietransfer, Tz. 244 ff. Siehe zu Technologiepools die Kommentierung zur GVO Technologietransfer, dort Rn. 13 ff.
[163] Dazu unten Rn. 96 ff.
[164] BGH WuW/E DE-R 1267, 1269 f. – *Nachbaugebühr.*
[165] BKartA TB 2005/2006, S. 67 f. (zw.).
[166] Dazu Rn. 60.
[167] Dazu Rn. 60.
[168] Oben Rn. 10.

für sich genommen nicht, dass das Zeichenrecht eine entsprechende beschränkte Abrede, z. B. Lizenzierung, erlaubt.[169]

57 Die Hauptfunktion des Markenrechts (§ 4 MarkenG, Art. 4 GemMVO), die seinen **spezifischen Schutzgegenstand** ausmacht, liegt darin, dem Verbraucher die Identität des Waren- oder Dienstleistungsursprungs zu garantieren.[170] Das ist die sogenannte **Herkunftsfunktion** (auch Zuordnungs- und Wiedererkennungsfunktion). Daneben steht die sogenannte **Qualitätsfunktion.** Diese Funktion bezieht sich auf die Gewähr, dass alle gekennzeichneten Erzeugnisse unter der Kontrolle eines einzigen Unternehmens hergestellt wurden, das auch für ihre Qualität verantwortlich gemacht werden kann.[171] Das ergibt sich im deutschen Markenrecht – das auf einer EU-Richtlinie beruht[172] – aus den nahezu unbegrenzten Möglichkeiten, Lizenzen zur Benutzung der Marke an Dritte zu vergeben (§ 30 Abs. 1 MarkenG). Als dritte Markenfunktion ist heute die **Werbefunktion** (auch Investmentfunktion) anerkannt.[173] Die Werbefunktion der Marke meint einen Schutz der Marke auf Grund ihrer Werbewirksamkeit unabhängig davon, ob der Kunde über Herkunft oder Qualität getäuscht wird. Schutzgut ist damit nicht nur die Unterscheidungskraft einer Marke, sondern auch deren Suggestiv- und Attraktionskraft.[174] Auf der Basis dieses spezifischen Gegenstandes des Kennzeichenrechts lassen sich einige generalisierungsfähige Aussagen zur kartellrechtlichen Behandlung treffen.

58 Aus der Anerkennung der vorgenannten Funktionen ergibt sich zunächst, dass jede Art von **Beschränkungen, die erforderlich sind,** um den vorgenannten Markenfunktionen Rechnung zu tragen, grundsätzlich zulässig und **nicht wettbewerbsbeschränkend gem. Art. 101 Abs. 1 AEUV** (§ 1 GWB) sind.[175] Für andere Beschränkungen, die zwar eine Wettbewerbsbeschränkung gem. Art. 101 Abs. 1 AEUV (§ 1 GWB) darstellen, aber zumindest in Zusammenhang mit dem spezifischen Schutzgegenstand stehen, dürfte über dies im Regelfall eine bezweckte Wettbewerbsbeschränkung ausscheiden, so dass bei Prüfung einer **bloß bewirkten Wettbewerbsbeschränkung** zumindest die **Spürbarkeit** zu untersuchen ist.[176] Diese kann fehlen, wenn die Marke für den Marktzutritt keine Bedeutung hat.[177] Im

---

[169] Zutreffend *Ingerl/Rohnke,* MarkenG, § 30 Rn. 84; anders möglicherweise der Inhaltstheorie folgend OLG Hamburg WuW/E OLG 4429, 4432 – *Diamant-Zeichen.*

[170] Ferner EuGH GRUR 2004, 428, 429 f. (Tz. 30) – *Henkel;* EuGH GRUR 2002, 804, 806 (Tz. 29) – *Philips;* EuGH Slg. 1974, 1183 – *Centrapharm/Winthrop;* EuGH Slg. 1990 I, 3711 – *Hag;* EuGH Slg. 1994 I, 2789 – *Ideal Standard;* OLG Hamburg WuW/E DE-R 4443 Tz. 398 (juris) – *FC St. Pauli II;* OLG Frankfurt WuW/E DE-R 4011 Tz. 34 (juris) – *Kalksteinprodukte* = WRP 2013, 1663.

[171] EuGH Slg. 1994 I, 2789 – *Ideal Standard;* OLG Hamburg WuW/E DE-R 4443 Tz. 398 (juris) – *FC St. Pauli II;* OLG Frankfurt WuW/E DE-R 4011 Tz. 34 (juris) – *Kalksteinprodukte* = WRP 2013, 1663; *Jestaedt* in: Langen/Bunte, Nach Art. 101 AEUV 1246; *Fezer,* Markenrecht, Einl. D Rn. 1 ff.; *Nordemann,* Wettbewerbsrecht – Markenrecht, Rn. 1060 ff.

[172] EU-Richtlinie 89/104/EWG ABl. Nr. C/1 vom 31.12.1988 = Bl. für PMZ 1989, 189; berichtigt in ABl. 1989 Nr. L 159 vom 10.6.1989, 60 = Bl. für PMZ 1989, 350.

[173] EuGH GRUR 2009, 756 Tz. 58, 62 ff. – *Oréal/Bellure;* RegE zu § 30 MarkenG, Bundestagsdrucksache 12/6581, S. 86; siehe ferner OLG Hamburg WuW/E DE-R 4443 Tz. 398 (juris) – *FC St. Pauli II;* OLG Frankfurt WuW/E DE-R 4011 Tz. 34 (juris) – *Kalksteinprodukte* = WRP 2013, 1663; *Harte-Bavendamm/Scheller* WRP 1994, 571, 571; *Klaka* in: FS Traub, 1994, S. 188; *Ingerl/Rohnke* NJW 1994, 1247, 1251; *J. B. Nordemann,* DZWir 1995, 315, 317; *Fezer,* Markenrecht, Einl. D 9; *Nordemann,* Wettbewerbsrecht – Markenrecht, Rn. 1061 m. w. N.; *Ingerl/Rohnke,* MarkenG, § 30 MarkenG Rn. 121.

[174] *Schweer,* Die erste Markenrechtsrichtlinie der EG und der Rechtsschutz bekannter Marken, 1992, S. 34 ff.; *Henning/Bodewig/Kur,* Marke und Verbraucher, Band I, 1988, S. 241 ff.; *Kouker* WRP 1994, 444, 447; *J. B. Nordemann,* DZWir 1995, 315, 317.

[175] OLG Frankfurt WuW/E DE-R 4011 Tz. 33 (juris) – *Kalksteinprodukte* = WRP 2013, 1663; *Kreutzmann* WRP 2006, 453; *Fezer,* Markenrecht, § 30 MarkenG Rdnr. 61 f.

[176] Siehe Art. 101 Abs. 1 Rn. 271. Zur Spürbarkeit allgemein oben Art. 101 Abs. 1 AEUV Rn. 288 ff.

[177] *Harte-Bavendamm/von Bomhard* GRUR 1998, 530, 533, unter Berufung auf Europäische Kommission ABl. 1978 L 60, S. 19, 24 f. – *Pennys.*

Hinblick auf eine **Einzelfreistellung** (Art. 101 Abs. 3 AEUV, § 2 Abs. 1 GWB) ist für die kartellrechtliche Analyse zu bedenken, dass zwar aufgrund ihres Ausschließlichkeitscharakters Marken eine wettbewerbsbeschränkende Wirkung immanent sein mag, sie umgekehrt aber auch zur Förderung des Wettbewerbs insbesondere im Hinblick auf Innovationen beitragen können; das Markenrecht ist seinerseits ein wesentlicher Bestandteil des Systems des unverfälschten Wettbewerbs.[178]

Nachfolgend wird auf Lizenzen (an Marken und geschäftlichen Bezeichnungen), Ab- 59
grenzungsvereinbarungen und Kollektivmarken eingegangen. Zu **Markenübertragungen (einschließlich Markenspaltungen),**[179] **Nebenabreden** bei Unternehmensveräußerungen[180] und **Zulieferkonstellationen**[181] siehe die separate Kommentierung oben.

aa) Markenlizenzen. Markenlizenzen sind grundsätzlich **nicht durch eine GVO** 60
gruppenfreigestellt. Jedoch sind zwei Ausnahmen zu beachten. Die **erste Ausnahme** bildet **Art. 2 Abs. 3 GVO Technologietransfer.** Danach ist auch eine Markenlizenz im Rahmen einer **Technologietransfervereinbarung** (im Sinne des Art. 1 Abs. 1 lit c) GVO Technologietransfer!) freigestellt, sofern sich die Markenlizenz unmittelbar auf die Produktion oder den Verkauf der Vertragsprodukte bezieht. Die Freistellung soll Markenlizenzen privilegieren, die dem Lizenznehmer ermöglichen, die lizenzierten Technologierechte besser zu verwerten. Eine Markenlizenz kann insoweit insbesondere über die Herkunfts- und Qualitätsfunktion der Marke erreichen, dass der Verbraucher Herkunft und Qualität der lizensierten Technologie eindeutig zuordnen kann. Die GVO Technologietransfer ist in diesem Zusammenhang selbst dann anwendbar, wenn die Parteien mehr an der Nutzung des Markenzeichens als an der Nutzung der Technologie interessiert sind.[182] Die **zweite Ausnahme** gilt im Hinblick auf die **GVO Vertikal:** Wenn eine Markenlizenz sich unmittelbar auf die Nutzung, den Verkauf oder den Weiterverkauf von Waren und Dienstleistungen bezieht und nicht den Hauptgegenstand der Vereinbarung darstellt, fällt die Lizenzvereinbarung unter die GVO Vertikal (Art. 2 Abs. 3 GVO Vertikal).[183]

Greifen diese Ausnahmefälle nicht, muss im Rahmen des Art. 101 Abs. 1 AEUV bzw 61
des § 1 GWB für jeden Einzelfall nach der Lehre vom spezifischen Schutzgegenstand eine **Interessenabwägung zwischen dem spezifischen Schutzgegenstand** des Kennzeichenrechts einerseits **und den wettbewerbsbeschränkenden Wirkungen** andererseits stattfinden. Als spezifischer Schutzgegenstand sind Herkunfts-, Qualitäts- und (bei bekannten Marken) die Werbefunktion zu berücksichtigen.[184] Danach hat der Markeninhaber bei Markenlizenzen auch kartellrechtlich sehr weitgehende Befugnisse, die Herstellung und den Vertrieb der mit der Marke gekennzeichneten Waren und Dienstleistungen zu organisieren. Tendenziell kartellrechtsfest ist zunächst die **sachlich ausschließliche Markenlizenz.**[185] Der Markeninhaber kann eine Markenlizenz beschränkt auf ein ganz bestimmtes Produkt oder eine ganz bestimmte Leistung erteilen. Das gehört zum Inhalt des Markenrechts und ist nach § 30 Abs. 2 Nr. 3 MarkenG, Art. 22 GemMVO mit dinglicher Wirkung vom Markenrecht abspaltbar. Eine solche sachliche Ausschließlichkeit erzeugt Wett-

---

[178] OLG Frankfurt WuW/E DE-R 4011 Tz. 33 (juris) – *Kalksteinprodukte* = WRP 2013, 1663, unter Berufung auf EuGH GRUR 2003, 55, 57 – *Arsenal,* und EuGH GRUR 1998, 922, 924 – *Canon.*

[179] Rn. 20f.

[180] Rn. 29.

[181] Rn. 30ff.

[182] Europäische Kommission, Leitlinien Technologietransfer, Tz. 47, unter Hinweis in Fn. 35 darauf, dass dies eine Änderung im Vergleich zur früheren Kommissionspraxis darstellt: „Nunmehr könnte die Technologietransfer-Vereinbarung, die Gegenstand der Entscheidung der Kommission in der Sache Moosehead/Whitbread (ABl. L 100 vom 20.4.1990, S. 32) war, unter die TT- GVO fallen; siehe insbesondere Erwägungsgrund 16 der Entscheidung in dieser Sache."

[183] Siehe die separate Kommentierung zur GVO Vertikal.

[184] Siehe auch oben Rn. 57.

[185] Siehe dazu auch allgemein oben Rn. 21.

bewerbsbeschränkungen in zwei Richtungen: Zunächst schließt sie den Markeninhaber (Lizenzgeber) selbst von der Nutzung aus. Außerdem ist es für den Lizenznehmer unmöglich, unter Verwendung der Marke mit dem Lizenzgeber im Hinblick auf andere Waren oder Dienstleistungen in Wettbewerb zu treten, sofern die Marke dafür auch Schutz gewährt. Herkunfts- und Qualitätsfunktion erfordern zwingend solche Beschränkungsmöglichkeiten, so dass sie grundsätzlich kartellrechtsfest sind.[186] Auch ein **ausschließlicher Markennießbrauch** ist deshalb grundsätzlich kartellrechtsneutral.[187] Das Gleiche gilt für **Sublizenz- und Übertragungsverbote.**[188] Auch Wettbewerbsbeschränkungen, die die Markenlizenz auf einen bestimmten **Produktionsbetrieb** festlegen, sollten danach regelmäßig schon wegen Gewährleistung der Herkunftsfunktion mit Art. 101 Abs. 1 AEUV, § 1 GWB vereinbar sein. Kartellrechtsfest können außerdem alle Vorgaben im Zusammenhang mit der **Qualitätssicherung** sein, also Vorgaben für die Produktqualität und Zusammensetzung[189] einschließlich Kontrollrechten sein, soweit sie notwendig sind, um eine gleich bleibende Warenqualität zu gewährleisten.[190] Bezugspflichten im Hinblick auf bestimmte Rohstoffe vom Lizenzgeber werden aber nur akzeptiert, wenn es sich um Zutaten für eine geheime Rezeptur handelt.[191] Auch länderspezifische Qualitätsdifferenzierungen sind zulässig; sie können sogar Belieferungsverbote für bestimmte Territorien, für die andere Qualitätsstandards gelten, rechtfertigen.[192] Auch darf die Markenbenutzung nur für bestimmte Produktionsstätten erlaubt werden, um einen (marktverwirrenden) Parallelimport von anderen Produktionsstätten mit anderen Produktionsqualitäten unter einer identischen Marke auszuschließen.[193] Als „Produktionsstätte" kann auch das Internet allein festgelegt, eingeschränkt oder ganz ausgeschlossen werden, soweit dies wegen der Qualitätsfunktion der Marke gerechtfertigt ist; der Internetvertrieb kann insoweit ausgeschlossen werden, als dies die Werbefunktion z.B. einer berühmten Marke notwendig macht.[194] Für Markenlizenzen, die sich auf die Nutzung und Verbreitung von Waren und Dienstleistungen beziehen und die nicht den Hauptgegenstand einer Vertikalvereinbarung bilden, gelten allerdings kartellrechtlich etwas strengere Regelungen nach der GVO Vertikal.[195] Nach Erstverbreitung und damit einhergehender Erschöpfung greifen ohnehin die Regelungen der GVO Vertikal zum Internetvertrieb. Auch **Ausübungspflichten** erscheinen als im Regelfall durch den spezifischen Schutzgegenstand gerechtfertigt,[196] weil dadurch der

---

[186] Europäische Kommission ABl. 1990 L 100/3, 35 – *Mousehead/Whitbread;* OLG Hamburg WuW/E DE-R 4443 Tz. 404 (juris) – *FC St. Pauli II.*

[187] OLG Hamburg WuW/E DE-R 4443 Tz. 404 (juris) – *FC St. Pauli II.*

[188] *Ullrich/Heinemann* in: Immenga/Mestmäcker, EU-WettbR, GRUR B Rn. 32; *Ingerl/Rohnke,* MarkenG, § 30 MarkenG Rn. 122.

[189] Europäische Kommission ABl. 1998 L 70/69 vom 23.12.1977 – *Campari* = GRUR Int. 1978, 371; OLG Frankfurt WuW/E DE-R 4011 Tz. 35 (juris) – *Kalksteinprodukte* = WRP 2013, 1663; *Groß* in: Wiedemann, Handbuch des Kartellrechts, § 13 Rn. 160; *Jestaedt* in: Langen/Bunte, Nach Art. 101 Rn. 1251; *Ingerl/Rohnke,* MarkenG, § 30 MarkenG Rn. 122.

[190] *Loewenheim* GRUR 1982, 46, 470; *Ingerl/Rohnke,* MarkenG, § 30 MarkenG Rn. 122.

[191] Europäische Kommission ABl. 1978 L 70/69 vom 23.12.1977 – *Campari* = GRUR Int. 1978, 371; Europäische Kommission GRUR Int. 1986, 116 – *Velcro/Alpix; Ingerl/Rohnke,* MarkenG, § 30 MarkenG Rn. 122.

[192] Europäische Kommission ABl. 1978 L 70/69 vom 23.12.1977 – *Campari* = GRUR Int. 1978, 371.

[193] OLG Frankfurt WuW/E DE-R 4011 Tz. 36 (juris) – *Kalksteinprodukte* = WRP 2013, 1663.

[194] *J. B. Nordemann* in: Bröcker/Czychowski/Schäfer, Praxishandbuch Geistiges Eigentum im Internet, § 12 Rn. 137. Insbesondere kommt hier der Ausschluss von Internetplattformen in Betracht, die das Markenimage gefährden.

[195] Siehe oben Rn. 60 sowie zum Internetvertrieb nach der GVO Vertikal eingehend Art. 4 GVO Vertikal Rn. 252ff.

[196] Europäische Kommission ABl. 1978 L 70/69 vom 23.12.1977 – *Campari* = GRUR Int. 1978, 371; OLG Frankfurt WuW/E DE-R 4011 Tz. 35 (juris) – *Kalksteinprodukte* = WRP 2013, 1663; *Fezer,* Markenrecht, § 30 MarkenG Rn. 71.

Wert der Marke gesteigert und außerdem die Marke vor der Löschungsreife durch Nichtbenutzung geschützt werden kann. **Mengenbeschränkungen** sollten entgegen einer älteren Auffassung der Kommission[197] ebenfalls zulässig sein, sofern markenrechtliche Interessen, etwa Reputationspflege, eine Begrenzung des Angebotes erfordern.[198] Auch **Vorgaben für die Werbung und für die Verpackung** sind zulässig, sofern sie unmittelbar oder mittelbar die Benutzung oder Reputation der Marke betreffen, darüber hinaus eher nicht.[199] Unproblematisch sind die **Anerkennung der Inhaberschaft des Lizenzgebers** an der Marke[200] sowie seine **Verpflichtung, die Marke über den gesamten Lizenzzeitraum aufrechtzuerhalten. Wettbewerbsverbote** für den Lizenznehmer, Waren oder Dienstleistungen von Konkurrenten des Lizenzgebers nicht zu vertreiben, sind jedenfalls nicht durch den spezifischen Schutzgegenstand des Markenrechts privilegiert. Sie richten sich nach den allgemeinen Regeln.[201] Auch **Nichtangriffsvereinbarungen** sind eigentlich nicht vom spezifischen Schutzgegenstand des Markenrechts gerechtfertigt, werden jedoch im Regelfall als eine nicht spürbare Wettbewerbsbeschränkung angesehen, weil dem Lizenznehmer regelmäßig ein Ausweichen auf eine andere Marke offen steht. Etwas anders mag nur gelten, wenn die Existenz einer Marke eine spürbare Marktzutrittschranke bildet,[202] z.B. bei einer Marke, die wegen ihrer Bekanntheit möglicherweise die Grenze zur generischen Bezeichnung überschritten hat (§ 8 Abs. 2 Nr. 3 MarkenG).

Ferner gilt die regelmäßige kartellrechtliche Privilegierung für **geografisch ausschließliche Markenlizenzen.**[203] Die gegenteilige ältere Auffassung der Europäischen Kommissi- 62
on, die eine einfache Gebietsausschließlichkeit als wettbewerbsbeschränkend im Sinne des Art. 101 Abs. 1 AEUV qualifiziert,[204] ist wenig überzeugend. Die Gebietsausschließlichkeit gewährleistet Herkunfts- sowie Qualitätsfunktion, gehört insoweit zum Inhalt des Markenrechts und ist mit dinglicher Wirkung abspaltbar, § 30 Abs. 2 Nr. 4 MarkenG, Art. 22 Abs. 1 und 2 GemMVO. Privilegiert ist auch die aus der ausschließlichen Lizenzerteilung folgende Beschränkung des Lizenzgebers, selbst nicht in dem Gebiet tätig zu sein.[205] Insoweit ist der Meinung zu widersprechen, dass die Ausschließlichkeitswirkung gegenüber dem Lizenzgeber nicht zum spezifischen Schutzgegenstand des Markenrechts gehört.[206] Die vom Markenrecht gewährte Ausschließlichkeit und damit sein spezifischer Schutzgegenstand beinhaltet wie selbstverständlich auch die Möglichkeit einer Ausschließlichkeit ge-

---

[197] Europäische Kommission ABl. 1978 L 70/69 vom 23.12.1977 – *Campari* = GRUR Int. 1978, 371.

[198] Wie hier: *Ingerl/Rohnke,* MarkenG, § 30 MarkenG Rn. 122.

[199] Vgl. auch *Loewenheim,* Warenzeichen und Wettbewerbsbeschränkung, 1970, S. 411 ff.; *Ingerl/Rohnke,* MarkenG, § 30 MarkenG Rn. 122, *Fezer,* Markenrecht, § 30 MarkenG Rn. 28 m. w. N.

[200] Europäische Kommission ABl. vom 23.3.1990 L 100, S. 32 – *Mousehead/Whitbread* = GRUR Int. 1990, 626.

[201] Siehe hierzu z. B. Art. 101 Abs. 3 AEUV Rn. 192 ff. und die separate Kommentierung zu Art. 5 GVO Vertikal. Siehe ferner zu einem Wettbewerbsverbot in einem ausschließlichen Markennießbrauchsvertrag OLG Hamburg WuW/E DE-R 4443 Tz. 406 (juris) – *FC St. Pauli II:* Kein längeres Wettbewerbsverbot als 10 Jahre.

[202] Europäische Kommission ABl. 1978 L 70/69 vom 23.12.1977 – *Campari* = GRUR Int. 1978, 371; *Ingerl/Rohnke,* MarkenG, § 30 MarkenG Rn. 122.

[203] OLG Hamburg WuW/E OLG 4429, 4432 – *Diamant-Zeichen; Ingerl/Rohnke,* MarkenG, § 30 Rn. 74, 121 f.; *Sack* WRP 1999, 595; *Niebel* WRP 2003, 482, 486. Allgemein zu gebietsausschließlichen Lizenzen oben Rn. 21.

[204] Europäische Kommission ABl. vom 23.3.1990 L 100, S. 32 – *Mousehead/Whitbread* = GRUR Int. 1990, 626; wohl zustimmend *Christoph,* S. 111 f. Sehr kritisch wie hier *Niebel* WRP 2003, 482, 486.

[205] Wie hier *Niebel* WRP 2003, 482, 486; *Sack* RIW 1997, 449, 454 f.

[206] So aber – jedoch nicht speziell für Markenrechte – *Christoph,* S. 112 mwN., insbesondere unter Berufung auf Europäische Kommission WuW/E EV 623, 624 – *AOIP/Beyard; Axster* GRUR 1985, 581, 582.Wie hier a. A. OLG Frankfurt WuE/E DE-R 2018, 2021 – *Harry Potter.*

GRUR 62 genüber dem Lizenzgeber.[207] Es besteht auch die Möglichkeit für den Lizenzgeber, eine nur auf bestimmte EU-Staaten begrenzte Verbreitungslizenz zu gewähren.[208] Allerdings gelten die Privilegierungen der vorerwähnten geografischen Lizenznehmer- und Lizenzgeberbeschränkungen nicht über das erstmalige Inverkehrbringen mit Zustimmung des Markeninhabers hinaus. Sobald ein mit einer Marke versehenes Produkt einmal mit Zustimmung des Markeninhabers in Verkehr gelangt ist, ist das **Markenrecht erschöpft,** weil dann der Markeninhaber die hinreichende Möglichkeit hatte, auf die Erfüllung der Herkunfts- und Qualitätsfunktion zu achten. Allenfalls auf Grund der Werbefunktion erforderliche Vorgaben, z. B. im Rahmen eines selektiven Vertriebssystems, sind dann noch möglich. Jedenfalls innerhalb der EU und auch im gesamten Gebiets des EWR kann das mit der Marke gekennzeichnete Produkt ohne gebietsmäßige Beschränkung zirkulieren, (§ 24 MarkenG, Art. 13 GemMVO).[209] Die Vereinbarung eines absoluten Gebietsschutzes auch für Fälle, in denen die Erschöpfung den Gebietsschutz aufhebt, verletzt Art. 101 Abs. 1 AEUV und § 1 GWB; eine Freistellung scheidet regelmäßig aus.[210] Allenfalls dann kommt eine Freistellung in Betracht, wenn der Gebietsschutz entsprechend den Leitgedanken aus Art. 4 GVO Vertikal gelockert vereinbart wird,[211] vor allem im Stadium der Markterschließung.[212] Auch kann der Effizienzeinwand dazu führen, dass eine Einzelfreistellung nach Art. 101 Abs. 3 AEUV, § 2 Abs. 1 GWB zu gewähren ist.[213] Für ein **unkörperliches Inverkehrbringen** mit Zustimmung des Markeninhabers gelten andere Grundsätze. Jedenfalls ist eine Parallelität der urheberrechtlichen und markenrechtlichen Erschöpfung wünschenswert. Dann ist aber im Einklang mit der urheberrechtlichen Erschöpfung davon auszugehen, dass bei unkörperlichem Inverkehrbringen eine Erschöpfungswirkung nicht eintritt.[215] Das gilt nicht nur für temporäre Nutzungen bzw. für die Sendung von Werken im Internet, sondern auch für mit Zustimmung des Rechtsinhabers hergestellte Vervielfältigungen von Produkten, z. B. bei Download aus dem Internet. – **Außerhalb des EWR** ist jede Erschöpfung abzulehnen,[216] so dass außerhalb der EU ohne Konflikt mit Art. 101 Abs. 1 AEUV gebietsmäßige Aufteilungen der Marken auch nach Inverkehrbringen der Ware mit Zustimmung des Markeninhabers erfolgen können.

---

[207] Statt aller *Ingerl/Rohnke,* MarkenG, § 30 Rn. 16. Vgl. auch § 31 Abs. 3 Satz 2 UrhG, der diese Selbstverständlichkeit für das Urheberrecht sogar ausdrücklich anspricht.

[208] OLG Frankfurt WuE/E DE-R 2018, 2021 – *Harry Potter.*

[209] EuGH GRUR Int. 1998, 188 = WRP 1998, 851 = NJW 1998, 3185 – *Silhouette; Joller* GRUR Int. 1998, 751 ff.; *Fezer* GRUR 1999, 99, 105; *Albert/Heath* GRUR 1998, 642; *Loewenheim* GRUR 1997, 307; *Beier* GRUR Int. 1989, 603.

[210] EuGH Slg. 1966, 390 f. – *Grundig/Consten* = GRUR Int. 1966, 580; Europäische Kommission ABl. vom 23.3.1990 L 100, S. 32 – *Mousehead/Whitbread* = GRUR Int. 1990, 626; *Niebel* WRP 2003, 482, 486.

[211] *Niebel* WRP 2003, 482, 490.

[212] Europäische Kommission ABl. vom 23.3.1990 L 100, S. 32 – *Mousehead/Whitbread* = GRUR Int. 1990, 626.

[213] Auf EU-Ebene entsteht dann allerdings regelmäßig ein Zielkonflikt mit dem Integrationsziel Binnenmarkt, vgl. *Heinemann* GRUR 2008, 949, 951.

J. B. Nordemann in: Bröcker/Czychowski/Schäfer, Handbuch Geistiges Eigentum im Internet, § 12 Rn. 140.

[215] BGH GRUR 2000, 699, 701 – *Kabelweitersendung;* ferner EuGH Slg. 1980, 881 – *Coditel/Ciné Vog I;* EuGH EuGH v. 6.10.1982 C-262/81 – *Coditel/Ciné-Vog Films II* = Slg. 1982, 3381 = NJW 1983, 1255, 1256; Europäische Kommission ABl. 1989 L 284/36 – *Filmeinkauf; Bergmann* in: FS Erdmann, S. 17, 27. *Dustmann* in: Fromm/Nordemann, Urheberrecht, 11. Aufl. 2014, § 19a UrhG Rn. 28 f. Allerdings gilt für Software unter bestimmten Voraussetzungen auch eine Erschöpfung bei Inverkehrbringen Online: EuGH GRUR 2012, 904 – *UsedSoft/Oracle;* dazu *Czychowski* in: Fromm/Nordemann, aaO., § 69c Rn. 32 ff. mwN.

[216] Vgl. EuGH GRUR Int. 1998, 188 = WRP 1998, 851 = NJW 1998, 3185 – *Silhouette;* eingehend *Fezer,* Markenrecht, § 24 Rn. 189.

63 **Vertikale Preisbindungen** können im Hinblick auf den spezifischen Schutzgegenstand des Markenrechts nicht gerechtfertigt werden.[217] Die Verpflichtung zur Zahlung von **Lizenzgebühren** ist demgegenüber grundsätzlich kartellrechtlich neutral und stellt grundsätzlich keine Wettbewerbsbeschränkung (Art. 101 Abs. 1 AEUV, § 1 GWB) dar.[218] Das gilt auch für Mindestlizenzgebühren.[219] Anders kann es sein bei absatzbezogenen Vergütungen, die außerhalb des sachlichen oder räumlichen Schutzgegenstandes liegen, also z. B. bei Lizenzgebühren auch für Territorien, in denen nie Markenschutz bestand oder in denen er weggefallen ist.[220]

64 **bb) Lizenzen an Unternehmenskennzeichen und Titeln.** Für die **Lizenzierung von Unternehmenskennzeichen (§ 5 Abs. 2 MarkenG)** gilt Entsprechendes, weil auch sie die Herkunfts- und Werbefunktion schützen,[221] auch wenn der Rechtsverkehr für Unternehmenskennzeichen wegen der nach herrschender Meinung existierenden Akzessorietät des Zeichens mit dem Unternehmen etwas eingeschränkt ist. Die vorgenannten Ausführungen gelten für Lizenzen an geschäftlichen Bezeichnungen nach § 5 Abs. 2 MarkenG damit sogar in besonderem Maße, weil eine dingliche Lizenz nur bei Übertragung auch des relevanten Unternehmensteils möglich ist und deshalb erst Recht Einfluss auf die Produktion durch den Lizenzgeber genommen werden darf.

65 **Werktitel (§ 5 Abs. 3 MarkenG)** erfüllen nur eine Unterscheidungsfunktion, grundsätzlich aber keine Herkunfts- und Qualitätsfunktion;[222] eine Ausnahme gilt für bekanntere Zeitungs- und Zeitschriftentitel[223] oder für bekannte Titel. Eine Werbefunktion können Titel wie Marken bei besonderer Bekanntheit erfüllen (§ 15 Abs. 3 MarkenG). Auch für Titel gilt im Rechtsverkehr der Akzessorietätsgrundsatz im Hinblick auf das Werk. Lizenzen an Titelrechten nach § 5 Abs. 3 MarkenG sind also nur bei gleichzeitiger Erlaubnis der Werknutzung möglich. Da sich die Funktion des Titelrechts jedoch grundsätzlich in der Unterscheidungsfunktion ohne Herkunfts- und Qualitätsfunktion erschöpft, sind zunächst solche Beschränkungen regelmäßig zulässig, die einen gleich bleibenden Inhalt gewährleisten. Sofern der Titel – bei Bekanntheit – noch eine Herkunfts-, Qualitäts- oder sogar eine Werbefunktion leistet, sind auch Beschränkungen zur Gewährleistung dieser Funktionen tendenziell zulässig. Lizenzen für bekannte Titel dürfen also regelmäßig auch eine Qualitätsvorgabe und -kontrolle sowie Festlegungen auf einen bestimmten Produktionsbetrieb beinhalten.

66 **cc) Vorrechts- oder Abgrenzungsvereinbarungen.** Sog. Vorrechts- und Abgrenzungsvereinbarungen[224] schließen Zeicheninhaber, um eine angenommene Kollision ihrer einander gegenüberstehenden Zeichen auszuräumen. Regelmäßig beschränken sie den Inhaber des jüngeren Zeichens,[225] sein Zeichen im Wettbewerb einzusetzen, haben also erst einmal eine beschränkende Wirkung für ihn. So können sie vorsehen, dass das jüngere Zei-

---

[217] Vgl. *Ellger* in: Immenga/Mestmäcker, EU-WettbR, III. Abschnitt, Art. 101 Abs. 3 Rn. 202; *Fezer,* Markenrecht, § 30 Rn. 79.

[218] OLG Hamburg WuW/E DE-R 4443 Tz. 405 (juris) – *FC St. Pauli II; Fezer,* Markenrecht, § 30 MarkenG Rn. 72.

[219] *Ingerl/Rohnke,* MarkenG, § 30 MarkenG Rn. 122; *Fezer,* Markenrecht, § 30 Rn. 72.

[220] Eingehend oben Rn. 26.

[221] Vgl. statt aller *Ingerl/Rohnke,* MarkenG, § 15 Rn. 10 ff.

[222] BGH GRUR 2012, 1265 Tz. 23 – *Stimmt's?,* BGH GRUR 2005, 264 – *Das Telefon-Sparbuch* mwN.; BGH GRUR 2002, 1083, 1085 – *1, 2, 3 im Sauseschritt.*

[223] BGH GRUR 2000, 504, 505 – *FACTS;* BGH GRUR 2000, 71, 72 – *Szene.*

[224] Dazu *Wolf* NZKart 2015, 90 ff.; *Harte-Bavendamm/von Bomhard* GRUR 1998, 530, 532; *Jestaedt* in: Langen/Bunte, Nach Art. 101 AEUV Rn. 1257 ff.; *Fezer,* Markenrecht, § 14 Rn. 1088 ff.; *Althaus,* Markenrechtliche Abgrenzungsvereinbarungen, 2010; *Rißmann,* Die kartellrechtliche Beurteilung der Markenabgrenzung, 2007.

[225] Handelt es sich um Markenspaltungen, werden Abgrenzungsvereinbarungen auch zwischen Inhabern prioritätsgleicher Zeichen geschlossen, und es erfolgt lediglich eine sachliche und/oder räumliche Abgrenzung der Zeichenrechte.

chen nur für bestimmte Waren oder Dienstleistungen, in bestimmten Territorien, gegenüber bestimmten Kundengruppen oder in bestimmter Aufmachung eingetragen und benutzt werden darf. Der Inhaber des jüngeren Zeichens verpflichtet sich außerdem meist, im Zuge einer Nichtangriffsverpflichtung aus seinem Zeichen keine Rechte gegen den Inhaber des älteren Zeichens herzuleiten.

67 Markenrechtliche Abgrenzungsvereinbarungen **erfüllen den Verbotstatbestand** des Art. 101 Abs. 1 AEUV (§ 1 GWB), wenn mit ihnen **Wettbewerbsbeschränkungen bezweckt** werden.[226] Das ist insbesondere der Fall, wenn unter dem Deckmantel der Abgrenzungsvereinbarung die Parteien räumliche oder sachliche Märkte untereinander aufteilen, ohne dass eine Rechtfertigung durch den spezifischen Schutzgegenstand des Kennzeichenrechts ersichtlich wäre. Diese Rechtfertigung fehlt insbesondere, wenn eigentlich gar kein Zeichenkonflikt gegeben ist, z.B. weil es an einer ernsthaften Benutzungsabsicht für die angreifende Marke (bloßes Sperr- oder Vorratszeichen) oder an einer Verwechslungsgefahr fehlt.[227] Eine denkbare Einzelfreistellung nach Art. 101 Abs. 3 AEUV dürfte im Regelfall ausscheiden.

68 Abgrenzungsvereinbarungen sind jedoch grundsätzlich **kartellrechtsneutral,** soweit sie bloß den spezifischen Schutzgegenstandes des Marken- und Kennzeichenrechts konkretisieren, also insbesondere **nur bestehende Unterlassungsansprüche umsetzen.** Sie sind dann nicht wettbewerbsbeschränkend gem. Art. 101 Abs. 1 AEUV (§ 1 GWB), weil sie nicht bloß auf Privatautonomie, sondern auf dem Schutzinhalt der Markenrechte beruhen.[228] Abgrenzungsvereinbarungen sind also zulässig, wenn der Inhaber des älteren Zeichens ohne die verabredeten Einschränkungen die Eintragung oder Benutzung des Zeichens verhindern dürfte. Die oben genannten Zeichenfunktionen, insbesondere die **Herkunfts- und Qualitätsfunktion** der Marke des Inhabers des älteren Zeichens, neutralisieren also entsprechende Verpflichtungen des Inhabers des jüngeren Zeichens gegen ein Eingreifen des Kartellrechts. So konnte sich der Spielzeug- und Kinderbekleidungsanbieter „LEGO" kartellrechtlich wirksam mit dem Strumpfgroßhändler „Le-go" verabreden, dass „Le-go" keine Kinderbekleidung unter dieser Bezeichnung und „LEGO" keine Strumpfwaren mit der Bezeichnung „LEGO" anbietet.[229] Ansonsten wäre die Herkunfts- und Qualitätsfunktion im Hinblick auf die wechselseitigen Zeichen gefährdet gewesen.

69 Soweit die **Abgrenzungsvereinbarungen** aber **über den Schutzinhalt hinausgehen,** haben sie **wettbewerbsbeschränkenden Charakter,** weil sie die Freiheit der Vertragspartner beschränken, ihre Marken im Wettbewerb zu benutzen.[230] Das gilt vor allem für überschießende produkt-, kunden- und gebietsbezogene Beschränkungen. Allerdings steht oft bei Abschluss von Abgrenzungsvereinbarungen nicht abschließend fest, wie weit der Schutzrechtsinhalt geht, insbesondere wie weit Unterlassungsansprüche reichen. Den Parteien wird deshalb in folgenden Grenzen ein (kartellrechtlich neutraler) **Beurteilungsspielraum** zugestanden:[231] Die Europäische Kommission[232] und die deutsche Gerichtspra-

---

[226] EuGH v. 30.1.1985, C-35/85 = Slg. 1985, S. 363 Rn. 33 – *BAT*; BGH GRUR 2011, 641 Tz. 19, 33 – *Jette Joop;* OLG Düsseldorf WuW/E DE-R 4632 Tz. 40 (juris) – *Markenrechtliche Abgrenzungsvereinbarung* = NZKart 2015, 109.

[227] *Wolf* NZKart 2015, 90, 92.

[228] OLG Düsseldorf WuW/E DE-R 4632 Tz. 40 (juris) – *Markenrechtliche Abgrenzungsvereinbarung* = NZKart 2015, 109; *Wolf* NZKart 2015, 90, 93.

[229] Beispiel gebildet nach OLG München, Az. U (K) 5378/99, Urteil vom 20.4.2000 – *Lego Systems/Lego Bekleidungswerke,* nicht veröffentlicht, aber zit. bei *Schultz/Wagemann,* Kartellrechtspraxis und Kartellrechtsprechung 2000/2001, S. 16.

[230] OLG Düsseldorf WuW/E DE-R 4632 Tz. 40 (juris) – *Markenrechtliche Abgrenzungsvereinbarung* = NZKart 2015, 109; *Jestaedt* in Langen/Bunte, Kartellrecht, Nach Art. 101 AEUV Rn. 1257; *Althaus,* Markenrechtliche Abgrenzungsvereinbarungen, 2010, S. 136.

[231] Siehe zum vergleichbaren Beurteilungsspielraum der Parteien bei anderen Vergleichen oben Rn. 34ff.

[232] Europäische Kommission GRUR Int. 1983, 294ff. – *Toltecs/Dorcet.*

xis[233] wollen das Kartellrecht so lange zurückstehen lassen, wie ein **„ernsthafter", objektiv begründeter Anlass zu der Annahme besteht, es liege eine Zeichenkollision vor.** Das gilt für alle Verletzungstatbestände gleichermaßen, also nicht nur für die Verwechslungsgefahr, sondern auch für eine mögliche Verletzung der Bekanntheitstatbestände.[234] Dafür muss ernsthaft die Möglichkeit bestehen, dass das ältere Zeichen Schutz genießt bzw. nicht löschungsreif ist. Handelt es sich um eine eindeutig unbenutzte und damit löschungsreife Vorratsmarke, kann das Kartellrecht wettbewerbsbeschränkende Verpflichtungen des Inhabers der jüngeren Marke verhindern.[235] Abzustellen ist für die objektiv begründeten Anlass auf den **Zeitpunkt des Abschlusses der Abgrenzungsvereinbarung,** nicht auf spätere Entwicklungen der Rechtsprechung.[236] Mit dem berechtigten Bedürfnis der Vertragsparteien nach Rechtssicherheit bei der Markennutzung wäre es nicht zu vereinbaren, müssten sie ständig anhand der Entwicklung der markenrechtlichen Rechtsprechung überprüfen, ob ihre Vereinbarung weiterhin Bestand hat.[237]

Wichtig ist zusätzlich, dass sich die verabredeten **Nutzungsbeschränkungen in den territorialen, sachlichen und zeitlichen Grenzen** halten, was bei objektiver Beurteilung ernsthaft zum Zeitpunkt des Vertragsschlusses zweifelhaft sein konnte.[238] **Territorial** geht über den Inhalt hinaus ein pauschales Wettbewerbsverbot (unabhängig von der Benutzung bestimmter Marken) in bestimmten Territorien. Problematisch sind auch Benutzungsverbote für bestimmte Marken in Ländern, in denen es gar keine älteren Markenrechte der anderen Partei gibt. Unzutreffend ist allerdings, dass sie stets über den Beurteilungsspielraum der Parteien hinausgehen.[239] Vielmehr kommt es darauf an, ob sich ein Markenkonflikt bereits „erkennbar abzeichnete".[240] Dann kommt sogar eine weltweite Geltung der Abgrenzung in kartellrechtsfester Form in Betracht.[241] Allerdings hat niemand einen wirklich weltweiten Markenschutz, weil es Länder ohne Markenregime gibt oder in einigen Staaten ein Markenschutz ökonomisch nicht lohnt. Hier ist allerdings eine geltungserhaltende Reduktion auf die Länder denkbar, in denen sich ein Schutz erkennbar abzeichnet. Bei Markenspaltung darf die Abgrenzungsvereinbarung nicht über den infolge der Markenspaltung entstandenen Rechtszustand hinausgehen.[242] **Sachlich** überschießend und damit kartellrechtlich bedenklich sind Tätigkeitsverbote gegenüber bestimmten Kundengruppen, die *unabhängig* davon gelten, welche Marke eingesetzt wird.[243] Im Gegensatz dazu sollte kartellrechtlich ein Benutzungsverbot im Hinblick auf eine bestimmte Marke gegenüber 70

---

233 BGH GRUR 2011, 641 Tz. 19, 21 – *Jette Joop;* BGHZ 3, 193, 197 – *Tauchpumpe;* BGH WuW/E 1385 – *Heilquelle;* OLG Düsseldorf WuW/E DE-R 4632 Tz. 41 (juris) – *Markenrechtliche Abgrenzungsvereinbarung* = NZKart 2015, 109.

234 §§ 14 Abs. 2 Nr. 3, 15 Abs. 3 MarkenG, Art. 9 Abs. 1 lit. c) GemMVO.

235 EuGH Slg. 1985, 363, 385 – *Toltecs/Dorcet* = GRUR Int. 1985, 399 = NJW 1985, 1278 ff.

236 BGH GRUR 2011, 641 Tz. 19 ff. – *Jette Joop.*

237 BGH GRUR 2011, 641 Tz. 60 – *Jette Joop;* LG Braunschweig WuW/E DE-R 4068 Tz. 122 (juris) – *Kräuterspirituosen.*

238 BGH GRUR 2011, 641 Tz. 45 – *Jette Joop;* BGH WuW/E 1385 – *Heilquelle;* OLG Düsseldorf WuW/E DE-R 4632 Tz. 42 (juris) – *Markenrechtliche Abgrenzungsvereinbarung* = NZKart 2015, 109, unter Verweis auf Schlussantrag des GA Sir Gordon Slynn, EuGH v. 30.1.1985, C-35/85 = Slg. 1985, S. 363, 369 – *BAT:* „Verpflichtungen, die der Art der Auseinandersetzung und dem Schutzumfang des Rechts aus dem Warenzeichen, dessen Bestätigung bei vernünftiger Betrachtungsweise zu erwarten steht, angemessen sind."

239 *Kraft* GRUR 1977, 760, 765; *Althaus,* Markenrechtliche Abgrenzungsvereinbarungen, 2010, S. 149 f.; *Rißmann,* Die kartellrechtliche Beurteilung der Markenabgrenzung, 2007, S. 171 f.

240 BGH GRUR 2011, 641 Tz. 48 – *Jette Joop; Wolf* NZKart 2015, 90, 96; *Kirchhoff,* FS Canenbley, 2012, 273, 282.

241 BGH GRUR 2011, 641 Tz. 48 – *Jette Joop.*

242 OLG Düsseldorf WuW/E DE-R 4632 3. amtl. LS – *Markenrechtliche Abgrenzungsvereinbarung* = NZKart 2015, 109.

243 *Wolf* NZKart 2015, 90, 93, der darauf hinweist, dass solche Abreden als Spezialisierungsabrede freigestellt sein können.

bestimmten Kundengruppen zulässig sein, sofern bei Benutzung gegenüber diesen bestimmten Kundengruppen ein Markenkonflikt ernsthaft in Betracht kommt. Die durchaus weit verbreitete Praxis, dass sich der Inhaber der jüngeren Marke zur Benutzung seiner Marke nur für ganz bestimmte Waren oder Dienstleistungen verpflichtet, dürfte damit kartellrechtlichen Bedenken begegnen. Denn ein solches positives Benutzungsgebot beinhaltet ein Benutzungsverbot für Waren oder Dienstleistungen, für die die ältere Marke eine Benutzung gar nicht verbieten kann. Deshalb sollten sachliche Benutzungsverbote in Abgrenzungsvereinbarungen immer nur das verbieten, was die ältere Marke ernsthaft verbieten kann – und nicht den Inhaber der jüngeren Marke auf eine bestimmte Benutzung (im Sinne einer Positivliste) festlegen. **In zeitlicher Hinsicht** ist folgendes zu bedenken: Da Markenrechte unbegrenzt verlängert werden können, besteht das berechtigte Bedürfnis nach einer zeitlich unbegrenzten Abgrenzung.[244] Vereinbarungen ohne Befristung oder Kündigungsregelungen gelten grundsätzlich unbegrenzt. Allerdings können ein Wegfall der Geschäftsgrundlage (§ 313 BGB) gegeben sein oder außerordentliche Kündigungsrechte bestehen, weil es sich um ein Dauerschuldverhältnis handelt (§ 314 BGB).[245] Das kommt insbesondere in Betracht, wenn die Marken oder Kennzeichen, die die Grundlage der Vereinbarung gebildet haben, nicht mehr bestehen. Die kartellrechtliche Zulässigkeit einer Abgrenzungsvereinbarung setzt insoweit voraus, dass die erfassten Markenrechte nur so lange unter die Vereinbarung fallen, wie regelungsbedürftige Kollisionslagen fortbestehen. **Nichtangriffsabreden** sind grundsätzlich in markenrechtlichen Abgrenzungsvereinbarungen nur zulässig für relative Schutzhindernisse, nicht für absolute Schutzhindernisse, so dass die Parteien frei bleiben müssen, die Marken des Vertragspartners wegen absoluter Schutzhindernisse anzugreifen.[246] In der Praxis findet sich jedoch nur selten eine Differenzierung in den Nichtangriffsabreden. Zumindest das OLG Düsseldorf ist jedoch relativ großzügig bei der geltungserhaltenden Reduktion und will nicht differenzierende Verzichte gemäß §§ 134, 138, 139 BGB dahingehend auslegen, dass bloß relative Schutzhindernisse gemeint sind.[247]

71 Liegt eine Abgrenzungsvereinbarung danach außerhalb des Beurteilungsspielraums und hat damit wettbewerbsbeschränkenden Charakter, muss noch die **Spürbarkeit** geprüft werden. Das gilt zumindest dann, wenn es sich nicht um eine bezweckte, sondern bloß um eine bewirkte Wettbewerbsbeschränkung handelt.[248] Die Spürbarkeit ist gegeben, wenn die Verwendung der Marke erhebliche Wettbewerbsvorteile mit sich bringt oder das Ausweichen auf eine andere Marke mit erheblichen Wettbewerbsnachteilen verbunden ist.[249] Spürbarkeit kann demgegenüber fehlen, wenn der von den Beschränkungen betroffene Markeninhaber bereits damit begonnen hat, eine andere Marke zu benutzen[250] oder er sich

---

[244] BGH GRUR 2011, 641 Tz. 47 – *Jette Joop;* LG Braunschweig WuW/E DE-R 4068 Tz. 74 (juris) – *Kräuterspirituosen.*

[245] Siehe OLG Düsseldorf WuW/E DE-R 4632 – *Markenrechtliche Abgrenzungsvereinbarung* = NZKart 2015, 109; LG Braunschweig WuW/E DE-R 4068 Tz. 78 ff. (juris) – *Kräuterspirituosen.*

[246] OLG Düsseldorf WuW/E DE-R 4632 Tz. 42 (juris) – *Markenrechtliche Abgrenzungsvereinbarung* = NZKart 2015, 109, zählt dazu: §§ 25, 26 MarkenG [Ausschluss von Ansprüchen wegen mangelnder Benutzung], aber auch §§ 49 Abs. 1, 53, 55 MarkenG [Verfall wegen Nichtbenutzung], §§ 49 Abs. 2, 53, 55 MarkenG [Verfall wegen nachträglicher absoluter Schutzhindernisse], §§ 50 Abs. 1, 54 MarkenG [Nichtigkeit wegen anfänglicher absoluter Schutzhindernisse], §§ 51, 55 MarkenG [Nichtigkeit wegen Bestehens älterer Rechte].

[247] OLG Düsseldorf WuW/E DE-R 4632 Tz. 77 (juris) – *Markenrechtliche Abgrenzungsvereinbarung* = NZKart 2015, 109.

[248] Zu bezweckten Beschränkungen bei Abgrenzungsvereinbarungen oben Rn. 67; allgemein zu bezweckten und bewirkten Beschränkungen Art. 101 Abs. 1 AEUV Rn. 265 ff.

[249] OLG Düsseldorf WuW/E DE-R 4632 Tz. 40 (juris) – *Markenrechtliche Abgrenzungsvereinbarung* = NZKart 2015, 109.

[250] *Harte-Bavendamm/von Bomhard* GRUR 1998, 530, 533, unter Berufung auf Europäische Kommission ABl. 1978 L 60, S. 19, 24 f. – *Pennys; Wolf* NZKart 2015, 90, 95.

nur Beschränkungen auferlegt hat, die sein aktuelles oder potentielles Betätigungsfeld nicht berühren. Bei spürbaren Wettbewerbsbeschränkungen sollte schließlich noch eine Freistellung nach Art. 101 Abs. 3 AEUV erwogen werden.

dd) Kollektivmarken. Kartellrechtlich besondere Probleme lösen **Kollektivmarken** 72
(§§ 97 ff. MarkenG, Art. 64 ff. GemMarkenVO) aus. Sofern gesetzlich eine kollektive Inhaberschaft ermöglicht wird, sagt dies nichts über die grundsätzliche kartellrechtliche Zulässigkeit eines kollektiven Einsatzes der Marke. Denn die Regelung in §§ 97 ff. MarkenG will nicht horizontale Abreden erlauben, sondern gibt nur für den Fall der erlaubten Kooperation zwischen Unternehmen einen Regelungsrahmen im Markenrecht vor.[251] Die Frage, ob die Markenpolitik kollektiviert werden kann, ist daher zunächst eine kartellrechtliche. Im Rahmen der erlaubten Kooperation im Bereich Werbung[252] sowie bei Herkunfts- oder bei Gütezeichengemeinschaften können deshalb auch Konkurrenten Kollektivmarken eintragen und benutzen. Herkunftsvorgaben für die Kollektivmitglieder sind zwingend bei Kollektivmarken, die geografische Herkunftsangaben sind (§ 99 MarkenG, Art. 64 Abs. 2 GemMarkenVO). Denn die geografische Herkunftsangabe soll ja nur Waren und Dienstleistungen einer bestimmten geografischen Region vereinen. Daneben kann die Qualitätsfunktion erfordern, dass den Inhabern der Kollektivmarke bestimmte Qualitätsvorgaben gemacht werden, insbesondere im Rahmen von Gütezeichengemeinschaften. Eine Gebietsaufteilung ist aber grundsätzlich nicht durch den Inhalt des Kollektivmarkenrechts gedeckt.[253] Etwas anderes kann allenfalls gelten, wenn es Teil der Qualitätsfunktion der Marke ist, dass die Markeninhaber nur in abgegrenzten Gebieten tätig sind, so z. B. bei Umweltzeichen, die kurze Transportwege garantieren.[254]

ee) Markenpools (Co-Branding). Pools aus verschiedenen Marken (**Markenpools;** 73
auch genannt **Co-Branding"**) können – ähnlich der kartellrechtlichen Beurteilung von Patentpools[255] – zulässig sein.[256] Für das **Co-Branding zwischen Nichtwettbewerbern**[257] gelten die kartellrechtlichen Grenzen bei der Lizenzierung von Marken.[258] Bei **ergänzendem Co-Branding zwischen Wettbewerbern**[259] kann eine kartellrechtliche Privilegierung im Regelfall dadurch erreicht werden, dass die Marken sich ergänzen und ein neues (Marken-)Produkt entsteht, das es ohne den Markenpool in Form des Co-Branding nicht gegeben hätte. Gegen eine Wettbewerbsbeschränkung spricht hier nicht nur der spezifische Schutzgegenstand des Markenrechts (Herkunfts- und Qualitätsfunktion), sondern auch der Arbeitsgemeinschaftsgedanke.[260] Nicht an der Privilegierungswirkung nehmen aber Abreden Teil, die über den spezifischen Schutzgegenstand und den Arbeitsgemeinschaftsgedanken hinausgehen.[261] Beispielsweise dürfen die Parteien keine Mengenbeschränkungen für andere von ihnen konkurrierend vertriebene Produkte verabreden. Auch eine Gleichschaltung des Vertriebs darf nur innerhalb der üblichen Grenzen erfolgen. Auch

[251] BGH WuW/E 2697, 2701 – *Golden Toast* = BGH NJW 1991, 3152 = GRUR 1991, 782; KG WuW/E 4459 – *Golden Toast; J. B. Nordemann,* Markenpools und Patentpools im Kartellrecht, FIW-Schriftreihe 2009, S. 146 ff.

[252] Vgl. oben Rn. 61.

[253] BGH WuW/E 2697, 2701 – *Golden Toast* = BGH NJW 1991, 3152 = GRUR 1991, 782; KG WuW/E 4459 – *Golden Toast; J. B. Nordemann,* Markenpools und Patentpools im Kartellrecht, FIW-Schriftreihe 2009, S. 146 ff.

[254] *J. B. Nordemann,* Markenpools und Patentpools im Kartellrecht, FIW-Schriftreihe 2009, S. 148.

[255] Oben Rn. 54.

[256] Eingehend *J. B. Nordemann,* Markenpools und Patentpools im Kartellrecht, FIW-Schriftreihe 2009, S. 149 ff.

[257] „Harry Potter Lego-Spielzeug" oder die „Porsche-Küche" von „Poggenpohl".

[258] Dazu oben Rn. 60 ff.

[259] Beispiele: „Fruity Smarties mit dem Haribo Goldbärenkern" oder „Langnese-Milka-Schokoladeneis Kuhflecken".

[260] Dazu oben Art. 101 Abs. 1 AEUV Rn. 321 f.

[261] *J. B. Nordemann,* Markenpools und Patentpools im Kartellrecht, FIW-Schriftreihe 2009, S. 150.

ohne solche ausdrücklichen Abreden kann ergänzendes Co-Branding kartellrechtlich problematisch sein, wenn es zu einem Disziplinierungseffekt im ansonsten bestehenden Wettbewerb zwischen den beteiligten Konkurrenten führt.[262] Eine andere Gruppe des **Co-Branding zwischen Wettbewerbern** ist das Co-Branding mit Marken, die sich wechselseitig gerade **nicht ergänzen,** so dass kein neues Produkt, sondern eine bloße Markendopplung entsteht.[263] Die Bewertung solcher Formen des Co-Branding unterliegt in vollem Umfang dem Kartellrecht, ohne dass durch die Qualitäts- und Herkunftsfunktion bzw. durch den Arbeitsgemeinschaftsgedanken eine kartellrechtliche Privilegierung erfolgen kann.[264]

74 **c) Designs (Geschmacksmuster).** Als **spezifischer Gegenstand** ist das absolute Recht des Inhabers anerkannt, die Herstellung von Erzeugnissen, die das Design verkörpern, durch Dritte für den Verkauf auf dem Binnenmarkt zu untersagen oder die Einfuhr derartiger Erzeugnisse zu verhindern, soweit diese ohne Zustimmung des Schutzrechtsinhabers hergestellt wurden.[265] Daneben dürfte auch eine angemessene Vergütung zum spezifischen Schutzgegenstand zählen. Auf der Basis dieses – aus kartellrechtlicher Sicht mit Patentrechten ähnlichem – spezifischen Schutzgegenstandes ist die **Lizensierung** von Designrechten in der GVO Technologietransfer geregelt (Art. 1 Abs. 1 lit. b) und lit. c) GVO Technologietransfer).Siehe die separate Kommentierung dort. Zu **Schutzrechtsübertragungen (einschließlich Spaltungen),**[266] **Nebenabreden** bei Unternehmensveräußerungen[267] und **Zulieferkonstellationen**[268] siehe ferner die allgemeine Kommentierung oben.

75 **d) Urheberrechte und Leistungsschutzrechte. aa) Anwendbarkeit (Unternehmensbegriff).** Urheber, ausübende Künstler und sonstige nach dem UrhG Leistungsschutzberechtigte sind regelmäßig Unternehmen im Sinne von Art. 101 Abs. 1 AEUV, § 1 GWB. Zwar liegt nach der Rechtsprechung die **künstlerische Betätigung** als solche außerhalb des geschäftlichen Verkehrs und ist nicht als unternehmerisch zu qualifizieren. Erst wenn der Künstler oder Wissenschaftler das Werk wirtschaftlich verwerte, nehme er am Geschäftsverkehr teil und sei unternehmerisch tätig.[269] Das ist etwas missverständlich. Eine grundsätzliche Herausnahme der eigentlichen wissenschaftlichen oder künstlerischen Betätigung aus Art. 101 Abs. 1 AEUV, § 1 GWB kann damit nicht gemeint sein. Auch die Verabredung zwischen Künstlern, dass ein bestimmtes Werk gar nicht entstehen soll, z. B. weil der andere Künstler einen Preisverfall für ein eigenes Werk befürchtet, ist eine für den geschäftlichen Verkehr und den darin stattfindenden Wettbewerb eine relevante Handlung. Nur wenn eine Verwertung des Gegenstandes der Abrede zwischen Künstlern ohnehin unmöglich ist (z. B. Spontankunst, die nach dem Session sofort vernichtet wird) oder wenn die Abrede von Künstlern ihre Rechtfertigung ausschließlich im künstlerischen Bereich findet, sollte mit Rücksicht auf Art. 5 Abs. 3 GG das Kartellrecht grundsätzlich zurückstehen. Dass die Marktteilnahme im künstlerischen Bereich teilweise nur gelegentlich erfolgt, ist für die Annahme der Unternehmenseigenschaft unschädlich.[270] Ein Verstoß gegen Art. 101 Abs. 1 AEUV, § 1 GWB kann dann aber an der Spürbarkeit scheitern. Als Unternehmen ist beispielsweise der

---

[262] *J. B. Nordemann,* Markenpools und Patentpools im Kartellrecht, FIW-Schriftreihe 2009, S. 150.
[263] Beispiel: Die Marke „Sony Ericsson" nach dem Zusammenschluss.
[264] *J. B. Nordemann,* Markenpools und Patentpools im Kartellrecht, FIW-Schriftreihe 2009, S. 151.
[265] EuGH v. 14.9.1982 C-144/81 – *Keurkoop/Nancy Kean Gifts* = Slg. 1982, 2853; EuGH v. 5.10. 1988 C-53/87 – *CICRA u. a./Renault* = Slg. 1988, 6039 = GRUR Int. 1990, 140; EuGH v. 5.10. 1988 C-238/87 – *Volvo/Veng* = Slg. 1988, 6211, 6235 = GRUR Int. 1990, 141.
[266] Rn. 20 f.
[267] Rn. 29 sowie Art. 1 Abs. 1 AEUV Rn. 308 ff.
[268] Rn. 30.
[269] WuW/E BGH 127, 131 – *Gesangbuch* = BGHZ 19, 72, 77 f.; WuW/E BGH 1142, 1142 – *Volksbühne II* = GRUR 1971, 171, 172; KG WuW/E OLG 29, 30 – *Filmmusik;* OLG Düsseldorf WuW/E 2071, 2072 – *Düsseldorfer Volksbühne;* OLG München WuW/E OLG 2504, 2505; KG WuW/E OLG 4040, 4044 – *Wertungsverfahren;* WuW/E BKartA 704, 708 – *Verwertungsgesellschaft* = BB 1963, 916, 916; *Zimmer* in: Immenga/Mestmäcker, GWB, § 1 Rn. 68.
[270] WuW/E BGH 1661, 1663 – *Berliner Musikschule* = BGH NJW 1980, 1046, 1046.

Rundfunkredakteur angesehen worden, der sich nebenberuflich als **Sänger** betätigt;[271] genauso eine **freischaffende Musiklehrerin;**[272] der **Inhaber** eines **Theaterbetriebes,** der die künstlerischen Leistungen seiner Schauspieler gegen Entgelt anbietet.[273] Unternehmenseigenschaft kommt **Komponisten** und **Textdichtern** zu, soweit ihre Tätigkeit auf die wirtschaftliche Verwertung des künstlerischen Schaffens gerichtet ist.[274] Wenn das UrhG seit der Urhebervertragsrechtreform in **§ 36 UrhG (gemeinsame Vergütungsregeln)** eine Preisabsprache zwischen Urhebern einerseits und Verwertern andererseits erlaubt, so stellt dies deshalb auch eine gesetzlich gewollte Ausnahme vom Kartellverbot dar.[275]

Die Sachlage ändert sich, wenn der Künstler, Wissenschaftler oder Erfinder seine Leistung auf Grund eines **Dienst- oder Arbeitsvertrages** erbringt. Als abhängiger Arbeitnehmer ist er in diesem Fall vom Anwendungsbereich des GWB ausgenommen.[276] So hat das Bundeskartellamt entschieden, dass Filmdarsteller, die in einem Arbeits- oder Dienstverhältnis stehen, nicht als Unternehmer anzusehen sind.[277] **76**

Vereinigungen von Rechteinhabern, wie sie z. B. **Verwertungsgesellschaften (Wahrnehmungsgesellschaften)** nach dem UrhWahrnG (GEMA, VG Wort, VG Bild-Kunst, GVL etc.) darstellen, unterfallen als Unternehmensvereinigungen grundsätzlich dem Kartellverbot. Nach Abschaffung der speziellen Regelung des § 30 GWB a. F. durch die 7. GWB-Novelle 2005 sind sie nach den allgemeinen Regeln (Art. 101 AEUV, §§ 1 bis 3 GWB) zu beurteilen.[278] Außerdem sind Verwertungsgesellschaften, die ihnen (treuhänderisch) vom Berechtigten zur Wahrnehmung übertragene Rechte durch Einräumung von Nutzungsrechten gegen Entgelt auswerten, bei der Rechtevergabe als Unternehmen anzusehen.[279] Auch insoweit wurde die nach § 30 GWB a. F. bestehende Spezialregelung mit der 7. GWB-Novelle 2005 abgeschafft. **77**

Fälle hoheitlichen Handelns können ebenfalls aus dem Unternehmensbegriff herausfallen.[280] Hier bestehen allerdings Unterschiede zwischen Art. 101 AEUV einerseits und § 1 GWB andererseits; der Anwendungsbereich des § 1 GWB kann weiter reichen.[281] **78**

bb) Verträge des Urhebers. Wettbewerbsbeschränkungen in urheberrechtlichen Verträgen beurteilen sich nach dem **spezifischen Gegenstand** des Urheberrechts unter Abwägung mit den Interessen des Kartellrechts.[282] Zu dem auf EU-Primärrechtsebene anerkannten spezifischen Schutzgegenstand gehört, dass das Urheberrecht oder das Leistungsschutzrecht (bzw. davon abgeleitete ausschließliche Nutzungsrechte) dem Inhaber auch das Recht gewährt, sich gegen Rechtsverletzungen zur Wehr zu setzen[283] oder den geschützten Gegenstand gegen Zahlung einer Vergütung zu lizensieren.[284] Allgemein ist ein subjektiv geprägtes, legitimes Bestimmungsrecht des Urhebers anzuerkennen, nach den jeweiligen **79**

---

[271] OLG München WuW/E OLG 2504, 2505.

[272] WuW/E BGH 1661, 1663 – *Berliner Musikschule* = BGH NJW 1980, 1046, 1046.

[273] WuW/E BGH 1142, 1143 – *Volksbühne II* = GRUR 1971, 171, 172; OLG Hamm WuW/E OLG 4425, 4426 – *Theaterrabatt.*

[274] WuW/E BGH 2497, 2502 – *GEMA-Wertungsverfahren* = GRUR 1988, 782, 784.

[275] Dazu unten Rn. 88.

[276] *Zimmer* in: Immenga/Mestmäcker, GWB, § 1 Rn. 69; *Huber/Baums* in: Frankfurter Kommentar § 1 a. F. Rn. 69.

[277] WuW/E BKartA 502, 506 – *Gagenstoppabkommen* = BB 1962, 978, 978.

[278] Vgl. weitergehend die Kommentierung unten Rn. 230 ff.

[279] WuW/E BGH 1069, 1070 – *Tonbandgeräte;* WuW/E BGH 2497, 2502 f. – *GEMA-Wertungsverfahren* = GRUR 1988, 782, 784; *Zimmer* in: Immenga/Mestmäcker, GWB, § 1 Rn. 71. Vgl. eingehend unten Rn. 238.

[280] Siehe EuGH GRUR 2013, 191 Tz. 35 ff. – *Compass-Datenbank GmbH/Österreich.*

[281] § 1 GWB Rn. 24 ff.

[282] Vgl. allgemein oben Rn. 16.

[283] EuGH GRUR 2012, 817 Tz. 36 – *Donner.*

[284] EuGH GRUR 2012, 156 Tz. 107 – *Football Association Premier League Ltd. und Murphy;* EuGH NJW 1994, 375, 376 – *Phil Collins;* BGH GRUR Int. 1981, 229, 231 – *Gebührendifferenz II.*

Besonderheiten des Werkes die optimale Nutzungsstrategie selbst zu definieren.[285] Ferner gewährt der spezifische Schutzgegenstand dem Urheber einen Anspruch auf eine angemessene Vergütung.[286] Das ist das sogar im deutschen Recht in § 11 S. 2 UrhG ausdrücklich festgehalten. Der EuGH hat allerdings mehrfach betont, dass es nicht um die Sicherung der höchstmöglichen, sondern nur um eine angemessene Vergütung geht.[287] Schließlich ist im Hinblick auf Urheberrechte noch auf den persönlichkeitsrechtlichen Einschlag hinzuweisen. Nach § 11 S. 1 UrhG, §§ 12 bis 14 UrhG schützt das Urheberrecht auch die Persönlichkeit des Urhebers. Einer bestimmten „Marktrationalität" muss der Urheber bei der Festlegung seiner Nutzungsstrategie nicht folgen,[288] weil der spezifische Schutzgegenstand eben einen starken persönlichkeitsrechtlichen Einschlag hat. Als **Faustformel**[289] wird man sagen können, dass solche Begrenzungen tendenziell kartellrechtsfest sind, die nach dem UrhG mit dinglicher Wirkung, also mit Wirkung gegenüber jedermann, abgespalten werden können,[290] weil der spezifische Schutzgegenstand gerade in dieser dinglich-rechtlichen Aufspaltungsmöglichkeit zum Ausdruck kommt.[291] Die Kartellrechtsfestigkeit besteht aber nur in der Tendenz; es ist dennoch stets zu fragen, ob die Bindung Ausfluss der legitimen Bestimmungsinteressen des Urhebers ist. Die kartellrechtlichen Interessen können insoweit im Rahmen der Interessenabwägung berücksichtigt werden, die ohnehin für die Beantwortung der Frage vorzunehmen ist, ob eine dingliche Abspaltung des Nutzungsrechts zulässig ist.[292] Dinglich eigenständige Nutzungsrechte sind nämlich nur für solche Nutzungsarten zulässig, die nach der Verkehrsauffassung hinreichend klar abgrenzbar und wirtschaftlich-technisch als einheitlich und selbstständig anzusehen sind.[293]

80 **(1) Beschränkte Rechtseinräumung.** Rechtseinräumungen des Urhebers an Verwerter sind – genauso wie im Kennzeichenrecht – **nicht** generell in einer **GVO** geregelt. Allerdings gelten **drei Ausnahmen:** (1) Die Lizenzierung urheberrechtlich geschützter **Software** ist – anders als andere Werkarten – von der **GVO Technologietransfer** erfasst (Art. 1 Abs. 1 lit. b) und c) GVO Technologietransfer). Eine gewisse Regulierung von urheberrechtlichen Lizenzen kann sich ferner daraus ergeben, dass die GVO Technologietransfer auch **Designlizenzen** erfasst, sofern es sich um gleichzeitig **urheberrechtlich geschütztes Design** handelt.[294] (2) Nach Art. 2 Abs. 3 GVO Technologietransfer ist fer-

---

[285] OLG Frankfurt WuW/E DE-R 2018, 2022 – *Harry Potter; J. B. Nordemann* GRUR 2007, 203, 205; *Loewenheim* UFITA 79 [1977], 175, 195 ff.; *Ullrich* in Immenga/Mestmäcker, EU-WettbR, GRUR A Rn. 24); *J. B. Nordemann* in Fromm/Nordemann, Urheberrecht, 11. Aufl. 2014, Vor §§ 31 ff. UrhG Rn. 62.

[286] EuGH GRUR 2012, 904 Tz. 63 – *UsedSoft/Oracle;* EuGH GRUR 2012, 156 Tz. 108 – *Football Association Premier League und Murphy;* EuGH v. 6.10.1982 C-262/81 – *Coditel/Ciné-Vog Films II* = Slg. 1982, 3381 = NJW 1983, 1255, 1256.

[287] EuGH GRUR 2012, 904 Tz. 63 – *UsedSoft/Oracle;* EuGH GRUR 2012, 156 Tz. 108 – *Premier League/Murphy;* dazu *Kreile* ZUM 2012, 177, 185.

[288] *J. B. Nordemann* GRUR 2007, 203, 205 mwN.

[289] Siehe zu den Grenzen dieser Faustformel oben Rn. 24.

[290] Vgl. zur Abspaltung einzelner Nutzungsarten *Schricker/Loewenheim* in: Schricker/Loewenheim, Urheberrecht, vor §§ 28 ff. Rn. 87 ff.; *J. B. Nordemann* in: Fromm/Nordemann, Urheberrecht, § 31 Rn. 9 ff. Siehe aber auch oben Rn. 24 zur begrenzten Aussagekraft des dinglichen Charakters der Abspaltung.

[291] *Loewenheim* UFITA 79 (1977), 175, 197; *J. B. Nordemann* GRUR 2007, 203, 206; *Schricker,* Verlagsrecht, Einl. Rn. 39; a. A. wohl *Ullrich/Heinemann* in: Immenga/Mestmäcker, EU-WettbR, GRUR B. Rn. 29.

[292] Vgl. *Loewenheim* UFITA 79 (1977), 175, 197 f.

[293] *J. B. Nordemann/Loewenheim* in: Loewenheim, Handbuch des Urheberrechts, § 27 Rn. 2; *Schricker/Loewenheim* in: Schricker/Loewenheim, Urheberrecht, Vor § 28 Rn. 87; *J. B. Nordemann* in: Fromm/Nordemann, Urheberrecht, § 31 Rn. 10 ff.; *Rehbinder,* Rn. 564.

[294] Was allerdings auf Grund der restriktiven Rechtsprechung zum urheberrechtlichen Schutz angewandter Kunst kaum die Regel ist, vgl. BGH GRUR 1995, 581, 582 – *Silberdistel;* ferner BVerfG GRUR 2005, 410; zum Ganzen auch *A. Nordemann/Heise* ZUM 2001, 128 ff.

ner – unabhängig von der urheberrechtlichen Werkart – eine Rechtseinräumung durch einen Urheber im Rahmen einer **Technologietransfervereinbarung** (im Sinne des Art. 1 Abs. 1 lit c) GVO Technologietransfer!) freigestellt, sofern sich die Rechtseinräumung unmittelbar auf die Produktion oder den Verkauf der Vertragsprodukte bezieht. Die Freistellung soll Rechtseinräumungen privilegieren, die dem Lizenznehmer ermöglichen, die lizenzierten Technologierechte besser zu verwerten.[295] (3) Wenn eine Rechtseinräumung sich unmittelbar auf die Nutzung, den Verkauf oder den Weiterverkauf von Waren und Dienstleistungen bezieht und nicht den Hauptgegenstand der Vereinbarung darstellt, fällt die Lizenzvereinbarung unter die **GVO Vertikal** (Art. 2 Abs. 3 GVO Vertikal).[296]

Die **Europäische Kommission** will darüber hinaus bei der Prüfung von Urheber- 81
rechtslizenzen für die „Produktion von Vertragsprodukten" nach Artikel 101 AEUV die in der GVO Technologietransfer und in den Leitlinien aufgestellten Grundsätze im Allgemeinen anwenden, auch wenn diese GVO eigentlich nicht allgemein auf urheberrechtliche Werke aller Art Anwendung findet.[297] Die Formulierung ist etwas unklar. Jedoch ist davon auszugehen, dass „Produktion von Vertragsprodukten" auch Vertragsprodukte meint, die rein urheberrechtlich lizensiert ist, weil Vertragsprodukte, die durch verschiedene Schutzrechte lizensiert sind, schon nach Art. 2 Abs. 3 GVO Technologietransfer einbezogen sind.[298] Auch in den Leitlinien Technologietransfer 2004 wollte die Kommission schon urheberrechtliche Lizenzen für den „Weiterverkauf" nach den Regeln der GVO Technologietransfer bewerten.[299] Bei der Einräumung von Verleihrechten und Rechten zur öffentlichen Wiedergabe, insbesondere bei Filmen oder Musik, würden jedoch „ganz spezielle Fragen" aufgeworfen, so dass sich die Anwendung der GVO Technologietransfer einschließlich der Leitlinien nicht empfehle.[300] Die allgemeine Anwendung der GVO Technologietransfer einschließlich der Leitlinien zumindest auf die „Produktion von Vertragsprodukten" urheberrechtlich geschützter Werke aller Art kann nicht überzeugen; sie ist systemwidrig.[301] Zumindest gilt es, den spezifischen, von einer besonderen Verbindung des Urhebers zu seinem Werk geprägten Schutzgegenstand des Urheberrechts und seine diesbezüglichen Besonderheiten gegenüber der Lizenzierung von Patenten oder anderen gewerblichen Schutzrechten nicht aus den Augen zu verlieren.

Zunächst sind **zeitliche Beschränkungen der Nutzungsrechte** dinglich abspaltbar 82
und sollten damit tendenziell kartellrechtsneutral sein.[302] Das Gleiche gilt für **quantitative Beschränkungen** (z.B. nur eine Auflage gemäß § 5 Abs. 1 VerlagsG; maximale Anzahl von Exemplaren, Aufführungen oder Ausstrahlungen). Sie bestimmen regelmäßig den Leistungsumfang des Urhebers und sind deshalb im Hinblick auf den spezifischen Schutzgegenstand gerechtfertigt. Auch die GVO Technologietransfer, die die Europäische Kommission im Rahmen von urheberrechtlichen Lizenzen zur Produktion von Vertragsprodukten generell anwenden will,[303] erlaubt solche „Outputbeschränkungen" (Art. 4 Abs. 1 lit. b), weil sie in urheberrechtlichen Nutzungsverträgen regelmäßig nicht wechselseitig sein werden.

---

[295] Europäische Kommission, Leitlinien Technologietransfer, Tz. 47.
[296] Siehe die separate Kommentierung zur GVO Vertikal.
[297] Europäische Kommission, Leitlinien Technologietransfer, Tz. 48.
[298] Dazu eben Rn. 80.
[299] Kommission, Leitlinien zur Anwendung von Art. 81 EG-Vertrag auf Technologietransfer-Vereinbarungen, ABl. C 101 vom 27.4.2004, S. 2, Tz. 51.
[300] Europäische Kommission, Leitlinien Technologietransfer-Vereinbarungen, aaO., 49.
[301] *J. B. Nordemann* GRUR 2007, 203, 205; *J. B. Nordemann* in: Fromm/Nordemann, Urheberrecht, Vor §§ 31 ff. UrhG Rn. 61; offen OLG Frankfurt WuW/E DE-R 2018, 2022 – *Harry Potter.*
[302] Vgl. zu zeitlichen Beschränkungen im Einzelnen *J. B. Nordemann* in: Loewenheim, Handbuch des Urheberrechts, § 60 Rn. 25 ff.; *ders.* in: Fromm/Nordemann, Urheberrecht, § 31 Rn. 53 ff.; *Schricker/Loewenheim* in: Schricker/Loewenheim, Urheberrecht, Vor § 28 Rn. 88.
[303] Oben Rn. 81.

83 **Räumliche Beschränkungen der Nutzungsrechte** erlaubt das Urheberrecht, soweit sie sich auf das geschützte Territorium beziehen. Dabei muss nicht etwa immer nur eine Lizenz für alle Territorien vergeben werden; die Lizenz kann auch auf einzelne Länder beschränkt werden, auch auf einzelne Mitgliedsstaaten der EU.[304] Die Gebietsausschließlichkeit auch für einzelne Staaten gehört insoweit zum Inhalt des Urheberrechts und ist mit dinglicher Wirkung abspaltbar, § 31 Abs. 1 Satz 2 UrhG. Im Einzelnen ist die dingliche Aufspaltbarkeit aber urheberrechtlich je nach Verwertungsrecht begrenzt; z.B. das Verbreitungsrecht muss mindestens das gesamte Gebiet Deutschlands umfassen, das Aufführungsrecht kann auch lokal begrenzt eingeräumt werden.[305] Zu beachten sind nach Auffassung der Kommission ferner die Beschränkungen, die die GVO Technologietransfer in Art. 4 für Wettbewerbsbeschränkungen zu Lasten des Lizenznehmers auf Grund räumlich begrenzter Nutzungsrechtseinräumung vorsieht; das gilt zumindest für die Einräumung des Vervielfältigungs- und Verbreitungsrechts für die Produktion von Vertragsprodukten, weil die Europäische Kommission auf solche Lizenzen die GVO Technologietransfer wohl grundsätzlich anwenden will.[306] Privilegiert ist auch die aus der ausschließlichen Lizenzerteilung folgende Beschränkung des Lizenzgebers, selbst nicht in dem Gebiet tätig zu sein, § 31 Abs. 3 Satz 2 UrhG. Insoweit gehört die Ausschließlichkeitswirkung gegenüber dem Urheber zum spezifischen Schutzgegenstand des Urheberrechts.[307] Auch die GVO Technologietransfer erlaubt eine solche Beschränkung des aktiven oder passiven Verkaufes des Lizenzgebers, sofern – wie regelmäßig – Urheber und Lizenznehmer nicht in einem Wettbewerbsverhältnis zueinander stehen.[308] Hinsichtlich des Vertriebs ist eine dingliche Aufspaltung des Verbreitungsrechts innerhalb des Staatsgebietes im Interesse der Rechtssicherheit und -klarheit jedoch nicht zuzulassen.[309] Die Einräumung von Verbreitungsrechten im Hinblick auf **körperliche Waren** rechtfertigt außerdem nicht territoriale Beschränkungen, sobald die Ware einmal mit Zustimmung des Rechteinhabers in Verkehr gebracht wurde. Dann ist das urheberrechtliche Verbreitungsrecht ohnehin **erschöpft** (§ 17 Abs. 2 UrhG), und Beschränkungen der weiteren Verbreitung innerhalb der EU verstoßen gegen Art. 101 Abs. 1 AEUV,[310] es sei denn sie sind anderweitig erlaubt, z.B. nach der GVO Vertikalvereinbarungen oder im Wege der Einzelfreistellung nach Art. 101 Abs. 3 AEUV, § 2 Abs. 1 GWB wegen hinreichender Effizienz.[311] Kartellrechtlich unzulässig ist eine Beschränkung des Lizenznehmers bei Einfuhr, Verkauf und Verwendung ausländischer **Decodiervorrichtungen,** die den Zugang zu einem codierten Satellitenfunkdienst aus einem anderen Mitgliedsstaat ermöglichen. Es verletzte Art. 101 AEUV, dass die britische Fußballiga *Premier League* als Rechteinhaberin dem griechischen Lizenznehmer verbot, Decodiervorrichtungen für den Empfang der griechischen Sendungen mit Premier League Inhalten auch außerhalb Griechenlands zu verkaufen.[312] Damit ist die Praxis der territorial begrenzten

[304] OLG Frankfurt WuW/E DE-R 2018, 2021 – *Harry Potter; J. B. Nordemann* in: Fromm/ Nordemann, Urheberrecht, Vor §§ 31ff. UrhG Rn. 64. A. A. *Jestaedt* in: Langen/Bunte Nach Art. 101 AEUV Rn. 1269 der gebietsmäßige Beschränkungen nur ausnahmsweise für zulässig hält, etwa wenn sie im „Hinblick auf die besondere Art der Berechnung der Urheberrechtsgebühren“ notwendig ist; auch Europäische Kommission WuW/E EV 759 – *Campari*.

[305] Zum Ganzen *J. B. Nordemann* in: Fromm/Nordemann, Urheberrecht § 31 Rn. 47, 50.

[306] Zur Kritik siehe oben Rn. 81 f.

[307] A. A., jedoch nur für gewerbliche Schutzrechte ohne Erwähnung von Urheberrechten, *Christoph,* S. 112 mwN., insbesondere unter Berufung auf Europäische Kommission WuW/E EV 623, 624 – *AOIP/Beyard*.

[308] Vgl. Art. 4 Abs. 2 GVO Technologietransfer und ferner die Kommentierung dazu Rn. 52.

[309] Vgl. dazu ebenfalls *J. B. Nordemann* in: Fromm/Nordemann, Urheberrecht, § 31 Rn. 47; *Schricker/Loewenheim* in: Schricker/Loewenheim, Urheberrecht, Vor § 28 Rn. 90; jeweils mwN.

[310] EuGH Slg. 1971, 487, 500 – *Deutsche Grammophon/Metro;* EuGH Slg. 1982, 329, 346 – *Polydor/ Harleking;* EuGH Slg. 1989, 79, 96 – *EMI/Patricia*.

[311] Dazu *Heinemann* GRUR 2008, 949, 951.

[312] EuGH GRUR 2012, 156 Tz. 134ff. – *Premier League/Murphy*.

Vergabe von Nutzungsrechten innerhalb der EU in gewisser Weise in Frage gestellt, das gilt zumindest bei EU-weiter Abstrahlung von Fernsehsignalen, beispielsweise durch Satellit und Verwendung von (körperlichen) Dekodiervorrichtungen.[313] Für rein **unkörperliche Verwertungen** ist es hingegen nach wie vor anerkannt, dass der Rechtsinhaber das Gebiet für die Nutzung – auch innerhalb der EU – aufteilen kann.[314] Dann ist aber davon auszugehen, dass bei unkörperlichem Inverkehrbringen eine Erschöpfungswirkung nicht eintritt.[315] Das gilt nicht nur für temporäre Nutzungen bzw. für die Sendung von Werken im Internet, sondern auch für mit Zustimmung des Rechtsinhabers hergestellte Vervielfältigungen von Produkten, z.B. bei Download aus dem Internet. Trotz der vorgenannten *Premier League*-Entscheidung des EuGH ist die Verpflichtung des Lizenznehmers, technische Maßnahmen zur räumlichen Beschränkung der Internetnutzung gem. § 19a UrhG anzuwenden, kartellrechtskonform, weil technische Mittel zur räumlichen Beschränkung des Abrufs im Internet nicht mit (körperlich handelbaren) Dekodiervorrichtungen vergleichbar sind.[316] Zu beachten ist, dass für Software unter bestimmten Voraussetzungen auch eine Erschöpfung bei Inverkehrbringen online gilt.[317] Klarzustellen ist ferner, dass die **Erschöpfung nur innerhalb der EU bzw. des Europäischen Wirtschaftsabkommens** relevant ist (vgl. § 17 UrhG) und von daher Wettbewerbsbeschränkungen für Nutzer, die nur außerhalb dieses Gebietes gelegene Rechte betreffen, nicht unter Art. 101 Abs. 1 AEUV, § 1 GWB fallen können.

Größere Probleme ergeben sich im Hinblick auf die Frage, inwieweit **sachliche Beschränkungen der Nutzungsrechte** dinglich abspaltbar und damit tendenziell kartellrechtsfest sind. Unproblematisch ist in diesem Zusammenhang eine Aufspaltung nach den im Gesetz aufgezählten **Verwertungsrechten (§§ 15 ff. UrhG),** weil das Gesetz diese als spezifischen Schutzgegenstand bereits vorgibt. Gleiches gilt für die vom Gesetz ausdrücklich erwähnte Möglichkeit, die **Rechte ausschließlich** – auch unter Ausschluss des Urhebers selbst – an Dritte zu vergeben (§ 31 Abs. 3 UrhG). Der damit verbundene Ausschluss Dritter und des Urhebers von der Nutzung haftet dem spezifischen Schutzgegenstand unmittelbar an und ist deshalb auch kartellrechtlich im Regelfall gerechtfertigt.[318] Ist die Ausschließlichkeitsbindung jedoch übermäßig lang und führt sie zu einer spürbaren Verfälschung des Wettbewerbs, können Art. 101 Abs. 1 AEUV, § 1 GWB greifen. Die Ausschließlichkeit eines filmischen Vorführungsrechts darf nicht über einen Zeitraum hinausgehen, des- 84

---

[313] *Kreile* ZUM 2012, 177, 185; *J.B. Nordemann* in: Fromm/Nordemann, Urheberrecht, Vor §§ 31 ff. UrhG Rn. 65.

[314] EuGH Slg. 1980, 881 – *Coditel/Ciné Vog I;* EuGH EuGH v. 6.10.1982 C-262/81 – *Coditel/Ciné-Vog Films II* = Slg. 1982, 3381 = NJW 1983, 1255, 1256; Europäische Kommission ABl. 1989 L 284/36 – *Filmeinkauf; Fikentscher* in: FS Schricker, S. 158: *Jestaedt* in: *Langen/Bunte,* Nach Art. 101 AEUV Rn 1269, der eine gebietsmäßige Beschränkung für urheberrechtlich geschützte Aufführungen, Vorführungen und Fernsehsendungen jedoch nur soweit für zulässig hält, wie die Vereinbarungen keine spürbare Störung des gesamten Filmvertriebs oder gar eine Verfälschung des Wettbewerbs in der Filmindustrie bewirken; *Mestmäcker/Schweitzer,* Europäisches Wettbewerbsrecht, § 27 Rn. 30.

[315] BGH GRUR 2000, 699, 701 – *Kabelweitersendung;* ferner EuGH Slg. 1980, 881 – *Coditel/Ciné Vog I;* EuGH EuGH v. 6.10.1982 C-262/81 – *Coditel/Ciné-Vog Films II* = Slg. 1982, 3381 = NJW 1983, 1255, 1256; Europäische Kommission ABl. 1989 L 284/36 – *Filmeinkauf; Bergmann* in: FS Erdmann, S. 17, 27. *Dustmann* in: Fromm/Nordemann, Urheberrecht, 11. Aufl. 2014, § 19a UrhG Rn. 28 f. Allerdings gilt für Software unter bestimmten Voraussetzungen auch eine Erschöpfung bei Inverkehrbringen Online: EuGH GRUR 2012, 904 – *UsedSoft/Oracle;* dazu *Czychowski* in: Fromm/Nordemann, aaO., § 69c Rn. 32 ff. mwN.

[316] *J. B. Nordemann* in: Fromm/Nordemann, Urheberrecht, Vor §§ 31 ff. UrhG Rn. 65.

[317] EuGH GRUR 2012, 904 – *UsedSoft/Oracle;* dazu *Czychowski* in: Fromm/Nordemann, Urheberrecht, 11. Aufl. 2014, § 69c Rn. 32 ff. mwN.

[318] EuGH Slg. 1988, 2605, 2630 – *Warner Bros./Christiansen; Fikentscher* in: FS Schricker, S. 158 f.; *Ullrich/Heinemann* in: Immenga/Mestmäcker, EU-WettbR, GRUR B. Rn. 28 mwN.; *J. B. Nordemann* in: Fromm/Nordemann, Urheberrecht, Vor §§ 31 ff. UrhG Rn. 67; *Jesteadt* in Langen/Bunte, Kartellrecht, Nach Art. 101 AEUV Rn. 1270.

sen Dauer gemessen an den Bedürfnissen der lizenzgebenden Filmindustrie angemessen ist. Dabei spielen die Konkurrenzsituation zu anderen Medien (Kino zu Fernsehen), die Amortisationszeit für notwendige Verwerterinvestitionen (Synchronisation, Untertitelung), Finanzierungsbedingungen und andere berechtigte Erwartungshaltungen eine Rolle.[319] Jedenfalls eine Ausschließlichkeit für einen Zeitraum von weniger als einem Jahr nach der Kinouraufführung war danach nicht zu beanstanden, und eine Einspeisung in das belgische Fernsehkabelnetz durfte auf der Grundlage des ausschließlichen belgischen Vorführrechts untersagt werden. Ferner erwähnt § 31 Abs. 1 Satz 1 UrhG die Möglichkeit, **Nutzungsrechte nur für bestimmte Nutzungsarten** einzuräumen. Es ist danach grundsätzlich kartellrechtsfest möglich, urheberrechtliche Nutzungsrechte nur für eine bestimmte Nutzungsart, z. B. Hardcover Buchausgabe, einzuräumen. Vom Kartellrecht wird grundsätzlich nicht beanstandet, dass einer solchen Einräumung immanent ist, dass der Lizenznehmer die Lizenz nicht für eine andere Nutzungsart, z. B. Taschenbücher, einsetzen darf[320] und damit insoweit ein **Wettbewerbsverbot** für den Lizenznehmer besteht. Entscheidend ist aber insoweit, dass sich das Werk in der anderen Nutzungsart äußerlich von anderen Nutzungsarten unterscheiden muss. Insoweit kann beispielsweise der Vertrieb von Buchnormalausgaben bei unveränderter äußerer Form über Kaffeefilialgeschäfte nicht als eigenständiges buchnahes Nebenrecht mit dinglicher Wirkung abgespalten werden.[321] Entsprechende schuldrechtliche Verwendungsbeschränkungen des Lizenznehmers sollten aber dennoch kartellrechtlich Bestand haben, wenn sie von berechtigten Interessen des Urhebers gedeckt sind, einen bestimmten Ort des ersten Inverkehrbringens auszuschließen. Die GVO Technologietransfer, die die Europäische Kommission im Rahmen von urheberrechtlichen Produktions-Lizenzen generell anwenden will,[322] erlaubt sogar in Lizenzverträgen zwischen Nicht-Wettbewerbern – was bei Vereinbarungen zwischen Urheber und Lizenznehmer die Regel sein sollte – die **Beschränkung des Lizenzgebers auf die Großhandelsfunktion** (Art. 4 Abs. 2 lit. b) iv) GVO Technologietransfer) sowie, was allerdings wenig praktisch sein sollte, den Aufbau eines selektiven Vertriebssystems durch den Urheber (Art. 4 Abs. 2 lit. b) v) GVO Technologietransfer). Zu beachten ist ferner **der urheberrechtliche Erschöpfungsgrundsatz,** der auch für Nutzungsarten gilt: wenn das Werk in einer bestimmten Nutzungsart einmal in Verkehr gebracht wurde, darf es ohne Beschränkung auf die Nutzungsart weiter verbreitet werden;[323] so dürfen auf dem Markt befindliche Postkarten als Deckel in Pralinenschachteln eingelegt und mit der Verpackung verschweißt werden, ohne dass (dinglich begründete) urheberrechtliche Ansprüche bestehen könnten.[324] Eine urheberrechtliche Rechtfertigung für entsprechende vertragliche Verbote scheidet also aus. Deshalb ist danach zu fragen, ob nach den allgemeinen Regeln eine Freistellung besteht, z. B. nach der GVO Vertikal. Ein Wettbewerbsverbot haftet dem spezifischen Schutzgegenstand dann nicht ohne weiteres an, wenn dem Urheber oder dem Verwerter **Wettbewerbsverbote außerhalb der Verwertung des betroffenen Werkes** auferlegt werden, also z. B. eine Verpflichtung für den Urheber, keinen anderen juristischen Kommentar zum selben Gesetz anderweitig zu veröffentlichen oder eine ebensolche Verpflich-

---

[319] EuGH EuGH v. 6.10.1982 C-262/81 – *Coditel/Ciné-Vog Films II* = Slg. 1982, 3381 = NJW 1983, 1255, 1256; ferner EuGH Slg. 1980, 881 – *Coditel/Ciné-Vog Films;* dazu auch *Roth* in: FS Schwarz, S. 103.

[320] BGH GRUR 1992, 310, 311 – *Taschenbuch-Lizenz;* KG GRUR 1991, 596, 598 f. – *Schopenhauerausgabe.*

[321] BGH GRUR 1990, 660, 661 – *Bibelreproduktion;* siehe auch Nordemann-Schiffel/*J. B. Nordemann* in: Loewenheim, Handbuch des Urheberrechts, § 64 Rn. 68.

[322] Oben Rn. 81.

[323] BGH GRUR 2001, 153, 155 – *OEM-Version;* KG ZUM 2001, 592, 594 – *Postkarten in Pralinenschachteln;* OLG Hamburg GRUR-RR 2002, 125 – *Flachmembranlautsprecher;* siehe auch OLG München GRUR-RR 2002, 89 – *GFK Daten.*

[324] KG ZUM 2001, 592, 594 – *Postkarten in Pralinenschachteln.*

tung für den Verleger. Solche Wettbewerbsverbote sind kartellrechtlich privilegiert, wenn sie für eine sachgerechte Werkverwertung und die Erfüllung des urheberrechtlichen Treuegedankens erforderlich sind.[325] Die Grenze liegt dort, wo das neue Werk im Hinblick auf Gegenstand, Abnehmerkreis, Art und Umfang dem alten Werk keine Konkurrenz machen würde.[326] Im Bereich der Belletristik erscheint es insoweit kaum als gerechtfertigt, einem Autor die Verpflichtung aufzuerlegen, keine anderen Romane bei anderen Verlagen zu veröffentlichen, weil hier grundsätzlich kein Konkurrenzverhältnis entsteht, sondern der neue Roman regelmäßig sogar den Absatz des alten befördert.[327] Die Verletzung des Treuegedankens war auch zweifelhaft im Hinblick auf die Verpflichtung vier berühmter italienischer Opernsänger, die sich im Rahmen einer Filmproduktion zur Exklusivität verpflichtet hatten und noch nicht einmal bei einer Live-Übertragung zur 2000-Jahr-Feier der Mailänder *Scala* singen durften.[328] Zu beachten werden auch die Wertungen der GVO Technologietransfer sein, die die Europäische Kommission im Rahmen von urheberrechtlichen Produktions-Lizenzen generell anwendet.[329] Sofern begleitende Wettbewerbsverbote für den Lizenzgeber notwendig, also dem Vertrag immanent sind, stellen sie schon keine Wettbewerbsbeschränkung dar[330] und bedürfen deshalb nicht der Freistellung durch die GVO. **Optionsklauseln,** mit denen Verwerter Urheber für künftige Werke an sich binden, können ebenfalls für den Urheber wettbewerbsbeschränkend wirken. Sie sind gerechtfertigt, wenn das optionierte Werk in die vorbeschriebene Treuepflicht des Autors fällt.[331] **Kopplungen der Rechtseinräumung,** die marktschließende Wirkung haben, können nicht nur bei Erfüllung von Marktmachttatbeständen auf Verwerterseite nach §§ 19, 20 GWB, Art. 102 AEUV kartellrechtlich bedenklich sein, sondern auch Art. 101 Abs. 1 AEUV, § 1 GWB unterfallen.[332] Zunächst kann der Nutzungsvertrag die Einräumung des **Hauptrechts** mit einer umfassenden **Nebenrechtseinräumung** koppeln, beispielsweise eine Kopplung des Hauptrechts Buch als Hardcover mit Nebenrechten für Dramatisierung und Verfilmung. Grundsätzlich kann eine solche urheberrechtlich dinglich anerkannte und deshalb tendenziell vom spezifischen Schutzgegenstand gedeckte Kopplungsstrategie nicht kartellrechtswidrig sein. Es darf nicht übersehen werden, dass viele Verwerter, die sich Nebenrechte nicht zur eigenen Nutzung einräumen lassen, sehr erfolgreich als „Agenten" bei der Weiterermittlung dieser Rechte tätig sind;[333] sie partizipieren auch regelmäßig finanziell daran. Sofern die Einräumung von „zu vielen" Rechten an Verwerter teilweise im individuellen Vertragsverhältnis nicht als gerechtfertigt erscheint, müssen das Urhebervertragsrecht (insbesondere Kündigung wegen Verletzung der Ausübungspflicht, Rückrufrecht nach § 41 UrhG) helfen, das AGB-Recht ist nach der neueren Rechtsprechung des BGH indes nicht berufen, hier begrenzend zu wirken.[334] Das Kartellrecht mit Art. 101 Abs. 1

---

[325] *Gottschalk* ZUM 2005, 359, 364; *Fikentscher* in: FS Schricker, S. 165; *Schricker,* Verlagsrecht, § 2 Rn. 8; *Nordemann-Schiffel/J. B. Nordemann* in: Loewenheim, Handbuch des Urheberrechts, § 64 Rn. 129 ff.

[326] BGH GRUR 1973, 426, 427 – *Medizin-Duden; Nordemann-Schiffel/J. B. Nordemann* in: Loewenheim, Handbuch des Urheberrechts, § 64 Rn. 129 ff. Enger *Schricker,* Verlagsrecht, § 2 Rn. 8, der eine „schwere" Beeinträchtigung oder eine Unmöglichkeit der Vermarktung verlangt.

[327] *NordemannSchiffel/J. B. Nordemann* in: Loewenheim, Handbuch des Urheberrechts, § 64 Rn. 131.

[328] Europäische Kommission, 12. Wettbewerbsbericht 1982, Tz. 90 – *RAI/Unitel; Fikentscher* in: FS Schricker, S. 159.

[329] Oben Rn. 81.

[330] Dazu Art. 101 Abs. 1 AEUV Rn. 308 ff.

[331] *Fikentscher* in: FS Schricker, S. 172; *Schricker,* Verlagsrecht, § 2 Rn. 7; *Nordemann-Schiffel/J. B. Nordemann* in: Loewenheim, Handbuch des Urheberrechts, § 64 Rn. 131.

[332] Vgl. *Loewenheim* UFITA 79 (1977), 175, 183 ff.

[333] *J. B. Nordemann* in: Fromm/Nordemann, § 31 Rn. 181, 185.

[334] BGH GRUR 2012, 1031 Tz. 16 – *Honorarbedingungen freie Journalisten; J. B. Nordemann* NJW 2012, 3121, 3122 ff.; *J. B. Nordemann* in Fromm/Nordemann, Urheberrecht, § 31 UrhG Rn. 179 ff.

AEUV, § 1 GWB kann erst eingreifen, wenn die Kopplung von Haupt- und Nebenrechtseinräumung ausnahmsweise eine echte Marktschließung bewirkt. Eine solche marktschließende Wirkung hatte nach Auffassung des BKartA die Praxis des sog. **Blockbuchens von Kinofilmen,** bei der Kinos bei Verleihern nur ganze Blöcke von Filmen bestellen konnten, die dann das Kinoprogramm vollständig abdeckten.[335] In diesen Zusammenhang gehört auch die Entscheidung der Europäischen Kommission, in der sie ein **Rechtepaket** in Form einer Sendelizenz an die *ARD* durch *MGM/UA* für mehr als 20 Jahre und für 1500 Hollywood-Filme als wettbewerbsbeschränkend nach Art. 101 AEUV beurteilte, weil eine große Anzahl von Filmen für einen sehr langen Zeitraum dem Markt entzogen wurde.[336] Weitere Beispiele für regelmäßig kartellrechtsfeste Klauseln sind **Unterlizenz- und Übertragsverbote** (vgl. §§ 34, 35 UrhG), wenn die Person des Verwerters – wie regelmäßig – von Bedeutung ist.[337] Zulässig sollten auch ein **Verbot von Bearbeitungen** (vgl. §§ 23, 39 UrhG) oder **Qualitätsvorgaben** bei der Herstellung von Vervielfältigungsstücken sein, sofern die Qualität nicht erkennbar irrelevant ist. Letzteres kann es zulässig machen, das Internet als Nutzungsart auszuschließen, beispielsweise wenn ein Werk der bildenden Kunst, das sonst nur auf Kunstblättern vervielfältigt und verbreitet wird, droht, über das Internet in weniger aufwändiger Form reproduziert zu werden. Zulässig sind auch Abreden zur Erhaltung und Sicherstellung des Schutzgegenstandes. Verwertungspflichten sind regelmäßig durch den spezifischen Schutzgegenstand des Urheberrechts gerechtfertigt, weil sie die gewünschte Nutzung durch Dritte gewährleisten; Verlagsverträgen ist sie sogar immanent (§§ 1 Satz. 2, 14, 17 VerlagsG). Genauso sind Vereinbarungen über die zwingende **Anwendung technischer Schutzmaßnahmen** gemäß §§ 95a ff. UrhG regelmäßig kartellrechtsfest. Auch die **Werkgattung** darf nicht außer Betracht bleiben. Bei Kunst mit großem persönlichem Einschlag sind die legitimen Interessen anders zu bewerten als bei persönlichkeitsfernerer Software.

85 **(2) Konditionenbindung.** Gemäß Art. 101 Abs. 1 AEUV, § 1 GWB besteht ein **grundsätzliches Verbot, die Konditionen für einen Zweitvertrag in einem Erstvertrag festzulegen.** Wendet man – wie die Europäische Kommission zumindest für Produktions-Lizenzen[338] – die **GVO Technologietransfer** an, sind Konditionenbindungen in Produktions-Lizenzen für die weiteren Lizenznehmer in der Lizenzkette grundsätzlich freigestellt.[339] Unabhängig davon ergeben sich aber auch ohne die – zweifelhafte[340] – Heranziehung der GVO Technologietransfer aus dem **spezifischen Schutzzweck des Urheberrechts** umfassende Ausnahmen vom Konditionenbindungsverbot. Sofern eine Einräumung von Nutzungsrechten an Dritte (sog. Enkelrechte, vgl. § 35 UrhG)[341] oder eine Übertragung von Nutzungsrechten (vgl. § 34 UrhG) vertraglich zugelassen ist, können die Konditionen gegenüber diesen Dritten auch entgegen dem gemäß Art. 101 Abs. 1 AEUV, § 1 GWB eigentlich bestehendem grundsätzlichem Konditionenbindungsverbot für Zweitverträge schon im Erstvertrag zwischen Urheber und Erstlizenznehmer vereinbart werden, sofern die Konditionenbindung Ausdruck der zulässigen dinglichen Abspaltung von Nut-

---

[335] BKartA TB 1968, S. 78; TB 1970, S. 83; ferner TB 1963, S. 59, und TB 1964, S. 44; zum Ganzen ausführlich *Loewenheim* UFITA 79 (1977), 175, 183 ff.

[336] Europäische Kommission GRUR Int. 1991, 216 – *DEGETO Filmeinkauf* = ABl. L 1989, 284, S. 36; vgl. zum parallelen Problem bei Sportrechten unten Rn. 108 ff.

[337] OLG Frankfurt WuE/E DE-R 2018, 2025 – *Harry Potter; J. B. Nordemann* GRUR 2007, 203, 208; *von Gamm* GRUR Int. 1983, 409. Auch die GVO Technologietransfer, die die Europäische Kommission im Rahmen von urheberrechtlichen „Weiterverkaufs"-Lizenzen generell anwenden will (dazu oben Rn. 80), lässt ein Verbot der Unterlizenzierung zu, vgl. die separate Kommentierung Rn. 80.

[338] Oben Rn. 81.

[339] Vgl. die Kommentierung zu Art. 2 GVO Technologietransfer.

[340] Oben Rn. 81 f.

[341] Dazu *J. B. Nordemann/Loewenheim* in: Loewenheim, Handbuch des Urheberechts, § 25 Rn. 9 ff., § 28 Rn. 1 ff.; *J. B. Nordemann* in: Loewenheim, Handbuch des Urheberrechts, § 60 Rn. 41 ff.

zungsrechten ist. Ist eine **Bearbeitung** nur in einem ganz bestimmten Rahmen zulässig, so kann der Dritte im Zweitvertrag an diesen Rahmen gebunden werden. Wird ein Nutzungsrecht nur **zeitlich begrenzt** eingeräumt, kann schon im Erstvertrag festgelegt werden, dass auch im Zweitvertrag dieser Zeitraum nicht überschritten wird. Völlig üblich sind Konditionenbindungen für den Lizenznehmer, dass dieser sich verpflichtet, seine Sublizenznehmer zu verpflichten, den **Urheber** in angemessener Form **zu benennen.** Mit Rücksicht auf das Bestimmungsrecht des § 13 Satz 2 UrhG sollte diese Praxis auch kartellrechtlich nicht zu beanstanden sein. Auch die GVO Technologietransfer, die jedenfalls die Europäische Kommission im Rahmen von urheberrechtlichen Produktions-Lizenzen auf alle Werkarten anwenden will,[342] lässt Kennzeichnungspflichten zu Gunsten des Lizenzgebers zu.[343] Außerdem kann der Lizenznehmer verpflichtet werden, bestimmte **technische Schutzmaßnahmen** (§§ 95a ff. UrhG) in der Lizenzkette weiterzugeben. Problematischer ist demgegenüber eine die Lizenzkette durchlaufende Bindung, die über den dinglich abspaltbaren Bereich hinausgeht. Für äußerlich nicht veränderte Buch**nutzungsarten,** die also **nicht dinglich abspaltbar** sind,[344] kann sich eine Zulässigkeit von durchlaufenden Vertriebsbindungen nicht aus Urheberrecht, sondern nur aus anderen Gründen ergeben, z.B. aus der GVO für Vertikalvereinbarungen. Zu beachten ist ferner der urheberrechtliche Erschöpfungsgrundsatz, der auch für Nutzungsarten gilt: wenn das Werk in einer bestimmten Nutzungsart einmal in Verkehr gebracht wurde, darf es ohne Beschränkung auf die Nutzungsart weiter verbreitet werden.[345] Durchlaufende Bindungen zur Sicherung der Verwendung in der ursprünglichen Nutzungsart sind also nicht urheberrechtlich zu rechtfertigen, weil der spezifische Schutzgegenstand des Urheberrechts erschöpft ist.[346] Allenfalls können andere Bestimmungen wie die GVO Vertikalvereinbarungen eine Zulässigkeit herbeiführen. Eine damit eng zusammenhängende Konstellation ist die teilweise verbreitete Praxis von Musikverlegern, (ggf. neben der (beschränkten) Einräumung urheberrechtlicher Nutzungsrechte) das körperliche **Notenmaterial** nur **reversgebunden** zu vermieten. Insoweit handelt es sich nicht um einen dinglichen Vorgang der Einräumung von urheberrechtlichen Nutzungsrechten, sondern um eine schuldrechtliche Abrede.[347] Der Vertragspartner verpflichtet sich in dem Revers, das Notenmaterial oder daraus hergestellte Aufnahmen entweder gar nicht oder nur unter nur unter bestimmten zusätzlichen Zahlungen an den Verlag für andere Nutzungen als die öffentliche Aufführung zu verwenden, für die das Notenmaterial eigentlich geliefert wurde. Das fällt unter Art. 101 Abs. 1 AEUV, § 1 GWB.[348] Diese Beschränkung ist nicht auf Grund Urheberrechts kartellrechtlich privilegiert, weil sie nicht die Rechtseinräumung, sondern einen davon zu unterscheidenden körperlichen Vermietvorgang betrifft. Insoweit soll die Beschränkung im Ergebnis auch

---

[342] Oben Rn. 81.

[343] Vgl. die Kommentierung zur GVO Technologietransfer.

[344] BGH GRUR 1990, 660, 661 – *Bibelreproduktion;* siehe auch *J. B. Nordemann* in: Fromm/Nordemann, Urheberrecht § 31 Rn. 73; im Einzelnen oben Rn. 24.

[345] BGH GRUR 2001, 153, 155 – *OEM-Version;* KG ZUM 2001, 592, 594 – *Postkarten in Pralinenschachteln;* OLG Hamburg GRUR-RR 2002, 125 – *Flachmembranlautsprecher;* siehe auch OLG München GRUR-RR 2002, 89 – *GFK Daten.* Eingehend oben Rn. 17.

[346] OLG Düsseldorf GRUR 1990, 188, 189 – *Vermietungsverbot:* Vor der Einführung des Vermietrechts in § 17 Abs. 2 UrhG konnte das Vermietrecht nicht dinglich abgespalten werden, weil das Urheberrecht mit dem ersten Verbreiten erschöpft war (BGH GRUR 1986, 736, 737 – *Schallplattenvermietung,* bestätigt durch BVerfG GRUR 1990, 183 – *Vermietungsvorbehalt*); wer deshalb seinem Abnehmer vorschrieb, dass dieser wiederum seine Abnehmer verpflichtete, ihrerseits nicht zu vermieten, verstieß gegen das kartellrechtliche Konditionenbindungsverbot.

[347] BGH GRUR 1965, 323 – *Cavelleria Rusticana;* LG Hamburg GRUR 1967, 150 – *Appolon Musagete; Hillig/Blechschmidt* ZUM 2005, 505, 508; *Helmer* UFITA 2006, 7, 42 ff.

[348] *Helmer* UFITA 2006, 7, 116 ff., dort auch zur Spürbarkeit, die wegen des gleichförmigen Verhaltens praktisch aller Bühnenverlage aber gegeben sein sollte; ferner: *J. B. Nordemann* in Fromm/Nordemann, Urheberrecht, Vor §§ 31 ff. UrhG Rn. 355.

sicherstellen, dass die Verleger für die weitergehende Nutzung ihres Materials auf schuldrechtlicher Grundlage eine zusätzliche Vergütung erhalten. Geht es beispielsweise um die Nutzung der mit dem Material veranstalteten öffentlichen konzertanten Aufführung in Form einer CD, wird die urheberrechtliche Werknutzung über Verwertungsgesellschaften (z.B. die GEMA) abgerechnet, während die Verlage eine zusätzliche schuldrechtliche Mietgebühr für die CD-Nutzung erhalten.[349] Bei nicht urheberrechtlich geschützten Noten (z.B. Ablauf der Schutzfrist) ist die zusätzliche Vergütung für den Verlag noch evidenter. Eine Freistellung nach der GVO Vertikalvereinbarungen scheidet im Regelfall aus, weil die GVO Vertikalvereinbarungen auf Vermietvorgänge[350] nicht anwendbar ist. Helfen kann allerdings eine Einzelfreistellung nach Art. 101 Abs. 3 AEUV, § 2 Abs. 1 GWB. Jedoch ist nicht erkennbar, dass sich hinreichende Effizienzvorteile einstellen.[351] Die Beschränkung führt primär bloß zu einer Einnahmeverbesserung beim Bühnenverlag, was für einen Effizienzgewinn grundsätzlich nicht ausreicht.[352] Sofern die Verleger nachweisen können, dass sich durch die Verwendungsbeschränkung der Materialmietpreis für die bloße öffentliche Aufführung verringert, bleibt immer noch die unüberwindliche Hürde, dass mit der horizontalen Abrede der Preiswettbewerb zwischen den Verlagen um das beste Preismodell ausgeschaltet wird, so dass schon wegen Ausschaltung des Wettbewerbs eine Freistellung ausscheidet. Bei **mittelbaren Urheberrechtsverletzungen** kann der mittelbare Verletzer verpflichtet werden, im Vertikalverhältnis zum unmittelbaren Verletzer seinen Verletzungsbeitrag zu unterlassen. Ein Beispiel wäre der urheberrechtlich unzulässige Vertrieb eines Gerätes, mit dem der Abnehmer Urheberrechtsverletzungen begeht. Der Verkäufer dürfte gegenüber dem Urheber versprechen, den Abnehmer zu binden, das Gerät nicht urheberrechtsverletzend einzusetzen.[353]

86 **(3) Preis.** Umstritten ist, inwieweit aus dem spezifischen Schutzgegenstand des Urheberrechts Wettbewerbsbeschränkungen im Hinblick auf den Preis gerechtfertigt werden können. Hier muss zwischen einer (vertikalen) Einflussnahme auf den Marktpreis bei der Verwertung und der horizontalen Möglichkeit der Kartellierung durch Urheber oder Verwerter unterschieden werden:

87 **(a) Vertikale Preisbindung. In vertikaler Richtung** besteht nach zutreffender Ansicht **kein urheberrechtlich zu rechtfertigendes Preisbestimmungsrecht** des Urhebers.[354] Das zeigt sich schon daran, dass das Kartellrecht – nicht das Urheberrecht – die Möglichkeit der Preisbindung für Zeitungen, Zeitschriften und vergleichbare Verlagserzeugnisse bzw. den Zwang der Preisbindung für Bücher und vergleichbare Verlagserzeugnisse für Verleger vorsehen, nicht jedoch für den Urheber. Der Urheber hat urheberrechtlich gesehen nur ein schutzwürdiges Interesse an angemessener Vergütung durch den Verwerter. Diesem Interesse lässt sich durch seine Vergütungsvereinbarung mit dem Verwerter hinreichend begegnen; der Urheber hat hier Anspruch auf angemessene Vergütung (§ 32 UrhG). Auch der Bestsellerparagraph des § 32a UrhG zeigt, dass der Urheber ohne Einfluss auf den Preis der Nutzung beim Endverbraucher ist; sind die Erträgnisse aus der

---

[349] Die Verlage sind an den Ausschüttungen der Verwertungsgesellschaften im Regelfall beteiligt, so dass sogar eine Doppelvergütung erfolgt.

[350] Europäische Kommission, Leitlinien GVO Vertikalvereinbarungen, ABl. L 203 vom 31.7.2002, Rn. 26; *Bauer/de Bronett,* Die EU-Gruppenfreistellungsverordnung für vertikale Wettbewerbsbeschränkungen, S. 58.

[351] Genauso: *Helmer* UFITA 2006, 7, 120. Gegen eine Freistellung auch *Hillig/Blechschmidt* ZUM 2005, 505, 511, allerdings mit zweifelhafter Marktabgrenzung; siehe zur Marktabgrenzung bei der Nutzung urheberrechtlich geschützter Werke unten Rn. 125 ff.

[352] Siehe die Kommentierung zu Art. 101 Abs. 3 AEUV Rn. 33.

[353] Vgl. das – inzwischen durch Einführung der Privatkopie urheberrechtlich überholte – Beispiel in BGHZ 42, 118 – *Personalausweise;* BGH GRUR 1964, 91 – *Tonbänder-Werbung;* BGH GRUR 1984, 55 – *Kopierläden.*

[354] *Loewenheim* UFITA 79 (1977), 175, 206; a.A. *Fikentscher* in: FS Schricker, S. 171.

Nutzung aber hinreichend groß, muss der Urheber daran beteiligt werden. Dem spezifischen Schutzgegenstand des Urheberrechts haftet also kein vertikales Preisbestimmungsrecht an. Deshalb scheiden Preisvorgaben im Verhältnis des Urhebers zum Erstlizenznehmer für einen Zweitvertrag beim Absatz von Lizenzprodukten durch den Erstlizenznehmer oder Preisvorgaben für den Zweitlizenznehmer als eine nach Art. 101 Abs. 1 AEUV, § 1 GWB unzulässige **Preisbindung** aus. Beispielsweise Preisbindungen in Filmbestellverträgen sind damit unzulässig.[355] aus. **Preisempfehlungen** sollten aber zulässig sein; das gilt zumindest für Vervielfältigungs- und Verbreitungslizenzen zur Veräußerung von urheberrechtlich geschützten Werken, auf die nach Auffassung der Europäischen Kommission die GVO Technologietransfer anwendbar ist.[356] Art. 4 Abs. 2 lit. a) GVO Technologietransfer erlaubt zwischen Nicht-Konkurrenten solche Preisempfehlungen genauso wie **Höchstpreisvereinbarungen.** Auch **Mindestlizenzgebühren** für den Lizenznehmer oder **Stücklizenzen** sind insoweit unbedenklich und stellen keine indirekte Preisbindung dar.[357] Komplex zu beurteilen sind Konstellationen, in denen der Urheber durch (vertikale) Preisvorgaben verhindern muss, dass er ohne jede Vergütung bleibt. Dieses Interesse scheint im Hinblick auf §§ 11 Satz 2, 32 UrhG kartellrechtlich privilegiert. So können üblicherweise für den Urheber treuhänderisch tätige Bühnenverlage einen Erlaubnisvorbehalt für Aufführungen vereinbaren, für die die Bühne kein Entgelt verlangt, sofern der Urheber nur über eine Einnahmebeteiligung vergütet wird. Im Verlagsbereich gelten wegen **§ 21 VerlagsG** weitere Einschränkungen. Der Verleger ist zwar in der Festsetzung der Höhe des Ladenpreises frei. Der Verleger darf den Preis aber nicht ohne Zustimmung des Urhebers erhöhen. Die Zustimmung des Urhebers zur Ermäßigung des Preises benötigt der Verleger, wenn berechtigte Interessen des Urhebers entgegenstehen. Das ist regelmäßig bei der **Verramschung** der Fall, also einer vollständigen Aufhebung des Ladenpreises nach BuchpreisbindungsG und Abgabe des Werkes an moderne Antiquariate oder Nicht-Buchhändler zum beschleunigten Absatz. Die Verramschung widerspricht regelmäßig den berechtigten Urheberinteressen gemäß § 21 Satz 2 VerlagsG, weil der Eindruck entsteht, das Werk sei auf normalem Wege unverkäuflich.[358]

(b) Horizontale Preisfestsetzung. In horizontaler Richtung hat der deutsche Gesetz- 88
geber im Urheberrecht eine spezielle, das nationale Kartellrecht verdrängende Möglichkeit der **Kartellierung** geschaffen. Es besteht die Möglichkeit für Urheberverbände bzw. Verbände der ausübenden Künstler einerseits und für Verwerterverbände andererseits, **gemeinsame Vergütungsregeln (§ 36 UrhG)** aufzustellen. Beide Seiten stellen Unternehmensvereinigungen[359] dar, so dass es sich eigentlich um Preiskartelle handelt, die der Gesetzgeber der Urhebervertragsrechtsreform 2002 aber bewusst vom Kartellverbot (Art. 101 Abs. 1 AEUV, § 1 GWB) freigestellt hat.[360] Bedenken, dass die Regelung des § 36 UrhG gegen Art. 101 AEUV verstieße, sind ernst zu nehmen und nicht von vornherein beiseite zu schieben.[361] Allerdings ist zu beachten, dass das UrhG über die Preiskartel-

---

[355] BKartA TB 1965, 56; TB 1967, 77; weitere Beispiele bei *Loewenheim* UFITA 79 (1977), 175, 180.

[356] Oben Rn. 81.

[357] Vgl. Art. 4 TT-GVO Rn. 180.

[358] *Schack,* Urheber- und Urhebervertragsrecht, Rn. 1164; Nordemann-Schiffel/*J. B. Nordemann* in: Loewenheim, Handbuch des Urheberrechts, § 64 Rn. 153; *Nordemann-Schiffel* in: Fromm/Nordemann, Urheberrecht § 21 VerlG Rn. 5 ff.

[359] Zur Unternehmenseigenschaft oben Rn. 75 ff.

[360] RegE BT DS 14/6433, S. 12; eingehend *Schack* GRUR 2002, 853, 857; *Stickelbrock* GRUR 2001, 1092.

[361] Für einen Verstoß gegen Art. 101 AEUV: *Dörr/Schiedermeier/Haus* K&R 2001, 608, 613 ff., sowie *Dörr* in: Gounalakis/Heinze/Dörr, Urhebervertragsrecht – Verfassungs- und europarechtliche Bewertung des Entwurfes der Bundesregierung, 2001, S. 231, 272; *Schmitt* GRUR 2003, 294; zweifelnd auch *Schack* GRUR 2002, 853, 857. Gegen einen Verstoß gegen Art. 101 AEUV: *Drexl* in: FS Schricker, 2005, S. 651, 667.

lierung des § 36 UrhG auch die besondere, persönliche Beziehung des Urhebers bzw. ausübenden Künstlers zum Werk bzw. zur Leistung schützen will (vgl. § 11 Satz 2 UrhG).[362] Die Möglichkeit der Kartellierung wird also vom spezifischen Schutzgegenstand des Urheberrechts vorgegeben. Im Rahmen einer umfassenden Interessenabwägung ist nunmehr festzustellen, ob kartellrechtliche Interessen dennoch Vorrang beanspruchen. Das scheint im Hinblick auf die bislang noch begrenzten Wirkungen des § 36 UrhG, der gerade erst beginnt, die ersten Vergütungsregeln zu produzieren, derzeit nicht der Fall; solange tritt Art. 101 AEUV zurück. Die Auswirkungen dieser Vergütungsregeln in der Praxis müssen aber genau beobachtet werden, insbesondere marktabschottende Wirkungen zu lasten von EU-ausländischen Unternehmen.[363] Die **Regelsammlung** Verlage (Vertriebe)/Bühnen fasst die üblichen Geschäftsgepflogenheiten zwischen treuhänderisch für die Autoren tätigen Bühnen- und Medienverlagen einerseits sowie den öffentlich-rechtlich beherrschten Theatern und einigen Privattheatern andererseits zusammen. Sie enthält auch unverbindliche Preisempfehlungen für die Nutzung von Bühnenwerken.[364] Allein diese Unverbindlichkeit vermag der horizontal veranlassten Abstimmung nicht den Charakter der Wettbewerbsbeschränkung zu nehmen. Die horizontal veranlasste Preisangleichung ist jedoch den Urhebern zuzurechnen, weil die Bühnen- und Medienverlage die Rechte nur treuhänderisch für die Urheber an Theater einräumen und dafür an den Einnahmen des Urhebers beteiligt werden.[365] Unabhängig davon, ob die Regelsammlung schon als gemeinsame Vergütungsregel nach § 36 UrhG angesehen werden kann,[366] nimmt sie damit an der (begrenzten) Privilegierung des § 36 UrhG teil, weil sie mindestens als „weniger" von dessen spezifischem Schutzgegenstand umfasst ist. Keine gemeinsamen Vergütungsregeln und damit keine Preiskartelle sind bloße **Markterhebungen (Marktübersichten) über die Lizenzpreise** für urheberrechtlich geschützte Leistungen; sie können gerade im Hinblick auf Schadenersatzansprüche, die auf der Grundlage einer angemessenen Lizenzgebühr berechnet werden, größere praktische Bedeutung erlangen. Ein Beispiel sind die „MFM-Bildhonorare", eine Marktübersicht über angemessene Nutzungshonorare im Fotobereich.[367]

89 **(6) Spürbarkeit; Freistellung.** Genauso wie andere wettbewerbsbeschränkende Abreden sind Vereinbarungen mit oder unter Urhebern kartellrechtlich am ungeschriebenen Tatbestandsmerkmal der Spürbarkeit zu messen.[368] Im Regelfall werden Wettbewerbsbeschränkungen eines Urhebers in **(vertikalen) Verträgen mit einem Verwerter** kaum die relevanten Spürbarkeitsgrenzen überschreiten, wie sie beispielsweise in der Bagatellbekanntmachung der Europäischen Kommission niedergelegt sind. Urheber sind größtenteils „Einmann-Unternehmen", die nur über eine begrenzte Leistungsfähigkeit verfügen.[369] Nur für sehr bekannte Urheber mit sehr großem Markterfolg kann danach isoliert von

---

[362] RegE BT DS 14/6433 = W. Nordemann, Das neue Urhebervertragsrecht, S. 166f.

[363] Wesentliche Wettbewerbsbeschränkungen prognostizierend *Schmitt* GRUR 2003, 294, 295.

[364] Aktuell ist die „Kölner Fassung 2008"; dazu *Ehrhardt* in Wandtke/Bullinger, Urheberrecht, § 19 UrhG Rn. 22ff.; *J. B. Nordemann* in Fromm/Nordemann, Urheberrecht, Vor §§ 31ff. UrhG Rn. 342; die „Kölner Fassung 2008" ist abgedruckt bei *Vinck/Ehrhardt* in: Münchener Vertragshandbuch, Band 3, Wirtschaftsrecht II, 7. Aufl. 2015, Form XI.47 C.

[365] *Ehrhardt* in: Wandtke/Bullinger, Urheberrecht, § 19 Rn. 23; *J. B. Nordemann* in Fromm/Nordemann, Urheberrecht, Vor §§ 31ff. UrhG Rn. 252, 343; *Schlatter* in: Loewenheim, Handbuch des Urheberrechts, § 72 Rn. 32; *Ulmer,* Urheber- und Verlagsrecht, S. 407f.; *Beilharz,* der Bühnenvertriebsvertrag als Beispiel eines urheberrechtlichen Wahrnehmungsvertrages, 1970, S. 32.

[366] Im Einzelnen streitig. Dafür *Flechsig/Hendricks* ZUM 2002, 423, 424f.; *Schlatter* in: Loewenheim, Handbuch des Urheberrechts, § 72 Rn. 39, 59. Dagegen *Schulze* in: Dreier/Schulze, Urheberrecht, § 36 Rn. 22; *Ehrhardt* in: Wandtke/Bullinger, Urheberrecht, § 19 Rn. 23.

[367] Dazu BGH GRUR 2006, 136 – *Pressefotos;* dazu eingehend *J. B. Nordemann* in: Fromm/Nordemann, Urheberrecht § 97 Rn. 115.

[368] Dazu ausführlich Art. 101 Abs. 1 AEUV Rn. 288ff.

[369] *Gottschalk* ZUM 2005, 359, 364; *Werberger,* S. 69; *Schricker,* Verlagsrecht, Einl. Rn. 55.

einer Spürbarkeit ihnen auferlegter Wettbewerbsbeschränkungen ausgegangen werden. Allerdings ist die „Bündeltheorie" anwendbar. Bindet also ein Verwerter sehr viele Urheber parallel, kann sich daraus die Spürbarkeit ergeben.[370] Verpflichtet umgekehrt der Urheber den Verleger in wettbewerbsbeschränkender Weise, kann die Spürbarkeitsgrenze auch ohne Rückgriff auf die Bündeltheorie schneller erreicht sein, wenn der Verlag die erforderlichen Marktanteile überschreitet. Für (horizontale) **Abreden der Urheber untereinander,** z.B. Preisabsprachen, gelten ebenfalls die allgemeinen Spürbarkeits-Schwellenwerte, die niedriger als für vertikale Sachverhalte liegen. Insoweit sei insbesondere wiederum auf die Bagatellbekanntmachung der Kommission verwiesen.[371]

Werden Wettbewerbsbeschränkungen in Lizenzverträgen von Art. 101 Abs. 1 AEUV, § 1 GWB erfasst, ist – wenn auch die GVO Technologietransfer keine Anwendung findet[372] – eine **Einzelfreistellung** nach Art. 101 Abs. 3 AEUV, § 2 Abs. 1 GWB zu prüfen.[373] 90

cc) Verträge ausübender Künstler. Die Leistungsschutzrechte der **ausübenden Künstler** sind inzwischen den Urheberrechten sehr angenähert. Ihnen stehen Persönlichkeitsrechte zu, die – grundsätzlich genauso wie bei Urheberrechten – Wettbewerbsbeschränkungen rechtfertigen können. Auch steht dem ausübenden Künstler wie dem Urheber tendenziell ein legitimes Bestimmungsrecht zu, nach den jeweiligen Besonderheiten der Leistung die optimale Nutzungsstrategie für jede Nutzungsart selbst zu definieren. Das ergibt sich aus dem Verweis des § 79 Abs. 2 UrhG auf §§ 31 Abs. 1, 3 und 5 sowie §§ 32 bis 43 UrhG. Jedoch ist zu beachten, dass der Katalog der dem ausübenden Künstler zustehenden Verwertungsrechte in §§ 77, 78 UrhG abschließend ist und deshalb über die dort genannten Verwertungsrechte hinausgehende Wettbewerbsbeschränkungen nicht gerechtfertigt sein können. Zum spezifischen Schutzgegenstand gehört auch die Zahlung einer angemessenen Vergütung (§§ 79 Abs. 2, 32 UrhG), so dass eine Kartellierung durch Vereinbarung gemeinsamer Vergütungsregeln derzeit trotz Art. 101 AEUV grundsätzlich möglich sein dürfte (§§ 79 Abs. 2, 36 UrhG). Wettbewerbsbeschränkungen in Verträgen mit ausübenden Künstlern müssen **spürbar** sein; insoweit gelten die Ausführungen zu Verträgen mit Urhebern entsprechend.[374] 91

dd) Verträge sonstiger Leistungsschutzberechtigter und von Verwertern. Im Hinblick auf Verwerter ist zu differenzieren. Sofern sie **originäre Inhaber von Leistungsschutzrechten** sind, steht ihnen nach zutreffender Auffassung ein eigener spezifischer Schutzgegenstand zur Rechtfertigung von Wettbewerbsbeschränkungen zur Seite,[375] so z.B. **Filmproduzenten** (§ 94 UrhG), **Tonträgerherstellern** (§ 85 UrhG), **Sendeunternehmen** (§ 87 UrhG), **Veranstaltern** (§ 81 UrhG), **Datenbankherstellern** (§ 87b UrhG), **Presseverlegern** (§ 87f UrhG), **Lichtbildnern** (§ 72 UrhG), **Verfassern wissenschaftlicher Ausgaben** (§ 70 UrhG) und für denjenigen, der **nachgelassene Werke** erstmals erscheinen lässt (§ 71 UrhG). Dieser **spezifische Schutzgegenstand** ist jedoch regelmäßig auf bestimmte Verwertungsrechte begrenzt und erlaubt deshalb nicht, dem Inhaber des Leistungsschutzrechts – vergleichbar dem Urheber – ein generelles legitimes Bestimmungsrecht zuzuerkennen, nach den jeweiligen Besonderheiten des Werkes die optimale Nutzungsstrategie für jede nur erdenkliche Nutzungsart selbst zu definieren. Dem Filmhersteller stehen beispielsweise nur das Vervielfältigungs-, das Verbreitungsrecht, das 92

---

370 *Gottschalk* ZUM 2005, 359, 363.

371 Art. 101 Abs. 1 AEUV Rn. 294ff.

372 Dazu eingehend Rn. 80.

373 Dazu allgemein die oben Rn. 43ff. Eingehend auch *Ullrich/Heinemann* in: Immenga/Mestmäcker, EU-WettbR, GRUR B. Rn. 38ff.

374 Oben Rn. 89.

375 *von Gamm* GRUR Int. 1983, 403, 407; *Bungeroth* GRUR 1976, 454, 461f.; *Fikentscher* in: FS Schricker, S. 181; *Schricker,* VerlagsG, Einl. Rn. 58; a.A. noch *Emmerich* in: Immenga/Mestmäcker, GWB (2. Aufl.), § 20 Rn. 358, und *Loewenheim* UFITA 79 (1977), 175, 200, 203.

Recht der öffentlichen Funksendung und das Recht der öffentlichen Zugänglichmachung zu. Das Vortrags-, Aufführungs- und Vorführungsrecht stehen ihm nicht zu, so dass darauf zielende Wettbewerbsbeschränkungen auch nicht vom spezifischen Schutzgegenstand erfasst sein können. Auch ist nicht spezifischer Schutzgegenstand der vorerwähnten Leistungsschutzrechte, dass die originären Inhaber sich zur Aufstellung von gemeinsamen Vergütungsregeln kartellieren dürfen; konsequenter Weise findet § 36 UrhG insoweit keine Anwendung. Für die vom spezifischen Schutzgegenstand erfassten Rechte spricht aber nichts dagegen, ihnen ein Rechtfertigungspotential gegenüber Wettbewerbsbeschränkungen einzuräumen.

93 **Verwerter** können sich vom Urheber, vom ausübenden Künstler oder von sonstigen Leistungsschutzberechtigten direkt oder über Dritte indirekt Rechte einräumen lassen. Sie können sich damit als **Inhaber abgeleiteter Rechte** auf den spezifischen Schutzgegenstand des (abgeleiteten) Urheberrechts bzw. Leistungsschutzrechts berufen, soweit ihre Interessen mit den Interessen des Urhebers bzw. Leistungsschutzberechtigten parallel laufen.[376] Richtig ist zwar, dass der spezifische Schutzgegenstand des Urheberrechts eigentlich primär die Interessen des Urhebers (bzw. die Interessen des Leistungsschutzberechtigten) betrifft. Die Verwertung des Werkes hat aber eben grundsätzlich eine wesentliche Auswirkung für den Urheber. Urheberrecht will diese Verlagerung auf den Verwerter sogar besonders schützen, weil das UrhG grundsätzlich von einer Werkerwertung durch Dritte und nicht durch den Urheber selbst ausgeht.[377] Der Urheber und der ausübende Künstler werden regelmäßig nach § 32 UrhG über eine Beteiligungsvergütung oder über §§ 32a, 32c UrhG an einer erfolgreichen Auswertung partizipieren. Deshalb lässt sich folgender **Grundsatz** aufstellen: diejenigen von Verwertern veranlassten Wettbewerbsbeschränkungen können **vom Privileg des UrhG profitieren, die dem Urheber zu Gute kommen.** Eine nur abgeschwächte Wirkung der Verwertung für den Urheber kann im Rahmen der **Interessenabwägung** zu Gunsten der Anwendung des Kartellrechts Berücksichtigung finden. **Dinglich abspaltbare Beschränkungen** (inhaltlich, zeitlich, quantitativ, räumlich) bei der Vergabe abgeleiteter Rechte sollten danach tendenziell genauso wie bei Urhebern zulässig sein.[378] Auch eine **Konditionenbindung** wäre regelmäßig kartellrechtlich nicht zu beanstanden; insoweit dürfen aber nur die (abgeleiteten) Urheberinteressen Berücksichtigung finden[379] und nicht eigene Verwerterinteressen im Vordergrund stehen.

94 Sogar privilegiert im Vergleich zum Urheber ist der verwertende Verleger im Hinblick auf **vertikale Preisbindungen** für **Zeitungen, Zeitschriften, Bücher und damit vergleichbare Erzeugnisse,** weil dem Verleger ein vertikales Preisbestimmungsrecht nach § 30 GWB für Zeitungen und Zeitschriften sowie eine Preisbestimmungspflicht nach BuchpreisbindungsG für Bücher und vergleichbare Erzeugnisse zusteht. Zu fragen ist, ob und inwieweit **horizontale Preiskartelle** zwischen Verwertern als aus dem Urheberrecht, insbesondere aus § 36 UrhG, abgeleitetes Privileg gerechtfertigt sein können. In jedem Fall sollte genauso wie für Urheber die Kartellierung der Verwerter am Privileg des § 36 UrhG teilnehmen, soweit die Voraussetzungen des § 36 UrhG erfüllt sind und sofern dafür unmittelbar eine Kartellabsprache zwischen den Verlegern zum Abschluss der Vergütungsvereinbarung erforderlich ist. § 36 UrhG erlaubt ausdrücklich auch eine Vergütungsvereinbarung „mit Vereinigungen von Werknutzern“. Art. 101 AEUV tritt derzeit zurück.[380] Eine andere Frage ist, ob sich Verwerter auch außerhalb des direkten Anwendungsbereiches des § 36 UrhG kartellieren dürfen, um höhere Preise und damit – bei Beteiligungsvergütung

---

[376] *Loewenheim* UFITA 79 (1977), 175, 200.

[377] *Loewenheim* UFITA 79 (1977), 175, 195 f. unter Verweis auf Begr. RegE UrhG 1966, abgedruckt UFITA 45 (1965), S. 241; *J. B. Nordemann/Loewenheim* in: Loewenheim, Handbuch des Urheberrechts, § 24, Rn. 1.

[378] Oben Rn. 24.

[379] Dazu oben Rn. 85 ff.

[380] Vgl. oben Rn. 88.

des Urhebers – auch eine höhere Vergütung für den Urheber zu erzielen. Das erscheint nicht nach dem spezifischen Schutzzweck des Urheberrechts gedeckt, weil der spezifische Schutzzweck nur Kartelle der Urheber in gewissen Grenzen zulässt (§ 36 UrhG), nicht jedoch eine Kartellierung von in die Verwertungskette eingeschalteten Personen unabhängig von Vereinbarungen mit Urheberverbänden. Die Folge der entgegengesetzten Auffassung wäre auch, dass Preiskartelle im Urheberrecht bei Beteiligungsvergütung generell zulässig sein würden, weil sie letztlich immer dem Urheber zu Gute kommen. Eine kartellrechtlich so weitgehende Einschränkung der Wettbewerbsfreiheit kann aus dem Urheberrecht nicht resultieren. Ohnehin akzeptiert das Kartellrecht als Ausfluss des Urheberrechts nur „angemessene" Vergütungen.[381] Grundsätzlich keine Preiskartelle sind **Markterhebungen über die Lizenzpreise** für urheberrechtlich geschützte Leistungen; sie können gerade im Hinblick auf Schadenersatzansprüche, die auf der Grundlage einer angemessenen Lizenzgebühr berechnet werden (§ 97 Abs. 2 UrhG), größere praktische Bedeutung erlangen. Marktübersichten von Verwertern im Hinblick auf übliche Lizenzgebühren können kartellrechtlich bedenklich sein, wenn sie wettbewerbsbeschränkend wirken. Das gilt nicht wegen Ausschaltung eines gewünschten Geheimwettbewerbs in bestimmten Marktstrukturen,[382] weil solche Marktübersichten grundsätzlich keine Identifizierung einzelner Geschäfte ermöglichen. Kartellrechtliche Probleme können aber entstehen, wenn der Marktübersicht eine Abstimmung der konkurrierenden Verwerter zu Grunde liegt, die Höhe der Lizenzgebühren darüber anzugleichen. Ein Beispiel für eine Marktübersicht sind die **Erfahrungsregeln des Deutschen Musikerlegerverbandes (DMV),** die zunächst nur zur besseren Ermittlung der angemessenen Lizenzgebühr im Rahmen der Schadensersatzberechnung nach § 97 Abs. 2 UrhG entwickelt wurden. Soweit es sich dabei um eine empirische Erhebung handelt, dürfte sie für sich genommen kartellrechtsneutral sein. Bedenklich könnte jedoch sein, wenn sie für die Musikverleger gegenüber ihren Lizenznehmern „als Richtschnur für die Bemessung des Lizenzentgeltes im Zuge der Vertragsgestaltung etabliert"[383] wären. Eine kartellrechtsneutrale Marktübersicht sind die **„MFM-Bildhonorare",** eine Marktübersicht über angemessene Nutzungshonorare im Fotobereich.[384] Zur **Regelsammlung** Verlage (Vertriebe)/Bühnen im Bereich Bühne vgl. oben.[385]

Absprechen dürfen sich Verwerter unabhängig davon, ob sie eigene oder abgeleitete 95
Rechte ausüben, im Fall der **Verfolgung von Rechtsverletzern.** Das widerspricht nicht Art. 101 Abs. 1 AEUV (§ 1 GWB), zumindest sollte es nach Art. 101 Abs. 3 (§ 2 Abs. 1 GWB) freigestellt sein. Im Urheberrecht existiert im Regelfall keine Behörde, die die Verletzungen verfolgen würde. Insoweit scheitert eine Freistellung insbesondere nicht an der Unerlässlichkeit der Beschränkung.[386] Eine **verbandsmäßige Piraterieverfolgung** begegnet daher grundsätzlich keinen Bedenken aus Art. 101 AEUV oder § 1 GWB. Genauso können konkurrierende Verwerter verabreden, dass urheberrechtsverletzender Wettbewerb des einen unterlassen wird.[387]

ee) Verwertungsgesellschaften. Verwertungsgesellschaften nehmen Rechte nach dem 96
UrhG für Urheber und Leistungsschutzberechtigte zur gemeinsamen Auswertung treuhänderisch wahr (§ 1 UrhWahrnG). Die Tätigkeit vieler Verwertungsgesellschaften beschränkt sich auf Urheber- bzw. Leistungsschutzrechte, oder sie nehmen nur bestimmte Werkarten wahr. Betrifft die Auswertung Urheber- und Leistungsschutzrechte (z. B. Komposition so-

---

381 EuGH GRUR 2012, 904 Tz. 63 – *UsedSoft/Oracle;* EuGH GRUR 2012, 156 Tz. 107 – *Football Association Premier League Ltd. und Murphy;* EuGH NJW 1994, 375, 376 – *Phil Collins.*

382 Siehe Art. 101 Abs. 3 AEUV Rn. 71 ff. (Geheimwettbewerb – Marktinformation).

383 So *Schulz* in: Moser/Scheuermann, Handbuch der Musikwirtschaft, S. 1364, deutlich einschränkend aber S. 1363.

384 *J. B. Nordemann* ZUM 1998, 642.

385 Rn. 88.

386 Zum Ganzen eingehend Art. 101 Abs. 3 AEUV Rn. 42 ff.

387 Zu Selbstregulierung Art. 101 Abs. 3 AEUV Rn. 157 ff.

wie Text einerseits und sängerische Interpretation andererseits) oder mehrere Werkarten (z.B. Kopie aus Buch mit Text und Illustration), treten gemeinsame **Inkassostellen** der Verwertungsgesellschaften auf den Plan, die im Rahmen eines „One-Stop-Shops" die Rechte für die betroffenen Verwertungsgesellschaften vergeben. Derzeit existieren zahlreichen Verwertungsgesellschaften und Inkassostellen.[388] **Clearingstellen** sollen hingegen den Nutzer nur an die richtige Verwertungsgesellschaft weiterleiten.[389] Verwertungsgesellschaften waren in § 30 GWB a.F. bis zur 7. GWB-Novelle 2005 von der Anwendung des § 1 GWB a.F. und des § 14 GWB a.F. freigestellt. Das EU-Kartellrecht in Art. 101 AEUV oder in Gruppenfreistellungsverordnungen kennt keine solche Sonderregeln. Die 7. GWB-Novelle 2005 hat deshalb die Spezialregelung für Verwertungsgesellschaften beseitigt, um das deutsche Kartellrecht an die europäische Rechtslage anzupassen.[390] Damit sind also die allgemeinen kartellrechtlichen Regeln der Art. 101 AEUV, §§ 1 bis 3 GWB auf Verwertungsgesellschaften grundsätzlich anwendbar. Hier sind die **horizontal** veranlassten von den **vertikal** veranlassten Wettbewerbsbeschränkungen zu **trennen:**

97 **(1) Horizontale Sachverhalte. Bildung von Verwertungsgesellschaften.** Zunächst bedingt die **Bildung** von Verwertungsgesellschaften eine **horizontale Gleichschaltung der Wahrnehmung.** Die Urheber und ausübenden Künstler, aber erst Recht die übrigen Leistungsschutzberechtigten sind Unternehmen im Sinne der Art. 101 AEUV, § 1 GWB.[391] Nach Abschaffung des § 30 GWB a.F. existiert auch die früher national geltende Spezialregelung nicht mehr. Schon für § 30 GWB a.F. und seinen Vorgänger § 102 GWB a.F. war es allerdings die Auffassung des Gesetzgebers, dass die Bildung von Verwertungsgesellschaften nur zur Klarstellung deklaratorisch freigestellt wurde. Er bezog sich dabei sowohl auf

---

[388] In Deutschland existieren derzeit als Verwertungsgesellschaften GEMA: Wahrnehmung von Urheberrechten an musikalischen Werken (www.gema.de), VG Wort: Wahrnehmung von Urheberrechten an Schriftwerken (www.vgwort.de), VG Bild-Kunst: Wahrnehmung von Rechten an Werken der bildenden Kunst, von Lichtbild- und Filmwerken (www.vgbildkunst.de), GVL: Wahrnehmung von Leistungsschutzrechten der ausübenden Künstler und Tonträgerhersteller (www.gvl.de), VG Musikedition: Leistungsschutzrechte an wissenschaftlichen Ausgaben und an Ausgaben nachgelassener Werke (www.vg-musikedition.de), VG Werbung + Musik mbH: Wahrnehmung von Rechten aus dem UrhG im Bereich Werbung und Musik (www.vgwerbung.de); VG Media: Wahrnehmung von Rechten aus dem UrhG für Medienunternehmen (www.vg-media.de), VFF: Wahrnehmung von Rechten der Filmhersteller (www.vff.de), VGF: Wahrnehmung von Rechten der Filmurheber und Filmhersteller (www.vgf.de), GWFF: Wahrnehmung von Rechten vor allem ausländischer Filmurheber und Filmhersteller (www.gwff.de), GÜFA: Wahrnehmung der Rechte von Pornofilmherstellern (www.guefa.de) und AGICOA: Wahrnehmung von Kabelweitersenderechten (www.agicoa.de); als Inkassostellen existieren ZPÜ (Zentralstelle für private Überspielrechte): Inkasso für GEMA, VG Wort und GVL für Vergütung Privatkopie gem. § 54 UrhG, ZBT (Zentralstelle Bibliothekstantieme): Inkasso für GEMA, VG Wort und VG Bild-Kunst für Bibliothekstantieme gem. § 27 Abs. 2 UrhG, ZFS (Zentralstelle Fotokopieren an Schulen): Inkasso für VG Wort, VG Bild-Kunst und VG Musikedition für die Fotokopierabgabe der Schulen gem. § 54a UrhG, ZVV (Zentralstelle Videovermietung): Inkasso für GEMA, VG Wort, VG Bild-Kunst, GWFF, VGF und GÜFA für Vergütung Vermietung oder Verleih Bildtonträger gem. § 27 Abs. 1 UrhG, ZWF (Zentralstelle für die Wiedergabe von Film- und Fernsehwerken): Inkasso für VG Bild-Kunst, VGF, GWFF, ARGE DRAMA (gebildet aus VG Wort und GEMA): Inkasso für Kabelweitersendung von Bühnenwerken gem. § 20b UrhG, ARGE KABEL (gebildet aus VG Wort, VG Bild-Kunst und GVL): Inkasso für Kabelweitersendung gem. § 20b UrhG; vgl. *W. Nordemann/Wirtz* in: Fromm/Nordemann, Urheberrecht, Einl. WahrnG Rn. 1ff.; *Schulze* in: Dreier/Schulze, Urheberrecht, vor § 1 UrhWahrnG Rn. 16; *Melichar* in: Loewenheim, Handbuch des Urheberrechts, § 46 Rn. 4ff.

[389] So z.B. die Clearingstelle Multimedia der Verwertungsgesellschaften für Urheber- und Leistungsschutzrechte GmbH (CMMV), die die Anfragen der Nutzer im Multimediabereich auf die zuständige Verwertungsgesellschaft kanalisiert; auf europäischer Ebene übernimmt dies das System VERDI (Very Extensive Rights Data Information). Zum Ganzen *Wünschmann* ZUM 2000, 572, 574.

[390] Begr. RegE 7. GWB-Novelle 2005, BT DS 15/3640, S. 32, 49f.

[391] Dazu oben Rn. 30ff.; speziell zu Urhebern als Mitglieder von Verwertungsgesellschaften BGH WuW/E 2497, 2502 – *GEMA-Wertungsverfahren;* KG WuW/E OLG 4040, 4044 – *Wertungsverfahren; Lux* WRP 1998, 31, 32; *Hootz* in: Gemeinschaftskommentar § 30 Rn. 8.

den Immanenzgedanken als auch auf die Spezialität des UrhWahrnG gegenüber dem GWB, das in § 1 UrhWahrnG ausdrücklich die Bildung von Verwertungsgesellschaften erlaubt.[392] Das ist zwar generell zutreffend, vermag aber eine klare Begründung für die Reichweite des Privilegs nicht zu leisten.[393] Im Einzelfall schließen weder Immanenzgedanke noch das UrhWahrnG eine Anwendung des Kartellverbots von vornherein aus. Auch andere Erklärungsansätze leiden darunter, dass sie die vielfältige Tätigkeit von Verwertungsgesellschaften nicht hinreichend differenziert kartellrechtlich würdigen.[394] Zutreffenderweise ist zu **unterscheiden,** je nachdem weshalb die Bildung der Verwertungsgesellschaft erforderlich ist. Diese Differenzierung schließt an die frühere Formulierung in § 30 Abs. 1 GWB a. F. an, nach der die Bildung von Verwertungsgesellschaften nur erlaubt war, „soweit sie zur wirksamen Wahrnehmung der Rechte" im Sinne von § 1 UrhWahrnG „erforderlich" ist. Der Gesetzgeber der 7. GWB-Novelle 2005 hat § 30 GWB a. F. zwar vollständig gestrichen, sieht in der erwähnten Formulierung aber nach wie vor für die Beurteilung nach § 1 GWB (und Art. 101 AEUV) das entscheidende Kriterium für die kartellrechtliche Zulässigkeit der Bildung von Verwertungsgesellschaften.[395]

Erstens müssen nach dem Willen des UrhG verschiedene der von Verwertungsgesellschaften wahrgenommenen Rechte kollektiv über Verwertungsgesellschaften wahrgenommen werden, weil eine individuelle Wahrnehmung durch den einzelnen Inhaber nicht möglich wäre (sog. **Verwertungsgesellschaftszwang**).[396] Ein Beispiel ist die Vergütung für die Privatkopie, die gem. § 54h UrhG nur von Verwertungsgesellschaften wahrgenommen werden darf, weil es auf beiden Seiten eine schier unübersehbare Zahl von Zahlungspflichtigen und Zahlungsberechtigten gibt, zumal die in jedem individuellen Verhältnis anfallende Vergütung minimal wäre. Für diese Fälle liegt schon gar keine Wettbewerbsbeschränkung durch Verwertungsgesellschaften vor, so dass eine Anwendung des Kartellverbots auf Verwertungsgesellschaften genauso ausscheidet wie auf Vereinigungen der Werknutzer, die als Pendant zur Verwertungsgesellschaft gemäß § 12 UrhWahrnG gebildet werden. 98

Zweitens sollte das Gleiche für eine Tätigkeit von Verwertungsgesellschaften außerhalb des Wahrnehmungszwanges gelten, **wenn die kollektive Wahrnehmung aus ähnlichen Gründen wie die für den Wahrnehmungszwang zumindest als kaufmännisch sinnvoll erscheint und die Kartellierung keinen wesentlichen Wettbewerb ausschaltet.** Insoweit kann der Arbeitsgemeinschaftsgedanke[397] fruchtbar gemacht werden;[398] überdies ist für Fälle, in denen eine Wettbewerbsbeschränkung vorliegt, auf § 2 Abs. 1 GWB zu verweisen. Die Vergütung der Urheber, ausübenden Künstler und Tonträgerhersteller für eine Rundfunksendung wird beispielsweise kollektiv durch GEMA (auch Inkasso für die GVL) erhoben, obwohl kein Wahrnehmungszwang besteht. In Anbetracht der unübersehbaren Zahl von Tonträgern, die jeden Tag gesendet werden, macht eine Wahrnehmung der Vergütung durch Verwertungsgesellschaften für die Berechtigten und für die Sendeanstalten unternehmerisch Sinn. Gleichzeitig ist die wettbewerbshemmende Wirkung 99

[392] Begr. RegE 6. GWB-Novelle zu § 30 GWB a. F. BT DS 13/9720, S. 41 = *Jüttner-Kramny,* GWB, WuW-Sonderheft, S. 96 f.

[393] Vgl. A. *Stockmann* in: Becker, Verwertungsgesellschaften im Europäischen Binnenmarkt (Symposium R. Kreile), 1990, S. 25, 29; *Möschel* in: Immenga/Mestmäcker, GWB, § 30 a. F. Rn. 8.

[394] Vgl. *Hootz* in: Gemeinschaftskommentar § 30 Rn. 6 ff.; *Möschel* in: Immenga/Mestmäcker, GWB, § 30 GWB a. F. Rn. 4 ff.; differenzierter aber *Lux* WRP 1998, 31, 32 ff., und *Sandberger/Treeck* UFITA 47 (1966), 165, 192 f.

[395] Begr. RegE 7. GWB-Novelle, BT DS 15/3640, S. 49, unter Berufung auf die Rechtsprechung des EuGH.

[396] Vgl. BGH WuW/E DE-R 1267, 1269 f. – *Nachbaugebühr; Lux* WRP 1998, 34 f.; *Möschel* in: Immenga/Mestmäcker, GWB, § 30 a. F. Rn. 5.

[397] Dazu allgemein oben Rn. 321 f.

[398] So auch *Lux* WRP 1998, 31, 32; *Hootz* in: Gemeinschaftskommentar § 30 GWB a. F. Rn. 8.

gering, weil angesichts der Vielzahl von Nutzungen die Sender ohnehin nicht in der Lage wären, für jeden Fall individuelle Vergütungen auszuhandeln. Gleiches muss beispielsweise für die kollektive Wahrnehmung des Rechts der öffentlichen Wahrnehmbarmachung von Tonträgern nach § 21 UrhG in Gaststätten gelten. Auch greift dieser Gedanke, wenn es sich um Rechte mit eher kleinem Vergütungspotential handelt, die die Rechteinhaber einzeln nicht kaufmännisch sinnvoll vermarkten könnten. Möglicherweise sind in diese zweite Kategorie auch Online-Musiklizenzen zu fassen, wenn die Kollektivierung kaufmännisch sinnvoll ist und keinen wesentlichen Wettbewerb ausschaltet.

100 In einem anderen Verhältnis mit dem Kartellrecht stehen **drittens** Fälle der **Wahrnehmung von Rechten, die der Berechtigte auch selbst wahrnehmen könnte und für die es keinen anderen Grund der kollektiven Rechtewahrnehmung als die Erzielung besserer Einnahmen gegenüber den Verwertern gibt.** Als Beispiel sei der Fall der Wahrnehmung der sog. mechanischen Vervielfältigungsrechte im Musikbereich für Komponisten und Texter durch die GEMA genannt; dabei geht es um das Recht, ein Musikwerk auf Tonträger vervielfältigen und verbreiten zu dürfen. Das ist eigentlich ein individuell ohne Schwierigkeiten durchführbares Geschäft, so dass kein gesetzlicher oder kaufmännischer Zwang zur kollektiven Wahrnehmung besteht. Im Bereich der kollektiven Wahrnehmung von Rechten von **Urhebern und ausübenden Künstlern** existiert jedoch ein größerer kartellrechtsneutraler Bereich als bei originär anderen Leistungsschutzberechtigten zustehenden Rechten. Das folgt zunächst aus **§ 36 UrhG iVm. § 11 Satz 2 UrhG,** die eine Kartellierung von Urhebern und ausübenden Künstlern in gewissen Grenzen wegen des spezifischen Schutzgegenstandes des Urheberrechts und des Leistungsschutzrechts der ausübenden Künstler rechtfertigen.[399] Auch eine kollektive Rechtevergabe durch Verwertungsgesellschaften kann diesen gewünschten Effekt herbeiführen. Dazu passt, dass Verwertungsgesellschaften – wie ein erlaubtes Kartell nach § 19 Abs. 3 GWB – auch Kontrahierungsansprüchen zu angemessenen Lizenzbedingungen gem. § 11 UrhWahrnG unabhängig davon ausgesetzt sind, ob sie bezogen auf das einzelne lizensierte Werk hinreichend Marktmacht besitzen.[400] Allerdings kann nicht gesagt werden, dass es sich um einen von vornherein kartellrechtsneutralen Bereich handelt. Nach Interessenabwägung kann das Kartellverbot wegen übermäßiger wettbewerbsbeschränkender Wirkungen z.B. eingreifen, wenn die Nutzungen für alle Nutzungsarten über Verwertungsgesellschaften kanalisiert würden und auch eine Einzelfreistellung ausscheidet. Nicht von der gewissen kartellrechtlichen Privilegierung, wie sie u.a. in § 36 UrhG zum Ausdruck kommt, werden **originär Leistungsschutzberechtigen** zustehende Rechte erfasst, sofern sie nicht ausübende Künstler sind. Allerdings kann das UrhWahrnG eine gewisse Privilegierungswirkung für eine kollektive Rechtewahrnehmung ausüben, weil das UrhWahrnG grundsätzlich eine Kartellbildung von Rechteinhabern ermöglichen wollte.[401] Das respektiert grundsätzlich auch das Kartellrecht, wobei allerdings keine zusätzliche Verstärkung wie durch § 36 UrhG für Urheber und ausübende Künstler gegeben ist. Rechte von sonstigen Leistungsschutzberechtigten, für die eine kollektive Wahrnehmung nicht zwingend oder zumindest kaufmännisch sinnvoll ist, können daher bei erheblicher Wettbewerbsbeschränkung in sorgfältiger Abwägung mit den Interessen des Kartellverbots eher die Grenze der Unzulässigkeit erreichen. Derzeit ist das nicht ersichtlich, weil nur ein Teil der Leistungsschutzrechte über Wahrnehmungsgesellschaften kanalisiert wird.

101 Ist danach die Bildung von Verwertungsgesellschaften zulässig, geht dieses Privileg soweit, wie Wettbewerbsbeschränkungen erforderlich sind, um die privilegierten Ziele zu erreichen. Für die Aufnahme der Tätigkeit ist ein schriftlicher Antrag auf **Erlaubnis** beim

---

[399] Dazu oben Rn. 88.
[400] *Buhrow/J. B. Nordemann* GRUR Int. 2005, 407, 411.
[401] So wohl auch *Möschel* in: Immenga/Mestmäcker, GWB, § 30 a.F. Rn. 5; vgl. differenzierend *Lux* WRP 1998, 34f.

Deutschen Patent- und Markenamt zu stellen (§ 2 UrhWahrnG); dieses entscheidet im Einvernehmen mit dem **BKartA** über die Erteilung und Widerruf der Erlaubnis (§ 18 Abs. 3 UrhWahrnG). Die Tätigkeit der Verwertungsgesellschaft ist also auch nach Art. 101 AEUV, § 1 GWB – im Rahmen der vorgenannten Grenzen – nur zulässig, wenn neben dem Deutschen Patent- und Markenamt auch das BKartA die entsprechende Erlaubnis erteilt. Das widerspricht eigentlich der Legalausnahme in Art. 101 Abs. 3 AEUV, § 2 GWB.[402] Da der Gesetzgeber der 7. GWB-Novelle 2005 aber die Bestimmung des § 18 Abs. 3 UrhWahrnG unangetastet gelassen hat, erscheint dies als bewusste Durchbrechung des Prinzips, so dass Verwertungsgesellschaften ohne Erlaubnis nicht im Hinblick auf Art. 101 AEUV, § 1 GWB privilegiert sind. Überdies ergibt sich eine Rechtfertigung für die Durchbrechung des Prinzips der Legalausnahme daraus, dass Verwertungsgesellschaften als (erlaubtes) Kartell einer speziellen Fachaufsicht nach dem UrhGWahrnG unterliegen; diese muss dann neben urheberrechtlichen auch kartellrechtliche Aspekte abdecken können. Die Erlaubnispflicht unterstreicht jedoch auch, dass die Bildung von Verwertungsgesellschaften wettbewerblich nicht generell in jedem Umfang unbedenklich ist.

Bildung von Inkasso- und Clearingstellen. Inkassostellen beurteilen sich kartellrechtlich nach den oben genannten Grundsätzen für Verwertungsgesellschaften. Ihre Bildung stellt keine eigenständige Kartellierung dar, weil sie im Hinblick auf die wahrgenommen Rechte nicht im Wettbewerb zu einander stehen. Clearingstellen sind für sich genommen schon gar nicht wettbewerbsbeschränkend; sie sorgen nur für eine Weiterleitung der Anfrage des Nutzers an die zuständige Verwertungsgesellschaft. 102

Gegenseitigkeitsverträge. In einer immer globaler werdenden Welt werden auch die Nutzungsstrategien der Verwerter im internationaler. Verwertungsgesellschaften sind aber traditionell nur im Hinblick auf Urheber und Leistungsschutzberechtigte aus ihrem Territorium stark. Dem Bedürfnis nach einem „One-Stop-Shop" für internationale Rechte versuchen die Verwertungsgesellschaften, über sog. Gegenseitigkeitsverträge gerecht zu werden.[403] Diese ermöglichen den Verwertungsgesellschaften, auch die Rechte an Werken und Leistungen ausländischer Verwertungsgesellschaften wahrzunehmen. Gegenseitigkeitsverträge erlauben beispielsweise die Vergabe der Rechte der öffentlichen Wiedergabe in Diskotheken für die Gesamtheit der Musikwerke zu einheitlichen Bedingungen an einen in einem Staat ansässigen Diskothekenbetreiber.[404] Gegenseitigkeitsverträge gehen mit einer Einschränkung des Wettbewerbs im Hinblick auf den Lizenzpreis einher; denn zumindest große Lizenznehmer könnten auch jede ausländische Verwertungsgesellschaft angehen, um mit ihr gesondert zu verhandeln. Früher kam Gegenseitigkeitsverträgen nach nationalem Recht schon die Privilegierung des § 30 GWB a. F. zu Gute; jedoch musste schon wegen Art. 101 AEUV eine eingehende wettbewerbliche Beurteilung stattfinden. 103

Für eine **Kartellrechtkonformität von Gegenseitigkeitsverträgen** spricht, dass der „One-Stop-Shop" der breiten Masse der Nutzer in Form einer neuen, sonst nicht erhältlichen einzigen Leistung zu Gute kommt. Das allein genügt aber noch nicht, um kartellrechtliche Neutralität zu erlangen. Die faktische gleichförmige Weigerung von inländischen Verwertungsgesellschaften, Rechte im Ausland wahrzunehmen, ist solange keine Wettbewerbsbeschränkung gem. Art. 101 Abs. 1 AEUV, § 1 GWB, wie die Weigerung darauf beruht, dass die inländische Verwertungsgesellschaft im Ausland kein erforderliches kostspieliges Verwertungs- und Kontrollsystem aufbauen will; ein solches wäre beispielsweise im Hinblick auf die öffentliche Nutzung von Musikwerken in Diskotheken zwingend.[405] 104

---

402 Vgl. § 2 Rn. 5 ff. und Art. 101 Abs. 3 AEUV Rn. 9.

403 Eingehend auch *Mestmäcker* in: Kreile/Becker/Riesenhuber Kap. 6 Rn. 13 ff.

404 Vgl. EuGH Slg. 1974, 313, 318 – *SABAM I.*

405 Zu Art. 101 AEUV: EuGH Slg. 1989, 2521, 2574 – *SACEM I (Tournier)* = GRUR Int. 1990, 622 = WuW/E EWG/MUV 901, 904; EuGH Slg. 1989, 2811, 2828 – *SACEM II;* zum Ganzen auch *Mestmäcker* WuW 2004, 754 ff.; *Fikentscher* in: FS Schricker, 1995, S. 184 ff.; *Dünnwald* in: Be-

105 Als **kartellrechtswidrig** wurden allerdings Abreden eingestuft, die EU-Nutzern vorschrieben, sich stets nur an die Heimatverwertungsgesellschaft zu wenden und ihm damit den direkten Weg zur inländischen Verwertungsgesellschaft verwehrten.[406] Auch sofern – im Gegensatz zur öffentlichen Vorführung z.B. in Diskotheken oder zur öffentlichen Aufführung bei Live-Auftritten – kein kostspieliges Verwertungs- und Kontrollsystem erforderlich ist, begegnen Gegenseitigkeitsverträge kartellrechtlichen Grenzen. Bei modernen Digitaltechnologien hat die Europäische Kommission keine territoriale Ausschließlichkeit für Verwertungsgesellschaften mehr zugelassen. Beispielsweise beim Simulcasting, das eine räumlich unbegrenzte Sendung von Musikwerken über das Internet erlaubt, benötigt eine Verwertungsgesellschaft kein zusätzliches Verwertungs- und Kontrollsystem im Ausland, sondern kann die Kontrolle auch von ihrem Sitzland aus durchführen. Nutzern darf deshalb in diesen Fällen weder ausdrücklich noch durch entsprechendes faktisches Parallelverhalten die freie Wahl der lizensierenden Verwertungsgesellschaft versperrt werden.[407] Um Transparenz für die Nutzer auf der Marktgegenseite und damit einen Lizensierungswettbewerb zwischen den Verwertungsgesellschaften zu gewährleisten, fordert die Europäische Kommission weitergehend eine Trennung von Lizenzgebühr und Verwaltungsgebühr.[408] Auch bei anderen internetbezogenen Nutzungen, beispielsweise beim Download von Handyklingeltönen aus dem Internet, aber auch bei der Satelliten- und Kabelnutzung, erscheint es nicht mehr als gerechtfertigt, Inländern den Weg zu anderen (ausländischen) Verwertungsgesellschaften zu versperren. Die Europäische Kommission hat in *CISAC* jedenfalls entschieden, dass verschiedene Exklusivitätsabreden in Gegenseitigkeitsverträgen zwischen musikalischen Verwertungsgesellschaften im Hinblick auf die Wahrnehmung von Internet-, Kabel- und Satellitenrechten für die öffentliche Wiedergabe von Musikwerken nicht kartellrechtskonform seien. Betroffenen waren insbesondere die Exklusivität der Mitgliedschaft (nur Mitglied in einer Verwertungsgesellschaft mit dem gesamten Repertoire) und die exklusive Wahrnehmung im eigenen Territorium mit der fehlenden Möglichkeit, europaweite Lizenzen unter Wettbewerb um die Verwaltungsgebühren zu erhalten. Auch eine Freistellung wurde abgelehnt.[409] Das wegen der *CISAC*-Entscheidung der Kommission angerufene EuG hat indes die grundlegenden Punkte der Kommissionsentscheidung nicht bewertet, sondern schon eine abgestimmte Verhaltensweise im Hinblick auf die Gebietsbeschränkungen verneint. Das Parallelverhalten könne mit der notwendigen Präsenz einer Verwertungsgesellschaft vor Ort zur Durchsetzung und Überwachung der Rechte plausibel begründet werden.[410] Bereits vor der *CISAC*-Entscheidung hat die Europäische Kommission in *Cannes Extension Agreement* unter Berufung auf das Kartellverbot die Auffassung vertreten, dass bei der Vergabe von mechanischen Rechten (Vervielfältigung und Verbreitung) für Musikwerke Nutzer Preisnachlässe erhalten müssen, wenn sie Lizenzen nachfragen, die über einen Mitgliedsstaat hinausgehen. Dieser Nachlass wird allerdings von den Verwaltungsgebühren und nicht von den Nutzungsentgelten gewährt.[411] Die Preisfixierungsmöglichkeit ist also auf die Nutzungs-

cker, Die Verwertungsgesellschaften im Europäischen Binnenmarkt, 1990, S. 79 ff.; *Hootz* in: Gemeinschaftskommentar § 30 Rn. 25 ff.

[406] Zu Art. 101 AEUV: EuGH Slg. 1989, 2521 – *SACEM I (Tournier)* Tz. 20 = GRUR Int. 1990, 622 = WuW/E EWG/MUV 901, 904; EuGH Slg. 1989, 2811 Tz. 20 – *SACEM II.*

[407] Europäische Kommission WuW/E EU-V 831, 836 – *IFPI/Simulcasting;* dazu kritisch *Mestmäcker* WuW 2004, 758 ff.

[408] Europäische Kommission WuW/E EU-V 831, 838 – *IFPI/Simulcasting;* dazu kritisch *Mestmäcker* WuW 2004, 761 ff.; *ders.* in: Kreile/Becker/Riesenhuber Kap. 6 Rn. 22 ff.; eingehend auch *Schwarze* in: Kreile/Becker/Riesenhuber Kap. 5 Rn. 57 ff.

[409] Europäische Kommission, Entsch. v. 16.7.2008, Case COMP/C2/38.698 – *CISAC.*

[410] EuG v. 12.4.2013, T-442/08 = ZUM-RD 2013, 293, m. Anm. *Grohmann* GRURPrax 2013, 296.

[411] Europäische Kommission Entsch. 2007/735/EG vom 4.10.2006, ABl. L 296 v. 15.11.2007, S. 27 – *Cannes Extension Agreement.*

entgelte beschränkt, während auch hier bei den Verwaltungsgebühren europaweiter Wettbewerb möglich wird.

(2) Vertikale Sachverhalte. In vertikaler Richtung legen Art. 101 Abs. 1 AEUV, § 1 GWB Verwertungsgesellschaften teilweise umfassende Beschränkungen auf. Insoweit sollte nichts anderes gelten als für Wettbewerbsbeschränkungen, die Urheber oder Leistungsschutzberechtigte selbst vertikal veranlassen.[412] Insbesondere **Preisbindungen** durch Verwertungsgesellschaften erscheinen kartellrechtlich nicht durch den spezifischen Schutzgegenstand des Urheberrechts oder des betreffenden Leistungsschutzrechts, das sie treuhänderisch wahrnehmen, gerechtfertigt. Die GEMA dürfte also nicht die Einzelhandelspreise für Tonträger festlegen, für die sie die erforderlichen (sog. mechanischen) Rechte vergibt.[413] Auch vertikale Konditionenbindungen sind nur zulässig, sofern sie durch den spezifischen Schutzgegenstand des Urheberrecht gedeckt sind. Die GEMA dürfte die Einzelhändler nicht binden lassen, die Tonträger nur an private Enderbraucher abzugeben.[414] Privilegiert sind hingegen Preisbindungen des Berechtigten gegenüber der Verwertungsgesellschaft, die Rechte zu einem bestimmten Preis wahrzunehmen, weil die Möglichkeit zu dieser Preisbindung dem Charakter der Verwertungsgesellschaften als Treuhänder der Urheber immanent ist. In vertikaler Richtung sind darüber hinaus auch die Kontrahierungspflichten für Verwertungsgesellschaften zu angemessenen Bedingungen nach §§ 11, 12 UrhWahrnG relevant, die von den §§ 19, 20 GWB ergänzt werden. Das Gleiche gilt für den Aufnahmezwang der Verwertungsgesellschaft nach § 6 UrhWahrnG. 106

(3) Verwertungsgesellschaften und Unternehmen, die nicht Urheber oder Leistungsschutzberechtigte sind. § 1 UrhWahrnG erwähnt nur Urheber und Inhaber von Leistungsschutzrechten. Grundsätzlich kann sich deshalb die vorerwähnte kartellrechtliche Privilegierung für die Bildung und Tätigkeit von Verwertungsgesellschaften nicht auf eine Wahrnehmung für andere Rechteinhaber, also insbesondere für **Inhaber von Nutzungsrechten,** die vom Urheber eingeräumt sind, beziehen. Zwar wird im Urheberrecht gerade geklärt, ob Verwertungsgesellschaften auch für bloße Inhaber von urheberrechtlichen Nutzungsrechten tätig werden können.[415] Bislang war für § 1 UrhWahrnG jedoch anerkannt, dass das UrhWahrnG eine Wahrnehmung für andere Rechtsinhaber in Verwertungsgesellschaften umfasst, sofern die Interessen mit den Interessen der Urheber oder Leistungsschutzberechtigten parallel laufen.[416] Unabhängig von der urheberrechtlichen Lage erscheint es danach kartellrechtlich als möglich, andere Rechteinhaber am vorerwähnten Privileg teilnehmen zu lassen, solange eine Interessenparallelität mit Urhebern bzw. anderen originären Rechteinhabern gegeben ist. Insoweit gilt nichts anderes als für die Privilegierungswirkungen des UrhG, die auch anderen als den Urhebern und originären Leistungsschutzberechtigten zu Gute kommen, soweit die Interessenparallelität gegeben ist.[417] 107

e) Sportmedienrechte (Zentralvermarktung, Zentraleinkauf). Von der nationalen und internationalen Rechtsprechung ist anerkannt, dass Einzelsportler und Sportvereine bei wirtschaftlicher Betätigung grundsätzlich dem Unternehmensbegriff des GWB unterfallen.[418] Früher existierte für den Sport ein Ausnahmebereich von der Anwendung des Kartellrechts in § 31 GWB a.F., der jedoch der Europäisierung des deutschen Kartellrechts 108

---

[412] Oben Rn. 79 ff. Gleicher Auffassung *Sandberger/Treeck* UFITA 47 (1966), 165, 204.

[413] *Held* FuR 1980, 71, 75; *Hootz* in: Gemeinschaftskommentar § 30 Rn. 12.

[414] *Sandberger/Treeck* UFITA 47 (1966), 165, 204; *Hootz* in: Gemeinschaftskommentar § 30 Rn. 12.

[415] OLG München GRUR 2014, 272 – *Verlegeranteil (Martin Vogel);* Revision anhängig beim BGH I ZR 198/13.

[416] BGH GRUR 1971, 326, 328 – *Ufa-Musikverlage; Reinbothe* in: Schricker/Loewenheim, Urheberrecht, § 1 WahrnG Rn. 6; *Melichar* in: Loewenheim, Handbuch des Urheberrecht, § 47 Rn. 5; *W. Nordemann,* GRUR FS II, S. 1209. Kritisch aber z. B. *Schack,* Urheber- und Urhebervertragsrecht, Rn. 1310.

[417] Siehe oben Rn. 93.

[418] Dazu § 1 GWB Rn. 24 ff.

durch die 7. GWB Novelle 2005 zum Opfer fiel.[419] Wo das europäische Recht seit jeher **keine speziellen Ausnahmetatbestände im Hinblick auf den Sport** kennt, gilt das jetzt auch für das deutsche GWB.

109 Jedoch kann nicht von der Hand gewiesen werden, dass **im Hinblick auf den Sport** einige **kartellrechtliche Besonderheiten** gelten. Denn Sport als Wettbewerb ist nicht wie der ökonomische Wettbewerb auf die dauerhafte Eliminierung aller Gegner und die Errichtung eines gewinnmaximierenden Monopols gerichtet. Ohne eine hinreichend große Anzahl von Mitbewerbern vergleichbarer Stärke lässt sich ein Sportwettkampf nicht sinnvoll durchführen. Absprachen, die eine möglichst leistungsfähige und somit sportlich attraktive Gegnerschaft bewirken, stehen im wohlverstandenen Eigeninteresse aller Beteiligten.[420] Es gilt daher, dass diejenigen Absprachen zwischen unternehmerischen Sportlern oder Sportvereinen nicht tatbestandsmäßig sind, hinter denen ein angemessenes Interesse oder sogar die schlichte Notwendigkeit für die Existenz der Sportart oder das Funktionieren des sportlichen Wettbewerbs steht und die objektiv transparent und nicht diskriminierend angewendet werden.[421] An diesem unabdingbaren Verhältnismäßigkeitserfordernis sind die Verbandsregeln zu messen. Insoweit sind Sportwettbewerbe kartellrechtlich grundsätzlich Anwendungsfälle der **Immanenzlehre.**[422] In vielen Fällen kann auch der **Arbeitsgemeinschaftsgedanke**[423] bemüht werden, insbesondere wenn bestimmte Absprachen von Sportlern oder Sportvereinen erst dazu führen, dass überhaupt ein sportlicher Wettbewerb und als dessen Ausfluss auch wirtschaftlicher Wettbewerb entstehen kann. So ist beispielsweise die Zusammenfassung der sportlichen Aktivitäten von Sportvereinen in Verbänden, die dann sportliche Wettbewerbe (z.B. Bundesligen) ausrichten, schon nach dem Arbeitsgemeinschaftsgedanken gerechtfertigt, weil die einzelnen Vereine einen solchen sportlichen Wettbewerb nicht allein organisieren könnten. Ihre kartellrechtliche Grenze findet die gemeinsame Organisation im Sport dort, wo eine gleichschaltende Absprache dem sportlichen Wettbewerb nicht mehr immanent ist, also nicht zumindest eine notwenige Abrede im Hinblick auf ein Funktionieren des sportlichen Wettbewerbs gegeben ist. Weitergehend als Immanenzlehre und Arbeitsgemeinschaftsgedanke wird inzwischen im Anschluss an US-Recht befürwortet, Sportligen als **„Single Entity“** von der Anwendung des Kartellverbots grundsätzlich auszunehmen; insoweit sei das Konzernprivileg[424] einschlägig, wenn die Vereine einen Gleichordnungskonzern bildeten. Danach sind nicht die einzelnen Vereine, sondern vielmehr die Liga in ihrer Gesamtheit als die relevante wirtschaftliche Einheit anzusehen.[425] Der Handlungsspielraum der Liga wird insoweit nicht mehr vom Kartellverbot und seinen Freistellungsnormen Art. 101 Abs. 1 und Abs. 3 AEUV, §§ 1 bis 3 GWB) kontrolliert, sondern nur noch durch das Missbrauchsverbot für marktbeherrschende oder marktmächtige Unternehmen begrenzt (Art. 102 AEUV, §§ 19, 20 GWB). Beispielsweise der Ligaverband als Zusammenschluss der Vereine der Fußball-Bundesliga und der 2. Fußball-Bundesliga wäre danach als Gleichordnungskonzern eine solche wirtschaftliche Einheit.[426] Die UEFA als europäische Fußball-Organisation würde

---

[419] Begr. RegE 7. GWB-Novelle BT DS 15/3640, S. 32 f., 50.

[420] *Hannamann,* Kartellverbot und Verhaltenskoordination im Sport, S. 228 ff.; *Heermann,* RabelsZ 67 (2003), 107.

[421] Begr. RegE 7. GWB-Novelle BT DS 15/3640, S. 50.

[422] Dazu allgemein oben Art. 101 Abs. 1 AEUV Rn. 307 ff. Wie hier *Schürnbrand,* ZWeR 2005, 396, 406; kritisch KG ZIP 1996, 801 = SpuRZ 1996, 199; *Schmittmann/Lehmann* AfP 1996, 255, 258.

[423] Dazu allgemein oben Art. 101 Abs. 1 AEUV Rn. 321 f. Eingehend zum Ligasport *Stopper* ZWeR 2008, 412, 421.

[424] Siehe zum Konzernprivileg allgemein oben GV Rn. 13.

[425] *Blask,* Die Anwendbarkeit der Single-Entity-Theorie im professionellen Fußball, 2005, S. 138 ff., mit umfassenden Nachweisen aus der US-, EU-, britischen und deutschen Rechtsprechung; *Stopper* ZWeR 2008, 412, 423.

[426] *Blask,* Die Anwendbarkeit der Single-Entity-Theorie im professionellen Fußball, 2005, S. 198 ff.

demgegenüber wegen ihrer anderen Organisationstruktur, nach der nicht die Ligavereine, sondern die nationalen Mitgliedsverbände entscheiden, keine wirtschaftliche Einheit (Single Entity) darstellen.[427] Die Single-Entity-Theorie wird kritisiert, weil sie eine Einzelfallbetrachtung der wirtschaftlichen Auswirkungen des gemeinsamen Handelns der Sportvereine und Sportler schon im Rahmen des Kartellverbots verhindere. Die notwendigerweise nur gemeinschaftlich denkbare Herstellung des Produkts Ligasport bedinge nicht eine völlige Gleichschaltung der gesamten Vermarktung. In Fällen, in denen eine Einzelvermarktung denkbar sei, müsse Raum für eine Abwägung der Vor- und Nachteile im Rahmen der Einzelfreistellung nach Art. 101 Abs. 3 AEUV, § 2 Abs. 1 GWB bleiben.[428]

Die Frage der Reichweite der kartellrechtlichen Neutralität des gemeinsamen Handelns im Sport stellt sich vor allem im Bereich der **Zentralvermarktung von Sportmedienrechten.** Eine Zentralvermarktung ist dadurch gekennzeichnet, dass mehrere Rechte an verschiedenen Veranstaltungen für einen längeren Zeitraum zu einer exklusiven Vermarktung zentral gebündelt und dann zentral abgegeben werden. Im Regelfall fungieren Verbände als Zentrale, z.B. bei der deutschen Fußball-Bundesliga der Ligaverband, bei der britischen Premier League der britische Ligaverband oder bei der UEFA Champions League die UEFA. 110

Wettbewerbsbeschränkung. Deutsche und europäische Praxis sind übereinstimmend der Auffassung, dass ein solches Vermarktungsmodell den **Tatbestand des Kartellverbots** des § 1 GWB bzw. Art. 101 Abs. 1 AEUV erfüllt.[429] Bei einer Zentralvermarktung von Medienrechten werde der Preis- und Konditionenwettbewerb ausgeschaltet, sofern ein zentraler Anbieter wirksam für die ganze Saison die Übertragungsrechte an einen Abnehmer verkaufen könne. In der Regel bestehe ein Anbieterwettbewerb, da die Sportvereine neben den Sportverbänden zumindest als Mitinhaber der Übertragungsrechte angesehen werden.[430] Erfolgt die Absprache zwischen innerstaatlichen Vereinen und/oder Verbänden, könne dieses auch zu einer **Beeinträchtigung des zwischenstaatlichen Handels** i.S.d. Art. 101 Abs. 1 AEUV führen. Denn an einer Vermarktung wie etwa der Fußball-Bundesliga sind zunehmend auch ausländische Rechtehändler oder Medien interessiert. Es handele sich allerdings nur um eine bewirkte Wettbewerbsbeschränkung.[431] Fraglich ist, ob eine **tatbestandliche Restriktion** des Kartellverbots durch den Immanenz- und den Arbeitsgemeinschaftsgedanken[432] oder durch die Single-Entity-Theorie[433] erfolgen muss. **Die herrschende Auffassung lehnt das ab.**[434] Der sportliche Wettbewerb werde durch die Frage, wer das Spiel übertragen darf, nicht tangiert. Die Vereine könnten – unabhängig 111

[427] *Blask,* Die Anwendbarkeit der Single-Entity-Theorie im professionellen Fußball, 2005, S. 202ff.

[428] *Heermann* ZWeR 2009, 472, 488ff.; *ders.* WuW 2009, 394, 4 Die neuere Entscheidung hierzu des US Supreme Court v. 24.5.2010, No. 08–661 – *American Needle/NFL,* ist abgedruckt in WuW/E KRInt 205; dazu *Heermann* WRP 2011, 36ff.

[429] BGHZ 137, 297 = NJW 1998, 756, 759 = WuW/E DE-R 17 – *Europapokalheimspiele;* Europäische Kommission WuW/EU-V 889, 892f. – *UEFA Champions League.* Zuletzt auch BKartA zur Zentralvermarktung der Fußball-Bundesliga, siehe BKartA, Hintergrundpapier (Schrifttum), Ziff. 5. Kritisch *Stopper* ZWeR 2008, 412, 418ff.

[430] Zum Veranstalterbegriff allgemein zuletzt BGHZ 137, 297 = NJW 1998, 756, 759 = WuW/E DE-R 17 – *Europapokalheimspiele;* BKartA, Beschluss v. 12.1.2012, Az. B 6 – 114/10 Rn. 39; *Körber/Zagouras* WuW 2004, 1144, 1147ff., *Springer* WRP 1998, 477, 481, *Jänich* GRUR 1998, 438, 439; für Radioberichterstattung *Günther,* WRP 2005, 703, und *Melichar,* in: Loewenheim, FS W. Nordemann 70. Geb., 2004, S. 213; *Vogel,* in Loewenheim, Handbuch des Urheberrechts, § 39 Rn 6.

[431] Europäische Kommission, Entsch. v. 23.7.2003, COMP/C.2–37.398, Rn. 116 – *UEFA Champions League* = WuW/E EU-V 889; offen BKartA, Beschluss v. 12.1.2012, Az. B 6 – 114/10 Rn. 50.

[432] Siehe Art. 101 Abs. 1 AEUV Rn. 321f. (Arbeitsgemeinschaftsgedanke).

[433] Siehe oben Rn. 109.

[434] BGHZ 137, 297 = NJW 1998, 756, 759 = WRP 1998, 188 = WuW/E DE-R 17 – *Europapokalheimspiele;* BKartA, Beschluss v. 12.1.2012, Az. B 6 – 114/10 Rn. 36ff.; *Heermann* WRP 2011, 36, 43. A.A. *Stopper* ZWeR 2008, 412, 421; *Blask,* Die Anwendbarkeit der Single-Entity-Theorie im professionellen Fußball, 2005, S. 128ff.

vom Ligabetrieb bzw. der Veranstaltungsserie – auch für Einzelbegegnungen Abnehmer finden. Dafür spricht, dass die Zeiten mit begrenzten Möglichkeiten, eine Eigenvermarktung durchzuführen, zumindest im heute stark kommerzialisierten Fußball mit entsprechend unternehmerischen Vereinsstrukturen vorbei sein sollte. Zu bedenken ist allerdings, dass nur durch eine Zentralvermarktung mit Finanzausgleich Chancengleichheit zwischen den beteiligten Mannschaften und damit ein interessanter Ligawettbewerb erreicht wird.[435] Zwar bedeutet wirtschaftliche nicht zwangsläufig auch immer sportliche Chancengleichheit. Der Underdog mit geringem Etat kann gegen den finanziell starken Rekordmeister gewinnen. Der Umstand, dass z.B. in den großen nationalen Fußballligen die finanziell starken Clubs immer wieder oben stehen, zeigt aber, dass finanziell schwache Vereine zumindest mittel- bis langfristig auch sportliche Nachteile haben. Der Arbeitsgemeinschaftsgedanke kann hier also dann greifen, wenn über die Zentralvermarktung eine erhebliche finanzielle Bevorzugung bestimmter (ohnehin erfolgreicher) Vereine verhindert wird, was heute durchaus naheliegt. **Andere Vermarktungsmodelle** mit einer geringeren Marktabschottungswirkung, mit denen die Ziele einer Zentralvermarktung ebenso gut erreicht werden können, kommen eher nicht in Betracht. Zwar könnte die Ausgeglichenheit innerhalb eines Wettbewerbs auch durch die Schaffung eines sog. Solidaritätsfonds erzielt werden.[436] Dieses Modell basiert auf dem Grundgedanken, dass der jeweilige Marktteilnehmer seine Rechte selbst vermarktet. Zumindest ein Teil der dabei erzielten Einnahmen wird in einen Solidaritätsfonds eingezahlt, der wiederum zum Ausgleich der finanziellen Ungleichgewichte an die Teilnehmer ausgeschüttet wird. Jedoch bedarf es auch für einen solchen Solidarausgleich einer intensiven Kartellbildung, die der Zentralvermarktung gleichwertig erscheint.

112 **Freistellung.** Ist der Tatbestand des Kartellverbots erfüllt, stellt sich die Frage, ob die Zentralvermarktung von Übertragungsrechten nach § 2 Abs. 1 GWB (bzw. bei zwischenstaatlichen Sachverhalten nach Art. 101 Abs. 3 AEUV) freigestellt sein kann. Der Systemwandel im Kartellrecht von der förmlichen Freistellung des Kartellverbots hin zum neu eingeführten sog. Prinzip der Legalausnahme zeigt sich beim Vergleich der Kommissionsentscheidungen „UEFA Champions League", „Fußball-Bundesliga" und FA Premiere League: War das Vermarktungsmodell für die UEFA Champions League nach der früheren Kartellverordnung noch förmlich freigestellt worden, so hat die Europäische Kommission für die Fußball-Bundesliga und für die FA Premiere League von der seit 1. Mai 2004 geltenden neuen Kartellverordnung[437] Gebrauch gemacht. Sie hat die von den Verbänden abgegebenen **Verpflichtungszusagen** hinsichtlich der neuen Vermarktungsmodelle gemäß Art. 9 der Kartellverordnung 1/2003 für bindend erklärt, wodurch ihren wettbewerbsrechtlichen Bedenken im Hinblick auf die Zentralvermarktung Rechnung getragen werden konnte. Dadurch konnte ein Einschreiten der Europäischen Kommission verhindert werden. Danach hat auch das BKartA die Freistellung der Zentralvermarktung der Fußball-Bundesliga durch den Ligaverband geprüft und Verpflichtungszusagen entgegengenommen.[438]

113 Hinsichtlich der **Voraussetzungen, die für eine Freistellung der Zentralvermarktung zu erfüllen sind,**[439] bestand jahrelang große Rechtsunsicherheit. Erst die oben angeführten Entscheidungen der Europäischen Kommission und des BKartA haben zu mehr

---

[435] Deshalb für eine kartellrechtliche Neutralität der Zentralvermarktung: *Stopper* ZWeR 2008, 412, 425.

[436] So auch *Weyhs,* in: Vieweg, Perspektiven des Sportrechts, 2005, 167; GA Lenz, Slg. 1995, I-4921 Nr. 268 ff. – *Bosman.*

[437] Verordnung (EG) Nr. 1/2003, ABl. EG Nr. L v. 4.1.2003, S. 1 ff. Siehe die separate Kommentierung hierzu.

[438] BKartA, Beschluss v. 12.1.2012, Az. B 6 – 114/10.

[439] Allgemein zu Art. 101 Abs. 3 AEUV siehe die Kommentierung zu Art. 101 Abs. 3 AEUV Rn. 20 ff.

Klarheit geführt, indem die Voraussetzungen der Freistellungsfähigkeit skizziert und damit der Zentralvermarktung von Sportgroßveranstaltungen ein kartellrechtlicher Rahmen gegeben wurde. Diese Entwicklung ist begrüßenswert, zumal die Marktteilnehmer aufgrund des Systemwandels hin zum Prinzip der Legalausnahme selbst das Vorliegen der Freistellungsvoraussetzungen zu beurteilen haben.[440] Die **Kommission** sah die Freistellungsvoraussetzungen im Hinblick auf die Zentralvermarktung in der UEFA Champions League, in der Fußball-Bundesliga und in der FA Premiere League als gegeben an. Die **Effizienzvorteile,** die eine Zentralvermarktung brächte, könnten die mit ihr verbundenen Nachteile für den Wettbewerb ausgleichen, da mit den Ligen hochwertige Markenprodukte geschaffen werden, die wegen des zentralen Vertriebs und der Bündelung von ligaspezifischen Rechtepaketen zu einer zentralen Anlaufstelle für Medienunternehmen, Fußballvereine und Verbraucher werden.[441] Sowohl das Medienunternehmen als auch der Endverbraucher würden am Gewinn **beteiligt** werden, indem für das Unternehmen niedrigere Transaktionskosten anfallen, was dem Endverbraucher in einer höheren Attraktivität des Programms „Champions League" zugute käme.[442] Die Frage, ob die Wettbewerbsbeschränkungen für die Vorteile auch **unerlässlich** seien, löste die Kommission mit dem Hinweis darauf, dass ohne eine Zentralvermarktung das Sportereignis „Ligawettbewerb" nicht als spezifisches Produkt angeboten werden könne. Qualität und Angebot würden beeinträchtigt werden, wodurch letztlich zum Nachteil aller Beteiligten die TV-Rechte entwertet würden.[443] Die Kommission kam zu dem Ergebnis, dass durch die Vereinbarungen der **Wettbewerb nicht ausgeschaltet** wurde. Aber erst eine Modifizierung der ursprünglichen Vermarktungsmodelle der UEFA Champions League, Fußball-Bundesliga und der FA Premiere League konnte ihre diesbezüglichen Bedenken[444] ausräumen. In den Verfahren entwickelte die Kommission **Bedingungen,** die in die Vermarktungsmodelle mit aufgenommen wurden: Danach sind für die Beurteilung der wettbewerbsrechtlichen Zulässigkeit der Vermarktungsmodelle neben der Begrenzung des Umfangs, der Exklusivität und der Vertragslaufzeiten auch die Durchführung eines fairen und transparenten Verfahrens und die tatsächliche Nutzung sämtlicher Rechte entscheidend:

- Der **Umfang der Rechte wird begrenzt,** indem sich die jeweilige Liga verpflichtet, die Rechtepakete nach einzelnen Medien und nach zeitlicher Priorität aufzuschnüren.[445] Dadurch kann einer Marktabschottung zu Lasten neuer Wettbewerber vorgebeugt werden. Indem die Vereine gerade im Bereich der neuen Medien (insbesondere Internet) verschiedene Rechte vereinsspezifisch selbst vermarkten dürfen, wird der Exklusiv-Vermarktungsanspruch der Ligen eingeschränkt. Des Weiteren wird die Vertragsdauer auf ein Höchstmaß von drei Jahren begrenzt.
- Sämtliche Rechte müssen in einem **fairen, offenen und diskriminierungsfreien Verfahren** vergeben werden.[446] Dabei ist darauf zu achten, dass sämtliche Rechte nicht er-

[440] Siehe Art. 101 Abs. 3 AEUV Rn. 9; dazu auch *Hellmann/Bruder,* EuZW 2006, 359, 362.

[441] Europäische Kommission, Entsch. v. 23.7.2003, COMP/C.2–37.398, Rn. 143ff., 168 – *UEFA Champions League* = WuW/E EU-V 889.

[442] Europäische Kommission, Entsch. v. 23.7.2003, COMP/C.2–37.398, Rn. 169ff., 172 – *UEFA Champions League* = WuW/E EU-V 889.

[443] Europäische Kommission, Entsch. v. 23.7.2003, COMP/C.2–37.398, Rn. 174ff. – *UEFA Champions League* = WuW/E EU-V 889; siehe dazu auch *Stopper,* SpuRt 2003, 48 (51); kritisch: *Heermann,* Sport und Kartellrecht, S. 209f.

[444] Europäische Kommission, Entsch. v. 23.7.2003, COMP/C.2–37.398, – *UEFA Champions League;* Entsch. v. 19.1.2005, COMP/C.2–37.214, Rn. 22ff. – *Bundesliga;* Mitteilung der Europäischen Kommission v. 30.5.2003, ABl. EG Nr. L 291 v. 30.4.2004 S. 3ff., Rn. 11ff. zur FA Premier League.

[445] Während die Medienrechte der UEFA und der DFL in 14 bzw. 9 Paketen zusammengefasst sind, bietet die FA Premier League neben anderen Rechtepaketen sechs gleichwertige Rechte für Live-Übertragungen an.

[446] In der FA Premier League überprüft ein unabhängig Bevollmächtigter, inwieweit sämtlichen Anbietern die gleichen Chancen eingeräumt werden.

neut einem einzigen Anbieter zufallen, so dass der Sinn und Zweck der Segmentierung unterlaufen werden würde.[447]

– Ein Ziel der Kommission ist es, dass die vergebenen Rechte auch tatsächlich genutzt werden. Sie verlangt daher, dass **ungenutzte Rechte an die Eigentümer zurückfallen,** wenn eine zentrale Vermarktung nicht erfolgreich war.[448]

114 Das **BKartA** hat bei der Prüfung der Zentralvermarktung der Übertragungsrechte für die Fußball-Bundesliga nach der vorerwähnten Entscheidungspraxis der Europäischen Kommission eigene Akzente für die Freistellungsentscheidung gesetzt, zunächst über ein Hintergrundpapier[449] und danach über eine ausführlich begründete Entscheidung über die Entgegennahme von Verpflichtungszusagen.[450] Eine Freistellung des von der zentralvermarktenden DFL zunächst vorgelegten Vermarktungsmodells komme nicht in Betracht. Das BKartA akzeptierte jedoch ein modifiziertes Vermarktungsmodell für die zentralvermarkteten Rechte. Der wesentliche Effizienzvorteil einer Zentralvermarktung liege in dem Angebot eines umfassenden Ligaprodukts für die Nachfrager.[451] Im Einzelnen könne das Angebot von Rechten für eine ligabezogene Berichterstattung die Qualität und den Umfang der Berichterstattung erhöhen sowie beliebte Formen der Berichterstattung (z.B. Live-Konferenz) ermöglichen. Bei der Prüfung der angemessenen Verbraucherbeteiligung[452] sei wichtig, dass der Erwerb der angebotenen ligabezogenen Rechte grundsätzlich allen interessierten Erwerbern offen stehen müsse; das werde durch ein transparentes und diskriminierungsfreies Vergabeverfahren gewährleistet. Weiter müsse eine Vielzahl von Rechtepaketen angeboten werden. Grundsätzlich müssten die Nachfrager verschiedener Verbreitungsarten und -wege Zugriffsmöglichkeiten auf die Rechte haben. Dabei müsse durch die Zentralvermarktung allerdings nicht sichergestellt werden, dass das Geschäftsmodell jedes Nachfragers in der von ihm präferierten Form bestmöglich bedient werde. Wichtig war dem BKartA, dass das Vermarktungsmodell zwei Szenarien für eine zeitnahe Highlight-Berichterstattung im Free-TV vorsah.

115 Dagegen lässt sich einwenden, dass es kartellrechtlich nicht unbedingt als entscheidend erscheint, den Verbraucher kostenlos einen zeitnahen Konsum von Zusammenfassungen im Free-TV zu ermöglichen, weil gerade durch solche kostenlose Leistungen das Entstehen von Märkten mit entgeltlichen Leistungen behindert wird; nicht umsonst erscheint es nach wie vor als schwerer im Vergleich zu anderen EU-Mitgliedsstaaten, in Deutschland einen nennenswerten Pay-TV-Markt zu erschließen. Insoweit erschiene es als angemessener, nur eine zeitnahe Berichterstattungsmöglichkeit für andere Bezahlangebote zu eröffnen. Unbefriedigend ist auch, dass das BKartA offensichtlich einen strengeren Standpunkt einnimmt als die Europäische Kommission und die britische KartB in vergleichbaren Sachverhalten.[453]

116 **Vermeidung einer Marktabschottungswirkung.** Genauso wie im Bereich der größeren urheberrechtlichen Rechtepakete[454] begegnete auch der Erwerb von größeren ausschließlichen **Sportrechtepaketen** kartellrechtlichen Einwänden von Gerichten und Behörden, wenn er zu einer **Marktschließung für konkurrierende Lizenznehmer** führt. Der Bundesgerichtshof hat ein Vorrecht der öffentlich-rechtlichen Rundfunkanstalten auf

---

[447] In der FA Premier League dürfen nicht mehr als 5 Pakete an den gleichen Käufer gehen; die DFL musste sich dagegen nicht dazu verpflichten, einer Rechtekonzentration entgegenzuwirken.

[448] Europäische Kommission, Entsch. v. 23.7.2003, COMP/C.2–37.398, Rn. 158ff. – *UEFA Champions League* = WuW/E EU-V 889; Entsch. v. 19.1.2005, COMP/C.2–37.214, Rn. 33 – *Bundesliga.*

[449] Eingehend BKartA, Hintergrundpapier, Ziff. 6ff.

[450] BKartA, Beschluss v. 12.1.2012, Az. B 6 – 114/10.

[451] BKartA, Beschluss v. 12.1.2012, Az. B 6 – 114/10 Rn. 59ff.

[452] BKartA, Beschluss v. 12.1.2012, Az. B 6 – 114/10 Rn. 80ff.

[453] Offen eingestanden in BKartA TB 2005/2006, S. 54.

[454] Oben Rn. 84.

die Übertragung sämtlicher Sportereignisse innerhalb der dem deutschen Spitzenverband angeschlossenen Verbände für kartellrechtswidrig gehalten, weil mit einer solchen Vereinbarung eine weitgehende Abschottung des Marktes für die Programmbeschaffung einhergehe.[455] Gegenüber Fußballligen hat die Europäische Kommission unter Verweis auf das Kartellverbot des Art. 101 Abs. 1 AEUV durchgesetzt, dass die Vergabe der Rechtspakete **zeitlich begrenzt und segmentiert** wird, beispielsweise nach Fernseh- und Internetrechten getrennt.[456] Rechteeinräumungen von unter drei Jahren werden regelmäßig nicht beanstandet, über 5 Jahre hinausgehende Rechtseinräumungen werden hingegen kritisch bewertet.[457]

Zentraler Rechteinkauf, insbesondere der European Broadcasting Union. 117
Während in den Zentralvermarktungsfällen mehrere Anbieter ihre Übertragungsrechte gemeinsam an einzelne Nachfrager vergeben, vergibt beim zentralen Rechteeinkauf ein Anbieter – z.B. das Internationale Olympische Komitee (IOC) – die Rechte an einen Zusammenschluss von Nachfragern. Um einen solchen handelt es sich bei der EBU, die sich aus 72 überwiegend öffentlich-rechtlichen Rundfunkanstalten aus 52 Ländern in Europa, Nordafrika und Nahost zusammensetzt. Die Vergabepraxis an dieses Konsortium hat – überwiegend im Privat- und Bezahlfernsehen – kartellrechtliche Bedenken ausgelöst, führt dieses System der exklusiven Übertragungsrechte doch zu einer wettbewerbsrechtlichen Benachteiligung der nicht am Zusammenschluss beteiligten Fernsehsender.

Zentraler Bestandteil der EBU ist das Eurovisionensystem. Dabei geht es neben dem 118
gemeinsamen Erwerb von exklusiven Fernsehrechten an internationalen Sportgroßveranstaltungen im Wesentlichen um die gemeinsame Nutzung dieser Rechte sowie den Austausch von Sendesignalen unter den Mitgliedern. Die Europäische Kommission hat dieses System zwei Mal vom Kartellverbot des Art. 101 AEUV freigestellt.[458] Diese Entscheidungen wurden aber durch die europäischen Gerichte korrigiert.[459]

Die **Kommission**[460] vertrat in seinen **Freistellungsentscheidungen** die Auffassung, 119
dass der zentrale Rechteeinkauf einen legitimen Zweck verfolge und zahlreiche Vorteile mit sich brächte. Eine große Zahl von Zuschauern werde erreicht, da es in jedem Land Europas mindestens ein Mitglied der EBU gibt und die jeweiligen Sportereignisse im frei empfangbaren Fernsehen übertragen werden. Dieses entspräche auch der Politik der IOC, die Olympischen Spiele grundsätzlich für das frei empfangbare Fernsehen zu erhalten. Kleinere Rundfunkanstalten können durch den kostenlosen Austausch der Sendesignale an dem gemeinsamen Rechteerwerb partizipieren. Der Vertrieb von Rundfunkdienstleistungen werde verbessert und der technische und wirtschaftliche Fortschritt werde gefördert. Diese Erwägungen der Kommission werden von den Gerichten nicht beanstandet. Jedoch wird die Frage, ob es zu einer **Ausschaltung des Wettbewerbs** kommt, unterschiedlich beantwortet. Die Kommission ist der Ansicht, dass es zu keiner Ausschaltung des Wett-

---

[455] BGHZ 110, 371, 391 f. – *Sportübertragungen* = WuW/E BGH 2627 = NJW 1990, 2815 = JZ 1991, 520.

[456] So im Hinblick auf die UEFA Champions League, vgl. Europäische Kommission WuW/E EU-V 889, 890 – *UEFA Champions League*. Ferner im Hinblick auf die deutsche 1. und 2. Fußballbundesliga, vgl. Presseerklärung Europäische Kommission vom 19.1.2005 „EU-Kommission erklärt Zusagen des Ligaverbandes für die freiere Vermarktung der Bundesliga-Fernsehrechte für verbindlich" (IP/05/62), dazu auch der Wortlaut der Verpflichtungserklärung unter MEMO/05/16. Eingehend *Holznagel* K&R 2005, 385.

[457] *Frey* GRUR 2003, 931, 936, unter Verweis auf die Leitlinien der Europäischen Kommission für die Vertikal GVO.

[458] Europäische Kommission, Entsch. v. 11.6.1993, ABl. EG 1993 L 179/23 – *EBU;* Entsch. v. 10.5.2000, ABl. EG 2000 L 151/18 – *Eurovision.*

[459] EuG, Entsch. v. 11.7.1996, Slg. 1996, 649; Entsch. v. 8.10.2002, Slg. 2002, 3805 – *Metropole u. a.;* EuGH v. 27.9.2004, C-470/02 P, nicht in der amtlichen Sammlung.

[460] Europäische Kommission, Entsch. v. 10.5.2000, ABl. EG 2000 L 151/18, Rn. 84 ff.

bewerbs komme, da die EBU durch Sublizenzregelungen auch Nicht-Mitgliedern einen ausreichenden Zugang gewähre.[461] Eine gegenteilige Auffassung vertritt das **EuG,** weil entgegen den Unterlizenzregeln faktisch so gut wie keine praktikable Erwerbsmöglichkeit für die Nichtmitglieder bestünde.[462] – Infolge der Aufhebung der Freistellungsentscheidung hat die EBU ihre Unterlizenzregelungen abgeändert[463] und Mindestbedingungen aufgestellt, die insbesondere vorsehen, dass die Exklusivität auch nur soweit anerkannt wird, als die erworbenen Rechte auch tatsächlich genutzt werden. Direktübertragungen der Olympischen Spiele bleiben nun auch für Nicht-EBU-Mitglieder möglich, aber nur auf weniger populäre Sportarten bezogen und zeitlich beschränkt.

120 Im Gegensatz zur Zentralvermarktung existiert für das Modell des gemeinsamen Rechteeinkaufs durch die EBU **noch kein ausgereifter kartellrechtlicher Rahmen.** Da es sich bei diesem Modell aber auch um ein System der exklusiven Rechtevergabe handelt, lassen sich einige Erwägungen aus der Kommissionspraxis zur Zentralvermarktung übertragen.[464] So erscheint es als sachgerecht, dass ein offenes, und transparentes Verfahren vorgeschrieben wird, nach dem jedes interessiertes Fernsehunternehmen die Möglichkeit erhält, bei Einhaltung bestimmter, objektiver Kriterien Übertragungsrechte an den Olympischen Spielen zu bekommen. Neben dem Qualitätskriterium wäre dabei vor allem auch an die finanzielle Lukrativität des Angebots zu denken.[465] Für den Fall, dass ein Nicht-EBU-Mitglied das nach dem Kriterienkatalog beste Angebot abgibt, muss diesem der Markt geöffnet werden. Auch ein anderer wesentlicher Aspekt der Zentralvermarktung, die Entbündelung der Rechte, ließe sich übernehmen: Beispielsweise könnten die Winter- und Sommerspiele aufgeteilt werden. Oder es könnten einzelne Pakete für bestimmte Wettkämpfe festgelegt werden. Dadurch würde die Chance vergrößert werden, dass auch andere Bewerber den Zuschlag erhalten. Zusammen mit den strengeren Sublizenzauflagen der EBU könnten durch diese Maßnahmen die Märkte offen gehalten und dadurch die wettbewerbsrechtlichen Bedenken beiseite geschoben werden.

IV. Missbrauch von Marktmacht und Immaterialgüterrechte (Art. 102 AEUV, §§ 19, 20 GWB)

121 Die Ausschlusswirkung von Immaterialgüterrechten kann zu einem Spannungsverhältnis mit dem in Art. 102 AEUV, §§ 19, 20 GWB verankerten Verbot des Missbrauchs von Marktmacht führen. Es gilt wiederum: Schutzrechte sind kein umzäunten Naturschutzpark, der vor dem Kartellrecht schützt. Daher kann die Ausübung von Schutzrechten einen (verbotenen) Missbrauch einer marktbeherrschenden oder marktstarken Stellung darstellen. Gleichwohl verbietet sich auch hier eine generalisierende Betrachtung: Weder begründen Schutzrechte stets eine marktbeherrschende oder marktstarke Stellung, noch stellt der durch die Schutzrechtsausübung bewirkte Ausschluss Dritter (Wettbewerber oder Abnehmer) immer einen Missbrauch einer ansonsten gegebenen marktmächtigen Stellung dar. Es bedarf somit einer Einzelfallbetrachtung, bei der letztlich die Beurteilung, ob tatsächlich ein Missbrauch einer ansonsten gegebenen marktmächtigen Stellung vorliegt, anhand der konkreten Umstände des Einzelfalls im Rahmen einer Interessenabwägung festzustellen ist.[466]

---

[461] Europäische Kommission, Entsch. v. 10.5.2000, ABl. EG 2000 L 151/18, Rn. 102f.; *Fikentscher* sieht aufgrund des öffentlich-rechtlichen Fernsehauftrags schon keine Wettbewerbsbeeinträchtigung (ZEuP 2006, 388, 390ff.).

[462] EuG v. 8.10.2002, Slg. 2002, 3805, Rn. 71ff.; so auch *Enßlin,* ZEuP 2006, 380ff.

[463] Aktueller Stand der Sublizensierungsregelungen abrufbar unter www.ebu.ch.

[464] Vgl. dazu sehr instruktiv und ausführlich: *Heinemann,* ZEuP 2006, 337, 360ff.

[465] Beispielsweise hatte die News Corp. für die Olympischen Spiele 2008 mehr als die EBU geboten, erhielt aber trotzdem keinen Zuschlag.

[466] Siehe zum Spannungsverhältnis des Immaterialgüterrechts zum Kartellrecht oben Rn. 9ff.

1. Unternehmenseigenschaft

Die Anwendung des Art. 102 AEUV und der §§ 19, 20 GWB setzt zunächst die Unternehmenseigenschaft des Missbrauchenden voraus. Hier gelten keine immaterialgüterrechtlichen Besonderheiten.[467] Insbesondere privates oder hoheitliches[468] Handeln können nicht unter die Missbrauchsverbote fallen. 122

2. Marktbeherrschung (Art. 102 AEUV, §§ 18, 19 GWB)

Ein verbotener Missbrauch von Marktmacht erfordert im europäischen Recht (Art. 102 AEUV) und im deutschen Recht (§ 19 GWB) außerdem das Vorliegen einer marktbeherrschenden Stellung. Im deutschen Recht findet sich – anders als in Art. 102 AEUV – in **§ 18 GWB eine ausführliche Legaldefinition der Marktbeherrschung.** Auf sie kann im Regelfall auch für Art. 102 AEUV zurückgegriffen werden, weil grundsätzlich europäisches und deutsches Recht bei der Feststellung von Marktbeherrschung nicht voneinander abweichen.[469] Üblicherweise erfolgt die **Feststellung von Marktbeherrschung in zwei Schritten:** Zuerst muss **der relevante Markt** vor allem in sachlicher und räumlicher Hinsicht **abgegrenzt** werden. Der räumliche Markt kann dabei größer als die Bundesrepublik sein (§ 18 Ab. 2 GWB). Dann wird **für den relevanten Markt** geprüft, ob auf ihm **eine marktbeherrschende Stellung** besteht. § 18 GWB kennt hier drei verschiedene Stufen: Monopol (§ 18 Abs. 1 Nr. 1 GWB), der Marktbeherrscher ist keinem wesentlichen Wettbewerb ausgesetzt (§ 18 Abs. 1 Nr. 2 GWB) oder verfügt über eine im Verhältnis zu den Wettbewerbern überragende Marktstellung (§ 18 Abs. 1 Nr. 3 GWB). Zur Konkretisierung der Prüfung der Marktstellung eines Unternehmens im Verhältnis zu seinen Wettbewerbern enthält § 18 Abs. 3 GWB verschiedene Prüfkriterien. Der Marktanteil ist dabei das wichtigste Kriterium. Gleichlautend mit der Praxis zum EU-Recht wird ab 40% Marktanteil das Vorliegen von Marktbeherrschung vermutet. § 18 Abs. 5 bis 7 GWB enthalten Sonderregeln für die gemeinsame Marktbeherrschung durch mehrere Unternehmen (Oligopolmarktbeherrschung). 123

Für **Sachverhalte mit Bezug zu Immaterialgüterrechten** sollten **keine Besonderheiten bei der Feststellung von Marktbeherrschung** gelten. Vielmehr erfolgt die Feststellung nach den allgemeinen Regeln.[470] Dennoch haben sich speziell für Immaterialgüterrechte einige interessante Fallgestaltungen herausgebildet. 124

Für die **Marktabgrenzung** im Bereich der Immaterialgüterrechte sind **in sachlicher Hinsicht** zwei Märkte zu berücksichtigen. Zum einen ist der betroffene **Produkt- oder Dienstleistungsmarkt** relevant. Dieser bestimmt sich nach dem herrschenden Bedarfsmarktkonzept und somit nach der Nachfragesubstituierbarkeit der Produkte oder Leistungen, d.h. danach, ob die Produkte aus Abnehmersicht marktgleich austauschbar sind.[471] Daneben ist zudem die Angebotssubstituierbarkeit zu untersuchen. Hierfür ist mit Blick auf die Wettbewerber zu fragen, ob diese in der Lage wären, als Reaktion auf kleine dauerhafte Preissenkungen ihr Angebot auf die relevanten Produkte umzustellen, sog. Produktumstellungsflexibilität.[472] Zum anderen wird gerade in den Fällen, in denen für den Marktzutritt die Lizenzierung unerlässlich ist, auch der dem Produktmarkt **vorgelagerte Markt der Vergabe von Rechten** relevant.[473] 125

---

[467] Dazu oben Rn. 75ff. (Urheberrechte und Leistungsschutzrechte) und allgemein Art. 101 Abs. 1 Rn. 130ff.

[468] Siehe EuGH GRUR 2013, 191 Tz. 35ff. – *Compass-Datenbank GmbH/Österreich.*

[469] Siehe die Kommentierung zu § 18 GWB.

[470] Siehe deshalb zunächst die Kommentierung zu Art. 102 AEUV und zu § 18 GWB.

[471] Vgl. BGH WuW/E 2150, 2153 – *Edelstahlbestecke.*

[472] Vgl. *Körber* in: Immenga/Mestmäcker, EU-WettbR, Art. 2 FKVO Rn. 23f.

[473] BGH GRUR 2004, 966, 967 – *Standard-Spundfass* für das Patentrecht; dem folgend *Heinemann* ZWeR 2005, 198, 202; *Spindler/Apel* JZ 2005, 133; zurückhaltend im Hinblick auf die Annahme von zwei getrennten Märkten *Casper* ZHR 166 (2002), 685, 703.

126 **Unterschiedliche Nutzungsarten** der Immaterialgüterrechte bilden hier jedenfalls insofern getrennte Märkte, als dass aus Nachfragersicht keine Austauschbarkeit gegeben ist.[474] Beispielsweise sind die Nutzung von Rechten für die TV-Kabelweitersendung einerseits und für Materialien für elektronische TV-Programmführer andererseits getrennte Märkte.[475] Bei der Rechteauswertung im Buchbereich bilden Hardcover, Paperback und Taschenbuchausgabe jeweils einen eigenen sachlichen Markt.[476] Nichts anderes gilt auch, wenn ein Patent für unterschiedliche Verwendungen – z. B. innerhalb und außerhalb des medizinischen Bereichs – lizensiert wird.

127 Eine andere **Frage** ist, **ob jede immaterialgüterrechtlich geschützte Leistung einen eigenen sachlichen Markt bildet.** Dies würde dann regelmäßig zu einer marktbeherrschenden Stellung führen. Das kann nur angenommen werden, wenn eine geschützte Leistung aus Nachfragersicht nicht mit anderen Leistungen austauschbar sind. Häufiger werden jedoch die Fälle sein, in denen die Schutzrechtsinhaberschaft allein dem Schutzrechtsinhaber noch nicht die Möglichkeit gibt, sich gegenüber Wettbewerbern und Nachfragern weitgehend autonom zu verhalten, sondern dieser erst in Verbindung mit anderen Leistungsmerkmalen, wie etwa Finanzkraft, Forschungs- und Entwicklungskapazität und Vertriebsorganisation, eine Marktposition erreicht, die – ablesbar am Marktanteil und den sonstigen Marktbedingungen – eine marktbeherrschende Stellung begründet. Im Ergebnis enthebt selbst die Existenz eines bedeutsamen Schutzrechts den Rechtsanwender nicht von der Verpflichtung, bei der Feststellung einer marktbeherrschenden Stellung sämtliche relevanten Marktbedingungen in ihren Wirkungen im Einzelnen zu würdigen, um eine ausreichend fundierte Feststellung hinsichtlich der Fähigkeit des Schutzrechtsinhabers, sich weitgehend unabhängig von Wettbewerbern und Nachfragern im betroffenen Markt zu verhalten, treffen zu können. Die Bedeutung eines Schutzrechts hängt somit vom Markt ab und nicht von der Existenz des Schutzrechts als solcher.[477]

128 Im Bereich der **patentgeschützten Technologie** ist eine Verengung des sachlichen Marktes auf das Patent und damit die Vermittlung von Marktbeherrschung durch das Patent dann denkbar, wenn keine andere marktgleiche Technologie vorhanden ist. Einen eigenen Markt bildet eine patentierte Schlüsseltechnologie, z. B. wenn die chemische Industrie in Deutschland nur einem bestimmten Patent entsprechende Produkte abnimmt, weil das Patent insoweit zu einer Industrienorm geworden ist.[478] Das Phänomen der patentierten Schlüsseltechnologie findet sich verbreitet auch bei **Patentpools** und dort den **Standard essentiellen Patenten (SEPs).**[479]

129 Bei **Designs**[480] und urheberrechtlich geschützter angewandter Kunst[481] kommt ein separater Markt je Schutzrecht und damit eine Marktbeherrschung des Schutzrechtsinhabers für „must-match"-Fälle in Betracht, in denen Konkurrenten zum Nachbau von Ersatzteilen auf eine Lizenz angewiesen sind.

130 Im **Marken- und sonstigen Kennzeichenbereich** sollte ein eigener Markt je Kennzeichen im Regelfall ausscheiden, weil Kennzeichen im Regelfall aus Sicht der Nachfrager austauschbar sind.

---

[474] LG Köln ZUM-RD 2010, 283, 294; siehe auch BGH GRUR 2012, 1062 Tz. 32 – *Elektronischer Programmführer.*

[475] LG Köln ZUM-RD 2010, 283, 294.

[476] BKartA, Az. B6 7/03 vom 24. November 2003, S. 17 f., abrufbar unter www.bundeskartellamt.de.

[477] *Ullrich* GRUR Int. 1996, 555 (566) m. w. N.

[478] BGH GRUR 2004, 966, 968 – *Standard-Spundfass.*

[479] Dazu ausführlich die Kommentierung zu Art. 102 AEUV Rn. 267 ff.

[480] EuGH v. 5.10.1988 C-238/87 – *Volvo/Veng* = Slg. 1988, 6211, 6235 = GRUR Int. 1990, 141; EuGH v. 5.10.1988 C-53/87 – *CICRA u. a./Renault* = Slg. 1988, 6039 = GRUR Int. 1990, 140.

[481] Allerdings sind die Anforderungen an die urheberrechtliche Schutzfähigkeit hoch (vgl. *A. Nordemann,* in Fromm/Nordemann, Urheberrecht, § 2 UrhG Rn. 137 ff.), so dass die Fälle regelmäßig nur im Designrecht spielen.

Für **Urheber- und Leistungsschutzrechte** muss unterschieden werden:[482] Einerseits besteht im **Bereich der reinen (klassischen) künstlerischen Werke** ohne über die künstlerische Ästhetik hinausgehenden Gebrauchszweck zwar aus Abnehmersicht nur eine begrenzte Austauschbarkeit der Werke. Jedoch ist die kulturelle Vielfalt in diesem Bereich regelmäßig so groß, dass genügend alternative Werke zur Verfügung stehen, so dass eine Austauschbarkeit aus Nachfragersicht gegeben ist. Auch aus Verwertersicht besteht Austauschbarkeit zwischen den einzelnen Werken, weil sie kein vollständiges Programm anbieten müssen. Ihre Kunden akzeptieren sogar, dass sie nicht sämtliche Werke eines Autors vertreten. Dementsprechend hat auch das BKartA den Markt sachlich nicht nach einzelnen verlegten Werken abgegrenzt.[483] Im Filmbereich besteht nicht für jeden konkreten Film jeweils ein sachlicher Markt, sondern vielmehr ein sachlicher Markt etwa für den Verleih von Filmen an Lichtspieltheatern, die keine Programmkinos sind, aus neuen, erstmalig in die Filmtheater kommenden Filmen.[484] Im Musikbereich sind Titel der Popmusik grundsätzlich austauschbar, so dass für sie ein eigener sachlicher Markt besteht.[485] Aufgrund der großen kulturellen Vielfalt kann bei einer nicht auf das konkrete einzelne Werk bezogenen Marktabgrenzung aber grundsätzlich im Bereich der klassischen künstlerischen Werke keine marktbeherrschende oder eine marktstarke Stellung des Rechtsinhabers vorliegen. 131

Im Hinblick auf **nach dem UrhG geschützte Leistungen mit Gebrauchszweck** kann es anders liegen, wenn das Werk die Funktion der sogenannten „sole source" oder „single source" einnimmt.[486] Insoweit können private Normwerke (Schriftwerke gemäß § 2 UrhG) zu einem Schlüssel für den Marktzutritt werden und eine faktische Monopolstellung des Urhebers begründen. Deshalb gewährt auch § 5 Abs. 3 UrhG einen Anspruch auf Lizenzierung gegen den Urheber, um einen Preismissbrauch zu verhindern.[487] Auch ist ein Unternehmen marktbeherrschend, das über eine urheberrechtlich geschützte Bausteinstruktur (z.B. als Datenbank gemäß §§ 87a ff. UrhG) verfügt, die für die Präsentation von Daten über den regionalen Absatz von Arzneimitteln unverzichtbar ist.[488] Ein eigener Markt kann auch durch wissenschaftliche Informationen – z.B. in wissenschaftlichen Zeitschriftenaufsätzen – gebildet werden, wenn diese nur an einer Stelle veröffentlicht werden und damit eine nicht substituierbare Informationseinheit bilden.[489] Marktbeherrschung kann darüber hinaus auch auf dem vorgelagerten Lizenzierungsmarkt vermittelt werden, etwa durch urheberrechtlich geschützte TV-Programminformationen, vorausgesetzt diese sind für die Erstellung einer Programmzeitschrift unverzichtbar.[490] Auch im Softwarebereich können marktbeherrschende Stellungen entstehen, z.B. auf dem Markt für Operating 132

[482] Eingehend *J.B. Nordemann* in Fromm/Nordemann, Urheberrecht, Vor §§ 31 ff. UrhG Rn. 269 ff.; *Buhrow/J.B. Nordemann* GRUR Int. 2005, 407, 413; insoweit auch BVerfG GRUR 2001, 149, 152 f. – *Germania 3,* das zwischen „künstlerischen Werken" und „sonstigen Sprachwerken" unterscheidet.

[483] BKartA, Az. B6 7/03 vom 24. November 2003, S. 17 f., abrufbar unter www.bundeskartellamt.de: Der sachliche Markt umfasst alle Bücher der allgemeinen Unterhaltungs- und Informationslektüre. Allerdings bilden Kinder- und Jugendbücher sowie fremdsprachige Bücher einen eigenen Markt. Weiter wird unterschieden zwischen Hardcover, Paperback und Taschenbuchausgabe; siehe auch KG WuW/E OLG 2825, 2832.

[484] OLG München GRUR-RR 2003, 225, 225 – *Filmverleiher.*

[485] *Hilty* GRUR 2009, 633, 634.

[486] *Hilty* GRUR 2009, 633, 634, 639; *Heinemann* ZWeR 2005, 198, 202; *Buhrow/J.B. Nordemann* GRUR Int. 2005, 407, 413; weitere Beispiele bei *Rauda* GRUR 2007, 1022, 1023 ff., der allerdings bedenklicherweise § 24 PatG analog im Urheberrecht anwenden will, vgl. Rn. 264.

[487] Begr RegE UrhG Infoges – BT-Drucks. 15/837, S. 33; *Loewenheim,* FS Nordemann II, 2004, S. 54.

[488] EuGH GRUR 2004, 524, 524 – *IMS/Health.*

[489] *Hilty* GRUR 2009, 633, 639; *Peifer* GRUR 2009, 22, 28.

[490] EuGH GRUR 1995, 490, 493 – *Magill;* BGH GRUR 2012, 1062 Tz. 32 – *Elektronischer Programmführer.*

Systems für Work Group Server.[491] Um Monopolstellungen vorzubeugen und Wettbewerbsfreiheit für konkurrierende funktionsäquivalente Programme und auf Nebenmärkten für Ergänzungsprogramme zu fördern, erlaubt § 69e UrhG das Dekompilieren von Computerprogrammen ohne jede Zwangslizenz und ohne Vergütung.[492]

133 Scheidet eine Marktabgrenzung beschränkt auf ein bestimmtes geschütztes Werk oder eine Leistung im Sinne des UrhG aus, muss die **Einzel-Marktbeherrschung** im Einzelfall festgestellt werden. Denkbar ist alternativ eine **kollektive Marktbeherrschung verschiedener Rechteinhaber,** zwischen denen kein wesentlicher Binnenwettbewerb herrscht.[493] Weiterhin können **urheberrechtliche Verwertungsgesellschaften,** die eine faktische Monopolstellung für ganze Werkkategorien oder für bestimmte Nutzungsarten aufweisen, eine marktbeherrschende Stellung innehaben.[494] Ähnliches ist nach deutschem Recht für quasi-monopolistische Verwertungsgesellschaften wie z.B. die GEMA anzunehmen, und zwar nicht nur bei der Rechtevergabe, sondern auch im Verhältnis zu den Urhebern für den Abschluss von Berechtigungsverträgen.[495]

3. Marktstärke (§ 20 GWB)

134 Im deutschen Recht ist zusätzlich auch noch der Missbrauch einer bloß marktstarken Stellung verboten (§ 20 GWB). Für die Feststellung von Marktstärke (§ 20 Abs. 1 GWB) gelten keine immaterialgüterrechtlichen Besonderheiten. Zu beachten ist allerdings, dass sich nur kleine und mittlere Unternehmen auf das Verbot berufen können.[496]

4. Missbrauch der marktbeherrschenden oder marktstarken Stellung

135 Die Erlangung einer marktbeherrschenden Stellung ist – soweit sie autonom erreicht wird – als solche von den Wettbewerbsregeln des europäischen Kartellrechts hinzunehmen. Infolgedessen kann die Erlangung eines Schutzrechts und eine damit verbundene Marktmacht noch keinen Missbrauch einer marktbeherrschenden oder marktstarken Stellung im Sinne von Art. 102 AEUV, §§ 19, 20 GWB darstellen, selbst wenn dieses Schutzrecht eine außerordentliche Ausschlusswirkung haben sollte.[497] Nicht angetastet wird also der Bestand der Immaterialgüterrechte. Auch die Ausübung[498] solcher Schutzrechte ist für sich genommen nicht missbräuchlich. Sowohl das europäische als auch das deutsches Kartellrecht erkennen die Ausschließlichkeitswirkungen von Immaterialgüterrechten grundsätzlich an. Die Ausübung des ausschließlichen Rechts durch den Inhaber kann nur unter „außergewöhnlichen Umständen" ein missbräuchliches Verhalten darstellen.[499] Unabhängig von den in Art. 102 Satz 2 lit. a) bis d) AEUV, §§ 19 Abs. 2, 20 Abs. 2 bis 3 GWB aufgeführten Fallgruppen lassen sich die einschlägigen Missbrauchskonstellationen in die Hauptfallgruppen Ausbeutungs- und Behinderungsmissbrauch unterteilen.

---

[491] EuG WuW/E EU-R 1307 – *Microsoft/Kommission;* EU-Kommission WuW/E EU-V 931, 933 – *Microsoft.*

[492] *Pilny* GRUR Int. 1995, 954; *Loewenheim/Lehmann* § 76 Rn. 21 f.; *Dreier* in: Dreier/Schulze § 69e UrhG Rn. 1; s. a. Art. 6 Computerprogramm-RL.

[493] Vgl. § 19 Abs. 2 Satz 2 GWB.

[494] EuGH GRUR 2009, 421 Tz. 17 ff. – *Kanal 5/STIM,* für die schwedische STIM, die in Schweden über ein faktisches Monopol für die Vergabe von Rechten an musikalischen Werken zur Fernsehsendung verfügt; ferner EuGH GRUR 2014, 473 Tz. 86 – *OSA,* für eine tschechische Verwertungsgesellschaft mit Monopol für die Lizensierung bestimmter Nutzungsarten für Tschechien.

[495] KG GRUR-RR 2010, 320, 324 – *GEMA-Verteilungsplan.*

[496] Siehe im Einzelnen die separate Kommentierung zu § 20 GWB.

[497] EuGH GRUR 2004, 524 – *IMS/Health;* EuGH v. 5.10.1988 C-238/87 – *Volvo/Veng* = Slg. 1988, 6211, 6235 = GRUR Int. 1990, 141; EuGH v. 5.10.1988 C-53/87 – *CICRA u. a./Renault* = Slg. 1988, 6039 = GRUR Int. 1990, 140.

[498] Siehe zur Unterscheidung zwischen Bestand und Ausübung von Schutzrechten oben Rn. 11.

[499] EuGH GRUR 2004, 524, 526 – *IMS/Health;* EuGH GRUR Int. 1990, 141 – *Volvo/Veng;* EuGH GRUR Int. 1995, 490 – *Magill.*

a) Ausbeutungsmissbrauch. Grundsätzlich akzeptiert das Kartellrecht als Ausfluss eines Ausschließlichkeitsrechts **nur „angemessene" Vergütungen**[500] und kontrolliert damit die Gewinnmaximierungsmöglichkeit des Schutzrechtsinhabers.[501] Dennoch bleibt es eine Herausforderung für die Kartellrechtspraxis, angemessene von missbräuchlichen Vergütungen zu unterscheiden.[502] Insoweit gilt nichts anderes als für die Fallpraxis zur preislichen Ausbeutung außerhalb der Immaterialgüterrechte. **136**

Bereits in der in den Sechziger Jahren ergangenen Entscheidung *Parke Davis/Proebel*[503] hat der EuGH den Grundsatz aufgestellt, dass ein **Missbrauch** einer marktbeherrschenden Stellung im Sinne von Art. 102 AEUV **nicht schon deshalb** vorliegt, **weil der Verkaufspreis des patentierten Erzeugnisses höher ist** als der des aus einem anderen Mitgliedstaat stammenden, nicht patentgeschützten Erzeugnisses. Zusammen mit der Bestätigung dieses Grundsatzes hat der Gerichtshof jedoch wiederholt[504] die Aussage getroffen, dass ein **höherer Preis** für geschützte Erzeugnisse **ein entscheidendes Indiz** für die Annahme eines Missbrauchs einer marktbeherrschenden Stellung sein kann, wenn er besonders hoch und sachlich nicht gerechtfertigt ist. Konkret ergab sich für den EuGH in den entschiedenen Fällen daraus jedoch keine weitere Konsequenz.[505] Insbesondere ist bis heute unklar geblieben, wie weit diese Indizwirkung reichen soll und nach welchen Maßstäben eine Rechtfertigung des höheren Preises anzunehmen ist.[506] Darüber hinaus hat sich der Gerichtshof an anderer Stelle dafür ausgesprochen, dass der Inhaber eines Schutzrechtes berechtigterweise einen **Ausgleich für die Kosten** beanspruchen kann, die ihm aus Anlass der **Entwicklung des Schutzgegenstandes** entstanden sind.[507] Dahinter steckt offenbar die auch von der deutschen Rechtsprechung[508] durchaus anerkannte Überlegung, dem Schutzrechtsinhaber mittels einer entsprechenden Preisgestaltung einen (als angemessen empfundenen) **Lohn für den von ihm herbeigeführten erfinderischen Fortschritt** zuzubilligen. Da ein auf dieser Grundüberlegung wettbewerblich akzeptierter „Aufschlag" für den Erfinderlohn einerseits durch drastische Zuschläge in kürzerer Zeit oder andererseits über kleinere Zuschläge über einen längeren Zeitraum realisiert werden kann, besteht für den marktbeherrschenden Schutzrechtsinhaber naturgemäß ein recht großer Spielraum, der nur schwer durch Kartellbehörden und Gerichte in Hinblick auf eine missbräuchliche Überhöhung des Preises überprüft werden kann.[509] Ein Anwendungsfall des Ausbeutungsmissbrauchs können **Patentpools und standardessentielle Patente (SEPs)** sein, wenn sie missbräuchlich überhöhte Lizenzgebühren bedingen.[510] **137**

Einfacher zu identifizieren sind Ausbeutungsmissbräuche, wenn hinreichende sachliche oder räumliche Vergleichsmärkte bestehen. Das gilt insbesondere bei **unterschiedlicher Preisgestaltung zwischen verschiedenen Mitgliedsstaaten,** in denen Schutz besteht. **138**

---

500 EuGH GRUR 2012, 904 Tz. 63 – *UsedSoft/Oracle;* EuGH GRUR 2012, 156 Tz. 107 – *Football Association Premier League Ltd. und Murphy;* EuGH NJW 1994, 375, 376 – *Phil Collins.*

501 *Ullrich* GRUR Int. 1996, 555, 567; *Jestaedt* in Langen/Bunte, Nach Art. 101 AEUV Rn. 1236.

502 Dazu allgemein: *Hilty* GRUR 2009, 633, 639 ff.; *Weck* NJOZ 2009, 1177, 1182 f.; *Peifer* GRUR 2009, 22, 28.

503 EuGH v. 29.2.1968 C-24/67 – *Parke, Davis/Proebel* = Slg. 1968, 85, 113.

504 EuGH v. 29.2.1968 C-24/67 – *Parke, Davis/Proebel* = Slg. 1968, 85; EuGH v. 5.10.1988 C-53/87 – *CICRA u. a./Renault* = Slg. 1988, 6039 = GRUR Int. 1990, 140; EuGH v. 5.10.1988 C-238/87 – *Volvo/Veng* = Slg. 1988, 6211, 6235 = GRUR Int. 1990, 141.

505 EuGH v. 5.10.1988 C-53/87 – *CICRA u. a./Renault* = Slg. 1988, 6039 = GRUR Int. 1990, 140.

506 EuGH v. 5.10.1988 C-238/87 – *Volvo/Veng* = Slg. 1988, 6211, 6235 = GRUR Int. 1990, 141.

507 EuGH v. 5.10.1988 C-53/87 – *CICRA u. a./Renault* = Slg. 1988, 6039 = GRUR Int. 1990, 140.

508 BGHZ 68, 23, 34.

509 Siehe zum Behinderungsmissbrauch in Hinblick auf die Geltendmachung von Schutzrechten *Ullrich/Heinemann* in: Immenga/Mestmäcker, EU-WettbR, VII. Abschnitt, B, Rn. 53 ff.

510 Dazu die Kommentierung zu Art. 102 AEUV Rn. 267 ff.

Erzwingt eine marktbeherrschende Verwertungsgesellschaft für die von ihr eingeräumten Rechte Preise, die nach einem auf einheitlicher Grundlage vorgenommenen Vergleich erheblich höher sind als die in den übrigen Mitgliedstaaten angewandten Tarife, so ist diese Differenz als **Anzeichen für einen Missbrauch** der beherrschenden Stellung im Sinne von Art. 102 AEUV anzusehen. In diesem Fall obliegt es der betreffenden Verwertungsgesellschaft, die Differenz unter Hinweis auf etwaige objektive Unterschiede zwischen den Verhältnissen in dem in Rede stehenden Mitgliedstaat und denen in allen übrigen Mitgliedstaaten zu rechtfertigen.[511] Diese Rechtsprechung sollte auch auf andere Schutzrechte übertragbar sein.

139 **b) Behinderungsmissbrauch.** Dass der Behinderungsmissbrauch im Zusammenhang mit Schutzrechten und ihrer Ausübung die in der Praxis häufigste Fallgruppe darstellt, dürfte angesichts der Ausschlusswirkung von Schutzrechten gegenüber Dritten nicht überraschen. Im Mittelpunkt stehen hierbei sämtliche Versuche des Marktbeherrschers, durch die mit Schutzrechten verbundene Ausschlusswirkung Substitutionskonkurrenz gar nicht erst aufkommen zu lassen oder dieser ihre wettbewerblichen Bemühungen zu erschweren. Hierher gehören sämtliche Fallkonstellationen, in denen der marktbeherrschende Schutzrechtsinhaber sich weigert, Dritten **Zugang zu dem Schutzgegenstand** zu geben, mit der Folge, dass diese daran gehindert sind, auf einem nachgelagerten Markt Produkte anbieten zu können, die mit denen des Marktbeherrschers konkurrieren.

140 Vor allem die Fälle aus dem Anwendungsbereich der sog. **Essential-Facilities-Doctrine** gehören zu dieser Fallgruppe. Sie ist in Art. 102 AEUV nicht explizit geregelt. Auch im deutschen Recht fehlt eine spezielle Regelung, so dass auf die Generalklausel des § 19 Abs. 2 Nr. 1 GWB zurückgegriffen werden muss. Die spezielle Regelung in § 19 Abs. 2 Nr. 4 GWB ist nach zutreffender herrschender Auffassung nicht auf die Lizensierung von Immaterialgüterrechten anwendbar.[512] Die Essential-Facilities-Doctrine findet Anwendung, wenn Immaterialgüterrechte eines marktbeherrschenden Unternehmens für eine Tätigkeit auf dem abgeleiteten Markt zwingend erforderlich sind. Das steht allerdings in einem Spannungsverhältnis zur ausschließlichen Wirkung von Immaterialgüterrechten. Die Ausschließlichkeit der Schutzrechte gehört zu den Vorrechten des Inhabers eines Immaterialgüterrechts, so dass **die Verweigerung einer Lizenz als solche keinen Missbrauch einer beherrschenden Stellung darstellt,** selbst wenn sie von einem Unternehmen in beherrschender Stellung ausgehen sollte.[513] Deshalb umfasst die Ausschließungsbefugnis auch das Recht, nicht jedem Interessenten, sondern nur einzelnen Bewerbern – anstelle oder neben der Eigennutzung durch den Rechteinhaber – eine Lizenz zur Nutzung des Schutzrechtes zu erteilen.[514] Jedoch kann **im Einzelfall** ein **Missbrauch** vorliegen, so dass sich dann insbesondere ein Anspruch auf Einräumung einer (Zwangs-) Lizenz ergeben. EuGH, EuG und BGH haben dazu eine durchaus umfassende Fallpraxis entwickelt.

141 Diese Fallpraxis bezieht sich zunächst auf Fälle, in denen ein marktbeherrschender Immaterialgüterrechtsinhaber den **Zugang zu einem Markt vollständig blockiert.** In ***Magill*** entschied die EuGH, dass ein **Missbrauch** einer marktbeherrschenden Stellung wegen Zugangsverweigerung nach der Essential-Facilities-Doctrine dann vorliegt, wenn die folgenden **drei Voraussetzungen** erfüllt sind: **(1)** Die Weigerung muss ein Erzeugnis (Programminformation) betreffen, dessen Lizenzierung für die Ausübung der betreffenden Tätigkeit (Herausgabe einer Fernsehprogrammzeitschrift) unerlässlich ist, es also **ohne Lizenz unmöglich** ist, **dieses Produkt anzubieten. (2)** Damit muss **jeder Wettbewerb**

---

[511] EuGH GRUR 2014, 473 Tz. 87 – *OSA;* EuGH v. 13.7.1989, C-395/87 = Slg. 1989, 2521 Tz. 38 – *Tournier,* EuGH C-110/88, C-241/88 und C-242/88 = Slg. 1989, 2811 Tz. 25 – *Lucazeau u. a.*

[512] Siehe die Kommentierung zu § 19 GWB Rn. 87.

[513] EuGH GRUR 2004, 524, 526 – *IMS/Health;* ferner EuGH v. 5.10.1988 C-238/87 – *Volvo/Veng* = Slg. 1988, 6211, 6235 = GRUR Int. 1990, 141; EuGH GRUR Int. 1995, 490 – *Magill.*

[514] BGH GRUR 2004, 966, 968 – *Standard-Spundfass* für das Patentrecht.

auf diesem abgeleiteten Markt ausgeschlossen sein, obwohl dafür potentielle Nachfrage der Verbraucher bestand. **(3)** Die **Weigerung darf nicht sachlich gerechtfertigt** sein. Nach diesen Grundsätzen bestand im konkreten Fall eine Lizenzierungspflicht nach Art. 102 AEUV.[515] In Irland wurden Fernsehprogramme, die dort urheberrechtlich geschützt waren, allein durch die einzelnen Veranstalter und in den Tageszeitungen veröffentlicht. Als ein irischer Verlag *(Magill)* begann, eine Wochenzeitschrift mit Informationen über die zukünftigen Fernsehprogramme zu veröffentlichen, gingen die Fernsehveranstalter hiergegen aus ihrem nach irischem Recht bestehenden Urheberrecht vor. Die Verweigerung einer Lizensierung eröffnete den Fernsehveranstaltern die Möglichkeit, einen wirksamen Wettbewerb auf dem Markt für Fernsehwochenzeitschriften zu verhindern.[516] In zwei früheren Fällen ***Renault* und *Volvo*** hatte der **EuGH** zu Designrechten an Ersatzteilen, die der Inhaber nicht mehr herstellte, bereits klargestellt, dass ein Missbrauch denkbar sei. Richtigerweise kann ein **Missbrauch durch Einstellung der Produktion von Schutzrechtsgegenständen trotz fortbestehender Nachfrage** nur in Betracht kommen, wenn der marktbeherrschende Hersteller durch das ihm zustehende Schutzrecht Dritte daran hindert, die Produktion aufzunehmen oder diesen den Zugang zur Produktion durch Ausübung seines Schutzrechts unmöglich macht.[517] In derartigen Fällen kann beispielsweise das Interesse des Herstellers an der Erhaltung bestimmter Modellwechselzyklen dem Interesse von Reparaturwerkstätten entgegenstehen, für die von ihnen zu erbringende Reparaturdienstleistung ausreichend mit Ersatzteilen beliefert zu werden.[518]

In der späteren Entscheidung ***IMS/Health***[519] stellte der EuGH klar, dass ein Missbrauch **142**
einer marktbeherrschenden Stellung im Fall von Immaterialgüterrechten als "Essential Facility" nur dann vorliegen soll, wenn der **Schutzrechtsinhaber auf dem abgeleiteten Markt nicht tätig** ist, es sich also um **ein neues Produkt** handelt.[520] Im konkreten Fall musste deshalb eine Anwendung des Art. 102 AEUV scheitern. Der marktbeherrschende Anbieter einer Bausteinstruktur, die für die Präsentation von Daten über den regionalen Absatz von Arzneimitteln unverzichtbar war, war nämlich selbst auf dem abgeleiteten Markt tätig, so dass die Zwangslizenz einen direkten Wettbewerber produziert hätte. Bei der Zwangslizenzierung von Immaterialgüterrechten muss also beachtet werden, dass eine Lizenzierung von Konkurrenten grundsätzlich nicht verlangt werden kann. Den Grundsätzen des EuGH aus *IMS/Health* entspricht im Ergebnis auch die Handtuchspender-Entscheidung des BGH, in der dieser einen Missbrauch ablehnte.[521] Denn der Inhaber der Marke für die fest installierten Boxen für Papierhandtücher, der sich weigerte, anderen Papierhandtuchhersteller eine Lizenz zu erteilen, war auf dem abgeleiteten Markt (Papierhandtücher) direkter Konkurrent. **Anders entschied das EuG jedoch** im Fall ***Microsoft,*** in dem es trotz der vorerwähnten Rechtsprechung des EuGH **den Marktbeherrscher** *Microsoft* **verpflichtete,** unter anderem einem direkten **Konkurrenten eine Lizenz zu erteilen.**[522] Die Entscheidung des EuG steht in einem gewissen Spannungsverhältnis zu

---

515 EuGH GRUR Int. 1995, 490 – *Magill.*

516 Diese Begründung einer marktbeherrschenden Stellung mit der Möglichkeit des Missbrauchs erscheint dogmatisch unsauber und ist zu Recht kritisiert worden, vgl. *Ullrich* in: Immenga/Mestmäcker, EU-WettbR, GRUR B, Rn. 48.

517 *Ullrich* in: Immenga/Mestmäcker, EU-WettbR, GRUR B, Rn. 52.

518 Vgl. hierzu EuGH v. 5.10.1988 C-53/87 – *CICRA u. a./Renault* = Slg. 1988, 6039 = GRUR Int. 1990, 140; EuGH v. 5.10.1988 C-238/87 – *Volvo/Veng* = Slg. 1988, 6211, 6235 = GRUR Int. 1990, 141.

519 EuGH GRUR 2004, 524, 526 – *IMS/Health.*

520 *Ensthaler/Bock* GRUR 2009, 1, 3; *Weck* NJOZ 2009, 1177, 1179ff.; *Buhrow/J. B. Nordemann* GRUR Int. 2005, 407, 414; *Höppner* GRUR Int. 2005, 457, 462ff.

521 BGH GRUR 1987, 438, 440 – *Handtuchspender* zum Markenrecht.

522 EuG, WuW/E EU-R 1307, 1311ff., 1320 – *Microsoft/Kommission* m. Anm. *Körber* WuW 2007, 1209, 1213; vorgehend EU-Kommission WuW/E EU-V 931, 936ff. – *Microsoft;* siehe auch *Ensthaler/Bock* GRUR 2009, 1, 4f.

dem Grundsatz des EuGH aus *IMS/Health,* dass eine Lizenzierung an Konkurrenten grundsätzlich nicht verlangt werden kann.

143 Anders sind die Fälle zu betrachten, in denen der Marktbeherrscher grundsätzlich Lizenzen erteilt, also den Markt nicht vollständig versperrt. Insoweit besteht ein **Verbot widersprüchlichen Verhaltens.** Sein Verhalten darf sich daher **nicht** auf **Willkür oder Überlegungen und Absichten** begründen, **die wirtschaftlich oder unternehmerisch vernünftigem Handeln fremd** sind.[523] Im Fall der **BGH-Entscheidung *Standard-Spundfass*** hatte der beherrschende Patentinhaber **Freilizenzen an dritte Konkurrenten** erteilt. Die Lizenzierung einer deutschen Tochtergesellschaft eines italienischen Konkurrenten verweigerte er jedoch. Der BGH nahm hier eine Lizenzierungspflicht des Patentinhabers an, weil eine Lizenz für die Marktpräsenz der Unternehmen unverzichtbar war. Darauf, dass der Patentinhaber durch diese Pflicht gezwungen wurde, sich selbst weiteren Wettbewerb zu schaffen, ging der BGH – ohne Auseinandersetzung mit der *IMS/Health*-Entscheidung des EuGH – nicht weiter ein.[524] Denn der Missbrauch konnte sich aus dem Verbot widersprüchlichen Verhaltens ergeben.[525] Hinzu kam noch, dass die marktbeherrschende Stellung durch Quasi-Normsetzung nicht allein dem Patentinhaber zuzurechnen war, sondern maßgeblich auf Entscheidungen Dritter beruhte, nämlich auf der verbandsmäßigen Abstimmung der chemischen Industrie in Deutschland. Die „Belohnungsreichweite" des Schutzrechtes[526] erstreckte sich insoweit nicht auf die Monopolstellung des Inhabers.[527] Freilizenzen kommen auch für elektronische **Fernseh-Programmführer** im Internet in Betracht, vorausgesetzt die Sender räumen solche Lizenzen bereits den gedruckten Programmführern ein.[528]

144 Außerhalb von Freilizenzen ist in diesem Zusammenhang ein Behinderungsmissbrauch denkbar, wenn **von einzelnen Unternehmen überhöhte Lizenzgebühren gefordert** werden, **um ihren Markteintritt zu verzögern.** Im Fall *Hilti* wurde trotz Lizensierungspflicht die Lizenzvergabe durch eine sechsfach überhöhte Gebührenforderung (bewusst) verzögert.[529] Das Bundeskartellamt hat bereits früher beim Inhaber eines Patentes für PAL-Fernsehen eine Reduzierung der Lizenzgebühren gegenüber japanischen Fernsehgeräteherstellern auf das Niveau erreicht, das der Patentinhaber von deutschen Herstellern verlangte.[530]

145 Bei **Technologiepools (z. B. Patentpools)** kann im Hinblick auf **standardessentielle Patente (SEPs)** ein Missbrauch einer beherrschenden Stellung gegeben sein, wenn die Lizensierungspraxis nicht bestimmten Anforderungen genügt.[531]

146 Diskutiert wird auch ein Missbrauch für den Fall, dass die Immaterialgüterrechte – zweckfremd – gezielt zur **Blockade von Wettbewerb** eingesetzt werden. In dieser Hinsicht wird vor allem der Erwerb von Sperrrechten als missbräuchlich angesehen. Bedenklich soll die Ausübung solcher Sperrrechte insbesondere dann sein, wenn sie – ohne eigenen Nutzungs- und Verwertungswillen des Rechteinhabers – zur Blockade von Innovationen der Konkurrenten, z. B. gegen eine Weiterentwicklung von Mitbewerberprodukten, eingesetzt werden.[532] Das gilt umso mehr, wenn die Rechte nicht auf eigene innovative Tätigkeit,

---

523 EuGH GRUR 2009, 421 Tz. 42 ff. – *Kanal 5/STIM;* BGH GRUR 2004, 966, 970 – *Standard-Spundfass.*

524 BGH GRUR 2004, 966, 970 – *Standard-Spundfass.*

525 BGH GRUR 2004, 966, 970 – *Standard-Spundfass.*

526 *Heinemann* ZWeR 2005, 198, 204.

527 *Buhrow/J. B. Nordemann* GRUR Int. 2005, 407, 417.

528 BGH GRUR 2012, 1062 Tz. 35 – *Elektronischer Programmführer,* dort zurückverwiesen.

529 EuG Slg. 1991 II., 1439 Rn. 99 – *Hilti-Kommission;* EU-Kommission 22.12.1987, ABl. 1988 L 65, S. 19 – *Eurofix-Bauco/Hilti.*

530 BKartA, Tätigkeitsbericht 1972, 63, und Tätigkeitsbericht 1973, 86.

531 Dazu eingehend Art. 102 AEUV Rn. 267 ff.

532 *Jung* ZWeR 2004, 379, 393; *Böck,* Die Zwangslizenz im Spannungsverhältnis von Gewerblichem Rechtsschutz und Kartellrecht, 1992, S. 58; *Ullrich/Heinemann* in: Immenga/Mestmäcker, EU-WettbR, GRUR B Rn. 53; jeweils für Sperrpatente.

sondern auf den Erwerb der Nutzungsrechte zurückgehen.[533] Sperrechte können auch dann bedenklich sein, wenn Schutzrechte auf rechtswidrige Weise (z. B. durch irreführende Angaben) erlangt werden, weil dies nicht mit der Verteidigung berechtigter Interessen im Leistungswettbewerb im Einklang steht.[534]

Missbräuchlich können auch Verhaltensweisen sein, die nicht schutzrechtsbedingt sind, 147
sondern an die Marktmacht vermittelnde Anziehungskraft des Schutzgegenstandes anknüpfen und sie für **missbräuchliche Kopplungen** nutzen.[535] Ein Beispiel bildet die Entscheidung des EuG, Microsoft zu verbieten, ihren Windows Media Player mit Windowssoftware zu koppeln. Durch die Kopplung entstand aufgrund der überragenden Marktstellung von Windows nach Auffassung des EuG eine so große Sogwirkung, dass Konkurrenten des Windows Media Player kaum noch Wettbewerbschancen hatten.[536]

In allen Fällen des möglichen Behinderungsmissbrauches kann ein Ergebnis erst nach ei- 148
ner sorgfältigen **Interessenabwägung** erzielt werden.[537] Dabei soll es nicht nur auf die aus dem Schutzrecht fließenden (immaterialgüterrechtlich privilegierten) Ausschließlichkeitsinteressen des Inhabers ankommen. Vielmehr soll in die Interessenabwägung auch die **Qualität des Schutzrechtes** einbezogen werden. Ein Beispiel aus der BGH-Rechtsprechung ist das Entstehen der marktbeherrschenden Stellung des Schutzrechtsinhabers nicht durch die Innovationskraft des Schutzgegenstandes, sondern durch Entscheidungen Dritter, z. B. eine verbandsmäßige Abstimmung, das Schutzrecht zur Norm zu erheben. Die **„Belohnungsreichweite" des Schutzrechtes**[538] erstreckte sich insoweit nicht auf die Monopolstellung des Inhabers.[539] Demgegenüber erscheint es als zweifelhaft, die **Restlaufzeit des Schutzrechtes** in die Interessenabwägung einzubeziehen.[540] Denn die Ausschließlichkeit wird über den gesamten Schutzzeitraum gleichmäßig gewährleistet.[541] Genauso fraglich erscheint es, die **Investition für die Erlangung des Schutzrechtes**[542] oder die **Innovationshöhe**[543] zu berücksichtigen. Denn die Immaterialgüterrechte gewähren unabhängig von solchen Erwägungen Ausschließlichkeit.[544]

5. Sanktionen, insbesondere zivilrechtliche Rechtsfolgen bei missbräuchlicher Verweigerung einer Lizenz

Im Hinblick auf die Sanktionen missbräuchlichen Verhaltens gelten grundsätzlich die all- 149
gemeinen Regeln der Verordnung 1/2003 und der §§ 32 ff. GWB.[545] Grundsätzlich kann auch eine Lizensierung im Wege des Beseitigungsanspruchs verlangt werden, wenn der Missbrauch nicht anders abgestellt werden kann. Das gilt dann, wenn niemand bislang eine

---

[533] *Jung* ZWeR 2004, 379, 393.

[534] EuGH v. 6.6.2012, C-457/10, Tz. 74 ff. – *AstraZeneca.*

[535] *Ullrich/Heinemann,* in Immenga/Mestmäcker, EU-WettbR, GRUR B, Rn. 53 unter Verweis auf Miller (1994) 10 EIPR 418.

[536] EuG WuW/E EU-R 1307, 1325 – *Microsoft/Kommission* m. Anm. *Körber* WuW 2007, 1211, 1214, vorgehend EU-Kommission WuW/E EU-V 931, 941 – *Microsoft; Weck* NJOZ 2009, 1177, 1183.

[537] Vgl. EuGH GRUR 2009, 421 Tz. 31 – *Kanal 5/STIM.*

[538] *Heinemann* ZWeR 2005, 198, 204.

[539] *Buhrow/J. B. Nordemann* GRUR Int. 2005, 407, 417.

[540] So aber *Jung* ZWeR 2004, 379, 395.

[541] *Buhrow/J. B. Nordemann* GRUR Int. 2005, 407, 417.

[542] So aber *Eilmannsberger* EWS 2003, 12, 21 f.; *Casper* ZHR 166 (2002), 685, 703; *Jung* ZWeR 2004, 379, 395; dagegen *Buhrow/J. B. Nordemann* GRUR Int. 2005, 407, 417.

[543] Beispiel: Geringeres Interesse des urheberrechtlichen Schutzrechtsinhabers, wenn das Werk nur als „kleine Münze" geschützt ist. Dafür: *Doutrelepont* GRUR Int. 1994, 302, 307; *Mennicke* ZHR 160 (1996), 626, 635 ff.; dagegen *Buhrow/J. B. Nordemann* GRUR Int. 2005, 407, 417.

[544] Siehe jedoch zur Differenzierung zwischen Urheberrechten und Leistungsschutzrechten *J. B. Nordemann* in Fromm/Nordemann, Urheberrecht, Vor §§ 31 ff. UrhG Rn. 274.

[545] Siehe die separaten Kommentierungen dort.

Lizenz erhalten hat und die gänzlich fehlende Lizensierung missbräuchlich ist. Anders kann es bei der diskriminierender Lizenzverweigerung liegen. Dann muss dem marktmächtigen Unternehmen die Möglichkeit gegeben werden, die Diskriminierung durch Beendigung oder Anpassung der bisherigen Lizenzverträge zu beseitigen.[546] Siehe für Einzelheiten – auch zu anderen Ansprüchen wegen missbräuchlicher Verweigerung – die Kommentierung zu § 33 GWB. Besonderheiten gelten für die Ansprüche des marktmächtigen Unternehmens wegen Schutzrechtsverletzung, sofern die Lizenz missbräuchlich verweigert wird. Nach zutreffender Ansicht scheitern **Unterlassungsansprüche des Schutzrechtsinhabers** nicht an § 242 BGB, selbst wenn eine kartellrechtliche Pflicht zur Nutzungsrechtseinräumung gegeben ist. Vielmehr muss der Lizenzsuchende notfalls auf Nutzungsrechtseinräumung klagen.[547] Allerdings hat die europäische und deutsche Praxis Kriterien entwickelt, nach denen Unterlassungsansprüche doch ausnahmsweise ausscheiden können.[548] Für **Schadensersatzansprüche** ist das Bestehen eines Lizenzierungsanspruchs gleich welcher Art demgegenüber grundsätzlich relevant. Denn als Schaden kann nur der Betrag ersetzt verlangt werden, der entstanden wäre, wenn der Schadensersatzgläubiger sich rechtmäßig verhalten hätte, also die Lizenz gegen angemessene Vergütung gewährt hätte.[549]

---

[546] OLG Karlsruhe WuW/E OLG 2085 Tz. 88 (juris); *Höppner* ZWeR 2010, 395, 415 mwN.

[547] BGH GRUR 2009, 694 Tz. 22ff. – *Orange-Book-Standard* zum Patentrecht und mwN. zum Streitstand; BGH GRUR 1998, 376, 378 – *Cover Version; J. B. Nordemann* in Fromm/Nordemann, Urheberrecht, Vor §§ 31ff. UrhG Rn. 89; zu vertraglichen Kontrahierungsansprüchen: BGH GRUR 2002, 248, 252 – *Spiegel-CD-ROM;* BGH GRUR 1997, 215 – *Klimbim;* a.A. *Heinemann* ZWeR 2005, 198, 200; *Wirtz/Holzhäuser* WRP 2004, 683, 693f.; *Kühnen* FS Tilmann S. 513, 523.

[548] Siehe hierzu die Kommentierung zu Art. 102 AEUV Rn. 268ff.

[549] BGH GRUR 2004, 966, 970 – *Standard-Spundfass.*

4. Teil. Verkehr

Gesamtübersicht

A. Landverkehr und Binnenschifffahrt

Übersicht

Schrifttum: *Bartosch/Jaros,* Die Regulierung des Eisenbahnwesens in Deutschland, WuW 2005, 15; *Basedow,* Wettbewerb auf den Verkehrsmärkten (1989); *Baumeister/Wachinger,* Die Marktöffnung im ÖPNV und das Kartellrecht, Der Nahverkehr 5/2003, 16; *Blanco/van Houtte,* EC Competition Law in the Transport Sector (1997); *Blonk,* Regulation (EEC) No. 1017/68 of the Council of July 19, 1968, Applying Rules of Competition to Transport by Rail, Road and Inland Waterway, CMLR 1968/69, 451; *Bremer/Wünschmann,* Fusionskontrolle im Nahverkehr, WuW 2006, 1118; *Bunte,* Anwendung der deutschen Fusionskontrolle auf Verkehrskooperationen im ÖPNV, GRUR 2004, 913; *Burmeister,* Der Wettbewerb der Eisenbahnen im europäischen Binnenmarkt, 2001; *Dolfen,* Der Verkehr im europäischen Wettbewerbsrecht (1991); *Ewald/Schulze,* Fusionskontrolle im ÖPNV – kartellrechtliche Beurteilungsgrundsätze und bisherige Entscheidungspraxis des Bundeskartellamts, Verkehr und Technik, 2003, 241; *Ewald/Schulze,* ÖPNV-Kooperationen und Kartellrecht – Zum Spannungsfeld zwischen dem allgemeinen Kartellverbot des § 1 GWB und dem Kooperationsprivileg der §§ 8 Abs. 3 PBefG/12 Abs. 7 AEG, Verkehr und Technik 2003, 456; *Frenz,* Die EU-Verkehrspolitik und das Zusammenspiel mit den allgemeinen Vertragsregeln, NZV 2010, 430; *Frühling u.a.,* The Application of European Competition Law in the Transport Sector, Journal of European Competition Law & Practice (2011) 2 148–157; *Gamm,* Die-EWG-Wettbewerbsregeln für den Eisenbahn-, Straßen- und Binnenschiffverkehr, WRP 1969, 19; *Grün,* Nahverkehrskooperationen im Kartellrecht, GewA 2011, 196; *Heinze/Fehling/Fiedler (Hrsg.),* PBefG-Kommentar, 2. A. 2014; *Hennes,* Wichtige Änderungen des Eisenbahnrechts: Umsetzung des Infrastrukturpakets, Verkehr und Technik 2004, 315; *Hermes/Sellner (Hrsg.),* Beck'scher AEG-Kommentar, 2. A. 2014; *Herrlinger/Ruppelt,* Auswirkungen der Verordnung (EG) 1370/2007 zum öffentlichen Personenverkehr auf die Anwendung der Fusionskontrolle im ÖPNV, WuW 2009, 155; *Hirsch,* EWG-Kartellrecht: Bereichsausnahme für Verkehr, AWD 63, 34; *v. Huffel,* Gemeinsamer Markt und Verkehr, 1969, 283; *Hummel/Theobald,* Fusionskontrolle im ÖPNV-Markt, Der Nahverkehr 2003, 35; *Jestaedt/Tostmann,* Die Bereichsausnahmen des GWB und Art. 85 Abs. 1 EWG-Vertrag, WuW 1991, 275; *Koenig/Kühling,* Institutionelle Regulierungsordnung der Eisenbahn- und Energiewirtschaft, WuW 2001, 810; *Kuder,* WuW 1981, 1 ff.; *Lange,* Die Kartellrechtspraxis des Bundeskartellamtes im ÖPNV, ZWeR 2007, 445; *Lenz,* Die Verkehrspolitik der Europäischen Gemeinschaften im Lichte der Rspr. des Gerichtshofes, EuR 1988, 158; *Linnemeyer,* Die

Belange des SPNV beim Zugang zur Schieneninfrastruktur nach dem Entwurf des 3. Eisenbahnrechtsänderungsgesetzes, Verkehr und Technik 2004, 231; *Saupe,* Technische Vereinbarungen und Unternehmensgemeinschaften im Verkehrskartellrecht der EWG, 1972; *Stabenow,* Die Rechtsgrundlagen der europäischen Verkehrsintegration, ZHR 1964, 228; *Stehmann,* Verordnung (EWG) Nr. 1017/68 in: Frohnmeyer/Mückenhausen, EG-Verkehrsrecht (4. EL Dez. 2003); *ders.,* Applying „essential facility" reasoning to Passenger Rail Services in the EU – the Commission Decision in the Case GVG, ECLR 2004, 390–394; *ders./Zenger,* The Competitive Effects of Rail Freight Mergers in the Context of European Liberalisation, in: Journal of Competition Law & Economics (2011); *Wachinger,* Das Recht des Marktzugangs im ÖPNV, 2006; *ders.,* Eisenbahnrecht, in: Barth/Baumeister/Berschin/Werner (Hrsg.), Recht des ÖPNV-Handbuch (Stand: November 2010); *Wägenbaur,* Wettbewerbsregeln für den Verkehr in der EWG, AWD 1968, 415; *Werner,* Europäisches Wettbewerbsrecht und „marktgerechte Preise" in der deutschen Verkehrswirtschaft, WuW 1988, 1025; *Weyer,* Gelten die Wettbewerbsbestimmungen des EWG-Vertrages auch für den Verkehr?, WuW 1971, 11; *Willeke (Hrsg.),* Liberalisierung des Verkehrs im Gemeinsamen Markt – Ziele und Bedingungen fairen und leistungsstarken Wettbewerbs, Zeitschrift für Verkehrswissenschaft 1977, 1; *Weyer,* Gelten die Wettbewerbsbestimmungen des EWG-Vertrages auch für den Verkehr?, WuW 1991, 11; *Zellhofer,* Der Wettbewerb auf den europäischen Schienenverkehrsmärkten: eine Analyse der Liberalisierungsrichtlinien und der wettbewerbsrechtlichen Entscheidungspraxis der EG im Schienenverkehr, 2003.

1. Einleitung

1 Mit der Verordnung (EWG) Nr. 1017/68 wurden auf EU-Ebene einheitliche kartellrechtliche Sonderregeln für den Landverkehr und die Binnenschifffahrt geschaffen.[1] In Anlehnung an die kartellrechtlichen Verbotsnormen des primären EU-Rechts enthielt sie in Art. 2 ein grundsätzliches Verbot wettbewerbswidriger Absprachen und in Art. 8 ein Verbot des Missbrauchs einer marktbeherrschenden Stellung, denn der Verordnungsgeber war – zu Unrecht, wie sich herausstellen sollte[2] – davon ausgegangen, dass die Art. 81 ff. EGV (heute Art. 101 ff. AEUV) im Verkehrssektor keine Anwendung finden würden. Die Verordnung (EWG) Nr. 1017/68 enthielt außerdem sektorspezifische Ausnahmetatbestände vom Verbot wettbewerbswidriger Absprachen für technische Vereinbarungen und für die Bildung von Gemeinschaften kleiner und mittlerer Unternehmen (KMU). Diese Ausnahmetatbestände waren unmittelbar anwendbar und setzten keine individuelle Freistellung durch die Kommission voraus.[3] Daneben bestand die Möglichkeit einer Einzelfreistellung durch Entscheidung der Kommission unter dem Gesichtspunkt der Effizienz (analog zu Art. 101 Abs. 3 AEUV) sowie für Vereinbarungen und Maßnahmen zur Marktstabilisierung. Die Verordnung Nr. 17/1962 (Kartellverfahrensordnung) war im Verkehrsbereich nicht anwendbar.[4] Vielmehr regelte die Verordnung Nr. 1017/68 im Verkehrssektor auch das Kartellverfahrensrecht. Das System der Einzelfreistellung blieb bis zum Inkrafttreten der Verordnung (EG) Nr. 1/2003 am 1.5.2004 anwendbar.[5]

2 Die Verordnung (EG) Nr. 1017/68 blieb mit Änderungen bis 2009 in Kraft. Sie wurde durch die Verordnung (EG) Nr. 169/2009 abgelöst, die das sektorspezifische Sonderkartellrecht im Verkehrsbereich auf die beiden bereits in der Vorgängerregelung bestehenden Ausnahmetatbestände für technische Vereinbarungen und für Gemeinschaften kleinerer und mittlerer Unternehmen reduziert.

3 Das sektorale Sonderkartellrecht erfasst mit dem Schienen-, Straßen- und Binnenschifffahrtsverkehr im Personen- und im Güterverkehr einen wichtigen Wirtschaftszweig. Daher

[1] Hierzu *Wägenbaur,* AWD 1968, 415 ff.

[2] EuGH, U. v. 30.4.1986 verb. Rs. 209 bis 213/84 – *Ministère public/Asjes* u. a. („Nouvelles Frontières"), Slg. 1986, 1425, Rn. 42; zu den Marktfreiheiten bereits EuGH, U. v. 4.4.1974 Rs. 167/73 – *Kommission/Frankreich,* Slg. 1974, 359.

[3] Vgl. Erwägungsgründe 14 u. 15 der Verordnung (EWG) Nr. 1017/68; *Kreis,* in: Loewenheim/Meessen/Riesenkampff (Vorauflage), Europäisches Recht, 4. Teil, Verkehr, Rn. 10.

[4] Art. 1 der VO Nr. 141/1962 v. 26.11.1962, ABl. v. 28.11.1962, 2751/62.

[5] Vgl. Artt. 36, 42 Abs. 2 der VO 1/2003.

überrascht auf den ersten Blick die sehr geringe Zahl von Entscheidungen der Kommission,[6] die bis zum 30.4.2004 ausschließlich für die Anwendung der VO (EWG) Nr. 1017/68 zuständig war. Hierfür dürfte es zwei Gründe geben: Zum einen sind die verkehrswirtschaftlich wichtigsten Einschränkungen des Verbots wettbewerbswidriger Absprachen als unmittelbar wirkende gesetzliche Ausnahmen konstruiert, die keiner Kommissionsentscheidung bedürfen. Zum anderen war und ist der Wettbewerb im Verkehrssektor in den Mitgliedstaaten traditionell stark reguliert, was die Anlässe für wettbewerbsbeschränkendes Verhalten von vorneherein reduziert.

Die kartellrechtlichen Sonderregelungen der Verordnung (EG) Nr. 169/2009 für Absprachen im Verkehrsbereich werden in Deutschland im Bereich des Personenverkehrs ergänzt durch die gesetzlichen Ausnahmen vom Kartellverbot des § 1 GWB für Verkehrskooperationen im Nahverkehrsbereich (§ 12 Abs. 7 AEG und § 8 Abs. 3b PBefG). 4

2. Regulatorische Rahmenbedingungen

Für den Verkehrsbereich gilt in besonderem Maße, dass die kartellrechtliche Bewertung 5 im Kontext der regulatorischen Rahmenbedingungen erfolgt. Als Beispiel hierfür kann die Sache European Night Services herangezogen werden. Dort hatte die Kommission beanstandet, die Kooperation der beteiligten Bahnunternehmen aus Deutschland, Frankreich, den Niederlanden und dem Vereinigten Königreich zur Erbringung von Zugverbindungen durch den Ärmelkanaltunnel enthalte wettbewerbsbeschränkende Abreden, indem sie unter anderem Wettbewerbsmöglichkeiten zwischen den Gesellschaftern des Gemeinschaftsunternehmens einschränkte.[7] Das EuG erklärte diese Entscheidung für nichtig, weil die vermeintlich durch die Kooperation eingeschränkten Wettbewerbsmöglichkeiten im bestehenden Regulierungsrahmen nicht bestünden.[8] Die Beurteilung einer Vereinbarung anhand des Kartellverbots habe den konkreten Rahmen zu berücksichtigen, in dem die Vereinbarung Wirkungen entfaltet, insbesondere den wirtschaftlichen und rechtlichen Kontext, in dem die betroffenen Unternehmen tätig sind, die Art der Dienstleistungen, auf die sich diese Vereinbarung bezieht, sowie die tatsächlichen Bedingungen der Funktion und der Struktur des relevanten Marktes.[9] Das EuG hob hervor, dass die nationalen Eisenbahnverkehrsunternehmen nach Art. 10 der Richtlinie 91/440/EWG nur durch Bildung einer internationalen Gruppierung im grenzüberschreitenden Schienenpersonenverkehr aktiv werden können.[10] Für eine Gruppierung zum Befahren des Ärmelkanaltunnels kamen jedoch nach Lage der Dinge nur die Unternehmen in Frage, die im Rahmen der European Night Services kooperieren wollten. Damit war den einzelnen Mitgliedern der European Night Services kein Wettbewerb untereinander möglich, der durch die Schaffung der Kooperation hätte beeinträchtigt werden können.[11]

---

[6] Komm. E. v. 10.7.1985, IV/31.029 – *EATE-Beitrag,* ABl. 1985 L 219/35; Komm. E. v. 25.11. 1992, IV/33.585 – *Verkauf von Fahrausweisen im Eisenbahnverkehr durch Reisebüros,* ABl. 1992 L 366/47; Komm. E. v. 24.2.1993, IV/34.494 – *Tarifstrukturen im kombinierten Güterverkehr,* ABl. 1993 L 73/38; Komm. E. v. 29.3.1994, IV/33.941 – *HOV-SVZ/MCN,* ABl. 1994 L 104/34; Komm. E. v. 27.7. 1994, IV/34.518 – *ACI,* ABl. 1994 L 224/28; Komm. E. v. 21.9.1994 – *European Night Services,* ABl. 1994 L 259/20; Komm. E. v. 19.10.1994, IV/34.446 – *Trans Atlantic Agreement,* ABl. 1994 L 376/1; Komm. E. v. 13.12.1994, IV/32.490 – *Eurotunnel,* ABl. 1994 L 354/66; Komm. E. v. 21.12.1994, IV/33.218 – *Far Eastern Freight Conference,* ABl. 1994 L 378/17; Komm. E. v. 5.6.1996, IV/34.983 – *FENEX,* ABl. 1996 L 181/28; Komm. E. v. 16.5.2000, IV/34.018 – *Far East Trade Tariff Charges and Surcharges Agreement (FETTCSA),* ABl. 2000 L 268/1; Komm. E. v. 27.8.2003, COMP/37.685 – *GVG/FS,* ABl. 2004 L 11/17.

[7] Komm. E. v. 21.9.1994 – *European Night Services,* ABl. 1994 L 259/20, Rn. 38 ff.

[8] EuG, U. v. 15.9.1998 verb. Rs. T-374/94, T-375/94, T-384/94, T-388/94 – *European Night Services u. a./Kommission,* Slg. 1998, II-3141.

[9] EuG, a. a. O., Rn. 136.

[10] EuG, a. a. O., Rn. 139, 141.

[11] EuG, a. a. O., Rn. 141, 142.

6 Vor dem Hintergrund der bereits größtenteils vollzogenen Öffnung des Verkehrssektors für den Wettbewerb gewinnen die kartellrechtlichen Regelungen jedoch größeres Gewicht. Wie auch in anderen Bereichen soll durch eine stringente Anwendung des Kartellrechts ausgeschlossen werden, dass Unternehmen die wettbewerbsfördernde Wirkung des Binnenmarkts durch Vereinbarungen neutralisieren, die auf die Einführung oder Beibehaltung von Marktaufteilungsstrategien hinauslaufen.[12] Nachstehend werden die regulatorischen Rahmenbedingungen für die einzelnen Bereiche des Verkehrssektors skizziert.

7 **a) Eisenbahnverkehr.** Der aktuelle unionsrechtliche Rahmen des Marktzugangs im Eisenbahnwesen ergibt sich aus der Richtlinie 2012/34/EU zur Schaffung eines einheitlichen europäischen Eisenbahnraums.[13] In dieser Richtlinie sind mehrere Vorgänger-Richtlinien aufgegangen.

8 Die Richtlinie 2012/34/EU verlangt unter anderem eine rechnerische Trennung zwischen dem Betrieb der Eisenbahninfrastruktur und der Erbringung von Eisenbahnverkehrsleistungen (Art. 6). Die für einen diskriminierungsfreien Netzzugang wesentlichen Funktionen müssen strikt organisatorisch getrennt von Eisenbahnverkehrsunternehmen ausgeübt werden (Art. 7). Weiter regelt die Richtlinie den diskriminierungsfreien Zugang zur Eisenbahninfrastruktur. Gemäß Art. 10 Abs. 1 haben alle nach Unionsrecht zugelassenen Eisenbahnunternehmen im Schienengüterverkehr ein uneingeschränktes Zugangsrecht zur Eisenbahninfrastruktur. Die Vorgängerregelung des Art. 10 Abs. 1 Richtlinie 91/440/EWG war nach Auffassung der Kommission unmittelbar anwendbar.[14] Im Personenverkehr besteht derzeit ein unionsrechtliches Zugangsrecht zur Infrastruktur nur für grenzüberschreitende Verkehre (Art. 10 Abs. 2 Satz 1). Dieses umfasst zwar auf der bedienten Strecke auch die Kabotage (Art. 10 Abs. 2 Satz 2), wobei die Mitgliedstaaten dieses Recht einschränken können (Art. 11 und 12). Erst mit dem vierten Eisenbahnpaket soll jedoch der gesamte Schienenpersonenverkehr in den Mitgliedstaaten ab Dezember 2019 für den Wettbewerb geöffnet werden; das vierte Eisenbahnpaket befindet sich noch im Gesetzgebungsverfahren. In Art. 26 ff. gestaltet die Richtlinie den Anspruch auf Netzzugang aus und trifft Bestimmungen zum Verfahren der Kapazitätszuweisung, zu den Nutzungsentgelten und zur Gewährleistung des Wettbewerbs durch nationale Regulierungsstellen.

9 In Deutschland sind die europarechtlichen Vorgaben zum Infrastrukturzugang und den Zugangsentgelten in §§ 14 ff. AEG und in der EIBV umgesetzt worden. Obwohl europarechtlich (noch) nicht vorgeschrieben, ist in Deutschland auch der rein innerstaatliche Schienenpersonenverkehr für den Wettbewerb geöffnet und durch den Anspruch auf Infrastrukturzugang rechtlich abgesichert.

10 **b) Öffentlicher Personennahverkehr (ÖPNV).** Der regulierungsrechtliche Rahmen des ÖPNV ergibt sich auf europäischer Ebene im Wesentlichen aus der Verordnung Nr. (EG) 1370/2007. Die Verordnung gibt den zuständigen Behörden Markteingriffsinstrumente, um dort eine angemessene Versorgung mit Verkehrsleistungen zu gewährleisten, wo der Markt diese nicht bereitstellt. Die zuständigen Behörden können hierzu mit den Betreibern gemeinwirtschaftliche Verpflichtungen vereinbaren und ihnen im Gegenzug Ausgleichsleistungen und ausschließliche Rechte gewähren. Im Regelfall (Art. 3 Abs. 1) ist hierfür der Abschluss eines öffentlichen Dienstleistungsauftrags erforderlich, für dessen Vergabe die Verordnung in Art. 5 Sonderregelungen aufstellt.

11 Grundsätzlich unterscheidet man im ÖPNV zwischen „Wettbewerb im Markt" und „Wettbewerb um den Markt". Wettbewerb im Markt ist dort möglich, wo dem Fahrgast für eine Verkehrsverbindung von A nach B mehrere Verkehrsangebote zur Verfügung ste-

---

[12] Komm. Erläuterung der Empfehlungen zur Anwendung der Wettbewerbsregeln auf neue Verkehrsinfrastrukturprojekte, ABl. 1997 C 298/5, Rn. 14.

[13] Richtline 2012/34/EU des Europäischen Parlaments und des Rates vom 21.11.2012 zur Schaffung eines einheitlichen europäischen Eisenbahnraums, ABl. 2012 L 343/32.

[14] Komm. E. v. 27.8.2003, COMP/37.685 – *GVG/FS*, ABl. 2004 L 11/17, Rn. 12.

hen. Dieser Wettbewerb kann intramodal stattfinden, also zwischen mehreren Unternehmen der gleichen Verkehrsart (z.B. zwischen zwei Buslinien unterschiedlicher Betreiber) oder intermodal, also zwischen unterschiedlichen Verkehrsarten (z.B. zwischen einer Buslinie und einer Zugverbindung).[15] Auch im ÖPNV ist ein Wettbewerb im Markt grundsätzlich möglich. Jedoch ist die Bedeutung faktisch dadurch eingeschränkt, dass nur auf nachfragestarken Verbindungen und nur zu bestimmten Uhrzeiten die Möglichkeit besteht, Verkehre eigenwirtschaftlich zu erbringen, d.h. ohne Beauftragung durch die öffentliche Hand. Im Eisenbahnverkehr umfasst die Unternehmergenehmigung nach § 6 AEG zwar allgemein das Anbieten von Verkehrsleistungen, so dass der Wettbewerb im Markt nicht durch behördliche Ausschließlichkeitsrechte eingeschränkt wird.[16] Faktische Grenzen setzt dort aber die verfügbare Kapazität der Infrastruktur. Demgegenüber wird der Straßenpersonenverkehr zusätzlich durch das Erfordernis einer linienbezogenen Genehmigung reguliert. Eine Mehrfachbedienung der gleichen Linie ist hier aufgrund von § 13 Abs. 2 Nr. 3 PBefG grundsätzlich ausgeschlossen. Mehreren Unternehmen kann also für denselben Verkehr parallel zueinander keine Linienverkehrsgenehmigung erteilt werden.[17] Dieses sogenannte Parallelbedienungsverbot soll dem Schutz vor „ruinösem Wettbewerb" zur Wahrung öffentlicher Verkehrsinteressen dienen, läuft aber auf ein ausschließliches Recht im Sinne des Art. 2 lit. f) VO (EG) 1370/2007 hinaus.[18] Da jedenfalls im ÖPNV ein besonderes öffentliches Interesse an aufeinander abgestimmten Verkehrsangeboten besteht, sind Einschränkungen des Wettbewerbs im Markt unter bestimmten Voraussetzungen von § 1 GWB freigestellt (dazu unten § 8 Abs. 3b PBefG, § 12 Abs. 7 AEG).

Im Regelfall findet der Wettbewerb im ÖPNV nur „um den Markt" statt. Dieser ist in 12
zwei Formen anzutreffen. Bei Verkehren, die von der öffentlichen Hand mit Ausgleichsleistungen finanziert werden müssen – und dies ist der Regelfall –, vergibt die zuständige Behörde einen öffentlichen Dienstleistungsauftrag nach Art. 3 Abs. 1 VO (EG) 1370/2007. Es entsteht ein Wettbewerb um die Vergabe dieses Auftrags (sog. Aufgabenträgermarkt).[19] Im Straßenpersonenverkehr kann zudem ein sogenannter Genehmigungswettbewerb entstehen, wenn sich bei Auslaufen einer Liniengenehmigung für eigenwirtschaftliche Verkehre mehrere Unternehmen um die Genehmigung bewerben (vgl. § 13 Abs. 2b PBefG).

c) Fernbusverkehr. Auf EU-Ebene ist ausschließlich der grenzüberschreitende Busver- 13
kehr (Linienbusverkehr und Gelegenheitsverkehr) einschließlich der Kabotage durch die VO (EG) Nr. 1073/2009 für den Wettbewerb geöffnet.[20] Hierfür benötigt das Verkehrsunternehmen eine Gemeinschaftslizenz. Die Gemeinschaftslizenz muss jedem Verkehrsunternehmen gemäß Art. 3 der VO (EG) Nr. 1073/2009 erteilt werden, das über die Genehmigung zur Personenbeförderung mit Omnibussen nach dem Recht des Mitgliedstaats der Niederlassung verfügt. Für den grenzüberschreitenden Linienverkehr ist darüber hinaus eine Linienverkehrsverkehrsgenehmigung erforderlich. Die Linienverkehrsgenehmigung kann aus marktbezogenen Erwägungen gemäß Art. 8 Abs. 4 lit. d VO (EG) Nr. 1073/2009 ausnahmsweise verweigert werden, wenn nach der Entscheidung eines Mitgliedstaats der Verkehrsdienst *„ernsthaft die Funktionsfähigkeit eines vergleichbaren Dienstes, der im Rahmen eines oder mehrerer öffentlicher Dienstleistungsaufträge mit gemeinwirtschaftlichen Verpflichtungen"* durchgeführt wird, auf *„direkten Teilstrecken"* beeinträchtigen würde. Allein nicht ausreichend ist dabei, dass der Antragsteller niedrigere Preise als andere Verkehrsunternehmen anbietet oder die Verbindung bereits von einem anderen Verkehrsunternehmen bedient wird.

---

[15] Allgemein hierzu *Wachinger,* Das Recht des Marktzugangs im ÖPNV, S. 260f.
[16] *Wachinger,* in: Hermes/Sellner, Beck'scher AEG-Kommentar, § 6, Rn. 44.
[17] BVerwG, U. v. 24.6.2010 – 3 C 14/09, NVwZ 2011, 115.
[18] *Heinze,* in: Heinze/Fehling/Fiedler, PBefG, § 8, Rn. 72.
[19] BGH, B. v. 7.2.2006, KVR 5/05, NVwZ-RR 2006, 836 (838).
[20] Verordnung (EG) Nr. 1073/2009 des Europäischen Parlaments und des Rates vom 21.10.2009 über gemeinsame Regeln für den Zugang zum grenzüberschreitenden Personenkraftverkehrsmarkt und zur Änderung der Verordnung (EG) Nr. 561/2006, ABl. 2009 L 300/88.

14 In Deutschland wurde der innerstaatliche Fernbuslinienverkehr zum 1.1.2013 für den Wettbewerb im Markt geöffnet. Die nach wie vor erforderliche Linienverkehrsgenehmigung wird erteilt, sofern die subjektiven Zulassungsvoraussetzungen erfüllt sind (§ 13 Abs. 1, 1a, Abs. 2 Satz 1 Nr. 1 und 2 i. V. m. Satz 2 PBefG). Somit können mehrere Busunternehmen im Wettbewerb untereinander die gleichen Strecken bedienen. Zum Schutz des ÖPNV ist im Busfernverkehr die Beförderung von Personen zwischen zwei Haltestellen unzulässig, wenn der Abstand zwischen diesen Haltestellen nicht mehr als 50 Kilometer beträgt und zwischen diesen Haltestellen Schienenpersonennahverkehr mit einer Reisezeit bis zu einer Stunde betrieben wird (§ 42a Satz 2 PBefG).

15 **d) Güterkraftverkehr.** Im Güterkraftverkehr erfolgte in den 90er Jahren eine umfassende Öffnung des Güterkraftverkehrs in der EU.[21] Die gewerberechtlichen Anforderungen an die Zulassung von Kraftverkehrsunternehmen sind in der VO (EG) Nr. 1071/2009[22] geregelt.

16 Marktbezogene Zulassungsbeschränkungen sind auf der Grundlage dieser Verordnung nicht möglich. Der grenzüberschreitende Güterverkehr ist jedem Kraftverkehrsunternehmen gestattet, das über eine sogenannte Gemeinschaftslizenz im Sinne von Art. 3 VO (EG) Nr. 1072/2009[23] verfügt. Die Gemeinschaftslizenz wird von dem Mitgliedstaat der Niederlassung des Güterkraftverkehrsunternehmens erteilt und gilt unionsweit. Gemäß Art. 4 VO (EG) Nr. 1072/2009 ist die Gemeinschaftslizenz jedem Güterkraftverkehrsunternehmen zu erteilen, das die Voraussetzungen zur Zulassung als Güterkraftverkehrsunternehmen erfüllt. Es gibt keine marktbezogenen Beschränkungen bei der Erteilung der Gemeinschaftslizenz. Die Gemeinschaftslizenz berechtigt zum grenzüberschreitenden Güterkraftverkehr sowie – in dem von Art. 8 VO (EG) Nr. 1072/2009 bestimmten Umfang – zur Kabotage. Für den innerstaatlichen Güterkraftverkehr gelten die Regelungen des deutschen Güterkraftverkehrsgesetzes (GüKG).

17 In einem gewissen Spannungsverhältnis zu den vorstehenden Regelungen steht die Verordnung (EWG) Nr. 3916/90,[24] die bei „Krisen" (Angebotsüberhang) zeitlich beschränkte Maßnahmen zur Beschränkung des Angebotszuwachses ermöglicht. In Betracht kommen nach Art. 4 Abs. 4 der Verordnung Maßnahmen zur Beschränkung des Zuwachses der Tätigkeit bestehender Verkehrsunternehmen und des Marktzugangs für neue Verkehrsunternehmen. Die Maßnahmen werden von den betroffenen Mitgliedstaaten angestoßen und von der Kommission getroffen. Bislang ist die Verordnung nicht praktisch relevant geworden.[25]

18 **e) Binnenschifffahrt.** Im Bereich der Binnenschifffahrt sind Unternehmen im Personen- und Güterverkehr, die in einem Mitgliedstaat niedergelassen sind und dort über die entsprechende gewerberechtliche Genehmigung verfügen, aufgrund von Art. 1 der Verordnung (EWG) Nr. 3921/91[26] seit dem 1.1.1993 zur Erbringung von Beförderungsleistungen in anderen Mitgliedstaaten (Kabotage) zugelassen. Dasselbe gilt für den grenz-

---

[21] *Knauff,* in: Ruffert (Hrsg.), Europäisches Sektorales Wirtschaftsrecht, 2014, § 6 Transportrecht, Rn. 125.

[22] Verordnung (EG) Nr. 1071/2009 des Europäischen Parlaments und des Rates vom 21.10.2009 zur Festlegung gemeinsamer Regeln für die Zulassung zum Beruf des Kraftverkehrsunternehmers und zur Aufhebung der Richtlinie 96/26/EG des Rates, ABl. 2009 L 300/51.

[23] Verordnung (EG) Nr. 1072/2009 des Europäischen Parlaments und des Rates vom 21.10.2009 über gemeinsame Regeln für den Zugang zum Markt des grenzüberschreitenden Güterkraftverkehrs (Neufassung), ABl. 2009 L 300/72.

[24] Verordnung (EWG) Nr. 3916/90 vom 21.12.1990 über Maßnahmen bei Krisen auf dem Güterkraftverkehrsmarkt, ABl. 1990 L 375/10.

[25] *Knauff,* in: Ruffert (Hrsg.), Europäisches Sektorales Wirtschaftsrecht, 2014, § 6 Transportrecht, Rn. 128.

[26] Verordnung (EWG) Nr. 3921/91 des Rates vom 16.12.1991 über die Bedingungen für die Zulassung von Verkehrsunternehmen zum Binnenschiffsgüter- und -personenverkehr innerhalb eines Mitgliedstaats, in dem sie nicht ansässig sind, ABl. 1991 L 373/1.

überschreitenden Verkehr und den Durchgangsverkehr aufgrund der Verordnung (EG) Nr. 1356/96.[27]

19 Nur noch im Fall einer schweren Marktstörung und nur vorübergehend kann die Kommission aufgrund der Verordnung (EG) Nr. 718/1999 die sogenannte Alt-für-Neu-Regelung in Kraft setzen. Diese in Art. 4 der Verordnung (EG) Nr. 718/1999 definierte Regelung knüpft die Inbetriebnahme neuer Binnenschiffe für den Güterverkehr an den Abbau entsprechender vorhandener Kapazitäten oder an die Entrichtung einer Sonderabgabe. Auf diese Weise soll eine Erhöhung der Gesamttransportkapazität vermieden werden. Regelungen für die Strukturbereinigung waren von 1989 bis 2003 für bestimmte grenzüberschreitende Binnenschifffahrtsnetze in Kraft.

3. Anwendbarkeit der allgemeinen kartellrechtlichen Regelungen

20 Der Landverkehr und die Binnenschifffahrt unterliegen den allgemeinen kartellrechtlichen Regelungen der Art. 101 ff. AEUV[28] und insbesondere dem Kartellverbot des Art. 101 AEUV und dem Missbrauchsverbot des Art. 102 AEUV sowie den einschlägigen Vorschriften des GWB. Ebenfalls im Verkehrssektor anwendbar sind die kartellrechtlichen Gruppenfreistellungsverordnungen. Für die kartellrechtliche Prüfung von Vereinbarungen, abgestimmten Verhaltensweisen oder Beschlüssen von Unternehmensvereinigungen im Verkehrssektor bietet sich folgendes Schema an:

- Liegt eine wettbewerbsbeschränkende Abrede im Sinne von Art. 101 Abs. 1 AEUV bzw. § 1 GWB vor?
- Greift ein Ausnahmetatbestand der VO Nr. 169/2009 oder – soweit lediglich § 1 GWB tangiert ist – eine der gesetzlichen Ausnahmen in § 12 Abs. 7 AEG bzw. § 8 Abs. 3b PBefG ein?
- Kommt eine Legitimierung aufgrund einer kartellrechtlichen Gruppenfreistellungsverordnung in Betracht?
- Kommt eine Legitimierung im Einzelfall anhand der Voraussetzungen von Art. 101 Abs. 3 AEUV bzw. § 2 Abs. 1 GWB in Betracht?

21 Seit dem 1.5.2004 gilt für den Verkehrssektor auch das allgemeine Kartellverfahrens- und Bußgeldrecht der VO Nr. 1/2003 und der auf seiner Grundlage ergangenen Durchführungsakte;[29] die Sonderbestimmungen der VO Nr. 1 1017/68 sind seit dem 1.5.2004 nicht mehr in Kraft. Zusammenschlüsse im Bereich des Landverkehrs oder der Binnenschifffahrt unterliegen der europäischen bzw. deutschen Zusammenschlusskontrolle, soweit die jeweils einschlägigen Umsatzschwellenwerte überschritten werden.

4. Verhältnis zum (eisenbahnrechtlichen) Regulierungsrecht

22 Das Regulierungsrecht des Verkehrssektors enthält lediglich für den Zugang zur Eisenbahninfrastruktur und für die Entgeltbemessung spezifisch regulierungsrechtliche Regelungen, Verfahren, Zuständigkeiten und Rechtsbehelfe. Nur insofern stellt sich daher die Frage nach dem Verhältnis zwischen allgemeinem Kartellrecht und den regulierungsrechtlichen Regelungen.

23 Das Verhältnis zwischen dem kartellrechtlichen Missbrauchstatbestand und den regulierungsrechtlichen Vorschriften des AEG ist umstritten. Ein Teil der Literatur vertritt, die Vorschriften des AEG seien vorrangig, soweit sie eine abschließende Regelung über die

---

[27] Verordnung (EG) Nr. 1356/96 des Rates vom 8.7.1996 über gemeinsame Regeln zur Verwirklichung der Dienstleistungsfreiheit im Binnenschiffsgüter- und -personenverkehr zwischen Mitgliedstaaten, ABl. 1996 L 175/7.

[28] EuGH, U. v. 30.4.1986 verb. Rs. 209 bis 213/84 – *Ministère public/Asjes u. a.* („Nouvelles Frontières »), Slg. 1986, 1425, Rn. 42.

[29] Vgl. für ein Verfahren nach der VO 1/2003 im Bereich des Landverkehrs die Entscheidungen *Deutsche Bahn I, II* und *III* der Kommission vom 18.12.2013.

kartellrechtlich relevanten Sachverhalte getroffen haben. Sie schlössen daher in ihrem Anwendungsbereich den Rückgriff auf das GWB aus.[30] Zur Begründung werden das Gebot der Verfahrensökonomie, die Vermeidung widersprechender Entscheidungen und – soweit der Anspruch auf Netzzugang tangiert ist – der lex specialis-Grundsatz angeführt. Eine regulierungskonforme Preissetzung könne nicht als kartellrechtlich missbräuchlich qualifiziert werden, soweit die Missbräuchlichkeit allein aus im Eisenbahnrecht geregelten Kriterien abgeleitet werde.[31] Was den Zugangsanspruch zu wesentlichen Einrichtungen in § 19 Abs. 4 Nr. 4 GWB anbelangt, so sei dieser nach der Gesetzesbegründung ohnehin als Auffangtatbestand gegenüber spezifisch regulierungsrechtlichen Zugangsansprüchen gemeint.[32]

24 Die obergerichtliche Rechtsprechung geht dagegen davon aus, die Missbrauchstatbestände des GWB seien parallel zu dem regulierungsrechtlichen Instrumentarium anzuwenden.[33] Hierfür sprechen bereits Wortlaut und Systematik der gesetzlichen Regelung. § 14b Abs. 2 Satz 1 AEG bestimmt, die *„Aufgaben und Zuständigkeiten der Kartellbehörden nach dem Gesetz gegen Wettbewerbsbeschränkungen bleiben unberührt"*. Damit bleibt die Abgrenzung der materiell-rechtlichen Vorschriften von GWB und AEG zwar offen. Allerdings macht eine parallele Zuständigkeit von Bundesnetzagentur und Kartellbehörden nur bei einer parallelen Anwendbarkeit von AEG und GWB Sinn. Die Vorschrift setzt damit voraus, dass die Kartellbehörden auf Sachverhalte, die in den Anwendungsbereich des AEG fallen, die materiell-rechtlichen Vorschriften des GWB anwenden können. Sie wäre überflüssig, wenn die Kartellbehörden aufgrund eines Vorrangs des AEG gar keine *„Aufgaben und Zuständigkeiten"* nach dem GWB hätten. Hierfür sprechen auch die weiteren Regelungen in § 14b Abs. 2 AEG zu wechselseitigen Mitteilungspflichten über beabsichtigte Entscheidungen und Stellungnahmemöglichkeiten. Diese Regelungen wären weitgehend gegenstandslos, wenn parallele Verfahren der Kartell- und der Regulierungsbehörden unmöglich sind, was wiederum bestätigt, dass das GWB neben den regulierungsrechtlichen Vorgaben des AEG anwendbar ist. In systematischer Hinsicht spricht für eine parallele Anwendbarkeit auch die Tatsache, dass der Gesetzgeber – anders als im Bereich des Energiewirtschaftsrechts in § 111 Abs. 1 EnWG und im Bereich des Telekommunikationsrechts in § 2 Abs. 4 TKG – keine Vorrangregelung zugunsten des AEG angeordnet hat.

25 Unstreitig ist dagegen, dass die Art. 101 und 102 AEUV uneingeschränkt auf Sachverhalte anwendbar sind, die zugleich dem Eisenbahnregulierungsrecht unterfallen. Denn Art. 101, 102 AEUV sind als unionsrechtliche Primärnormen gegenüber den Normen des AEG (und auch der durch sie umgesetzten EU-Richtlinien) höherrangig. Dementsprechend hat die Kommission in den Missbrauchsverfahren gegen die Deutsche Bahn[34] sowie in einem Missbrauchsverfahren gegen Ferrovie dello Stato[35] von ihren Befugnissen unter Art. 102 AEUV auf der Grundlage der VO Nr. 1/2003 Gebrauch gemacht. Gegenwärtig führt sie ein Missbrauchsverfahren gegen das litauische Eisenbahninfrastrukturunternehmen AB Lietuvos geletinkeliai.[36]

---

[30] *Gerstner,* in: Hermes/Sellner (Hrsg.), Beck'scher AEG-Kommentar, 2. A. 2014, § 14b, Rn. 27; *Schmitt/Staebe,* Einführung in das Eisenbahnregulierungsrecht, 2010, Rn. 56; *Ludwigs,* WuW 2008, 534 (546 ff.); *Bunte,* in: Langen/Bunte (Hrsg.), Kartellrecht Kommentar Bd. 2 Europäisches Kartellrecht, 12. A. 2014, Syst. VI, Rn. 19.

[31] *Gerstner,* in: Hermes/Sellner (Hrsg.), Beck'scher AEG-Kommentar, 2. A. 2014, § 14b, Rn. 29.

[32] *Bunte,* in: Langen/Bunte (Hrsg.), Kartellrecht Kommentar Bd. 2 Europäisches Kartellrecht, 12. A. 2014, Syst. VI, Rn. 19.

[33] OLG Düsseldorf, U. v. 3.3.2010, VI-U(Kart) 16/09, BeckRS 2011, 25332; OLG Frankfurt, U. v. 10.10.2006, 11 U 46/05 Kart, IR 2007, 68 m. Anm. *Michaels;* OLG Düsseldorf, U. v. 7.2.2007, VI-U Kart 3/06, IR 2007, 91 m. Anm. *Michaels.*

[34] COMP/39.678 – *Deutsche Bahn I,* COMP/39.731 – *Deutsche Bahn II,* COMP/39.915 – *Deutsche Bahn III.*

[35] Komm. E. v. 27.8.2003, COMP//37.685 – *GVG/FS,* ABl. 2004 L 11/17.

[36] Kommission, Pressemitteilung v. 5.1.2015, IP/15/Z940.

Mit dem Vorrang von Art. 102 AEUV gegenüber dem nationalen Eisenbahnregulierungsrecht steht auch fest, dass sich regulierungsrechtliche Entscheidungen grundsätzlich nicht auf die kartellrechtliche Bewertung unter Art. 102 AEUV auswirken. Entscheidungen der nationalen Regulierungsbehörden zur regulierungsrechtlich zulässigen Entgelthöhe präjudizieren die Anwendung von Art. 102 AEUV nicht. Solange sie betroffenen Unternehmen kein bestimmtes Verhalten auferlegen, schützen sie auch nicht vor einem kartellrechtlichen Bußgeld.[37] 26

5. Verordnung (EG) Nr. 169/2009

Die Verordnung (EG) Nr. 169/2009 hat die Verordnung (EWG) 1017/68 abgelöst. Sie übernimmt von der Vorgängerverordnung die Definition des Anwendungsbereichs sowie die gesetzlichen Ausnahmetatbestände für technische Vereinbarungen (Art. 2) und für Gemeinschaften kleiner und mittlerer Unternehmen (Art. 3). Entscheidungspraxis und Rechtsprechung zur Verordnung (EWG) Nr. 1017/68 können damit für die Auslegung der Verordnung herangezogen werden. Die Verordnung enthält keine Bestimmungen zum Marktmachtmissbrauch, so dass sich seine Bedeutung nunmehr auf Vereinbarungen, abgestimmte Verhaltensweisen und Beschlüsse von Unternehmensvereinigungen im Sinne von Art. 101 Abs. 1 AEUV beschränkt. Die verfahrensrechtlichen Bestimmungen der Vorgängerverordnung sind schon mit Einführung der Verordnung (EG) Nr. 1/2003 entfallen. 27

Die Verordnung beansprucht, Wettbewerbsregeln für den Verkehrssektor aufzustellen, die von den allgemeinen Wettbewerbsregeln abweichen.[38] Ob sie diesen Anspruch erfüllen kann, ist bezweifelt worden.[39] Denn nach der Rechtsprechung gelten die Vorschriften der Art. 101 ff. AEUV im Verkehrssektor uneingeschränkt.[40] Festzustellen ist aber auch, dass die Rechtsprechung die Wirksamkeit der Ausnahmetatbestände der Vorgängerverordnung nie in Zweifel gezogen, sondern sie vielmehr vorbehaltlos angewendet hat.[41] Unseres Erachtens stellen die gesetzlichen Ausnahmen in Art. 2 und 3 der Verordnung daher zulässige Konkretisierungen von Art. 101 Abs. 1 und Abs. 3 AEUV dar, die sich im Rahmen des dem Verordnungsgeber einzuräumenden Beurteilungsermessens in komplexen wirtschaftlichen Fragen bewegen. Betroffene Unternehmen können sich unmittelbar auf die gesetzlichen Ausnahmen berufen, müssen jedoch bei ihrer Auslegung die primärrechtlichen Grenzen im Blick behalten. Dies entspricht im Ergebnis auch der Verfahrensweise der Kommission. Nach deren Auffassung haben die gesetzlichen Ausnahmen lediglich „deklaratorischen Charakter".[42] Zugleich misst die Kommission Vereinbarungen, abgestimmte Verhaltensweisen und Beschlüsse von Unternehmensvereinigungen in ihrer Entscheidungspraxis unmittelbar am Maßstab der gesetzlichen Ausnahmen. 28

Die Kommission hat bislang keine Entscheidung auf der Grundlage der Verordnung Nr. 169/2009 getroffen. Die betroffenen Unternehmen müssen – wie bei Art. 101 Abs. 3 AEUV – selbst bewerten, ob ihr Verhalten in den Anwendungsbereich der Verordnung fällt und die Voraussetzungen eines der Ausnahmetatbestände der Art. 2 und 3 erfüllt. 29

Erschwert wird diese Bewertung durch die äußerst bruchstückhaft gebliebene Entscheidungspraxis der Kommission zu der Vorgängerregelung. So liegt keine Entscheidung vor, die sich mit dem Ausnahmetatbestand für Gemeinschaften kleinerer und mittlerer Unter- 30

---

[37] Vgl. EuGH, U. v. 14.10.2010 Rs. C-280/08 P – *Deutsche Telekom AG,* Slg. 2010, I-9555.

[38] VO 169/2009, vierter Erwägungsgrund.

[39] *Stehmann,* Verordnung (EWG) Nr. 1017/68, in: Frohnmeyer/Mückenhausen, EG-Verkehrsrecht (4. EL Dez. 2003), Rn. 5.

[40] EuGH, U. v. 30.4.1986 verb. Rs. 209 bis 213/84 – *Ministère public/Asjes* („Nouvelles Frontières »), Slg. 1986, 1457, Rn. 42.

[41] Bspw. EuG, U. v. 6.6.1995, Rs. T-14/93 – *Union internationale des chemins de fer/Kommission,* Slg. 1995, II-1505.

[42] Komm. E. v. 21.12.1994, IV/33.218 – *Far Eastern Freight Conference,* ABl. 1994 L 378/17, Rn. 66.

nehmen (Art. 3) befasst hat. Auch Entscheidungen, die die Voraussetzungen des Ausnahmetatbestands für technische Vereinbarungen (Art. 2) bejaht haben, sucht man vergeblich. Stattdessen bevorzugte die Kommission stets die individuelle Freistellung gemäß Art. 5 der Vorgängerverordnung, der inhaltlich Art. 101 Abs. 3 AEUV entsprach.

31 **Artikel 1: Anwendungsbereich**

Auf dem Gebiet des Eisenbahn-, Straßen- und Binnenschifffahrtsverkehrs gelten die Vorschriften dieser Verordnung für Vereinbarungen, Beschlüsse und aufeinander abgestimmte Verhaltensweisen, welche die Festsetzung von Beförderungsentgelten und -bedingungen, die Beschränkung oder Überwachung des Angebots von Verkehrsleistungen, die Aufteilung der Verkehrsmärkte, die Anwendung technischer Verbesserungen oder die technische Zusammenarbeit, die gemeinsame Finanzierung oder den gemeinsamen Erwerb von Verkehrsmaterial oder -zubehör, die unmittelbar mit der Verkehrsleistung verknüpft sind, soweit dies für den gemeinsamen Betrieb einer Unternehmensgemeinschaft des Straßen- und Binnenschiffsverkehrs gemäß Artikel 3 erforderlich ist, bezwecken oder bewirken, sowie für beherrschende Stellungen auf dem Verkehrsmarkt. Diese Vorschriften gelten auch für die Tätigkeit des Verkehrshilfsgewerbes, die den oben bezeichneten Zweck oder die oben bezeichneten Wirkungen haben.

32 Art. 1 der Verordnung (EG) Nr. 169/2009 stimmt wörtlich mit Art. 1 der Verordnung (EWG) Nr. 1017/68 überein. Art. 1 Satz 1 regelt den Anwendungsbereich der Verordnung zum einen in sektoraler Hinsicht *(„auf dem Gebiet des Eisenbahn-, Straßen- und Binnenschifffahrtsverkehrs")*, zum anderen im Hinblick auf den Gegenstand des wettbewerbsrechtlich relevanten Verhaltens. Art. 1 Satz 2 erstreckt den Anwendungsbereich der Verordnung auf das Verkehrshilfsgewerbe.

33 Der **sektorale Anwendungsbereich** der Verordnung (EG) Nr. 169/2009 wird nicht durch den Unternehmensgegenstand der betroffenen Unternehmen bestimmt, sondern durch die Dienstleistung, die Gegenstand der in Frage stehenden Vereinbarung ist.[43]

34 Anwendung findet die Verordnung beispielsweise auf Vereinbarungen und Beschlüsse über einen Ausgleichsfonds für die Binnenschifffahrt und dessen Finanzierung,[44] auf die Beschlüsse der *Union Internationale des Chemins de Fer* betreffend die Akkreditierung von Reisebüros für den Verkauf von Bahnfahrkarten,[45] auf Vereinbarungen über gemeinsame Tarifstrukturen für den Verkauf von Traktionsleistung im kombinierten Güterverkehr,[46] auf die Gründung eines Gemeinschaftsunternehmens für den Verkauf von Eisenbahndienstleistungen[47] und auf die Gründung eines Gemeinschaftsunternehmens für grenzüberschreitenden Eisenbahnpassagierverkehr durch den Ärmelkanaltunnel.[48] Weiterhin ist die Verordnung anwendbar auf Verkehrs- und Tarifverbünde zwischen Verkehrsunternehmen des ÖPNV, auch wenn es hierzu keine Entscheidung der Kommission gibt.

35 Die Verordnung gilt auch für Vereinbarungen zwischen Seeverkehrsunternehmen, soweit sie den Landverkehr zum Gegenstand haben.[49] Dies betrifft etwa den Hafenvor- und

---

[43] EuG, U. v. 19.3.2003 Rs. T-213/00 – *CMA CGM u. a./Kommission,* Slg. 2003, II-913, Rn. 72f; vgl. Komm. E. v. 5.6.1996, IV/34.983 – *FENEX,* ABl. 1996 L 181/28, Rn. 23, 25.

[44] Komm. E. v. 10.7.1985, IV/31.029 – *EATE-Beitrag,* ABl. 1985 L 219/35.

[45] EuG, U. v. 6.6.1995 Rs. T-14/93 – *Union internationale des chemins de fer/Kommission,* Slg. 1995, II-1505.

[46] Komm. E. v. 24.2.1993, IV/34.494 – *Tarifstrukturen im kombinierten Güterverkehr,* ABl. 1993 L 73/38.

[47] Komm. E. v. 27.7.1994, IV/34.518 – *ACI,* ABl. 1994 L 224/28.

[48] Komm. E. v. 21.9.1994, IV/34.600 – *European Night Services,* ABl. 1994 Nr. L 259/20.

[49] EuG, U. v. 28.2.2002 Rs. T-86/95 – *Compagnie maritime générale u. a./Kommission,* Slg. 2002, II-1022, Rn. 231ff.

-nachlauf und Absprachen über Preise und Konditionen, die Verladern angeboten werden.[50] Betreffen Vereinbarungen zum multimodalen Transport demnach den Seeverkehr, den Luftverkehr und den Binnenverkehr, so müssen die einzelnen Bestandteile der Vereinbarung grundsätzlich getrennt nach den jeweils einschlägigen Verordnungen beurteilt werden.[51] Auf Hafendienste finden die verkehrssektorspezifischen Regeln grundsätzlich keine Anwendung.[52] Etwas anderes soll jedoch nach Auffassung des EuG in Betracht kommen, wenn Hafendienste und Landtransportdienste in einer Vereinbarung als „seeverkehrsnahe Nebenleistungen" erscheinen, die „im Rahmen des Seeverkehrs berechnet" werden.[53] Dann kommt allerdings nicht die Verordnung (EG) Nr. 169/2009, sondern die Verordnung (EG) Nr. 246/2009 zur Anwendung.

In den sektoralen Anwendungsbereich der Verordnung fallen **horizontale Vereinbarungen** zwischen Verkehrsunternehmen sowie **vertikale Vereinbarungen** zwischen Verkehrsunternehmen und den Nachfragern und Vermittlern von Verkehrsleistungen,[54] soweit sie Verkehrsleistungen des Landtransports oder Tätigkeiten des Verkehrshilfsgewerbes betreffen. Vereinbarungen zwischen Verkehrsunternehmen und Reisebüros über den Vertrieb von Fahrkarten auf Provisionsbasis kommen grundsätzlich ebenfalls in den Genuss der Ausnahmetatbestände der Verordnung, da der Vertrieb von Fahrkarten durch Reisebüros eine Tätigkeit des Verkehrshilfsgewerbes im Sinne von Art. 1 ist.[55] Aus diesem Grund können auch Vereinbarungen zwischen Reisebüros oder zwischen anderen Unternehmen des Verkehrshilfsgewerbes in den sektoralen Anwendungsbereich der Verordnung fallen. Nach Auffassung des EuGH spielt es dabei keine Rolle, ob die Tätigkeit, die Gegenstand der Vereinbarung ist, „unmittelbar" die Erbringung der Verkehrsleistung betrifft[56]. Damit können auch Tätigkeiten, die mit der Erbringung von Verkehrsleistungen lediglich zusammenhängen, in den Anwendungsbereich der VO 169/2009 fallen. In der UIC-Entscheidung setzte das EuG insoweit allerdings voraus, dass die in Frage stehende Tätigkeit des Verkehrshilfsgewerbes für die Verkehrsleistung „unverzichtbar" sein müsse.[57] Begrifflich gehören auch die Lagerei und der Umschlag zu den Tätigkeiten des Verkehrshilfsgewerbes.[58] Die Kommission hat sie jedoch bislang nicht in den Anwendungsbereich der Verordnung einbezogen. Nach ihrer Auffassung fallen Logistikdienstleistungen außerhalb der eigentlichen Verkehrsleistung, wie beispielsweise Zollabwicklung und Warenumschlag, nicht in den Anwendungsbereich der Verordnung.[59] **36**

Nach der Entscheidungspraxis der Kommission zur Vorgängernorm ist für die Eröffnung des sektoralen Anwendungsbereichs zu unterscheiden zwischen *„Handlungen, die den Verkehrsmarkt berühren und die Erbringung einer Verkehrsleistung zum Gegenstand haben"* einerseits und **vorgelagerte Handlungen** andererseits, die nicht in den sektoralen Anwendungsbe- **37**

---

[50] EuG, U. v. 28.2.2002 Rs. T-86/95 – *Compagnie maritime générale u. a./Kommission,* Slg. 2002, II-1022, Rn. 276.

[51] Bspw. Komm. E. v. 19.10.1994, IV/34.446 – *Trans Atlantic Agreement,* ABl. 1994 L 376/1, Rn. 304; Komm. E. v. 16.5.2000, IV/34.018 – *Far East Trade Tariff Charges and Surcharges Agreement (FETTCSA),* ABl. 2000 L 268/1, Rn. 123.

[52] Komm. E. v. 16.5.2000, IV/34.018 – *Far East Trade Tariff Charges and Surcharges Agreement (FETTCSA),* ABl. 2000 L 268/1, Rn. 128.

[53] EuG, U. v. 19.3.2003 Rs. T-213/00 – *CMA CGM u. a./Kommission,* Slg. 2003, II-913, Rn. 84.

[54] Komm. E. v. 10.7.1985 – *EATE-Beitrag,* ABl. 1985 L 219/35.

[55] EuG, U. v. 6.6.1995 Rs. T-14/93 – *Union internationale des chemins de fer/Kommission,* Slg. 1995, II-1505, Rn. 56; bestätigt in EuGH, U. v. 11.3.1997 Rs. C-264/95 P – *Kommission/Union internationale des chemins de fer,* Slg. 1997, I-1312.

[56] EuGH, U. v. 11.3.1997 Rs. C-264/95 P – *Kommission/Union internationale des chemins de fer,* Slg. 1997, I-1312, Rn. 28; anders noch Komm. E. v. 25.11.1992, IV/33.585 – *Verkauf von Fahrausweisen im Eisenbahnverkehr durch Reisebüros,* ABl. 1992 L 366/47.

[57] EuG, U. v. 6.6.1995 Rs. T-14/93 – *Union internationale des chemins de fer/Kommission,* Slg. 1995, II-1505, Rn. 56.

[58] *Stehmann,* Verordnung (EWG) Nr. 1017/68, in: Frohnmeyer/Mückenhausen, EG-Verkehrsrecht (4. EL Dez. 2003), Rn. 9.

[59] Komm. E. v. 5.6.1996, IV/34.983 – *FENEX,* ABl. 1996 L 181/28, Rn. 27.

reich der Verordnung fallen.[60] Entscheidend sei, inwieweit sich der Gegenstand der Vereinbarung auf den Markt für die Erbringung von Verkehrsleistungen bezieht. Die Bereitstellung von **Verkehrsinfrastruktur** beurteile sich grundsätzlich nicht nach der Verordnung.[61] Bei einem Vertrag zwischen einem Verkehrsinfrastrukturbetreiber und einem Verkehrsunternehmen über die Nutzung von Verkehrsinfrastruktur sind die Bestimmungen des Vertrags, die das Vorhalten der Infrastruktur betreffen, dem Anwendungsbereich der Verordnung entzogen.[62] Die Frage, ob dies auch insoweit gilt, als die Vereinbarung über die Nutzung der Verkehrsinfrastruktur wettbewerbsbeschränkende Wirkungen auf dem nachgelagerten Markt für die Erbringung der Verkehrsleistungen hat, hat die Kommission zwar nicht ausdrücklich adressiert. Nach der Entscheidungspraxis dürfte die Verordnung (EG) Nr. 169/2009 in diesem Fall unanwendbar sein, da die Kommission sie nicht am Maßstab der Verordnung gemessen hat.[63] Die wettbewerbsrechtliche Beurteilung von Vereinbarungen über die Infrastrukturnutzung erfolgt daher auf den Grundlagen des allgemeinen Kartellrechts und des Regulierungsrechts. Soweit die Vereinbarung über die Infrastrukturnutzung auch Bestimmungen über die Erbringung von Verkehrsleistungen zwischen den Vertragsparteien enthält, kommt die Verordnung dagegen zur Anwendung.

38 Der **sachliche Anwendungsbereich** der Verordnung (EG) Nr. 169/2009 ist eröffnet, wenn die Vereinbarungen, abgestimmten Verhaltensweisen oder Beschlüsse von Unternehmensvereinigungen Folgendes bezwecken oder bewirken:

– die Festsetzung von Beförderungsentgelten und -bedingungen;
– die Beschränkung oder Überwachung des Angebots von Verkehrsleistungen;
– die Aufteilung der Verkehrsmärkte;
– die Anwendung technischer Verbesserungen oder die technische Zusammenarbeit;
– die gemeinsame Finanzierung oder den gemeinsamen Erwerb von Verkehrsmaterial oder -zubehör, die unmittelbar mit der Verkehrsleistungen verknüpft sind, soweit dies für den gemeinsamen Betrieb einer Unternehmensgemeinschaft des Straßen- und Binnenschiffsverkehrs gemäß Art. 3 der Verordnung erforderlich ist.[64]

39 Für die Auslegung der Begriffe „Vereinbarung", „abgestimmte Verhaltensweise" und „Beschlüsse von Unternehmensvereinigungen" ist auf Art. 101 Abs. 1 AEUV zurückzugreifen. Die Verordnung findet auch Anwendung auf Vereinbarungen zwischen Branchenverbänden,[65] soweit diese unter Art. 101 Abs. 1 AEUV fallen.

40 Die Einbeziehung der „beherrschenden Stellungen auf dem Verkehrsmarkt" in den Anwendungsbereich der Verordnung ist gegenstandslos. Denn der Regelungsgehalt der Verordnung erschöpft sich in der Definition von Ausnahmetatbeständen vom Kartellverbot des Artikel 101 Abs. 1 AEUV. Zum Verbot des Missbrauchs einer marktbeherrschenden Stellung gemäß Art. 102 AEUV trifft die Verordnung keine Regelung. Daher dürfte es sich insoweit um ein Redaktionsversehen bei Übernahme der Bestimmung aus der Vorgängerverordnung handeln.

41 **Artikel 2: Gesetzliche Ausnahme für die technischen Vereinbarungen**

(1) **Das Verbot des Artikels 81 Absatz 1 des Vertrags gilt nicht für Vereinbarungen, Beschlüsse und aufeinander abgestimmte Verhaltensweisen, die ausschließlich die**

[60] Komm. E. v. 13.12.1994, IV/32.490 – *Eurotunnel,* ABl. 1994 L 354/66, Rn. 46.
[61] Komm. E. v. 13.12.1994, IV/32.490 – *Eurotunnel,* ABl. 1994 L 354/66, Rn. 48.
[62] Komm. E. v. 13.12.1994, IV/32.490 – *Eurotunnel,* ABl. 1994 L 354/66, Rn. 49.
[63] Komm. E. v. 13.12.1994, IV/32.490 – *Eurotunnel,* ABl. 1994 L 354/66, Rn. 49.
[64] Die Erforderlichkeitsprüfung bezieht sich nur auf die gemeinsame Finanzierung und den gemeinsamen Erwerb von Verkehrsmaterial oder -zubehör, vgl. Komm. E. v. 5.6.1996, IV/34.983 – *FENEX,* ABl. 1996 L 181/28, Rn. 24.
[65] EuGH, U. v. 20.5.1987 Rs. 272/92 – *ANTIB/Kommission,* Slg. 1987, 2201, Rn. 19 ff.; Komm. E. v. 10.7.1985 – *EATE-Beitrag,* ABl. 1985 L 219/35, Rn. 40.

Anwendung technischer Verbesserungen oder die technische Zusammenarbeit bezwecken und bewirken, und zwar durch:

a) die einheitliche Anwendung von Normen und Typen für Material, Betriebsmittel für den Verkehr, Fahrzeuge und feste Einrichtungen;

b) den Austausch oder die gemeinsame Verwendung von Personal, Material, Fahrzeugen oder festen Einrichtungen zur Durchführung von Beförderungen;

c) die Regelung und Durchführung von Anschlussbeförderungen, ergänzenden Beförderungen, Ersatzbeförderungen oder kombinierten Beförderungen sowie die Aufstellung und Anwendung von Gesamtpreisen und Gesamtbedingungen einschließlich Wettbewerbspreisen auf diese Beförderungen;

d) die Leitung des Verkehrs innerhalb desselben Verkehrsträgers über den betrieblich zweckmäßigsten Verkehrsweg;

e) die Abstimmung der Fahrpläne für aufeinander folgende Strecken;

f) die Zusammenfassung von Einzelladungen;

g) die Aufstellung einheitlicher Regeln für die Struktur der Beförderungstarife und die Bedingungen für deren Anwendung, soweit dadurch nicht die Preise und Beförderungsbedingungen festgelegt werden.

(2) **Die Kommission unterbreitet dem Rat gegebenenfalls Vorschläge zur Ausweitung oder Kürzung der Aufzählung in Absatz 1.**

Art. 2 enthält eine Ausnahme von dem Verbot des Art. 101 Abs. 1 AEUV für technische Vereinbarungen. Für die Auslegung der Vorschrift kann auf Artikel 2 Absatz 1 der VO (EWG) Nr. 4056/86 zurückgegriffen werden, soweit die Vorschriften denselben Wortlaut haben.[66] **42**

Gemeinsames Merkmal der in Art. 2 aufgeführten Ausnahmen vom Verbot des Art. 101 Abs. 1 AEUV ist es, dass die in Frage stehenden Vereinbarungen, Beschlüsse oder abgestimmten Verhaltensweisen *„ausschließlich die Anwendung technischer Verbesserungen oder die technische Zusammenarbeit"* bezwecken und bewirken. Während für das Kartellverbot des Art. 101 Abs. 1 AEUV eine bezweckte oder eine bewirkte Wettbewerbsbeschränkung ausreichend ist, setzt der Ausnahmetatbestand nach seinem Wortlaut voraus, dass sowohl der Zweck als auch die Wirkung der Vereinbarung diese nach Art. 2 legitimiert. Diese Besonderheit wurde im Hinblick auf die Parallelvorschrift in Artikel 2 Abs. 1 der VO (EWG) Nr. 4056/86 als systemwidrig und damit als Redaktionsversehen qualifiziert.[67] **43**

Art. 2 definiert den Begriff der technischen Vereinbarung nicht, sondern setzt ihn voraus. In der Literatur wurde ausgehend vom Wortsinn des Adjektivs „technisch" vorgeschlagen, den Begriff der technischen Vereinbarung auf solche Vereinbarungen zu beschränken, die die Zusammenarbeit auf das Verfahren gewisser Rationalisierungen beschränken, ohne sie auf die Nutzung der Ergebnisse zu erstrecken.[68] Es ist richtig, dass Vereinbarungen zum Verfahren der Rationalisierung grundsätzlich als technische Vereinbarungen qualifiziert werden können. Fraglich ist jedoch, ob diese Definition alle technischen Vereinbarungen erfasst. **44**

Anhaltspunkte dafür, welche Arten von Vereinbarungen technischer Art sind, könnte die Auflistung der Buchstaben a) bis g) liefern. Denn jeder der dort genannten Absprachentypen muss als technische Vereinbarung möglich sein. Andernfalls wäre die Aufzählung gegenstandslos. Die Kommission hat in ihrer Entscheidungspraxis indessen den umgekehrten Ansatz gewählt. Sie prüft zunächst – ohne Rücksicht auf die Buchstaben a) bis g) – ob der **45**

---

[66] Komm. E. v. 16.5.2000, IV/34.018 – *Far East Trade Tariff Charges and Surcharges Agreement (FETTCSA),* ABl. 2000 L 268/1, Rn. 161.

[67] *Stehmann,* Verordnung (EWG) Nr. 1017/68, in: Frohnmeyer/Mückenhausen, EG-Verkehrsrecht (4. EL Dez. 2003), Ziff. 2, Rn. 43.

[68] *Stehmann,* Verordnung (EWG) Nr. 1017/68, in: Frohnmeyer/Mückenhausen, EG-Verkehrsrecht (4. EL Dez. 2003), Ziff. 2, Rn. 39.

in Frage stehende Vorgang „ausschließlich technischer" Art ist. Dabei grenzt sie technische Vereinbarungen in erster Linie negativ ab von „kommerziellen" Vereinbarungen, also Vereinbarungen, die die Vermarktung betreffen. Eine Vereinbarung, die auf die Einnahmen von Verkehrsunternehmen bezogen sei, ginge über die Vereinbarung technischer Verbesserungen oder der technischen Zusammenarbeit hinaus.[69] Ebenso kritisch sieht es die Kommission, wenn Bahnunternehmen einzelne Leistungen bündeln und ausschließlich über ein Spezialunternehmen als einheitliche Leistung am Markt anbieten.[70] Generell falle die Art der Vermarktung nicht unter die technische Zusammenarbeit. Dies schließe insbesondere Vereinbarungen über die Vermarktung, Leistungsdefinition, Geschäftsbedingungen, Einkauf, Preissystem, Vertrieb und Abrechnung zwischen Verkehrsunternehmen aus.[71] Auch die Gründung eines Gemeinschaftsunternehmens, das die Vermarktung von Beförderungsleistungen im Reiseverkehr bezweckt, sei keine ausschließlich technische Vereinbarung.[72] Eine komplexe Vereinbarung, die auch technische Verbesserungen beinhaltet, kommt nicht in den Genuss der gesetzlichen Ausnahme des Art. 2 der VO Nr. 169/2009, wenn sie zugleich auch wettbewerbsbeschränkende Bestimmungen enthält, die unmittelbar das Angebot der Verkehrsleistung am Markt zum Gegenstand haben.[73]

46 Das Bestreben der Kommission, Vereinbarungen zwischen Verkehrsunternehmen mit wettbewerbsbeschränkender Zielrichtung das Privileg des Art. 2 der Verordnung zu verweigern, ist verständlich. Die Vereinbarungen, die in diesem Zusammenhang Gegenstand der Entscheidungspraxis waren, hatten zum Teil das Ziel, den durch die Liberalisierung des Schienengüterverkehrs ermöglichten Wettbewerb zwischen Eisenbahnunternehmen einzudämmen. Dennoch geht die Kommission mit ihrer Aussage, Vereinbarungen mit Marktbezug seien generell keine ausschließlich technischen Vereinbarungen, zu weit. Denn diese Auslegung des Adjektivs „technisch" lässt insbesondere für die in Buchstabe c) genannten Vereinbarungen keinen Anwendungsbereich. Damit kann der Ansatz der Kommission, jedenfalls solange er keine Gegenausnahmen vorsieht, nicht richtig sein. Er widerspricht auch der Rechtsprechung des EuG. Sie erlaubt unter Art. 2 Abs. 1 Buchst. c) Vereinbarungen, mit denen eine zwischen Verkehrsunternehmen abgestimmte Gesamtverkehrsleistung zu einem abgestimmten Preis angeboten wird, wenn die Verkehrsunternehmen einzelne Teilleistungen an der Gesamtleistung erbringen.[74] Technische Vereinbarungen können also durchaus einen Marktbezug haben; sie dürfen allerdings nicht die Handlungsfreiheit der an der Vereinbarung beteiligten Unternehmen beschneiden.

47 Vor dem Hintergrund dieser restriktiven Praxis wird zum Teil vertreten, dass die verkehrsrechtlichen Legalausnahmen keine spürbaren wettbewerblichen Auswirkungen erlauben, auch wenn diese mit dem Ausnahmetatbestand wesensmäßig verbunden sind.[75]

48 Wie sich aus dem Wortlaut sowie aus Art. 2 Abs. 2 ergibt, setzt der Ausnahmetatbestand weiterhin voraus, dass eine technische Vereinbarung vorliegt, die einem der in lit. a) bis g) abschließend aufgezählten Absprachetypen zugeordnet werden kann.[76]

49 **Buchstabe a)** betrifft Vereinbarungen zur technischen Standardisierung und Vereinheitlichung. Gerade im Bereich des Schienenverkehrs dürften entsprechende Regelungen, soweit sie nicht ohnehin hoheitlich gesetzt werden, häufig Voraussetzung dafür sein, dass überhaupt grenzüberschreitender Verkehr stattfindet. Standardisierungsvereinbarungen sind

---

[69] Komm. E. v. 24.2.1993, IV/34.494 – *Tarifstrukturen im kombinierten Güterverkehr,* ABl. 1993 L 73/38, Rn. 41, 43.

[70] Vgl. Komm. E. v. 29.3.1994, IV/33.941 – *HOV-SVZ/MCN,* ABl. 1994 L 104/34, Rn. 95.

[71] Komm. E. v. 29.3.1994, IV/33.941 – *HOV-SVZ/MCN,* ABl. 1994 L 104/34, Rn. 93–95.

[72] Komm. E. v. 21.9.1994, IV/34.600 – *European Night Services,* ABl. 1995 L 259/20, Rn. 55 ff.

[73] Vgl. Komm. E. v. 29.3.1994, IV/33.941 – *HOV-SVZ/MCN,* ABl. 1994 L 104/34, Rn. 97.

[74] EuG, U. v. 21.10.1997 Rs. T-229/94 – *Deutsche Bahn/Kommission,* Slg. 1997, II-1695, Rn. 39.

[75] *Dolfen,* Der Verkehr im europäischen Wettbewerb (1991), S. 173.

[76] *Stehmann,* Verordnung (EWG) Nr. 1017/68, in: Frohnmeyer/Mückenhausen, EG-Verkehrsrecht (4. EL Dez. 2003), Ziff. 2, Rn. 39.

auch nach den Wertungen des allgemeinen Kartellrechts regelmäßig nicht wettbewerbswidrig, vorausgesetzt die standardisierte Technik steht allen Beteiligten zu fairen, zumutbaren und nicht-diskriminierenden Bedingungen zur Verfügung.[77] Nach dem Wortlaut erfasst der Ausnahmetatbestand lediglich die Anwendung einheitlicher technischer Standards, nicht jedoch deren Entwicklung. Hieraus ist gefolgert worden, dass Vereinbarungen über die Entwicklung technischer Standards nicht dem Ausnahmetatbestand zuzuordnen sind.[78] Das ist zumindest zweifelhaft. Denn die Entwicklung geht der Anwendung voraus. Es dürfte häufig nicht zu zusätzlichen wettbewerblichen Auswirkungen kommen, wenn technische Normen, zu deren Anwendung sich die Parteien verpflichten, zuvor auf der Grundlage einer Vereinbarung der Parteien entwickelt wurden. Nicht anwendbar ist Buchstabe a) auf Vereinbarungen auf der Ebene der Hersteller.

Buchstabe b) betrifft Vereinbarungen über den Austausch oder die gemeinsame Ver- 50
wendung der Ressourcen Personal, Material, Fahrzeuge und feste Einrichtungen. Diese Legalausnahme soll die Kapazitätsauslastung verbessern und insbesondere zur Vermeidung von Leerbewegungen beitragen.[79] Austauschverträge über Ressourcen zwischen Wettbewerbern können den Wettbewerb beeinträchtigen, weil im Falle einer entgeltlichen Überlassung Einfluss auf die Kosten auf der Vorleistungsebene des Wettbewerbers genommen werden kann. Sie sind jedoch als Kollegenlieferungen auch nach allgemeinem Kartellrecht grundsätzlich erlaubt und dürften häufig erst den Marktzugang ermöglichen. Die gemeinsame Verwendung von Ressourcen kann zu einer effizienteren Nutzung von Ressourcen und damit zu Kostenersparnissen beitragen.

Buchstabe c) ermöglicht die Abstimmung einzelner Verkehrsleistungen im Rahmen 51
einer Transportkette (intermodaler Verkehr) oder eines Verbundverkehrssystems, wie es im ÖPNV üblich ist. Derartige Vereinbarungen können grundsätzlich zu einer qualitativen Verbesserung des Angebots beitragen. Konkret nennt die Vorschrift Anschlussbeförderungen, ergänzende Beförderungen, Ersatzbeförderungen und kombinierte Beförderungen. Anschlussbeförderung ist der aufeinander folgende Einsatz mehrerer Verkehrsunternehmen zur Durchführung des Transports, wobei während des Transports das Verkehrsmittel gewechselt wird.[80] Bleibt das zu transportierende Gut während des gesamten Transports in einer Ladeeinheit zusammengefasst, handelt es sich um eine kombinierte Beförderung.[81] Bei ergänzenden Beförderung und der Ersatzbeförderung wird ein zweites Verkehrsunternehmen zusätzlich oder anstelle des ersten Verkehrsunternehmens tätig.[82] Nach Buchstabe c) sind auch Vereinbarungen über *„Gesamtpreise … einschließlich Wettbewerbspreise"* zulässig. Die genaue Bestimmung der Reichweite dieser Ausnahme fällt allerdings nicht leicht. Einerseits darf die Vorschrift nicht in einer Weise ausgelegt werden, die dazu führt, dass Preisabsprachen zwischen Wettbewerbern erlaubt wären. Andererseits muss der Ausnahme für die Vereinbarung von Gesamtpreisen einschließlich Wettbewerbspreisen ein eigener Anwendungsbereich verbleiben. Die Rechtsprechung hat sich für eine restriktive Auslegung der Vorschrift ausgesprochen. Der Begriff „Gesamtpreise" sei so zu verstehen, dass er „durchgerechnete" Preise bezeichnet, die die einzelnen nationalen Teile einer transnationalen Strecke umfassen.[83] Der Begriff „Wettbewerbspreis" sei dagegen so zu verstehen, dass er es den verschiedenen Unternehmen, die auf derselben transnationalen Strecke tätig sind,

---

[77] Vgl. Kommission, Leitlinien zur Anwendbarkeit von Artikel 101 AEUV auf Vereinbarungen über horizontale Zusammenarbeit, ABl. Nr. C 11/1 v. 14.1.2011, Ziff. 7.

[78] *Dolfen,* Der Verkehr im europäischen Wettbewerb (1991), S. 173.

[79] *Dolfen,* Der Verkehr im europäischen Wettbewerb (1991), S. 175.

[80] *Dolfen,* Der Verkehr im europäischen Wettbewerb (1991), S. 176.

[81] Vgl. Art. 1 Richtlinie 92/106/EWG des Rates vom 7.12.1992 über die Festlegung gemeinsamer Regeln für bestimmte Beförderungen im kombinierten Güterverkehr zwischen Mitgliedstaaten, ABl. 1992 L 368/38.

[82] *Dolfen,* Der Verkehr im europäischen Wettbewerb (1991), S. 176.

[83] EuG, U. v. 21.10.1997 Rs. T-229/94 – *Deutsche Bahn/Kommission,* Slg. 1997 II-1695, Rn. 39.

ermöglicht, Gesamtpreise so festzusetzen, dass sie nicht nur die Tarife jedes einzelnen von ihnen addieren, sondern an dieser Addition gemeinsame Anpassungen vornehmen, um die Wettbewerbsfähigkeit gegenüber anderen Beförderungsarten zu gewährleisten.[84] Es ist Verkehrsunternehmen, auch wenn sie aktuelle oder potentielle Wettbewerber sind, daher möglich, Vereinbarungen über gemeinsame Angebote abzuschließen. Dabei darf jedoch nach der Rechtsprechung die Autonomie des einzelnen Unternehmens hinsichtlich der Festsetzung seiner eigenen Tarife aufgrund seiner Wettbewerbsinteressen nicht „völlig" ausgeschaltet werden.[85]

52 **Buchstabe d)** enthält eine Ausnahme für Vereinbarungen, abgestimmte Verhaltensweisen und Beschlüsse für die Leitung des Verkehrs innerhalb desselben Verkehrsträgers über den betrieblich zweckmäßigsten Verkehrsweg. Verkehrsträger sind Schienenverkehr, Straßengüterverkehr, Straßenpersonenverkehr und Binnenschifffahrt. Denkbar sind insoweit Vereinbarungen, mit denen Verkehrsunternehmen die Nutzung der Verkehrsinfrastruktur untereinander abstimmen, um Überlastungen zu vermeiden und die Nutzung vorhandener Infrastrukturkapazitäten zu optimieren. Eine praktische Rolle spielt diese Legalausnahme für Wegeleitungsabkommen im internationalen Eisenbahnverkehr.[86] Vereinbarungen, abgestimmte Verhaltensweisen und Beschlüsse von Unternehmensvereinigungen über die Nutzung von Verkehrsinfrastruktur, die eine Marktaufteilung bezwecken oder bewirken, sind von der Ausnahme nicht erfasst.

53 **Buchstabe e)** betrifft die Abstimmung der Fahrpläne für aufeinander folgende Strecken. Die Abstimmung von Fahrplänen spielt in der Personenbeförderung eine Rolle, beispielsweise die Abstimmung von lokalem Zubringerverkehr zu Bahnhöfen und weiterführendem Schienenpersonenverkehr. Die Vorschrift ergänzt die Legalausnahme für Anschlussbeförderungen. Die abgestimmten Fahrpläne müssen sich auf aufeinanderfolgende, also unterschiedliche Strecken beziehen. Eine Abstimmung der Fahrpläne von Strecken, die miteinander im Wettbewerb stehen, ist deshalb auf der Grundlage von Buchstabe e) nicht vom Verbot des Art. 101 Abs. 1 AEUV ausgenommen.

54 **Buchstabe f)** ermöglicht die Zusammenfassung von Einzelladungen. Auch diese Ausnahme betrifft Maßnahmen zur Rationalisierung und zur Effektivitätssteigerung des Transports, indem Synergien zur besseren Nutzung von Kapazitäten genutzt werden. Auch insoweit gilt, dass vertragliche Bestimmungen, die über die eigentliche Zusammenfassung der Einzelladungen hinaus die Handlungsfreiheit der Beteiligten beschränken, nicht unter den Ausnahmetatbestand fallen.

55 **Buchstabe g)** ermöglicht die Aufstellung einheitlicher Regeln für die Struktur der Beförderungstarife und die Bedingungen für deren Anwendung, soweit dadurch nicht die Preise und Beförderungsbedingungen festgelegt werden. Hintergrund dieser Ausnahme ist, dass einheitliche Regeln über Preisstrukturen die Vergleichbarkeit der Angebote für die Nachfrageseite erhöhen und auf diese Weise wettbewerbsfördernd wirken können. Buchstabe g) erlaubt dagegen nicht die Festlegung von Preiskomponenten der Höhe nach, weil dadurch der Preiswettbewerb zwischen den Beteiligten beeinträchtigt wird. Vereinbaren Bahnunternehmen also eine Regelung, wonach „Nebenkosten" auf 1 % des Gesamtpreises der Traktionsleistung festgelegt werden, so betrifft dies nicht (nur) die Preisstruktur, sondern die Festlegung des Preises selbst.[87]

Von der in Art. 2 Abs. 2 vorgesehenen Möglichkeit zur Ausweitung oder Kürzung der Liste der vom Kartellverbot ausgenommenen technischen Vereinbarungen wurde bislang kein Gebrauch gemacht.

---

[84] EuG, U. v. 21.10.1997 Rs. T-229/94 – *Deutsche Bahn/Kommission,* Slg. 1997, II-1695, Rn. 39.
[85] EuG, U. v. 21.10.1997 Rs. T-229/94 – *Deutsche Bahn/Kommission,* Slg. 1997, II-1695, Rn. 39.
[86] *Dolfen,* Der Verkehr im europäischen Wettbewerb (1991), S. 178.
[87] Komm.E. v. 24.2.1993, IV/34.494 – *Tarifstrukturen im kombinierten Güterverkehr,* ABl. 1993 L 73/38, Rn. 40f., 47f.

Artikel 3: Ausnahme für Gemeinschaften kleiner und mittlerer Unternehmen 56

(1) **Die in Artikel 81 Absatz 1 des Vertrags genannten Vereinbarungen, Beschlüsse und aufeinander abgestimmte Verhaltensweisen sind von dem dort ausgesprochenen Verbot ausgenommen, wenn sie Folgendes zum Gegenstand haben:**

a) die Bildung und die Tätigkeit von Unternehmensgemeinschaften des Straßen- und Binnenschiffsverkehrs;

b) die gemeinsame Finanzierung oder den gemeinsamen Erwerb von Verkehrsmaterial oder -zubehör, die unmittelbar mit der Verkehrsleistung verknüpft sind, soweit dies für den gemeinsamen Betrieb dieser Unternehmensgemeinschaften erforderlich ist;

und wenn die Gesamtladekapazität der Unternehmensgemeinschaft folgende Mengen nicht überschreitet:

i) 10 000 Tonnen bei Beförderungen im Straßenverkehr;

ii) 500 000 Tonnen bei Beförderungen im Binnenschiffsverkehr.

Die Kapazität jedes an der Gemeinschaft beteiligten Einzelunternehmens darf 1 000 Tonnen bei Beförderungen im Straßenverkehr oder 50 000 Tonnen bei Beförderungen im Binnenschiffsverkehr nicht übersteigen.

(2) **Hat die Durchführung von Vereinbarungen, Beschlüssen oder aufeinander abgestimmten Verhaltensweisen der in Absatz 1 bezeichneten Art im Einzelfall Wirkungen, die mit den in Artikel 81 Absatz 3 des Vertrags bezeichneten Voraussetzungen unvereinbar sind, so können die beteiligten Unternehmen und Unternehmensvereinigungen verpflichtet werden, diese Wirkungen abzustellen.**

57 Artikel 3 Abs. 1 der VO (EG) Nr. 169/2009 entspricht inhaltlich der Vorgängerregelung in Art. 4 der VO (EWG) Nr. 1017/68. Bei der als „Ausnahme" bezeichneten Regelung handelt es sich in der Sache um einen Gruppenfreistellungstatbestand, der Art. 101 Abs. 1 AEUV konkretisiert. Dies folgt daraus, dass die Kommission in Art. 3 Abs. 2 die Möglichkeit hat, gegen die Vereinbarungen einzuschreiten, wenn deren Durchführung den Vorgaben des Art. 101 Abs. 1 AEUV widerspricht. Art. 3 Abs. 1 ist unmittelbar anwendbar und bedarf keiner Entscheidung der Kommission.

58 Der Geltungsbereich von Art. 3 Abs. 1 ist auf Gemeinschaften zur Beförderung von Gütern im Straßenverkehr und im Binnenschiffsverkehr beschränkt. Die Güterbeförderung im Eisenbahnverkehr oder im kombinierten Verkehr unter Einbeziehung des Eisenbahngüterverkehrs wird nicht erfasst. Dies dürfte damit zu erklären sein, dass mittelständische Strukturen im Eisenbahngüterverkehr, der durch die starke Marktpräsenz der (ehemaligen) staatlichen Bahnunternehmen gekennzeichnet ist, kaum anzutreffen sein dürften. Offen ist, ob Art. 3 Abs. 1 im kombinierten Güterverkehr zwischen Straße und Binnenschifffahrt anwendbar ist. Art. 3 Abs. 1 lit. a) (*„Bildung und Tätigkeit von Unternehmensgemeinschaften des Straßen- und Binnenschiffsverkehrs"*) könnte als Anhaltspunkt dafür genannt werden, dass auch der kombinierte Straßen- und Binnenschiffsverkehr in den Anwendungsbereich der Regelung fällt. Dabei dürfte es sich jedoch um einen Übersetzungsfehler handeln, da andere Sprachfassungen an dieser Stelle ein „oder" enthalten. Dagegen spricht außerdem, dass die Regelung zum einen „Beförderungen im Straßenverkehr", zum anderen „Beförderungen im Binnenschiffsverkehr" anspricht und keine spezifischen Schwellenwerte für Beförderungen im kombinierten Verkehr vorsieht. Art. 3 Abs. 1 ist auf den Personenverkehr nicht anwendbar. Dies ergibt sich mittelbar daraus, dass der Anwendungsbereich der Regelung über die Ladekapazität in Tonnen definiert wird.

59 Bei der Bestimmung der Ladekapazität der Unternehmen kann beim Transport mit Sattelzügen bzw. Schubverbänden die Frage auftreten, wie mit Abweichungen zwischen der Ladekapazität als solcher und der Kapazität, die Ladung mit eigenen Zugmaschinen bzw. Schubschiffen auch zu transportieren, umzugehen ist. Nach dem Wortlaut der Regelung

kommt es insoweit nur auf die Ladekapazität an. Dieser Ansatz erscheint auch zutreffend, weil Unternehmen die Zug- bzw. Schubkapazität kurzfristig am Markt beschaffen können.

60 Gegenstand der Ausnahme des **Art. 3 Abs. 1 lit. a)** sind Vereinbarungen, Beschlüsse und aufeinander abgestimmte Verhaltensweisen, die die Bildung und die Tätigkeit von Unternehmensgemeinschaften des Straßen- und Binnenschiffsverkehrs zum Gegenstand haben. Die Ausnahme ist denkbar weit gefasst und gegenständlich nur durch das Erfordernis einer „Unternehmensgemeinschaft" eingegrenzt.

61 Unter den Begriff der Unternehmensgemeinschaft im Sinne von Art. 3 Abs. 1 fallen zunächst Gemeinschaftsunternehmen (Joint Ventures). Soweit es sich dabei um sogenannte Vollfunktions-Gemeinschaftsunternehmen im Sinne von Art. 3 Abs. 4 VO (EG) Nr. 139/2004 (FKVO) handelt, und die Schwellenwerte der FKVO überschritten werden, erfolgt eine Beurteilung im Rahmen des Fusionskontrollverfahrens. Eine Überprüfung anhand von Art. 101 AEUV, in deren Rahmen es wiederum auf den Freistellungstatbestand des Art. 3 Abs. 1 ankommen kann, findet dabei gemäß Art. 2 Abs. 4 FKVO im Hinblick auf eventuelle Koordinationseffekte zwischen den an dem Vollfunktions-Gemeinschaftsunternehmen beteiligten Unternehmen statt. Bei Vollfunktions-Gemeinschaftsunternehmen, die die Schwellenwerte der FKVO nicht erreichen, erfolgt eine Prüfung anhand von Art. 101 AEUV, in deren Rahmen der Freistellungstatbestand des Art. 3 Abs. 1 eine Rolle spielen kann, ebenfalls unter der Voraussetzung und insoweit, als das Gemeinschaftsunternehmen die Koordinierung des Wettbewerbsverhaltens unabhängig bleibender Unternehmen (der Gründer) bezweckt oder bewirkt (vgl. Art. 21 Abs. 1 FKVO).

62 Sodann dürfte der Begriff der Unternehmensgemeinschaft grundsätzlich auch sog. Teilfunktions-Gemeinschaftsunternehmen erfassen, die nur bestimmte Funktionen für die Gründer übernehmen und denen die eigenständige Lebensfähigkeit am Markt fehlt. Teilfunktions-Gemeinschaftsunternehmen werden EU-kartellrechtlich ausschließlich am Maßstab des Art. 101 AEUV gemessen, in dessen Rahmen der Freistellungstatbestand des Art. 3 Abs. 1 zur Entfaltung kommt.

63 Jedoch führt noch nicht jede Vereinbarung zwischen Unternehmen mit Wettbewerbsbezug zur Bildung einer Unternehmensgemeinschaft. Von einer Unternehmensgemeinschaft kann nur gesprochen werden, wenn die beteiligten Unternehmen zu einem gemeinsamen Ziel zusammenwirken. Dabei kann es sich um Vereinbarungen zur gemeinsamen Erbringung von Transportleistungen handeln, die die einzelnen Unternehmen nicht alleine erbringen können. Ebenso kann eine Unternehmensgemeinschaft zur Zusammenlegung bestimmter unternehmensinterner Funktionen oder zur Nutzung gemeinsamer Infrastrukturen geschaffen werden, wie z.B. Lagerstätten oder Umschlagplätze. Ob Wettbewerbsbeschränkungen zwischen den beteiligten Unternehmen im Rahmen von Art. 3 Abs. 1 lit. a) zulässig sind, lässt sich nicht pauschal beantworten. Dass nicht alle Wettbewerbsbeschränkungen im Zusammenhang mit der Bildung oder Tätigkeit einer Unternehmensgemeinschaft in den Genuss der Freistellung des Art. 3 Abs. 1 lit. a) kommen können, zeigt ein Vergleich mit Art. 3 Abs. 1 lit. b), bei dem es sich um einen Sonderfall von Art. 3 Abs. 1 lit. a) handelt. Dort wird die gemeinsame Finanzierung oder der gemeinsame Erwerb von Verkehrsmaterial und -zubehör vom Verbot des Art. 1 Abs. 1 AEUV ausgenommen, vorausgesetzt, dass eine unmittelbare Verknüpfung mit der Verkehrsleistung bestehen muss, und dass die Vereinbarung für den gemeinsamen Betrieb der Unternehmensgemeinschaft erforderlich sein muss. Diese Wertung muss bei Wettbewerbsbeschränkungen im Zusammenhang mit der Bildung oder Tätigkeit einer Unternehmensgemeinschaft generell gelten. Entscheidend muss daher sein, inwieweit Wettbewerbsbeschränkungen für die Tätigkeit der Unternehmensgemeinschaft erforderlich sind. Als Orientierungshilfe kann hier die Bekanntmachung der Kommission über Einschränkungen des Wettbewerbs, die mit der Durchführung von Unternehmenszusammenschlüssen unmittelbar verbunden und für diese notwendig sind,[88]

[88] ABl. 2005 C 56/24.

dienen.[89] Vereinbarungen, die unter dem Deckmantel der Bildung einer Unternehmensgemeinschaft lediglich darauf abzielen, Märkte aufzuteilen und Preise abzusprechen, werden nicht von Art. 3 Abs. 1 lit. a) erfasst. Akzessorische Wettbewerbsbeschränkungen in reinen Austauschverträgen zwischen Verkehrsunternehmen können regelmäßig nicht über Art. 3 Abs. 1 lit. a) legitimiert werden, weil durch Austauschverträge keine Unternehmensgemeinschaft begründet wird.

Art. 3 Abs. 1 lit. b) erlaubt die gemeinsame Finanzierung und den gemeinsamen Erwerb von Verkehrsmaterial oder -zubehör. Bei dieser Ausnahme handelt es sich um einen Unterfall von Art. 3 Abs. 1 lit. a). **64**

Artikel 4: Aufhebung **65**

Die Verordnung (EWG) Nr. 1017/68, geändert durch die in Anhang I Teil A angegebene Verordnung, wird aufgehoben – mit Ausnahme des Artikels 13 Absatz 3, der auf Entscheidungen, die vor dem 1. Mai 2004 gemäß Artikel 5 der Verordnung (EWG) Nr. 1017/68 erlassen wurden, bis zum Ablauf ihrer Geltungsdauer weiterhin Anwendung findet.

Bezugnahmen auf die aufgehobene Verordnung gelten als Bezugnahmen auf die vorliegende Verordnung und sind nach Maßgabe der Entsprechungstabelle in Anhang II zu lesen.

Die Verordnung (EG) Nr. 169/2009 ersetzt die Verordnung (EWG) Nr. 1017/68. **66**
Durch die Fortgeltung von Art. 13 Abs. 3 der Vorgängerverordnung wird sichergestellt, dass Entscheidungen der Kommission auf der Grundlage dieser Verordnung widerrufen oder abgeändert werden können oder einzelne Handlungen der Beteiligten untersagt werden können, wenn sich die tatsächlichen Verhältnisse in einem wesentlichen Punkt geändert haben, wenn die Beteiligten einer mit der Entscheidung verbundenen Auflage zuwidergehandelt haben wenn die Entscheidung auf unrichtigen Angaben beruht oder arglistig herbeigeführt wurde, oder wenn die Beteiligten die durch die Entscheidung erlangte Freistellung missbrauchen.

Artikel 5: Inkrafttreten, Altkartelle **67**

(1) **Diese Verordnung tritt am zwanzigsten Tag nach ihrer Veröffentlichung im *Amtsblatt der Europäischen Union* in Kraft.**

(2) **Das Verbot des Artikels 81 Absatz 1 des Vertrags gilt nicht für Vereinbarungen, Beschlüsse und aufeinander abgestimmte Verhaltensweisen, die am Tag des Beitritts Österreichs, Finnlands und Schwedens bzw. am Tag des Beitritts der Tschechischen Republik, Estlands, Zyperns, Lettlands, Litauens, Ungarns, Maltas, Polens, Sloweniens und der Slowakei bestanden und infolge des Beitritts in den Anwendungsbereich des Artikels 81 Absatz 1 des Vertrags fallen, sofern sie innerhalb von sechs Monaten nach dem Tag des Beitritts so geändert werden, dass sie den Bestimmungen des Artikels 3 dieser Verordnung entsprechen. Dieser Absatz gilt jedoch nicht für Vereinbarungen, Beschlüsse und aufeinander abgestimmte Verhaltensweisen, die am Tag des Beitritts bereits in den Anwendungsbereich des Artikels 53 Absatz 1 des EWR-Abkommens fallen.**

Die Verordnung wurde am 5. März 2009 im Amtsblatt der EU veröffentlicht. Sie trat daher gemäß Art. 5 Abs. 1 am 25. März 2009 in Kraft. **68**

Art. 5 Abs. 2 enthält eine Übergangsregelung für wettbewerbswidrige Vereinbarungen, Beschlüsse und abgestimmte Verhaltensweisen im Anwendungsbereich der Verordnung in **69**

[89] Siehe dazu GU Rn. 38 ff.

den dort genannten Mitgliedstaaten. Sie ermöglicht es den betroffenen Unternehmen, die entsprechenden Handlungen während eines Zeitraums von sechs Monaten ab dem Beitritt des jeweiligen Mitgliedstaats anzupassen.

6. Gesetzliche Sonderregelung für den Personenverkehr in § 12 Abs. 7 AEG und § 8 Abs. 3b PBefG

70 **§ 8 PBefG – Förderung der Verkehrsbedienung und Ausgleich der Verkehrsinteressen im öffentlichen Personennahverkehr**

Absatz 3b

[1]Für Vereinbarungen von Verkehrsunternehmen und für Beschlüsse und Empfehlungen von Vereinigungen dieser Unternehmen gilt § 1 des Gesetzes gegen Wettbewerbsbeschränkungen nicht, soweit sie dem Ziel dienen, für eine Integration der Nahverkehrsbedienung, insbesondere für Verkehrskooperationen, für die Abstimmung oder den Verbund der Beförderungsentgelte und für die Abstimmung der Fahrpläne, zu sorgen. [2]Sie bedürfen zu ihrer Wirksamkeit der Anmeldung bei der Genehmigungsbehörde. [3]Für Vereinigungen von Unternehmen, die Vereinbarungen, Beschlüsse und Empfehlungen im Sinne von Satz 1 treffen, gilt § 19 Absatz 1 in Verbindung mit Absatz 2 Nummer 1 des Gesetzes gegen Wettbewerbsbeschränkungen entsprechend. [4]Verfügungen der Kartellbehörde, die solche Vereinbarungen, Beschlüsse oder Empfehlungen betreffen, ergehen im Benehmen mit der zuständigen Genehmigungsbehörde.

71 **§ 12 AEG – Tarife**

Absatz 7

[1]Für Vereinbarungen von Eisenbahnverkehrsunternehmen und für Vereinbarungen von Eisenbahnverkehrsunternehmen mit anderen Unternehmen, die sich mit der Beförderung von Personen befassen, sowie für Beschlüsse und Empfehlungen von Vereinigungen dieser Unternehmen gilt § 1 des Gesetzes gegen Wettbewerbsbeschränkungen nicht, soweit sie im Interesse einer ausreichenden Bedienung der Bevölkerung mit Verkehrsleistungen im öffentlichen Personennahverkehr und einer wirtschaftlichen Verkehrsgestaltung erfolgen und einer Integration der Nahverkehrsbedienung, insbesondere durch Verkehrskooperationen, durch die Abstimmung und den Verbund von Beförderungsentgelten und durch die Abstimmung der Fahrpläne dienen. [2]Sie bedürfen zu ihrer Wirksamkeit der Anmeldung bei der Genehmigungsbehörde. [3]Für Vereinigungen von Unternehmen, die Vereinbarungen, Beschlüsse und Empfehlungen im Sinne von Satz 1 treffen, gilt § 19 Absatz 1 in Verbindung mit Absatz 2 Nummer 1 des Gesetzes gegen Wettbewerbsbeschränkungen entsprechend. [4]Verfügungen der Kartellbehörde, die solche Vereinbarungen, Beschlüsse oder Empfehlungen betreffen, ergehen im Benehmen mit der zuständigen Genehmigungsbehörde.

72 § 12 Abs. 7 AEG und § 8 Abs. 3b PBefG enthalten Ausnahmetatbestände vom Kartellverbot des § 1 GWB für den schienengebundenen Personenverkehr (AEG) bzw. für den straßengebundenen Personennahverkehr. Sie betreffen insbesondere die im ÖPNV weit verbreiteten Verkehrsverbünde, bei denen ein Verkehrsnetz von verschiedenen Verkehrsunternehmen bedient wird, deren Linien und Fahrpläne aufeinander abgestimmt sind. Im Verkehrsverbund werden regelmäßig Verbundfahrkarten zu einem einheitlichen Tarif ausgegeben, die den Fahrgästen die Beförderung durch unterschiedliche Verkehrsunternehmen innerhalb des Verkehrsverbunds ermöglichen.

73 Die Vorschriften kommen nur zum Tragen, wenn Vereinbarungen, Beschlüsse und Empfehlungen den Tatbestand des § 1 GWB erfüllen, sagen aber nichts darüber aus, unter

welchen Voraussetzungen dies der Fall ist. Liegen die Voraussetzungen von § 8 Abs. 3b PBefG bzw. § 12 Abs. 7 AEG vor, erübrigt sich jedoch die sonst bei § 1 GWB gebotene Einzelfallprüfung.

Die verkehrsspezifischen Freistellungen dienen dem Zweck, für den Fahrgast eine einheitliche Benutzeroberfläche zur Verfügung zu stellen. Nur die hierfür erforderlichen Einschränkungen des Wettbewerbs im Markt (zum Begriff oben Rn. 11) sind von der Freistellung erfasst.[90] Dies bedeutet zunächst, dass Beschränkungen des Wettbewerbs um den Markt nicht freigestellt sind. So verstoßen Verträge gegen § 1 GWB, die auf die Beschränkung des Genehmigungswettbewerbs (zum Begriff oben Rn. 11) abzielen, etwa durch wechselseitigen Verzicht auf das Stellen konkurrierender Anträge.[91] Ferner kann nicht jede Beschränkung des „Wettbewerbs im Markt" durch § 8 Abs. 3b PBefG bzw. § 12 Abs. 7 AEG legitimiert werden. Absprachen über die Marktaufteilung durch wechselseitigen Verzicht auf im Markt konkurrierende eigenwirtschaftliche Angebote bleiben kartellrechtlich kritisch, wenn aus der Vereinbarung kein aufeinander abgestimmtes Angebot resultiert. 74

Ob Verträge, Vereinbarungen oder Empfehlungen von ÖPNV-Unternehmen vor dem Hintergrund des § 1 GWB kritisch zu beurteilen sind, muss für jeden konkreten Einzelfall geprüft werden. Maßgeblich sind in erster Linie die Auswirkungen auf den „Wettbewerb um den Markt".[92] Im Einzelfall kann der Arbeitsgemeinschaftsgedanke[93] § 1 GWB tatbestandlich ausschließen.[94] Zudem kommt eine Freistellung nach § 2 GWB in Betracht. 75

Da § 8 Abs. 3b PBefG und § 12 Abs. 7 AEG vergleichbar strukturiert sind, werden sie nachstehend zusammen kommentiert. 76

Satz 1 formuliert eine Bereichsausnahme von § 1 GWB für Vereinbarungen von Verkehrsunternehmen (PBefG) bzw. Eisenbahnverkehrsunternehmen (AEG) sowie für Beschlüsse und Empfehlungen von Vereinigungen dieser Unternehmen. Verkehrsunternehmen im Sinne von § 8 Abs. 3b PBefG sind Unternehmen, die gemäß § 1 Abs. 1 PBefG entgeltlich oder geschäftsmäßig Personen mit Straßenbahnen, mit Oberleitungsbussen oder mit Kraftfahrzeugen befördern. Der Begriff des Eisenbahnverkehrsunternehmens ist in § 2 Abs. 1 AEG legal definiert. Er umfasst demnach öffentliche Einrichtungen oder privatrechtlich organisierte Unternehmen, die Eisenbahnverkehrsleistungen erbringen. Vereinbarungen von Eisenbahnverkehrsunternehmen und anderen Unternehmen, die sich mit der Beförderung von Personen befassen, werden ebenfalls von § 12 Abs. 7 AEG erfasst. Dies betrifft insbesondere Vereinbarungen zwischen Eisenbahnverkehrsunternehmen und Verkehrsunternehmen im Sinne des Personenbeförderungsgesetzes. Vereinbarungen mit Eisenbahninfrastrukturunternehmen fallen dagegen nicht in den Anwendungsbereich der Bereichsausnahme des § 12 Abs. 7 AEG.[95] 77

Voraussetzung für die **Bereichsausnahme des § 8 Abs. 3b Satz 1 PBefG und § 12 Abs. 7 Satz 1 AEG** ist weiterhin, dass die Vereinbarungen, Beschlüsse und Empfehlungen dem Ziel dienen, für eine Integration der Nahverkehrsbedienung zu sorgen. Nahverkehrsbedienung bezieht sich auf den in § 8 Abs. 1 PBefG bzw. § 12 Abs. 7 AEG definierten öffentlichen Personennahverkehr. Er ist dazu bestimmt, die Verkehrsnachfrage im Stadt-, Vorort- oder Regionalverkehr zu befriedigen. Nach § 8 Abs. 1 S. 2 PBefG ist dies im Zweifel der Fall, wenn in der Mehrzahl der Beförderungsfälle eines Verkehrsmittels die gesamte Reiseweite 50 Kilometer oder die gesamte Reisezeit eine Stunde nicht übersteigt. 78

---

90 Bundeskartellamt, B. v. 13.7.2010, B 9 74/10 – *Freigabe der Gründung der Verkehrsgesellschaft Stauferkreis mbH durch mehrere Verkehrsunternehmen im Landkreis Göppingen; Ewald/Schulze,* Verkehr und Technik 2003, 456 (458); *Grün,* GewArch 2011, 196 (197).

91 OLG München, U. v. 3.3.2005, U (K) 5278/03.

92 *Ewald/Schulze,* Verkehr und Technik 2003, 456 (458).

93 Siehe dazu § 3 GWB Rn. 48.

94 Bspw. BGH, U. v. 5.2.2002, KZR 3/01, NJW 2002, 2176; vgl. auch Gesetzesbegründung, WuW Sonderheit 1998, S. 75.

95 *Gerstner,* in: Hermes/Sellner (Hrsg.), Beck'scher AEG-Kommentar, 2. A. 2014, § 12 Rn. 84.

79 Die Integration der Nahverkehrsbedienung bezieht sich auf die Abstimmung des verkehrlichen Angebots der einzelnen Verkehrsunternehmen, typischerweise in Form eines Verkehrsverbunds. Beispielhaft aufgezählt („insbesondere") werden Verkehrskooperationen, die Abstimmung und der Verbund von Beförderungsentgelten und die Abstimmung der Fahrpläne. Zulässig ist auch eine Abstimmung von Qualitätsmerkmalen.[96] Den Verkehrsunternehmen steht bei der inhaltlichen Abstimmung ein weiter Gestaltungsspielraum zur Verfügung.[97] Ein Maßstab für berechtigte Ziele der Integration der Verkehrsbedienung kann der Nahverkehrsplan sein, der den Verkehrsunternehmen von den Aufgabenträgern des öffentlichen Personennahverkehrs vorgegeben wird (§ 8 Abs. 3 PBefG). Dort definieren die Aufgabenträger unter anderem die Anforderungen an Umfang und Qualität des Verkehrsangebotes sowie die Vorgaben für die verkehrsmittelübergreifende Integration der Verkehrsleistungen.

80 Nach dem Wortlaut der Vorschrift wäre es ausreichend, dass die Vereinbarungen, Beschlüsse und Empfehlungen dem Ziel einer Integration der Nahverkehrsbedienung dienen. Eine Prüfung nur der Zielrichtung würde jedoch dem Ausnahmecharakter der Norm nicht gerecht. Es ist daher zusätzlich zu prüfen, ob die negativen Auswirkungen auf den Wettbewerb zur Erreichung der in § 8 Abs. 3b PBefG bzw. § 12 Abs. 7 AEG genannten Ziele geeignet und erforderlich sind.[98] Nur so kann verhindert werden, dass die Freistellung zu unzulässigen Beschränkungen des Wettbewerbs um den Markt führt. Kooperationsverträge müssen daher stets den diskriminierungsfreien Zugang für alle Unternehmen ermöglichen, die in den räumlichen und sachlichen Anwendungsbereich der Kooperation fallen. Insbesondere muss ein Betreiberwechsel im Rahmen des Wettbewerbs um den Markt ohne Einschränkungen möglich sein.[99]

81 Nach **Satz 2** von § 8 Abs. 3b PBefG/§ 12 Abs. 7 AEG bedürfen die Vereinbarungen, Beschlüsse und Empfehlungen zu ihrer Wirksamkeit der Anmeldung bei der Genehmigungsbehörde. Die Weiterleitung der Anmeldung an die Kartellbehörden ist mit der 7. GWB-Novelle entfallen.[100] Mit dem Wegfall des Anmelde- und Genehmigungssystems im GWB war die Weiterleitung an die Kartellbehörden nicht mehr gerechtfertigt.[101] Die Anmeldung bei der Genehmigungsbehörde wurde jedoch aufrechterhalten, um ihr aufgrund ihrer Funktion zur aktiven Förderung des Zusammenwirkens der Aufgabenträger und der Verkehrsunternehmen eine umfassende Übersicht und Kooperationsmöglichkeit zu gewährleisten.[102]

82 Satz 2 gilt nur für solche Vereinbarungen und Beschlüsse, die eine Wettbewerbsbeschränkung im Sinne von § 1 GWB beinhalten. Für Empfehlungen dürfte die Vorschrift keine Rolle spielen, da Empfehlungen ihrem Inhalt nach unverbindlich sind. Die Möglichkeit, derartige Vereinbarungen, Beschlüsse und Empfehlungen über **§ 2 GWB** zu legitimieren, wird durch Satz 2 nicht eingeschränkt.

83 Für die Anmeldung bei der Genehmigungsbehörde ist es ausreichend, dass die entsprechenden Vereinbarungen, Beschlüsse und Empfehlungen von einem Beteiligten übermittelt werden. Die Auffassung, sämtliche Parteien müssten die Anmeldung bewirken,[103] fin-

---

[96] BKartA, B. v. 3.7.2002, B 9 – 164/01 – *ÖPNV Göttingen,* WuW 2002, 885 ff.

[97] OLG Koblenz, B. v. 20.12.2001, 1 Verg 4/01, ZfBR 2002, 291 (293).

[98] *Ewald/Schulze,* Verkehr und Technik 2003, 456 (457).

[99] *Baumeister/Wachinger,* Der Nahverkehr 5/2003, 16 (17).

[100] Art. 2 Abs. 7 Nr. 2 (PBefG) bzw. Art. 2 Abs. 8 Nr. 2 des Siebten Gesetzes zur Änderung des Gesetzes gegen Wettbewerbsbeschränkungen vom 7.7.2005, BGBl. I S. 1954.

[101] BReg-Begründung zur 7. GWB-Novelle, BT-Drs. 15/3640, WuW-Sonderheft 2005 zur 7. GWB-Novelle, S. 206.

[102] BRat-Stellungnahme zur 7. GWB-Novelle (Regierungsentwurf), BR-Drs. 441/04, WuW-Sonderheft 2005 zur 7. GWB-Novelle, S. 229 f.

[103] Fromm/Sellmann/Zuck- PBefG (4. A. 2013), § 8, Rn. 8 unter Berufung auf *Kuder,* WuW 1981, 1 (12).

det im Gesetz keine Stütze. Eine Anmeldung durch sämtliche Parteien ist auch nicht durch den Zweck der Anmeldepflicht, also die Information der Genehmigungsbehörde, geboten. Sie würde bei großen Verkehrsverbünden mit oft mehr als 20 Parteien auch kaum praktikabel sein.

Anders als die Vorgängerregelung in § 99 GWB in der Fassung der Bekanntmachung der Neufassung des Gesetzes gegen Wettbewerbsbeschränkungen vom 24.9.1980[104] setzt die Bereichsausnahme der § 8 Abs. 3b/§ 12 Abs. 7 AEG **keine Schriftform** mehr voraus. Daher kann auch für die Anmeldung bei der Genehmigungsbehörde nicht gefordert werden, dass die Vereinbarung, der Beschluss oder die Empfehlung im Original oder in einer beglaubigten Abschrift[105] übermittelt werden. In der Regel dürfte es aber aus praktischen Gründen geboten sein, die Vereinbarung, den Beschluss oder die Empfehlung schriftlich zu fixieren, wofür allerdings auch die Textform oder die elektronische Form ausreichend sein dürften. **84**

Welche Behörde **Genehmigungsbehörde** im Sinne von § 8 Abs. 3b PBefG ist, richtet sich nach Landesrecht. Genehmigungsbehörde für die Eisenbahnen des Bundes sowie für nichtbundeseigene Eisenbahnverkehrsunternehmen ohne Sitz im Inland ist das Eisenbahn-Bundesamt; für nichtbundeseigene Eisenbahnen mit Sitz im Inland sind die von den Landesregierungen bestimmten Behörden zuständig (§ 5 Abs. 1a AEG). **85**

Satz 2 trifft keine Aussage dazu, wann die Anmeldung vorzunehmen ist. Eine zunächst unterbliebene Anmeldung kann daher nachgeholt werden. Solange die Anmeldung nicht vorgenommen wurde, ist die Vereinbarung oder der Beschluss nicht nichtig, sondern lediglich schwebend unwirksam. Ist die Anmeldung nachgeholt worden, tritt die Vereinbarung oder der Beschluss rückwirkend in Kraft, soweit nicht die Beteiligten etwas anderes gewollt haben. Dies folgt aus der gesetzlichen Wertung des § 184 Abs. 1 BGB für genehmigungspflichtige Rechtsgeschäfte. Außerdem entspricht dies der Regelung in § 41 Abs. 1 Satz 3 Nr. 3 GWB für die Zusammenschlusskontrolle. Zusammenschlüsse, die unter Verstoß gegen das Vollzugsverbot vollzogen wurden, sind demnach schwebend unwirksam und werden durch eine nachträgliche Anzeige des Vollzugs geheilt, soweit die Untersagungsvoraussetzungen für den Zusammenschluss nicht vorlagen und ein Entflechtungsverfahren deshalb eingestellt wird. Auch hier tritt die Wirkung der nachträglichen Anzeige nach h. M. *ex tunc* ein.[106] **86**

Wenn keine Wettbewerbsbeschränkung im Sinne von § 1 GWB vorliegt oder die Freistellungsvoraussetzungen von § 2 GWB vorliegen, kommt es auf Satz 2 nicht an. **87**

Satz 3 erklärt § 19 Abs. 1 in Verbindung mit Abs. 2 Nr. 1 GWB auf Vereinbarungen, Beschlüsse und Empfehlungen im Sinne von Satz 1 für entsprechend anwendbar. Die Vorschrift wurde im Rahmen der 8. GWB-Novelle an die Änderungen in §§ 18ff. GWB angepasst. Durch die Verweisung wird angeordnet, dass das Missbrauchsverbot des GWB auch für Unternehmensvereinigungen im Sinne von Satz 1 gilt. **88**

Gemäß **Satz 4** ergehen Verfügungen der Kartellbehörde, die Vereinbarungen, Beschlüsse oder Empfehlungen im Sinne des Satz 1 betreffen, im Benehmen mit der zuständigen Genehmigungsbehörde. Benehmen bedeutet nicht Einvernehmen.[107] Es ist ausreichend, wenn die Kartellbehörde die Genehmigungsbehörde beteiligt, in dem sie ihr die Gelegenheit zur Stellungnahme zu der intendierten Verfügung gibt.[108] Andererseits ist die Kartellbehörde bei ihrer kartellrechtlichen Prüfung der Verkehrskooperation an die Entscheidung der Genehmigungsbehörde über das Vorliegen eines öffentlichen Interesses an der Ver- **89**

---

[104] BGBl. I S. 1761.

[105] So OLG Düsseldorf, U. v. 17.11.1998, U(Kart) 33/96 zur alten Rechtslage.

[106] *Thomas,* in: Immenga/Mestmäcker, Wettbewerbsrecht Bd. 2 GWB/Teil 1, 5. A. 2014, § 41, Rn. 53, 59.

[107] *Gerstner,* in: Hermes/Sellner (Hrsg.), Beck'scher AEG-Kommentar, 2. A. 2014, § 12, Rn. 92.

[108] OLG Düsseldorf, B. v. 4.5.2005, VI-Kart 19/04 (V), BeckRS 2005, 3035575, Rn. 39.

kehrskooperation gebunden. Sie darf infolgedessen die regelmäßigen Auswirkungen einer den öffentlichen Verkehrsinteressen dienenden Kooperation nicht als missbräuchlich beurteilen.[109]

90 Die Bereichsausnahme der § 8 Abs. 3b PBefG/§ 12 Abs. 7 AEG schließt die **Zusammenschlusskontrolle** nach §§ 35 ff. GWB[110] bzw. der FKVO nicht aus. Die Zusammenschlusskontrolle bleibt auch auf Unternehmen anwendbar, die der Durchführung von freigestellten Kooperationen dienen (Kooperationsorgane).[111] Bei der wettbewerblichen Beurteilung soll das Bundeskartellamt jedoch an die Beurteilung der Genehmigung über das Vorliegen eines öffentlichen Interesses an der angemeldeten Verkehrskooperation gebunden sein, soweit es darauf im Rahmen der Zusammenschlusskontrolle ankommt.[112]

91 Ferner lässt sich den Normen keine zusätzliche **vergaberechtliche** Bereichsausnahme entnehmen, da die §§ 97 ff. GWB nicht erwähnt werden.[113]

92 Die Bereichsausnahme der § 8 Abs. 3b PBefG/§ 12 Abs. 7 AEG gilt ausschließlich für § 1 GWB, nicht dagegen für **Art. 101 Abs. 1 AEUV.** Ist der zwischenstaatliche Handel tangiert, muss daher im Einzelfall zusätzlich geprüft werden, ob die in Frage stehende Vereinbarung einen der Ausnahmetatbestände der VO Nr. 169/2009 erfüllt oder auf der Grundlage einer Gruppenfreistellungsverordnung beziehungsweise gemäß Art. 101 Abs. 3 AEUV vom Verbot des Art. 101 Abs. 1 AEUV befreit ist.[114]

---

[109] BGH, B. v. 5.7.1973, KVR 3/72, WuW/E BGH 1269, 1275/1276 *(Fernost-Schifffahrtskonferenz);* OLG Düsseldorf, B. v. 4.5.2005, VI-Kart 19/04 (V), BeckRS 2005, 3035575, Rn. 29.

[110] BGH, U. v. 7.2.2006, KVR 5/05 *(DB Regio/üstra),* NJW-RR 2006, 836 ff., Rn. 19; dazu *Bremer/Wünschmann,* WuW 2006, 1118 ff.

[111] Bundeskartellamt, B. v. 13.7.2010, B 9 74/10 – *Freigabe der Gründung der Verkehrsgesellschaft Stauferkreis mbH durch mehrere Verkehrsunternehmen im Landkreis Göppingen.*

[112] OLG Düsseldorf, B. v. 4.5.2005, VI-Kart 19/04 (V), BeckRS 2005, 30355757, Rn. 29.

[113] Anders offenbar OLG Koblenz, Beschl. v. 20.12.2001, 1 Verg 4/01, ZfBR 2002, 291 (293).

[114] EuGH, U. v. 13.2.1969 Rs. 14/68 – *Walt Wilhelm/Bundeskartellamt;* Slg. 1969, 1; *Jestaedt/Tostmann,* Die Bereichsausnahmen des GWB und Art. 85 As. 1 EWG-Vertrag, WuW, 1991, 275 (286).

B. Luftverkehr

Übersicht

I. Besonderheiten des Luftverkehrs

1 Luftverkehr ist durch eine Reihe von spezifischen Charakteristika gekennzeichnet. Dabei geht es einerseits um die **rechtlichen und regulatorischen Vorgaben,** die sich von anderen Industrie- und Dienstleistungsbranchen fundamental unterscheiden; zum anderen ist der Wettbewerb im Luftverkehr auch durch **besondere ökonomischen Gesetzmäßigkeiten** geprägt.

2 Im Vordergrund der Kommentierung steht der **Passagierverkehr;** punktuell wird auch auf den Frachtverkehr und auf Bodenabfertigungsdienste eingegangen.

1. Rechtliches und regulatorisches Umfeld

3 **a) Hoheitlicher Einfluss.** Historisch lag der Luftverkehr nicht nur hinsichtlich seiner rechtlichen und regulatorischen Rahmenbedingungen sondern auch hinsichtlich der tatsächlichen Durchführung **in staatlicher Hand.** Staatsairlines besaßen als Flag Carriers ein Monopol; private Luftverkehrsunternehmen wurden jedenfalls in größerem Maßstab nicht zugelassen. Dies galt für alle Länder mit Ausnahme der USA.

4 **b) Überwiegend restriktive bilaterale Luftverkehrsabkommen.** Auch nachdem die Staaten dazu übergegangen waren, den Luftverkehr für private **Unternehmen** zu öffnen, besteht bis heute ein erheblicher staatlicher Einfluss auf wesentliche Wettbewerbsparameter. Da grenzüberschreitender Luftverkehr stets das Territorium mehrerer Staaten berührt, sind hoheitliche Genehmigungen für das Landen (und Starten) in einem Staat und auch für Überfliegen des Luftraums erforderlich.[1]

5 Auf der Grundlage des **Chicagoer Abkommens von 1944**[2] haben die Staaten ein Netz von restriktiven bilateralen Luftverkehrsabkommen geschlossen, in denen die Nutzung ihres

[1] Vgl. zum Ganzen *Heyn/Roth,* in Hobe/v. Ruckteschell, Kölner Kompendium des Luftrechts, Band II, 2009, Teil I Abschnitt C, Rn. 35 ff.

[2] Abkommen über die Internationalen Zivilluftfahrt Luftverkehr (ICAO-Abkommen), BGBl. 1956 II, S. 411. Vgl. hierzu ausführlich Schwenk/Giemulla, Handbuch des Luftverkehrsrechts, 4. Auflage 2013, Kapitel 1, Rn. 30 ff.

Territoriums und Luftraums geregelt und im Einzelnen die Bedingungen festgelegt werden, zu denen den Luftfahrzeugen des anderen Vertragsstaats gestattet wird, Territorium und Luftraum zu nutzen. In diesen Abkommen werden insbesondere die Destinationen, die angeflogen werden dürfen, die Frequenzen der Flüge sowie das Fluggerät geregelt und auch die geforderten Tarife bedürfen der staatlichen Genehmigung.

6 Um einen grenzüberschreitenden Flug unter Ausnutzung eines bilateralen Luftverkehrsabkommens anbieten und durchführen zu können, bedarf eine Airline darüber hinaus auch einer **Designierung** durch den Herkunftsstaat. Hier können nur solche Airlines berücksichtigt werden, die im Mehrheitsbesitz und in der **effektiven Kontrolle** von Staatsangehörigen des designierenden Staates stehen. Dieses Erfordernis stellt bis heute das größte Hindernis für Fusionen zwischen Airlines aus verschiedenen Staaten dar. Lediglich innerhalb der EU sind heute Airlines aus allen Mitgliedstaaten gleichgestellt.

7 Im Verhältnis zu vielen Staaten sind derart restriktive bilaterale Luftverkehrsabkommen noch immer in Kraft. Inzwischen ist anerkannt, dass die Außenkompetenz für den Abschluss bilateraler Luftverkehrsvereinbarungen bilateraler Luftverkehrsabkommen von den Mitgliedstaaten **auf die Union übergegangen** ist;[3] die Kommission ist bemüht, über das liberale 2008 in Kraft getretenen Open Sky Abkommen mit den Vereinigten Staaten[4] hinaus weitere Open Sky Abkommen abzuschließen.

8 **c) Anwendbarkeit des Kartellrechts.** Vor diesem Hintergrund wurde die Anwendung der Wettbewerbsregeln des EWG-Vertrags auf den Luftverkehr lange Zeit als **stillschweigend ausgeschlossen** angesehen. Die entscheidende **Wende** brachte Mitte der Achtziger Jahre das Urteil des Gerichtshofs in Sachen Nouvelles Frontieres.[5] Heute gelten für den Luftverkehr neben den Art. 101 und 102 AEUV und der Fusionskontrollverordnung Nr. 139/2004 auch für Verfahren und Sanktionen die allgemeinen Regeln der VO Nr. 1/2003.

2. Ökonomische Besonderheiten

9 Neben den hoheitlichen Einflüssen ist der Luftverkehr durch folgende **ökonomische Besonderheiten** gekennzeichnet:

10 **a) Hoher Fixkostenanteil.** Insbesondere im Linienflugverkehr, in dem der Carrier für eine Flugplanperiode zur Durchführung der angebotenen Flüge verpflichtet ist, bestehen die Kosten einer Airline ganz **überwiegend aus Fixkosten.** Treibstoffverbrauch, Kosten für Mahlzeiten, Landegebühren und u. U. auch Kosten für Flugbegleiter sinken bei niedriger Auslastung des Fluggeräts nur marginal. Eine Ertragssteuerung kann deshalb ausschließlich auf der Einnahmenseite ansetzen.

11 **b) Netzwerkeffekte.** Der wichtigste Wettbewerbsparameter ist in diesem Zusammenhang das Ausmaß, in dem es gelingt, Netzwerkeffekte zu nutzen und Passagiere, die möglicherweise eine andere Route und/oder Airline nehmen würden, durch entsprechende **Anreize** auf das eigene Netzwerk zu lenken. Diese Strategie ist vor allem und in erster Linie wirksam bei Passagieren, die in jedem Fall einen **Umsteigeflug** buchen müssen, um an ihr Ziel zu gelangen. Angesichts der zu vernachlässigenden variablen Kosten geht jeder zusätzliche Passagier, der auf das eigene Netzwerk gelenkt wird, selbst bei einem niedrigen Flugpreis nahezu vollständig in den Gewinn.

12 **c) Knappheit von Slots.** Ein weiterer wichtiger Wettbewerbsparameter ist die Verfügbarkeit von Slots, also einer **Zeitnische zum Starten und Landen** auf den Verkehrsflughäfen. Sie sind an den großen internationalen Drehkreuzen, aber auch bei anderen Flughäfen zu Tagesrandzeiten voll belegt. Da eine Airline, einen Slot, den sie in einer Flug-

---

[3] Urteile des Gerichtshofs vom 5 November 2002 bezüglich der Luftverkehrsabkommen einer Reihe von Mitgliedstaaten, ECLI:EU:C:2002:624–631.
[4] ABl. EU Nr. L 134/4 vom 25.5.2007.
[5] Urteil des Gerichtshofs vom 30. April 1986, ECLI:EU:C:1986:188.

planperiode innehat, diesen auch in der darauf folgenden Flugplan Periode behalten darf, trägt die Knappheit von Slots zur Verfestigung bestehender Wettbewerbsverhältnisse bei und begünstigt die etablierten Carrier gegenüber den new entrants.

d) Notwendigkeit zur Zusammenarbeit zwischen Airlines. Aus dem System der bilateralen Luftverkehrsabkommen mit den begrenzten Verkehrsrechten einzelner Airlines ergab sich schon früh die Notwendigkeit für die Airlines, zusammenzuarbeiten, um so dem Passagier, der eine bestimmte grenzüberschreitende Transportleistung nachfragt, aus einer Hand ein nachfragegerechtes Produkt anbieten zu können. Dies geschah ursprünglich durch das **IATA Interlining System** und geschieht heute ganz überwiegend durch **Code-Sharing und Allianzen.** 13

II. Marktabgrenzung

Auch die Abgrenzung des relevanten Marktes in sachlicher und räumlicher Hinsicht bringt im Bereich des Luftverkehrs **erhebliche Besonderheiten:**[6] 14

1. Produktmarkt

a) Streckenbezogene Marktabgrenzung. Aus der Sicht des Nachfragers, also eines Passagiers, der von einem Punkt A nach einem Punkt B reisen und hierzu nahe gelegene Flughäfen benutzen möchte, stellt eine bestimmte Flugstrecke jedenfalls dann den relevanten Markt dar, wenn die Entfernung so groß ist, dass **andere Verkehrsmittel** wie z. B. Hochgeschwindigkeitszüge **ausscheiden.** 15

Die Kommission folgt daher in ständiger Praxis einer **streckenbezogenen Marktabgrenzung.**[7] 16

b) Unterscheidung zwischen Geschäftsreisenden und Touristen. Dabei können Airlines zwischen Business-Passagieren und Freizeit-Passagieren diskriminieren, denn während Business Passagiere auf schnelle Umbuchbarkeit und Komfort achten, sind Passagiere, die in ihrer Freizeit unterwegs sind, wesentlich **preissensibler,** andererseits auch bereit, unter Umständen Umsteigeflüge und längere Reisezeiten hinzunehmen. 17

Vor diesem Hintergrund unterscheidet die Kommission in ständiger Praxis zwischen so genannten **Premiumpassagieren** und **Non-Premium Passagieren.**[8] Regelmäßig werden die Marktverhältnisse für beide Gruppen von Nachfragern separat untersucht, wobei bei Non-Premiumpassagieren auch Umsteigeverbindungen in Betracht gezogen werden.[9] 18

c) Frachtverkehr. Da im Frachtverkehr Güter auch über längere Strecken per Lkw transportiert werden können, besteht eine **weit größere Austauschbarkeit** zwischen Flughäfen als im Passagierverkehr. Deshalb wird z. B. der gesamte Luftfrachtverkehr innerhalb Europas zu einem relevanten Markt zusammengefasst.[10] Außerdem verlaufen die Verkehrsströme bei der Fracht unidirektional: Anders als im Passagierverkehr kommt Fracht nicht mehr an den Ausgangspunkt zurück und das Frachtaufkommen von Asien nach Europa ist weit höher als in der Gegenrichtung, so dass es sich hier wiederum um separate Märkte handeln kann. 19

2. Geographisch relevanter Markt

Obwohl dem sachlich relevanten Markt im Bereich des Luftverkehrs, wie dargelegt, bereits eine starke geographische Komponente innewohnt, so ist doch eine Abgrenzung des 20

---

[6] Hierzu ausführlich *Völcker/Schütt/Israel,* in: Hobe/v. Ruckteschell, Kölner Kompendium des Luftrechts, Band III, 2010, Teil V, Abschnitt A Europäisches Wettbewerbsrecht, Rn. 589 ff.

[7] *Völcker/Schütt/Israel* (vorige Note), Rn. 595 ff. m. w. N.

[8] *Völcker/Schütt/Israel* (oben Rn. 6), Rn. 599 ff. m. w. N.

[9] *Völcker/Schütt/Israel* (oben Rn. 6), Rn. 605 ff. m. w. N.

[10] *Völcker/Schütt/Israel* (oben Rn. 6), Rn. 627 ff. m. w. N.

geographisch relevanten Marktes nicht vollständig entbehrlich. Hier geht es darum, die **relevanten Abflug- und Ankunfts-Flughäfen** zu bestimmen, die in den relevanten Markt einzubeziehen sind, weil sie räumlich nahe beieinander liegen und deshalb aus der Sicht vieler Nachfrager austauschbar sind.[11] Besonders augenfällig ist dies bei Flughafensystemen, wie zum Beispiel in London.

III. Art. 101 AEUV

1. Horizontale Preisabsprachen und sonstige Hard-Core Kartelle

21 **a) Passagierverkehr.** In dem stark differenzierten, transparenten und von Allianzen geprägten Passagierluftverkehr sind europaweite oder gar globale Hard-Core Kartelle heute ökonomisch kaum vorstellbar.[11a] Eher denkbar sind **bilaterale Preisabsprachen** zwischen zwei konkurrierenden aber teilweise auch kooperierenden Carriern, insbesondere im Rahmen einer Code-Sharing Vereinbarung.[12]

22 **b) Frachtverkehr.** Anders ist dies im Bereich des Frachtverkehrs, bei dem im wesentlichen **Preiswettbewerb** herrscht und andere Wettbewerbsparameter in den Hintergrund treten. Hier hat die Kommission im weltweiten Luftfrachtkartell Geldbußen in Höhe von 799 Millionen € gegen elf Airlines verhängt.[13] Die Absprachen betrafen in erster Linie Treibstoffzuschläge. Sie wurden von der Kommission zu einer einheitlichen, fortdauernden und komplexen Zuwiderhandlung zusammengefasst, obwohl die Kommission auf Grund unterschiedlicher regulatorischer Rahmenbedingungen vier verschieden relevante Märkte annahm.

2. Konsultationen zwischen Airlines

23 Im Rahmen des IATA-Systems kommt den Konsultationen zwischen den Airlines über wesentliche Wettbewerbsparameter eine **große Bedeutung** zu. Die Kommission hat infrage gestellt, ob diese Preisabsprachen für das Funktionieren des Interlining, das im Zeitalter von Allianzen ohnehin an Bedeutung verloren hat, noch erforderlich sind.[14]

24 Weniger problematisch sind Konsultationen über die **Zuweisung von Slots,** die zwar bereits während der Planung von Flugplanperiode eine Transparenz über das zukünftige Verhalten von Wettbewerbern mit sich bringen, die aber unerlässlich sind in dem gegenwärtigen von Slotknappheit geprägten System.

25 Vor diesem Hintergrund hat der Rat die Kommission mit der VO Nr. 487/2009 **ermächtigt, Gruppenfreistellungsverordnungen** unter anderem für Gemeinsame Streckenplanung Tarifkonsultationen und Slotallokation **zu erlassen.**[15] Die Kommission hat von dieser Ermächtigung jedoch **keinen Gebrauch gemacht,** da sie insbesondere Tarifkonsultationen kritisch sieht und im Übrigen der Ansicht ist, dass in dem unter der Verordnung Nummer 1/2003 geltenden System der Selbstbeurteilung die Airlines in der Lage sind, den legalen Umfang der Konsultationen selbst zu bestimmen.

---

[11] *Völcker/Schütt/Israel* (oben Rdnr. 6), Rn. 615 ff. m. w. N.

[11a] Vgl. aber die Untersuchung gegen die hier führenden US-Airlines, die am 1. Juli 2015 vom US Department of Justice bekanntgegeben wurde.

[12] Beispiele sind die im Jahr 2011 eingeleiteten Kommissionsverfahren COMP/39794 – Lufthansa/Turkish Airlines – und COMP/39860 – Brussels Airlines/TAP Air Portugal, Presseerklärung der Kommission vom 11. Februar 2011 IP/11/68.

[13] Kommissionsverfahren C.39258 – Airfreight, Entscheidung vom 9. November 2010, ABl. EU Nr. C-371, S. 11. Die große Mehrheit der Adressaten hat die Entscheidung vor dem Gericht angefochten.

[14] Hierzu *Meyer-Lindemann* in: Jaeger/Kokott/Pohlmann/Schroeder, Frankfurter Kommentar zum Kartellrecht, 2006 – Kommentierung zum EU-Kartellrecht, Teil 5, IV. Luftverkehr, Rn. 65 ff.

[15] ABl. EU Nr. L 148, S. 1.

3. Kooperationen – Code Sharing und Allianzen

Aufgrund der regulatorischen Rahmenbedingungen unterliegt jede Airline **großen Beschränkungen** hinsichtlich der geographischen Ausdehnung des angebotenen Netzwerks an Flügen; Airlines waren daher schon immer zu Kooperationen gezwungen. 26

a) Code Sharing. Dabei hat heute das Code Sharing die Zusammenarbeit unter dem IATA-System weitgehend verdrängt. Code Sharing ermöglicht es einer Airline, den von einer anderen Airline betriebenen Flug unter eigener Flugnummer und somit **als Teil des eigenen Netzes** anzubieten.[16] Die Intensität der Zusammenarbeit zwischen den Airlines variiert dabei und das reine Code Sharing alleine ohne Absprachen über die Preise ist nicht notwendig wettbewerbsbeschränkend. 27

b) Allianzen. Gleichzeitig **verhindern** die etablierten Regeln über **wesentliche Eigentumsrechte und effektive Kontrolle** von Luftverkehrsgesellschaften durch die Angehörigen des Staates, dem die Airline zugerechnet wird, eine Fusion von Airlines, soweit dies den Bereich außerhalb der Union betrifft. 28

aa) Fusionsersetzende Funktion der Allianzen. Deshalb sind heute Allianzen an die Stelle von Fusionen getreten.[17] Auch wenn eine Allianz weniger stabil ist als ein Konzern, so lässt sich doch auf diese Weise eine Vielzahl der **Effizienzen,** die normalerweise durch Unternehmenszusammenschlüsse generiert werden, ebenfalls erreichen. Dabei sind insbesondere die Abstimmung der Flugpläne und die Zusammenarbeit bei den Vielfliegerprogrammen für die Passagiere von Vorteil. Angesichts des starken Wettbewerbs auf stark frequentierten Strecken profitieren auch die Passagiere von den durch eine Allianz generierten Effizienzen. 29

Dementsprechend orientiert sich die kartellrechtliche Beurteilung von Allianzen weitgehend an der **Beurteilung von Unternehmenszusammenschlüssen.**[18] In der Regel können die Airlines darlegen, dass die vereinbarten Wettbewerbsbeschränkungen zur Erreichung der positiv bewerteten Ziele der Allianz unerlässlich sind. Die Diskussion konzentriert sich deshalb auf das letzte Merkmal des Art. 101 Abs. 3 AEUV. 30

bb) Die drei großen Allianzen. Weltweit führend sind drei Allianzen, **Star Alliance, Sky Team und One World.** Dabei ist auch innerhalb einer gegebenen Allianz die Intensität der Zusammenarbeit unter den Mitgliedern der Allianz keineswegs identisch; in der Regel findet auf dem Nordatlantik und anderen aufkommensstarken Langstreckenrouten die intensivste Kooperation bis hin zum Ausschluss des Wettbewerbs statt. 31

Die Kommission hat in den vergangenen Jahren alle drei großen Allianzen geprüft. **Wettbewerbliche Probleme** ergaben sich dabei vor allem hinsichtlich einzelner Routen auf dem Nordatlantik. Im Ergebnis hat sie die Verfahren mit Verpflichtungen der Unternehmen nach Art. 9 VO Nr. 1/2003 das Verfahren eingestellt.[19] 32

cc) Star Alliance – Bezweckte Wettbewerbsbeschränkung freigestellt. Im Fall der Star Alliance hat die Kommission dabei auch eine bezweckte Wettbewerbsbeschränkung als freistellungsfähig angesehen:[20] Seit einigen Jahren arbeiten die drei Gründungsmitglieder der Star Alliance Lufthansa, United und Air Canada auf sämtlichen Nordatlantikstrecken in einem Joint Venture zusammen, in dem sämtliche Kosten und Einnahmen nach 33

---

[16] Zum Code Sharing ausführlich *Kredel,* in: Hobe/v. Ruckteschell, Kölner Kompendium des Luftrechts, Band III, 2010, Teil V, Abschnitt A Europäisches Wettbewerbsrecht, Rn. 186 ff.

[17] Vgl. zu Allianzen die umfassende Darstellung bei *Schroeder/Polley* in: Hobe/v. Ruckteschell, Kölner Kompendium des Luftrechts, Band III, 2010, Teil V, Abschnitt A Europäisches Wettbewerbsrecht, Rn. 209 ff.

[18] Ständige Praxis seit der Kommissionsentscheidung vom 16. Januar 1996 in Sachen Lufthansa/SAS, Fall IV/AER/35.545, ABl. EG 1995 C-141, S. 9.

[19] One World Alliance: Kommissionsentscheidung vom 14. Juli 2010, COMP/339596, Presserklärung der Kommission IP/10/936; Sky Team: Kommissionsentscheidung vom 12. Mai 2015, AT/39964, Presserklärung der Kommission IP/15/4966.

[20] Kommissionsbeschluss v. 23.5.2013 – AT.39595 – Continental/United/Lufthansa/Air Canada – ABl. EU Nr. C-201 v. 13.7.2013, S. 8.

einem bestimmten Schlüssel zwischen den Parteien aufgeteilt werden; Wettbewerb ist so zwischen den drei Airlines ausgeschlossen.

34 Die Bedenken der Kommission konzentrierten sich dabei auf den Markt der **Premiumpassagiere** und die aufkommensstarke **Strecke Frankfurt-New York,** wo das Joint Venture fünf tägliche Flüge in jeder Richtung anbietet und so auf einen **Marktanteil von 71 %** kommt. Bezogen auf diesen Markt war die Kommission der Ansicht, dass das Joint Venture eine Wettbewerbsbeschränkung im Sinne Art. 101 Abs. 1 AEUV bezweckt und auch bewirkt, und zwar sowohl hinsichtlich des Origin-and-Destination Verkehrs zwischen Frankfurt und New York als auch hinsichtlich der Verbindungen mit Anschlussflügen auf beiden Seiten des Atlantik.[21]

35 Die Kommission untersuchte detailliert **mögliche Effizienzgewinne,** die aus diesem Joint Venture resultieren und die sich sowohl für Non-Stop Passagiere als auch insbesondere für Passagiere mit Anschlussflügen entweder auf europäischer oder auf amerikanischer Seite ergeben können. Nach Ansicht der Kommission resultieren aus dem Joint Venture tatsächlich Effizienzgewinne, die aber erst mit den eingegangenen Verpflichtungszusagen die negativen Wirkungen der Wettbewerbsbeschränkungen im Sinne des Art. 101 Abs. 3 AEUV überwiegen. Die Verhaltenszusagen haben eine Laufzeit von zehn Jahren und sind der Natur nach dieselben wie sie auch bei Fusionen eingesetzt werden.[22]

IV. Missbrauch marktbeherrschender Stellung

36 Auf einer Vielzahl von Strecken fliegt überhaupt nur eine Airline; auf Grund der **streckenbezogenen Marktabgrenzung** hat sie somit auf dieser Strecke eine beherrschende Stellung im Sinne des Art. 102 AEUV inne. Das Gleiche kann gelten, wenn eine Strecke zwar von zwei oder drei Airlines bedient wird, der Marktführer aber über mehr als 50% der angebotenen Sitzkapazität verfügt.

37 Deshalb hat es in der Vergangenheit eine Vielzahl von Verfahren gegeben, in denen die Kartellbehörden **gegen einzelne Airlines** eingeschritten sind, sei es wegen Ausbeutungsmissbrauchs,[23] sei es wegen Verdrängungswettbewerbs,[24] sei es wegen der Weigerung, eine Interlining-Vereinbarung abzuschließen.[25]

38 In jüngerer Zeit, in denen die wesentlichen Wettbewerbsparameter im Rahmen von Allianzen abgesprochen werden, ist der Verhaltensspielraum einer einzelnen Airlines zwar nicht durch den Wettbewerb, aber durch die durch das Regelwerk der Allianz, welcher die Airline zugehört, deutlich eingeschränkt. Dies hat dazu geführt, dass derartige **Verfahren eher selten** geworden sind.[26]

---

[21] Lufthansa hat ihr größtes Drehkreuz in Frankfurt während United in Newark, N.J., ein großes Drehkreuz betreibt (Newark gehört mit dem New Yorker Flughafen JFK zu den zwei als gleichwertig angesehenen Flughäfen für Langstreckenflüge nach und von New York).

[22] Falls erforderlich Abgabe von Slots in Frankfurt und New York; Vereinbarungen (Special Prorate Agreements), die es den Wettbewerbern auf der Strecke Frankfurt-New York ermöglichen, die Zubringerdienste der drei Airlines auf beiden Seiten des Atlantik zu bevorzugten Bedingungen zu nutzen und so den Langstreckenflug über den Atlantik günstig anbieten zu können; Zugang zu Vielfliegerprogrammen, etc.

[23] Z.B. das Verfahren des Bundeskartellamts gemäß § 19 GWB gegen Lufthansa wegen Ausbeutungsmissbrauchs auf der seinerzeitigen Monopol-Strecke Frankfurt-Berlin, Beschluss des BGH vom 22.7.1999, KVR 12/98 (Zurückverweisung des Verfahrens an das KG).

[24] Noch während des Verfahrens vor dem KG (Fn. 23) kam es zum vorübergehenden Markteintritt von Germania, worauf Lufthansa mit massiven Preissenkungen reagierte; das Bundeskartellamt sah darin einen unzulässigen Verdrängungswettbewerb und wurde darin vom OLG Düsseldorf im Verfahren des einstweiligen Rechtsschutzes bestätigt (Beschluss vom 27.3.2002, WuW/E DE-R 867).

[25] Kommissionsentscheidung v. 26.2.1992, ABl. EG 1992 Nr. L 96, S. 34 – British Midland/Aer Lingus.

[26] Umfassend zum Missbrauch marktbeherrschender Stellung *Schroeder/Polley* in: Hobe/v. Ruckteschell, Kölner Kompendium des Luftrechts, Band III, 2010, Teil V, Abschnitt A Europäisches Wettbewerbsrecht, Rn. 432ff.

39 Im Fall *British Airways* ging es um ein **Provisionssystem** für Reisevermittler, das den Rabatt nicht an für alle Reisevermittler identische Umsatzgrößen anknüpfte sondern an die individuelle Steigerung des Umsatzes mit British Airways im Verhältnis zum Vorjahr. Die Kommission sah darin einen unzulässigen Treuerabatt zum Nachteil von Wettbewerbern sowie eine unzulässige Diskriminierung zwischen den Reisevermittlern.[27]

V. Unternehmenszusammenschlüsse

40 Viele Airlines innerhalb der Europäischen Union sind **zu klein,** um in dem heutigen durch Wettbewerb geprägten Umfeld überleben zu können. Die Kommission hat dies seit langem erkannt und ist deshalb bereit, Unternehmenszusammenschlüsse, insbesondere innerhalb der Union, auch dann zu genehmigen, auch wenn der Zusammenschluss auf einzelnen relevanten Märkten zu Monopolen führt.

1. Zusammenschlusstatbestand

41 Soweit sich Airlines aus Drittländern an EU-Airlines beteiligen, nimmt die Kommission in vielen Fällen einen **Kontrollerwerb** im Sinne des Art. 3 der Fusionskontrollverordnung Nr. 139/2004 an, obgleich für die Zwecke der bilateralen Luftverkehrsabkommen das Zielunternehmen nach wie vor unter der Kontrolle von Staatsangehörigen der EU bleibt (und bleiben muss, will das Unternehmen nicht wertvolle Verkehrsrechte verlieren). Es kommen so **unterschiedliche Kontrollbegriffe** zur Anwendung.[28]

2. Genehmigung unter Verhaltensauflagen

42 Aufgrund der vorgegebenen Streckenprofile der Airlines kommt es bei Unternehmenszusammenschlüssen innerhalb der Union sehr schnell auf eine Reihe von Märkten zu **Monopolen.** Da es nicht möglich ist, diese Monopolstrecken im Wege einer Veräußerungszusage aus dem Zusammenschluss herauszunehmen, versucht die Kommission in ständiger Praxis auf diesen Strecken die Chancen für einen Markteintritt eines neuen Wettbewerbers durch **Verhaltenszusagen bzw. semi-strukturelle Zusagen** der Zusammenschlussbeteiligten zu verbessern.

43 Diese Zusagen betreffen die Verpflichtung, einem **new entrant** auf Flughäfen mit Slotknappheit Slots abzugeben, ihm den Zugang zu Vielfliegerprogrammen zu gewähren, spezielle Prorate Vereinbarungen abzuschließen, so dass Passagiere eines new entrants Teile des Netzwerks der Zusammenschlussbeteiligten zu besonders günstigen Bedingungen nutzen können, bis hin zu wettbewerbspolitisch eher fragwürden Instrumenten wie Einfrieren oder Reduzieren von Frequenzen und Kapazität auf den Monopolstrecken.[29]

3. Untersagungen

44 Im Fall *Ryanair/Aer Lingus* sah die Kommission den Markteintritt eines oder mehrerer neuer Wettbewerber als so unwahrscheinlich an, dass sie den bereits **mehrfach angemeldeten Zusammenschluss stets untersagte.**[30]

45 Auch der Zusammenschluss *Olympic/Aegean* wurde von der Kommission zunächst untersagt, im Jahr 2013 jedoch unter Anwendung der *failing company defense* freigegeben.[31]

---

[27] Kommissionsentscheidung vom 14.7.1999, IV/34.780 Virgin/British Airways, ABl. EG 2000 L 30 S. 1; bestätigt durch EuG ECLI:EU:T:2003:343 und EuGH, ECLI:EU:C:2007:166.

[28] Vgl. zuletzt Etihad/Alitalia, Fall M.7333, Kommissionsentscheidung vom 14.11.2014.

[29] Vgl. zur Kommissionspraxis umfassend *Völcker/Schütt/Israel* (oben Rdnr. 6), Rn. 666 ff.

[30] Zuletzt Kommissionsentscheidung vom 27.2.2013, COMP/M.6663, Ryanair/Aer Lingus III.

[31] Kommissionsentscheidung vom 9.10.2013, COMP/M. 6796 Olympic/Aegean II; hierzu Weitbrecht, E. C. L. R.2014, 282, 286.

Marktöffnende Zusagen mussten in diesen Fällen auf Grund der geographischen Gegebenheiten von vornherein ohne Wirkung bleiben: Keine rational handelnde Airline wird für einen Eintritt in neue Strecken und Märkte die wenig attraktiven und nur schwierig in ein Netz zu integrierenden Flughäfen am äußersten Rande der Union (Dublin, Athen, Griechische Inseln) auswählen.

C. Seeverkehr

Übersicht

Schrifttum: *Faull/Nikpay,* The EU Law of Competition, 3. Aufl. 2014; *Pozdnakova,* Liner Shipping and EU Competition Law, 2008; *Van Ginderachter/Durande,* EC Regulation 870/95: The Consortia Block Exemption, in: European Transport Law Vol. XXXVI N° 2–1996 – S. 241 ff.; *Williams,* Adoption of Regulation 823/2000 renewing the Block Exemption for Liner Shipping Consortia, in: Competition Policy Newsletter 2000 Nr. 3.

I. Vorbemerkungen

1 Die Anwendung des maritimen Kartellrechts auf den Seeverkehr wird wegen der internationalen Bezüge der Normadressaten wesentlich durch das EU-Kartellrecht geprägt. Nationales Kartellrecht der Mitgliedstaaten nimmt nur eine untergeordnete Rolle ein. Es gibt insoweit nur eine geringe Fallpraxis des Bundeskartellamtes und der deutschen Gerichte.

2 Die Europäische Union ist in hohem Maße vom Seeverkehr abhängig. 74% des Handelsvolumens der EU mit Drittstaaten und 37% des innergemeinschaftlichen Handels werden über Seehäfen abgewickelt.[1] Eine wichtige Grundlage des freien Seeverkehrs ist der faire und wirksame Wettbewerb der Reedereien.

3 Die Liniendienste in der internationalen Seeschifffahrt sind seit dem 19. Jahrhundert von der Kooperation der Reeder in sog. **Linienkonferenzen**[2] geprägt gewesen. Dies sind Kar-

---

* Die Autoren danken Frau Rechtsanwältin *Kim-Simone Janutta* für tatkräftige Unterstützung und wissenschaftliche Mitarbeit.

[1] Europäische Kommission, Oktober 2013, Ports 2030, Gateways for the Trans European Transport Network, S. 4.

[2] Nach der Legaldefinition des aufgehobenen Art. 1 Abs. 3 lit. b) VO 4056/86 ist eine Linienkonferenz eine Gruppe von zwei oder mehr Unternehmen der Seeschifffahrt, die internationale Liniendienste für die Beförderung von Ladung in einem bestimmten Fahrtgebiet oder in bestimmten Fahrtgebieten innerhalb fester geographischer Grenzen zur Verfügung stellt und die eine Vereinbarung oder

telle, deren Mitglieder Frachtraten (Beförderungspreis pro Transporteinheit), Fahrpläne, Transportkapazitäten sowie andere Beförderungsbedingungen untereinander vereinbaren, um die Erbringung regelmäßiger und effizienter Transportdienste nicht nur auf lukrativen Schifffahrtsrouten, sondern auch in anderen möglicherweise verlustbringenden Fahrtgebieten der Welt zu gewährleisten. Vor allem Entwicklungsländer haben ein dringendes Interesse an angemessener Beteiligung am Seeverkehr zwischen ihren Staaten und der EU. Dies führte 1974 zu dem „Übereinkommen der Vereinten Nationen über einen Verhaltenskodex für Linienkonferenzen" **(UN Liner Code),**[3] dessen Regeln mit den Wettbewerbsartikeln des Vertrages in Einklang gebracht werden mussten. Der Liner Code fand in den Entwicklungsländern Zustimmung; in den Industriestaaten stieß er jedoch auf zwiespältige Reaktionen; so ist er z. B. von den Vereinigten Staaten bis heute nicht akzeptiert worden.

4 Durch die VO 954/79 des Rates, das sog. **„Brussels Package"**, wurde schließlich der Beitritt der EU-Mitgliedstaaten zum UN Liner Code ermöglicht.[4] Das „Brussels Package" war eine Kompromisslösung zwischen UN Liner Code und EG-Vertrag, wonach z. B. der Liner Code im Verkehr der Mitgliedstaaten untereinander oder mit OECD-Staaten keine Anwendung findet. Unabhängig davon erkannten „Brussels Package" und Liner Code die Existenz und stabilisierende Funktion von Linienkonferenzen an. Gleichzeitig sah das „Brussels Package" den Erlass einer Verordnung zur Anwendung der Wettbewerbsregeln auf die Seeschifffahrt vor, die im Hinblick auf die Linienkonferenzen den Liner Code ergänzen und verdeutlichen sollte und so die Basis für die spätere **Gruppenfreistellung der Linienkonferenzen** schuf. Sie bildete das Kernstück der Wettbewerbsordnung für den Seeverkehr, begegnete aber zunehmender Kritik.[5]

5 Die VO 4056/86 war Teil eines Paketes von vier Ratsverordnungen im Rahmen der EWG-Seeverkehrspolitik,[6] deren gemeinsames Ziel im möglichst freien Zugang zu den internationalen Seeschifffahrtsmärkten sowie eines fairen und unverfälschten Wettbewerbs bestand. Sie erfüllte ursprünglich zwei Aufgaben: zum einen enthielt sie Verfahrensvorschriften für die Durchsetzung der Wettbewerbsvorschriften der Gemeinschaft auf dem Gebiet des Seeverkehrs. Zum anderen enthielt sie bestimmte spezifische materiell-rechtliche Wettbewerbsvorschriften für den Seeverkehr. Die VO 4056/86 galt nicht für Seeverkehrsdienstleistungen, die ausschließlich zwischen Häfen desselben Mitgliedstaates oder zu diesem erbracht werden (Kabotage) und auch nicht für internationale Trampdienste.

6 Mit der **Aufhebung der VO 4056/86** durch die VO 1419/06[7] wurde auch die Freistellung der Linienkonferenzen vom Kartellverbot mit Wirkung zum 18. Oktober 2008 abgeschafft. Seit Ablauf dieses in Art. 1 Abs. 2 VO 1419/06 vorgesehenen Übergangszeit-

---

Abmachung gleich welcher Art getroffen hat, in deren Rahmen sie auf der Grundlage einheitlicher oder gemeinsamer Frachtraten und etwaiger sonstiger vereinbarter Bedingungen hinsichtlich der Bereitstellung von Liniendiensten arbeitet.

[3] BGBl. II 1983, S. 64; UN Treaty Series 1985/86, 422, No. 22380, Convention on a Code of Conduct for Liner Conferences, concluded at Geneva on 6 April 1974.

[4] 3. Begründungserwägung VO 4056/86.

[5] Vgl. OECD, Competition Policy in Liner Shipping, Final Report DSTI/DOT(2002)2, 16.4. 2002.

[6] VO 4055/86 d. Rates v. 22.12.1986 zur Anwendung des Grundsatzes des freien Dienstleistungsverkehrs auf die Seeschifffahrt zwischen Mitgliedstaaten sowie zwischen Mitgliedstaaten und Drittländern ABl. 1986 L 378/1, geändert durch: VO 3573/90 d. Rates v. 4.12.1990 zur Änderung der VO 4055/86 zur Anwendung des Grundsatzes des freien Dienstleistungsverkehrs auf die Seeschifffahrt zwischen Mitgliedstaaten sowie zwischen Mitgliedstaaten und Drittländern auf Grund der Herstellung der deutschen Einheit ABl. 1990 L 353/16; VO 4057/86 d. Rates v. 22.12.1986 über unlautere Preisbildungspraktiken in der Seeschifffahrt ABl. 1986 L 378/14; VO 4058/86 d. Rates v. 22.12.1986 für ein koordiniertes Vorgehen zum Schutz des freien Zugangs zu Ladungen in der Seeschifffahrt ABl. 1986 L 378/21.

[7] VO 1419/06 d. Rates v. 25.9.2006 zur Aufhebung der VO 4056/86 über die Einzelheiten der Anwendung der Art. 85 und 86 EGV auf den Seeverkehr und zur Ausweitung des Anwendungsbereichs der VO 1/03 auf Kabotage und internationale Trampdienste ABl. 2006 L 269/1.

raums gilt das Verbot des Art. 101 Abs. 1 AEUV einschränkungslos auch für die Liniendienste im Seeverkehr, so dass Linienkonferenzen jedenfalls nicht länger im Handel von oder nach den Häfen der Mitgliedstaaten tätig sein dürfen. Die Mitgliedstaaten können daher nicht mehr ihren Verpflichtungen im Rahmen des UN Liner Code nachkommen. Mitgliedstaaten werden seit dem 18. Oktober 2008 auch nicht mehr dem Liner Code beitreten, ihn annehmen oder ratifizieren können. Dementsprechend ist die VO 954/79 unanwendbar und zum 18. Oktober 2008 durch die VO 1490/07[8] aufgehoben worden. Die übrigen Verordnungen des „Brussels Package" bleiben hiervon unberührt.

Ursprünglich wurde der Erlass der Gruppenfreistellungsverordnung 4056/86 damit begründet, dass Linienkonferenzen eine stabilisierende Rolle spielen, indem sie den Verladern zuverlässige Dienste zur Verfügung stellen, die durch weniger restriktive Maßnahmen nicht gewährleistet werden könnten. Jedoch geht die Kommission inzwischen davon aus, dass der Linienseeverkehr nicht außergewöhnlich sei, denn seine Kostenstruktur weiche angeblich nicht wesentlich von der anderer Industrien ab.[9] **7**

Die Kommission hat die Aufhebung des Konferenzsystems u. a. damit begründet, Konferenzen seien nicht mehr in der Lage, einen Konferenzpreis durchzusetzen.[10] Diese Argumentation ist erstaunlich, denn die Durchsetzung eines einheitlichen Konferenztarifes, der für alle Kunden gelten würde, war nach der VO 4056/86 nicht freigestellt. Die Freistellung bezog sich auf die Veröffentlichung eines Konferenztarifs, von der aber jedes Mitglied der Konferenz im eigenen Ermessen abweichen durfte.[11] **8**

Die Kommission ging allerdings auch davon aus, dass die angestrebte Preisstabilität und die Dienstleistungszuverlässigkeit aus Sicht der Kunden auch durch individuelle Dienstleistungsvereinbarungen als milderes Mittel erreicht werden können.[12] Die Wettbewerbsbeschränkung durch die Linienkonferenzen sei zudem nicht unerlässlich, da möglicherweise relevante Effizienzvorteile auch durch Konsortien ohne Preisabsprachen generiert werden könnten.[13] **9**

Weiterhin vertrat die Kommission die Auffassung, dass Konferenzen den Verbrauchern für die negativen Auswirkungen, die durch die Wettbewerbsbeschränkung entstehen, keinen Ausgleich zukommen ließen, sondern nur den am wenigsten effizienten Konferenzmitgliedern zum Vorteil gereichten.[14] **10**

Ferner könne aufgrund der Verflechtung von Konferenz- und Konsortialmitgliedern und des damit verbundenen vielschichtigen Informationsaustauschs nur noch auf Einzelfallbasis festgestellt werden, inwieweit Konferenzen in einem wirksamen internen und externen Wettbewerb miteinander stünden.[15] **11**

II. Anwendbarkeit von Art. 101 AEUV auf den Seeverkehr

1. Einleitung

Die VO 4056/86 galt nur für den internationalen Seeverkehr von oder nach einem oder mehreren Häfen der Gemeinschaft. Die besonders definierten **Trampdienste** blieben vom **12**

---

[8] VO 1490/07 d. Europäischen Parlaments u. d. Rates v. 11.12.2007 zur Aufhebung der VO 954/79 d. Rates über die Ratifikation des Übereinkommens der Vereinten Nationen über einen Verhaltenskodex für Linienkonferenzen durch die Mitgliedstaaten oder über den Beitritt der Mitgliedstaaten zu diesem Übereinkommen ABl. 2007 L 332/1.

[9] 3. Begründungserwägung VO 1419/06.

[10] Lt. Begründungserwägung der VO 1419/06.

[11] EuG v. 28.2.2002 Rs. T-395/94 – *Atlantic Container Line AB/Kommission „TAA"*, Slg. 2002, II-875 Rn. 159.

[12] 4. und 6. Begründungserwägung VO 1419/06.

[13] 6. Begründungserwägung VO 1419/06.

[14] 5. Begründungserwägung VO 1419/06.

[15] 7. Begründungserwägung VO 1419/06.

Anwendungsbereich der Verordnung ausgenommen. Die Verordnung war auch weder auf Seetransporte zwischen Häfen ein und desselben Mitgliedstaates **(„Kabotage")** noch auf Seeverkehr zwischen Häfen außerhalb der Gemeinschaft **(sog. „cross trades")** anwendbar. In diesen Fällen konnte den Wettbewerbsregeln der Artikel 101 und 102 AEUV nur nach Maßgabe der Art. 104 und 105 AEUV Geltung verschafft werden.

13 Die Ausnahme der Trampdienste vom Anwendungsbereich der Verordnung und damit von der Zuständigkeit der Kommission für die Durchsetzung von Art. 101 und Art. 102 AEUV war eine politische Entscheidung. Sie gründete sich bei Vorlage des Verordnungsvorschlages 1981 auf die Annahme der Kommission, dass die Trampschifffahrt ein weitgehend liberalisierter Markt sei. 1985 ergänzte die Kommission ihren Vorschlag mit dem klarstellenden Zusatz, dass die Frachtraten nach Maßgabe von Angebot und Nachfrage von Fall zu Fall frei ausgehandelt würden.[16] In der Erklärung Nr. 1 für das Ratsprotokoll zur Annahme der Verordnung forderte der Rat die Kommission jedoch auf, die Wettbewerbssituation unter anderem im Bereich Trampdienste zu prüfen und, soweit erforderlich, neue Vorschläge zu unterbreiten.[17]

14 Durch die VO 1/03 wurden zunächst die verfahrensrelevanten Vorschriften der VO 4056/86 aufgehoben, so dass die materiell-rechtlichen Vorschriften in Kraft blieben.[18] Von der Anwendbarkeit der VO 1/03 waren nach wie vor Trampschifffahrt und Kabotage ausgenommen.[19]

15 Durch die **VO 1419/06** wurde schließlich die gesamte Gruppenfreistellungsverordnung 4056/86 aufgehoben und Trampdienste sowie Kabotage in den Geltungsbereich der VO 1/03 einbezogen, so dass seitdem sämtliche Seeverkehrsdienstleistungen unter die allgemeine Verfahrensverordnung fallen. Art. 1 VO 1419/06 sah für die Gruppenfreistellung eine Übergangsfrist bis einschließlich zum 17. Oktober 2008 vor, um eine Anpassung der nationalen Rechtsordnungen zu ermöglichen.[20]

16 Die Beurteilung von Vereinbarungen, Beschlüssen und abgestimmten Verhaltensweisen, die in den Anwendungsbereich von Art. 101 AEUV fallen, richtet sich seit dem 18. Oktober 2008 im Grundsatz nur noch nach der Gruppenfreistellungsverordnung für Konsortien,[21] nach den allgemeinen Vorschriften des Art. 101 Abs. 3 AEUV und der VO 1/03.

17 Um die Anwendung von Art. 101 AEUV auf Seeverkehrsdienstleistungen zu erleichtern, hat die Kommission am 1. Juli 2008 Leitlinien erlassen **(Leitlinien Seeverkehr),**[22] die zunächst über einen Zeitraum von fünf Jahren[23] angewendet werden sollten. Nachdem sich die Kommission nach einer öffentlichen Konsultation dafür entschieden hatte, die Gültigkeit der Leitlinien Seeverkehr nicht zu verlängern, endete deren Gültigkeit am 26. September 2013.[24] Das Ende dieser Leitlinien entspricht dem allgemeinen Ansatz der Kommission, sektorspezifische Bestimmungen zum Kartellrecht nach und nach auslaufen zu lassen. Zudem überschnitten sich die Leitlinien mit den allgemeinen kartellrechtlichen Leitlinien wie den nachfolgend überarbeiteten Leitlinien für Vereinbarungen über horizontale Zusammenarbeit.[25]

---

[16] Vgl. 4. Begründungserwägung VO 4056/86.

[17] Protokoll d. Rates Ref. 11.584/86 v. 19.12.1986 Annex III Nr. 1.

[18] Art. 38 VO 1/03.

[19] Art. 32 VO 1/03 in der bis zum 17.10.06 geltenden Fassung.

[20] 16. Begründungserwägung VO 1419/06.

[21] VO 906/09 d. Komm. v. 28.9.2009 über die Anwendung von Art. 81 Abs. 3 EG-Vertrag auf bestimmte Gruppen von Vereinbarungen, Beschlüssen und aufeinander abgestimmten Verhaltensweisen zwischen Seeschifffahrtsunternehmen (Konsortien) ABl. 2009 L 256/31; geändert durch: VO 697/2014 d. Komm. v. 24.6.2014 zur Änderung der VO 906/2009 hinsichtlich ihrer Geltungsdauer ABl. 2014 L 184/3.

[22] Leitlinien für die Anwendung von Art. 81 EG auf Seeverkehrsdienstleistungen d. Komm. v. 1.7.2008, SEK(2008) 2151 endg.

[23] Leitlinien Seeverkehr, Rn. 8.

[24] Vgl. KOM Pressemitt., IP/13/122 v. 19.2.2013.

[25] Dazu nachfolgend unter III. Zu diesen Leitlinien KOM Pressemitt., IP/10/1702 v. 14.12.2010.

2. Anwendungsbereich

18 Durch die VO 1419/06 wurden mit Wirkung zum 18. Oktober 2006 Trampdienste sowie Kabotage in den Geltungsbereich der VO 1/03 einbezogen, so dass seitdem alle Seeverkehrsdienstleistungen unter die allgemeinen Verfahrensvorschriften fallen. Entscheidend für die Anwendung des EU-Kartellrechts ist daher, ob es um ein Verhalten geht, das den Handel zwischen Mitgliedstaaten zu beeinträchtigen geeignet ist und den Wettbewerb innerhalb des Binnenmarktes beschränkt.[26]

19 Der **geographische** Anwendungsbereich der VO 1/03 umfasst jedenfalls alle Seewege zwischen der EU und dritten Staaten sowie den Seeverkehr innerhalb der EU. Es gelten die allgemeinen Regeln.

3. Beeinträchtigung des Handels zwischen Mitgliedstaaten

20 Die Transportdienstleistungen von Linien- oder Trampreedereien sind in der Regel internationaler Art. Das gilt insbesondere, wenn sie Häfen in der EU mit Häfen in Drittländern verbinden und/oder für Aus- und Einfuhren zwischen zwei oder mehreren Mitgliedstaaten genutzt werden (z. B. innergemeinschaftlicher Handel). Die Tatsache, dass ein anzulaufender Hafen außerhalb der EU Bestimmungs- oder Herkunftshafen ist, schließt an sich nicht aus, dass der Handel zwischen den Mitgliedstaaten beeinträchtigt wird. Um entscheiden zu können, ob die relevanten Sachverhalte unter das EU-Kartellrecht fallen, müssen die Auswirkungen auf Abnehmer und andere Marktteilnehmer in der Union, die die entsprechenden Dienste in Anspruch nehmen, untersucht werden.[27]

21 In den meisten Fällen des Seeverkehrs ist in Anbetracht der möglichen Auswirkungen auf die Märkte für Beförderungs- und Vermittlerdienstleistungen mit einer Eignung zur Beeinträchtigung des zwischenstaatlichen Handels zu rechnen.[28]

22 Im Falle der **Seekabotage** ist im Einzelfall zu prüfen, inwieweit der zwischenstaatliche Handel durch solche Dienstleistungen beeinträchtigt wird, um nach Art. 3 VO 1/03 eine Abgrenzung zwischen dem einzelstaatlichen Wettbewerbsrecht und dem Anwendungsbereich des Art. 101 AEUV zu ermöglichen.[29]

4. Durchsetzung und Freistellung

23 Die Verfahrensvorschriften im Verkehrssektor wurden durch die **VO 773/04** den allgemeinen für alle Wirtschaftszweige geltenden Verfahrensvorschriften zum 1. Mai 2004 angepasst,[30] mit der Folge, dass sich das Verfahren seitdem ausschließlich nach der VO 1/03 bestimmt.

---

[26] *Pozdnakova,* Liner Shipping and EU Competition Law, 86–94.

[27] Leitlinien Seeverkehr, Rn. 14.

[28] Vgl. z. B. EuG U. v. 8.10.1996 Rs. T-24–26/93, T-28/93 – *Compagnie Maritime Belge Transports S. A. und Compagnie Maritime Belge S. A., Dafra-Lines A/S, Deutsche Afrika-Linien GmbH & Co. und Nedlloyd Lijnen BV/Kommission* Slg. 1996, II-1201 Rn. 201 ff., EuG U. v. 28.2.2002 Rs. T-395/94 – *Atlantic Container Line AB/Kommission „TAA"* Slg. 2002, II-875 Rn. 74; Komm. E. v. 14.11.2002 COMP/37396 – *TACA Neufassung,* ABl. 2003 L 26/53 Rn. 73 f.

[29] Leitlinien Seeverkehr, Rn. 15.

[30] 17. Begründungserwägung VO 773/04 d. Komm. v. 7.4.2004 über die Durchführung von Verfahren auf der Grundlage der Art. 81 und 82 EG durch die Kommission ABl. 2004 L 123/18, geändert durch: VO 622/08 d. Komm. v. 30.6.2008 zur Änderung der VO 773/04 hinsichtlich der Durchführung von Vergleichsverfahren in Kartellfällen ABl. 2008 L 171/3; VO 1792/06 d. Komm v. 23.10.2006 zur Anpassung einiger Verordnungen, Beschlüsse und Entscheidungen in den Bereichen freier Warenverkehr, Freizügigkeit, Wettbewerbspolitik, Landwirtschaft (Veterinär- und Pflanzenschutzrecht), Fischerei, Verkehrspolitik, Steuerwesen, Statistik, Sozialpolitik und Beschäftigung, Umwelt, Zollunion und Außenbeziehungen anlässlich des Beitritts Bulgariens und Rumäniens ABl. 2006 L 362/1.

24 Der Erlass von **Gruppenfreistellungen** gemäß Art. 101 Abs. 3 AEUV ist geregelt in mehreren Verordnungen des Rates. Für bestimmte horizontale Vereinbarungen, z.B. über die Spezialisierung, gilt VO 2821/71 d. Rates v. 20.12.1971 über die Anwendung von Artikel 85 Absatz 3 des Vertrages auf Gruppen von Vereinbarungen, Beschlüssen und aufeinander abgestimmten Verhaltensweisen,[31] zuletzt geändert durch die VO 1/03. Daneben hat der Rat die VO 246/2009 v. 26.2.2009 über die Anwendung des Artikels 81 Absatz 3 des Vertrags auf bestimmte Gruppen von Vereinbarungen, Beschlüssen und aufeinander abgestimmte Verhaltensweisen zwischen Schifffahrtsunternehmen (Konsortien) erlassen.[32]

5. Verhältnis zu Drittstaaten

25 Das Verfahren zur Behandlung etwaiger internationaler Rechtsstreitigkeiten, welches noch in der VO 4056/86 vorgesehen war, ist nach Auffassung des Gemeinschaftsgesetzgebers redundant und wurde daher gestrichen.[33]

26 Die Kommission hat von diesen Befugnissen der VO 4056/86 praktisch keinen Gebrauch gemacht. 1987 erhielt die Kommission **Beschwerden** wegen Frachtreservierungen und Einschränkungen des Zuganges von Nicht-Konferenzlinien zum Schifffahrtsverkehr zwischen **Europa** und **West- und Zentralafrika.**[34] Im Anschluss an diese Beschwerden wurden koordinierte Maßnahmen gemäß der VO 4058/86 zum Schutz des Zuganges zu Ladungen in der Seeschifffahrt[35] ergriffen, in deren Rahmen es zu Verhandlungen mit Vertretern der betroffenen afrikanischen Staaten auch unter Bezug auf die Vorschriften des Art. 7 kam.[36] Zu einer Anwendung des Art. 7 VO 4056/86 gegenüber Reedereien im CEWAL-Fall kam es jedoch nicht, weil die Kommission hätte beweisen müssen, dass ein Ausschluss faktischen oder potentiellen Wettbewerbs vorlag und Wettbewerb nur durch den Widerruf der Gruppenfreistellung hätte wieder hergestellt werden können. Zudem wäre angesichts der Tatsache, dass die Mobilität der Handelsflotten für dauernden potentiellen Wettbewerb sorgt, dieser Beweis nur schwer oder gar nicht zu führen gewesen.

27 Die Abschaffung der VO 4056/86 birgt ein gewisses Konfliktpotential mit drittstaatlichen Rechtsordnungen. Linienkonferenzen werden in mehreren Jurisdiktionen toleriert. In diesem wie auch in anderen Sektoren wird das Wettbewerbsrecht weltweit nicht auf die gleiche Weise angewandt wie in der EU. Angesichts des globalen Charakters der Liniedienste sollen nach der Begründung der VO 1419/06 alle zweckdienlichen Maßnahmen ergriffen werden, um die Aufhebung der Freistellungen für Preisabsprachen in Linienkonferenzen, die anderswo existieren, voranzubringen. Dies ist ein Prozess, der nicht zu Rechtsunsicherheit und vermeidbaren Konflikten in der globalen Linienschifffahrt führen darf. Die Anwendung des EU-Kartellrechts sollte das berücksichtigen. Gleichzeitig sollte die Freistellung für betriebliche Zusammenarbeit zwischen Schifffahrtslinien in Konsortien

---

[31] ABl. 1971 L 285/46, geändert durch: VO 2743/72 d. Rates v. 19.12.1972 zur Änderung der VO 2821/71 über die Anwendung von Art. 85 Abs. 3 EGV auf Gruppen von Vereinbarungen, Beschlüssen und aufeinander abgestimmten Verhaltensweisen ABl. 1972 L 291/144; Dokumente betreffend den Beitritt des Königreichs Spanien und der Portugiesischen Republik zu den Europäischen Gemeinschaften, Akte über die Bedingungen des Beitritts des Königreichs Spanien und der Portugiesischen Republik und die Anpassungen der Verträge, Anhang I: Liste zu Art. 26 der Beitrittsakte ABl. 1985 L 302/165; Akte über die Bedingungen des Beitritts des Königreichs Norwegen, der Republik Österreich, der Republik Finnland und des Königreichs Schweden und die Anpassungen der die Europäischen Union begründenden Verträge, Anhang I – Liste nach Art. 29 der Beitrittsakte – III. Wettbewerb – A. Ermächtigungsverordnungen ABl. 1994 C 241/56; VO 1/03 d. Rates v. 16.12. 2002 zur Durchführung der in den Art. 81 und 82 EG niedergelegten Wettbewerbsregeln ABl. 2003 L 1/1.

[32] ABl. 2009 L 79/1.

[33] 9. Begründungserwägung VO 1419/06.

[34] 17. WB 1988, 50 Rn. 47.

[35] ABl. 1986 L 378/21.

[36] 18. WB 1989, 43 Rn. 32.

und Allianzen dauerhaft beibehalten werden, wie es von dem OECD-Sekretariat 2002 empfohlen wurde.[37]

III. Bestimmung des relevanten Marktes

Um die Auswirkungen von Vereinbarungen, Beschlüssen und abgestimmten Verhaltensweisen auf den Wettbewerb im Sinne des Art. 101 AEUV zu prüfen, ist der sachlich und räumlich relevante Markt des betroffenen Produkts oder der betroffenen Dienstleistung abzugrenzen. Die Grundsätze zur Marktdefinition, die die Kommission in der Bekanntmachung über die Definition des relevanten Marktes im Sinne des Wettbewerbsrechts der Gemeinschaft[38] niedergelegt hat, sind auch auf den Seeverkehr anwendbar. Für den Linienverkehr und Trampdienste hat die Kommission darüber hinaus die Marktdefinition in den inzwischen wieder außer Kraft getretenen Leitlinien Seeverkehr erörtert. Diese Leitlinien haben zwar keine bindende Wirkung mehr, geben aber nach wie vor einen verhältnismäßig aktuellen Überblick über die relevante Entscheidungspraxis. **28**

1. Sachliche Märkte

Im Grundsatz sind verschiedene Marktstufen zu unterscheiden. Die Linien- und Trampreedereien bieten Container-Liniendienste bzw. Trampdienste gegenüber ihren Kunden, den sog. Verladern oder Spediteuren (engl.: Shipper) auf den sog. Frachtmärkten an. Die Verlader bzw. Spediteure bezahlen für den jeweiligen Transport und die damit verbundene Logistikleistungen eine Fracht. Demgegenüber spricht man von Chartermärkten als den Märkten, auf denen die Erbringer von Linien- oder Trampdiensten Schiffsraum beziehen, d. h. einchartern. Die Dienstleister zahlen für die Nutzung des Schiffsraums eine sog. Charter. **29**

a) Linienverkehr. Als Linienverkehr gilt die regelmäßig auf einer oder mehreren bestimmten Strecken zwischen Häfen gemäß im Voraus angegebenen Fahrplänen und Reisezeiten durchgeführte Beförderung von Gütern, die jedem Verkehrsnutzer gegen Bezahlung auch bedarfsweise zugänglich ist.[39] **30**

Der **Container-Linienverkehr** wurde in mehreren Entscheidungen der Kommission und der Gemeinschaftsgerichte als sachlich relevanter Markt im Linienverkehr auf Hochseerouten identifiziert.[40] Andere Verkehrsträger wurden nicht demselben Dienstleistungsmarkt zugerechnet – obwohl diese Dienstleistungen in einigen Fällen in marginalem Umfang untereinander austauschbar sein können – da nur wenige der in Schiffscontainern beförderten Güter ohne weiteres von anderen Verkehrsträgern (z. B. im Luftverkehr) befördert werden können.[41] **31**

Unter bestimmten Umständen kann der sachlich relevante Markt anhand der jeweiligen Güter, die zur See befördert werden, auch enger definiert werden.[42] Es kann zwar in Ausnahmefällen zu einer Substitution zwischen herkömmlichen Stückguttransporten und Containern kommen, aber ein dauerhaftes Umsteigen von der Containerbeförderung auf den Stückguttransport scheint – auch nach den Untersuchungen der Kommission – nicht vorzukommen. Für die überwiegende Mehrheit von Gütern und von Transportkunden **32**

---

[37] 11. Begründungserwägung VO 1419/06.

[38] ABl. 1997 L 372/5.

[39] Art. 2 Nr. 2 VO 906/09; siehe auch Leitlinien Seeverkehr, Rn. 10.

[40] EuG U. v. 30.9.2003 Rs. T-191/98, T-212–214/98 – *Atlantic Container Line AB u. a./Kommission „TACA"* Slg. 2003, II-3275 Rn. 781 ff.

[41] Leitlinien Seeverkehr, Rn. 18; EuG U. v. 30.9.2003 Rs. T-191/98, T-212–214/98 – *TACA* Slg. 2003, II-3275 Rn. 783–789.

[42] Bei der Beförderung verderblicher Waren könnte der Markt beispielsweise auf Kühlcontainer oder auf den Transport in herkömmlichen Kühlschiffen eingegrenzt werden; dazu Leitlinien Seeverkehr, Rn. 19.

bietet der Stückguttransport keine sinnvolle Alternative zum Container-Linienverkehr. Sobald ein Frachtgut regelmäßig in Containern befördert wird, ist eine Rückkehr zu einer anderen Beförderungsmethode unwahrscheinlich. Die Substituierbarkeit geht beim Container-Linienverkehr daher bislang vornehmlich in eine Richtung.[43]

33 **b) Trampdienste.** Art. 1 Abs. 3 lit. a VO 4056/86 definierte „Trampdienste" als Massenguttransporte oder Transporte von Stückgut (break-bulk) in einem Schiff, das von einem oder mehreren Verladern auf der Grundlage eines Reise- oder Zeitchartervertrags oder eines anderen Vertrages für nicht regelmäßige oder nicht angekündigte Fahrten ganz oder teilweise gechartert wird, wenn die Frachtraten nach Maßgabe von Angebot und Nachfrage von Fall zu Fall frei ausgehandelt werden. Es handelt sich dabei hauptsächlich um unregelmäßige Massenguttransporte, bei denen das gesamte Schiff mit einem einzigen Gut beladen wird.

34 Ausgangspunkt für die Abgrenzung der relevanten Dienstleistungsmärkte bei Trampdiensten sind die sog. **„Hauptkonditionen" für eine Transportanfrage,** z. B. die zu befördernde Ladung, Ladungsvolumen, Be- und Entladehafen, Liegetage, technische Anforderungen an die Schiffe. Je nach dem individuellen Bedarf des Nutzers enthalten die Hauptkonditionen verhandelbare und nicht verhandelbare Bestandteile. Ein verhandelbarer Bestandteil kann darauf hindeuten, dass der relevante Markt in Bezug auf diesen Bestandteil letztlich umfassender ist als bei der ursprünglichen Transportanfrage.[44]

35 Aufgrund der vielschichtigen Arten von Beförderungsverträgen ist auf der Nachfrageseite auch zu klären, ob Zeitcharter-, Reisecharter- und Befrachtungsverträge untereinander austauschbar sind und somit zum gleichen relevanten Markt gehören.[45]

36 Grundsätzlich werden in der Trampschifffahrt die **Schiffstypen** nach Standardgrößen unterteilt. Die Substituierbarkeit von einzelnen Schiffsgrößen muss ebenfalls geprüft werden, da bei einem Missverhältnis zwischen Ladungsaufkommen und Schiffsgröße kaum eine wettbewerbsfähige Frachtrate angeboten werden kann.[46]

37 Auf Angebotsseite ist zu prüfen, ob einzelne Schiffstypen austauschbar sind und zu demselben relevanten Markt gehören. Die Abgrenzung kann anhand von physischen und technischen Merkmalen von Schiffstyp und Ladung vorgenommen werden, wie z. B. Schüttgutfrachter, Autotransporter, Öltanker etc. Wenn Schiffe kurzfristig und zu geringen Kosten auf den Transport einer bestimmten Fracht umgestellt werden können, z. B. durch einfache Reinigung, dann können verschiedene Anbieter von Trampdiensten um die Beförderung dieser Fracht konkurrieren und der relevante Markt umfasst mehr als einen Schiffstyp.[47]

38 Daneben ist zu berücksichtigen, dass in der Trampschifffahrt Häfen auf individuelle Anfrage angelaufen werden. Die **Schiffsmobilität** kann jedoch durch Terminalengpässe, Tiefgangbeschränkungen oder Umweltnormen für bestimmte Schiffstypen in bestimmten Häfen oder Gebieten eingeschränkt sein.[48]

39 Die Frage etwaiger **Substitutionsketten** zwischen den verschiedenen Größen von Trampschiffen kann ebenfalls eine Rolle spielen. Auf einigen Märkten sind Trampschiffe an beiden Enden der Größenskala nicht direkt durch andere Schiffstypen ersetzbar. Dennoch können Substitutionsketteneffekte auch eine eindämmende Wirkung auf die Preise an diesen Enden ausüben und dazu führen, dass sie einem größeren Markt zugerechnet werden.[49]

40 Bei manchen Märkten für Trampdienste muss geprüft werden, ob die betreffenden Schiffe als unternehmenseigene Kapazitäten des Verladers zu betrachten sind und deshalb

---

[43] Leitlinien Seeverkehr, Rn. 19 m. w. N.
[44] Leitlinien Seeverkehr, Rn. 22.
[45] Leitlinien Seeverkehr, Rn. 23.
[46] Leitlinien Seeverkehr, Rn. 24.
[47] Leitlinien Seeverkehr, Rn. 25.
[48] Leitlinien Seeverkehr, Rn. 27.
[49] Leitlinien Seeverkehr, Rn. 28.

bei der Abgrenzung des relevanten Marktes im Einzelfall nicht berücksichtigt werden sollen.[50]

Zusätzliche Faktoren wie die Verlässlichkeit des Dienstleistungsanbieters sowie Sicherheits- und andere Normen können die Substituierbarkeit auf der Angebots- und Nachfrageseite beeinflussen (z.B. die Vorschrift, dass in Gewässern der Gemeinschaft nur Doppelhüllentanker verkehren dürfen).[51] **41**

Im Bereich der Trampdienste hat die Kommission im Februar 2003 unangekündigte Nachprüfungen bei mehreren Betreibern von Hochseetankerdiensten in der EU durchgeführt.[52] Infolgedessen hat die Kommission im April 2007 mehreren Unternehmen im Bereich der Flüssig-Massengutfrachter Beschwerdepunkte zugesandt. Den Unternehmen wurden Preisabsprachen, Kundenaufteilung, Angebotsabsprachen und der Austausch vertraulicher Marktinformationen vorgeworfen.[53] Im Jahr 2008 hat die Kommission die Ermittlung eingestellt, da sie nicht ausschließen konnte, dass es sich bei den relevanten Dienstleistungen um Trampdienste handelte, für die sie mit Blick auf die angeblichen Kartellrechtsverstöße zwischen 1998 und 2002 keine Zuständigkeit hatte.[54] **42**

c) Kabotage. Unter Kabotage versteht man Seeverkehrsdienstleistungen (einschließlich Linien- und Trampverkehr) zwischen Häfen ein- und desselben Mitgliedstaats, Art. 1 VO 3577/92.[55] Die Grundsätze zur Abgrenzung der sachlich relevanten Märkte für Linien- und Trampdienste können daher auch hier angewendet werden.[56] **43**

d) Spezialtransporte. Spezialtransporte sind eine besondere Form von Trampdiensten.[57] Spezialtransporte beinhalten regelmäßige Beförderungsdienste für einen einzelnen Ladungstyp und unterscheiden sich insoweit von Linien- und sonstigen Trampdiensten. Grundlage für Spezialtransporte sind vor allem Frachtverträge, die von Seeschifffahrtsunternehmen mit einem Verlader oder einer kleinen Gruppe von Verladern langfristig geschlossen werden. Die auf einer spezifischen Nachfrage beruhende Regelmäßigkeit der Dienste wird unmittelbar zwischen Transporteur und Verlader ausgehandelt und ist in ihrem Wesen von den Liniendiensten, bei denen regelmäßige Dienste unabhängig von einer spezifischen Nachfrage allen potenziellen Verladern unterschiedslos angeboten werden, verschieden.[58] Dies gilt insbesondere für den Seetransport von Automobilen.[59] **44**

Verwendet werden Spezialschiffe, die in baulicher und/oder technischer Hinsicht den Besonderheiten der zu befördernden Fracht angepasst sind.[60] Spezialschiffe können zwar auch andere Ladungsarten befördern; dies kann jedoch mit Wettbewerbsnachteilen verbun- **45**

---

[50] Leitlinien Seeverkehr, Rn. 29.

[51] VO 417/02 d. Europäischen Parlaments u.d. Rates v. 18.2.2002 zur beschleunigten Einführung von Doppelhüllen oder gleichwertigen Konstruktionsanforderungen für Einhüllen-Öltankschiffe und zur Aufhebung der VO 2978/94 d. Rates ABl. 2002 L 64/1, zuletzt geändert durch: VO 457/07 d. Europäischen Parlaments u.d. Rates v. 25.4.2007 zur Änderung der VO 417/02 zur beschleunigten Einführung von Doppelhüllen oder gleichwertigen Konstruktionsanforderungen für Einhüllen-Öltankschiffe ABl. 2007 L 113/1; Leitlinien Seeverkehr, Rn. 30.

[52] Vgl. Komm. Pressemitt. MEMO(03)38 – *Inspections in deep-sea maritime transport services.*

[53] Vgl. Komm. Pressemitt. MEMO(07)131 – *Statement of Objections in cartel for transport of bulk liquids by sea.*

[54] Vgl. Komm. Pressemitt. MEMO/08/297 – *Commission closes investigation into transport of bulk liquids by sea.*

[55] VO 3577/92 d. Rates v. 7.12.1992 zur Anwendung des Grundsatzes des freien Dienstleistungsverkehrs auf den Seeverkehr in den Mitgliedstaaten (Seekabotage) ABl. 1992 L 364/7.

[56] Vgl. Komm. Pressemitt. MEMO/08/460 – *Guidelines on the application of competition rules in the maritime sector – FAQ.*

[57] Dafür spricht auch ihre Behandlung unter der Überschrift „Trampdienste" in den Leitlinien Seeverkehr, Rn. 26.

[58] Komm. E. v. 19.10.1994 94/980/EG – *TAA,* ABl. 1994 L 376/1 Rn. 49.

[59] Komm. E. v. 29.11.2002 COMP/M.2879 – *Zusammenschluss WWL/HMM,* ABl. 2002/C 258/12.

[60] Komm. E. v. 19.10.1994 94/980/EG – *TAA,* ABl. 1994 L 376/1 Rn. 47–49.

den sein. Die Fähigkeit der Betreiber von Spezialtransporten, um die Beförderung anderer Ladung zu konkurrieren, ist begrenzt.[61] Sie bilden daher in der Regel keinen gemeinsamen sachlich relevanten Markt mit sonstigen Trampdiensten oder Liniendiensten.

46 **e) Vercharterung.** Eine eigene Marktstufe sind Charter-Märkte, auf denen Inhaber von Schiffen diese an Linienreedereien oder Trampreedereien i. d. R. langfristig verchartern. Bei der sachlichen Marktabgrenzung sind die Prinzipien für die Marktabgrenzung in den Bereichen Linienverkehr und Trampdienste soweit sachdienlich entsprechend heranzuziehen. Dabei ist allerdings zu berücksichtigen, dass es regelmäßig nur um den Schiffsraum geht und nicht um eine gegenüber Verladern zu erbringende Dienstleistung mit z. B. wöchentlichen Abfahrten auf einer bestimmten Route. Wesentliche Faktoren sind insbesondere die Art und die Größe der zu vercharternden Schiffe.

47 Eine eigene Marktstufe ist auch der Markt für Schiffsraum in Form von mehreren „Slots", d. h. Containerstellplätzen auf einem oder mehreren Schiffen, die auf einem Liniendienst eingesetzt werden. Der Charterer der Slots kann diese dann seinen eigenen Kunden im Wettbewerb zum Vercharterer anbieten.

2. Geografische Märkte

48 **a) Frachtmärkte.** Für den Linienverkehr definiert die Kommission den **räumlich relevanten Markt** als das Gebiet, auf dem die betreffenden Dienstleistungen vermarktet werden, d. h. in der Regel eine Reihe von Häfen an beiden Enden der Fahrtroute, die durch die sich überschneidenden Einzugsgebiete der einzelnen Häfen bestimmt sind.[62] Es spricht nichts dagegen, diesen Ansatz auch auf die Trampschifffahrt zu übertragen mit der Einschränkung, dass es sich dabei um Bedarfsverkehr mit wechselnden Herkunfts- und Bestimmungshäfen handelt. In Bezug auf die europäischen Endpunkte wurde der räumliche Markt in Fällen, die den Linienverkehr betrafen, bisher als eine Gruppe von Häfen in Nordeuropa oder im Mittelmeerraum bestimmt. Da Liniendienste von Mittelmeerhäfen aus kaum durch solche von nordeuropäischen Häfen aus substituierbar sind, wurden sie als gesonderte Märkte eingestuft.[63]

49 **b) Vercharterung.** In geografischer Hinsicht ist zu berücksichtigen, dass die Nachfrage davon abhängt, wie kurzfristig ein bestimmtes Schiff an welchem Ort benötigt wird. Weiterhin ist zu berücksichtigen, welche Schiffe zu welchem Zeitpunkt angeboten werden können. Zwar sind die Schiffe mobil, benötigen für einen Ortswechsel aber Zeit. Schiffe, die bereits langfristig verchartert sind, zählen nicht zu dem verfügbaren Angebot. Vor diesem Hintergrund kommt bei der Marktabgrenzung der zeitlichen Dimension eine erhebliche Bedeutung zu. Um den Grad des Wettbewerbs zu messen, bietet sich zudem eine sog. Frequency of Encounter Analysis an, bei der geprüft wird, wie oft sich welche Wettbewerber in konkreten Angebots- und Nachfragesituationen im Markt begegnen.[64]

3. Marktanteile

50 Marktanteile bieten erste nützliche Hinweise auf die Marktstruktur und auf die wettbewerbsbezogene Bedeutung der beteiligten Unternehmen und ihrer Wettbewerber.[65] Daneben können bei weltweiten Kartellen Diskrepanzen zwischen dem weltweiten Marktanteil und dem EWR-weiten Marktanteil zu erheblichen Reduktionen der Geldbußen führen.[66]

---

[61] Leitlinien Seeverkehr, Rn. 26.
[62] Leitlinien Seeverkehr, Rn. 20.
[63] Leitlinien Seeverkehr, Rn. 20 m. w. N.
[64] *Faull/Nikpay,* The EU Law of Competition, Rn. 1.319.
[65] Leitlinien Seeverkehr, Rn. 33.
[66] Leitlinien für das Verfahren zur Festsetzung von Geldbußen gem. Art. 23 Abs. 2 lit. a) der VO 1/03 ABl. 2006 C 210/2 Rn. 18.

Im **Linienverkehr** bilden Mengen- und/oder Kapazitätsangaben die Grundlage für die Berechnung von Marktanteilen.[67]

51 Auf den Märkten für **Trampdienste** konkurrieren die Dienstleistungsanbieter um die Vergabe von Beförderungsverträgen, d. h. sie verkaufen Transportfahrten oder Transportkapazität. Je nach Besonderheit der betreffenden Beförderungsleistung werden von der Kommission die folgenden Daten für die Ermittlung des jährlichen Marktanteils herangezogen:

– Anzahl der Fahrten
– Mengen- oder wertmäßiger Anteil der beteiligten Unternehmen am gesamten Beförderungsaufkommen bei der jeweiligen Ladungsart (zwischen zwei oder mehreren Häfen)
– Marktanteil der beteiligten Unternehmen bei Zeitcharterverträgen
– der Anteil der beteiligten Unternehmen an den Flottenkapazitäten (nach Schiffstyp und -größe).

52 Je nach den spezifischen Gegebenheiten des relevanten Trampschifffahrtsmarktes können auch kürzere Zeiträume zugrunde gelegt werden, insbesondere bei Märkten, auf denen Frachtverträge für Zeiträume unter einem Jahr vergeben werden.[68]

IV. Kernverstöße gegen Art. 101 Abs. 1 AEUV

53 Im Falle horizontaler Vereinbarungen umfassen bezweckte Wettbewerbsbeschränkungen Preisabsprachen, Begrenzungen der Produktionsmengen und die Aufteilung von Märkten oder Kunden.[69] Diese Vereinbarungen bezeichnet die Kommission auch als Kernbeschränkungen.[70] Kernbeschränkungen erfüllen in der Regel nicht die Freistellungsvoraussetzungen des Artikels 101 Abs. 3 AEUV.[71] Dementsprechend enthielt auch die VO 4056/86 nur eine sehr eng auszulegende Freistellungsregelung für Preisabsprachen, die sich auf die Veröffentlichung eines gemeinsamen Tarifs beschränkte.[72]

54 Als Kernbeschränkungen hat die Kommission auch Preisabsprachen betreffend die Beförderung von Passagieren im Liniendienst bewertet. Sie konnten nicht von der VO 4056/86 profitieren.[73] Als unvereinbar mit Art. 101 Abs. 3 AEUV wurden Absprachen über einzelne Bestandteile von Beförderungsentgelten wie Währungsaufschläge für Roll-on/Roll-off-Frachtbeförderung durch Fährdienste eingestuft.[74] Allerdings gibt es einige Fälle, in denen die Kommission eine gemeinsame Preisfestsetzung nicht beanstandet hat.[75] Auch im Fall *APMM/Broström* ging die Kommission offenbar davon aus, dass eine gemeinsame Preisfestsetzung durch Pools nicht zwingend unzulässig ist.[76]

55 Horizontale Kooperationsvereinbarungen im Linienverkehr über die Bereitstellung gemeinsamer Dienste, sog. **Konsortien,** fallen unter die VO 906/09, sofern sie keine Kernverstöße enthalten.[77] Daneben bleibt ggf. die Freistellung nach Art. 101 Abs. 3 AEUV.

---

[67] Leitlinien Seeverkehr, Rn. 33 m. w. N.

[68] Leitlinien Seeverkehr, Rn. 34.

[69] Leitlinien zur Anwendung von Art. 81 Abs. 3 EG-Vertrag, ABl. 2004 C 101/97, Rn. 23.

[70] Bekanntmachung über Vereinbarungen von geringer Bedeutung, die im Sinne des Artikels 101 Abs. 1 des Vertrages über die Arbeitsweise der Europäischen Union den Wettbewerb nicht spürbar beschränken (*De-Minimis*-Bekanntmachung), ABl. 2014 C 291/1, Rn. 13.

[71] Leitlinien zur Anwendung von Artikel 81 Abs. 3 EG-Vertrag, ABl. 2004 C 101/97, Rn. 46.

[72] *Pozdnakova,* Liner Shipping and EU Competition Law, S. 102.

[73] Komm. E. v. 9.12.1998 99/271/EG – *Griechische Fährschiffe,* ABl. 1999 L 109/24.

[74] Vgl. Komm. E. v. 30.10.1996 97/84/EG – *Währungsaufschläge,* ABl. 1997 L 26/23.

[75] Siehe z. B. den Fall der HH-Route betreffend den gemeinsamen Betrieb eines Fährunternehmens zwischen dem dänischen Hafen Helsingör und dem schwedischen Hafen Helsingborg (Komm. Pressemitt. IP/92/396; Komm. Mitt. v. 14.2.1992, ABl. 1992 C 36/5) und den Dienst der sog. Hansa Ferry zwischen Rostock und Trelleborg (IV/MAR/35.488, ABl. 1996 C 118/5).

[76] Komm. E. v. 6.12.2008 COMP/M. 5346 – *APMM/Broström* v. 14.1.2009, ABl. 2008 C312/17, Rn. 48, 57.

[77] Leitlinien Seeverkehr, Rn. 6; vgl. Kommentierung zu VO 906/2009.

V. Einzelne Vereinbarungstypen und Anwendbarkeit von Art. 101 Abs. 3 AEUV

56 Auf Dienstleistungsmärkten wie dem Seeverkehr müssen die Vereinbarungen vor allem unter folgenden Aspekten auf mögliche Auswirkungen auf den betreffenden Markt hin geprüft werden: Preise, Kosten, Qualität, Häufigkeit der Dienstleistung und Differenzierung des Dienstleistungsangebots, Innovation, Marketing und Kommerzialisierung der Dienstleistung.[78]

57 Nachdem sich die bisherige Entscheidungspraxis der Kommission und die Rechtsprechung der Gemeinschaftsgerichte zum Seeverkehr vielfach auf die ehemalige Gruppenfreistellung in der VO 4056/86 gestützt hatte, bestand in der Branche zumindest Unsicherheit, wie nach Ende dieser Freistellung die allgemeinen Grundsätze zu Art. 101 Abs. 3 AEUV anzuwenden wären. Zur Orientierung hatte die Kommission in den Leitlinien Seeverkehr für eine Übergangszeit von fünf Jahren die Vereinbarkeit von technischen Vereinbarungen, Informationsaustausch und Pools mit Art. 101 Abs. 3 AEUV erläutert. Diese Übergangsfrist lief am 26. September 2013 ab.[79]

58 Seitdem finden ausschließlich die allgemeinen Leitlinien zur Anwendung von Art. 81 Abs. 3 EG[80] und die Leitlinien zur Anwendbarkeit von Art. 101 AEUV auf Vereinbarungen über horizontale Zusammenarbeit[81] Anwendung, sofern keine sektorspezifischen Regeln wie z.B. die Konsortial-GVO 906/09 vorrangig sind.[82]

1. Technische Vereinbarungen

59 Gemäß der abschließenden Liste des ehemaligen **Art. 2 VO 4056/86** fielen Vereinbarungen, Beschlüsse oder aufeinander abgestimmte Verhaltensweisen von Liniendiensten grundsätzlich nicht unter Art. 101 Abs. 1 AEUV, wenn sie ausschließlich die Anwendung technischer Verbesserungen oder die technische Zusammenarbeit bezwecken oder bewirken, und zwar durch

- die Einführung und einheitliche Anwendung von Normen und Typen für Schiffe und sonstige Beförderungsmittel, Material, Betriebsmittel für den Verkehr oder feste Einrichtungen;
- den Austausch oder die gemeinsame Verwendung von Schiffen, Schiffsraum oder Slots, d.h. Containerstellplätze auf einem Schiff, sowie sonstigen Beförderungsmitteln, Personal, Material oder festen Einrichtungen zur Durchführung von Beförderungen;
- die Organisation und Durchführung von Anschluss- oder Zusatzbeförderungen zur See sowie die Festlegung oder Anwendung von Gesamtpreisen und -bedingungen für diese Beförderung;
- die Abstimmung der Fahrpläne für aufeinander folgende Strecken;
- die Zusammenfassung von Einzelladungen;
- die Aufstellung oder Anwendung einheitlicher Regeln für die Struktur der Beförderungstarife und die Bedingungen für deren Anwendung.

60 Die Kommission sieht diese Vorschrift nunmehr als **entbehrlich** an.[83] In den Leitlinien Seeverkehr hatte sie den Grundsatz festgehalten, dass bestimmte technische Vereinbarungen nicht unter die Verbotsvorschrift des Art. 101 AEUV fallen, weil sie den Wettbewerb nicht beschränken, beispielsweise horizontale Vereinbarungen, deren einziger Zweck – und ein-

---

[78] Leitlinien Seeverkehr, Rn. 35.

[79] Vgl. Komm. Pressemitt. IP/13/122 – *Commission decides not to prolong maritime transport antitrust guidelines.*

[80] ABl. 2004 C 101/97.

[81] ABl. 2011 C 11/1.

[82] Leitlinien zur Anwendbarkeit von Art. 101 AEUV auf Vereinbarungen über horizontale Zusammenarbeit ABl. 2011 C 11/1 Rn. 18.

[83] 9. Begründungserwägung VO 1419/06.

zige Wirkung – in der Einführung technischer Verbesserungen oder einer technischen Zusammenarbeit besteht. Insbesondere Vereinbarungen zur Umsetzung von Umweltnormen können in diese Kategorie fallen. Ausgenommen sind allerdings Absprachen von Wettbewerbern über Gebühren, Kapazitäten oder andere Wettbewerbsparameter.[84] Entsprechende Ausführungen – allerdings allgemeiner Art – stehen in den Leitlinien über horizontale Zusammenarbeit.[85] Darüber hinaus stellt die VO 906/09 zur Gruppenfreistellung von Konsortien technische Vereinbarungen unter bestimmten Umständen vom Kartellverbot frei.[86]

2. Linienkonferenzen

Eine **„Linienkonferenz"** ist eine Gruppe von zwei oder mehr Unternehmen der Seeschifffahrt, die internationale Liniendienste für die Beförderung von Ladung in einem bestimmten Fahrtgebiet oder in bestimmten Fahrtgebieten innerhalb fester geographischer Grenzen zur Verfügung stellt und die eine Vereinbarung oder Abmachung gleich welcher Art getroffen hat, in deren Rahmen sie auf der Grundlage einheitlicher oder gemeinsamer Frachtraten und etwaiger sonstiger vereinbarter Bedingungen hinsichtlich der Bereitstellung von Liniendiensten arbeitet. **61**

Mit der VO 1419/06 wurde die VO 4056/86 und damit die Gruppenfreistellung für Linienkonferenzen von Reedereien zur Festsetzung von Frachtraten und sonstigen Beförderungsbedingungen aufgehoben, da das Konferenzsystem jedenfalls in seiner Gänze die Kriterien von Art. 101 Abs. 3 AEUV nicht erfüllt. Die **Aufhebung der Gruppenfreistellung** wurde zum 18. Oktober 2008 wirksam. Seit diesem Datum müssen Reedereien, die Liniendienste anbieten, sämtliche Tätigkeiten innerhalb von Linienkonferenzen einstellen, die gegen Art. 101 AEUV verstoßen, selbst wenn andere Rechtsordnungen die Festsetzung von Frachtraten durch Linienkonferenzen oder Rahmenvereinbarungen („discussion agreements") ausdrücklich oder stillschweigend zulassen. Die Konferenzmitglieder müssen außerdem sicherstellen, dass seit dem 18. Oktober 2008 alle nach dem Konferenzsystem getroffenen Vereinbarungen mit Art. 101 AEUV in Einklang stehen.[87] **62**

3. Multimodaler Transport

Multimodale Beförderung erfolgt grundsätzlich in fünf Stufen: Landtransport zum Verladehafen (Hafenvorlauf); Umschlag im Verladehafen vom Landtransportmittel auf das Seeschiff; Seetransport (per Schiff von einem Hafen zu einem anderen Hafen); Umschlag im Bestimmungshafen (Entladung vom Schiff auf das Landtransportmittel); Landtransport vom Bestimmungshafen zum Endbestimmungsort (Hafennachlauf). **63**

Die Linienkonferenzen haben lange Zeit für sich beansprucht, unter der Freistellungsregelung für Konferenzen die Preise nicht nur für den Seetransport, sondern auch für den **Hafenvor-** und **Hafennachlauf** sowie für den **Hafenumschlag** abzusprechen. **64**

1994 berief die Kommission eine Expertengruppe ein, um sie in dieser Frage zu beraten. Die sog. **„Multimodal Group"** erstattete ihren Schlussbericht im Dezember 1997[88] mit der Feststellung, dass es keinen Grund gebe, Inland-Preisabsprachen von Linienkonferenzen freizustellen. In der **TACA**-Entscheidung 1998[89] bestätigte die Kommission ihre bisherige Auffassung,[90] dass Inland-Preisabsprachen weder unter die (ehemalige) Gruppenfreistellung **65**

---

[84] Leitlinien Seeverkehr, Rn. 37 m. w. N.

[85] Leitlinien zur Anwendbarkeit von Art. 101 AEUV auf Vereinbarungen über horizontale Zusammenarbeit, ABl. 2011 C 11/1 Rn. 150–193.

[86] Dazu nachfolgend unter VIII.

[87] Leitlinien Seeverkehr, Rn. 4.

[88] Amt für amtl. Veröffentlichungen der Europäischen Gemeinschaften 1998 (ISBN 92–828–29.340).

[89] Komm. E. v. 16.9.1998 99/243/EG – *TACA*, ABl. 1999 L 95/1 Rn. 400 ff.

[90] Komm. E. v. 21.12.1994 94/985/EG – *FEFC*, ABl. 1994 L 378/17 Rn. 56 ff., 75, 88.

in der VO 4056/86 fielen noch durch individuelle Entscheidung freistellbar seien. Diese Auffassung hat das EuG bestätigt.[91]

66 Die Diskussion ist mit Abschaffung der VO 4056/86 obsolet. Für multimodalen Transport gelten auch künftig keine Sonderregelungen.

4. Absprachen über Kapazitäten/Regulierung von Transportkapazitäten

67 Die Regulierung der von den einzelnen Mitgliedern einer Linienkonferenz angebotenen Transportkapazität war durch die VO 4056/86 freigestellt und beurteilt sich heute nach den Voraussetzungen des Art. 101 Abs. 3 AEUV oder der Konsortial-GVO. Eine Absprache zur **Nichtnutzung vorhandener Kapazitäten,** die lediglich eine Anhebung der Frachtraten bezweckt, war dagegen auch nicht unter der VO 4056/86 freigestellt,[92] zumal sie auch nicht die Voraussetzungen des Art. 101 Abs. 3 AEUV erfüllt. Vereinbarungen über zeitlich befristete Stilllegungen von Transportkapazität, die, unabhängig von saisonalen oder zyklischen Anpassungen auf Grund der spezifischen Investitionserfordernisse im Seeverkehr erfolgen, ohne damit lediglich eine Anhebung der Frachtraten zu bezwecken, können gemäß Art. 101 Abs. 3 AEUV oder nach der Konsortial-GVO freigestellt sein.

5. Servicekontrakte, Multi-Carrier-Agreements

68 Servicekontrakte sind Verträge zwischen Verladern und Reedern, in denen sich der Verlader verpflichtet, für eine bestimmte Zeit eine Mindestmenge Ladung zu verladen und der Reeder sich zur Anwendung einer bestimmten Frachtrate verpflichtet. Die Servicekontrakte sind im Prinzip vertikaler Natur und kartellrechtlich unbedenklich. Etwas anderes gilt, wenn sie zwischen Wettbewerbern geschlossen werden und den Wettbewerb beschränken. Wenn ein Kunde mehrere Reedereien um ein gemeinsames Angebot bittet, spricht man von einem Multi-Carrier-Agreement. Ein solcher auf Kundenwunsch geschlossener Vertrag, unter dem die beteiligten Reedereien den gleichen, auch unter ihnen abgestimmten Preis erhalten, kann legitimen Interessen des Kunden dienen und ist dann kartellrechtlich nicht zu beanstanden.[93] Unabhängig davon waren nicht auf Kundenwunsch getroffene Absprachen, Beschlüsse und abgestimmte Verhaltensweisen über den Inhalt und die Ausgestaltung von Servicekontrakten oder über das Verbot individuellen Handelns bei gemeinsamen Servicekontrakten bereits von der Freistellung der VO 4056/86 nicht gedeckt[94] und sind auch heute nicht individuell freistellbar.

6. Informationsaustauschsysteme im Seeverkehr

69 Unter einem Informationsaustausch versteht man eine Abmachung, auf deren Grundlage Unternehmen Informationen untereinander austauschen oder an eine gemeinsam eingerichtete Stelle weitergeben, die für die zentrale Sammlung, Erfassung und Verarbeitung sowie die Rückgabe an die Beteiligten in der vereinbarten Form und Häufigkeit zuständig ist.[95] In letzterem Fall spricht man von einem Informationsaustauschsystem.

---

[91] EuG 28.2.2002 Rs. T-86/95 – *FEFC* Slg. 2002, II-1011 Rn. 231 ff., 267.

[92] 1994 verbot die Kommission ein TAA Capacity Management Programme im Westbound Transatlantic-Verkehr, vgl. Komm. E. 19.10.1994 94/980/EG – *TAA*, ABl. 1994 L 376/1 Rn. 365 ff.; 1999 untersagte die Kommission ein EATA Capacity Management Programme im eastbound Europe/Far East-Verkehr, vgl. Komm. E. v. 30.4.1999 99/485/EG – *EATA*, ABl. 1999 L 193/23 Rn. 148 ff.

[93] Im Zusammenschlussverfahren *Mærsk/PONL* haben die Parteien die Kommission über Multi-Carrier-Agreements unterrichtet, die Kommission hat diese nicht beanstandet, vgl. Komm. E. v. 29.7. 2005 COMP/M. 3829 – Mærsk/PONL, ABl. 2005 C 147/3 Rn. 29, 107f, Zum Arbeitsgemeinschaftsgedanken auch Leitlinien Seeverkehr, Rn. 64.

[94] Komm. E. 16.9.1998 99/243/EG – *TACA*, ABl. 1999 L 95/1 Rn. 397 f.

[95] Leitlinien Seeverkehr, Rn. 38.

Informationsaustausch kann grundsätzlich zu einer Verbesserung der **Markttransparenz** und zur Information der Abnehmer beitragen und somit zu Effizienzgewinnen führen. Der Austausch geschäftlich sensibler, unternehmensspezifischer Marktdaten kann jedoch gegen Art. 101 AEUV verstoßen. Grundsätzlich verstößt ein Informationsaustausch gegen Art. 101 AEUV, wenn er die Ungewissheit über das relevante Marktgeschehen verringert oder beseitigt und dadurch zu einer Beschränkung des Wettbewerbs zwischen den Unternehmen führt.96 Ein Informationsaustausch, der im Zusammenhang mit einer anderen wettbewerbswidrigen Verhaltensweise steht, ist zusammen mit ihr zu beurteilen.[97] 70

Ein Spezialfall des Informationsaustauschs zwischen Konsortialpartnern, soweit er mit der gemeinsamen Wahrnehmung von Liniendiensten im Seeverkehr zusammenhängt, ist in der VO 906/09 geregelt.[98] 71

Grundsätzlich sind folgende Aspekte bei der Beurteilung eines Informationsaustauschs zu beachten: 72

- Beeinflussung des Marktverhaltens von Wettbewerbern,
- Wettbewerb auf dem betroffenen Markt, soweit er durch zunehmende Transparenz im Rahmen eines Informationsaustausches positiv oder negativ beeinflusst wird,
- Häufigkeit/Frequenz des Austauschs von Informationen, der möglicherweise Schlüsse auf Marktpositionen und Strategien von Wettbewerbern zulässt – dieses Risiko besteht insbesondere bei oligopolistisch strukturierten Märkten,
- Marktstruktur: Konzentrationsgrad und Struktur von Angebot und Nachfrage,
- Art der ausgetauschten Information: Preise, Kapazitäten, Kosten fallen eher unter Art. 101 Abs. 1 AEUV als andere Informationen,
- öffentlich zugängliche Informationen, Austausch in aggregierter oder individueller Form
- Alter der Daten, Zeitraum, auf den sich die Informationen beziehen.[99]

Im Linienverkehr ist besondere Vorsicht beim Austausch von **Kapazitätsprognosen** selbst in Aggregatform geboten, vor allem wenn er auf Märkten mit hohem Konzentrationsgrad erfolgt. Auf den Linienverkehrsmärkten sind Kapazitätsangaben für die Koordinierung des Wettbewerbsverhaltens der Hauptparameter, der sich auch unmittelbar auf die Preise auswirkt. Zusammengefasste Kapazitätsprognosen, die einen Hinweis auf die Kapazitätsaufteilung auf einzelne Routen geben, können wettbewerbswidrig sein, da sie mehrere oder gar alle Seeverkehrsunternehmen zu einer einheitlichen Geschäftspolitik veranlassen und somit dazu führen könnten, dass die Preise der Leistungen über dem Wettbewerbsniveau liegen. Außerdem besteht das Risiko einer Aufschlüsselung der Daten nach einzelnen Unternehmen, da sie mit individuellen Ankündigungen einzelner Linienreedereien verknüpft werden könnten. Dies gäbe den Unternehmen Aufschluss über die Marktstellung und Strategie ihrer Konkurrenten.[100] 73

Im Linienverkehr gibt es **Preisindices,** denen die durchschnittlichen Preisbewegungen für die Beförderung eines Containers zu entnehmen sind. Ein Preisindex, der auf **aggregierten Preisangaben** beruht, verstößt nicht gegen Art. 101 Abs. 1 AEUV, solange die Daten so weit aggregiert sind, dass sie nicht mehr aufgeschlüsselt werden können und folglich den Unternehmen keine direkten oder indirekten Rückschlüsse auf die Geschäftsstrategien ihrer Wettbewerber ermöglichen. Verringert oder beseitigt ein Preisindex allerdings die Ungewissheit über das Marktgeschehen und bewirkt dadurch eine Beschränkung des Wettbewerbs zwischen den Unternehmen, wäre dies von Art. 101 Abs. 1 AEUV erfasst. 74

---

[96] EuGH U. v. 28.5.1998 Rs. C-7/95 – *John Deere Ltd./Kommission* Slg. 1998, I-3111 Rn. 90; U. v. 2.10.2003 Rs. C-194/99 P – *Thyssen Stahl AG/Kommission* Slg. 2003, I-10821 Rn. 81.

[97] EuGH U. v. 8.7.1999 Rs. C-49/92 P – *Kommission/Anic Partecipazioni* SpA. Slg. 1999, I-4125 Rn. 121–126.

[98] Vgl. Kommentierung zu VO 906/09.

[99] Leitlinien Seeverkehr, Rn. 44 ff.

[100] Leitlinien Seeverkehr, Rn. 53.

Bei der Prüfung der wahrscheinlichen Auswirkungen eines solchen Preisindexes auf einen bestimmten relevanten Markt sind der Grad der Datenaggregation, der historische bzw. aktuelle Charakter der Daten und die Erscheinungshäufigkeit des Preisindexes zu berücksichtigen. Generell sollten alle einzelnen Aspekte des Informationsaustauschs in ihrer Gesamtheit untersucht werden, um potentielle Wechselwirkungen (z.B. zwischen dem Austausch von Mengen- und Kapazitätsangaben einerseits und dem Preisindex andererseits) zu erfassen.[101]

75 Ein Informationsaustausch zwischen Seeverkehrsunternehmen, der den Wettbewerb einschränkt, kann unter bestimmten Umständen zu **Effizienzgewinnen** führen (z.B. bessere Investitionsplanung und bessere Kapazitätsauslastung). Derartige Effizienzgewinne müssen substantiiert sein, jedenfalls in angemessenem Umfang an die Kunden weitergegeben werden und gegenüber den wettbewerbswidrigen Wirkungen des Informationsaustausches im Rahmen von Art. 101 Abs. 3 AEUV abgewogen werden. Der Wettbewerb darf nicht ausgeschaltet werden. Wenn alle vier Voraussetzungen des Art. 101 Abs. 3 AEUV erfüllt sind, ist das Verbot von Art. 101 Abs. 1 AEUV nicht anwendbar.[102]

76 Wie in anderen Wirtschaftszweigen können im Linienverkehr Gespräche und Informationsaustausch im Rahmen von **Verbänden** stattfinden, sofern der Verband nicht in folgender Weise genutzt wird:

77 a) als Forum für Kartelltreffen, b) als Gremium, das wettbewerbswidrige Entscheidungen oder Empfehlungen an seine Mitglieder ausgibt, c) als Mittel zum Informationsaustausch, das die Ungewissheit über das Marktgeschehen verringert oder beseitigt und dadurch eine Beschränkung des Wettbewerbs zwischen den Unternehmen bewirkt, wobei gleichzeitig die Voraussetzungen des Art. 101 Abs. 3 AEUV nicht erfüllt sind. Zulässig sind legitime Gespräche innerhalb eines Branchenverbandes über Fragen wie technische Standards oder Umweltnormen.[103] Zulässig kann auch ein Austausch marktferner Informationen sein, z.B. betreffend die Bonität von Spediteuren[104] oder von Spediteuren angediente gefährliche Ladung.

7. Poolvereinbarungen

78 Die häufigste Form der horizontalen Zusammenarbeit bei Trampdiensten sind sog. Frachtpools.[105] Entsprechende Vereinbarungen gibt es zwischen Charterreedereien, die ihre Schiffe insbesondere an Linienreedereien verchartern. In einem **Pool** wird eine größere Zahl ähnlicher Schiffe, die unterschiedlichen Eigentümern gehören, einer gemeinsamen Verwaltung unterstellt. In der Regel ist ein Poolmanager für die wirtschaftliche Verwaltung, Aushandlung von Raten und Zentralisierung und Verteilung von Einnahmen und Fahrtkosten nach einem bestimmten Schlüssel sowie die organisatorischen Aspekte wie Routenplanung, Anweisung der Schiffe, Benennung von Agenten in den Häfen, Information der Kunden, Fakturierung, Bunkerbestellung, Einziehung der Einnahmen usw. verantwortlich. In den meisten Fällen untersteht der Poolmanager einem Aufsichtsgremium, in dem die Schiffseigner vertreten sind. Der technische Betrieb der Schiffe liegt meist in der Verantwortung der Reedereien (Sicherheit, Besatzung, Instandsetzung, Wartung usw.). Die Mitglieder vermarkten ihre Leistungen zwar gemeinsam, erbringen sie jedoch häufig getrennt.[106]

---

[101] Leitlinien Seeverkehr, Rn. 57.

[102] Leitlinien Seeverkehr, Rn. 58, vgl. auch Leitlinien zur Anwendung von Art. 81 Abs. 3 EG, ABl. 2004 C 101/97.

[103] Leitlinien Seeverkehr, Rn. 59.

[104] Grundsätzlich zum Informationsaustausch hinsichtlich der Bonität von Vertragspost siehe EuGH U. v. 23.11.2006 Rs. C-238/05 – *Asnef-Equifax* Slg. 2006, I-11125 Rn. 55–56.

[105] Leitlinien Seeverkehr, Rn. 60.

[106] Leitlinien Seeverkehr, Rn. 61.

Ob ein Pool unter Art. 101 Abs. 1 AEUV fällt und die Voraussetzungen des Art. 101 Abs. 3 AEUV erfüllt, ist im Einzelfall zu prüfen. Pools, die unter die **Fusionskontrollverordnung 139/04** fallen, sind davon nicht betroffen.[107] **79**

Poolvereinbarungen, deren Mitglieder keine tatsächlichen oder potentiellen Wettbewerber sind, fallen nicht unter Art. 101 Abs. 1 AEUV. Dies gilt z. B. für Frachtpools zwischen Reedereien, die gegründet werden, um gemeinsam Angebote für Frachtverträge zu unterbreiten, weil sie als Einzelbewerber mit ihren Angeboten nicht erfolgreich wären oder die Aufträge allein nicht ausführen könnten. Dies gilt auch, wenn solche Pools gelegentlich andere Ladungen befördern, die die Mitglieder auch alleine befördern könnten, die aber nur einen kleinen Teil des Gesamtvolumens ausmachen.[108] **80**

Poolvereinbarungen zwischen Wettbewerbern, die auf den **gemeinsamen Verkauf** beschränkt sind, bezwecken und bewirken in der Regel eine Abstimmung des Preisverhaltens der Wettbewerber. Die Tätigkeiten eines unabhängigen Schiffsmaklers beim Vertragsabschluss für eine Transportleistung fallen nicht in diese Kategorie.[109] **81**

Manche Pools umfassen zwar nicht den gemeinsamen Verkauf, wohl aber einen gewissen Grad an Abstimmung in Bezug auf die Wettbewerbsparameter wie **gemeinsame Fahrplangestaltung** oder **gemeinsamer Einkauf.** In solchen Fällen ist Art. 101 Abs. 1 AEUV nur anwendbar, wenn die Beteiligten über eine gewisse Marktmacht verfügen.[110] **82**

Grds. fällt ein Pool unter Art. 101 Abs. 1 AEUV, wenn er geeignet ist, spürbare negative Auswirkungen auf die Wettbewerbsparameter im Markt wie Preise, Kosten, Differenzierung des Leistungsangebots, Qualität der Dienstleistungen und Innovation zu haben. Die Leitlinien über horizontale Zusammenarbeit und Anwendung von Art. 101 Abs. 3 AEUV finden Anwendung.[111] Fällt ein Pool unter Art. 101 Abs. 1 AEUV, müssen die betreffenden Unternehmen ihrerseits sicherstellen, dass sämtliche vier Freistellungsvoraussetzungen des Art. 101 Abs. 3 AEUV erfüllt sind. **83**

VI. Einseitige Preisgabe von Informationen

Die einseitige Preisgabe von Informationen ist in der Transportwirtschaft gang und gäbe. Die beteiligten Unternehmen sind vielfach Wettbewerber, die untereinander Ladungsraum nachfragen, um die Anforderungen ihrer Kunden bestmöglich zu erfüllen. Zu diesem Zweck dürfen die beteiligten Unternehmen untereinander Verträge über einzelne Transportleistungen abschließen. **84**

Im Übrigen sind mit Blick auf die einseitige Preisgabe von Informationen die Leitlinien zur Anwendbarkeit von Art. 101 AEUV auf Vereinbarungen über horizontale Zusammenarbeit[112] zu berücksichtigen. Gem. Rn. 62 der Leitlinien geht die Kommission davon aus, dass ein Unternehmen, das strategische Daten von einem Wettbewerber erhält, die Informationen akzeptiert und sein Marktverhalten entsprechend angepasst hat, es sei denn, es erklärt ausdrücklich, dass es die Daten nicht bekommen will. Ein solchermaßen einvernehmlicher Informationsaustausch könne zu einem abgestimmten Verhalten führen. Demgegenüber ist die einseitige Überlassung von Informationen unkritisch, wenn es sich um öffentliche Informationen handelt.[113] **85**

Die Europäische Kommission hat sich mit regelmäßigen einseitigen Bekanntgaben von Preiserhöhungen in dem *„Container Liner Case"* befasst, insbesondere mit dem Vorwurf des **86**

---

107 Leitlinien Seeverkehr, Rn. 63.
108 Leitlinien Seeverkehr, Rn. 64.
109 Leitlinien Seeverkehr, Rn. 65 f.
110 Leitlinien Seeverkehr, Rn. 68.
111 ABl. 2001 C 3/2; Leitlinien Seeverkehr, Rn. 67.
112 ABl. 2011 C 11/1.
113 Dazu Rn. 94 der zitierten Leitlinien.

„Signaling". Der Fall war bei Redaktionsschluss noch nicht abgeschlossen.[114] Die Europäische Kommission hatte sich bereits im Jahr 1984 mit einseitig mitgeteilten Informationen beschäftigt und ein abgestimmtes Verhalten angenommen. Dem ist der EuGH entgegengetreten. Allein Preisankündigungen an Kunden würden noch nicht den Geheimwettbewerb einschränken.[115]

VII. VO 906/09 zur Gruppenfreistellung von Konsortien[116]

1. Vorbemerkungen

87 Bei Annahme der VO 4056/86 beauftragte der Rat die Kommission, die Wettbewerbssituation auch im Bereich der Konsortien zu prüfen und ggfs. Vorschläge zu unterbreiten.[117]

88 Konsortien entstanden unter dem Einfluss der Entwicklung des **Containerverkehrs** seit dem Ende der sechziger Jahre. Sie stellen Kooperationen zweier oder mehrerer Linienreedereien dar und zielen darauf ab, die Leistung und Qualität der Liniendienste zu verbessern und gleichzeitig eine höhere Auslastung und wirtschaftlichere Nutzung der Schiffskapazitäten und Container zu fördern. Die Kommission erkannte, dass Konsortialverträge zwar den Wettbewerb beschränken können, dass aber die Vorteile von Konsortien ihre Nachteile überwiegen. Nach eingehenden Untersuchungen legte die Kommission 1989 dem Rat schließlich einen Bericht über „Maßnahmen zur Verbesserung der Betriebsbedingungen des Seeverkehrs der Gemeinschaft" vor.[118] Nach weiteren Informationen und Anhörungen der betroffenen Industrien schlug die Kommission 1990 vor, eine Gruppenfreistellung für Konsortien zu schaffen.[119]

89 Der Rat folgte im Wesentlichen den Vorschlägen der Kommission und ermächtigte sie 1992, eine Gruppenfreistellung zu erlassen.[120] Damit sollten Rahmenbedingungen gesetzt werden, die den Reedern wirtschaftliche Flexibilität verschaffen, um eine große Bandbreite unterschiedlich gestalteter Konsortialverträge abzudecken und um der Tatsache Rechnung zu tragen, dass die Vertragsklauseln häufig geändert werden, etwa, um neue Mitglieder aufzunehmen oder neue Rationalisierungsmaßnahmen einzuführen. Auf dieser Basis erließ die Kommission die VO 870/95 als erste Gruppenfreistellung für Konsortien in der Linienschifffahrt.[121]

---

[114] http://ec.europa.eu/competition/elojade/isef/case_details.cfm?proc_code=1_39850.

[115] EuGH U. v. 31.3.1993 verb. Rs. C-89, 104, 114, 116–117 & C-125–129/85 – *Ahlström Oy u. a./Komm. (Zellstoff II)*, Slg. 1993 I 1575, Rn. 63ff.

[116] VO 906/09 d. Komm. v. 28.9.2009 über die Anwendung von Art. 81 Abs. 3 EG-Vertrag auf bestimmte Gruppen von Vereinbarungen, Beschlüssen und aufeinander abgestimmten Verhaltensweisen zwischen Seeschifffahrtsunternehmen (Konsortien), ABl. 2009 L 256/31; geändert durch: VO 697/2014 d. Komm. v. 24.6.2014 zur Änderung der VO 906/2009 hinsichtlich ihrer Geltungsdauer, ABl. 2014 L 184/3.

[117] Protokoll d. Rates Ref. 11.584/86 v. 19.12.1986 Annex III Nr. 1.

[118] KOM (89) endg. v. 3.8.1989.

[119] KOM (90) endg. v. 18.6.1990.

[120] VO 479/92 d. Rates v. 25.2.1992 über die Anwendung des Art. 85 Abs. 3 EGV auf bestimmte Gruppen von Vereinbarungen, Beschlüssen und aufeinander abgestimmten Verhaltensweisen zwischen Seeschifffahrtsunternehmen (Konsortien) ABl. 1992 L 55/3, geändert durch: Akte über die Bedingungen des Beitritts des Königreichs Norwegen, der Republik Österreich, der Republik Finnland und des Königreichs Schweden und die Anpassungen der die Europäische Union begründenden Verträge, Anhang I – Liste nach Artikel 29 der Beitrittsakte – III. Wettbewerb – A. Ermächtigungsverordnungen ABl. 1994 C 241/56; VO 1/03 d. Rates v. 16.12.2002 zur Durchführung der in den Art. 81 und 82 EG niedergelegten Wettbewerbsregeln ABl. 2003 L 1/1.

[121] VO 870/95 d. Komm. v. 20.4.1995 zur Anwendung von Art. 85 Abs. 3 EGV auf bestimmte Gruppen von Vereinbarungen, Beschlüssen und aufeinander abgestimmten Verhaltensweisen zwischen Seeschifffahrtsunternehmen (Konsortien) auf Grund der VO 479/92 d. Rates ABl. 1995 L 89/7 (nicht mehr rechtskräftig).

Gemäß Art. 2 der Ermächtigungsverordnung 479/92 war ihre **Geltungsdauer** auf 5 Jahre begrenzt. Am 26.4.2000 trat die neue Gruppenfreistellungsverordnung 823/00 in Kraft. Sie unterschied sich in einigen Punkten von der VO 870/95.[122] Die VO 870/95 hatte sich nach Auffassung der Kommission in der Praxis bewährt.[123] Während ihrer Geltungsdauer erließ die Kommission 11 **Freistellungsentscheidungen** im Wege des Nichtwiderspruchs gemäß Art. 7 der VO 870/95.[124] Dabei handelte es sich im Wesentlichen um Fälle, in denen das Konsortium einen höheren Verkehrsanteil hielt als in der Verordnung vorgesehen war (30 bzw. 35%). In einigen Fällen bestätigte die Kommission die Vereinbarkeit der angemeldeten Verträge mit der Gruppenfreistellung durch Verwaltungsschreiben („comfort letters"). **90**

Mit der VO 611/05[125] wurde die Geltungsdauer der VO 823/00 um weitere fünf Jahre bis zum 25. April 2010 verlängert und weitere Anpassungen an die Praxis im Schifffahrtsgewerbe vorgenommen, insbesondere mit Blick auf sog. Ausscheideverbotsklauseln.[126] Die VO 823/00 wurde sodann überarbeitet, um insbesondere der mit der VO 1419/06 vorgenommenen Abschaffung der Freistellung für Konferenzen Rechnung zu tragen.[127] In diesem Zusammenhang veröffentlichte die Kommission im Jahr 2008 zusammen mit einem Entwurf für eine neue VO ein „Technical Paper", in dem sie zu den Hintergründen von Konsortien Stellung nahm und die interessierten Kreise zur Stellungnahme aufforderte.[128] Das Ergebnis dieses Prozesses ist die VO 906/09 vom 28.9.2009, deren Geltungsdauer mit der VO 697/2014 vom 24. Juni 2014 bis zum 25. April 2020 verlängert worden ist. **91**

2. Anwendungsbereich

Gemäß Art. 1 VO 906/09 und Erwägungsgrund 1 betrifft die Verordnung nur internationale Seeverkehrsliniendienste von oder nach einem oder mehreren Häfen der Gemeinschaft. **Kabotage**-Dienste sind davon nicht erfasst,[129] da sie auf einen Mitgliedstaat beschränkt sind. **92**

3. Definitionen

Gemäß Art. 2 Abs. 1 VO 906/09 bedeutet **Konsortium** eine Vereinbarung oder mehrere miteinander zusammengehörige Vereinbarungen zwischen mindestens zwei Seeschifffahrtsunternehmen, die internationale Liniendienste ausschließlich zur Beförderung von Gütern auf einer oder mehreren Routen betreiben, deren Ziel die Zusammenarbeit beim gemeinsamen Betrieb eines Seeverkehrsdienstes zur Verbesserung des Leistungsangebotes ist, das jedes Mitglied ohne Konsortium allein erbringen würde, um mit Hilfe technischer, betrieblicher und/oder kommerzieller Abmachungen, ihre Beförderungsleistungen zu rationalisieren. **93**

---

122 Vgl. *Van Ginderachter/Durande,* European Transport Law 1996 Vol. XXXVI Nr. 2, S. 241 ff.

123 Vgl. Arbeitsdokument der GD COMP: Bericht über die Verordnung Nr. 870/95 der Kommission vom 28.1.1999, S. 25.

124 Vgl. Arbeitsdokument der GD COMP: Bericht über die VO 870/95 der Kommission vom 28.1.1999 Annex 2.

125 VO 611/05 d. Komm. v. 20.4.2005 zur Änderung der VO 823/00 d. Rates zur Anwendung von Art. 81 Abs. 3 EG auf bestimmte Gruppen von Vereinbarungen, Beschlüssen und aufeinander abgestimmten Verhaltensweisen zwischen Seeschifffahrtsunternehmen (Konsortien) ABl. 2005 L 101/10.

126 Vgl. 3.–5. Begründungserwägung VO 611/05.

127 Leitlinien Seeverkehr, Rn. 6.

128 Technical Paper on the Revision of Commission Regulation (EC) NO 823/2000 on the application of article 81 (3) of the Treaty to certain categories of agreements, decisions and concerted practices between liner shipping companies (consortia) as last amended by Commission Regulation (EC) NO 611/2005 of 20 April 2005.

129 So auch *Williams,* Competition Policy Newsletter 2000 Nr. 3, S. 45.

94 Aus dieser umfangreichen Definition ergibt sich, dass die Gruppenfreistellung
– nur für **internationale Liniendienste** zur Beförderung von **Gütern,** aber nicht von Passagieren gilt,
– dass das Konsortium auf **mehreren Routen** tätig sein darf;
– dass Ziel die gemeinsame **Verbesserung des Leistungsangebotes** durch Rationalisierung auf Grundlage technischer, betrieblicher und/oder kommerzieller Abmachungen sein muss;
– jedoch **Preisabsprachen nicht beinhaltet.**

95 Schließlich ist die Verordnung nur auf die zwischen den Mitgliedern eines Konsortiums geschlossene Vereinbarung bzw. Vereinbarungen anwendbar. Daraus folgt, dass sich die Gruppenfreistellung nicht auf Vereinbarungen zwischen Konsortien und/oder ihren Mitgliedern einerseits und anderen Seeverkehrsunternehmen andererseits erstreckt.[130]

96 Art. 2 Nr. 2–4 enthalten Definitionen für „Linienverkehr", „Verkehrsnutzer" und die „Aufnahme des Dienstes".

4. Freigestellte Vereinbarungen

97 Art. 3 VO 906/09 enthält eine Aufzählung von bestimmten Tätigkeiten, die freigestellte Vereinbarungen betreffen dürfen:
– Den gemeinsamen Betrieb von Liniendiensten im Seeverkehr, der in Art. 3 Nr. 1 lit. a)–e) beschriebene Tätigkeiten umfasst;
– Kapazitätsanpassungen entsprechend den Schwankungen von Angebot und Nachfrage;
– den gemeinsamen Betrieb oder die gemeinsame Nutzung von Hafenumschlagsanlagen und den dazugehörigen Leistungen;
– jede sonstige Tätigkeit, die den vorstehend genannten Tätigkeiten zugeordnet und für deren Ausführung erforderlich ist.

5. Kernbeschränkungen

Art. 4 VO 906/09 regelt – wie in Gruppenfreistellungsverordnungen üblich –, dass die
98 Freistellung nicht gilt, wenn es sich um eine Vereinbarung handelt, die bestimmte Kernbeschränkungen enthält, nämlich die Festlegung von Preisen beim Verkauf von Seeverkehrsdiensten an Dritte, Beschränkungen der Kapazität oder der Verkäufe, sofern es sich nicht um Kapazitätsanpassungen entsprechend den Schwankungen von Angebot und Nachfrage handelt sowie die Aufteilung von Märkten oder Kunden.

99 Unzulässig ist insbesondere eine Kapazitätsregulierung, die nicht durch die Schwankungen von Angebot und Nachfrage gerechtfertigt ist. Damit bleibt die Kommission bei ihrer bereits im TAA-Fall[131] vertretenen Auffassung, wonach ein Kapazitätsbewirtschaftungsprogramm, wie es von den Mitgliedern des TAA errichtet worden war, die Freistellungsvoraussetzungen für Linienkonferenzen gemäß Art. 3 lit. d) VO 4056/86 nicht erfüllt. Die Kommission nahm an, dass ohne das Verbot der Freistellung durch Art. 4 VO 823/00 Konsortien, die innerhalb einer Konferenz tätig sind, eine Rechtslücke ausnützen könnten.[132]

6. Voraussetzungen für die Freistellung

100 Kapitel III regelt in den Art. 5 und 6 VO 906/09 die Voraussetzungen für die Gruppenfreistellung.

---

[130] Vgl. 8. Erwägungsgrund und Arbeitsdokument GD COMP: Bericht über die VO 870/95 d. Komm. v. 28.1.1999, S. 10 Rn. 53.

[131] Komm. E. v. 19.10.1994 94/980/EG – *TAA,* ABl. 1994 L 376/1.

[132] Vgl. Arbeitsdokument GD COMP: Bericht über die VO 870/95 d. Komm. v. 28.1.1999, S. 11 Rn. 57.

Gemäß Art. 6 Abs. 1 VO 906/09 wird die Freistellung nur gewährt, wenn der gemeinsame **Marktanteil** der Mitglieder des Konsortiums auf dem relevanten Markt, auf dem das Konsortium tätig ist, nicht mehr als 30% der insgesamt beförderten Gütermenge beträgt. Jeder Markt, auf dem das Konsortium tätig ist, muss gesondert bewertet werden.[133] Dabei kommt es gemäß Art. 5 Abs. 2 VO 906/09 nicht auf den Marktanteil des Konsortiums an, sondern auf den gemeinsamen Marktanteil der Mitglieder des Konsortiums. Es sind auch Gütermengen der Mitglieder zu berücksichtigen, die außerhalb des Konsortiums transportiert werden. **101**

Artikel 5 Abs. 3 und 4 VO 906/09 betreffen bestimmte Umstände, unter denen der gemeinsame Marktanteil der Mitglieder des Konsortiums für eine gewisse Dauer 30% überschreiten darf, ohne dass die Freistellung nach Art. 3 VO 906/09 verloren geht. Beträgt der gemeinsame Marktanteil der Mitglieder eines Konsortiums einen Wert, der die Höchstwerte von Art. 5 VO 906/09 überschreitet, beurteilt sich die Rechtmäßigkeit der Vereinbarung direkt nach Art. 101 Abs. 3 AEUV. Sofern die Voraussetzungen der VO 906/09 bis auf die Marktanteilsgrenze erfüllt sind, dürften in vielen Fällen auch die Voraussetzungen des Art. 101 Abs. 3 AEUV erfüllt sein. **102**

Art. 6 VO 906/09 enthält **zusätzliche Voraussetzungen** für die Gruppenfreistellung, wonach die Mitglieder des Konsortiums das Recht haben müssen, bei Einhaltung bestimmter Kündigungsfristen das Konsortium ohne Sanktionen zu verlassen. Die Vereinbarung muss den Konsortiumsmitgliedern das Recht gewähren, bei Einhaltung einer Kündigungsfrist von höchstens sechs Monaten nach einer Anlaufzeit von 24 Monaten nach Inkrafttreten der Vereinbarung bzw. Aufnahme des Dienstes, wenn diese später erfolgt, aus dem Konsortium ausscheiden zu können, ohne sich einer finanziellen oder sonstigen Sanktion auszusetzen.[134] „Aufnahme des Dienstes" ist der Zeitpunkt, an dem das erste Schiff den Liniendienst aufnimmt.[135] Da Mitglieder von Konsortien vielfach neue **Investitionen in einen bestehenden Dienst** absichern wollen, wurde die Freistellung einer begrenzten Bindungsfrist mit der VO 611/05 auch auf Vereinbarungen, eine umfangreiche neue Investition in den gemeinsamen Seeverkehrsdienst zu tätigen, ausgedehnt.[136] In der VO 906/09 ist diese sinnvolle Regelung allerdings nicht enthalten, so dass Bindefristen zur Absicherung von Folgeinvestitionen in neue Schiffe nicht mehr von einer Gruppenfreistellung profitieren. Für stark integrierte Konsortien, die z.B. wegen des Kaufs oder des Charterns von Schiffen durch seine Mitglieder im Hinblick auf die Bildung des Konsortiums und die Schaffung gemeinsamer Betriebszentren einen hohen Investitionsgrad haben,[137] gilt als Voraussetzung, dass die **Kündigungsfrist** von höchstens 12 Monaten nach Ablauf einer Anlaufzeit von nicht mehr als 36 Monaten nach Inkrafttreten der Konsortialvereinbarung beginnt. Nicht auf das Inkrafttreten der Konsortialvereinbarung, sondern auf die Aufnahme des Dienstes kommt es an, wenn diese später erfolgt ist. **103**

7. Entzug der Gruppenfreistellung

Für die VO 906/09 gilt wie für jede Gruppenfreistellungsverordnung, dass die Kommission den Rechtsvorteil der Gruppenfreistellung auf der Grundlage der VO 1/03 entziehen kann. In diesem Zusammenhang sind die negativen Auswirkungen, die auf Verbindungen zwischen dem Konsortium und/oder seinen Mitgliedern mit anderen Konsortien und/oder Linienschifffahrtsunternehmen auf demselben relevanten Markt zurückzuführen sind, von besonderer Bedeutung.[138] **104**

---

[133] Vgl. dazu schon Arbeitsdokument GD COMP: Bericht über die VO 870/95 d. Komm. v. 28.1. 1999, S. 14 Rn. 76.
[134] Vgl. 4. Begründungserwägung VO 611/05.
[135] Art. 2 Ziff. 4. VO 906/09.
[136] 5. Begründungserwägung VO 611/05.
[137] Vgl. 3. Begründungserwägung VO 906/09.
[138] Vgl. 12. Begründungserwägung VO 906/09.

105 Das in der VO 1/03 vorgesehene Recht für Wettbewerbsbehörden eines Mitgliedstaates, den Rechtsvorteil einer Gruppenfreistellung unter bestimmten Umständen zu entziehen, hat für Konsortien keine praktische Relevanz, da sie sich nicht auf das Gebiet eines Mitgliedstaats beschränken.[139]

VIII. Fälle von Art. 102 AEUV

106 Gemäß Art. 102 AEUV ist der **Missbrauch einer marktbeherrschenden Stellung** verboten, ohne dass es einer vorherigen Entscheidung der Kommission bedarf. Der bislang bedeutsamste Fall für die Anwendung von Art. 102 AEUV auf den Seeverkehr war die **CEWAL**-Entscheidung der Kommission.[140] CEWAL (Associated Central West African Lines) operierte als Linienkonferenz in Verkehren zwischen Europa und West- und Zentralafrika. Nach Beschwerden der dänischen Regierung und mehrerer Reedereien leitete die Kommission Verfahren gegen elf sog. **Reederausschüsse** und vier Linienkonferenzen[141] ein. Gegen die Reederausschüsse verhängte die Kommission eine hohe Geldbuße wegen Verstößen gegen Art. 101 und 102 AEUV im Seeverkehr zwischen Frankreich und Westafrika.[142] Gegen die CEWAL-Mitgliedsreedereien wurden ebenfalls hohe Geldbußen wegen drei Verstößen gegen Art. 102 AEUV verhängt und zwar wegen

- Reservierung aller Fracht im Europa-Zaire-Verkehr für die Konferenzmitglieder auf Grund einer Vereinbarung zwischen CEWAL und der zairischen Regierung;
- Einsatz sog. **„Kampfschiffe"** (Fighting Ships) gegen Nicht-Konferenzlinien, der bereits durch Art. 18 UN Liner Code untersagt ist. Mit einem „Kampfschiff" wird auf Kosten der Konferenzmitglieder die Frachtrate einer Nicht-Konferenzlinie unterboten;
- Auferlegung von **hundertprozentigen Treueabmachungen,** nach denen die Verlader ihr gesamtes Frachtvolumen durch die Konferenz transportieren mussten, auch bezüglich fob-Ladung (free on board-Ladung). Verlader, die sich nicht daran hielten, wurden in **„Schwarzen Listen"** geführt[143] und mit entsprechend höheren Tarifen bzw. Rabattkürzungen in den Bereichen belegt, in denen sie die Dienste eines Konferenzmitgliedes in Anspruch nahmen.

107 Das Gericht Erster Instanz setzte die verhängten Geldbußen herab, wies jedoch die Klagen auf Nichtigerklärung der Kommissionsentscheidung ab.[144] Der Gerichtshof hob das Urteil des EuG auf, soweit es die individuell verhängten Geldbußen bestätigte, weil die Mitteilung der Beschwerdepunkte durch die Kommission an die Konferenz als Urheber der Zuwiderhandlung gerichtet worden war, ohne den Mitgliedern der Konferenz individuelle Sanktionen, wie sie später verhängt worden waren, angedroht zu haben.[145] Der Gerichtshof bestätigte dabei Kommission und EuG in mehreren wichtigen Punkten. Zum einen kann eine Linienkonferenz nach ihrem Wesen und in Anbetracht ihrer Ziele als kollektive Einheit betrachtet werden, die sich auf dem Markt sowohl den Verkehrsnutzern als auch den

---

[139] Dazu 13. Begründungserwägung der VO 906/09.

[140] Komm. E. v. 23.12.1992 93/82/EWG – *CEWAL,* ABl. 1993 L 34/20, neugefasst in Komm. E. v. 30.4.2004 COMP/32450 – *Compagnie Maritime Belge.*

[141] Neben CEWAL waren COWAC-Continent West Africa Conference, UKWAL-United Kingdom West Africa Lines Joint Service, und MEWAC-Mediterranean West Africa Conference betroffen.

[142] Komm. E. v. 1.4.1992 92/262/EWG – *Reederausschüsse in der Frankreich-Westafrika-Fahrt,* ABl. 1992 L 134/1 Rn. 147.

[143] Komm. E. v. 23.12.1992 93/82/EWG – *CEWAL,* ABl. 1993 L 34/20 Rn. 26, 28 f., 32; insoweit bestätigt durch EuG U. v. 8.10.1996 Rs. T-24–26/93, T-28/93 – *Compagnie maritime belge transports SA/Kommission „CEWAL"* Slg. 1996, II-1201; vgl. auch Komm. E. v. 30.4.2004 COMP/32450 – *Compagnie Maritime Belge,* Rn. 21 ff., 35 ff.

[144] EuG U. v. 8.10.1996 Rs. T-24–26/93, 28/93 – *Compagnie maritime belge transports SA/Kommission „CEWAL"* Slg. 1996, II-1201.

[145] EuGH U. v. 16.3.2000, Rs. C-395–396/96 P – *Compagnie maritime belge transports u. a./Kommission „CEWAL"* Slg. 2000, I-1365 Rn. 142 ff., 146.

Konkurrenten als solche darstellt. Somit war das Verhalten der CEWAL-Mitglieder kollektiv zu beurteilen.[146]

Im **TACA-Fall** hat die Kommission ebenfalls Sanktionen wegen missbräuchlicher Ausnutzung einer kollektiv marktbeherrschenden Stellung im direkten Linienverkehr zwischen Nordeuropa und den Vereinigten Staaten auf Grundlage von Art. 102 AEUV verhängt. Zum einen handelte es sich dabei um die Verweigerung von Beförderungsleistungen, wenn Verlader bestimmte kollektiv festgelegte Bedingungen in Servicekontrakten nicht akzeptierten sowie um das Verbot zum Abschluss individueller Servicekontrakte. Zum anderen handelte es sich um Maßnahmen, um Nicht-Konferenzreeder zum Beitritt zu der Konferenz zu veranlassen und dadurch die Wettbewerbsstruktur des Marktes zu verändern.[147] **108**

---

[146] EuGH U. v. 16.3.2000 Rs. C-395–396/96 P – *CEWAL* Slg. 2000, I-1365 Rn. 37.
[147] Komm. E. v. 16.9.1998 99/243/EG – *TACA,* ABl. 1999 L 95/1 Rn. 551ff., 559ff.

5. Teil. Landwirtschaft

Übersicht

Schrifttum: *Ackermann/Roth,* Anwendung der europäischen Wettbewerbsregeln auf Genossenschaftssatzungen, ZfgG Heft 47, 287; *Baron,* Das neue Kartellgesetz – Einführung in die 6. Kartellnovelle 1999; *Büttner,* Wettbewerbsrecht für die Landwirtschaft im gemeinsamen Markt, Rd L 1965, 1; *de Cockborne,* Les regles communautaires de concurrence applicables aux entreprises dans la domaine agricole in Revue trimestrielle de droit européen (RTDE) 1988 S. 293; *DGAR,* Die kartellrechtliche Sonderregelung für die Landwirtschaft im EWG-Recht Schlussbericht des Ausschusses für Agrarkartellrecht in DGAR (Schriften) 1970; *Eberle,* Das erlaubte Erzeugerkartell nach § 100 Abs. 1 GWB, Diss. Münster 1965; *Gleiss/Kleinmann,* Anpassung der Begriffe „landwirtschaftliche Erzeugnisse" und „Erzeugerbetriebe" im deutschen Kartellgesetz (§ 100 GWB) an das europäische Recht (VO 26 des Rates), NJW 1970, 1485; *Gleiss/Wolff,* Kartellrechtliche Aspekte des neuen Verordnungsvorschlages über landwirtschaftliche Erzeugergemeinschaften – zugleich ein Beitrag zur Auslegung von Art 2 VO 26/62, WuW 1971, 311; *Henjes,* Zur Freistellung vom Kartellverbot des Art 85 EWG-Vertrag für Vereinigungen landwirtschaftlicher Erzeugerbetriebe und ihre Vereinigungen in: Götz, Agrarrecht im Wandel, FS Büttner, 1986; *Liebing,* Die für Unternehmen des Agrarsektors geltenden Wettbewerbsregelungen innerhalb der EWG, Diss. Köln 1965; *Petry,* Die Wettbewerbsbeschränkung in der Landwirtschaft nach nationalem und europäischem Wettbewerbsrecht, Diss Hohenheim 1974; *Schulze-Hagen,* Die landwirtschaftlichen Zusammenschlüsse nach deutschem und europäischem Wettbewerbsrecht 1977.

A. Einführung

1 Die europäischen Regeln der **Art. 101 und 102 AEUV** legen den Grundstein für die kartellrechtliche Betrachtung des landwirtschaftlichen Sektors. Maßgebend sind sie für das Kartellverbot, d.h. für Vereinbarungen, aufeinander abgestimmte Verhaltensweisen sowie Beschlüsse von landwirtschaftlichen Erzeugern, deren Vereinigungen und Vereinigungen dieser Vereinigungen, soweit die Produktion und der Handel landwirtschaftlicher Erzeugnisse betroffen sind. Das europäische Kartellverbot steht den europäischen Marktordnungen sowie den nationalen Regelungen, also dem deutschen Kartellrecht, gegenüber. Während die europäischen Marktordnungen als spezielle Regelungen auf der Grundlage des AEUV den Regelungen von Art. 101 und 102 AEUV vorgehen, hat das europäische Recht insgesamt wiederum Vorrang vor den nationalen Regelungen.

2 Die Marktordnungen sowie andere Verordnungen stehen also vorrangig vor Art. 101 und 102 AEUV, so dass die dort getroffenen Regelungen zunächst Anwendung finden.

Viele Bereiche sind zwischenzeitlich durch **gemeinsame Marktorganisationen** geregelt, die kartellrechtliche Sonderregelungen vorsehen. Bis 2007 fanden sich diese Marktordnungen in produktspezifischen Einzelverordnungen. In 2007 wurden die Marktordnungen weitestgehend in einer einheitlichen gemeinsamen Marktordnung festgelegt, die 2013 nochmals grundlegend überarbeitet wurde. Die VO 1308/2013 vom 17.12.2013 (ABl. 2013 L 347, S. 671 ff.) über eine gemeinsame Marktorganisation für landwirtschaftliche Erzeugnisse umfasst heute nahezu alle in einer Marktorganisation geregelten Produkte.[1] Gesondert geregelt ist nur die Marktordnung für Fischerei und Aquakultur, die sich in der VO 1379/2013 vom 11.12.2013 über die gemeinsame Marktordnung für Erzeugnisse der Fischerei und Aquakultur (ABl. 2013 L 354, S. 1 ff.) wiederfindet und in der nunmehr neben der VO 1184/06 und der VO 1308/13 kartellrechtliche Bestimmungen zu finden sind. Die VO 1184/06 wirkt wie ein Auffangtatbestand, da mit ihr die kartellrechtliche Sonderreglung der Landwirtschaft außerhalb einer Marktordnung erfasst wird. Die im Agrarsektor vorrangig anzuwendenden Sonderregelungen auf europäischer Ebene schränken die Anwendbarkeit der allgemeinen europäischen Kartellregelungen der Art. 101 und 102 AEUV bereits stark ein.[2] Die nationalen, deutschen Einschränkungen bzw. Verbote gehen im Gegensatz hierzu den europäischen Kartellregelungen nicht vor. D.h., wenn europäisches Recht anzuwenden ist und ein europäisches Kartellverbot gegeben ist, dann gilt dies ohne jegliche Einschränkungen durch nationale Regelungen. Gleichwohl können nach deutschem Recht vorliegende Kartellverbote neben den europäischen stehen, sie können die europäischen Schranken jedoch nicht aushebeln.

B. Grundsätzliche Geltung des Europäischen Kartellrechts

I. Art 206 und 209 VO 1308/13; Art 40 und 41 VO 1379/13 bzw. VO 1184/06

3 Die grundsätzliche Geltung der europäischen Kartellnormen hat ihre rechtliche Grundlage in Art. 42 AEUV.[3] Danach finden die Wettbewerbsregeln auf die Produktion landwirtschaftlicher Erzeugnisse und den Handel mit diesen, grundsätzlich Anwendung. Dies gilt jedoch nur insoweit, als die in Art. 39 AEUV festgelegten Ziele der gemeinsamen Agrarpolitik keine Einschränkungen erfordern. **Ziele der gemeinsamen Agrarpolitik** nach Art. 39 AEUV sind die Steigerung der Produktivität der Landwirtschaft durch Förderung des technischen Fortschritts, Rationalisierung der landwirtschaftlichen Erzeugung und den bestmöglichen Einsatz der Produktionsfaktoren, die Gewährleistung einer angemessenen Lebenshaltung der landwirtschaftlichen Bevölkerung, die Stabilisierung der Märkte, die Sicherstellung der Versorgung und die Belieferung der Verbraucher zu angemessenen Preisen.

4 Zur **Sicherung dieser Ziele** auch im Rahmen der europäischen Kartellnormen wird der Rat ermächtigt, den entsprechenden Rahmen zu stecken. Diese Ermächtigungsgrundlage in Art. 42 AEUV wird als negative Komponente der Anwendbarkeit des europäischen Kartellrechts auf die Landwirtschaft gesehen, da der Rat berechtigt ist die Einschränkung

[1] U.a. lebende Pflanzen und Blumen, Schweinefleisch, Geflügelfleisch, Rindfleisch, Schaf- und Ziegenfleisch, Eier, Rohtabak, Bananen, Milch- und Milcherzeugnisse, Faserflachs und -hanf, Getreide, Reis, Trockenfutter, Olivenöl und Tafeloliven, Saatgut, Hopfen und Zucker, Obst und Gemüse sowie Wein; siehe auch Art 1 VO 1308/13, ABl. 2013 L 347 S. 690.

[2] *Schweizer* in: Immenga/Mestmäcker WbR 5. Auflage 2014, Band 1 EU/Teil 2, VIII. Abschnitt Landwirtschaft, C. Art. 1 VO 1184/06 und Art. 175 VO 1234/07 Rn. 10.

[3] Art. 42 Absatz 1 AEUV:
„Das Kapitel über Wettbewerbsregeln findet auf die Produktion landwirtschaftlicher Erzeugnisse und den Handel mit diesen nur insoweit Anwendung, als das Europäische Parlament und der Rat dies unter Berücksichtigung der Ziele des Art. 39 im Rahmen des Artikels 43 Absatz 2 und gemäß dem dort vorgesehenen Verfahren bestimmt."

dieser Anwendbarkeit festzulegen.[4] Ergänzt wird dies durch eine positive Komponente, die Ermächtigung zu Einschränkungen auch der kartellrechtlichen Normen über Marktordnungen oder sonstigen Beihilferegelungen, die ihre Grundlage in Art. 40 Absatz 1 und 43 Absatz 3 AEUV hat. Gerade die Marktordnungen haben starken Einfluss auf das Verhalten der Beteiligten in den Märkten mit kartellrechtlichem Charakter, angefangen von Quotenregelungen, wie z.B. in der Zucker- oder der Milchmarktordnung oder von Qualitätsnormen etc.[5] Märkte mit kartellrechtlichem Charakter sind solche, in denen der Wettbewerb für die Marktbeteiligten, z.B. durch Marktordnungen bereits stark reglementiert wird. Quotenregelungen verlieren jedoch zukünftig an Bedeutung, da die wichtigsten in 2015 (Milch) und in 2017 (Zucker) auslaufen werden.

Grund für die Einschränkung der allgemeinen europäischen Kartellnormen sind die 5
durch die Gesetze der Natur bedingten **strukturellen, räumlichen und geographischen Produktionsvoraussetzungen** für die landwirtschaftliche Urproduktion. Die unveränderbaren natürlichen Voraussetzungen erfordern mehr Flexibilität für die Erzeuger als in anderen Wirtschaftszweigen, die wesentlich mehr Einfluss auf die Produktion nehmen können. Den Zielen der Agrarpolitik ist aus diesem Grund Vorrang vor den allgemeinen Kartellnormen des AEUV eingeräumt worden, verbunden mit einem weiten Ermessenspielraum für den Rat der EU zur Beurteilung des Verhältnisses zwischen den Wettbewerbsnormen und der Verwirklichung der agrarpolitischen Ziele.[6]

Nicht nur mit Blick auf die verschiedenen Marktordnungen, sondern insgesamt be- 6
zogen auf die gemeinsamen agrarpolitischen Ziele hat der Rat der EU den Besonderheiten der Landwirtschaft bereits 1962 Rechnung getragen. In Ergänzung zu den allgemeinen Wettbewerbsregeln der Art. 101 und 102 AEUV hat er in Erfüllung der o.g. negativen Komponente die VO 26/62 zur Anwendung bestimmter Wettbewerbsregeln auf die Produktion landwirtschaftlicher Erzeugnisse und den Handel mit diesen Erzeugnissen am 4.4. 1962[7] erlassen. Der Rat der EU sah diese Ergänzung mit Blick auf die oben genannten Ziele des Art. 39 AEUV als zwingend erforderlich an.[8] Aufgrund der Fortentwicklung der rechtlichen Bestimmungen ging die VO 26/62 im Jahr 2006 in der kodifizierten Fassung der VO 1184/06,[9] geändert durch Art. 200 der VO 1234/07,[10] ohne materielle Änderungen auf. Ab 2007 fanden sich diese Regelungen für in einer Marktordnung geregelte Produktbereiche inhaltlich weitestgehend unverändert in den Art. 175ff. der VO 1234/07 über die einheitliche gemeinsame Marktordnung wieder. Mit der erneuten Überarbeitung der einheitlichen gemeinsamen Marktordnung wurden die kartellrechtlichen Regelungen modifiziert in die Art. 206ff. der VO 1308/13[11] übernommen. Damit sind einige Neuregelungen verbunden, die sich ausschließlich in den kartellrechtlichen Regelungen der VO 1308/13 finden, die aber in die VO 1184/06 nicht übernommen wurden. Darüber hinaus wurde speziell für den Sektor Fischerei und Aquakultur die eigene Marktordnung beibehalten und mit eigenen kartellrechtlichen Ausnahmen in Art. 40 und 41 VO 1379/13[12]

[4] So *Schweizer* in: Immenga/Mestmäcker WbR Band 1 EU/Teil 2, VIII. Abschnitt Landwirtschaft, B. Art. 42 Rn. 1; *Busse* in Lenz Borchardt EU Verträge Art. 42 Rn. 1 spricht von einer Anordnung im EU-Sekundärrecht.

[5] *Schweizer* in: Immenga/Mestmäcker WbR EG Teil II, VIII. Abschnitt Landwirtschaft, A. Einleitung Rn. 2; *van Rijn* in: Groeben/Schwarze, Kommentar zum EG-/EU-Vertrag, Bd. 1 Art. 42 Rn. 4 und 5, *Thiele* in: Calliess/Ruffert, EUV/AEUV, Teil II AEUV Art. 42 Rn. 2.

[6] EuGH U. v. 29.10.1980 Rs. C-139/78 – *Maizena/Rat;* Slg. 1980 S. 3393, 3421, *Schweizer* in: Immenga/Mestmäcker WbR Ban1 EU/Teil 2, VIII. Abschnitt Landwirtschaft, B. Art. 42 Rn. 2.

[7] ABl. 1962 S. 993, geändert durch VO vom 29.6.1962, ABl. 1962 S. 1571.

[8] Präambel der VO 26/62, 1. Absatz, ABl. 1962 S. 993, geändert durch VO vom 29.6.1962, ABl. 1962 S. 1571.

[9] VO 1184/06 vom 24.7.2006, ABl. 2006 L 214, S. 7ff.

[10] VO 1234/07 vom 22.10.2007 ABl. 2007 L 299, S. 1ff.

[11] VO 1308/2013 vom 17.12.2013, ABl. 2013 L 347, S. 671ff.

[12] VO 1379/2013 vom 11.12.2013, ABl. 2013 L 354, S. 1ff.

verankert, die ebenfalls nicht komplett identisch mit den Regelungen der VO 1308/13 sind. Für nicht in der Gemeinsamen Marktordnung geregelte Produktbereiche gelten nach wie vor die Vorschriften der VO 1184/06, wobei diese zwar grundsätzlich mit den kartellrechtlichen Regelungen in Art. 206 und 209 der VO 1308/13 übereinstimmen, aber durch weitergehende Regelungen auch Ergänzungen bzw. Abweichungen bestehen. Insgesamt sind also drei Sonderregelungen zu finden, die nicht komplett wortgleich geregelt sind, aber für die entsprechenden Produktbereiche der Landwirtschaft beachtet werden müssen. Die Ziele der Agrarpolitik sind insgesamt auch heute noch **Kernbestandteil sämtlicher kartellrechtlichen Ausnahmeregelungen** auf europäischer Ebene. Umfasst werden hierbei die Produktion landwirtschaftlicher Erzeugnisse sowie der Handel mit landwirtschaftlichen Erzeugnissen.

II. Die Anwendbarkeit der Art. 101 und 102 AEUV

7 Art. 206 Abs. 1, 1. Unterabsatz VO 1308/13, Art. 40 Abs. 1 VO 1379/13 und Art. 1a VO 1184/06 regeln, wenn auch mit abweichendem Wortlaut, im Kern, dass die Wettbewerbsvorschriften der Art. 101 und 102 AEUV, sowie alle zu ihrer Anwendung ergangenen Bestimmungen, jedoch unter dem Vorbehalt von Art. 207 bis 210 VO 1308/13 bzw. Art. 2 der VO 1184/06, auf alle in Art. 101 und 102 AEUV genannten Vereinbarungen, Beschlüsse und Verhaltensweisen Anwendung finden. Voraussetzung ist, dass die Produktion der in Anhang I aufgeführten Erzeugnisse und der Handel mit diesen Erzeugnissen betroffen sind. Durch die **Trennung der kartellrechtlichen Vorschriften** in Art. 206ff. VO 1308/13 und VO 1184/06 wird der Bezug auf Anhang I differenziert. Art. 206 VO 1308/13 nimmt Bezug auf die Produktion landwirtschaftlicher Erzeugnisse und den Handel mit diesen Erzeugnissen ohne konkrete Nennung von Anhang I des AEUV während Art. 1 der VO 1184/06 alle Anhang I Erzeugnisse mit konkretem Hinweis auf diesen Anhang des AEUV mit Ausnahme der von einer Marktordnung erfassten Erzeugnissen einbezieht. Landwirtschaftliche Erzeugnisse sind sowohl in Art. 1 VO 1308/13 als auch in Art. 38 Abs. 3 AEUV als in Anhang I genannte Erzeugnisse definiert, so dass im Ergebnis nur Anhang I Erzeugnisse in die kartellrechtlichen Sondervorschriften eingebunden sind. Art. 40 VO 1379/13 ergänzt die Anwendung auf die Erzeugung und Vermarktung von Fischerei- und Aquakulturerzeugnissen. Die Rechtsnormverweisung in Art. 206 Abs. 1 VO 1308/13, Art. 40 VO 1379/13 bzw. Art. 1a der VO 1184/06 beinhaltet zunächst eine volle Anwendbarkeit aller europäischen Kartellnormen, es sei denn, es greift einer der in Art. 209 VO 1308/13, Art. 41 VO 1379/13 bzw. Art. 2 der VO 1184/06 genannten Ausnahmetatbestände. Damit bestätigen Art. 206, Art. 40 bzw. Art. 1a die grundsätzliche Anwendbarkeit und die unmittelbare Geltung der europäischen Kartellnormen.

8 Die Verbote der Art. 101 und 102 AEUV gelten somit ebenso unmittelbar, wie die über Art. 103 AEUV erfassten Durchführungsverordnungen zu den Kartellregeln des AEUV. Hierzu zählen damit auch die im AEUV vorgesehenen **Kartellverfahrensregelungen** sowie die gesamte **Missbrauchskontrolle.** Da auch die Durchführungsbestimmungen in die unmittelbare Anwendung einbezogen werden, galt insbesondere die VO 17/62 vom 6.2.1962 (Amtsblatt S. 204), die als erste Durchführungsverordnung zu den entsprechenden Vorgängerregelungen der Art. 101 und 102 AEUV Grundlegendes, wie z. B. den Negativattest regelte und 2003 durch die VO 1/2003 vom 16.12.2002 (Amtsblatt 2003 L 1 S. 1) abgelöst wurde.

9 Neben sämtlichen übrigen Durchführungsverordnungen gilt unter anderem auch grundsätzlich die VO 139/2004 vom 20.1.2004 (Amtsblatt 2004 L 24 S. 1), die die Kontrolle von Unternehmenszusammenschlüssen betrifft.[13] Gerade mit Blick auf die Besonderheiten der Landwirtschaft und der hierauf beruhenden Ausnahmen des Art. 209 VO 1308/13, Art. 41

---

[13] *Schröter* in: Groeben/Schwarze, Kommentar zum EG-/EU-Vertrag, 6. Auflage 2003, Bd. 2 Art. 83 Anhang, Teil III. Landwirtschaft Rn. 3, *Schweizer* in: Immenga/Mestmäcker WbR Band 1 EU/Teil 2, VIII. Abschnitt Landwirtschaft, C. Art. 2 VO 1184/06 und Art 175 VO 1234/07 Rn. 6.

VO 1379/13 bzw. Art. 2 der VO 1184/06, existieren im Hinblick auf eine uneingeschränkte **Anwendbarkeit der Fusionskontrollverordnung** m. E. jedoch Durchbrechungen. Soweit Vereinbarungen, Beschlüsse und Verhaltensweisen von landwirtschaftlichen Erzeugerbetrieben, Vereinigungen von Erzeugerbetrieben oder Vereinigungen solcher Erzeugervereinigungen über Art. 209 VO 1308/13, Art. 41 VO 1379/13 bzw. Art. 2 der VO 1184/06 von der Anwendbarkeit des Art. 101 AEUV ausgenommen sind, kann zwingend der Geltungsbereich solcher Kooperationen zwischen Landwirten nicht begrenzt sein. Ansonsten würden die Ausnahmen für die Landwirtschaft ihr Ziel verfehlen. Demzufolge ist ebenso zwingend der Rückschluss, dass Vereinbarungen, Beschlüsse und Verhaltensweisen von landwirtschaftlichen Erzeugerbetrieben, Vereinigungen von Erzeugerbetrieben oder Vereinigungen solcher Erzeugervereinigungen, bezogen auf den Geltungsbereich der oben genannten Kooperationen in der Landwirtschaft, nicht von der Fusionskontrolle im Sinne der VO 139/2004 erfasst werden. Hierin liegt eine Durchbrechung der grundsätzlich gegebenen Anwendbarkeit der Fusionskontrollverordnung.

Im Übrigen gelten die sonstigen Durchführungsbestimmungen unmittelbar, wobei die VO 1/2003 und die VO 139/2004 wohl zu den für den landwirtschaftlichen Sektor wichtigeren zusätzlich anwendbaren **Durchführungsvorschriften** zählen. Gleichwohl müssen auch hier zunächst die entsprechenden Tatbestandsvoraussetzungen der einzelnen Verordnungen erfüllt sein, um eine Anwendbarkeit im Einzelfall zu begründen.[14] **10**

Art. 209 VO 1308/13, Art. 41 VO 1379/13 bzw. Art. 2 der VO 1184/06 setzen die **Grenze für die grundsätzliche Anwendbarkeit** der europäischen Kartellnormen und regeln Ausnahmetatbestände. Dennoch handelt es sich bei den in Art. 209 VO 1308/13, Art. 41 VO 1379/13 bzw. Art. 2 der VO 1184/06 genannten Ausnahmetatbeständen nicht um eine abschließende Aufzählung. Ergänzend zu den genannten Ausnahmen gelten die Bestimmungen der einheitlichen Gemeinsamen Marktorganisation sowie der darüber hinaus geltenden weiteren Marktorganisationen. Derartige Sonderregelungen finden sich bspw. in allgemeinen Regelungen zum System der Vertragsabschlüsse gemäß Art. 169 ff. VO 1308/13, zu denen die Kommission Anwendungsleitlinien plant. **11**

Ergänzend gilt zudem, dass die Wettbewerbsregeln, bezogen auf die in Art. 101 AEUV genannten Vereinbarungen, Beschlüsse und Verhaltensweisen sowie die missbräuchliche Ausnutzung einer beherrschenden Stellung auf die Produktion landwirtschaftlicher Erzeugnisse und den Handel mit diesen, anzuwenden sind, soweit sie einzelstaatliche landwirtschaftliche Marktordnungen nicht beeinträchtigen und die Verwirklichung der Ziele der gemeinsamen Agrarpolitik nicht gefährden.[15] Diese allgemeinen Auslegungskriterien sind daher immer zusätzlich bei der Prüfung der Anwendbarkeit von Art. 101 AEUV heranzuziehen. **12**

Grundsätzliche Voraussetzung für die Anwendbarkeit der Art. 206 ff. VO 1308/13 bzw. VO 1184/06 ist die **Produktion oder der Handel mit landwirtschaftlichen Erzeugnissen** bzw. im Spezialfall die Produktion oder der Handel von Fischerei- und Aquakulturerzeugnissen gemäß Art. 40 VO 1379/13. Landwirtschaftliche Erzeugnisse sind solche, die in Anhang I des AEUV ausdrücklich genannt sind.[16] Eine Entsprechung der im deutschen Recht gefundenen Erweiterung für bestimmte Produkte der ersten Verarbeitungsstufe gibt es im europäischen Recht nicht, so dass davon auszugehen ist, dass die in Anhang I genannten Produkte eine abschließende Aufzählung der landwirtschaftlichen Urprodukte darstellen. Die Art. 206 ff. VO 1308/13 bzw. VO 1184/06 gelten mithin ausschließlich für in Anhang I genannte Erzeugnisse. **13**

---

[14] *Liebing,* Die für Unternehmen des Agrarsektors geltenden Wettbewerbsregelungen innerhalb der EWG, Diss. Köln 1965, S. 26 ff.

[15] Erwägungsgrund 3 der Präambel der VO 1184/06, ABl. 2006 L 214, S. 7 ff., geändert durch Art 200 der VO 1237/07, ABl. 2007 L 299, S. 1 ff. sowie Erwägungsgrund 173 der Präambel VO 1308/13, ABl. 2013 L0347, S. 687.

[16] Siehe Abdruck im Anschluss an die VO 1308/13, VO 1379/13 und VO 1184/06.

14 Die ausschließliche Anwendung ist insofern nicht konsequent, als Anhang I auch nichtlandwirtschaftliche Produkte enthält, während landwirtschaftliche Urprodukte der ersten Verarbeitungsstufe, wie z. B. Fruchtjoghurt, nicht enthalten sind. Insoweit spricht vieles für eine **analoge Anwendung** der Art. 206ff. VO 1308/13 bzw. VO 1184/06 auf solche Erzeugnisse, die durch Be- oder Verarbeitung der in Anhang I genannten Erzeugnisse gewonnen werden, wenn deren Be- oder Verarbeitung durch landwirtschaftliche Erzeugerbetriebe oder ihre Vereinigungen durchgeführt zu werden pflegt. Dies käme auch der fortschreitenden Produktentwicklung entgegen, Produktinnovationen wären dann ebenfalls umfasst, und es würde ein Gleichlauf mit den im deutschen Kartellgesetz gefundenen Regelungen erzielt.[17] Der **EuGH** ist jedoch in seiner **Auslegung** bislang sehr restriktiv gewesen. Er hat die ausschließliche Anwendbarkeit der alten VO 26/62 und somit der heutigen Regelungen von Art. 206ff. VO 1308/13 bzw. VO 1184/06 für Anhang I Produkte betont[18] und sie bezogen auf Hilfsstoffe, wie Labfermente zur Käseproduktion oder Hilfsstoffe zur Produktion von Anhang I Produkten, z. B. Dünge- und Pflanzenschutzmittel oder Nebenprodukte, wie Tierhäute und Tierfelle, für nicht anwendbar erklärt.[19] Aus der oben genannten Systematik heraus ist diese restriktive Auslegung jedoch nicht nachzuvollziehen. Auch Drittlandprodukte können unter die Art. 206ff. VO 1308/13 bzw. VO 1184/06 fallen,[20] wobei dies in der Praxis keine Bedeutung haben dürfte, mangels Erfüllung der Tatbestandsvoraussetzungen der Art. 206ff. VO 1308/13 bzw. VO 1184/06. Entsprechendes gilt für den bereits genannten Spezialfall der Produktion oder des Handels von Fischerei- und Aquakulturerzeugnissen gemäß Art. 40 VO 1379/13.

15 Die **Produktion landwirtschaftlicher Erzeugnisse** ist die reine Erzeugung sowie die Be- und Verarbeitung, zumindest in der ersten Be- und Verarbeitungsstufe, soweit die in Anhang I genannten Produkte betroffen sind. Handel ist der An- und Verkauf dieser Erzeugnisse. Hierbei spielt keine Rolle, ob eigene oder fremde Erzeugnisse gehandelt werden.[21] Darüber hinaus sind von Art. 206ff. VO 1308/13, Art. 40f. VO 1379/13 bzw. VO 1184/06 nicht nur landwirtschaftliche Erzeugerbetriebe und ihre Vereinigungen, vorwiegend in der Rechtsform der Genossenschaft, sondern auch alle anderen gewerblichen Unternehmen, seien es solche des Landhandels oder solche des Lebensmittelhandels, umfasst,[22] wenn Produkte von Anhang I betroffen sind. Allerdings gilt diese Ausweitung nicht mehr für die Ausnahmen des Art. 209 VO 1308/13 bzw. Art. 2 der VO 1184/06, da dort ausschließlich Erzeugerbetriebe und ihre Vereinigungen genannt sind. Art. 41 VO 1379/13 steckt den Rahmen noch enger und trifft eine Ausnahme sogar ausschließlich für Erzeugerorganisationen.

16 Zusätzlich müssen, wenn die Voraussetzungen des Art. 206 VO 1308/13, Art. 40 VO 1379/13 bzw. Art. 1a VO 1184/06 gegeben sind auch die Tatbestandsvoraussetzungen von Art. 101 AEUV erfüllt sein. Nach Prüfung des Vorliegens der Voraussetzungen des Art. 206 VO 1308/13, Art. 40 VO 1379/13 bzw. Art. 1a VO 1184/06 sind somit notwendigerweise die Tatbestandsmerkmale des Art. 101 AEUV zu prüfen.[23]

---

[17] Zu den Einzelheiten siehe Teil 2 § 28 Rn. 35 und 36.

[18] EuGH U. v. 30.1.1985 Rs. C-123/83 – *BNIC/Clair,* Slg. 1985, 391, 422.

[19] EuGH U. v. 25.3.1981 Rs. C-61/80 – *Coöperatve Stremselen Kleurselfabrik/Kommission,* Slg. 1981, 851; 896–897, U. v. 15.12.1994, Rs. C-250/92 – *Gottrup-Klim u. a./Dansk Landbrugs Grovvareselskab (DLG),* Slg. 1994 I, 5641, 5685; EuG U. v. 2.7.1992 Rs. T-61/89 – *Dansk Pelsdyravlerforening/Kommission,* Slg. 1992 II, 1931; 1946–1947.

[20] EuGH U. v. 15.5.1975 Rs. C-71/74 – *Frubo/Kommission* Slg. 1975, 563ff., 583.

[21] *de Bronett* in: Wiedemann, Handbuch des Kartellrechts, § 32 Rn. 2.

[22] EuGH U. v. 16.12.1975 verb. Rs. C-40–48, 50, 54–56/73 – *Suiker Unie u. a./Kommission,* Slg. 1975, 1663ff., 2080 für Zuckerfabriken und Raffinerien, *Schweizer* in: Immenga/Mestmäcker WbR Band 1 EU/Teil 2, VIII. Abschnitt Landwirtschaft, C. Art. 1 VO 1184/06 und Art. 175 VO 1234/0 Rn 5 m. w. N.

[23] Zu den einzelnen Tatbestandsmerkmalen vgl. Art. 101 AEUV.

Die unmittelbare Anwendung von Art. 101 Abs. 1 AEUV über Art. 206 VO 1308/13, Art. 40 VO 1379/13 bzw. Art. 1a VO 1184/06 hat auf Grund der Abgrenzungsfragen auch zu den Ausnahmetatbeständen des Art. 209 VO 1308/13 bzw. Art. 2 der VO 1184/06 und der Frage der Anwendbarkeit der Art. 206 ff. VO 1308/13 bzw. VO 1184/06 im Laufe der Jahre eine **umfangreiche Rechtsprechung,** allerdings noch zu den alten Regelungen der VO 26/62, nach sich gezogen,[24] die auch mit den Neuregelungen weiterhin Gültigkeit haben dürfte, da die Vorschriften materiell unverändert weiter bestehen. Insbesondere Erzeugervereinigungen, vor allem in der Rechtsform der **Genossenschaften,** sowie **Branchenorganisationen** und **ihre Satzungsbestimmungen** standen hierbei vorrangig auf dem Prüfstand. Die in der Satzung der Genossenschaften verankerte Mitgliederbeziehung spielte bei dieser Überprüfung eine besondere Rolle. So wurde festgelegt, dass Beschränkungen, die den Mitgliedern durch die Satzung ihrer Genossenschaft auferlegt werden grundsätzlich möglich sind, wenn sie erforderlich sind, um das ordnungsgemäße Funktionieren der Genossenschaft inklusive der Sicherung der vertraglichen Gestaltungsmöglichkeiten mit den Mitgliedserzeugern sicherzustellen oder aber um eine hinreichende wirtschaftliche Grundlage zu gewährleisten sowie um eine Stabilität des Mitgliederbestandes zu ermöglichen.[25] Ein Beispiel ist das satzungsgemäße Verbot anderer Formen der organisierten Zusammenarbeit neben der Mitgliedschaft bei der Genossenschaft. 17

Betroffen sind alle **horizontalen und vertikalen Vereinbarungen** und abgestimmte Verhaltensweisen im Sinne von Art. 101 Abs. 1 AEUV, die geeignet sind den Wettbewerb zwischen den Mitgliedstaaten zu beeinträchtigen. Hinsichtlich der Anwendung von Art. 102 AEUV, also im Hinblick auf die Missbrauchskontrolle, ist eine uneingeschränkte Geltung, zunächst unabhängig von Art. 206 ff. VO 1308/13 bzw. VO 1184/06, aber auch VO 40 f. VO 1379/13 ohnehin gegeben. Unternehmen, die eine marktbeherrschende Stellung gegenüber ihren Mitwettbewerbern innehaben, unterliegen damit uneingeschränkt auch der europäischen Missbrauchskontrolle des Art. 102 AEUV, unabhängig davon, ob sie der Landwirtschaft zuzurechnen sind oder nicht.[26] 18

Die in der Regel durch die Europäische Kommission zu treffende Entscheidung, ob Art. 101 Abs. 1 AEUV in Anwendung über Art. 206 VO 1308/13, Art. 40 VO 1379/13 bzw. Art. 1a VO 1184/06 erfüllt ist, setzt zunächst voraus, dass eine **Negativabgrenzung** im Hinblick auf Art. 209 VO 1308/13, Art. 41 VO 1379/13 bzw. Art. 2 der VO 1184/06 vorgenommen wird. Hierbei müssen vorab die dort enthaltenen Tatbestandsvoraussetzungen geprüft und ihr Bestehen abgelehnt werden. Die ablehnende Entscheidung bedarf einer Begründung und führt zu einer vollen Anwendung von Art. 101 Abs. 1 AEUV sowie der Prüfung der dort vorausgesetzten Tatbestandsmerkmale. 19

Grundsätzlich haben die Entscheidungen zu Art. 101 Abs. 1 AEUV nur **deklaratorische Bedeutung,** d. h., unabhängig von dem Vorliegen einer Kommissions- oder Gerichtsentscheidung über einen Verstoß gegen Art. 101 Abs. 1 AEUV, sind die Vereinbarungen und abgestimmten Verhaltensweisen, die gegen Art. 101 Abs. 1 AEUV verstoßen, im Zeitpunkt ihrer Entstehung bereits verboten. Auf der Grundlage von Art. 42 AEUV hat der Rat jedoch durch Art. 17 der VO 952/97 vom 20.5.1997 (Amtsblatt 1997 L 142/30) festgelegt, dass mit Blick auf die Produktion und den Handel mit landwirtschaftlichen Er- 20

[24] Hier seien nur beispielhaft genannt EuGH U. v. 12.12.1995; verb. Rs. C-319/93, 40/94, 224/94 – *Dijkstra/Friesland,* Slg. 1995 I, 4471, U. v. 12.12.1995, Rs. C-399/93 – *Luttikhuis/Coberco,* Slg. I, 4515, beide auch in ZfgG 47 S. 287 mit Anmerkungen von *Ackermann und Roth* und zuletzt U. v. 30.3.2000 – *Bloemenveilingen Aalsmeer/Florimex* Slg. I, 02061, Rs. C-265/97 siehe hierzu auch *de Bronett* in: Wiedemann, Handbuch des Kartellrechts, § 32 Rn. 5 mit umfangreichen Nachweisen zur Rechtsprechung und zur Verwaltungspraxis der EU.

[25] EuGH U. v. 15.12.1994, Rs. C-250/92 – *Goettrup-Klim/DLG,* Slg 1994 I, 5641; U. v. 12.12.1995, Rs. C-399/93 – *Luttikhuis/Coberco* Slg. 1995 I, 4515.

[26] *Schweizer* in: Immenga/Mestmäcker WbR Band 1 EU/Teil 2, VIII. Abschnitt Landwirtschaft, C. Art. 1 VO 1184/06 und Art. 175 VO 1234/07 Rn. 9.

zeugnissen, wie in Art. 206 der VO 1308/13 bzw. Art. 1a der VO 1184/06 geregelt, die Entscheidung über einen Verstoß gegen Art. 101 Abs. 1 AEUV **konstitutive Wirkung** entfaltet. Damit wird, soweit der in Art. 206 VO 1308/13 bzw. Art. 1a VO 1184/06 genannte landwirtschaftliche Bereich betroffen ist, das Verbot erst mit der Entscheidung über die Erfüllung eines Verbotstatbestandes wirksam.[27] Entsprechendes dürfte für Art. 40 VO 1379/13 gelten.

21 Ebenso trifft die Europäische Kommission grundsätzlich die Entscheidung über die unmittelbare Anwendung von Art. 101 Abs. 1 AEUV sowie ihre Auswirkungen. Auf Grund der unmittelbaren Anwendung, die sich aus der Rechtsverweisung des Art. 206 der VO 1308/13, Art. 40 VO 1379/13 bzw. Art. 1a der VO 1184/06 ergibt, gilt jedoch, dass Europäische Kommission, deutsche Kartellbehörde sowie nationale Gerichte gleichermaßen das Recht der Anwendung von Art. 101 Abs. 1 AEUV haben. Die **parallele Zuständigkeit des Prüfungsrechtes** kann zu Kollisionen führen, wenn unterschiedliche Rechtsauffassungen bestehen.[28] Der Europäische Gerichtshof[29] hat, um Rechtsunsicherheiten zu vermeiden, hier bestimmte Voraussetzungen festgelegt. Danach soll bei Zweifeln über die Zuständigkeit das Verfahren vor einem nationalen Gericht zunächst ausgesetzt werden und den Parteien Gelegenheit gegeben werden, eine Entscheidung der Europäischen Kommission herbeizuführen.[30] Im Übrigen hindert die Frage der Zuständigkeit nicht die Notwendigkeit der Prüfung der Tatbestandsvoraussetzungen. Somit ist unabhängig von der Frage, wer zuständig ist, die o.g. Negativabgrenzung im Hinblick auf Art. 209 VO 1308/13, Art. 41 VO 1379/13 bzw. Art. 2 der VO 1184/06 durchzuführen.

III. Definition Relevanter Markt

22 In Art. 207 VO 1308/13 wird erstmalig eine Definition des relevanten Marktes geregelt. Diese Definition wurde jedoch nur in der VO 1308/13 aufgenommen und nicht in den weiteren kartellrechtlichen Regelungen der VO 1379/13 oder der VO 1184/06. Allerdings ist davon auszugehen, dass sich die Kommission die Definitionen, soweit erforderlich, auch bei den weiteren kartellrechtlichen Regelungen entsprechend zu eigen machen wird. Art. 207 VO 1308/13 regelt als kumulative Elemente die Definition des sachlich und des räumlich relevanten Marktes. Ausgehend vom Produkt wird der sachlich relevante Markt als der **Produktmarkt aus Sicht des Verbrauchers** gesehen, der die Produkte für austauschbar bzw. ersetzbar im Hinblick auf Eigenschaft, Preis und Verwendungszweck ansieht. Räumlich relevanter Markt ist das geografische Gebiet, in dem die betroffenen Produkte von den Beteiligten angeboten werden. Ergänzt wird dies durch die Voraussetzung homogener Wettbewerbsbedingungen und spürbarer Unterschiede der Wettbewerbsbedingungen hinsichtlich benachbarter Gebiete. Die Definition ist m.E. die gesetzliche Verankerung der bisherigen Auslegungspraxis.

IV. Definition Beherrschende Stellung

23 Ebenfalls neu und zum ersten Mal geregelt wird in Art. 208 VO 1308/2013 die Definition der beherrschenden Stellung. Ebenso wie bei Art. 207 VO 1308/13 wurde die Definition nur in der VO 1308/13 aufgenommen und nicht in den weiteren kartellrechtlichen Regelungen der VO 1379/13 oder der VO 1184/06. Auch hier dürfte die Definiton auch bei den übrigen kartellrechtlichen Bestimmungen auch ohne konkreten Verweis Bedeutung entfalten. Beherrschende Stellung wird als **Innehaben einer wirtschaftlichen**

---

[27] *de Bronett* in: Wiedemann, Handbuch des Kartellrechts, § 32 Rn. 7.

[28] *de Bronett* a. a. O. § 32 Rn. 6 bis 9, mit ausführlicher Darstellung des Verfahrens.

[29] EuGH U. v. 12.12.1995 verb. Rs. C-319/93, 40/94, 224/94 – *Dijkstra/Friesland* Slg. 1995 I, 4471.

[30] Zu den weiteren Einzelheiten der Zuständigkeitsabgrenzung vgl. Art. 101.

Machtstellung durch das Unternehmen verstanden, die die Möglichkeit der Verhinderung von Wettbewerb auf dem relevanten Markt verhindert. Diese Verhinderung kommt dadurch zum Ausdruck, dass das betroffene Unternehmen im Wettbewerb unabhängig von Wettbewerbern und Verbrauchern agieren kann. Maßgeblich ist also die Stellung des betroffenen Unternehmens im Wettbewerb und der Freiraum, ohne Rücksicht auf andere handeln zu können.

C. Ausnahmen gemäß Art. 209 VO 1308/13, Art. 41 VO 1379/13 bzw. Art. 2 Abs. 1 VO 1184/06

I. Grundsatz

Nach Art. 209 Abs. 1 Unterabsatz 1 der VO 1308/13 bzw. Art. 2 Abs. 1 Unterabsatz 1 der VO 1184/06 gilt Art. 101 Abs. 1 AEUV nicht für die in Art. 206 VO 1308/13 bzw. Art. 1a VO 1184/06 genannten Vereinbarungen, Beschlüsse und Verhaltensweisen, die zur Verwirklichung der Ziele des Art. 39 des AEUV notwendig sind. Für Art. 2 Abs. 1 Unterabsatz 1 der VO 1184/06 ist zusätzlich gefordert, dass die genannten Vereinbarungen, Beschlüsse und Verhaltensweisen wesentlicher Bestandteil einer einzelstaatlichen Marktordnung sind. Art. 209 regelt diesen Ausnahmetatbestand nicht mehr, da einzelstaatliche Marktordnungen angesichts der umfassenden europäischen Marktordnungen ihre Bedeutung verloren haben. Die europäischen Gesetzgeber haben ausdrücklich Wert darauf gelegt, dass die Wettbewerbsregeln betreffend die in Art. 101 AEUV genannten Vereinbarungen, Beschlüsse und Verhaltensweisen sowie die missbräuchliche Ausnutzung einer beherrschenden Stellung auf die Produktion landwirtschaftlicher Erzeugnisse und den Handel mit diesen anzuwenden sind, soweit sie die Verwirklichung der Ziele der gemeinsamen Agrarpolitik nicht gefährden.[31] Mit den Ausnahmetatbeständen von Art. 209 VO 1308/13 bzw. Art. 2 der VO 1184/06 wird den **Besonderheiten der Landwirtschaft** im Europäischen Kartellrecht somit in besonderem Maße Rechnung getragen. Ergänzt wird dies durch Art. 41 Abs. 1 VO 1379/13, der konkret die Erzeugung oder den Verkauf von Fischerei- und Aquakulturerzeugnissen oder die Nutzung gemeinsamer Einrichtungen für die Lagerhaltung und Be- oder Verarbeitung von Fischereierzeugnissen betrifft, wenn die in Abs. 1 Ziffern a) bis e) genannten Voraussetzungen erfüllt sind. Neben der Verwirklichung der Ziele von Art. 39 AEUV sind die Negativabgrenzungen zu beachten, wonach weder Preisbindungen noch Marktabschottungen oder ganz oder teilweise Wettbewerbsausschlüsse stattfinden dürfen. 24

Art. 209 Abs. 1 Unterabsatz 1 VO 1308/13 bzw. Art. 2 Abs. 1 Unterabsatz 1 VO 1184/06 regelt zur Erfüllung der Erwägungsgründe der europäischen Gesetzgeber damit **den bzw. die positiven Ausnahmetatbestände,** die eine Anwendung von Art. 101 Abs. 1 AEUV grundsätzlich ausschließen. Für den Ausschluss von Art. 101 AEUV muss nur noch im Falle der VO 1184/06 eine Zuordnung des wettbewerbsrelevanten Verhaltens zu einer einzelstaatlichen landwirtschaftlichen Marktordnung gegeben sein. Für die unter die VO 1308/13 fallenden Produkte ist diese Ausnahme nicht mehr geregelt. Der maßgebliche Ausnahmetatbestand liegt somit in der positiven Verwirklichung der Ziele der gemeinsamen Agrarpolitik nach Art. 39 AEUV. Bei den Ausnahmen handelt es sich, wie auch im deutschen Recht seit der sechsten Kartellnovelle, um Sonderregelungen für den landwirtschaftlichen Sektor.[32] So wird gewährleistet, dass bei der Auslegung der Vorschriften der 25

---

[31] Erwägungsgrund 3 der Präambel der VO 1184/06 (ABl. L 214, S. 7 ff.), geändert durch Art. 200 der VO 1237/07, ABl. L 299, S. 1 ff. sowie Erwägungsgrund 173 der Präambel der VO 1308/13, ABl. 2013 L 347 S. 687.

[32] So auch *Schweizer* in: Immenga/Mestmäcker WbR Band 1 EU/Teil 2, VIII. Abschnitt Landwirtschaft, C. Art. 2 VO 1184/06 und Art. 176 VO 1234/07 Rn. 13; *Schulze-Hagen* Die landwirtschaftli-

Art. 206ff. VO 1308/13 bzw. VO 1184/06 die Besonderheiten der Landwirtschaft berücksichtigt werden können. Erst durch die Möglichkeit bestimmter wettbewerbsrelevanter abgestimmter Vereinbarungen und Verhaltensweisen wird die Landwirtschaft in die Lage versetzt, auch grenzüberschreitend erfolgreich am Wettbewerb teilzunehmen.

26 Neben diesen in Art. 209 Abs. 1 Unterabsatz 1 VO 1308/13 bzw. Art. 2 Abs. 1 Unterabsatz 1 VO 1184/06 genannten Ausnahmen gilt ein **weiterer Ausschlusstatbestand** für Art. 101 AEUV. Die Anwendung von Art. 101 Abs. 1 AEUV gilt insbesondere nicht für Vereinbarungen, Beschlüsse und Verhaltensweisen von landwirtschaftlichen Erzeugerbetrieben, Vereinigungen von landwirtschaftlichen Erzeugerbetrieben oder Vereinigungen von solchen Erzeugervereinigungen aus einem Mitgliedstaat, soweit sie ohne Preisbindung die Erzeugung oder den Absatz landwirtschaftlicher Erzeugnisse oder die Benutzung gemeinschaftlicher Einrichtungen für die Lagerung, Be- oder Verarbeitung landwirtschaftlicher Erzeugnisse betreffen, es sei denn, der Wettbewerb wird ausgeschlossen und die Ziele der gemeinsamen Agrarpolitik werden gefährdet. Von diesem in Art. 209 Abs. 1 Unterabsatz 2 VO 1308/13 bzw. Art. 2 Abs. 1 Unterabsatz 2 der VO 1184/06 geregelten Ausschlusstatbestand ist das sogenannte Genossenschaftsprivileg umfasst.

27 Das **Genossenschaftsprivileg** von Art. 209 Abs. 1 Unterabsatz 2 VO 1308/13 bzw. Art. 2 Abs. 1 Unterabsatz 2 der VO 1184/06 beinhaltet m.E. neben Art. 209 Abs. 1 Unterabsatz 1 VO 1308/13 bzw. Art. 2 Abs. 1 Unterabsatz 1 VO 1184/06 nicht etwa einen Untertatbestand zu diesem sondern einen **selbstständigen weiteren Ausnahmetatbestand.** Alle Ausschlusstatbestände gelten selbstständig nebeneinander. Die detaillierte Ausgestaltung der Tatbestandsvoraussetzungen der Ausnahme nach dem jeweiligem Unterabsatz 2, und hier insbesondere der Rückbezug zu den Grenzen des Art. 39 AEUV lassen m.E. nur den Rückschluss auf einen eigenständigen Ausnahmetatbestand für landwirtschaftliche Kooperationen zu.[33] Sprachlich wird das in der neuen Fassung des Art. 209 Abs. 1 Unterabsatz 2 VO 1308/13 deutlich, der beide Ausnahmen trennt, so dass die Diskussion um eine Auslegungsregelung wegen des früheren Wortes „insbesondere", abgeschlossen sein dürfte. Trotz dieser redaktionellen Klarstellung sind materiell in der Neufassung keine Änderungen enthalten.

28 Der Auffassung, es handele sich wegen des ursprünglichen Wortlautes nur um eine reine Auslegungsregelung von Art. 209 Abs. 1 Unterabsatz 1 VO 1308/13 bzw. Art. 2 Abs. 1 Unterabsatz 1 VO 1184/06[34] ist damit m.E. die Grundlage entzogen. Gleiches gilt für die vermittelnde Ansicht, es liege kein weiterer Tatbestand aber eine von der Europäischen Kommission zu widerlegende Vermutung für eine Notwendigkeit der kartellrelevanten Absprachen vor, während die Notwendigkeit zur Tatbestandserfüllung nach Unterabsatz 1 erst nachgewiesen werden muss[35]. Dies wird durch die sprachliche Neufassung in der VO 1308/13 m.E. auch für die VO 1184/06 bestätigt. Zudem sind die mit den Art. 206ff. VO 1308/13 bzw. VO 1184/06 verfolgten Ziele zu berücksichtigen. So hat bereits der europäische Gesetzgeber festgelegt, dass die Vereinigungen von landwirtschaftlichen Erzeugerbe-

---

chen Zusammenschlüsse nach deutschem und europäischem Wettbewerbsrecht 1977, S. 140; *Büttner,* Wettbewerbsrecht für die Landwirtschaft im gemeinsamen Markt, Rd L 1965, S. 1–10, 5.

[33] So auch EuGH U.v. 12.12.1995 verb. Rs. C-319/93, 40/94, 224/94 – *Dijkstra/Friesland* Slg. 1995 I, 4471, früher auch die Komm. E. vom 25.7.1974 – *Frubo,* ABl. 1974 L 237 S. 16, 20, vom 2.12.1977 – *Blumenkohl,* ABl. 1978 L 21 S. 23, 30; eine ausführliche Darstellung auch bei *Henjes,* Zur Freistellung vom Kartellverbot des Art. 85 EWG-Vertrag für Vereinigungen landwirtschaftlicher Erzeugerbetriebe und ihre Vereinigungen in: FS Büttner, 1986 S. 49–64, 58.

[34] So heute die Komm. E. vom 7.12.1984 – *Milchförderungsfonds,* ABl. 1985 L 35 S. 35, 39, vom 26.11.1986 – *Meldoc,* ABl. 1986 L 348, 50, 60; *Liebing,* Die für Unternehmen des Agrarsektors geltenden Wettbewerbsregelungen innerhalb der EWG, Diss. Köln 1965, S. 54.

[35] *Schweizer* in: Immenga/Mestmäcker WbR Band 1 EU/Teil 2, VIII. Abschnitt Landwirtschaft, C. Art. 2 VO 1184/06 und Art. 176 VO 1234/07 Rn. 14 m.w.N. und ausführlicher Darstellung des Rechtsstreits, *Schulze-Hagen,* Die landwirtschaftlichen Zusammenschlüsse nach deutschem und europäischem Wettbewerbsrecht 1977, S. 141.

trieben **besondere Aufmerksamkeit** verdienen, es sei denn, ihr gemeinschaftliches Handeln schließt den Wettbewerb aus oder gefährdet die Verwirklichung der gemeinsamen Ziele der Agrarpolitik im Sinne von Art. 39 AEUV.[36] Bereits diese Erwägungen zeigten m.E. deutlich, dass es sich bei Art. 209 Abs. 1 Unterabsatz 2 VO 1308/13 bzw. Art. 2 Abs. 1 Unterabsatz 2 der VO 1184/06 nur um einen eigenständigen Tatbestand handeln kann. Die von der Europäischen Kommission geforderte zusätzliche Erfüllung eines der beiden Tatbestände von Art. 209 Abs. 1 Unterabsatz 1 VO 1308/13 bzw. Art. 2 Abs. 1 Unterabsatz 1 VO 1184/06 ging daher zu weit und würde den eigentlichen Zweck von Unterabsatz 2 aushöhlen.

Während **Adressatenkreis** für die erstgenannten Ausnahmetatbestände ausnahmslos alle in der Landwirtschaft Tätigen sind, ist Adressat des dritten Ausnahmetatbestandes lediglich der Kreis der landwirtschaftlichen Erzeugerbetriebe und ihrer Vereinigungen in jeglicher Form, die vorzugsweise in der Rechtsform der eingetragenen Genossenschaft auftreten, weshalb diese Regelung auch als Genossenschaftsprivileg bezeichnet wird. Möglich ist aber auch jede andere Rechtsform. In den Ausnahmetatbeständen der Art. 206ff. VO 1308/13 bzw. VO 1184/06 ist keine Diskriminierung anderer Wirtschaftsbereiche zu sehen, auch nicht mit Blick auf Art. 209 Abs. 1 Unterabsatz 2 VO 1308/13 bzw. Art. 2 Abs. 1 Unterabsatz 2 der VO 1184/06 oder aber Art. 40f. VO 1379/13, die nur bestimmte Unternehmen des Agrarsektors begünstigen.[37] Die vermeintliche Besserstellung dient lediglich als Ausgleich, um den landwirtschaftlichen Unternehmen ein Überleben am Markt und im Wettbewerb auf Grund der besonderen Strukturen in der Landwirtschaft zu ermöglichen. 29

Neben den positiven Ausnahmetatbeständen enthält der jeweilige Abs. 1 zusätzlich **negative Abgrenzungsmerkmale,** die zur Prüfung der Tatbestandsvoraussetzungen der Ausschlüsse von Art. 101 AEUV heranzuziehen sind. Als ein zusätzliches negatives Abgrenzungsmerkmal wird in Art. 209 Abs. 1 Unterabsatz 3 VO 1308/13 bzw. Art. 2 Abs. 1 Unterabsatz 2 der VO 1184/06 das **Verbot des Wettbewerbsausschlusses** genannt. Umstritten war für die Vorfassungen des heutigen Art. 209, ob das Abgrenzungskriterium Ausschluss des Wettbewerbes für alle drei in Art. 209 bzw. Art. 2 genannten Ausnahmetatbestände galt oder sich lediglich auf das Genossenschaftsprivileg bezog. Die Europäische Kommission hat in ihren Entscheidungen die Frage des Ausschlusses des Wettbewerbes als negative Tatbestandsvoraussetzung immer schon auf alle Ausnahmetatbestände bezogen.[38] 30

Aufgrund der Neufassung des Art. 209 VO 1308/13 mit der ausdrücklichen Regelung des Abs. 1 Unterabsatz 3 wird der ehemalige Streit gelöst, da sich die Negativausnahme des Verbots des Wettbewerbsausschlusses ebenso wie die zweite Negativausnahme **des Verbots der Preisbindung** nunmehr eindeutig auf den ganzen Absatz und damit auf alle Ausnahmetatbestände bezieht. Das führt m.E. nicht immer zu befriedigenden Ergebnissen, da im Rahmen der agrarpolitischen Fragen, sei es bei Marktordnungen, sei es bei der Erfüllung der agrarpolitischen Ziele des Art. 39 AEUV das Verhältnis der Agrarpolitik zur Wettbewerbspolitik bereits immanent eine wesentliche Rolle spielt. So kann es im Rahmen einer Marktordnung auch zur Erfüllung der agrarpolitischen Ziele geboten sein, in engen Grenzen den Wettbewerb bis hin zum Ausschluss zu beschränken. Es entsteht ein Vorrang der Agrarpolitik vor der Wettbewerbspolitik, der seinerzeit dazu geführt hat, dass sich das genannte Negativmerkmal nur auf den weiteren Ausnahmetatbestand bezogen hat.[39] Ein Be- 31

---

[36] Erwägungsgrund 4 der Präambel der VO 1184/06, ABl. 2006 L 214, S. 7ff. sowie Erwägungsgrund 174 der Präambel der VO 1308/13 ABl. 2013 L 347 S. 687.

[37] EuGH U. v. 14.12.1962 Rs. C-19–22/62 – *Fédération nationale de la boucherie en gros et du commerce en gros des viandes u. a./Rat* Slg. 1962, 1003, 1021–1022.

[38] Komm. E. vom 18.12.1987 – *Frühkartoffeln,* ABl. 1988 L 59 S. 25; *de Bronett* in: Wiedemann, Handbuch des Kartellrechts, § 32 Rn. 12.

[39] So auch EuGH U. v. 29.10.1980 Rs. C-139/78 – *Maizena/Rat* Slg. 1980, 3393, 3421–3422; *de Bronett* (Fn. 38) § 32 Rn. 12 mit weiteren Literaturhinweisen in Fn. 41.

dürfnis hierfür bestünde auch weiterhin. Im Übrigen ist davon auszugehen, dass bei den erstgenannten Ausnahmetatbeständen des Art. 209 der VO 1308/13 bzw. Art. 2 der VO 1184/06 ohnehin, im Rahmen der Verabschiedung der Marktordnung oder aber bei Berücksichtigung der Ziele der Agrarpolitik eine Abwägung im Hinblick auf die Wettbewerbspolitik und somit auch einen Wettbewerbsausschluss stattfinden wird.

32 Gleiches gilt für das weitere Negativabgrenzungsmerkmal, das **Verbot, die Ziele von Art. 39 AEUV zu gefährden.** Damit wird ein Vorrang der Agrarpolitik über die Zielsetzung der Wettbewerbspolitik ausdrücklich eingeräumt, der vom Europäischen Gerichtshof bestätigt wurde.[40] Bei sämtlichen Ausnahmetatbeständen sind sowohl die Grenzen des Ausschlusses des Wettbewerbes, als auch die Untersagung einer Preisbindungsverpflichtung sowie die Einhaltung der agrarpolitischen Ziele nach Art. 39 EG bei der Prüfung zu berücksichtigen.

33 Selbst wenn keiner der Ausnahmetatbestände des Art. 209 VO 1308/13 bzw. Art. 2 der VO 1184/06 Anwendung findet, besteht die Möglichkeit der Feststellung der Nichtanwendbarkeit im Sinne der VO 1/2003. Auch die Überprüfung im Hinblick auf eine Freistellung über eine **Gruppenfreistellungs-Verordnung** ist möglich.[41]

34 In der Praxis hat die Europäische Kommission bislang zu dem Bereich der Ausnahmen im Agrarsektor eher durch Ablehnung geglänzt, denn durch positive Entscheidungen.[42] Dies liegt nicht zuletzt daran, dass sie neben Art. 209 Abs. 1 Unterabsatz 2 VO 1308/13 bzw. Art. 2 Abs. 1 Unterabsatz 2 der VO 1184/06 auch immer Unterabsatz 1 erfüllt wissen will. Zudem steckt sie äußerst strenge Grenzen, so dass sie praktisch eher zu einer Ablehnung der Voraussetzungen der Art. 206ff. VO 1308/13 bzw. VO 1184/06 kommt. Hier muss man sich fragen, ob die Entscheidungspraxis der Europäischen Kommission nicht den durch den europäischen Gesetzgeber bewusst eingeräumten Schutz des Agrarsektors in unzumutbarer Weise aushöhlt. Im Übrigen sollte durch die Neuregelung der VO 1308/13 im Hinblick auf die Ausnahmen ein Umdenken stattfinden.

II. Bestandteil von Marktordnungen

35 Die genannten Vereinbarungen, Beschlüsse und Verhaltensweisen dürfen nur noch im Rahmen des ersten Ausnahmetatbestandes von Art. 2 Abs. 1 Unterabsatz 1 der VO 1184/06 wesentlicher Bestandteil einer einzelstaatlichen Marktordnung sein. Der Europäische Gerichtshof hat die einzelstaatliche Marktordnung als **Bündel rechtlicher Mittel** definiert, das die Regulierung des Marktes der betreffenden Erzeugnisse hoheitlicher Aufsicht unterstellt, um die Verwirklichung der Ziele der gemeinsamen Agrarpolitik nach Art. 39 AEUV zu verwirklichen.[43] Zu diesen Zielen zählen die Steigerung der Produktivität, die Sicherung einer angemessenen Lebenshaltung für die Erzeuger durch den bestmöglichen Einsatz der Produktionsfaktoren, insbesondere der Arbeitskräfte, sowie die Stabilisierung der Märkte, die Sicherstellung der Versorgung und die Gewährleistung angemessener Verbraucherpreise.

36 Umfasst sind somit **alle nationalen Regulierungen der Märkte im Agrarsektor** durch Hoheitsträger, d.h., beispielsweise Vollablieferungsverpflichtungen der Erzeuger gegenüber ihren Erzeugergemeinschaften, Kontingentierungen von Erntemengen, Anbau

[40] EuGH U. v. 29.10.1980 Rs. C-138/78 – *Maizena/Rat* Slg. 1980, 3393, 3421–3422.

[41] Herrschende Meinung vgl. *Schweizer* in: Immenga/Mestmäcker WbR Band 1 EU/Teil 2, VIII. Abschnitt Landwirtschaft, C. Art. 2 VO 1184/06 und Art 176 VO 1234/07 Rn. 56 m.w.N. und *de Bronett* (Fn. 38) § 32 Rn. 10.

[42] *Schröter* in: Groeben/Schwarze, Kommentar zum EG-/EU-Vertrag, 6. Auflage 2003, Bd. 2 Art. 83 Anhang, Teil III. Landwirtschaft Rn. 15; *Schweizer* in: Immenga/Mestmäcker WbR Band 1 EU/Teil 2, VIII. Abschnitt Landwirtschaft, C. Art. 2 VO 1184/06 und Art. 175 VO 1234/07 Rn. 19.

[43] EuGH U. v. 10.12.1974 Rs. C-48/74 – *Charmasson/Minister für Wirtschaft und Finanzen* Slg. 1974, 1383, 1396.

bestimmter Sorten, Reglementierung von Qualitätsanforderungen etc. Allerdings können sie nur dann unter den Ausnahmetatbestand Art. 2 Abs. 1 Unterabsatz 1 der VO 1184/06, 1. Alternative fallen, wenn sie auch in einer Marktordnung geregelt sind. Damit ist die Ausnahmeregelung für privatrechtliche kartellrelevante Vereinbarungen und Verhaltensweisen nicht einschlägig. Für diese gilt jedoch gegebenenfalls die weitere Ausnahmeregelung nach Art. 209 Abs. 1 Unterabsatz 2 VO 1308/13 bzw. Art. 2 Abs. 1 Unterabsatz 2 der VO 1184/06. Es muss sich bei den nationalen Marktregulierungen um hoheitliche Maßnahmen handeln, wobei diese auch delegiert werden können auf berufsständische Organisationen, sofern dies unter staatlicher Kontrolle stattfindet.[44]

Mit Einführung der ursprünglichen VO 26/62 gab es zunächst für nationale Marktord- **37**
nungen eine Übergangszeit bis Ende 1969, bis zu der nationale Marktordnungen auch bei einem Verstoß gegen das europäische Wettbewerbsrecht Bestand hatten. Dies geschah im Hinblick darauf, dass der freie Warenverkehr mit landwirtschaftlichen Erzeugnissen während der Übergangszeit noch nicht realisiert war. Angesichts der Tatsache, dass im Rahmen der Weiterentwicklung der Europäischen Union die Agrarmärkte zum heutigen Zeitpunkt beinahe ausschließlich über europäische Rechtsetzung reglementiert sind, hat der Tatbestand der einzelstaatlichen Marktordnung kaum bzw. keine Bedeutung mehr. **Nationale Marktordnungen sind heute weitgehend durch Europäische Marktordnungen ersetzt.** Dies hat auch dazu geführt, dass die Ausnahme aus Art. 209 VO 1308/13 gestrichen wurde. Die Europäischen Marktordnungen, beispielsweise die Gemeinsame Marktorganisation Obst und Gemüse, die wie viele andere in der VO 1308/13geregelt ist, beinhalten zusätzlich eigenständige Regelungen mit kartellrechtlicher Relevanz, z. B. Vollablieferungsverpflichtungen der Erzeuger gegenüber ihren Erzeugergemeinschaften. Diese Europäischen Marktordnungen gehen als lex specialis den Kartellregelungen der Art. 101 ff. AEUV ohnehin vor.[45] Somit kann davon ausgegangen werden, dass die Besonderheiten der Landwirtschaft hinreichend in den einzelnen Marktordnungen der Warensektoren berücksichtigt sind.

Der erste Ausnahmebestand nach Art. 2 Abs. 1 Unterabsatz 1 VO 1184/06 hat somit **38**
nur äußerst **geringe praktische Bedeutung.** Der Bereich der **Kartoffeln** ist heute nahezu der einzige Bereich, der noch nicht durch eine Marktordnung geregelt ist. Daher hat die Europäische Kommission bisher auch nur in einem einzigen Fall, zu Frühkartoffeln, eine Entscheidung zu Art. 2 Abs. 1 Satz 1, 1. Alternative VO 26/62, heute Art. 2 Abs. 1 Unterabsatz 1 der VO 1184/06, getroffen.[46] Hierbei handelte es sich um Marktregelungen auf der Grundlage der französischen Frühkartoffel-Marktordnung. Geregelt wurden die Vollablieferungsverpflichtung der Erzeuger gegenüber der Erzeugergemeinschaft sowie die Kontingentierung der Erntemengen je nach Marktlage und die Festlegung von Mindest- und Rücknahmepreisen.

III. Agrarpolitische Ziele nach Art. 39 AEUV

Der gemeinsame Ausnahmetatbestand des Art. 209 Abs. 1 VO 1308/13 bzw. Art. 2 **39**
Abs. 1 der VO 1184/06 nimmt Vereinbarungen, Beschlüsse und Verhaltensweisen, die zur Verwirklichung der agrarpolitischen Ziele des Art. 39 AEUV notwendig sind, von dem in Art. 101 Abs. 1 AEUV enthaltenen Kartellverbot aus. Zu den Zielen des Art. 39 AEUV zählen 1. die Steigerung der Produktivität der Landwirtschaft, 2. die Gewährleistung einer angemessenen Lebenshaltung der landwirtschaftlichen Bevölkerung, 3. die Stabilisierung der Märkte, 4. die Sicherstellung der Versorgung und 5. die Belieferung der Verbraucher zu angemessenen Preisen.

---

[44] EuGH U. v. 10.12.1974 Rs. C-48/74 – *Charmasson/Minister für Wirtschaft und Finanzen* Slg. 1974, 1383, 1395; Komm. E. vom 8.1.1975 – *Pilzkonserven,* ABl. 1975 L 29, 26, 28.

[45] So auch EuGH U. v. 9.9.2003 Rs. C-137/00 – *Milk Marque.*

[46] Komm. E. vom 18.12.1987 – *Frühkartoffeln,* ABl. 1988 L 59 S. 25.

40 Grundsätzlich liegt damit ein sehr **weit gefasster Ausnahmetatbestand** vor, da sämtliche unter die Verwirklichung der Ziele der Agrarpolitik fallenden Verhaltensweisen im weitesten Sinne zu einer Ausnahme von Art. 101 Abs. 1 AEUV führen können, zumal den Organen der Europäischen Union ein weiter Ermessensspielraum bei der Auslegung dieser Ziele eingeräumt wurde.[47] Im Wege der **richterlichen Rechtsfortbildung** hat der Europäische Gerichtshof jedoch **strenge Voraussetzungen** an diesen Ausnahmetatbestand geknüpft.[48] Danach fordert der Europäische Gerichtshof, dass nicht nur die Verwirklichung einzelner agrarpolitischer Ziele eine Rolle spielen soll, sondern möglichst die Gesamtheit der agrarpolitischen Ziele in die getroffene wettbewerbsrelevante Maßnahme einfließen soll. Auch die Europäische Kommission hat nur in zwei Entscheidungen[49] Art. 2 Abs. 1 Satz 1 2. Alternative VO 26/62, heute Art. 209 Abs. 1 Unterabsatz 1 VO 1308/13 bzw. Art. 2 Abs. 1 Unterabsatz 1 der VO 1184/06, jeweils in Form der 2. Alternative für anwendbar erklärt, unter Bezug darauf, dass eine Verwirklichung aller in Art. 39 AEUV genannten Ziele gegeben sein muss. Somit müssen alle fünf in Art. 39 AEUV genannten Ziele wenn nicht erfüllt, so doch hinreichend berücksichtigt werden.

41 Dies dürfte in der Praxis nicht einfach sein, da die Schutzrichtung der fünf Ziele unterschiedlich ist und ihre Erfüllung so zu **widersprüchlichen Ergebnissen** führen kann. Dies gilt insbesondere, da die ersten drei der oben genannten Ziele an die Landwirtschaft adressiert sind, während die beiden letztgenannten die Verbraucher betreffen. Auch wenn der Europäische Gerichtshof zusätzlich zwischen Hauptzielen, wie der Produktivitätssteigerung und angemessene Lebenshaltung, und Nebenzielen unterscheidet, ist doch die Förderung aller in Art. 39 AEUV genannten Ziele anzustreben und die möglichen Widersprüche sind weitestgehend auszuräumen.[50]

42 Die **Steigerung der Produktivität der Landwirtschaft** erfolgt durch Förderung des technischen Fortschrittes, Rationalisierung der landwirtschaftlichen Erzeugung und den bestmöglichen Einsatz der Produktionsfaktoren, insbesondere der Arbeitskräfte. Der landwirtschaftlichen Bevölkerung muss durch Verwirklichung des erstgenannten Zieles der Produktivitätssteigerung eine angemessene Lebenshaltung gewährleistet werden. Dies gilt insbesondere als erfüllt, wenn eine Erhöhung des Pro-Kopf-Einkommens der in der Landwirtschaft tätigen Personen gegeben ist. Die Märkte müssen stabilisiert werden und die Versorgung muss sichergestellt werden. Als letztes Ziel soll für die Belieferung der Verbraucher zu angemessenen Preisen Sorge getragen werden.

43 Meines Erachtens führt die sehr enge Auslegung des zweiten Ausnahmetatbestandes von Art. 209 Abs. 1 Unterabsatz 1 VO 1308/13 bzw. Art. 2 Abs. 1 Unterabsatz 1 VO 1184/06 durch die europäischen Organe dazu, dass die **agrarpolitischen Ziele** aus heutiger Sicht keine hinreichende Berücksichtigung finden, vor allem, da das letzte Ziel in deutlichem Widerspruch zur Steigerung des Pro-Kopf-Einkommens der in der Landwirtschaft tätigen Personen stehen kann. Die Präambel der VO 1184/06[51] und auch der VO 1308/13[52] sieht

---

[47] *van Rijn* in: Groeben/Schwarze, Kommentar zum EG-/EU-Vertrag, 6. Auflage 2003, Bd. 1 Art. 33 Rn. 4 und *Schröter* in: Groeben/Schwarze, Kommentar zum EG-/EU-Vertrag, 6. Auflage 2003, Bd. 2 Art. 83 Anhang, Teil III. Landwirtschaft Rn. 16.

[48] EuGH U. v. 12.12.1995 Rs. C-399/93 – *Luttikhuis/Coberco* Slg. I, 4515.

[49] Komm. E. v. 7.12.1997 – *Vereinbarungen über Rohrzuckerlieferungen* ABl. 1980 L 39 S. 64, EuG U. v. 14.5.1997 – *Florimex u. a./Kommission* Slg. 1997 II, 693 (Rechtmittel EuGH C-265/97), siehe zur Auffassung der Europäischen Kommission auch *de Bronett* in: Wiedemann, Handbuch des Kartellrechts, § 32 Rn. 14 und 15.

[50] *Schröter* in: Groeben/Schwarze, Kommentar zum EG-/EU-Vertrag, 6. Auflage 2003, Bd. 2 Art. 83 Anhang, Teil III. Landwirtschaft Rn. 16, *Schweizer* in: Immenga/Mestmäcker WbR Band 1 EU/Teil 2, VIII. Abschnitt Landwirtschaft, C. Art. 2 VO 1184/06 und Art. 176 VO 1234/07 Rn. 33.

[51] Erwägungsgrund 3 und 4 der Präambel der VO 1184/06, ABl. 2006 L 214, S. 7 ff.

[52] Erwägungsgrund 173 und 174 der VO 1308/13, ABl. 2013 L 347 S. 687.

vor, dass die Verwirklichung der Ziele die gemeinsame Agrarpolitik nicht gefährden darf. Dies bedingt meines Erachtens, dass bereits die Gefährdung eines der in Art. 39 AEUV genannten Ziele dazu führt, dass der Ausnahmetatbestand des Art. 209 Abs. 1 Unterabsatz 1 VO 1308/13 bzw. Art. 2 Abs. 1 Unterabsatz 1 VO 1184/06 erfüllt sein kann. Dies gilt insbesondere dann, wenn eines der beiden vom Europäischen Gerichtshof so definierten Hauptziele gefährdet ist. Selbstverständlich finden wettbewerbsrelevante Verhaltensweisen dort ihre Grenzen, wo durch sie ein nennenswerter Wettbewerb entfällt oder der freie Warenverkehr nicht mehr gewährleistet ist.[53]

Sowohl die Auslegung der Europäischen Kommission als auch des Europäischen Gerichtshofs haben bedauerlicherweise in der Praxis dazu geführt, dass der **zweite Ausnahmetatbestand** weitgehend ausgehebelt wurde. Dies wird zusätzlich dadurch unterstützt, dass auch die weitere Voraussetzung zur Erfüllung der 2. Alternative, die Notwendigkeit der wettbewerbsrelevanten Maßnahme für die Verwirklichung der Ziele der gemeinsamen Agrarpolitik, ebenfalls sehr restriktiv ausgelegt wird. Notwendigkeit bedeutet aus Sicht der Europäischen Kommission, dass es sich bei der konkreten Maßnahme um das einzige bzw. beste Mittel zur Verwirklichung aller Ziele des Art. 39 AEUV handelt.[54] **44**

Für die restriktive Auslegung gibt es **zwei Argumente.** Einerseits wird auf die Widersprüche innerhalb der agrarpolitischen Ziele auf Grund der beiden Adressatenkreise Landwirte und Verbraucher hingewiesen. Meines Erachtens werden diese Widersprüche jedoch zu Unrecht in den Vordergrund gestellt, da die Verwirklichung einzelner Ziele der Agrarpolitik auch ohne Widerspruch zu anderen ebenfalls in Art. 39 AEUV enthaltenen Zielen möglich ist. So stehen beispielsweise die Fragen der Marktstabilisierung nicht grundsätzlich im Widerspruch zu Schutzvorschriften des Verbrauchers. Gegebenenfalls kann hier eine Abwägung der Verhältnismäßigkeit der Mittel erfolgen. Weiterhin betont die Europäische Kommission, dass die Ziele der Agrarpolitik hinreichend durch Marktordnungen oder andere Rechtsakte abgedeckt sind.[55] Teilweise hat die Europäische Kommission sogar eine Gefährdung der agrarpolitischen Ziele gesehen.[56] Grundsätzlich ist zwar richtig, dass in vielen Bereichen, z. B. Milch, Wein oder Obst und Gemüse, die im Laufe der Zeit geschaffenen gemeinsamen Marktorganisationen auf die Verwirklichung der in Art. 39 AEUV genannten fünf Ziele hinwirken. Je stärker der Markt durch Marktordnungen reglementiert ist, desto geringer wird die Frage der weiteren Zielverwirklichung durch zusätzliche Regelungen. Allerdings kann neben den durch hoheitliche Marktordnungen getroffenen Reglementierungen durchaus Bedarf für privatrechtliche Vereinbarungen bestehen, die ebenfalls zur Verwirklichung der agrarpolitischen Ziele notwendig sein können.[57] Zusätzliche Erschwernisse werden den Betroffenen dadurch aufgebürdet, dass sie die Nachweispflicht für diese Notwendigkeit führen müssen. **45**

---

[53] So im Ergebnis auch *Schweizer* in: Immenga/Mestmäcker WbR Band 1 EU/Teil 2, VIII. Abschnitt Landwirtschaft, C. Art. 2 VO 1184/06 und Art. 176 VO 1234/07 Rn. 37.

[54] Komm. E. vom 25.7.1974 – *Frubo* ABl. 1974 L 237 S. 16 ff., 20.

[55] Komm. E. vom 2.1.1973 – *Europäische Zuckerindustrie,* ABl. 1973 L 140, 17 ff., 43; vom 8.1.1975 – *Pilzkonserven,* ABl. 1975 L 29, 26 ff., 29; vom 2.12.1977 – *Blumenkohl,* ABl. 1978 L 23 ff., 30; vom 21.9.1978 – *Maissaatgut,* ABl. 1978 L 286, 23 ff., 33; vom 7.12.1984 – *Milchförderungsfonds,* ABl. 1985 L 35, 35 ff., 38; vom 26.11.1986 – *Meldoc,* ABl. 1986 L 348, 50 ff., 59; vom 26.7.1988 – *Bloemenveilingen Aalsmeer,* ABl. 1988 L 262, 27 ff., 41; vom 19.12.1989 – *Zuckerrüben,* ABl. 1990 L 31, 32 ff., 42.

[56] Komm. E. vom 2.1.1973 – *Europäische Zuckerindustrie,* ABl. 1973 L 140, 17 ff., 43; vom 21.9. 1978 – *Maissaatgut,* ABl. 1978 L 286, 23 ff., 33; vom 7.12.1984 – *Milchförderungsfonds,* ABl. 1985 L 35, 35 ff., 38; vom 26.7.1988 – *Bloemenveilingen Aalsmeer,* ABl. 1988 L 262, 27 ff., 41.

[57] *Schweizer* in: Immenga/Mestmäcker WbR Band 1 EU/Teil 2, VIII. Abschnitt Landwirtschaft, C. Art. 2 VO 1184/06 und Art. 176 VO 1234/07 Rn. 38; *Schulze-Hagen* Die landwirtschaftlichen Zusammenschlüsse nach deutschem und europäischem Wettbewerbsrecht 1977, S. 158, *de Bronett* in: Wiedemann, Handbuch des Kartellrechts, § 32 Rn. 16, der allerdings den über die Marktordnung hinausgehenden Vereinbarungen nur untergeordnete Bedeutung beimisst.

46 Die Auffassung der Europäischen Kommission und des Europäischen Gerichtshofs ist m. E. insgesamt zu restriktiv. Es muss reichen, wenn das wettbewerbsrelevante Verhalten die Ziele der Agrarpolitik fördert oder einen wesentlichen Beitrag zu ihrer Verwirklichung leistet,[58] insbesondere wenn die Hauptziele der Agrarpolitik betroffen sind und eine eklatante Verletzung anderer Ziele, seien es die Nebenziele der Agrarpolitik oder aber auch andere Ziele des AEUV nicht ersichtlich ist. Darüber hinaus ist in jedem Fall die oben genannte **Abwägung des wettbewerbsrelevanten Verhaltens** mit Blick auf das angestrebte Ziel möglich, so dass im Rahmen einer Ermessensausübung alle Ziele eine hinreichende Berücksichtigung finden.[59] Zu Recht wird hierbei davon ausgegangen, dass bei Waren aus Drittstaaten strengere Maßstäbe anzulegen sind, als bei Waren aus den Staaten der Europäischen Union, da die agrarpolitischen Ziele der Förderung des europäischen Marktes dienen sollen.[60]

47 Im Fall der Anwendung von Art. 209 Abs. 1 Unterabsatz 1 VO 1308/13 bzw. Art. 2 Abs. 1 Unterabsatz 1 VO 1184/06 sind sowohl **horizontale als auch vertikale Vereinbarungen umfasst,** wobei Beteiligte nicht nur die Erzeugerstufe und die ihr vor- und nachgelagerten Vereinigungen und Unternehmen sein können, sondern alle mit landwirtschaftlichen Urprodukten im Sinne von Anhang I AEUV handelnden Unternehmen aller Wirtschaftsbereiche. Praktische Bedeutung dürfte die Ausnahmeregelung jedoch weniger für reine Verarbeitungs- und Handelsunternehmen haben, zumal diese wesentlich strengeren Prüfungsmaßstäben unterworfen werden und in der Regel auch die wettbewerbsrelevanten Vereinbarungen nicht für die Verwirklichung der agrarpolitischen Ziele notwendig sein dürften.[61] Allerdings könnte sich eine praktische Relevanz bei horizontalen Vereinbarungen zwischen Erzeugern und ihren Vereinigungen und weiteren Verarbeitungs- und Handelsunternehmen ergeben.[62] Entsprechendes gilt für vertikale Vereinbarungen zwischen Landwirten und aufnehmender Hand, d. h. Unternehmen, die die landwirtschaftlichen Urprodukte zur Verarbeitung oder Vermarktung erwerben. Anders als in den Fällen des Art. 209 Abs. 1 Unterabsatz 2 VO 1308/13 bzw. Art. 2 Abs. 1 Unterabsatz 2 VO 1184/06 können dann sogar Preisbindungen vereinbart werden, wenn damit die Ziele des Art. 39 AEUV erfüllt werden.[63] Größere Bedeutung kann die Verwirklichung der Ziele auch dann erhalten, wenn Marktordnungen eines Tages ihre bisherige Bedeutung wieder stärker verlieren, wie dies beispielsweise bei der Milch in 2015 durch Auslaufen der Quotenregelung vollzogen wurde.

---

[58] *Schweizer* in: Immenga/Mestmäcker WbR Band 1 EU/Teil 2, VIII. Abschnitt Landwirtschaft, C. Art. 2 VO 1184/06 und Art. 176 VO 1234/07 Rn. 33; *Schröter* in: Groeben/Schwarze, Kommentar zum EG-/EU-Vertrag, 6. Auflage 2003, Bd. 2 Art. 83 Anhang, Teil III. Landwirtschaft Rn. 14 und 15; *Schulze-Hagen* Die landwirtschaftlichen Zusammenschlüsse nach deutschem und europäischem Wettbewerbsrecht 1977, S. 157.

[59] So im Ergebnis auch EuGH U. v. 15.5.1975 Rs. C-71/74 – *Frubo/Kommission* Slg. 1975, 563 ff., 583, der die einzelnen Ziele im Falle von Zitrusfrüchten gegeneinander abwägt und nur verlangt, dass zumindest die beiden Hauptziele erfüllt sind.

[60] Komm. E. vom 2.1.1973 – *Europäische Zuckerindustrie,* ABl. 1973 L 140, 17 ff., 43; vom 2.12. 1977 – *Blumenkohl,* ABl. 1978 L 21, 23 ff., 30; vom 21.9.1978 – *Maissaatgut,* ABl. 1978 L 286, 23 ff., 33; vom 7.12.1984 – *Milchförderungsfonds,* ABl. 1985 L 35, 35 ff., 38; vom 26.11.1986 – *Meldoc,* ABl. 1986 L 348, 50 ff., 59; vom 19.12.1989 – *Zuckerrüben,* ABl. 1990 L 31, 32 ff., 42.

[61] *Schweizer* in: Immenga/Mestmäcker WbR Band 1 EU/Teil 2, VIII. Abschnitt Landwirtschaft, C. Art. 2 VO 1184/06 und Art. 176 VO 1234/047 Rn. 38 m. w. N.

[62] *Schweizer* in: Immenga/Mestmäcker WbR Band 1 EU/Teil 2, VIII. Abschnitt Landwirtschaft, C. Art. 2 VO 1184/06 und Art. 176 VO 1234/07 Rn. 39 mit dem Beispiel der Vereinbarung zwischen nichtgenossenschaftlicher und genossenschaftlicher Molkerei, letztere als Erzeugerzusammenschluss, *Petry,* Die Wettbewerbsbeschränkung in: der Landwirtschaft nach nationalem und europäischem Wettbewerbsrecht, Diss Hohenheim 1974, S. 164.

[63] So auch *Schweizer* in: Immenga/Mestmäcker WbR EG Teil II, VIII. Abschnitt Landwirtschaft, C. Art. 2 VO 26/62 Rn. 36; *Gleiss/Hirsch,* EWG Kartellrecht Kommentar, 3. Auflage Art. 2 VO 26/ 62 Rn. 17; *Gleiss/Wolff* WuW 1971, 311, 317; *Schulze-Hagen* Die landwirtschaftlichen Zusammenschlüsse nach deutschem und europäischem Wettbewerbsrecht 1977, S. 168 f.

IV. Sog. Genossenschaftsprivileg

Als weiteren Ausnahmetatbestand enthält Art. 209 Abs. 1 Unterabsatz 2 VO 1308/13 bzw. Art. 2 Abs. 1 Unterabsatz 2 VO 1184/06 das sog. **Genossenschaftsprivileg.** Danach gilt Art. 101 Abs. 1 AEUV insbesondere nicht für Vereinbarungen, Beschlüsse und Verhaltensweisen von landwirtschaftlichen Erzeugerbetrieben, Vereinigungen von landwirtschaftlichen Erzeugerbetrieben oder Vereinigungen von solchen Vereinigungen aus einem Mitgliedstaat, soweit sie ohne Preisbindung die Erzeugung oder den Absatz landwirtschaftlicher Erzeugnisse oder die Benutzung gemeinschaftlicher Einrichtungen für die Lagerung, Be- oder Verarbeitung landwirtschaftlicher Erzeugnisse betreffen, es sei denn, es wird festgestellt, dass der Wettbewerb ausgeschlossen ist oder die agrarpolitischen Ziele des Art. 39 AEUV gefährdet werden. 48

Bei dem in Art. 209 Abs. 1 Unterabsatz 2 VO 1308/13 bzw. Art. 2 Abs. 1 Unterabsatz 2 VO 1184/06 normierten Ausnahmetatbestand handelt es sich um einen **eigenständigen Tatbestand** und nicht etwa um einen Untertatbestand des bzw. der erstgenannten Ausnahmen vom Kartellverbot.[64] Sofern die Tatbestandsvoraussetzungen des weiteren Ausnahmetatbestandes vorliegen, findet das Kartellverbot des Art. 101 Abs. 1 AEUV keine Anwendung.[65] In der Praxis hat sich herausgestellt, dass das Genossenschaftsprivileg der Ausnahmetatbestand mit der häufigsten Relevanz ist. 49

Dieser Ausnahmetatbestand hat seine Wurzeln im deutschen Kartellrecht[66] und entspricht spätestens seit der sechsten deutschen Kartellnovelle fast wortgleich der Vorschrift in § 28 GWB. **Adressaten des Ausnahmetatbestandes** sind landwirtschaftliche Erzeugerbetriebe, ebenso wie ihre Vereinigungen und Vereinigungen dieser Vereinigungen. Anders als bei den beiden Ausnahmetatbeständen von Art. 209 Abs. 1 Unterabsatz 1 VO 1308/13 bzw. Art. 2 Abs. 1 Unterabsatz 1 VO 1184/06 sind damit reine Handelsunternehmen oder Unternehmen der Lebensmittelindustrie, also Unternehmen einer weitergehenden Wirtschaftsstufe, z.B. eine nichtgenossenschaftliche Molkerei, die ausschließlich verarbeitet, ausgeschlossen.[67] Der Kreis der Adressaten wird wesentlich eingegrenzt, da Produkte im Sinne von Anhang I AEUV selbst produziert oder aus diesen selbst produzierten Produkten im Wege der ersten Be- oder Verarbeitung wiederum Produkte nach Anhang I AEUV entstehen müssen. Diese Voraussetzung schließt reine Absatzorganisationen der landwirtschaftlichen Erzeuger ein, nimmt jedoch gleichzeitig alle unabhängig von den landwirtschaftlichen Erzeugerbetrieben agierenden Verarbeitungs- oder Handelsunternehmen aus. 50

Die Ausnahme des Satzes 2 ist grundsätzlich an der Rechtsform der eingetragenen Genossenschaft – daher **Genossenschaftsprivileg**[68] – ausgerichtet, da die Genossenschaft als oberstes Ziel die Förderung ihrer Mitglieder hat und daher besonders geeignet ist, die Strukturprobleme in der Landwirtschaft zu beheben und so die agrarpolitischen Ziele zu verwirklichen. Vereinigungen der Erzeugerbetriebe sind hierbei Genossenschaften der Primärstufe und Zentralgenossenschaften. Der europäische Gesetzgeber hat hierzu ausgeführt, dass die Vereinigungen von landwirtschaftlichen Erzeugerbetrieben besondere Aufmerksamkeit verdienen, soweit sie insbesondere die gemeinschaftliche Produktion landwirt- 51

---

[64] Zu dem bestehenden Meinungsstreit siehe Rn. 27 und 28.

[65] EuGH U. v. 12.12.1995 verb. Rs. C-319/93, 40/94, 224/94 – *Dijkstra/Friesland* Slg. 1995 I, 4471.

[66] Zur Entstehung des sog. Genossenschaftsprivilegs nach Vorlage des deutschen, aber auch des französischen Rechts siehe *Winkler* in: 3. Auflage des Immenga/Mestmäcker, EG-WbR Bd. II, S. 2177 f., mit zahlreichen weiteren Literaturnachweisen in Fn. 92.

[67] *Schweizer* in: Immenga/Mestmäcker WbR Band 1 EU/Teil 2, VIII. Abschnitt Landwirtschaft, C. Art. 2 VO 1184/06 und Art. 176 VO 1234/07 R. 41.

[68] Zur Bezeichnung des Ausnahmetatbestandes als Genossenschaftsprivileg durch das Europäische Parlament und die Europäische Kommission siehe *de Bronett* in: Wiedemann, Handbuch des Kartellrechts, § 32 Rn. 17 und 22, der den Begriff maßgeblich mit geprägt hat.

schaftlicher Erzeugnisse, den gemeinschaftlichen Handel mit diesen oder die Benutzung gemeinschaftlicher Einrichtungen zum Gegenstand haben. Ausgenommen werden ausdrücklich die Fälle, in denen dieses gemeinschaftliche Handeln entweder den Wettbewerb ausschließt oder die Verwirklichung der agrarpolitischen Ziele des Art. 39 AEUV gefährdet.[69]

52 Dennoch werden auch **weitere Rechtsformen** wie z. B. Vereine, Personengesellschaften oder auch Kapitalgesellschaften den Ausnahmetatbestand von Art. 209 Abs. 1 Unterabsatz 2 VO 1308/13 bzw. Art. 2 Abs. 1 Unterabsatz 2 VO 1184/06 dann in Anspruch nehmen können, wenn sie ebenso wie die Genossenschaften die Voraussetzungen der Förderung ihrer Mitglieder erfüllen und somit zur Unterstützung der kleinstrukturierten Landwirtschaft auf dem Gesamtmarkt beitragen.[70] Das gilt sowohl für jede Form der Vereinigung von Erzeugerbetrieben als auch für den Erzeugerbetrieb selbst. Art. 209 Abs. 1 Unterabsatz 2 VO 1308/13 ergänzt die Ausnahmen um **Erzeugerorganisationen** nach Art. 152 VO 1308/13 und Vereinigungen dieser Erzeugerorganisationen nach Art. 156 VO 1308/13. Mit dieser Neuregelung sollen Erzeugerorganisationen und ihre Vereinigungen umfasst werden, die von den Mitgliedstaaten unter bestimmten Voraussetzungen anerkannt werden können. Diese Ergänzung resultiert aus der Initiative zur Stärkung von Erzeugerzusammenschlüssen. Art. 152 Abs. 1 VO 1308/13 regelt abschließend die Gründe, unter denen ein solcher Erzeugerzusammenschluss stattfinden kann, z. B. Bündelung des Angebots und Vermarktung der Mitgliedererzeugnisse. Für den Milchsektor sind in Abs. 3 sogar gesonderte Ziele definiert, z. B. Optimierung der Produktionskosten oder Stabilisierung der Erzeugerpreise. Damit sollen über die heute bereits bestehenden Erzeugerzusammenschlüsse, die Genossenschaft ist die klassische Form hiervon, neue Anreize zur Stabilisierung der landwirtschaftlichen Märkte geschaffen werden. Die Verwirklichung wird auch und gerade hier in der Ausnahme von Art. 101 AEUV gesehen.

53 Eine ausdrückliche **Definition des landwirtschaftlichen Betriebes** hat der Europäische Gerichtshof den Gemeinschaftsorganen im Wege der Auslegung der anzuwendenden Rechtsnormen überlassen.[71] Landwirtschaftliche Erzeugerbetriebe im Sinne der Art. 206 ff. VO 1308/13 bzw. VO 1184/06 sind Betriebe, die sich der Urproduktion widmen, d. h., die in Anhang I AEUV genannten Erzeugnisse produzieren bzw. gewinnen. Neben den klassischen Bodenerzeugnissen, Getreide, Kartoffeln, nachwachsende Rohstoffe und Sonderkulturen, wie Obst und Gemüse, zählen hierzu unter anderem auch die bodenunabhängige Veredelung, die Tierhaltung, sei es Milchvieh- oder Schlachtviehhaltung, Fischerei etc.[72]

54 Neben der **landwirtschaftlichen Urproduktion ist des Weiteren die erste Verarbeitungsstufe** umfasst, d. h., die Herstellung neuer landwirtschaftlicher Erzeugnisse, wie z. B. Butter, Käse, Wein etc., soweit sie in Anhang I AEUV ausdrücklich genannt sind. Diese erste Be- oder Verarbeitungsstufe fällt vor allem in den Bereich der Erzeugervereinigungen und der Vereinigungen solcher Erzeugervereinigungen, also in der Regel die

---

[69] Erwägungsgrund 4 der Präambel der VO 1184/06, ABl. 2006 L 214, S. 7 ff., geändert durch Art. 200 der VO 1237/07, ABl. 2007 L 299, S. 1 ff. sowie Erwägungsgrund 174 der Präambel der VO 1308/13, ABl. 2013 L 347, S. 687.

[70] *Schweizer* in: Immenga/Mestmäcker WbR Band 1 EU/Teil 2, VIII. Abschnitt Landwirtschaft, C. Art. 2 VO 1184/06 und Art. 176 VO 1234/07 R. 44 und m. E. ohne unterschiedliches Ergebnis *de Bronett* a. a. O. § 32 Rn. 22; beide kommen mehr oder weniger zu dem Ergebnis, dass eine Förderung der landwirtschaftlichen Erzeugerbetriebe auch deren Vereinigungen zu Grunde liegen muss. Dies kann unabhängig von der Rechtsform erfolgen, dürfte aber bei der Kapitalgesellschaft, anders als bei der Genossenschaft oder dem Verein schwerer realisierbar sein.

[71] EuGH U. v. 28.2.1978 Rs. C-85/77 – *Azienda Avicola Sant'Anna/INPS* Slg. 1978, 527, 541 U. v. 13.6.1978 Rs. C-139/77 – *Denkavit/Finanzamt Warendorf* Slg. 1978, 1317, 1332.

[72] Für die bodenunabhängige Landwirtschaft war dies zunächst umstritten, siehe auch *Schweizer* in: Immenga/Mestmäcker WbR Band 1 EU/Teil 2, VIII. Abschnitt Landwirtschaft, C. Art. 2 VO 1184/06 und Art. 176 VO 1234/07 R. 43 und *de Bronett* (Fn. 65) § 32 Rn. 19.

Primärgenossenschaft, soweit eine Erzeugervereinigungen entsprechende Vereinbarungen, Beschlüsse oder Verhaltensweisen über die Be- und Verarbeitung trifft oder die Zentralgenossenschaft. Die Grenze ist wie im nationalen Recht dort zu ziehen, wo kein landwirtschaftliches Erzeugnis mehr produziert wird, sondern eine industrielle Verarbeitung stattfindet. Das Erzeugnis muss zwingend in Anhang I AEUV genannt sein. Die abschließende Aufzählung führt in den Fällen zu einer Schieflage, in denen durch Beifügung geringfügiger Zusätze ebenfalls landwirtschaftliche Produkte entstehen, z.B. Fruchtjoghurt, diese jedoch nicht in Anhang I enthalten sind.

Die Ausnahmeregelung für den landwirtschaftlichen Bereich der Erzeugerbetriebe und insbesondere ihrer Vereinigungen auf Primär- und Zentralstufe hat ihre Grundlage in den **strukturellen Besonderheiten in der Landwirtschaft.** Die Bündelung durch gemeinsame Produktion, gemeinsamen Absatz der Erzeugnisse usw. gibt die Möglichkeit, auch bei relativ kleiner Strukturierung am Markt erfolgreich zu agieren. Maßgebend ist hierbei die Bündelung der Urproduktion sowie der ersten Be- und Verarbeitungsstufen, nicht jedoch die Fragen des Mitgliederbestandes auf der Ebene der Erzeugerbetriebe bzw. der Vereinigungen.[73] 55

Zusätzliche Voraussetzung für die Beteiligten ist in den Fällen des Art. 2 Absatz 1 Unterabsatz 2 VO 1184/07 und nicht mehr in den Fällen des Art. 209 VO 1308/13, dass sie **aus einem Mitgliedstaat** sind. Die Auslegung der Frage „aus einem Mitgliedstaat" hatte in der Praxis zu Problemen geführt. M.E. rein akademisch war der Streit, ob sich die Voraussetzung „aus einem Mitgliedstaat" auf alle Erzeugerbetriebe und ihre Vereinigungen[74] oder nur auf die Vereinigungen von Erzeugervereinigungen[75] bezieht. Da es sich im Gesetzestext um eine klare Aufzählung handelt, musste man davon ausgehen, dass alle genannten Erzeugerbetriebe und ihre Vereinigungen im Hinblick auf die Tatbestandsvoraussetzung „aus einem Mitgliedstaat" umfasst werden sollen. Für die Frage der Erzeugerbetriebe war dieser Streit zudem von untergeordneter Bedeutung, da sich der Ausnahmetatbestand des jeweiligen Unterabsatzes 2 ohnehin in erster Linie an Erzeugervereinigungen und ihre Vereinigungen richtet. 56

Darüber hinaus war die Auslegung der Voraussetzung „aus einem Mitgliedstaat" **strittig.** Hierbei ist m.E. zu berücksichtigen, dass die ursprüngliche VO 26/62 bereits im Jahre 1962 erlassen wurde, also zu einem Zeitpunkt, zu dem der freie Warenverkehr von landwirtschaftlichen Erzeugnissen noch lange nicht realisiert war. Bei Verabschiedung der VO 26/62 erfolgte auf Wunsch der Europäischen Kommission die Aufnahme des Zusatzes „aus einem Mitgliedstaat", da sie die Tatbestände der Sätze 1 und 2 als eng miteinander verknüpft ansah. Aufgrund der seinerzeit gedachten Verbindung mit den einzelstaatlichen Marktordnungen auf Grund des mangelnden freien Warenverkehrs machte der Bezug „aus einem Mitgliedstaat" auch Sinn, da der Agrarbereich weitestgehend einzelstaatlich geregelt war. 57

Im Zuge der Entwicklung der Europäischen Union zu einem einheitlichen Binnenmarkt mit landwirtschaftlichen Produkten sowie im Hinblick auf die damit verbundene mehr oder weniger vorhandene Bedeutungslosigkeit der einzelstaatlichen Grenzen für den Warenverkehr, würde es keinen Sinn machen, die **geographischen Grenzen** bei jedem Mitgliedstaat zu ziehen. Im neuen Art. 209 Abs. 1 VO 1308/13 ist der Zusatz „aus einem Mitgliedstaat" anders als in Art. 2 Abs. 1 VO 1184/06 nicht mehr enthalten, so dass sich der akademische Streit m.E. erledigt hat. Somit ist klargestellt und m.E. heute auch für die 58

---

[73] *de Bronett* (Fn. 68) § 32 Rn. 20; a.A. *Hootz* in: Gemeinschaftskommentar § 100 Rn. 7.

[74] *de Cockborne* RTDE 1988, 306f., bzw. *Liebing,* Die für Unternehmen des Agrarsektors geltenden Wettbewerbsregelungen innerhalb der EWG, Diss. Köln 1965, S. 57, *Büttner* Wettbewerbsrecht für die Landwirtschaft im gemeinsamen Markt, RdL 1965, 1–10, 3, die jedoch die Erzeugerbetriebe selbst ausnehmen.

[75] *Gleiss/Hirsch,* EWG Kartellrecht Kommentar, Art. 2 VO 26/62 Rn. 21; *Gleiss/Wolff* WuW 1971, 311, 316.

VO 1184/07 davon auszugehen, dass sämtliche Vereinbarungen, Beschlüsse und Verhaltensweisen zwischen Erzeugervereinigungen jeglicher Stufe dem Anwendungsbereich des Ausnahmetatbestandes von Art. 209 Abs. 1 Unterabsatz 2 VO 1308/13 bzw. Art. 2 Abs. 1 Unterabsatz 2 VO 1184/06 nicht entzogen werden dürfen und somit die Grenzen mit Blick auf den Binnenmarkt zu ziehen sind. Nur bei transnational grenzüberschreitend ausgerichteten Kooperationen der Erzeuger und ihrer Vereinigungen erfüllt der Ausnahmetatbestand auch heute noch den von den Gesetzgebern seinerzeit angestrebten Sinn und Zweck. Ausgeschlossen sind damit lediglich Vereinbarungen, Beschlüsse und Verhaltensweisen von Erzeugerbetrieben und ihren Erzeugervereinigungen aus der Europäischen Union mit ebensolchen aus Drittstaaten. Dass dies möglich ist, hat der Europäische Gerichtshof bereits im Jahr 1975 festgestellt.[76] Nur über diese Auslegung wird sichergestellt, dass Art. 206ff. VO 1308/13 bzw. die VO 1184/06 den praktischen Bedürfnissen im Hinblick auf den Anwendungsbereich angepasst ist.[77]

59 Die Anpassung an die heutigen Gegebenheiten resultiert mittelbar auch aus der Rechtsprechung des Europäischen Gerichtshofes, wonach eine **Liberalisierung der Mitgliedschaftsbedingungen** von Genossenschaften zur Zielsetzung der Vollendung des einheitlichen Binnenmarktes notwendig ist.[78] Hierzu zählt auch die Privilegierung von Erzeugervereinigungen über den Ausnahmetatbestand des Art. 209 Abs. 1 Unterabsatz 2 VO 1308/13 bzw. Art. 2 Abs. 1 Unterabsatz 2 VO 1184/06, wenn z.B. durch Kooperationen zwischen Erzeugervereinigungen innerhalb des Binnenmarktes nationale Grenzen überschritten werden, beispielsweise durch Aufnahme eines Erzeugermitgliedes aus einem anderen Mitgliedstaat in die Genossenschaft. Die Neuregelung in Art. 209 VO 1308/13 führt damit zu einer seit Langem notwendigen Klarstellung.

60 Inhaltlich werden von dem Ausnahmetatbestand in Art. 209 Abs. 1 Unterabsatz 2 VO 1308/13 bzw. Art. 2 Abs. 1 Unterabsatz 2 VO 1184/06 alle **Vereinbarungen, Beschlüsse sowie Verhaltensweisen** bezüglich der Produktion der in Anhang I AEUV genannten Produkte bzw. im Hinblick auf den Handel mit diesen Produkten umfasst. Während das deutsche Recht nur auf Vereinbarungen und Beschlüsse abstellt, umfasst die europäische Regelung auch jegliche Verhaltensweisen. Durch diese sehr weit gefasste Voraussetzung werden jegliche Handlungen der in Art. 209 Abs. 1 Unterabsatz 2 VO 1308/13 bzw. Art. 2 Abs. 1 Unterabsatz 2 VO 1184/06 genannten Beteiligten in den Ausnahmetatbestand einbezogen, soweit sie im Hinblick auf die Produktion und den Handel mit landwirtschaftlichen Erzeugnissen wettbewerbsbeeinflussenden Charakter haben. Neben vertraglichen oder statutarischen Regelungen fällt damit auch jedes abgestimmte Verhalten der o.g. Beteiligten unter die Ausnahmeregelung.

61 Sämtliche in der Art. 206ff. VO 1308/13 bzw. VO 1184/06 umfassten **Verhaltensweisen im weiteren Sinne** müssen die Erzeugung oder den Absatz landwirtschaftlicher Erzeugnisse oder aber die Benutzung gemeinschaftlicher Einrichtungen für die Lagerung oder Be- oder Verarbeitung landwirtschaftlicher Erzeugnisse betreffen. Mit landwirtschaftlichen Erzeugnissen sind grundsätzlich die in Anhang I AEUV aufgeführten Erzeugnisse gemeint, wobei es sich hier um eine abschließende Aufzählung handelt.[79] Da auf Grund der 6. Kartellnovelle das nationale deutsche Recht nahezu mit der europäischen Formulierung übereinstimmt, gelten hier die gleichen Grundsätze für die Definition von Produktion und Absatz bzw. Benutzung gemeinschaftlicher Einrichtungen. Zur Produktion zählen damit alle

---

[76] EuGH U. v. 15.5.1975 Rs. C-71/74 – *Frubo/Kommission* Slg. 1975, 563ff., 583.

[77] Komm. E. vom 30.7.1992 – *Scottish Salmon Board,* ABl. 1992 L 246, 37ff., 44, ein Beteiligter stammte aus Norwegen.

[78] EuGH U. v. 12.12.1995 verb. Rs. C-319/93, 40/94, 224/94 – *Dijkstra/Friesland* Slg. 1995 I, 4471.

[79] Zu den aus diesen Gründen m.E. in der Praxis auftretenden Problemen und den erheblichen Zweifeln, ob diese abschließende Aufzählung auf Grund der heutigen Praxis noch zeitgemäß ist siehe Rn. 14.

die Urproduktion unmittelbar betreffenden Vorgänge. Der Absatz ist die Weitergabe der Urprodukte, also sämtlicher in Anhang I AEUV genannten Produkte, an die nächsten Absatzstufen. Die Benutzung gemeinschaftlicher Einrichtungen für die Lagerung oder Be- oder Verarbeitung landwirtschaftlicher Erzeugnisse betrifft neben der gemeinsamen Lagerung von landwirtschaftlichen Erzeugnissen, wie z. B. Getreide oder Ölsaaten, die gemeinsame Trocknung, die Kühlhauslagerung etc.[80]

Gleichzeitig wird davon auszugehen sein, dass die **Verarbeitung und Bearbeitung landwirtschaftlicher Erzeugnisse** aus den eigenen Urprodukten der Mitglieder umfasst werden soll, soweit wiederum ein landwirtschaftliches Erzeugnis entsteht. Nicht umfasst ist damit die Verarbeitung fremder Erzeugnisse, wie beispielsweise die Verarbeitung unter Einsatz von industriellen Zusätzen. Sofern eine gemischte Tätigkeit vorliegt, d. h., eine Erzeugervereinigung bzw. eine Vereinigung einer solchen Erzeugervereinigungen neben der Be- und Verarbeitung der Urprodukte ihrer Erzeugerbetriebe weitere Tätigkeiten ausübt, wie Verarbeitung und Vermarktung von fremden Produkten, wird sich die Erzeugervereinigung nur im Hinblick auf die Verarbeitung eigener Produkte ihrer Mitglieder auf den Ausnahmetatbestand des Unterabsatzes 2 beziehen können.[81] 62

Die **wettbewerbsrelevanten Kooperationen und Verhaltensweisen** können in Beschränkungen oder Ausweitungen der Produktion, in Anlieferbedingungen, insbesondere Vollablieferungsverpflichtungen landwirtschaftlicher Urprodukte an die Genossenschaft oder Erzeugervereinigung sowie in Vorschriften über Anbau- und Verarbeitungsmethoden oder aber in Ausübung eines Benutzungszwangs gemeinsamer Einrichtungen, wie z. B. Kühl- und Lagerhäuser oder Trocknungsanlagen etc., bestehen.[82] Darüber hinaus müssen Erzeugung, Absatz, Be- und Verarbeitung und Lagerung landwirtschaftlicher Erzeugnisse unmittelbar und nicht nur mittelbar betroffen sein.[83] Vereinbarungen über den Einsatz bestimmter Betriebsmittel, Düngemittel, Saatgut oder bestimmte gemeinschaftliche Einrichtungen sind somit möglich, nicht jedoch die generelle Vereinbarung über den Bezug von Produktionsmitteln. 63

Die Ausrichtung der Ausnahmeregelung von Art. 209 Abs. 1 Unterabsatz 2 VO 1308/13 bzw. Art. 2 Abs. 1 Unterabsatz 2 VO 1184/06 führt insgesamt dazu, dass in erster Linie nicht die Erzeugerbetriebe sondern ihre Vereinigungen und damit vorrangig die **Genossenschaften der Primär- und Zentralstufe** im Mittelpunkt stehen. Ergänzt werden diese durch die „neuen" Erzeugerorganisationen und ihre Vereinigungen nach nationaler Anerkennung gemäß Art. 152 und Art. 156 VO 1308/13. Dies bedingt, dass lediglich horizontale Vereinbarungen und Beschlüsse sowie Verhaltensweisen betroffen sind, da die Beteiligten eng eingegrenzt sind. Vereinbarungen und Beschlüsse mit Unternehmen auf anderen Stufen als den in Art. 209 VO 1308/13 bzw. Art. 2 VO 1184/06 genannten sind nicht umfasst. Daher fallen vertikale Vereinbarungen, Beschlüsse oder Verhaltensweisen nicht unter den Ausnahmetatbestand von Art. 209 Abs. 1 VO 1308/13 bzw. Art. 2 Abs. 1 VO 1184/06. 64

V. Preisbindung

Eine Grenze für die Ausnahme vom Kartellverbot des Art. 101 Abs. 1 AEUV durch Art. 209 Abs. 1 Unterabsatz 3 VO 1308/13 bzw. Art. 2 Abs. 1 Unterabsatz 2 VO 1184/06 bildet die Preisbindung. Mit den genannten Vereinbarungen, Beschlüssen und Verhaltensweisen zwischen landwirtschaftlichen Erzeugerbetrieben, Vereinigungen dieser Erzeugerbe- 65

---

[80] Weitere Einzelheiten siehe auch 2. Teil § 28 Rn. 17–22.
[81] So auch *de Bronett* in: Wiedemann Handbuch des Kartellrechts § 32 Rn. 20.
[82] Weitere Einzelheiten auch bei *Schweizer* in: Immenga/Mestmäcker WbR Band 1 EU/Teil 2, VIII. Abschnitt Landwirtschaft, C. Art. 2 VO 1184/06 und Art. 176 VO 1234/07 R. 52.
[83] *de Bronett* (Fn. 81) § 32 Rn. 25, *Schweizer* in: Immenga/Mestmäcker WbR Band 1 EU/Teil 2, VIII. Abschnitt Landwirtschaft, C. Art. 2 VO 1184/06 und Art. 176 VO 1234/07 R. 53.

triebe sowie Vereinigungen der Erzeugervereinigungen darf grundsätzlich eine **Preisabsprache nicht verbunden** sein. Etwas anderes kann nur durch zusätzliche Regelungen hinsichtlich der einzelnen produktbezogenen Marktordnungen gelten. Dort können zusätzliche Regelungen Preisbindungen in gewissem Maß akzeptieren.

66 Das Verbot der Preisbindung bedeutet gemäß Art. 101 Abs. 1 Buchst. a AEUV, dass **keine unmittelbare oder mittelbare Festsetzung von An- und Verkaufspreisen** vorliegen darf. Umfasst werden hierbei sowohl Preise als auch Preisbestandteile. Neben der unmittelbaren Absprache kommen auch Handlungen in Betracht, die mittelbar zu Preisbindungen führen, wie z. B.: gemeinsame Preis- und Kostenkalkulation, Bildung von Ausgleichskassen oder sonstige gemeinsame Preisgestaltungsmaßnahmen. Dieses generelle Preisbindungsverbot hat zur Folge, dass entsprechend dem deutschen Kartellrecht jegliche horizontale Preisabsprache zwischen Erzeugern und ihren Vereinigungen verboten ist. Preisempfehlungen können dann unter das Preisbindungsverbot fallen, wenn sie von einem wesentlichen Teil der Beteiligten eingehalten werden.[84]

67 Zwei Tatbestände der Preisfestsetzung fallen ihrer Rechtsnatur nach jedoch bereits nicht unter den Begriff der Preisbindung. Auf der Bezugsseite ist dem gemeinsamen Absatz bzw. der gemeinsamen Be- oder Verarbeitung immanent, dass im Zuge der **Mitgliederbindung** grundsätzlich die **Preise festgeschrieben** werden können, die die Mitglieder für Lieferungen an ihre Genossenschaft bzw. Erzeugergemeinschaft erhalten.[85] Diese Ausnahme vom Kartellverbot entspricht auch der deutschen Regelung. Auf der Absatzseite gilt eine entsprechende **Ausnahme für die Festsetzung der Preise der Genossenschaft** bzw. Erzeugervereinigung im Angebot gegenüber den nächstfolgenden Absatzstufen. Die Festsetzung der Preise für den Bezug bzw. den Absatz durch die Erzeugervereinigung kann durch die satzungsgemäß bestimmten Gremien, z. B. durch gemeinsame Entscheidung von Vorstand und Aufsichtsrat bei einer Genossenschaft, erfolgen. Ein unabhängiges Gremium ist nicht notwendig, da ansonsten die für das Handeln im Markt notwendige Flexibilität verloren ginge. Nur wenn die zuständigen Gremien der Erzeugervereinigung entscheiden, ist gewährleistet, dass die struktur- und produktionsbedingte schwache Stellung der Erzeuger durch ihre Vereinigung gestärkt werden kann.[86] Preisfestsetzungen im Rahmen von Zusammenschlüssen oder Ausgliederungen durch das neue Unternehmen fallen nicht unter das Preisbindungsverbot.

68 Da die Ausnahme des Art. 209 Abs. 1 Unterabsatz 2 VO 1308/13 bzw. Art. 2 Abs. 1 Unterabsatz 2 VO 1184/06 vom Kartellverbot **lediglich den horizontalen Bereich** im Hinblick auf die Vereinbarungen, Beschlüsse und Verhaltensweisen betreffen, fallen vertikale Preisabsprachen grundsätzlich nicht unter diese Regelung. Vertikale Absprachen in Form von Vereinbarungen, Beschlüsse oder Verhaltensweisen, die nicht durch Erzeugerbetriebe und ihre Vereinigungen getroffen werden, können deshalb nicht unter Art. 209 Abs. 1 Unterabsatz 2 und 3 der VO 1308/13 bzw. Art. 2 Abs. 1 Unterabsatz 2 der VO 1184/06 fallen und so von der Anwendung des Art. 101 AEUV ausgenommen werden, weil sie nicht zwischen den Normadressaten getroffen werden. Darüber hinaus können jedoch horizontale Preisabsprachen auch über produktbezogene Gemeinsame Marktorganisationen möglich sein, z. B. bei Festsetzung von Rücknahmepreisen oder Festsetzung der Voraussetzungen für die Rücknahme von Produkten aus dem Markt.

---

[84] *Schweizer* in: Immenga/Mestmäcker WbR Band 1 EU/Teil 2, VIII. Abschnitt Landwirtschaft, C. Art 2 VO 1184/06 und Art. 176 VO 1234/07 R. 49.

[85] *de Bronett* in: Wiedemann, Handbuch des Kartellrechts, § 32 Rn. 26.

[86] *Schweizer* in: Immenga/Mestmäcker WbR Band 1 EU/Teil 2, VIII. Abschnitt Landwirtschaft, C. Art. 2 VO 1184/06 und Art. 176 VO 1234/07 R. 50; *Büttner,* Wettbewerbsrecht für die Landwirtschaft im Gemeinsamen Markt, RdL 1965, 1–10, 7; a. A. *Petry* Die Wettbewerbsbeschränkungen in der Landwirtschaft nach nationalem und europäischen Wettbewerbsrecht, Diss. Hohenheim 1974 S. 172 f.; DGAR, Die kartellrechtliche Sonderregelung für die Landwirtschaft im EWG-Recht Schlussbericht des Ausschusses für Agrarkartellrecht der DGAR (Schriften) 1970 S. 41.

VI. Ausschluss des Wettbewerbs

Die europäische Ausnahmeregelung nach Art. 209 Abs. 1 Unterabsatz 3 VO 1234/07 bzw. Art. 2 Abs. 1 Unterabsatz 2 VO 1184/06 für wettbewerbsrelevante Vereinbarungen und Verhaltensweisen von Erzeugern und ihren Vereinigungen enthält neben dem Verbot der Preisbindung zwei weitere, **negative Abgrenzungstatbestände.** Eines dieser negativen Abgrenzungskriterien ist der Ausschluss des Wettbewerbs. Durch die genannten Vereinbarungen, Beschlüsse und Verhaltensweisen darf der Wettbewerb grundsätzlich nicht ausgeschlossen werden. 69

Zur Abgrenzung, ob ein Ausschluss des Wettbewerbs gegeben ist, ist zunächst zu prüfen, ob noch ein nennenswerter **Restwettbewerb** vorhanden ist. Eine entsprechende Regelung findet sich in Art. 101 Abs. 3 Buchst. b AEUV, wonach der Wettbewerb nicht für einen wesentlichen Teil der betreffenden Waren ausgeschaltet werden darf. Ausgangslage für die Beurteilung, ob ein nennenswerter Restwettbewerb vorliegt, ist die Bestimmung des relevanten Marktes. Dieser beurteilt sich nach dem jeweiligen Einzelfall. Grundlage für die Gesamtbetrachtung ist zunächst die nunmehr in Art. 207 VO 1308/13 geregelte Definition,[87] die auch ohne konkreten Verweis für die VO 1184/06 entsprechend gilt. Auch im Rahmen der europäischen Kartellregelung reicht m. E. aus, wenn **auf dem relevanten Markt noch Wettbewerber verblieben** sind. Hierbei spielt keine Rolle, ob nur einzelne Wettbewerber oder gegebenenfalls auch Außenseiter oder aber Importeure auf dem relevanten Markt vorhanden sind, solange dem Marktbeteiligten noch ein **Nachfragespielraum** verbleibt. Punktuelle Wettbewerbsbeeinträchtigungen dürften dabei hinzunehmen sein, solange der Wettbewerb nicht ganz bzw. nahezu ganz ausgeschlossen ist.[88] Eine absolute Grenze kann hier sicherlich nicht gezogen werden, da sich nur anhand des Einzelfalles beurteilen lässt, ob dem Nachfrager im Markt noch ein nennenswerter Nachfragespielraum verblieben ist. Bei ca. 10% vorhandenem Restwettbewerb kann m. E. in jedem Fall von einem hinreichenden Wettbewerb ausgegangen werden. 70

VII. Gefährdung der Ziele nach Art. 39 AEUV

Ein weiteres negatives Abgrenzungsmerkmal liefern die agrarpolitischen Ziele im Sinne von Art. 39 AEUV. Durch die genannten Vereinbarungen, Beschlüsse und Verhaltensweisen dürfen die agrarpolitischen Ziele des Art. 39 AEUV nicht gefährdet werden. Beide negativen Abgrenzungsmerkmale können miteinander verknüpft sein. Neben dem eigenständigen Ausnahmetatbestand, wonach eine Ausnahme vom Kartellverbot gegeben ist, wenn dies zur Verwirklichung der agrarpolitischen Ziele des Art. 39 AEUV notwendig ist, sind mit Blick auf die negative Abgrenzung bei dem Ausnahmetatbestand nach Art. 209 Abs. 1 Unterabsatz 2 VO 1308/13 bzw. Art. 2 Abs. 1 Unterabsatz 2 VO 1184/06 die agrarpolitischen Ziele ebenfalls heranzuziehen. Wenn dies zu ihrer Erfüllung notwendig ist, resultiert aus ihnen also eine Ausnahme vom Kartellverbot des Art. 101 AEUV. Die gewährte Ausnahme wird jedoch wieder zurückgenommen, wenn eine **Gefährdung der genannten Ziele droht.** 71

Anders als bei dem Ausnahmetatbestand der Notwendigkeit der Erfüllung der agrarpolitischen Ziele im Sinne des jeweiligen Unterabsatzes 1, ist für die Negativabgrenzung des weiteren Ausnahmetatbestandes nach dem jeweiligem Unterabsatz 2 unbestritten bereits die **Gefährdung nur eines der in Art. 39 AEUV genannten fünf Ziele ausrei-** 72

[87] Siehe hierzu Rn. 22.

[88] *Schweizer* in: Immenga/Mestmäcker WbR Band 1 EU/Teil 2, VIII. Abschnitt Landwirtschaft, C. Art. 2 VO 1184/06 und Art. 176 VO 1234/07 R. 54; *de Bronett* (Fn. 90) § 32 Rn. 28, der in Fn. 85 auch auf die Rechtsprechung des EuGH zu Art. 81 Abs. 3 EG verweist, *Schulze-Hagen,* Die landwirtschaftlichen Zusammenschlüsse nach deutschem und europäischem Wettbewerbsrecht 1977, S. 170, der von echten Wahlmöglichkeiten im Wettbewerb spricht.

chend, um die Ausnahme vom Kartellverbot wieder zurückzunehmen.[89] Insbesondere bezogen auf die Genossenschaften hat der Europäische Gerichtshof in diesem Zusammenhang ausgeführt, dass durch eine Vielzahl von Satzungsbestimmungen, die eine langfristige Bindung der Genossenschaften zur Folge haben und ihnen damit die Möglichkeit nehmen, sich an konkurrierende Wirtschaftsteilnehmer zu wenden, eines der Ziele der gemeinsamen Agrarpolitik nach Art. 39 AEUV gefährdet sein kann und diese Gefährdung ausreichend ist. Eine Gefährdung wird hierbei angenommen, wenn die Erhöhung des Pro-Kopf-Einkommens der in der Landwirtschaft tätigen Personen gefährdet ist, soweit diese auf Grund dieser Satzungsregelungen den Wettbewerb zwischen verschiedenen Verarbeitungsunternehmen im Hinblick auf die Einkaufspreise für das Urprodukt nicht nutzen können.[90]

73 Der Ausnahmetatbestand des jeweiligen Unterabsatzes 2 ist auf den ersten Blick betrachtet wie eine Vermutung ausgestaltet. So könnte durch die Europäische Kommission oder den Europäischen Gerichtshof die Vermutung des erlaubten Verhaltens durch Nachweis des Vorliegens eines negativen Abgrenzungstatbestandes widerlegt werden. Der Europäische Gerichtshof hat jedoch im Zusammenhang mit der Negativabgrenzung festgehalten, dass mit Art. 209 der VO 1308/13 bzw. Art. 2 der VO 1184/06 **keine gesetzliche Vermutung** eingeführt wurde, die dazu führt, dass abgestimmtes Verhalten der Erzeugerbetriebe und ihrer Vereinigungen grundsätzlich bis zu einer anders lautenden Entscheidung gültig sind. Grund hierfür ist, dass sie grundsätzlich zur Verwirklichung der agrarpolitischen Ziele des Art. 39 AEUV notwendig sind.[91] Somit wird der Grundsatz der unmittelbaren Geltung von Art. 101 Abs. 1 AEUV nicht durchbrochen und bis zu einer anders lautenden Entscheidung liegt keine vorläufige Gültigkeit des betroffenen abgestimmten Verhaltens vor. Dies hat zur Folge, dass auch nationale Gerichte und Behörden bis zu einer abschließenden Entscheidung der Europäischen Kommission auf der Grundlage von Art. 209 Abs. 1 VO 1308/13 bzw. Art. 2 Abs. 1 VO 1184/06 die genannten Verhaltensweisen im weitesten Sinne im Rahmen des Kartellverbotes in Art. 101 Abs. 1 AEUV überprüfen können.[92]

VIII. Bedeutung von Art. 101 Abs. 3 und Art. 102 AEUV

74 Unabhängig vom Vorliegen der Voraussetzungen des Art. 209 Abs. 1 VO 1308/13 bzw. Art. 2 Abs. 1 VO 1184/06 oder einer positiven oder negativen Entscheidung der Europäische Kommission hierüber, **ist Art. 101 Abs. 3 AEUV anwendbar.** Dies hat zur Folge, dass unabhängig davon, ob ein Verfahren in Sinne der Art. 206 ff. VO 1308/13 bzw. VO 1184/06 angestrebt wird, eine Freistellung gemäß Art. 101 Abs. 3 AEUV beantragt und auch erteilt werden kann. Art. 101 Abs. 3 AEUV wird nicht durch Art. 209 VO 1308/13 bzw. Art. 2 VO 1184/06 ersetzt. Auch hindert die Anwendung von Art. 209 VO 1308/13 bzw. Art. 2 VO 1184/06 nicht eine parallele Anwendung von Art. 101 Abs. 3 AEUV.

75 Vergleicht man jedoch die Voraussetzungen von Art. 209 Abs. 1 VO 1308/13 bzw. Art. 2 Abs. 1 VO 1184/06 und von Art. 101 Abs. 3 AEUV fällt auf, dass **mehrere Tatbestandsmerkmale identisch** sind. Art. 101 Abs. 3 Buchst. a AEUV hat seine Parallele in der Voraussetzung der Verwirklichung auch der agrarpolitischen Ziele nach Art. 39 AEUV

---

[89] *Schweizer* in: Immenga/Mestmäcker WbR Band 1 EU/Teil 2, VIII. Abschnitt Landwirtschaft, C. Art. 2 VO 1184/06 und Art. 176 VO 1234/07 R. 54; *Schulze-Hagen,* Die landwirtschaftlichen Zusammenschlüsse nach deutschem und europäischem Wettbewerbsrecht 1977, S. 160.

[90] EuGH U. v. 12.12.1995 Rs. C-399/93 – *Luttikhuis/Coberco* Slg. I, 4515.

[91] EuGH U. v. 12.12.1995 verb. Rs. C-319/93, 40/94, 224/94 – *Dijkstra/Friesland* Slg. 1995 I, 4471; a. A. *Schweizer* in: Immenga/Mestmäcker WbR Band 1 EU/Teil 2, VIII. Abschnitt Landwirtschaft, C. Art. 2 VO 1184/06 und Art 176 VO 1234/07 R. 55, der eine Legalausnahme annimmt und die unter Art. 209 Abs. 1 VO 1308/13 bzw. Art. 2 Abs. 1 VO 1184/06 fallenden Verhaltensweisen als grundsätzlich voll wirksam ansieht, bis zu einer anderslautenden Entscheidung der Europäischen Europäische Kommission.

[92] So auch EuGH U. v. 9.9.2003, Rs. C-137/00 – *Milk Marque; de Bronett* in: Wiedemann, Handbuch des Kartellrechts § 32 Rn. 30 und 8.

entsprechend Art. 209 Abs. 1 VO 1308/13 bzw. Art. 2 Abs. 1 VO 1184/06. Art. 101 Abs. 3 Buchst. b AEUV setzt voraus, dass ebenso wie im Ausnahmefall von Art. 209 VO 1308/13 bzw. Art. 2 VO 1184/06 der Wettbewerb nicht ausgeschlossen sein darf. Hinzu kommt im Rahmen von Art. 101 Abs. 3 AEUV, dass unter angemessener Beteiligung der Verbraucher an dem entstehenden Gewinn zur Verbesserung der Warenerzeugung oder Verteilung oder zur Förderung des technischen oder wirtschaftlichen Fortschrittes beigetragen werden muss. Die grundlegende Identität der Tatbestandsvoraussetzungen beider Normen zeigt bereits, dass in der Praxis eine parallele Anwendung eher unwahrscheinlich ist. Bislang hat es daher noch keinen entsprechenden Praxisfall gegeben, auch wenn der Europäische Gerichtshof grundsätzlich bejaht hat, dass bei Fehlen der Voraussetzungen des Art. 209 Abs. 1 VO 1308/13 bzw. Art. 2 Abs. 1 VO 1184/06 grundsätzlich eine Freistellung gemäß Art. 101 Abs. 3 AEUV denkbar ist.[93]

Auch Art. 102 AEUV, der den **Missbrauch einer marktbeherrschenden Stellung** regelt, bleibt uneingeschränkt anwendbar, da Art. 209 VO 1308/13 bzw. Art. 2 VO 1184/06 nur eine Ausnahme von Art. 101 Abs. 1 AEUV beinhaltet. Eine Anwendung in der Praxis dürfte jedoch eher selten sein. So hat auch der Europäische Gerichtshof festgehalten, dass eine in der Satzung geregelte Ausschließlichkeitsbindung der Mitglieder an ihre Genossenschaft selbst bei Bestehen einer marktbeherrschenden Stellung auf einem speziellen Markt keinen Missbrauch darstellt, wenn diese Regelung für das ordnungsgemäße Funktionieren der Genossenschaft und für die Aufrechterhaltung ihrer vertraglichen Gestaltungsmöglichkeiten gegenüber den Erzeugern notwendig ist.[94] Die Europäische Kommission hat bisher in drei **Entscheidungen im Agrarbereich** den Missbrauch einer marktbeherrschenden Stellung angenommen. Einen solchen Missbrauch hat sie in der Beschränkung der Exportmöglichkeiten durch wirtschaftlichen Druck auf die Abnehmer bei marktbeherrschender Stellung auf einem Teilmarkt ebenso gesehen, wie in der Bindung durch Treueprämien, wenn Marktwettbewerber damit vom Markt ausgeschlossen werden.[95] Gleiches gilt, wenn die marktbeherrschende Stellung ausgenutzt wird, um diskriminierende Preise durchzusetzen, die Absatzmöglichkeiten zum Verbrauchernachteil durch Einschränkung des Weiterverkaufs unter bestimmten Voraussetzungen zu behindern sowie langjährige Kunden grundlos nicht mehr zu beliefern.[96] Im dritten Fall bestand der Missbrauch in Lieferverweigerungen, Preissenkungen unter die Kostendeckung und Gruppenrabatte im Zuckersektor.[97] **76**

Zahlreiche Ausnahmen von den Kartellregelungen ergeben sich auch bei **Erzeugergemeinschaften bzw. Erzeugerorganisationen.** Diese Ausnahmen sind in der einheitlichen Gemeinsamen Marktordnung, also der VO 1308/13 oder der VO 1379/13 für Fischerei- und Aquakulturerzeugnisse geregelt. Gemäß Art. 210 VO 1308/13 fallen anerkannte Branchenverbände unter den dort geregelten Voraussetzungen ebenfalls nicht unter Art 101 Abs. 1 AEUV. Branchenverbände haben allerdings zum heutigen Zeitpunkt in Deutschland keine Bedeutung. Derzeit plant die Kommission eigene Auslegungsrege- **77**

---

[93] EuGH U. v. 12.12.1995 verb. Rs. C-319/93, 40/94, 224/94 – *Dijkstra/Friesland* Slg. 1995 I, 4471.

[94] EuGH U. v. 15.12.1994 Rs. C-250/92 – *Gottrup-Klim u. a./Dansk Landbrugs Grovvareselskab (DLG)* Slg. 1994 I, 5641, 5691.

[95] Komm. E. vom 2.1.1973 – *Europäische Zuckerindustrie,* ABl. 1973 L 140, 17 ff., bestätigt durch EuGH U. v. 16.12.1975 verb. Rs. C-40–48, 50, 54–56/73 – *Suiker Unie u. a./Kommission* Slg. 1975, 1663 ff.

[96] Komm. E. vom 17.12.1975 – *Chiquita,* ABl. 1976 L 95, S. 1 ff., bestätigt durch EuGH U. v. 14.2.1978 – *United Brands/Kommission* Slg. 1978, 207 ff.

[97] Komm. E. vom 18.7.1988 – *Napier Brown/British Sugar,* ABl. 1988 L 284, 41 ff., bestätigt durch EuGH U. v. 16.12.1975 verb. Rs. C-40–48, 50, 54–56/73 – *Suiker Unie u. a./Kommission* Slg. 1975, 1663, 2018 f., siehe zu den Einzelheiten auch *Schweizer* in: Immenga/Mestmäcker WbR EG Teil II, VIII. Abschnitt Landwirtschaft, C. Art. 2 VO 26/62 R. 55.

lungen zu den Vertragsbeziehungen für spezielle Sektoren, z.B. Getreide, Vieh und Fleisch sowie Olivenöl im Rahmen der Art 169 bis 171 VO 1308/13. Diese werden nachhaltige Auswirkungen auf die wettbewerblichen Grenzen der Vertragsbeziehungen zwischen Erzeugern und ihren Marktpartnern haben.

D. Verfahren

I. Das Verfahren nach Art. 209 Abs. 2 VO 1308/13 bzw. Art. 2 Abs. 2 und 3 VO 1184/06

78 Mit Art. 209 Abs. 2 Unterabsatz 1 VO 1308/13 wurde neu eingeführt, dass Vereinbarungen, Beschlüsse und aufeinander abgestimmte Verhaltensweisen, die die Voraussetzung von Art. 209 Abs. 1 VO 1308/13 erfüllen, grundsätzlich auch **ohne eine entsprechende Entscheidung der Kommission erlaubt** sind. Dies bedeutet, dass im Wege der Selbsteinschätzung die Voraussetzungen geprüft werden müssen. Es besteht jedoch immer noch eine Missbrauchsaufsicht der Kartellbehörden, wobei der Partei, die einen Vorwurf erhebt, nach Art. 209 Abs. 2 Unterabsatz 2 VO 1308/13 die Beweislast für den Verstoß auferlegt wird. Die Partei, die die Ausnahmeregelung von Art. 209 in Anspruch nimmt, trägt wiederum die Beweislast, dass die Voraussetzungen hierfür erfüllt sind.

79 Etwas anderes gilt noch für die VO 1184/06. Nach Art. 2 Abs. 2 Unterabsatz 1 VO 1184/06 ist die **Europäische Kommission** nach wie vor für Entscheidungen über die Anwendbarkeit von Art. 2 Abs. 1 VO 1184/06 **ausschließlich zuständig.** Ihre Entscheidung steht unter dem Vorbehalt einer Überprüfung durch den Europäischen Gerichtshof und kann gemäß Art. 2 Abs. 2 Unterabsatz 2 VO 1184/06 entweder **von Amts wegen oder auf Antrag** herbeigeführt werden. Zu dem **Personenkreis,** die einen Antrag auf Feststellung einer Entscheidung über die Anwendung der VO 1184/06 durch die Europäische Kommission stellen können, zählen nach Art. 2 Abs. 2 Unterabsatz 2 VO 1184/06 die zuständigen Behörden der Mitgliedstaaten, die beteiligten Unternehmen oder die beteiligten Unternehmensvereinigungen.

80 Zu den **Formerfordernissen** eines Antrages nach VO 1184/06 oder dem Vorwurf eines Missbrauchs im Rahmen der Missbrauchsaufsicht zur Überprüfung der Ausnahme von Art. 209 VO 1308/13 sind keine Regelungen getroffen. In Form, Inhalt und weiteren Einzelheiten ist der Antragsteller also frei, d.h. mit dem Antrag muss weder eine Begründung noch ein Interesse an der beantragten Entscheidung dargelegt werden. Soweit der Antrag mit einem weiteren Antrag verbunden wird, der eine Form und einen bestimmten Inhalt erfordert, ist die Form des letztgenannten Antrages maßgebend. Selbstverständlich können die Kartellbehörden bzw. die Europäische Kommission in den Fällen, in denen Einzelheiten aus ihrer Sicht fehlen, entsprechende Angaben vom Antragsteller jederzeit nachfordern. Zur Aufklärung des Sachverhaltes sowie zur Ermittlung der materiellen Grundlagen kann die Europäische Kommission die im Rahmen der VO 1/2003 **üblichen Ermittlungshandlungen** durchführen. Zu diesen Ermittlungshandlungen zählen Auskunftsverlangen und Nachprüfungen etc. Die Grundsätze der VO 17/62 und damit heute der VO 1/2003 sind nach herrschender Meinung anzuwenden.[98]

81 Voraussetzung für eine Entscheidung in der Sache ist nach Art. 2 Abs. 2 VO 1184/06 die **Anhörung der Mitgliedstaaten,** der beteiligten Unternehmen oder Unternehmensvereinigungen, gleichgültig, ob das Verfahren auf Antrag oder von Amts wegen aufgenommen wurde. Angehört werden müssen neben den Beteiligten alle Mitgliedstaaten der Europäischen Union, wobei allen ausreichend Zeit zur Stellungnahme bleiben muss. Drit-

[98] *Gleiss/Hirsch,* EWG Kartellrecht, Kommentar, Art. 2 VO 26/62 Rn. 28 m.w.N.; a.A. *de Bronett* in: Wiedemann, Handbuch des Kartellrechts, § 32 Rn. 32.

te, die nicht beteiligt sind, kann die Europäische Kommission anhören, soweit sie dies für erforderlich hält. Sie hat also über die Anhörungsmöglichkeit eine **umfassende Ermächtigung,** sich über Details des Einzelsachverhaltes **zu informieren** und so das **öffentliche Interesse an der Aufklärung** der agrarpolitisch relevanten Ziele zu berücksichtigen. Gemäß Art. 5 EUV sind die Mitgliedstaaten hierbei ohnehin verpflichtet, der Europäischen Kommission zur Erfüllung ihrer Aufgaben die notwendige Unterstützung zu leisten. Das **Anhörungsverfahren,** dessen Einzelheiten in der VO 1184/06 nicht näher geregelt ist, findet in der Regel im Rahmen eines **schriftlichen** Verfahrens statt. Hierbei werden die wichtigsten Grundzüge des betreffenden Verfahrens den Beteiligten im Rahmen der Anhörung zur Kenntnis gebracht.[99] Von der Anhörung kann nur abgesehen werden, wenn die Voraussetzungen von Art. 2 Abs. 1 VO 1184/06 offensichtlich nicht gegeben sind.[100] Bei Untersuchungen von Amts wegen trifft die Europäische Kommission die volle Aufklärungspflicht, beim Antragsverfahren trifft die Beteiligten die Darlegungslast mit Ausnahme der negativen Abgrenzungsmerkmale, die durch die Europäische Kommission zu belegen sind.

Die Beteiligten haben nur noch im Falle der VO 1184/06 einen **Anspruch auf Entscheidung** durch die Europäische Kommission, der gegebenenfalls im Wege der Untätigkeitsklage geltend gemacht werden kann. Da Fragen der Fristsetzung in der VO 1184/06 nicht geregelt sind, gilt grundsätzlich zwar keine Fristbindung. Allerdings dürfte entsprechend der Entscheidung des Europäischen Gerichts eine angemessene Frist als Maßstab dienen.[101] Im Übrigen entscheidet die Europäische Kommission nach pflichtgemäßem Ermessen, wobei sie die Entscheidungsgründe anders als im Rahmen der VO 1/2003 den Beteiligten nicht mehr vor der endgültigen Feststellung mitteilen muss. 82

Da Art. 2 VO 1184/06 einen Gesetzesvorbehalt beinhaltet, haben die Entscheidungen der Europäischen Kommission lediglich **deklaratorische Wirkung** und wirken ex tunc.[102] Dies führt dazu, dass die Entscheidungen der Europäischen Kommission weder zeitlichen Beschränkungen unterliegen, noch mit Bedingungen oder Auflagen verbunden werden können. Die Europäische Kommission **entscheidet durch Feststellung,** ob und welche der Vereinbarungen, Beschlüsse oder Verhaltensweisen der beteiligten Unternehmen und Unternehmensvereinigungen unter die Voraussetzungen des Art. 2 Abs. 1 VO 1184/06 fallen. Hierbei wird sie von der Reihenfolge zunächst über das Vorliegen der Voraussetzungen von Art. 2 Abs. 1 VO 1184/06 und im Fall der Verneinung über die Voraussetzungen von Art. 101 Abs. 1 AEUV entscheiden. Bejaht sie die Voraussetzungen von Art. 101 Abs. 1 AEUV, so muss sie noch Art. 101 Abs. 3 prüfen.[103] 83

Die Entscheidung muss veröffentlicht werden. Im Rahmen der **Veröffentlichung** ist die Europäische Kommission nach Art. 2 Abs. 3 der VO 1184/06 gehalten, die Beteiligten und die wesentlichen Inhalte der Entscheidung bekannt zu geben. Hierbei muss sie in der Abfassung darauf achten, dass den berechtigten Interessen der beteiligten Unternehmen in Bezug auf die **Wahrung ihrer Geschäftsgeheimnisse** Rechnung getragen wird. Dies erfordert in bestimmtem Umfang in jedem Falle eine Anonymisierung der Entscheidung. 84

---

[99] Vgl. Komm. E. ABl. 1987 C159/2 – *Frühkartoffeln,* ABl. 1987 C 203/4 – *Bloemenveilingen Aalsmeer* und ABl. 1989 C 83/3 – *Bloemenveilingen Aalsmeer II.*

[100] *Schweizer* in: Immenga/Mestmäcker WbR Band 1 EU/Teil 2, VIII. Abschnitt Landwirtschaft, C. Art. 2 VO 1184/06 und Art 176 VO 1234/07 R. 69 mit Hinweisen zu den Problemen der Abgrenzung, wann die Offensichtlichkeit gegeben ist.

[101] EuG U. v. 22.10.1997 Rs. T-18/96 – *SCK und andere/Europäische Kommission* Slg. 1997 II, 1739.

[102] So die herrschende Meinung *Schweizer* in: Immenga/Mestmäcker WbR Band 1 EU/Teil 2, VIII. Abschnitt Landwirtschaft, C. Art. 2 VO 1184/06 und Art 176 VO 1234/07 R. 73; *de Bronett* (Fn. 81) § 32 Rn. 34.

[103] Zum Verfahren siehe auch *Schweizer* in: Immenga/Mestmäcker WbR Band 1 EU/Teil 2, VIII. Abschnitt Landwirtschaft, C. Art. 2 VO 1184/06 und Art 176 VO 1234/07 R. 74.

85 Es besteht für die Europäische Kommission die Möglichkeit, die Entscheidung zu widerrufen. Allerdings muss sie in diesem Fall die allgemeinen Verfahrensgrundsätze und hierbei insbesondere Fragen des Vertrauensschutzes beachten. Ein **Widerruf** kommt in Betracht, wenn sich herausstellt, dass die Voraussetzungen des Art. 2 Abs. 1 VO 1184/06 nicht vorgelegen haben oder wenn sie nachträglich weggefallen sind.

86 Die Entscheidung der Europäischen Kommission steht insgesamt unter dem **Vorbehalt der gerichtlichen Nachprüfung,** d. h., sie kann jederzeit gemäß Art. 2 Abs. 2 VO 1184/06 durch den Europäischen Gerichtshof überprüft werden. Hierzu zählt auch, dass Antragsteller Untätigkeitsklagen im Sinne von Art. 265 AEUV gegen die Europäische Kommission richten können, und, dass sich Dritte, die unmittelbar und individuell getroffen sind, gemäß Art. 263 AEUV gegen die Rechtswidrigkeit einer solchen Entscheidung wenden können.

II. Das Verhältnis zu nationalen Verfahren

87 Art. 209 Abs. 2 VO 1308/13 mit dem Hinweis auf nationale und Unionsverfahren zeigt, dass es **keine ausschließliche Zuständigkeit** der Europäischen Kommission mehr gibt. Insoweit sind die Regelungen durch die betroffenen Behörden auf nationaler Ebene mit den dort geltenden Verfahrensvorschriften ebenso anzuwenden wie von der Europäischen Kommission im Falle eines Missbrauchsverfahrens. Für Art. 2 Abs. 2 VO 1184/06 gilt nach wie vor, dass ausschließlich der Europäischen Kommission das Recht einräumt wird, Tatbestandsvoraussetzungen zu prüfen und eine entsprechende Entscheidung über die Anwendbarkeit einer der drei Ausnahmetatbestände des Art. 2 Abs. 1 VO 1184/06 zu fällen. Daher können nationale Behörden und Gerichte die Voraussetzungen von Art. 2 VO 1184/06 nicht prüfen. Die **Entscheidung der Europäischen Kommission** ist für nationale Behörden und Gerichte verbindlich. Im Rahmen der Überprüfung landwirtschaftlicher Tatbestände gemäß Art. 101 Abs. 1 AEUV hat die Europäische Kommission im Wege einer Vorprüfung zu kontrollieren, ob die Voraussetzung von Art. 2 Abs. 1 VO 1184/06 vorliegen und hierbei sicherzustellen, dass keiner der drei Ausnahmetatbestände greift. Zwar ist ein eigenständiges Verfahren hierfür nicht vorgesehen,[104] dennoch ist die Negativentscheidung der Europäischen Kommission zu begründen.

88 Bis zu einer solchen Entscheidung über die Anwendung von Art. 2 Abs. 1 VO 1184/06 im Rahmen der Überprüfung von Art. 101 Abs. 1 AEUV durch die Europäische Kommission können nationale Behörden und nationale Gerichte den jeweils vorliegenden Sachverhalt hinsichtlich der Voraussetzungen von Art. 101 Abs. 1 AEUV prüfen. Bei **Kollisionsgefahr** haben die nationalen Gerichte die Pflicht, das Verfahren auszusetzen und den Beteiligten die Möglichkeit zu geben, eine entsprechende Entscheidung der Europäischen Kommission herbeizuführen.[105] In diesen Fällen prüfen nationale Gerichte Art. 101 Abs. 1 AEUV und sehen grundsätzlich einen Verstoß, vermuten jedoch das Vorliegen einer Ausnahme nach Art. 2 Abs. 1 VO 1184/06. Gegenüber nationalen Behörden hat die Europäische Kommission darüber hinaus das Recht, die Prüfungsbefugnis zu entziehen, so dass Konflikte hinsichtlich unterschiedlicher Beurteilungen weniger zu befürchten sind.

E. Anwendbarkeit von Art. 108 Abs. 1 und 3 AEUV

89 Nach Art. 3 der VO 1184/06 und in ähnlicher Formulierung auch nach Art. 211 VO 1308/13 ist Art. 108 Abs. 1 und Abs. 3 Satz 1 AEUV auf alle **Beihilfen** anzuwenden, die

---

[104] EuGH U. v. 15.5.1975, Rs. C-71/74 – *Frubo/Europäische Kommission* Slg. 1975, 563.

[105] EuGH U. v. 12.12.1995 verb. Rs. C-319/93, 40/94, 224/94 – *Dijkstra/Friesland* Slg. 1995 I, 4471.

für die Produktion der landwirtschaftlichen Erzeugnisse im Sinne von Anhang I AEUV oder den Handel mit diesen gewährt werden. Beihilfen sind hierbei alle **Zuwendungen und Subventionen,** die die Beteiligten, bezogen auf die Produktion und den Handel mit landwirtschaftlichen Produkten, erhalten. Umfasst ist der gesamte Zuschussbereich der Mitgliedstaaten. Die Beihilfen müssen sich auf die Produktion oder den Handel mit landwirtschaftlichen Erzeugnissen im Sinne von Anhang I AEUV beziehen. **Ausgenommen** sind nach Art. 211 Abs. 2 VO 1308/13 jedoch Zahlungen auf Basis der in der VO 1308/13 vorgesehenen Maßnahmen, die ganz oder teilweise von der Union finanziert werden bzw. bestimmte in Art. 213 bis 218 VO 1308/13 geregelte Beihilfen, z.B. Schulobstprogramme etc.

Art. 108 Abs. 1 AEUV legt fest, dass die Europäische Kommission in **Zusammenarbeit** **90**
mit den Mitgliedstaaten die in diesen bestehenden Beihilferegelungen **fortlaufend überprüft.** Darüber hinaus schlägt sie gem. Art. 108 Abs. 1 Satz 2 AEUV zweckdienliche Maßnahmen vor, die erforderlich sind, um die fortschreitende Entwicklung und das Funktionieren des Binnenmarktes zu realisieren und zu sichern. Mit dieser Vorschrift ist die Überwachung der nationalen Beihilfen und Subventionen im landwirtschaftlichen Bereich umfasst, die somit uneingeschränkt, auch bezogen auf Produktion und Handel landwirtschaftlicher Erzeugnisse, möglich ist.

Da auch Art. 108 Abs. 3 AEUV mit den oben genannten Ausnahmen uneingeschränkt **91**
gilt, muss die Einführung oder Umgestaltung solcher Beihilfen der Europäischen Kommission gemeldet werden. Gleichzeitig ist ihr Zeit zur **Gegenäußerung** einzuräumen. Eine Durchführung der Maßnahme darf nicht vor der abschließenden Entscheidung durch die Europäische Kommission erfolgen. Bei Verstößen im Sinne von Art. 107 AEUV kann die Europäische Kommission das Verfahren nach Art. 108 Abs. 2 AEUV durchführen. Daher ist durch den Verweis prinzipiell der gesamte Art. 108 AEUV anwendbar. Auch hierbei sind die Besonderheiten der Landwirtschaft zu berücksichtigen. Da jedoch landwirtschaftliche Beihilfen heute überwiegend im Rahmen von Marktordnungen geregelt sind, hat Art. 3 der VO 1184/06 und in ähnlicher Formulierung auch Art. 211 VO 1308/13 nur noch für die Bereiche Bedeutung, für die keine gemeinsame Marktorganisation besteht. Er kann gegebenenfalls an Bedeutung gewinnen, wenn es wieder zu **Deregulierungen** kommt.

6. Teil. AEU-Vertrag

Art. 101 Abs. 1

Art. 101 [Kartellverbot]

(1) **Mit dem Binnenmarkt unvereinbar und verboten sind alle Vereinbarungen zwischen Unternehmen, Beschlüsse von Unternehmensvereinigungen und aufeinander abgestimmte Verhaltensweisen, welche den Handel zwischen Mitgliedstaaten zu beeinträchtigen geeignet sind und eine Verhinderung, Einschränkung oder Verfälschung des Wettbewerbs innerhalb des Binnenmarkts bezwecken oder bewirken, insbesondere**

a) die unmittelbare oder mittelbare Festsetzung der An- oder Verkaufspreise oder sonstiger Geschäftsbedingungen;
b) die Einschränkung oder Kontrolle der Erzeugung, des Absatzes, der technischen Entwicklung oder der Investitionen;
c) die Aufteilung der Märkte oder Versorgungsquellen;
d) die Anwendung unterschiedlicher Bedingungen bei gleichwertigen Leistungen gegenüber Handelspartnern, wodurch diese im Wettbewerb benachteiligt werden;
e) die an den Abschluss von Verträgen geknüpfte Bedingung, dass die Vertragspartner zusätzliche Leistungen annehmen, die weder sachlich noch nach Handelsbrauch in Beziehung zum Vertragsgegenstand stehen.

(2) Die nach diesem Artikel verbotenen Vereinbarungen oder Beschlüsse sind nichtig.

(3) Die Bestimmungen des Absatzes 1 können für nicht anwendbar erklärt werden auf
– Vereinbarungen oder Gruppen von Vereinbarungen zwischen Unternehmen,
– Beschlüsse oder Gruppen von Beschlüssen von Unternehmensvereinigungen,
– aufeinander abgestimmte Verhaltensweisen oder Gruppen von solchen,

die unter angemessener Beteiligung der Verbraucher an dem entstehenden Gewinn zur Verbesserung der Warenerzeugung oder -verteilung oder zur Förderung des technischen oder wirtschaftlichen Fortschritts beitragen, ohne dass den beteiligten Unternehmen

a) Beschränkungen auferlegt werden, die für die Verwirklichung dieser Ziele nicht unerlässlich sind, oder
b) Möglichkeiten eröffnet werden, für einen wesentlichen Teil der betreffenden Waren den Wettbewerb auszuschalten.

Übersicht

Schrifttum: *Achenbach,* Verbotene Kartellbildung und abgestimmtes Verhalten nach deutschem und europäischem Recht als deutscher Bußgeldtatbestand und das Gesetzlichkeitsprinzip des Art. 103 Abs. 2 GG, WuW 2011, 810–820; *Ahrens,* Gemeinschaftsunternehmen als wirtschaftliche Einheit, EuZW 2013, 899–902; *Alexander,* Wege und Irrwege – Europäisierung im Kartell- und Lauterkeitsrecht, GRUR Int 2013, 636–641; *Baron,* Die Rechtsnatur der Gruppenfreistellungsverordnung im System der Legalausnahme – ein Scheinproblem, WuW 2006, 358–365; *Baron/Seeliger,* Plädoyer für die Anerkennung der Compliance-Defence, CB 2013, 345–348; *Bechtold,* GWB, 8. Aufl. 2015; *Bechthold/Bosch/Brinker,* EU-Kartellrecht, 3. Aufl. 2014; *Behrens,* Der Wettbewerb im Vertrag von Lissabon, EuZW 2008, 193; *Bellamy/Child,* European Union Law of Competition, 7. Auflage 2013; *Berg/Mäsch,* Deutsches und Europäisches Kartellrecht, 2. Aufl. 2015; *Birkemeyer,* Die unmittelbare Drittwirkung der Grundfreiheiten, EuR 2010, 662–678; *Böhlke,* Die gesamtschuldnerische Verantwortlichkeit im EU-Wettbewerbsrecht, EuZW 2011, 781–784; *Bosch,* Die Entwicklung des deutschen und europäischen Kartellrechts, NJW 2015, 1734–1740; *Braun/Galle,* Effektivere gerichtliche Kontrolle von EU-Kommissionsentscheidungen in Kartellbußgeldsachen: Trendwende in der EuG-Rechtsprechung?, CCZ 2013, 109–112; *Braun/Kellerbauer,* Das Konzept der gesamtschuldnerischen Verantwortlichkeit von Konzerngesellschaften bei Zuwiderhandlungen gegen das EU-Wettbewerbsrecht – Teil 1, NZKart 2015, 175–181; *Brinker,* Die Zukunft des Kartellrechts, NZKart, 2013, 2–11; *Burgi,* Mitgliedstaatliche Garantenpflicht statt unmittelbare Drittwirkung der Grundfreiheiten, EWS 1999, 327–332; *Canaris,* Nachträgliche Gesetzeswidrigkeit von Verträgen, geltungserhaltende Reduktion und salvatorische Klauseln im deutschen und europäischen Kartellrecht, DB 2002, 930–936; *Callies/Ruffert,* EUV/AEUV, 4. Aufl. 2011; *Dauses,* EU-Wirtschaftsrecht, 36. Aufl. 2014; *De Bronett,* Europäisches Kartellverfahrensrecht, VO 1/2003, 2. Aufl. 2012; *Fiebig,* Die bezweckte Wettbewerbsbeschränkung in der jüngeren Anwendungspraxis von Kommission und europäischen Gerichten, WuW 2015, 462–479; *Gehring/Kasten/Mäger,* Unternehmensrisiko Compliance?, CCZ 2013, 1–11; *Ghezzi/Maggiolino,* Bridging EU Concerted Practices With U.S. Concerted Actions,

JCL&E 10(3), 647–690: *Giesen,* Sozialversicherungsmonopol und EG-Vertrag, 1995; *Grabitz/Hilf/Nettesheim,* Das Recht der Europäischen Union: EUV/AEUV, 54. Aufl. 2014; *von der Groeben/Schwarze,* Kommentar zum Vertrag über die Europäische Union und zum Vertrag über die Europäische Gemeinschaft, 6. Aufl. 2003; *Gussone/Michalczyk,* Der Austausch von Informationen im ECN – wer bekommt was wann zu sehen? EuZW 2011, 130–134; *Haratsch/Koenig/Pechstein,* Europarecht, 9. Aufl. 2014; *Hauck,* Club-Bids und Kartellrecht, CCZ 2010, 53–61; *Hirsch/Montag/Säcker,* Münchener Kommentar zum Wettbewerbsrecht, Bd. 1, 2. Aufl. 2015; *Hossenfelder/Lutz,* Die neue Durchführungsverordnung zu den Artikeln 81 und 82 EG-Vertrag, WuW 2003, 118–129; *Immenga/Mestmäcker,* EU-Wettbewerbsrecht, Bd. 1, EU/Teil 1, 5. Aufl. 2012; *Inderst/Thomas,* Schadensersatz bei Kartellverstößen, 2015; *Jaeger/Pohlmann/Schroeder,* Frankfurter Kommentar zum Kartellrecht, 83. Aufl. 2015; *Jarass,* Elemente einer Dogmatik der Grundfreiheiten II, EuR 2000, 705–723; *Jarass/Münster,* Zum Verhältnis von Grundrechtecharta und sonstigem Recht, EuR 2013, 29–45; *Kapp/Hummel,* Kartellrechts-Compliance in der Verbandsarbeit, CCZ 2013, 240–247; *Kasten/von Hülsen,* Passivlegitimation von Konzernen im Kartell-Schadensersatzprozess? – Gedanken zur Umsetzung der Richtlinie 2014/104/EU, NZKart 2015, 296–307; *Kellerbauer,* Limits on EU antitrust investigative measures under recent case-law: tiptoeing between proportionality and effectiveness, EuZW 2014, 407–410; *Kersting,* Die neue Richtlinie zur privaten Rechtsdurchsetzung im Kartellrecht, WuW 2014, 564–575; *Kersting,* Die Rechtsprechung des EuGH zur Bußgeldhaftung in der wirtschaftlichen Einheit, WuW 2014, 1156–1173; *Kersting,* Wettbewerbsrechtliche Haftung im Konzern, Der Konzern 2011, 445–459; *Klaue,* Strategische Allianzen zwischen Wettbewerbern, BB 1991, 1573–1578; *Kling,* Die Haftung der Konzernmutter für Kartellverstöße ihrer Tochterunternehmen, WRP 2010, 506–518; *Knebel,* Die Extraterritorialität des Europäischen Kartellrechts, EuZW 1991, 265–274; *Koch,* Das Verhältnis der Kartellvorschriften des EWG-Vertrages zum Gesetz gegen Wettbewerbsbeschränkungen, BB 1959, 241–248; *Kokott/Dittert,* Die Verantwortlichkeit von Muttergesellschaften für Kartellvergehen ihrer Tochtergesellschaften, WuW 2012, 670–683; *Kuhn,* Die Abgrenzung zwischen bezweckten und bewirkten Wettbewerbsbeschränkungen nach Art. 101 AEUV, ZWeR 2014, 143–168; *Lang/Weidmüller,* Genossenschaftsgesetz, 37. Aufl. 2011; *Langen/Bunte,* Kartellrecht, Bd. 1 und 2, 12. Aufl. 2014; *Lettl,* Haftungsausfüllende Kausalität für einen Schadensersatzanspruch wegen Verstoßes gegen Art. 101 AEUV, § 1 GWB, insbesondere beim sog. „umbrella pricing“, WuW 2014, 1032–1043; *Liebscher/Flohr/Petsche,* Handbuch der EU-Gruppenfreistellungsverordnungen, 2. Aufl. 2012; *Lorenzmeier,* Kartellrechtliche Geldbußen als strafrechtliche Anklage im Sinne der Europäischen Menschenrechtskonvention, ZIS 2008, 20–30; *Lotze,* Kartellrechtliche Restriktionen der Verbandstätigkeit, FIW-Schriftenreihe, Heft 201, 2005, 117–147; *Lowe,* Extraterritorial Jurisdiction, 1983; *Makatsch/Mir,* Die neue EU-Richtlinie zu Kartellschadensersatzklagen – Angst vor der eigenen „Courage“?, EuZW 2015, 7–13; *Mestmäcker/Schweitzer,* Europäisches Wettbewerbsrecht, 3. Aufl. 2014; *Meyring,* Uferlose Haftung im Bußgeldverfahren? WuW 2010, 157–169; *Nordemann/Lettl,* Schützt das Kartellverbot (Art. 101 AEUV, § 1 GWB) auch rechtswidrigen Wettbewerb?, NZKart 2014, 207–214; *Pauer,* Die Abgrenzung hoheitlicher und wirtschaftlicher Tätigkeiten im Europäischen Wettbewerbsrecht: Eine Analyse der Entscheidungspraxis des EuGH, WuW 2013, 1080–1091; *Penner,* Vereinbarkeit des Unfallversicherungsmonopols mit den Art. 81 ff. EG-Vertrag, NZS 2007, 521–527; *Pischel/Hausner,* Informationsaustausch zwischen Wettbewerbern – Zum Stand der kartellrechtlichen Entwicklung, EuZW 2013, 498–503; *Potrafke,* Kartellrechtswidrigkeit konzerninterner Vereinbarungen und darauf beruhender Verhaltensweisen, 1991; *Rittner/Dreher,* Europäisches und deutsches Wirtschaftsrecht, 3. Aufl. 2007; *Rittner/Dreher/Kulka,* Wettbewerbs- und Kartellrecht, 8. Aufl. 2014; *Robertson,* Kartellrechtliche Vorabentscheidungsersuchen seit Inkrafttreten der Verordnung 1/2003: Wird der Einfluss von Kommissionsstellungnahmen spürbar?, WuW 2014, 372–382; *Röhling,* Die Zukunft des Kartellverbots in Deutschland nach In-Kraft-Treten der neuen EU-Verfahrensrechtsordnung, GRUR 2003, 1019–1025; *Scheidtmann,* Schadensersatzansprüche gegen eine Muttergesellschaft wegen Verstößen einer Tochtergesellschaft, WRP 2010, 499–505; *Schmidt,* Umdenken im Kartellverfahrensrecht!, BB 2003, 1237–1244; *Schnelle,* Die Aufteilung von Bußgeldern im Konzern, WuW 2015, 332–347; *Schröter/Jakob/Klotz/Mederer,* Europäisches Wettbewerbsrecht, 2. Aufl. 2014; *Schwarze,* EU-Kommentar, 3. Aufl. 2012; *Schwarze,* Europäische Kartellbußgelder im Lichte übergeordneter Vertrags- und Verfassungsgrundsätze, EuR 2009, 171–200; *Schwarze,* Der Staat als Adressat des europäischen Wettbewerbsrechts, EuZW 2000, 613–627; *Schwarze,* Soft Law im Recht der Europäischen Union, EuR 2011, 3–19; *Schweitzer,* Die neue Richtlinie für wettbewerbsrechtliche Schadensersatzklagen, NZKart 2014, 335–346; *Solek/Wartinger,* Parental Liability: Rebutting the Presumption of Decisive Influence, JECL&P 2015, 73–84; *Soltész,* Due Process, Gesetzesvorbehalt und richterliche Kontrolle im Europäischen Kartellbußgeldverfahren, WuW 2012, 141–150; *Stancke,* Versicherungsvertrieb und Kartellrecht, VersR 2009, 1168–1177; *Stauber/Schaper,* Die Kartellschadensersatzrichtlinie – Handlungsbedarf für den deutschen Gesetzgeber? NZKart 2014, 346–353; *Stiftung Marktwirtschaft,* Berufsgenossenschaften und Wettbewerb, 2003; *Streinz,* EUV/AEUV, 2. Aufl. 2012; *Streinz/Leibie,* Die unmittelbare

Drittwirkung der Grundfreiheiten, EuZW 2000, 459–467; *Ströbl/Heinrich,* Die neue De-minimis-Bekanntmachung der EU-Kommission vom 25.6.2014 – wie weit reicht der Safe Harbour?, BB 2014, 2506–2508; *Terhechte,* Der Vertrag von Lissabon: Grundlegende Verfassungsurkunde der europäischen Rechtsgemeinschaft oder technischer Änderungsvertrag?, EuR 2008, 143–190; *Terhechte,* OPEC und europäisches Wettbewerbsrecht, 2008; *Thomas,* Die Bindungswirkung von Mitteilungen, Bekanntmachungen und Leitlinien der EG-Kommission, EuR 2009, 423–444; *Thomas,* Die wirtschaftliche Einheit im EU-Kartellbußgeldrecht, KSzW 2011, 10; *Thomas,* Konzernprivileg und Gemeinschaftsunternehmen – Die kartellrechtliche Beurteilung konzerninterner Wettbewerbsbeschränkungen mit Gemeinschaftsunternehmen, ZWeR 2005, 236–259; *Voet van Vormizeele,* Die EG-kartellrechtliche Haftungszurechnung im Konzern im Widerstreit zu den nationalen Gesellschaftsrechtsordnungen, WuW 2010, 1008–1019; *Weitbrecht/Mühle,* Die Entwicklung des europäischen Kartellrechts 2014, EuZW 2015, 166–174; *Whish/Bailey,* Competition Law, 7. Aufl. 2012; *Wiedemann,* Handbuch des Kartellrechts, 2. Aufl. 2008; *Wirtz,* Anwendbarkeit von § 20 GWB auf selektive Vertriebssysteme nach Inkrafttreten der VO 1/2003, WuW 2003, 1039–1045; *Wolf,* Unternehmensbegriff, Zuständigkeit der Kartellämter und Rechtsweg bei öffentlich-rechtlichen Leistungsbeziehungen, BB 2011, 648–654; *Wurmnest/Lund,* Die internationale Rechtweite der europäischen Wettbewerbsregeln nach dem Inter-Urteil des EuG, NZKart 2015, 73–78; *Wurmnest,* Internationale Zuständigkeit und anwendbares Recht bei grenzüberschreitenden Kartelldelikten, EuZW 2012, 933–940.

A. Allgemeine Ausführungen

I. Überblick über Art. 101

Art. 101 AEUV besteht aus drei Absätzen. Art. 101 Abs. 1 AEUV geht (weit) über ein „Kartellverbot" hinaus und erklärt sämtliche Vereinbarungen und abgestimmte Verhaltensweisen zwischen Unternehmen sowie Beschlüsse von Unternehmensvereinigungen als mit dem Binnenmarkt unvereinbar und verboten, wenn diese den **Handel zwischen den Mitgliedstaaten beeinträchtigen** und eine **Verhinderung, Einschränkung oder Verfälschung des Wettbewerbs** innerhalb des Binnenmarkts **bezwecken** oder **bewirken.** Um das Verbot zu konkretisieren, enthält Abs. 1 einen **Beispielskatalog** mit fünf Kategorien von wettbewerbsbeschränkenden Vereinbarungen: Festsetzung von An- oder Verkaufspreisen oder sonstigen Geschäftsbedingungen; Einschränkung oder Kontrolle der Erzeugung, des Absatzes, der technischen Entwicklung oder der Investition; die Aufteilung der Märkte oder Versorgungsquellen; Anwendung unterschiedlicher Bedingungen bei gleichwertigen Leistungen gegenüber Handelspartnern und Abschlüsse von Verträgen unter der Bedingung der Annahme zusätzlicher Leistungen, die weder sachlich noch nach Handelsbrauch in Beziehung zum Vertragsgegenstand stehen. Ihre praktische Bedeutung hat diese Aufzählung mit der zunehmenden Präzisierung des Grund-Tatbestands durch die Entscheidungspraxis der Gerichte und Behörden sowie durch die (Rechts- und Wirtschafts-) Wissenschaft weitgehend verloren. Ohnehin ist die Aufzählung nicht abschließend, sondern nur beispielhaft (vgl. „insbesondere"), so dass auch dort nicht genannte Vereinbarungen wettbewerbsbeschränkend sein können. Umgekehrt sind auch die ausdrücklich genannten Arten von Vereinbarungen nicht notwendig wettbewerbsbeschränkend (und können freigestellt sein). Von ungleich größerer praktischer Bedeutung ist die Einordnung von Vereinbarungen als „horizontal" oder „vertikal" und die weitere Untergliederung und Typisierung in den Leitlinien etc. der Kommission (siehe Rn. 264 ff.). 1

Normadressaten des europäischen Kartellrechts sind in erster Linie **„Unternehmen"**. 2
Da Art. 101 AEUV und 102 AEUV den Begriff nicht definieren, ist es erforderlich, auf die langjährige Rspr. der europäischen Gerichte sowie die Praxis der Kommission zurückzugreifen. Nach dem Wortlaut des Art. 101 AEUV wird kein Wirtschaftszweig ausdrücklich von der Vorschrift ausgeschossen, sondern die Vorschrift gilt uneingeschränkt für jede wirtschaftliche Betätigung. Nach stRspr. bezeichnet der Begriff eines des Unternehmens jede eine **wirtschaftliche Tätigkeit** ausübende Einheit unabhängig von ihrer Rechtsform und

der Art ihrer Finanzierung.[1] Eine wirtschaftliche Tätigkeit ist jedes Anbieten von Gütern oder Dienstleistungen auf einem bestimmten Markt.[2] Eine wirtschaftliche Einheit liegt auch dann vor, wenn diese Einheit rechtlich aus **mehreren natürlichen oder juristischen Personen** besteht.[3] Der Begriff der wirtschaftlichen Tätigkeit erfordert eine gewisse **Dauerhaftigkeit der Tätigkeit** (was nicht für jede sportliche, kulturelle, künstlerische oder wissenschaftliche Tätigkeit der Fall sein wird).

3 Nach Art. 101 Abs. 1 AEUV muss die Wettbewerbsbeschränkung entweder **„bezweckt"** oder **„bewirkt"** sein. In der jüngsten Zeit wird oft diskutiert, inwiefern eine andere Wettbewerbsbeschränkung als ein klassisches „Kartell" schon allein aufgrund ihres Charakters oder ihrer Natur nach eine Wettbewerbsbeschränkung darstellt. In den letzten Jahren haben nämlich die europäischen Gerichte und die Kommission zunehmend bestimmte Wettbewerbsbeschränkungen als bezweckt eingestuft. In der Sache kommt das einem *per se*-Verbot nahe:[4] Denn dann sind die konkreten Auswirkungen der Vereinbarung auf den Wettbewerb nicht mehr zu prüfen (jedenfalls nicht für die Anwendung von Abs. 1). Nach dem *Expedia*-Urteil des EuGH folgt aus dem wettbewerbsbeschränkenden Zweck zudem die Spürbarkeit der Wettbewerbsbeschränkung.[5] Im Prinzip können auch bezweckte Wettbewerbsbeschränkungen – ähnlich wie die sog. Kernbeschränkungen – nach Art. 101 Abs. 3 AEUV freigestellt sein. Es gibt nämlich keine Kategorien von Wettbewerbsbeschränkungen, die von Abs. 3 (dazu sogleich) derart ausgenommen wären, dass diese Vorschrift von vorneherein nicht anwendbar wäre. Vielmehr ist unter Art. 101 AEUV stets die Abwägung zwischen den wettbewerbswidrigen und den wettbewerbsfördernden Effekten erforderlich. Nur wird diese Abwägung bei den bezweckten Wettbewerbsbeschränkungen eben oft nur kursorisch sein und häufig(er) zu Lasten der Vereinbarung ausgehen (bei den Kernbeschränkungen ebenfalls).

4 Bei der Prüfung, ob ein wettbewerbsbeschränkendes Verhalten nach Art. 101 Abs. 1 AEUV vorliegt, reicht es nicht aus, nur die geschriebenen Tatbestandsmerkale des Abs. 1 zu prüfen. Es muss zudem das ungeschriebene Tatbestandsmerkmal der „Spürbarkeit" erfüllt sein. Dies erfordert eine zweifache Prüfung. Zum einen muss es sich um eine **spürbare Wettbewerbsbeschränkung** handeln, zum anderen muss der **Handel zwischen den Mitgliedstaaten** durch diese Wettbewerbsbeschränkung **spürbar** beeinträchtigt sein (dazu sogleich).

5 Art. 101 AEUV ist nur anwendbar, wenn ein Verhalten den „Handel zwischen den Mitgliedstaaten zu beeinträchtigen geeignet" ist, also wenn die Bedingung der sog. **Zwischenstaatlichkeit** erfüllt ist. Dieses Tatbestandsmerkmal leistet die **Abgrenzung zum nationalen Recht.** Ist es nicht erfüllt, ist das Unionsrecht nicht anwendbar, sondern (nur) die jeweiligen nationalen Vorschriften (die unter den Bedingungen des Art. 3 VO 1/2003 auch bei Zwischenstaatlichkeit anwendbar sein können). Die Kommission hat 2004 **Leitlinien** zum Begriff der Zwischenstaatlichkeit veröffentlicht, in denen die Rspr. und die Auffassung der Kommission dargestellt sind.[6] Der Begriff der Zwischenstaatlichkeit ist grds. **weit**

---

[1] Siehe z.B. EuGH U. v. 10.4.2014, C-231/11 P bis C-233/11 P – *Siemens/Kommission,* Rn. 43; EuGH U. v. 19.7.2012, C-628/10 P und C-14/11 P – *Alliance One International und Standard Commercial Tobacco/Kommission,* Rn. 42; EuGH U. v. 23.4.1991, C-41/90 – *Höfner und Elser,* Slg. 1991, I-1979, Rn. 21.

[2] EuGH U. v. 12.12.2013, C-327/12 – *Ministero dello Sviluppo economico,* Rn. 27; EuGH U. v. 3.3.2011, C-437/09 – *AG2R Prévoyance/Beaudout Père et Fils SARL,* Rn. 43; EuGH U. v. 22.1.2002, C-218/00 – *Cisal,* Rn. 23; EuGH U. v. 25.10.2001, C-475/99 – *Ambulanz Glöckner* – Slg. 2001, I-8089, Rn. 19.

[3] EuGH U. v. 10.4.2014, C-231/11 P bis C-233/11 P – *Siemens/Kommission,* Rn. 43.

[4] *Kuhn,* ZWeR 2014, 143 (144).

[5] EuGH U. v. 18.12.2012, C-226/11 – *Expedia,* Rn. 37.

[6] Kommission, Leitlinien über den Begriff der Beeinträchtigung des zwischenstaatlichen Handels in den Artikeln 81 und 82 des Vertrags, ABl. C-101/81 v. 27.4.2004.

auszulegen,[7] wie die Formulierung „zu beeinträchtigen geeignet" andeutet. Es ist die Gesamtheit der objektiven rechtlichen und tatsächlichen Umstände zu prüfen, um zu entscheiden, ob die Vereinbarung mit hinreichender Wahrscheinlichkeit unmittelbar oder mittelbar tatsächlich oder potentiell den Wirtschaftsverkehr zwischen Mitgliedstaaten beeinflussen kann.[8] Dazu ist u. U. eine Abgrenzung des sachlich und räumlich relevanten Marktes erforderlich.[9]

Verstößt ein Verhalten gegen Art. 101 Abs. 1 AEUV und sind die Voraussetzungen des Abs. 3 nicht erfüllt (dazu sogleich), ist diese Vereinbarung (oder Beschluss) nach **Abs. 2 nichtig.** Die ausdrückliche Vorschrift über die Nichtigkeit wurde in den AEUV aufgenommen, da Art. 101 AEUV eine grundlegende Bestimmung des Unionrechts und das europäische Wettbewerbsrecht für die Erfüllung der Aufgaben der Union und insbesondere für das Funktionieren des Binnenmarktes unerlässlich ist.[10] 6

Die Nichtigkeitsfolge erfasst zunächst die Wettbewerbsbeschränkung und alle mit ihr untrennbar verbundenen Vertragsbestandteile.[11] Können aber andere Teile der Vereinbarung (bzw. des Beschlusses) von der Wettbewerbsbeschränkung getrennt werden, so sind die Auswirkungen der Nichtigkeit auf die übrigen Bestandteile des Vertrags etc. nicht nach dem Unionsrecht zu beurteilen. Vielmehr richtet sich nach dem anwendbaren nationalen Recht, welche Auswirkungen eine etwaige Nichtigkeit bestimmter Vertragsbestanteile hat.[12] Die Nichtigkeit wirkt sowohl für die Vergangenheit ***(ex tunc)***[13] als auch für die Zukunft ***(ex nunc).***[14] 7

Da die Nichtigkeit **absolut** ist, hat die Vereinbarung keine Wirkung zwischen den Vertragspartnern und kann auch Dritten nicht entgegengehalten werden.[15] Nach stRspr. kann die Nichtigkeit **von jedem** geltend gemacht werden[16] und da die Nichtigkeitsfolge **unmittelbare Wirkung** hat (die Nichtigkeit also nicht erst festgestellt werden muss),[17] kann jeder sich vor Gericht auf die Nichtigkeit wegen eines Verstoßes gegen Art. 101 AEUV berufen.[18] 8

Art. 101 **Abs. 3** AEUV enthält die Voraussetzungen für die Ausnahme vom Verbot des Abs. 1, d. h. auch wenn eine Wettbewerbsbeschränkung von Abs. 1 erfasst wird, ist sie nicht nach Abs. 2 nichtig, wenn die (Freistellungs-)Voraussetzungen des Abs. 3 erfüllt sind. ist. Letzteres kann sich aus den zu Abs. 3 erlassenen **Gruppenfreistellungsverordnungen** ergeben. Abs. 3 wird generell gelesen als bestehend aus zwei positiven (Beitrag zur Verbesserung der Warenerzeugung oder -verteilung oder zur Förderung des technischen oder 9

---

[7] Kommission, Leitlinien zur Zwischenstaatlichkeit, ABl. C 101/81 v. 27.4.2004, Rn. 19.

[8] Kommission, Leitlinien zur Zwischenstaatlichkeit, ABl. C 101/81 v. 27.4.2004, Rn. 23 ff.; siehe auch EuGH U. v. 11.12.1980, 31/80 – *L'Oréal,* Rn. 18.

[9] EuG U. v. 16.9.2013, T-373/10, T-374/10, T-382/10, T-402/10 – *Villeroy & Boch u. a./Kommission,* Rn. 53; EuG U. v. 27.7.2005, T-49/02 bis T-51/02 – *„Brasserie nationale u. a./Kommission"*, Rn. 144.

[10] EuGH U. v. 20.9.2001, C-453/99 – *Courage,* Rn. 20, 21 („Zweitens stellt Artikel 85 EG-Vertrag, wie sich aus Artikel 3 Buchstabe g EGVertrag […] ergibt, eine grundlegende Bestimmung dar, die für die Erfüllung der Aufgaben der Gemeinschaft und insbesondere für das Funktionieren des Binnenmarktes unerlässlich ist (siehe […]). Die Bedeutung dieser Bestimmung hat die Verfasser des EG-Vertrags im Übrigen dazu veranlasst, in Artikel 85 Absatz 2 EG-Vertrag ausdrücklich anzuordnen, dass die nach diesem Artikel verbotenen Vereinbarungen oder Beschlüsse nichtig sind […]"); EuGH U. v. 1.6.1999, C-126/97 – *Eco Swiss/Benetton,* Rn. 36.

[11] Siehe *Stockenhuber* in Grabitz/Hilf, 53. Lfg. (2014), Rn. 231.

[12] EuGH U. v. 11.9.2008, C-279/06 – *CEPSA/Tobar,* Rn. 79, m. w. N. aus der Rspr.

[13] EuGH U. v. 12.12.1995, C-319/93 –*Dijkstra u.a.,* Rn. 22; EuGH U. v. 6.2.1973, 48/72 – *Brasserie de Haecht,* Rn. 27.

[14] EuGH U. v. 13.7.2006, C-295/04 bis C-298/04 – *Manfredi,* Rn. 57, m. w. N. aus der Rspr.

[15] EuGH U. v. 13.7.2006, C-295/04 bis C-298/04 – *Manfredi,* Rn. 57, m. w. N. aus der Rspr.

[16] EuGH U. v. 13.7.2006, C-295/04 bis C-298/04 – *Manfredi,* Rn. 57, m. w. N. aus der Rspr.

[17] EuGH U. v. 13.7.2006, C-295/04 bis C-298/04 – *Manfredi,* Rn. 58.

[18] EuGH U. v. 13.7.2006, C-295/04 bis C-298/04 – *Manfredi,* Rn. 59.

wirtschaftlichen Fortschritts; angemessene Beteiligung der Verbraucher an dem entstehenden Gewinn) und zwei negativen Tatbestandsmerkmalen (keine unerlässlichen Beschränkungen; kein Ausschalten des Wettbewerbs für einen wesentlichen Teil der betreffenden Waren). Sämtliche Voraussetzungen müssen **kumulativ** erfüllt sein.[19]

10 Konzeptionell erfolgt die Prüfung einer wettbewerbsbeschränkenden Vereinbarung etc. also **zweistufig.** Denn Art. 101 Abs. 1 AEUV erlaubt keine Abwägung zwischen den wettbewerbsfördernden und den wettbewerbswidrigen Auswirkungen der Vereinbarung etc. Unter Abs. 1 können nämlich ausschließlich die negativen Effekte einer Vereinbarung berücksichtigt werden. Eine Abwägung der wettbewerbsfördernden und der wettbewerbswidrigen Auswirkungen einer Vereinbarung wird stattdessen (nur) nach Abs. 3 vorgenommen (zu den außerwettbewerblichen Erwägungen siehe aber Rn. 317 ff.).

11 Mit der VO 1/2003[20] wurde das damalige Anmeldesystem durch ein System der Legalausnahme ersetzt. Vor Inkrafttreten der VO 1/2003 konnte eine Wettbewerbsbeschränkung – außer durch Gruppenfreistellungsverordnung – nur durch eine **Einzelanmeldung** bei der Kommission freigestellt werden („Formblatt A/B"). Seit dem 1. Mai 2004 müssen (und dürfen) die Unternehmen selbständig prüfen, ob die Freistellungsvoraussetzungen nach Art. 101 Abs. 3 AEUV vorliegen.

12 Die Möglichkeit, bestimmte Gruppen von Wettbeschränkungen freizustellen, ergibt sich immer noch aus Art. 101 Abs. 3 AEUV.[21] Hiernach können auch Gruppen von Vereinbarungen, abgestimmten Verhaltensweisen oder Beschlüssen durch Verordnung (i. S. v. Art. 288 AEUV) der Kommission – sog. Gruppenfreistellungsverordnungen – von Art. 101 Abs. 1 AEUV ausgenommen werden. Solche Gruppen definieren sich nach bestimmten Voraussetzungen, die gewährleisten, dass mit hinreichender Sicherheit die Anforderungen des Abs. 3 erfüllt sind. Zu diesen Kriterien gehören insbesondere die Art der Vereinbarung (z. B. ein Liefervertrag als „vertikale Vereinbarung"), die Marktstellung der beteiligten Unternehmen (ausgedrückt durch den Marktanteil) und die Art der Wettbewerbsbeschränkung (in vielen Gruppenfreistellungsverordnungen nimmt eine Liste von „schwarzen Klauseln" diese von der Befreiung aus). Gruppenfreistellungsverordnungen können allgemeinen Charakter haben (z. B. die Vertikal-GVO) oder für bestimmte Wirtschaftszweige erlassen werden (z. B. die Kfz-GVO). Unter dem Anmeldesystem bis 2004 hatten Gruppenfreistellungsverordnungen konstitutive Wirkung. Unter dem System der Legalausnahme mag man ihnen dieselbe Funktion – eine konstitutive[22] – zuschreiben, wenn sich auch ihre Funktion gewandelt hat: Sie konkretisieren nun verbindlich (auch für die Gerichte, was Gruppenfreistellungsverordnungen von Leitlinien unterscheidet) die Voraussetzungen des Abs. 3.

13 Ausführungen dazu, wie die Kommission Art. 101 Abs. 3 AEUV interpretiert, finden sich hauptsächlich in einer Bekanntmachung der Kommission.[23] Hier legt die Kommission

---

[19] EuG U. v. 8.10.2002, T-185/00, T-216/00, T-299/00 und T-300/00 – *Métropole télévision,* Rn. 86, m. w. N. aus der Rspr.; Kommission, Leitlinien zur Anwendung von Art. 81 Abs. 3 ABl. C-101/97 v. 27.4.2004, Rn. 42.

[20] Verordnung (EG) Nr. 1/2003 des Rates vom 16. Dezember 2002 zur Durchführung der in den Artikeln 81 und 82 des Vertrages niedergelegten Wettbewerbsregeln, ABl. 2003 L 1/1.

[21] Die Ermächtigungen der Kommission waren und sind auf diverse Verordnungen verteilt, siehe z. B. Verordnung 19/65/EWG (vertikale Ausschließlichkeitsbindungen und Lizenzverträge (vertikale Vereinbarungen)); Verordnung (EWG) Nr. 2821/71 (horizontale Vereinbarungen, Beschlüsse und aufeinander abgestimmte Verhaltensweise); Verordnung (EWG) Nr. 3976/87 (Forschung und Entwicklung; Spezialisierung); Verordnung (EWG) Nr. 1534/91 (Versicherungssektor) und Verordnung (EWG) Nr. 479/92 und Verordnung (EG) Nr. 611/2005 (Seeschifffahrtsunternehmen). Die VO 1/2003 enthält keine solche Ermächtigung, lediglich Vorschriften über den Entzug einer Freistellung in Art. 29.

[22] Siehe dazu *Flohr/Pohl* in Liebscher/Flohr, Handbuch der EU-Gruppenfreistellungsverordnungen 2. Aufl. 2012, § 1 Rn. 85; *Dreher* in Europäisches und deutsches Wirtschaftsrecht, 3. Auflage, § 16, Rn. 103.

[23] Kommission, Leitlinien zu Art. 81 Abs. 3 v. 27.4.2004, ABl. C 101/97.

die Kriterien dar, die sie auf die verschiedenen Arten von Vereinbarungen und aufeinander abgestimmten Verhaltensweisen anwendet.[24] Darüber hinaus findet man Hinweise über die Auslegung des Art. 101 Abs. 3 AEUV in den Leitlinien für vertikale Beschränkungen,[25] den Leitlinien über horizontale Zusammenarbeit[26] und den Leitlinien über Technologietransfer.[27] Die Leitlinien zu Art. 101 Abs. 3 AEUV (wie die anderen Leitlininien auch) gaben den nationalen Gerichten und Behörden lediglich eine **Anleitung** und schaffen ein **analytisches Gerüst** für die Anwendung der Vorschrift, sind aber **nicht bindend.**[28] Denn weil nun auch Art. 101 Abs. 3 AEUV direkt anwendbar ist (siehe Art. 1 Abs. 2 VO 1/2003), sind auch nationale Wettbewerbsbehörden und Gerichte befugt zu prüfen und festzustellen, ob die Voraussetzungen dieser Vorschrift vorliegen. Allerdings ist bei der Anwendung der in den Leitlinien niedergelegten Kriterien immer auf die **Umstände des Einzelfalls** abzustellen; jeder Fall soll anhand des Sachverhalts geprüft werden und die Leitlinien müssen **angemessen** und **flexibel** angewendet werden.[29]

II. Entstehungsgeschichte des Art. 101 AEUV und wesentliche Entwicklungen

Die heutigen europäischen Wettbewerbsregeln haben (inzwischen) eine lange Geschichte, denn die ersten Vorschriften wurden vor mehr als 60 Jahren verfasst: In Art. 65 des Vertrags über die Gründung der Europäischen Gemeinschaft für Kohle und Stahl (**EGKS-Vertrag** oder „Montanunion-Vertrag") wurde erstmals ein europarechtliches Verbot wettbewerbsbeschränkender Vereinbarungen niedergelegt, in Art. 66 EGKS-Vertrag Vorschriften über Zusammenschlüsse von Unternehmen. Der EGKS-Vertrag wurde am 18. April 1951 von Belgien, Deutschland, Frankreich, Italien, Luxemburg und den Niederlanden geschlossen. Ungefähr ein Jahr später trat er für 50 Jahre – bis zum 23. Juli 2002 – in Kraft. Sein Ziel war, einen Binnenmarkt für die damals strategischen Wirtschaftszweige Kohle und Stahl zu schaffen. Entscheidungspraxis zum EGKS-Vertrag kann bis heute relevant sein, denn Art. 65 EGKS-Vertrag und dem heutigen Art. 101 AEUV „liegen die gleichen Vorstellungen zu Grunde" und so legt die Kommission „im Allgemeinen das Verbot des Artikels 65 § 1 EGKS-Vertrag analog zu dem des [Art. 101 AEUV] aus".[30] 14

Einige Jahre später wurde die Zusammenarbeit der EGKS-Gründungsmitglieder auf weitere Wirtschaftszweige ausgedehnt. Der Vertrag zur Gründung der Europäischen Wirtschaftsgemeinschaft **(EWG-Vertrag),** der am 25. März 1957 geschlossen wurde und am 1. Januar 1958 in Kraft trat, enthielt in den Art. 85 und 86 bereits das heutige Kartell- und Missbrauchsverbot, deren Wortlaut seitdem unverändert ist. Zum gleichen Zeitpunkt trat der Vertrag über die Europäische Atomgemeinschaft (**Euratom-Vertrag** oder **EAG-Vertrag**) in Kraft, der wettbewerbspolitisch jedoch kaum Bedeutung erlangte. Neben der Zollunion war die Errichtung des „Gemeinsamen Marktes" ein wichtiges Ziel der beiden sog. „Römischen Verträge". Die Wettbewerbspolitik war von Anfang an ein wichtiges Instrument, um dieses Ziel zu erreichen – so wichtig, dass die Grundzüge im EWG-Vertrag festgelegt wurden. 15

---

[24] Kommission, Leitlinien zu Art. 81 Abs. 3 v. 27.4.2004, ABl. C 101/97, Rn. 3.

[25] Kommission, Leitlinien für vertikale Beschränkungen v. 19.5.2010, ABl. C 130/1.

[26] Kommission, Leitlinien zur Anwendbarkeit von Artikel 101 des Vertrags über die Arbeitsweise der Europäischen Union auf Vereinbarungen über horizontale Zusammenarbeit v. 14.1.2011 ABl. C 11/1.

[27] Kommission, Leitlinien zur Anwendung von Artikel 101 des Vertrags über die Arbeitsweise der Europäischen Union auf Technologietransfer-Vereinbarungen v. 28.3.2014, ABl. C 89/3.

[28] Kommission, Leitlinien zu Art. 81 Abs. 3, ABl. C 101/97 v. 27.4.2004, Rn. 4 und 5.

[29] Kommission, Leitlinien zu Art. 81 Abs. 3, ABl. C 101/97 v. 27.4.2004, Rn. 6.

[30] Kommission E. v. 26.11.1997, IV/36.069 – *Wirtschaftsvereinigung Stahl,* ABl. 1998 L 1/10 v. 3.1.1998, Rn. 41 unter Hinweis auf EuGH U. v. 18.5.1962, 13/60 – *Ruhrkohlen-Verkaufsgesellschaften „Geitling" u. a./Hohe Behörde,* Slg. VIII, S. 200–201.

16 Im Jahr 1967 bekamen die drei Gemeinschaften durch den sog. **EG-Fusionsvertrag** (Vertrag zur Einsetzung eines gemeinsamen Rates und einer gemeinsamen Kommission der Europäischen Gemeinschaften vom 8. April 1965) gemeinsame Organe; die drei Europäischen Gemeinschaften blieben aber rechtlich selbstständig. Kommission und Ministerrat wurden durch den EG-Fusionsvertrag zusammengeführt; davor hatte jede der drei Gemeinschaften eigene Institutionen, sich aber bereits eine gemeinsame parlamentarische Versammlung, einen Wirtschafts- und Sozialausschuss sowie einen Gerichtshof geteilt.

17 Aus weiteren Diskussionen über eine Vertiefung der Zusammenarbeit ging die **Einheitliche Europäische Akte („EEA")** hervor. Am 17. Februar[31] und am 28. Februar 1986[32] wurde die EEA unterzeichnet und trat am 1. Juli 1987 in Kraft. Eine der wichtigsten Zielsetzungen der EEA war zumindest die Annäherung an **eine politische Union.** Die EEA enthält Vorschriften mit sowohl politischen als auch wirtschaftlichen Charakters und erweiterte mehrere Zuständigkeiten der (damaligen) EWG, z.B. in den Bereichen Forschung und Entwicklung, Umwelt und gemeinsame Außenpolitik. Institutionen wie die **Europäische Politische Zusammenarbeit (EPZ),** der **Europäische Rat** und der **EU-Ministerrat** wurden vertraglich verankert. Wichtig war auch, dass von nun an die Mitglieder des Europäischen Parlaments direkt von den Bürger der Mitgliedstaaten gewählt wurden. Wirtschaftlich war das Ziel, den **europäischen Binnenmarkt** als einen „Raum ohne Binnengrenzen"[33] zu verwirklichen, und so war die „Vollendung" des Binnenmarkts durch Umsetzung der Grundfreiheiten (freier Waren-, Personen-, Dienstleistungs- und Kapitalverkehr) bis Ende 1992 eine besonders wichtige Aufgabe.

18 Mit der Gründung der **Europäischen Union („EU")** 1993 wurden die sog. „drei Säulen" geschaffen. Der **Vertrag von Maastricht** vom 7. Februar 1993, in Kraft getreten am 1. November 1993, diente der Vorbereitung auf die Europäische Währungsunion und führte eine politischen Union ein (u.a. die Unionsbürgerschaft und die gemeinsame Außen- und Innenpolitik). Zur ersten Säule – den **„Europäischen Gemeinschaften"** – gehörten der EWG-Vertrag, der ab diesem Zeitpunkt als **EG-Vertrag** hieß (weil die „Europäische Wirtschaftsgemeinschaft" in „Europäische Gemeinschaft" umbenannt wurde), der Euratom-Vertrag und der EGKS-Vertrag. Die zweite Säule regelte die Gemeinsame Außen- und Sicherheitspolitik **(„GASP")** und die dritte Säule die Polizeiliche und justizielle Zusammenarbeit **(„PJZS").** Die zweite und dritte Säule folgten im Wesentlichen dem Modell der „intergouvernementalen Zusammenarbeit", wogegen die erste Säule – nach wie vor – eine supranationale Organisation schuf. In ihr war weiterhin die Wettbewerbspolitik verortet.

19 Der **Vertrag von Amsterdam,** unterzeichnet am 2. Oktober 1997 und in Kraft getreten am 1. Mai 1999, hatte die Reform der EU-Institutionen zur Vorbereitung auf den Beitritt neuer Mitgliedstaaten zum Ziel. Mit dem Vertrag von Amsterdam wurden die Artikel im EG-Vertrag neu nummeriert. Die zentralen kartellrechtlichen Vorschriften waren nun Art. 81 und 82 (statt 85 bzw. 86). Bis dahin wurden diese Vorschriften mit „EG-Vertrag" (oder vorher „EWG-Vertrag") bezeichnet, fortan nur noch mit „EG".

20 Der **Vertrag von Nizza** wurde am 26. Februar 2001 unterzeichnet und am 1. Februar 2003 trat er im Kraft. Auch wenn der Vertrag von Amsterdam die Union auf die Erweiterung neuer Mitgliedstaaten der Union vorbereitet hatte, waren einige Reformen bis dahin unzureichend gewesen. Der Vertrag von Nizza veränderte daher vor allem institutionelle Rahmenbedingungen, z.B. die Größe und Zusammensetzung der Kommission, die

---

[31] Von Portugal, Spanien Deutschland, Frankreich, Irland, Großbritannien, Belgien, Luxemburg und Holland.

[32] Von Dänemark, Italien und Griechenland.

[33] Mit Art. 13 EEA wurde der neue Art. 8a in den EG-Vertrag eingeführt. Dessen Abs. 2 lautet: „Der Binnenmarkt umfasst einen Raum ohne Binnengrenzen, in dem der freie Verkehr von Waren, Personen, Dienstleistungen und Kapital gemäß den Bestimmungen dieses Vertrages gewährleistet ist.". Siehe heute Art. 3 Abs. 3 EUV und Art. 26 Abs. 2 AEUV.

Stimmgewichtung der Mitgliedstaten im Rat sowie die Annahme von Beschlüssen mit qualifizierter Mehrheit statt mit Einstimmigkeit.

Durch den **Vertrag von Lissabon** vom 13. Dezember 2007 wurden der EU-Vertrag und der EG-Vertrag reformiert: Am 1. Dezember 2009 trat der Vertrag über die Arbeitsweise der Europäischen Union **(„AEUV")** in Kraft. Die vormaligen „drei Säulen" wurden in eine einheitliche Organisation überführt; die Europäische (Wirtschafts-)Gemeinschaft hörte auf zu bestehen.[34] Die kartellrechtlichen Vorschriften erhielten wieder neue Bezeichnungen: Aus Art. 81 EG wurde Art. 101 AEUV, Art. 82 EG-Vertrag wurde zu Art. 102 AEUV. Der Wortlaut der Vorschriften blieb identisch. **21**

Zwecks Durchführung der kartellrechtlichen Vorschriften des damaligen EWG-Vertrags war bereits 1962 die Verordnung Nr. 17 **(„VO 17")**[35] erlassen und ein sog. **Anmeldesystem** eingeführt worden. Die Unternehmen mussten wettbewerbsbeschränkende Vereinbarungen (i. S. d. heutigen Art. 101 Abs. 1 AEUV) vorab bei der Kommission anzumelden, um eine Freistellung (i. S. d. heutigen Abs. 3) zu erhalten. Allein die Kommission hatte nach der VO 17 das Recht, solche Freistellungen zu erteilen – wogegen Art. 101 Abs. 1 AEUV direkt anwendbar und von allen Gerichten und Behörden zu beachten und anzuwenden war. **22**

Dieses System hatte nicht nur den Vorteil, dass Unternehmen vorab eine Entscheidung der Kommission erhalten konnten (aber auch mussten), um einen Verstoß gegen das Kartellverbot und die möglichen Folgen (Nichtigkeit, Bußgelder) zu vermeiden. Mit der fortschreitenden Erweiterung der EWG – und wohl auch wegen der Ausweitung des Tatbestands des Art. 101 AEUV – wurde die Kommission der Zahl der Anmeldungen nicht mehr Herr. Unternehmen mussten zunehmend lange auf eine Entscheidung warten, selbst wenn die Kommission immer häufiger eine förmliche Entscheidung gar nicht mehr erließ, sondern auf ein informelles „Verwaltungsschreiben" ***(comfort letter)*** auswich. Dennoch hatte die Kommission schließlich kaum noch die nötigen Ressourcen, auch nur die bedeutenden Fälle aktiv zu verfolgen. **23**

Die Kommission versuchte daher zunehmend – und schon vor Inkrafttreten der VO 1/2003 –, die Zahl der Anmeldungen zu reduzieren, ohne jedoch Art. 101 Abs. 3 AEUV direkt anwendbar zu machen (was ihr aus Rechtsgründen verwehrt war). Die frühen Gruppenfreistellungsverordnungen aus den 1980er Jahren erfassten z. T. nur einzelne Wettbewerbsbeschränkungen (z. B. Alleinbezug oder Alleinbelieferung). Die Kommission erließ zwar sukzessive weitere Gruppenfreistellungsverordnungen, und vor allem Gruppenfreistellungsverordnungen mit weitem Anwendungsbereich (nämlich die Vertikal-GVO 2790/1999), aber da auch die Zahl der Mitgliedstaaten immer weiter zunahm, reichte auch das nicht. So verschaffte die Kommission sich später die Möglichkeit, vertikale Vereinbarungen (und auch nur die) rückwirkend freizustellen. Das war schon eine Art Abkehr vom Anmeldesystem, das ja eigentlich ein System der vorherigen Anmeldung sein sollte. Die Kommission konnte aber nun Anmeldungen vertikaler Vereinbarungen erst dann bearbeiten, wenn die Wirksamkeit der Vereinbarung vor einem nationalen Gericht in Streit stand. Dem Unternehmen wurde ab dem Zeitpunkt der Anmeldung bei der Kommission Schutz vor Bußgeldern gewährt. In der Sache wies dieses System bereits Elemente von Selbstveranlagung auf. Die Parteien einer vertikalen Vereinbarung mussten nämlich abschätzen, wie im Falle eines Rechtsstreits die Kommission ihre Vereinbarung beurteilen würde, ob die Kommission in einem solchen Fall also eine rückwirkende Freistellung erteilen würde. Heute müssten die Unternehmen abschätzen, wie denn (primär) die nationalen Gerichte die Vereinbarung beurteilen würden. Es ist eine Folge dieses *„institutional design"*, dass die **24**

---

[34] Euratom besteht als eigene Organisation fort. Der EGKS-Vertrag war zu diesem Zeitpunkt bereits ausgelaufen.

[35] Verordnung Nr. 17 des Rates, Erste Durchführungsverordnung zu den Artikeln 85 und 86 des Vertrages, ABl. Nr. 13, S. 204 v. 21.2.1962.

Kommission anfänglich versuchte, bestimmte praktische Probleme wie die Zahl der Anmeldungen über die Auslegung des Abs. 1 (statt Abs. 3) zu lösen.

25 Unter anderem aufgrund dieser Überlegungen trat am 1. Mai 2004 die neue Durchführungsverordnung 1/2003 (**„VO 1/2003“**) in Kraft. Sie ersetzte die VO 17 und schaffte das Anmeldesystem ab. Auch Art. 101 Abs. 3 AEUV ist seitdem unmittelbar anwendbar. Die Kommission behält zwar die Befugnis, in bestimmten Fällen per Entscheidung einzugreifen, aber grundsätzlich obliegt es nun den betroffenen Unternehmen, eigenständig zu überprüfen, ob ihr Verhalten kartellrechtskonform ist (einschließlich der „Freistellungsfähigkeit“). Um dies zu erleichtern, hat die Kommission diverse Leitlinien, Mitteilungen und Bekanntmachungen veröffentlicht, welche die Entscheidungspraxis der Kommission und die Rechtsprechung der europäischen Gerichte (und zunehmend auch die der nationalen Gerichte) ergänzen.

26 Die Bedeutung des unverfälschten Wettbewerbs für den Binnenmarkt und für das „Projekt Europa“ ist seit den 1950er Jahren unbestritten. Der EuGH hat dies mehrmals bestätigt und festgestellt, dass das europäische Wettbewerbsrecht für die Erfüllung der Aufgaben der Union und insbesondere für das Funktionieren des Binnenmarktes unerlässlich ist.[36] Das hat Folgen für die Auslegung der kartellrechtlichen Vorschriften (siehe Rn. 39).

27 Die Diskussion um die Bedeutung der Wettbewerbspolitik flammte jedoch erneut auf, als der damalige Art. 3 Abs. 1 lit. g EG durch den AEUV neu gefasst wurde. Nach Art. 3 Abs. 1 lit. g EG umfasste die Tätigkeit der Europäischen Gemeinschaft ein System, das den Wettbewerb innerhalb des Binnenmarkts vor Verfälschungen schützt. Dagegen scheint Art. 3 Abs. 1 lit. b AEUV den Schutz des Wettbewerbs nicht mehr als Politikziel der EU aufzuführen, sondern „nur noch“ als Mittel zu einem (anderen) Zweck, dem Binnenmarkt. Das Protokoll Nr. 27 zum AEUV i. V. m. Art. 51 EUV enthält jedoch die alte Formulierung. Der EuGH scheint dieser Verschiebung keinerlei Bedeutung zuzumessen;[37] das ist aber nicht unbestritten. Die Vorschriften über die Wettbewerbspolitik selbst blieben jedenfalls unverändert.

28 Jedenfalls in der Auslegung durch den EuGH folgt das Unionsrecht weiter dem Leitgedanken, dass ein wirksamer und freier Wettbewerb grundsätzlich positiv auf die Wirtschaft wirkt; auch die enge und direkte Verbindung zum Binnenmarkt wird nach wie vor gesehen. Die Diskussion heute, warum wirksamer Wettbewerb wichtig ist, steht aber nicht nur bei der Verwirklichung des Binnenmarkts im Mittelpunkt.[38] Mehr und mehr rücken nicht nur konzeptionell, sondern auch bei der praktischen Anwendung, die Vorteile für die Endverbraucher in den Mittelpunkt.[39] Die Wettbewerbspolitik ist schließlich bedeutsam für die Überwindung volkswirtschaftlicher Krisen. Denn die Wettbewerbspolitik soll Wachstum und Wettbewerbsfähigkeit fördern, u. a. indem sie zu Unternehmensgründungen und Expansion ermutigt.[40]

III. Die Rechtsquellen des europäischen Wettbewerbsrechts

1. Primärrecht der EU, insbesondere AEUV

29 Vorschriften über das Europäische Wettbewerbsrecht finden sich in verschiedenen Quellen mit unterschiedlichem rechtlichen Status. EUV und AEUV, die Protokolle, Änderungsverträge, Zusatzverträge und Beitrittsverträge gehören zum europäischen **Primär-**

[36] EuGH U. v. 20.9.2001, C-453/99 – *Courage,* Rn. 20; EuGH U. v. 1.6.1999, C-126/97 – *Eco Swiss/Benetton,* Rn. 36.

[37] EuGH U. v. 17.11.2011, C-496/09 – *Kommission/Italien,* Rn. 60. Siehe auch Kommission, Bericht über die Wettbewerbspolitik 2013, S. 3.

[38] Siehe z. B. Kommission, Bericht über die Wettbewerbspolitik 2013, S. 3: „Darüber hinaus bildet die Wettbewerbspolitik die notwendige Ergänzung der Binnenmarktregulierung“.

[39] So schon Kommission, XXXII. Bericht über die Wettbewerbspolitik 2002, Tz. 26.

[40] Kommission, Bericht über die Wettbewerbspolitik 2013, S. 2 und 3.

recht, das die rechtliche Grundlage der EU bildet. Wettbewerbsrechtliche Vorschriften für Unternehmen finden sich im Primärrecht in den Art. 101–106 AEUV. Diese Vorschriften gehören zum Kapitel 1 („Wettbewerbsregeln (Art. 101–109)") des Titels VII des AEUV („Gemeinsame Regeln betreffend Wettbewerb, Steuerfragen und Angleichung der Rechtsvorschriften"). Zum Primärrecht gehören nach stRspr. ebenfalls die **allgemeinen Rechtsgrundsätze** des Unionsrechts.[41] Sie genießen daher ggf. Vorrang vor anderen Rechtsquellen.

Den **Kern** des europäischen Wettbewerbsrechts bilden die Art. **101** und **102 AEUV.** 30
Diese Vorschriften beruhen auf dem sog. **Verbotsprinzip,** wonach durch die Vorschriften ein Verhalten für verboten erklärt wird, sobald die jeweiligen Tatbestandsmerkmale erfüllt sind. Eine vorherige Entscheidung eines Gerichts oder einer Behörde ist nicht erforderlich (siehe Art. 1 Abs. 1 und 2 VO 1/2003 zu Art. 101 AEUV bzw. Art. 1 Abs. 3 VO 1/2003 zu Art. 102 AEUV). Diese Vorschriften sind direkt anwendbar und von jedem Gericht und jeder Behörde zu beachten. Art. 101 AEUV besteht aus **drei Absätzen.** Der erste Absatz enthält das grundsätzliche Verbot wettbewerbsbeschränkender Vereinbarungen (etc.). Der zweite Absatz erklärt solche verbotenen Vereinbarungen (etc.) für **nichtig.** Im dritten Absatz befinden sich die Tatbestandsmerkmale für die (heutige) **„Legalausnahme"** vom Verbot wettbewerbsbeschränkender Vereinbarungen. Art. 102 AEUV verbietet das **missbräuchliche Ausnutzen einer marktbeherrschenden Stellung** durch ein oder mehrere Unternehmen. Eine Legalausnahme von diesem Verbot gibt es nicht.[42]

Art. 103 AEUV ermächtigt den Rat, Verordnungen und Richtlinien zu erlassen, um die 31
in den Art. 101 und 102 AEUV niedergelegten Grundsätze zu verwirklichen. Art. 104 AEUV richtet sich an die Behörden der Mitgliedstaaten und verlangt, dass bis zum Inkrafttreten von Vorschriften nach Art. 103 AEUV die Entscheidung der nationalen Behörden im Einklang mit deren eigenen Rechtsvorschriften und den Art. 101 und 102 AEUV sein müssen. Da praktisch mittlerweile sämtliche Bereiche des europäischen Wettbewerbsrechts durch Sekundärrecht abgedeckt sind, hat dieser Artikel seinen Anwendungsbereich nahezu verloren.[43] In Art. 105 AEUV wird die Kommission ermächtigt, Untersuchungen einzuleiten und Zuwiderhandlungen abzustellen sowie Gruppenfreistellungsverordnungen zu erlassen. Art. 106 Abs. 1 AEUV stellt klar, dass öffentliche Unternehmen und Unternehmen mit besonderen oder ausschließlichen Rechten ebenfalls Art. 101 und 102 AEUV beachten müssen. Diese Vorschriften dürfen nach Art. 106 Abs. 2 AEUV allerdings die Erbringung von Dienstleistungen von allgemeinem wirtschaftlichen Interesse nicht unmöglich machen.

2. Sekundärrecht: Richtlinien, Verordnungen, Beschlüsse, Empfehlungen und Stellungnahmen

Zentral für die Durchsetzung der Art. 101 und 102 AEUV ist das von den Organen der 32
Union erlassene sog. **Sekundärrecht,** die **Rechtsprechung** des EuGH und des EuG und die **Entscheidungspraxis** der Kommission. Zunehmend wird das Kartellrecht der EU auch durch die nationalen Gerichte und Behörden geprägt. Trotz der direkten Anwendbarkeit der Art. 101 und 102 AEUV (oder gerade deswegen) ist das Sekundärrecht unerlässlich, um das ausfüllungsbedürftige Primärrecht zu konkretisieren, durch ein funktionsfähiges Verfahrensrecht zu flankieren und seine einheitliche Anwendung zu sichern. Das Sekundärrecht besteht in erster Linie aus **Richtlinien**, **Verordnungen** und **Beschlüssen,** aber auch aus **Empfehlungen** und **Stellungnahmen.** Sie alle finden nach Art. 288

[41] EuGH U. v. 29.5.1997, C-299/95 – *Kremzow/Österreich,* Rn. 14, m. w. N. aus der Rspr.; *Jarass/Münsterzur* EuR 2013, 29.

[42] Es gibt auch bei Art. 102 AEUV eine Art Effizienzeinwand, der aber richtigerweise Teil des Tatbestands ist (genauer: Teil der Prüfung der Missbräuchlichkeit), siehe Art. 102 AEUV Rn. 297.

[43] Siehe dazu z. B. *Ludwigs* in Grabitz/Hilf – 53. Lfg. 2014, Art. 104, Rn. 1 ff.

AEUV ihre Rechtsgrundlage im Primärrecht (oder in Akten des Sekundärrechts, die ihrerseits eine primärrechtliche Grundlage haben).[44]

33 Richtlinien, Verordnungen und Beschlüsse gelten zwingend, aber sie haben unterschiedliche Adressaten und werden unterschiedlich umgesetzt: Eine Verordnung hat allgemeine Geltung, ist in allen ihren Teilen verbindlich und gilt unmittelbar für jedermann und in jedem Mitgliedstaat (sog. **„Direktwirkung"**, Art. 288 Abs. 2 AEUV). Sie begründet in sämtlichen Mitgliedstaaten individuelle Rechte und Pflichten. Eine Richtlinie muss erst von einem Mitgliedstaat **umgesetzt** werden, wobei dieser die Form und das Mittel für die Umsetzung wählt (Art. 288 Abs. 3 AEUV). Grds. begründet sie erst dann Rechte und Pflichten für Dritte. Da sich Beschlüsse an bestimmte Adressaten richten, sind sie nur für diese verbindlich (Art. 288 Abs. 4 AEUV). Empfehlungen und Stellungnahmen sind unverbindlich (Art. 288 Abs. 5 AEUV), so dass sie nicht unmittelbar Rechte und Pflichten Dritten begründen können,[45] aber sie erzeugen trotzdem (indirekte) rechtliche Wirkungen:[46] Mitgliedstaaten müssen nämlich wegen des **Grundsatzes der Unionstreue** (Art. 4 Abs. 3 EUV) Empfehlungen und Stellungnahmen berücksichtigen.[47] In der Praxis orientieren sich die Mitgliedstaaten – schon aus Praktikabilitätsgründen[48] – in der Regel an solchen Texten, auch wenn sie gerne die Freiwilligkeit betonen.[49]

3. *Soft law:* Leitlinien, Bekanntmachungen und Mitteilungen

34 Weitere Rechtsakte, die für Handhabung der europäischen Wettbewerbsregeln relevant sind, haben zwar nicht den Status eines Gesetzes o. ä. und begründen keine unmittelbaren rechtlichen Verpflichtungen.[50] Dazu gehören **Leitlinien, Bekanntmachungen** und **Mitteilungen.** Diese auch als ***„soft law"*** bezeichneten Texte haben dennoch eine wichtige Funktion.[51] Sie werden hauptsächlich von der Kommission veröffentlicht und geben die gegenwärtige Wettbewerbspolitik, Rechtsprechung und Entscheidungspraxis wieder. Dadurch soll die Rechtslage transparenter und die Anwendung des Kartellrechts berechenbarer werden; die Rechtssicherheit soll zunehmen. Sicher verstoßen manche Verhaltensweisen so eklatant gegen die Wettbewerbsregeln, dass es keiner Erläuterung bedarf, um den

---

[44] So dient z. B. VO 19/65/EWG des Rates vom 2. März 1965 über die Anwendung von Artikel 85 Absatz 3 des Vertrages auf Gruppen von Vereinbarungen und aufeinander abgestimmten Verhaltensweisen als Rechtsgrundlage für Gruppenfreistellungsverordnungen der Kommission. Ein wichtiges Beispiel hierfür ist die Vertikal-GVO (Verordnung (EU) Nr. 330/2010 der Kommission vom 20. April 2010 über die Anwendung von Artikel 101 Absatz 3 des Vertrags über die Arbeitsweise der Europäischen Union auf Gruppen von vertikalen Vereinbarungen und abgestimmten Verhaltensweisen.

[45] Siehe dazu EuGH U. v. 18.3.2010, C-317/08 bis C-320/08 – *Alassini,* Rn. 40; EuGH U. v. 24.4.2008, C-55/06 – *Arcor/Deutschland,* Slg. 2008, I-2931, Rn. 94; EuGH U. v. 11.9.2003, C-207/01 – *Altair Chimica,* Slg. 2003, I-8875, Rn. 41; EuGH U. v. 13.12.1989, C-322/88 – *Grimaldi,* Slg. 1989, 4407, Rn. 16–19.

[46] EuGH U. v. 13.12.2008, 322/88 – *Grimaldi,* Rn. 18; *Schroeder* in Streinz, EUV/AEUV, 2. Aufl. 2012, Art. 288, Rn. 143–147; *Nettesheim* in Grabitz/Hilf/Nettesheim, Das Recht der EU, 54. Erg.lief. 2014, Art. 288, Rn. 206.

[47] *Haratsch/Koenig/Pechstein,* Europarecht, 9. Auflage, S. 165 (Rn. 376) und S. 181 (Rn. 412 ff.).

[48] Nach *Nettesheim* in Grabitz/Hilf/Nettesheim, Das Recht der EU, 54. Erg.lief. 2014, Art. 288 Rn. 208, verleihen „die Sachkenntnis und größere Übersicht der Unionsorgane […] ihnen eine besondere Autorität". Zudem wird „Keiner der Mitgliedstaaten […] bestrebt sein, sich ein integrationsfeindliches Verhalten vorwerfen zu lassen und sich daher bemühen, auch den unverbindlichen Rechtshandlungen Aufmerksamkeit zu schenken."

[49] *Nettesheim* in Grabitz/Hilf/Nettesheim, Das Recht der EU, 54. Erg.lief. 2014, Art. 288 Rn. 208.

[50] Siehe *Thomas,* EuR 2009, 423.

[51] Ausführlich hierzu *Schwarze,* EuR 2011, Heft 1, S 3 ff. Der EuGH hat den Begriff *„soft law",* soweit ersichtlich, selbst nicht benutzt. In einem Arbeitsdokument des Rechtsausschusses des Europäischen Parlaments vom 22.2.2007 wurde der Begriff allerdings verwendet, vgl. *Schwarze,* a. a. O., S. 4.

Verstoß zu erkennen. Aber wegen der möglichen Höhe der von der Kommission verhängten Geldbußen kann die Aufgabe der fortschreitenden Konkretisierung der Wettbewerbsregeln auch in den „Randbereichen" der Verbote nicht abgeschlossen sein.

Darüber hinaus sind gerade Leitlinien nach stRspr. zwar keine Rechtsnormen, wohl aber **Verhaltensnormen,**[52] welche die Verwaltungspraxis beschreiben und welche die veröffentlichende Behörde zu beachten und mit dem **Grundsatz der Gleichbehandlung** in Einklang zu bringen hat.[53] Hierdurch wird eine Art **Selbstbindung der Kommission** begründet.[54] Der EuGH ist selbst allerdings nicht an den Inhalt einer Leitlinie gebunden; diese stellt für ihn vielmehr (nur) einen „nützlichen Bezugspunkt" bei der Auslegung des Unionsrechts dar.[55] Den Grundsatz der Gleichbehandlung müssen natürlich auch die Gerichte achten, weshalb die bisherige Entscheidungspraxis einer Behörde – die u. U. einer früheren Leitlinie folgt – auch den EuGH auf eine bestimmte Entscheidung festlegen kann. Das Gleiche gilt für nationale Behörden und Gerichte, die ebenfalls nicht rechtlich gebunden sind. Von der rechtlichen Unverbindlichkeit solcher Akte im Unionsrecht zu trennen ist die Frage, ob der nationale Gesetzgeber „autonom" die Bindung seiner Gerichte und Behörden an Leitlinien etc. angeordnet hat. **35**

Auch Bekanntmachungen der Kommission führen zur **Selbstbindung** der Kommission.[56] Dies gilt insbesondere, wenn die Kommission in einer Bekanntmachung ihr eigenes Verhalten und ihre Entscheidungspraxis beschreibt. Denn so beschränkt die Kommission im Vorhinein ihr Ermessen und kann nicht mehr von der Bekanntmachung abweichen, ohne gegen allgemeine Rechtsgrundsätze, insbesondere die Grundsätze der Gleichbehandlung und des Vertrauensschutzes zu verstoßen.[57] Dies gilt grundsätzlich für Mitteilungen[58] und Stellungnahmen, wenn sie Verhaltensnormen enthalten. Unter Bezugnahme auf den Grundsatz des Vertrauensschutzes ist auch hier eine Selbstbindung des erlassenden Unionsorgans annehmen, welche im Widerspruch zu einer eigenen Empfehlung oder Stellungnahme stehende verbindliche Maßnahmen verbietet – jedenfalls wenn der Adressat bereits entsprechende Dispositionen getroffen hat.[59] **36**

---

[52] EuGH U. v. 28.6.2005, C-189/02 P, C-202/02 P, C-205/02 P bis C-208/02 P und C-213/02 P – *Dansk Rörindustri u.a/Kommission,* Rn. 211 („Das fragliche Organ hat dadurch, dass es derartige Verhaltensnormen erlassen und durch ihre Veröffentlichung angekündigt hat, dass es sie von nun an auf die von diesen Normen erfassten Fälle anwenden werde, die Ausübung seines Ermessens beschränkt und kann nicht von diesen Normen abweichen, ohne dass dies gegebenenfalls wegen eines Verstoßes gegen allgemeine Rechtsgrundsätze wie die der Gleichbehandlung oder des Vertrauensschutzes geahndet würde".).

[53] EuGH U. v. 28.6.2005, C-189/02 P, C-202/02 P, C-205/02 P bis C-208/02 P und C-213/02 P – *Dansk Rörindustri u. a./Kommission,* Rn. 209; EuG U. v. 8.10.2008, T-73/04 – *Le Carbone-Lorraine/Kommission,* Rn. 70.

[54] EuGH U. v. 28.6.2005, C-189/02 P, C-202/02 P, C-205/02 P bis C-208/02 P und C-213/02 P – *Dansk Rörindustri u.a/Kommission,* Rn. 211; *Schwarze,* EuR 2011, Heft 1, S 8.

[55] EuGH U. v. 7.3.2002, C-310/99 – *Italien/Kommission,* Rn. 52, m. w. N. aus der Rspr.

[56] So zur *de minimis*-Bekanntmachung Mitteilung der Kommission – Bekanntmachung über Vereinbarungen von geringer Bedeutung, die im Sinne des Artikels 101 Absatz 1 des Vertrags über die Arbeitsweise der Europäischen Union den Wettbewerb nicht spürbar beschränken, ABl. C 291/11 v. 30.8.2014. EuGH U. v. 13.12.2012, C-226/11 – *Expedia,* Rn. 28.

[57] EuGH U. v. 13.12.2012, C-226/11 – *Expedia,* Rn. 28, m. w. N. aus der Rspr.

[58] EuGH U. v. 13.6.2002, C-382/99 – *Niederlande/Kommission,* Rn. 2, zur Mitteilung 96/C 68/06 der Kommission über *de minmis*-Beihilfen ABl. C 68/9 v. 6.3.1996; EuG U v. 3.4.2003, T-119/02 – *Royal Philips Electronics,* Rn. 242, und EuG U. v. 21.9.2005, T-87/05 – *EDP,* Rn. 162 (beide zur Mitteilung über Abhilfemaßnahmen); EuG U. v. 9.7.2007, T-282/06 – *Sun Chemical Group BV,* Rn. 55 (in erster Linie zu Leitlinien betreffend die Fusionskontrolle, es wird aber ausdrücklich auch die Bindung an Mitteilungen allgemein angesprochen).

[59] *Biervert* in Schwarze, EU-Kommentar, 3. Aufl. 2012, Art. 288, Rn. 36; *Schroeder* in Streinz, EUV/AEUV, 2. Aufl. 2012, Art. 288, Rn. 143 und Fn. 463; enger wohl *Körber* in Immenga/Mestmäcker, EU-Wettbewerbsrecht, 5. Aufl. 2012, FKVO Einl. Rn. 76, der eine Selbstbindung nur für Mitteilungen und Leitlinien annehmen will.

37 Bekanntmachungen und Mitteilungen sind auch für die nationale Behörden und Gerichte nicht bindend,[60] sondern dienen als ein Leitfaden für die Anwendung des Art. 101.[61] Die Mitgliedstaaten müssen aber, auch wenn Erlass und Anwendung dieser Vorschriften in ihrer Zuständigkeit liegen, bei deren Ausübung das Unionsrecht beachten und müssen, speziell im Bereich des Wettbewerbsrechts, dafür sorgen, dass die Vorschriften, die sie erlassen oder anwenden, die wirksame Anwendung der Art. 101 AEUV und 102 AEUV nicht beeinträchtigen.[62] Wenn Bekanntmachungen und Leitlinien also die bisherige Entscheidungspraxis wiedergeben, insbesondere die des EuGH, wird es den Mitgliedstaaten in der Sache schwerfallen, eine Abweichung davon zu begründen. Aber das gilt natürlich nur, soweit die Mitgliedstaaten europäisches Kartellrecht anwenden und/oder dieses in ihr nationales Recht übernommen haben.

4. Entscheidungspraxis der Gerichte und Behörden

38 Da der Wortlaut der Art. 101 AEUV und 102 AEUV viele Fragen offen lässt, insbesondere die Tatbestandmerkmale dieser Vorschiften nicht weiter definiert, spielt die **Rspr. der Gerichte der EU** eine entscheidende Rolle bei der Auslegung der Wettbewerbsvorschriften (siehe auch Art. 19 EUV). Ersichtlich sind Entscheidungen des EuGH und des EuG in dem Umfang zu beachten, wie durch sie ein konkreter Rechtsstreit entschieden wurde (*inter partes*-Wirkung). Die Entscheidungspraxis wird auch herangezogen, um aus vergangenen Fällen abzuleiten, wie zukünftige Fälle zu entscheiden sind; das ist nichts Besonderes. Spezifisch für das Unionsrecht ist aber, dass Antworten des EuGH auf Vorabentscheidungsersuchen nationaler Gerichte den Inhalt des Unionsrechts für jedermann verbindlich *(erga omnes)* feststellen. Spezifisch für das Kartellrecht ist auch die Bindungswirkung von Entscheidungen der Kommission nach Art. 16 VO 1/2003. Der Vollständigkeit halber sei hingewiesen auf die Bindungswirkung von behördlichen Entscheidungen nach § 33 Abs. 4 GWB.

5. Rechtsquellen außerhalb des Kartellrechts: andere Politikziele der EU

39 Neben den spezifisch kartellrechtlichen Rechts- und Erkenntnisquellen müssen auch die (sonstigen) **grundlegenden Prinzipien** des AEUV und des Unionsrechts bei der Interpretation und Durchführung des europäischen Kartellrechts beachtet werden. Da das Unionsrecht sich in einem dynamischen Entwicklungsprozess befindet, der nicht nur rechtliche Aspekte betrifft, spielen auch **politische Ziele und Überlegungen** eine wichtige Rolle. Insbesondere ist der Errichtung einer Zollunion das **Entstehen und Aufrechterhalten eines gemeinsamen Binnenmarkts** und die gegenseitige Durchdringung der nationalen Märkte ein grundlegendes Politikziel. Diese anderen Politikziele beeinflussen zunehmend die Auslegung von Art. 101 Abs. 1 und Abs. 3 AEUV (siehe dazu Rn. 317 ff.).

6. Die EMRK als Rechtsquelle

40 Der allgemeine Grundrechtsschutz gilt auch im Kartellrecht.[63] Die Grundrechte sind integraler Bestandteil der allgemeinen Grundsätze des Unionsrechts.[64] Daher sind die Grund-

[60] Siehe Kommission, Bekanntmachung über Vereinbarungen von geringer Bedeutung, die im Sinne des Artikels 101 Absatz 1 des Vertrags über die Arbeitsweise der Europäischen Union den Wettbewerb nicht spürbar beschränken (De-minimis-Bekanntmachung), ABl. C-291/1 v. 30.8.2014, Rn. 5, sowie dazu EuGH U. v. 13.12.2012, C-226/11 – *Expedia,* Rn. 23–31.

[61] EuGH U. v. 13.12.2012, C-226/11 – *Expedia,* Rn. 29–31.

[62] EuGH U. v. 14.6.2011, C-360/09 – *Pfleiderer,* Rn. 24, m. w. N. aus der Rspr.

[63] Vgl. EuGH U. v. 1.7.2010, C-407/08 P – *Knauf,* Rn. 91 ff.

[64] EuGH Gutachten v. 18.12.2014, C-2/13, Entwurf eines internationalen Übereinkommens – Beitritt der Europäischen Union zur Europäischen Konvention zum Schutz der Menschenrechte und

rechte eine zunehmend wichtige Rechtsquelle auch für das Kartellrecht – wenn sie sich auch in erster Linie auf das Verfahrensrecht auswirken. Quellen des Grundrechtsschutzes im Recht der EU sind nach Art. 6 Abs. 1 EUV die Grundrechtecharta **(„GRCh")** als verbindlicher Grundrechtskatalog, nach Art. 6 Abs. 2 EUV der (geplante – dazu sogleich) Beitritt zur Europäischen Menschenrechtskonvention **(„EMRK")** und nach Art. 6 Abs. 3 EUV die allgemeinen Rechtsgrundsätze (des nationalen Rechts). Die EMRK ist für die Auslegung der GRCh maßgeblich und stellt für deren Grundrechte den Mindeststandard dar (Art. 52 Abs. 3 GRCh). Der Gerichtshof misst der EMRK daher besondere Bedeutung bei.[65] Da die EU jedoch der EMRK nicht beigetreten ist (und wegen des Gutachtens des EuGH von Dezember 2014 auf absehbare Zeit wohl auch nicht beitreten wird[66]), mag die EMRK wegen Art. 6 Abs. 1 EUV und Art. 52 Abs. 3 GRCh ein von der EU autonom durch Bezugnahme eröffnete Rechtsquelle sein. Daraus folgt aber nicht, dass die Rechtsakte der EU der Kontrolle durch den Europäischen Gerichtshof für Menschenrechte **(„EGMR")** unterworfen sind.[67] Vielmehr entscheidet nach wie vor der EuGH letztverbindlich – und ggf. unter Berücksichtigung der Rechtsprechung des EGMR[68] – über den Inhalt und die Reichweite der Grundrechte der GRCh. Er muss dabei oft implizit den Inhalt der Rechte der EMRK bestimmen. Daher kann nach wie vor die Auslegung eines Grundrechts der EMRK durch den EuGH von der Auslegung des gleichen Grundrechts durch den EGMR abweichen, und sei es nur zweitweise.

Die Grundrechte der EMRK beeinflussen (derzeit) in erster Linie das europäische Kartellverfahrensrecht, das deutsche kaum, selbst wenn das europäische Kartellrecht angewandt wird. Das hat seinen Hauptgrund in dem gut ausgebauten Schutz durch die Grundrechte des Grundgesetzes, gerade im straf- und ordnungswidrigkeitenrechtlich geprägten Kartellbußgeldverfahren.[69] **41**

Das Kartellverfahren und die Kartellbußgelder gehören in der Systematik der EMRK nicht zum Kernbereich des Strafrechts. Der EuGH ordnet das Bußgeldverfahren vielmehr den Verwaltungsverfahren zu.[70] Dennoch sollen die strafverfahrensrechtlichen Garantien der EMRK beachtet werden.[71] Der EGMR weist darauf hin, dass die EMRK nicht nur im Kernbereich des Strafrechts, sondern auch im Strafrecht „im weiteren Sinne" Anwendung findet. Die Gewährleistungen der EMRK sind hier allerdings weniger streng als im Kernbereich.[72] Das Kartellrecht ist dem Strafrecht im weiteren Sinne zuzuordnen. **42**

Grundfreiheiten – Vereinbarkeit des Entwurfs mit dem EU-Vertrag und dem AEUV-Vertrag, Rn. 37; EuGH Urt. v. 3.9.2008, C-402/05 P u. C 415/05 P – *Kadi und Al Barakaat International Foundation/Rat und Kommission,* Rn. 283 ff.; EuGH Urt. v. 26.6.2007, C-305/05 – *Ordre des bareaux francophones et germanophone u. a.,* Rn. 29.

[65] EuGH U. v. 18.6.1991, C-260/89 – *ERT,* Rn. 41 ff.; EuGH U. v. 3.9.2008, C-402/05 P, C-415/05 P – *Kadi und Al Barakaat International Foundation/Rat und Kommission,* Rn. 283 ff.; EuGH U. v. 26.6.2007, C-305/05 – *Ordre des barreaux francophones et germanophone u. a.,* Rn. 29.

[66] EuGH Gutachten v. 18.12.2014, C-2/13, Entwurf eines internationalen Übereinkommens – Beitritt der Europäischen Union zur Europäischen Konvention zum Schutz der Menschenrechte und Grundfreiheiten – Vereinbarkeit des Entwurfs mit dem EU-Vertrag und dem AEUV-Vertrag.

[67] Zur Frage, in welchem Umfang der Vollzug von Akten des Unionsrechts durch die Mitgliedstaaten der EMRK und der Kontrolle durch den EGMR unterliegen, siehe EGMR U. v. 30.6.2005, Beschwerde Nr. 45036/98, *Bosphorus Hava Yollari Turizm ve Ticaret Anonim Şirketi v. Ireland,* NJW 2006, 197; *Haratsch,* ZaöRV 66 (2006), 927.

[68] Siehe zum Einfluss des EGMR auf die Rspr. des EuGH *Oster/Wagner* in Dauses, EU-Wirtschaftsrecht, 36. Erg.lief. (2014), Abschnitt E.V, Rn. 22.

[69] Siehe aber BGH B. v. 26.2.2013 – KRB 20/12 – *Grauzementkartell,* Rn. 90 (Reduzierung eines Bußgelds wegen überlanger Verfahrensdauer, u. a. unter Hinweis auf Art. 6 EMRK).

[70] EuGH U. v. 11.7.2002, C-210/00 – *Käserei Champignon,* Rn. 40 ff.; EuGH U. v. 2.10.2003, C-194/99 P – *Thyssen Stahl,* Rn. 30; EuGH U. v. 10.5.2007, C-328/05 – *SGL Carbon,* Rn. 70; *Schwarze,* EuR 2009, 171, 182; *Lorenzmeier,* ZIS 2008, 20, 22.

[71] Vgl. EuGH U. v. 8.7.1999, C-199/92 – *Hüls,* Rn. 150.

[72] EGMR U. v. 23.11.2006, Nr. 73053/01 – *Jussila/Finland,* Rn. 29 ff.

43 Die Grundrechte der EMRK sind u. a. in folgenden Zusammenhängen zu beachten:
(a) Schutz der Geschäftsräume, auch juristischer Personen, vor Durchsuchungen (Art. 8 EMRK);[73]
(b) Beschlagnahme oder das Kopieren elektronischer Daten (Art. 8 EMRK);[74]
(c) Recht auf faires Verfahren vor einem unparteiischen Gericht (gerade bei Sanktionen, die durch Behörden verhängt werden – Art. 6 Abs. 1 EMRK);[75]
(d) Formale Anforderungen an Klageschriften (Art. 6 EMRK);[76]
(e) Unschuldsvermutung (Art. 6 Abs. 2 EMRK) und daraus folgende Anforderungen an tatsächliche Vermutungen und Beweislastumkehr.[77]
(f) Recht auf vertrauliche Kommunikation mit einem Rechtsanwalt (Art. 8 i. V. m. Art. 6 EMRK)[78]

---

[73] Siehe im Einzelnen aus der Rspr. des EGMR: EGMR U. v. 16.12.1992, Nr. 13710/88 – *Niemietz/Deutschland,* Rn. 27 ff.; EGMR U. v. 21.12.2010, Nr. 29408/08 – *Société Canal Plus u. a./Frankreich,* Rn. 46 ff.; EGMR U. v. 5.5.2011, Nr. 29598/08 – *Affaire Société Métallurgique Liotard Frères/Frankreich,* Rn. 17 ff.; EGMR U. v. 16.7.2002, Nr. 37971/97 – *Société Colas Est u. a./Frankreich,* Rn. 40 ff. (sämtlich mit dem grundsätzlichen Anerkenntnis des Schutzes der Geschäftsräume juristischer Personen); EGMR, a. a. O. *(Colas Est),* Rn. 49 (zu den Anforderungen an die Rechtmäßigkeit einer Durchsuchung); EGMR U. v. 15.2.2011, Nr. 56716/09 – *Harju Finnland,* Rn. 40–44; EGMR U. v. 2.10.2014, 97/11, Rn. 82 ff. (wonach das Fehlen einer richterlichen Anordnung durch andere Verfahrensgarantien kompensiert werden kann).

Aus der Rspr. des EuGH: EuGH U. 21.9.1989, 46/87 und 227/88 – *Hoechst/Kommission,* Rn. 17 (wonach das Grundrecht nicht berührt sei); EuGH U. v. 22.10.2002, C-94/00 – *Roquette Frères,* Rn. 27 ff. (Schutz vor willkürlichen oder unverhältnismäßigen Eingriffen); EuGH U. v. 17.11.2005, C-121/04 P – *Minoan Lines/Kommission,* Rn. 31; EuG U. v. 26.10.2010, T-23/09 – *CNOP und CCG/Kommission,* Rn. 40 ff.; EuG U. v. 6.9.2013, T-289/11, 290/11 und 521/11 – *Deutsche Bahn AG/Kommission,* Rn. 59 ff. (wonach auch Geschäftsräume geschützt sind).

[74] EGMR U. v. 3.7.2012, Nr. 30457/06 – *Robathin/Österreich,* Rn. 39 ff.

[75] Aus der Rspr. des EGMR: EGMR U. v. 27.9.2011, Nr 43509/08 – *Menarini Diagnostics/Italien,* Rn. 63 ff. (wonach die Prüfung der behördlichen Entscheidung auf Rechtmäßigkeit der Entscheidung, Ermessensfehler und Kohärenz genügen); siehe auch das Sondervotum des Richters *Pinto de Albuquerque,* Rn. 3 ff. (wonach eine umfassende gerichtliche Nachprüfung erforderlich sei, Art. 31 VO 1/2003 dem aber genüge).

Aus der Rspr. des EuGH: EuGH U. v. 8.12.2011, C-272/09 P – *KME/Kommission,* Rn. 103 f.; EuGH U. v. 8.12.2011, C-386/10 P – *Chalkor,* Rn. 63 f. (umfassende Rechtmäßigkeitskontrolle in tatsächlicher wie rechtlicher Hinsicht, einschließlich Überprüfung der Bußgeldleitlinien der Kommission und Möglichkeit der *reformation in peius;* auch zum Erfordernis, Rechtsmittelgründe vorzutragen und zur Beweislast).

[76] GA Mengozzi, Schlussanträge v. 30.1.2014, C-382/12 P – *MasterCard/Kommission,* Rn. 20 f. (zum Zweck der ordnungsgemäßen Rechtspflege können verhältnismäßige Beschränkungen der Zulässigkeit einer Klage eingeführt – und ggf. Anlagen zur Klageschrift zurückgewiesen – werden).

[77] Aus der Rspr. des EGMR: EGMR U. v. 25.3.1983, Nr. 8660/79 – *Minelli/Schweiz,* Rn. 37 (kein Eindruck der Vorverurteilung); EGMR U. v. 7.10.1988, Nr. 10519/83 – *Salabiaku/Frankreich,* Rn. 28 (Grenzen für tatsächliche Vermutungen); EGMR U. v. 23.7.2002, Nr. 34619/97 – *Janosevic/Schweden,* Rn. 106 ff. (Ausgleich zwischen Bedeutung der Sache und Verteidigungsrechten); EGMR U. v. 11.12.1981, Nr. 8803/79 – *Lingens&Leitgeb,* Rn. 4 (zur Verlagerung der Beweislast auf den Angeklagten).

Aus der Rspr. des EuGH und des EuG: EuGH U. v. 8.7.1999, C-199/92 – *Hüls/Kommission,* Rn. 149 ff. (Geltung der Unschuldsvermutung im Kartellverfahren); EuG U. v. 15.12.2010, T-141/08 – *E.ON Energie AG/Kommission,* Rn. 76 ff. (Untersuchungspflicht der Kommission).

Wichtige tatsächliche Vermutungen im EU-Kartellrecht sind u. a. die sog. *AKZO*-Vermutung des Bestehens einer wirtschaftlichen Einheit (siehe dazu EuGH U. v. 29.9.2011, C-521/09 P – *Elf Aquitaine/Kommission,* Rn. 56 ff.) und die Vermutung der tatsächlichen Verwendung von Informationen, die mit Wettbewerbern ausgetauscht wurden (siehe dazu EuGH U. v. 4.6.2009, C-8/08 – *T-Mobile Netherlands,* Rn. 51 ff.).

[78] EuGH U. v. 18.2.1982, 155/79 – *AM&S Europe Limited,* Rn. 21–23; EuGH U. v. 14.9.2010, C-550/07 P – *Akzo Nobel Chemicals,* Rn. 54; EuG U. v. 12.12.1991, T-30/89 – *Hilti,* Rn. 13; EuG U. v. 17.9.2007, T-125/03 und T-253/03 – *Akzo Nobel Chemicals Ltd.,* Rn. 117–120; LG Bonn B. v. 10.9.2010, 27 Qs 21/10, Rn. 27 ff.

(g) Rückwirkungsverbot (Art. 7 EMRK)[79]
(h) *Ne bis in idem* (Art. 4 des 7. Zusatzprotokoll zur EMRK)[80]

IV. Die unmittelbare Anwendbarkeit des Art. 101 AEUV (und die Legalausnahme)

Heute ist Art. 101 AEUV nicht nur Teil der wirtschaftspolitischen Verfassung der EU, sondern eine wirklich supranationale Vorschrift: erstens unmittelbar geltendes Recht in allen Mitgliedstaaten, anwendbar und anzuwenden von sämtlichen Behörden und Gerichten, zweitens mit Vorrang gegenüber dem nationalen Recht im Kollisionsfall, und drittens durchgesetzt und verbindlich ausgelegt von gemeinsamen Institutionen, insbesondere dem EuGH, EuG. **44**

Durch den Erlass der VO 1/2003 wurde das Verfahren zur Durchsetzung des Art. 101 AEUV und 102 AEUV reformiert.[81] Art. 102 AEUV, der grds. stets als einstufige Prüfung begriffen und *in toto* als direkt anwendbar interpretiert wurde, war davon weniger betroffen. Vor dem Erlass der VO 1/2003 waren die Möglichkeiten der nationalen Gerichte und Wettbewerbsbehörden bei der Anwendung der europäischen Wettbewerbsregeln beschränkt. Sie hatten lediglich die Befugnis zur direkten Anwendung von Art. 101 Abs. 1 AEUV (des damaligen Art. 85 Abs. 1 EGV bzw. Art. 81 Abs. 1 EG). Nur die Kommission konnte ein wettbewerbsbeschränkendes Verhalten nach Art. 85 Abs. 3 EGV bzw. Art. 81 Abs. 3 EG freistellen.[82] Seit Inkrafttreten der VO 1/2003 ist der gesamte Art. 101 AEUV **unmittelbar anwendbar** (vgl. Art. 1 Abs. 1 VO 1/2003). Die Wettbewerbsbehörden und Gerichte der Mitgliedstaaten sind befugt (und verpflichtet), die EU-Wettbewerbsvorschriften anzuwenden, ohne dass es dazu einer besonderen Entscheidung der Kommission bedürfte. Ein wichtiger Grund für diese Reform war gerade die intensivierte Anwendung und Durchsetzung der europäischen Wettbewerbsregeln durch nationale Wettbewerbsbehörden und Gerichte in einer erweiterten Union (vgl. Erwägungsgründe, 6 VO 1/2003). **45**

Durch die unmittelbare Anwendung der Wettbewerbsvorschriften wird deren **einheitliche Anwendung** in sämtlichen Mitgliedstaaten und damit auch die Effektivität der Durchführung der Wettbewerbsvorschriften sichergestellt.[83] Natürlich birgt die dezentrale Anwendung gerade von Art. 101 Abs. 3 AEUV auch Gefahren für die einheitliche Anwendung, aber die Kommission war wohl der Auffassung, dass die gleichzeitige Anwendung durch eine Vielzahl von Gerichten und Behörden dennoch der Anwendung durch eine latent überlastete zentrale Stelle vorzuziehen ist, weil die Prioritätensetzung dort bedingt, dass die Wettbewerbsvorschriften oft erst spät – oder oft genug auch gar nicht – durchgesetzt werden. **46**

Die Nichtigkeit einer Vereinbarung nach Art. 101 Abs. 2 AEUV ist u. U. nicht die einzige Folge eines Verstoßes gegen Art. 101 AEUV: Natürliche als auch juristische Personen haben *ipso iure* einen Anspruch auf **Schadensersatz,** sollten sie durch ein wettbewerbswidriges Verhalten beeinträchtigt werden und dadurch einen Schaden erleiden.[84] Abnehmer, **47**

---

[79] EuGH U. v. 18.5.2006, C-397/03 – *Archer Daniels Midland/Kommission,* Rn. 22 ff.

[80] EuGH U. v. 7.1.2004, C-204/00 P u. a. – *Aalborg Portland u. a./Kommission,* Rn. 338; EuGH U. v. 29.6.2006, C-289/04 P – *Showa Denko/Kommission,* Rn. 50 ff.

[81] Die VO 1/2003 hat die Durchführungsverordnung 17/62 ersetzt, ABl. Nr. 13 S. 204 v. 21.2.1962. Unter der VO Nr. 17 konnte eine Freistellung nach Art. 101 Abs. 3 AEUV grds. nur nach Anmeldung der Vereinbarung bei der Kommission gewährt werden.

[82] Vgl. Kommission, Bekanntmachung über die Zusammenarbeit zwischen der Kommission und den Wettbewerbsbehörden der Mitgliedstaaten bei der Bearbeitung von Fällen im Anwendungsbereich der Artikel 85 und 86 EG-Vertrag, ABl. C 313/3 v. 15.10.1997, Ziffer 5.

[83] Kommission, Mitteilung an das Europäische Parlament und den Rat, Zehn Jahre Kartellrechtsdurchsetzung auf der Grundlage der Verordnung (EG) Nr. 1/2003 – Ergebnisse und Ausblick, S. 4, Rn. 7.

[84] EuGH U. v. 13.7.2006, C-295/04 bis C-298/04 – *Manfredi,* Rn. 61; EuGH U. v. 20.9.2001, C-453/99 – *Courage,* Rn. 26.

Wettbewerber oder sonstige Personen, die vom wettbewerbsbeschränkenden Verhalten betroffen sind, können sich zur Durchsetzung ihrer Rechte an nationale Gerichte (und ggf. Behörden[85]) wenden. Der EuGH hat festgehalten, dass die volle Wirkung der europäischen Wettbewerbsregeln nur gewährleistet ist und die Rechte, die das Unionsrecht dem Einzelnen verleiht, nur geschützt werden, wenn die nationalen Gerichte, die im Rahmen ihrer Zuständigkeit das Unionsrecht anzuwenden haben, die volle Wirkung von dessen Bestimmungen gewährleisten und die Rechte schützen, die das Unionsrecht dem Einzelnen verleiht.[86] Schadensersatzansprüche erhöhen die Durchsetzungskraft der gemeinschaftlichen Wettbewerbsregeln und dienen dazu wettbewerbsbeschränkendes Verhalten einzudämmen.[87]

48 Das Verfahren zur Durchsetzung dieser Rechte unterliegt – in den allgemeinen Grenzen des Unionsrecht (insbesondere Äquivalenz- und Effektivitätsgrundsatz) – dem **nationalen Recht,** da es im Unionsrecht keine besondere Regelung gibt.[88] Um einen klaren und einheitlichen Rechtsrahmen für Schadenersatzansprüche zu schaffen, wurde inzwischen aber eine **Richtlinie** erlassen, die bis zum 27. Dezember 2016 umzusetzen ist (vgl. Art. 21 Schadenersatz-Richtlinie).[89] Sie enthält Vorgaben zum Verfahrensrecht sowie zum materiellen Recht.[90]

49 Die direkte Anwendbarkeit des Art. 101 AEUV bedingt auch, dass bei einem Verstoß gegen diese Vorschrift unmittelbar ein **Bußgeld** verhängt werden kann (vgl. Art. 23 Abs. 2 lit. a VO 1/2003), ohne dass zuvor eine Behörde den Verstoß feststellt und damit die Bußgeldbewehrung erst auslöst.

V. Verhältnis zum nationalen Recht (Überblick)

50 Da das europäische Kartellrecht durch eine weite Auslegung der sog. „Zwischenstaatlichkeitsklausel" („Vereinbarungen […], welche den Handel zwischen Mitgliedstaaten zu beeinträchtigen geeignet sind") einen enormen Anwendungsbereich einnimmt, stellt sich oft die Frage nach dem Verhältnis zum nationalen (Kartell-)Recht.[91] Die Kollisionsproblematik stellte sich vorrangig dort, wo das nationale materielle Wettbewerbsrecht vom europäischen Recht abweicht (und in geringerem Umfang auch dort, wo unterschiedliche Sanktionen vorgesehen sind).[92]

1. Anwendungsvorrang nach VO 1/2003

51 Die h. M. – jedenfalls in Deutschland – folgte bis 2003 im Wesentlichen der sog. **Zwei-Schranken-Theorie.**[93] Danach waren das nationale und das europäische Wettbewerbs-

---

[85] Vgl. die Befugnis des Bundeskartellamts, die Rückerstattung nach § 32 Abs. 2a GWB anzuordnen.

[86] EuGH U. v. 13.7.2006, C-295/04 bis C-298/04 – *Manfredi,* Rn. 60; EuGH U. v. 20.9.2001, C-453/99 – *Courage,* Rn. 25.

[87] EuGH U. v. 13.7.2006, C-295/04 bis C-298/04 – *Manfredi,* Rn. 61; EuGH U. v. 20.9.2001, C-453/99 – *Courage,* Rn. 27.

[88] EuGH U. v. 13.7.2006, C-295/04 bis C-298/04 – *Manfredi,* Rn. 62–64; EuGH U. v. 20.9.2001, C-453/99 – *Courage,* Rn. 29.

[89] Richtlinie 2014/104/EU des Europäischen Parlaments und des Rates vom 26.11.2014 über bestimmte Vorschriften für Schadensersatzklagen nach nationalem Recht wegen Zuwiderhandlungen gegen wettbewerbsrechtliche Bestimmungen der Mitgliedstaaten und der Europäischen Union, ABl. L 349/1 v. 5.12.2014.

[90] Zum Beispiel über den Zugang zu Beweismitteln (Art. 5–8 Schadensersatz-Richtlinie) und über die Verjährung (Art. 10 Schadenersatz-Richtlinie). Siehe im Einzelnen *Kersting,* WuW 2014, 564; *Schweitzer,* NZKart 2014, 335; *Stauber/Schaper,* NZKart 2014, 346.

[91] Siehe im Einzelnen Art. 3 VO 1/2003.

[92] Kollisionen im Verfahrensrecht im strengen Sinne gibt es nicht, weil jede Kartellbehörde nach ihrem eigenen Recht vorgehen muss. Aber eine gewisse Brisanz haben dadurch Situationen mit paralleler Zuständigkeit von Kartellbehörden mit unterschiedlichen Verfahrenordnungen und Sanktionsbefugnissen.

[93] Grundlegend *Koch,* BB 1959, 241.

recht nebeneinander anwendbar, und in Kollisionsfällen setzte sich damit in der Sache das strengere Recht durch. Der EuGH erkannte die parallele Anwendbarkeit in *Walt Wilhelm* im Grundsatz an, schränkte sie jedoch dahingehend ein, dass das nationale Recht „die uneingeschränkte und einheitliche Anwendung des Gemeinschaftsrechts und die Wirksamkeit der zu seinem Vollzug ergangenen oder zu treffenden Maßnahmen nicht beeinträchtigen" dürfe.[94] In der Folgezeit herrschte im Schrifttum Uneinigkeit darüber, wie diese Einschränkung zu verstehen war und unter welchen Umständen die Beeinträchtigung einer Maßnahme des europäischen Kartellrechts zu befürchten war.[95] Jedenfalls durfte sich das nationale Recht nicht in Widerspruch zu einer Freistellungsentscheidung der Kommission setzen (also eine freigestellte Vereinbarung verbieten). Wenn aber keine Entscheidung der Kommission vorlag, konnten Vereinbarungen, die zwar den zwischenstaatlichen Handel beeinträchtigten, aber aus anderem Grund nicht verboten waren, nach strengerem nationalen Recht verboten sein.[96]

Durch die VO 1/2003 sind nun diverse Fragen zum Verhältnis zwischen nationalem und europäischem Wettbewerbsrecht durch ausdrückliche Vorschriften geklärt. Im Grundsatz bleibt es bei der parallelen Anwendbarkeit beider Rechtsordnungen. Aber wenden die Mitgliedstaaten nationales Recht auf Vereinbarungen oder Verhaltensweisen i. S. d. Art. 101 AEUV oder 102 AEUV an, die den zwischenstaatlichen Handel beeinträchtigen, so wenden sie „auch" die Art. 101 bzw. 102 AEUV an (Art. 3 Abs. 1 VO 1/2003). Vereinfacht bedeutet dies, dass die Ergebnisse der materiell-rechtlichen Prüfung nach nationalem Recht nicht mehr vom Ergebnis der Prüfung nach dem europäischen Recht abweichen können, dass aber die im nationalen Recht vorgesehen Sanktionen den Gerichten und Behörden weiter zur Verfügung stehen. 52

Wie Art. 3 Abs. 3 VO 1/2003 klarstellt, kann eine nationale Vorschrift nicht erlauben, was nach Art. 101 AEUV verboten ist. Insoweit gilt *Walt Wilhelm* fort, wonach das nationale Recht die Anwendung des Unionsrechts nicht beeinträchtigen darf (vgl. Erwägungsgrund 8 zur VO 1/2003).[97] Nach Art. 3 Abs. 2 VO 1/2003 darf die Anwendung des nationalen Rechts jedoch auch nicht zu einem Verbot von Vereinbarungen etc. führen, die nach Art. 101 AEUV erlaubt sind. Dabei ist es unerheblich, ob das Verhalten unionsrechtlich zulässig ist, weil bereits der Tatbestand des Abs. 1 nicht erfüllt ist oder weil die Freistellungsvoraussetzungen des Abs. 3 vorliegen. 53

2. Umfang des Anwendungsvorrangs

a) Zwischenstaatlichkeit. Die VO 1/2003 (ebenso wie Art. 101 AEUV insgesamt) findet nur Anwendung, soweit der Sachverhalt den Handel zwischen den Mitgliedstaaten beeinträchtigt („Zwischenstaatlichkeit"). Für ein Verhalten von Unternehmen, das den zwischenstaatlichen Handel nicht beeinträchtigt, gilt uneingeschränkt das nationale Recht, sodass die Mitgliedstaaten hier vom Unionsrecht abweichende Regelungen treffen können. In der Praxis spielt die Möglichkeit, für Sachverhalte ohne grenzüberschreitenden Bezug abweichende Wettbewerbsregelungen durchzusetzen, jedoch eine untergeordnete Rolle. Dies liegt zum einen an der weiten Auslegung des Zwischenstaatlichkeitsbegriffs. Vor allem jedoch haben viele Mitgliedstaaten infolge des Inkrafttretens der VO 1/2003 ihr nationales Wettbewerbsrecht an die europäischen Vorschriften angeglichen. 54

---

[94] EuGH U. v. 13.2.1969, 14/68 – *Walt Wilhelm,* Slg. 1969, 1 (15).

[95] Siehe dazu *Schröter* in Schröter/Jakob/Mederer, Europäisches Wettbewerbsrecht, 2. Aufl. 2014, Vorb. Art. 101 bis 105 AEUV, Rn. 165.

[96] *Kirchhoff* in Münchener Kommentar zum Wettbewerbsrecht, Bd. 1, 2. Aufl. 2015, Einl., Rn. 1726.

[97] *Kirchhoff* in Münchener Kommentar zum Wettbewerbsrecht, Bd. 1, 2. Aufl. 2015, Einl., Rn. 1727; *Hoffmann* in Dauses, EU-Wirtschaftsrecht, 36. Lfg. 2014, Überblick Art. 101 und 102 AEUV, Rn. 41.

55 **b) Maßnahmen mit Anwendungsvorrang.** Der Anwendungsvorrang gilt neben Art. 101 AEUV ebenso für **Gruppenfreistellungsverordnungen.**[98] Im Falle von Deutschland hat dies angesichts der dynamischen Verweisung in § 2 Abs. 2 GWB keine praktische Bedeutung mehr.[99] **Leitlinien, Mitteilungen und Bekanntmachungen** der Kommission kommt kein Anwendungsvorrang zu, da es sich um im AEUV nicht vorgesehene Akte ohne unmittelbare Rechtswirkung handelt.[100] Gleiches gilt für informelle **Beratungsschreiben** der Kommission, wie sie in Erwägungsgrund 38 der VO 1/2003 vorgesehen sind.[101]

56 Wie sich schon aus dem Urteil *Walt Wilhelm* ergab und nun in Art. 16 VO 1/2003 festgeschrieben ist, darf sich das nationale Recht nicht in Widerspruch zu **Entscheidungen** der Kommission setzen. Für nationale Gerichtsverfahren gilt dieser Anwendungsvorrang sogar, wenn die Entscheidung der Kommission noch nicht erlassen ist (Art. 16 Abs. 1 Satz 2 VO 1/2003). Je weiter die Entscheidung der Kommission im Verfahren vorangeschritten ist, desto eher sind die Mitgliedstaaten gehalten, das nationale Verfahren auszusetzen, um einen Widerspruch zu vermeiden.[102]

57 Uneinigkeit besteht jedoch im Hinblick auf die Bindungswirkung von **Entscheidungen nach Art. 10 VO 1/2003,** in denen die Kommission die Nichtanwendbarkeit der Art. 101 und 102 AEUV feststellt. Teilweise wird eine Bindungswirkung solcher Entscheidungen bejaht, so dass ein nationales Gericht oder eine nationale Behörde das Verhalten nicht mehr verbieten dürfte, es sei denn dass die Nichtanwendbarkeit auf eine fehlende Zwischenstaatlichkeit gestützt wurde.[103] Art. 10 VO 1/2003 bezwecke, die Rechtslage zu klären und eine einheitliche Rechtsanwendung zu gewährleisten. Außerdem sei die Feststellung der Nichtanwendbarkeit eine positive Maßnahme der Kommission (anders als die bloße Untätigkeit). Nationales Recht dürfe sich schon nach *Walt Wilhelm* nicht in Widerspruch zu einer solchen Maßnahme setzen. Andere Stimmen vertreten, dass die Entscheidung über die Nichtanwendbarkeit der Art. 101 und 102 AEUV lediglich deklaratorisch sei. Dementsprechend sei die Bindungswirkung solcher Entscheidungen abzulehnen.[104] Als Begründung wird zum einen darauf abgestellt, dass die deklaratorische Wirkung schon aus Erwägungsgrund 14 VO 1/2003 hervorgehe. Zum anderen sei diese Auffassung im System der Legalausnahme nur konsequent. Wenn es keiner Freistellungsentscheidung durch die Kommission mehr bedürfe, so sei es nicht gerechtfertigt, rein klarstellenden Entscheidungen über die Nichtanwendbarkeit Anwendungsvorrang zuzusprechen. Hält ein nationales Gericht entgegen der Entscheidung der Kommission das Verhalten für einen Verstoß gegen das europäische Wettbewerbsrecht, so liegt es allerdings ohnehin nahe, dass das nationale Gericht die Frage dem EuGH vorlegt.[105]

58 **c) Anwendungsvorrang gegenüber wettbewerbsbezogenen Vorschriften.** Der Vorrang des EU-Wettbewerbsrechts gilt gegenüber sämtlichen nationalen Rechtsnormen, die den **Schutz des Wettbewerbs bezwecken.** Für **nicht-wettbewerbsbezogene Vor-**

---

[98] *Hoffmann* in Dauses, EU-Wirtschaftsrecht, 36. Lfg. 2014, Überblick Art. 101 und 102 AEUV, Rn. 41; *Schuhmacher* in Grabitz/Hilf/Nettesheim, EUV/AEUV, 54. Lfg. 2014, Art. 101 AEUV, Rn. 49.

[99] So auch *Hoffmann* in Dauses, EU-Wirtschaftsrecht, 36. Lfg. 2014, Überblick Art. 101 und 102 AEUV, Rn. 41.

[100] *Kirchhoff* in Münchener Kommentar zum Wettbewerbsrecht, Bd. 1, 2. Aufl. 2015, Einl., Rn. 1729; zur Rechtsqualität von Leitlinien, Mitteilungen und Bekanntmachungen siehe *Immenga/Mestmäcker* in dies., Wettbewerbsrecht, Bd. 1, EU/Teil 1, 5. Aufl. 2012, Einl. EU A, Rn. 8.

[101] *Kirchhoff* in Münchener Kommentar zum Wettbewerbsrecht, Bd. 1, 2. Aufl. 2015, Einl., Rn. 1731.

[102] *De Bronett,* Europäisches Kartellverfahrensrecht, 2. Aufl. 2012, Art. 16 VO 1/2003, Rn. 9.

[103] *Kirchhoff* in Münchener Kommentar zum Wettbewerbsrecht, Bd. 1, 2. Aufl. 2015, Einl., Rn. 1730; *Hossenfelder/Lutz,* WuW 2003, 118, 122 f.

[104] *Röhling,* GRUR 2003, 101. Siehe auch *Schmidt,* BB 2003, 1237, 1241 f.

[105] So *Röhling,* GRUR 2003, 101; *Schmidt,* BB 2003, 1237, 1242.

schriften gilt der Vorrang nicht. Daher kann ein staatlicher Eingriff aufgrund einer nicht-wettbewerbsbezogenen nationalen Rechtsnorm nicht unter Berufung auf die Zulässigkeit der Vereinbarung o.ä. nach Art. 101 AEUV abgewehrt werden (Art. 3 Abs. 3 S. 2 VO 1/2003). Die Abgrenzung, was eine nicht-wettbewerbsbezogene nationale Regelung ist, kann im Einzelfall schwierig sein, insbesondere bei sektorspezifischen Vorschriften. Entscheidend ist dann, ob der wettbewerbsbezogene Zweck der Vorschrift oder der nicht-wettbewerbsbezogene Zweck überwiegt.[106] Die VO 1/2003 nennt in Erwägungsgrund 9 insbesondere **Regelungen des Lauterkeitsrechts.** Obwohl diese Vorschriften wettbewerbsbezogen sind, verfolgen sie doch überwiegend andere Ziele als das Kartellrecht.[107]

Der umgekehrte Fall, in dem das Verhalten eines Unternehmens nach nicht-wettbewerbsbezogenem nationalen Recht zulässig ist, jedoch gegen Art. 101 AEUV verstößt, ist keine Frage des Anwendungsvorrangs; das Verhalten ist nach Unionsrecht verboten. Zu dem Sonderfall, in dem das nicht-wettbewerbsbezogene nationale Recht dem Unternehmen ein bestimmtes, gegen Art. 101 AEUV verstoßendes Verhalten zwingend vorschreibt,[108] siehe Rn. 78ff. 59

3. Die Abgrenzung von einseitigem Verhalten und Verhaltensabstimmungen

Art. 3 Abs. 2 S. 2 VO 1/2003 sieht für die Mitgliedstaaten die Möglichkeit vor, für „einseitige Handlungen von Unternehmen" strengere Vorschriften als Art. 101 und 102 AEUV zu erlassen. Diese Regelung wurde insbesondere von Deutschland gewünscht und dient dem Schutz der Missbrauchsvorschriften für marktstarke Unternehmen (heute § 20 GWB). Im Ergebnis gilt damit für einseitige Verhaltensweisen auch nach Inkrafttreten der VO 1/2003 die Zwei-Schranken-Theorie fort. 60

Zu beachten ist, dass Satz 2 nicht an den Tatbestand des Art. 102 AEUV anknüpft, sondern auf „einseitiges Verhalten" abstellt, während Satz 1 ausdrücklich an die Tatbestände aus Art. 81 EGV (heute Art. 101 AEUV) anknüpft. Das wirft die Frage auf, ob Verhalten (mit Zwischenstaatlichkeit), das eine Verhaltensabstimmung i.S.v. Art. 101 Abs. 1 AEUV darstellt, gleichzeitig einseitiges Verhalten sein kann. Bei einer strengen Lesart des Art. 3 Abs. 2 S. 2 VO 1/2003 müssten die Mitgliedstaaten ein solches Verhalten verbieten können. Dies wird jedoch von der wohl überwiegenden Ansicht im Schrifttum als nicht sachgerecht angesehen, da dies dem Ziel der VO 1/2003 widerspräche, dem europäischen Kartellverbot Anwendungsvorrang einzuräumen.[109] Ein Verhalten könne nur **entweder einseitig oder eine Verhaltensabstimmung** sein. Dabei geht das Schrifttum zu Recht davon aus, dass diese Abgrenzung nach Unionsrecht zu erfolgen hat.[110] Wäre die Definition den Mitgliedstaaten überlassen, könnten sie den Anwendungsvorrang des Art. 101 AEUV unterlaufen. In Zweifelsfällen müsse eine Schwerpunktbetrachtung vorgenommen werden.[111] 61

---

[106] Siehe Erwägungsgrund 9 der VO 1/2003; siehe auch *Hoffmann* in Dauses, EU-Wirtschaftsrecht, 36. Lfg. 2014, Überblick Art. 101 und 102 AEUV, Rn. 44; *Kirchhoff* in Münchener Kommentar, Wettbewerbsrecht, Bd. 1, 2. Aufl. 2015, Einl., Rn. 1742.

[107] *Hoffmann* in Dauses, EU-Wirtschaftsrecht, 36. Lfg. 2014, Überblick Art. 101 und 102 AEUV, Rn. 44.

[108] So z.B. in EuGH U. v. 1.10.1987, C-311/85 – *Vlaamse Reisebureaus,* Slg. 1987, 3801, Rn. 24.

[109] *Hoffmann* in Dauses, EU-Wirtschaftsrecht, 36. Lfg. 2014, Überblick Art. 101 und 102 AEUV, Rn. 42; *Mestmäcker/Schweitzer,* Europäisches Wettbewerbsrecht, 3. Aufl. 2014, § 4, Rn. 33; *Rehbinder* in Immenga/Mestmäcker, Wettbewerbsrecht, EU/Bd. 1, 5. Aufl. 2012, Art. 3 VO 1/2003, Rn. 34; *Bardong* in Münchener Kommentar zum Wettbewerbsrecht, Bd. 1, 2. Aufl. 2015, Art. 3 VO 1/2003, Rn. 99; *Sura* in Langen/Bunte, Kartellrecht, Bd. 2, 12. Aufl. 2014, Art. 3 VO 1/2003, Rn. 22; *Wirtz,* WuW 2003, 1039, 1043.

[110] *Sura* in Langen/Bunte, Kartellrecht, Bd. 2, 12. Aufl. 2014, Art. 3 VO 1/2003, Rn. 22; *Hoffmann* in Dauses, EU-Wirtschaftsrecht, 36. Lfg. 2014, Überblick Art. 101 und 102 AEUV, Rn. 42.

[111] *Kirchhoff* in Münchener Kommentar zum Wettbewerbsrecht, Bd. 1, 2. Aufl. 2015, Einl., Rn. 1738; *Schneider* in Langen/Bunte, Kartellrecht, Bd. 1, § 22 GWB, Rn. 20; a.A. *Hoffmann* in Dauses, EU-Wirtschaftsrecht, 36. Lfg. 2014, Überblick Art. 101 und 102, Rn. 42.

62 Von dieser Problematik zu unterscheiden sind Konstellationen, in denen eine Verhaltensabstimmung mehrerer Unternehmen nach Art. 101 AEUV zulässig ist, aber einzelne einseitige Handlungen innerhalb der Verhaltensabstimmung nach nationalem Recht als missbräuchlich verboten sind. Art. 3 Abs. 2 S. 2 VO 1/2003 verwehrt es den Mitgliedstaaten nicht, einseitige Handlungen von Unternehmen zu verbieten, auch wenn sie im Kontext einer nach Art. 101 AEUV zulässigen Verhaltensabstimmung stehen, sofern die einseitigen Handlungen sich von der Verhaltensabstimmung abgrenzen lassen und über das hinausgehen, was zulässig vereinbart wurde.[112] Es handelt sich dann um eine **überschießende einseitige Handlung,** auf die die Mitgliedstaaten gemäß Art. 3 Abs. 2 S. 2 VO 1/2003 strengere nationale Vorschriften anwenden können.

VI. Die Rolle der Europäischen Kommission

63 Die allgemeine Rolle der Kommission in der EU wird in Art. 17 Abs. 1 EUV beschrieben. Danach fördert die Kommission die allgemeinen Interessen der Union und überwacht die Anwendung des Unionsrechts unter der Kontrolle des Gerichtshofs. Folgerichtig hat der EuGH festgehalten, dass die Kommission für die Durchführung und die Ausrichtung der Wettbewerbspolitik der Union verantwortlich ist.[113] Heute regelt die VO 1/2003 detailliert die Aufgaben und die Befugnisse der Kommission bei der Durchführung der Art. 101 AEUV und 102 AEUV (dazu sogleich). Durch die **Verordnung 773/2004**[114] (die sog. **„Durchführungsverordnung"**) werden die Befugnisse der Kommission weiter ausgeführt. Diese Verordnung gilt für die Verfahren der Kommission bei Anwendung der Art. 101 AEUV und 102 AEUV. Die Durchführungsverordnung enthält Vorschriften über die Einleitung eines Verfahrens, Ermittlungsmaßnahmen der Kommission (wie z. B. Befragung), Behandlung von Beschwerden, Wahrnehmung des Anspruchs auf rechtliches Gehör und Akteneinsicht. Über die Behandlung von Beschwerden gibt es eine **Bekanntmachung** der Kommission.[115] Darüber hinaus gibt eine weitere **Bekanntmachung** der Kommission praktische Hinweise zur Durchführung von Verfahren, um Transparenz und Berechenbarkeit der Verfahren zu gewährleisten.[116]

64 Da die VO 1/2003 auch nationalen Gerichten (z. B. in Art. 6) und Kartellbehörden (z. B. in Art. 5) Befugnisse zur Durchführung von Art. 101 AEUV einräumt, begründet sie ein System **paralleler Zuständigkeiten** (vgl. Erwägungsgrund 4 zur VO 1/2003). Eine enge Zusammenarbeit europäischer und nationaler Institutionen ist daher von großer Bedeutung (Erwägungsgrund 15 ff. zur VO 1/2003) und auch in den Vorschriften der VO 1/2003 geregelt (siehe dort z. B. Art. 11 Abs. 1).

1. Inhalt und Umfang von Kommissionsentscheidungen

65 Die Kommission ist befugt, im Rahmen ihrer Verfahren unterschiedliche **Entscheidungen** zu treffen. Nach Art. 7 VO 1/2003 kann die Kommission einen Verstoß gegen Art. 101 AEUV **feststellen.** Dies gilt sowohl für **beendete** als auch für noch **nicht beendete Zuwiderhandlungen** (Art. 7 Abs. 1 S. 4 VO 1/2003, siehe auch Erwägungsgrund 11). Bei nicht beendeten Verstößen kann die Kommission eine **Abstellungsentscheidung** erlassen. Praktisch enorm wichtig ist ihre Befugnis, ggf. zusammen mit der

---

[112] *Kirchhoff* in Münchener Kommentar, Wettbewerbsrecht, Bd. 1, 2. Aufl. 2015, Einl., Rn. 1736.

[113] Siehe z. B. EuGH U. v. 28.2.1991, C-234/89 – *Delimitis,* Rn. 44.

[114] Verordnung (EG) Nr. 773/2004 der Kommission vom 7.4.2004 über die Durchführung von Verfahren auf der Grundlage der Artikel 81 und 82 EG-Vertrag durch die Kommission, ABl. L 123/18 v. 27.4.2004.

[115] Kommission, Bekanntmachung über die Behandlung von Beschwerden durch die Kommission gemäß Artikel 81 und 82 EG-Vertrag, ABl. C 101/65 v. 27.4.2004.

[116] Kommission, Bekanntmachung über bewährte Vorgehensweisen in Verfahren nach Artikel 101 und 102 des AEUV, ABl. C 308/06 v. 20.10.2011.

Abstellungsentscheidung eine **Geldbuße** zu verhängen (bei Fahrlässigkeit oder Vorsatz des Unternehmens, Art. 23 Abs. 2 lit. a VO 1/2003[117]). Die Kommission kann nach Art. 24 Abs. 1 VO 1/2003 auch ein **Zwangsgeld** verhängen, um das Abstellen eines Verstoßes zu erzwingen.

Des Weiteren ist die Kommission befugt, **Verpflichtungszusagen** im Wege einer für die Unternehmen bindenden Entscheidung entgegenzunehmen, wenn diese Zusagen geeignet sind, die vorläufigen Bedenken der Kommission auszuräumen (Art. 9 Abs. 1 VO 1/2003). Stellt die Kommission fest, dass die Voraussetzungen des Art. 101 Abs. 1 AEUV im Hinblick auf eine Vereinbarung, einen Beschluss einer Unternehmensvereinigung oder eine abgestimmte Verhaltensweise nicht erfüllt sind oder aber die Voraussetzungen nach Art. 101 Abs. 3 AEUV erfüllt sind, kann die Kommission – aus Gründen des öffentlichen Interesses – eine **Entscheidung der Nichtanwendbarkeit** treffen (Art. 10 VO 1/2003). In dringenden Fällen und wenn eine ernsthafte Gefahr besteht, dass ein nicht wieder gutzumachender Schaden für den Wettbewerb entsteht, kann die Kommission durch **Entscheidung einstweilige Maßnahmen** anordnen (Art. 8 Abs. 1 VO 1/2003). 66

2. Ermittlungsbefugnisse der Kommission

Zur Durchsetzung der Wettbewerbsregeln (einschließlich der Vorbereitung ihrer Entscheidungen) hat die Kommission umfangreiche **Ermittlungsbefugnisse.** Besteht ein Verdacht auf ein wettbewerbswidriges Verhalten, hat die Kommission die Möglichkeit, eine **Nachprüfung** (engl. ***dawn raid***) in den Räumlichkeiten des betroffenen Unternehmens durchzuführen (Art. 20 VO 1/2003). Die Kommission kann (unter den jeweils in der VO 1/2003 geregelten Voraussetzungen) dann Kopien von Dokumenten anfertigen, Personen vernehmen und Privaträume durchsuchen. Sie betroffene Unternehmen um Auskünfte ersuchen (wogegen sich die Unternehmen nur ganz begrenzt auf Auskunftsverweigerungsrechte berufen können). Neben ihren eigenen Ermittlungsbefugnissen hat die Kommission die Möglichkeit, über einen **Kronzeugenantrag** Informationen zu erlangen, die für die Aufdeckung eines wettbewerbswidrigen Verhaltens entscheidend sind.[118] 67

3. Zusammenarbeit der Kommission mit den nationalen Kartellbehörden

Wegen der direkten Anwendbarkeit des gesamten Art. 101 AEUV seit Inkrafttreten der VO 1/2003 setzt eine effektive und einheitliche Durchführung der europäischen Wettbewerbsregeln eine **enge Zusammenarbeit** zwischen den nationalen Behörden und Gerichten sowie der Kommission voraus (vgl. Art. 11 Abs. 1 VO 1/2003). Die wesentlichen Vorschriften über diese Zusammenarbeit – und die Aufgabenteilung – enthält die VO 1/2003. So wurde mit der VO 1/2003 das *European Competition Network* **(ECN),** bestehend aus der Kommission und den Kartellbehörden der Mitgliedstaaten, ins Leben gerufen. Regelungen zu dieser Zusammenarbeit befinden sich außer in der VO 1/2003 auch in der **Bekanntmachung** der Kommission über die Zusammenarbeit innerhalb des Netzes der Wettbewerbsbehörden.[119] Im Rahmen des ECN werden u. a. Dokumente und Informatio- 68

[117] Zum „subjektiven Element" siehe auch das Vorlageverfahren C-542/14 – *VM Remonts* (Ist Art. 101 Abs. 1 AEUV dahin auszulegen, dass für die Feststellung, dass ein Unternehmen sich an einer den Wettbewerb beschränkenden Vereinbarung beteiligt hat, der Nachweis eines persönlichen Handelns eines Geschäftsführers des Unternehmens, seiner Kenntnis oder seiner Zustimmung hinsichtlich des Handelns einer Person erforderlich ist, die dem Unternehmen externe Leistungen erbringt und zugleich für Rechnung anderer Teilnehmer einer möglichen verbotenen Vereinbarung tätig ist?).

[118] Siehe dazu Kommission, Mitteilung über den Erlass und die Ermäßigung von Geldbußen in Kartellsachen, ABl. C 298/17 v. 8.12.2006.

[119] Kommission, Bekanntmachung über die Zusammenarbeit innerhalb des Netzes der Wettbewerbsbehörden, ABl. C 101/43 v. 27.4.2004.

nen ausgetauscht (vgl. Erwägungsgrund 15 zur VO 1/2003). Das schließt vertrauliche Informationen ein (vgl. Erwägungsgrund 16 zur VO 1/2003).[120] Weitere wichtige Aufgaben des ECN betreffen die **Konvergenz der Durchsetzungsbefugnisse,**[121] insbesondere die Angleichung der nationalen Verfahren zur Durchsetzung des europäischen Wettbewerbsrechts voranzutreiben, die grundsätzlich nicht dem europäischen Recht unterliegen.[122] Im Jahr 2006 (überarbeitet im Jahr 2012) wurde zur einheitlichen Durchsetzung des europäischen Wettbewerbsrechts ein **Modell-Kronzeugenprogramm** entwickelt *(Model Leniency Programme).*

69 Die Zusammenarbeit zwischen der **Kommission** und den **nationalen Gerichten** ist in einer Bekanntmachung erläutert.[123] Hier ergeben sich u. a. Fragen zur Zuständigkeit (damit es nicht zu Parallelverfahren kommt), aber auch Fragen zur Akteneinsicht und die Geheimhaltung vertraulicher Informationen.

70 Um eine **einheitliche Anwendung der Wettbewerbsregeln** sicherzustellen, verlieren die nationalen Wettbewerbsbehörden und Gerichte automatisch ihre Zuständigkeit für die Anwendung der Art. 101 AEUV und 102 AEUV, sobald die Kommission ein Verfahren einleitet (siehe Art. 11 Abs. 6 und Erwägungsgrund 17 zur VO 1/2003).[124] Als weiteres Mittel zur Gewährleistung der einheitlichen Anwendung des Wettbewerbsrechts hat ein nationales Gericht die Möglichkeit, die Kommission um eine **Stellungnahme** zu ersuchen (Art. 15 Abs. 1 VO 1/2003). Die Kommission wird dann als sachverständiger Beistand des Gerichts ***(„amicus curiae")*** tätig.[125] Die Antwort der Kommission ist für das nationale Gericht nicht bindend. Ein nationales Gericht hat natürlich auch bei Fragen zur Auslegung des europäischen Wettbewerbsrechts das Recht – und als höchstes Gericht die Pflicht –, sich an den EuGH zu wenden (Art. 267 AEUV). Die Vorabentscheidung des EuGH ist bindend.

71 Um eine **optimale Verteilung der Fälle innerhalb Netzwerks** zu gewährleisten, soll jeder Fall nur von einer nationalen Behörde bearbeitet werden. Daher kann eine nationale Wettbewerbsbehörde ein Verfahren mit der Begründung aussetzen oder einstellen, dass sich eine andere Behörde mit demselben Fall befasst hat oder noch befasst ist (Art. 13 VO 1/2003, siehe auch Erwägungsgrund 18 zur VO 1/2003). Die Kommission hat aber, auch wenn eine nationale Wettbewerbsbehörde bereits in dem Fall tätig ist, die Möglichkeit, diese zu konsultieren und anschließend ein Verfahren einzuleiten (Art. 11 Abs. 6 VO 1/2003) oder eine Beschwerde zurückzuweisen, weil bereits eine nationale Behörde tätig ist (Art. 13 Abs. 1 VO1/2003).

4. Internationale Zusammenarbeit

72 Jenseits des ECN gibt es weitere Foren und Institutionen für die internationale Zusammenarbeit, nämlich die **European Competition Authorities (ECA),** das **International Competition Network (ICN),** den Wettbewerbsausschuss der **OECD**[126] und die **UNCTAD.**[127] Die ECA ist ein Diskussionsforum der Wettbewerbsbehörden der Länder des Eu-

---

[120] Siehe auch *Gussone/Michalczyk,* EuZW 2011, 130.

[121] Siehe Kommission, Bericht über die Wettbewerbspolitik 2013 vom 6.5.2014, S. 6.

[122] Kommission, Bericht über die Wettbewerbspolitik 2012 vom 7.5.2013, S. 3.

[123] Kommission, Bekanntmachung über die Zusammenarbeit zwischen der Kommission und den Gerichten der EU-Mitgliedstaaten bei der Anwendung der Artikel 81 und 82 des Vertrags, ABl. C 101/54 v. 27.4.2004.

[124] Siehe auch Art. 16 VO 1/2003: Hat die Kommission eine Entscheidung getroffen, dürfen nationale Behörden und Gerichte keine Entscheidungen erlassen, die der Entscheidung der Kommission zuwiderlaufen.

[125] Kommission, Bekanntmachung über die Zusammenarbeit mit den Gerichten, ABl. C 101/54 v. 27.4.2004, Rn. 17.

[126] Organisation for Economic Cooperation and Development. In der OECD wurden z. B. 2005 die „Best practices for the formal exchange of information between competition authorities in hard core cartel investigations" entwickelt.

[127] United Nations Conference on Trade and Development.

ropäischen Wirtschaftsraums sowie der Europäischen Kommission und der EFTA-Überwachungsbehörde. Das ICN ist ein nahezu globales Forum für die wettbewerbspolitische Meinungsbildung der Kartellbehörden.

VII. Stellung im Normgefüge des AEUV

Der AEUV ist untergliedert in sieben Teile. Art. 101 AEUV findet sich siebten Titel des dritten Teils. Dieser siebte Titel ist überschrieben als „Gemeinsame Regeln betreffend Wettbewerb, Steuerfragen und Angleichungen der Rechtsvorschriften" und teilt sich wiederum in drei Kapitel, wovon das erste Kapitel die Wettbewerbsregeln (Art. 101 bis 109 AEUV) enthält. Art. 101 bis 106 AEUV enthalten Vorschriften für Unternehmen, während die Art. 107 bis 109 AEUV das Recht der staatlichen Beihilfen enthalten. 73

Die Verträge über die Europäische Union (EUV und AEUV) enthalten diverse Normen, die zu dem System des unverfälschten Wettbewerbs (dazu sogleich) beitragen. Allgemein kann unterschieden werden zwischen Regelungen betreffend das Verhalten von Unternehmen als Marktteilnehmern (Art. 101 bis 105 AEUV) und Bestimmungen, die den Wettbewerb vor mitgliedstaatlichem Eingreifen schützen. Zu letzteren zählen die Vorschriften über (staatliche) **Beihilfen** in Art. 107 bis 109 AEUV sowie die **steuerlichen Vorschriften** der Art. 110 bis 113 AEUV. Weiterhin zählen dazu die **Grundfreiheiten.** Ebenso tragen Art. 116 und 119 AEUV **(Angleichung von Rechtsvorschriften)** zu einem System unverfälschten Wettbewerbs bei. 74

Innerhalb der Art. 101 bis 106 AEUV sind Art. 101 und 102 die wichtigsten materiellen Vorschriften. Während Art. 101 AEUV das Verbot wettbewerbsbeschränkender Vereinbarungen zum Gegenstand hat, regelt Art. 102 AEUV das Verbot des (einseitigen) wettbewerbswidrigen, „missbräuchlichen" Ausnutzens einer marktbeherrschenden Stellung. Art. 103 AEUV überträgt dem Rat die Befugnis zum Erlass aller zweckdienlichen Verordnungen und Richtlinien, die der Durchführung der Art. 101 und 102 AEUV dienen. In Art. 104 und 105 AEUV sind die Befugnisse der Mitgliedstaaten sowie die (hier sehr begrenzten) Befugnisse der Kommission zur Durchsetzung der Art. 101 und 102 AEUV niedergelegt.[128] Art. 106 AEUV unterstellt auch öffentliche Unternehmen grundsätzlich den kartellrechtlichen Bestimmungen des AEUV und trifft Regelungen für Unternehmen, die mit Dienstleistungen von allgemeinem wirtschaftlichen Interesse betraut sind. 75

1. Die Wettbewerbsregeln als Teil des Systems unverfälschten Wettbewerbs

Nach Art. 3 Abs. 3 EUV ist die **Errichtung eines Binnenmarktes** ein zentrales (Politik-)Ziel der EU. Dazu verfügt die Union gemäß Art. 3 Abs. 1 lit. b EUV über die (ausschließliche) Kompetenz, die für das Funktionieren des Binnenmarktes erforderlichen Wettbewerbsregeln festzulegen. Ein funktionierender Wettbewerb wird daher im AEUV als integraler Bestandteil der Verwirklichung eines Binnenmarktes angesehen. 76

Art. 101 AEUV ist Teil eines komplexen Systems innerhalb des Rechts der Union, das den **Schutz des Wettbewerbs vor Verfälschungen** gewährleisten soll. Vor Inkrafttreten des Vertrags von Lissabon war der Schutz des Wettbewerbs als Ziel der Union in Art. 3 Abs. 1 lit. g EGV verankert.[129] Nunmehr bestimmt **Protokoll 27** zum EUV und AEUV,[130] 77

---

[128] Die in Art. 104, 105 AEUV bestimmten Befugnisse stehen jedoch ausdrücklich unter dem Vorbehalt entgegenstehender Durchführungsbestimmungen, die auf Grundlage von Art. 103 AEUV erlassen werden. Durch die VO Nr. 17 und später die VO 1/2003 ist der Zuständigkeitsverteilung in Art. 104, 105 AEUV nunmehr weitestgehend, wenngleich auch nicht vollständig, der Anwendungsbereich entzogen.

[129] „Die Tätigkeit der Gemeinschaft im Sinne des Artikels 2 umfasst nach Maßgabe dieses Vertrags und der darin vorgesehenen Zeitfolge: […] ein System, das den Wettbewerb innerhalb des Binnenmarkts vor Verfälschungen schützt."

[130] Protokoll (Nr. 27) über den Binnenmarkt und den Wettbewerb, ABl. C 326/309 v. 26.10.2012.

dass der Schutz des Wettbewerbs vor Verfälschungen zu den Zielen legislativer Maßnahmen der Union zählt. Im AEUV selbst ist der Schutz des Wettbewerbs hingegen nicht mehr als eigenständige Aufgabe der Union genannt. Vielmehr sind die Wettbewerbsregeln nach der Neufassung des Art. 3 AEUV lediglich noch ein Mittel, um das Funktionieren des Binnenmarktes zu gewährleisten.[131] Eine **Schwächung des Wettbewerbsschutzes** geht damit jedoch weder in normativer noch in praktischer Hinsicht einher.[132] Wie sich aus Art. 51 EUV ergibt, sind die Protokolle ebenso wie die Verträge selbst Bestandteil des Primärrechts der Union, sodass die „versteckte" Verortung des Wettbewerbsschutzes in den Protokollen nicht zu einer qualitativen Änderung führt. Auch der **EuGH** scheint davon auszugehen, dass die Neuregelung durch den Vertrag von Lissabon nicht zu einer Schwächung des Systems unverfälschten Wettbewerbs in der Hierarchie der Politikziele führt. So wies der EuGH darauf hin, dass die Wettbewerbsregelungen (weiterhin) Ausdruck einer der **wesentlichen Unionsaufgaben** seien, was sich aus Art. 3 Abs. 3 EUV und dem Protokoll 27 ergebe.[133] Der Schutz des Wettbewerbs vor Verfälschungen ist damit auch künftig ein fest im Unionsrecht verankerter Grundsatz, der wie die übrigen Unionsziele bei jedem hoheitlichen Handeln zu berücksichtigen ist.

2. Verhältnis zu Art. 4 Abs. 3 EUV (Loyalitätsgebot)

78 Obwohl Art. 101 AEUV grundsätzlich an Unternehmen gerichtet ist, entsteht über Art. 4 Abs. 3 EUV **mittelbar eine Bindung der Mitgliedstaaten an Art. 101 AEUV.** Art. 4 Abs. 3 EUV, dessen Inhalt vor dem Vertrag von Lissabon im Wesentlichen in Art. 10 EG enthalten war, bestimmt gegenseitige Loyalitätspflichten der Mitgliedstaaten und der Union.[134] Die Mitgliedstaaten sind zur loyalen Zusammenarbeit bei der Umsetzung der Vertragsbestimmungen und der Wahrnehmung der jeweiligen Aufgaben durch die übrigen Mitgliedstaaten oder die Union verpflichtet. In Verbindung mit Art. 101 AEUV ist es den Mitgliedstaaten daher verboten, Maßnahmen zu treffen, welche die effektive Durchsetzung des Art. 101 AEUV behindern. Eine Behinderung liegt vor, wenn ein Mitgliedstaat gegen Art. 101 AEUV verstoßende Kartellabsprachen vorschreibt oder begünstigt oder die Auswirkungen solcher Absprachen verstärkt oder wenn er seiner eigenen Regelung dadurch ihren staatlichen Charakter nimmt, dass er die Verantwortung für in die Wirtschaft eingreifende Entscheidungen privaten Wirtschaftsteilnehmern überträgt.[135] Die überwiegende Zahl der Fälle, in denen der EuGH mit einem möglichen Wettbewerbsverstoß eines Mitgliedstaats befasst war, betraf nationale Regelungen zu Gebührenordnungen, die durch berufsständische Organisationen festgelegt wurden und der staatlichen Genehmigung bedurften.[136]

79 Bei der Umsetzung des Systems unverfälschten Wettbewerbs ist die Bindung der Mitgliedstaaten an Art. 4 Abs. 3 EUV das Gegenstück zur direkten Anwendung der Art. 101,

---

[131] Art. 3 Abs. 1 lit. b AEUV: „Die Union hat ausschließliche Zuständigkeit in folgenden Bereichen: […] Festlegung der für das Funktionieren des Binnenmarkts erforderlichen Wettbewerbsregeln".

[132] Ebenso *Behrens,* EuZW 2008, 193; *Hoffmann* in Dauses, EU-Wirtschaftsrecht, 35. Lfg. 2014, H. I. § 1 Rn. 1.

[133] EuGH U. v. 17.11.2011, C-496/09 – *Kommission/Italien,* Slg. 2011, I-11483, Rn. 60; siehe auch EuGH U. v. 17.2.2011, C-52/09 – *TeliaSonera,* Slg. 2011, I-527, Rn. 20–22 (zu Art. 102 AEUV).

[134] *Streinz,* EUV/AEUV, Kommentar, 2. Aufl. 2012, Art. 4 EUV Rn. 30ff.

[135] EuGH U. v. 5.12.2006, C-94/04 – *Cipolla u. a.,* Slg. 2006 I-11421, Rn. 46; EuGH U. v. 17.2.2005, C-250/03 – *Mauri,* Slg. 2005 I-1267, Rn. 29; EuGH U. v. 13.4.2008, C-446/05 – *Doulamis u. a.,* Slg. 2008 I-1377, Rn. 19; EuGH U. v. 19.2.2002, C-35/99 – *Arduino,* Slg. 2002 I-1529, Rn. 34f.

[136] So z. B. EuGH U. v. 5.12.2006, C-94/04 – *Cipolla u. a.,* Slg. 2006 I-11421; EuGH U. v. 19.2.2002, C-35/99 – *Arduino,* Slg. 2002 I-1529; EuGH U. v. 17.11.1993, C-185/91 – *Reiff,* Slg.1993 I-05801; EuGH U. v. 9.6.1994, C-153/93 – *Delta Schiffahrts- und Speditionsgesellschaft,* Slg. 1994 I-02517; EuGH U. v. 5.10.1995, C-96/94 – *Centro Servici Spediporto,* Slg. 1995 I-02883.

102 AEUV auf Unternehmen. Art. 101 und 102 AEUV gelten nur für wettbewerbswidriges Verhalten, dass die Unternehmen aus eigener Initiative an den Tag legen, d. h. wo ihnen ein Handlungsspielraum verbleibt.[137] Ist der Handlungsspielraum eines Unternehmens aufgrund zwingender nationaler Vorschriften so stark reduziert, dass jede Möglichkeit eines kartellrechtsgemäßen Verhaltens entfällt, verstößt das Verhalten des Unternehmens nicht gegen Art. 101, 102 AEUV.[138] Die mittelbare Bindung der Mitgliedstaaten an Art. 101 oder 102 AEUV ermöglicht sodann ein Vorgehen gegen die mitgliedstaatliche Maßnahme wegen eines Verstoßes gegen die Loyalitätsverpflichtung aus Art. 4 Abs. 3 EUV.[139] Jedoch schließen sich ein Verstoß durch das Unternehmen gegen Art. 101 oder 102 AEUV und durch den Mitgliedstaat gegen Art. 4 Abs. 3 EUV nicht notwendig gegenseitig aus. Beispielsweise kann eine nationale Regelung in ihrer Gesamtwirkung als wettbewerbswidrig (und damit als Verstoß z. B. wegen „Begünstigung" einer Absprache) gewertet werden, auch wenn sie dem Unternehmen so viel Spielraum belässt, dass ein wettbewerbskonformes Verhalten möglich gewesen wäre (sodass gleichzeitig ein Verstoß des Unternehmen vorliegt).[140]

3. Verhältnis zu den Grundfreiheiten

Art. 101 AEUV und die vier Grundfreiheiten dazu (Personen, Waren, Dienstleistungen **80**
und Kapital), sind beide Teil des Systems, das den unverfälschten Wettbewerb gewährleistet. Dabei setzen sie an verschiedenen Stellen an. Während diese Grundfreiheiten die Mitgliedstaaten dazu verpflichten, Handelshemmnisse im Binnenmarkt abzubauen (und keine neuen zu errichten), verbieten die Wettbewerbsregeln primär die Beschränkung des Wettbewerbs durch die Unternehmen selbst. So sind zwar die Grundfreiheiten und die Wettbewerbsregeln grundsätzlich an unterschiedliche Adressaten gerichtet, jedoch tragen sie sämtlich zur Umsetzung des Binnenmarktes bei, die Grundfreiheiten indem sie grenzüberschreitend Chancengleichheit unter den Marktteilnehmern schaffen. Sie dienen daher vor allem der Öffnung von Märkten für den (grenzüberschreitenden) Wettbewerb. Die Wettbewerbsregeln hingegen greifen in erster Linie ein, wenn der Wettbewerb bereits eröffnet ist und schützen ihn vor Verfälschung durch die Marktteilnehmer.[141]

Zwischen den Grundfreiheiten und den Wettbewerbsregeln besteht **kein Rangverhält- 81**
nis. Sie sind daher **nebeneinander anwendbar.**[142] Wenn man mit der wohl überwiegenden Ansicht in der Literatur nicht von einer allgemeinen unmittelbaren Drittwirkung der

---

137 Siehe EuGH U. v. 11.11.1991, C-359/95 P und C-379/95 P – *Frankreich/Ladbroke Racing,* Slg. 1997 I-06265, Rn. 33; vgl. insbes. zu Art. 102 AEUV EuGH U. v. 20.3.1985, 41/83 – *Italien/Kommission,* Slg. 1985, 873, Rn. 18–20; EuGH U. v. 19.3.1991, C-202/88 – *Frankreich/Kommission („Endgeräte)",* Slg. 1991, I-1223, Rn. 55; EuGH U. v. 13.12.1991, C-18/88 – *GB-Inno-BM,* Slg. 1991, I-5941, Rn. 20.

138 EuGH U. v. 11.11.1997, C-359/95 P und C-379/95 P – *Frankreich/Ladbroke Racing,* Slg. 1997 I-06265, Rn. 34; a. A. allerdings die Kommission in diesem Verfahren, die die Auffassung vertrat, dass Unternehmen den Vorrang des Unionsrechts berücksichtigen und es ablehnen müssten, sich mitgliedstaatlichen Maßnahmen zu beugen, die gegen die Art. 101 oder 102 AEUV verstoßen.

139 *Kahl* in Callies/Ruffert, EUV/AEUV Kommentar, 4. Aufl. 2011, Art. 4 EUV, Rn. 42. Ein Möglichkeit ist dann ein Vertragsverletzungsverfahren nach Art. 258 AEUV, siehe z. B. EuGH U. v. 18.6.1998, C-35/96 – *Kommission/Italien,* Slg. 1998 I-03851. In der überwiegenden Zahl der Fälle erfolgt die Überprüfung möglicher Verstöße der Mitgliedstaaten gegen Art. 101 oder 102 AEUV, Art. 4 Abs. 3 EUV jedoch im Wege des Vorabentscheidungsverfahrens.

140 Insgesamt lässt sich in der Praxis der Kommission allerdings die Tendenz erkennen, in Fällen nationaler Regelungen, die lediglich eine begrenzte Zahl von Unternehmen betreffen, gegen das Unternehmen vorzugehen, nicht aber gegen den Mitgliedstaat. Siehe dazu beispielhaft EuGH U. v. 14.10.2010, C-280/08 P – *Deutsche Telekom/Kommission,* Slg. 2010 I-9555, in der mit wenig überzeugender Begründung ein ausreichender Handlungsspielraum und folglich ein Verstoß gegen Art. 102 AEUV angenommen wurde, der ein Bußgeld zur Folge hatte.

141 *Hoffmann* in Dauses, EU-Wirtschaftsrecht, 35. Lfg. 2014, H. I. § 1 Rn. 4.

142 *Kingreen* in Calliess/Ruffert, EUV/AEUV Kommentar, 4. Aufl. 2011, Art. 36 AEUV Rn. 21.

Grundfreiheiten ausgeht,[143] ergeben sich Überschneidungen in den Anwendungsbereichen von Art. 101 AEUV und den Grundfreiheiten grundsätzlich nur bei staatlichem Handeln. Da der Staat, wenn er wirtschaftlich handelt, unter den Unternehmensbegriff des Art. 101 AEUV fällt,[144] muss sich das staatliche Handeln in einem solchen Fall sowohl an den Wettbewerbsregeln als auch an den Grundfreiheiten messen lassen.[145] Außerdem ist stets zu beachten, dass die Mitgliedstaaten, wie bereits dargestellt,[146] mittelbar über Art. 4 Abs. 3 EUV an Art. 101 AEUV gebunden sind.

82 Da beide Regelungskomplexe – Grundfreiheiten und Kartellrecht – durch ihre Funktion im Hinblick auf das System unverfälschten Wettbewerbs eng verbunden sind, spielen sie eine Rolle bei der **Auslegung der Vorschriften** des jeweils anderen Bereichs. Während also bei der Auslegung der Grundfreiheiten stets der Wettbewerbsaspekt zu berücksichtigen ist,[147] haben bei der Auslegung des Wettbewerbsrechts die Grundfreiheiten eine große Bedeutung.[148] Damit haben die Grundfreiheiten im Ergebnis auch für die Beurteilung nichtstaatlichen Handelns eine gewisse Bedeutung.

83 Aus der engen Verbindung von Grundfreiheiten und Wettbewerbsrecht folgt auch, dass **Wettbewerbsbeschränkungen, die an eine Binnengrenze anknüpfen,** wie z. B. Exportverbote, deutlich strenger bewertet werden als vergleichbare Wettbewerbsbeschränkungen ohne Grenzbezug. Aus wettbewerbspolitischer Sicht ist eine besondere Berücksichtigung der Binnengrenzen keineswegs zwingend. Angenommen auf beiden Seiten einer Binnengrenze herrscht funktionierender Wettbewerb, so ergibt sich für Verbraucher kein Vorteil aus zusätzlichen Importen. Tatsächlich schadet es weder den Unternehmen und Verbrauchern auf der einen noch der anderen Seite der Grenze, wenn z. B. ein Hersteller seinen Händlern die Belieferung von Abnehmern im Ausland untersagt (oder jedenfalls nicht mehr als ein Verbot, Waren in ein anderes deutsches Bundesland zu liefern). Die Bedeutung der Binnengrenzen in Art. 101 AEUV ergibt sich somit erst aus dem Gesamtgefüge des AEUV. Durch die Berücksichtigung der Grundfreiheiten bei der Auslegung des Kartellverbots wird auch dieses dazu eingesetzt, Handelsschranken im Binnenmarkt abzubauen (oder überhaupt zu verhindern). Dies entspricht der Konzeption des Art. 3 Abs. 1 lit. b AEUV, nach der die Wettbewerbsregeln als erforderlich verstanden werden, um den Binnenmarkt zu verwirklichen.

4. Verhältnis zu den anderen Politikzielen der Union

84 Das Primärrecht der EU formuliert neben dem System unverfälschten Wettbewerbs noch weitere Ziele, welche die Institutionen der EU bei Rechtsetzung und Rechtsanwendung zu berücksichtigen verpflichtet sind. So enthält beispielsweise Art. 3 EUV eine Reihe von Unionsaufgaben über den Binnenmarkt hinaus. Doch auch an anderen Stellen enthält das Primärrecht Zielbestimmungen für das Tätigwerden der Union.[149] Im Einzelnen kann es dabei zu **Zielkonflikten** kommen. In der Regel sind derartige Konflikte nach dem Prinzip der **praktischen Konkordanz** aufzulösen.[150] Dies gilt jedoch nur, soweit sich aus

---

[143] *Kingreen* in Callies/Ruffert, EUV/AEUV Kommentar, 4. Aufl. 2011, Art. 36 AEUV Rn. 21, 114–116; *Streinz/Leible,* EuZW 2000, 459; *Birkemeyer,* EuR 2010, 662; *Burgi,* EWS 1999, 327; *Jarass,* EuR 2000, 705.

[144] Siehe EuGH C-41/90, Rn. 22 – *Höfner und Elser,* Slg. 1991 I-1979, Rn. 22; siehe im Einzelnen auch Rn. 130 ff.

[145] *Kingreen* in Calliess/Ruffert, EUV/AEUV Kommentar, 4. Aufl. 2011, Art. 36 AEUV Rn. 21.

[146] Siehe oben Rn. 78 f.

[147] Siehe z. B. EuGH U. v. 19.3.1992, C-202/88 – *Frankreich/Kommission,* Slg. 1991 I-1223, Rn. 41.

[148] *Hoffmann* in Dauses, EU-Wirtschaftsrecht, 35. Lfg. 2014, H. I. 1 Rn. 5.

[149] Siehe insbesondere die sog. „Querschnittsklauseln" in Art. 11, Art. 167 Abs. 4, Art. 168 Abs. 1, Art. 173 und Art. 208 Abs. 1 AEUV.

[150] *Hoffmann* in Dauses, EU-Wirtschaftsrecht, 35. Lfg. 2014, § 1 Art. 101 und 102 AEUV im Überblick, Rn. 6, m. w. N.

dem Primärrecht selbst nicht bereits ein Rangverhältnis zwischen den jeweiligen Zielen ergibt. So bestimmt Art. 173 AEUV, dass die Wettbewerbsfähigkeit der Industrie lediglich in Entsprechung mit dem System offener und wettbewerbsorientierter Märkte zu verfolgen ist. Insofern ist in der Vertragsnorm selbst angelegt, dass der Wettbewerbsschutz im Zweifel Vorrang vor der Wettbewerbsfähigkeit der Industrie genießt.

Nicht geklärt ist, auf welche Weise die widerstreitenden Ziele bei Anwendung des Art. 101 AEUV in Einklang zu bringen sind. Während Kommission und EuGH sich immer offener für eine Einschränkung des Tatbestandes des Abs. 1 zeigen, kann die Abwägung nach der hier vertretenen Auffassung lediglich im Rahmen des Abs. 3 erfolgen – zumal es mit der direkten Anwendbarkeit von Abs. 3 auch keine institutionellen Gründe (mehr) gibt, über Gebühr in Abs. 1 einzugreifen.[151] Siehe zu dieser Problematik im Einzelnen Rn. 317 ff. 85

5. Verhältnis zu anderen kartellrechtlichen Vorschriften des Unionsrechts

Das europäische Kartellrecht fußt auf drei wesentlichen Elementen: erstens dem Verbot wettbewerbsbeschränkender Vereinbarungen (Art. 101 AEUV), zweitens dem Verbot des (einseitigen) wettbewerbswidrigen, „missbräuchlichen" Ausnutzens einer marktbeherrschenden Stellung (Art. 102 AEUV) und drittens der Zusammenschlusskontrolle nach der FKVO.[152] 86

Art. 101 und 102 AEUV verfolgen dasselbe Ziel, und zwar die Aufrechterhaltung eines wirksamen, unverfälschten Wettbewerbs. Allerdings verfolgen sie dieses Ziel auf unterschiedliche Weise.[153] Dadurch ergänzen sie einander.[154] Sofern die jeweiligen Voraussetzungen vorliegen, sind sie nebeneinander anwendbar – es besteht Idealkonkurrenz.[155] Aufgrund des engen Zusammenhangs sind gemeinsame Tatbestandsmerkmale der beiden Vorschriften kongruent auszulegen.[156] Dennoch handelt es sich um unabhängige Rechtsinstrumente,[157] sodass nicht jede Beteiligung eines marktbeherrschenden Unternehmens an einem Verstoß gegen Art. 101 AEUV zugleich gegen Art. 102 AEUV verstößt. Ebenso kann ein nach Art. 101 Abs. 3 AEUV freigestelltes Verhalten dennoch unter Art. 102 AEUV fallen.[158] Die Kommission geht umgekehrt davon aus, dass Art. 101 Abs. 3 AEUV nicht erfüllt ist, wenn ein Verhalten bereits nach Art. 102 AEUV verboten ist.[159] 87

Das Verhältnis zwischen Art. 101 (und 102) AEUV und den Regelungen der **FKVO** ist im Einzelnen umstritten. Zuerst stellt sich die Frage, ob Art. 101 und 102 AEUV auf ein Verhalten anwendbar sind, das den Zusammenschlusstatbestand des Art. 3 FKVO erfüllt. In *Continental Can* ging der EuGH davon aus, dass Art. 102 AEUV auf Zusammenschlüsse anwendbar sei.[160] In *Philip Morris* erweiterte der Gerichtshof diese Ansicht und erklärte auch Art. 101 AEUV für grundsätzlich auf Zusammenschlüsse anwendbar.[161] Allerdings ergingen diese Urteile bereits in den Jahren 1973 bzw. 1987, das heißt vor Inkrafttreten der 88

---

[151] Vor Inkrafttreten der VO 1/2003 mag es gute Gründe gegeben haben, eine Einschränkung von Abs. 1 der Anwendung von Abs. 3 vorzuziehen, siehe dazu (Querverweis auf „Entwicklungen").

[152] Verordnung (EG) Nr. 139/2004 vom 20.1.2004 über die Kontrolle von Unternehmenszusammenschlüssen („Fusionskontrollverordnung"), ABl. L 24/1 v. 29.1.2004.

[153] EuGH U. v. 21.2.1973, 6/72 – *Continental Can,* Slg. 1973, 215, Rn. 24.

[154] EuG U. v. 10.6.1990, T-51/89 – *Tetra Pak,* Slg. 1990, II-309, Rn. 22.

[155] EuGH U. v. 16.3.2000, C-395/96 P – *Compagnie Maritime Belge,* Slg. 2000, I-1365, Rn. 33.

[156] *Schuhmacher* in Grabitz/Hilf/Nettesheim, Das Recht der Europäischen Union, 53. Lfg. 2014, Art. 101 AEUV, Rn. 42.

[157] EuG U. v. 10.6.1990, T-51/89 – *Tetra Pak,* Slg. 1990, II-309, Rn. 22.

[158] EuGH U. v. 16.3.2000, C-395/96 P – *Compagnie Maritime Belge,* Slg. 2000, I-1365, Rn. 130 f.

[159] Kommission E. v. 21.12.1988, IV/30.979 und 31.394 – *Decca Navigator System,* ABl. 1989 L 43/27, Rn. 122; vgl. auch *Schuhmacher* in Grabitz/Hilf/Nettesheim, Das Recht der Europäischen Union, 53. Lfg. 2014, Art. 101 AEUV, Rn. 42 m. w. N.

[160] EuGH U. v. 21.2.1973, C-6/72 – *Europemballage und Continental Can,* Slg. 1973, 215, Rn. 25.

[161] EuGH U. v. 17.11.1987, 142/84 und 156/84 – *British American Tobacco/R.J. Reynolds Industries (Philip Morris),* Slg. 1987, 4487, Rn. 36 ff.

FKVO. Es ist ungewiss, ob der EuGH diese Rechtsprechung nunmehr, nach Erlass der FKVO, aufrecht erhalten würde. Es könnte nun vielmehr zwischen den Art. 101, 102 AEUV und den Bestimmungen der FKVO ein Vorrang derart bestehen, dass auf Zusammenschlüsse im Sinne des Art. 3 FKVO ausschließlich die FKVO, nicht jedoch die Art. 101, 102 AEUV anwendbar wären. Einem solchen Verständnis steht jedoch die Normenhierarchie entgegen. Die sekundärrechtlichen Vorschriften der FKVO vermögen nicht die primärrechtlichen Art. 101, 102 AEUV für bestimmte Fälle außer Kraft zu setzen. Daher ist grundsätzlich weiterhin von einer parallelen Anwendbarkeit auszugehen. Dem möglichen Einwand einer unerwünschten Doppelkontrolle und der damit verbundenen Rechtsunsicherheit wirkt Art. 21 Abs. 1 FKVO entgegen (dazu sogleich).

89 Bei **Zusammenschlüssen mit unionsweiter Bedeutung,** welche die Voraussetzungen des Art. 1 FKVO erfüllen, hat die Frage der parallelen Anwendbarkeit nur geringe praktische Auswirkungen. Wegen Art. 21 Abs. 1 FKVO[162] sind die verbleibenden Probleme im Wesentlichen theoretisch: Gemäß Art. 21 Abs. 1 FKVO ist auf Zusammenschlüsse im Sinne des Art. 3 FKVO die VO 1/2003 nicht anwendbar. Die Einschränkung des Anwendungsbereichs von Sekundärrecht durch Sekundärrecht ist unproblematisch. Die VO 1/2003 enthält die wesentlichen Befugnisse der Kommission zur Durchsetzung der Art. 101 oder 102 AEUV. Geht man davon aus, dass die Bestimmungen der FKVO ohnehin einer Anwendung der Art. 101, 102 AEUV auf Zusammenschlüsse entgegenstehen, so ergibt sich aus dem Ausschluss der VO 1/2003 nichts – die Kommission hätte ohnehin nicht die Möglichkeit, aufgrund von Art. 101 und 102 AEUV gegen den Zusammenschluss vorzugehen. Sofern man jedoch aus Gründen der Normhierarche Art. 101 und 102 AEUV grundsätzlich für auf einen Zusammenschluss anwendbar hält, folgt aus Art. 21 Abs. 1 FKVO, dass die Kommission bei der Anwendung dieser Vorschriften auf Zusammenschlüsse ihrer wesentlichen Durchsetzungsbefugnisse beraubt ist. Es verbleiben ihr lediglich die äußerst limitierten Befugnisse nach Art. 105 AEUV.[163] Zu beachten ist, dass gemäß Art. 2 Abs. 4 FKVO die Gründung eines **Gemeinschaftsunternehmens,** dass die Voraussetzungen des Art. 3 FKVO (und des Art. 1 FKVO) erfüllt, an Art. 101 Abs. 1 und 3 AEUV zu messen ist. Das Verfahren richtet sich aber nach der FKVO, nicht nach der VO 1/2003, sodass die Kommission zur „Durchsetzung" des Art. 101 AEUV in solchen Fälle nicht auf die VO 1/2003 angewiesen ist.

90 Bei **Zusammenschlüssen ohne unionsweite Bedeutung,** das heißt bei Zusammenschlüssen, die die Voraussetzungen des Art. 3 FKVO erfüllen, jedoch unterhalb der Umsatzschwellen des Art. 1 FKVO bleiben, kommt es darauf an, ob es sich um ein Gemeinschaftsunternehmen handelt. Betrifft der Zusammenschluss kein Gemeinschaftsunternehmen, so sind auch hier im Ergebnis Art. 101, 102 AEUV anwendbar, jedoch nur mit den stark beschränkten Durchsetzungsbefugnissen der Kommission nach Art. 105 AEUV. Zwar stellt sich in diesem Fall nicht die Frage nach der Verdrängung der Art. 101 und 102 AEUV durch die FKVO, denn mangels unionsweiter Bedeutung ist die FKVO nicht anwendbar. So kommt eine Verdrängung der Art. 101 und 102 AEUV nicht in Frage. Al-

---

[162] Die Vorschrift lautet: „Diese Verordnung gilt allein für Zusammenschlüsse im Sinne des Artikels 3; die Verordnungen (EG) Nr. 1/2003, (EWG) Nr. 1017/68, (EWG) Nr. 4056/86 und (EWG) Nr. 3975/87 des Rates gelten nicht, außer für Gemeinschaftsunternehmen, die keine gemeinschaftsweite Bedeutung haben und die Koordinierung des Wettbewerbsverhaltens unabhängig bleibender Unternehmen bezwecken oder bewirken."

[163] Nach Art. 105 AEUV ist die Kommission bei der Ermittlung von Verstößen gegen Art. 101, 102 AEUV auf die Amtshilfe der Mitgliedstaaten angewiesen. Stellt sie einen Verstoß fest, kann sie nicht selbst tätig werden, sondern lediglich den Mitgliedstaaten Maßnahmen vorschlagen. Die Kommission kann die Maßnahmen außerdem nicht selbst durchsetzen, sondern ermächtigt die Mitgliedstaaten dazu. Zu der Frage, ob Art. 105 AEUV als Übergangsvorschrift mittlerweile unanwendbar geworden ist, siehe *Körber* in Immenga/Mestmäcker, EU-Wettbewerbsrecht Bd. 1, 5. Aufl. 2012, Einleitung zur FKVO, Rn. 50 ff.

lerdings schließt Art. 21 Abs. 1 FKVO die Anwendbarkeit der VO 1/2003 für alle Zusammenschlüsse aus und nicht nur für solche mit unionsweiter Bedeutung (jedoch mit Ausnahme von Gemeinschaftsunternehmen ohne unionsweite Bedeutung). Im Ergebnis kann die Kommission im Falle eines Zusammenschlusses, der kein Gemeinschaftsunternehmen betrifft und unterhalb der Umsatzschwellen des Art. 1 FKVO bleibt, ausschließlich auf Grundlage des Art. 105 AEUV tätig werden. Dies erscheint sachgerecht, da Zusammenschlüsse ohne unionsweite Bedeutung grundsätzlich der Prüfung durch die Mitgliedstaaten anhand ihres eigenen Fusionskontrollrechts unterliegen.[164]

Für **Vollfunktions-Gemeinschaftsunternehmen** ohne unionsweite Bedeutung, die die Koordinierung des Wettbewerbsverhaltens unabhängig bleibender Unternehmen bezwecken oder bewirken, bestimmt Art. 21 Abs. 1 2. Halbsatz FKVO, dass auf diese die VO 1/2003 anwendbar bleibt. Daraus folgt, dass ein solcher Zusammenschluss, auch wenn er unter die nationale Fusionskontrolle fällt, materiell-rechtlich weiterhin Art. 101 und 102 AEUV und verfahrensrechtlich der vollen Kontrolle durch die Kommission nach der VO 1/2003 unterliegt. Mangels Erreichens der Umsatzschwellen des Art. 1 FKVO prüft die Kommission den Zusammenschluss hingegen nicht nach der FKVO. 91

Die **praktische Bedeutung von Art. 101 und 102 AEUV** für die Beurteilung von Zusammenschlüssen außerhalb der FKVO ist ausgesprochen gering. Denn die Kommission beabsichtigt im Normalfall nicht, Art. 101, 102 AEUV auf Zusammenschlüsse im Sinne des Art. 3 FKVO anders als im Rahmen von Verfahren nach der FKVO anzuwenden.[165] Dementsprechend ist sie bislang – soweit ersichtlich – auch nicht auf der Grundlage von Art. 105 AEUV tätig geworden. Die Kommission äußerte außerdem, dass sie Zusammenschlüsse nicht prüfen werde, wenn die Umsätze der beteiligten Unternehmen unter € 2 Mrd. (weltweiter Umsatz) und unter € 100 Mio. (unionsweiter Umsatz) lägen.[166] In einem solchen Fall sei in der Regel nicht von einer nennenswerten Beeinträchtigung des zwischenstaatlichen Handels auszugehen. Zwar ist die Rechtsverbindlichkeit dieser Äußerungen fraglich, allerdings kann für die Praxis davon ausgegangen werden, dass die Kommission lediglich in begründeten Ausnahmefällen von diesen Äußerungen abrücken würde.[166a] Auch wegen der nahezu flächendeckenden Fusionskontrolle auf Ebene der Mitgliedstaaten und der immer besseren Verzahnung derselben mit der FKVO durch die wechselseitigen Verweisungen werden solche Fälle immer weniger wahrscheinlich. 92

Nicht durch die Äußerungen der Kommission ausgeschlossen (und wegen der Rechtsnatur der Art. 101 und 102 AEUV als Primärrecht kaum in den Griff zu bekommen) ist aber die mögliche Anwendung dieser Vorschriften auf Zusammenschüsse durch nationale Gerichte. Wenngleich die Kommission im Regelfall die Art. 101, 102 AEUV nicht auf Zusammenschlüsse im Sinne des Art. 3 FKVO anwendet, hindert dies ein Unternehmen nicht daran, einen Verstoß gegen Art. 101 oder 102 AEUV im Wege einer zivilrechtlichen Klage geltend zu machen.[167] 93

VIII. Dauer einer Zuwiderhandlung

Die Dauer einer Zuwiderhandlung (d. h. ein Verhalten fällt unter Art. 101 Abs. 1, aber nicht unter Abs. 3 AEUV) und die Dauer einer Beteiligung eines Unternehmens an einer 94

---

[164] So auch *Körber* in Immenga/Mestmäcker, EU-Wettbewerbsrecht Bd. 1, 5. Aufl. 2012, Einleitung zur FKVO, Rn. 48.

[165] Kommission, Erklärungen für das Ratsprotokoll vom 19.12.1989 zum Erlass der VO (EWG) Nr. 4064/89, WuW 1990, 240, 243.

[166] Kommission, Erklärungen für das Ratsprotokoll vom 19.12.1989 zum Erlass der VO (EWG) Nr. 4064/89, WuW 1990, 240, 243.

[166a] *Mestmäcker/Schweitzer,* Europäisches Wettbewerbsrecht, 3. Aufl. 2014, § 24 II Rn. 6.

[167] *Schild* in Münchener Kommentar, Europäisches und Deutsches Wettbewerbsrecht, Band 1, 2. Aufl. 2015, Art. 21 FKVO, Rn. 13.

Zuwiderhandlung sind in mehrerer Hinsicht von Bedeutung, primär natürlich für die Bußgeldbemessung.[168] Aber auch andere Rechtsfolgen hängen in ihrem Bestand und Umfang davon ab, ob ein Verstoß noch andauert und wann genau er (für ein bestimmtes Unternehmen) beendet war. So hängt die Schadenersatzpflicht davon ab, dass der Verstoß (also Verhalten während der Dauer des Verstoßes) für den Schaden ursächlich war. Die (bußgeldrechtliche) Verjährung knüpft ebenfalls an das Ende eines Verstoßes an.

1. Einheitliche, fortdauernde und fortgesetzte Zuwiderhandlung

95 Solange mit einer andauernden oder mehraktigen Zuwiderhandlung über die Zeit stets das gleiche Ziel verfolgt wird, liegt eine sog. **einheitliche Zuwiderhandlung** vor.[169] Die Kriterien für die Feststellung einer solchen einheitlichen Zuwiderhandlung sind die Identität der **Ziele,** der **betroffenen Waren und Dienstleistungen,** der **beteiligten Unternehmen** und der **natürlichen Personen,** die für die Unternehmen tätig sind, die Identität des **räumlichen Anwendungsbereichs** der betreffenden **Praktiken** sowie der **Modalitäten ihrer Durchführung.**[170] Eine einheitliche Zuwiderhandlung liegt auch vor, wenn die fraglichen Vereinbarungen oder abgestimmten Verhaltensweisen sich auf **verschiedene** Waren, Dienstleistungen oder Gebiete beziehen, sich aber in einen **Gesamtplan** einfügen, der von den betroffenen Unternehmen bewusst ausgeführt wird, um ein einziges wettbewerbswidriges Ziel zu erreichen.[171]

96 Die Anerkennung der einheitlichen Zuwiderhandlung schließt nicht aus, dass eine oder mehrere einzelne Handlungen oder Teile des fortdauernden Verhaltens auch für sich genommen und isoliert betrachtet einen Verstoß darstellen.[172]

97 Ein Unternehmen kann nicht nur für die Zuwiderhandlung in ihrer Gesamtheit **verantwortlich** sein, wenn es sich an der gesamten Zuwiderhandlung (und ggf. allen Einzelakten) unmittelbar beteiligt hat, sondern auch, wenn es sich **nur an einem Teil** des Verhaltens beteiligt hat, das zu einer einheitlichen Zuwiderhandlung gehört. Entscheidend ist seine **Mitwirkung** an einem Gesamtplan zur Verfolgung eines **gemeinsamen verfolgten Ziels.** Dies ist der Fall, wenn das Unternehmen von dem gesamten übrigen rechtswidrigen Verhalten, das die anderen Kartellbeteiligten in Verfolgung der gleichen Ziele beabsichtigten oder an den Tag legten, wusste oder es vernünftigerweise vorhersehen konnte und bereit war, die daraus erwachsende Gefahr auf sich zu nehmen.[173] Daher kann ein Unternehmen auch für die Zuwiderhandlung bezüglich Produktmärkten und/oder Gebieten **außerhalb seines eigenen Tätigkeitsbereichs** verantwortlich sein, wenn sein eigenes Verhalten zu der einheitlichen Zuwiderhandlung beigetragen hat.[174] Ein Verstoß gegen

[168] Ausgeblendet sei in diesem Abschnitt VIII, dass u. U. sich erst aus der Dauer eines bestimmten Verhaltens die (spürbare) Wettbewerbsbeschränkung ergibt. Z. B. kann beim Informationsaustausch zwischen Wettbewerbern bereits ein einziges Treffen die Wettbewerbsbeschränkung begründen (vgl. EuGH U. v. 4.6.2009, C-8/08 – *T-Mobile Netherlands,* Rn. 62); eine Alleinbezugsbindung muss hingegen eine bestimmte Dauer aufweisen, um wettbewerbsbeschränkend zu wirken.

[169] EuG U. v. 17.5.2013, T-147/09 und T-148/09 – *Trelleborg/Kommission,* Rn. 59, m. w. N. aus der Rspr.

[170] EuG U. v. 17.5.2013, T-147/09 und T-148/09 – *Trelleborg/Kommission,* Rn. 60, m. w. N. aus der Rspr.

[171] EuG U. v. 16.9.2013, T-364/10 – *Duravit/Kommission,* Rn. 91, m. w. N. aus der Rspr.

[172] EuG U. v. 16.9.2013, T-364/10 – *Duravit/Kommission,* Rn. 90, m. w. N. aus der Rspr.; siehe auch EuG U. v. 16.9.2013, T-373/10, T-374/10, T-382/10, T-402/10 – *Villeroy & Boch/Kommission,* Rn. 41; EuG U. v. 17.5.2013, T-147/09 und T-148/09 – *Trelleborg/Kommission,* Rn. 58, m. w. N. aus der Rspr.

[173] EuG U. v. 16.9.2013, T-373/10, T-374/10, T-382/10, T-402/10 – *Villeroy & Boch/Kommission,* Rn. 46–48, m. w. N. aus der Rspr.

[174] EuG U. v. 16.9.2013, T-373/10, T-374/10, T-382/10, T-402/10 – *Villeroy & Boch/Kommission,* Rn. 49.

Art. 101 Abs. 1 AEUV setzt also nicht voraus, dass das betroffene Unternehmen selbst auf dem relevanten Markt tätig ist.[175]

Eine einheitliche Zuwiderhandlung kann **dauerhaft** oder **fortgesetzt** sein.[176] Eine dauerhafte Zuwiderhandlung liegt vor, wenn die Zuwiderhandlung über einen längeren Zeitraum ununterbrochen begangen wurde. Eine fortgesetzte Zuwiderhandlung liegt vor, wenn eine Unterbrechung und spätere Wiederaufnahme der Zuwiderhandlung mit denselben Zielen erfolgt. Dazu muss ein Gesamtplan für die Zeit vor und nach der Unterbrechung identifiziert werden.[177] **98**

Die Unterscheidung zwischen einer dauerhaften und fortgesetzten Zuwiderhandlung ist für die Verjährung irrelevant, denn trotz einer Unterbrechung der Zuwiderhandlung beginnt die Verjährung erst ab dem Zeitpunkt der Beendigung zu laufen.[178] Für die Bußgeldberechnung hingegen ist die Unterscheidung sehr wichtig, denn (nur) bei einer fortgesetzten Zuwiderhandlung wird der Zeitraum der Unterbrechung für die Bemessung der Geldbusse nicht berücksichtigt. **99**

Im Bußgeld- oder sonstigen Verwaltungsverfahren muss die Kommission nicht nur die Existenz der Zuwiderhandlung **nachweisen,** sondern auch deren **Dauer.**[179] Genauso muss die Kommission auch die **Beteiligung eines Unternehmens** an einer Zuwiderhandlung nachweisen[180] (und im Zweifel die Dauer dieser Beteiligung). Sollte es an Beweisen fehlen, mit denen die **Dauer einer Zuwiderhandlung** (und deren ununterbrochende Begehung) direkt belegt werden kann, muss die Kommission zumindest für solche Tatsachen Beweise beibringen, die zeitlich so nahe beieinander liegen, dass sie vernünftigerweise den Schluss zulassen, dass die Zuwiderhandlung zwischen zwei konkreten Zeitpunkten ohne Unterbrechung fortgeführt wurde.[181] Dazu gehört, dass die einzelnen Maßnahmen das gleiche Ziel verfolgen, also Teil eines Gesamtplanes sind, wobei für dessen Darlegung wiederum objektive und übereinstimmende Indizien genügen.[182] Der Grund für diese Erleichterung bei der Beweislast (es ist in der Sache ein Indizienbeweis) ist der oft komplexe Sachverhalt bei Kartellfällen sowie die häufige Geheimhaltung. Dies bedeutet nach der Rspr., dass oft nur lückenhafte und vereinzelte Belege vorgeführt werden können.[183] Dann aber besteht eine widerlegbare **Vermutung**, dass die festgestellten Einzelakte zu einer **dauernden** (und nicht nur fortgesetzten) Zuwiderhandlung gehören, auch wenn für bestimmte Zeiträume keine Beweise vorliegen. **100**

Gleichsam besteht bei der Beteiligung eines Unternehmens an einzelnen Maßnahmen eine widerlegliche Vermutung für seine **dauernde Beteiligung,** sodass die Kommission die Beteiligung für die Zwischenzeiträume nicht gesondert darlegen muss. Voraussetzung ist auch hier, dass die einzelnen Maßnahmen als Teil eines Gesamtplanes mit einheitlichem **101**

---

[175] EuG U. v. 16.9.2013, T-373/10, T-374/10, T-382/10, T-402/10 – *Villeroy & Boch/Kommission,* Rn. 54, m. w. N. aus der Rspr.

[176] EuG U. v. 17.5.2013, T-147/09 und T-148/09 – *Trelleborg/Kommission,* Rn. 86.

[177] EuG U. v. 17.5.2013, T-147/09 und T-148/09 – *Trelleborg/Kommission,* Rn. 65, m. w. N. aus der Rspr.

[178] Art. 25 Abs. 2 S. 2 VO 1/2003 und Art. 1 Abs. 2 Verordnung (EWG) Nr. 2988/74 des Rates vom 26.11.1974 über die Verfolgungs- und Vollstreckungsverjährung im Verkehrs- und Wettbewerbsrecht der Europäischen Wirtschaftsgemeinschaft, ABl. L 319/1 v. 29.11.1974.

[179] EuG U. v. 17.5.2013, T-147/09 und T-148/09 – *Trelleborg/Kommission,* Rn. 50, m. w. N. aus der Rspr.

[180] EuGH U. v. 8.9.1999, C-49/92 P – *Anic/Kommission,* Rn. 86.

[181] EuG U. v. 17.5.2013, T-147/09 und T-148/09 – *Trelleborg/Kommission,* Rn. 53, m. w. N. aus der Rspr.; EuG U. v. 16.9.2013, T-373/10, T-374/10, T-382/10, T-402/10 – *Villeroy & Boch/Kommission,* Rn. 115, m. w. N. aus der Rspr.

[182] EuG U. v. 17.5.2013, T-147/09 und T-148/09 – *Trelleborg/Kommission,* Rn. 61.

[183] EuG U. v. 17.5.2013, T-147/09 und T-148/09 – *Trelleborg/Kommission,* Rn. 51 f., m. w. N. aus der Rspr.; EuG U. v. 16.9.2013, T-373/10, T-374/10, T-382/10, T-402/10, *Villeroy & Boch/Kommission,* Rn. 114, m. w. N. aus der Rspr.

Ziel angesehen werden können.[184] Allerdings erfasst die Vermutung lediglich die Zeiträume zwischen zwei Maßnahmen, für welche die Beteiligung eines Unternehmens dargelegt wurde, nicht jedoch die Zeiträume davor oder danach.[185]

102 Zum Vorliegen einer **fortgesetzten** (und nicht fortdauernden) **Zuwiderhandlung** und der Unterbrechung der Zuwiderhandlung (z. B. durch offene und eindeutige Distanzierung, dazu sogleich) müssen also ggf. die betroffenen Unternehmen vortragen, damit die Kommission sie nicht, gestützt auf die Vermutung einer fortdauernden Zuwiderhandlung, für eine solche bebußt.[186]

2. Unterbrechung und Beendigung der Zuwiderhandlung durch „Distanzieren"

103 Auch wenn eine Zuwiderhandlung fortdauert, ist es für einzelne Teilnehmer möglich, ihre Beteiligung entweder endgültig zu beenden oder für einen gewissen Zeitraum zu unterbrechen. Gerade eine solche Unterbrechung darzulegen ist u. U. schwierig, wenn das Unternehmen sich später an der gleichen Zuwiderhandlung erneut beteiligt und evtl. eine Vermutung für die fortdauernde Beteiligung streitet (siehe oben Rn. 100 ff.). Das betroffene Unternehmen muss sich daher von der Zuwiderhandlung **offen distanziert** haben, um die eigene Beteiligung zu beenden oder zu unterbrechen. Nach der Rspr. führt nämlich eine **stillschweigende Billigung einer Initiative,** ohne sich offen von deren Inhalt zu distanzieren oder sie bei den Kartellbehörden anzuzeigen, zu einer Begünstigung der Fortsetzung der Zuwiderhandlung und zu einer Verhinderung ihrer Entdeckung. Dies ist eine passive Form der Beteiligung an der Zuwiderhandlung, die geeignet ist die Verantwortlichkeit des betreffenden Unternehmens auszulösen.[187] Allerdings müssen die Umstände des Einzelfalls berücksichtigt werden; denn eine Zuwiderhandlung kann für ein einzelnes Unternehmen auch ohne erkennbare Distanzierung unterbrochen sein, wenn es von der Fortsetzung der Zuwiderhandlung durch die anderen Beteiligten nichts wusste.[188]

IX. Beweislast bei Art. 101 AEUV

104 Weil die Anwendung des Art. 101 AEUV Tatsachen-intensiv ist, kommt Fragen der Beweislast eine große Bedeutung zu. Die inzwischen in Art. 2 VO 1/2003 festgeschriebene Regel ist, dass die Beweislast für das Vorliegen der Tatbestandsmerkmale des Art. 101 Abs. 1 AEUV diejenige Partei trägt, die einen Verstoß gegen das Kartellrecht vorträgt (einschließlich der Kartellbehörde im Bußgeldverfahren); die Beweislast für das Vorliegen der Voraussetzungen des Abs. 3 hingegen trägt die Partei, die sich auf die Wirksamkeit einer Vereinbarung oder Zulässigkeit einer Verhaltensweise beruft (also im letzteren Fall das Unternehmen, dessen Verhalten Gegenstand des Bußgeldverfahrens ist).[189]

1. Bußgeld- und Verwaltungsverfahren

105 Prüft die Kommission eine konkrete Vereinbarung oder Verhaltensweise nach Art. 101 AEUV, etwa weil sie ein Bußgeld verhängen will, so trägt sie die Beweislast dafür, dass die betreffende Vereinbarung o. ä. unter Art. 101 Abs. 1 AEUV fällt.

106 Die Kommission genügt ihrer Beweislast, wenn sie Beweise beibringt, „die geeignet sind, das Vorliegen der eine Zuwiderhandlung darstellenden Tatsachen **rechtlich hinrei-**

---

[184] EuG U. v. 17.5.2013, T-147/09 und T-148/09 – *Trelleborg/Kommission,* Rn. 61, 87, m. w. N. aus der Rspr.
[185] EuG U. v. 17.5.2013, T-147/09 und T-148/09 – *Trelleborg/Kommission,* Rn. 87, m. w. N. aus der Rspr.
[186] EuG U. v. 17.5.2013, T-147/09 und T-148/09 – *Trelleborg/Kommission,* Rn. 87 f.
[187] EuG U. v. 17.5.2013, T-147/09 und T-148/09 – *Trelleborg/Kommission,* Rn. 68.
[188] EuG U. v. 17.5.2013, T-147/09 und T-148/09 – *Trelleborg/Kommission,* Rn. 68 f.
[189] Siehe auch Erwägungsgrund 5 zur VO 1/2003 und Kommission, Vertikal-Leitlinien, Rn. 96.

chend zu belegen".[190] Hier ist zunächst die **Unschuldsvermutung** zu beachten, die zu den in der Rechtsordnung der Europäischen Union anerkannten Grundrechten gehört (Art. 48 GRCh, siehe dazu Rn. 43).[191] Daher darf das Gericht nicht davon ausgehen, dass die Kommission eine Zuwiderhandlung hinreichend nachgewiesen hat, wenn beim Gericht noch Zweifel bestehen. Dies gilt insbesondere, wenn es sich um eine **Klage auf Nichtigerklärung** und/oder **Abänderung einer Entscheidung** handelt, mit der eine Geldbuße verhängt wurde.[192] Die Kommission muss also aussagekräftige und konsistente Beweise vorbringen, um die feste Überzeugung (des Gerichts) zu begründen, dass die behauptete Zuwiderhandlung stattgefunden hat.[193] Allerdings muss nicht jeder (einzelne) Beweis diesen Kriterien genügen. Es reicht aus, dass das von der Kommission angeführte Indizienbündel bei einer **Gesamtwürdigung** diesen Anforderungen genügt.[194]

Da nach Auffassung des EuG viele Tätigkeiten im Rahmen eines Kartells im **Geheimen** **107** abliefen und die Kommission daher nur die Möglichkeit habe, lückenhafte und vereinzelte Belege vorzuzeigen, könnten bestimmte Sachverhalte nur durch Rückschlüsse belegt werden. Daher müsse in den meisten Fällen die Vereinbarung etc. aus einer Reihe von Koinzidenzen und Indizien abgeleitet werden, die im Wege einer Gesamtbetrachtung – mangels einer anderen schlüssigen Erklärung – den Beweis für eine Verletzung der Wettbewerbsregeln erbringen.[195]

Die Kommission muss nicht nur die Existenz des Kartells beweisen, sondern auch dessen **108** **Dauer** (siehe dazu Rn. 100ff.).

Sind **mehrere Unternehmen** an einer einheitlichen Zuwiderhandlung beteiligt, muss **109** die Kommission jedem Unternehmen nachweisen, dass es durch sein eigenes Verhalten zur Erreichung des von allen Beteiligten verfolgten einheitlichen Ziels beitragen wollte und von dem von anderen Unternehmen in Verfolgung dieses Ziels beabsichtigten oder an den Tag gelegten rechtswidrigen Verhalten wusste oder es vernünftigerweise vorhersehen konnte und bereit war, die daraus erwachsende Gefahr auf sich zu nehmen.[196]

Im Rahmen eines Verwaltungsverfahrens trägt das beteiligte Unternehmen, wenn es sich **110** auf Art. 101 Abs. 3 AEUV beruft, die Beweislast dafür, dass sämtliche Voraussetzungen dieses Absatzes erfüllt sind (Art. 2 Abs. 2 VO 1/2003).[197] Das darlegungs- und beweisbelas-

---

[190] EuGH U. v. 17.5.2013, T-147/09 und T-148/09 – *Trelleborg/Kommission,* Rn. 50, m. w. N. aus der Rspr.; EuG U. v 12.4.2013, T-401/08 – *Säveltäjäin Tekijä-noikeustoimisto Teostory/Kommission,* Rn. 87; EuG U. v. 16.9.2013, T-380/10 – *Wabco/Trane Inc./Ideal Standard,* Rn. 42, m. w. N. aus der Rspr.

[191] Siehe auch EuGH U. v. 17.5.2013, T-147/09 und T-148/09 – *Trelleborg/Kommission,* Rn. 50, m. w. N. aus der Rspr.

[192] EuG U. v 12.4.2013, T-401/08 – *Säveltäjäin Tekijä-noikeustoimisto Teostory/Kommission,* Rn. 88; EuGH U. v. 17.5.2013, T-147/09 und T-148/09 – *Trelleborg/Kommission,* Rn. 50, m. w. N. aus der Rspr.

[193] EuGH U. v. 17.5.2013, T-147/09 und T-148/09 – *Trelleborg/Kommission,* Rn. 50, m. w. N. aus der Rspr.; EuG U. v. 12.4.2013, T-401/08 – *Säveltäjäin Tekijä-noikeustoimisto Teostory/Kommission,* Rn. 93.

[194] EuGH U. v. 17.5.2013, T-47/09 und T-148/09 – *Trelleborg/Kommission,* Rn. 51, m. w. N. aus der Rspr.; EuG U. v. 12.4.2013, T-401/08 – *Säveltäjäin Tekijä-noikeustoimisto Teostory/Kommission,* Rn. 94.

[195] EuGH U. v. 17.5.2013, T-147/09 und T-148/09 – *Trelleborg/Kommission,* Rn. 52, m. w. N. aus der Rspr.; EuG U. v. 12.4.2013, T-401/08 – *Säveltäjäin Tekijä-noikeustoimisto Teostory/Kommission,* Rn. 95. Es fragt sich, ob diese Rspr. auf Sachverhalte zu beschränken ist, bei denen eine Vereinbarung etc. von den Beteiligten gezielt verborgen wurde, und ob sie auch weiter gelten soll, wenn ein beteiligtes Unternehmen den Sachverhalt der Behörde offenbart, insbesondere einen Kronzeugenantrag stellt.

[196] EuG U. v. 16.9.2013, T-373/10, T-374/10, T-382/10 und T-402/10 – *Villeroy & Boch/ Kommission,* Rn. 46, m. w. N. aus der Rspr.

[197] Siehe auch Erwägungsgrund 5 zur VO 1/2003 sowie Kommission, Leitlinien zu Art. 81 Abs. 3, Rn. 41; Kommission, Vertikal-Leitlinien, Rn. 96; Kommission, Horizontal-Leitlinien, Rn. 48.

tete Unternehmen muss solche Sachargumente vortragen und beweisen, welche die Kommission oder das Gericht davon zu überzeugen geeignet sind, dass die wettbewerbsfördernde Wirkung der Vereinbarung etc. **hinreichend wahrscheinlich** ist.[198] Diese Verteilung der Beweislast gilt für die sog. Einzelfreistellung (also die Subsumtion unter Abs. 3 unmittelbar) ebenso wie für das Eingreifen einer Gruppenfreistellungsverordnung.[199] Die Beweislast der Unternehmen erstreckt sich dabei sowohl auf positive (z.B. das Vorliegen einer Vertikalvereinbarung nach Art. 1 lit. a, b, Art. 2 Abs. 1 Vertikal-GVO) als auch auf negative Tatbestandsmerkmale (z.B. das Nichtvorliegen eines Marktanteils von mehr als 30% nach Art. 3 Abs. 1 Vertikal-GVO). Die Literatur sieht darin z.T. einen Verstoß gegen den Grundsatz der Unschuldsvermutung, die der Kommission jedenfalls im Rahmen eines Bußgeldverfahrens die volle Beweislast auferlegt.[200]

111 Im Bußgeldverfahren vor deutschen Behörden oder Gerichten findet die Beweislastregel aus Art. 2 VO 1/2003 ohnehin keine Anwendung. In einem Protokoll zur Verabschiedung der VO 1/2003 hat die Bundesregierung erklärt, dass im Rahmen eines Bußgeldverfahrens die Kartellbehörde die volle Beweislast zu tragen hat.[201] Das bedeutet, dass die deutsche Behörde oder das deutsche Gericht ein Bußgeld nur verhängen können, wenn bewiesen ist, dass mindestens eine der Voraussetzungen des Abs. 3 nicht erfüllt ist.

2. Entzug einer Gruppenfreistellung

112 Bei einem Entzug einer Gruppenfreistellung (z.B. gemäß Art. 6 Vertikal-GVO) ist die Beweislast abweichend verteilt. Die Kommission hat hier nicht nur zu beweisen, dass eine Vereinbarung (oder eine Gruppe von Vereinbarungen) gegen Art. 101 Abs. 1 AEUV verstößt, sondern auch dass eine oder mehrere der Voraussetzungen des Abs. 3 nicht erfüllt sind. Die Entzugsentscheidung bewirkt, dass die Gruppenfreistellung für die betroffene Vereinbarung entfällt, aber erst wenn die Entscheidung wirksam wird *(ex nunc)*. Das betroffene Unternehmen kann (und muss) dann wiederum beweisen, dass die Voraussetzungen einer Einzelfreistellung vorliegen.[202]

X. Räumlicher Anwendungsbereich des Art. 101 AEUV

113 Der **räumliche Anwendungsbereich** des Art. 101 AEUV ist von seinem **räumlichen Geltungsbereich** zu unterscheiden. Letzterer definiert, in welchem Gebiet die Vorschrift hoheitlich durchsetzbar ist.[203] In diesem Gebiet sind Gerichte und Behörden ggf. verpflichtet, das europäische Kartellrecht anzuwenden. Der räumliche Geltungsbereich des EU-Wettbewerbsrecht, wie auch der des übrigen Unionsrechts, wird durch Art. 52 EUV i.V.m. Art. 355 AEUV definiert. Damit gelten die EU-Wettbewerbsregeln im Gebiet aller 28 Mitgliedstaaten sowie Guadeloupe, Französisch-Guayana, Martinique, Réunion, Saint Barthélemy, Saint Martin, die Azoren, Madeira und die Kanarischen Inseln, nicht jedoch für die Färöer-Inseln.

---

[198] EuGH U. v. 6.10.2009, C-501/06 P u.a. – *GlaxoSmithKline,* Rn. 93–95; Kommission, Horizontal-Leitlinien Rn. 48.

[199] Ausführlich *Baron,* WuW 2006, 358ff.

[200] *Bechthold/Bosch/Brinker,* EU-Kartellrecht, Kommentar, 3. Aufl. 2014, Art. 2 VO 1/2003, Rn. 24; siehe auch *Rittner/Dreher/Kulka,* Wettbewerbs- und Kartellrecht, Lehrbuch, 8. Aufl. 2014, S. 347 (Rn. 898).

[201] Siehe dazu *Bechthold/Bosch/Brinker,* EU-Kartellrecht, Kommentar, 3. Aufl. 2014, vor Art. 1 VO 1/2003, Rn. 4; *Rittner/Dreher/Kulka,* Wettbewerbs- und Kartellrecht, Lehrbuch, 8. Aufl. 2014, S. 347 (Rn. 897).

[202] EuG U. v. 8.6.1995, T-7/93 – *Langnese-Iglo GmbH,* Rn. 193.

[203] *Wagner-von Papp/Wurmnest* in Münchener Kommentar zum Kartellrecht, 2. Aufl. 2015, Einl. Rn. 1536; *Bunte* in Langen/Bunte, Kartellrecht, Band 2, Europäisches Kartellrecht, 12. Aufl. 2014, Einl. Rn. 52.

Der **räumliche Anwendungsbereich** des Art. 101 AEUV hingegen beschreibt, welchen Bezug ein Sachverhalt zum Gebiet der Europäischen Union haben muss, um unter das europäische Kartellverbot zu fallen. Art. 101 AEUV enthält dazu keine ausdrückliche Regelung. Es ist daher nach allgemeinen Grundsätzen des Völkerrechts und der Völkercourtoisie sowie nach den allgemeinen Grundsätzen des Unionsrechts zu bestimmen, wie sich der territoriale Anwendungsbereich bemisst.[204] **114**

Nach allgemeinem Völkerrecht kann ein Staat (oder Staatenverbund) seine Gesetze etc. **115** nicht auf einen beliebigen Sachverhalt anwenden. Vielmehr braucht ein Staat einen Anknüpfungspunkt, um die Anwendung seiner Gesetze etc. auf einen bestimmten Sachverhalt zu rechtfertigen und nicht die Regelungsbefugnis anderer Staaten zu verletzen. Die in der Praxis verwendeten Anknüpfungspunkte weisen den Staaten die Regelungsbefugnis jedoch nicht überschneidungsfrei zu, so dass regelmäßig mehrere Staaten – völkerrechtlich korrekt – die Anwendbarkeit ihrer Gesetze auf einen bestimmten Sachverhalt reklamieren können.

Die allgemein völkerrechtlich anerkannten Anknüpfungspunkte sind das **Territorialitäts**- und das **Personalitätsprinzip.** Das Territorialitätsprinzip unterstellt Sachverhalte derjenigen Rechtsordnung, auf deren Staatsgebiet sie sich ereignen. Das Personalitätsprinzip knüpft an die Nationalität an und erlaubt den Staaten, das nationale Recht auf seine Staatsangehörigen und Unternehmen mit Sitz im eigenen Staat anzuwenden. Auf Grundlage dieser Grundsätze gilt das europäische Wettbewerbsrecht für Verhaltensweisen auf dem Gebiet der Union und/oder von in der Union ansässigen Unternehmen. Problematisch ist jedoch die Anwendbarkeit auf Vereinbarungen, die zwischen Unternehmen mit Sitz in Drittstaaten und außerhalb der Union geschlossen werden, aber dennoch den Wettbewerb in der EU beeinträchtigen. **116**

Diese Frage nach der **extraterritorialen Geltung** des EU-Kartellrechts (also über die **117** traditionellen Anknüpfungspunkte hinaus) wird im Schrifttum kontrovers diskutiert. Die herrschende Ansicht kritisiert, dass die reine Anwendung des Territorialitäts- und Personalitätsprinzips den tatsächlichen Gegebenheiten einer global vernetzten Wirtschaft nicht gerecht werde.[205] Entsprechend dem Schutzzweck des Kartellrechts stehe weniger im Fokus, wer wo tätig werde, sondern vielmehr, ob ein Verhalten wettbewerbsverfälschende Wirkungen auf einem Markt habe. Daher spricht sich die h. L. dafür aus, die Frage nach der extraterritorialen Anwendbarkeit mithilfe des (ggf. qualifizierten) **Auswirkungsprinzips** zu beantworten. Danach sind die EU-Wettbewerbsregeln dann anzuwenden, wenn die wettbewerbsbeschränkende Maßnahme Wirkungen auf dem Gebiet der EU zeitigt, d. h. dort Einfluss auf die Wettbewerbssituation hat. Teilweise werden jedoch Bedenken dahingehend geäußert, dass diesem Vorgehen Grundsätze des Völkerrechts und der Völkercourtoisie, wie insbesondere das Verbot der Einmischung und das Gebot der Interessenabwägung, entgegenstehen.[206]

Der **EuGH** war bisher nur in wenigen Entscheidungen mit der Frage befasst, welchen **118** Bezug das Verhalten von in Drittstaaten ansässigen Unternehmen zur EU aufweisen muss, um unter das europäische Kartellrecht zu fallen. In den wohl wichtigsten Entscheidungen

---

[204] *Rehbinder* in Immenga/Mestmäcker, Wettbewerbsrecht, Band 1, EU/Teil 1, 5. Aufl. 2012, IntWbR Rn. 1.

[205] *Bunte* in Langen/Bunte, Kartellrecht, Kommentar Band 2, Europäisches Kartellrecht, 12. Aufl. 2014, Einl., Rn. 57; *Rehbinder* in Immenga/Mestmäcker, Wettbewerbsrecht Kommentar, Band 1, EU/Teil 1, 5. Aufl. 2012, IntWbR Rn. 26; *Wagner-von Papp/Wurmnest* in Münchener Kommentar zum Kartellrecht, 2. Aufl. 2015, Einl., Rn. 1549; *Wurmnest/Lund,* NZKart 2015, 73; *Knebel,* EuZW 1991, 265.

[206] Siehe insbesondere das Aide-Mémoire des Vereinigten Königsreichs vom 20.10.1969, adressiert an die Kommission im Zusammenhang mit dem Farbstoff-Fall (IV.26267), abgedruckt in *Lowe,* Extraterritorial Jurisdiction, 1983, S. 144 ff.; siehe *Whish/Bailey,* Competition Law, 7. Aufl. 2012, S. 504 f. Für eine detaillierte Darstellung der völkerrechtlichen Kritikpunkte siehe *Rehbinder* in Immenga/Mestmäcker, Wettbewerbsrecht, Kommentar, Band 1, EU/Teil 1, 5. Aufl. 2012, IntWbR Rn. 13–25.

zu Art. 101 AEUV – *Farbstoffe*[207] und *Zellstoff I*[208] – lehnte der EuGH das Auswirkungsprinzip weder offen ab noch sprach er sich klar dafür aus. Stattdessen stellt er vorrangig darauf ab, ob die Vereinbarung auf dem Gebiet des Gemeinsamen Marktes **durchgeführt** wurde.[209] In *Farbstoffe* sah der Gerichtshof es als ausreichend für eine Durchführung im Gemeinsamen Markt an, dass sich die Preiserhöhung auf den Absatz an Kunden bezog, die auf dem Gemeinsamen Markt untereinander im Wettbewerb standen. Allerdings begründete er die Anwendbarkeit des EU-Kartellrechts zusätzlich damit, dass dem Unternehmen das Verhalten seiner in der Union ansässigen, weisungsgebundenen Tochtergesellschaft zuzurechnen sei. Mit der umständlich anmutenden Herleitung der Zurechenbarkeit vermied es der Gerichtshof, sich näher mit dem Auswirkungsprinzip auseinandersetzen zu müssen. Im *Zellstoff*-Fall jedoch befand der EuGH sodann die Lieferungen in EU-Mitgliedstaaten entsprechend den Absprachen des Preiskartells als ausreichend dafür, dass die Vereinbarung auf dem Gebiet des Gemeinsamen Marktes durchgeführt wurde. Der Gerichtshof stellte also hier nicht mehr zusätzlich auf einen „Stützpunkt" innerhalb des Gemeinsamen Marktes ab und näherte sich damit für praktische Zwecke deutlich dem Auswirkungsprinzip an.[210]

119 Das **EuG** hingegen zeigte sich in seinem Urteil im Fall *Gencor* (ein Fall aus der Fusionskontrolle) offen gegenüber dem Auswirkungsprinzip.[211] Das Gericht qualifizierte die Anforderungen allerdings dahingehend, dass die Auswirkungen auf dem Gemeinsamen Markt **unmittelbar, wesentlich und vorhersehbar** sein müssten; andernfalls bestünden völkerrechtliche Bedenken.[212] Im Fall *Intel* (zu Art. 102 AEUV) hat das EuG nunmehr seine bisherige Linie bestätigt.[213] Das Gericht stellte in dieser Entscheidung neben die vom EuGH vertretene Anknüpfung an die Durchführung die an die Auswirkung sodass die Anwendung des EU-Kartellrechts alternativ durch einen der beiden Anknüpfungspunkte begründet werde.[214]

120 Die **Kommission** stützt sich in ständiger Entscheidungspraxis auf das Auswirkungsprinzip, um die Anwendbarkeit des europäischen Kartellrechts auf Sachverhalte mit Drittstaatsbezug zu begründen.[215] In Fällen, in denen sämtliche Beteiligte in Drittstaaten ansässig sind, geht die Kommission allerdings teilweise unterstützend darauf ein, ob die Vereinbarung im Unionsgebiet durchgeführt wurde.[216]

121 Tatsächlich stellt sich die Frage, ob angesicht der weitreichenden internationalen Anerkennung des Auswirkungsprinzips dieser Grundsatz heute zum **Völkergewohnheitsrecht** gehört.[217] Dann wären die teilweise geäußerten Bedenken unbegründet. Einer Anwendung

---

[207] EuGH U. v. 14.7.1972, 48/69, Slg. 1972, 619 – *ICI (Farbstoffe)*.

[208] EuGH U. v. 27.9.1988, C-89/85 u. a., Slg. 1988, 5193 – *Ahlström (Zellstoff I)*.

[209] EuGH U. v. 14.7.1972, 48/69, Slg. 1972, 619 – *ICI (Farbstoffe)*, Rn. 126/130 („Verhaltensweisen […], die unmittelbar innerhalb des Gemeinsamen Marktes verwirklicht worden sind"); EuGH U. v. 27.9.1988, C-89/85 u. a. – *Ahlström (Zellstoff I)*, Slg. 1988 5193 Rn. 16 („Entscheidend ist der Ort, an dem das Kartell durchgeführt wird.").

[210] So auch *Rehbinder* in Immenga/Mestmäcker, Wettbewerbsrecht, Kommentar, Band 1, EU/Teil 1, 5. Aufl. 2012, IntWbR Rn. 8; *Bunte* in Langen/Bunte, Kartellrecht, Kommentar, Band 2: Europäisches Kartellrecht, 12. Aufl. 2014, Einl., Rn. 61; *Wurmnest/Lund*, NZKart 2015, 73, 77.

[211] EuG U. v. 25.3.1999, T-102/96 – *Gencor*, Slg. 1999, 753 Rn. 90.

[212] EuG U. v. 25.3.1999, T-102/96 – *Gencor*, Slg. 1999, 753 Rn. 92; so auch GA Mayras, Schlussanträge v. 2.5.1972, 48/69, – *ICI (Farbstoffe)*, Slg. 1972, 619 Rn. 701.

[213] EuG U. v. 12.6.2014, T-286/09 – *Intel*, Rn. 231–249.

[214] EuG U. v. 12.6.2014, T-286/09 – *Intel*, Rn. 244. Zum Zeitpunkt der Bearbeitung ist der Fall im Rechtsmittelverfahren beim EuGH anhängig (C-413/14 P).

[215] Kommission E. v. 6.8.1984, IV/30.350 – *Zinc Producer Group*, ABl. 1984 L 220/27 Rn. 84; Kommission E. v. 19.12.1984, IV/29.725 – *Zellstoff*, ABl. 1984 L 85/1 Rn. 79; Kommission E. v. 19.12.1984, IV/26.870 – *Aluminiumeinfuhren aus Osteuropa*, ABl. 1985 L 92/1 Rn. 14.6; Kommission E. v. 26.7.1988, IV/31.043 – *Tetra Pak I*, ABl. 1988 L 272/27 Rn. 48.

[216] Kommission E. v. 19.12.1984, IV/29.725 – *Zellstoff*, ABl. 1984 L 85/1 Rn. 79; Kommission, E. v. 7.6.2000, COMP/36.545/F3 – *Aminosäuren*, ABl. 2001 L 152/24 Rn. 233.

[217] So *Wurmnest/Lund*, NZKart 2015, 73, 74.

von Art. 101 AEUV, die zu stark (und damit ggf. völkerrechtswidrig) in die Souveränität anderer Staaten eingreifen würde, kann verhindert werden, indem an die Auswirkungen in der EU **qualifizierte Anforderungen** gestellt werden.[218] Genau das versucht die Rspr. des EuG. Das Durchführungsprinzip hingegen führt mglw. zu Lücken im Schutz des Wettbewerbs,[219] z.B. wenn das wettbewerbswidrige Verhalten in einem Unterlassen besteht, also z.B. im Falle einer Liefersperre gegenüber in der Union ansässigen Abnehmern.[220]

XI. Internationale Bezüge

Zum geographischen Anwendungsbereich des Art. 101 AEUV und der möglichen „extraterritorialen" Anwendung dieser Vorschrift siehe Rn. 113ff.; zur internationalen Zusammenarbeit der Kartellbehörden siehe auch Rn. 72ff. 122

1. Europäischer Wirtschaftsraum (EWR)

Im Verhältnis zwischen der EU und Norwegen, Island und Liechtenstein ist das Abkommen über den Europäischen Wirtschaftsraum („EWR-Abkommen") zu beachten.[221] Dabei handelt es sich um ein Assoziierungsabkommen im Sinne des Art. 217 AEUV, das zwischen der EU und ihren Mitgliedstaaten sowie Norwegen, Liechtenstein und Island geschlossen wurde. Ursprünglich war auch die Beteiligung der Schweiz vorgesehen, sodass alle heutigen EFTA-Staaten Partei des Abkommens geworden wären. In der Schweiz scheiterte jedoch am 6. Dezember 1992 die Ratifizierung an einem ablehnenden Volksentscheid. Daraufhin wurde die Definition des Begriffs „EFTA-Staaten" in Art. 2 EWR-Abkommen durch ein Anpassungsprotokoll[222] geändert, sodass der Begriff für die Zwecke des EWR-Abkommens nun stets mit dem Zusatz „mit Ausnahme der Schweiz" gelesen werden muss. 123

Im Zentrum des EWR-Abkommens stehen Bestimmungen zu Verkehrsfreiheiten (Freizügigkeit sowie Waren-, Dienstleistungs- und Kapitalverkehrsfreiheit). Daneben enthalten die Art. 53ff. EWR-Abkommen auch **kartellrechtliche Bestimmungen,** die denen des AEUV nahezu wortgleich sind. Die sprachlichen Abweichungen sind vorwiegend dem unterschiedlichen räumlichen Bezug geschuldet. Art. 53 EWR-Abkommen enthält das Verbot wettbewerbsbeschränkender Vereinbarungen und stimmt fast vollständig mit Art. 101 AEUV überein. Ähnlich der Zwischenstaatlichkeitsklausel des Art. 101 Abs. 1 AEUV erfordert die Vorschrift, dass das in Frage stehende Verhalten „den Handel zwischen den Vertragsparteien zu beeinträchtigen geeignet" ist. Art. 53 EWR-Abkommen erfasst damit nur solche Vereinbarungen, die entweder den Handel zwischen einem EU-Mitgliedstaat und einem EFTA-Staat oder zwischen zwei EFTA-Staaten (jeweils mit Ausnahme der Schweiz) beeinträchtigen können. Das EWR-Abkommen bewirkt daher im Ergebnis zwar keine direkte Erweiterung des Anwendungsbereichs des AEUV. Seine Regelungen führen jedoch dazu, dass in den EWR-Ländern eine im Verhältnis **zum EU-Kartellrecht praktisch inhaltgleiche Rechtslage** besteht. Betrifft das Verhalten von Unternehmen den Handel zwischen den EU-Mitgliedstaaten und den EFTA-Staaten (oder zwischen diesen), so ist ggf. Art. 53 EWR-Abkommen neben Art. 101 AEUV anwendbar. 124

Darüber hinaus enthalten Art. 105 bis 111 EWR-Abkommen Regelungen, die die **homogene Auslegung** von EWR-Abkommen und AEUV durch den EuGH gewährleisten, 125

---

[218] So *Rehbinder* in Immenga/Mestmäcker, Wettbewerbsrecht, Kommentar, Band 1, EU/Teil 1, 5. Aufl. 2012, IntWbR Rn. 14.

[219] Ebenfalls auf diese Gefahr hinweisend *Bunte* in Langen/Bunte, Kartellrecht, Kommentar, Band 2, Europäisches Kartellrecht, 12. Aufl. 2014, Einl., Rn. 57; *Schuhmacher* in Grabitz/Hilf/Nettesheim, Das Recht der Europäischen Union, Band 2 (Stand Mai 2014), Art. 101 AEUV, Rn. 33.

[220] Siehe *Wurmnest/Lund,* NZKart 2015, 73, 75.

[221] ABl. L 1/1 v. 3.1.1994.

[222] ABl. L 1/571 v. 3.1.1994.

sofern die Bestimmungen in ihrem wesentlichen Gehalt übereinstimmen. Beispielsweise können die EFTA-Staaten nach Art. 107 EWR-Abkommen Regelungen erlassen, nach denen ihre nationalen Gerichte dem EuGH Fragen zur Auslegung des EWR-Abkommens zur Vorabentscheidung vorlegen können. Gemäß Protokoll 35 zum EWR-Abkommen sind die EFTA-Staaten außerdem verpflichtet, den Bestimmungen des EWR-Abkommens **Vorrang gegenüber ihrem nationalen Recht** einzuräumen. Weitere Bestimmungen sollen die effektive Durchsetzung des EWR-Kartellrechts gewährleisten. So errichtet Art. 108 Abs. 2 EWR-Abkommen die „EFTA-Überwachungsbehörde", welche mit Kompetenzen ähnlich denen der Europäischen Kommission ausgestattet ist. Rechtschutz gegen ihre Maßnahmen gewährt ggf. der „EFTA-Gerichtshof". Die Durchsetzung des Wettbewerbsrechts innerhalb des EWR obliegt damit der Kommission sowie der EFTA-Überwachungsbehörde als den sog. **„zwei Pfeilern".** Die Verteilung der Zuständigkeiten ist in Art. 56 und 57 des EWR-Abkommens geregelt.

2. Europäisches Freihandelsabkommen (EFTA) und Schweiz

126 Innerhalb der EFTA ist einzig die Schweiz nicht gleichzeitig Partei des EWR-Abkommens. Die Schweiz ist folglich der einzige EFTA-Staat, für den die **Regelungen des EWR-Abkommens keine Geltung** beanspruchen. Gleichwohl bestehen zahlreiche völkerrechtliche Beziehungen zwischen der Europäischen Union und der Schweiz.[223] Wettbewerbsrechtlich relevant ist dabei in erster Linie das **Abkommen über die Zusammenarbeit bei der Anwendung des Wettbewerbsrechts,** das am 17. Mai 2013 in Brüssel unterzeichnet wurde und sich derzeit im Prozess der Ratifizierung durch das Europäische und das schweizerische Parlament befindet.[224] Das Abkommen soll die Zusammenarbeit der Wettbewerbsbehörden der Union und der Schweiz verstärken. Es führt nicht zu einer materiellen Rechtsangleichung, sondern ist ein **rein verfahrensrechtliches Abkommen.** Das Abkommen mit der Schweiz ist das fünfte in einer Reihe von Abkommen der Union mit Drittstaaten zur grenzüberschreitenden Zusammenarbeit der Wettbewerbsbehörden. Im Verhältnis zu früheren Abkommen wird das Abkommen mit der Schweiz als **„Abkommen der zweiten Generation"** bezeichnet. Grund dafür sind die Regelungen zum Austausch von Beweismitteln, welche die Wettbewerbsbehörden im Rahmen ihrer Untersuchungen erlangen (Art. 7 des Abkommens). Eine solche Regelung ist in keinem der bisherigen Wettbewerbsabkommen mit Drittstaaten (sog. „erste Generation") enthalten und stellt in der EU ein Novum dar.

127 Zwischen der Schweiz und der EU besteht seit 1972 darüber hinaus ein **Freihandelsabkommen,** das u. a. ein Kartell- und Missbrauchsverbot enthält.[225] Da jedoch das Abkommen keine Befugnisse der Union zur Durchsetzung von Wettbewerbsverstößen vorsieht, die sich lediglich auf den Handel zwischen der Schweiz und einem EU-Mitgliedstaat (nicht jedoch auch den Handel zwischen mehreren EU-Mitgliedstaaten) erstrecken, ist diesen Regelungen die praktische Relevanz genommen. Es handelt sich um rein **programmatische Festsetzungen.**[226]

---

[223] Ein erstes Paket, die sog. „bilateralen Abkommen I", wurde 2002 verabschiedet und befassen sich u. a. mit den Bereichen Luftverkehr, Landwirtschaft sowie technischen Handelshemmnissen, die schrittweise abgebaut werden sollen, sowie den jeweiligen politischen Maßnahmen. Ein zweites Paket, die sog. „bilateralen Abkommen II", wurde 2005 verabschiedet. Es umfasst das Schengener sowie das Dubliner Übereinkommen und betrifft zudem unter anderem Steuerregelungen und die Zusammenarbeit in den Bereichen Bildung und Soziales.

[224] Siehe Kommission, Pressemitteilung vom 13.5.2013, IP/13/444.

[225] Abkommen zwischen der Schweizerischen Eidgenossenschaft und der Europäischen Wirtschaftsgemeinschaft, in Kraft getreten am 1.1.1973. Amtl. Sammlung des Schweizerischen Bundesrechts AS 1972, 3115.

[226] *Bechtold/Bosch/Brinker,* EU-Kartellrecht, Kommentar, 3. Aufl. 2014, Einl. Rn. 22.

3. Nicht-EU-Länder (Drittländer)

Das Wettbewerbsrecht der EU beansprucht **keine Geltung in Drittländern.** Es mag zwar anwendbar sein, wenn Handlungen außerhalb der EU vorgenommen werden, ggf. durch Personen, die außerhalb der EU ansässig sind (siehe dazu Rn. 113 ff.). Aber Organe von Drittländern – Regierungen, Behörden und Gerichte – sind ohne besondere Regelung nicht verpflichtet, das EU-Kartellrecht zu beachten oder an seinem Vollzug mitzuwirken. Selbst die Beachtung des EU-Kartellrecht im Rahmen von Zivilrechtsstreitigkeiten vor Gerichten außerhalb der EU bedarf einer Grundlage im Recht des Gerichtsortes, insbesondere in dessen internationalem Privatrecht (das seinerseits auf internationale Verträge zurückgehen mag). 128

Gleichwohl bestehen zwischen der EU und Drittstaaten verschiedene bilaterale Verträge im Bereich des Wettbewerbsrechts. Die wichtigsten sind die Kooperationsabkommen mit den USA (1995),[227] Kanada (1999), Japan (2003) und Südkorea (2009). Jene Abkommen enthalten verfahrensrechtliche Regelungen, die die Erleichterung und Stärkung der **Zusammenarbeit der Wettbewerbsbehörden** untereinander bezwecken. Gleichzeitig dienen die Abkommen dazu, möglichen Zuständigkeitskonflikten entgegenzuwirken, die durch die internationale Vernetzung der Wirtschaft und die oftmals grenzüberschreitenden Auswirkungen wettbewerbswidrigen Verhaltens entstehen können. Die vier genannten Abkommen werden **„Abkommen der ersten Generation“** genannt, da sie im Unterschied zum Wettbewerbsabkommen mit der Schweiz (siehe dazu Rn. 126), das sich derzeit im Prozess der Ratifizierung befindet und der „zweiten Generation“ zugesprochen wird, keine Regelungen zum Austausch von Beweismitteln unter den Behörden vorsehen. 129

B. „Unternehmen“ und „Unternehmensvereinigungen“ als Normadressaten

Art. 101 AEUV richtet sich an „Unternehmen“ und „Unternehmensvereinigungen“. Eine Definition des Unternehmens oder der Unternehmensvereinigung sucht man im Vertragstext jedoch vergebens. Lediglich Art. 1 des Protokolls 22 zum EWR-Abkommen weist darauf hin, dass als Unternehmen „jedes Rechtssubjekt [zu verstehen ist], das eine kommerzielle oder wirtschaftliche Tätigkeit ausübt“.[228] Umso mehr haben die Gerichte der EU die Entwicklung und Schärfung dieses Begriffs als wichtige Aufgabe verstanden.[229] 130

I. Begriff des „Unternehmens“

Nach stRspr. umfasst der Begriff des Unternehmens „jede eine wirtschaftliche Tätigkeit ausübende Einheit unabhängig von ihrer Rechtsform und der Art ihrer Finanzierung“.[230] 131

---

227 Zwar wurde bereits 1991 ein entsprechendes Abkommen durch die Kommission abgeschlossen. Da diese jedoch nicht zuständig war, wurde das Abkommen 1995 erneut durch den dafür allein zuständigen Rat abgeschlossen.

228 ABl. L 1/3 v. 3.1.1994. In EuGH U. v. 28.7 2005, C-189/02 P, C-202/02 P, C-205/02 P – C-208/02 P u. C-213/02 P – *Dansk Rørindustri,* Rn. 114 f. hat der EuGH klargestellt, dass aus der Verwendung des Begriffs „Rechtssubjekt“ (lediglich in der deutschen Fassung) nicht abgeleitet werden könne, dass die als Unternehmen bzw. wirtschaftliche Einheit erfasste Gesamtheit von Gesellschaften eigene Rechtspersönlichkeit haben müsse.

229 EuG U. v. 8.7.2008, T-99/04 – *AC Treuhand,* Rn. 144.

230 EuGH U. v. 23.4.1991, C-41/90 – *Höfner und Elser,* Slg. 1991, I-1979, Rn 21; EuGH v. 16.11.1995, C-244/94 – *Fédération française des sociétés d'assurances,* Slg. 1995, I-4013, Rn 14; EuGH v. 11.12.1997, C-55/96 – *Job Centre,* Slg. 1997, I-7119, Rn. 21; EuGH v. 18.6.1998, C-35/96 – *Kommission/Italien,* Slg. 1998, I-3851, Rn 36; EuGH U. v. 12.9.2000 C-180/98 – C-184/98 – *Pavlov,* Slg. 2000, I-6451, Rn 74; für Art. 102 AEUV (Art. 82 EGV a. F.) exemplarisch EuG U. v. 12.12.2006, T-155/04 – *SELEX,* Slg. 2006, II-4797 Rn. 50.

Nach ebenfalls st. Rspr. ist eine wirtschaftliche Tätigkeit „jede Tätigkeit, die darin besteht, Güter oder Dienstleistungen auf einem bestimmten Markt anzubieten".[231] Nicht erfasst werden hingegen Tätigkeiten, wenn sie „nach ihrer Art, den für sie geltenden Regeln und ihrem Gegenstand keinen Bezug zum Wirtschaftsleben" haben[232] oder wenn sie „mit der Ausübung hoheitlicher Befugnisse" zusammenhängen (Rn. 2).[233]

132 Der hergebrachte Unternehmensbegriff des GWB – „jede selbständige Tätigkeit im geschäftlichen Verkehr […], die auf den Austausch von Waren oder gewerblichen Leistungen gerichtet ist, und sich nicht auf die Deckung des privaten Lebensbedarfs beschränkt"[234] – weicht davon ab, insbesondere bei der Erfassung der Nachfragetätigkeit.

133 Die unionsrechtliche Definition erfordert also einerseits das Vorliegen einer **Einheit** (dazu Rn. 153 ff.[235]) sowie den **wirtschaftlichen Charakter** der Tätigkeit dieser Einheit (dazu Rn. 136 ff.). Man würde daher im Ergebnis die Deckungsgleichheit des Unternehmensbegriffs mit dem Begriff der sog. wirtschaftlichen Einheit erwarten.[236] Das ist durch die Rspr. zur Bußgeldhaftung bei Gemeinschaftsunternehmen nun aber in Zweifel gezogen (vgl. Rn. 183 ff.).

134 Der **funktionale** Charakter des Unternehmensbegriffs ergibt sich daraus, dass die im Einzelfall tätige Einheit nicht mit dem konkreten (natürlichen oder juristischen) Rechtsträger übereinstimmen muss und dieselbe Einheit gleichzeitig wirtschaftliche und nicht wirtschaftliche Tätigkeiten ausüben kann. Daher kann nicht zuletzt der Staat, die Regierung, die öffentliche Hand etc. (jedenfalls partiell) ein Unternehmen sein, obwohl die hoheitliche Tätigkeit nicht unter Art. 101 AEUV fällt (dazu unter Rn. 133 ff.).[237]

135 Darüber hinaus ist nicht erforderlich, dass die Unternehmenseigenschaft **aktuell** vorliegt. Eine (natürliche oder juristische) Person, die in der Lage ist, sich jederzeit am wirtschaftlichen Leben zu beteiligen, ist bereits an die Wettbewerbsregeln gebunden.[238] Damit ist nicht nur der potentielle Wettbewerber (der typischerweise bereits ein Unternehmen ist und seine Tätigkeit leicht in benachbarte Bereiche ausweiten kann, siehe Rn. 261), sondern auch das **„potentielle Unternehmen"** Normadressat. Dementsprechend kann schon in der **Vorbereitung** der Teilnahme am Marktgeschehen eine wirtschaftliche Tätigkeit liegen. Weil unzweifelhaft auch Einzelpersonen Unternehmen im Sinne von Art. 101 AEUV sein können (siehe Rn. 366), ist der persönliche Anwendungsbereich der Vorschrift

---

[231] EuGH U. v. 12.9.2000, C-180/98 bis C-184/98 – *Pavlov,* Slg. 2000, I-6451, Rn. 75; EuGH U. v. 16.6.1987, 118/85 – *Kommission/Italien,* Slg. 1987, 2599, Rn. 7; EuGH U. v. 18.6.1998, C-35/96, *Kommission/Italien,* Slg. 1998, I-3851, Rn. 36.

[232] EuGH U. v. 17.2.1993, C-159/91 und C-160/91 – *Poucet und Pistre,* Slg. 1993, I-637 Rn. 18 f. (betreffend die Verwaltung der sozialen Sicherheit durch Krankenkassen u. ä.).

[233] EuGH U. v. 19.1.1994, C-364/92 – *SAT Fluggesellschaft,* Slg. 1994, I-43, Rn. 30 (betreffend die Luftraumüberwachung); EuGH U. v. 18.3.1997, C-343/95 – *Diego Calì & Figli,* Slg. 1997, I-1547, Rn. 22 f. (betreffend die Bekämpfung der Umweltverschmutzung).

[234] BGH U. v. 6.11.2013, KZR 58/11 – *VBL-Gegenwert,* Rn. 43.

[235] Bei der Prüfung dieses Merkmals wird es in der Praxis regelmäßig um die „Reichweite" der wirtschaftlichen EInheit gehen, die in verschiedenen Regelungszusammenhängen relevant werden kann. Wenn nämlich eine wirtschaftliche Tätigkeit einmal festgestellt ist, wird diese regelmäßig einem Wirtschaftssubjekt als Unternehmensträger zugeordnet werden können, zumal das Wirtschaftssubjekt nicht einmal eine eigene Rechtsperson sein muss (siehe die Nachweise bei Rn. 130).

[236] Siehe dazu EuGH U. v. 26.9.2013, C-172/12 P – *EI du Pont,* Rn. 42.

[237] Entgegen dem Vorbringen der spanischen Behörden sah die Kommission so die Erbringung internationaler Eilkurierdienstleistungen als wirtschaftliche Tätigkeit an, obwohl die Post in Spanien seinerzeit keine eigene Rechtspersönlichkeit hatte, sondern als Postverwaltung Teil der allgemeinen Staatsverwaltung war, vgl. Kommission E. v. 1.8.1990 – *Internationale Eilkurierdienstleistungen,* ABl. 1990 L 233/19 Rn. 21. Zu demselben Schluss kam der Gerichtshof hinsichtlich der öffentlich-rechtlich organisierten (und zum Teil ohne Zweifel hoheitlich handelnden) Bundesanstalt für Arbeit bzgl. ihrer Tätigkeiten zur Arbeitsvermittlung, vgl. EuGH U. v. 23.4.1991, C-41/90 – *Höfner und Elser,* Slg. 1991, I-1979, Rn. 21.

[238] Kommission, E. v. 26.7.1976 – *Reuter/BASF,* ABl. 1976 L 254/40, 46.

sehr schnell eröffnet. Falsch ist jedenfalls die Vorstellung, das europäische Kartellrecht sei nur auf „große" Unternehmen anwendbar (wenn in der Sache auch andere Tatbestandsmerkmale, insbesondere die Spürbarkeit von Wettbewerbsbeschränkung und Beeinträchtigung des Handels – siehe dazu Rn. 288 ff. bzw. 324 ff. – einen gewissen Umfang der wirtschaftlichen Tätigkeit voraussetzen).

II. Art der wirtschaftlichen Tätigkeit

Ausgangspunkt ist der Befund, dass als wirtschaftlich jede Tätigkeit erfasst wird, „die darin besteht, Güter oder Dienstleistungen auf einem bestimmten Markt **anzubieten**".[239] Jedenfalls erfasst ist jede Form des **entgeltlichen** Angebots von Waren oder Dienstleistungen. Das Fehlen der **Gewinnerzielungsabsicht** schließt den wirtschaftlichen Charakter der Tätigkeit nicht zwangsläufig aus.[240] Auch die Wahrnehmung eines öffentlichen Interesses steht der Einordnung als Unternehmen nicht entgegen. So liegt eine wirtschaftliche Tätigkeit bei Betrieb eines Rundfunksenders durch **öffentliche Fernsehanstalten** vor, auch wenn die Anstalten hiermit eine im öffentlichen Interesse liegende kulturelle und informatorische Aufgabe erfüllen.[241] Sanitätsorganisationen, die Notfall- und Krankentransporte durchführen, sind Unternehmen, auch wenn sie damit Leistungen der Daseinsvorsorge erbringen.[242] 136

Der bloße Besitz und das **Halten von Beteiligungen,** auch von kontrollierenden Beteiligungen, stellt noch keine wirtschaftliche Tätigkeit dar, solange damit nur die Ausübung der Rechte, die mit der Eigenschaft eines Anteilsinhabers verbunden sind (z. B. Dividendenbezug) einhergeht. Die tatsächliche Ausübung der Kontrolle durch unmittelbare oder mittelbare Einflussnahme auf die Verwaltung der Gesellschaft ist hingegen als wirtschaftliche Tätigkeit anzusehen.[243] Ab welchem Punkt die Ausübung von Stimmrechten nach diesem Kriterium bloß Ausfluss der Anteilsinhaberschaft oder schon wirtschaftliche Tätigkeit ist, stellt eine schwierige Abgrenzungsfrage dar, die sich nur im Einzelfall beantworten lässt. 137

Über ihre entsprechenden **sportlichen Aktivitäten** hinaus werden sowohl die **FIFA** als auch **nationale Fußball-Verbände,**[244] wie auch **einzelne Fußballvereine**[245] als Unternehmen oder Unternehmensvereinigungen angesehen (z. B. im Hinblick auf Verkauf von Eintrittskarten, Abschluss von Werbeverträgen, Vermarktung der Fernsehübertragungsrechte). Weitere Beispiele aus der Entscheidungspraxis betreffen die in Italien seinerzeit gesetzlich geregelte Tätigkeit **selbständiger Zollspediteure,**[246] einen Berufsrentenfonds für **Fachärzte,**[247] **Arbeitnehmer** während der Dauer ihres Arbeitsverhältnisses,[248] die Veran- 138

---

[239] EuGH U. v. 12.9.2000, C-180/98 bis C-184/98 – *Pavlov,* Slg. 2000, I-6451, Rn. 75; EuGH U. v. 23.4.1991, C-41/90 – *Höfner und Elser,* Slg. 1991, I-1979, Rn. 21; EuGH v. 16.11.1995, C-244/94 – *Fédération française des sociétés d'assurances,* Slg. 1995, I-4013, Rn. 14, EuGH U. v. 11.12.1997, C-55/96 – *Job Centre,* Slg. 1997, I-7119, Rn. 21.

[240] EuGH U. v. 29.10.1980, C-209/78–215/78 und 218/78 – *van Landewyck,* Rn. 88.

[241] EuGH U. v. 30.4.1974, C-155/73 – *Giuseppe Sacchi,* Slg. 1974 S. 409, Rn. 13 f.

[242] EuGH U. v. 25.10.2001, C-475/99 – *Ambulanz Glöckner/Landkreis Südwestpfalz,* Slg. 2001, I-8089, Rn. 19–22.

[243] EuGH U. v. 10.1.2006, C-222/04 – *Ministero dell'Economia e delle Finanze,* Slg. 2006, I-289, Rn. 111 f.

[244] Kommission E. v. 27.10.1992 – *Pauschalarrangements Fußball-WM 1990,* ABl. 1992 L 326/31, Rn. 47–53.

[245] EuG U. v. 26.1.2005, T-193/02 – *Piau,* Rn. 69.

[246] EuGH U. v. 18.6.1998, C-35/96 – *Kommission/Italien,* Slg. 1998, I-03851, Rn. 38.

[247] EuGH U. v. 12.9.2000, C-180/98 bis C-184/98 – *Pavlov,* Slg. 2000, I-6451, Rn. 113 (als Unternehmen angesehen wurde ein mit der Verwaltung eines Zusatzrentensystems betrauter Rentenfonds, den eine Standesvertretung eines freien Berufes eingerichtet hatte und in dem die Pflichtmitgliedschaft vom Staat für alle Angehörigen des betreffenden Berufes vorgeschrieben wurde).

[248] EuGH U. v. 16.9.1999, C-22/98 – *Jean Claude Becu,* Rn. 26 (während der Dauer des Arbeitsverhältnisses sind Arbeitnehmer in das Unternehmen ihres Arbeitgebers eingegliedert, bilden mit diesem Unternehmen eine wirtschaftliche Einheit und stellen daher nicht selbst Unternehmen dar).

staltung von **Motorradrennen** durch einen Verband[249] sowie die **Verwaltung der Rechte des geistigen Eigentums** als Nebentätigkeit zur vorherigen Forschung und Entwicklung.[250] Als Unternehmen oder Unternehmensvereinigungen wurden weiterhin **urheberrechtliche Verwertungsgesellschaften,**[251] **Energieversorgunger,**[252] **Genossenschaften** (Rn. 379 ff.) und ihre Zusammenschlüsse,[253] gemeinnützige **Kultur- und Wohltätigkeitsvereine**[254] und Angehörige **freier Berufe** (Rn. 366)[255] sowie ihre berufsständischen Vereinigungen, wie z.B. die **Kammern** (Rn. 367 ff.) (ggf. trotz ihrer Rechtsform als Körperschaften des öffentlichen Rechts)[256] angesehen.

III. Hoheitliches Handeln und öffentliche Unternehmen

139 Viele Wirtschaftssubjekte wie ein Mitgliedstaat entziehen sich angesichts der Vielgestaltigkeit ihrer Tätigkeit einer einfachen Einordnung als „Unternehmen" oder „Nicht-Unternehmen". An die Stelle der Frage, ob jemand „ein Unternehmen ist", rückt die kleinteiligere Frage, ob sein konkretes **Handeln** „unternehmerisch ist", also – in der Diktion des EuGH – eine **wirtschaftliche** Tätigkeit darstellt. Im Gegensatz dazu ist **hoheitliches** Handeln durch die Institutionen der EU, die Mitgliedstaaten, Drittstaaten und internationale Organisationen usw. nicht wirtschaftlich. Die Einordung als wirtschaftliche oder hoheitliche Tätigkeit muss also **für jede Tätigkeit gesondert erfolgen.** Entfaltet eine öffentliche Einheit mehrere Tätigkeiten und lassen sich Tätigkeiten von der Ausübung hoheitlicher Befugnisse in sinnvoller Weise abtrennen, ist auch die Annahme einer nur teilweisen wirtschaftlichen Betätigung der Einheit möglich.[257]

1. Abgrenzung von wirtschaftlichem und hoheitlichem Handeln

140 Die **Ausübung hoheitlicher Befugnisse** durch öffentliche Stellen ist keine wirtschaftliche Tätigkeit.[258] Dies folgt bereits aus Art. 51 S. 1 und Art. 62 AEUV. Liegt hingegen die Unternehmenseigenschaft vor, dann unterwirft Art. 106 Abs. 1 und 2 AEUV auch öffentliche Unternehmen den Wettbewerbsvorschriften, solange und soweit sie eben eine wirtschaftliche Tätigkeit ausüben. Wo genau allerdings die Trennlinie zwischen wirtschaftlichen und hoheitlichen Tätigkeiten verläuft, ist abstrakt kaum zu bestimmen. Die Abgrenzung

[249] EuGH U. v. 1.7.2008, C-49/07 – *MOTOE,* Slg. 2008, I-4892, Rn. 22–28 (maßgeblich für die Unternehmenseigenschaft war der Abschluss von Sponsoring-, Werbe-, und Versicherungsverträgen, wenn auch ohne Gewinnerzielungsabsicht).

[250] EuG U. v. 12.12.2006, T-155/04 – *SELEX,* Slg. 2006, II-4797, Rn. 73 ff.

[251] Kommission E. v. 29.10.1981, IV/29.839 – *GVL,* ABl. 1981 L 370/49, Rn. 43 f.

[252] EuGH U. v. 27.4.1994, C-393/92 – *Almelo,* Rn. 34 ff.

[253] EuGH U. v. 12.12.1995, C-399/93 – *Oude Luttikhuis,* Rn. 12; Kommission E. v. 5.12.1979, IV/29.001 – *LAB,* ABl. 1980 L 51/19, Rn. 20.

[254] Kommission E. v 29.10.1981, IV/29.839 – *GVL,* ABl. 1981 L 370/49, Rn. 44.

[255] Kommission E. v. 30.1.1995 – *COAPI,* ABl. 1995 L 122/37, Rn. 32 f. Der Anwendungsbereich des Art. 101 Abs. 1 AEUV wird dadurch zwar sehr weit ausgedehnt. Bei Vereinbarungen mit bzw. zwischen diesen Wirtschaftsteilnehmern wird es allerdings häufig an der Spürbarkeit der Wettbewerbsbeschränkung oder der (spürbaren) Beeinträchtigung des Handels zwischen den Mitgliedsstaaten fehlen.

[256] Im Einzelfall können die Handlungen der Kammern jedoch als hoheitlich dem Anwendungsbereich des Art. 101 AEUV entzogen sein, siehe dazu Rn. 148 ff.

[257] EuGH U. v. 1.7.2008, C-49/07 – *MOTOE/Dimosio,* Slg. 2008, I-04863, Rn. 25; EuGH U. v. 12.7.2012, C-138/11 – *Compass-Datenbank,* Rn. 37. Vgl. auch EuGH U. v. 16.3.2004, C-264/01 und C-306/01 – *AOK Bundesverband,* Slg. 2004, I-2493, Rn. 58; EuG U. v. 12.12.2006, T-155/04 – *SELEX,* Slg. 2006, II-04803, Rn. 87.

[258] StRspr., vgl. nur EuGH U. v. 26.3.2009, C-113/07 P – *SELEX,* Slg. 2009, I-2207, Rn. 70; EuGH U. v. 12.7.2012, C-138/11 – *Compass-Datenbank,* Rn. 36; EuGH U. v. 12.12.2013, C-327/12 – *SOA Zertifizierungsunternehmen,* Rn. 27.

muss konkret für jede einzelne Tätigkeit vorgenommen werden.[259] Jedenfalls kommt es nicht darauf an, ob die Leistungsbeziehung privatrechtlicher oder öffentlich-rechtlicher Natur ist, um die Anwendung des Kartellrechts nicht zur Disposition der Mitgliedstaaten zu stellen.[260] Der EuGH stützt sich wesentlich auf eine **zweistufige Prüfung:** Danach ist von einer wirtschaftlichen Tätigkeit auszugehen, wenn (a) diese Tätigkeit in der Vergangenheit nicht ausschließlich von öffentlichen Einrichtungen betrieben worden ist und (b) nicht generell notwendigerweise von solchen Einrichtungen betrieben werden muss.[261] Mit diesen Argumenten jedenfalls ordnete der Gerichtshof die Arbeitsvermittlung durch die öffentlich-rechtlich organisierte Bundesanstalt für Arbeit als wirtschaftlich ein.[262] Das EuG hielt es in seinem *SELEX* Urteil sogar für entbehrlich, dass bereits private Anbieter auf demselben Markt tätig sind, sofern ihr künftiger Markteintritt zumindest möglich erscheint.[263] Schließlich ist auch die Art der Finanzierung einer Einheit für den Unternehmensbegriff irrelevant,[264] wenngleich eine Finanzierung ausschließlich aus staatlichen Mitteln ein Indiz zugunsten der hoheitlichen Tätigkeit ist.[265]

Bei der öffentlichen Hand prüft der EuGH zusätzlich, ob und in welchem Umfang diese **wie ein privates Unternehmen agiert** oder agieren kann. Mangelt es der Einheit – aufgrund gesetzlicher oder behördlicher Vorgaben – an Spielräumen, um Entgelte für erbrachte Leistungen selbständig zu bestimmen, fehlt es ihr an der für Unternehmen typischen Bewegungsfreiheit und es spricht vieles für eine hoheitliche Tätigkeit.[266] Trägt dagegen die Einheit die finanziellen Risiken aus ihrer Tätigkeit, handelt sie einem privaten Unternehmer vergleichbar und es spricht vieles für eine wirtschaftliche Betätigung.[267] Fehlende Gewinnerzielungsabsicht steht allerdings der Annahme einer wirtschaftlichen Tätigkeit nicht entgegen, sofern die Angebote der Einheit in Konkurrenz zu privatwirtschaftlichen Unternehmen erbracht werden, die Gewinne anstreben;[268] gleichwohl erblickt die Rspr. im Fehlen einer Gewinnerzielung ein Indiz für das Vorliegen einer hoheitlichen Tätigkeit.[269] Auch ein unentgeltliches Anbieten von Leistungen ist für sich genommen nicht ausreichend zur Verneinung einer wirtschaftlichen Tätigkeit.[270] 141

---

[259] EuGH U. v. 1.7.2008, C-49/07 – *MOTOE,* Slg. 2008 I 4892, Rn. 25 („[…] die bloße Tatsache, dass diese Einrichtung für einen Teil ihrer Tätigkeit über hoheitliche Gewalt verfügt, [steht] ihrer Einstufung als Unternehmen im Sinne des Wettbewerbsrechts der Gemeinschaft für den Rest ihrer wirtschaftlichen Tätigkeiten nicht entgegen. Die Unterscheidung zwischen hoheitlicher und wirtschaftlicher Betätigung ist nämlich für jede von einer Einrichtung ausgeübte Tätigkeit gesondert zu treffen").

[260] So auch *Wolff,* BB 2011, 648, 650.

[261] EuGH U. v. 23.4.1991, C-41/90 – *Höfner und Elser/Macrotron,* Slg. 1991, I-1979, Rn. 22; EuGH U. v. 11.12.1997, C-55/96 – *Job Centre coop,* Slg. 1997, I-7119, Rn. 22; EuGH U. v. 25.10.2001, C-475/99 – *Ambulanz Glöckner,* Slg. 2001, I-8089, Rn. 20; EuGH U. v. 24.10.2002, 82/01 P – *ADP,* Slg. 2002, I-09297, Rn. 82.

[262] EuGH U. v. 23.4.1991, C-41/90 – *Höfner und Elser,* Slg. 1991, I-1979, Rn. 22.

[263] EuG U. v. 12.12.2006, T-155/04 – *SELEX,* Slg. 2006, II-4803, Rn. 89. Dass der EuGH im Ergebnis die Argumentation des EuG zur Annahme einer wirtschaftlichen Tätigkeit als rechtsfehlerhaft bewertet hat – vgl. EuGH a. a. O., Rn. 72–82, beruhte nicht darauf, sondern auf einer mangelnden Teilbarkeit der Aufgaben von *Eurocontrol* in hoheitliche und wirtschaftliche Tätigkeiten.

[264] EuGH U. v. 28.2.2013, C-1/12 – *Ordem dos Técnicos Oficias de Contas,* Rn. 35.

[265] Vgl. EuGH U. v. 19.1.1994, C-364/92 – *SAT,* Slg. 1994, I-43, Rn. 26.

[266] Vgl. EuGH U. v. 17.2.1993, C-159/91 und C-160/91 – *Poucet und Pistre,* Slg. 1993, I-637, Rn. 15–18; EuGH U. v. 19.1.1994, C-364/92 – *SAT,* Slg. 1994, I-43, Rn. 29; EuGH U. v. 18.3.1997, C-343/95 – *Diego Cali,* Slg. 1997, I-1547, Rn. 24; EuGH U. v. 22.1.2002, C-218/00 – *Cisal di Battistello Venanzio/INAIL,* Slg. 2000, I-691, Rn. 43.

[267] EuGH U. v. 28.2.2013, C-1/12 – *Ordem dos Técnicos Oficias de Contas,* Rn. 37; EuGH U. v. 12.12.2013, C-327/12 – *SOA Zertifizierungsunternehmen,* Rn. 29.

[268] EuGH U. v. 10.1.2006, 222/04 – *Cassa di Risparmio di Firenze u. a.,* Slg. 2006, I-289, Rn. 123; EuGH U. v. 1.7.2008, C-49/07 – *MOTOE/Dimosio,* Slg. 2008, I-04863, Rn. 28.

[269] Vgl. EuGH U. v. 5.3.2009 – C-350/07 – *Katter Stahlbau/Maschinenbau- und Metall-Berufsgenossenschaft,* Slg. 2009 I-1513, Rn. 35.

[270] EuG U. v. 12.12.2006, T-155/04 – *SELEX,* Slg. 2006, II-04803, Rn. 77.

142 Dass die **Erfüllung traditionell oder typischerweise staatlicher Aufgaben** bereits das Vorliegen einer wirtschaftlichen Tätigkeit ausschließt, lässt sich nicht ohne weiteres annehmen.[271] Zum einen können sich die Mitgliedstaaten auch wirtschaftlicher Einheiten zur Erfüllung von „Dienstleistungen im allgemeinen wirtschaftlichen Interesse" im Sinne des Art. 106 Abs. 2 AEUV bedienen, ohne dass die Einheiten dadurch automatisch ihre Unternehmenseigenschaft verlören. Zum anderen wird man kaum abstrakt einen abschließenden und für sämtliche Mitgliedstaaten geltenden Katalog traditionell staatlicher Aufgaben festlegen können – wenn der EuGH auch in dem *Diego Cali* Urteil die Annahme einer hoheitlichen Tätigkeit wesentlich darauf gestützt hatte, dass sie zu den „wesentlichen Staatsaufgaben auf dem Gebiet des Umweltschutzes" gehöre.[272] Als Träger öffentlicher Gewalt handelt jedenfalls, wer die fragliche Tätigkeit nach „ihrer Art, ihrem Gegenstand und den für sie geltenden Regeln" entsprechend den hoheitlichen Befugnissen ausübt, soweit die Durchführung der Tätigkeit im „Allgemeininteresse" liegt und zu den „wesentlichen Staatsaufgaben" zählt.[273]

143 Die bloße **Vergabe von Konzessionen** durch Kommunen an Unternehmen zur Erfüllung öffentlicher Aufgaben ist für sich genommen keine wirtschaftliche Tätigkeit.[274] Werden aber vom Staat **Beliehene**, also mit bestimmten hoheitlichen Rechten ausgestattete private Unternehmen, wirtschaftlich im obigen Sinne tätig, fallen auch sie grundsätzlich – ggf. aber mit der Einschränkung gemäß Art. 106 Abs. 2 AEUV – in den Anwendungsbereich des Art. 101 Abs. 1 AEUV.[275] Entscheidend ist demnach, ob die Leistung des Beliehenen auch von privatwirtschaftlichen Dritten erbracht wird oder zumindest erbracht werden könnte.

144 Im Bereich der **sozialen Sicherungssysteme** richtet sich die Einstufung als hoheitliche oder wirtschaftliche Tätigkeit nach dem Grad der Ausprägung des **Solidaritätsgrundsatzes** unter den Versicherten und nach dem Ausmaß der staatlichen oder behördlichen Festlegungen von Beiträgen und Leistungen (siehe im Einzelnen Rn. 337ff.).

145 **Beispiele für eine wirtschaftliche Tätigkeit** sind: Arbeitnehmervermittlung,[276] Notfall- und Krankentransport,[277] Rundfunk,[278] Bereitstellung von Flughäfen für Fluggesellschaften und sonstige Dienstleister,[279] Erteilung von für die Ausübung öffentlicher Arbeiten erforderlichen Zertifikaten,[280] Dienstleistungen staatlich geprüfter Buchhalter für die Rechnungslegung von Steuerpflichtigen.[281] **Beispiele für eine hoheitliche Tätigkeit** sind Einziehung von Flugstreckengebühren,[282] Überwachung von Hafengewässern zur Bekämpfung von Umweltverschmutzung,[283] technische Normungen,[284] Versteigerung von Lizen-

---

[271] So auch EuG U. v. 12.12.2006, T-155/04 – *SELEX,* Slg. 2006, II-04803, Rn. 91, bezüglich Tätigkeiten im Allgemeininteresse; siehe aber *Schwarze,* EuZW 2000, 613, 615 („Indizwirkung").

[272] EuGH U. v. 18.3.1997, C-343/95 – *Diego Cali,* Slg. 1997, I-1547, Rn. 22.

[273] EuGH U. v. 18.3.1997, C-343/95 – *Diego Cali,* Slg. 1997 I-1547, Rn. 22f., betreffend die Überwachungstätigkeit zur Bekämpfung der Umweltverschmutzung im Erdölhafen von Genua.

[274] EuGH U. v. 4.5.1987, 30/87 – *Bodson,* Slg. 1988, 2479, Rn. 18, betreffend die Erteilung von Konzessionen für von Bestattungsleistungen.

[275] Vgl. EuGH U. v. 30.4.1974, 155/73 – *Sacchi,* Slg. 1974, 409, Rn. 14.

[276] EuGH U. v. 23.4.1991, C-41/90 – *Höfner und Elsner/Macrotron,* Slg. 1991, I-1979, Rn. 23; EuGH U. v. 11.12.1997, C-55/96 – *Job Centre coop,* Slg. 1997, I-07119, Rn. 25.

[277] EuGH U. v. 25.10.2001, C-475/99 – *Ambulanz Glöckner,* Slg. 2001, I-08089, Rn. 20.

[278] EuGH U. v. 30.4.1974, 155/73 – *Sacchi,* Slg. 1974, 409, Rn. 14.

[279] EuGH U. v. 24.10.2002, 82/01 P – *ADP,* Slg. 2002, I-9297, Rn. 78, zuvor schon EuG U. v. 12.12.2000, T-128/98 – *ADP,* Slg. 2000, II-3929, Rn. 121f.

[280] EuGH U. v. 12.12.2013, C-327/12 – *SOA Zertifizierungsunternehmen,* Rn. 29.

[281] EuGH U. v. 28.2.2013, C-1/12 – *Ordem dos Técnicos Oficias de Contas,* Rn. 37f.

[282] EuGH U. v. 19.1.1994, C-364/92 – *SAT,* Slg. 1994, I-43, Rn. 28.

[283] EuGH U. v. 18.3.1997, C-343/95 – *Diego Cali,* Slg. 1997 I-1547, Rn. 22–25.

[284] EuGH U. v. 26.3.2009, C-113/07 P – *SELEX,* Slg. 2009, I-2207, Rn. 96.

zen für den Mobilfunk,[285] Erfassung von Unternehmensdaten und Bereitstellung einer Datenbank mit diesen Daten[286].[287]

2. Nachfrage der öffentlichen Hand

Da das Wesen der unternehmerischen Tätigkeit im „Anbieten" von Waren oder Dienst- **146**
leistungen gesehen wird (siehe Rn. 151), können Nachfrage oder Beschaffungstätigkeit allein die Unternehmenseigenschaft nicht begründen. Sie teilen vielmehr die *Qualifikation* der Angebotstätigkeit als ggf. nicht-wirtschaftlich. Allerdings kann die öffentliche Hand und ihre *Untergliederungen* durchaus gleichzeitig wirtschaftlich/unternehmerisch und nicht-wirtschaftlich/hoheitlich tätig sein.[288] *Inwieweit* die Nachfragetätigkeit der öffentlichen Hand unter Art. 101 Abs. 1 AEUV fällt, hängt daher davon ab, ob die Beschaffungstätigkeit einer anschließenden hoheitlichen oder wirtschaftlichen Betätigung dient. Nur in letzterem Fall bleibt Raum für die Anwendung des Kartellverbots auf die Beschaffungstätigkeit öffentlicher Einheiten.[289] So ist etwa die bloße Beschaffung zu Forschungs- und Entwicklungszwecken nicht als Vorbereitung einer wirtschaftlichen Angebotstätigkeit anzusehen.[290]

Der hergebrachte Unternehmensbegriff des GWB erfasst die Nachfragetätigkeit schon **147**
dann, insbesondere die der öffentlichen Hand, wenn sie mit Mitteln des Privatrechts erfolgt.[291] Auf die Verwendung der beschafften Güter kommt es hier nicht an.

3. Delegierte Rechtsetzung, insbesondere durch Wirtschafts- und Berufsverbände

Gesetzgebung und Erlass von nachrangigen Vorschriften durch die Regierung ist eine **148**
hoheitliche, nicht-wirtschaftliche Tätigkeit.[292] Oftmals werden aber am Erlass nachgeordneter Normen wie Ausführungsverordnungen die betroffenen Wirtschaftskreise beteiligt, z.B. durch ihre berufsständische Vereinigungen. Gremien, die ganz oder teilweise mit Unternehmensvertretern besetzt sind, haben u.U. eigene Entscheidungsspielräume, wie die Vorgaben eines Gesetzes auszufüllen sind. Das wirft die Frage auf, ob die Tätigkeit eines solchen Gremiums zur hoheitlichen Rechtsetzung gehört oder ob sie ein Beschluss einer Unternehmensvereinigung ist (siehe Rn. 210ff.). Es geht regelmäßig nicht darum, ob die Tätigkeit des Gremiums selbst wirtschaftlich ist; das wird bei der Rechtsetzung kaum einmal der Fall sein.

---

[285] EuGH U. v. 26.6.2007, C-28/04 – *T-Mobile Austria,* Slg. 2007, I-5189, Rn. 42. Zwar betraf die Entscheidung die Auslegung steuerrechtlichen Sekundärrechts, nämlich der Sechsten Richtlinie 77/388/EWG des Rates vom 17. Mai 1977 zur Harmonisierung der Rechtsvorschriften der Mitgliedstaaten über die Umsatzsteuern (ABl. L 145/1 v. 19.6.1977), doch ist das Ergebnis auch auf Art. 101 Abs. 1 AEUV übertragbar: Denn der EuGH stellte fest, dass die Versteigerung von Mobilfunkfrequenzen eine notwendige Vorbedingung für den Zugang zum Mobilfunkmarkt, nicht aber die Teilnahme am Markt selbst darstelle.

[286] EuGH U. v. 12.7.2012, C-138/11 – *Compass-Datenbank,* Rn. 40f.

[287] Kommission, Mitteilung über die Anwendung der Beihilfevorschriften der Europäischen Union auf Ausgleichsleistungen für die Erbringung von Dienstleistungen von allgemeinem wirtschaftlichem Interesse, ABl. C 8/4 v. 11.11.2012, Rn. 16 nennt für die Auslegung des Beihilfenrechts (Art. 107ff. AEUV) weitere Beispiele: die Tätigkeiten der Armee oder Polizei, Flugsicherung und Flugverkehrskontrolle, Seeverkehrskontrolle und -sicherheit, sowie Organisation und Durchsetzung von Haftstrafen.

[288] EuGH U. v. 1.7.2008, *C-49/07 – MOTOE,* Slg. 2008, I 4892, Rn. 25; EuGH v. 24.10.2002, C-82/01 P – *Aéroports de Paris/Kommission,* Slg. 2002, I-9297, Rn. 74; siehe auch BGH, U. v. 6.11. 2013, KZR 58/11 – *VBL-Gegenwert,* Rn. 53.

[289] EuGH U. v. 11.7.2006, C-205/03 P – *Fenin,* Slg. 2006, I-6295, Rn 25f., und zuvor EuG U. v. 4.3.2003, T-319/99 – *Fenin,* Slg. 2003, II-357, Rn. 36. Krit. etwa *Schindler,* KommJur 2011, 126; 128, der in der Beschaffungstätigkeit der öffentlichen Hand stets eine wirtschaftliche Betätigung sieht.

[290] EuG U. v. 12.12.2006 – T-155/04 – *SELEX/Kommission,* Slg. 2006, II-4803, Rn. 75f.

[291] Siehe BGH, U. v. 6.11.2013, KZR 58/11 – *VBL-Gegenwert,* Rn. 42–60, insbes. 52.

[292] Siehe zur Rechtsetzung durch die Institutionen der EU selbst EuGH U. v. 13.13.1989, C-204/88 – *Ministère public/Jean-Jacques Paris,* Slg. 1989, 4361, Rn. 15.

4. Öffentliche Unternehmen als Normadressaten

149 Art. 101 Abs. 1 AEUV ist auf öffentliche Unternehmen anwendbar. Dies ergibt sich bereits aus Art. 106 Abs. 1 AEUV. Neben Art. 106 AEUV setzt auch Art. 345 AEUV der Anwendung des Art. 101 AEUV auf öffentliche Unternehmen Grenzen. Es gilt der unionsrechtliche Grundsatz der Neutralität gegenüber den Eigentumsordnungen der Mitgliedstaaten, was insbesondere eine Schlechterstellung öffentlicher Unternehmen gegenüber vergleichbaren privatwirtschaftlichen Unternehmen verbietet.[293]

150 Hat man einmal die grundsätzliche Anwendbarkeit des Art. 101 AEUV akzeptiert, so spielt die Definition des Begriffs „**öffentliche** Unternehmen" nur noch eine nachgeordnete Rolle. Insbesondere bei Ausnahmen von Art. 101 Abs. 1 AEUV und der Freistellung nach Abs. 3 ist es aber von Bedeutung, ob und **welche** öffentliche Aufgabe ein Unternehmen erfüllt und in welchem Umfang es im Wettbewerb mit anderen Unternehmen steht.

151 Der AEUV enthält keine Definition der öffentlichen Unternehmen, obwohl er diesen Begriff in Art. 106 Abs. 1 AEUV verwendet. Einen sekundärrechtlichen Anhaltspunkt liefert die Kommission in ihrer auf Grundlage des Art. 106 Abs. 3 AEUV erlassenen Transparenzrichtlinie,[294] worin sie in Art. 2 lit. b öffentliche Unternehmen definiert als „jedes Unternehmen, auf das die öffentliche Hand aufgrund Eigentums, finanzieller Beteiligung, Satzung oder sonstiger Bestimmungen, die die Tätigkeit des Unternehmens regeln, unmittelbar oder mittelbar einen beherrschenden Einfluss ausüben kann". Selbst wenn die Richtlinie keine verbindliche Auslegung der primärrechtlichen Wettbewerbsvorschriften bezweckt,[295] wird man kaum andere als diese Kriterien bei der Auslegung des Primärrechts anlegen können, zumal der Begriff des „öffentlichen Unternehmens" unionsrechtlicher Natur ist und folglich nicht mittels Rückgriff auf die mitgliedstaatlichen Rechtsordnungen interpretiert werden darf.[296] Entscheidend ist demnach (vereinfacht), ob die öffentliche Hand **maßgeblichen Einfluss auf die kaufmännischen Entscheidungen** eines Unternehmens ausüben kann.[297]

152 Für die Unternehmensqualität ist die **Rechtsform unbeachtlich.**[298] Ob der Staat, seine nachgeordneten Ebenen und Gebietskörperschaften selbst oder durch verselbständigte Einheiten handeln, spielt keine Rolle.[299] Entsprechend können auch öffentlich-rechtliche Anstalten[300] oder sonstige öffentlich-rechtliche Einrichtungen[301] sowie in die staatliche Verwaltung integrierte Regieunternehmen[302] wirtschaftliche Tätigkeiten entfalten.

IV. Unternehmen und „wirtschaftliche Einheit"

153 Der Begriff der wirtschaftlichen Einheit ist seit langem Gegenstand von Diskussion (und Streit) in der Entscheidungspraxis und der Wissenschaft.[303] Dies ist nicht zuletzt dem Um-

---

[293] Vgl. EuGH U. v. 29.3.2001, C-163/99 – *Portugal/Kommission,* Slg. 2001, I-2613, Rn. 58–60.

[294] Richtlinie 2006/111/EG der Kommission vom 16.11.2006 über die Transparenz der finanziellen Beziehungen zwischen den Mitgliedstaaten und den öffentlichen Unternehmen sowie über die finanzielle Transparenz innerhalb bestimmter Unternehmen, ABl. L 318/17 v. 17.11.2006.

[295] Vgl. EuGH U. v. 6.7.1982, 188 bis 190/80 – *Frankreich/Kommission,* Slg. 1982, 2545, Rn. 24.

[296] EuGH U. v. 16.7.1987, 118/85 – *Italien/Kommission,* Slg. 1987, 2599, Rn. 11.

[297] Vgl. EuGH U. v. 6.7.1982, 188 bis 190/80 – *Frankreich/Kommission,* Slg. 1982, 2545, Rn. 25.

[298] StRspr., vgl. nur. EuGH U. v. 23.4.1991, C-41/90 – *Höfner und Elser/Macrotron,* Slg. 1991, I-1979, Rn. 21; EuGH U. v. 28.2.2013, C-1/12 – *Ordem dos Tecnicos Oficias de Contas,* Rn. 35.

[299] *Emmerich* in Immenga/Mestmäcker, Art. 101 Abs. 1 AEUV, Rn. 32.

[300] EuGH U. v. 23.4.1991, C-41/90 – *Höfner und Elser/Macrotron,* Slg. 1991, I-1979, Rn. 22f. (zur damaligen Bundesanstalt für Arbeit); EuGH U. v. 11.12.1997, C-55/96 – *Job Centre coop,* Slg. 1997 I-7119, Rn. 22.

[301] EuGH U. v. 28.2.2013, C-1/12 – *Ordem dos Tecnicos Oficias de Contas,* Rn. 48.

[302] EuGH U. v. 16.7.1987, 118/85 – *Italien/Kommission,* Slg. 1987, 2599, Rn. 8.

[303] Siehe z. B. *Ahrens,* EuZW 2013, 899; *Kersting,* Der Konzern 2011, 445, *Gehring/Kasten/Mäger,* CCZ 2013, 1; *Kling,* WRP 2010, 506; *Voet van Vormizeele,* WuW 2010, 1008; *Thomas,* KSzW Kölner Schrift zum Wirtschaftsrecht 2011, 10; *Thomas,* ZWeR 2005, 239.

stand geschuldet, dass die wirtschaftliche Einheit als Rechtsfigur in verschiedensten Bereichen des Kartellrechts relevant wird. Aber es wird zunehmend wichtig, genau zu prüfen, ob die in den verschiedenen Bereichen verwendeten Rechtsbegriffe exakt deckungsgleich sind – insbesondere bei Gemeinschaftsunternehmen (siehe Rn. 183ff.):

- Ein wichtiger und viel diskutierter Anwendungsfall des Rechtsbegriffs der wirtschaftlichen Einheit ist die **Verhaltenszurechnung** innerhalb eines Konzerns oder einer Unternehmensgruppe. Verstößt eine Konzerngesellschaft gegen das Kartell- oder das Missbrauchsverbot, so kann der Muttergesellschaft der Verstoß als eigener zugerechnet werden,[304] wenn beide Gesellschaften Teil einer wirtschaftlichen Einheit und damit ***ein*** Unternehmen sind. Sie haften dann gesamtschuldnerisch für eine durch die Kommission nach der VO 1/2003 verhängte Geldbuße.[305]
- Auch auf **Rechtsfolgenseite** wird die Rechtsfigur der wirtschaftlichen Einheit relevant, nämlich bei der Berechnung der Geldbuße, wenn deren Höhe sich am Umsatz der wirtschaftlichen Einheit orientiert. Im deutschen Recht hat die von Kommission und Rspr. entwickelte Figur sogar den Sprung in das Gesetzesrecht vollzogen – und auch dort ist fraglich, ob die wirtschaftliche Einheit im Sinne von § 81 Abs. 4 S. 3 GWB dem Unternehmen i. S. v. § 36 GWB entspricht.
- Im Rahmen des Art. 102 AEUV können innerhalb des Konzerns bei der **Ermittlung der marktbeherrschenden Stellung** eines Unternehmens innerhalb der wirtschaftlichen Einheit die Ressourcen, Umsätze und Marktanteile zugerechnet werden. Das gilt auch, soweit es bei Art. 101 AEUV auf die Größe eines Unternehmens oder den Umfang seiner wirtschaftlichen Tätigkeit ankommt.[306]
- Vereinbarungen innerhalb einer wirtschaftlichen Einheit („konzerninterne Vereinbarungen") sind im Sinne eines **Konzernprivilegs** der Anwendung von Art. 101 AEUV entzogen.
- Die Diskussion um das „Unternehmen" als möglichem **Schuldner** von Schadensersatz hat gerade erst begonnen und wird durch die Schadenersatz-Richtlinie noch einmal neue Nahrung erhalten.
- Überschneidungen ergeben sich zudem zum **Kontrollbegriff** der FKVO.

1. Dogmatische Begründung und Selbständigkeitspostulat

Die dogmatische Anknüpfung der wirtschaftlichen Einheit an den Unternehmensbegriff **154**
ist möglich und entspricht wohl der Auffassung der Rspr.[307] Denkbar ist aber auch, mangels einschränkbarem Wettbewerbs innerhalb der wirtschaftlichen Einheit an das Tatbestandsmerkmal der Wettbewerbsbeschränkung oder an das der Vereinbarung etc. anzuknüpfen.[308]

Konzeptioneller Hintergrund der Definition von Unternehmen und wirtschaftlicher Ein- **155**
heit ist die Forderung des EuGH nach eigenständigem Verhalten aller Marktteilnehmer. Nur wenn die Eigenständigkeit des Marktverhaltens nicht mehr gegeben ist, weil tatsächlich fremde Einflussnahme stattfindet, ist es grds. (zur Ausnahme der sog. *Stora*- oder *Akzo*-Vermutung sogleich Rn. 172ff.) gerechtfertigt, die Wettbewerbsregeln auf Vereinbarungen zwischen Teilen des Unternehmens oder der wirtschaftlichen Einheit nicht anzuwenden

[304] Zum sog. Grundsatz der persönlichen Verantwortlichkeit siehe EuGH U. v. 20.1.2011, C-90/09 P – *General Química,* Slg. 2011, I-1, Rn. 36.

[305] Das ist nach deutschen Bußgeldrecht anders, selbst wenn die Kartellbehörden gemäß § 81 Abs. 1 Nr. 1, Abs. 4 GWB einen Verstoß gegen das europäische Kartellrecht sanktionieren.

[306] Als Ausprägung diese Grundsatzes siehe z. B. Kommission, De-minimis-Bekanntmachung ABl. 291/01 v. 30.8.2014, Rn. 15f. Aus Gründen der Rechtsklarheit enthalten manche Gruppenfreistellungsverordnung besondere Vorschriften über die Berechnung der „konzerweiten" Marktanteile, denen für die Auslegung des Unternehmensbegriffs allenfalls indizielle Bedeutung zukommen kann.

[307] Vgl. EuGH U. v. 26.9.2013, C-172/12 P – *EI du Pont,* Rn. 42.

[308] Siehe dazu *Potrafke,* Kartellrechtswidrigkeit konzerninterner Vereinbarungen und darauf beruhender Verhaltensweisen, S. 109, 202 m. w. N.

(und ggf. das Verhalten anderer Teile der wirtschaftlichen Einheit zuzurechnen). Die dogmatische Grundlage der wirtschaftlichen Einheit ist damit das kartellrechtliche **Selbstständigkeitspostulat** (Rn. 217, 236).[309] Art. 101 Abs. 1 AEUV soll nämlich u.a. die wettbewerbliche Betätigung eines jeden Unternehmens gewährleisten. Das Unternehmen im kartellrechtlichen Sinne muss daher in der Lage sein, sein Marktverhalten selbst zu bestimmen.[310] Dieser kartellrechtliche Schutz der Freiheit ist nicht mehr sinnvoll, wenn eine Gesellschaft innerhalb einer Unternehmensgruppe nicht über eine solche wettbewerbliche Autonomie verfügt.[311] Spiegelbildlich wird damit aber der Konzern o.ä. zum Akteur, sodass nur dieser Normadressat ist (und ggf. für einen Kartellrechtsverstoß verantworten muss).[312]

2. Verhältnis zum Begriff der „Kontrolle" i.S.d. FKVO

156 Während für Art. 101 AEUV ein einheitlicher Begriff der wirtschaftlichen Einheit sowohl für das Konzernprivileg als auch für die Haftungserstreckung auf die Konzernmutter sowie die Rechtsfolgen (Bußgeldberechnung) eigentlich auf der Hand lag, konnte das für die Fusionskontrolle von vorneherein nicht gelten.

157 Nach Art. 3 Abs. 2 FKVO wird Kontrolle durch Rechte, Verträge oder andere Mittel begründet, welche die Möglichkeit gewähren, „einen bestimmenden Einfluss auf die Tätigkeit eines Unternehmens auszuüben". Ob Kontrolle vorliegt, bestimmt sich unter Berücksichtigung „aller tatsächlichen oder rechtlichen Umstände". Ein Zusammenschluss kann also auf rechtlicher oder faktischer Grundlage beruhen, durch den Erwerb alleiniger oder gemeinsamer Kontrolle erfolgen und die Gesamtheit oder Teile eines oder mehrerer Unternehmen betreffen. Ausreichend ist u.U. sogar schon sog. **negative Kontrolle** durch **Vetorechte**, soweit damit die Möglichkeit aktiver Gestaltung einhergeht,[313] während eine Blockademöglichkeit alleine noch keine wirtschaftliche Einheit begründet.

158 Der für die wirtschaftliche Einheit nach Art. 101 AEUV zentrale Begriff des „bestimmenden Einflusses" (siehe dazu Rn. 164ff.) ist dementsprechend nicht deckungsgleich mit der **Kontrolle** (Art. 3 FKVO), obwohl es Überschneidungen gibt. Während bei Art. 101 Abs. 1 AEUV der bestimmende Einfluss auch tatsächlich ausgeübt werden muss, reicht in der Fusionskontrolle die bloße **Möglichkeit** aus, diesen Einfluss auszuüben.[314] Das ist eine Folge des Prinzips der einmaligen Kontrolle nach der FKVO. Ist ein Zusammenschluss erst genehmigt, so kann die Ausübung der Kontrollrechte nicht (erneut) geprüft werden. Grundsätzlich muss eine Kartellbehörde also davon ausgehen, dass ein Unternehmen seine Möglichkeiten tatsächlich ausschöpft (jedenfalls wenn dies kaufmännisch vernünftig erscheint). Die Fusionskontrolle kann daher nur die Einfluss***möglichkeiten*** prüfen.

159 Der Bezugsgegenstand der Kontrollmöglichkeit oder Einflussnahme (Unternehmensstrategie, Tagesgeschäft, Budget, Geschäftsplan, größere Investitionen und die Besetzung der Unternehmensleitung) dürfte hingegen im Wesentlichen identisch sein, auch wenn das EuG grundsätzlich betont, dass der Kontrollbegriff eher **operativ** und der Einflussbegriff eher **strategisch** geprägt ist.[315]

160 Wo ein Unternehmen bereits alleinige Kontrolle über ein anderes hat, kann keine Kontrolle mehr erworben werden. Der Erwerb von zusätzlichen Rechten – „stärkerer" Kon-

---

[309] Siehe z.B. EuGH U. v. 28.5.1998, C-7/95 P – *John Deere,* Slg. 1998, I-3111, Rn. 87.

[310] EuGH U. v. 14.7.1981, 40–48, 50, 54–56, 111, 113 u. 114/73 – *Suiker Unie,* Slg. 1975, 1663, Rn. 174; EuGH U. v. 28.5.1998, C-7/95 P – *John Deere,* Slg. 1998, I-3111, Rn. 87.

[311] EuGH U. v. 24.10.1996, C-73/95 P – *Viho,* Slg. 1996, I-5457 (5495), Rn. 16; Kommission E. v. 18.6.1969, IV/22 548 – *Christiani & Nielsen,* ABl. 1969 165/12, 13.

[312] Vgl. EuGH U. v. 10.9.2009, C-97/08 P – *Akzo Nobel,* Slg. 2009 I-8237, Rn. 56ff.

[313] Kommission, Berichtigung der Konsolidierte Mitteilung zu Zuständigkeitsfragen, ABl. C 43/9 v. 21.2.2009, Rn. 65ff.

[314] Kommission, Berichtigung der Konsolidierte Mitteilung zu Zuständigkeitsfragen, ABl. C 43/9 v. 21.2.2009, Rn. 16.

[315] EuG U. v. 2.2.2012, T-77/08 – *Dow Chemical,* Rn. 93.

trolle – begründet keinen Zusammenschluss. Grds. kann die Anwendung der FKVO also ausgeschlossen sein, obwohl keine wirtschaftliche Einheit vorliegt, wenn nämlich ein Unternehmen von der Möglichkeit, bestimmenden Einfluss auf ein anderes Unternehmen auszuüben, keinen Gebrauch macht.

Die Zurechnung von Umsätzen nach Art. 5 Abs. 4 lit. b FKVO folgt übrigens weder dem Konzept der wirtschaftlichen Einheit noch dem der Kontrolle – jedenfalls nicht durchgehend. Hier gilt primär ein formaler Maßstab (vereinfacht: Mehrheit der Stimmrechte, Kapitalanteile oder Sitze in der Unternehmensleitung). Lediglich Nr. (iv) dieser Vorschrift verweist mit dem „Recht, die Geschäfte [eines anderen] Unternehmens zu führen" auf eine der Kontrolle angenäherte, wenn auch engere Beziehung.[316] **161**

In das deutsche Kartellrecht sind diese Ausführungen nicht übertragbar: Hier kann es wegen des mehrstufigen Zusammenschlusstatbestands zwischen bereits zusammengeschlossenen Unternehmen durchaus zu einem erneuten Zusammenschluss kommen (*arg. e.* § 37 Abs. 2 GWB). Bereits zusammengeschlossene Unternehmen bilden daher nicht notwendigerweise ein einheitliches Unternehmen, sondern nur bei „Beherrschung" im Sinne von § 36 Abs. 2 GWB. Die Zurechnung von Umsätzen für Zwecke der Schwellenwerte in § 35 GWB folgt dafür diesem Ansatz, einen eigenen Unternehmensbegriff für Zwecke der Umsatzberechnung gibt es nicht. **162**

3. Verhältnis zu § 81 Abs. 4 S. 3 GWB

Im deutschen Recht hat der Begriff der wirtschaftlichen Einheit Eingang in den Gesetzestext gefunden: Nach § 81 Abs. 4 S. 3 GWB ist für die Höhe einer Geldbuße wegen eines Kartellverstoßes auf den weltweiten Gesamtumsatz aller natürlichen und juristischen Personen abzustellen, die als „wirtschaftliche Einheit" operieren. Die Auslegung und Anwendung dieser Vorschrift durch die deutschen Gerichte und Behörden hat zwar keine unmittelbaren Auswirkungen auf Auslegung und Anwendung des Art. 101 AEUV durch die Organe der EU. Aber für die erwartete Handhabung des Art. 101 AEUV durch die deutschen Gerichte und Behörden lassen sich auch der Praxis zu § 81 Abs. 4 Satz 3 GWB Hinweise entnehmen, zumal erklärte Absicht des deutschen Gesetzgebers eine weitere Angleichung des deutschen an das Unionsrecht war.[317] Es ist eine andere Frage, ob der deutsche Gesetzgeber Rechtsbegriffe aus Art. 101 AEUV nicht nur in das materielle deutsche Kartellrecht übernehmen sollte (wie in § 1 GWB), sondern auch in das Ordnungswidrigkeitenrecht, wenn der Umfang solcher Begriffe ersichtlich noch nicht geklärt ist.[318] **163**

4. Allgemeine Voraussetzungen der wirtschaftlichen Einheit

Die Anforderungen an das Vorliegen einer wirtschaftlichen Einheit haben sich zumindest in ihren wesentlichen Grundzügen nach und nach in der Rspr. herausgebildet. Die Entwicklungen fanden jedoch weniger zur Frage der Anwendbarkeit von Art. 101 AEUV auf Vereinbarung und zum Konzernprivilegs als zur Haftung einer Unternehmensgruppe für Bußgelder statt.[319] Denn Art. 101 und 102 AEUV richten sich an Unternehmen. Das gilt auch für die Regelung der Rechtsfolgen (Geldbußen) bei Verstößen nach Art. 23 Abs. 2 VO 1/2003. Da sich die Vollstreckung von Geldbußen, welche die Kommission verhängt, jedoch gemäß Art. 299 AEUV nach nationalem Zivilprozessrecht richtet, setzt auch das Unionsrecht einen nach nationalem Recht rechtsfähigen Schuldner voraus.[320] **164**

---

[316] *Käseberg* in Langen/Bunte, Kartellrecht, Kommentar, 12. Auflage, Band 2: Europäisches Kartellrecht, Art. 5 FKVO, Rn. 59–62.

[317] Beschlussempfehlung des Ausschusses für Wirtschaft und Technologie, BT-Drucks. 16/7156 vom 14.11.2007, abgedruckt in WuW 2008, 289, 323.

[318] Vgl. *Bechtold,* GWB, Kommentar, 8. Auflage 2015 § 81 GWB, Rn. 31 ff.

[319] Die Übertragbarkeit von Rechtssätzen ist daher sorgfältig zu bedenken. Z. B. ist durchaus fraglich, ob die *Akzo*-Vermutung im Zivilprozess anwendbar ist (siehe Rn. 176).

[320] EuG U. v. 20.4.1999, T-305/94 – *Limburgse Vinyl Maatschappij,* Rn. 978.

Welche Schuldner verantwortlich sind, richtet sich jedoch wiederum nach den Grundsätzen des Unionsrechts[321] und dem dort verankerten Begriff der wirtschaftlichen Einheit. Hier sind für die Praxis wichtige Fragen[322] weiterhin nicht abschließend geklärt. So hat auch das Europäische Parlament gefordert, die Kommission möge die Bedingungen präzisieren, unter denen sie eine wirtschaftliche (Haftungs-)Einheit annimmt.[323]

165 Die Annahme einer wirtschaftlichen Einheit setzt nach stRspr. voraus, dass die Tochtergesellschaft trotz eigener Rechtspersönlichkeit ihr **Marktverhalten nicht autonom bestimmt,** sondern im Wesentlichen Weisungen der Muttergesellschaft befolgt, und zwar vor allem wegen der wirtschaftlichen, organisatorischen und rechtlichen Bindungen zwischen diesen beiden Rechtssubjekten.[324] Um die Haftung der Muttergesellschaft für einen Verstoß der Tochtergesellschaft zu begründen, kann die Kommission sich also grundsätzlich nicht mit der Feststellung begnügen, dass die Muttergesellschaft einen **bestimmenden Einfluss** auf das Marktverhalten ihrer Tochtergesellschaft ausüben „konnte", ohne zu prüfen, ob dieser Einfluss tatsächlich ausgeübt wurde. Vielmehr obliegt es ihr grundsätzlich, einen solchen entscheidenden Einfluss anhand einer Reihe tatsächlicher Umstände zu beweisen.[325] Kurz gefasst besteht eine wirtschaftliche Einheit also dort (und Art. 101 AEUV ist nicht mehr anwendbar), wo eine Gesellschaft auf eine andere **bestimmtenden Einfluss ausüben kann und diesen tatsächlich ausübt.**

166 Bei der Prüfung, ob eine Gesellschaft ihr Marktverhalten autonom bestimmt oder dem bestimmenden Einfluss einer anderen Gesellschaft unterliegt, sind „sämtliche Gesichtspunkte zu berücksichtigen, die im Zusammenhang mit den wirtschaftlichen, organisatorischen und rechtlichen Verbindungen" zwischen den Gesellschaften der Unternehmensgruppe relevant sind und die „von Fall zu Fall variieren und daher nicht abschließend aufgezählt" werden können.[326] Die tatsächlichen Gesichtspunkte, auf die sich die Kommission beruft, können die potentiell als Teile einer wirtschaftlichen Einheit betrachteten Gesellschaften zu einer Erläuterung oder Rechtfertigung zwingen, wobei sonst der Schluss zulässig ist, dass die Kommission den Anforderungen an die Beweislast genügt hat.[327]

167 Neben der **Kapitalbeteiligung** haben die Gemeinschaftsorgane in der Vergangenheit verschiedene Gesichtspunkte für relevant erachtet:

– ob die Muttergesellschaft die Möglichkeit hat, die Geschäftsleitung und Organmitglieder der Tochtergesellschaft zu bestimmen,[328] von diesen Rechten auch tatsächlich Gebrauch macht, und insbesondere ob personelle Verflechtungen der Organe der Mutter- und der Tochtergesellschaft bestehen,[329] die Muttergesellschaft also „ihre Leute" in die Organe der Tochtergesellschaft wählt;

---

[321] EuG U. v. 11.3.1999, T-134/94 – *NMH Stahlwerke,* Rn. 134.

[322] So z. B., unter welchen Umständen der Einfluss einer Konzernobergesellschaft auf die konzernangehörige Gesellschaft als „bestimmend" anzusehen ist (dazu sogleich im Text), sowie welche Umstände der Normadressat anführen muss, um die sog. *Akzo*-Vermutung (siehe dazu Rn. 172 ff.) zu widerlegen.

[323] Europäisches Parlament, Bericht über den Jahresbericht über die EU-Wettbewerbspolitik (29.11. 2011), S. 10.

[324] EuGH U. v. 20.1.2011, C-90/09 P – *General Química,* Slg. 2011, I-1, Rn. 37; EuGH U. v. 10.9.2009, C-97/08 P – *Akzo Nobel,* Slg. 2009, I-8237, Rn. 58 m. w. N.

[325] Vgl. EuG U. v. 27.9.2006, T-314/01 – *Avebe,* Slg. 2006, II-3085, Rn. 136.

[326] EuGH U. v. 1.7.2010, C-407/08 P – *Knauf Gips,* Slg. 2010, I-6375, Rn. 100.

[327] Vgl. EuGH U. v. 7.1.2004, C-204/00 P, C-205/00 P, C-211/00 P, C-213/00 P, C-217/00 P u. C-219/00 P – *Aalborg Portland,* Slg. 2004, I-123, Rn. 78 f.; EuGH U. v. 17.6.2010, C-413/08 P – *Lafarge,* Slg. 2010, I-5361, Rn. 29 f.

[328] Kommission E. v. 22.7.2009, COMP/39.396 – *Calciumcarbid,* Rn. 264; Kommission, E. v. 18.6. 1969, IV/22.548 – *Christiani & Nielsen,* ABl. 1969 L 165/12, Abschnitt II.

[329] Vgl. EuG U. v. 14.5.1998, T-339–342/94 – *Metsä-Serla,* Rn. 45 ff.; EuGH U. v. 16.11.2000, C-294/98 P – *Metsä-Serla,* Rn. 27 ff.; Kommission E. v. 21.12.2005, COMP/F/38.443 – *Kautschukchemikalien,* Rn. 260; Kommission E. v. 24.1.2004, COMP/F/38.899 – *Gasisolierte Schaltanlagen,* Rn. 400, 454.

- Einfluss der Muttergesellschaft auf die Preispolitik, die Herstellungs- und Vertriebsaktivitäten, die Verkaufsziele, die Bruttomargen, die Verkaufskosten, den *cash flow,* die Lagerbestände und das Marketing ihrer Tochtergesellschaft;[330]
- insbesondere (gesellschaftsrechtliche oder vertragliche) Weisungsrechte,[331] ob die Tochtergesellschaft präzise Weisungen der Muttergesellschaft erhält und befolgt, womöglich sogar mit Blick auf das Tagesgeschäft und einzelne betriebswirtschaftliche Fragen oder die Preisgestaltung;[332]
- Konsolidierung von Umsätzen der Tochter- bei der Muttergesellschaft;[333]
- ob die Tochtergesellschaft umfassend und regelmäßig an die Muttergesellschaft berichtet,[334] insbesondere über Marktposition und Preispolitik;[335]
- dass Arbeitnehmer der Muttergesellschaft (gleichzeitig oder phasenweise) bei der Tochtergesellschaft eingesetzt wurden und umgekehrt;[336]
- dass die Mutter und das Tochterunternehmen eine gemeinsame Marketingstrategie hatten,[337] dass die Muttergesellschaft eine zentral koordinierte Verkaufsabteilung unterhielt;[338]
- dass die Tochtergesellschaft für bestimmte geschäftspolitische Entscheidungen die Zustimmung der Muttergesellschaft brauchte;[339]
- dass die Tochtergesellschaft nur Marken der Muttergesellschaft vertrieb;[340]
- dass Entscheidungen betreffend die wirtschaftliche Strategie der Tochtergesellschaft durch das Management der Muttergesellschaft getroffen wurden;[341]
- das gemeinsame Auftreten im Außenverhältnis.[342]

Die Gesamtschau aller Umstände „im Zusammenhang mit den wirtschaftlichen, organisatorischen und rechtlichen Verbindungen" zwischen Mutter- und Tochtergesellschaft führt dazu, dass die Kommission die Angreifbarkeit einzelner Gesichtspunkte im Hinblick auf ihre Tauglichkeit zum Nachweis bestimmenden Einflusses leicht mit dem Argument überwinden kann, es handele sich „nur um einen von mehreren Aspekten", der ohnehin lediglich Indizwirkung habe.[343] Ebenso lehnen die Unionsgerichte in aller Regel den Umkehrschluss vom Fehlen bestimmter Umstände, die in der Vergangenheit bestimmenden Einfluss **168**

---

330 Vgl. EuG U. v. 12.12.2007, T-112/05 – *Akzo Nobel,* Slg. 2007, II-5049, Rn. 64, m.w.N. aus der Rspr.

331 EuG U. v. 27.9.2006, T-314/01 – *Avebe,* Slg. 2006, II-3085, Rn 136.

332 Kommission E. v. 21.12.2005, COMP/F/38.443 – *Kautschukchemikalien,* Rn. 261; Kommission E. v. 23.11.1984, IV/30.907 – *Peroxyd-Produkte,* Rn. 49; Kommission E. v. 18.6.1969, IV/22.548 – *Christiani & Nielsen,* Abschnitt II; Kommission E. v. 30.6.1970, IV/24.055 – *Kodak,* Rn. 12.

333 EuG U. v. 18.12.2008, T-85/06 – *General Química,* Slg. 2008, II-338, Rn. 66. Auch ohne Konsolidierung wurde schon eine wettbewerbliche Einheit angenommen, vgl. EuG U. v. 14.3.2013, T-587/08 – *Fresh Del Monte,* Rn. 260. Wie bei einer Gesamtschau zu erwarten, ist kein einzelnes Element notwendig oder hinreichend. In der Sache ist die Konsolidierung als Argument problematisch. Sie ist regelmäßig Folge der Eingliederung einer Gesellschaft in einen Unternehmensverbund. Das aber ersetzt die Begründung nicht, sondern erlaubt allenfalls den Schluss, dass die Unternehmen selbst von einer gewissen Eingliederung ausgehen; siehe allerdings EuG U. v. 12.12.2012, T-392/09 – *1. garantovaná,* Rn. 57.

334 Kommission E. v. 21.12.2005, COMP/F/38.443 – *Kautschukchemikalien,* Rn. 260.

335 Kommission v. 22.7.2009, COMP/39.396 – *Calciumcarbid,* Rn. 264.

336 Kommission E. v. 23.11.1984, IV/30.907 – *Peroxyd-Produkte,* Rn. 3.

337 Vgl. EuGH U. v. 4.5.1988, C-30/87 – *Corinne Bodson,* Rn. 19.

338 Vgl. EuG U. v. 12.1.1995, T-102/92 – *Viho Europe,* Rn. 48.

339 Kommission E. v. 22.7.2009, COMP/39.396 – *Calciumcarbid,* Rn. 229.

340 Vgl. Kommission E. v. 15.5.1991, IV/32.186 – *Gosme/Martell,* Rn. 30.

341 Kommission E. v. 22.7.2009, COMP/39.396 – *Calciumcarbid,* Rn. 236.

342 Beispielsweise im Verwaltungsverfahren gegenüber der Kommission, EuGH U. v. 16.11.2000, C-286/98 P – *Stora Kopparbergs Bergslags,* Rn. 29. Die gemeinsame Vertretung von Gesellschaften im Verwaltungsverfahren, die später die wirtschaftliche Einheit zwischen ihnen bestreiten wollen, ist daher sorgfälig zu erwägen.

343 Exemplarisch Kommission E. v. 22.7.2009, COMP/39.396 – *Calciumcarbid,* Rn. 260, 268.

nachwiesen, auf das Nichtvorliegen einer Einflussnahme ab.[344] Der Gegenbeweis wird für die betroffenen Unternehmen damit erheblich erschwert.

169 Beachtlich ist, dass **compliance**-Bemühungen der Muttergesellschaft nicht zwangsläufig vor der Annahme einer wirtschaftlichen Einheit schützen, sondern sogar letztere begründen können (oder jedenfalls dazu beitragen).[345] So hat die Kommission in **Aufzüge und Fahrtreppen** den bestimmenden Einflusses auf das Vorliegen eines konzernweiten **Code of Conduct** und dessen Geltung für die Tochtergesellschaft gestützt, obwohl der **Code of Conduct** von der Muttergesellschaft gerade geschaffen wurde, um Verstöße der Tochtergesellschaft gegen das Kartellrecht zu verhindern.[346] In **Du Pont** wurde die Anordnung interner Untersuchungen anlässlich eines vermuteten Kartellrechtsverstoßes bei der Tochtergesellschaft zur Begründung des bestimmenden Einflusses der Muttergesellschaft herangezogen.[347] Das ist wettbewerbspolitisch unglücklich. Die Haftungserweiterung anhand der Rechtsfigur der wirtschaftlichen Einheit verfolgt gerade das Ziel effektiver Kartellrechtsdurchsetzung in komplexen Konzernstrukturen. Warum also eigene **compliance**-Anstrengungen der Unternehmen zu ebenjenem Ziel nicht nur nicht belohnt werden sollen,[348] sondern geradezu „abgestraft" werden, erschließt sich zumindest nicht auf den ersten Blick. Vielmehr stellt sich die grundlegende Frage, ein Unternehmen trotz – ggf. erfolgloser – Bemühungen, eine eigene Zuwiderhandlung oder einen Verstoß einer Tochtergesellschaft zu vermeiden, letztlich genauso behandelt werden soll, wie ein Unternehmen, das keinerlei *compliance*-Anstrengungen unternommen hat.[349]

170 Die Einbeziehung der Muttergesellschaft in die haftende Einheit erfolgt ggf., **ohne** dass deren **persönliche Beteiligung** an der Zuwiderhandlung nachzuweisen wäre.[350] Dementsprechend spielt die Kenntnis oder Unkenntnis der Muttergesellschaft vom Kartellverstoß[351] ebenso wenig eine Rolle wie der Umstand, dass die Tochtergesellschaft mit ökonomisch – nicht rechtlich – rückwirkendem Effekt vor dem Verstoß veräußert worden ist und der Unternehmenskaufvertrag eine Haftungsübernahme für Kartellverhalten vorsah.[352] Auch das Argument, die Ernennung von Mitgliedern des Aufsichtsgremiums der Tochtergesellschaft durch die Muttergesellschaft sei unvermeidliche Folge nationalen Handels- oder Gesellschaftsrechts und nicht etwa Merkmal bestimmender Einflussnahme findet, genauso wie der Umstand, dass formal die Mitglieder des Aufsichtsgremiums allen Anteilseignern und nicht nur dem entsendenden Mehrheitseigner verantwortlich sind, keine Berücksichtigung.[353] Vergeblich wurde in der Vergangenheit auch vorgebracht, dass gerade in dem spezifischen, von der Zuwiderhandlung betroffenen Bereich kein bestimmender Einfluss auf die kartellbeteiligte Tochtergesellschaft ausgeübt worden sei.[354]

---

344 EuG U. v. 12.12.2012, T-392/09 – *1. garantovaná,* Rn. 56.

345 EuG U. v. 13.7.2011, T-138/07 – *Schindler,* Rn. 88; EuG U. v. 2.2.2012, T-76/08 – *Du Pont,* Rn. 73 f. Dazu kritisch *Gehring/Kasten/Mäger,* CCZ 2013, 1, 11.

346 EuG U. v. 13.7.2011, T-138/07 – *Schindler,* Rn. 88 („Dass bei den Tochtergesellschaften von Schindler Holding der genannte Code of Conduct angewandt wurde, legt im Gegenteil eine tatsächliche Kontrolle der Geschäftspolitik der Tochtergesellschaften durch die Muttergesellschaft nahe, zumal die Klägerinnen selbst bekräftigt haben, dass die Beachtung des Code of Conduct durch regelmäßige Überprüfungen und andere Maßnahmen eines Angestellten von Schindler Holding kontrolliert wurde").

347 EuG U. v. 2.2.2012, T-76/08 – *Du Pont,* Rn. 73.

348 So *Baron/Seeliger,* CB 2013, 345, zur compliance defence als milderndem Umstand.

349 Dazu ausführlich *Gehring/Kasten/Mäger,* CCZ 2013, 1. Die Kommission vertritt unter Hinweis auf die ansonsten bestehende Umgehungsgefahr die gegensätzliche Position, nach der Muttergesellschaften sich selbst dann nicht der Haftung entziehen können, wenn sie ihre Tochtergesellschaften **ausdrücklich angewiesen** haben, sich kartellrechtlicher Verstöße zu enthalten, Kommission E. v. 22.7.2009, COMP/39.396 – *Calciumcarbid,* Rn. 239.

350 EuGH U. v. 20.1.2011, C-90/09 P – *General Química,* Slg. 2011, I-1, Rn. 38.

351 Kommission E. v. 22.7.2009, COMP/39.396 – *Calciumcarbid,* Rn. 224.

352 Kommission E. v. 22.7.2009, COMP/39.396 – *Calciumcarbid,* Rn. 237.

353 Kommission E. v. 11.6.2008, COMP/38.695 – *Natriumchlorat,* Rn. 390.

354 EuG U. v. 12.12.2007, T-112/05 – *Akzo Nobel,* Rn. 83.

Andererseits bedeutet das Erfordernis der tatsächlichen Ausübung bestimmenden Einflusses, dass eine Muttergesellschaft es in gewissem Umfang in der Hand hat, ob sie mit einem Beteiligungsunternehmen eine wirtschaftliche Einheit bildet. In diesem Sinne ist die wirtschaftliche Einheit und auch die gesamtschuldnerische Haftung in die Disposition der Muttergesellschaft gestellt. Evtl. zu bedenken ist aber der mögliche Konflikt zwischen der Vermeidung einer gesamtschuldnerischen Haftung und dem Ausschluss des Kartellverbots, z.B. um mit einem Beteiligungsunternehmen ungehindert Informationen austauschen zu können. Ersteres streitet gegen eine Ausübung der Rechte aus der Beteiligung durch die Muttergesellschaft, letzteres dafür. 171

5. Wirtschaftliche Einheit bei Beteiligung von 100 % („*Akzo*-Vermutung")

In dem besonderen Fall, dass eine Muttergesellschaft **100 % des Kapitals** einer Tochtergesellschaft hält, die gegen die Wettbewerbsregeln verstoßen hat, kann die Muttergesellschaft nach stRspr. erstens einen bestimmenden Einfluss auf das Verhalten dieser Tochtergesellschaft ausüben und zweitens wird **widerleglich vermutet** (sog. „*Stora*-" oder „*Akzo*-Vermutung"), dass die Muttergesellschaft tatsächlich einen solchen Einfluss ausübt. Daher braucht die Kommission (zunächst) nur nachzuweisen, dass die Muttergesellschaft das gesamte Kapital der Tochtergesellschaft hält, wenn sie die Muttergesellschaft als Gesamtschuldnerin für die Zahlung der gegen ihre Tochtergesellschaft verhängten Geldbuße in Anspruch nehmen will. Es obliegt dann der Muttergesellschaft, die Vermutung zu widerlegen und ausreichende Beweise beizubringen, dass ihre Tochtergesellschaft auf dem Markt eigenständig auftritt.[355] 172

Diese Rspr. wird auch auf Beteiligungen von **„nahezu" 100 %** angewandt. Eine feste Untergrenze scheint es (noch) nicht zu geben.[356] 173

Wie die *Akzo*-Vermutung **widerlegt** werden kann, ist weiterhin Gegenstand heftiger Diskussionen.[357] Jedenfalls besteht die Gefahr, dass die Vermutung wegen ihrer **faktischen Unwiderlegbarkeit** zur **„probatio diabolica"** wird.[358] Zwar ergingen in jüngerer Vergangenheit zwei Entscheidungen, in denen das EuG Entscheidungen der Kommission wegen erfolgreicher Widerlegung der Vermutung bzw. wegen nicht ausreichender Auseinandersetzung mit den von den klagenden Unternehmen angeführten Umständen zur Widerlegung der Vermutung aufgehoben hat.[359] Der Gerichtshof selbst wird nicht müde zu betonen, dass die vorgetragenen Beweise für die Eigenständigkeit der Tochter durch die Kommission ausführlich zu prüfen sind und das EuG Entscheidungen der Kommission eingehend auf Beurteilungs- und Begründungsfehler zu untersuchen hat.[360] Es gibt aber 174

[355] EuGH U. v. 16.11.2000 C-286/98 P – *Stora Kopparbergs Bergslags,* Rn. 29; EuGH U. v. 10.9.2009, C-97/08 P – *Akzo Nobel,* Slg. 2009, I-8237, Rn. 60; EuGH U. v. 20.1.2011, C-90/09 P – *General Química,* Slg. 2011, I-1, Rn. 39 f.; EuGH U. v. 29.3.2011, C-201/09 P und C-216/09 P – *ArcelorMittal,* Slg. 2011, I-2239, Rn. 97.

[356] EuGH U. v. 22.5.2014, C-36/12 P – *Armando Álvarez,* Rn. 18 (Beteiligung von 98,6%); Kommission, E. v. 11.6.2008, COMP/38.695 – *Natriumchlorat,* Rn. 396 (97%).

[357] Siehe *Solek/Wartinger,* JECL&P 2015, Heft 2, S. 73–84.

[358] Ausführlich *Kindhäuser/Meyer* in Jaeger/Pohlmann/Schroeder, Frankfurter Kommentar zum Kartellrecht, Bußgeldrechtliche Folgen des Art. 101 AEUV, Rn. 165 ff.; kritisch auch *Voet van Vormizeele,* WuW 2010, 1008, 1012 f.

[359] EuG U. v. 16.6.2011, T-208/08 – *Gosselin,* Rn. 53–58; EuG U. v. 16.6.2011, T-185/06 – *L'air liquide,* Rn. 70 ff. Das Urteil *Gosselin* ist allerdings vom EuGH gerade wegen der Feststellung des EuG die Vermutung sei widerlegt, wegen Nichtberücksichtigung der Gesamtheit der wirtschaftlichen, organisatorischen und rechtlichen Bindungen zwischen Mutter- und Tochtergesellschaft wieder aufgehoben worden, vgl. EuGH U. v. 11.7.2013, C-440/11 P – *Kommission/Stichting Administratiekantoor Portielje,* Rn. 60 ff.

[360] EuGH U. v. 20.1.2011, C-90/09 P – *General Química,* Slg. 2011, I-1, Rn. 78; EuGH U. v. 29.9.2011, C-521/09 P – *Elf Aquitaine,* Rn. 144–171.

keine Aussage der Gerichte, welche Gesichtspunkte voraussichtlich zur Widerlegung der Vermutung führen.

175 Es gibt hierzu eine Bandbreite denkbarer Ansätze, ohne dass gesicherte Aussagen über die künftige Entwicklung der Entscheidungspraxis möglich wären. Besteht zwischen Mutter- und Tochtergesellschaft ein konzernrechtlicher Beherrschungs- und Gewinnabführungsvertrag, wird der Nachweis autonomen Marktverhaltens der Tochter wahrscheinlich nicht gelingen. Auch das auf dem gesellschaftsrechtlichen Trennungsprinzip aufbauende Argument, Mutter- und Tochtergesellschaft seien jeweils eigene juristische Personen mit eigenen Organen, und wegen der Verfassung der Tochtergesellschaft fehle es der Muttergesellschaft gesellschaftsrechtlich bereits an Weisungsrechten o. ä. gegenüber der Leitung der Tochtergesellschaft,[361] ist alleine nicht erfolgversprechend.[362] Denkbar ist eine Widerlegung der Vermutung durch konkrete und objektiv nachprüfbare Tatsachen aus dem Unternehmensalltag, aus denen sich ergibt, dass die Tochtergesellschaft sich eine Autonomie wahren konnte, die es rechtfertigt, die Muttergesellschaft nicht in die wirtschaftliche Einheit einzubeziehen.[363] Orientierung geben die Ausführungen von *GA Kokott* im *Akzo*-Verfahren vor dem EuGH.[364] Die Widerlegung der Vermutung könne gelingen, wenn die Muttergesellschaft eine Investmentgesellschaft sei und sich wie ein reiner Finanzinvestor geriere, die 100%ige Beteiligung nur vorübergehend und für kurze Zeit gehalten worden sei oder die Muttergesellschaft bereits aus rechtlichen Gründen daran gehindert sei, ihren Einfluss auszuüben. Der Gerichtshof ist jedenfalls ausdrücklich der Ansicht, dass die in der *Stora*-Entscheidung erstmals aufgestellte und seit der *Akzo*-Entscheidung in stRspr. angewandte Vermutung weder theoretisch noch praktisch unwiderlegbar sei.[365]

176 Noch offen ist die Frage, ob diese Vermutung auch im **Zivilprozess** vor den nationalen Gerichten anwendbar ist, primär zu Gunsten desjenigen, der mit dem sog. Konzernprivileg eine Vereinbarung innerhalb des Unternehmensverbunds als wirksam verteidigt. Im Anschluss daran stellt sich die Folgefrage, wie es sich mit der sekundären Darlegungslast verhält und welcher Maßstab für die Erschütterung der Vermutung bzw. den Gegenbeweis gilt, wenn ein Konzernfremder eine konzerninterne Vereinbarung als unwirksam angreift. Wenn zukünftig – nach Umsetzung der Schadenersatz-Richtlinie – das „Unternehmen" i. S. d. europäischen Kartellrechts auf Schadenersatz haftet, dann könnte sich auch ein Prozessgegner (Kläger) auf die *Akzo*-Vermutung berufen, um die Passivlegitimation einer beklagten Gesellschaft zu begründen.

---

[361] Dazu *Voet van Vormizeele,* WuW 2010, 1008, 1014 ff.

[362] In EuGH U. v. 11.7.2013, C-440/11 P – *Kommission/Stichting Administratiekantoor Portielje,* Rn. 60 ff., hat der EuGH die Argumentation des EuG zur Widerlegung der Vermutung zurückgewiesen, weil das EuG „allein auf der Grundlage einer Prüfung im Licht des Gesellschaftsrechts" entschieden habe, dass die Vermutung der tatsächlichen Ausübung eines bestimmenden Einflusses widerlegt worden sei, „ohne vor dieser Schlussfolgerung die Gesamtheit der wirtschaftlichen, organisatorischen und rechtlichen Bindungen" von Mutter und Tochter gewürdigt zu haben.

[363] Etwa, weil Mutter und Tochter konzerninterne Geschäfte zu Marktbedingungen *(„at arm's length")* tätigen, siehe dazu *Kokott/Dittert,* WuW 2012, 670, 678.

[364] GA Kokott Schlussanträge v. 23.4.2009, C-97/08 P – *Akzo Nobel,* Rn. 75 (Fn. 67).

[365] EuGH U. v. 11.7.2013, C-440/11 P – *Kommission/Stichting Administratiekantoor Portielje,* Rn. 71 (Eine Vermutung halte sich nach der Rspr. des Gerichtshofs innerhalb akzeptabler Grenzen, wenn sie in angemessenem Verhältnis zu dem verfolgten legitimen Ziel stehe, wenn die Möglichkeit bestehe, den Beweis des Gegenteils zu erbringen, und wenn die Verteidigungsrechte gewahrt seien. „Die Tatsache, dass es schwierig ist, den zur Widerlegung einer Vermutung erforderlichen Gegenbeweis zu erbringen, oder auch der bloße Umstand, dass eine Einrichtung in einem bestimmten Fall keine zur Widerlegung einer Vermutung geeigneten Beweise vorlegt, bedeutet für sich genommen nicht, dass diese Vermutung tatsächlich unwiderlegbar wäre, vor allem wenn, wie bei der hier in Rede stehenden Vermutung, die Einrichtungen, denen gegenüber die Vermutung greift, am besten in der Lage sind, diesen Nachweis in ihrer eigenen Tätigkeitssphäre zu suchen".).

6. Wirtschaftliche Einheit bei Minderheitsbeteiligung

Die wirtschaftliche Einheit kann auch zwischen einem Beteiligungsunternehmen und dessen Hauptgesellschafter bestehen, der nur eine Minderheitsbeteiligung hält, dem aber keine weiteren Gesellschafter mit vergleichbar starker Stellung gegenüberstehen (zur wirtschaftlichen Einheit bei gemeinsam kontrollierten Beteiligungen siehe Rn. 183ff.). Die Annahme einer wirtschaftlichen Einheit bei **Minderheitsbeteiligungen** ist grds. unwahrscheinlicher als bei Mehrheitsbeteiligungen, aber nicht ausgeschlossen. Maßgeblich sind auch hier die Möglichkeit, bestimmenden Einfluss auf die Geschäftspolitik der Beteiligungsgesellschaft auszuüben und die tatsächliche, von der Kommission nachzuweisende tatsächliche Ausübung dieses Einflusses. Dies ist auch bei Beteiligungen von weniger als 50% nicht ausgeschlossen, wenn **sonstige Umstände** vorliegen, wegen derer das Beteiligungsunternehmen seine Geschäftspolitik nicht eigenständig bestimmt.[366] **177**

Von praktischer Relevanz ist die Frage der wirtschaftlichen Einheit bei geringen Beteiligungsquoten insbesondere für **Investmentgesellschaften** und ***private equity*-Fonds.** Aus der Tätigkeit des Gesellschafters als *private equity*-Investor o.ä. folgt nämlich nach derzeitigem Stand der Entscheidungspraxis nicht, dass diese nicht Teil der wirtschaftlichen Einheit sein könnten. Es muss vielmehr klar zwischen dem Geschäftsgegenstand des Gesellschafters und seinem Verhalten gegenüber der Beteiligungsgesellschaft unterschieden werden. Übt ein Investor entscheidenden Einfluss aus, so wird er Teil der wirtschaftlichen Einheit. Ob das der Fall ist, ist für alle Arten von Investoren oder Gesellschaftern nach den gleichen rechtlichen Maßstäben zu beurteilen. Praktisch mögen jedoch bei Finanzinvestoren die Voraussetzungen der wirtschaftlichen Einheit seltener vorliegen als bei strategischen Investoren, und die Kartellbehörden mögen andere Gründe haben, Finanzinvestoren im Rahmen ihres Ermessens nicht zur Haftung heranzuziehen. **178**

7. Holdinggesellschaften und Zwischenholdings

Reine Holdinggesellschaften ohne eigene operative Tätigkeit können Teil einer wirtschaftlichen Einheit sein.[367] **Zwischenholdings** verhindern die wirtschaftliche Einheit mit der Ober- oder Muttergesellschaft nicht. So sah der EuGH eine Holdinggesellschaft unabhängig von eigener Beteiligung an der Enkelgesellschaft, die sich kartellrechtswidrig verhalten hatte, als Teil einer wirtschaftlichen Einheit an, weil die Holdinggesellschaft **mittelbar** bestimmenden Einfluss ausgeübt habe.[368] **179**

8. Schwestergesellschaften und Gleichordnungskonzerne

Für Vereinbarungen zwischen **Schwestergesellschaften,** d.h. Gesellschaften, über die dieselbe Muttergesellschaft bestimmenden Einfluss ausübt, gilt ebenfalls das Konzernprivileg;[369] lediglich ist positiv festzustellen, dass die gemeinsame Muttergesellschaft tatsächlich über beide Schwestergesellschaften bestimmenden Einfluss ausübt. Auch hier ist die *Akzo*-Vermutung anwendbar. **180**

Obwohl Schwestergesellschaften Teil derselben wirtschaftlichen Einheit sein können, ist es zweifelhaft, ob sie **gesamtschuldnerisch für Bußgelder** haftbar gemacht werden kön- **181**

---

366 Vgl. EuG U. v. 12.7.2011, T-132/07 – *Fuji Electric,* Rn. 183 („Dennoch kann eine Minderheitsbeteiligung einer Muttergesellschaft ermöglichen, tatsächlich einen bestimmenden Einfluss auf das Marktverhalten ihrer Tochtergesellschaft auszuüben, wenn die Muttergesellschaft über Rechte verfügt, die über die Rechte hinausgehen, die üblicherweise Minderheitsaktionären zum Schutz ihrer finanziellen Interessen gewährt werden, und die bei einer Prüfung nach der Methode des Bündels übereinstimmender Indizien rechtlicher oder wirtschaftlicher Natur geeignet sind, den Nachweis dafür zu erbringen, dass ein bestimmender Einfluss auf das Marktverhalten der Tochtergesellschaft ausgeübt wird.").

367 EuG U. v. 8.10.2008, T-69/04 – *Schunk,* Slg. 2008, II-2567, Rn. 61ff.

368 EuGH U. v. 20.1.2011, C-90/09 P – *General Química,* Slg. 2011, I-1, Rn. 86f.

369 Kommission, Horizontal-Leitlinien, ABl. 2011 C 11/1, Rn. 11.

nen. Denn bei der gesamtschuldnerischen Haftung der Muttergesellschaft wird dem Grundsatz der persönlichen Verantwortlichkeit dadurch Rechnung getragen, dass die Haftung der Muttergesellschaft wegen der Ausübung bestimmenden Einflusses als Teil derselben wirtschaftlichen Einheit haftbar gemacht wird. Das ist bei einer Schwestergesellschaft nicht möglich. In *Jungbunzlauer* stand das EuG der Haftung von Schwestergesellschaften ebenfalls kritisch gegenüber und betonte die Unterschiede zum Verhältnis zwischen Mutter- und Tochterunternehmen.[370] Weil, so wird dem entgegnet, die Haftung der wirtschaftlichen Einheit auf den Unternehmensbegriff abstelle und damit die „Einheitlichkeit des Marktverhaltens" der Gesellschaften der wirtschaftlichen Einheit maßgeblich sei, komme es auf ein Hierarchie-Verhältnis im Konzern nicht an.[371]

182 Kann aber eine (einzelne) oberste Konzerngesellschaft nicht bestimmt werden und besteht die Konzernspitze vielmehr aus zwei rechtlich von einander unabhängigen Gesellschaften (ohne Überkreuzbeteiligung), findet nach der Entscheidung *Aristrain* eine Zurechnung von einer Obergesellschaft zur anderen nicht statt.[372] Dies hat der Gerichtshof in einer weiteren Entscheidung bestätigt und klargestellt, dass „die Tatsache, dass das Gesellschaftskapital von zwei eigenständigen Handelsgesellschaften derselben Person oder Familie gehört, nicht als Nachweis dafür [ausreicht], dass diese beiden Gesellschaften eine wirtschaftliche Einheit bilden."[373]

9. Gemeinschaftsunternehmen

183 Nach neuerer Entscheidungspraxis können die Mutterunternehmen eines Gemeinschaftsunternehmens für Kartellverstöße des letzteren nach den allgemeinen Voraussetzungen (Möglichkeit, entscheidenden Einfluss auszuüben, und dessen tatsächliche Ausübung) gesamtschulderisch mit dem Gemeinschaftsunternehmen für dessen Verstöße haften. Das ist ein überraschendes Ergebnis, weil für Zwecke der Prüfung wettbewerbsbeschränkender Vereinbarungen traditionell ein Gemeinschaftsunternehmen ***keine*** wirtschaftliche Einheit mit seinen Mutterunternehmen bildete, so dass Vereinbarungen zwischen einem Mutterunternehmen und dem Gemeinschaftsunternehmen (und Vereinbarungen zwischen den Mutterunternehmen) Art. 101 AEUV unterlagen. Im Einzelnen:

184 **a) Wirtschaftliche Einheit im Bußgeldverfahren.** Auch ein Gemeinschaftsunternehmen kann für Zwecke der Bußgeldhaftung mit (allen) seinen Mutterunternehmen eine wirtschaftliche Einheit bilden. Die Muttergesellschaften haften dann (alle) mit dem Gemeinschaftsunternehmen als Gesamtschuldner.[374] Selbst die **Vollfunktionseigenschaft**

[370] EuG U. v. 27.9.2006, T-43/02 – *Jungbunzlauer,* Rn. 125.

[371] *Kersting,* WuW 2014, 1156, 1159.

[372] EuGH U. v. 2.10.2003, C-196/99 P – *Aristrain,* Slg. 2003, I-11005, Rn. 98; a. A. noch die Vorinstanz, vgl. EuG U. v. 11.3.1999, T-156/94 – *Aristrain,* Rn. 65 (Weil es „wegen der familienorientierten Zusammensetzung des Konzerns und der Streuung des Aktienbesitzes unmöglich oder überaus schwierig war, die juristische Person zu ermitteln, der an der Spitze des Konzerns als Verantwortlicher für die Koordinierung von dessen Tätigkeit die Zuwiderhandlungen der verschiedenen Konzerngesellschaften hätten zugerechnet werden können", sei die Kommission berechtigt gewesen, die beiden Schwestergesellschaften gemeinsam für sämtliche Handlungen des Konzerns haftbar zu machen.).

[373] EuGH U. v. 28.7.2005, C-189/02 P, C-202/02 P, C-205/02 P bis C-208/02 P und C-213/02 P – *Dansk Rørindustri,* Rn. 118. Siehe allerdings auch EuGH U. v. 1.7.2010, C-407/08 P – *Knauf Gips,* Slg. 2010, I-6375, Rn. 107–109 (dass mehr als eine juristische Person an der Spitze einer Unternehmensgruppe stand, hinderte den EuGH nicht daran, diese – rechtliche – Struktur außer Acht zu lassen, weil sie nicht die „tatsächliche Arbeitsweise und wirkliche Organisation der Gruppe" widerspiegelte).

[374] EuGH U. v. 26.9.2013, C-179/12 P – *Dow Chemical,* Rn. 52 f., 58, und zuvor EuG U. v. 2.2.2012, T-77/08 – *Dow Chemical,* Rn. 74, 89; EuGH U. v. 26.9.2013, C-172/12 P – *El du Pont,* Rn. 41, und zuvor EuG U. v. 2.2.2012, T-76/08 – *Du Pont,* Rn. 59; EuG U. v. 11.7.2014, T-543/08 – *RWE,* Rn. 28.

eines Gemeinschaftsunternehmens soll dem nicht entgegenstehen[375] – obwohl Vollfunktionsgemeinschaftsunternehmen definitionsgemäß eine gewisse **Eigenständigkeit** aufweisen; sie erfüllen nach Art. 3 Abs. 4 FKVO „auf Dauer alle Funktionen einer selbstständigen wirtschaftlichen Einheit". Die Kommission verlangt daher, dass das Gemeinschaftsunternehmen über ein sich dem „Tagesgeschäft widmendes Management und ausreichende Ressourcen wie finanzielle Mittel, Personal sowie materielle und immaterielle Vermögenswerte verfüg[t]".[376] In der Fusionskontrolle unterscheidet die Kommission aber die **operative** und die **strategische** Eigenständigkeit des Gemeinschaftsunternehmens.[377] Operative Fragen sind solche des Tagesgeschäfts und des konkreten Marktverhaltens. Ist ein Unternehmen diesbezüglich eigenständig, so kann es dennoch gemeinsam kontrolliert und ggf. Teil der wirtschaftlichen Einheit(en) der Muttergesellschaften sein. Strategische Fragen sind hingegen solche der allgemeinen Geschäftspolitik (z.B. Identifikation von und Positionierung auf Zukunftsmärkten oder Rückzug aus unrentablen Geschäftsfeldern). Gemeinsame Kontrolle setzt (nur) voraus, dass die Mutterunternehmen hier die Möglichkeit der Einflussnahme haben. Diese Differenzierung haben die Gerichte auch für das Bußgeldverfahren übernommen. Sie stellen für den Nachweis der tatsächlichen Ausübung bestimmenden Einflusses der Mutterunternehmen auf das Gemeinschaftsunternehmen (nur) auf dessen fehlende **strategische** Eigenständigkeit ab.[378]

In einer früheren Entscheidung hatte die Kommission sich noch für eine Vermutung ausgesprochen, nach der eine wirtschaftliche Einheit gerade bei Vollfunktionsgemeinschaftsunternehmen nicht anzunehmen sei.[379] Allerdings deutete sich in einer weiteren, zunächst als Ausnahme von der Regel gedeuteten Entscheidung die aktuelle Praxis schon an. Hier lagen jedoch tatsächliche Besonderheiten vor, nämlich fehlende Rechtsfähigkeit des Gemeinschaftsunternehmens und weitgehende Entsende- und Informationsrechte der Gesellschafter.[380] Operative Eigenständigkeit des Gemeinschaftsunternehmens schützt die Muttergesellschaften bei gleichzeitiger strategischer Einflussnahme heute also nicht vor der Annahme einer wirtschaftlichen Einheit. **185**

Die ***Akzo*-Vermutung** wird nicht auf Gemeinschaftsunternehmen angewendet. Dass die gemeinsam kontrollierenden Mutterunternehmen ***zusammen*** das gesamte Kapital des Gemeinschaftsunternehmens halten, reicht also nicht aus, um bestimmenden Einfluss zu vermuten.[381] **186**

Besonderer Aufmerksamkeit bedürfen **paritätische Gemeinschaftsunternehmen.** Das EuG war in *Dow Chemical* der Auffassung, dass die Möglichkeit, strategische Entscheidungen zu blockieren und damit einen Einigungszwang zu erzeugen, ähnlich der sog. negati- **187**

---

[375] EuGH U. v. 26.9.2013, C-179/12 P – *Dow Chemical,* Rn. 64–66, und zuvor EuG U. v. 2.2. 2012, T-77/08 – *Dow Chemical,* Rn. 93; EuGH U. v. 26.9.2013, C-172/12 P – *EI du Pont,* Rn. 52, und zuvor EuG U. v. 2.2.2012, T-76/08 – *Du Pont,* Rn. 78.

[376] Kommission, Berichtigung der Konsolidierte Mitteilung zu Zuständigkeitsfragen, ABl. C 43/09 v. 21.2.2009, Rn. 94.

[377] Kommission, Berichtigung der Konsolidierte Mitteilung zu Zuständigkeitsfragen, ABl. C 43/09 v. 21.2.2009, Rn. 93.

[378] EuGH U. v. 26.9.2013, C-179/12 P – *Dow Chemical,* Rn. 64–66, und zuvor EuG U. v. 2.2. 2012, T-77/08 – *Dow Chemical,* Rn. 93; EuGH U. v. 26.9.2013, C-172/12 P – *El du Pont,* Rn. 52, und zuvor EuG U. v. 2.2.2012, T-76/08 – *Du Pont,* Rn. 78.

[379] Kommission E. v. 21.2.2007, COMP/F/C.38.443 – *Kautschukchemikalien,* Rn. 263 („Tatsächlich ist es im Fall eines joint ventures, dass *(sic)* von seinen Mutterunternehmen gemeinsam gehalten wird (und über das keines der Mutterunternehmen de facto oder de jure alleinige Kontrolle ausübt) so, dass davon auszugehen ist, dass das joint venture unabhängig von seinen Mutterunternehmen ist (d.h. es kann angenommen werden, dass es sich dabei um ein anderes Unternehmen als die Mutterunternehmen handelt).").

[380] EuG U. v. 27.9.2006, T-314/01 – *Avebe,* Slg. 2006, II-3085, Rn. 137 ff.

[381] EuGH U. v. 19.7.2012, C-628/10 P u. C-14/11 P – *Alliance One,* Rn 104; EuGH U. v. 26.9. 2013, C-172/12 P – *EI du Pont,* Rn. 50 f.; EuGH U. v. 26.9.2013, C-179/12 P – *Dow Chemical,* Rn. 68.

ven Kontrolle in der Fusionskontrolle ausreichend sei, um (gemeinsamen) bestimmenden Einfluss der Mutterunternehmen anzunehmen.[382] Für die Anwendbarkeit des Kartellverbots im Verhältnis Mutterunternehmen/Gemeinschaftsunternehmen hatte die Kommission das in der Vergangenheit anders gesehen und begründete die Anwendung von Art. 101 AEUV gerade mit der aus der paritätischen Beteiligung folgenden gegenseitigen Blockade(möglichkeit) der Mutterunternehmen.[383] Nach neuer Rspr. wird von der Pattsituation aber (eher?) auf einen Einigungszwang der gemeinsam kontrollierenden Mutterunternehmen geschlossen, der zu Koordination bezüglich der Geschäftspolitik des Gemeinschaftsunternehmens führt, also zur Möglichkeit, gemeinsam bestimmenden Einfluss auszuüben.[384] Dabei ist der Begriff der (gemeinsamen) Kontrolle im Sinne der FKVO nicht zwangsläufig deckungsgleich mit dem Begriff des (gemeinsamen) bestimmenden Einflusses.[385] Aus den Umständen des Einzelfalls kann sich jedoch ergeben, dass die bloße Blockademöglichkeit eines Gesellschafters sich zu einem faktischen Einigungszwangs aller Gesellschafter verdichtet, der letztlich in ein gemeinsames Vorgehen münden muss.

188 Ob dieser Einfluss auch tatsächlich ausgeübt wird, muss die Kommission nach den allgemeinen Regeln nachweisen, z. B. anhand personeller Verflechtungen zwischen Mutter- und Gemeinschaftsunternehmen[386] oder im Gesellschaftsvertrag des Gemeinschaftsunternehmens festgeschriebener Mitspracherechte der Muttergesellschaften hinsichtlich bestimmter geschäftspolitischer Entscheidungen des Gemeinschaftsunternehmens.[387]

189 In *Du Pont* und *Dow Chemical* wurde der Anstoß zu einer internen Untersuchung durch die Muttergesellschaften als Nachweis für die wirtschaftliche Einheit angeführt. Die Untersuchung sollte gerade feststellen, ob das Gemeinschaftsunternehmen in ein Kartell verwickelt war.[388] Dass derartige *compliance*-Bemühungen sich zu Lasten des um Aufklärung bemühten Gesellschafters auswirken können, ist unglücklich, da es den Minderheitsgesellschafter, dessen Stellung im Haftungsverbund evtl. unklar ist, u. U. von der Aufklärung abhalten kann. Außerdem sollte ein Minderheitsgesellschafter ohne Mitkontrolle ohnehin die gleichen Anreize haben wie ein Mehrheitsgesellschafter, durch Aufklärung und ggf. einen Kronzeugenantrag den Wert seiner Beteiligung zu schützen, so dass sich aus dem Verlangen nach Aufklärung der Unterschied zwischen Gesellschaftern mit und ohne entscheidenden Einfluss kaum verlässlich ableiten lässt.

190 Da die tatsächliche Ausübung bestimmenden Einflusses auch bei Gemeinschaftsunternehmen für die wirtschaftliche Einheit maßgeblich ist, kann durchaus von zwei (oder mehr) Gesellschaftern nur derjenige haften, der *de facto* bestimmenden Einfluss ausübt, während sich die übrigen Gesellschafter jeglicher Einflussnahme enthalten.[389] Zudem hat die Kommission einen gewissen Ermessenspielraum, ob sie überhaupt die Mutterunternehmen

---

[382] EuG U. v. 2.2.2012, T-77/08 – *Dow Chemical,* Rn. 92 (nach Einschätzung der Kommission konnten die beiden Muttergesellschaften beim Gemeinschaftsunternehmen zwar keine Entscheidungen in ihrem Sinne erzwingen, jedoch durch die Blockade strategischer Entscheidungen bestimmenden Einfluss ausüben. Zur Vermeidung einer Pattsituation waren sie gezwungen, sich über die Geschäftspolitik der gemeinsamen Gesellschaft zu einigen).

[383] Kommission E. v. 15.5.1991, IV/32.186 – *Gosme/Martell-DMP,* ABl. 1991 L185/23, Rn. 4; siehe auch *Meyring,* WuW 2010, 157, 167, zu den daraus folgenden Widersprüchen.

[384] EuGH U. v. 26.9.2013, C-179/12 P – *Dow Chemical,* Rn. 58, und zuvor EuG U. v. 2.2.2012, RS-T-77/08 – *Dow Chemical,* Rn. 92; EuGH U. v. 26.9.2013, C-172/12 P – *EI du Pont,* Rn. 47–52, und zuvor EuG U. v. 2.2.2012, T-76/08 – *Du Pont,* Rn. 69; in diesem Sinne auch EuGH U. v. 19.7.2012, C-628/10 P u. C-14/11 P – *Alliance One,* Rn. 101.

[385] EuG U. v. 2.2.2012, T-77/08 – *Dow Chemical,* Rn. 93.

[386] EuG U. v. 2.2.2012, T-77/08 – *Dow Chemical,* Rn. 85.

[387] EuG U. v. 2.2.2012, T-77/08 – *Dow Chemical,* Rn. 87.

[388] EuG U. v. 2.2.2012, T-76/08 – *Du Pont,* Rn 73; EuG U. v. 2.2.2012, T-77/08 – *Dow Chemical,* Rn. 88.

[389] In diesem Sinne wohl EuGH U. v. 19.7.2012, C-628/10 P und C-14/11 P – *Alliance One,* Rn. 101.

– und wenn welche – bebußt. Sie ist allerdings an den Grundsatz der Gleichbehandlung geboten[390] und kann daher nicht nach Belieben nur eines der Mutterunternehmen herausgreifen.

Weil Vetorechte oder andere Blockademöglichkeiten eines Gesellschafters ausreichen können, um eine wirtschaftliche Einheit zu begründen, können grds. auch solche Konstellationen erfasst werden, in denen zwei Muttergesellschaften zusammen eine Mehrheitsbeteiligung halten und die Ausübung der Rechte aus ihren jeweiligen Minderheitsbeteiligungen dauerhaft koordinieren (z.B. wenn die Muttergesellschaften jeweils 40% am Gemeinschaftsunternehmen halten und die übrigen 20% im Streubesitz sind). 191

b) Wirtschaftliche Einheit für Zwecke des Konzernprivilegs. Zwar ist klar, dass konzeptionell die Frage, wer Regelungssubjekt der Wettbewerbsregeln ist (Normadressat), von der Frage zu unterscheiden ist, an wen eine etwaige Bußgeldentscheidung zu richten ist (Entscheidungsadressat). Man hätte allerdings erwartet, dass der Begriff des Unternehmens in Art. 101 AEUV und Art. 23 VO 1/2003 identisch ist. Das Konzernprivileg müsste daher immer dort zur Unanwendbarkeit des Kartellverbots führen, wo zwischen zwei Gesellschaften eine wirtschaftliche Einheit besteht, und umgekehrt müsste die anerkannte Anwendbarkeit des Art. 101 AEUV auf Vereinbarungen zwischen zwei Gesellschaften der wirtschaftlichen Einheit (und gesamtschuldnerischen Haftung) dieser beiden Gesellschaften entgegenstehen. 192

Durch die neuere Praxis, Mutterunternehmen gesamtschuldnerisch für gegen das Gemeinschaftsunternehmen verhängte Bußgelder haften zu lassen, ist das allerdings in Zweifel gezogen worden.[391] Denn die traditionelle Lehre ging davon aus, dass gemeinsam kontrollierte Beteiligungen nicht zum „Unternehmen" gehörten und auf Vereinbarungen zwischen Mutter- und Gemeinschaftsunternehmen das Kartellverbot grundsätzlich anwendbar sei Diese Meinung fand eine starke Stütze u.a. in der Nebenabreden-Bekanntmachung der Kommission, die solche Vereinbarungen als Fälle des Art. 101 AEUV ansieht, soweit es sich nicht um zulässige Nebenabreden handelt. Das muss man nun wohl wie folgt modifizieren: (a) Bei alleiniger Kontrolle (und tatsächlicher Ausübung des bestimmenden Einflusses) ist das Beteiligungsunternehmen Teil der wirtschaftlichen Einheit. (b) Bei gemeinsamer Kontrolle und wenn beide Mutterunternehmen ihren Einfluss tatsächlich ausüben, sprechen nach Meinung des *Verf.* immer noch die besseren Gründe für die Anwendbarkeit des Kartellverbots, und die Lösung liegt eher darin, dass die Mutterunternehmen nicht für Bußgelder haften – aber es gibt berechtigte Zweifel an dieser Auffassung, und betreffend die Haftung der Mutterunternehmen hat die Praxis sich ohnehin klar anders entschieden (siehe die vorstehenden Ausführungen). (c) Ebenfalls unklar ist der Fall des gemeinsam kontrollierten Beteiligungsunternehmens, wenn nur ein Gesellschafter Einfluss tatsächlich ausübt. Auch dann steht aber wohl die gemeinsame Kontrolle durch den Mitgesellschafter der „Eingliederung" des Beteiligungsunternehmens in die wirtschaftliche Einheit des ersten Gesellschafters entgegen, so dass Art. 101 AEUV im Verhältnis zwischen Gemeinschaftsunternehmen und beiden Mutterunternehmen anwendbar bleibt. 193

10. Finanzbeteiligungen

Im Hinblick auf **Finanzbeteiligungen** hat sich die Kommission lange Zeit Zurückhaltung auferlegt. Finanzinvestoren als Muttergesellschaften wurden tendenziell weniger in die 194

---

[390] Vgl. EuGH U. v. 19.7.2012, C-628/10 P u. C-14/11 P – *Alliance One,* Rn. 57–61.

[391] Die Theorie, mit welcher das Konzernprivileg durch das Fehlen beschränkbaren Wettbewerbs erklärt wird statt durch den Begriff des Unternehmens (siehe Rn. 154), hat evtl. weniger Schwierigkeiten, diesen Widerspruch aufzulösen. Dieser Ansatz mag auch eher in Lage sein zu erklären, warum jedes Mutterunternehmen ggf. mit dem Gemeinschaftsunternehmen eine wirtschaftliche Einheit bildet, die Mutterunternenehmen untereinander aber nicht; hier bleibt das Kartellverbot anwendbar.

wirtschaftliche Einheit einbezogen und mit Bußgeldern belangt.[392] In einzelnen Fällen geschah das aber doch.[393]

195 Als **reiner Finanzinvestor** *(pure financial investor)* wird angesehen, wer die Anteile an dem an der Zuwiderhandlung beteiligten Unternehmen ausschließlich zu dem Zweck hält, damit Gewinn zu erzielen, sich aber jeglicher Einflussnahme auf Management und Leitung des Unternehmens enthält.[394] In einem solchen Fall soll grundsätzlich der Nachweis gelingen, dass ein Gesellschafter keinen bestimmenden Einfluss ausübt (wenn er denn überhaupt die Möglichkeit dazu hat). Ob auch die Widerlegung der *Akzo*-Vermutung gelingen kann, ist schwer zu sagen – es müsste dazu einen Alleingesellschafter geben, der sich der Einflussnahme enthält; aber im Prinzip ist das möglich.

196 Zuletzt wurde in *Starkstromkabel* jedoch auch ein Finanzinvestor, der lediglich eine Minderheitsbeteiligung hielt, zur gesamtschuldnerischen Haftung herangezogen.[395] Diese Entwicklung verschärft sich in den nationalen Kartellrechtsordnungen.[396] Jedenfalls wenn Finanzinvestoren im Rahmen der Verwaltung ihrer Beteiligung aktiv in die Unternehmensstrategie eingreifen, z. B. durch personelle Verflechtungen in den Leitungsgremien, Zustimmungsvorbehalte für strategische Entscheidungen des Beteiligungsunternehmens oder Berichtspflichten, kann eine wirtschaftliche Einheit bestehen.[397] Auch die Berufung auf den Gesellschaftszweck, nach dem der Investor sich der Einflussnahme auf die Geschäftsführung und das Tagesgeschäft des Beteiligungsunternehmens zu enthalten hat, verspricht dann keinen Erfolg.[398]

11. Wirtschaftliche Einheit im Zeitablauf: Veränderungen in der Zusammensetzung des Unternehmens

197 **a) Zivilrecht.** Veränderungen in der Zusammensetzung der wirtschaftlichen Einheit haben zunächst keinen Einfluss auf die nach (nationalem) Zivilrecht zu beurteilenden Vereinbarungen mit einzelnen Gesellschaften der wirtschaftlichen Einheit. Das gilt für den Zukauf oder Verkauf von Gesellschaften oder unselbständigen Unternehmensteilen ebenso wie für Umstrukturierungen, z. B. durch Verschmelzung. Die Vereinbarung „folgt" näm-

---

[392] Siehe Kommission E. v. 20.10.2004, COMP/C.38.238/B.2 – *Rohtabak-Spanien,* Rn. 376 („Aus diesem Grund wäre es nicht angebracht, [die Muttergesellschaft] als Adressat[in] dieser Entscheidung anzusehen […], da [ihre] hundertprozentige Beteiligung an Agroexpansión rein finanzieller Art war"). Siehe zu dieser vorläufigen Diagnose auch *Kokott/Dittert,* WuW 2012, 670, 679.

[393] Kommission E. v. 11.6.2008, COMP/38.695 – *Natriumchlorat,* Rn. 392, 403; Kommission E. v. 22.7.2009, COMP/39.396 – *Calciumcarbid,* Rn. 254–256.

[394] EuG U. v. 12.12.2012, T-392/09 – *1. garantovaná,* Rn. 52. Das Gericht nahm dort Bezug auf GA Kokott Schlussanträge v. 23.4.2009, C-97/08 P – *Akzo Nobel,* Rn. 75 (Fn. 67), und nannte als Beispiele für einen reinen Finanzinvestor Versicherungsunternehmen oder Pensionsfonds, die ausschließlich Anlagezwecke verfolgten und keinerlei Interesse an der Ausübung bestimenden Einflusses über die Anlageobjekte hätten.

[395] Siehe das Verfahren AT.39610, *Energiekabel* (bisher ist nur die Zusammenfassung des Beschlusses der Kommission vefügbar, ABl. C 319/10 v. 17.9.2014).

[396] Im November 2014 (Beschluss vom 20.11.2014, Az. 6306_20/216_OV) hatte die niederländische Kartellbehörde Bußgelder gegen vier private equity-Gesellschaften verhängt, die an dem Mehlproduzenten Meneba beteiligt waren, weil sie bestimmenden Einfluss auf ihre gemeinsame Beteiligungsgesellschaft genommen hätten. Hier hatte die Behörde, anstatt, wie in der Kommissionspraxis bisher üblich, eine gesamtschuldnerische Haftung der Finanzinvestoren im Rahmen des Bußgeldverfahrens gegen die Beteiligungsgesellschaft anzuordnen, Jahre nach der Entscheidung gegen Meneba in einem selbständigen Verfahren separate Bußgelder gegen die Gesellschafter verhängt. In einem Fall kam die Behörde zu dem Schluss, dass bestimmende Einflussnahme vorgelegen habe, obwohl nur eine Minderheitsbeteiligung von 41 % bestand.

[397] EuG U. v. 23.1.2014, T-395/09 – *Gigaset,* Rn. 54; EuG U. v. 12.12.2012, T-392/09 – *1. garantovaná,* Rn. 43–49, 52, 96 (bestätigt durch EuGH U. v. 15.5.2014, C-90/13 P – *1. garantovaná*); Kommission E. v. 11.6.2008 COMP/38.695 – *Natriumchlorat,* Rn. 481.

[398] Kommission E. v. 11.6.2008, COMP/38.695 – *Natriumchlorat,* Rn. 479.

lich nicht dem Unternehmen, sondern verbleibt grds. bei dem durch nationales Gesellschaftsrecht o.ä. geschaffenen Rechtsträger. Führen die Veränderungen der wirtschaftlichen Einheit aber zu einer Veränderung kartellrechtlich relevanter Umstände, so kann im Einzelfall auch eine Vereinbarung neu zu bewerten sein (zu den zivilrechtlichen Folgen siehe Rn. 284ff.). Z.B. führt die Auflösung einer wirtschaftlichen Einheit zwischen zwei Gesellschaften dazu, dass Vereinbarungen zwischen diesen Gesellschaften nicht mehr vom Konzernprivileg profitieren. Ein Austausch von Marktdaten ist dann einzustellen oder ggf. zu modifizieren. Für die Praxis bedeutsam ist, dass dies – nach hier vertretener Auffassung (siehe oben Rn. 183ff.) – auch dann schon der Fall sein kann, wenn ein zweiter mitkontrollierender Gesellschafter in eine der Gesellschaften eintritt. Für die Beurteilung von horizontalen oder vertikalen Vereinbarungen kann die Zurechnung von Marktanteilen anderer Gesellschaften sich verändern (wenn auch viele Gruppenfreistellungsverordnungen eine eigenständige, formalere Regelung für die Zurechnung enthalten – aber außerhalb solcher ausdrücklicher Regelungen, so bei direkter Anwendung des Art. 101 Abs. 3 AEUV wird man wohl am Begriff des „Unternehmens" nicht vorbei kommen).

b) Übergang der Bußgeldhaftung (Rechtsnachfolge). Von mindestens ebenso großer praktischer Bedeutung ist aber die Frage der Bußgeldhaftung bei Veränderungen in der Zusammensetzung des Unternehmens, aus dem heraus der Verstoß begangen wurde. Wird ein solches Unternehmen während oder nach der Zuwiderhandlung umstrukturiert, so richtet sich seine fortdauernden Verantwortlichkeit nach den Grundsätzen des Unionsrechts.[399] 198

Rechtliche oder organisatorische Veränderungen führen oft nicht zum Ende des einen und der Entstehung eines neuen Unternehmens. Vielmehr kann der Grundsatz der **„wirtschaftlichen Kontinuität"** bewirken, dass das bisherige Unternehmen fortbesteht. Diese Rechtsfigur ist für die Beurteilung der Rechtmäßigkeit von Vereinbarungen und Verhaltensweisen jedoch regelmäßig nicht von Bedeutung, weil Verträge an einen Rechtsträger anknüpfen und nicht an das Unternehmen.[400] Die Rechtsfigur wird primär herangezogen, um die Adressaten einer Bußgeldentscheidung zu bestimmen.[401] Auch wenn das – soweit ersichtlich – bisher nicht relevant war, könnte die Rechtsfigur der wirtschaftlichen Kontinuität jedoch auch benutzt werden, um den Adressaten anderer behördlicher Maßnahmen (wie Unterlassungsanordnungen) zu bestimmen. Ob jedoch der Begriff des Unternehmens für jeden Regelungszweck der gleiche ist (oder ob es einen besonderen – besonders weiten – Begriff für die Bußgeldhaftung gibt), ist noch nicht entschieden. 199

Nach dem Grundsatz der persönlichen Verantwortlichkeit[402] betreffen ein **Wechsel der Rechtsform** der kartellbeteiligten Gesellschaft sowie sonstige **Umstrukturierungsmaßnahmen** (z.B. Gesellschafterwechsel, Änderungen der wirtschaftlichen Tätigkeit, Auflösung oder Übertragung des betreffenden Geschäftsbereichs) die bußgeldrechtliche Haftung der unmittelbar am Verstoß beteiligten Gesellschaft nicht. 200

Wenn nach dem Erwerb eines kartellbefangenen Unternehmens durch Anteilsübertragung *(share deal)* die Zuwiderhandlung fortgesetzt wird, dann haftet zunächst die Gesellschaft, deren Mitarbeiter den Verstoß begehen, auch über den Zeitpunkt des Übergangs hinaus.[403] Zwischen den Muttergesellschaften wird die gesamtschulderische Haftung ggf. *pro rata temoporis* aufgeteilt, so dass bis zum (dinglichen, nicht dem evtl. rückbewirkten wirtschaftlichen[404]) Übergang der bisherige Gesellschafter haftet, danach die erwerbende 201

---

[399] EuG U. v. 11.3.1999, T-134/94 – *NMH Stahlwerke,* Rn. 134.
[400] Das ist u.U. anders, wenn zivilrechtliche Vorschriften das „Unternehmen" als Schuldner eines Anspruchs bezeichnen.
[401] Vgl. EuGH U. v. 18.12.2014, C-434/13 P – *Parker Hannifin,* Rn. 39ff.
[402] EuGH U. v. 16.11.2000, C-279/98 P – *Cascades,* Rn. 78.
[403] Kommission E. v. 13.7.1994, IV/C/33.833 – *Karton,* ABl. 1994 L 243/1, Rn. 145.
[404] Kommission E. v. 22.7.2009, COMP/39.396 – *Calciumcarbid,* Rn. 237f.

Muttergesellschaft.[405] Das Beteiligungsunternehmen gehört also zwei unterschiedlichen Haftungsverbünden an, innerhalb derer jeweils gesamtschuldnerisch gehaftet wird, wogegen die beiden Muttergesellschaften nicht miteinander gesamtschuldnerisch haften (sondern jeweils nur mit dem Beteiligungsunternehmen). Dabei muss die Kommission für beide Muttergesellschaften – jeweils für den **Zeitraum der Beteiligung** – die Voraussetzungen der wirtschaftlichen Einheit nachweisen. Sonst haften eine oder beide Muttergesellschaften u. U. nicht[406] – es sei denn die unmittelbar beteiligte Gesellschaft verliert beim Übergang, z. B. durch Verschmelzung auf den Erwerber, ihre eigene Rechtspersönlichkeit; dann haftet der Erwerber unmittelbar für die weitere Zuwiderhandlung.[407]

202 Daraus folgt auch, dass bei der Übertragung eines Unternehmensteils durch Veräußerung von Vermögenswerten *(asset deal)* die veräußernde und die erwerbende Gesellschaft jeweils für den Teil des Verstoßes haften, in dem sie Eigentümer des Vermögensteils waren, aus dem heraus vor und ggf. nach der Übertragung der Verstoß begangen wird. Die Haftung der jeweiligen Muttergesellschaften ist wiederum auf die **Zeit** ihrer Beteiligung an der unmittelbar kartellbeteiligten Gesellschaft beschränkt und richtet sich nach den allgemeinen Grundsätzen.

203 Nach dem Grundsatz der persönlichen Verantwortung können sich Unternehmen nicht der Haftung entziehen, indem sie einen kartellbeteiligten Geschäftsbereich an einen Dritten veräußern. Vielmehr bleibt ein Unternehmen für einen Verstoß, für den es bei Begehung des Verstoßes verantwortlich war, so lange weiter verantwortlich, wie es rechtlich existiert.[408]

204 Allerdings kommt es wegen **wirtschaftlicher und funktionaler Kontinuität** – und abweichend vom Grundsatz der **persönlichen Verantwortung** – zur Haftung des Erwerbers für eine frühere Zuwiderhandlung (oder ggf. den gesamten Zeitraum einer Zuwiderhandlung, die über den Zeitpunkt des Erwerbs hinaus andauert), wenn die zur Tatzeit hinter dem Unternehmen stehende juristische Person später ihre **rechtliche Existenz verliert.**[409] Dies wird mit dem *effet utile* der Wettbewerbsvorschriften begründet. Im Einzelfall hat es schon die Inanspruchnahme des Erwerbers ausgelöst, dass die bislang verantwortliche Gesellschaft jede wirtschaftliche Tätigkeit eingestellt hat und sich auf die Abwicklung ihres Konkurses beschränkt.[410] Richtigerweise jedoch geht die Inanspruchnahme der ursprünglichen Gesellschaft der Inanspruchnahme des Erwerbers vor, wenn erstere zwar ihre Geschäftstätigkeit eingestellt hat, aber nach wie vor über Vermögenswerte verfügt.[411] Die tatbestandliche Bedingung, welche der Erwerber erfüllen muss, nämlich die wirtschaftliche und funktionale Kontinuität, ist insbesondere erfüllt, wenn alle Rechte und Verbindlichkeiten der alten auf die neue Gesellschaft übergehen, die neue Gesellschaft weitgehend von denselben Personen geleitet wird und sich der Firmensitz nicht verändert.[412]

---

[405] EuGH U. v. 16.11.2000, C-279/98 P – *Cascades,* Rn. 77; Kommission E. v. 27.11.2002, COMP/E-2/37.978 – *Methylglukamin,* ABl. L 38/18 v. 10.2.2004, Rn. 207.

[406] Es ist eine andere Frage, unter welchen Umständen die Kommission ihr Ermessen derart ausüben kann, dass eine Muttergesellschaft haftet, die andere aber nicht.

[407] EuG U. v. 14.12.2006, T-259/02 bis T-264/02 u. T-271/02 – *Raiffeisen Zentralbank Österreich,* Rn. 334.

[408] Siehe EuGH U. v. 16.11.2000, C-279/98 P – *Cascades,* Rn. 78; EuGH U. v. 8.7.1999, C-49/92 P – *Anic Partecipazioni,* Rn. 145; EuG U. v. 13.12.2001, T-45/98 u. T-47/98 – *Krupp Thyssen Stainless,* Slg. 2001, II-3757, Rn. 57.

[409] EuGH U. v. 8.7.1999, C-49/92 P – *Anic Partecipazioni,* Rn. 145.

[410] EuG U. v. 11.3.1999, T-134/94 – *NMH Stahlwerke,* Rn. 136 ff.

[411] So Kommission E. v. 11.12.2001, COMP 37.027 – *Zinkphosphat,* Rn. 248.

[412] EuGH U. v. 14.7.1981, 40–48, 50, 54–56, 111, 113 u. 114/73 – *Suiker Unie,* Slg. 1975, 1663, Rn. 84; siehe auch EuG U. v. 11.3.1999, T-134/94 – *NMH Stahlwerke,* Rn. 126 (die Erwerberin als Auffanggesellschaft hatte das zur Herstellung des kartellierten Produkts notwendige Anlagevermögen von der insolventen „Tätergesellschaft" übernommen und mit einem Teil der Arbeitnehmerschaft, aber mit neuer Leitung fortgeführt).

Eine verschärfte Haftung des Erwerbers gilt, wenn bei Fortbestand des ursprünglich verantwortlichen, veräußernden Unternehmens **Erwerber und Veräußerer vor dem Verstoß bereits strukturell verbunden** waren.[413] Wird in einem solchen Fall der Unternehmensbereich, aus dem der Verstoß begangen wurde, auf eine andere Gesellschaft übertragen, so kann die Kommission die übernehmende Gesellschaft für den gesamten Zeitraum der Zuwiderhandlung haftbar machen, auch wenn die übertragende Gesellschaft weiterhin besteht.[414] **205**

12. Haftung der wirtschaftlichen Einheit auf Schadenersatz

Von der gesamtschuldnerischen Haftung der Gesellschaften einer wirtschaftlichen Einheit im Bußgeldverfahren (Außenverhältnis gegenüber der Kommission) und dem späteren **Regress** im Innenverhältnis (innerhalb der wirtschaftlichen Einheit[415]) ist die zivilrechtliche Haftung auf Schadensersatz zu unterscheiden. Die Muttergesellschaft ist nach dem Grundsatz der persönlichen Verantwortung im Bußgeldverfahren in den Augen der Kommission Täter. Jedoch folgt daraus bislang nicht ihre **Passivlegitimation** für Schadenersatzklagen kartellgeschädigter Abnehmer, es sei denn die Muttergesellschaft ist selbst aktiv an der Zuwiderhandlung beteiligt (die Verletzung von Aufsichtspflichten hingegen wird nicht genügen, da es dann an der Verletzung eines Schutzgesetzes fehlt).[416] **206**

Art. 1 Abs. 1 Schadenersatz-Richtlinie jedoch bestimmt, „dass jeder, der einen durch eine Zuwiderhandlung eines **Unternehmens** oder einer Unternehmensvereinigung gegen das Wettbewerbsrecht verursachten Schaden erlitten hat, das Recht, den vollständigen Ersatz dieses Schadens von diesem **Unternehmen** oder dieser Unternehmensvereinigung zu verlangen, wirksam geltend machen“ können muss (Hervorhebung nur hier). Art. 2 Ziff. 2 der Richtlinie bestimmt, dass „ ‚Rechtsverletzer‘ das Unternehmen oder die Unternehmensvereinigung [ist], das bzw. die die Zuwiderhandlung gegen das Wettbewerbsrecht begangen hat“. Art. 11 Abs. 1 der Richtlinie verlangt darüber hinaus eine gesamtschuldnerische Haftung derjenigen „Unternehmen“, die gemeinschaftlich eine Zuwiderhandlung begangen haben. Damit ist zwar immer noch keine unmittelbare Aussage über die Modalitäten der Haftung der einzelnen Gesellschaften innerhalb einer wirtschaftlichen Einheit getroffen. Jedoch wird teilweise geschlossen, dass die Schadenersatz-Richtlinie auf den unionsrechtlichen Begriff des Unternehmens Bezug nehme und auf diesem Weg die unionsrechtliche Konzernbußgeldhaftung in das nationale Zivilrecht übertragen werde, was sich ohnehin bisher aus dem unionsrechtlichen **Effektivitätsgrundsatz** ergeben habe.[417] Diese Auffassung vermeidet in der Tat Vermögensverschiebungen innerhalb der wirtschaftlichen Einheit zum Zweck der Haftungsreduzierung. Wer allerdings das gesellschaftsrechtliche **Trennungsprinzip** hochhält,[418] muss die zivilrechtliche Konzernhaftung ablehnen. Sie würde Forderungen auf kartellrechtlicher Grundlage gegenüber Forderungen auf anderer Rechtsgrundlage (wo es nur den Schutz vor Missbrauch gibt, aber keine „Konzernhaftung“) privilegieren, was sich wegen des starken *public enforcement* aus gesamtwirtschaftlichen Erwägungen kaum herleiten lässt. So hat das LG Berlin eine Konzernhaftung auf **207**

---

[413] EuGH U. v. 7.1.2004, C-204/00 P, C-205/00 P, C-211/00 P, C-213/00 P, C-217/00 P und C-219/00 P – *Aalborg Portland,* Rn 354–359; zur Zurechnung bei Umstrukturierung innerhalb einer öffentlichen Stelle EuGH U. v. 11.12.2007, C-280/06 – *Autorità Garante della Concorrenza e del Mercato,* Rn. 45 ff.

[414] EuGH U. v. 7.1.2004, C-204/00 P, C-205/00 P, C-211/00 P, C-213/00 P, C-217/00 P und C-219/00 P – *Aalborg Portland,* Rn. 354–359; EuG U. v. 31.3.2009, T-405/06 – *ArcelorMittal* Rn. 109; EuG U. v. 27.9.2006, T-43/02 – *Jungbunzlauer,* Slg. 2006, II 3435, Rn. 131–133, EuG Urt. v. 11.3.1999, T-134/94 – *NMH Stahlwerke,* Rn. 136–138.

[415] Siehe dazu BGH U. v. 18.11.2014, KZR 15/12 – *Calciumcarbid-Kartell II.*

[416] Ausführlich *Thomas* in Inderst/Thomas, Schadensersatz bei Kartellverstößen, S. 75 ff.

[417] *Kersting,* WuW 2014, 1156, 1171; *ders.,* WuW 2014, 564, 565.

[418] *Scheidtmann,* WRP 2010, 499, 501; *Voet van Vormizeele,* WuW 2010, 1008 ff.

Schadenersatz unter Hinweis auf das Trennungsprinzip abgelehnt.[419] Zuvor hatte der BGH für das deutsche Kartellordnungswidrigkeitenrecht in *Versicherungsfusion* bereits entschieden, dass eine bußgeldrechtliche Konzernverantwortlichkeit der Muttergesellschaft wegen des gesellschaftsrechtlichen Trennungsprinzips nicht in Betracht kommt.[420]

V. Unternehmensvereinigungen

208 Neben Unternehmen sind auch Unternehmensvereinigungen Adressaten des Art. 101 Abs. 1 AEUV. Andernfalls wäre diese Vorschrift von Unternehmen leicht durch die Verlagerung bestimmter Absprachen auf die Ebene der Vereinigung zu umgehen und ihrer Wirksamkeit beraubt.[421] Allerdings legen Rspr. und Kommissionspraxis kaum Wert auf die Unterscheidung zwischen Unternehmen und Unternehmensvereinigungen und begnügen sich mitunter damit, dass sich eine Maßnahme jedenfalls einem der beiden Normadressaten zuschreiben lässt.[422]

1. Begriff

209 Unternehmensvereinigungen sind Vereinigungen von mindestens zwei Unternehmen. Wie der Begriff des Unternehmens ist auch der der Unternehmensvereinigung **weit auszulegen.**[423] Organisation, Rechtsform oder Rechtsfähigkeit sind unerheblich,[424] insbesondere können auch öffentlich-rechtliche Einrichtungen Unternehmensvereinigungen darstellen. Erforderlich sind nur die Verfolgung eines **gemeinsamen Interesses**[425] durch mehrere Unternehmen sowie eine hinreichende **Struktur zur Entscheidungsfindung**[426] (welche die Unternehmensvereinigung als Adressatin des Art. 101 AEUV überhaupt erst von den Mitgliedsunternehmen, deren Vereinbarungen und abgestimmten Verhaltensweisen unterscheidbar macht). Auch eine **Vereinigung von Unternehmensvereinigungen** (z. B. ein „Dachverband") ist eine Unternehmensvereinigung.[427] Nicht erforderlich ist, dass sich eine Unternehmensvereinigung selbst wirtschaftlich betätigt;[428] hierin liegt gerade der Unterschied zum Unternehmen. Ist daher eine Unternehmensvereinigung über die bloße Koordinierungs- oder Vertretungsfunktion für ihre Mitglieder hinaus selbst wirtschaftlich tätig, so ist sie – jedenfalls insoweit – ihrerseits ein Unternehmen.[429]

2. Abgrenzung zur Ausübung öffentlicher Befugnisse (u. a. Berufsverbände)

210 Gegenstand gerichtlicher Auseinandersetzungen war in der Vergangenheit in erster Linie die Einordnung von **berufsständischen Vereinigungen, Berufsverbänden** und ähnlichen Gremien als Unternehmensvereinigungen. Aber auch wenn Vertreter eines Wirtschaftszweiges für diesen verbindliche Vorschriften erarbeiten und erlassen (oder daran be-

---

[419] LG Berlin v. 6.8.2013, 16 O 193/11 Kart, WuW/E DE-R 4456, 4467 (Rn. 81).

[420] BGH v. 10.8.2011, KRB 55/10, *Versicherungsfusion,* WuW/E DE-R 3455, 3459; ebenso *Thomas* in Inderst/Thomas, Schadensersatz bei Kartellverstößen, S. 76 ff.

[421] EuGH U. v. 15.5.1975, 71/74 – *FRUBO,* Slg. 1974, 563, Rn. 30/31.

[422] Vgl. nur EuGH U. v. 30.1.1985, 123/83 – *BNIC/Clair,* Slg. 1985, 391, Rn. 20.

[423] So auch *Emmerich* in Immenga/Mestmäcker, Kommentar, Art. 101 Abs. 1 AEUV, Rn. 38.

[424] EuGH U. v. 30.1.1985, 123/83 – *BNIC/Clair,* Slg. 1985, 391, Rn. 17.

[425] EuGH U. v. 27.1.1987, 45/85 – *Verband der Sachversicherer,* Slg. 1987, 405, Rn. 29; EuG U. v. 24.5.2012, Rs T-111/08 – *MasterCard,* Rn. 251.

[426] Vgl. EuG U. v. 24.5.2012, Rs T-111/08 – *MasterCard,* Rn. 245.

[427] Kommission E. v. 13.3.1969, IV/93 – *Europäische Werkzeugmaschinen-Ausstellungen,* ABl. 1969 L 69/13, 15; Kommission E. v. 30.12.1994, IV/33.126 und 33.322 – *Zement,* ABl. 1994 L 343/1, 97.

[428] So auch Kommission E. v. 30.12.1994, IV/33.126 und 33.322 – *Zement,* ABl. 1994 L 343/1, 97.

[429] EuG U. v. 16.1.2005, T-193/02 – *Piau/Kommission,* Slg 2005, II-209, Rn. 71; Kommission E. v. 3.10.2007, COMP/D1/37.860 – *Morgan Stanley/Visa,* Rn. 74.

teiligt sind), geht es regelmäßig um die Abgrenzung zwischen privatautonomer Gestaltung der wirtschaftlichen Verhältnisse durch die Unternehmen (mit einer Unternehmensvereinigung als Vehikel) und der Ausübung öffentlicher Befugnisse in Form von Rechtsetzung unter Beteiligung der betroffenen Wirtschaftskreise.

So wurden beispielsweise Gremien zur Festlegung von Entgelten im Güterfernverkehr nicht als Unternehmensvereinigungen angesehen: In *Reiff* urteilte der EuGH, dass die Mitglieder der Tarifkommissionen nach dem deutschen Güterkraftverkehrsgesetz (GüKG) Tarifsachverständige der beteiligten Zweige des Güterfernverkehrs seien, die an Aufträge und Weisungen der Verbände dieses Gewerbes nicht gebunden seien; mithin seien die Kommissionen nicht als Vertreter von Angehörigen des betreffenden Gewerbes anzusehen, obwohl die Mitglieder auf Vorschlag der unmittelbar betroffenen Berufsvereinigungen durch den Verkehrsminister ernannt würden. Zudem müssten die Kommissionen bei der Tariffestsetzung auch die Interessen landwirtschaftlicher und mittelständischer Wirtschaftskreise sowie wirtschaftlich schwacher und verkehrsungünstig gelegener Gebiete berücksichtigen.[430] Ebenso hat der EuGH in *Centro Servizio Spediporto* die Anwendung des Kartellverbots auf die Führung eines Registers für Güterkraftverkehrstarife durch einen „Zentralausschuss" abgelehnt: Zum einen stellten die Vertreter der öffentlichen Hand die Mehrheit in dem Gremium, zum anderen müsse dieses bei seinen Vorschlägen diverse Kriterien des Gemeinwohls beachten.[431] Schließlich stellte der Gerichtshof in beiden Fällen darauf ab, dass die öffentlichen Stellen ihre Zuständigkeit nicht abschließend privaten Wirtschaftsteilnehmern übertragen haben, da dem zuständigen Minister jeweils die Möglichkeit verbleibe, die von den Gremien erarbeiteten Tarifvorschläge festzusetzen, abzulehnen oder abzuändern.[432] 211

Auch der Erlass von Regelungen zur Ausübung eines Berufes durch eine berufsständische Vertretung kann einen Beschluss einer Unternehmensvereinigung darstellen.[433] Der EuGH hat hierzu in *Ordem dos Tecnicos Oficiais de Contas*[434] **vier Kriterien** aufgestellt. Demnach liegt keine hoheitliche Tätigkeit vor, wenn (1) die Regelung einen Bezug zum Wirtschaftsleben aufweist (wobei ein lediglich mittelbarer Bezug ausreichend ist), (2) das regelnde Organ weder mit staatlichen Vertretern besetzt ist noch staatliche Behörden an der Besetzung des Organs beteiligt sind, (3) dem Organ bei Erlass der Regelung ein (erheblicher) Gestaltungsspielraum zusteht und (4) der Staat nicht in sonstiger Form unmittelbar am Erlass der Regelung beteiligt ist. Gleichsam den umgekehrten Fall – nämlich dass kein Beschluss einer Unternehmensvereinigung, sondern hoheitliche Tätigkeit vorliegt – beschrieb der EuGH in *Wouters* wie folgt: (1) Die Vereinigung muss bei der Rechtsetzung Kriterien des Allgemeininteresses berücksichtigen. (2) Die öffentliche Hand gibt wesentliche Grundsätze für die Rechtsetzung selbst vor und (3) behält sich eine Letztentscheidungsbefugnis vor.[435] Der für die Berufsausübenden **verbindliche Charakter** von Verbandsregeln führt also nicht allein zur Einordnung als hoheitliche Tätigkeit.[436] Denn wenn Berufsausübende unter weitgehender Enthaltung staatlicher Stellen eigenständig ihre Berufsausübung (verbindlich) regeln, liegt darin regelmäßig eine wirtschaftliche Tätigkeit. 212

---

430 EuGH U. v. 17.11.1993, C-185/91 – *Reiff,* Slg. 1993, I-5801, Rn. 17–19. – Aus denselben Erwägungen wurden auch Tariffestlegungen für den gewerblichen Binnenschiffsverkehr durch Frachtenausschüsse nach dem Binnenschiffsverkehrsgesetz (BinnSchVG) nicht als Beschlüsse einer Unternehmensvereinigung angesehen; vgl. EuGH U. v. 9.6.1994, C-153/93 – *Delta Schiffahrts- und Speditionsgesellschaft,* Slg. 1994, I-2517, Rn. 16ff.

431 EuGH U. v. 5.10.1995, C-64/94 – *Centro Servizio Spediporto,* Slg. 1995, I-2883, Rn. 23–24.

432 EuGH U. v. 17.11.1993, C-185/91 – *Reiff,* Slg. 1993, I-5801, Rn. 22f.; EuGH U. v. 5.10.1995, C-64/94 – *Centro Servizio Spediporto,* Slg. 1995, I-2883, Rn. 27ff.; siehe auch EuGH U. v. 9.6.1994, C-153/93 – *Delta Schiffahrts- und Speditionsgesellschaft,* Slg. 1994, I-2517, Rn. 21f.

433 So bereits EuGH U. v. 19.2.2002, C-399/09 – *Wouters,* Slg. 2002, I-1577, Rn. 58ff.

434 EuGH U. v. 28.2.2013, C-1/12 – *Ordem dos Tecnicos Oficias de Contas,* Rn. 54.

435 EuGH U. v. 19.2.2002, C-309/99 – *Wouters,* Slg 2002. I-1653, Rn. 68.

436 Vgl. EuGH U. v. 18.7.2013, C-136/12 – *Consiglio nazionale dei geologi,* Rn. 47.

Allerdings scheint der Gerichtshof die genannten Kriterien nicht in jedem Fall *en detail* zu prüfen. In *Consiglio nazionale dei geologi* begnügte er sich für die Annahme einer wirtschaftlichen Tätigkeit mit der Feststellung, dass der Erlass von Rechtsakten wie eines Verhaltenskodexes durch einen Berufsverband keine auf dem Solidaritätsgrundsatz beruhende soziale Aufgabe und auch nicht die Ausübung typischerweise hoheitlicher Befugnisse sei.[437]

213 Ob Berufsverbände oder Gremien Unternehmensvereinigungen darstellen, hängt somit maßgeblich von der **Ausgestaltung der Organe** sowie der ihnen übertragenen **Aufgaben** ab. Zunächst kommt es darauf an, wer die Mitglieder der Beschlussorgane – oder jedenfalls die Mehrheit – bestimmt (die öffentliche Hand oder die Mitgliedsunternehmen). Auch die Identität der Mitglieder ist von Bedeutung (z. B. Regierungsbeamte oder andere Vertreter der öffentlichen Interessen – oder Vertreter der Unternehmen).[438] Weiterhin ist maßgeblich, ob die Gremien auch **Gemeinwohlinteressen** berücksichtigen müssen, wozu gemäß der *Reiff* Rspr. etwa die Berücksichtigung der Auswirkungen auf die Marktgegenseite oder strukturschwache Wirtschaftsregionen zählen.

3. Beispiele von Unternehmensvereinigungen

214 Kommission und EuG haben Gesellschaften, die **Kreditkartensysteme** betreiben, als Unternehmensvereinigungen eingestuft, u. a. weil ihre Leitungsorgane mit Vertretern der Geschäftsbanken besetzt sind und für diese verbindliche Regelungen erlassen.[439] In *MasterCard* betreffend die Rechtmäßigkeit sog. multilateraler Interbankenentgelte *(multilateral interchange fees – MIFs),* welche der Bank des Händlers bei Annahme der Kreditkarte des Kunden berechnet wird, hatte MasterCard vorgetragen, es sei seit seinem Börsengang ein Unternehmen, das sich der für eine Unternehmensvereinigung notwendigen Kontrolle durch die Banken entziehe. Zudem fehle es an einer Interessengemeinschaft, da MasterCard nunmehr im Interesse seiner Anteilseigner und nicht mehr der Banken handele. Das EuG bejahte jedoch einen hinreichenden Einfluss der Banken: Diese könnten immer noch Regelungen für bestimmte nationale Märkte vereinbaren, die die globalen Regeln des Netzwerks zum Teil ersetzten. Zudem bestehe weiterhin ein aus Vertretern europäischer Banken zusammengesetzter Europa-Ausschuss mit Entscheidungsbefugnis in Schlüsselbereichen wie Prüfung von Mitgliedschaftsanträgen, Geldbußen, intraregionale Verfahrensregeln oder Festlegung des Jahresbudgets. Dass ein weltweiter Ausschuss bei MasterCard die Befugnisse des Europa-Ausschusses beschränken könne, ändere nichts an den grundsätzlichen Entscheidungsbefugnissen des letzteren.[440] Schließlich bejahte das EuG das Vorliegen einer Interessengemeinschaft zwischen MasterCard und den Banken über den Börsengang von MasterCard hinaus, denn beide seien an einer Festlegung von MIFs auf hohem Niveau interessiert: Die Banken könnten diese Mindestpreise nämlich auf die Händler abwälzen. MasterCard sei daran gelegen, dass möglichst viele Banken ihren Kunden MasterCard-Karten anbieten, da die Einkünfte von MasterCard transaktionsbezogen seien.[441] Der EuGH hat diese Auffassung des EuG bestätigt.[442]

215 Weitere Beispiele für Unternehmensvereinigungen sind: nationale **Sportverbände,** jedenfalls sofern ein Teil ihrer Mitgliedsvereine wirtschaftliche Tätigkeiten im Profisport

[437] EuGH U. v. 18.7.2013, C-136/12 – *Consiglio nazionale dei geologi,* Rn. 44.

[438] Kommission, E. v. 24.6.2004, 38.549 – *Ordre des architectes,* Rn. 42 (die Hälfte des Nationalen Rats der belgischen Architektenkammer wird direkt vom König ernannt, und dennoch sah die Kommission den Rat als Unternehmensvereinigung an).

[439] EuGH U. v. 11.9.2014, C-382/12 P – *MasterCard,* Rn. 51 ff.; zuvor schon EuG U. v. 24.5.2012, 111/08 – *MasterCard,* Rn. 259, und Kommission E. v. 19.12.2007, COMP/34.579, 36.518 und 38.580 – *MasterCard I,* Rn. 344 ff., 350 ff.; siehe auch Kommission E. v. 3.10.2007, COMP/D1/37.860 – *Morgan Stanley/Visa,* Rn. 74 f.

[440] EuG U. v. 24.5.2012, Rs T-111/08 – *MasterCard,* Rn. 238 f., 245 ff.

[441] EuG U. v. 24.5.2012, T-111/08 – *MasterCard,* Rn. 251 ff.

[442] EuGH U. v. 11.9.2014, C-382/12 P – *MasterCard,* Rn. 51 ff.

entfalten. Unschädlich für die Annahme einer Unternehmensvereinigung ist, dass darüber hinaus auch Amateurvereine Mitglieder des Verbands sind;[443] auch internationale Sportverbände sind Unternehmensvereinigungen, da die nationalen Sportverbände als deren Mitglieder ihrerseits Unternehmensvereinigungen (und ggf. auch Unternehmen) darstellen.[444] **Urheberrechts-Verwertungsgesellschaften** sind an der gewerblichen Erbringung von Dienstleistungen beteiligt und insofern Unternehmen. Ein internationaler Verband von Verwertungsgesellschaften wie die *International Confederation of Societies of Authors and Composers (CISAC)* stellt deshalb eine Unternehmensvereinigung dar.[445]

C. Vereinbarung, aufeinander abgestimmte Verhaltensweise und Beschluss einer Unternehmensvereinigung

Art. 101 Abs. 1 AEUV verbietet (unter bestimmten Voraussetzungen) drei Verhaltens- 216
weisen: Vereinbarungen von Unternehmen, Beschlüsse von Unternehmensvereinigungen und abgestimmtes Verhalten (von Unternehmen). Diese drei kumulative Tatbestände haben gemeinsam, dass es sich nicht um einseitige Verhaltensweisen handelt, sondern um unterschiedliche Formen der **Kollusion,** die in ihrer Art übereinstimmen, und sich nur in ihrer **Intensität** und ihren **Ausdrucksformen** unterscheiden.[446] Es wird vertreten, die drei Verhaltensweisen bilden ein **Kontinuum;** es sei nicht entscheidend, unter welchen dieser Begriffe ein bestimmtes Verhalten falle, sondern nur die Unterscheidung zwischen rechtmäßigem selbstbestimmtem Verhalten und verbotener Kollusion.[447] Die Gemeinsamkeiten (und evtl. sogar Überschneidungen) der drei Kollusionsformen dürfen aber nicht darüber hinwegtäuschen, dass jeder ein selbständiger, (mehr oder weniger scharf) definierter Tatbestand ist, dessen Elemente jeweils nachgewiesen werden müssen. Welche Kollusionsform vorliegt, kann also nur offen bleiben, wenn die tatbestandlichen Voraussetzungen aller in Betracht kommender Kollusionsformen nachgewiesen sind.

Das wettbewerbspolitische Leitbild des AEUV – in seiner einfachsten Ausprägung – be- 217
inhaltet jedenfalls dass jedes Unternehmen sein Verhalten am Markt selbständig bestimmen muss.[448] Es darf sein Verhalten dabei an das Verhalten seiner Wettbewerber anpassen.[449] Dieses sog. **„Selbständigkeitspostulat"** ist der begriffliche Gegensatz zur Kollusion, und im Prinzip muss sich jede Auslegung der Tatbestandsalternativen Vereinbarung, abgestimmtes Verhalten und Beschluss an diesem gedanklichen Ausgangspunkt messen lassen.

---

[443] EuG U. v. 16.1.2005 – T-193/02 – *Piau,* Slg 2005, II-209, Rn. 69 f.

[444] EuG U. v. 16.1.2005 – T-193/02 – *Piau,* Slg 2005, II-209, Rn. 72.

[445] Kommission, E. v. 16.7.2008, COMP/C2/38.698 – *CISAC,* Rn. 88.

[446] EuGH U. v. 4.6.2009, C-8/08 – *T-Mobile Netherlands,* Rn. 23, m. w. N. aus der Rspr.; EuGH U. v. 5.12.2013, C-455/11 P – *Solvay,* Rn. 53; Kommission, E. v. 5.3.2014, AT.39952 – *Strombörsen,* ABl. C 334/5 v. 25.9.2014, Rn. 41.

[447] Siehe dazu den Vortrag der Kommission in EuGH U. v. 8.6.1999, C-49/92 P – *Anic Partecipazioni,* Rn. 108; GA Reischl Schlussanträge v. 3.7.1980, 209–215 und 218/78 – *Van Landewyck,* Slg. 1980, 3286, 3310, spricht von einem „unwichtigen Qualifikationsstreit". Siehe auch *Ghezzi/Maggiolino,* Journal of Competition Law & Economics 10 (3), 647 (651).

[448] Vgl. EuGH U. v. 16.12.1975, 40–48, 50, 54–56, 111, 113 und 114/73 – *Suiker Unie/Komm,* Slg. 1975, 1663, Rn. 173.

[449] EuGH U. v. 4.6.2009, C-8/08 – *T-Mobile Netherlands,* Rn. 33; EuGH U. v. 28.5.1998, C-7/95 P – *John Deere/Kommission,* Rn. 87; EuGH U. v. 16.12.1975, C-40 bis 48, 50, 54 bis 56, 111, 113 und 114/73 – *Suiker Unie,* Rn. 173/174; EuG U. v. 16.9.2013, T-380/10 – *Wabco Europe u. a./Kommission,* Rn. 41, m. w. N. aus der Rspr.; EuG U. v. 16.9.2013, T-386/10 – *Aloys F. Dornbracht GmbH & Co. KG/Kommission,* Rn. 127, m. w. N. aus der Rspr.; Kommission, Horizontal-Leitlininien, ABl. C 11/1 v. 14.1.2011, Rn. 61.

I. Vereinbarung

218 Für die Praxis zu Art. 101 AEUV stand (und steht wohl immer noch) der Tatbestand der „Vereinbarung" im Vordergrund – schon weil darunter Verträge subsumiert werden, ebenso die meisten *hardcore*-Kartelle.

1. Begriff

219 Art. 101 Abs. 1 AEUV enthält **keine Definition** des Begriffs der Vereinbarung. Nach st. Rspr. der europäischen Gerichte liegt eine Vereinbarung vor, wenn der **gemeinsame Wille** oder die **Absicht** von mindestens zwei Parteien zum Ausdruck gebracht wird, sich auf dem Markt in einer **bestimmten Weise zu verhalten.**[450] Der Begriff erfasst sowohl vertikale als auch horizontale Vereinbarungen.[451]

220 Diverse Elemente dieser Definition sind durch die Rspr. inzwischen geklärt:

- **Übereinstimmender Wille:** Damit aus einer Willenserklärung eine Vereinbarung wird, ist die Unterstützung der anderen Partei notwendig. Ein Verhalten, das nur Ausdruck einer einseitigen Politik eines Beteiligten ist, begründet keine Vereinbarung, wenn diese Politik ohne Unterstützung durch die andere Partei durchgeführt werden kann. Ansonsten würde es zu einer Vermengung des Anwendungsbereichs dieser Bestimmung mit den Vorschriften über (einseitiges) missbräuchliches Verhalten nach Art. 102 AEUV kommen.[452]
- **Bindung nicht erforderlich:** Es spielt keine Rolle, ob sich die Unternehmen für rechtlich, tatsächlich oder moralisch verpflichtet halten, sich absprachegemäß zu verhalten.[453] Ein Beispiel für eine Maßnahme, die – obwohl sie rechtlich nicht verbindlich ist – als Vereinbarung klassifiziert wird, ist das sog. *gentlemens' agreement,* solange nur der gemeinsame Wille der Beteiligten getreu zum Ausdruck kommt.[454] Ebenso wenig muss eine Vereinbarung nach nationalem Recht verbindlich sein.[455] Der EuGH hat festgestellt, dass weder der rechtliche Rahmen, in dem eine Vereinbarung geschlossen wird, noch die rechtliche Einordnung dieses Rahmens durch die nationalen Rechtsordnungen für die Anwendbarkeit des Art. 101 AEUV erheblich sind.[456]

---

[450] Siehe z.B. EuGH U. v. 6.1.2004, C-2/01 – *Kommssion/Bayer (Adalat),* Rn. 118; EuG U. v. 16.9. 2013, T-380/10 – *Wabco Europe,* Rn. 35, m.w.N. aus der Rspr.; EuG U. v. 8.7.2008, T-52/03 – *Knauf,* Rn. 157, m.w.N. aus der Rspr.; EuG U. v. 20.3.2002, T-9/99 – *HFB/Kommission,* Rn. 200, m.w.N. aus der Rspr.; Kommission, Leitlinien für vertikale Vereinbarungen, ABl. C 130/1 v. 19.5.2010, Rn. 25 (a).

[451] EuGH U. v. 13.7.1966, C-56/64 – *Consten und Grundig/Kommission,* Slg. 1966, 429, S. 386ff. Das damalige deutsche Kartellrecht enthielt getrennte Vorschriften für horizontale Vereinbarungen (als Verbot mit Erlaubnisvorbehalt in §§ 1ff. GWB, der damals eine Vereinbarung zwischen miteinander im Wettbewerb stehenden Unternehmen voraussetzte) und für vertikale Vereinbarungen (als punktuelles Verbot und als Eingriffsbefugnis für die Kartellbehörden in §§ 16ff. GWB). Da es mit dem damaligen Art. 85 EGV (heute Art. 101 AEUV) jedoch nur eine einheitliche Vorschrift für sämtliche wettbewerbsbeschränkenden Vereinbarungen gab, war der Schluss, horizontale und vertikale zu erfassen, nahezu zwingend. Die unterschiedliche wettbewerbliche Gefährlichkeit horizontaler und vertikaler Vereinbarung muss nun aber durch sehr unterschiedlich weite Freistellung aufgefangen werden: So sind die Gruppenfreistellungsverordnungen für horizontale Vereinbarungen typischerweise sehr eng gefasst, wogegen die Vertikal-GVO eine schier unübersehbare Anzahl von Vertragstypen erfasst.

[452] EuGH U. v. 6.1.2004, C-2/01 P und C-3/01 – *Kommission/Bayer AG (Adalat),* Rn. 101.

[453] EuG U. v. 14.5.1998, T-347/94 – *Mayr-Melnhof Kartongesellschaft,* Rn. 65.

[454] EuG U. v. 20.3.2002, T-9/99 – *HFB/Kommission,* Rn. 200, m.w.N. aus der Rspr.; EuG U. v. 8.7.2008, T-52/03 – *Knauf,* Rn. 160.

[455] EuG U. v. 26.10.2000, T-41/96 – *Bayer/Kommission (Adalat),* m.w.N. aus der Rspr. Rn. 68.

[456] EuGH U. v. 30.1.1985, C-123/83 – *BNIC/Clair,* Rn. 17.

– **Form unerheblich:** Die Ausdrucksform der Vereinbarung ist unerheblich, sofern sie den gemeinsamen Willen der Parteien getreu wiedergibt.[457] Eine Vereinbarung muss daher nicht schriftlich, sondern kann auch mündlich getroffen werden.[458] Die Erklärung des Willens eines Beteiligten ist entweder ausdrücklich oder sie ist stillschweigend, d. h. der Wille kommt durch ein schlüssiges oder konkludentes Handeln zum Ausdruck. Eine Vereinbarung liegt daher auch vor, wenn ein scheinbar einseitiger Akt Ausdruck des übereinstimmenden Willens von mindestens zwei Unternehmen ist (siehe dazu Rn. 221 ff.). Eine Vereinbarung ist bereits abgeschlossen, wenn hinsichtlich der Wettbewerbsbeschränkung als solcher ein übereinstimmender Wille vorliegt, selbst wenn die einzelnen Gesichtspunkte der beabsichtigten Beschränkung noch Gegenstand von Verhandlungen sind.[459]
– **Marktverhalten als Gegenstand:** Die Willenserklärung muss entweder direkt oder indirekt auf die Umsetzung einer Politik, die Verfolgung eines Zieles oder ein bestimmtes Verhalten auf dem Markt beziehen.[460]
– **Gemeinsames Interesse nicht erforderlich:** Die Willensübereinstimmung setzt nicht voraus, dass die beteiligten Unternehmen das gleiche Interesse am Abschluss der Vereinbarung haben, sondern eine Vereinbarung setzt nur voraus, dass die Unternehmen ***überhaupt*** (irgend-)ein Interesse an ihrem Abschluss haben.[461]

2. Abgrenzung zur einseitigen Maßnahme

In der Praxis stellt sich immer wieder die Frage, ob über eine scheinbar einseitige Maß- **221**
nahme eines Vertragspartners hinaus ein gemeinsamer Wille der Parteien (und damit eine Vereinbarung) vorliegt, oder ob es sich tatsächlich um eine einseitige Maßnahme handelt. Letztere sind Maßnahmen eines Beteiligten ohne ausdrückliche oder stillschweigende Mitwirkung eines anderen Unternehmens.[462] Sie stellen keine Vereinbarungen dar,[463] und können daher – im europäischen Kartellrecht – nur nach Art. 102 AEUV aufgegriffen werden (im deutschen Kartellrecht sind zusätzlich §§ 20, 21 GWB zu beachten).

Derartige Streitigkeiten um die Reichweite des Begriffs der Vereinbarung entstehen zu- **222**
meist dort, wo die Parteien einer Liefer- oder Vertriebsbeziehung unterschiedliche Interessen haben: So mag ein Hersteller den Wunsch haben, **Parallelimporte** zu verhindern (z. B. durch vollständige oder teilweise Lieferverweigerung),[464] sonstige **Kunden- oder Gebietsbeschränkungen** durchzusetzen[465] oder ein **hohes Preisniveau** (durch qualitati-

---

[457] Siehe z. B. EuGH U. v. 6.1.2004, C-2/01 und C-3/01 – *Kommssion/Bayer (Adalat),* Rn. 97; EuG U. v. 27.7.2005, T-49/02 bis T-51/02 – *Brasserie nationale,* Slg. 2005, II-3033, Rn. 119; EuG U. v. 8.7.2008, T-53/03 – *BPB/Kommission,* Rn. 80–82, m. w. N. aus der Rspr.; Kommission, Leitlinien für vertikale Vereinbarungen, Rn. 25(a).

[458] EuGH U. v. 20.6.1978, C-28/77 – *Tepea/Kommission,* Rn. 40/45.

[459] EuG U. v. 16.9.2013, T-380/10 – *Wabco Europe,* Rn. 36, m. w. N. aus der Rspr.; EuG U. v. 16.9.2013, T-386/10 – *Dornbracht,* Rn. 122.

[460] EuG U. v. 26.10.2000, T-41/96 – *Bayer/Kommission (Adalat),* Rn. 173.

[461] Kommission E. v. 25.11.1980, IV/29.702 – *Johnson & Johnson,* ABl. 1980 L 377/16, Rn. 28 (worauf der EuGH in U. v. 6.1.2004, C-2/01 P und C-3/01 P – *Bayer (Adalat),* Rn. 114 ff., nicht mehr einging, sondern sich auf die Prüfugn des übereinstimmenden Willens beschränkte).

[462] EuG U. v. 9.7.2009, T-450/05 – *Peugeot Nederland,* Rn. 173, m. w. N. aus der Rspr.

[463] EuGH U. v. 6.1.2004, C-2/01 P und C-3/01 – *Kommission/Bayer (Adalat),* Rn. 88, und zuvor EuG U. v. 26.10.2000, T-41/96 – *Bayer/Kommission (Adalat),* Rn. 66, m. w. N. aus der Rspr.; EuG U. v. 9.7.2009, T-450/05 – *Peugeot Nederland,* Rn. 171, m. w. N. aus der Rspr.

[464] Siehe EuGH U. v. 6.1.2004, C-2/01 – *Kommssion/Bayer (Adalat),* Rn. 100 ff., und zuvor EuG U. v. 26.10.2000, T-41/96 – *Bayer/Kommission (Adalat),* Rn. 66 ff.; EuGH U. v. 21.10.2003, T-368/00 – *General Motors Nederland und Opel Nederland,* Rn. 107 ff.; EuGH U. v. 17.9.1985, 25 und 26/84 – *Ford/Kommission,* Rn. 14 ff.; EuGH U. v. 25.10.1983, 107/82 – *AEG/Kommission,* Rn. 31 ff.; EuG U. v. 9.7.2009, T-450/05 – *Peugeot Nederland,* Rn. 171 ff.

[465] Siehe EuGH U. v. 24.10.1995, C-70/93 – *Bayerische Motorenwerke (BMW)/ALD Auto-Leasing,* Rn. 16 ff.

ve Anforderungen)[466] zu erhalten. Weil die Art der Wettbewerbsbeschränkung für rechtfertigende Argumente oft nicht viel Raum lassen wird, rückt die Verteidigung der Unternehmen in den Vordergrund, es handle sich um eine einseitige Maßnahme. Die Kartellbehörden mögen gerade wegen der Art der Wettbewerbsbeschränkung dann ein besonderes Interesse haben, den Begriff der Vereinbarung weit auszulegen.[467]

223 Eine scheinbar einseitige Maßnahmen innerhalb eines Vertikalverhältnisses kann in zwei Konstellationen eine Vereinbarung darstellen – und jeweils muss die Kommission hinreichend aussagekräftige und übereinstimmende **Beweise** beibringen, um die feste Überzeugung des Gerichts zu begründen, dass eine Vereinbarung geschlossen wurde:[468] (a) Zum einen kann die Zustimmung aus einer **vorab getroffenen Vereinbarung** folgen, wenn diese einem Unternehmen „die Möglichkeit einräumt, nachfolgend ein bestimmtes einseitiges Verhalten zu verfolgen, das für ein anderes Unternehmen bindend ist".[469] Eine **Aufforderung** (z.B. eines Herstellers an seine Händler) – u.U. selbst eine Drohung – ist dann keine einseitige Handlung, sondern eine Vereinbarung (besser: Teil einer Vereinbarung). Auch bestimmte Vergütungselemente wie ein Rabatt- und Bonussystem, das ein Vertragspartner im Rahmen seiner im Voraus vereinbarten vertraglichen Befugnisse später ohne Zustimmung des anderen einführt, kann dann Teil der Vereinbarung werden.[470]

224 (b) Zum anderen kann die Zustimmung auf ein scheinbar einseitiges Verhalten wie eine Aufforderung **stillschweigend** erteilt werden.[471] Dazu muss die Kommission zunächst darlegen, dass ein beteiligtes Unternehmen die Mitwirkung des anderen bei der Umsetzung eines bestimmten Verhaltens ausdrücklich oder stillschweigend verlangt hat, sowie dass das andere beteiligte Unternehmen dieser Forderung nachgekommen ist.[472] Zurückhaltung ist geboten mit der Annahme, dass eine auf ein wettbewerbswidriges Ziel gerichtete Willensbekundung einer Vertragspartei eine konkludente Aufforderung an die andere darstellt, dieses Ziel gemeinsam zu verwirklichen, wenn eine solche Vereinbarung auf den ersten Blick nicht im Interesse der anderen Seite liegt.[473] Beispiele hierfür sind etwa Lieferverweigerungen oder Minderungen der Lieferung des Anbieters an seine Händler, um Parallelhandel zu behindern oder gar auszuschließen.[474] Eine einseitige Verhaltensweise z.B. eines Herstellers begründet zudem nur dann eine Vereinbarung, wenn das spätere Verhalten der Großhändler oder Kunden als ***de facto*-Zustimmung** verstanden werden kann.[475] Allein, dass eine vorherige Geschäftsbeziehung auch nach einer Aufforderung oder sonst unter der neuen Unternehmenspolitik des Herstellers weiter besteht, belegt nicht schon die Vereinbarung.[476] Entscheidend ist, ob eine Willensübereinstimmung aus den Umständen des Einzelfalls hergeleitet werden kann.[477]

---

[466] Siehe EuGH U. v. 13.7.2006, 74/04 P – *Volkswagen,* Rn. 35ff.; EuGH U. v. 24.10.1995, C-70/93 – *Bayerische Motorenwerke (BMW)/ALD Auto-Leasing,* Rn. 17; EuGH U. v. 25.10.1983, 107/82 – *AEG/Kommission,* Rn. 31 f.

[467] Siehe dazu den Vortrag der Kommission in EuGH U. v. 6.1.2004, C-2/01 P und C-3/01 – *Kommission/Bayer (Adalat),* Rn. 65ff.

[468] EuG U. v. 9.7.2009, T-450/05 – *Peugeot Nederland,* Rn. 175, m.w.N. aus der Rspr.

[469] Kommission, Vertikal-Leitlinien, Rn. 25(a).

[470] Siehe EuGH U. v. 13.7.2006, C-74/04 P – *Volkswagen,* Rn. 30, m.w.N. aus der Rspr.; EuGH U. v. 21.10.2003, T-368/00 – *General Motors Nederland und Opel Nederland,* Rn. 98.

[471] Kommission, Vertikal-Leitlinien, Rn. 25(a).

[472] Kommission, Vertikal-Leitlinien, Rn. 25(a).

[473] EuGH U. v. 6.1.2004, C-2/01 P und C-3/01 – *Kommission/Bayer (Adalat),* Rn. 102.

[474] Kommission, Vertikal-Leitlinien, Rn. 25(a).

[475] EuG U. v. 26.10.2000, T-41/96 – *Bayer/Kommission (Adalat),* Rn. 163–167.

[476] EuGH U. v. 13.7.2006, C-74/04 P – *Volkswagen/Kommission,* Rn. 36, 45; EuG U. v. 26.10.2000, T-41/96 –*Bayer/Kommission (Adalat),* Rn. 173.

[477] EuG U. v. 9.7.2009, T-450/05 – *Peugeot Nederland,* Rn. 172–174, m.w.N. aus der Rspr.; EuG U. v. 26.10.2000, T-41/96 – *Bayer/Kommission (Adalat),* Rn. 70–72, m.w.N. aus der Rspr.

Als Teil der Vereinbarung zwischen Hersteller und Händler sieht die Kommission auch die **Bedingungen für die Zulassung** zu einem Vertriebssystem an. Das soll selbst für die Verweigerung der Zulassung gegenüber bisher nicht zugelassenen Händlern gelten, welche die Bedingungen (jedenfalls soweit letztere kartellrechtlich Bestand haben) erfüllen.[478] Auch das vom Hersteller oder Lieferanten unterhaltene **Kontroll- und Sanktionssystem** kann als stillschweigende Zustimmung der Vertriebsmittler zu bestimmten Wettbewerbsbeschränkungen verstanden werden.[479] Zwar ist die Existenz eines solchen Systems keine notwendige Bedingung für die Feststellung einer Vereinbarung, kann aber ein Indiz dafür sein, dass der der Hersteller seine Vertriebsmittler zu einem bestimmten Verhalten veranlassen möchte.[480] Entscheidend für die Frage, ob hier eine stillschweigende Zustimmung vorliegt, ist dann die **Reaktion** der Vertriebstmittler auf den Druck, den das Sanktionensystem auf sie ausübt. Eine Vereinbarung liegt auch dann vor, wenn die (ggf. stillschweigende) Zustimmung der Vertriebsmittler nur unter Druck abgegeben wird.[481] 225

3. Abgrenzung zur abgestimmten Verhaltensweise

Der Begriff „abgestimmtes Verhalten" wird als **Generalklausel** ausgelegt, unter den ein Verhalten subsumiert wird, das nicht unter den Begriff „Vereinbarung" fällt. Nach st. Rspr. werden aufeinander abgestimmte Verhaltensweisen definiert als „eine **Form der Koordinierung** zwischen Unternehmen, die zwar noch nicht bis zum Abschluss eines Vertrags im eigentlichen Sinne gediehen ist, jedoch bewusst eine praktische Zusammenarbeit an die Stelle des mit Risiken verbundenen Wettbewerbs treten lässt".[482] Daraus folgt, dass eine **Koordinierung** des tatsächlichen Verhaltens der beteiligten Unternehmen in Folge einer Abstimmung erforderlich ist, während bei einer Vereinbarung der **gemeinsame Wille** der beteiligten Unternehmen ausreichend ist, um den Tatbestand von Art. 101 Abs. 1 AEUV zu erfüllen. 226

Jedenfalls die vereinbarte bezweckte Wettbewerbsbeschränkung, die schon ohne Nachweis tatsächlicher Wirkungen gegen Art. 101 AEUV verstößt, kann daher selbst dann einen Verstoß begründen, wenn sie nicht umgesetzt wurde. Infolgedessen ist die Verteidigung gegenüber dem Vorwurf einer Preisabsprache, diese sei nicht umgesetzt worden, regelmäßig erfolglos. Bei bewirkten Wettbewerbsbeschränkungen ist dies weniger klar: Denn einerseits wird die wettbewerbsbeschränkende Wirkung einer Vereinbarung oft aus dem späteren tatsächlichen Verhalten der Beteiligten abgeleitet (obwohl grds. eine Prognose der Wirkungen im Moment des Abschlusses der Vereinbarung genügt, aber das ist oft genug nicht die Aufgabe, welcher die Praxis sich gegenübersieht). Andererseits gibt es beim abgestimmten Verhalten, insbesondere beim Informationsaustausch, bestimmte Vermutungen für die Verknüpfung mit dem tatsächlichen Marktverhalten, die den Vollbeweis der Tatbestandsmerkmale über die Abstimmung hinaus u. U. überflüssig machen. 227

Wie bei der Vereinbarung ist auch bei der abgestimmten Verhaltensweise eine rechtliche Verbindlichkeit nicht erforderlich. Weil damit aber die rechtliche Verbindlichkeit als Abgrenzungsmerkmal zwischen Vereinbarung und abgestimmter Verhaltensweise ausfällt, sind diese beiden Erscheinungsformen der Kollusion nicht immer leicht voneinander zu trennen. Das ist aber auch oft nicht erforderlich. Vor allem bei **umfangreichen und kom-** 228

---

[478] Siehe EuGH U. v. 25.10.1983, C-107/82 – *AEG/Kommission,* Rn. 38.

[479] Kommission, Vertikal-Leitlinien, Rn. 25(a).

[480] Siehe dazu EuGH U. v. 6.1.2004 C-2/01 P und C-3/01 – *Kommission/Bayer (Adalat),* Rn. 84–89; EuG U. v. 9.7.2009, T-450/05 – *Peugeot Nederland,* Rn. 153 und 208; EuG U. v. 21.10.2003, T-368/00 – *General Motors Nederland und Opel Nederland,* Rn. 147.

[481] EuGH U. v. 21.10.2003, T-368/00 – *General Motors Nederland und Opel Nederland,* Rn. 147.

[482] EuGH U. v. 4.6.2009 C-8/08 – *T-Mobile Netherlands,* Rn. 26, m. w. N. aus der Rspr.; EuG U. v. 16.9.2013, T-380/10 – *Wabco Europe,* Rn. 37, m. w. N. aus der Rspr.; EuG U. v. 16.9.2013, T-386/10 – *Dornbracht,* Rn. 123, m. w. N. aus der Rspr. Siehe auch EuGH U. v. 14.7.1972, C-48/69 – *ICI/Kommisison,* Rn. 64/67.

plexen Sachverhalten überschneiden die Begriffe sich jedenfalls teilweise. Daher kann ein Verhalten als „Komplex von Vereinbarungen und/oder abgestimmten Verhaltensweisen" qualifiziert werden, also als eine komplexe Zuwiderhandlung, die Einzelakte mit Vereinbarungen und Einzelakte mit abgestimmten Verhaltensweisen beinhaltet.[483] Das Gericht spricht von einer **doppelten rechtlichen Qualifizierung,** von einem „Komplex tatsächlicher Gegebenheiten, von denen einige als Vereinbarungen und andere als aufeinander abgestimmte Verhaltensweisen anzusehen sind", für den aber keine weitere rechtliche Qualifizierung erforderlich sei.[484] Die Kommission muss also auch nicht für jeden Einzelakt nachweisen, dass sowohl die Tatbestandsmerkmale einer Vereinbarung als auch die einer abgestimmten Verhaltensweise erfüllt sind, wenn sie offen lassen will, welche Alternative erfüllt ist; das komplexe Verhalten insgesamt muss allerdings beide Voraussetzungen erfüllen.[485]

II. Aufeinander abgestimmte Verhaltensweise

229 Auch für den Begriff „aufeinander abgestimmte Verhaltensweise", enthält Art. 101 Abs. 1 AEUV **keine Definition.** In stRspr. beschreiben die europäischen Gerichte die aufeinander abgestimmte Verhaltensweise als eine **Form der Koordinierung** zwischen Unternehmen, die zwar noch nicht bis zum Abschluss eines Vertrags im eigentlichen Sinne gediehen ist, jedoch **bewusst** eine **praktische Zusammenarbeit** an die Stelle des mit Risiken verbundenen Wettbewerbs treten lässt.[486] Weiter hat der EuGH früh festgestellt, dass eine aufeinander abgestimmten Verhaltensweisen schon ihrem Wesen nach nicht alle Tatbestandsmerkmale einer Vereinbarung erfüllt, sondern sich insbesondere auch aus einer im Verhalten der Beteiligten zutage tretenden Koordinierung ergeben kann.[487]

1. Begriff und Tatbestandsmerkmale

230 Drei Tatbestandsmerkmale müssen erfüllt sein, damit eine abgestimmte Verhaltensweise vorliegt (siehe auch Rn. 226 und 234 ff.):[488] (a) die Abstimmung zwischen den Unternehmen (die **„Fühlungnahme",** also ein unmittelbarer oder mittelbarer Kontakt zwischen den Unternehmen), (b) ein der Abstimmung **entsprechendes Marktverhalten** und (c) einen **ursächlichen Zusammenhang** zwischen beiden.[489]

231 Die Kartellbehörde muss nicht immer die tatsächliche Durchführung einer abgestimmten Verhaltensweise oder ein auf die Abstimmung folgendes tatsächliches Parallelverhalten nachweisen. Jedenfalls für den Informationsaustausch lässt die Rspr. die **Vermutung** zu, dass die am Informationsaustausch beteiligten Wettbewerber, die danach weiter auf dem

---

483 EuG U. v. 16.6.2011, T-240/07 – *Heineken,* Rn. 191; EuG U. v. 20.3.2002, T-9/99 – *HFB Holding u. a.,* Rn. 186; EuG U. v. 17.12.1991, T-7/89 – *Herkules,* Rn. 264; Kommission E. v. 5.3.2014, AT.39952 – *Strombörsen,* ABl. C 334/5 v. 25.9.2014, Rn. 42–44; Kommission, E. v. 29.1.2014, AT.39801 – *Polyurethanschaum,* ABl. 2014 C 354/6, Rn. 33–36.

484 EuG U. v. 16.6.2011, T-240/07 – *Heineken,* Rn. 191, m. w. N. aus der Rspr.

485 EuG U. v. 16.6.2011, T-240/07 – *Heineken,* Rn. 191; EuG U. v. 20.3.2002, T-9/99 – *HFB Holding u. a.,* Rn. 187; EuG U. v. 17.12.1991, T-7/89 – *Herkules,* Rn. 264.

486 Siehe z. B. EuGH U. v. 4.6.2009, C-8/08 – *T-Mobile Netherlands,* Rn. 26, m. w. N. aus der Rspr.; EuGH U. v. 14.7.1972, C-48/69 – *Imperial Chemical Industries/Kommission („ICI"),* Rn. 64; EuG U. v. 16.9.2013, T-380/10 – *Wabco Europe,* Rn. 37, m. w. N. aus der Rspr.; EuG U. v. 16.9.2013, T-386/10 – *Dornbracht,* Rn. 123, m. w. N. aus der Rspr.

487 EuGH U. v. 14.7.1972, C-49/69 – *ICI,* Rn. 64/67. – Andererseits setzt das abgestimmte Verhalten eben ein bestimmtes tatsächliches Verhalten voraus, was wiederum für die Feststellung einer Vereinbarung nicht erforderlich ist, siehe dazu Rn. 220 ff. Es wäre daher nicht richtig, die Vereinbarung als Unterkategorie des abgestimmten Verhaltens zu begreifen. Allerdings überschneiden sich beide Tatbestände, siehe dazu Rn. 228.

488 Der Tatbestand ließe sich auch zweigliedrig verstehen, nämlich als (a) Abstimmung und (b) deren Durchführung. In der Sache würde das wohl nichts ändern.

489 EuGH U. v. 4.6.2009, C-08/8 – *T-Mobile Netherlands,* Rn. 51.

betroffenen Markt tätig bleiben, die ausgetauschten Informationen bei der Festlegung ihres Marktverhaltens berücksichtigen. Nach der Entscheidung *T-Mobile Netherlands* des EuGH gilt das nicht nur, „wenn die Abstimmung während eines langen Zeitraums regelmäßig stattfindet", sondern auch „wenn die Abstimmung auf einem **einzigen Treffen** der betroffenen Unternehmen beruht, sofern das Unternehmen auf dem jeweiligen Markt tätig bleibt".[490] In der Sache kehrt das die Beweislast um: Die Unternehmen müssen nun beweisen, dass das abgestimmte Verhalten ihr Marktverhalten nicht beeinträchtigt hat (siehe auch Rn. 238f.).[491] Diese Kausalitätsvermutung ist – so der EuGH – ein „integraler Bestandteil" des europäischen Kartellrechts.[492] Das wirft die Frage auf, ob sie auch bei der Durchsetzung des Art. 101 AEUV durch nationale Kartellbehörden (nach nationalem Verfahrensrecht) anwendbar wäre – was sich ersichtlich nur schlecht mit der allgemeinen Vermutungs-Feindlichkeit des deutschen Ordnungswidrigkeitenrechts vertrüge.

Im gleichsam umgekehrten Fall liegen der Kartellbehörde Beweise für ein tatsächliches paralleles Marktverhalten von Unternehmen vor, aber die Kontakte zwischen den beteiligten Wettbewerbern können nicht nachgewiesen werden. Nach der Rspr. darf die Kommission dann von dem beobachteten parallelen Marktverhalten auf das Vorliegen einer abgestimmten Verhaltensweise schließen, wenn die betroffenen Unternehmen für das Parallelverhalten keine andere **plausible Erklärung** anbieten.[493] Das wiederum verträgt sich nur schlecht mit der Aussage des EuGH, dass nicht jedes Parallelverhalten für sich allein eine abgestimmte Verhaltensweise sei, aber unter bestimmten Voraussetzungen (und auch nur dann) ein wichtiges Indiz dafür sein kann.[494] Denn grundsätzlich kann ein Unternehmen z. B. seine Preise jederzeit nach Belieben ändern und so auf das gegenwärtige oder erwartete Verhalten anderer Marktteilnehmer reagieren. Es verstößt erst gegen Art. 101 AEUV, wenn es mit seinen Konkurrenten – in welcher Art auch immer – zusammenwirkt, um (im Beispiel einer Preiserhöhung) ein koordiniertes Vorgehen festzulegen und dessen Erfolg dadurch zu sichern, dass im Voraus jede Unsicherheit über das wechselseitige Verhalten in Bezug auf die wesentlichen Faktoren dieses Vorgehens wie Steigerungssätze, Gegenstand, Zeitpunkt und Ort der Preiserhöhungen beseitigt wird.[495] Wird eine Art von Koordination bzw. Zusammenarbeit festgestellt, könnte es sich entweder um eine Vereinbarung oder um ein abgestimmtes Verhalten handeln. Es ist aber nicht unbedingt erforderlich zu entscheiden, welcher der beiden Tatbestände erfüllt ist (siehe Rn. 228). 232

Liegt ein abgestimmtes Verhalten vor, ist separat zu prüfen, ob dieses Verhalten den **Wettbewerb beschränkt.** Dazu ist auf die objektiven Ziele abzustellen, welche die abgestimmte Verhaltensweise zu erreichen versucht, sowie den wirtschaftlichen und rechtlichen Zusammenhang, in den sie sich einfügt.[496] Die Absicht der Beteiligten ist zwar kein not- 233

---

[490] EuGH U. v. 4.6.2009, C-08/8 – *T-Mobile Netherlands,* Rn. 51–62.

[491] EuGH U. v. 5.12.2013, C-455/11 P – *Solvay/Kommission,* Rn. 42; EuGH U. v. 4.6.2009, C-08/8 – *T-Mobile Netherlands,* Rn. 51ff.; EuGH U. v. 8.7.1999, C-49/92 P – *Kommission/Anic Partecipazioni,* Rn. 121 (betreffend Informationsaustausch); EuG U. v. 8.7.2008, T-52/03 – *BPB,* Rn. 313.

[492] EuGH U. v. 4.6.2009, C-08/8 – *T-Mobile Netherlands,* Rn. 52.

[493] EuG U. v. 12.4.2013, T-442/08 – *CISAC,* Rn. 98–99; EuG U. v. 12.4.2013, T-410/08 – *GEMA,* Rn. 76–77.

[494] EuGH U. v. 14.7.1972, C-48/69 – *ICI,* Rn. 64/67 („Zwar ist ein Parallelverhalten für sich allein noch nicht einer abgestimmten Verhaltensweise gleichzusetzen, doch kann es ein wichtiges Indiz für eine solche darstellen, wenn es zu Wettbewerbsbedingungen führt, die im Hinblick auf die Art der Waren, die Bedeutung und Anzahl der beteiligten Unternehmen sowie den Umfang des in Betracht kommenden Marktes nicht den normalen Marktbedingungen entsprechen. Dies gilt namentlich dann, wenn das Parallelverhalten es den beteiligten Unternehmen ermöglicht, ein Preisgleichgewicht auf einem anderen als dem Niveau zu erzielen, das sich aus dem Wettbewerb ergeben hätte, und erworbene Marktpositionen zum Schaden eines wirklich freien Warenverkehrs im Gemeinsamen Markt und der freien Lieferantenwahl durch den Verbraucher zu verfestigen").

[495] Z. B. EuG U. v. 16.9.2013, T-386/10 – *Aloys F. Dornbracht GmbH & Co. KG/Kommission,* Rn. 141.

[496] EuGH U. v. 4.6.2009, C-8/08 – *T-Mobile Netherlands,* Rn. 27, m. w. N. aus der Rspr.

wendiges Element, wird aber berücksichtigt.[497] Für die Feststellung der abgestimmten Verhaltensweise ist aber nicht stets erforderlich, dass (nachweisbare) wettbewerbswidrige Wirkungen aus dem Verhalten erwachsen sind.[498] Denn verboten ist ein abgestimmtes Verhalten schon dann, wenn damit ein wettbewerbswidriger Zweck verfolgt wird.[499]

2. Informationsaustausch

234 Informationsaustausch zwischen Unternehmen findet in unterschiedlichen Situationen statt, z.B. im Rahmen eines **Kartells,** einer (zulässigen) **Kooperation** (in einem Gemeinschaftsunternehmen, bei gemeinsamer Forschung & Entwicklung) oder eines **Zusammenschlusses** sowie **indirekt** über einen Dritten (z.B. Marktforschungsinstitute, B2B-Plattformen, Meldestellen[500] oder Verbände[501]). Auch eine **einseitige Offenlegung** (z.B. sog. „Signalling") von Informationen kann dabei als Informationsaustausch beurteilt werden.

235 Die Trennlinie zwischen verbotener Verhaltenskoordinierung und erlaubtem selbständigen Verhalten ist gerade beim Informationsaustausch schwierig zu ziehen. Aufgrund der großen Bedeutung von Informationsaustausch in der Praxis und dieser Schwierigkeit hat die Kommission in den **Leitlinien** über horizontale Wettbewerbsbeschränkungen das Thema ausführlich behandelt[502] und erläutert die Zulässigkeit und Unzulässigkeit von Informationsaustausch zwischen Wettbewerbern. Darüber hinaus spielt die Rspr. eine wichtige Rolle.[503]

236 **a) Informationsaustausch als abgestimmtes Verhalten.** Ein Informationsaustausch muss zunächst eine Vereinbarung, eine „Abstimmung" oder einen Beschluss einer Unternehmensvereinigung i.S.v. Art. 101 AEUV darstellen. Jedenfalls der institutionalisierte Informationsaustausch, z.B. in einem Marktinformationssystem, wird regelmäßig auf eine Vereinbarung von Unternehmen zurückgehen (oder einen Beschluss einer Unternehmensvereinigung). Für die Praxis im Vordergrund steht bei der kartellrechtlichen Analyse des Informationsaustausches der Begriff des abgestimmten Verhaltens. „Abgestimmtes Verhalten" meint (auch hier) eine Form der **Koordinierung** zwischen Unternehmen, die zwar noch nicht bis zum Abschluss eines Vertrags im eigentlichen Sinn gediehen ist, jedoch bewusst eine praktische Zusammenarbeit an die Stelle des mit Risiken verbundenen Wettbewerbs treten lässt.[504] Das alleine ermöglicht kaum die Subsumtion. Als gedanklicher Ausgangspunkt der Analyse besser geeignet ist das **„Selbständigkeitspostulat".** Danach hat jeder Unternehmer selbständig zu bestimmen, welche Politik er auf dem Markt betreibt, sowie welchen Personen er Angebote unterbreitet und an wen er verkauft.[505] Allerdings darf jedes Unternehmen seine Umgebung, auch seine Wettbewerber beobachten und sich an deren Verhalten – auf Grund autonomer Entscheidung – anpassen.[506]

---

497 EuGH U.v. 4.6 2009, C-8/08 – *T-Mobile Netherlands,* Rn. 27, m.w.N. aus der Rspr.

498 *Emmerich* in Immenga/Mestmäcker, Kommentar, Art. 101 AEUV, Rn. 95; EuGH U. v. 8.7.1999, C-49/92 P – *Kommission/Anic Partecipazioni,* Rn. 122.

499 EuGH U. v. 8.7.1999, C-49/92 P – *Kommission/Anic Partecipazioni,* Rn. 123.

500 Siehe z.B. Kommission E. v. 4.12.1986, IV/31.128 – *Fettsäuren,* ABl. 1987 L 3/17, Rn. 35.

501 Siehe dazu u.a. EuGH U. v. 28.5.1998, C-7/95 P – *John Deere/Kommission,* Rn. 42, 90; EuG U. v. 27.10.1994, T-35/92 – *John Deere/Kommission,* Rn. 66.

502 Kommission, Horizontal-Leitlinien, ABl. C 11/1 v. 14.1.2011, Rn. 55ff.

503 Siehe z.B. EuGH U. v. 28.5.1998, C-7/95 P – *John Deere/Kommission,* Rn. 90.

504 Siehe z.B. EuG U. v. 16.9.2013, T-386/10 – *Dornbracht/Kommission,* Rn. 123, m.w.N. aus der Rspr.; EuG U. v. 16.6.2011, T-240/07 – *Heineken/Kommission,* Rn. 46, m.w.N. aus der Rspr.; Kommission, Horizontal-Leitlinien, ABl. C 11/1 v. 14.1.2011, Rn. 61.

505 EuGH U. v. 16.12.1975, 40 bis 48, 50, 54 bis 56, 111, 113 und 114/73 – *Suiker Unie,* Rn. 173/174; EuG U. v. 16.9.2013, T-380/10 – *Wabco Europe,* Rn. 40, m.w.N. aus der Rspr.; EuG U. v. 16.9.2013, T-386/10 – *Dornbracht/Kommission,* Rn. 126, m.w.N. aus der Rspr.

506 EuGH U. v. 4.6.2009, C-8/08 – *T-Mobile Netherlands,* Rn. 33; EuGH U. v. 28.5.1998, C-7/95 P – *John Deere,* Rn. 87; EuGH U. v. 16.12.1975, 40 bis 48, 50, 54 bis 56, 111, 113 und 114/73 –

Abgestimmtes Verhalten (genauer: die dem vorausgehende „Abstimmung") setzt Kommunikation zwischen den Unternehmen voraus. Es ist umstritten, ob diese Kommunikation auch durch für jedermann einsehbare Kanäle erfolgen kann (sog. *signalling*), aber alleine die Beobachtung des Marktes durch ein Unternehmen und das Sammeln öffentlich verfügbarer Informationen über die Wettbewerber kann keine Abstimmung sein. Erforderlich ist vielmehr eine **unmittelbare oder mittelbare Fühlungnahme** zwischen den Unternehmen, die – dazu sogleich – ein Unternehmen über das Marktverhalten eines Wettbewerbers ins Bild setzt und dadurch die Wettbewerbsbedingungen verändert.[507] Der Begriff der Fühlungnahme wurde durch die Rspr. weit ausgelegt: Wenn ein Unternehmen regelmäßig **passiv** an Sitzungen teilnehme und dadurch Informationen über die angestrebten Preise seiner Wettbewerber erfahre, könne es nicht länger selbständig auf dem Markt auftreten, denn die Informationen könnten nicht außer Acht gelassen werden.[508] Diese Rspr. gilt (folgerichtig) auch, wenn der Informationsaustausch nicht gegenseitig erfolgt, sondern ein Unternehmen lediglich Informationen erhält.[509] Um keinen Verstoß zu begehen, muss das Unternehmen sich für die anderen Beteiligten erkennbar vom Ergebnis des Treffen **distanzieren** und mitteilen, dass es sich nicht dem Informationsaustausch entsprechend auf dem Markt verhalten wird.[510] Es folgt zudem, dass kartellrechtswidriger Informationsaustausch nicht erst dann vorliegt, wenn die Unternehmen vereinbaren, auf den Informationsaustausch ein bestimmtes Verhalten folgen zu lassen. 237

Der Begriff der abgestimmten Verhaltensweise setzt, wie sich aus dem Wortlaut der Vorschrift ergibt, über die Abstimmung zwischen den Unternehmen (die „Fühlungnahme") hinaus ein dieser entsprechendes **Marktverhalten** und einen **ursächlichen Zusammenhang** zwischen Abstimmung und Marktverhalten voraus.[511] Die Kartellbehörde trägt zwar die **Beweislast** für alle diese Merkmale eines Verstoßes gegen Art. 101 Abs. 1 AEUV, aber sie muss nicht immer den Kontakt oder die Fühlungnahme zwischen den Wettberbern belegen. Sie darf vielmehr von einem beobachteten parallelen Marktverhalten auf die Abstimmung zurückschließen, wenn die betroffenen Unternehmen für ihr Verhalten keine andere plausible Erklärung anbieten. Dies soll mit der grundsätzlichen Verteilung der Beweislast vereinbar sein.[512] Die Kommission muss also nicht beweisen, genau welche Kontakte zwischen den betroffenen Unternehmen stattgefunden haben, wenn die einzige plausible Erklärung für das Parallelverhalten eine Koordinierung ist. Gleichsam umgekehrt ist, wenn die Abstimmung oder „Fühlungnahme" zwischen Wettbewerbern nachgewiesen ist, der Nachweis der Umsetzung entbehrlich. Es wird nämlich **vermutet,** dass die am Informationsaustausch beteiligten Wettbewerber, welche weiter auf dem Markt tätig bleiben, diese Informationen bei der Festlegung ihres Marktverhaltens berücksichtigen.[513] Die Unternehmen müssen vielmehr den Gegenbeweis erbringen, dass die ausgetauschten Informa- 238

Suiker Unie, Rn. 173/174; EuG U. v. 16.9.2013, T-380/10 – *Wabco Europe,* Rn. 41, m. w. N. aus der Rspr.; EuG U. v. 16.9.2013, T-386/10 – *Dornbracht,* Rn. 127, m. w. N. aus der Rspr.; Kommission, Horizontalleitlinien, ABl. C 11/1 v. 14.1.2011, Rn. 61.

[507] EuGH U. v. 4.6.2009, Rs T-8/08 – *T-Mobile Netherlands,* Rn. 33; EuGH U. v. 28.5.1998, C-7/95 P – *John Deere,* Rn. 87; EuGH U. v. 16.12.1975, 40 bis 48, 50, 54 bis 56, 111, 113 und 114/73 – *Suiker Unie,* Rn. 173/174; EuG U. v. 16.9.2013, T-380/10 – *Wabco Europe,* Rn. 38–41, m. w. N. aus der Rspr.; EuG U. v. 16.9.2013, T-386/10 – *Dornbracht,* Rn. 127, m. w. N. aus der Rspr.; EuG U. v. 16.9.2013, T-364/10 – *Duravit,* Rn. 210, m. w. N. aus der Rspr.; Kommission, Horizontal-Leitlinien, ABl. C 11/1 v. 14.1.2011, Rn. 61.

[508] EuG U. v. 12.7.2001, T-202/98, T-204/98 u. T-207/98 – *Tate & Lyle,* Rn. 40.

[509] EuG U. v. 16.9.2013, T-380/10 – *Wabco Europe,* Rn. 100.

[510] EuGH U. v. 20.3.2002, T-9/99 – *HFB,* Rn. 223, zum „Distanzieren" siehe Rn. 103.

[511] EuGH U. v. 4.6.2009, C-08/8 – *T-Mobile Netherlands,* Rn. 51.

[512] EuG U. v. 12.4.2013, T-442/08 – *CISAC,* Rn. 98–99; EuG U. v. 12.4.2013, T-410/08 – *GEMA,* Rn. 76–77.

[513] EuGH U. v. 4.6.2009 C-08/8 – *T-Mobile Netherlands,* Rn. 51; EuG U. v. 8.7.2008, T-52/03 – *BPB,* Rn. 313; EuGH U. v. 8.7.1999, C-49/92 P – *Kommission/Anic Partecipazioni,* Rn. 121.

tionen keine Auswirkungen auf die Festlegung ihres Marktverhaltens haben.[514] Dies gilt insbesondere, wenn der Informationsaustausch über einen **längeren Zeitraum** stattgefunden hat,[515] aber die Kausalvermutung zwischen Abstimmung und Marktverhalten der beteiligten Unternehmen gilt grds. auch, wenn die Abstimmung nur auf einem **einzigen Treffen** beruht.[516] Es ist nämlich nicht entscheidend, wie viele Treffen es zwischen den Unternehmen gegeben hat, sondern dass die Unternehmen weiter auf dem Markt tätig bleiben.[517] Die nationalen Richter (und Behörden) sind verpflichtet, diese Kausalitätsvermutung bei Anwendung des Art. 101 AEUV zu beachten.

239 Ein Unternehmen kann sich gegen den Vorwurf des kartellrechtswidrigen Informationsaustausches nicht damit verteidigen, dass der unmittelbar beteiligte Mitarbeiter intern keine Befugnis hatte, eine aus dem Informationsaustausch folgende Anpassung der Geschäftspolitik des Unternehmens vorzunehmen (z. B. Preise anzupassen). Das Unternehmen bleibt für den Informationsaustausch auch dann verantwortlich, wenn der besagte Mitarbeiter intern über keine Befugnisse zur Entscheidung über die Geschäftspolitik verfügt.[518] Die Verantwortung eines Unternehmens setzt nicht einmal Kenntnis der Inhaber oder Geschäftsführer über den Informationsaustausch voraus, sondern es genügt, dass die unmittelbar beteiligte Person für das Unternehmen tätig ist.[519]

240 **b) Informationsaustausch als Wettbewerbsbeschränkung.** Informationsaustausch kann schädlich für den Wettbewerb sein, weil er die strategische Ungewissheit auf dem Markt verringert (und damit ein oder mehrere Unternehmen von Vorstößen im Wettbewerb abhält) oder (implizite) Kollusion erleichtert.[520] Die „Fühlungnahme" muss also geeignet sein, entweder das Marktverhalten eines gegenwärtigen oder potenziellen Wettbewerbers zu beeinflussen oder einen solchen Wettbewerber über das Verhalten ins Bild zu setzen, das man selbst auf dem betreffenden Markt an den Tag zu legen entschlossen ist oder in Erwägung zieht, und muss so **bezwecken oder bewirken,** dass Wettbewerbsbedingungen entstehen, die im Hinblick auf die Art der Waren oder erbrachten Dienstleistungen, die Bedeutung und Zahl der beteiligten Unternehmen sowie den Umfang des in Betracht kommenden Marktes nicht den normalen Bedingungen dieses Marktes entsprechen.[521] Auch das Selbständigkeitspostulat verbietet den Informationsaustausch zwischen Wettbewerbern also nicht *per se,* sondern es kommt stets auf die Umstände des Einzelfalls an, und aus der Verringerung der Ungewissheit alleine folgt nicht schon die Beschränkung des Wettbewerbs.

241 Informationsaustausch zwischen Wettbewerbern kann eine **bezweckte Wettbewerbsbeschränkung** sein.[522] Um festzustellen, ob der Informationsaustausch schon **seiner Na-**

---

[514] EuGH U. v. 4.6.2009 C-08/8 – *T-Mobile Netherlands,* Rn. 51; EuG U. v. 8.7.2008, T-52/03 – *BPB,* Rn. 313; EuGH U. v. 8.7.1999, C-49/92 P – *Kommission/Anic Partecipazioni,* Rn. 126.

[515] EuGH U. v. 4.6.2009 C-08/8 – *T-Mobile Netherlands,* Rn. 51; EuG U. v. 8.7.2008, T-52/03 – *BPB,* Rn. 309, beide m. w. N. aus der Rspr.

[516] EuGH U. v. 4.6.2009 C-08/8 – *T-Mobile Netherlands,* Rn. 55 ff.

[517] EuGH U. v. 4.6.2009 C-08/8 – *T-Mobile Netherlands,* Rn. 61.

[518] So jedenfalls GA Kokott Schlussanträge v. 11.12.2014, C-286/13 P – *Dole,* Rn. 101.

[519] EuGH U. v. 7.2.2013, C-68/12 – *Slovenská sporiteľňa,* Rn. 25; EuGH U. v. 7.6.1983, 100/80 bis 103/80 – *Musique diffusion française,* Rn. 96 f.

[520] Siehe z. B. EuG U. v. 16.9.2013, Rs T-386/10 – *Dornbracht,* Rn. 125 f., m. w. N. aus der Rspr.; Kommission, Horizontal-Leitlinien, ABl. C 11/1 v. 14.1.2011, Rn. 61.

[521] Vgl. EuGH U. v. 4.6.2009, Rs T-8/08 – *T-Mobile Netherlands,* Rn. 33; EuGH U. v. 28.5.1998, C-7/95 P – *John Deere,* Rn. 87 ff.; EuGH U. v. 16.12.1975, 40 bis 48, 50, 54 bis 56, 111, 113 und 114/73 – *Suiker Unie,* Rn. 173/174; EuG U. v. 16.9.2013, T-380/10 – *Wabco Europe,* Rn. 38–41, m. w. N. aus der Rspr.; EuG U. v. 16.9.2013, T-386/10 – *Dornbracht,* Rn. 127, m. w. N. aus der Rspr.; EuG U. v. 16.9.2013, T-364/10 – *Duravit,* Rn. 210, m. w. N. aus der Rspr.; Kommission, Horizontal-Leitlinien, Rn. 61.

[522] EuGH U. v. 4.6.2009, C-8/08 – *T-Mobile Netherlands,* Rn. 29 ff., 43; Kommission, Horizontal-Leitlinien, Tz. 72.

tur nach eine hinreichende Beeinträchtigung des Wettbewerbs erwarten lässt und damit eine Wettbewerbsbeschränkung bezweckt, muss die Wettbewerbsbeschränkung keine zwingende Folge sein; es genügt ein hinreichendes Potential negativer Auswirkungen auf den Wettbewerb.[523] Die konkreten Auswirkungen auf den Wettbewerb müssen dann nicht geprüft werden.[524] Da „Zweck" auch hier objektiv zu verstehen ist, ist die Absicht der beteiligten Unternehmen **kein notwendiges Element** für die Feststellung, ob eine Verhaltensweise den Wettbewerb beschränkt; sie kann jedoch in die Beurteilung mit einfließen.[525]

Für die Prüfung des wettbewerbswidrigen Zwecks müssen der Gegenstand des Informationsaustauschs, die mit ihm verfolgten objektiven Ziele sowie der wirtschaftliche und rechtliche Zusammenhang, in dem dieser Austausch stattfindet, betrachtet werden. Auch die Art der betroffenen Waren oder Dienstleistungen, die auf dem jeweiligen Markt (oder den jeweiligen Märkten) herrschenden tatsächlichen Bedingungen und die Struktur des Marktes (oder der Märkte) sind zu berücksichtigen.[526] Streng genommen, kann die bezweckte Wettbewerbsbeschränkung also nicht aus der Art der ausgetauschten Informationen alleine geschlossen werden. Vielmehr muss der Informationsaustausch konkret geeignet sein, zu einer Verhinderung, Einschränkung oder Verfälschung des Wettbewerbs zu führen.[527] Aber der Austausch gegenwärtiger oder zukünftiger Preise begründet regelmäßig die bezweckte Wettbewerbsbeschränkung.[528] Dies gilt auch dann, wenn nur ein indirekter Zusammenhang mit den Verbraucherpreisen vorliegt;[529] auch der Austausch von Listenpreisen, die so nicht unverändert im Markt durchgesetzt werden, kann daher eine bezweckte Wettbewerbsbeschränkung sein.[530] 242

Informationsaustausch kann eine **Wettbewerbsbeschränkung bewirken,** wenn unternehmensstrategische Daten ausgetauscht werden, also marktbezogene Wettbewerbsparameter wie Kundenlisten, Produktionsmengen und -kapazitäten, Kosten, Umsätze und Verkaufszahlen, Produktqualitäten und -gestaltungen, Innovationen und Marketingpläne.[531] Auch bestimmte preisbezogene Angaben können Wettbewerbsbeschränkungen bewirken (wenn sie eine solche nicht schon bezwecken).[532] 243

Die wettbewerbsbeschränkenden Auswirkungen bestimmen sich dann aus einer Gesamtschau verschiedener Kriterien: 244

– **Ausgetauschte Informationen:** (a) Der Austausch individueller, unternehmensspezifischer Daten beschränkt eher den Wettbewerb als der Austausch von Daten über den Gesamtmarkt oder von anonymisierten Daten.[533] (b) Der Austausch von Daten über das gegenwärtige oder zukünftige Verhalten von Unternehmen wird viel kritischer beurteilt als

---

[523] EuGH U. v. 4.6.2009, C-8/08 – *T-Mobile Netherlands,* Rn. 31; siehe auch Kommission, Leitlinien zur Anwendung von Art. 81 Abs. 3 EG-Vertrag ABl. C 101/97 v. 27.4.2004, Rn. 24.

[524] GA J. Kokott Schlussanträge v. 11.12.2014, C-286/13 P – *Dole/Kommission,* Rn. 109 m. w. N. aus der Rspr.

[525] GA J. Kokott Schlussanträge v. 11.12.2014, C-286/13 P – *Dole/Kommission,* Rn. 108.

[526] EuGH U. v. 11.11.2014, C-67/13 P – *CB/Kommission,* Rn. 53; EuGH U. v. 4.6.2009, C-8/08 – *T-Mobile Netherlands,* Rn. 27; GA Kokott, Schlussanträge v. 11.12.2014, C-286/13 P – *Dole,* Rn. 108; Kommission, Horizontal-Leitlinien, Rn. 72.

[527] Vgl. Kokott, Schlussanträge v. 11.12.2014, C-286/13 P – *Dole,* Rn. 109, m. w. N. aus der Rspr.

[528] Vgl. EuG U. v. 14.3.2013, T-588/08 – *Dole/Kommission,* Rn. 262 f.; Kommission, Horizontal-Leitlinien, ABl. C 11/1 v. 14.1.2011, Rn. 73; siehe auch GA Kokott Schlussanträge v. 11.12.2014, C-286/13 P – *Dole,* Rn. 95.

[529] EuG U. v. 14.3.2013, T-588/08 – *Dole/Kommission,* Rn. 113, m. w. N. aus der Rspr.; GA Kokott Schlussanträge v. 11.12.2014, C-286/13 P – *Dole,* Rn. 113.

[530] EuG U. v. 16.9.2013, T-380/10 – *Wabco Europe,* Rn. 39; EuG U. v. 16.9.2013, T-379/10 und T-381/10 – *Keramag,* Rn. 49 ff.

[531] Kommission, Horizontal-Leitlinien, ABl. C 11/1 v. 14.1.2011, Rn. 75, 86.

[532] Kommission, Horizontal-Leitlinien, ABl. C 11/1 v. 14.1.2011, Rn. 86, mit folgenden Beispielen: Preisnachlässe, -erhöhungen, -senkungen und Rabatte.

[533] Siehe dazu im Einzelnen Rn. 245 ff.

ein Austausch historischer Informationen.[534] (c) Der Austausch von Geschäftsgeheimnissen oder anderen vertraulichen Informationen beschränkt eher den Wettbewerb als der Austausch von Informationen, die ohnehin öffentlich oder zumindest leicht zugänglich sind. Der Informationsaustausch von echten öffentlichen Informationen ist keine Wettbewerbsbeschränkung.[535] Nach den Horizontalleitlinien der Kommission sind echte öffentliche Informationen nur solche, zu denen alle Wettbewerber und Kunden gleichermaßen leicht Zugang haben. Diese Definition stellt in erster Linie auf die Kosten des Zugangs ab: Informationen sind nur dann echte öffentliche Informationen, wenn die Beschaffung der Informationen für Kunden und nicht am Austausch beteiligte Unternehmen nicht teurer ist als für die am Austausch beteiligten Unternehmen. Es handelt sich aber nicht um echte öffentlichen Informationen, wenn diese zwar öffentlich sind, aber deren Beschaffung mit so hohen Kosten verbunden ist, dass Unternehmen und Kunden davon abgehalten werden, sich diese Informationen zu verschaffen. Dann kann der Informationsaustausch wettbewerbsbeschränkend sein, da die beteiligten Unternehmen die Informationen schneller und verlässlicher erhalten, als wenn sie selbst den Markt hätten überwachen müssen.[536]

- **Eigenschaften des Informationsaustauschs:** Die Häufigkeit eines Informationsaustausches spielt eine wichtige Rolle für dessen Auswirkungen.[537] Ein einmaliges Treffen kann ausreichen, um den Wettbewerb zu beschränken.[538] Aber es bedarf (auch hier) einer Gesamtbetrachtung der wirtschaftlichen Bedingungen auf dem betroffen Markt und der Art der ausgetauschten Informationen. Es hängt also von der Struktur des Marktes ab, ob durch die ausgetauschten Informationen zwischen den Wettberbern ihr Marktverhalten auch nach nur einer einzigen Kontaktaufnahme beeinflusst werden kann.[539]
- **Beteiligte Unternehmen und betroffener Markt:** (a) Wettbewerbsbeschränkende Auswirkungen sind je wahrscheinlicher, desto größer der Teil des Marktes, den die Informationen abdecken.[540] (b) Je konzentrierter ein Markt, desto wahrscheinlicher sind wettbewerbsbeschränkende Auswirkungen.[541] Der Austausch von Informationen auf einem hoch konzentrierten oligopolistischen Markt, in dem der Wettbewerb bereits sehr reduziert ist, wird also kritisch(er) beurteilt. Solange der Informationsaustausch Ungewissheiten über strategisches Marktverhalten beseitigt, kann allerdings auch auf einem nicht stark konzentrierten Markt der Wettbewerb beschränkt werden.[542] (c) Auch die Besonderheiten des betroffenen Produkts beeinflussen, ob Informationsaustausch wettbewerbsbeschränkende Wirkungen hat. Generell wird es in Märkten mit homogenen Produkten des Austauschs von weniger Informationen bedürfen, um das Marktverhalten der Unternehmen transparent werden zu lassen (bei vollkommen homogenen Produkten kann der Preis genügen).

245 **c) Marktinformationssysteme von Industrieverbänden.** Viele Industrie- und Wirtschaftsverbände unterhalten Marktinformationssysteme, die regelmäßig Umsatz und Absatzentwicklungen in einem Wirtschaftszweig (oder für bestimmte Produktgruppen) nachzeichnen. Das ist grundsätzlich volkswirtschaftlich wünschenswert, weil es einzelnen Unternehmen, insbesondere den kleineren Wettbewerbern erlaubt, in einer Weise Marktentwicklungen abzuschätzen, wie es auf Grundlage der eigenen Beobachtungen nicht oder

---

[534] Kommission, Horizontal-Leitlinien, ABl. C 11/1 v. 14.1.2011, Rn. 90.
[535] Kommission, Horizontal-Leitlinien, ABl. C 11/1 v. 14.1.2011, Rn. 63, 92.
[536] EuG U. v. 12.7.2001, T-202/98, T-204/98 u. T-207/98 – *Tate & Lyle,* Rn. 39.
[537] Kommission, Horizontal-Leitlinien, ABl. C 11/1 v. 14.1.2011, Rn. 91.
[538] EuGH U. v. 4.6.2009, C-8/08 – *T-Mobile Netherlands,* Rn. 57–62.
[539] EuGH U. v. 4.6.2009, C-8/08 – *T-Mobile Netherlands,* Rn. 59.
[540] Kommission, Horizontal-Leitlinien, ABl. C 11/1 v. 14.1.2011, Rn. 87.
[541] EuGH U. v. 4.6.2009, C-8/08 – *T-Mobile Netherlands,* Rn. 34 f.; EuGH U. v. 28.5.1998, C-7/95 P – *John Deere/Kommission,* Rn. 88.
[542] EuGH U. v. 2.10.2003, C-194/99 – *ThyssenKrupp/Kommission,* Rn. 86 ff.

nur schlechter möglich wäre. Das Marktinformationssystem darf allerdings nicht zu einem kartellrechtswidrigen Informationsaustausch zwischen den Mitgliedern des Verbands mutieren. Dieses Problem ist nach den allgemeinen Regeln zu beurteilen und bedarf grds. der Prüfung des Einzelfalls (siehe Rn. 240ff. oben); ein Industrieverband kann da keine „Bereichsausnahme" o.ä. in Anspruch nehmen.[543] Aber in der Praxis sind zwei zulässige Vorgehensweisen vorherrschend:

– Es werden nur „historische" Daten an die Mitglieder verteilt, d.h. Daten, aus denen keine Rückschlüsse auf das aktuelle oder zukünftige wettbewerbliche Verhalten der einzelnen Verbandsmitglieder gezogen werden können. Hierfür hat sich als Faustregel etabliert, dass Daten als historisch in diesem Sinne gelten, wenn der Erhebungszeitraum zum Zeitpunkt der Verteilung ein Jahr zurückliegt (z.B.: Umsatzangaben für das Kalenderjahr 2013 werden im Januar 2015 verteilt). U.a. in Märkten mit volatilen Preisen, in denen Geschäftsabschlüsse zum Tagespreis überwiegen, kann diese Frist jedoch kürzer sein. Sind die Daten historisch, kommt es nicht mehr darauf an, ob das Marktinformationssystem „identifizierend" ist (dazu sogleich); es ist also auch möglich, z.B. Umsatzgaben einzelner Unternehmen mitzuteilen.
– Oft werden historische Daten den Zweck nicht erfüllen, den sich die Verbandsmitglieder von dem Marktinformationssystem erhoffen, nämlich Trends schnell abzubilden. Dann bietet sich ein „nicht-identifizierendes" System an, bei dem (a) der Verband seinen Mitgliedern nur aggregierte Daten mitteilt, z.B. Marktvolumina oder Durchschnitts-Preise; (b) alternativ werden Einzelwerte genannt, aber nicht bestimmten Unternehmen zugeordnet.[544] Damit dies auch ohne ausdrückliche Nennung selbst Branchenkennern nicht möglich ist, muss der Verband darauf achten, dass pro Kategorie eine bestimmte Mindestzahl an Meldungen eingeht. Hier hat sich in der Praxis die Faustregel etabliert, dass fünf Meldungen ausreichend sind, um Einzelmeldungen unkenntlich zu machen. Der Verband muss beim Zuschnitt der Produktkategorien, für die z.B. Umsatzangaben erhoben werden sollen, die Kategorien also so wählen, dass auch fünf oder mehr Meldungen eingehen. Gehen zu wenig Meldungen ein, erfolgt eine Mitteilung nur über die nächsthöhere Ebene der Produkthierarchie.

d) Benchmarking. Beim sog. **benchmarking** stehen regelmäßig unternehmensinterne Daten, insbesondere Kosten und einzelne Kostenpositionen im Vordergrund. Die Unternehmen versuchen durch **benchmarking** oder ähnliche Studien zu ermitteln, wie sich ihre Kostenstruktur (z.B. ihre Personal- oder Vertriebskosten) im Vergleich zu ihren Wettbewerbern oder sonst ähnlichen Unternehmen darstellt. Wegen der Art der ausgetauschten Informationen wird die Wettbewerbsbeschränkung hier sehr viel schwieriger auszumachen sein, als beim Austausch von Preis- und Absatzinformationen. Aber in einzelnen Wirtschaftszweigen können einzelne Kostenpositionen eine derart überragende Bedeutung für den Preiswettbewerb haben, dass der Austausch dieser Positionen wettbewerbsbeschränkend wirkt. Schon zum Schutz von Geschäftsgeheimnissen, aber auch aus kartellrechtlichen Gründen, werden bei *benchmarking*-Studien ohnehin regelmäßig die einzelnen Daten nicht bestimmten Unternehmen zugeordnet, sondern eher deren Häufigkeitsverteilung angegeben. Hier gelten ähnliche Grundsätze wie bei den Marktinformationssystemen der Verbände (wenn auch der Rückgriff auf historische Informationen regelmäßig keine Lösung sein wird). **246**

---

[543] Die Übermittlung von Daten an einen Verband in dem Wissen, dass bestimmten Informationen an die anderen Mitglieder weitergegeben werden, ist eine (stillschweigende) Vereinbarung; siehe dazu EuGH U. v. 28.5.1998, C-7/95 P – *John Deere,* Rn. 42, und zuvor EuG U. v. 27.10.1994, T-35/92 – *John Deere,* Rn. 66.

[544] Siehe Kommission, Horizontal-Leitlinien, ABl. C 11/1 v. 14.1.2011, Rn. 89, wonach beim Austausch echter aggregierten Daten (Daten, die nicht oder nur mit hinreichender Schwierigkeit Rückschlüsse auf individuelle unternehmensspezifische Daten zulassen) wettbewerbsbeschränkende Auswirkungen viel weniger wahrscheinlich sind als beim Austausch unternehmensspezifischer Daten; siehe auch Kommission, E. v. 4.12.1986, IV/31.128 – *Fettsäuren,* ABl. 1987 L 3/17, Rn. 35.

247 **e) Informationsaustausch zwischen Nicht-Wettbewerbern.** Informationsaustausch zwischen Nicht-Wettbewerbern wird nur unter besonderen Umständen den Wettbewerb beschränken. Aber es bedarf zunächst der sorgfältigen Prüfung, ob wirklich **kein Wettbewerbsverhältnis** besteht. Z.B. mögen die Substitutionsmöglichkeiten einer kleinen Kundengruppe nicht ausreichen um zu begründen, dass die Produkte zweier Anbieter in den gleichen Markt gehören, aber solange die beiden Anbieter um eine bestimmte Kundengruppe oder einen bestimmten Ausschnitt aus der Nachfrage im Wettbewerb stehen,[545] kann der Informationsaustausch zwischen ihnen diesen Wettbewerb auch beschränken (nur wird man an den Nachweis je höhere Anforderungen stellen müssen, desto geringer die betroffene Kundengruppe ist, denn je kleiner die Kundengruppe, desto weniger werden die beteiligten Unternehmen ihr Marktverhalten an dieser Kundengruppe ausrichten).

248 Wenn die beteiligten Unternehmen keine Wettberber sind, gibt es **keine Vermutung,** dass ein Informationsaustausch einen wettbewerbsbeschränkenden Zweck oder eine wettbewerbsbeschränkende Wirkung hat. Denn dann ist der Informationsaustausch grundsätzlich nicht geeignet, das Verhalten der Unternehmen zu beeinflussen.[546] Wenn Nicht-Wettbewerber sich den gleichen Abnehmern gegenübersehen (ohne dass ihre Produkte austauschbar wären), so kann sich die Wettbewerbsbeschränkung ausnahmsweise daraus ergeben, dass strategische Informationen über das Beschaffungsverhalten der gemeinsamen Kunden ausgetauscht werden und dies das Verhandlungsergebnis zu Lasten des Kunden verschlechtert.[547] Das ist aber nachzuweisen und folgt nicht allein aus der Stellung des gemeinsamen Kunden.

III. Beschlüsse einer Unternehmensvereinigung

1. Begriff und Definition

249 Der Begriff eines Beschlusses einer Unternehmensvereinigung ist weit zu interpretieren. Hinter seiner ausdrücklichen Erwähnung in Art. 101 Abs. 1 AEUV steht nämlich die Erwägung, den Normadressaten die Umgehung des Verbots kartellrechtswidriger Vereinbarungen durch Verlagerung ihrer Koordinierung in eine andere Organisationsform zu vereiteln. Ein Beschluss ist die Bildung eines Gesamtwillens einer Unternehmensvereinigung durch deren zuständige Organe.[548] Beschlüsse sind von sonstigen Aktivitäten der Unternehmensvereinigungen abzugrenzen. Allerdings erfasst Art. 101 Abs. 1 AEUV entgegen seinem Wortlaut nicht nur förmliche Beschlüsse, sondern **auch andere Aktivitäten von Unternehmensvereinigungen.** Entscheidend ist die Zielsetzung, die Ausübung einer wirtschaftlichen Betätigung der Mitglieder zu beeinflussen. Dazu zählen etwa auch Vereinbarungen zwischen zwei Unternehmensvereinigungen[549] oder zwischen Unternehmensvereinigungen und Unternehmen.[550] Auf eine bestimmte Form kommt es ohnehin nicht an, sodass auch mündliche Beschlüsse erfasst sind.

---

[545] Siehe BKartA Fallbericht v. 7.5.2013 – *Bußgeldverfahren gegen Hersteller von Süßwaren,* S. 2, wonach die Anbieter verschiedener Süßwaren um die Nachfrage des Lebensmitteleinzelhandels nach „Aktionsware" konkurrieren können.

[546] EuG U. v. 16.9.2013, T-380/10 – *Wabco Europe,* Rn. 79; EuG U. v. 16.9.2013, T-379/10 und T-381/10 – *Keramag,* Rn. 91 ff.

[547] Vgl. BKartA Fallbericht v. 27.5.2013 – *Bußgeldverfahren gegen Hersteller von Süßwaren,* S. 3.

[548] Vgl. Kommission E. v. 5.12.1984, IV/30.307 – *Feuerversicherung,* ABl. L 35/20 v. 7.2.1985, Rn. 23.

[549] EuGH U. v. 19.3.1964, C-67/63 – *SOREMO/Hohe Behörde,* Slg. 1964, 293, 347 (zu Art. 65 EGKS-Vertrag, der alle Vereinbarungen, Beschlüsse und Praktiken untersagte, die darauf abzielten, den normalen Wettbewerb zu verhindern, einzuschränken oder zu verfälschen); EuGH U. v. 30.1. 1985, 123/83 – *BNIC/Clair,* Slg. 1985, 391, Rn. 20; EuG U. v. 23.2.1994, T-39/92 u. T-40/92 – *CB u. a./Kommission,* Slg. 1994, II-49, Rn. 76 f.

[550] Vgl. EuG U. v. 15.3.2000, T-25/95 u. a. – *Cimenteries CBR,* Slg. 2000, II-508, Rn. 1325.

Zur Abgrenzung zwischen Beschlüssen einer Unternehmensvereinigung und (delegierter) Rechtsetzung unter Beteiligung der betroffenen Unternehmen (siehe Rn. 148ff.). 250

2. Verbindlichkeit des Beschlusses

Die in einem Beschluss einer Unternehmensvereinigung enthaltenen Handlungsanweisungen müssen für die Mitglieder **nicht rechtlich verbindlich** sein, solange nur der Willen der Vereinigung zum Ausdruck kommt, das Wettbewerbsverhalten der Mitglieder zu koordinieren.[551] 251

Entsprechend können auch rechtlich unverbindliche **Empfehlungen** unter Art. 101 Abs. 1 AEUV fallen.[552] Auch ist nicht erforderlich, dass die Mitglieder tatsächlich der Empfehlung folgen;[553] es genügt bereits, wenn weitere Faktoren die Befolgung in der Praxis nahe legen. Hierzu zählt nach **Verband der Sachversicherer** ein gemeinsames Interesse, ein der Empfehlung an die Sachversicherer analoges Verhalten der Rückversicherer oder die satzungsmäßige Ermächtigung der Vereinigung zur Koordinierung der Tätigkeiten ihrer Mitglieder auf dem Gebiet des Wettbewerbs.[554] Von der Empfehlung muss aber wenigstens eine **faktische Bindungswirkung** ausgehen[555] oder jedenfalls wahrscheinlich sein. Allerdings liegt bei einer verbindlichen Vorgabe an die Mitglieder stets ein „Beschluss" i. S. v. Art. 101 Abs. 1 AEUV vor.[556] 252

3. Haftung und Zurechenbarkeit

Soll über die unmittelbar handelnden Unternehmen hinaus auch die Unternehmensvereinigung kartellrechtlich belangt werden, so muss diese ein von ihren Mitgliedern gesondertes Verhalten gezeigt haben.[557] In *Cimenteries CBR* erblickte das EuG dieses gesonderte kartellrechtswidrige Verhalten der europäischen Vereinigung der Zementindustrie *Cembureau* in der Einladung zu und Vorbereitung von Treffen der Vertreter der nationalen Branchenverbände, dem Abschluss von Vereinbarungen sowie der Mitwirkung an deren späterer Umsetzung durch Austausch von Preisinformationen.[558] Demnach ist für die Feststellung einer eigenen Zuwiderhandlung der Unternehmensvereinigung nicht ausreichend, dass die Vereinigung den Mitgliedsunternehmen eine Plattform für den Abschluss von Vereinbarungen oder die Abstimmung von Verhaltensweisen bietet (und die Mitgliedsunternehmen dann „anlässlich" von Veranstaltungen der Unternehmensvereinigung Absprachen treffen). Vielmehr muss die Vereinigung selbst zwecks Koordinierung ihrer Mitglieder aktiv werden. 253

Bußgeldbescheide können nur an rechtsfähige Unternehmensvereinigungen gerichtet werden, bei nichtrechtsfähigen Vereinigungen haften die Mitglieder unmittelbar.[559] Selbst wenn Mitglieder nicht an der Beschlussfassung mitgewirkt haben oder sogar gegen den Beschluss gestimmt haben, haften sie jedenfalls für solche Beschlüsse, die für sie gemäß der 254

---

551 EuGH U. v. 27.1.1987, C-45/85 – *Verband der Sachversicherer,* Slg. 1987, 405, Rn. 32 (dort ging es um eine „unverbindliche Empfehlung" eines Versicherungsverbands zur Gestaltung von Versicherungsprämien); wohl a. A. *Bechtold/Bosch/Brinker* in EU-Kartellrecht, Kommentar, Art. 101 AEUV, Rn. 52.

552 EuGH U. v. 27.1.1987, C-45/85 – *Verband der Sachversicherer,* Slg. 1987, 405, Rn. 32 (Empfehlung eines Versicherungsverbandes zur Gestaltung von Versicherungsprämien); vgl. auch jüngst EuGH U. v. 28.2.2013, C-1/12 – *Ordem dos Técnicos Oficiais de Contas,* Rn. 46.

553 In diese Richtung aber noch EuGH U. v. 8.11.1983, 96/82 u. a. – *IAZ,* Slg. 1983, 3369, Rn. 21.

554 EuGH U. v. 27.1.1987, C-45/85 – *Verband der Sachversicherer,* Slg. 1987, 405, Rn. 29ff.

555 A. A. *Roth/Ackermann* in Frankfurter Kommentar, Art. 81 Abs. 1 EG, Rn. 145.

556 EuGH U. v. 18.7.2013, C-136/12 – *Consiglio nazionale dei geologi,* Rn. 47 (zum Erlass eines verbindlichen Verhaltenskodex).

557 EuG U. v. 15.3.2000, T-25/95 – *Cimenteries CBR,* Slg. 2000, II-508, Rn. 1325.

558 EuG U. v. 15.3.2000, T-25/95 – *Cimenteries CBR,* Slg. 2000, II-508, Rn. 1326.

559 So jedenfalls *Hengst* in Langen/Bunte, Kommentar, Art. 101 AEUV, Rn. 108.

Satzung der Unternehmensvereinigung bindend sind.[560] Die Befürworter des Beschlusses erfüllen in der Regel ihrerseits zusätzlich den Tatbestand einer Vereinbarung oder einer abgestimmten Verhaltensweise. Sonstige Mitglieder können sich lediglich von der Haftung für unverbindliche Beschlüsse von Vereinigungen loslösen. Hierfür müssen sie sich von dem Beschluss offen distanzieren[561] und dürfen diesen auch nicht *de facto* befolgen. Verpflichtende Beschlüsse sind dagegen auch den ablehnenden Mitgliedern zurechenbar. Siehe Art. 23 Abs. 4 VO 1/2003 zur Ausfallhaftung der Mitgliedsunternehmen, wenn eine Geldbuße gegen eine – rechtsfähige – Unternehmensvereinigung verhängt wird.

4. Beispiele

255 Prämienempfehlungen von Versicherungsverbänden können Beschlüsse im Sinne des Art. 101 Abs. 1 AEUV darstellen,[562] ebenso Verständigungen öffentlich-rechtlicher Rundfunkanstalten im Rahmen der **European Broadcasting Union (EBU)** zum gemeinsamen Erwerb von Übertragungsrechten[563] und Regelungen des Deutschen Lotto- und Totoblocks **(DLTB),** dessen Mitglieder die Lottogesellschaften der Bundesländer sind.[564]

D. Wettbewerbsbeschränkung (Verhinderung, Einschränkung oder Verfälschung des Wettbewerbs)

I. Begriff der Wettbewerbsbeschränkung

256 Die Begriffe „Verhinderung, Einschränkung oder Verfälschung" des Wettbewerbs müssen für praktische Zwecke nicht unterschieden und abgegrenzt werden. Es genügt für Art. 101 Abs. 1 AEUV, dass der Wettbewerb „beschränkt" wird (was im Folgenden als Oberbegriff die drei anderen Formen umfassen soll). Dennoch lassen sich der Aufzählung Hinweise für die Auslegung entnehmen, insbesondere dass eben eine Verfälschung oder Verzerrung des Wettbewerbs ausreicht und Art. 101 Abs. 1 AEUV nicht erst dann einschlägig ist, wenn der Wettbewerb „verhindert" oder – i. S. v. Abs. 3 – ausgeschaltet wird.

257 Mit vielerlei Fragen behaftet ist das Verhältnis zwischen Wettbewerbsbeschränkung und **Beschränkung der Handlungsfreiheit.** Die Praxis mag sich damit behelfen, dass für eine Vielzahl von Vereinbarungen nach und nach geklärt wurde, unter welchen Bedingungen sie den Wettbewerb beschränken. Grds. ist aber die Beschränkung der Handlungsfreiheit weder hinreichende noch notwendige Bedingung für die Beschränkung des Wettbewerbs. So gibt es Beschränkungen der Handlungsfreiheit, die keine Wettbewerbsbeschränkungen sind (z. B. Alleinbezugsverpflichtungen mit kurzer oder mittlerer Laufzeit oder – jedenfalls nach der traditionellen Rspr. des EuGH – hersteller- und händlerseitig geschlossene qualitativ-selektive Vertriebssysteme). Umgekehrt gibt es Beschränkungen des Wettbewerbs, die nicht auf einer Beschränkung der Handlungsfreiheit eines an der Vereinbarung beteiligten Unternehmens beruhen (wohl aber Anreize für ein bestimmtes kaufmännisch vernünftiges Verhalten setzen, z. B. Einkaufsgemeinschaften ohne Bezugsbindung oder Treuerabatte).

258 Beides lässt sich an Hand der Analyse von **Alleinbezugsbindungen** illustrieren: Beim „Alleinbezug" wird der Käufer verpflichtet, seinen Bedarf an einem bestimmten Produkt ausschließlich vom Verkäufer zu decken. Vorherrschende „Schadenstheorie" (engl. *theory of*

---

[560] EuGH U. v. 16.12.2003, T-5/00 u. a. – *Nederlandse Federatieve Vereniging,* Slg. 2003, II-5768, Rn. 374 ff.; EuGH U. v. 29.10.1980, C-209/78 u. a. – *van Landewyck,* Slg. 1980, 3125, Rn. 90 f.

[561] EuGH U. v. 21.9.2006, C-113/04 P – *Technische Unie,* Slg. 2006, I-8873, Rn. 117 f.

[562] EuGH U. v. 27.1.1987, C-45/85 – *Verband der Sachversicherer,* Slg. 1987, 405, Rn. 30–32.

[563] Kommission E. v. 24.6.2000, IV/32.150 – *Eurovision,* ABl. 2000 L 151/18, Rn. 65.

[564] BGH U. v. 14.8.2008, KVR 54/07 – *Lottoblock,* WM 2008, 1983, Rn. 25.

harm) beim Alleinbezug ist der Verschluss des Marktes für neue Anbieter oder die Beschränkung der Expansion anderer Anbieter, weil letzteren nicht mehr genügend Absatzmöglichkeiten zu Verfügung stehen, sondern ein zu großer Teil der Absatzmöglichkeiten bereits gebunden ist. Zur Begründung eines wettbewerblichen Schadens genügt es aber ***nicht,*** auf die (evtl. dauerhaft) eingeschränkten Wahlmöglichkeiten des Käufers zu verweisen. Die Wettbewerbsbeschränkung kann sich daher erst aus der Betrachtung der allgemeinen Marktverhältnisse und der Handlungsmöglichkeiten Dritter ergeben, was naturgemäß bestimmte Schwierigkeiten im Zivilprozess mit sich bringt.

Denn weil jeder Beschaffungsvorgang den Bedarf des Käufers an einem bestimmten **259** Produkt für einen bestimmten (noch so kurzen) Zeitraum deckt, kann die Wettbewerbsbeschränkung sich nicht schon daraus ergeben, dass ein Vertrag mit Alleinbezug eine gewisse Nachfrage dem Zugriff der Wettbewerber des Verkäufers entzieht. Die Wettbewerbsbeschränkung kann vielmehr nur gemeinsam mit ihrer **Spürbarkeit** geprüft werden (zumal die Beschränkung regelmäßig allenfalls bewirkt ist, aber nicht bezweckt[565]). Bei dieser Prüfung haben Gerichte oder Behörden regelmäßig in erster Linie (a) den Grad der Bezugsbindung des Käufers, (b) die Dauer der Bezugsbindung und (c) die Marktstellung der Unternehmen zu berücksichtigen.[566] Eine feste Formel gibt es nicht, aber klar ist, dass ein höherer Grad an Bezugsbindung – ebenso wie eine längere Dauer und ein höherer Marktanteil des Verkäufers und/oder Käufers – eine Wettbewerbsbeschränkung wahrscheinlicher machen. Als Faustregel für die Praxis mag gelten, dass selbst eine 100%-ige Bezugsbindung für ein Jahr oder weniger kaum einmal den Wettbewerb spürbar beschränken dürften.

Unstreitig erfasst der Begriff der Wettbewerbsbeschränkung nicht nur die strikte Allein- **260** bezugsbindung, sondern auch den faktischen Alleinbezug, bei dem der Abnehmer zwar rechtlich frei ist, seinen Bedarf zum Teil bei einem Dritten zu decken, es aber nicht zu erwarten ist, dass dies tatsächlich geschieht. Die Praxis greift für die Definition des faktischen Alleinbezugs gerne auf die Vertikal-GVO zurück, wonach eine faktische Alleinbezugsbindung dadurch begründet wird, dass 80% (oder mehr) des Bedarfs des Abnehmers an einen Lieferanten gebunden werden. Zwar kann aus systematischen Erwägungen (Primärrecht und Sekundärrecht) die Vertikal-GVO keine verbindliche Interpretation des Art. 101 AEUV sein, aber sie mag eine gewisse Indizwirkung haben, weil Grundlage der 80%-Schwelle die Erfahrung der Kommission ist, ab welchem Grad einer Bezugsbindung der verbleibende, nicht-gebundene Bedarf des Abnehmers es für einen Dritten hinreichend attraktiv ist, um sich ernsthaft um den Kunden zu bemühen (und dem Kunden für dessen beschränkten Bedarf ein wettbewerbsfähiges Angebot zu unterbreiten). Evtl. kann dann eine Bezugsbindung von 80% (oder gar weniger) faktische Ausschließlichkeit begründen, obwohl die Handlungsfreiheit des Abnehmers nur zum Teil (rechtlich) beschränkt wird. Umgekehrt kann eine höhere Bezugsbindung als 80% evtl. nicht unter Art. 101 Abs. 1 AEUV fallen, so dass eine partielle Beschränkung der Handlungsfreiheit dennoch keine Wettbewerbsbeschränkung begründet.

II. Formen des Wettbewerbs

Es ist anerkannt, dass Art. 101 AEUV nicht nur den **tatsächlichen**, sondern auch den **261** **potentiellen Wettbewerb** schützt.[567] Potentieller Wettbewerb besteht, wenn „unter Berücksichtigung der Struktur des Marktes sowie des wirtschaftlichen und des rechtlichen

[565] EuGH U. v. 4.12.2014, C-384/13 – *Pozuelo/Galp,* Rn. 29.

[566] Die spürbare Wettbewerbsbeschränkung muss sich nicht nicht unbedingt aus dem Verhältnis der Vertragsparteien alleine ergeben, sondern auch daraus, dass eine Gesamtheit gleichartiger Vereinbarungen („Bündel") den Markt verschließt und die fragliche Vereinbarung dazu erheblich beiträgt.

[567] Siehe z. B. Kommission E. v. 23.12.1992, IV/33.814 – *Ford/Volkswagen,* ABl. L 20/14 v. 28.1.1993.

Kontextes seiner Funktionsweise tatsächliche und konkrete Möglichkeiten bestehen, dass die betroffenen Unternehmen untereinander in Wettbewerb stehen oder dass ein neuer Wettbewerber auf dem relevanten Markt auftreten und den etablierten Unternehmen Konkurrenz machen kann".[568] Praktisch relevant (und streitträchtig) ist allerdings die Frage, wann der Markteintritt eines Unternehmens so nahe liegt, dass es als potentieller Wettbewerber eines anderen angesehen werden kann.

262 Wenn auch der **Preis** regelmäßig der wichtigste Wettbewerbsparameter sein mag, so ist der nicht der einzige. Unternehmen können auch über die Qualität eines Produktes, dessen Gestaltung und die Nebenleistungen zueinander in Wettbewerb treten. Bei dynamischer Betrachtung ist ggf. auch der Innovationswettbewerb zu schützen.

263 Unter den Begriff der Wettbewerbsbeschränkung nach Art. 101 Abs. 1 AEUV fallen sowohl Beschränkungen des ***interbrand***-Wettbewerbs (also Beschränkungen des Wettbewerbs zwischen unterschiedlichen Produkten, Marken etc.) als auch Beschränkungen des ***intrabrand***-Wettbewerbs (also der Wettbewerb zwischen Anbietern gleicher Produkte, Marken etc.). Allerdings findet der *intrabrand*-Wettbewerb in der Regel nur auf der Vertriebsebene statt und betrifft daher weniger Wettbewerbsparameter als der *interbrand*-Wettbewerb. Das ist insbesondere zu bedenken, wenn eine Vereinbarung o. ä. den *intrabrand*-Wettbewerb beschränkt, aber den *interbrand*-Wettbewerb fördert (wie es für diverse Vertriebsbindungen der Fall ist).

III. Formen von Wettbewerbsbeschränkungen

1. Horizontale und vertikale Wettbewerbsbeschränkungen

264 Die größte praktische Bedeutung hat heute die Unterscheidung zwischen horizontalen Wettbewerbsbschränkungen (d. h. solchen zwischen Wettbewerbern und bezogen auf die Tätigkeit der Unternehmen, bei der das tatsächliche oder potentielle Wettbewerbsverhältnis besteht) und vertikalen Wettbewerbsbeschränkungen (d. h. solchen zwischen Unternehmen, die – für Zwecke der Vereinbarung – auf unterschiedlichen Wirtschaftsstufen tätig sind).[569] Eine gewisse Sonderrolle, auch weil sie sich dieser Einordnung oft entziehen, haben Vereinbarungen über die Ausübung gewerblicher Schutzrechte (z. B. Patente), Knowhow oder sonstiger Schutzrechte (z. B. Marken).

2. Bezweckte und bewirkte Wettbeschränkungen

265 Die Vereinbarung o. ä. muss eine Wettbewerbsbeschränkung „bezwecken" oder „bewirken". Diese beiden Voraussetzungen sind alternativ. Weil der wettbewerbsbeschränkende Zweck aber die weitere (und u. U. aufwändige) Prüfung der Auswirkungen einer Vereinbarung entbehrlich macht, wird er in der Praxis vorrangig geprüft.[570]

---

[568] EuGH U. v. 29.6.2012, T-360/09 – *E.ON Ruhrgas,* Rn. 85, unter Hinweis auf EuGH U. v. 28.2.1991, C-234/89 – *Delimitis,* Slg. 1991, I-935, Rn. 21; EuG U. v. 14.4.2011, T-461/07 – *Visa,* Rn. 68; EuG U. v. 15.9.1998, T-374/94, T-375/94, T-384/94 und T-388/94 – *European Night Services,* Slg. 1998, II-3141, Rn. 137.

[569] Von dieser Terminologie darf man sich nicht in die Irre führen lassen, denn sie ist verkürzend: Die wettbewerbsbeschränkende Vereinbarung kann horizontal oder vertikal sein, aber der mglw. beschränkte Wettbewerb ist immer „horizontal". Im Prinzip kann es daher auch „konglomerate Wettbewerbsbeschränkungen" geben, z. B. zwischen Herstellern von komplementären Gütern. Auch sie beschränken dann aber ggf. den „horizontalen" Wettbewerb, also nicht zwischen den Vertragsparteien, sondern jeweils zwischen einer Vertragspartei und ihren Konkurrenten.

[570] EuGH U. v. 13.12.2012, C-226/11 – *Expedia,* Rn. 36; EuGH U. v. 4.10.2011, C-403/08 und C-429/08 – *Football Association Premier League,* Rn. 135–136 („Alternativverhältnis"); EuGH U. v. 4.6.2009, C-8/08 – *T-Mobile Netherlands,* Slg. 2009, I-4529, Rn. 28 f.; EuGH U. v. 6.10.2009, C-501/06 P, C-513/06 P, C-515/06 P und C-519/06 P – *GlaxoSmithKline,* Slg. 2009, I-9291, Rn. 55; EuG U. v. 29.6.2012, T-360/09 – *E.ON Ruhrgas,* Rn. 141.

Eine Wettbewerbsbeschränkung ist bezweckt, wenn diese „Form der Kollusion zwischen Unternehmen schon **ihrer Natur nach** als schädlich für das Funktionieren des normalen Wettbewerbs [anzusehen ist]".[571] Das können sowohl horizontale wie vertikale Wettbewerbsbeschränkungen sein.[572] **266**

Die wettbewerbsbeschränkende **Absicht** der beteiligten Unternehmen ist keine notwendige Bedingung für die Feststellung einer bezweckten Wettbewerbsbeschränkung.[573] Der „Zweck" ist also durchaus verschieden von der Absicht der beteiligten Unternehmen (oder auch nur eines beteiligten Unternehmens); es handelt sich vielmehr um eine objektive Typisierung von Wettbewerbsbeschränkungen, die an deren zu erwartenden Wirkungen anknüpft, ohne deren Feststellung im Einzelfall zu verlangen. Letztlich geht es also darum, diejenigen Wettbewerbsbeschränkungen zu erkennen, die mit einer derart hohen Wahrscheinlichkeit bei näherer Analyse den Wettbewerb (spürbar) beschränken, dass die Rechtsanwendung von eben dieser Analyse entlastet werden kann. Die englischen Begriffe *„restriction by object"* und *„restriction by effect"* illustieren das besser als die deutschen Begriffe. **267**

Es wäre aber regelmäßig verkürzt, die bezweckte Wettbewerbsbeschränkung allein aus dem Inhalt einer Vereinbarung oder gar dem Wortlaut eines Vertrags abzuleiten. Das wird nur bei vollkommen unstreitig stets schädlichen Arten von Vereinbarungen möglich sein, also (isolierten) Vereinbarungen zwischen Wettbewerbern über die Preise ihrer konkurrierenden Produkte, über die Aufteilung der Märkte oder Kunden, über die Produktions- und/oder Absatzmengen. Sonst aber kann sich der wettbewerbsbeschränkende Zweck nur aus einer Analyse des Inhalts der Vereinbarung, der mit ihr verfolgten Ziele sowie des wirtschaftlichen und rechtlichen Zusammenhangs ergeben, in dem die Vereinbarung steht.[574] Die subjektive Absicht der Beteiligten kann berücksichtigt werden (obwohl sie kein notwendiges Element ist, siehe oben).[575] Zudem liegt eine bezweckte Wettbewerbsbeschränkung nicht erst dann vor, wenn sie „ausschließlich auf eine Beschränkung des Wettbewerbs abzielt", sondern schon dann, wenn sie „auch andere, zulässige Zwecke verfolgt".[576] **268**

Die Analyse der Umstände, insbesondere des wirtschaftlichen und rechtlichen Zusammenhangs einer Vereinbarung, darf nicht zu einer Analyse der Wirkungen ausgebaut werden. Vielmehr müsse die Rechtsbegriffe der bezweckten und bewirkten Wettbewerbsbeschränkung klar unterschiedlich bleiben.[577] Bei welcher Tiefe der Analyse jedoch in der Praxis die Trennlinie verläuft, welche Analyse von einer Kartellbehörde also verlangt werden darf, bevor sie eine bezweckte Wettbewerbsbeschränkung bejaht, ist damit noch nicht gesagt. **269**

Die Auswirkungen einer Qualifikation einer Wettbewerbsbeschränkung als bezweckt sind gravierend: Bei bezweckten Wettbewerbsbeschränkungen müssen nämlich die tatsäch- **270**

---

[571] EuGH U. v. 14.3.2013, C-32/11 – *Allianz Hungaria,* Rn. 35; EuGH U. v. 13.12.2012, C-226/11 – *Expedia,* Rn. 35–36; EuGH U. v. 4.6.2009, C-8/08 – *T-Mobile Netherlands,* Slg. 2009, I-4529, Rn. 29; EuGH U. v. 20.11.2008, C-209/07 – *Beef Industry Development Society und Barry Brothers,* Slg. 2008, I-8637, Rn. 17; EuG U. v. 12.4.2013, T-432/08 – *AKM,* Rn. 63; Kommission, Leitlinien zu Art. 81 Abs. 3, Rn. 20 ff.

[572] Siehe z. B. EuGH U. v. 14.3.2013, C-32/11 – *Allianz Hungaria,* Rn. 43.

[573] EuGH U. v. 6.10.2009, C-501/06 P, C-513/06 P, C-515/06 P und C-519/06 P – *GlaxoSmithKline,* Rn. 58, m. w. N. aus der Rspr.; EuG U. v. 29.6.2012, T-360/09 – *E.ON Ruhrgas,* Rn. 142.

[574] EuGH U. v. 4.10.2011, C-403/08 und C-429/08 – *Football Association Premier League,* Rn. 135, 136; EuGH U. v. 6.10.2009, C-501/06 P, C513/06 P, C-515/06 P und C-519/06 P – *GlaxoSmithKline,* Rn. 58; EuG U. v. 29.6.2012, T-360/09 – *E.ON Ruhrgas,* Rn. 142.

[575] EuGH U. v. 6.10.2009, C-501/06 P, C-513/06 P, C-515/06 P und C-519/06 P – *GlaxoSmithKline,* Rn. 58, m. w. N. aus der Rspr.; EuG U. v. 29.6.2012, T-360/09 – *E.ON Ruhrgas,* Rn. 142.

[576] EuGH U. v. 29.6.2012, T-360/09 – *E.ON Ruhrgas,* Rn. 143; EuGH U. v. 6.4.2006, C-551/03 P – *General Motors,* Slg. 2006, I-3173, Rn. 64, m. w. N. aus der Rspr.; siehe auch Kommission, Leitlinien zu Art. 81 Abs. 3, Rn. 22.

[577] Siehe dazu GA Wahl Schlussanträge v. 27.3.2014, C-67/13 P – *Cartes Bancaires,* Rn. 44 („muss […] deutlich […] unterschieden werden").

lichen Auswirkungen der Vereinbarung nicht geprüft werden.[578] Aus dem wettbewerbsbeschränkenden Zweck folgt zudem – nach der EuGH-Entscheidung *Expedia* – ohne weiteres die Spürbarkeit der Wettbewerbsbeschränkung.[579] Die Beeinträchtigung des grenzüberschreitenden Handels ist nach wie vor festzustellen (ggf. aber nicht für die Anwendung von § 1 GWB).

271 Ist eine Wettbewerbsbeschränkung nicht bezweckt festzustellen, so ist eine wirtschaftliche Analyse der **Auswirkungen** der Vereinbarung **auf den Wettbewerb** erforderlich. Für diese Analyse muss der Rechtsanwender regelmäßig zunächst ermitteln, wie der Wettbewerb auf den betroffenen Markt funktioniert (Ist es z. B. ein Preiswettbewerb unter homogenen Gütern?). Dazu muss ggf. der relevante Markt abgegrenzt werden (siehe dazu Rn. 274 ff.). Eine „Schadenstheorie" (engl. *„theory of harm"*) gibt dann an, auf welche Weise die Vereinbarung o. ä. auf den Wettbewerb einwirkt und wie sie den andernfalls herrschenden Wettbewerb reduziert.

3. Kernbeschränkungen und andere Wettbewerbsbeschränkungen

272 Mit der Unterscheidung von bezweckten und bewirkten Wettbewerbsbeschränkungen verwandt – aber nicht identisch – ist die Unterscheidung von Kernbeschränkungen und anderen Wettbewerbsbeschränkungen. Unter Kernbeschränkungen versteht man grds. die Wettbewerbsbeschränkungen, die in Gruppenfreistellungsverordnungen nicht nur von der Freistellung ausgenommen sind, sondern deren Existenz in einem Vertrag sogar die Gruppenfreistellungsverordnung insgesamt unanwendbar macht. Die „Kernbeschränkung" ist eine Rechtsfigur des Sekundärrechts, d. h. letztlich bestimmt die Kommission was eine Kernbeschränkung ist, insbesondere durch die Aufzählungen von „schwarzen Klauseln" in den Gruppenfreistellungsverordnungen (welche wiederum der EuGH verbindlich auslegt). Die bezweckte Wettbewerbsbeschränkung ist hingegen eine Figur des Primärrechts, d. h. sie steht nicht zur Disposition der Kommission, wird aber (ebenfalls) durch den EuGH verbindlich ausgelegt.

273 Die Kommission kann daher stets beim Erlass einer Gruppenfreistellungsverordnung bezweckte Wettbewerbsbeschränkungen zu Kernbeschränkungen machen. Langfristig ließe sich so im Prinzip vollständige Konvergenz erreichen,[580] aber der derzeitige Stand ist das nicht. Umgekehrt können nicht durch Sekundärrecht bezweckte Wettbewerbsbeschränkungen „geschaffen" werden – auch wenn die Kommission Kernbeschränkungen regelmäßig als bezweckte Wettbewerbsbeschränkungen (und als spürbare Wettbewerbsbeschränkungen) ansieht.[581] Natürlich liegen in der Sache beiden Rechtsfiguren ähnliche Erwägungen zu Grunde, nämlich dass bestimmte Beschränkungen regelmäßig den Wettbewerb (spürbar) beschränken und nicht nach Abs. 3 freigestellt sein werden. Diverse bezweckte Wettbewerbsbeschränkungen sind daher auch Kernbeschränkungen – und umgekehrt. Aber es gibt durchaus Unterschiede:

---

[578] EuGH U. v. 13.12.2012, C-226/11 – *Expedia,* Rn. 35–36; EuGH U. v. 7.2.2013, C-68/12 – *Protimonopolný úrad Slovenskej republiky/Slovenská sporiteľňa a. s.,* Rn. 16; EuGH U. v. 8.12.2011, C-272/09 P – *KME,* Slg. 2011, I-12789, Rn. 65.

[579] EuGH U. v. 13.12.2012, C-226/11 – *Expedia,* Rn. 37.

[580] Die Kommission könnte sogar den Begriff der bezweckten Wettbewerbsbeschränkung im Sekundärrecht verwenden und in der Sache damit „dynamisch" auf die Rspr. des EuGH verweisen. Kommission, *de minimis*-Bekanntmachung, Rn. 2 und 8, zeigt, wie das aussehen könnte – obwohl der Anlass für diese Regelung ein anderer war: Der EuGH hatte in *Expedia* geurteilt, dass bezweckte Wettbewerbsbeschränkungen stets spürbar sind, und die Kommission wollte dies in ihrer Bekanntmachung nachvollziehen. Die vor 2014 geltende *de minims*-Bekanntmachung hielt einen bestimmten Katalog von horizontalen und vertikalen Wettbewerbsbeschränkungen für stets spürbar, aber diese Aufzählung war nicht deckungsgleich mit der Reichweite des Begriffs der bezweckten Wettbewerbsbeschränkung und gab daher die materielle Rechtslage nicht mehr korrekt wider.

[581] Kommission, Leitlinien zu Art. 81 Abs. 3, ABl. C 101/100 v. 27.4.2004, Rn. 23.

Tatbestandsmerkmal	Bezweckte Wettbewerbsbeschränkung	Kernbeschränkung
Wettbewerbsbeschränkung	Wettbewerbsbeschränkende Wirkung muss **nicht** festgestellt werden.	Wettbewerbsbeschränkende Wirkung **muss** festgestellt werden – es sei denn es geht um eine bezweckte Wettbewerbsbeschränkung.
Spürbarkeit der Wettbewerbsbeschränkung	Muss **nicht** festgestellt werden.	Festzustellen – es sei denn es geht um eine bezweckte Wettbewerbsbeschränkung. Kommission betrachtet allerdings (bestimmte) Kernbeschränkungen als stets spürbar.[582]
Gruppenfreistellung	Möglich, es sei denn es geht um eine Kernbeschränkung.	Nicht freigestellt.
Einzelfreistellung	Möglich, aber wenig wahrscheinlich.	Möglich, aber wenig wahrscheinlich.

IV. Marktabgrenzung und relevanter Markt

Nicht nur im Rahmen des Art. 102 AEUV oder der Fusionskontrolle ist eine Marktabgrenzung zum Zwecke der Marktanteilsbestimmung von Bedeutung. Auch bei Art. 101 AEUV ist u. U. die Abgrenzung des von der Vereinbarung oder Verhaltensweise betroffenen relevaten Marktes erforderlich. Hier erörtert sei nur die Bedeutung der Marktabgrenzung für die Auslegung von Art. 101 AEUV sowie die Grundzüge der Marktabgrenzung. 274

1. Die Notwendigkeit einer Marktabgrenzung

Erstens ist eine Marktabgrenzung u. U. erforderlich, um festzustellen, auf welchen Markt sich die betreffende Verhaltensweise auswirkt und ob sodann auf diesem Markt der **Wettbewerb aktuell oder potenziell beschränkt** wird.[583] Nach Ansicht der Rspr. ist eine Marktabgrenzung nur erforderlich für die Prüfung, ob eine Vereinbarung spürbar den Wettbewerb zu beschränken und den Handel zwischen den Mitgliedstaaten zu beeinträchtigen geeignet ist, wenn diese Frage nicht bereits ohne eine Marktabgrenzung beantwortet werden kann.[584] Für die bezweckten Wettbewerbsbeschränkungen liegt das nahe. Zwar kann auch hier außerhalb von offensichtlichen Fällen (z. B. Preisabsprachen zwischen Wettbewerbern) die bezweckte Wettbewerbsbeschränkung nicht aus dem Inhalt der Vereinbarung allein geschlossen werden; vielmehr ist auch hier der wirtschaftliche und rechtliche Hintergrund der Vereinbarung zu berücksichtigen. Das erfordert aber nicht zwingend eine Marktabgrenzung. Deren Fehlen begründet also nicht notwendigerweise einen Rechtsfehler, der zur Aufhebung einer Entscheidung nach Art. 101 führt. Für bewirkte Wettbe- 275

---

[582] Siehe dazu auch den Fall *Völk,* in dem absoluter Gebietschutz als nicht spürbar angesehen wurde vgl. EuGH U. v. 9.7.1969, 5/69 – *Völk/Veraecke,* Slg. 1969, 269, Rn. 7.

[583] EuG U. v. 25.10.2005, T-38/02 – *Groupe Danone/Kommission,* Slg. 2005, II-4426, Rn. 99; EuG U. v. 6.7.2000, T-62/98 – *Volkswagen,* Slg. 2000, II-2707, Rn. 230; EuG U. v. 21.2.1995, T-29/92 – *SPO,* Slg. 1995, II-317, Rn. 74; *Stockenhuber* in Grabitz/Hilf/Nettesheim, Das Recht der Europäischen Union, 53. Lfg. 2014, Art. 101 Rn. 175.

[584] EuG U. v. 19.3.2003, T-213/00 – *CMA CGM,* Slg. 2003, II-00913, Rn. 206–208; EuG U. v. 25.10.2005, T-38/02 – *Groupe Danone,* Slg. 2005, II-4426, Rn. 99; EuG U. v. 6.7.2000, T-62/98 – *Volkswagen,* Slg. 2000, II-2707, Rn. 230.

werbsbeschränkungen ist eine Analyse ohne eine Marktabgrenzung allerding kaum denkbar (in der Praxis schon deshalb nicht, weil dann regelmäßig auch Spürbarkeit und Gruppenfreistellungsverordnungen zu prüfen sind): So hielt der EuGH in *Delimitis* es für erforderlich, dass bei der Prüfung einer Alleinbezugsvereinbarung zunächst der relevante Markt bestimmt wird.[585] In *European Night Services* hob das EuG die Entscheidung der Kommission auf, weil die Marktanteile der beteiligten Unternehmen nicht festgestellt waren.[586]

276 Zweitens ist eine Marktabgrenzung in der Regel geboten, um die **Spürbarkeit** zu beurteilen (siehe dazu Rn. 288 ff.). Dies gilt sowohl für die Spürbarkeit der Wettbewerbsbeschränkung, wofür die Kommission in der *de minimis*-Bekanntmachung Marktanteilsschwellen festgelegt hat, als auch für die Spürbarkeit der Beeinträchtigung des zwischenstaatlichen Handels, deren Beurteilung sich nach den Leitlinien der Kommission zur Zwischenstaatlichkeit u. a. ebenfalls nach bestimmten Marktanteilsschwellen richtet. Drittens sehen eine Vielzahl von **Gruppenfreistellungsverordnungen** Marktanteilsschwellen vor, deren Prüfung eine vorherige Marktabgrenzung erforderlich macht.[587] Viertens kann die Marktabgrenzung im Rahmen der **Bußgeldberechnung** von Bedeutung sein. So berücksichtigt die Kommission bei der Bemessung des Bußgeldes den kumulierten Marktanteil sämtlicher beteiligten Unternehmen sowie den Umfang des von der Zuwiderhandlung betroffenen Marktes.[588] Darüber hinaus orientiert sie sich an dem Wert der Waren und Dienstleistungen, die auf dem relevanten räumlichen Markt im Zusammenhang mit dem Kartellrechtsverstoß abgesetzt wurden.[589]

277 Die Marktabgrenzung im Rahmen der Art. 101 und 102 AEUV unterscheidet sich insofern von der für Zwecke der Fusionskontrolle, als dass im Rahmen der Fusionskontrolle eine zukunftsgerichtete Analyse angezeigt ist, um mögliche schädliche Auswirkungen des Zusammenschlusses vorherzusehen. Bei Art. 101 und 102 AEUV sind hingegen die Marktverhältnisse zum Zeitpunkt des kartellrechtswidrigen Verhaltens maßgebend.[590] Zum für die Beurteilung relevanten Zeitpunkt siehe auch Rn. 284 ff.

278 Ähnlich, wie (schon lange) in der Fusionskontrolle wird jedoch auch bei Art. 101 AEUV zunehmend nicht nur auf die Marktanteile der beteiligten Unternehmen abgestellt, sondern die gesamte Marktstruktur wird berücksichtigt. Dies spielt u. a. eine Rolle bei der Prüfung, ob von einer Alleinbezugsverpflichtung eine marktverschließende Wirkung ausgeht. In *Galp*[591] beschränkte sich der EuGH nicht auf die Betrachtung der Marktanteile der Vertragsparteien. Er stellte vielmehr insbesondere darauf ab, inwieweit der Markt durch weitere Alleinbezugsverträge gekennzeichnet war und ob diese „Bündel" von Alleinbezugsverträgen einen Wettbewerber daran hinderten, sich im Markt zu etablieren oder seine Marktanteile zu erhöhen (Eintritt oder Expansion), und ob die zu prüfende Vereinbarung erheblich zu dieser Wirkung beitrug.

---

585 EuGH U. v. 28.2.1991, C-234/89 – *Delimitis/Henninger Bräu,* Rn. 16.

586 EuG U. v. 15.9.1998, T-374, 375, 384 und 388/94 – *European Night Services u. a./Kommission,* Rn. 96 (das EuG hielt ausdrücklich fest, dass die Vereinbarung keine Kernbeschränkung enthielt; auf Vereinbarung mit Kernbesschränkungen – und wohl auch mit bezweckten Wettbewerbsbeschränkungen – lässt sich das Urteil evtl. nicht ohne weiteres übertragen).

587 Siehe beispielhaft Art. 3 Vertikal-GVO, Art. 4 FuE-GVO und Art. 3 Spezialisierungs-GVO.

588 Kommission, Leitlinien für das Verfahren zur Festsetzung von Geldbußen gemäß Artikel 23 Absatz 2 Buchstabe a) der Verordnung (EG) Nr. 1/2003 („Bußgeldleitlinien"), ABl. C 210/2 v. 1.9.2006, Rn. 22.

589 Kommission, Bußgeldleitlinien, ABl. C 210/2 v. 1.9.2006, Rn. 13.

590 Kommission, Bekanntmachung ABl. C 372/5 v. 9.12.1997, über die Definition des relevanten Marktes im Sinne des Wettbewerbsrechts der Gemeinschaft („Bekanntmachung zum relevanten Markt"), ABl. 2003 97/C 372, Rn. 12; siehe auch *Emmerich* in Dauses, EU-Wirtschaftsrecht, 35. Lfg. 2014, Art. 101 AEUV, Rn. 71.

591 EuGH U. v. 4.12.2013, C-384/13 – *Estación de Servicio Pozuelo 4/Galp Energía España,* Rn. 29 ff.

2. Die Abgrenzung des relevanten Marktes (Grundzüge)

Der relevante Markt ist in **sachlicher** und **räumlicher** Hinsicht abzugrenzen. In einigen Fällen ist auch eine **zeitliche** Abgrenzung erforderlich, insbesondere wenn ein bestimmter Markt sich nur vorübergehend eröffnet, z.B. bei Messen oder einem ständig wechselnden Programm von Kultur- und Unterhaltungsveranstaltungen. Die Abgrenzung des zeitlich relevanten Marktes mag regelmäßig in der Prüfung des sachlich relevanten Marktes aufgehen.[592] Auch die europäischen Gerichte neigen diesem Ansatz zu.[593] Insgesamt ist die zeitlich Eingrenzung des Marktes in der Praxis jedoch von geringer Bedeutung. **279**

Neben den Entscheidungen der Kartellbehörden zu bestimmten Märkten, insbesondere im Rahmen der Fusionskontrolle, ist der maßgebliche Orientierungspunkt für die Marktabgrenzung nach wie vor die **Bekanntmachung** der Kommission zur Definition des relevanten Marktes. Danach umfasst der **sachlich relevante Markt** „sämtliche Erzeugnisse und/oder Dienstleistungen, die von den Verbrauchern hinsichtlich ihrer Eigenschaften, Preise und ihres vorgesehenen Verwendungszweckes als austauschbar oder substituierbar angesehen werden."[594] Den **räumlich relevanten Markt** definiert die Kommission als „das Gebiet, in dem die beteiligten Unternehmen die relevanten Produkte oder Dienstleistungen anbieten, in dem die Wettbewerbsbedingungen hinreichend homogen sind und das sich von benachbarten Gebieten durch spürbar unterschiedliche Wettbewerbsbedingungen unterscheidet."[595] **280**

Insgesamt ist bei der Marktabgrenzung die **Substituierbarkeit** (Austauschbarkeit) aus Sicht der Nachfrager des jeweiligen Produkts von zentraler Bedeutung. Die Kommission beurteilt die Substituierbarkeit in erster Linie nach dem sog. **SSNIP-Test** (*„small but significant, non-transitory increase in price")*.[596] Dabei wird untersucht, auf welche Produkte die Nachfrager ausweichen, wenn der Preis bestimmter Produkte (die den „Kandidatenmarkt" bilden") relativ zu anderen Produkten dauerhaft um 5 bis 10% ansteigt. Gesucht ist die Gesamtheit von Produkten, bei der das Ausweichen der Nachfrager die Preiserhöhung für einen hypothetischen Monopolisten (der alle Produkte auf dem Kandidatenmarkt anbietet) gerade noch profitabel sein lässt. Zuweilen kann jedoch auch die Betrachtung der Angebotssubstituierbarkeit (oder Angebotsumstellungsflexibilität) zu Erkenntnissen führen.[597] Hier wird untersucht, wie einfach es für Anbieter ähnlicher Produkte ist, auf die Herstellung des in Frage stehenden Produkts umzustellen und auf dessen bisherige Anbieter zusätzlichen Wettbewerbsdruck auszuüben. Dies muss den Anbietern kurzfristig und ohne erhebliche Kosten möglich sein. Der Übergang zum potentiellen Wettbewerb ist fließend, aber potentielle Wettbewerber werden bei der Berechnung von Marktanteilen eben nicht berücksichtigt. **281**

Der SSNIP-Test wird in der Literatur zum Teil kritisch gesehen. Seine starre Festlegung auf den Preis lasse den Test dort versagen, wo andere Merkmale des Produkts (beispielsweise die Qualität) aus Nachfragesicht im Vordergrund stehen.[598] Wie auch bei vielen anderen ökonomischen Modellen wird zudem kritisiert, dass der Test das Verhalten eines verständigen Durchschnittsverbrauchers (in diesem Fall genauer: des Grenzverbrauchers) zugrunde **282**

---

[592] *Bechtold/Bosch/Brinker,* EU-Kartellrecht, Kommentar, 3. Auflage 2004, Art. 102 AEUV, Rn. 17; *Schröter* in von der Groeben/Schwarze, Kommentar zum Vertrag über die Europäische Union und zum Vertrag über die Europäische Gemeinschaft, 6. Auflage 2003, Art. 82 AEUV, Rn. 154.

[593] EuGH U. v. 14.2.1978, C-27/76 – *United Brands,* Slg. 1978, 207, Rn. 23ff.

[594] Kommission, Bekanntmachung zum relevanten Markt, ABl. C 372/5 v. 9.12.1997, Rn. 7.

[595] Kommission, Bekanntmachung zum relevanten Markt, ABl. C 372/5 v. 9.12.1997, Rn. 8.

[596] Kommission, Bekanntmachung zum relevanten Markt, ABl. C 372/5 v. 9.12.1997, Rn. 17. Teilweise wird der SSNIP-Test auch hypothetischer Monopolistentest genannt.

[597] Kommission, Bekanntmachung zum relevanten Markt, ABl. C 372/5 v. 9.12.1997, Rn. 14, 20–23.

[598] *Mestmäcker/Schweitzer,* Europäisches Wettbewerbsrecht, 2. Auflage 2004, § 16, Rn. 8; *Emmerich* in Dauses, EU-Wirtschaftsrecht, 35. Lfg. 2014, Art. 101 AEUV, Rn. 76.

legt, da es sich dabei um eine untaugliche Fiktion handele.[599] Ein weiterer Kritikpunkt, den die Kommission selbst aufgreift, liegt darin, dass eine reine Preisbetrachtung nur eingeschränkt herangezogen werden kann, wenn das Preisniveau auf dem jeweiligen Markt durch das kartellrechtswidrige Verhalten bereits überhöht ist.[600] Dem SSNIP-Test ist aber zu Gute zu halten, dass er in Märkten, in denen die Verbraucher sich nicht alle gleich verhalten, zumindest konzeptionell die Fragen beantwortet, auf das Verhalten welcher Verbraucher es ankommt (diejenigen, die ein Produkt bei einer Preiserhöhung zuerst substituieren) und wie viele Verbraucher substituieren müssen (so viele, dass eine Preiserhöhung nicht mehr profitabel ist). In der Tat erfordert die exakte Anwendung des SSNIP-Tests aber nicht nur Daten über das Verhalten der Abnehmer, sondern auch über die Gewinnmargen der Anbieter. Die einfache Frage an den Abnehmer, wie er auf eine 5–10%-ige Preiserhöhung reagieren würde, ist also kein SSNIP-Test, hat aber dennoch Erkenntniswert: Sie zeigt nämlich regelmäßig an, was die engsten Substitute der betroffenen Produkte sind.

283 Die Kommission zieht zur Ermittlung der Austauschbarkeit diverse Nachweise zu Hilfe heran, u.a. Schätzungen der Nachfrage-Elastizität, Verbraucherbefragungen und zunehmend die internen Dokumente der Unternehmen selbst.[601] Hinsichtlich der einzelnen Nachweisformen besteht kein Rangverhältnis, vielmehr verfolgt die Kommission diesbezüglich einen pragmatischen Ansatz und zeigt sich gegenüber einer Vielzahl von Informationsquellen offen.[602]

V. Relevanter Zeitpunkt für die Beurteilung

284 Liegt ein Verstoß gegen Art. 101 Abs. 1 AEUV vor und ist die Wettbewerbsbeschränkung nicht nach einer GVO oder Abs. 3 freigestellt, so folgt aus Abs. 2 unmittelbar die **Nichtigkeit** der betreffenden Vereinbarung oder des Beschlusses. Die Nichtigkeit tritt **ex lege** ein, d.h. sie ergibt sich automatisch, ohne dass es dafür einer gerichtlichen oder behördlichen Feststellung bedarf. Das wirft die Fragen auf, wie eine Vereinbarung zu behandeln ist, bei der bzw. dem sich die kartellrechtliche Bewertung aufgrund einer **Änderung der Umstände** wandelt, und an welchen Zeitpunkt für die Prüfung der Wettbewerbsbeschränkung anzuknüpfen ist, wenn das Verhalten im Verlaufe des Rechtsverhältnisses nur zeitweise einen Verstoß gegen Art. 101 AEUV darstellt.

285 Die Kommission äußert sich zu dem für die Prüfung relevanten Zeitpunkt in den Horizontal-Leitlinien, allerdings lediglich zu Abs. 3, hinsichtlich dessen sie feststellt, dass wesentliche Änderungen des Sachverhalts bei der Prüfung der Legalausnahme Berücksichtigung finden.[603]

286 Für die Rechtsfolgen sind zwei Konstellationen zu unterscheiden: Erstens kann ein Verhalten anfänglich mit dem Kartellrecht in Einklang stehen, jedoch später durch eine Änderung der tatsächlichen Umstände gegen Kartellrecht verstoßen. Z.B. wenn die Marktanteile der Beteiligten über die Schwellenwerte einer GVO oder der *de minimis*-Bekanntmachung steigen. Zweitens kann ein Verhalten anfänglich gegen Kartellrecht ver-

---

[599] *Emmerich* in Immenga/Mestmäcker, EU-Wettbewerbsrecht, 5. Auflage 2012, Art. 101 AEUV Rn. 157.

[600] Kommission, Bekanntmachung zum relevanten Markt, ABl. C 372/5 v. 9.12.1997, Rn. 19. Dieses Problem ist unter dem Begriff der „cellophane fallacy" bekannt, womit an US Supreme Court U. v. 11.6.1956, 351 U.S. 377 (1956) – *Vereinigte Staaten/E.I. du Pont de Nemours & Co.* angeknüpft wird, wo die Problematik erstmals offenkundig wurde.

[601] Siehe auch Kommission, Bekanntmachung zum relevanten Markt, ABl. C 372/5 v. 9.12.1997, Rn. 39–41.

[602] Kommission, Bekanntmachung zum relevanten Markt, ABl. C 372/5 v. 9.12.1997, Rn. 25, 52.

[603] Kommission, Horizontal-Leitlinien, ABl. C 11/1 v. 14.1.2011, Rn. 145.

stoßen, aber dann ändern sich die tatsächlichen Umstände dergestalt, dass die Voraussetzungen des Kartellverbots nicht mehr erfüllt sind. Z.B. wenn mit dem Austritt eines Unternehmens aus einem Markt das Wettbewerbsverhältnis endet oder weil die Spürbarkeit der Wettbewerbsbeschränkung wegen sinkender Marktanteile entfällt. Besondere Bedeutung erlangt diese Problematik mithin bei Dauerschuldverhältnissen.

Im ersten Fall tritt die **Nichtigkeit** der Vereinbarung **ex nunc** ein. Also ab dem Zeit- **287**
punkt des Verstoßes ein.[604] Die Vereinbarung oder der Beschluss sind ab dem Moment nichtig, in dem die Umstände sich dergestalt ändern, dass (nun) ein nicht freigestellter Verstoß vorliegt. Umstritten sind jedoch die Folgen in der zweiten Konstellation. Unproblematisch ist die Vereinbarung oder der Beschluss, der anfänglich gegen Kartellrecht verstößt, auch anfänglich nichtig. Uneinigkeit besteht hingegen bei der Frage, wie das Verhalten ab der Veränderung der tatsächlichen Umstände zu bewerten ist. Das Unionsrecht trifft für diese Frage keine Regelung; sie richtet sich also nach nationalem Recht. Teilweise wird vertreten, dass die Vereinbarung oder der Beschluss nur nichtig sei, solange der Widerspruch zum Kartellrecht besteht. Folglich werde das Rechtsgeschäft mit Wegfall der Umstände, die zur Kartellrechtswidrigkeit führen, *ex nunc* geheilt.[605] Dem deutschen Recht ist die automatische Heilung eines nichtigen Rechtsgeschäfts jedoch fremd. Die Wirksamkeit eines solchen Rechtsgeschäfts richtet sich vielmehr nach § 141 BGB (Bestätigung). Die danach erforderliche Bestätigung kann bereits zu einem früheren Zeitpunkt erfolgen, selbst vor Ende des Verstoßes (z.B. bei Vertragsschluss), wenn die Parteien sich zu diesem Zeitpunkt darüber einig sind, dass bei einem zeitweisen Kartellverstoß das Vertragsverhältnis weitergeführt (oder tatsächlich aufgenommen) werden soll, sobald der Widerspruch zum Kartellrecht entfällt.[606] Dass eine solche Abrede, die in dem Bewusstsein eines möglichen Kartellverstoßes getroffen werde, bereits von der Nichtigkeitsfolge des Art. 101 Abs. 2 AEUV erfasst sei, überzeugt hingegen nicht. Zwar hat der EuGH in der Vergangenheit die Absolutheit der Nichtigkeitsfolge betont.[607] Jedoch kann die antizipierte Bestätigung einer zunächst kartellrechtswidrigen Vereinbarung für den Zeitpunkt, in dem die Kartellrechtswidrigkeit entfällt, genau so behandelt werden wie ein erneuter Vertragsschluss nach Entfallen der Voraussetzungen des Verstoßes, der unstreitig möglich ist. Auch das praktische Bedürfnis ist unabweisbar: Gerade in einer Situation, die an der Grenze zur Kartellrechtswidrigkeit liegt, z.B. wenn die Marktanteile der Vertragsparteien nur knapp unterhalb der Schwelle einer GVO liegen, ist eine ständige Kontrolle auf eine mögliche Kartellrechtswidrigkeit praktisch nicht durchführbar.[608] Dann sollten die Parteien bereits vorab vereinbaren dürfen, dass der Vertrag durchgeführt wird, wenn und soweit er nicht gegen Kartellrecht verstößt.

VI. Spürbarkeit der Wettbewerbsbeschränkung

In der Praxis wurde früh erkannt, dass ein uneingeschränktes Verständnis des Tatbestan- **288**
des des Art. 101 Abs. 1 AEUV zu einem unerwünscht weiten Anwendungsbereich der

[604] *Schmidt* in Immenga/Mestmäcker, Wettbewerbsrecht, Kommentar Band 1, EU/Teil 1, Art. 101 AEUV, Rn. 17; BGH U. v. 7.2.2010, KZR 71/08 – *Jette Joop,* GRUR 2011, 641, Rn. 57. Die von *Schmidt* als Gegenauffassung zitierte Ansicht von *Canaris,* DB 2002, 930, 931, bezieht sich nicht auf eine Änderung der Tatsachen, sondern auf die nachträgliche Änderung der Rechtslage. Doch tatsächlich ist *Canaris* selbst für den Fall einer Änderung der Rechtslage der Ansicht, dass ein nachträglicher Verstoß gegen das Kartellverbot zur Unwirksamkeit des Rechtsgeschäfts führt.

[605] *Schmidt* in Immenga/Mestmäcker, Wettbewerbsrecht, Kommentar, Band 1, EU/Teil 1, Art. 101 AEUV, Rn. 16.

[606] So auch *Bechtold/Bosch/Brinker,* EU-Kartellrecht, Kommentar, 3. Aufl. 2014, Art. 101 AEUV, Rn. 145.

[607] EuGH U. v. 20.9.2001, C-453/99 – *Courage und Crehan,* Slg. 2001, I-6287, Rn. 22; EuGH U. v. 6.2.1973, C-48/72 – *Brasserie de Haecht,* Slg. 1973, 77, Rn. 25ff.

[608] *Bechtold/Bosch/Brinker,* EU-Kartellrecht, Kommentar, 3. Aufl. 2014, Art. 101 AEUV, Rn. 145.

Norm führen würde.[609] Aus diesem Grund ist nach st. Rspr. in die Regelung das **ungeschriebene Tatbestandsmerkmal** der Spürbarkeit hineinzulesen, d.h. die Beschränkung des Wettbewerbs muss „spürbar" sein.[610] Damit ist nicht gemeint, dass die Beschränkung „wahrnehmbar" oder „erkennbar" sein muss – das wäre eine Selbstverständlichkeit, denn andernfalls könnte man von den Unternehmen vernünftigerweise keine Selbsteinschätzung erwarten. In der Sache ist die Spürbarkeit vielmehr eine Erheblichkeitsschwelle, und in diesem Sinne „unerhebliche" Wettbewerbsbeschränkungen werden nicht von Art. 101 Abs. 1 AEUV erfasst. Die „geringfügige"[611] Beeinträchtigung des Wettbewerbs wird schlicht hingenommen.

289 Der EuGH führt für die Prüfung der Spürbarkeit eine Reihe von Kriterien an, welche die fragliche Vereinbarung beschreiben (Inhalt, Ziel, Natur der betroffenen Waren und Dienstleistungen, rechtlicher und wirtschaftlicher Zusammenhang) sowie den betroffenen Markt (Struktur, tatsächliche Bedingungen [des Wettbewerbs]).[612]

290 Die Spürbarkeit der Wettbewerbsbeschränkung ist ein materiell-rechtliches Tatbestandsmerkmal, das zwingend erfüllt sein muss;[613] sonst ist Art. 101 AEUV nicht anwendbar. Die Spürbarkeit der Wettbewerbsbeschränkung betrifft also nicht nur das Aufgreifermessen der Kommission (oder der nationalen Kartellbehörden). Die Mitteilung der Kommission (dazu sogleich Rn. 294ff.) bindet sie allerdings u.U. bei der Ausübung ihres Ermessens,[614] d.h. die Kommission kann nicht ohne Weiteres gegen eine Vereinbarung vorgehen, die gemäß ihren eigenen Leitlinien den Wettbewerb nicht spürbar beschränkt. Die europäischen und nationalen Gerichte sowie die nationalen Behörden sind ebenfalls an das grundsätzliche Kriterium der Spürbarkeit gebunden, d.h. auch sie können Art. 101 AEUV nur anwenden, wenn und soweit sie eine spürbare Wettbewerbsbeschränkung feststellen.[615] Aber sie sind an die Mitteilungen der Kommission nicht gebunden, letztere sie können den Gerichten und Behörden der Mitgliedstaaten dennoch als Leitfaden dienen.[616]

291 Im Zivilprozess ist die Spürbarkeit daher von der Partei darzulegen und ggf. zu beweisen, die sich auf Art. 101 Abs. 1 AEUV beruft, z.B. um eine Vereinbarung für nichtig erklären zu lassen. Es ist daher nicht richtig, dass nur die Gegenseite, welche die Wirksamkeit einer Vereinbarung vorträgt und sich dazu u.U. auf Gruppenfreistellungsvereinbarungen mit Marktanteils-Schwellen beruft, zu den (geringen) Marktanteilen der Vertragsparteien vortragen muss. Vielmehr muss schon ein substantiierter Vortrag zu ***Abs. 1*** dies leisten,

---

[609] Unter dem früheren „Anmeldesystem" war die Spürbarkeit der Wettbewerbsbeschränkung auch eine der wenigen Möglichkeiten, die Zahl der Anmeldungen wettbewerbsbeschränkender Vereinbarungen bei der Kommission zu steuern (siehe dazu Rn. 4ff.). Das mag eine Erklärung dafür sein, dass die Kommission in ihrer *de minimis*-Bekanntmachung vergleichsweise großzügig mit diesem Tatbestandsmerkmal umging.

[610] EuGH U. v. 13.12.2012, C-226/111 – *Expedia,* Rn. 16f.; EuGH U. v. 10.7.1980, C-30/78 – *Destillers,* Slg. 1980, 2229, Rn. 28; EuGH U. v. 25.11.1971, C-22/71 – *Béguelin,* Slg. 1971, 950, Rn. 16; EuGH U. v. 9.7.1969, C-5/69 – *Völk,* Slg. 1969, 296, 300–302; EuGH U. v. 30.6.1966, C-56/65 – *LTM/MBU,* Slg. 1966, 284, 303f.

[611] StRspr. seit EuGH U. v. 9.7.1969, C-5/69 – *Völk,* Slg. 1969, 295, Rn. 7; so auch kürzlich EuGH U.v. 13.12.2012, C-226/11 – *Expedia,* Rn. 16–17; EuGH U. v. 28.5.1998, C-7/95 P – *John Deere,* Slg. 1998, I-3111, Rn. 77; EuG U. v. 21.1.1999, C-215/96 und C-216/96 – *Bagnasco,* Slg. 1999, I-135, Rn. 34; EuGH U. v. 23.11.2006, C-238/05 – *Asnef-Equifax und Administración del Estado,* Slg. 2006, I-11125, Rn. 50.

[612] EuGH U. v. 13.12.2012, C-226/111 – *Expedia,* Rn. 21.

[613] *Schröter* in von der Groeben/Schwarze, Kommentar zum Vertrag über die Europäische Union und zum Vertrag über die Europäische Gemeinschaft, 6. Aufl. 2003, Art. 81 AEUV Rn. 193.

[614] EuGH U. v. 11.7.2013, C-439/11 – *Ziegler,* Rn. 62.

[615] Vgl. EuGH U. v. 13.12.2012, C-226/111 – *Expedia,* Rn. 20 (zur Sperrwirkung des EU-Kartellrechts nach Art. 3 Abs. 2 VO 1/2003).

[616] Kommission, *de minimis*-Bekanntmachung, ABl. C 291/1 v. 30.8.2014, Rn. 5–7; Kommission, Leitlinien zur Zwischenstaatlickeit, ABl. 101/81 v. 27.4.2004, Rn. 3.

wenn die Spürbarkeit sich nicht aus anderen Umständen ergibt (z. B. dem wettbewerbsbeschränkenden Zweck, dazu sogleich Rn. 300 ff.).

1. Spürbare Wettbewerbsbeschränkung und spürbare Beeinträchtigung des zwischenstaatlichen Handels

Das Spürbarkeitskriterium schränkt den Tatbestand des Art. 101 Abs. 1 AEUV zweifach ein: Erforderlich ist erstens die Spürbarkeit der **Wettbewerbsbeschränkung** und zweitens die Spürbarkeit der Beeinträchtigung des **zwischenstaatlichen Handels.**[617] Zum Teil wird die getrennte Betrachtung dieser zwei Aspekte kritisch gesehen und eine gemeinsame Prüfung vorgeschlagen.[618] Die Praxis hat sich jedoch nunmehr dahin verfestigt, die beiden Kriterien getrennt zu behandeln.[619] Auch die Kommission äußert sich in getrennten Mitteilungen zu beiden Aspekten. Die Spürbarkeit der Wettbewerbsbeschränkung behandelt sie in der sog. ***de minimis*-Bekanntmachung.**[620] die Spürbarkeit der Beeinträchtigung des Handels hingegen in den **Leitlinien zur Zwischenstaatlichkeit.**[621] 292

Beide Mitteilungen orientieren sich bei der Beurteilung der Spürbarkeit (zumindest auch) an Schwellenwerten für die Marktanteile der an der Vereinbarung beteiligten Unternehmen, wobei die nach der *de minimis*-Bekanntmachung maßgeblichen Werte deutlich höher liegen. Die niedrigeren Marktanteilsschwellen in den Leitlinien zur Zwischenstaatlichkeit führen jedoch nicht dazu, dass die Prüfung der Spürbarkeit der Beeinträchtigung des zwischenstaatlichen Handels obsolet wird. Oft wird nicht schon aus der Spürbarkeit der Wettbewerbsbeschränkung die Zwischenstaatlichkeit folgen. Vielmehr tritt für die Prüfung der Zwischenstaatlichkeit eine Umsatzschwelle hinzu, die nach der *de minimis*-Regelung für die Spürbarkeit der Wettbewerbsbeschränkung nicht unmittelbar relevant ist. Aus der niedrigeren Marktanteilsschwelle in den Leitlinien zur Zwischenstaatlichkeit folgt außerdem, dass die Spürbarkeit der Beeinträchtigung des Handels zwischen den Mitgliedstaaten vergleichsweise früh nach Art. 3 Abs. 2 VO 1/2003 eine Sperre für mitgliedstaatliches Eingreifen auslöst. Nach dieser Vorschrift darf nationales Recht ein Verhalten von Unternehmen nicht wegen eines Verstoßes gegen das nationale Kartellrecht untersagen, wenn der zwischenstaatliche Handel beeinträchtigt ist, aber der Tatbestand des Art. 101 Abs. 1 AEUV im Übrigen nicht erfüllt ist. Wenn also die Beeinträchtigung des zwischenstaatlichen Handels (nach der niedrigen Marktanteilsschwelle) spürbar ist, die Wettbewerbsbeschränkung jedoch nicht (nach der höheren Marktanteilsschwelle), ist den Mitgliedstaaten ein Eingreifen bereits verwehrt. Die unterschiedlichen Marktanteilsschwellen könnten als Ausdruck des Wunschs der Kommission gedeutet werden, ihrer Wettbewerbspolitik möglichst weitreichend zur Geltung zu verhelfen.[622] 293

2. Die *de minimis*-Bekanntmachung der Kommission

Die Kommission äußert sich zur Spürbarkeit von Wettbewerbsbeschränkungen in ihrer *de minimis*-Bekanntmachung. Deren letzte Novellierung im Jahr 2014 diente in erster Linie zwei Zielen: Zum einen sollte die Bekanntmachung an die in den letzten Jahren erlassenen 294

---

[617] Zur Spürbarkeit der Beeinträchtigung des zwischenstaatlichen Handels siehe Rn. 324 ff.

[618] *Schröter* in von der Groeben/Schwarze, Kommentar zum Vertrag über die Europäische Union und zum Vertrag über die Europäische Gemeinschaft, 6. Aufl. 2003, Art. 81 AEUV Rn. 194.

[619] Siehe *Emmerich* in Immenga/Mestmäcker, EU-Wettbewerbsrecht, 5. Aufl. 2012, Art. 101 AEUV, Rn. 205, m. w. N.

[620] Kommission, Bekanntmachung vom 30.8.2014 über Vereinbarungen von geringer Bedeutung, die im Sinne des Artikels 101 Absatz 1 des Vertrages über die Arbeitsweise der Europäischen Union den Wettbewerb nicht spürbar beschränken („De-minimis-Bekanntmachung"), ABl. 2014 C 291/1.

[621] Kommission, Leitlinien über den Begriff der Beeinträchtigung des zwischenstaatlichen Handels in den Artikels 81 und 82 des Vertrags, ABl. C 101/81 v. 27.4.2004.

[622] *Emmerich* in Immenga/Mestmäcker, EU-Wettbewerbsrecht, Kommentar, 5. Aufl. 2012, Art. 101 AEUV, Rn. 212.

Gruppenfreistellungsverordnungen angepasst werden, zum anderen setzt die Neufassung das *Expedia*-Urteil[623] des EuGH in Bezug auf die Spürbarkeit bezweckter Wettbewerbsbeschränkungen um.[624]

295 Die Kommission legt in ihrer *de minimis*-Bekanntmachung Marktanteilsschwellen für die Spürbarkeit einer Wettbewerbsbeschränkung fest.[625] Eine Vereinbarung zwischen tatsächlichen oder potenziellen Wettbewerbern ist nicht als spürbar anzusehen, wenn der gemeinsame Marktanteil aller an der Vereinbarung beteiligten Unternehmen auf keinem von der Vereinbarung betroffenen Markt 10% überschreitet. Bei Vereinbarungen zwischen Nicht-Wettbewerbern (weder tatsächlich noch potentiell) liegt diese Schwelle bei 15%, und zwar für jeden Beteiligten und jeden betroffenen Markt einzeln. Das betrifft in erster Linie vertikale Vereinbarungen, die also den Wettbewerb nicht spürbar beschränken, wenn sowohl der Anteil des Lieferanten am relevanten (Angebots-)Markt für die Vertragsprodukte als auch der Anteil des Abnehmers an der Nachfrage auf diesem Markt jeweils 15% oder weniger betragen. Bei Zweifeln hinsichtlich der Abgrenzung zwischen Vereinbarungen von Wettbewerbern und Nicht-Wettbewerbern gilt die 10%-Schwelle. Bei Netzen von Vereinbarungen (sog. **Bündeln**) sind die Marktanteilsschwellen jeweils auf 5% für alle am Vertragsbündel Beteiligten gemeinsam festgelegt.[626] Die früher in der *de minimis*-Bekanntmachung enthaltene zusätzliche Umsatzschwelle wurde bereits mit der Vorgängerversion aus dem Jahr 2001 aufgegeben. Auf diese Weise wurde die *de minimis*-Regelung auf Unternehmen anwendbar, die bis dahin aufgrund ihrer Umsatzstärke – trotz geringer Marktpräsenz – von ihrem Anwendungsbereich ausgeschlossen waren.[627]

296 Die *de minimis*-Bekanntmachung weist nicht generell das Verhalten **kleiner und mittlerer Unternehmen („KMU")** einem **safe harbour** zu und nimmt es von Art. 101 Abs. 1 AEUV aus. Sie verweist vielmehr auf die Leitlinien zur Zwischenstaatlichkeit, nach denen Vereinbarungen zwischen KMU in der Regel **den Handel zwischen den Mitgliedstaaten** nicht spürbar beeinträchtigen. Anders als in der Literatur z. T. vertreten,[628] besteht daher keine generelle Sonderstellung von KMU bei der Prüfung der Spürbarkeit **der Wettbewerbsbeschränkung** nach der *de minimis*-Bekanntmachung.

3. Die rechtliche Wirkung der *de minimis*-Bekanntmachung

297 Die Schwellenwerte der *de minimis*-Bekanntmacnhung sind Teil der „Negativdefinition"[629] der Kommission, der zufolge die Spürbarkeit einer Wettbewerbsbeschränkung unterhalb dieser Schwellen nicht anzunehmen ist. Es wird damit ein **safe harbour** errichtet, demzufolge die Kommission in solchen Fällen weder auf Antrag noch von Amts wegen ermittelt. Hier regelt – und beschränkt – die Kommission allerdings nur die Ausübung ihres Ermessens, ein Verfahren einzuleiten.[630]

298 Gehen die Beteiligten fälschlich, aber in gutem Glauben, davon aus, dass ihre Marktanteile unterhalb der relevanten Werte lagen, verhängt die Kommission kein Bußgeld.[631] Da

---

[623] EuGH U. v. 13.12.2012, C-226/11 – *Expedia*.

[624] Kommission, MEMO/14/440 vom 25.6.2014.

[625] Kommission, *de minimis*-Bekanntmachung, ABl. C 291/1, v. 30.8.2014 Rn. 8f.

[626] Kommission, *de minimis*-Bekanntmachung, ABl. C 291/1, v. 30.8.2014 Rn. 10.

[627] *Stockenhuber* in Grabitz/Hilf/Nettesheim, Das Recht der Europäischen Union, 53. Lfg. 2014, Art. 101 AEUV, Rn. 220.

[628] Siehe *Emmerich* in Immenga/Mestmäcker, EU-Wettbewerbsrecht, Kommentar, 5. Aufl. 2012, Art. 101 AEUV, Rn. 152, der von einer generellen Sonderstellung der KMU auch bei der Prüfung der Spürbarkeit einer Wettbewerbsbeschränkung ausgeht.

[629] Kommission, *de minimis*-Bekanntmachung, ABl. 2014 C 291/1, Rn. 3.

[630] EuGH U. v. 13.12.2012, C-226/111 – *Expedia,* Rn. 28; EuGH U. v. 28.6.2005, C-189/02 P, C-202/02 P, C-205/02 P bis C-208/02 P und C-213/02 P – *Dansk Rørindustri,* Slg. 2005, I-5425, Rn. 211.

[631] Kommission, *de minimis*-Bekanntmachung, ABl. C 291/1, v. 30.8.2014 Rn. 5.

es sich lediglich um eine Negativdefinition handelt, bedeutet das Überschreiten der Marktanteilsschwellen nicht zwingend, dass die Wettbewerbsbeschränkung spürbar ist.[632] Vielmehr ist in einem solchen Fall eine Einzelfallprüfung angezeigt, deren Ergebnis sein kann, dass die Vereinbarung trotz Überschreitens der Marktanteilsschwellen den Wettbewerb lediglich geringfügig (also nicht spürbar) beschränkt.

Die **Rechtsprechung** der Unionsgerichte ist, wie bereits dargestellt (siehe Rn. 34ff.), **299**
nicht an die *de minimis*-Bekanntmachung gebunden. In der Praxis orientiert sie sich jedoch bisweilen an ihr, wenngleich sie dabei besonderen Wert auf die Prüfung der Umstände des Einzelfalles legt.[633] Auch die nationalen Gerichte und Behörden sind nicht an die *de minimis*-Bekanntmachung gebunden;[634] sie soll ihnen aber als „Leitfaden" und „Anhaltspunkt" dienen.[635] Gerichte und nationale Kartellbehörden sind im Ergebnise aber nicht gehindert, eine Vereinbarung für spürbar zu halten, die unter die *de minimis*-Bekanntmachung fällt.

4. Bezweckte Wettbewerbsbeschränkungen

Während die Vorgängerversion der *de minimis*-Bekanntmachung von 2001 lediglich be- **300**
stimmte Kernbeschränkungen aufführte,[636] die nicht vom **safe harbour** profitieren sollten, ist diese Ausnahme nun wesentlich ausgeweitet worden. Mit der Novellierung der *de minimis*-Bekanntmachung von 2014 sind **bezweckte Wettbewerbsbeschränkungen** sämtlich vom **safe harbour ausgenommen.** Die aktuelle Bekanntmachung verweist auf alle Kernbeschränkungen, die in einer **Gruppenfreistellungsverordnung** als solche aufgeführt sind, da diese typischerweise bezweckte Wettbewerbsbeschränkungen darstellen.[637] Mit dieser Neuerung setzt die Kommission das Urteil *Expedia* des EuGH um.[638] Liegt eine bezweckte Wettbewerbsbeschränkung vor, bedeutet das mithin, dass die Spürbarkeit der Wettbewerbsbeschränkung nicht bereits wegen geringer Marktanteile der beteiligten Unternehmen entfällt. Die Kommission prüft die Spürbarkeit dann einzelfallbezogen und kann von ihrem allgemeinen Ermessen Gebrauch machen und entscheiden, ob sie ein Verfahren einleitet. Die Selbstbindung durch die *de minimis*-Bekanntmachung hindert sie jedenfalls nicht.[639] Materiell-rechtlich jedoch sind bezweckte Wettbewerbsbeschränkungen nach Auffassung des EuGH stets spürbar.[640]

Rechtlich ist es problematisch, dass die Kommission mit der dynamischen Verweisung **301**
auf Gruppenfreistellungsverordnungen (einschließlich der zukünftigen) die Gestaltungsmacht über den Begriff der bezweckten Wettbewerbsbeschränkung für sich reklamiert. Sie hebt damit zum Teil die Unterscheidung zwischen bezweckten Wettbewerbsbeschränkungen und Kernbeschränkungen auf (siehe dazu Rn. 272ff.). Ob zum Beispiel die detaillierten Hinweise der Kommission zur Unterscheidung von bezweckten und bewirkten Wettbewerbsbeschränkungen bei Gebietsbeschränkungen für Wiederverkäufer[641] so aus Art. 101 Abs. 1 AEUV herauslesen lassen, muss man wohl bezweifeln.

---

[632] Kommission, *de minimis*-Bekanntmachung, ABl. C 291/1, v. 30.8.2014 Rn. 3.

[633] Siehe z.B. EuG U. v. 8.5.1995, T-7/93 – *Langnese Iglo,* Slg. 1995, II-1533, Rn. 99ff.

[634] EuGH U. v. 13.12.2012, C-226/111 – *Expedia,* Rn. 24–27; Kommission, *de minimis*-Bekanntmachung, Rn. 4(3) v. 30.8.2014.

[635] EuGH U. v. 13.12.2012, C-226/111 – *Expedia,* Rn. 28–31.

[636] Kommission, *de minimis*-Bekanntmachung, ABl. C 368/7, v. 22.12.2001 Rn. 11.

[637] Kommission, *de minimis*-Bekanntmachung, ABl. C 291/1, v. 30.8.2014, Rn. 13; siehe dazu Rn. 272.

[638] EuGH U. v. 13.12.2012, C-226/11 – *Expedia,* insbesondere Rn. 37.

[639] Kommission, *de minimis*-Bekanntmachung, ABl. C 291/1, v. 30.8.2014 Rn. 13, siehe insbesondere Fn. 2.

[640] EuGH U. v. 13.12.2012, C-226/111 – *Expedia,* Rn. 37.

[641] Siehe dazu Kommission, *Guidance on restrictions of competition „by object" for the purpose of defining which agreements may benefit from the De Minimis Notice,* C(2014) 4136, v. 25.6.2014, Ziffer 3.1.2.

302 Im Zusammenhang mit der *de minimis*-Bekanntmachung von 2014 jedenfalls veröffentlichte die Kommission ein Arbeitspapier mit Hinweisen zur Bestimmung von bezweckten Wettbewerbsbeschränkungen, die von der *de minimis*-Regelung auszunehmen sind.[642] Das Arbeitspapier soll die Rechtssicherheit bei der Anwendung der *de minimis*-Regelung fördern. Es nennt die bislang von den Unionsgerichten oder der Kommission als „bezweckt" festgestellten Wettbewerbsbeschränkungen. Es enthält keine Neuerungen, sondern fasst die bestehende Rspr. und Entscheidungspraxis zusammen. Die Aufzählung kann daher nicht abschließend sein. Eine ständige Aktualisierung ist geplant.[643]

303 Die Kommission sieht nach der *de minimis*-Bekanntmachung zwar von einem Bußgeld ab, wenn die Beteiligten gutgläubig davon ausgehen, die Marktanteilsschwellen nicht zu überschreiten; eine entsprechende Bestimmung bezüglich des gutem Glaubens, dass eine Vereinbarung keine bezweckte Wettbewerbsbeschränkung enthält gibt es jedoch nicht. Grundsätzlich ist es natürlich zutreffend, das Risiko einer Fehleinschätzung der Rechtslage bei den beteiligten Unternehmen überlassen, ihnen jedoch das Risiko einer Fehleinschätzung tatsächlicher Umstände abzunehmen, die sie selbst nicht zuverlässig ermitteln können. Die Entwicklung des Rechtsbegriffs der bezweckten Wettbewerbsbeschränkung ist angesichts von Urteilen wie *Allianz Hungaria*[644] schwer vorherzusehen (und die rechtliche Einordnung ergibt sich oft auch nur aus einer Zusammenschau von rechtlichen und tatsächlichen Umständen). Richtigerweise sollten Unternehmen daher ein Bußgeld nur befürchten müssen, wenn die Einordung als bezweckte Wettbewerbsbeschränkung für sie erkennbar war. Für die wesentlichen Arten von Absprachen, die mit Bußgeldern geahndet werden (z. B. Preisabsprachen) ist das unproblematisch der Fall.

304 Folge des Verweises der Kommission auf die Gruppenfreistellungsverordnungen ist, dass die *de minimis*-Regelung praktische Bedeutung insbesondere für Vereinbarungen erlangt, die ihrer Art nach nicht von einer Gruppenfreistellungsordnung erfasst sind, und für Vereinbarungen, die zwar grundsätzlich in den Anwendungsbereich einer Gruppenfreistellungsverordnung fallen, aber – ohne Kernbeschränkung zu sein – nicht die Anforderungen der Gruppenfreistellungsverordnung erfüllen (z. B. bei Vertriebsvereinbarungen mit Wettbewerbsverboten für mehr als als fünf Jahre).[645] Bei geringen Marktanteilen der beteiligten Unternehmen können Klauseln, die sonst wettbewerbsbeschränkend und nicht-freigestellt wären, wegen Nicht-Spürbarkeit zulässig sein.

5. Der Beispielskatalog aus Art. 101 Abs. 1 Halbs. 2 AEUV

305 Der Katalog von Regelbeispielen in Art. 101 Abs. 1 Halbs. 2 AEUV nennt Arten von (möglichen) Wettbewerbsbeschränkungen, nämlich „a) die unmittelbare oder mittelbare Festsetzung der An- oder Verkaufspreise oder sonstiger Geschäftsbedingungen; b) die Einschränkung oder Kontrolle der Erzeugung, des Absatzes, der technischen Entwicklung oder der Investitionen; c) die Aufteilung der Märkte oder Versorgungsquellen; d) die Anwendung unterschiedlicher Bedingungen bei gleichwertigen Leistungen gegenüber Handelspartnern, wodurch diese im Wettbewerb benachteiligt werden; e) die an den Abschluss von Verträgen geknüpfte Bedingung, dass die Vertragspartner zusätzliche Leistungen annehmen, die weder sachlich noch nach Handelsbrauch in Beziehung zum Vertragsgegenstand stehen."

306 Dieser Katalog hat seine praktische Bedeutung weitgehend verloren, denn heute steht eine andere Klassifizierung von Wettbewerbsbeschränkungen im Vordergrund, insbesondere die Unterscheidung nach horizontalen und vertikalen Beschränkungen. Dieser Unterteilung folgt auch die weitere Kommentierung. Die Durchschlagskraft des Katalogs ist natur-

---

[642] Kommission, *Guidance on restrictions of competition „by object" fort he purpose of defining which agreements may benefit from the De Minimis Notice,* C(2014) 4136, v. 25.6.2014.

[643] Kommission, MEMO/14/440 v. 25.6.2014.

[644] EuGH U. v. 14.3.2013, C-32/11 – *Allianz Hungaria.*

[645] Kommission, *de minimis*-Bekanntmachung, ABl. C 291/1, v. 30.8.2014 Rn. 14.

gemäß auch dadurch beeinträchtigt, dass der Zusammenhang zwischen den einzelnen Beispielen und dem Tatbestand von Art. 101 Abs. 1 (Halbs. 1) AEUV in beiden Richtungen nicht zwingend ist: Schon der Wortlaut („insbesondere“) stellt klar, dass auch nicht im Katalog beschriebene Verhaltensweisen unter Abs. 1 (Halbs. 1) fallen können. Man mag dann annehmen, dass die Verhaltensweisen aus dem Katalog regelmäßig oder wahrscheinlich Abs. 1 Halbs. 1 erfüllen, aber auch dieser Zusammenhang ist nicht zwingend und selbst die Stärke des Zusammenhangs ist nicht für alle Beispiele gleich. So wird die Aufteilung von Märkten (lit. c) sehr viel häufiger letztlich den Tatbestand von Abs. 1 Halbs. 1 erfüllen als die Anwendung unterschiedlicher Bedingungen (lit. d). Die Wahrscheinlichkeit eines Verstoßes gegen Art. 101 Abs. 1 AEUV hängt im ersten Fall ohnehin davon ab, ob die Märkte zwischen Wettbewerbern aufgeteilt werden (horizontale Vereinbarung) oder ob ein Hersteller seinen Händlern Vertragsgebiete zuweist (vertikale Vereinbarung). Im zweiten Fall ist die entscheidende Frage, ob das Unternehmen Marktmacht hat, ggf. marktbeherrschend ist. Die Stärke des Zusammenhangs zwischen Beispiel und Grundtatbestand ist daher auch nicht für alle unter ***ein*** Beispiel fallenden Sachverhalte einheitlich.

VII. Ausnahmen vom Tatbestand der Wettbewerbsbeschränkung

Art. 101 AEUV erfasst nur Vereinbarungen o. ä. zwischen verschiedenen Unternehmen. **307**
Der Tatbestand ist also nicht erfüllt, wenn die Beteiligten einer Vereinbarung zu einem Unternehmen gehören. Damit gibt es innerhalb einer wirtschaftlichen Einheit – genauer: zwischen verschiedenen Teilen einer einzigen wirtschaftlichen Einheit – keine wettbewerbsbeschränkenden Vereinbarungen (siehe dazu Rn. 153 ff.). Es gibt darüber hinaus verschiedene Ansätze, den Tatbestand einzuschränken, nämlich Nebenabreden zu nicht-wettbewerbsbeschränkenden Hauptabreden und die Rechtfertigung einer Wettbewerbsbeschränkung durch außerwettbewerbliche Erwägungen bereits in Abs. 1. Hingegen gibt es keine allgemeine *rule of reason.* Man mag auch die mangelnde Spürbarkeit einer Wettbewerbsbeschränkung (und/oder der Beeinträchtigung des Handels) als Reduktion des Tatbestands begreifen (siehe dazu Rn. 288 ff. bzw. Rn. 324 ff.).

1. Nebenabreden

a) Definition. In diversen Fällen vereinbaren Unternehmen Wettbewerbsbeschrän- **308**
kungen, die weder den zentralen Gegenstand der Vereinbarung noch deren Zweck darstellen, sondern vielmehr die Durchführung der Vereinbarung ermöglichen sollen. Solche Wettbewerbsbeschränkungen werden als „Nebenabreden“ bezeichnet. Eine Nebenabrede wird genauso behandelt wie die Hauptvereinbarung, zu der sie gehört: Ist die Hauptvereinbarung nach Art. 101 Abs. 1 AEUV zulässig, so gilt dies auch für die Nebenabrede. Auch gilt eine Freistellung der Hauptvereinbarung nach Art. 101 Abs. 3 AEUV ebenso für die Nebenabrede.[646]

Der Begriff der Nebenabrede wurde von der Rspr. wie folgt definiert: Wenn eine ein- **309**
zelne Bestimmung einer (Haupt-)Vereinbarung – oder „Maßnahme“[647] – den Wettbewerb beschränkt, fällt sie nicht unter Art. 101 Abs. 1 AEUV, solange die Beschränkung für die Durchführung der Hauptvereinbarung **notwendig, verhältnismäßig, unmittelbar mit der Hauptmaßnahme verbunden** und **nicht wettbewerbsbeschränkender Hauptgegenstand der Vereinbarung** ist.[648] Zudem darf die Hauptvereinbarung (ohne die Ne-

---

[646] EuG. v. 18.9.2001, T-112/99 – *M6 u. a./Kommission,* Slg. 2001, II-2459, Rn. 115–116.

[647] So *Mestmäcker/Schweitzer,* Europäisches Wettbewerbsrecht, 3. Aufl. 2014, § 8 Rn. 65. In der Tat könnten auch Nebenabreden zu abgestimmtem Verhalten oder Beschlüssen einer Unternehmensvereinigung von Art. 101 Abs. 1 AEUV ausgenommen sein.

[648] EuG U. v. 18.9.2001, T-112/99 – *M6 u. a./Kommission,* Slg. 2001, II-2459, Rn. 104; EuG U. v. 24.5.2012, T-111/08 – *MasterCard,* Rn. 77–78; siehe auch Kommission, Leitlinien zu Art. 81 Abs. 3, Rn. 29.

benabrede) den Wettbewerb nicht beschränken.[649] Fehlt eines diese Tatbestandsmerkmale, muss die Nebenabrede nach Art. 101 AEUV geprüft werden.[650]

310 Die Kommission hat in zwei **Bekanntmachungen** zu „Nebenabreden" Stellung genommen: Sie beschreibt in den Leitlinien zu Art. 81 Abs. 3 (heute Art. 101 Abs. 3 AEUV) ausführlich, unter welchen Voraussetzungen eine Wettbewerbsbeschränkung als Nebenabrede zu klassifizieren ist.[651] Die „Nebenabredenbekanntmachung" beschreibt Nebenabreden im Zusammenhang mit der Durchführung von **Unternehmenszusammenschlüssen.**[652]

311 **b) Voraussetzungen.** Das Erfordernis der „Notwendigkeit" bedeutet, dass die Wettbewerbsbeschränkung für die Durchführung der Hauptvereinbarung **objektiv erforderlich** ist und zu dieser in einem **angemessenen Verhältnis steht.**[653] Für die Einordung als Nebenabrede ist hier also eine **doppelte Prüfung** erforderlich. Wäre die Hauptvereinbarung ohne die Wettbewerbsbeschränkung nur **schwer oder gar nicht zu verwirklichen,** so ist die Beschränkung objektiv notwendig zur Verwirklichung der Hauptvereinbarung.[654] Weiterhin muss die Wettbewerbsbeschränkung in einem angemessenen Verhältnis zur Hauptvereinbarung stehen. Dazu darf ihre Dauer und ihr sachlicher und örtlicher Anwendungsbereich nicht über das für die Verwirklichung der Hauptvereinbarung Notwendige hinausgehen.[655]

312 Die Kommission weist ausdrücklich darauf hin, dass bei der Prüfung einer Nebenabrede **nicht** zwischen den wettbewerbsfördernden und den wettbewerbswidrigen Auswirkungen einer Vereinbarung **abgewogen** wird.[656] Eine solche Abwägung ist nämlich nur im Rahmen von Art. 101 Abs. 3 AEUV möglich.[657] Die Prüfung, ob eine Nebenabrede vorliegt, erfolgt aber ausschließlich im Rahmen von Abs. 1, d.h wenn eine Wettbewerbsbeschränkung alle o.a. Merkmale aufweist, dann erfüllt die Nebenabrede schon Abs. 1 nicht (das gilt selbst, wenn die Hauptvereinbarung unter Abs. 3 fällt). Die Rspr. des EuG hat diesen Grundsatz – jedenfalls weitgehend – bestätigt: Die Auslegung des Tatbestandsmerkmals der objektiven Notwendigkeit einer Wettbewerbsbeschränkung für die Durchführung der Hauptvereinbarung könne nicht zu einer Abwägung der wettbewerbsfördernden und wettbewerbswidrigen Wirkungen einer Vereinbarung führen. Auch der Wortlaut des Art. 101 Abs. 1 AEUV erlaube keine Prüfung der wettbewerbsfördernden und wettbewerbsbeschränkenden Auswirkungen.[658]

313 **c) Fallgruppen.** Einzelne Wettbewerbsbeschränkungen wurden in diversen Vertragsarten als Nebenabreden anerkannt: Franchise-Vereinbarungen,[659] Marken-Lizenzen,[660] Spezi-

---

[649] EuG U. v. 18.9.2001, T-112/99 – *M6 u.a./Kommission,* Rn. 116; Kommission, Leitlinien zu Art. 81 Abs. 3, ABl. C 101/97, v. 27.4.2004, Rn. 29.

[650] EuG U. v. 18.9.2001, T-112/99 – *M6 u.a./Kommission,* Rn. 113, 121.

[651] Kommission, Leitlinien zu Art. 81 Abs. 3, ABl. C 101/97, v. 27.4.2004, Rn. 28–31.

[652] Kommission, Bekanntmachung über Einschränkungen des Wettbewerbs, die mit der Durchführung von Unternehmenszusammenschlüssen unmittelbar verbunden und für diese notwendig sind, ABl. C 56/24 v. 5.3.2005.

[653] Kommission, Leitlinien zu Art. 81 Abs. 3, ABl. C 101/97, v. 27.4.2004, Rn. 29.

[654] EuG U. v. 24.5.2012, T-111/08 – *MasterCard,* Rn. 80; EuG U. v. 18.9.2001, T-112/99 – *M6 u.a./Kommission,* Rn. 109; Kommission, Leitlinie zu Art. 81 Abs. 3, ABl. C 101/97, v. 27.4.2004, Rn. 31.

[655] EuG U. v. 24.5.2012, T-111/08 – *MasterCard,* Rn. 81; EuG U. v. 18.9.2001, T-112/99 – *M6,* Slg. 2001, II-2459, Rn 113.

[656] Kommission, Leitlinien zu Art. 81 Abs. 3, ABl. C 101/97, v. 27.4.2004, Rn. 30.

[657] Kommission, Leitlinien zu Art. 81 Abs. 3, ABl. C 101/97, v. 27.4.2004, Rn. 30.

[658] EuG U. v. 24.5.2012, T-111/08 – *MasterCard,* Rn. 80; EuG U. v. 18.9.2001, T-112/99 – *M6 u.a./Kommission,* Slg. 2001, II-2459, Rn. 107–108.

[659] EuGH U v. 28.1.1986, 161/84 – *Pronuptia,* Rn. 13ff.

[660] Siehe Kommission E. v. 23.12.1977, IV/171.856, 172/28.173 u.a. – *Campari,* ABl. 1978 L 70/69, Rn. 74; Kommission, E. v. 23.3.1990, IV/32.736 – *Moosehead/Whitbread,* ABl. 1990 L 100/32, Rn. 15.

alisierungsvereinbarungen,[661] FuE-Vereinbarungen,[662] Lizenzen für Sortenschutzrechte,[663] Lizenzvereinbarungen über technische Schutzrechte und Know-how.[664]

2. (Keine) allgemeine *rule of reason*

Ähnlich wie bei den Nebenabreden geht es bei der *rule of reason* auch um die Einschränkung des grds. weit ausgelegten Tatbestand des Art. 101 Abs. 1 AEUV. Bevor die Freistellung nach Abs. 3 zur Anwendung kommt, würde nach der *rule of reason* eine Gegenüberstellung und Abwägung von wettbewerblichen Aspekten bereits im Rahmen von Abs. 1 vorgenommen. Die *rule of reason* als Prinzip des europäischen Kartellrechts ist in der Literatur umstritten; teilweise wird ihre Anwendung befürwortet.[665] Tatsächlich lassen sich die Ergebnisse, die eine *rule of reason* bei Art. 101 AEUV hervorbringen würde, oft mit anderen Argumentationsfiguren begründen, die unter Art. 101 AEUV anerkannt sind.[666] Das erlaubt jedoch keine logisch zwingende Antwort auf die Frage, ob es deswegen auch eine allgemeine *rule of reason* geben muss. Der Stand der Entscheidungspraxis von EuG und Kommission ist jedoch, dass eine allgemeine *rule of reason* nicht anerkannt ist.[666a] **314**

Denn das EuG hat ausdrücklich festgestellt, dass es keine *rule of reason* im europäischen Wettbewerbsrecht gibt.[667] Das Gericht ging dabei davon aus, dass eine Abwägung der wettbewerbsfördernden und wettbewerbswidrigen Auswirkungen einer Vereinbarung im Rahmen des Art. 101 Abs. 1 AEUV ausscheide und eine derartige Untersuchung einzig im Rahmen des Abs. 3 stattfinden könne.[668] Anstatt die *rule of reason* im Anwendungsbereich des Abs. 1 anerkennen, verweist das EuG darauf, dass die europäischen Gerichte sich mehrmals für eine **flexiblere Auslegung** des Kartellverbotes ausgesprochen hätten.[669] In der älteren Rspr. hatten die Gerichte die *rule of reason* für den damaligen Art. 85 EGV nicht *per se* abgelehnt, hatten ihre Zweifel aber bereits für **offenkundige Beschränkun-** **315**

---

[661] Die inzwischen abgelöste Verordnung (EG) Nr. 2658/2000 der Kommission vom 29.11.2000 über die Anwendung von Art. 81 Abs. 3 des Vertrages auf Gruppen von Spezialisierungsvereinbarungen, ABl. 2000 L 304/3, enthielt in Art. 1 Abs. 2 den Hinweis, dass die Freistellung auch für „Bestimmungen über die Abtretung oder die Nutzung von Rechten an geistigem Eigentum gelte".

[662] Die inzwischen abgelöste Verordnung (EG) Nr. 2659/2000 der Kommission vom 29.11.2000 über die Anwendung von Art. 81 Abs. 3 des Vertrages auf Gruppen von Vereinbarungen über Forschung und Entwicklung, ABl. 2000 L 304/7, stellte nach ihrem Art. 1 Abs. 2 auch „die Verpflichtung, allein oder im Verbund mit Dritten im Laufe der Durchführung der Vereinbarung keine Forschung und Entwicklung in dem der Vereinbarung unterliegenden Bereich oder in einem eng verwandten Bereich zu betreiben" frei.

[663] EuGH U. v. 19.4.1988, C-27/87 – *Erauw-Jacquery/La Hesbignonne,* Slg. 1987, 1245, Rn. 10.

[664] Siehe dazu Art. 2 Verordnung Nr. 240/96 vom 31.1.1996 zur Anwendung von Art. 85 Abs. 3 des Vertrages auf Gruppen von Technologietransfer-Vereinbarungen, ABl. L 31/2, v. 9.2.1996 (nicht mehr in Kraft).

[665] Siehe dazu *Weiß* in Calliess/Ruffert, EUV/AEUV, Kommentar, 4. Auflage 2011, Rn. 113; *Mestmäcker/Schweitzer,* Europäisches Wettbewerbsrecht, 3. Auflage 2014, Rn. 64.

[666] Insbesondere fällt nach stRspr. eine Vereinbarung nicht schon alleine deshalb unter Art. 101 Abs. 1 AEUV, weil sie die Handlungsfreiheit der Parteien oder einer der Parteien beschränkt, vgl. z. B. EuGH U. v. 19.2.2002, C-309/99 – *Wouters,* Rn. 97. Es muss vielmehr der konkrete Rahmen berücksichtigt werden, in dem die Vereinbarung Wirkungen entfaltet, insbesondere der wirtschaftliche und rechtliche Kontext, in dem die betroffenen Unternehmen tätig sind, die Art der Dienstleistungen, auf die sich diese Vereinbarung bezieht, sowie die tatsächlichen Bedingungen der Funktion und der Struktur des relevanten Marktes, vgl. z. B. EuG U. v. 15.9.1998, T-374/94, T-375/94, T-384/94 und T-388/94 – *European Night Services,* Rn. 136.

[666a] *Alexander Schaub,* Vortrag vom 22.10.1998, 25th Annual Conference Fordham Corporate Law Institute New York International Antitrust Law & Policy – EC Competition System – Proposals for Reform.

[667] EuG U. v. 29.6.2012, T-360/09 – *E.ON Ruhrgas,* Rn. 65; EuG U. v. 24.5.2012, T-111/08 – *MasterCard,* Rn. 80; EuG U. v. 18.9.2001, T-112/99 – *M6 u. a./Kommission,* Slg. 2001, II-2459, Rn. 72–76.

[668] Vgl. EuG U. v. 24.5.2012, T-111/08 – *MasterCard,* Rn. 80.

[669] EuG U. v. 18.9.2001, T-112/99 – *M6 u. a./Kommission,* Slg. 2001, II-2459, Rn. 75–76.

gen festgehalten (wie Preisabsprachen, Einschränkungen der Produktion und Markaufteilungen).[670] Da solche Kernbeschränkungen kraft Natur der Sache sehr wettbewerbsschädigend seien, bestand nach Auffassung der Gerichte kein Anlass zur Prüfung, ob die negativen Auswirkungen durch positive Umstände aufgewogen würden.[670a]

316 Aus ähnlichen Erwägungen hat auch die Kommission im Rahmen ihrer Auslegung und Anwendung von Art. 101 AEUV die *rule of reason* bisher nicht anerkannt, da eine Abwägung der wettbewerbsfördernden und wettbewerbswidrigen Auswirkungen einer Wettbewerbsbeschränkung einzig nach Art. 101 Abs. 3 AEUV stattfinden könne.[671] Auch bei ihren Überlegungen, die damalige Durchführungsverordnung VO 17 zu überarbeiten und das Anmeldeverfahren abzuschaffen, hielt die Kommission an diesen Standpunkt fest. Die Kommission hatte unter der VO 17 eine hohe Anzahl an Anmeldungen für eine Einzelfreistellung gemäß des damaligen Art. 85 Abs. 3 EGV zu prüfen. Zu den Gründen für diese hohe Anzahl an Anmeldungen gehörten auch die weite Interpretation des Art. 85 Abs. 1 EGV, die eben eventuelle wettbewerbsfördernde Wirkungen nicht berücksichtigte, und deren getrennte Prüfung nach Abs. 3. Mit einer *rule of reason* wären bereits in Abs. 1 die wettbewerbsfördernden und die wettbewerbswidrigen Auswirkungen einer Vereinbarung abgewogen worden. Damit wären viele Wettbewerbsbeschränkungen nicht mehr unter Abs. 1 subsumiert worden und die Zahl der Anmeldungen wäre deutlich zurückgegangen. Gleichzeitig jedoch hätte Abs. 3 seine Bedeutung praktisch verloren. In der Sache wäre das einer Änderung des (heutigen) Art. 101 AEUV gleichgekommen.[671a]

3. Außerwettbewerbliche Erwägungen in Art. 101 AEUV

317 Im Rahmen von Art. 101 Abs. 1 AEUV stellt sich die Frage, inwieweit außerwettbewerbliche Ziele bei der Auslegung Berücksichtigung finden können oder sogar müssen. Konkret lautet die Frage, ob ein grundsätzlich wettbewerbsbeschränkendes Verhalten aus dem Tatbestand von Art. 101 Abs. 1 AEUV auszunehmen ist, da nicht wettbewerbsbezogene Ziele, insbesondere Allgemeininteressen, gefördert werden.

318 Der EuGH und die Kommission haben einerseits außerwettbewerbliche Ziele in der Vergangenheit im Rahmen des Abs. 3 berücksichtigt, wenn sie im Zusammenhang mit den für Abs. 3 erforderlichen Effizienzgewinnen standen.[672] In jüngeren Urteilen misst der EuGH nicht wettbewerbsbezogenen Erwägungen jedoch bereits im Rahmen von Abs. 1 besondere Bedeutung bei. Nach der Rspr. ist ein grundsätzlich wettbewerbsbeschränkendes Verhalten nicht automatisch vom Tatbestand des Art. 101 Abs. 1 AEUV erfasst. Vielmehr ist das Verhalten nach Ansicht des Gerichtshofs dann von Abs. 1 auszunehmen, wenn es unter Berücksichtigung der Gesamtumstände notwendig und angemessen ist, um ein legitimes Ziel zu erreichen.[673] Der Gerichtshof hat auf diese Weise eine **neue Ausnahme** vom Tatbestand

---

[670] EuGH U. v. 8.7.1999, C-235/92 P – *Montecatini,* Slg. 1999, I-4539, Rn. 133 f.; EuG U. v. 6.4.1995, T-148/89 – *Tréfilunion,* Slg. 1995, II-1063, Rn. 109; EuG U. v. 10.3.1992, T-14/89 – *Montedipe,* Slg. 1992, II-1155, Rn. 265.

[670a] EuGH U. v. 8.7.1999 Rs. C-235/92 P – *Montecatini/Kommission,* Slg. 1999, I-4539, Rn. 132.

[671] *Schaub,* EC Competition System – Proposals for Reform, 25th Annual Conference, Fordham Corporate Law Institute, New York, 22.10.1998, S. 31 ff.; siehe auch *Mestmäcker/Schweitzer,* Europäisches Wettbewerbsrecht, 3. Aufl. 2014, Rn. 63.

[671a] *Alexander Schaub,* FN 666a, S. 31 ff.

[672] EuGH U. v. 11.7.1985, C 42/84 – *Remia.* Slg. 1985, 2545, Rn. 42 (Erhaltung von Arbeitsplätzen); EuGH U. v. 25.10.1977, C 26/76 – *Metro/Kommission,* Slg. 1977, 1875, Rn. 43 (Erhaltung von Arbeitsplätzen); Kommission E. v. 8.12.1983, IV/29.955 – *Carbon Gas Technologie,* ABl. 1983 L 376/17, S. 19 (Energieversorgung und Umweltschutz); Kommission E. v. 6.10.1994 IV/34.776 – *Pasteur Mérieux-Merck,* ABl. 1994 L 309/1, Rn. 89 (Volksgesundheit).

[673] EuGH U. v. 19.2.2002, C-309/99 – *Wouters,* Slg. 2002, I-1577, Rn. 97, 110 (Rechtspflege); EuGH U. v. 18.7.2006, C-519/04 – *Meca-Medina,* Slg. 2006, I-6991, Rn. 42–47 (Funktionieren des sportlichen Wettkampfs); EuGH U. v. 28.2.2013, C 1/12 – *OTOC,* Rn. 93–96 (Qualität der Buchhalterdienstleistung); EuGH U. v. 18.7.2013, C-136/12 – *CNG,* Rn. 53 (Würde des Berufs); EuGH U. v. 4.9.2014, C-184/13 – *API,* Rn. 47 (Sicherheit des Straßenverkehrs).

geschaffen, durch die Wettbewerbsbeschränkungen aufgrund von außerwettbewerblichen Erwägungen mittels einer **Verhältnismäßigkeitsprüfung** gerechtfertigt werden können.[674]

Bislang ungeklärt ist, ob diese Tatbestandsausnahme für jede Form von wettbewerbsbeschränkendem Verhalten gilt, denn sämtliche Urteile betreffen bis dato **Beschlüsse von Unternehmensvereinigungen.** Da Art. 101 Abs. 1 AEUV jedoch kein Rangverhältnis zwischen den verschiedenen Verhaltensformen vorsieht, erscheint eine dahingehende Differenzierung bei der Anwendung der Tatbestandsausnahme ungerechtfertigt.[675] **319**

Diese Tatbestandsausnahme des Art. 101 Abs. 1 AEUV ist in der Literatur zu Recht kritisiert worden. Zunächst ist die dogmatische Herleitung unklar. Denkbar ist eine Auslegung des Art. 101 Abs. 1 AEUV im Lichte allgemeiner Politikziele der EU, insbesondere der **Querschnittsklauseln**[676] des AEUV. Diese verpflichten die Unionsorgane, die jeweiligen Ziele in ihre Politik und Maßnahmen „einzubeziehen" (Art. 11) oder die Ziele „sicherzustellen" (Art. 168 Abs. 1). Der Wortlaut der Querschnittsklauseln ist somit sehr weit gefasst und würde einer Berücksichtigung der Ziele bei der Auslegung des Art. 101 Abs. 1 AEUV nicht entgegenstehen. Jedoch setzen Wortlaut und Systematik des Art. 101 AEUV Grenzen. Art. 101 Abs. 3 AEUV enthält eine Legalausnahme, die an bestimmte Voraussetzungen geknüpft ist. Die Tatbestandsausnahme des Abs. 1 aufgrund außerwettbewerblicher Ziele führt dazu, dass die **spezifischen Voraussetzungen des Abs. 3 umgangen** werden. Außerwettbewerbliche Erwägungen sind nach der hier vertretenen Ansicht daher lediglich auf der Ebene des Abs. 3 zu berücksichtigen, und zwar nur sofern sie mit den von Abs. 3 geforderten Effizienzgewinnen einhergehen.[677] Der Wortlaut des Abs. 3 ist hinreichend offen formuliert, um auch nicht wettbewerbsbezogene Erwägungen in angemessenem Maße zu berücksichtigen. Es besteht daher weder ein Anlass noch die Möglichkeit, entgegen den Wortlaut eine Beschränkung von Art. 101 Abs. 1 AEUV aufgrund außerwettbewerblicher Erwägungen anzunehmen. **320**

4. Arbeitsgemeinschaften

Eine Wettbewerbsbeschränkung entfällt nach dem sog. **„Arbeitsgemeinschaftsgedanken"**[678] bei Kooperationen von Wettbewerbern, wenn diese die Gesamtleistung nicht eigenständig hätten erbringen können.[679] Die Kooperation ist wettbewerbsfördernd, da die Kooperationspartner ohne die Zusammenarbeit nicht hätten tätig werden können. Für das konkrete Projekt sind sie dann keine Wettbewerber, sondern erst die Kooperation ermöglicht ihnen die Durchführung des Projekts. Es bedarf allerdings einer Prüfung des Einzelfalls, ob die Leistung auch ohne die Kooperation hätte angeboten werden können.[679a] Maßgebend sind objektive Tatsachen.[679b] Es genügt nicht, dass die Kooperationspartner durch die Kooperation lediglich wirtschaftlich effizienter werden[680] oder die gemeinsame Leistung zu günstigeren Kosten erbringen können. Dann kommt lediglich eine Freistellung **321**

---

674 *Leupold,* EuZW 2013, 782, 786.

675 Siehe *Leupold,* EuZW 2013, 782, 786.

676 Z. B. Art. 11 (Umweltschutz), Art. 167 Abs. 4 (Kultur), Art. 168 Abs. 1 (Gesundheit), Art. 173 Abs. 3 (Industriepolitik) und Art. 208 Abs. 1 (Entwicklungszusammenarbeit).

677 Ebenso *Schuhmacher* in Grabitz/Hilf/Nettesheim, Das Recht der Europäischen Union, 53. Lfg. 2014, Art. 101 AEUV, Rn. 269; a. A. *Eilsmann* in Streinz, Kommentar, 2. Aufl. 2012, Art. 101 AEUV, Rn. 142.

678 Siehe dazu auch die Ausführungen zur Kreditwirtschaft in Rn. 374 ff.

679 Kommission, Horizontal-Leitlinien, Rn. 30; Kommission E. v. 27.7.1990, IV/32.688 – *Konsortium ECR 900,* ABl. 1990 L 228/31, ABl. C 11/1 v. 14.1.2011; Kommission E. v. 24.10.1988, IV/32.437 – *Eurotunnel,* Rn. 17; Kommission E. v. 14.9.1999, IV/36.213 – *GEAE/P&W,* Rn. 74; *Zimmer* in Immenga/Mestmäcker, Wettbewerbsrecht, Kommentar, 5. Aufl. 2014, § 1 GWB, Rn. 157; *Hengst* in Langen/Bunte, Kartellrecht, Kommentar, Band 2, 12. Aufl. 2014, Art. 101 AEUV, Rn. 202 ff.; *Lübbig* in Wiedemann, Handbuch des Kartellrechts, 2. Aufl. 2008, § 8, Rn. 229; *Hauck,* CCZ 2010, 53, 55.

679a *Lübbig* in Wiedemann, Kartellrecht, 2. Aufl. 2008, § 8, Rn. 228.

679b *Lübbig* in Wiedemann, Kartellrecht, 2. Aufl. 2008, § 8, Rn. 228.

680 Kommission E. v. 14.9.1999, IV/36.213 – *GEAE/P&W,* Rn. 75.

nach Art. 101 Abs. 3 AEUV in Betracht.[681] Für diese muss dann u.a. aber die Weitergabe der Kostenvorteile geprüft werden.

322 Liegt eine Arbeitsgemeinschaft vor, so sind sämtliche zur Durchführung des gemeinsamen Projekts erforderlichen Nebenabreden zulässig – aber auch nur diese. Nicht wettbewerbsbeschränkend sind also der (erforderliche, d.h. auf das Projekt beschränkte) Informationsaustausch und projektbezogene Leistungsquoten. Die Regelungen zur Zusammenarbeit müssen aber auf den Einzelfall beschränkt bleiben; es darf keine Vereinbarung über künftige Zusammenarbeit (oder gar die ausschließliche Zusammenarbeit) und keine Festlegung von Bedingungen und Konditionen für weitere Projekte getroffen werden.

5. Vergleichsvereinbarungen, insbesondere gerichtliche Vergleiche

323 Streng betrachtet können Vergleichsvereinbarungen wettbewerbsbeschränkend sein, wenn sie das wettbewerbliche Verhalten einer Vertragspartei beschränken, ohne dass bei objektiver Erkenntnis der Rechtslage (für praktische Zwecke also: durch rechtskräftige Entscheidung eines Gerichts) die gleiche Beschränkung bestünde. Beispiele sind Streitigkeiten über die Reichweite eines gewerblichen Schutzrechts oder die Reichweite eines (im Kern kartellrechtskonformen) Wettbewerbsverbots. Die Rechtsordnung fördert generell die gütliche Streitbeilegung und muss daher einen gewissen Spielraum der Vertragsparteien anerkennen, innerhalb dessen ein Vergleich nicht den Wettbewerb beschränkt, weil er (a) eine bestehende Unsicherheit beseitigt und (b) eine vertretbare Rechtsauffassung abbildet. Die Kommission hat sich in der Tat ähnlich geäußert.[682]

E. Beeinträchtigung des Handels zwischen Mitgliedstaaten

324 Art. 101 Abs. 1 AEUV erfasst nur solche Vereinbarungen, abgestimmte Verhaltensweisen und Beschlüsse, die geeignet sind, den Handel zwischen den Mitgliedstaaten zu beeinträchtigen. Der Anwendungsbereich der Wettbewerbsregeln des AEUV ist erst eröffnet, wenn gerade der Wettbewerb innerhalb des Binnenmarktes betroffen ist. Diese sog. Zwischenstaatlichkeitsklausel dient **der Abgrenzung des Anwendungsbereichs der Wettbewerbsregeln der Union von denen der Mitgliedstaaten.**[683] Ist das Verhalten nicht geeignet, den Handel zwischen den Mitgliedstaaten zu beeinträchtigen, ist Art. 101 AEUV nicht anwendbar. Ebenfalls nicht eröffnet ist dann der Anwendungsbereich des Art. 3 VO 1/2003, sodass die Mitgliedstaaten nicht verpflichtet sind, die EU-Wettbewerbsregeln anzuwenden. Sie können für einen solchen Fall abweichende Regelungen treffen.[684] Die

---

[681] *Lübbig* in Wiedemann, Handbuch des Kartellrechts, 2. Aufl. 2008, § 8, Rn. 229.

[682] Kommission, 5th Report on the monitoring of patent settlements in the pharmaceutical sector, 2014, Rn. 5 („As in any other area of commercial disagreement, the parties concerned have a legitimate interest in finding a mutually acceptable compromise. In particular the parties may prefer to discontinue the dispute or litigation because it is too costly, time-consuming and/or risky as regards its outcome. Settlements are thus a generally accepted, legitimate way of ending private disagreements. They can also save courts and/or competent administrative bodies such as patent offices time and effort. Therefore, they can have some positive impact in the interest of society."). Zur Rechtslage nach dem GWB siehe BGH, U. v. 22.5.1975 – KZR 9/74, BGHZ 65, 147, Rn. 18.

[683] EuGH U. v. 30.6.1966, 56/65 – *Maschinenbau Ulm,* Slg. 1966 282, 303; EuGH U. v. 13.7. 1966, 56/64 und 58/64 – *Consten und Grundig,* Slg. 1966, 331, 389; EuGH U. v. 11.7.1986, C-42/84 – *Remia,* Slg. 1985, 2545, Rn. 22; EuGH U. v. 31.5.1979, 22/78 – *Hugin,* Slg. 1979, 1869, Rn. 17; EuGH U. v. 5.10.1988, 247/86 – *Alsatel,* Slg. 1988, 5987, Rn. 11. Genau genommen geht es um die Abgrenzung des Bereichs, in dem ausschließlich das Kartellrecht der Mitgliedstaaten anwendbar ist, von dem Bereich paralleler Anwendbarkeit (nach Maßgabe von Art. 3 VO 1/2003).

[684] Wegen der fortschreitenden Angleichung des nationalen Wettbewerbsrechts an die Regelungen der Union sind die praktischen Auswirkungen jedoch gering. § 3 GWB (Mittelstandskartelle) ist aber ein Beispiel einer solchen abweichenden Regelung, vgl. *Schneider,* in Langen/Bunte, Deutsches Kartellrecht, Kommentar, § 3 GWB, Rn. 3.

Zwischenstaatlichkeitsklausel wird ergänzt durch das ungeschriebene Tatbestandsmerkmal der **Spürbarkeit.** Neben der Spürbarkeit **der Wettbewerbsbeschränkung** ist nach ständiger Rechtsprechung ebenso erforderlich, dass das Verhalten geeignet ist, **den zwischenstaatlichen Handel** spürbar zu beeinträchtigen.[685] Grds. ist die Prüfung der Zwischenstaatlichkeitsklausel von der Prüfung der Wettbewerbsbeschränkung zu trennen, wenngleich die Art des wettbewerbsbeschränkenden Verhaltens Hinweise dazu geben kann, ob das Verhalten den zwischenstaatlichen Handel zu beeinträchtigen geeignet ist[686] – und auch sonst die Erfüllung beider Tatbestandsmerkmale aus den gleichen tatsächlichen Umständen folgen mag (z. B. dem hohen gemeinsamen Marktanteil der Vertragsparteien).

Als wichtigster Bezugspunkt für die praktische Handhabung der Zwischenstaatlichkeits- 325
klausel dienen die **Leitlinien** der Kommission.[687] In diesen äußert die Kommission sich zum einen zu grundsätzlichen Fragen der Auslegung und erörtert zum anderen ihre Sicht auf diverse Arten von Vereinbarungen. Die europäischen und nationalen Gerichte sowie die nationalen Behörden sind an die Leitlinien nicht gebunden, sie können ihnen jedoch als Orientierung dienen.[688]

I. Begriff und Definition der Zwischenstaatlichkeit

Erforderlich ist (nur) die **Eignung** der Vereinbarung, den zwischenstaatlichen Handel zu 326
beeinträchtigen. Eine tatsächliche Beeinträchtigung ist nicht erforderlich.[689] Die Eignung ist nach st. Rspr. gegeben, wenn sich anhand einer Gesamtheit objektiver rechtlicher oder tatsächlicher Umstände mit hinreichender Wahrscheinlichkeit voraussehen lässt, dass die Vereinbarung den Warenverkehr zwischen Mitgliedstaaten unmittelbar oder mittelbar, tatsächlich oder potenziell in einem der Erreichung der Ziele eines einheitlichen zwischenstaatlichen Marktes nachteiligen Sinne beeinflussen kann.[690] Nach der Entscheidungspraxis von EuGH und Kommission sind einige Verhaltensweisen bereits **ihrem Wesen nach** geeignet, den zwischenstaatlichen Handel zu beeinträchtigen, insbesondere wenn bestimmte Verhaltensweisen eine Abschottung nationaler Märkte hervorrufen.[691] Andere Verhaltensweisen erfordern hingegen eine sorgfältige Prüfung. Eine Handelsbeeinträchtigung ist beispielsweise dann unwahrscheinlich, wenn rechtliche oder tatsächliche Schranken den Markt auf das Gebiet eines Mitgliedstaates begrenzen.[692]

Der Begriff des **Warenverkehrs** aus der Rspr. des EuGH bewirkt keine echte Ein- 327
schränkung des Anwendungsbereichs des Art. 101 AEUV und ist großzügig auszulegen; ähnliches gilt für den Begriff des „Handels" in Art. 101 Abs. 1 AEUV. Wie aus den Leitlinien der Kommission hervorgeht, sind alle grenzüberschreitenden wirtschaftlichen Tätigkeiten einschließlich der Niederlassungsfreiheit erfasst.[693] Bezüglich einer jeden wirtschaftlichen Tätigkeit kann also die Zwischenstaatlichkeitsklausel erfüllt sein.

Für die Auslegung des Begriffs der **Beeinträchtigung** ist zu beachten, dass nicht nur 328
negative Wirkungen auf den zwischenstaatlichen Handel erfasst sind. Der Begriff ist viel-

---

685 Zur Spürbarkeit der Wettbewerbsbeschränkung siehe auch Rn. 288.

686 Kommission, Leitlinien zur Zwischenstaatlichkeit, ABl. C 101/81, v. 27.4.2004, Rn. 16.

687 Kommission, Leitlinien Leitlinien zur Zwischenstaatlichkeit, ABl. C 101/81, v. 27.4.2004.

688 Kommission, Leitlinien zur Zwischenstaatlichkeit, ABl. C 101/81, v. 27.4.2004, Rn. 3; siehe auch Rn. 34 ff.

689 EuG U. v. 25.3.2000, T-25/95 – *Cimenteries,* Slg. 2000 II-491, Rn. 3930.

690 EuGH U. v. 13.7.1966, 56/64 und 58/64 – *Consten und Grundig,* Slg. 1966, 331, 389; EuGH U. v. 6.5.1971, 1/71 – *Cadillon/Höss,* Slg. 1971, 351, Rn. 5/6; EuGH U. v. 31.5.1979, 22/78 – *Hugin,* Slg. 1979, 1869, Rn. 17; EuGH U. v. 11.7.1986, 42/84 – *Remia,* Slg. 1985, 2545, Rn. 22; EuGH U. v. 17.7.1997, C-219/95 P – *Ferriere Nord,* Slg. 1997 I-4411, Rn. 20; EuGH U. v. 21.1.1999, C-215/96 – *Bagnasco/BPN,* Rn. 47.

691 EuGH U. v. 5.10.1988, 247/86 – *Alsatel,* Slg. 1988, 5987, Rn. 11.

692 Kommission, Leitlinien zur Zwischenstaatlichkeit, ABl. C 101/81, v. 27.4.2004, Rn. 30–33.

693 Kommission, Leitlinien zur Zwischenstaatlichkeit, ABl. C 101/81, v. 27.4.2004, Rn. 19.

mehr **neutral,** sodass ebenso wettbewerbsfördernde Auswirkungen eine Beeinträchtigung des zwischenstaatlichen Handels i. S. d. Art. 101 Abs. 1 AEUV darstellen können.[694] Der Grund ist, dass die Zwischenstaatlichkeitsklausel zunächst nur über den Anwendungsbereich des EU-Kartellrechts bestimmt[694a] und nicht schon eine Wertung über die Wettbewerbsschädlichkeit des fraglichen Verhaltens enthält. Jedenfalls seit Inkrafttreten der VO 1/2003 muss sich auch die Freistellung nach Abs. 3 gegenüber dem nationalen Kartellrecht durchsetzen können, und schon von daher müssen auch positive Wirkungen einer Vereinbarung auf den Wettbewerb den Vorrang des EU-Kartellrechts auslösen können. Folglich ist maßgeblich, ob sich der zwischenstaatliche Handel ohne das in Frage stehende Verhalten mit hinreichender Wahrscheinlichkeit anders entwickelt hätte („tatsächlich") oder hätte entwickeln können („potenziell").[695]

329 Für die Geeignetheit einer Vereinbarung, den Handel zwischen den Mitgliedstaaten zu beeinträchtigen, ist nicht erforderlich, dass jede einzelne Klausel einer Vereinbarung diese Anforderungen erfüllt. Vielmehr kommt es auf die Gesamtwirkung der Vereinbarung an.[696] Nach Ansicht der Kommission ist es außerdem ausreichend, wenn das Verhalten eines Kartellanten die Voraussetzungen der Zwischenstaatlichkeitsklausel erfüllt, um die Handelsbeeinträchtigung für das gesamte Kartell auszulösen.[697]

II. Leitlinien der Kommission

330 Anders als die *de minimis*-Bekanntmachung (siehe dazu Rn. 294 ff.) enthalten die Leitlinien der Kommission zur Zwischenstaatlichkeit keinen *safe harbour,* innerhalb dessen die Kommission die Anwendung des Art. 101 AEUV ausschließt. Bei der Spürbarkeit der Beeinträchtigung des Handels zwischen den Mitgliedstaaten prüft die Kommission vielmehr stets den Einzelfall und berücksichtigt insbesondere den Umsatz und den Marktanteil der an der Vereinbarung beteiligten Unternehmen.[698] Die Leitlinien enthalten allerdings eine **widerlegbare Negativvermutung,** in welchen Fällen die Kommission eine spürbare Beeinträchtigung des Handels regelmäßig abgelehnt wird (sog. **NAAT-Regel,** *„not appreciablye affecting trade"*). Im Anwendungsbereich dieser Vermutung wird die Kommission „in der Regel" weder von Amts wegen noch auf Antrag tätig.[699] Die Negativvermutung greift ein, wenn kumulativ die Marktanteilsschwelle von 5% und die Umsatzschwelle von 40 Mio. EUR nicht überschritten sind.[700]

331 Für Vereinbarungen, die bereits ihrem Wesen nach geeignet sind, den zwischenstaatlichen Handel zu beeinträchtigen, enthalten die Leitlinien zudem eine **widerlegbare Positivvermutung,** dass die Spürbarkeit gegeben ist, sobald entweder die Umsatz- oder die Marktanteilsschwelle überschritten ist. Das gilt „beispielsweise" für eine Vereinbarung,

---

[694] Kommission, Leitlinien zur Zwischenstaatlichkeit, Rn. 34; vgl. insofern auch die treffendere englische Fassung des Art. 101 Abs. 1 AEUV („may **affect** trade between Member States") – Hervorhebung nur hier.

[694a] *Kirchhoff* in Münchener Kommentar zum Kartellrecht, 2. Aufl. 2015, Einl., Rn. 1706.

[695] Kommission, Leitlinien zur Zwischenstaatlichkeit, Rn. 34.

[696] EuGH U. v. 25.2.1986, 193/83 – *Windsurfing International,* Slg. 1986, 622, Rn. 96; Kommission, Leitlinien zur Zwischenstaatlichkeit, ABl. C 101/81, v. 27.4.2004, Rn. 14.

[697] Kommission, Leitlinien zur Zwischenstaatlichkeit, ABl. C 101/81, v. 27.4.2004, Rn. 15.

[698] Kommission, Leitlinien zur Zwischenstaatlichkeit, ABl. C 101/81, v. 27.4.2004, Rn. 46 f.

[699] Kommission, Leitlinien zur Zwischenstaatlichkeit, Rn. 50. Ähnlich der *de minimis*-Bekanntmachung wird die Kommission zudem nicht tätig, wenn die Beteiligten gutgläubig davon ausgingen, dass ihre Vereinbarung unter die Negativvermutung fällt (dazu sogleich im Text).

[700] Die 5%-Schwelle bezieht sich auf den gemeinsamen Marktanteil der Parteien für jeden einzelnen betroffenen Markt. Die Umsatzschwelle bezieht sich auf den gesamten Jahresumsatz und ist im Übrigen abhängig davon, ob eine horizontale oder vertikale Vereinbarung gegeben ist. Siehe im Einzelnen Rn. 52 der Leitlinien zur Zwischenstaatlichkeit. Die Vermutung greift auch dann, wenn während zwei aufeinanderfolgenden Kalenderjahren die Umsatzschwelle um maximal 10% und die Marktanteilsschwelle um maximal 2% überschritten ist.

„[die] Einfuhren und Ausfuhren betrifft oder sich auf mehrere Mitgliedstaaten erstreckt".[701] Im Unterschied zur *de minimis*-Bekanntmachung nehmen die Leitlinien zur Zwischenstaatlichkeit **bezweckte Wettbewerbsbeschränkungen** nicht generell von dem Anwendungsbereich der Negativvermutung aus.

Kleine und mittlere Unternehmen („KMU") gemäß der Empfehlung der Kommission 96/280/EG können durch ihre Vereinbarungen o. ä. regelmäßig den zwischenstaatlichen Handel nicht beeinträchtigen, da sie typischerweise überwiegend lokal tätig sind. Etwas anderes kann jedoch gelten, wenn sie grenzüberschreitend aktiv sind.[702] **332**

Die Rspr. hat keine klaren Schwellenwerte festgelegt, an denen sie üblicherweise die Spürbarkeit der Beeinträchtigung des zwischenstaatlichen Handels misst. Sie stellt vielmehr die Umstände des Einzelfalls in den Vordergrund.[703] Insbesondere stellt sie darauf ab, ob die Vereinbarung schon ihrem Wesen nach geeignet ist, den Handel zwischen den Mitgliedstaaten zu beeinträchtigen.[704] **333**

III. Fallgruppen

Eine Vereinbarung kann selbst dann geeignet sein, den zwischenstaatlichen Handel zu beeinträchtigen, wenn die **beteiligten Unternehmen aus demselben Mitgliedstaat** kommen, insbesondere wenn die Vereinbarung in einem anderen Mitgliedstaat durchgeführt wird. Der Geeignetheit zur Handelsbeeinträchtigung steht es jedoch grundsätzlich auch nicht entgegen, wenn die Vereinbarung lediglich den Mitgliedstaat erfasst, in dem die Beteiligten ansässig sind. Allerdings wird in einem solchen Fall regelmäßig eine sorgfältige Prüfung erforderlich sein.[705] Ist das **gesamte Hoheitsgebiet eines Mitgliedstaates** betroffen, so ist die Vereinbarung schon ihrem Wesen nach geeignet, den zwischenstaatlichen Handel zu beeinträchtigen.[706] Denn solche Vereinbarungen verfestigen in aller Regel die Abschottung der nationalen Märkte und behindern die wirtschaftliche Verflechtung der Mitgliedstaaten untereinander. Für solche Verhaltensweisen geht die Rspr. daher von einer **widerlegliche Vermutung** dafür aus, dass das Verhalten geeignet ist, den Handel zwischen den Mitgliedstaaten zu beeinträchtigen.[707] Entsprechend können beispielsweise auch rein nationale Preiskartelle geeignet sein, den zwischenstaatlichen Handel zu beeinträchtigen, und zwar insbesondere dann, wenn sie darauf gerichtet sind, ausländische Konkurrenten vom Markteintritt abzuhalten. Wirkt sich die Vereinbarung hingegen lediglich regional aus, so ist die Beeinträchtigung des zwischenstaatlichen Handels unwahrscheinlich.[708] **334**

Verhaltensweisen, die sich **auf mehrere Mitgliedstaaten auswirken,** sind in aller Regel bereits **ihrem Wesen nach geeignet,** den zwischenstaatlichen Handel zu beeinträchtigen.[709] Entsprechend erfüllen Vereinbarungen, an denen Unternehmen aus mehreren Mitgliedstaaten beteiligt sind, regelmäßig die Zwischenstaatlichkeitsklausel. Es ist in einem solchen Fall unwahrscheinlich, dass sich die Vereinbarungen lediglich auf einen national **335**

---

701 Kommission, Leitlinien zur Zwischenstaatlichkeit, ABl. C 101/81, v. 27.4.2004, Rn. 53.

702 Kommission, Leitlinien zur Zwischenstaatlichkeit, ABl. C 101/81, v. 27.4.2004, Rn. 50.

703 EuGH U. v. 11.7.2013, C-439/11 – *Ziegler,* Rn. 93, 95; EuGH U. v. 26.11.2006, C-238/05 – *Asnef-Equifax,* Slg. 2006, I-11125, Rn. 35; EuGH U. v. 21.1.1999, C-215/95 und C-215/96 – *Bagnasco,* Slg. 1999 I-135, Rn. 47; EuGH U. v. 29.4.2004, C-359/01 P – *British Sugar,* Slg. 2004, I-4933, Rn. 7.

704 EuGH U. v. 11.7.2013, C-439/11 – *Ziegler,* Rn. 95.

705 Kommission, Leitlinien zur Zwischenstaatlichkeit, ABl. C 101/81, v. 27.4.2004, Rn. 77.

706 EuGH U. v. 17.10.1971, 8/72 – *Cementhandelaren,* Slg. 1972, 977, Rn. 28/30; EuGH U. v. 11.7.1986, 42/84 – *Remia,* Slg. 1985, 2545, Rn. 22; EuGH U. v. 24.10.1995, C-70/93 – *BMW/ALD,* Slg. 1995, I-3439, Rn. 20.

707 EuG U. v. 14.12.2006, T-259/02 bis T-264/02 und T-271/02 – *Österreichische Banken,* Rn. 181.

708 Zwischenstaatlichkeit beispielsweise verneint in EuGH U. v. 21.1.1999, C-215/96 und C-216/96 – *Bagnasco,* Slg. 1999, I-135, Rn. 35.

709 Kommission, Leitlinien zur Zwischenstaatlichkeit, ABl. C 101/81, v. 27.4.2004, Rn. 61.

abgegrenzten Markt auswirkt. Beispiele von Vereinbarungen, welche die Zwischenstaatlichkeitsklausel erfüllen, sind solche, die Ein- oder Ausfuhr zwischen unterschiedlichen Mitgliedstaaten betreffen,[710] oder Preisabsprachen für den Vertrieb in mehreren Mitgliedstaaten. Etwas anderes kann nur gelten, wenn deutliche Anhaltspunkte, insbesondere rechtliche oder tatsächliche Schranken, schon ohne die fragliche Vereinbarung gegen einen grenzüberschreitenden Handel sprechen.[711]

336 Bei Vereinbarungen mit **Drittstaatsbezug** ist maßgeblich, ob sie das Verhalten der Unternehmen im Unionsgebiet betreffen, das heißt **auf dem Gebiet eines Mitgliedstaates durchgeführt werden oder sich dort auswirken.** Es ist dann unerheblich, ob einer oder sogar sämtliche Beteiligte ihren Sitz in Drittstaaten haben oder die Vereinbarung dort abgeschlossen wurde.[712] Der zwischenstaatliche Handel kann beispielsweise durch eine Beschränkung des (Re-)Imports aus Drittstaaten in die EU beeinträchtigt sein.[713] Es ist dann jedoch sorgfältig zu prüfen, ob tatsächlich ein Anreiz bestanden hätte, die Ware in die EU einzuführen, oder ob dieser Anreiz möglicherweise aufgrund rechtlicher oder tatsächlicher Schranken im jeweiligen Fall nicht gegeben gewesen wäre.[714] Vereinbarungen zwischen in der Union ansässigen Beteiligten, die sich nicht (und zwar auch nicht mittelbar) auf das Unionsgebiet auswirken, sondern **nur Drittstaaten betreffen,** sind regelmäßig nicht geeignet, den zwischenstaatlichen Handel zu beeinträchtigen. Dies kann beispielsweise für eine Regelung von Exporten aus dem Unionsgebiet in Drittstaaten der Fall sein.[715] Allerdings sind die mittelbaren Auswirkungen auf das Gebiet der EU stets genau zu prüfen. So kann sich auch durch Vereinbarungen über den Export in Drittländer die Struktur des Wettbewerbs innerhalb der Mitgliedstaaten ändern.[716]

F. Ausführungen betreffend bestimmte Unternehmen und Wirtschaftsteilnehmer

I. Sozialversicherungsträger und soziale Sicherungssysteme

337 Bei Sozialversicherungsträgern ist die zentrale Frage, ob sie Unternehmen i. S. d. Art. 101 AEUV sind, weil sie eine wirtschaftliche Tätigkeit ausüben, oder ob durch sie Aufgaben der hoheitlichen Verwaltung wahrgenommen werden. Die Verfolgung eines sozialen Zwecks durch einen Sozialversicherungsträger alleine genügt nicht, um die Einordnung einer Tätigkeit als wirtschaftlich auszuschließen.[717] Maßgeblich ist, ob das Versicherungssystem als Umsetzung des **Grundsatzes der Solidarität** anzusehen ist und ob es **staatlicher Aufsicht unterliegt.**[718] Das führt zwangsläufig zur Notwendigkeit intensiver Einzelfallbetrachtungen und schließt pauschale Annahmen einer Befreiung von Sozialversicherungsträgern vom Kartellverbot aus. Es bedeutet auch, dass der nationale Gesetzgeber durch die Gestaltung des Systems der Sozialversicherung die Geltung der Art. 101, 102

---

[710] EuG U. v. 14.7.1994, T-77/92 – *Parker Pen,* Slg. 1994, II-549, Rn. 44 ff.

[711] *Hengst* in Langen/Bunte, Kommentar, Band 2, Europäisches Kartellrecht, 12. Aufl. 2014, Art. 101 AEUV, Rn. 320.

[712] Kommission, Leitlinien zur Zwischenstaatlichkeit, ABl. C 101/81, v. 27.4.2004, Rn. 100.

[713] EuGH U. v. 31.3.1993, C-104/85 – *Ahlström,* Slg. 1993, I-1307, Rn. 139 ff.

[714] In einem solchen Fall ist außerdem im Rahmen der Spürbarkeit zu prüfen, ob die potentielle (Re-)Importquote einen nicht nur geringfügigen Teil des Gesamtabsatzes ausmachen würde.

[715] EuGH U. v. 18.2.1986, 174/84 – *Bulk Oil/Sun Oil,* Slg. 1986, 559, Rn. 44.

[716] EuGH U. v. 16.12.1975, 40/73 – *Suiker Unie,* Slg. 1975, 1663, Rn. 598 f.

[717] EuGH U. v. 22.1.2001, C-218/00 – *Cisal/INAIL,* Slg. 2002, I-717, Rn. 37; EuGH U. v. 3.3.2011, C-437/09 – *AG2R Prévoyance/Beaudout Père et Fils,* Rn. 45; vgl. auch EuGH U. v. 21.9.1999, C-67/96 – *Albany,* Slg. 1999, I-5751, Rn. 86.

[718] EuGH U. v. 22.1.2001, C-218/00 – *Cisal/INAIL,* Slg. 2002, I-717, Rn. 38–43; EuGH U. v. 3.3.2011, C-437/09 – *AG2R Prévoyance/Beaudout Père et Fils,* Rn. 46.

AEUV (in den Grenzen des Art. 106 AEUV) begründen oder abwenden kann; nur kann er Ausgestaltung des Sozialsystems und Geltung des Kartellrechts nicht unabhängig voneinander wählen.

Nachdem der EuGH 2004 in *AOK Bundesverband*[719] zunächst die deutschen gesetzlichen Krankenkassen aus dem Unternehmensbegriff ausgenommen hatte, schließen nach der Rs. *BKK MobilOil* (2013) die Begriffe „Unternehmen" und „Gewerbetreibender" i. S. d. Richtlinie 2005/29/EG über unlautere Geschäftspraktiken[720] – und damit auch i. S. d. UWG – auch Krankenkassen ein. Der EuGH rechtfertigt das mit den Bedürfnissen des Verbraucherschutzes und damit, dass es in der Richtlinie keine Ausnahme für Einrichtungen gebe, die eine im Allgemeininteresse liegende öffentliche Aufgabe erfüllten.[721] Warum das im Kartellrecht anders sein soll, erläutert der EuGH leider nicht.[722] 338

1. Kriterien für notwendigen Grad an Solidarität

Erhebliche Schwierigkeiten bereitet die Festlegung des Grades an Solidarität, welcher eine wirtschaftliche Tätigkeit ausschließt. Zudem kann der notwendige Grad je nach Art des sozialen Sicherungssystems variieren. Erste Aussagen traf der EuGH *Poucet* bezüglich der **Pflichtversicherungssysteme** für Krankheit und Mutterschaft einerseits und Altersversicherung andererseits. In beiden Fällen bejahte der Gerichtshof ein hinreichendes Maß an Solidarität und verneinte eine wirtschaftliche Tätigkeit: Der Solidaritätsgrundsatz werde bei der Versicherung für Krankheit und Mutterschaft durch die Finanzierung nach Maßgabe der Einkünfte der Versicherten aus Berufstätigkeit und Altersrente konkretisiert. Dies bringe eine **Einkommensumverteilung** zwischen Wohlhabenden und solchen Personen mit sich, denen ansonsten aufgrund ihrer persönlichen Mittel und ihrer gesundheitlichen Lage die notwendige Absicherung fehlen würde.[723] Bei der Altersversicherung komme die Solidarität durch die Finanzierung der Renten durch die erwerbstätigen Arbeitnehmer zugunsten der im Ruhestand befindlichen Rentner zum Ausdruck, also eine Art **Umlage** Ein weiteres Element von Solidarität erblickte der EuGH schließlich in der **Abführung von Überschüssen** einiger Sozialversicherungsträger an andere mit strukturellen finanziellen Schwierigkeiten.[724] 339

In Fortführung dieser Kriterien hat der EuGH in **Fédération francaise des sociétés d'assurance u. a. (FFSA)** eine wirtschaftliche Tätigkeit bejaht: Maßgeblich waren hierfür der rein **freiwillige Charakter** des Zusatzrentenversicherungssystems und die ausschließliche **Abhängigkeit der Rentenhöhe von den vom Leistungsempfänger entrichteten Beitrag.**[725] Zwar erkannte der Gerichtshof an, dass das System durchaus in gewisser Weise den Solidaritätsgrundsatz zum Ausdruck bringe, insbesondere weil die Beiträge vom versicherten Risiko unabhängig seien, im Falle vorzeitigen Versterbens die bereits geleisteten Beiträge im System verblieben oder im Krankheitsfalle eine Freistellung von der Beitragszahlung möglich sei; doch waren diese solidarischen Ausprägungen für den EuGH 340

---

[719] EuGH U. v. 16.3.2004, C-264/01 und C-306/01 – *AOK Bundesverband,* Slg. 2004, I-2493.

[720] Art. 2 lit. a) dieser Richtlinie lautet: „‚Gewerbetreibender' [ist] jede natürliche oder juristische Person, die im Geschäftsverkehr im Sinne dieser Richtlinie im Rahmen ihrer gewerblichen, handwerklichen oder beruflichen Tätigkeit handelt, und jede Person, die im Namen oder Auftrag des Gewerbetreibenden handelt."

[721] EuGH U. v. 3.10.2013, C-59/12 – *BKK MobilOil,* Rn. 31–36.

[722] Der Vorlagebeschluss (BGH B. v. 18.1.2012, I ZR 170/10 – *Betriebskrankenkasse,* GRUR 2012, 288, 289) hatte auf die Frage ausdrücklich hingewiesen.

[723] EuGH U. v. 17.2.1993, C-159/91 und C-160/91 – *Poucet/Assurances génerales de France,* Slg. 1993, I-637, Rn. 10.

[724] EuGH U. v. 17.2.1993, C-159/91 und C-160/91 – *Poucet/Assurances génerales de France,* Slg. 1993, I-637, Rn. 11.

[725] EuGH U. v. 16.11.1995, C-244/94 – *Fédération francaise des sociétés d'assurance,* Slg. 1995, I-4013, Rn. 17–21.

aufgrund der Freiwilligkeit des gesamten Systems nicht hinreichend. Schließlich beseitigte auch die **fehlende Gewinnnerzielungsabsicht** die wirtschaftliche Tätigkeit nicht.

341 Auch in *Albany* reichten das Fehlen eines Gewinnerzielungszwecks und gewisse solidarische Elemente nicht, um die wirtschaftliche Tätigkeit zu verneinen:[726] Der streitige Betriebsrentenfonds legte die Höhe der Beiträge und der Leistungen selbst gemäß der Erträge der vom Fonds getätigten Anlagen fest und der Fonds war zudem verpflichtet, einem Unternehmen eine Freistellung zu gewähren, wenn dieses seine Arbeitnehmer in einem mindestens gleichwertigen Betriebsrentensystem versichert hatte.

342 Dagegen wurde in *Cisal* ein hinreichender Grad an Solidarität in einem staatlichen Unfallversicherungssystem angenommen, der zum Ausschluss der wirtschaftlichen Tätigkeit führte: Die Versicherungsbeiträge seien nicht streng proportional zum versicherten Risiko.[727] Auch sei die Höhe der Leistungen nicht notwendig proportional zu den Einkünften der Versicherten.[728] Das **Fehlen eines unmittelbaren Zusammenhangs zwischen Beiträgen und Leistungen** bewirke eine Solidarität zwischen hoch und niedrig bezahlten Arbeitnehmern. In einem anderen Fall – *Kattner* – wurde der solidarische Charakter eines Unfallversicherungssystems auch mit dem Bestehen einer **Gefahrengemeinschaft** innerhalb einer Branche oder darüber hinaus innerhalb aller Mitglieder einer Berufsgenossenschaft begründet.[729]

343 Ebenso führte in *AOK Bundesverband* die Unabhängigkeit des Leistungsumfangs der gesetzlichen Krankenversicherungen in Deutschland von den Beiträgen der Versicherten[730] dazu, dass eine wirtschaftliche Tätigkeit verneint wurde. Zusätzlich wurde dies auf einen gesetzlich vorgeschriebenen **Kosten- und Risikoausgleich zwischen den gesetzlichen Krankenkassen** gestützt. Unschädlich für die Annahme einer hoheitlichen Tätigkeit war, dass die Krankenkassen über einen gewissen **Spielraum bei der Festsetzung ihrer Beitragssätze** verfügen. Zwar wurde damit ein Wettbewerbselement eingeführt, aber nur um die Grundsätze der Wirtschaftlichkeit zu sichern.

344 In seiner jüngsten Entscheidung zur Unternehmenseigenschaft sozialer Sicherungssysteme hat der EuGH in *AG2R* einen hohen Grad an Solidarität innerhalb eines Zusatzkrankenversicherungssystems angenommen, weil der Beitragssatz nicht proportional zum versicherten Risiko sei und in bestimmten Fällen Leistungen auch unabhängig von der Zahlung fälliger Beiträge erbracht würden.[731]

345 Selbst wenn der Gesetzgeber sich jedoch in geringem Umfang dazu entschließt, Wettbewerbselemente einzufügen, dann ändert dies jedenfalls solange nichts am grundsätzlichen Solidarcharakter, wie diese Elemente lediglich den jeweiligen Träger des Sozialsystems dazu veranlassen sollen, „im Interesse [seines] ordnungsgemäßen Funktionierens [seine] Tätigkeit nach den Grundsätzen der Wirtschaftlichkeit auszuüben, d. h. so effizient und kostengünstig wie möglich" zu arbeiten.[732]

346 **Zusammenfassend** lässt sich der nach der Rspr. für die Annahme einer hoheitlichen sozialen (und eben nicht wirtschaftlichen) Tätigkeit hinreichende Grad an Solidarität definieren als **tatsächliche (und intendierte) Umverteilung** zwischen verschiedenen Gruppen von Versicherten. Diese drückt sich insbesondere in der fehlenden Proportionalität zwischen Beitrag und Leistung aus und dürfte im Regelfall nur bei Pflicht-, nicht aber bei freiwillig Versicherungen anzunehmen sein. Auch kann Solidarität darin liegen, dass

---

726 EuGH U. v. 21.9.1999, C-67/96 – *Albany,* Slg. 1999, I-5751, Rn. 82 ff.

727 EuGH U. v. 22.1.2001, C-218/00 – *Cisal/INAIL,* Slg. 2002, I-717, Rn. 39.

728 EuGH U. v. 22.1.2001, C-218/00 – *Cisal/INAIL,* Slg. 2002, I-717, Rn. 40 ff.; ebenso EuGH U. v. 5.3.2009, C-350/07 – *Kattner Stahlbau,* Slg. 2009, I-1513, Rn. 44.

729 Vgl. EuGH U. v. 5.3.2009, C-350/07 – *Kattner Stahlbau,* Slg. 2009, I-1513, Rn. 46 f.

730 EuGH U. v. 16.3.2004, C-264/01 und C-306/01 – *AOK Bundesverband,* Slg. 2004, I-2493, Rn. 52 ff.

731 EuGH U. v. 3.3.2011, C-437/09 – *AG2R Prévoyance/Beaudout Père et Fils,* Rn. 47 ff.

732 EuGH U. v. 16.3.2004, C-264/01 – *AOK Bundesverband,* Rn. 56.

Überschüsse von einem Sozialversicherungsträger zur Abfederung struktureller Defizite an einen anderen abgeführt werden. Keine Bedeutung spielt die Gewinnerzielungsabsicht (oder deren Fehlen); insofern besteht Kongruenz mit der sonstigen Rspr. bezüglich der Unterscheidung zwischen wirtschaftlicher und hoheitlicher Tätigkeit (siehe oben Rn. 141). Schwierigkeiten bereiten aber vor allem Systeme, in denen der Versicherer die Beitragshöhe selbst festlegen kann, was in *Albany* die Bejahung, in *AOK Bundesverband* aber die Verneinung einer wirtschaftlichen Tätigkeit zur Folge hatte: Man wird hier im Einzelfall auf den Umfang des Spielraums abstellen müssen und darauf, ob ihm ein systemimmanenter Zweck (wie die Einhaltung des Wirtschaftlichkeitsgrundsatzes) innewohnt.

2. Staatliche Aufsicht und Festlegung

Weiterhin entfällt die wirtschaftliche Tätigkeit nur, wenn eine staatliche Aufsicht besteht[733] und infolgedessen insbesondere Beiträge und Leistungen durch Gesetz, nicht aber den Sozialversicherungsträger selbst festgelegt werden. Auch hier lässt sich der hinreichende Grad an Aufsicht nur schwer abstrakt festlegen. Es kommt darauf an, ob sich die Tätigkeit der Versicherer (überwiegend) als Ausübung staatlicher Verwaltungstätigkeit im Sozialbereich oder unternehmerischer Freiheit darstellt. 347

Regelmäßig wird eine wirtschaftliche Tätigkeit zu verneinen sein, wenn der Versicherer keinen **Spielraum bei der Festlegung der Beitragshöhe und des Leistungsumfangs** hat,[734] weil diese durch Gesetze, Regierung oder Regulierungsbehörde vorgegeben wird. Selbst wenn Versicherer die Beitragshöhe selbst festlegen, kann eine hinreichende staatliche Aufsicht zu bejahen sein: So war es in *AOK Bundesverband;* der EuGH stellte hier darauf ab, dass die Krankenkassenverbände bei der Festsetzung von Festbeträgen (z.B. für bestimmte Medikamente) einer gesetzlichen Pflicht nach dem SGB V nachkamen, dabei zahlreiche Einzelheiten der Festsetzung gesetzlich geregelt waren, die Verbände gewisse Qualitäts- und Wirtschaftlichkeitsgebote beachten mussten und im Zweifelsfall auch eine Festsetzung durch den zuständigen Minister erfolgen konnte, wenn den Verbänden eine den gesetzlichen Vorgaben entsprechende Festsetzung nicht gelang. Das Ermessen der Kassenverbände bestand daher nur bezüglich des Höchstbetrages, bis zu dem die Kassen die Kosten von Arzneimitteln übernehmen. In diesem Bereich stünden die Kassen nicht im Wettbewerb zueinander.[735] 348

Dagegen steht die **Pflicht der Versicherer zur Einhaltung bestimmter öffentlich-rechtlicher Regeln** – wie sie letztlich in jedem Wirtschaftssektor zu finden sind – der Annahme einer wirtschaftlichen Tätigkeit nicht entgegen; hierzu zählten etwa in *Fédération francaise des sociétés d`assurance* die Vorgabe, Versicherte auch ohne Attest über ihren Gesundheitszustand in eine freiwillige Zusatzkrankenversicherung aufzunehmen, oder die Vorgabe, dass die Beiträge eine bestimmte, am Erwerbseinkommen der Versicherten orientierte Höchstgrenze nicht überschreiten dürfen.[736] 349

Auch jüngst in *AG2R* wurde (wenn auch im Rahmen einer Prüfung von Art. 102 AEUV) kein hinreichender Grad an staatlicher Aufsicht für den Ausschluss einer wirtschaftlichen Tätigkeit angenommen: Der Fall betraf die Einführung einer verpflichtenden **Zusatzkrankenversicherung im Rahmen eines Tarifvertrags** der Arbeitgeber- und Arbeitnehmerorganisationen für das Bäckereihandwerk. Als für die Verwaltung des Systems 350

---

733 Vgl. nur EuGH U. v. 3.3.2011, C-437/09 – *AG2R Prévoyance/Beaudout Père et Fils,* Rn. 53.

734 EuGH U. v. 17.2.1993, C-159/91 und C-160/91 – *Poucet/Assurances génerales de France u. a.,* Slg. 1993, I-637, Rn. 15; EuGH U. v 22.1.2001, C-218/00 – *Cisal/INAIL,* Slg. 2002, I-717, Rn. 43f.

735 EuGH U. v. 16.3.2004, C-264/01 und C-306/01 – *AOK Bundesverband,* Slg. 2004, I-2493, Rn. 61.

736 Vgl. EuGH U. v. 16.11.1995, C-244/94 – *Fédération francaise des sociétés d'assurance u. a.,* Slg. 1995, I-4013, Rn. 9 und 20.

zuständige Versicherungseinrichtung hatten die Sozialpartner *AG2R* benannt. Der EuGH stellte zunächst darauf ab, dass den Sozialpartnern gesetzlich die Möglichkeit eingeräumt war, selbst den zusätzlichen kollektiven Sozialschutz der Arbeitnehmer im Wege von Tarifvereinbarungen zu bestimmen. Hierfür sei die Einhaltung gewisser Modalitäten sowie ein Ministererlass erforderlich, der die Vereinbarung für sämtliche Arbeitgeber und Arbeitnehmer einer Branche für verbindlich erklärt.[737] Sodann gelangte der Gerichtshof aber zur Überzeugung, dass weder die Sozialpartner zur Benennung von AG2R als Verwalter des Zusatzversicherungssystems noch AG2R zur Übernahme der Verwaltung des Systems verpflichtet seien.[738] Der somit bestehende Spielraum der Beteiligten zur Gestaltung und Einrichtung des Zusatzversicherungssystems genügt den Anforderungen an die staatliche Aufsicht nicht.

3. Rechtsfolgen der Einordnung als nicht-wirtschaftlich

351 Wenn die Versicherungsleistung keine wirtschaftliche Tätigkeit ist, so gilt dies auch für die mit der Versicherungsleistung zusammenhängende Nachfrage und Beschaffung durch den Versicherungsträger. Denn zentral für die unternehmerische Tätigkeit i. S. d. Art. 101 AEUV ist das „Anbieten" auf einem „Markt". Fehlt es daran, so wird die zugehörige Einkaufstätigkeit nicht getrennt betrachtet, sondern nimmt an dieser rechtlichen Qualifikation als nicht-unternehmerisch teil.[739]

352 Ist die Tätigkeit eines Sozialversicherungsträgers als nicht-wirtschaftlich erkannt, so dürfen die Mitgliedstaaten dennoch wegen Art. 4 Abs. 3 EUV die praktische Wirksamkeit der Wettbewerbsregeln nicht aufheben; das ist etwa der Fall, wenn der Staat Kartellabsprachen vorschreibt, begünstigt oder deren Auswirkungen verstärkt.[740]

II. Arbeitsmarkt, Gewerkschaften, Arbeitgeberverbände, soziale Sicherung im Arbeitsmarkt

353 Die Rechtsverhältnisse im und um den Arbeitsmarkt generell von der Anwendbarkeit der Wettbewerbsregeln auszunehmen, wäre sicher nicht richtig; vielmehr sind diverse Differenzierungen geboten. **Arbeitnehmer** üben während der Dauer und im Rahmen ihres Arbeitsverhältnisses keine wirtschaftliche Tätigkeit im Sinne der Wettbewerbsregeln aus.[741] Anstatt selbständig am Wirtschaftsverkehr teilzunehmen, erbringen Arbeitnehmer eine unselbständige Leistung, die wirtschaftlich den Arbeitgeber zuzurechnen ist. Während der Dauer des Arbeitsverhältnisses sind Arbeitnehmer in das Unternehmen ihres Arbeitgebers eingegliedert, bilden mit diesem Unternehmen eine wirtschaftliche Einheit und stellen daher selbst keine Unternehmen dar. Als Folge sind Arbeitsverträge grds. nicht Gegenstand kartellrechtlicher Prüfung.

354 Diese Argumentation des EuGH ist jedenfalls für Arbeitsleistungen innerhalb bestehender Arbeitsverträge belastbar. Weniger überzeugend ist sie für das Anbieten von Arbeitsleistungen durch potentielle Arbeitnehmer (d. h. vor Abschluss des Arbeitsvertrages), was als selbständige wirtschaftliche (im Gegensatz zu abhängiger) Tätigkeit gesehen werden kann.[742] Die **tatbestandliche Anknüpfung** für die Ausnahme von Arbeitsverhältnissen von Art. 101 AEUV ist nicht eindeutig geklärt. Es liegt nahe, den Unternehmensbegriff in den Vordergrund zu stellen, soweit es um die Stellung des einzelnen Arbeitnehmers

[737] EuGH U. v. 3.3.2011, C-437/09 – *AG2R Prévoyance/Beaudout Père et Fils,* Rn. 54–58.
[738] EuGH U. v. 3.3.2011, C-437/09 – *AG2R Prévoyance/Beaudout Père et Fils,* Rn. 59–62.
[739] EuGH U. v. 11.7.2006, C-205/03 P – *FENIN,* Rn. 25 f.
[740] EuGH U. v. 3.3.2011, C-437/09 – *AG2R Prévoyance/Beaudout Père et Fils,* Rn. 37.
[741] EuGH U. v. 16.9.1999, C-22/98 – *Jean Claude Becu,* Rn. 26.
[742] Dazu *Roth/Ackermann* in Jaeger/Pohlmann/Schroeder, Frankfurter Kommentar, Grundfragen des Art. 81 Abs. 1 EG, Rn. 53, m. w. N.

geht,[743] hingegen muss es wohl bei Kollektivvereinbarungen, insbesondere bei Tarifverträgen, eine (begrenzte, dazu sogleich) ungeschriebene Ausnahme geben.[744]

Aufgrund des funktionalen Unternehmensbegriffs (siehe dazu Rn. 134) ist natürlich eine über die im Abhängigkeitsverhältnis erbrachte Arbeitsleistung hinausgehende, unternehmerische Tätigkeit des einzelnen Arbeitnehmers außerhalb der arbeitsvertraglichen Beziehung nicht ausgeschlossen. Ein einzelner Arbeitnehmer kann also zugleich Unternehmen sein. Für Art. 101 Abs. 1 AEUV wird es dann aber häufig an einer spürbaren Wettbewerbsbeschränkung oder an der Beeinträchtigung des zwischenstaatlichen Handels fehlen. **355**

Gewerkschaften, in Deutschland häufig als (nicht eingetragene) Vereine verfasst, sind (teil-)rechtsfähig und können am Wirtschaftsverkehr teilnehmen, u. a. als Anbieter und Nachfrager auftreten und sind insoweit den Wettbewerbsregeln unterworfen. Soweit Gewerkschaften ihrer ureigenen Aufgabe der (kollektiven) Wahrnehmung von Arbeitnehmerinteressen nachgehen, ist eine Gewerkschaft weder als Unternehmen noch als Unternehmensvereinigung anzusehen, wenn dem einzelnen Arbeitnehmer die Unternehmenseigenschaft abgesprochen wird.[745] Geht ein **Tarifvertrag** jedoch über die Regelung des Inhalts von Arbeitsverhältnissen (z. B. Löhne, Arbeitszeit, Urlaub) hinaus und betrifft z. B. Fragen der Produktion, des Marketing oder der Vertragsbeziehungen der Arbeitgeber zu Dritten, muss dies an den Wettbewerbsregeln gemessen werden. Das mag man schon daraus ableiten, dass die am Tarifvertrag beteiligten Arbeitgeber Unternehmen sind.[746] Denn erkennt man eine Ausnahme von Art. 101 AEUV für Tarifverträge an (siehe oben), so ist diese jedenfalls restriktiv anzuwenden.[747] **356**

Anders ist hingegen das Verhalten von **Arbeitgebern** auf dem Arbeitsmarkt zu beurteilen. Aus der Erwähnung von **Abwerbeverboten** in der Nebenabreden-Bekanntmachung der Kommission[748] muss man schließen, dass Vereinbarungen zwischen Unternehmen über ihr Verhalten auf dem Arbeitsmarkt Art. 101 Abs. 1 AEUV unterliegen. Arbeitgeber sind als Nachfrager von Arbeitsleistungen und als Tarifvertragspartei Unternehmen i. S. d. Wettbewerbsregeln, auch wenn ihre Tarifverträge von einer Bereichsausnahme (siehe oben) profitieren sollten.[749] Dementsprechend sind Arbeitgeberverbände Unternehmensvereinigungen. Für die Tarifverträge selbst muss jedoch wieder danach differenziert werden, ob primär die Arbeitsverhältnisse der Arbeitnehmer (dazu oben) oder das Marktverhalten der Arbeitgeber der Regelungsgegenstand sind. So sind im deutschen Recht als wettbewerbsbeschränkende Vereinbarung erfasste **Streikhilfevereinbarungen**[750] auch im europäischen **357**

---

[743] EuGH U. v. 16.9.1999, C-22/98 – *Jean Claude Becu*, Rn. 26.

[744] In diesem Sinne EuGH v. 21.9.2000, C-222/98 – *van der Woude*, Slg. 2000, I-7111, Rn. 22; EuGH U. v. 21.9.1999, C-67/96 – *Albany*, Slg. 1999, I-5751, Rn. 60; EuGH U. v. 21.9.1999, C-219/97 – *Drijvende Bokken*, Slg. 1999, I-6125, Rn. 47; EuGH U. v. 21.9.1999, C-115/97 und C-117/97 – *Brentjens*, Slg. 1999, I-6025, Rn. 57; ebenso GA Poiares Maduro Schlussanträge v. 23.5.2007, C-438/05 – *International Transport Workers' Federation*, Rn. 27.

[745] GA Jacobs Schlussanträge v. 21.9.1999, C-67/96 – *Albany*, Slg. 1999, I-5751, Rn. 227.

[746] Die am Tarifvertrag beteiligten Arbeitgeber sind z. B. bei Abschluss einer Vereinbarung über Öffnungszeiten „Unternehmen", vgl. Kommission E. v. 30.9.1986 – *Irish Banks Standing Committee*, ABl. 1986 L 295/28, Rn. 14. Das Argument wird jedoch ersichtlich unhaltbar, wenn der Tarifvertrag nur eine Partei auf Arbeitgeberseite hat.

Dass sich die tarifvertragliche Regelung von Arbeitsverhältnissen zumindest mittelbar auf das Marktverhalten der Arbeitgeber auswirkt, liegt auf der Hand. Tarifverträge führen ersichtlich zu einer Vereinheitlichung des Preises, den Unternehmen für (vergleichbare) Arbeitsleistungen zahlen, und beschränken so den Wettbewerb. Das hat bisher aber keinen Anlass zu Bedenken gegeben.

[747] GA Fennelly Schlussanträge v. 11.5.2000, C-222/98 – *van der Woude*, Slg. 2000, I-7111, Rn. 32.

[748] Kommission, Bekanntmachung über Einschränkungen des Wettbewerbs, die mit der Durchführung von Unternehmenszusammenschlüssen unmittelbar verbunden und für diese notwendig sind, ABl. C 56/24 v. 5.3.2005, Rn. 26, 41.

[749] GA Jacobs Schlussanträge v. 21.9.1999, C-67/96 – *Albany*, Slg. 1999, I-5751, Rn. 230–235.

[750] Dazu *Zimmer* in Immenga/Mestmäcker, Kommentar, § 1 GWB, Rn. 181, m. w. N.

Recht so zu behandeln. Solche Vereinbarungen zielen darauf, dass sich die Beteiligten im Fall eines Arbeitskampfes Hilfe leisten, aber auch aus den streikbedingten Nachteilen anderer Beteiligter keine Vorteile ziehen dürfen. Insbesondere Kundenschutzklauseln in solchen Vereinbarungen können den Wettbewerb beschränken.

358 Tätigkeiten auf dem Gebiet der **Arbeitsvermittlung** durch private oder staatliche Stellen sind als unternehmerisch im Sinne des Art. 101 Abs. 1 AEUV den Wettbewerbsregeln unterworfen, weil die Tätigkeit, „darin besteht, Güter oder Dienstleistungen auf einem bestimmten Markt **anzubieten**".[751] Zu dem Schluss ist der Gerichtshof jedenfalls hinsichtlich der öffentlich-rechtlich verfassten Bundesanstalt für Arbeit (heute: Bundesagentur für Arbeit) gekommen, weil deren Tätigkeit auf dem Gebiet der Arbeitsvermittlung „nicht immer von öffentlichen Einrichtungen betrieben worden [sei] und nicht notwendig von solchen Einrichtungen betrieben werden" müsse.[752]

359 Auch im Bereich der sozialen Sicherung von Arbeitnehmern stellt sich die Frage der Unternehmenseigenschaft. Einrichtungen, die z.B. mit der Verwaltung **gesetzlicher Kranken- und Rentenversicherungssysteme** betraut sind, verfolgen einen sozialen Zweck und üben keine wirtschaftliche Tätigkeit aus, sind also keine Unternehmen, wenn sie nur nationale Gesetze anwenden und keine Möglichkeit haben, auf die Höhe ihrer Einnahmen, die Verwendung ihrer Mittel und die Bestimmung des Leistungsumfangs Einfluss zu nehmen, weil ihre Leistungen dann auf dem Grundsatz der Solidarität beruhen und ohne Gewinnerzielungsabsicht, sondern „von Gesetzes wegen" ausgeübt werden.[753] Das dürfte auf entsprechend ausgestaltete Formen der **Arbeitslosenversicherung** übertragbar sein. Ähnlich wurde bereits eine Einrichtung, die kraft Gesetzes mit einem System der Versicherung gegen Arbeitsunfälle und Berufskrankheiten betraut war (italienische staatliche Unfallversicherungsanstalt) nicht als „Unternehmen" anerkannt, weil die Höhe der Leistungen und der Beiträge letztlich vom Staat festgelegt wurde.[754] Sobald hingegen eine Zusatzversicherung angeboten wird, die über das gesetzlich geforderte Maß hinausgeht, dürften insoweit die Wettbewerbsregeln Anwendung finden.[755]

III. Berufsgenossenschaften

360 Die wettbewerbsrechtliche Behandlung von **Berufsgenossenschaften** weist Parallelen zu anderen Fragen im Bereich der sozialen Sicherung im weitesten Sinne auf.[756] Wie bei Krankenkassen, Betriebsrentenfonds oder anderen Trägern sozialer Sicherungssysteme (dazu unter Rn. 337 ff.) stellt sich die Frage nach der Unternehmenseigenschaft. Es handelt sich regelmäßig um Pflichtversicherungen für das gesamte Gebiet eines Mitgliedsstaates, so dass wohl eine spürbare Wettbewerbsbeschränkung vorläge, die zudem geeignet wäre, den Handel zwischen den Mitgliedsstatten zu beeinträchtigen. Fraglich ist demnach allein, ob originär hoheitliches Handeln im Rahmen der Daseinsvorsorge oder der sozialen Sicherung vorliegt – oder eine wirtschaftliche Tätigkeit mit Marktbezug und damit ein Unternehmen i.S.d. Art. 101 Abs. 1 AEUV.

361 Dass sich diese Frage für die deutschen Berufsgenossenschaften überhaupt stellt, ist dem Umstand geschuldet, dass der arbeitsbedingte Unfallversicherungsschutz in Deutschland öffentlich-rechtlich organisiert ist. Andere Länder wie Belgien, Dänemark, Finnland und

[751] EuGH U. v. 11.12.1997, C-55/96 – *Job Centre,* Slg. 1997, I-7119, Rn. 21.
[752] EuGH U. v. 23.4.1991, C-41/90 – *Höfner und Elser,* Slg. 1991, I-1979, Rn. 22.
[753] EuGH U. v. 17.2.1993, C-159/91 und C-160/91 – *Poucet und Pistre,* Slg. 1993, I-637, Rn. 15–18; ebenso EuGH U. v. 16.3.2004, C-264/01, C-306/01, C-354/01 u. C-355/01 – *AOK Bundesverband,* Rn. 55; siehe dazu Rn. 337 ff.
[754] EuGH U. v. 22.1.2002, C-218/00 – *Cisal,* Rn. 43–46; siehe dazu Rn. 360 ff.
[755] Vgl. EuGH U. v. 3.3.2011, C-437/09 – *AG2R Prévoyance,* Rn. 62–65.
[756] Siehe dazu *Giesen,* Sozialversicherungsmonopol und EG-Vertrag, Bonn 1995; *Penner,* NZS 2007, 521.

Portugal haben Lösungen mit konkurrierenden privaten Anbietern von Unfallversicherungen gefunden;[757] dann ist die Unternehmenseigenschaft kaum anzuzweifeln.

Zweck der gesetzlichen Unfallversicherung ist, neben präventiven Aufgaben, die Absicherung bei Arbeitsunfällen und Berufskrankheiten. Versicherte sind die Beschäftigten, während die Finanzierung auf der Grundlage einer Versicherungspflicht ausschließlich durch die Arbeitgeber erfolgt. Der zwangsversicherte Arbeitgeber scheidet damit als Nachfrager (zusätzlichen) privaten Unfallversicherungsschutzes praktisch aus. Das daraus resultierende faktische Monopol der Berufsgenossenschaften als Anbieter der arbeitsbedingten Unfallversicherung in Deutschland hindert private Anbieter am Marktzutritt. U. a. die Vereinbarkeit dieser Monopolstellung mit den Wettbewerbsregeln der EU war Stein des Anstoßes in einem Vorlageverfahren des Sächsischen LSG.[758] 362

Neben der Verfolgung eines **sozialen Zwecks** durch den Träger der Versicherung und dem Umstand **staatlicher Regelung** stellte der EuGH maßgeblich auf die Verwirklichung des **Solidaritätsgrundsatzes** ab. In welchem Umfang und zu welchem Grad der Solidaritätsgedanke umgesetzt sein muss, ist regelmäßig der Kristallisationspunkt für die wettbewerbliche Beurteilung sozialer Sicherungssysteme;[759] denn die anderen Merkmale (sozialer Zweck; staatliche Regulierung) liegen oft unstreitig vor. In Bezug auf die deutschen Berufsgenossenschaften wird vertreten, dass die bisher vom EuGH aufgestellten Kriterien für eine Ausnahme vom Unternehmensbegriff nicht erfüllt sind.[760] Generalanwalt Mazák sah aber eine hinreichende Verwirklichung des Solidaritätsgedankens bereits darin, dass keine ausschließlich versicherungsmathematische Preiskalkulation erfolge und eine Form des Lastenausgleichs zwischen den einzelnen Berufsgenossenschaften bestehe.[761] Dies wurde im Ergebnis durch den Gerichtshof bestätigt.[762] 363

Insgesamt ist eine gewisse Zurückhaltung der Organe der Union zu beobachten, wo es um die Anwendung der Wettbewerbsregeln auf soziale Sicherungssysteme geht. Im Fall der Berufsgenossenschaften – aber auch auf anderen Gebieten – sind sich die Organe der Union sicher der massiven Veränderungen für die nationalen Sozialsysteme bewusst, die eine Anwendung der Wettbewerbsregeln mit sich brächte (im Fall der deutschen Berufsgenossenschaften u. U. die Öffnung des Marktes für die arbeitsbedingte Unfallversicherung für private Versicherungsunternehmne oder zumindest Binnenwettbewerb zwischen den bislang streng nach Branchen aufgeteilten Berufsgenossenschaften). 364

Hinsichtlich des italienischen Pendants („Instituto nazionale per l'assicurazione contro gli infortuni sul lavoro", Staatliche Unfallversicherungsanstalt) hatte der Gerichtshof zuvor ähnlich entschieden.[763] Dabei hatte er maßgeblich darauf abgestellt, dass eine Einrichtung, die kraft Gesetzes mit einem System der Versicherung gegen Arbeitsunfälle und Berufskrankheiten betraut ist, deswegen kein Unternehmen sei, weil die Höhe der Leistungen und der Beiträge letztlich vom Staat festgelegt werde.[764] 365

---

757 *Giesen,* Wettbewerb und Berufsgenossenschaften, in Berufsgenossenschaften und Wettbewerb, 2004, S. 58.

758 Sächs. LSG B. v. 25.7.2007, L 6 U 2/06, GewArch 2007, 420; beim EuGH U. v. 5.3.2009, C-350/07 – *Kattner Stahlbau.*

759 Vgl. EuGH U. v. 5.3.2009, C-350/07 – *Kattner Stahlbau,* Rn. 43.

760 Ausführlich *Penner,* NZS 2007, 521, 523, m. w. N.

761 GA Mazák Schlussanträge v. 18.11.2008, C-350/07 – *Kattner Stahlbau,* Rn. 49 f.

762 EuGH U. v. 5.3.2009, C-350/07 – *Kattner Stahlbau,* Rn. 68.

763 EuGH U. v. 22.1.2002, C-218/00 – *Cisal,* Slg. 2002, I-691, Rn. 37–46.

764 Es ist nicht von der Hand zu weisen, dass bei dieser Entscheidungspraxis die Unternehmenseigenschaft umso eher abzulehnen ist, desto „unfreier" das System der sozialen Sicherung ausgestaltet ist. Das mag einen Anreiz für die Mitgliedstaaten setzen, weniger wirtschaftliche Betätigungsfreiheit zuzulassen; dazu ausführlich *Gerken/Raddatz,* Gesetzliche Unfallversicherung: Markt statt Monopol; *Rieble/Jochums,* Wettbewerbswidrigkeit berufsgenossenschaftlicher Monopole, und *Giesen,* Wettbewerb und Berufsgenossenschaften, jeweils in Berufsgenossenschaften und Wettbewerb, Stiftung Marktwirtschaft 2004.

IV. Freie Berufe

366 **Freiberufler**[765] sind grds. ebenfalls Unternehmen und Normadressaten des Art. 101 Abs. 1 AEUV. Unerheblich für die Erfassung als Unternehmen sind der geistige Charakter der Tätigkeit, ein staatliches Genehmigungserfordernis sowie der Umstand, dass bestimmte Berufe auch ohne förmliche Organisation (eine „Zusammenfassung personeller, materieller und immaterieller Elemente") ausgeübt werden können.[766] Auch die Komplexität der freiberuflichen Tätigkeit, ihr möglicherweise technischer oder fachspezifischer Charakter sowie der Umstand, dass sie standesrechtlichen Regelungen für die Ausübung unterliegt, sind nicht von Belang.[767] Maßgeblich ist nach dem funktionalen Unternehmensbegriff allein, ob eine wirtschaftliche Tätigkeit gegeben ist, ob also ein Verhalten mit Marktbezug vorliegt, das auf das Angebot von oder die Nachfrage nach Waren oder Dienstleistungen gerichtet ist (siehe dazu Rn. 130ff.). Bei Vereinbarungen von (einzelnen) Freiberuflern wird es allerdings häufig an der Spürbarkeit der Wettbewerbsbeschränkung oder der Beeinträchtigung des zwischenstaatlichen Handels fehlen.

V. Vereinigungen von Freiberuflern, berufsständische Organisationen, Kammern

367 Soweit Freiberufler Unternehmen i. S. d. Art. 101 AEUV sind, sind ihre Berufsverbände und berufsständischen Organisationen grds. Unternehmensvereinigungen i. S. dieser Vorschrift. Eine bestimmte Organisationsform (einschließlich eines Zwanges zur Mitgliedschaft) begründet keine Ausnahme davon. Eine **Flucht ins öffentliche Recht** durch die Wahl bestimmter Rechtsformen, etwa der Körperschaft des öffentlichen Rechts, ist nicht möglich; die Unternehmenseigenschaft lässt sich so nicht abstreifen.[768] Eine trennscharfe Unterscheidung, die für das deutsche Wettbewerbsrecht noch Geltung beanspruchen mag und nach der staatliches Handeln nur erfasst werden soll, wenn es privatrechtlich ausgestaltet ist, kann für das autonom auszulegende Gemeinschaftsrecht nicht gelten.[769]

368 Berufsständische Organisation unterliegen aber dann nicht dem Kartellrecht, wenn sie bei der Regelung der Berufstätigkeit ihrer Mitglieder hoheitlich handeln, also wenn die berufsständische Vereinigung im Rahmen ihrer Satzungsautonomie o. ä. rechtsetzend tätig wird, sich dabei am öffentlichen Interesse orientieren muss und staatlicher Kontrolle unterliegt.[770] Das kann der Fall sein, wenn ein Mitgliedstaat einen Berufsverband der Rechtsanwälte mit der Ausarbeitung einer Gebührenordnung mit Gesetzescharakter für anwaltliche Dienstleistungen betraut. Ist demgegenüber eine Rechtsanwaltskammer beim Erlass von Verordnungen, insbesondere standesrechtlicher Regelungen zur Berufsausübung, nicht an das Allgemeininteresse, lediglich an das Interesse „ordnungsgemäßer Berufsausübung" gebunden, begründet das schon keine Ausnahme mehr.[771] In der Sache ist das nämlich lediglich eine Reglementierung der Wirtschaftstätigkeit der Mitglieder eines Berufsstandes durch dessen eigene Vertreter.

369 Eine berufsständische Vereinigung ist selbst ein Unternehmen (keine Unternehmensvereinigung), wenn sie selbst wirtschaftlich tätig wird und Leistungen am Markt anbietet. Ein Beispiel ist, dass ein Berufsverband geprüfter Buchhalter, unabhängig von seiner öffentlich-rechtlichen Organisationsform, Maßnahmen der beruflichen Fortbildung anbietet und da-

---

[765] Kommission E. v. 30.1.1995 – *COAPI,* ABl. 1995 L 122/37, Rn. 32f.

[766] EuGH v. 18.6.1998, C-35/96 – *Kommission/Italien,* Slg. 1998, I-3851, Rn. 38.

[767] EuGH U. v. 12.9.2000, C-180/98 – *Pavlov,* Rn. 77; EuGH U. v. 19.2.2002, C-309/99 – *Wouters,* Rn. 48–49.

[768] EuGH U. v. 19.2.2002, C-309/99 – *Wouters,* Rn. 65.

[769] Siehe dazu EuGH v. 18.6.1998, C-35/96 – *Kommission/Italien,* Slg. 1998, I-3851, Rn. 40.

[770] EuGH U. v. 19.2.2002, C-35/99 – *Arduino,* Rn. 37; siehe dazu auch Rn. 148ff.

[771] EuGH U. v. 19.2.2002, C-309/99 – *Wouters,* Rn. 64; EuGH U. v. 18.6.1998, C-35/96 – *Kommission/Italien,* Slg. 1998, I-3851, Rn. 43.

bei mit anderen Fortbildungseinrichtungen konkurriert, die einen Erwerbszweck verfolgen, ohne hierzu ein exklusives Recht zu haben oder an öffentliche Interessen gebunden zu sein.[772]

Nicht selten wird das Handeln der Unternehmensvereinigung, auch wenn es wirtschaftliche Tätigkeit ist, den Wettbewerb nicht spürbar beschränken oder den zwischenstaatlichen Handel nicht spürbar beeinträchtigen. So lag in der Entscheidung der Angehörigen eines freien Berufes (selbständige Fachärzte), einen Berufsrentenfonds einzurichten und hierfür eine staatlich vorgeschriebene Pflichtmitgliedschaft zu erwirken, keine spürbare Wettbewerbsbeschränkung, weil die Kosten des Zusatzrentensystems nur marginalen und mittelbaren Einfluss auf die gesamten Kosten der von den Fachärzten angebotenen Leistungen hatten.[773] Anders war dies, als der Verband der italienischen Zollspediteure mit Billigung der italienischen Regierung eine für seine Mitglieder verbindliche Gebührenordnung vorgab. Hierin lag eine spürbare Wettbewerbsbeschränkung zulasten der Kunden für Zollabfertigungsleistungen in Form von Höchst- und Mindestpreisen, die spürbar den zwischenstaatlichen Handel beschränkte, weil sie sich über das gesamte Gebiet eines Mitgliedsstaates erstreckte.[774] **370**

VI. Staaten und internationale Organisationen

Innerhalb der EU tätige Drittländer einschließlich ihnen zuzurechnenden Einrichtungen sowie internationale Organisationen können ebenfalls **Unternehmen** im Sinne des Art. 101 AEUV sein. So hat die Kommission bereits 1985 Außenhandelsorganisationen der damaligen osteuropäischen Drittstaaten als Unternehmen eingestuft.[775] Der EuGH wiederum hat in *SAT Fluggesellschaft* geprüft, ob die für die Einziehung von Flugsicherungs-Streckengebühren zuständige internationale Organisation *Eurocontrol* wirtschaftlich tätig ist. Auch wenn der Gerichtshof *in casu* die Unternehmensqualität verneinte, ist dem Urteil nicht zu entnehmen, dass er internationale Organisationen *per se* aus dem Anwendungsbereich des Wettbewerbsrechts entlassen wollte.[776] **371**

Konsequenterweise muss Art. 101 Abs. 1 AEUV auch **auf die EU selbst anwendbar** sein, sofern sie wirtschaftlich tätig wird.[777] Der EuGH hat diesbezüglich bislang lediglich (die Selbstverständlichkeit) festgestellt, dass die **Rechtsetzung** der Union keine unternehmerische Tätigkeit sei.[778] **372**

VII. Kreditwirtschaft

Im europäischen Kartellrecht existiert – wie seit der 7. GWB-Novelle auch im deutschen Recht – keine Bereichsausnahme für wettbewerbsbeschränkende Abreden in der Kreditwirtschaft. Eine Gruppenfreistellungsverordnung für die Kreditwirtschaft gibt es nicht. Auf die Kreditwirtschaft findet Art. 101 Abs. 1 AEUV daher uneingeschränkt An- **373**

[772] EuGH U. v. 28.2.2013, C-1/12 – *Ordem dos Técnicos Oficiais de Contas,* Rn. 51–58. Dass ein Berufsverband Leistungen am Markt nachfragt (z. B. IT-Dienstleistungen beschafft) dürfte in entsprechender Anwendung der *FENIN*-Rspr. nicht genügen, um die Eigenschaft des Verbands als Unternehmen zu begründen; siehe dazu Rn. 146 ff.

[773] EuGH U. v. 12.9.2000, C-180/98 – *Pavlov,* Rn. 97–101.

[774] EuGH v. 18.6.1998, C-35/96 – *Kommission/Italien,* Slg. 1998, I-3851, Rn. 45 ff.

[775] Kommission E. v. 30.3.1985 – *Aluminiumeinfuhren aus Osteuropa,* ABl. 1985 L 92/1, Ziffer 9.2.

[776] EuGH U. v. 19.1.1994, C-364/92 – *SAT Fluggesellschaft,* Slg. 1994, I-43, Rn. 19–31, insb. Rn. 30. Soweit ersichtlich wird diese Frage am ausführlichsten bezüglich der Organization of Petroleum Exporting Countries (OPEC) diskutiert, siehe dazu (u. a.) *Terhechte,* OPEC und europäisches Wettbewerbsrecht, 2008.

[777] So auch *Emmerich,* in Immenga/Mestmäcker, Kommentar, Art. 101 Abs. 1 AEUV, Rn. 32.

[778] EuGH U. v. 13.13.1989, C-204/88 – *Ministère public/Paris,* Slg. 1989, 4361, Rn. 15.

wendung und eine Freistellung kommt nur nach Art. 101 Abs. 3 AEUV in Betracht; es gelten also die allgemeinen Grundsätze des Art. 101 AEUV.[779]

1. Zusammenarbeit zwischen Banken

374 Wesentliche **Wettbewerbsparameter** im Einlagen- und Kreditgeschäft der Banken sind etwa Zinssätze (Spar- und Kreditzinsen), Gebühren (z. B. Entgelte für Devisenumtausch) und Kalkulationsgrundlagen (z. B. Risikozuschläge);[780] hier drohen bezweckte oder bewirkte Wettbewerbsbeschränkungen.

375 Banken kooperieren aber miteinander in verschiedenen (anderen) Bereichen, z. B. bei der Einführung und Praktizierung einfacher und einheitlicher Verfahrensstandards und Formulare[781] (z. B. einheitliche Euroschecks[782]), sowie bei der Finanzierung von Projekten (z. B. Windparks) und bei Wertpapieremissionen. Die Kommission stand gemeinsamen Entwicklungsarbeiten in den Bereichen EDV, Büroorganisation und Wirtschaftsinformation sowie dem Austausch von Informationen für die Entwicklung neuer Produkte und spezieller Finanzierungsprodukte positiv gegenüber und gewährte eine Freistellung nach Art. 101 Abs. 3 AEUV.[783] Kooperationen bei nicht unmittelbar produktrelevanten, vorgelagerten Funktionen (z. B. EDV) können vom Kartellverbot ausgenommen sein, wenn sie nicht zu einer Vergemeinschaftung eines erheblichen Kostenblocks führen.[784] Auch das gemeinsame Outsourcing durch mehrere Banken an den gleichen Dienstleister ist mangels spürbarer Koordinierung des Marktverhaltens regelmäßig kein Verstoß gegen Art. 101 AEUV (wieder unter dem Vorbehalt, dass nicht ein erheblicher Kostenblock vereinheitlicht wird; außerdem ist ggf. die Koordinierung des Nachfrageverhaltens gegenüber Dritten gesondert zu betrachten). Klassische Anwendungsfälle sind EDV-Systeme, Sicherheitssysteme und Verrechnungs- und Clearingstellen.

376 Eine Wettbewerbsbeschränkung entfällt nach dem sog. **„Arbeitsgemeinschaftsgedanken“** bei Kooperationen (z. B. gemeinsamer Projektfinanzierung oder Emissionskonsortien), wenn die beteiligten Banken für die Gesamtleistung nicht eigenständig hätten tätig werden können.[785] Das kann der Fall sein, wenn eine einzelne Bank ein bestimmtes (Groß-)Risiko nicht alleine tragen darf oder kann, wenn der erforderliche Kapitaleinsatz die Mittel einer Bank übersteigt oder wenn die Platzierungskraft einer Bank für eine Emission nicht ausreicht; auch der ausdrückliche Wunsch des Kunden, bestimmte Banken mögen ein Konsortium bilden, lässt *m. E.* die Wettbewerbsbeschränkung entfallen. Zu den zulässigen Nebenabreden gehören dann der (erforderliche, d. h. auf das Projekt beschränkte) Informationsaustausch, projektbezogene Leistungsquoten, projektbezogene einheitliche Zinsen und Provisionen.

---

[779] EuGH U. v. 14.7.1981, Rs 172/80 – *Gerhard Züchner/Bayerische Vereinsbank AG,* Rn. 22; Kommission E. v. 11.6.2002, COMP/36.571 – *Österreichische Banken,* Rn. 392 ff.; *Bunte* in Langen/Bunte, Kartellrecht, Komentar, 12. Aufl. 2014, Syst. Darstellung VII Kreditwirtschaft, Rn. 17; *Meyer-Lindemann* in Frankfurter Kommentar zum Kartellrecht, Sonderbereich Kreditwirtschaft, 66. Lfg. 2008, Rn. 1 f.

[780] Kommission E. v. 11.6.2002, COMP/36.571 – *Österreichische Banken,* ABl. L 56/1 v. 24.2.2002, Rn. 426 ff.

[781] Kommission E. v. 12.12.1986, IV/31.356 – ABl. 1987 L 43/51, Rn. 53 ff.; Kommission E. v. 19.7.1989, IV/31.4999 – *Niederländische Banken,* ABl. 1989 L 253/1, Rn. 62; *Ellger* in Immenga/Mestmäcker, Wettbewerbsrecht, 5. Aufl. 2014, Art. 101 Abs. 3 AEUV, Rn. 215; *Voet van Vormizeele* in Schröter/Jakob/Klotz/Mederer, Europäisches Wettbewerbsrecht, Kommentar, 2. Aufl. 2014, Art. 101 AEUV, Rn. 997–999.

[782] Kommission E. v. 10.12.1984, IV/30.717 – *Einheitliche Eurocheques,* ABl. 1985 L 35/43, 52 f.; *Ellger* in Immenga/Mestmäcker, Wettbewerbsrecht, 5. Aufl. 2014, Art. 101 Abs. 3 AEUV, Rn. 215.

[783] Kommission E. v. 24.6.1996, IV/34.607 – *Banque Nationale de Paris und Dresdner Bank,* ABl. L 188/37 v. 27.7.1996, Rn. 18 ff.

[784] Kommission E. v. 15.12.1975, IV/27.073 – *Bayer/Gist-Brocades,* ABl. L 30/13 v. 5.2.1976, 20.

[785] Allgemein zum Arbeitsgemeinschaftsgedanken siehe Rn. 321 ff.

Verbandsarbeit ist nach den allgemeinen Grundsätzen zulässig.[786] Zulässig ist der Austausch über regulatorische Anforderungen und technische Entwicklungen sowie die allgemeine Marktsituation. Verboten ist insbesondere der Austausch über zukünftige Zinssätze, Zinserhöhungen und -senkungen, Gebühren und Kalkulationsgrundlagen. Dienen AGB-Empfehlung durch Rationalisierung oder bessere Vergleichbarkeit den Interessen der Bankkunden, können sie nach Art. 101 Abs. 3 AEUV freigestellt sein.[787] Die Empfehlungen dürfen aber keine Regelungen zu preisrelevanten Faktoren – z. B. Zinsen, Gebühren oder Provisionen – treffen. 377

2. Zusammenarbeit zwischen Banken und Versicherungen

Banken und Versicherungen arbeiten häufig im Bereich des Vertriebs von Versicherungsprodukten zusammen (sog. Allfinanz). Banken vertreiben dabei Versicherungsprodukte an die Kunden der Bank. Diese „Kooperation" ist für Zwecke des Kartellrechts eine Vertriebsvereinbarung. Sie ist also eine vertikale Vereinbarung (und es ist eine Frage des Einzelfalls, ob es eine vertikale Vereinbarung zwischen Wettbewerbern ist[788]). Solche Vereinbarungen enthalten häufig Vereinbarungen zu den Preisen und sonstigen Konditionen der Versicherungsprodukte, Kundenkreisbeschränkungen und Ausschließlichkeitsbindungen. Ist die Bank „echter Handelsvertreter" des Versicherungsunternehmens im Sinne des Kartellrechts, sind nach dem sog. „Handelsvertreterprivileg" Vereinbarungen in Bezug auf Art und Umfang der vermittelten Verträge zulässig. Voraussetzung dafür ist, dass die vertragsbezogenen (finanziellen und geschäftlichen) Risiken ausschließlich den Prinzipal (Versicherungsunternehmen) treffen. Die vermittelnde Bank darf kein Haftungsrisiko tragen und keine erheblichen geschäftsspezifischen Investitionen tätigen. Zusätzliche Dienstleistungen müssen vollständig vergütet werden.[789] Nicht mehr erforderlich ist die Eingliederung des Handelsvertreters in die Vertriebsorganisation des Prinzipals.[790] Eine solche Eingliederung der Bank in die Vertriebsorganisation wäre aufgrund der eigenständigen Vertriebsorganisation der Bank auch nicht vorstellbar.[791] 378

VIII. Genossenschaften

Genossenschaften sind Vereinigungen von Unternehmen, deren Zweck darauf gerichtet ist, den Erwerb oder die Wirtschaft ihrer Mitglieder oder deren soziale oder kulturelle Belange durch gemeinschaftlichen Geschäftsbetrieb zu fördern (vgl. § 1 Genossenschaftsgesetz). Sie sind, werden sie selbst unternehmerisch tätig, als selbstständige Unternehmen dem Wettbewerbsrecht unterworfen.[792] Ihnen ist ein gewisses Konfliktpotential zum Wettbewerb immanent: Einerseits fördern sie den Wettbewerb, wenn sie ihren Mitgliedern den Zugang zu einem Markt eröffnen, z. B. durch Steigerung der Wettbewerbsfähigkeit und Erweiterung des Leistungsspektrums, oder wenn sie einen Ausgleich gegenüber bestehender Marktmacht der Marktgegenseite schaffen.[793] Doch erfordert dies i. d. R., dass den Mit- 379

---

[786] Vgl. zur Verbandsarbeit allgemein *Kapp/Hummel,* CCZ 2013, 240, 241 ff.; *Lotze,* Kartellrechtliche Restriktionen der Verbandstätigkeit, FIW-Schriftenreihe, Heft 201, 2005, S. 117 ff.

[787] Vgl. Kommission, 2. Wettbewerbsbericht (1973), Rn. 52.

[788] Siehe dazu *Klaue,* BB 1991, 1573, 1577, der die Anwendung des „Arbeitsgemeinschaftsgedankens" ablehnt. Darauf (ob also überhaupt eine Wettbewerbsbeschränkung vorliegt) dürfte es heute nur noch selten ankommen, weil selbst für Vertriebsvereinbarungen zwischen Wettbewerbern oft die Vertikal-GVO gilt (vgl. Art. 2 Abs. 4 dort).

[789] Kommission, Leitlinien für vertikale Beschränkungen, ABl. C 130/1 v. 19.5.2010, Rn. 16.

[790] EuGH U. v. 14.12.2006, C-217/05 – *CEES/CEPSA I,* Rn. 45 ff.; EuGH U. v. 11.9.2008, C-279/06 – *CEPSA II/Tobar,* Rn. 36 ff.

[791] *Stancke,* VersR 2009, 1168, 1171.

[792] *Mestmäcker/Schweitzer,* Europäisches Wettbewerbsrecht, 3. Aufl. 2014, § 9, Rn. 9.

[793] Vgl. Kommission, Horizontal-Leitlinien, ABl. C 11/1 v. 14.1.2011, Rn. 194; *Schaffland/Schulte* in Lang/Weidmüller, GenG, 37. Aufl. 2011, Einf., Rn. 8.

gliedern einer Genossenschaft gewisse – vertikale und horizontale – Wettbewerbsbeschränkungen auferlegt werden. Nach Rspr. des EuGH stellt daher zwar die Existenz einer Genossenschaft allein noch keinen Wettbewerbsverstoß dar, umgekehrt ist nicht jede Vereinbarung innerhalb der Genossenschaft vom Anwendungsbereich des Art. 101 AEUV ausgenommen.[794] Die Kommission und auch die europäischen Gerichte haben sich zwar bisher ausschließlich mit Einkaufskooperationen[795] und Genossenschaften im Agrarsektor befasst,[796] die aufgestellten Grundsätze sind aber auf andere Arten von Genossenschaften übertragbar. Wettbewerbsbeschränkungen in der Satzung können eine zulässige Nebenabrede sein, sofern den Mitgliedern nur solche Beschränkungen auferlegt werden, die notwendig sind, um das ordnungsgemäße Funktionieren der Genossenschaft sicherzustellen.[797]

380 Eine typische Fallgestaltung bei Genossenschaften ist das Verbot der Mitgliedschaft in einer anderen, konkurrierenden Genossenschaft **(„Verbot der Doppelmitgliedschaft“).** Laut Rspr. des EuGH beschränkt dies nicht notwendigerweise den Wettbewerb, sondern kann sich positiv auf diesen auswirken, jedenfalls wenn eine Doppelmitgliedschaft die Fähigkeit dieser beiden Genossenschaften, ihre Ziele zugunsten ihrer anderen Mitglieder zu verfolgen, beeinträchtigen würde.[798] Die Zulässigkeit richtet sich mithin nach dem Zweck der betroffenen Genossenschaft. Ausreichend für die Rechtfertigung des Verbots der gleichzeitigen Mitgliedschaft in zwei Einkaufsgenossenschaften ist es, wenn der Zweck, ein bedeutsames Gegengewicht zu der Vertragsgestaltungsmacht der Großerzeuger zu bilden, gefährdet wird.[799] Dagegen kann z. B. bei einer Taxigenossenschaft, deren Tätigkeit allein im Betrieb der Funktaxizentrale und der Vermittlung von Fahrtaufträgen besteht, wohl nicht davon ausgegangen werden, dass das Verbot einer Doppelmitgliedschaft erforderlich ist.[800]

381 Grundsätzlich kritisch beurteilt der EuGH satzungsmäßige **Bezugspflichten** für die Mitglieder einer Einkaufsgemeinschaft: Ein Verstoß gegen Art. 101 Abs. 1 AEUV soll jedenfalls dann vorliegen, wenn die Genossenschaft einen Großteil der insgesamt vorhandenen Abnehmer zu ihren Mitgliedern zählt und die Mitglieder ihren gesamten Bedarf bei ihr decken müssen. Zu beachten ist allerdings, dass nach den Horizontal-Leitlinien der Kommission eine Bezugsverpflichtung in bestimmten Fällen erforderlich sein kann, um das für die Erzielung von Größenvorteilen erforderliche Volumen zu erreichen.[801] Auch eine ausschließliche Lieferverpflichtung oder ein Wettbewerbsverbot kann eine unzulässige Wettbewerbsbeschränkung darstellen, jedenfalls, wenn diese mit der Verhängung von übermäßigen Austrittsgeldern, die die Genossen langfristig binden, verbunden ist.[802] Neben den einzelnen Satzungsbestimmungen hängt die Vereinbarkeit mit den gemeinschaftlichen Wettbewerbsregeln auch von den wirtschaftlichen Bedingungen auf den relevanten Märkten und einer etwaigen marktbeherrschenden Stellung der Genossenschaft ab.[803] Im Fall

---

[794] EuGH U. v. 12.12.1995, C-399/93 – *Oude Luttikhuis,* Rn. 13; EuGH U. v. 15.12.1994, C-250/92 – *Gøttrup-Klim u. a./DLG,* Rn. 35.

[795] EuGH U. v. 15.12.1994, C-250/92 – *Gøttrup-Klim u. a./DLG,* Rn. 38 f.; Kommission, Horizontal-Leitlinien, ABl. C 11/1 v. 14.1.2011, Rn. 194 ff.

[796] EuGH U. v. 15.12.1994, C-250/92 – *Gøttrup-Klim u. a./DLG,* Rn. 40; EuGH U. v. 12.12.1995, C-399/93 – *Oude Luttikhuis,* Rn. 13–16; siehe auch EuG U. v. 2.7.1992, T-61/89 – *Dansk Pelsdyrarlerforening,* Rn. 102.

[797] Zu Einkaufskooperationen: EuGH U. v. 15.12.1994, C-250/92 – *Gøttrup-Klim u. a./DLG,* Rn. 34; vgl. Kommission, Horizontal-Leitlinien, ABl. C 11/1 v. 14.1.2011, Rn. 218.

[798] EuGH U. v. 15.12.1994, C-250/92 – *Gøttrup-Klim u. a./DLG,* Rn. 32 ff.

[799] EuGH U. v. 15.12.1994, C-250/92 – *Gøttrup-Klim u. a./DLG,* Rn. 33.

[800] So jedenfalls BGH B. v. 10.11.1992, KVR 26/91 – *Taxigenossenschaft II* (zu § 1 GWB).

[801] Kommission, Horizontal-Leitlinien, ABl. C 11/1 v. 14.1.2011, Rn. 218.

[802] EuGH U. v. 12.12.1995, C-399/93 – *Oude Luttikhuis,* Rn. 13–16; EuG U. v. 2.7.1992, T-61/89 – *Dansk Pelsdyravlerforening,* Rn. 64 und 104 ff.

[803] EuGH U. v. 12.12.1995, C-399/93 – *Oude Luttikhuis,* Rn. 13–16; siehe auch EuG 2.7.1992, T-61/89 – *Dansk Pelsdyrarlerforening,* Rn. 102. *Mestmäcker/Schweitzer,* Europäisches Wettbewerbsrecht, 3. Aufl. 2014, § 8, Rn. 66, diskutieren dies als Anwendungsfall einer europäischen *rule of reason.*

der Einkaufskooperationen kommt es sowohl auf die Markstellung auf den Einkaufs- als auch auf den Verkaufsmärkten an.

Neben der möglichen horizontalen Wettbewerbsbeschränkung (im Verhältnis der Mitglieder der Genossenschaft zueinander) sind stets auch die vertikalen Vereinbarungen zwischen der Genossenschaft und ihren Mitgliedern auf ihre Übereinstimmung mit den Wettbewerbsregeln zu untersuchen.[804] **382**

I. Landwirtschaft[805]

Zwischen Wettbewerbsrecht und Gemeinsamer Agrarpolitik (GAP) besteht ein gewisses Spannungsverhältnis, da Art. 42 Abs. 1 AEUV die universelle Anwendung des Kartellrechts durchbricht. Hiernach findet das Wettbewerbsrecht zwar grundsätzlich auf die Landwirtschaft Anwendung, allerdings wird, soweit das Wettbewerbsrecht mit den Zielen des Art. 39 AEUV in Konflikt stehen, der GAP der Vorrang eingeräumt.[806] Zwar sollen die Ziele der GAP – namentlich die Steigerung der Produktivität der Landwirtschaft, die Erhaltung einer angemessenen Lebenshaltung für die landwirtschaftlichen Bevölkerung, die Stabilisierung der Märkte, die Sicherstellung der Versorgung und die Belieferung der Verbraucher zu angemessenen Preisen (vgl. Art. 39 AEUV) – vorwiegend durch eine grundsätzliche Marktorientierung der Landwirtschaft erreicht werden. Allerdings können die besonderen Herausforderungen im Agrarsektor Korrekturen erforderlich machen: Die Produktion hängt erheblich von natürlichen und strukturellen Bedingungen ab und ist witterungsbedingt nur in Grenzen planbar. Hinzukommt die Befürchtung, dass es in einem unkontrollierten Wettbewerb zu starken Umweltbelastungen, einer Marginalisierung der Produktion sowie zu nicht nachhaltiger Bewirtschaftung und Landflucht kommt. Daneben sieht sich der – naturgemäß sehr zersplitterte Agrarsektor – einer starken Nachfragemacht durch die Unternehmen der Lebensmittelindustrie gegenüber.[807] Zur Erreichung der Ziele des Art. 39 AEUV sind daher gewisse Freistellungen von kartellrechtlichen Beschränkungen erforderlich. **383**

Das Verhältnis zwischen Agrar- und Wettbewerbspolitik ist jetzt im Wesentlichen in Art. 175ff. VO (EU) Nr. 1308/2013 **(„GMO-VO")**[808] geregelt, welche nunmehr den Großteil der Agrarprodukte[809] erfasst und damit das Recht der Agrarmärkte weitgehend in einer Verordnung zusammenführt. Das Verhältnis zwischen Agrarpolitik und Wettbewerbsrecht will die Kommission auch in Leitlinien zu bestimmten Artikel der GMO-VO genauer beleuchten.[810] **384**

Die GMO-VO regelt vorrangig Ausnahmen vom Wettbewerbsverbot für die Erzeugerorganisationen (engl. *producer organisations – „POs"*) und die Vereinigungen von Erzeugerorganisationen (engl. *associations of producer organisations – „APOs"*), welche in der 2007/08 reformierten GAP eine größere Rolle spielen sollen. Ziel der Ausnahmen ist es, einen ge- **385**

---

[804] Kommission, Vertikal-Leitlinien, ABl. C 130/1 v. 19.5.2010, Rn. 30.

[805] Vgl. zum Thema Landwirtschaft eingehend 5. Teil.

[806] EuGH U. v. 13.5.1971, 41/70 – *International Fruit Company;* EuGH U. v. 29.10.1980, 139/79 *Maizena/Rat.*

[807] Vgl. z.B. Kommission, Mitteilung vom 18.11.2010 KOM(2010) 672.

[808] VO (EU) Nr. 1308/2013 vom 17.12.2013 über eine gemeinsame Marktorganisation für landwirtschaftliche Erzeugnisse und zur Aufhebung der Verordnungen (EWG) Nr. 922/72, (EWG) Nr. 234/79, (EG) Nr. 1037/2001 und (EG) Nr. 1234/2007, ABl. L 347/671, v. 20.12.2013.

[809] Namentlich Rindfleisch, Olivenöl und die Kulturpflanzen Weichweizen, Gerste, Mais, Roggen, Hartweizen, Hafer, Triticale, Rapssamen, Sonnenblumensamen, Sojabohnen, Ackerbohnen und Futtererbsen.

[810] Siehe den bisher veröffentlichten Entwurf Mitteilung der Kommission „Leitlinien für die Anwendung der besonderen Vorschriften Artikel 169, 170 und 171 der GMO-Verordnung für den Olivenöl-, den Rindfleisch- und den Kulturpflanzensektor", veröffentlicht auf http://ec.europa.eu/competition/consultations/2015_cmo_regulation/index_en.html.

wissen Lebensstandard für Landwirte zu sichern und das Vertragsgleichgewicht wiederherzustellen, indem die Verhandlungsposition der Landwirte gestärkt wird (vgl. Erw.Grund 139 GMO-VO). Es handelt sich nicht um eine Freistellung vom Kartellverbot *per se*, d.h. für sämtliche Tätigkeiten der genannten Organisationen. Vielmehr ist das Wettbewerbsrecht grundsätzlich auf Genossenschaften – einschließlich der Erzeugerorganisationen – anwendbar.[811] Preisabsprachen zwischen Erzeugerorganisationen oder Behinderung des Wettbewerbs durch marktbeherrschende Erzeugerorganisationen bleiben mithin verboten. Die Ausnahmen vom Kartellverbot in Art. 169, 170, 171 GMO-VO betreffen (nur) den gemeinsamen Vertrieb und zugehörige Tätigkeiten der Erzeugerorganisationen.[812] Diesbezüglich ist es den Erzeugerorganisationen und ihren Vereinigungen gestattet, Vertragsverhandlungen (ihrer Mitglieder) zu koordinieren, Preise, Mengen und ggf. andere Vertragsbedingungen beim Verkauf der Erzeugnisse (ihrer Mitglieder) festzusetzen sowie die Tätigkeiten auszuführen, die mit der gemeinsamen Vermarktung untrennbar verbunden sind, z.B. die Produktionsplanung und der Informationsaustausch.[813]

386 Voraussetzung für die Ausnahme von Art. 101 AEUV ist zunächst, dass die Erzeugerorganisationen vom jeweiligen Mitgliedsstaat nach Art. 152 Abs. 1 GMO-VO formal anerkannt werden. Eine Erzeugerorgansation muss hierzu (1) die Erzeugnisse ihrer Mitglieder bündeln, (2) diese Erzeugnisse (selbst) am Markt zu verkaufen und/oder (3) die Produktionskosten ihrer Mitglieder senken, wobei mindestens einer der Voraussetzungen (1) und (2) tatsächlich vorliegen muss. Die Erzeugerorganisation unterliegt dabei quantitativen Beschränkungen, denn die von ihr vermarkteten Mengen dürfen nicht für mehr als 15% der gesamten nationalen Produktion an Ackerfrüchten, Rind-/Kalbfleisch oder 20% der gesamten nationalen Produktion an Olivenöl stehen. Die Erzeugerorganisation ist berechtigt, in untergeordnetem Umfang auch Produkte am Markt anstatt von ihren Mitgliedern zu erwerben und diese bei den Vertragsverhandlungen mit einzubeziehen, da dies z.B. notwendig sein kann, um Liefermengen für bestimmte Kunden zu sichern. Grundsätzlich darf dies nicht mehr als 25% der Verkäufe pro Jahr betreffen. Unter besonderen Umständen, z.B. bei wetterbedingter Minderproduktion, kann diese Prozentzahl aber überschritten werden.

387 Die Erzeugerorganisation muss weiterhin „erhebliche Effizienzgewinne" (engl. **significant efficiencies**) durch „Integration von Tätigkeiten [ihrer Mitglieder] erwarten lässt. Vorrangig ist hierbei auf die vereinfachende Typisierung bestimmter Tätigkeiten als effizienzfördernd abzustellen. Ist keine der folgenden Fallgruppen erfüllt, kann (und muss) eine fallspezifische Analyse erfolgen. Für alle Agrarprodukte als effizienzfördernd anerkannt sind (1) der gemeinsame Vertrieb einschließlich einer gemeinsamen Verkaufsplattform, (2) die gemeinsame Beförderung, (3) die gemeinsame Werbung (nur für Olivenöl: auch die gemeinsame Verpackung und Kennzeichnung), (4) die gemeinsame Durchführung von Qualitätskontrollen, (5) die gemeinsame Nutzung von Fahrzeugen und Geräten (z.B. Mähdreschern) und Lagereinrichtungen und (6) die gemeinsame Beschaffung von Betriebsmitteln. Für die Olivenölerzeugung und die Rinderzucht ist auch die gemeinsame Verwertung der unmittelbar anfallenden Abfälle eine Fallgruppe sowie (für Olivenöl) deren gemeinsame Verarbeitung. Die Erzeugerorganisation kann bestimmte Tätigkeiten auslagern (Outsourcing). Eine Prüfung des Einzelfalls ist erforderlich, wenn eine Tätigkeit der Erzeugerorganisation nicht von den genannten Fallgruppen erfasst ist oder wenn es sich um potentiell effizienzfördernde Investitionen handelt, die allerdings nicht sogleich amortisieren.[814]

388 Erzeuger dürfen nicht dasselbe Produkt über mehrere Erzeugerorganisationen vertreiben, sie können sich aber für verschiedene Produkte verschiedener Organisationen bedienen.

---

[811] EuGH U. v. 12.12.1995, C-399/93 – *Oude Luttikhuis,* Rn. 10–16.

[812] Art. 169–171 je Abs. 2d) GMO-VO, ABl. 347/671, v. 20.12.2013.

[813] Entwurf der Leitlinien zu bestimmten Artikeln der GMO-VO, Rn. 29.

[814] Siehe dazu im Einzelnen den Entwurf der Leitlinien zu bestimmten Artikeln der GMO-VO, Rn. 80.

Der gemeinsame Vertrieb durch eine Erzeugerorganisation darf zudem nicht solche Produkte erfassen, die unter einer Lieferpflicht des Erzeugers fallen, die gegenüber einer (anderen) genossenschaftlichen Verbindung desselben Erzeugers fällt.[815]

Nach Art. 169, 170, 171 GMO-VO (jeweils Abs. 5) können die Wettbewerbsbehörden im Einzelfall die Tätigkeit einer Erzeugerorganisation untersagen, wenn dies (1) notwendig ist, um den Wettbewerb aufrechtzuerhalten, (2) die Behörde feststellt, dass das betroffene Erzeugnis aufgrund seiner besonderen Merkmale oder seiner vorgesehenen Verwendung Teil eines anderen Marktes ist und die kollektiven Verhandlungen mehr als 15% der nationalen Erzeugung dieses Marktes abdecken würden oder (3) die Verwirklichung der Ziele des Art. 39 AEUV gefährdet ist. **389**

Fehlt es an einer der Voraussetzungen für die Ausnahme nach Art. 169ff. GMO-VO, liegt nicht automatisch ein Verstoß gegen das Wettbewerbsrecht vor. Es ist vielmehr zunächst zu fragen, ob die Erzeugerorganisation marktbeherrschend i. S. d. Art. 102 AEUV ist. Ist dies nicht der Fall, ist die allgemeine Ausnahme nach Art. 209 GMO-VO zu prüfen. Diese ist (nur) erfüllt, wenn die Tätigkeit der Erzeugerorganisation notwendig ist, um die Ziele der GAP zu erreichen. Dies wird eng ausgelegt; es müssen alle Ziele der GAP erreicht werden, die Erreichung nur eines Teils der Ziele genügt nicht.[816] Die Ausnahme vom Kartellverbot nach Art. 209 GMO-VO ist zudem nicht anwendbar wenn die Erzeugerorganisation zur Preisbindung verpflichtet ist oder ihre Tätigkeit den Wettbewerb ausschließt. Schließlich ist auf die Spezialisierungsfreistellungs-VO (VO (EU) 1218/2010) zurückzugreifen und ggf. auf Art. 101 Abs. 3 AEUV unmittelbar. **390**

Art. 101 Abs. 2

Art. 101 [Kartellverbot]

(1) Mit dem Binnenmarkt unvereinbar und verboten sind alle Vereinbarungen zwischen Unternehmen, Beschlüsse von Unternehmensvereinigungen und aufeinander abgestimmte Verhaltensweisen, welche den Handel zwischen Mitgliedstaaten zu beeinträchtigen geeignet sind und eine Verhinderung, Einschränkung oder Verfälschung des Wettbewerbs innerhalb des Binnenmarkts bezwecken oder bewirken, insbesondere

a) die unmittelbare oder mittelbare Festsetzung der An- oder Verkaufspreise oder sonstiger Geschäftsbedingungen;
b) die Einschränkung oder Kontrolle der Erzeugung, des Absatzes, der technischen Entwicklung oder der Investitionen;
c) die Aufteilung der Märkte oder Versorgungsquellen;
d) die Anwendung unterschiedlicher Bedingungen bei gleichwertigen Leistungen gegenüber Handelspartnern, wodurch diese im Wettbewerb benachteiligt werden;
e) die an den Abschluß von Verträgen geknüpfte Bedingung, dass die Vertragspartner zusätzliche Leistungen annehmen, die weder sachlich noch nach Handelsbrauch in Beziehung zum Vertragsgegenstand stehen.

(2) **Die nach diesem Artikel verbotenen Vereinbarungen oder Beschlüsse sind nichtig.**

(3) Die Bestimmungen des Absatzes 1 können für nicht anwendbar erklärt werden auf

– Vereinbarungen oder Gruppen von Vereinbarungen zwischen Unternehmen,
– Beschlüsse oder Gruppen von Beschlüssen von Unternehmensvereinigungen,
– aufeinander abgestimmte Verhaltensweisen oder Gruppen von solchen,

[815] Entwurf der Leitlinien zu bestimmten Artikeln der GMO-VO, Rn. 82.
[816] EuGH U. v. 15.5.1975, C-J007/74 – *Frubo;* EuGH U. v. 12.12.1995, C-399/93 – *Oude Luttikhuis.*

die unter angemessener Beteiligung der Verbraucher an dem entstehenden Gewinn zur Verbesserung der Warenerzeugung oder -verteilung oder zur Förderung des technischen oder wirtschaftlichen Fortschritts beitragen, ohne daß den beteiligten Unternehmen

a) Beschränkungen auferlegt werden, die für die Verwirklichung dieser Ziele nicht unerläßlich sind, oder

b) Möglichkeiten eröffnet werden, für einen wesentlichen Teil der betreffenden Waren den Wettbewerb auszuschalten.

Übersicht

I. Sinn und Zweck der Vorschrift

1 Art. 101 Abs. 2 AEUV ist die einzige Vorschrift des EU-Primärrechts, die ausdrücklich eine **zivilrechtliche Rechtsfolge** des Verstoßes gegen das Verbot wettbewerbsbeschränkender Vereinbarungen und Beschlüsse (Art. 101) anordnet: Der Verstoß führt zur Nich-

tigkeit derartiger Vereinbarungen (zwischen Unternehmen oder Unternehmensvereinigungen) und Beschlüsse (von Unternehmensvereinigungen). Dass diese Rechtsfolge überhaupt im ursprünglichen EG-Vertrag und jetzt im AEUV normiert worden ist, zeigt, wie wichtig den Vätern des EG-Vertrags die Festlegung der Nichtigkeit als Konsequenz der Verletzung des Art. 81 EG, jetzt Art. 101 AEUV, war.[1] Das hängt mit der hohen Bedeutung zusammen, die sie der Norm des Art. 101 (Abs. 1 und 3) AEUV selbst beigemessen haben. Wie in Art. 3 Abs. 1 lit. g EG noch ausdrücklich festgehalten worden war, ohne dass sich daran mit dem Inkrafttreten des AEUV (ohne eine solche ausdrückliche Norm) in der Sache etwas geändert hat, gehört ein den Wettbewerb innerhalb des Binnenmarkts vor Verfälschungen schützendes System zu den konkreten Funktionen des EU-Vertrags. Deshalb stellt Art. 101 AEUV eine grundlegende Bestimmung dar, die für die Erfüllung der Aufgaben der Union und insbesondere für das Funktionieren des Binnenmarkts unerlässlich ist. Diese Bedeutung der Norm hat die Verfasser des EU-Vertrags und des AEUV dazu bewogen, in Abs. 2 ausdrücklich die Nichtigkeit der nach Art. 101 AEUV verbotenen Vereinbarungen und Beschlüsse anzuordnen.[2] Art. 101 Abs. 2 AEUV soll die **Einhaltung des Vertrages gewährleisten**[3] und mit aller Strenge ein gewichtiges Verbot durchsetzen.[4] Durch die unionsrechtliche Anordnung wird zugleich erreicht, dass die als besonders wichtig erachtete Nichtigkeitsfolge nach Inhalt und Reichweite **in allen Mitgliedstaaten gleich beurteilt** werden muss.[5] Demzufolge besteht die primäre Bedeutung der Nichtigkeitssanktion darin, dass – einem hauptsächlichen Normzweck des Art. 101 Abs. 1 AEUV entsprechend[6] – die **wirtschaftliche Handlungsfreiheit der Beteiligten,** die an die nichtige Vereinbarung oder den nichtigen Beschluss rechtlich in keiner Weise gebunden sind, im gesamten Binnenmarkt gesichert bleibt.[7]

II. Auslegung und Inhalt der Nichtigkeit

1. Auslegungsgrundsätze

Da Art. 101 Abs. 2 die Einhaltung der Wettbewerbsregeln des AEUV gewährleisten soll, 2
kann die Norm nur von dieser **unionsrechtlichen Zielsetzung** her ausgelegt werden; das bedeutet zugleich, dass der Anwendungsbereich der Norm auch auf diesen Rahmen beschränkt ist.[8] Demzufolge handelt es sich – entgegen einer vereinzelten Ansicht[9] – um

[1] Der EuGH hat im U. v. 5.6.2014, Rs. C-557/12 – *Kone,* WuW/E EU-R 3030, 3032 Rn. 18, festgestellt, dass die Art. 85 EG-Vertrag, 81 EG und 101 AEUV „inhaltlich weitgehend übereinstimmen". Daher wird die Norm im Folgenden grds. als Art. 101 AEUV bezeichnet, auch wenn auf Zeiträume und Entscheidungen vor Inkrafttreten des AEUV Bezug genommen wird.

[2] EuGH U. v. 1.6.1999 Rs. C-126/97 – *Eco Swiss* Slg 1999, I-3055, Rn. 36 = EuZW 1999, 565, 567 = WuW/E EU-R 203, 205; EuGH U. v. 20.9.2001 Rs. C-453/99 – *Courage/Crehan* Slg 2001, I-6297, Rn. 20, 21 = EuZW 2001, 715 = WuW/E EU-R 479, 480.

[3] So ausdrücklich EuGH U. v. 30.6.1966 Rs. 56/65 – *Maschinenbau Ulm* Slg 1966, 281 = WuW/E EWG/MUV 117, 123, seinerzeit bezogen auf den EG-Vertrag, heute zu beziehen auf den EU-Vertrag und den AEUV.

[4] So ausdrücklich EuGH U. v. 6.2.1973 Rs. 48/72 – *Brasserie de Haecht* Slg 1973, 77 Rn. 5 = WuW/E EWG/MUV 303.

[5] Vgl. *Karsten Schmidt* in: *Immenga/Mestmäcker,* Art. 101 Abs. 2 AEUV Rn. 1; *Schröter/van der Hout* in: *Schröter/Jakob/Klotz/Mederer,* Kommentar zum Europäischen Wettbewerbsrecht, 2. Aufl. 2014, Art. 101 AEUV Rn. 212.

[6] Vgl. u. a. EuGH U. v. 25.10.1977 Rs. 26/76 – *Metro I* Slg 1977, 1875, Rn. 20 = WuW/E EWG/MUV 400, 404.

[7] Vgl. *Schröter/van der Hout* (Fn. 5), Art. 101 Rn. 213; *Eilmansberger* in *Streinz* EUV/AEUV, Art. 101 AEUV Rn. 104.

[8] EuGH U. v. 30.6.1966 Rs. 56/65 – *Maschinenbau Ulm* Slg 1966, 281 = WuW/E EWG/MUV 117, 123 f.

[9] *Karsten Schmidt* in: *Immenga/Mestmäcker,* Art. 101 Abs. 2 AEUV Rn. 6.

einen **unionsrechtlichen Nichtigkeitsbegriff.**[10] Besondere einzelstaatliche Auffassungen über die Nichtigkeit von Rechtsgeschäften und Verträgen dürfen im Anwendungsbereich des Art. 101 Abs. 2 AEUV nicht berücksichtigt werden. Das folgt auch aus dem Gebot der Unionsrechtsordnung, dass Art. 101 AEUV – wie jede Bestimmung des Unionsrechts – unabhängig davon, von wem und unter welchen Voraussetzungen die Vorschrift angewandt werden soll, eine einheitliche Auslegung erhalten muss.[11] Einzelstaatliche Rechtsgrundsätze über die Nichtigkeit oder Teilnichtigkeit von Rechtsgeschäften können nur für diejenigen Teile der Verträge oder Beschlüsse (einer Unternehmensvereinigung) beachtet werden, die vom Verbot des Art. 101 Abs. 1 AEUV und damit von der Nichtigkeitsanordnung des Art. 101 Abs. 2 AEUV nicht erfasst werden (s. unten Rn. 23, 26 bis 30).

2. Inhalt der Nichtigkeit

3 **a) Grundsatz der Absolutheit.** Die Nichtigkeit gemäß Art. 101 Abs. 2 AEUV ist – wie der EuGH nach dem Inkrafttreten der Ersten Durchführungsverordnung Nr. 17/62 des Rates zu den Art. 85 und 86 EG-Vertrag (jetzt Art. 101 und 102 AEUV) vom 6.2.1962 (VO 17/62) für die sogenannten Neukartelle[12] immer betont hat – **absolut.**[13]

4 **b) Konsequenzen aus dem Absolutheitsgrundsatz.** Aus der Absolutheit der Nichtigkeit folgt vor allem, dass die nichtige Vereinbarung in den Rechtsbeziehungen zwischen den Vertragspartnern keine Wirkungen, insbesondere **keine Wirkungen irgendeiner Bindung,** hervorbringt und daher auch Dritten – etwa als Faktum eines Vertragsschlusses oder eines vertraglichen Gebundenseins – nicht entgegengehalten werden kann.[14] Andererseits kann die Nichtigkeit der Vereinbarung von jedem in jeder nur denkbaren Rechtslage geltend gemacht werden, auch von einem Vertragspartner gegenüber den anderen Vertragsbeteiligten.[15] Das gilt nicht nur für die Zukunft, bei einem Vertragspartner im Sinne eines Sich-Lösens von der Vereinbarung, sondern **auch für die Vergangenheit.** Denn die Nichtigkeit erfasst die von ihr betroffenen Vereinbarungen in allen ihren vergangenen und

---

[10] *Schröter/van der Hout* (Fn. 5), Art. 101 AEUV Rn. 211 („Institut des Unionsrechts"); *Eilmansberger* (Fn. 7), Art. 101 AEUV Rn. 105; *Bechtold/Bosch/Brinker,* EU-Kartellrecht, Art. 101 AEUV Rn. 138; *Säcker/Jaecks* in: MünchKomm/EU WettbR, Art. 101 AEUV Rn. 627; *Emmerich,* Kartellrecht, § 7 Rn. 6; *Mestmäcker/Schweitzer,* Europäisches Wettbewerbsrecht, § 22 Rn. 6.

[11] EuGH U. v. 1.6.1999 Rs. C-126/97 – *Eco Swiss* Slg 1999, I-3055, Rn. 40 = EuZW 1999, 565, 567 = WuW/E EU-R 203, 206.

[12] Den Gegensatz dazu bilden die sog. „Altkartelle", die am 13.3.1962 (bei Inkrafttreten der VO 17/62) schon bestanden hatten, und im Falle des Beitritts neuer Mitgliedstaaten die dort schon bestehenden Kartelle (sog. Beitrittskartelle). Die Rechtslage zu den Altkartellen und Beitrittskartellen hat heute keine praktische Bedeutung mehr; vgl. 1. Aufl., Art. 81 Abs. 2 EG Rn. 3, Fn. 11 m. w. N.

[13] EuGH U. v. 25.11.1971 Rs. 22/71 – *Béguelin* Slg 1971, 949, Rn. 29 = NJW 1972, 1640 (L) = WuW/E EWG/MUV 277, 279; EuGH U. v. 14.12.1983 Rs. 319/82 – *Soc. De Vente de Ciments et Bétons/Kerpen & Kerpen* Slg 1983, 4173 = NJW 1984, 555, 556 = WuW/E EWG/MUV 629, 630; EuGH U. v. 20.9.2001 Rs. C-453/99 – *Courage/Crehan* Slg 2001, I-6297, Rn. 22 = EuZW 2001, 715 = WuW/E EU-R 479, 481; EuGH U. v. 13.7.2006 Rs. C-295/04 bis 298/04 – *Manfredi* Slg. 2006, I-6619 Rn. 57 = EuZW 2006, 529, 533 = WuW/E EU-R 1107, 1115; EuGH U. v. 11.9.2008 Rs. C-279/06 – *CEPSA,* EuZW 2008, 668, 673 = WuW/E EU-R 1475, 1483 Rn. 74.

[14] EuGH U. v. 25.11.1971 Rs. 22/71 – *Béguelin* Slg 1971, 949, Rn. 29 = WuW/E EWG/MUV 227, 279f.; EuGH U. v. 14.12.1983 Rs. 319/82 – *Soc. De Vente de Ciments et Bétons/Kerpen & Kerpen* Slg 1983, 4173 = NJW 1984, 555, 556 = WuW/E EWG/MUV 629, 630; EuGH U. v. 20.9.2001 Rs. C-453/99 – *Courage/Crehan* Slg 2001, I-6297, Rn. 22 = EuZW 2001, 715 = WuW/E EU-R 479, 481; EuGH U. v. 13.7.2006 Rs. C-295/04 bis 298/04 – *Manfredi* Slg. 2006, I-6619 Rn. 57 = EuZW 2006, 529, 533 = WuW/E EU-R 1107, 1115.

[15] EuGH U. v. 20.9.2001 Rs. C-453/99 – *Courage/Crehan* Slg 2001, I-6297, Rn. 22, 24 = EuZW 2001, 715 = WuW/E EU-R 479, 480f.; EuGH U. v. 11.9.2008 Rs. C-279/06 – *CEPSA,* EuZW 2008, 668, 673 = WuW/E EU-R 1475, 1483 Rn. 74.

zukünftigen Wirkungen.[16] Die Geltendmachung der Nichtigkeit gemäß Art. 101 Abs. 2 AEUV kann auch nicht durch einzelstaatliche Ausnahmerechtsbehelfe wie den Grundsatz von Treu und Glauben (§ 242 BGB) eingeschränkt werden,[17] zumal da die durch Art. 101 Abs. 2 AEUV zu fördernde Durchsetzung des Kartellverbots (Art. 101 Abs. 1 AEUV) nicht nur privatwirtschaftlichen Interessen dient, sondern gerade auch im öffentlichen Interesse der EU liegt.[18] Die vorstehenden Ausführungen gelten entsprechend für die gemäß Art. 101 Abs. 2 AEUV nichtigen Beschlüsse von Unternehmensvereinigungen.

c) Keine schwebende Unwirksamkeit. Für die Rechtslage bis zum 30.4.2004, also 5
für die Geltungszeit des auf der VO 17/62 beruhenden Systems der Anmeldung und Genehmigung (Freistellung) von Kartellen gemäß (damaligem) Art. 81 Abs. 3 EG durch die EG-Kommission wurde im Schrifttum überwiegend folgende Ansicht vertreten: Wenn die beteiligten Unternehmen (oder die Unternehmensvereinigung) ihren nach Art. 81 Abs. 1 EG verbotenen Vertrag (oder Beschluss) durch Freistellung gemäß Art. 81 Abs. 3 EG legalisieren wollen und die Erlangung der Einzelfreistellung nicht objektiv aussichtslos sei, trete (für die Zeit bis zur Kommissionsentscheidung) nicht Nichtigkeit, sondern schwebende Unwirksamkeit i. S. d. deutschen Zivilrechts ein, mit der Folge, dass die Parteien grds. einander verpflichtet seien, die Wirksamkeit des Vertrags nach Möglichkeit herbeizuführen.[19]

Auch eine solche nur **partielle Bindung** an einen Vertrag oder Beschluss, der die Tat- 6
bestandsvoraussetzungen des Art. 81 Abs. 1 EG (jetzt Art. 101 Abs. 1 AEUV) erfüllte und (während der Geltungsdauer der VO 17/62) von der EG-Kommission noch nicht durch konstitutiv wirkende Entscheidung gemäß Art. 81 Abs. 3 EG freigestellt war, war freilich – für die allein noch interessierenden Neukartelle[20] – mit dem materiellrechtlich nicht einschränkbaren Begriff der Nichtigkeit **gemäß Art. 81 Abs. 2 EG (jetzt Art. 101 Abs. 2 AEUV) nicht zu vereinbaren.** Das EU-Recht kennt – für Neukartelle – keinen zweistufigen Begriff der Nichtigkeit, also nicht eine endgültige und eine (z. B. für die Dauer des früher möglichen Freistellungsverfahrens) nur partielle, mit Verhaltenspflichten der Beteiligten und möglichen Schadensersatzsanktionen verknüpfte Nichtigkeit einer Vereinbarung, die unter den Kartellverbotstatbestand fällt. Wenn eine Vereinbarung oder ein Beschluss die Voraussetzungen des Art. 81 Abs. 1 EG erfüllte und insoweit (während der Geltung der VO 17/62 noch) keine Freistellung vorlag, war die Vereinbarung oder der Beschluss auch nach der früheren Rechtslage gemäß Art. 81 Abs. 2 EG – von Anfang an – **materiellrechtlich nichtig,**[21] erzeugte also keinerlei Pflichten oder Bindungen der Beteiligten.[22] Diese vom EuGH herausgearbeitete Eigenschaft der Nichtigkeit gemäß Art. 101

[16] EuGH U. v. 6.2.1973 Rs. 48/72 – *Brasserie de Haecht* Slg. 1973, 77, Rn. 26, 27 = WuW/E EWG/MUV 303, 305; EuGH U. v. 20.9.2001 Rs. C-453/99 – *Courage/Crehan* Slg 2001, I-6297, Rn. 22 = EuZW 2001, 715 = WuW/E EU-R 479, 481; EuGH U. v. 13.7.2006 Rs. C-295/04 bis 298/04 – *Manfredi* Slg. 2006, I-6619 Rn. 57 = EuZW 2006, 529, 533 = WuW/E EU-R 1107, 1115; EuGH U. v. 11.9.2008 Rs. C-279/06 – *CEPSA,* EuZW 2008, 668, 673 = WuW/E EU-R 1475, 1483 Rn. 74.

[17] Vgl. BGH U. v. 21.2.1989 KZR 18/84 – *Schaumstoffplatten* WuW/E BGH 2565, 2567; allg. M. in der Literatur, vgl. *Karsten Schmidt* in: *Immenga/Mestmäcker,* Art. 101 Abs. 2 AEUV Rn. 19, mit der zutreffenden Hervorhebung, dass die Anwendung des § 242 BGB nur gegenüber der Nichtigkeit selbst, nicht aber bei der Bestimmung etwaiger aus Art. 101 Abs. 2 AEUV resultierender Anpassungsfolgen ausgeschlossen ist.

[18] Vgl. EuGH U. v. 1.6.1999 Rs. C-126/97 – *Eco Swiss* Slg 1999, I-3055, Rn. 37, 39, 40 = EuZW 1999, 565, 567 = WuW/E EU-R 203, 206.

[19] Vgl. des Näheren 1. Aufl., Art. 81 Abs. 2 EG Rn. 5 m. w. N.

[20] S. oben Rn. 3 und Fußn. 12.

[21] EuGH U. v. 12.12.1995 verb. Rs. C-319/93, C-40/94 u. C-224/94 – *Dijkstra* Slg 1995, I-4471, Rn. 22 = EuZW 1996, 285, 286.

[22] S. dazu ausführlicher 1. Aufl., Art. 81 Abs. 2 EG Rn. 6 m. w. N.; a. A. *Karsten Schmidt* in: *Immenga/Mestmäcker,* Art. 101 Abs. 2 AEUV Rn. 19: aus § 242 BGB abzuleitende Loyalitätspflichten der Parteien während der „schwebenden Unwirksamkeit" ihres Vertrages.

Abs. 2 AEUV ist auch jetzt noch von Bedeutung, z. B. für die Beurteilung der Übergangsfälle sowie der Rechtsfrage, ob eine nachträgliche Heilung anfänglich nichtiger Absprachen möglich ist.[23]

7 **d) Nichtigkeit nach Inkrafttreten der VO 1/2003.** Nachdem die VO 17/62 zum 1.5.2004 durch die VO 1/2003[24] ersetzt und dadurch der Wechsel vom Anmeldungs- und Genehmigungssystem zum System der Legalausnahme bei der Anwendung des Art. 101 Abs. 3 AEUV bewirkt worden ist, ist der verfahrensrechtliche Schwebezustand[25] während eines Freistellungsverfahrens weggefallen. Gemäß **Art. 1 Abs. 1 VO 1/2003** sind Vereinbarungen und Beschlüsse im Sinne von Art. 101 Abs. 1 AEUV, die nicht die Voraussetzungen des Art. 101 Abs. 3 AEUV erfüllen, verboten und daher nichtig gemäß Art. 101 Abs. 2 AEUV, ohne dass es einer vorherigen Entscheidung (insbesondere der EU-Kommission) dazu bedarf, dass die Vereinbarung oder der Beschluss nicht gemäß Art. 101 Abs. 3 AEUV vom Kartellverbot freigestellt ist. Ob Art. 1 Abs. 1 VO 1/2003 die Rechtslage gegenüber derjenigen unter der Geltung der VO 17/62 geändert hat oder nicht,[26] kann hier offen bleiben. Jedenfalls ist mit dem Freistellungsverfahren gemäß der VO 17/62 sogar der bisherige Anlass weggefallen, von Schwebezustand und lediglich schwebender Unwirksamkeit einer unter Art. 101 Abs. 1 AEUV fallenden Vereinbarung zu sprechen. **Spätestens seit dem 1.5.2004** tritt die **Nichtigkeit** einer gegen Art. 101 Abs. 1 AEUV verstoßenden und nicht gemäß Art. 101 Abs. 3 AEUV vom Kartellverbot dispensierten Vereinbarung (und eines entsprechenden Beschlusses) **sofort und absolut** ein. Das gilt auch für den Zeitraum einer unter den Vertragsparteien oder (bei einem Beschluss) in der Unternehmensvereinigung herrschenden tatsächlichen Rechtsunsicherheit bis zu einer klärenden behördlichen oder gerichtlichen Entscheidung, dass die Vereinbarung oder der Beschluss gegen Art. 101 AEUV verstößt: Auch in dieser Zwischenzeit ist keine bloß schwebende Unwirksamkeit der Vereinbarung oder des Beschlusses (mit Treue- oder Loyalitätspflichten der Beteiligten) anzuerkennen; vielmehr herrscht von Anfang an absolute Nichtigkeit.[27]

8 Nach den vorstehenden Ausführungen gilt für die **Übergangsfälle,** also für die unter Art. 101 Abs. 1 AEUV fallenden Kartelle, deren Freistellung vor dem 1.5.2004 bei der EG-Kommission beantragt, von dieser aber nicht mehr erklärt worden ist,[28] folgendes: Wenn die Voraussetzungen der Legalausnahme des Art. 101 Abs. 3 AEUV nicht erfüllt sind, bleibt es dabei, dass die wettbewerbsbeschränkende Vereinbarung (oder der dementsprechende Beschluss) – von Anfang an – nichtig ist.[29] Sind dagegen die Voraussetzungen des Art. 101 Abs. 3 AEUV erfüllt, ist die unter Art. 101 Abs. 1 AEUV fallende Vereinbarung (oder der dementsprechende Beschluss) mit dem Systemwechsel zum 1.5.2004 wirksam geworden, jedoch nicht früher, weil es an der zuvor notwendigen konstitutiven Freistellungserklärung seitens der Kommission gefehlt hat und die Vereinbarung (oder der

---

[23] S. unten Rn. 8 und 9.

[24] Verordnung (EG) Nr. 1/2003 des Rates vom 16.12.2002 zur Durchführung der in den Art. 81 und 82 EG niedergelegten Wettbewerbsregeln, veröffentlicht in ABlEG Nr. L 1 v. 4.1.2003, S. 1.

[25] S. dazu ausführlicher 1. Aufl., Art. 81 Abs. 2 EG Rn. 6 m. w. N. in Fn. 22.

[26] Vgl. dazu oben Rn. 6 bei Fußn. 21 und das dort zitierte EuGH-Urteil *Dijkstra.*

[27] Ebenso: *Säcker/Jaecks* (Fußn. 10), Art. 101 AEUV Rn. 631; *Karsten Schmidt* in: *Immenga/Mestmäcker,* Art. 101 Abs. 2 AEUV Rn. 10; *Schröter/van der Hout* (Fußn. 5), Art. 101 AEUV Rn. 229; *Stockenhuber* in: *Grabitz/Hilf/Nettesheim,* Das Recht der Europäischen Union, Art. 101 AEUV Rn. 241; *Weyer* in: Frankfurter Kommentar zum Kartellrecht (FK), Zivilrechtsfolgen Art. 81 EG Rn. 10.

[28] Ab dem 1.5.2004 konnte die EG-Kommission weder einem zuvor gestellten Freistellungsantrag stattgeben noch ihn ablehnen, weil er gemäß Art. 34 Abs. 1 VO 1/2003 am 1.5.2004 unwirksam geworden war.

[29] Vgl. für den Zeitraum bis zum 1.5.2004 oben Rn. 6 bei Fußn. 21 und das dort zitierte EuGH-Urteil *Dijkstra.*

Beschluss) daher vor dem 1.5.2004 nichtig war.[30] Die gesamte VO 1/2003 hatte keine rückwirkende Anwendbarkeit, also keine rückwirkende Kraft für die Zeit vor dem 1.5. 2004;[31] das gilt dann auch für die Legalausnahme gemäß Art. 1 Abs. 2 VO 1/2003 i. V. m. Art. 101 Abs. 3 AEUV. Freilich bleiben die nach der VO 17/62 noch erteilten Einzelfreistellungen bis zum Ablauf des in der Kommissionsentscheidung jeweils angegebenen Zeitraums gültig, wie sich aus Art. 43 Abs. 1 VO 1/2003 ergibt.

e) Keine Heilung nichtiger Absprachen ex nunc. Aus der Absolutheit der Nichtigkeit gemäß Art. 101 Abs. 2 AEUV mit der Folge, dass die nichtige Absprache keinerlei Bindungswirkungen zwischen den Vertragspartnern erzeugen kann,[32] ergibt sich zugleich, dass eine solche Absprache bei nachträglicher Änderung der tatsächlichen Umstände, z. B. beim späteren Eintritt der eine Freistellung gemäß Art. 101 Abs. 3 AEUV oder gemäß einer GVO erlaubenden Voraussetzungen, nicht von selbst rechtlich wirksam wird. Das gegenteilige Ergebnis – automatische Heilung der vormals nichtigen Absprache ex nunc[33] – würde voraussetzen, dass die Vertragspartner trotz anfänglicher Nichtigkeit an ihre Absprache von vornherein für den Fall einer i. S. d. Freistellung günstigen Änderung der Tatsachenlage gebunden werden und bleiben. Auch eine solche partielle Bindung verstößt aber gegen die dem Art. 101 Abs. 2 AEUV eigene Absolutheit der Nichtigkeit.[34] Es bedarf vielmehr zur Heilung einer anfänglich nichtigen Absprache nach Eintritt der die Freistellung vom Kartellverbot erlaubenden Tatsachen – auch nach Art. 81 Abs. 2 EG – einer rechtsgeschäftlichen Bestätigung der früheren Vereinbarung durch die Vertragspartner.[35] 9

f) Nachträglicher Eintritt der Nichtigkeit ursprünglich wirksamer Absprachen. Umgekehrt kann es vorkommen, dass Absprachen, die anfänglich nicht gegen das Verbot des Art. 101 Abs. 1 AEUV verstoßen, ihre kartellrechtliche Unbedenklichkeit infolge späterer Änderung der tatsächlichen Umstände verlieren. Als Beispiele seien genannt: Bei vertikalen Vertriebsbindungen übersteigt der Marktanteil des bindenden Lieferanten oder der Marktanteil des gebundenen Abnehmers im Verlauf der Vertragsdurchführung die in Art. 3 Abs. 1 VO 330/2010 (Gruppenfreistellung für Vertikalvereinbarungen) vorgesehene Marktanteilsschwelle von jeweils 30%. Oder: Während der Praktizierung einer wettbewerbsbeschränkenden, anfänglich aber gemäß Art. 101 Abs. 3 AEUV erlaubten Vereinbarung fällt eine der nach Art. 101 Abs. 3 AEUV notwendigen Freistellungsvoraussetzungen weg, sei es, dass eine angemessene Beteiligung der Verbraucher an dem durch Verbesserung der Warenerzeugung oder -verteilung entstandenen Gewinn nicht mehr fest- 10

---

[30] Der vorstehende Hinweis in Fußn. 29 gilt auch hier. Vgl. auch BGH U. v. 13.7.2004, KZR 10/03 – *Citroën* WuW/E DE-R 1335, 1348. Demgegenüber meinen *Säcker/Jaecks* (Fn. 10, Art. 101 AEUV Rn. 633), es solle an die der EG-Kommission seinerzeit gemäß Art. 6 VO 17/62 eingeräumte Möglichkeit rückwirkender Freistellung angeknüpft und eine rückwirkende Legalisierung im selben Umfang bejaht werden, also bei früher anmeldebedürftigen Absprachen bis zum Zeitpunkt der Anmeldung und bei nicht anmeldebedürftigen Absprachen bis zum Zeitpunkt des Vertragsschlusses. Ebenso: FK/*Weyer* (Fußn. 27), Zivilrechtsfolgen Art. 81 EG Rn. 119f.

[31] EuGH U. v. 14.2.2012 Rs. C-17/10 – *Toshiba*, EuZW 2012, 223, 225 Rn. 59, 62.

[32] S. oben Rn. 4 und Rn. 6.

[33] So *Bechtold/Bosch/Brinker* (Fn. 10), Art. 101 AEUV Rn. 145; *Karsten Schmidt* in: *Immenga/Mestmäcker*, Art. 101 Abs. 2 AEUV Rn. 17.

[34] Demgegenüber vermag das von *Karsten Schmidt* (Fn. 33) für seine Ansicht verwendete, inhaltlich nicht näher erläuterte Argument des „spezifisch wettbewerbsrechtlichen Charakters der in Art. 101 Abs. 2 AEUV angeordneten Nichtigkeit" nicht zu überzeugen.

[35] Im Erg. ebenso unter Anwendung deutschen Zivilrechts (§ 141 BGB): BGH U. v. 5.7.2005, X ZR 14/03 – *Abgasreinigungsvorrichtung* WuW/E DE-R 1537, 1540; *Säcker/Jaecks* (Fn. 10), Art. 101 AEUV Rn. 655; *Schröter/van der Hout* (Fußn. 5), Art. 101 AEUV Rn. 218. Gegen die automatische Heilungswirkung ex nunc in derartigen Fällen und für die Abhängigkeit der Heilung der vormals nichtigen Absprache von den im maßgeblichen nationalen Recht normierten Voraussetzungen (in Deutschland: § 141 BGB) spricht auch das EuGH-Urt. v. 11.9.2008 Rs. C-279/06 – *CEPSA*, WuW/E EU-R 1475, 1481–1483 Rn. 66–76.

stellbar und auch nicht mehr zu erwarten ist, oder sei es, dass die vorgenommenen Wettbewerbsbeschränkungen für die Verwirklichung der ursprünglich anvisierten positiven Ziele der Vereinbarung nicht mehr unerlässlich sind, oder sei es aus anderem Grund. In solchen Fällen führt der Absolutheitscharakter der Nichtigkeit gemäß Art. 101 Abs. 2 AEUV dazu, dass die Absprache nach dem Wegfall der Rechtfertigungsvoraussetzungen (gemäß Art. 101 Abs. 3 AEUV oder einer GVO) von Rechts wegen ex nunc nichtig wird, ohne dass es für den Eintritt dieser Rechtsfolge der Entscheidung irgendeiner Instanz bedarf.[36]

11 **g) Eigenes Risiko der Beteiligten.** Die Absolutheit der Nichtigkeit gemäß Art. 101 Abs. 2 AEUV hat eine weitere Konsequenz: **Während der Geltungsdauer der VO 17/62** konnten die an einem Neukartell[37] beteiligten Unternehmen in dem Zeitraum, bis die EG-Kommission darüber entschieden hatte, ob die Vereinbarung (oder der Beschluss) unter den damaligen Art. 81 Abs. 1 EG fiel und – bejahendenfalls – gemäß Art. 81 Abs. 3 EG freigestellt wird oder nicht, die Kartellabsprache nur auf eigene Gefahr befolgen und durchführen.[38] Eine Anmeldung des Neukartells nach Art. 4 Abs. 1 VO 17/62 (verbunden mit einem Freistellungsantrag) verschaffte den Beteiligten nicht etwa die einstweilige Befugnis, die Kartellabsprache zu verwirklichen; denn die Anmeldung hatte keine aufschiebende Wirkung und die (verfahrensrechtlichen) Vorschriften der VO 17/62 hatten nicht die Funktion, die (materiell-rechtlichen) Auswirkungen des Art. 81 Abs. 2 EG in irgendeiner Weise abzuschwächen.[39] Die einzige privilegierende Rechtsfolge, die aus der ordnungsgemäßen Anmeldung eines Neukartells resultierte, bestand für die beteiligten Unternehmen gemäß Art. 15 Abs. 5 lit. a VO 17/62 darin, dass gegen sie für Handlungen, die sie in Ausführung der Kartellabsprache in der Zeit zwischen der Anmeldung und der Kommissionsentscheidung begingen und die die Grenzen der in der Anmeldung dargelegten Tätigkeit nicht überschritten, keine Bußgeldentscheidung gemäß Art. 15 Abs. 2 lit. a VO 17/62 erlassen werden durfte, selbst wenn der Freistellungsantrag zurückgewiesen wurde. Aus dieser Befreiung vom Bußgeldrisiko folgte nicht zugleich ein zivilrechtliches „Praktizieren-Dürfen", das dann auch regelmäßig – konsequent – mit einem zivilrechtlich relevanten Schutz des Vertrauens auf die Haftungsfreiheit bezüglich der vor der Kommissionsentscheidung vorgenommenen Ausführungshandlungen verbunden gewesen wäre, abgesehen von den Fällen, in denen eine Freistellung gemäß Art. 81 Abs. 3 EG von der Sache her offensichtlich nicht in Betracht kam. Es bestand vielmehr **unter keinen Umständen** ein **Vertrauensschutz** des Inhalts, das angemeldete (Neu-)Kartell werde überhaupt und sodann auch rückwirkend zum Zeitpunkt der Anmeldung freigestellt und damit legalisiert werden.[40] Diese Erkenntnis war vor allem bedeutsam für die Beurteilung weiterer Zivilrechtsfolgen, insbesondere der verschuldensabhängigen Schadensersatzansprüche in den Fällen der gänzlichen Versagung, der Versagung (nur) der rückwirkenden Freistellung und der Gewährung der nur aufschiebend bedingten Freistellung.[41]

---

[36] *Bechtold/Bosch/Brinker* (Fn. 10), Art. 101 AEUV Rn. 144; *Karsten Schmidt* (Fn. 33), Art. 101 Abs. 2 AEUV Rn. 17; *Säcker/Jaecks* (Fn. 10), Art. 101 AEUV Rn. 656; *Schröter/van der Hout* (Fußn. 5), Art. 101 AEUV Rn. 218. Zum automatischen Eintritt der Nichtigkeit ex nunc bei nachträglichem Eingreifen des Kartellverbots s. auch BGH B. v. 18.2.2003, KVR 24/01 – *Verbundnetz II,* WuW/E DE-R 1119, 1122.

[37] S. oben Rn. 3 und Fußn. 12.

[38] EuGH U. v. 6.2.1973 Rs. 48/72 – *Brasserie de Haecht* Slg 1973, 77, Rn. 10 = WuW/E EWG/MUV 303, 304.

[39] EuGH U. v. 6.2.1973 Rs. 48/72 – *Brasserie de Haecht* Slg 1973, 77, Rn. 10 u. 6 = WuW/E EWG/MUV 303f. Vgl. auch EuGH U. v. 28.2.1991 Rs. C-234/89 – *Delimitis* Slg 1991, I-935, Rn. 49 = WuW/E EWG/MUV 911, 920 (angemeldeter Vertrag ist „nicht vorläufig gültig").

[40] OLG Düsseldorf U. v. 16.6.1998 U (Kart) 15/97 – *Global One* WuW/E DE-R 143, 147; *Karsten Schmidt* in: *Immenga/Mestmäcker,* EG-WbR, 1. Aufl., Bd. I, S. 304.

[41] Vgl. OLG Düsseldorf U. v. 16.6.1998 U (Kart) 15/97 – *Global One* WuW/E DE-R 143ff.

Die vorstehenden Ausführungen gelten grundsätzlich ebenso für die **Rechtslage nach der VO 1/2003.** Für die Richtigkeit der **Selbsteinschätzung der Unternehmen,**[42] ihre das Verhalten am Markt koordinierende Absprache erfülle nicht die Voraussetzungen des Art. 101 Abs. 1 AEUV oder sei jedenfalls gemäß Art. 101 Abs. 3 AEUV erlaubt, gibt es **keinen Vertrauensschutz.** Für den Fall, dass sich ihre Selbsteinschätzung später als objektiv unrichtig erweist, handeln sie bei der Praktizierung ihrer Absprache **auf eigene Gefahr.**[43] Ein gewichtiger Unterschied zur Rechtslage unter der VO 17/62 besteht freilich darin, dass die Unternehmen von der EU-Kommission jetzt nicht mehr durch eine Anmeldung eine klärende Entscheidung über die Freistellung gemäß Art. 101 Abs. 3 AEUV beanspruchen können. Zwar verleiht die VO 1/2003 in Art. 10 der EU-Kommission die Kompetenz, festzustellen, dass Art. 101 AEUV auf eine Vereinbarung, einen Beschluss einer Unternehmensvereinigung oder eine abgestimmte Verhaltensweise keine Anwendung findet, weil entweder die Voraussetzungen des Art. 101 Abs. 1 AEUV nicht vorliegen oder die Voraussetzungen des Art. 101 Abs. 3 AEUV erfüllt sind. Die beteiligten Unternehmen haben jedoch keinesfalls einen Anspruch auf eine solche Positiventscheidung, die vielmehr nur – ausnahmsweise – aus Gründen des öffentlichen Interesses der Union von Amts wegen erlassen werden kann. 12

Es stellt sich daher seit dem 1.5.2004 sehr viel schärfer das **Problem, wie lange** die die beteiligten Unternehmen belastende **unsichere Situation andauert,** dass sie ihre Absprache – auch mit Blick auf etwaige verschuldensabhängige Schadensersatzfolgen – nur auf eigene Gefahr befolgen und durchführen. Wenn die EU-Kommission über die konkrete Absprache von Amtswegen eine **Positiventscheidung gemäß Art. 10 VO 1/2003** erlässt, kann auch dadurch die Rechtsfolge der Nichtigkeit gemäß Art. 101 Abs. 2 AEUV nicht – auch nicht für einen bestimmten Zeitraum – aufgehoben werden, sofern sich die Kommissionsentscheidung später, in welchem Verfahren auch immer, als objektiv unrichtig erweist. Denn in dem neuen System der Legalausnahme (der VO 1/2003) gibt es keine konstitutiven Freistellungsentscheidungen mehr; die Kompetenz der EU-Kommission gemäß Art. 10 Abs. 1 VO 1/2003 beschränkt sich darauf, eine die Nichtanwendung des in Art. 101 AEUV normierten Verbots feststellende Entscheidung rein deklaratorischer Art zu erlassen.[44] Schon deshalb ist es ausgeschlossen, dass eine solche im Sekundärrecht vorgesehene Entscheidung die im Primärrecht normierte Rechtsfolge (Art. 101 Abs. 2 AEUV) materiell-rechtlich außer Kraft setzen kann. Andererseits ist es gerade der Zweck der der EU-Kommission in Art. 10 VO 1/2003 verliehenen Kompetenz, in Ausnahmefällen, insbesondere in Bezug auf neue Formen von Vereinbarungen, die Rechtslage zu klären und eine einheitliche Rechtsanwendung in der Gemeinschaft sicherzustellen.[45] Daher ist es sachgerecht, die beteiligten Unternehmen ab dem Zeitpunkt der Positiventscheidung (bis zu einer späteren, zu beachtenden gegenteiligen Entscheidung) von demjenigen Teil des Handlungsrisikos als **befreit** anzusehen, der aus der **Gefahr verschuldensabhängiger Folgeansprüche** (Schadensersatz) resultiert, indem ihnen nunmehr schuldausschließender Schutz des Vertrauens in die Richtigkeit der Positiventscheidung zuteil wird.[46] Sollte es sich bei der Positiventscheidung um eine Kommissionsentscheidung im Sinne des Art. 16 Abs. 1 VO 1/2003 handeln (was unklar 13

---

[42] Vgl. dazu *Bechtold* WuW 2003, 343; *Bechtold/Bosch/Brinker* (Fn. 10), Art. 1 VO 1/2003 Rn. 34–38; *Jaeger* in: Frankfurter Kommentar zum Kartellrecht, Art. 1 VO 1/2003 Rn. 34–36.

[43] Ebenso *Mestmäcker/Schweitzer,* Europäisches Wettbewerbsrecht, § 22 Rn. 19; *Karsten Schmidt* in: *Immenga/Mestmäcker,* Art. 101 Abs. 2 AEUV Rn. 15; *Hengst* in: *Langen/Bunte,* Kartellrecht, 12. Aufl. 2014, Art. 101 AEUV Rn. 456, 496.

[44] Vgl. Erwägungsgrund 14 der VO 1/2003; FK/*Jaeger* (Fn. 42), Art. 10 VO 1/2003 Rn. 10f., m. w. N.

[45] So ausdrücklich Erwägungsgrund 14 der VO 1/2003.

[46] Ebenso: *Säcker/Jaecks* (Fußn. 5), Art. 101 AEUV Rn. 734; FK/*Weyer* (Fußn. 27), Zivilrechtsfolgen Art. 81 EG Rn. 201.

ist),[47] wird durch sie ohnehin eine verfahrensrechtliche Sperre gegen die Durchsetzung der Rechtsfolge der Nichtigkeit gemäß Art. 101 Abs. 2 AEUV (falls die Positiventscheidung objektiv unrichtig ist) errichtet, weil dann die einzelstaatlichen Gerichte aus eigener Kompetenz heraus keine zuwiderlaufende Entscheidung[48] erlassen dürfen und ihre von der EU-Kommission abweichende Ansicht über die Anwendung des Art. 101 AEUV allenfalls über eine Vorlage an den EuGH gemäß Art. 267 AEUV zur Geltung bringen können (vgl. Art. 16 Abs. 1 S. 4 VO 1/2003).

14 Da die Anwendung des Art. 101 AEUV in die parallele Zuständigkeit[49] der EU-Kommission und der einzelstaatlichen Gerichte fällt, ist es auf Grund der demgemäß gebotenen Gleichbehandlung ferner sachgerecht, dass die Befreiung von der mit der Praktizierung der Kartellabsprache verbundenen Gefahr verschuldensabhängiger Folgeansprüche – also der darauf beschränkte **Vertrauensschutz** (s. oben Rn. 11, somit über die Rechtskraftwirkung inter partes hinaus) – nicht nur an eine Positiventscheidung der EU-Kommission gemäß Art. 10 VO 1/2003 angeknüpft wird, sondern auch an eine **rechtskräftige Entscheidung eines einzelstaatlichen Gerichts,** das die Anwendung des Art. 101 AEUV auf die konkrete Absprache aus einem der in Art. 10 VO 1/2003 genannten Gründe ablehnt, wenn und solange keine gegenteilige Entscheidung eines anderen einzelstaatlichen Gerichts ergangen ist.[50]

15 **h) Feststellungsbefugnis der einzelstaatlichen Gerichte.** Die Absolutheit der Nichtigkeit wird in ihrer Durchsetzung dadurch verstärkt, dass auch die einzelstaatlichen Gerichte – wegen der unmittelbaren Geltung des Art. 101 Abs. 2 AEUV in allen Mitgliedstaaten – befugt sind, die Nichtigkeit der gemäß Art. 101 AEUV verbotenen Vereinbarungen und Beschlüsse festzustellen.[51] Sie sind dazu nicht nur befugt, sondern auf Grund eines entsprechenden Rechtsschutzbegehrens, selbst wenn sich die betreffende Partei nicht auf Art. 101 Abs. 2 AEUV berufen und dessen Anwendung geltend gemacht hat, **auch verpflichtet,** sofern das Zivilgericht nach seinem nationalen Recht – wie in Deutschland – auch die innerstaatlichen Vorschriften zwingenden Charakters in die Prüfung und Würdigung des vorgetragenen Sachverhalts von Amts wegen einzubeziehen hat. Denn die Wettbewerbsregeln der Union (Art. 101 f. AEUV) einschließlich des Art. 101 Abs. 2 AEUV sind **zwingende,** in der nationalen Rechtsordnung **unmittelbar anwendbare Vorschriften.**[52]

16 Die von einem Teil des Schrifttums vertretene Ansicht, zur Feststellung der Nichtigkeit nach Art. 101 Abs. 2 AEUV seien die nationalen Gerichte sogar ausschließlich zuständig,[53] traf schon unter der Geltung der VO 17/62 mit Blick auf die parallele Zuständigkeit der EG-Kommission und der nationalen Gerichte bei der Anwendung des damaligen Art. 81 Abs. 1 EG[54] und damit des Abs. 2 des Art. 81 EG nicht zu. Jene Ansicht ist jetzt durch die

---

[47] Vgl. *Bornkamm/Becker,* ZWeR 2005, 213, 221 f., m. w. N.; FK/*Jaeger* (Fn. 42), Art. 10 VO 1/2003 Rn. 12, m. w. N.

[48] Dazu gehören selbstverständlich auch die die Anwendbarkeit des Art. 101 Abs. 1 und 2 AEUV nur incidenter feststellenden Verurteilungen zur Unterlassung und zum Schadensersatz.

[49] Vgl. EuGH U. v. 28.2.1991 Rs. C-234/89 – *Delimitis* Slg 1991, I-935, Rn. 45 = WuW/E EWG/MUV 911, 920; EuGH U. v. 14.12.2000 Rs. C-344/98 – *Masterfoods* Slg 2000, I-11 369, Rn. 47 = EuZW 2001, 113, 115 = WuW/E EU-R 389, 391; vgl. ferner FK/*Jaeger* (Fn. 42), Art. 4 VO 1/2003 Rn. 1 und Art. 6 VO 1/2003 Rn. 1.

[50] Tendenziell ebenso: *Säcker/Jaecks* (Fußn. 5), Art. 101 AEUV Rn. 734; FK/*Weyer* (Fußn. 27), Zivilrechtsfolgen Art. 81 EG Rn. 201.

[51] EuGH U. v. 6.2.1973 Rs. 48/72 – *Brasserie de Haecht* Slg 1973, 77, Rn. 4 = WuW/E EWG/MUV 303.

[52] EuGH U. v. 14.12.1995 verb. Rs. C-430/93 u. C-431/93 – *Van Schijndel und van Veen* Slg 1995, I-4705, Rn. 13 = EuZW 1996, 542, 543.

[53] *Schröter/van der Hout* (Fußn. 5), Art. 101 AEUV Rn. 215; a. A. *Eilmansberger* (Fußn. 7), Art. 101 Rn. 104: Auch nationale Behörden sind zuständig.

[54] EuGH *Delimitis* und *Masterfoods,* s. oben Fn. 49.

in der VO 1/2003 enthaltene ausdrückliche Regelung der parallelen Zuständigkeiten der EU-Kommission (Art. 4, 7 Abs. 1), der nationalen Wettbewerbsbehörden (Art. 5 S. 1) und der nationalen Gerichte (Art. 6) als widerlegt anzusehen. Auch wenn von ausschließlicher Zuständigkeit keine Rede sein kann, sind die **Befugnis** und die **Pflicht der nationalen Gerichte,** die **Nichtigkeit** der nach Art. 101 AEUV verbotenen Vereinbarungen und Beschlüsse **festzustellen, nach** Inkrafttreten der **VO 1/2003** und der Ermächtigung sowie Verpflichtung der Gerichte, auch Art. 101 Abs. 3 AEUV anzuwenden, **noch bedeutsamer als zuvor** geworden.

Die Befugnis zur (deklaratorischen) Feststellung der Nichtigkeit (die „ex lege" eingetreten ist) gemäß Art. 101 Abs. 2 AEUV muss im Zusammenhang mit der **Rechtsschutzaufgabe der einzelstaatlichen Gerichte** gesehen werden: Das Verbot des Art. 101 Abs. 1 AEUV einschließlich der Nichtigkeitsfolge gemäß Abs. 2 des Art. 101 (sowie das Verbot des Art. 102) AEUV erzeugt in den Beziehungen zwischen einzelnen Personen unmittelbare Wirkungen und lässt unmittelbar in deren Person Rechte entstehen, die die einzelstaatlichen Gerichte zu wahren haben.[55] Das bedeutet, dass die einzelstaatlichen Gerichte auf Grund ihrer Mitwirkungspflicht aus Art. 4 Abs. 3 EUV denjenigen Rechtsschutz gewährleisten müssen, der sich für die einzelnen Personen aus der unmittelbaren Wirkung von Vorschriften des Unionsrechts, hier vor allem des Art. 101 Abs. 2 AEUV, ergibt.[56] Dabei haben sie hinsichtlich des Ausmaßes ihrer Rechtsschutzpflicht das Gebot zu beachten, dass sie die volle Wirkung der jeweils anzuwendenden Schutzbestimmungen des Unionsrechts gewährleisten müssen.[57] Inwieweit die einzelstaatlichen Gerichte dieser ihrer Rechtsschutzaufgabe in einem Konfliktfall noch gerecht werden können, in dem die EU-Kommission eine Positiventscheidung gemäß Art. 10 VO 1/2003[58] erlassen hat oder im Sinne des Art. 16 Abs. 1 VO 1/2003 zu erlassen beabsichtigt, die das im Einzelfall zuständige Gericht als objektiv unrichtig erachtet, werden die notwendige Klärung der Auslegung des Art. 16 Abs. 1 VO 1/2003 und die künftige Rechtspraxis zu dieser Vorschrift zeigen. 17

III. Gegenstand der Nichtigkeit

1. Nur Vereinbarungen und Beschlüsse von Unternehmensvereinigungen

Anders als die Absätze 1 und 3 erfasst Abs. 2 des Art. 101 AEUV von den Mitteln der Wettbewerbsbeschränkung nur Vereinbarungen zwischen Unternehmen und Beschlüsse von Unternehmensvereinigungen, nicht aber aufeinander abgestimmte Verhaltensweisen. Das findet seine einfache Erklärung darin, dass abgestimmte Verhaltensweisen schon nach dem Willen der beteiligten Unternehmen nicht auf einer rechtlichen Bindung[59] beruhen und auch nicht eine solche erzeugen sollen, so dass es weder sinnvoll noch erforderlich ist, eine verbotene abgestimmte Verhaltensweise mit der zivilrechtlichen Sanktion der Nichtig- 18

---

[55] EuGH U. v. 30.1.1974 Rs. 127/73 – *BRT I* Slg 1974, 51 Rn. 16 = WuW/E EWG/MUV 309, 310; EuGH U. v. 28.2.1991 Rs. C-234/89 – *Delimitis* Slg 1991, I-935, Rn. 45 = WuW/E EWG/MUV 911, 920; EuGH U. v. 14.12.2000 Rs. C-344/98 – *Masterfoods* Slg 2000, I-11369, Rn. 47 = EuZW 2001, 113, 115 = WuW/E EU-R 389, 391; EuGH U. v. 20.9.2001 Rs. C-453/99 – *Courage/Crehan* Slg 2001, I-6297, Rn. 19 u. 23 = EuZW 2001, 715 = WuW/E EU-R 479, 480f.; EuGH U. v. 13.7.2006 Rs. C-295/04 bis 298/04 – *Manfredi* Slg. 2006, I-6619 Rn. 39, 58 = EuZW 2006, 529, 531, 533 = WuW/E EU-R 1107, 1113, 1115; EuGH U. v. 5.6.2014 Rs. C-557/12 – *Kone,* EuZW 2014, 586, 587 = WuW/E EU-R 3030, 3033 Rn. 20.

[56] EuGH U. v. 19.6.1990 Rs. C-213/89 – *Factortame* Slg 1990, I-2433, Rn. 19 = NJW 1991, 2271, 2272; EuGH U. v. 14.12.1995 verb. Rs. C-430/93 u. C-431/93 – *Van Schijndel und van Veen* Slg 1995, I-4705, Rn. 14f. = EuZW 1996, 542, 543; EuGH U. v. 20.9.2001 Rs. C-453/99 – *Courage/Crehan* Slg 2001, I-6297, Rn. 25 = EuZW 2001, 715 = WuW/E EU-R 479, 481.

[57] EuGH U. v. 20.9.2001 Rs. C-453/99 – *Courage/Crehan* Slg 2001, I-6297, Rn. 25f. = EuZW 2001, 715 = WuW/E EU-R 479, 481.

[58] S. oben Rn. 12 u. 13 bei Fn. 44.

[59] Vgl. zu diesem Argument oben Rn. 4.

keit zu belegen. Für die Durchsetzung des Art. 101 Abs. 1 AEUV reicht es hier aus, dass die abgestimmte Verhaltensweise, die die Voraussetzungen des Art. 101 Abs. 1 AEUV, nicht aber diejenigen des Art. 101 Abs. 3 AEUV erfüllt, gemäß Art. 101 Abs. 1 AEUV verboten ist. Weitere Sanktionen des Zivilrechts wie z. B. Unterlassungs- und Schadensersatzansprüche der von der abgestimmten Verhaltensweise betroffenen Drittunternehmen kommen jedoch im konkreten Einzelfall ebenso in Betracht wie bei verbotenen Vereinbarungen.

2. Reichweite der Nichtigkeit gemäß Art. 101 Abs. 2 AEUV

19 **a) Grundsatz.** Entsprechend dem Grundsatz der Verhältnismäßigkeit werden von der Nichtigkeit nur diejenigen Einzelbestimmungen eines Vertrages oder eines Beschlusses erfasst, die gegen Art. 101 Abs. 1 AEUV verstoßen, ohne gemäß Art. 101 Abs. 3 AEUV erlaubt zu sein.[60] Das bedeutet im Umkehrschluss: Soweit die anderen nicht gegen Art. 101 AEUV verstoßenden Einzelbestimmungen von dem Vertrag (oder dem Beschluss) gelöst werden können (s. dazu Rn. 20f.), ist deren Wirksamkeit oder Nichtigkeit nicht nach Unionsrecht, sondern nach dem im Einzelfall anwendbaren nationalen Recht (s. Rn. 23) zu beurteilen.[61]

20 **b) Nichtigkeit des gesamten Vertrages oder Beschlusses.** Ausgehend von dem vorstehenden Grundsatz ist der gesamte (aus mehreren Einzelbestimmungen bestehende) Vertrag oder Beschluss nur dann nichtig, wenn sich die gegen Art. 101 Abs. 1 AEUV verstoßenden Teile nicht von den übrigen Teilen des Vertrages oder Beschlusses trennen lassen.[62] Bei dieser unionsrechtlichen Prüfung auf Grund des Art. 101 Abs. 2 AEUV kommt es nicht auf die ökonomische Sinnhaftigkeit der Aufrechterhaltung des vom Verbot des Art. 101 Abs. 1 AEUV nicht direkt erfassten Restes des Vertrages oder Beschlusses oder auf die Vorstellungen der beteiligten Unternehmen an; diese Aspekte können erst bei der Untersuchung relevant werden, ob ein nach Anwendung des Art. 101 Abs. 2 AEUV nur teilnichtiger Vertrag oder Beschluss bei der anschließend notwendigen Würdigung[63] nach nationalem Recht als gesamtnichtig anzusehen ist oder nicht. Bei der gemäß Art. 101 Abs. 2 AEUV vorzunehmenden Prüfung der übrigen (Vertrags- oder Beschluss-)Bestimmungen kommt es vielmehr darauf an, ob sie nach ihrem Zweck oder ihren Wirkungen ebenfalls mit dem in Art. 101 Abs. 1 AEUV normierten Verbot unvereinbar sind,[64] etwa deshalb, weil sie die – im Vertrag oder Beschluss angelegte – Funktion haben, die Wirkungen der direkt gegen das Verbot verstoßenden Bestimmungen zu fördern, zu verstärken oder zu deren Durchsetzung beizutragen.[65] Die übrigen Bestimmungen sind daher nicht isoliert, sondern in ihrem **Funktionszusammenhang zu den wettbewerbsbeschränkenden Teilen** der Vereinbarung oder des Beschlusses zu prüfen und zu würdigen.

---

[60] EuGH U. v. 30.6.1966 Rs. 56/65 – *Maschinenbau Ulm* Slg 1966, 281 = WuW/E EWG/MUV 117, 124; EuGH U. v. 14.12.1983 Rs. 319/82 – *Soc. De Vente de Ciments et Bétons/Kerpen & Kerpen* Slg 1983, 4173 = NJW 1984, 555, 556 = WuW/E EWG/MUV 629, 630; EuGH U. v. 28.2.1991 Rs. C-234/89 – *Delimitis* Slg 1991, I-935, Rn. 40 = WuW/E EWG/MUV 911, 919; EuGH U. v. 11.9.2008 Rs. C-279/06 – *CEPSA,* WuW/E EU-R 1475, 1483 Rn. 78.

[61] EuGH U. v. 11.9.2008 Rs. C-279/06 – *CEPSA,* WuW/E EU-R 1475, 1483 Rn. 78 u. 79 m. w. N.

[62] EuGH U. v. 30.6.1966 Rs. 56/65 – *Maschinenbau Ulm* Slg 1966, 281 = WuW/E EWG/MUV 117, 124; EuGH U. v. 13.7.1966 verb. Rs. 56/64 u. 58/64 – *Grundig-Consten* Slg 1966, 321 = WuW/E EWG/MUV 125, 132; EuGH U. v. 28.2.1991 Rs. C-234/89 – *Delimitis* Slg 1991, I-935, Rn. 40 = WuW/E EWG/MUV 911, 919; EuGH U. v. 11.9.2008 Rs. C-279/06 – *CEPSA,* WuW/E EU-R 1475, 1483 Rn. 78.

[63] S. unten Rn. 21, 24 bis 28.

[64] EuGH U. v. 25.11.1971 Rs. 22/71 – *Béguelin* Slg 1971, 949 = WuW/E EWG/MUV 277, 279.

[65] Zumindest im Erg. ebenso: *Karsten Schmidt* in: *Immenga/Mestmäcker,* Art. 101 Abs. 2 AEUV Rn. 22; *Hengst* in: *Langen/Bunte,* Art. 101 AEUV Rn. 463; *Eilmansberger* (Fußn. 7), Art. 101 AEUV Rn. 111; *Stockenhuber* (Fußn. 27), Art. 101 AEUV Rn. 233.

Die auf den vorstehenden Gründen beruhende **Erstreckung der** in Art. 101 Abs. 2 AEUV normierten (unionsrechtlichen) **Nichtigkeit** auf weitere, eine Wettbewerbsbeschränkung selbst nicht bezweckende oder bewirkende, aber ihre Verwirklichung fördernde Bestimmungen muss im übrigen **nicht notwendig** den **gesamten Rest des Vertrages** oder Beschlusses erfassen, sondern nur die insoweit relevanten weiteren Klauseln. Als Beispiel sei genannt die in einem Alleinvertriebsvertrag vereinbarte Einräumung eines gewerblichen Schutzrechts (z.B. Warenzeichen bzw. Marke) für ein Mitgliedsland, wobei die Vertragsparteien, die mit einigen unmittelbar unter Art. 101 Abs. 1 AEUV fallenden Klauseln Paralleleinfuhren von Vertragswaren in das Mitgliedsland verhindern und dadurch dem Alleinvertriebshändler einen absoluten Gebietsschutz gewährleisten wollten, mit jener Rechtseinräumung (vom Warenhersteller an den Alleinvertriebshändler) bezweckten, der Alleinvertriebshändler solle das ihm übertragene Schutzrecht zur Abwehr von Parallelimporten einsetzen.[66] 21

c) Ausführungsverträge. Die vorstehenden Grundsätze über die Erstreckung der aus Art. 101 Abs. 2 AEUV unmittelbar folgenden Nichtigkeit auf die mit den verbotenen wettbewerbsbeschränkenden Klauseln im Funktionszusammenhang stehenden weiteren Teile ein und desselben Vertrages oder Beschlusses gelten auch für **getrennte, zusätzliche Vereinbarungen** (oder auch Beschlüsse) zwischen den beteiligten Unternehmen, die der **Durchführung oder Absicherung** der schon getroffenen Kartellabsprachen dienen sollen. Solche Ausführungsverträge sind also ohne Ansehung des jeweiligen nationalen Rechts unmittelbar nach Art. 101 Abs. 2 AEUV nichtig,[67] weil sie bezwecken, dass die jeweilige Kartellabsprache durchgeführt wird. 22

d) Grundsatz der ergänzenden rechtlichen Beurteilung nach nationalem Recht. Soweit nicht die vorstehend (Rn. 20 bis 22) behandelten Regeln bei „Untrennbarkeit" von Bestimmungen oder bei Ausführungsverträgen zwischen den beteiligten Unternehmen eingreifen, gilt der weitere unionsrechtliche Grundsatz (s. schon oben Rn. 19), dass die Auswirkungen der (gemäß Art. 101 Abs. 2 AEUV) nur Teile eines Vertrages oder Beschlusses erfassenden Nichtigkeit auf die übrigen Teile nicht nach Unionsrecht, sondern nach dem jeweils anwendbaren nationalen Recht zu beurteilen sind.[68] Das ist dasjenige einzelstaatliche Recht, das nach den Regeln des Internationalen Privatrechts zur Anwendung berufen ist.[69] Danach ist deutsches Recht, im hier untersuchten Zusammenhang also insbesondere § 139 BGB anwendbar, wenn der gegen Art. 101 AEUV verstoßende Vertrag i.S.d. § 130 Abs. 2 GWB Inlandsauswirkungen hat und damit auch gegen (den gemäß Art. 3 Abs. 1 Satz 1 VO 1/2003 parallel anwendbaren) § 1 GWB verstößt, soweit er wettbewerbsbeschränkende, nicht nach § 2 GWB freigestellte Vereinbarungen enthält. Denn deren Nichtigkeit ergibt sich – gemäß der gegenüber dem europäischen internationalen Vertragsrecht (Rom I-VO) vorrangigen Kollisionsnorm des § 130 Abs. 2 GWB – (auch) aus § 1 GWB i.V.m. § 134 BGB.[70] Das führt in der Konsequenz für die Beurteilung derjenigen Vertragsteile, die nicht von der Nichtigkeit gemäß Art. 101 Abs. 2 AEUV und 23

---

[66] EuGH U. v. 13.7.1966 verb. Rs. 56/64 u. 58/64 – *Grundig-Consten* Slg 1966, 321 = WuW/E EWG/MUV 125, 132f.

[67] FK/*Weyer* (Fußn. 27), Zivilrechtsfolgen Art. 81 EG Rn. 140; *Hengst* in: *Langen/Bunte,* Art. 101 AEUV Rn. 470; *Säcker/Jaecks* (Fußn. 10), Art. 101 AEUV Rn. 669; *Karsten Schmidt* in *Immenga/Mestmäcker,* Art. 101 Abs. 2 AEUV Rn. 35; *Schröter/van der Hout* (Fußn. 5), Art. 101 AEUV Rn. 227.

[68] EuGH U. v. 30.6.1966 Rs. 56/65 – *Maschinenbau Ulm* Slg 1966, 281 = WuW/E EWG/MUV 117, 124; EuGH U. v. 18.12.1986 Rs. 10/86 – *VAG France/Magne* Slg 1986, 4071, Rn. 14 u. 15 = NJW 1988, 620 = WuW/E EWG/MUV 798, 800; EuGH U. v. 30.4.1998 Rs. C-230/96 – *Cabour* Slg 1998, I-2055 = WuW/E EU-R 80, 84; EuGH U. v. 11.9.2008 Rs. C-279/06 – *CEPSA,* WuW/E EU-R 1475, 1483 Rn. 78 u. 79.

[69] *Eilmansberger* (Fußn. 7), Art. 101 AEUV Rn. 113.

[70] Zum Vorstehenden s. *Rehbinder* in: *Immenga/Mestmäcker,* Kommentar zum Deutschen Kartellrecht, 5. Aufl. 2014, § 130 GWB Rn. 291 u. 292.

zugleich § 1 GWB i.V.m. § 134 BGB erfasst werden, zur Anwendbarkeit des § 139 BGB (und auch des übrigen deutschen Rechts).

24 **e) Folgeverträge.** Einer besonderen Betrachtung bedürfen die als „Folgeverträge" benannten Verträge, die die Kartellmitglieder in Be- und Verfolgung ihrer Kartellabsprachen mit unbeteiligten Dritten schließen,[71] z.B. Lieferverträge zu Kartellpreisen oder Kartellkonditionen. Von einem Teil des Schrifttums wird das zivilrechtliche Schicksal der Folgeverträge als noch nicht vollständig geklärt bezeichnet.[72] Es wird – einleuchtend – argumentiert, dass das (angezweifelte) Ergebnis einer vollen Wirksamkeit der zwischen Kartellmitgliedern und unbeteiligten Dritten zustande gekommenen Folgeverträge zweifellos eine Schwächung der Durchschlagskraft des Kartellverbots bedeute, und es wird beklagt, dass insoweit der Wettbewerbsordnung der Union nicht zu einem Höchstmaß an praktischer Wirksamkeit verholfen werde.[73] Das sind allerdings unionsrechtlich anmutende Erwägungen. Der EuGH hat es (bisher) aber gerade abgelehnt, solche – durchweg schädlichen – Auswirkungen von Kartellabsprachen auf die vertraglichen Rechtsbeziehungen der Kartellmitglieder mit Dritten der Nichtigkeitsfolge des Art. 101 Abs. 2 AEUV zu unterwerfen. Auf Grund einer nach Art. 101 Abs. 1 AEUV verbotenen Vereinbarung etwa erteilte Aufträge und durchgeführte Lieferungen sowie die daraus folgenden Zahlungsverpflichtungen seien nicht nach Unionsrecht zu beurteilen.[74] Bei dieser bisher vom EuGH nicht aufgegebenen und daher verbindlichen Auslegung des Art. 101 Abs. 2 AEUV bleibt nichts anderes übrig, als die Frage der Rechtswirksamkeit der Folgeverträge **ausschließlich nach nationalem Recht zu beurteilen.**[75]

25 Soweit hierfür deutsches Recht zur Anwendung berufen ist (s. oben Rn. 23), ist es – entsprechend der Beurteilung der Folgeverträge der Mitglieder von nur unter § 1 GWB fallenden Kartellen mit Dritten – ganz h.M., dass die Folgeverträge **rechtlich wirksam** sind.[76] Zwar ist die (nur von wenigen überhaupt gegebene) Begründung für diese Ansicht, die Folgeverträge berührten häufig auch schützenswerte Interessen anderer Marktteilnehmer und die Nichtigkeitsfolge des Art. 101 Abs. 2 AEUV würde insbesondere die Rechtssicherheit beeinträchtigen,[77] nicht überzeugend, weil – im Falle der Nichtigkeit der Folgeverträge – die schutzwürdigen Interessen der Dritten durch ihre Ansprüche auf (deliktischen) Schadensersatz gegen alle Kartellmitglieder sowie auf Herausgabe einer unge-

---

[71] Zustimmend zu dieser Terminologie in Abgrenzung zu den Ausführungsverträgen (Rn. 22): *Karsten Schmidt* in: *Immenga/Mestmäcker,* Art. 101 Abs. 2 AEUV Rn. 34 u. Fußn. 130. Ebenso: *Säcker/Jaecks* (Fußn. 10), Art. 101 AEUV Rn. 669; *Hengst* in: *Langen/Bunte,* Art. 101 AEUV Rn. 470f.

[72] *Schröter/van der Hout* (Fn. 5), Art. 101 Abs. 2 AEUV Rn. 227; vgl. auch FK/*Weyer* (Fußn. 27), Zivilrechtsfolgen Art. 81 EG Rn. 142.

[73] *Hengst* in: *Langen/Bunte,* Art. 101 AEUV Rn. 472; *Schröter/van der Hout* (Fn. 5), Art. 101 Abs. 2 AEUV Rn. 228, die darauf hinweisen, dass andere Rechtsordnungen, insbesondere das belgische und französische Recht, strenger sind und eine Erstreckung der Nichtigkeit auf Folgeverträge zulassen.

[74] EuGH U. v. 14.12.1983 Rs. 319/82 – *Soc. De Vente de Ciments et Bétons/Kerpen & Kerpen* Slg 1983, 4173 = NJW 1984, 555, 556 = WuW/E EWG/MUV 629, 630.

[75] Im Schrifttum allg. M., vgl. die in Fn. 76 Genannten.

[76] BGH B v. 7.4.2009, KVR 34/08 – *Versicherergemeinschaft,* WuW/E DE-R 2728, 2731 Rn. 21; *Karsten Schmidt* in *Immenga/Mestmäcker,* Art. 101 Abs. 2 AEUV Rn. 36; *Bechtold/Bosch/Brinker* (Fußn. 10), Art. 101 AEUV Rn. 142; *Hengst* in: *Langen/Bunte,* Art. 101 AEUV Rn. 471; *Säcker/Jaecks* (Fußn. 10), Art. 101 AEUV Rn. 669; *Schröter/van der Hout* (Fußn. 5), Art. 101 AEUV Rn. 228.

[77] *Säcker/Jaecks* (Fußn. 76); *Schröter/van der Hout* (Fußn. 76); s. auch FK/*Weyer* (Fußn. 27), Zivilrechtsfolgen Art. 81 EG Rn. 142. *Karsten Schmidt* (Fußn. 76) begründet die Wirksamkeit der Folgeverträge, also den Umstand, dass sie von der Nichtigkeitsfolge des Art. 101 Abs. 2 AEUV nicht erfasst werden, mit dem Argument, dass sie „die Wettbewerbsbeschränkung weder bezwecken noch bewirken". Dieses Argument überzeugt deshalb nicht wirklich, weil die Folgeverträge das Mittel sind, mit dem die Kartellanten die von ihnen bezweckte oder bewirkte Wettbewerbsbeschränkung gegenüber Dritten, insbesondere gegenüber der Marktgegenseite, verwirklichen. Daher kann man die Folgeverträge als durch die Kartellverstöße der Kartellanten infiziert ansehen; vgl. *Eilmansberger* (Fußn. 7), Art. 101 AEUV Rn. 126.

rechtfertigten Bereicherung gegen das Kartellmitglied, das mit ihnen den Folgevertrag abgeschlossen hatte, in der Regel hinreichend gewahrt würden. Andererseits kann aus § 33 Abs. 1 und 3 GWB, der den deliktischen Kartellrechtsschutz (Schadensersatz) auch den Vertragspartnern eines Kartellanten gewährt, die von dem Kartellrechtsverstoß in Form des mit dem Kartellanten geschlossenen Folgevertrags (z. B. durch überhöhte Kartellpreise) nachteilig „betroffen" werden, nicht etwa auf die Nichtigkeit des Folgevertrags geschlossen werden.[78] Denn der Schadensersatzanspruch kann rechtlich ohne weiteres auf dem im Übrigen (auch mit allen Gewährleistungsansprüchen) wirksam bleibenden Folgevertrag aufbauen, indem z. B. nur die Preisvereinbarung im Wege des Schadensersatzes in Höhe der Differenz zwischen Kartellpreis und hypothetischem Wettbewerbspreis korrigiert wird. Vor einem Anstoß für eine Rechtsänderung von Seiten der EU-Instanzen[79] ist demnach realistisch nicht mit einer Änderung der h. M. in Deutschland zur Beurteilung der Folgeverträge zu rechnen, so dass sich der Rechtsschutz der am Kartell nicht beteiligten Partner dieser Folgeverträge auf (deliktische) Unterlassungs-, Beseitigungs- und Schadensersatzansprüche[80] sowie auf Rückgewähransprüche nach erfolgreicher Anfechtung eines Folgevertrags wegen arglistiger Täuschung beschränkt.

3. Auswirkungen der aus Art. 101 Abs. 2 AEUV resultierenden Teilnichtigkeit nach deutschem Recht

a) Rechtslage gemäß § 139 BGB. Die Frage, welche Wirkungen die sich aus einer Anwendung des Art. 101 Abs. 2 AEUV ergebende Teilnichtigkeit für die übrigen Bestimmungen des Vertrages (oder Beschlusses) hat (s. oben Rn. 23), beurteilt sich im Ausgangspunkt nach § 139 BGB. Danach ist der Vertrag (oder Beschluss) **in der Regel insgesamt nichtig.** § 139 BGB normiert es als Ausnahme, dass das von der Teilnichtigkeit nicht betroffene Restgeschäft wirksam bleibt, dies nur dann, wenn das Restgeschäft so, wie es sich ohne den nichtigen Teil im übrigen unverändert darstellt, nach dem mutmaßlichen Parteiwillen auch ohne den nichtigen Teil abgeschlossen worden wäre. Der Wille der beteiligten Unternehmen wird sich oft nicht hinreichend sicher feststellen lassen (was de facto die Tendenz zur Gesamtnichtigkeit verstärkt). Es ist dann der hypothetische Wille der Beteiligten aus der objektiven Bedeutung der nichtigen Teile für den Gesamtvertrag (oder Beschluss) zu erschließen, wobei vor allem der Zweck, den die Beteiligten mit den jeweiligen Teilen des Geschäfts erreichen wollten, zu berücksichtigen ist. Je wichtiger ihnen die – in der Regel erst später als nichtig erkannten – Teile des Vertrags (oder Beschlusses) waren, desto unwahrscheinlicher ist das Ergebnis, dass sie das restliche Geschäft auch ohne den nichtigen Teil abgeschlossen hätten.[81] Das wird bei in einem Gesamtvertrag enthaltenen wettbewerbsbeschränkenden Absprachen, denen die Beteiligten oft eine wichtige, wenn nicht gar die wesentliche Bedeutung des Vertrags beimessen, eher anzunehmen sein als das Gegenteil. In dieser Hinsicht nicht behebbare Zweifel gehen zu Lasten der Partei, die die Aufrechterhaltung der restlichen Vertragsbestimmungen geltend macht. Entsprechendes gilt für Beschlüsse von Unternehmensvereinigungen. 26

b) Salvatorische Klauseln. Verträge der für die Anwendung des Art. 101 Abs. 1 und 2 AEUV in Betracht kommenden Art enthalten in aller Regel eine salvatorische Klausel, die 27

---

[78] Entgegen *Mohr* ZWeR 2011, 383, 384: Der deliktische Rechtsschutz aus § 33 Abs. 1, 3 GWB setze „denknotwendig voraus, dass die zugrunde liegenden Vereinbarungen (teil-)unwirksam" seien; so wohl auch im Erg.: *Säcker* ZWeR 2008, 348, 353.

[79] So ist wohl auch *Schröter* zu verstehen, vgl. *Schröter/Jakob/Mederer,* Kommentar zum Europäischen Wettbewerbsrecht, Art. 81 Abs. 2 Rn. 241 a. E.

[80] S. unten Rn. 40, 42, 48 bis 50, 54, 58.

[81] Im Erg. ebenso: *Hengst* in: *Langen/Bunte,* Art. 101 AEUV Rn. 465; zumindest sehr ähnlich *Karsten Schmidt* in: *Immenga/Mestmäcker,* Art. 101 Abs. 2 AEUV Rn. 24, 26; *Eilmansberger* (Fußn. 7), Art. 101 AEUV Rn. 115.

oft nicht nur aus einer Erhaltensklausel, sondern zusätzlich noch aus einer Ersetzungsklausel besteht. Beide Klauseln werden im Grundsatz vom europäischen Recht toleriert.[82] Bis zum Jahre 2002 folgerte die Rechtsprechung aus einer vereinbarten salvatorischen Klausel, die nicht ihrerseits ausnahmsweise von der Nichtigkeit erfasst worden war, und zwar schon aus der Erhaltensklausel, dass sie der Fragestellung, ob die Parteien nach ihrem mutmaßlichen Willen den Vertrag ohne die nichtigen Bestimmungen überhaupt abgeschlossen hätten oder nicht, die Grundlage entziehe, weil die Parteien diese Frage mit der Vereinbarung der salvatorischen Klausel bereits verbindlich bejaht hätten.[83] Diese Rechtsprechung hat der BGH in einem Fall, in dem die Parteien eine aus Erhaltens- und Ersetzungsklausel bestehende salvatorische Klausel vereinbart hatten, im Jahre 2002 aufgegeben. Er ist nunmehr der Ansicht, dass Erhaltens- und Ersetzungsklauseln **nur** eine **Bestimmung über die Verteilung der Darlegungs- und Beweislast** im Rahmen der bei § 139 BGB stets vorzunehmenden Prüfung seien, ob die Parteien das teilnichtige Geschäft als Ganzes verworfen hätten oder aber den Rest hätten gelten lassen.[84] Nach diesem BGH-Urteil wird die Vereinbarung einer salvatorischen Klausel in der Regel im Ergebnis keine andere Entscheidung zur Folge haben als die Entscheidung, die beim Fehlen einer salvatorischen Klausel § 139 BGB unmittelbar anzuwenden hat. Denn wettbewerbsbeschränkende Absprachen haben nach dem von den Parteien mit ihnen verfolgten Zweck oft eine zu gewichtige Bedeutung, als dass angenommen werden könnte, dass sie den Gesamtvertrag auch ohne sie geschlossen hätten.

28 Ob der BGH in absehbarer Zeit einer **Ersetzungsklausel,** der er neben der Erhaltensklausel in der *Tennishallenpacht*-Entscheidung keine eigene Argumentation bezüglich ihrer Funktion für den Gesamtvertrag gewidmet hat,[85] doch noch eine eigene Bedeutung im Hinblick auf § 139 BGB zuweisen wird, lässt sich nicht vorhersagen. Ohnehin sind die Möglichkeiten, eine Ersetzungsklausel (selbst wenn man von ihrer Herabstufung auf eine bloße Bestimmung über die Verteilung der Darlegungs- und Beweislast absieht) in einem Kartellrechtsstreit zur Rettung eines Vertrages zu instrumentalisieren, recht begrenzt. Der typische Inhalt einer Ersetzungsklausel besteht in der Verpflichtung der Vertragsparteien, nichtige Teile ihres Vertrags durch wirtschaftlich sowie im Leistungsaustauschverhältnis gleichwertige Regelungen zu ersetzen.[86] Bei dieser Anpassung des Altvertrags müssen die Parteien und das einzelstaatliche Gericht daher die durchaus nicht fernliegende Gefahr vermeiden, dass die Ersatzregelung ihrerseits gegen das Verbot des Art. 101 Abs. 1 AEUV verstößt.[87] Gerade bei EU-kartellrechtswidrigen Vertragsvereinbarungen wird es de facto oft nicht möglich sein, sie durch eine wirtschaftlich wirklich gleichwertige Regelung zu ersetzen, die nicht wiederum Art. 101 AEUV verletzt.[88]Außerdem muss das einzelstaatliche Gericht, das von den Parteien nach dem Scheitern ihrer Anpassungsverhandlungen angerufen worden ist, auf folgendes achten: Das Gericht **darf** die **volle Wirksamkeit des Unionsrechts nicht** durch die ihm an sich obliegende Art der Anwendung nationaler Vorschriften **abschwächen.**[89] Das Gleiche muss gelten für eine zu starke und umfassende

---

[82] Vgl. EuGH U. v. 18.12.1986 Rs. 10/86 – *VAG France/Magne* Slg 1986, 4071 Rn. 15 = NJW 1988, 620 = WuW/E EWG/MUV 798, 800.

[83] BGH U. v. 8.2.1994 KZR 2/93 – *Pronuptia II* NJW 1994, 1651, 1652f. = WuW/E BGH 2909, 2913.

[84] BGH U. v. 24.9.2002 KZR 10/01 – *Tennishallenpacht* GRUR 2004, 353.

[85] Das kritisiert *Bunte,* GRUR 2004, 301, 303, zu Recht.

[86] Vgl. den Fall des OLG Düsseldorf, U. v. 7.11.2001 U (Kart) 31/00, WuW/E DE-R 854, 855 = RdE 2002, 44.

[87] Vgl. *Schröter/van der Hout* (Fußn. 5), Art. 101 AEUV Rn. 224; vgl. auch OLG Düsseldorf, U. v. 7.11.2001 U (Kart) 31/00, RdE 2002, 44, 48f. (insoweit in WuW/E DE-R 854ff. nicht abgedruckt).

[88] Zutreffend: *Eilmansberger* (Fußn. 7), Art. 101 AEUV Rn. 115.

[89] Vgl. EuGH U. v. 19.6.1990 Rs. C-213/89 – *Factortame* Slg 1990, I-2433 Rn. 18–21 = NJW 1991, 2271, 2272.

Vertragsanpassung – also Vertragshilfe auf Grund der Ersetzungsklausel – seitens des Gerichts, die im Effekt geeignet ist, die Wirkungskraft des Art. 101 AEUV, insbesondere die Vorfeldwirkung der drohenden Nichtigkeitssanktion gemäß Art. 101 Abs. 2 AEUV, zu schmälern.[90]

29 Gegen den vorstehend umschriebenen Grundsatz des effet utile verstößt es z. B., wenn das Gericht bei einem langfristigen Gasliefervertrag, der vor allem infolge seiner langen Laufzeit und der Gesamtbedarfsdeckungspflicht gegen Art. 101 AEUV verstößt, auf Grund der Ersetzungsklausel die vereinbarte Bindungsdauer und den vereinbarten Bindungsgrad durch eine richterliche Anpassungsentscheidung soeben unter die jeweilige Schwelle der EU-kartellrechtlichen Verbotsschranke pressen und damit möglichst viel von dem an sich kartellrechtswidrigen Vertrag aufrecht erhalten würde. Eine solche **Anpassungsmethode,** die dem Gaslieferanten so weit entgegenkommt, dass sie ihm durch richterliche Vertragsanpassung das verschafft, was gerade noch EU-kartellrechtlich vertretbar ist, und ihn insoweit von dem unternehmerischen Risiko der Vertragsnichtigkeit (Art. 101 Abs. 2 AEUV) weitgehend entbindet, steht **im Widerspruch zu** dem **Grundsatz der vollen Wirkung** der Bestimmungen **des Unionsrechts** und damit zum Zweck des Art. 101 AEUV.[91]

30 Schließlich sind der **Eignung einer Ersetzungsklausel,** einen teilweise kartellnichtigen **Vertrag** in veränderter Gestalt aufrechtzuerhalten und **zu retten,** noch aus einem anderen Grund, sofern sich die Parteien nicht verständigen, **enge Grenzen** gesetzt. In den meisten Fällen dieser Art geht es nicht nur um die Anpassung oder Ersetzung eines Vertragselements (wie z. B. der überlangen Dauer eines Wettbewerbsverbots), sondern mehrerer Elemente, z. B. bei einem langfristigen Energieliefervertrag: die für den Abnehmer zu lange Bindungsdauer, gekoppelt mit einer zu hohen Bindungsquote des eigenen Bedarfs (z. B. 100%) und auf diese Vertragselemente austariert die Höhe des Abgabepreises und die Art sonstiger Vertragskonditionen.[92] Das Gericht müsste daher, um gemäß der Ersetzungsklausel eine kartellrechtsneutrale und wirtschaftlich möglichst gleichwertige Gesamtlösung zu finden, mehrere (im Beispiel drei bis vier) wesentliche Vertragselemente ändern. Dabei wären bei verschieden starker Änderung der einzelnen Vertragselemente die unterschiedlichsten Regelungen denkbar, die je für sich einen gleichwertigen Interessenausgleich erbringen könnten, und das Gericht müsste sich für eine der gleichwertigen Gesamtregelungen entscheiden. Eine so weitgehende rechtsgestaltende Einwirkung auf einen zivilrechtlichen Vertrag überschreitet aber den den Gerichten überantworteten Gestaltungsspielraum; die Anpassung (in der Regel in Form einer Reduktion) von mehr als einem quantitativen Vertragselement ist den Gerichten versagt.[93] Im Ergebnis gilt nichts anderes, wenn eine Vertragspartei auf Grund der Ersetzungsklausel auf Abschluss eines Ersetzungsvertrags klagt und hierzu ein komplettes Vertragsangebot in den Klageantrag aufnimmt, der Beklagte aber eine von ihm bevorzugte, in den Einzelelementen anderslautende und insgesamt gleichwertige Ersatzlösung dagegenhält. Wenn die Parteien sich nicht verständigen, steht es dem Gericht nicht zu, zwischen den beiden gleichwertigen Ersatzlösungen eine auszuwählen und diese durch Urteil einer der Vertragsparteien gegen ihren Willen aufzuoktroyieren.

---

[90] Zust. *Schröter/van der Hout* (Fußn. 5), Art. 101 AEUV Rn. 224.

[91] Vgl. OLG Düsseldorf U. v. 7.11.2001 U (Kart) 31/00, RdE 2002, 44, 48 f. (insoweit in WuW/E DE-R 494 ff. nicht abgedruckt). Tendenziell ebenso, wenn auch „weniger streng": *Karsten Schmidt* in: *Immenga/Mestmäcker,* Art. 101 Abs. 2 AEUV Rn. 32 a. E.; *Hengst* in: *Langen/Bunte,* Art. 101 AEUV Rn. 468 a. E.

[92] Vgl. den Fall des OLG Düsseldorf, U. v. 7.11.2001 U (Kart) 31/00, RdE 2002, 44 ff. = WuW/E DE-R 494 ff.

[93] Vgl. zur insoweit gleichen Rechtslage beim methodischen Mittel der geltungserhaltenden Reduktion: BGH U. v. 14.7.1997 II ZR 238/96, NJW 1997, 3089, 3090 m. w. N.; BGH U. v. 7.12. 2010, KZR 71/08 – *Jette Joop,* WuW/E DE-R 3275, 3282 Rn. 53; a. A. *Säcker/Jaecks* (Fußn. 10), Art. 101 Rn. 649–652.

31 **c) Geltungserhaltende Reduktion.** Unklar ist bislang, inwieweit eine Aufrechterhaltung einzelner Vertragsklauseln kartellrechtlich zulässig ist, die einen rechtlich unbedenklichen Kern, aber einen gegen Art. 101 AEUV verstoßenden „überschießenden" Inhalt (nach Ausmaß, Reichweite o. dgl.) haben, der faktisch teilbar und daher reduzierbar ist. Diese Frage betrifft z.B. in zeitlicher, räumlicher und/oder sachlicher Hinsicht zu weitreichende Wettbewerbsverbote, Exklusivbindungen, Vertriebsbindungen oder Gebietsschutzabreden. Unionsrechtlich scheint eine geltungserhaltende Reduktion solcher in Bezug auf Art. 101 AEUV überschießender Klauseln nicht per se unzulässig zu sein.[94] Es sind grds. die gleichen Regeln und Erwägungen wie zur Behandlung salvatorischer Klauseln (s. oben Rn. 27 bis 30) zu beachten. Davon dürfte die wichtigste Regel bei der jeweils notwendigen Einzelfallbeurteilung sein, den Grundsatz des effet utile (s. oben Rn. 28 u. 29) ernstzunehmen und geltungserhaltende Reduktionen nicht großzügig zu gewähren, weil sonst die erforderliche effektive Durchsetzung des Unionsrechts nicht mehr gewährleistet sein könnte.[95] Demzufolge sollte die geltungserhaltende Reduktion einer überschießenden Vertragsklausel eher zurückhaltend nur dann gebilligt werden, wenn die totale Verwerfung der Klausel (als nichtig gemäß Art. 101 Abs. 2 AEUV) mit Blick auf den Zweck des Art. 101 Abs. 1 AEUV und den Grundsatz des effet utile als unangemessen rigides Ergebnis in dem betreffenden Einzelfall erscheint.[96] Nach deutschem Recht in der Ausprägung der BGH-Rechtsprechung ist zusätzlich zu beachten, dass eine geltungserhaltende Reduktion ohnehin nur dann in Betracht kommt, wenn es lediglich um die Reduktion einer einzigen, und zwar quantitativ überschießenden Klausel geht (z.B. eines zeitlich übermäßig langen Wettbewerbsverbots).[97] Die geltungserhaltende Reduktion einer in Allgemeinen Geschäftsbedingungen enthaltenen (kartellrechtswidrigen oder sonst rechtswidrigen) Klausel ist generell unzulässig.[98]

4. Weitere Einzelfragen

32 **a) Nichtigkeit eines Prozessvergleichs.** Auch auf einen Prozessvergleich sind die zwingenden, in allen Mitgliedstaaten unmittelbar geltenden Vorschriften des Art. 101 AEUV[99] anzuwenden. Daher ist ein Prozessvergleich als zivilrechtlicher Vertrag, dessen Inhalt gegen Art. 101 Abs. 1 AEUV verstößt (ohne gemäß Art. 101 Abs. 3 AEUV erlaubt zu sein), insoweit verboten und gemäß Art. 101 Abs. 2 AEUV nichtig, ungeachtet seiner Doppelnatur als Vertrag und vor Gericht getroffene streitbeendende Regelung.[100] Ein Wirkungsprivileg des (Prozess-)Vergleichs, der auf Grund „vertretbarer" Erwägungen nicht gegen Art. 101 AEUV verstößt, die aber von der letztendlich entscheidenden Instanz nicht geteilt werden, besteht mit Blick auf die zwingende Rechtsnatur des Art. 101 AEUV und den Vorrang des Unionsrechts nicht.[101]

33 **b) Nichtigkeit eines Schiedsspruchs.** Als eine grundlegende Bestimmung, die für das Funktionieren des Binnenmarkts unerlässlich ist und in allen Mitgliedstaaten unmittelbar

[94] Vgl. *Eilmansberger* (Fußn. 7), Art. 101 AEUV Rn. 118 m. w. N.; *Schröter/van der Hout* (Fußn. 5), Art. 101 AEUV Rn. 224.

[95] Vgl. *Schröter/van der Hout* (Fußn. 5), Art. 101 AEUV Rn. 226.

[96] Zumindest tendenziell ebenso: *Schröter/van der Hout* (Fußn. 93); *Eilmansberger* (Fußn. 94); *Bechtold/Bosch/Brinker* (Fußn. 10), Art. 101 AEUV Rn. 141; *Karsten Schmidt* in: *Immenga/Mestmäcker*, Art. 101 Abs. 2 AEUV Rn. 29.

[97] S. die oben in Fußn. 93 zitierten BGH-Entscheidungen.

[98] BGH U. v. 18.5.1995, IX ZR 108/94, NJW 1995, 2553, 2557 m. w. N.; st. Rspr.

[99] EuGH U. v. 14.12.1995 verb. Rs. C-430/93 u. C-431/93 – *Van Schijndel und van Veen* Slg 1995, I-4705 Rn. 13 = EuZW 1996, 542.

[100] EuGH U. v. 8.6.1982 Rs. 258/78 – *Nungesser* Slg 1982, 2015 = WuW/E EWG/MUV 551, 563 = NJW 1982, 1929; EuGH U. v. 27.9.1988 Rs. 65/86 – *Bayer/Süllhöfer* Slg. 1988, 5249 Rn. 15 = NJW 1988, 3082.

[101] *Karsten Schmidt* in: *Immenga/Mestmäcker*, Art. 101 Abs. 2 AEUV Rn. 38; *Säcker/Jaecks* (Fußn. 10), Art. 101 AEUV Rn. 662; a. A. FK/*Weyer* (Fußn. 27), Zivilrechtsfolgen Art. 81 EG Rn. 132, der „Erleichterungen" in objektiv zweifelhaften Fallgestaltungen für „denkbar" hält.

gilt, ist Art. 101 AEUV auch in einem Schiedsgerichtsverfahren zu beachten. Unterlässt das Schiedsgericht (aus welchen Gründen auch immer) die im Einzelfall gebotene Anwendung des Art. 101 AEUV oder wendet es den Art. 101 Abs. 1 AEUV in einer Weise unzutreffend an, dass sich das an sich begründete Verbot aus Art. 101 Abs 1 AEUV nicht durchsetzt, ist der Schiedsspruch insoweit nichtig. In einem solchen Fall muss das staatliche Gericht dem Antrag auf Aufhebung des Schiedsspruchs (gemäß § 1059 Abs. 2 Nr. 2 lit. b ZPO) wegen Verletzung des Verbots aus Art. 101 Abs. 1 AEUV als einer Bestimmung, die zur „öffentlichen Ordnung" gehört, stattgeben.[102] Aus den vorstehend (Rn. 32) genannten Gründen kann ein Wirkungsprivileg auch für auf vertretbaren Erwägungen gründende Schiedssprüche nicht anerkannt werden.[103]

c) Nichtigkeit eines Gesellschaftsvertrags. Bei diesem Thema geht es nicht um Gesellschaftsverträge, die nur einzelne i. S. d. Art. 101 AEUV wettbewerbsbeschränkende Klauseln enthalten, welche aber nicht auf den Gesellschaftsvertrag insgesamt ausstrahlen und vor allem nicht den Gesellschaftszweck selbst realisieren. Einzelne gemäß Art. 101 Abs. 2 AEUV nichtige Gesellschaftsvertragsklauseln dieser Art führen – im Falle der Anwendbarkeit deutschen Rechts (s. oben Rn. 23) – hinsichtlich des übrigen Teils des Gesellschaftsvertrags gemäß § 139 BGB (s. oben Rn. 23, 26) in aller Regel zu dem Beurteilungsergebnis, dass der Gesellschaftsvertrag mit seinen nicht von Art. 101 Abs. 2 AEUV erfassten Vereinbarungen und damit die errichtete Gesellschaft selbst rechtswirksam bleiben; denn als hypothetischer Wille der Gesellschafter wird in diesen Fällen i. d. R. festgestellt werden können, dass sie auch ohne die nichtigen, abtrennbaren Vertragsklauseln am Fortbestand ihrer Gesellschaft interessiert sind.[104] 34

Problematisch sind dagegen die Fälle, in denen der **Verstoß gegen Art. 101 AEUV** den **Gesellschaftsvertrag insgesamt erfasst,** insbesondere dann, wenn der **Gesellschaftszweck** selbst **gegen das Kartellverbot verstößt.** Das ist z. B. der Fall, wenn die Gesellschafter ihre Beteiligung an dem von ihnen gegründeten Gemeinschaftsunternehmen zur Koordinierung ihres eigenen Wettbewerbsverhaltens auf demselben relevanten Markt nutzen und hierdurch eine spürbare Wettbewerbsbeschränkung bezwecken oder bewirken.[105] Es ist im Schrifttum umstritten und zu Art. 101 Abs. 2 AEUV explizit noch nicht höchstrichterlich geklärt, ob ein solcher in Ausführung[106] der Kartellabsprache abgeschlossener Gesellschaftsvertrag (Hauptbeispiel: über die Gründung eines Gemeinschaftsunternehmens) der Nichtigkeit ex tunc unterliegt[107] oder nur die in die Zukunft gerichtete Auf- 35

---

[102] EuGH U. v. 1.6.1999 Rs. C-126/97 – *Eco Swiss* Slg 1999, I-3055, Rn. 36–40 = EuZW 1999, 565, 567 = WuW/E EU-R 203, 205 f.

[103] EuGH (Fn. 102); OLG Düsseldorf B. v. 21.7.2004, VI-Sch (Kart) 1/02 – *Regenerative Wärmeaustauscher,* WuW/E DE-R 1647, 1648 f.; *Karsten Schmidt* in: *Immenga/Mestmäcker,* Art. 101 Abs. 2 AEUV Rn. 39; *Karsten Schmidt* ZWeR 2007, 394, 417; *Ason* WuW 2014, 1057 ff., 1064 mit umfassender Darstellung des Streitstands. Demgegenüber halten *Säcker/Jaecks* (Fn. 10), Art. 101 AEUV Rn. 660, ein eingeschränktes Wirkungsprivileg unter der Voraussetzung, dass das Schiedsgericht einen möglichen Verstoß gegen Art. 101 AEUV erkannt sowie erörtert hat und sich der Schiedsspruch im Rahmen vertretbarer Erwägungen hält, für vertretbar; so im Erg. auch Thüringer OLG B. v. 8.8. 2007, 4 Sch 3/06 – *Schott,* WuW/E DE-R 2219. A. A. ferner FK/*Weyer* (Fußn. 101), der auch zur Aufrechterhaltung von Schiedssprüchen „Erleichterungen" in objektiv zweifelhaften Fallgestaltungen für „denkbar" hält.

[104] Vgl. *Palzer* ZGR 2012, 631, 641 m. w. N.

[105] Vgl. den (zu § 1 GWB entschiedenen) Fall des OLG Düsseldorf B. v. 20.6.2007, VI-Kart 14/06 (V) – *Nord-KS/Xella,* WuW/E DE-R 2146 Rn. 15, 29, 50. Zu den Fallgestaltungen eines vom Kartellrechtsverstoß insgesamt umfassten Gesellschaftsvertrags vgl. *Karsten Schmidt* BB 2014, 515 f., 517 („konstitutionelle Kartellrechtswidrigkeit der Gesellschaft als solcher"); *Lohse* in: FS Säcker, 2011, S. 827, 829–832; *Palzer* ZGR 2012, 631, 641.

[106] S. dazu oben Rn. 22.

[107] So *Hengst* in: *Langen/Bunte,* Art. 101 AEUV Rn. 461; *Schröter/van der Hout* (Fußn. 5), Art. 101 AEUV Rn. 220; *Dieckmann* in: *Wiedemann,* Handbuch des Kartellrechts, § 40 Rn. 4; *Emmerich,* Kartellrecht, § 7 Rn. 8; *Theurer* BB 2013, 137 ff.

lösung der schon errichteten Gesellschaft gemäß den Grundsätzen über die fehlerhafte Gesellschaft möglich ist.[108] Bei zutreffender Auslegung des Art. 101 Abs. 2 AEUV muss der erstgenannten Ansicht der Vorzug gegeben werden. Nach der ständigen Rechtsprechung des BGH findet die „Anerkennung der fehlerhaften Gesellschaft" dort ihre Grenze, wo wichtige Interessen der Allgemeinheit entgegenstehen.[109] Das ist nach der Rechtsprechung regelmäßig der Fall, wenn die Nichtigkeit des Gesellschaftsvertrags auf § 1 GWB beruht.[110] Es gibt keinen rechtfertigenden Grund, bei einer aus Art. 101 Abs. 2 AEUV resultierenden Nichtigkeit des Gesellschaftsvertrags anders zu entscheiden; denn die durch Art. 101 Abs. 2 AEUV zu fördernde Durchsetzung des Kartellverbots (Art. 101 Abs. 1 AEUV) liegt wesentlich auch im öffentlichen Interesse (Allgemeininteresse) der EU.[111] Die Ansicht, die die Grundsätze über die fehlerhafte Gesellschaft trotz der Kartellrechtswidrigkeit des gesamten Gesellschaftsvertrags für anwendbar hält, bejaht – für den Zeitraum von der Errichtung der Gesellschaft bis zur Geltendmachung ihres Fehlers durch Kündigung oder sonstige Auflösung – die volle Wirksamkeit der Gesellschaft im Innen- und Außenverhältnis[112] und daher konsequent die volle Geltung aller Rechte und Pflichten der Gesellschafter untereinander gemäß dem (fehlerhaften) Gesellschaftsvertrag;[113] auch eine Treupflicht der Gesellschafter besteht (während des vorgenannten Zeitraums) nach der Lehre von der fehlerhaften Gesellschaft.[114] Das führt dazu, dass Gesellschafter, die sich (während dieses Zeitraums) „vertragswidrig" verhalten, nach dieser Lehre sogar auf Schadensersatz in Anspruch genommen werden können.[115] Dass diese **aus der Lehre von der fehlerhaften Gesellschaft resultierenden Pflichten der Gesellschafter** aber überhaupt **entstehen und bestehen können, ist nach Art. 101 Abs. 2 AEUV unter keinen Umständen begründbar;** denn diese Vorschrift vernichtet mit ihrer absoluten und strikten Nichtigkeitssanktion alle Bindungen rechtlicher Art.[116] Dieser Ansicht wird entgegengehalten, dem einstweiligen Bestandsschutz der (kartellrechtswidrigen) Gesellschaft gebühre der Vorrang, nicht etwa weil die Verbotsnorm (Art. 101 AEUV, § 1 GWB) vernachlässigt würde, sondern weil die Nichtigkeitssanktion unter Verkehrsschutzvorbehalt stehe.[117] Dieser Satz vermag indessen nicht zu überzeugen, weil er das gewünschte Ergebnis (Bestands- und Verkehrsschutz) selbst als Begründung verwendet. Denn die in Art. 101 Abs. 2 AEUV normierte Nichtigkeit einer gegen Art. 101 Abs. 1 AEUV verstoßenden Vereinbarung erfasst diese von An-

---

[108] So *Karsten Schmidt* in: *Immenga/Mestmäcker* Art. 101 Abs. 2 AEUV Rn. 45; *Karsten Schmidt* BB 2014, 515 ff.; *Säcker/Jaecks* (Fußn. 10), Art. 101 AEUV Rn. 666; *Rittner/Dreher/Kulka*, Wettbewerbs- und Kartellrecht, 8. Aufl., 2014, Rn. 928; *Ulmer/Schäfer* in: Münchener Kommentar zum BGB, 6. Aufl. 2013, § 705 Rn. 334; *Palzer* ZGR 2012, 631, 654–659; *Lohse* (Fußn. 105), S. 827, 836–843; *Ulshöfer* WuW 2011, 820, 829 (*Lohse* und *Ulshöfer* allerdings explizit nur zu § 1 GWB); kritisch, aber ohne sich festzulegen: FK/*Weyer* (Fußn. 27), Zivilrechtsfolgen Art. 81 EG Rn. 128 f.

[109] BGHZ 62, 234, 241; 75, 214, 217 f.; 97, 243, 250.

[110] BGH WuW/E BGH 2675, 2678 – *Nassauische Landeszeitung;* OLG Düsseldorf U. v. 17.11.1998 U (Kart) 33/96 – *Rhein-Sieg-Verkehrsverbund* WuW/E DE-R 344, 348 (rechtskräftig nach Nichtannahme der Revision); OLG Düsseldorf B. v. 20.6.2007, VI-Kart 14/06 (V) – *Nord-KS/Xella* WuW/E DE-R 2146, 2152 Rn. 51 („... nach § 1 GWB nichtiger Kommanditgesellschaftsvertrag ... mangels wirksamen Gesellschaftsvertrages nicht existente N.-KG ..."); bestätigt vom BGH B. v. 4.3.2008, KVZ 55/07 – *Nord-KS/Xella* WuW/E DE-R 2361, 2362 Rn. 16.

[111] Vgl. EuGH U. v. 1.6.1999 Rs. C-126/97 – *Eco Swiss* Slg 1999, I-3055, Rn. 37, 39, 40 = EuZW 1999, 565, 567 = WuW/E EU-R 203, 206.

[112] *Ulmer/Schäfer* (Fußn. 108), § 705 BGB Rn. 343, 354; *Palzer* ZGR 2012, 631, 636; *Lohse* (Fußn. 105), S. 834 m. w. N.

[113] *Ulmer/Schäfer* (Fußn. 108), § 705 BGB Rn. 343.

[114] *Ulmer/Schäfer* (Fußn. 108), § 705 BGB Rn. 343; *Karsten Schmidt* in: *Immenga/Mestmäcker*, Art. 101 Abs. 2 AEUV Rn. 45 a. E.

[115] *Ulmer/Schäfer* (Fußn. 108), § 705 BGB Rn. 343.

[116] S. oben Rn. 1 und 4 sowie insbesondere die in Fußn. 13 bis 16 und 21 zitierten EuGH-Urteile.

[117] *Karsten Schmidt* BB 2014, 515, 516.

fang an, und zwar absolut,[118] kennt also keinen Vorbehalt und damit auch keinen Verkehrsschutzvorbehalt.

Im Übrigen trifft es nicht zu, dass die **Interessen Dritter,** insbesondere der Gläubiger, Geschäftspartner und Arbeitnehmer, die eine gemäß Art. 101 Abs. 2 AEUV rechtlich nicht existente Gesellschaft für wirksam gehalten haben, wirklich in einem Maße notleiden, dass die Anerkennung der kartellrechtswidrig fehlerhaften, bis zur Auflösung aber wirksamen Gesellschaft notwendig und unentbehrlich wäre[119] (wobei dann noch das Problem des Vorrangs des EU-Rechts – Art. 101 Abs. 2 AEUV – gelöst werden müsste). Bei absoluter Nichtigkeit der kartellrechtswidrigen Gesellschaft scheidet diese zwar als Anspruchsgegner aus, wird aber „ersetzt" durch die handelnden Personen (die scheinbaren Gesellschafter, je nach Fallkonstellation eventuell auch die von diesen bestellten „Geschäftsführer") und beim Paradebeispiel „kartellrechtswidriges Gemeinschaftsunternehmen" durch dessen Mütterunternehmen. Diese handelnden Personen oder handelnden Mütterunternehmen haften den durch den Kartellrechtsverstoß in ihren Vermögensrechten betroffenen Dritten je nach den Einzelumständen der Rechtsbeziehung nach den Grundsätzen der Rechtsscheinhaftung (§§ 5, 15 HGB, § 179 BGB),[120] nach den Rückgewährregeln des Bereicherungsrechts (wobei freilich festzustellen ist, welche handelnde Person von den Leistungen eines Dritten an die scheinbare Gesellschaft etwas – ganz oder teilweise – erlangt hat) und insbesondere jedenfalls nach den Regeln des Kartelldeliktsrechts (Schadensersatz).[121] Insoweit werden die durch die Nichtigkeit einer kartellrechtswidrigen Gesellschaft betroffenen Dritten in gleicher Weise geschützt wie die in Fällen sonstiger Kartellrechtsverstöße geschädigten Dritten. Auch die **„Gesellschafter" untereinander** sind trotz absoluter Nichtigkeit ihrer kartellrechtswidrigen Gesellschaft und des daraus resultierenden Fehlens eines Gesellschaftsvermögens im Rechtssinne hinsichtlich der Rückgewähr ihrer erbrachten Leistungen („Einlagen"), soweit diese oder ihr Gegenwert noch vorhanden sind, durchaus **rechtlich geschützt,** und zwar – je nach Fallgestaltung – nach Bereicherungsrecht, sofern ein anderer „Gesellschafter" auf Grund der Leistungserbringung eines „Gesellschafters" etwas erlangt hat,[122] oder nach Gemeinschaftsrecht (§§ 741, 749 ff. BGB), wenn die „Gesellschafter" durch ihre Leistungen faktisch eine abgegrenzte eigene Vermögensmasse gebildet haben.[123] Sogar Schadensersatzansprüche eines „Gesellschafters" gegen einen anderen nach Kartelldeliktsrecht kommen – je nach Fallgestaltung – in Betracht.[124] Die vorstehenden Erwägungen sprechen dafür, den Aspekten des Bestands- und Verkehrsschutzes einer kartellrechtswidrigen Gesellschaft gegenüber der in Art. 101 Abs. 2 AEUV normierten Sanktion der von Anfang an eingreifenden absoluten Nichtigkeit[125] gerade keine überragende Bedeutung und Wichtigkeit zuzusprechen. Daher verdient die Anerkennung des unionsrechtlichen Vorrangs des Art. 101 Abs. 2 AEUV nicht die abwertende Kritik von Seiten der Lehre von der fehlerhaften Gesellschaft,[126] es handele sich nur um „blinden Vollzug der Nichtigkeit nach Art. 101 Abs. 2 AEUV". 36

---

[118] S. oben Rn. 3 und 4 m. w. N. aus der Rspr. des EuGH.

[119] So vor allem *Karsten Schmidt* BB 2014, 515 li. Sp., 517 li. Sp.

[120] Vgl. *Theurer* BB 2013, 137, 139; *Palzer* ZGR 2012, 631, 650.

[121] Vgl. *Theurer* BB 2013, 137, 138. S. dazu unten Rn. 40, 42, 44, 48 bis 50, 54.

[122] Vgl. *Theurer* BB 2013, 137, 141; *Ulmer/Schäfer* (Fußn. 108), § 705 BGB Rn. 353; *Palzer* ZGR 2012, 631, 650; s. auch *Säcker/Jaecks* (Fußn. 10), Art. 101 AEUV Rn. 664, die hier vor großen Schwierigkeiten in der Praxis warnen. – § 817 Satz 2 BGB ist wegen des unionsrechtlichen Effektivitätsgrundsatzes (s. unten Rn. 58) nicht anwendbar (*Schröter/van der Hout* [Fußn. 5], Art. 101 AEUV Rn. 246 m. w. N.; str.).

[123] Vgl. *Theurer* BB 2013, 137, 141–143. *Karsten Schmidt,* BB 2014, 515, 517, lehnt die Bildung einer Gemeinschaft gemäß §§ 741 ff. BGB ab, weil er nach der Lehre von der fehlerhaften Gesellschaft an der Notwendigkeit einer „Unternehmensträgerin" festhält.

[124] Vgl. EuGH U. v. 20.9.2001 Rs. C-453/99 – *Courage/Crehan* Slg. 2001, I-6297, Rn. 26, 28, 31–33, 36 = EuZW 2001, 715, 716 f. = WuW/E EU-R 479, 481 f.; s. unten Rn. 46.

[125] S. oben Rn. 1 und 4 sowie die in Fußn. 13 bis 16 und 21 zitierten EuGH-Urteile.

[126] *Karsten Schmidt* BB 2014, 515, 517.

37 Schließlich halten die Anhänger der Lehre von der fehlerhaften Gesellschaft der hier vertretenen, die Nichtigkeitssanktion des Art. 101 Abs. 2 AEUV konsequent durchsetzenden Gegenansicht entgegen, eine Ungleichbehandlung von **Kapitalgesellschaften** und Personengesellschaften sei sachlich nicht gerechtfertigt, auch nicht im Unionsrecht. Dazu wird die Meinung vertreten: Wenn (z. B.) das Gemeinschaftsunternehmen von einer Kapitalgesellschaft betrieben werde, führe deren Eintragung im Handelsregister gemäß den §§ 275 AktG, 75 GmbHG zu der Folgerung, dass die Kartellrechtswidrigkeit des Gesellschaftsvertrags/der Satzung das wirksame Entstehen der Gesellschaft als Rechtsträgerin (des Unternehmens samt Gesellschaftsvermögens) nicht hindern könne. Denn nach der Eintragung komme stets nur eine zukunftsgerichtete Auflösung der Kapitalgesellschaft im Wege der Nichtigkeitsklage in Betracht (vgl. §§ 277 AktG, 77 GmbHG). Das müsse dann auch entsprechend für die in Vollzug gesetzte Personengesellschaft gelten, insbesondere für oHG und KG.[127] Für die Beurteilung dieser Rechtsfrage muss zunächst geprüft werden, ob der Kartellrechtsverstoß nur einzelne, abtrennbare Bestimmungen des Gesellschaftsvertrags/der Gesellschaftssatzung betrifft (dann gelten die oben Rn. 34 dargestellten Grundsätze) oder den Gesellschaftsvertrag/die Satzung insgesamt erfasst, insbesondere in Bezug auf den Gesellschaftszweck. Das letztere dürfte bei einer Aktiengesellschaft in der Realität sehr unwahrscheinlich sein; bei einer GmbH dagegen dürfte dies genauso gut möglich sein wie bei einer KG. Für diese hier interessierende Fallgestaltung ist die vorstehend dargestellte Argumentation rechtlich und methodisch fragwürdig und vermag die hier vertretene Gegenansicht (Unterwerfung auch der kartellrechtswidrigen Kapitalgesellschaft unter die Nichtigkeitssanktion des Art. 101 Abs. 2 AEUV) nicht zu widerlegen. Denn die dargestellte Argumentation folgert aus dem im nationalen Recht (§§ 275 ff. AktG, 75 ff. GmbHG) erhobenen Befund die Einschränkung des Art. 101 AEUV, einer der grundlegenden Bestimmungen des Unionsrechts (s. oben Rn. 1). Dieser Folgerung kann wegen des Vorrangs des EU-Rechts nicht zugestimmt werden, weil sich das nationale Recht nach dem EU-Recht richten muss, nicht umgekehrt.[128] Daher muss es auch bei (wegen Verstoßes gegen Art. 101 Abs. 1 AEUV) insgesamt kartellrechtswidrigen Kapitalgesellschaften dabei verbleiben, dass der Gesellschaftsvertrag/die Satzung gemäß Art. 101 Abs. 2 AEUV von Anfang an, also schon vor Erhebung einer Nichtigkeitsklage, keinerlei Pflichten und Bindungen der Gesellschafter erzeugt (s. oben Rn. 4). Die Nichtigkeitsklage behält ihre Funktion dafür, dass der Schein einer voll wirksamen Kapitalgesellschaft aus dem Handelsregister entfernt wird.

IV. Zivilrechtliche Ansprüche

1. Unionsrechtliche Grundanforderungen

38 Da das EU-Primärrecht außer der Nichtigkeitsfolge des Art. 101 Abs. 2 AEUV keine weiteren Rechtsfolgen eines Verstoßes gegen das Verbot des Art. 101 AEUV ausdrücklich normiert, versteht es sich im Grundsatz von selbst, dass die Regelung weiterer Rechtsfolgen, insbesondere etwaiger zivilrechtlicher Ansprüche gegen das Kartell oder seine Mitglieder, die Aufgabe des jeweils anwendbaren nationalen Rechts ist,[129] soweit der EuGH mittels seiner Auslegung des EU-Primärrechts diesem nicht doch schon eigene Anspruchsgrundlagen für Ansprüche, die den Verstößen gegen Art. 101 AEUV entgegengesetzt werden können, entnommen hat (s. unten Rn. 40).

---

[127] *Säcker/Jaecks* (Fußn. 10), Art. 101 AEUV Rn. 666; *Karsten Schmidt* in: *Immenga/Mestmäcker,* Art. 101 Abs. 2 AEUV Rn. 45; *Karsten Schmidt* BB 2014, 515, 516; vgl. auch *Palzer* ZGR 2012, 631, 635, 652; *Lohse* (Fußn. 105), S. 827, 836–838 u. 841 (allerdings nur zu § 1 GWB).

[128] S. auch die in Rn. 2 dargestellten Auslegungsgrundsätze zu Art. 101 Abs. AEUV.

[129] EuG U. v. 18.9.1992 Rs. T-24/90 – *Automec II* Slg 1992, II-2223 = EuZW 1993, 103; vgl. auch EuGH U. v. 30.4.1998 Rs. C-230/96 – *Cabour* Slg 1998, I-2055, Rn. 51 a. E. = WuW/E EU-R 81, 84.

Nach der Auslegung des EU-Primärrechts durch den EuGH überlässt es der AEUV jedenfalls nicht allein dem jeweiligen Mitgliedstaat, dessen Anspruchsfolgenrecht im Einzelfall – eventuell nach den Regeln des IPR[130] – zur Anwendung berufen ist, ob und welche zivilrechtlichen Regelungen er bereithält oder noch schafft. In einer langen Reihe von Entscheidungen hat der **EuGH** herausgearbeitet, welche **Grundanforderungen** ein **nationales Sanktionensystem,** das auf unionsrechtlich begründeten Rechten und Pflichten beruht, erfüllen muss. Dabei müssen im Kartellrecht auch die Grundsätze beachtet werden, die der EuGH in anderen Rechtsgebieten zu funktionsähnlichen Sanktionen entwickelt hat. Methodisch ist der einzelstaatliche Richter verpflichtet, die vom EuGH in Auslegung des EU-Primärrechts aufgestellten Grundanforderungen so weit wie rechtlich möglich in **europarechtskonformer Auslegung** des eigenen **nationalen Rechts** zu beachten und umzusetzen sowie etwa entgegenstehendes nationales Recht unangewendet zu lassen.[131] **39**

Die einzelstaatlichen Gerichte haben – wie schon ausgeführt worden ist[132] – die unionsrechtliche Pflicht, diejenigen Rechte Einzelner zu wahren, die in deren Person unmittelbar durch das Verbot des Art. 101 Abs. 1 AEUV einschließlich der Nichtigkeitsfolge gemäß Art. 101 Abs. 2 AEUV entstehen. Die **Sanktion,** mit der auf eine Verletzung unionsrechtlich begründeter Rechte reagiert wird, muss **geeignet** sein, einen tatsächlichen und **wirksamen Rechtsschutz** zu gewährleisten.[133] Zu den **unbedingt notwendigen Rechtsschutzinstrumenten,** die jedes nationale Recht eines Mitgliedstaats aufweisen muss, gehört die **Schadensersatzsanktion.**[134] Denn die Schadensersatzberechtigung ist für den EuGH eng verbunden mit dem ihm so wichtigen Auslegungskriterium des **effet utile:** Er sieht die volle Wirksamkeit des Art. 101 AEUV und insbesondere die praktische Wirksamkeit des in Art. 101 Abs. 1 AEUV ausgesprochenen Verbots als beeinträchtigt an, wenn nicht jedermann Ersatz des ihm durch einen Verstoß gegen das Verbot entstandenen Schadens verlangen könnte.[135] In seiner neueren Rechtsprechung spricht der **EuGH** sogar vom **unmittelbar aus dem Unionsrecht hergeleiteten Recht auf Schadensersatz.**[136] Ob man nun das Auslegungsergebnis des EuGH als einen unmittelbar im Unionsrecht verankerten Schadensersatzanspruch[137] oder nur als strikte Verpflichtung der Mitgliedstaaten auffasst, in ihrer Rechtsordnung den unionsrechtlichen Anforderungen entsprechende Schadensersatzansprüche zu normieren,[138] ist im praktischen Ergebnis nicht von erheblicher Bedeutung. Sollte man nämlich die Anspruchsgrundlage im Unionsrecht selbst sehen, so wäre der Schadensersatzanspruch dort doch noch so wenig handhabbar ausgestaltet, dass er **40**

---

[130] S. schon oben Rn. 23 und die dort für das Vertragsrecht genannte Kollisionsnorm des § 130 Abs. 2 GWB. Für die deliktsrechtlichen Sanktionen ist die den § 130 Abs. 2 GWB verdrängende allseitige Kollisionsnorm des Art. 6 Abs. 3 lit. a Rom II-VO anzuwenden (*Rehbinder* in: *Immenga/Mestmäcker* [Fußn. 70], § 130 GWB Rn. 293).

[131] Das ergibt sich aus dem EuGH-Urt. v. 20.9.2001 Rs. C-453/99 – *Courage/Crehan,* Slg. 2001, I-6297 Rn. 25–28, 36 = EuZW 2001, 715, 716 = WuW/E EU-R 479, 481, sowie aus dem EuGH-Urt. v. 13.7.2006 Rs. C-295–298/04 – *Manfredi,* Slg. 2006, I-6619 Rn. 39, 58–61 = EuZW 2006, 529, 531 u. 533 = WuW/E EU-R 1107, 1113 u. 1115.

[132] S. oben Rn. 17.

[133] EuGH U. v. 8.11.1990 Rs. C-177/88 – *Dekker* Slg 1990, I-3941, Rn. 23 = EuZW 1991, 89, 90; vgl. auch EuGH U. v. 20.9.2001 Rs. C-453/99 – *Courage/Crehan* Slg 2001, I-6297, Rn. 25 f. = EuZW 2001, 715 = WuW/E EU-R 479, 481.

[134] Das ergibt sich aus dem EuGH-Urteil *Courage/Crehan* (Fußn. 133), Rn. 26.

[135] EuGH-Urteil *Courage/Crehan* (Fußn. 133), Rn. 26; ferner: EuGH U. v. 6.6.2013 Rs. C-536/11 – *Donau Chemie* Rn. 21 = EuZW 2013, 586, 587 = WuW/E EU-R 2746, 2749; EuGH U. v. 5.6.2014 Rs. C-557/12 – *Kone* Rn. 21 m. w. N. = EuZW 2014, 586, 587 = WuW/E EU-R 3030, 3033.

[136] EuGH-Urteil *Donau Chemie* (Fußn. 135), Rn. 32 u. 39.

[137] So *Eilmansberger* (Fußn. 7), Art. 101 AEUV Rn. 128; *Mederer* EuZW 2013, 847, 848; wohl auch *Kokott* WuW 2014, 547, 550 Rn. 24.

[138] So die vorzugswürdige Auffassung: *Rittner/Dreher/Kulka* (Fußn. 108), Rn. 1728; *Säcker/Jaecks* (Fußn. 10), Art. 101 AEUV Rn. 688, 690; *Stockenhuber* (Fußn. 27), Art. 101 AEUV Rn. 261 f.; FK/*Weyer* (Fußn. 27), Zivilrechtsfolgen Art. 81 EG Rn. 38; *Kersting* ZWeR 2008, 252, 255.

der Ergänzung und damit des Rückgriffs auf das jeweilige nationale Recht bedürfte (das die unionsrechtlichen Vorgaben ohnehin auf jeden Fall einhalten muss). Zutreffend ist freilich, dass der Spielraum der Mitgliedstaaten für die Ausgestaltung des Schadensersatzanspruchs angesichts der zahlreichen Vorgaben des EuGH aus dem Unionsrecht (s. auch unten Rn. 42 bis 50, 58) beschränkt ist.[139] Wenn man die aus dem effet utile abgeleiteten Begründungen des EuGH in seinen Urteilen *Courage/Crehan* und *Manfredi*[140] konsequent weiterdenkt, gehören neben den Schadensersatzsanktionen zu den i. S. d. Unionsrechts unbedingt notwendigen Rechtsschutzinstrumenten, die die nationalen Rechtsordnungen **zur Abwehr von Kartellrechtsverstößen** aufweisen müssen, auch **Unterlassungs- und Beseitigungsansprüche.**[141]

41 Schließlich gehört es zu den Grundanforderungen an ein **effektives zivilrechtliches Sanktionssystem,** dass es sich nicht nur dem Schutz der aus Art. 101 AEUV begründeten Rechte Einzelner (s. o. Rn. 40) verpflichtet sieht, sondern auch seiner **Funktion als Instrument für die Durchsetzung der unionsrechtlichen Wettbewerbsregeln** gerecht wird und damit wesentlich zur Aufrechterhaltung eines wirksamen Wettbewerbs in der EU beiträgt.[142] Daher ist bei der Anwendung der nationalen zivilrechtlichen Sanktionsvorschriften, soweit sie auf einem Verstoß gegen Art. 101 AEUV aufbaut, immer der Vorrang des Unionsrechts und das **Prinzip des effet utile** zu beachten; die nationalen Vorschriften müssen i. S. einer effektiven Umsetzung der EU-Wettbewerbsregeln ausgelegt und angewandt werden.[143]

2. Unionsrechtliche Grundsätze, vor allem zur Ausgestaltung und Behandlung von Schadensersatzansprüchen

42 **a) Bestimmung der Anspruchsberechtigten.** Die Frage, wer zur Erhebung eines Schadensersatzanspruchs berechtigt ist, muss mit Blick auf die angestrebte volle Wirksamkeit des Art. 101 AEUV und insbesondere die praktische Wirksamkeit des in Art. 101 Abs. 1 AEUV ausgesprochenen Verbots beantwortet werden; die Wirksamkeit des Art. 101 AEUV darf **nicht** durch eine **zu enge Bestimmung** des Kreises **der Anspruchsberechtigten** beeinträchtigt werden.[144] Bei dieser Frage ist ferner eine wichtige Funktion der von Einzelnen erhobenen Schadensersatzansprüche zu beachten: Sie erhöhen die Durchsetzungskraft der EU-Wettbewerbsregeln und sind geeignet, von Vereinbarungen und Verhaltensweisen abzuhalten, die den Wettbewerb beschränken oder verfälschen können; so können Schadensersatzklagen vor den nationalen Gerichten wesentlich zur Aufrechterhaltung eines wirksamen Wettbewerbs in der Gemeinschaft beitragen.[145] Aus diesen Erwägungen

---

[139] *Stockenhuber* (Fußn. 27), Art. 101 AEUV Rn. 262.

[140] EuGH-Urteil *Courage/Crehan* (Fußn. 133), Rn. 26–28; EuGH-Urteil *Manfredi* (Fußn. 131), Rn. 89–91 u. 95.

[141] FK/*Weyer* (Fußn. 27), Rn. 206 f.; *Hengst* in: *Langen/Bunte,* Art. 101 AEUV Rn. 450; *Säcker/Jaecks* (Fußn. 10), Art. 101 AEUV Rn. 762.

[142] Vgl. EuGH-Urteil *Courage/Crehan* (Fußn. 133), Rn. 26–28; EuGH-Urteil *Manfredi* (Fußn. 131), Rn. 60 f., 89–91; EuGH U. v. 14.6.2011 Rs. C-360/09 – *Pfleiderer* Slg. 2011, I-5161 Rn. 28 f. = EuZW 2011, 598 = WuW/E EU-R 1975; EuGH-Urteil *Donau Chemie* (Fußn. 135), Rn. 23; EuGH-Urteil *Kone* (Fußn. 135), Rn. 23.

[143] *Schröter/van der Hout* (Fußn. 5), Art. 101 AEUV Rn. 235; *Karsten Schmidt* in: *Immenga/Mestmäcker,* Anh. 2 VO 1/2003 Rn. 3; *Rittner/Dreher/Kulka* (Fußn. 108), Rn. 1729.

[144] EuGH U. v. 20.9.2001 Rs. C-453/99 – *Courage/Crehan* Slg 2001, I-6297, Rn. 26 = EuZW 2001, 715 = WuW/E EU-R 479, 481; EuGH U. v. 13.7.2006 Rs. C-295/04 bis 298/04 – *Manfredi* Slg. 2006, I-6619 Rn. 60 f. u. 90 = EuZW 2006, 529, 533 u. 535 = WuW/E EU-R 1107, 1115 u. 1118.

[145] EuGH U. v. 20.9.2001 Rs. C-453/99 – *Courage/Crehan* Slg 2001, I-6297, Rn. 27 = EuZW 2001, 715 = WuW/E EU-R 479, 481; EuGH U. v. 13.7.2006 Rs. C-295/04 bis 298/04 – *Manfredi* Slg. 2006, I-6619 Rn. 91 = EuZW 2006, 529, 535 = WuW/E EU-R 1107, 1118; s. auch oben Rn. 41.

des effet utile folgert der EuGH, dass zu dem Kreis der Anspruchsberechtigten (bezogen auf Schadensersatz) **„jedermann“** gehört, **dem** ein **Schaden „durch“ einen wettbewerbsbeschränkenden Vertrag** oder ein entsprechendes Verhalten **entstanden ist.**[146] Damit kommt es für die Bestimmung des Anspruchsberechtigten entscheidend auf die Feststellung eines (adäquaten) **Kausalzusammenhangs zwischen** der **Kartellabsprache und** dem **geltend gemachten Schaden** an.[147]

43 Das gebietet mehrere Schlussfolgerungen: Bei einem Preiskartell gehören zu den Anspruchsberechtigten (betr. Schadensersatz) nicht nur die unmittelbaren Abnehmer, denen die Kartellanten für die gelieferten Waren oder erbrachten Leistungen die aufgrund des Kartells erhöhten Preise abverlangt haben, sondern auch die sog. **mittelbaren Abnehmer,** denen ihre Lieferanten die von den Kartellanten bezogenen Leistungen (ohne oder nach Be- oder Verarbeitung) ebenfalls zu kartellbedingt höheren Preisen veräußert haben (ganze oder teilweise „Weiterreichung“ des kartellbedingten Preisaufschlags). Unter dieser Voraussetzung besteht die Anspruchsberechtigung auch für etwaige weitere mittelbare Abnehmer in der Lieferkette zwischen den Kartellanten und dem Endverbraucher. Dass die Anspruchsberechtigung dieser mittelbar Geschädigten unionsrechtlich geboten ist,[148] folgt zum einen daraus, dass der (adäquate) Kausalzusammenhang zwischen Kartellrechtsverstoß und zu ersetzendem Schaden das alleinige und ausreichende Kriterium für die Anspruchsberechtigung ist (s. o. Rn. 42 a. E.), und zum anderen aus dem neuen EuGH-Urteil zur Anspruchsberechtigung aufgrund von **Preisschirmeffekten** („Umbrella Pricing“): Danach kommt es für die Anspruchsberechtigung eines Unternehmens oder einer Person wegen des Einkaufs von Leistungen zu kartellbedingt überhöhten Preisen überhaupt nicht darauf an, dass der Anspruchsteller selbst vertragliche Beziehungen zu einem Kartellanten oder zu einem zwischengeschalteten Abnehmer in der Lieferkette vom Kartellanten zum Endverbraucher hat. Vielmehr ist auch derjenige (mittelbar) Betroffene anspruchsberechtigt, der die Leistungen von einem Kartellaußenseiter erworben hat, dessen Preispolitik zum Erwerbszeitpunkt in einer Erhöhung seiner Abgabepreise in voller oder teilweiser Angleichung an die vom Kartell erhöhten Preise für das gleiche oder austauschbare Produkt bestand (Preiserhöhung „unter dem Schirm“ des Kartells).[149] In der Konsequenz ist sogar der **Endverbraucher** bei einem ursächlich durch das Kartell erlittenen Schaden, z. B. bei in der Absatzkette konsequent (ganz oder teilweise) weitergegebenen kartellbedingten Preisaufschlägen oder bei bis zum Endverbraucher vordringenden Preisschirmeffekten ohne zumutbare Ausweichmöglichkeiten, als Anspruchsberechtigter anzuerkennen.[150] Das ist freilich in erster Linie Theorie; für die Praxis versteht es sich von selbst, dass die Darlegung eines Schadens und eines Kausalzusammenhangs mit der Kartellabsprache und ggf. zusätzlich mit Preisschirmeffekten umso schwieriger und problematischer wird, je weiter der Anspruchsteller in der Abnehmerkette vom Kartell oder vom ersten den Preisschirm ausnutzenden Lieferanten entfernt positioniert ist.

44 Im Ausgangspunkt unproblematisch ist ferner, dass auch **Wettbewerber** des Kartells und **Lieferanten** der Kartellanten (z. B. bei einem gegen Art. 101 AEUV verstoßenden Einkaufskartell) anspruchsberechtigt sind, sofern sie einen durch die verbotenen Absprachen oder das verbotene Verhalten der Kartellanten ursächlich erlittenen Schaden darlegen können. Bei den Lieferanten kommen – analog der von den Kartellanten ausgehenden Absatz-

---

[146] EuGH-Urteil *Courage/Crehan* (Fußn. 145), Rn. 26; EuGH-Urteil *Manfredi* (Fußn. 145), Rn. 60; EuGH-Urteil *Kone* (Fußn. 135), Rn. 21.

[147] Vgl. EuGH-Urteil *Manfredi* (Fußn. 145), Rn. 61 u. 63; EuGH-Urteil *Kone* (Fußn. 135), Rn. 22.

[148] A. A. FK/*Weyer* (Fußn. 27), Zivilrechtsfolgen Art. 81 EG Rn. 192; wie hier: *Schröter/van der Hout* (Fußn. 5), Art. 101 AEUV Rn. 243; *Eilmansberger* (Fußn. 7), Art. 101 AEUV Rn. 131; *Lettl* WuW 2014, 1032, 1041.

[149] EuGH-Urteil *Kone* (Fußn. 135), Rn. 33 f.

[150] Zust. *Schröter/van der Hout* (Fußn. 5), Rn. 242.

kette mit unmittelbaren und mittelbaren Abnehmern (s. o. Rn. 43) – als Anspruchsberechtigte auch Vorlieferanten als mittelbar Geschädigte in Betracht.

45 Der EuGH gebietet in Auslegung des Art. 101 AEUV, insbesondere auf der Grundlage des effet utile (s. o. Rn. 41), dass auch ein **Partner des wettbewerbsbeschränkenden Vertrags** durch das nationale Recht nicht völlig davon ausgeschlossen werden darf, Rechtsschutzansprüche gegen die anderen Vertragspartner geltend zu machen und durchzusetzen. Vielmehr kann sich jeder Partner gegenüber dem oder den anderen Partnern auf den Verstoß ihres Vertrages gegen Art. 101 AEUV und damit auf die Vertragsnichtigkeit berufen, um Rechtsschutz gegenüber den Kartellpartnern zu erlangen.[151] Das trifft uneingeschränkt auf den Rechtsschutz in Form eines **Unterlassungsanspruchs** zu: Den Partnern des Kartellvertrags – sowohl bei horizontaler als auch bei vertikaler Kartellabsprache – darf es nach den Grundsätzen des EuGH-Urteils *Courage/Crehan* durch das einzelstaatliche Recht nicht versagt werden, einander auf Unterlassung des abgestimmten Verhaltens in Anspruch nehmen zu können.[152] Eine solche Unterlassungsklage kommt realistisch durchaus in Betracht, wenn ein Kartellmitglied ausschert und die übrigen Kartellmitglieder auf Unterlassung der weiteren, den Kläger beeinträchtigenden Praktizierung der Kartellabsprache verklagen will.

46 **Schadensersatzansprüche unter den Partnern** des gegen Art. 101 AEUV verstoßenden Vertrages unterliegen dagegen je nach den Umständen des Einzelfalls erheblichen Einschränkungen. Die Bestimmung der Anspruchsvoraussetzungen und der Einschränkungen ist auch hier primär eine Aufgabe des nationalen Rechts (s. o. Rn. 38, 40). Der EuGH macht aber aus der Sicht der ihm obliegenden Auslegung des Art. 101 AEUV zu beachtende Vorgaben: Der Vertragspartei, die eine erhebliche Verantwortung für die Wettbewerbsverzerrung trägt, wird im allgemeinen das Recht zu verwehren sein, von ihrem Vertragspartner Schadensersatz zu verlangen. Der Schwerpunkt der dem nationalen Gericht vom EuGH auferlegten Prüfung besteht daher darin, ob die anspruchstellende Partei der anderen Partei beim Abschluss des wettbewerbsbeschränkenden Vertrags eindeutig unterlegen war und keine erhebliche Verantwortung für den Wettbewerbsverstoß trug; dann kommt ein Schadensersatzanspruch ernstlich in Betracht.[153] Nach deutschem Recht entspricht das der Prüfung gemäß § 254 BGB. Ohnehin kann wegen der Vertragsnichtigkeit kein Schadensersatz wegen Nichterfüllung, sondern allenfalls Ersatz des negativen Interesses (Vertrauensschaden) verlangt werden.[154] Nach den Vorgaben des EuGH wird man voraussagen können, dass diese Kategorie von Schadensersatzberechtigten (Partner des wettbewerbsbeschränkenden Vertrags) sich auch in Zukunft beschränken wird auf verhandlungsschwache Vertragspartner des Inhabers eines Netzes von gleichartigen vertikalen Verträgen, z. B. von Bierlieferungsverträgen wie im Ausgangsfall des EuGH-Urteils.[155]

47 Die vorstehend (Rn. 42 bis 46) dargestellten unionsrechtlichen Grundsätze zur Anspruchsberechtigung sind bei der gebotenen europarechtskonformen Auslegung des **Begriffs des Betroffenen** i. S. d. § 33 Abs. 1 Satz 1 und 3 GWB zu beachten, jedenfalls so-

---

[151] EuGH-Urteil *Courage/Crehan* (Fußn. 145), Rn. 36 i. V. m. 22 u. 24. In diesen Begründungserwägungen hat sich der EuGH zwar nicht explizit mit Unterlassungsansprüchen befasst; sie gelten aber unmissverständlich für die neben Schadensersatz in Betracht kommenden weiteren Rechtsschutzansprüche.

[152] Ebenso nur für vertikale, dagegen a. A. für horizontale Kartellabsprachen: *Karsten Schmidt* in: *Immenga/Mestmäcker,* Anh. 2 VO 1/2003 Rn. 20.

[153] EuGH U. v. 20.9.2001 Rs. C-453/99 – *Courage/Crehan* Slg 2001, I-6297, Rn. 31–35 = EuZW 2001, 715, 716f. = WuW/E EU-R 479, 482: „Insbesondere hat dieses Gericht zu prüfen …", Rn. 33.

[154] *Säcker/Jaecks* (Fußn. 10), Art. 101 AEUV Rn. 721 u. 726 m. w. N.

[155] Vgl. auch *Eilmansberger* (Fußn. 7), Art. 101 AEUV Rn. 123: Der Schadensersatzanspruch entstehe nur bei einer – im Hinblick auf die Kenntnis und Erkennbarkeit der Tatbestandsmäßigkeit der Kartellabrede – asymmetrischen Verschuldenslage.

weit Beseitigungs-, Unterlassungs- und Schadensersatzansprüche auf Grund eines Verstoßes gegen Art. 101 AEUV zu beurteilen sind (s. i. Ü. die Erläuterungen von *Rehbinder* zu § 33 GWB).

b) Kausalzusammenhang zwischen Verstoß gegen Art. 101 AEUV und Schaden. Da das einzige Kriterium für die Zurechnung eines entstandenen Schadens zu einem verbotenen Kartell oder dem Verhalten der Kartellanten der ursächliche Zusammenhang ist (s. o. Rn. 42 a. E.), ist es bedeutsam, wie dieser Begriff zu verstehen ist. Im *Manfredi*-Urteil hat der EuGH dazu ausgeführt, wegen des Fehlens einer einschlägigen Unionsregelung sei die Bestimmung der Einzelheiten für die Anwendung des Begriffs „ursächlicher Zusammenhang" Aufgabe des jeweils anwendbaren einzelstaatlichen Rechts; es seien jedoch der Äquivalenz- und der Effektivitätsgrundsatz (s. u. Rn. 58) zu beachten.[156] In dem die Preisschirmeffekte betreffenden Urteil *Kone* hat der EuGH diesen Satz zwar wiederholt, hat ihn aber ergänzt und den Begriff des ursächlichen Zusammenhangs **dem unionsrechtlichen effet utile** (s. o. Rn. 41) **unterstellt:** Danach dürfe das Recht auf Schadensersatz (wegen überhöhter Einkaufspreise) nach dem nationalen Recht nicht kategorisch und unabhängig von den speziellen Umständen des Einzelfalls vom Vorliegen eines (begrifflich engen) „unmittelbaren" Kausalzusammenhangs abhängig gemacht und auf Grund der Tatsache ausgeschlossen werden, dass der Anspruchsteller vertragliche Beziehungen nicht zu einem Kartellanten, sondern zu einem Kartellaußenseiter hatte, dessen Preispolitik jedoch eine Folge des wettbewerbs- und damit preisverfälschenden Kartells war. Für den konkreten Fall hat der EuGH sodann die Leitplanken für die Feststellung des ursächlichen Zusammenhangs in einer dem Adäquanzgedanken entsprechenden Weise eingezogen: Ein durch den Preisschirmeffekt Geschädigter könne Ersatz des ihm durch die Kartellmitglieder entstandenen Schadens trotz Fehlens vertraglicher Beziehungen zu ihnen verlangen, wenn erwiesen sei, dass dieses Kartell nach den Umständen des konkreten Falls und insbesondere den Besonderheiten des betreffenden Marktes ein „umbrella pricing" durch eigenständig handelnde Dritte habe zur Folge haben können, und wenn diese Umstände und Besonderheiten den Kartellmitgliedern nicht haben verborgen bleiben können.[157] Sofern im Einzelfall deutsches Kartelldeliktsrecht anwendbar ist (s. o. Rn. 39 und Fußn. 130), wird allgemein angenommen, dass für den anspruchsbegründenden ursächlichen Zusammenhang der deutsche Maßstab der **adäquaten Kausalität** mit dem Unionsrecht vereinbar ist.[158] 48

c) Verschulden als Anspruchsvoraussetzung für Schadensersatzansprüche. Der EuGH hat bisher – soweit ersichtlich – nicht dazu Stellung genommen, ob das Unionsrecht für einen auf Grund eines Verstoßes gegen Art. 101 AEUV zu beurteilenden Schadensersatzanspruch ein Verschulden der handelnden Person oder der handelnden Einheit als erforderlich erachtet oder ein solches Erfordernis im anzuwendenden nationalen Recht jedenfalls toleriert. Da eine einschlägige Unionsregelung zum Verschuldenserfordernis fehlt, muss das im Einzelfall anwendbare nationale Recht diese Frage klären, allerdings unter Beachtung des Äquivalenz- und des Effektivitätsgrundsatzes (s. u. Rn. 58). Da im deutschen Recht bereits leichte Fahrlässigkeit als Schuldform ausreicht, ist anzunehmen, dass das deutsche Verschuldenserfordernis mit dem Unionsrecht im Einklang steht.[159] Befand sich die handelnde Person oder die handelnde Einheit in einem Rechtsirrtum in Bezug auf den eigenen Verstoß gegen Art. 101 AEUV, so ist das i. d. R. nicht als entschuldbarer Ver- 49

[156] EuGH-Urteil *Manfredi* (Fußn. 145), Rn. 64.

[157] EuGH-Urteil *Kone* (Fußn. 135), Rn. 24, 32–34.

[158] BGH U. v. 28.6.2011, KZR 75/10 – *ORWI*, WuW/E DE-R 3431, 3438 Rn. 44; FK/*Weyer* (Fußn. 27), Zivilrechtsfolgen Art. 81 EG Rn. 195 m. w. N.

[159] Ebenso: *Bürger* WuW 2011, 130, 136 m. w. N.; wohl ebenso: *Schröter/van der Hout* (Fußn. 5), Art. 101 AEUV Rn. 241; tendenziell ebenso (die Unionskonformität sei aber unklar): *Säcker/Jaecks* (Fußn. 10), Art. 101 AEUV Rn. 734.

botsirrtum zu beurteilen, schließt also das Verschulden i.d.R. nicht aus[160] (s. aber auch oben Rn. 13).

50 **d) Anspruchsinhalt der Schadensersatzansprüche Dritter.** Das unionsrechtliche Gebot, dass die zivilrechtliche Sanktion einer Verletzung der durch Art. 101 AEUV für den Einzelnen begründeten Rechte geeignet sein muss, einen wirksamen Rechtsschutz zu gewährleisten (s.o. Rn. 41), bedeutet für Schadensersatzansprüche, dass der **Ersatz der Schäden,** die dem Einzelnen durch solche Verstöße entstehen, jedenfalls **angemessen** sein muss,[161] d.h. in einem angemessenen Verhältnis zum erlittenen Schaden stehen muss.[162] Daraus folgt als unionsrechtliche, vor allem aus dem Effektivitätsgrundsatz resultierende Regel, dass jeder Geschädigte vollen **Ersatz des Vermögensschadens,** der ihm durch den Verstoß gegen Art. 101 AEUV entstanden ist, ferner Ersatz des infolge des Verstoßes **entgangenen Gewinns** sowie die Zahlung von **Zinsen** beanspruchen kann.[163] Zum Sanktionsmittel des **Strafschadensersatzes** verhält sich das Unionsrecht neutral: Der mit den zivilrechtlichen Sanktionen verbundene Abschreckungszweck gebietet – über den vollen Ersatz des Vermögensschadens und des entgangenen Gewinns des Geschädigten und über die Zuerkennung von Zinsen hinaus – nicht die Einführung eines zusätzlichen Strafschadensersatzes, lässt ihn aber zu. Nur dann, wenn Strafschadensersatz auf vergleichbare Klagen, die auf innerstaatliches Recht gegründet sind, zugesprochen werden kann, muss das Gleiche nach dem Äquivalenzgrundsatz (s.u. Rn. 58) auch für die auf Art. 101 (und 102) AEUV gestützten Klagen gelten.[164]

51 **e) Passing-on-defence.** Mit den Schlagworten „Weitergabe von Kartellpreisen" oder „Schadensabwälzung" oder – jetzt üblicherweise – „passing-on-defence" wird eine für ein Preiskartell wohl übliche Fallgestaltung bezeichnet: Der Erstabnehmer des einem Preiskartell angehörenden Herstellers oder Lieferanten rechnet seine infolge des Kartells erhöhten Einkaufspreise beim Weiterverkauf durch entsprechend erhöhte Verkaufspreise voll (oder zumindest teilweise) ein und hat mit diesem Weiterverkauf ohne Absatzeinbußen auch vollen Erfolg (oder zumindest einen erheblichen Teilerfolg mit verbleibenden Umsatzeinbußen). Es ist problematisch, ob, ggf. inwieweit und unter welchen Voraussetzungen sich der auf Schadensersatz in Anspruch genommene Kartellant zur Verteidigung auf die vorbezeichneten Umsatzerfolge des Erstabnehmers unter dem Aspekt berufen kann, diesem sei infolge der „Weitergabe" der Kartellpreise (je nach den Umständen des Einzelfalls) gar kein Schaden oder nur ein geringer Schaden entstanden bzw. der Erstabnehmer müsse sich die durch die „Weitergabe" der Kartellpreise erzielten Mehreinnahmen auf seinen geltend gemachten Schaden anrechnen lassen („Vorteilsausgleichung"). Die Neigung vieler, diesen Einwand des Kartellanten grds. zuzulassen, liegt zumindest in erheblichem Maße darin begründet, dass man dem Geschädigten keine ungerechtfertige Bereicherung zukommen

---

[160] Vgl. *Bechtold/Bosch/Brinker* (Fußn. 10), Art. 101 AEUV Rn. 2; wohl auch *Schröter/van der Hout* (Fußn. 5), Art. 101 AEUV Rn. 241; *Eder,* EuZW 2015, 501, 504 u. 506 (wegen der hohen Komplexität des Wettbewerbsrechts gebe es aber Fälle entschuldbaren Rechtsirrtums); vgl. auch das EuGH-Urt. v. 18.6.2013 Rs. C-681/11 – *Schenker,* EuZW 2013, 624 = WuW/E EU-R 2754, wonach im europäischen Kartellbußgeldrecht ein Verbotsirrtum fast immer unbeachtlich sein wird, mit krit. Besprechungen von *Brettel/Thomas* ZWeR 2013, 272, *Kersting* WuW 2013, 845 und *Meyer-Lindemann* EuZW 2013, 626.

[161] EuGH U. v. 10.7.1997 Rs. C-261/95 – *Palmisani* Slg. 1997, I-4025, Rn. 26 = EuZW 1997, 538, 539 (dieses Urteil betrifft zwar keinen Kartellrechtsfall, sondern eine Staatshaftung wegen verspäteter Umsetzung einer arbeitsrechtlichen Richtlinie; im Kartellrechtsfall *Courage/Crehan* – s. Fußn. 101 – zitiert der EuGH in Rn. 29 aber ausdrücklich dieses Urteil).

[162] So die Formulierung in EuGH U. v. 22.4.1997 Rs. C-180/95 – *Draehmpaehl* Slg 1997, I-2195 Rn. 25 u. 39 = EuZW 1997, 340, 342 u. 343.

[163] EuGH U. v. 13.7.2006 Rs. C-295/04 bis 298/04 – *Manfredi* Slg. 2006, I-6619 Rn. 95–97 = EuZW 2006, 529, 535 = WuW/E EU-R 1107, 1119.

[164] EuGH U. v. 13.7.2006 Rs. C-295/04 bis 298/04 – *Manfredi* Slg. 2006, I-6619 Rn. 92–99 = EuZW 2006, 529, 535 = WuW/E EU-R 1107, 1118f.

lassen und andererseits den Kartellanten vor einer mehrfachen Inanspruchnahme (von unmittelbaren und mittelbaren Abnehmern) wegen desselben Absatzprodukts bewahren will.

Die Anerkennung der passing-on-defence zugunsten des auf Schadensersatz in Anspruch **52**
genommenen Kartellanten ist nach dem EU-Primärrecht nicht geboten[165] (zur neuen Kartellschadensersatz-Richtlinie der EU vom 26.11.2014 s. u. Rn. 63 bis 66), aber auch nicht grds. untersagt. Eine Zulassung der passing-on-defence muss sich – insbesondere hinsichtlich der Voraussetzungen und der Reichweite ihrer Zulassung – aber einer **Überprüfung am Maßstab des effet utile** (s. o. Rn. 41) unterziehen lassen: Sie darf im Segment der Preiskartelle nicht die effektive Durchsetzung der EU-Wettbewerbsregeln beeinträchtigen und die von den gegen die Kartellanten gerichteten Schadensersatzklagen erwartete Erhöhung der Durchsetzungskraft der EU-Wettbewerbsregeln (s. o. Rn. 42) zunichte machen. Ob die komplizierte Lösung, die der BGH in seinem *ORWI*-Urteil[166] judiziert hat, dieser Überprüfung standhält, ist durchaus zweifelhaft. Er lässt die passing-on-defence unter dem Rechtsgedanken der Vorteilsausgleichung grds. zu, um dem sich aus dem Kompensationsgedanken ergebenden „Bereicherungsverbot für den Geschädigten" zu genügen und die mehrfache Inanspruchnahme des Kartelltäters „wegen desselben Schadens" zu vermeiden. Diese Vorteilsanrechnung bewirke keinen Wegfall, sondern nur eine Verlagerung des Schadensersatzanspruchs auf die Marktteilnehmer der nächsten Absatzstufe.[167] Zwar belässt der BGH die Darlegungs- und Beweislast für die tatsächlichen Voraussetzungen der Vorteilsausgleichung beim Kartellanten; jedoch eröffnet er dem Kartellanten je nach den Umständen des Einzelfalls in einer abgestuften Weise die Möglichkeit von Erleichterungen seiner Darlegungslast über eine sekundäre Darlegungslast des Geschädigten.[168] Ferner animiert der BGH den verklagten Kartellanten, den Prozess durch eine Streitverkündung an die mittelbaren Abnehmer der nachfolgenden Absatzstufe zu erweitern, um von diesen Informationen über die auf sie abgewälzten kartellbedingten Preiserhöhungen zu erhalten.[169] Andererseits belässt der BGH den mittelbaren Abnehmern die volle Darlegungs- und Beweislast dafür, dass der von ihnen geltend gemachte Schaden in Gestalt von zeitgleich mit der Kartelltätigkeit eingetretenen Preiserhöhungen (auch) auf ihrer Absatzstufe – nach dem Maßstab adäquater Kausalität – ursächlich auf das Kartell zurückzuführen ist. Hierfür gebe es angesichts der ökonomischen Komplexität der Preisbildung und des unterschiedlichen Wettbewerbsdrucks auf den jeweiligen nachgelagerten Absatzmärkten keine Vermutung, zumal da sich der weiterliefernde Erstabnehmer seinen Preissetzungsspielraum durch besondere kaufmännische Leistungen und Anstrengungen erworben haben könne.[170] Überwiegend wird ohnehin angenommen, dass es i. d. R. wegen des ungünstigen Verhältnisses zwischen Prozessrisiken/-anstrengungen und überhaupt erzielbarem Prozesserfolg der jeweiligen einzelnen mittelbaren Abnehmer wenig wahrscheinlich ist, dass sie mit den für ihre Absatzstufe typischen relativ niedrigen Schadensbeträgen (im Vergleich zum Erstabnehmer) die Kartellanten in Anspruch nehmen.[171] Das *ORWI*-Urteil mit der von ihm

---

[165] Ebenso: *Säcker/Jaecks* (Fußn. 10), Art. 101 AEUV Rn. 754 m. w. N.; FK/*Weyer* (Fußn. 27), Zivilrechtsfolgen Art. 81 EG Rn. 172; *Schröter/van der Hout* (Fußn. 5), Art. 101 AEUV Rn. 244; *Bulst* ZWeR 2012, 70, 79; *Hartmann-Rüppel/Ludewig* ZWeR 2012, 90, 95.

[166] S. Fußn. 158.

[167] BGH-Urteil *ORWI* (Fußn. 158), Rn. 62.

[168] BGH-Urteil *ORWI* (Fußn. 158), Rn. 70–72 u. 76, 77.

[169] BGH-Urteil *ORWI* (Fußn. 158), Rn. 72–74.

[170] S. Rn. 44–47 des BGH-Urteils *ORWI* (Fußn. 158). Diesen Ausführungen fehlt auch jeder Hinweis darauf, dass der BGH dem mittelbaren Abnehmer etwa einen Anscheinsbeweis für die Kausalität einräumt (s. Rn. 45 a. E.).

[171] Vgl. *Buntscheck* WuW 2013, 947, 950 u. 952; *Fuchs* ZWeR 2011, 192, 197 u. 201 f.; *Kersting/Dworschak* JZ 2012, 777, 778; *Morell* WuW 2013, 959 u. 961 f., 966; *Schreiber* WuW 2014, 355; *Zöttl/Schlepper* EuZW 2012, 573, 574. Der vom BGH beurteilte *ORWI*-Sachverhalt war eine eher untypische, für den Prozesserfolg eines mittelbaren Abnehmers sehr günstige Fallgestaltung.

hoch angesetzten Beweislast[172] für den mittelbaren Abnehmer wird diesen zu Schadensersatzprozessen i. d. R. nicht animieren, sondern eher noch abschrecken. An der vom BGH vorgenommenen Verteilung der Darlegungs- und Beweislast ist für die Klägerseite scheinbar günstig, dass er dem beklagten Kartellanten im Rahmen der Darlegungs- und Beweislast für die tatsächlichen Voraussetzungen der Vorteilsausgleichung auch aufbürdet, darzutun und ggf. nachzuweisen, dass der „Weiterwälzung" des kartellbedingten Preisaufschlags keine Nachteile des klagenden Abnehmers gegenüberstehen, insbesondere kein Nachfragerückgang (also entgangener Gewinn), durch den die Preiserhöhung (ganz oder teilweise) kompensiert worden ist.[173] Diese auferlegte Darlegung von Tatsachen aus der Sphäre des klagenden Abnehmers führt aber unweigerlich zu dessen Mitwirkungspflicht nach § 138 Abs. 1 und 2 ZPO[174] (sekundäre Darlegungslast). Es erscheint gerechtfertigt, die Zulassung der passing-on-defence nach Art des BGH-Urteils *ORWI* mit dem Ergebnis zu würdigen, dass sie (auch) für die Erstabnehmer der Kartellanten jedenfalls den Aufwand, die Kosten, die Dauer und das Risiko eines Schadensersatzprozesses erhöht,[175] und dass sie außerdem den Nachweis des zu ersetzenden Schadens durch den Geschädigten eines Preiskartells sowie die Durchsetzbarkeit von Schadensersatzansprüchen gegenüber einem Preiskartell erschwert.[176]

53 Das **unionsrechtlich bedenkliche Ergebnis** dieser Würdigung besteht darin, dass ernsthaft damit zu rechnen ist, dass auf Grund der Zulassung der passing-on-defence (gemäß BGH *ORWI*) Kartellanten eines Preiskartells zu wenig und zu oft gar nicht auf Ersatz der von ihnen verursachten Schäden in Anspruch genommen werden und damit – entgegen der Einschätzung des BGH[177] – die **unionsrechtlich gebotene effektive Durchsetzung kartellrechtlicher Schadensersatzansprüche notleidet.**[178] Aus der (maßgeblichen) Sicht des EU-Primärrechts wäre es trotz der beiden vom BGH angeführten Gesichtspunkte für die passing-on-defence (s. o. vor Fußn. 167) durchaus möglich, die passing-on-defence grundsätzlich[179] abzulehnen: Der Gesichtspunkt der (zu vermeidenden) „mehrfachen Inanspruchnahme des Kartellanten wegen desselben Schadens" ist eher theoretischer Natur;[180] das Problem ließe sich angemessen dadurch lösen, dass die Kartellanten erst bei einer tatsächlich geschehenden Doppelinanspruchnahme durch Abnehmer verschiedener Absatzstufen mit Recht einwenden können, dass sie zu einer Mehrfacherstattung derselben Schadenskomponenten, deren (kalkulatorische) Identität als weitergewälzter Preisaufschlag freilich festgestellt werden müsste, nicht verpflichtet sind.[181] Der Gesichtspunkt des „Bereicherungsverbots für den Geschädigten" ist vor allem im Zusammenhang mit der notwendigen Beurteilung, dass eine Vorteilsausgleichung mit dem jeweiligen Zweck des Ersatzanspruchs übereinstimmen muss und nicht unbillig sein darf, keineswegs

---

[172] Zutreffend: *Hartmann-Rüppel/Ludewig* ZWeR 2012, 90, 101 f.; *Morell* WuW 2013, 959, 961 f. u. 966.

[173] BGH-Urteil *ORWI* (Fußn. 158), Rn. 69: Die Darlegungs- und Beweislast des Kartellanten soll sich auch darauf erstrecken, inwieweit sich Preiserhöhungen auf den eigenen Wertschöpfungsanteil des weiterverkaufenden Abnehmers beziehen und daher nicht als kartellbedingt anzusehen sind.

[174] *Säcker/Jaecks* (Fußn. 10), Art. 101 AEUV Rn. 759.

[175] *Morell* WuW 2013, 959, 969 f.

[176] *Buntscheck* WuW 2013, 947 i. V. m. 950–952, 954; *Soyez* EuZW 2012, 100, 102; zur Durchsetzbarkeit von Kartellschadensersatzansprüchen a. A. *Morell* WuW 2013, 959, 965 u. 970.

[177] BGH-Urteil *ORWI* (Fußn. 158), Rn. 64, 68.

[178] Ebenso: *Buntscheck* WuW 2013, 947, 953 u. 958; *Hartmann-Rüppel/Ludewig* ZWeR 2012, 90, 103 sowie 93 mit Hinweis auf die Rspr. des U. S. Supreme Court; *Schreiber* WuW 2014, 355; schon vor BGH *ORWI*: *Fuchs* ZWeR 2011, 192, 203; a. A. *Morell* WuW 2013, 959, 965 u. 970; *Zöttl/Schlepper* EuZW 2012, 573, 575.

[179] Mit genau definierten Ausnahmen; s. z. B. *Fuchs* ZWeR 2011, 192, 210 ff.

[180] S. oben im Text sowie Rn. 52 und *Schreiber* WuW 2014, 355.

[181] S. zu dieser Lösung die 2. Aufl. dieses Kommentars, Art. 81 Abs. 2 EG Rn. 53.

überzeugend[182] und überdies aus Sicht des EU-Primärrechts, das das Bereicherungsverbot nicht zwingend vorschreibt,[183] sicherlich weniger wichtig als das Gebot der effektiven Durchsetzung der EU-Wettbewerbsregeln einschließlich der kartellrechtlichen Schadensersatzansprüche, also nachrangig.

f) Gesamtschuldnerische Schadensersatzhaftung der Kartellanten. Dem EU-Primärrecht kann, soweit dies aus der Rspr. des EuGH ersichtlich ist, keine Regel zu der Frage entnommen werden, ob die Kartellanten für die von ihrem Kartell verursachten Schäden im Außenverhältnis nur anteilig oder als Gesamtschuldner haften. Der BGH hat im Urteil *ORWI* – zutreffend ohne einen Blick auf das EU-Recht – festgestellt, dass alle Kartellteilnehmer nach §§ 830, 840 BGB als Gesamtschuldner haften.[184] Dieses für die Anspruchsdurchsetzung optimale Ergebnis ist ganz i. S. d. effet utile. Für den Innenausgleich unter den Kartell-Gesamtschuldnern wird dem EuGH-Urteil *Courage/Crehan*[185] mittelbar entnommen, dass zumindest bei vertikalen gegen Art. 101 AEUV verstoßenden Vereinbarungen (wie im EuGH-Fall) ein Regress nicht kategorisch ausgeschlossen werden darf,[186] weil sogar Schadensersatzansprüche unter den Vertragsbeteiligten nicht allein wegen der Beteiligung abgeschnitten werden dürfen. Das sollte dann im Prinzip auch für horizontale Kartelle gelten, weil es auch bei ihnen im Einzelfall ein Verantwortungsgefälle geben kann.[187] Da im Übrigen eine einschlägige Unionsregelung fehlt, muss das im Einzelfall anwendbare nationale Recht die Fragen der Außenhaftung und des Innenregresses der Kartellanten klären, freilich mit Beachtung des Äquivalenz- und des Effektivitätsgrundsatzes (s. u. Rn. 58; insoweit keine Bedenken hinsichtlich des deutschen Rechts, §§ 830, 840, 426 BGB).[188] 54

g) Gesamtschuldnerische Schadensersatzhaftung einer Konzernmutter wegen der Verstöße einer Tochtergesellschaft gegen Art. 101 AEUV. Vom EuGH bisher nicht entschieden und im Schrifttum sehr umstritten ist, ob Konzerngesellschaften, insbesondere die Muttergesellschaft, deren Konzern eine wirtschaftliche Einheit und damit *ein* Unternehmen i. S. d. unionsrechtlichen Unternehmensbegriffs darstellt,[189] entsprechend der Haftungszurechnung für Kartellbußgelder[190] auch zivilrechtlich gesamtschuldnerisch für von einem Kartell verursachte Schäden haften, an dem (nur) eine andere Konzerngesellschaft, nicht aber sie selbst als juristische Personen beteiligt waren,[191] oder ob sie zivilrechtlich anders als im Kartellbußgeldrecht der EU – nicht mithaften.[192] Da sich diese Rechts- 55

---

[182] Zutreffend: *Fuchs* ZWeR 2011, 192, 206; im Erg. zust. *Buntscheck* WuW 2013, 947, 958; *Soyez* EuZW 2012, 100, 102; s. auch *Säcker/Jaecks* (Fußn. 10), Art. 101 AEUV Rn. 753, 757 u. 758, die die Vorteilsausgleichung zu Lasten des unmittelbaren Abnehmers für unbillig halten.

[183] Vgl. EuGH-Urteil *Courage/Crehan* (Fußn. 153), Rn. 30.

[184] BGH-Urteil *ORWI* (Fußn. 158), Rn. 80.

[185] EuGH-Urteil *Courage/Crehan* (Fußn. 153), Rn. 26 u. 28.

[186] *Dreher* in: FS Möschel (2011), S. 149, 153 f.

[187] A. A. *Dreher* (Fußn. 186), S. 154. Zum Aspekt der „Verantwortung für die Wettbewerbsverzerrung" in Bezug auf Regresse unter den Kartellanten vgl. EuGH-Urteil *Courage/Crehan* (Fußn. 153), Rn. 31.

[188] S. dazu *Dreher* (Fußn. 186), S. 149 ff.; *Krüger* WuW 2012, 6 ff.

[189] Mutter- und Tochtergesellschaft sind insb. dann eine wirtschaftliche Einheit und damit *ein* Unternehmen, wenn die Tochtergesellschaft trotz eigener Rechtspersönlichkeit ihr Marktverhalten nicht autonom bestimmt, sondern im Wesentlichen Weisungen der Mutter befolgt. Das wird (u. a.) bei einer 100%igen Kapitalbeteiligung einer Mutter- an ihrer Tochtergesellschaft widerleglich vermutet: EuGH U. v. 10.9.2009 Rs. C 97/08 P – *Akzo Nobel,* Rn. 54–56, 58–60 = WuW/E EU-R 1639 f.

[190] Z. B. EuGH-Urteil *Akzo Nobel* (Fußn. 189), Rn. 54–77.

[191] So mit guten Gründen für eine unionsrechtliche gesamtschuldnerische Schadensersatzhaftung: *Jüchser* WuW 2012, 1048, 1050, 1053 f.; *Kersting* WuW 2014, 1156, 1171; wohl auch *Ackermann* ZWeR 2010, 329, 343.

[192] So LG Berlin WuW 2014, 1250 f.; *Bürger* WuW 2011, 130, 137–140; *Scheidtmann* WRP 2010, 499 ff.; *Voet van Vormizeele* WuW 2010, 1008, 1012 ff.

frage wahrscheinlich demnächst im Zuge der Umsetzung der neuen Kartellschadensersatz-Richtlinie der EU klären wird (s. u. Rn. 69), wird sie hier nicht weiter behandelt.

56 **h) Belieferungsanspruch, Kontrahierungszwang.** Umstritten ist, ob ein Händler, dem ein Hersteller oder ein z. B. am Anfang der Absatzkette stehender Lieferant die Belieferung mit Waren unter Verstoß gegen Art. 101 AEUV verweigert, anstatt Schadensersatz in Geld auch die Belieferung beanspruchen kann. Der wohl wichtigste Anwendungsfall für diese Rechtsfrage ist das Belieferungsbegehren des in einer Art. 101 AEUV verletzenden Weise aus einem selektiven Vertriebssystem ausgeschlossenen Händlers, der alle – an sich nach den EU-Wettbewerbsregeln zulässigen – qualitativen Aufnahmevoraussetzungen erfüllt, so dass ihn der Ausschluss kartellrechtswidrig diskriminiert. Der BGH versagt einem so diskriminierten Händler einen unmittelbar auf Kontrahierung oder Belieferung gerichteten Anspruch (als dessen Grundlage § 33 Abs. 1 oder Abs. 3 Satz 1 GWB i. V. m. Art. 101 Abs. 1 AEUV in Betracht kommt) und spricht ihm nur Ersatz in Geld zu. Art. 101 AEUV verbiete einem Hersteller, seine Waren unter unzulässiger Beschränkung des Wettbewerbs in einem einzelne Händler diskriminierenden Vertriebssystem abzusetzen, gebiete ihm nach seinem Schutzzweck aber nicht, sämtliche Wiederverkäufer, die für den Absatz seiner Produkte fachlich geeignet seien, zu beliefern. Denn dem Hersteller stehe es frei, den Verstoß gegen Art. 81 Abs. 1 EG (jetzt Art. 101 Abs. 1 AEUV), der in der Verweigerung der Aufnahme des geeigneten Wiederverkäufers in das selektive Vertriebssystem liege, entweder durch eine diskriminierungsfreie Belieferung von Außenseitern oder durch eine Aufgabe oder Änderung seines Vertriebssystems zu beenden.[193] Die Entscheidung ist belobigt,[194] aber auch getadelt worden.[195]

57 Der **Belieferungsanspruch** ist bei dem gegebenen Sachverhalt – entgegen dem BGH – **aus unionsrechtlichen Gründen begründet** (dogmatisch entweder als Anspruch auf Beseitigung einer kartellrechtswidrigen Störung, Art. 101 AEUV i. V. m. § 33 Abs. 1 GWB, oder als schadensersatzrechtlicher Anspruch auf Naturalrestitution, Art. 101 AEUV i. V. m. § 33 Abs. 3 Satz 1 GWB, § 249 Abs. 1 BGB). Der BGH hat bei seiner Anspruchsablehnung insbesondere den unionsrechtlichen Grundanforderungen[196] an eine sachgerechte Sanktion des (auch vom BGH erkannten) Verstoßes gegen Art. 101 Abs. 1 AEUV nicht genügt. Für das Unternehmen des zurückgewiesenen Wiederverkäufers ist wirtschaftlich allein der Belieferungsanspruch wichtig und als „Sanktion" tauglich; der vom BGH in Aussicht gestellte Geldanspruch ist nicht geeignet, einen „tatsächlichen und wirksamen Rechtsschutz" i. S. d. Unionsrechts für den Wiederverkäufer zu gewährleisten.[197] Die Überlegung des BGH, dass der Hersteller mehrere Möglichkeiten hat, den Verstoß gegen Art. 101 AEUV abzustellen, darunter auch diejenige, sein derzeitiges Vertriebssystem aufzugeben oder zu ändern, kann so lange nicht überzeugen, wie der Hersteller in der Gegenwart nichts geändert hat. Dann muss er auch entsprechend seinem Marktverhalten (nach wie vor Betreiben des qualitativen selektiven Vertriebssystems) den für dieses System geeigneten Wiederverkäufer behandeln und folglich beliefern, sonst verstößt er – auf der Basis des BGH-Urteils sanktionslos – permanent weiter gegen Art. 101 Abs. 1 AEUV.

---

[193] BGH U. v. 12.5.1998 KZR 23/96 – *Depotkosmetik* EuZW 1998, 766, 767 f. = WuW/E DE-R 206 ff.

[194] *Weyer* GRUR 2000, 848 ff.; *Bornkamm* in: *Langen/Bunte,* § 33 GWB Rn. 116; *Eilmansberger* (Fußn. 7), Art. 101 Rn. 138; *Säcker/Jaecks* (Fußn. 10), Art. 101 Rn. 769 f.; *Bergmann* ZWeR 2004, 28, 41; im Ergebnis ebenso schon *Traugott* WuW 1997, 486 ff.

[195] *Haslinger* WRP 1999, 164 ff.; *Mäsch* ZIP 1999, 1507 ff.; *Mäsch* EuR 2003, 825, 836 f.; *Rehbinder* LM EG-Vertrag Nr. 15; *Rehbinder* in: L/M/R, Kartellrecht, § 33 GWB Rn. 46; *Weiß* in *Calliess/Ruffert* EUV/AEUV, 4. Aufl. 2011, Art. 101 AEUV Rn. 150; *Karsten Schmidt* AcP 206 (2006) 169, 192; *Karsten Schmidt* in: *Immenga/Mestmäcker,* Anh. 2 VO 1/2003 Rn. 33; *Schröter/van der Hout* (Fußn. 5), Art. 101 AEUV Rn. 251.

[196] S. oben Rn. 38 bis 41.

[197] Zust. *Schröter/van der Hout* (Fußn. 5), Rn. 251.

i) Weitere Ausgestaltung der materiellrechtlichen Anspruchsvoraussetzungen und des Verfahrensrechts durch das jeweils anwendbare nationale Recht. Mangels einer einschlägigen Unionsregelung ist es Sache des innerstaatlichen Rechts der einzelnen Mitgliedstaaten, die zuständigen Gerichte zu bestimmen, die Verfahrensmodalitäten für Klagen zu regeln, die den Schutz der dem Bürger aus der unmittelbaren Wirkung des Unionsrechts erwachsenden Rechte gewährleisten sollen, und die sich aus dem Unionsrecht nicht ergebenden übrigen materiellen Voraussetzungen der zivilrechtlichen Rechtsschutzansprüche, insbesondere im Schadensersatzrecht, festzulegen, sofern alle diese Modalitäten nicht weniger günstig ausgestaltet sind als die entsprechender innerstaatlicher Klagen **(Äquivalenzgrundsatz)** und die Ausübung der durch die Unionsrechtsordnung verliehenen Rechte nicht praktisch unmöglich machen oder übermäßig erschweren **(Effektivitätsgrundsatz).**[198] Aus diesen Grundsätzen, vor allem aus dem Effektivitätsgrundsatz, ergibt sich u.a. auch die unionsrechtliche Pflicht der nationalen Gerichte, zu prüfen, ob die **Verjährungsfrist,** die die im konkreten Fall zur Anwendung berufene einzelstaatliche Vorschrift vorsieht, (z.B.) durch frühen Beginn und/oder kurze Dauer die Geltendmachung des Schadensersatzanspruchs praktisch unmöglich macht oder übermäßig erschwert.[199] Sofern das nationale Gericht bei seiner Prüfung zu diesem Ergebnis gelangt, muss es die betreffende einzelstaatliche Vorschrift wegen des Vorrangs des Unionsrechts unangewendet lassen.[200] 58

3. Die Kartellschadensersatz-Richtlinie 2014/104/EU vom 26.11.2014 (SE-RL)

Am 26.11.2014 haben das Europäische Parlament und der Rat der EU – gestützt insbesondere auf die Art. 103 und 114 AEUV – die Richtlinie 2014/104/EU „über bestimmte Vorschriften für Schadensersatzklagen nach nationalem Recht wegen Zuwiderhandlungen gegen wettbewerbsrechtliche Bestimmungen der Mitgliedstaaten und der Europäischen Union"[201] (nachfolgend abgekürzt: SE-RL) erlassen. Sie muss bis zum 27.12.2016 umgesetzt werden. Als **Ziele** der SE-RL werden in ErwGrd 54 angegeben, Vorschriften für Schadensersatzklagen wegen Verletzung der EU-Wettbewerbsregeln festzulegen, um die volle Wirkung der Art. 101 und 102 AEUV und das reibungslose Funktionieren des Binnenmarkts für Unternehmen und Verbraucher zu gewährleisten; in Art. 1 Abs. 1 SE-RL wird dieser Zweck (in etwas anderer Wortwahl) auch normiert. In ErwGrd 6 wird ergänzend ausgeführt, dass es zur Erzielung der höchstmöglichen Wirkung der EU-Wettbewerbsregeln erforderlich ist, die Koordinierung zwischen den Formen privater zivilrechtlicher Durchsetzungsmaßnahmen und der öffentlichen Rechtsdurchsetzung durch die Wettbewerbsbehörden kohärent zu regeln, z.B. in Bezug auf den Zugang zu Unterlagen im Besitz der Wettbewerbsbehörden; dieser Zweck findet auch in Art. 1 Abs. 2 SE-RL seinen Ausdruck. Den ErwGrden 7 bis 9 ist als weiterer Zweck der SE-RL zu entnehmen, die bestehenden Unterschiede zwischen den einzelstaatlichen Vorschriften für Schadensersatzklagen zu verringern, um für mehr Rechtssicherheit zu sorgen und auch damit die materielle Wirksamkeit des Wettbewerbsrechts in der EU zu verstärken. Im Folgenden wird ein Überblick über den Inhalt der SE-RL gegeben: 59

[198] EuGH U. v. 20.9.2001 Rs. C-453/99 – *Courage/Crehan* Slg 2001, I-6297, Rn. 29 = EuZW 2001, 715 = WuW/E EU-R 479, 481; EuGH U. v. 13.7.2006 Rs. C-295/04 bis 298/04 – *Manfredi* Slg. 2006, I-6619 Rn. 62 u. 92 = EuZW 2006, 529, 533 u. 535 = WuW/E EU-R 1107, 1116 u. 1118; EuGH-Urteil *Kone* (Fußn. 135), Rn. 24 u. 25 m.w.N.; EuGH U. v. 10.7.1997 C-261/95 – *Palmisani* Slg 1997, I-4025 Rn. 27 = EuZW 1997, 538, 539 (s. zu diesem Urteil oben Fußn. 161).

[199] EuGH U. v. 13.7.2006 Rs. C-295/04 bis 298/04 – *Manfredi* Slg. 2006, I-6619 Rn. 78–82 = EuZW 2006, 529, 534 = WuW/E EU-R 1107, 1117.

[200] EuGH U. v. 13.7.2006 Rs. C-295/04 bis 298/04 – *Manfredi* Slg. 2006, I-6619 Rn. 39 = EuZW 2006, 529, 531 = WuW/E EU-R 1107, 1113.

[201] Veröffentlicht im Amtsblatt der EU vom 5.12.2014, S. L 349/1 bis 19.

60 **a) Recht auf vollständigen Schadensersatz.** Art. 3 Abs. 1 und 2 SE-RL kodifiziert das schon vom EuGH[202] dem EU-Primärrecht entnommene Gebot, dass die Schadensersatzsanktion angemessen sein und daher zu einem vollen Ersatz des Vermögensschadens, den der durch ein Kartell Geschädigte erlitten hat, nebst Ersatz des entgangenen Gewinns und der Zahlung von Zinsen führen muss.

61 **b) Effektivitäts- und Äquivalenzgrundsatz.** Art. 4 SE-RL kodifiziert diese beiden vom EuGH in st. Rspr.[203] entwickelten Grundsätze für die Ausgestaltung und Anwendung nationaler Vorschriften und Verfahren für die Geltendmachung kartellrechtlicher, auf Verstößen gegen Art. 101 oder 102 AEUV beruhender Schadensersatzansprüche.

62 **c) Wirkung nationaler Entscheidungen über die Feststellung einer Zuwiderhandlung gegen das Wettbewerbsrecht.** Art. 9 Abs. 1 SE-RL schreibt eine dem § 33 Abs. 4 GWB entsprechende Feststellungswirkung vor, allerdings beschränkt auf die Entscheidungen der Wettbewerbsbehörden und Rechtsmittelinstanzen im Inland des mit der Schadensersatzklage angerufenen nationalen Gerichts. Hinsichtlich der in anderen EU-Mitgliedstaaten ergangenen Entscheidungen dieser Art gebietet Art. 9 Abs. 2 SE-RL, dass sie von den nationalen Gerichten bei der Prüfung der Schadensersatzklage zumindest als Anscheinsbeweis, dass eine Zuwiderhandlung gegen das Kartellrecht begangen wurde, berücksichtigt werden.

63 **d) Passing-on-defence.** Bereits Art. 3 Abs. 3 SE-RL gibt vor, dass der nach Art. 3 Abs. 1 und 2 SE-RL gebotene vollständige Schadensersatz nicht zu einer Überkompensation führen darf. Die Art. 12 bis 16 SE-RL[204] schreiben sodann unter der Überschrift „Abwälzung des Preisaufschlags" verbindlich die Zulässigkeit der passing-on-defence mit einem eigenen System vor, das z. T. erheblich vom deutschen Recht und vom BGH-Urteil *ORWI* (s. o. Rn. 52 f.) abweicht. Art. 12 Abs. 1 SE-RL stellt zunächst klar, dass auch jeder mittelbare Abnehmer – gleich auf welcher Vertriebsstufe (vgl. Art. 12 Abs. 2 SE-RL) – zu den Anspruchsberechtigten gehört, sofern er „Geschädigter" ist. Art. 12 Abs. 2 SE-RL perfektioniert[205] sodann die Schadenszurechnung für die jeweilige Vertriebsstufe, indem die Vorschrift den Mitgliedstaaten auferlegt, Verfahrensvorschriften zu schaffen, die gewährleisten können, dass „auf keiner Vertriebsstufe" der Ersatz des Vermögensschadens den (genau) dort entstandenen Schaden in Form des Preisaufschlags übersteigt; in allgemeinerer Form ergibt sich dieses Gebot schon aus Art. 12 Abs. 1 SE-RL. Dabei scheint der EU-Gesetzgeber der Ansicht zu sein, dass die „Abwälzung des Preisaufschlags" gleichzusetzen ist mit einer „Abwälzung der Vermögenseinbuße", die den Schaden selbst schon verringert (so ErwGrd 39 SE-RL). Wenn das so, wie es formuliert ist, auch gemeint ist, weicht es vom derzeitigen deutschen Recht ab.[206] Für Erwägungen entsprechend der Vorteilsausgleichung nach deutschem Recht, ob diese im Streitfall evtl. unbillig ist, z. B. weil die „Abwälzung des Kartellpreises nur auf Grund besonderer kaufmännischer Leistungen und Anstrengungen möglich war",[207] ist dann kein Raum mehr.

64 Art. 13 SE-RL ist die konkrete Vorschrift, die die passing-on-defence – als Einwendung – zulässt, selbstverständlich auch dann, wenn der Kartellant nur geltend machen kann, dass der Kläger den kartellbedingten Preisaufschlag lediglich teilweise weitergegeben hat. Die Beweislast trägt zwar der beklagte Kartellant; sie wird ihm aber in zweierlei Weise erleichtert: Er kann hinsichtlich der Weitergabe des Preisaufschlags „in angemessener Weise Of-

---

202 Vor allem im EuGH-Urteil *Manfredi* (Fußn. 200); s. o. Rn. 50 m. w. N.

203 S. o. Rn. 58 m. w. N.

204 Diese Vorschriften gelten gemäß Art. 12 Abs. 4 SE-RL entsprechend für den Fall, dass die Zuwiderhandlung gegen die EU-Wettbewerbsregeln die Belieferung des Kartellrechtsverletzers betrifft, wie z. B. bei einem verbotenen Einkaufskartell. Die Ausführungen im Text sind zur Vereinfachung nur auf den Typ des Verkaufspreiskartells verfasst.

205 Zutreffend: *Schweitzer* NZKart 2014, 335, 337.

206 Vgl. § 33 Abs. 3 Satz 2 GWB; BGH-Urteil *ORWI* (Fußn. 158), Rn. 56.

207 Vgl. BGH-Urteil *ORWI* (Fußn. 158), Rn. 60.

fenlegungen vom Kläger oder von Dritten verlangen" (Art. 13 Satz 2 SE-RL), z. B. von dem in der Vertriebskette nachfolgenden mittelbaren Abnehmer. Außerdem müssen die nationalen Gerichte befugt werden, gemäß ihren nationalen Verfahren zu schätzen, welcher Teil eines Preisaufschlags weitergegeben wurde (Art. 12 Abs. 5 SE-RL). Diese Vorschrift soll zwar den mittelbaren Abnehmer i. V. m. der Vermutung des Art. 14 Abs. 2 Satz 1 SE-RL darin unterstützen, den Anspruch auf Ersatz seines kartellbedingten Schadens durchzusetzen;[208] aber sie hilft eben auch dem Kartellanten gegenüber dem unmittelbaren Abnehmer. Überdies erlegt Art. 13 SE-RL dem Beklagten gerade nicht den Beweis dafür auf, dass die Abwälzung des Preisaufschlags nicht doch mit einem Nachfragerückgang, also nicht mit einem entgangenen Gewinn, verbunden war.[209] Auch damit stärkt die SE-RL die Position des beklagten Kartellanten gegenüber dem Kläger.[210]

Mit der Vermutung des Art. 14 Abs. 2 Satz 1 SE-RL, deren tatsächliche Voraussetzungen i. d. R. nicht schwer nachzuweisen sein dürften, erleichtert die SE-RL dem mittelbaren Abnehmer die Geltendmachung seines Schadensersatzanspruchs, aber doch wohl nur in geringem Maße: Es gilt nur die Vermutung, dass „eine" Abwälzung des Preisaufschlags stattgefunden hat, also nicht mehr als eines Teils des ursprünglichen kartellbedingten Preisaufschlags; diesen Teil zu schätzen, soll dann das Gericht befugt sein (Art. 12 Abs. 5 SE-RL).[211] Überdies kann der beklagte Kartellant diese ohnehin nicht sehr starke Vermutung ganz zunichte machen, wenn er nur „glaubhaft macht" (also nicht einmal strikt nachweist), dass der Preisaufschlag nicht vollständig an den klagenden mittelbaren Abnehmer weitergegeben wurde (Art. 14 Abs. 2 Satz 2 SE-RL). Schließlich darf hinsichtlich der durch die SE-RL angeblich gestärkten Position des mittelbaren Abnehmers nicht außer Acht gelassen werden, dass auch er dem Kartellanteneinwand der passing-on-defence ausgesetzt ist. 65

Alles in allem schwächen die Art. 12 bis 16 SE-RL die prozessuale Position und damit die Klageanreize des unmittelbaren Abnehmers, noch mehr als das BGH-Urteil *ORWI;* sie stärken die Prozesschancen der mittelbaren Abnehmer, ihre Schadensersatzbegehren durchzusetzen, wohl nicht sehr erheblich.[212] Damit verstärken sich die aus dem EU-Primärrecht schon gegenüber dem BGH-Urteil *ORWI* geäußerten Bedenken (s. o. Rn. 52 f.), ob dieses in der SE-RL enthaltene System der passing-on-defence mit dem effet utile der EU-Wettbewerbsregeln zu vereinbaren ist, noch einmal erheblich. 66

e) Gesamtschuldnerische Haftung. Art. 11 Abs. 1 SE-RL enthält die dem deutschen Recht (s. o. Rn. 54) entsprechende Grundregel der gesamtschuldnerischen Haftung der Kartellanten. Hiervon gewährt Art. 11 Abs. 2 SE-RL kleinen und mittleren Unternehmen (KMU) – als Kartell-„Rechtsverletzer" – eine Privilegierung, dass sie nur gegenüber ihren unmittelbaren und mittelbaren Abnehmern haften, wenn sie bestimmte Voraussetzungen erfüllen (Marktanteil weniger als 5 %; normale gesamtschuldnerische Haftung gefährdet irreversibel die wirtschaftliche Leistungsfähigkeit des betreffenden KMU). Die Vorschrift wird mit Recht kritisiert, weil die Privilegierung sachlich nicht gerechtfertigt ist und den Prozess entgegen dem Zweck der Schadensersatzsanktion zusätzlich belastet.[213] Art. 11 Abs. 3 SE-RL enthält wiederum Ausnahmen von der Ausnahme des Abs. 2, wenn das betreffende KMU Organisator des Kartellrechtsverstoßes war oder Zwang gegenüber anderen Unternehmen, sich an der Zuwiderhandlung gegen das Wettbewerbsrecht zu beteiligen, ausgeübt hat oder vormals schon gegen das Wettbewerbsrecht verstoßen hatte und dieser Verstoß inzwischen festgestellt worden ist. 67

---

[208] *Mederer* EuZW 2013, 847, 851.
[209] Wie es das BGH-Urteil *ORWI* (Fußn. 158), Rn. 69, für richtig hielt; s. o. Rn. 52.
[210] Vgl. *Schweitzer* NZKart 2014, 335, 338.
[211] *Mederer* EuZW 2013, 847, 851.
[212] Vgl. auch *Schweitzer* NZKart 2014, 335, 339 u. 345; *Makatsch/Mir* EuZW 2015, 7, 12.
[213] *Kersting* WuW 2014, 564, 567 f.; *Lettl* WuW 2015, 692, 693; *Makatsch/Mir* EuZW 2015, 7, 11; *Schweitzer* NZKart 2014, 335, 344.

68 Eine weitere Privilegierung enthält Art. 11 Abs. 4 Satz 1 SE-RL, und zwar zugunsten eines Kronzeugen. „Kronzeuge" in einem Kartellfall ist gemäß Art. 2 Nr. 19 SE-RL nur das Unternehmen/die natürliche Person, dem/der im Rahmen eines Kronzeugenprogramms ein voller Erlass der Geldbuße einer Wettbewerbsbehörde gewährt wurde. Das Privileg hat den Inhalt, dass der Kronzeuge nur seinen unmittelbaren oder mittelbaren Abnehmern oder Lieferanten (bei einem Einkaufskartell) haftet und gegenüber anderen Geschädigten gesamtschuldnerisch nur dann haftet, wenn von den anderen Kartellanten kein vollständiger Schadensersatz erlangt werden kann. Nach der Fassung der Vorschrift müssen das die anderen Geschädigten, wenn sie den Kronzeugen belangen wollen, nachweisen.[214] Der EU-Richtliniengeber gibt den Mitgliedstaaten hierzu auf, die anwendbaren Verjährungsfristen so angemessen und ausreichend zu gestalten, dass die Geschädigten die in Betracht kommenden Klagen erheben können (Art. 11 Abs. 4 Satz 2 SE-RL). Die Privilegierung des Kronzeugen setzt sich fort beim Innenausgleich der Kartellanten: Anders als die übrigen Kartellanten, deren Binnenhaftung der Höhe nach anhand ihrer „relativen Verantwortung"[215] für den durch den Kartellrechtsverstoß verursachten Schaden zu bestimmen ist, darf der vom Kronzeugen zu entrichtende Ausgleichsbetrag nicht höher sein als der Schaden, den er seinen eigenen unmittelbaren oder mittelbaren Abnehmern oder Lieferanten verursacht hat (Art. 11 Abs. 5 SE-RL). Handelt es sich um Geschädigte, die – wie beim „umbrella pricing" – weder Abnehmer noch Lieferanten der Kartellanten sind, darf der Ausgleichsbetrag eines Kronzeugen im Innenausgleich nur anhand seiner relativen Verantwortung für den betreffenden Schaden bestimmt werden. Die Privilegierungen werden unterschiedlich bewertet: Z. T. wird die Privilegierung als eine überzeugende Honorierung des Kronzeugen für seinen Beitrag zur Aufdeckung des Kartells erachtet.[216] Demgegenüber wird jedenfalls zur in Art. 11 Abs. 4 Satz 1 privilegierten Außenhaftung (mit gutem Grund) die Ansicht vertreten, dass die Regelung, weil sie zu Lasten der Geschädigten gehe, ohne ihnen gegenüber gerechtfertigt zu sein, und gegen den Effektivitätsgrundsatz verstoße, rechtswidrig sei.[217] Von dritter Seite wird die gesamte zivilrechtliche Haftungsbeschränkung zugunsten des Kronzeugen als (kartell-)rechtlich nicht haltbar erachtet.[218] Ein vom EU-Richtliniengeber möglicherweise nicht erkanntes Problem besteht darin, dass die Entscheidung der Wettbewerbsbehörde (auch diejenige der EU-Kommission) über die Kronzeugenanerkennung, die nunmehr negative Rechtsfolgen gegenüber Dritten (den „anderen" Geschädigten und den anderen Kartellanten) haben wird, aus rechtsstaatlichen Gründen ein vorheriges rechtliches Gehör für diese Dritten und womöglich auch die Einräumung von Rechtsbehelfen erfordert.[219]

69 **f) Gesamtschuldnerische Schadensersatzhaftung einer Konzernmutter wegen der Verstöße einer Tochtergesellschaft gegen Art. 101 AEUV.** Diese schon oben Rn. 55 mit Blick auf das EU-Primärrecht behandelte Rechtsfrage wird nunmehr auf Grund des (umzusetzenden) Art. 1 Abs. 1 SE-RL im Sinne einer Bejahung der gesamtschuldnerischen zivilkartellrechtlichen Haftung der wirtschaftlichen Einheit („ein" Unternehmen) gemäß dem Unionsrecht zu beantworten sein.[220] Denn dass Art. 1 Abs. 1 SE-RL den unionsrechtlichen Unternehmensbegriff verwendet, kann nicht zweifelhaft sein. Diese Norm fordert nun („Vorschriften …, die erforderlich sind"), zu gewährleisten, dass jeder, der einen durch eine Zuwiderhandlung *eines Unternehmens* gegen das Wettbewerbsrecht verursachten

---

[214] *Kersting* WuW 2014, 564, 568; *Mederer* EuZW 2013, 847, 850.

[215] Gemäß ErwGrd 37 SE-RL ist dieser Begriff mit Kriterien wie Umsatz, Marktanteil oder Rolle in dem Kartell auszufüllen und obliegt i. Ü. der Klärung bei der Umsetzung in nationales Recht.

[216] *Schweitzer* NZKart 2014, 335, 344.

[217] *Kersting* WuW 2014, 564, 568 u. 574; *Makatsch/Mir* EuZW 2015, 7, 11 u. 13.

[218] *Dreher* in: FS Möschel (2011), S. 149, 164f. u. 167.

[219] *Kersting* WuW 2014, 564, 568f.; tendenziell ebenso: *Schweitzer* NZKart 2014, 335, 344.

[220] *Kersting* WuW 2014, 564, 565f.; WuW 2014, 1156, 1171; *Makatsch/Mir* EuZW 2015, 7, 8; a. A. *Stauber/Schaper* NZKart 2014, 346, 347.

Schaden erlitten hat, das Recht, den vollständigen Ersatz dieses Schadens von *diesem* Unternehmen zu verlangen, wirksam geltend machen kann. Dass mit dem vorstehend verwendeten Unternehmensbegriff derjenige des Unionsrechts gemeint ist, der daher auch einen Konzern als wirtschaftliche Einheit und damit *ein* Unternehmen erfassen kann, ergibt sich auch aus ErwGrd 31 SE-RL. Dort wird eben dieser Unternehmensbegriff, wenn auch für eine andere Vorschrift der SE-RL, artikuliert. Dann kann für die „Kopfvorschrift" (Art. 1 SE-RL) nichts anderes gelten. – Für diese wirtschaftliche Einheit (Konzern, *ein* Unternehmen) gelten dann ggf. die Kronzeugenprivilegien des Art. 11 Abs. 4 bis 6 SE-RL.

g) Verjährung. Art. 10 SE-RL schreibt eine Verjährungsregelung vor, die für die Erhebung von Schadensersatzklagen verhältnismäßig großzügig ist. Die Verjährungsfrist muss mindestens fünf Jahre betragen. Besonders relevant ist die Regelung des Art. 10 Abs. 2 SE-RL darüber, wann die Verjährungsfrist frühestens beginnen kann: Es muss zunächst die gesamte „Zuwiderhandlung gegen das Wettbewerbsrecht" (nicht nur die einzelne Kartellaktivität, unter der der betreffende Geschädigte zu leiden hatte) beendet sein.[221] Sodann muss der Geschädigte (Abs. 2 spricht ungenau vom „Kläger", der aber ein Zessionar sein kann)[222] von vier Tatsachen Kenntnis erlangt haben oder diese Kenntnis muss „vernünftigerweise erwartet werden können". Dieser Maßstab setzt, sofern der Geschädigte Unkenntnis behauptet, mindestens die Wertung grob fahrlässiger Unkenntnis voraus. Von den vier Tatsachen sei hier nur die für eine Verjährungsregelung ungewöhnliche „Tatsache, dass dieses (erg.: Verhalten des Rechtsverletzers) eine Zuwiderhandlung gegen das Wettbewerbsrecht darstellt", hervorgehoben. Eine solche Kenntnis oder Vermeidung einer grob fahrlässigen Unkenntnis bedarf einer Würdigung durch den Geschädigten in der Laiensphäre (es sei denn, das geschädigte Unternehmen hat eine Rechtsabteilung). Die Vorschrift birgt – ähnlich dem § 107 Abs. 3 Satz 1 Nr. 1 GWB (i. d. F. der Bek. v. 26.6.2013) – Streitpotential. Art. 10 Abs. 4 SE-RL enthält eine in der Thematik übliche Vorschrift über die Hemmung der Verjährung. 70

h) Offenlegung von Beweismitteln. Die Art. 5 bis 8 SE-RL enthalten sehr ins Einzelne gehende Regelungen über die Offenlegung von Beweismitteln durch den Beklagten, durch Dritte, aber auch durch den Kläger (auf Antrag des Beklagten nach dem Grundsatz der Waffengleichheit) sowie von solchen Beweismitteln, die in den Akten der Wettbewerbsbehörden enthalten sind, um die für Kartellschadensersatzprozesse typischen Erschwernisse, die relevanten Tatsachen darlegen und beweisen zu können, nach Möglichkeit und unter Beachtung der Grundsätze der Erforderlichkeit und Verhältnismäßigkeit zu verringern. Diese Regelung ist für den EU-Richtliniengeber ein besonders wichtiger Teil der vorliegenden SE-RL (vgl. auch ErwGrde 14 bis 29). Hervorzuheben ist die Vorschrift, dass die nationalen Gerichte für die Zwecke von Schadensersatzklagen unter keinen Umständen und zu keinem Zeitpunkt die in den Akten einer Wettbewerbsbehörde enthaltenen Kronzeugenerklärungen und (in Bußgeldverfahren abgegebenen) Vergleichsausführungen anordnen können. Im Schrifttum wird z. T. sehr bezweifelt,[223] ob dieses kategorische Verbot der Akteneinsicht mit dem EU-Primärrecht in der Auslegung des EuGH zu vereinbaren ist, der im Urteil *DonauChemie* entschieden hat, dass jede starre Regel dieser Art die wirksame Anwendung insbesondere des Art. 101 AEUV und der durch diese Norm den Einzelnen verliehenen Rechte beeinträchtigen und die praktische Wirksamkeit des Rechts auf Schadensersatz eventuell (im Einzelfall) entfallen lassen kann. Daher unterliege jeder Antrag auf Einsicht in solche Dokumente einer Einzelfallbeurteilung, bei der alle Gesichtspunkte der betreffenden Rechtssache berücksichtigt werden müssten.[224] 71

---

[221] *Gussone/Schreiber* WuW 2013, 1040, 1052; *Schweitzer* NZKart 2014, 335, 340 u. Fußn. 47.

[222] Vgl. dazu *Stauber/Schaper* NZKart 2014, 346, 349.

[223] *Gussone/Schreiber* WuW 2013, 1040 f. u. 1048 f.; *Kersting* WuW 2014, 564, 566; *Makatsch/Mir* EuZW 2015, 7, 9 u. 13; *Schweitzer* NZKart 2014, 335, 342 u. 343.

[224] EuGH-Urteil *Donau Chemie* (Fußn. 135), Rn. 31, 32, 34, 39 bis 43.

72 **i) Zur Ermittlung des Schadensumfangs.** Art. 17 Abs. 1 Satz 1 SE-RL betont für die Anforderungen an die Beweislast und das Beweismaß den Effektivitätsgrundsatz (s. o. Rn. 61 und Rn. 58). Ferner verpflichtet Art. 17 Abs. 1 Satz 2 SE-RL die Mitgliedstaaten, die nationalen Gerichte mit der Befugnis („gemäß den nationalen Verfahren") zu versehen, die Höhe des Schadens zu schätzen, wenn erwiesen ist, dass der Anspruchsteller einen kartellbedingten Schaden erlitten hat. Hierfür stellt Art. 17 Abs. 2 (i. V. m. Art. 2 Nr. 14) SE-RL die widerlegliche Vermutung auf, dass Zuwiderhandlungen in Form von Hardcore-Kartellen einen Schaden verursachen. Das entbindet den Kläger allerdings nicht von der Obliegenheit, für die Schätzung gemäß Art. 17 Abs. 1 Satz 2 SE-RL Anknüpfungstatsachen darzulegen.[225] Schließlich schreibt Art. 17 Abs. 3 SE-RL den Mitgliedstaaten vor, zu gewährleisten (!), dass eine nationale Wettbewerbsbehörde bei Verfahren über Schadensersatzklagen auf Antrag eines nationalen Gerichts diesem bei der Festlegung der Höhe des Schadensersatzes behilflich sein kann, allerdings – unter der für das nationale Gericht bitteren und ziemlich entwertenden Bedingung – nur dann, wenn die nationale Wettbewerbsbehörde dies für angebracht hält.

73 **j) Einige Regeln zur einvernehmlichen Streitbeilegung.** Art. 18 Abs. 1 und 2 SE-RL enthält durchaus übliche Regeln über die Hemmung der Verjährungsfrist und die Befugnis des Gerichts zur Aussetzung eines Gerichtsverfahrens bei andauernden einvernehmlichen Streitbeilegungen. Art. 18 Abs. 3 SE-RL bezweckt, frühzeitige Schadensersatzvergleiche zu fördern, und erteilt daher den Wettbewerbsbehörden die Befugnis, im Vergleich vereinbarte Schadensersatzzahlungen als mildernden Umstand zu berücksichtigen, wenn die Zahlung vor dem behördlichen Beschluss über die Geldbuße geleistet wird. Schließlich bezweckt Art. 19 SE-RL die Vergleichsbereitschaft von Kartellanten dadurch zu fördern, dass er dem oder den Kartellanten, die schon einen Schadensersatzvergleich (oder Schadensersatzvergleiche) mit einem oder mehreren Geschädigten abgeschlossen haben, für die danach stattfindenden streitigen Auseinandersetzungen über noch nicht verglichene Ansprüche Vorteile im Außen- und Innenverhältnis der Gesamtschuldner gewährt.[226]

74 **k) Ausblick.** Die Umsetzung der SE-RL dürfte, wie der vorstehende Überblick zeigt, eine schwierige Aufgabe für die nationalen Gesetzgeber sein. Bei so viel Kritik an der SE-RL, die jetzt schon vor der Umsetzung geäußert worden ist, wird man die Skepsis teilen müssen, ob die SE-RL „ein Meilenstein in der Stärkung der privaten Durchsetzung" von Kartellschadensersatzansprüchen wird.[227] Nach den vorstehenden Ausführungen dürften einige (genannte) Vorschriften sogar mit dem unionsrechtlichen Grundsatz des effet utile unvereinbar sein. Art. 20 SE-RL schreibt eine Überprüfung der SE-RL vor, für die die Kommission dem Europäischen Parlament und dem Rat bis zum 27.12.2020 einen Bericht vorlegen muss. Das tröstet.

Art. 101 Abs. 3

(1) Mit dem Binnemarkt unvereinbar und verboten sind alle Vereinbarungen zwischen Unternehmen, Beschlüsse von Unternehmensvereinigungen und aufeinander abgestimmte Verhaltensweisen, welche den Handel zwischen Mitgliedstaaten zu beeinträchtigen geeignet sind und eine Verhinderung, Einschränkung oder Verfälschung des Wettbewerbs innerhalb des Binnenmarkts bezwecken oder bewirken, insbesondere

a) die unmittelbare oder mittelbare Festsetzung der An- oder Verkaufspreise oder sonstiger Geschäftsbedingungen;

[225] *Kersting* WuW 2014, 564, 573; *Makatsch/Mir* EuRZ 2015, 7, 8.

[226] Zu Art. 19 SE-RL s. die umfassende sehr kritische Untersuchung von *Beninca* WuW 2015, 580 ff.: tw. kritisch auch *Kersting* WuW 2014, 564, 571 f.

[227] *Schweitzer* NZKart 2014, 335, 345; sehr kritisch auch *Makatsch/Mir* EuZW 2015, 7 und 9.

b) die Einschränkung oder Kontrolle der Erzeugung, des Absatzes, der technischen Entwicklung oder der Investitionen;
c) die Aufteilung der Märkte oder Versorgungsquellen;
d) die Anwendung unterschiedlicher Bedingungen bei gleichwertigen Leistungen gegenüber Handelspartnern, wodurch diese im Wettbewerb benachteiligt werden;
e) die an den Abschluss von Verträgen geknüpfte Bedingung, dass die Vertragspartner zusätzliche Leistungen annehmen, die weder sachlich noch nach Handelsbrauch in Beziehung zum Vertragsgegenstand stehen.

(2) Die nach diesem Artikel verbotenen Vereinbarungen oder Beschlüsse sind nichtig.

(3) **Die Bestimmungen des Absatzes 1 können für nicht anwendbar erklärt werden auf**
– Vereinbarungen oder Gruppen von Vereinbarungen zwischen Unternehmen,
– Beschlüsse oder Gruppen von Beschlüssen von Unternehmensvereinigungen,
– aufeinander abgestimmte Verhaltensweisen oder Gruppen von solchen
die unter angemessener Beteiligung der Verbraucher an dem entstehenden Gewinn zur Verbesserung der Warenerzeugung oder -verteilung oder zur Förderung des technischen oder wirtschaftlichen Fortschritts beitragen, ohne dass den beteiligten Unternehmen
a) Beschränkungen auferlegt werden, die für die Verwirklichung dieser Ziele nicht unerlässlich sind, oder
b) Möglichkeiten eröffnet werden, für einen wesentlichen Teil der betreffenden Waren den Wettbewerb auszuschalten.

Übersicht

Schrifttum: *Auf'mkolk,* Der reformierte Rechtsrahmen der EU-Kommission für Vereinbarungen über horizontale Zusammenarbeit, WuW 2011, 699 ff.; *Bahr,* Die Behandlung von Vertikalvereinbarungen nach der 7. GWB-Novelle, WuW 2004, 159 ff.; *Bauer/de Bronett,* Die EU-Gruppenfreistellungsverordnung für vertikale Wettbewerbsbeschränkungen, 2001; *Besen/Jorias,* Kartellrechtliche Grenzen des Category Managements unter Berücksichtigung der neuen Leitlinien für vertikale Beschränkungen, BB 2010, 1099 ff.; *Bodenstein,* „Marketplace"-Händler zur Preisparität verpflichtet? – Amazon-AGB auf dem kartellrechtlichen Prüfstand, GRUR-Prax 2010, 260 ff.; *Bornkamm/Becker,* Die privatrechtliche Durchsetzung des Kartellverbots nach der Modernisierung des EG-Kartellrechts, ZWeR 2005, 213 ff.; *Dauner,* Einkaufsgemeinschaften im Kartellrecht, 1988; *Eckstein,* Unternehmenswachstum mit Hilfe von Spezialisierungskartellen, 1971; *Eilsmannsberger,* Verbraucherwohlfahrt, Effizienzen und ökonomische Analyse – Neue Paradigmen im europäischen Kartellrecht?, ZWeR 2009, 437 ff.; *Frenz,* Kartellrecht und Umweltschutz im Zeichen der Energiewende, WRP 2013, 981 ff.; *Fuchs,* Die Gruppenfreistellungsverordnung als Instrument der europäischen Wettbewerbspolitik im System der Legalsausnahme, ZWeR 2005, 1 ff.; *ders.,* Wettbewerbsbeschränkungen beim Online-Vertrieb von Glücksspielen – Eine Analyse unter besonderer Berücksichtigung der gemeinsamen Internetplattform www.lotto.de der Landeslottogesellschaften, ZWeR 2013, 233 ff.; *Galle/Nauck,* Bestpreisklauseln von Hotelportalen und Kartellrecht, WuW 2014, 587 ff.; *von Graevenitz,* Category Management und Kartellrecht, WRP 2012, 782 ff.; *Hartmann-Rüppel/Wagner,* Die „Stellenmarkt für Deutschland"-Entscheidung des BGH, ZWeR 2004, 128 ff.; *Hartog/Noack,* Die 7. GWB-Novelle, WRP 2005, 1396 ff.; *Heutz,* Legalausnahme und Gruppenfreistellungsverordnungen im System der VO (EG) Nr. 1/2003, WuW 2004, 1255 ff.; *Hirsch,* Anwendung der Kartellverfahrensordnung (EG) Nr. 1/2003 durch nationale Gerichte, ZWeR 2003, 233 ff.; *Imgrund,* Kartellrechtliche Beurteilung von Preisbindungen und Preisempfehlungen in Deutschland – Fallstricke für die Praxis, BB 2012, 787 ff.; *Jaeger,* Die möglichen Auswirkungen einer Reform des EG-Wettbewerbsrechts für die nationalen Gerichte, WuW 2000, 1062 ff.; *Jung,* Kartelle als Gegengift bei krisenbedingtem Ausscheidungswettbewerb – Eine vergleichende Betrachtung des deutschen, europäischen und US-amerikanischen Kartellrechts, ZWeR 2007, 141 ff.; *Kapp,* Preisempfehlung und Markenartikel, WuW 2011, 38; *Kasten,* Vertikale (Mindest-)Preisbindung im Licht des „more economic approach", WuW 2007, 994 ff.; *Keßler,* Einkaufsgemeinschaften im Lichte des deutschen und europäischen Kartellrechts, WuW 2002, 1162 ff.; *Kirchhoff,* Sachverhaltsaufklärung und Beweislage bei der Anwendung des Art. 81 EG-Vertrag, WuW 2004, 745 ff.; *Koch,* Beurteilungsspielräume bei der Anwendung des Art. 81 Abs. 3 EG, ZWeR 2005, 380 ff.; *Koenig/Neumann,* Standardisierung – ein Tatbestand des Kartellrecht?, WuW 2009, 382 ff.; *Lettl/J. B. Nordemann,* Schützt das Kartellverbot (Art. 101 AEUV, § 1 GWB) auch rechtswidrigen Wettbewerb? Zugleich Besprechung von EuGH, 7.2.2013 – C-68/12 – Slowakische Banken, NZKart 2014, 207 ff.; *Loest/Bartlik,* Standards und Europäisches Wettbewerbsrecht, ZWeR 2008, 41 ff.; *Lübbig,* „... et dona ferentes": Anmerkungen zur neuen EG-Gruppenfreistellungsverordnung im Bereich des Technologietransfers, GRUR 2004, S. 483 ff.; *Lübbig,* Nachhaltigkeit als Kartellthematik, WuW 2012, 1142 ff.; *Lukes,* Überbetriebliche technische Normen im Recht der Wettbewerbsbeschränkungen, in Mestmäcker (Hrsg.), Wettbewerb als Aufgabe, S. 147 ff.; *Möhlenkamp,* Verbandskartellrecht – trittfeste Pfade in unsicherem Gelände, WuW 2008, 428 ff.; *Mohr,* Bezweckte und bewirkte Wettbewerbsbeschränkungen gem. Art. 101 Abs. 1 AEUV, ZWeR 2015, 1 ff.; *Müller,* Neue Leitlinien zur Anwendung des Art. 81 III EG im Legalausnahmesystem der Kartellverordnung 1/2003, WRP 2004, 1472 ff.; *J. B. Nordemann,* Das deutsche Presse-Grosso: Ein zulässiges Kartell? Eine Anmerkung zu § 30 Abs. 2a GWB, in Festschrift Köhler, 2014, S. 495 ff.; *J. B. Nordemann,* Verhaltenskodizes und Wettbewerbsregeln – Die kartellrechtliche Zulässigkeit selbstregulierender Abreden nach Art. 101 AEUV und §§ 1, 2 GWB, in Festschrift Ahrens, 2016, S. 121 ff.; *Quellmalz,* Die Justitiabilität des Art. 81 Abs. 3 EG und die nichtwettbewerblichen Ziele des EG-Vertrages, WRP 2004, 461 ff.; *Säcker/Mohr,* Die Beurteilung von Einkaufsvereinbarungen gem. Art. 101 Abs. 1 und Abs. 3 AEUV, WRP 2011, 793 ff.; *Schmitt,* Kartellrechtliche Beurteilung von Kundenschutzklauseln in Austauschverträgen, WuW 2007, 1096 ff.; *Schulte,* Preisbindung in Verbundgruppen, WRP 2005, 1500 ff.; *Schumacher,* Sonstige Kartelle, § 7 GWB und Umweltschutzkartelle, WuW 2001, 121 ff.; *Schweda,* Die Bindungswirkung von Bekanntmachungen und Leitlinien der Europäischen Kommission, WuW 2004, 1133 ff.; *Schwintowski/Klaue,* Kartellrechtliche und gesellschaftsrechtliche Konsequenzen des Systems der Legalausnahme für die Kooperationspraxis der Unternehmen, WuW 2005, 370 ff.; *Sosnitza/Hoffmann,* Die Zukunft der vertikalen Preisbindung im Europäischen Kartellrecht, AG 2008, 107 ff.; *Soyez,* Die kartellrechtliche Beurteilung von Meistbegünstigungsklauseln im Lichte der HRS-Entscheidung des BKartA, NZKart 2014, 447 ff.; *Thomas,* Grundsätze zur Beurteilung vertikaler Wettbewerbsverbote, WuW 2010, 177 ff.; *Wagner,* Der Systemwechsel im EG-Kartellrecht – Gruppenfreistellungen und Übergangsproblematik, WRP 2003, 1369 ff.; *Walther/Baumgartner,* Standardisierungs-Kooperationen und Kartellrecht, WuW 2008, 158 ff.; *Werner,* Unternehmerische Kooperation zur Steigerung der Leistungsfähigkeit, 1985; *Westermann,* Einkaufsvereinbarungen der öffentlichen

Hand nach der Feuerlöschzüge-Entscheidung des BGH, ZWeR 2003, 481 ff.; *Wolf,* Exklusivitätsregelungen in F&E-Verträgen, WRP 2013, 885 ff.; *Zapfe,* Konditionenkartelle nach der 7. GWB-Novelle, WuW 2007, 1230 ff.

A. Allgemeines

I. Entstehungsgeschichte

Die Vorschrift fand sich mit identischem Wortlaut bereits in **Art. 85 Abs. 3 EWG-Vertrag** und später in **Art. 81 Abs. 3 EG.** Mit Inkrafttreten des AEUV hat sie ihren heutigen Platz in Art. 101 Abs. 3 AEUV gefunden. Nachfolgend wird stets – auch für Altfälle – nur auf Art. 101 Abs. 3 AEUV Bezug genommen. 1

Trotz des seit Jahrzehnten unveränderten Wortlauts hat die Vorschrift einen entscheidenden **verfahrensrechtlichen Wandel** hinter sich. Dafür waren unterschiedliche Verfahrensverordnungen verantwortlich. Unter der **VO 17/62** war das Verbot des Art. 101 Abs. 1 AEUV unmittelbar anwendbar, während für die Freistellung vom Verbot nach Abs. 3 nur eine **mittelbare Anwendbarkeit** galt. Die Europäische Kommission war ausschließlich (Freistellungsmonopol) dafür zuständig, Vereinbarungen vom Verbot freizustellen. Es bestand ein **Anmelde- und Genehmigungsvorbehalt** der Kommission. Aufgeweicht wurde dieser Grundsatz durch die (nicht-förmliche) Freistellung mittels einfachem Verwaltungsschreiben der Kommission[1] und durch sog. Gruppenfreistellungsverordnungen, mit denen bestimmte typisierte Gruppen von Vereinbarungen vom Verbot des Abs. 1 freigestellt wurden.[2] Mit der **VO 1/2003** (in Kraft seit 1.5.2004) wurde der Grundsatz des Anmelde- und Genehmigungsvorbehaltes zu Gunsten einer **unmittelbaren Anwendung** des Art. 101 Abs. 3 AEUV aufgegeben (Art. 1 Abs. 2 VO 1/2003); seitdem besteht für Art. 101 Abs. 3 AEUV ein **System der Legalausnahme,** das eine **Selbsteinschätzung** der Unternehmen erfordert. Außerdem wurde die **dezentrale Anwendung** des Art. 101 AEUV (einschließlich seines Abs. 3) durch nationale Kartellbehörden gestärkt (Art. 5 und 6 VO 1/2003). 2

II. Sinn und Zweck

Genauso wie bei Art. 101 Abs. 1 AEUV[3] ist **Schutzzweck** des Art. 101 Abs. 3 AEUV die **Institution Wettbewerb,** wie er auch von Art. 119 AEUV als Grundsatz der offenen Marktwirtschaft mit freiem Wettbewerb" erwähnt wird.[4] Die von Art. 101 Abs. 3 AEUV privilegierten Interessen sind also wettbewerblicher Natur und beziehen sich auf die anerkannten volkswirtschaftlichen Vorteile des Wettbewerbs. **Die statischen Wettbewerbsfunktionen** gewährleisten ein Gleichgewicht von Angebot und Nachfrage, einen wirtschaftlichen Einsatz der Produktionsmittel und eine gerechte Einkommensverteilung durch Belohnung der besten Leistung mit dem größten Gewinn; **die dynamischen Wettbewerbsfunktionen** erzwingen eine ständige Anpassung der Konkurrenten an die Präferenzen der Marktgegenseite und gewährleisten möglichst schnellen technischen Fortschritt.[5] Damit parallel sichert Art. 101 Abs. 3 AEUV aber auch **die wettbewerblichen Handlungsfreiheiten der einzelnen Marktbeteiligten,** die den Wettbewerb ausmachen.[6] 3

---

[1] Eingehend *Ellger* in: Immenga/Mestmäcker, WbR EU, Art. 101 Abs. 3 AEUV Rn. 30.

[2] Eingehend zur Rechtsgrundlage und zur Wirkung von Gruppenfreistellungsverordnungen unten GVO Allgemeines Rn. 1 ff.

[3] Dazu Art. 101 Abs. 1 AEUV Rn. 77.

[4] EuGH v. 6.10.2009, C- 501/06 P, C-513/6 P, C-515/06 P, C-519/06 P, Tz. 63 – *GlaxoSmithKline/Kommission* = WuW/E EU-R 1641, 1645.

[5] *Bartling* WuW 1993, 16, 17; *Schwalbe/Zimmer,* Kartellrecht und Ökonomie, S. 10 ff.; *Ingo Schmidt,* Wettbewerbspolitik und Kartellrecht, S. 11 f.; *J. B. Nordemann,* Gegenmacht und Fusionskontrolle, S. 65 mwN.; *Ellger* in: Immenga/Mestmäcker, WbR EU, Art. 101 Abs. 3 AEUV Rn. 6.

[6] EuGH v. 6.10.2009, C-501/06 P, C-513/6 P, C-515/06 P, C-519/06 P, Tz. 63 – *GlaxoSmith Kline/Kommission* = WuW/E EU-R 1641, 1645.

Dementsprechend schützt Art. 101 Abs. 1 AEUV den Wettbewerb vor „Verhinderung, Einschränkung oder Verfälschung", also vor Wettbewerbsbeschränkungen. Der Wettbewerbsschutz in der EU hat dabei stets auch das Ziel der **Binnenmarktintegration,** also des wirksamen Wettbewerbs im gesamten Binnenmarkt, im Auge, weshalb Art. 101 Abs. 1 AEUV von vornherein nur auf zwischenstaatliche Sachverhalte Anwendung findet. Solche mit dem Wettbewerb verbundenen Schutzzwecke der Marktintegration sind z.B. dem deutschen Kartellrecht fremd.[7]

4 Allerdings beansprucht das Verbot des Art. 101 Abs. 1 AEUV keine allumfassende Geltung. Vereinbarte **Kooperationen können,** auch wenn sie **den Wettbewerb beschränken, durch** ihre **Effizienzgewinne wettbewerbsfördernde Wirkungen** haben, indem beispielsweise Produktionskosten gesenkt werden, die Produktqualität verbessert, ein neues Produkt entwickelt oder der Vertrieb effizienter wird.[8] Wenn in einem solchen Fall die positiven Wirkungen einer vereinbarten Kooperation schwerer wiegen als ihre wettbewerbsbeschränkenden Effekte, ist die Vereinbarung für den Wettbewerb insgesamt förderlich und soll nicht am Verbot des Art. 101 Abs. 1 AEUV scheitern. Die Möglichkeit der Freistellung ist also Ausdruck davon, dass Kooperationen die gewollte Institution des Wettbewerbs auch fördern können. Ein besonderes Augenmerk legt Art. 101 Abs. 3 – anders als Art. 101 Abs. 1 AEUV[9] – auf den **Schutz der Interessen von „Verbrauchern".** Dieser Begriff wird allerdings weit verstanden und erfasst neben privaten Verbrauchern auch sonstige unternehmerische Beteiligte auf der Marktgegenseite.[10] Nur wenn die Verbraucher an den Effizienzgewinnen angemessenen beteiligt werden, kommt eine Freistellung in Frage. Über dies enthält Art. 101 Abs. 3 AEUV eine **Verhältnismäßigkeitsprüfung** (Unerlässlichkeit). Dass der Freistellungstatbestand schließlich nur greift, wenn **keine Ausschaltung des Wettbewerbs** erfolgt, zeigt, dass das die Freistellung und damit Art. 101 Abs. 3 AEUV dem Wettbewerbsprinzip verpflichtet ist. Dieses Tatbestandmerkmal ist also zugleich der **Wächter des wettbewerblichen Schutzzwecks** des Art. 101 AEUV.

5 Vor diesem Hintergrund bleibt fraglich, ob daneben auch noch andere **außerhalb des Wettbewerbs stehende Wohlfahrtsziele** (z.B. Umweltschutz, Volksgesundheit, Verkehrssicherheit, Arbeitsplätze) bei der Auslegung des Art. 101 Abs. 3 AEUV zu berücksichtigen sind.[11]

6 Sinn und Zweck des Art. 101 Abs. 3 AEUV ist es, eine **Freistellung** von Vereinbarungen im Einzelfall zu ermöglichen. Art. 101 Abs. 3 AEUV enthält insoweit eine **Generalklausel.** Diese Generalklausel soll unabhängig von der Fallgestaltung eine Freistellung in allen in Betracht kommenden Fällen ermöglichen.

III. Systematik, Prüfungsreihenfolge

1. Verhältnis zu Art. 101 Abs. 1 AEUV

7 Art. 101 Abs. 3 AEUV ergänzt Art. 101 Abs. 1 AEUV und regelt eine Freistellung von dessen Verbot.[12] Einer Freistellung gem. Art. 101 Abs. 3 AEUV **vorgelagert** ist **die Fra-**

---

[7] Siehe § 1 GWB Rn. 10.

[8] Vgl. Europäische Kommission, Leitlinien für vertikale Beschränkungen, ABl. EU Nr. C 130 vom 19.5.2010, S. 1ff.; Tz. 106ff.

[9] EuGH v. 6.10.2009, C-501/06 P, C-513/6 P, C-515/06 P, C-519/06 P, Tz. 63 – *GlaxoSmithKline/Kommission* = WuW/E EU-R 1641, 1645.

[10] Im Einzelnen unten Rn. 49.

[11] Eingehend Rn. 59ff.

[12] Umstritten ist, ob Art. 101 Abs. 3 AEUV eine echte Ausnahme von Art. 101 Abs. 1 AEUV darstellt (*Ellger* in: Immenga/Mestmäcker, EU-WettbR, Art. 101 Abs. 3 AEUV Rn. 15 mwN.) oder ob es sich um einen Gesamttatbestand und bloß eine „technische" Ausnahme in Form von negativen Tatbestandsmerkmalen handelt (*Wolf* in: Münchener Kommentar, Europäisches Wettbewerbsrecht, Art. 101 AEUV Rn. 8, 29). Der Streit hat keine Auswirkungen auf die Darlegungs- und Beweislast

ge, ob überhaupt das **Verbot des Art. 101 Abs. 1 AEUV** eingreift. Die Abgrenzung zu Art. 101 Abs. 3 AEUV ist hierbei nicht immer klar, sondern häufig fließend. Denn bei beiden Bestimmungen handelt es sich um offene Tatbestände, die der Abwägung zugänglich sind. So können bereits für Art. 101 Abs. 1 AEUV auch wettbewerbsbelebende, marktbelebende oder markterschließende Wirkungen berücksichtigt werden.[13] Regelmäßig kommt das weniger für bezweckte, sondern vor allem für bewirkte Wettbewerbsbeschränkungen in Frage. Insbesondere die ungeschriebene Tatbestandsreduktion des Art. 101 Abs. 1 AEUV wegen notwendiger wettbewerbsbeschränkender Nebenabreden zu einer an sich zulässigen Kooperation ist einer Prüfung einer Freistellung nach Art. 101 Abs. 3 AEUV vorgelagert.[14] Das Gleiche gilt für Abreden, die Wettbewerb erst ermöglichen (Arbeitsgemeinschaftsgedanke).[15] Auch sind für Art. 101 Abs. 1 AEUV weitere immanente Schranken wegen konkurrierenden Regulierung zu beachten, beispielsweise in den Bereichen Landwirtschaft, Energie, Sozialversicherung oder Sozialpartnerschaft.[16] Zur etwas komplexen Abgrenzung von nicht tatbestandsmäßigen Vereinbarungen einerseits und tatbestandsmäßigen, aber freigestellten Vereinbarungen andererseits vgl. auch oben.[17]

Vor Einführung der Legalausnahme war die Unterscheidung zwischen Tatbestandsreduk- 8
tion und Freistellung für die Unternehmen durchaus relevant, weil die Unternehmen unter Umständen eine Freistellung bei den Kartellbehörden zur Legalisierung ihres (tatbestandsmäßigen) Verhaltens erwirken mussten. Seit der automatischen Freistellung jeder Vereinbarung durch das Prinzip der **Legalausnahme**[18] macht es **keinen nennenswerten rechtlichen Unterschied** mehr, ob das Verhalten nicht tatbestandsmäßig oder per Gesetz nach Art. 101 Abs. 3 AEUV freigestellt ist. Auch die Verteilung der **Darlegungs- und Beweislast** ändert sich nicht dadurch, dass ein Verhalten schon nicht tatbestandsmäßig ist; die Last liegt bei demjenigen, der sich auf einen solchen Ausnahmefall beruft.[19] Dennoch sollte in der Praxis die Unterscheidung nicht unterschätzt werden. Ist ein Verhalten schon nicht tatbestandsmäßig, kommt es beispielsweise gar nicht darauf an, ob GVOen nach Art. 101 Abs. 3 AEUV greifen. Vor allem für diejenigen Unternehmen kann eine Tatbestandsreduktion praktisch vorteilhaft sein, die auf Grund hoher Marktanteile nicht unter GVOen fallen und die damit tendenziell auch Schwierigkeiten hätten, die Erfüllung der Voraussetzungen der Einzelfreistellung nach Art. 101 Abs. 3 AEUV darzulegen.

2. Legalausnahme und Selbsteinschätzung

Die Freistellung durch Art. 101 Abs. 3 AEUV wirkt als Legalausnahme.[20] Es ist **kein** 9
administratives Freistellungsverfahren, insbesondere keine Anmeldung mehr erforder-

---

(dazu unten Rn. 8, 209). Allerdings ist zutreffend, dass es keinen Grundsatz der engen Auslegung des Art. 101 Abs. 3 AEUV gibt (dazu unten Rn. 17).

[13] *Säcker/Mohr* WRP 2011, 793, 801.

[14] EuGH NZKart 2015, 44 Rn. 230 ff. – *Mastercard;* Europäische Kommission, Leitlinien Art. 81 Abs. 3, Tz. 31.

[15] Europäische Kommission, Horizontalleitlinien, Tz. 30; Europäische Kommission ABl. EG L 311/36 Rn. 17 – *Eurotunnel; Mohr* ZWeR 2015, 1, 18 f. *Säcker/Mohr* WRP 2011, 793, 801.

[16] Beispielsweise zu Tarifverträgen und Art. 101 Abs. 1 AEUV: EuGH v. 4.12.2014, C-413/13 – *FNV Kunsten Informatie en Media;* dazu *Lettl* WRP 2015, 294 ff. Zur fehlenden Unternehmenseigenschaft von Sozialversicherungsträgern und der gewollten Ausnahme dieses Bereiches von Art. 101 AEUV siehe § 1 GWB Rn. 24, 26.

[17] Art. 101 Abs. 1 AEUV Rn. 307 ff. Siehe auch Europäische Kommission, Leitlinien Art. 81 Abs. 3 EG, Tz. 17 ff.; Europäische Kommission, Horizontalleitlinien, Rn. 23 ff.

[18] Dazu unten Rn. 9.

[19] Dazu Art. 101 Abs. 1 AEUV Rn. 104.

[20] Siehe zu den Rechtsfolgen der Legalausnahme Art. 1 VO 1/2003 Rn. 4 ff. Es ist teilweise umstritten, ob der vom Anmeldesystem ausgehende Wortlaut des Art. 101 Abs. 3 AEUV die in der VO 1/2003 festgeschriebene Legalausnahme überhaupt trägt oder ob die VO 1/2003 gemeinschaftsrechtswidrig ist; siehe dazu Art. 1 VO 1/2003 Rn. 8, 17.

lich, um die Wirksamkeit einer Vereinbarung durch Freistellungsverfügung als konstitutive behördliche Entscheidung zu erreichen. **Vereinbarungen sind per se wirksam, wenn sie die Freistellungsvoraussetzungen des Art. 101 Abs. 3 AEUV erfüllen.** Das zu prüfen und zu bewerten ist Aufgabe der Unternehmen selbst **(„Selbsteinschätzung").**[21] Die Kartellbehörden haben nur ein begrenztes Instrumentarium zur Verfügung, um die kartellrechtliche Unbedenklichkeit zu attestieren. Die Europäische Kommission kann nach Art. 10 VO 1/2003 die Nichtanwendbarkeit des Art. 101 AEUV feststellen, was auch den Fall der Freistellung nach Art. 101 Abs. 3 AEUV einschließt. Allerdings muss dafür ein hinreichendes öffentliches Interesse an der Feststellung vorliegen.[22] In der Praxis größere Bedeutung haben formlose Mitteilungen der deutschen Kartellbehörden, dass kein Anlass zum Tätigwerden besteht (§ 32c GWB). Für den Fall der Verletzung des Art. 101 AEUV stehen den Kartellbehörden aber die üblichen Sanktionen zur Verfügung.[23] Im Rahmen der Selbsteinschätzung gibt es keinen (nicht justiziablen) Beurteilungsspielraum für die Unternehmen.[24]

3. Gruppenfreistellung und Einzelfreistellung

10 Art. 101 Abs. 3 AEUV erlaubt neben der Freistellung einzelner Vereinbarungen, dass auch „Gruppen von Vereinbarungen" von der Anwendung des Art. 101 Abs. 1 AEUV freigestellt werden. Dafür hat das Europarecht die sog. Gruppenfreistellungsverordnung („GVO") entwickelt. Im Gegensatz zu Einzelfreistellungen sind GVOen tatbestandsmäßig konkreter gefasst und von den Unternehmen regelmäßig leichter darzulegen. Siehe die Auflistung der GVOen unten[25] sowie die Kommentierung zu den einzelnen GVOen unten.[26] Die Unterscheidung zwischen Einzelfreistellung und GVO hat mit dem Wechsel zum System der Legalausnahme an Bedeutung verloren, weil die Unternehmen auch in dem Fall, in dem eine Gruppenfreistellung ausscheidet, keine Anmeldung durchführen. Ob eine Einzel- oder eine Gruppenfreistellung vorliegt, ist im Ergebnis zweitrangig. Allerdings ist zu bedenken, dass GVOen spezielle Ausprägungen der Anforderungen des Art. 101 Abs. 3 AEUV sind.[27] Daher liegt es nahe, zumindest **in der Praxis der GVO** einen **Anwendungsvorrang** einzuräumen und auf die allgemeineren Formulierungen des Art. 101 Abs. 3 AEUV erst dann zurückzugreifen, wenn eine Gruppenfreistellung – beispielsweise auf Grund zu hoher Marktanteile oder weil andere Freistellungsvoraussetzungen nicht erfüllt sind – ausscheidet.[28] Zur sich daraus ergebenden **Prüfungsreihenfolge** siehe unten.[29] Der Anwendungsvorrang ändert nichts daran, dass beide Freistellungstatbestände nebeneinander anwendbar sind. – Zur **Indizwirkung** von Gruppenfreistellungsverordnungen für die Anwendung des Art. 101 Abs. 3 AEUV unten.[30]

11 Kommt es zum **Konfliktfall** zwischen der GVO und den Kriterien für die Einzelfreistellung nach Art. 101 Abs. 3 AEUV, ist die Lage etwas komplex. Grundsätzlich setzt sich die Einzelfreistellung nach Art. 101 Abs. 3 AEUV durch. Das ist schon aufgrund der Normhierarchie zwingend. Sind die **Voraussetzungen der Gruppenfreistellung nicht gegeben,** bleibt eine **Einzelfreistellung** stets **möglich.** Eine **einschränkende Auslegung von Gruppenfreistellungsverordnungen** wird erforderlich, wenn eine GVO **erkennbar**

---

[21] Zur Handhabung in der Praxis vgl. Art. 1 VO 1/2003 Rn. 14ff.
[22] Vgl. die Kommentierung zu Art. 10 VO 1/2003.
[23] Siehe unten zu Rechtsfolgen Rn. 206ff.
[24] Siehe im Einzelnen die Kommentierungen: Art. 1 VO 1/2003 Rn. 9 und § 2 GWB Rn. 49.
[25] Rn. 14.
[26] GVO Allgemeines Rn. 1ff.
[27] *Fuchs* ZWeR 2005, 1, 5.
[28] *Wagner* WRP 2003, 1369, 1378; *Jaeger* WuW 2000, 1062, 1066; *Fuchs* in: Immenga/Mestmäcker, GWB, § 2 Rn. 23; *Bechtold,* GWB, § 2 Rn. 28.
[29] Rn. 13.
[30] Rn. 18.

über die (abstrakt-generellen) Freistellungsvoraussetzungen des Art. 101 Abs. 3 AEUV hinausgeht und nach Art. 101 Abs. 3 AEUV nicht freistellungsfähige Abreden legalisieren würde.[31] Ein davon zu unterscheidender Fall liegt vor, wenn die GVO zwar die abstrakt-generellen Freistellungskriterien des Art. 101 Abs. 3 AEUV einhält, jedoch **die konkrete zur Überprüfung stehende Vereinbarung nicht nach Art. 101 Abs. 3 AEUV freigestellt** wäre, obwohl sie die Freistellungsvoraussetzungen der GVO erfüllt. Dann spricht schon aus Gründen der Rechtssicherheit eine unwiderlegliche Vermutung für eine Freistellung nach Art. 101 Abs. 3 AEUV,[32] und es kommt nur der **Entzug der Freistellung** nach Art. 29 VO 1/2003, § 32d GWB in Betracht.[33] Kein Konflikt zwischen Gruppen- und Einzelfreistellung liegt vor, wenn eine **Vereinbarung die (abstrakt generellen) Voraussetzungen der GVO nicht einhält.** Dann bleibt eine **Einzelfreistellung möglich.**

4. Verhältnis zum deutschen Recht (§§ 1 bis 3 GWB)

In zwischenstaatlichen Sachverhalten[34] genießt die Beurteilung nach Art. 101 AEUV Vorrang vor der Bewertung nach §§ 1, 2 GWB (Art. 3 VO 1/2003, § 22 GWB).[35] Das gilt sowohl für den Verbotstatbestand des Art. 101 Abs. 1 AEUV (§ 1 GWB) als auch für die Gruppen- oder Einzelfreistellung nach Art. 101 Abs. 3 AEUV (§ 2 GWB). Damit tritt in diesen Fällen insbesondere die Freistellung nach § 2 GWB hinter Art. 101 Abs. 3 AEUV zurück.[36] Das Gleiche gilt für § 3 GWB.[37] 12

5. Prüfungsreihenfolge

In der Praxis hat sich – in gewisser Abweichung von der vorstehend erläuterten Systematik – folgende **Prüfungsreihenfolge** herausgebildet:[38] **(1) Prüfung, ob Freistellung nach einer GVO.** Das erspart die eigentlich systematische vorrangige, aber oft nicht einfache Prüfung, ob der Tatbestand des Art. 101 Abs. 1 AEUV erfüllt ist. **(2) Falls die GVO nicht greift, Prüfung, ob der Tatbestand des Art. 101 Abs. 1 AEUV gegeben ist.** Das schließt auch die Prüfung der Spürbarkeit und der ungeschriebenen Tatbestandsreduktionen ein. **(3) Erst danach: Prüfung einer Einzelfreistellung nach Art. 101 Abs. 3 AEUV.** 13

IV. Praktische Bedeutung

Große praktische Bedeutung haben zunächst **Gruppenfreistellungsverordnungen,** die auf der Grundlage von Art. 101 Abs. 3 AEUV („Gruppen von Vereinbarungen") eine Vielzahl von eigentlich wettbewerbsbeschränkenden Vereinbarungen vom Verbot freistellen.[39] Zu nennen sind hier **Vertikalvereinbarungen,** also Vereinbarungen zwischen Unternehmen auf verschiedenen Marktstufen. Hier gelten folgende GVOen: 14

---

[31] *Wolf* in: Münchener Kommentar KartR, Art. 101 AEUV Rn. 1020; *Schneider* in: Langen/Bunte § 2 GWB Rn. 77; *Fuchs* in: Immenga/Mestmäcker, GWB, § 2 Rn. 244.

[32] OLG Naumburg v. 19.9.2013, 2 U 20/13 (Kart) Tz. 65, 74 (juris) – *Haftklebestoffe* = BeckRS 2013, 21552, S. 9, 11.

[33] Zutreffend: *Fuchs* in: Immenga/Mestmäcker, GWB, § 2 Rn. 237.

[34] Dazu Art. 101 Abs. 1 AEUV Rn. 324 ff.

[35] Siehe im Einzelnen die Kommentierung zu § 22 GWB. Zur Zwischenstaatlichkeit Art. 101 Abs. 1 AEUV Rn. 324 ff.; zu Mittelstandskartellen § 3 GWB Rn. 69.

[36] Siehe eingehend § 2 GWB Rn. 7.

[37] Dazu § 3 GWB Rn. 69.

[38] *Auf'mkolk* WuW 2011, 699, 702; siehe auch *Bahr/Loest* EWS 2002, 263. I. Erg. genauso: OLG Naumburg v. 19.9.2013, 2 U 20/13 (Kart) Tz. 65 ff. (juris) – *Haftklebestoffe* = BeckRS 2013, 21552, S. 9 ff.: Zunächst Prüfung Gruppenfreistellung (im Fall § 2 Abs. 2 GWB), dann Prüfung Tatbestand des Kartellverbots (im Fall § 1 GWB).

[39] Zum Ganzen unten GVO Allgemeines Rn. 1 ff.

- Verordnung (EU) Nr. 330/2010 vom 20. April 2010 über die Anwendung von Art. 101 Abs. 3 AEUV auf Gruppen von **vertikalen Vereinbarungen** und aufeinander abgestimmten Verhaltensweisen (ABl. EU L 102 vom 23. April 2010, S. 1);
- (teilweise) die Verordnung (EU) Nr. 316/2014 vom 21. März 2014 betreffend **Technologietransfervereinbarungen** (ABl. EU L 93 vom 28. März 2014, S. 17).
- (teilweise) die Verordnung (EU) Nr. 1218/2010 vom 14. Dezember 2010 über die Anwendung von Vereinbarungen über **Forschung und Entwicklung** (ABl. EU L 335 vom 18. Dezember 2010, S. 36).

Für **horizontale** Vereinbarungen zwischen Wettbewerber kommen folgende GVOen auf der Grundlage von Art. 101 Abs. 3 AEUV zur Anwendung:

- Verordnung (EU) Nr. 1218/2010 vom 14. Dezember 2010 über die Anwendung von Art. 101 Abs. 3 AEUV auf bestimmte Gruppen von **Spezialisierungsvereinbarungen** (ABl. EU L 335, vom 18. Dezember 2010, S. 43);
- Verordnung (EU) Nr. 1217/2010 vom 14. Dezember 2010 über die Anwendung von Art. 101 Abs. 3 AEUV auf bestimmte Gruppen von Vereinbarungen über **Forschung und Entwicklung** (ABl. EU L 335 vom 18. Dezember 2010, S. 36);
- (teilweise) die Verordnung (EU) Nr. 316/2014 vom 21. März 2014 betreffend **Technologietransfervereinbarungen** (ABl. EU L 93 vom 28. März 2014, S. 17).

Für einzelne **Sektoren** existieren weitere GVOen:

- Verordnung (EU) Nr. 267/2010 vom 24. März 2010 über die Anwendung von Art. 101 Abs. 3 AEUV auf Gruppen von Vereinbarungen, Beschlüssen und aufeinander abgestimmten Verhaltensweisen im **Versicherungssektor** (ABl. EU L 83 vom 30. März 2010, S. 1);
- Verordnung (EU) Nr. 461/2010 vom 27. Mai 2010 über die Anwendung von Art. 101 Abs. 3 AEUV auf Gruppen von vertikalen Vereinbarungen und abgestimmten Verhaltensweisen im **Kraftfahrzeugsektor** (ABl. EU L 129 vom 28. Mai 2010, S. 52).
- Im Sektor **Verkehr:** Art. 4 Verordnung (EWG) Nr. 1017/68 vom 19. Juli 1968[40] für den Eisenbahn-, Straßen- und Binnenschifffahrtsverkehr für kleinere und mittlere Unternehmen betreffend Absprachen zur Zusammenfassung unökonomisch arbeitender Einzelbetriebe; Verordnung (EG) Nr. 906/2009 vom 28. September 2009[41] über die Anwendung von Art. 101 Abs. 3 AEUV auf bestimmte Gruppen von Vereinbarungen, Beschlüssen und aufeinander abgestimmten Verhaltensweisen zwischen Seeschifffahrtsunternehmen (Konsortien); Verordnung Nr. 1459/2006 vom 28. September 2006[42] betreffend Konsultationen über Tarife zur Beförderung von Passagieren im Personenlinienverkehr und die Zuweisung von Zeitnischen auf Flughäfen; Verordnung (EG) Nr. 487/2009 vom 25. Mai 2009[43] zur Anwendung von Art. 101 Abs. 3 AEUV auf bestimmte Gruppen von Vereinbarungen und aufeinander abgestimmten Verhaltensweisen im Luftverkehr.

15 Eine **große praktische Relevanz** hat Art. 101 Abs. 3 AEUV über dies für die **Einzelfreistellung.** Mit Inkrafttreten der VO 1/2003 zum 1. Mai 2004 ist Art. 101 Abs. 3 AEUV unmittelbar in der gesamten EU anwendbar und gewährt Vereinbarungen, die seine Voraussetzungen erfüllen, eine Legalausnahme ohne administratives Freistellungsverfahren[44] vom Verbot des Art. 101 Abs. 1 AEUV. Die GVOen – schon wegen ihres teilweise sehr engen Anwendungsbereiches – decken viele Fälle nicht ab; das gilt vor allem – aber nicht nur – für **Horizontalvereinbarungen,** weil diese weniger durch GVOen reguliert sind.

---

[40] ABl. L 175 vom 16.7.1968, S. 1; geändert durch Verordnung (EG) Nr. 1/2003 v. 16.12.2002 zur Durchführung der in den Artikeln 81 und 82 des Vertrags (jetzt: Art. 101 und 102 AEUV) niedergelegten Wettbewerbsregeln, ABl. L 1 vom 4. Januar 2003, S. 1.

[41] ABl. L 256 vom 29. September 2009, S. 31.

[42] ABl. L 272 vom 3. Oktober 2006, S. 3.

[43] ABl. L 148 vom 11. Juni 2009, S. 1.

[44] Eingehend Art. 1 VO 1/2003 Rn. 4 ff.

Trotz der großen praktischen Bedeutung von Freistellungen nach Art. 101 Abs. 3 AEUV **fehlt** es an einschlägigem **Zahlenmaterial.** Durch den Wechsel zur Legalausnahme mit Inkrafttreten der VO 1/2003 besteht keine hinreichende Transparenz mehr für die europäischen und nationalen Kartellbehörden, um genauere Zahlenangaben zur praktischen Bedeutung der Einzelfreistellungen nach Art. 101 Abs. 3 AEUV vorlegen zu können. 16

B. Tatbestand

I. Auslegungshilfen

Teilweise wird geltend gemacht, Art. 101 Abs. 3 AEUV sei eine echte Ausnahme von Art. 101 Abs. 1 AEUV und deshalb im Rahmen des Regel-Ausnahme-Verhältnisses eng auszulegen.[45] Das überzeugt nicht. Vielmehr handelt es sich bei Art. 101 AEUV um einen Gesamttatbestand, in dessen Rahmen Abs. 3 als bloß „technische" Ausnahme in Form von negativen Tatbestandsmerkmalen fungiert.[46] Es gibt deshalb **keinen Grundsatz der engen Auslegung** des Art. 101 Abs. 3 AEUV. Das zeigt sich auch schon daran, dass seine Tatbestandsmerkmale nach allgemeiner Auffassung teilweise contra Wortlaut erweiternd ausgelegt werden.[47] Da es sich um negative Tatbestandsmerkmale handelt, trägt die Darlegungs- und Beweislast allerdings derjenige, der sich auf die Freistellung nach Art. 101 Abs. 3 AEUV beruft.[48] 17

Aus den **Gruppenfreistellungsverordnungen (GVOen)** können in begrenztem Umfang **Anhaltspunkte** auch für die Bewertung der Einzelfreistellung gewonnen werden. GVOen können als abstrakt-generelle Regelungen des Art. 101 Abs. 3 AEUV allerdings im Regelfall nicht erweiternd ausgelegt werden.[49] Auch kommt auch eine Analogiebildung nicht in Betracht.[50] Allein aus der Tatsache, dass das Verhalten **nicht unter eine GVO** fällt, kann jedoch **keine Vermutung gegen eine Einzelfreistellung** nach Art. 101 Abs. 3 AEUV und damit für die Unwirksamkeit einer Absprache gewonnen werden.[51] Dieser Fall erfordert lediglich eine individuelle Untersuchung der Vereinbarung anstelle der abstrakten Bewertung durch die GVO. Als Indizien für das Vorliegen und damit als Hilfestellung für die Selbstveranlagung können u. U. die **weißen Klauseln** der ehemaligen Gruppenfreistellungsverordnungen indiziell herangezogen werden.[52] Das Gleiche gilt, wenn die Freistellungsvoraussetzungen der GVO eingehalten, aber die Marktanteilsschwellen geringfügig überschritten sind.[53] Liegen die Marktanteile jedoch deutlich über den Schwel- 18

---

[45] *Ellger* in: Immenga/Mestmäcker, EU-WettbR, Art. 101 Abs. 3 AEUV Rn. 15 mwN.; *Mestmäcker/Schweitzer,* Europäisches Wettbewerbsrecht, § 3 Rn. 73.

[46] *Wolf* in: Münchener Kommentar, Europäisches Wettbewerbsrecht, Art. 101 AEUV Rn. 829; für die Differenzierung zwischen positiven und negativen tatbestandsmerkmalen auch *Karsten Schmidt* BB 2003, 1237, 1239.

[47] Ein Beispiel ist die Einbeziehung von Dienstleistungen in Art. 101 Abs. 3 AEUV, die eigentlich keine Stütze seinem Wortlaut findet, vgl. Rn. 25.

[48] Dazu Rn. 209.

[49] EuGH Slg. 1994, I-2727 Rn. 8, 15 – *Peugeot; Schneider* in: Langen/Bunte § 2 GWB Rn. 78; *Fuchs* in: Immenga/Mestmäcker, GWB, § 2 Rn. 42 mwN.; *Lettl,* Kartellrecht, § 2 Rn. 135. Wohl a. A. *Bechtold,* GWB, § 2 Rn. 29.

[50] *Fuchs* in: Immenga/Mestmäcker, GWB, § 2 Rn. 42.

[51] GVO Nr. 316/2014 Erwägungsgrund 13; *Wagner* WRP 2003, 1369, 1378. Zum deutschen Recht: Begr. RegE 7. GWB-Novelle, BT DS 15/3640, S. 25; *Fuchs* in: Immenga/Mestmäcker, GWB, § 2 Rn. 43; *Bechtold,* GWB, § 2 Rn. 29.

[52] *Wagner* WRP 2003, 1369, 1379.

[53] *Fuchs* in: Immenga/Mestmäcker, GWB, § 2 Rn. 43; *Säcker* in: Münchener Kommentar, GWB, § 2 GWB Rn. 11.

len, muss eine Einzelfallprüfung aller vier Kriterien vorgenommen werden, auch wenn die Kooperation – außer den Marktanteilsschwellen – alle Voraussetzungen der GVO einhält. Insbesondere ist es nicht zulässig, die ersten drei Kriterien als erfüllt zu unterstellen und nur die Ausschaltung des Wettbewerbs als viertes Kriterium zu untersuchen.[54] In entgegengesetzter Richtung sprechen schwerwiegende Beschränkungen wie die in die in den GVOen als Kernbeschränkungen eingestuften Wettbewerbsbeschränkungen indiziell gegen eine Einzelfreistellungsfähigkeit, auch wenn die Marktanteilsschwellen eingehalten sind.[55]

19 Auslegungshilfen ergeben sich auch aus **Leitlinien und Bekanntmachungen** der Europäischen Kommission zu Art. 101 AEUV.[56] Diese erläutern, wie die Europäische Kommission die einzelnen Voraussetzungen des Art. 101 Abs. 3 AEUV oder auch Gruppenfreistellungsverordnungen auslegt. Ihnen kommt für die Praxis eine nicht zu unterschätzende Bedeutung zu. Im Gegensatz zu den Gruppenfreistellungsverordnungen haben die Bekanntmachungen und Leitlinien der Kommission jedoch **keine Rechtsnormqualität.** Auf Gemeinschaftsebene binden sie nur die Kommission selbst, vergleichbar der Bindungswirkung deutscher Verwaltungsvorschriften für die veröffentlichende Behörde, wenn auch unter dem Vorbehalt flexibler Anwendung.[57] Leitlinien und Bekanntmachungen der Europäischen Kommission entfalten nach der zutreffenden herrschenden Auffassung grundsätzlich **keine unmittelbare rechtliche Bindungswirkung** für nationale Kartellbehörden und Gerichte.[58] Gleichwohl besteht zumindest eine faktische Bindungswirkung, weil die Praxis der deutschen Kartellbehörden und Gerichte kaum ohne Not von den Vorgaben aus Leitlinien und Bekanntmachungen der Kommission abweichen wird; bei Abweichung müsste grundsätzlich spätestens der BGH die Sache dem EuGH vorlegen (Art. 267 AEUV). Als Anhaltspunkt für die Rechtsanwendung durch die Gerichte, die Vorhersehbarkeit der Entscheidungen und die Selbsteinschätzung der Unternehmen werden sie eine **unerlässliche Hilfestellung für die Praxis** sein.

19a Die **deutsche Rechtsprechung und Verwaltungspraxis** bis zur 7. GWB-Novelle 2005, namentlich zu den Freistellungstatbeständen für bestimmte horizontale Abreden gem. §§ 2 bis 7 GWB a. F.,[59] kann als **Auslegungshilfe zu Art. 101 Abs. 3 AEUV** her-

---

[54] BKartA WuW/E DE-V 1459, 1467 – *Wirtschaftsprüferhaftpflicht* unter Berufung auf die EU-Praxis; kritisch *Meyer-Lindemann* ZWeR 2009, 523, 533.

[55] Europäische Kommission, Leitlinien Art. 81 Absatz 3 EG, Tz. 46 und 79; *Säcker* in: Münchener Kommentar, GWB, § 2 GWB Rn. 11.

[56] Vgl. Leitlinien zur Anwendung von Art. 81 Abs. 3 EG-Vertrag (jetzt: Art. 101 Abs. 3 AEUV), ABl. EG Nr. C 101 vom 27.4.2004, S. 97 ff.; Leitlinien zur Anwendbarkeit von Art. 101 AEUV auf Vereinbarungen über horizontale Zusammenarbeit (Horizontalleitlinien), ABl. Nr. C 11 vom 14.1. 2011, S. 1 ff.; Leitlinien für vertikale Beschränkungen, ABl. EU Nr. C 130 vom 19.5.2010, S. 1 ff.; Leitlinien zur Anwendung von Art. 101 AEUV auf Technologietransfer-Vereinbarungen, ABl. EU Nr. C 89 vom 28.3.2014, S. 3 ff.;

Bekanntmachung der Kommission über Vereinbarungen von geringer Bedeutung, die im Sinne des Artikel 101 Abs. 1 AEUV den Wettbewerb nicht spürbar beschränken (De-minimis-Bekanntmachung), ABl. Nr. C 291 vom 30.8.2014, S. 1 ff.; Bekanntmachung der Kommission über die Definition des relevanten Marktes im Sinne des Wettbewerbsrechts der Gemeinschaft, ABl. Nr. C 372 vom 9.12.1997, S. 5 ff.; Leitlinien über den Begriff der Beeinträchtigung des zwischenstaatlichen Handels in den Artikel 101 und 102 des Vertrages, ABl. Nr. C 101 vom 27.4.2004, S. 81 ff.

[57] Vgl. nur *Müller* WRP 2004, 1472, 1477.

[58] EuGH GRUR 2013, 285 Tz. 24 ff. – *Expedia;* Europäische Kommission, De-minimis-Bekanntmachung, ABl. Nr. C 291 vom 30.8.2014, S. 1 ff. Tz. 5; OLG Düsseldorf WuW/E DE-R 2146, 2151 f. – *Nord-KS/Xella:* „Orientierungshilfe"; OLG München WuW/E DE-R 991, 992 – *Tankstelle Gemering* für die Bagatellbekanntmachung; *Frenz* WuW 2010, 224 ff.; *Pohlmann* WuW 2005, 1005; *Hartmann-Rüppel/Wagner* ZWeR 2004, 128, 132; *Jestaedt/Bergau* WuW 1998, 119, 131; *Bauer/de Bronett,* Die EG-Gruppenfreistellungsverordnung für vertikale Wettbewerbsbeschränkungen, Rn. 245; a. A. (für eine Bindungswirkung für nationale Behörden und Gerichte) *Schweda* WuW 2004, 1133, 1139; *Hirsch* ZWeR 2003, 233, 247.

[59] Zur früheren Rechtsprechung und Verwaltungspraxis eingehend Voraufl. § 2 GWB Rn. 44 ff.

angezogen werden.[60] Es ist denkbar, dass das **europäische Recht bestimmte Fragen noch nicht beantwortet** hat. Das ist insbesondere im System der Legalausnahme mit Selbsteinschätzung misslich. Dann kann der deutschen Praxis eine wichtige Rolle bei der Entscheidungsfindung zukommen, selbst wenn ein zwischenstaatlicher Sachverhalt vorliegt und damit Art. 101 Abs. 3 AEUV Anwendung findet. Denn es geht hier nicht um eine vom EU-Recht abweichende Anwendung, sondern um eine bloße Konkretisierungshilfe auch für die EU-rechtliche Beurteilung, weil im Regelfall auch die frühere Praxis zum deutschen Recht mit Art. 101 Abs. 3 AEUV parallel lief.

II. Tatbestandsvoraussetzungen des Art. 101 Abs. 3 AEUV

1. Allgemeines

Als Freistellungsvoraussetzungen enthält Art. 101 Abs. 3 AEUV zwei positive und zwei negative materielle Voraussetzungen: Erforderlich sind (1) **Effizienzgewinne** aus der Verbesserung der Warenerzeugung oder -verteilung oder aus wirtschaftlichem oder technischem Fortschritt, für die (2)[61] die damit einhergehende **Wettbewerbsbeschränkung unerlässlich** ist, (3) deren **Gewinne** in angemessenem Umfang **an die Verbraucher weitergegeben** werden und (4) für deren Erreichung der **Wettbewerb** für einen wesentlichen Teil der betreffenden Waren **nicht ausgeschaltet** wird. Diese vier Voraussetzungen müssen **kumulativ** erfüllt sein; eine Freistellung entfällt, wenn auch nur eine Voraussetzung fehlt.[62] Können alle vier Voraussetzungen bejaht werden, so ist die Prüfung abgeschlossen, und die Vereinbarung ist vom Verbot des Art. 101 Abs. 1 AEUV freigestellt. – Siehe zu den **Auslegungshilfen** oben.[63] 20

Die Bewertung des Vorliegens der Voraussetzungen hat grundsätzlich innerhalb des jeweiligen räumlich und sachlich **relevanten Marktes** zu erfolgen, solange nicht zwei verschiedene Märkte etwa über die gleiche betroffene Verbrauchergruppe verknüpft sind und Vor- und Nachteile dadurch kompensiert werden können.[64] 21

Maßgeblicher **Zeitpunkt** für die Erfüllung der Freistellungsvoraussetzungen ist die **gesamte Laufzeit** der getroffenen Vereinbarungen. Die Freistellungsvoraussetzungen müssen also vom Inkrafttreten bis zur Beendigung der Vereinbarung vorliegen.[65] Eine Freistellung kann deshalb ihrem Charakter nach nur zeitlich befristet wirken, etwa wenn die Freistellung wegen Amortisation von Investitionskosten gewährt wird und der Freistellungsgrund damit später wegfällt. Von daher empfiehlt sich eine **ständige Prüfung** im Rahmen des 22

---

[60] Begr. RegE 7. GWB-Novelle BT-Drucks. 15/3640, S. 26: in aller Regel keine sachliche Änderung; *Hartog/Noack* WRP 2005, 1396, 1398; *Schneider* in: Langen/Bunte § 2 GWB Rn. 5, der jedoch betont, dass zukünftig auch die Entscheidungen der Europäischen Kommission und der Gemeinschaftsgerichte einzubeziehen sind; grundsätzlich zustimmend auch *Fuchs* in: Immenga/Mestmäcker, GWB, § 2 Rn. 37: „wichtige Auslegungshilfe".

[61] In der Reihenfolge wird die Unerlässlichkeit genauso wie in den Leitlinien der Kommission zur Anwendung des Art. 101 Abs. 3 AEUV, Tz. 38, als zweiter Punkt geprüft, da nicht berücksichtigungsfähige Vorteile aus nicht notwendigen Beschränkungen bei der Weitergabe an die Verbraucher keine Rolle spielen können.

[62] EuGH vom 7.2.2013, Rs. C-68/12 Rn. 31 – *Slowakische Banken;* EuG vom 8.6.1995, Rs. T-97/93, Slg. 1995, II-1533 (1596 ff.) – *Langnese-Iglo/Komm.;* EuG vom 11.7.1996, Rs. T-528/93, T-543/93, T-543/93, T-546/93, Slg. 1996, II-649 (683) – *Métropole Télévision u. a./Komm.; Müller* WRP 2004, 1472, 1474; *Schwintowski/Klaue* WuW 2005, 370, 372. Zu § 2 Abs. 1 GWB genauso: Begr. RegE 7. GWB-Novelle, BT DS 15/3640 S. 25.

[63] Rn. 17 ff.

[64] Europäische Kommission, Leitlinien Art. 81 Abs. 3 EG, Tz. 43; *Bechtold/Bosch/Brinker,* EU-WettbR, Art. 101 AEUV Rn. 152.

[65] Europäische Kommission, Leitlinien Art. 81 Abs. 3 EG, Tz. 44; *Kirchhoff* WuW 2004, 745, 753; *Schwintowski/Klaue* WuW 2005, 370, 373; *Bechtold/Bosch/Brinker,* EU-Kartellrecht, Art. 101 AEUV Rn. 151.

Vertragsmanagements.[66] Diese Prüfung sollte insbesondere dahin gehen, ob die Effizienzvorteile noch gegeben sind, hinreichende Vorteile noch an die Verbraucher weitergegeben werden oder sich die Wettbewerbsverhältnisse geändert haben. **Ausnahmen** gelten lediglich für **irreversible Ereignisse;** dann erfolgt die Bewertung auf den Zeitpunkt des Vertragsschlusses. Ein Beispiel für ein irreversibles Ereignis ist die Zusammenlegung von F&E-Kapazitäten, die nicht rückgängig gemacht werden kann; es ist dann unerheblich, wenn sich die Wettbewerbsverhältnisse nachträglich durch das Scheitern von konkurrierenden Projekten verschlechtern.[67]

23 Ein **Schriftformerfordernis** für nach Art. 101 Abs. 3 AEUV erlaubte Abreden besteht **nicht;** es können auch abgestimmte Verhaltensweisen freigestellt sein, die schon naturgemäß nicht schriftlich vorliegen. Dennoch empfiehlt sich eine Dokumentation, um der Darlegungs- und Beweislast genügen zu können.[68]

24 Im Übrigen werden alle Abstimmungsformen iSd. Art. 101 Abs. 1 AEUV für die Einzelfreistellung in Art. 101 Abs. 3 AEUV unterschiedslos behandelt. Insbesondere sind **abgestimmte Verhaltensweisen**[69] mit Vereinbarungen oder Beschlüssen gleichberechtigte Kooperationsformen im Hinblick auf eine Freistellung. Es erscheint nicht als überzeugend, „regelmäßig" vom Fehlen einer hinreichenden Gewähr für die Erzielung von Effizienzvorteilen als erste Freistellungsvoraussetzung bei bloß abgestimmten Verhaltensweisen auszugehen.[70] Schon die Gleichbehandlung von Vereinbarungen und abgestimmten Verhaltensweisen bei Art. 101 Abs. 1 AEUV zeigt, dass abgestimmte Verhaltensweisen im Regelfall genauso wirksam sind wie Vereinbarungen.

2. Verbesserung der Warenerzeugung oder -verteilung oder Beitrag zur Förderung des technischen oder wirtschaftlichen Fortschritts (Effizienzgewinne)

25 Nach der ersten Voraussetzung des Art. 101 Abs. 3 AEUV muss die in Frage stehende Wettbewerbsbeschränkung zu **Effizienzgewinnen** führen. Dabei bezieht sich die Bestimmung entgegen dem Wortlaut wie im Gemeinschaftsrecht nicht nur auf **Waren,** sondern auch auf **Dienstleistungen.**[71]

26 Die Effizienzgewinne müssen **wirtschaftlicher Art** sein.[72] Die Europäische Kommission definiert in ihren Leitlinien zu Art. 101 Abs. 3 AEUV (früher: Art. 81 Abs. 3 EG) Effizienzgewinne als „objektive wirtschaftliche Effizienzgewinne".[73] Die alleinige Berücksichtigung von wirtschaftlichen Vorteilen ist vor dem Hintergrund des auf den Wettbewerb gerichteten Schutzzweckes des Art. 101 Abs. 3 AEUV[74] konsequent. Damit scheiden nichtwirtschaftliche Vorteile wie z. B. Umweltschutz, Volksgesundheit als relevante Effizienzgewinne eigentlich aus. Die Europäische Kommission lässt aber teilweise auch mittelbare wirtschaftliche Vorteile ausreichen, so dass eigentlich nichtwirtschaftliche Aspekte doch relevant sein können, wenn sie – wie z. B. der Umweltschutz und die Volksgesundheit – mittelbare wirtschaftliche Implikationen haben.[75]

---

[66] Siehe auch Rn. 80.

[67] Europäische Kommission, Leitlinien Art. 81 Abs. 3 EG, Tz. 45; zustimmend: *Schneider* in Langen/Bunte § 2 GWB Rn. 27; *Fuchs* in Immenga/Mestmäcker, GWB, § 2 Rn. 83.

[68] Siehe Art. 2 VO 1/2003; ferner § 2 Rn. 46.

[69] Eingehend Art. 101 Abs. 1 AEUV Rn. 229 ff.

[70] A. A. *Fuchs* in: Immenga/Mestmäcker, GWB, § 2 Rn. 62.

[71] Europäische Kommission, Leitlinien Art. 81 Abs. 3 EG, Tz. 48; für Art. 101 Abs. 3 AEUV auch *Schneider* in: Langen/Bunte § 2 Rn. 30 und *Fuchs* in: Immenga/Mestmäcker, GWB § 2 Rn. 88.

[72] *Fuchs* ZWeR 2005, 1, 16 f.; *Ehlermann* CML Rev. 2000, 537, 549; *Mestmäcker/Schweitzer* § 14 Rn. 36.

[73] Europäische Kommission, Leitlinien Art. 81 Abs. 3 EG, Tz. 59.

[74] Dazu oben Rn. 3.

[75] Vgl. zur Berücksichtigung von Allgemeininteressen auch unten Rn. 59 ff.

Die Europäische Kommission bildet **zwei Oberkategorien: quantitative Effizienzgewinne (Kosteneinsparungen)** einerseits und **qualitative Effizienzgewinne** andererseits.[76] In beiden Formen können sie in den vier Bereichen Warenerzeugung, Warenverteilung, technischer und wirtschaftlicher Fortschritt anfallen. Eine klare Unterscheidung ist nicht erforderlich und auch nicht möglich, weil sie sich zum Teil erheblich überschneiden. 27

Bei der **Warenerzeugung** können quantitative Effizienzgewinne in Form monetärer Einsparungen etwa in Form von Skalenvorteilen (economies of scale) durch eine optimalere Auslastung von Produktionsanlagen und dadurch abnehmende Stückkosten mit zunehmender Produktion anfallen, ferner durch Verbundvorteile (economies of scope) bei der Erzeugung einer Vielzahl von Waren mit gleichen Anlagen und Synergien durch die Zusammenlegung von Produktionsanlagen zur Herstellung höherwertiger Produkte. – Gleichermaßen sind so auch qualitative Verbesserungen durch neue oder verbesserte Waren- oder Dienstleistungen realisierbar. Damit kann sich die Verbesserung der Warenerzeugung mit der Kategorie des technischen oder wirtschaftlichen Fortschritts überschneiden. Denkbar sind hier Maßnahmen zur Verfahrensoptimierung, zur Produktionsplanung und Lagerhaltung, z. B. just-in-time-Bezug.[77] 28

Im Bereich der **Warenverteilung** kommen beispielsweise Verbesserung der Verbreitungsmöglichkeiten eines Produktes[78] oder allgemein Absatzförderung[79] in Betracht. Zu nennen sind Verbundvorteile durch den gemeinsamen Einsatz von Transportmitteln oder qualitative Verbesserungen durch Berücksichtigung spezieller Kundenbedürfnisse, etwa im Fall von Vertriebssystemen bei beratungsintensiven Produkten oder bei Produkten mit exklusivem Produktimage.[80] Die Warenverteilung kann sich auch qualitativ verbessern durch neue oder zügigere Formen des Vertriebs, deren Einführung Investitionen erfordert, welche ohne Absicherung durch beispielsweise zeitlich und räumlich beschränkte Alleinvertriebsrechte nicht getätigt werden. Ein Beispiel ist die Einrichtung einer gemeinsamen On-Demand-Plattform im Internet für Filme, die sonst auf verschiedenen Websites gesucht werden müssten.[81] Auch der Aspekt der Versorgungssicherheit kann hier eine Rolle spielen. Insbesondere im Bereich des Großhandels gibt es allerdings keine grundsätzliche Rechtfertigung zu Gunsten von Monopolen, um geringere Logistikkosten zu erreichen.[82] Denn es kann nicht gesagt werden, dass Monopole effizienter wirtschaften würden als unter Konkurrenzdruck stehende Unternehmen.[83] 29

Gewinne im Bereich des **technischen Fortschritts** können durch Kosteneinsparungen bei Forschung und Entwicklung durch die gemeinsame Entwicklung und Nutzung neuer Produktionstechniken und -verfahren im Rahmen von Forschungs- und Entwicklungskooperationen anfallen. Die gemeinsame Nutzung bestehender Forschungseinrichtungen und die Zusammenlegung von Know-how können zu Synergieeffekten und zur Kostensenkung führen. Gleichermaßen kann mit neuen Entwicklungen die Qualität der Produkte erhöht werden. Die Wahrscheinlichkeit einer Freistellung sinkt mit deren kostenangleichenden Effekten.[84] 30

---

[76] Vgl. hierzu ausführlich Europäische Kommission, Leitlinien Art. 81 Abs. 3 EG, Tz. 59 bis 72.

[77] Vgl. zu den Beispielen ausführlich Europäische Kommission, Leitlinien Art. 81 Abs. 3 EG, Tz. 48 ff.

[78] BKartA WuW/E DE-V 209, 214 – *Stellenmarkt für Deutschland* zu § 7 GWB a. F.

[79] OLG Düsseldorf NZKart 2014, 68 Rn. 62 zit. nach juris – *Badarmaturen.*

[80] OLG Düsseldorf NZKart 2014, 68 Rn. 62 zit. nach juris – *Badarmaturen.*

[81] BKartA, Beschl. V. 17.3.2011, B6–94/10 Rn. 230 – *Video-On-Demand-Plattform* = BeckRS 2012, 01190; i. Erg. allerdings Freistellung abgelehnt.

[82] OLG Düsseldorf WuW/E DE-R 4242 Rn. 64 ff. (zit. nach juris) – *Presse-Grosso II.*

[83] OLG Düsseldorf WuW/E DE-R 4242 Rn. 67 (zit. nach juris) – *Presse-Grosso II; J. B. Nordemann,* FS Köhler 2014, S. 495, 501.

[84] Europäische Kommission, Horizontalleitlinien, Tz. 23.

31 Auf den **wirtschaftlichen Fortschritt** kann rekurriert werden, soweit die quantitativen oder qualitativen Verbesserungen nichttechnischer Art sind. So ist die Erhöhung der Rechtssicherheit für Marktbeteiligte als Effizienzgewinn anerkannt, beispielsweise durch die Vereinbarung von Standardbedingungen[85] oder auch durch Verhaltenskodizes und Wettbewerbsregeln.

32 **Beispiele für Horizontalvereinbarungen,** in denen die vorerwähnten Effizienzgewinne auftreten können, sind **rationalisierende Vereinbarungn zwischen Wettbewerbern** wie **Informationsaustausch zwischen Wettbewerbern** (insbesondere Marktinformationssysteme), **Forschungs- und Entwicklungsvereinbarungen, Produktions- und Spezialisierungsvereinbarungen, Vermarktungsvereinbarungen, Norm- und Typenvereinbarungen, Vereinbarungen von Standardbedingungen** sowie **Verhaltenskodizes und Wettbewerbsregeln.**[86]

33 Die Europäische Kommission und inzwischen auch das BKartA erkennen jedoch (wirtschaftliche) **Effizienzgewinne in Horizontalvereinbarungen auch ohne** solche **Effizienzgewinne durch Rationalisierung** an. Ein Sachverhalt ist die Verbesserung der Einkaufskonditionen durch horizontale **Bündelung von Marktmacht in Einkaufkooperationen,**[87] ohne dass durch die Kooperation im Übrigen ein Rationalisierungseffekt herbeigeführt würde. Nach Ansicht beider Behörden stellt das einen Effizienzgewinn dar, wenn die Einkaufsvorteile an die Abnehmer weitergegeben werden. Demgegenüber sind nicht rationalisierende Effizienzgewinne dann **irrelevant, wenn sie lediglich wettbewerbsbeschränkend** wirken und bei den Kartellbeteiligten durch Marktaufteilung oder Machtzuwachs der Gewinn erhöht wird.[88] Kosteneinsparungen müssen also einen Mehrwert für die Verbraucher schaffen, um einen berücksichtigungsfähigen Effizienzgewinn darzustellen.[89] Allgemein wird die Berücksichtigung von Effizienzgewinnen durch Preis- oder Quotenabsprachen abgelehnt. Auch Effizienzgewinne bei den Beteiligten durch jahrelange Monopolstellung sind unbeachtlich.[90] Monopole wirtschaften grundsätzlich nicht effizienter als unter Konkurrenzdruck stehende Unternehmen.[91] Die Effizienzsteigerung muss sich aus wertsichernden oder werterhöhenden Maßnahmen ergeben.[92] Zu **Umweltschutz-** und sonstigen nicht rationalisierenden Vereinbarungen siehe unten.[93]

34 In **Vertikalvereinbarungen** sind Effizienzgewinne noch in größerem Umfang anerkannt. Konsequenz ist zunächst die breite Existenz von GVOen für Vertikalvereinbarungen.[94] Das setzt sich bei den Einzelfreistellungen gem. Art. 101 Abs. 3 AEUV fort.[95] Anerkannt sind Effizienzvorteile vor allem im **Vertrieb.** Zu nennen sind Intensivierung der Verkaufsbemühungen z. B. durch Wettbewerbsverbote, Kundenschutz, Gebietsschutz, Selektion der Wiederverkäufer. Auch vertikalen **Technologietransfervereinbarungen** können Effizienzgewinne zu Teil werden, insbesondere Verbreitung einer effizienteren

[85] Europäische Kommission, Horizontalleitlinien, Tz. 312.

[86] Zu diesen Kooperationsfällen vgl. eingehend unten Rn. 66 ff.

[87] Eingehend zu Einkaufsvereinbarungen unten Rn. 90.

[88] Europäische Kommission, Leitlinien Art. 81 Abs. 3 EG, Tz. 49. Dem folgend BKartA WuW/E DE-V 1392, 1400 – *Altglas;* enger BKartA WuW/E DE-V 1459, 1468 – *Wirtschaftsprüferhaftpflicht:* „Kosteneinsparungen infolge bloßer Marktmacht sind keine tatsächlichen Kostenersparnisse, sie können nicht als Effizienzgewinne geltend gemacht werden;" BKartA, Beschl. v. 27.12.2012, B7 – 22/07 = BeckRS 2013, 09761, S. 30 f. – *Verschlüsselung von TV-Programmen.* Dem folgend *Bechtold/Bosch/Brinker,* EU-Kartellrecht, Art. 101 AEUV Rn. 155.

[89] *Hartmann-Rüppel/Wagner* ZWeR 2004, 128, 151.

[90] BKartA WuW/E DE-V 1459, 1472 – *Wirtschaftsprüferhaftpflicht* für ein jahrelang bestehendes Monopol für Vermögensschadenhaftpflichtversicherung für Wirtschaftsprüfer.

[91] OLG Düsseldorf WuW/E DE-R 4242 Rn. 67 (zit. nach juris) – *Presse-Grosso II.*

[92] Europäische Kommission, Leitlinien Art. 81 Abs. 3 EG, Tz. 49.

[93] Rn. 177 ff.

[94] Überblick siehe Rn. 14.

[95] Eingehend Rn. 190 ff.

Technologie, Reduzierung von Forschungs- und Entwicklungsaufwand. Vertikale **Forschungs- und Entwicklungsvereinbarungen** produzieren ähnliche Effizienzgewinne.

35 Als problematiusch erscheint, wenn **Effizienzgewinne** nicht bei den an der Abrede Beteiligten, sondern **lediglich bei anderen Marktbeteiligten,** insbesondere der Marktgegenseite, eintreten. Praktisch wird das vor allem bei Selbstbeschränkungsabkommen, die allein Verbraucherinteressen auf der Marktgegenseite dienen. Auch der EuG hat die Sicherheit der Versorgung der Marktgegenseite grundsätzlich als relevanten Effizienzgewinn anerkannt.[96] Solche Effizienzgewinne liegen jedoch – selbst wenn sie wirtschaftlicher Art sind – an der Grenze zu (wirtschaftlichen) Allgemeininteressen, deren Berücksichtigungsfähigkeit wegen des fehlenden Bezuges auf den Wettbewerb auf dem konkreten Markt zweifelhaft ist.[97] Dem deutschen Recht war die Berücksichtigung von wirtschaftlichen Vorteilen, die lediglich bei anderen Marktbeteiligten eintreten, bis zur 7. GWB-Novelle 2005 nach den früher geltenden Freistellungsregelungen für horizontale Kooperationen in den §§ 2 bis 7 GWB a. F. fremd. Danach musste die Kartellabrede – beispielsweise nach § 5 GWB a. F. – geeignet sein, die Leistungsfähigkeit oder Wirtschaftlichkeit der beteiligten Unternehmen zu heben. Dies waren ausschließlich die Kartellmitglieder, d. h. die Kartellparteien. Nicht zu berücksichtigen waren daher Rationalisierungseffekte, die bei Dritten eintreten oder positive Auswirkungen auf den Markt im Allgemeinen.[98] Der Rationalisierungserfolg musste über dies bei allen Kartellmitgliedern eintreten.[99] Dagegen war nach altem Recht unschädlich, wenn die Mitglieder in unterschiedlichem Maße von den Rationalisierungsvorteilen profitieren.[100] Dies wird vielmehr die Regel sein. **In rationalisierenden Kooperationen** sollte auf diese Grundsätze heute weiter zurückgegriffen werden. Denn die privilegierten Absprachen beziehen sich insoweit auf Effizienzgewinne bei den Beteiligten Unternehmen selbst. Auch bestünde ansonsten die Gefahr, dass sich Unternehmen allein wegen der Wettbewerbsbeschränkung an der rationalisierenden Kooperation beteiligen.[101] **Außerhalb von rationalisierenden Kooperationen** (z. B. bei Selbstbeschränkungsabkommen) **gilt das jedoch nicht,** soweit dort auch Effizienzgewinne bei Verbrauchern anerkannt werden. – Unzutreffend ist es, Effizienzgewinne nur als relevant für Art. 101 Abs. 3 AEUV zu betrachten, wenn sie (auch) bei Verbrauchern eintreten;[102] die Weitergabe der Vorteile an die Verbraucher ist ein separat zu prüfendes Kriterium.[103]

36 Die anfallenden Effizienzgewinne müssen **nicht wesentlich** sein.[104] Mit der Kommission ist es für Art. 101 Abs. 3 AEUV ausreichend, dass die Maßnahme einen „einfachen",

---

[96] Jedoch im konkreten Fall dessen Vorliegen verneint, EuG Slg. 1992, II-415, 452 Rn. 92 f. – *Vichy/Komm.*

[97] Siehe unten Rn. 59 ff.

[98] WuW/E BKartA 1108, 1109 – *Zementvertrieb Berlin II;* WuW/E BKartA 1930, 1931 = NJW 1983, 2383, 2384; WuW/E BKartA 1259, 1260 – *Fernmeldekabel II;* WuW/E BKartA 1131, 1132 – *Westfälische Zementwerke II; Werner* S. 75; *Fuchs* in: Immenga/Mestmäcker, GWB, § 2 Rn. 77; *Immenga* in: Immenga/Mestmäcker, GWB (3. Aufl.), § 5 a. F. Rn. 45.

[99] Zum früheren Recht allg. A. WuW/E BGH 1930, 1931 – *Basalt Union* = NJW 1975, 1837 = BB 1975, 1125 = DB 1975, 1884 = GRUR 1976, 40; WuW/E BKartA 1108, 1109 – *Zementvertrieb Berlin II;* WuW/E BKartA 763, 784 – *Montan-Zement; Immenga* in: Immenga/Mestmäcker, GWB (3. Aufl.), § 5 a. F. Rn. 45; *Bunte* in: Frankfurter Kommentar § 5 a. F. Rn. 84; *Kiecker* in: Langen/Bunte (9. Aufl.), § 5 a. F. Rn. 13.

[100] Zu § 5 GWB a. F. allgA.: WuW/E BGH 1929, 1931 – *Basalt Union* = NJW 1975, 1837 = BB 1975, 1125 = DB 1975, 1884 = GRUR 1976, 40; *Werner* S. 73; *Immenga* in: Immenga/Mestmäcker, GWB (3. Aufl.), § 5 a. F. Rn. 43; *Bunte* in: Frankfurter Kommentar § 5 a. F. Rn. 84.

[101] WuW/E BGH 1929, 1931 – *Basalt Union* = NJW 1975, 1837 = BB 1975, 1125 = DB 1975, 1884 = GRUR 1976, 40; *Bunte* in: Frankfurter Kommentar § 5 a. F. Rn. 84.

[102] So aber wohl OLG Düsseldorf WuW/E DE-R 2197, 2207 – *E.ON Ruhrgas.*

[103] Dazu unten Rn. 48 ff.

[104] Eine Wesentlichkeit forderte beispielsweise § 5 GWB a. F. bis zur 7. GWB-Novelle 2005. Zur alten Rechtslage, nach der schon der Wortlaut des § 5 GWB a. F. eine „wesentliche" Steigerung der Leistungsfähigkeit oder Wirtschaftlichkeit verlangte: WuW/E BKartA 629, 632 – *Armaturen.*

nicht aber einen „wesentlichen" Beitrag zur Effizienzgewinnerzielung leistet,[105] was nach dem Wortlaut des Art. 101 Abs. 3 AEUV zutreffend ist. Ohnehin ist eine Abwägung mit dem Umfang der Weitergabe an die Verbraucher und dem Umfang der Wettbewerbsbeschränkung erforderlich.[106] Bei umfassender Weitergabe auch kleiner Gewinne und geringer Intensität der Wettbewerbsbeschränkung ist zusätzlich eine Wesentlichkeit nicht zu fordern. **Spürbar** müssen die Effizienzgewinne jedoch auch nach Art. 101 Abs. 3 AEUV sein.[107]

37 Nach der herrschenden Auffassung muss außerdem eine **Abwägung von Vor- und Nachteilen** erfolgen. Die **Vorteile,** die sich aus der Absprache ergeben, **müssen größer sein als ihre Nachteile.**[108] Das erscheint als zutreffend, soweit hier Effizienzvorteile mit Effizienznachteilen saldiert werden. Es geht also um Nachteile innerhalb der Erzeugung, Verteilung oder des wirtschaftlichen und technischen Fortschritts. Sofern als zu saldierende Nachteile aber „starke Wettbewerbsbeschränkungen" genannt werden,[109] kann das nicht überzeugen.[110] Die Abwägung der Effizienzgewinne mit den Auswirkungen auf dem Wettbewerb findet nicht beim Merkmal der Effizienzgewinne, sondern bei anderen Tatbestandsmerkmalen des Art. 101 Abs. 3 AEUV statt, namentlich bei der Prüfung der Unerlässlichkeit und der Prüfung, dass kein Ausschluss des Wettbewerbs erfolgen darf. So erscheint es als nicht überzeugend, dass das OLG Düsseldorf bei sog. Bestpreisklauseln von Hotels den Effizienzgewinn der größeren Preistransparenz von Hotelpreisen direkt bei der Prüfung der Effizienzgewinne mit den beschränkenden Wirkungen solcher Klauseln auf den Preiswettbewerb der Hotels saldiert hat.[111]

38 Die Effizienzgewinne müssen auf die Vereinbarung zurückgeführt werden können **(„beitragen").**[112] Dieser **Kausalzusammenhang** setzt in der Regel voraus, dass sich die Effizienzgewinne aus der Wirtschaftstätigkeit ergeben, die Gegenstand der Vereinbarung ist. Berücksichtigungsfähig sind **lediglich direkte Zusammenhänge.** Ein mittelbarer, indirekter Kausalzusammenhang zwischen der Vereinbarung und dem Effizienzgewinn, dessen Wirkungen in der Regel zu ungewiss und zu fern liegend sind, um berücksichtigt werden zu können, genügt nicht. Beispiele für unzureichende indirekte Zusammenhänge sind eine bloße Gewinnsteigerung, die Mittel zur Verwendung freigibt,[113] oder eine höhere Auslastung der Produktionskapazitäten Dritter, die für Dritte einen Anreiz bietet, in die Anlagen weiter zu investieren.[114] Auch nach früherem deutschem Recht reichte eine Effizienzsteigerung als bloße Folge der Abrede nicht aus, sofern zwischen der wettbewerbsbeschränkenden Maßnahme und dem Rationalisierungserfolg kein unmittelbarer Zusammen-

---

[105] Kommission vom 12.12.1990, ABl. 1991 L 19/25, 33, Tz. 26 – *KSB/Goulds/Lowara/ITT; Schwintowski/Klaue* WuW 2005, 370, 373; *Hengst* in Langen/Bunte Art. 101 AEUV Rn. 378.

[106] Vgl. zu diesen Merkmalen unten Rn. 48 ff. u. 55 ff.

[107] EuGH NZKart 2015, 44 Rn. 234 – *Mastercard;* EuGH v. 6.10.2009, C- 501/06 P, C-513/6 P, C-515/06 P, C-519/06 P, Tz. 92 – *GlaxoSmithKline/Kommission* = WuW/E EU-R 1641, 1648; Europäische Kommission ABl. 1990 Nr. L 31, S. 32, 44 – *Zuckerrüben; Bechtold/Bosch/Brinker,* EU-Kartellrecht, Art. 101 Rn. 153; *Wolf* in: Münchener Kommentar, Europäisches Wettbewerbsrecht, Art. 101 AEUV Rn. 894.

[108] OLG Düsseldorf WuW/E DE-R 4572 Rn. 130 (juris) – *HRS-Bestpreisklausel;* OLG Düsseldorf WuW/E DE-R 4242 Rn. 61 (juris) – *Presse-Grosso II;* OLG Düsseldorf NZKart 2014, 68 Rn. 62 (juris) – *Badarmaturen; Bechtold/Bosch/Brinker,* EU-Kartellrecht, Art. 101 AEUV Rn. 156; *Hengst* in Langen/Bunte Art. 101 AEUV Rn. 374.

[109] *Bechtold/Bosch/Brinker,* EU-Kartellrecht, Art. 101 AEUV Rn. 156.

[110] Genauso: *Wolf* in: Münchener Kommentar, Europäisches Wettbewerbsrecht, Art. 101 AEUV Rn. 901.

[111] OLG Düsseldorf WuW/E DE-R 4572 Rn. 138 (juris) – *HRS-Bestpreisklausel.*

[112] Kommission vom 23.12.1971, ABl. 1972 L 22/16, 23 f. – *N. C. H.,* Kommission vom 22.12. 1972, ABl. 1972 L 303/24, 36 – *Cimbel; Sölter* WuW 1961, 665, 680; *Hengst* in Langen/Bunte Art. 101 AEUV Rn. 378.

[113] Europäische Kommission, Leitlinien Art. 81 Abs. 3 EG, Tz. 54.

[114] BKartA WuW/E DE-V 1392, 1401 – *Altglas.*

hang bestand.[115] Jedoch ist **nicht Voraussetzung,** dass die Kartellvereinbarung die Effizienzgewinne **exklusiv bewirkt.** Die Vereinbarung kann auch dann „beitragen", wenn es noch andere Ursachen gibt. Solange ein nicht unbedeutender Teil[116] der Leistungssteigerungen auf die Kartellvereinbarung zurückzuführen ist, können auch selbstständige Bemühungen der Beteiligten hinzutreten bzw. ohnehin bestehende Rationalisierungsbestrebungen erleichtert werden.[117]

Effizienzgewinne, die **auf einem anderen Markt** als dem Markt der Wettbewerbsbeschränkung eintreten, sollen nach verbreiteter Auffassung berücksichtigungsfähig sein.[118] Das steht indes im Widerspruch zur *Mastercard*-Entscheidung des EuGH, die die Berücksichtigung von Gewinne aus anderen Märkten an bestimmte Voraussetzungen knüpft. Sie können danach einbezogen werden, wenn zusätzlich auch Effizienzgewinne auf dem relevanten Markt eintreten. Dann addieren sich die Effizienzgewinne auf dem relevanten Markt und dem anderen Markt.[119] Umgekehrt finden Effizienzvorteile auf anderen Märkten nach *Mastercard* keine Berücksichtigung, wenn keine Effizienzvorteile auf dem relevanten Markt (der Wettbewerbsbeschränkung) zu beobachten sind.[120] Das ist auch richtig, weil es hier nur einen mittelbaren Kausalzusammenhang gibt, der nicht ausreicht.[121] Ein Beispiel sind Preisabsprachen in Form von „multilateral interchange fees" (MIF) im Mastercard–Kreditkartensystem, für die der EuGH annahm, dass sie keine Effizienzgewinne auf dem relevanten Interbankenmarkt erzeugten, auf dem die Wettbewerbsbeschränkung eintrat. Ein anderes Beispiel sind Absprachen über die gemeinsame Einführung einer Technologie, um die Zutrittsschranken für andere Märkte absenken, die diese Technologie ebenfalls nutzen.[122] Die Vorteile der Beteiligten des Drittmarktes können nur dann berücksichtigt werden, wenn die Vorteile auch auf dem relevanten Markt eintreten, also Verbrauchern zu Gute kommen, die auf beiden Märkten präsent sind. Über dies sollten Effizienzgewinne auf anderen Märkten auch dann einbezogen werden, wenn die Märkte miteinander verbunden sind und die Gruppe der Verbraucher, die von den Wettbewerbsbeschränkungen betroffen wären und von den Effizienzgewinnen profitieren würden, im Wesentlichen dieselben sind.[123] So können beispielsweise Effizienzgewinne der privaten Waschmaschinenkäufer auf dem Markt bei der Nachfrage nach Energie berücksichtigt werden, wenn sich Waschmaschinenhersteller absprechen, den Verbrauchern auf dem Waschmaschinenmarkt nur noch energieeffiziente Geräte anzubieten.[124] Ein Widerspruch zur vorgenannten *Mastercard*-Rechtsprechung des EuGH ergibt sich nicht, weil auf dem Markt der Absprache zumindest die Produktqualität steigt und deshalb auch dort ein Effizienzvorteil zu beobachten ist. 39

[115] So zu § 5 GWB a. F. WuW/E BKartA 1225, 1229 – *Krawattenstoff-Submission;* WuW/E BKartA 271, 276 – *Einheitshydraulik I; Bunte* in: Frankfurter Kommentar § 5 a. F. Rn. 40; a. A. *Deringer/Benisch* in: Gemeinschaftskommentar § 5 a. F. Rn. 34.

[116] Zu § 5 GWB a. F. WuW/E BKartA 1225, 1229 – *Krawattenstoff-Submission.*

[117] Vgl. zu § 5 GWB a. F. *Bunte* in: Frankfurter Kommentar § 5 a. F. Rn. 41; *Deringer/Benisch* in: Gemeinschaftskommentar § 5 a. F. Rn. 31.

[118] EuG v. 28.2.2002, Rs. T-86/95, Slg. 2002, II-1011 Rn. 343 – *Compangie générale maritime;* genauso: *Hengst* in Langen/Bunte Art. 101 AEUV Rn. 375: Ohne Einschränkung berücksichtigungsfähig; wohl ebenso: *Ellger* in Immenga/Mestmäcker, EU-WettbR, Art. 101 Abs. 3 AEUV Rn. 225, allerdings die Interdependenz von Märkten allgemein betonend.

[119] EuGH NZKart 2015, 44 Rn. 237 – *Mastercard.*

[120] EuGH NZKart 2015, 44 Rn. 242 – *Mastercard.*

[121] Siehe oben Rn. 38.

[122] Siehe BKartA TB 2005/2006, S. 109 – *Grundverschlüsselung im Satelliten-TV:* Absenkung der Zutrittsschranken für Pay-TV durch Verabredung von Free-TV-Anbietern zur Einführung gemeinsamer Set-Top-Boxen, die auch Pay-TV bedienen könnten; im konkreten Fall aber Effizienzgewinne verneint.

[123] Europäische Kommission, Horizontalleitlinien, Rn. 329.

[124] Europäische Kommission, Horizontalleitlinien, Rn. 329.

40 Die Beurteilung, ob die Abreden zu Effizienzgewinnen beitragen, erfordert eine **Prognose** und Berücksichtigung einerseits der realen, schon bestehenden und andererseits der hypothetischen, zu erwartenden Situation.[125] Es ist ein **objektiver Maßstab** anzulegen; subjektive Vorstellungen der Kartellbeteiligten spielen keine Rolle.[126] Auch nach der früheren deutschen Freistellungspraxis reichte es aus, wenn auf Grund objektiver Gesichtspunkte zum Zeitpunkt der Entscheidung **mit hinreichender Wahrscheinlichkeit**[127] davon auszugehen war, dass die Vereinbarung die rationalisierenden und leistungssteigernden Maßnahmen zumindest fördern werde. Es sind die maßgeblichen wirtschaftlichen Bedingungen des spezifischen Einzelfalles unter Einschluss von etwaigen Besonderheiten der Branche mit und ohne Kartell zu vergleichen.[128] Schwierig ist die Prognose, wenn die Vereinbarung sich auf eine neue Kooperation bezieht. Die zukünftige Entwicklung der wirtschaftlichen Verhältnisse ohne rationalisierende Maßnahmen ist kaum vorhersehbar. Daher kann es nur darauf ankommen, ob das Kartell **geeignet ist,** die Effizienzgewinne mit hinreichender Wahrscheinlichkeit herbeizuführen.[129]

41 Die Unternehmen müssen **substantiiert darlegen und ggf. beweisen,**[130] welche Effizienzgewinne zu erwarten sind, welche Verbindung zwischen der Beschränkung und den Effizienzgewinnen besteht, mit welcher Wahrscheinlichkeit, zu welchem Zeitpunkt und in welchem Ausmaß die Gewinne eintreten.[131] Werden beispielsweise Kosteneinsparungen geltend gemacht, muss der Wert der Einsparungen so genau wie möglich berechnet oder geschätzt und eingehend beschrieben werden, wie der Betrag berechnet wurde; dabei vorgelegte Daten müssen nachprüfbar sein.[132] Wird eine absatzfördernde Wirkung geltend gemacht, muss diese substantiiert belegt werden.[133] Die substantiierte Darlegung muss daher **sehr ernst genommen** werden. Die Darlegung kann durch Privatgutachten untermauert werden. Im Prozess kann Beweis durch Sachverständigengutachten angeboten werden. Wegen möglicher späterer Änderungen ist auch eine ständige Dokumentation empfehlenswert.[134] Die gleichen Anforderungen werden nunmehr auch an die Entscheidungsfindung der Gerichte gestellt. Ohne detaillierte Analyse und Quantifizierung von Ausmaß und Wahrscheinlichkeit der Effizienzgewinne dürften Gerichtsentscheidungen kaum den Anforderungen genügen.[135]

---

[125] OLG Düsseldorf WuW/E DE-R 4242 Rn. 61 (zit. nach juris) – *Presse-Grosso II.*

[126] EuGH v. 6.10.2009, C- 501/06 P, C-513/6 P, C-515/06 P, C-519/06 P, Tz. 92 – *GlaxoSmithKline/Kommission* = WuW/E EU-R 1641, 1648; EuGH Slg. 1966, 281, 396f. – *Consten/Grundig;* OLG Düsseldorf NZKart 2014, 68 Rn. 61 (juris) – *Badarmaturen;* BKartA WuW/E DE-V 1459, 1468 – *Wirtschaftprüferhaftpflicht; Wolf* in: Münchener Kommentar, Europäisches Wettbewerbsrecht, Art. 101 AEUV Rn. 892; *Bechtold/Bosch/Brinker,* EU-Kartellrecht, Art. 101 Rn. 153.

[127] EuGH v. 6.10.2009, C- 501/06 P, C-513/6 P, C-515/06 P, C-519/06 P, Tz. 93 – *GlaxoSmithKline/Kommission* = WuW/E EU-R 1641, 1649; siehe auch WuW/E BKartA 271, 276 – *Einheitshydraulik.*

[128] EuGH v. 6.10.2009, C- 501/06 P, C-513/6 P, C-515/06 P, C-519/06 P, Tz. 103 – *GlaxoSmithKline/Kommission* = WuW/E EU-R 1641, 1650. Siehe auch zum alten deutschen Recht: *Bunte* in: Frankfurter Kommentar § 5 a. F. Rn. 31; *Deringer/Benisch* in: Gemeinschaftskommentar § 5 a. F. Rn. 29; *Kiecker* in: Langen/Bunte (9. Aufl.), § 5 a. F. Rn. 9.

[129] Ebenso zu § 5 GWB a. F. *Bunte* in: Frankfurter Kommentar § 5 a. F. Rn. 33; *Deringer/Benisch* in: Gemeinschaftskommentar § 5 a. F. Rn. 29; vgl. WuW/E BKartA 224, 230 – *Niedersächsische Kalkwerke.*

[130] Zur Darlegungs- und Beweislast siehe unten Rn. 209.

[131] OLG Düsseldorf WuW/E DE-R 4242 Rn. 61 (zit. nach juris) – *Presse-Grosso II;* OLG Düsseldorf NZKart 2014, 68 Rn. 62 zit. nach juris – *Badarmaturen;* BKartA WuW/E DE-V 1459, 1468 – *Wirtschaftsprüferhaftpflicht;* BKartA WuW/E DE-V 1392, 1400 – *Altglas.*

[132] BKartA WuW/E DE-V 1392, 1400 – *Altglas.*

[133] OLG Düsseldorf WuW/E DE-R 4572 Rn. 130ff. (juris) – *HRS-Bestpreisklausel;* OLG Düsseldorf NZKart 2014, 68 Rn. 62 (juris) – *Badarmaturen.*

[134] Siehe hierzu unten Rn. 23.

[135] *Hartmann-Rüppel/Wagner* ZWeR 2004, 128, 151.

3. Unerlässlichkeit der Wettbewerbsbeschränkung

42 Die dritte Voraussetzung des Art. 101 Abs. 3 AEUV (hier als zweite dargestellt) bestimmt, dass den Unternehmen keine Wettbewerbsbeschränkungen auferlegt werden dürfen, die zur Erreichung der zuvor festgestellten Vorteile entbehrlich sind. In dieser Freistellungsvoraussetzung hat der **Grundsatz der Verhältnismäßigkeit** seinen Niederschlag gefunden.[136] Die Anforderungen an die Unerlässlichkeit werden **eher streng** gehandhabt. Für die Bestimmung der Unerlässlichkeit bietet sich eine **zweistufige Prüfung** an:[137]

43 Erstens muss die wettbewerbsbeschränkende Vereinbarung insgesamt **notwendig** für die Erzielung der Effizienzgewinne sein. Ferner ist zu berücksichtigen, ob das auch für jede einzelne sich aus der Vereinbarung ergebende Beschränkung gilt. In beiden Fällen darf sich der aus der Absprache folgende Beitrag zu den positiv festgestellten Zielen nicht auf eine andere wirtschaftlich gangbare und weniger wettbewerbsbeschränkende Weise erreichen lassen. Dabei bezieht sich die Kontrolle vornehmlich auf solche Fälle, in denen es realistische und erreichbare Alternativen gibt, nicht aber auf eine Berücksichtigung hypothetischen Handelns, das womöglich noch außerhalb der jeweils verfolgten Unternehmensstrategie liegt. Deren Änderung oder gar Rechtfertigung erfordert auch Art. 101 Abs. 3 AEUV nicht.[138] Notwendig ist eine Beschränkung, wenn die daraus folgenden Effizienzgewinne oder deren Eintrittswahrscheinlichkeit sonst wegfallen oder erheblich geschmälert werden würden,[139] beispielsweise wenn bei alternativem Verhalten eines markteintretenden Unternehmens Verluste drohen würden, die wegen einer hoher Rentabilitätsschwelle die Amortisation getätigter Investitionen verhinderte. Auch kann die für den Markt effiziente Mindestbetriebsgröße eine Rolle spielen: je weiter das Unternehmen davon entfernt ist, desto eher ist eine Kooperation unerlässlich. Hierfür ist auf das tatsächliche wirtschaftliche Umfeld, in dem die Vereinbarung Anwendung findet, insbesondere die Marktstruktur, die mit der Vereinbarung verbundenen wirtschaftlichen Risiken und die Anreize für die Parteien abzustellen. Dabei kann sich auch ergeben, dass die Wettbewerbsbeschränkung lediglich **für einen befristeten Zeitraum** unerlässlich ist.[140] Wenn Effizienzgewinne nicht ohne unerhebliche Investitionen erzielt werden können, muss jedoch insbesondere der für die Gewährleistung einer angemessenen Kapitalrendite erforderliche Zeitraum zugestanden werden.[141] Die Prüfung der Notwendigkeit kann aber auch zu dem Schluss führen, dass die Kooperation nur **mit einer geringeren Zahl von Konkurrenten** mit weniger Marktmacht zulässig ist[142] oder die Kartellbeteiligten auch allein genauso erfolgreich am Markt agieren könnten.[143] Nicht notwendig sind auch Abreden zur gemeinsamen Beschaffung,

---

[136] *Bechtold,* GWB, § 2 Rn. 18 unter Verweis auf BGH WuW/E DE-R 919, 925 – *Stellenmarkt für Deutschland,* dort zu § 7 GWB a. F.

[137] Europäische Kommission, Leitlinien Art. 81 Abs. 3 EG, Tz. 73; *Schwintowski/Klaue* WuW 2005, 370, 374.

[138] Europäische Kommission, Leitlinien Art. 81 Abs. 3 EG, Tz. 75; zustimmend *Fuchs* in: Immenga/Mestmäcker, GWB, § 2 Rn. 103.

[139] Europäische Kommission, Leitlinien Art. 81 Abs. 3 EG, Tz. 79.

[140] Europäische Kommission, Leitlinien Art. 81 Abs. 3 EG, Tz. 81; siehe auch *Hartmann-Rüppel/Wagner* ZWeR 2004, 128, 152.

[141] Europäische Kommission, Leitlinien Art. 81 Abs. 3 EG, Tz. 81.

[142] *Hartmann-Rüppel/Wagner* ZWeR 2004, 128, 144; *Fuchs* in: Immenga/Mestmäcker, GWB, § 2 Rn. 104. Siehe auch OLG Düsseldorf WuW/E DE-R 4242 Rn. 65 (zit. nach juris) – *Presse-Grosso II,* zu fehlenden Effizienzgewinnen: Kartell zur gemeinsamen Verhandlung von Konditionen schon deshalb nicht freigestellt, weil es sich nicht auf die möglicherweise schutzbedürftigen kleinen und mittleren Titel und Verlage beschränkt.

[143] BKartA WuW/E DE-V 1459, 1473 – *Wirtschaftsprüferhaftpflicht* für eine Kooperation zwischen Versicherungsunternehmen im Bereich der Vermögensschadenhaftpflicht für Wirtschaftsprüfer; das Geschäft konnte nach Auffassung des Amtes auch von jedem Versicherungsunternehmen allein betrieben werden.

wenn die Abrede ineffektive Strukturen (z. B. zu lange Transportwege) bewahrt, die besser von den allokativen Wirkungen des Wettbewerbs aufgebrochen werden.[144] Nicht notwendig ist nach der Rechtsprechung des EuGH eine private Absprache von Wettbewerbern, ein **illegal auf dem Markt tätiges Unternehmen** vom Markt auszuschließen, weil die „**zuständigen Behörden** mit einer diesbezüglichen Beschwerde" **zu befassen** seien.[145]

44 Zweitens ist bei der Unerlässlichkeit auch die **Angemessenheit** der wettbewerbsbeschränkenden Vereinbarung zu berücksichtigen. Die Unerlässlichkeit entspricht nämlich dem Gebot der Angemessenheit der Mittel.[146] Hierfür ist zu untersuchen, ob die Nachteile für den Wettbewerb in einem hinnehmbaren Verhältnis zu den durch sie erreichbaren positiven Auswirkungen stehen;[147] sodann ist beides abzuwägen.[148] Zwischen dem Ausmaß der Wettbewerbsbeschränkung und den Prüfungsanforderungen besteht eine Wechselwirkung: Je gravierender die Beschränkung, desto strenger sind die Anforderungen an die Freistellung.[149] **Kernbeschränkungen** (in Horizontalvereinbarungen: Preis-, Gebiets- und Kundenaufteilungen, Produktionsbeschränkungen; in Vertikalvereinbarungen: Mindestpreisabsprachen, auch passiver Gebiets- oder Kundenschutz; siehe im Einzelnen auch die in den GVOen benannten Kernbeschränkungen) dürften die Anforderungen tendenziell nicht erfüllen.[150] Im Hinblick auf die Angemessenheitsprüfung bestehen damit Überschneidungen mit der Prüfung, ob die Abrede zu einer Ausschaltung des Wettbewerbs führt.[151] Beispielsweise ist es nicht schutzwürdig, wenn sich ein Gaslieferant zur Rechtfertigung von sog. Stapel- und Kettenverträgen, die mittelbar zu einer Alleinbezugspflicht des Abnehmers und zum Ausschluss jeglichen Lieferwettbewerbs führen, darauf beruft, er könne seinerseits nur kostengünstige Gasbezugsverträge abschließen, wenn er gesicherte Absatzmöglichkeiten habe. Denn Absatzrisiken sind einem funktionierenden Wettbewerb immanent. Ein Ausschluss von Wettbewerb ist kein angemessenes Mittel, um die eigenen Absatzrisiken zu minimieren.[152] Auch die grundsätzlich wünschenswerte Neutralität im Pressevertrieb lässt eine vollständige Monopolisierung der Großhandelsstufe durch Gebietsabreden nicht als unerlässlich erscheinen.[153] Ähnliches gilt im Ergebnis auch für die Monopolisierung der gewerblichen Vermittlung von Glückspielen auf den jeweiligen Landesanbieter, selbst wenn hier die Erhaltung der wirtschaftlichen Leistungsfähigkeit der Anbieter – z. B. der Landes-Lottogesellschaften – das Ziel ist.[154] Die Gleichschaltung des gesamten Internetvertriebs der deutschen Landeslottogesellschaften auf ein einheitliches Portal ist ebenfalls nicht unerlässlich, weil das Portal auch bloß den Weg zu unterschiedlichen (konkurrierenden) Websites der einzelnen Anbieter weisen könnte.[155]

45 Die Unerlässlichkeit im Sinne der beiden vorgenannten Stufen ist anhand eines **objektiven Maßstabs** zu beurteilen. Auf die subjektiven Vorstellungen der Kartellmitglieder

---

[144] BKartA WuW/E DE-V 1392, 1402 – *Altglas.*

[145] EuGH vom 7.2.2013, Rs. C-68/12 Rn. 35 – *Slowakische Banken.*

[146] *Hirsch* ZWeR 2003, 233, 238.

[147] EuG vom 15.7.1994, Rs. T-17/93, Slg. 1994, II-595, 641 – *Matra Hachette/Komm.*

[148] *Hartmann-Rüppel/Wagner* ZWeR 2004, 128, 134 mit Hinweis auf die Praxis zu § 7 GWB a. F. wie BGH WuW/E DE-R 919, 924 f. – *Stellenmarkt für Deutschland* = GRUR 2002, 1005.

[149] Europäische Kommission, Leitlinien Art. 81 Abs. 3 EG, Tz. 79.

[150] *Bechtold/Bosch/Brinker,* EU-Kartellrecht, Art. 101 AEUV Rn. 164.

[151] Dazu unten Rn. 55 ff.

[152] OLG Düsseldorf WuW/E DE-R 2197, 2208 f. – *E.ON Ruhrgas.*

[153] *J. B. Nordemann,* FS Köhler 2014, S. 495, 501 f.; *Guggenberger/Ulmer* AfP 2013, 183 (188); *Paschke* AfP 2012, 431 (432 ff.); in diese Richtung auch *Zimmer* BB Heft 29/2013, Die erste Seite. A. A. *Paal* in BeckOK InfoMedienR, 3. Ed. 1.2.2014, Art. 101 Rn. 101; *Hennemann* in BeckOK InfoMedienR, 3. Ed. 1.2.2014, GWB § 30 Rn. 11. Siehe hierzu eingehend die Kommentierung zu § 30 GWB Rn. 11 ff.

[154] *Fuchs* ZWeR 2013, 233, 249, im Rahmen von Art. 106 AEUV.

[155] *Fuchs* ZWeR 2013, 233, 267.

kommt es nicht an.[156] Dies gilt allerdings mit der Einschränkung, dass die **Zumutbarkeit** zu berücksichtigen ist. Unzumutbarkeit liegt vor, wenn das Ziel auf anderem Weg objektiv zwar erreicht werden kann, das aber wirtschaftlich nicht sinnvoll wäre. Die Prüfung hat sich allein auf die an der Kartellabsprache beteiligten Unternehmen zu erstrecken. Es ist daher für die Freistellung unerheblich, wenn nicht beteiligte Unternehmen das Ziel der Verbesserung auf andere, weniger wettbewerbsbeschränkende Weise erreichen könnten.

Die Prüfung der Unerlässlichkeit, die eigentlich eine Verhältnismäßigkeitsprüfung ist, erfordert Wertungen. Insoweit **erlaubt die Europäische Kommission** in ihren Leitlinien den Unternehmen **einen gewissen Beurteilungsspielraum.** Sie will nur dann einschreiten, wenn hinreichend klar ist, dass es realistische und erreichbare Alternativen gibt, um die Effizienzvorteile zu erreichen. Die Parteien müssen lediglich erläutern und belegen, warum realistisch erscheinende und weniger wettbewerbsbeschränkende Alternativen für die Vereinbarung erheblich weniger effizient wären.[157] Das dürfte aber als Aussage der Kommission in bloßen Leitlinien keine Bindungswirkung für Gerichte entfalten, so dass Gerichte die Voraussetzungen des Art. 101 Abs. 3 AEUV in vollem Umfang prüfen müssen.[158] Es erscheint insoweit auch nicht als angezeigt, den Unternehmen einen nicht justiziablen Beurteilungsspielraum einzuräumen.[159] 46

Nach einer Auffassung soll **Rechtsfolge** einer nicht unerlässlichen einzelnen Kernbeschränkung sein, dass die Einzelfreistellung insgesamt entfällt und damit auch andere – eigentlich freigestellte – Wettbewerbsbeschränkungen aus der Freistellung herausfallen. Die Parteien müssen die Vereinbarung neu ohne die Kernbeschränkung abschließen, um die Freistellung zu erhalten. § 139 BGB sei nicht einschlägig. Das soll auch bei salvatorischen Klauseln in den Verträgen gelten.[160] Über dies wird eine geltungserhaltende Reduktion vollständig abgelehnt. Begründet wird das u. a. mit dem „Alles-oder-Nichts-Prinzip" der GVOen. Diese Auffassung erscheint schon deshalb als wenig überzeugend, weil sie nicht mit den Rechtsfolgen des Art. 101 Abs. 2 AEUV konform geht. Dort ist anerkannt, dass § 139 BGB Anwendung finden und insbesondere eine salvatorische (Erhaltungs-)Klausel zu einem Erhalt von teilnichtigen Verträgen führen kann.[161] Die Rechtsfolgen des Kartellverbotes gem. Art. 101 Abs. 1, 2 AEUV und die Rechtsfolgen der Freistellung gem. Art. 101 Abs. 3 AEUV müssen aber schon deshalb parallel gehandhabt werden, weil bei fehlender Freistellung das Verbot greift. Dementsprechend ist auch eine geltungserhaltende Reduktion in dem Maße bei Art. 101 Abs. 3 AEUV für nicht unerlässliche Kernbeschränkungen zulässig, wie sie für Art. 101 Abs. 2 AEUV zugelassen wird. Über dies darf das „Alles-oder-Nichts-Prinzip" der GVOen nicht auf Art. 101 Abs. 3 AEUV übertragen werden, weil GVOen naturgemäß pauschale Beurteilungen enthalten, die sich einer differenzierten Betrachtung entziehen; für Art. 101 Abs. 3 AEUV gilt das gerade nicht. 47

4. Angemessene Beteiligung der Verbraucher am Gewinn

Während die erste Bedingung der Effizienzgewinne auf entstehende Vorteile für die gesamtwirtschaftliche Situation abstellt, ist für die Beteiligung daran entscheidend, ob die gewonnenen Vorteile tatsächlich an die Verbraucher weitergegeben werden. Das muss **substantiiert von der darlegungs- und beweisbelasteten Partei**[162] **vorgetragen** wer- 48

---

[156] *Schneider* in: Langen/Bunte § 2 GWB Rn. 50; *Fuchs* in: Immenga/Mestmäcker, GWB, § 2 Rn. 103.

[157] Europäische Kommission, Leitlinien Art. 81 Abs. 3 EG, Tz. 75.

[158] *Koch* ZWeR 2005, 380, 393, *Hengst* in Langen/Bunte Art. 101 AEUV Rn. 365. Zur Bindungswirkung von Leitlinien oben Rn. 19.

[159] Siehe im Einzelnen die Kommentierungen: Art. 1 VO 1/2003 Rn. 9 und § 2 GWB Rn. 49.

[160] *Bechtold,* GWB, § 2 Rn. 20; *Fuchs* in: Immenga/Mestmäcker, GWB, § 2 Rn. 106.

[161] Dazu Art. 101 Abs. 2 AEUV Rn. 27.

[162] Siehe Rn. 209.

den.[163] Während bei der Prüfung von Anmeldungen vor in Krafttreten der Legalausnahme eine schwierige Prognose über den trotz wettbewerbsbeschränkender Verhaltensweisen zu erwartenden Wettbewerbsdruck anzustellen war, dürfte seit Wegfall der Anmeldepflicht der Zeitpunkt der Überprüfung häufig erst nach Praktizierung wettbewerbsbeschränkender Verhaltensweisen liegen. Die Überprüfung kann daher anhand der tatsächlichen Ergebnisse erfolgen. Bei der Prüfung der Gewinnbeteiligung der Verbraucher kann Beschwerden Indizwert zukommen.[164]

49 Der **Verbraucherbegriff** umfasst **nicht nur** den **Endverbraucher,** sondern im Gegensatz zur sonst üblichen Terminologie jeden **unmittelbaren und mittelbaren**[165] **Abnehmer** im Absatzgefüge inklusive Produzenten, Abnehmern von Vorprodukten und Händlern bis hin zu den Endverbrauchern.[166] Das bedeutet, dass bei wettbewerbsbeschränkenden Bezugsvereinbarungen auf Großhandelsstufe nicht nur die Beteiligung der Großhändler an den Vorteilen, sondern auch der Endverbraucher gewährleistet sein muss.[167] Die engere Auffassung des BKartA, Verbraucher sei nur der „unmittelbare Abnehmer",[168] ist abzulehnen. Das wirft allerdings das Problem auf, das bei vermachteter Abnehmerseite eine Weitergabe der Vorteile an weitere Abnehmer in der Vertriebskette nicht gewährleistet und deshalb Lieferantenkooperationen bei Vermachtung der Abnehmerseite grundsätzlich ausgeschlossen sein können; gerade in Fällen, in denen die Kooperation wesentliche Effizienzvorteile mit sich bringt, sollte es deshalb im Rahmen einer wertenden Betrachtungsweise auch möglich sein, auf eine zwingende Beteiligung weiterer Abnehmer oder auch der Endverbraucher zu verzichten. – **Keine Verbraucher** sind die beteiligten Unternehmen. Auch Aktionäre und Gesellschafter der beteiligten Unternehmen rechnen nicht zu den Verbrauchern. Eine bloße Steigerung des Gewinnes, der einbehalten oder an diese ausgeschüttet wird, erfüllt die vorliegende Voraussetzung nicht.[169] Auch scheiden als Verbraucher solche außerhalb der EU und des EWR aus.[170]

50 Ebenso weit wird der Begriff des **„Gewinns"** ausgelegt.[171] Darunter fallen zunächst der finanzielle (monetäre) Gewinn für Verbraucher, also Preissenkungen oder eine Beibehaltung des Preises trotz gestiegener Kosten.[172] Ferner sind Leistungsverbesserungen für die relevanten Waren oder Dienstleistungen einzubeziehen, also Qualitätsverbesserungen, Produktinnovation bis hin zu neuen Produkten oder größerer Leistungsvielfalt. Aber auch

---

[163] OLG Düsseldorf WuW/E DE-R 2197, 2208 – *E · ON Ruhrgas.*

[164] EuG U. v. 28.2.2002, Fn. 12, II-1086 Rn. 370.

[165] Also auch Abnehmer, die nicht vertraglich mit den Kartellbeteiligten verbunden sind: OLG Düsseldorf NZKart 2014, 68 Rn. 64 zit. nach juris – *Badarmaturen; Fuchs* in: Immenga/Mestmäcker, GWB, § 2 Rn. 94; *Bechtold,* GWB, § 2 Rn. 16; *Ellger* in Immenga/Mestmäcker, EU-WettbR, Art. 101 Abs. 3 AEUV Rn. 225 f.; *Wolf* in: Münchener Kommentar, Europäisches Wettbewerbsrecht, Art. 101 AEUV Rn. 948.

[166] OLG Düsseldorf NZKart 2014, 68 Rn. 64 zit. nach juris – *Badarmaturen;* Europäische Kommission vom 27.11.1985, ABl. L 369/1, 5, Tz. 23 – *Ivoclar;* Europäische Kommission, Leitlinien Art. 81 Abs. 3 EG, Tz. 84; *Hengst* in Langen/Bunte Art. 101 AEUV Rn. 387. *Ellger* in Immenga/Mestmäcker, EU-WettbR, Art. 101 Abs. 3 AEUV Rn. 225 f. Für § 2 GWB: *Fuchs* in: Immenga/Mestmäcker, GWB, § 2 Rn. 94; *Schneider* in: Langen/Bunte § 2 GWB Rn. 41; *Wolf* in: Münchener Kommentar, Europäisches Wettbewerbsrecht, Art. 101 AEUV Rn. 948.

[167] OLG Düsseldorf WuW/E DE-R 2197, 2207 f. – *E.ON Ruhrgas.*

[168] BKartA WuW/E DE-V 1392, 1403 – *Altglas* unter unzutreffender Berufung auf Europäische Kommission, Leitlinien Art. 81 Abs. 3 EG, Tz. 84, die ausdrücklich „Kunden der Vertragsparteien und die späteren Käufer der Produkte", also auch nur mittelbar Betroffene, in der Verbraucherbegriff einbezieht.

[169] *Schwintowski/Klaue* WuW 2005, 370, 375.

[170] *Wolf* in: Münchener Kommentar, Europäisches Wettbewerbsrecht, Art. 101 AEUV Rn. 950.

[171] EuG vom 15.7.1994, Rs. T-17/93, Slg. 1994, II-595, 636 – *Matra Hachette/Komm.; Fuchs* in: Immenga/Mestmäcker, GWB, § 2 Rn. 95; *Schneider* in: Langen/Bunte § 2 GWB Rn. 43; *Hengst* in Langen/Bunte, EU-Kartellrecht, Art. 101 AEUV Rn. 384.

[172] OLG Düsseldorf WuW/E DE-R 2197, 2207 – *EON Ruhrgas.*

andere zu erwartende Vorteile für den Abnehmer sind relevant wie z.B. Erhöhung der Rechtssicherheit,[173] Vermeidung von Verbraucherverwirrung,[174] höhere Energieeffizienz und damit Umweltschutz[175] oder andere Gemeinwohlvorteile[176] wie Volksgesundheit,[177] Sicherheit im Straßenverkehr.[178]

Von den entstehenden Gewinnen sind die dabei anfallenden Kosten abzuziehen; **es muss ein Überhang verbleiben.** Sonst kann nicht mehr von „Gewinn“ gesprochen werden. Die nachteiligen Auswirkungen für den Verbraucher müssen also mehr ausgeglichen werden.[179] Ein Vorteil kann auch vorliegen, wenn ein höherer Preis von einer höheren Qualität aufgewogen wird.[180] Der Gewinn muss **nicht jedem einzelnen Verbraucher einen Gewinn bringen,** sondern nur einer „Gesamtheit“.[181] Das erfordert eine Einzelfallbetrachtung, die sich an quantitativen und qualitativen Kriterien ausrichten muss. Zieht die Mehrheit der Verbraucher einen Gewinn, spricht das für die Relevanz der Gewinne. Umgekehrt können aber Gewinne einer Minderheit berücksichtigungsfähig sein, wenn sie qualitativ von hohem Wert sind. Branchenweite Register, die Informationen über Kreditantragsteller enthalten, kommen nicht jedem Verbraucher zu Gute, weil sich bestimmte Kreditantragsteller wegen der Existenz solcher Register höheren Zinssätzen oder einer Ablehnung des beantragten Kredits gegenübersehen. Es genügt aber, dass jedenfalls die Mehrheit der Verbraucher einen Gewinn erzielt, weil solche Register zu einer höheren Kreditverfügbarkeit führen, und zwar auch zugunsten von Antragstellern, für die ohne angemessene Kenntnis der Gläubiger von ihrer persönlichen Situation möglicherweise zu hohe Zinssätze gelten würden.[182] 51

Die Beteiligung des Verbrauchers an den Gewinnen muss schließlich **angemessen** sein. Dass die Gewinne in vollem Umfang weitergegeben werden, ist nicht erforderlich. Eine Beteiligung des Verbrauchers ist schon dann angemessen, wenn die Weitergabe der Vorteile die tatsächlichen oder voraussichtlichen negativen Auswirkungen zumindest ausgleicht (neutralisiert).[183] Das ist im Rahmen einer **wertenden saldierenden Betrachtung** zu ermitteln. Beispielsweise kann der Preis für die Verbraucher sinken, zumindest aber die Aufrechterhaltung des Preisniveaus trotz gestiegener Kosten durch Effizienzvorteile gewährleistet werden.[184] Insoweit können auch gegenläufige Effekte saldiert werden, z.B. ein Preisanstieg bei einem durch einen niedrigeren Preis bei einem anderen Produkt ausgeglichen werden.[185] Auch der frühere Zugang zu einem besseren 52

---

173 Siehe zur Erhöhung der Rechtssicherheit als Effizienzgewinn: Europäische Kommission, Horizontalleitlinien, Tz. 312, 323.

174 Europäische Kommission v. 7.4.1999, ABl. 1999 L 106/14 Rn. 46 – *Richtlinien für die Berufsausübung der beim Europäischen Patentamt zugelassenen Vertreter.*

175 *Hengst* in Langen/Bunte, EU-Kartellrecht, Art. 101 AEUV Rn. 384.

176 Siehe dazu Rn. 63.

177 Europäische Kommission v. 6.10.1994, ABl. 1999 L 309/1 Rn. 89 – *Pasteur Mérieux-Merck; Ellger* in Immenga/Mestmäcker, EU-WettbR, Art. 101 Abs. 3 AEUV Rn. 245.

178 Europäische Kommission v. 16.12.1994, ABl. 1994 L 354/87 Rn. 24 – *Saint Gobain/Asahi; Ellger* in Immenga/Mestmäcker, EU-WettbR, Art. 101 Abs. 3 AEUV Rn. 245.

179 OLG Düsseldorf NZKart 2014, 68 Rn. 64 zit. nach juris – *Badarmaturen:* „mindestens ausgeglichen“; *Hengst* in Langen/Bunte, EU-Kartellrecht, Art. 101 AEUV Rn. 384.

180 Europäische Kommission, Leitlinien Art. 81 Abs. 3 EG, Tz. 102.

181 EuGH Slg 2006, I-11125 Rn. 70 – *Asnef-Equifax and Administración del Estado.*

182 EuGH Slg 2006, I-11125 Rn. 68 ff. – *Asnef-Equifax and Administración del Estado.*

183 Europäische Kommission, Leitlinien Art. 81 Abs. 3 EG, Tz. 85; *Hartmann-Rüppel/Wagner* ZWeR 2004, 128, 151; *Bechtold,* GWB, § 2 Rn. 16; *Schneider* in: Langen/Bunte § 2 GWB Rn. 45; *Fuchs* in: Immenga/Mestmäcker, GWB, § 2 Rn. 96 mwN. zur vereinzelten Gegenauffassung zu § 7 GWB a.F., dass die Vorteile für die Verbraucher überwiegen müssen. Vgl. auch OLG Düsseldorf WuW/E DE-R 2197, 2207 – *E.ON Ruhrgas:* zumindest ausgleichen, wenn nicht sogar überwiegen.

184 OLG Düsseldorf WuW/E DE-R 2197, 2207 – *E.ON Ruhrgas.*

185 *Schneider* in: Langen/Bunte § 2 GWB Rn. 45; *Fuchs* in: Immenga/Mestmäcker, GWB, § 2 Rn. 96.

Produkt[186] oder allgemein eine bessere Produktqualität[187] können mit einem Preisanstieg saldiert werden. Erfolgt die Weitergabe mit zeitlicher Verzögerung, muss die Weitergabe an die Verbraucher in umso größerem Umfang erfolgen.[188]

53 Für die Feststellung der Angemessenheit besteht zwischen dem Ausmaß der **Wettbewerbsbeschränkung** und dem Umfang der **Weitergabe** eine **Wechselwirkung:** Je gravierender die Beschränkung, in desto höherem Maße müssen anfallende Gewinne weitergegeben werden.[189] Ausschlaggebend für die Frage, ob die Vorteile tatsächlich an die Verbraucher weitergegeben werden, ist auch der auf dem relevanten Markt noch verbleibende **Wettbewerbsdruck**. Ist dieser groß genug, so wird er die Unternehmen dazu veranlassen, die Verbraucher an dem Gewinn teilhaben zu lassen.[190] Kriterien für dessen Bestimmung sind die Marktstruktur, die Art und das Ausmaß der Effizienzgewinne, die Elastizität der Nachfrage und das Ausmaß der Wettbewerbsbeschränkung.[191] Je umfangreicher die Auswirkungen auf den Wettbewerb, umso wahrscheinlicher sind langfristig Nachteile der Verbraucher.[192] Beispielsweise sah das OLG Düsseldorf keinen hinreichenden Ausgleich der Nachteile für die Verbraucher durch Effizienzgewinne bei der Bildung eines Gemeinschaftsunternehmens durch drei Kalksandsteinproduzenten, die daneben auch selbst am Markt blieben und im Beirat des Gemeinschaftsunternehmens sich ständig über Preise und Rabatte austauschten. Denn das führte zumindest mittelbar zu einer „Preisberuhigung und – anhebung". Selbst wenn Eiffizienzgewinne in Form von Lohnkosteneinsparungen und kürzeren Gesamtbauzeiten zu beobachten waren, sei durch die Einschränkung des Preiswettbewerbs eine angemessene Verbraucherbeteiligung nicht hinreichend gewährleistet.[193] Erhebliche Wettbewerbsbeschränkungen und geringe Effizienzvorteile sprechen also gegen eine angemessene Beteiligung, während begrenzte Beschränkungen und große Effizienzvorteile für eine Freistellung sprechen.[194] Eine vertiefte Analyse der angemessenen Beteiligung der Verbraucher ist nach Ansicht der Kommission nicht erforderlich, wenn die anderen drei Freistellungsvoraussetzungen vorliegen.[195] Hier überschneidet sich die Prüfung der angemessenen Beteiligung der Verbraucher am Gewinn insbesondere mit der Prüfung, ob der Wettbewerb ausgeschaltet wird.[196] Dennoch behält das Merkmal eine gewisse Eigenständigkeit, weil denkbar ist, das trotz hinreichenden Wettbewerbsdruckes die Saldierung der Vor- und Nachteile keine angemessene Beteiligung der Verbraucher erwarten lässt.[197]

54 Für die Einhaltung der Voraussetzung der angemessenen Verbraucherbeteiligung bietet sich in einigen Fällen gem. Art. 9 Abs. 1 VO 1/2003, § 32b GWB das Instrument von **Verpflichtungszusagen** an.

---

[186] Europäische Kommission, Leitlinien Art. 81 Absatz 3 EG, Tz. 89, 92, 103; kritisch *Fuchs* in: Immenga/Mestmäcker, GWB, § 2 Rn. 98.

[187] BKartA TB 2005/2006, S. 67, wo eine „bessere Qualität" als „wirtschaftlicher Nutzen" für den Verbraucher als saldierungsfähig anerkannt wird.

[188] Europäische Kommission, Leitlinien Art. 81 Abs. 3 EG, Tz. 87.

[189] Vgl. Europäische Kommission, Leitlinien Art. 81 Abs. 3 EG, Tz. 90.

[190] Kommission vom 21.12.1976, ABl. L 30/10, 16, Tz. 35 – *Junghans;* Kommission vom 10.7.1985, ABl. L 233/1, 6 – *Grundig I; Hengst* in Langen/Bunte, EU-Kartellrecht, Art. 101 AEUV Rn. 386.

[191] Europäische Kommission, Leitlinien Art. 81 Abs. 3 EG, Tz. 96.

[192] Europäische Kommission, Leitlinien Art. 81 Abs. 3 EG, Tz. 92.

[193] OLG Düsseldorf WuW/E DE-R 2146, 2150 – *Nord-KS/Xella.*

[194] Europäische Kommission, Leitlinien Art. 81 Abs. 3 EG, Tz. 90.

[195] Europäische Kommission, Leitlinien Art. 81 Abs. 3 EG, Tz. 90; kritisch zur pauschalen Behandlung dieses Freistellungsmerkmals: *Ellger* in Immenga/Mestmäcker, EU-WettbR, Art. 101 Abs. 3 AEUV Rn. 244.

[196] Dazu unten Rn. 55 ff.

[197] Eingehend zur eigenständigen Bedeutung und etwas anders *Fuchs* in: Immenga/Mestmäcker, GWB, § 2 Rn. 99.

5. Keine Ausschaltung des Wettbewerbs

Schließlich darf die wettbewerbsbeschränkende Vereinbarung nicht dazu führen, dass den Beteiligten Möglichkeiten eröffnet werden, für einen wesentlichen Teil der betreffenden Waren den Wettbewerb auszuschalten. Effizienzgewinne um den Preis der Gefährdung des Wettbewerbs darf es also nicht geben.[198] Eine Freistellung scheidet demnach aus, wenn die Absprache den Fortbestand des Wettbewerbs gefährden würde. Für die Feststellung einer solchen Gefährdung ist eine **Gesamtwürdigung aller wettbewerbsrelevanten Umstände** erforderlich. Hierfür wurde in der bisherigen Praxis zum einen auf die Konkurrenz zwischen den an der Vereinbarung Beteiligten (Innenwettbewerb), zum anderen auf den Wettbewerb der beteiligten Unternehmen zu anderen Unternehmen (Außenwettbewerb) abgestellt. Die verbliebenen Aktionsparameter müssen entweder noch einen hinreichenden Binnenwettbewerb ermöglichen, oder fehlender Binnenwettbewerb muss hinreichend durch Außenwettbewerb kompensierbar sein. Entscheidend ist also, ob das Verhalten der beteiligten Unternehmen noch so vom (Rest-)Wettbewerb kontrolliert wird, dass die Interessen der Verbraucher, die Bewegungsfreiheit von Lieferanten und Abnehmern sowie der Marktzugang gewährleistet bleiben.[199] 55

Eine Ausschaltung jeglichen Wettbewerbs, also eine Monopolisierung, verlangt Art. 101 Abs. 3 AEUV nicht. Die Gefährdung wirksamen Wettbewerbs ist auch **mit der Schwelle der Marktbeherrschung gem. Art. 102 AEUV, § 18 GWB nicht gleichzusetzen;**[200] insbesondere die überragende Marktstellung nach § 18 Abs. 1 Nr. 3 GWB lässt Raum für wesentlichen Wettbewerb neben dem Marktbeherrscher.[201] Auch die Europäische Kommission sieht das Kriterium der Ausschaltung des Wettbewerbs als „autonomes Konzept" und „spezifisch für Art. 101 Abs. 3".[202] Ob es danach zulässig ist, die Freistellungsgrenze beim Marktbeherrschungstatbestand des § 18 Abs. 1 Nr. 2 GWB zu ziehen,[203] erscheint fraglich, auch wenn dieser das Fehlen wesentlichen Wettbewerbs voraussetzt. Letztlich kann dies aber offen bleiben, weil eine praktische Relevanz bislang nicht ersichtlich ist. Jedenfalls wenn eine solche marktbeherrschende Stellung der Beteiligten vorliegt, spricht dies indiziell für eine Gefährdung wirksamen Wettbewerbs.[204] Verhaltensweisen, die einen Missbrauch einer marktbeherrschenden Stellung darstellen, sind nach Auffassung der Kommission aber ohnehin nicht anhand von Art. 101 Abs. 3 AEUV, sondern nach den Missbrauchstatbeständen für marktbeherrschende Unternehmen der Art. 102 AEUV, §§ 19, 20 GWB zu beurteilen.[205] 56

Die Auswirkungen einer Vereinbarung auf die Wettbewerbsbedingungen des jeweiligen Marktes sind an Hand verschiedener **quantitativer und qualitativer Kriterien** zu bestimmen:[206] 57

---

198 *Bechtold/Bosch/Brinker/Hirsbrunner* Art. 81 Rn. 167.

199 *Mestmäcker/Schweitzer* § 14 Rn. 81.

200 *Mestmäcker/Schweitzer* § 14 Rn. 77; *Fuchs* in: Immenga/Mestmäcker, GWB, § 2 Rn. 109; *Schneider* in: Langen/Bunte § 2 GWB Rn. 52.

201 *Fuchs* in: Immenga/Mestmäcker, GWB, § 2 Rn. 109; *Bechtold,* GWB, § 2 Rn. 25; **a. A.** OLG Düsseldorf WuW/E DE-R 2197, 2209 – *EON Ruhrgas,* das eine Ausschaltung des Wettbewerbs gem. Art. 101 Abs. 3 AEUV schon bei Vorliegen der Voraussetzungen des § 18 Abs. 1 Nr. 3 GWB annimmt.

202 Europäische Kommission, Leitlinien Art. 81 Abs. 3 EG, Tz. 106 mwN. aus der EuG-Rechtsprechung.

203 *Fuchs* in: Immenga/Mestmäcker, GWB, § 2 Rn. 109; *Bechtold,* GWB, § 2 Rn. 25.

204 BKartA TB 2003/2004, S. 183; BKartA WuW/E DE-V 1459, 1474 – *Wirtschaftsprüferhaftpflicht.* Zum EU-Recht: *Mestmäcker/Schweitzer* § 14 Rn. 77.

205 Europäische Kommission, Leitlinien Art. 81 Abs. 3 EG, Tz. 106 für das Verhältnis von Art. 101 Abs. 3 AEUV und Art. 102 AEUV.

206 Gl. A. *Fuchs* in: Immenga/Mestmäcker, GWB, § 2 Rn. 111, 113; *Schneider* in: Langen/Bunte § 2 GWB Rn. 53.

– Quantitativ kommt der Marktstellung der Kooperationspartner, insbesondere ihrem Umsatzanteil im Vergleich zum Rest des Marktes Bedeutung zu, also ihrem **Marktanteil.**
– Der Marktanteil ist jedoch nicht das einzige Kriterium für die Beurteilung, ob eine Gefährdung wesentlichen Wettbewerbs vorliegt. In qualitativer Hinsicht ist die Art und Intensität der Wettbewerbsbeschränkung entscheidend, mithin das Gewicht der jeweils **betroffenen Wettbewerbsparameter.** So haben Absprachen über Preise, Qualitäten, Einkauf, Vertrieb und Rabatte größere Auswirkungen auf den Wettbewerb als solche über Werbung, Forschung und Entwicklung (sog. Kooperationstiefe).[207] Generell lässt sich sagen, dass Kernbeschränkungen, insbesondere Preis-, Gebiets- und Quotenabreden, tendenziell gegen eine Einzelfreistellung sprechen.[208] In diesem Sinne bezweckte Wettbewerbsbeschränkungen (im Sinne der EuGH-Rechtsprechung *Cartes Bancaires*[209]) haben geringere Chancen auf eine Freistellung.[210]
– Als qualitatives Merkmal ist außerdem zu berücksichtigen, inwieweit die durch die beschränkten Wettbewerbsparameter hervorgerufenen Effizienzgewinne den Wettbewerb in anderer Hinsicht anheizen, was z. B. bei Norm- und Typenkartellen im Hinblick auf den Preis- und Qualitätswettbewerb der Fall ist.[211]
– Ferner gehören zu den qualitativen Kriterien auch alle Kriterien, die die **Markstruktur** beschreiben. Wichtig ist hier die Wirkung der Abrede auf Aktivität und Stärke der **Außenseiter** und auf den von ihnen ausgehenden Wettbewerbsdruck;[212] wird beispielsweise durch die Abrede ein „Störenfried" (maverick) eingefangen und befriedet, kann dies eine wichtige Wettbewerbsquelle nehmen.[213]
– Ferner spielt der **Substitutionswettbewerb von benachbarten Märkten** eine Rolle. Auch der **potenzielle Wettbewerb** ist in die Betrachtung einzubeziehen. Dabei sind nach den Leitlinien des Europäische Kommission insbesondere **acht Kriterien** relevant: Der Rechtsrahmen und seine Auswirkungen auf den möglichen Eintritt; die Marktzutrittskosten einschließlich „sunk costs" für den Versuch des Eintritts; die effiziente Mindestgröße in der Branche; die Wettbewerbsstärke potenzieller Neuzugänger, z. B. deren technologische Ausstattung; die Stellung der Abnehmer und ihre Fähigkeit, auf neue Wettbewerber auszuweichen; die wahrscheinliche Reaktion der aktuellen Wettbewerber auf den Markteintritt; die wirtschaftlichen Aussichten der Branche; Fehlen oder Vorhandensein umfangreicher Marktzutritte in der Vergangenheit.[214]
– **Zu gegengewichtiger Marktmacht** auf Abnehmerseite nimmt die Europäische Kommission eine nicht immer klare Position ein. Während sie für die Beurteilung der Zulässigkeit von Einkaufsvereinbarungen Gegenmacht von Käufern in den Leitlinien für Horizontalvereinbarungen als Rechtfertigung zulässt,[215] lehnt sie die Berücksichtigung gegengewichtiger Marktmacht in den Leitlinien zu Art. 101 Abs. 3 AEUV grundsätzlich ab und akzeptiert sie allenfalls dann, wenn die Gegenmacht auch zu einer Belebung des potenziellen Wettbewerbs führt.[216] Die letztgenannte Auffassung erscheint als zutreffend.

---

[207] BKartA TB 2003/2004, S. 183 – *Entsorgung von Elektro- und Elektronikschrott.*

[208] EuGH Rs 26/76 Slg. 1977, 1875 Rn. 21 – *Metro;* Europäische Kommission, Leitlinien Art. 81 Abs. 3 EG, Tz. 23; OLG Düsseldorf WuW/E DE-R 4242 Rn. 69 (zit. nach juris) – *Presse-Grosso II; Ellger* in Immenga/Mestmäcker, EU-WettbR, Art. 101 Abs. 3 AEUV Rn. 299.

[209] EuGH C-67/13 v. 11.9.2014 Rn. 57 ff. – *Cartes Bancaires.* Siehe dazu auch Art. 101 Abs. 1 AEUV Rn. 3.

[210] *Wolf* NZKart 2015, 78, 84; *Mohr* ZWeR 2015, 1, 18.

[211] Dazu unten Rn. 126.

[212] Kommission vom 28.5.1971, ABl. L 134/6, 12, Tz. 14 – *F. N.-C. F.;* Kommission vom 26.7. 1972, ABl. L 182/24, 27 – *Feinpapier.*

[213] Europäische Kommission, Leitlinien Art. 81 Abs. 3 EG, Tz. 112.

[214] Europäische Kommission, Leitlinien Art. 81 Abs. 3 EG, Tz. 115; *Schneider* in: Langen/Bunte § 2 GWB Rn. 54.

[215] Europäische Kommission, Horizontalleitlinien, Tz. 209.

[216] Europäische Kommission, Leitlinien Art. 81 Abs. 3 EG, Tz. 115 (v).

Eine Entmachtung im Vertikalverhältnis ist grundsätzlich nicht geeignet, (horizontalen) Wettbewerb zu ersetzen. Insbesondere die dynamischen Wettbewerbsfunktionen, auf die die Europäische Kommission in ihren Leitlinien sogar ausdrücklich hinweist,[217] treten bei Entmachtung lediglich im Vertikalverhältnis nicht auf.[218] Gegenmacht ist damit nur berücksichtigungsfähig, wenn sie zu einer Belebung des (horizontalen) Wettbewerbs, insbesondere des potenziellen Wettbewerbs führt.[219]

Zwischen den qualitativen und quantitativen Merkmalen besteht eine **Wechselwirkung.** Je stärker der Wettbewerb bereits geschwächt ist, desto geringer brauchen die zu erwartenden Auswirkungen sein, um die Voraussetzungen des Art. 101 Abs. 3 AEUV zu verfehlen. Je höher beispielsweise der Marktanteil der beteiligten Unternehmen ist, desto unwahrscheinlicher ist eine Freistellung. Gewisse Anhaltspunkte lassen sich aus den **Marktanteilsgrenzen der GVOen** entnehmen. Sind sie eingehalten, spricht das gegen eine Ausschaltung von Wettbewerb, wenn nicht andere relevante qualitative Faktoren (z. B. bezweckte Wettbewerbsbeschränkungen) das aufwiegen.[220] Das Gleiche gilt für die Marktanteilsgrenzen in Form von **„Safe Harbours“**, die **Kommission in Leitlinien** außerhalb von GVOen insbesondere für verschiedene Horizontalvereinbarungen definiert, z. B. für Einkaufsvereinbarungen (15 %) oder für Vermarktungsvereinbarungen (ebenfalls 15 %).[221] Echte „harte“ Grenzen existieren bei der Einzelfreistellung wegen der Wechselwirkung jedoch nicht; die Kommission hat beispielsweise eine wettbewerbsbeschränkende Vereinbarung nicht als wirksamen Wettbewerb gefährdend eingestuft, bei der die Beteiligten insgesamt 22 % Marktanteil auf sich vereinigten.[222] In den Leitlinien zu Art. 101 Abs. 3 AEUV findet sich ein Beispiel, nach dem auch bei einer Abrede zwischen Konkurrenten mit einem gemeinsamen Marktanteil von 70 % noch gewährleistet sein kann, dass wirksamer Wettbewerb nicht beseitigt wird; das setzt allerdings voraus, dass es weitere Wettbewerber mit 15 % und 5 % gibt, von denen größere Aktivität zu erwarten ist, und die Abrede nur die Herstellung und Qualitätskontrolle, nicht aber andere Wettbewerbsparameter betrifft.[223] Zu Recht wird im Rahmen einer generalisierenden Betrachtungsweise aus der Praxis zu Art. 101 Abs. 3 AEUV geschlossen, dass **Marktanteile von 20 % bis 30 %** in aller Regel noch hingenommen werden, bei **30 % bis 50 %** eine genaue Einzelfallanalyse angestellt werden muss und Marktanteile **über 50 %** kritisch zu sehen sind.[224] Bei **90 %**[225] oder gar **100 %**[226] Marktanteil erscheint wirksamer Wettbewerb und damit eine Freistellung jedenfalls kaum als möglich, vor allem, wenn sie auch noch mit Preis- und/oder Ge- 58

[217] Europäische Kommission, Leitlinien Art. 81 Abs. 3 EG, Tz. 105.

[218] Eingehend *Moog,* Die Bildung gegengewichtiger Marktmacht nach dem Gesetz gegen Wettbewerbsbeschränkungen, Diss., 1980, S. 75 ff.; *J. B. Nordemann,* Gegenmacht und Fusionskontrolle, S. 73 ff.; *Hartmann-Rüppel/Wagner* ZWeR 2004, 128, 152.

[219] *J. B. Nordemann,* Gegenmacht und Fusionskontrolle, S. 73 ff., 82 ff., 89 ff.; zustimmend *Fuchs* in: Immenga/Mestmäcker, GWB, § 2 Rn. 114, 181 Fn. 617; auch auf die wettbewerblichen Wirkungen abstellend *Schneider* in: Langen/Bunte § 2 Rn. 33.

[220] *Wolf* WRP 2013, 885, 889; *Ellger* in Immenga/Mestmäcker, EU-WettbR, Art. 101 Abs. 3 Rn. 287 mwN.

[221] Siehe dazu unten bei Anwendungsfälle: Horizontalvereinbarungen Rn. 66 ff.

[222] Europäische Kommission, Entscheidung vom 18.5.1994, ABl. 1994 L 144/20, 34 Rn. 81 – *Exxon/Shell.*

[223] Europäische Kommission, Leitlinien Art. 81 Abs. 3 EG, Tz. 116 (letztes Beispiel).

[224] *Ellger* in Immenga/Mestmäcker, EU-WettbR, Art. 101 Abs. 3 AEUV Rn. 287 ff. mwN. Aus der Rechtsprechung und Kommissionspraxis; *Emmerich* § 8 Rn. 26 unter Berufung auf EuGH Slg. 1980, 3125, 3276 ff. – *van Landewyck/FEDETAP; Hengst* in Langen/Bunte, EU-Kartellrecht, Art. 101 AEUV Rn. 396 unter Berufung auf Kommission v. 16.12.1994, ABl. 1994 L 354/87 – *Saint Gobain/Asahi,* hält Marktanteile bis 20 % für problematisch, Anteile ab 30 % für problematisch, ab 50 % stünden sie einer Freistellung regelmäßig entgegen.

[225] Europäische Kommission ABl. 1975, L 159/22, 29 – *Kachelhandelaaren.*

[226] Europäische Kommission ABl. 1974 L 19/22, 25 – *Kali und Salz II.*

bietsabsprachen einhergehen.[227] Branchenweite Kooperationen sind allenfalls dann zulässig, wenn eine relativ geringe „Kooperationstiefe“ vorliegt, bei denen einerseits die Effizienzgewinne besonders groß und andererseits die Auswirkungen auf den Wettbewerb sehr gering sind.[228] Unternehmen, die Preisabsprachen treffen, dürfen tendenziell weniger Marktanteile innehaben als solche, die keine Kernbeschränkungen verabreden, beispielsweise nur im Bereich der Werbung zusammenarbeiten. Die Kommission fordert sogar, dass keinesfalls durch eine Vereinbarung der Preiswettbewerb oder der Wettbewerb bei Innovationen oder der Entwicklung neuer Produkte ausgeschaltet werden dürfe;[229] das erscheint nach dem Vorstehenden aber als zu pauschale Grundsatzerklärung. Wegen der Berücksichtigung aller qualitativen und quantitativen Kriterien im Einzelfall erschiene auch die pauschale Aussage, eine Einbindung von Unternehmen, die auf dem jeweiligen Markt zur Spitzengruppe gehören, stehe einer Legalisierung nach Art. 101 Abs. 3 AEUV regelmäßig entgegen, als kaum haltbar: je nach Marktanteil, Intensität des Substitutionswettbewerbs und betroffenem Wettbewerbsparameter kann auch die Teilnahme von Unternehmen aus der Spitzengruppe zulässig sein, solange der wirksame Wettbewerb im Gleichgewicht bleibt.

6. Berücksichtigungsfähigkeit von außerwettbewerblichen Wohlfahrtszielen (Allgemeininteressen)

59 Im Hinblick auf Art. 101 Abs. 3 AEUV wird immer wieder versucht, auch Argumente zu berücksichtigen, die nicht wettbewerblich sind, bei denen also nicht die wettbewerbsfördernden mit den wettbewerbsbeschränkenden Aspekten gegenübergestellt werden, sondern die Freistellung mit außerhalb der Wettbewerbsfunktionen stehenden Gründen zu rechtfertigen. Es geht also um Wohlfahrtsgewinne, die außerhalb der volkswirtschaftlichen Vorteile des Wettbewerbs stehen. Beispiele sind Umweltschutz, Volksgesundheit, sichere Energieversorgung, Verkehrssicherheit, Arbeitsplätze.

60 Der **Wortlaut** des Art. 101 Abs. 3 AEUV schließt Ihre Berücksichtigung nicht von vornherein aus. Der Tatbestand ist relativ offen formuliert. Im Rahmen des Merkmals **„wirtschaftlicher und technischer Fortschritt“** ließe der Wortlaut die Berücksichtigung außerwettbewerbliche Aspekte zu.[230] Verbraucherinteressen sind im Übrigen im Wortlaut ausdrücklich erwähnt („angemessene Beteiligung der Verbraucher an dem entstehenden Gewinn“). Die Berücksichtigung solcher außerwettbewerblicher Aspekte unterliegt jedoch verschiedenen Einschränkungen:

61 Bei den **Effizienzvorteilen** kommt **keine isolierte Berücksichtigung von Allgemeininteressen** in Betracht, sofern sie **nichtwirtschaftlicher Art** sind.[231] Die Europäische Kommission fordert in ihren Leitlinien zu Art. 101 Abs. 3 AEUV zu Recht „objektive wirtschaftliche Effizienzgewinne“.[232] Ob die Forderung eines wirtschaftlichen Vorteils

---

[227] OLG Düsseldorf WuW/E DE-R 4242 Rn. 69f. (zit. nach juris) – *Presse-Grosso II; J. B. Nordemann,* FS Köhler 2014, S. 495, 502; *Wolf* in: Münchener Kommentar, Europäisches Wettbewerbsrecht, Art. 101 AEUV Rn. 1006.

[228] BKartA TB 2003/2004, S. 183 – *Entsorgung von Elektro- und Elektronikschrott;* zustimmend *Fuchs* in: Immenga/Mestmäcker, GWB, § 2 Rn. 114; siehe auch *Ellger* in Immenga/Mestmäcker, EU-WettbR, Art. 101 Abs. 3 AEUV Rn. 291 ff.; *Wolf* in: Münchener Kommentar, Europäisches Wettbewerbsrecht, Art. 101 AEUV Rn. 1006; zu pauschal *Hengst* in Langen/Bunte, EU-Kartellrecht, Art. 101 AEUV Rn. 396, die ab 80% eine Freistellung für „ausgeschlossen“ hält, genauso zu pauschal *Bechtold,* GWB, § 2 Rn. 22, der bei 100% Marktanteil eine Freistellung stets verneinen will; weniger pauschal *Bechtold/Bosch/Brinker,* EU-Kartellrecht, Art. 101 AEUV Rn. 168.

[229] Europäische Kommission, Leitlinien Art. 81 Abs. 3 EG, Tz. 110.

[230] Vgl. auch *Quellmalz* WRP 2004, 461 ff. *Fuchs* ZWeR 2005, 1, 17.

[231] *Fuchs* ZWeR 2005, 1, 16f.; *Fuchs* in: Immenga/Mestmäcker, GWB, § 2 Rn. 92; *Mestmäcker/Schweitzer* § 3 Rn. 74; a. A. *Eilmannsberger* ZWeR 2009, 437, 453; vgl. auch *Quellmalz* WRP 2004, 461, 464.

[232] Europäische Kommission, Leitlinien Art. 81 Abs. 3 EG, Tz. 59.

jedoch schon eine hinreichende Eingrenzung zu leisten vermag, erscheint fraglich. Letztlich haben im Regelfall alle Aspekte auch eine wirtschaftliche Komponente. Beispielsweise die Energiesicherheit ist für eine Volkswirtschaft von größter Relevanz; auch mangelnde Volksgesundheit kann eine Volkswirtschaft schwächen. Die Europäische Kommission widersetzt sich jedoch einer weiteren **Eingrenzung auf Effizienzvorteile mit Bezug zum konkreten Wettbewerb bzw. zum konkreten Markt.** Beispielhaft seien Umweltschutzkartelle genannt; die Umweltfreundlichkeit des zu entwickelnden Produkts wurde in einer Entscheidung der **Kommission** für sich genommen als genügender wirtschaftlicher Nutzen angesehen, obwohl hierbei lediglich ein kollektiver wirtschaftlicher Gewinn für die Verbraucher im Allgemeinen und kein ökonomischer Vorteil des einzelnen Verbrauchers eintrat.[233] Das kommt der Berücksichtigung von allgemeinen – allenfalls mittelbar wirtschaftlichen – Wohlfahrtszielen sehr nahe.[234] In ihren Leitlinien über horizontale Zusammenarbeit 2011 rückt die Kommission allerdings vorsichtig einer isolierten Berücksichtigung nur mittelbar wirtschaftlicher Wohlfahrtsziele ab und beruft sich zur Rechtfertigung der gleichen Fallkonstellation auf technische Innovation und Kostenersparnisse, also auf unmittelbar wirtschaftliche Interessen. Möglicherweise ist das als Eingeständnis der Kommission zu deuten, dass sie zu weit gegangen ist.[235]

Die Praxis der Europäischen Kommission zur extensiven Auslegung des Merkmals der Effizienzvorteile **begegnet** jedenfalls **Zweifeln.** Für die Berücksichtigung von öffentlichen (wirtschaftlichen) Interessen der Gemeinschaft steht das Verfahren nach Art. 10 VO 1/2003 zur Verfügung. Dabei handelt es sich allerdings um eine administrative Einzelentscheidung die Europäische Kommission; das System der Legalausnahme wird insoweit ausnahmsweise durchbrochen. Ansonsten muss es aber – soweit das System der Legalausnahme reicht – bei der **wettbewerblichen Ausrichtung der Freistellung** bleiben. Jedenfalls steht den nationalen Kartellbehörden und Gerichten keine Kompetenz zur Konkretisierung der Vertragsziele und des Verhältnisses zur Wettbewerbsfreiheit zu.[236] Damit spricht auch für die alleinige Orientierung an Maßstäben mit konkretem Wettbewerbs- und Marktbezug die nun dezentrale Anwendung des Art. 101 Abs. 3 AEUV. Für die Vielzahl von Zivilgerichten, die sich mit Individualklagen befassen müssen, können nur diese einheitliche, transparente, sachgerechte und an wettbewerblichen Erkenntnissen orientierte Maßstäbe vorgeben. Ansonsten ist die kohärente Kartellrechtsanwendung in den Mitgliedsstaaten in Gefahr. Damit sollten auch weiterhin übergeordnete gesellschaftspolitische Zwecke – auch wenn sie wirtschaftlicher Natur sind – keinen unmittelbaren Einfluss auf das Kartellrecht nehmen.[237] **62**

Speziell für **Verbraucherinteressen** kommen über dies über das Tatbestandsmerkmal „angemessene Beteiligung der Verbraucher am Gewinn" ohnehin direkte Möglichkeiten der Einbeziehung von allgemeinen Wohlfahrtszielen in Betracht. Das Merkmal „Gewinn" wird dabei weit ausgelegt und erfasst sämtliche mit der Wettbewerbsbeschränkung verbundenen Vorteile für den Verbraucher.[238] Sofern sie Verbraucherbezug im Sinne von solchen Verbrauchervorteilen haben, können deshalb auch allgemeine Wohlfahrtsziele wie Volksgesundheit, Verkehrssicherheit oder Umweltschutz hier einbrechen. Auch die Sicherung ei- **63**

---

[233] Europäische Kommission ABl. L 187/47 Rn. 55 ff. – *CECED;* Europäische Kommission, Entscheidung vom 12.12.1990 – *KSB/Goulds/Lowara/ITT,* ABl. 1991 L 19/25, Rn. 27; zustimmend *Steinbeck* WuW 1998, 554, 568 f.; kritisch *Lübbig* WuW 2012, 1142, 1152; ferner *Schumacher* WuW 2002, 121, 128.

[234] Dazu oben Rn. 26.

[235] So auch *Lübbig,* WuW 2012, 1142, 1153.

[236] *Schweda* WuW 2004, 1133, 1138; *Quellmalz* WRP 2004, 461, 464.

[237] *Fuchs* ZWeR 2005, 1, 17; *Quellmalz* WRP 2004, 461, 463 ff. Vgl. ferner BGHZ 137, 297, 311 f. – *Europapokal-Heimspiele,* sowie BGH GRUR 2003, 633, 634 – *Kommunales Einkaufskartell* zur alten deutschen Rechtslage.

[238] Siehe oben Rn. 50.

ner auskömmlichen Existenzgrundlage der Arbeitnehmer durch Tarifverträge kann ein hinreichender Verbrauchervorteil sein.[239] Andere nicht hinreichende verbraucherbezogene Aspekte wie Erhöhung des Steueraufkommens sollten allerdings außen vor bleiben. Auch durch Rationalisierung bedingte innerbetriebliche Kosteneinsparungen bei öffentlich-rechtlichen Einrichtungen konnten trotz der geltenden Verpflichtung zur Wahrung des Gemeinwohls sowie der Grundsätze des öffentlichen Haushaltsgebarens, die in irgendeiner Form der Allgemeinheit zugutekommen, mangels hinreichenden Verbraucherbezugs nicht berücksichtigt werden.[240]

64 Stets ist über dies zu bedenken, dass die Freistellungsentscheidung insgesamt maßgeblich von wettbewerblichen Aspekten geprägt bleiben muss. Dafür sorgt schon das Merkmal **„keine Ausschaltung des Wettbewerbs"**. Dieser Freistellungsvoraussetzung kommt im Hinblick auf die Berücksichtigung von allgemeinen Wohlfahrtszielen die **Aufgabe des Wächters des wettbewerblichen Schutzzwecks** des Art. 101 AEUV zu.[241] Auch wenn Allgemeininteressen allgemein wirtschaftlicher Art als Effizienzgewinne oder über die Berücksichtigung von Verbraucherinteressen in die Freistellungsentscheidung einbezogen werden, darf das Wettbewerbsprinzip nie ausgeschaltet werden.

65 Für eine darüber hinaus gehende **Berücksichtigung von Wohlfahrtszielen** ist bei der Anwendung des Art. 101 Abs. 3 AEUV kein Platz. Sie können – sofern sie an anderer Stelle **hinreichend normiert** sind – im Rahmen des Art. 101 AEUV allenfalls bereits bei der Anwendung des Art. 101 Abs. 1 AEUV als **Tatbestandsrestriktionen** berücksichtigt werden.[242] Zu einem allgemeinen Spannungsverhältnis des Art. 101 Abs. 1 AEUV mit öffentlichen Interessen und zu einer Begrenzung der Anwendung des Art. 101 Abs. 1 AEUV kann es insbesondere kommen, wenn die öffentlichen Interessen ihrerseits auf gleicher gesetzes-hierarchischer Grundlage geschützt sind und deshalb eine Abwägung zwischen den verschiedenen Regelungen innerhalb und außerhalb des Kartellrechts erfolgen muss.[243]

II. Anwendungsfälle: Horizontalvereinbarungen

66 Horizontalvereinbarungen sind **Vereinbarungen zwischen Wettbewerbern,** die für die Zwecke der Vereinbarung auf derselben Wirtschaftsstufe tätig sind. Wettbewerber sind sowohl aktuelle als auch potentielle Konkurrenten. Die Kommission versteht den Begriff der Horizontalvereinbarungen sehr weit und zählt neben Vereinbarungen zwischen Wettbewerbern auch Vereinbarungen zwischen Nicht-Wettbewerbern, „also z.B. zwischen zwei Unternehmen, die auf demselben Produktmarkt, aber verschiedenen räumlichen Märkten tätig sind, ohne potenzielle Wettbewerber zu sein", mit ein.[244] Auch **vertikale Vereinbarungen** zwischen Wettbewerbern auf unterschiedlichen Marktstufen, z.B. Vertriebsvereinbarungen, ordnet die Kommission als Horizontalvereinbarungen ein, es sei denn, die Horizontalleitlinien verweisen ausdrücklich auf die Vertikalleitlinien.[245] Keine Horizontalvereinbarungen sind hingegen Abreden unter Mitbewerbern, die eine wirtschaftliche Einheit bilden, weil entweder ein Mitbewerber auf den anderen einen bestimmenden Einfluss ausübt oder zumindest eine gemeinsame Muttergesellschaft einen solchen Einfluss auf die Mitbewerber hat.[246]

---

[239] *Mohr/Wolf* JZ 2011, 1091, 1097. In vielen Fällen werden allerdings Tarifverträge schon nicht den Tatbestand des Art. 101 Abs. 1 AEUV erfüllen.

[240] Vgl. unter dem Aspekt des fehlenden Marktbezuges: BGH GRUR 2003, 633, 634 – *Kommunales Einkaufskartell;* BKartA TB 2003/2004 BT DS 15/5790, S. 91.

[241] Eingehend Rn. 55ff.

[242] Dazu Art. 101 Abs. 1 AEUV Rn. 317ff.

[243] Im Einzelnen Art. 101 Abs. 1 AEUV Rn. 317ff.

[244] Europäische Kommission, Horizontalleitlinien, Tz. 1.

[245] Europäische Kommission, Horizontalleitlinien, Tz. 12; siehe zu den Vertikalleitlinien unten Rn. 203.

[246] Europäische Kommission, Horizontalleitlinien, Tz. 11.

Für Horizontalvereinbarungen existieren **nur wenige GVOen,** deren Anwendung vor einer Einzelfreistellung geprüft werden sollte.[247] Zu nennen sind hier vor allem die **GVO Spezialisierungsvereinbarungen,**[248] die **GVO Forschung und Entwicklung,**[249] teilweise die **GVO Technologietransfer-Vereinbarungen**[250] sowie sektorspezifische Gruppenfreistellungsverordnungen im Bereich **Verkehr**[251] und **Versicherungen.**[252] Für Horizontalvereinbarungen fehlt es danach in größerem Umfang an einer Konkretisierung der Freistellung des Art. 101 Abs. 3 AEUV durch eine GVO. 67

Jedoch sind die wichtigsten Fallgruppen in den **Leitlinien** der Kommission **über horizontale Zusammenarbeit („Horizontalleitlinien")** in unterschiedlichen Kapiteln behandelt,[253] nämlich der **Informationsaustausch zwischen Wettbewerbern,**[254] **Vereinbarungen über Forschung und Entwicklung,**[255] **Produktionsvereinbarungen (einschließlich Spezialisierungsvereinbarungen),**[256] **Einkaufsvereinbarungen,**[257] **Vermarktungsvereinbarungen,** [258] **Vereinbarungen über Normen** (einschließlich Standardbedingungen und Umweltnormen). [259] Sofern eine Horizontalvereinbarung in mehrere dieser Fallgruppen eingeordnet werden kann (sog. integrierte Zusammenarbeit), muss eine Einzelfreistellung nach den Horizontalleitlinien anhand aller einschlägigen Fallgruppen geprüft werden. Ein Beispiel wäre eine Forschungs- und Entwicklungsvereinbarung, die mit einer Produktions- und Spezialisierungsabrede kombiniert ist. Wird in den einschlägigen Kapiteln der Horizontalleitlinien jedoch differenziert, z.B. bei geschützten Bereichen („Safe Harbours") oder bei der Frage, ob bei einem bestimmten Verhalten normalerweise von einer bezweckten oder bewirkten Wettbewerbsbeschränkung ausgegangen wird, so ist für die gesamte Zusammenarbeit der Teil des Kapitels heranzuziehen, der den eigentlichen Schwerpunkt der integrierten Zusammenarbeit behandelt.[260] 68

Neben den Horizontalleitlinien kommt auch dem **früheren deutschen Recht** eine Bedeutung bei der Bewertung von Einzelfreistellungen zu. Die kasuistisch formulierten **Freistellungstatbestände** der **§§ 2 bis 7 GWB a. F.** (Normen- und Typenkartelle, Produktions- und Spezialisierungskartelle, Mittelstandskartelle; mittelständische Einkaufsgemeinschaften, Rationalisierungskartelle, Strukturkrisenkartelle, sonstige Kartelle) boten im deutschen Recht ein umfassendes Instrumentarium. Sie wurden mit der 7. GWB-Novelle 2005 jedoch mit Ausnahme der Regelung für Mittelstandskartelle in § 4 Abs. 1 GWB a. F. (jetzt § 3 GWB) aufgehoben. Da das System der Legalausnahme grundsätzlich eine kartellrechtliche Selbsteinschätzung durch die beteiligten Unternehmen abfordert, ist die Abschaffung der Einzeltatbestände der §§ 2 bis 7 GWB a. F. für die Unternehmen durchaus schmerzlich und bringt einen Verlust an Rechtssicherheit.[261] Dennoch war die Abschaffung der §§ 2 bis 7 GWB a. F. schon wegen des Zwangs zur Harmonisierung der Vorschriften mit dem EU-Recht konsequent.[262] Die Beibehaltung der Regelung für Mittelstandskartelle in § 3 GWB ist insoweit ein – begrenzter – Versuch, gerade kleinen und mittleren Unter- 69

---

[247] Siehe oben Rn. 13 zur Prüfungsreihenfolge.
[248] Vgl. unten Rn. 81 ff.
[249] Dazu unten Rn. 78 ff.
[250] Eingehend dazu die Kommentierung zur TT-GVO.
[251] Siehe die separate Kommentierung hierzu.
[252] Eingehend dazu die Kommentierung zur VersW-GVO.
[253] Europäische Kommission, Horizontalleitlinien, ABl. Nr. C 11 vom 14.1.2011, S. 1 ff.
[254] Europäische Kommission, Horizontalleitlinien, Tz. 55 ff.
[255] Europäische Kommission, Horizontalleitlinien, Tz. 111 ff.
[256] Europäische Kommission, Horizontalleitlinien, Tz. 150 ff.
[257] Europäische Kommission, Horizontalleitlinien, Tz. 194 ff.
[258] Europäische Kommission, Horizontalleitlinien, Tz. 225 ff.
[259] Europäische Kommission, Horizontalleitlinien, Tz. 257 ff.
[260] Europäische Kommission, Horizontalleitlinien, Tz. 13.
[261] *Fuchs* WRP 2005, 1384, 1388.
[262] Dazu Vor §§ 1–3 GWB Rn. 6 f.

nehmen mehr Rechtssicherheit zu geben.[263] Die bisherige Verwaltungs- und Rechtsprechungspraxis zu §§ 2 bis 7 GWB a. F. kann zur Auslegung des Art. 101 Abs. 3 AEUV grundsätzlich herangezogen werden,[264] so dass die frühere deutsche Praxis dazu auch nachfolgend im Rahmen der Tatbestandsvoraussetzungen des Art. 101 Abs. 3 AEUV gewürdigt wird.

70 Nachfolgend sollen die wichtigsten Anwendungsfälle des Art. 101 Abs. 3 AEUV im Bereich Horizontalvereinbarungen dargestellt werden. Das sind:
- **Informationsaustausch zwischen Wettbewerbern** (insbesondere Marktinformationssysteme),
- **Forschungs- und Entwicklungsvereinbarungen,**
- **Produktions- und Spezialisierungsvereinbarungen,**
- **Einkaufsvereinbarungen,**
- **Vermarktungsvereinbarungen,**
- **Norm- und Typenvereinbarungen,**
- **Vereinbarungen über Standardbedingungen,**
- **Verhaltenskodizes und Wettbewerbsregeln,**
- **Strukturkrisenkartelle,**
- **Umweltschutz- und sonstige nicht rationalisierende Vereinbarungen.**

Horizontalvereinbarungen, die **gewerbliche Schutzrechte** (Patente, Gebrauchsmuster, Designs, Marken etc.) und **Urheberrechte** sowie Leistungsschutzrechte betreffen, sind gesondert im Teil GRUR kommentiert. Das gilt auch für Horizontalvereinbarungen im Bereich **Sport.** Ebenso findet sich zu Horizontalvereinbarungen im Bereich **Versicherungen** eine separate Kommentierung.

1. Informationsaustausch zwischen Wettbewerbern, Marktinformationssysteme

71 **Allgemeines.** Die praktische Bedeutung der kartellrechtlichen Beurteilung des Informationsaustausches zwischen Wettbewerbern hat in letzter Zeit stetig zugenommen. Dazu rechnen auch **Marktinformationssysteme,** also vertraglich organisierte Meldeverfahren zwischen Wettbewerb, um marktrelevante Daten auszutauschen. Zum Komplex gehören auch **elektronische Marktplätze** und andere **Internetplattformen,** auf denen Wettbewerber gemeinsam agieren und auf denen es deshalb zu einem Informationsaustausch kommen kann.[265] Die Europäische Kommission widmet erstmals in ihren **Horizontalleitlinien 2011** der Freistellung von Informationsaustausch zwischen Wettbewerbern einen eigenen Abschnitt.[266] Allerdings existiert nach wie vor **keine GVO,** so dass die Kommission sich auf die Erörterung der Kriterien für eine **Einzelfreistellung** nach Art. 101 Abs. 3 AEUV beschränkt.

72 **Zweck der Privilegierung von Informationsaustausch zwischen Wettbewerbern.** Regelmäßig sind Unternehmen an einer hohen Markttransparenz und deshalb an einem Informationsaustausch mit Wettbewerbern interessiert, weil dies den Unternehmen ein besseres Reagieren auf Wettbewerbsbedingungen ermöglicht und so Fehlentscheidungen vorbeugt. Auch die Marktgegenseite einschließlich Verbrauchern kann an Marktinformationen interessiert sein, um effizient eine fundierte Entscheidung treffen zu können.

73 **Wettbewerbsbeschränkung.** Der Austausch von Informationen zu wichtigen Wettbewerbsparametern (z. B. Preise, Konditionen, Abschlüsse) kann wettbewerbsbeschränkend

[263] Siehe die Kommentierung zu § 3 GWB.
[264] Eingehend Rn. 19.
[265] Dazu *Kirchner* WuW 2001, 1030, 1036 ff.; *Gassner* MM 2001, 140, 142; *Jestaedt* BB 2001, 581, 583; *F. A. Immenga/Lange* RIW 2000, 733, 738; *J. B. Nordemann* in: Czychowski/Bröcker/Schäfer, Handbuch Geistiges Eigentum im Internet, § 12 Rn. 79 ff. mwN.
[266] Europäische Kommission, Horizontalleitlinien, Tz. 55 ff.

wirken, wenn es zu einer Angleichung des Wettbewerbsverhaltens kommt **(Angleichungseffekt)** oder verstoßender Wettbewerb unterbleibt **(Abschreckungseffekt).** Informationsaustausch kann deshalb nicht nur die Kollusion erleichtern, sondern kann auch zu wettbewerbswidriger Marktverschließung führen.[267] In solchen Fällen spricht man auch von schützenswertem Geheimwettbewerb. Ob der Informationsaustausch tatsächlich wettbewerbsbeschränkend ist, hängt von einer **Einzelfallprüfung** ab.[268] Keinesfalls kann gesagt werden, dass ein Informationsaustausch unter Wettbewerbern immer wettbewerbsbeschränkend ist. Bedeutend ist hier zunächst die **Art der ausgetauschten Informationen** und ob sie überhaupt geeignet sind, wettbewerbsbeschränkend zu wirken.[269] Auch muss **unterschieden** werden **zwischen bezweckten Wettbewerbsbeschränkungen** einerseits **und** lediglich **bewirkten Beschränkungen** andererseits. Ein Informationsaustausch, der Wettbewerbsbeschränkungen auf dem Markt zum Ziel hat, wird als eine bezweckte Wettbewerbsbeschränkung angesehen. Dazu zählt der Austausch unternehmensspezifischer (nicht aggregierter) Daten mit dem Ziel der Beschränkung künftigen Preis- oder Mengenverhaltens, was grundsätzlich unter Artikel 101 Abs. 1 AEUV fällt.[270] Insoweit dient der Informationsaustausch der Unterstützung eines anderen wettbewerbswidrigen Mechanismus und ist Bestandteil eines Kartells.[271] Demgegenüber sind „selbständige" Marktinformationssysteme[272] und andere bloß bewirkte Wettbewerbsbeschränkungen eingehend – insbesondere vor dem Hintergrund der bestehenden **Marktstruktur**[273] – zu prüfen. Es sei für die Frage der Wettbewerbsbeschränkung ansonsten auf die ausführliche Kommentierung oben verwiesen.[274] Soweit eine Wettbewerbsbeschränkung vorliegt und auch die übrigen Tatbestandsmerkmale des Art. 101 Abs. 1 AEUV erfüllt sind, stellt sich die Frage nach einer Einzelfreistellung gem. Art. 101 Abs. 3 AEUV.

Effizienzgewinne. Informationsaustausch kann zu Effizienzgewinnen führen. Durch 74
Informationen über die Kosten des Wettbewerbers können Unternehmen motiviert werden, ihre Leistung, insbesondere ihre Kostenstruktur, an der besten Praxis in der Branche zu messen (sog. **Benchmarking**).[275] **Informationsaustausch über die Nachfrageseite** kann dazu führen, dass Unternehmen ihre Produktion auf nachfragestarke Märkte auszurichten, unnötige Lagerbestände abgebaut oder eine schnelle Auslieferung verderblicher Ware in Gebieten mit hoher Nachfrage bzw. deren Reduzierung in Gebieten mit niedriger Nachfrage ermöglicht werden.[276] Der Austausch von **Verbraucherdaten** kann speziell auf Märkten mit asymmetrischen Informationen über Verbraucher Preisdifferenzierungen zu Gunsten bestimmter Verbraucher ermöglichen (z.B. geringerer Preis bei geringerem Risiko für den Unternehmer) oder kann ein Kunden-Lock-In lockern und damit den Wettbewerb fördern. Beispiele finden sich im Banken- und Versicherungssektor, in dem häufig Informationen über Kundenverzug und Risikomerkmale ausgetauscht werden.[277] Hierzu existiert auch seit Jahren im Versicherungsbereich eine GVO.[278] Weiter können ausgetauschte

---

[267] Europäische Kommission, Horizontalleitlinien, Tz. 65 ff.

[268] OLG Düsseldorf WuW/E DE-R 949 – *Transportbeton Sachsen.*

[269] Europäische Kommission, Horizontalleitlinien, Tz. 86 ff. mwN.

[270] Europäische Kommission, Horizontalleitlinien, Tz. 74.

[271] EuGH Slg 2004, I-123–540 Rn. 281 – *Aalborg Portland A/S u. a.; Zimmer* in Immenga/Mestmäcker, EU-WettbR, Art. 101 Abs. 1 AEUV Rn. 267.

[272] *Zimmer* in Immenga/Mestmäcker, EU-WettbR, Art. 101 Abs. 1 AEUV Rn. 269.

[273] EuGH v. 4.6.2009, C-8/08 Rn. 34 ff. – *T-Mobile Nederlands u. a.*

[274] Art. 101 Abs. 1 AEUV Rn. 256 ff.

[275] Europäische Kommission, Horizontalleitlinien, Tz. 95, siehe auch das Beispiel in Tz. 108; *Braun* in Langen/Bunte, EU-Kartellrecht, Nach Art. 101 AEUV Rn. 142.

[276] Europäische Kommission, Horizontalleitlinien, Tz. 96, sowie das Beispiel in Tz. 110.

[277] EuGH Slg 2006, I-11125 Rn. 55 ff. – *Asnef-Equifax and Administración del Estado;* Europäische Kommission, Horizontalleitlinien, Tz. 97; eingehend auch *Braun* in Langen/Bunte, EU-Kartellrecht, Nach Art. 101 AEUV Rn. 143.

[278] Siehe dazu die separate Kommentierung.

Informationen gegenüber den Verbrauchern als **Qualitätsbeweis** für Produkte verwendet werden, z.B. in Form von Bestsellerlisten beim Bücherkauf.[279] Auf der Seite der Verbraucher können durch Informationen die **Suchkosten sinken.**[280] Je verlässlicher die Information, desto mehr Effizienzgewinne werden im Regelfall erzeugt. Aber auch der **Austausch von Absichten** kann Gewinne erzeugen. Nach der Kommission können Unternehmen überflüssigen, kostspieligen Aufwand und Ressourcenverschwendung vermeiden, wenn sie z.B. schon früh wissen, wer einen Forschungswettlauf gewinnt.[281]

75 **Unerlässlichkeit.** Um die Voraussetzung der Unerlässlichkeit zu erfüllen, müssen die Parteien nachweisen, dass die Daten in Bezug auf Gegenstand, Aggregation, Alter und Vertraulichkeit sowie die Häufigkeit und Tragweite des Austauschs so beschaffen sind, dass sie nur mit den Risiken verbunden sind, die im Hinblick auf die Verwirklichung der geltend gemachten Effizienzgewinne unerlässlich sind.[282] Der öffentliche **Austausch** von Informationen **in aggregierter Form** birgt weniger Risiken für den Wettbewerb als ein nicht öffentlicher Austausch individueller Daten.[283] Bei Austausch von unternehmensspezifischen Daten, die auch zukünftiges Verhalten beeinflussen können, ist es unwahrscheinlich, dass der Austausch von Preisen und Mengen unerlässlich ist.[284] Ohnehin dürfen keine Daten ausgetauscht werden, deren Kenntnis für die gewinnbringende Zusammenarbeit gar nicht notwendig ist.[285] Tauschen Unternehmen beispielsweise Informationen zu Produktionskosten im Rahmen des **Benchmarking** aus, genügt Erhebung, Anonymisierung und Aggregation der Daten durch einen Dritten in einer Art Unternehmensranking, ohne dass die Unternehmen die Daten selbst im Detail kennen.[286] Darüber hinausgehende Beschränkungen des Geheimwettbewerbs beim Benchmarking sind nicht unerlässlich.

76 **Angemessene Beteiligung der Verbraucher.** Unmittelbar oder mittelbar betroffene Verbraucher müssen an den Gewinnen angemessenen beteiligt werden. Je weniger Marktmacht die an dem Informationsaustausch beteiligten Parteien haben, desto wahrscheinlicher ist es, dass die Effizienzgewinne an die Verbraucher in einem angemessenen Maße weitergegeben werden.[287] Eine Beteiligung kann vor allem dann ausscheiden, wenn die Information nur unter den Wettbewerbern ausgetauscht, nicht aber mit den Abnehmern geteilt werden, sofern sich die Freistellung auf Informationsgewinne von Verbrauchern (Verringerung von Suchkosten; Verbesserungen der Auswahlmöglichkeiten; Stimulation des Preiswettbewerbs) stützt.[288] Allerdings können Verbraucher vom Informationsaustausch auch auf andere Weise profitieren, z.B. durch Preisermäßigung nach Benchmarking.

77 **Ausschaltung des Wettbewerbs.** Für eine Freistellung darf es außerdem keine Möglichkeit der am Informationsaustausch beteiligten Unternehmen geben, den Wettbewerb für einen beträchtlichen Teil der betroffenen Produkte auszuschalten. **Bezweckte Wettbewerbsbeschränkungen,** – insbesondere ein Informationsaustausch als Mittel, um Informationen über künftige Absichten auszutauschen und eine Kollusion zu ermöglichen – sind hier **kritisch** zu sehen,[289] vor allem, wenn Preis- und Mengeninformationen mit einem solchen Kollussionsziel ausgetauscht werden.[290] Allerdings muss ein Informationsaus-

---

279 Europäische Kommission, Horizontalleitlinien, Tz. 98.
280 Europäische Kommission, Horizontalleitlinien, Tz. 99.
281 Europäische Kommission, Horizontalleitlinien, Tz. 100.
282 Europäische Kommission, Horizontalleitlinien, Tz. 101.
283 Europäische Kommission, Horizontalleitlinien, Tz. 110.
284 Siehe das Beispiel bei Europäische Kommission, Horizontalleitlinien, Tz. 74, 107.
285 Europäische Kommission, Horizontalleitlinien, Tz. 102.
286 Siehe das Beispiel bei Europäische Kommission, Horizontalleitlinien, Tz. 108.
287 Europäische Kommission, Horizontalleitlinien, Tz. 103.
288 Siehe die beiden Beispiele der Europäischen Kommission, Horizontalleitlinien, Tz. 105 f.
289 Europäische Kommission, Horizontalleitlinien, Tz. 107.
290 Europäische Kommission, Horizontalleitlinien, Tz. 74, 107; *Braun* in Langen/Bunte, EU-Kartellrecht, Nach Art. 101 AEUV Rn. 126.

tausch als bezweckte Wettbewerbsbeschränkung dann zulässig sein, wenn die bezweckte Kooperation zulässig wäre und sich vergleichbare Effizienzvorteile einstellen. Beispielsweise sollte der Austausch von Preisen zwischen Anbietern freigestellt sein, wenn sie auch eine erlaubte Vermarktungskooperation bilden dürften und der Austausch die mit solchen Kooperationen verbundenen Effizienzvorteile auslöst. Bei lediglich **bewirkten Wettbewerbsbeschränkungen** ist der **Einzelfall** eingehend zu untersuchen. Je unbedeutender die Wettbewerbsparameter sind, die vom Informationsaustausch betroffen sind, desto eher kann eine Freistellung angenommen werden. Eine Rolle spielen auch **Marktanteil und Marktstruktur.** Insbesondere bei nicht zersplitterter, enger und stabiler oligopolistischer Marktstruktur und bei relativ hoher Produkthomogenität dürfte eine Freistellung von Informationsaustausch schwierig sein, wenn bedeutende Wettbewerbsparameter wie Preis und Menge Gegenstand des Austausches sind und dies dazu führt, dass insbesondere der Preiswettbewerb zu Lasten nicht nachfragestarker Verbraucher beeinträchtigt wird.[291] Auch das **Benchmarking,** also der Vergleich von Leistungsdaten zur Ermittlung der „best practice", ist in solchen Marktstrukturen genauso bedenklich[292] wie der **Informationsaustausch auf elektronischen Marktplätzen,** die von Wettbewerbern genutzt werden.[293] Demgegenüber spricht ein zersplittertes Angebot dagegen, dass überhaupt eine Wettbewerbsbeschränkung unten den Anbietern gegeben ist,[294] so dass eine Ausschaltung des Wettbewerbs erst recht nicht zu befürchten ist. Ebenso sollte ein **Austausch bei instabiler Marktstruktur** zu Nachfragemengen und -zeiten wegen stark schwankender Nachfrage unbedenklich sein, selbst wenn nur fünf Anbieter existieren und alle Anbieter sich über ein Marktforschungsunternehmen austauschen. Die Effizienzgewinne (bessere Vorhersage von Über- und Unterangebot, Abnahme ungedeckte Verbrauchernachfrage, Zunahme verkaufte Menge) sprechen dafür, dass sich der Wettbewerb belebt und nicht ausgeschaltet wird.[295]

2. Forschungs- und Entwicklungsvereinbarungen.

78 Ein Teilbereich der Rationalisierung – und ggf. auch der Spezialisierung[296] – sind Kooperationen im Bereich Forschung und Entwicklung. Hier kann eine Zusammenarbeit auch von Wettbewerbern generell rationalisierende Effekte haben. Die damit verbundenen möglichen **Wettbewerbsbeschränkungen** sind eine Koordinierung auf dem Markt für vorhandene und gemeinsam verbesserte Produkte oder auch eine Beschränkung des Innovationswettbewerbs sowie die Abschottung von der Nutzung der Ergebnisse.[297] Es sind also die Produkt- und Technologiemärkte auf Beschränkungen zu untersuchen. **Bezweckte Wettbewerbsbeschränkungen** (insbesondere im Hinblick auf Preise, Produktion, Kunden)[298] werden – wie auch sonst – strenger beurteilt als lediglich **bewirkte Wettbewerbsbeschränkungen.** Wegen der wettbewerblichen Ambivalenz von Forschungs- und Entwicklungsvereinbarungen liegen häufig aber nur bewirkte Beschränkungen vor. Ohnehin

[291] Europäische Kommission, Horizontalleitlinien, Tz. 107.
[292] *Zimmer* in Immenga/Mestmäcker, EU-WettbR, Art. 101 Abs. 1 AEUV Rn. 271; *Braun* in Langen/Bunte, EU-Kartellrecht, Nach Art. 101 AEUV Rn. 142.
[293] *Kirchner* WuW 2001, 1030, 1036 ff.; *Gassner* MM 2001, 140, 142; *Jestaedt* BB 2001, 581, 583; *F.A. Immenga/Lange* RIW 2000, 733, 738; *J.B. Nordemann* in: Czychowski/Bröcker/Schäfer, Handbuch Geistiges Eigentum im Internet, § 12 Rn. 79 ff. mwN.; *Zimmer* in Immenga/Mestmäcker, EU-WettbR, Art. 101 Abs. 1 AEUV Rn. 271;
[294] EuGH Slg 2006, I-11125 Rn. 58 – *Asnef-Equifax and Administración del Estado;* EuGH WuW/E EU-R 747, 750 *Thyssen/Kommission;* EuGH Slg, 1998, S. 13111 – *P. Deere/Kommission* = WuW/E EU-R 75 – *Landwirtschaftliche Zugmaschinen; Zimmer* in Immenga/Mestmäcker, EU-WettbR, Art. 101 Abs. 1 AEUV Rn. 269 mwN.
[295] Europäische Kommission, Horizontalleitlinien, Tz. 110.
[296] Zu Produktions- und Spezialisierungskartellen allg. unten Rn. 81 ff.
[297] Europäische Kommission, Horizontalleitlinien, Tz. 127 ff.
[298] Europäische Kommission, Horizontalleitlinien, Tz. 128.

muss gründlich hinterfragt werden, ob überhaupt eine wettbewerbsbeschränkende Vereinbarung vorliegt; Vereinbarungen in einem frühen Stadium, ohne gemeinsame Verwertung oder zwischen nicht konkurrierenden Unternehmen sind nach Auffassung der Kommission oft schon nicht wettbewerbsbeschränkend.[299]

79 Im Hinblick auf eine Freistellung zunächst die **GVO Forschung und Entwicklung**[300] zu beachten. Die kritische Marktanteilsgrenze liegt bei 25%; bis zu dieser Grenze sind Kooperationen gem. Art. 4 freigestellt, sofern nicht Kernbeschränkungen nach Art. 5 Gegenstand der Kooperation sind. Siehe zur GVO über Forschung und Entwicklung die separate Kommentierung.

80 Bei mangelnder Freistellung nach der GVO über Forschung und Entwicklung ist eine **Einzelfreistellung** notwendig. Dafür enthalten die **Horizontalleitlinien der Europäischen Kommission** eine umfassende Würdigung der horizontalen Zusammenarbeit im Bereich der Forschung und Entwicklung.[301] Danach kann der aus der Kooperation fließende **Effizienzgewinn** vor allem in Kosteneinsparungen bei der Entwicklung oder der Entwicklung verbesserter oder neuer Produkte und Technologien liegen.[302] Bei der Prüfung der **Unerlässlichkeit** sind Kernbeschränkungen im Sinne des Art. 5 GVO über Forschung und Entwicklung besonders skeptisch zu würdigen. Dazu zählen beispielsweise Zugangsbeschränkungen für eine Partei auf dem technologischen Gebiet der Forschungs- und Entwicklungsvereinbarung nach dem Ende der gemeinsamen Arbeiten (Art. 5 lit. a) GVO).[303] Als mildere Mittel im Vergleich mit einer Zugangsbeschränkung sind Optionen denkbar, sofern sie den Zugang nicht faktisch verhindern.[304] Auch Ausschließlichkeitsabreden, die zu einer Marktschließung führen können, sind kritisch auf ihre Unerlässlichkeit zu prüfen.[305] Die **angemessene Beteiligung** an diesen Vorteilen muss im Falle von Marktmacht kritisch gewürdigt werden. Sie ist jedoch gegeben bei schnellerer Einführung neuer Produkte und Technologien.[306] Insbesondere energieeffizientere Produkte bringen den Verbrauchern relevante Vorteile.[307] Für eine angemessene Beteiligung kann es erforderlich sein, dass sich die Parteien verpflichten, Dritten zu zumutbaren Bedingungen Lizenzen für das wesentliche Herstellungs-Know-how zu erteilen.[308] Für die Prüfung, der fehlenden **Ausschaltung des Wettbewerbs** ist zu beachten, dass sie sich auf alle betroffenen Produkt- und Technologiemärkte beziehen muss. Werden die Marktanteilsschwellen nach Art. 4 GVO über Forschung und Entwicklung nicht überschritten, spricht dies gegen die Gefahr einer Ausschaltung des Wettbewerbs,[309] sofern dies nicht von qualitativ ins Gewicht fallenden anderen Faktoren aufgewogen wird. Gerade bei Forschungs- und Entwicklungsvereinbarungen kommt dem **Zeitpunkt der Prüfung** größere Relevanz zu. Insbesondere die verlorenen Erstinvestitionen (sunk investments) der Parteien und ein angemessener Zeitraum, sie im Lichte des eingegangenen Risikos zu amortisieren, müssen berücksichtigt werden. Sollte für die sich aus der Investition ergebende Erfindung irgendeine Form von Exklusivität aufgrund von Rechten des Geistigen Eigentums gelten, so geht nach der Europäischen Kommission der Amortisierungszeitraum für diese Investition im Allgemeinen

---

[299] Europäische Kommission, Horizontalleitlinien, Tz. 129 ff.

[300] Verordnung (EU) Nr. 1217/2010 vom 14. Dezember 2010 über die Anwendung von Art. 101 Abs. 3 AEUV auf bestimmte Gruppen von Vereinbarungen über Forschung und Entwicklung (ABl. EU L 335 vom 18. Dezember 2010, S. 36); vgl. die separate Kommentierung hierzu.

[301] Europäische Kommission, Horizontalleitlinien, Tz. 111 ff.

[302] Europäische Kommission, Horizontalleitlinien, Tz. 113 ff., 141.

[303] *Wolf* WRP 2013, 885, 890. Siehe ferner die separate Kommentierung zu Art. 5 GVO über Forschung und Entwicklung.

[304] *Wolf* WRP 2013, 885, 890.

[305] Europäische Kommission, Horizontalleitlinien, Tz. 148, Beispiel 3 und Beispiel 4.

[306] Europäische Kommission, Horizontalleitlinien, Tz. 143.

[307] Europäische Kommission, Horizontalleitlinien, Tz. 148, Beispiel 5.

[308] Europäische Kommission, Horizontalleitlinien, Tz. 147, Beispiel 1.

[309] *Wolf* WRP 2013, 885, 889.

nicht über den Exklusivitätszeitraum nach diesen Vorschriften hinaus.[310] Konsequenterweise kommt eine Einzelfreistellung danach nur für Zugangsbeschränkungen nach Auslaufen der Vereinbarung, jedoch vor Auslaufen des Schutzrechts in Betracht,[311] was von begrenzter praktischer Bedeutung scheint. Ist die Wettbewerbsbeschränkung ein irreversibles Ereignis, muss die Prüfung allein anhand des zum Zeitpunkt der Umsetzung gegebenen Sachverhalts erfolgen.[312] So kann es z. B. im Falle einer FuE-Vereinbarung, in deren Rahmen die Parteien übereinkommen, ihre jeweiligen Forschungsarbeiten einzustellen und ihre Kapazitäten zusammenzulegen, später objektiv unmöglich sein, eine eigenständige Forschung und Entwicklung wieder aufzunehmen. Wenn die gemeinsame Forschung und Entwicklung zu diesem Zeitpunkt freigestellt ist, z. B. weil eine ausreichende Zahl konkurrierender Projekte von Dritten betrieben wird, bleibt die Übereinkunft der Parteien freigestellt, selbst wenn zu einem späteren Zeitpunkt die Drittprojekte nicht erfolgreich sind. Die Kommission stellt jedoch klar, dass die Freistellung für andere Teile der Vereinbarung entfallen kann, für die sich die Frage der Irreversibilität nicht stellt. Wenn eine Vereinbarung z. B. neben der gemeinsamen Forschung und Entwicklung auch die gemeinsame Verwertung umfasst, kann Art. 101 AEUV durch diesen Teil der Vereinbarung verletzt sein, sofern die Marktentwicklung eine Freistellung im Verwertungsbereich ausschließt oder entfallen lässt.[313]

3. Produktions- und Spezialisierungsvereinbarungen

Der Großteil der Produktions- und Spezialisierungskartelle dürfte auf Grund der **Spezialisierungs-GVO Nr. 1218/2010**[314] freigestellt sein. Sie stellt grundsätzlich Vereinbarungen insbesondere über Produktionsspezialisierungen oder eine gemeinsame Produktion vom Kartellverbot des Art. 101 Abs. 1 AEUV frei, soweit die Summe der Marktanteile der beteiligten Unternehmen am relevanten Markt 20% nicht überschreitet. Es wird auf die separate Kommentierung dieser GVO verwiesen. Außerhalb des Anwendungsbereiches der GVO können Produktions- und Spezialisierungskartelle nach **Art. 101 Abs. 3 AEUV einzelfreigestellt** sein. Im nicht zwischenstaatlichen Bereich ist neben § 2 Abs. 1 GWB für Mittelstandskartelle auf **§ 3 GWB** zu verweisen. Ferner kann Fallpraxis auch aus § 5 GWB a. F. entnommen werden, der ähnliche Voraussetzungen wie Art. 101 Abs. 3 AEUV aufstellte. 81

Zweck der Privilegierung von Produktions- und Spezialisierungsvereinbarungen. Produktions- und Spezialisierungsvereinbarungen gehören zu den in der Praxis wichtigsten **Formen kooperativer Rationalisierung.** Unternehmen, die Produktions- und Spezialisierungsvereinbarungen treffen, teilen beliebige betriebliche Vorgänge arbeitsteilig untereinander auf. Die Möglichkeit der Freistellung von Produktions- und Spezialisierungskartellen rechtfertigt sich wie bei allen Rationalisierungskartellen aus ihrer leistungssteigernden Wirkung und den dabei anfallenden Effizienzgewinnen. Aufgrund der Arbeitsteilung haben die Unternehmen die Möglichkeit, sich auf bestimmte betriebliche Abläufe, z. B. auf die Produktion bestimmter Erzeugnisse, zu konzentrieren. Dadurch können sie im Allgemeinen rationeller arbeiten, die Erzeugung und Verteilung der Waren verbessern und diese günstiger anbieten. Hier kommen etwa Größen- oder Verbundvorteile oder Nutzung von besseren Produktionstechniken in Betracht, solange sie nicht zur Festsetzung von Preisen, zur Beschränkung des Ausstoßes oder der Aufteilung von Märkten oder Kundenkreisen genutzt werden. 82

---

310 Europäische Kommission, Horizontalleitlinien, Tz. 145.

311 *Wolf* WRP 2013, 885, 890.

312 Europäische Kommission, Horizontalleitlinien, Tz. 146.

313 Europäische Kommission, Horizontalleitlinien, Tz. 146.

314 Verordnung (EU) Nr. 1218/2010 vom 14. Dezember 2010 über die Anwendung von Art. 101 Abs. 3 AEUV auf bestimmte Gruppen von Spezialisierungsvereinbarungen, ABl. L 335 vom 18.12. 2010, S. 43.

83 **Wettbewerbsbeschränkung.** Soweit die Kartellbeteiligten mit der Produktions- und Spezialisierungsabrede auf die Vornahme bestimmter unternehmerischer Tätigkeiten verzichten (z. B. im Falle der Produktspezialisierung die Herstellung eines bestimmten Sortiments einstellen), führt die Arbeitsteilung zu einer Beschränkung des Wettbewerbs zwischen den Unternehmen und damit zunächst zum grundsätzlichen Verbot aus Art. 101 Abs. 1 AEUV.[315] Bezweckte Wettbewerbsbeschränkungen können sich auf die Festsetzung von Preisen, insbesondere aber auf Produktionsbeschränkungen oder eine Aufteilung von Kunden und Märkten beziehen. Sie fallen in jedem Fall unter Art. 101 Abs. 1 AEUV.[316] Lediglich bewirkte Wettbewerbsbeschränkungen müssen auf hinreichende Auswirkungen untersucht werden.[317] Ansonsten sollte aber auch kritisch hinterfragt werden, ob überhaupt – z. B. bei geringer Kooperationstiefe – eine Wettbewerbsbeschränkung und Spürbarkeit im Sinne des Art. 101 Abs. 1 AEUV vorliegt. Im Einzelnen sei auf die Horizontalleitlinien der Kommission[318] und auf die separate Kommentierung von Art. 101 Abs. 1 AEUV verwiesen.

84 **Effizienzgewinne.** Ein typischer Fall einer Erzielung von Effizienzgewinnen durch Kooperation bei der Produktion ist die Verbesserung der Produktion.[319] Sie kann insbesondere durch erhebliche Investitionen der Kartellmitglieder eintreten.[320] Kosten werden gespart, wenn veraltete Produktionsanlagen durch effizientere ersetzt werden,[321] Kapazitäten besser ausgenutzt[322] oder im Wege der zentralen **Auftragslenkung** Großserien hergestellt werden können.[323] Eine Auftragslenkung ist vor allem in Branchen von Bedeutung, die großen Nachfrageschwankungen unterliegen. Die Vereinbarung verpflichtet die beteiligten Unternehmen, nur die ihnen zugewiesenen Aufträge zu übernehmen. Durch die Zusammenfassung und Umverteilung an die Mitglieder wird ein möglichst kontinuierlicher Geschäftsbetrieb gewährleistet.[324] Je nach Einzelfall werden die begrenzten Lager-, Produktions- oder Lieferkapazitäten der einzelnen Hersteller abgefedert[325] oder die Herstellung von Großserien ermöglicht.[326] Effizienzgewinne treten ferner auf, wenn sich Speditionen eine zentrale Sammel- und Verteillogistik geben und dadurch die Transport- und Umschlagskapazitäten der Beteiligten besser auslasten.[327] Solche Gewinne sind jedoch zu bezweifeln, wenn die Auftragslenkung nur zu einer Umverteilung der Aufträge führt, ohne das Auftragsvolumen der Kartellmitglieder insgesamt zu beeinflussen,[328] oder auch ansonsten keine Integration wirtschaftlicher Tätigkeiten oder gemeinsame Investitionen ersichtlich sind.[329] Demgegenüber können die gemeinschaftliche Lagerung, Weiterverarbeitung

---

[315] Vgl. WuW/E BKartA 687, 690 – *Drehbänke,* zu § 1 GWB.

[316] Europäische Kommission, Horizontalleitlinien, Tz. 160 f.

[317] Europäische Kommission, Horizontalleitlinien, Tz. 162 ff.

[318] Europäische Kommission, Horizontalleitlinien, Tz. 157 ff.

[319] WuW/E BKartA 516, 521 – *Langfräsmaschinen;* WuW/E BKartA 528, 534 – *Steinzeug II;* WuW/E BKartA 271, 276 – *Einheitshydraulik.*

[320] WuW/E BKartA 528, 534 – *Steinzeug II.*

[321] Europäische Kommission, Horizontalleitlinien, Tz. 187 Beispiel 1.

[322] WuW BGH 1929, 1931 – *Basalt Union* = NJW 1975, 1837.

[323] Weitere Beispiele in *Bunte* in: Frankfurter Kommentar § 5 a. F. Rn. 62; vgl. auch *Immenga* in: Immenga/Mestmäcker, GWB, § 5 a. F. Rn. 39.

[324] Vgl. WuW/E BKartA 1001, 1004 – *Zementverkaufsstelle Niedersachsen.*

[325] Vgl. die Fälle zum alten Recht: WuW/E BKartA 1248, 1251 – *Fernmeldekabel;* WuW/E BKartA 1794, 1795 – *Bimsbausteine III.*

[326] Vgl. WuW/E BKartA 632 – *Armaturen;* WuW/E BKartA 1794, 1795 – *Bimsbausteine III.*

[327] Zu § 5 GWB a. F.: BKartA, Beschluss vom 3. Dezember 2001, Az. B 9–63401–194/00, S. 7 – *System-Alliance.*

[328] Zum alten Recht: WuW/E BKartA 1001, 1004 – *Zementverkaufsstelle Niedersachsen; Deringer/Benisch* in: Gemeinschaftskommentar § 5 a. F. Rn. 34; *Immenga* in: Immenga/Mestmäcker, GWB, § 5 a. F. Rn. 33.

[329] Europäische Kommission, Horizontalleitlinien, Tz. 255 Beispiel 4, unter Vermarktungsvereinbarungen.

oder der gemeinschaftliche Verkauf von Nebenprodukten im Einzelfall rationalisierende Wirkungen entfalten.[330] So dient z. B. die Verpflichtung von Mitgliedswerken, einer Verarbeitungsgemeinschaft für Teererzeugnisse ihre gesamten Rohprodukte abzuliefern, der Rationalisierung, wenn dadurch die kostensparende Gemeinschaftsverarbeitung kontinuierlich erhalten bleibt.[331] Auch die Bildung von Produktions- und Vertriebsgemeinschaften[332] für die Lösung der Absatzprobleme von Neben- bzw. Koppelprodukten hat das BKartA zum alten Recht als rationalisierende Maßnahme anerkannt.[333] Ein bekannter Fall eines Rationalisierungskartells nach § 5 GWB a. F. ist Fleurop, eine Vereinigung von Blumenhändlern zur überregionalen Blumenvermittlung; Fleurop erschließt Blumenhändlern neue Absatzwege und ermöglicht eine zuverlässige Blumenvermittlung.[334] Die Kommission führt in einem parallel gelagerten Beispiel eine Auftragslenkung mit einheitlichen Preisen als effizienzsteigernd nach Art. 101 Abs. 3 AEUV an, wenn ein einheitliches Produkt (Geschenkkörbe) über eine gemeinsame Internetplattform vertrieben wird, wobei die Auslieferung durch den Händler erfolgt, der am dichtesten am Bezieher sitzt.[335] Im Übrigen hat das BKartA nach früherem Recht eine Rationalisierung bejaht für den Fall, dass mehrere Unternehmen die bei der Durchführung von Bauvorhaben anfallenden Arbeiten zusammenfassen und koordinieren. Entscheidendes Kriterium war, dass allen Beteiligten bei individueller Durchführung des An- und Abtransports von Bauschutt, der Wasserhaltung, der Zwischenlagerung und Deponierung von Baumaterialien höhere Kosten und ein erhöhter Zeit- und Arbeitsaufwand entstanden wären. Auch die **verbesserte Produktqualität** stellt eine Leistungssteigerung dar.[336] Hierzu dient etwa der Erfahrungsaustausch im Wege gemeinsamer Forschungsprojekte[337] oder die gemeinschaftliche Schulung des Personals.[338]

Maßnahmen erzeugen keine hinreichenden Effizienzgewinne, die eine Verbesserung des Aufwand-Ertrag-Verhältnisses ohne innerbetriebliche Änderungen allein wegen **Verringerung bzw. Ausschaltung des Wettbewerbs** durch kollektive Verbesserung der Marktverhältnisse oder der Austauschbedingungen herbeiführen. In diesen Fällen ist auch **keine Verbesserung der Leistungsfähigkeit** der Unternehmen zu beobachten. Beispielsweise begegnen Spezialisierungskartelle Bedenken, die bei genauerem Hinsehen einer sachlichen Marktaufteilung gleich kommen, z. B. wenn ein Unternehmen sich mit einem anderen abspricht, dass jede Partei nur noch bestimmte Produkte herstellt, die die andere nicht mehr produzieren darf. Die geltend gemachten Effizienzgewinne in Form von Größenvorteilen und verbesserten Produktionstechnologien hängen dann allein mit der Marktaufteilung zusammen. Nach der Kommission würde die Analyse aber anders und damit positiver ausfallen, wenn die Unternehmen einander mit dem Produkt belieferten, auf das sie sich konzentrieren, so dass beide alle Produkte weiter verkaufen. In diesem Falle könnten die Unternehmen weiter auf beiden Märkten preislich konkurrieren, vor allem wenn auf die Produktionskosten (die durch die Produktionsvereinbarung zu gemeinsamen Kosten wer- 85

[330] So schon zum alten Recht BKartA, TB 1963, 21; WuW/E BKartA 795 – *Teerverwertung; Immenga* in: Immenga/Mestmäcker, GWB, § 5 a. F. Rn. 29; *Deringer/Benisch* in: Gemeinschaftskommentar § 5 a. F. Rn. 33; kritisch *Segelmann* WuW 1964, 3, 12; *Düesberg* WuW 1968, 499, 506 ff.

[331] WuW/E BKartA 795, 797 – *Teerverwertung* (zum früheren Recht).

[332] Vgl. dazu oben Rn. 82.

[333] WuW/E BKartA 224, 231 – *Niedersächsische Kalkwerke;* WuW/E BKartA 341, 347 – *Ruhrstickstoff I;* WuW/E BKartA 211, 215 – *Thomasphosphat.*

[334] BKartA WuW/E DE-V 127 – *Fleurop II;* wegen der zwischenstaatlichen Wirkung ist hier auf Art. 101 Abs. 3 AEUV abzustellen, vgl. TB BKartA BT DS 15/5790, S. 39, und BKartA TB 2003/2004, S. 146. Vgl. aber zu den weiteren Anforderung zur Vermeidung einer Ausschaltung des Wettbewerbs unten Rn. 88. Siehe auch Europäische Kommission, Horizontalleitlinien, Tz. 254 Beispiel 3.

[335] Europäische Kommission, Horizontalleitlinien, Tz. 254 Beispiel 3, unter Vermarktungsvereinbarungen.

[336] WuW/E BKartA 341, 347 – *Ruhrstickstoff I.*

[337] WuW/E BKartA 965, 972 – *Teererzeugnisse;* WuW/E BKartA 695, 699 – *Kali II.*

[338] WuW/E BKartA 687, 692 – *Drehbänke.*

den) kein wesentlicher Teil der variablen Kosten ihrer Produkte entfiele.[339] Demgegenüber problematisch sind die kollektive Festlegung höherer Preise oder die Verringerung des Aufwandes, indem auf Grund der Kartellbildung bestimmte Leistungen (z.B. im Service) gestrichen werden.[340] Die Einführung von kollektiven Rabattkartellen ist aus dem gleichen Grund keine Rationalisierung.[341] Auch soweit ein Unternehmen nur auf Grund des nachlassenden Wettbewerbsdrucks Kosten einsparen kann (sog. Wettbewerbskosten), z.B. im Bereich der Werbung, der Lagerhaltung oder der Kalkulation, fehlt es an einer unmittelbar im Betrieb eintretenden Verbesserung von Produktion, Organisation oder Vertrieb. Daher bleiben beispielsweise Preisbewegungen am Markt wie die Einführung höherer Preise,[342] die nur durch bloße Verstärkung der Marktmacht gegenüber vor- oder nachgelagerten Wirtschaftsstufen möglich werden, außer Betracht.[343] Allerdings können solche Abreden unterhalb bestimmter Marktanteilsschwellen als Einkaufsvereinbarung[344] oder Vermarktungskooperation[345] freigestellt sein.

86 **Unerlässlichkeit.** Die rationalisierenden Absprachen müssen für die Erreichung von Effizienzgewinnen unerlässlich sein. Beschränkungen, die den Parteien in einer Produktionsvereinbarung für ihr Wettbewerbsverhalten hinsichtlich des Outputs außerhalb der Zusammenarbeit auferlegt werden, sieht die Kommission in der Regel nicht als unerlässlich an, genauso wie gemeinsam festgesetzte Preise, wenn die Produktionsvereinbarung keine gemeinsame Vermarktung umfasst.[346] Bei einem Rücknahmesystem bestehen bei rationalisierender Vereinheitlichung der Logistik Bedenken hinsichtlich einer Vereinbarung über einen einheitlichen Preisaufschlag für Entsorgungskosten (visible fee).[347] Für Produktions- und Spezialisierungsvereinbarungen sind häufig **gemeinsame Vertriebsorganisationen** notwendig, weil die Beteiligten hier im Regelfall nur noch einen Teil ihrer bisher bestehenden Produktionspalette herstellen.[348] Um das Abwandern von Kunden zu verhindern, müssen die Kartellbeteiligten ihren Abnehmern jeweils noch das gesamte Warensortiment anbieten. Auch **Auftragslenkungsvereinbarungen** können gemeinsame Vertriebseinrichtungen erfordern, um den schnellen Absatz zu fördern und somit Kosten der Lagerhaltung zu verhindern, die den Rationalisierungserfolg ansonsten wieder aufheben könnten.[349] Allerdings können die Vorteile der Auftragslenkung auch wieder aufgehoben werden, so z.B. bei einer Verpflichtung zu **Ausgleichzahlungen** innerhalb des Kartells zu Gunsten der nicht berücksichtigten Kartellmitglieder.[350] Das gilt z.B. für Frachtausgleichszahlungen, um die räumlich schlechter positionierten Unternehmen zu subventionieren; dadurch wird eher verhindert, dass das Unternehmen mit den geringsten Frachtkosten den Auftrag ausführt. Auch **Quotenabsprachen** behindern den Eintritt der Rationalisierungswirkung, wenn der Auftrag dadurch nicht zu dem Kartellmitglied gelangt, das den Auftrag am kostengünstigsten herstellen kann.[351] Im Übrigen können Quotenabsprachen aber die Rationalisierung unterstützen, wenn sie für eine gleichmäßige Auslastung der Kapazitäten

[339] Europäische Kommission, Horizontalleitlinien, Tz. 190 Beispiel 4.
[340] Zum früheren Recht: WuW/E BKartA 1228 – *Krawattenstoffsubmission.*
[341] Siehe zum früheren Recht: WuW/E BKartA 1616, 1623 – *Pallas.*
[342] WuW/E BKartA 205, 322 – *Buchenfaserholz.*
[343] BKartA, (frühere zu §§ 5 bis 7 GWB a.F. veröffentlichte) Verwaltungsgrundsätze für die Behandlung von Rationalisierungs-, Strukturkrisen- und Sonstigen Kartellen, S. 7.
[344] Siehe dazu unten Rn. 89ff.
[345] Siehe dazu unten Rn. 106ff., 107.
[346] Europäische Kommission, Horizontalleitlinien, Tz. 184.
[347] BKartA TB 2003/2004, S. 183.
[348] Vgl. zum alten Recht: BKartA vom 20.9.2000 – *Betonsteinvertrieb Westdeutschland GbR,* zit. nach *Schultz/Wagemann,* Kartellrechtspraxis und Kartellrechtsprechung 2000/2001, S. 39f.; WuW/E BKartA 1794, 1798 – *Bimsbausteine III.*
[349] Vgl. WuW/E BKartA 528, 533 – *Steinzeug II.*
[350] WuW/E BKartA 732, 735 – *Superphosphat II.*
[351] WuW/E BKartA 1001, 1002 – *Zementverkaufsstelle Niedersachsen.*

sorgen.[352] Ohnehin erwarten die Kartellmitglieder, dass sie von der gemeinsamen Vertriebseinrichtung weitgehend gleichmäßig berücksichtigt werden. Um hier einen angemessenen Ausgleich zwischen den Erfordernissen für eine Rationalisierung und für ein Funktionieren der gemeinsamen Einrichtung zu schaffen, sollte der gemeinsamen Einrichtung bei Quotenvereinbarungen eine gewisse Beweglichkeit beim Bezug von den Kartellmitgliedern z. B. in Form von Quotenbandbreiten[353] verbleiben; sonst ist der Rationalisierungserfolg gefährdet.

Beteiligung der Verbraucher. Die erzielten Effizienzgewinne müssen in Form von niedrigeren Preisen, höherer Produktqualität oder größerer Produktvielfalt in einem Maße an die Verbraucher weitergegeben werden, dass sie die wettbewerbsbeschränkenden Auswirkungen überwiegen.[354] Das BKartA ging in ständiger Verwaltungspraxis zur alten Rechtslage von den gleichen Voraussetzungen aus, nach denen nun die angemessene Beteiligung der Verbraucher bemessen wird:[355] So können höhere Leistungen zum gleichen Preis oder gleich bleibende Leistungen zu einem niedrigeren Preis angeboten werden oder der Bezug des betreffenden Produktes erst ermöglicht oder auch nur erleichtert werden.[356] Die Verbesserung der Qualität kann das angebotene Produkt selbst betreffen, aber auch die Nebenleistungen des Herstellers. Durch die Vereinbarung können z. B. die Angebotspalette, der Kundenservice,[357] die Garantiebestimmungen, die regionale Versorgung oder die Lieferfristen[358] verbessert werden. Im Hinblick auf den Umfang der Verbesserung, die bei Abnehmern und Verbrauchern eintreten muss, ist eine Abwägung mit dem Umfang der angefallenen Gewinne und dem Ausmaß der Wettbewerbsbeschränkung im Einzelfall erforderlich. Die anfallenden Effizienzgewinne werden mit den verursachten Nachteilen bei der Bestimmung einer angemessenen Beteiligung saldiert, so dass die Nettowirkung auf den Verbraucher zumindest neutral sein muss.[359] Effizienzgewinne, die nur den Parteien zugutekommen, oder Kosteneinsparungen, die auf einer Verringerung des Outputs oder einer Aufteilung des Marktes beruhen, bilden keine ausreichende Grundlage.[360] Wenn die Parteien der Produktionsvereinbarung Einsparungen bei ihren variablen Kosten erzielen, ist die Wahrscheinlichkeit, dass sie sie an die Verbraucher weitergeben, größer, als wenn sie ihre Fixkosten verringern.[361] 87

Ausschaltung des Wettbewerbs. Bei wirksamem Wettbewerb werden die Unternehmen von der Möglichkeit, Preise zu senken und Angebote zu verbessern, regelmäßig Gebrauch machen (müssen) und geben im Regelfall die Vorteile auch an die Verbraucher weiter.[362] Nur bei entsprechender Weitergabe der Effizienzgewinne an die Marktgegenseite auf Grund wirksamen Wettbewerbs erfüllt das Produktions- und Spezialisierungskartell die Freistellungsvoraussetzungen und entspricht auch dem Sinn und Zweck des Art. 101 AEUV, die leistungssteigernde Wirkung des Wettbewerbs zu verstärken und so die bestmögliche Versorgung der Verbraucher zu sichern. Bei der erforderlichen Gesamtwürdigung der im Einzelfall gegebenen quantitativen und qualitativen Faktoren ist entscheidend, ob 88

---

352 Vgl. zum alten Recht: BKartA vom 18.1.2000 – *Betongitterträgerelemente,* zit. nach *Schultz/Wagemannn,* Kartellrechtspraxis und Kartellrechtsprechung 2000/2001, S. 37 f.

353 *Fuchs* in: Immenga/Mestmäcker, GWB, § 2 Rn. 196. Zu § 5 GWB a. F.: Immenga in: Immenga/Mestmäcker, GWB (3. Aufl.), § 5 Rn. 71.

354 Europäische Kommission, Horizontalleitlinien, Tz. 185; siehe auch Tz. 187 Beispiel 1.

355 Vgl. auch oben Rn. 51 ff.

356 Vgl. z. B. WuW/E BKartA 1794, 1797 – *Bimsbausteine III;* WuW/E BKartA 1317, 1319 – *Steinzeug IV;* WuW/E BKartA 1079, 1081 – *Steinzeug III.*

357 Vgl. WuW/E BKartA DE-V 127, 129 – *Fleurop II.*

358 WuW/E BKartA 1794, 1797 – *Bimsbausteine III.*

359 Europäische Kommission, Leitlinien Art. 81 Abs. 3 EG, Tz. 85.

360 Europäische Kommission, Horizontalleitlinien, Tz. 185.

361 Europäische Kommission, Horizontalleitlinien, Tz. 185.

362 Europäische Kommission, Horizontalleitlinien, Tz. 185.

der Wettbewerb seine Kontrollfunktion noch erfüllt.[363] Sind die **Markanteilsschwellen** der Spezialisierungs-GVO **(20%)** eingehalten, ist es nach der Kommission „ohnehin wahrscheinlich", dass eine Einzelfreistellung für rationalisierende Kooperationen ausscheidet; insoweit bestehe ein **„Safe Harbour"**.[364] Ansonsten spricht Marktbeherrschung tendenziell für eine Ausschaltung des Wettbewerbs.[365] Für Rationalisierungskartelle nach § 5 GWB a.F. lag in der Praxis des BKartA die kritische Marktanteilsgrenze bei 30%.[366] Bei einem 50%igen Anteil am Markt für Blumenvermittlung sah sich das BKartA gezwungen, die kurzfristige Abschaffung der Andienungspflicht an die Organisation zur Auflage zu machen.[367] Für die Bestimmung der Gefahr, dass der Wettbewerb für einen wesentlichen Teil der Waren ausgeschaltet wird, ist außerdem der **Umfang einer Kostenangleichung** zu berücksichtigen. Bei gegenseitiger Belieferung aus der Spezialisierung etwa können Größenvorteile und Einsparungen kaum aufgewogen werden, wenn wenig Spielraum für einen Wettbewerb verbleibt, beispielsweise bei einem hohem Anteil der auf die gemeinsame Produktion entfallenden Kosten auf die Gesamtkosten, der den verbleibenden Preiswettbewerb schmälern kann.[368] Anderes gilt, wenn nur ein kleiner Teil der Gesamtkosten des Unternehmens betroffen ist, z.B. bei der Herstellung eines Zwischenproduktes oder bei der Herstellung heterogener Produkte.[369] Bleiben **wichtige Parameter wie z.B. der Preis** von der Vereinbarung unberührt, sind an die positiven Auswirkungen der Rationalisierung verhältnismäßig geringe Anforderungen zu stellen.[370] So sind branchenweite Entsorgungskooperationen unbedenklich, wenn sie eine relativ geringe Kooperationstiefe aufweisen, wie z.B. Behälterpools, und die Rationalisierungsvorteile groß und die Auswirkungen auf den Wettbewerb sehr gering sind; die wettbewerbsrechtliche Prüfung erstreckt sich dabei zum einen auf die betroffenen Entsorgungsmärkte und zum anderen auf die betroffenen Produktmärkte.[371] Im Übrigen ist auch die **Marktstruktur** zu berücksichtigen, und zwar sowohl die kurzfristigen Auswirkungen der Kartellierung auf die Wettbewerbssituation als auch langfristige Aspekte. Insoweit muss die Wirkung der Abrede auf Aktivität und Stärke der Außenseiter und auf den von ihnen ausgehenden Wettbewerbsdruck bewertet werden, also ob und in welchem Umfang auf dem relevanten Markt gleichartige Waren angeboten werden.[372] Eine wenig wettbewerbsintensive Marktstruktur kann insoweit nahelegen, dass die Effizienzvorteile aus der Spezialisierung nicht in ausreichendem Maße bei der Marktgegenseite ankommen.[373] Schließlich spielt die Entmachtung des Kartells durch **Substitutionswettbewerb von benachbarten Märkten**[374] und durch **potenziellen Wettbewerb** eine Rolle.[375] Ferner ist zu bedenken,

---

[363] Siehe oben Rn. 55.

[364] Europäische Kommission, Horizontalleitlinien, Tz. 169 letzter Satz, 170.

[365] Vgl. Rn. 56.

[366] LKartB Bayern, Kooperation und Wettbewerb, S. 43; in BKartA vom 18.1.2000 – *Betongitterträgerelemente,* zit. nach *Schultz/Wagemannn,* Kartellrechtspraxis und Kartellrechtsprechung 2000/2001, S. 37f., lag der Marktanteil bei höchstens 20%, in BKartA vom 20.9.2000 – *Betonvertrieb Westdeutschland GbR,* zit. nach *Schultz/Wagemannn,* aaO., S. 39f., bei weniger als 30%.

[367] BKartA WuW/E DE-V 127 – *Fleurop II;* siehe auch zur Entwicklung danach KG WuW/E DE-R 1595, 1596 – Blumendistanzhandel; ferner BKartA TB 2003/2004, S. 146.

[368] Europäische Kommission, Horizontalleitlinien, Tz. 190.

[369] Europäische Kommission, Horizontalleitlinien, Tz. 178.

[370] Vgl. WuW/E BKartA 271, 278 – *Einheitshydraulik;* WuW/E BKartA 224, 233 – *Niedersächsische Kalkwerke I;* WuW/E BKartA 668, 674 – *Bleiweiß.*

[371] BKartA TB 2003/2004, S. 183 – *Entsorgung von Elektro- und Elektronikschrott.*

[372] WuW/E BKartA 629, 639 – *Armaturen;* WuW/E BKartA 938, 942 – *Gesellschaftsreisen.* Siehe ferner zur Marktstruktur Europäische Kommission, Horizontalleitlinien, Tz. 188 Beispiel 2.

[373] Europäische Kommission, Horizontalleitlinien, Tz. 188 Beispiel 2.

[374] Allg. A. nach § 5 GWB a.F.: WuW/E BKartA 1794, 1798 – *Bimsbausteine III;* WuW/E BKartA 953, 955 – *Sisalkordel;* WuW/E BKartA 938, 942 – *Gesellschaftsreisen.*

[375] Vgl. Europäische Kommission, Horizontalleitlinien, Tz. 191 Beispiel 5; ferner die 8 Kriterien der Europäische Kommission zur Prüfung des potenziellen Wettbewerbs, Europäische Kommission, Leitlinien Art. 81 Abs. 3 EG, Tz. 115.

inwieweit **nachgelagerte Märkte** verschlossen werden[376] oder die Kooperationen einen unzulässigen **Informationsaustausch** befördert.[377] Zu Kartellen auch aus dem Gesichtspunkt der **Gegenmachtbildung** im Horizontalverhältnis (Nebengewichtsbildung) vgl. oben.[378]

4. Einkaufsvereinbarungen

Art. 101 Abs. 3 AEUV kennt **kein ausdrückliches kartellrechtliches Privileg für Einkaufsgemeinschaften.** Deshalb kann eine Freistellung lediglich aus der Generalklausel des Art. 101 Abs. 3 AEUV hergeleitet werden. Der EuGH hat schon vor längerer Zeit Einkaufsgemeinschaften unter bestimmten Voraussetzungen eine wettbewerbsfördernde Wirkung zugebilligt.[379] Weitergehende Auslegungshilfen ergeben sich daraus, dass die **Leitlinien die Europäische Kommission über horizontale Zusammenarbeit** Einkaufsvereinbarungen ausdrücklich behandeln.[380] Das deutsche Recht enthielt früher eine besondere Regelung für (mittelständische) Einkaufsvereinbarungen in § 4 Abs. 2 GWB a. F., die im Zuge der Harmonisierung des deutschen Kartellrechts mit dem EU-Kartellrecht durch die 7. GWB-Novelle 2005 aufgehoben wurde, aber immer noch Auslegungshilfen bietet. Wird eine Einkaufsvereinbarung mit einer Vermarktungsvereinbarungen kombiniert, muss die Vermarktungsvereinbarung grundsätzlich getrennt beurteilt werden;[381] bei untrennbaren Fragen (z. B. bezweckte Wettbewerbsbeschränkung) ist jedoch nach dem Schwerpunkt zu fragen.[382] Eine Einkaufsvereinbarung kann einen Zusammenschluss im Sinne der FKVO bzw. der §§ 35 ff. GWB bedeuten.[383] **89**

Zweck der Privilegierung von Einkaufsvereinbarungen. Über die Privilegierung von Einkaufsvereinbarungen soll Unternehmen ein **struktureller Nachteilsausgleich** verschafft werden. Durch die Bündelung ihrer Nachfrage können sie Einkaufsbedingungen erreichen, wie sie sonst nur großen Abnehmern gewährt werden. Nach dem EuGH kann ein solches „Gegengewicht" den Wettbewerb fördern.[384] Auch die Europäische Kommission sieht die auf Machtzuwachs beruhende Verbesserung der Einkaufskonditionen in ihren Leitlinien über horizontale Zusammenarbeit als relevanten Effizienzgewinn im Sinne des Art. 101 Abs. 3 AEUV an, sofern sie auf Grund bestehenden Wettbewerbs an die Kunden der Einkaufenden weitergereicht werden.[385] Der **Eintritt von echten Rationalisierungswirkungen** ist **nicht zwingend Voraussetzung,** aber dennoch denkbar. Nach der Europäischen Kommission liegt **die Marktanteilsgrenze** bei einem gemeinsamen **Marktanteil der Einkäufer** sowohl auf den Einkaufs- als auch auf den Verkaufsmärkten **von 10 % bis zu 15 %,** bei dem „ohnehin wahrscheinlich sei", dass die Voraussetzungen des Art. 101 Abs. 3 AEUV durch die Einkaufsvereinbarung erfüllt werden.[386] Die Praxis zu § 4 **90**

---

[376] Europäische Kommission, Horizontalleitlinien, Tz. 189 Beispiel 3.

[377] Europäische Kommission, Horizontalleitlinien, Tz. 192 Beispiel 6 und Tz. 193 Beispiel 7. Siehe zum Informationsaustausch auch oben Rn. 71 ff. und die Kommentierung zu Art. 101 Abs. 1 AEUV Rn. 234 ff.

[378] Rn. 57.

[379] EuGH v. 15.12.1994, C-250/92 Rn. 32 – *Goettrup-Klim u. a./DLG.*

[380] Vgl. Europäische Kommission, Horizontalleitlinien, Tz. 194 ff.

[381] Siehe zu Vermarktungsvereinbarungen unten Rn. 106 ff.

[382] Dazu auch Rn. 68.

[383] Zum Zusammenschlussbegriff, siehe die separate Kommentierung zu Art. 3 FKVO und zu § 37 GWB. Speziell zu Einkaufsvereinbarungen und Zusammenschlussbegriff: *Säcker/Mohr* WRP 2011, 793, 795.

[384] EuGH v. 15.12.1994, C-250/92 Rn. 32 – *Goettrup-Klim u. a./DLG.* Siehe zur Gegengewichtsthese auch unten Rn. 57.

[385] Europäische Kommission, Horizontalleitlinien, Tz. 217: niedrigere Einkaufpreise genügen als Effizienzgewinn; vgl. *Keßler* WuW 2002, 1162, 1172 f.

[386] Europäische Kommission, Horizontalleitlinien, Tz. 208.

Abs. 2 GWB a. F. ging von Marktanteilsgrenzen von 10% bis 15% aus, ab denen eine wesentliche Wettbewerbsbeeinträchtigung erwogen werden müsse.[387]

91 Durch den Rückgriff auf Art. 101 Abs. 3 AEUV sind **zwei Erweiterungen der Privilegierung** – im Vergleich zum früheren § 4 Abs. 2 GWB a. F. – zu beachten: Da die Freistellung nach Art. 101 Abs. 3 AEUV nicht auf mittelständische Unternehmen begrenzbar ist, muss die **Einkaufsgemeinschaft nicht zwingend aus kleinen oder mittleren Unternehmen** gebildet werden.[388] Deshalb konnte das BKartA eine Kooperation zweier Bundesländer beim Einkauf von Polizeidienstkleidung nicht untersagen, obwohl die beiden Bundesländer nach Auffassung des Amtes keine kleinen oder mittleren Unternehmen waren.[389] Zweitens ist nach der Abschaffung des § 4 Abs. 2 GWB a. F. **nicht mehr erforderlich,** dass es sich um eine **Einkaufsgemeinschaft ohne Bezugszwang** handelt;[390] zumindest lässt die Europäische Kommission in ihrer Anwendungspraxis zu Art. 101 Abs. 3 AEUV die Freistellung nicht auf Grund einer Bezugspflicht entfallen.[391]

92 Unterschiede zwischen deutschem und dem europäischem Kartellrecht können sich ferner im Bereich der **Einkaufsvereinbarungen der öffentlichen Hand** ergeben. Denn der für die Anwendung des Kartellrechts auf Einkaufsvereinbarungen der öffentlichen Hand entscheidende Unternehmensbegriff wird im europäischen Kartellrecht restriktiver ausgelegt als bislang vom BGH im deutschen Kartellrecht.[392] Insoweit ist denkbar, dass nur deutsches Kartellrecht und kein europäisches Kartellrecht zur Anwendung kommt. [393]

93 **Wettbewerbsbeschränkung.** Wie auch sonst stellt sich die Frage einer Freistellung nach Art. 101 Abs. 3 AEUV auch für Einkaufsgemeinschaften nur dann, wenn überhaupt der Tatbestand des Art. 101 Abs. 1 AEUV vorliegt, also insbesondere eine spürbare und zwischenstaatliche Wettbewerbsbeschränkung gegeben ist.[394] Nachfrager, die eine Einkaufsvereinbarung abschließen, stehen im Regelfall zumindest als Nachfrager im Wettbewerb und können durch die Gleichschaltung ihrer Nachfrage den Wettbewerb beschränken. Daneben sind auch die Auswirkungen der Einkaufskooperation auf den Angebotsmärkten zu bedenken,[395] insbesondere wenn die Teilnehmer auch auf den Absatzmärkten miteinander konkurrieren. Machen beispielsweise die Bezugskosten einen erheblichen Teil des Absatzpreises aus, kann die Gleichschaltung der Nachfrage auch wettbewerbsbeschränkende Auswirkungen auf den Angebotsmärkten haben.[396] Eine andere Frage ist jedoch, ob die Wettbewerbsbeschränkungen durch Einkaufsvereinbarungen auch bezweckt oder nur bewirkt sind. Bezweckte Wettbewerbsbeschränkungen werden im Rahmen von Art. 101 Abs. 3 AEUV strenger beurteilt.[397] Zutreffend ist, Einkaufsvereinbarungen im Regelfall lediglich als **bewirkte Wettbewerbsbeschränkung** anzusehen.[398] Ihre wettbewerblichen Auswirkungen sind regelmäßig zu ambivalent; insbesondere können sie wettbewerbsfördernd sein. Deshalb muss für jede Einkaufsvereinbarung die Intensität der Wettbewerbsbeschränkung

---

[387] Vgl. Bericht des Wirtschaftsausschusses zur zweiten GWB-Novelle, WuW 1973, 581, 585. OLG Koblenz WuW/E OLG Verg 188, 191 – *Feuerwehrbedarfsartikel; Hermann/Dick,* WuW 1999, 1071, 1076; *Bunte* in: Frankfurter Kommentar § 4 a. F. Rn. 135; *Kiecker* in: Langen/Bunte, § 4 GWB a. F. Rn. 59; *Krimphove* in: Gemeinschaftskommentar § 5 a. F. Rn. 90. Siehe ferner die Kommentierung von § 3 Rn. 58 ff.

[388] Ebenso BKartA TB 2003/2004, S. 40; *Fuchs* in: Immenga/Mestmäcker, GWB, § 2 Rn. 168.

[389] BKartA TB 2003/2004, S. 40, 90 f. – *Polizeidienstkleidung.*

[390] *Fuchs* in: Immenga/Mestmäcker, GWB, § 2 Rn. 168.

[391] Europäische Kommission, Horizontalleitlinien, Tz. 218.

[392] Vgl. dazu ausführlich § 1 GWB Rn. 24 ff.

[393] Im Einzelnen unten Rn. 105.

[394] Allg. dazu: Europäische Kommission, Horizontalleitlinien, Tz. 200 ff.; *Säcker/Mohr* WRP 2011, 793, 799 ff.

[395] Europäische Kommission, Horizontalleitlinien, Tz. 197 ff.

[396] Europäische Kommission, Horizontalleitlinien, Tz. 201.

[397] Siehe oben Rn. 57.

[398] *Säcker/Mohr* WRP 2011, 793, 800 mwN.

gerade auch vor dem Hintergrund von Freistellungen nach Art. 101 Abs. 3 AEUV untersucht werden.

Wettbewerbsbeschränkung: „Safe Harbour" bis 15 % Marktanteil. Die Europäische Kommission setzt in ihren Horizontalleitlinien eine Grenze bei einem gemeinsamen Marktanteil der Einkäufer sowohl auf den Einkaufs- als auch auf den Verkaufsmärkten von bis zu 15%, bei der es „unwahrscheinlich" sei, dass eine Wettbewerbsbeschränkung nach Art. 101 Abs. 1 AEUV durch die Einkaufsvereinbarung vorliege.[399] „Auf jeden Fall" sei bis zu dieser Grenze aber wahrscheinlich, dass zumindest die Voraussetzungen des Art. 101 Abs. 3 AEUV erfüllt sind. Diese Formulierung verdeutlicht die fließende Abgrenzung des Kartellverbots und der Freistellungstatbestände.[400] Bei kumulierten Marktanteilen jenseits dieser Grenze ist eine eingehendere Betrachtung des Einzelfalls erforderlich.[401] Auch das BKartA sieht sich in seiner regelmäßigen Praxis nicht in der Lage, Einkaufsvereinbarungen zu untersagen, wenn die 15%-Schwelle verfehlt wird.[402] **Ausnahmen** gelten bei Beteiligung eines Unternehmens, das nicht nur Nachfrager, sondern auch Lieferant ist, weil das die „Bargaining Power" der Einkaufskooperation wegen des Interessenkonflikts schwächt.[403] 94

Wettbewerbsbeschränkung: Bezugszwang. Für eine relevante (bewirkte) Wettbewerbsbeschränkung spricht ein Bezugszwang der Mitglieder.[404] Dennoch erwähnen die Leitlinien der Europäische Kommission über horizontale Zusammenarbeit, die sich umfassend mit Einkaufsgemeinschaften auseinandersetzen, die Frage des Bezugszwanges nicht im Zusammenhang mit der Prüfung des Tatbestandes des Art. 101 Abs. 1 AEUV.[405] Das überrascht angesichts der Tatsache, dass der EuGH ausdrücklich notwendige Bezugspflichten vom Tatbestand des Art. 101 Abs. 1 AEUV ausnimmt.[406] Auch kann die Frage, ob und ggf. in welcher Intensität eine Bezugsverpflichtung gegeben ist, für die Beurteilung der Freistellungsvoraussetzungen nach Art. 101 Abs. 3 AEUV von Bedeutung sein,[407] so dass nachfolgend auf die verschiedenen Erscheinungsformen eingegangen wird. 95

Generelle Bezugsverpflichtungen zwingen die angeschlossenen Unternehmen zur Abnahme bestimmter Produkte und Dienstleistungen über die Einkaufsvereinbarung. Dadurch wird nicht nur die Nachfragemacht gegenüber den Lieferanten vergrößert, sondern auch die wettbewerbliche Handlungsfreiheit der Kooperationsmitglieder als Nachfrager beschränkt.[408] Der Bezugszwang kann **unmittelbar** im Wege **vertraglicher Bezugsverpflichtungen** ausgeübt werden. Hierunter fallen wechselseitige Vereinbarungen der Mitglieder untereinander oder gegenüber der Zentrale, in denen sie sich – nicht nur für den Einzelfall – dem Zwang unterwerfen, ihren Bedarf an bestimmten Gütern oder Dienstleistungen ausschließlich oder nur teilweise über die Gemeinschaft zu decken. Bei Gesamtbedarfsdeckung liegt im Regelfall eine Wettbewerbsbeschränkung nach Art. 101 Abs. 1 AEUV vor.[409] Genügend für eine Wettbewerbsbeschränkung kann auch ein faktischer bzw. 96

---

[399] Europäische Kommission, Horizontalleitlinien, Tz. 208.
[400] Vgl. oben Rn. 7.
[401] Europäische Kommission, Horizontalleitlinien, Tz. 209.
[402] BKartA TB 2011/2012, S. 73 – *Einkaufskooperation Standard-Werkzeuge und „Persönliche Schutzausstattungen"*; BKartA TB 2003/2004, S. 91 – *Polizeidienstkleidung.*
[403] *Säcker/Mohr* WRP 2011, 793, 803.
[404] EuGH v. 15.12.1994, C-250/92 Rn. 35 – *Goettrup-Klim u. a./DLG;* Europäische Kommission v. 17.7.1968 *SOCEMAS* ABl. 1968 L 201/4, 6; Europäische Kommission v. 14.7.1975 – *Intergroup,* ABl. 1975 L 212/23, 25.
[405] Europäische Kommission, Horizontalleitlinien, Tz. 200 ff.
[406] EuGH v. 15.12.1994, C-250/92 Rn. 35 – *Goettrup-Klim u. a./DLG.*
[407] Gl. A. *Fuchs* in: Immenga/Mestmäcker, GWB, § 2 Rn. 168.
[408] Ausführlich *Martin* WuW 1984, 534, 543; *Köhler,* Wettbewerbsbeschränkungen durch Nachfrager, S. 157 ff.
[409] *Zimmer* in Immenga/Mestmäcker, EG-WettbR, Art. 101 Abs. 1 AEUV Rn. 257 unter Verweis auf EuGH v. 25.3.1981, Slg. 1981, 851 Tz. 12 f. – *Coöperatieve Stremsel – en Kleurselfabriek.*

mittelbar wirkender Bezugszwang sein, sofern er in seinen Wirkungen einer rechtlichen Bezugspflicht gleichkommt.[410] Es ist nach rechtlichen oder wirtschaftlichen Nachteilen auf Grund des Fremdbezuges zu fragen. Ob dadurch die Intensität eines (mittelbaren) Bezugszwanges erreicht wird, kann nur im Rahmen einer umfassenden Einzelfallprüfung entschieden werden.[411] Dabei ist der mittelbare Bezugszwang abzugrenzen von der **zulässigen wirtschaftlichen Sogwirkung,** die sich allein aus der gewollten Attraktivität der Einkaufskonditionen durch Nachfragebündelung ergibt und zu einem weitgehenden Bezug über die Kooperation führt.[412] Bei der Abgrenzung kommt es im Wesentlichen darauf an, ob die Kooperationsmitglieder in der Wahl ihrer Lieferanten frei bleiben.[413] Davon ist auszugehen, wenn die Mitgliedsunternehmen nicht gehindert sind, aus individuellen Nutzenerwägungen heraus andere Bezugsmöglichkeiten wahrzunehmen, auch wenn beispielsweise die Einkaufskonditionen für sich genommen schlechter sind.

97 **Beispiele für einzelne Vertragsklauseln mit Bezugszwang:** Die Kosten, die der Zentrale entstanden sind, dürfen grundsätzlich über **Kostendeckungsklauseln** auf die angeschlossenen Unternehmen umgelegt werden, ohne dass eine (mittelbare) Bezugspflicht entstehen würde. Jedoch dürfen sie auf die Mitglieder keinen finanziellen Druck ausüben, um diese dazu veranlassen, ihre Bezüge über die Kooperation zu erhöhen; dann liegt eine Bezugspflicht nahe.[414] Keine Bezugspflicht begründen Klauseln, die die Kosten – **leistungsgerecht** – nach den bei der Einkaufkooperation tatsächlich durch das Mitglied verursachten Kosten aufteilen. Demgegenüber scheinen degressive Kostenbeträge regelmäßig eine Sanktion für eine geringe Inanspruchnahme der Einkaufsvereinbarung in sich zu tragen, sie sind aber dann leistungsgerecht, wenn über ein größeres Bezugsvolumen tatsächlich geringere Kosten für die Kooperation entstehen, z. B. weil der Lieferant eine progressive Provision an die Kooperation zahlt. Insgesamt erscheint es als schwierig, die Leistungsgerechtigkeit abschließend generalisierend zu beurteilen. **Mindestumsatzklauseln** verpflichten die Mitglieder, eine bestimmte Menge über die Kooperation zu beziehen. Sie begründen damit einen unmittelbaren Bezugszwang.[415] **Konzentrationsrabatte und -boni** werden den Mitgliedern als Belohnung und Anreiz für den Bezug über die Kooperation gewährt. Damit führen sie zu mittelbaren Bezugsbindungen.[416] **Zentralregulierungsabreden,** die die angeschlossenen Unternehmen dazu verpflichten, die Abrechnung von der Zentrale vornehmen zu lassen, führen keinen mittelbaren Bezugszwang ein, sofern die eigenständige Abwicklung von Direktgeschäften freigestellt ist.[417] Dasselbe gilt für die obligatorische zentrale Übernahme der **Delkrederehaftung** gegenüber den Lieferanten.[418] Eine Kooperation auf Grund der Zentralisierung der Beschaffung über ein einziges Logistikzentrum begründet zumindest faktisch einen dauerhaft ausnahmslosen, über den Einzelfall hinausgehenden Bezugszwang für die Beteiligten.[419] Das **Gebot der sparsamen Wirt-**

[410] Zur alten Rechtslage vgl. Begr. RegE 5. GWB-Novelle, BT DS 11/4610, S. 15 = WuW 1990, 332, 338; *Westermann* ZWeR 2003, 481, 483.

[411] BKartA TB 1995/96, S. 36 ff.

[412] Begr. RegE 5. GWB-Novelle, BT DS 11/4610, S. 15 = WuW 1990, 332, 338/339; BGH WuW/E DE-R 1087, 1091 – *Ausrüstungsgegenstände für Feuerlöschzüge.*

[413] Begr. RegE 5. GWB-Novelle, BT DS 11/4610, S. 15 = WuW 1990, 332, 338.

[414] *Keßler* WuW 2002, 1162, 1167; *Köhler,* Wettbewerbsbeschränkungen durch Nachfrager, S. 178. Vgl. aus der Praxis des Bundeskartellamtes: BKartA, TB 1962, 29 – *Kinderwagen;* TB 1978, 74 – *Rundfunk;* TB 1979/1980, S. 31; TB 1979/1980, S. 85, 87 ff. – *Platzschutz.*

[415] *Immenga* in: Immenga/Mestmäcker, GWB (3. Aufl.), § 4 a. F. Rn. 121; vgl. BKartA, TB 1962, S. 29 – *Kinderwagen;* TB 1965, S. 32 – *Kinderwagen.*

[416] BKartA, TB 1995/1996, S. 37. Eingehend *Martin,* WuW 1984, 534, 545.

[417] RegE Begr. 5. GWB-Novelle, BT DS 11/4610, S. 15 = WuW 1990, 332, 338; OLG Frankfurt NZG 2001, 904; BKartA, TB 1995/1996, 37; *Lutz* WRP 2002, 47, 52.

[418] RegE Begr. 5. GWB-Novelle, BT DS 11/4610, S. 15 = WuW 1990, 332, 338; BKartA, TB 1995/1996, 37; *Krimphove* in: Gemeinschaftskommentar § 5c a. F. Rn. 150.

[419] BKartA TB 2003/2004 BT DS 15/5790, S. 91.

schaftsführung, das für **Kommunen** gilt, löst für sich genommen noch keinen mittelbaren Bezugszwang über eine Einkaufsvereinbarung aus.[420]

Wettbewerbsbeschränkung: Spürbarkeit. Darüber hinaus ist entscheidend, ob die Spürbarkeitsgrenze des Art. 101 Abs. 1 AEUV überschritten wurde.[421] Sie hat jedoch regelmäßig **keine eigenständige Bedeutung** bei Einkaufskooperation, weil im Regelfall erst ab 15% Marktanteil auf den Einkaufs- und Verkaufsmärkten eine Wettbewerbsbeschränkung vorliegt und bei diesen Marktanteilen auch Spürbarkeit gegeben ist.[422] **98**

Zwischenstaatlichkeit. Regelmäßig sind die Auswirkungen der Einkaufsvereinbarungen oberhalb 15% Marktanteil auch zwischenstaatlich spürbar, etwa wenn sie in größeren regionalen Räumen tätig und deshalb grenzüberschreitend sind oder im Wettbewerb zu zwischenstaatlich relevanten Marktteilnehmern stehen.[423] **99**

Effizienzgewinne. Einkaufsgemeinschaften werden häufig von Unternehmen genutzt, um durch gemeinsamen Einkauf günstigere Konditionen und Mengenrabatte zu erzielen.[424] Die damit realisierten Größenvorteile wirken wettbewerbsfördernd und erlauben es, durch günstigeren Einkauf Effizienzgewinne zu erzielen. Die Freistellung setzt daher nicht unbedingt Rationalisierungswirkungen voraus, sondern lässt die bloße Bündelung von Marktmacht zur Verbesserung der Einkaufskonditionen genügen. Die Europäische Kommission erkennt diesen „wirtschaftlichen Nutzen" als ausreichend im Sinne des Art. 101 Abs. 3 AEUV an.[425] Allerdings kann die Einkaufsgemeinschaft auch echte Rationalisierungswirkungen auslösen, z.B. zu geringeren Transaktions-, Transport- und Lagerkosten führen und dadurch Größenvorteile erleichtern oder die Anbieter zu Innovationen und zur Markteinführung neuer oder verbesserter Produkte veranlassen.[426] Effizienzgewinne können entfallen, wenn sich ein Unternehmen beteiligt, das nicht nur Nachfrager, sondern auch Lieferant ist, weil das die „Bargaining Power" der Einkaufskooperation wegen des Interessenkonflikts schwächt.[427] **100**

Unerlässlichkeit. In der Einkaufsvereinbarung kann es um Austausch sensibler Geschäftsinformationen (z.B. über Einkaufspreise und –mengen) sowohl in horizontaler Hinsicht (unter den Mitgliedern) als auch in vertikaler Hinsicht (mit den Lieferanten) kommen. Dieser **Informationsaustausch** darf nicht über das Maß Daten hinausgehen, das für den gemeinsamen Einkauf der unter die gemeinsame Einkaufsregelung fallenden Produkte erforderlich ist. Die Spillover-Effekte des Austauschs sensibler Geschäftsinformationen können z.B. dadurch minimiert werden, dass die Daten im Rahmen einer gemeinsamen Einkaufsregelung zusammengestellt, aber nicht an die Parteien weitergegeben werden.[428] Teilen die Lieferanten ihren jeweiligen genauen jährlichen Umsatz mit ihren Hauptkunden und ihren Umsatz mit den jeweiligen Mitgliedern der Einkaufsgemeinschaft mit, ermög-

---

[420] BGH WuW/E DE-R 1087, 1091 – *Ausrüstungsgegenstände für Feuerlöschzüge.*

[421] Kommission vom 17.7.1968, ABl. 1968 L 201/4, 6 – *SOCEMAS;* Kommission vom 14.7.1975, ABl. 1975 L 212/23, 25 – *Intergroup;* vgl. Bekanntmachung über Vereinbarungen von geringer Bedeutung vom 9.12.1997 (Bagatellbekanntmachung), ABl. 1997 C 372/04, Rn. 9a.

[422] Gl. A. *Säcker/Mohr* WRP 2011, 793, 805; *Schröder* in Wiedemann, Handbuch des Kartellrechts, § 8 Rn. 94. Siehe aber BKartA TB 2011/2012, S. 73 – *Einkaufskooperation Standard-Werkzeuge und „Persönliche Schutzausstattungen",* wo das BKartA auch auf die 10%-Grenze für die Spürbarkeit nach der Bagatellbekanntmachung verweist.

[423] Begr. RegE 7. GWB-Novelle, BT DS 15/3640, S. 26; BKartA TB 2001/2002, S. 40; *Westermann* ZWeR 2003, 481, 495.

[424] *Säcker/Mohr* WRP 2011, 793, 806; *Keßler* WuW 2002, 1162, 1163. Siehe auch Begr. RegE 5. GWB-Novelle, BT-DS 11/4610, S. 15 = WuW 1990, 332, 338.

[425] Europäische Kommission, Horizontalleitlinien, Tz. 217: Kosteneinsparungen werden (pauschal) als Effizienzgewinn anerkannt; *Keßler* WuW 2002, 1162, 1172f.; *Säcker/Mohr* WRP 2011, 793, 806. A.A. *Fuchs* in: Immenga/Mestmäcker, GWB, § 2 Rn. 175.

[426] Europäische Kommission, Horizontalleitlinien, Tz. 217; *Säcker/Mohr* WRP 2011, 793, 806.

[427] *Säcker/Mohr* WRP 2011, 793, 803.

[428] Europäische Kommission, Horizontalleitlinien, Tz. 215f., ferner Tz. 224 Beispiel 4.

licht das der Einkaufsgemeinschaft, (vertikale) Abhängigkeiten eines Lieferanten zu identifizieren und auszunutzen. Die hiermit gewonnenen Marktinformationen sind für das Funktionieren einer Einkaufsallianz nach Auffassung des BKartA jedoch nicht erforderlich.[429] Ein **Bezugszwang** schließt die Zulässigkeit einer Einkaufsvereinbarung nicht a priori aus.[430] Nach Ansicht der Kommission kann ein Bezugszwang in einigen Fallgestaltungen unerlässlich sein, um überhaupt den erforderlichen Umfang für die Erzielung von Größenvorteilen zu erlangen.[431] Die bisherige Praxis zu § 4 Abs. 2 GWB a. F. liefert Fallpraxis, wie ein solcher Bezugszwang ausgestaltet sein kann.[432] In jedem Fall unerlässlich ist ein **Bezugszwang im Einzelfall.**[433] Die unternehmerische Dispositionsfreiheit des Einzelhändlers wird im Grundsatz nicht beeinträchtigt, wenn Verpflichtungen zur Abnahme bestimmter Mengen nur im Einzelfall vereinbart werden.[434] Einkaufsvereinbarungen können überhaupt nur funktionieren, wenn die Kooperationsmitglieder zur Erfüllung der einzelnen Lieferverträge verpflichtet sind. Bei Zentraleinkauf könnte die Einkaufsvereinbarung nicht über die benötigten Mengen disponieren, bei Zentralregulierung werden Lieferanten nur Angebote an Kooperationsmitglieder richten, sofern die Kooperationsmitglieder nach Annahme auch zur Abnahme verpflichtet sind. Daneben existierten auch andere im Einzelfall bestehende zwingende Gründe für Bezugsverpflichtungen.[435] Dazu zählen Bezugspflichten, die die Zentrale den Mitgliedsunternehmen im Zusammenhang mit Miet-, Pacht- oder Darlehensverträgen auferlegt;[436] diese fallen aber ohnehin nur unter Art. 101 Abs. 1 AEUV, wenn sie Teil eines kartellrechtlich relevanten Gesamtvertrages sind.[437] Genauso können Bezugspflichten notwendig sein, wenn sie nur das Kernsortiment als einen Teil des Gesamtsortimentes betreffen und für das Erscheinungsbild bzw. das Bestehen der Gruppe notwendig sind.[438]

101 **Angemessene Beteiligung.** Die eingesparten Kosten müssen an die Marktgegenseite weitergegeben werden.[439] Nachfragemacht auf dem Einkaufsmarkt steht dem nicht von vornherein entgegen, da auch diese zu niedrigen Preisen beim Verkauf führen kann. Indes muss außer dem Wettbewerb auf dem Einkaufsmarkt auch der Verkaufsmarkt beachtet werden.[440] Sind die Unternehmen auf dem Verkaufsmarkt marktmächtig, ist die Wahrscheinlichkeit einer angemessenen Beteiligung gering.[441] Zu Einkaufsvereinbarungen von Unternehmen der öffentlichen Hand siehe unten.[442]

102 **Ausschaltung des Wettbewerbs.** Nach den Leitlinien der Europäische Kommission über horizontale Zusammenarbeit[443] ist es **„auf jeden Fall" bis zur Grenze von 15 % gemeinsamem Marktanteil** (sowohl auf dem Nachfrage- als auch auf dem Verkaufsmarkt) wahrscheinlich, dass die Voraussetzungen des Art. 101 Abs. 3 AEUV erfüllt sind,

---

429 BKartA TB 2011/2012, S. 73 – *Einkaufskooperation Standard-Werkzeuge und „Persönliche Schutzausstattungen"*.

430 Oben Rn. 95 ff.

431 Europäische Kommission, Horizontalleitlinien, Tz. 218.

432 Siehe oben Rn. 96 f.

433 BKartA, Merkblatt über die Kooperationserleichterungen für kleine und mittlere Unternehmen, S. 12.

434 RegE Begr. 6. GWB-Novelle, BT DS 13/9720, S. 32.

435 *Keßler* WuW 2002, 1162, 1168; *Lutz* WRP 2002, 47, 52.

436 BKartA TB 1995/96, 37 f.; *Lutz* WRP 2002, 47, 52; *Keßler* WuW 2002, 1162, 1168.

437 Vgl. BKartA, TB 1979/1980, 13; *Monopolkommission,* Sondergutachten 7, Tz. 119; vgl. auch *Martin,* WuW 1984, 534, 545; *Olesch,* Das Kartellrecht der Einkaufszusammenschlüsse, 1983, S. 57; *Dauner,* S. 149.

438 BKartA TB 1995/96, S. 37; *Lutz* WRP 2002, 47, 52.

439 Europäische Kommission, Horizontalleitlinien, Tz. 219; *Säcker/Mohr* WRP 2011, 793, 806.

440 Europäische Kommission, Horizontalleitlinien, Tz. 219.

441 Europäische Kommission, Horizontalleitlinien, Tz. 219.

442 Rn. 105.

443 Europäische Kommission, Horizontalleitlinien, Tz. 208.

also u. a. keine Ausschaltung des Wettbewerbs zu beobachten ist **(„Safe Harbour“).** Jedoch ist nach den Leitlinien der Kommission bei einem Marktanteil von bis zu 15% schon in den meisten Fällen der Tatbestand des Art. 101 Abs. 1 AEUV mangels Wettbewerbsbeschränkung nicht erfüllt.[444] Damit scheint mit der Auffassung der Europäische Kommission und des BKartA zum neuen Recht hier sogar noch erheblicher Spielraum oberhalb von 15% vorhanden zu sein, schon weil ansonsten die (untere) Spürbarkeitsgrenze und die (obere) Grenze für Art. 101 Abs. 3 AEUV mehr oder weniger zusammenfielen.[445] Da Leitlinien der Kommission nur eine begrenzte Wirkung haben,[446] sei noch erwähnt, dass auch der BGH in einem Fall zu § 4 Abs. 2 GWB a. F. Marktanteile, die unter 10% liegen, als unkritisch angesehen hat.[447]

Der **Marktanteil als quantitatives Kriterium** ist zwar ein wichtiges, aber **nicht das** 103
einzige Kriterium für die Beurteilung, ob eine wesentliche Wettbewerbsbeschränkung vorliegt. Die Auswirkungen einer Kooperationsvereinbarung auf die Wettbewerbsbedingungen des jeweiligen Marktes sind vielmehr nicht nur an Hand quantitativer, sondern **auch auf der Grundlage qualitativer Kriterien** zu bestimmen.[448] In qualitativer Hinsicht ist die Art und Intensität der Wettbewerbsbeschränkung entscheidend, also das Gewicht der jeweils betroffenen Wettbewerbsparameter.[449] So haben Absprachen über Einkauf größere Auswirkungen auf den Wettbewerb als solche über Werbung, Forschung und Entwicklung. Das gilt vor allem dann, wenn die Einkaufspreise einen erheblichen Teil der variablen Kosten der Nachfrager ausmachen und deshalb mit einer Kostenangleichung unter ihnen zu rechnen ist.[450] Ferner gehören zu den qualitativen Kriterien auch alle Kriterien, die die Markstruktur beschreiben, z. B. Aktivität und Stärke der Kooperations-Außenseiter, der Substitutionswettbewerb von benachbarten Märkten, der potentielle Wettbewerb, die Markttransparenz sowie die Marktzutrittsschranken.[451] Gegenmacht im Vertikalverhältnis kann im Gegensatz zur Auffassung der Europäischen Kommission[452] keine Rolle spielen.[453] Zwischen den qualitativen und quantitativen Merkmalen besteht eine **Wechselwirkung.**[454] Danach kann ein geringer Grad der internen Organisation (insbesondere des Bezugszwanges)[455] oder ein geringer Umfang des tatsächlich beeinflussten Beschaffungsvolumens eine Überschreitung der 15%-Grenze rechtfertigen. Konsequenterweise lässt die Kommission in einem Beispiel in den Horizontalleitlinien auch Marktanteile von 23% am Einkaufs- wie am Verkaufsmarkt zu, wenn zwei Nachfrager mit größeren Marktanteilen existieren und die übrigen kleinen Mitbewerber ebenfalls Einkaufsgemeinschaften bilden können.[456] Freistellungsfähig sind auch Einkaufsmarktanteile von 22%, wenn die Wettbewerber ähnliche Marktanteile haben, die Parteien aber auf den Verkaufsmärkten keine Konkurrenten sind.[457]

---

[444] Europäische Kommission, Horizontalleitlinien, Tz. 208.
[445] Zustimmend *Fuchs* in: Immenga/Mestmäcker, GWB, § 2 Rn. 182.
[446] Siehe Art. 101 Abs. 1 Rn. 13.
[447] BGH WuW/E DE-R 1087, 1093 f. – *Ausrüstungsgegenstände für Feuerlöschzüge* = GRUR 2003, 633.
[448] *Fuchs* in: Immenga/Mestmäcker, GWB, § 2 Rn. 183. Für § 4 Abs. 2 GWB a. F. BGH WuW/E DE-R 1087, 1091 – *Ausrüstungsgegenstände für Feuerlöschzüge* = GRUR 2003, 633; OLG Frankfurt WuW/E OLG 2771, 2774 – *Taxi-Funk-Zentrale Kassel.*
[449] *Bunte* in: Frankfurter Kommentar § 4 a. F. Rn. 70.
[450] Europäische Kommission, Horizontalleitlinien, Tz. 222 Beispiel 2.
[451] *Fuchs* in: Immenga/Mestmäcker, GWB, § 2 Rn. 183.
[452] Europäische Kommission, Horizontalleitlinien, Tz. 209; genauso: Säcker/Mohr WRP 2011, 793, 804 f.; vgl. aber *Fuchs* in: Immenga/Mestmäcker, GWB, § 2 Rn. 181.
[453] Dazu oben Rn. 57.
[454] *Fuchs* in: Immenga/Mestmäcker, GWB, § 2 Rn. 183. Zum GWB a. F. auch: OLG Frankfurt WuW/E OLG 2771, 2774 – *Taxi-Funk-Zentrale Kassel.*
[455] Im Einzelnen dazu oben Rn. 95.
[456] Europäische Kommission, Horizontalleitlinien, Tz. 221 Beispiel 1.
[457] Europäische Kommission, Horizontalleitlinien, Tz. 223 Beispiel 3.

Problematisch ist demgegenüber eine Einkaufsvereinbarung, die über 25% bis 40% Nachfragemarktanteil (je nach Produkt) und 60% Verkaufsmarktanteil verfügt, während Wettbewerber nur auf 10% Anteil kommen und ein neuer Marktzutritt unwahrscheinlich ist. Zusätzlich spricht dann noch gegen eine Freistellung, wenn der Einkaufspreis einen hohen Anteil an den variablen Kosten (z.B. 80%) hat.[458] Bei $^2/_3$ Anteil an den Einkaufsmärkten und straffer Organisation der Einkaufsvereinbarung ist auch das BKartA nach altem Recht von einer Ausschaltung des Wettbewerbs ausgegangen, vor allem wenn der Beschaffungspreis konstant niedrig blieb.[459]

104 **Insbesondere: Kopplung von Einkaufsvereinbarungen mit Vertikalverträgen.** Neben dem gemeinsamen Einkauf können Einkaufsvereinbarungen auch vertikale Vereinbarungen enthalten. In diesen Fällen ist eine gesonderte Analyse der Vertikalvereinbarung („zweite Stufe") erforderlich. Diese Prüfung erfolgt nach den Vorschriften der Gruppenfreistellungsverordnung für vertikale Beschränkungen und der Leitlinien für vertikale Beschränkungen.[460]

105 **Insbesondere: Einkaufsvereinbarungen der öffentlichen Hand.** Bei Einkaufskooperationen der öffentlichen Hand ist nach der Rechtsprechung des EuGH und des EuG die Anwendung des Kartellrechts auch auf das Beschaffungsverhalten fraglich, wenn die öffentliche Hand sich auf den Angebotsmärkten nicht unternehmerisch betätigt. Das ist der Fall, wenn die Bundesländer gemeinsam Polizeidienstkleidung einkaufen.[461] In Betracht kommt jedoch eine Anwendung von §§ 1, 2 GWB,[462] für die dann wegen ihrer „europäischen" Auslegung eine parallele Bewertung wie nach Art. 101 AEUV für übliche Einkaufsvereinbarungen erfolgt. Eine Freistellung nach § 2 Abs. 1 GWB scheidet jedoch aus, weil eine angemessene Beteiligung der Verbraucher nicht möglich ist. Die Ersparnis von Steuermitteln ist ein zu indirekter Verbrauchervorteil.[463] Letztlich sind deshalb Einkaufsvereinbarungen der öffentlichen Hand nur zulässig, wenn sie nicht spürbar im Sinne des § 1 GWB sind. Die Spürbarkeitsschwelle liegt bei Einkaufsvereinbarungen bei 15%,[464] so dass hier die kartellrechtliche Zulässigkeitsgrenze zu ziehen ist.

5. Vermarktungsvereinbarungen

106 (Horizontale) Vermarktungsvereinbarungen betreffen die Zusammenarbeit beim Verkauf, beim Vertrieb oder bei der Verkaufsförderung **zwischen Wettbewerbern.**[465] Vermarktungsvereinbarungen sind nach der Generalklausel des Art. 101 Abs. 3 AEUV zu beurteilen, es sei denn, es handelt sich um Produktions- und Spezialisierungsvereinbarungen im Anwendungsbereich der **GVO Produktions- und Spezialisierungsvereinbarungen**[466] oder um ein (nicht zwischenstaatliches) **Mittelstandskartell nach § 3 GWB.**[467] Als Auslegungshilfe für eine Freistellung nach Art. 101 Abs. 3 AEUV stehen die Ausführungen der Europäischen Kommission zu Vermarktungsvereinbarungen in den **Leitlinien über horizontale Zusammenarbeit** zur Verfügung.[468] Teilweise fallen (horizontale) Vermarktungsvereinbarungen auch unter die **GVO Vertikalvereinbarungen,** wenn sie

[458] Europäische Kommission, Horizontalleitlinien, Tz. 222 Beispiel 2.
[459] BKartA WuW/E DE-V 1392, 1404 – *Altglas.*
[460] Europäische Kommission, Horizontalleitlinien, Tz. 195. Zur Vertikal-GVO siehe die separate Kommentierung.
[461] BKartA TB 2003/2004, S. 91 – *Polizeidienstkleidung.*
[462] Vgl. § 1 Rn. 15, Fn. 40; Rn. 26ff. Zu Einkaufsvereinbarungen speziell: *Säcker/Mohr* WRP 2011, 793, 798f.
[463] Siehe oben Rn. 63.
[464] Siehe oben Rn. 98.
[465] Europäische Kommission, Horizontalleitlinien, Tz. 225.
[466] Dazu unten Rn. 81.
[467] Siehe die Kommentierung zu § 3 GWB Rn. 41.
[468] Europäische Kommission, Horizontalleitlinien, Tz. 225ff.

nicht wechselseitig sind und auch die übrigen Voraussetzungen des Art. 2 Abs. 4 GVO Vertikalvereinbarungen erfüllen; bei wechselseitigen Vereinbarungen zwischen Wettbewerbern will die Europäische Kommission zunächst eine horizontale Beurteilung nach den nachfolgend dargelegten Grundsätzen vornehmen, um darauf auch noch die vertikal veranlassten Beschränkungen nach den Leitlinien für vertikal veranlasste Beschränkungen zu würdigen.[469] Soweit die Vermarktungsvereinbarung noch andere wettbewerbsbeschränkende Gegenstände hat (z.B. Informationsaustausch, Produktion), kommt es auf den Schwerpunkt der integrierten Zusammenarbeit an, welches Kapitel aus den Horizontalleitlinien zu Grunde zu legen ist.[470]

Zweck der Privilegierung von Vermarktungsvereinbarungen. Vermarktungsvereinbarungen können eine sehr unterschiedliche Beschränkungsintensität erreichen. Der Extremfall ist der gemeinsame Verkauf, der zur gemeinsamen Festlegung sämtlicher mit dem Verkauf des Produktes verbundener geschäftlicher Parameter einschließlich des Preises führt. Am anderen Ende des Spektrums stehen Vereinbarungen, die nur eine bestimmte Absatzfunktion, wie z.B. Vertrieb, Wartungsleistungen oder Werbung, regeln.[471] Durch solche Vereinbarungen können Effizienzgewinne entstehen. Eine Leistungsverbesserung bei der Vermarktung kann beispielsweise durch Verkürzung von Lieferzeiten, erhöhte Lieferbereitschaft, kompetentere Abwicklung von Lieferaufträgen usw. erreicht werden. 107

Wettbewerbsbeschränkung. Festzustellen ist zunächst, ob eine solche Vereinbarung überhaupt eine Wettbewerbsbeschränkung gem. Art. 101 Abs. 1 AEUV beinhaltet. Sie kann vor allem darin liegen, dass sich auf Anbieterseite der Wettbewerb (spürbar) verringert. Ausdrückliche Andienungspflichten sind nicht erforderlich, wenn die Andienung auch ohne förmliche Pflicht wirtschaftlich vernünftig und rational ist.[472] Wegen der geringen Kooperationstiefe kann eine Wettbewerbsbeschränkung für Vereinbarungen im Bereich der Werbung zweifelhaft sein. Mit dem Arbeitsgemeinschaftsgedanken[473] sind darüber hinaus solche Vereinbarungen nicht wettbewerbsbeschränkend, die es den Beteiligten erst ermöglichen, auf den Markt zu treten. Darüber hinaus ist entscheidend, ob die **Spürbarkeitsgrenze** des Art. 101 Abs. 1 AEUV überschritten wurde.[474] Speziell für Vermarktungsvereinbarungen definiert die Europäische Kommission in ihren Leitlinien über horizontale Zusammenarbeit einen **„Safe Harbour"** und zieht eine Grenze bei einem gemeinsamen Marktanteil der Kartellbeteiligten von **bis zu 15 %,** bei der es „unwahrscheinlich" sei, dass die Spürbarkeit nach Art. 101 Abs. 1 AEUV durch die Vermarktungskooperation vorliegt. „Auf jeden Fall" sei bis zu dieser Grenze aber wahrscheinlich, dass zumindest die Voraussetzungen des Art. 101 Abs. 3 AEUV erfüllt sind.[475] Die Horizontalleitlinien nennen das sogar **„Gruppenfreistellung",**[476] was angesichts des grundsätzlich nicht verbindlichen Charakters von Leitlinien aber nicht mit einer Gruppenfreistellungs*verordnung*[477] verwechselt werden darf. Zu beachten ist, dass die 15%-Grenze im Hinblick auf 108

[469] Europäische Kommission, Horizontalleitlinien, Tz. 226. Vgl. zu den Leitlinien für vertikal veranlasste Beschränkungen die Kommentierung zur GVO Vertikalvereinbarungen.

[470] Europäische Kommission, Horizontalleitlinien, Tz. 228 mit Verweis auf Tz. 13 f.; siehe ferner oben Rn. 68.

[471] Europäische Kommission, Horizontalleitlinien, Tz. 225. Siehe auch *Zimmer* in Immenga/Mestmäcker, EG-WettbR, Art. 101 Abs. 1 AUV Rn. 264.

[472] Europäische Kommission, Horizontalleitlinien, Tz. 235; *Zimmer* in Immenga/Mestmäcker, EG-WettbR, Art. 101 Abs. 1 AEUV Rn. 257; *Lübbig* in Wiedemann, Handbuch des Kartellrechts, § 8 Rn. 182. Zum deutschen Recht vgl. WuW/E BGH 1367, 1373 – *Zementverkaufsstelle Niedersachsen* = BGH NJW 1975, 1837 = BB 1975, 1125 = BGHZ 65, 30, noch zu § 1 GWB a. F.

[473] Dazu eingehend Art. 101 Abs. 1 AEUV Rn. 321 f.

[474] Europäische Kommission 17.7.1968, ABl. 1968 L 201/4, 6 – *SOCEMAS;* Kommission vom 14.7.1975, ABl. 1975 L 212/23, 25 – *Intergroup.*

[475] Europäische Kommission, Horizontalleitlinien, Tz. 240.

[476] Europäische Kommission, Horizontalleitlinien, Tz. 241.

[477] Dazu oben Rn. 10.

Art. 101 Abs. 1 AEUV aufgehoben ist, wenn **bezweckte Wettbewerbsbeschränkungen** Gegenstand der Vereinbarungen und insbesondere **Preise abgesprochen** und **Märkte aufgeteilt** werden. Vermarktungsvereinbarungen mit Preisabreden sollten daher auch unterhalb von 15% grundsätzlich nach Art. 101 Abs. 3 AEUV untersucht werden.[478] Das Gleiche gilt für gegenseitige Verpflichtungen, bestimmte räumliche Gebiete oder bestimmte Kunden nicht zu beliefern (Marktaufteilung).[479]

109 **Effizienzgewinne.** Die für eine Freistellung nach Art. 101 Abs. 3 AEUV erforderlichen Effizienzgewinne dürfen sich nicht aus den Kosten ergeben, die durch den Wegfall von Wettbewerb gespart wurden, sondern nur aus denen, die durch die Zusammenlegung wirtschaftlicher Tätigkeiten erzielt wurden.[480] Die bloße Aufteilung von Kundenkreisen genügt hier nicht, weil dabei keine Ressourcen tatsächlich gebündelt werden. Kein anerkannter Effizienzgewinn liegt beispielsweise vor, wenn die Transportkosten dadurch sinken, dass durch die Kartellierung die Kunden aufgeteilt werden und jeder Kunde insgesamt weniger logistischen Leistungen verursacht, weil Doppelaufwendungen vermieden werden.[481] Es muss sich um **echte Leistungsverbesserungen** handeln. Diese werden bei gemeinsamen Marketingaktivitäten eher bei einem an die breite Masse vertriebenen Produkt zu beobachten sein als bei einem Produkt, das nur wenige Abnehmer hat.[482] Ein wichtiger Faktor ist die Einbringung von Kapital, Technologie oder sonstigen Vermögenswerten in erheblichem Umfang.[483]

110 Insbesondere können sich Effizienzgewinne dadurch ergeben, dass die Vermarktungskooperation **ein neues Produkt** hervorruft. Das kann ein gemeinsamer Stellenmarkt von vier Zeitungen sein.[484] Auch die zentrale Vermarktung von Fernsehübertragungsrechten kann ein neues übergeordnetes (Marken-)Produkt schaffen.[485]

111 Bei **gemeinsamen Vertriebseinrichtungen** kann einer **Auftragslenkung** aus verschiedenen Gründen eine leistungsverbessernde Wirkung zukommen. Zunächst kann es zur Ersparnis von **Frachtkosten** rationell sein, eingehende Aufträge an das Kartellmitglied weiterzuleiten, das wegen seiner günstigen räumlichen Lage den Auftrag mit den geringsten Frachtkosten erledigen kann. Außerdem können Aufträge an das Kartellmitglied geleitet werden, das wegen **freier Kapazitäten** den Auftrag kostengünstig ausführen kann. Insoweit sei auf die Kommentierung von **Produktions- und Spezialisierungsabreden**[486] verwiesen, wo die Auftragslenkung gesondert erläutert wird.

112 **Unerlässlichkeit.** Für die Prüfung der Unerlässlichkeit ist zunächst die **Verbesserung der Vermarktung genau** zu **definieren.** So ist es beispielsweise unzutreffend, die Verbesserung der Erzeugung von Dienstleistungen durch Entstehung eines gemeinsamen Stellenmarktes von vier Zeitungen allein dadurch zu umschreiben, dass mit einem Anzeigenauftrag eine Vierfachbelegung erreicht werden kann; denn tatsächlich entstand ein **neues zusätzliches Produkt,** weil der gemeinsame Stellenmarkt als eigenständige Beilage zu den vier Zeitungen vertrieben werden sollte. Diese erweiterte Umschreibung der Verbesserung ließ eine gemeinsame Annahmestelle der vier Tageszeitungen für Stellenanzeigen nicht als weniger einschneidende Wettbewerbsbeschränkung zu.[487]

---

[478] Europäische Kommission, Horizontalleitlinien, Tz. 234, 252 Beispiel 1, Tz. 253 Beispiel 2.

[479] Europäische Kommission, Horizontalleitlinien, Tz. 236.

[480] Europäische Kommission, Horizontalleitlinien, Tz. 247; sehr deutlich auch *Fuchs* in: Immenga/Mestmäcker, GWB, § 2 Rn. 188.

[481] Europäische Kommission, Horizontalleitlinien, Tz. 247.

[482] Vgl. auch *Fuchs* in: Immenga/Mestmäcker, GWB, § 2 Rn. 189.

[483] Europäische Kommission, Horizontalleitlinien, Tz. 248.

[484] BGH WUW/E DE-R 919, 925 – *Stellenmarkt für Deutschland II,* zu § 7 Abs. 1 GWB a. F.

[485] Vgl. hierzu oben GRUR Rn. 108 ff.

[486] Zu Spezialisierungsabreden, die keine gemeinsame Vertriebseinrichtung aufweisen, oben Rn. 81 ff.

[487] BGH WuW/E DE-R 919, 925 – *Stellenmarkt für Deutschland II* = GRUR 2002, 1005, gegen KG WuW/E DE-R 628, 632 – *Stellenmarkt für Deutschland II;* jeweils zu § 7 Abs. 1 GWB a. F., der ein an Art. 101 Abs. 3 AEUV angelehntes Unerlässlichkeitskriterium enthielt.

Nach der Europäischen Kommission ist die Unerlässlichkeit insbesondere **bei Festlegung von Preisen kritisch** zu hinterfragen; nur „unter außergewöhnlichen Umständen" könnten sie als unerlässlich angesehen werden.[488] Das erscheint bei näherer Betrachtung als etwas eng, zeigt aber, dass Preisabreden stets eingehend gerechtfertigt werden müssen. Die Kommission selbst lässt Preisabreden zu, wenn ein einheitliches Produkt über eine gemeinsame Internetplattform vertrieben wird, die Auslieferung allerdings stets durch den Händler erfolgt, der am dichtesten am Bezieher sitzt. Der Bezieher kann hier nicht mit verschiedenen Preisen konfrontiert werden.[489] Auch mit der Praxis des BKartA zu § 5 Abs. 2 GWB a. F. sind Preisabsprachen bei gemeinsamen Vertriebseinrichtungen notwendig; einheitliche Verkaufspreise- und -bedingungen sind die zwangsläufige Folge,[490] um die gemeinsame Durchführung von Aufträgen durch mehrere Unternehmen zu ermöglichen. Die Belieferung von Großabnehmern ist ansonsten nicht möglich, da diese sich auf unterschiedliche Preise für Teilmengen der Gesamtlieferung nicht einlassen würden. Eine auf die langfristige gleichmäßige Auslastung der Kapazitäten gerichtete Lenkung der Aufträge könnte bei unterschiedlichen Preisen nicht realisiert werden, weil sie sich dann nach dem jeweils preisgünstigsten Angebot richten müsste.[491] Ein weiteres Beispiel könnte die Verabredung einheitlicher Preise durch Verbundgruppen (z. B. Franchisingsysteme) sein, wenn einheitliche Preise im Einzelfall unerlässlich sind, um beispielsweise Filialketten Konkurrenz machen zu können.[492] Ähnlich skeptisch wie bei Preisabreden ist die Kommission bei **Marktaufteilungen** (nur „unter außergewöhnlichen Umständen").[493] Das bezieht sich sowohl auf räumliche als auch auf sachliche Aufteilungen; stets muss hier eine Freistellung nach Art. 101 Abs. 3 AEUV geprüft werden, weil solche Abreden bezweckte Wettbewerbsbeschränkungen nach Art. 101 Abs. 1 AEUV sind. Auch hier sollten jedoch Freistellungen möglich bleiben. Die Kommission führt zu Recht das Beispiel der Vermarktungsabrede mit einem Subunternehmer an, die ihm ein Wettbewerbsverbot für die überlassenen Kunden auferlegt.[494] Weiter weist die Praxis zum früheren § 5 Abs. 2 GWB a. F. den Weg in freigestellte Szenarien. Beispielsweise wurde die Unerlässlichkeit von **Auftragslenkungsabreden** in verschiedenen Fällen bejaht. Es ist nicht ersichtlich, warum diese Praxis nicht noch Gültigkeit unter Art. 101 Abs. 3 AEUV beanspruchen könnte, zumal eine Freistellung nach § 5 Abs. 2 GWB a. F. nur in Betracht kam, wenn der Rationalisierungserfolg auf andere Weise nicht zu erreichen war. Auftragslenkungsabreden sind zentral bei den Produktions- und Spezialisierungsvereinbarungen kommentiert, siehe dort.[495] Bei der **zentralen Vermarktung von Fernsehübertragungsrechten** ist die Beschränkung der Einzelvergabe von Rechten für die Live-Übertragung der UEFA Champions League an andere als Pay-TV-Anbieter nicht unerlässlich, sofern der UEFA gar kein Angebot eines Pay-TV–Veranstalters zur Live-Übertragung vorlag. Die Vereine müssen also Live-Rechte in diesem Fall vor allem an frei empfangbare Fernsehprogramme vergeben können.[496] Vermarktungsvereinbarungen mit mehr als für den Marktzutritt eigentlich erforderlichen Parteien verfehlen ebenfalls die Unerlässlichkeit.[497] 113

---

488 Europäische Kommission, Horizontalleitlinien, Tz. 249.

489 Europäische Kommission, Horizontalleitlinien, Tz. 254 Beispiel 3.

490 BKartA vom 20.9.2000 – *Betonsteinvertrieb Westdeutschland GbR,* zit. nach *Schultz/Wagemannn,* Kartellrechtspraxis und Kartellrechtsprechung 2000/2001, S. 39 f.; BKartA vom 18.1.2000 – *Betongitterträgerelemente,* zit. nach *Schultz/Wagemannn,* aaO., S. 37 f.; WuW/E BKartA 2047, 2048 – *AKO-Abflusskontor.*

491 WuW/E BKartA 1248, 1253 – *Fernmeldekabel.*

492 Dazu *Schulte* WRP 2005, 1500, 1503 ff.

493 Europäische Kommission, Horizontalleitlinien, Tz. 236, 249.

494 Europäische Kommission, Horizontalleitlinien, Tz. 256 Beispiel 5.

495 Oben Rn. 86. Europäische Kommission, Horizontalleitlinien, Tz. 254 Beispiel 3, Tz. 255 Beispiel 4.

496 Europäische Kommission WuW/E EU-V 889, 895 ff. – *UEFA Champions League.* Siehe auch GRUR Rn. 113.

497 Europäische Kommission, Horizontalleitlinien, Tz. 253 Beispiel 2.

114 **Angemessene Beteiligung der Verbraucher.** Echte Leistungssteigerungen kommen regelmäßig auch dem Verbraucher zu Gute, sofern der Wettbewerb für eine Weitergabe sorgt. Insbesondere der Rationalisierungseffekt bei Auftragslenkung[498] kann als Leistungssteigerung an die Verbraucher weitergegeben werden. Die Verbraucherbeteiligung kann sich vor allem im Preis widerspiegeln.[499] Es kommen aber auch andere Verbrauchervorteile in Betracht.[500] Anerkennenswert ist die Erzeugung eines neuen Produktes, wie ein gesammelter und gemeinsamer Stellenanzeigenteil von vier überregionalen Tageszeitungen,[501] dessen Vorteile Anzeigenkunden und Lesern[502] zugutekommen. An den Effizienzgewinnen durch zentrale Vermarktung der UEFA Champions League (insbesondere Neuschaffung eines hochwertigen Markenproduktes, zentraler Vertrieb und Bündelung von ligaspezifischen Rechtepaketen) werden die Verbraucher auf Grund der Existenz einer zentralen Anlaufstelle für Medienunternehmen, Fußballvereine und Verbraucher angemessen beteiligt.[503]

115 **Ausschaltung des Wettbewerbs.** Die Ausschaltung des Wettbewerbs ist auf den relevanten Märkten zu untersuchen, also auf den Märkten, denen die unter die Zusammenarbeit fallenden Produkte angehören, und auf möglichen Spill-over-Märkten.[504] Die Analyse, ob eine Ausschaltung des Wettbewerbs gegeben ist, muss in quantitativer und qualitativer Hinsicht erfolgen. Das quantitative Kriterium ist dabei der **Marktanteil.** Die Leitlinien der Europäische Kommission über horizontale Zusammenarbeit sehen Vermarktungsvereinbarungen, die nicht (auch) preisbezogen sind, als in jedem Fall von Art. 101 Abs. 3 AEUV freigestellt an, wenn die Beteiligten einen Marktanteil von 15% nicht überschreiten **(„Safe Harbour“).**[505] Oberhalb dieses Marktanteils findet jedoch auch hier eine Einzelfallprüfung unter Berücksichtigung von qualitativen Kriterien statt. Insoweit sei entsprechend auf die Ausführungen zu den Einkaufsvereinbarungen verwiesen.[506] **Bei preisbezogenen Abreden** findet auch innerhalb der 15%-Schwelle eine Einzelfallbetrachtung nach Art. 101 Abs. 3 AEUV statt.[507] Bei geringen Effizienzvorteilen kann auch unterhalb von 15% Marktanteil eine Freistellung ausscheiden, wenn Preise und Marktaufteilungen verabredet werden.[508] Nach der Praxis zu § 5 GWB a. F. kam eine Freistellung von marktumfassenden gemeinsamen Vertriebseinrichtungen oder von gemeinsamen Vertriebseinrichtungen unter Beteiligung marktbeherrschender Unternehmen in aller Regel nicht in Betracht.[509]

116 Fälle eines horizontalen Marktmachtausgleich durch ein **Aufholkartell** (sog. **Nebengewichtsbildung**)[510] sind im Rahmen des Art. 101 Abs. 3 AEUV für eine Freistellung grundsätzlich berücksichtigungsfähig, auch wenn es dadurch zu wachsender Vermachtung und Erhöhung der Marktzutrittsschranken kommt.[511] Grundsätzlich scheidet die Bildung

---

[498] Dazu oben Rn. 87.

[499] OLG Düsseldorf WuW/E DE-R 2146, 2150 – *Nord-KS/Xella.*

[500] Vgl. Rn. 50.

[501] BGH WuW/E DE-R 919 – *Stellenmarkt für Deutschland* = GRUR 2002, 1005; a. A., ein neues Produkt ablehnend die Vorinstanz KG WuW/E DE-R 628, 631 f. – *Stellenmarkt für Deutschland.*

[502] *Hartmann-Rüppel/Wagner* ZWeR 2004, 128, 143.

[503] Europäische Kommission WuW/E EU-V 889, 895 ff. – *UEFA Champions League.*

[504] Europäische Kommission, Horizontalleitlinien, Tz. 229, 251.

[505] Europäische Kommission, Horizontalleitlinien, Tz. 240.

[506] Oben Rn. 102 f.

[507] Europäische Kommission, Horizontalleitlinien, Tz. 252 Beispiel 1, Tz. 252 Beispiel 2.

[508] Europäische Kommission, Horizontalleitlinien, Tz. 255 Beispiel 4.

[509] BKartA, (frühere zu §§ 5 bis 7 GWB a. F. veröffentlichte) Verwaltungsgrundsätze für die Behandlung von Rationalisierungs-, Strukturkrisen- und Sonstigen Kartellen, S. 8.

[510] *Säcker* BB 1967, 681, 684; *Schuhmacher* ZHR 140 (1976), 317, 322 m. Fn. 21a; *Moog,* Die Bildungsgegengewichtiger Marktmacht nach dem Gesetz gegen Wettbewerbsbeschränkungen, 1980, S. 16 f.; *J. B. Nordemann,* Gegenmacht und Fusionskontrolle, 1995, S. 17.

[511] So auch zu § 7 GWB a. F. BGH WuW/E DE-R 919, 924 – *Stellenmarkt für Deutschland* = GRUR 2002, 1005; *Fuchs* in: Immenga/Mestmäcker, GWB, § 2 Rn. 200 f.; a. A. *Hartmann-Rüppel/Wagner* ZWeR 2004, 128, 149.

von Gegenmacht im horizontalen Konkurrenzverhältnis nur für eine Freistellung aus, wenn die Nebengewichtsbildung zu einem wettbewerbsfreien Duopol des bisherigen Marktführers und des Kartells führen und die Position der restlichen Marktteilnehmer weiter verschlechtert würde.[512] Diese Annahme liegt bei einer Nebengewichtsbildung zu Lasten des marktführenden Stellenanzeigenanbieters fern, weil durch das Kartell der den Marktführer überproportional bevorzugende Marktmechanismus durchbrochen wird und die restlichen Marktteilnehmer zumindest nicht schlechter stehen als vorher.[513] Ein vertikales Gegengewichtskartell kann hingegen Wettbewerb nicht ersetzen.[514]

6. Normen- und Typenvereinbarungen

Die praktische Bedeutung von Normen- und Typenvereinbarungen einschließlich Norm- und Typenempfehlungen ist unverändert hoch. Die europäische Praxis zu **Art. 101 AEUV** verläuft materiell-rechtlich **weitgehend parallel** zu § 2 Abs. 1 GWB a. F. und § 22 Abs. 3 Nr. 1 GWB a. F., die bis zur 7. GWB-Novelle 2005 im deutschen Recht Norm- und Typenabreden regulierten. Im Rahmen des Art. 101 AEUV werden Normen- und Typenkartellen bzw. -empfehlungen ähnliche wettbewerbsfördernde Wirkungen zugeschrieben, wie sie Grundlage der abgeschafften deutschen Reglungen waren.[515] **Auslegungshilfen** für die Beurteilung von Vereinbarungen über Normen finden sich in den **Leitlinien** der Kommission über horizontale Zusammenarbeit[516] und in den früheren Praxis zu **§ 2 Abs. 1 GWB a. F.** und **§ 22 Abs. 3 Nr. 1 GWB a. F.** 117

Normen und Typen. Normen dienen der Festlegung technischer oder qualitätsmäßiger Anforderungen.[517] Diese stammen vielfach aus dem Bereich der **technischen Normen**. Sie regeln die technische Ausgestaltung von Waren und Dienstleitungen (z. B. in der Warenproduktion). Daneben ist Art. 101 Abs. 3 AEUV aber **auch** auf **nichttechnische Normen** anwendbar, z. B. auf nichttechnische Dienstleistungen (kaufmännische, wissenschaftliche, künstlerische Dienstleistungen, freie Berufe), sofern sie die Tatbestandsvoraussetzungen erfüllen, insbesondere die erforderlichen Effizienzgewinne hervorrufen. Allerdings sind Normen, die sich auf die **Berufsausübung** beziehen (z. B. Vorschriften über den Zugang zu einem freien Beruf), nicht Gegenstand der Horizontalleitlinien.[518] 118

Beispiele: Normen im Bereich Telekommunikation, z. B. GSM, UMTS; Kennzeichen und Symbolen z. B. in Kleidungsstücken, welche als Pflegeanleitung dienen; Umweltnormen;[519] Maße und Formen wie bestimmte Flaschen- und Kästennormen für Mineralwasser[520] oder Normenabsprachen über Einheitskunststoffkästen für Weinflaschen;[521] Verständigungen über die Einhaltung von DIN-Normen, von Herstellungsverfahren und Sicherheitsstandards, z. B. zwischen Herstellern auf dem Gebiet der Produktion von Airbag-Komponenten;[522] Zertifizierung von Abrechnungssoftware nach einheitlichen Normen; „Verständigungsnormen" über die einheitliche Verwendung bestimmter Begriffe und

---

[512] KG WuW/E DE-R 628, 632 – *Stellenmarkt für Deutschland II.*

[513] BGH WuW/E DE-R 919, 925 – *Stellenmarkt für Deutschland II* = GRUR 2002, 1005, gegen KG WuW/E DE-R 628, 632 – *Stellenmarkt für Deutschland II.*

[514] Dazu oben Rn. 57 a. E.

[515] Vgl. *Stockmann* in: Wiedemann, Handbuch des Kartellrechts, § 8 Rn. 195 unter Verweis auf Europäische Kommission, Entscheidung vom 15.12.1986, ABl. 1987 L 35/36 – *X-Open Group* und mwN.

[516] Europäische Kommission, Horizontalleitlinien, Tz. 257.

[517] Europäische Kommission, Horizontalleitlinien, Tz. 257. Siehe auch *Loest/Bartlik* ZWeR 2008, 41, 43 f.

[518] Siehe zu Art. 101 AEUV und nationalen Berufsausübungsregeln Art. 101 Abs. 1 AEUV Rn. 212.

[519] Dazu Europäische Kommission, Horizontalleitlinien, Tz. 329, mit einem Beispiel aus dem Bereich Waschmaschinen und Energieeffizienz.

[520] Zu Art. 101 Abs. 3 AEUV a. F. BKartA TB 1999/2000, S. 91, 231.

[521] Zu Art. 101 Abs. 3 AEUV a. F. BKartA TB 1999/2000, S. 231.

[522] Zu Art. 101 Abs. 3 AEUV a. F. BKartA TB 1999/2000, S. 238.

Zeichen;[523] Klassifikationen von Waren oder Dienstleistungen, z. B. Schiffsklassifikationen.[524] Da auch nichttechnische Normen erfasst werden, können beispielsweise die Bedingungen des Zugangs zu Gütezeichen, sofern sie überhaupt wettbewerbsbeschränkend sind, grundsätzlich gem. Art. 101 Abs. 3 AEUV freigestellt sein.[525]

119 **Unternehmenseigenschaft.** Die Frage der Anwendung des Art. 101 Abs. 3 AEUV stellt sich nur, wenn die Abrede wettbewerbsbeschränkend im Sinne des Art. 101 Abs. 1 AEUV ist. Über dies kann die Unternehmenseigenschaft von Normsetzern fehlen, insbesondere wenn sie staatlich sind.[526] Nicht-staatliche Normungsorganisationen wie z. B. die Internationale Organisation für Normung (ISO), das Europäisches Komitee für Normung (CEN) oder das Deutsche Institut für Normung e. V. (DIN) erfüllen hingegen regelmäßig den Unternehmensbegriff[527] genauso wie übliche Unternehmensverbände.

120 **Wettbewerbsbeschränkung.** Eine Wettbewerbsbeschränkung kommt vor allem in drei Hinsichten in Betracht: **Erstens** können Vereinbarungen über Normen den **Preiswettbewerb verringern.** Das ist insbesondere dann denkbar, wenn die Normungsabrede Teil einer breiteren Kollusion zwischen Konkurrenten ist.[528] **Zweitens** kommt eine **Marktverschließung** gegenüber innovativen Technologien in Betracht, wenn die Parteien sich verpflichten, die Normierungsabrede einzuhalten, also in ihrer Freiheit beschränkt werden, alternative Normen oder Produkte zu entwickeln, die mit der vereinbarten Norm nicht übereinstimmen.[529] Ein Beispiel aus den Horizontalleitlinien der Kommission sind Umweltnormen, die Hersteller zur Einhaltung bestimmten Energieeffizienzstandards verpflichten, wodurch die Produktvielfalt einschränkt wird und die Preise wahrscheinlich steigen werden.[530] Der Umfang der Verpflichtung muss sich nicht auf die gesamte Produktion erstrecken. Es genügt, dass ein bestimmter festgelegter Prozentsatz der Produktion nach den vereinbarten Normen und Typen hergestellt oder vertrieben wird.[531] Auch liegt eine Wettbewerbsbeschränkung bei einer Abrede vor, die Normen und Typen nur gegenüber bestimmten Abnehmern anzuwenden[532] oder nur auf bestimmte Waren der Produktion zu beziehen. Die verbindliche Festlegung der zu verwendenden Normen und Typen kann insoweit mittels sogenannter Positiv- oder Negativlisten erfolgen. Erstere führen die vereinbarten Normen und Typen auf; Letztere bezeichnen diejenigen Produkte, die nicht der Norm entsprechen müssen. Schon keine Vereinbarung oder kein Beschluss i. S. d. Art. 101 Abs. 1 AEUV liegen vor, wenn mehrere Unternehmen auf unkoordinierter Grundlage, also nicht auf Grund einer horizontalen Vereinbarung, die gleichen Normen gebrauchen.[533] Verpflichten sich verschiedene Unternehmen ohne horizontale Abstimmung vertikal gegenüber einem Dritten, bestimmte Normen einzuhalten und stellen auf Grund dessen die Dritten gleichartige Produkte oder Produktteile her, so fällt dies grundsätzlich unter Art. 101 Abs. 1 AEUV; jedoch handelt es sich um Vertikalvereinbarungen, für die stets zunächst eine Freistellung nach den einschlägigen GVOen, z. B. Vertikal GVO oder Technologietransfer GVO, zu untersuchen ist. Dies kann beispielsweise der Fall sein, wenn der

[523] Zum früheren Recht: WuW/E BKartA 1125, 1126; *Werner* S. 34.

[524] Europäische Kommission WuW/E EU-V 1483 v. 14.10.2009 – *Schiffklassifikation*.

[525] Europäische Kommission, Horizontalleitlinien, Tz. 257.

[526] Europäische Kommission, Horizontalleitlinien, Tz. 258. Solche Fälle sind dann über die Grundfreiheiten abzuhandeln, z. B. über die Warenverkehrsfreiheit nach Art. 28 AEUV, siehe EuGH v. 12.7. 2012, C- 171/11 – *Fra.bo SpA ./. Deutsche Vereinigung des Gas- und Wasserfaches e. V. (DVGW).*

[527] Europäische Kommission, Horizontalleitlinien, Tz. 258. Dazu *Koenig/Neumann* WuW 2009, 382, 383.

[528] Europäische Kommission, Horizontalleitlinien, Tz. 264.

[529] Europäische Kommission, Horizontalleitlinien, Tz. 266.

[530] Europäische Kommission, Horizontalleitlinien, Tz. 329 Beispiel 5.

[531] *Fuchs* in: Immenga/Mestmäcker, GWB, § 2 Rn. 124. Zu Art. 101 Abs. 3 AEUV a. F.: *Werner* S. 35.

[532] Zu § 2 Abs. 1 GWB a. F.: *Immenga* in: Immenga/Mestmäcker, GWB, § 2 GWB a. F. Rn. 18.

[533] *Werner* S. 35.

Lizenzgeber gleiche Lizenzen erteilt oder der Auftraggeber den Herstellern genaue, verbindliche Vorgaben bezüglich des Produktes macht. **Drittens** können Normierungsabreden zum **Ausschluss oder zumindest einer Diskriminierung bestimmter Unternehmen** führen, denen effektiv der Zugang zu der Norm verwehrt wird.[534]

Auch diesen Grundsätzen ergibt sich, dass Normierungsabreden dann schon **aus Art. 101 Abs. 1 AEUV herausfallen,** wenn **keine Verpflichtung zur Einhaltung der Norm** besteht. Außerdem muss das **Standardisierungsverfahren transparent** sein und die **uneingeschränkte, diskriminierungsfreie Mitwirkung aller Wettbewerber** ermöglichen und danach ein **offener Zugang zum Normierungsergebnis** gegeben sein.[535] Insoweit lässt sich – wenn die Voraussetzung kumulativ erfüllt sind – auch von einem **„Safe Harbour"** sprechen. Hierunten fällt die regelmäßige Normierungspraxis anerkannter Verbände und Institute (Internationale Organisation für Normung (ISO); Europäisches Komitee für Normung (CEN); Deutsches Institut für Normung e. V. (DIN); Rationalisierungskuratorium der Deutschen Wirtschaft (RKW); Verein Deutscher Ingenieure (VDI); Verband der Elektrotechnik, Elektronik, Informationstechnik (VDE)), die nur Normempfehlungen produzieren und deren Normen auf nicht diskriminierenden, offenen und transparenten Verfahren beruhen.[536] Erfordert oder erleichtert die Normierungsarbeit die Mitgliedschaft in einem Verband, muss der Verband deshalb auch angemessene Bedingungen für die Mitarbeit aller Mitglieder sowie für Aufnahme und Ausscheiden aus dem Verband vorhalten.[537] Der bedeutendste Verband der internationalen Schiffsklassifikation verpflichtete sich gegenüber der Europäischen Kommission, auch Nicht-Mitglieder angemessen in die Erarbeitung von Klassifikationen einzubeziehen und diesen technische Hintergrundinformationen zur Anwendungen der Verbandsentscheidungen ordnungsgemäß zu übermitteln.[538] 121

Berührt die Normierung **Gewerbliche Schutzrechte** (Patent, Designs, Marken etc.) **oder Urheberrechte** (einschließlich verwandten Schutzrechten wie z. B. Datenbankrechten), gelten besondere zusätzliche Anforderungen an den Normzugang. Die Normenorganisation hat ihre Mitglieder zur **Offenlegung der standardessentiellen Schutzrechte** (z. B. der standardessentiellen Patente) zu verpflichten. Außerdem müssen sie Verfahrensregeln vorsehen, nach denen die Inhaber der Schutzrechte sich zu einer fairen, zumutbaren und diskriminierungsfreien Lizenz verpflichten **(„FRAND-Selbstverpflichtung").** Siehe hierzu die separate Kommentierung bei Art. 102 AEUV.[539] 122

Normabreden über unbedeutende Produkteigenschaften, Formen und Berichte können schließlich die **Spürbarkeitsschwelle** des Art. 101 Abs. 1 AEUV verfehlen.[540] 123

Allerdings kann eine Normierung auch für **bezweckte Wettbewerbsbeschränkungen** (Preis- oder Produktionsabsprachen, Markt- und Kundenaufteilungen) eingesetzt werden, die stets unter Art. 101 Abs. 1 AEUV fallen. Eine bezweckte Produktionsbeschränkung stellt es dar, wenn ein Herstellerverband Druck ausübt, eine Norm einzuhalten. Bezweckte Preisfestsetzungen können sich für nachgelagerte Produkte aus Veröffentlichung wesentlicher Schutzrechte ergeben.[541] 124

---

[534] Europäische Kommission, Horizontalleitlinien, Tz. 269.

[535] Europäische Kommission, Horizontalleitlinien, Tz. 292 ff.

[536] Europäische Kommission, Horizontalleitlinien, Tz. 280; *Walther/Baumgartner* WuW 2008, 158, 159; *Fuchs* in: Immenga/Mestmäcker, GWB, § 2 Rn. 120.

[537] Europäische Kommission WuW/E EU-V 1483 v. 14.10.2009 – *Schiffklassifikation.* Siehe zu Verbandsmitgliedschaften vor dem Hintergrund von Normierungsprozessen auch *Koenig/Neumann* WuW 2009, 382, 387 ff.

[538] Europäische Kommission WuW/E EU-V 1483 v. 14.10.2009 – *Schiffklassifikation.*

[539] Art. 102 AEUV Rn. 267 ff., dort insbesondere zu standardessentiellen Patenten. Ferner ausführlich Europäische Kommission, Horizontalleitlinien, Tz. 284 ff.

[540] Zur Spürbarkeit oben Art. 101 Abs. 1 AEUV Rn. 288 ff.

[541] Europäische Kommission, Horizontalleitlinien, Tz. 273 f.

125 Nur wenn die Normierungsabrede unter den Tatbestand des Art. 101 Abs. 1 AEUV fällt, muss noch untersucht werden, ob eine Freistellung nach Art 101 Abs. 3 AEUV gegeben ist. Die Voraussetzungen des „Safe Harbour" für Art. 101 Abs. 1 AEUV (Möglichkeit der Mitwirkung an der Normierung, diskriminierungsfreier Zugang, keine Anwendungsverpflichtung) sind auch für die **Beurteilung nach Art. 101 Abs. 3 AEUV** relevant und sprechen dort für eine Freistellung.

126 **Effizienzgewinne.** Bei der Freistellung nach Art. 101 Abs. 3 AEUV n. F. besteht der durch die einheitliche Anwendung von Normen und Typen hervorgerufene Nutzen in der erleichterten wirtschaftlichen Durchdringung und Entwicklung neuer Märkte, wenn die Normen auch allen potentiellen Marktneulingen diskriminierungsfrei offen stehen.[542] Dazu muss die Norm allerdings technisch neutral und nachvollziehbar sein. Sind die Normen technischer Art, erleichtern sie die Kompatibilität und Interoperabilität von Produkten.[543] Im innerbetrieblichen Bereich dienen sie der Vereinfachung und Rationalisierung von Betriebs- und Produktionsabläufen, der Förderung von Serienproduktionen, der Vereinfachung der Lagerhaltung, Ersparnissen bei Werkzeugen usw.[544] Als Vorteile für die Marktgegenseite stellen sich dabei ein: Verbesserte Markttransparenz, weil Produkte unterschiedlicher Hersteller leichter miteinander verglichen werden können; Förderung der Austauschbarkeit von Produkten bzw. Produktbestandteilen, was die Abhängigkeit des Käufers von einem bestimmten Produzenten vermindert.[545] Effizienzgewinne können sich auch auf anderen Märkten ergeben, z. B. bei Umweltnormen zur Hebung der Energieeffizienz von Haushaltsgeräten für den Verbraucher auf den Energiemärkten. Da diese Märkte mit dem Gerätemarkt allerdings eng verbunden sind, werden auch solche Effizienzvorteile zugelassen.[546] In das Saldo der Effizienzgewinne einzubeziehende Nachteile der Normierung können sein: Sinkende Angebotsvielfalt; Vermachtung nachgelagerter Märkte, die das normierte Produkt beziehen; Behinderung von Innovation, wenn die Normierung in einer früheren Marktphase erfolgt.[547]

127 **Unerlässlichkeit.** Vor dem Hintergrund der Unerlässlichkeit muss man sich zunächst die möglichen negativen Folgen solcher Vereinbarungen vor Augen führen: Die mit der einheitlichen Anwendung von Normen und Typen einhergehende Wettbewerbsbeschränkung äußert sich vor allem in einer Verringerung des Qualitäts- und Innovationswettbewerbs zwischen den Kartellmitgliedern im Hinblick auf die gleichgeschalteten Normen und Typen. Es besteht die Gefahr, dass sich die Differenzierung zwischen den Produkten der Kartellmitglieder vermindert und ihr Qualitätswettbewerb abnimmt. Daraus ergibt sich zugleich die Gefahr einer Reduzierung der Innovation der Kartellmitglieder. Schließlich erhöhen sich die Marktzutrittsschanken für Kartellaußenseiter, wenn für Kartellmitglieder und für die Marktgegenseite mit der Gleichschaltung von Normen und Typen erhebliche Vorteile verbunden und die Kartellaußenseiter davon ausgeschlossen sind. Solche Bedenken sind jedoch nicht am Platz, wenn das Kartell eine **offene Mitgliedschaft, eine offene Diskussion im Hinblick auf den Inhalt der Standardisierung, die Offenlegung bestehender Schutzrechte und eine Lizenzeinräumung an den Schutzrechten** vorsieht.[548] Insbesondere kann das durch einen Aufnahmeanspruch für Außenseiter sichergestellt werden. Beispielsweise sah die Kartellvereinbarung der Genossenschaft Deutscher

---

[542] Europäische Kommission, Horizontalleitlinien, Tz. 308 f.; *Koenig/Neumann* WuW 2009, 382, 391 f.; *Fuchs* in Immenga/Mestmäcker, § 2 GWB Rn. 126.

[543] *Koenig/Neumann* WuW 2009, 382, 391 f.

[544] *Koenig/Neumann* WuW 2009, 382, 391 f.

[545] *Fuchs* in: Immenga/Mestmäcker, GWB, § 2 Rn. 126.

[546] Europäische Kommission, Horizontalleitlinien, Tz. 329 Beispiel 5. Siehe auch oben Rn. 39.

[547] *Koenig/Neumann* WuW 2009, 382, 392. Siehe hierzu: BKartA, Beschl. v. 27.12.2012, B7 – 22/07 = BeckRS 2013, 09761, S. 33 – *Verschlüsselung von TV-Programmen.*

[548] Europäische Kommission, Horizontalleitlinien, Tz. 316; *Walther/Baumgartner* WuW 2008, 158, 162 ff.

Brunnen, die für die Einführung von Einheitspfandflaschen und -kästen ein Norm- und Typenkartell nach Art. § 2 Abs. 1 GWB a. F. angemeldet hatte, vor, dass die entsprechenden Flaschen und Kästen auch von anderen Herstellern bezogen werden konnten.[549]

Angesichts der genannten Nachteile werden Abreden besonders streng auf Unerlässlichkeit geprüft, die diskriminierend sind, d. h. nur den Kartellmitgliedern die Nutzung der Normen erlauben;[550] solche Abreden können beispielsweise dann ausnahmsweise unerlässlich sein, wenn es um horizontale Gegenmachtbildung geht oder die Diskriminierung sonst systemimmanent ist.[551] **128**

Grundsätzlich muss die Abrede auch **„freiwillig"** sein, um den Wettbewerb nicht unerlässlich zu beschränken.[552] Ob eine **Verpflichtung zur Realisierung** von Normen- und Typenkartellen kartellrechtlich Bestand haben kann, ist deshalb eingehend zu untersuchen. Allerdings ist grundsätzlich mit Normen und Typenabreden eine positive wettbewerblichen Beurteilung verbunden, so dass in der Tendenz auch eine Verpflichtung zur Umsetzung zulässig sein muss. Im Umweltbereich hält die Kommission eine Verpflichtung für unerlässlich, wenn bei Freiwilligkeit die Erzielung der gleichen Nettovorteile ungewisser und weniger kosteneffizient wäre.[553] Eine Verpflichtung zur Einhaltung der Norm ist dann nicht unerlässlich, wenn eine andere Norm auf dem Markt existiert, weil dann nicht ersichtlich ist, weshalb diese Alternative boykottiert werden muss. Ähnliches gilt für **Nichtnormungszuschläge** in Form von Preiszuschlägen für die Herstellung oder den Handel mit nicht genormten Produkten.[554] Das BKartA hat zum alten Recht eine Freistellung für diese mit Preiszuschlägen verbundenen Normen- und Typenabreden nach § 2 Abs. 1 GWB a. F. abgelehnt, sofern mit solchen Zuschlägen einseitig die Marktgegenseite belastet wird, hielt sie aber für zulässig, wenn es zu einer Einschränkung der Typen entsprechend dem Kartellziel ohne Belastung der Marktgegenseite kommt.[555] Das ist heute wegen des Merkmals „angemessene Beteiligung der Verbraucher" aktueller denn je. **129**

Nicht notwendig sind wettbewerbsbeschränkende Abreden über die Bestimmung von Qualitätsnormen hinaus, die **zusätzliche,** eigentlich nicht mit der Gleichschaltung der Qualitätsnormen verbundene **Beschränkungen des Wettbewerbs** beinhalten,[556] z. B. bei einer Normierung von Pfandflaschen und -kästen auch Abreden über die Organisation der Flaschenrücknahme und über den Mengen- und Pfandausgleich[557] oder eine Gebietsaufteilung und ein Wettbewerbsverbot für konkurrierende Standards.[558] Auch eine Kollusion bei Austausch wettbewerbsintensiver Marktinformationen in Folge der Standardisierung[559] kann die Zusammenarbeit genauso unzulässig machen wie über das zeitliche Maß hinausgehende Beschränkungen.[560] **Zusatzabsprachen ohne wettbewerbsbeschränkenden Charakter** haben keine Auswirkungen auf die Anwendbarkeit des Art. 101 Abs. 3 AEUV, weil im Hinblick auf die Zusatzabreden keine Vereinbarung oder Beschluss nach Art. 101 Abs. 1 AEUV vorliegt. Danach ist z. B. die organisatorische Verbindung von (unbedenklicher) Gütezeichengemeinschaft und Normkartell zulässig.[561] **130**

---

[549] BKartA TB 1999/2000, S. 91.

[550] Vgl. Europäische Kommission, Horizontalleitlinien, Tz. 316 f.

[551] *Loest/Bartlik* ZWeR 2008, 41, 46.

[552] Europäische Kommission, Horizontalleitlinien, Tz. 318; *Loest/Bartlik* ZWeR 2008, 41, 48.

[553] Europäische Kommission, Horizontalleitlinien, Tz. 329 Beispiel 5.

[554] Zu § 2 Abs. 1 GWB a. F. *Werner* S. 36.

[555] WuW/E BKartA 1608 – *Starkstromkabel;* vgl. auch WuW/E BKartA 460, 462 – *Eiserne Fässer und Gefäße II.*

[556] Eingehend auch *Walther/Baumgartner* WuW 2008, 158, 164.

[557] BGH WuW/E DE-R 1954, 1957 – *PETCYCLE;* in Betracht kommt in solchen Fällen aber eine Freistellung als Rationalisierungskartell, Rn. 115 ff.

[558] BKartA WuW/E DE-V 1579, 1582 – *KS-Quadro.*

[559] *Loest/Bartlik* ZWeR 2008, 41, 47 f. mwN. aus der EU-Praxis.

[560] Eingehend *Walther/Baumgartner* WuW 2008, 158, 164 f.

[561] Zu § 2 Abs. 1 GWB a. F. BKartA TB 1964, 21; dagegen: BKartA TB 1968, 52.

131 **Angemessene Beteiligung der Verbraucher.** Von einer Weitergabe der Vorteile an die Verbraucher ist regelmäßig auszugehen, zumal die Vorteile wie Markttransparenz und Verringerung der Transaktionskosten durch Standardisierung zum Teil auch direkt bei Ihnen eintreten.[562] Im Umweltbereich können Verbraucher insbesondere von der höheren Umweltfreundlichkeit profitieren, z. B. bei Normierung von Waschmaschinen mit höherer Energieeffizienz.[563] Aber auch außerökonomische Vorteile können hier einfließen.[564] Gegen eine angemessene Beteiligung der Verbraucher kann sprechen, wenn die Standardisierung die Anschaffung neuer Geräte erforderlich macht, die Anschaffungskosten aber allein der Verbraucher tragen muss.[565]

132 **Ausschaltung des Wettbewerbs.** Wesentliche Teile des Wettbewerbs können dann ausgeschaltet werden, wenn die Kartellbeteiligten marktbeherrschend sind und damit die von ihnen festgelegte Norm de facto zum **Standard auf dem Markt** wird. In diesen Fällen ist nur dann nicht von einer Ausschaltung des Wettbewerbs auszugehen, wenn der Beitritt zur Normungsabrede allen offen steht (**„offene Mitgliedschaft"** einschließlich Beteiligung an Standardisierung und Lizenzgewährung) und **diskriminierungsfrei** angewendet wird.[566] Das Gleiche gilt im Fall von Normen, die Marktstandard und durch Schutzrechte abgesichert sind.[567] Allerdings unterliegt die bloß vertikal gleichartige Bindung durch einen marktbeherrschenden Schutzrechtsinhaber nicht den gleichen strengen Regeln, weil die Diskriminierungsmöglichkeit gerade Ausfluss von Ausschließlichkeitsrechten ist.[568] Steht die Nutzung der Norm hingegen allen Marktbeteiligten offen und besteht im Hinblick auf andere Wettbewerbsparameter wie Preis und Qualität wirksamer Wettbewerb, ist nichts dagegen einzuwenden, wenn die Norm von 100% der Marktbeteiligten angewendet wird; ein Beispiel aus den Horizontalleitlinien der Kommission sind Normen für die Herstellung von energieeffizienten Waschmaschinen, bei denen die Kommission 90% Marktanteil sogar in Verbindung mit einer Verpflichtung zur Einhaltung der Norm als freistellungsfähig einstuft.[569]

7. Vereinbarungen über Standardbedingungen (Konditionenvereinbarungen)

133 **Allgemeines.** Vereinbarungen über Standardbedingungen (auch genannt Konditionenvereinbarungen) sind auf eine Vereinheitlichung von Geschäftsbedingungen der Konkurrenten gerichtet. Sie sind denkbar in Form verbindlicher Kartellvereinbarungen oder auch in Form von bloßen Empfehlungen insbesondere durch Wirtschaftsverbände an ihre Mitglieder. Das bildete auch das frühere deutsche Recht bis zur 7. GWB-Novelle 2005 ab, indem es für verbindliche Konditionenkartelle in § 2 Abs. 2 GWB a. F. und für Konditionenempfehlungen in § 22 Abs. 3 Nr. 2 GWB a. F. jeweils eigene Regelungen vorsah. Die umfassende Praxis des deutschen Rechts sollte noch heute als Auslegungshilfe auch zu Art. 101 AEUV herangezogen werden, weil relevante materielle Unterschiede nicht ersichtlich sind und außerdem das europäische Recht keine ähnlich große Anwendungspraxis

---

562 *Koenig/Neumann* WuW 2009, 382, 393.

563 Europäische Kommission, Horizontalleitlinien, Tz. 329 Beispiel 5.

564 Siehe oben Rn. 50.

565 BKartA, Beschl. v. 27.12.2012, B7 – 22/07 = BeckRS 2013, 09761, S. 33 – *Verschlüsselung von TV-Programmen.*

566 Europäische Kommission, Horizontalleitlinien, Tz. 331; eingehend auch *Walther/Baumgartner* WuW 2008, 158, 162 ff.

567 Siehe hierzu die separate Kommentierung bei Art. 102 AEUV Rn. 267 ff., dort insbesondere zu standardessentiellen Patenten. Ferner ausführlich Europäische Kommission, Horizontalleitlinien, Tz. 284 ff.

568 Vgl. EuGH v. 2.9.2004 Rs. C 418-01 – *IMS Health/NDC Health,* GRUR Int. 2004, 524; siehe hierzu ferner BGH GRUR 2004, 966 – *Standardspundfass;* außerdem hierzu Art. 82 Rn. 200 ff. und *Loest/Bartlik* ZWeR 2008, 41, 49 ff.

569 Vgl. Europäische Kommission, Horizontalleitlinien, Tz. 329 Beispiel 5.

aufweisen kann. Allerdings hat die Europäische Kommission für Art. 101 AEUV im Jahr 2011 erstmals in den **Horizontalleitlinien** Beurteilungskriterien veröffentlicht.[570] Gleichzeitig entfiel die Gruppenfreistellung von Musterversicherungsbedingungen nach der Versicherungs-GVO 267/2010. Siehe zu Standardbedingungen von **Versicherungen die separate Kommentierung** zum Versicherungsbereich.

Zweck der Privilegierung von Vereinbarungen über Standardbedingungen. 134
Durch Vereinbarungen über Standardbedingungen und die damit verbundene einheitliche Anwendung von Geschäftsbedingungen kann die **Transparenz im Konditionenbereich erhöht** werden. Das dient einer **Förderung des Preis- und Qualitätswettbewerbs** für die eigentliche Ware oder Dienstleistung, weil sich der Vertragspartner bei vergleichbaren Angeboten auf Preis und Qualität konzentrieren kann.[571] Konsequenterweise bedeutet das aber auch, dass Vereinbarungen über Standardbedingungen nicht den „Anwendungsbereich des verkauften Produkts", also Art und Umfang der Hauptleistung, festlegen dürfen[572] und sich auch nicht auf Preise beziehen dürfen,[573] damit sie dem Zweck ihrer Privilegierung gerecht werden.

Privilegiert sind also grundsätzlich nur **Regelungen über die rechtliche und kaufmännische Abwicklung des Vertrages.**[574] Das können in Vereinbarungen über Standardbedingungen Regelungen sein, die das Zustandekommen von Verträgen betreffen. Ferner zählen Vereinbarungen über die zeitliche Begrenzung der Bindung an ein Vertragsangebot oder die Festlegung einer bestimmten Form für die Annahmeerklärung dazu. Auch Regelungen über die Auflösung des Vertragsverhältnisses (Kündigung, Rücktritt), Nebenpflichten (z. B. Aufklärungs- und Informationspflichten, Verpackung, Transport), Sicherheiten (Sicherungsübereignung und -abtretung, Eigentumsvorbehalt), Haftung und Gewährleistung sind darunter zu fassen. 135

Keine Konditionen sind **Vereinbarungen über Art und Umfang der Hauptleistung.**[575] Genauso wenig können Abreden über die Beschaffenheit der Hauptleistung – wie beispielsweise technische Daten oder Abmessungen der zu liefernden Ware[576] – Gegenstand eines Konditionenkartells sein;[577] hier ist allerdings an eine Freistellung als Norm- und Typenkartell, Produktions- und Spezialisierungs- oder allgemeines Rationalisierungskartell zu denken.[578] 136

Insbesondere Abgrenzung Konditionen von Preisregelungen. Unternehmen, die **Preisabsprachen** treffen, werden im Rahmen des Freistellungstatbestandes des Art. 101 Abs. 3 AEUV sehr viel strenger behandelt als Unternehmen, die keine Kernbeschränkungen verabreden. Beispielsweise liegt die Marktanteilsschwelle für den Ausschluss des Wett- 137

[570] Europäische Kommission, Horizontalleitlinien, Tz. 259 ff.

[571] Europäische Kommission, Entscheidung vom 15.5.1974, ABl. 1974, L 160/1, 13 – *IFTRA Verpackungsglas;* Europäische Kommission, Entscheidung vom 8.2.1980, ABl. 1980 L 62/63 – *Stahllagerhändler;* siehe auch *Stockmann* in: Wiedemann, Handbuch des Kartellrechts, § 8 Rn. 198 mwN.; *Fuchs* in Immenga/Mestmäcker, GWB, Rn. 134. Auch die Begr. RegE 7. GWB-Novelle BT DS 15/3640, S. 26 geht von keiner grundlegenden Änderung durch die Anwendung des Art. 101 Abs. 3 AEUV aus; zustimmend *Zapfe* WuW 2007, 1230, 1233 ff.; *Möhlenkamp* WuW 2008, 428, 438.

[572] Europäische Kommission, Horizontalleitlinien, Tz. 303.

[573] Europäische Kommission, Horizontalleitlinien, Tz. 271, 276.

[574] BKartA TB 1977, S. 66.

[575] Europäische Kommission, Horizontalleitlinien, Tz. 303; Europäische Kommission, Entscheidung vom 15.5.1974, ABl. 1974, L 160/1, 13 – *IFTRA Verpackungsglas;* Europäische Kommission, Entscheidung vom 8.2.1980, ABl. 1980 L62/63 – *Stahllagerhändler;* siehe auch *Stockmann* in: Wiedemann, Handbuch des Kartellrechts, § 8 Rn. 198 mwN. Vgl. zum alten deutschen Recht BKartA TB 2003/2004, S. 41 – *Betonverschalungen;* BKartA TB 1965, S. 49; BKartA TB 1976, S. 60; WuW/E BKartA 1989, 1990 f. – *Druckerei-Konditionen.*

[576] BKartA TB 1965, 49.

[577] Zu § 2 Abs. 2 GWB a. F. BKartA TB 1976, S. 60; WuW/E BKartA 1989, 1990 f. – *Druckerei-Konditionen.*

[578] Vgl. die einzelnen Kommentierungen hierzu oben und nachfolgend.

bewerbs hier niedriger. Bei Konditionenkartellen gilt dies in besonderem Maße, weil sie nach dem Zweck der Privilegierung den Preiswettbewerb gerade fördern sollen. Damit werden **Konditionenkartelle skeptisch** gesehen, **die** zusätzlich **Preise und Preisbestandteile gleichschalten.**[579] Der frühere § 2 Abs. 2 GWB a. F. schloss Preisregelungen sogar ausdrücklich von einer Freistellung aus. Im Einzelnen kann die **Abgrenzung zwischen Preisbestandteil einerseits und Kondition andererseits** jedoch schwierig sein.

138 **„Preis"** ist die im Synallagma stehende Gegenleistung für die vom Vertragspartner geschuldete Leistung.[580] Es ist unerheblich, ob der Preis als **Geldwert oder** als **Sachwert** ausgedrückt ist. Dagegen ist nicht jede in Geld bezifferte Leistung, die auf Grund Vertrags erbracht wird, als Preisregelung anzusehen; es kommt immer auf den synallagmatischen Zusammenhang zwischen Hauptleistung und Gegenleistung an. So beinhalten beispielsweise Vereinbarungen über die Höhe eines Flaschenpfandes für Mehrwegflaschen keine Preisregelung.[581] Zu den **Preisbestandteilen** zählen neben dem Grundpreis Zuschläge für Nebenleistungen, Abschläge wie z. B. Rabatte oder sonstige Nebenkosten.[582] Die Summe dieser Bestandteile bildet den „Preis".

139 Eine Konditionenregelung ist **preisbezogen,** wenn sie den Preiswettbewerb unter den Kartellmitgliedern beschränkt.[583] Das ist der Fall, wenn die einzelnen Kartellmitglieder in ihrer Preisgestaltung nicht mehr frei sind. Danach fällt nicht nur jede bezifferte Regelung der Höhe von Preis und Preisbestandteilen aus der Privilegierung von Konditionenkartellen, sondern jede Beschränkung der freien Preiskalkulation.[584] Die Kartellvereinbarung darf insbesondere keine bezifferten oder in Prozentsätzen bezeichneten Werte für die Berechnung von Nebenkosten enthalten und keine bindenden Tarife vorgeben. Beispielsweise die Vereinbarung der Einhaltung bestimmter Mindestsätze nach der HOAI ist eine Preisregelung.[585] Ferner sind auch Höchstpreise Preisregelungen.[586] – Preisbezug liegt jedoch **nicht** schon vor, wenn die Konditionen nur **mittelbaren Einfluss** auf den Preis haben.[587] Andernfalls könnte es keine legalisierten Konditionenkartelle mehr geben, da nahezu jede Geschäftsbedingung die Preisbildung und damit die Höhe des Entgelts mit beeinflusst. Für die **Abgrenzung** zwischen unmittelbar preisbezogenen (und damit nicht als Konditionenkartell privilegierten) einerseits und nur mittelbar preisbezogenen (und damit privilegierten) Konditionen ist danach zu fragen, **ob die Konditionen lediglich den Leistungsgegenstand beschreiben.** Dann liegt ein lediglich mittelbarer Preisbezug vor und die Konditionen können grundsätzlich gleichgeschaltet werden,[588] weil der gleichgeschaltete Leistungsgegenstand dann eine Intensivierung des Preis- und Qualitätswettbewerbs entsprechend des Zwecks der Privilegierung von Konditionenkartellen ermöglicht. **Einzelfälle:**

140 **Skonto und Rabatt. Skonto** ist das Entgelt für die Bezahlung einer Schuld vor Fälligkeit. Wurde ein Skonto zwischen den Vertragspartnern vereinbart, so wird bei Zahlung vor Fälligkeit der geschuldete Betrag um einen vorher vereinbarten Prozentsatz gekürzt. Der

---

[579] Europäische Kommission, Horizontalleitlinien, Tz. 276; Europäische Kommission, Entscheidung vom 15. Mai 1974, *IFTRA Verpackungsglas,* ABl. 1974, L 160/1, 13; Europäische Kommission, Entscheidung vom 8. Februar 1980, *Stahllagerhändler,* ABl. 1980 L62/63; *Zapfe* WuW 2007, 1230, 1237; zu § 2 Abs. 2 GWB a. F.: BKartA TB 2005/2006, S. 40 – *Einheitsbedingungen für die deutsche Textilwirtschaft.* Ferner: *Stockmann* in: Wiedemann, § 8 Rn. 198 mwN.

[580] *Fuchs* in: Immenga/Mestmäcker, GWB, § 2 Rn. 147.

[581] LKartB Bayern WuW 1977, 24, 24.

[582] WuW/E BKartA 1216; BKartA TB 1975, 58.

[583] *Fuchs* in: Immenga/Mestmäcker, GWB, § 2 Rn. 148.

[584] BKartA TB 1978, 89.

[585] BKartA TB 2003/2004, S. 41 – *Betonverschalungen.*

[586] BKartA TB 2003/2004 S. 41 – *Betonverschalungen.*

[587] *Fuchs* in: Immenga/Mestmäcker, GWB, § 2 Rn. 148; *Kiecker* in: Langen/Bunte, § 2 (9. Aufl.) Rn. 25.

[588] *Immenga* in: Immenga/Mestmäcker, GWB (3. Aufl.), § 2 Abs. 2 a. F. Rn. 63; *Bunte* in: Frankfurter Kommentar § 2 a. F. Rn. 113; *Kiecker* in: Langen/Bunte (9. Aufl.) § 2 a. F. Rn. 26.

wirtschaftliche Zweck des Skonto ist es, zum einen das Delkredererisiko zu verringern und zum andern dem Skonto gewährenden Unternehmen Kosten zu ersparen, die durch Kreditzinsen oder Mahnungen entstehen können. Damit ist der Skonto ein Ausgleich für ersparte Aufwendungen und kann zu den Konditionen gezählt werden.[589] Demgegenüber ist ein **Rabatt** ein Preisnachlass, der eine Preisregelung und damit keine Kondition darstellt.[590] Auf die Wortwahl kommt es bei der Abgrenzung zwischen Skonto und Rabatt mangels einer eindeutigen sprachlichen Bedeutung des Begriffs „Rabatt" nicht an. So ist der sog. Barzahlungsrabatt in Wirklichkeit ein Skonto, da damit die Zahlung vor Fälligkeit vergütet wird.[591] Die **Abgrenzung** zwischen Rabatt und Skonto richtet sich danach, ob sich der vereinbarte Preisnachlass auf die Art und Weise der Begleichung des Rechnungsbetrages bezieht (dann ist ein Skonto anzunehmen) oder auf eine andere Bezugsgröße wie beispielsweise die Menge der abgenommenen Ware (Mengenrabatt), die Kontinuität beim Warenkauf (Treuerabatt) oder den Anlass des Verkaufes (z. B. Schlussverkauf, Jubiläumsverkauf, Sonderposten). Wird ein besonders **hoher Skonto** vereinbart, so lässt dies den Schluss zu, dass tatsächlich ein Preisnachlass vorliegt. Beispiele: Bei einem festgelegten Zahlungsziel von 60 Tagen hat das BKartA eine Erhöhung des Eilskontos von 3,5 % auf 4 % bei Zahlung binnen 30 Tagen noch toleriert.[592] Dagegen wurde bei einem Zahlungsziel von 30 Tagen eine Erhöhung des Eilskontos von 5 % auf 5,5 % bei Zahlung binnen 10 Tagen als Regelung eines Preisbestandteils erachtet und für nicht mehr zulässig erklärt.[593] Nach Abschaffung des RabattG, das ja nach § 2 RabattG gegenüber Letztverbrauchern nur ein Skonto von maximal 3 % für Barzahlung oder vergleichbare Zahlungsarten vorsah, spricht aber viel dafür, die Gewährung auch höherer Skonti großzügigerer zu behandeln.[594]

Finanzierungs- oder Teilzahlungszuschläge. Finanzierungs- oder Teilzahlungszuschläge sind die Gegenleistung für die Stundung über das vereinbarte Zahlungsziel hinaus und stellen damit das **negative Gegenstück zum Skonto** dar. Finanzierungszuschläge schaffen genauso wie die Verzugszinsen einen pauschalierten Ausgleich für finanzielle Nachteile des Gläubigers bei verspäteter Zahlung und sind nicht etwa als Vergütung einer selbstständigen Leistung in Form einer Kreditgewährung zu verstehen. Genauso wie der Skonto bezwecken Finanzierungszuschläge letztlich eine möglichst frühzeitige Zahlung. Vor diesem Hintergrund ist es gerechtfertigt, Finanzierungszuschläge in gleicher Weise wie Skonti zu behandeln.[595] Liegt die Höhe des Finanzierungszuschlags allerdings weit unter den Zinssätzen des Kapitalmarktes, so kann angenommen werden, dass der Zuschlag nicht mehr dem Zwecke des Ausgleichs dient, sondern einen zusätzlichen Kaufanreiz in Form eines Wettbewerbsvorteils bildet und somit zur Modifikation des Preises unmittelbar beiträgt.[596] In diesen Fällen kommt eine Freistellung als Konditionenkartell nicht in Betracht. **141**

Verzugszinsen und Vertragsstrafen zählen zu den Zahlungsbedingungen und sind demnach als Konditionenkartell freistellungsfähig. Sie bezwecken einen Ausgleich für den **142**

---

[589] BKartA TB 2005/2006, S. 40 – *Einheitsbedingungen der deutschen Textilwirtschaft; Zapfe* WuW 2007, 1230, 1237. A. A. *Fuchs* in: Immenga/Mestmäcker, GWB, § 2 Rn. 152 f., der den Skonto wegen der Abgrenzungsschwierigkeiten zum Rabatt als Preisabrede einstufen will.

[590] *Kiecker* in: Langen/Bunte (9. Aufl.), § 2 Rn. 36. Anders *Fuchs* in: Immenga/Mestmäcker, GWB, § 2 Rn. 152 f., der zwar richtigerweise den Rabatt als Preisabschlag im Gegensatz zum Skonto als Anreiz zu vorzeitiger Zahlung und/oder Entgelt für ersparten Zinsaufwand und für sonstige Nebenkosten definiert, beide jedoch aufgrund ihrer Abgrenzungsschwierigkeiten ihre gemeinschaftliche Festlegung als mittelbare Preisfestsetzung einstuft.

[591] *Fucks* in: Immenga/Mestmäcker, GWB, § 2 Rn. 153.

[592] WuW/E BKartA 1216, 1217.

[593] BKartA TB 1968, 69.

[594] Vgl. zur Abschaffung des RabattG zum 25. Juli 2001 *J. B. Nordemann* NJW 2001, 2505 ff.; *Berneke* WRP 2001, 615 ff.; *Heermann* WRP 2001, 855 ff.

[595] A. A. konsequenterweise *Fuchs* in: Immenga/Mestmäcker, GWB, § 2 Rn. 153, der auch schon den Skonto als Preisbestandteil auffassen will.

[596] *Bunte* in: Frankfurter Kommentar § 2 a. F. Rn. 81.

Zinsverlust des Gläubigers bei Schuldentilgung nach Eintritt der Fälligkeit. Es handelt sich hierbei also um einen pauschalierten Schadensersatz, der keinen Bezug auf die Höhe des Kaufpreises nimmt.[597]

143 Grundsätzlich sind auch **Gewährleistungsregeln** keine Regelungen mit Preisbezug und damit als Konditionenabrede freistellbar.[598] Ausnahmsweise soll dann etwas anderes gelten, wenn das Kartell Regelungen zur Kalkulation der Höhe von Gewährleistungsansprüchen (z. B. Minderung) oder von Schadensersatzleistungen bei mangelhafter Leistung aufstellt.[599] Das ist wenig überzeugend, weil solche Regelungen – genauso wie Verzugszinsen und Vertragsstrafen – nicht den Gegenstand der Hauptleistung beschreiben und auch sonst keinen Bezug auf die Höhe des Kaufpreises nehmen. Ohnehin ist es oft schwierig, zwischen Nichterfüllung und Schlechterfüllung zu unterscheiden, so dass dann auch beide im Rahmen der Konditionenkartelle parallel behandelt werden sollten.

144 **Nebenleistungen.** Zu den Nebenleistungen gehören **Verpackungsleistungen, Montage, Transportversicherung,** aber auch **Projektierungskosten** und **Musterlieferungen.** Eine Kartellvereinbarung, in der bestimmt wird, wer die Nebenkosten zu tragen hat, ist grundsätzlich als Konditionenkartell privilegiert.[600] So kann beispielsweise festgelegt werden, dass der Empfänger die Verpackungskosten zu tragen hat oder dass die Verpackung bereits im Preis enthalten ist. Eine Klausel, die die Rücknahme der Verpackung ausschließt, wurde vom BKartA mit Recht genauso als Konditionenabrede angesehen[601] wie eine Regelung über die Vereinbarung eines Eigentumsvorbehalts bezüglich der Verpackung, verbunden mit einer Rücksendepflicht des Empfängers.[602] Dagegen schränken Vereinbarungen über die **Höhe der Nebenkosten** die Kalkulationsfreiheit des Kartellmitglieds ein und sind daher Preisabreden.[603] Eine Regulierung des Preiswettbewerbs stellt es auch dar, einen Preisnachlass bei Verzicht auf Verpackung auszuschließen.[604] Genauso liegt keine Konditionenabrede vor, wenn vereinbart wird, dass Projektierungskosten zu vergüten sind, wenn der Auftrag später nicht erteilt wird.[605] Das Gleiche gilt für die Kartellierung unentgeltlicher Musterlieferungen.[606]

145 **Frachtklauseln.** Klauseln, in denen diejenige Vertragspartei bestimmt wird, die die **Frachtkosten** zu tragen hat, sind Konditionenabreden.[607] Hierzu zählen Klauseln wie „Ab Werk", „Frei Haus", „FOB", „FAS" usw. Auch differenzierte Regelungen sind möglich, z. B. Ab-Werk-Preise bei Streckengeschäften und die Übernahme der Fracht durch den Verkäufer in allen anderen Fällen.[608] Genauso kann die Übernahme der Frachtkosten von einem bestimmten Mindestauftragsvolumen[609] oder einem Mindestgewicht[610] abhängig

[597] BKartA TB 1962, S. 40; TB 1970, S. 75; TB 1971, S. 78; jeweils zum alten Recht. Zum neuen Recht: *Fuchs* in: Immenga/Mestmäcker, GWB, § 2 Rn. 154.

[598] Europäische Kommission, Horizontalleitlinien, Tz. 334 Beispiel 10.

[599] BKartA TB 1978, 65 bei der Absprache über die Höhe der Lohnkosten bei Mängelbeseitigung; *Bunte* in: Frankfurter Kommentar § 2 a. F. Rn. 101; a. A. wie hier: *Fuchs* in: Immenga/Mestmäcker, GWB, § 2 Rn. 154.

[600] *Fuchs* in: Immenga/Mestmäcker, GWB, § 2 Rn. 149.

[601] BKartA WuW 1959, 417, 423 – *Öfen*.

[602] BKartA WuW 423, 424 – *Baumwollzwirnerei*.

[603] *Fuchs* in: Immenga/Mestmäcker, GWB, § 2 Rn. 149; *von Renthe* in: Gemeinschaftskommentar § 2 a. F. Rn. 26.

[604] BKartA TB 1973, 82f.

[605] BKartA TB 1979/80, S. 37; TB 1976, S. 47; TB 1977, S. 53f.; genauso für die Kosten eines Angebots, das nicht angenommen wird: BKartA TB 2003/2004, S. 41 – *Betonverschalungen*.

[606] BKartA TB 1960, S. 20.

[607] BKartA TB 1973, S. 95; TB 1968, S. 40; TB 1967, S. 68; *Th. Raiser* WuW 1963, 691, 694; *Fuchs* in: Immenga/Mestmäcker, GWB, § 2 Rn. 150.

[608] BKartA TB 1967, S. 68.

[609] BKartA TB 1973, S. 95.

[610] BKartA TB 1965, S. 29.

gemacht werden. Sobald die Regelung aber Bezug auf die Höhe der Frachtkosten nimmt, ist sie eine Preisregelung und nicht mehr vom Privileg der Konditionenabreden umfasst. Nicht als Konditionenabrede freigestellt sind daher bezifferte Frachtzuschläge, Frachtpauschalen, Höchstpreisregelungen für Frachtkosten[611] oder Bestimmungen, wonach die Höhe der Frachtkosten im Verhältnis zu Gewicht, Menge usw. der Ware zu berechnen ist. Frachtausgleichssysteme, die Standortnachteile erhöhter Frachtkosten durch Zugrundelegung einer fiktiven Frachtbasis ausgleichen sollen,[612] sind dann keine Konditionenabreden, wenn sie eine solche Frachtbasis beziffern oder bezifferbar machen.[613]

Preisvorbehaltsklauseln. Liegt ein längerer Zeitraum zwischen Vertragsschluss und Vertragserfüllung, so kann für diesen Fall die Anpassung des Preises an die nunmehr geltenden Marktdaten vorgeschrieben sein. Beispiele sind die sog. Hausse- und Baisse-Klauseln, die den ursprünglich vereinbarten Preis modifizieren. Der Preis bleibt also bis zuletzt variabel. Die Kartellmitglieder werden durch solche Preisvorbehaltsklauseln in ihrer Freiheit, Festpreise anzubieten und damit am Preiswettbewerb teilzunehmen, beschränkt. Daher handelt es sich um den Preiswettbewerb beschränkende Klauseln.[614] Tagespreisklauseln bestimmen, dass der am Tage des Liefertermins geltende Preis zu zahlen ist. Auch diese Klauseln beziehen sich auf den Preis und sind daher nicht als Konditionenabrede privilegiert.[615] 146

Festpreisklauseln. Durch Festpreisklauseln wird verhindert, dass der ausgehandelte Preis nach Vertragsschluss noch geändert wird. Sie beschränken damit den Preiswettbewerb, da den Vertragspartnern das Recht zur freien Gestaltung der Preise genommen wird.[616] Insoweit sind auch negative Preisvorbehaltsklauseln, also Klauseln, die individuelle Preisvorbehalte ausschließen, nicht als Konditionenabrede freigestellt. 147

Umsatzsteuer. Konditionenabreden können bestimmen, dass die Umsatzsteuer („Mehrwertsteuer") im Preis **inbegriffen** sein soll. Keine Konditionenabrede, sondern eine Preisabrede ist es jedoch, bei **Umsatzsteuererhöhungen** zu vereinbaren, dass diese auf den Preis aufgeschlagen werden, oder umgekehrt, dass diese nicht weitergegeben werden. Nicht als Konditionenabrede privilegiert sind auch Konditionen, die den Mehrwertsteuersatz bei Lieferung und nicht bei Vertragsschluss zu Grunde legen.[617] Denn in den beiden letztgenannten Fällen handelt es sich eben nicht um eine Beschreibung des Leistungsgegenstandes, sondern um einen Eingriff in die Kalkulationsfreiheit. 148

Wettbewerbsbeschränkung. Eine Anwendung des Art. 101 Abs. 3 AEUV scheidet aus, wenn die getroffene Absprache nach Art. 101 Abs. 1 AEUV nicht verboten ist. Nach den Horizontalleitlinien der Kommission scheidet eine Wettbewerbsbeschränkung im Regelfall aus, wenn (1) eine **unbeschränkte Beteiligungsmöglichkeit** der Wettbewerber bei Erarbeitung der Standardbedingungen gewährleistet ist, (2) diese **zugänglich** sind und außerdem (3) **kein Anwendungszwang** besteht.[618] Allerdings gilt die Privilegierung nur, wenn es sich um **„echte" Vereinbarungen über Standardbedingungen** handelt,[619] also die Standardbedingungen nicht Art und Umfang der Hauptleistung festlegen[620] und sich nicht auf Preise beziehen.[621] Bei Preisbezug sollte vielmehr eine **bezweckte Wettbe-** 149

---

[611] BKartA TB 2003/2004, S. 41 – *Betonverschalungen*.
[612] Eingehend *Segelmann/Niederleithinger* WuW 1967, 387 ff.; *Bunte* in: Frankfurter Kommentar § 2 a. F. Rn. 136.
[613] BKartA WuW 1960, S. 182 *Röhrendirekthändler;* BKartA TB 1973, S. 82.
[614] BKartA WuW 1987, S. 300.
[615] BKartA TB 1978, S. 39 f.; S. 51 f. und S. 57 f.
[616] BKartA WuW 1987, 300, 300.
[617] BKartA TB 1979/80, S. 60; TB 1978, S. 52.
[618] Europäische Kommission, Horizontalleitlinien, Tz. 301.
[619] Zur Abgrenzung oben Rn. 136 ff.
[620] Europäische Kommission, Horizontalleitlinien, Tz. 303.
[621] Europäische Kommission, Horizontalleitlinien, Tz. 271, 276.

werbsbeschränkung vorliegen,[622] die stets unter Art. 101 Abs. 1 AEUV fällt. Auch können Standardbedingungen, die für den Marktzutritt wesentlich sind, zu bezweckten Beschränkungen genutzt werden, wenn potentiellen Newcomern der Zugang zu ihnen verwehrt wird.[623]

Handelsbräuche sind Regeln für den geschäftlichen Verkehr unter Kaufleuten. Sie entstehen durch tatsächliche Übung über einen längeren Zeitraum hinweg unter freiwilliger Zustimmung und Rechtsüberzeugung der Beteiligten. Die schlichte Praktizierung von Handelsbräuchen erfüllt noch nicht den Tatbestand des Art. 101 Abs. 1 AEUV, weil **keine hinreichende Vereinbarung oder abgestimmte Verhaltensweise** vorliegt. Erst wenn die Unternehmen die gemeinsame Anwendung von Handelsbräuchen vereinbaren, liegt ein Fall des Art. 101 Abs. 1 AEUV vor, wenn die Vereinbarung eine ausreichende Bindung für die Beteiligten erzeugt.[624] Ferner muss die Konditionenvereinbarung **spürbar** die Marktverhältnisse beeinflussen. So ist ein im Rahmen der Konditionenvereinbarungen geregeltes Verbot von Kommissionsgeschäften vom BKartA für nicht marktrelevant gehalten worden, da nach den Ermittlungen des BKartA Kommissionsgeschäfte nicht üblich waren und auch kein Interesse daran bestand.[625] Daneben gelten die allgemeinen Spürbarkeitsschwellen des Art. 101 Abs. 1 AEUV.[626] Für die unverbindlichen **Konditionenempfehlungen** ist zu untersuchen, ob der Tatbestand der Vereinbarung, des Beschlusses oder zumindest der Abstimmung gegeben ist. Angesichts der relativ weiten Auslegung des Tatbestandes des Art. 101 Abs. 1 AEUV auch bei rechtlich unverbindlichem[627] bzw. bei eigentlich einseitigem[628] Verhalten wird aber in vielen Fällen die Konditionenempfehlung dem Tatbestand des Art. 101 Abs. 1 AEUV unterfallen, vor allem wenn die Konditionenempfehlung vom Dachverband fast aller Wettbewerber nach interner Beratung mit den Mitgliedern ausgesprochen und in großem Umfang befolgt wird.[629]

150 **Effizienzgewinne.** Auf Seiten der Kartellbeteiligten dienen die Konditionenkartelle der **Rationalisierung** im Bereich der Vertragsschlüsse und -abwicklungen.[630] Die Unternehmen müssen nicht den höheren Aufwand treiben, sich jeweils selbst Konditionen zu erarbeiten; ferner müssen die Unternehmen ihre Kunden weniger beraten, weil den Kunden die Konditionen schon aus konkurrierenden Angeboten bekannt sein dürften.[631] Sofern man auch Effizienzgewinne bei Marktbeteiligten außerhalb des Kartells genügen lässt,[632] sind insbesondere Vorteile für die Marktgegenseite zu nennen. Konditionenkartelle erhöhen durch einheitliche Geschäftsbedingungen die **Transparenz** im Konditionenbereich und lassen damit eine **Förderung des Wettbewerbs** auf dem Gebiet der Preise und Qualitäten erwarten.[633] Als Hintergrund für diese Erwägungen wird angeführt, dass juristische Laien nur schwer die vielfach komplexen AGB der Verwender überblicken können. Daher

---

[622] Europäische Kommission, Horizontalleitlinien, Tz. 276.

[623] Europäische Kommission, Horizontalleitlinien, Tz. 275.

[624] *Bunte* in: Frankfurter Kommentar § 2 GWB a. F. Rn. 64; *von Renthe* in: Gemeinschaftskommentar § 2 GWB a. F. Rn. 7.

[625] Stellungnahme des BKartA vom 2.2.1987 WuW 1987, 300, 302.

[626] Vgl. Art. 101 Abs. 1 AEUV Rn. 288 ff.

[627] Dazu oben Art. 101 Abs. 1 AEUV Rn. 220, 228, 251 f.

[628] Dazu Art. 101 Abs. 1 AEUV Rn. 221 ff.

[629] Europäische Kommission, Horizontalleitlinien, Tz. 305: Standardbedingungen könnten sehr schnell eine De-facto-Norm werden, die Unternehmen erfüllen müssten, um auf dem Markt erfolgreich zu sein. Auch wenn diese Standardbedingungen nicht verbindlich sind, würden sie sich zu einer De-facto-Norm entwickeln, die in ihren Auswirkungen einer verbindlichen Norm sehr nahe käme und entsprechend untersucht werden müsste.

[630] *Fuchs* in: Immenga/Mestmäcker, GWB, § 2 Rn. 156.

[631] *Zapfe* WuW 2007, 1230, 1234.

[632] Siehe Rn. 39.

[633] Europäische Kommission, Horizontalleitlinien, Tz. 312. Zum früheren deutschen Recht BT-DS 2/1158 Anlage 2, S. 60.

sind einheitliche AGB besonders zweckdienlich, um die Vergleichbarkeit der Angebote zu fördern und es so der Marktgegenseite zu ermöglichen, sich auf die wesentlichen Wettbewerbsparameter wie Preis und Qualität zu konzentrieren.[634] Je mehr Wettbewerber es auf einem Markt gibt, desto größer sind die Effizienzgewinne, die in Bezug auf einen erleichterten Vergleich der angebotenen Bedingungen erzielt werden.[635]

Das Kartell muss keine umfassende Regelung für alle relevanten Konditionen treffen, **151** sondern kann sich auf **einzelne Konditionen** beschränken. Allerdings wird dies den Ausnahmefall bilden und nur bei einzelnen bedeutenden Konditionen möglich sein. Denn durch das Kartell müssen die Transaktionskosten für die Kartellbeteiligten gesenkt bzw. die Transparenz im Wettbewerb zu Gunsten der Marktgegenseite erhöht werden, um dadurch den Preiswettbewerb zu stärken. Die erhoffte Rationalisierungswirkung wird nur eintreten, wenn die bedeutenden Konditionen gleichgeschaltet werden. Eine Verabredung einzelner Konditionen ohne Rationalisierungs- bzw. Transparenzwirkung allein zur Stärkung einer Marktseite ist hingegen nicht ausreichend.[636]

Unerlässlichkeit. Nach der Europäischen Kommission ist es in der Regel nicht uner- **152** lässlich, Standardbedingungen für verbindlich zu erklären. Auch die Kommission will allerdings nicht ausschließen, dass „in bestimmten Fällen für verbindlich erklärte Standardbedingungen für die Erzielung der mit ihnen angestrebten Effizienzgewinne unerlässlich sind."[637] Das gilt vor allem dann, wenn der wünschenswerte Grad der Standardisierung hoch liegt.[638] Um die einheitliche Anwendung der vereinbarten AGB sicherzustellen, können sich die Kartellmitglieder dann über bestimmte **Kontrollmechanismen** einigen. Hierzu gehört zunächst die Möglichkeit, Mitglieder zu verpflichten, ihre Ansprüche gegen vertragsbrüchige Kunden gerichtlich durchzusetzen.[639] Daneben können die Kartellmitglieder sog. Inkassostellen einrichten, um von vornherein ein Abweichen einzelner Mitglieder von den vereinbarten Zahlungsmodalitäten zu vermeiden.[640] Im Bereich der einheitlichen Abwicklung von Mängelrügen kann eine Mängelprüfstelle eingerichtet werden.[641] Eine andere Möglichkeit ist es, Umgehungsverbote unter den Kartellmitgliedern zu vereinbaren. Als Beispiel für ein solches Umgehungsverbot ist das Verbot von Kommissionsgeschäften zu nennen. Ein solches wurde vom BKartA als tolerierbar angesehen, da es den Handel nicht merklich belastete.[642]

Vor dem Hintergrund des Zwecks der Privilegierung von Vereinbarungen über Stan- **153** dardbedingungen begegnen **Preisregelungen** in Konditionen regelmäßig kartellrechtlichen Bedenken.[643] Im Einzelfall ist es jedoch häufig schwierig, Preisregelungen von bloßen Konditionenregelungen abzugrenzen.[644] Neben Preisabreden treffen auch **Vereinbarungen über Art und Umfang der Hauptleistung,** Abreden über **Konditionen, die individuell nicht durchsetzbar wären** oder Abreden zu **Kontrahierungsverboten** kartellrechtlich auf Bedenken.

Angemessene Beteiligung der Verbraucher. Eine angemessene Beteiligung der Ver- **154** braucher ist stets nachzuweisen. Mit wachsenden Marktanteilen der Unternehmen wachsen

---

[634] Vgl. Rn. 134.
[635] Europäische Kommission, Horizontalleitlinien, Tz. 313.
[636] Vgl. zur Gegengewichtsbildung Rn. 57.
[637] Europäische Kommission, Horizontalleitlinien, Tz. 320.
[638] *Zapfe* WuW 2007, 1230, 1236.
[639] Zum alten Recht BKartA TB 1962, S. 53; *Bunte* in: Frankfurter Kommentar § 2 GWB a. F. Rn. 149. Zum neuen Recht: *Fuchs* in: Immenga/Mestmäcker, GWB, § 2 Rn. 158.
[640] Zum alten deutschen Recht BKartA TB 1963, S. 47 f.
[641] Zu § 2 Abs. 2 GWB a. F. *Immenga* in: Immenga/Mestmäcker, GWB (3. Aufl.), § 2 Abs. 2 Rn. 46.
[642] Zum früheren Recht BKartA WuW 1987, 300, 303.
[643] Europäische Kommission, Horizontalleitlinien, Tz. 271, 276.
[644] Dazu oben Rn. 137 ff.

sowohl das Risiko wettbewerbsbeschränkender Auswirkungen als auch die Wahrscheinlichkeit sich ergebender Effizienzgewinne. Deshalb gibt es nach der Kommission keinen „Safe Harbour", für den grundsätzlich die Annahme zulässig wäre, dass Effizienzgewinne in einem Maße an die Verbraucher weitergegeben werden, dass sie die wettbewerbsbeschränkenden Auswirkungen überwiegen.[645] Je ausgeprägter der Preis- und Qualitätswettbewerb trotz Gleichschaltung der Konditionen ist, desto eher eine angemessenen Beteiligung der Verbraucher zu beobachten sein. Zudem sollten aus Verbrauchersicht die **Wertungen des AGB-Rechts** in die kartellrechtliche Beurteilung einbrechen. Insoweit kann die Praxis zu § 2 Abs. 2 GWB a. F. fortgesetzt werden.[646] Dafür wurde auf die Grundsätze und Maßstäbe des AGB-Rechts und der dazu ergangenen höchstrichterlichen Rechtsprechung zurückgegriffen, indem die KartB eine Inhaltskontrolle im Sinne der §§ 307 ff. BGB vornahm,[647] ohne diese Normen konkret anzuwenden. Verstößt die Klausel gegen AGB-Recht, ist das ein **Indiz** dafür, dass eine angemessene Verbraucherbeteiligung am Gewinn nicht stattfindet.[648] Beispielsweise hat das BKartA einem Konditionenkartell von Vermietern von Betonverschalungen nach altem Recht widersprochen, weil dieses u. a. die Kondition enthielt, dass der Vermieter einseitig bestimmen konnte, ob die Betonverschalung der Sollbeschaffenheit entspricht.[649] Preisanpassungsklauseln, die Preiserhöhungsrechte bei Kostensteigerungen, aber keine Preissenkungen bei Kostensenkungen vorsehen, sind nicht nur AGB-, sondern auch kartellrechtswidrig.[650] Teilweise wird allerdings vorgeschlagen, hier eine Art Erheblichkeitsschwelle einzuziehen und für solche AGB-rechtswidrigen Klauseln einen Verstoß gegen das GWB abzulehnen, die bei wertender Betrachtungsweise nicht besonders bedeutsam sind.[651] – Problematisch für die Kartellbeteiligten ist, dass eine Kartellrechtswidrigkeit der Konditionenabrede sich erst nach Abschluss der Vereinbarung herausstellen kann, z. B. wenn zwischenzeitlich von Zivilgerichten ein Verstoß bestimmter Konditionen gegen AGB-Recht festgestellt wird. Den Kartellbeteiligten ist danach zu raten, ihre Konditionenabrede ständig an die AGB-Rechtsprechung anzupassen.

155 **Ausschaltung des Wettbewerbs.** Für die wettbewerbliche Beurteilung von Konditionenabreden ist stets der Einzelfall zu würdigen. **Ein „Safe Harbour" existiert nicht.** In oligopolistischen Märkten kann Konditionenwettbewerb erhöhte Bedeutung zukommen.[652] Auch außerhalb von oligopolistischen Strukturen werden Konditionen als Wettbewerbsparameter auf Märkten homogener Güter gewichtiger sein als auf differenzierten Produktmärkten.[653] Besteht aber hinreichender Anhalt dafür, dass die Kartellbeteiligten sich in einem lebhaften Preis- und Qualitätswettbewerb befinden, spricht mit dem Zweck der Privilegierung von Konditionenabreden nichts dagegen, dass die Kartellbeteiligten einen

---

[645] Europäische Kommission, Horizontalleitlinien, Tz. 322.

[646] BKartA TB 2005/2006, S. 39.

[647] BKartA TB 1980/81, S. 36; BKartA TB 1987/1988, S. 29 f.; TB 2003/2004, S. 40; *Immenga* in: Immenga/Mestmäcker, GWB (3. Aufl.), § 2 Abs. 2 a. F. Rn. 12; *Bunte* in: Frankfurter Kommentar § 2 a. F. Rn. 61.

[648] BKartA TB 2005/2006, S. 40 – *Allgemeine Geschäftsbedingungen für Reiseverträge; Möhlenkamp* WuW 2008, 428, 438; *Pampel* in Münchener Kommentar, GWB, § 3 Rn. 94; *Zapfe* WUW 2007, 1230, 1238, die allerdings im Rahmen der Beurteilung des Art. 101 Abs. 3 AEUV (aaO. 1235) aus §§ 305 ff. BGB nur „Anregungen" entnehmen und primär nur europarechtliche Regelungen einbrechen lassen will, also z. B. EU-Richtlinien zur Harmonisierung des AGB-Rechts; jedoch können die §§ 305 ff. BGB auch im nicht-harmonisierten Bereich Indizien für eine mangelnde Verbraucherbeteiligung liefern.

[649] BKartA TB 2003/2004, S. 41 – *Betonverschalungen.* Nach AGB-Recht fehlt bei solchen Konditionen die angemessene Beteiligung der Verbraucher am Effizienzgewinn wegen zu hoher Belastungen durch den Klauselinhalt.

[650] BKartA TB 2005/2006, S. 40 – *Allgemeine Geschäftsbedingungen für Reiseverträge.*

[651] *Fuchs* in Immenga/Mestmäcker, GWB, § 2 Rn. 157.

[652] *Fuchs* in Immenga/Mestmäcker, GWB, § 2 Rn. 159.

[653] *Zapfe* WuW 2007, 1230, 1236.

hohen Marktanteil auf sich vereinigen oder sogar alle Wettbewerber auf dem Markt an einer solchen Abrede beteiligt sind. Jedoch ist in solchen Fällen stets zu bedenken, ob die Konditionenabrede nicht für potenzielle Konkurrenten Marktzutrittsschranken errichtet. Dann bedingt die Konditionenabrede nur für den Fall keine Ausschaltung des Wettbewerbs, in dem die **Konditionenabrede allen offensteht** und **diskriminierungsfrei** angewendet wird.[654] Geht das Konditionenkartell mit Preisabreden einher, ist tendenziell von einer Unzulässigkeit auszugehen.[655] Im Einzelfall können auch die Konditionen selbst ein Erlahmen des Wettbewerbs befürchten lassen. So führt z.B. eine in den Konditionen enthaltene Vergütungspflicht für Angebote dazu, dass nur wenige Angebote eingeholt werden und damit der Wettbewerb zwischen den Kartellmitgliedern beschränkt wird.[656]

Kopplung von Konditionenabreden mit anderen Abreden. Werden Konditionenvereinbarungen mit anderen Vereinbarungen verknüpft, so kann dies für sich genommen zunächst lediglich besagen, dass der Privilegierungsgrund für Konditionenkartelle (Transparenz und dadurch Stärkung des Preis- und Qualitätswettbewerbs) nicht mehr erreicht wird. Das heißt aber nicht, dass die Tatbestandsmerkmale des Art. 101 Abs. 3 AEUV nicht dennoch erfüllt sein können. Beispielsweise Vereinbarungen über **Art und Umfang der Hauptleistung,** die mit Konditionenabreden verknüpft werden, sind – entgegen der der Rechtslage nach § 2 Abs. 2 GWB a.F.[657] – nicht mehr grundsätzlich unzulässig, weil der Tatbestand des Art. 101 Abs. 3 AEUV offener ist. Bei Gleichschaltung von Hauptleistungspflichten kann aber insbesondere die Unerlässlichkeit und die angemessene Beteiligung der Verbraucher zweifelhaft sein oder eine Ausschaltung wirksamen Wettbewerbs drohen. **Norm- und Typenabreden** über die Beschaffenheit der Hauptleistung – wie beispielsweise technische Daten oder Abmessungen der zu liefernden Ware[658] – können mit Konditionenabreden kombiniert werden.[659] Das Gleiche sollte für die nachfolgend erläuterten Verhaltenskodizes und Wettbewerbsregeln gelten. 156

8. Verhaltenskodizes und Wettbewerbsregeln

Verhaltenskodizes und Wettbewerbsregeln sind typischer Weise Instrumente der Selbstregulierung einer Branche. Sie setzen im Regelfall den rechtlichen Rahmen, in dem die Branche miteinander konkurrieren darf. Nach der **Legaldefinition für Wettbewerbsregeln** in § 24 Abs. 2 GWB handelt es sich um Bestimmungen, die das Verhalten von Unternehmen im Wettbewerb zu dem Zweck regeln, einem den Grundsätzen des lauteren oder der Wirksamkeit eines leistungsgerechten Wettbewerbs zuwiderlaufenden Verhalten im Wettbewerb entgegenzuwirken und ein diesen Grundsätzen entsprechendes Verhalten im Wettbewerb anzuregen. Es handelt sich deshalb um Instrumente, die unmittelbar oder mittelbar dem Schutz lauteren Wettbewerbs dienen. Allerdings kommen auch andere Regelungsgegenstände mit Bezug auf die Leistungsgerechtigkeit des Wettbewerbs in Betracht z.B. Regeln zur Einhaltung von Schutzrechten. **Verhaltenskodizes** sind in § 2 Abs. 1 Nr. 5 UWG, Art. 2 lit. f) UGP-Richtlinie 2005/29 **legaldefiniert.** „Verhaltenskodex" ist danach eine Vereinbarung oder Vorschrift über das Verhalten von Unternehmern, zu welchem diese sich in Bezug auf Wirtschaftszweige oder einzelne geschäftliche Handlungen verpflichtet haben, ohne dass sich solche Verpflichtungen aus Gesetzes- oder Verwaltungs- 157

[654] Vgl. Europäische Kommission, Horizontalleitlinien, Tz. 324, dort für De-facto-Normen aufgrund hoher Marktanteile, die eine Ausschaltung des Wettbewerbs bedingen, wenn Dritten der Zugang zur Norm effektiv verwehrt ist.

[655] Europäische Kommission, Horizontalleitlinien Tz. 271, 276. Vgl. auch oben Rn. 137ff.

[656] BKartA TB 2005/2006, S. 40 – *Betonschalungen.*

[657] BKartA TB 1965, S. 49; BKartA TB 1976, S. 60; WuW/E BKartA 1989, 1990f. – *Druckerei-Konditionen.*

[658] Dazu oben Rn. 118.

[659] Vgl. zum alten Recht BKartA TB 1976, 60; WuW/E BKartA 1989, 1990f. – *Druckerei-Konditionen.*

vorschriften ergeben. Dabei ist der Begriff des Verhaltenskodexes möglichst weit zu fassen, wie das – wenn auch rechtlich nicht bindende – Arbeitspapier der Kommissionsdienststellen[660] erkennen lässt.[661] Die Definitionen des UWG und der UGP-Richtlinie überlappen sich, eine Abgrenzung ist nicht erforderlich. Allerdings sind Wettbewerbsregeln im GWB (siehe §§ 24ff. GWB) anders reguliert als Verhaltenskodizes im UWG (siehe z.B. § 3 Abs. 3 UWG iVm. Nr. 1 und Nr. 3 Anhang-UWG, § 5 Abs. 1 S. 2 Nr. 6 UWG, Art. 6 Abs. 2 lit. b) UGP-Richtlinie 2005/29). Beide Gesetze regeln indes nicht die Freistellung von Verhaltenskodizes und Wettbewerbsregeln vom Kartellverbot. Insbesondere **für zwischenstaatliche Abreden** erfolgt die **Freistellung über Art. 101 Abs. 3 AEUV.**[662] **Beispiele** in Deutschland für Wettbewerbsregeln und Verhaltenskodizes sind die VDZ-Wettbewerbsregeln für den Vertrieb von abonnierbaren Publikumszeitschriften, die Wettbewerbsregeln des Immobilienverbandes Deutschland IVD Bundesverband der Immobilienberater, Makler, Verwalter und Sachverständigen, die Wettbewerbsregeln des Börsenvereins des Deutschen Buchhandels, der Verhaltenskodex der Gesellschaft zur freiwilligen Kontrolle von Messe- und Ausstellungszahlen (FKM) oder die Kodizes der Freiwilligen Selbstkontrolle für die Arzneimittelindustrie (FSA-Kodex Fachkreise, FSA-Kodex Patientenorganisationen, FSA-Transparenzkodex).

158 **Zweck der Privilegierung von Verhaltenskodizes und Wettbewerbsregeln.** Nach der UGP-Richtlinie 2005/29 sollen Verhaltenskodizes dem Zweck dienen, für Beseitigung unlauterer Geschäftspraktiken die Inanspruchnahme der Verwaltungsbehörden oder Gerichte unnötig zu machen; sie sollen deshalb gefördert werden (Erwgr. 20 UGP-Richtlinie 2005/29). Gem. § 24 Abs. 2 GWB sollen Wettbewerbsregeln einem den Grundsätzen des lauteren oder der Wirksamkeit eines leistungsgerechten Wettbewerbs zuwiderlaufenden Verhalten im Wettbewerb entgegenwirken.

159 **Wettbewerbsbeschränkung.** Eine Freistellung nach Art. 101 Abs. 3 AEUV ist – wie auch sonst – für Verhaltenskodizes und Wettbewerbsregeln nur erforderlich, wenn sie eine Wettbewerbsbeschränkung gem. Art. 101 Abs. 1 AEUV beinhalten. Hier kommt es bei Abreden im Hinblick auf rechtswidrigen Wettbewerb darauf an, ob und inwieweit es wettbewerbsbeschränkend sein kann, den Ausschluss rechtswidrigen Wettbewerbs zu verabreden.[663] Verhaltenskodizes, die sich auf Preise, Produktion oder auf die Aufteilung von Kunden und Märkten beziehen, fallen als bezweckte Wettbewerbsbeschränkungen grundsätzlich unter Art. 101 Abs. 1 AEUV, ohne dass es einer Spürbarkeitsprüfung bedürfte.[664] Kodizes mit Marktzutrittsbeschränkungen sind – grob gesagt – eher wettbewerbsbeschränkend als bloße Marktverhaltensregeln.[665] Rührt die Rechtswidrigkeit nämlich daraus, dass der von der Abrede benachteiligte Wettbewerber die Marktzulassungsvoraussetzungen nicht erfüllt, so kann diese Illegalität des Marktzutritts sich nicht auf das Vorliegen einer Wettbewerbsbeschränkung iSd. Art. 101 Abs. 1 AEUV auswirken. Das ergibt sich schon aus dem Schutzzweck des Art. 101 AEUV.[666] Hingegen sollte die Illegalität des Marktverhaltens eines Wettbewerbers in die Prüfung einer Wettbewerbsbechränkung einbezogen werden.[667] Ansonsten müssen Verhaltenskodizes und Wettbewerbsregeln differenziert betrachtet werden. In *Kodex italienischer Geologen* hat der EuGH abgelehnt, dass die Handlungsfreiheit

---

660 Arbeitspapier der Kommissionsdienststellen: Leitlinien zur Umsetzung/Anwendung der Richtlinie 2005/29/EG über unlautere Geschäftspraktiken, SEK (2009) 1666 v. 3.12.2009, 23.

661 *J. B. Nordemann,* FS Ahrens, S. 121, 122.

662 Siehe die Kommentierung zu § 24 GWB.

663 EuGH vom 7.2.2013, Rs. C-68/12 Rn. 31 – *Slowakische Banken;* EuGH GRUR Int. 1986, 635, 639 Tz. 52. Zur früher teilweise abweichenden Auffassung in der deutschen Rechtsprechung und Literatur: *Lettl/J. B. Nordemann* NZKart 2014, 207, 209f. mwN.

664 *J. B. Nordemann,* FS Ahrens, S. 121, 126.

665 *Lettl/J. B. Nordemann* NZKart 2014, 207, 210f.

666 *J. B. Nordemann,* FS Ahrens, S. 121, 127.

667 *J. B. Nordemann,* FS Ahrens, S. 121, 128.

beschränkende Beschlüsse von Unternehmens- und Berufsvereinigungen automatisch vom Verbot des Art. 101 Abs. 1 AEUV erfasst werden. Vielmehr ist hier nach dem EuGH auf den Gesamtzusammenhang, in dem der Verhaltenskodex seine Wirkung entfaltet, und in Ansehung des gesamten nationalen Rechtsrahmens sowie der Anwendungspraxis des Kodex zu beurteilen, ob der Wettbewerb innerhalb des Binnenmarktes beschränkt wird.[668] Auch widerspräche es Erwägungsgrund 20 der UGP-Richtlinie 2005/29, wenn Verhaltenskodizes grundsätzlich eine Wettbewerbsbeschränkung sein würden.[669]

Effizienzgewinne. Eine Wettbewerbsregel oder ein Verhaltenskodex kann gerade dann zu Effizienzgewinnen im Sinne einer Verbesserung der Warenerzeugung oder -verteilung beitragen, wenn der Verbraucher ansonsten getäuscht oder sonst unsachlich beeinflusst würde. Einen Effizienzgewinn für die Verbraucher und Händler stellt es auch dar, wenn verhindert wird, dass sie ein illegales Produkt erwerben.[670] Vereinbaren beispielsweise Medienhändler, bestimmte urheberrechtswidrige Produkte nicht mehr zu beziehen, so vermeiden sie, für Rechtsverletzungen zu haften. Durch die Vereinbarung steigt also die Rechtssicherheit für die Beteiligten. Die Erhöhung der Rechtssicherheit für Marktbeteiligte ist als Effizienzgewinn anerkannt, beispielsweise durch die Vereinbarung von Standardbedingungen.[671] Auch können Rechtsverletzungen Imageschäden für den Verletzer produzieren, so dass ihre Vermeidung einen Effizienzvorteil darstellt. Eine Effizienzsteigerung kann sich daneben dadurch ergeben, dass es durch die Vereinbarung zur Schwächung des Rechtsverletzers und infolgedessen zur Stärkung der Anbieter rechtmäßig hergestellter Waren und Dienstleistungen kommt. Das gilt z. B. für Verhaltenskodizes, die den Handel mit urheberrechtlich illegalen Inhalten zurückdrängen.[672] Denn Effizienzsteigerungen müssen nicht zwingend bei den Kartellbeteiligten, sondern können auch bei Dritten entstehen.[673] 160

Angemessene Beteiligung der Verbraucher. An einer Effizienzsteigerung müssen die Verbraucher angemessen beteiligt sein, was bei Schutz vor Täuschung oder unsachlichem Einfluss ohne weiteres der Fall ist. Auch bei Absprache zwischen Unternehmen, keine rechtswidrigen Produkte mehr zu handeln, kann eine solche Verbraucherbeteiligung darin liegen, dass es zu einer Zurückdrängung rechtsverletzender Angebote kommt. In bestimmten Fällen kann für Verbraucher auch die Gefahr von eigenen Rechtsverletzungen zurückgedrängt werden, etwa weil der Verbraucher nur legal in den Verkehr gebrachte Produkte weiterveräußern darf (§ 17 Abs. 2 UrhG). 161

Unerlässlichkeit. Besonderes Augenmerk verdient die Unerlässlichkeit gerade bei Sachverhalten, in denen Verhaltenskodizes rechtswidrigen Wettbewerb ausschließen sollen. Unerlässlichkeit kann fehlen, wenn die Möglichkeit zur Einschaltung von Aufsichtsbehörden besteht. Das gilt vor allem zur Abstellung von Gesetzesverstößen bei **Markt*zutritt*,** wo im Regelfall in allen Mitgliedstaaten behördliches Einschreiten denkbar ist.[674] Selbsthilfe mittels Kartellabsprache ist hier ausgeschlossen. Allerdings kann die Wettbewerbsbeschränkung aus anderen Gründen (z. B. Vermeidung einer drohenden Mithaftung) für die Verwirklichung der in Art. 101 Abs. 3 AEUV genannten Ziele unerlässlich sein. Insoweit kommt es auf die Umstände des Einzelfalles an. Bei Verstoß gegen **Markt*verhaltens*pflichten** ist das anders.[675] Hier besteht nicht notwendig eine staatliche Eingriffsmöglichkeit. In Deutschland existiert beispielsweise keine Behörde, die auf die Ahndung von UWG- 162

---

[668] EuGH vom 18. Juli 2013, Az. C-136/12 Rn. 54–56 – *Kodex italienischer Geologen.*

[669] Eingehend zur Frage der Wettbewerbsbeschränkung durch Verhaltenskodizes: *Lettl/J. B. Nordemann* NZKart 2014, 207 ff. sowie *J. B. Nordemann,* FS Ahrens, S. 121, 126 ff.

[670] *Lettl/J. B. Nordemann* NZKart 2014, 207, 211; siehe auch *J. B. Nordemann,* FS Ahrens, S. 121, 129.

[671] Europäische Kommission, Horizontalleitlinien, Tz. 312, 323.

[672] *Lettl/J. B. Nordemann* NZKart 2014, 207, 211.

[673] Vgl. oben Rn. 35.

[674] EuGH vom 7.2.2013, Rs. C-68/12 Rn. 35 – *Slowakische Banken.*

[675] *Lettl/J. B. Nordemann* NZKart 2014, 207, 212.

Verstößen ausgerichtet wäre (Ausnahme: Bundesnetzagentur und § 20 Abs. 3 UWG). Damit erscheinen im Bereich der lauterkeitsrechtlichen Marktverhaltensbedingungen Abreden der privaten Mitbewerber durchaus unerlässlich. Die von der UGP-Richtlinie angesprochenen Verhaltenskodizes (Art. 2 lit. f), Art. 6 Abs. 2 lit. b) UGP-Richtlinie, § 2 Abs. 1 Nr. 5 UWG) zeigen, dass davon auch der europäische Richtliniengeber ausgegangen ist. Auch eine Behörde zur Ahndung von Urheberrechts- oder anderen Schutzrechtsverstößen gibt es nicht, sieht man von der Staatsanwaltschaft ab, die aber nur bei vorsätzlichen Verletzungen und auch in der Praxis nur selten eingreift.

163 **Ausschaltung des Wettbewerbs.** Schließlich dürfen Verhaltenskodex oder Wettbewerbsregel keine Möglichkeiten eröffnen, für einen wesentlichen Teil der betreffenden Waren den Wettbewerb auszuschalten. Auch dies ist eine Frage des Einzelfalls. Es kann nicht allein aufgrund eines sehr hohen Marktanteils der an der Kooperation beteiligten Unternehmen schon gesagt werden, dass eine Ausschaltung des Wettbewerbs drohe.[676]

164 Vielmehr muss eben in qualitativer Hinsicht wertend untersucht werden, ob hinreichender Restwettbewerb besteht. Branchenweite Kooperationen können noch zulässig sein, wenn eine relativ geringe Kooperationstiefe vorliegt, bei der einerseits die Effizienzgewinne besonders groß und andererseits die Auswirkungen auf den Wettbewerb gering sind,[677] so dass branchenweite Selbstregulierungen keinesfalls ausgeschlossen sind.[678]

9. Strukturkrisenkartelle

165 In der Regel berühren Strukturkrisenkartelle den zwischenstaatlichen Handel und müssen sich daher am **europäischen Recht** messen lassen. Das europäische Recht kennt keinen ausdrücklichen Freistellungstatbestand für Strukturkrisenkartelle. Entsprechende Kartellvereinbarungen fallen als (bezweckte) Wettbewerbsbeschränkung unter das Verbot des Art. 101 Abs. 1 AEUV, können aber nach Art. 101 Abs. 3 AEUV freigestellt werden.[679] Früher fand sich auch bis zur 7. GWB-Novelle 2005 eine nationale Regelung in § 6 GWB a. F.

166 Der privilegierte **Zweck von Strukturkrisenkartellen** begründet sich wie folgt: Die reine Wettbewerbstheorie geht davon aus, dass die diejenigen Unternehmen, die unrentabel produzieren, in dieser Phase aus dem Marktgeschehen ausscheiden. Diese „Selbstreinigung" des Marktes setzt sich so lange fort, bis Angebot und Nachfrage wieder ausgeglichen sind und die Produktion nur noch durch rentable Betriebe erfolgt. Diese Theorie entspricht indes nicht der wirtschaftlichen Praxis.[680] Im harten Preiskampf um das Überleben am Markt sind vor allem finanzstarke Großunternehmen begünstigt, die die Verlustzeit leicht zu überbrücken vermögen.[681] Vorteile haben in der Phase des Preiskampfes auch veraltete Betriebe: Anders als bei modernen Betrieben, die im Wege der Massenfertigung erst bei voller Kapazitätsauslastung rentabel produzieren können, werden bei veralteten Betriebsstätten weitaus niedrigere Fixkosten entstehen; eine Vollauslastung wird daher nicht unbedingt erforderlich sein.[682]

---

676 Europäische Kommission, Leitlinien Art. 81 Abs. 3 EG, Tz. 109.

677 Europäische Kommission, Horizontalleitlinien, Tz. 324 zu branchenweiten Normen und Standardbedingungen, die nur einen begrenzten Teil des Produkts oder der Dienstleistung betreffen; BKartA Tätigkeitsbericht 2003/2004, Seite 183 – Entsorgung von Elektro- und Elektronikschrott. Siehe auch oben zu Standardisierungsvereinbarungen Rn. 155.

678 *Lettl/J. B. Nordemann* NZKart 2014, 207, 212.

679 Europäische Kommission, Entscheidung vom 4. Juli 1984 – *Kunstfasern,* ABl. 1984 L 207/17, 21; Europäische Kommission ABl. 1984, Nr. L 212, S. 1, 5 – *BPCL/ICI;* Europäische Kommission ABl. 1988 Nr. l 150, S. 35, 39 – *Bayer/BP Chemicals;* Europäische Kommission, Entscheidung vom 29. April 1994 – *Stichting Baksteen,* ABl. 1994 L 131/15, 18 ff.

680 *Jung* ZWeR 2007, 141, 154; *Fuchs* in: Immenga/Mestmäcker, GWB, § 2 Rn. 204; *Kirchhoff/Gerlach* in: FS Benisch, S. 367, 369.

681 WuW/E BKartA 2271, 2272 – *Leichtbauplatten.*

682 *Fuchs* in: Immenga/Mestmäcker, GWB, § 2 Rn. 204.

Es liegt deshalb nahe, bei Strukturkrisen die erforderlichen **Anpassungsprozesse nicht mehr nur der Steuerung über den Wettbewerb überlassen,** sondern koordinierte strukturelle Anpassungsmaßnahmen durch Kartellvereinbarungen zuzulassen, die **eine ausgewogene Struktur leistungsfähiger Anbieter wiederherstellen und damit den Markt langfristig stabilisieren.**[683] Insoweit können Strukturkrisenkartelle **Effizienzvorteile** bieten. Dazu muss ein Kartellvertrag auch einen planmäßigen Abbau der Kapazitäten vorsehen. Hieran ist letztlich auch der **Verbraucher interessiert,** der zur optimalen Bedarfsdeckung mittel- und langfristig auf die Erhaltung einer Struktur leistungsfähiger Anbieter angewiesen ist.[684] Es gibt allerdings auch Stimmen, die die „prinzipielle Überlegenheit des Wettbewerbsprinzips" auch in Strukturkrisen betonen und deshalb für eine sehr restriktive Anwendungspraxis des Art. 101 Abs. 3 AEUV auf Strukturkrisenkartelle sprechen.[685] 167

Die inzwischen schon **etwas ältere Praxis der Europäische Kommission lässt Strukturkrisenkartelle grundsätzlich für Art. 101 Abs. 3 AEUV zu.**[686] Diese Entscheidungspraxis erscheint im Wesentlichen vergleichbar mit der Praxis zu § 6 GWB a. F. bis zur 7. GWB-Novelle 2005,[687] so dass nachfolgend auch die frühere deutsche Praxis herangezogen wird. Neuere Praxis findet sich auch beim BKartA nur vereinzelt.[688] Die Kommission hat genauere Angaben, von denen sich eine Freistellung leiten lassen kann, z. B. in den „Wettbewerbsregeln und Maßnahmen zum Abbau struktureller Überkapazitäten" im 12. Wettbewerbsbericht[689] und 13. Wettbewerbsbericht[690] veröffentlicht. 168

Strukturkrisen liegen bei **nachhaltigen Überkapazitäten** vor. Das BKartA sah dies bei jeder wesentlichen Änderung der Nachfrage als gegeben an, die sich zum Zeitpunkt der Beurteilung vorhersehbar über einen längeren Zeitraum erstrecken wird, für den ein auf diesem Nachfragerückgang beruhender nichtleistungsmäßiger bzw. übermäßiger Ausscheidungsprozess zu erwarten war. Zum einen musste der Absatzrückgang demzufolge **existenzbedrohend** sein. Zum anderen bringt die zeitliche Dimension des Begriffes „Nachhaltigkeit" mit sich, dass **keine vorübergehenden Änderungen** der Nachfragetätigkeit berücksichtigt werden.[691] Es müssen wesentliche Verluste über einen längeren Zeitraum hinweg eintreten.[692] Das dient in erster Linie der **Abgrenzung von Strukturkrisen** zu reinen **Konjunkturkrisen,** wobei selbst das BKartA einräumen musste, dass eine Unterscheidung zwischen konjunkturellen und strukturellen Ursachen nicht immer möglich sei.[693] Als Anknüpfungspunkt für eine Abgrenzung wurde der Zweck der Kartellvereinba- 169

[683] WuW/E BKartA 2271, 2272 – *Leichtbauplatten; Kirchhoff/Gerlach* in: FS Benisch, S. 367, 369; jeweils zu § 6 GWB a. F.

[684] WuW/E BKartA 2049, 2060 – *Betonstahlmatten; Fuchs* in: Immenga/Mestmäcker, GWB, § 2 Rn. 199.

[685] *Jung* ZWeR 2007, 141, 162 ff.

[686] Europäische Kommission, Entscheidung vom 4. Juli 1984 – *Kunstfasern,* ABl. 1984 L 207/17, 21; Europäische Kommission ABl. 1984, Nr. L 212, S. 1, 5 – *BPCL/ICI;* Europäische Kommission ABl. 1988 Nr. l 150, S. 35, 39 – *Bayer/BP Chemicals;* Europäische Kommission, Entscheidung vom 29. April 1994 – *Stichting Baksteen,* ABl. 1994 L 131/15, 18 ff.

[687] Diese Einschätzung teilt *Fuchs* in: Immenga/Mestmäcker, GWB, § 2 Rn. 203; ferner *Jung* ZWeR 2007, 141, 150 ff., der allerdings für eine restriktivere Handhabung in der Zukunft plädiert.

[688] BKartA, Beschl. v. 27.12.2012, B7 – 22/07 = BeckRS 2013, 09761, S. 31 – *Verschlüsselung von TV-Programmen,* dort Freistellung abgelehnt.

[689] Ziffern 38 bis 41.

[690] Ziffern 56 bis 61.

[691] WuW/E BKartA 2049, 2055 – *Betonstahlmatten,* zu § 6 GWB a. F.; *Jung* ZWeR 2007, 141, 155; *Fuchs* in: Immenga/Mestmäcker, GWB, § 2 Rn. 208.

[692] BKartA, Beschl. v. 27.12.2012, B7 – 22/07 = BeckRS 2013, 09761, S. 31 – *Verschlüsselung von TV-Programmen.*

[693] BKartA, (frühere zu §§ 5 bis 7 GWB a. F. veröffentlichte) Verwaltungsgrundsätze für die Behandlung von Rationalisierungs-, Strukturkrisen- und Sonstigen Kartellen, S. 10.

rung herangezogen.[694] Ist dieser darauf gerichtet, Produktionskapazitäten so zu erhalten, dass sie im Falle gesteigerter Nachfrage wieder nutzbar sind, so handelt es sich um ein Kartell, das lediglich der Überbrückung einer vorübergehenden Krise dient. Zielt die Vereinbarung dagegen auf einen endgültigen Abbau der Überkapazitäten, ist davon auszugehen, dass der Nachfragerückgang nicht nur vorübergehender Natur, sondern nachhaltig ist.

170 Es muss nicht unbedingt ein Absatzrückgang vorliegen, der auf einer Änderung der Nachfrage beruht. Auch wenn die **Ursachen der Strukturkrise allein dem Bereich des Unternehmers** zuzurechnen sind, hat die Europäische Kommission eine Freistellung nach Art. 101 Abs. 3 AEUV zugelassen.[695]

171 Strukturkrisenkartelle müssen auf dem Vereinbarungsweg eine **planmäßige Anpassung der Kapazität an den Bedarf** vollziehen. Die Anpassung der Kapazitäten an den Bedarf erfordert nicht, dass eine genaue Übereinstimmung von Angebot und Nachfrage durch die Kartellvereinbarung angestrebt werden muss.[696] Nach Sinn und Zweck der Freistellung soll durch die Anpassung der bestehenden Kapazitäten an den Bedarf lediglich ein Abbau der Überkapazitäten erfolgen, der darauf zielt, den Markt einerseits spürbar zu entlasten, andererseits aber möglichst viele leistungsstarke Unternehmen als Marktteilnehmer zu erhalten. Die Anpassung der Kapazitäten muss **auf Dauer** erfolgen, d. h. die abzubauenden Überkapazitäten müssen endgültig dem Markt entzogen werden,[697] so dass eine Wiederinbetriebnahme zum ursprünglichen Zweck ausgeschlossen ist. Eine endgültige Anpassung kann durch Vernichtung der vorhandenen Produktionseinheiten im Wege der **Verschrottung** erreicht werden. Produktionsumstellungen, Stilllegungen oder Standortwechsel kommen daneben nur dann als Alternativen in Betracht, wenn sie wirtschaftlich mit einer Vernichtung gleichzusetzen sind.[698] Dies erfordert eine sorgfältige Prüfung des Einzelfalls. Wesentliches Indiz für eine endgültige Anpassung kann die **Höhe der Kosten für eine Wiederinbetriebnahme** sein. Es kann auch genügen, dass sich die Kartellmitglieder untereinander vertraglich – bei Androhung von hinreichend abschreckenden **Vertragsstrafen** für Zuwiderhandlungen – verpflichten, auf eine Wiederinbetriebnahme in Zukunft zu verzichten.[699] Der Abbau von Überkapazitäten kann nur dann wirksam erfolgen, wenn **gleichzeitig keine neuen Kapazitäten** hinzukommen oder vorhandene Kapazitäten nicht erweitert werden.[700] Absprachen zwischen den Kartellmitgliedern, in denen Quoten für die Kapazitätsausnutzung festgelegt und zugeteilt werden (Quotenkartell), reichen nicht für die Annahme eines endgültigen Kapazitätsabbaus.[701] **Als flankierende Maßnahme** kann eine **Quotenabsprache** aber zulässig sein, wenn sie für die Kapazitätsanpassung notwendig ist.[702] Hierhin gehören auch Stilllegungsfonds, an die ausscheidungswillige Unternehmen ihre Quoten gegen Entschädigung abgeben können.[703] Auch **flankierende**

---

[694] So auch *Bunte* in: Frankfurter Kommentar § 6 a. F. Rn. 40.

[695] Europäische Kommission, Entscheidung vom 4. Juli 1984 – *Kunstfasern,* ABl. 1984 L 207/17; zum deutschen Recht oben Rn. 131 f.

[696] Vgl. WuW/E BKartA 2271, 2271 – *Leichtbauplatten.*

[697] WuW/E BKartA 2049, 2057 – *Betonstahlmatten.*

[698] *Fuchs* in: Immenga/Mestmäcker, GWB, § 2 Rn. 208, nach dem diese Alternativen nur dann in Betracht kommen, wenn die Kosten für eine Wiederinbetriebnahme im relevanten Markt das wirtschaftlich vernünftige Maß überschreiten würde; *Bunte* in: Frankfurter Kommentar § 6 a. F. Rn. 52.

[699] *Müller-Henneberg* in: Gemeinschaftskommentar § 4 a. F. Rn. 20; ebenso für das EG-Recht positiv Europäische Kommission, Entscheidung vom 4. Juli 1984 – *Kunstfasern,* ABl. L 207/17, 24; ablehnend *Bunte* in: Frankfurter Kommentar § 6 a. F. Rn. 54.

[700] BKartA TB 1958, S. 45.

[701] WuW/E BKartA 114, 117 – *Schuhbeschlag.*

[702] Zum Merkmal der Notwendigkeit eingehend unten Rn. 172.

[703] WuW/E BWM 135, 139 – *Mühlenkartelle;* ein ähnliches Modell lag einem „Strukturfonds" für Tankstellenbetreiber zu Grunde (FAZ vom 6.4.2002, S. 14), allerdings lehnte das BKartA eine Freistellung ab, weil Tankstellen als Händler nicht in § 6 GWB einbezogen werden können, vgl. unten Rn. 173.

Preisabsprachen können für eine Kapazitätsanpassung notwendig sein. Preis- oder Quotenabsprachen sind beispielsweise dann notwendig, wenn ein Preisverfall kurzfristig den Bestand einer Mehrzahl von Unternehmern bedroht, so dass eine planmäßige Kapazitätsanpassung ohne Preis- und Quotenabsprachen in der zur Verfügung stehenden Zeit nicht vorgenommen werden kann.[704] Preis- und Quotenabsprachen, welche die Marktgegenseite einseitig belasten, stellen keine notwendigen flankierenden Maßnahmen dar und sind daher unzulässig.[705] Der **Kapazitätsabbau** muss **planmäßig** vonstattengehen, also nicht über den Mechanismus des freien Wettbewerbs, der gerade nicht den Ausscheidungsprozess steuern soll.[706] Um einen planmäßigen Abbau zu garantieren, müssen die Modalitäten des Kapazitätsabbaus von vornherein festgelegt sein. Im Abbauplan sind der Umfang der in einer bestimmten Zeitspanne abzubauenden Kapazitäten und die Art des Vollzugs zu regeln, d. h. welches Unternehmen wann welche Abbaumaßnahmen trifft.[707] Das bedeutete aber nach der Praxis des BKartA zu § 6 GWB a. F. nicht, dass in jedem Fall zum Zeitpunkt der Freistellung ein in allen Punkten für die gesamte Vertragszeit vollständiger Kapazitätsabbauplan vorgelegt werden muss.[708] Lücken kann die KartB nach heutigem Recht über Verpflichtungszusagen gem. § 32b GWB schließen.[709] Da sich die dem Kapazitätsabbauplan zugrunde liegenden Daten im Laufe der Zeit ändern können, sind Plananpassungen an die neuen Gegebenheiten möglich, soweit sie nachweisbar erforderlich sind.[710]

Eine Freistellung setzt über dies strenge Verhältnismäßigkeitsprüfung **(„Unerlässlichkeit")** voraus. Die wettbewerbsbeschränkende Abrede muss **notwendig** sein, um eine planmäßige Anpassung der Kapazität an den Bedarf herbeizuführen.[711] Also muss die wettbewerbsbeschränkende Vereinbarung zunächst **geeignet** sein, die Kapazitätsanpassung zu bewirken.[712] Insoweit ist insbesondere eine zu große Zahl an Kartellaußenseitern schädlich.[713] Weiterhin setzt die Notwendigkeit der Wettbewerbsbeschränkung voraus, dass sie **erforderlich** ist für die planmäßige Anpassung. Zu prüfen ist dabei, ob das Ziel der Anpassung auch mit weniger einschränkenden Abreden zu erreichen ist. Jedoch ist für die Erforderlichkeit der Wettbewerbsbeschränkung nicht Voraussetzung, dass eine Kapazitätsanpassung im Wege des freien Wettbewerbs ausgeschlossen ist. Das liefe dem Sinn und Zweck des Freistellungstatbestandes zuwider, der eine planmäßige Anpassung durch Wettbewerbsbeschränkung verlangt, um eine ausgewogene Struktur leistungsfähiger Anbieter zu erhalten und dadurch den Markt langfristig zu stabilisieren. Schließlich muss die Wettbewerbsbeschränkung in Form der Kapazitätsanpassung **angemessen** sein. Das ist dann nicht der Fall, wenn nur ein ganz geringfügiger Absatzrückgang zu verzeichnen ist. 172

Berechtigt, an einem Strukturkrisenkartell mitzuwirken, sind alle Unternehmen, die von der Krise betroffen sind, mithin **alle Unternehmen der betreffenden Branche.**[714] Jedoch besteht **keine Teilnahmeverpflichtung** für alle betroffenen Unternehmen, um die Freistellung zu erreichen. Nach der Praxis des BKartA konnte der Zweck eines Strukturkrisenkartells aber nur erfüllt werden, „wenn ihm alle oder zumindest die meisten Unter- 173

[704] BKartA, (frühere zu §§ 5 bis 7 GWB a. F. veröffentlichte) Verwaltungsgrundsätze für die Behandlung von Rationalisierungs-, Strukturkrisen- und Sonstigen Kartellen, S. 10.
[705] WuW/E BKartA 2271, 2272 – *Leichtbauplatten.*
[706] Oben Rn. 167.
[707] WuW/E BKartA 2049, 2057 – *Betonstahlmatten.*
[708] BKartA, (frühere zu §§ 5 bis 7 GWB a. F. veröffentlichte) Verwaltungsgrundsätze für die Behandlung von Rationalisierungs-, Strukturkrisen- und Sonstigen Kartellen, S. 10.
[709] *Fuchs* in: Immenga/Mestmäcker, GWB, § 2 Rn. 208.
[710] BKartA, (frühere zu §§ 5 bis 7 GWB a. F. veröffentlichte) Verwaltungsgrundsätze für die Behandlung von Rationalisierungs-, Strukturkrisen- und Sonstigen Kartellen, S. 10.
[711] *Bunte* in: Frankfurter Kommentar § 6 a. F. Rn. 63; *Immenga* in: Immenga/Mestmäcker, GWB, § 6 a. F. Rn. 40.
[712] *Müller-Henneberg* in: Gemeinschaftskommentar § 4 a. F. Rn. 25.
[713] Vgl. unten Rn. 173.
[714] WuW/E BKartA 114, 115 – *Schuhbeschlag.*

nehmen des betreffenden Industriezweigs angehören".[715] Andernfalls bestünde beispielsweise die Gefahr, dass der Kapazitätsabbau durch die Kartellmitglieder die Errichtung neuer Kapazitäten der Nichtkartellmitglieder nach sich zöge, was wiederum den Kartellzweck vereitelte.[716] Eine Einbeziehung sog. **potentieller Wettbewerber** ist geboten, da ein die gesamte Branche betreffender Kapazitätsabbau nur dann erfolgreich durchgeführt werden kann, wenn zusätzlich der mögliche Kapazitätszuwachs begrenzt wird.[717]

174 Auch **Dienstleistungsunternehmen** können wegen des in jede Richtung offenen Tatbestandes des Art. 101 Abs. 3 AEUV freistellungsfähige Strukturkrisenkartelle bilden, zumal es auch im Handel zu Überkapazitäten kommen kann, die zu Gunsten der leistungsstärkeren Händler einen geordneten Abbau der Kapazitäten erfordern können. Ein Beispiel sind die Überkapazitäten bei Tankstellen; werden diese allein über den Wettbewerb abgebaut, so sind davon weniger kapitalkräftige kleine und mittelständische Unternehmen stärker betroffen, obwohl sie durchweg mindestens genauso leistungsfähig am Markt waren wie ihre größeren Konkurrenten.[718]

175 Die Freistellungsmöglichkeit gilt auch für sog. **Mischunternehmen,** wenn nur eines ihrer Produkte oder eine ihrer Dienstleistungen von der Krise betroffen ist.[719] Die Kartellbildung ist jedoch immer nur für die von der Strukturkrise betroffene Ware oder Dienstleistung zulässig.

176 **Beispiel:** In ihrer Entscheidung *Stichting Baksteen* stellte die Kommission eine Reihe von Vereinbarungen zwischen 16 niederländischen Ziegeleien frei, um der unter Überkapazitäten und einem dramatischen Preisverfall leidenden Ziegelindustrie in den Niederlanden die Möglichkeit zur Umstrukturierung zu geben.[720]

10. Umweltschutz- und sonstige nicht rationalisierende Kartelle

177 Die **Horizontalleitlinien der Europäischen Kommission von 2011** enthalten – anders als noch die Horizontalleitlinien 2001[721] – kein eigenes Kapitel für Umweltschutzvereinbarungen mehr. Vielmehr verweist die Kommission darauf, dass Umweltvereinbarungen nach den allgemeinen Regelungen für Norm- und Typenkartelle, Forschungs- und Entwicklungsvereinbarungen oder Einkaufsgemeinschaften zu beurteilen seien.[722] Ausführlich werden insbesondere Umweltnormen erörtert.[723] Das deutsche BKartA hat unter Art. 101 Abs. 3 AEUV insbesondere das sog. „Duale System" für Verpackungsabfälle (Altglas, Gelbe Tonne) und dort die zentrale Erfassungsstruktur und die Ausschreibung in den einzelnen Gebieten beurteilt.[724]

178 Auf deutscher Ebene sollte **§ 7 GWB a. F. bis zur 7. GWB-Novelle 2005** speziell – aber nicht nur – Umweltschutzkooperationen erleichtern, die keine allgemeinen Rationalisierungskartelle darstellten. Der Tatbestand des § 7 GWB a. F. war dabei vergleichbar mit

---

[715] WuW/E BKartA 114, 115 – *Schuhbeschlag;* ähnlich auch WuW/E BKartA 2049, 2058 – *Betonstahlmatten;* beide zu § 6 GWB a. F.

[716] WuW/E BKartA 2049, 2058 – *Betonstahlmatten.*

[717] *Bunte* in: Frankfurter Kommentar § 6 a. F. Rn. 22; *Immenga* in: Immenga/Mestmäcker, GWB, § 6 a. F. Rn. 35.

[718] Vgl. die Ablehnung eines Strukturkrisenkartells für Tankstellenbetreiber durch das BKartA, zit. nach FAZ vom 6.4.2002, S. 14.

[719] So zu § 6 GWB a. F.: WuW/E BKartA 114, 115 – *Schuhbeschlag.*

[720] Europäische Kommission, Entscheidung vom 29. April 1994 – *Stichting Baksteen,* ABl. 1994 L 131/15, 18 ff.

[721] Europäische Kommission, Horizontalleitlinien 2001, Tz. 179 ff.

[722] Europäische Kommission, Horizontalleitlinien, Tz. 18m Fn. 1. Siehe deshalb zur Freistellung von Norm- und Typenkartellen, Forschungs- und Entwicklungsvereinbarungen oder Einkaufsgemeinschaften die separate Kommentierung oben. Vgl. ferner *Frenz* WRP 2013, 981 ff.; *Lübbig* WuW 2012, 1142 ff.

[723] Europäische Kommission, Horizontalleitlinien, Tz. 329, 331.

[724] BKartA TB 2009/2010, S. 43.

Art. 101 Abs. 3 AEUV formuliert, so dass für die heutige Anwendung des Art. 101 Abs. 3 AEUV ein Blick auf die Praxis zum früheren § 7 GWB a. F. lohnt. Das **BKartA** gab sich **eher zurückhaltend** bei der Anwendung des § 7 GWB a. F. 2001/2002 wurde ein Kartell beim BKartA und keines bei Landeskartellbehörden wirksam,[725] 2003/2004 keines beim BKartA und 4 bei Landeskartellbehörden.[726] U. a. wurde im Rahmen der Gründung eines Pools für Geldausgabeautomaten die wechselseitige Kartellabrede freigestellt, die Nutzung von Geldautomaten den Kunden der anderen Kartellmitglieder kostenlos anzubieten.[727] In verschiedenen Fällen lehnte das BKartA eine Legalisierung nach § 7 GWB a. F. ab, so im Fall der Einführung eines gleichgeschalteten Interbankenentgeltes bei Zahlungen mit EC-Karte[728] oder im Fall einer Kombination für Stellenanzeigen in den Wochenendausgaben mehrerer konkurrierender überregionaler Zeitungen (Süddeutsche Zeitung, Welt, Welt Am Sonntag, Frankfurter Rundschau).[729] Nach Bestätigung der Auffassung des BKartA durch das **Kammergericht**[730] sah der **Bundesgerichtshof** jedoch die Voraussetzungen für eine Freistellung nach § 7 GWB a. F. im Fall der Anzeigenkombination als erfüllt an.[731]

Zweck der Privilegierung von Umweltschutz- und sonstigen nicht rationalisierenden Kartellen. Für eine Freistellung nach Art. 101 Abs. 3 AEUV müssen Effizienzgewinne vorliegen, wobei Rationalisierungen – wie z. B. bei Umweltnormen[732] – gerade nicht zwingend Gegenstand der Verbesserungen sein müssen. Auch andere Kooperationen von wirtschaftlichem Nutzen können genügend sein. Insbesondere gilt das für **bloß machtbedingte Verbesserungen auf Kartellseite;** insoweit sei auf die Parallele zur Privilegierung von Einkaufsvereinbarungen verwiesen, nach der bei der Beschaffung rein machtbedingte Verbesserungen freistellt sein können, wenn die Vorteile an die Abnehmer weitergegeben werden.[733] Die Bildung von **Nebengewichtskartellen (Aufholkartellen)** zu Lasten eines Marktführers ist vor diesem Hintergrund ebenfalls freistellbar, wenn durch die Kartellierung der Wettbewerb hinreichend belebt wird und die Chancen der restlichen Marktteilnehmer nicht weiter verschlechtert werden.[734] Für **Umweltschutzkartelle** stellt sich daneben nach der Praxis der Europäischen Kommission die Frage, ob auch allgemeine wirtschaftliche Vorteile durch Umweltschutz, die keinen speziellen Marktbezug haben, berücksichtigt werden können.[735] 179

Wettbewerbsbeschränkung. Ist die getroffene Absprache nicht nach Art. 101 Abs. 1 AEUV grundsätzlich verboten, so bedarf es keiner Freistellung nach Art. 101 Abs. 3 AEUV. Insbesondere muss es sich also um Vereinbarungen oder Beschlüsse handeln, die Wettbewerbsbeschränkungen[736] enthalten. Zunächst sind die Verträge darauf zu prüfen, ob bezweckte Wettbewerbsbeschränkungen (insbesondere Preis- oder Produktionsabreden, Markt- oder Kundenaufteilungen) vereinbart werden, die stets unter Art. 101 Abs. 1 AEUV fallen. Bei nur bewirkten Beschränkungen müssen hingegen die Auswirkungen untersucht werden. Keine Wettbewerbsbeschränkung liegt wegen Anwendung des Arbeitsgemeinschaftsgedankens bei Kooperationen vor, die neue Märkte erschließen, wenn die 180

---

[725] BKartA TB 2001/2002, S. 276 f.
[726] BKartA TB 2003/2004, S. 232 f.
[727] BKartA TB 1999/2000, S. 167 – *GAA-Pool.*
[728] BKartA TB 1999/2000, S. 168 – *Interbankenentgelt bei Zahlung mit EC-Karte.*
[729] BKartA WuW/E DE-V 209 – *Stellenmarkt für Deutschland II.*
[730] KG WuW/E DE-R 628 – *Stellenmarkt für Deutschland II.*
[731] BGH WuW/E DE-R 919 – *Stellenmarkt für Deutschland II* = GRUR 2002, 1005.
[732] Dazu oben Rn. 117 ff.
[733] Dazu oben Rn. 100.
[734] BGH WuW/E DE-R 919, 925 – *Stellenmarkt für Deutschland II;* a. A. noch BKartA WuW/E DE-V 209, 214 – *Stellenmarkt für Deutschland II.* Im Einzelnen unten Rn. 146.
[735] Dazu unten Rn. 182.
[736] Dazu Art. 101 Abs. 1 AEUV Rn. 256 ff.

Beteiligten allein die Tätigkeit nicht hätten ausführen können.[737] Umweltschutzvereinbarungen sind nicht wettbewerbsbeschränkend, wenn die Partner keine bestimmte Verpflichtung trifft oder sie sich nur allgemein verpflichten, zur Erfüllung eines Umweltschutzziels eines Wirtschaftszweiges beizutragen.[738] Das „Duale System" in Deutschland mit seiner zentralen Erfassungsstruktur und seinen einzelnen System-Gebieten fällt hingegen unter Art. 101 Abs. 1 AEUV.[739]

181 An der erforderlichen **Spürbarkeit** gem. Art. 101 Abs. 1 AEUV mangelt es bei Umweltschutzvereinbarungen, die die Vielfalt von Produkten auf dem Markt nicht spürbar beeinträchtigen; werden Produktgruppen auf Grund von Umweltschutzvereinbarungen aus dem Markt genommen, so ist dies nicht spürbar, wenn ihr Anteil am Markt unerheblich ist.[740] Gleiches gilt für Richtlinien im Bereich der Entsorgung, wenn sie völlig neutral und diskriminierungsfrei die gesetzlichen Vorgaben wettbewerblich organisierter Entsorgung umsetzen.[741] Auch fehlt Abreden von Unternehmen die Spürbarkeit, die nur geringe Nachfragemarktanteile bei Dienstreisen aufweisen und sich abstimmen, ihre Mitarbeiter wegen der besseren CO_2-Bilanz nur noch mit der Bahn und nicht mehr mit dem Flugzeug reisen zu lassen.[742]

182 **Effizienzgewinne.**[743] Ein Effizienzgewinn bei der **Entwicklung** kann vorliegen, wenn die Zusammenarbeit der Kartellmitglieder neue oder verbesserte Waren oder Dienstleistungen hervorbringt.[744] Damit kann insbesondere die Entwicklung neuer umweltfreundlicherer Produkte als Effizienzgewinn erfasst werden.[745] Im Bereich der **Erzeugung** ist ein relevanter Effizienzgewinn eine Verbesserung des Produktionsprozesses, aber auch der Produktqualität als solcher.[746] Die Verbesserung der Erzeugung kann auf vielerlei Wegen vonstattengehen. Lässt man die an anderer Stelle kommentierten Rationalisierungen beiseite,[747] bleiben vor allem umweltfreundlichere Produkte oder umweltfreundlichere Produktionsprozesse.[748] Beispiele sind der Einsatz von Altglas bei der Herstellung von Behälterglas, wodurch natürliche Ressourcen geschont werden,[749] oder nicht rationalisierende Selbstverpflichtungsabreden von Unternehmen im Hinblick auf die Erzeugung von umweltfreundlichen Waren oder Dienstleistungen, z. B. keine Verwendung von FCKW als Kühlmittel. Ferner geht es um die Entstehung zusätzlicher Produkte durch Kartellierung. Ein Beispiel ist auch die Schaffung eines Stellenmarktes als eigenständige Beilage zu überregionalen Zeitungen durch Gleichschaltung des Angebotes der am Kartell beteiligten Zeitungen.[750] Eine Verbesserung im Bereich der **Verteilung** kann durch Verkürzung von Lieferzeiten, erhöhte Lieferbereitschaft, kompetentere Abwicklung von Lieferaufträgen usw. erreicht werden. Die Absprache kann daher die Schaffung horizontaler Vertriebssysteme, gemeinsame Absatzkontrollen oder Selbstbeschränkungsabkommen usw. beinhalten. Im Bereich

---

[737] Europäische Kommission, Horizontalleitlinien 2001, Tz. 187. Vgl. zum Arbeitsgemeinschaftsgedanken Art. 101 Abs. 1 AEUV Rn. 321 f.

[738] Europäische Kommission, Horizontalleitlinien 2001, Tz. 185.

[739] BKartA TB 2009/2010, S. 43.

[740] Europäische Kommission, Horizontalleitlinien 2001, Tz. 186.

[741] BKartA TB 2003/2004, S. 183 – *Entsorgung von Elektro- und Elektronikschrott,* zum GWB a. F.

[742] *Lübbig* WuW 2012, 1142, 1151.

[743] Zu rationalisierenden Umweltnormen auch oben Rn. 117 ff. und allgemein zu den Rationalisierungskartellen oben Rn. 81 ff.

[744] Vgl. *Fuchs* in: Immenga/Mestmäcker, GWB, § 2 Rn. 220.

[745] Europäische Kommission, Horizontalleitlinien 2001, Tz. 192 ff.

[746] BKartA WuW/E DE-V 209, 214 – *Stellenmarkt für Deutschland II.* Anderes Verständnis des Wortlautes bei *Schumacher* WuW 2002, 121, 125, der nur Absprachen über die Qualität des Produktes – und nicht des Produktionsprozesses – vom Wortlaut als gedeckt ansah.

[747] Dazu oben Rn. 81 ff.

[748] So auch früher: Europäische Kommission, Horizontalleitlinien 2001, Tz. 192 ff.

[749] BKartA WuW/E DE-V 1392, 1402 – *Altglas.*

[750] BGH WuW/E DE-R 919, 924 – *Stellenmarkt für Deutschland II* = GRUR 2002, 1005.

„Rücknahme und Entsorgung" können Kartellvereinbarungen Effizienzgewinne auslösen, die der Erfüllung von Pflichten nach dem Kreislaufwirtschafts- und Abfallgesetz oder nach einer auf Grund dieses Gesetzes erlassenen Rechtsverordnung dienen.[751]

Die vorgenannten Effizienzgewinne müssen stets einen **wirtschaftlichen Nutzen** abbilden.[752] **Außerökonomische Gewinne** der Verbraucher können (als Effizienzgewinne) **nicht berücksichtigt** werden, weil Effizienzgewinne immer unmittelbar wirtschaftlich sein müssen.[753] 183

Unerlässlichkeit. Für die Prüfung der Unerlässlichkeit ist zunächst die **Verbesserung genau** zu **definieren.** So ist es beispielsweise unzulässig, die Verbesserung der Erzeugung von Dienstleistungen durch Entstehung eines gemeinsamen Stellenmarktes von vier Zeitungen allein dadurch zu umschreiben, dass mit einem Anzeigenauftrag eine Vierfachbelegung erreicht werden kann; denn tatsächlich entstand ein neues zusätzliches Produkt, weil der gemeinsame Stellenmarkt als eigenständige Beilage zu den vier Zeitungen vertrieben werden sollte. Diese erweiterte Umschreibung der Verbesserung ließ eine gemeinsame Annahmestelle der vier Tageszeitungen für Stellenanzeigen nicht als weniger einschneidende Wettbewerbsbeschränkung zu.[754] – Von vornherein scheidet eine Unerlässlichkeit aus, wenn eine nachvollziehbare Kausalbeziehung zwischen den Umweltvorteilen und der Vereinbarung fehlt. Wenn Altglas seit Jahrzehnten auch ohne die Vereinbarung den teuren Primärrohstoff ersetzt, muss die Vereinbarung streng auf **Notwendigkeit** untersucht werden.[755] 184

Angemessene Beteiligung. Eine Freistellung nach Art. 101 Abs. 3 AEUV setzt weiter voraus, dass die sich aus der Wettbewerbsbeschränkung ergebenden Vorteile nicht nur den beteiligten Unternehmen zugutekommen, sondern **an die Verbraucher** zumindest teilweise **weitergegeben** werden. Der Vorteil kann sich in einer Verbesserung der Leistungen bei gleichem oder niedrigerem Preis, aber auch in der Verhinderung einer Verschlechterung oder Verteuerung der Leistungen äußern.[756] Beispiele sind Preissenkungen,[757] Zugang zu technologisch hochwertigen Produkten[758] oder ein breiteres, auf die Bedürfnisse der Verbraucher zugeschnittenes Angebot,[759] das z. B. auch eine größere Auswahl umweltfreundlicherer Produkte enthält. Keinen hinreichenden Verbrauchergewinn erzielen hingegen Abreden von Konkurrenten, erhöhte Umweltinvestionen auf die Verbraucher abzuwälzen.[760] Mit der Auffassung der Europäischen Kommission liegt eine angemessene Verbraucherbeteiligung auch in Umweltvorteilen für die Allgemeinheit.[761] Das bewegt sich grundsätzlich im Rahmen des Tatbestandsmerkmals, kann aber insbesondere wegen der weiteren Voraussetzung des Art. 101 Abs. 3 AEUV, dass der Wettbewerb nicht ausgeschaltet werden darf (siehe dazu sogleich), nicht isoliert zu einer Freistellung führen. 185

Ausschaltung des Wettbewerbs. Schließlich ist zu untersuchen, ob die Kooperation der Ausschaltung des Wettbewerbs dient; es erfolgt eine Gesamtbetrachtung aller Umstände 186

---

[751] Begr. zum RegE sechste GWB-Novelle BT DS 13/9720 = *Jüttner-Kramny,* GWB, WuW-Sonderheft 1998, S. 88.

[752] So ausdrücklich Europäische Kommission, Horizontalleitlinien 2001, Tz. 192, zu Umweltschutzkartellen.

[753] Siehe oben Rn. 61.

[754] BGH WuW/E DE-R 919, 925 – *Stellenmarkt für Deutschland II* = GRUR 2002, 1005, gegen KG WuW/E DE-R 628, 632 – *Stellenmarkt für Deutschland II.*

[755] BKartA WuW/E DE-V 1392, 1402 – *Altglas.*

[756] Siehe oben Rn. 50.

[757] BGH WuW/E DE-R 919, 924 – *Stellenmarkt für Deutschland II* = GRUR 2002, 1005; Europäische Kommission, E v. 13.7.1983 – *Rockwell/Iveco,* ABl. 1983 L 224/19, 25 f.

[758] Europäische Kommission vom 13.7.1983, ABl. 1983 L 224/19, 25 – *Rockwell/Iveco.*

[759] BGH WuW/E DE-R 919, 924 – *Stellenmarkt für Deutschland II* = GRUR 2002, 1005; Kommission vom 18.10.1991, ABl. 1991 L 306/22 Rn. 16 – *Eirpage;* Europäische Kommission, Entscheidung vom 14.1.1992, ABl. 1992 L 37/16, Rn. 39 – *Assurpol.*

[760] *Lübbig* WuW 2012, 1142, 1153 f.

[761] Vgl. dazu Rn. 61; offen aber BKartA WuW/E DE-V 1392, 1402 – *Altglas.*

des Einzelfalls.[762] Deshalb sind bei der Prüfung die Vorteile, die sich auf Grund der Kartellabsprache ergeben, gegen die Nachteile in Form der Beschränkung des Wettbewerbs abzuwägen.[763] Ein angemessenes Verhältnis ist schon zu bejahen, wenn die wettbewerblichen Nachteile mit den Vorteilen der Verbesserung aufgewogen werden.[764] Sehr schwerwiegende Wettbewerbsbeschränkungen können nur mittels sehr weitreichenden Verbesserungen ausgeglichen werden.[765] Halten die Kartellmitglieder einen **hohen Marktanteil,** so dass keine starke Konkurrenz dritter Unternehmen besteht, dann fällt die Wettbewerbsbeschränkung bei der Abwägung regelmäßig ins Gewicht. Auch sind **Marktzutrittsschranken** zu bedenken, die durch die Abrede errichtet werden. Bei **Kooperationen im Hinblick auf Rücknahme und Entsorgung** ist deshalb darauf zu achten, dass der Wettbewerb auf dem Markt für die Rücknahme und Entsorgung nicht bei zu hohen Marktanteilen der Kartellbeteiligten, die die ausschließlichen Entsorgungsrechte gewähren, vermachtet.[766] Branchenweiten Kooperationen im Bereich der Entsorgung stand das BKartA deshalb grundsätzlich ablehnend gegenüber und favorisierte vielmehr Lösungen, die einen Wettbewerb auf dem Entsorgungsmarkt gewährleisten, z. B. Bildung kleinerer Kooperationen oder räumliche Trennung in kleine Gebiete, die gegenüber den Entsorgungsstationen jedoch konkurrieren.[767] Um den Entsorgungswettbewerb bei Altglas und der „Gelben Tonne" vor Ausschaltung zu schützen, hat das BKartA den dualen Systemen Anforderungen an eine Koordination der Erfassungsausschreibungen mitgeteilt.[768] Daraufhin gaben sich die Dualen System einen Ausschreibungsvertrag mit Verlosung der Ausschreibungsverantwortung für die über 400 Sammelgebiete unter den dualen Systemen gem. deren Verpackungsmengenanteilen, sodass künftig nicht nur die Zentrale, sondern auch andere duale Systeme gebietsweise Ausschreibungsverantwortung übernehmen; außerdem wurde eine ausschreibungsfreie In-House-Vergabe im Vertrag ausgeschlossen.[769] Kritisch zu sehen sind auch Abreden zu bestimmten Anforderungen an die Beschaffungskette, sofern sie einen erheblichen Marktanteil auf sich vereinigen und für die Lieferanten wegen fehlender Umstellungsflexibilität hohe Marktzutrittsschranken errichten. Ein Beispiel sind **Anforderungen an die Nachhaltigkeit der Produktion bei Lieferanten,** die Nachfrager mit 60% Marktanteil verabreden, wenn die Lieferanten sich nicht schnell umstellen können.[770] Privilegiert ist die Bildung von Gegenmacht im horizontalen Konkurrenzverhältnis (sog. **Nebengewichtsbildung** oder **Aufholkartelle**).[771] Zu Umweltnormen siehe oben.[772]

IV. Anwendungsfälle: Vertikalvereinbarungen

187 Das Verbot des Art. 101 Abs. 1 AEUV erfasst nicht nur Horizontalvereinbarungen, sondern auch Vertikalvereinbarungen.[773] Deshalb kann auch Art. 101 Abs. 3 AEUV Vertikalvereinbarungen freistellen. Zu Vertikalvereinbarungen und ihrer kartellrechtlichen Bewertung nach Art. 101 AEUV hat die **Europäische Kommission „Leitlinien für vertikale Beschränkungen"** zuletzt im Jahr 2010 veröffentlicht.[774] Sie enthalten umfas-

---

[762] Allgemein dazu oben Rn. 55 ff.
[763] *Schumacher* WuW 2002, 121, 127.
[764] Zu § 5 a. F.: WuW/E BKartA 1117, 1121 – *Fernmeldekabel-Gemeinschaft.*
[765] Vgl. Rn. 53, 58.
[766] Europäische Kommission, Horizontalleitlinien 2001, Tz. 197.
[767] BKartA TB 2003/2004, S. 183 – *Entsorgung von Elektro- und Elektronikschrott.*
[768] BKartA TB 2007/2008, S. 154 – *Koordination von Erfassungsausschreibungen dualer Systeme.*
[769] BKartA TB 2009/2010, S. 43 – *Koordination von Erfassungsausschreibungen dualer Systeme.*
[770] *Lübbig* WuW 2012, 1142, 1154 f.
[771] Dazu eingehend Rn. 116.
[772] Bei Normen- und Typenkartellen Rn. 117 ff.
[773] Vgl. Art. 101 Abs. 1 AEUV Rn. 264.
[774] ABl. v. 19.5.2010, C 130/1. Der Titel ist unglücklich, weil Wettbewerbsbeschränkungen immer auf den Wettbewerb, also horizontal wirken. Beschränkungen können nur vertikal *veranlasst* sein.

sende Auslegungshilfen sowohl zu Art. 101 Abs. 1 AEUV als auch zu Art. 101 Abs. 3 AEUV.

Gruppenfreistellung. Als erster Schritt[775] muss geprüft werden, ob eine GVO einschlägig ist. Häufig fallen Vertikalverträge unter die **GVO Vertikalvereinbarungen,**[776] die viele Vertikalverträge erfasst. Die vorgenannten Leitlinien für vertikale Beschränkungen enthalten auch Kommentare zur GVO Vertikalvereinbarungen. Außerdem können für Vertikalvereinbarungen die **GVO Forschung und Entwicklung,**[777] die **GVO Technologietransfervereinbarungen**[778] sowie die sektorspezifische **GVO Kfz-Vertrieb**[779] einschlägig sein. Dann sind zunächst diese GVOen zu prüfen. Die GVOen differenzieren nicht zwischen Vertikalvereinbarungen, die nicht unter Art. 101 Abs. 1 AEUV fallen, und Vertikalvereinbarungen, die gruppenmäßig nach Art. 101 Abs. 3 EUV freigestellt sind. **188**

Allerdings bewegen sich einige **freistellungsfähige Vertikalvereinbarungen von vornherein außerhalb von GVOen.** Insbesondere im Bereich der Gewerblichen Schutzrechte und des Urheberrechts existiert beispielsweise für **Kennzeichen- und Markenlizenzvereinbarungen** oder für **urheberrechtliche Nutzungsvereinbarungen** (mit Ausnahme von Softwarenutzungsvereinbarungen) keine GVO, weil die GVO Technologietransfervereinbarungen sie nicht erfasst.[780] **189**

Wettbewerbsbeschränkung. Sind die Anwendungsvoraussetzungen einer GVO nicht erfüllt oder kommt eine GVO von vornherein nicht in Betracht, muss weiter geprüft werden, ob der Tatbestand des Art. 101 Abs. 1 AEUV und insbesondere eine Wettbewerbsbeschränkung gegeben ist. Damit geht kein generelles Verbot von Vertikalvereinbarungen einher, die durchaus wettbewerbsfördernde Wirkungen haben können.[781] Deshalb ist zunächst eingehend zu untersuchen, ob die Vertikalvereinbarung überhaupt als wettbewerbsbeschränkend unter den Tatbestand des Art. 101 Abs. 1 AEUV fällt.[782] **190**

Danach ist eine **Einzelfreistellung nach Art. 101 Abs. 3 AEUV** in Betracht zu ziehen. Allein aus der Tatsache, dass das Verhalten **nicht unter** eine **GVO** fällt, kann **keine Vermutung gegen eine Freistellung nach Art. 101 Abs. 3 AEUV** und damit für die Unwirksamkeit einer Absprache gezogen werden; etwas anderes gilt nur bei Vereinbarungen von sog. Kernbeschränkungen.[783] **191**

Für eine Einzelfreistellung nach Art. 101 Abs. 3 AEUV müssen die **vier** kumulativen **Voraussetzungen** (Effizienzgewinne, Unerlässlichkeit, angemessene Beteiligung der Verbraucher am Gewinn, keine Ausschaltung des Wettbewerbs)[784] im Einzelfall dargelegt und bewiesen werden.[785] Den Anforderungen an die Darlegung wird nicht genüge getan durch unfundierte Behauptungen oder allgemeine Ausführungen über Effizienzgewinne.[786] **192**

Effizienzgewinne können bei Vertikalvereinbarungen im **Vertrieb** in Form der Förderung anderer Formen als des Preiswettbewerbs und der Qualität der Waren und Dienstleis- **193**

---

775 Siehe zur Prüfungsreihenfolge oben Rn. 13.

776 Siehe dazu die separate Kommentierung.

777 Siehe dazu die separate Kommentierung.

778 Siehe dazu die separate Kommentierung sowie ferner die Leitlinien Technologietransfer der Europäischen Kommission.

779 Siehe dazu die separate Kommentierung.

780 Siehe hierzu die Kommentierung GRUR Rn. 56, 60 (Marken und sonstige Kennzeichen) und Rn. 80 (Urheberrecht).

781 Vgl. Leitlinien für vertikale Beschränkungen Tz. 5, 106 ff.

782 Eingehend Art. 101 Abs. 1 AEUV Rn. 9 ff. Siehe auch Europäische Kommission, Leitlinien für vertikale Beschränkungen, Tz. 111 ff.

783 Vgl. im Einzelnen zu positiven und negativen Vermutungswirkungen bei Nichterfüllen der Voraussetzungen der GVOen oben Rn. 18.

784 Siehe dazu auch oben Rn. 20 ff.

785 Zur Beweislast unten Rn. 209.

786 Europäische Kommission, Leitlinien Art. 81 Abs. 3 EG, Tz. 51; OLG Düsseldorf v. 21.12.2011, VI-Kart 5/11 (V), Ziff. 1.2.3.2.1 – *Laborchemikalien* = BeckRS 2013, 13541, S. 22.

tungen eintreten. Die **Kommission** benennt – in nicht abschließender Form – **neun Szenarien:**[787] (1) Lösung des „Trittbrettfahrer-Problems": Es kann beispielsweise die Verteilung von Waren und Dienstleistungen verbessert werden durch intensive Verkaufsbemühungen, die gegen Trittbrettfahrer abgesichert werden müssen (z.B. durch Wettbewerbsverbote, Alleinvertriebsverpflichtungen). (2) Erschließung neuer Märkte: Gleiches gilt für die Erschließung neuer Märkte, bei denen sich Anlaufinvestitionen amortisieren müssen (z.B. durch Gebietsschutz, Wettbewerbsverbote). (3) Lösung des „Problems der Gütesiegel-Trittbrettfahrer": Die Einführung neuer Produkte erfolgt nur bei Händlern, die hochwertige Produkte führen (Alleinvertriebsverpflichtungen; Einschränkungen des selektiven Vertriebs). (4) Lösung des sog. „Hold-up-Problems": Die Rentabilität von einseitigen vertragsspezifischen Investitionen in den Vertrieb wird gesichert und Verluste für die Unternehmen verhindert, die sich durch „versunkene Kosten" ergeben, wenn die Nutzung nicht anderweitig möglich ist. Sachlich rechtfertigender Grund für die Vereinbarung ist hier der Schutz vertragsspezifischer Investitionen. (5) Lösung des „Hold-up-Problems" bei Übertragung von wesentlichem Know-how: Vertikal veranlasste Wettbewerbsbeschränkungen können ferner die Übertragung von Know-how beim Vertrieb absichern. (6) Lösung des Problems der vertikalen externen Auswirkungen: Der Hersteller will sich dagegen absichern, dass aufgrund zu hoher Einzelpreise der Absatz leidet (z.B. durch Höchstweiterverkaufspreise) oder der Einzelhändler nicht genügend Verkaufsanstrengungen unternimmt (z.B. durch selektiven Vertrieb oder Alleinvertrieb). (7) Gewährleistung von Größenvorteilen beim Vertrieb: Dies kann die Beschränkung der Zahl der belieferten Händler erfordern (z.B. durch Alleinbezug, Mindestbezugsgrößen oder selektiven Vertrieb). (8) Unzulänglichkeiten des Kapitalmarktes: Gleicht der Anbieter Unzulänglichkeiten des Kapitalmarktes aus, in dem er selbst seinem Abnehmer Kredite gewährt, kann das Wettbewerbsverbote oder Mengenvorgaben rechtfertigen. (9) „Einheitlichkeit und Qualität": Die Sicherung von Einheitlichkeit und Qualität ist ebenfalls ein relevanter Effizienzvorteil. Das spielt insbesondere dann eine Rolle, wenn auf dem Markt für die Endkunden Informationsdefizite bzgl. der Qualität der Produkte bestehen und der Preis als alleiniger Aktionsparameter den Qualitätswettbewerb ausschaltet, so dass ein gesichertes einheitliches Auftreten – z.B. durch Franchising oder selektive Vertriebssysteme – eine Signalwirkung beinhaltet. Auch sind Größenvorteile im Vertrieb denkbar, die preissenkend wirken können. Die bloße Ausübung von Marktmacht führt aber grundsätzlich nicht zu anerkennenswerten Effizienzgewinnen. – Im Bereich der vertikalen **Forschungs- und Entwicklungskooperation** können Effizienzgewinne in Form des wirtschaftlichen und technischen Fortschritts anfallen. Die Verbreitung von Know-How unter den Vertragsparteien wird verbessert, doppelte Forschungs- und Entwicklungsarbeiten vermieden, weitere Innovation angestoßen und die Rationalisierung von Produkten und Verfahren ermöglicht.[788] – Vertikale **Technologietransfervereinbarungen** steigern regelmäßig die wirtschaftliche Leistungsfähigkeit des Lizenznehmers und wirken sich damit positiv auf den Wettbewerb aus; sie helfen, die Technologie zu verbreiten, parallelen Forschungs- und Entwicklungsaufwand zu reduzieren, Anreize zu Forschung und Entwicklung zu setzen und Anschlussinnovationen zu fördern.[789]

194 **Unerlässlichkeit.** Unter dem Aspekt der Unerlässlichkeit kommt es darauf an, ob einzelne Beschränkungen unerlässlich sind, um die Herstellung, den Bezug oder den Weiterverkauf effizienter zu gestalten. Dabei kommt es auf die Marktverhältnisse und Umstände

---

[787] Vgl. ausführlich Europäische Kommission, Leitlinien für vertikale Beschränkungen, Tz. 106ff. Grundsätzlich zustimmend: OLG Düsseldorf v. 21.12.2011, VI-Kart 5/11 (V), Ziff. 1.2.3.2.1 – *Laborchemikalien* = BeckRS 2013, 13541, S. 22.

[788] Siehe Erwgr. 16 VO 2659/2000 (GVO F&E) vom 29.11.2000; siehe ferner oben Rn. 114 zu horizontalen F&E-Kooperationen.

[789] Erwgr. 5 VO 772/2004 (GVO Technologietransfer) v. 27.4.2004; siehe eingehend zu den Voraussetzungen einer Einzelfreistellung von Technologietransfervereinbarungen GRUR Rn. 43ff.

an. Sofern eine Alternative, die wirtschaftlich realistisch und weniger restriktiv erscheint, zu erheblichen Effizienzeinbußen führen, betrachtet die Kommission die fragliche Beschränkung als unerlässlich.[790] Die Freistellung von Kernbeschränkungen (Preisbindungen,[791] Gebietsschutz, Kundenkreisbeschränkungen)[792] ist eher unwahrscheinlich.[793] Meist wird sich hier eine weniger wettbewerbsbeeinträchtigende Verhaltensweise finden lassen, die die o. g. Ziele ebenso verwirklicht.

Im Hinblick auf die **angemessene Beteiligung der Verbraucher am Gewinn** sind zunächst die Vor- und Nachteile zu saldieren.[794] Die Effizienzgewinne müssen negative Auswirkungen der Vereinbarungen für die Verbraucher, z.B. auf Preise, Produktion und andere relevante Faktoren in vollem Umfang ausgleichen.[795] Im Regelfall ist bei genügendem Wettbewerbsdruck davon auszugehen, dass die Vorteile auch weitergegeben werden. **195**

Schließlich darf auch **keine Ausschaltung des Wettbewerbs** zu befürchten sein. Jedenfalls wenn das Unternehmen eine marktbeherrschende Stellung besitzt oder durch die Vereinbarung erhält, liegt eine solche Ausschaltung nahe. Eine wettbewerbsbeschränkende Vereinbarung, die eine marktbeherrschende, monopolähnliche Stellung aufrechterhält, schafft oder verstärkt, kann normalerweise nicht mit damit einhergehenden Effizienzgewinnen gerechtfertigt werden.[796] **196**

Festsetzung von Weiterverkaufspreisen. Eine Kernbeschränkung stellt insbesondere eine **vertikale Fest- oder Mindestpreisvereinbarung** dar (vgl. Art. 4 lit. a) Vertikal GVO; Art. 5 Abs. 1 lit. c) GVO F&E; Art. 4 Abs. 2 lit. a) GVO Technologietransfer). Damit ist eine fehlende Freistellung indiziert.[797] Weitergehend wurde jedoch wird im Anschluß an die *Leegin*-Entscheidung des US-Supreme Court[798] gefordert, auch in Deutschland und der EU vertikale Preisbindungen differenziert („modern") zu behandeln.[799] **197**

Dem ist zuzustimmen. Allerdings sollten solche Ausnahmen nicht über eine Restriktion des Tatbestandes des Art. 101 Abs. 1 AEUV, sondern über eine Einzelfreistellung nach Art. 101 Abs. 3 AEUV zugelassen werden.[800] Denn es handelt sich um eine bezweckte Wettbewerbsbeschränkung. Die Möglichkeit einer Einzelfreistellung hat inzwischen auch die Kommission anerkannt.[801] In der Tat sind Effizienzgewinne durch eine vertikale Preisbindung denkbar. Sie sind jedoch sorgfältig zu begründen und sicherzustellen, dass es nicht bloß zu Preissteigerungen kommt.[802] Die Europäische Kommission sieht vor diesem Hintergrund folgende **Ausnahmen** vor, die im Wege der Einzelfreistellung nach Art. 101 Abs. 3 AEUV berücksichtigt werden können: **(1) Produkteinführungsphase:** Es muss nachgewiesen werden, dass die Preisfestsetzung hilfreich sein kann, um Händler dafür zu gewinnen, dem Hersteller zu helfen, das betreffende Produkt gezielt anzubieten. Bei fest- **198**

---

790 Europäische Kommission, Leitlinien für vertikale Beschränkungen, Tz. 125.

791 Speziell hierzu unten Rn. 197 ff.

792 Die jeweils einschlägigen Kernbeschränkungen lassen sich aus den relevanten GVOen identifizieren, z.B. für Vertikalverträge aus Art. 4 Vertikal GVO, Art. 4 GVO Technologietransfer, Art. 5 GVO F&E.

793 *Schwintowski/Klaue* WuW 2005, 370, 373; *Fuchs* ZWeR 2005, 1, 15; *Bornkamm/Becker* ZWeR 2005, 213, 228.

794 Eingehend Rn. 51.

795 Europäische Kommission, Leitlinien für vertikale Beschränkungen, Tz. 126.

796 Leitlinien für vertikale Beschränkungen Tz. 127.

797 Dazu oben Rn. 18 a. E.

798 Entscheidung vom 28.6.2007, No. 06–480, veröffentlicht in WuW/E KRInt 185 ff. Eingehend *Kasten* WuW 2007, 994 ff.; *Sosnitza/Hoffmann* AG 2008, 107 ff.

799 *Lettl* WRP 2011, 710, 720 Rn. 50 f., 733 Rn. 119 ff.; *Kasten* WuW 2007, 994, 1005; *Sosnitza/Hoffmann* AG 2008, 107, 111 ff.

800 *Sosnitza/Hoffmann* AG 2008, 107, 111 ff.; abweichend *Lettl* WRP 2011, 710, 720 Rn. 50 f., 733 Rn. 119 ff., der eine Tatbestandsreduktion zulassen will.

801 Europäische Kommission, Leitlinien für vertikale Beschränkungen, Tz. 223 ff.

802 Sehr kritisch insbesondere zur angemessenen Verbraucherbeteiligung *Sosnitza/Hoffmann* AG 2008, 107, 113 ff.

gesetztem Preis kann sich das daraus ergeben, dass eben kein intensiver Preiswettbewerb um das Produkt entsteht und damit eine hohe Marge für den Einzelhändler bestehen bleibt, so dass er dann ein großes Interesse hat, das Produkt beim Verbraucher unterzubringen.[803] Das kommt vor allem bei Produkten mit hohem Marketingaufwand für den Händler in Betracht; ansonsten ist die Unerlässlichkeit problematisch.[804] Auch darf es für den Anbieter nicht möglich sein, den Abnehmer vertraglich zu verkaufsfördernden Maßnahmen zu verpflichten.[805] **(2) Kurze Sonderangebotsaktionen in Franchise- und ähnlichen Vertriebssystemen mit einheitlichen Vertriebsmethoden:** Die Preisfestsetzung für die Endverbraucherpreise kann hier erforderlich sein, um überhaupt entsprechende Angebote aufsetzen zu können. In Franchisesystemen besteht grundsätzlich Preissetzungsfreiheit für den Einzelhändler. Einheitliche Sonderangebotsaktionen im Franchisesystem kann es aber eben nur geben, wenn alle sich dann auch an den Sonderangebotspreis halten müssen (und ihn nicht noch weiter unterbieten dürfen). Die Kommission geht in den „meisten Fällen" von einem zulässigen Aktionszeitraum von zwei bis sechs Wochen aus.[806] Dieser Ansatz der Kommission erscheint als zutreffend, schon um Wettbewerbsnachteile von Verbundgruppen gegenüber Filialketten (die von vornherein mit einheitlichen Preisen operieren dürfen) auszugleichen. Vor allem im Bereich der Sonderangebote sind auch die angemessene Verbraucherbeteiligung und die Unerlässlichkeit gegeben, wenn die Wettbewerbsintensität eine angemessene Weitergabe der Vorteile sichert. **(3) Erfahrungsgüter oder komplizierte Produkte, für die eine intensive Beratung wichtig ist:** Wenn Produkte eine Beratung erfordern, genügend Kunden dann solche Beratungsdienste in Anspruch nehmen, bevor sie ihre Wahl treffen, dann allerdings das Produkt zu einem billigen Preis bei Einzelhändlern ohne Beratung kaufen, wird das mittel- bis langfristig dazu führen, dass überhaupt niemand mehr eine hohe Serviceleistung im Hinblick auf Beratungsdienste anbietet. Preisbindungen der zweiten Hand können helfen, derartiges Trittbrettfahren auf der Vertriebsebene zu verhindern. Wichtig ist hier, dass die Preisbindung der zweiten Hand nicht ein Mittel, sondern ein Anreiz ist, um etwaiges Trittbrettfahren von Einzelhändlern in Bezug auf diese Dienstleistung auszuschalten, und dass die angebotene Kundenberatung vor dem Verkauf den Kunden insgesamt zugutekommt.[807] Sofern durch die Sicherung der – in solchen Fällen für die Verbraucher äußerst wichtigen Beratungsleistung – die Verbraucher angemessen beteiligt werden, begegnet es auch keinen Bedenken, dass die Verbraucher mehr bezahlen müssen.[808] Es darf bei der Verbraucherbeteiligung nicht nur monetär gedacht werden. **(4) Sonstiges:** Andere Ausnahmen sehen die Leitlinien für vertikale Beschränkungen nicht vor. Sie sind dennoch denkbar, sollten allerdings vor dem Hintergrund der drohenden Kernbeschränkung und einer fehlenden höchstrichterlichen Absicherung äußerst sorgfältig erwogen werden. Das gilt beispielsweise für eine Freistellung von vertikalen Preisbindungen zum **Schutz der Marke vor Rufschädigung mittels „Verramschung".**[809] Hier kann eine Freistellung nicht von vornherein ausgeschlossen werden. Der Schutz der Marke vor Rufschädigung durch Verramschung ist ein anerkanntes Interesse des Anbieters und insbesondere des Markenherstellers[810] und sollte deshalb einen Effizienzge-

[803] Europäische Kommission, Leitlinien für vertikale Beschränkungen, Tz. 225.

[804] *Ellger* in Immenga/Mestmäcker, EU-WettbR, Art. 101 Abs. 3 AEUV Rn. 193.

[805] Europäische Kommission, Leitlinien für vertikale Beschränkungen, Tz. 225 m. Fn. 1.

[806] Europäische Kommission, Leitlinien für vertikale Beschränkungen, Tz. 225. *Schulte* WRP 2005, 1500, 1503 f.; *J. B. Nordemann,* Voraufl. (2. Aufl. 2009), § 1 GWB Rn. 115; a. A. *Ellger* in Immenga/Mestmäcker, EU-WettbR, Art. 101 Abs. 3 AEUV Rn. 193.

[807] Europäische Kommission, Leitlinien für vertikale Beschränkungen, Tz. 225.

[808] So aber *Ellger* in Immenga/Mestmäcker, EU-WettbR, Art. 101 Abs. 3 AEUV Rn. 193.

[809] Dafür: *Lettl* WRP 2011, 710, 735 Rn. 133 ff.; *Hermanns* WuW 2010, 1103 ff.; *Kapp* WuW 2011, 38.

[810] Europäische Kommission, ABl. V. 19.8.1992, L 236/11 Rn. 5 – *Givenchy;* best. durch EuG v. 12.12.1996, T-88/92 = Slg. 1996 II-1961 Rn. 114: „Es liegt in der Tat im Interesse der Verbraucher

winn darstellen. Als Verbraucherbeteiligung kommt die Erhaltung der Garantiefunktion der Marke[811] in Betracht. Für die Abnehmer liegt der Vorteil darin, dass höhere Umsätze mit dem Markenprodukt erzielen können.[812] Allerdings ist die Unerlässlichkeit sehr streng zu prüfen; nur wenn keine andere Maßnahme denkbar ist, die Marke vor Rufschädigung zu bewahren, kommt eine Preisbindung in Betracht.[813] Außerdem muss der Ruf so schützenswert sein, dass eine Preisbindung als Kernbeschränkung des Wettbewerb angemessenen ist. Auch spielt eine Rolle, wie intensiv der externe Preiswettbewerb mit anderen Produkten ist.

Nach der früheren Rechtsprechung des BGH sind (faktische) **Preisbindungen durch Packungsaufdrucke** (z.B. „1 Riegel extra") **in Zusammenhang mit begleitenden Werbemaßnahmen** dann kartellrechtlich irrelevant, wenn sie nur für kurze Zeit (im Fall: sechs Wochen) und praktisch nicht spürbar sind.[814] An der fehlenden Spürbarkeit kann nicht mehr festgehalten werden, nachdem die Bagatellbekanntmachung sämtliche vertikalen Preisbindungen für spürbar erklärt.[815] Eine Freistellung kommt allerdings in Betracht, weil ein neues verbessertes Produkt entsteht (Effizienzgewinn), für das auch der Packungsaufdruck und die begleitende Kampagne unerlässlich sind. Sofern der Verbraucher mehr für sein Geld bekommt, ist auch seine hinreichende Beteiligung gegeben. Der Wettbewerb ist dann nicht ausgeschaltet, wenn die Zeitspanne kurz bleibt und auch ansonsten intensiver Preiswettbewerb besteht.[816] Das BKartA hat sich allerdings in einer Handreichung aus dem Jahr 2010 kritisch zur Unterstützung von Händler-Werbemaßnahmen durch Hersteller geäußert.[817] Ein anderer Freistellungsfall kann erwogen werden, wenn **der Abnehmer Risiken übernimmt, die typischerweise der Anbieter trägt,** es aber nicht zur Übernahme des gesamten wirtschaftlichen Risikos durch den Abnehmer kommt.[818] Zu denken ist hier an die Übernahme von Risiken in den Bereichen Werbung, Personal, Lagerung, soweit sie für die Weiterveräußerung von Bedeutung sind.[819] 199

Grundsätzlich wegen Art. 4 lit. a) GVO Vertikalvereinbarungen von der Gruppenfreistellung erfasste **Höchstpreisbindungen** müssen oberhalb der 30%-Schwelle der GVO gerechtfertigt werden. Für eine Freistellung spricht die Möglichkeit des Herstellers, sich dagegen abzusichern, dass aufgrund zu hoher Einzelpreise der Absatz leidet (z.B. durch Höchstweiterverkaufspreise) oder der Einzelhändler nicht genügend Verkaufsanstrengungen unternimmt (z.B. durch selektiven Vertrieb oder Alleinvertrieb). Deshalb kann ein Höchstpreis dazu beitragen, dass sich eine Marke besser gegen andere Marken im Angebot des Abnehmers behaupten kann.[820] Je stärker die Marktstellung des Herstellers, desto eher wird eine Freistellung ausscheiden.[821] 200

---

von Luxuskosmetika, dass das Luxusimage solcher Produkte, ohne dass sie nicht mehr als Luxusprodukte angesehen würden, nicht beeinträchtigt wird", siehe aber auch Rn. 116. Der EuGH hat es in der Entscheidung Metro/SABA (v. 25.10.1977, C-26/76 Tz. 21 = WuW/E EGW/MUV 400) im Rahmen von Art. 101 Abs. 1 AEUV als legitim bezeichnet, dass der Markenartikelhersteller die Aufrechterhaltung eines „gewissen Preisniveaus" anstrebe. Zum Ganzen auch *Lettl* WRP 2011, 710, 735 Rn. 134 mwN; *Kapp* WuW 2011, 38.

[811] Dazu im Teil GRUR Rn. 57.

[812] *Lettl* WRP 2011, 710, 735 Rn. 135.

[813] Siehe oben Rn. 194.

[814] BGH v. 8.4.2003, KZR 3/02 – *1 Riegel extra* = WuW/E DE-R 1101, zu § 14 GWB a.F.

[815] Siehe Art. 101 Abs. 1 AEUV Rn. 294ff.

[816] Im Erg. Genauso: *Lettl* WRP 2011, 710, 717, 734 Rn. 125, der allerdings die Anwendung einer „rule of reason" in Art. 101 Abs. 1 AEUV befürwortet.

[817] BKartA, Handreichung, WuW 2010, 786, 788; dazu *Imgrund* BB 2012, 787, 790.

[818] Bei Übernahme des gesamten wirtschaftlichen Risikos – z.B. in Handelsvertreterverhältnissen – wäre schon keine Wettbewerbsbeschränkung gegeben, siehe oben Art. 101 Abs. 1 Rn. 307ff.

[819] *Lettl* WRP 2011, 710, 734 Rn. 130.

[820] *Lettl* WRP 2011, 710, 720 Rn. 49.

[821] Europäische Kommission, Leitlinien für vertikale Beschränkungen, Tz. 226ff.

201 **Meistbegünstigungsklauseln (Bestpreisklauseln).** Meistbegünstigungsklauseln (auch Bestpreisklauseln) in Vertikalverträgen können wettbewerbsbeschränkend gem. Art. 101 Abs. 1 AEUV wirken.[822] Das gilt z.B. dann, wenn Internetportale mit ihren Kunden, die über das Portal anbieten, die Zusicherung vereinbaren, dass sie nirgendwo anders günstiger anbieten.[823] Denkbar ist zunächst eine Gruppenfreistellung nach der GVO Vertikalvereinbarungen.[824] Daneben kommt eine Einzelfreistellung gundsätzlich in Betracht. Effizienzgewinne sind für die nachfragenden Portalnutzer eine Erhöhung der Preistransparenz, für die anbietenden Nutzer Einsparung von Werbeaufwendungen sowie für das Portal eine Vermeidung von den Portalumsatz schwächenden „Trittbrettfahrer"-Szenarien, bei denen ein Nachfrager das Portal nur zur Suche des Anbieters, nicht aber zur Buchung nutzt.[825] Nach Auffassung des OLG Düsseldorf waren jedoch die Effizienzvorteile im Hinblick auf die Trittbrettfahrer-Problematik fraglich und außerdem die lähmenden Auswirkungen auf den Hotelwettbewerb zu bedeutend für eine Freistellung.[826] Fraglich ist auch, ob es unerlässlich ist, dass Klauseln alle Vertriebswege preislich gleichschalten oder ob es nicht ausreicht, die Gleichschaltung auf bestimmte Vertriebswege (z.B. nur online, nicht Ladengeschäfte) zu beschränken.[827]

202 **Wettbewerbsverbote und Mindestbezugspflichten.** Treffen den Bezieher im Rahmen von Vertikalvereinbarungen Wettbewerbsverbote oder Mindestbezugsmengenverpflichtungen, soll ihn das zwingen, sich auf ein bestimmtes Produkt eines Anbieters zu konzentrieren (auch genannt: **Markenzwang**). Nach Art. 5 GVO Vertikalvereinbarungen sind Wettbewerbsverbote während des Vertrages und nach Vertragsende unter bestimmten Voraussetzungen gruppenfreigestellt, wenn der Marktanteil der Parteien nicht die Marktanteilsschwelle der GVO von 30 % überschreitet.[828] Insbesondere ist auf die zeitliche Befristung von unmittelbaren oder mittelbaren Wettbewerbsverboten hinzuweisen, die während der Laufzeit des Vertrages für eine unbestimmte Dauer oder für eine Dauer von mehr als fünf Jahren vereinbart werden (Art. 5 Abs. 1 lit. a) GVO Vertikalvereinbarungen). Die Europäische Kommission erläutert in ihren Leitlinien für vertikale Beschränkungen die Bewertung derjenigen Fälle, die die Voraussetzungen einer Gruppenfreistellung nicht erfüllen.[829] Eine Einzelfreistellung nach Art. 101 Abs. 3 AEUV kommt dann immer noch in Betracht.[830] Allerdings ist bei fehlender Gruppenfreistellung zunächst zu untersuchen, ob überhaupt eine Wettbewerbsbeschränkung gem. Art. 101 Abs. 1 AEUV vorliegt. Das kann deshalb zweifelhaft sein, weil für den Vertragszweck von Vertikalverträgen notwendige und nicht über das erforderliche Maß hinausgehende Wettbewerbsverbote schon nicht unter Art. 101 Abs. 1 AEUV fallen.[831] Für die nachgeordnete Prüfung der Einzelfreistellung nach Art. 101 Abs. 3 AEUV können insbe-

---

[822] Siehe oben Art. 4 Vert-GVO Rn. 204 f.

[823] Zu Hotelportalen: OLG Düsseldorf WuW/E DE-R 4572 Rn. 79 ff. (juris) – *HRS-Bestpreisklausel;* BKartA WuW/E DE-V 1953 – *HRS; Galle/Nauck* WuW 2014, 587; *Soyez* NZKart 2014, 447. Zu Verkaufsplattformen wie z.B. Amazon „Marketplace": *Bodenstein* GRUR-Prax 2010, 260 ff.

[824] Siehe hierzu Art. 4 Vert-GVO Rn. 204 f.

[825] *Galle/Nauck* WuW 2014, 587, 594; *Soyez* NZKart 2014, 447, 450. Siehe auch OLG Düsseldorf WuW/E DE-R 4572 Rn. 133 (juris) – *HRS-Bestpreisklausel.*

[826] OLG Düsseldorf WuW/E DE-R 4572 Rn. 130 ff. (juris) – *HRS-Bestpreisklausel;* BKartA WuW/E DE-V 1953 – *HRS;* zustimmend: *Soyez* NZKart 2014, 447, 451; kritisch: *Galle/Nauck* WuW 2014, 587, 594.

[827] *Soyez* NZKart 2014, 447, 451, zu Hotelportalen. Gegen eine Freistellung der Klausel von Amazon für seinen „Marketplace" trotz Beschränkung auf den Online-Vertrieb: *Bodenstein* GRUR-Prax 2010, 260 ff.

[828] Siehe Art. 5 Abs. 1 GVO Vertikalvereinbarungen und die separate Kommentierung hierzu.

[829] Europäische Kommission, Leitlinien für vertikale Beschränkungen, Tz. 131 ff.

[830] Siehe zur begrenzten Indizwirkung von GVOen für die Einzelfreistellung oben Rn. 18.

[831] Dazu oben Art. 101 Abs. 1 Rn. 309 ff. Siehe auch BGH WuW/E 2554 Tz. 16 – *Subunternehmer II;* OLG Naumburg v. 19.9.2013, 2 U 20/13 Tz. 76 ff. (juris) = BeckRS 2013, 21552, S. 11; zum Ganzen auch *Thomas* WuW 2010, 177.

sondere die durch Wettbewerbsverbote erzielten Effizienzgewinne Vermeidung von Trittbrettfahrerei unter Anbietern, Vermeidung von „Hold-up"-Problemen oder Ausgleichung von Unzulänglichkeiten der Kapitalmärkte Bedeutung erlangen.[832] Im Rahmen der Unerlässlichkeit ist jedoch zu prüfen, ob z.B. Mengenvorgaben möglicherweise weniger wettbewerbsbeschränkend sind. Ein Wettbewerbsverbot wiederum kann sich als der einzig mögliche Weg erweisen, um das „Hold-up-Problem zu lösen.[833] Wettbewerbsverbote und Mengenvorgaben erfüllen während des Abschreibungszeitraumes grundsätzlich die Freistellungsvoraussetzungen. Bei sehr umfangreichen vertragsspezifischen Investitionen des Anbieters kann ein Wettbewerbsverbot begründet sein, das länger als fünf Jahre dauert.[834] Stapel- und Kettenverträge insbesondere im Energielieferungsbereich, die eine Abschottung des Marktes gegenüber Wettbewerbern bewirken und deshalb unter Art. 101 Abs. 1 AEUV fallen, können nach Art. 101 Abs. 3 AEUV freigestellt sein. Das OLG Düsseldorf verneinte in einem konkreten Fall jedoch alle Freistellungsvoraussetzungen.[835]

Die **Leitlinien für vertikale Beschränkungen** enthalten im Übrigen noch Vorgaben für die Bewertung von nicht gruppenfreigestellten Vertikalvereinbarungen für **Alleinvertrieb** (ggf. auch in Kombination mit Markenzwang und Alleinbezug),[836] **Kundenbeschränkungen,**[837] **selektiven Vertrieb,**[838] **Franchising,**[839] **Alleinbelieferung,**[840] **feste Vorauszahlungen des Händlers für den Zugang zum Vertriebssystem** (Upfront Access Payments),[841] **Produktgruppenmanagement-Vereinbarungen** (Category Management Vereinbarungen)[842] sowie **Kopplungsbindungen.**[843] Die Kommission erörtert **Beschränkungen des Internetvertriebs** in den Leitlinien für vertikale Beschränkungen bei Art. 4 lit. b) GVO Vertikalvereinbarungen,[844] siehe deshalb auch zur Einzelfreistellung die Kommentierung dort.[845] 203

Für vertikal veranlasste Wettbewerbsbeschränkungen in **Technologietransferverträgen,** die nicht unter die GVO Technologietransfer fallen, kommt ebenfalls eine Einzelfreistellung nach Art. 101 Abs. 3 AEUV in Betracht. Hierzu enthalten die **Leitlinien Technologietransfer-Vereinbarungen**[846] zu folgenden Fallgruppen Erläuterungen, die teilweise auch vertikal veranlasste Wettbewerbsbeschränkungen berühren:[847] Lizenzgebühren, 204

---

[832] Dazu oben Rn. 193.

[833] Europäische Kommission, Leitlinien für vertikale Beschränkungen, Tz. 145.

[834] Europäische Kommission, Leitlinien für vertikale Beschränkungen, Tz. 146.

[835] OLG Düsseldorf WuW/E DE-R 2197 Tz. 126ff. (juris) – *Gaslieferverträge;* nachfolgend, aber aus Verfahrensgründen ohne Stellungnahme zu Art. 101 Abs. 3 AEUV: BGH WuW/E DE-R 2679 Tz. 26 – *Gaslieferverträge.*

[836] Europäische Kommission, Leitlinien für vertikale Beschränkungen, Tz. 151ff.

[837] Europäische Kommission, Leitlinien für vertikale Beschränkungen, Tz. 168ff. Vgl. hierzu auch die Kommentierung zu Art. 4 lit. b) und lit. c) GVO Vertikalvereinbarungen, dort insbesondere auch zu Beschränkungen des Internetvertriebs.

[838] Europäische Kommission, Leitlinien für vertikale Beschränkungen, Tz. 174ff.

[839] Europäische Kommission, Leitlinien für vertikale Beschränkungen, Tz. 189ff.; siehe zur Frage, ob der Tatbestand des Art. 101 Abs. 1 AEUV erfüllt ist, auch EuGH NJW 1986, 1415 – *Pronuptia;* LG Düsseldorf GWR 2014, 263 Tz. 56ff. (juris) – *Fischrestaurants.*

[840] Europäische Kommission, Leitlinien für vertikale Beschränkungen, Tz. 192ff.

[841] Europäische Kommission, Leitlinien für vertikale Beschränkungen, Tz. 52ff.

[842] Europäische Kommission, Leitlinien für vertikale Beschränkungen, Tz. 209ff. Dazu *v. Graevenitz* WRP 2012, 782ff.; *Besen/Jorias* BB 2010, 1099; dort jeweils auch zu Art. 102 AEUV und §§ 19, 20 GWB.

[843] Europäische Kommission, Leitlinien für vertikale Beschränkungen, Tz. 214ff.

[844] Europäische Kommission, Leitlinien für vertikale Beschränkungen, Tz. 214ff.

[845] Art. 4 Vert-GVO Rn. 252ff.

[846] Europäische Kommission, Leitlinien zur Anwendung von Artikel 101 des Vertrags über die Arbeitsweise der Europäischen Union auf Technologietransfer-Vereinbarungen, ABl. v. 28.3.2014, C 89/3.

[847] Europäische Kommission, Leitlinien Technologietransfer-Vereinbarungen, Tz. 156ff.

Exklusiv- und Alleinlizenzen sowie Verkaufsbeschränkungen, Output-Beschränkungen, Nutzungsbeschränkungen, Beschränkung auf den Eigenbedarf, Kopplungs- und Paketvereinbarungen, Wettbewerbsverbote, Streitbeilegungsvereinbarungen und Technologiepools.[848]

205 Soweit die **GVO Kfz-Vertrieb**[849] nicht greift, kommt für vertikal veranlasste Wettbewerbsbeschränkungen im Kfz-Vertrieb ebenfalls eine Einzelfreistellung nach Art. 101 Abs. 3 AEUV in Betracht.[850]

C. Rechtsfolgen

206 Vereinbarungen, die die Voraussetzungen des Art. 101 Abs. 3 AEUV in Form einer GVO oder der Einzelfreistellung erfüllen, sind **automatisch ohne erforderliche konstitutive Entscheidung** der Kartellbehörde vom Verbot des Art. 101 Abs. 1 AEUV **freigestellt.**[851] Die getroffenen horizontalen und vertikalen Vereinbarungen sind per se wirksam, wenn sie gruppen- oder einzelfreigestellt sind. Das sieht **Art. 1 Abs. 2 VO 1/2003** seit dem 1.5.2004 vor; siehe die Kommentierung dort für Einzelheiten zur Legalausnahme.[852] Konsequenz der Legalausnahme ist, dass es den Unternehmen selbst obliegt, zu prüfen und zu bewerten, ob eine Gruppen- oder Einzelfreistellung gegeben ist **(„Selbsteinschätzung").**[853]

207 Fehlt die Freistellung, so bleibt es beim Verstoß gegen Art. 101 Abs. 1 AEUV mit seinen Rechtsfolgen aus Art. 101 Abs. 2 AEUV und aus nationalem Recht.[854]

208 Im Hinblick auf **GVOen** besteht die Möglichkeit, den **Vorteil der Gruppenfreistellung im Einzelfall zu entziehen,** wenn deren Anwendung zu Ergebnissen führt, die mit dem Kartellverbot nicht mehr vereinbar wären. Siehe hierzu **Art. 29 VO 1/2003** und **§ 32d GWB.**

D. Darlegungs- und Beweislast

209 Nach **Art. 2 VO Nr. 1/2003** liegt die Darlegungs- und Beweislast für die Freistellungsvoraussetzungen des Art. 101 Abs. 3 AEUV bei dem **Unternehmen, das sich auf die Freistellung beruft.**[855] Das ist über dies auch ein allgemeiner Grundsatz des EU-Kartellrechts.[856]

E. Verhältnis zu anderen Vorschriften

I. Art. 101 Abs. 1 AEUV

210 Zum Verhältnis des Art. 101 Abs. 3 AEUV zu Art. 101 Abs. 3 AEUV siehe oben.[857]

---

[848] Siehe hierzu die separate Kommentierung von Technologietransfervereinbarungen.

[849] Siehe dazu die separate Kommentierung.

[850] Siehe hierzu die separate Kommentierung des Kfz-Vertriebs. Ferner: *Wegner* BB 2010, 1867 ff.; *Niebling* WRP 2010, 1454 ff.; *Niebling* WRP 2011, 1518 ff.; *Frenz* WRP 2013, 163 ff.

[851] Vgl. zum System der Legalsausnahme Rn. 9.

[852] Art. 1 VO 1/2003 Rn. 2, 4 ff.

[853] Vgl. hierzu Art. 1 VO 1/2003 Rn. 7; ferner *Kahlenberg/Haellmigk* BB 2004, 389, 392; *Fuchs* ZWeR 2005, 1, 3.

[854] Dazu Art. 101 Abs. 2 AEUV Rn. 1 ff.

[855] Eingehend Art. 2 VO 1/2003 Rn. 7 ff. Siehe auch § 2 GWB Rn. 54 ff.

[856] EuGH vom 7.2.2013, Rs. C-68/12 Rn. 31 – *Slowakische Banken;* EuGH v. 6.10.2009, C-501/06 P, C-513/6 P, C-515/06 P, C-519/06 P, Tz. 82 ff. – *GlaxoSmithKline/Kommission* = WuW/E EU-R 1641, 1647 ff.

[857] Rn. 7 f.

II. Art. 106 AEUV

Art. 106 Abs. 2 AEUV geht Art. 101 Abs. 3 AEUV wegen Spezialität vor, soweit Art. 106 Abs. 2 AEUV eine Unanwendbarkeit der Wettbewerbsregeln des AEUV anordnet. 211

III. §§ 1 bis 3 GWB

Zum Verhältnis des Art. 101 Abs. 3 AEUV zu §§ 1 bis 3 GWB siehe oben.[858] 212

IV. § 138 BGB

Insbesondere bei Wettbewerbsverboten in Unternehmensveräußerungsverträgen hat die Rechtsprechung immer wieder auf § 138 BGB zurückgegriffen.[859] § 138 Abs. 1 BGB bleibt neben Art. 101 Abs. 1 AEUV anwendbar, die Beurteilung erfolgt parallel, erfordert jedoch bei § 138 BGB insbesondere keine Spürbarkeitsprüfung.[860] Eine Freistellung nach Art. 101 Abs. 3 AEUV (Gruppen- oder Einzelfreistellung) muss für die Beurteilung nach § 138 Abs. 1 BGB berücksichtigt werden.[861] Ansonsten käme es zu einem Normenwiderspruch, obwohl beide Normen auf einen parallelen Schutzzweck, nämlich den Erhalt der individuellen Freiheit, gerichtet sind. 213

V. Art. 102 AEUV, §§ 19, 20 GWB

Die Freistellung nach Art. 101 Abs. 3 AEUV und die Missbrauchstatbestände gem. Art. 102 AEUV, §§ 19, 20 GWB stehen **nebeneinander.** Sie haben unterschiedliche Voraussetzungen. Verhaltensweisen, die einen Missbrauch einer marktbeherrschenden Stellung darstellen, sind jedoch nicht anhand von Art. 101 Abs. 3 AEUV, sondern nach den Missbrauchstatbeständen für marktbeherrschende Unternehmen gem. Art. 102 AEUV, §§ 19, 20 GWB zu beurteilen.[862] Sie berühren nicht die Wirksamkeit der gesetzlichen Freistellung.[863] Insbesondere wenn gerade die freigestellte Vereinbarung den Missbrauch darstellt, bleibt aber auch eine Anwendung des Art. 101 AEUV möglich.[864] Solche nach Art. 102 AEUV unzulässigen Verhaltensweisen können dann auch nicht nach Art. 101 Abs. 3 AEUV freigestellt sein.[865] 214

§ 19 Abs. 3 GWB ist u. a. an horizontale Kartelle („Vereinigungen") adressiert, die die Freistellung des § 2 GWB für sich in Anspruch nehmen. Insoweit ergibt sich also eine **Missbrauchsaufsicht für freigestellte Kartelle nach § 19 GWB.** Der Wortlaut des § 19 Abs. 3 AEUV erwähnt Vereinigungen, die nach Art. 101 Abs. 3 AEUV freigestellt sind, nicht. Dennoch fallen auch solche Vereinbarungen unter § 19 Abs. 3 GWB, soweit sie sich in Deutschland spürbar auswirken. Denn dann ist deutsches Kartellrecht anwendbar,[866] so dass sich eine Freistellung auch aus § 2 GWB ergibt. Zwar genießt in zwischen- 215

---

[858] Rn. 12.

[859] BGH WuW/E DE-R 2554 Tz. 23 ff. – *Subunternehmervertrag II* = GRUR 2009, 698; BGH AnwBl 2005, 715, 716 – *Sittenwidriges Wettbewerbsverbot im Sozietätsvertrag;* BGH NJW 2004, 66 – *Steuerberater und Wirtschaftsprüfer.*

[860] BGH WuW/E DE-R 2554 Tz. 24 – *Subunternehmervertrag II* = GRUR 2009, 698; *Thomas* WuW 2010, 177, 180 ff.; *Säcker* in: Münchener Kommentar, GWB, § 1 Rn. 6 ff. mwN.; *ders.* ZWeR 2008, 348, 355 ff.

[861] A.A *Thomas* WuW 2010, 177, 182. Unklar: BGH WuW/E DE-R 2554 Tz. 24 – *Subunternehmervertrag II* = GRUR 2009, 698.

[862] Europäische Kommission, Leitlinien Art. 81 Abs. 3 EG, Tz. 106 für das Verhältnis von Art. 101 Abs. 3 AEUV und Art. 102 AEUV.

[863] *Fuchs* in: Immenga/Mestmäcker, GWB, § 2 Rn. 26.

[864] Siehe auch § 1 Rn. 44.

[865] *Wolf* in: Münchener Kommentar, Europäisches Wettbewerbsrecht, Art. 101 AEUV Rn. 1012.

[866] Zum internationalen Privatrecht des Kartellrechts siehe die separate Kommentierung.

staatlichen Sachverhalten Art. 101 Abs. 3 AEUV Vorrang vor § 2 GWB (Art. 3 Abs. 2 VO 1/2003, § 22 GWB); § 2 GWB bleibt jedoch anwendbar. Die Vorrangregel bezieht sich zudem nicht auf die Missbrauchstatbestände des §§ 19, 20 GWB.

VI. Nationale Ausnahmebereiche: Landwirtschaft, Zeitungen und Zeitschriften, Wasserwirtschaft (§§ 28, 30, 31 ff. GWB)

216 Für die **Landwirtschaft** gilt **gem. § 28 GWB** ein Ausnahmebereich, der spezielle Freistellungsregeln enthält. Sie gehen Art. 101 AEUV (einschließlich seinem Abs. 3) vor, weil die europäischen Verträge in Verbindung mit den einschlägigen Verordnungen für den landwirtschaftlichen Sektor eine Ausnahme vom Wettbewerbsprinzip vorsehen.[867]

217 Die Regelungen des **§ 30 GWB (Preisbindungsprivileg für Zeitungen und Zeitschriften)** gehen den Regelungen des § 2 GWB vor. Sind die Voraussetzungen des § 30 GWB nicht erfüllt, kann auch § 2 GWB nicht zur Anwendung kommen.[868] Im zwischenstaatlichen Bereich genießen allerdings die Regelungen des Art. 101 AEUV Vorrang (Art. 3 Abs. 2 VO 1/2003; § 22 GWB), so dass eine Freistellung nach Art. 101 Abs. 3 AEUV zu prüfen ist.[869]

218 Die **Wasserwirtschaft** hat mit der 8. GWB-Novelle 2013 gem. **§§ 31 bis 31b GWB** einen eigenen Ausnahmebereich erhalten, der vorher als Übergangsvorschrift gem. § 131 Abs. 6 GWB a. F. galt. Er enthält spezielle Freistellungsvoraussetzungen. Insoweit tritt Art. 101 Abs. 3 AEUV zurück.

Art. 102 [Missbrauch einer marktbeherrschenden Stellung]

Mit dem Binnenmarkt unvereinbar und verboten ist die missbräuchliche Ausnutzung einer beherrschenden Stellung auf dem Binnenmarkt oder auf einem wesentlichen Teil desselben durch ein oder mehrere Unternehmen, soweit dies dazu führen kann, den Handel zwischen Mitgliedstaaten zu beeinträchtigen.

Dieser Missbrauch kann insbesondere in Folgendem bestehen:

a) der unmittelbaren oder mittelbaren Erzwingung von unangemessenen Einkaufs- oder Verkaufspreisen oder sonstigen Geschäftsbedingungen;

b) der Einschränkung der Erzeugung, des Absatzes oder der technischen Entwicklung zum Schaden der Verbraucher;

c) der Anwendung unterschiedlicher Bedingungen bei gleichwertigen Leistungen gegenüber Handelspartnern, wodurch diese im Wettbewerb benachteiligt werden;

d) der an den Abschluss von Verträgen geknüpften Bedingung, dass die Vertragspartner zusätzliche Leistungen annehmen, die weder sachlich noch nach Handelsbrauch in Beziehung zum Vertragsgegenstand stehen.

Übersicht

867 Begr. RegE 7. GWB-Novelle, BT DS 15/3640, S. 33; zu § 28 GWB siehe die Kommentierung hierzu unten.

868 Siehe § 30 Rn. 142. Gl. A. *Fuchs* in: Immenga/Mestmäcker, GWB, § 2 Rn. 27.

869 Siehe dazu § 30 GWB Rn. 146 ff.

Schrifttum: *Abbamonte,* Cross-subsidisation and Community Competition Rules: Efficient Pricing Versus Equity, E.L.Rev. 1998, 414; *Ahlborn/Piccinin,* The Intel judgment and consumer welfare – a response to Wouter Wils, Competition Law & Policy Debate, 2015, 60; *Albors-Llorens,* The „Essential Facilities" Doctrine in EC Competition Law, Cambridge Law Journal 1999, 490; *dies.,* The role of objective justification and efficiencies in the application of Article 82 EC, C.M.L.Rev. 2007, 44(6), 1727; *Arhold,* Das Geldbußenregime nach der Kartell-Verordnung EuZW 1999, 165; *Badura/von Danwitz/Herdegen,* Beck'scher PostG-Kommentar, 2. Aufl., München 2003; *Batchelor/Healy,* CJEU AstraZeneca Judgment: Groping Towards a Test for Patent Office Dealings, ECLR 2013, 171; *Bechtold,* Kartellgesetz: Gesetz gegen Wettbewerbsbeschränkungen (§§ 1–96, 130, 131) Kommentar, 7. Aufl., München 2013; *Bechtold/Bosch/Brinker,* EU-Kartellrecht Kommentar, 3. Aufl., München 2014; *Berg,* Neue Entscheidungen des EuGH zur Anwendung des EG-Kartellrechts im Bereich der sozialen Sicherheit, EuZW 2000, 170; *Berg/Brankin,* Das AstraZeneca-Urteil des Gerichts der Europäischen Union, EuZW 2011, 91; *Bergman,* The Bronner Case – A Turning Point for the Essential Facilities Doctrine?, ECLR 2000, 59; *ders.,* Nachfragemacht in der Fusionskontrolle, 1989; *Bien/Krah,* The Ruling of the CJEU in Post Danmark: Putting an End to Selective Price Cuts as an Abuse under TFEU Article 102 and Turning Towards a More Economic Approach, ECLR 2012, 482; *Bien/Rummel,* Ende des More Economic Approach bei der Beurteilung von Rabattsystemen?, EuZW 2012, 737; *Bischke/Boger,* Neue Horizontal Merger Guidelines in den USA, NGS 2010, 1262; *Böni/Palzer,* Kollektive Marktbeherrschung – Sinnbild für „Des Kaisers neue Kleider"?, WuW 2009, 477; *Bornkamm/Montag/Säcker* (Hrsg.), Münchener Kommentar Europäisches und Deutsches Wettbewerbsrecht, Band 1 Europäisches Wettbewerbsrecht, 2. Aufl., München 2015; *Callies/Ruffert,* Kommentar des Vertrages über die Europäische Union und des Vertrages zur Gründung der Europäischen Gemeinschaft – EUV/EGV, 2. Aufl., Frankfurt a.M. 2002; *Charbit,* Le droit de la concurrence et le secteur public, Paris 2002; *Conde Gallego,* Die Anwendung des kartellrechtlichen Missbrauchsverbots auf unerlässliche Immaterialgüterrechte im Lichte der IMS Health- und Standard-Spundfass-Urteile, GRUR Int 2006, 1628; *Dakanalis/van Rooijen,* EU: Google Under Antitrust Scrutiny, CRi 2011, 29; *Dauses,* Handbuch des EU-Wirtschaftsrechts, 35. Ergl., München 2014; *Desai,* Limitations on the use of economic analysis, ECLR 2002, 524; *Deselaers,* Die „Essential Facilities"-Doktrin im Lichte des Magill-Urteils des EuGH, EuZW 1995, 63; *Dewenter/Rösch/Terschüren,* Abgrenzung zweiseitiger Märkte am Beispiel von Internetsuchmaschinen, NZKart 2014, 387; *Dittert,* Missbrauch einer marktbeherrschenden Stellung: Auf dem Weg zu einem „more economic approach" in der Rechtsprechung des EuGH, EuR 2012, 570; *Dobson/Waterson/Chu,* The Welfare Consequences of the Exercise of Buyer Power, Studie für das Office of Fair Trading, September 1998, 13f.; *Dreher,* Die Kontrolle des Wettbewerbs in Innovationsmärkten, ZWeR 2009, 149; *Eilmansberger,* Abschlusszwang und Essential Facility Doktrin nach Art. 82 EG, EWS 2003, 12; *Emmerich,* Kartellrecht, 13. Aufl., München 2014; *Evans,* The Antitrust Economics of Multi-Sided Platform Markets, Yale J. on Reg. 2003, 325; *Evans,* The Web Economy, Two-Sided Markets and Competition Policy, 2010, Abstract verfügbar auf SSRN: http://ssrn.com/abstract=1584363; *Evans/Noel,* The Analysis of Mergers that Involve Multi-Sided Platform Businesses, J. Competition L. Econ. 2008. 663; *Ewald,* Predatory Pricing als Problem der Missbrauchsaufsicht, WuW 2004, 1165; *Faull/Nikpay* (Hrsg.), The EU Law of Competition, 3. Aufl., Oxford 2014; *Fezer,* Markenrecht, 4. Aufl., München 2009; *Fiebig,* Internet-Vergleichsportale und Kartellrecht, WuW 2013, 812; *Filistrucchi/Geradin/van Damme,* Identifying Two-Sided Markets, World Competition 2013, 33; *ders./ders./ders./Affeldt,* Market Definition in Two-Sided Markets: Theory and Practice, Journal of Competition Law and Economics, 2014, 293; *Fine,* NDC/IMS: A Logical Application of Essential Facilities Doctrine, ECLR 2002, 457; *Fleischer/Weyer,* Neues zur „Essential Facilities"-Doktrin im Europäischen Wettbewerbsrecht, WuW 1999, 350; *Frenz,* Grenzen der Quersubventionierung durch Gemeinschaftsrecht, EWS 2007, 211; *Geradin/Petit,* Price Discrimination under EC Competition Law: The Need for a case-by-case Approach, GCLC Working paper 2005, 2; *Gerard,* Price Discrimination under Article 82(c) EC: Clearing up the Ambiguities, GCLC Research papers on Article 82 EC, 2005, 105; *Gleiss/Hirsch,* Kommentar zum EG-Kartellrecht, 4. Aufl., Heidelberg 1993; *Glynn,* Article 82 and Price Discrimination in Patented Pharmaceuticals: the Economics, ECLR 2005, 135; *Grabitz/Hilf/Nettesheim,* Das Recht der Europäischen Union, 54. Ergl., München 2014; *Graef,* Case T-79/12, Cisco Systems Inc. and Messagenet SpA v. Commission, Judgment of the General Court (Fourth Chamber) of 11 December 2013, nyr., CML Rev. 2014, 1263; *Grave,* Art. 86 II EG: Weder Verbot noch Gebot zur Quersubventionierung von Dienstleistungen im allgemeinen wirtschaftlichen Interesse, EuZW 2001, 709; *Gravengaard/Kjaersgaard,* EU Guidance on exclusionary abuse of dominance, ECLR 2010, 285; *Hancher/Buendia Sierra,* Cross-Subsidisation and EC Law, CMLR 1998, 901; *Hancher/Lugard,* De essential facilities doctrine: Het Bronner arrest en vragen van mededingingsbeleid, SEW 1999, 323; *Hartmann-Rüppel/Engelhoven,* Kartellrecht und Eigentum – Die Soda-Club II-Entscheidung des BGH, ZWeR 2008, 290; *Haucap,* Kommentar: Abgrenzung des relevanten Marktes – Heilige Kuh oder effizientes Arbeitspferd?, WuW 2012, 3; *Haupt,* Collective Dominance Under Article 82 E.C. and E.C. Merger Control in the light of the Airtours Judgment, ECLR 2002, 434; *Hesse,* Two-Sided Platform Markets and the Application of the Traditional Antitrust Analytical Framework, Competition Policy International 2007, 191; *Hirsbrunner,* Marktbeherrschung durch Flughäfen, WuW 2007, 32; *Höppner,* Die Pflicht, interne Produktionsmittel zu vermarkten – zugleich Anmerkung zum EuGH-Urteil IMS, EuZW 2004, 748; *Huttenlauch/Knuth,* The Internet of Things in the light of Digitalisation and Increased Media Convergence in Communications and Competition Law: Key Issues in the Telecoms, Media and Technology Sectors, 2015; *Kessen,* Nachfragemacht der Automobilindustrie, 1996; *Immenga/Mestmäcker* (Hrsg.), EU-Wettbewerbsrecht, Band 1, 5. Aufl., München 2012; *Jäger/Kokott/Pohlmann/Schröder* (Hrsg.), Frankfurter Kommentar zum Kartellrecht, 82. Ergl., Köln 2014; *Jenny,* Pharmaceuticals, Competition and Free Movement of Goods in: *Hellenic Competition Commission,* EU Competition Law and Policy – Developments and Priorities, Athen 2002, 77 ff.; *Kallaugher/Sher,* Rebates Revisited: Anti-Competitive Effects and Exclusionary Abuse Under Article 82, ECLR 2004, 263; *Kellerbauer,* Die Bedeutung des „as efficient competitor" bei der Feststellung von Verstößen gegen Art. 102 AEUV, EuZW 2015, 261; *Kerse/Khan,* EU Antitrust Procedure, 6. Aufl., 2012; *Kirchhoff,* Die Beurteilung von Bezugsverträgen nach europäischem Kartellrecht WuW 1995, 361; *Kjølbye,* Rebates under article 82 EC: navigating uncertain waters, ECLR 2010, 66; *Klaue,* Zur Rezeption der amerikanischen „Essential Facility-Doctrine" in das europäische und deutsche Kartellrecht, RdE 1996, 51; *Klees/Hauser,* Oligopolistische Reaktionsverbundenheit im Anwendungsbereich des Art. 82 EG, EWS 2008, 7; *Kleinmann,* Rabattgestaltung durch marktbeherrschende Unternehmen, EWS 2002, 449; *Klimisch/Lange,* Zugang zu Netzen und anderen wesentlichen Einrichtungen als Bestandteil der kartellrechtlichen Missbrauchsaufsicht, WuW 1998, 15; *Klotz/Zurkinden,* Die Anwendung des Kartellrechts auf kleine und mittlere Unternehmen, WuW 1999, 120; *Kon/Turnbull,* Pricing and the Dominant Firm: Implications of the Competition Appeal Tribunal's Judgment in the Napp Case, ECLR 2003, 70; *Knöpfle,* Ist die marktbeherrschende Gruppen betreffende Regelung des GWB sinnvoll und berechtigt?, BB 1983, 1421; *Korthals/Bangard,* Die neuen Leitlinien der Kommission zur Bußgeldbemessung in Kartellverfahren, BB 1998, 1013; *Körber,* Wettbewerb in dynamischen Märkten zwischen Innovationsschutz und Machtmissbrauch – Zum Microsoft-Urteil des EuG vom 17.9.2007, WuW 2007, 1209; *ders.,* Google im Fokus des Kartellrechts, WRP 2012, 761; *ders.,* Machtmissbrauch durch Android? – Zum Wettbewerb auf den Märkten für mobile Betriebssysteme und Anwendungen, NZKart 2014, 378; *ders.,* Analoges Kartellrecht für digitale Märkte?, WuW 2015, 120; *Kühnert/Xeniadis,* Missbrauchskontrolle auf Sekundärmärkten, WuW 2008, 1054; *Lampert,* Der EuGH und die Essential-Facilities-Lehre, NJW 1999, 2235; *Lange,* Kampfpreisstrategien (predatory pricing) im europäischen Kartellrecht, ZHR 169 (2005), 495; *Lange/Pries,* Möglichkeiten und Grenzen der Missbrauchskontrolle von Koppelungsgeschäften: Der Fall Microsoft, EWS 2008, 1; *Langen/Bunte* (Hrsg.), Kommentar zum deutschen und europäischen Kartellrecht, 12. Aufl., Köln 2014; *Lettl,* § 19 Abs. 4 Nr. 4 GWB und Marktbeherrschung, WuW 2011, 579; *Lenz/Borchardt,* EU-Verträge Kommentar: EUV, AEUV, GRCh, 6. Aufl., Köln 2012; *Lober,* Die IMS-Health-Entscheidung der Europäischen Kommission: Copyright K.O. ?, GRUR Int 2002, 7; *Lorenz/Lübbig/Russell,* Price Discrimination – A Tender Story, ECLR 2005, 355; *Lübbig,* Änderungen des Europäischen Kartellrechts nach Auslaufen des EGKS-Vertrages, Stahl und Eisen 2002, 59; *ders.,* Parallelhandel mit Arzneimitteln: Lehrstück der Kartellrechtsanwendung auf unvollkommene Märkte oder Kampf gegen ordnungspolitische Windmühlen, Festschrift für *Ulf Doepner,* München 2008, 83; *Mäger,* Europäisches Kartellrecht, 2. Aufl., Baden-Baden 2011; *Malaurie-Vignal,* L'abus de position dominante, Paris 2002; *Marchisio,* Critical Remarks on Collective Dominant Position in EU and Italian Antitrust Law, ECLR 2013, 559; *Markert,* Die Verweigerung des Zugangs zu „wesentlichen Einrichtungen" als Problem der kartellrechtlichen Missbrauchsaufsicht, WuW 1995, 560; *ders.,* Langfristige Bezugsbindungen für Strom und Gas nach deutschem und europäischem Kartellrecht EuZW 2000, 427; *McGregor,* The Future for the Control of Oligopolies Following Compagnie Maritime Belge, ECLR 2001, 434; *Graf von Merveldt,* Ausschluss kartellrechtlicher Einwendungen im Patentverletzungsverfahren, WuW 2004, 19; *Mestmäcker/Bremer,* Die koordinierte Sperre im deutschen und europäischen Recht der öffentlichen Aufträge, BB 1995, Beil. Nr. 19, 1; *Mestmäcker/Schweitzer,* Europäisches Wettbewerbsrecht, 3. Aufl., München 2014; *Möschel,* Marktabgrenzung bei Herstellermarken und Handelsmarken, WuW 2013, 568; *ders.,* Market Definition with Branded Goods and Private Label Products, ECLR 2014, 29; *Montag,* Gewerbliche Schutzrecht, wesentliche Einrichtungen und Normung im Spannungsfeld zu Art. 86 EGV, EuZW 1997, 71; *Montag/Leibenath,* Aktuelle Entwicklungen im Bereich von Art. 82 EG, EWS 1999, 281; *Monti,* The scope of collective dominance under Article 82 EC, CMLR 2001, 131; *Müller-Graff/Fischmann,* Der Fall AstraZeneca: „Tool boxes" im Arzeimittelsektor – wer hat die besseren Werkzeuge und welche sind erlaubt? Zum Urteil des Gerichts der Europäischen Union vom 1. Juli 2010, Rs. T-321/05, GRUR Int 2010, 792; *Neu,* Marktöffnung im nationalen und internationalen Postwesen, München 1999; *Nazzini,* Google and the (Ever-stretching) Boundaries of Article 102

TFEU, Journal of European Competition Law & Practice 2015, 301; *Nihoul,* The Ruling of the General Court in Intel: Towards the End of an Effect-based Approach in European Competition Law?, Journal of European Competition Law & Practice, 2014, 521; *O'Donoghue/Padilla,* The Law and Economics of Article 102 TFEU, 2. Aufl., Oxford 2013; *Paal,* Immaterialgüter, Internetmonopole und Kartellrecht, GRUR-Beilage 2014, 69; *Pautke/Leupold,* Rabatte: Haben marktbeherrschende Unternehmen nach dem British Airways-Urteil des EuGH endlich mehr Klarheit? (Zugleich Anmerkung zu EuG Urt. v. 15.3.2007 – Rs. T-219/99), EWS 2007, 241; *Peeperkorn,* Conditional pricing: Why the General Court is wrong in Intel and what the Court of Justice can do to rebalance the assessment of rebates, Concurrences 2015, 43; *Petrasincu,* Die amerikanischen Horizontal Merger Guidelines, WuW 2010, 999; *Phelan,* The Dynamic Unprohibited Nature of Dominance, ECLR 2013, 337; *Picht,* Standardsetzung und Patentmissbrauch – Schlagkraft und Entwicklungsbedarf des europäischen Kartellrechts, GRUR Int. 2014, 1; *Pohlmann,* Der Unternehmensverbund im Europäischen Kartellrecht, Berlin 1999; *Richardson,* Guidance without Guidance – A European Revolution in Fining Policy? The Commission's New Guidelines on Fines, ECLR 1999, 360; *Richardson/Gordon,* Collective Dominance: The Third Way?, ECLR 2001, 416; *Ridyard,* Exclusionary Pricing and Price Discrimination Abuses under Article 82 – An Economic Analysis, ECLR 2002, 286; *Ruppelt,* Die Marktabgrenzung im Lebensmittelhandel, WuW 2012, 27; *Sasinowska,* Refusal to supply – Is indispensability still indispensable?, EuZW 2013, 539; *Ritter/Braun,* European competition law: a practitioner's guide, 3. Aufl., Den Haag 2004; *Scherer,* Das Bronner-Urteil des EuGH und die „Essential Facilities"-Doktrin im TK-Sektor, MMR 1999, 315; *Scheufele,* Behandlung der „beherrschenden Stellung" von Nachfragern im EWG-Kartellrecht, BB 1973, Beil. Nr. 4, 1; *Schmidt,* Relevanter Markt, Marktbeherrschung und Missbrauch in § 22 GWB und Art. 86 EWGV, WuW 1965, 453; *Schmidt,* Article 82's „Exceptional Circumstances" That Restrict Intellectual Property Rights, ECLR 2002, 210; *Schmidt/Voigt,* Der „more economic approach" in der Missbrauchsaufsicht, WuW 2006, 1097; *Schmidtchen,* Kommentar: Heilige Kuh – Abgrenzung des relevanten Marktes, WuW 2011, 923; *Schnelle,* Verwendung von Monopoleinkünften zur Übernahme der gemeinschaftlichen Kontrolle an einem nicht auf den vorbehaltenen Markt tätigen Unternehmen, EWS 2002, 271; *Schnelle/Bartosch,* Umfang und Grenzen des EG-wettbewerbsrechtlichen Verbots der Quersubventionierung, EWS 2001, 411; *Schnichels,* Marktabschottung durch langfristige Gaslieferverträge, EuZW 2003, 171; *Schödermeier,* Collective Dominance Revisited: an analysis of the EC Commission's new concepts of oligopoly control, ECLR 1990, 28; *Schröter/Jakob/Klotz/Mederer* (Hrsg.), Europäisches Wettbewerbsrecht, 2. Aufl., Baden-Baden 2014; *Schwarze,* Der Staat als Adressat des europäischen Wettbewerbsrechts EuZW 2000, 613; *Schwarze,* Der Schutz des geistigen Eigentums im Europäischen Wettbewerbsrecht, EuZW 2002, 75; *Schwintowski,* Der Zugang zu wesentlichen Einrichtungen – Einige kritische Bemerkungen zu § 19 Abs. 4 Nr. 4 GWB unter Berücksichtigung der amerikanischen und europäischen Kartellrechtspraxis, WuW 1999, 842; *Seitz,* Klare Grenzlinie und Minenfeld – Die Marktmissbrauchskontrolle im Arzneimittelsektor nach dem AstraZeneca-Urteil des EuGH, EuZW 2013, 377; *Sher,* Price Discounts and Michelin 2: What Goes Around, Comes Around, ECLR 2002, 482; *ders.,* The Last of the Steam-Powered Trains: Modernising Article 82, ECLR 2004, 243; *Soames,* An analysis of the principles of concerted practice and collective dominance, ECLR 1996, 24, 34; *Temple Lang,* Some Current Problems of Applying Article 82 EC, in: *Baudenbacher* (Hrsg.), Neuste Entwicklungen im europäischen und internationalen Kartellrecht, Basel Genf München 2000, 57; *Thyri,* Immaterialgüterrechte und Zugang zur wesentlichen Einrichtung: Der Fall Microsoft im Licht von IMS-Health, WuW 2005, 388; *Venit,* Case T-286/09 Intel v Commission – The Judgement of the General Court: All steps Backward and no steps forward, European Competition Journal 2015, 203; *Verhauwen,* „Goldener Orange-Book-Standard" am Ende? Besprechung zu LG Düsseldorf, Beschl. v. 21.3.2013 – 4b O 104/12, GRUR 2013, 558; *Weatherill,* Fining the Organisers of the 1998 Football World Cup, ECLR 2000, 275; *Weber/Volz,* Kartellrechtlicher Handlungsbedarf im Lichte potenzieller Meinungsmacht von Suchmaschinen, WuW 2015, 356; *Weiß,* Transfersysteme und Ausländerklauseln unter dem Licht des EG-Kartellrechts, SpuRt 1998, 97; *Weitbrecht,* Die Entwicklung des Europäischen Kartellrechts in den Jahren 1998 und 1999, EuZW 2000, 496; *ders.,* Europäisches Kartellrecht 2002, EuZW 2003, 357; *Weitbrecht/Mühle,* Europäisches Kartellrecht 2009, EuZW 2010, 327; *Wernicke,* Das Intel-Urteil des EuG – ein Lehrstück dogmatischer Kontinuität, EuZW 2015, 19; *Whish/Bailey,* Competition Law, 7. Aufl., Oxford 2012; *Wiedemann* (Hrsg.), Handbuch des Kartellrechts, 2. Aufl., München 2008; *Wils,* The judgment of the EU General Court in Intel and the so-called ‚more economic approach' to abuse of dominance, World Competition 2014, 1; *Wirtz/Möller,* Das Diskussionspapier der Kommission zur Anwendung von Art 82 EG auf Behinderungsmissbräuche, WuW 2006, 226; *Wissel,* Der Unternehmensbegriff in deutschem und europäischem Kartellrecht – Auswirkungen des FENIN-Urteils des EuGH auf das deutsche Recht, Festschrift für *Ulf Doepner,* München 2008, 99; *Wright,* One Sided Logic in Two-Sided Markets, Rev. Network Econ. 2004, 44.

I. Allgemeines

1. Zweck und Bedeutung der Norm

a) Gegenstand des Missbrauchsverbots. Die Missbrauchsaufsicht nach Art. 102 AEUV stellt neben der Kartellaufsicht (Art. 101 AEUV) und der EU-Fusionskontrolle nach der Verordnung (EG) Nr. 139/2004 die dritte Säule der unionsrechtlichen Kontrolle des wettbewerbsrelevanten Verhaltens von Unternehmen im Binnenmarkt dar. Auf diese Weise dient Art. 102 AEUV dem in Protokoll Nr. 27,[1] Art. 3 Abs. 3 EUV, Art. 51 EUV festgelegten Verständnis, dass „der Binnenmarkt, wie er in Artikel 3 EUV beschrieben wird, ein System umfasst, das den Wettbewerb vor Verfälschungen schützt".[2] Aus Art. 102 AEUV ergibt sich nicht nur ein unmittelbar gegen alle in der Europäischen Union tätigen Unternehmen der privaten und der öffentlichen Wirtschaft geltendes Verbot, sondern i. V. m. Art. 4 Abs. 3 EUV, Art. 2 Abs. 1 AEUV, Art. 3 Abs. 1 Buchst. c AEUV, Art. 106 AEUV eine Verpflichtung des **mitgliedstaatlichen Gesetzgebers,** keine Maßnahmen zu ergreifen, die dem Missbrauch einer marktbeherrschenden Stellung Vorschub leisten oder diesen erleichtern.[3] Während die Kartellaufsicht nach Art. 101 AEUV das wettbewerbskoordinierende Verhalten von mindestens zwei Unternehmen sanktioniert und die EU-Fusionskontrolle Marktstrukturveränderungen reguliert, die ebenfalls auf dem Einvernehmen mindestens zweier Unternehmen beruhen, liegt der Schwerpunkt der Missbrauchskontrolle nach Art. 102 AEUV in dem autonomen und **unilateralen Verhalten** eines einzelnen Unternehmens. Verboten ist nicht der Erwerb oder die Beibehaltung einer marktbeherrschenden Stellung mit wettbewerbskonformen Mitteln. Art. 102 AEUV ist allein ein Instrument der Verhaltenskontrolle, das den Behörden keine Handhabe gibt, die marktbeherrschende Stellung eines Unternehmens durch strukturelle Veränderungen zu reduzieren. Daher liegt das besondere Schutzgut des Art. 102 AEUV in dem noch verbliebenen Restwettbewerb. Art. 102 AEUV soll sicherstellen, dass die Abnehmer des beherrschenden Anbieters vor einer strukturbedingten Verschlechterung des Preis-Leistungs-Verhältnisses geschützt werden **(Ausbeutungsmissbrauch)** und dass den Wettbewerbern des dominanten Anbieters hinreichender Verhaltensspielraum bleibt, um die beherrschende Position mit Mitteln des Leistungswettbewerbs anzugreifen (Verbot des **Behinderungsmissbrauchs**).[4] Neben dem **Diskriminierungsverbot** stellen daher diese Tatbestandsgruppen (Ausbeutungs- und Behinderungsmissbrauch) die wichtigsten Tatbestandsobergruppen der Missbrauchsaufsicht dar. 1

b) Praktische Relevanz. Gemessen an der Zahl förmlicher Kommissionsentscheidungen ist die praktische Bedeutung von Art. 102 AEUV **gering im Vergleich zu Art. 101** 2

---

[1] Protokoll Nr. 27 über den Binnenmarkt und Wettbewerb, ABl. 2012 C 326/209.

[2] Da nach Art. 51 EUV die Protokolle Bestandteile der Unionsverträge sind, kann diese Verschiebung der wettbewerbsschützenden Zielbestimmung keine Auswirkungen auf die Auslegung der Vorschriften haben. Ebenso EuGH Urt. v. 17.2.2011 – C-52/09, Slg. 2011, I-527 Rn. 20f. – Konkurrensverket/TeliaSonera; *Weitbrecht/Mühle* EuZW 2010, 327.

[3] Art. 4 Abs. 3 EUV enthält die allgemeine Pflicht der Mitgliedstaaten alle Maßnahmen, die die Verwirklichung der Unionsziele gefährden könnten, zu unterlassen. Aus Art. 2 Abs. 1 i. V. m. Art. 3 Abs. 1 Buchst. c AEUV ergibt sich die ausschließliche Kompetenz der Union zur Festlegung der für das Funktionieren des Binnenmarktes erforderlichen Wettbewerbsregeln und das korrespondierende Verbot für die Mitgliedstaaten in diesem Bereich tätig zu werden, soweit sie nicht Recht der Union durchführen oder von ihr zum Handeln ermächtigt werden. Ist also der Anwendungsbereich von Art. 102 AEUV eröffnet, können die Mitgliedstaaten nicht mehr tätig werden und das Verhalten von Unternehmen abweichend zu Art. 102 AEUV regulieren. Zur im Wesentlichen übereinstimmenden alten Rechtslage siehe EuGH Urt. v. 23.4.1991 – C-41/90, Slg. 1991, I-1979 Rn. 27 – Höfner und Elser; EuGH Urt. v. 12.2.1998 – C-163/96, Slg. 1998, I-533 Rn. 27 – Silvano Raso; Schlussanträge des Generalanwaltes *Jacobs* vom 27.2.1997 u. a. zu C-90/94, Slg. 1997, I-4087 Rn. 127.

[4] *Fuchs/Möschel* in Immenga/Mestmäcker Art. 102 Rn. 128ff.

AEUV und den jeweiligen Vorgängerregelungen. Im Jahre 1998 schloss die Kommission insgesamt 6 Verfahren mit einer förmlichen Entscheidung ab.[5] Im Jahre 1999 erließ die Kommission 4 Verbotsentscheidungen nach Art. 102 AEUV.[6] Ein klarer Schwerpunkt lag in beiden Berichtsjahren in der Anwendung des Missbrauchsverbots auf Flughafenbetreibergesellschaften, hinzu kamen Musterverfahren im Bereich des Zucker- und des Eiskremvertriebs in Irland.[7] Prominent im Jahre 1999 waren ein Verfahren gegen *British Airways* (Treuerabatte im Vertrieb von Flugtickets) und ein symbolisches Verfahren gegen das Organisationskomitee der Fußballweltmeisterschaft in Frankreich 1998.[8] Im Jahre 2000 lagen die Schwerpunkte der Kommissionspolitik im Bereich von Art. 102 AEUV im Postwesen und im Luftverkehr,[9] abgeschlossen wurde jedoch nur ein Verfahren.[10] Im Jahre 2001 wurde unter anderem eine Reihe von Verfahren im Postsektor abgeschlossen.[11] Die Kommission verhängte Geldbußen in vier nach Art. 102 AEUV untersuchten Fällen.[12] Im Jahr 2002 ist die Anwendungsintensität der Vorschrift weiter zurückgegangen (keine förmliche Entscheidung).[13] Im Jahre 2003 überraschte die Kommission die Öffentlichkeit mit einer Geldbußenentscheidung gegen die *Deutsche Telekom.*[14] Hinzu kamen weitere Entscheidungen aus dem Internet[15]- und Eisenbahnsektor.[16] Von besonderer Bedeutung im Jahre 2004 ist die Entscheidung der Kommission gegen *Microsoft.*[17] 2005, 2006, 2007 hat die Kommission nur je ein Verfahren nach Art. 102 AEUV durch Untersagungsentscheidungen abgeschlossen.[18] Im Jahr 2008 wurde erneut keine Untersagungsentscheidung erlassen.[19] In diesem Jahr verhängte die Kommission aber erstmals ein Zwangsgeld wegen Verstoßes gegen eine Verpflichtungsentscheidung.[20] 2009 folgte eine Untersagungsentscheidung im Verfahren gegen *Intel* mit der Rekordgeldbuße i. H. v. 1,06 Mrd. Euro.[21] Während 2010 kein Verfahren mit einem Verbotsbeschluss abgeschlossen wurde, erging 2011 ein Beschluss.[22] In den Jahren 2012 und 2013 erging erneut kein Verbotsbeschluss. 2014 ergingen vier Ver-

---

[5] 28. Wettbewerbsbericht 1998, Rn. 71.

[6] 29. Wettbewerbsbericht 1999, Rn. 57.

[7] Fall Irish Sugar: 27. Wettbewerbsbericht 1997, Rn. 65; Fall Van den Bergh Foods (Eiskrem): 28. Wettbewerbsbericht, Rn. 74.

[8] Fall Virgin/British Airways: 29. Wettbewerbsbericht, Rn. 60; Fall Fußball-Weltmeisterschaften 1998: 29. Wettbewerbsbericht 1999, Rn. 61.

[9] 30. Wettbewerbsbericht 2000, Rn. 100.

[10] Komm. E. v. 20.12.2000 – K(2000) 4067, ABl. 2001 L 63/59 – Postalische Dienste mit vertraglich zugesicherter termingenauer Zustellung in Italien.

[11] Komm. E. v. 20.3.2001 – COMP/M 35.141, ABl. 2001 L 125/27 – Deutsche Post AG; Komm. E. v. 25.7.2001 – COMP/C-1/36.915, ABl. 2001 L 331/40 – Deutsche Post AG – Aufhalten grenzüberschreitender Postsendungen; Komm. E. v. 23.10.2001 – COMP/C-1/37.133, ABl. 2002 L 120/19 – La Post/Postvorbereiter; Komm. E. v. 5.12.2001 – COMP/C-1/37.859, ABl. 2002 L 61/32 – De Post/La Poste (Belgien).

[12] 31. Wettbewerbsbericht 2001, Rn. 76.

[13] *Weitbrecht* EuZW 2003, 357 (360).

[14] Komm. E. v. 21.5.2003 – COMP/C-1/37.451, 37.578, 37.579, ABl. 2003 L 263/9 – Deutsche Telekom AG.

[15] Komm. E. v. 16.7.2003 – COMP/38.233, WuW 2005, 99 – Wanadoo Interactive.

[16] Komm. E. v. 27.8.2003 – COMP/37.685, ABl. 2004 L 11/17 – GVG/Ferrovie dello Stato.

[17] Komm. E. v. 24.3.2004 – COMP/37.792, ABl. 2007 L 32/23 (Zusammenfassung) – Microsoft.

[18] 2005: Komm. E. v. 15.6.2005 – COMP/A. 37.507/F3, ABl. 2006 L 332/24 – AstraZeneca; 2006: Komm. E. v. 29.3.2006 – COMP/E-1/38.113, ABl. 2008 C 219/11 (Zusammenfassung) – Prokent/Tomra; 2007: Komm. E. v. 2.7.2007 – COMP/38.784, ABl. 2008 C 83/6 (Zusammenfassung) – Wanadoo España/Telefónica.

[19] Wettbewerbsbericht 2008, Rn. 21–25.

[20] Komm. E. v. 27.2.2008 – COMP/C-3/34.792 – Microsoft.

[21] Komm. E. v. 13.5.2009 – COMP/37.990, ABl. 2009 C 227/13 (Zusammenfassung) – Intel.

[22] Komm. Beschl. v. 22.6.2011 – COMP/39.525, ABl. 2011 C 324/7 (Zusammenfassung) – Telekomunikacja Polska.

botsverfügungen.[23] Im Jahr 2015 hat die Kommission bisher in drei Fällen eine Mitteilung der Beschwerdepunkte versandt.[24] Die Missbrauchsaufsicht nach dem früheren Art. 66 § 7 EGKS-Vertrag hat in der Praxis kaum eine Rolle gespielt.[25]

Es wäre jedoch nicht sachgerecht, die Bedeutung des Missbrauchsverbots nur an der 3
Zahl der förmlich abgeschlossenen Verfahren zu messen. Eine erhebliche Zahl von Verfahren wird durch Zusagen beendet, die die betroffenen Unternehmen nach der Mitteilung der Beschwerdepunkte bei der Kommission einreichen.[26] Im Jahre 2005 hat die Kommission erstmals von der durch Art. 9 Abs. 1 Verordnung (EG) Nr. 1/2003 eingeräumten Möglichkeit Gebrauch gemacht, von Unternehmen angebotene Zusagen durch Entscheidung für verbindlich zu erklären.[27] Diese Art des Verfahrensabschlusses wurde auch in den Fällen *De Beers*[28] und *Distrigaz*[29] gewählt. Es zeigt sich eine zunehmende Bedeutung dieses Verfahrensabschlusses in der Kommissionspraxis. So wurden 2008 ein,[30] 2009 vier,[31] 2010 vier,[32] 2011 zwei,[33] 2012 zwei,[34] 2013 zwei[35] und 2014 ein[36] Verfahren mit einem Verpflichtungsbeschluss beendet. Keinen Abschluss durch eine Entscheidung nach Art. 9 Abs. 1 Verordnung (EG) Nr. 1/2003 fand bisher das im Jahr 2010 begonnene Verfahren gegen Google. Google hatte im Jahr 2013 und 2014 verschiedene Verpflichtungszusagen gemacht um Bedenken der Kommission auszuräumen, dass das Unternehmen seine be-

---

[23] Komm. Beschl. v. 5.3.2014 – AT.39984, ABl. 2014 C 314/7 (Zusammenfassung) – Romanian Power Exchange/OPCOM; Komm. Beschl. v. 29.4.2014 – AT.39985, ABl. 2014 C 344/06 (Zusammenfassung) – Motorola – Enforcement of GPRS standard essential patents, siehe auch Rn. 269; Komm. Beschl. v. 9.7.2014 – COMP/AT.39612 – Perindopril (Servier); Beschl. v. 15.10.2014 – AT.39523 – Slovak Telekom.

[24] Komm. Pressemitteilung v. 23.3.2015 (Bulgarian Energy Holding; Erdgas), Pressemitteilung v. 15.4.2015 (Google – Android), Pressmitteilung v. 22.4.2015 (Gazprom); vgl. zudem Pressemitteilung v. 12.8.2014 (Bulgarian Energy Holding; Stromgroßhandel).

[25] *Lübbig* Stahl und Eisen 2002, 59 (60).

[26] 27. Wettbewerbsbericht 1997, Rn. 64.

[27] Komm. E. v. 22.6.2005 – COMP/A.39.116/B2, ABl. 2005 L 253/21 – Coca-Cola.

[28] Komm. E. v. 22.2.2006 – COMP/B-2/38.381, ABl. 2006 L 205/24; zwischenzeitlich für nichtig erklärt durch EuG Urt. v. 11.7.2007 – T-170/06, Slg. 2007, I-2601 – Alrosa/Kommission; im Rechtsmittelverfahren wurde das Urteil des EuG aufgehoben durch EuGH Urt. v. 29.6.2010 – C-441/07, Slg. 2010, I-5949 – Kommission/Alrosa.

[29] Komm. E. v. 11.10.2007 – COMP/B-1/37.966, ABl. 2008 C 9/8 (Zusammenfassung).

[30] Komm. E. v. 26.11.2008 – COMP/39.388, COMP/39.389, ABl. 2009 C 36/8 (Zusammenfassung) – Deutscher Stromgroßhandelsmarkt und Deutscher Regelenergiemarkt.

[31] Komm. E. v. 18.3.2009 – COMP/39.402 – Gasmarktabschottung durch RWE; E. v. 2.12.2009 – COMP/39.316, ABl. 2010 C 57/13 (Zusammenfassung) – Gaz de France; E. v. 9.12.2009 – COMP/38.636, ABl. 2010 C 30/17 (Zusammenfassung) – Rambus; Beschl. v. 16.12.2009 – COMP/39.530, ABl. 2010 C 36/7 (Zusammenfassung) – Microsoft (Kopplung). Weil Microsoft nach Auffassung der Kommission die Bestimmungen der Verpflichtungsentscheidung verletzt hat, hat sie erstmalig am 6.3.2013 unter der gleichen Rechtssachennummer ein Bußgeld i. H. v. 561 Mio. Euro verhängt.

[32] Komm. Beschl. v. 17.3.2010 – COMP/39.386, ABl. 2010 C 133/5 (Zusammenfassung) – Langfristige Stromlieferverträge in Frankreich; Beschl. v. 14.4.2010 – COMP/39.351, ABl. 2010 C 142/28 (Zusammenfassung) – Swedish Interconnectors; Beschl. v. 4.5.2010 – COMP/39.317 – Marktabschottung durch E.ON Gas; Beschl. v. 29.9.2010 – COMP/39.315, ABl. 2010 C 352/8 (Zusammenfassung) – ENI.

[33] Komm. Beschl. v. 15.11.2011 – COMP/39 592, ABl. 2012 C 31/8 (Zusammenfassung) – Standard & Poor's; Beschl. v. 13.12.2011 – COMP/39 692, ABl. 2012 C 18/6 (Zusammenfassung) – IBM-Wartungsdienste.

[34] Komm. Beschl. v. 20.12.2012 – AT/39.654, ABl. 2013 C 326/4 (Zusammenfassung) – Thomson Reuters; Beschl. v. 20.12.2012 – AT/39.230, ABl. 2013 C 89/5 (Zusammenfassung) – Rio Tinto Alcan.

[35] Komm. Beschl. v. 10.4.2013 – AT/39727, ABl. 2013 C 251/4 (Zusammenfassung) – ČEZ; Beschl. v. 18.12.2013 – COMP/39.678, COMP/39.731, ABl. 2014 C 86/4 (Zusammenfassung) – Deutsche Bahn I, II.

[36] Komm Beschl. v. 29.4.2014 – AT/39939, ABl. 2014 C 350/8 (Zusammenfassung) – Samsung – Enforcement of UMTS standard essential patents.

herrschende Stellung auf den Märkten für Online-Suche, Suchmaschinenwerbung und Vermittlung von Suchmaschinenwerbung im EWR missbraucht haben könnte.[37] Diese führten hingegen nicht zum Abschluss des Verfahrens, vielmehr setzte die Kommission im Frühjahr 2015 ihre kartellrechtliche Untersuchung fort und übermittelte Google Beschwerdepunkte zu seinem Preisvergleichsdienst und leitete außerdem eine förmliche Untersuchung zu Android (Betriebssystem für mobile Geräte) ein.[38] Die andere wesentliche Bedeutung des Art. 102 AEUV liegt in seiner **generalpräventiven Wirkung,** die nicht nur von der Bestimmung selbst ausgeht, sondern auch von den vielen parallelen Missbrauchsverbotsvorschriften im **nationalen Kartellrecht.** In der nationalen Kartellrechtspraxis spielt Art. 102 AEUV eine zunehmend wichtige Rolle, bisher vor allem in der Konstellation, dass Art. 102 AEUV neben dem jeweils bestehenden nationalen Missbrauchsverbot zur Begründung der Entscheidung herangezogen wird.[39] So wurden 2004 ca. 14, 2010 ca. 37 und 2013 ca. 20 Entscheidungen von nationalen Wettbewerbsbehörden auf Basis von Art. 102 AEUV getroffen.[40]

2. Systematik der Norm

4 Der Aufbau des Missbrauchsverbots in Art. 102 AEUV ist bestimmt durch das statische **Tatbestandselement** der **Marktbeherrschung** und das verhaltensbeschreibende Tatbestandselement der **Missbrauchshandlungen,** die in Satz 2 Buchst. a bis d beispielhaft beschrieben werden. Nach der Rechtsprechung des Gerichtshofes setzt die Annahme eines Missbrauches nicht zwingend voraus, dass zwischen marktbeherrschender Stellung und Missbrauchsverhalten ein Zusammenhang in dem Sinne besteht, dass die „durch eine beherrschende Stellung erlangte Wirtschaftskraft als Mittel für die Verwirklichung des Missbrauchs eingesetzt wird." Nach ständiger Rechtsprechung ist der „Begriff der **missbräuchlichen Ausnutzung** vielmehr ein **objektiver Begriff,** der die Verhaltensweisen eines Unternehmens in beherrschender Stellung erfasst, die die Struktur eines Marktes beeinflussen können, auf dem der Wettbewerb gerade wegen der Anwesenheit des fraglichen Unternehmens bereits geschwächt ist, und die die Aufrechterhaltung des auf dem Markt noch bestehenden Wettbewerbs oder dessen Entwicklung durch die Verwendung von Mitteln behindern, welche von den Mitteln eines normalen Produkt- oder Dienstleistungswettbewerbs auf der Grundlage der Leistungen der Marktbürger abweichen".[41] Soweit objektiv eine Missbrauchshandlung festgestellt wurde, ist die etwaige Absicht, einen Leistungswettbewerb führen zu wollen unbeachtlich.[42] Beide Tatbestandsmerkmale

---

[37] Vgl. zu den Vorwürfen gegen Google Komm. Pressemitteilung v. 30.11.2010, IP/10/1624 und zu den Verpflichtungszusagen Komm. Mitteilungen v. 5.2.2014, 25.4.2013, MEMO 14/87, MEMO 13/383.

[38] Siehe Komm. Pressemitteilung v. 15.4.2015, IP/15/4681, sowie Komm. Factsheet v. 15.4.2015, MEMO/15/4781.

[39] Vgl. z. B. die Beschlüsse des Bundeskartellamts vom 21.12.1999, WuW/E DE-V 253 und vom 27.1.2010 – B9–188/05 über die Mitbenutzung von Hafenanlagen in Puttgarden sowie die Entscheidung der italienischen Kartellbehörde vom 12.7.1999 betreffend Rabattpraktiken von Coca Cola in Italien, veröffentlicht im Bolletino Nr. 49/1999.

[40] Berechnet auf der Basis der Zahlen der Kommission (http://ec.europa.eu/competition/ecn/statistics.html). Die Zahlen beziehen auch solche Entscheidungen mit ein, bei denen neben Art. 102 AEUV auch Art. 101 AEUV Entscheidungsbasis war.

[41] EuGH Urt. v. 13.2.1979 – 85/76, Slg. 1979, 461 Rn. 91 – Hoffmann-La Roche; Schlussanträge des Generalanwaltes *Cosmas* vom 16.5.2000 zu C-344/98, Slg. 2000, I-11.371 Rn. 92 – Masterfoods/HB Ice Cream. In unwesentlich abgewandelter Formulierung st. Rspr., z. B. EuGH Urt. v. 19.4.2012 – C-549/10 P Rn. 17 m. w. N. – Tomra/Kommission; Urt. v. 6.12.2012 – C-457/10 P Rn. 74 – AstraZeneca/Kommission.

[42] EuGH Urt. v. 19.4.2012 – C-549/10 P Rn. 22 – Tomra/Kommission. Ausdrücklich besagt die Entscheidung, dass die Absicht, einen Leistungswettbewerb zu führen, nicht belegen kann, dass es *keinen* Missbrauch gab.

sind somit unabhängig voneinander festzustellen. Es besteht weder eine Vermutung dafür, dass ein Unternehmen in beherrschender Stellung typischerweise zu missbräuchlichem Verhalten neige, noch dafür, dass ein der äußeren Form nach missbräuchliches Verhalten im Sinne von Art. 102 Satz 2 Buchst. a bis d AEUV nur deshalb habe durchgesetzt werden können, weil das Unternehmen in einer beherrschenden Stellung gewesen sein müsse.

a) Marktbeherrschung. Anders als das deutsche Recht in § 18 Abs. 1 GWB enthält 5 der **AEUV keine Definition** der Marktbeherrschung oder gar eine aus Marktanteilswerten abzuleitende Marktbeherrschungsvermutung. Lediglich der EGKS-Vertrag ging in Art. 65 § 2 Buchst. c und Art. 66 § 2 1. Tiret davon aus, dass in der Preisbestimmungsmacht eines Unternehmens das wesentliche Merkmal der Marktbeherrschung liege. Der **Gerichtshof** definiert den Tatbestand der Marktbeherrschung in Art. 102 AEUV in ständiger Rechtsprechung als die „wirtschaftliche Marktstellung eines Unternehmens, die dieses in die Lage versetzt, die Aufrechterhaltung eines wirksamen Wettbewerbs auf dem relevanten Markt zu verhindern, indem sie ihm die Möglichkeit verschafft, sich seinen Wettbewerbern, seinen Abnehmern und letztlich den Verbrauchern gegenüber in einem nennenswerten Umfang unabhängig zu verhalten."[43] Marktbeherrscher nach dieser Definition ist somit dasjenige Unternehmen, das es sich **trotz des Bestehens gewissen Restwettbewerbes** erlauben kann, in seinem Verhalten weitgehend keine Rücksicht auf dieses Wettbewerbspotential nehmen zu müssen, ohne dass ihm dies zum Schaden gereichte. Diese Stellung der Marktbeherrschung reduziert die wirtschaftliche Handlungsfreiheit des Unternehmens in nennenswertem Maße; der Gerichtshof leitet aus der marktbeherrschenden Stelle nämlich eine „besondere Verantwortung" für die Aufrechterhaltung des durch die Anwesenheit des Marktbeherrschers ohnehin „geschwächten Wettbewerbs" ab.[44] Außerhalb des Bereichs der Marktbeherrschung als üblich angesehene Geschäftspraktiken können somit einen Missbrauch im Sinne von Art. 102 AEUV darstellen, wenn sie von Unternehmen mit marktbeherrschender Stellung ausgehen.[45]

b) Missbräuchliches Verhalten. Da die missbräuchliche Ausnutzung der marktbe- 6 herrschenden Stellung als „objektiver Begriff" angesehen wird, sind für die Beurteilung dieses Verhaltens die Absichten oder Beweggründe der Unternehmensleitung unerheblich;[46] ein **Verschulden** im Sinne persönlich oder individuell vorwerfbaren Verhaltens ist nicht Tatbestandsvoraussetzung,[47] wenngleich Art. 15 Abs. 2 der alten Verordnung Nr. 17/1962 (nunmehr Art. 23 Abs. 2 der Verordnung (EG) Nr. 1/2003) davon ausgeht, dass Geldbußen nur bei **vorsätzlichem oder fahrlässigem** Handeln verhängt werden können. Der Begriff des Vorsatzes im Sinne dieser Bestimmung setzt nach der Rechtsprechung jedoch nicht voraus, dass sich das Unternehmen des Kartellverstoßes bewusst war. Der Gerichtshof hat vielmehr entschieden, es genüge für die Annahme vorsätzlichen Handelns, „dass sich das betroffene Unternehmen über die Wettbewerbswidrigkeit seines Verhaltens nicht im Unklaren sein kann, gleichviel, ob ihm dabei bewusst ist, dass es gegen Wettbe-

---

[43] EuGH Urt. v. 13.2.1979 – 85/76, Slg. 1979, 461 – Hoffmann-La Roche, Leitsatz 4; st. Rspr., z. B. EuGH Urt. v. 19.4.2012 – C-549/10 P Rn. 38 – Tomra/Kommission.

[44] EuGH Urt. v. 14.11.1996 – C-333/94 P, Slg. 1996, I-5951 Rn. 24 – Tetra Pak/Kommission; st. Rspr., z. B. EuGH Urt. v. 27.3.2012 – C-209/10 P Rn. 23 – Post Danmark/Konkurrencerådet.

[45] Komm. E. v. 26.7.2000 – K (2000) 2267, ABl. 2000 L 208/36 Rn. 50 – Aeropuertos Espanoles y Navegación Aérea; Beschl. v. 29.4.2014 – AT.39985, Rn. 274 m. w. N. – Motorola – Enforcement of GPRS standard essential patents.

[46] Nach EuGH Urt. v. 19.4.2012 – C-549/10 P Rn. 19–21 – Tomra/Kommission; EuG Urt. v. 9.9.2009 – T-301/04, Slg. 2009, II-3155 Rn. 142 – Clearstream/Kommission muss die Kommission gerade keine Absicht nachweisen, kann aber bei der Bewertung des Verhaltens des Unternehmens darauf eingehen. Vgl. *Schröter/Bartl* in Schröter/Jakob/Klotz/Mederer Art. 102 Rn. 164.

[47] EuGH Urt. v. 21.2.1973 – 6/72, Slg. 1973, 215 Rn. 29 – Continental Can; Schlussanträge des Generalanwaltes *Jacobs* vom 27.2.1997 u. a. zu C-90/94, Slg. 1997, I-4123 Rn. 126.

werbsregeln des EG-Vertrages (jetzt AEUV) verstößt".[48] Überdies hat der Gerichtshof festgestellt, dass fahrlässig begangene Zuwiderhandlungen unter dem Gesichtspunkt des Wettbewerbs nicht weniger schwerwiegend seien als die vorsätzlich begangenen.[49]

7 Im Hinblick auf den Missbrauchstatbestand ist Art. 102 Satz 1 AEUV als **Generalklausel** zu verstehen, die durch die **Katalogtatbestände** in Satz 2 Buchst. a bis d in **nicht erschöpfender Weise** beispielhaft erläutert wird. Die meisten Tatbestandsgruppen lassen sich der zum deutschen Kartellrecht entwickelten Aufteilung in Ausbeutungsmissbrauch, Behinderungsmissbrauch und diskriminierendes Verhalten zuordnen. Die Grenzen sind fließend, so dass der Gerichtshof nicht immer deutlich macht, von welcher Tatbestandsalternative oder welchem Katalogbeispiel er ausgeht. Zum Teil definiert der Gerichtshof das missbräuchliche Verhalten sogar ganz allgemein als einen Verstoß gegen Art. 102 AEUV und das in Art. 3 Abs. 3 EUV niedergelegte Binnenmarktziel.

8 Nach der Rechtsprechung setzt die Anwendung von Art. 102 AEUV nicht voraus, dass sich das missbräuchliche Verhalten zwingend auf denjenigen Markt auswirkt, der von dem Unternehmen beherrscht wird; vielmehr finden sich eine Reihe von Beispielen, in denen sich die **beanstandeten Verhaltensweisen auf anderen als auf den beherrschten Märkten ausgewirkt haben.**[50] Jedoch wird man einen gewissen Zusammenhang zwischen der Tätigkeit auf dem beherrschten Markt und auf demjenigen nicht-beherrschten Markt verlangen müssen, auf dem sich das missbräuchliche Verhalten auswirkt (wie z.B. bei **benachbarten Märkten oder bei vertikaler Integration** zwischen den beiden Märkten). Anderenfalls wären Vielproduktunternehmen in ihrem Wettbewerbsverhalten unangemessen behindert; m.a.W. die Tatsache, dass z.B. ein Chemikalien- und Arzneimittelhersteller eine beherrschende Position in der Herstellung und im Vertrieb eines patentierten Arzneimittels hat, hindert das Unternehmen noch nicht daran, auf einem nicht beherrschten Markt im Bereich der Petrochemie Treuerabatte zu gewähren. Diese Auffassung hat der Gerichtshof nun in einer Vorlageentscheidung bestätigt: Danach setzt Art. 102 AEUV „einen Zusammenhang zwischen der beherrschenden Stellung und dem angeblich missbräuchlichen Verhalten voraus, der in der Regel nicht gegeben ist, wenn sich ein Verhalten auf einem von dem beherrschten Markt verschiedenen Markt dort auswirkt. Handelt es sich jedoch um verschiedene, aber verbundene Märkte, so können besondere Umstände eine Anwendung von Art. 102 AEUV auf ein Verhalten rechtfertigen, das auf dem verbundenen, nicht beherrschten Markt festgestellt wurde und sich dort auswirkt".[51] Zur Frage, wann ein marktbeherrschendes Unternehmen gegen Art. 102 AEUV verstößt, wenn es sich durch seine Verhaltensweisen einen Vorteil auf einen benachbarten Markt verschafft, könnte die Fortführung der kartellrechtlichen Untersuchung gegen das Unternehmen Google weitere Antworten liefern. Im Frühjahr 2015 hat die Kommission dem Unternehmen Google eine Mitteilung der Beschwerdepunkte zu Googles Preisvergleichsdienst übermittelt.[52] In der Mitteilung wird Google vorgeworfen, seinen eigenen Preisvergleichsdienst auf seinen eigenen Suchergebnisseiten gegenüber konkurrierenden Preisvergleichsdiensten bevorzugt zu behandeln und damit den Wettbewerb zu behindern und

[48] EuGH Urt. v. 14.10.2010 – C-280/08 P, Slg. 2010, I-9555 Rn. 124 m.w.N. – Deutsche Telekom/Kommission.

[49] EuGH Beschl. v. 14.12.1995 – C-173/95 P, Slg. 1996, I-1611 Rn. 55 – VSPOB/Kommission.

[50] EuGH Urt. v. 6.3.1974 – verb. Rs. 6/73 und 7/73, Slg. 1974, 233 – Commercial Solvents/Kommission; Urt. v. 3.10.1985 – C-311/84, Slg. 1985, 3261 – CBEM/CLT und IPB; Urt. v. 3.7.1991 – C-62/86, Slg. 1991, I-3359 – AKZO; Urt. v. 14.11.1996 – C-333/94 P, Slg. 1996, I-5951 Rn. 25 – Tetra Pak/Kommission; Urt. v. 17.7.2014 – C-553/12 P Rn. 66 – Kommission/DEI („benachbarte Märkte").

[51] EuGH Urt. v. 17.2.2011 – C-52/09, Slg. 2011, I-527 Rn. 86 – Konkurrensverket/TeliaSonera.

[52] Siehe Komm. Pressemitteilung v. 15.4.2015, IP/15/4681, sowie zu den in der Mitteilung dargelegten Feststellungen in Komm. Factsheet v. 15.4.2015, MEMO/15/4781, siehe auch die Pressemitteilung von Kommissarin Vestager v. 15.4.2015, STATEMENT/15/4785.

Verbrauchern zu schaden.[53] Aus Sicht der Kommission habe Google eine beherrschende Stellung bei der Bereitstellung allgemeiner Online-Suchdienste, während das Unternehmen bei den Preisvergleichsdiensten mit einer Reihe anderer Anbieter konkurriere.[54]

c) Beeinträchtigung des Handels zwischen den Mitgliedstaaten. Die missbräuchliche Ausnutzung einer marktbeherrschenden Stellung ist nur an Art. 102 AEUV zu messen, wenn sie dazu führen kann, den Handel zwischen Mitgliedstaaten zu beeinträchtigen. Das Tatbestandsmerkmal hat nach einhelliger Auffassung die Aufgabe den **Anwendungsbereich** des **unionalen Missbrauchsverbots** von vergleichbaren **Vorschriften der Mitgliedstaaten abzugrenzen.**[55] Das Tatbestandsmerkmal hat damit die gleiche Funktion wie in Art. 101 Abs. 1 AEUV und wird vom EuGH auch ausdrücklich einheitlich ausgelegt.[56] Kann die fragliche Wettbewerbspraxis demnach den zwischenstaatlichen Handel beeinflussen, ist Art. 102 AEUV anzuwenden unabhängig von der Frage, ob die Handlung auch einen Missbrauch der marktbeherrschenden Stellung darstellt. Weil demnach auch mitgliedstaatliche Behörden und Gerichte Art. 102 AEUV anwenden müssen, soweit dessen Anwendungsbereich eröffnet ist (vgl. Art. 5, 6 VO (EG) Nr. 1/2003), ist die Frage der Zuständigkeit der Kommission zur Durchführung eines Kartellverfahrens nach Art. 102 AEUV nicht automatisch mit der Handelsbeeinträchtigung verbunden.[57] 9

3. Verhältnis zu anderen Normen

a) Verhältnis zu nationalem Recht. Gegenüber Vorschriften des mitgliedstaatlichen Rechts nimmt Art. 102 AEUV grundsätzlich **Anwendungsvorrang** ein. Das bedeutet, dass eine nach Art. 102 AEUV missbräuchliche Verhaltensweise nicht durch eine Erlaubnisvorschrift des nationalen Rechts gerechtfertigt sein kann,[58] es sei denn die Voraussetzungen des Art. 106 Abs. 2 AEUV liegen vor oder dem betroffenen Unternehmen ist die beanstandete Verhaltensweise durch nationale Rechtsvorschriften in der Weise vorgeschrieben, dass ihm keine Verhaltensalternative blieb.[59] Art. 3 Abs. 2 S. 1 VO (EG) Nr. 1/2003 gestattet den Mitgliedstaaten, einseitige Wettbewerbspraktiken, die den zwischenstaatlichen Handel beeinträchtigen können, aber keinen Missbrauch der marktbeherrschenden Stellung i. S. d. Art. 102 AEUV darstellen, als einen Verstoß gegen innerstaatliches Kartellrecht zu behandeln. Soweit das fragliche Verhalten den zwischenstaatlichen Handel nicht beeinträchtigen kann, sind die Mitgliedstaaten in der Beurteilung des Verhaltens völlig frei. Der Anwendungsvorrang hat aber in der Anwendungspraxis fast keine Bedeutung mehr, da die Mitgliedstaaten weitgehend übereinstimmende Missbrauchsverbote eingeführt haben.[60] 10

b) Verhältnis zu Missbrauchsverboten von Drittstaaten. Es besteht Einigkeit darüber, dass das unionale Missbrauchsverbot nicht auf Wettbewerbspraktiken angewendet werden kann, die keinerlei Verbindung zum Gebiet der Union aufweisen. Die Frage des territorialen Anwendungsbereichs von Art. 102 AEUV in Bezug auf Missbrauchsverbote von Drittstaaten lässt sich nicht einheitlich einem Merkmal des Tatbestands zuordnen. Anknüpfungspunkte sind aber darin zu erkennen, dass Art. 102 AEUV eine beherrschende 11

[53] Komm. Factsheet v. 15.4.2015, MEMO/15/4781.

[54] Komm. Factsheet v. 15.4.2015, MEMO/15/4781.

[55] St. Rspr. seit EuGH Urt. v. 31.5.1979 – 22/78, Slg. 1979, 1869 Rn. 17 – Hugin/Kommission.

[56] EuGH Urt. v. 31.5.1979 – 22/78, Slg. 1979, 1869 Rn. 17 – Hugin/Kommission; Urt. v. 5.10. 1988 – C-247/86, Slg. 1988, 6005 Rn. 11 – Alsatel/SA Novasam; Urt. v. 11.12.1980 –31/80, Slg. 1980, 3775 Rn. 28 – L'Oréal/PVBA.

[57] Ebenso EuG Urt. v. 12.6.2014 – T-286/09 Rn. 248 – Intel/Kommission.

[58] EuG Urt. v. 7.10.1999 – T-228/97, Slg. 1999, II-2969 Rn. 211 – Irish Sugar.

[59] EuGH Urt. v. 11.11.1997 – verb. Rs. C-359/95 P und C-379/95 P, Slg. 1997, I-6265 Rn. 33 – Kommission/Ladbroke Racing; EuGH Urt. v. 9.9.2003 – C-198/01, Slg. 2003, I-8055 Rn. 51 = EuZW 2003, 728 Rn. 51 – Consorzio Industrie Fiammiferi/AGCM, mit Anm. *Clarich/Lübbig* EuZW 2003, 733.

[60] Übersicht bei *Schröter/Bartl* in Schröter/Jakob/Klotz/Mederer Art. 102 Rn. 3 ff.

Stellung auf dem Binnenmarkt oder einem wesentlichen Teil desselben und die Eignung zur Beeinträchtigung des Handels zwischen den Mitgliedstaaten erfordert. Die Rechtsprechung hat die Anwendung des Art. 102 AEUV unter **zwei alternativen Bedingungen** angenommen. Zum einen ist Art. 102 AEUV anzuwenden, wenn die relevante **Wettbewerbspraktik in der Union abgesprochen oder durchgeführt** wird.[61] Alternativ kann darauf abgestellt werden, dass das unternehmerische Handeln **unmittelbare, wesentliche und vorhersehbare Auswirkungen** in der Union haben kann.[62] Beide Anknüpfungspunkte sah das EuG in seinem *Intel*-Urteil verwirklicht, in welchem der marktbeherrschende Chiphersteller u. a. den Ankauf von rivalisierenden CPUs durch asiatische Computerhersteller durch Rabatte behinderte und nur die in Asien gefertigten Computer in der Union gehandelt wurden.[63] Im Einzelnen wird auf die Ausführungen zum internationalen Kartellrecht der Union verwiesen.

12 **c) Verhältnis zu Art. 101 AEUV.** Zu Art. 101 AEUV (Kartellverbot) besteht ein Verhältnis der **Idealkonkurrenz,** d. h. ein bestimmtes Verhalten kann eine Zuwiderhandlung gegen beide Bestimmungen darstellen.[64] Die gleichzeitige Anwendung beider Bestimmungen ist zum einen dann relevant, wenn sich das marktbeherrschende Unternehmen zugleich an einem Kartell beteiligt und die vereinbarten wettbewerbsbeschränkenden Maßnahmen auch bei autonomer Entscheidung des Marktbeherrschers als missbräuchlich anzusehen wären, oder aber bei Kartellverstößen in einem kollektiv marktbeherrschenden Oligopol.[65] In der Rechtsprechung ist inzwischen geklärt, dass Freistellungen einer bestimmten Verhaltensweise oder Vertragsstruktur nach Art. 101 Abs. 3 AEUV – gleichgültig, ob es sich um eine Einzel- oder um eine Gruppenfreistellung handelt – der Anwendbarkeit von Art. 102 AEUV nicht entgegenstehen.[66]

13 **d) Verhältnis zu Art. 106 Abs. 2 AEUV.** Art. 106 Abs. 2 AEUV schließt als Bereichsausnahme zu Titel VII (Kapitel 1) des Vertrages (Wettbewerbsregeln) die Anwendung von Art. 102 AEUV auf ein bestimmtes missbräuchliches Verhalten aus. Voraussetzung der Norm ist die **Verpflichtung** des marktbeherrschenden Unternehmens, eine bestimmte Dienstleistung von allgemeinem wirtschaftlichen Interesse zu verrichten und die **Erforderlichkeit** der Wettbewerbsbeeinträchtigung, die mit dieser Sonderlast einhergeht, um diese besondere Verpflichtung zu erfüllen. Die Definition, Reichweite, Ausgestaltung und Abwicklung (Effizienz) der im öffentlichen Interesse stehenden Sonderaufgabe (z. B. Universaldienst)[67] liegt grundsätzlich im Ermessen der Mitgliedstaaten.[68] Dieser weite Ermessensspielraum wird seit Inkrafttreten des Vertrags von Lissabon ausdrücklich in Art. 1 Protokoll

---

[61] EuGH Urt. v. 27.9.1988 – verb. Rs. 89/85 u. a., Slg. 1988, 5233, Rn. 16 – Alhström Osakeyhtiö/Kommission (Zellstoff) zu Art. 85 EWG (jetzt Art. 101 AEUV); ausdrücklich übertragen auf Art. 102 AEUV von EuG Urt. v. 12.6.2014 – T-286/09 Rn. 232 – Intel/Kommission.

[62] EuG Urt. v. 25.3.1999 – T-102/96, Slg. 1999, II-753 Rn. 90, 92 – Gencor/Kommission zur Anwendung der unionalen Fusionskontrolle; ausdrücklich übertragen auf Art. 102 AEUV von EuG Urt. v. 12.6.2014 – T-286/09 Rn. 233, 251 – Intel/Kommission, das in Rn. 236, 244 außerdem ausdrücklich die Alternativität der Anknüpfungsmöglichkeiten betont.

[63] EuG Urt. v. 12.6.2014 – T-286/09 Rn. 258 ff., 297 ff. – Intel/Kommission.

[64] EuGH Urt. v. 16.3.2000 – verb. Rs. C-395/96 P und C-396/96, Slg. 2000, I-1365 Rn. 33 – Compagnie Maritime Belge Transports u. a./Kommission (CEWAL); EuG Urt. v. 26.1.2005 – T-193/02, Slg. 2005, II-209 – Piau/Kommission.

[65] EuGH Urt. v. 16.3.2000 – verb. Rs. C-395/96 P und C-396/96 P, Slg. 2000, I-1365 Rn. 36 ff. – Compagnie Maritime Belge Transports u. a./Kommission (CEWAL).

[66] EuG Urt. 10.7.1990 – T-51/89, Slg. 1990, II-309 Rn. 25 ff. – Tetra Pak/Kommission; EuGH Urt. v. 16.3.2000 – verb. Rs. C-395/96 P und C-396/96 P, Slg. 2000, I-1365 Rn. 49 ff. – Compagnie Maritime Belge Transports u. a./Kommission (CEWAL).

[67] Vgl. z. B. Art. 3 der EG-Postdienstrichtlinie 97/67/EG vom 15.12.1997, ABl. 1998 L 15/14, zuletzt geändert durch RL 2008/6/EG vom 20.2.2008, ABl. 2008 L 52/3.

[68] EuG Urt. 27.2.1997 – T-106/95, Slg. 1997, II-233 Rn. 108 und 192 – FFSA; siehe auch die Kommissionsbekanntmachung vom 20.9.2000, KOM(2000) 580 endgültig, „Services of General Interest in Europe", Rn. 9.

Nr. 26 über Dienste von allgemeinem Interesse[69] primärrechtlich festgehalten. Die Mitgliedstaaten können, wenn sie festlegen, welche Dienstleistungen sie bestimmten Unternehmen übertragen, nicht daran gehindert sein, nationale politische Zielsetzungen zu berücksichtigen.[70] Die praktische Schwierigkeit in der Anwendung von Art. 106 Abs. 2 AEUV liegt in der **Beweislastverteilung**. In Kartellverfahren muss das betroffene Unternehmen, das sich auf diese Bereichsausnahmevorschrift beruft, dessen Voraussetzungen beweisen,[71] im Vertragsverletzungsverfahren nach Art. 258 AEUV dagegen liegt die Beweislast bei der Kommission.[72]

e) Verhältnis zur EG-Fusionskontrolle. Das Verhältnis von Art. 102 AEUV zur EG-Fusionskontrollverordnung (EG) Nr. 139/2004 ist unter Rn. 251 ff. dargestellt. 14

4. Der „more economic approach" und Art. 102 AEUV

Der **more economic approach** der Kommission nimmt seit einigen Jahren nicht nur 15 in der Fusionskontrolle und der Anwendung von Art. 101 AEUV an Bedeutung zu, sondern hat auch bei der Beurteilung missbräuchlicher Verhaltensweisen an Einfluss gewonnen. Die Reformbestrebungen der Kommission zu einem more economic approach haben im Bereich des Art. 102 AEUV insbesondere in der im Jahre 2009 veröffentlichten Prioritätenmitteilung[73] Eingang gefunden. In dieser setzt die Kommission verstärkt auf ökonomische Bewertungsfaktoren bei der Beurteilung von missbräuchlichen Verhaltensweisen. Im Vordergrund steht dabei die Analyse der kartellrechtsrelevanten Verhaltensweisen im Hinblick auf ihre konkreten Auswirkungen auf den Wettbewerb im Einzelfall. Dieser sogenannte **effects-based approach** geht einher mit der Verschiebung der wettbewerbspolitischen Zielsetzungen in Richtung einer stärkeren Förderung der Konsumentenwohlfahrt. Zentrales Element des wirkungsbasierten Ansatzes, d. h. der Feststellung einer etwaigen marktverschließenden Wirkung ist bei preisbezogenen Behinderungsmissbräuchen der **as-efficient-competitor-Test.**[74] Die Kommission prüft hierbei durch einen Kosten-Preis-Vergleich, ob ein hypothetischer ebenso effizienter Wettbewerber, der jedoch nicht über die Marktmacht des beherrschenden Unternehmens verfügt, wettbewerbsfähig am Markt agieren könnte, wenn er dem Preisverhalten des markbeherrschenden Unternehmens folgen würde.[75] Diese Verwendung von quantitativen Kriterien im Rahmen des more economic approach soll insbesondere zu mehr Rechtssicherheit und Transparenz bei der Anwendung von Art. 102 AEUV und insgesamt zu einer qualitativen Verbesserung der Entscheidungspraxis führen.[76] Die Anwendung des as-efficient-competitor-Test soll auch dem marktbeherrschenden Unternehmen die rechtliche Selbsteinschätzung seiner Preisgestaltung erleichtern.[77] Dagegen wird jedoch vielfach auf die konzeptionellen Schwächen des as-efficient-competitor-Test verwiesen. Zum einen stellt der Test nur eine jetzt-Aufnahme

---

[69] ABl. 2012 L C 326/308.

[70] Schlussanträge des Generalanwaltes *Jacobs* vom 17.5.2001 zu C-475/99, Slg. 2001, I-8089 Rn. 185 – Ambulanz Glöckner/Landkreis Südwestpfalz.

[71] *Faull/Nikpay* Competition Rn. 6.216 f.

[72] EuGH Urt. v. 23.10.1997 – C-159/94, Slg. 1997, I-5815 Rn. 90 ff. – Kommission/Frankreich.

[73] Komm., Erläuterungen zu den Prioritäten der Kommission bei der Anwendung von Artikel 82 des EG-Vertrags auf Fälle von Behinderungsmissbrauch durch marktbeherrschende Unternehmen (Prioritätenmitteilung der Kommission), ABl. 2009 C 45/2.

[74] Prioritätenmitteilung der Kommission, ABl. 2009 C45/2 Rn. 23 ff.; siehe Rn. 220.

[75] Prioritätenmitteilung der Kommission, ABl. 2009 C45/2 Rn. 23; vgl. zu den Kostenbegriffen Rn. 220.

[76] Vgl. *Fuchs/Möschel* in Immenga/Mestmäcker Art. 102 AEUV Rn. 8; *Gravengaard/Kjaersgaard* ECLR 2010, 285, 304.

[77] Vgl. EuGH Urt. v. 17.2.2011 – C-52/09, Rn. 44 – TeliaSonera; Urt. v. 14.10.2010 – C-280/08, Rn. 202 – Deutsche Telekom/Kommission; *Fuchs/Möschel* in Immenga/Mestmäcker Art. 102 AEUV Rn. 208.

dar und lässt dabei die Dynamik der Marktentwicklung außer Acht.[78] Darüber hinaus begegnet die praktische Anwendung eines Kosten-Preis-Vergleichs erheblichen Herausforderungen bei der präzisen Ermittlung der maßgeblichen Kosten und der dafür erforderlichen Ressourcen.[79] Zweifel bestehen auch an der Gebotenheit eines stärker auswirkungsorientierten Beurteilungsansatzes. Bislang bestimmte ein eher formalistisch, an typisierte Verhaltensweisen orientierter Ansatz die Rechtsanwendung, nach dem es erforderlich, aber auch ausreichend ist, wenn das fragliche Verhalten geeignet ist, den Wettbewerb zu beschränken bzw. darauf gerichtet ist.[80] Interpretiert man damit den Art. 102 AEUV als einen konkreten Gefährdungstatbestand[81] erweist sich die Forderung nach einer detaillierten Auswirkungsanalyse als unnötige und lediglich zusätzliche Absicherung des bereits aufgrund der konkreten Wettbewerbsgefährdung festgestellten Verstoßes. Wenn sich jedoch erst aus einer umfassenden Analyse von Daten und Tatsachen, die möglicherweise von Ökonomen unterschiedlich beurteilt werden, ein Verstoß ergeben kann, ist fraglich, ob damit eine Verbesserung der Rechtssicherheit erreicht werden kann.[82]

16 Bei der Übertragung eines more economic approach auf die **europäische Rechtspraxis** zeigt sich daher auch ein differenziertes Bild. Die europäischen Gerichte haben insbesondere bei missbräuchlichen Kampfpreisen[83] und Kosten-Preis-Scheren im Telekommunikationssektor[84] vermehrt auf einen Kosten-Preis-Vergleich gesetzt. Auch das Urteil des EuGH im Vorabentscheidungsverfahren Post Danmark I zeigt Ansätze eines more economic approach bei der Beurteilung von selektiven Preissenkungen. In diesem Urteil ging der EuGH auch auf das Erfordernis eines Kosten-Preis-Vergleichs bei der Feststellung der Verdrängungswirkung einer Niedrigpreispolitik ein.[85] Bezüglich der Anforderungen an den Nachweis der wettbewerbswidrigen Auswirkungen ließ der EuGH aber auch die Feststellung potentieller wettbewerbswidriger Auswirkungen ausreichen.[86] Demgegenüber zeigen die Urteile in den Rechtssachen Tomra[87] und Intel,[88] dass der more economic approach bei der Analyse von Rabattsystemen[89] bisher eher wenig praktische Relevanz erlangt hat. In der Rechtssache Tomra beurteilte der EuGH das Rabattsystem des Unternehmen Tomra nur nach qualitativen Kriterien. Das von Tomra praktizierte System umfasste individuell an die Kunden angepasste Rabatte, die den gesamten bzw. annähernd den gesamten Bedarf der Kunden betrafen und beinhaltete die Gewährung von rückwirkenden Rabatten zur Sicherung der Treue der Kunden.[90] Nach Ansicht des EuGH sei aufgrund der von dem Rabattsystem ausgehenden Treue- und Sogwirkung, die das EuG in seiner Entscheidung festgestellt hatte, eine Analyse der konkreten Auswirkungen der Rabatte auf den Wettbe-

---

[78] Vgl. *Fuchs/Möschel* in Immenga/Mestmäcker Art. 102 AEUV Rn. 209b.

[79] Vgl. *Eilmansberger/Bien* in MüKoEuWettbR Art. 102 AEUV Rn. 571; *Wils* World Competition 2014, 405 (430).

[80] Vgl. bspw. EuG Urt. v. 30.9.2003 – T-203/01, Slg. 2003, II-4071 Rn. 239 – Michelin/Kommission; EuG Urt. v. 17.12.2003 – T-219/99, Slg. 2003, II-5917 Rn. 293 – British Airways/Kommission.

[81] Vgl. *Fuchs/Möschel* in Immenga/Mestmäcker Art. 102 AEUV Rn. 145.

[82] Vgl. *Kellerbauer* EuZW 2015, 261 (264) mit weiteren Hinweisen zu praktischen und juristischen Herausforderungen bei der Anwendung des as-efficient-competitor-Test durch die Kommission.

[83] Vgl. EuGH Urt. v. 3.7.1991 – C-62/86, Slg. 1991, I-3359 Rn. 71 ff. – AKZO/Kommission; siehe auch Rn. 225.

[84] EuGH Urt. v. 14.10.2010 – C-280/08, Rn. 177 ff. – Deutsche Telekom/Kommission; EuG Urt. v 29.3.2012 – T-336/07 und T-398/07 Rn. 188 ff. – Telefónica/Kommission und Spanien/Kommission; siehe auch Rn. 231 f.

[85] EuGH Urt. v. 27.3.2012 – C-209/10, Rn. 28 – Post Danmark/Konkurrencerådet; Anmerkung von *Bien/Krah* ECLR 2012, 482; siehe auch Rn. 228.

[86] EuGH Urt. v. 27.3.2012 – C-209/10, Rn. 44 – Post Danmark/Konkurrencerådet.

[87] EuGH Urt. v. 19.4.2012 – C-549/10 P – Tomra/Kommission; siehe auch Rn. 246.

[88] EuG Urt. v. 12.6.2014 – T-286/09 – Intel/Kommission; siehe auch Rn. 246.

[89] Siehe zu Rabattsystemen auch Rn. 239 ff.

[90] EuGH Urt. v. 19.4.2012 – C-549/10 P, Rn. 75 – Tomra/Kommission.

werb nicht erforderlich, da bereits der Nachweis genüge, dass das fragliche Verhalten eine wettbewerbsbeschränkende Wirkung haben kann.[91] Demzufolge war ein Kosten-Preis-Vergleich im Sinne eines **as-efficient-competitor-Test,** entgegen dem Vorbringen von Tomra im Rechtsmittelverfahren, nicht angezeigt. Eine vollständige Distanzierung der europäischen Gerichte von einem more economic approach stellt das Urteil hingegen nicht da. Der EuGH verwies insbesondere darauf, dass die Prioritätenmitteilung aus dem Jahr 2009 für die ursprüngliche Entscheidung der Kommission im Jahre 2006 nicht einschlägig war[92] und schloss damit eine Anwendung insbesondere des as-efficient-competitor-Test auf nachfolgende Fälle nicht kategorisch aus. In der Rechtssache Intel hatte das EuG im Jahr 2014 zum ersten Mal Gelegenheit zur Anwendung des as-efficient-competitor-Test bei der Bewertung von Rabattsystemen durch die Kommission Stellung zu nehmen. Obwohl die Prioritätenmitteilung auch auf das Intel-Verfahren in zeitlicher Hinsicht nicht anwendbar war, betonte die Kommission, dass ihre Entscheidung an diesen Prioritäten orientiert sei und ließ in ihrer Entscheidung der Vollständigkeit halber eine detaillierte ökonomische Analyse des Falls folgen.[93] Das EuG hingegen hielt eine Anwendung des as-efficient-competitor-Test für den Nachweis der Missbräuchlichkeit von Exklusivitäts- und Treuerabatten für nicht erforderlich.[94] Insbesondere bei Exklusivitätsrabatten sei eine Analyse ihrer tatsächlichen Auswirkungen auf den Markt entbehrlich, da sie von Natur aus geeignet sind den Wettbewerb zu beschränken, in dem sie es für den Abnehmer unattraktiv machen auch nur einen geringen Teil seiner Nachfrage bei einem Wettbewerber des Rabattgebers zu beziehen.[95] Darüber hinaus verwies das EuG auch auf die Tatsache, dass der as-efficient-competitor-Test nur den Nachweis erbringe, dass der Marktzugang unmöglich sei, ein Verstoß gegen Art. 102 AEUV aber auch bereits durch die Erschwerung des Marktzugangs begründet werden könnte.[96] Das Urteil setze sich nach Ansicht des EuG auch nicht in Widerspruch zu früheren Entscheidungen in denen ein Kosten-Preis-Vergleich erforderlich war (bspw. Post Danmark I), denn diese betrafen gerade keine Exklusivitätsrabatte.[97] Ebenso wenig stehe der Entscheidung des Gerichts die Prioritätenmitteilung der Kommission entgegen, da diese in zeitlicher Hinsicht keine Anwendung auf den Fall fand.[98] Das Urteil hat in der Rechtslehre erhebliche Reaktionen hervorgerufen – befürwortende[99] wie auch kritische.[100] Nachdem Intel Rechtsmittel gegen das Urteil eingelegt hat,[101] bleibt abzuwarten, ob der EuGH die bisher eher distanzierte Haltung der europäischen Gerichte gegenüber einem more economic approach vor allem im Bereich der Rabattsysteme fortführen wird. Die nächste Möglichkeit zu einer Stellungnahme bot sich im Rahmen des Vorabentscheidungsverfahren Post Danmark II in Bezug auf ein vom Unternehmen Post Danmark praktiziertes Rabattsystem mit standardisierten Mengenschwellen.[102] In ihrem Schlussanträgen äußerte sich Generalanwältin Kokott eher zurückhaltend zur Anwendung des as-efficient-competitior-Test.[103] Der Nachweis des Missbrauchs einer marktbeherrschenden

---

[91] EuGH Urt. v. 19.4.2012 – C-549/10 P, Rn. 79 – Tomra/Kommission.
[92] EuGH Urt. v. 19.4.2012 – C-549/10 P, Rn. 81 – Tomra/Kommission.
[93] EuG Urt. v. 12.6.2014 – T-286/09, Rn. 150 – Intel/Kommission; siehe auch Rn. 222.
[94] EuG Urt. v. 12.6.2014 – T-286/09, Rn. 85 ff., 144 – Intel/Kommission.
[95] EuG Urt. v. 12.6.2014 – T-286/09, Rn. 85–87 – Intel/Kommission.
[96] EuG Urt. v. 12.6.2014 – T-286/09, Rn. 150 – Intel/Kommission.
[97] EuG Urt. v. 12.6.2014 – T-286/09, Rn. 152, 153 – Intel/Kommission.
[98] EuG Urt. v. 12.6.2014 – T-286/09, Rn. 154–166 – Intel/Kommission.
[99] Vgl. *Wils* World Competition 2014, 405; *Wernicke* EuZW 2015, 19; differenzierend *Nihoul* J. E. C.L & P. 2014, 521.
[100] Vgl. *Ahlborn/Piccinin* Comeptition Law & Policy Debate 2015, 60; sehr ausführlich *Peeperkorn* Concurrences No. 1–2015, 43; *Venit* ECJ 2015, 203.
[101] Rechtsmittel anhängig beim EuGH unter der Rechtssache C-413/14 P.
[102] Vgl. Rs. C-23/14 und die dort eingereichten Vorlagefragen v. 16.1.2014 auch in Bezug auf die Anwendung des as-efficient-competitor-Tests.
[103] Schlussanträge der Generalanwaltin *Kokott* vom 21.5.2015 zu C-23/14.

Stellung erfordere nicht die Anwendung des as-efficient-competitor Test, wenn sich der missbräuchliche Charakter bereits aus einer Gesamtwürdigung der sonstigen Umstände des Einzelfalls ergebe.[104] Insbesondere könne der Test keine Anwendung finden, wenn es angesichts der Marktstruktur ausgeschlossen wäre, dass ein anderes Unternehmen ebenso leistungsfähig sein kann wie das marktbeherrschende Unternehmen.[105] Darüber hinaus lasse sich auch aus der bisherigen Rechtsprechung kein absolutes Erfordernis für die Durchführung des Tests bei preisbezogenen Behinderungsmissbräuchen herleiten.[106] Der EuGH veröffentlichte sein Urteil zu Post Denmark II im Oktober 2015.[107] Der Gerichtshof hielt sich an die Empfehlungen von Generalanwältin Kokott und urteilte, dass das Rabattsystem anhand einer Gesamtwürdigung analysiert werden müsse, um festzustellen ob es Ausschlusswirkungen entfalte. Als maßgebliche Faktoren, die bei einer Gesamtwürdigung betrachtet werden müssten, nannte der EuGH Rückwirkungen des Rabattsystems, einen verhältnismäßig langen Referenzzeitraum (in diesem Fall ein Jahr), die bestehende Wettbewerbssituation sowie der Teil der Kunden auf dem Markt, die von dem Rabattsystem betroffen sind. Der Gerichtshof bestätigte außerdem, dass keine Verpflichtung für die Durchführung des „as efficient competitor" Tests bei preisbezogenen Behinderungsmissbräuchen bestehe, auch wenn der Test in einigen Fällen sinnvoll sei. Darüber hinaus urteilte der EuGH, dass die wettbewerbsschädigende Wirkung eines Rabattsystems wahrscheinlich und zum anderen schwerwiegend oder bedeutend sein müsse. Eine Spürbarkeits- oder *de minimis*-Schwelle sei nicht festzulegen, da das praktizierte Rabattsystem bereits seiner Natur nach geeignet gewesen sei, nicht unerhebliche Wettbewerbsbeschränkungen hervorzurufen oder den Wettbewerb auf dem Markt auszuschalten.

II. Unternehmen

1. Unternehmensbegriff im Sinne des Kartellrechts

17 **a) Definition.** Abschnitt 1 des den Wettbewerbsregeln des Vertrages gewidmeten Kapitels ist mit dem Titel „Vorschriften für Unternehmen" überschrieben. Auf diese Weise grenzt der Vertrag die Regeln des EU-Kartellrechts zum einen von den primär staatsgerichteten Regeln der Artt. 107 ff. AEUV (staatliche Beihilfen) ab und zum anderen von den Vorschriften des Unionsrechts, die die privaten Belange der Unionsbürger regeln. Es entspricht allgemeiner Auffassung, dass der **Unternehmensbegriff** der Artt. 101 und 102 AEUV identisch ist, weshalb ergänzend auf die Kommentierung zu Art. 101 AEUV verwiesen wird. Der Binnenmarktzielsetzung des Art. 3 Abs. 3 EUV i. V. m. Protokoll Nr. 27 über den Binnenmarkt und den Wettbewerb entsprechend wird der Unternehmensbegriff des EU-Kartellrechts autonom von den Unternehmensdefinitionen der mitgliedstaatlichen Rechtsordnungen definiert. Kommission und Unionsgerichtsbarkeit vertreten daher seit langem eine sehr weite Unternehmensdefinition, der zufolge „der Begriff des Unternehmens jede eine wirtschaftliche Tätigkeit ausübende Einheit unabhängig von ihrer Rechtsform und der Art ihrer Finanzierung umfasst".[108] Erfasst werden auch Unternehmen aus **Drittstaaten,** sofern sich ihre marktbeherrschende Stellung auch auf zumindest einen wesentlichen Teil des Binnenmarktes

[104] Schlussanträge der Generalanwaltin *Kokott* vom 21.5.2015 zu C-23/14, Rn. 70, 75.

[105] Schlussanträge der Generalanwaltin *Kokott* vom 21.5.2015 zu C-23/14, Rn. 75.

[106] Schlussanträge der Generalanwaltin *Kokott* vom 21.5.2015 zu C-23/14, Rn. 63.

[107] EuGH Urt. v. 6.10.2015 – C-23/14, Post Denmark A/S (Post Denmark II).

[108] EuGH Urt. v. 23.4.1991 – C-41/90, Slg. 1991, I-1979 Rn. 21 – Höfner und Elser; Urt. v. 17.2.1993 – verb. Rs. C-195/91 und C-160/91, Slg. 1993, I-637 Rn. 17 – Poucet und Pistre; Urt. v. 16.11.1995 – C-244/94, Slg. 1995, I-4013 Rn. 14 – FFSA; sowie Urt. v. 21.9.1999 – C-67/96, Slg. 1999, I-5751 Rn. 77 – Albany International; Urt. v. 19.2.2002 – C-309/99, Slg. 2002, I-1577 Rn. 112 – Wouters (Niederländische Rechtsanwaltskammer kein Unternehmen), mit Anm. *Eichele* EuZW 2002, 182; Komm. E. v. 20.7.1999 – IV/36.888, ABl. 2000 L 5/55 Rn. 65 – Fußball-Weltmeisterschaft 1998; in der Literatur vgl. die erschöpfende Darstellung von *Pohlmann,* Der Unternehmensverbund im Europäischen Kartellrecht, S. 35 ff.

erstreckt und sich ihr Verhalten somit auf den Märkten der EU auswirkt.[109] **Bagatellausnahmen** für kleine und mittlere Unternehmen bestehen nicht.[110]

b) Private Unternehmen. In der Kommissionspraxis hat diese Definition kaum Schwierigkeiten in der Anwendung von Art. 102 AEUV auf rein privatwirtschaftlich tätige Unternehmen mit sich gebracht. Insgesamt hat die Kommission seit Inkrafttreten des EG und des AEUV allerdings vergleichsweise wenige Entscheidungen nach Art. 102 AEUV gegen rein privatwirtschaftlich tätige Unternehmen erlassen: *Continental Can Company;*[111] *Commercial Solvents;*[112] *Europäische Zuckerindustrie;*[113] *General Motors Continental;*[114] *United Brands (Chiquita);*[115] *Vitamine;*[116] *A. B. G. gegen in den Niederlanden tätige Mineralölgesellschaften;*[117] *Hugin/Liptons;*[118] *Michelin;*[119] *British Leyland;*[120] *ECS/AKZO;*[121] *BBI/Boosey & Hawkes;*[122] *Eurofix-Bauco/Hilti;*[123] *Napier Brown/British Sugar;*[124] *Tetra Pak I;*[125] *BPB Industries;*[126] *Flachglas;*[127] *Decca Navigator System;*[128] *Soda-ICI;*[129] *Soda-Solvay;*[130] *Tetra Pak II;*[131] *British Midland/Aer Lingus:*[132] *Reederausschüsse in der Frankreich-Westafrika-Fahrt;*[133] *Warner-Lambert/Gillette und BIC/Gillette;*[134] *Cewal;*[135] *Irish Sugar;*[136] *Van den Bergh Foods Limited;*[137] *Trans-Atlantic Conference Agreement*[138] und *Virgin/British Airways;*[139] *DSD;*[140] *NDC Health/IMS Health;*[141] 18

---

[109] *Schröter/Bartl* in Schröter/Jakob/Klotz/Mederer Art. 102 Rn. 130.

[110] Weder in der überarbeiteten Kommissionsbekanntmachung über Vereinbarungen von geringer Bedeutung, die nicht unter Art. 101 AEUV fallen (C(2014) 4136 final) vom 25.6.2014 noch in den Erläuterungen zu den Prioritäten der Kommission bei der Anwendung von Artikel 82 des EG-Vertrags auf Fälle von Behinderungsmissbrauch durch marktbeherrschende Unternehmen (ABl. 2009 C 45/7) werden KMU in Bezug auf Art. 102 AEUV erwähnt; *Klotz/Zurkinden* WuW 1999, 120 (126 f.).

[111] Komm. E. v. 9.12.1971 – IV/26.811, ABl. 1972 L 7/25.

[112] Komm. E. v. 14.12.1972 – IV/26.911, ABl. 1972 L 299/51.

[113] Komm. E. v. 2.1.1973 – IV/26.918, ABl. 1973 L 140/17.

[114] Komm. E. v. 19.12.1974 – IV/28.851, ABl. 1975 L 29/14.

[115] Komm. E. v. 17.12.1975 – IV/26.699, ABl. 1976 L 95/1.

[116] Komm. E. v. 9.6.1976 – IV/29.020, ABl. 1976 L 223/27.

[117] Komm. E. v. 19.4.1977 – IV/28.841, ABl. 1977 L 117/1.

[118] Komm. E. v. 8.12.1977 – IV/29.132, ABl. 1978 L 22/23.

[119] Komm. E. v. 7.10.1981 – IV/29.491, ABl. 1981 L 353/33; Komm. E. v. 20.6.2001 – COMP/E-2/36.041/PO, ABl. 2002 L 143/1.

[120] Komm. E. v. 2.7.1984 – IV/30.615, ABl. 1984 L 207/11.

[121] Komm. E. v. 29.7.1983 – IV/30.698, ABl. 1983 L 252/13 (einstweilige Anordnungen) und Komm. E. v. 14.12.1985 – IV/30.698, ABl. 1985 L 374/1.

[122] Komm. E. v. 29.7.1987 – IV/32.279, ABl. 1987 L 286/36 (einstweilige Maßnahmen).

[123] Komm. E. v. 22.12.1987 – IV/30.787 und 31.488, ABl. 1988 L 65/19.

[124] Komm. E. v. 18.7.1988 – IV/30.178, ABl. 1988 L 284/41.

[125] Komm. E. v. 26.7.1988 – IV/31.043, ABl. 1988 L 242/27.

[126] Komm. E. v. 5.12.1988 – IV/31.900, ABl. 1989 L 10/50.

[127] Komm. E. v. 7.12.1998 – IV/31.906, ABl. 1989 L 33/44.

[128] Komm. E. v. 21.12.1988 – IV/30.979 und 31.394, ABl. 1989 L 43/27.

[129] Komm. E. v. 19.12.1990 – IV/33.133, ABl. 1991 L 152/40; bestätigt durch Komm. E. v. 13.12. 2000, ABl. 2003 L 10/10.

[130] Komm. E. v. 19.12.1990 – IV/33.133, ABl. 1991 L 152/21; bestätigt durch Komm. E. v. 13.12. 2000, ABl. 2003 L 10/33.

[131] Komm. E. v. 24.7.1991 – IV/31.043, ABl. 1992 L 72/1.

[132] Komm. E. v. 26.2.1992 – IV/33.544, ABl. 1992 L 96/34.

[133] Komm. E. v. 1.4.1992 – IV/32.450, ABl. 1992 L 134/1.

[134] Komm. E. v. 10.11.1992 – IV/33.440 und 33.486, ABl. 1993 L 116/21.

[135] Komm. E. v. 23.12.1992 – IV/32.448 und 32.450, ABl. 1993 L 34/20.

[136] Komm. E. v. 14.5.1997 – IV/34.621 und 35.059/F-3, ABl. 1997 L 258/1.

[137] Komm. E. v. 11.3.1998 – IV/34.073, 34.395 und 35.436, ABl. 1998 L 246/1.

[138] Komm. E. v. 16.9.1998 – IV/35.134, ABl. 1999 L 95/1.

[139] Komm. E. v. 14.7.1999 – IV/D-2/34.780, ABl. 2000 L 30/1.

[140] Komm. E. v. 20.4.2001 – COMP D3/34.493, ABl. 2001 L 166/1.

[141] Komm. E. v. 3.7.2001 – COMP D3/38.044, ABl. 2002 L59/18.

Microsoft;[142] *AstraZeneca;*[143] *Prokent/Tomra;*[144] *Soda-Club;*[145] *Wanadoo España/Telefónica;*[146] *Intel;*[147] *Motorola;*[148] *Samsung*[149] und *Servier.*[150]

19 **c) Öffentliche Unternehmen.** Demgegenüber widmet sich eine vergleichsweise große Zahl von Kommissionsentscheidungen dem Marktverhalten öffentlicher oder **mit besonderen öffentlichen Aufgaben betrauter Unternehmen** im Sinne von Art. 106 AEUV bzw. dem Marktverhalten korporativ verfasster Wirtschaftseinheiten (vor allem im Bereich der Verwertung **gewerblicher Schutzrechte**). Es handelt sich hierbei u. a. um folgende Kommissionsentscheidungen *GEMA I;*[151] *GEMA II;*[152] *Gesellschaft zur Verwertung von Leistungsschutzrechten (GVL);*[153] *GEMA-Satzung;*[154] *British Telecommunications;*[155] *London European-SABENA;*[156] *Magill TV-Guide;*[157] *Sea Containers/Stena Sealink;*[158] *Deutsche Bundesbahn (HOV-SVZ/MCM);*[159] *FAG-Flughafen Frankfurt/Main AG;*[160] *Alfa Flight Services/Aéroports de Paris;*[161] *Italienische Tabakmonopolverwaltung (AAMS);*[162] *Ilmailulaitos/Luftfartsverket (Finnisches Luftverkehrsamt);*[163] *Portugiesische Flughäfen;*[164] *Fußball-Weltmeisterschaft 1998;*[165] *Aeropuertos Espanoles y Navegación Aérea;*[166] *Deutsche Post;*[167] *Belgische Post;*[168] *Französische Post;*[169] *Deutsche Telekom;*[170] *Italienische Staatsbahnen;*[171] *ENI;*[172] *OPCOM;*[173] *DEI;*[174] *Slovak Telekom.*[175]

---

[142] Komm. E. v. 24.3.2004 – COMP/37.792, ABl. 2007 L 32/23 (Zusammenfassung).
[143] Komm. E. v. 15.6.2005 – COMP/A. 37.507/F3, ABl. 2006 L 332/24.
[144] Komm. E. v. 29.3.2006 – COMP/E-1/38.113, ABl. 2008 C 219/11 (Zusammenfassung).
[145] BGH Beschl. v. 4.3.2008 – KVR 21/07, WuW/E DE-R 2268 – Soda-Club II.
[146] Komm. E. v. 2.7.2007 – COMP/38.784, ABl. 2008 C 83/6 (Zusammenfassung).
[147] Komm. E. v. 13.5.2009 – COMP/37.990, ABl. 2009 C 227/13 (Zusammenfassung).
[148] Komm. Beschl. v. 29.4.2014 – AT/39985, ABl. 2014 C 344/6 (Zusammenfassung).
[149] Komm. Beschl. v. 29.4.2014 – AT/39939, ABl. 2014 C 350/8 (Zusammenfassung).
[150] Komm. Beschl. v. 9.7.2014 – COMP/AT.39612 – Perindopril (Servier) (noch nicht im ABl. veröffentlicht).
[151] Komm. E. v. 2.6.1971 – IV/26.760, ABl. 1971 L 134/15.
[152] Komm. E. v. 6.7.1972 – IV/26.760, ABl. 1972 L 166/22.
[153] Komm. E. v. 29.10.1981 – IV/26.839, ABl. 1981 L 370/49.
[154] Komm. E. v. 4.12.1981 – IV/29.971, ABl. 1982 L 94/11.
[155] Komm. E. v. 10.12.1982 – IV/29.877, ABl. 1982 L 360/36.
[156] Komm. E. v. 4.11.1988 – IV/32.318, ABl. 1988 L 317/47.
[157] Komm. E. v. 21.12.1988 – IV/31.851, ABl. 1989 L 78/43.
[158] Komm. E. v. 21.12.1993 – IV/34.689, ABl. 1994 L 15/8.
[159] Komm. E. v. 29.3.1994 – IV/33.941, ABl. 1994 L 104/34.
[160] Komm. E. v. 14.1.1998 – IV/34.801, ABl. 1998 L 72/30.
[161] Komm. E. v. 11.6.1998 – IV/35.613, ABl. 1998 L 230/10.
[162] Komm. E. v. 17.6.1998 – IV/36.010-F 3, ABl. 1998 L 252/47.
[163] Komm. E. v. 10.2.1999 – IV/35.767, ABl. 1999 L 69/24.
[164] Komm. E. v. 10.2.1999 – IV/35.703, ABl. 1999 L 69/31.
[165] Komm. E. v. 20.7.1999 – IV/36.888, ABl. 2000 L 5/55.
[166] Komm. E. v. 26.7.2000 – K (2000) 2267, ABl. 2000 L 208/36.
[167] Komm. E. v. 20.3.2001 – COMP/35.141, ABl. 2001 L 125/27; Komm. E. v. 25.7.2001 – COMP/C-1/36.915, ABl. 2001 L 331/40; Komm. E. v. 20.10.2004 – COMP/38.745, Bundeskartellamt Beschl. v. 11.2.2005 – B9 55/03, WuW/E DE-V 1025; OLG Düsseldorf Beschl. v. 13.4.2005 – VI-Kart 3/05 (V), WuW/E DE-R 1473.
[168] Komm. E. v. 5.12.2001 – COMP/C-1/37.859, ABl. 2002 L 61/32 – De Post/La Poste (Belgien).
[169] Komm. E. v. 23.10.2001 – COMP/C-1/37.133, ABl. 2002 L 120/19 – La Poste/Postvorbereiter.
[170] Komm. E. v. 21.5.2003 – COMP/C-1/37.451, 37.578, 37.579, ABl. 2003 L 263/9 – Deutsche Telekom AG.
[171] Komm. E. v. 27.8.2003 – COMP/37.685, ABl. 2004 L 11/17 – GVG/Ferrovie dello Stato.
[172] Komm. Beschl. v. 29.9.2010 – COMP/39.315, ABl. 2010 C 352/8 (Zusammenfassung) – ENI.
[173] Komm. Beschl. v. 5.3.2014 – AT.39984, ABl. 2014 C 314/7 (Zusammenfassung) – Romanian Power Exchange/OPCOM.
[174] Komm. E. v. 5.3.2008 – COMP/38.700, ABl. 2008 C 93/3 (Zusammenfassung) – DEI; EuG Urt. v. 20.9.2012 – T-169/08 Rn. 92 – DEI/Kommission; EuGH Urt. v. 17.7.2014 – C-553/12 P Rn. 45 – Kommission/DEI.
[175] Komm. E. v. 15.10.2014 – AT.39523 – Slovak Telekom.

Zudem befasst sich eine erhebliche Zahl von Entscheidungen der Gemeinschaftsgerichtsbarkeit (vor allen Dingen im **Vorabentscheidungsverfahren** nach Art. 267 AEUV) mit der Anwendung von Art. 102 AEUV auf Einrichtungen oder hoheitlich vorgeprägte Strukturen der öffentlichen Wirtschaft: nämlich staatliche **Arbeitsvermittlungsstellen;** Gebührenordnung der italienischen Zollspediteure; staatliche **Postunternehmen;** staatliche **Hafenbetreibergesellschaften;** staatlich reglementierte Besamungsstationen für die Rinderzucht, kommunal tätige **Abfallentsorgungsunternehmen** sowie auf **betriebliche Rentenversicherungsfonds.** Als Unternehmen im Sinne von Art. 102 AEUV sind somit alle privatrechtlich oder öffentlich-rechtlich verfassten Anbieter von Waren oder Dienstleistungen anzusehen, deren Angebot auf eine **messbare Verbrauchernachfrage** stößt. Dabei ist über das klassische Bild unternehmerischer Tätigkeit hinaus auch die nicht auf Gewinn ausgerichtete Tätigkeit erfasst. Steht eine **nicht auf Gewinn ausgerichtete** Tätigkeit im Wettbewerb mit dem Angebot von Wirtschaftsteilnehmern, die einen Erwerbszweck verfolgen, handelt es sich um eine unternehmerische Tätigkeit. Da der Unternehmensbegriff des Unionskartellrechts nicht davon abhängig ist, ob eine bestimmte wirtschaftliche Tätigkeit privatrechtlich oder öffentlich-rechtlich organisiert ist, kann Art. 102 AEUV das von der öffentlichen Hand organisierte Angebot von Waren und Dienstleistungen selbst dann erfassen, wenn der Verbraucher dieses Angebot nicht freiwillig nachfragt, sondern auf Grund eines **gesetzlichen** oder behördlichen **Benutzungszwangs.** 20

d) Zurechnung im Unternehmensverbund. Relevant für die Adressateneigenschaft eines bestimmten Unternehmens ist die Zurechnung des wettbewerbsrelevanten Verhaltens innerhalb eines Konzerns. Die Frage ist in letzter Zeit vor allem wegen des identischen Unternehmensbegriffs in Art. 23 Abs. 2 VO (EG) Nr. 1/2003 in der Diskussion. Denn bei der dortigen Begrenzung der Geldbuße auf 10% des Jahresumsatzes des „beteiligte[n] Unternehmen[s]" ist fraglich, ob auf den Verbund oder das einzelne missbräuchlich handelnde Unternehmen abzustellen ist. Die Kommission ist in dieser Frage in der Regel pragmatisch vorgegangen und hat in den Fällen, in denen die operative **Obergesellschaft eines Konzerns** für das wettbewerbsrelevante Verhalten verantwortlich war, in der Regel diese Gesellschaft als **Entscheidungsadressatin** ausgewählt.[176] Daneben gibt es jedoch auch eine Reihe von Entscheidungen, in denen die Kommissionsentscheidung sowohl an die Konzernobergesellschaft als auch die für den Wettbewerbsverstoß maßgeblich mitverantwortliche Tochtergesellschaft gerichtet war.[177] Sofern die **unternehmerische Verantwortung** für das missbräuchliche Verhalten bei der Tochtergesellschaft eines Konzerns lag, waren die Kommissionsentscheidungen in der Regel nur an diese Tochtergesellschaft gerichtet.[178] Schließlich hat die Kommission nach Art. 102 AEUV erlassene Entscheidungen gegen **staatliche Unternehmen** in der Regel nicht an den Mitgliedstaat selbst, sondern an das entsprechende Unternehmen direkt gerichtet, auch dann, wenn es sich bei diesen Unternehmen um Teile der öffentlichen Verwaltung handelte.[179] Eine Ausnahme hierzu bilden 21

[176] Komm. E. v. 9.12.1971 – IV/26.811, ABl. 1972 L 7/25 – Continental Can Company; E. v. 17.12.1975 – IV/26.699, ABl. 1976 L 95/1 – Chiquita; E. v. 9.6.1976 – IV/29.020, ABl. 1976 L 223/27 – Vitamine; E. v. 14.12.1985 – IV/30.698, ABl. 1985 L 374/1 – ECS/AKZO; E. v. 19.12.1990 – IV/33.133, ABl. 1991 L 152/21 – Soda-Solvay, bestätigt durch E. v. 13.12.2000, ABl. 2003 L 10/10; E. v. 24.7.1991 – IV/31.043, ABl. 1992 L 72/1 – Tetra Pak II; E. v. 29.3.1994 – IV/33.941, ABl. 1994 L 104/34 – HOV-SVZ/MCN.

[177] Komm. E. v. 14.12.1972 – IV/26.911, ABl. 1972 L 299/51 – Zoja/CSC-ICI; E. v. 8.12.1977 – IV/29.132, ABl. 1978 L 22/23 – Hugin/Liptons; Komm. E. v. 15.10.2014 – AT. 39523 – Slovak Telekom/Deutsche Telekom.

[178] Komm. E. v. 19.12.1974 – IV/28.851, ABl. 1975 L 29/14 – General Motors Continental; E. v. 18.7.1988 – IV/30.178, ABl. 1988 L 284/41 – Napier Brown/British Sugar; E. v. 7.12.1988 – IV/31.906, ABl. 1989 L 33/44 – Flachglas; E. v. 11.3.1998 – IV/34.073, 34.395 und 35.436, ABl. 1998 L 246/1 – Van den Bergh Foods Limited.

[179] Komm. E. v. 17.6.1998 – IV/36.010-F3, ABl. 1998 L 252/47 – Italienische Tabakmonopolverwaltung (AAMS); E. v. 10.2.1999 – IV/35.767, ABl. 1999 L 69/24 – Ilmailulaitos/Luftfartsverket.

jedoch Entscheidungen nach Art. 106 Abs. 3 AEUV, die immer an den jeweiligen Mitgliedstaat adressiert werden.[180]

22 In der Sache ist diese Praxis zutreffend. Da ein **Konzern** selbst in der Regel kein Unternehmen mit einer nach außen einheitlichen Führung wirtschaftlicher Aktivitäten darstellt,[181] muss die Kommissionsentscheidung dasjenige Unternehmen innerhalb eines Konzerns individualisieren, das im Markt am ehesten als Träger des jeweiligen wettbewerbsrelevanten Marktverhaltens identifiziert wird. Dies trägt vor allem auch der **Öffentlichkeitsfunktion des unionalen Kartellverfahrens** am besten Rechnung; denn sowohl in der Fach- als auch in der allgemeinen Wirtschaftsöffentlichkeit wird ein Kartellverfahren in der Regel mit demjenigen Unternehmen in Verbindung gebracht, das nach außen als Adressat des Verfahrens bzw. der abschließenden Kommissionsentscheidung in Erscheinung tritt. In der Praxis ist diese Frage vor allem von Bedeutung in der Behandlung von **konglomeraten Unternehmen,** die über eine Konzernholding Unternehmensaktivitäten aus den unterschiedlichsten Märkten zu einer wirtschaftlichen Einheit bündeln, oder bei Unternehmen, die von **Finanzinvestoren** (Pensionsfonds etc.) kontrolliert werden. In all diesen Fällen ist zutreffender Adressat eines Verfahrens nach Art. 102 AEUV diejenige abhängige Konzerngesellschaft, die für das jeweils marktwirksame Missbrauchsverhalten der betroffenen Unternehmen die **operative unternehmerische Kontrolle** innehat. Bei einem konglomeraten Unternehmen ist dies in der Regel nicht die Konzernholding, sondern diejenige konzernabhängige Obergesellschaft, über die der jeweilige Unternehmens- oder Geschäftsbereich geführt wird.

23 So ist das wettbewerbswidrige Verhalten eines Unternehmens, das sein Marktverhalten nicht selbst bestimmt, sondern aufgrund der wirtschaftlichen, rechtlichen oder persönlichen Bindungen zu einem anderen Unternehmen im Wesentlichen dessen Weisungen befolgt, letzterem Unternehmen zuzurechnen.[182] Soweit das Kapital an einer Gesellschaft zu 100% gehalten wird, geht die Rechtsprechung zudem von einer widerlegbaren Vermutung eines **bestimmenden Einflusses** aus.[183] Bei geringeren Beteiligungen kommt es zusätzlich darauf an, ob die Muttergesellschaft die Kontrolle über die Tochtergesellschaft tatsächlich innehat und von dieser Möglichkeit auch Gebrauch macht.[184] Nach der Rechtsprechung vermittelt eine Beteiligung von **25,001%** in der Regel keine unternehmerische Kontrolle über das Beteiligungsobjekt.[185] Abgesehen von den Beteiligungsverhältnissen sind bei der Feststellung eines Kontrollverhältnisses selbstverständlich auch vertraglich eingeräumte Einflussmöglichkeiten zu berücksichtigen, wie etwa **Vetorechte** des Minderheitsgesellschafters im Hinblick auf strategische Entscheidungen der Geschäftsführung etc. Als Maßstab für die praktische Handhabung darf die in Art. 1 Abs. 2 der Vertikal-Gruppenfreistellungsverordnung (EU) Nr. 330/2010[186] vom 20.4.2010 enthaltene Definition des „verbundenen Un-

---

[180] Komm. E. v. 10.2.1999 – IV/35.703, ABl. 1999 L 69/31 – Portugiesische Flughäfen; E. v. 26.7.2000 – K (2000) 2267, ABl. 2000 L 208/36 Rn. 50 – Aeropuertos Espanoles y Navegación Aérea; E. v. 20.12.2000 – K(2000) 4067, ABl. 2001 L 63/59 – Postalische Dienste mit vertraglich zugesicherter termingenauer Zustellung in Italien; E. v. 23.10.2001 – COMP/C-1/37.133, ABl. 2002 L 120/19 – La Poste/Postvorbereiter (Frankreich); E. v. 20.10.2004 – COMP/38.745 – Postvorbereiter.

[181] Siehe zum Streitstand: *Schröter* in Schröter/Jakob/Klotz/Mederer Vorbem. zu den Artikeln 101–105 Rn. 51ff.

[182] EuG Urt. v. 9.9.2009 – T-301/04, Slg. 2009, II-3155 Rn. 198 m.w.N. – Clearstream/Kommission.

[183] EuG Urt. v. 9.9.2009 – T-301/04, Slg. 2009, II-3155 Rn. 199 m.w.N. – Clearstream/Kommission.

[184] EuGH Urt. v. 6.3.1974 – verb. Rs. 6/73 und 7/73, Slg. 1974, 223 Rn. 36–38 – Commercial Solvents/Kommission; *Grill* in Lenz/Borchardt Art. 102 Rn. 10.

[185] EuG Urt. v. 6.4.1995 – T-141/89, Slg. 1995, II-791 Rn. 129 – Tréfileurope.

[186] VO (EU) Nr. 330/2010 vom 20.4.2010 über die Anwendung von Artikel 101 Absatz 3 AEUV auf Gruppen von vertikalen Vereinbarungen und abgestimmten Verhaltensweisen, ABl. 2010 L 102/1.

ternehmens" **(Verbundklausel)** gelten.[187] Einem Konzernverbund zuzurechnen sind deshalb Tochterunternehmen, wenn die Muttergesellschaft über mehr als die Hälfte der Stimmrechte verfügt, mehr als die Hälfte der Mitglieder der Unternehmensleitung bestellen kann oder das Recht genießt, die Geschäfte des Tochterunternehmens zu führen. In einem jüngst ergangenen Urteil zu einem Verstoß gegen Art. 101 AEUV, welches aber wegen der Identität des Unternehmensbegriffs auch hier zu beachten ist, befasste sich der Gerichtshof mit der Frage der Zurechnung in Bezug auf ein **im Verlauf der Zuwiderhandlung erworbenes Unternehmen.** Die Kommission hatte in diesem Fall dem Kartellanten eine Geldbuße auferlegt und die gesamtschuldnerische Haftung der Konzernmuttergesellschaft nur für einen Teil dieser Geldbuße verfügt, die dem Zeitraum entsprach, zu dem der Kartellamt im vollständigen Eigentum der Konzernmutter stand. Hinsichtlich der Obergrenze in Art. 23 Abs. 2 VO (EG) Nr. 1/2003 hatte sie aber für die gesamte Geldbuße auf den Umsatz der Konzernmutter abgestellt. Der EuGH bestätigte zum einen, dass der Unternehmensbegriff bzgl. der Zurechnung des Verstoßes und der Anwendung der Obergrenze in Art. 23 Abs. 2 VO (EG) Nr. 1/2003 nicht unterschiedlich ausgelegt werden darf.[188] Ebenso müsse die Haftung für an der Zuwiderhandlung beteiligte Unternehmen aufgeteilt werden, soweit Tochtergesellschaften selbständige wirtschaftliche Einheiten darstellten.[189] Während demnach die Zurechnung der Verstöße zur vollständig kontrollierenden Muttergesellschaft und die Verfügung einer partiellen gesamtschuldnerischen Haftung richtig sein, hätte die Kommission für die Zeit der Selbstständigkeit der Tochtergesellschaft auf deren Gesamtumsatz abstellen müssen,[190] d. h. keine Zurechnung vornehmen dürfen.

e) Kein Konzernprivileg? Während allgemein anerkannt ist, dass das Kartellverbot in Art. 101 AEUV zwischen Konzerngesellschaften, die eine wirtschaftliche Einheit darstellen, nicht gilt,[191] haben **Unionsorgane** Art. 102 AEUV auf vertikal integrierte Unternehmen **in einzelnen Fällen angewendet.** So haben die Kommission und die Europäischen Gerichte in Bezug auf **unterschiedliche Preise**[192] eines Unternehmens gegenüber seinen Tochterunternehmen einerseits und deren Wettbewerbern andererseits bzw. in Bezug auf eine unterschiedliche **Kosten-Preis-Schere in Form von Rabatten**[193] befunden, dass Art 102 AEUV anwendbar war und eine Diskriminierung vorlag. Ebenso sollen nach Auffassung der Kommission im Telekommunikationsbereich die Netzbetreiber allgemein dazu verpflichtet sein, unabhängige Kunden genauso zu behandeln wie eigene Tochterunternehmen.[194] 24

Für die Ansicht, dass das Konzernprivileg im Rahmen des Art. 102 AEUV nicht anwendbar sei und ein vertikal integriertes Unternehmen die Wettbewerber seiner Tochtergesellschaften diskriminieren kann, indem es der eigenen Tochtergesellschaft niedrigere Einkaufspreise gewährt, wurde vorgebracht, dass der Wortlaut des Art. 102 Satz 2 Buchst. c AEUV keine Stütze für das Konzernprivileg liefere. Fände das Konzernprivileg in Fällen einer Diskriminierung von *Handelspartnern* auf einer vor- oder nachgelagerten Handelsstufe Anwendung, auf die sich der Wortlaut der Vorschrift bezieht *(secondary line discrimination),* verbliebe dem Verbot kaum noch ein Anwendungsbereich, da ein marktbeherrschendes Unternehmen an einer Bevorzugung von Unternehmen, die nicht mit ihm verbunden 25

---

[187] Vgl. zu den Verbundklauseln der einzelnen Gruppenfreistellungsverordnungen *Pohlmann* Unternehmensverbund S. 66 ff.

[188] EuGH Urt. v. 4.9.2014 – C-408/12 P Rn. 59 – YKK/Kommission.

[189] EuGH Urt. v. 4.9.2014 – C-408/12 P Rn. 60 f. – YKK/Kommission.

[190] EuGH Urt. v. 4.9.2014 – C-408/12 P Rn. 61 ff. – YKK/Kommission.

[191] *Schröter/Voet van Vormizeele* in Schröter/Jakob/Klotz/Mederer Art. 101 Rn. 99.

[192] EuGH Urt. v. 17.7.1997 – C-242/95, Slg. 1997, I-4449 Rn. 41 f. – GT-Link/Danske Statsbaner.

[193] Komm. Beschl. v. 18.12.2013 – COMP/AT.39678, AT.39731 Rn. 42 ff. – Deutsche Bahn I, II.

[194] Mitteilung der Kommission über die Anwendung der Wettbewerbsregeln auf Zugangsvereinbarungen im Telekommunikationsbereich, ABl. 1998 C 265/2, Rn. 126.

sind, in der Regel bereits kein Eigeninteresse habe.[195] Allerdings wird die Frage diskutiert, ob für Konstellationen einer Ungleichbehandlung auf einer nachgelagerten Handelsstufe durch vertikal integrierte Unternehmen ohnehin nicht Art. 102 Satz 2 Buchst. b AEUV der angemessenere **Prüfungsmaßstab** ist. Auch die Kommission und der Gerichtshof haben Art. 102 Satz 2 Buchst. c AEUV überwiegend auf Fälle der sog. *primary line discrimination* angewendet.[196] Nach anderer Auffassung sollen diskriminierende Preise zulässig sein, solange sie nicht die Grenzen zum Niedrigpreiswettbewerb unterschreiten.[197]

26 Im Einzelnen ist diese Frage des Konzernprivilegs vor allem mit Blick auf die anderen Fallgruppen von Art. 102 AEUV noch klärungsbedürftig. Es muss im Einzelfall geprüft werden, ob eine Wettbewerbsbenachteiligung vorliegt, was bei ausreichenden Ausweichmöglichkeiten der Wettbewerber des Tochterunternehmens auf alternative Lieferanten zu verneinen sein kann.[198] Im deutschen Recht wird mehrheitlich ein Konzernprivileg auch für das Missbrauchsverbot in § 19 GWB angenommen.[199]

2. Abgrenzung zu hoheitlichem Verhalten des Staates

27 Ausgehend von der weiten Definition des Begriffes der „wirtschaftlichen Betätigung" im Sinne von Art. 102 AEUV verbleiben wenige Bereiche der öffentlichen oder **staatlich regulierten Wirtschaftstätigkeit,** die wegen ihres hoheitlichen Charakters vom Anwendungsbereich der Missbrauchsaufsicht ausgenommen sind.[200] Für diejenigen Bereiche der öffentlichen Wirtschaft, die nach Maßgabe von Art. 106 AEUV den Artt. 101 und 102 AEUV unterworfen sind, hat der Gerichtshof in ständiger Rechtsprechung entschieden, dass die bloße Schaffung einer beherrschenden Stellung durch die Gewährung ausschließlicher Rechte im Sinne von Art. 106 Abs. 1 AEUV **(staatlicher Monopolschutz)** als solche noch nicht mit Art. 102 AEUV unvereinbar sei.[201] Allerdings verstößt der betroffene Mitgliedstaat gegen die Verbote der Art. 106 Abs. 1 und 102 AEUV, „wenn das betreffende Unternehmen durch die bloße Ausübung der ihm übertragenen ausschließlichen Rechte seine beherrschende Stellung missbräuchlich ausnutzt, oder wenn durch diese Rechte eine Lage geschaffen werden könnte, in der dieses Unternehmen einen solchen Missbrauch begeht."[202]

28 **a) Hoheitliche Tätigkeit.** Vom Unternehmensbegriff des Art. 102 AEUV ausgenommen ist nach der Rechtsprechung nur die im klassischen Sinne **hoheitlich regulierende Wirtschaftsverwaltungstätigkeit** des Staates.[203] So hat der Gerichtshof etwa entschieden, dass die Tätigkeit der italienischen **Tabakmonopolverwaltung** insoweit nicht als unternehmerisch im Sinne von Art. 102 AEUV anzusehen sei, als diese Verwaltung dafür zu-

---

[195] *Ostendorf/Grün* WuW 2008, 950 (956).

[196] *Geradin/Petit* GCLC Working paper 2005, 2 (18ff.); vgl. dazu auch *Gerard* GCLC Research papers 2005, 105 (123).

[197] *Schröter/Bartl* in Schröter/Jakob/Klotz/Mederer Art. 102 Rn. 247.

[198] Vgl. zu möglichen Effizienzgewinnen und ökonomischen Anreizen für die Preisdiskriminierung *Geradin/Petit* GCLC Working paper 2005, 2 (36f.).

[199] Zur Rechtslage in Deutschland auch im Hinblick auf die Ausnahmen vom Konzernprivileg, *Ostendorf/Grün* WuW 2008, 950 (952ff.).

[200] Grundlegend dazu *Schwarze* EuZW 2000, 613.

[201] EuGH Urt. v. 23.5.2000 – C-209/98, Slg. 2000, I-3743 Rn. 66 – FFAD; Urt. v. 17.5.2001 – C-340/99, Slg. 2001, I-4109 Rn. 44 – TNT Traco/Poste Italiane; Urt. v. 17.7.2014 – C-553/12 P Rn. 45 – Kommission/DEI; vgl. dazu *Grave* EuZW 2001, 709.

[202] EuGH Urt. v. 23.4.1991 – C-41/90, Slg. 1991, I-1979 Rn. 29 – Höfner und Elser; Urt. v. 18.6.1991 – C-260/89, Slg. 1991, I-2925 Rn. 37 – ERT; Urt. v. 5.10.1994 – C-323/93, Slg. 1994, I-5077 Rn. 18 – Centre d'insémination de la Crespelle; Urt. v. 12.2.1998 – C-163/96, Slg. 1998, I-533 Rn. 27 – Silvano Raso; zuletzt Urt. v. 17.7.2014 – C-553/12 P Rn. 41 m.w.N. – Kommission/DEI.

[203] Komm. E. v. 15.6.2001 – COMP/34.950, ABl. 2001 L 233/37 Rn. 70 zu Art. 81 EGV (jetzt Art. 101 AEUV) – Eco-Emballages.

ständig sei, im Interesse des Verbraucherschutzes die Zulassung von Einzelhandelsunternehmen im Tabaksektor zu regeln.[204] Der Gerichtshof hat ferner entschieden, dass die Tätigkeit der zwischenstaatlichen Einrichtung *Eurocontrol* **(Europäische Organisation für Flugsicherung),** nämlich die Kontrolle und die Überwachung des Luftraums, typischerweise hoheitlichen Charakter habe und daher nicht als unternehmerisch im Sinne von Art. 102 AEUV anzusehen sei.[205] Außerdem hat der Gerichtshof festgestellt, dass eine privatrechtlich organisierte Gesellschaft, die von der öffentlichen Hand mit der Aufgabe betraut worden war, im Hafen von Genua im öffentlichen Interesse Umweltverschmutzungen zu verhindern, wegen des typischerweise öffentlichen Charakters dieser Aufgabe nicht unternehmerisch im Sinne von Art. 102 AEUV tätig sei. Die Tatsache, dass die Gesellschaft für ihre **Überwachungstätigkeit eine staatlich genehmigte Gebühr** erhebe, ändere nichts an dieser Qualifikation.[206] Vergibt die öffentliche Hand für eine bestimmte wirtschaftliche Tätigkeit eine Konzession, so stellt die Vergabe der **Konzession** nach der Rechtsprechung selbst keine unternehmerische Tätigkeit der öffentlichen Hand dar, wohl aber unterliegt die Konzessionsvergabe der Wettbewerbsaufsicht nach Art. 106 Abs. 1 AEUV. Ebenso ist das Marktverhalten des konzessionierten Unternehmens direkt an Art. 102 AEUV zu messen.[207]

Dabei ist für jede wettbewerbsrelevante Tätigkeit einer Institution festzustellen, ob sie hoheitlicher Natur ist. Denn die bloße Tatsache, dass eine Institution für einen **Teil** ihrer **Tätigkeit** über **hoheitliche** Gewalt verfügt, **steht** ihrer **Einstufung als Unternehmen** für den Rest ihrer wirtschaftlichen Tätigkeiten **nicht entgegen.**[208] In dem Vorlageverfahren *MOTOE* hatte der EuGH die Unternehmereigenschaften eines griechische Automobil- und Reiseclubs (ELPA) zu beurteilen. Dieser war zum einen nach dem griechischen Straßenverkehrsgesetz damit betraut, Motorradrennen zu genehmigen und führte aber auch selbst Motorradrennen durch, in deren Rahmen er Sponsoring-, Werbe- und Versicherungsverträge abschloss. Hinsichtlich der Veranstaltung von Motorradrennen ging der EuGH von einer wirtschaftlichen Tätigkeit aus, während die Genehmigung solcher Rennen keine wirtschaftliche Tätigkeit darstellte.[209] Allerdings bedeutete die Fähigkeit, Rennen genehmigen und durchführen zu können, einen eindeutigen Vorteil gegenüber anderen Veranstaltern und versetzte den ELPA in die Lage, den Marktzugang der anderen Veranstalter zu behindern und Wettbewerb zu verfälschen. Deswegen nahm der EuGH hier einen Verstoß gegen Art. 102 i. V. m. Art. 106 Abs. 1 AEUV an.[210] Ohne weitere Begründung ging der EuGH in einem Urteil aus dem Jahr 2014 auch von der Unternehmenseigenschaft eines ehemaligen griechischen Strommonopolisten aus, welcher überwiegend im Staatseigentum stand und vom Staat ausschließliche Schürf- und Abbaurechte für Braunkohle in Griechenland erhalten hatte.[211] 29

b) Aufgaben der Sozialversicherung und des Sozialstaates. Mehrere Urteile des Gerichtshofes befassen sich mit der kartellrechtlichen Einordnung von Einrichtungen der Sozialversicherung.[212] Im Urteil *Poucet und Pistre*[213] entschied der EuGH, dass Einrichtungen, die obligatorische, auf dem **Grundsatz der Solidarität** beruhende Systeme der so- 30

---

[204] EuGH Urt. v. 14.12.1995 – C-387/93, Slg. 1995, I-4663 Rn. 54 – Banchero.
[205] EuGH Urt. v. 19.1.1994 – C-364/92, Slg. 1994, I-43 Rn. 31 – SAT/Eurocontrol.
[206] EuGH Urt. v. 18.3.1997 – C-343/95, Slg. 1997, I-1547 Rn. 22–24 – Diego Calì.
[207] EuGH Urt. v. 4.5.1988 – C-30/87, Slg. 1988, 2479 Rn. 18 – Corinne Bodson/SA Pompes.
[208] EuGH Urt. v. 1.7.2008 – C-49/07, Slg. 2008, I-4863 Rn. 25 m. w. N. – MOTOE.
[209] EuGH Urt. v. 1.7.2008 – C-49/07, Slg. 2008, I-4863 Rn. 26 ff., 46 – MOTOE.
[210] EuGH Urt. v. 1.7.2008 – C-49/07, Slg. 2008, I-4863 Rn. 50 ff. – MOTOE.
[211] EuGH Urt. v. 17.1.2014 – C-553/12 P – Kommission/DEI, siehe weiter zu dieser Entscheidung auch Rn. 258.
[212] Vgl. hierzu generell *Charbit* Secteur public Rn. 67 ff.
[213] EuGH Urt. v. 17.2.1993 – verb. Rs. C-159 und C-160/91, Slg. 1993, I-637 Rn. 19, mit Anm. *Eichenhofer* NJW 1993, 2598.

zialen Sicherheit verwalten, wegen des ausschließlich sozialen Charakters ihrer Aufgabe nicht unter den kartellrechtlichen Unternehmensbegriff fallen. Dieses Urteil betraf eine französische, auf dem Prinzip der gesetzlich festgelegten **Pflichtversicherung** beruhende Einrichtung der Kranken-, Mutterschafts- und Rentenversicherung. Diese Rechtsprechung hat der Gerichtshof für eine italienische Invaliditätsversicherung im Fall *INAIL*[214] sowie im Fall *AOK Bundesverband*[215] für die Festbetragsfestsetzung durch Zusammenschlüsse der gesetzlichen Krankenkassen in Deutschland bestätigt. Demgegenüber beurteilte der EuGH im Urteil *FFSA*[216] eine ohne **Gewinnerzielungsabsicht** arbeitende Einrichtung, die ein zur Ergänzung einer Grundpflichtversicherung durch Gesetz geschaffenes, auf Freiwilligkeit beruhendes Rentenversicherungssystem nach dem Kapitalisierungsprinzip verwaltet, als Unternehmen im Sinne des EU-Kartellrechts.

31 Die Freiwilligkeit der Mitgliedschaft, die Geltung des **Kapitalisierungsprinzips** und die zwischen der betroffenen Einrichtung und den **privaten Lebensversicherungsgesellschaften bestehende Wettbewerbsbeziehung** stellte der Gerichtshof als Abgrenzungsmerkmale gegenüber den klassischen Sozialversicherungsträgern im Sinne des Urteils *Poucet und Pistre* besonders heraus.[217] Diese Rechtsprechung hat der Gerichtshof durch seine Urteile *Albany International,*[218] *Brentjens' Handelsonderneming*[219] und *Maatschappij Drijvende Bokken*[220] sowie *Pavlov*[221] konsequent fortgesetzt. Nach diesen Urteilen ist ein **Betriebsrentenfonds,** der mit der Verwaltung eines Zusatzrentensystems betraut ist, das durch einen durch die Sozialpartner abgeschlossenen Tarifvertrag begründet worden ist, auch dann ein Unternehmen im Sinne des EU-Kartellrechts, wenn der Fondsbetreiber keine Gewinnerzielungsabsicht verfolgt und die Mitgliedschaft in dem Fonds für alle Arbeitnehmer des betroffenen Wirtschaftszweiges durch den Staat verbindlich vorgeschrieben ist. Auch in diesen Urteilen bildet die Tatsache, dass der Betriebsrentenfonds eine Tätigkeit ausübt, die im Wettbewerb zu privaten Versicherungsgesellschaften steht, das maßgebliche Abgrenzungsmerkmal zur nicht-unternehmerischen Tätigkeit der klassischen Sozialversicherungsträger.[222] **Zusammenfassend** lässt sich demnach festhalten, dass eine soziale **Vorsorgeeinrichtung** nur dann **kein Unternehmen** ist, wenn sie einem **sozialen Zweck** dient (d.h. ohne Gewinnerzielungsabsicht arbeitet), auf dem Grundsatz der Solidarität beruht und der staatlichen Aufsicht unterliegt.[223] Der **Grundsatz der Solidarität** wird als Gegenteil zum Kapitalisierungsprinzip verstanden und ist insbesondere dann erfüllt, wenn die Beiträge pauschaliert, d.h. unabhängig vom versicherten Risiko erhoben werden.[224] Hinsichtlich der staatlichen Aufsicht ist der Umfang der Autonomie der zu beurteilenden Einrichtung zu prüfen. Für eine große Autonomie und damit die Unternehmenseigenschaft spricht,

---

214 EuGH Urt. v. 22.1.2002 – C-218/00, Slg. 2002, I-691 Rn. 44 – Cisal di Battistello/INAIL, mit Anm. *Lübbig* EuZW 2002, 149.

215 EuGH Urt. v. 16.3.2004 – verb. Rs. C-264/01, C-306/01, C-354/01 und C-355/01, Slg. 2004, I-2493 = EuZW 2004, 241 – AOK Bundesverband/Ichthyol u.a., mit Anm. *Riedel* EuZW 2004, 245.

216 EuGH Urt. v. 16.11.1995 – C-244/94, Slg. 1995, I-4013 – Fédération française des sociétés d'assurance u.a.

217 EuGH Urt. v. 17.2.1993 – verb. Rs. C-159 und C-160/91, Slg. 1993, I-637 Rn. 17–19.

218 EuGH Urt. v. 21.9.1999 – C-67/96, Slg. 1999, I-5751.

219 EuGH Urt. v. 21.9.1999 – verb. Rs. C-115/97 bis C-117/97, Slg. 1999, I-6025.

220 EuGH Urt. v. 21.9.1999 – C-219/97, Slg. 1999, I-6121.

221 EuGH Urt. v. 12.9.2000 – verb. Rs. C-180/98 bis C-184/98, Slg. 2000, I-6451.

222 EuGH Urt. v. 21.9.1999 – C-67/96, Slg. 1999, I-5751 Rn. 84 – Albany International; Urt. v. 21.9.1999 – verb. Rs. C-115/97 bis C-117/97, Slg. 1999, I-6025 Rn. 84 – Brentjens' Handelsonderneming; Urt. v. 21.9.1999 – C-219/97, Slg. 1999, I-6121 Rn. 74 – Maatschappij Drijvende Bokken; siehe dazu *Berg* EuZW 2000, 170(172).

223 EuGH Urt. v. 3.4.2011 – C-437/09, Slg. 2011, I-973, Rn. 43ff. – AG2R/Beaudout Père et Fils.

224 EuGH Urt. v. 3.4.2011 – C-437/09, Slg. 2011, I-973 Rn. 47ff. – AG2R/Beaudout Père et Fils, auch zu weiteren Merkmalen.

wenn die Einrichtung mit ihrem Vorsorgesystem von den Nutznießern beauftragt wurde und im Rahmen der Beauftragung Verhandlungsspielraum hatte.[225]

Ist eine Einrichtung nach diesen Grundsätzen im Hinblick auf ihr angebotsseitiges Verhalten **nicht** als **Unternehmen** anzusehen, so **unterliegt** auch das **Beschaffungs- und Nachfrageverhalten** dieser Einrichtung nach der Rechtsprechung des EuG **nicht der Missbrauchsaufsicht** nach Art. 102 AEUV. Danach gilt der folgende Rechtssatz: „Kauft eine Einrichtung ein Erzeugnis – auch in großen Mengen – nicht ein, um Güter oder Dienstleistungen im Rahmen einer wirtschaftlichen Tätigkeit anzubieten, sondern um es im Rahmen einer anderen, z.B. einer rein sozialen, Tätigkeit zu verwenden, so wird sie demnach nicht schon allein deshalb als Unternehmen tätig, weil sie als Käufer auf einem Markt agiert. Zwar trifft es zu, dass eine solche Einrichtung eine erhebliche Wirtschaftsmacht auszuüben vermag, die gegebenenfalls zu einem Nachfragemonopol führen kann. Das ändert jedoch nichts daran, dass sie, soweit die Tätigkeit, zu deren Ausübung sie Erzeugnisse kauft, nichtwirtschaftlicher Natur ist, nicht als Unternehmen im Sinne der Wettbewerbsregeln der Gemeinschaft handelt und daher nicht unter die in Artikel 81 Abs. 1 EG und 82 EG (jetzt Art. 101 und 102 AEUV) vorgesehenen Verbote fällt."[226] 32

c) Abgrenzung zwischen hoheitlicher und unternehmerischer Tätigkeit. Die Abgrenzungspraxis des Gerichtshofes zur unternehmerischen im Gegensatz zur typischerweise hoheitlichen Tätigkeit der öffentlichen Hand bleibt notwendig **einzelfallorientiert** und ist in der Gesamtschau nicht immer konsequent. Es erschließt sich nicht, warum der Gerichtshof die **Bundesanstalt für Arbeit** im Urteil *Höfner und Elser*[227] als Unternehmen ansieht, die mit der **Umweltaufsicht im Hafen** von Genua betraute privatrechtliche Gesellschaft wegen des **„typischerweise" öffentlichen Charakters** ihrer Tätigkeit dagegen nicht (Urteil *Diego Cali*).[228] Angesichts der unterschiedlichen Wirtschaftsrechtsordnungen der Mitgliedstaaten kann der „typischerweise" öffentliche Charakter einer Tätigkeit nicht als taugliches Abgrenzungsmerkmal dienen. Gerade mit **fortschreitendem Grad der Privatisierung** öffentlicher Aufgaben in vielen Mitgliedstaaten lässt sich nur schwer feststellen, ob eine bestimmte Tätigkeit noch als typischerweise öffentlich zu bezeichnen ist. Ist z.B. in einem Mitgliedstaat die Kontrolle der Verkehrstauglichkeit von Kraftfahrzeugen einer privatrechtlichen Organisation anvertraut, während diese Aufgabe in einem anderen Mitgliedstaat von der öffentlichen Verwaltung wahrgenommen wird, erweist sich dieses Abgrenzungsmerkmal als ungeeignet für die unionsweite Anwendung von Art. 102 AEUV. Maßgeblich muss sein, ob die fragliche Einheit eine Tätigkeit ausübt, die zumindest im Grundsatz von einem Privaten mit der Absicht der Gewinnerzielung ausgeübt werden könnte.[229] 33

Auch das Kriterium der **Wettbewerbsöffnung** des jeweiligen (auch) von der öffentlichen Hand bedienten Wirtschaftsbereiches verschafft keinen sicheren Aufschluss über die Anwendung von Art. 102 AEUV auf einen bestimmten Tätigkeitsbereich der öffentlichen Wirtschaft, weil die Unternehmenseigenschaft des jeweiligen Betreibers dann im Wesentlichen davon abhängig wäre, ob die jeweilige wirtschaftliche Betätigung der öffentlichen Hand wettbewerbsgeschützt **(monopolisiert)** ist oder nicht. Als nicht-unternehmerische Tätigkeit der öffentlichen Hand sollte daher auch in Anlehnung an die sehr restriktive Rechtsprechung zu Artt. 45 Abs. 4 und 51 Abs. 1 AEUV nur diejenige **gemeinnützige** 34

---

[225] EuGH Urt. v. 3.4.2011 – C-437/09, Slg. 2011, I-973 Rn. 53ff., v.a. 59ff. – AG2R/Beaudout Père et Fils; ebenso BGH Urt. v. 20.7.2011 – IV ZR 76/09, Rn. 89 – Versorgungsanstalt des Bundes und der Länder.

[226] EuG Urt. v. 4.3.2003 – T-319/99, EuZW 2003, 283 Rn. 37 – FENIN/Kommission, mit Anm. *Helios* EuZW 2003, 288; bestätigt durch EuGH Urt. v. 11.7.2006 – C-205/03 P, Slg. 2006, I-6295.

[227] EuGH Urt. v. 23.4.1991 – C-41/90, Slg. 1991, I-1979 – Höfner und Elser.

[228] EuGH Urt. v. 18.3.1997 – C-343/95, Slg. 1997, I-1547 – Diego Cali.

[229] Schlussanträge des Generalanwaltes *Jacobs* vom 17.5.2001 zu C-475/99, Slg. 2001, I-8089 Rn. 67 – Ambulanz Glöckner/Landkreis Südwestpfalz.

Aufgabenerfüllung durch den Staat angesehen werden, die aus Sicht der Bürger durch das allgemeine Entrichten von Steuern abgegolten ist und die sich für eine Erbringung durch private Anbieter oder Konzessionäre unter keinen Umständen eignet. Der Unternehmensbegriff wird auf diese Weise zwar sehr weit gefasst; jedoch trägt nur diese Auslegung dem Umstand Rechnung, dass gerade auch die wirtschaftliche Tätigkeit des Staates den Wettbewerb empfindlich beeinträchtigen kann. Die Berücksichtigung von **Allgemeinwohlzielen** bei der Anwendung des EU-Kartellrechts auf die öffentliche Wirtschaft ist aber nach der Systematik der Art. 101 ff. AEUV nicht die Aufgabe einer einschränkenden Auslegung des Unternehmensbegriffs, sondern der Anwendung von Art. 106 AEUV, insbesondere von Art. 106 Abs. 2 AEUV.

III. Marktbeherrschende Stellung

1. Marktabgrenzung

35 **a) Allgemeines.** Das Missbrauchsverbot des Art. 102 AEUV gilt für alle Unternehmen, die auf dem Binnenmarkt oder einem wesentlichen Teil desselben eine beherrschende Stellung einnehmen. Die mit dem Begriff **„beherrschende Stellung"** beschriebene wirtschaftliche Machtposition eines Unternehmens besteht nicht etwa schlechthin, sondern kann sich immer nur auf genau abgegrenzten Märkten, dem sog. relevanten Markt bilden. Die Feststellung einer marktbeherrschenden Stellung erfordert daher eine zweistufige Prüfung, wobei der erste Schritt in der Abgrenzung des relevanten Marktes und der zweite in der Ermittlung der Wettbewerbsverhältnisse und Messung des Monopolgrades auf diesem Markt besteht.[230] Nach der Vorgehensweise von Kommission und Rechtsprechung bemisst sich die Marktposition eines Unternehmens nach der Art und Weise, in der dessen Produkte bzw. Dienstleistungen in Konkurrenz zu denjenigen anderer Unternehmen stehen. So liegt der Bekanntmachung der Kommission über die Definition des relevanten Marktes die Auffassung zugrunde, dass die Marktposition eines Unternehmens in einer umfassenden Sichtweise anhand der Marktstruktur und des Marktverhaltens zu beurteilen ist.[231] Zum relevanten Markt gehören nur diejenigen Produkte und Dienstleistungen, zwischen denen ein wirksamer Wettbewerb möglich ist.[232] Die Abgrenzung des relevanten Marktes erfolgt dabei nach allgemeiner Ansicht nach sachlichen, räumlichen und auch zeitlichen Kriterien.[233] Der Frage der sachlichen Marktabgrenzung kommt in der Entscheidungspraxis der Kommission und der Gerichte eine zentrale Bedeutung zu. Neben der sachlichen Marktabgrenzung dient das Kriterium der räumlichen Marktabgrenzung der Ermittlung des geographischen Gebiets, innerhalb dessen das betreffende Unternehmen im Wettbewerb mit anderen Unternehmen seine Produkte und Dienstleistungen anbietet und Verbraucher auf alternative Erzeugnisse zugreifen können. Demgegenüber kommt der zeitlichen Marktab-

[230] Vgl. EuGH Urt. v. 14.2.1978 – 27/76, Slg. 1978, 207 Rn. 10/11 – United Brands; Urt. v. 13.2.1979 – 85/76, Slg. 1979, 461 Rn. 21 und 36 – Hoffmann-La Roche; Urt. v. 17.7.1997 – C-242/95, Slg. 1997, I-4449 Rn. 36 – GT-Link/Danske Statsbaner.

[231] Komm., Bekanntmachung über die Definition des relevanten Marktes im Sinne des Wettbewerbsrechts der Gemeinschaft, ABl. 1997 C 372/5 Rn. 12.

[232] Vgl. EuGH Urt. v. 21.2.1973 – 6/72, Slg. 1973, 215 Rn. 32 ff. – Continental Can; Urt. v. 14.2.1978 – 27/76, Slg. 1978, 207 Rn. 12, 22 – United Brands; Urt. v. 13.2.1979 – 85/76, Slg. 1979, 461 Rn. 28 – Hoffmann-La Roche; bestätigt durch EuGH Urt. v. 11.12.1980 – 31/80, Slg. 1980, 3775 Rn. 25 ff. – L'Oréal/PVBA; Urt. v. 9.11.1983 – 322/81, Slg. 1983, 3461 Rn. 37 – Michelin; EuG Urt. v. 12.12.1991 – T-30/89, Slg. 1991, II-1439 Rn. 64 – Hilti.

[233] EuGH Urt. v. 14.2.1978 – 27/76, Slg. 1978, 207 Rn. 10/11 – United Brands; Urt. v. 13.2.1979 – 85/76, Slg. 1979, 461 Rn. 21 – Hoffmann-La Roche; Urt. v. 9.11.1983 – 322/, Slg. 1983, 3461 Rn. 37 – Michelin; Urt. v. 5.10.1988 – C-247/86, Slg. 1988, 5987 Rn. 13 – Alsatel/SA Novasam; Urt. v. 26.11.1998 – C-7/97, Slg. 1998, I-7791 Rn. 32 ff. – Bronner/Mediaprint; zum zeitlichen Faktor EuGH Urt. v. 16.12.1975 – verb. Rs. 40 bis 48, 50, 54 bis 56, 111, 113 und 114/73, Slg. 1975, 1663 Rn. 450 – Suiker Unie.

grenzung nur in Ausnahmesituationen eine eigenständige Bedeutung zu, in denen ein Unternehmen auf Grund vorübergehender Umstände eine ebenso vorübergehende Machtposition erlangt. Bei der Marktabgrenzung wird der Kommission gegenüber den europäischen Gerichten eine Einschätzungsprärogative zuteil, welche auf den komplexen wirtschaftlichen Beurteilungen beruht, die in erster Linie durch die Kommission erfolgen. Die Rolle der Gerichte beschränkt sich darauf, die von der Kommission vorgenommene Marktabgrenzung auf zugrundeliegende Tatsachen- oder Rechtsfehler, offensichtliche Beurteilungsfehler oder Ermessensmissbrauch zu überprüfen.[234]

Im Rahmen der Marktabgrenzung tendieren die Unionsorgane erkennbar zu einer ver- 36
hältnismäßig **engen Marktabgrenzung.** Dies hat zur Folge, dass der Marktanteil des betreffenden Unternehmens umso höher bewertet wird und eine Marktbeherrschung umso eher vorliegen kann, je enger der relevante Markt abgegrenzt wird. Zudem zeigt sich hierbei häufig, dass die betreffenden Unternehmen nicht nur auf einem, sondern auf mehreren unterschiedlichen relevanten Märkten tätig sind.[235] Besonders enge Marktabgrenzungen erfolgten etwa im Fall *Magill,*[236] in dem der Gerichtshof einen Markt für die wochenweise Programmvorschau aller zu empfangender Fernsehsender in Nordirland annahm, sowie im Fall *Hilti,*[237] in dem ein separater Markt für Nägel zur Verwendung in Hilti-Nagelmaschinen unterschieden wurde. Außerdem wurden verschiedene Märkte für verschiedene Linienverkehrsrelationen geordnet nach Verkehrsträgern[238] und für die Durchführung von Sportveranstaltungen und die wirtschaftliche Nutzung der Veranstaltungen durch den Abschluss von Sponsoring-, Werbe- und Versicherungsverträgen[239] angenommen.

Die Feststellung der Marktbeherrschung und die Definition des relevanten Marktes im 37
Rahmen von Art. 102 AEUV einerseits und Art. 2 Abs. 2 und 3 VO (EG) Nr. 139/2004 (FKVO) andererseits können zu unterschiedlichen Ergebnissen führen. Grund hierfür ist, dass Missbrauchsaufsicht einerseits und Fusionskontrolle andererseits unterschiedliche Zielsetzungen verfolgen. Während Art. 102 AEUV **vergangenheitsorientiert** ist und der rückwirkenden Verhaltenskontrolle der Marktteilnehmer dient, steht bei der Fusionskontrolle eine Analyse der **zukünftigen Marktstruktur** im Vordergrund.[240] Im Unterschied zur Missbrauchskontrolle, die stets nur den Ist-Zustand berücksichtigt und an objektiv feststellbare Fakten anknüpfen kann, erfordert die Marktabgrenzung im Rahmen der Fusionskontrolle stets eine Prognose der zukünftigen Marktverhältnisse nach dem Zusammenschluss.[241] Dies verlangt eine Berücksichtigung der **Dynamik des Marktgeschehens,** der zu erwartenden technischen Entwicklungen und der zukünftigen Rahmenbedingungen.[242] Die in fusionskontrollrechtlichen Entscheidungen definierten Märkte können daher nicht ohne weiteres für die Feststellung einer marktbeherrschenden Stellung nach Art. 102

---

[234] EuG Urt. v. 15.12.2010 – T-427/08, Slg. 2010, II-5865 Rn. 65f. – CEAHR/Kommission; *Bechtold/Bosch/Brinker* Art. 102 Rn. 6.

[235] Siehe zur Marktabgrenzung in der Fusionskontrolle *Montag/Kacholt* in Dauses H.I. § 4 Rn. 65ff.

[236] EuGH Urt. v. 6.4.1995 – verb. Rs. C-241/91 P und C-242/91 P, Slg. 1995, I-808 Rn. 46ff. – RTE und ITP/Kommission.

[237] Komm. E. v. 22.12.1987 – IV/30.787 und 31.488, ABl. 1988 L 65/19, 31 Rn. 55 – Eurofix/Bauko/Hilti; bestätigt durch EuG Urt. v. 12.12.1991 – T-30/89, Slg. 1991, II-1439 Rn. 66 – Hilti.

[238] EuGH Urt. v. 11.4.1989 – C-66/86, Slg. 1989, 803 – Ahmed Saeed; EuG Urt. v. 8.3.1995 – T-2/93, Slg. 1994, II-323 – Air France II.

[239] EuGH Urt. v. 1.7.2008 – C-49/07, Slg. 2008, I-4863 – MOTOE.

[240] *Immenga/Körber* in Immenga/Mestmäcker Einl. z. FKVO Rn. 11 und Art. 2 FKVO Rn. 20f.; *de Bronett* in Wiedemann § 22 Rn. 11.

[241] *Jung* in Grabitz/Hilf/Nettesheim, Art. 102 Rn. 34.

[242] *Körber* in Immenga/Mestmäcker Art. 2 FKVO Rn. 21. Zu den Kriterien der Feststellung von Marktbeherrschung in der Fusionskontrolle vgl. auch den Entwurf einer Kommissionsmitteilung über die Kontrolle horizontaler Zusammenschlüsse v. 11.12.2002 KOM(2002) 1926(01).

AEUV herangezogen werden.[243] Es bleibt zu erwähnen, dass mitunter an der Sinnhaftigkeit der Abgrenzung des relevanten Marktes gezweifelt und eine Tautologie dieser angenommen wird. Stattdessen wird eine reine Ermittlung der Marktmacht im Wege einer Schätzung vorgeschlagen. Es soll danach die „beste Schätzung für die tatsächliche Größe der Marktmacht" erfolgen und daran anschließend gerade keine Abgrenzung des relevanten Marktes mehr stattfinden.[244] In den USA ist in den Horizontal Merger Guidelines des US Department of Justice und der Federal Trade Commission zumindest für horizontale Zusammenschlüsse eine gewisse Distanzierung vom Erfordernis der Marktabgrenzung erkennbar.[245] Ob sich eine Abkehr von der Methode der Marktabgrenzung auch im Europäischen Recht entwickeln könnte, ist zurzeit allerdings fraglich.

38 **b) Sachlich relevanter Markt. aa) Allgemeine Ausführungen.** Der sachlich relevante Markt umfasst sämtliche Erzeugnisse bzw. Dienstleistungen, die von den Verbrauchern hinsichtlich ihrer Eigenschaften, Preise und ihres vorgesehenen Verwendungszwecks als austauschbar oder substituierbar angesehen werden.[246] Zentrales Kriterium, dem die Kommission wie auch die Gerichte folgen, ist demnach die **Austauschbarkeit der Produkte** aus Sicht des Verbrauchers. Zur Feststellung der konkreten Austauschbarkeit grenzt die Kommission zunächst den relevanten Produktmarkt anhand der Produktmerkmale und des Verwendungszwecks ein.[247] Als Produktmerkmale kommen dabei insbesondere technische, physikalische oder chemische Eigenschaften in Betracht. Die objektiven Produkteigenschaften sind aber nicht allein ausschlaggebend, da selbst gleichartige Produkte nicht als substituierbar angesehen werden können, wenn sie aus Sicht der Verbraucher unterschiedliche Verwendung finden. Produkte sind dann austauschbar, wenn sie von den Verbrauchern in gleicher Weise verwendet werden können. Die Abgrenzung nach dem **Verwendungszweck** entspricht dem vom Gerichtshof[248] aufgestellten Kriterium, wonach all diejenigen Produkte einem einheitlichen Markt zugeordnet werden können, die sich auf Grund ihrer Merkmale zur Befriedigung eines gleich bleibenden Bedarfs eignen.[249] Die Gleichartigkeit der Produktmerkmale und des Verwendungszwecks allein genügt aber nicht, um festzustellen, ob zwei Produkte Nachfragesubstitute darstellen oder nicht.[250] Die Kommission berücksichtigt insoweit weitere Kriterien wie die Preise, die Standorte von Kunden und Wettbewerbern, die Kreuzpreiselastizität[251] der Nachfrage, die Verbraucherpräferenzen oder die Struktur von Angebot und Nachfrage.

39 Erzeugnisse, die zwar als Bestandteil einer Produktgruppe aus objektiven Gründen substituierbar wären, können nicht als Teil eines einheitlichen Marktes angesehen werden, wenn sie unterschiedlichen Wettbewerbs- und Nachfragestrukturen unterliegen. In der Rechtssache *Michelin*[252] hat der Gerichtshof auf Grund **unterschiedlicher Nachfrage-**

---

[243] Vgl. zur unterschiedlichen Marktabgrenzung in der Missbrauchsaufsicht und in der Fusionskontrolle *Sedemund/von Danwitz* in Beck PostG § 19 Rn. 32.

[244] *Schmidtchen* WuW 2011, 923; entgegnend: *Haucap* WuW 2012, 3.

[245] *Bechtold/Bosch/Brinker* Art. 102 Rn. 8; *Petrasincu* WuW 2010, 999 (1002); *Bischke/Boger* NGZ 2010, 1262.

[246] Komm., Bekanntmachung über die Definition des relevanten Marktes im Sinne des Wettbewerbsrechts der Gemeinschaft, ABl. 1997 C 372/5 Rn. 7; EuG Urt. v. 9.9.2009 – T-301/04, Slg. 2009, II-3155 Rn. 44 ff. – Clearstream/Kommission.

[247] Vgl. Komm., Bekanntmachung über die Definition des relevanten Marktes im Sinne des Wettbewerbsrechts der Gemeinschaft, ABl. 1997 C 372/5 Rn. 36.

[248] EuGH Urt. v. 13.2.1979 – 85/76, Slg. 1979, 461 Rn. 28 – Hoffmann-La Roche.

[249] Vgl. *Jung* in Grabitz/Hilf/Nettesheim Art. 102 Rn. 37 ff.; *Bardong* in Langen/Bunte Art. 2 FKVO Rn. 47 ff.; *Schröter/Bartl* in Schröter/Jakob/Klotz/Mederer Art. 102 Rn. 136; *Bechtold/Bosch/Brinker* Art. 102 Rn. 8.

[250] Komm., Bekanntmachung über die Definition des relevanten Marktes im Sinne des Wettbewerbsrechts der Gemeinschaft, ABl. 1997 C 372/5 Rn. 36.

[251] Siehe dazu auch Rn. 41 ausführlich.

[252] EuGH Urt. v. 9.11.1983 – 322/81, Slg. 1983, 3461 Rn. 38–40 – Michelin.

strukturen jeweils getrennte Märkte für neue Ersatzreifen für schwere Fahrzeuge (Lkw und Busse), für neue Ersatzreifen für leichte Fahrzeuge (Pkw und Kleinbusse) sowie für runderneuerte Reifen angenommen. In gleicher Weise hat die Kommission im *Tetra-Pak-II*-Verfahren[253] auf Grund der Marktstruktur aseptische und nicht-aseptische Verpackungen und Abfüllanlagen für Getränke und flüssige Nahrungsmittel als jeweils getrennte Märkte mit eigenen Angebots- und Nachfragebedingungen betrachtet. Zur Annahme eines einheitlichen Produktmarktes bedarf es allerdings keiner vollkommenen Substituierbarkeit der Produkte, sondern es genügt ein hinreichender Grad an Austauschbarkeit.[254] Eine solch hinreichende Austauschbarkeit hat der Gerichtshof im Falle von Neureifen und runderneuerten Reifen nicht angenommen, obwohl diese in einem gewissen Umfang substituierbar waren, da runderneuerte Reifen aus Verbrauchersicht wegen der geringen Zuverlässigkeit und begrenzten Verwendbarkeit nicht denselben Verwendungszweck wie Neureifen erfüllten.[255] In der Rechtssache *United Brands*[256] hat der Gerichtshof Bananen nur in einem begrenzten Ausmaß als mit anderen Obstsorten austauschbar angesehen, da Bananen mit Frischobst wegen der spezifischen Nachfrage als Diätkost nicht vergleichbar waren und der Verbraucher sich die Frucht das ganze Jahr über unabhängig von jahreszeitlichen Schwankungen beschaffen konnte. Aus diesen Gründen hat der Gerichtshof die Marktabgrenzung der Kommission[257] bestätigt und für Bananen einen vom Markt für Frischobst hinreichend getrennten Markt angenommen. In gleicher Weise hat die Kommission *Flachglas*[258] als spezifischen Markt betrachtet, da es in seinen Verwendungen auf Grund fehlender Konkurrenzprodukte nicht (hinreichend) ersetzt werden konnte, auch wenn es in einer Verwendung mit Plastik austauschbar war. Ist ein bestimmtes Produkt nämlich für verschiedene Zwecke verwendbar, kann ein und dasselbe Erzeugnis getrennten Märkten angehören. Dies bedeutet aber nicht notwendigerweise, dass dieses Produkt zusammen mit jenen Produkten, mit denen es in den unterschiedlichen Verwendungen austauschbar ist, einen einheitlichen Markt bildet. Der **Begriff des relevanten Marktes** setzt nämlich einen wirksamen Wettbewerb zwischen den ihm zugehörigen Erzeugnissen voraus, so dass für die Annahme eines einheitlichen Marktes die hinsichtlich ihrer Verwendung gleichartigen Produkte miteinander austauschbar sein müssen.[259] So hat der Gerichtshof in der Rechtssache *Hoffmann-La Roche*[260] die Möglichkeit erwogen, zwei getrennte Märkte für ein und dasselbe Produkt anzunehmen, für das zwei unterschiedliche Verwendungsmöglichkeiten in vollkommen verschiedenen Tätigkeitsbereichen bestanden. Es handelte sich dabei um die Vitamingruppen C und E, die jeweils sowohl für „bionutritive" als auch für „technologische" Zwecke verwendet werden konnten. Da die Marktanteile bei einer solchen Marktabgrenzung aber unverändert geblieben wären, hat der Gerichtshof einen separaten Markt lediglich für die Vitamingruppen C und E und nicht auch für jede ihrer Verwendungsarten angenommen.

Preisunterschiede können die Austauschbarkeit ausschließen, auch wenn Waren für den- **40**
selben Verwendungszweck eingesetzt werden.[261] Die Kommission und das Gericht haben

---

[253] Komm. E. v. 24.7.1991 – IV/31.043, ABl. 1992 L 72/1 Rn. 93 – Tetra Pak II; bestätigt durch EuG Urt. v. 6.10.1994 – T-83/91, Slg. 1994, II-755 Rn. 78 – Tetra Pak II.

[254] EuGH Urt. v. 13.2.1979 – 85/76, Slg. 1979, 461 Rn. 28 – Hoffmann-La Roche; Urt. v. 9.11. 1983 – 322/81, Slg. 1983, 3461 Rn. 48 – Michelin; EuG Urt. v. 9.9.2009 – T-301/04, Slg. 2009, II-3155 Rn. 64 – Clearstream/Kommission.

[255] EuGH Urt. v. 9.11.1983 – 322/81, Slg. 1983, 3461 Rn. 49 – Michelin.

[256] EuGH Urt. v. 14.2.1978 – 27/76, Slg. 1978, 207 Rn. 23/33, 34/35 – United Brands.

[257] Komm. E. v. 17.12.1975 – IV/26.699, ABl. 1976 L 95/1 unter II A 2 – Chiquita.

[258] Komm. E. v. 7.12.1988 – IV/31.906, ABl. 1989 L 33/44 Rn. 76 – Flachglas; siehe auch Komm. E. v. 5.12.1988 – IV/31.900, ABl. 1989 L 10/50 Rn. 106ff., 118 – BPB Industries, wonach Gipskartonplatten und Nassputzerzeugnisse nicht zum selben Produktmarkt gehören.

[259] EuGH Urt. v. 13.2.1979 – 85/76, Slg. 1979, 461 Rn. 28 – Hoffmann-La Roche.

[260] EuGH Urt. v. 13.2.1979 – 85/76, Slg. 1979, 461 Rn. 28–31 – Hoffmann-La Roche.

[261] Komm., Bekanntmachung über die Definition des relevanten Marktes im Sinne des Wettbewerbsrechts der Gemeinschaft, ABl. 1997 C 372/5 Rn. 39f.

im *Tetra-Pak-II*-Verfahren[262] zur Abgrenzung des Marktes für aseptische Maschinen und Kartons insbesondere auch die bestehenden Preisunterschiede zwischen Kartons und normalen Einwegglasflaschen berücksichtigt und festgestellt, dass aus Sicht der Verbraucher die Verpackungskosten nur zu einem geringen Anteil den Endverkaufspreis beeinflussen. Der Gerichtshof hat zwar bislang den Preis und insbesondere auch Preisunterschiede nicht ausdrücklich als Beurteilungsmaßstab im Rahmen des Art. 102 AEUV formuliert, zieht diese aber dennoch als ein Kriterium der Marktabgrenzung heran.[263] In seiner Praxis zu Art. 101 AEUV hat der Gerichtshof wiederholt teurere und billigere Erzeugnisse gleicher Art getrennten Produktmärkten zugeordnet. So hat der Gerichtshof ausdrücklich einen vom Markt für teure Tonträger zu unterscheidenden Markt für Niedrigstpreistonträger angenommen,[264] sowie getrennte Märkte für billige und teure Spiegelreflexkameras unterschieden.[265] Im letzteren Fall bildete der Preis allerdings nicht das einzige Abgrenzungskriterium. Berücksichtigt wurden insbesondere auch die jeweiligen Produktmerkmale wie Film- und Bildformat sowie die Einsatzfähigkeit und der Verwendungszweck für eine spezielle Kundengruppe.[266] Die Kommission hat verschiedentlich gesonderte Märkte für **Luxusgüter,** wie Kosmetika[267] und Schuhe[268] der oberen Preisklasse, mit der Begründung angenommen, dass sich diese kaum durch ähnliche Produkte aus anderen Marktsegmenten ersetzen lassen.

41 Zur Entscheidung der Frage, ob Produkte mit unterschiedlichen Eigenschaften, Qualitätsmerkmalen oder Herstellungsverfahren im Hinblick auf den gleichen Verwendungszweck demselben relevanten Markt zuzurechnen sind, ziehen die Unionsorgane häufig das Kriterium der **Kreuzpreiselastizität** heran.[269] Das dahinter stehende Konzept beruht auf dem Gedanken, dass sich die Ausweichmöglichkeiten der Marktgegenseite in ihrer Reaktion auf Preisbewegungen zeigen müssen. Bewirkt eine geringe, aber signifikante Preiserhöhung (im Bereich zwischen 5% und 10%) eine Abwanderung zu einer anderen Ware, so soll dies auf Ausweichmöglichkeiten und damit den gleichen sachlichen Markt hindeuten. Die Rechtsprechung hat die Kreuzpreiselastizität als Kriterium zur Abgrenzung des Marktes ausdrücklich erstmals in der Rechtssache *Hilti*[270] anerkannt, obwohl der Gerichtshof bereits in der Rechtssache *United Brands*[271] die Austauschbarkeit von Frischobst mit Bananen u. a. anhand der Kreuzpreiselastizität überprüft hatte, die jedoch in diesem Fall nicht längerfristig (ganzjährig) bestand. Die Kreuzpreiselastizität ist allerdings immer dann ein untauglicher Maßstab für die Marktabgrenzung, wenn der Preis eines Produktes nur einer unter vielen die Kaufentscheidung beeinflussenden Faktoren ist, da dann nicht denkbar ist, dass geringfügige Preisänderungen zur Verlagerung auf alternative Produkte führen.[272] Die Kommission prüft die Kreuzpreiselastizität mit Hilfe des sogenannten SSNIP-Tests („small but significant non-transitory increase in price"). Dabei handelt es sich um eine Art Gedankenexperiment, bei welchem die Auswirkungen

---

[262] Komm. E. v. 24.7.1991 – IV/31.043, ABl. 1992 L 72/1 Rn. 93 – Tetra Pak II; EuG Urt. v. 6.10.1994 – T-83/91, Slg. 1994, II-755 Rn. 77 – Tetra Pak II.

[263] *Bechtold/Bosch/Brinker* Art. 102 Rn. 9.

[264] EuGH Urt. v. 1.2.1978 – 19/77, Slg. 1978, 131 Rn. 2, 5, 9, 10 – Miller.

[265] EuGH Urt. v. 21.2.1984 – 86/82, Slg. 1984, 883 Rn. 20, 21 – Hasselblad.

[266] EuGH Urt. v. 21.2.1984 – 86/82, Slg. 1984, 883 Rn. 20, 21 – Hasselblad.

[267] Komm. E. v. 16.12.1991 – IV/33.242, ABl. 1992 L 12/24 f. – Yves Saint Laurent Parfums; E. v. 24.7.1992 – IV/33.542, ABl. 1992 L 236/11 – Givenchy.

[268] Komm. E. v. 2.12.1988 – IV/31.697, ABl. 1989 L 35/31 Rn. 5 – Charles Jourdan.

[269] Vgl. Komm., Bekanntmachung über die Definition des relevanten Marktes im Sinne des Wettbewerbsrechts der Gemeinschaft, ABl. 1997 C 372/5 Rn. 15.

[270] EuG Urt. v. 12.12.1991 – T-30/89, Slg. 1991, II-1439 Rn. 40 ff. – Hilti.

[271] EuGH Urt. v. 14.2.1978 – 27/76, Slg. 1978, 207 Rn. 23/33 – United Brands.

[272] Komm. E. v. 22.12.1987 – IV/30.787 und 31.488, ABl. 1988 L 65/19 Rn. 60 ff. – Eurofix-Bauco/Hilti.

einer Preiserhöhung von 5% bis 10% auf die Reaktion der Nachfrager untersucht werden.[273]

In Fällen, in denen ein Produkt eng mit einer Dienstleistung verbunden ist, so dass es zu einer Überschneidung von Produkt- und **Dienstleistungsmarkt** kommt, nehmen die Unionsorgane gleichwohl sachlich getrennte Märkte an, wenn eine gesonderte Nachfrage nach den jeweiligen Produkten und den Dienstleistungen besteht.[274] So hat die Kommission im Fall *Decca Navigator System*[275] einen Dienstleistungsmarkt für die Übertragung von Funksignalen eines besonderen Systems zur Navigation auf See von dem Produktmarkt der Empfangsgeräte für diese Signale unterschieden. **42**

In den meisten Fällen genügt für die Abgrenzung des sachlich relevanten Marktes eine Beurteilung aus Sicht der Nachfrager (Nachfragesubstitution, s. o.). Insbesondere bei Produkten, die einer spezifischen technischen Verwendung und der Befriedigung eines individuellen Bedarfs dienen, berücksichtigen die Unionsorgane aber auch die Möglichkeiten einer **Angebotssubstitution,** um künstliche Ergebnisse zu vermeiden und zu einer den technischen oder wirtschaftlichen Gegebenheiten gerecht werdenden Marktabgrenzung zu gelangen.[276] Insoweit kommt es darauf an, ob die Hersteller von technisch verwandten Produkten, die jedoch mit dem betreffenden Produkt nicht austauschbar sind, durch einfache Umstellung ihrer Produktionsanlagen oder des Herstellungsprozesses in der Lage wären, Austauschprodukte herzustellen. Lässt sich eine solche **Produktionsflexibilität** feststellen, so sind diese Anbieter als potentielle Konkurrenten in die Abgrenzung des relevanten Marktes miteinzubeziehen.[277] In der Rechtssache *Continental Can*[278] hat der Gerichtshof festgestellt, dass Hersteller von Leichtmetallverpackungen durch einfache Produktionsumstellung auch Fleisch- und Fischkonserven hätten herstellen können, weshalb diese Verpackungen nicht Teil eines separaten Marktes seien, sondern bei der Marktabgrenzung von der Kommission zu berücksichtigen gewesen wären. Der Gerichtshof hob die Entscheidung der Kommission[279] auf, da diese nicht die besonderen Merkmale der fraglichen Metallverpackungen dargelegt hatte und der Folgerung der Kommission, die auf dem Markt verbleibenden Konkurrenten hätten eine schwache Wettbewerbsstellung inne, Unsicherheiten anhafteten. In der *Michelin*-Entscheidung[280] hat der Gerichtshof auf Grund der Tatsache getrennte Märkte angenommen, dass zwischen Reifen für schwere Fahrzeuge und Reifen für Personenkraftwagen wegen bedeutender Unterschiede in der Produktionstechnik keine Angebotselastizität bestand. Auch hat die Kommission im *Tetra-Pak-I*-Verfahren[281] aseptische Verpackungsmaschinen und Kartons für keimfrei behandelte Milch als abgegrenzten Markt betrachtet, da Hersteller verschiedener (nicht-aseptischer) Milchverpa- **43**

---

[273] Bekanntmachung der Kommission über die Definition des relevanten Marktes im Sinne des Wettbewerbsrechts der Gemeinschaft, ABl. 1997, C 372/5 Rn. 15 ff., 39; vgl. EuG Urt. v. 15.12.2010 – T-427/08, Slg. 2010, II-5865 Rn. 69 – CEAHR/Kommission, für die Aufnahme des SSNIP-Tests durch die europäische Rechtsprechung.

[274] Vgl. EuGH Urt. v. 13.11.1975 – 26/75, Slg. 1975, 1367 Rn. 4/6 – 9 – General Motors; Urt. v. 11.11.1986 – C-226/84, Slg. 1986, 3263 Rn. 5 – British Leyland, wonach die Erteilung von Übereinstimmungsbescheinigungen für Kraftfahrzeuge einen vom Kraftfahrzeugsmarkt gesonderten Dienstleistungsmarkt darstellt.

[275] Komm. E. v. 21.12.1988 – IV/30.979 und 31.394, ABl. 1989 L 43/27 Rn. 83 ff. – Decca Navigator System.

[276] Vgl. *Bardong* in Langen/Bunte Art. 2 FKVO Rn. 62.

[277] EuGH Urt. v. 9.11.1983 – 322/81, Slg. 1983, 3461 Rn. 41 ff. – Michelin.; Urt. v. 31.5.1979 – 22/78, Slg. 1979, 1869 Rn. 9 – Hugin/Kommission, sowie *Jung* in Grabitz/Hilf/Nettesheim Art. 102 Rn. 45; *Bardong* in Langen/Bunte Art. 102 Rn. 62; *Schröter/Bartl* in Schröter/Jakob/Klotz/Mederer Art. 102 Rn. 146.

[278] EuGH Urt. v. 21.2.1973 – 6/72, Slg. 1973, I-215 Rn. 33–36 – Continental Can.

[279] Komm. E. v. 9.12.1971 – IV/26.811, ABl. 1972 L 7/25 – Continental Can Company.

[280] EuGH Urt. v. 9.11.1983 – 322/81, Slg. 1983, 3461 Rn. 41 ff. – Michelin

[281] Komm. E. v. 26.7.1988 – IV/31.043, ABl. 1988 L 272/27 Rn. 30, 36 f. – Tetra Pak I.

ckungsmaschinen nicht leicht in diesen Markt eintreten konnten. Im *Tetra-Pak-II*-Verfahren[282] wurden in gleicher Weise die verschiedenen aseptischen und nicht-aseptischen Verpackungsarten aus Sicht des Anbieters nicht als hinreichend austauschbar betrachtet, da die Verpackungsunternehmen die Wahl der Verbraucher bei der Art der Verpackung nur langfristig durch Verkaufsförderungs- und Werbemaßnahmen beeinflussen können. Neben diesen **klassischen Abgrenzungsparametern** gibt es Tendenzen, verstärkt ökonometrische Modelle für die sachliche Marktabgrenzung heranzuziehen. Während dieser Ansatz bereits fester Bestandteil der US-amerikanischen Praxis ist, hat er sich auf europäischer Ebene bisher nicht vollständig durchsetzen können.[283] Jedoch ist eine zukünftige Ausweitung der Anwendung ökonometrischer Analysen auch auf europäischer Ebene wahrscheinlich.[284] Anlass zu dieser Prognose geben vor allem verschiedene Kommissionsentscheidungen aus jüngerer Zeit, in denen vermehrt ökonometrische Analysen zur Marktabgrenzung herangezogen wurden. Beispielsweise wurden im Fall *Ryanair/Aer Lingus*[285] sowohl von den Parteien als auch der Kommission umfassende ökonometrische Untersuchungen durchgeführt, u.a. eine Preiskorrelationsanalyse zur Abgrenzung des relevanten Marktes. Statistische Methoden der Preisanalyse wurden auch in anderen Entscheidungen der Kommission zur Abgrenzung des Marktes angewendet.[286] Eine verstärkte Akzeptanz für die Anwendung ökonometrischer Modelle zeigt sich auch in den von der Kommission veröffentlichten „best practices" für die Einreichung wirtschaftlichen Beweismaterials in Fällen, welche die Anwendung von Art. 101 und Art. 102 AEUV sowie die Fusionskontrolle betreffen.[287]

44 **bb) Marktabgrenzung bei zweiseitigen Märkten.** Besondere Probleme hinsichtlich der Marktabgrenzung stellen sich bei zweiseitigen Märkten. Ein solcher liegt vor, wenn ein Unternehmen zwei verschiedene Produkte bzw. Dienstleistungen zwei verschiedenen Gruppen von Abnehmern anbietet, also eine Plattform für diese schafft, und zwischen diesen Gruppen **indirekte Netzwerkeffekte** bestehen,[288] das heißt die Nachfrage der einen Gruppe von der Nachfrage der anderen Gruppe abhängt und umgekehrt.[289] Beispiele für solche Märkte sind Medienmärkte, bei denen auf der einen Seite das Anbieten von Zeitschriften oder Fernsehinhalten gegenüber Lesern bzw. Zuschauern steht und auf einer weiteren Seite das Anbieten von Werbeflächen in Zeitschriften oder Fernsehen gegenüber Werbetreibenden. Auch der Markt für Kreditkarten ist zweiseitig, denn in diesem Fall bieten die Unternehmen einerseits dem Kunden Kreditkarten an, mit denen er bargeldlos ein Produkt bei einem Händler erwerben kann, darüber hinaus ermöglichen sie es aber auch dem Händler, dass dieser die Kreditkarte des Kunden akzeptiert und eine Kartenzahlung in seinem Geschäft durchführen kann.[290] Im Hinblick auf **Online-Vermittler,** z.B. Online-

---

[282] Komm. E. v. 24.7.1991 – IV/31.043, ABl. 1992 L 72/1 Rn. 96 – Tetra Pak II; EuG Urt. v. 6.10.1994 – T-83/91, Slg. 1994, II-755 Rn. 67 – Tetra Pak II; bestätigt durch EuGH Urt. v. 14.11.1996 – C-333/94 P, Slg. 1996, I-5951 Rn. 16–19 – Tetra Pak/Kommission.

[283] *Bechtold/Bosch/Brinker* Art. 102 AEUV Rn. 12; *Fuchs/Möschel* in Immenga/Mestmäcker Art. 102 AEUV Rn 50; *Desai* ECLR 2002, 524 (527 ff.).

[284] *Bechtold/Bosch/Brinker* Art. 102 Rn. 12; *O'Donoghue/Padilla* Art. 102 TFEU S. 97 f.; mit Hinweis auf die Anwendungsgrenzen bisheriger Parameter in innovationsgeprägten Märkten vgl. *Dreher* ZWeR 2009, 149 (155 ff.).

[285] Vgl. Komm. E. v. 27.6.2007 – COMP/M.4439, Rn. 34, 71, 121 – Ryanair/Aer Lingus.

[286] Vgl. Komm. E. v. 30.1.2008 – COMP/M.4734 – Ineos/Kerling; E. v. 4.6.2008 – COMP/M.4513 – Arjowiggins/M-real Zanders Reflex; E. v. 9.1.2009 – COMP/M.5153 – Arsenal/DSP.

[287] Vgl. Best practices for the submission of economic evidence and data collection in cases concerning the application of articles 101 and 102 TFEU and in merger cases, http://ec.europa.eu/competition/antitrust/legislation/best_practices_submission_en.pdf (zuletzt abgerufen am 1.6.2015).

[288] So auch das Bundeskartellamt, siehe Beschl. v. 20.12.2013 – B 9 – 66/10, Rn. 81 – HRS.

[289] Vgl. zur Definition von zweiseitigen Märkten *Filistrucchi/Geradin/van Damme* World Competition 2013, 33; *Rochet/Tirole* Rand Journal of Economics 2006, 645; *Evans* Yale J. on Reg. 2003, 325.

[290] Die Kreditkartenunternehmen stellen dabei den Händlern ein Zahlungsterminal (POS-Terminal) zur Verfügung oder andere POS-Dienstleistungen, damit die Händler eine Kartenzahlung durchführen können.

Auktionsplattformen wie Ebay oder Suchmaschinen wie Google ist ebenfalls von einer Zweiseitigkeit auszugehen. Denn hier stehen dem Vermittler auch (mindestens) zwei Nutzergruppen gegenüber, deren Verhalten sich gegenseitig beeinflusst.[291] Beispielsweise liefert eine Internetsuchmaschine (Plattform) die gewünschte Information an die Sucher („Inhaltemarkt"). Auf der „Werbeseite" bietet die Plattform Werbeflächen an Werbekunden an und vermittelt die durch die Suchanfragen generierte Aufmerksamkeit der Nutzer an die Werbekunden.[292] Insbesondere im Zusammenhang mit dem Suchmaschinensektor und im Allgemeinen mit der „Web Economy" spielt das Thema zweiseitige Märkte eine große Rolle.[293]

Ein oder zwei Märkte? 45

Im Rahmen der Marktabgrenzung bei zweiseitigen Märkten stellt sich zunächst die Frage, ob es sich bei einem zweiseitigen Markt um einen einzigen Markt handelt, der sich auf die zwei Seiten erstreckt, oder ob zwei getrennte Märkte vorliegen, d. h. für jede Seite ein Markt existiert. Aufgrund der **häufig bestehenden Komplexität** von zweiseitigen Märkten hat sich bisher keine einheitliche Methode zur Marktabgrenzung bei zweiseitigen Märkten durchgesetzt. In der Literatur wird zunehmend eine Unterscheidung von zweiseitigen Märkten in sogenannte Transaktionsmärkte *(two-sided transaction markets)* und Nicht-Transaktionsmärkte *(two-sided non-transaction markets)* vorgenommen.[294] Ein zweiseitiger Transaktionsmarkt liegt vor, wenn zwischen den zwei Nutzergruppen der Plattform eine Transaktion stattfindet. Dies ist beispielsweise bei der Verwendung von Zahlungskarten der Fall, da zwischen dem Kunden, d. h. dem Inhaber der Zahlungskarte, direkt mit dem Händler, d. h. demjenigen, der POS-Dienstleistungen vom kartenausgebenden Unternehmen erhält, eine Transaktion (Kauf des Produkts) stattfindet. Eine derartige Transaktion findet auch zwischen den Endnutzern bei einem Auktionshaus statt. In diesem Fall nehmen Verkäufer und Käufer einerseits Dienstleistungen des Auktionshauses wahr, andererseits findet zwischen ihnen aber auch direkt eine Transaktion statt über den Erwerb des Versteigerungsobjekts, vermittelt durch das Auktionshaus als Plattform. Ein zweiseitiger Nicht-Transaktionsmarkt ist vor allem bei Medienmärkten anzunehmen. Denn auf diesen Märkten findet grundsätzlich keine sichtbare Transaktion zwischen den Werbekunden und dem Leser oder Zuschauer statt.[295] Mit dieser Unterscheidung lassen sich auch Aussagen über die beteiligten Märkte treffen. Danach soll bei zweiseitigen Transaktionsmärkten grundsätzlich von einem einzigen Markt ausgegangen werden.[296] Begründet wird dies damit, dass in diesem Fall das angebotene Produkt gerade die Möglichkeit, über die Plattform Transaktionen vorzunehmen, sei.[297] Bei einem zweiseitigen Nicht-Transaktionsmarkt sollen hingegen zwei eigenständige, aber miteinander zusammenhängende Märkte definiert werden. Dies ist als Ausgangspunkt für die Beurteilung, ob ein oder zwei Märkte vorliegen auch sinnvoll. Denn bei einer Transaktion ist der Zusammenhang zwischen beiden Seiten

---

[291] Vgl. *Dewenter/Rösch/Terschüren* NZKart 2014, 387 (391), die von einer mehrseitigen Plattform ausgehen.

[292] Vgl. ausführlich zur Einordnung von Suchmaschinen als zweiseitige Märkte *Dewenter/Rösch/Terschüren* NZKart 2014, 387 (391 ff.).

[293] Z. B. *Weber/Volz* WuW 2015, 356 (357 ff.); *Dewenter/Rösch/Terschüren* NZKart 2014, 387 (394); *Körber* WRP 2012, 761 mit weiteren Hinweisen auf Aufsätze zu Medienmärkten in Fn. 31; *Dakanalis/van Rooijen* CRi 2011, 29 (31); *Evans* Social Science Research Network 2010, Abstract verfügbar auf: http://ssrn.com/abstract=1584363 (zuletzt abgerufen am 20.5.2015).

[294] Vgl. ausführlich *Filistrucchi/Geradin/van Damme/Affeldt* Journal of Competition Law and Economics 2014, 293 (296 ff.); ebenso *Dewenter/Rösch/Terschüren* NZKart 2014, 387 (388 ff.).

[295] Vgl. ausführlich *Filistrucchi/Geradin/van Damme/Affeldt* Journal of Competition Law and Economics 2014, 293 (296 ff.); ebenso *Dewenter/Rösch/Terschüren* NZKart 2014, 387 (388 ff.).

[296] *Filistrucchi/Geradin/van Damme/Affeldt* Journal of Competition Law and Economics 2014, 293 (301 ff.); so im Ansatz auch *Wright* Rev. Network Econ. 2004, 44 (62).

[297] *Filistrucchi/Geradin/van Damme/Affeldt* Journal of Competition Law and Economics 2014, 293 (303).

sicher grundsätzlich deutlich enger. Dies schließt nicht aus, dass bestimmte Besonderheiten auch bei **Nicht-Transaktionsmärkten** zu einem derart engen Zusammenhang zwischen beiden Seiten führen, dass ein Markt anzunehmen sein kann. Dasselbe gilt bei Transaktionsmärkten, wo z.B. die komplexe vertikale Struktur des Zahlungskartensystems, wie auch von der Kommission angenommen,[298] dazu führen kann, dass doch von zwei unterschiedlichen Märkten auszugehen ist.

46 Auch die Europäische Kommission hat in mehreren Entscheidungen die zweiseitige Natur verschiedener Angebote erkannt und sich mit der Frage, ob ein oder zwei Märkte vorliegen, auseinandergesetzt.[299] Dabei entsprechen die Entscheidungen nicht immer der von der Literatur vorgenommenen **Abgrenzungsmethode.** In *Travelport/Worldspan*[300] nahm die Kommission an, dass ein sog. Global Distribution Service (GDS) eine zweiseitige Plattform darstellt und als ein relevanter zweiseitiger Markt anzusehen ist. Das GDS ist eine zweiseitige Plattform, über die Reiseleistungsanbieter wie Fluggesellschaften, Autovermieter und Hotelketten ihren Reiseinhalt an das GDS geben. Dieser Reiseinhalt kann dann von den Reisebüros abgerufen werden, damit letztlich die Reiseleistungen an den Endverbraucher vertrieben werden können.[301] Geht man davon aus, dass es sich bei dem GDS um einen zweiseitigen Transaktionsmarkt handelt, bei dem zwischen den Reiseleistungsanbietern und den Reisebüros eine direkte Transaktion stattfindet, ist die Marktabgrenzung der Kommission durchaus auf einer Linie mit der in der Literatur vorgeschlagenen Abgrenzungsmethode zu sehen. In der Entscheidung *Google/Doubleklick*[302] ging es um die Branche der „Online-Werbung". Hierzu stellte die Kommission fest, dass ein Ad-Netzwerk (Advertisement-Netzwerk), welches Vermittlungsleistungen zwischen einem Website-Betreiber und einem Werbetreibenden, der auf dieser Seite Werbung schalten möchte, eine zweiseitige Plattform darstellt.[303] Inwieweit dieser Markt der Vermittlung von Online-Werbung einen einzigen Markt darstellt, ließ die Kommission im Ergebnis jedoch offen.[304] Aus den Ausführungen der Kommission wird jedenfalls deutlich, dass die Vermittlungsleistungen zumindest von denen der Direktverkäufe von Anzeigenflächen an Werbetreibende abzugrenzen seien.[305] Die Entscheidung ist durchaus mit der Abgrenzungsmethode der Literatur vereinbar. Denn auch in dieser Konstellation kann von dem Vorliegen einer direkten Transaktion zwischen den Werbetreibenden und dem Website-Betreiber ausgegangen werden, so dass ein zweiseitiger Transaktionsmarkt und damit ein einziger Markt definiert werden kann. Im Gegensatz hierzu steht die Entscheidung der Kommission in dem Fall *MasterCard*[306] zu multilateralen Bankenentgelten. In *MasterCard* betonte die Kommission, dass die Zweiseitigkeit eines Marktes nicht notwendigerweise bedeutet, dass es nur ein gemeinsames Produkt gibt.[307] Im Ergebnis lehnte die Kommission das Vorliegen eines einzigen Marktes für „MasterCard-Dienstleistungen" ab, da dies insbesondere der komplexen vertikalen Struktur des Marktes nicht gerecht werden würde.[308] Darüber hinaus wäre ein solcher Ansatz nach Ansicht der Kommission auch **nicht** mit der bisherigen Kommissions-

---

[298] Komm E. v. 19.12.2007 – COMP/34.579, Rn. 261 – Master Card.

[299] Vgl. *Filistrucchi/Geradin/van Damme/Affeldt* Journal of Competition Law and Economics 2014, 293 (307 ff.) mit einer ausführlichen Analyse verschiedener Kommissionsentscheidungen und Entscheidungen nationaler Wettbewerbsbehörden zur Marktabgrenzung bei zweiseitigen Märkten.

[300] Komm. E. v. 21.8.2007 – COMP/M.4523 – Travelport/Worldspan.

[301] Komm. E. v. 21.8.2007 – COMP/M.4523, Rn. 9 ff. – Travelport/Worldspan; siehe hierzu auch die Kritik an der Definition des vor- und nachgelagterten Markts in *Filistrucchi/Geradin/van Damme/Affeldt* Journal of Competition Law and Economics 2014, 293 (307, Fn. 43).

[302] Komm. E. v. 11.3.2008 – COMP/M.4731 – Google/Doubleklick.

[303] Komm. E. v. 11.3.2008 – COMP/M.4731, Rn. 20 ff. – Google/Doubleklick.

[304] Komm. E. v. 11.3.2008 – COMP/M.4731, Rn. 57 ff. – Google/Doubleklick.

[305] Komm. E. v. 11.3.2008 – COMP/M.4731, Rn. 57 ff. – Google/Doubleklick.

[306] Komm E. v. 19.12.2007 – COMP/34.579 – Master Card.

[307] Komm E. v. 19.12.2007 – COMP/34.579, Rn. 257 – Master Card.

[308] Komm E. v. 19.12.2007 – COMP/34.579, Rn. 261 – Master Card.

praxis **vereinbar,** die beispielsweise bei dem zweiseitigen Zeitungsmarkt getrennte Märkte für Dienstleistungen für Leser und Dienstleistungen für Anzeigenkunden annimmt.[309] Nach der in der Literatur vorgeschlagenen Abgrenzungsmethode wären allerdings bereits der Zeitungsmarkt als zweiseitiger Nicht-Transaktionsmarkt und der Kartenzahlungsmarkt, als zweiseitiger Transaktionsmarkt nicht vergleichbar. Würde man daher der in der Literatur vorgeschlagenen Methode strikt folgen, käme man wohl zum Vorliegen eines einzigen Marktes für Kartenzahlungsdienstleistungen.[310]

Unentgeltlichkeit bei zweiseitigen Märkten 47

Bei der Marktabgrenzung bei zweiseitigen Märkten stellt sich auch die Frage, ob überhaupt ein separater Markt angenommen werden kann, wenn für die Nutzung einer Plattform keine geldwerte Leistung oder ein Nullpreis entrichtet wird. Unabhängig davon, ob ein Markt ein- oder zweiseitig ist, ist jedoch mit der überwiegenden europäischen Rechtspraxis und der Literatur[311] davon auszugehen, dass die **bloße Kostenfreiheit** der Nutzung die Annahme eines Marktes nicht ausschließen kann. Beispielsweise nahmen die Kommission und das EuG im Fall *Microsoft* einen Markt für Webbrowser und Streaming Media Player an, obgleich diese unentgeltlich genutzt werden.[312] Ebenso nahm die Kommission im Fall *Microsoft/Skype* trotz Unentgeltlichkeit einen Markt für Kommunikationsdienste an.[313] Dies wurde auch durch die Kommissionsentscheidung *Facebook/WhatsApp*[314] bestätigt.[315] Vor allem bei zweiseitigen Märkten ist es üblich, dass auf der einen Marktseite ein Nullpreis vorliegt, daraus kann aber keinesfalls geschlossen werden, dass diese Seite des Marktes nicht existieren würde.[316] Darüber hinaus kann argumentiert werden, dass beispielsweise die Nutzung einer Online-Suchmaschine zwar ohne pekuniäre Währung angeboten wird, jede Anfrage wohl aber einen Wert für den Suchmaschinenbetreiber hat, da so die Suchqualität der Suchmaschine durch Suchwortvorschläge und passende Suchergebnisse verbessert wird und die Attraktivität dieser für Werbende steigt.[317]

Berücksichtigung der anderen Seite? 48

Die Frage, ob in jedem Fall die andere Seite bei der Marktabgrenzung und damit die indirekten Netzwerkeffekte berücksichtigt werden sollten, wird in der Rechtsprechung und der Literatur[318] wohl **überwiegend bejaht.** Es wird auch zurecht vertreten, dass dies auch geschehen sollte, wenn von zwei getrennten, aber miteinander im Zusammenhang stehen-

---

[309] Komm E. v. 19.12.2007 – COMP/34.579, Rn. 267 – Master Card.

[310] Vgl. hierzu ausführlich *Filistrucchi/Geradin/van Damme/Affeldt* Journal of Competition Law and Economics 2014, 293 (312f.).

[311] Vgl. *Körber* WuW 2015, 120 (125); *Dewenter/Rösch/Terschüren* NZKart 2014, 387 (389); *Filistrucchi/Geradin/van Damme/Affeldt* Journal of Competition Law and Economics 2014, 293 (300); *Paal* GRUR-Beilage 2014, 69 (72).

[312] Komm E. v. 24.3.2004 – COMP/C-3/37.792 – Microsoft; EuG Urt. v. 17.9.2007 – T-201/04, Slg. 2007, II-3601 – Microsoft.

[313] Komm E. v. 7.10.2011 – COMP/M.6281 – Microsoft/Skype.

[314] Allerdings kann der Umstand, dass Produkte ohne pekuniäre Währung angeboten werden zu einer Einschränkung der Anwendung der EU-Fusionskontrolle führen, wenn nicht die Unternehmen auf andere Weise bspw. durch Werbeeinnahmen Umsätze generieren. Vgl. Komm. E. v. 3.10.2014 – COMP/M.7217 – Facebook/WhatsApp. In diesem Fall ergab sich die Zuständigkeit der Kommission aus Art. 4 (5) FKVO.

[315] Komm. E. v. 3.10.2014 – COMP/M.7217, Rn. 21 – Facebook/WhatsApp.

[316] A.A. bisher das Bundeskartellamt auf dem Gebiet des Privatfernsehens, in dem es keinen Zuschauermarkt neben dem Werbemarkt geben soll. Einen Fernsehzuschauermarkt gebe es nur bei Pay-TV, weil nur in diesem Fall ein Entgelt für den Leistungsaustausch vorliegt. Siehe hierzu Beschl. v. 19.1.2006 – B6–92202-Fa-103/05, S. 23 – Springer/ProSiebenSat1; offen gelassen in Bezug auf unentgeltliche Online-Nachschlagewerke, siehe hierzu Beschl. v. 29.4.2009 – B6–9/09, Rn. 63 – Bertelsmann u. a.

[317] Vgl. *Körber* WuW 2015, 120 (125); *Dewenter/Rösch/Terschüren* NZKart 2014, 387 (389).

[318] Vgl. *Filistrucchi/Geradin/van Damme/Affeldt* Journal of Competition Law and Economics 2014, 293 (319ff.); *Dewenter/Rösch/Terschüren* NZKart 2014, 387 (389).

den Märkten ausgegangen wird.[319] Beispielsweise kann in einem Medienmarkt der Grad des Wettbewerbs dem eine Zeitung auf der Werbeseite ausgesetzt ist auch davon abhängig sein, wie viele Leser diese Zeitung im Vergleich zu anderen Zeitungen hat. Die Europäische Kommission ging zum Beispiel in den Entscheidungen *Visa International-MIF*[320] und *Master Card,*[321] in denen es jeweils um zweiseitige Transaktionsmärkte ging, auf beide Seiten des Marktes und damit auf die indirekten Netzwerkeffekte ein. Im Fall von zweiseitigen Nicht-Transaktionsmärkten, in denen nach der Literatur zwei getrennte Märkte für jede Seite anzunehmen sind, hat die Kommission hingegen nicht immer die indirekten Netzwerkeffekte auf beiden Seiten berücksichtigt. Weder die Kommission im Fall *BSkyB/Kirch Pay TV*[322] noch das Bundeskartellamt in der Sache *Springer/ProSieben/Sat1*[323] haben diskutiert, wie sich die Werbung auf die Zuschauer bzw. Leser auswirkt. In beiden Fällen ging es um zweiseitige Medienmärkte, bei denen es einerseits die Seite der Leser bzw. Zuschauer gibt und auf einer anderen Seite die der Werbenden. Nach Ansicht der Literatur muss in diesen Fällen nicht nur berücksichtigt werden, dass die Werbenden an der Anzahl von Zuschauern bzw. Lesern interessiert sind, sondern auch wie die Zuschauer bzw. Leser zur Werbung stehen.[324] In der Sache *Holtzbrinck*[325] hingegen berücksichtigte das Bundeskartellamt im Rahmen des Anzeigenmarktes, der von einem Lesermarkt abzugrenzen war, das Zusammenwirken von beiden Märkten. So stärke eine hohe Leseranzahl einer Zeitung ihre Stellung auf dem Anzeigenmarkt, umgekehrt fördere ein hohes Anzeigenvolumen den Finanizierungsspielraum für einen hochwertigen redaktionellen Teil und damit den Absatz auf dem Lesermarkt.[326]

49 **Anwendbarkeit des SSNIP-Tests**

Das Konzept der zweiseitigen Märkte stellt die Marktabgrenzung auch vor die Herausforderung, ob der SSNIP-Tests Anwendung finden sollte. Unternehmen in einem zweiseitigen Markt sind in der Lage auf jeder Seite des Marktes einen Preis zu setzen, so dass es fraglich ist, welcher der gesetzten Preise der **hypothetische Monopolist** erhöhen sollte. Des Weiteren ist auch hier zu berücksichtigen, dass indirekte Netzwerkeffekte zwischen beiden Seiten bestehen. Daher ist es fraglich, auf welcher Seite die Veränderung der Profite entscheidend sein sollte.[327] Die h. M. in der Literatur nimmt wohl an, dass eine Anpassung des SSNIP-Tests im Fall von zweiseitigen Märkten notwendig ist. So wird vor allem gefordert, dass die indirekten Netzwerkeffekte und die Veränderungen hinsichtlich des Profits und jede Reaktion der Nachfrage auf beiden Seiten des Marktes bei diesem Test mitberücksichtigt werden müssen.[328] Diejenigen, die zwischen Transaktions- und Nichttransak-

---

[319] Siehe dazu ausführlich *Filistrucchi/Geradin/van Damme/Affeldt* Journal of Competition Law and Economics 2014, 293 (319 ff.).

[320] Komm E. v. 24.7.2002 – COMP/29.373, ABl. 2002 L 318/17Rn. 46 – Visa International. In dieser Entscheidung bezieht sich die Kommission zwar nicht explizit eine bestehende Zweiseitigkeit des Kartenzahlungsmarktes, betont aber, dass der Markt von externen Netzwerkeffekten geprägt ist.

[321] Komm E. v. 19.12.2007 – COMP/34.579, Rn. 258 – Master Card.

[322] Komm E. v. 21.3.2000 – COMP/JV.37 – BSKyB/Kirch Pay TV.

[323] Bundeskartellamt Beschl. v. 19.1.2006 – B6–92202-Fa-103/05, WuW/E DE-V 1163 – Springer/ProSiebenSat1.

[324] Vgl. mit weiteren Hinweisen zu dieser Problematik *Filistrucchi/Geradin/van Damme/Affeldt* Journal of Competition Law and Economics 2014, 293 (323 ff.).

[325] Bundeskartellamt Beschl. v. 20.12.2002 – B6–2121-U 98/02 – Holtzbrinck.

[326] Bundeskartellamt Beschl. v. 20.12.2002 – B6–2121-U 98/02, S. 30 – Holtzbrinck. Allerdings kann ein zu hohes, als störend empfundenes Anzeigenvolumen ggf. auch negative Auswirkungen auf die Anzahl der Leser haben.

[327] Vgl. *Filistrucchi/Geradin/van Damme/Affeldt* Journal of Competition Law and Economics 2014, 293 (330 f.).

[328] Siehe dazu *Evans/Noel* Journal of Competition Law Economics 2008, 663; *Hesse* Competition S. 191; *Filistrucchi/Geradin/van Damme/Affeldt* Journal of Competition Law and Economics 2014, 293 (329 ff.); zur Rechtsprechung dazu siehe *Filistrucchi/Geradin/van Damme/Affeldt* Journal of Competition Law and Economics 2014, 293 (334 ff.).

tionsmärkten unterscheiden, fordern, dass bei Nichttransaktionsmärkten der Preis auf beiden Seiten angehoben und die Auswirkungen dieser Anhebungen untersucht werden sollten. Auf zweiseitigen Transaktionsmärkten hingegen sollten die Auswirkungen einer Anhebung des Preislevels (Summe der von den zwei Seiten gezahlten Preise) untersucht werden.[329] Inwieweit derartige Anpassungen des SSNIP-Tests aber auch in der Praxis durchführbar sind, ist bisher noch nicht geklärt.[330]

cc) Überblick über verschiedene Produktmärkte. Im Folgenden wird ein Überblick über verschiedene Produktmärkte gegeben, die bislang Gegenstand der unionsrechtlichen Entscheidungspraxis waren: 50

PRODUZIERENDES GEWERBE

Auf dem allgemeinen Markt für die Systeme der Verpackung flüssiger Nahrungsmittel bestehen getrennte Märkte für **aseptische** und **nicht-aseptische Abfüllanlagen** sowie **Verpackungsmaterial,** da zwischen den Produkten der einzelnen Teilmärkte keinerlei Substitutionselastizität besteht.[331] 51

Bananen und anderes Frischobst gehören verschiedenen Produktmärkten an, da die spezifische Qualität der Banane die Entscheidung des Verbrauchers beeinflusst und ihn davon abhält, die Banane ganz oder zum großen Teil durch anderes Frischobst zu ersetzen.[332] 52

Super- und **Normal-Benzin** bilden einen einheitlichen Markt für Motorenbenzin, weil sie sich nur hinsichtlich ihrer Oktanzahl unterscheiden und der Übergang von Superbenzin zu Normalbenzin lediglich eine Änderung der Motoreinstellung erfordert.[333] Dagegen werden hinsichtlich Otto- und Dieselkraftstoffen zwei getrennte Märkte angenommen, da insbesondere der Verbraucher nur schwer zwischen beiden Systemen wechseln kann und auch auf beiden Märkten verschiedene Wettbewerbsverhältnisse herrschen.[334] 53

Bolzenschussgeräte, Kartuschenstreifen und Bolzen gehören keinem einheitlichen Markt der **Direktbefestigungssysteme** an, sondern bilden drei getrennte Märkte.[335] 54

Im Zusammenhang mit dem Elektrizitätssektor in Deutschland unterscheidet die Kommission grob zwischen den Märkten Erzeugung und Großhandel, Energieübertragung, Energieverteilung und Endkundenversorgung[336] und ist wohl der Ansicht, dass einige von diesen noch weiter unterteilt werden könnten.[337] Ebenso sind Energie, welche nach den 55

---

[329] *Filistrucchi/Geradin/van Damme/Affeldt* Journal of Competition Law and Economics 2014, 293 (332–333).

[330] Vgl. weiterführend zur Problematik *Dewenter/Rösch/Terschüren* NZKart 2014, 387 (389f.).

[331] Komm. E. v. 24.7.1991 – IV/31.043, ABl. 1992 L 72/1, 18 und Rn. 13 – Tetra Pak II; EuG Urt. v. 6.10.1994 – T-83/91, Slg. 1994, II-764 Rn. 64ff. – Tetra Pak II; vgl. bzgl. aseptischer Verpackungen von Milch Komm. E. v. 26.7.1988 – IV/31.043, ABl. 1988 L 272/27, 33 – Tetra Pak I; EuG Urt. v. 10.7.1990 – T-51/89, Slg. 1990, II-347 Rn. 2 – Tetra Pak/Kommission.

[332] Komm. E. v. 17.12.1975 – IV/26.6999, ABl. 1976 L 95/1, 11 unter II A 2 – Chiquita; bestätigt durch EuGH Urt. v. 14.2.1978 – 27/76, Slg. 1978, I-207 Rn. 34/35 – United Brands.

[333] Komm. E. v. 19.4.1977 – IV/28.841, ABl. 1977 L 117/1, 3 unter I D und II A – ABG/Mineralölgesellschaften; aufgehoben durch EuGH Urt. v. 29.6.1978 – 77/77, Slg. 1978, 1513 – Ölkrise (das Urteil bezieht sich jedoch nicht auf den relevanten Markt, sondern auf die missbräuchliche Ausnutzung).

[334] Komm. E. v. 9.2.2000 – COMP/M. 1628, ABl. 2000 L 143, S. 1 – TotalFina/Elf; siehe dazu auch ausführlich Bundeskartellamt Sektoruntersuchung Kraftstoffe, Abschlussbericht Mai 2011 – B8–200/09, S. 44ff., http://www.bundeskartellamt.de/SharedDocs/Publikation/DE/Sektoruntersuchungen/Sektoruntersuchung%20Kraftstoffe%20-%20Abschlussbericht.pdf?__blob=publicationFile&v=5 (zuletzt abgerufen am 20.5.2015).

[335] Komm. E. v. 22.12.1987 – IV/30.787 und 31.488, ABl. 1988 L 65/19, 31 Rn. 55 – Eurofix/Bauko/Hilti; bestätigt durch EuG Urt. v. 12.12.1991, Slg. 1991, II-1439 Rn. 66 – T-30/89 – Hilti; EuGH Urt. v. 2.3.1994 – C-53/92 P, Slg. 1994, I-693 – Hilti.

[336] Durchführungsbeschluss der Komm. v. 24.4.2012 C(2012) 2426, ABl. 2012 L 114/21.

[337] *Phelan* ECLR 2013, 337 (424).

Vorschriften des deutschen EEG produziert wurde (erneuerbare Energie) und konventionell produzierte Energie als zwei getrennte Märkte anzusehen.[338]

56 In Bezug auf **Ersatzreifen** bestehen unterschiedliche Märkte für leichte Fahrzeuge (Pkw und Kleinbusse) einerseits und für schwere Fahrzeuge (Lkw und Busse) andererseits. Hinsichtlich dieser Erzeugnisgruppen gibt es keine Nachfrage- und keine Angebotselastizität.[339] Auf dem Markt der Ersatzreifen für schwere Fahrzeuge ist zwischen Neureifen und runderneuerten Reifen zu unterscheiden, weil runderneuerte Reifen weder qualitativ noch quantitativ als hinlänglicher Ersatz für Neureifen angesehen werden können.[340] Die verschiedenen Reifenarten und -typen bilden dagegen keine eigenen Teilmärkte auf dem Markt der neuen Ersatzreifen für schwere Fahrzeuge.[341]

57 **Flachglas** ist aufgrund seiner mechanischen, thermischen, optischen und dekorativen Eigenschaften und seines Qualitäts-/Preisverhältnisses nicht durch Hohlglas und Plastik substituierbar und bildet folglich einen eigenen gesonderten Markt.[342] Lediglich in seiner Verwendung für Gewächshäuser und Veranden konkurriert Flachglas mit Plastik.[343] Im Gegensatz zu Flachglas bildet Hohlglas keinen eigenen Markt, da es mit anderen Produkten wie beispielsweise Aluminiumdosen, Blechdosen, besonders behandelten Kartonpackungen und Plastikbehältnissen konkurriert.[344]

58 Im Bereich der Bautechnik sind **Gipskartonplatten** für den Trockenbau nicht durch Nassputzerzeugnisse substituierbar und bilden einen eigenen Markt.[345]

59 **Kristallzucker** bildet gegenüber Spezialzuckersorten und industriell hergestellten Zuckersurrogaten einen eigenständigen Markt, da vom Standpunkt der Verbraucher aus keine Austauschbarkeit besteht. Der Markt für Kristallzucker ist unterteilt in die Teilmärkte Haushaltszucker (Zuckerverkäufe an den Einzelhandel) und Gewerbezucker (Verkäufe an gewerbliche Abnehmer).[346]

60 Nach Ansicht der Kommission bestehen verschiedene Märkte für automatische **Leergutrücknahmesysteme,** je nachdem, ob sie für Kantinen und Kioske (frei stehende Low-End-Kompaktsysteme) oder Supermärkte bestimmt sind, weil sich die Maschinen in Größe/Platzbedarf ggf. in Nebenräumen, Arbeitsgeschwindigkeit, Kapazität und Preis deutlich unterscheiden.[347] Die manuelle Rücknahme von Leergut ist dagegen keinem Produktmarkt zuzurechnen, weil diese Dienstleistung nicht in Konkurrenz zu Automaten kommerziell angeboten wird und automatische Systeme gerade dann angeschafft würden, wenn die manuelle Rücknahme nicht mehr möglich ist.[348]

---

[338] Durchführungsbeschluss der Komm. v. 24.4.2012 C(2012) 2426, ABl. L 114/21; *Phelan* ECLR 2013, 337 (425).

[339] Komm. E. v. 20.6.2001 – COMP/E-2/36.041/PO, ABl. 2002 L 143/1, 16 – Michelin; Komm. E. v. 7.10.1983 – IV 29.491, ABl. 1981 L 353/33, 40 – Michelin; bestätigt durch EuGH Urt. v. 9.11.1983 – 322/81, Slg. 1983, IV-3461 Rn. 39 – Michelin.

[340] Komm. E. v. 20.6.2001 – COMP/E-2/36.041/PO, ABl. 2002 L 143/1, 16 – Michelin; Komm. E. v. 7.10.1983 – IV 29.491, ABl. 1981 L 353/33, 40 – Michelin; bestätigt durch EuGH Urt. v. 9.11.1983 – 322/81, Slg. 1983, IV-3461 Rn. 49f. – Michelin.

[341] Komm. E. v. 7.10.1983 – IV 29.491, ABl. 1981 L 353/33, 40 – Michelin; bestätigt durch EuGH Urt. v. 9.11.1983 – 322/81, Slg. 1983, IV-3461 Rn. 61 – Michelin.

[342] Komm. E. v. 7.12.1988 – IV/31.906, ABl. 1989 L 33/44, 65 Rn. 76 – Flachglas.

[343] Komm. E. v. 7.12.1988 – IV/31.906, ABl. 1989 L 33/44, 65 Rn. 76 – Flachglas.

[344] Komm. E. v. 7.12.1988 – IV/31.906, ABl. 1989 L 33/44, 65 Rn. 76 – Flachglas.

[345] Komm. E. v. 5.12.1988 – IV/31.900, ABl. 1989 L 10/50 Rn. 118 – BPB Industries; bestätigt durch EuG Urt. v. 1.4.1993 – T-65/89, Slg. 1993, II-389 – BPB Industries und British Gypsum/Kommission und EuGH Urt. v. 6.4.1995 – C-310/93 P, Slg. 1995, I-896 – BBP Industries und British Gypsum/Kommission.

[346] Komm. E. v. 18.7.1988 – IV/30.178, ABl. 1988 L 284/41, 50 – Napier Brown/British Sugar; E. v. 14.5.1997 – IV/34.621, 35.059/F-3, ABl. 1997 L 258/1, 15 – Irish Sugar; vgl. auch Komm. E. v. 2.1.1973 – IV/26.918, ABl. 1973 L 140/17 – Europäische Zuckerindustrie.

[347] Komm. E. v. 29.3.2006 – COMP/E-1/38.113, Rn. 28ff. i.E. offen gelassen – Prokent/Tomra.

[348] Komm. E. v. 29.3.2006 – COMP/E-1/38.113, Rn. 25 – Prokent/Tomra.

Nach Auffassung der Kommission bilden der Markt der **Leichtverpackungen für Fleischkonserven,** der Markt der Leichtverpackungen **für Fischkonserven** und der Markt der **Metallverschlüsse für die Konservenindustrie** mit Ausnahme der Kronkorken getrennte Märkte gegenüber dem allgemeinen Markt für Leichtmetallverpackungen.[349] Der EuGH hat diese Entscheidung aufgehoben.[350] Danach sind Leichtmetallverpackungen für Fleisch- und Fischkonserven durch solche für Obst und Gemüsekonserven, Kondensmilch, Olivenöl, Fruchtsäfte und chemisch-technische Erzeugnisse substituierbar und gehören daher einem gemeinsamen Markt an. 61

Chemische Rohstoffe **(Metropropan** und **Aminobuthanol)** und die damit herzustellenden Endprodukte **(Ethanbuthol)** sind untereinander nicht austauschbar und bilden daher verschiedene Märkte.[351] 62

Auf dem Produktmarkt der **Musikinstrumente** besteht ein Teilmarkt der Blechblasinstrumente für Blaskapellen britischen Typs.[352] 63

Nassrasurartikel (Rasierapparate, Rasierklingen und Einwegrasierer) bilden einen getrennten Markt gegenüber Trockenrasierern und anderen Haarentfernungsmitteln (Cremes, Lotionen, Wachs und elektrische Geräte), da Nassrasurartikel nicht substituierbar sind.[353] 64

Organische Peroxide im Kunststoffbereich sind auf Grund unterschiedlicher technischer Eigenschaften nicht durch Schwefelverbindungen substituierbar und bilden einen eigenen Markt.[354] 65

Es existiert ein eigener Markt für Originalersatzteile für Hugin-**Registrierkassen,** da Registrierkassen derart technisch geprägt sind, dass Ersatzteile der Marke Hugin nicht gegen Ersatzteile für Registrierkassen anderer Marken ausgetauscht werden können.[355] 66

Leichte und schwere kalzinierte **Soda** gehören demselben Markt an, da sich die Abnehmer von leichten Soda mit geringem Kapitalaufwand auf schwere Soda umstellen können.[356] 67

Softeis und **einzeln verpackte Speiseeisportionen** gehören verschiedenen Märkten an, da Softeis anders als einzeln verpackte Eisportionen nicht für die Selbstbedienung des Verbrauchers bestimmt ist, sondern vom Wiederverkäufer zum Verkauf an den Endverbraucher weiterverarbeitet werden muss.[357] 68

Es besteht ein allgemeiner Markt der **Unterhaltungselektronik.**[358] 69

Jede **Vitamingruppe** (A, B2, B6, C, E, Biotin (H), Pantothensäure (B3)) bildet einen gesonderten Markt, da sie in Bezug auf ihren Verwendungszweck mit anderen Gruppen oder anderen Erzeugnissen nicht oder nur in geringem Maße austauschbar ist.[359] 70

---

[349] Komm. E. v. 9.12.1971 – IV/26.811, ABl. 1972 L 7/25, 35 – Continental Can Company.

[350] EuGH Urt. v. 21.2.1973 – 6/72, Slg. 1973, I-215 – Continental Can.

[351] Komm. E. v. 14.12.1972 – IV/26.911, ABl. 1972 L 299/51, 54 – Zoja/CSC-ICI; bestätigt durch EuGH Urt. v. 6.3.1974 – verb. Rs. 6/73 und 7/73, Slg. 1974, I-223 Rn. 22 – Commercial Solvents/Kommission.

[352] Komm. E. v. 29.7.1987 – IV/32.279, ABl. 1987 L 286/36, 40 – BBI/Boosey & Hawks.

[353] Komm. E. v. 10.11.1992 – IV/33.440 und IV/33.486, ABl. 1993 L 116/21, 22 – Warner-Lambert/Gillette u. a. und BIC/Gillette u. a.

[354] Komm. E. v. 14.12.1985 – IV/30.698, ABl. 1985 L 374/1, 17 – ECS/AKZO; bestätigt durch EuGH Urt. v. 3.7.1991 – C-62/86, Slg. 1991, I-3439 Rn. 52 – AKZO.

[355] Komm. E. v. 8.12.1977 – IV/29.132, ABl. 1978 L 22/23, 30 – Hugin/Liptons; bestätigt durch EuGH Urt. v. 31.5.1979 – 22/78, Slg. 1979, II-1869 Rn. 7 – Hugin/Kommission.

[356] Komm. E. v. 19.12.1990 – IV/33.133-C, ABl. 1991 L 152/21, 32 – Soda-Solvey; E. v. 19.12. 1990 – IV/33.133/D, ABl. 1991 L 152/40, 49 – Soda-ICI.

[357] Komm. E. v. 11.3.1998 – IV/34.073, 34.359 und 35.436, ABl. 1998 L 246/1, 21 f. (Rn. 134) – Van den Bergh Foods Limited.

[358] EuGH Urt. v. 25.10.1977 – 26/76, Slg. 1977, 1879 Rn. 16 – Metro SB-Großmärkte; so auch Komm. E. v. 21.12.1993 – IV/29.420, ABl. 1994 L 20/15 – Grundig-EG-Vertriebsbindung.

[359] Komm. E. v. 9.6.1976 – IV/29.020, ABl. 1976 L 223/27, 35 – Vitamine; bestätigt durch EuGH Urt. v. 13.2.1979 – 85/76, Slg. 1979, I-461 Rn. 30 – Hoffmann-La Roche; vgl. auch Komm. E. v. 21.11.2001 – COMP/37.512, ABl. 2003 L 6/1, 4 ff. – Vitamine, zu Art. 81 EG.

71 Der EuGH hat mit der Entscheidung in der Sache *AstraZeneca*[360] erstmals Kriterien für die Abgrenzung des relevanten Marktes im **Arzneimittelbereich** in Bezug auf das kartellrechtliche Missbrauchsverbot aufgestellt.[361] Der EuGH ging dabei zur Feststellung einer Nachfragesubstituierbarkeit nicht wie sonst im Bereich der Arzneimittel üblich von dem sog. ATC-Klassifikationssystem aus,[362] sondern stellte auf die unterschiedlichen Behandlungsmöglichkeiten der beiden Wirkstoffgruppen ab. Nach der Gerichtsentscheidung ist die therapeutische Anwendung bzw. therapeutische Überlegenheit entscheidend und die Wirkungsweise wird nur relevant, wenn sie zu unterschiedlichen therapeutischen Anwendungen führt.[363] Des Weiteren entschied der EuGH, dass Preisindikatoren zur Bestimmung der Wettbewerbsverhältnisse auf einem Markt auch dann Berücksichtigung finden können, wenn der Markt insbesondere hinsichtlich des Preisniveaus der dort gehandelten Güter in hohem Maße staatlicher Regulierung unterworfen ist.[364] Hinsichtlich der räumlichen Marktabgrenzung wird beispielsweise aufgrund der Unterschiedlichkeit nationaler Regeln, Marken- und Verpackungsstrategien, Verschreibungsgewohnheiten und Vermarktungsstrategien von nationalen,[365] mitunter auch regionalen Märkten ausgegangen.[366] In der Entscheidung *Servier (Perindopril)* aus dem Jahr 2014 nahm die Kommission an, dass der relevante Endproduktmarkt auf das Molekül Perindopril, welches für die Herstellung von Bluthochdruckmedikamenten verwendet wird, begrenzt sei.[367] Die anderen 15 auf dem Markt verfügbaren Konversionsenzym-Hemmstoffe wurden nicht in den Markt einbezogen. Zudem hat die Kommission einen dem Endproduktmarkt vorgelagerten Markt für „Technologie" angenommen. Unter anderem gegen die enge Marktabgrenzung und die Annahme eines zustäzlichen vorgelagerten Marktes wurde Klage vor dem EuG eingereicht.[368]

72 Es ist weiterhin unklar, in welchem Maße die Kommission **Hersteller- und Handelsmarken** als einem sachlich relevanten Markt angehörig ansieht.[369] Es muss dabei unterschieden werden zwischen dem Verhältnis Hersteller-Händler und Händler-Endverbraucher. Bei ersterem geht es um Absatzmärkte der Produzenten und Beschaffungsmärkte der Händler.[370] Bei letzterem um Absatzmärkte auf der Ebene des Einzelhandels. Die Kommission hat sich mit der Frage der Marktabgrenzung bisher überwiegend nur im Zusammenhang mit Fusionskontrollverfahren beschäftigt. Die Entscheidungen dürften aber auch auf Fälle der Missbrauchskontrolle zumindest dann übertragbar sein, wenn man die grundsätzlichen Unterschiede zwischen der Bestimmung des relevanten Marktes im Rahmen des Fusionskontrollverfahrens und der Missbrauchskontrolle[371] beachtet. Die Kommission beschäftigte sich bisher vor allem mit der Marktabgrenzung bei Zusammenschlüssen auf der Herstellerebene. In der Entscheidung *SCA/Metsä* kam die Kommission zu dem Ergebnis, dass Herstellermarken und Handelsmarken, die von den Zusammenschlussbeteiligten gleichermaßen angeboten wurden, unterschiedliche sachlich relevante Märkte darstellen.[372] Dies begründete die Kommission damit, dass die Abnehmer der Zusammen-

---

[360] EuGH Urt. v. 1.7.2010 – T-321/05, Slg. 2007, I-5795 – AstraZeneca.

[361] Dazu ausführlich *Müller-Graff/Fischmann* GRUR Int 2010, 792 (793 ff.); *Berg/Brankin* EuZW 2011, 91 (92); *Seitz* EuZW 2013, 377 (378 f.).

[362] Siehe dazu *Batchelor/Healy* ECLR 2013, 171 (191).

[363] EuGH Urt v. 1.7.2010 – T-321/05, Slg. 2007, I-5795 Rn. 151 ff. – AstraZeneca.

[364] Ausführlich *Müller-Graff/Fischmann* GRUR Int 2010, 792 (794 f.).

[365] EuG Urt. v. 27.9.2006 – T-168/01, Slg. 2006, II-2969 – GSK.

[366] *Batchelor/Healy* ECLR 2013, 171 (191 f.).

[367] Vgl. Komm. Pressemitteilung v. 9.7.2014, IP/14/799 zur Rs. COMP/AT.39.612 – Perindopril (Servier). Die Entscheidung ist bislang nicht veröffentlicht.

[368] Die Klage ist unter der Rs. T-691/14 anhängig. Insbesondere in den Klagegründen 14–16 wenden sich die Kläger gegen die Marktabgrenzung der Kommission.

[369] Dazu ausführlich *Möschel* WuW 2013, 568; *Möschel* ECLR 2014, 29.

[370] *Möschel* WuW 2013, 568 (570).

[371] Siehe Rn. 37.

[372] Komm. E. v. 31.1.2001 – COMP/M.2097, ABl. 2002 L 57/1 Rn. 53 – SCA/Metsä Tissue.

schlussparteien die Herstellermarken auf ganz andere Art und Weise beschaffen würden als Händlermarken, obwohl es sich in beiden Fällen bei den Hauptabnehmern um Supermärkte handelte.[373] Darüber hinaus schlage sich die unterschiedliche Funktionsweise der Märkte für Hersteller- und Händlermarken auch in einer grundsätzlich höheren Gewinnspanne für den Hersteller bei den Herstellermarken nieder.[374] Auch wenn eine Umstellung der Produktion zwischen den Marken zwar möglich sei, würde ein in beiden Bereichen tätiges Unternehmen, nach Ansicht der Kommission, wohl eher seine Kapazitäten zur Produktion von Herstellermarken verwenden.[375] Gleichwohl betonte die Kommission, dass auf einer Einzelhandelsebene Hersteller- und Händlermarken durchaus in Konkurrenz untereinander stehen können, dies aber auf der Großhandelsebene nicht der Fall sei.[376] Daraus folgt, dass auf der Einzelhandelsebene, d.h. beim Absatz der Produkte an den Endverbraucher, von einem einheitlichen Markt für Hersteller- und Handelsmarken ausgegangen werden kann, da sie auf dieser Ebene grundsätzlich in einem Wettbewerb zueinander stehen.[377] Auch das Bundeskartellamt ging, zumindest bei Zusammenschlüssen auf der Handelsebene, ebenso wie die Kommission bisher von einer grundsätzlichen Trennung von Handels- und Herstellermarken auf der Beschaffungsseite aus.[378] Allerdings zeichnet sich in der Rechtspraxis eine Tendenz ab, wonach unter Berücksichtigung der Umstände des Einzelfalls, auch in Bezug auf die Beschaffungsseite, Hersteller- und Handelsmarken einem gemeinsamen sachlich relevanten Markt angehören können.[379] Beispielsweise sei es nach Ansicht des Bundeskartellamts sachgerechter von einem einheitlichen Markt auszugehen, wenn ein intensiver Wettbewerb zwischen Hersteller- und Handelsmarken im Verhältnis Einzelhändler-Endverbraucher auch auf das Beschaffungs- und Angebotsverhältnis auf der vorgelagerten Ebene durchschlägt.[380]

Bei Ersatzteilen für bestimmte technische Geräte ist zwischen dem Markt für neue Originalgeräte und für zu reparierende Geräte zu unterscheiden. In der Rechtssache Hugin[381] wurde die Lieferung von Original- und Fremdersatzteilen für Hugin-Registrierkassen an eigens auf Wartung und Reparatur spezialisierte Unternehmen als gesondert vom Markt für neue Registrierkassen angesehen. Bei Einzelteilen eines zusammengesetzten Produktes hat der Gerichtshof im *Hilti*-Fall[382] für Bolzen, die im Wesentlichen nur für Bolzenschussgeräte der Firma Hilti verwendbar waren, neben den ebenfalls separaten Märkten für Kartuschenstreifen und Schussgeräte, einen getrennten Markt angenommen. **Rohstoffe** und **Vorprodukte,** die zur Weiterverarbeitung bestimmt sind, bilden einen vom Endprodukt getrennten Markt, wenn es Abnehmer gibt, die bei der Herstellung des Endproduktes auf die Versorgung mit diesen Erzeugnissen angewiesen sind.[383] **73**

---

[373] Komm. E. v. 31.1.2001 – COMP/M.2097, ABl. 2002 L 57/1 Rn. 23ff. – SCA/Metsä Tissue.

[374] Komm. E. v. 31.1.2001 – COMP/M.2097, ABl. 2002 L 57/1 Rn. 26 – SCA/Metsä Tissue.

[375] Komm. E. v. 31.1.2001 – COMP/M.2097, ABl. 2002 L 57/1 Rn. 26 – SCA/Metsä Tissue.

[376] Komm. E. v. 31.1.2001 – COMP/M.2097, ABl. 2002 L 57/1 Rn. 27 – SCA/Metsä Tissue; so auch die Kommission bzgl. Tierfutter in ihrer E. v. 27.7.2001 – COMP/M.2337, Rn. 16 – Nestle/Ralston Purina.

[377] Vgl. Komm. E. v. 15.2.2002 – COMP/M.2554, Rn. 13 – Masterfoods/Royal Canin.

[378] Vgl. Bundeskartellamt Beschl. v. 30.6.2008 – B2–333/08, S. 96ff. – Edeka/Tengelmann; Beschl. v. 28.10.2010 – B2–52/10, S. 113ff. – Edeka/Trinkgut; kritisch zur Annahme getrennter Märkte Ruppelt WuW 2012, 27 (35f.).

[379] Vgl. *Möschel* WuW 2013, 568 (571); Wissel, S. 17; ebenso Bundeskartellamt Sektoruntersuchung Lebensmitteleinzelhandel, September 2014 – B2–15/11, S. 34, http://www.bundeskartellamt.de/Sektoruntersuchung_LEH.pdf?__blob=publicationFile&v=7 (zu-letzt abgerufen am 20.5.2015).

[380] Vgl. bereits Bundeskartellamt Beschl. v. 9.6.2009 – B2–29/09, S. 21f. – Humana/Nordmilch; Möschel WuW 2013, 568 (570).

[381] EuGH Urt. v. 31.5.1979 – 22/78, Slg. 1979, 1869 Rn. 6–8 – Hugin/Kommission.

[382] EuGH Urt. v. 2.3.1994 – C-53/92 P, Slg. 1994, I-667 Rn. 13ff. – Hilti.

[383] EuGH Urt. v. 6.3.1974 – verb. Rs. 6/73 und 7/73, Slg. 1974, 223 Rn. 22 – Commercial Solvents/Kommission, betreffend Rohstoffe, die zur Herstellung von Derivaten verwendet werden.

DIENSTLEISTUNGEN

74 Dienstleistungen im Zusammenhang mit dem Zugang zur **Flughafeninfrastruktur** des Flughafens Brüssel-National (Zaventem), d. h. **Start- und Landedienstleistungen** (Betrieb und Instandhaltung der Start- und Landebahnen, Rollwege und Vorfeldflächen sowie die Flugführung beim Anflug), bilden einen eigenen Markt. Die Kurz- und Mittelstreckenflugverbindungen des Flughafens Brüssel stellen einen benachbarten, aber gegenüber dem Markt der Start- und Landedienstleistungen gesonderten Markt dar, da der Flughafen Brüssel für Kurz- und Mittelstreckenflugverbindungen innerhalb der Union mit Ausgangs- oder Zielort im Einzugsgebiet Brüssel kaum gegen andere Verbindungen ausgetauscht werden kann.[384]

75 In dem Bereich der **Passagier-, Auto- und Frachtfährdienste** zwischen dem Vereinigten Königreich und Irland bildet die Erbringung von Hafendiensten für Passagier- und Autofähren durch die Zentralpassage zwischen dem Vereinigten Königreich und Irland (dem Hafen Holyhead in Wales, Dublin und Dun Laoghaire) einen eigenen Markt.[385]

76 Auf dem allgemeinen Markt der **Hafenarbeiten** besteht jeweils ein Teilmarkt der Hafenarbeiten für Rechnung Dritter, der Bereitstellung von Zeitarbeitskräften und der arbeitskraftintensiven Dienstleistungen durch Unterauftragnehmer.[386] Die **Organisation** der **Hafendienstleistungen** auf dänischer Seite für die Fährbootdienste (Reisende und Fahrzeuge) auf dem Seeweg Rødby-Puttgarden bildet einen eigenen Markt, da es für den Verkehr auf dem Seeweg zwischen dem Osten Dänemarks und Deutschlands sowie dem gesamten Westeuropa keine vergleichbaren und ähnlich vorteilhaften Hafenanlagen wie den Hafen von Rødby gibt.[387]

77 In dem Bereich des Außenhandels zwischen Frankreich und Westafrika bildet der gesamte Stückgutverkehr (General Cargo) der **Linienschifffahrt** zwischen Frankreich und elf afrikanischen Staaten (Senegal, Gabun, Zentralafrikanische Republik, Niger, Burkina Faso, Guinea, Kongo, Mali, Togo, Benin und Kamerun) einen eigenständigen Markt.[388]

78 **Lotsendienste** im Hafen von Genua bilden einen eigenen Markt. Der Markt der Lotsendienste und der Markt der gemeinschaftlichen Seeverkehrsverbindungen sind benachbarte, aber gesonderte Märkte.[389]

79 Der **containerisierte Linienseetransport** zwischen Nordeuropa und den USA auf den Schifffahrtsrouten zwischen den Häfen in Nordeuropa und Häfen in den USA und Kanada bildet einen getrennten Markt gegenüber anderen Transportleistungen zur Beförderung von Containerfracht zwischen Nordeuropa und den USA.[390] Darüber hinaus ist davon auszugehen, dass die anderen Formen des Seetransports, einschließlich des konventionellen Linienverkehrs (break-bulk) gegenüber dem Container-Seetransport einen oder mehrere eigenständige Märkte bilden.[391]

80 Im Bereich der Sammlung und Verwertung von **Verkaufsverpackungen** unterscheidet die Kommission einen Markt für Entsorgungssysteme zur Befreiung von der Rücknahme- und Verwertungspflicht für Verkaufsverpackungen sowie einen hiervon getrennten Markt für die Organisation der Erfüllung der Rücknahme- und Verwertungspflicht gebrauchter Verkaufsverpackungen.[392]

---

384 Komm. E. v. 28.6.1995 – 95/364/EG, ABl. 1995 L 216/8, 10 – British Midland/Zaventem.

385 Komm. E. v. 21.12.1993 – IV/34.689, ABl. 1994 L 15/8 Rn. 11 – Sea Containers/Stena Sealink.

386 Komm. E. v. 21.10.1997 – 97/744/EG, ABl. 1997 L 301/17, 20 – Italienische Häfen.

387 Komm. E. v. 21.12.1993 – 94/119/EG, ABl. 1994 L 55/52, 54 – Rødby.

388 Komm. E. v. 1.4.1992 – IV/32.450, ABl. 1992 L 134/1, 17 – Reedereiausschüsse in der Frankreich-Westafrika-Fahrt.

389 Komm. E. v. 21.10.1997 – 97/745/EG, ABl. 1997 L 301/27, 29 – Hafen von Genua.

390 Komm. E. v. 16.9.1998 – IV/35.134, ABl. 1999 L 95/1, 16, 18 – Trans-Atlantic Conference Agreement.

391 Komm. E. v. 16.9.1998 – IV/35.134, ABl. 1999 L 95/1, 13 – Trans-Atlantic Conference Agreement.

392 Komm. E. v. 20.4.2001 – COMP/D3/34.493, ABl. 2001 L 166/1 Rn. 65 ff. – DSD.

In der Luftfahrtbranche existiert ein Markt von **Luftverkehrsvermittlerdiensten** (Dienstleistungen im Bereich Marketing und Vertrieb von Flugscheinen), die durch Fluggesellschaften von Reisevermittlern gekauft werden.[393] 81

Bei der Beförderung von allgemeiner Fracht zwischen den Häfen Nordeuropas und Zaires ist zwischen dem Markt der **Linienschifffahrt** und dem der **Tramschifffahrt** zu unterscheiden, da für den größten Teil der Fracht (containerfähige Güter sowie teilweise auch Massengut) fast ausschließlich die Linienschifffahrt in Betracht kommt.[394] 82

Die Bereitstellung und der Verkauf von **Luftverkehrsleistungen** zwischen Dublin und London (Heathrow) bilden gegenüber dem Land- und Seeverkehr auf dieser Strecke einen eigenständigen Markt, da die Merkmale des Luftverkehrs einerseits und des Land- und Seeverkehrs andererseits sich derart unterscheiden, dass die Substitutionsmöglichkeiten sowohl auf der Nachfrage- als auch auf der Angebotsseite beschränkt sind.[395] 83

Die Märkte für den **Notfall- und für den sonstigen Krankentransport** sind als getrennte Märkte zu betrachten.[396] Die **Sammlung von Daten** über Verschreibungen und den Absatz von Arzneimitteln bildet einen Markt.[397] 84

Der Markt des französischen Ton- und Bildmaterials ist Bestandteil des allgemeinen Marktes des Ton- und Bildmaterials in Bezug auf **Pferderennen,** da das französische Ton- und Bildmaterial und das anderer Rennen substituierbar ist.[398] Auf dem Markt der Übertragung von Fernsehinformationen und -bildern über Pferderennen, der von den Märkten der Übertragung von Windhundrennen und anderen Sportveranstaltungen abzugrenzen ist, besteht ein Teilmarkt der Fernsehübertragung von Bildern und Informationen über Pferderennen in die Wettbüros. Dieser Markt bildet einen Hilfsmarkt für den Wettmarkt, da solche Fernsehübertragungen in die Wettbüros zwar eine spürbare Auswirkung auf den Wettbewerb haben können, der Wettmarkt aber ohne die Fernsehübertragung funktionieren kann.[399] Die Verwaltung und Organisation von Wetten außerhalb von Rennplätzen stellt einen eigenen Markt dar.[400] 85

Die verschiedenen Transportmöglichkeiten zu Land, zu Wasser und in der Luft können nicht zu einem großen **Reiseverkehrsmarkt** zusammengefasst werden, da Linienflüge, Charterflüge, Bahn, Straße und Linienflüge mit anderen Linien nicht beliebig austauschbar sind.[401] 86

Auf dem nationalen Markt für **Telefonanlagen** in Frankreich existiert kein eigenständiger Teilmarkt der Vermietung und Instandhaltung von Telefonanlagen, weil die Benutzer der Telefonanlagen zwischen der Anmietung und dem Ankauf der Anlagen wählen können.[402] Im Bereich des **Telekom-Netzzugangs** in Deutschland definiert die Kommission 87

---

[393] Komm. E. v. 14.7.1999 – IV/34.780/D-2, ABl. 2000 L 30/1, 16 – Virgin/British Airways.

[394] Komm. E. v. 23.12.1992 – IV/32.448, IV/32.450, ABl. 1993 L 34/20, 22 – CEWAL, COBAC, UKWAL; EuG Urt. v. 8.10.1996 – T-24 bis 26/98,T-28/93, Slg. 1996, II-1201 – Compagnie maritime belge transports u. a./Kommission (CEWAL).

[395] Komm. E. v. 10.4.1992 – IV/33.544, ABl. 1992 L 96/34, 37 – British Midland/Aer Lingus.

[396] EuGH Urt. v. 25.10.2001 – C-475/99, Slg. 2001, I-8137 Rn. 33 – Ambulanz Glöckner/Landkreis Südwestpfalz.

[397] Komm. E. v. 3.7.2001 – COMP/D3/38.044, ABl. 2002 L 59/18 – NDC Health/IMS Health, suspendiert durch EuG Beschl. v. 10.8.2001 – T-184/01 R, Slg. 2001, II-2349 – IMS Health/Kommission und B. v. 26.10.2001 – T-184/01 R, Slg. 2001, II-3193 – IMS Health/Kommission. Das gegen den Beschl. v. 26.10.2001 eingelegte Rechtsmittel wurde vom EuGH zurückgewiesen, Beschl. v. 11.4.2002 – C-481/01 P (R), Slg. 2002, I-3401 – NDC Health/Kommission, IMS Health.

[398] Entscheidung der Kommission gem. Art. 6 der Verordnung Nr. 99/63 vom 11.11.1992; bestätigt durch EuG Urt. v. 12.6.1997 – T-504/93, Slg. 1997, II-923 Rn. 81 ff. – Tierce Ladbroke.

[399] Komm. E. v. 31.1.1995 – IV/33.375, ABl. 1995 L 221/34, 35 f. – PMI-DSV.

[400] EuG Urt. v. 18.9.1995 – T-548/93, Slg. 1995, II-2565 (in Rn. 17 vorausgesetzt) – Ladbroke Racing Ltd.

[401] EuGH Urt. v. 11.4.1989 – C-66/86, Slg. 1989, 838 Rn. 39 ff. – Ahmed Saeed.

[402] EuGH Urt. v. 5.10.1988 – C-247/86, Slg. 1988, I-6005 Rn. 15 ff. – Alsatel/SA Novasam.

einen Markt für den **Zugang zu den örtlichen Festnetzen;** dieser Markt wird wiederum unterteilt in einen Vorleistungszugangsmarkt und einen Endkundenzugangsmarkt.[403]

88 Hinsichtlich des Sektors **Breitband-Internetzugang** in Spanien besteht aufgrund funktioneller Unterschiede keine Austauschbarkeit zwischen den nationalen Großkundenprodukten, den regionalen Großkundenprodukten und den entbündelten Teilnehmeranschlüssen, sondern es handelt sich um getrennte Märkte.[404]

89 Hinsichtlich der Erbringung von **Vergleichsportalleistungen** im Internet müssen zwei Märkte unterschieden werden. Einerseits besteht ein Markt für die Erbringung von Vergleichsportalleistungen und andererseits ein Markt auf dem das Vergleichsportal das von ihm vermittelte Produkt bezieht.[405] Zu beiden Märkten gibt es auf Unionsebene noch keine bedeutende Rechtsprechung und auch auf deutschlandweiter Ebene ist allein der Beschluss des Bundeskartellamts[406] und das Urteil des OLG Düsseldorf[407] zu den Bestpreisklauseln des Hotelvergleichsportals HRS zu erwähnen. Es liegt nahe, hinsichtlich des Marktes für die Erbringung von Vergleichsportalleistungen grundsätzlich einen gemeinsamen Markt für sämtliche Vergleichsportale, die ein bestimmtes Produkt vergleichen, anzunehmen. Angebote außerhalb des Internets dürften mangels Substituierbarkeit wohl grundsätzlich nicht zu demselben Markt gehören.[408] Hinsichtlich des zweiten Marktes dürfte es nicht darauf ankommen, ob die Abnehmer im Internet tätig sind oder nicht, sodass ein gemeinsamer Markt anzunehmen ist.[409]

90 Die Erbringung **mobiler Telefondienstleistungen** mit cellularer digitaler Technik bildet gegenüber Sprachtelefondiensten über Festnetze und den übrigen Telekommunikationsdiensten einen eigenständigen Markt, weil zwischen Mobilfunk und dem Festnetztelefonsystem nur eine sehr geringe Austauschbarkeit besteht. Die ältere cellulare analoge Funktechnik ist nicht mit dem cellularen GSM Mobilfunk substituierbar, da die besonderen Eigenschaften des GSM-Systems nur den Bedürfnissen eines Teils der Mobilfunkteilnehmer entsprechen.[410]

91 Auf dem allgemeinen **Verkehrsmarkt** gibt es den Teilmarkt der Geschäftsreisenden und den Teilmarkt der Freizeitreisenden. Auf Entfernungen von 350 bis 1000 km sind auf dem Verkehrsmarkt der Geschäftsreisenden Linienflüge und Hochgeschwindigkeitszüge austauschbar, während auf dem Verkehrsmarkt der Freizeitreisenden Flüge in der economy class mit Bahn, Bus und unter Umständen der Fahrt mit dem eigenen Auto konkurrieren.[411]

92 **P & I (Protection and Indemnity)-Versicherungen** stellen einen getrennten Produktmarkt dar, da sowohl auf der Nachfrage- als auch auf der Angebotsseite ein Ersatz durch andere Seeversicherungsprodukte nur begrenzt möglich ist.[412] P & I-Rückversicherungen mit einem Versicherungsschutz von über rd. 1,8 Mrd. Euro (2 Mrd. US $) bilden einen getrennten Markt gegenüber P&I-Rückversicherungen mit einem geringeren Versicherungsschutz, die dem Weltmarkt für Seerückversicherungen angehören, weil P&I-

---

[403] Komm. E. v. 21.5.2003 – COMP/C-1/37.451, 37.578, 37.579, ABl. 2003 L 263/9 Rn. 58, 61 – Deutsche Telekom AG.

[404] EuG Urt. v 29.3.2012 – T-336/07 und T-398/07 Rn. 110–143 – Telefónica/Kommission und Spanien/Kommission; das in der Rs. T-336/07 eingelegte Rechtsmittel wurde vom EuGH mit Urt. v. 10.7.2014 – C-295/12 P zurückgewiesen.

[405] *Fiebig* WuW 2013, 812 (816).

[406] Bundeskartellamt Beschl. v. 20.12.2013 – B 9–66/10 – HRS.

[407] OLG Düsseldorf, Urteil v. 9.1.2015 – VI – Kart 1/14 (V) – HRS.

[408] Vgl. *Fiebig* WuW 2013, 812 (816 ff.).

[409] Vgl. *Fiebig* WuW 2013, 812 (819).

[410] Komm. E. v. 18.12.1996 – 97/181/EG, ABl. 1997 L 76/19, 23 f. – GSM Spanien; v. 4.10.1995 – 95/489/EG, ABl. 1995 L 280/49, 51 ff. – GSM Italien.

[411] Komm. E. v. 21.9.1994 – IV/34.600, ABl. 1994 L 259/20, 22 – Night Services.

[412] Komm. E. v. 12.4.1999 – IV/D/1/30.373 und IV/D/1/737.143, ABl. 1999 L 125/12, 19 – P&I Clubs.

Rückversicherer bei einem Versicherungsschutz von über rd. 1,8 Mrd. Euro nicht mit Seerückversicherern konkurrieren.[413]

DIENSTLEISTUNGEN ÖFFENTLICHER UNTERNEHMEN

In Deutschland ist zwischen dem Markt, auf dem die **Deutsche Bahn AG** Bahnleistungen (Zugkraft, Zugang zum Schienennetz, internationale Koordinierung der Bahnleistung) erbringt, und dem Markt, auf dem die Unternehmen des kombinierten Güterverkehrs tätig sind, zu unterscheiden, da Bahnunternehmen und die Unternehmen des kombinierten Güterverkehrs auf unterschiedlichen Stufen des Wirtschaftsprozesses tätig sind.[414] Eisenbahnleistungen, d.h. insbesondere die Stellung von Lokomotiven, die Traktionsleistung und der Zugang zum Schienennetz, bestehen für eine spezifische Nachfrage und ein spezifisches Angebot und sind mit den Leistungen der Beförderer im Schienenverkehr nicht austauschbar. Der Markt der **Eisenbahnleistungen** bildet daher einen gesonderten Teilmarkt des Bahnverkehrsmarktes im Allgemeinen.[415] 93

Aufgrund ihrer spezifischen Eigenschaften, ihrer Kosten und ihres Anwendungsbereichs stellen **Paketdienste** der Deutschen Post AG für den Versandhandel einen eigenen sachlich relevanten Markt gegenüber dem Transport von Schalterpaketen dar, der zu Standardtarifen über den Postschalter abgewickelt wird. Die Deutsche Post AG holt die Pakete des Versandhandels nämlich unmittelbar beim Betrieb des Kunden ab und gewährt dem Kunden Preisnachlässe für die nicht über den Postschalter abgewickelten Sendungen.[416] Der von Expresssendungen zu unterscheidende Bereich der Beförderung **grenzüberschreitender Standardbriefpost** besteht aus zwei getrennten Märkten: dem Markt für aus einem Mitgliedstaat ausgehende grenzüberschreitende Briefpost und dem Markt für in einem Mitgliedstaat eingehende grenzüberschreitende Briefpost.[417] Business-to-Business-Postdienstleistungen und der allgemeine Briefdienst gehören getrennten Märkten an.[418] Zudem gibt es einen Markt für Massenbriefsendungen.[419] 94

In Bezug auf den **Verkauf von Eintrittskarten** für die Fußball-WM 1998 in Frankreich bestand ein Teilmarkt für den Blindverkauf von 393 200 Eintrittskarten im Rahmen von Passe-France-98-Kartenpaketen an die Allgemeinheit durch das Committée Francais d'Organisation du Coup du Monde de Football (CFO) in den Jahren 1996 und 1997 und ein Teilmarkt für den Blindverkauf von 181 000 Eintrittskarten für das Eröffnungsspiel, die Viertel- und Halbfinale, das Spiel um den dritten Platz und das Endspiel durch das CFO im Jahre 1997 an die Allgemeinheit.[420] 95

Es gibt einen Markt für die Vermittlung von Musikurheberrechten, auf dem die **GEMA** (Gesellschaft für musikalische Aufführungs- und mechanische Vervielfältigungsrechte) Dienstleistungen in Form der entgeltlichen Vermittlung und Wahrnehmung von musikalischen Urheberrechten gegenüber den Musikanbietern und den Musikverbrauchern anbietet.[421] Der Dienstleistungsmarkt für die Wahrnehmung von Zweitverwertungsrechten ausübender Künstler und Hersteller in Deutschland ist gegenüber der Tätigkeit anderer 96

---

[413] Komm. E. v. 12.4.1999 – IV/D/1/30.373 und IV/D/1/737.143, ABl. 1999 L 125/12, 20 – P&I Clubs.

[414] Komm. E. v. 29.3.1994 – IV/33.941, ABl. 1994 L 104/34, 45 – HOV-SVZ/MCN.

[415] EuGH Urt. v. 21.10.1997 – T-229/94, Slg. 1997, II-1695 Rn. 55 – Deutsche Bahn.

[416] Komm. E. v. 20.3.2001 – COMP/35.141, ABl. 2001 L 125/27 Rn. 26 – Deutsche Post AG.

[417] Komm. E. v. 25.7.2001 – COMP/36.915, ABl. 2001 L 331/40 Rn. 84f. – Deutsche Post AG – Aufhalten grenzüberschreitender Postsendungen.

[418] Komm. E. v. 5.12.2001 – COMP/C-1/37.859, ABl. 2002 L 61/32, 40 – De Post/La Poste (Belgien).

[419] EuGH Urt. v. 6.10.2015 – C-23/14 – Post Danmark.

[420] Komm. E. v. 20.7.1999 – IV/36.888, ABl. 2000 L 5/55, 65 – Fußball-Weltmeisterschaft 1998.

[421] Komm. E. v. 2.6.1971 – IV/26.760, ABl. 1971 L 134/15, 21 – GEMA I; vgl. zur GEMA auch Komm. E. v. 4.12.1981 – IV/29.978, ABl. 1982 L 94/12 Rn. 35 – GEMA-Satzung.

Verwertungsgesellschaften abzugrenzen, da diese jeweils andere Schutzrechte wahrnehmen.[422]

97 Der Markt der wöchentlichen Programmvorschauen und derjenige für Fernsehzeitschriften, in denen sie veröffentlicht werden, sowie der Markt der täglichen Fernsehprogrammvorschauen bilden Teilmärkte des allgemeinen Marktes der **Information über Fernsehprogramme.**[423]

98 Auf dem allgemeinen Markt der Reservierungssysteme existiert ein Teilmarkt der **Reservierungsdienste,** die einem oder mehreren Luftverkehrsunternehmen von einem Betreiber eines rechnergeschützten Reservierungssystems angeboten werden, und ein Teilmarkt der Angebote dieser Dienste an die Reisebüros.[424]

99 Die Bereitstellung von **Flughafeneinrichtungen** für den Start und die Landung von Verkehrsflugzeugen und die Erbringung von **Abfertigungsleistungen** auf dem Vorfeld durch die FAG (Flughafen Frankfurt/Main AG) bilden benachbarte, aber getrennte Märkte, weil mangels Austauschbarkeit dieser beiden Dienste auf der Nachfrageseite (d. h. für die Flughafengesellschaften) keine Preiselastizität der Nachfrage besteht.[425]

100 Die Tätigkeiten eines **Flughafenbetreibers,** der die Infrastrukturen verwaltet und ihre Nutzung organisiert, sind vom Markt für **Bodenabfertigungsdienste** zu unterscheiden.[426] Daher bilden Dienstleistungen der Flughafenleitung der Pariser Flughäfen Orly und CDG für Dienstleister und Flughafennutzer, die Bodenabfertigungsdienste auf den Pariser Flughäfen erbringen, einen eigenständigen Markt. Es besteht ferner ein Markt für Flugdienstleistungen von und nach Paris.[427]

101 Auf dem allgemeinen Markt von Flughafendienstleistungen stellen **gebührenpflichtige Dienstleistungen für den Zugang zur Flughafeninfrastruktur** einen eigenständigen Markt dar. Dabei handelt es sich um Dienstleistungen im Zusammenhang mit dem Betrieb und der Instandhaltung der Start- und Landebahn, der Nutzung der Rollwege und Vorfeldflächen und der Flugführung beim Anflug von Zivilflugzeugen. Hiervon ist der Markt der Beförderung von Fluggästen und Fracht auf Kurz- oder Mittelstrecken innerhalb des europäischen Wirtschaftsraumes abzugrenzen.[428]

102 Es existiert ein Markt der Aushändigung von Bescheinigungen und Plaketten, die nach **Prüfung der Konformität** von neuen und für nicht länger als sechs Monate im Ausland zugelassenen Opel-Fahrzeugen mit den allgemeinen TÜV-Zulassungen und nach Feststellung der Identität des Fahrzeuges zu erteilen sind.[429]

103 Es existiert ein eigener Markt der Lieferung von Informationen bezüglich der **Bescheinigung über die Betriebserlaubnis,** die ein Importeur benötigt, der ein von dem Briti-

---

[422] Komm. E. v. 29.10.1981 – IV/29.839, ABl. 1981 L 370/49, 55 – GVL.

[423] Komm. E. v. 21.12.1988 – IV/31.851, ABl. 1989 L 78/43, 48 – Magill TV Guide/ITP, BBC, und RTE; bestätigt durch EuG Urt. v. 10.7.1991 – T-69/89, Slg. 1991, II-485 Rn. 62 – RTE; EuG Urt. v. 10.7.1991 – T-70/89, Slg. 1991, II-535 Rn. 50 – BBC; EuG Urt. v. 10.7.1991 – T-76/89, Slg. 1991, II-575 Rn. 48 – ITP; bestätigt durch EuGH Urt. v. 6.4.1995 – verb. Rs. C-241/91 P und C-242/91 P, Slg. 1995, I-808 Rn. 24 – RTE und ITP/Kommission.

[424] Komm. E. v. 4.11.1988 – IV/32.318, ABl. 1988 L 317/47, 50 – London European-SABENA.

[425] Komm. E. v. 14.1.1998 – IV/34.801, ABl. 1998 L 72/30 Rn. 55, 61, 64 ff. – FAG-Flughafen Frankfurt/Main AG.

[426] Siehe die Erwägungsgründe des Vorschlages für eine Richtlinie des Rates über den Zugang zum Markt für Bodenabfertigungsdienste auf den Flughäfen der Gemeinschaft, KOM (94) 590 endg. ABl. C 142/7 Rn. 12.

[427] Komm. E. v. 11.6.1998 – IV/35.613, ABl. 1998 L 230/10 Rn. 59 ff. – Alpha-Flight Services/Aéroports de Paris.

[428] Komm. E. v. 10.2.1999 – IV/35.767, ABl. 1999 L 69/24, 26 – Ilmailulaitos/Luftfartsverket; v. 10.2.1999 – IV/35.702, ABl. 1999 L 69/31, 33 – Portugiesische Flughäfen, bestätigt durch EuGH Urt. v. 29.3.2001 – C-163/99, Slg. 2001, I-2613 – Portugiesische Republik/Kommission.

[429] Komm. E. v. 19.12.1974 – IV/28.851, ABl. 1975 L 29/14 ff. – General Motors Continental.

schen Autohersteller BL produziertes Fahrzeug für den Verkehr in Großbritannien zulassen will.[430]

Es existiert ein Markt für **Zigaretten,** die in Italien oder in anderen Mitgliedsstaaten her- **104**
gestellt und in Italien vertrieben und verkauft werden, um die Nachfrage der Raucher zu decken (Zigarettenmarkt). Daneben gibt es den Markt der Dienstleistungen für den Vertrieb und den Großhandelsverkauf dieser Zigaretten (Großhandelsmarkt) und den Markt der Dienstleistungen für den Einzelhandelsverkauf der Zigaretten (Einzelhandelsmarkt).[431]

c) Räumlich relevanter Markt. Neben der sachlichen bedarf es stets einer räumlichen **105**
Abgrenzung des relevanten Marktes, also desjenigen Gebietes, in welchem die Marktmacht des möglicherweise beherrschenden Unternehmens und seiner Wettbewerber beurteilt werden muss. Der räumlich relevante Markt wird dabei definiert als „Gebiet, in dem die beteiligten Unternehmen die relevanten Produkte oder Dienstleistungen anbieten, in dem die Wettbewerbsbedingungen hinreichend homogen sind[432] und das sich von benachbarten Gebieten durch spürbar unterschiedliche Wettbewerbsbedingungen unterscheidet".[433] Es kommt mithin auf das Gebiet an, in dem die Marktteilnehmer ihre Produkte und Dienstleistungen zu vergleichbaren Bedingungen ohne wirtschaftlich erhebliche Marktschranken vertreiben können.[434] Ausgangspunkt jeder räumlichen Marktabgrenzung ist stets das Gebiet, in dem das betreffende **Produkt vertrieben** wird.[435] Demgegenüber ist es unerheblich, an welchem Ort das Produkt hergestellt wird, wo Forschung und Entwicklung betrieben werden[436] oder wo es letztendlich verwendet wird.[437] So stellen einzelne Transportdienstleistungen zwar sachlich relevante Märkte auf bestimmten Seefahrtsstrecken dar.[438] Der räumlich relevante Markt umfasst hingegen das **Vermarktungsgebiet** des einen einheitlichen sachlichen Markt bildenden Transportdienstes.[439] Ebenso ist im Rahmen der räumlichen Abgrenzung von Versicherungsmärkten nicht auf den Ort der Risikobelegenheit,[440] sondern auf das **Versicherungsvermarktungsgebiet** abzustellen.[441]

Die Ermittlung des räumlichen Marktes durch die Kommission erfolgt **aus Sicht der** **106**
Marktgegenseite[442] unter Einbeziehung verschiedener **Kriterien,** die der Konkretisierung

---

[430] Komm. E. v. 2.7.1984 – IV/30.615, ABl. 1984 L 207/11, 14 – British Leyland.

[431] Komm. E. v. 17.6.1998 – IV/36.010/F-3, ABl. 1998 L 252/47, 54 – Italienische Tabakmonopolverwaltung (AAMS), bestätigt durch EuG Urt. v. 22.11.2001 – T-139/98, Slg. 2001, II-3413 – AAMS/Kommission.

[432] Anschaulich dargestellt u.a. in EuG Urt. v. 27.5.2009 – T-151/05, Slg. 2009, II-1219 Rn. 52 – NVV.

[433] EuGH Urt. v. 14.2.1978 27/76, Slg. 1978, 207 Rn. 10/11 – United Brands; Komm. Bekanntmachung über die Definition des relevanten Marktes im Sinne des Wettbewerbsrechts der Gemeinschaft, ABl. 1997 C 372/5 Rn. 8; vgl. auch die Durchführungsverordnungen zu den Artikeln 85 und 86 EGV a.F. – insbesondere Formblatt A/B zur Verordnung Nr. 17 und Abschnitt V des Formblatts CO zur Verordnung (EWG) Nr. 4064/89 über die Kontrolle von Unternehmenszusammenschlüssen von gemeinschaftsweiter Bedeutung.

[434] Komm. E. v. 17.12.1975 – IV/26.6999, ABl. 1976 L 95/1 unter II A 2 – Chiquita.

[435] *Roth/Ackermann* in FKKartR Art. 81 I Rn. 392f.

[436] Komm. E. v. 4.2.1998 – IV/M.950 ABl. 1998 L 234/14 Rn. 49 – Hoffmann-La Roche.

[437] *Roth/Ackermann* in FKKartR Art. 81 I Rn. 393.

[438] Beispiel: bestimmte Container-Linientransportdienste zwischen Nordeuropa und den USA, Komm. E. v. 30.4.1999 – IV/34.250, ABl. 1999 L 193/23 Rn. 38ff. – Europe Asia Trades Agreement.

[439] Im Beispiel in Europa die Einzugsgebiete der nordeuropäischen Häfen, Komm. E. v. 19.10.1994 – IV/34.446, ABl. 1994 L 376/1 Rn. 67 – Trans-Atlantic Agreement; E. v. 16.9.1998 – IV/35.134, ABl. 1999 L 95/1 Rn. 76ff. – Trans-Atlantic Conference Agreement; vgl. auch *Roth/Ackermann* in FKKartR Art. 81 Rn. 393.

[440] So Komm. E. v. 20.12.1989 – IV/32.265, ABl. 1990 L 15/25 Rn. 22 – Concordato Incendio.

[441] Komm. E. v. 20.12.1989 – IV/32.408, ABl. 1990 L 13/34 Rn. 25 – TEKO; so auch *Roth/Ackermann* in FKKartR, Art. 81 Rn. 393.

[442] EuG Urt. v. 27.10.1994 – T-34/92, Slg. 1994, II-905 Rn. 56 – Fiatagri; vgl. auch Komm., Bekanntmachung über die Definition des relevanten Marktes im Sinne des Wettbewerbsrechts der Ge-

der Substituierbarkeit von Produkten in geographischer Hinsicht dienen.[443] Diese werden weitestgehend auch von der Rechtsprechung herangezogen. Ähnlich wie bei der sachlichen Marktabgrenzung kommt es hierbei maßgeblich auf die Art und die Eigenschaften der betreffenden Waren oder Dienstleistungen an.[444] Daneben spielen die Zugangsbedingungen zu den Vertriebswegen,[445] der Sitz des Unternehmens,[446] das Vorhandensein von Marktzutrittsschranken,[447] Verbrauchergewohnheiten sowie insbesondere das Bestehen erheblicher Unterschiede bei den Marktanteilen der Unternehmen oder nennenswerter Preisunterschiede zwischen dem Gebiet und den benachbarten Gebieten, die Erforderlichkeit einer Gebietspräsenz, um in einem bestimmten Gebiet verkaufen zu können, die Kosten der Errichtung eines Vertriebsnetzes sowie die Transportkosten,[448] regulatorische Schranken im öffentlichen Auftragswesen, Preisvorschriften, den Handel oder die Produktion einschränkende Kontingente und Zölle, technische Normen, Monopole,[449] erforderliche behördliche Genehmigungen sowie Verpackungsvorschriften eine wichtige Rolle.[450] Die „geographische Komponente"[451] der sachlichen Produktbeschaffenheit und der räumliche Markt für das Produkt korrespondieren miteinander, wenn die Eigenschaften des Produktes (Abhängigkeit von begrenzten Leitungsnetzen, Transportstrecken, ortsgebundene Leistungen etc.) eine geographische Begrenzung der Nachfrage und damit des räumlichen Marktes zwangsläufig bedingen. Dies ist z.B. bei Märkten für satellitengestützte Telekommunikation und für Funksignale der Fall: Hier entspricht der räumlich relevante Markt der Reichweite des in verschiedenen Orten empfangbaren Funksignals[452] bzw. dem durch die Reichweite der Satelliten („foot print")[453] definierten Gebiet.

---

meinschaft, ABl. 1997 C 372/5 Rn. 13; Komm. E. v. 4.2.1998 – IV/M.950, ABl. 1998 L 234/14 Rn. 49ff. – Hoffmann-La Roche.

[443] Komm., Bekanntmachung über die Definition des relevanten Marktes im Sinne des Wettbewerbsrechts der Gemeinschaft, ABl. 1997 C 372/5 Rn. 13, 29.

[444] EuGH Urt. v. 14.2.1978 – 27/76, Slg. 1978, 207 Rn. 45/56 – United Brands.

[445] EuGH Urt. v. 16.12.1975 – verb. Rs. 40 bis 48, 50, 54 bis 56, 111, 113 und 114/73, Slg. 1975, 1663 Rn. 371/372 – Suiker Unie; Urt. v. 14.2.1978 – 27/76, Slg. 1978, 207 Rn. 45/56 – United Brands.

[446] Komm. E. v. 17.12.1975 – IV/26.699, ABl. 1976 L 95/1, 12 – Chiquita (bestätigt durch EuGH Urt. v. 14.2.1978 – 27/76, Slg. 1978, 207 Rn. 45/56 – United Brands); E. v. 5.12.1988 – IV/31.900, ABl. 1989 L 10/50 Rn. 111 – BPB Industries; E. v. 7.12.1988 – IV/31.906, ABl. 1989 L 33/44 Rn. 77 – Flachglas.

[447] Komm. E. v. 17.12.1975 – IV/26.699 ABl. 1976 L 95/1, 12 – Chiquita (bestätigt durch EuGH Urt. v. 14.2.1978 – 27/96, Slg. 1978, 207 Rn. 45/56 – United Brands); E. v. 17.6.1998 – IV/36.010-F3, ABl. 1998 L 252/47 Rn. 31 – Italienische Tabakmonopolverwaltung (AAMS).

[448] Vgl. Komm. E. v. 9.12.1971 – IV/26.811, ABl. 1972 L 7/25, 35, 38 – Continental Can Company; E. v. 22.12.1987 – IV/30.787 und 31.488, ABl. 1988 L 65/19 Rn. 56 – Eurofix-Bauco/Hilti; E. v. 5.12.1988 – IV/31.900, ABl. 1989 L 10/50 Rn. 111 – BPB Industries; E. v. 26.7.1988 – IV/31.043, ABl. 1988 L 272/27 Rn. 41 – Tetra Pak I; E. v. 7.12.1988 – IV/31.906, ABl. 1989 L 33/44 Rn. 77 – Flachglas; E. v. 24.7.1991 – IV/31.043, ABl. 1992 L 72/1 Rn. 98 – Tetra Pak II; E. v. 14.5.1997 – IV/35.059, ABl. 1997 L 258/1 Rn. 107 – Irish Sugar; wie auch EuGH Urt. v. 21.2.1973 – 6/72, Slg. 1973, I-215 Rn. 33–35 – Continental Can; Urt. v. 16.12.1975 – verb. Rs. 40 bis 48, 50, 54 bis 56, 111, 113 und 114/73, Slg. 1975, 1663 Rn. 13/15–24, 371/372 – Suiker Unie; Urt. v. 14.2.1978 – 27/96, Slg. 1978, 207 Rn. 45/56 – United Brands; EuG Urt. v. 12.12.1991 – T-30/89, Slg. 1991, II-1439 – Hilti.

[449] Siehe zu den Monopolen Rn. 120ff.

[450] Komm. Bekanntmachung über die Definition des relevanten Marktes im Sinne des Wettbewerbsrechts der Gemeinschaft, ABl. 1997 C 372/5 Rn. 28ff.; siehe auch *Schröter/Bartl* in Schröter/Jakob/Klotz/Mederer Art. 102 Rn. 155; *Jung* in Grabitz/Hilf/NettesheimArt. 102 Rn. 50.

[451] Komm. E. v. 19.10.1994 – IV/34.446, ABl. 1994 L 376/1 Rn. 59 – Trans-Atlantic Agreement.

[452] Komm. E. v. 21.12.1988 – IV/30.979 und 31.394, ABl. 1989 L 43/27 Rn. 88 – Decca Navigator System.

[453] Komm. E. v. 15.12.1994 – IV/34.768, ABl. 1994 L 354/75 Rn. 34 – International Private Satellite Partners.

Die fortschreitende Durchdringung der mitgliedstaatlichen Volkswirtschaften und die Vollendung des einheitlichen Binnenmarktes führt dazu, dass die Kommission in immer mehr Fällen den **EU-Binnenmarkt** als relevantes Gebiet für die Anwendung des Art. 102 AEUV betrachtet. Vor allem wenn Produkte oder Dienste gleichmäßig in allen Mitgliedstaaten der Union angeboten und nachgefragt werden, umfasst der räumlich relevante Markt regelmäßig zumindest das Gesamtgebiet des EU-Binnenmarkts.[454] **107**

Gleichwohl kann der räumlich relevante Markt auch die Grenzen des EU-Binnenmarkts überschreiten. So hat die Kommission bei Flugzeugteilen,[455] Platinmetallen,[456] Bleiglas,[457] Seerückversicherungen,[458] Telekommunikationsausrüstungen,[459] Computertechnologie,[460] der Vergabe von Schnittstellentechnologien[461] oder Betriebssysteme für Client-PCs bzw. Webbrowser für solche Betriebssysteme[462] auf Grund des Fehlens nennenswerter Handelsschranken (etwa eines Außenzolls der Union oder divergierender Normen) bzw. erheblicher Transportkosten auch **Weltmärkte** angenommen. **108**

Häufig grenzt die Kommission die Märkte aber auch nach wie vor **national** ab,[463] wie bei Ersatzreifen,[464] Flugdienstleistungen,[465] Funktelefondiensten,[466] Zigaretten,[467] Medikamenten,[468] Impfstoffen,[469] Speiseeis[470] und Bankdienstleistungen im Privat- und Großkundengeschäft.[471] Eine noch engere Grenzziehung, die zur Definition von **nationalen Teilmärkten** führt, hat die Kommission insbesondere in Fällen vorgenommen, in denen es um den Zugang zu wesentlichen Einrichtungen („essential facilities") ging. Danach stellen das Gebiet der Häfen von Genua[472] und Rødby,[473] die Flughäfen der Region **109**

---

[454] Komm. E. v. 19.7.1984 – IV/30.863, ABl. 1984 L 212/1 Rn. 40.2 – BPCL/ICI (Markt für PVC und LDPE); E. v. 22.12.1987 – IV/30.787 und 31.488, ABl. 1988 L 65/19 Rn. 56 – Eurofix-Bauco/Hilti (Markt für Bolzenschussgeräte); E. v. 18.11.1997 – IV/M.913, ABl. 1999 L 88/1 Rn. 41, 58, 65 – Siemens; E. v. 11.2.1998 – IV/M.986, ABl. 1998 L 211/22 Rn. 40 f. – Agfa-Gevaert; E. v. 20.7.1999 – IV/36.888, ABl. 2000 L 5/55, 66 f. – Fußball-Weltmeisterschaft 1998.

[455] Komm. 26. WB 1996, 139 – BF Goodrich/Messier-Bugatti.

[456] Komm. E. v. 24.4.1996 – IV/M.619, ABl. 1997 L 11/30 Rn. 72 – Gencor.

[457] Offen gelassen in Komm. E. v. 21.12.1994 – IV/34.252, ABl. 1994 L 378/37 Rn. 8 – Philips-Osram.

[458] Komm. E. v. 12.4.1999 – IV/30.373, 37.143, ABl. 1999 L 125/12 ff. – P&I Clubs.

[459] Komm. E. v. 27.7.1994 – IV/34.857, ABl. 1994 L 223/36, 39 Rn. 15 – BT-MCI; v. 17.7.1996 – IV/35.617, ABl. L 1996 239/57, 59 Rn. 12 – Phoenix/GlobalOne; siehe auch Komm. 28. Wettbewerbsbericht 1998, 49.

[460] Komm. E. v. 11.11.1994 – IV/34.410, ABl. 1994 L 309/24 Rn. 11 – Olivetti–Digital.

[461] Komm. E. v. 9.12.2009 – COMP/38.636, ABl. 2010 Nr. C 30/17 (Zusammenfassung) Rn. 17 – Rambus.

[462] Komm E. v. 16.12.2009 – COMP/C-3/39.530 – Microsoft (Kopplung).

[463] Zu den Gründen hierfür *Emmerich* § 9 Rn. 18.

[464] Komm. E. v. 20.6.2001 – COMP/E-2/36.041/PO, ABl. 2002 L143/1, 18 – Michelin.

[465] Komm. E. v. 14.7.1999 – IV/0–2/34.780, ABl. 2000 L 30/1 Rn. 78 – Virgin/British Airways.

[466] Komm. E. v. 4.10.1995 95/489/EG, ABl. 1995 L 280/49, 53 – GSM Italien; E. v. 18.12.1996 97/181/EG, ABl. 1997 L 76/19, 24 – GSM Spanien.

[467] Komm. E. v. 17.6.1998 – IV/36.010-F3, ABl. 1998 L 252/47 Rn. 28 – Italienische Tabakmonopolverwaltung (AAMS).

[468] Komm. E. v. 10.1.1996 – IV/34.279/F3, ABl. 1996 L 201/1 Rn. 150 f. – Adalat; Komm. E. v. 15.6.2005 – COMP/A.37.507/F3, ABl. 2006 L 332/24 Rn. 503 – AstraZeneca.

[469] Komm. E. v. 6.10.1994 – IV/34.776, ABl. 1994 L 309/1, 12 Rn. 15 ff. – Pasteur Mérieur/Merck.

[470] Komm. E. v. 11.3.1998 – IV/34.073, 34.395, und 34.436, ABl. 1998 L 246/1 Rn. 139 – Van den Bergh Foods Limited.

[471] Komm. E. v. 24.6.1996 – IV/34.607, ABl. 1996 L 188/37, 43 Rn. 13 – BNP/Dresdner Bank.

[472] EuGH Urt. v. 10.12.1991 – C–179/90, Slg. 1991, I 5889, 5928 – Merci Convenzionali Porto de Genova SpA/Siderurgica Gabrielli; Komm. E. v. 21.10.1997 – 97/745/EG, ABl. 1997 L 301/27 Rn. 7 – Hafen von Genua; E. v. 21.10.1997 97/744/EG, ABl. 1997 L 301/17 Rn. 17 ff. – Italienische Häfen.

[473] Komm. E. v. 21.12.1993 – 94/119/EG, ABl. 1994 L 55/52, 54 – Rødby.

Paris,[474] sowie von Brüssel/Zaventem[475] und Frankfurt a. M.[476] jeweils getrennte räumliche Märkte dar. Für eine räumlich enge Marktabgrenzung müssen regelmäßig besondere Gründe vorlie-gen, die sich oft auf mitgliedstaatliche Regelungen,[477] Transportkosten[478] oder Verbraucherpräferenzen[479] zurückführen lassen. National begrenzte Vertriebssysteme großer Anbieter können auf die Existenz getrennter nationaler Märkte hinweisen.[480] Selbst wenn der relevante Markt kleiner als das Territorium eines Mitgliedstaates ist, schließt dies nicht aus, dass dennoch ein wesentlicher Teil des EU-Binnenmarkts i. S. d. Art. 102 AEUV betroffen ist.[481]

110 **d) Zeitlich relevanter Markt.** Geringe praktische Bedeutung hat die zeitliche Marktabgrenzung.[482] Ihre grundsätzliche Berechtigung folgt daraus, dass jeder Markt einer **dynamischen Entwicklung** ausgesetzt ist und das Wettbewerbsgeschehen keineswegs statisch feststeht. Deshalb ist es erforderlich, dass die beherrschende Stellung eines Unternehmens während des gesamten Zeitraums bestand, für den ihm ein Missbrauch seiner Marktmacht vorgeworfen wird.

111 Kommission und Rechtsprechung berücksichtigen die zeitliche Komponente regelmäßig bereits im Rahmen der Feststellung des sachlich relevanten Marktes, da zu diesem nur solche Produkte gehören, die zur Befriedigung eines gleich bleibenden Bedarfs, d. h. eines solchen von gewisser Dauer, dienen.[483] Auch die Bekanntmachung der Kommission über die Definition des relevanten Marktes[484] geht für die Definition des relevanten Marktes ausdrücklich nur auf die sachliche und räumliche Marktabgrenzung ein und lässt die zeitliche Marktabgrenzung als eigenständiges Abgrenzungskriterium unerwähnt. Im Allgemeinen kommt es nur dann auf den Faktor Zeit an, wenn die Marktposition eines Unternehmens erheblichen Schwankungen ausgesetzt ist, indem die von ihm angebotenen Waren oder Dienstleistungen **saisonalen Schwankungen** unterliegen und nur zu einem bestimmten Zeitpunkt oder für einen kurzen Zeitraum angeboten werden.[485] Weitere Bei-

---

[474] Komm. E. v. 11.6.1998 – IV/35.613, ABl. 1998 L 230/10 Rn. 77 – Alpha Flight Services/Aéroports de Paris.

[475] Komm. E. v. 28.6.1995 – 95/364/EG, ABl. 1995 L 216/8 Rn. 9 – British Midland/Zaventem.

[476] Komm. E. v. 14.1.1998 – IV/34.801, ABl. 1998 L 72/30 Rn. 56 – FAG-Flughafen Frankfurt/Main AG. Vgl. auch Komm. E. v. 10.2.1999 – IV/35.703, ABl. 1999 L 69/31 Rn. 17 – Portugiesische Flughäfen; E. v. 10.2.1999 – IV/35.767 ABl. 1999 L 69/24 Rn. 29 – Ilmailulaitos/Luftfartsverket.

[477] Zu Arzneimitteln: Komm. E. v. 4.2.1998 – IV/M.950, ABl. 1998 L 234/14 Rn. 16 – Hoffmann-La Roche; zum gesetzlichen Monopol: Komm. E. v. 30.1.1995 – IV/33.686, ABl. 1995 L 122/37, 42 f. Rn. 21 – COAPI.

[478] Sie sind nur dann relevant für die räumliche Marktabgrenzung, wenn ihre relative Höhe im Verhältnis zum Wert des Produktes erheblich ist; vgl. Komm. E. v. 12.1.1990 – IV/32.006, ABl. 1990 L 32/19, 23 Rn. 9 – ALCATEL/ESPACE/ANT; E. v. 30.11.1994 – IV/33.126 und 33.322, ABl. 1994 L 343/1 – Zement.

[479] Z. B. die Wertschätzung eines schnellen und zuverlässigen Lieferservice bei Medikamenten, Komm. E. v. 4.2.1998 – IV/M.950, ABl. 1998 L 234/14, 22 Rn. 51 – Hoffmann-La Roche; vgl auch Komm., Bekanntmachung über die Definition des relevanten Marktes im Sinne des Wettbewerbsrechts der Gemeinschaft, ABl. 1997 C 372/5 Rn. 41.

[480] Komm. E. v. 4.2.1998 – IV/M.950, ABl. 1998 L 234/14, 22 Rn. 53 – Hoffmann-La Roche; E. v. 18.11.1997 – IV/M.913, ABl. 1999 L 88/1, 8 Rn. 41 – Siemens.

[481] EuG Urt. v. 6.4.1995 – T-141/89, Slg. 1995, II-791 Rn. 36 – Tréfileurope; vgl. *Bechtold/Bosch/Brinker* Art. 102 Rn. 13; vgl. dazu auch Rn. 174 f.

[482] *Jung* in Grabitz/Hilf/Nettesheim Art. 102 Rn. 55; *Bechtold/Bosch/Brinker* Art. 102 Rn. 5, 17.

[483] Komm. E. v. 24.7.1991 – IV/31.043, ABl. 1992 L 72/1, 18 – Tetra Pak II; EuGH Urt. v. 14.2.1978 – 27/76, Slg. 1978, 207 Rn. 33 – United Brands.

[484] ABl. 1997 C 372/5.

[485] EuGH Urt. v. 14.2.1978 – 27/76, Slg. 1978, I-207, 282 f. – United Brands: im Ergebnis wird ein eigener Markt für Bananen unter anderem deshalb bejaht, weil Bananen anders als andere Früchte das ganze Jahr erhältlich sind und ihre Austauschbarkeit mit Pfirsichen und Tafeltrauben nur auf wenige Monate beschränkt ist.

spiele, in denen die zeitliche Dimension Bedeutung erlangen kann, sind **temporäre Mangellagen**[486] und zeitlich begrenzte Veranstaltungen,[487] wie z. B. Messen. In solchen Situationen ist die Bestimmung des zeitlich relevanten Marktes jedoch ohne Frage notwendig, da Art. 102 AEUV die zeitliche Kongruenz von Marktbeherrschung und Missbrauch fordert.[488]

e) Besonderheiten bei Nachfragemärkten. Die **Abgrenzung von Nachfragemärkten** in sachlicher, räumlicher und ggf. zeitlicher Hinsicht erfolgt wie bei Angebotsmärkten aus Sicht der Marktgegenseite, und damit also aus Sicht der Lieferanten.[489] Insoweit kommt es darauf an, die verschiedenen Verwendungsmöglichkeiten eines konkreten Produktes zu ermitteln, von denen es im Wesentlichen abhängt, ob und inwieweit die Anbieter beim Absatz unter mehreren Nachfragern wählen können oder wirtschaftlich auf einen Abnehmer angewiesen sind. Auf die Substitutionsfähigkeit des jeweiligen Produktes oder der Dienstleistung mit anderen Produkten oder Dienstleistungen kommt es bei der Nachfragemarktabgrenzung dagegen nicht an. Zu besonders engen Marktabgrenzungen kann es dort kommen, wo die angebotenen Produkte nur von einem einzigen Abnehmer nachgefragt werden, wie im Falle von hochspezialisierten Zulieferunternehmen.[490] Ist ein Hersteller ausschließlich als Zulieferer für ein einziges Unternehmen tätig, nach dessen konkreten Anweisungen er Zulieferteile produziert, so stellen die entsprechend hergestellten Erzeugnisse einen gesonderten Markt dar. Etwas anderes gilt allerdings dann, wenn der Zulieferer in der Lage ist, seine Produktion ohne größere Schwierigkeiten auf den spezifischen Bedarf anderer Abnehmer umzustellen. In diesem Fall muss der relevante Markt unter dem Gesichtspunkt der Nachfragesubstitution entsprechend weiter abgegrenzt werden.[491] Die Nachfragemacht kann aber auch bei Nichtvorliegen einer marktbeherrschenden Stellung als Faktor für die Beurteilung einer Marktbeherrschung auf Anbieterseite Bedeutung erlangen.[492] 112

2. Beherrschende Stellung

a) Einzelmarktbeherrschung. Das in Art. 102 AEUV enthaltene Missbrauchsverbot gilt nur für Unternehmen, die – alleine oder gemeinsam mit anderen Unternehmen – eine beherrschende Stellung zumindest auf einem **wesentlichen Teil** des EU-Binnenmarktes einnehmen. Damit kommt der Frage, wann eine solche Marktposition vorliegt, entscheidende Bedeutung für die Tragweite des Missbrauchsverbots zu. 113

aa) Begriff. Anders als das deutsche Recht (vgl. § 18 Abs. 1 GWB) enthalten die Wettbewerbsregeln der Europäischen Verträge keine gesetzliche Definition der Marktbeherrschung. Vielmehr hat der Unionsgesetzgeber diese Frage **bewusst offengelassen,** um den Unionsorganen die Möglichkeit zu geben, das Missbrauchsverbot dynamisch der Entwicklung des EU-Binnenmarktes anzupassen.[493] Hierbei erfuhr der Begriff der Marktbeherrschung durch die Spruchpraxis von Kommission und Gerichtshof eine Entwicklung, die zu 114

---

[486] Komm. E. v. 19.4.1977 – IV/28.841, ABl. 1977 L 117/1, 9 – ABG/Mineralölgesellschaften; EuGH Urt. v. 29.6.1978 – 77/77, Slg. 1978, 1513, 1526 – Ölkrise.

[487] *Jung* in Grabitz/Hilf/Nettesheim Art. 102 Rn. 55.

[488] EuGH Urt. v. 16.12.1975 – verb. Rs. 40 bis 48, 50, 54 bis 56, 111, 113 und 114/72, Slg. 1975, 1663, 2013 – Suiker Unie; EuGH Urt. v. 14.2.1978 – 27/76, Slg. 1978, I-207 – United Brands; *Schröter/Bartl* in Schröter/Jakob/Klotz/Mederer Art. 102 Rn. 158.

[489] EuGH Urt. v. 28.3.1985 – 298/83, Slg. 1985, 1105, 1123 ff. – CICCE/Kommission; Komm., 3. Bericht über die Wettbewerbspolitik Rn. 67 ff.; *Gleiss/Hirsch* Art. 85 Rn. 209; *Schröter/Bartl* in Schröter/Jakob/Klotz/Mederer Art. 102 Rn. 147.

[490] Vgl. Komm., Bekanntmachung v. 18.12.1978 über die Beurteilung von Zulieferverträgen nach Art. 85 Abs. 1 EWGV, ABl. 1979 C/1, 2.

[491] *Schröter/Bartl* in Schröter/Jakob/Klotz/Mederer Art. 102 Rn. 148; *Fuchs/Möschel* in Immenga/Mestmäcker Art. 102 Rn. 72.

[492] *Mäger* Kartellrecht S. 291.

[493] *Emmerich* § 9 Rn. 6.

einem heute allgemein anerkannten und akzeptierten Konzept der Marktbeherrschung geführt hat. Obwohl im Schrifttum teilweise gefordert wird, sich bei der Auslegung des Art. 102 AEUV an der Begriffsbestimmung des Art. 66 § 7 S. 1 EGKS-Vertrag zu orientieren, der eine beherrschende Stellung annimmt, wenn das betreffende Unternehmen „einem tatsächlichen Wettbewerb (...) entzogen wird“,[494] hat der Gerichtshof dies ausdrücklich zugunsten einer rein EU-immanenten Auslegung abgelehnt. Für die Auslegung der Tatbestandsmerkmale des Art. 102 AEUV greift die Rechtsprechung vielmehr „auf Geist, Aufbau und Wortlaut (...) sowie auf System und Ziele des Vertrages“,[495] insbesondere auf Artikel 3 Abs. 1 Buchst. b AEUV i. V. m. dem rechtsverbindlichen Protokoll zum EUV und AEUV,[496] zurück.

115 Kommission[497] und Rechtsprechung[498] definieren den **Begriff der Marktbeherrschung** in ständiger Praxis wie folgt: „Mit der beherrschenden Stellung in diesem Sinne ist die wirtschaftliche Machtstellung eines Unternehmens gemeint, die dieses in die Lage versetzt, die Aufrechterhaltung eines wirksamen Wettbewerbs auf dem relevanten Markt zu verhindern, indem sie ihm die Möglichkeit verschafft, sich seinen Wettbewerbern, seinen Abnehmern und letztlich den Verbrauchern gegenüber in einem nennenswerten Umfang unabhängig zu verhalten. Eine solche Stellung schließt im Gegensatz zu einem Monopol oder einem Quasi-Monopol einen gewissen Wettbewerb nicht aus, versetzt aber die begünstigte Firma in die Lage, die Bedingungen, unter denen sich dieser Wettbewerb entwickeln kann, zu bestimmen oder wenigstens merklich zu beeinflussen, jedenfalls aber weitgehend in ihrem Verhalten hierauf keine Rücksicht nehmen zu müssen, ohne dass ihr dies zum Schaden gereichte.“

116 Es sind also im Wesentlichen zwei Kriterien, die eine beherrschende Stellung charakterisieren: zum einen die Fähigkeit zur **Verhinderung eines wirksamen Wettbewerbs** auf dem relevanten Markt, zum anderen die Möglichkeit zu einem **unabhängigen Marktverhalten** im Verhältnis zur Konkurrenz. Diese Kriterien stehen jedoch keineswegs in einem Gegensatz zueinander, sondern es handelt sich hierbei um zwei eng miteinander verknüpfte Aspekte des vom Wettbewerb nicht hinreichend kontrollierten unternehmerischen Verhaltensspielraums. Dies wird auch daran erkennbar, dass Kommission und Rechtspre-

---

[494] *Fuchs/Möschel* in Immenga/Mestmäcker Art. 102 Rn. 73; *Schröter/Bartl* in Schröter/Jakob/Klotz/Mederer Art. 102 Rn. 66; zumindest für früher als wichtig befunden: *Emmerich* in Dauses H. I. § 3 Rn. 29.

[495] EuGH Urt. v. 21.2.1973 – 6/72, Slg. 1973, 215 Rn. 22 ff. – Continental Can.

[496] Protokoll (Nr. 27) über den Binnenmarkt und Wettbewerb, ABl. 2012 C 326/209.

[497] Komm. E. v. 14.12.1985 – IV/30.698, ABl. 1985 L 374/1 Rn. 67 – ECS/AKZO; E. v. 5.12. 1988 – IV/31.900, ABl. 1989 L 10/50 Rn. 114 – BPB Industries; E. v. 19.12.1990 – IV/33.133–C, ABl. 1991 L 152/21 Rn. 40 – Soda-Solvay; E. v. 19.12.1990 – IV/33.133-D, ABl. 1991 L 152/40 Rn. 41 – Soda–ICI; E. v. 26.2.1992 – IV/33.544, ABl. 1992 L 96/34 Rn. 21 und 23 – British Midland/Air Lingus; E. v. 14.5.1997 – IV/34.621, 35.059/F-3, ABl. 1997 L 258/1 Rn. 100 – Irish Sugar.

[498] EuGH Urt. v. 8.6.1971 – 78/70, Slg. 1971, 487 Rn. 17 – Deutsche Grammophon/Metro; Urt. v. 16.12.1975 – verb. Rs. 40 bis 48, 50, 54 bis 56, 111, 113 und 114/72, Slg. 1975, 1663 Rn. 381/382 – Suiker Unie; Urt. v. 14.2.1978 – 27/76, Slg. 1978, 207 Rn. 63/66 – United Brands; Urt. v. 13.2.1979 – 85/76, Slg. 1979, 461 Rn. 38 – Hoffmann-La Roche; Urt. v. 11.12.1980 – 31/80, Slg. 1980, 3775 Rn. 26 – L'Oréal/PVBA; Urt. v. 9.11.1983 – 322/81, Slg. 1983, 3461 Rn. 30 – Michelin; Urt. v. 3.10.1985 – C-311/84, Slg. 1985, 3261 Rn. 16 – CBEM/CLT and IPB; Urt. v. 4.5.1988 – C-30/87, Slg. 1988, 2507 Rn. 26 – Corinne Bodson/SA Pompes; Urt. v. 5.10.1988 – C-247/86, Slg. 1988, 5987 Rn. 12 – Alsatel/SA Novasam; Urt. v. 15.12.1994 – C-250/92, Slg. 1994, I-5641 Rn. 47 – DLG; Urt. v. 5.10 1995 – C-96/94, Slg. 1995, I-2883 Rn. 31 – Centro Servizi Spediporto/Spedizioni Marittima del Golfo; EuG Urt. v. 1.10.1998 – C-38/97, Slg. 1998, I-5955 Rn. 27 – Auto Librandi Snc/Cuttica spedizioni; Urt. v. 10.7.1991 – T-70/89, Slg. 1991, II-538 Rn. 51 – BBC; Urt. v. 10.7.1991 – T-69/89, Slg. 1991, II-485 Rn. 63 – RTE; Urt. v. 6.4.1995 – T-76/89, Slg. 1991, I-575 Rn. 49 – ITP; v. 12.12.1991 – T-30/89, Slg. 1991, II-1439 – Hilti; Urt. v. 6.10.1994 – T-83/91, Slg. 1994, 755 Rn. 109 ff. – Tetra Pak II; zuletzt EuGH Urt. v. 2.4.2009 – C-202/07 P, Slg. 2009, I-2369 Rn. 103 – France Télécom/Kommission.

chung zur Begründung einer beherrschenden Stellung kumulativ auf beide Kriterien abstellen.[499] Für die Annahme einer beherrschenden Stellung ist es keine Voraussetzung, dass jedweder Wettbewerb auf dem Markt ausgeschlossen ist, oder dass das marktbeherrschende Unternehmen jegliche Möglichkeit zu Wettbewerb auf diesem Markt ausgeschlossen hätte.[500] Auch kommt der Feststellung einer marktbeherrschenden Stellung **kein Unwerturteil** zu, sie ist lediglich objektive Tatbestandsvoraussetzung von Art. 102 Satz 1 AEUV und als solche unabhängig von der Art ihrer Entstehung.[501] Es ist also belanglos, auf welche Weise das betroffene Unternehmen seine Marktposition erlangt hat, ob durch eigenes Verhalten oder auf Grund begünstigender Rechts- oder Verwaltungsvorschriften, nach denen kein oder nur geringer Wettbewerb möglich ist.[502] So sah die Kommission z. B. europäische Hersteller von Soda als marktbeherrschend an, die durch Antidumpingmaßnahmen der EU auf den Weltmärkten vor Wettbewerb geschützt waren.[503]

Geht es um einen Fall der essential-facilities-Doktrin,[504] lässt die Kommission eine Beherrschung auf dem Markt für die Einrichtung genügen, solange der Inhaber diese auch selber nutzt.[505] Der EuGH folgt dagegen keiner klaren Linie bei dieser Frage.[506]

bb) Beurteilungskriterien. Zum Nachweis einer marktbeherrschenden Stellung stellt **117** die Praxis der Unionsorgane sowohl auf die Markt- und Unternehmensstruktur als auch auf das Marktverhalten des betreffenden Unternehmens ab. Im Vordergrund stehen dabei die **Marktstruktur** und hierbei insbesondere die Marktanteile des betroffenen und der übrigen Unternehmen sowie die Marktzutrittsschranken. Ergänzend findet die Struktur des mutmaßlichen marktbeherrschenden Unternehmens Berücksichtigung, indem diejenigen unternehmensindividuellen Eigenschaften untersucht werden, die seine vermeintliche Marktstärke begründen. Demgegenüber spielt die Beurteilung des Marktverhaltens eine eher untergeordnete Rolle und dient häufig nur noch der zusätzlichen Begründung und Absicherung des auf Grund der Strukturfaktoren gewonnenen Ergebnisses. Das Vorliegen von Marktbeherrschung ergibt sich im Allgemeinen aus dem Zusammentreffen verschiedener Faktoren, die jeweils für sich genommen nicht ausschlaggebend sein müssen und die im Rahmen einer wirtschaftlichen Gesamtbetrachtung unterschiedlich zu gewichten und abschließend zu würdigen sind.[507] Selbst wenn einzelne Faktoren allein nicht für eine

---

[499] Vgl. nur EuGH Urt. v. 14.2.1978 – 27/76 Slg. 1978, 207 Rn. 63/66 – United Brands; EuG Urt. v. 10.7.1991 – T-70/89, Slg. 1991, II-535 Rn. 51 – BBC; Komm. E. v. 14.5.1997 – IV/34.621, 35.059/F-3, ABl. 1997 L 258/1 Rn. 100 –113 – Irish Sugar; EuG Urt. v. 25.6.2010 – T-66/01, Slg. 2010, II-2631 Rn. 254 – ICI/Kommission.

[500] EuGH Urt. v. 14.2.1978 – 27/76, Slg. 1978, 207 – United Brands; Komm. E. v. 1.4.1992 – IV/32.450 – Reederausschüsse in der Frankreich-Westafrika-Fahrt, ABl. 1992 L 134/1 Rn. 60.

[501] EuG Urt. v. 8.10.1996 – verb. Rs. T-24/93 bis T-26/93, T-28/93, Slg. 1996, II-1201 Rn. 81 – Compagnie maritime belge transports u. a./Kommission (CEWAL).

[502] EuGH Urt. v. 3.10.1985 – C-311/84, Slg. 1985, 3261 – CBEM/CLT und IPB; Komm. E. v. 1.4.1992 – IV/32.450, ABl. 1992 L 134/1 Rn. 64 – Reederausschüsse in der Frankreich-Westafrika-Fahrt.

[503] Komm. E. v. 19.12.1990 – IV/33.133-D, ABl. 1991 L 152/40 – Soda–ICI, bestätigt durch Komm. E. v. 13.12.2000 – COMP/33.133-D, ABl. 2003 L 10/33; Komm. v. 19.12.1990 – IV/33.133–C, ABl. 1991 L 152/21 ff. – Soda-Solvay, bestätigt durch Komm. E. v. 13.12.2000 – COMP/33.133 -C, ABl. 2003 L 10/10.

[504] Siehe zur essential-facilities-Doktrin auch Rn. 271 ff.

[505] XXII. Bericht über die Wettbewerbspolitik 1992, Rn. 219; Komm. E. v. 21.12.1993 – IV/34.689, ABl. 1994 L Nr. 15/8 Rn. 66 – Sea Container/Stena Link.

[506] Ausführlich *Lettl* WuW 2011, 579 (581); siehe dazu EuGH Urt. v. 6.3.1974 – verb. Rs. 6/73 und 7/73, Slg. 1974, 223 Rn. 21 f. – Commercial Solvents/Kommission; EuGH Urt. v. 6.4.1995 – verb. Rs. C-241 und 242/91 P, Slg. 1995, I-743 – RTE und ITP/Kommission; EuGH Urt. v. 26.11.1998 – C-7/97, Slg. 1998, I-7791 Rn. 34 – Bronner/Mediaprint; EuGH Urt. v. 29.4.2004 – C-418/01, Slg. 2004, I-5039 Rn. 21 – IMS Health/NDC Health.

[507] EuGH Urt. v. 14.2.1978 – 27/76, Slg. 1978, 207 Rn. 65 f. – United Brands; EuG Urt. v. 12.12.1991 – T-30/89, Slg. 1991, II-1493 Rn. 90 – Hilti.

Marktbeherrschung sprechen, so können sie in Verbindung mit anderen Faktoren durchaus eine marktbeherrschende Stellung begründen.[508] Die Prüfung dieser Kriterien findet dabei im Rahmen einer ex-post Betrachtung statt; einer Prognoseentscheidung der Kommission und der europäischen Gerichte, ob ein Unternehmen voraussichtlich eine marktbeherrschende Stellung einnehmen wird, bedarf es daher nicht.[509]

118 **(1) Marktstrukturanalyse.** Für die Beurteilung der Marktstellung des betroffenen Unternehmens haben die Marktstruktur insgesamt und dabei insbesondere die **Marktanteile der Unternehmen,** die als „Indikator für den Grad des Wettbewerbs" verstanden werden, in der Praxis das größte Gewicht.[510]

119 Anders als im deutschen Recht (§ 18 Abs. 4 und 6 GWB) enthalten die Wettbewerbsregeln des AEUV keine gesetzlichen Schwellenwerte, ab deren Erreichen das Vorliegen von Marktbeherrschung vermutet werden kann. Der Marktanteil ist im Bereich des Art. 102 AEUV nur ein **Indiz** für das Vorliegen einer beherrschenden Stellung. Seine Bedeutung kann im Einzelfall von Markt zu Markt (je nach Struktur und den Besonderheiten des betreffenden Marktes) variieren.[511] Selbst ein beträchtlicher Marktanteil ist somit als Beweismittel für das Vorliegen einer beherrschenden Stellung keine unveränderliche Größe; vielmehr richtet sich seine Bedeutung insbesondere nach der jeweiligen Produktions-, Angebots- und Nachfragestruktur.[512] Im Verhältnis zu anderen Indizien gilt allerdings der Grundsatz, dass andere Faktoren umso geringer zu gewichten sind, je höher der Marktanteil ist.[513]

120 Per definitionem marktbeherrschend ist das **Monopol,** das dadurch gekennzeichnet ist, dass es nur einen einzigen Anbieter auf dem relevanten Markt gibt. Gleichgestellt sind **Quasi-Monopole,** bei denen ein Unternehmen Marktanteile **von weit über 90 %** einnimmt.[514]

121 **Rechtliche Monopole,** wie sie z.B. in den Bereichen Arbeitsvermittlung,[515] Dienstleistungen in Häfen,[516] Flughäfen,[517] öffentlich-rechtliche Rundfunkanstalten,[518] Ta-

---

[508] Komm. E. v. 11.3.1998 – IV/34.073, 34.395 und 35.436, ABl. 1998 L 246/1 Rn. 257 – Van den Bergh Foods Limited.

[509] Vgl. die Erläuterungen zum Vorliegen einer marktbeherrschenden Stellung in EuGH Urt. v. 3.10.1985 – C-311/84, Slg. 1985, 3261, 3275 – CBEM/CLT und IPB; Urt. v. 3.7.1991 – C-62/86, Slg. 1991, I-3359, 3451 ff.; EuG Urt. v. 10.7.1991 – T-70/89, Slg. 1991, II-535, Rn. 51 – BBC; Komm. E. v. 26.2.1992 – IV/33.544, ABl. 1992 L 96/34 Rn. 21–23 – British Midland/Air Lingus; *Bechtold/Bosch/Brinker* Art. 102 Rn. 19.

[510] Bzgl. Marktstruktur vgl. *Mäger* Kartellrecht S. 287; bzgl. Marktanteilen vgl. *Jung* in Grabitz/Hilf/Nettesheim Art. 102 Rn. 88; *Fuchs/Möschel* in Immenga/Mestmäcker Art. 102 Rn. 86; *Eilmansberger/Bien* in MüKoEuWettbR Art. 102 AEUV Rn. 104.

[511] Komm. E. v. 14.12.1985 – IV/30 698, ABl. 1985 L 374/1, 18 – ECS/AKZO.

[512] EuGH Urt. v. 13.2.1979 – 85/76, Slg. 1979, 461 Rn. 40 – Hoffmann–La Roche.

[513] EuGH Urt. v. 3.7.1991 – C-62/86, Slg. 1991, 3359 Rn. 59 – AKZO; EuG Urt. v. 6.10.1974 – T-83/91, Slg. 1994, II-755, 811 – Tetra Pak II; *Eilmansberger/Bien* in MüKoEUWettbR Art. 102 AEUV Rn. 103.

[514] EuGH Urt. v. 21.3.1974 – 127/73 Slg. 1974, 313, 316 – BRT/SABAM, Fonior; Urt. v. 31.5.1979 – 22/78, Slg. 1979, 1869, 1879 – Hugin/Kommission; Urt. v. 13.2.1979 – 85/76, Slg. 1979, 461, 530 f. – Hoffmann-La Roche; sowie Komm. 21. Bericht über die Wettbewerbspolitik, Rn. 105.

[515] EuGH Urt. v. 23.4.1991 – C-41/90, Slg. 1991, I-1979, 2018 ff. – Höfner u. Elser; Urt. v. 11.12.1997 – C-55/96, Slg. 1997, I-7119 Rn. 17 u. 30 – Job Centre.

[516] Komm. E. v. 21.12.1993 – 94/119/EG, ABl. 1994 L 55/52, 54 – Rødby; E. v. 21.10.1997 – 97/745/EG, ABl. 1997 L 301/27 Rn. 8 – Hafen von Genua; EuGH Urt. v. 10.12.1991 – C-170/90, Slg. 1991, I-5889 Rn. 14 – Porto di Genova.

[517] Komm. E. v. 28.6.1995 – 95/364/EG, ABl. 1995 L 216/8 Rn. 11 – British Midland/Zaventem; E. v. 11.6.1998 – IV/35.613, ABl. 1998 L 230/10 Rn. 72 – Alpha Flight Services/Aéroports de Paris; E. v. 10.2.1999 – IV/35.703, ABl. 1999 L 69/31 Rn. 23 – Portugiesische Flughäfen.

[518] EuGH Urt. v. 3.10.1985 – C-311/84, Slg. 1985, 3261 Rn. 16 18 – CBEM/CLT und IPB; Urt. v. 18.6.1991 – C-260/89 Slg. 1991, I-2925 Rn. 30 ff. – ERT.

bak,[519] Telekommunikation,[520] urheberrechtliche Verwertungsgesellschaften[521] und Verkehr[522] bestanden oder immer noch bestehen, begründen ohne Weiteres eine marktbeherrschende Stellung, da sich die Nachfragenden insoweit in wirtschaftlicher Abhängigkeit vom Anbieter befinden.[523] Dies gilt auch dann, wenn die im Rahmen dieses Monopols erbrachten Leistungen mit einem Erzeugnis in Zusammenhang stehen, das selbst im Wettbewerb mit anderen Erzeugnissen steht.[524] Auch wenn Private exklusiv mit hoheitlichen Aufgaben beliehen werden, kann dies zu einem rechtlichen Monopol des Beliehenen führen.[525] Nach der Liberalisierung des Marktes (etwa in den Bereichen Telekommunikation, Post oder Energie) kann das Verbleiben des bisherigen Monopolisten auf seiner bisherigen Marktposition trotz der Marktöffnung ein Indiz für eine Marktbeherrschung darstellen.[526]

Die Ausübung von **Immaterialgüterrechten** und **gewerblichen Schutzrechten** begründet nicht ohne Weiteres eine marktbeherrschende Stellung in Form eines rechtlichen Monopols, da letztere nicht zwangsläufig den Wettbewerb verhindern, sondern dem Inhaber lediglich ein ausschließliches Nutzungsrecht verschaffen. Etwas anderes kann allerdings dann gelten, wenn das Substrat des Schutzrechts selbst den relevanten Produktmarkt bildet oder für die Herstellung eines anderen Produktes unabdingbar ist, da in diesem Fall der Rechtsinhaber den Wettbewerb auf dem Markt für jedes andere Produkt verhindern kann.[527] Sind die auf einem nachgelagerten Markt angebotenen Produkte nach den Vorgaben der patentgeschützten Technologien standardisiert, kann die Inhaberschaft über das Patent eine marktbeherrschende Stellung im nachgelagerten Markt begründen.[528] Ferner kann laut dem EuGH das Innehaben eines Immaterialgüterrechts ein wichtiges Kriterium für die Feststellung von Marktmacht darstellen.[529] 122

Neben rechtlichen Monopolen können auch **faktische Monopole** eine marktbeherrschende Stellung begründen.[530] Bei letzteren basiert die marktbeherrschende Stellung nicht auf einer rechtlichen Absicherung, sondern auf anderen Einflüssen, die dem Marktteilnehmer gegenüber anderen Unternehmen einen Vorteil einräumen. In Betracht kommen insoweit eine Vielzahl von Faktoren, wie z. B. technische Umstände, das Verhalten der Marktge- 123

---

519 Komm. E. v. 17.6.1998 – IV/36.010–F3, ABl. 1998 L 252/47 Rn. 31 – Italienische Tabakmonopolverwaltung (AAMS); EuGH Urt. v. 14.12.1995 – C-387/93, Slg. 1995, I-4663 Rn. 45 u. 56 – Banchero.

520 Komm. E. v. 10.12.1982 – IV/29.877, ABl. 1982 L 360/36 Rn. 26 – British Telecommunications; v. 4.10.1995 – 95/489/EG, ABl. 1995 L 280/49, 53 – GSM Italien; v. 18.12.1996 97/181/EG, ABl. 1997 L 76/19 Rn. 18 – GSM Spanien; EuGH Urt. v. 13.12.1991 – C-18/88, Slg. 1991, I-5941 Rn. 17 – GB-INNO-BM.

521 Komm. E. v. 2.6.1971 – 71/224/EWG, ABl. 1971 L 134/15 – GEMA I.

522 Komm. E. v. 29.3.1994 – IV/33.941, ABl. 1994 L 104/34, 44 ff. – HOV-SVZ/MCN; EuG Urt. v. 21.10.1997 – T-229/94, Slg. 1997, II-1689 Rn. 57 – Deutsche Bahn.

523 *Eilmansberger/Bien* in MüKoEuWettbR Art. 102 AEUV Rn. 102.

524 EuG Urt. v. 21.10.1997 – T-229/94, Slg. 1997, II-1689 Rn. 57 – Deutsche Bahn; EuGH Urt. v. 13.11.1975 – 26/75, Slg. 1975, 1367 – General Motors; Urt. v. 11.11.1986 – C-226/84, Slg. 1986, 3263 Rn. 5 – British Leyland.

525 Z. B. EuGH Urt. v. 13.11.1975 – 26/75, Slg. 1975, 1367 Rn. 7/9 – General Motors; Urt. v. 11.11.1986 – C-226/84, Slg. 1986, 3263 Rn. 9 – British Leyland.

526 Komm. E. v. 17.6.1998 – IV/36.010-F3, ABl. 1998 L 252/47 Rn. 31 – Italienische Tabakmonopolverwaltung (AAMS).

527 EuGH Urt. v. 8.6.1971 – 78/70, Slg. 1971, 487 Rn. 16 – Deutsche Grammophon/Metro; v. 18.2.1971 – 40/70, Slg. 1971, 69 Rn. 16 – Sirena; Urt. v. 15.6.1976 – 51/75, Slg. 1976, 811 Rn. 18/19 – 22/24 und Leits. 5 – EMI Records/CBS Schallplatten; Urt. v. 5.10.1988 – C-53/87, Slg. 1988, 6039 Rn. 15 – CICRA u. a./Renault; Urt. v. 6.4.1995 – verb. Rs. C-241/91 u. 242/91 P Slg. 1995, I-743 Rn. 24 ff. – RTE und ITP/Kommission.

528 Zuletzt Komm. E. v. 9.12.2009 – COMP/38.636, ABl. 2010 C 30/17 (Zusammenfassung) Rn. 18 ff. – Rambus.

529 EuGH Urt. v. 1.7.2010 – T-321/05, Slg. 2007, I-5795 – AstraZeneca; *Müller–Graff/Fischmann* GRUR Int 2010, 792 (795).

530 EuGH Urt. v. 26.11.1998 – C-7/97, Slg. 1998, I-7791 Rn. 35 – Bronner/Mediaprint.

genseite, der Zugang zu wichtigen Informationen oder der technologische Vorsprung. Beispiele sind faktische Monopole für nicht substituierbare Ersatzteile hinsichtlich der eigenen Produkte eines Unternehmens,[531] für Produkte, die von Architekten ausdrücklich in Bau- und Leistungsbeschreibungen gefordert werden,[532] Monopole der Fernsehgesellschaften für die Zusammenstellung und Veröffentlichung ihrer Wochenprogramme,[533] das Monopol des Comité français d'Organisation de la Coupe du Monde de Football 1998 für den Verkauf von Eintrittskarten zur Fußball-Weltmeisterschaft 1998,[534] das faktische Monopol der Amministrazione Autonoma dei Monopoli di Stato im Bereich des italienischen Zigarettengroßhandels,[535] das Quasi-Monopol von Tetra Pak im Bereich aseptischer Verpackungstechnik[536] sowie das Monopol von Commercial Solvents für Nitropropan und Aminobutanol.[537]

124 **Besonders hohe Marktanteile (um 90 %)** erbringen nach der Rechtsprechung des EuG – wenn nicht außergewöhnliche Umstände vorliegen – allein auf Grund ihrer absoluten Bedeutung ohne weiteres den Beweis für das Vorliegen einer beherrschenden Stellung.[538] Denn ein Marktanteil von ca. 90 % verschafft einem Unternehmen eine Stellung auf dem Markt, die es zu einem unvermeidbaren Geschäftspartner werden lässt und ihm die für eine beherrschende Stellung charakteristische Fähigkeit zu unabhängigem Verhalten verschafft.[539] Eine marktbeherrschende Stellung erfordert nicht den Ausschluss jeglicher Wettbewerbsmöglichkeiten.[540] Auch bei Marktanteilen von **70 % bis 80 %** ist die Rechtsprechung davon ausgegangen, dass ein solcher Marktanteil für sich genommen bereits ein klares Indiz für eine beherrschende Stellung auf dem relevanten Markt darstellt,[541] auch wenn noch weitere Kriterien Berücksichtigung finden müssen.[542] Die Kommission geht in ihrem Diskussionspapier zur Revision des Art. 82 EG (jetzt Art. 102 AEUV) noch weiter. Demnach sollen sehr hohe Marktanteile, die über einen längeren Zeitraum gehalten werden, Indiz für das Vorliegen von Marktbeherrschung sein. Als sehr hoch wird dabei schon ein Marktanteil von 50 % angesehen, wenn die Wettbewerber deutlich niedrigere Marktanteile haben. Bei einem Marktanteil von bis zu 25 % hält die Kommission in ihrem Diskussionspapier eine marktbeherrschende Stellung für unwahrscheinlich.[543] Nach der Entscheidungspraxis der Kommission kann aber selbst **unterhalb** der **50 %-Schwelle** Marktbeherrschung vorliegen, wenn weitere Umstände hinzukommen, die in der Marktstruktur und/oder der Unternehmensstruktur begründet sind. Ein Anteil **zwischen 40 % und 50 %** lässt zwar nicht unbedingt auf Marktbeherrschung schließen, zusätzliche Faktoren können aber auch bei derartigen Anteilen die Annahme einer Marktbeherrschung rechtfertigen.[544] So sah die Kommission z. B. *London European SABENA*[545] bei einem Marktanteil

---

[531] Komm. E. v. 8.12.1977 – IV/29.132, ABl. 1978 L 22/23, 31 – Hugin/Liptons.

[532] Komm. E. v. 5.12.1988 – IV/31.900, ABl. 1989 L 10/50 – BPB Industries.

[533] Komm. E. v. 21.12.1988 – IV/31.851, ABl. 1989 L 78/43 – Magill TV Guide/ITP, BBC und RTE; bestätigt durch EuG Urt. v. 10.7.1991 – T-69/89, Slg. 1991, II-485 – RTE; Urt. v. 10.7.1991 – T-70/89, Slg. 1991, II-535 – BBC; Urt. v. 6.4.1991 – T-76/89, Slg. 1991, II-575 – ITP; EuGH Urt. v. 6.4.1995 – verb. Rs. C-241 und 242/91 P, Slg. 1995, I-743 Rn. 47 – RTE und ITP/Kommission.

[534] Komm. E. v. 20.7.1999 – IV/36.888, ABl. 2000 L 5/55 – Fußball-Weltmeisterschaft 1998.

[535] EuG Urt. v. 22.11.2001 – T-139/98, Slg. 2001, II-3413 Rn. 51 – AAMS/Kommission.

[536] Komm. E. v. 24.7.1991 – IV/31.043, ABl. 1992 L 72/1 Rn. 1, 18 – Tetra Pak II.

[537] Komm. E. v. 14.12.1972 – IV/26.911, ABl. 1972 L 299/51, 54 – Zoja/CSC-ICI.

[538] EuG Urt. v. 6.10.1994 – T-83/91, Slg. 1994, II-755 Rn. 119 – Tetra Pak II.

[539] EuG Urt. v. 6.10.1994 – T-83/91, Slg. 1994, II-755 Rn. 121 – Tetra Pak II.

[540] EuG Urt. v. 14.12.2005 – T-210/01, Slg. 2005, II-5575 – General Electric; *Kerse/Khan* Anitrust Procedure Rn. 1–044.

[541] Komm. E. v. 11.3.1998 – IV/34.073, 34.395 und 35.436, ABl. 1998 L 246/1 Rn. 258 – Van den Bergh Foods Limited.

[542] Komm. E. v. 13.5.2009 – COMP 37.990, Rn. 852 – Intel.

[543] DG Competition Discussion Paper on the Application of Article 82 of the Treaty to Exclusionary Abuses, Rn. 31, http://ec.europa.eu/competition/antitrust/art82/discpaper2005.pdf.

[544] Vgl. *Bechtold/Bosch/Brinker* Art. 102 Rn. 23.

[545] Komm. E. v. 4.11.1988 – IV/32.318, ABl. 1988 L 317/47, 52 – London European-SABENA.

von ca. 40% bis 50% auf dem Markt für automatisierte Flugreservierungssysteme als marktbeherrschend an, weil die große Mehrzahl der belgischen Reisebüros und fast alle in Belgien operierenden Fluggesellschaften an das System der London European Sabena angeschlossen waren, während an konkurrierenden Systemen nur wenige Reisebüros teilnahmen. Die Aufnahme in das System der London European Sabena war daher für Unternehmen, die den Wettbewerb in Belgien aufnehmen wollten, von entscheidender Bedeutung. Ein weiteres Beispiel stellt die Kommissionsentscheidung in der Sache *Chiquita*[546] dar. *Chiquita* wurde mit einem Anteil von 40% auf dem Markt für Bananen als marktbeherrschend angesehen, da das Unternehmen zudem vertikal integriert war, Bananenpflanzungen kontrollierte, auf eine große Kühlschiffflotte zurückgreifen konnte, über Kenntnisse neuer weniger anfälliger Bananensorten, eine erhebliche Finanzkraft und multinationale Verbindungen verfügte.

Als **Grundsatz** kann gelten, dass bei Marktanteilen von **bis zu 40% keine Marktbeherrschung** vorliegt.[547] Auch in der Prioritätenmitteilung sieht die Kommission eine Marktbeherrschung bereits bei einem Marktanteil von unter 40% als unwahrscheinlich an.[548] 125

Allerdings können sich auch unterhalb dieser Schwelle im Zusammenwirken mit zusätzlichen Faktoren aus den Bereichen Marktstruktur und/oder Unternehmensstruktur Situationen ergeben, in denen die Kartellbehörden gleichwohl eine Marktbeherrschung annehmen. So hat die Kommission in der Entscheidung *Virgin/British Airways* erstmals ein Unternehmen *(British Airways)* bei einem Marktanteil von **knapp unter 40%** als marktbeherrschend angesehen, weil der nächststärkere Konkurrent *(Virgin)* über mehrere Jahre bei einem Marktanteil von nur 5,5% stagnierte, *British Airways* eine große Anzahl an Start- und Landerechten besaß und zudem wichtigster Vertragspartner für Reisebüros war.[549] Fast immer **unproblematisch sind** dagegen **Anteile unterhalb** einer Schwelle **von 25%.** Das Vorliegen von **Einzelmarktbeherrschung ist** bei derartig niedrigen Marktanteilen **äußerst unwahrscheinlich.** Sicher auszuschließen ist eine Marktbeherrschung bei Marktanteilen zwischen **5% und 10%.** wenn nicht außergewöhnliche Umstände vorliegen.[550] Dies gilt erst recht, wenn feststeht, dass zwischen den verschiedenen Herstellern lebhafter Wettbewerb herrscht. Auch der Umstand, dass das betroffene Unternehmen Produkte herstellt, welche ein Händler in seinem Sortiment führen muss, gestattet dem Hersteller nicht in erheblichem Umfang unabhängig von seinen Wettbewerbern zu handeln.[551] 126

Der bloße **Erhalt von konstanten Marktanteilen** gegenüber Wettbewerbern über einen längeren Zeitraum hinweg stellt für sich genommen kein zwingendes Indiz für eine marktbeherrschende Stellung dar, da dies ebenso eine Folge wirksamen Wettbewerbsverhaltens des betroffenen Unternehmens sein kann.[552] Hohe Marktanteile sprechen aber nicht notwendigerweise für eine Marktbeherrschung. Haben – etwa in Technologiemärkten – alle Anbieter in einer **Vergabesituation** gleiche Chancen, den Auftrag zu bekommen, so kann der bisherige Erfolg eines Unternehmens nicht zu einer Marktbeherrschung führen, da die – bisher weniger erfolgreichen – Wettbewerber bei der Vergabeentscheidung genauso gut zum Zuge kommen können. Ein marktunabhängiges Verhalten ist daher nicht möglich. 127

Zur **Berechnung** des Marktanteils sind die Umsätze des betreffenden Unternehmens mit dem Gesamtmarkt für das relevante Produkt ins Verhältnis zu setzen. Dabei ist für die Bestimmung der Umsätze des betreffenden Unternehmens als auch des Gesamtmarktes 128

---

[546] Komm. E. v. 17.12.1975 – IV/26.699, ABl. 1976 L 95/1 – Chiquita.

[547] Vgl. etwa EuGH Urt. v. 15.12.1994 – C-250/92, Slg. 1994, I-5641, 5690 Rn. 48 – DLG; Komm. E. v. 10.7.1985 – IV/29.420, ABl. 1985 L 233/1, 7 – Grundig EG-Vertriebsbindung.

[548] Prioritätenmitteilung der Kommission, ABl. 2009 C 45/2 Rn. 14.

[549] Komm. E. v. 14.7.1999 – IV/D-2/34.780, ABl. 2000 L 30/1, 18f. – Virgin/British Airways

[550] EuGH Urt. v. 25.10.1977 – 26/76, Slg. 1977, 1875, 1903f. – Metro SB-Großmärkte.

[551] EuGH Urt. v. 25.10.1977 – 26/76, Slg. 1977, 1875, 1903 Rn. 17 – Metro SB-Großmärkte.

[552] EuGH Urt. v. 13.2.1979 – 85/76, Slg. 1979, 461, 522 Rn. 44 – Hoffmann-La Roche.

– wie im Bereich der Fusionskontrolle[553] – nur auf den jeweiligen **Außenumsatz** abzustellen. Umsätze mit konzernzugehörigen Unternehmen oder der Eigenverbrauch (sog. „captive use") sind nicht zu berücksichtigen. Außerhalb des räumlich relevanten Marktes exportierte Mengen sind vom relevanten Gesamtmarkt abzuziehen, Importe sind zu addieren. Im Allgemeinen liefern sowohl Angaben über den **Mengenabsatz** (Stückzahl, Gewicht, etc.) als auch über den **Umsatzwert** nützliche Aufschlüsse, jedoch geht die Kommission bei differenzierten Produkten davon aus, dass der Wert der Verkäufe und der entsprechende Marktanteil die relative Position und Stärke der Marktteilnehmer zutreffender widerspiegeln.[554] Marktanteile von Konzernunternehmen sind zu addieren, da die in einem Konzern zusammengefassten Unternehmen eine wirtschaftliche Einheit bilden.[555]

129 Die Marktposition eines Unternehmens ist immer **in Bezug auf den relevanten Produktmarkt** zu untersuchen. Von diesem Grundsatz gibt es allerdings Ausnahmen: Nach der Rechtsprechung kann eine marktbeherrschende Stellung auf einem Markt die Stellung des Unternehmens zu einer ebenfalls beherrschenden Stellung auf einem benachbarten Markt verstärken, selbst wenn auf dem benachbarten Markt der Marktanteil geringer ist. Denn für Kunden, welche die Produkte aus beiden Märkten abnehmen, ist das Unternehmen auf Grund der Verbindung zwischen den Märkten nicht nur unumgänglicher Lieferant des einen Produkts, sondern auch bevorzugter Lieferant des benachbarten Produkts. Aufgrund der Marktbeherrschung ist es dem Unternehmen zudem möglich, seine Wettbewerbsbemühungen auf die benachbarten Märkte zu konzentrieren.[556] Ebenfalls zu berücksichtigen ist die **Dauer der Marktstellung** des betroffenen Unternehmens. Ein Unternehmen, das während längerer Zeit einen besonders hohen Marktanteil innehat, kann sich allein durch den Umfang seiner Produktion und seines Angebots in einer Position der Stärke befinden, die es zu einem nicht zu übergehenden Geschäftspartner macht und ihm bereits deswegen – zumindest während relativ langer Zeit – die Unabhängigkeit seines Verhaltens sichert, die für eine beherrschende Stellung kennzeichnend ist. Selbst wenn sich die Nachfrage vom Marktführer abwenden wollte, so wären die Inhaber von erheblich geringeren Marktanteilen nicht in der Lage, kurzfristig diese Nachfrage zu befriedigen.[557]

130 In geographischer Hinsicht ist für die Beurteilung des Vorliegens einer marktbeherrschenden Stellung eine strikte **Beschränkung auf den relevanten räumlichen Markt** vorzunehmen. Auch wenn in anderen räumlichen Märkten viel größere Produzenten existieren, ist dies für die Marktposition des betreffenden Unternehmens auf dem relevanten geographischen Markt ohne Belang.[558]

131 In die Marktstrukturanalyse sind nicht nur die Marktanteile des betroffenen Unternehmens mit einzubeziehen, sondern auch die **relative Stärke** dieses Unternehmens im Verhältnis zu der Marktposition der **Wettbewerber** kann für die Frage des Vorliegens einer marktbeherrschenden Stellung von Bedeutung sein. In der Regel müssen daher nicht nur Feststellungen zu den Marktanteilen des mutmaßlichen Marktbeherrschers getroffen, sondern auch die Marktposition der wichtigsten Wettbewerber in die Analyse des Marktes mit einbezogen werden.[559] Sind die Marktanteile der Konkurrenten stark zersplittert oder kön-

---

[553] Vgl. Rn. 22f. der Mitteilung der Kommission über die Berechnung des Umsatzes im Sinne der FKVO, ABl. 1998 C 66/25.

[554] Vgl. Rn. 55 der Bekanntmachung der Kommission über die Definition des relevanten Marktes im Sinne des Wettbewerbsrechts der Gemeinschaft, ABl. 1997 C 372/5.

[555] EuGH Urt. v. 16.12.1975 – verb. Rs 40 bis 48, 50, 54 bis 56, 111, 113 und 114/73, Slg. 1975, 1673, 1996 – Suiker Unie.

[556] EuG Urt. v. 6.10.1994 – T-83/91, Slg. 1994, II-755, 815ff. – Tetra Pak II.

[557] EuGH Urt. v. 13.2.1979 – 85/76, Slg. 1979, 461, 521 Rn. 41 – Hoffmann-La Roche.

[558] Komm. E. v. 14.5.1997 – IV/34.621, 35.059/F-3, ABl. 1997 L 258/1 Rn. 103 – Irish Sugar.

[559] Komm. E. v. 9.6.1976 – IV/29.020, ABl. 1976 L 223/27, 35 – Vitamine; E. v. 29.7.1983 – IV/30.698, ABl. 1983 L 252/13, 18 – ECS/AKZO: Einstweilige Anordnungen; E. v. 5.12.1988 – IV/31.900, ABl. 1989 L 10/50 – BPB Industries.

nen diese trotz Bemühungen ihren Marktanteil nicht erhöhen, so kann dies ein Hinweis für eine beherrschende Stellung sein.[560] Die Preisgestaltung der Unternehmen ist außerdem in die Erwägungen miteinzubeziehen.[561]

Besondere Bedeutung kommt der Identifizierung von **Marktzutrittsschranken** und der damit zusammenhängenden Berücksichtigung von **potentiellen Wettbewerbern** zu. Je leichter ein derzeit noch nicht auf dem Markt tätiges Unternehmen in diesen Markt eindringen kann, desto eher kann eine derzeit starke Position eines Unternehmens durch den neu hinzutretenden Wettbewerber geschwächt werden.[562] Als Hindernisse, die einen Markteintritt potentieller Wettbewerber erschweren oder sogar verhindern können, sind insbesondere hohe Anfangsinvestitionen etwa für den Aufbau eines Vertriebsnetzes oder für die Werbung,[563] administrative Hindernisse beim Markteintritt,[564] notwendige Entwicklung komplexer Produkte und Zugang zu Technologien in Gestalt verlorener Kosten („sunk costs")[565] oder lange Amortisationszeiträume für das investierte Kapital zu nennen.[566] Aber auch eventuell bestehende Abnehmerpräferenzen für Produkte bestimmter Hersteller, die zu einer Abhängigkeit des Einzelhandels von diesen Herstellern führen, können eine marktbeherrschende Stellung mitbegründen.[567] Vor allem auch im Zusammenhang mit Computerbetriebssystemen auftretende Netzwerkeffekte können Marktzutrittsschranken darstellen.[568] 132

Die Feststellung des **Entwicklungsstandes des relevanten Marktes** erlaubt im Rahmen der Marktstrukturanalyse wichtige Rückschlüsse für die Bewertung von Marktanteilen und Marktanteilsentwicklungen. In der Ökonomie wird der Entwicklungsstand eines Marktes in verschiedene Phasen unterteilt: die Experimentier-, Expansions-, Ausreifungs- und Stagnationsphase. Auf jungen **Wachstumsmärkten** mit rascher technologischer Entwicklung eröffnen hohe Marktanteile einem innovativen Unternehmen für sich noch keinen unkontrollierten Verhaltensspielraum, da dessen Marktstellung beständiger Erosion durch Nachahmer und Newcomer ausgesetzt ist, für die ein Markteintritt in dieser Phase Erfolg versprechend ist.[569] Die Dynamik des Wettbewerbs und der ständige Zutritt neuer Wettbewerber lassen die Aussagekraft von hohen Marktanteilen alleine an Bedeutung ver- 133

---

[560] Komm. E. v. 14.12.1985 – IV/30.698, ABl. 1985 L 374/1, 18 – ECS/AKZO.

[561] EuG Urt. v. 1.7.2010 – T-321/05, Slg. 2007, I-5795 Rn. 260 – 264 – AstraZeneca.

[562] EuGH Urt. v. 13.2.1979 – 85/76, Slg. 1979, 461, 524 – Hoffmann-La Roche; Komm. E. v. 4.1.1998 – IV/34.801, ABl. 1998 L 72/30 Rn. 69 – FAG-Flughafen Frankfurt/Main AG; *Bechtold/Bosch/Brinker* Art. 102 Rn. 25.

[563] Komm. E. v. 17.12.1975 – IV/26.699, ABl. 1976 L 95/1, 13f. – Chiquita. Insoweit bestätigt durch EuGH Urt. v. 14.2.1978 – 27/76, Slg. 1978, 207, 291 – United Brands.

[564] Komm. E. v. 21.12.1988 – IV/30.979 und 31.394, ABl. 1989 L 43/27, 41 Rn. 92 – Decca Navigator System; E. v. 19.12.1990 – IV/33.133-C, ABl. 1991 L 152/21 – Soda-Solvay, bestätigt durch Komm. E. v. 13.12.2000 – COMP/33.133-C, ABl. 2003 L 10/10.

[565] Komm. E. v. 13.5.2009 – COMP/37.990, Rn. 854ff. – Intel.

[566] Komm. E. v. 9.6.1976 – IV/29.020, ABl. 1976 L 223/27 – Vitamine; E. v. 14.12.1985 – IV/30.698, ABl. 1985 L 374/1 Rn. 67 und 70 – ECS/AKZO; E. v. 26.7.1988 – IV/31.043, ABl. 1988 L 272/27 – Tetra Pak I (insbesondere im Bereich aseptischer Verpackung); E. v. 5.12.1988 – IV/31.900, ABl. 1989 L 10/50 – BPB Industries; E. v. 10.11.1992 – IV/33.440 und IV/33.486, ABl. 1993 L 116/21 Rn. 9 – Warner-Lambert/Gillette u. a. und BIC/Gillette u. a.

[567] Komm. E. v. 29.7.1987 – IV/32.279, ABl. 1987 L 286/36, 40 – BBI/Boosey & Hawkes; E. v. 11.3.1998 – IV/34.073, 34.395 und 35.436, ABl. 1998 L 246/1 Rn. 260 – Van den Bergh Foods Limited; zur Frage, ob irrationales Verhalten von Abnehmern oder Kunden ebenfalls zu berücksichtigen ist, vgl. *Nazzini* J. E. C.L & P. 2015, 301 (305ff.) am Beispiel von Google.

[568] Komm E. v. 16.12.2009 – COMP/C-3/39.530, Rn. 25ff. – Microsoft (Kopplung) (Entscheidung nach Art. 9 VO (EG) Nr. 1/2003); Prioritätenmitteilung der Kommission, ABl. 2009, C 45/7 Rn. 17; *Fuchs/Möschel* in Immenga/Mestmäcker Art. 102 Rn. 98.

[569] Vgl. zur Marktbeherrschung i. R. d. FKVO Komm. E. v. 22.2.1991, Merger Control Reporter Nr. B 14 Rn. 20 – Digital/Kienzle; E. v. 1.10.1993, Merger Control Reporter Nr. B 168 Rn. 33 – American Cynamid/Shell; *Graef* CML Rev. 2014, 1263 (1273).

lieren.[570] Insbesondere bei im Entstehen begriffenen Zukunftsmärkten wie modernen Kommunikationsmitteln[571] oder elektronischen Handelsplätzen[572] lassen sich Marktanteile und Marktführerschaft der Unternehmen häufig noch gar nicht ermitteln. Daher sollte die Marktdefinition und die Berücksichtigung der Marktanteile bei diesen Märkten eine Anpassung erfahren.[573] Allerdings hat die Kommission im Bereich der Fusionskontrolle wiederholt auch auf Wachstumsmärkten Marktbeherrschung angenommen, wenn eine dauerhafte Abschottung des Marktes zu befürchten war.[574] Bei der Missbrauchsaufsicht können derartige Abschottungstendenzen bei der Marktverhaltensanalyse zu berücksichtigen sein, wobei jedoch stets die zeitliche Kongruenz von Marktbeherrschung und missbräuchlichem Verhalten zu beachten ist. Bei technisch ausgereiften, im Umsatzvolumen **stagnierenden** bzw. **rückläufigen Märkten** sind Wettbewerbsimpulse durch Innovation und Marktzutritte häufig nicht zu erwarten.[575] Hohe Marktanteilsabstände und Wettbewerbsvorteile einzelner Unternehmen können hier vorstoßenden Wettbewerb erschweren, auf die Verdrängung ressourcenschwacher Unternehmen hinwirken und einen nicht hinreichend kontrollierten Verhaltensspielraum nahelegen.

134 **(2) Unternehmensstrukturanalyse.** Neben der Analyse der Marktstruktur bedarf es auch einer Betrachtung der **Struktur des betreffenden Unternehmens,** da eine statisch auf die Betrachtung der Marktanteile gerichtete Analyse die Potentiale der Unternehmen in der Dynamik des Wettbewerbsgeschehens nicht hinreichend wiedergeben kann. In der praktischen Anwendung werden deshalb Marktstruktur- und Unternehmensstrukturtest regelmäßig miteinander kombiniert,[576] wobei letzterer die ausschlaggebenden Beurteilungskriterien liefert, wenn eine reine Betrachtung der Marktanteile keinen eindeutigen Schluss auf eine etwaige Marktbeherrschung zulässt. Bei der Unternehmensstrukturanalyse geht es darum, festzustellen, ob das möglicherweise marktbeherrschende Unternehmen über spezifische Eigenschaften und Fähigkeiten verfügt, die ihm die Fähigkeit zu einem wettbewerbsunabhängigen Verhalten bzw. zur Verhinderung des Restwettbewerbs verschaffen und die seine Überlegenheit gegenüber seinen Wettbewerbern begründen. Dabei ist das vermeintlich marktbeherrschende Unternehmen nicht isoliert zu betrachten, sondern ein Vergleich zu seinen Wettbewerbern anzustellen.

135 Im Mittelpunkt der Unternehmensstrukturanalyse steht die Untersuchung der **Ressourcen,** Mittel und Methoden, die das betreffende Unternehmen für den Einkauf, die Produktion und den Vertrieb seiner Leistungen einsetzen kann.[577] In der Entscheidungspraxis der europäischen Gerichte und der Kommission werden bei der Beurteilung der Unternehmensstruktur folgende Faktoren herangezogen:

136 Der **technologische Vorsprung** gegenüber Konkurrenten, der aus besonderen Erfahrungen, Kenntnissen und Fertigkeiten bei der Herstellung von Erzeugnissen oder der Erbringung von Dienstleistungen resultiert, kann Marktbeherrschung begründen oder verstärken. Er kommt häufig im Umfang der Forschungs- und Entwicklungstätigkeiten sowie

---

[570] Vgl. *Körber* NZKart 2014, 378 (380 ff.) am Beispiel der Märkte für mobile Betriebssysteme, mobile Apps und mobile Dienste.

[571] Siehe dazu u. a. *Graef* CML Rev. 2014, 1263 (1273).

[572] Zu den Problemen elektronischer Handelsplätze (Internetplattformen) i. R. d. Art. 102 AEUV vgl. Komm. 30. Wettbewerbsbericht, Kasten 4, S. 64–66 lit. a und d.

[573] Vgl. *Faull/Nikpay* Competition Rn. 4.250 f.

[574] Komm. E. v. 14.11.1995 – IV/M. 603, ABl. 1996 L 75/38 Rn. 79 – Crown, Cork & Seal/Carnaud Metalbox (Feinblechdosen); E. v. 14.5.1997 – IV/M.856, ABl. 1997 L 336/1 Rn. 72 – BT/MCI II (transatlantischer Telefonverkehr); E. v. 30.7.1997 – IV/M.877, ABl. 1997 L 336/16 Rn. 48 ff. – Boeing/McDonnell-Douglas (zivile Großraumflugzeuge).

[575] Komm. E. v. 26.7.1988 – IV/31.043, ABl. 1988 L 272/27 Rn. 44 – Tetra Pack I; vgl. auch E. v. 22.12.1987 – IV/30.787 und 31.488, ABl. 1988 L 65/19 Rn. 69 – Eurofix-Bauco/Hilti.

[576] Vgl. *Schröter/Bartl* in Schröter/Jakob/Klotz/MedererArt. 102 Rn. 108; *Mäger* Kartellrecht S. 288.

[577] EuGH Urt. v. 14.2.1978 – 27/76, Slg. 1978, 207 Rn. 69/71 – United Brands.

in den hierfür bereitgestellten Kapazitäten zum Ausdruck. Im Einzelfall kann ein technologischer Vorsprung bereits per se eine beherrschende Stellung begründen.[578] Vorteile genießt meist insbesondere ein Unternehmen, welchem es als erstes gelingt, sich nachhaltig am Markt zu etablieren *(first mover advantage)*.[579] Technologische Überlegenheit ist immer dann bedeutsam, wenn die Kaufentscheidung der Marktgegenseite durch den Neuheitsgrad und die technische Qualität der Erzeugnisse beeinflusst wird.[580]

Die **kommerzielle Überlegenheit** hat einen unmittelbaren Einfluss auf den Erfolg eines Unternehmens auf dem Markt und erleichtert die Begründung oder Erhaltung einer beherrschenden Stellung insbesondere dann, wenn für Absatzsteigerungen besondere Verkaufsanstrengungen notwendig sind. Ein kommerzieller Vorsprung kann sich etwa ergeben aus einem gut ausgebauten Vertriebsnetz, einer straffen Organisation der Absatzwege[581] sowie einer gut eingeführten und intensiv beworbenen Marke.[582] Die **Wirtschafts- und Finanzkraft** eines Unternehmens bemisst sich im Wesentlichen nach cash-flow, Umsatzrendite, Eigenmitteln und dem Zugang zum Kapitalmarkt und hat nach der Rechtsprechung entscheidenden Einfluss auf die Fähigkeit des Unternehmens, Spielräume für ein unabhängiges Marktverhalten zu erlangen.[583] Die **absolute Größe** eines Unternehmens ist für sich genommen kein taugliches Kriterium zum Nachweis für Marktbeherrschung. Denn selbst wenn das betreffende Unternehmen der größte Hersteller des fraglichen Produkts ist, sagt diese Feststellung wenig über die Intensität des Wettbewerbs auf dem relevanten Markt aus.[584] Zu berücksichtigen sind jedoch **Verflechtungen** mit anderen Unternehmen, insbesondere die Zugehörigkeit zu einem weltweit tätigen Konzern und der daraus resultierende Zugang zu den Ressourcen der Unternehmensgruppe[585] und zu deren Absatzmärkten.[586] 137

Die **Breite des Produktsortiments** im Verhältnis zu dem der Wettbewerber[587] und die Abhängigkeit der Vertriebsstufe vom Führen einer bestimmten **berühmten Marke** kön- 138

---

[578] EuGH Urt. v. 6.3.1974 – verb. Rs. 6/73 und 7/73, Slg. 1974, 223, 248 ff. – Commercial Solvents/Kommission; v. 14.2.1978 – 27/76, Slg. 1978, 207 Rn. 82/84 – United Brands; E. v. 9.11.1983 – 322/81, Slg. 1983, 3461, 3510 f. – Michelin; Komm. E. v. 26.7.1988 – IV/31.043, ABl. 1988 L 272/27 Rn. 44, 9–21 – Tetra Pack I.

[579] Dazu Komm E. v. 15.6.2005, – COMP/A.37.507/F3, Rn. 541–543 – AstraZeneca, bestätigt durch EuG Urt. v. 1.7.2010 – T-321/05, Slg. 2007, I-5795 Rn. 276–283 – AstraZeneca; *Fuchs/Möschel* in Immenga/Mestmäcker Art. 102 Rn. 103.

[580] *Schröter/Bartl* in Schröter/Jakob/Klotz/Mederer Art. 102 Rn. 109.

[581] EuGH Urt. v. 13.2.1979 – 85/76, Slg. 1979, 461, 524 – Hoffmann-La Roche; Urt. v. 9.11.1983 – 322/81, Slg. 1983, 3461, 3511 – Michelin; Urt. v. 3.7.1991 – C 62/86, Slg. 1991, I-3359, 3453 Rn. 61 – AKZO; Komm. E. v. 22.12 1987 – IV/30.787 und 31.488, ABl. 1988 L 65/19, 34 Rn. 69 – Eurofix-Bauco/Hilti; E. v. 11.3.1998 – IV/34.073, 34.395 und 35.436, ABl. 1998 L 246/1 Rn. 260 – Van den Bergh Foods Limited.

[582] EuGH Urt. v. 14.2.1978 – 27/76, Slg. 1978, 207, 288 f. – United Brands; Urt. v. 9.11.1983 – 322/81, Slg. 1983, 3461, 3510 f. – Michelin; Komm. E. v. 7.10.1981 – IV/29.491, ABl. 1981 L 353/33, 41 Rn. 35 – Michelin.

[583] EuGH Urt. v. 14.2.1978 – 27/76 Slg. 1978, 207, 291 – United Brands; Urt. v. 9.11.1983 – 322/81 – Michelin Slg. 1983, 3461, 3510; Komm E. v. 9.12.1971 – IV/26.811, ABl. 1972 L 7/25, 26 – Continental Can Company; E. v. 17.12.1975 – IV/26.699, ABl. 1976, L 95/1, 13 – Chiquita.

[584] EuGH Urt. v. 13.2.1979 – 85/76, Slg. 1979, 461, 523 f. – Hoffmann-La Roche, differenzierend *Jung* in Grabitz/Hilf/Nettesheim Art. 102 Rn. 104 f.

[585] EuGH Urt. v. 9.11.1983 – 322/81, Slg. 1983, 3461, 3510 – Michelin; Komm. E. v. 9.12.1971 – IV/26.811, ABl. 1972 L 7/25 – Continental Can Company.

[586] Komm. E. v. 11.3.1998 – IV/34.073, 34.395 und 35.436, ABl. 1998 L 246/1 Rn. 260 – Van den Bergh Foods Limited.

[587] Vgl. ganz allgemein zur Berücksichtigung auch marktübergreifender Produktpaletten: Komm. E. v. 9.6.1976 – IV/29.020, ABl. 1976 L 223/27, 35 – Vitamine; E. v. 7.10.1981 – IV/29.491, ABl. 1981 L 353/33 Rn. 36 – Michelin; E. v. 14.12.1985 – IV/30.698, ABl. 1985 L 374/1, 18 – ECS/AKZO; E. v. 5.12.1988 – IV/31.900, ABl. 1989 L 10/50 – BPB Industries; E. v. 24.7.1991 – IV/31.043, ABl. 1992 L 72/1 Rn. 101 – Tetra Pak II; E. v. 11.3.1998 – IV/34.073, 34.395 und 35.436, ABl. 1998 L 246/1, 259 f. – Van den Bergh Foods Limited.

nen mit zur Marktbeherrschung beitragen.[588] So zeigte sich etwa im Fall *United Brands,* dass die mit erheblichem Werbeaufwand aufgebaute Marke „Chiquita" für Bananen eine derartige Verkehrsgeltung erreicht hatte, dass sich hiermit ein gegenüber markenlosen Bananen um 30%–40% höherer Preis erzielen ließ und praktisch kein Bananenhändler auf die Führung dieses Produktes verzichten konnte.[589] Weitere Anzeichen für Marktbeherrschung sind ausreichende Produktions- und Lieferkapazitäten, mit denen auch eine gesteigerte Nachfrage jederzeit befriedigt werden kann, soweit Konkurrenten diese nicht zu ersetzen vermögen.

139 Besondere unternehmensstrukturbedingte Wettbewerbsvorteile können sich aus einer weitgehenden **vertikalen Integration** und der damit verbundenen Vorzugsstellung beim Zugang zu den Produktionsmitteln oder zu den Absatzmärkten ergeben.[590] Während die vertikale Integration der Versorgungsstufe die Widerstandskraft gegenüber Mangellagen stärken und Marktzutritte erschweren kann,[591] kann die vertikale Integration der Vertriebsstufe den Absatz auch bei Angebotsüberhängen sichern.[592] Eine Zutrittsschranke gegenüber potentiellen Wettbewerbern kann ebenfalls entstehen, wenn große Konzerne ihre begrenzten Durchleitungskapazitäten vorrangig konzernangehörigen Unternehmen einräumen. Dies wird vor allem im Bereich der Gasversorgung relevant.[593] Eine ähnliche Wirkung kann einer vertikalen Verbindung zwischen Dienstanbietern im Telekommunikationssektor mit den etablierten Netzbetreibern zukommen.[594]

140 Die **sortimentsbedingte Abhängigkeit** der Händler von einer bestimmten Markenware dergestalt, dass diese nicht darauf verzichten können, begründet für den Hersteller dieser Ware als solches keine marktbeherrschende Stellung im Verhältnis zu seinen Wettbewerbern.[595] Gleichwohl kann diese Form der Abhängigkeit andere Beherrschungskriterien verstärken.[596]

141 **(3) Marktverhaltensanalyse.** Das **tatsächliche Marktverhalten** kann Rückschlüsse auf das Bestehen von Marktbeherrschung zulassen und die im Rahmen der Untersuchung sowohl der Markt- als auch der Unternehmensstrukturanalyse gewonnenen Ergebnisse entweder stützen oder widerlegen. Allerdings besteht insoweit die Gefahr, eine Marktbeherrschung aus einem als bedenklich angesehenen Verhalten abzuleiten und dieses dann zirkelschlussartig auf Grund der so festgestellten Marktbeherrschung als missbräuchlich zu qualifizieren. Insbesondere ist zu berücksichtigen, dass die Aussagekraft unternehmerischen Verhaltens ambivalent ist und zumeist mehrere Rückschlüsse zulässt: So kann ein und das-

---

[588] EuGH Urt. v. 3.7.1991 – C-62/86, Slg. 1991, I-3359, 3451 Rn. 56 – AKZO; Urt. v. 9.11.1983 – 322/81, Slg. 1983, 3461, 3511 – Michelin; Komm. E. v. 24.7.1991 – IV/31.043, ABl. 1992 L72/1, 20 Rn. 101 – Tetra Pack II; zurückhaltender EuGH Urt. v. 25.10.1977 – 26/76, Slg. 1977, 1875, 1904 – Metro SB-Großmärkte.

[589] EuGH Urt. v. 14.2.1978 – 27/76, Slg. 1978, 207, 288 f. Rn. 88/93 – United Brands.

[590] EuGH Urt. v. 14.2.1978 – 27/76, Slg. 1978, 207, 287 ff. – United Brands.

[591] Komm E. v. 19.4.1977 – IV/28.841, ABl. 1977 L 117/1, 8 f. unter II A – ABG/Mineralölgesellschaften; E. v. 18.7.1988 – IV/30.178, ABl. 1988 L 284/41, 53 Rn. 56 – Napier Brown/British Sugar.

[592] Komm E. v. 22.12.1987 – IV/30.787 und 31.488, ABl. 1988 L 65/19, 34 – Eurofix-Bauco/Hilti.

[593] Vgl. Komm. E. v. 29.9.2010 – COMP/39.315, Rn. 33 – ENI (Entscheidung nach Art. 9 VO (EG) Nr. 1/2003); Komm. E. v. 4.5.2010 – COMP/39.317, Rn. 19 f. – E.ON Gas (Entscheidung nach Art. 9 VO (EG) Nr. 1/2003); *Fuchs/Möschel* in Immenga/Mestmäcker Art. 102 Rn. 105.

[594] Komm. E. v. 16.7.2003 – COMP/38.233, WuW 2005, 99 Rn. 223 ff. – Wanadoo Interactive; bestätigt durch EuG Urt. v. 30.1.2007 – T-340/03, Slg. 2007, II-107 Rn. 112 ff. – France Télécom/Kommission; vgl. auch Komm. E. v. 4.7.2007 – COMP/38.784, Rn. 254 ff. – Wanadoo España/Telefónica; jüngst Komm. E. v. 22.6.2011 – COMP/39.525, Rn. 678 ff. – Telekomunikacja Polska; *Fuchs/Möschel* in Immenga/Mestmäcker Art. 102 Rn. 105.

[595] EuGH Urt. v. 25.10.1977 – 26/76, Slg. 1977, 1875 Rn. 17 – Metro SB-Großmärkte.

[596] EuGH Urt. v. 9.11.1983 – 322/81, Slg. 1983, 3461 Rn. 56 – Michelin; Urt. v. 14.2.1978 – 27/76, Slg. 1978, 207, 288 f. Rn. 88/93 – United Brands.

selbe Verhalten, etwa eine Preissenkung, sowohl Ausdruck von Machtausübung bei beschränktem Wettbewerb als auch Folge wirksamen Wettbewerbs sein.[597]

Im Rahmen der Marktverhaltensanalyse verdient die **Preispolitik** des Marktführers besondere Aufmerksamkeit, weil sie Hinweise darauf gibt, ob dieser den Marktpreis bestimmen oder kontrollieren kann. Unter Preisbestimmungsmacht ist die Fähigkeit zu verstehen, die eigenen Produkte oder Dienstleistungen über einen längeren Zeitraum zu überhöhten Preisen anzubieten, ohne dass der Markt mit entsprechenden spürbaren Umsatzeinbußen reagieren würde.[598] In der Prioritätenmitteilung geht die Kommission davon aus, dass „ein Unternehmen, das über einen längeren Zeitraum seine Preise gewinnbringend auf ein Niveau über dem Wettbewerbspreis erhöhen kann, keinem ausreichend wirksamen Wettbewerbsdruck ausgesetzt ist und somit im Allgemeinen als marktbeherrschend betrachtet werden kann“.[599] Kann ein Unternehmen eine **diskriminierende Preisstruktur** aufrechterhalten, so lässt dieses gleichfalls den Schluss auf eine marktbeherrschende Stellung zu, denn differenzierte Preise zur Maximierung der Einnahmen sind normalerweise nur Unternehmen mit einer besonderen Marktmacht möglich. Dasselbe gilt für diskriminierende Beförderungsbedingungen durch Währungsausgleichsfaktoren[600] sowie die verzögerte Auszahlung von Treuerabatten.[601] 142

Dagegen ist es in der Regel mit einem unabhängigem Preisverhalten unvereinbar, wenn ein Unternehmen unter dem Druck von **Preissenkungen** seiner Wettbewerber ebenfalls seine Preise senken muss. Allerdings können Preissenkungen eines Unternehmens mit Marktanteilen von 93% bis 100% häufig nicht dem Konkurrenzdruck zugeschrieben werden, sondern sind eher das Ergebnis einer bewusst und frei gewählten Preispolitik. Jedenfalls widerlegen sie nicht notwendigerweise das Vorliegen einer beherrschenden Stellung.[602] Ist das betroffene Unternehmen dazu auch noch der Preisführer, der auf Grund erstrangiger Vertriebs- und Marketingorganisation in der Lage ist, jede Absicht möglicher Wettbewerber zu erfassen, auf den Markt eines Erzeugnisses vorzudringen, und kann er hierauf sofort reagieren und dem Marktzutritt zuvorkommen, können Preisschwankungen nach Auffassung des Gerichtshofs keinen Wettbewerbsdruck beweisen, der die wettbewerbliche Unabhängigkeit in Frage stellen könnte.[603] 143

b) Kollektive Marktbeherrschung. Art. 102 AEUV verbietet neben der missbräuchlichen Ausnutzung einer beherrschenden Stellung durch ein Unternehmen **ausdrücklich** auch den Missbrauch durch mehrere Unternehmen und geht damit erkennbar davon aus, dass eine beherrschende Stellung auch von mehreren Unternehmen gemeinschaftlich eingenommen werden kann. Anders als das deutsche Wettbewerbsrecht (vgl. § 18 Abs. 5 GWB) enthalten die Wettbewerbsregeln des AEUV allerdings **keine Legaldefinition** der kollektiven Marktbeherrschung. Die Möglichkeit einer kollektiven Marktbeherrschung ist aber grundsätzlich von den europäischen Gerichten anerkannt worden.[604] 144

Zunächst bedeutet kollektive Marktbeherrschung, dass mehrere Unternehmen gemeinsam die für die Anwendung von Art. 102 AEUV erforderliche wirtschaftliche Machtstel- 145

---

[597] Vgl. *Emmerich* in Dauses H. I. § 3 Rn. 41ff; *Eilmansberger/Bien* in MüKoEuWettbR Art. 102 Rn. 116ff.

[598] EuGH Urt. v. 14.2.1978 – 27/76 Slg. 1978, 207, 290ff. – United Brands.

[599] Prioritätenmitteilung der Kommission, ABl. 2009 C 45/7, Rn. 11.

[600] Komm. E. v. 16.9.1998 – IV/35.134, ABl. 1999 L 95/1 Rn. 203ff. – Trans-Atlantic Conference Agreement.

[601] Komm. E. v. 20.6.2001 – COMP/E-2/36.041/PO, ABl. 2002 L143/1, 32 – Michelin.

[602] EuGH Urt. v. 13.2.1979 – 85/76, Slg. 1979, 461, 532f. Rn. 70ff. – Hoffmann-La Roche.

[603] EuGH Urt. v. 13.2.1979 – 85/76, Slg. 1979, 461, 534f. Rn. 78 – Hoffmann-La Roche.

[604] Vgl. EuGH Urt. v. 27.4.1994 – C-393/92, Slg. 1994, I-1477 Rn. 41f. – Gemeente Almelo u.a./NV Energiebedijf; EuG Urt. v. 10.3.1992 – verb. Rs. T-68/89, T-77/89 und T-78/89, Slg. 1992, I-1403 Rn. 357f. – Italienische Glashersteller; Urt. v. 26.1.2005 – T-193/02, Slg. 2005, II-209 Rn. 110f. – Piau/Kommission.

lung einnehmen. Die im Laufe der Entscheidungspraxis von Kommission und Rechtsprechung entwickelten Definitionen der kollektiven Marktbeherrschung weisen Ähnlichkeiten sowohl zur Begriffsbestimmung des GWB als auch zur Rechtspraxis im Rahmen der FKVO auf. Allgemein verlangen die Unionsorgane für die Annahme einer Marktbeherrschung durch mehrere Unternehmen, dass diese durch **wirtschaftliche Bande** so eng miteinander verbunden sind, dass sie auf dem Markt in gleicher Weise vorgehen können.[605] Im Rahmen der hierfür erforderlichen Analyse ist zu prüfen, ob die betreffenden Unternehmen zusammen gegenüber ihren Konkurrenten, ihren Geschäftspartnern und den Verbrauchern auf einem bestimmten Markt eine **kollektive Einheit** darstellen. Erst wenn dies bejaht wurde, ist zu prüfen, ob diese kollektive Einheit auch tatsächlich eine beherrschende Stellung einnimmt.[606] Voraussetzung für die Annahme einer kollektiven Marktbeherrschung ist damit in jedem Fall, dass die beteiligten Unternehmen nach außen hin als Gruppe auftreten, was wiederum ein Mindestmaß an Gruppendisziplin zwischen den Mitgliedern erfordert. Während der EuGH bislang nicht abschließend geklärt hat, ob und unter welchen Voraussetzungen enge Oligopole zu einer kollektiven Marktbeherrschung führen,[607] hat das EuG hierzu zumindest einige Grundsätze aufgestellt,[608] die unter Rn. 148 näher erläutert werden. Im Rahmen der Fusionskontrolle ist ebenfalls anerkannt, dass Art. 2 Abs. 3 FKVO auch eine marktbeherrschende Stellung erfasst, die von den Mitgliedern eines Oligopols gemeinsam eingenommen wird.[609] Konzerne hingegen werden im europäischen Kartellrecht bei wirtschaftlicher Einheit als ein Unternehmen angesehen.[610]

146 **aa) Abgrenzung zu Konzernen.** Von der kollektiven Marktbeherrschung zu unterscheiden sind marktbeherrschende Konzerne.[611] Der Fall, dass mehrere Unternehmen

---

[605] EuGH Urt. v. 4.5.1988 – C-30/87, Slg. 1988, 2479 Rn. 26 ff. – Corinne Bodson/SA Pompes; Urt. v. 27.4.1994 – C-393/92, Slg. 1994, I-1477 Rn. 42 – Gemeente Almelo u. a./NV Energiebedijf; Urt. v. 5.10.1995 – C-96/94, Slg. 1995, I-2883 Rn. 33 – Centro Servizi Spediporto/Spedizioni Marittima del Golfo; Urt. v. 17.10.1995 – C-140, 141, 142/94, Slg. 1995, I-3257 Rn. 26 – DIP; Urt. v. 17.6.1997 – C-70/95, Slg. 1997, I-3395 Rn. 46 – Sodemare u. a./Regione Lombardia; Urt. v. 1.10.1998 – C-38/97, Slg. 1998, I-5955 Rn. 32 – Auto Librandi Snc/Cuttica spedizioni; Urt. v. 16.3.2000 – verb. Rs. C-395/96 P und 396/96 P, Slg. 2000, I-1365 Rn. 35 ff. – Compagnie Maritime Belge Transports u. a./Kommission (CEWAL); EuG Urt. v. 10.3.1992 – verb. Rs. T-68/89, T-77/89 und T-78/89, Slg. 1992, II-1403 Rn. 358 – Italienische Glashersteller; Urt. v. 13.5.1993 – T-24/93 bis T-26/93, T-28/93, Slg. 1996, II-1201 Rn. 62 – Compagnie maritime belge transports u. a./Kommission (CEWAL); Komm. E. v. 7.12.1988 – IV/31.906, ABl. 1989 Nr. L 33/44 Rn. 79 – Flachglas; E. v. 23.12.1993 – IV/32.448, 32.450, ABl. 1993 Nr. L 34/20 Rn. 49, 61 – CEWAL, COWAC and UKWAL.

[606] EuGH Urt. v. 16.3.2000 – verb. Rs. C-395/96 und 396/96 P, Slg. 2000, I-1365 Rn. 39 – Compagnie Maritime Belge Transports u. a./Kommission (CEWAL); EuG Urt. v. 26.1.2005 – T-193/02, Slg. 2005, II-209 – Piau/Kommission.

[607] Vgl. hierzu ausführlich *Monti* CMLR 2001, 131 ff.; *Richardson/Gordon* ECLR 2001, 416 ff.

[608] EuG Urt. v. 6.6.2002 – T-342/99, Slg. 2002, II-2585 Rn. 62 ff. – Airtours/Kommission; *Fuchs/Möschel* in Immenga/Mestmäcker Art. 102 AEUV Rn. 120 ff. m. w.N; siehe zu den Kriterien ausführlich Rn. 148.

[609] Vgl. EuGH Urt. v. 31.3.1998 – verb. Rs. C-68/94 u. C-30/95, Slg. 1998, I-1453 Rn. 166 ff. – Kali & Salz; EuG Urt. v. 25.3.1999 – T-102/96, Slg. 1999, II-1 Rn. 270 ff. – Gencor/Kommission; EuG Urt. v. 6.6.2002 – T-342/99, Slg. 2002, II-2585 Rn. 55 ff. – Airtours/Kommission; Komm. E. v. 22.9.1999 – IV/M. 1524, ABl. 2000 L 93/1 Rn. 53 f. – Airtours/First Choice.

[610] EuGH Urt. v. 22.10.1986 – 75/84, Slg. 1986, 3021 Rn. 82, 84 – Metro II; *Jung* in Grabitz/Hilf/Nettesheim Art. 102 AEUV Rn. 75 ff. m. w. N.

[611] EuGH Urt. v. 4.5.1988 – C-30/87, Slg. 1988, 2479 Rn. 21 – Corinne Bodson/SA Pompes (Unterscheidung noch offen gelassen); EuG Urt. v. 30.9.2003 – verb. Rs. T-191, 212 bis 214/98, Slg. 2003, II-3275, 3510 Rn. 653 – Atlantic Container Line; EuGH Urt. v. 16.3.2000 – verb. Rs. C-395/96 und 396/96 P, Slg. 2000, I-1365 Rn. 35 f. – Compagnie Maritime Belge Transports u. a./Kommission (CEWAL); *Fuchs/Möschel* in Immenga/Mestmäcker Art. 102 Rn. 116; *Mestmäcker/Schweitzer* § 17 Rn. 56 f.; kritisch hierzu und mit anderer Deutung der Urteile *Schröter/Bartl* in Schröter/Jakob/Klotz/Mederer Art. 102 Rn. 81 f.

durch konzernrechtliche Verflechtungen miteinander verbunden sind, begründet zwar ebenfalls eine gewisse Marktmacht durch Kumulation wirtschaftlicher Potentiale, stellt aber keinen Fall kollektiver Marktbeherrschung dar. Grund hierfür ist, dass Konzerne nach dem wirtschaftlich-funktionalen Unternehmensbegriff des europäischen Kartellrechts als wirtschaftliche Einheit[612] und damit als **ein Unternehmen** zu behandeln sind,[613] das selbst als ganzes gesehen eine beherrschende Stellung innehaben kann. Erforderlich ist hierfür, dass die verbundenen Unternehmen ihr Marktverhalten nicht mehr autonom bestimmen können, sondern im Wesentlichen der Kontrollmacht einer Obergesellschaft unterliegen.[614]

bb) Kartelle. Kollektive Marktbeherrschung kann insbesondere dadurch entstehen, dass mehrere Unternehmen durch **freigestellte oder verbotene Maßnahmen im Sinne des Art. 101 Abs. 1** den Wettbewerb untereinander beseitigen und am Markt so weit koordiniert vorgehen, dass sie in der Lage sind, wirksamen Wettbewerb von Seiten anderer Marktteilnehmer zu verhindern,[615] wenn also, wie es verbreitet ausgedrückt wird, Innen- und Außenwettbewerb fehlen. Dies darf aber nicht so verstanden werden, als genügte für die Feststellung einer kollektiven Marktbeherrschung das Vorliegen einer Kartellvereinbarung oder abgestimmten Verhaltensweise. Vielmehr bedarf es stets des Nachweises, dass darüber hinaus **wirtschaftliche Verbindungen zwischen den Kartellmitgliedern** bestehen, die ihnen ein einheitliches Vorgehen am Markt ermöglichen, so dass die Unternehmen in der Lage sind, auf dem relevanten Markt gemeinsame Praktiken anzuwenden, die so geartet sind, dass sie gleichsam einseitige Verhaltensweisen darstellen.[616] Die europäischen Gerichte bestätigten in der Rechtssache *CEWAL,*[617] dass die Mitglieder einer Reederkonferenz, die Liniendienste zwischen verschiedenen westafrikanischen Häfen und den Nordsee-Häfen betrieben und gemeinsame Kampfstrategien gegen kartellfremde Konkurrenten angewandt hatten, auf Grund der engen Beziehungen, die zwischen ihnen bestanden, und ihres gemeinsamen Auftretens auf dem Markt als gemeinsam marktbeherrschend angesehen werden können. Darüber hinaus wurden diese Voraussetzungen von den Unionsorganen auch bei Ein- und Verkaufskooperationen[618] sowie bei der zwangsweisen Durchsetzung abgesprochener Preise angenommen.[619] In solchen Fällen sind die Art. 101 und 102 AEUV nebeneinander anwendbar, sobald die Kartellmitglieder ihre Kollektivmacht missbrauchen. 147

[612] Zu dem Begriff siehe als Beispiel die Ausführungen in EuG Urt. v. 12.1.1995 – T-102/92, Slg. 1995, II-17 Rn. 33 ff. – VIHO.

[613] Komm. E. v. 8.12.1977 – IV/29.312, ABl. 1978 L 22/23 II. A. – Hugin/Liptons; E. 22.12.1987 – IV/30.787 und 31.488, ABl. 1988 L 65/19, 31 Rn. 54 – Eurofix-Bauco/Hilti; EuGH Urt. v. 21.2.1973 – 6/72, Slg. 1973, 215 Rn. 15 f. – Continental Can; EuGH Urt. v. 25.10.1983 – 107/82 Slg.1983, 3151 Rn. 49 ff. – AEG-Telefunken; *Jung* in Grabitz/Hilf/Nettesheim Art. 102 Rn. 76.

[614] U. a. EuGH Urt. v. 14.7.1972 – 52/69, Slg.1972, 787 Rn. 44 f. – Geigy; *Fuchs/Möschel* in Immenga/Mestmäcker Art. 102 Rn. 116.

[615] *Ritter/Braun* EC Competition Law S. 286; *Fuchs/Möschel* in Immenga/Mestmäcker Art. 102 Rn. 117; *Schröter/Bartl* in Schröter/Jakob/Klotz/Mederer Art. 102 Rn. 83; siehe auch Komm. E. v. 2.1.1973 – IV/26.918, ABl. 1973 L 140/17, 39 ff. – Europäische Zuckerindustrie; insoweit bestätigt durch EuGH Urt. v. 16.12.1975 – verb. Rs. 40 bis 48, 50, 54 bis 56, 111, 113 und 114/72, Slg 1975, 1663, 2011 ff. – Suiker Unie.

[616] EuG Urt. v. 8.10.1996 – verb. Rs. T-24/93 bis T-26/93, T-28/93, Slg. 1996, II-1201 Rn. 64 – Compagnie maritime belge transports u. a./Kommission (CEWAL); *Jung* in Grabitz/Hilf/Nettesheim Art. 102 Rn. 71; *Schröter/Bartl* in Schröter/Jakob/Klotz/Mederer Art. 102 Rn. 83 ff.

[617] EuGH Urt. v. 16.3.2000 – verb. Rs. C-395/96 und 396/96 P, Slg. 2000, I–1365 Rn. 35 ff. – Compagnie Maritime Belge Transports u. a./Kommission (CEWAL); EuG Urt. v. 8.10.1996 – verb. Rs. T-24/93 bis T-26/93, T-28/93, Slg. 1996, II-1201 Rn. 64 bis 66 – Compagnie maritime belge transports u. a./Kommission (CEWAL). Vgl. zu diesen Urteilen auch *McGregor* ECLR 2001, 434 ff.

[618] EuGH Urt. v. 16.12.1975 – verb. Rs. 40 bis 48, 50, 54 bis 56, 111, 113 und 114/72, Slg 1975, 1663 Rn. 421 ff. – Suiker Unie; Komm. E. v. 2.1.1973 – IV/26.918, ABl. 1973 L 140/17, 39 ff. – Europäische Zuckerindustrie.

[619] EuGH Urt. v. 11.4.1989 – C-66/86, Slg. 1989, 803 Rn. 37 – Ahmed Saeed.

148 **cc) Enge Oligopole.** Bislang durch den EuGH nicht in allen Einzelheiten geklärt ist die Frage, ob allein die **Reaktionsverbundenheit** in einem engen Oligopol eine kollektive Marktbeherrschung im Sinne des Art. 102 AEUV begründen kann.[620] Das EuG hat sich mit dieser Frage dagegen bereits vertieft befasst wie nachfolgend dargestellt wird. Im Unterschied zu Kartellen zeichnet sich das Oligopol dadurch aus, dass die Unternehmen nicht bewusst kollusiv zusammenwirken, sondern ihr **Marktverhalten insbesondere in Bezug auf die Festsetzung von Preisen aneinander angleichen,** im Bewusstsein, dass sich ein Konkurrenzkampf infolge der gegenseitigen Abhängigkeit für niemanden lohnen würde, da vorstoßende Maßnahmen erfahrungsgemäß sofort entsprechende Reaktionen der anderen Oligopolisten hervorrufen. Führt ein länger andauerndes **oligopolistisches Parallelverhalten** dazu, dass die Abnehmer auf ein flächendeckend gleichförmiges Angebot stoßen, das ihnen keine Wahl- oder Ausweichmöglichkeiten lässt, so kommt dies der Wirkung eines Kartells gleich. Daher hat die Kommission wiederholt versucht, das Vorliegen von kollektiver Marktbeherrschung auf die Reaktionsverbundenheit im engen Oligopol zu stützen.[621] In der Sache *Flachglas II*[622] sah die Kommission die drei größten italienischen Flachglashersteller als Teilnehmer eines festen Oligopols und damit als kollektiv marktbeherrschend an, da diese nach Ansicht der Kommission auf Grund ihrer oligopolistischen Verbundenheit auf dem Markt als Einheit aufgetreten seien und bei der Gestaltung von Preisen und Verkaufsbedingungen sowie hinsichtlich Kundenbeziehungen und Handelsstrategien zusammengearbeitet hätten. Das EuG ist dieser Feststellung nicht gefolgt, da es als nicht erwiesen ansah, dass die betreffenden Unternehmen auf dem Markt tatsächlich als Einheit und nicht als individuelle Marktteilnehmer aufgetreten sind.[623]

149 Doch mit der Zeit hat sich die Rechtsprechung der Auffassung der Kommission angenähert. So setzt diese nun für eine kollektive marktbeherrschende Stellung voraus, dass die Unternehmen gegenüber ihren Konkurrenten, ihren Geschäftspartnern und den Verbrauchern eine **kollektive Einheit** darstellen.[624] Eine solche soll gegeben sein, wenn zwischen den betreffenden Unternehmen kein wirksamer Wettbewerb stattfindet und die Unternehmen ein einheitliches Verhalten zeigen oder gemeinsame Geschäftspolitik auf dem relevanten Markt ausüben.[625] Der EuGH hat hinzugefügt, dass die erforderlichen Verbindungen zwischen den Unternehmen nicht notwendigerweise den Abschluss einer Vereinbarung oder eine andere rechtliche Bindung verlangen, sondern sich auch aus anderen verbindenden Faktoren wie insbesondere der Marktstruktur des fraglichen Marktes[626] ergeben können.[627] Mit dem Urteil *Gencor* näherte sich die Rechtsprechung der Kommission noch weiter an, indem das EuG

---

[620] Dafür etwa *Schröter/Bartl* in Schröter/Jakob/Klotz/Mederer Art. 102 Rn. 85; *Fuchs/Möschel* in Immenga/Mestmäcker Art. 102 Rn. 120 ff.; a. A. *Weiß* in Callies/Ruffert Art. 102 Rn. 20; *Böni/Palzer* WuW 2009, 477 (486 ff.) mit der Forderung nach einem zusätzlichen Element der „Zielrichtung des Parallelverhaltens".

[621] Komm., Mitteilung über die Anwendung der Wettbewerbsregeln auf Zugangsvereinbarungen im Telekommunikationsbereich, ABl. 1998, C 265/2 Rn. 76 ff. sowie Komm. E. v. 1.4.1992 – IV/32.450, ABl. 1992 L 134/1 Rn. 58 – Reederausschüsse in der Frankreich–Westafrika–Fahrt; E. v. 23.12.1993 – IV/32.448, 32.450, ABl. 1993 Nr. L 34/20 Rn. 49, 61 – CEWAL, COWAC and UKWAL; E. v. 16.9.1998 – IV/35.134, ABl. 1999 L 95/1 Rn. 520 ff. – Trans-Atlantic Conference Agreement; E. v. 12.4.1999 – IV/D-1/30.373, IV/D-l/37.143, ABl. 1999 L 125/12 Rn. 120 ff. – P&I-Clubs; EuG Urt. v. 24.11.2011 – T-296/09, Rn. 71 – EFIM.

[622] Komm. E. v. 7.12.1988 – IV/31.906, ABl. 1989 Nr. L 33/44 Rn. 78 – Flachglas.

[623] EuG Urt. v. 10.3.1992 – verb. Rs. T-68, 77 und 78/89, Slg. 1992, II-1403 Rn. 357, 358 – Italienische Glashersteller.

[624] EuGH Urt. v. 16.3.2000 – verb. Rs. C-395/96 und 396/96 P, Slg. 2000, I-1365 Rn. 45 – Compagnie Maritime Belge Transports u. a./Kommission (CEWAL).

[625] EuGH Urt. v. 31.3.1998 – verb. Rs. C-68/94 und C-30/95, Slg. 1998, I-1375 Rn. 221 – Kali & Salz.

[626] Dagegen: *Marchisio* ECLR 2013, 559 (560 ff.).

[627] EuGH Urt. v. 16.3.2000 – verb. Rs. C-395/96 und 396/96 P, Slg. 2000, I-1365 Rn. 45 – Compagnie Maritime Belge Transports u. a./Kommission (CEWAL).

feststellte, dass kein Grund bestehe, nicht auch „in der Wechselbeziehung zwischen den Mitgliedern eines beschränkten Oligopols" eine ausreichende Verbindung zu sehen, sofern sie aufgrund der Struktur des relevanten Marktes das Verhalten der übrigen Oligopolisten voraussehen können „und daher unter einem starken Druck stehen, ihr Marktverhalten einander anzupassen".[628] In dem Urteil *Airtours,*[629] ebenfalls ein Fusionskontrollfall, befasste sich das EuG dann erstmals ausführlich mit den Voraussetzungen zur Entstehung gemeinsamer Marktbeherrschung aufgrund oligopolistischer Reaktionsverbundenheit.[630] Es stellte drei Bedingungen für das Vorliegen einer gemeinsamen Marktbeherrschung auf. Danach muss eine hohe Transparenz unter den Wettbewerbern herrschen, es muss einen Anreiz geben, nicht von dem gemeinsamen Vorgehen abzuweichen (z. B. aufgrund des Bestehens von Vergeltungsmöglichkeiten)[631] und das gemeinsame Verhalten muss voraussichtlich ungestört von tatsächlichen und potentiellen Konkurrenten und Verbrauchern durchgesetzt werden können. In dem Urteil *Impala*[632] führte der EuGH diese Voraussetzungen weiter aus. Die aufgestellten Kriterien dürften nicht isoliert geprüft werden, sondern müssten vor dem Hintergrund des wirtschaftlichen Gesamtmechanismus betrachtet werden, der einer stillschweigenden Vereinbarung zugrunde liege.[633] In den Rechtssachen *Piau*[634] und *EFIM*[635] nahm das EuG dann diese Voraussetzungen auch klar für Fälle der Missbrauchskontrolle auf.[636]

c) Marktbeherrschung auf Nachfragemärkten. Im europäischen Wettbewerbsrecht fehlt eine ausdrückliche Klarstellung dahingehend, dass der Anwendungsbereich des Art. 102 AEUV sich sowohl auf die Angebots- als auch auf die **Nachfrageseite** bezieht.[637] Dennoch weist das Schrifttum[638] zurecht auf die Regelung des Art. 102 Satz 2 Buchst. a AEUV (Art. 82 EG a. F.) hin, wonach ein Missbrauch insbesondere in der Erzwingung unangemessener Einkaufspreise bestehen kann und erkennt an, **dass Art. 102 AEUV (Art. 82 EG a. F.) grundsätzlich auch die missbräuchliche Ausnutzung der auf einem Nachfragemarkt bestehenden beherrschenden Stellung erfasst.** Die Unionsorgane hatten bislang noch keine Gelegenheit, dezidiert auf die Elemente einer Marktbeherrschung durch Nachfrager einzugehen. Dies liegt vor allem daran, dass in Grenz- bzw. Zweifelsfällen das betreffende Unternehmen häufig als **Leistungsanbieter** qualifiziert wurde,[639] so dass die Beherrschung des Marktes i. d. R. nur auf der Anbieterseite zu erör- 150

---

[628] EuG Urt. v. 25.3.1999 – T-102/06, Slg. 1999, II-753 Rn. 276 – Gencor/Kommission; zwar handelt es sich hier um einen Fusionskontrollfall, jedoch beziehen sich die Ausführungen laut Rn. 277 des Urteils auch auf Fälle des Art. 82 EG (Art. 102 AEUV).

[629] EuG Urt. v. 6.6.2002 – T-342/99, Slg. 2002, II-2585 – Airtours.

[630] EuG Urt. v. 6.6.2002 – T-342/99, Slg. 2002, II-2585 Rn. 62 – Airtours; *Fuchs/Möschel* in Immenga/Mestmäcker Art. 102 Rn. 123.

[631] EuG Urt. v. 6.6.2002 – T-342/99, Slg. 2002, II-2585 Rn. 62 – Airtours; *Bechtold/Bosch/Brinker* Art. 102 Rn. 26; *Eilmansberger/Bien* in MüKoEuWettbR Art. 102 Rn. 88.

[632] EuGH Urt. v. 10.7.2008 – C-413/06 P, Slg. 2008, I-4951 – Impala.

[633] EuGH Urt. v. 10.7.2008 – C-413/06 P, Slg. 2008, I-4951 Rn. 125 f. – Impala.

[634] EuG Urt. v. 26.1.2005 – T-193/02 Slg. 2005, II-209 Rn. 111 – Piau/Kommission.

[635] EuG Urt. v. 24.11.2011 – T-296/09, Rn. 71 – EFIM.

[636] *Fuchs/Möschel* in Immenga/Mestmäcker Art. 102 Rn. 124.

[637] Wie sie etwa ausdrücklich in § 18 Abs. 1 GWB normiert ist.

[638] Vgl. *Bergmann* Fusionskontrolle Teil 6 III 1. a; *Bulst* in Langen/Bunte Art. 102 Rn. 68; *Emmerich* in Dauses H. I. § 3 Rn. 33; *Gleiss/Hirsch* Art. 85 Rn. 209; *Jung* in Grabitz/Hilf/NettesheimArt. 102 Rn. 66 m. w. N.; *Grill* in Lenz/Borchardt Art. 102 Rn. 10; *Fuchs/Möschel* in Immenga/Mestmäcker Art. 102 Rn. 82 f.; *Schröter/Bartl* in Schröter/Jakob/Klotz/Mederer Art. 102 Rn. 75; *Scheufele* BB 1973, Beil. Nr. 4, 1 (12) m. w. N.; *de Bronett* in Wiedemann § 22Rn. 11; *O'Donoghue/Padilla* Article 102 TFEU S. 205.

[639] Frachtschiffreedereien im Verhältnis zu Verladern: Komm. E. v. 1.4.1992 – IV/32.450, ABl. 1992 L 134/1 Rn. 59 ff. – Reedereiausschüsse in der Frankreich-Westafrika-Fahrt; Verwertungsgesellschaften von Urheberrechten: Komm. E. v. 2.6.1971 – IV/26.760 ABl. 1971 L 134/15, Ziff. II. A. – GEMA I; 29.10.1981 – IV/29.839, ABl. 1981 L 370/49 Rn. 43 – GVL; vgl. auch *Jung* in Grabitz/Hilf/Nettesheim Art. 102 Rn. 66.

tern war. Der Nachfragemacht kam häufig nur **Bedeutung** bei der **Ermittlung der Wettbewerbsbedingungen für einen Anbieter** zu.[640] Dennoch wurde Art. 102 AEUV (82 EG a. F.) sowohl von der Kommission[641] als auch vom Gerichtshof[642] bereits einige Male bei der Feststellung eines Missbrauchs von Nachfragemacht angewandt.

151 Bezugspunkt der Analyse muss entsprechend dem oben dargestellten Marktbeherrschungsbegriff die Frage nach dem Potential zur Verhinderung wirksamen Wettbewerbs bzw. der Fähigkeit zu einem unabhängigen Marktverhalten sein.[643] Maßgebend ist somit die Fähigkeit eines Abnehmers von Waren oder Dienstleistungen, sich den übrigen Nachfragern und seinen Lieferanten gegenüber in einem nennenswerten Umfang **unabhängig zu verhalten** und die Aufrechterhaltung eines wirksamen **Nachfragewettbewerbs** auf dem relevanten Nachfragemarkt **zu verhindern.**[644] Die vom Gerichtshof auf der Angebotsseite entwickelten Anwendungskriterien des Art. 102 AEUV können quasi **spiegelbildlich** auch auf die Nachfrageseite übertragen werden.[645] Wirksamer Nachfragewettbewerb liegt demgegenüber nur dann vor, wenn im Rahmen einer wertenden Gesamtschau festgestellt wird, dass ein Nachfrager beim Einsatz seiner Aktionsparameter das Vorhandensein von **Mitnachfragern** einplanen muss. Je spezifischer und weniger universell absetzbar die Leistungen der Anbieter sind, desto größer ist ihre wirtschaftliche Abhängigkeit vom Nachfragerverhalten.

152 Einen besonderen Problemkreis im Bereich der Nachfragemarktbeherrschung bildet die Frage, wie sich die Kriterien des **horizontalen** (gegenüber Konkurrenten und Mitnachfragern) sowie **vertikalen** (gegenüber Zulieferern) **Verhaltensspielraums** zueinander verhalten.[646] In einem horizontalen Verhältnis äußert sich die Marktbeherrschung in der Fähigkeit des Unternehmens, bei einer Verknappung des Angebots seine Versorgung in größerem Umfang als die übrigen Nachfrager zu sichern. In einem vertikalen Verhältnis ist die mangelnde Fähigkeit des Lieferanten ausschlaggebend, sich bei einem Verlust seines Abnehmers der neuen Lage anzupassen, ohne schwerwiegende Nachteile zu erleiden. Sind Zulieferer von ihren Abnehmern vertikal abhängig, hat der Abnehmer dagegen aber gleichzeitig im Verhältnis zu seinen Mitnachfragern keinen überragenden Verhaltensspielraum, so liegt keine Nachfragemarktbeherrschung vor.

153 Die meisten Fälle von Nachfragemacht waren bei Unternehmen feststellbar, die eine Monopolstellung auf ihrem Markt innehatten und deshalb einziger Abnehmer bestimmter Erzeugnisse oder Dienstleistungen waren. In der Praxis sind im Wesentlichen **drei Fallgruppen** zu unterscheiden: die Nachfragestellung großer Endprodukteehersteller gegenüber spezialisierten Zulieferern, diejenige großer Handelsunternehmen gegenüber Herstellern sowie öffentlicher Anbietermonopole.

154 **aa) Nachfrage durch Herstellerunternehmen.** Ein Hersteller kann sich gegenüber seinem Hauptkunden bereits dann in einem Abhängigkeitsverhältnis befinden, wenn dieser

---

[640] Vgl. Komm. E. v. 22.7.1992 – IV/M.190, ABl. 1992 L 356/1 Rn. 77, 89 – Nestlé/Perrier; EuGH Urt. v. 31.3.1994 – verb. Rs. C-68/94 und 30/95, Slg. 1998, I-1375 Rn. 196 – Kali & Salz sowie hierzu die Schlussanträge des Generalanwalts *Tesauro* vom 6.2.1997, Slg. 1998, I-1375 Rn. 122 ff.; Komm. E. v. 22.9.1997 – IV/35.059, ABl. 1997 L 258/1 Rn. 99 ff. – Irish Sugar, bestätigt durch EuG Urt. v. 7.10.1999 – T-228/97, Slg. 1999, II-2969 – Irish Sugar.

[641] Komm., 3. Wettbewerbsbericht 1973, Erster Teil, Ziff. 67–69; 16. WB 1986, Ziff. 346 ff.; vgl. auch Komm. E. v. 2.6.1971 – IV/26.760, ABl. 1971 Nr. L 134/15 Ziff. II. A. – GEMA I.

[642] EuGH Urt. v. 28.3.1985 – 298/83, Slg. 1985, 1105 Rn. 21 ff. – CICCE/Kommission.

[643] So auch *Emmerich* in Dauses H. I. § 3 Rn. 31; *Fuchs/Möschel* in Immenga/Mestmäcker Art. 102 Rn. 74; *Schröter/Bartl* in Schröter/Jakob/Klotz/Mederer Art. 102 Rn. 75; *Scheufele* BB 1973, Beil. Nr. 4, 1 (12 f.).

[644] *Jung* in Grabitz/Hilf/Nettesheim Art. 102 Rn. 66; *Schröter/Bartl* in Schröter/Jakob/Klotz/Mederer Art. 102 Rn. 75.

[645] *Bergmann* Fusionskontrolle Teil 6 III 1. c; *Jung* in Grabitz/Hilf/Nettesheim Art. 102 Rn. 66; *Schröter/Bartl* in Schröter/Jakob/Klotz/Mederer Art. 102 Rn. 75.

[646] Dazu *Bergmann* Fusionskontrolle Teil 6 III 1. c.

nur einen vergleichsweise geringen Teil seiner Produktion abnimmt, da sich die Macht eines Nachfragers nach seinem Marktanteil, der Struktur des Anbieters und der relativen Bedeutung bestimmt, die der Herstellung und dem Vertrieb des Erzeugnisses im Rahmen der Gesamttätigkeit des Unternehmens zukommt.[647]

In bestimmten Industriebereichen, beispielsweise der *Automobilindustrie,*[648] sind beherrschende Stellungen relativ häufig anzutreffen, da die Einzelteile durch Zulieferbetriebe zumeist in hochspezialisierten Ausführungen produziert werden, die einzig auf den Bedarf eines bestimmten Abnehmers oder einer Gruppe von Abnehmern abgestimmt sind. Jede dieser Produktkomponenten ist deshalb als **abgrenzbarer relevanter Markt** zu qualifizieren, auf dem der **Abnehmer** dann eine **faktische Monopolstellung** einnimmt, wenn kein anderer Hersteller diese Komponenten nachfragt.[649] **155**

In der Sache *Eisenbahnmaterial*[650] stellte sich die Kommission auf den Standpunkt, dass eine Gesellschaft, deren Zweck allein darin bestand, als wichtigste Nachfragerin eines öffentlich ausgeschriebenen Waggontyps ihren Gesellschaftern – 16 europäischen Eisenbahngesellschaften – Eisenbahnmaterial einheitlicher Bauart oder einheitlicher Leistung zu den günstigsten Bedingungen zu verschaffen, als wichtigster Nachfrager eines öffentlich ausgeschriebenen Waggontyps eine beherrschende Stellung im EU-Binnenmarkt einnahm. Obwohl die angeschlossenen Eisenbahngesellschaften rechtlich nicht verpflichtet waren, ihren gesamten Bedarf über diese Gesellschaft zu decken, hat die Kommission sie bezüglich des Baus weiterer Serien als von ihr abhängig angesehen. **156**

Im Fall *Filtrona/Tabacalera*[651] hat die Kommission hingegen das Bestehen von Nachfragemacht verneint, da **alternative Absatzmöglichkeiten** bestanden. Auch nachdem sich Tabacalera – ein führender Zigarettenproduzent in Spanien – entschlossen hatte, Zigarettenfilter nicht mehr von Filtrona zu erwerben, sondern selbst zu produzieren, stand Filtrona die Möglichkeit offen, in andere Märkte zu exportieren oder die Produktion zu spezialisieren. Zwar kann die Weigerung, Produkte von einem bestimmten Anbieter zu kaufen, einen Missbrauch i. S. d. Art. 102 AEUV darstellen; dieser kann allerdings durch Kosteneinsparung gerechtfertigt werden. Die Aufnahme einer Eigenproduktion ist im Übrigen noch kein „anormaler Wettbewerbsvorgang“, der einen Missbrauchsvorwurf begründen könne.[652] **157**

Die Kommission wies außerdem Anfang der 1990er Jahre Beschwerden verschiedener britischer Bergwerkvereinigungen, welche die Lieferung von Kraftwerkskohle betrafen, teilweise zurück.[653] Führende englische und walisische Elektrizitätsgesellschaften hatten im Rahmen von Kohlelieferverträgen mit kleinen Grubenunternehmen deutlich ungünstigere Preise und Konditionen vereinbart als die, die großen Förderunternehmen eingeräumt wurden. Außerdem mussten die kleinen an die großen Gruben Förderabgaben für die von ihnen abgebaute Kohle zahlen. Aufgrund der Intervention der Kommission, in der sie feststellte, dass die Elektrizitätswerke zusammen eine beherrschende Stellung als Abnehmer von Kraftwerkskohle einnehmen und sowohl nach Art. 63 EGKS-Vertrag als auch nach Art. 82 EG (jetzt Art. 102 AEUV) keine diskriminierenden Bedingungen für die Kohleerzeuger vorsehen dürfen, boten die britischen Behörden neue Konditionen an, die neben einer Reduzierung der Förderabgaben eine Preisanhebung um mehr als 20% sowie Abnahmeverpflichtungen der Elektrizitätsgesellschaften beinhalteten. **158**

bb) Nachfrage durch Handelsunternehmen. Die zuvor dargestellten Erkenntnisse aus dem Bereich von Herstellerunternehmen sind grundsätzlich auch für den Einzel- **159**

---

[647] *Schröter/Bartl* in Schröter/Jakob/Klotz/Mederer Art. 102 Rn. 101.
[648] Hierzu grundlegend *Kessen* Automobilindustrie.
[649] Vgl. *Kessen* Automobilindustrie 64 f.
[650] Vgl. Komm., 3. Wettbewerbsbericht 1973 Rn. 68 f. (Eisenbahnmaterial).
[651] Komm., 19. Wettbewerbsbericht 1989, Rn. 61 (Filtrona–Tabacalera).
[652] So auch *Fuchs/Möschel* in Immenga/Mestmäcker Art. 102 Rn. 83.
[653] Komm., 21. Wettbewerbsbericht 1991, Rn. 107 (Kleine Kohlengruben im Vereinigten Königreich).

handelsbereich von Bedeutung. Während das Vorhandensein eines erheblichen vertikalen Verhaltensspielraums gegenüber den Lieferanten regelmäßig mit einem überragenden horizontalen Spielraum gegenüber den Mitnachfragern einhergeht, ist dies allerdings in einer Marktsituation, an der Handelsunternehmen beteiligt sind, nicht automatisch der Fall. Die Stärke der Nachfrageseite spielt auch im Rahmen der **Fusionskontrolle** bei der Beurteilung von Zusammenschlüssen zwischen Einzelhändlern eine zunehmende Rolle.[654]

160 In der Entscheidung *REWE/Meinl*[655] hat sich die Kommission umfassend zur Auswirkung von Nachfragemacht durch Handelsunternehmen geäußert und wichtige Aussagen getroffen. So könne die Ausübung von Nachfragemacht durchaus die Realisierung von Monopol- oder Oligopolgewinnen auf der Angebotsseite verhindern, wenn die **Lieferantenseite selbst sehr konzentriert** ist und die nachfragemächtigen **Käufer** auf ihren **eigenen Absatzmärkten wirksamem Wettbewerb ausgesetzt** und somit gezwungen sind, aufgrund der Nachfragemacht erzielte **Einkaufsvorteile** an ihre eigenen Abnehmer **weiterzureichen.** Dies zeige, dass die Ausübung von Nachfragemacht nicht per se als „gesamtwirtschaftlich nachteilig" anzusehen sei. [656] Die Kommission betonte aber auch, dass eine Weitergabe der erzielten Einkaufsvorteile nicht zu erwarten sei, wenn das nachfragemächtige Unternehmen auf seinem Absatzmarkt selbst über eine starke, vom Wettbewerb nicht mehr hinreichend kontrollierte Stellung verfüge.[657] Unabhängig von der Frage der gesamtwirtschaftlichen Auswirkungen von Nachfragemacht ist jedoch natürlich die missbräuchliche Ausnutzung einer marktbeherrschenden Stellung nach Art. 102 AEUV verboten.

161 Die Kommission erklärte in ihrer Entscheidung außerdem ausführlich die im Einzelhandel bestehende enge **Interdependenz zwischen** dem **Handelsmarkt** und dem **Beschaffungsmarkt.** „Die Marktanteile der Einzelhandelsunternehmen auf dem Handelsmarkt bestimmen ihr Einkaufsvolumen, das umso größer ist, je höher der Handelsmarktanteil des Einzelhändlers ist. Je größer das Einkaufsvolumen, desto günstiger sind in der Regel die Einkaufskonditionen, die dem Handelsunternehmen von seinen Lieferanten eingeräumt werden. Günstige Einkaufskonditionen können wiederum auf verschiedene Weise dazu genutzt werden, die Marktposition auf dem Handelsmarkt zu verbessern (z. B. durch internes oder externes Wachstum sowie durch gezielte gegen Wettbewerber gerichtete Niedrigpreisstrategien). Die verbesserte Position auf dem Handelsmarkt schlägt sich wiederum in einer weiteren Verbesserung der Einkaufskonditionen nieder usw. Diese Spirale führt zu einer immer **stärkeren Konzentration** sowohl **auf** den **Handels-** als auch den **Beschaffungsmärkten**."[658] Die Endverbraucher könnten von diesem Prozess aber nur solange profitieren, wie das nachfragemächtige Unternehmen aufgrund der Phase intensiven (Verdrängungs-) Wettbewerbs auf dem Handelsmarkt gezwungen ist, seine Einkaufsvorteile an die Verbraucher weiterzugeben. Ist auf dem Handelsmarkt eine Struktur erreicht, die zu einem deutlichen Nachlassen der Wettbewerbsintensität (d. h. Einzelmarktbeherrschung)

---

[654] Komm. E. v. 23.10.1999 – IV/M.1221, ABl. 1999 L 274/1 Rn. 21, 71 – REWE/Meinl; E. v. 11.12.1998 – IV/M.1303, ABl. 1998 C 385/5 Rn. 20 ff. – Adeg/Edeka; E. v. 14.2.1998 – IV/M.1071, ABl. 1998 C 49/13 unter Rs. IV C – Spar/Pro; E. v. 26.4.1997 – IV/M.784, ABl. 1997 L 110/53 Rn. 38 ff. – Kesko/Tuko; E. v. 27.8.1996 – IV/M.803, ABl. 1996 C 306/4 Rn. 19 ff. – REWE/Billa; vgl. in anderem Zusammenhang: E. v. 14.11.1995 – IV/M.603, ABl. 1996 L 75/38 Rn. 70–74 – Crown, Cork & Seal/Carnaud Metalbox.

[655] Komm. E. v. 23.10.1999 – IV/M.1221, ABl. 1999 L 274/1 – REWE/Meinl.

[656] Komm. E. v. 23.10.1999 – IV/M.1221, ABl. 1999 L 274/1 Rn. 71 – REWE/Meinl; so auch *Dobson/Waterson/Chu* Buyer Power S. 13 f.

[657] Komm. E. v. 23.10.1999 – IV/M.1221, ABl. 1999 L 274/1 Rn. 71 – REWE/Meinl.

[658] Komm. E. v. 23.10.1999 – IV/M.1221, ABl. 1999 L 274/1 Rn. 72 f. – REWE/Meinl; zu diesen Erkenntnissen kam auch das Bundeskartellamt in der Sektoruntersuchung Lebensmitteleinzelhandel, September 2014 – B2–15/11, http://www.bundeskartellamt.de/Sektoruntersuchung_LEH.pdf?__blob=publicationFile&v=7 (zuletzt abgerufen am 20.5.2015).

führt, sei das Handelsunternehmen nicht mehr zur Rücksicht auf die Endverbraucher mangels Ausweichmöglichkeiten dieser gezwungen.[659]

Sind die Ausweichoptionen starker Hersteller mit hohen Umsatzanteilen noch geringer als die der betroffenen Händler, können auch diese einer Verhandlungsmacht von Seiten ihrer Nachfrager ausgesetzt sein.[660] **162**

Nachfragemacht ist laut der Kommission außerdem entscheidend für die Erfolgsaussichten von Produktinnovationen, da Produkte, die von einem marktbeherrschenden Nachfrager nicht abgenommen werden, mangels alternativer Absatzmöglichkeiten praktisch keine Chance haben, den Endverbraucher zu erreichen.[661] **163**

cc) Nachfrage durch die öffentliche Hand. Die Nachfragestellung öffentlicher Anbietermonopole (z. B. Post, Bahn, Telekommunikation) ist die in der europäischen Praxis bedeutsamste Gruppe. So wies die Kommission z. B. nationale Eisenbahnunternehmen[662] darauf hin, dass sie als marktbeherrschende Käufer von Waren und Dienstleistungen denselben Verpflichtungen unterliegen wie auch umgekehrt als marktbeherrschende Lieferanten. Damit kann der Vorbehalt, Waren und Dienstleistungen ausschließlich von Unternehmen des eigenen Landes oder vom herkömmlichen Lieferanten zu beziehen, diskriminierend sein. **164**

In den *Leitlinien für die Anwendung der EG-Wettbewerbsregeln im Telekommunikationsbereich* hat die Kommission festgestellt, dass Art. 82 EG (jetzt Art. 102 AEUV) auch auf das Verhalten von Unternehmen anwendbar ist, die eine beherrschende Stellung auf dem Beschaffungsmarkt innehaben.[663] Monopolistische Telekommunikationsversorger können ihre marktbeherrschende Stellung möglicherweise missbrauchen, indem sie ihre beherrschende Käuferstellung zur Durchsetzung von im Vergleich zu anderen Abnehmern und Anbietern ungewöhnlich günstigen Preisen oder sonstigen Geschäftsbedingungen ausnutzen.[664] Eine weitere missbräuchliche Verhaltensweise kann darin bestehen, den Kauf von der Erteilung einer **Lizenz** des Lieferanten auf die Normen für das zu kaufende oder andere Produkte zugunsten des Käufers selbst oder anderer Lieferanten abhängig zu machen.[665] **165**

Ein spezieller Anwendungsfall eines Missbrauchs von Nachfragemacht sind sog. **koordinierte Sperren bei der öffentlichen Auftragsvergabe,** wodurch einzelne Unternehmen wegen ihrer Beteiligung an Gesetzesverstößen (z. B. Wettbewerbsabsprachen, Bestechung oder illegaler Beschäftigung) von der zukünftigen Vergabe öffentlicher Aufträge ausgenommen werden sollen.[666] Die beherrschende Stellung der öffentlichen Hand bei der Vergabe öffentlicher Aufträge ergibt sich regelmäßig aus ihrem **unabhängigen Verhalten** gegenüber potentiellen oder aktuellen Bietern. Sie begegnet den genannten Verstößen – gestützt auf interne Vergaberichtlinien – mit vorsorglichen Auftragssperren, die unabhängig vom Bestehen eines gegenwärtigen Ausschlussgrundes und ohne Differenzierung nach der Art der zu vergebenden Aufträge für einen bestimmten Zeitraum gelten. Derartige Reaktionen privater Unternehmen wären grundsätzlich als nicht mehr gerechtfertigter Miss- **166**

---

[659] Komm. E. v. 23.10.1999 – IV/M.1221, ABl. 1999 L 274/1 Rn. 73 – REWE/Meinl.

[660] Bundeskartellamt, Sektoruntersuchung Lebensmitteleinzelhandel, September 2014 – B2–15/11, http://www.bundeskartellamt.de/Sektoruntersuchung_LEH.pdf?__blob=publicationFile&v=7 (zuletzt abgerufen am 20.5.2015).

[661] Komm. E. v. 23.10.1999 – IV/M.1221, ABl. 1999 L 274/1 Rn. 74 – REWE/Meinl.

[662] Komm., 20. Wettbewerbsbericht 1991, Rn. 115 (Memorandum an die Eisenbahnunternehmen).

[663] Komm., Leitlinien für die Anwendung der EG–Wettbewerbsregeln im Telekommunikationsbereich, ABl. 1991, C 233/2 Rn. 116.

[664] Komm., Leitlinien für die Anwendung der EG–Wettbewerbsregeln im Telekommunikationsbereich, ABl. 1991, C 233/2 Rn. 118.

[665] Komm., Leitlinien für die Anwendung der EG–Wettbewerbsregeln im Telekommunikationsbereich, ABl. 1991, C 233/2 Rn. 119.

[666] *Mestmäcker/Bremer* BB 1995, Beil. Nr. 19, 1 (19); *Fuchs/Möschel* in Immenga/Mestmäcker Art. 102 Rn. 84.

brauch einer marktbeherrschenden Stellung zu qualifizieren, weshalb auch für die öffentliche Hand nichts anderes gelten darf. Gleichermaßen zu bewerten ist eine öffentliche Auftragsvergabe nur noch an Bauunternehmen, die nach einem nicht allgemeinverbindlichen **Mindesttarif** bezahlen, da bei derartiger Regelung sogar Unternehmen „bestraft" werden können, die der Tarifbindung nicht unterliegen.[667]

167 **d) Die Durchsetzungsprioritäten der Kommission zur Marktbeherrschung.** Die Kommission veröffentlichte im Jahr 2009 Erläuterungen ihrer Durchsetzungsprioritäten bei der Anwendung von Art. 102 AEUV auf Behinderungsmissbräuche (Prioritätenmitteilung).[668] In diesen geht die Kommission grundsätzlich von der **gleichen Marktmachtdefinition wie der EuGH** seit der Rechtssache *United Brands*[669] aus.[670] Danach ist mit einer marktbeherrschenden Stellung eine wirtschaftliche Machtstellung eines Unternehmens gemeint, „die dieses in die Lage versetzt, die Aufrechterhaltung eines wirksamen Wettbewerbs auf dem relevanten Markt zu verhindern, indem sie ihm die Möglichkeit verschafft, sich seinen Wettbewerbern, seinen Abnehmern und letztlich den Verbrauchern gegenüber in einem nennenswerten Umfang unabhängig zu verhalten".[671] Allerdings scheint die Kommission, indem sie das Kriterium der Unabhängigkeit in den Vordergrund stellt und auf das Potential zur Verhinderung des Wettbewerbs nicht eingeht, dem Ansatz des *more economic approach* entsprechend, den Fokus auf die Verbraucherwohlfahrt zu richten[672] und von einer etwas engeren Definition auszugehen.[673] Die Kommission geht davon aus, dass grundsätzlich ein zu geringer Wettbewerbsdruck zu einer Marktbeherrschung führt. Zugleich weist sie aber auch darauf hin, dass eine marktbeherrschende Stellung aus einer Kombination verschiedener Faktoren abgeleitet werden kann, die für sich allein nicht ausschlaggebend sein müssen.[674] Nach der Kommission kann von einem Mangel an ausreichendem Wettbewerbsdruck und damit einer marktbeherrschenden Stellung ausgegangen werden, wenn ein Unternehmen über einen längeren Zeitraum seine Preise gewinnbringend auf ein Niveau über dem Wettbewerbspreis erhöhen kann. Wobei „Preise erhöhen" auch das Beibehalten von Preisen und die Beeinflussung weiterer Wettbewerbsparameter zugunsten des Unternehmens umfasst.[675]

168 Insbesondere sollen zur Bestimmung der Marktbeherrschung die Wettbewerbsstruktur und dabei die nachfolgenden Kriterien entscheidend sein: Marktstellung des betroffenen Unternehmens und seiner Wettbewerber, drohende Expansion und Markteintritte und Nachfragemacht.

169 Die Prioritätenmitteilung gilt offiziell allein für **Fälle des Behinderungsmissbrauchs.** Jedoch darf angenommen werden, dass die Aussagen zur Marktbeherrschung auch Geltung für andere Arten des Missbrauchs haben.[676] Außerdem wird konkret darauf hingewiesen, dass auch „[u]nmittelbar verbraucherschädigendes Verhalten" einen Verstoß gegen Art. 102 AEUV darstellt.[677]

170 **aa) Marktstellung des betroffenen Unternehmens und seiner Wettbewerber.** Auch in der Prioritätenmitteilung sieht die Kommission die Marktanteile als ein wichtiges

---

[667] *Fuchs/Möschel* in Immenga/Mestmäcker Art. 102 Rn. 84.

[668] Prioritätenmitteilung der Kommission, ABl. 2009 C 45/7.

[669] EuGH Urt. v. 14.2.1978 – 27/76, Slg.1978, 207 Rn. 65 – United Brands.

[670] Siehe dazu Prioritätenmitteilung der Kommission, ABl. 2009 C 45/7, Rn. 10 ff.; *Jung* in Grabitz/Hilf/Nettesheim Art. 102 Rn. 111; *Schröter/Bartl* in Schröter/Jakob/Klotz/Mederer Art. 102 Rn. 121.

[671] Prioritätenmitteilung der Kommission, ABl. 2009 C 45/7 Rn. 10.

[672] *Schröter/Bartl* in Schröter/Jakob/Klotz/Mederer Art. 102 Rn. 121; *Fuchs/Möschel* in Immenga/Mestmäcker Art. 102 Rn. 79.

[673] *Bulst* in Langen/Bunte Art. 102 Rn. 71; *Jung* in Grabitz/Hilf/Nettesheim Art. 102 Rn. 112.

[674] Prioritätenmitteilung der Kommission, ABl. 2009 C 45/7 Rn. 10.

[675] Prioritätenmitteilung der Kommission, ABl. 2009 C 45/7 Rn. 11.

[676] Vgl. *Schröter/Bartl* in Schröter/Jakob/Klotz/Mederer Art. 102 Rn. 121.

[677] Vgl. *Bulst* in Langen/Bunte Art. 102 Rn. 17.

Indiz für eine Marktbeherrschung an. Zugleich macht sie aber deutlich, dass auch die Wettbewerbsbedingungen und dabei vor allem die Dynamik des Marktes und die Produktdifferenzierung **zu beachten** sind. Ebenso könnte bei Ausschreibungsmärkten und volatilen Märkten auch die längerfristige Entwicklung berücksichtigt werden.[678] Eine Grenze, ab wann eine Marktbeherrschung vermutet wird, stellt die Kommission nicht auf. Dagegen sei eine Beherrschung unwahrscheinlich bei Marktanteilen unter 40%, wobei besondere Umstände eintreten könnten, die eine Marktbeherrschung auch in diesem Fall begründen könnten.[679] Außerdem sei das Vorliegen einer Marktbeherrschung umso wahrscheinlicher, je höher die Marktanteile sind und je länger diese gehalten werden können.[680]

bb) Drohende Expansion und Markteintritte. Nach der Kommission sind auch die **Auswirkungen** tatsächlicher oder drohender Expansionen und Markteintritte der Wettbewerber für die Beurteilung des herrschenden Wettbewerbsdrucks **entscheidend.** Ein Unternehmen kann durchaus davon abgehalten werden, seine Preise zu erhöhen, wenn die Expansion bzw. ein Markteintritt eines Wettbewerbers wahrscheinlich, absehbar und ausreichend ist. Dabei geht sie davon aus, dass eine Expansion bzw. ein Markteintritt wahrscheinlich ist, wenn dieses Verhalten genügend Gewinne verspricht. Absehbarkeit liegt vor, wenn die Expansion bzw. der Markteintritt so schnell passieren, dass eine Reaktion durch Ausspielen der Marktmacht uninteressant oder unmöglich wird. Ausreichend ist eine Expansion bzw. ein Markteintritt dann, wenn sie in einem so großen Umfang stattfinden, dass jeglichen eventuellen Versuchen des Unternehmens, die Preise auf dem relevanten Markt zu erhöhen, entgegengewirkt wird.[681] Die Kommission geht ferner auf verschiedene Expansions- und Markteintrittshindernisse ein.[682] 171

cc) Nachfragemacht. Die Kommission geht auch auf den Wettbewerbsdruck durch Abnehmer ein. Die Nachfragemacht richtet sich laut der Prioritätenmitteilung nach der Größe und wirtschaftlichen Bedeutung für das Unternehmen, der Wechselfähigkeit, der Fähigkeit, Markteintritte zu fördern und vertikale Integration zu betreiben bzw. damit zu drohen. Ist nur ein bestimmtes oder begrenztes Kundensegment vor der Marktmacht beschützt, kann dies **nicht als ausreichender Wettbewerbsdruck** angesehen werden.[683] 172

dd) Bindung. Im Zusammenhang mit der Prioritätenmitteilung stellt sich zwangsläufig die Frage, wie bindend diese ist. Die Mitteilung besitzt insbesondere das Ziel, **Klarheit und Vorhersehbarkeit** bezüglich der Entscheidungen der Kommission, einem möglichen Behinderungsmissbrauch nachzugehen, zu schaffen. Dabei wird weder die Rechtslage dargestellt, noch soll der Rechtsprechung der Unionsgerichte vorgegriffen werden.[684] 173

Die Durchsetzungsprioritäten bewirken jedoch eine Selbstbindung der Kommission in Fällen von Ermessensspielräumen und dabei insbesondere hinsichtlich des Aufgreifermessens, aber auch hinsichtlich des methodischen Vorgehens bei der kartellrechtlichen Prüfung.[685] Diese Wirkung kann insbesondere auf die Rechtsprechung zu den Bußgeldleitlinien der Kommission gestützt werden.[686] Danach stellt eine solche interne Maßnahme eine Verhaltensnorm dar, „die einen Hinweis auf die zu befolgende Verwaltungspraxis enthält und von der die Verwaltung im Einzelfall nicht ohne Angabe von Gründen abweichen

678 Prioritätenmitteilung der Kommission, ABl. 2009 C 45/7 Rn. 13.
679 Prioritätenmitteilung der Kommission, ABl. 2009 C 45/7 Rn. 14.
680 Prioritätenmitteilung der Kommission, ABl. 2009 C 45/7 Rn. 15.
681 Prioritätenmitteilung der Kommission, ABl. 2009 C 45/7 Rn. 16.
682 Prioritätenmitteilung der Kommission, ABl. 2009 C 45/7 Rn. 17.
683 Prioritätenmitteilung der Kommission, ABl. 2009 C 45/7 Rn. 18.
684 Prioritätenmitteilung der Kommission, ABl. 2009 C 45/7 Rn. 2f.
685 *Fuchs/Möschel* in Immenga/Mestmäcker Art. 102 Rn. 14f.; *Bulst* in Langen/Bunte Art. 102 Rn. 24ff.
686 Vgl. und ausführlich zur Ausübung des Ermessens *Bulst* in Langen/Bunte Art. 102 Rn. 26ff.; *Fuchs/Möschel* in Immenga/Mestmäcker Art. 102 Rn. 15.

kann".[687] Der Kommission bleibt es aber vorbehalten, einem Sachverhalt mangels hinreichenden Unionsinteresses nicht näher nachzugehen.[688]

174 Die Durchsetzungsprioritäten binden jedoch weder nationale Wettbewerbsbehörden noch nationale Gerichte im Rahmen der privaten Durchsetzung oder im Rahmen von Verwaltungssachen.[689] Sie können jedoch **Einfluss** auf diese durch das Europäische Netzwerk der Wettbewerbsbehörden (ECN) erlangen.[690] Zugleich können die Durchsetzungsprioritäten aber sehr wohl faktisch die Rechtsprechung der Unionsgerichte und der nationalen Gerichte sowie die Praxis nationaler Kartellbehörden beeinflussen. Denn es liegt nahe, dass die Unionsgerichte einzelne Kriterien und Teile des Prüfungsrahmens der Kommission übernehmen und damit auch eine indirekte Ausstrahlungswirkung hinsichtlich der nationalen Gerichte und Behörden entsteht.[691]

175 Die Durchsetzungsprioritäten gelten grundsätzlich allein für solche Fälle, zu denen noch kein förmliches Prüfverfahren im Zeitpunkt der Veröffentlichung dieser eingeleitet worden war.[692] Wobei die Kommission auch bereits in früheren Entscheidungen ökonomische Gesichtspunkte und die Wirkung eines Verhaltens für die Bewertung einer Verhaltensweise mitberücksichtigt hat.[693]

3. Beherrschung des Gemeinsamen Marktes oder eines wesentlichen Teils desselben

176 Das Missbrauchsverbot des Art. 102 AEUV ist nur anwendbar, wenn sich die beherrschende Stellung auf den Binnenmarkt oder einen wesentlichen Teil davon erstreckt, während dies für den Missbrauch an sich nicht gilt.

177 In geographischer Hinsicht umfasst der Gemeinsame Markt die Gesamtheit der in Art. 52 EUV i. V. m. Art. 355 AEUV aufgeführten Gebiete der einzelnen Mitgliedstaaten.[694] Ob im Einzelfall Marktbeherrschung auf mindestens einem **wesentlichen Teil** des Binnenmarktes vorliegt, ist maßgeblich danach zu beurteilen, inwiefern und in welchem Umfang sich der festgestellte relevante Produkt- oder Dienstleistungsmarkt auf Gebiete der Mitgliedstaaten erstreckt. Da es vergleichsweise selten vorkommt, dass ein oder mehrere Unternehmen eine beherrschende Stellung auf dem gesamten Binnenmarkt einnehmen,[695] liegt in der Praxis das Hauptaugenmerk auf der Frage, ob der relevante Markt, auf dem Marktbeherrschung festgestellt wurde, einen **wesentlichen Teil** des Binnenmarktes bildet.

---

687 EuGH Urt. v. 28.6.2005 – verb. Rs. C-189/02 P, C-202/02 P, C-205/02, P – C-208/02 P, C-213/02 P, Slg. 2005, I-5425 Rn. 209 – Dansk Rørindustri.

688 Vgl. *Bulst* in Langen/Bunte Art. 102 Rn. 27 f.; *Fuchs/Möschel* in Immenga/Mestmäcker Art. 102 Rn. 15.

689 *Fuchs/Möschel* in Immenga/Mestmäcker Art. 102 Rn. 16; *Bulst* in Langen/Bunte Art. 102 Rn. 24.

690 Vgl. *Bulst* in Langen/Bunte Art. 102 Rn. 24.

691 Mehr dazu *Bulst* in Langen/Bunte Art. 102 Rn. 25; *Fuchs/Möschel* in Immenga/Mestmäcker Art. 102 Rn. 16 f.

692 Komm. Pressemitteilung v. 3.12.2008, MEMO/08/761, Rn. 7; Komm. E. v. 13.5.2009 – COMP/37.990, Rn. 916 – Intel; *Fuchs/Möschel* in Immenga/Mestmäcker Art. 102 Rn. 18.

693 Komm. E. v. 13.5.2009 – COMP/37.990, Rn. 916 – Intel; Komm. E. v. 29.3.2006 – COMP/E-1/38.113, ABl. 2008 C 219/11 (Zusammenfassung) – Prokent/Tomra; *Fuchs/Möschel* in Immenga/Mestmäcker Art. 102 Rn. 18.

694 Vgl. *Bulst* in Langen/Bunte Art. 102 Rn. 79.

695 EuGH Urt. v. 6.3.1974 – verb. Rs. 6/73 und 7/73, Slg. 1974, 223 Rn. 9 ff. (18) – Commercial Solvents/Kommission; Urt. v. 13.2.1979 – 85/76, Slg. 1979, 461 Rn. 22 i. V. m. 79 – Hoffmann-La Roche; Komm E. v. 14.12.1985 – IV/30.698, ABl. 1985 L 374/1 Rn. 71 – ECS/AKZO; E. v. 22.12.1987 – IV/30.787 und 31.488, ABl. 1988 L 65/19, 31 Rn. 70 – Eurofix-Bauco/Hilti; E. v. 21.12.1988 – IV/30.979 und 31.394, ABl. 1989 L 43/27, 40 Rn. 90 ff. – Decca Navigator System; E. v. 26.7.1988 – IV/31.043, ABl. 1988 L 272/27 Rn. 41 i. V. m. 44 – Tetra Pak I; 5. Wettbewerbsbericht 1975, Ziff. 33 – Brasilianisches Kaffeeinstitut (hier vorausgesetzt).

Ein Gebiet ist dann als wesentlich zu qualifizieren, wenn es für die Verwirklichung der Ziele der Europäischen Verträge von hinreichender Bedeutung ist, wobei vor allem Struktur sowie der Umfang der Produktion und des Verbrauchs des betreffenden Erzeugnisses sowie die Gewohnheiten und wirtschaftlichen Möglichkeiten von Anbietern und Kunden zu berücksichtigen sind.[696] Insbesondere kommt es auf die wirtschaftliche Bedeutung des Teilmarktes für den Gesamtmarkt und weniger auf dessen räumliche Größe an.[697] Wesentliche Teile des Binnenmarktes sind mehrere Mitgliedstaaten zusammen,[698] aber auch einzelne Mitgliedstaaten.[699] Selbst Teile eines Mitgliedstaates[700] oder sogar einzelne Städte[701] können in Einzelfällen einen wesentlichen Teil des Binnenmarktes ausmachen, sofern sie unter Zugrundelegung der o.g. Kriterien von hinreichender Bedeutung sind. Nationale Vorschriften schaffen durch das Nebeneinanderstellen territorial begrenzter Monopole, die in ihrer Gesamtheit das gesamte Gebiet eines Mitgliedstaats erfassen, eine beherrschende Stellung der jeweiligen Gebietsmonopolisten auf einem wesentlichen Teil des Binnenmarktes.[702]

IV. Missbräuchliche Ausnutzung

Unabhängig vom Einzelfall definiert der Gerichtshof das Tatbestandsmerkmal der missbräuchlichen Ausnutzung einer marktbeherrschenden Stellung in seinen neueren Entscheidungen als **objektiven Begriff,** „der solche Verhaltensweisen eines Unternehmens in beherrschender Stellung erfasst, die die Struktur eines Marktes beeinflussen können, auf dem der Wettbewerb gerade wegen der Präsenz des fraglichen Unternehmens bereits geschwächt ist, und die zur Folge haben, dass die Aufrechterhaltung des auf dem Markt noch 178

[696] EuGH Urt. v. 16.12.1975 – verb. Rs. 40 bis 48, 50, 54 bis 56, 111, 113 und 114/73, Slg. 1975, 1663 Rn. 371/372 – Suiker Unie.

[697] *Bulst* in Langen/Bunte Art. 102 Rn. 79; *Eilmansberger/Bien* in MüKoEUWettbR Art. 102 AEUV Rn. 126.

[698] EuGH Urt. v. 16.12.1975 – verb. Rs. 40 bis 48, 50, 54 bis 56, 11, 113 und 114/72, Slg. 1975, 1663 Rn. 375 – Suiker Unie, bzgl. Belgien und Luxemburg; Urt. v. 14.2.1978 – 27/76, Slg. 1978, 207 Rn. 36/38 – United Brands, bzgl. aller Mitgliedstaaten außer Frankreich, Italien und Großbritannien; Komm E. v. 2.1.1973 – IV/26.918, ABl. 1973 L 140/17, 38 – Europäische Zuckerindustrie; 17.12.1975 – IV/26.699, ABl. 1976 L 95/1, 12 – Chiquita.

[699] **Bundesrepublik Deutschland:** EuGH Urt. v. 2.3.1983 – 7/82, Slg. 1983, 483 Rn. 44f. – GVL; Komm E. v. 6.2.1971 – IV/26.760, ABl. 1971 L 134/15 – GEMA I; 21; 29.10.1981 – IV/29.839, ABl. 1981 L 370/49 Rn. 45 – GVL; **Belgien:** EuGH Urt. v. 13.11.1975 – 26/75, Slg. 1975, 1367 Rn. 7/9 – General Motors; 13.12.1991 – C–18/88, Slg. 1991, I–5973 Rn. 17 – GB-INNO-BM; Komm E. v. 7.10.1981 – IV/29.491, ABl. 1981, L 353/33 Rn. 34 – Michelin; E. v 4.11.1988 – IV/32.318, ABl. 1988 L 317/47 Rn. 16 – London European-SABENA; **Frankreich:** EuGH Urt. v. 5.10.1988 – C-247/86, Slg. 1988, 5987 Rn. 12ff. – Alsatel/SA Novasam; **Griechenland:** EuGH Urt. v. 18.6.1991 – C-260/89, Slg. 1991, I-2925 Rn. 31 – ERT; **Italien:** EuGH Urt. v. 10.12.1991 – C-179/90, Slg. 1991, I-5923 Rn. 15 – Merci Convenzionali Porto de Genova SpA/Siderurgica Gabrielli; **Niederlande:** v. 9.11.1983 – 322/81, Slg. 1983, 3461 Rn. 28 – Michelin; **Spanien:** Komm E. v. 1.8.1990 – 90/456/EWG, ABl. 1990 L 233/19 Rn. 8 – Spanische Eilkuriere.

[700] **Süddeutschland** im Fall *Südzucker* des EuGH Urt. v. 16.12.1975 – verb. Rs. 40 bis 48, 50, 54 bis 56, 111, 113 und 114/73, Slg. 1975, 1663 Rn. 441–451 – Suiker Unie; **Rheinland-Pfalz** EuGH Urt. v. 25.10.2001 – C-475/99, Slg. 2001, I-8137 Rn. 38 – Ambulanz Glöckner/Landkreis Südwestpfalz; **Großbritannien (Vereinigtes Königreich ohne Nordirland)** EuGH Urt. v. 11.11.1986 – C-226/84, Slg. 1986, 3263 Rn. 4–10 – British Leyland; Komm E. v. 5.12.1988 – IV/31.900, ABl. 1989 L 10/50 Rn. 113 – BPB Industries.

[701] **Genua (Hafen)** EuGH Urt. v. 10.12.1991 – C-179/90, Slg. 1991, I-5923 Rn. 15 – Merci Conventionali Porto di Genova/Siderurgica Gabrielli; Urt. v. 17.5.1994 – C-18/93, Slg. 1994, I-1783 Rn. 41 – Corsica Ferries; **Brüssel und London (Flughäfen)** Komm. E. v. 26.2.1992 – IV/33.544, ABl. 1992 L 96/34 Rn. 17 – British Midland/Air Lingus; E. v. 28.6.1995 – 95/364/EG, ABl. 1995 L 216/8, 10 Rn. 10 – British Midland/Zaventem.

[702] EuGH Urt. v. 5.10.1994 – C-323/93, Slg. 1994, I-5077 Rn. 17 – Centre d'insémination de la Crespelle.

bestehenden Wettbewerbs oder dessen Entwicklung durch den Einsatz von Mitteln behindert wird, die von den Mitteln eines normalen Produkt- oder Dienstleistungswettbewerbs auf der Grundlage der Leistung der Wirtschaftsteilnehmer abweichen."[703] Im Folgenden sind die Hauptformen des Missbrauchs dargestellt, die zum Teil an die ausdrücklichen verbotenen Praktiken in den Regelbeispielen des Art. 102 Satz 2 AEUV anschließen.

1. Hauptformen des Missbrauchs

179 **a) Preis- und Konditionenmissbrauch (Ausbeutungsmissbrauch). aa) Das Konzept der Preishöhenaufsicht.** Art. 102 Satz 2 Buchst. a AEUV verbietet dem marktbeherrschenden Unternehmen die „unmittelbare oder mittelbare Erzwingung von unangemessenen Verkaufspreisen". Grundsätzlich eröffnet der AEUV den Kartellbehörden somit die Möglichkeit einer Preishöhenaufsicht und damit die Kompetenz, in Einzelfällen **Preissenkungen** durchzusetzen. Rechtspolitische Vorbilder bestanden im **öffentlichen Preisrecht,** das zum Zeitpunkt des Inkrafttretens der Römischen Verträge noch in vielen Mitgliedstaaten verbreitet war. Wenig diskutiert ist jedoch die ökonomische Rechtfertigung einer wettbewerbsbehördlichen Preiskontrolle. Angesichts der in der Vergangenheit nur sehr vereinzelt nach Art. 102 AEUV geführten Preishöhenmissbrauchsverfahren scheint sich die ordnungspolitische Einsicht durchgesetzt zu haben, dass sich Art. 102 AEUV nicht als Instrument einer allgemeinen Preisaufsicht zum Schutze der **Verbraucherinteressen** eignet. Dies gilt mit Einschränkungen auch für die Aufsicht über das Preisverhalten staatlich geschützter Monopolanbieter oder ehemaliger Monopolisten. Hier bestehen speziellere Mechanismen der **Preisregulatorik** nach nationalem Recht, die offenbar für leistungsfähiger gehalten werden als eine allgemeine Preisaufsicht durch die Kartellbehörden.

180 Auch als Instrument der Wettbewerbspolitik ist die Sinnhaftigkeit einer kartellrechtlichen Preishöhenkontrolle nicht unbestritten. Vor allem *Möschel/Fuchs*[704] haben überzeugend geltend gemacht, dass behördlich erzwungene Preissenkungen zwar kurzfristig für die Verbraucher attraktiv sein mögen, im Hinblick auf den Restwettbewerb und das **Marktzutrittsverhalten von Newcomern** jedoch eher nachteilige Wirkungen haben. Denn behördlich erzwungene Preisherabsetzungen können weniger ressourcenstarke kleine Anbieter leicht aus dem Markt drängen und den markteintrittswilligen Newcomer wegen der geringeren Erlösaussichten unter Umständen von einem Wettbewerbsvorstoß abhalten.[705] In Deutschland hat die wettbewerbsökonomische Auseinandersetzung um die **„Preishöhenkontrolle als Notbehelf"** inzwischen sogar Eingang in die Rechtsprechung gefunden.[706] Eine vergleichbare Diskussion auf EU-Ebene besteht dagegen nicht.

181 Die **Kommissionspraxis** lässt sich allerdings dahingehend deuten, dass abgesehen von gelegentlichen Preishöhenkontrollverfahren in **neu liberalisierten Märkten**[707] eine allgemeine Preishöhenaufsicht nicht stattfindet. In ihrem 24. Wettbewerbsbericht hat die Kommission diese Politik mit folgenden Worten umschrieben:[708] „In ihrer Entscheidungspraxis kontrolliert die Kommission jedoch gewöhnlich nicht hohe Preise als solche oder verurteilt sie. Vielmehr prüft sie das Verhalten des marktbeherrschenden Unternehmens bei

---

[703] EuGH Urt. v. 19.4.2012 – C-549/10 P Rn. 17 m. w. N. – Tomra/Kommission; Urt. v. 6.12. 2012 – C-457/10 P Rn. 74 m. w. N. – AstraZeneca/Kommission. Diese Formulierung ist nur leicht abgewandelt von der ursprünglichen Definition in der Entscheidung Hoffmann-La Roche EuGH Urt. v. 13.2.1979 – 85/76, Slg. 1979, 461 Rn. 91 auf welche die Urteile auch verweisen.

[704] *Möschel/Fuchs* in Immenga/Mestmäcker Art. 102 Rn. 170 f.

[705] In diesem Sinne auch *Sedemund* in BeckPostG § 20 Rn. 58.

[706] KG WuW/E DE-R 124, 129 – Flugpreis Berlin-Frankfurt/M.; nicht aufgegriffen in BGH WuW/E DE-R 375 – Flugpreisspaltung.

[707] 28. Wettbewerbsbericht 1998, Rn. 79 ff.: Erhebungen über die Preise im Telekommunikationssektor (Mobiltelefongebühren, Entgelte für die Zusammenschaltung von Fest- und Mobiltelefonnetzen, Gebühren für die Übertragung von Auslandsgesprächen).

[708] 24. Wettbewerbsbericht 1994, Rn. 207.

dem Bemühen, seine Position zu behalten. Dieses Verhalten richtet sich gewöhnlich unmittelbar gegen Wettbewerber oder neu in den Markt eintretende Unternehmen, die normalerweise wirksamen Wettbewerb herstellen und ein entsprechendes Preisniveau einführen würden." In der Prioritätenmitteilung aus dem Jahr 2009 weist die Kommission aber ausdrücklich daraufhin, dass auch unmittelbar verbraucherschädigendes Verhalten wie überhöhte Preise einen Verstoß gegen Art. 102 AEUV darstellen kann. Ferner wird klargestellt, dass die Kommission entscheiden kann, in einer solchen Situation tätig zu werden, insbesondere wenn der Schutz der Verbraucher und das reibungslose Funktionieren des Binnenmarktes nicht anders gewährleistet werden kann.[709] Aus der Tatsache, dass sich die Prioritätenmitteilung sonst ausschließlich mit Behinderungsmissbräuchen beschäftigt, ist aber die weiterhin bestehende Zurückhaltung der Kommission hinsichtlich einer Preishöhenaufsicht zu erkennen. Dementsprechend konzentrieren sich die Verfahren, in denen die Kommission die Höhe eines bestimmten Entgeltes oder Preises beanstandet, auf Fälle des **Diskriminierungsmissbrauches,** in denen ein marktbeherrschendes Unternehmen gegenüber vergleichbaren Kunden oder in vergleichbaren Abnehmermärkten stark abweichende Preise in Rechnung stellt.[710] Von der Kommission erfolgreich durchgeführte Preishöhenkontrollverfahren sind daher in der Praxis selten geblieben.[711]

Da die **Feststellung eines Preishöhenmissbrauchs** nach Art. 102 AEUV voraussetzt, **182**
dass der von dem marktbeherrschenden Anbieter geforderte Preis „im Vergleich zu dem wirtschaftlichen Wert der erbrachten Leistung stark überhöht"[712] ist, konzentriert sich die Schwierigkeit der Rechtsanwendung auf die Feststellung des **wettbewerbsrechtlich noch angemessenen und daher hinnehmbaren Preises.** Ausgangspunkt der Prüfung ist die Frage, ob das marktbeherrschende Unternehmen Preise gefordert hat, die es bei normalem und hinreichend wirksamem Wettbewerb nicht hätte durchsetzen können.[713] Vergleichsmaßstab ist daher grundsätzlich die Preissituation in einem hypothetischen Markt ohne Wettbewerbsstörungen (**Als-ob-Wettbewerb** nach dem sog. **Vergleichsmarktkonzept**).[714] Gleichwohl spielt in der nicht sehr einheitlichen Praxis[715] der Kommission das Vergleichsmarktkonzept, das im deutschen Kartellrecht weiterhin vorherrschend ist,[716] eine nur untergeordnete Rolle. Vielmehr kamen in den ersten Anwendungsfällen der Preishöhenkontrolle nach Art. 102 AEUV (*General Motors*[717] und *United Brands*[718]) die sog. **Gewinnbegrenzungsmethode** zur Anwendung, das heißt die Prüfung, ob ein Preis im Verhältnis zu den **Gestehungskosten** des fraglichen Erzeugnisses unverhältnismäßig hoch ist. Der EuGH erkannte die Gewinnbegrenzungsmethode grundsätzlich als geeignet an, ließ jedoch daneben auch andere von der „wirtschaftswissenschaftlichen Theorie" entwickelte Methoden zur Bestimmung der Kriterien eines angemessenen Preises zu.

Da die Methode der Gewinnbegrenzung selbst jedoch noch keine praktikablen Kriterien **183**
für die Bestimmung des **„justum pretium"**[719] bietet, tritt in den meisten Fällen der Kommissions- und Rechtsprechungspraxis die sog. **Preisspaltungsmethode** hinzu, der zufolge ein starker Unterschied zwischen den von einem Unternehmen für dasselbe Pro-

---

[709] Prioritätenmitteilung der Kommission, ABl. 2009 C 45/2 Rn. 7.

[710] Z. B. die Tarifpolitik der Deutschen Bundesbahn, 24. Wettbewerbsbericht 1994, Rn. 210; bestätigt durch EuGH Urt. v. 27.4.1999 – C-436/97 P, Slg. 1999, I-2387 – Deutsche Bahn/Kommission.

[711] *Faull/Nikpay* Competition Rn. 4.826 ff.

[712] EuGH Urt. v. 13.11.1975 – 26/75, Slg. 1975, 1367 Rn. 15/16 – General Motors.

[713] EuGH Urt. v. 14.2.1978 – 27/76, Slg. 1978, 207 Rn. 248/257 – United Brands.

[714] *Schröter/Bartl* in Schröter/Jakob/Klotz/Mederer Art. 102 Rn. 197.

[715] Eine kritische Diskussion der einzelnen Methoden findet sich in den Schlussanträgen des Generalanwaltes *Jacobs* v. 26.5.1989 zu C-395/87, Slg. 1989, 2553 ff. – Ministère public/Tournier.

[716] *Nothdurft* in Langen/Bunte § 19 GWB Rn. 105 ff.

[717] EuGH Urt. v. 13.11.1975 – 26/75, Slg. 1975, 1367 – General Motors; Urt. v. 11.12.2008 – C-52/07, Slg. 2008, I-9275 Rn. 28 – Kanal 5/STIM.

[718] EuGH Urt. v. 14.2.1978 – 27/76, Slg. 1978, 207 – United Brands.

[719] Vgl. die zutreffende Kritik von *Fuchs/Möschel* in Immenga/Mestmäcker Art. 102 Rn. 176.

dukt in unterschiedlichen (räumlichen) Abnehmermärkten geforderten Entgelten eine missbräuchliche Überhöhung des jeweils höheren Preises indiziert.[720] In der Sache kombiniert die Preisspaltungsmethode die Kriterien der räumlichen und sachlichen Vergleichsmarktmethode.

184 **bb) Das Konzept der Gewinnbegrenzung.** In dem ersten Anwendungsfall dieses Modells hatte die Kommission *General Motors Continental*[721] vorgeworfen, ihre in Belgien bestehende marktbeherrschende Stellung dadurch missbräuchlich ausgenutzt zu haben, dass sie von unabhängigen Händlern, die als **Parallelimporteure** *Opel*-Fahrzeuge aus dem Ausland nach Belgien eingeführt hatten, in fünf Fällen für technische Kontrollen und für den Verwaltungsaufwand im Zusammenhang mit der Erteilung einer nach belgischem Recht vorgeschriebenen Übereinstimmungsbescheinigung einen **„weit überhöhten Preis"** verlangt hatte. Die Kommission rechtfertigte diese Feststellung damit, dass *General Motors* in anderen Fällen für die vergleichbare Dienstleistung sehr viel geringere Gebühren verlangt hatte. Aus diesen Umständen hatte die Kommission den Schluss gezogen, dass der von *General Motors* in den fünf beanstandeten Kontrollfällen geforderte Preis in einem **„außergewöhnlich hohen Missverhältnis"** zu den tatsächlichen Kosten gestanden habe. Die beanstandeten Preise lagen nach dem Sachbericht des späteren Urteils[722] um mindestens 500% über dem Vergleichspreis. Auf die Klage von *General Motors* hin hob der Gerichtshof die Kommissionsentscheidung jedoch auf, weil die Klägerin nachweisen konnte, dass die hohe Kontrollgebühr nur während eines sehr kurzen Zeitraums erhoben und den betroffenen Kunden noch vor der Einleitung des Kommissionsverfahrens erstattet worden war. Allerdings bestätigte der Gerichtshof die Auffassung der Kommission insoweit, als auch nach seiner Auffassung die in den streitigen fünf Fällen erhobene Gebühr „im Vergleich zu dem wirtschaftlichen Wert der erbrachten Leistung stark überhöht war."[723] Angesichts der äußerst geringfügigen wirtschaftlichen Bedeutung des Ausgangssachverhalts lässt sich dieses Verfahren wohl nur durch die bereits damals von der Kommission verfolgte Politik erklären, Beschränkungen des Parallelimportes im Binnenmarkt mit allen Mitteln zu unterbinden. Für andere Verfahren verwertbare Anhaltspunkte für die konkrete Bestimmung eines „stark überhöhten" Preises bieten jedoch weder die Kommissionsentscheidung noch das Urteil des Gerichtshofes.

185 In der im Jahre 1975 erlassenen *United-Brands*-Entscheidung[724] beanstandete die Kommission, dass die von United Brands Company in verschiedenen Mitgliedstaaten der Gemeinschaft berechneten Preise für Bananen erheblich voneinander abwichen, im Verhältnis zwischen Irland und Dänemark sogar um 138%, ohne dass diese **Preisunterschiede durch unterschiedliche Vermarktungs- oder Transportkosten** gerechtfertigt waren. Die Kommission stellte daher fest, dass die von United Brands in insgesamt drei Mitgliedstaaten geforderten Preise für Bananen unangemessen hoch gewesen seien und somit zu einem „im Vergleich zum wirtschaftlichen Wert der Gegenleistung **übertriebenen Gewinn**" geführt hätten. Da die Kommission ihre Entscheidung jedoch nicht mit einer detaillierten Analyse der Gestehungskosten unterlegt hatte, hob der Gerichtshof[725] die Entscheidung auf. In seinem Urteil erkannte der Gerichtshof an, dass die Feststellung der Gestehungskosten für ein Produkt wegen der „manchmal **willkürlichen Aufteilung der mittelbaren Kosten und der allgemeinen Betriebskosten**"[726] unter Umständen sehr große Schwierigkeiten verursache. Weil es sich in casu jedoch um ein auch im Hinblick auf die Kostenzuordnung einfaches Produkt handelte (Bananen), gelangte der Gerichtshof zu

[720] *Sedemund* in BeckPostG § 20 Rn. 63.
[721] Komm. E. v. 19.12.1974 – IV/28.851, ABl. 1975 L 29/14.
[722] EuGH Urt. v. 13.11.1975 – 26/75, Slg. 1975, 1367, 1369 – General Motors.
[723] EuGH Urt. v. 13.11.1975 – 26/75, Slg. 1975, 1367 Rn. 15/16 – General Motors.
[724] Komm. E. v. 17.12.1975 – IV/26.699, ABl. 1976 L 95/1 – Chiquita.
[725] EuGH Urt. v. 14.2.1978 – 27/76, Slg. 1978, 207 Rn. 248/257 – United Brands.
[726] EuGH Urt. v. 14.2.1978 – 27/76, Slg. 1978, 207 Rn. 248/257 – United Brands.

der Auffassung, dass in diesem Fall die Ermittlung des Gestehungspreises nicht mit unüberwindlichen Schwierigkeiten verbunden gewesen wäre. Die verallgemeinerungsfähige Aussage des Urteils besteht darin, dass nur ein „übertriebenes Missverhältnis zwischen den tatsächlich entstandenen Kosten und dem tatsächlich verlangten Preis die Annahme eines missbräuchlich überhöhten Preises rechtfertigen kann".[727]

Unklar bleibt, ob die Fallgruppe des Preishöhenmissbrauchs auch die Konstellation erfasst, dass ein Unternehmen sein Monopol in der Weise einsetzt, dass es die Erbringung einer Leistung gegenüber einer bestimmten Kundengruppe davon abhängig macht, dass diese Kunden ein jedenfalls kostendeckendes Entgelt aufbringen, obwohl ein Teil der mit dieser Dienstleistung verbundenen Kosten bereits durch zusätzliche Zahlungen von dritter Seite gedeckt werden.[728] Diese Frage hätte sich dem Gerichtshof im Rahmen seines **Remailing**-Urteils vom 10.2.2000 stellen können.[729] In diesem Urteil entschied der Gerichtshof zwar, es stelle einen Missbrauch dar, wenn ein nationales Postunternehmen im ABA-Remailingwege eingehende Briefpost mit dem Inlandsporto belege, obwohl ein Teil der Kosten der Inlandszustellung dieser Post bereits durch die im internationalen Postverkehr geschuldeten **Endvergütungen** ausgeglichen werde; der Gerichtshof brachte diese Feststellung jedoch nicht ausdrücklich mit dem Tatbestand des Preishöhenmissbrauchs in Verbindung, sondern nur allgemein mit dem Verstoß des Unternehmens gegen die Art. 3 Buchst. g und Art. 82 Satz 2 Buchst. b und c EG (jetzt Art. 3 Abs. 3 EUV, Protokoll Nr. 27 über den Binnenmarkt und den Wettbewerb und Art. 102 Satz 2 Buchst. b und c AEUV).[730] In einem Urteil zum ***Dualen System Deutschland*** stellte der EuGH allgemein fest, dass unangemessene Preise i. S. v. Art. 102 Satz 2 Buchst. a AEUV erzwungen werden, wenn das marktbeherrschende Unternehmen „für seine Dienstleistungen einen **Preis verlangt, der gemessen am wirtschaftlichen Wert der erbrachten Leistung unbillig oder unverhältnismäßig** ist".[731] Darunter subsumierte der Gerichtshof dann den Fall der Lizenzentgelte, die das *Duale System Deutschland* für jegliche Verwendung des Grünen Punktes auf Verpackungen forderte, selbst wenn der Lizenznehmer nachweisen konnte, dass er Teilmengen der mit dem Markenzeichen bedruckten Verpackungen ohne Benutzung des Dualen Systems entsorgt hatte.[732] **186**

Der Gerichtshof wendet die Gewinnbegrenzungsmethode auch auf die von **Urheberrechtsverwertungsgesellschaften** berechneten **Lizenzgebühren** an. Für die Benutzung urheberrechtlich geschützter Werke erhobene Gebühren sind demnach nicht missbräuchlich, wenn sie in einem **vernünftigen Zusammenhang** mit dem **wirtschaftlichen Wert der von den Verwertungsgesellschaften erbrachten Leistung** stehen.[733] Ein solcher Zusammenhang besteht bei Vergütungsmodellen, bei denen die Gebühren auf Grundlage der Einnahmen des Lizenznehmers und der Häufigkeit der Verwendung des Urheberrechts berechnet werden.[734] Dementsprechend wurde das Vergütungssystem der schwedischen **187**

---

[727] EuGH Urt. v. 14.2.1978 – 27/76, Slg. 1978, 207 Rn. 248/257 – United Brands.

[728] Jedenfalls hat der Gerichtshof festgestellt, dass es einen Missbrauch darstellt, wenn sich ein marktbeherrschendes Unternehmen für eine Leistung bezahlen lässt, die es gar nicht erbracht hat, vgl. EuGH Urt. v. 17.5.2001 – C-340/99, Slg. 2001, I-4109 Rn. 47 – TNT Traco/Poste Italiane; vgl. auch Komm. E. v. 20.4.2001 – COMP D3/34.493, ABl. 2001 L 166/1 Rn. 111 und 112 – DSD.

[729] EuGH Urt. v. 10.2.2000 – verb. Rs. C-147 und C–148/97, Slg. 2000, I-825 – Deutsche Post AG/GZS Gesellschaft für Zahlungssysteme; siehe zu dieser Problematik *Neu* Marktöffnung S. 180.

[730] EuGH Urt. v. 10.2.2000 – verb. Rs. C-147 und C-148/97, Slg. 2000, I-825 Rn. 58–60 – Deutsche Post AG/GZS Gesellschaft für Zahlungssysteme; vgl. hierzu auch Schlussanträge des Generalanwaltes *Alber* v. 1.2.2001 zu C-340/99, Slg. 2001, I-4109 Rn. 62 ff. – TNT Traco/Poste Italiane.

[731] EuGH Urt. v. 16.7.2009 – C-385/07 P, Slg. 2009, I-6155 Rn. 142 – Duales System Deutschlands/Kommission.

[732] EuGH Urt. v. 16.7.2009 – C-385/07 P, Slg. 2009, I-6155 Rn. 143 – Duales System Deutschlands/Kommission.

[733] EuGH Urt. v. 11.12.2008 – C-52/07, Slg. 2008, I-9275 Rn. 28 f. – Kanal 5/STIM.

[734] EuGH Urt. v. 11.12.2008 – C-52/07, Slg. 2008, I-9275 Rn. 37 f. – Kanal 5/STIM.

Verwertungsgesellschaft *STIM,* welches gegenüber Fernsehsendern angewandt wurde, nicht beanstandet, da es sich an den Einnahmen der Fernsehgesellschaften und der übertragenen Musikmenge orientierte.[735] Schon früher hatte der Gerichtshof eine Lizenzabgabe von Diskotheken, die auf Grundlage des Umsatzes berechnet wurde, nicht als missbräuchliches Verhalten angesehen.[736] In einer reichlich unbestimmten Ausnahme will der Gerichtshof aber einen Missbrauch dann nicht ausschließen, wenn andere Vergütungsmodelle existieren, die die tatsächliche Nutzung der Werke und den Zuschaueranteil genauer feststellen und gleichzeitig ebenso die Interessen der Rechteinhaber wahrnehmen und keine unverhältnismäßige Erhöhung der Verwaltungskosten bedeuten.[737] Damit wird der Verwertungsgesellschaft die Pflicht auferlegt, ein Gebührensystem zu verwenden, das zum einen die tatsächliche Nutzung eines Rechtes (gemessen an der Häufigkeit der Ausstrahlung und Anzahl der Empfänger) und an die finanziellen Möglichkeiten des Lizenznehmers anknüpft. Gerade letzteres Erfordernis ist nur mit dem Diskriminierungsverbot in Art. 102 Satz 2 Buchst. c AEUV zu erklären, welches derart ausgelegt wird, dass finanziell ungleich ausgestattete Lizenznehmer auch ungleich behandelt werden können.

188 Weitere Anwendungsfälle der Gewinnbegrenzungsmethode sind rar.[738] In einem Fall[739] allerdings wurde der Gerichtshof auf Grund einer Wettbewerberbeschwerde mit der umgekehrten Konstellation befasst, nämlich der **Erzwingung unangemessen niedriger Einkaufspreise** durch einen **marktbeherrschenden Nachfrager.** In diesem Fall hatte sich eine französische Vereinigung privater Filmverleiher bei der Kommission darüber beschwert, dass drei französische Fernsehgesellschaften ihre den Nachfragemarkt für die Ausstrahlung von Kinofilmen durch das Fernsehen beherrschende Stellung durch die Erzwingung von Einkaufspreisen unterhalb der Filmherstellungskosten missbraucht hätten. Da die Beschwerdeführer jedoch keine hinreichenden Informationen über die Herstellungskosten einzelner Filme vorgelegt hatten, entschied der Gerichtshof, dass die Kommission die Wettbewerberbeschwerde zu Recht verworfen hatte. In dem Urteil des Gerichtshofes selbst finden sich keine Aussagen darüber, wie hätte festgestellt werden können, ob der durch einen marktbeherrschenden Nachfrager erzwungene Preis unangemessen niedrig ist. In seinen Schlussanträgen zu dieser Rechtssache hielt Generalanwalt *Lenz*[740] den Beschwerdeführern entgegen, sie hätten darlegen müssen, dass gegebenenfalls in einem anderen Mitgliedstaat, in dem keine nachfragemarktbeherrschende Fernsehgesellschaft besteht, ein höherer Preis für denselben Film erzielt wurde, oder dass ressourcenstärkere Anbieter in Frankreich für vergleichbare Filme höhere Ankaufspreise erhalten hätten. Zu welchem Ergebnis die Kommission in dem Missbrauchsverfahren gegen *Gazprom* gelangt, bleibt abzuwarten. Die Kommission prüft unter anderem eine unlautere Preisgestaltung durch *Gazprom* in einzelnen Ländern durch Bevorteilung von *Gazprom* gegenüber seinen Kun-

---

[735] EuGH Urt. v. 11.12.2008 – C-52/07, Slg. 2008, I-9275 Rn. 34 ff. – Kanal 5/STIM.

[736] EuGH Urt. v. 9.4.1987 – C-402/85, Slg. 1987, 1747 Rn. 15 ff. – Basset/SACEM. So deutet der EuGH jedenfalls in seinem Urt. v. 11.12.2008 – C-52/07, Slg. 2008, I-9275 Rn. 32 – Kanal 5/STIM selbst die Entscheidung. Dies ist nicht ganz korrekt, da der Fall im Schwerpunkt auf Basis der Warenverkehrsfreiheit entschieden wurde und das vorlegende Gericht ausdrücklich keine Frage zu der Vereinbarkeit der Höhe der Vergütung mit Art. 102 AEUV gestellt hatte, EuGH Urt. v. 9.4.1987 – C-402/85, Slg. 1987, 1747 Rn. 20 – Basset/SACEM.

[737] EuGH Urt. v. 13.7.1989 – C-395/87, Slg. 1989, 2521 Rn. 45 – Ministère public/Tournier; EuGH Urt. v. 11.12.2008 – C-52/07, Slg. 2008, I-9275 Rn. 33, 40 – Kanal 5/STIM.

[738] Sachlich verfehlt: Komm. E. v. 25.7.2001 – COMP/C-1/36.915, ABl. 2001 L 331/40 Rn. 166 – Deutsche Post AG – Aufhalten grenzüberschreitender Postsendungen, die bereits eine Überschreitung der Durchschnittskosten einer Leistung durch das Entgelt um 25% als missbräuchlich ansieht. In Komm. Beschl. v. 15.11.2011 – COMP/39.592, Rn. 37 – Standard and Poor's, beanstandete die Kommission Lizenzgebühren für Wertpapierkennnummern, die die zur Kostendeckung erforderlichen Beträge „erheblich" überstiegen.

[739] EuGH Urt. v. 25.3.1985 – C-298/83, Slg. 1985, 1105 – CICCE/Kommission.

[740] Schlussanträge des Generalanwalts *Lenz* v. 16.1.1985 zu C-298/83, Slg. 1985, 1106, 1115.

den. Dabei prüft die Kommission insbesondere ob und in welchem Umfang die einzelnen Preisniveaus in einem Land nicht angemessen sind und wie die spezifischen, auf der Ölpreisbindung basierenden Preisformeln von Gazprom zu der unlauteren Preisgestaltung beigetragen haben könnten.[741] Die Kommission vergleicht dazu die Preise der verschiedenen Mitgliedstaaten mit einer Reihe verschiedener Benchmarks, wie etwa den Kosten von Gazprom, den Preisen auf verschiedenen geografischen Märkten oder den Marktpreisen.

cc) Das sachliche Vergleichsmarktkonzept. Nach dem sachlichen Vergleichsmarkt- **189** konzept sind die Preise eines marktbeherrschenden Anbieters für ein bestimmtes Produkt dann missbräuchlich überhöht, wenn sie massiv von denjenigen Preisen abweichen, die von anderen Anbietern in einem stärker **wettbewerbsgeprägten Vergleichsmarkt** für ähnliche Produkte verlangt werden. Dieses Konzept, das auch in der deutschen Kartellrechtspraxis **vereinzelt** geblieben ist,[742] ist bisher in der Anwendung von Art. 102 AEUV nur in einem einzigen Fall ergänzend herangezogen worden. In ihrer Entscheidung *British Leyland*[743] hatte die Kommission beanstandet, dass *British Leyland* für die Ausstellung bestimmter nach britischem Recht notwendiger Konformitätsbescheinigungen für Kraftfahrzeuge zur Verhinderung von Parallelimporten aus Belgien unterschieden hatte zwischen Fahrzeugen mit Rechts- und mit Linkslenkung. Die Kommission hatte festgestellt, dass *British Leyland* bei Fahrzeugen mit Linkslenkung für die Ausstellung der Konformitätsbescheinigung eine um das 4- bis 6-fache höhere Gebühr erhoben hatte als für Fahrzeuge mit Rechtslenkung. Weder die Kommission noch der Gerichtshof, der die Kommissionsentscheidung bestätigte,[744] erörtern in ihren Entscheidungen ausdrücklich den Gesichtspunkt des sachlichen Vergleichsmarktes. Jedoch bewog auch den Gerichtshof die Tatsache, dass die Gebühren für zwei im Wesentlichen vergleichbare Dienstleistungen so stark voneinander abwichen, dazu, festzustellen, dass die für Fahrzeuge mit Linkslenkung erhobene Bescheinigungsgebühr „außer Verhältnis zum wirtschaftlichen Wert der erbrachten Leistung stand",[745] ohne dass es dem Gerichtshof auf eine konkrete Feststellung der Gestehungskosten ankam.

dd) Das räumliche Vergleichsmarktkonzept. Im Fall *Deutsche Grammophon/Metro*[746] **190** hatte der Gerichtshof darüber zu entscheiden, ob die von einem inländischen Inhaber ausschließlicher Verwertungsrechte für Tonträger im Inland vorgegebenen Verkaufspreise dieser Tonträger dann missbräuchlich hoch seien, wenn dieselben Tonträger mit seiner Zustimmung **in einem anderen Mitgliedstaat zu einem niedrigeren Preis** verkauft worden sind und in das Inland reimportiert werden. In seinem Urteil äußerte sich der Gerichtshof zu dieser Frage nicht abschließend,[747] sondern entschied lediglich, dass der Preisunterschied zwischen dem originär inländischen und dem reimportierten Erzeugnis noch nicht „unbedingt den Schluss auf einen Missbrauch erlaube, [er] könne jedoch ein entscheidendes Indiz für einen solchen Missbrauch sein, wenn er groß und durch keine sachlichen Gründe zu erklären sei." War Gegenstand dieses Urteils ein Vergleich der Preise von Produkten desselben Herstellers in verschiedenen Mitgliedstaaten, so erklärte der Gerichts-

---

[741] Komm. Pressemitteilung und Fact Sheet v. 22.4.2015. Die Kommission hat ausdrücklich betont, dass sie nicht der Auffassung ist, dass die Bindung eines Produktpreises an Erdölerzeugnisse oder anderweitige Produkte an sich rechtswidrig ist. Ferner beanstandet sie nicht, dass Gaspreise in verschiedenen Ländern unterschiedlich sind. Die Wettbewerbsbedingungen in den einzelnen Mitgliedstaaten könnten unterschiedlich sein, wie etwa der Stellenwert von Erdgas als Energiequelle im „Energiemix" eines Landes.

[742] *Nothdurft* in Langen/Bunte § 19 GWB Rn. 113.

[743] Komm. E. v. 2.7.1984 – IV/30.615, ABl. 1984 L 207/11.

[744] EuGH Urt. v. 11.11.1986 – C-226/84, Slg. 1986, 3263 – British Leyland.

[745] EuGH Urt. v. 11.11.1986 – C-226/84, Slg. 1986, 3263 Rn. 30; ebenso in EuGH Urt. v. 16.7.2009 – C-385/07 P, Slg. 2009, I-6155 Rn. 142f. – Duales System Deutschlands/Kommission.

[746] EuGH Urt. v. 8.6.1971 – 78/70, Slg. 1971, 487 – Deutsche Grammophon/Metro.

[747] EuGH Urt. v. 8.6.1971 –78/70, Slg. 1971, 487 Rn. 19 – Deutsche Grammophon/Metro.

hof das räumliche Vergleichsmarktkonzept im Fall *Bodson*[748] auch für anwendbar auf den Preisvergleich zwischen den Leistungen unterschiedlicher Anbieter in verschiedenen räumlich relevanten Märkten. Zu entscheiden hatte der Gerichtshof unter anderem über die Frage, ob die Preise eines **Bestattungsunternehmens,** das auf Grund einer von der **Gemeindeverwaltung** erteilten **Konzession** in dieser Gemeinde ausschließlich für die Verrichtung von Bestattungsleistungen zuständig war, missbräuchlich überhöht waren. Da es in dem Verfahren Anzeichen dafür gab, dass in anderen Gemeinden unter Wettbewerbsbedingungen tätige Bestattungsunternehmen erheblich niedrigere Entgelte forderten als der betroffene Konzessionsinhaber, entschied der Gerichtshof, dass ein Vergleich zwischen den Preisen der unterschiedlichen Bestattungsunternehmen eine geeignete Grundlage für die Feststellung bilden könne, ob die von den jeweils marktbeherrschenden Konzessionsinhabern geforderten Preise angemessen seien. Darüber hinausgehende Hinweise über die Durchführung des Preisvergleiches enthält das Urteil jedoch nicht.

191 Einen **unionsweiten Preisvergleich** hielt der Gerichtshof in den Rechtssachen *Tournier*[749] und *Lucazeau/SACEM*[750] für geeignet zur Feststellung eines Preishöhenmissbrauchs durch eine den französischen Markt beherrschende nationale Gesellschaft zur Wahrnehmung von musikalischen Urheberrechten. In beiden Rechtssachen hatte sich herausgestellt, dass die von den Urheberrechtsverwertungsgesellschaften anderer Mitgliedstaaten geforderten Lizenzgebühren (in casu von Diskotheken) erheblich unter den von französischen Diskotheken geforderten Gebühren lagen. Der Gerichtshof entschied, dass ein erheblicher **Unterschied zwischen den Gebührensätzen** verschiedener Mitgliedstaaten den Vorwurf des Preishöhenmissbrauchs gegen den marktbeherrschenden Anbieter mit den höchsten Gebührensätzen rechtfertige, sofern die Tarife auf einheitlicher Grundlage ermittelt würden. Anders als in der deutschen Rechtspraxis[751] kennt das Gemeinschaftsrecht jedoch kein einheitliches Konzept, dem zufolge der auf einem anderen räumlichen Vergleichsmarkt geforderte wettbewerbsanaloge Preis rechnerisch durch einen **Sicherheitszuschlag** zu erhöhen wäre, um den zwischen den **verglichenen Märkten** bestehenden **strukturellen Unterschieden** Rechnung zu tragen. In den genannten Rechtssachen *Tournier*[752] und *Lucazeau/SACEM*[753] wies der Gerichtshof dem betroffenen marktbeherrschenden Unternehmen die Darlegungslast für das Bestehen etwaiger Unterschiede zwischen den verglichenen räumlich relevanten Märkten zu, die die Preisdifferenz gegebenenfalls rechtfertigen könnten.[754] Schließlich entschied das Gericht im Fall *Micro Leader Business* durch Urteil vom 16.12.1999,[755] ein Preishöhenmissbrauch lasse sich auch dadurch begründen, dass *Microsoft* bestimmte in französischer Sprache gefasste Softwareprodukte in Kanada zu erheblich geringeren Preisen vertreibe als in Frankreich. Der räumliche Vergleichsmarkt kann somit auch außerhalb der Europäischen Union liegen.

192 **ee) Das Preisspaltungsmodell.** Ebenso wie im deutschen Recht (§ 19 Abs. 2 Nr. 3 GWB) stellt das Preisspaltungsmodell eine **ergänzende Grundlage** der Feststellung eines Preishöhenmissbrauches dar. In der Sache kombiniert das Preisspaltungsmodell das sachliche und räumliche Vergleichsmarktkonzept in der Weise, dass die zu untersuchenden überhöhten Preise des Marktbeherrschers in einem räumlich relevanten Markt mit dem von

---

748 EuGH Urt. v. 4.5.1988 – C-30/87, Slg. 1988, 2479 Rn. 31 – Corinne Bodson/SA Pompes.

749 EuGH Urt. v. 13.7.1989 – C-395/87, Slg. 1989, 2521 Rn. 43 – Ministère public/Tournier.

750 EuGH Urt. v. 13.7.1989 – verb. Rs. C-110/88, 241/88 und 242/88, Slg. 1989, 2811.

751 Vgl. KG WuW/E OLG 1645, 1659 – Valium/Librium; *Nothdurft* in Langen/Bunte § 19 GWB Rn. 117 ff.

752 EuGH Urt. v. 13.7.1989 – C-395/87, Slg. 1989, 2521 Rn. 46 – Ministère public/Tournier.

753 EuGH Urt. v. 13.7.1989 – verb. Rs. C–110/88, 241/88 und 242/88, Slg. 1989, 2811 Rn. 33.

754 Anders *Fuchs/Möschel* in Immenga/Mestmäcker Art. 102 Rn. 181 aE, der davon ausgeht, dass auch das EU–Recht das Institut der „Abschläge auf Grund nationaler Besonderheiten" kennt.

755 EuG Urt. v. 16.12.1999 – T-198/98, Slg. 1999, II-3989 Rn. 51 ff. – Micro Leader Business/Kommission.

demselben Unternehmen in einem anderen räumlich relevanten Markt oder gegenüber einer anderen Abnehmergruppe fakturierten Preis verglichen werden. Diese Methode lag schon dem Fall ***United Brands***[756] zugrunde, in dem der Gerichtshof jedoch die zwischen einzelnen räumlich relevanten Märkten bestehenden **Preisunterschiede** für dasselbe Produkt (Bananen) von über 100% nicht ausreichen ließ, um einen Preishöhenmissbrauch festzustellen. Auch das oben zitierte Urteil des Gerichts vom 16.12.1999[757] folgt diesem Modell (Vergleich zwischen den Preisen desselben Produktes auf dem kanadischen und dem französischen Markt). In der Rechtssache *British Leyland*[758] stellte der Gerichtshof ohne weiteres fest, es sei missbräuchlich, wenn die von einem Unternehmen in zwei unterschiedlichen Abnehmermärkten für dieselbe Dienstleistung (Ausstellung einer Konformitätsbescheinigung für Kfz) geforderten Entgelte um 600% voneinander abwichen. Die Preisspaltungsmethode darf somit zwar als ein vergleichsweise einfach zu handhabendes Instrument der Preishöhenkontrolle gelten, sie stellt aber der Sache nach eher eine Ausprägung des Diskriminierungsverbotes dar, die die Kartellbehörde letztlich von der Pflicht, einen (nicht überhöhten) wettbewerbsanalogen Preis festzustellen, entbindet.

ff) Unangemessene Geschäftsbedingungen. Art. 102 Satz 2 Buchst. a AEUV untersagt außerdem die unmittelbare oder mittelbare Erzwingung von unangemessenen sonstigen Geschäftsbedingungen. Zur Ermittlung der Angemessenheit ist auf die gleichen Grundsätze wie bei den Ein- und Verkaufspreisen abzustellen.[759] 193

b) Kopplungsverbot. Art. 102 Satz 2 Buchst. d AEUV verbietet die rechtliche oder wirtschaftliche Kopplung des Bezugs voneinander trennbarer Güter oder Leistungen, wenn der Anbieter auf einem der betroffenen Märkte eine beherrschende Stellung einnimmt. Dieses Verbot bezweckt den Schutz der **Entscheidungsfreiheit** des Vertragspartners, zusätzliche Angebote annehmen oder ablehnen zu können. Geschützt wird auch der Wettbewerb auf dem Markt des gekoppelten Produktes. Ein Kopplungsgeschäft setzt somit definitionsgemäß voraus, dass ein Unternehmen seinem Vertragspartner in dem Geschäftsbereich, in dem es eine marktbeherrschende Stellung innehat, den Bezug zusätzlicher Waren oder Leistungen aufzwingt, die nicht Teil des beherrschten Marktes sind.[760] Dies bewirkt eine Wettbewerbsverfälschung auf dem **Markt der Zusatzprodukte- bzw. -leistungen,** auf dem der Marktbeherrscher die Absatzmöglichkeiten für seine Nebenprodukte verbessert oder einen Markt für die von ihm neu eingeführten Produkte eröffnet. 194

Das Kopplungsgeschäft ist dadurch gekennzeichnet, dass der Vertragspartner gezwungen wird, **gegen seinen Willen** Waren zu erwerben, wobei die Bindung als absolute Verkaufsbedingung im Rahmen des Vertrages über den Bezug des Hauptprodukts (Zwangskombination) oder aber auch als de-facto-Bedingung des Marktbeherrschers ausgestaltet sein kann. Auch die Gewährung von **Rabatten** kann den Missbrauchstatbestand des Kopplungsgeschäfts erfüllen, wenn sich die Höhe des Rabatts für ein Produkt danach bestimmt, welche Mengen eines anderen, zweiten Produkts der Vertragspartner vom Marktbeherrscher bezieht.[761] So beanstandete die Kommission im Jahre 2001, dass das belgische Unternehmen *De Post/La Poste* die Gewährung eines Vorzugstarifes für die unter das Postmonopol fallende Business-to-consumer-Post davon abhängig machte, dass die Nutznießer dieses Vorteils zusätzliche Dienstleistungen im Bereich der Business-to-Business-Post in Anspruch 195

---

[756] EuGH Urt. v. 14.2.1978 – 27/76, Slg. 1978, 207 – United Brands.

[757] EuG Urt. v. 16.12.1999 – T-198/98, Slg. 1999, II-3989 – Micro Leader Business/Kommission.

[758] EuGH Urt. v. 11.11.1986 – C-226/84, Slg. 1986, 3264 Rn. 28 – British Leyland.

[759] Ebenso *Fuchs/Möschel* in Immenga/Mestmäcker Art. 102 Rn. 186f.; *Schröter/Bartl* in Schröter/Jakob/Mederer Art. 102 Rn. 205ff.

[760] Vgl. *Faull/Nikpay* Competition Rn. 4.475f.

[761] EuGH Urt. v. 13.2.1979 – 85/76, Slg. 1979, 461 – Hoffmann-La Roche; Komm. E. v. 7.10. 1981 – IV/29.491, ABl. 1981 L 353/33 – Michelin; Prioritätenmitteilung der Kommission, ABl. 2009 C 45/2 Rn. 59ff.

nahmen.[762] In ähnlicher Weise wirkt sich eine Erhöhung von Rabatten aus, die nur den Käufern gewährt werden, die Haupt- und Zusatzprodukt erwerben.[763] Unter Zusatzleistungen bzw. Zusatzgeschäften sind solche Leistungen oder Waren zu verstehen, die von der Hauptleistung verschieden bzw. selbstständig sind. **Haupt- und Zusatzleistung** müssen hinreichend voneinander **abgrenzbar** sein. In der Frage der Abgrenzung hat der Gerichtshof in ständiger Rechtsprechung (insbesondere im Fall *Hilti*)[764] darauf abgestellt, ob unterschiedliche sachlich relevante Märkte für die Haupt- und die Zusatzleistungen bestanden.

196 Es existiert noch **keine gesicherte Rechtspraxis,** ab wann ein missbräuchliches Kopplungsgeschäft vorliegt. Das Gericht hat in der *Microsoft*-Entscheidung die **Anforderungen** der Kommission anerkannt, wonach ein Missbrauch nach Art. 102 Satz 2 Buchst. d AEUV vorliegen soll, wenn (1) separate Märkte für Haupt- und Zusatzleistung bestehen, (2) das koppelnde Unternehmen auf dem Hauptmarkt marktbeherrschend ist, (3) die Haupt- nicht ohne die Zusatzleistung bezogen werden kann, (4) der Wettbewerb auf den Märkten für die Haupt- oder Zusatzleistung beeinträchtigt wird und (5) keine Rechtfertigung für das betreffende Handeln vorliegt.[765] Vergleichbare Voraussetzungen nimmt auch die Kommission in ihrer Prioritätenmitteilung an.[766] In Bezug auf die **Wettbewerbsbeeinträchtigung** nimmt das EuG in der *Microsoft*-Entscheidung aber offenbar an, dass die Kommission davon ausgehen könne, dass der gekoppelte Verkauf eines bestimmten Produkts und eines beherrschenden Produkts ***per se*** **eine Ausschlusswirkung** auf dem Markt habe.[767] Zur **Feststellung** einer Wettbewerbsbeeinträchtigung bzw. wettbewerbswidrigen Marktverschließung führt die Kommission in neueren Beschlüssen jedoch umfängliche Untersuchungen durch.[768] In dem Beschluss, mit dem die Kommission *Microsoft* zur Trennung des Internet Explorers vom Betriebssystem verpflichtete, stellte sie eine Abschottungswirkung fest, welche durch das fehlende Bedürfnis nach einem anderen Webbrowser sowie die Wechselträgheit und technische Unbewandtheit der Anwender verursacht wurde.[769] In dem Verpflichtungsbeschluss *Rio Tinto Alcan* sah die Kommission ein missbräuchliches Kopplungsgeschäft darin begründet, dass eine Lizenz für eine führende Aluminiumschmelztechnik nur in Verbindung mit dem Erwerb von bei der Aluminiumherstellung verwandten Krananlagen erteilt wurde. Die wettbewerbswidrige Marktverschließung wurde u. a. anhand der Stellung des betroffenen Unternehmens auf beiden Märkten, der Situation der Abnehmer auf dem gekoppelten Markt und des Anteils der gekoppelten Produktabsätze ermittelt.[770] Nach ihrer Prioritätenmitteilung will die Kommission neben den unter Rn. 195f. dargestellten Voraussetzungen die Dauer der Praxis, die Anzahl der gekoppelten Produkte und eine etwaige Regulierung auf dem Kopplungsmarkt beachten.[771]

---

[762] Komm. E. v. 5.12.2001 – COMP/C-1/37.859, ABl. 2002 L 61/32 Rn. 53ff. – De Post/La Poste (Belgien).

[763] Zu den einzelnen Fällen der Rabattgestaltung s. u., Rn. 237ff.

[764] Vgl. EuGH Urt. v. 25.2.1986 – C-193/83, Slg. 1986, 611 Rn. 11 – Windsurfing, wonach auf Grund des bestehenden Angebots für Einzelelemente von „Stehseglern“, nämlich für Surfbretter, Riggs und Riggteile, jeweils gesonderte Märkte bestehen; in dem Urt. v. 2.3.1994 – C-53/92 P, Slg. 1994, I-667 – Hilti war entscheidend, ob es für Bolzen, die *Hilti* zur Verwendung in Hilti–Bolzenschussgeräten herstellte, Substitutionsprodukte anderer Anbieter gab.

[765] EuG Urt. v. 17.9.2007 – T-201/04, Slg. 2007, II-3691 Rn. 852ff., 859 – Microsoft/Kommission. Ebenso auch Komm. Beschl. v. 16.12.2009 – COMP/39.530, Rn. 33 – Microsoft (Kopplung).

[766] Prioritätenmitteilung der Kommission, ABl. 2009 C 45/7 Rn. 50ff.

[767] EuG Urt. v. 17.9.2007 – T-201/04, Slg. 2007, II-3691, Rn. 868 – Microsoft/Kommission; ebenso auch Komm. Beschl. v. 16.12.2009 – COMP/39.530, Rn. 34 m. w. N. – Microsoft (Kopplung).

[768] Auch aus der Prioritätenmitteilung geht in Rn. 52ff. hervor, dass die Kommission regelmäßig eine wettbewerbswidrige Marktverschließung tatsächlich nachweisen will.

[769] Komm. Beschl. v. 16.12.2009 – COMP/39.530, Rn. 44ff. – Microsoft (Kopplung).

[770] Komm. Beschl. v. 20.12.2012 – COMP/39.230, Rn. 66ff. – Rio Tinto Alcan.

[771] Prioritätenmitteilung der Kommission, ABl. 2009 C 45/7 Rn. 53ff.

Wenn Haupt- und Zusatzleistungen voneinander abgrenzbar sind, stellt deren technische oder vertragliche Verbindung bzw. Kopplung ein missbräuchliches Verhalten dar, es sei denn die Kopplung ist durch den Sachzusammenhang oder durch den herrschenden Handelsbrauch **gerechtfertigt.**[772] Der Gerichtshof hat dazu in seinem Urteil *Tetra Pak II* festgestellt, dass Art. 102 Satz 2 Buchst. d AEUV die missbräuchlichen Verhaltensweisen lediglich beispielhaft aufzähle, sodass die Kriterien des **Sachzusammenhangs und des Handelsbrauchs** den Kopplungsvorwurf nicht immer entkräften könnten. Vielmehr sei eine Wertung dahingehend vorzunehmen, ob die konkrete Verbindung nicht objektiv gerechtfertigt sein könnte.[773] Verfahrensgegenstand war die Frage, ob Tetra Pak ihre Quasimonopolstellung im Bereich der Verpackungsanlagen für aseptische und nicht-aseptische Kartons auch auf die Märkte für die dazugehörigen Kartons **ausgedehnt** habe. Im Rahmen der Verkaufsbedingungen für Verpackungsanlagen hatte Tetra Pak ein ausschließliches **Liefer- und auch Kontrollrecht** festgelegt, wonach Abnehmer der Anlagen nur *Tetra-Pak*-Kartons verwenden durften und Tetra Pak dies auch kontrollieren durfte. Daneben war eine Bezugsbindung vorgesehen, die statuierte, dass das gesamte verwendete Verpackungsmaterial ausschließlich von Tetra Pak bezogen werden müsse. In Übereinstimmung mit dem Gericht[774] hat der Gerichtshof daraufhin entschieden, dass eine **sachliche Beziehung bzw. eine untrennbare Verbindung** zwischen den Maschinen und den Kartons nicht bestanden habe, weil auch andere Unternehmen aseptische Kartons herstellten, die in den Maschinen von Tetra Pak verwendet werden könnten. Die Märkte für Kartons und Anlagen waren demnach voneinander abgrenzbar. 197

Eine ähnliche Konstellation betrifft der Fall ***Soda-Club***[775] über den zunächst das Bundeskartellamt und letztinstanzlich der Bundesgerichtshof in Anwendung von Art. 102 AEUV zu entscheiden hatte. Soda-Club bietet Besprudelungsgeräte an, mit denen Leitungswasser mit Kohlensäure versetzt werden kann. Zu den Geräten gehören wiederbefüllbare Kartuschen, die die Kohlensäure enthalten. Soda-Club schloss mit den Abnehmern der Besprudelungsgeräte Mietverträge für die Kohlensäurekartuschen ab, die ein Wiederbefüllen durch andere Unternehmen untersagten. Eine Befüllung durch Drittunternehmen verfolgte *Soda-Club* gegenüber dem betreffenden Endverbraucher, Händler und Abfüllunternehmen als Eigentumsverletzung. Zugleich tauschte Soda-Club durch die eigenen Vertriebshändler zurücklaufende Fremdzylinder gegen befüllte Soda-Club-Mietzylinder aus. Der Bundesgerichtshof sah in dem Verhalten von Soda-Club in Übereinstimmung mit dem Bundeskartellamt und dem Oberlandesgericht Düsseldorf eine kartellrechtswidrige Behinderung der Wettbewerber. Das Verhalten ziele auf eine Verdrängung der konkurrierenden Abfüllbetriebe auf dem Befüllmarkt ab, indem diese systematisch von einer Befüllung der Soda-Club-Mietzylinder ausgeschlossen würden und der Markt gleichzeitig nach und nach mit Soda-Club-Mietzylindern verstopft werde. Die Eigentumsgarantie stehe dem kartellrechtlichen Verbot des Vorgehens gegen Fremdbefüllungen nicht entgegen.[776] Nach dem Urteil des BGH modifizierte das Unternehmen zwar sein Vertriebskonzept, erweckte jedoch nach Ansicht des Bundeskartellamts weiterhin den Eindruck, allein zur Befüllung der Zylinder berechtigt zu sein. Wegen erneuten Miss- 198

[772] Die Abgrenzung von Haupt– und Zusatzleistung stellt demnach einen eigenen, vorgelagerten Prüfungspunkt dar, dem die Kommission und auch der Gerichtshof zu folgen scheinen, vgl. dazu Prioritätenmitteilung der Kommission, ABl. 2009 C 45/7 Rn. 50 f.; *Fuchs/Möschel* in Immenga/Mestmäcker, Art. 102 Rn. 281 f.; *Jung* in Grabitz/Hilf/Nettesheim Art. 102 Rn. 196 f.

[773] EuGH Urt. v. 14.11.1996 – C-333/94 P, Slg. 1996, I-5951 Rn. 37 – Tetra Pak/Kommission; in diesem Sinne auch *Jung* in Grabitz/Hilf/Nettesheim Art. 102 Rn. 197.

[774] EuG Urt. v. 6.10.1994 – T-83/91, Slg. 1994, II-755 – Tetra Pak II.

[775] BGH Beschl. v. 4.3.2008 – KVR 21/07, WuW/E DE-R 2268 – Soda-Club II.

[776] BGH Beschl. v. 4.3.2008 – KVR 21/07, WuW/E DE-R 2268 – Soda-Club II.

brauchs einer marktbeherrschenden Stellung verhängte das Bundeskartellamt im Jahr 2015 ein Bußgeld gegen das Unternehmen.[777]

199 In ihrer Prioritätenmitteilung geht die Kommission gesondert auf **wirtschaftliche Kopplungen** ein, die nicht über vertragliche oder technische Bindungen, sondern **über Rabatte** erreicht werden und die als „Bündelung" bezeichnet werden. Rabatte auf gebündelte Produkte sollen dann wettbewerbswidrig sein, wenn sie derart hoch sind, dass genauso effiziente Wettbewerber, die nur ein Produkt anbieten, nicht mit dem Produktbündel konkurrieren können.[778] Eine solche Fallkonstellation nimmt die Kommission an, wenn der Preis jedes einzelnen Produkts im Bündel unter den langfristigen durchschnittlichen Grenzkosten liegt (LRAIC – zum Begriff Rn. 220), die dem marktbeherrschenden Unternehmen durch die Aufnahme des Produkts in das Bündel entstehen.[779] Soweit Wettbewerber ein identisches Produktbündel (in naher Zukunft) anbieten können, wird dagegen nicht geprüft, ob der Grenzertrag bei jedem Produkt des Bündels die Grenzkosten deckt, sondern ob der Gesamtpreis einen Kampfpreis[780] darstellt.[781]

200 Die **Rechtfertigung** einer Kopplung kann sich auch aus objektiven Gründen ergeben, wie beispielsweise aus Kosten- oder Effizienzgründen, die eine getrennte Vermarktung von Waren oder Leistungen insbesondere für den Kunden als unökonomisch erscheinen lassen.[782] Sowohl im *Hilti*-[783] als auch im *Tetra-Pak-II*-Verfahren[784] setzte sich die Kommission mit dem Argument auseinander, ob aus Gründen der **Sicherheit, der Funktionsweise und der Zuverlässigkeit** des gesamten Systems eine Kopplung der in Frage stehenden Produkte ausnahmsweise zulässig sei. Die Kommission lehnte dieses Argument jedoch mit der Begründung ab, dass eine umfassende Qualitätssicherung ebenso durch dritte Unternehmen möglich wäre. Eine Kopplung wäre lediglich dann als ultima ratio zulässig, wenn Maßnahmen, die die Wettbewerbsfreiheit weniger einschränken, nicht ausreichen. Aus den jüngeren Entscheidungen wird deutlich, dass die Kommission sich hinsichtlich der Rechtfertigung an die Kriterien des Art. 101 Abs. 3 AEUV anlehnt. Im *Rio Tinto Alcan*-Verfahren verlangte sie zur Rechtfertigung eines Kopplungsgeschäfts, dass (1) die Effizienzgründe direkte Folge des Geschäfts sind, (2) keine weniger einschränkende Handlungsalternative besteht, (3) die Effizienzgründe jedwede Beeinträchtigung von Wettbewerb und Verbrauchern zumindest aufwiegen und (4) der effektive Wettbewerb nicht vollkommen ausgeschaltet wird.[785] In der Verpflichtungsentscheidung konnte der Inhaber einer marktbeherrschenden Aluminiumschmelztechnologie, die er bisher ausschließlich in Verbindung mit dem Erwerb von Spezialkranen lizensierte, die Bedenken der Kommission ausräumen, indem er zusicherte, Lizenznehmern auch den Erwerb von Kranen von Drittanbietern zu gestatten, soweit er für diese eine Empfehlung ausgesprochen hatte. Letztere musste das Unternehmen in einem diskriminierungsfreien Verfahren abgeben.[786]

201 Den „Rechtfertigungsgrund" der **technischen Notwendigkeit** hatte auch *IBM* in einem 1984 abgeschlossenen Verfahren vergeblich vorgebracht.[787] In diesem Verfahren hatte die Kommission beanstandet, dass *IBM* den Vertrieb seiner Computer-Zentraleinheiten mit

---

777 Bundeskartellamt Beschl. v. 22.1.2015 – B3–164/14 SodaStream (früher Soda-Club) verpflichtete sich die beanstandeten Praktiken zu korrigieren. Das Bußgeld betrug 225 000 Euro.

778 Prioritätenmitteilung der Kommission, ABl. 2009 C 45/7 Rn. 59.

779 Prioritätenmitteilung der Kommission, ABl. 2009 C 45/7 Rn. 60.

780 Siehe dazu Prioritätenmitteilung der Kommission, ABl. 2009 C45/7 Rn. 63 ff.

781 Prioritätenmitteilung der Kommission, ABl. 2009 C 45/7 Rn. 61.

782 Vgl. dazu *Faull/Nikpay* Competition Rn. 4.502 ff., Prioritätenmitteilung der Kommission, ABl. 2009 C 45/7 Rn. 62.

783 Komm. E. v. 22.12.1987– IV/30.787 und 31.488, ABl. 1988 L 65/19 – Eurofix-Bauco/Hilti.

784 Komm. E. v. 24.7.1991 – IV/31.043, ABl. 1992 L 72/1 – Tetra Pak II.

785 Komm. Beschl. v. 20.12.2012 – COMP/39230, Rn. 87 ff. – Rio Tinto Alcan.

786 Komm. Beschl. v. 20.12.2012 – COMP/39230, Rn. 113 – Rio Tinto Alcan.

787 Vgl. Komm. 14. Wettbewerbsbericht 1984, Rn. 94.

der Abnahme der Hauptspeicherkapazität und einer Basis-Software gekoppelt hatte. Es kam schließlich zu einer Beilegung des Verfahrens durch die Kommission, da sich *IBM* verpflichtet hatte, seine Praktiken zu ändern. Obwohl *IBM* sich nicht auf den Rechtfertigungsgrund der technischen Notwendigkeit stützen konnte, ist dieser Einzelfall insofern von Bedeutung, als die von *IBM* gekoppelten Produkte heute auf Grund der technischen Entwicklung regelmäßig als miteinander in einem Sachzusammenhang stehende einheitliche Produkte angesehen werden können. So wird bei Produkten, die neu auf dem Markt erscheinen, das Kriterium der Abgrenzung bzw. des Sachzusammenhangs bei Beurteilung einer verbotenen Kopplung eine wichtigere Rolle spielen als die Frage nach dem Handelsbrauch, die keine großen Aufschlüsse bringen wird. Technische Weiterentwicklungen können, insbesondere im Computersektor, dazu führen, dass ursprünglich abgrenzbare Leistungen später einheitliche Produkte darstellen.

Ein die Kopplungsvereinbarung rechtfertigender **Sachzusammenhang** kann unter 202
Umständen dann gegeben sein, wenn technische oder wirtschaftliche Gründe für die Zusammenfassung der Leistungen sprechen. So war im Anwendungsbereich der früheren **Gruppenfreistellungsverordnung** für **Technologietransfervereinbarungen** die Verknüpfung einer Lizenzvergabe mit der Abnahme bestimmter Leistungen oder Erzeugnisse erlaubt. Nach den Bestimmungen der Gruppenfreistellungsverordnung für Technologietransfervereinbarungen in der Fassung bis 1.5.2004[788] waren die dort beschriebenen Kopplungen dann zulässig, wenn sie für die technisch einwandfreie Benutzung der lizenzierten Erfindung oder zur Sicherung der Produktqualität notwendig waren. Auch wenn die seit 1.5.2014 geltende Gruppenfreistellungsverordnung[789] und ihre Vorgängerin eine solche explizite Ausnahme nicht enthalten, geht die Kommission in ihren Technologietransfer-Leitlinien davon aus, dass eine Wettbewerbsbeschränkung im Sinne von Art. 101 AEUV fehlt oder gerechtfertigt ist, wenn das gekoppelte Produkt notwendig ist um eine technisch befriedigende Anwendung der lizensierten Technologie zu erzielen oder notwendige Qualitätsstandards einzuhalten.[790] Zwar gelten die Bestimmungen der GVO und die Leitlinien ausdrücklich nur für Art. 101 AEUV, da eine Freistellung im Rahmen des Art. 102 AEUV gerade nicht möglich ist. Trotzdem sind die geschilderten Wertungen auch im Rahmen des Art. 102 AEUV als notwendiges Korrektiv bei der Auslegung des Missbrauchsbegriffs zu beachten. Aufgrund technischer Notwendigkeiten wäre eine Kopplung im Anwendungsbereich dieser Verordnung daher grundsätzlich erlaubt.[791]

c) Diskriminierung. Als weiteren Missbrauchstatbestand sieht Art. 102 Satz 2 Buch- 203
st. c AEUV das an ein marktbeherrschendes Unternehmen gerichtete Verbot vor, „**unterschiedliche Bedingungen** bei **gleichwertigen Leistungen** gegenüber seinen Handelspartnern anzuwenden, wodurch diese im Wettbewerb benachteiligt werden". Diese Bestimmung bezweckt, Wettbewerbsverfälschungen auf den dem beherrschten Markt vor- oder nachgelagerten Wirtschaftsstufen zu verhindern, die dadurch entstehen, dass der Marktbeherrscher Lieferanten oder Abnehmer ungleich behandelt. In der wortgleichen Bestimmung des Art. 101 Abs. 1 Buchst. d AEUV findet sich ebenfalls ein Diskriminierungsverbot, **das kollektive Formen** der Diskriminierung im Rahmen von Vereinbarungen, Beschlüssen oder abgestimmten Verhaltensweisen zwischen Unternehmen verbietet, die auf eine Ungleichbehandlung von Vertragspartnern abzielen. Im Gegensatz dazu richtet

---

788 Art. 2 Abs. 1 Nr. 5 der Verordnung (EG) Nr. 240/96 der Kommission vom 31.1.1996 zur Anwendung von Artikel 85 Abs. 3 des Vertrages auf Gruppen von Technologietransfervereinbarungen ABl. 1996 L 31/2.

789 Verordnung (EU) Nr. 316/2014 über die Anwendung von Artikel 101 Absatz 3 AEUV auf Gruppen von Technologietransfer-Vereinbarungen, ABl. 2014 L 93/17.

790 Leitlinien zur Anwendung von Art. 101 AEUV auf Technologietransfer–Vereinbarungen, ABl. 2014 C 89/3 Rn. 46, 224.

791 So auch *Fuchs/Möschel* in Immenga/Mestmäcker Art. 102 Rn. 290; *Schröter/Bartl* in Schröter/Jakob/Mederer Art. 102 Rn. 259.

sich Art. 102 Satz 2 Buchst. c AEUV gegen eine einseitige Diskriminierung durch ein oder mehrere parallel handelnde Unternehmen in beherrschender Stellung.[792] Allerdings verbietet Art. 102 Satz 2 Buchst. c AEUV die Diskriminierung nicht um ihrer selbst willen, sondern nur dann, wenn die unterschiedlich behandelten Handelspartner untereinander im Wettbewerb stehen. Nur dann führt eine Ungleichbehandlung zu einer Benachteiligung der Handelspartner des Marktbeherrschers im Wettbewerb *(secondary line discrimination).*[793] Diese teleologische Reduzierung des Diskriminierungsverbotes auf seinen wettbewerbsrechtlichen Kern bedeutet in der Praxis, dass es dem marktbeherrschenden Hersteller eines bestimmten Produktes (z.B. Zucker) durchaus erlaubt ist, zwei Abnehmergruppen, die nicht miteinander konkurrieren (z.B. Getränke- und Süßwarenhersteller), unterschiedlich zu behandeln, solange innerhalb der jeweiligen Abnehmergruppe keine Ungleichbehandlung eintritt.

204 **aa) Gleichheitsmaßstab.** Das Diskriminierungsverbot normiert für den Marktbeherrscher eine **Verpflichtung zur Gleichbehandlung,** wonach dieser den Handelspartnern, die sich in gleicher Lage befinden, dieselben Preise und Geschäftsbedingungen einräumen muss. Anders als im deutschen Missbrauchsrecht hat die Kommission auch eine Verpflichtung des Marktbeherrschers angenommen, eigene Tochtergesellschaften oder andere verbundene Unternehmen nicht besser oder anders zu behandeln als konzernfremde Unternehmen, die Handelspartner des Marktbeherrschers sind bzw. im Wettbewerb zu den eigenen Tochtergesellschaften stehen.[794]

205 Aus der Verpflichtung zur Gleichbehandlung ergibt sich allerdings auch ein **Recht zur Differenzierung.** Der Marktbeherrscher muss daher auf unterschiedliche Leistungen mit unterschiedlichen Gegenleistungen reagieren können. Tritt der Marktbeherrscher als **Nachfrager** auf, muss er die Leistungen der Anbieter vergleichen und darf nur dann keine unterschiedlichen Einkaufspreise oder Bedingungen erzwingen, wenn die Angebote gleich sind. Wenn der Marktbeherrscher hingegen seine Leistungen als Lieferant auf dem Markt anbietet, sind für die Beurteilung der Gleichwertigkeit seiner Leistungen jene Verkaufspreise und Bedingungen maßgebend, die er von seinen Abnehmern verlangt. Der Leistungsvergleich umfasst nach allgemeiner Ansicht jenen Markt, auf dem das diskriminierende Unternehmen als beherrschend anzusehen ist.[795] Da der Diskriminierungstatbestand v.a. auf die von dem Marktbeherrscher angewandten Preise und Geschäftsbedingungen Anwendung findet, kann sich diskriminierendes Verhalten mit dem Verbot des Ausbeutungs- und Behinderungsmissbrauchs nach Art. 102 Satz 2 Buchst. a AEUV überschneiden. So ist die Anwendung unterschiedlicher Preise für gleichartige Leistungen unter Umständen dann missbräuchlich, wenn in verschiedenen Mitgliedstaaten unterschiedliche Preise für ein und dasselbe Produkt verlangt werden, vor allem dann, wenn es für eine solche Ungleichbehandlung keine objektiv wirtschaftliche Erklärung wie etwa unterschiedliche **Vermarktungs**- oder **Transportkosten** gibt.[796] Aufgabe der Wettbewerbsaufsicht ist es allerdings nur, sicherzustellen, dass die Preise des Marktbeherrschers nicht in diskriminierender Weise angewendet werden, nicht jedoch, über die

---

[792] *Fuchs/Möschel* in Immenga/Mestmäcker Art. 102 Rn. 377; *Schröter/Bartl* in Schröter/Jakob/Mederer Art. 102 Rn. 239.

[793] *Schröter/Bartl* in Schröter/Jakob/Mederer Art. 102 Rn. 241; EuGH Urt. v. 16.12.1975 – verb. Rs. 40 bis 48, 50, 54 bis 56, 111, 113 und 114/73, Slg. 1975; 1663 Rn. 525 – Suiker Unie; Komm. E. v. 29.10.1981 – IV/29.839, ABl. 1981 L 370/49 Rn. 54/55 – GVL.

[794] Komm. E. v. 23.10.2001 – COMP/C–1/37.133, ABl. 2002 L 120/19 Rn. 63 – La Poste/Postvorbereiter; siehe zur Anwendung des Konzernprivilegs im Rahmen des Art. 102 Satz 2 Buchst. c) auch Rn. 24ff.

[795] *Fuchs/Möschel* in Immenga/Mestmäcker Art. 102 Rn. 379; *Schröter/Bartl* in Schröter/Jakob/Mederer Art. 102 Rn. 246.

[796] EuGH Urt. v. 14.2.1978 – 27/76, Slg. 1978, 207 Rn. 223–234 – United Brands; siehe zum Preishöhenmissbrauch auch Rn. 179ff.

Kriterien zu befinden, nach denen marktbeherrschende Unternehmen ihre Preise festsetzen.[797]

Ungleichbehandlungen, die auf **sachlichen Gründen** basieren, sind somit zulässig. Der **206**
von der Kommission angewandte Maßstab ist jedoch streng. Sachliche Gründe liegen z. B. nicht vor, wenn eine Urheberrechtsverwertungsgesellschaft auf aus anderen Mitgliedstaaten importierte Tonträger und Tonaufzeichnungsgeräte im Vergleich zu im Inland hergestellten Tonträger unterschiedliche Lizenzgebührensätze anwendet, auch wenn die Kontrolle der importierten Waren mit höheren Kosten verbunden ist.[798] Auch darf eine öffentlich-rechtliche Körperschaft, die ein gesetzliches Monopol für ein Fernmeldesystem innehat, die Weiterleitung von Fernschreibnachrichten aus anderen Mitgliedstaaten nicht mit höheren Gebühren als die Weiterleitung inländischer Nachrichten belasten.[799] Der sachliche Unterschied zwischen der Beförderung von Inlandspost und eingehender Auslandspost rechtfertigt keine Preisunterschiede, wenn die in Rechnung gestellten Dienstleistungen (Weiterleiten und Zustellen) von den Kosten her weitgehend vergleichbar sind.[800] In gleicher Weise ist der Diskriminierungstatbestand erfüllt, wenn ein Unternehmen auf Grund seiner marktbeherrschenden Stellung Kunden seiner Mitbewerber Sonderpreise mit dem Ziel anbietet, das Geschäft der Wettbewerber zu schädigen, während er gegenüber seinen anderen „gleichwertigen" Kunden höhere Preise beibehält.[801] Eine wettbewerbsverfälschende Wirkung hat auch die Gewährung von Treuerabatten zugunsten eines Unternehmens, das ausschließlich bei dem Marktbeherrscher einkauft, während andere Unternehmen, die dieselben Mengen von dem Marktbeherrscher beziehen, diese Vorteile nicht gewährt bekommen, weil sie ihren Bedarf noch bei anderen Lieferanten decken.[802] Noch ungeklärt ist die Frage, ob und wenn ja, in welchem Rahmen sich ein marktbeherrschendes Unternehmen in Einzelfällen an neue wettbewerbliche Bedingungen anpassen darf, etwa wenn es von einem Wettbewerber bei einem bestimmten Kunden preislich angegriffen wird. In einer solchen Situation muss es auch dem marktbeherrschenden Anbieter gestattet sein, von seinem normalerweise geforderten Preis im Sinne der Meeting-Competition-Defence nach unten abzuweichen, da das gegenteilige Ergebnis den Marktbeherrscher unangemessen behindern und den Leistungswettbewerb auf dem betreffenden Markt weitgehend zum Erstarren bringen würde. In gleicher Weise muss es auch zulässig sein, dass ein Marktbeherrscher in einem Bieterverfahren einen Preis quotiert, der von seinem Listenpreis abweicht, ohne verpflichtet zu sein, die anderen Preise dann auch nach unten anzugleichen.[803]

In einer älteren Entscheidung, die sich gegen die diskriminierende Wirkung von Prä- **207**
mien eines marktbeherrschenden **Luftfahrtunternehmens** zugunsten von Reisevermittlern richtet, hat die Kommission[804] beim Vergleich der Leistungen einen sehr formalis-

[797] Vgl. Komm. E. v. 29.3.1994 – IV/33.941, ABl. 1994 L 104/34 Rn. 61 ff., 160 ff. – HOV-SVZ/MCN, betreffend die Festsetzung unterschiedlicher Kilometertarife durch die Deutsche Bahn für Beförderungen aus oder nach deutschen oder niederländischen bzw. belgischen Zielorten; zu dieser Entscheidung vgl. auch Komm. 24. Wettbewerbsbericht 1994 Rn. 210.

[798] Komm. E. v. 2.6.1971 – IV/26.760, ABl. 1971 L 134/15 Punkt II. C. 1 – GEMA I.

[799] Komm. E. v. 10.12.1982 – IV/29.877, ABl. 1982 L 360/36 Rn. 30 – British Telecommunications.

[800] Komm. E. v. 25.7.2001 – COMP/C–1/36.915, ABl. 2001 L 331/40 Rn. 127 – Deutsche Post AG – Aufhalten grenzüberschreitender Postsendungen.

[801] Komm. E. v. 22.12.1987 – IV/30.787 und 31.488, ABl. 1988 L 65/19 Rn. 81 – Eurofix-Bauco/Hilti.

[802] EuGH Urt. v. 16.12.1975 – verb. Rs. 40 bis 48, 50, 54 bis 56, 111, 113 und 114/73, Slg. 1975, 1663 Rn. 522–527 – Suiker Unie; Urt. v. 13.2.1979 – 85/76, Slg. 1979, I-461 Rn. 89–91 – Hoffmann-La Roche; Komm. E. v. 19.12.1990 – IV/33.133-C, ABl. 1991 L 152/21 Rn. 62 – Soda-Solvay; Komm. E. v. 20.3.2001 – COMP/35.941, ABl. 2001 L 125/27 Rn. 33 – Deutsche Post AG.

[803] *Lorenz/Lübbig/Russell* ECLR 2005, 355.

[804] Komm. E. v. 14.7.1999 – IV/D-2/34.780, ABl. 2000 L 30/1 – Virgin/British Airways; bestätigt durch EuG Urt. v. 17.12.2003 – T-19/99, Slg. 2003, II-5917 – British Airways/Kommission und EuGH Urt. v. 15.3.2007 – C-95/04 P, Slg. 2007, I-2331.

tischen Ansatz gewählt. Gegenstand des Verfahrens waren Prämienregelungen der Fluggesellschaft *British Airways (BA),* die Reisevermittlern für die von ihnen verkauften *BA*-Flugscheine umsatzabhängige Provisionen gewährte. Neben einer Standardprovision war auch eine Bonusregelung vorgesehen. Die Bonusregelung belohnte speziell den Umsatzzuwachs bei einem Reisevermittler (Steigerungsrabatt). Die Kommission beanstandete nicht nur den **Sogeffekt** dieser Regelung, sondern insbesondere auch deren diskriminierende Wirkung: Wenn ein Reisevermittler A seinen *BA*-Umsatz von 100 auf 120 Einheiten steigert, wird er mit einem Bonus belohnt, während ein Reisevermittler B, der konstant 120 Umsatzeinheiten erreicht hat, in diskriminierender Weise von dem Bonus ausgeschlossen bleibt, ohne dass es für die Ungleichbehandlung eine Rechtfertigung gäbe, die etwa auf Effizienzgewinnen durch erhöhten Absatz beruhten.[805]

208 Das Bundeskartellamt sah in der Verweigerung des sog. Teilleistungszugangs gegenüber Konsolidierern durch die *Deutsche Post* eine ungerechtfertigte Ungleichbehandlung. Die Deutsche Post hatte die ihren Großkunden gegenüber gewährten Rabatte Unternehmen verweigert, deren Geschäftsmodell darin besteht, durch das Sammeln von Briefsendungen mehrerer Absender und deren Einlieferung direkt bei Briefzentren am Absende- oder Empfangsort Großkundenrabatte zu erreichen.[806]

In einem weiteren Verfahren beurteilte das Bundeskartellamt die Verwendung einer Rabattstaffel für die Lieferung von Laborchemikalien durch Merck an ihre Händler als nicht gerechtfertigte Ungleichbehandlung. Die Rabattstaffel war so ausgestaltet, dass der ehemalige Alleinvertriebshändler von Merck aufgrund seines erhöhten Umsatzes gegenüber anderen Händlern einen deutlich höheren Rabatt auf den mit *Merck* erzielten Gesamtumsatz erzielen konnte. Alle übrigen Händler, die vorher nur indirekt Produkte von Merck beziehen konnten, erhielten aufgrund des geringeren Umsatzes auch deutlich geringere Rabatte. Dies lag daran, dass *Merck* den Rabatt auf ein einzelnes Produkt vom jeweiligen jährlichen Gesamtumsatz eines Händlers abhängig machte und somit nur Händler mit gleichen Jahresumsätzen formal gleich behandelte. Hierin sah das Bundeskartellamt eine Ungleichbehandlung der Händler durch *Merck,* weil der einzige Abnehmer mit sehr hohen Umsätzen deutlich höhere Rabatte als alle übrigen Händler erhielt. Diese Ungleichbehandlung der Händler durch das Rabattsystem sah das Bundeskartellamt als nicht sachlich gerechtfertigt an.[807]

209 Der Diskriminierungstatbestand schützt seinem Wortlaut und seinem Zweck nach nur **Handelspartner** des marktbeherrschenden Unternehmens. Eine nachteilige Wirkung der Diskriminierung von Endverbrauchern ist demnach nicht tatbestandsmäßig.[808] Eine Ausnahme bildet jedoch der Fall *Fußballweltmeisterschaft 1998,* in dem die Kommission die französischen Kartenvorverkaufsregelungen als diskriminierend und deren Auswirkungen auf die Wettbewerbsstruktur als nachteilig angesehen hat, obwohl von diesen Maßnahmen im Wesentlichen nur **private Endverbraucher** betroffen waren.[809] Benachteiligt waren vor allem Interessenten, die nicht in Frankreich wohnten. Zu dem Einwand der zentralen Verkaufsorganisation *CFO,* dass Art. 102 AEUV nicht darauf abziele, unmittelbar die Interessen von Verbrauchern zu schützen, verwies die Kommission auf das Urteil *Continental Can,*

[805] Komm. E. v. 14.7.1999 – IV/D-2/34.780, ABl. 2000 L 30/1 Rn. 109 – Virgin/British Airways. Der EuGH hat die Entscheidung bestätigt: EuGH Urt. v. 15.3.2007 – C-95/04 P, Slg. 2007, I-2331.

[806] Bundeskartellamt Beschl. v. 11.2.2005, WuW/E DE-V 1025 – B9 55/03. Die Entscheidung wurde durch das OLG Düsseldorf im Verfahren des vorläufigen Rechtsschutzes bestätigt, Beschl. v. 13.4.2005, WuW/E DE-R 1473 – VI-Kart 3/05 (V).

[807] Bundeskartellamt Beschl. v. 19.5.2011 – B3–139/10. Die Entscheidung wurde durch das OLG Düsseldorf im Verfahren des vorläufigen Rechtsschutzes bestätigt, Beschl. v. 21.12.2011 – VI-Kart 5/11 (V).

[808] Vgl. *Schröter/Bartl* in Schröter/Jakob/Klotz/Mederer Art. 102 Rn. 271.

[809] Komm. E. v. 20.7.1999 – IV/36.888, ABl. 2000 L 5/55 – Fußball-Weltmeisterschaft 1998; dazu: *Weatherill* ECLR 2000, 275.

dem zufolge Art. 102 AEUV sich auch auf Verhaltensweisen beziehe, die Verbrauchern durch einen Eingriff in die Struktur des tatsächlichen Wettbewerbs Schaden zufügen.[810] Die Kommission folgerte daraus, dass der Diskriminierungstatbestand gegebenenfalls (auch) auf Situationen angewendet werden kann, in denen das Verhalten des marktbeherrschenden Unternehmens direkt die Interessen der Verbraucher beeinträchtigt, auch wenn Auswirkungen auf die Wettbewerbsstruktur nicht festzustellen sind.[811]

bb) Lieferverweigerung. In den Schutzbereich des Diskriminierungsverbots fallen dem Wortlaut nach ausschließlich Handelspartner des marktbeherrschenden Unternehmens. Nach Auffassung der Kommission fallen darunter nicht nur jene Unternehmen, die bereits in geschäftlicher Verbindung zu dem Marktbeherrscher stehen, sondern auch dessen potentielle Handelspartner.[812] Eine Ungleichbehandlung der potentiellen Handelspartner wirkt sich ebenso nachteilig auf den Wettbewerb aus wie gegenüber Partnern, mit denen bereits eine geschäftliche Beziehung besteht. In diesen Fällen liegt die Ungleichbehandlung in der Weigerung des Marktbeherrschers, mit einem potentiellen Handelspartner eine neue Geschäftsbeziehung aufzunehmen, weshalb die Geschäfts- oder Lieferverweigerung als Diskriminierung angesehen werden kann.[813] Die missbräuchliche Diskriminierung besteht in einer selektiven, sachlich nicht zu rechtfertigenden Lieferverweigerung gegenüber neuen Vertragspartnern. Der Begriff der Verweigerung einer Lieferung bzw. Leistungserbringung umfasst nicht nur eine völlige Verweigerung, sondern auch Sachlagen, in denen beherrschende Unternehmen die Lieferung/Erbringung von objektiv unangemessenen Bedingungen abhängig machen.[814] Unternehmen in marktbeherrschender Stellung sind zwar grundsätzlich berechtigt, ihre geschäftlichen Interessen zu wahren und auch die zum Schutz dieser Interessen erforderlichen Maßnahmen zu ergreifen.[815] Eine Lieferverweigerung stellt jedoch dann einen **Missbrauch** dar, **wenn Handelspartner im Wettbewerb benachteiligt werden.**[816] Eine Lieferverweigerung liegt etwa vor, wenn ein Unternehmen sich weigert, Rohmaterialen an einen weiterverarbeitenden und langjährigen Abnehmer zu liefern, um diesen als Wettbewerber auf dem nachgelagerten Markt zu behindern. In der Rechtssache *Commercial Solvents*[817] hat der Gerichtshof diese Fallvariante als missbräuchlich angesehen, auch wenn die Lieferung in der Absicht verweigert wurde, die Rohmaterialien für die eigene Herstellung weiterverarbeiteter Erzeugnisse zu verwenden. 210

In gleicher Weise stellt die Weigerung der Erbringung von **Dienstleistungen, die für die Tätigkeit eines anderen Unternehmens unerlässlich sind,** eine missbräuchliche 211

---

810 EuGH Urt. v. 21.2.1973 – 6/72 Slg. 1973, 215 Rn. 26 – Continental Can.

811 Komm. E. v. 20.7.1999 – IV/36.888, ABl. 2000 L 5/55 Rn. 100 – Fußball-Weltmeisterschaft 1998.

812 Komm. E. v. 29.10.1981 – IV/29.839, ABl. 1981 L 370/49 Rn. 49–51 – GVL, betreffend das Verhältnis einer deutschen Urheberrechtsverwertungsgesellschaft zu ausländischen Kunden, die dann zu tatsächlichen Handelspartnern werden, wenn sie ihren Wohnsitz im Inland einnehmen; ebenso Prioritätenmitteilung der Kommission, ABl. 2009 C 45/7 Rn. 79.

813 Vgl. *Fuchs/Möschel* in Immenga/Mestmäcker Art. 102 Rn. 305 ff., die diese dogmatisch als Fallbeispiel des Behinderungsmissbrauchs einordnen; *Schröter/Bartl* in Schröter/Jakob/Klotz/Mederer Art. 102 Rn. 273 ff., die die Lieferverweigerung unter die Generalklausel des Art. 102 Abs. 1 subsumieren; *Jung* in Grabitz/Hilf/Nettesheim Art. 102 Rn. 178, sieht in der Leistungsverweigerung eine Form des Ausbeutungsmissbrauchs. Nach *Sasinowska* EuZW 2013, 539 (543) kann die Fallkonstellation unter nahezu jede Alternative in Art. 102 Satz 1 und 2 AEUV subsumiert werden.

814 Komm. E. v. 25.7.2001 – COMP/C-1/36.915, ABl. 2001 L 331/40 Rn. 141 – Deutsche Post AG – Aufhalten grenzüberschreitender Postsendungen; Prioritätenmitteilung der Kommission, ABl. 2009 C 45/7 Rn. 79 („konstruktive" Verweigerung).

815 EuGH Urt. v. 14.2.1978 – 27/96, Slg. 1978, 207 Rn. 182–192 – United Brands; EuG Urt. v. 26.10.2000 – T-41/96, Slg. 2000, II-3383 Rn. 181 – Bayer/Kommission; Prioritätenmitteilung der Kommission, ABl. 2009 C 45/7 Rn. 75.

816 EuGH Urt. v. 14.2.1978 – 27/96, Slg. 1978, 207 Rn. 194 – United Brands.

817 EuGH Urt. v. 6.3.1974 – verb. Rs. 6/73 und 7/73, Slg. 1974, 223 – Commercial Solvents/Kommission.

Verhaltensweise dar. So hatte sich die luxemburgische Rundfunk- und Fernsehgesellschaft geweigert, Sendezeiten für Fernsehwerbung zur Verfügung zu stellen, die eine Telefonnummer einer belgischen Rundfunkgesellschaft verwendete. Der Gerichtshof[818] hat diese Verhaltensweise als missbräuchlich qualifiziert, da die luxemburgische Gesellschaft Fernsehzeiten bloß dann zur Verfügung stellen wollte, wenn die belgische Gesellschaft hierfür die Telefondienste einer Agentur des luxemburgischen Senders in Anspruch genommen hätte. In der Rechtssache *Hugin/Liptons* hat der Gerichtshof es als missbräuchlich angesehen, dass ein Hersteller von technisch anfälligen Geräten wie Registrierkassen, sich weigerte, **Ersatzteile** an einen früheren Vertragspartner zu liefern, der gebrauchte *Hugin*-Registrierkassen wartete und reparierte.[819] Den von *Hugin* im Verfahren vor der Kommission[820] vorgebrachten Einwand, sein Geschäftsgebaren sei durch die Absicht gerechtfertigt, Originalersatzteile nur innerhalb des eigenen Vertriebsnetzes zu liefern, hat der Gerichtshof nicht akzeptiert. Demnach lässt sich eine Lieferverweigerung nicht mit dem bloßen Wunsch eines Unternehmens, seine bestehende Vertriebsstruktur beizubehalten, rechtfertigen.

212 Eine neuere Entwicklung besteht in der Entscheidungspraxis der Hellenischen Kartellbehörde, die die Lieferverweigerung eines angeblich marktbeherrschenden Arzneimittelherstellers *(GlaxoSmithKline)* gegenüber **parallelexportierenden** Arzneimittelgroßhändlern als Missbrauch im Sinne von Art. 102 Satz 2 Buchst. b und c AEUV eingestuft hat.[821] Diese Beurteilung ist vom EuGH bestätigt worden. Die Einstellung der Belieferung eines Händlers, der in „normalem" Umfang Waren ordert, stelle keine vernünftige und verhältnismäßige Reaktion auf einen lediglich befürchteten Parallelimport dar.[822] Nach **Auffassung des BGH** ist eine Lieferverweigerung dann missbräuchlich i. S. d. Art. 102 AEUV, wenn sie (1) in der Absicht erfolgt, dem marktbeherrschenden Unternehmen einen nachgelagerten Markt vorzubehalten, (2) nicht durch technische oder kommerzielle Notwendigkeiten gerechtfertigt ist und (3) geeignet ist, jeglichen Wettbewerb durch das die Lieferung nachsuchende Unternehmen auszuschließen.[823] Soweit die Verweigerung in der Ausübung eines Ausschließlichkeit gewährenden Schutzrechtes erfolgt (s. dazu Rn. 261 ff.), ist sie nur dann missbräuchlich, wenn sie zur Verhinderung eines neuen Produktes führt. Umgekehrt muss eine Lieferung aber nur gegen angemessenes Entgelt erfolgen.[824] Im Rahmen von **Reparaturdienstleistungen** ist dabei außerdem die umstrittene Frage zu beantworten, auf welchen Markt abzustellen ist. In dem *MAN-Vertragswerkstatt*-Urteil zugrunde liegenden Sachverhalt verlangte ein Betreiber von Daimler-Vertragswerkstätten von dem Nutzfahrzeughersteller MAN die **Zulassung als** MAN-Werkstatt.[825] Es existierten bereits 222 **autorisierte Servicewerkstätten** welche exklusiv zur Erbringung von Garantieleistungen, Kulanzleistungen, Leistungen im Rahmen von Rückrufaktionen und Inspektionen innerhalb der Garantiefrist ermächtigt waren. Trotzdem stellt die Zulassung als Vertragswerkstatt nach Auffassung des BGH keinen eigenständigen Markt dar, sondern nur eine von mehreren untereinander austauschbaren Ressourcen und damit Teil eines umfassenderen Marktes, auf dem diese Ressourcen angeboten werden. Aus Sicht des Repara-

---

[818] EuGH Urt. v. 1.10.1987 – 311/85, Slg, 1985, 3261 – Télémarketing.

[819] EuGH Urt. v. 31.5.1979 – 22/78, Slg. 1979, 1869 Rn. 11–14 – Hugin/Kommission.

[820] Komm. E. v. 8.12.1977 – IV/29.312, ABl. 1978 L 22/23 – Hugin/Liptons.

[821] Hellenische Kartellbehörde E. v. 3.7.2001, GRUR Int 2002, 534 – Glaxo Wellcome (nunmehr GlaxoSmithKline)/SIFAIT; vgl. hierzu auch *Jenny* in Hellenic Competition Commission, S. 77 ff.

[822] EuGH Urt. v. 16.9.2008 – verb. Rs. C-468/06 bis C–478/06, Slg. 2008, I-7139 Rn. 71 – GSK. Vgl. dazu eingehend Rn. 285 ff.

[823] BGH Urt. v. 3.3.2009 – KZR 82/07, Rn. 35 – Reisestellenkarte; ebenso BGH Urt. v. 29.6. 2010 – KZR 31/08, Rn. 29 – GSM-Wandler.

[824] BGH Urt. v. 3.3.2009 – KZR 82/07, Rn. 47 – Reisestellenkarte.

[825] BGH Urt. v. 30.3.2011 – KZR 6/09 – MAN-Vertragswerkstatt. Die geltend gemachte Anspruchsgrundlage und die Ausführungen des BGH betreffen hier § 19 Abs. 2 GWB; der BGH überträgt die Feststellungen aber ausdrücklich auf Art. 102 AEUV (Rn. 28).

turwerkstattbetreibers seien die genannten Leistungen nur ein Ausschnitt aus einer Reihe von Dienstleistungen, und selbst ein auf einen Hersteller spezialisierter Betreiber könne sich um andere Aufträge bemühen, womit der Betrieb einer Werkstatt ohne Zulassung als Vertragswerkstatt nicht unmöglich sei.[826] Eine marktbeherrschende Stellung lehnte der BGH ab, da die Zulassung als Vertragswerkstatt nicht erforderlich sei, um als Werkstatt auf dem Endkundenmarkt für die Erbringung von Werkstattleistungen tätig werden zu können.[827] Sie ergebe sich auch nicht aus der Stellung von MAN auf dem Endkundenmarkt für Instandsetzungs- und Wartungsdienstleistungen für Nutzfahrzeuge, da dieser Markt nicht markenspezifisch abzugrenzen sei.[828]

Nach ihrer aktuellen **Prioritätenmitteilung** fasst die Kommission in der Fallgruppe der Lieferverweigerung eine ganze Reihe von wettbewerbswidrigen Praktiken zusammen: Die **Verweigerung** der **Produktlieferung** an vorhandene und neue Abnehmer, die Verweigerung der **Lizenzerteilung** und die Verweigerung des **Zugangs zu wesentlichen Einrichtungen** („Essential Facilities“). Soweit das marktbeherrschende Unternehmen den Preis für das betreffende Produkt derart ansetzt, dass ein ebenso effizienter Wettbewerber auf dem nachgelagerten Markt nicht mehr rentabel konkurrieren kann, ist diese Kosten-Preis-Schere einer Lieferverweigerung gleichzustellen.[829] All diese Praktiken will die Kommission vorrangig prüfen, wenn sie Produkte oder Dienstleistungen betreffen, welche **objektiv notwendig** sind, um auf einem nachgelagerten Markt wirksam konkurrieren zu können, wenn die Lieferverweigerung wahrscheinlich den **wirksamen Wettbewerb auf dem nachgelagerten Markt ausschalten** wird und ein **Schaden der Verbraucher** wahrscheinlich ist.[830] Wirtschaftsleistungen auf einem nachgelagerten Markt sind objektiv notwendig, wenn es kein tatsächliches oder potenzielles Substrat gibt, das die Wettbewerber verwenden könnten, um die Lieferverweigerung wenigstens langfristig auszugleichen. Bei der Bestimmung des potenziellen Substrats will die Kommission die Fähigkeit der Wettbewerber zur Duplikation der Wirtschaftsleistung prüfen.[831] Hinsichtlich des Verbraucherschadens will die Kommission vor allem in Fällen einschreiten, in denen die negativen Folgen für die Verbraucher (geringere Produktvielfalt, Verhinderung von neuen Produkten oder Anschlussinnovationen) größer sind als die negativen Folgen einer Lieferverpflichtung (geringerer Innovationsanreiz).[832] Die Kommission will in diesem Zusammenhang auch den Vortrag von Effizienzvorteilen des marktbeherrschenden Unternehmens beachten; die Abgrenzung zwischen Verstoß und Rechtfertigungsebene ist in dieser Fallgruppe nicht eindeutig.[833] 213

cc) Abbruch bestehender Geschäftsverbindungen. Eine Variante der missbräuchlichen Lieferverweigerung ist der Abbruch bestehender Geschäftsbeziehungen. Hierzu hat 214

---

[826] BGH Urt. v. 30.3.2011 – KZR 6/09, Rn. 15ff. – MAN-Vertragswerkstatt. Die Ausführungen des BGH betreffen hier § 19 Abs. 2 GWB; er überträgt diese Feststellungen aber ausdrücklich auf Art. 102 AEUV (Rn. 28).

[827] BGH Urt. v. 30.3.2011 – KZR 6/09, Rn. 20 – MAN-Vertragswerkstatt.

[828] BGH Urt. v. 30.3.2011 – KZR 6/09, Rn. 22 – MAN-Vertragswerkstatt.

[829] Prioritätenmitteilung der Kommission, ABl. 2009 C 45/7 Rn. 78, 80. Zu den Essential Facilities im Einzelnen Rn. 271ff.

[830] Prioritätenmitteilung der Kommission, ABl. 2009 C 45/7 Rn. 81ff. Eine Lieferverweigerung kann ohne die Prüfung dieser Voraussetzungen einen Verstoß gegen Art. 102 AEUV darstellen, wenn dem marktbeherrschenden Unternehmen EU-konforme Lieferpflichten auferlegt sind oder es seine Stellung aufgrund von Sonderrechten oder mit staatlicher Hilfe erworben hat; denn dann besteht keine Gefahr dafür, dass Innovationsreize reduziert werden, Prioritätenmitteilung der Kommission, ABl. 2009 C 45/7 Rn. 82.

[831] Prioritätenmitteilung der Kommission, ABl. 2009 C 45/7 Rn. 83.

[832] Prioritätenmitteilung der Kommission, ABl. 2009 C 45/7 Rn. 86f.

[833] Prioritätenmitteilung der Kommission, ABl. 2009 C 45/7 Rn. 89f. Die Kommission will v.a. den Vortrag beachten, dass die Lieferverweigerung eine für das Produkt notwendige Rendite sichert und somit Innovationen schützt. Zur Rechtfertigung eines Verstoßes gegen Art. 102 AEUV im Allgemeinen, Rn. 294ff.

der Gerichtshof festgestellt, dass ein Unternehmen in beherrschender Stellung Lieferungen an einen langjährigen Abnehmer **nicht einstellen** darf, wenn dieser sich den Gebräuchen des Handels entsprechend verhält. Eine Lieferverweigerung würde die Absatzmöglichkeiten zum **Nachteil der Verbraucher** beschränken und eine Diskriminierung darstellen, die bis zur Ausschaltung des bisherigen Handelspartners vom relevanten Markt führen könne.[834] Weigert sich ein beherrschendes Unternehmen, die Bestellung eines früheren Kunden auszuführen, handelt es daher missbräuchlich, wenn die Weigerung geeignet ist, den Wettbewerb von Seiten des Geschäftspartners auszuschalten und sie sachlich nicht zu rechtfertigen ist.[835] Ein wettbewerbliches Tätigwerden des Abnehmers auf dem **vorgelagerten Markt** allein erlaubt dem Marktbeherrscher nicht, seine Geschäftsbeziehungen zu diesem abzubrechen. So hat die Kommission das Verhalten des marktbeherrschenden Zuckerherstellers *British Sugar* als missbräuchlich qualifiziert, der einen Kunden deswegen nicht mehr belieferte, weil dieser beschlossen hatte, Zucker in Haushaltsverpackungen an Einzelhändler zu vertreiben, welche British Sugar bisher selbst beliefert hatte.[836]

215 Im Fall *BBI* hatte sich ein britischer Hersteller von Blechblasinstrumenten, der über ein Quasimonopol auf diesem Markt verfügte, geweigert, einen Musikinstrumentenhändler und ein Reparaturunternehmen zu beliefern. Grund dafür war, dass sich die beiden Unternehmen zur Herstellung von Blechblasinstrumenten zusammengeschlossen hatten und somit in Konkurrenz zu dem Marktbeherrscher getreten waren. Die Kommission[837] sah die sofortige Liefereinstellung und die Ergreifung von Repressalien nicht durch den Umstand als gerechtfertigt, dass sich ein Abnehmer mit einem aktuellen oder zukünftigen Wettbewerber zusammenschloss. Zwar sei ein marktbeherrschender Hersteller nicht verpflichtet, gegen ihn gerichteten Wettbewerb zu unterstützen, vielmehr solle er die Möglichkeit haben, die Geschäftsbeziehungen zum Kunden zu überprüfen und das Kundenverhältnis mit einer angemessenen vorherigen Ankündigung zu beenden.[838] Die Maßnahme eines sofortigen Abbruchs der Geschäftsbeziehung stehe aber nicht in einem angemessenen Verhältnis zur Bedrohung der Interessen des Marktbeherrschers durch den Marktzutritt eines neuen Wettbewerbers.[839] Zudem sei der Abbruch einer bereits bestehenden Geschäftsbeziehung zu einem Kunden strenger zu bewerten als die Weigerung, eine neue Geschäftsverbindung aufzunehmen. Aus diesem Grund könnten nur zwingende wirtschaftliche und technische Gründe den Abbruch rechtfertigen, wie z.B. die **finanzielle Unzuverlässigkeit des Abnehmers.**[840] Dementsprechend wird in Krisenzeiten eine Belieferung nur der Stammkunden nicht als diskriminierend angesehen, wenn die Weigerung, auch Gelegenheitskunden zu versorgen, durch eine Situation der allgemeinen Verknappung gerechtfertigt werden kann, vor allem dann, wenn der Bestand noch nicht einmal ausreicht, um den Bedarf aller Stammkunden zu decken.[841] Bisher nicht entschieden ist, ob es dem marktbeherrschenden Unternehmen wie im deutschen Kartellrecht freisteht, im Rahmen einer Reorganisation des Vertriebs, z.B. beim Übergang von Fremd- auf Eigenvertrieb, die Belieferung von Händlern – ggfs. unter Wahrung einer Übergangsfrist – einzustellen.[842] Da der Zweck der Missbrauchsaufsicht jedoch nicht darin besteht, überkommene Distributionsstrukturen zu

---

[834] EuGH Urt. v. 14.2.1978 – 27/76 – Slg. 1978, 207, Rn. 182f. – United Brands.

[835] EuGH Urt. v. 16.9.2008 – verb. Rs. C-468/08 bis C-478/06, Slg. 2008, I-7139 Rn. 34 m.w.N. – GSK; Komm. Beschl. v. 13.12.2011 – COMP/C-3/39692, Rn. 36 – IBM Maintenance Services.

[836] Komm. E. v. 18.7.1988 – IV/30.178, ABl. 1988 L 284/41 – Napier Brown/British Sugar.

[837] Komm. E. v. 29.7.1987 – IV/32.279, ABl. 1987 L 286/36 – BBI/Boosey & Hawkes.

[838] Komm. E. v. 29.7.1987 – IV/32.279, ABl. 1987 L 286/36 Rn. 19 – BBI/Boosey & Hawkes.

[839] *Schröter/Bartl* in Schröter/Jakob/Klotz/Mederer, Art. 102 Rn. 256.

[840] *Fuchs/Möschel* in Immenga/MestmäckerArt. 102 Rn. 313; *Schröter/Bartl* in Schröter/Jakob/Klotz/Mederer Art. 102 Rn. 282.

[841] EuGH Urt. v. 29.6.1978 – 77/77 Slg. 1978, 1513 Rn. 19ff. – Ölkrise.

[842] Kritisch hierzu *Malaurie-Vignal* L' abus Rn. 306.

schützen, wird man dies zugunsten der Organisationsfreiheit der Unternehmen annehmen können.

In einem jüngeren Verpflichtungsbeschluss nahm die Kommission einen Verstoß gegen Art. 102 Satz 2 Buchst. b AEUV durch drei Verhaltensweisen von ***IBM*** an: *IBM* hatte die Lieferzeit für Ersatzteile von *IBM*-Mainframes an unabhängige Wartungsunternehmen eingeschränkt, bestimmte Ersatzteile nur noch im zeitlich begrenzten Austausch gegen die defekten Teile oder zu stark überhöhten Preisen verkauft und für Wartungsdienste erforderliche technische Informationen nicht mehr zur Verfügung gestellt.[843] Eine Rechtfertigung wegen angeblich bestehender Immaterialgüterrechte lehnte die Kommission mit Hinweis auf die Rechtsprechung des Gerichtshofs ab, wonach derartige Rechte jedenfalls nicht eine willkürliche Lieferverweigerung rechtfertigen könnten.[844] 216

Nach ihrer **Prioritätenmitteilung** will die Kommission grundsätzlich die Beendigung bestehender Lieferbeziehungen genauso behandeln wie die Lieferverweigerung (sog. *De novo*-Lieferverweigerung).[845] Sie will allerdings davon ausgehen, dass sich die Beendigung bestehender Lieferbeziehungen eher als missbräuchlich erweist als eine *De novo*-Lieferverweigerung. Weil der marktbeherrschende Lieferant durch die bisherigen Lieferungen zu erkennen gegeben hat, dass er seine ursprünglichen Innovationskosten durch den Verkauf der Produkte decken möchte, muss er darlegen, warum er bei Aufrechterhaltung der bestehenden Lieferbeziehungen befürchten muss, keine angemessene Vergütung seiner Investitionen zu erhalten.[846] 217

d) Behinderungsmissbrauch. aa) Einführung. Der Tatbestand des Behinderungsmissbrauchs beschreibt all diejenigen Verhaltensweisen eines marktbeherrschenden Unternehmens, die darauf gerichtet sind oder jedenfalls bewirken, dass die Vermarktungsmöglichkeiten der anderen tatsächlichen oder potentiellen Wettbewerber dauerhaft verschlechtert werden – mit der Folge, dass die Intensität des Wettbewerbs in dem betreffenden Markt weiter zurückgeht. Die nach der Rechtsprechung aus dem Verbot des Behinderungsmissbrauches resultierenden **Rücksichtnahmepflichten** des marktbeherrschenden Unternehmens dienen somit nicht nur dem Schutz der Wettbewerber selbst, sondern auch der Aufrechterhaltung des Wettbewerbs als solchem in dem jeweiligen Markt. Ausgangspunkt dieser besonderen Verhaltenspflichten ist die in ständiger Rechtsprechung des Gerichtshofs festgestellte **„besondere Verantwortung"** des Marktbeherrschers dafür, „dass er durch sein Verhalten einen wirksamen und unverfälschten Wettbewerb nicht beeinträchtigt".[847] Dem marktbeherrschenden Unternehmen sind somit alle Verhaltensweisen untersagt, die die Aufrechterhaltung oder Entwicklung des noch bestehenden Wettbewerbs auf einem Markt behindern, auf dem der Wettbewerb gerade wegen der Anwesenheit des fraglichen Unternehmens bereits geschwächt ist.[848] In der Tatbestandsvariante des Behinderungsmissbrauchs ist aus dieser besonderen Verantwortung abzuleiten, dass dem Marktbeherrscher eine Reihe von mit dem Prinzip des **Leistungswettbewerbs** nicht vereinbaren Verhaltensweisen untersagt sind, die das nicht-marktbeherrschende Unternehmen als wettbewerbliches Instrument rechtmäßig einsetzen darf. In dieser Situation, die mit dem Satz **„quod licet bovi, non licet Iovi"** beschrieben werden kann, ist es besonders wichtig, 218

---

843 Komm. Beschl. v. 13.12.2011 – COMP/39.692, Rn. 31 ff. – IBM Maintenance Services.

844 Komm. Beschl. v. 13.12.2011 – COMP/39.692, Rn. 40 – IBM Maintenance Services, mit Verweis auf EuGH Urt. v. 5.10.1988 – C-238/87, Slg. 1988, 6211, Rn. 9 – Volvo/Veng.

845 Prioritätenmitteilung der Kommission, ABl. 2009 C 45/7 Rn. 78, 84. Zu dieser Prüfung s. o. Rn. 210 ff.

846 Prioritätenmitteilung der Kommission, ABl. 2009 C 45/7 Rn. 84.

847 EuG Urt. 6.10.1994 – T-83/91, Slg. 1994, II-755 Rn. 14 – Tetra Pak II; EuGH Urt. v. 16.3. 2000 – verb. Rs. C-395/96 P und C-396/96 P, Slg. 2000, I-1365 Rn. 114 – Compagnie Maritime Belge Transports u. a./Kommission (CEWAL); Prioritätenmitteilung der Kommission, ABl. 2009 C 45/7 Rn. 1.

848 EuGH Urt. v. 13.2.1979 – 85/76, Slg. 1979, 461 Rn. 91 – Hoffmann-La Roche.

den Tatbestand der jeweils verbotenen Verhaltensweisen genau abzugrenzen, denn es ist nicht Sinn und Zweck der Missbrauchsaufsicht, dem Marktbeherrscher jede Form der Verteidigung seiner Marktposition oder auch deren Ausbau zu untersagen.

219 Im Zuge der von der Kommission vorangetriebenen Ökonomisierung des EU-Kartellrechts hat die Kommission bereits im Dezember 2005 ein Diskussionspapier zu bestimmten Varianten des Behinderungsmissbrauchs veröffentlicht.[849] Den in dem Diskussionspapier entwickelten Ansatz spiegeln einzelne Kommissionsentscheidungen wider, insbesondere zu Rabatten (s. Rn. 239 ff.). Der Diskussionsprozess wurde durch die Veröffentlichung der Kommissionsmitteilung zur Erläuterung der Prioritäten der Kommission mit Blick auf den Behinderungsmissbrauch zum Abschluss gebracht.[850] Ziel der **Prioritätenmitteilung** ist es, die Anwendung von Art. 102 AEUV[851] durch die Kommission auf Fälle von Behinderungsmissbrauch zu erläutern und damit die Rechtsklarheit zu erhöhen. Dabei behält sich die Kommission das Recht vor, etwaige Beschwerden gegen Verhaltensweisen abzulehnen, die zwar nach der Mitteilung Behinderungsmissbrauch darstellen, aber den Tatbestand des Art. 102 AEUV aus anderen Gründen nicht erfüllen.[852] In der Anwendung von Art. 102 AEUV will sich die Kommission auf Formen des Behinderungsmissbrauches konzentrieren, die Verbrauchern am meisten schaden. Gleichzeitig will sie in erster Linie den Wettbewerbsprozess schützen.[853] Inhaltlich erläutert die Kommission zunächst ihre Methodik zur Feststellung von Marktmacht.[854] Sie führt danach den Begriff der **wettbewerbswidrigen Marktverschließung** ein. Diese liege vor, wenn das marktbeherrschende Unternehmen durch sein Verhalten vorhandenen oder potenziellen Wettbewerbern den Zugang zu Lieferquellen oder Märkten erschwert oder unmöglich macht und als Folge das marktbeherrschende Unternehmen aller Wahrscheinlichkeit nach in der Lage ist, die Preise zum Nachteil der Verbraucher zu erhöhen.[855] Zur Feststellung einer wettbewerbswidrigen Marktverschließung will die Kommission ein Reihe von Faktoren berücksichtigen, darunter die Marktstellung des betreffenden Unternehmens und seiner Wettbewerber, die Marktbedingungen sowie Hinweise für eine tatsächlich Marktverschließung. In der Regel will die Kommission nur tätig werden, wenn davon auszugehen ist, dass anhand dieser Faktoren eine wettbewerbswidrige Marktverschließung nachgewiesen wird.[856] Gleichzeitig will die Kommission auf eine eingehende Untersuchung verzichten, wenn das Verhalten des marktbeherrschenden Unternehmens im Grunde nur den Wettbewerb behindern kann und keine Effizienzvorteile entstehen; dies soll z. B. dann der Fall sein, wenn Vertriebshändler und Abnehmer dafür bezahlt werden, die Einführung eines Konkurrenzprodukts zu verzögern.[857] Weil die Kommission dann ohne weitere Untersuchung auf wettbewerbsbeschränkende Auswirkungen schließen will, wird hiermit implizit eine Kategorie von ***per se*-Missbrauchstatbeständen** eingeführt.

220 Zudem will die Kommission im Bereich des **preisbezogenen Behinderungsmissbrauchs** nur dann tätig werden, wenn das fragliche Verhalten andere, **genauso effiziente Wettbewerber** wie das marktbeherrschende Unternehmen daran hindert, am Wettbewerb teilzunehmen.[858] Eine Behinderung ebenso effizienter Wettbewerber liegt vor, wenn das

---

[849] DG Competition, Discussion Paper on the Application of Article 82 of the Treaty to Exclusionary Abuses, http://ec.europa.eu/competition/antitrust/art82/discpaper2005.pdf.

[850] Prioritätenmitteilung der Kommission, ABl. 2009 C 45/7.

[851] Die Mitteilung selbst bezieht sich, da sie noch vor dem Inkrafttreten des Lissaboner Vertrages erlassen wurde, auf Art. 82 EG.

[852] Prioritätenmitteilung der Kommission, ABl. 2009 C 45/7 Rn. 2 f.

[853] Prioritätenmitteilung der Kommission, ABl. 2009 C 45/7 Rn. 5 f.

[854] Prioritätenmitteilung der Kommission, ABl. 2009 C 45/7 Rn. 9 ff.

[855] Prioritätenmitteilung der Kommission, ABl. 2009 C 45/7 Rn. 19.

[856] Prioritätenmitteilung der Kommission, ABl. 2009 C 45/7 Rn. 20.

[857] Prioritätenmitteilung der Kommission, ABl. 2009 C 45/7 Rn. 22.

[858] Prioritätenmitteilung der Kommission, ABl. 2009 C 45/7 Rn. 23.

marktbeherrschende Unternehmen keine kostendeckende Preise praktiziert.[859] Deckt ein marktbeherrschendes Unternehmen seine **durchschnittlichen vermeidbaren Kosten** (average avoidable costs – **AAC**) **nicht,** dann geht die Kommission davon aus, dass ein ebenso effizienter Wettbewerber nur verlustbringend am Wettbewerb teilnehmen könnte. Die AAC entsprechen dabei meist den durchschnittlichen variablen Kosten (average variable costs – AVC); sie enthalten aber auch möglicherweise angefallene irreversible Kosten (sunk costs). Wenn das marktbeherrschende Unternehmen seine Produkte zu einem Preis anbietet, der **über den AAC,** aber **unter** den **langfristigen durchschnittlichen Grenzkosten** (log-run average incremental costs – **LRAIC**) liegt, soll dies nur darauf hindeuten, dass ein ebenso effizienter Unternehmer vom Markt ausgeschlossen werden könnte. Die LRAIC entsprechen dem Mittel aller variablen und fixen Kosten, die einem Unternehmen zur Herstellung eines bestimmten Produkts entstehen. Im Unterschied zu den durchschnittlichen Gesamtkosten (average total costs – ATC) enthalten sie aber nicht die Gemeinkosten, die bei der Herstellung mehrerer Produkte mit denselben Anlagen bestehen. Soweit der verlangte Preis **über den LRAIC** liegt, können ebenso effiziente Wettbewerber mit dem Preisverhalten des marktbeherrschenden Unternehmens konkurrieren, und der wirksame Wettbewerb wird nicht beeinträchtigt.[860] Diese Grenzwerte sollen nicht nur bei der naheliegenden Fallgruppe der Kampfpreise[861] zu beachten sein, sondern auch bei der Beurteilung von Rabattangeboten,[862] Bündelungsgeschäften[863] und Kosten-Preis-Scheren.[864]

221 Eine **Rechtfertigung** des jeweiligen behindernden Verhaltens kann durch objektive Notwendigkeit des Verhaltens oder durch die Erzielung erheblicher Effizienzvorteile begründet sein; der Nachweis obliegt dem marktbeherrschenden Unternehmen.[865] Hinsichtlich der geltend gemachten Effizienzvorteile überträgt die Kommission die Voraussetzungen aus Art. 101 Abs. 3 AEUV: Sie müssen unverzichtbar sein, negative Auswirkungen auf den Wettbewerb oder das Verbraucherwohl zumindest aufwiegen und dürfen den wirksamen Wettbewerb nicht ausschalten.[866] Die sich anschließenden Erläuterungen beschäftigen sich mit **spezifischen Formen** des Behinderungsmissbrauchs – **Alleinbezugsbindungen** und **bedingten Rabatten,**[867] **Kopplungsgeschäften,**[868] **Kampfpreisen,**[869] **Lieferverweigerungen** und **Kosten-Preis-Scheren.**[870]

222 Bei der Einführung der Anforderungen der Marktverschließung und der Behinderung eines ebenso effizienten Wettbewerbers in der Prioritätenmitteilung handelt es sich um den **Versuch,** eine **bessere Feinsteuerung** im Rahmen des Tatbestandes von Art. 102 AEUV zu erreichen, die sich **weniger an Fallgruppen** als **an ökonomischen Tatsachen** orientiert und insbesondere die **Möglichkeit einer Rechtfertigung einbezieht.** Nur die Handlungsformen eines marktbeherrschenden Unternehmens, die die Marktbedingungen für ebenso effiziente Wettbewerber nachhaltig verschlechtern und in der Folge Verbraucher schädigen können, sollen dem marktbeherrschenden Unternehmen untersagt werden. Die dogmatische Anknüpfung an ein Tatbestandsmerkmal von Art. 102 AEUV ist dabei nicht eindeutig und wird von der Kommission auch nicht vorgenommen. Naheliegend erscheint

---

[859] Prioritätenmitteilung der Kommission, ABl. 2009 C 45/7 Rn. 25.
[860] Prioritätenmitteilung der Kommission, ABl. 2009 C 45/7 Rn. 26f.
[861] Prioritätenmitteilung der Kommission, ABl. 2009 C 45/7 Rn. 67.
[862] Prioritätenmitteilung der Kommission, ABl. 2009 C 45/7 Rn. 41.
[863] Prioritätenmitteilung der Kommission, ABl. 2009 C 45/7 Rn. 60f.
[864] Prioritätenmitteilung der Kommission, ABl. 2009 C 45/7 Rn. 80.
[865] Prioritätenmitteilung der Kommission, ABl. 2009 C 45/7 Rn. 28.
[866] Prioritätenmitteilung der Kommission, ABl. 2009 C 45/7 Rn. 30.
[867] Prioritätenmitteilung der Kommission, ABl. 2009 C 45/7 Rn. 32ff.
[868] Prioritätenmitteilung der Kommission, ABl. 2009 C 45/7 Rn. 47ff.
[869] Prioritätenmitteilung der Kommission, ABl. 2009 C 45/7 Rn. 63ff.
[870] Prioritätenmitteilung der Kommission, ABl. 2009 C 45/7 Rn. 75ff.

daher die Schlussfolgerung, dass bei fehlender Marktverschließung kein Missbrauch anzunehmen ist. In diesem weiten Sinne verfolgt die Kommission einen **more-economic-approach.** In der hinsichtlich der Rekordbußgeldsumme bahnbrechenden ***Intel*-Entscheidung** hatte die Kommission zum einen von Intel an Computerhersteller gewährte Rabatte zu beurteilen, die an die Bedingung des überwiegenden oder ausschließlichen Bezugs (80–100%) von Intel-Prozessoren geknüpft waren. Zum anderen hatte sie über Direktzahlungen von Intel an Computerproduzenten zu entscheiden, die sich im Gegenzug zur verzögerten Einführung von Computern mit rivalisierenden Prozessoren verpflichteten. In Bezug auf die Treuerabatte stellte die Kommission zwar zunächst fest, dass diese nach der Rechtsprechung des EuGH einen Missbrauch darstellen, wenn sie unter der Bedingung der Deckung des Gesamtbedarfs oder eines wesentlichen Teils gewährt werden, und dass die Kommission demnach nicht verpflichtet sei, eine tatsächliche Marktabschottung nachzuweisen.[871] Sodann weist sie allerdings auf 574 Randnummern anhand des oben dargestellten as-efficient-competitor-Tests eine tatsächliche Marktverschließung nach, wobei sie besonders auf den bestreitbaren Anteil (d.h. die Größe des Lieferanteils, den ein Wettbewerber realistisch übernehmen kann), den relevanten Zeithorizont und vor allem die wirtschaftlich akzeptablen Kosten (hier: die durchschnittlich vermeidbaren Kosten) eingeht[872] und schließlich zu dem Schluss kommt, dass ein ebenso effizienter Wettbewerber Preise unterhalb der durchschnittlichen vermeidbaren Kosten anbieten müsste, womit eine Marktverschließung anzunehmen sei.[873]

223 Zur Frage, ob die **Prioritätenmitteilung** eine **Bindung der Kommission** herbeiführt, siehe unter Rn. 173.[874]

224 Die **europäischen Gerichte** scheinen diese **Entwicklung** jedenfalls zum Teil **mitzutragen.** In der Entscheidung *Prokent-Tomra,* die zwar noch vor Erlass der Prioritätenmitteilung erging, aber deren Wertungsmaßstäbe bereits umsetzt, untersucht die Kommission nicht nur, ob eine marktbeherrschende Stellung und eine Missbrauchshandlung vorliegt, sondern sie beschäftigt sich auch ausführlich mit den Auswirkungen der fraglichen Praktiken auf den Wettbewerb.[875] Sie hält zudem fest, dass das marktbeherrschende Unternehmen, welches Alleinbezugsverträge geschlossen und bedingte Rabatte gewährt hatte, mit diesen Praktiken zu keiner Zeit einen nur unerheblichen Teil des Nachfragemarkts abgeschottet habe, wobei sie keinen genauen Schwellenwert angibt, ab dem von einer Marktabschottung auszugehen ist.[876] Gericht und Gerichtshof bestätigen übereinstimmend, dass, soweit durch das Handeln des marktbeherrschenden Unternehmens ein erheblicher Teil des Marktes abgeschottet wird, das Handeln als missbräuchlich anzusehen ist.[877] Die Festlegung eines Schwellenwertes sei dabei nicht erforderlich, vielmehr müsse die Kommission, wie in der betroffenen Entscheidung geschehen, durch eine Analyse der Umstände des Einzelfalls feststellen, ob die Praktiken eines Unternehmens in beherrschender Stellung geeignet sind, den Wettbewerb auszuschließen.[878] Dagegen ist nach den europäischen Ge-

---

[871] Komm. E. v. 13.5.2009 – COMP/C-3/37.990, Rn. 920–925 – Intel.

[872] Komm. E. v. 13.5.2009 – COMP/C-3/37.990, Rn. 1009ff., 1013ff., 1036ff. – Intel. Zwar konnte die neue Prioritätenmitteilung auf den Fall nicht direkt angewandt werden, weil das zu beurteilende Verhalten zeitlich vor ihrer Veröffentlichung lag; die Kommission stellt jedoch ausdrücklich fest, dass die Entscheidung in Übereinstimmung mit den Grundsätzen der Mitteilung ergangen ist, Rn. 916.

[873] Komm. E. v. 13.5.2009 – COMP/C-3/37.990, Rn. 1574f. – Intel.

[874] Dafür *Schröter/Bartl* in Schröter/Jakob/Klotz/Mederer Art. 102 Rn. 189 m.w.N.; dagegen *Kjølbye* ECLR 2010, 66.

[875] Komm. E. v. 29.3.2006 – COMP/38.113, Rn. 331–346 – Prokent/Tomra.

[876] Komm. E. v. 29.3.2006 – COMP/38.113, Rn. 392 – Prokent/Tomra.

[877] EuG Urt. v. 9.9.2010 – T-155/06, Slg. 2010, II-04361 Rn. 242 – Tomra/Kommission; EuGH Urt. v. 19.4.2012 – C-549/10 P, Rn. 41, 46 – Tomra/Kommission.

[878] EuG Urt. v. 9.9.2010 – T-155/06, Slg. 2010, II-04361 Rn. 240 – Tomra/Kommission; EuGH Urt. v. 19.4.2012 – C-549/10 P, Rn. 43 – Tomra/Kommission.

richten im Bereich von Rabattsystemen die Berechnung von Preisen unter den Gestehungskosten gegenüber den Kunden des marktbeherrschenden Unternehmens keine Vorbedingung für die Feststellung des missbräuchlichen Charakters eines Rabattsystems,[879] wohingegen die Kommission prüfen will, ob die mit den Rabatten erzielten Durchschnittspreise kostendeckend sind.[880] In seiner jüngsten *Intel*-Entscheidung bekräftigte das EuG ebenso, dass im Fall von Rabatten, die an den ausschließlichen oder überwiegenden Bezug gekoppelt sind, gerade kein Nachweis von wettbewerbsbeschränkenden Wirkungen erforderlich ist, während dies für Rabatte mit möglichen Bindungseffekten (z. B. Zielrabatten) nicht gilt.[881] Die Möglichkeit einer Rechtfertigung im Rahmen von Art. 102 AEUV wurde dagegen in den Urteilen zu Niedrigpreisstrategien anerkannt.[882] Insgesamt kann also weder davon ausgegangen werden, dass die Europäischen Gerichte dem more-economic-approach eine Absage erteilen, noch dass eine Wende in diese Richtung bereits stattgefunden hat.[883]

bb) Niedrigpreiswettbewerb. Ohne jeden Zweifel untersagt ist dem Marktbeherrscher ein Preisverhalten, das in Umsetzung eines Verdrängungsplanes das Ziel verfolgt, die verbleibenden Wettbewerber auch unter Inkaufnahme von **Verlusten** mit Niedrigpreisen aus dem Markt zu treiben, um im Anschluss daran – unter Ausnutzung der nunmehr erlangten Monopolstellung – die Preise wieder auf ein jedenfalls auskömmliches Niveau anzuheben.[884] Von dieser extremen Fallvariante abzugrenzen wiederum ist die **kurzfristige Unterschreitung** der Gestehungskosten (etwa zum Zweck der **Produkteinführung**), die auch dem Marktbeherrscher gestattet ist. Ebenso darf ein Unternehmen in beherrschender Stellung in Unter-Kosten-Wettbewerb eintreten, um in einem besonders wettbewerbsintensiven Markt auf niedrigere Wettbewerbspreise einzusteigen.[885] Die Kommissions- und Rechtsprechungspraxis[886] zum Tatbestand der **Kampfpreisunterbietung** (in der englischen Terminologie **„predatory pricing"**[887] und in der neueren deutschen EuGH-Terminologie „Vernichtungspreise") lässt sich wie folgt zusammenfassen: Im Fall *AKZO* hatte die Kommission nicht nur festgestellt, dass der niederländische Akzo-Konzern einer bestimmten Kundengruppe Niedrigpreise unterhalb der variablen Kosten angeboten hatte, sondern auch, dass dieses Verhalten der Umsetzung eines Planes zur Vertreibung eines kleineren Wettbewerbers aus dem Markt dienen sollte. In der daraufhin erlassenen Missbrauchsentscheidung vom 14.12.1985 stützte sich die Kommission maßgeblich auch auf den festgestellten Verdrängungsplan und trug vor, der Tatbestand der Preisunterbietung könne auch festgestellt werden, ohne dass das betroffene Unternehmen seine Preise unter den eigenen Kosten festsetze.[888] 225

Der Gerichtshof ist diesem Ansatz nicht gefolgt, sondern hat in seinem *AKZO*-Urteil die folgenden Grundsätze aufgestellt:[889] Preise eines marktbeherrschenden Unternehmens, 226

[879] EuG Urt. v. 9.9.2010 – T-155/06, Slg. 2010, II-04361 Rn. 258 ff. – Tomra/Kommission; EuGH Urt. v. 19.4.2012 – C-549/10 P, Rn. 73 ff. – Tomra/Kommission; siehe auch Rn. 16.

[880] Prioritätenmitteilung der Kommission, ABl. 2009 C 45/7 Rn. 41 ff.

[881] EuG Urt. v. 12.6.2014 – T-286/09 Rn. 74–93, 143 – Intel/Kommission; siehe auch Rn. 16.

[882] EuGH Urt. v. 17.2.2011 – C-52/09, Slg. 2011, I-527 Rn. 75 f. – Konkurrensverket/Telia-Sonera; Urt. v. 27.3.2012 – C-209/10, Rn. 40 ff. – Post Danmark/Konkurrencerådet.

[883] Ebenso *Bien/Rummel* EuZW 2012, 737 (740) v. a. zu Rabatten und mit Verweis auf a. A.; *Dittert* EuR 2012, 570 (582).

[884] Vgl. die Beschreibung dieser Tatbestandsalternative in: *Faull/Nikpay* Competition Rn. 4.298 und in der Prioritätsmitteilung der Kommission, ABl. 2009 C 45/7, Rn. 63.

[885] Komm. E. v. 29.7.1983 – IV/30.698, ABl. 1983 L 252/13 Rn. 31 – ECS/AKZO: Einstweilige Anordnungen.

[886] Vgl. auch die übersichtsartige Darstellung in den Schlussanträgen von Generalanwalt *Fennelly* v. 29.10.1998 zu den verb. Rs. C-395/96 P und C-396/96 P, Slg. 2000, I-1365 Rn. 123 ff. – Compagnie Maritime Belge Transports u. a./Kommission (CEWAL).

[887] Vgl. hierzu, vor allem im Hinblick auf den Luftfahrtsektor *Ewald* WuW 2004, 1165.

[888] Komm. E. v. 14.12.1985 – IV/30.698, ABl. 1985 L 374/1 Rn. 79 – ECS/AKZO.

[889] EuGH Urt. 3.7.1991 – C-62/86, Slg. 1991, I-3359 Rn. 71 und 72 – AKZO/Kommission.

die **unter den durchschnittlichen variablen Kosten** liegen, sind per se missbräuchlich, wenn sie dazu eingesetzt werden, ein Konkurrenzunternehmen auszuschalten. Der Gerichtshof stützt diese Aussage auf die aus der **Deckungsbeitragsrechnung** abzuleitende Vermutung, ein „beherrschendes Unternehmen habe nur dann ein Interesse, derartige Preise zu praktizieren, wenn es seine Konkurrenten ausschalten wolle, um danach unter Ausnutzung seiner Monopolstellung seine Preise wieder anzuheben, denn jeder Verkauf bringe für das Unternehmen einen Verlust in Höhe seiner gesamten Fixkosten und zumindest eines Teils der variablen Kosten je produzierte Einheit mit sich." In dieser Fallkonstellation ist der Beweis eines **Verdrängungsplans** somit nicht erforderlich, wohl aber in der zweiten vom Gerichtshof identifizierten Konstellation, nämlich der Festsetzung von Preisen, die zwar **unter den durchschnittlichen Gesamtkosten** (das heißt **Fixkosten + variablen Kosten**), jedoch **über den durchschnittlichen variablen Kosten** liegen.[890]

227 In der Entscheidung *Tetra Pak II* hat das Gericht diese Rechtsprechung fortgeführt und zwar auch dort in einer Konstellation, in der der Niedrigpreiswettbewerb auf einem anderen Markt stattfand als auf dem Markt, auf dem das betroffene Unternehmen eine beherrschende Stellung einnahm.[891] Angesichts der Tatsache, dass eine von einem Unternehmen ausgehende **Verdrängungs- oder Vernichtungsstrategie** nur sehr selten dokumentiert werden kann und auch die eindeutige Feststellung der auf die Herstellung eines bestimmten Produktes anfallenden Kosten in sehr unterschiedlicher Weise erfolgen kann, stößt die Praxis in der Anwendung dieser Grundsätze auf große Schwierigkeiten, was die geringe Zahl der bisher abgeschlossenen Fälle erklären mag.[892] Weiterentwickelt hat die Kommission die *AKZO*-Rechtsprechung des Gerichtshofes in ihrer Entscheidung *Deutsche Post.*[893] Die Besonderheit dieser Entscheidung lag darin, dass die Kommission eine Kostenunterdeckung in einem Produktionsbereich (Beförderung von Versandhandelspaketen) untersucht hatte, dessen Dienstleistungen zu einem erheblichen Teil auch unter Nutzung der Infrastruktur anderer Produktionsbereiche desselben Unternehmens (u.a. Schalterpaket) erbracht wurden. Da das Unternehmen sein Dienstleistungsangebot in den anderen Bereichen auf Grund seines öffentlichen Versorgungsauftrages nicht einstellen und somit deren Kosten nicht vermeiden konnte, kam es nach Auffassung der Kommission für den Tatbestand des Verdrängungswettbewerbs nur darauf an, ob die Erlöse des Versandhandelspaketgeschäfts die spezifischen Zusatzkosten (incremental costs) dieses Bereiches deckten. Diese Kosten umfassen nur diejenigen Kosten, die allein auf Grund eines einzelnen Paketdienstes anfallen. Nicht in den incremental cost enthalten sind die Fixkosten, die nicht allein auf Grund eines einzelnen Dienstes anfallen (sog. gemeinsame Fixkosten).[894] Die Kommissionsentscheidung führt auf diese Weise zu einer Differenzierung der Kostenbetrachtung nach dem *AKZO*-Urteil bei Mehrproduktunternehmen, die verschiedene Leistungen unter Nutzungen einer gemeinsamen Infrastruktur erbringen.

228 Nach der **Prioritätenmitteilung** will die Kommission bei **Preisen** des marktbeherrschenden Unternehmens **unterhalb** der **durchschnittlichen vermeidbaren Kosten** (average avoidable costs – AAC) von einer Missbrauchshandlung ausgehen, da ein Opfer des betreffenden Unternehmens anzunehmen ist.[895] Die AAC entsprechen dabei größtenteils den durchschnittlichen variablen Kosten, auf die der EuGH in seiner *AKZO*-

---

[890] Seitdem st. Rspr., z.B. EuGH Urt. v. 2.4.2009 – C-202/07 P, Slg. 2009, I-2369 Rn. 109 – France Télécom/Kommission.

[891] EuG Urt. v. 6.10.1994 – T-83/91, Slg. 1994, II-755 Rn. 148 – Tetra Pak II, 149; bestätigt durch EuGH Urt. v. 14.11.1996 – C-333/94 P, Slg. 1996, I-5951 Rn. 41 – Tetra Pak/Kommission. Ebenso Prioritätenmitteilung der Kommission, ABl. 2009 C 45/7 Rn. 63 Fn. 2.

[892] Vgl. *de Bronett* in Wiedemann § 22 Rn. 1 ff.

[893] Komm. E. v. 20.3.2001 – COMP/35.141, ABl. 2001 L 125/27 – Deutsche Post AG.

[894] Komm. E. v. 20.3.2001 – COMP/35.141, ABl. 2001 L 125/27 Rn. 6 Fn. 7 – Deutsche Post AG; *Schnelle/Bartosch* EWS 2001, 411 (415).

[895] Prioritätenmitteilung der Kommission, ABl. 2009 C 45/7 Rn. 23, 26, 64, 67.

Entscheidung abstellt, beziehen aber noch etwaige verlorene Kosten („sunk costs") einer Kapazitätenerweiterung mit ein.[896] Bei Preisen **oberhalb der AAC** aber **unterhalb der langfristigen durchschnittlichen Grenzkosten** (long-run average incremental costs – LRAIC), die den Durchschnitt aller variablen und fixen Kosten für ein Produkt ohne Beachtung der echten Gemeinkosten darstellen, soll dies auf den Ausschluss eines ebenso effizienten Wettbewerbers hindeuten können.[897] Hier wird deutlich, dass die Kommission die Entscheidung *Deutsche Post* berücksichtigen wollte. Dieser Berechnung hat der **Gerichtshof** in dem Vorlageverfahren *Post Danmark/Konkurrencerådet* **nicht widersprochen.**[898] Soweit die Preise über den langfristigen durchschnittlichen Grenzkosten liegen, sind wettbewerbswidrige Auswirkungen sogar ausgeschlossen.[899] Liegen die Preise über den AAC aber unter den LRAIC, muss zusätzlich geprüft werden, ob eine tatsächliche oder wahrscheinliche Verdrängung der Wettbewerber stattfindet.[900] Eine **Rechtfertigung** bei nachgewiesener Verdrängungswirkung ist möglich, wenn das Verhalten entweder objektiv notwendig ist oder die Verdrängungswirkung ausgleichende Effizienzvorteile bewirkt, die auch dem Verbraucher zugute kommen, und wenn das Verhalten wirksamen Wettbewerb nicht ausschaltet.[901] Da im betreffenden Fall keine Verdrängungsabsicht nachgewiesen werden konnte und alternativ der Nachweis tatsächlicher oder wahrscheinlicher Verdrängungswirkung gefordert wurde, muss die Entscheidung als eine **Ergänzung zu den *AKZO*-Grundsätzen** verstanden werden. Die Kommission will außerdem auch darin eine Kampfpreisstrategie erkennen können, dass das mutmaßliche Kampfpreisverhalten kurzfristig zu einem niedrigeren Nettoertrag geführt hat, als er bei einem vernünftigeren anderen Verhalten zu erwarten gewesen wäre.[902]

Auch in weiteren Fällen aus dem Telekommunikationsbereich hat sich die Kommission 229
mit der gezielten Preisunterbietung in Verdrängungsabsicht befasst. In der Preisgestaltung des französischen Internet-Providers *Wanadoo* erkannte die Kommission Vernichtungspreise, weil diese aufgrund mangelnder Kostendeckung zu erheblichen Verlusten bei *Wanadoo* führten und zudem interne Dokumente die Verdrängungsabsicht belegten.[903] Unter Bestätigung der Entscheidung Kommission und seiner *AKZO*-Rechtsprechung betonte der Gerichtshof ausdrücklich, dass der Nachweis eines möglichen Ausgleichs der Verluste für die Annahme missbräuchlicher Verdrängungspreise nicht erforderlich ist.[904]

Eine besondere Form der Umsetzung einer **Kampfpreisstrategie** lag dem Fall *CEWAL* 230
zugrunde.[905] In dieser Situation hatten Unternehmen des Seeverkehrs, die in einer Linienkonferenz zusammengeschlossen waren und zusammen über einen Marktanteil von mehr als 90% verfügten, ihre **kollektiv marktbeherrschende Stellung** dadurch missbraucht,

---

[896] Prioritätenmitteilung der Kommission, ABl. 2009 C 45/7 Rn. 64 Fn. 3. Der Unterschied zur Rechtsprechung ist daher grds. vernachlässigbar, denn bei Einbezug etwaiger Kapazitätserweiterungen werden die AVC über den AAC liegen.

[897] Prioritätenmitteilung der Kommission, ABl. 2009 C 45/7 Rn. 23, 26, 67.

[898] EuGH Urt. v. 27.3.2012 – C–209/10, Rn. 31 ff. – Post Danmark/Konkurrencerådet.

[899] EuGH Urt. v. 27.3.2012 – C–209/10, Rn. 36 – Post Danmark/Konkurrencerådet. Der EuGH bezieht sich hier auf „die genannten durchschnittlichen Gesamtkosten", welche in Rn. 31 als durchschnittliche inkrementelle Kosten zuzüglich eines geschätzten Anteils an den allgemeinen Kosten von *Post Danmark* für Tätigkeiten, die mit der Verpflichtung zur Erbringung des Universaldienstes nicht zusammenhängen, definiert werden. Da so echte Gemeinkosten wieder herausgerechnet werden, entspricht die entstehende Kennziffer den LRAIC der Kommission.

[900] EuGH Urt. v. 27.3.2012 – C-209/10, Rn. 35 ff., Leitsatz – Post Danmark/Konkurrencerådet.

[901] EuGH Urt. v. 27.3.2012 – C-209/10, Rn. 41 f. – Post Danmark/Konkurrencerådet; Prioritätenmitteilung der Kommission, ABl. 2009 C 45/7 Rn. 29 f.

[902] Prioritätenmitteilung der Kommission, ABl. 2009 C 45/7 Rn. 65.

[903] Komm. E. v. 16.7.2003 – COMP/38.233, WuW 2005, 99 – Wanadoo Interactive.

[904] EuGH Urt. v. 2.4.2009 – C-202/07 P, Slg. 2009, I-2369 Rn. 110 ff. – France Télécom/Kommission.

[905] Komm. E. v. 23.12.1992 – IV/82.448, IV/32.450, ABl. 1993 L 34/20 – CEWAL, COWAC und UKWAL.

dass sie zur „Bekämpfung eines nicht dieser Linienkonferenz angehörigen Konkurrenzunternehmens sogenannte **„Kampfschiffe"** einsetzten, die dieses Konkurrenzunternehmen auf den von ihm bedienten Routen jeweils preislich unterbot. Nachweisliches Ziel dieses Verfahrens war die Eliminierung des Außenseiters. Der Einsatz des „Kampfschiffes" führte nicht notwendig zu einem Verlust, jedoch wurden die durch die Preissenkung bedingten Mindereinnahmen proportional auf die Angehörigen der Linienkonferenz verteilt. Wegen dieser besonderen Situation, nämlich der **gezielten Umsetzung** eines **Verdrängungsplans,** entschieden sowohl das Gericht[906] als auch der Gerichtshof,[907] dass die Kommission dieses Verhalten zu Recht als missbräuchlich qualifiziert hatte, obwohl die oben geschilderten Umstände der *AKZO*-Rechtsprechung nicht gegeben waren.

231 Einen weiteren Tatbestand des Behinderungsmissbrauchs sieht die Kommission in der Anwendung einer **„Kosten-Preis-Schere"** (margin squeeze) durch ein vertikal integriertes marktbeherrschendes Unternehmen, das seinen vertikal nicht rückwärts integrierten Wettbewerbern auf dem nachgelagerten Markt für den Zugang zu einer Vorleistung höhere Entgelte berechnet als seinen eigenen Endkunden für die gesamte Dienstleistung; der Tatbestand kann auch erfüllt sein, wenn die Differenz zwischen Vorleistungsentgelt und Endkundenpreis nicht ausreicht, um die eigenen Kosten zu decken, mit der Folge, dass der vertikal nicht rückwärts integrierte Wettbewerber nicht profitabel arbeiten kann, wenn er auf dem Endkundenmarkt erfolgreich konkurrieren will.[908] Diese Auffassung wurde durch die Europäischen Gerichte bestätigt.[909] Die Besonderheit in der Sache *Deutsche Telekom/ Kommission* lag darin, dass das von der *Telekom* den anderen Telekommunikationsgesellschaften zu berechnende Vorleistungsentgelt für den Netzzugang behördlich festgelegt war. Letztlich sah der Gerichtshof die *Telekom* durch Art 102 AEUV verpflichtet, ihren Endkundenpreis anzuheben mit der Begründung, dass Schutzgut des Missbrauchsverbots nicht nur die Verbraucher, sondern auch der Wettbewerb an sich sei.[910] Der Nachweis einer Quersubventionierung zur finanziellen Ermöglichung der Kosten-Preis-Schere bei dem marktbeherrschenden Unternehmen ist nicht erforderlich.[911] In dem Vorlageverfahren ***Konkurrensverket/TeliaSonera,*** das inhaltlich den Zugang zu Breitbandverbindungsnetzen betraf, hat der Gerichtshof ausdrücklich zu den Voraussetzungen eines Missbrauchs durch eine Kosten-Preis-Schere – hier **Margenbeschneidung** – Stellung genommen. Ein Missbrauch liegt danach vor, wenn die vom marktbeherrschenden Unternehmen **geforderten Vorleistungsentgelte seine Endkundenpreise übersteigen** oder aber letztere **nicht ausreichen würden,** um die **spezifischen Kosten des marktbeherrschenden Unternehmens** für die eigene **Vorleistung** zur Erbringung der Endkundenleistung **zu decken,** es sei denn, ein ebenso effizienter Wettbewerber wird trotz dieser Kostenstruktur nicht verdrängt oder es besteht für dieses Verhalten eine objektive Rechtfertigung.[912] In der Ent-

---

[906] EuG Urt. v. 8.10.1996 – verb. Rs. T-24/93 bis T-26/93 und T-28/93, Slg. 1996, II-1201– Compagnie maritime belge transports u. a./Kommission (CEWAL).

[907] EuGH Urt. v. 16.3.2000 – verb. Rs. C-395/96 P und C-396/96 P, Slg. 2000, I-1365 Rn. 112 ff. – Compagnie Maritime Belge Transports u. a./Kommission (CEWAL).

[908] Komm. E. v. 21.5.2003 – COMP/C-1/37.451, 37.578, 37.579, ABl. 2003 L 263/9 Rn. 102 ff. – Deutsche Telekom AG; Prioritätenmitteilung der Kommission, ABl. 2009 C 45/7 Rn. 80.

[909] EuG Urt. v. 10.4.2008 – T-271/03, Slg. 2008, II-477 Rn. 166 ff. – Deutsche Telekom/Kommission; nicht beanstandet in EuGH Urt. v. 14.10.2010 – C-280/08 P, Slg. 2010, I-9555 Rn. 167, 197 ff. – Deutsche Telekom/Kommission.

[910] EuGH Urt. v. 14.10.2010 – C-280/08 P, Slg. 2010, I-9555 Rn. 181 ff. – Deutsche Telekom/ Kommission.

[911] EuGH Urt. v. 14.10.2010 – C-280/08 P, Slg. 2010, I-9555 Rn. 94 – Deutsche Telekom/ Kommission.

[912] EuGH Urt. v. 17.2.2011 – C-52/09 Slg. 2011, I-527 Rn. 31 f., 73 ff. – Konkurrensverket/ TeliaSonera. Aus dem Abstellen auf die Kostenstruktur des marktbeherrschenden Unternehmens ergibt sich i. d. R., dass in diesen Fällen ein ebenso effizienter Wettbewerber keine Möglichkeit hätte verlustfrei auf dem Endkundenmarkt zu operieren, Rn. 32 f., 41 ff., 65 ff.

scheidung macht der Gerichtshof erneut deutlich, dass es nicht auf den Nachweis der Missbräuchlichkeit der Vorleistungsentgelte oder Endkundenpreise für sich allein ankommt, sondern dass deren Verhältnis zu beachten ist.[913] Auf die Kosten und Preise der Wettbewerber kann subsidiär abgestellt werden, vor allem wenn die Kostenstruktur des marktbeherrschenden Unternehmens nicht erkennbar ist oder es eine Infrastruktur nutzt, deren Kosten sich bereits amortisiert haben.[914] Ein Nachweis der Unentbehrlichkeit der Vorleistung ist im Gegensatz zur Fallgruppe der Lieferverweigerung nicht erforderlich.[915] Eine **Rechtfertigung** ist an vier Voraussetzung geknüpft: Sie erfordert (1) den Nachweis von Effizienzvorteilen, die den Nachteil der Verdrängungswirkung mindestens ausgleichen und (2) auch dem Verbraucher zugute kommen, wobei (3) die Effizienzvorteile mit den Verdrängungswirkungen im Zusammenhang stehen und (4) letztere zur Erreichung der Vorteile erforderlich sein müssen.[916] Hinsichtlich der Voraussetzungen einer missbräuchlichen Kosten-Preis-Schere hält der EuGH ausdrücklich fest, dass eine **beherrschende Stellung auf dem nachgelagerten Markt** nicht erforderlich ist.[917] Das Bundeskartellamt scheint dagegen – zumindest im Rahmen der Interessenabwägung – durchaus zu berücksichtigen, ob nur eine einfache Marktbeherrschung auf dem Vorleistungsmarkt oder aber eine doppelte Marktbeherrschung vorliegt. In einem jüngeren Beschluss entschied es, dass eine Kosten-Preis-Schere nur bei einer negativen Differenz zwischen Vorleistungspreis und dem Preis für die nachgelagerten Dienste auch bei fehlender Beherrschung des nachgelagerten Marktes regelmäßig missbräuchlich sei. Im Übrigen sei zu fordern, dass aus dem Verhalten eine konkrete und ernste Gefahr für den Wettbewerb erwächst, wofür eine Bewertung der gegebenen Marktverhältnisse erforderlich sei.[918]

Dass **Kosten-Preis-Scheren vor allem in Märkten** auftreten, die einen **Netzzugang** erfordern, zeigt auch das Verfahren gegen das spanische Unternehmen *Telefónica.* Hier sah die Kommission einen Missbrauch in den im Vergleich zu den Endkundenentgelten überhöhten Großhandelsentgelten für den Breitbandzugang.[919] Die Entscheidung wurde von den Europäischen Gerichten bestätigt.[920] Nach ihrer **Prioritätenmitteilung**[921] und ihrer jüngsten Entscheidungspraxis[922] will die Kommission zur Ermittlung der Frage, ob ein ebenso effizienter Wettbewerber ausgeschlossen wird, auf die langfristigen durchschnittlichen Grenzkosten (LRAIC) der Unternehmenseinheit des marktbeherrschenden Unternehmens auf dem nachgelagerten Markt abstellen. Bei der Bestimmung der Kosten sind auch etwaige **Rabatte einzuberechnen,** die ein vertikal organisiertes Unternehmen der eigenen Unternehmenseinheit gewährt. In dem Verfahren *Deutsche Bahn I, II* hatte die 232

---

[913] EuGH Urt. v. 17.2.2011 – C-52/09, Slg. 2011, I-527 Rn. 34 – Konkurrensverket/TeliaSonera.

[914] EuGH Urt. v. 17.2.2011 – C-52/09, Slg. 2011, I-527 Rn. 45 f. – Konkurrensverket/TeliaSonera.

[915] EuGH Urt. v. 17.2.2011 – C-52/09, Slg. 2011, I-527 Rn. 55 ff.– Konkurrensverket/TeliaSonera; ebenso Urt. v. 10.7.2014 – C-295/12 P, Rn. 118 – Telefónica/Kommission.

[916] EuGH Urt. v. 17.2.2011 – C-52/09, Slg. 2011, I-527 Rn. 75 f. – Konkurrensverket/TeliaSonera.

[917] EuGH Urt. v. 17.2.2011 – C-52/09, Slg. 2011, I-527 Rn. 89 – Konkurrensverket/TeliaSonera.

[918] Bundeskartellamt Beschl. v. 6.8.2009 – B7–11/09, Rn. 53 f. – TK–Vorleistungen für Mehrwertdienste. In dem Beschluss selbst prüft das Bundeskartellamt allerdings nur das Vorliegen einer negativen Differenz und die Kostendeckung, was den in *Konkurrensverket/TeliaSonera* genannten Voraussetzungen entspricht.

[919] Komm. E. v. 2.7.2007 – COMP/38.784, ABl. 2008 C 83/6 (Zusammenfassung) – Wanadoo España/Telefónica.

[920] EuG Urt. v. 29.3.2012 – T-336/07 – Telefónica/Kommission; EuGH Urt. v. 10.7.2014 – C-295/12 P – Telefónica/Kommission.

[921] Prioritätenmitteilung der Kommission, ABl. 2009 C 45/7 Rn. 80. Zum Begriff der LRAIC siehe Rn. 220. Ebenso auf die Kosten des marktbeherrschenden Unternehmens abstellend EuGH Urt. v. 14.10.2010 – C-280/08 P, Slg. 2010, I-9555 Rn. 200 ff. – Deutsche Telekom/Kommission.

[922] Komm. Beschl. v. 18.12.2013 – COMP/39.678, COMP/39.731, Rn. 51 ff. – Deutsche Bahn I, II.

Kommission ein Rabattsystem der für die Energieversorgung zuständigen Bahngesellschaft zu bewerten, mit dem die Personen- und Gütertransporttochtergesellschaften der Bahn bevorteilt wurden. Ein höherer Rabatt wurde erst ab derart hohen Stromabnahmemengen gewährt, dass dieser nur noch den Bahntöchtern zu Gute kam. Auf Grundlage des Sachverhalts kam die Kommission zu dem Schluss, dass die von der eigenen Tochter verlangten Stromkosten den LRAIC sehr nahe kamen und ein ebenso effizienter Wettbewerber nur mit Verlust am Markt operieren könnte.[923] Es fehlt bei diesen Entscheidungen an einer überzeugenden Abgrenzung zur **Fallgruppe der wesentlichen Einrichtungen** („Essential Facilities"). Denn letztlich wird dem vertikal integrierten Unternehmen durch die Praxis der Gerichte und der Kommission auferlegt, Wettbewerbern Leistungen zur Preisen zu verkaufen, die ein rentables Geschäft ermöglichen, ohne dass die Kosten für den Aufbau der vorgelagerten Leistung und ihre etwaige Duplizierbarkeit berücksichtigt werden.[924]

233 **cc) Quersubventionierung.** Im Anschluss an die Kommissionsbekanntmachungen zur Anwendung der EU-Wettbewerbsregeln im **Telekommunikationsbereich**[925] und im **Postsektor**[926] wird im Schrifttum zum Teil diskutiert, ob es im Anwendungsbereich von Art. 102 AEUV einen eigenen Missbrauchstatbestand der Quersubventionierung geben kann.[927] Den Tatbestand der Quersubventionierung beschreibt die Kommission in den zitierten Bekanntmachungen als das Abwälzen der in einem räumlich oder sachlich relevanten Markt anfallenden Kosten auf einen **anderen räumlichen oder sachlichen Markt.** Die Kommission scheint in dem bloßen Tatbestand der nicht verursachungsgerechten Kostenallokation selbst keinen Missbrauch zu sehen; erst wenn die Quersubventionierung dazu führt, dass in einem nicht beherrschten Markt **Niedrigpreiswettbewerb subventioniert** wird, sieht die Kommission Anlass für die Anwendung von Art. 102 AEUV. Dementsprechend betrachtet die Kommission die Subventionierung unternehmerischer Tätigkeit in einem monopolisierten Markt durch Einkünfte aus anderen nicht monopolisierten Bereichen als wettbewerblich neutral.

234 In der anderen Konstellation (Quersubventionierung der Tätigkeit in einem wettbewerbsgeöffneten Markt durch Einkünfte aus dem Monopolbereich) geht die Kommission jedoch über die Vorgaben der *AKZO*-Rechtsprechung des Gerichtshofes deutlich hinaus.[928] So verlangt die Kommission in der für den Postsektor veröffentlichten Wettbewerbsbekanntmachung, dass die Preise des marktbeherrschenden Postdienstunternehmens in einem wettbewerbsgeöffneten Markt „wegen der häufig **nicht eindeutig zurechenbaren Gemeinkosten** grundsätzlich mindestens den durchschnittlichen Gesamtkosten für die Bereitstellung des Dienstes entsprechen" müssten. Die Gesamtkosten definiert die Kommission als die Summe der direkten Kosten und der Gemein- und Fixkosten. Damit zieht die Kommission die Grenze des Missbrauchstatbestandes enger als der Gerichtshof im *AKZO*-Urteil.[929] Einen allgemeinen Missbrauchstatbestand der Quersubventionierung gibt

---

[923] Komm. Beschl. v. 18.12.2013 – COMP/39.678, COMP/39.731, Rn. 51 – Deutsche Bahn I, II.

[924] Zu den wesentlichen Einrichtungen, siehe Rn. 271 ff. Zur Anwendung des Konzernprivilegs im Rahmen des Art. 102 AEUV siehe Rn. 24 ff.

[925] ABl. 1991 C 233/2 Rn. 102 ff.

[926] ABl. 1998 C 39/2 Rn. 3.1 ff.

[927] *de Bronett* in Wiedemann § 22 Rn. 1 ff.; *Faull/Nikpay* Competition Rn. 4.338 ff.; *Hancher/Buendia Sierra* CMLR 1998, 901; a. A. *Sedemund* in BeckPostG § 20 Rn. 91 ff.

[928] Rn. 3.4. der Wettbewerbsbekanntmachung für den Postsektor ABl. 1998 C 39/2.

[929] Ebenso *Sedemund* in BeckPostG § 20 Rn. 91 ff.; in einer neueren Entscheidung definiert die Kommission den „ökonomischen Begriff der Quersubventionierung" wie folgt: „Aus ökonomischer Sicht liegt eine Quersubventionierung dann vor, wenn auf der einen Seite die Erlöse einer Dienstleistung nicht zur Deckung der auf diese Dienstleistung entfallenden spezifischen Zusatzkosten (incremental costs) ausreichen und auf der anderen Seite eine Dienstleistung oder ein gesamter Unternehmensbereich vorhanden ist, dessen Erlöse die „Stand-alone"-Kosten übersteigen. Siehe Komm. E. v. 20.3.2001 – COMP/35.141, ABl. 2001 L 125/27 Rn. 6 – Deutsche Post AG.

es nach der Rechtsprechung des Gerichtshofs jedoch nicht.[930] In der Prioritätenmitteilung zu Art. 102 AEUV hat auch die Kommission das Problem der Querfinanzierung nicht als eigene Fallgruppe aufgenommen, sondern lediglich festgestellt, dass sie Quersubventionen im Rahmen von Kampfpreispraktiken auf dem nicht beherrschten Markt verfolgen will.[931]

Etwas anderes ergibt sich auch nicht aus dem *Ufex*-Urteil des Gerichtshofes zum Vorwurf der Quersubventionierung innerhalb des Konzerns der französischen Post.[932] Der Gerichtshof stellt in diesem Urteil zwar fest, die Kommission habe die in casu gegen die französische Post eingebrachte Wettbewerberbeschwerde im Hinblick auf den Vorwurf der Quersubventionierung nicht ausreichend geprüft, dies jedoch nicht wegen dieses **konzerninternen Sachverhalts** allein, sondern im Hinblick auf die „Schwere der geltend gemachten Beeinträchtigungen des Wettbewerbs und deren fortdauernde Wirkungen".[933] Daher beschreibt die Kommission mit der Definition eines Quersubventionierungstatbestandes einen rein unternehmensinternen Vorgang, der wegen der methodischen Unsicherheiten der Gemeinkostenzurechnung[934] in jedem Mehrproduktunternehmen vorgefunden werden kann. Die Tatsache, dass in einem Unternehmen profitable, weniger profitable und auch nicht profitable Geschäftsbereiche nebeneinander bestehen,[935] deren Ergebnisse sich in der Gesamtgewinn- und Verlustrechnung des Unternehmens teilweise oder vollständig kompensieren, ist für sich genommen wettbewerbsneutral.[936] Der Missbrauchstatbestand tritt somit nicht bereits mit der Quersubventionierung innerhalb eines Unternehmens ein, vielmehr ist die Quersubventionierung nur ein **methodisches Hilfsmittel** zum Nachweis des Unterkostenwettbewerbs im Sinne der *AKZO*-Rechtsprechung. **235**

dd) Exklusivbindungen im Vertrieb. Relativ wenig Verhaltensspielräume bleiben dem marktbeherrschenden Anbieter für die Vereinbarung **exklusiver Bezugsverpflichtungen.** Bereits im 7. Bericht über die Wettbewerbspolitik[937] stellte die Kommission fest, die Vereinbarung von **Alleinbezugsverträgen** mit den Kunden marktbeherrschender Unternehmen sei generell missbräuchlich; dies gelte selbst dann, wenn keine rechtliche Verpflichtung zum Allgemeinbezug bestehe, der Kunde jedoch aus tatsächlichen Gründen veranlasst sei, den überwiegenden Teil seines Bedarfes bei dem marktbeherrschenden Anbieter zu decken. In dieser Auffassung wurde die Kommission alsbald durch den Gerichtshof bestärkt, der im Urteil *Hoffmann-La Roche* allgemein feststellte, „ein Unternehmen, das auf einem Markt eine beherrschende Stellung einnimmt und Abnehmer, sei es auf deren Wunsch, durch die Verpflichtung oder Zusage, ihren **gesamten Bedarf** oder einen beträchtlichen Teil desselben bei ihm zu beziehen, an sich bindet, nutzt seine Stellung im Sinne des Art. 86 (jetzt Art. 102 AEUV) des Vertrages missbräuchlich aus, ohne dass es darauf ankäme, ob die fragliche Verpflichtung ohne weiteres oder gegen eine **Rabattgewährung** eingegangen worden ist."[938] **236**

---

930 Ebenso *Hancher/Buendia* CMLR 1998, 901 (912): „It is highly unlikely that cross-subsidization should be considered an abuse in itself. Article 86 EC does not prevent a company, even a dominant one, from competing on the merits or from entering new markets. The use of common outputs may be a non-avoidable consequence of such action. The mere transfer of resources in itself cannot be considered as contrary to Article 86 EC."; ebenso *Abbamonte* E. L. Rev. 1998, 414 (423); *Schröter/Bartl* in Schröter/Jakob/Klotz/Mederer Art. 102 Rn. 310.

931 Prioritätenmitteilung der Kommission, ABl. 2009 C 45/7, Rn. 63 Fn. 2.

932 EuGH Urt. v. 4.3.1999 – C-119/97 P, Slg. 1999, I-1341 – Ufex u. a./Kommission; siehe auch EuG Beschl. v. 25.5.2000 – T-77/95, Slg. 2000, II-2167 Rn. 43 ff. – RV Ufex/Kommission.

933 EuGH Urt. v. 4.3.1999 – C-119/97 P, Slg. 1999, I-1341 Rn. 93 – Ufex u. a./Kommission.

934 *Hancher/Buendia Sierra* CMLR 1998 901 (906 ff., 916).

935 Vgl. dazu EuGH Urt. v. 19.5.1993 – C-320/91, Slg. 1993, I-2533 Rn. 18, 19 – Corbeau; EuG Urt. v. 19.6.1997 – T-260/94, Slg. 1997, II-997 Rn. 139 – Air Inter/Kommission.

936 Für den Bereich der konzerninternen Quersubventionierung im Beihilferecht: EuGH Urt. v. 21.3.1991 – C-303/88, Slg. 1991, I-1433 Rn. 21 – Italien/Kommission.

937 Wettbewerbsbericht 1978, Rn. 11, 12.

938 EuGH Urt. v. 13.2.1979 – 85/76, Slg. 1979, 461 Rn. 89 – Hoffmann-La Roche; ebenso Urt. v. 3.7.1991 – C-62/86, Slg. 1991, I-3359 Rn. 149 – AKZO/Kommission.

237 Dieser Grundsatz gilt selbst bei **Verträgen mit kürzerer Laufzeit,** wie etwa im Falle *Hoffmann-La Roche* ein auf 2 Jahre abgeschlossener Alleinbezugsvertrag über Vitamin A mit dem zweifelsohne marktstarken Abnehmer *Unilever.*[939] Im Verfahren Kohlensaures Natron[940] erlegte die Kommission den Unternehmen *Solvay* und *ICI* die Verpflichtung auf, die Ausschließlichkeitsklausel in den auf jeweils **5 Jahre** abgeschlossenen Bezugsvereinbarungen aufzuheben, die Vertragslaufzeit auf **2 Jahre** zu senken und die Belieferungszusage in diesen Verträgen auf eine Menge zu begrenzen, die es gleichzeitig anderen Lieferanten erlaubt, Konkurrenzangebote zu unterbreiten. Im Falle *Soda-ICI* wiederum beanstandete die Kommission exklusive Liefervereinbarungen nicht nur mit zweijähriger, sondern auch mit **kürzerer Kündigungsfrist** (3–6 Monate nach 1 Jahr Festlaufzeit).[941] Diese Grundsätze gelten nach der Rechtsprechung des Gerichtshofes[942] und der Kommission (Musterverfahren: Zeitschriftenvertrieb)[943] auch für Verträge des marktbeherrschenden Anbieters mit Wiederverkäufern. Eine ähnliche Konstellation lag dem gegen das Marktforschungsunternehmen *Nielsen* geführten Missbrauchsverfahren zugrunde, in dem die Kommission beanstandet hatte, dass *Nielsen* mit verschiedenen Einzelhändlern Ausschließlichkeitsverträge für den Kauf von Marktdaten geschlossen hatte, die diese Einzelhändler in ihrer Freiheit beschränkten, Daten auch an konkurrierende Marktforschungsunternehmen zu liefern.[944]

238 Nach der Rechtsprechung ist eine weniger strenge Beurteilung von Alleinbezugsvereinbarungen mit marktbeherrschenden Unternehmen ausnahmsweise dann möglich, wenn diese Vereinbarung die Voraussetzungen für eine **Freistellung vom Kartellverbot** nach Art. 101 Abs. 3 AEUV erfüllt.[945] In der Praxis wird für diese Variante wenig Spielraum bleiben; in der Regel dürfte die Beanstandung derartiger Alleinbezugsvereinbarungen als wettbewerberbehindernd eine positive Beurteilung nach Art. 101 Abs. 3 AEUV ausschließen. Ein gutes Beispiel hierfür bietet die Missbrauchsentscheidung der Kommission gegen die Anwendung von Ausschließlichkeitsklauseln in sogenannten „Kühltruhenvereinbarungen" für den Vertrieb von Speiseeis in Irland.[946] In ihrer **Prioritätenmitteilung** kündigt die Kommission an, zur Feststellung einer missbräuchlichen Alleinbezugsbindung vor allem auf den Aspekt der Marktverschließung abstellen zu wollen. Eine solche ist insbesondere denkbar, wenn Wettbewerber den Abnehmern nicht das gesamte benötigte Angebot bieten können, z.B. weil das marktbeherrschende Unternehmen eine besonders beliebte Marke liefert. Können Wettbewerber dagegen unter gleichen Bedingungen um die *gesamte* Nachfrage konkurrieren, soll der Wettbewerb i.d.R. durch eine Alleinbezugsverbindung nicht beeinträchtigt werden, es sei denn, die Dauer erschwert einen Lieferantenwechsel unverhältnismäßig. Je länger die Dauer der Alleinbezugsbindung, desto stärker ist die marktver-

---

[939] *Kirchhoff* WuW 1995, 361 (372); nach dem Schrifttum ist die im Hinblick auf Art. 102 AEUV kritische Grenze bei Bezugsverträgen im Energiesektor bei einer Bindungsdauer von zwei Jahren und einem Bedarfsdeckungsanteil von mehr als 50% erreicht, vgl. *Markert* EuZW 2000, 427 (433); siehe auch *Schnichels* EuZW 2003, 171 (175).

[940] 11. Wettbewerbsbericht 1981, Rn. 73ff.

[941] Komm. E. v. 19.12.1990 – IV/33.133-D, ABl. 1991 L 152/40 Rn. 12, 13, 57ff. – Soda-ICI; siehe auch den Fall IRE/Nordion: 28. Wettbewerbsbericht 1998, Rn. 74: Untersagung langfristiger Alleinbezugsverträge für ein Pharmavorprodukt.

[942] EuG Urt. v. 1.4.1993 – T-65/89, Slg. 1993, II-389 Rn. 64ff. – BPB Industries und British Gypsum/Kommission; bestätigt durch EuGH Urt. v. 6.4.1995 – C-310/93 P, Slg. 1995, I-865 – BPB Industries und British Gypsum/Kommission.

[943] Fall Hachette: 8. Wettbewerbsbericht 1979 Rn. 114, 115.

[944] 26. Wettbewerbsbericht 1996, Rn. 64.

[945] EuGH Urt. v. 13.2.1979 – 85/76, Slg. 1979, 461 Rn. 116 – Hoffmann-La Roche; *Schröter/Bartl* in Schröter/Jakob/Klotz/MedererArt. 102 Rn. 235.

[946] Komm. E. v. 11.3.1998 – IV/34.073, 34.395 und 35.436, ABl. 1998 L 246/1 Rn. 270 – Van den Bergh Foods Limited; bestätigt durch EuG Urt. v. 23.10.2003 – T-65/98, Slg. 2003, II-4653 – Van den Bergh Foods/Kommission und EuGH Urt. v. 28.9.2006 – C-552/03 P, Slg. 2006, I-9091 – Unilever/Kommission.

schließende Wirkung.[947] Eine **Grenze für** eine **noch akzeptable Dauer** wird dabei **nicht genannt.** In der jüngeren Kommissionspraxis musste sich der marktbeherrschende Gasversorger Belgiens dazu verpflichten, neue Verträge mit Industrieunternehmen und Stromversorgern nicht für mehr als fünf Jahre abzuschließen und allen Kunden mit einem derartigen Vertrag ein Kündigungsrecht einzuräumen; zudem keine Erdgaslieferverträge mit Wiederverkäufern mit einer Laufzeit von mehr als zwei Jahren abzuschließen und in künftigen Verträgen keine Klauseln über stillschweigende Verlängerungen aufzunehmen.[948] Ebenso musste sich ein Stromversorger dazu verpflichten, keine Verträge über mehr als fünf Jahre mit industriellen Großkunden abzuschließen.[949]

ee) Kundenbindung durch Rabattgestaltung.[950] Die Preisgestaltung marktbeherrschender Unternehmen durch die Einräumung von Rabatten, **Discounts, Bonuszahlungen** oder ähnlichen **Preisnachlässen** ist in der Unions-Kartellrechtspraxis bisher zum einen als verbotene Diskriminierung nach Art. 102 Satz 2 Buchst. c AEUV und zum anderen als Musterfall des Behinderungsmissbrauchs aufgegriffen worden. Als ungerechtfertigte Begünstigung von Kunden, die ihren Gesamtbedarf bei dem marktbeherrschenden Anbieter decken, hat die Kommission mit Billigung der Rechtsprechung vor allem das **Treuerabattsystem** beanstandet.[951] In ihrer Entscheidung *Virgin/British Airways*[952] hat die Kommission die bestehende Rechtsprechung auf die Formel gebracht, Art. 102 AEUV verlange, „dass ein Unternehmen in beherrschender Stellung nur Rabatte als Gegenleistung für erzielte **Effizienzsteigerungen** und nicht als Gegenleistung für Treue gewähren dürfe". 239

Bemerkenswert ist ferner die Entscheidungspraxis der Kommission zu den vorgeblichen **Mengenrabattsystemen** der öffentlichen Flughafenbetreiber in Brüssel,[953] Lissabon, Faro und Porto[954] sowie in Spanien.[955] In diesen Fällen hatten die öffentlichen **Flughafenbetreiber** jeweils ein nach der Zahl der Landungen einer Fluggesellschaft pro Monat gestaffeltes Mengenrabattsystem für die Erhebung der Start- und Landegebühren eingeführt. Die Kommission beanstandete jedoch, dass das Mengenrabattsystem in der Weise gestaltet war, dass nur die einheimischen Fluggesellschaften von der höchsten Rabattstufe profitierten. Das Argument, diese Mengenrabatte seien durch den **Größenvorteil** gerechtfertigt, der durch die besonders intensive Nutzung der Flughafeninfrastruktur durch die einheimischen Fluggesellschaften entstehe, erkannte die Kommission nicht an, weil sich nicht darlegen 240

---

[947] Prioritätenmitteilung der Kommission, ABl. 2009 C 45/7 Rn. 36.

[948] Komm. E. v. 11.10.2007 – COMP/B-1/37966, Rn. 27 – Distrigaz.

[949] Komm. Beschl. v. 17.3.2010 – COMP/39.386, Rn. 45 – Langfristige Stromlieferverträge in Frankreich.

[950] Zur neueren Entscheidungspraxis siehe *Kallaugher/Sher* ECLR 2004, 263.

[951] Komm. E. v. 9.6.1976 – IV/29.020, ABl. 1976 L 223/27 Rn. 26 – Vitamine, bestätigt durch EuGH Urt. v. 13.2.1979 – 85/76, Slg. 1979, 461 Rn. 90 – Hoffmann-La Roche; Komm. E. v. 19.12. 1990 – IV/33.133-C, ABl. 191 L 152/21 Rn. 62 – Soda-Solvay; Komm. E. v. 14.5.1997 – IV/ 34.621, 35.059/F-3, ABl. 1997 L 258/1 Rn. 127 – Irish Sugar, bestätigt durch EuG Urt. v. 7.10.1999 – T-228/97, Slg. 1999, II-2969 Rn. 194ff. – Irish Sugar; Komm. E. v. 20.6.2001 – COMP/E-2/36.041/PO, ABl. 2002 L 143/1 Rn. 226ff., 254ff. – Michelin; Komm. E. v. 13.5.2009 – COMP/ C-3/37.990, Rn. 920ff. – Intel.

[952] Komm. E. v. 14.71999 – IV/D-2/34.780, ABl. 2000 L 30/1 Rn. 101 – Virgin/British Airways.

[953] Komm. E. v. 28.6.1995 in einem Verfahren nach Art. 90 Abs. 3 EG-Vertrag (jetzt Art. 106 Abs. 3 AEUV), ABl. 1995 L 216/8 – British Midland/Zaventem.

[954] Komm. E. v. 10.2.1999 in einem Verfahren nach Art. 86, 90 EG-Vertrag (jetzt Art. 102, 106 AEUV) – IV/35.703, ABl. 1999 L 69/31 – Portugiesische Flughäfen; bestätigt durch Schlussanträge des Generalanwaltes *Mischo* v. 19.10.2000 zu C-163/99, Slg. 2001, I-2613 Rn. 98ff. – Portugiesische Republik/Kommission; ebenso bestätigt durch EuGH Urt. v. 29.3.2001 – C-163/99, Slg. 2001, I-2613 Rn. 52 – Portugiesische Republik/Kommission.

[955] Komm. E. v. 26.7.2000 K (2000) 2267, ABl. 2000 L 208/36 Rn. 50 – Aeropuertos Espanoles y Navegación Aérea.

ließ, dass sich erhebliche Größenvorteile bei den Dienstleistungen für Start und Landung eines Flugzeugs daraus ergeben, dass das Flugzeug einer bestimmten Gesellschaft angehört. Auf dieser Grundlage entschied die Kommission, dass allenfalls der bei der Fakturierung gegenüber dem Großkunden entstehende Größenvorteil anerkennungsfähig sei; dieser Größenvorteil war in den beiden Fällen jedoch vernachlässigbar gering.[956] Im Hinblick auf die absatzstimulierende Funktion eines Mengenrabattes wurde diese jedoch vom EuGH in einem Vorabentscheidungsverfahren zu Beginn des Jahres 2015 anerkannt. Das Verfahren betraf die Auslegung des Begriffs Mengenrabatt und einen Diskriminierungsvorwurf im Sinne der Postdienstrichtlinie[957] gegen das belgische Staatspostunternehmen bpost. Dieses hatte bestimmte Mengenrabatte nur gegenüber großen Briefdienstkunden gewährt, nicht aber gegenüber Konsolidierern, die im Auftrag von Versendern deren Briefmengen sammeln und bpost zur Weiterbeförderung übergeben. Bpost verfolgte mit diesem Rabattsystem eine Stimulierung der Nachfrage auf dem Gebiet der Postdienste, die zunehmend durch konkurrierende Versendungswege (bspw. E-Susbtitution) verdrängt werden. Der EuGH folgte dem Vortrag und verwies darauf, dass die wachstumsstimulierende Funktion des Rabatts nur gegenüber echten Großkunden bewirkt werden könne, da Konsolidierer nur diejenigen Mengen anbieten könnten, die sie von ihren eigenen Versenderkunden einsammeln würden.[958]

241 Unter dem Gesichtspunkt des **Kopplungsverbots** nach Art. 102 Satz 2 Buchst. d AEUV hatte der Gerichtshof bereits im Fall *Hoffmann-La Roche*[959] Rabattsysteme eines marktbeherrschenden Anbieters beanstandet, die dem Abnehmer einen **starken Anreiz** dafür bieten, ihren **Gesamtbedarf** an Produkten verschiedener Märkte nur bei dem beherrschenden Anbieter zu decken **(Gesamtbezugsrabatte).** Ähnliche Praktiken waren offenbar Gegenstand eines Verfahrens der Kommission gegen *Digital Equipment Corporation,* das jedoch ohne förmliche Entscheidung eingestellt wurde.[960] Neben der Qualifizierung eines Treuerabattsystems als diskriminierend im Sinne von Art. 102 Satz 2 Buchst. c AEUV hat der Gerichtshof **Treuerabatte** eines marktbeherrschenden Anbieters auch als Fall des **Behinderungsmissbrauchs** nach Art. 102 Satz 2 Buchst. b AEUV beanstandet, weil die Konzentration der Nachfrage bei dem marktbeherrschenden Anbieter die Absatzmöglichkeiten der Wettbewerber unangemessen beschränke.[961] Den auf diese Weise missbilligten **„Sogeffekt"** zugunsten des marktbeherrschenden Anbieters erörterte der Gerichtshof im Urteil *Hoffmann-La Roche.* Die nach diesem Urteil verbotene Kundenbindung durch Treuerabatte charakterisierte der Gerichtshof folgendermaßen: „Ein Unternehmen, das auf einem Markt eine beherrschende Stellung einnimmt und Abnehmer, sei es auch auf deren Wunsch, durch die Verpflichtung oder Zusage, ihren gesamten Bedarf oder einen beträchtlichen Teil desselben ausschließlich bei ihm zu beziehen, an sich bindet, nützt seine Stellung im Sinne des Art. 86 EG (jetzt Art. 102 AEUV) des Vertrages missbräuchlich aus, ohne dass es darauf ankäme, ob die fragliche Verpflichtung ohne weiteres oder gegen eine Rabattgewährung eingegangen worden ist."[962]

242 Das Gleiche gilt, wenn ein solches Unternehmen die Abnehmer nicht durch eine förmliche Verpflichtung bindet, sondern kraft Vereinbarung mit den Abnehmern oder einseitig

[956] Komm. E. v. 28.6.1995, ABl. 1995 L 216/8 Rn. 16 – British Midland/Zaventem; Komm. E. v. 10.2.1999 – IV/35.703, ABl. 1999 L 69/31 Rn. 30 – Portugiesische Flughäfen.

[957] EG-Postdienstrichtlinie 97/67/EG vom 15.12.1997 ABl. 1998 L 15/14, zuletzt geändert durch RL 2008/6/EG vom 20.2.2008, ABl. 2008 L 52/3.

[958] EuGH Urt. v. 11.2.2015 – C-340/13 Rn. 36–41 – bpost.

[959] EuGH Urt. v. 13.2.1979 – 85/76, Slg. 1979, 461 Rn. 111 – Hoffmann-La Roche.

[960] Komm. 27. Wettbewerbsbericht 1997 Rn. 69.

[961] EuGH Urt. v. 16.12.1975 – verb. Rs. 40 bis 48, 50, 54 bis 56, 111, 113 und 114/73, Slg. 1975, 1663 Rn. 527 – Suiker Unie; Komm. E. v. 20.3.2001 – COMP/35.141, ABl. 2001 L 125/27 Rn. 33 – Deutsche Post AG.

[962] EuGH Urt. v. 13.2.1979 – 85/76, Slg. 1979, 461 Rn. 89 – Hoffmann-La Roche.

Treuerabatte gewährt, also Nachlässe, deren Gewährung voraussetzt, dass der Kunde – unabhängig von dem größeren oder geringeren Umfang seiner Käufe – seinen Gesamtbedarf oder einen wesentlichen Teil hiervon ausschließlich bei dem Unternehmen in beherrschender Stellung deckt.[963] Ein wesentlicher Teil der Nachfrage liegt nach Kommission und Gericht jedenfalls bei 80% der Nachfrage vor.[964] Als in der wettbewerblichen Beurteilung Treuerabatten gleichstehend verstoßen auch sogenannte Zielrabatte gegen Art. 102 AEUV. **Zielrabatte** werden in der Kommissionspraxis definiert als Maßnahmen des marktbeherrschenden Anbieters, die die Verfügbarkeit oder das Ausmaß der den Kunden eingeräumten Rabatte davon abhängig machen, dass der Kunde individuell für ihn **festgesetzte Kaufziele** bei bestimmten Erzeugnissen innerhalb festgelegter Zeiträume erreicht.[965] Typisch für den Zielrabatt ist, dass der marktbeherrschende Anbieter den Gesamtbedarf seines Kunden während eines bestimmten Zeitraums ermittelt oder schätzt und die Gewährung eines besonders hohen Rabattes davon abhängig macht, dass die Bestellungen des Kunden diesen Wert oder einen erheblichen Teil dessen erreichen. Die wettbewerbliche Missbilligung eines solchen Systems liegt vor allen Dingen darin, dass am **Ende des Referenzzeitraums** der **Druck auf den Käufer** wächst, die notwendige Abnahmemenge zu erreichen, um eine möglichst hohe Rabattstufe (Steigerungsrabatt) zu erreichen.[966] Die Rechtsprechung des Gerichtshofes zu Treue- und Zielrabatten ist durch die Urteile des Gerichts in den Fällen *Irish Sugar*[967] und *Intel*[968] sowie das *Tomra*-Urteil[969] des Gerichtshofs bestätigt worden. Nach der Entscheidung der Kommission im zweiten *Michelin*-Fall sind derartige Rabatte nur dann nicht missbräuchlich, wenn die Berechnungsperiode nicht über einen Zeitraum von drei Monaten hinausgeht.[970]

Eine weitere Variante der Kundenbindung durch Rabattgestaltung stellt der sogenannte 243
Spitzenmengenrabatt („Top-Slice-Rebate") dar, eine Preisgestaltungsform, die dem Umstand Rechnung trägt, dass Abnehmer in manchen Industrien typischerweise neben einem Hauptlieferanten noch einen weiteren Lieferanten für Spitzenmengen haben, um auf diese Weise absolute Liefersicherheit herzustellen. In derartigen Fällen besteht der nach Art. 102 AEUV verbotene Spitzenrabatt darin, dass der Abnehmer durch besondere Preisnachlässe dazu veranlasst wird, auch diese verbleibende Spitzenmenge bei dem marktbeherrschenden Anbieter zu beziehen.[971]

Demgegenüber werden als wettbewerblich unbedenklich angesehen: **Barzahlungsrabatte** (Skonto),[972] **Funktionsrabatte,** welche dem Abnehmer bei Übernahme bestimmter 244

---

[963] EuGH Urt. v. 13.2.1979 – 85/76, Slg. 1979, 461 Rn. 89 – Hoffmann-La Roche; ebenso EuGH Urt. v. 19.4.2012 – C-549/10 P Rn. 70 – Tomra/Kommission; EuG Urt. v. 12.6.2014 – T-286/09 Rn. 76f. – Intel/Kommission.

[964] Komm. E. v. 13.5.2009 – COMP/C-3/37.990, Rn. 973ff., 1001 – Intel; EuG Urt. v. 12.6.2014 – T-286/09 Rn. 79, 135 – Intel/Kommission.

[965] Komm. E. v. 22.1.1997 – IV/11.794, ABl. 1997 L 218/15 Fn. 9 – Coca-Cola/Amalgamated Beverages; Komm. E. v. 14.7.1999 – IV/D-2/34.780, ABl. 2000 L 30/1 Rn. 3 – Virgin/British Airways; bestätigt durch EuG Urt. v. 17.12.2003 – T-219/99, Slg. 2003, II-5917 – British Airways/Kommission.

[966] EuGH Urt. v. 9.11.1983 – 322/81, Slg. 1983, 3461 Rn. 81 – Michelin; EuGH Urt. v. 19.4.2012 – C-549/10 P Rn. 75 – Tomra/Kommission; EuG – T-65/89, Slg. 1993, II-389 Rn. 120 – BPB Industries und British Gypsum/Kommission.

[967] EuG Urt. v. 7.10.1999 – T-228/97, Slg. 1999, II-2969 Rn. 194ff.

[968] EuG Urt. v. 12.6.2014 – T-286/09 Rn. 76ff. – Intel/Kommission.

[969] EuGH Urt. v. 19.4.2012 – C-549/10 P Rn. 75ff. – Tomra/Kommission.

[970] Komm. E. v. 20.6.2001 – COMP/E-2/36.041, ABl. 2002 L 143/1 Rn. 216 – Michelin (dort terminologisch unzutreffend als „Mengenrabatte" bezeichnet); im Wesentlichen bestätigt durch EuG Urt. v. 30.9.2003 – T-203/01, Slg. 2003, II-4071 Rn. 85 – Michelin/Kommission.

[971] Komm. E. v. 19.12.1990 – IV/33.133, ABl. 1991 L 152/40 Rn. 55f. – Soda-ICI; Komm. 30. Wettbewerbsbericht 2000, Rn. 101 – 103; insoweit bestätigt durch EuG Urt. v. 25.5.2010 – T-66/01, Slg. 2010, II-2631, Rn. 315ff. – ICI/Kommission.

[972] EuGH Urt. v. 9.11.1983 – 322/81, Slg. 1983, 3461 Rn. 66 – Michelin.

Aufgaben gewährt werden,[973] sowie **Markteinführungsrabatte.**[974] Auch nach der neueren Rechtsprechung weiter zulässig sein soll der „normale" **Mengenrabatt,** der nach der Definition des Gerichtshofes „ausschließlich an den Umfang der bei dem betroffenen Hersteller getätigten Käufe anknüpft".[975] Angesichts der Rechtsprechung des Gerichtshofs zu Zielrabatten und der oben zitierten Kommissionspraxis zur **mangelnden Legitimation bestimmter Mengenrabatte** durch Größenvorteile[976] bedarf diese Aussage jedoch der Präzisierung. Als zulässiger Mengenrabatt ist nur diejenige Preisreduzierung anzusehen, die gewährt wird, weil eine individuelle Bestellung eines Kunden eine bestimmte Menge erreicht. Kein Mengenrabatt im Sinne der Rechtsprechung ist dagegen der Preisnachlass für das Erreichen einer bestimmten Bestellmenge über einen von vornherein festgesetzten (längeren) Zeitraum, z. B. ein Jahr, hinweg. Diese Konstellation entspricht in der Regel eher dem verbotenen **Zielrabatt.** Beschränkt sich der Mengenrabatt somit auf die Menge einer jeweils individuellen Bestellung, lässt sich in der Regel auch der mit einer höheren Bestellmenge verbundene **Größenvorteil** begründen.[977] Eine hohe Bestellmenge verschafft im Voraus Absatzsicherheit und verringert die Vertriebs- bzw. Auslieferungskosten.

245 Dieser grundsätzlichen Unterscheidung in unbedenkliche Rabatte und missbräuchliche Treue- und Zielrabatte ist die Literatur überwiegend kritisch begegnet.[978] Diese Kritik hat die Kommission aufgenommen und will ausweislich ihrer **Prioritätenmitteilung**[979] und ihrer Entscheidungspraxis[980] verstärkt auf die Auswirkungen eines jeweiligen Rabatts achten (more-economic-approach).[981] Im Rahmen der Prioritätenmitteilung behandelt die Kommission Rabatte im Zusammenhang mit Ausschließlichkeitsbindungen und Kopplungsgeschäften. Ausdrücklich werden nur bedingte Rabatte besprochen, d. h. solche, die die Rabattgewährung von einem bestimmten (Einkaufs-)Verhalten des Kunden abhängig machen.[982] Dabei unterscheidet die Kommission zwei Arten bedingter Rabatte: **Rückwirkende oder retroaktive Rabatte** werden für die gesamte Bezugsmenge gewährt, während **stufenweise oder inkrementelle Rabatte** für Mengen oberhalb einer Schwelle gewährt werden; dabei können rückwirkende Rabatte generell eine starke marktverschließende Wirkung haben.[983] Zudem wirken **unternehmensspezifische Rabattschwellen** stärker behindernd als allgemeine Schwellen, die für alle Abnehmer identisch sind.[984] Um

---

[973] *Fuchs/Möschel* in Immenga/Mestmäcker Art. 102 Rn. 252; indirekt: EuG Urt. v. 7.10.1999 – T-228/97, Slg. 1999, II-2969 Rn. 114 und 214 – Irish Sugar. Rabatte für eine wirtschaftliche Gegenleistung sind immer möglich, EuGH Urt. v. 19.4.2012 – C-549/10 P Rn. 71 – Tomra/Kommission.

[974] *de Bronett* in Wiedemann § 22 Rn. 90; *Fuchs/Möschel* in Immenga/Mestmäcker Art. 102 Rn. 252; indirekt in EuGH Urt. v. 13.2.1979 – 85/76, Slg. 1979, 461 Rn. 96 – Hoffmann-La Roche.

[975] EuGH Urt. v. 13.2.1979 – 85/76, Slg. 1979, 461 Rn. 90 – Hoffmann-La Roche; EuG Urt. 7.10.1999 – T-228/97, Slg. 1999, II-2969 Rn. 213 – Irish Sugar; Urt. v. 12.6.2014 – T-286/09 Rn. 75 – Intel/Kommission. In der letzten Entscheidung stellt das Gericht v. a. darauf ab, dass das marktbeherrschende Unternehmen aus der Bestellhöhe folgende niedrigere Produktionskosten weitergeben kann.

[976] Komm. E. v. 28.6.1985 in einem Verfahren nach Art. 90 Abs. 3 EG–Vertrag (jetzt Art. 106 Abs. 3 AEUV), ABl. 1995 L 216/8 – British Midland/Zaventem; Komm. E. v. 10.2.1999 – IV/35.703, ABl. 1999 L 69/31 – Portugiesische Flughäfen.

[977] Komm. E. v. 14.7.1999 – IV/D-2/34.780, ABl. 2000 L 30/1 Rn. 101 – Virgin/British Airways.

[978] Übersicht mit Argumenten bei *Kjølbye* ECLR 2010, 66 f. m. w. N.

[979] Prioritätenmitteilung der Kommission, ABl 2009 C 45/7, Rn. 5, 19 ff., 45.

[980] Komm. E. v. 29.3.2006 – COMP/E-1/38.113, Rn. 285, 297 ff. – Prokent/Tomra; E. v. 13.5. 2009 – COMP/C-3/37.990, Rn. 925, 1002 ff. – Intel.

[981] Siehe auch Rn. 15 f.

[982] Prioritätenmitteilung der Kommission, ABl 2009 C 45/7, Rn. 37

[983] Prioritätenmitteilung der Kommission, ABl. 2009 C 45/7 Rn. 40.

[984] Prioritätenmitteilung der Kommission, ABl. 2009 C 45/7 Rn. 45; Komm. E. 29.3.2006 – COMP/38.113, ABl. 2008 C 219/11 Rn. 23 (Zusammenfassung) – Prokent/Tomra; implizit bestätigt in EuGH Urt. v. 19.4.2012 – C-549/10 P Rn. 75 – Tomra/Kommission.

zu prüfen, ob ein Rabattsystem ebenso effiziente Wettbewerber behindern kann und damit eine Marktverschließung herbeiführt, will die Kommission den effektiven Preis des marktbeherrschenden Unternehmens, d.h. den Listenpreis abzüglich der jeweiligen Rabatte für die relevante Menge, berechnen.[985] Als relevante Menge ist nur derjenige Teil der Nachfrage zu berücksichtigen, die der Abnehmer bei einem Wettbewerber decken könnte (bestreitbare Menge).[986] Solange der effektive Preis **über den langfristigen durchschnittlichen Grenzkosten** (long-run average incremental costs – LRAIC) des marktbeherrschenden Unternehmens liegt, soll keine Wettbewerbsbeeinträchtigung vorliegen.[987] Soweit der Preis die **durchschnittlichen vermeidbaren Kosten unterschreitet** (average avoidable costs – AAC), soll das Rabattsystem in der Regel effiziente Wettbewerber vom Markt ausschließen. Liegt der Preis **zwischen den genannten Schwellen,** will die Kommission prüfen, ob weitere Faktoren dafür sprechen, dass andere effiziente Wettbewerber behindert werden, was besonders dann der Fall sein soll, wenn ihnen keine wirksamen Gegenstrategien zu Verfügung stehen.[988] Diese Orientierung an der Auswirkung der jeweiligen Rabatte stellt eine Reaktion auf die von vielen Stimmen geäußerte Kritik an der bisherigen Behandlung von Rabatten und eine Wende zum more-economic approach dar.[989] Mit Blick auf Rabatte bei **gekoppelten Produkten** erkennt die Kommission an, dass sich der Grenzertrag für die einzelnen gebündelten Produkte häufig nicht ermitteln lassen wird. Die Kommission will deshalb von einer Behinderung ausgehen, wenn der Preis jedes einzelnen Produkts im Bündel über den langfristigen durchschnittlichen Grenzkosten, die dem marktbeherrschenden Unternehmen durch Aufnahme des Produkts in das Bündel entstehen, liegt.[990]

Die Prüfung der Missbräuchlichkeit eines Rabattes auf Basis eines **as-efficient-competitor-Tests** wurde durch die **Europäischen Gerichte nicht** für **notwendig** erachtet.[991] 246
In der *Prokent/Tomra*-Entscheidung hatte die Kommission u.a. über Rabatte nach individuellen Absatzzielen, die dem gesamten oder annähernd gesamten Bedarf des Kunden entsprachen (Zielrabatte) und Treurabatte eines Leergutautomatenherstellers zu entscheiden. Sie stellte zwar ausführliche Überlegungen hinsichtlich der Auswirkungen der Rabatte an, führte aber keinen as-efficient-competitor-Test durch.[992] EuG und EuGH bestätigten, dass Treue[993]- und Zielrabatte[994] mit Ausschließlichkeitseffekt missbräuchlich sein. Eine **Prüfung der kostendeckenden Preise** ist bei derartigen rückwirkenden Rabatten **nicht erforderlich.**[995] Diese Auffassung wurde durch das *Intel*-Urteil des EuG nochmals bekräftigt. Die Entscheidung der Kommission enthält lange Ausführungen zum as-efficient-competitor-Test.[996] Das Gericht hob demgegenüber hervor, dass zum Nachweis eines miss-

---

[985] Prioritätenmitteilung der Kommission, ABl. 2009 C 45/7 Rn. 41.

[986] Prioritätenmitteilung der Kommission, ABl. 2009 C 45/7 Rn. 42.

[987] Prioritätenmitteilung der Kommission, ABl. 2009 C 45/7 Rn. 43; zum Kostenbegriff siehe Rn. 220.

[988] Prioritätenmitteilung der Kommission, ABl. 2009 C 45/7 Rn. 44; zum Kostenbegriff siehe Rn. 220.

[989] Zur Kritik z.B. *Kjølbye* ECLR 2010, 66 (67) m.w.N.

[990] Prioritätenmitteilung der Kommission, ABl. 2009 C 45/7 Rn. 60. Soweit die Wettbewerber selbst ein Bündel anbieten können, ist bzgl. dieses Bündels festzustellen, ob ein Kampfpreis vorliegt, Prioritätenmitteilung der Kommission, ABl. 2009 C 45/7 Rn. 61.

[991] Siehe auch Rn. 16.

[992] Komm. E. v. 29.3.2006 – COMP/E-1/38.113, Rn. 297ff. – Prokent/Tomra.

[993] EuG Urt. v. 9.9.2010 – T-155/06, Slg. 2010, II-04361, Rn. 210 – Tomra/Kommission; EuGH Urt. v. 19.4.2012 – C-549/10 P Rn. 70ff. – Tomra/Kommission.

[994] EuG Urt. v. 9.9.2010 – T-155/06, Slg. 2010, II-04361 Rn. 211 – Tomra/Kommission; EuGH Urt. v. 19.4.2012 – C-549/10 P Rn. 75ff. – Tomra/Kommission.

[995] EuG Urt. v. 9.9.2010 – T-155/06, Slg. 2010, II-04361, Rn. 258ff. – Tomra/Kommission; EuGH Urt. v. 19.4.2012 – C-549/10 P Rn. 73ff. – Tomra/Kommission.

[996] Komm. E. v. 13.5.2009 – COMP/C-3/37.990, Rn. 1002–1576 – Intel.

bräuchlichen Rabattsystems nicht notwendig untersucht werden müsse, wie sich der Rabatt auf einen ebenso effizienten Wettbewerber ausgewirkt hätte.[997] Bei Ziel- und Treuerabattsystemen, bei denen der Preisnachlass unter der Bedingung steht, dass der Abnehmer seinen Bedarf ausschließlich oder zu einem wesentlichen Teil beim marktbeherrschenden Unternehmen deckt, müssen keine Auswirkungen nachgewiesen werden.[998] Dagegen muss bei sonstigen Rabatten (z.B. Zielrabatten ohne Ausschließlichkeitswirkung) ein Kundenbindungsmechanismus nachgewiesen werden.[999]

247 Keine **Rechtfertigung** einer Kundenbindung durch Treue- oder Zielrabatte stellt schließlich die Vereinbarung einer **„englischen Klausel"** in den jeweiligen Lieferverträgen dar. Im Fall *Hoffmann-La Roche*[1000] hatte der marktbeherrschende Anbieter mit einigen Kunden vereinbart, dass sie den Lieferanten ohne Verlust des Treuerabattes dann wechseln könnten, wenn ihnen ein **preislich günstigeres Konkurrenzangebot** vorläge, sie dieses Angebot dem marktbeherrschenden Lieferanten mitteilten und dieser der Aufforderung, seinen Lieferpreis nach unten anzupassen, nicht nachkomme. In seinem Urteil kam der Gerichtshof[1001] zu dem Ergebnis, die englische Klausel selbst verstärke den missbräuchlichen Charakter der Kundenbindung, weil der marktbeherrschende Anbieter durch die englische Klausel einen überlegenen Überblick über das Preisverhalten der Wettbewerber und damit die Möglichkeit erhalte, sich etwaigem Preiswettbewerb sofort anzupassen. In ihrer Entscheidung *Soda-Solvay*[1002] bestätigte die Kommission die Auffassung, dass die englische Klausel den marktbeherrschenden Anbieter im Hinblick auf die Markttransparenz begünstige, während seine Wettbewerber kaum Chancen hätten, in das jeweilige Geschäft einzubrechen.[1003] In ihrer **Prioritätenmitteilung** hat die Kommission zu erkennen gegeben, dass sie **Effizienzvorteile,** die an die Abnehmer weitergegeben werden im Rahmen einer Rechtfertigung beachten will. Dabei sollen Kostenvorteile eher durch allgemeine als durch unternehmensspezifische Zielmengen zu erreichen und Stufenrabatte förderlicher sein als rückwirkende Rabatte.[1004] Das EuG hält eine Rechtfertigung aus **objektiven Gründen** und wegen Effizienzvorteilen für möglich.[1005]

248 **e) Marktstrukturmissbrauch. aa) Verschlechterung des Angebots.** Einzelne Äußerungen in der Rechtsprechung des Gerichtshofes und in der Kommissionspraxis deuten darauf hin, dass ein Unternehmen seine marktbeherrschende Stellung auch dadurch missbrauchen kann, dass es durch den Aufbau von **Ineffizienzen** seine Leistungsqualität verschlechtert oder die in dem betroffenen Markt **notwendigen Innovationsmaßnahmen** zu Lasten der Verbraucher unterlässt. Je nach Betrachtungsweise lässt sich diese Fallvariante entweder als Unterfall des Ausbeutungsmissbrauchs oder aber als Fallgruppe des Marktstrukturmissbrauches einordnen.[1006] Die Kommission hat in ihrer im Jahre 1998 veröffentlichten Bekanntmachung über die Anwendung der EG-Wettbewerbsregeln auf den **Post-**

---

[997] EuG Urt. v. 12.6.2014 – T-286/09 Rn. 143 ff. – Intel/Kommission. Die Begründung ist ebenfalls einleuchtend: Da der AEC–Test („as efficient competitor") nur feststellen kann, dass ein Wettbewerber noch nicht einmal seine Kosten decken kann, kann damit nur geklärt werden, dass Wettbewerb unmöglich wird. Missbrauch kann aber schon vorliegen, wenn Wettbewerb nur erschwert wird. Auch wenn nach dem AEC–Test ebenso effiziente Wettbewerber tätig werden könnten, kann immer noch ein Missbrauch vorliegen (Rn. 150).

[998] EuG Urt. v. 12.6.2014 – T-286/09 Rn. 80 ff., 143 – Intel/Kommission.

[999] EuG Urt. v. 12.6.2014 – T-286/09 Rn. 78, 143 – Intel/Kommission.

[1000] EuGH Urt. v. 13.2.1979 – 85/76, Slg. 1979, 461 Rn. 102 ff. – Hoffmann-La Roche.

[1001] EuGH Urt. v. 13.2.1979 – 85/76, Slg. 1979, 461 Rn. 108 – Hoffmann-La Roche.

[1002] Komm. E. v. 19.12.1990 – IV/33.133-C, ABl. 1991 L 152/21 Rn. 60, 61.

[1003] Siehe auch *de Bronett* in Wiedemann § 22 Rn. 91; *Kirchhoff* WuW 1995, 362 (368 f.).

[1004] Prioritätenmitteilung der Kommission, ABl. 2009 C 45/7 Rn. 46. Zu den allgemeinen Voraussetzungen einer Rechtfertigung, siehe Rn. 294 ff.

[1005] EuG Urt. v. 12.6.2014 – T-286/09 Rn. 93 – Intel/Kommission.

[1006] In ersterem Sinne *Emmerich* in Dauses H.I. Art 102 Rn. 47 ff.; *Fuchs/Möschel* in Immenga/Mestmäcker Art. 102 Rn. 391.

sektor[1007] generell die Auffassung vertreten, „eine andere Form des Missbrauches könne darin bestehen, einen völlig unzulänglichen Dienst bereitzustellen und den **technischen Fortschritt** nicht zu nutzen. Dies benachteilige Kunden, die daran gehindert würden, zwischen alternativen Anbietern zu wählen." Auch wenn diese Aussage die allgemeine wettbewerbsökonomische Erfahrung wiedergibt, dass die Aufrechterhaltung von gesetzlichen Monopolen häufig nicht zur **Steigerung der Leistungseffizienz** beiträgt, geht das wettbewerbsrechtliche Postulat der Kommission wohl zu weit. Da der AEUV sowohl den Bestand als auch die Neuschaffung von Monopolen erlaubt und damit die nach allgemeiner wirtschaftlicher Erfahrung mit der Schaffung von Monopolen einhergehenden Ineffizienzen in Kauf nimmt, kann es nicht in jedem Fall missbräuchlich sein, wenn ein Monopolist seine Leistungsqualität bei gleich bleibenden Preisen verschlechtert. Missbräuchlich ist eine derartige **Leistungsverschlechterung** erst dann, wenn die Grenzen des **Preishöhenmissbrauches** erreicht sind. Auch eine **generelle Innovationspflicht** marktbeherrschender Unternehmen lässt sich aus Art. 102 AEUV nicht ableiten. Derartige Unternehmen haben das Recht, auf die industrielle Fertigung neuer Produkte sowie auf die Einführung neuartiger Herstellungsverfahren zu verzichten, wenn die voraussichtlichen Kosten den zu erwartenden wirtschaftlichen Nutzen übersteigen.[1008]

Von dieser Fallkategorie zu unterscheiden ist das Urteil des Gerichtshofs in der Rechtssache *Höfner und Elser/Macrotron.*[1009] In diesem Urteil hatte der Gerichtshof festgestellt, ein Mitgliedstaat verstoße dann gegen die Artt. 106 Abs. 1 i. V. m. Art. 102 AEUV, wenn er einer öffentlich-rechtlichen Einrichtung für die Arbeitsvermittlung auch die Vermittlung von Führungskräften der Wirtschaft exklusiv vorbehalte, obwohl die mit dieser Aufgabe betraute Anstalt offenkundig nicht in der Lage ist, die Nachfrage nach derartigen Leistungen zu befriedigen. In der Hauptsache handelt es sich somit um ein Urteil, das die Befugnisse der Mitgliedstaaten zur **Aufrechterhaltung von Monopolen** begrenzt, eine generelle Verpflichtung marktbeherrschender Unternehmen zur Aufrechterhaltung einer bestimmten Leistungsqualität lässt sich aus diesem Urteil nicht ableiten. Somit steht es auch einem marktbeherrschenden Unternehmen frei, die Erbringung einer bestimmten Leistung einzustellen; nur wenn die Erbringung dieser Leistung dem Unternehmen durch die Vorschriften des jeweiligen Mitgliedstaates ausschließlich vorbehalten war, verstößt der Mitgliedstaat gegen Art. 106 Abs. 1 AEUV, wenn er diesen Markt nach Einstellung der betreffenden Leistung nicht öffnet. Des Weiteren findet sich in der Rechtsprechung des Gerichtshofes zur Anwendung von Art. 102 AEUV auf das Gebührenerhebungsverhalten staatlich geschützter Dienstleistungsmonopolisten die Aussage, bei der Analyse der **Kostensituation** dieses Unternehmens lasse sich nicht ausschließen, dass sich die **„Schwerfälligkeit des Verwaltungsapparates"** und damit die hohen **Personalkosten** gerade durch den Mangel an Wettbewerb erklären lasse.[1010] Ferner beschreibt der Gerichtshof in der Rechtssache *Merci Convenzionali Porto di Genova*[1011] die allgemeine betriebswirtschaftliche Beobachtung, dass durch staatliche Monopole geschützte Unternehmen zur Innovationsträgheit neigen, so dass dieser staatliche Vorbehalt ausschließlicher Rechte in Extremfällen zu einem Verstoß des Mitgliedstaates gegen den AEUV führen kann.[1012] **249**

Die Schwierigkeit der Anwendung von Art. 102 AEUV im Sinne eines Instruments zur Deckung **unzureichend befriedigter Nachfragesegmente** zeigte sich schließlich auch **250**

[1007] ABl. 1998 C 39/2 Rn. 2.7.

[1008] *Schröter/Bartl* in Schröter/Jakob/Klotz/Mederer Art. 102 Rn. 215.

[1009] EuGH Urt. v. 23.4.1991 – C-41/90, Slg. 1991, I-1979 – Höfner und Elser; vgl. *Faull/Nikpay* Competition Rn. 4.395.

[1010] EuGH Urt. v. 13.7.1989 – C-395/87, Slg. 1989, 2521 Rn. 42 – Ministère public/Tournier; EuGH Urt. v. 13.7.1989 – verb. Rs. C-110/88, 241/88 und 242/88, Slg. 1989, 2811 Rn. 29 – Lucazeau u. a./SACEM.

[1011] EuGH Urt. v. 10.12.1991 – C-179/90, Slg. 1991, I-5889 Rn. 19.

[1012] EuGH Urt. v. 10.12.1991 – C-179/90, Slg. 1991, I-5889 Rn. 20.

im Verfahren *P & I-Clubs-Pooling Agreement.*[1013] In dieser Entscheidung hatte die Kommission zwar festgestellt, dass eine marktbeherrschende Vereinigung von Seeversicherungsunternehmen dadurch gegen Art. 102 Satz 2 Buchst. b AEUV verstoßen hatte, dass sie ihren Kunden nur ein einziges Versicherungsprodukt mit der Folge angeboten hatte, dass ein wesentlicher Teil der Nachfrage unbefriedigt blieb. Die Kommission beschränkte ihre Entscheidungsbefugnisse jedoch selbst durch die Aussage, es stehe ihr nicht zu, darüber zu entscheiden, welchen Versicherungsschutz die Unternehmen anbieten sollten. Sie könne nur tätig werden, wenn „eindeutige, unumstößliche Beweise dafür vorlägen, dass einer signifikanten Zahl von Abnehmern eine Dienstleistung vorenthalten werde, für die ein offensichtlicher Bedarf bestand", was in dem betroffenen Fall jedoch nicht gegeben war.[1014] Im Ergebnis dürfte die hier diskutierte Fallgruppe daher kaum praktisch werden, allenfalls in **extremen Situationen der Leistungsverschlechterung** durch staatlich geschützte Monopolunternehmen. Die Kommission hat zudem in jüngeren Entscheidungen damit begonnen, die unzureichende Nachfragedeckung eines Betreibers einer „Essential-Facility" als einen Missbrauch der marktbeherrschenden Stellung einzuordnen.[1015]

251 **bb) Anwendung von Art. 102 AEUV auf Unternehmenszusammenschlüsse.** Vor der Einführung der deutschen Fusionskontrolle durch die 2. GWB-Novelle im Jahre 1973 und dem Inkrafttreten der EG-Fusionskontrollverordnung (EWG) Nr. 4064/89 (nunmehr Verordnung (EG) Nr. 139/2004) vom 21.12.1989 stellte sich in den Europäischen Gemeinschaften das wettbewerbsrechtliche Problem, dass es außerhalb der Fusionskontrolle nach dem früheren **Art. 66 EGKS-Vertrag** keine Spezialvorschriften über die Kontrolle der Entstehung oder Verstärkung marktbeherrschender Stellungen durch Unternehmenszusammenschlüsse gab. Vor diesem Hintergrund zu sehen ist der damalige Vorstoß der Kommission, die durch Entscheidung vom 9.12.1971 einen Zusammenschluss im Bereich der Dosenindustrie auf der Grundlage von Art. 82 EG (jetzt Art. 102 AEUV) verboten hatte.[1016] Die Entscheidung beruhte auf der Annahme, das erwerbende Unternehmen ***(Continental Can Company)*** habe seine ohnehin marktbeherrschende Stellung in verschiedenen Dosen- und Verpackungsmärkten (nach den Feststellungen der Kommission bestanden Marktanteile zwischen 50 und 90%) durch den Erwerb einer Mehrheitsbeteiligung an einem kleineren Wettbewerber missbraucht. Auf die Klage des betroffenen Unternehmens hin bestätigte der Gerichtshof, dass Art. 102 AEUV der Kommission nicht nur eine Verhaltenskontrolle erlaube, sondern auch die Aufsicht über **strukturelle Marktveränderungen.**[1017] Art. 102 AEUV verbiete daher einen Unternehmenszusammenschluss jedenfalls dann, wenn das betroffene Unternehmen seine marktbeherrschende Stellung durch diesen Zusammenschluss in der Weise ausbaue, dass „praktisch jeder Wettbewerb ausgeschaltet wird".[1018] Damit ist deutlich, dass Art. 102 AEUV die Verstärkung einer marktbeherrschenden Stellung durch einen Unternehmenszusammenschluss verbietet, jedenfalls bei einer extrem hohen Kumulierung von Marktanteilen. Auch nach Erlass der EU-Fusionskontrollverordnung geht die Kommission offenbar weiter davon aus, dass der Erwerb von Wettbewerbern, die kostengünstigere Konkurrenzprodukte entwickelt haben, gegen Art. 102 AEUV verstößt, wenn dies darauf zielt, die Konkurrenz auszuschließen.[1019]

252 In ihrer Entscheidung *Metaleurop*, die ebenfalls einen Sachverhalt aus der Zeit vor Inkrafttreten der EU-Fusionskontrolle betrifft,[1020] deutet die Kommission an, dass nach ihrer

---

[1013] Komm. E. v. 12.4.1999 – IV/D-1/30.373, ABl. 1999 L 125/12.
[1014] Komm. E. v. 12.4.1999 – IV/D-1/30.373, ABl. 1999 L 125/12Rn. 128f.
[1015] Dazu Rn. 283.
[1016] Komm. E. v. 9.12.1971 – IV/26.811, ABl. 1972 L 7/25 – Continental Can Company.
[1017] EuGH Urt. v. 21.2.1973 – 6/72, Slg. 1973, 215 Rn. 21 – Continental Can.
[1018] EuGH Urt. v. 21.2.1973 – 6/72, Slg. 1973, 215 Rn. 29 – Continental Can.
[1019] Siehe Komm., Pressemitteilung v. 9.7.2014, IP/14/799 zur Rs. COMP/AT.39612 – Perindopril (Servier).
[1020] Komm. E. v. 26.6.1990 – IV/32.846, ABl. 1990 L 179/41.

Auffassung auch die Begründung einer marktbeherrschenden Stellung durch eine Fusion zweier vorher nicht marktbeherrschender Unternehmen nach Art. 82 EG (jetzt Art. 102 AEUV) verboten sein könne.[1021] Zur Frage der Anwendbarkeit von Art. 102 AEUV auf den **Erwerb von Minderheitsbeteiligungen** stellte der Gerichtshof in der Rechtssache *BAT und Reynolds* unzweideutig fest, dass die missbräuchliche Ausnutzung einer marktbeherrschenden Stellung durch das erwerbende Unternehmen allenfalls dann anzunehmen sei, wenn die „fragliche Beteiligung eine effektive Kontrolle über das andere Unternehmen oder zumindest einen Einfluss auf dessen Geschäftspolitik" vermittle.[1022] Die Kommission ist über die Vorgaben dieses Urteils jedoch im Fall *Warner-Lambert/Gillette* hinausgegangen, in der sie entschied, dass bereits die Akquisition einer 22%igen Kapitalbeteiligung jedenfalls dann missbräuchlich sei, wenn sich das Beteiligungsunternehmen in **starker finanzieller Abhängigkeit** von dem marktbeherrschenden Erwerber befinde und deshalb nicht wirklich als Wettbewerber des marktbeherrschenden Unternehmens angesehen werden könnte.[1023] Hinzu kam, dass *Gillette* über **Vorkaufsrechte** die Möglichkeit hatte, einen Zusammenschluss des Beteiligungsunternehmens mit einem anderen Wettbewerber zu verhindern.[1024] Der Fall *Warner-Lambert/Gillette* mag zwar wegen der außerordentlich hohen **Marktanteile** von *Gillette* (zwischen 50 und 90%) Ausnahmecharakter haben, eröffnet der Kommission jedoch über die Zusammenschlusstatbestände der EU-Fusionskontrollverordnung hinaus erhebliche Zugriffsmöglichkeiten auf den Erwerb von Minderheitsbeteiligungen durch marktbeherrschende Unternehmen. Insofern bleibt nach Inkrafttreten der EU-Fusionskontrollverordnung durchaus ein rechtspraktisches Anwendungsfeld für Art. 102 AEUV auf Zusammenschlussvorgänge eröffnet.[1025]

Dies gilt jedenfalls für den **Erwerb von Minderheitsbeteiligungen** durch marktbeherrschende Unternehmen und für all diejenigen Zusammenschlüsse, die nur der nationalen Fusionskontrolle unterliegen. Für diejenigen Fälle des Kontrollerwerbs, die nunmehr der EU-Fusionskontrollverordnung unterliegen, ist eine parallele Anwendung von Art. 102 AEUV und den Beurteilungskriterien im Sinne von Art. 2 der Verordnung (Begründung oder Verstärkung einer marktbeherrschenden Stellung) allerdings rechtspraktisch schwer vorstellbar.[1026] In diesem Sinne ist auch die **amtliche Erklärung der Kommission für das Ratsprotokoll** vom 19.12.1989 zur Verabschiedung der EU-Fusionskontrollverordnung zu verstehen, sie beabsichtige „normalerweise nicht, die Artt. 85 und 86 des Vertrags zur Gründung der Europäischen Wirtschaftsgemeinschaft (jetzt Artt. 101 und 102 AEUV) auf Zusammenschlüsse im Sinne von Art. 3 anders als im Wege dieser Verordnung anzuwenden."[1027] **253**

Bemerkenswert ist ferner, dass die Kommission sich inzwischen in einer Reihe von Genehmigungsentscheidungen nach der EU-Fusionskontrolle dahingehend geäußert hat, sie behalte sich die Prüfung vor, ob die entsprechende Akquisition wegen ihrer **Finanzierung aus Monopolgewinnen** des Erwerberunternehmens (z.B. staatlich kontrolliertes Postunternehmen) gegen Art. 102 oder gegen Art. 107 AEUV verstoße.[1028] Die Rechtsfrage, ob **254**

[1021] Komm. E. v. 26.6.1990 – IV/32.846, ABl. 1990 L 179/41 Rn. 18: An dieser Stelle prüft die Kommission unter Bezugnahme auf die Continental-Can-Rechtsprechung, ob durch die Zusammenlegung der fusionierenden Unternehmen eine Marktposition entstehe, die den Fortbestand wirksamen Restwettbewerbes gefährde, kommt jedoch zu der Auffassung, dies sei im konkreten Fall nicht gegeben.

[1022] EuGH Urt. v. 17.11.1987 – verb. Rs. C-142 und 156/84, Slg. 1987, 4487 Rn. 65 – BAT und Reynolds/Kommission.

[1023] Komm. E. v. 10.11.1992 – IV/33.440 und IV/33.486, ABl. 1993 L 116/21 Rn. 24ff. – Warner-Lambert/Gillette u. a. und BIC/Gillette u. a.

[1024] Komm. E. v. 10.11.1992 – IV/33.440 und IV/33.486, ABl. 1993 L 116/21 Rn. 26 – Warner-Lambert/Gillette u. a. und BIC/Gillette u. a.

[1025] *Schröter/Bartl* in Schröter/Jakob/Klotz/Mederer Art. 102 Rn. 318.

[1026] In diesem Sinne *Jung* in Grabitz/Hilf/Nettesheim Art. 102 Rn. 338.

[1027] Erklärungen für das Ratsprotokoll vom 19.12.1989, WuW 1990, 240 (243).

[1028] Komm. E. v. 8.11.1996 – IV/M.843, Rn. 40 – PTT Post/TNT/GD/Express Worldwide; Komm. E. v. 24.7.1998 – IV/M.1168, Rn. 32 – Deutsche Post/DHL.

die Herkunft der Mittel, die zur Finanzierung einer Akquisition eingesetzt werden, für die Anwendung von Art. 102 AEUV in der Weise relevant ist, dass Gewinne aus gesetzlichen Monopolen für derartige Akquisitionen nicht verwendet werden dürfen, ist inzwischen vom Gericht geklärt worden.[1029] Danach ist die **Herkunft der Mittel** für die Akquisition nur dann relevant, wenn diese Mittel ihrerseits das Resultat missbräuchlich überhöhter oder diskriminierender Preise darstellen.

255 **f) Schaffung und Beibehaltung von Marktzutrittsschranken. aa) Bestand exklusiver Rechte.** Abgesehen von den Rechtspflichten, die den Mitgliedstaaten aus Art. 106 Abs. 1 AEUV erwachsen, leiten sich aus den Artt. 101 und 102 des Vertrages grundsätzlich keine Vorgaben für das gesetzgeberische Verhalten der Mitgliedstaaten ab. Das EU-Kartellrecht bestimmt somit im Grundsatz nicht, welche Voraussetzungen und **Spielräume die Mitgliedstaaten** für das wettbewerbliche Verhalten von Unternehmen schaffen. Allerdings ist es den Mitgliedstaaten nach ständiger Rechtsprechung auf Grund der Art. 4 Abs. 3 EUV und Art. 101 AEUV verwehrt, „gegen Art. 81 (jetzt Art. 101 AEUV) verstoßende Kartellabsprachen vorzuschreiben, zu erleichtern oder zu verstärken".[1030] Im Hinblick auf Art. 102 AEUV wird sich diese Rechtsprechung auch auf die staatliche Förderung individueller unternehmerischer Verhaltensweisen übertragen lassen, die für sich genommen als missbräuchlich im Sinne von Art. 102 AEUV anzusehen sind.[1031] Demgegenüber steht nach der Rechtsprechung jedoch fest, dass die staatliche Errichtung von Monopolen als solche ebenso wie der gesetzliche Schutz von **Ausschließlichkeitsrechten** nicht gegen Art. 102 AEUV verstößt. Den Mitgliedstaaten steht es somit grundsätzlich frei, durch die Gewährung ausschließlicher Rechte an einen limitierten Kreis von Unternehmen Marktzutrittsschranken zu errichten.[1032] So ist es auch zu erklären, dass die Union in Rechtsakten des sekundären Unionsrechts den Fortbestand **nationaler Monopole** ausdrücklich gestattet hat, wie z. B. im Postsektor.[1033]

256 Ebenso ist in der Rechtsprechung anerkannt, dass der Vertrag dem Bestand und Schutz gewerblicher Schutzrechte nach nationalem – oder seit der Einführung der **Gemeinschaftsmarke** nach Unionsrecht – nicht entgegensteht.[1034] Diese im Grunde selbstverständliche Aussage leitet die Unionsgerichtsbarkeit aus der Regelung des Art. 36 AEUV ab, die Ausnahmen von der **Freiheit des Warenverkehrs** nach Art. 34 AEUV zulässt, wenn diese zum Schutz des gewerblichen und kommerziellen Eigentums gerechtfertigt sind. Dass auch das EU-Kartellrecht die **Marktzutrittsschranken** im Grundsatz unberührt lässt, die durch die gesetzliche Garantie von gewerblichen Schutzrechten errichtet bzw. beibehalten werden, ergibt sich auch daraus, dass die Gruppenfreistellungsverordnungen der Kommissi-

---

[1029] EuG Urt. v. 20.3.2002 – T-175/99, Slg. 2002, II-1915 – UPS Europe NV/Kommission.

[1030] EuGH – C-39/96, Slg. 1994, I-3851 Rn. 54 – Kommission/Italien; EuGH Urt. v. 17.6.1997 – C-70/95, Slg. 1997, I-3395 Rn. 42 – Sodemare u. a./Regione Lombardia.

[1031] EuGH Urt. v. 11.4.1989 – C-66/86, Slg. 1989, 803 Rn. 48 – Ahmed Saeed; Schlussanträge des Generalanwaltes *Darmon* v. 15.3.1989 zu C-18/88, Slg. 1991, I-5941 Rn. 32 – GB-INNO-BM; Schlussanträge des Generalanwaltes *Lenz* v. 11.5.1994 zu C-379/92, Slg. 1994, I-3453 Rn. 38 – Peralta.

[1032] EuGH Urt. 18.6.1991 – C-260/89, Slg. 1991, I-2925 Rn. 35 – ERT; EuGH Urt. v. 19.5.1993 – C-320/91, Slg. 1993, I-2533 Rn. 11 – Corbeau; EuGH Urt. v. 10.2.2000 – verb. Rs. C-147 und C-148/97, Slg. 2000, I-825 Rn. 39 – Deutsche Post AG/GZS Gesellschaft für Zahlungssysteme; EuGH Urt. v. 23.5.2000 – C-209/98, Slg. 2000, I-3743 Rn. 66 – FFAD.

[1033] Vgl. Art. 7 der Richtlinie 97/67/EG vom 15.12.1997, ABl. 1998 L 15/14. Mit der Änderung durch Richtlinie 2008/6/EG vom 20.2.2008, ABl. 2008 L 52/3 wurde dieses Monopol aber abgeschafft.

[1034] EuGH Urt. v. 28.5.1978 – 102/77, Slg. 1978, 1139 Rn. 8 – Hoffman La-Roche/Centrafarm; EuGH Urt. v. 18.3.1980 – 62/79, Slg. 1980, 881 Rn. 14 – Coditel/Ciné Vog Films; EuGH Urt. v. 5.10.1988 – C-53/87, Slg. 1988, 6039 Rn. 11 – CICRA u. a./Renault; EuGH Urt. v. 5.10.1988 – C-238/87, Slg. 1988, 6211 Rn. 8 – Volvo/Veng; EuG Urt. v. 10.7.1991 – T-76/89, Slg. 1991, II-575 Rn. 54 ff. – ITP; *Montag* EuZW 1997, 71 f.

on über Forschungs- und Entwicklungsvereinbarungen[1035] sowie über Technologietransfervereinbarungen,[1036] die durch das **gewerbliche Schutzrecht gewährte Exklusivität** als selbstverständlich voraussetzen. Daher stellt die Ausübung eines gesetzlich gewährten oder geschützten Exklusivrechts als solche keinen Missbrauch dar, es sei denn diese Rechtsausübung verstieße in manifester Weise gegen die Ziele des Art. 102 AEUV.[1037] Ein Missbrauch kann z. B. vorliegen, wenn durch unrichtige und irreführende Angaben gegenüber Patentämtern der Patentschutz unrechtmäßig verlängert wird.[1038]

In der Kommissions- und Rechtsprechungspraxis haben sich noch keine einheitlichen Grundsätze herausgebildet, die es gestatteten, die wenigen Ausnahmefälle zu systematisieren, in denen wettbewerbspolitische Erwägungen die rechtliche Garantie des Exklusivrechts zu Lasten des Rechtsinhabers überwinden. Einige der Urteile des Gerichtshofes, die zum Teil in dem Sinne verstanden werden, dass Art. 102 AEUV der Ausübung eines Monopolrechtes als solcher widersprechen kann,[1039] betrafen jeweils Fälle, in denen die Gewährung des Exklusivrechts durch den Mitgliedstaat auch an Art. 106 Abs. 1 AEUV gemessen wurde, weil die Ausgestaltung des Monopols dem begünstigten Unternehmen die Behinderung von Wettbewerbern auf benachbarten Märkten erleichterte,[1040] in dem zitierten Fall *Silvano Raso* z. B. in der ungewöhnlichen Konstellation, dass es einer italienischen **Hafenbetriebsgesellschaft,** die mit anderen Hafendienstleistungsanbietern in Wettbewerb stand, gesetzlich vorbehalten war, diesen Wettbewerbern bei Engpässen eigenes Hafenpersonal vorübergehend zur Verfügung zu stellen. Wettbewerblich gesehen beanstandete der Gerichtshof, dass das gesetzliche Vorbehaltsrecht die begünstigte Hafenbetriebsgesellschaft gewissermaßen dazu einlud, ihren Wettbewerbern zu teures oder aber nicht ausreichend qualifiziertes Personal zur Verfügung zu stellen.[1041] In den Urteilen *Höfner und Elser*[1042] bzw. *Job Centre*[1043] schränkte der Gerichtshof die gesetzgeberische Freiheit des Staates, bestimmten Unternehmen Monopolrechte vorzubehalten überdies in der Weise ein, dass es mit Art. 106 Abs. 1 in Verbindung mit Art. 102 AEUV unvereinbar sei, potentielle Wettbewerber eines gesetzlich geschützten Monopolisten von wirtschaftlichen Aktivitäten in Märkten fernzuhalten, wenn der Monopolist die Nachfrager auf diesen Märkten offenkundig nicht befriedigen kann. Beide Urteile betrafen das **staatliche Arbeitsvermittlungsmonopol.** Vom Tatbestand her knüpft der Gerichtshof diese Rechtsprechung an Art. 102 Satz 2 Buchst. b AEUV (Einschränkung des Absatzes zum Schaden der Verbraucher) an.[1044] Nach dem Urteil *Télémarketing*[1045] ist es einem Monopolisten (Fernsehunternehmen) zudem verboten, sich eine Hilfstätigkeit **(Fernsehwerbung)** ausschließlich vorzubehalten, 257

[1035] VO (EU) Nr. 1217/2010 vom 14.12.2010 über die Anwendung von Artikel 101 Absatz 3 AEUV auf bestimmte Gruppen von Vereinbarungen über Forschung und Entwicklung, ABl. 2010 L 335/36.

[1036] VO (EU) Nr. 316/2014 vom 21.3.2014 über die Anwendung von Artikel 101 Absatz 3 AEUV auf Gruppen von Technologietransfer-Vereinbarungen, ABl. 2014 L 93/17.

[1037] EuG Urt. 10.7.1991 – T-67/89, Slg. 1991, II-575 Rn. 55 – ITP.

[1038] Komm. E. v. 15.6.2005 – COMP/A. 37.507/F3, ABl. 2006 L 332/24 Rn. 626 ff. – AstraZeneca; bestätigt durch EuGH Urt. v. 6.12.2012 – C-457/10 P Rn. 93 ff., 105 ff. – AstraZeneca/Kommission.

[1039] Vgl. die Kommentierung von *Jung* in Grabitz/Hilf/Nettesheim Art. 102 Rn. 233 ff.

[1040] EuGH Urt. 18.6.1991 – C-260/89, Slg. 1991, I-2925 Rn. 37 – ERT; EuGH Urt. v. 12.2. 1998 – C-163/96, Slg. 1998, I-533 Rn. 27 ff. – Silvano Raso.

[1041] EuGH Urt. v. 12.2.1998 – C-163/96, Slg. 1998, I-533 Rn. 30 – Silvano Raso.

[1042] EuGH Urt. v. 23.4.1991 – C-41/90 Slg. 1991, I-1979 – Höfner und Elser.

[1043] EuGH Urt. v. 11.12.1997 – C-55/96, Slg. 1997, I-7119 – Job Centre.

[1044] EuGH Urt. v. 11.12.1997 – C-55/96, Slg. 1997, I-7119 Rn. 32 – Job Centre.

[1045] EuGH Urt. v. 3.10.1985 – C-311/84, Slg. 1985, 3261 Rn. 26 – CBEM/CLT und IPB; von der Kommission aufgegriffen in Komm. E. v. 14.1.1998 – IV/34.801, ABl. 1998 L 72/30 – FAG-Flughafen Frankfurt/Main AG: Flughafenbetreibergesellschaft behält sich das Monopol für die Erbringung von Vorfeldabfertigungsleistungen vor und verwehrt Flughafenbenutzern das Recht zur Selbstabfertigung; kürzlich bestätigt durch EuGH Urt. v. 25.10.2001 – C-475/99, Slg. 2001, I-8137 Rn. 40 – Ambulanz Glöckner/Landkreis Südwestpfalz.

die von einem dritten Unternehmen im Rahmen seiner Tätigkeit auf einem benachbarten, aber getrennten Markt ausgeübt werden könnte.

258 Der **Versuch** einer **Systematisierung** des **Umfangs der mitgliedstaatlichen Bindung aus Art. 106 Abs. 1 i. V. m. Art. 102 AEUV** lässt sich in zwei jüngst veröffentlichten Urteilen der Europäischen Gerichte erkennen. Einem ehemaligen griechischen Strommonopolisten im überwiegenden Eigentum des griechischen Staates *(DEI)* waren durch zwei Gesetze aus den Jahren 1959 und 1975 91% aller Schurf- und Abbaurechte für Braunkohle in Griechenland eingeräumt worden. *DEI* kontrollierte zum Zeitpunkt der Entscheidung 97% des Braunkohlemarktes und 85% des Großkundenstrommarktes. Der Gerichtshof bestätigte zunächst, dass die Schaffung einer beherrschenden Stellung durch die Gewährung ausschließlicher Rechte nicht gegen Art. 102 AEUV verstößt.[1046] Der Mitgliedstaat verletzt seine Verpflichtungen aus Art. 106 Abs. 1 i. V. m. Art. 102 AEUV aber, wenn er eine **Situation schafft,** in der ein Unternehmen mit ausschließlichen Rechten durch die **bloße Ausübung der ihm übertragenen Vorzugsrechte seine beherrschende Stellung missbräuchlich ausnutzt** oder nur die **Gefahr für eine solche missbräuchliche Ausnutzung** besteht. Der tatsächliche Missbrauch ist nicht erforderlich.[1047] Der Kommission folgend sah der Gerichtshof eine Gefahr für eine missbräuchliche Ausnutzung im vorliegenden Fall durch die Schaffung ungleicher Wettbewerbsbedingungen in der Aufrechterhaltung der nahezu ausschließlichen Schürfrechte.[1048] Das Gericht hatte dagegen einen Verstoß Griechenlands abgelehnt, da die Kommission nicht nachgewiesen hatte, dass mit dem privilegierten Braunkohlezugang und der Nutzung desselben ein Missbrauch auf dem Strommarkt vorliege oder *DEI* zu einem solchen veranlasst werde.[1049] Mit der Entscheidung wird erneut deutlich, dass die bloße Verschaffung einer marktbeherrschenden Stellung durch ausschließliche Rechte unbedenklich ist. Soweit aber ausschließliche Rechte der Förderung einer bereits bestehenden marktbeherrschenden Stellung dienen, stellt deren Gewährung eine staatliche Maßnahme dar, die die Struktur des Marktes durch die Schaffung ungleicher Wettbewerbsbedingungen beeinträchtigt und mithin einen Verstoß gegen Art. 102 Abs. 1 i. V. m. Art. 106 Abs. 1 AEUV darstellt.[1050] Auf dieser Linie bewegt sich auch das Urteil des EuG aus dem Jahr 2015 zum slowakischen Postmarkt.[1051] Im Zuge der Ausweitung des Postmonopols eines im staatlichen Eigentum stehenden Postdienstleisters wurde diesem durch die Slowakische Republik die Zustellung von Hybridpost (der Postinhalt wird vom Absender elektronisch an den Dienstleister übermittelt, der diese dann ausdruckt und zustellt) übertragen. Private Anbieter, die bereits auf dem Markt tätig waren, wurden daraufhin daran gehindert ihre Dienste in diesem Bereich anzubieten. Die Kommission sah in der Ausweitung des Postmonopols auf die vorher wettbewerbsoffene Zustellung einen Verstoß der Slowakischen Republik gegen Art. 106 I i. V. m. Art. 102 AEUV.[1052] Die Ausweitung des Monopols führte insbesondere zu einer Begrenzung nachgelagerter Dienstleistungen (bspw. track und trace services), die der staatliche Postdienstleister im Rahmen seiner Hybridpostbearbeitung nicht anbot.[1053] Der Auffassung der Kommission folgte das EuG mit dem erneuten Hinweis, dass die Entstehung einer marktbeherrschenden Stellung durch die Einräumung ausschließlicher Recht nicht ohne weiteres einen Verstoß gegen Artikel 102 AEUV darstelle.[1054] Führe die staatliche

[1046] EuGH Urt. v. 17.7.2014 – C-553/12 P Rn. 45 – Kommission/DEI.
[1047] EuGH Urt. v. 17.7.2014 – C-553/12 P Rn. 41 f. – Kommission/DEI.
[1048] EuGH Urt. v. 17.7.2014 – C-553/12 P Rn. 44, 46 f. – Kommission/DEI.
[1049] EuG Urt. v. 20.9.2012 – T-169/08 Rn. 92 – DEI/Kommission.
[1050] EuGH Urt. v. 17.7.2014 – C-553/12 P Rn. 46 – Kommission/DEI.
[1051] EuG Urt. v. 25.3.2015 – T-556/08 – Slovenská pošta/Kommission.
[1052] Komm. E. v. 7.10.2008 – COMP/39.562, ABl. 2008 C 322/10 (Zusammenfassung) – Slovak Postal Law.
[1053] Komm. E. v. 7.10.2008 – COMP/39.562, Rn. 149 ff. – Slovak Postal Law.
[1054] EuG Urt. v. 25.3.2015 – T-556/08 Rn. 101 – Slovenská pošta/Kommission.

Maßnahme jedoch zu ungleichen Wettbewerbsbedingungen, verhindere sie bspw. den Zugangs neuer Wettbewerber zum Markt, stelle dies einen Verstoß dar, ohne dass es eines Nachweises eines tatsächlichen Missbrauchs bedürfe.[1055]

bb) Erwerb gewerblicher Schutzrechte. Im Hinblick auf den Erwerb gewerblicher Schutzrechte gilt ebenfalls die Grundregel, dass der „bloße Erwerb eines von der Rechtsordnung gewährten ausschließlichen Rechts, dessen Substanz in der Befugnis besteht, die Herstellung und den Verkauf der geschützten Erzeugnisse durch Dritte zu untersagen“, nicht als Missbrauch angesehen werden kann.[1056] Nach der Rechtsprechung ist die Allgemeingültigkeit dieser Aussage unter wettbewerbsstrukturellen Gesichtspunkten dann eingeschränkt, wenn der Erwerb einer ausschließlichen Lizenz auf eine **Schlüsseltechnologie** durch ein marktbeherrschendes Unternehmen dazu dient die Unangreifbarkeit der überragenden Marktstellung dieses Unternehmens gegen neue Wettbewerber abzusichern (Fall ***Tetra Pak I***).[1057] Nach der Diktion des Gerichts beruhte diese Entscheidung auf den „besonderen Umständen des Falls“, nämlich der Tatsache, dass Tetra Pak auf dem europäischen Markt für aseptische Abfüllmaschinen über einen Marktanteil von 91,8% und auf dem Markt für die dazugehörigen Verpackungskartons über einen Anteil von 89,1% verfügte. Durch den Erwerb einer ausschließlichen Lizenz zur Nutzung eines Patents über die einzige Konkurrenztechnologie in dem betroffenen Verpackungssektor verschaffte sich *Tetra Pak* überdies die Möglichkeit, den **Zutritt neuer Wettbewerber** zu diesem Markt stark zu **behindern.** Die besondere Begründung für diese Entscheidung des Gerichts bleibt letztlich unbestimmt, so dass sich dieser Fall nur in der Weise verallgemeinern lässt, dass die langfristige Ausschaltung jeglichen Wettbewerbs den Vorwurf des missbräuchlichen Verhaltens begründen soll. Da aber wiederum jeder Erwerb einer ausschließlichen Lizenz zur Nutzung einer patentierten Schlüsseltechnologie das Ziel hat, den Marktzutritt von Wettbewerbern zu verzögern, fehlt es an praktikablen Abgrenzungsmerkmalen für diese Missbrauchskategorie. Nach den Schlussanträgen von Generalanwalt *Kirschner* ließ sich der besondere Unrechtsvorwurf damit begründen, dass der Erwerber einer ausschließlichen Lizenz an einem fremden Patent mit der damit verbundenen Exklusivität nicht den **Lohn für eigene Forschungsanstrengungen** erhalte und dass der Erwerb einer Patentlizenz anders als die Registrierung eines eigenen Patentes nicht notwendig eine Ausschließlichkeitsstellung vermittle, sondern auch in der Form einer nicht-ausschließlichen Lizenz denkbar sei. Unter den besonderen Umständen des Falls sei der Erwerb einer ausschließlichen Lizenz daher unverhältnismäßig.[1058] Auf diese Weise führt die Rechtsprechung ein eher dem öffentlichen Recht entstammendes **Verhältnismäßigkeitskriterium** in die Wettbewerbsaufsicht ein, die dem Gedanken der Gewährleistung des Leistungswettbewerbs an sich fremd ist. 259

Die Kommission scheint indes den mit dem *Tetra Pak I*-Urteil vorgezeichneten Weg fortschreiten zu wollen. Erst jüngst verhängte sie eine Geldbuße gegen ein Pharmaunternehmen u. a. wegen des Erwerbs einer fortschrittlichen Technologie, wodurch die Entwicklung von Generika-Produkten, die mit dem Originalwirkstoff konkurriert hätten, abgebrochen wurde und deren Markteintritt auf diese Weise verzögert wurde. Wesentlich scheint in der bisher nur als Pressemitteilung vorliegenden Entscheidung zu sein, dass alleiniges Ziel des Technologieerwerbs die Verhinderung von Wettbewerb und nicht die Nutzung der Technologie war.[1059] Zumindest der Erwerb von Schutzrechten ohne eine (beab- 260

[1055] EuG Urt. v. 25.3.2015 – T-556/08 Rn. 102 – Slovenská pošta/Kommission.
[1056] EuGH Urt. 5.10.1988 – C-53/87, Slg. 1988, 6039 Rn. 15 – CICRA u. a./Renault.
[1057] EuG Urt. v. 10.7.1990 – T-51/89, Slg. 1990, II-309 Rn. 23 – Tetra Pak/Kommission.
[1058] Schlussanträge des Generalanwaltes *Kirschner* v. 21.2.1990 zu T-51/89, Slg. 1990, II-312 Rn. 74, 78 – Tetra Pak/Kommission.
[1059] Komm., Pressemitteilung v. 9.7.2014, IP/14/799 zur Rs. COMP/AT.39612 – Perindopril (Servier).

sichtigte) Nutzung derselben wäre demnach dem marktbeherrschenden Unternehmen untersagt.

261 **cc) Ausübung gewerblicher Schutzrechte.** Die zivilrechtlich zulässige Ausübung eines gewerblichen Ausschließlichkeitsrechts (z. B. einer Marke) kann normalerweise nicht als Missbrauch gewertet werden. Nach der Rechtsprechung gilt dies auch dann, wenn z. B. die Geltendmachung des Markenrechts **Parallelimporte** umverpackter Güter des Markenrechtsinhabers im Binnenmarkt behindert, aber im Einklang mit den Artt. 34 und 36 AEUV steht.[1060] Die gerichtliche Durchsetzung berechtigter **zivilrechtlicher Abwehransprüche** wird daher selbst von der Kommission nur dann als missbräuchlich angesehen, wenn dieses Vorgehen „vernünftigerweise nichts als Geltendmachung werden und nur dazu dienen kann den Gegner zu belästigen".[1061] Auch die vielfach im Zusammenhang mit der missbräuchlichen Ausübung gewerblicher Schutzrechte zitierten[1062] Urteile *CICRA/Renault*[1063] sowie *Volvo/Veng*[1064] belegen nicht, dass die zivilrechtlich zulässig Ausübung solcher Rechte (in casu: **Geschmacksmuster**) gegen Wettbewerber missbräuchlich war. In beiden Urteilen bestätigte der Gerichtshof, dass die „Befugnis des Inhabers eines geschützten Musters, Dritte an der Herstellung und dem Verkauf oder der Einfuhr der das Muster verkörpernden Erzeugnisse ohne seine Zustimmung zu hindern, gerade die Substanz seines ausschließlichen Rechts darstelle".[1065]

262 Folglich liegt grundsätzlich in der Durchsetzung dieses ausschließlichen Rechts ebenso wenig ein Missbrauch wie in der Weigerung, für die Nutzung dieses Rechts eine Lizenz zu erteilen. Missbräuchlich verhält sich der Rechtsinhabers nach den beiden Urteilen nur, wenn er sich in willkürlicher Weise weigert, die **Ersatzteile** für die geschmacksmusterrechtlich geschützten Erzeugnisse (in casu: Karosserieteile) an unabhängige Reparaturwerkstätten zu liefern, wenn er für die Ersatzteile unangemessene Preise festsetzt oder sich dazu entscheidet, für ein bestimmtes Modell keine Ersatzteile mehr herzustellen, obwohl es im Markt dafür einen Bedarf gibt.[1066] Diese Feststellungen betreffen jedoch die allgemeinen Missbrauchstatbestände der Nichtbelieferung bzw. der Angebotsverknappung, die für jedes marktbeherrschende Unternehmen gelten, unabhängig davon, ob die marktbeherrschende Stellung auf einem Ausschließlichkeitsrecht oder auf anderen Umständen beruht.

263 Eine in ihren Auswirkungen bemerkenswerte Durchbrechung des Grundsatzes, dass die **Lizenzverweigerung** als solche keinen Missbrauch darstellt, hat sich durch die Urteile des Gerichts und des Gerichtshofes in der Sache *Magill*[1067] ergeben. Nach diesen Urteilen, die eine vorausgegangene Kommissionsentscheidung[1068] bestätigten, stellte es einen Missbrauch

---

[1060] EuGH Urt. v. 23.5.1978 – 102/77, Slg. 1978, 1139 Rn. 16 – Hoffman La-Roche/Centrafarm; anders *Jung* in Grabitz/Hilf/Nettesheim Art. 102 Rn. 230: Einsatz des Markenrechts zur Marktabschottung. Das Urteil Hoffman La-Roche/Centrafarm, das im Wesentlichen zur Warenverkehrsfreiheit nach den Artt. 34 und 36 AEUV erging, dürfte allerdings durch die Rechtsprechung des Gerichtshofes zur Erschöpfung von gewerblichen Schutzrechten im Binnenmarkt überholt sein, vgl. EuGH Urt. v. 22.7.1994 – C-9/93, Slg. 1994, I-2789 – Ideal Standard; Urt. v. 4.11.1997 – C-337/95, Slg. 1997, I-6013 – Christian Dior/Evora.

[1061] EuG Urt. v. 17.7.1998 – T-111/96, Slg. 1998, II-2937 Rn. 72 – ITT Promedia/Kommission.

[1062] *Schröter/Bartl* in Schröter/Jakob/Klotz/Mederer Art. 102 Rn. 311; *Jung* in Grabitz/Hilf/Nettesheim Art. 102 Rn. 245; *Emmerich* in Dauses H. I. Art. 102 Rn. 135.

[1063] EuGH Urt. v. 5.10.1988 – C-53/87, Slg. 1988, 6039 – CICRA u. a./Renault.

[1064] EuGH Urt. v. 5.10.1988 – C-238/87, Slg. 1988, 6211 – Volvo/Veng.

[1065] EuGH Urt. v. 5.10.1988 – C-53/87, Slg. 1988, 6039 Rn. 11 – CICRA u. a./Renault; Urt. v. 5.10.1988 – C-238/87, Slg. 1988, 6211 Rn. 8 – Volvo/Veng.

[1066] EuGH Urt. v. 5.10.1988 – C-53/87, Slg. 1988, 6039 Rn. 16 – CICRA u. a./Renault; Urt. v. 5.10.1988 – C-238/87, Slg. 1988, 6211 Rn. 9 – Volvo/Veng.

[1067] EuG Urt. v. 10.7.1991 – T-69/89, Slg. 1991, II-485 – RTE; EuGH Urt. v. 6.4.1995 – verb. Rs. C-241 und C-242/91 P, Slg. 1995, I-743 – RTE und ITP/Kommission; siehe dazu *Montag* EuZW 1997, 71 (72 ff.).

[1068] Komm. E. v. 21.12.1988 – IV/31.851, ABl. 1989 L 78/43 – Magill TV Guide/ITP, BBC und RTE.

dar, dass sich Fernsehanstalten, die in Irland und dem Vereinigten Königreich über eine marktbeherrschende Stellung verfügten, geweigert hatten, einem Verlag, der eine unabhängige wöchentliche Fernsehprogrammzeitschrift herausgeben wollte, die es zuvor in Irland nicht gab, Informationen über ihre wöchentlichen Programme zur Verfügung zu stellen. Die Besonderheit dieses Falles lag darin, dass auch die von dem Verlag begehrten Informationen über die jeweiligen Sendungen nach **irischem Recht urheberrechtlich** geschützt waren. Zudem war für den Gerichtshof ausschlaggebend, dass die Fernsehanstalten selbst keinen umfassenden wöchentlichen Programmführer herausgaben, so dass die Weigerung, die urheberrechtlich geschützten Informationen zur Verfügung zu stellen, effektiv zu einer Einschränkung des Angebots zu Lasten der Verbraucher (Art. 102 Satz 2 Buchst. b AEUV) führte.[1069] Inzwischen höchstrichterlich geklärt ist die Fortführung der *Magill*-Grundsätze in der ***IMS-Health***-Entscheidung der Kommission[1070] in Anwendung auf die urheberrechtlich geschützte „Brick Structure", die von *IMS* zur Sammlung von Daten auf den pharmazeutischen Märkten in Deutschland eingesetzt wird.[1071]

Eine generelle Ausdehnung dieser Grundsätze auf das Verhalten aller Inhaber gewerblicher Schutzrechte dürfte aus den zitierten *Magill*-Urteilen allerdings nicht abzuleiten sein. In der späteren Rechtsprechung ist das Urteil *Magill* eher restriktiv interpretiert worden (keine **Zwangslizenz** für die Übertragung von urheberrechtlich geschützten Fernsehaufzeichnungen über Pferderennen an ein Wettunternehmen mit starker Marktstellung).[1072] **264**

Das Urteil des Gerichts im Fall *Microsoft*[1073] dürfte hingegen größeren Einfluss auf die Kartellrechtspraxis in diesem Bereich haben.[1074] Während die vorzitierten Urteile *Magill* und *IMS-Health* gesamtwirtschaftlich gesehen exotische Sachverhalte und insbesondere Urheberrechtsgegenstände betrafen, deren Originalität als so gering zu veranschlagen war, dass ein Überwiegen der kartellrechtlichen Gesichtspunkte gegen den durch das Urheberrecht vermittelten Ausschließlichkeitsschutz nahe lag, richtet sich das Zugangsrecht Dritter zu der Schnittstelleninformation der *Microsoft*-Betriebssoftware für Server (Interoperabilitätsverfügung) auf das Ergebnis jahrelanger und kostenintensiver Forschungs- und Entwicklungstätigkeit. Insofern begründet das ***Microsoft***-Urteil sicher einen größeren Eingriff kartellrechtlich begründeter Ansprüche in den Schutzbereich von IP-Rechten als dies nach der früheren Rechtsprechung der Fall war. Grundlage für die Interoperabilitätsverfügung der Kommission[1075] war das Regelbeispiel des Art. 102 Satz 2 Buchst. b AEUV, wonach ein Missbrauch in der Einschränkung der technischen Entwicklung zum Schaden der Ver- **265**

[1069] EuGH Urt. v. 6.4.1995 – verb. Rs. C-241 und C-242/91 P, Slg. 1995, I-743 Rn. 54 – RTE und ITP/Kommission.

[1070] EuGH Urt. v. 29.4.2004 – C-418/01, Slg. 2004, I-5039 – IMS Health/NDC Health; zur Vorgeschichte des Rechtsstreits s.: Komm. E. v. 3.7.2001 – COMP D3/38.044, ABl. 2002 L 59/18 – NDC Health/IMS Health, suspendiert durch EuG Beschl. v. 10.8.2001 – T-184/01 R, Slg. 2001, II-2349 – IMS Health/Kommission und Beschl. v. 26.10.2001 – T-184/01 R, Slg. 2001, II-3193 – IMS Health/Kommission. Das gegen den Beschl. v. 26.10.2001 eingelegte Rechtsmittel wurde vom EuGH zurückgewiesen, Beschl. v. 11.4.2002 – C-481/01 P (R), Slg. 2002, I-3401 – NDC Health/ Kommission, IMS Health.

[1071] Zum bisherigen Streitstand vgl.: *Eilmansberger* EWS 2003, 12; *Fine* ECLR 2002, 457; *Lober* GRUR Int 2002, 7; *Schmidt* ECLR 2002, 210; *Schwarze* EuZW 2002, 75, zu den mit der Annahme eines kartellrechtlichen Zwangslizenzanspruches verbundenen prozessualen Frage, siehe *Graf von Merveldt* WuW 2004, 19; *Höppner* EuZW 2004, 748. Siehe hierzu nunmehr die Prioritätenmitteilung der Kommission, ABl. 2009 C 45/7 Rn. 75.

[1072] EuG Urt. v. 12.6.1997 – T-504/93, Slg. 1997, II-923 Rn. 130–133 – Tiercé Ladbroke; Schlussanträge des Generalanwaltes *Jacobs* v. 28.5.1998 zu C-7/97 – Slg. 1998, I-7794, Rn. 41, 42 – Bronner/Mediaprint.

[1073] EuG Urt. v. 17.9.2007 – T-201/04, Slg. 2007, II-3601 – Microsoft/Kommission.

[1074] So auch *Lange/Pries* EWS 2008, 1.

[1075] Komm. E. v. 24.3.2004 – COMP/C-3/37.792, ABl. 2007 L 32/23 – Microsoft.

braucher liegen kann.[1076] Die Kommission sah diese Voraussetzung dadurch gegeben, dass *Microsoft* konkurrierenden Herstellern von Arbeitsgruppen-Serverbetriebssystemen nicht alle notwendigen Schnittstelleninformationen zur Verfügung gestellt habe, wodurch nicht die volle Interoperabilität ihrer Programme mit Windows-basierten Client-PCs gegeben gewesen sei. Diese Praktik sei Teil einer Strategie von *Microsoft* gewesen, die überragende Marktstellung auf dem Markt für PC-Betriebssysteme auf den Markt für Serverprogramme zu übertragen und Wettbewerber auf diesem Markt zu verdrängen. *Microsoft* hielt zum einen die in den Fällen *Magill* und *IMS Health* aufgestellten Voraussetzungen nicht für gegeben, zum anderen habe es fünf alternative Wege zur Herstellung der Interoperabilität gegeben.[1077]

266 Das Gericht kam zu dem gleichen Ergebnis wie die Kommission und korrigierte bei dieser Gelegenheit die *Magill/IMS Health*-Rechtsprechung[1078] insoweit, als die dort aufgestellte Voraussetzung, dass der angebliche Missbrauch ein **neues Produkt** verhindern müsse, **keine notwendige Voraussetzung** für die Erfüllung von Art. 102 AEUV sei.[1079] Es stelle sich nur die allgemeine Frage danach, ob die technische Entwicklung zum Schaden der Verbraucher durch die Lizenzverweigerung eingeschränkt sei. Diese Voraussetzung sei hier (aus den von der Kommission vorgebrachten Gründen) gegeben.[1080] Des Weiteren seien die **alternativen Wege** zur Herstellung der Interoperabilität letztlich **unbeachtlich,** da diese **nicht das gleiche Maß voller Interoperabilität** böten.[1081] Damit weicht das Gericht von der vom EuGH im Urteil *Bronner*[1082] bestätigten „Essential-Facilities"-Rechtsprechung ab, wonach ein Zugangsanspruch dann zu verneinen ist, wenn andere weniger günstige Alternativen vorhanden sind, da der Petent keine Gleichstellung mit dem Marktbeherrscher verlangen kann. Im Gesetzgebungsverfahren zu § 19 Abs. 4 Nr. 4 GWB (jetzt § 19 Abs. 2 Nr. 4 GWB), der eine deutsche Umsetzung der *Magill*-Rechtsprechung und der **„Essential-Facilities-Doctrine"** darstellen soll, hat der Bundestagsausschuss für Wirtschaft festgestellt, dass nach § 19 Abs. 4 Nr. 4 GWB ein Anspruch auf die Nutzung fremder gewerblicher Schutzrechte grundsätzlich nicht begründet werden soll.[1083]

267 In der Fallpraxis der Kommission und der deutschen Gerichte hat sich eine weitere Variation des Problems der Lizenzverweigerung ergeben. Im Rahmen der sog. **„Smartphone-Patentkriege"** hat die Kommission jüngst zwei Beschlüsse erlassen.[1084] Dabei geht es im Wesentlichen um die Anwendung von **standardessentiellen Patenten** (SEP). Derartige Patente werden allein oder in Verbindung mit anderen als Industrienorm vereinbart, mit der Folge, dass jedes Unternehmen, welches normkonforme Produkte herstellen möchte, diese Patente nutzen muss. Alternativ kann sich auch eine Technologie nach einem Verdrängungswettbewerb als Standard etablieren. Wird ein Patent von einer Normungsorganisation als Industriestandard anerkannt, müssen sich der oder die Patenteinhaber in der Regel verpflichten, Lizenzen zu fairen, zumutbaren und diskriminierungsfreien Bedingungen zu erteilen. Die Verpflichtung zur Lizenzerteilung nach diesen sog. „FRAND"-Bedingungen (fair, reasonable and non-discriminatory) ist ihrerseits ein wesentlicher Grund dafür, dass die vereinbarte Industrienorm selbst keine kartellrechtswidrige Absprache nach

---

[1076] *Lange/Pries* EWS 2008, 1, analysieren das Urteil insbesondere in Hinblick auf das Kopplungsverbot des Art. 102 Satz 2 Buchst. d AEUV (sog. Entkoppelungsverfügung).

[1077] EuG Urt. v. 17.9.2007 – T-201/04, Slg. 2007, II-3601 Rn. 343 ff. – Microsoft/Kommission.

[1078] Zur Anwendung der Magill–Rechtsprechung auf den Fall Microsoft vgl. *Thyri* WuW 2005, 388.

[1079] Zu diesem Kurswechsel vgl. *Körber* WuW 2007, 1209.

[1080] EuG Urt. v. 17.9.2007 – T-201/04, Slg. 2007, II-3601 Rn. 647 ff. – Microsoft/Kommission.

[1081] EuG Urt. v. 17.9.2007 – T-201/04, Slg. 2007, II-3601 Rn. 374/435 – Microsoft/Kommission.

[1082] Vgl. dazu eingehend sogleich Rn. 279 ff.

[1083] BT-Drs. 13/10.633 Begründung zu § 19.

[1084] Komm. Beschl. v. 29.4.2014 – AT.39985 – Motorola und Komm. Beschl. v. 29.4.2014 – AT.39939 – Samsung. Zur Rechtslage in den USA *Picht* GRUR Int. 2014, 1 (3 ff.).

Art. 101 AEUV darstellt.[1085] Erklärt sich ein Patentinhaber zur Lizensierung nach den genannten Bedingungen bereit, ist fraglich, wie er gegen tatsächliche oder vermeintliche Patentverstöße vorgehen kann.[1086]

In der ***Orange-Book-Standard***-Entscheidung aus dem Jahre 2009 hatte der **BGH** eine Fallkonstellation zu beurteilen, in der sich der Inhaber eines Patents für (wieder-)beschreibbare CDs per Unterlassungsverfügung gegen ein Unternehmen zur Wehr setzte, das die fragliche Technik verwendete. Die Technik hatte sich zum Industriestandard entwickelt, ohne dass das Unternehmen eine Selbstverpflichtung zur Erteilung von Lizenzen abgegeben hatte. Der Gerichtshof entschied, dass der Patentinhaber keinen patentrechtlichen Unterlassungsanspruch gegen den sog. Lizenzsucher geltend machen kann, wenn dies einen Missbrauch der marktbeherrschenden Stellung bedeuten würde. Missbräuchlich handele der Patentinhaber, wenn **zwei Voraussetzungen** vorlägen. Erstens: Der Lizenzsucher hat dem Patentinhaber ein **unbedingtes Angebot auf Abschluss eines Lizenzvertrages** gemacht, dass letzterer nicht ablehnen darf, ohne selbst gegen Kartellrecht zu verstoßen. Zweitens: Sollte der Lizenzsucher den Gegenstand des Patents bereits benutzen, muss er diejenigen **Verpflichtungen einhalten,** die der abzuschließende Lizenzvertrag an die Benutzung knüpft, d.h. insbesondere über die Benutzung abrechnen und die sich aus der Abrechnung ergebenden Lizenzgebühren bezahlen oder hinterlegen.[1087] Hinsichtlich der ersten Voraussetzung hat der BGH außerdem entschieden, dass ein wirksames Angebot jedenfalls nicht unter der Bedingung abgegeben werden darf, dass ein Gericht zunächst eine Patentverletzung oder den Bestand des Patents feststellt.[1088] Sollte der Lizenzsucher die geforderten Lizenzgebühren für missbräuchlich überhöht halten oder der Patentinhaber sich weigern, eine Lizenzgebühr zu beziffern, ist der Lizenzsucher berechtigt, das Angebot hinsichtlich des Entgelts auf eine vom Patentinhaber nach billigem Ermessen zu bestimmende Lizenzgebühr zu richten.[1089] Die vom BGH entwickelten Voraussetzungen haben dazu geführt, dass in nahezu allen entschiedenen Patentverletzungsverfahren der sog. Zwangslizenzeinwand nicht erfolgreich war.[1090] 268

Dieses BGH-Urteil hat die Europäische Kommission in einem Memorandum hinsichtlich der Voraussetzung des unbedingten Angebots ausdrücklich kritisiert.[1091] In den Entscheidungen ***Motorola-GPRS*** und ***Samsung-UMTS*** stellte sie daraufhin andere Voraussetzungen für eine missbräuchliche Verweigerung von Lizenzen auf. So hatte ***Motorola*** an der Entwicklung einer Mobilfunknorm mitgearbeitet und in diesem Rahmen auch erklärt, Lizenzen für seine dabei verwendeten Patente nach den „FRAND"-Bedingungen zu erteilen. *Motorola* wehrte sich sodann gegen die Verwendung seiner Patente in Smartphones der Marke *Apple,* indem das Unternehmen den Verkauf der Geräte in Deutschland per einstweiligem Rechtsschutz verhinderte und mit der Vollstreckung der Unterlassungsverfügung drohte. Im Verlaufe des Eilrechtsschutzverfahrens erklärte sich *Apple* bereit, von *Motorola* geforderte Lizenzgebühren nach den „FRAND"-Bedingungen für die Nutzung der Patente in Vergangenheit und Zukunft zu zahlen. Trotzdem erreichte *Motorola* den Erlass einer einstweiligen Verfügung und später einen für *Apple* nachteiligen Vergleich. Die Kommissi- 269

[1085] Komm., Leitlinien zur Anwendbarkeit von Artikel 101 AEUV auf Vereinbarungen über horizontale Zusammenarbeit, ABl. 2011 C 11/1, Rn. 280, 283ff. „FRAND" ist ein Akronym für „fair, reasonable and non-discriminatory".

[1086] Zur kartellrechtlichen Beurteilung einer erhöhten Lizenzforderung nach Nichtoffenlegung eines SEP, *Picht* GRUR Int. 2014, 1 (8ff.).

[1087] BGH Urt. v. 6.5.2009 – KZR 39/06, Rn. 29ff. und 2. Leitsatz – Orange-Book-Standard.

[1088] BGH Urt. v. 6.5.2009 – KZR 39/06, Rn. 39f. und 3. Leitsatz – Orange-Book-Standard.

[1089] BGH Urt. v. 6.5.2009 – KZR 39/06, Rn. 39ff. und 2. Leitsatz – Orange-Book-Standard. Die „Vorleistung" des Lizenzsuchers ist dann entsprechend § 11 Abs. 2 UrhWG vorzunehmen.

[1090] Nach *Verhauwen* GRUR 2013, 558 (559) konnte der Einwand in zwei Fällen von „hunderte[n]" Verletzungsverfahren geltend gemacht werden.

[1091] Komm., Memo v. 6.5.2013, MEMO/13/403.

on erkannte eine wettbewerbsbeschränkende Wirkung in dem einstweiligen Verkaufsstopp, dem darauf geschlossenen, für *Apple* nachteiligen Vergleich und dem allgemein negativen Effekt auf Normierungsprozesse.[1092] In der Durchsetzung der Patente erkannte die Kommission einen Missbrauch der marktbeherrschenden Stellung von Motorola, weil **außergewöhnliche Umstände** i. S. d. Urteile *Volvo/Veng, Magill* und *IMS Health* vorlagen. Diese bestanden darin, dass sich *Motorola* **im Rahmen eines Normsetzungsprozesses verpflichtet** hatte, **SEP-Lizenzen zu „FRAND"-Bedingungen zu erteilen** und *Apple* mit einem **Angebot** deutlich gemacht hatte, eine **Lizenzvereinbarung zu diesen Bedingungen abschließen** zu wollen.[1093] In einem solchen Angebot muss ein abschlussbereiter Lizenznehmer nicht auf die Möglichkeit der Anfechtung der Gültigkeit des Patents oder der Verletzung desselben vor Gericht verzichten.[1094] Hat der SEP-Inhaber sich zur Lizensierung nach „FRAND"-Bedingungen verpflichtet, soll nach Auffassung der Kommission die Durchsetzung der Patente auch mit einer Untersagungsverfügung nicht in allen Fällen ausgeschlossen sein: Dieses Verhalten soll z. B. dann im Rahmen von Art. 102 AEUV gerechtfertigt sein, wenn der Lizenznehmer seine Lizenzgebühren nicht mehr zahlt oder er sich weigert, einer Lizensierung zu „FRAND"-Bedingungen zuzustimmen.[1095] Die so in dem Verbotsbeschluss formulierten Anforderungen wiederholte die Kommission in dem Verpflichtungsbeschluss ***Samsung-UMTS*** vom gleichen Tag.[1096] Die Kommission hat zu erkennen gegeben, dass sie weitere Fälle in diesem Bereich aufmerksam verfolgt, insbesondere einen Prozess, der von einem SEP-Inhaber vor deutschen Gerichten gegen die Deutsche Telekom als Vertriebshändler von Mobilfunkgeräten angestrengt wurde.[1097]

270 Zwischen den von **BGH** und **Kommission** formulierten Anforderungen an den Missbrauch der marktbeherrschenden Stellung eines SEP-Inhabers bestehen daher vor allem **zwei augenfällige Unterschiede,** die sich auf die Ernsthaftigkeit des Angebots des lizenzsuchenden Unternehmens beziehen: Der vom BGH geforderte Verzicht auf die Feststellung der Verletzung eines Patents als Bedingung für den Abschluss eines Lizenzvertrages ist nach der Kommission gerade nicht nötig.[1098] Außerdem sieht die Kommission in ihren Entscheidungen keinerlei Verpflichtung des Lizenzsuchers zur Rechnungslegung und Bezahlung der angebotsgemäßen Lizenzgebühren. Wegen dieser Diskrepanz der Auffassungen hinsichtlich eines Missbrauchs einer aus einem SEP-Patent stammenden marktbeherrschenden Stellung hat das LG Düsseldorf in einem Beschluss vom 21.3.2013 die Rechtsfrage in der Rechtssache *Huawei Technologies-ZTE Corp.* dem **EuGH zur Entscheidung vorgelegt.**[1099] Nach Auffassung des Generalanwalts ist der SEP-Inhaber vor der Erhebung

---

[1092] Komm. Beschl. v. 29.4.2014 – AT.39985, Rn. 311 ff. – Motorola – Enforcement of GPRS standard essential patents.

[1093] Komm. Beschl. v. 29.4.2014 – AT.39985, Rn. 280 ff. – Motorola – Enforcement of GPRS standard essential patents. Die Kommission stellt in Rn. 434 ff. ausdrücklich klar, dass sie auch in diesem Fall Apples Bereitschaft zum Abschluss einer Lizenzvereinbarung als Teil der Rechtfertigung der Wettbewerbsbeschränkung prüft. Die Kommission kann sich die Prüfung der Bereitschaft aber auch als Tatbestandsprüfung vorstellen (Rn. 435). Die dogmatische Unsicherheit hängt mit den nicht sicher geklärten Fragen des Missbrauchs von Patenten im Speziellen und der Rechtfertigung von Missbräuchen im Allgemeinen zusammen.

[1094] Komm. Beschl. v. 29.4.2014 – AT.39985, Rn. 329 ff., 439 f., 445 ff. – Motorola – Enforcement of GPRS standard essential patents; diese Anforderung wird erneut teilweise als eigenständiger Missbrauch (Rn. 329 ff.) und teilweise als Frage der Rechtfertigung (Rn. 439 f., 445 ff.) geprüft.

[1095] Komm. Beschl. v. 29.4.2014 – AT.39985, Rn. 427 – Motorola – Enforcement of GPRS standard essential patents).

[1096] Komm. Beschl. v. 29.4.2014 – AT.39939, Rn. 55 ff., 67 ff. – Samsung – Enforcement of UMTS standard essential patents.

[1097] Shaken, not stirred. Competition Law Enforcement and Standard Essential Patents, Rede von Alexander Italianer v. 21.4.2015.

[1098] Diese Anforderung wird auch von der dt. Literatur kritisiert, *Picht* GRUR Int. 2014, 1 (14 f.) m. w. N.

[1099] LG Düsseldorf Beschl. v. 21.3.2013 – 4b O 104/12; dazu ausführlich *Verhauwen* GRUR 2013, 558.

einer Unterlassungsklage verpflichtet, einem Patentverletzer ein konkretes Lizenzangebot zu unterbreiten, sofern er über eine beherrschende Stellung verfügt, eine Verpflichtungserklärung gegenüber der Standardisierungsorganisation zur Erteilung von Lizenzen nach „FRAND"-Bedingungen abgegeben hat und der Patentverletzer bereit ist, einen Patentvertrag abzuschließen.[1100] In seinem Urteil wies der EuGH die Position des BGH zurück und unterstützte stattdessen weitgehend die Sichtweise der Kommission.[1101] Der Gerichtshof stimmte dem Generalanwalt zu und urteilte, dass der SEP-Inhaber verpflichtet sei, das erste Lizenzangebot zu unterbreiten. Damit hat der Gerichtshof deutlich gemacht, dass die deutschen Gerichte ihre Entscheidungspraxis in Zukunft deutlich ändern müssen.

g) Zugang zu wesentlichen Einrichtungen („Essential Facilities"). aa) Einführung. Eine im Anschluss an die Urteile *Magill*[1102] und ***Bronner***[1103] vieldiskutierte Frage[1104] stellt die Problematik eines eigenen Tatbestands der missbräuchlichen Zugangsverweigerung zu wesentlichen Einrichtungen (sog. **„Essential Facilities"**) dar. Nachdem der Unions- und die nationalen Gesetzgeber in einer Reihe von Sektoren **(Telekommunikation, Post, Energie, Luft- und Eisenbahnverkehr)** bereits spezialgesetzliche Ansprüche auf Netzzugang geschaffen haben, konzentrieren sich die Schwierigkeiten in der Anwendung der „Essential-Facility"-Doktrin auf die Qualifikation einer bestimmten Infrastruktur als „Essential Facility" und auf die Frage, ob in der Gewährung des Zugangs zu dieser Einrichtung die einzige Möglichkeit liegt, zusätzlichen Wettbewerb zu eröffnen. Die Konturen dieses Anspruchs nach dem EU-Kartellrecht sind noch weitgehend ungeklärt, das oben zitierte *Bronner*-Urteil suggeriert jedoch, dass außerhalb der spezialgesetzlichen Anspruchsgrundlagen nur in außergewöhnlich gelagerten Fällen ein Anspruch auf Netzzugang nach Art. 102 AEUV gegeben ist.[1105] 271

bb) Gesetzliche Regelungen des deutschen Rechts. Aufschlussreich sind zunächst die Überlegungen, die den deutschen Gesetzgeber zur Einführung eines eigenen Regelbeispiels (Zugang zu wesentlichen Einrichtungen) in § 19 Abs. 2 Nr. 4 GWB veranlasst haben. Nach dieser Regelung des deutschen Rechts ist nunmehr klargestellt, dass sich ein marktbeherrschendes Unternehmen missbräuchlich verhält, wenn es (1) über ein eigenes **Netz** oder andere **Infrastruktureinrichtungen** verfügt, deren Nutzung den Zugang zu einem diesem Netz oder dieser Infrastruktureinrichtung vor- oder nachgelagerten Markt eröffnet, wenn es (2) einem anderen Unternehmen ohne die Mitbenutzung dieses Netzes oder dieser Infrastruktureinrichtung aus rechtlichen oder tatsächlichen Gründen nicht möglich ist, auf dem vor- oder nachgelagerten Markt als Wettbewerber des Marktbeherrschers tätig zu werden, und wenn sich (3) das marktbeherrschende Unternehmen weigert, dem potentiellen Konkurrenten gegen **angemessenes Entgelt** Zugang zu diesem Netz oder zu dieser Infrastruktureinrichtung zu gewähren. Dem daraus folgenden Zugangsanspruch kann der Inhaber der Einrichtung oder des Netzes nur entgehen, wenn er nachweist, dass die Mitbenutzung nicht möglich oder nicht zumutbar ist. Hierzu hat der BGH entschieden, dass ein Zugang auch dann unmöglich ist, wenn die begehrte Nutzung aus Rechtsgründen (z. B. der fehlenden öffentlich-rechtlichen Genehmigungsfähigkeit), ausgeschlossen ist.[1106] 272

[1100] Schlussanträge des Generalanwaltes Wathelet v. 20.11.2014 zu C-170/13 Rn. 57 f., 63–65, 80, 85, 103.

[1101] EuGH Urt. v. 16.7.2015 – C-170/13 – Huawei Technologies.

[1102] EuG Urt. v. 10.7.1991 – T-69/89, Slg. 1991, II-485 – RTE; EuGH Urt. v. 6.4.1995 – verb. Rs. C-241 und C-242/91 P, Slg. 1995, I-743 – RTE und ITP/Kommission.

[1103] EuGH Urt. v. 26.11.1998 – C-7/97, Slg. 1998, I-7791 – Bronner/Mediaprint, mit Anmerkung von *Ehle* EuZW 1999, 86.

[1104] *Markert* WuW 1995, 560; *Montag* EuZW 1997, 71; *Deselaers* EuZW 1995, 63; *Klimisch/Lange* WuW 1998, 15; *Fleischer/Weyer* WuW 1999, 350; *Scherer* MMR 1999, 315; *Hancher/Lugard* SEW 1999, 323; *Bergmann* ECLR 2000, 59.

[1105] Ähnlich *Montag/Leibenath* EWS 1999, 281 (284).

[1106] BGH Beschl. v. 11.12.2012 – KVR 7/12, Leitsätze, Rn. 17 ff. – Fährhafen Puttgarden II.

273 Nach dem Wortlaut des Gesetzes ist damit bereits klar, dass der Anspruchsgegner sowohl ein Unternehmen sein kann, das nur auf dem Markt tätig ist **(Netzbetreiber),** den das Netz oder die Infrastruktureinrichtung ausmacht (wenn sich die Zurverfügungstellung dieser wesentlichen Einrichtungen als eigener Markt darstellt), als auch ein Unternehmen, das eine wesentliche Einrichtung kontrolliert und überdies auf dem **vor- oder nachgelagerten** Markt beherrschend ist.[1107] Deutlich ist auch, dass es sich bei § 19 Abs. 2 Nr. 4 GWB um eine von dem marktbeherrschenden Unternehmen im Sinne wirtschaftlichen Eigentums kontrollierte („eigene") wesentliche Einrichtung handeln muss. Ein **Vertriebsnetz,** das auf einer Vielzahl von Verträgen zwischen dem marktbeherrschenden Unternehmen und unabhängigen Vertriebshändlern beruht, dürfte somit nicht unter § 19 Abs. 2 Nr. 4 GWB fallen.[1108] Nach dem Wortlaut des Gesetzes ist auch ausgeschlossen, § 19 Abs. 2 Nr. 4 GWB auf bloße Produkte des marktbeherrschenden Unternehmens oder etwa auf betriebsintern genutzte Maschinen oder Produktionsmittel anzuwenden. Allerdings können hier Fälle der einfachen Lieferverweigerung bereits nach allgemeinem Kartellrecht verboten sein. Im Gesetzgebungsverfahren hat der Bundestagsausschuss für Wirtschaft überdies klargestellt, dass nach § 19 Abs. 2 Nr. 4 GWB ein Anspruch auf die **Nutzung fremder gewerblicher Schutzrechte** nicht begründet werden soll.[1109]

274 § 19 Abs. 2 Nr. 4 GWB kodifiziert den Kern derjenigen kartellrechtlichen Grundsätze, die aus dem US-amerikanischen Recht[1110] in das EU-Kartellrecht übernommen und dort weiterentwickelt worden sind. Hierzu heißt es in der Regierungsbegründung: „In den Missbrauchskatalog des § 19 Abs. 4 GWB (jetzt § 19 Abs. 2 GWB) wird als neues Regelbeispiel der Tatbestand der Verweigerung des Zugangs zu eigenen Netzen und anderen für die Aufnahme des Wettbewerbs wesentlichen Einrichtungen aufgenommen. Damit soll der wachsenden volkswirtschaftlichen Bedeutung sogenannter Netzindustrien und anderer für die Aufnahme des Wettbewerbs wesentlicher Einrichtungen vor allem im Rahmen der globalen Informationsgesellschaft Rechnung getragen werden. Das Problem der Nutzung wesentlicher Einrichtungen besteht zum Beispiel im Energiebereich. Auch in der Telekommunikation und beim Bahnverkehr stellen die physischen Netze Ressourcen dar, die anderen Marktteilnehmern diskriminierungsfrei zur Nutzung offen stehen müssen, wenn Wettbewerb entstehen soll. Der Gesetzgeber hat daher für den **Bahn- und den Telekommunikationssektor** spezialgesetzliche Regelungen getroffen, die den Netzzugang sicherstellen (§ 14 Allgemeines Eisenbahngesetz, §§ 33 ff. Telekommunikationsgesetz). Der Marktzugang zu den **Bodenabfertigungsdiensten** auf **Flugplätzen** bestimmt sich nach der entsprechenden Verordnung, mit welcher die Richtlinie 96/67/EG des Rates über den Zugang zum Markt der Bodenabfertigungsdienste in nationales Recht umgesetzt worden ist. Damit liegt ein Missbrauch nicht vor, wenn das Verhalten auf Grund spezialgesetzlicher Regelungen zulässig ist. Eine Analyse insbesondere der Rechtsprechung des Gerichtshofes und der Verwaltungspraxis der Europäischen Kommission zeigt, dass der Zugang zu wesentlichen Einrichtungen ein allgemeines Problem darstellt, das entsprechend dem generellen Ansatz des Art. 86 EG (jetzt Art. 102 AEUV) auch im deutschen Kartellrecht einer möglichst einheitlichen Lösung zugeführt werden soll. Eine einheitliche Erfassung derartiger und ähnlich gelagerter Sachverhalte durch einen Beispieltatbestand im Rahmen des allgemein geltenden § 19 GWB erscheint für das deutsche Recht notwendig. Soweit spezialgesetzliche Regelungen bestehen, bleiben diese unberührt und haben Vorrang. Mit der generellen Regelung in § 19 Abs. 4 Nr. 4 GWB (jetzt § 19 Abs. 2 Nr. 4 GWB) wird einer

---

[1107] *Bechtold* § 19 GWB Rn. 72. Nach BGH Beschl. v. 28.6.2005 – KVR 27/04, 1. Leitsatz – Aralnetz, und Bundeskartellamt Beschl. v. 27.1.2010 – B9–188/05, S. 30 – Scandlines GmbH (Fährhafen Puttgarden) reicht die marktbeherrschende Stellung auf dem vorgelagerten Markt.

[1108] Vgl. Komm. E. v. 11.3.1998 – IV/34.073, 34.395 und 35.436, ABl. 1998 L 246/1 – Van den Bergh Foods Limited.

[1109] BT-Drs. 13/10.633 Begründung zu § 19 GWB.

[1110] *Klaue* RdE 1996, 51; *Schwintowski* WuW 1999, 842.

weiteren **Sektoralisierung des Kartellrechts** entgegengewirkt. Außerdem steht damit ein **Auffangtatbestand** zur Verfügung, der dann eingreift, wenn künftig – wie vorgesehen – die sektorspezifische Regulierung im Bereich der Telekommunikation vom Gesetzgeber wieder aufgehoben wird."[1111]

Gleichzeitig war sich der Gesetzgeber jedoch auch des Umstandes bewusst, dass eine zu großzügige Anwendung der Regeln über den Netzzugang Unternehmen den Anreiz nimmt, durch **Innovation und Investitionen** eigene Vorsprünge im Markt zum Vorteil des Gemeinwohls zu erwirtschaften: „Mit dem zusätzlichen Beispieltatbestand wird der wettbewerbspolitische Grundsatz, Pioniergewinne als **Investitionsanreiz** zu akzeptieren, nicht in Frage gestellt. Dies gilt insbesondere für **geistiges Eigentum.**"[1112] Nach den in das Gesetzgebungsverfahren übernommenen Vorschlägen des Bundesrates soll sich § 19 Abs. 2 Nr. 4 GWB daher vorwiegend auf Fälle des Zugangs zu natürlichen Monopolen beschränken.[1113] Somit ist deutlich, dass bereits nach der gesetzgeberischen Zielsetzung § 19 Abs. 2 Nr. 4 GWB nicht zu einer Bestimmung der kartellbehördlichen Routine werden sollte. 275

cc) Die EU-Rechtspraxis. In der EU-Rechtspraxis hat die Anwendung der „Essential Facilities"-Doktrin außerhalb des Geltungsbereiches spezieller Netzzugangsregeln (z.B. des Telekommunikations-, Post- oder Energierechtssektors) mit den **Hafenentscheidungen**[1114] der Kommission begonnen und ist vor allem in der Entscheidung des Gerichtshofes im Fall ***Bronner***[1115] weiterentwickelt worden. Die Hafenentscheidungen beruhten auf der Konstellation, dass der Betreiber eines Hafens, der gleichzeitig auch Fährdienstleistungen anbot, konkurrierenden Seetransportunternehmen, die im Hinblick auf den Hafenbetrieb nicht vertikal rückwärts integriert waren, den Zugang zu diesem Hafen zu kommerziell akzeptablen Bedingungen verweigert hatte. Die Kommission entschied insbesondere in Anlehnung an die Rechtssache *Commercial Solvents*[1116] **(Lieferverweigerung),** dass sich ein Unternehmen dann missbräuchlich verhalte, wenn es „für die Gestellung einer wesentlichen Einrichtung (das heißt einer Einrichtung oder Infrastruktur, ohne deren Nutzung ein Wettbewerber seinen Kunden keine Dienste anbieten kann) marktbeherrschend ist und diese Einrichtung selbst nutzt und anderen Unternehmen den Zugang zu dieser Einrichtung ohne sachliche Rechtfertigung verweigert oder nur unter Bedingungen gewährt, die ungünstiger sind als für seine eigenen Dienste."[1117] Das Bundeskartellamt hat diese Formulierung in einer jüngeren Entscheidung zum Fährhafen Puttgarden übernommen und einen Missbrauch i.S.d. Art. 102 AEUV angenommen, wenn die Mitbenutzung der Einrichtung unerlässlich ist, die Weigerung zur Ausschaltung wirksamen Wettbewerbs auf dem nachgelagerten Markt führt und keine objektive Rechtfertigung vorliegt.[1118] 276

In der zitierten Hafenentscheidung der Kommission bezog sich diese auch auf ihre frühere Entscheidung *London European SABENA.*[1119] Mit dieser Entscheidung hatte die 277

[1111] Regierungsbegründung BR-Drs. 852/97, S. 37f.
[1112] Regierungsbegründung BR-Drs. 852/97, S. 38.
[1113] Stellungnahme des Bundesrates BT-Drs. 13/9720 zu § 19 Abs. 4 Nr. 4 GWB.
[1114] Komm. E. v. 21.12.1993 – IV/34.689, ABl. 1994 L 15/8 – Sea Containers/Stena Sealink; Komm. E. v. 21.12.1993 – 94/119/EG, ABl. 1994 L 55/52 – Rødby; fortgeführt durch Bundeskartellamt Beschl. v. 21.12.1999 – B9–199/97 und 16/98 – Scandlines: Zugang zum Hafen von Puttgarden.
[1115] EuGH Urt. 26.11.1998 – C-7/97, Slg. 1998, I-7791 – Bronner/Mediaprint, mit Anmerkung *Ehle* EuZW 1999, 86.
[1116] EuGH Urt. v. 6.3.1974 – verb. Rs. 6/73 und 7/73, Slg. 1974, 223 – Commercial Solvents/ Kommission.
[1117] Komm. E. v. 21.12.1993 – IV/34.689, ABl. 1994 L 15/8 Rn. 66 – Sea Containers/Stena Sealink.
[1118] Bundeskartellamt Beschl. v. 27.1.2010 – B9–188/05, S. 47ff. – Scandlines GmbH (Fährhafen Puttgarden); aufgehoben durch OLG Düsseldorf, E. v. 7.12.2011 – VI–Kart 1/10 (V); zurückverwiesen durch BGH Beschl. v. 11.12.2012 – KVR 7/12 – Fährhafen Puttgarden II.
[1119] Komm. E. v. 24.11.1988 – IV/32.318, ABl. 1988 L 317/47 – London European–SABENA.

Kommission das belgische Luftfahrtunternehmen *Sabena* verpflichtet, einer kleineren Fluggesellschaft, die ihr auf der Route Brüssel – London Niedrigpreiskonkurrenz machte, **Zugang zu einem computerbetriebenen Flugreservierungssystem** zu gewähren. In dieser Entscheidung stellte die Kommission jedoch nur auf die wettbewerbsschädigende Wirkung des Verweigerungsverhaltens von *Sabena* ab, nicht ausdrücklich auch auf die „Essential Facilities"-Doktrin. Das Gericht hatte in der Rechtssache ***European Night Services***[1120] Gelegenheit, sich mit der möglichen Anwendung der „Essential Facilities"-Doktrin auf den **Eisenbahnsektor** zu befassen, entschied jedoch, dass es sich bei Lokomotiven und dem für den Lokomotivbetrieb notwendigen Fachpersonal nicht um „Essential Facilities" handele. Das Netzzugangsrecht nach Art. 10 der Eisenbahn-Richtlinie 91/440/EWG[1121] war für den Fall nicht streiterheblich. Später beurteilte die Kommission die Verweigerung des Zugangs zur Infrastruktur und auch zu Traktionsleistungen einer staatlichen Eisenbahn als Missbrauch.[1122]

278 Im **Vertriebssektor** ist die „Essential Facilities"-Doktrin bisher noch nicht erfolgreich zur Anwendung gekommen. Gelegenheit hierzu hätte sich der Kommission sowohl in der Entscheidung *Van den Bergh Foods Limited*[1123] als auch *AAMS*[1124] geboten. In der zuerst genannten Entscheidung ging es um das **Vertriebsnetz** eines marktbeherrschenden Anbieters für Speiseeiserzeugnisse, das dadurch gekennzeichnet war, dass eine große Zahl der Vertriebshändler über **Kühltruhen** verfügten, die ihnen der Lieferant kostenlos mit der Auflage zur Verfügung gestellt hatte, dass konkurrierende Speiseeiserzeugnisse dort nicht gelagert werden dürften. In der zweiten Entscheidung hatte die Kommission bestimmte diskriminierende Verhaltensweisen der italienischen **Tabakmonopolverwaltung** beanstandet, die auf dem Großhandelsmarkt für Tabakerzeugnisse eine marktbeherrschende Stellung innehatte. In keiner dieser beiden Entscheidungen[1125] qualifizierte die Kommission die bestehenden Vertriebsnetze als „Essential Facilities". Allerdings vertritt die Kommission die Auffassung, dass die Betreiber von **Telekommunikationsnetzen** nach der „Essential Facilities"-Doktrin zur Netzöffnung verpflichtet sind.[1126]

279 Dass die Anwendung dieser Doktrin außerhalb gesetzlich geregelter Netzzugangsrechte, insbesondere auf Fallgestaltungen im Vertriebssektor, eher begrenzt bleiben dürfte, ergibt sich jedoch vor allem aus dem EuGH-Urteil in der Rechtssache ***Bronner,***[1127] das im Folgenden näher darzustellen ist. Dieses Urteil, das auf einen Vorlagebeschluss des Oberlandesgerichts Wien zurückging, betraf den österreichischen Verteilermarkt für Tageszeitungen. Kernfrage des Verfahrens war, ob die Verweigerung der Aufnahme einer konkurrierenden Tageszeitung in das einzige in Österreich existierende überregionale Hauszustellungssystem einer Verlagsgesellschaft gegen Art. 102 AEUV verstieß. Die Firma *Bronner* als Verleger der Tageszeitung „Standard" stützte ihren Anspruch auf Zulassung zum Vertriebsnetz ihres Wettbewerbers vor allem auf das Argument, dass es ihr in Anbetracht ihrer geringeren fi-

---

[1120] EuG Urt. v. 15.9.1998 – verb. Rs. T-374/94, T-375/94, T-384/94, T-388/94, Slg. 1998, II-3141 Rn. 217, 218 – European Night Services/Kommission.

[1121] ABl. 1991 L 237/25.

[1122] Komm. E. v. 27.8.2003 – COMP/37.685, ABl. 2004 L 11/17, Rn. 119 und 132ff. – GVG/Ferrovie dello Stato.

[1123] Komm. E. v. 11.3.1998 – IV/34.073, 34.395 und 35.436, ABl. 1998 L 246/1; bestätigt durch EuG Urt. v. 23.10.2003 – T-65/98, Slg. 1998, II-2641 Rn. 161 – Van den Bergh Foods/Kommission.

[1124] Komm. E. v. 17.6.1998 – IV/36.010-F3, ABl. 1998 L 252/47 – Italienische Tabakmonopolverwaltung (AAMS).

[1125] In seinen Schlussanträgen vom 16.5.2000 zu C-344/98, Slg. 2000, I-11371 Rn. 99 – Masterfoods/HB Ice Cream hat Generalanwalt *Cosmas* bestätigt, dass die „Essential-Facilities"-Doktrin nicht auf ein Distributionsnetz für Speiseeis anzuwenden ist; ebenso *Malaurie-Vignal* L'abus Rn. 303.

[1126] Mitteilung der Kommission über die Anwendung der Wettbewerbsregeln auf Zugangsvereinbarungen im Telekommunikationsbereich, ABl. 1998 C 265/2.

[1127] EuGH Urt. v. 26.11.1998 – C-7/97, Slg. 1998, I-7791 – Bronner/Mediaprint, mit Anmerkung *Ehle* EuZW 1999, 86.

nanziellen Ressourcen nicht möglich sei, ein zweites eigenes System für die landesweite Hauszustellung ihrer Tageszeitung aufzubauen, und dass ihr deshalb die Aufnahme in das Verteilungssystem des Konkurrenten zu gewähren sei.

In seinem Urteil vom 26.11.1998 führte der Gerichtshof, ausgehend von den Grundsätzen **280** des *Magill*-Urteils, aus, dass – soweit die dort zur Ausübung eines gewerblichen Schutzrechts aufgestellten Grundsätze auch auf die Ausübung eines beliebigen Eigentumsrechts übertragbar seien – ein Missbrauch nach Art. 102 AEUV im Falle *Oscar Bronner* nur dann angenommen werden könne, wenn die Verweigerung der Aufnahme des „Standard" in das Vertriebssystem von Mediaprint geeignet wäre, jeglichen Wettbewerb auf dem Tageszeitungsmarkt durch den „Standard" auszuschalten, objektiv nicht zu rechtfertigen und wenn der Vertrieb des „Standard" im Rahmen des Hauszustellungssystems von Mediaprint für dessen Vermarktung unentbehrlich wäre, dass also kein **tatsächlicher oder potentieller Ersatz** für dieses System ersichtlich sei.[1128] Diese Voraussetzungen sah der EuGH im vorliegenden Fall jedoch nicht als erfüllt an. Anschließend erläutert der Gerichtshof, dass es für die Frage des möglichen Aufbaus eines zweiten Netzes nicht etwa auf die Ressourcen eines beliebigen (auch kleineren) Wettbewerbers ankomme, sondern auf die **finanzielle und unternehmerische Situation eines Anbieters, der dem Betreiber des Netzes vergleichbar ist:** „Wie der Generalanwalt in Nummer 68 seiner Schlussanträge ausgeführt hat, könnte der Zugang zum bestehenden System nur dann als unverzichtbar angesehen werden, wenn zumindest dargetan wäre, dass es unrentabel wäre, für den Vertrieb von Tageszeitungen mit einer Auflagenhöhe, die mit derjenigen der anhand des vorhandenen Systems vertriebenen Tageszeitungen vergleichbar wäre, ein zweites Hauszustellungssystem zu schaffen."[1129]

Hieraus wird deutlich, dass an das Kriterium der **Unverzichtbarkeit des Zugangs** sehr **281** hohe Maßstäbe anzusetzen sind, denn in letzter Konsequenz bedeutet diese vom Gerichtshof vorgegebene Einschränkung, dass es bei der Beurteilung des Unverzichtbarkeitskriteriums nicht auf die tatsächlich **finanziellen Ressourcen oder Kapazitäten** jedes beliebigen (kleinen) Wettbewerbers ankommt, sondern unter Umständen auf die fiktive Situation des Netzzugangsbegehrens durch ein Unternehmen mit ähnlichen Ressourcen wie der Anspruchsgegner. Der Gerichtshof hat sich somit im Ergebnis der Analyse des Generalanwaltes *Jacobs* angeschlossen, der in seinen Schlussanträgen[1130] zu bedenken gegeben hatte, dass die zu einfache Gewährung des Zugangs von Wettbewerbern zu Produktions-, Einkaufs- oder Vertriebseinrichtungen eines Marktbeherrschers generell den wirtschaftlichen Anreiz für Investitionen in Effizienzsteigerungen senken würde, so dass den möglicherweise bestehenden kurzfristigen wettbewerblichen Vorteilen des Netzzugangs langfristig eher Nachteile für die **Innovationskraft** des Wettbewerbs gegenüberstehen würden. Die Anwendung der „Essential Facilities"-Doktrin bleibt somit außerhalb spezialgesetzlicher Zugangsrechte auf Ausnahmefälle wie etwa *Magill* oder *IMS* begrenzt. Die Kommission hat die Unverzichtbarkeit des Zugangs wegen der erheblichen technischen, rechtlichen und wirtschaftlichen Hindernisse, eine vergleichbare Infrastruktur zu schaffen z. B. bei **Erdgasnetzen**[1131] und **Breitbandtelekommunikationsnetzen**[1132] angenommen.

Das **Gericht** hat in zwei Urteilen die strengen **Anforderungen an die Unverzicht-** **282** **barkeit** des Zuganges aber **gelockert.**[1133] In dem oben (Rn. 265 f.) ausführlich dargestell-

---

[1128] EuGH Urt. v. 26.11.1998 – C-7/97, Slg. 1998, I-7791 Rn. 41 – Bronner/Mediaprint.

[1129] EuGH Urt. v. 26.11.1998 – C-7/97, Slg. 1998, I-7791 Rn. 46 – Bronner/Mediaprint.

[1130] EuGH Urt. v. 26.11.1998 – C-7/97, Slg. 1998, I-7791 Rn. 57 – Bronner/Mediaprint; vgl. *Montag/Leibenath* EWS 1999, 281 (284); *Lampert* NJW 1999, 2235; *Albors-Llorens* Cambridge Law Journal 1999, 490 (492); siehe auch *Weitbrecht* EuZW 2000, 496 (500).

[1131] Komm. Beschl. v. 4.5.2010 – COMP/39.317, Rn. 32 f. – E.ON Gas; Komm. Beschl. v. 29.9. 2010 – COMP/39.315, Rn. 42 – ENI.

[1132] Komm. Beschl. v. 22.6.2011 – COMP/39 525, Rn. 808 – Telekomunikacja Polska.

[1133] A. A. *Sasinowska* EuZW 2013, 539 (542 f.), die davon ausgeht, dass die Voraussetzungen der *Bronner*–Rechtsprechung eingehalten werden.

ten *Microsoft*-Urteil sah das Gericht das Erfordernis der Unverzichtbarkeit schon dadurch als erfüllt an, dass Alternativen zur Interoperabilitätsverfügung nicht den gleichen hohen Interoperabilitätsgrad zwischen Betriebssystemen auf Arbeitsgruppenservern und auf Client-PCs herbeiführen hätten können.[1134] In der Entscheidung ***Clearstream*** nahm die Kommission eine missbräuchliche Leistungsverweigerung in einem Fall an, in dem das gleichnamige Unternehmen die für die Erbringung sekundärer Clearing- und Abrechnungsleistungen für deutsche Namensaktien erforderlichen primären Clearing- und Abrechnungsleistungen unangemessen lange verweigert hatte. Hinsichtlich der Unverzichtbarkeit primärer Clearing- und Abrechnungsleistungen führte die Kommission aus, dass die Marktteilnehmer nur an einem einzigen zentralen Anbieter derartiger Dienstleistungen interessiert seien, der Aufbau eines derartigen Angebots erhebliche Kosten verursachen würde und deshalb wirtschaftlich keinen Sinn mache.[1135] Das Gericht ging bei diesem Sachverhalt von einer unentbehrlichen Leistung aus. Einen möglichen indirekten Zugang zu primären Clearing- und Abrechnungsleistungen über einen Dritten lehnte das Gericht als Substitut ab, da dies mit bestimmten Nachteilen (knappere Fristen, größeres Risiko, höhere Kosten und mögliche Interessenkonflikte) verbunden wäre.[1136]

283 Die Kommission scheint außerdem entschlossen, eine Verknappung des Angebots und sog. strategisch motivierte Beschränkungen der Investitionen eines Betreibers einer „Essential-Facility" als Verstoß gegen Art. 102 AEUV zu werten. In dem Verpflichtungsentschluss *ENI,* der das Verhalten des italienischen Gasnetzbetreibers betraf, sah die Kommission einen **Missbrauch** in der **Kapazitätshortung** (Weigerung, ungenutzte Kapazitäten zur Verfügung zu stellen), der **Kapazitätsverschlechterung** (Verzögerung der Zuteilung von Kapazitäten) und der **strategisch motivierten Beschränkung von Investitionen.**[1137] Hinsichtlich des letzten Vorwurfs sind die Anforderungen der Kommission noch nicht sehr deutlich. Offensichtlich muss eine hohe langfristige Nachfrage nach Kapazitätserweiterungen bestehen, die dem Unternehmen auch bewusst ist. Zudem muss das Unternehmen zulasten von Gewinnen auf dem vorgelagerten Markt (hier: Gasnetzdienstleistungen) seine Gewinne auf dem nachgelagerten Markt (hier: Verkauf von Erdgas an Verbraucher) sichern wollen, um seine Gesamtgewinne zu maximieren.[1138] Die Kommission geht außerdem schon von einer missbräuchlichen Lieferverweigerung aus, wenn der „Essential Facility"-Betreiber langfristig seine Kapazitäten für eigene Leistungen bucht und dadurch Kapazitätsengpässe entstehen. Er kann sich nicht auf den Eigengebrauch berufen, sondern ist verpflichtet, durch alle möglichen Maßnahmen, einschließlich Kapazitätserweiterungen, die Engpässe zu beseitigen.[1139] Diese Entscheidungspraxis ist äußerst **bedenklich:** Es besteht die Befürchtung, dass über Art. 102 AEUV die souveräne unternehmerische Verwendung der eigenen Ressourcen durch eine „vernünftige" Wirtschaftsführung der Kommission ersetzt wird. Eine interessante Variation bei der Behinderung des Zugangs zu einer wesentlichen Einrichtung ergab sich in dem Verfahren *CEZ,* welches die Kommission mit einem Verpflichtungsbeschluss beendete. Das auf den tschechischen Märkten für Stromerzeugung und Stromgroßhandel marktbeherrschende Unternehmen hatte bei dem Betreiber des Stromnetzes bestimmte Übertragungskapazitäten reserviert für je ein Erzeugerprojekt aus den Bereichen Braunkohle und Gas. Die Kommission nahm hier den Missbrauch einer marktbeherrschenden Stellung an, da das Unternehmen die Projekte nachweislich gar nicht zeitnah durchführen konnte und deshalb die Kapazitäten nicht benötigte, sondern den Ein-

1134 EuG Urt. v. 17.9.2007 – T-201/04, Slg. 2007, II-3601 Rn. 374, 435 – Microsoft/Kommission.

1135 Komm. E. v. 2.6.2004 – COMP/38.096, Rn. 210–215, 227 – Clearstream (Clearing und Abrechnung).

1136 EuG Urt. v. 9.9.2009 – T-301/04, Slg. 2009, II-3155 Rn. 147 ff., 152 – Clearstream/Kommission.

1137 Komm. Beschl. v. 29.9.2010 – COMP/39.315, Rn. 45 ff., 51 ff., 55 ff. – ENI.

1138 Komm. Beschl. v. 29.9.2010 – COMP/39.315, Rn. 56 f., 59 – ENI.

1139 Komm. Beschl. v. 4.5.2010 – COMP/39.317, Rn. 40 m. w. N. – E.ON Gas.

tritt eines Wettbewerbers verhinderte bzw. verzögerte.[1140] Damit wird deutlich, dass das marktbeherrschende Unternehmen in bestimmten Fällen sogar Zugang zu **wesentlichen Einrichtungen Dritter** gewährleisten muss.

Im Rahmen der durch die Kommissionspraxis ermöglichten **Rechtfertigung** (s. o. Rn. 276) hat der BGH in seinem *GSM-Wandler*-Urteil zu **berechtigten geschäftlichen Interessen** Stellung genommen. Nach § 21 TKG, welcher eine entsprechende Richtlinie umsetzt,[1141] hatte die Bundesnetzagentur einen Mobilfunkbetreiber dazu verpflichtet, den Zugang zu seinem Netz anderen Netzbetreibern zu bestimmten Konditionen (technische Zugangswege, Entgelte) zu ermöglichen. Der Netzzugang war technisch aber alternativ auch über GSM-Wandler möglich. Ein Betreiber dieser Wandler begehrte nun Netzzugang über diesen, nicht in der behördlichen Verpflichtung vorgesehenen Weg. Der BGH lehnte einen Missbrauch i. S. d. Art. 102 AEUV ab, da durch die Verpflichtung der Bundesnetzagentur bereits ein gleichwertiger Netzzugang bestand, und die Weigerung, einen weiteren Zugang zu öffnen, in Anbetracht eines fehlenden berechtigten Interesses nicht unverhältnismäßig war.[1142] 284

2. Sonstige Missbrauchstatbestände

a) Behinderung des zwischenstaatlichen Handels im Binnenmarkt. In einer Reihe von Missbrauchsverfahren hat die Kommission Maßnahmen marktbeherrschender Unternehmen beanstandet, die darauf abzielten oder jedenfalls zur Folge hatten, dass die Freiheit anderer Unternehmen bestimmte Produkte im **Binnenmarkt** zu **im- oder exportieren** behindert wurde. Die Kommission setzt somit Art. 102 AEUV ebenso wie Art. 101 AEUV gezielt dazu ein, Maßnahmen von Unternehmen zum Schutz ihres Heimatmarktes oder zur **Verhinderung von Parallelexporten** im Interesse der Verbesserung des zwischenstaatlichen Handels im Binnenmarkt (vgl. Art. 3 Abs. 3 EUV, Art. 26 Abs. 2 AEUV) zu unterbinden. So beanstandete die Kommission im Verfahren *Europäische Zuckerindustrie,*[1143] dass die den niederländischen Markt beherrschenden Zuckerhersteller mit einer Reihe von niederländischen Zuckerhändlern vereinbart hatten, aus Frankreich importierte Zuckermengen dürften nicht zu wesentlich niedrigeren Preisen als zu den Abgabepreisen der niederländischen Hersteller weiterveräußert werden, ferner, dass die Händler bestimmte Importmengen an die niederländischen Hersteller weiterveräußern mussten, damit diese den Zucker unter ihrem eigenen Warenzeichen auf dem niederländischen Markt absetzen konnten, und schließlich, dass die Händler in einigen Fällen ohne Zustimmung der niederländischen Anbieter überhaupt keine Importe mehr durchführen durften.[1144] Zudem stellte die Kommission in dieser Entscheidung fest, dass der in Süddeutschland dominante Zuckeranbieter seine marktbeherrschende Stellung dadurch missbräuchlich ausgenutzt hatte, dass er seine Zwischenhändler zum einen durch **Fremdbezugsverbote,** zum anderen durch die Gewährung eines Treuerabattes davon abgehalten hatte, konkurrierenden Importzucker zu vertreiben.[1145] 285

In gleicher Weise beanstandete die Kommission vertragliche Abreden zwischen dem marktbeherrschenden Anbieter von Bananen und seinen Händlern, die diesen de facto ein **Ausfuhrverbot** auferlegten.[1146] Für den Pharmabereich hat der EuGH entschieden, dass ein marktbeherrschender Hersteller pharmazeutischer Produkte sich zwar durch vernünfti- 286

[1140] Komm. Beschl. v. 10.4.2013 – AT/39727, Rn. 22 ff. – CEZ.
[1141] Art. 8 Abs. 2, Art. 12 der RL 2002/19/EG über den Zugang zu elektronischen Kommunikationsnetzen und zugehörigen Einrichtungen sowie deren Zusammenschaltung, ABl. 2002 L 108/7.
[1142] BGH Urt. v. 29.6.2010 – KZR 31/08, Rn. 33 ff. – GSM-Wandler.
[1143] Komm. E. v. 2.1.1973 – IV/26.918, ABl. 1973 L 140/17 – Europäische Zuckerindustrie.
[1144] Komm. E. v. 2.1.1973 – IV/26.918, ABl. 1973 L 140/17, 39 – Europäische Zuckerindustrie.
[1145] Komm. E. v. 2.1.1973 – IV/26.918, ABl. 1973 L 140/17, 40 – Europäische Zuckerindustrie.
[1146] Komm. E. v. 17.12.1975 – IV/26.699, ABl. 1976 L 95/1/13 f. – Chiquita.

ge und verhältnismäßige Maßnahmen gegen eine Beeinträchtigung seiner geschäftlichen Interessen durch Parallelhandel schützen dürfe. Dies rechtfertige jedoch nicht die Einstellung der Belieferung von Händlern, die lediglich „normale" Mengen geordert hätten, die nicht unbedingt auf eine Absicht zum Parallelexport hindeuteten.[1147] Missbräuchlich sind auch Bestimmungen, die es dem Vertriebshändler eines marktbeherrschenden Unternehmens untersagen, an Abnehmer außerhalb seines eigenen Vertriebsnetzes, insbesondere in anderen Mitgliedstaaten, zu liefern.[1148] Mehrfach beanstandete die Kommission auch, dass marktbeherrschende Anbieter die Gewährung von Rabatten an unabhängige Händler davon abhängig gemacht hatten, dass diese keine konkurrierende Ware importierten.[1149] Im Fall *Irish Sugar* war das auf dem irischen Zuckermarkt beherrschende Unternehmen sogar so weit gegangen, auf ein **Seespeditionsunternehmen** wirtschaftlichen Druck auszuüben, um es an der **Beförderung von Konkurrenzware** aus Übersee zu hindern,[1150] bzw. mit einigen Groß- und Einzelhändlern zu vereinbaren, dass sie bereits eingekaufte Mengen importierten Zuckers gegen Ware des marktbeherrschenden Anbieters austauschten, um die Vermarktung des Importerzeugnisses zu behindern.[1151] Das Gericht hat die Kommissionsentscheidung *Irish Sugar* in beiden Punkten bestätigt.[1152]

287 Ferner sanktionierte die Kommission ein Verhalten der italienischen Tabakmonopolverwaltung *AAMS,* die sich wiederholt geweigert hatte, ausländischen Unternehmen die von diesen beantragten Erhöhungen ihrer Zigaretteneinfuhrmengen zu gestatten, was effektiv zu einer Behinderung des Importwettbewerbs führte.[1153] Stark geprägt vom dem Bestreben, Art. 102 AEUV als Instrument zur **Beseitigung von Handelshemmnissen** im Binnenmarkt einzusetzen, ist auch das Urteil des Gerichts in der Rechtssache *IECC,* demzufolge das Anhalten von sog. ABA-**Remailsendungen** im internationalen Postverkehr einen Missbrauch des nationalen **Postmonopols** darstellen kann.[1154] In einem jüngeren Beschluss hat die Kommission ein missbräuchliches Verhalten des schwedischen **Stromnetzbetreibers** darin gesehen, dass dieser, wenn er eine interne Überlastung des Stromnetzes erwartete, nur die Ausfuhrkapazitäten beschränkte. In der Begründung stützt sie sich dabei im Wesentlichen auf einen Gleichlauf von Art. 35 AEUV und dem allgemeinen Diskriminierungsprinzip mit Art. 102 AEUV.[1155] Ebenso beanstandete die Kommission eine Vertragsklausel der **rumänischen Strombörse.** Diese verlangte von auf den Spotmärkten tätigen Händlern, dass sie der rumänischen Mehrwertsteuer unterlagen, was wiederum eine feste Niederlassung in Rumänien erforderte. Darin erkannte die Kommission eine nach Art. 102 AEUV verbotene missbräuchliche Diskriminierung aus Gründen der Staatsange-

---

[1147] EuGH Urt. v. 16.9.2008 – verb. Rs. C-468/06 bis C-478/06, Slg. 2008, I-7139, Rn. 49 – GSK.

[1148] Komm. E. v. 8.12.1977 – IV/29.132, ABl. 1978 L 22/23, 31 f. – Hugin/Liptons; Komm. E. v. 22.12.1987 – IV/30.787 und 31.488, ABl. 1988 L 65/19 Rn. 76, Rn. 68 – Eurofix-Bauco/Hilti.

[1149] Komm. E. v. 5.12.1998 – IV/31.900, ABl. 1989 L 10/50 Rn. 148 ff. – BPB Industries; Komm. E. v. 14.5.1997 – IV/34.621, 35.059/F-3, ABl. 1997 L 258/1 Rn. 128 ff. – Irish Sugar.

[1150] Komm. E. v. 14.5.1997 – IV/34.621, 35.059/F-3, ABl. 1997 L 258/1 Rn. 120 ff. – Irish Sugar.

[1151] Komm. E. v. 14.5.1997 – IV/34.621, 35.059/F-3, ABl. 1997 L 258/1 Rn. 124 ff. – Irish Sugar, unter fälschlichem Zitat der Komm. E. v. 24.7.1991 – IV/31.034, ABl. 1992 L 72/1 Rn. 165 – Tetra Pak II.

[1152] EuG Urt. v. 7.10.1999 – T-228/97, Slg. 1999, II-2969 Rn. 172 ff. und Rn. 226 ff. – Irish Sugar; Rechtsmittel durch den EuGH im Beschl. v. 10.7.2001 – C-497/99 P, Slg. 2001, I-5333 – Irish Sugar/Kommission zurückgewiesen.

[1153] Komm. E. v. 17.6.1998 – IV/36.010-F3, ABl. 1998 L 252/47 Rn. 47 – Italienische Tabakmonopolverwaltung (AAMS); bestätigt durch EuG Urt. v. 22.11.2001 – T-139/98, Slg. 2001, II-3413 – AAMS/Kommission.

[1154] EuG Urt. 16.9.1998 – verb. Rs. T-133/95 und T-204/95, Slg. 1998, II-3654 Rn. 98 – IECC/Kommission, bestätigt durch EuGH Beschl. v. 11.5.2000 – C-428/98 P, Slg. 2000, I-3061 – Deutsche Post/IECC.

[1155] Komm. Beschl. v. 14.4.2010 – COMP/39.351, Rn. 42 ff. – Swedish Interconnectors. Mit dem Beschluss wird eine Verpflichtungszusage für bindend erklärt.

hörigkeit.[1156] Die Besonderheit der Fallkonstellation lag in der Tatsache, dass rumänisches Recht diese Vertragsklausel zwar nicht vorschrieb, aber der Stromhandel auf Großmarktlevel nur bei der Börse erlaubt war. Da die Strombörse bei jedem Handel als Intermediär eintrat, d. h. Käufer und Verkäufer jeglichen dort gehandelten Stroms war, führte das EU-konforme Steuerrecht dazu, dass ohne die vertragliche Klausel unter Umständen eine vorübergehende Mehrwertsteuerschuld bei der Strombörse entstanden wäre.[1157] Die Kommission nahm zwar an, dass der Börse noch unternehmerische Freiheiten verblieben, ging aber nicht ausführlich auf die naheliegende Frage ein, ob unternehmerisches Verhalten, das in Anbetracht eines staatlichen Regelungsgefüges ökonomisch alternativlos ist, nicht eher dem Staat zugerechnet werden muss.[1158]

Aus den vorstehend zitierten Verfahren ergibt sich, dass es einem marktbeherrschenden Anbieter grundsätzlich untersagt ist, durch aktive Maßnahmen (vertragliche Ein- oder Ausfuhrverbote) oder wirtschaftlichen Druck zu verhindern, dass seine Marktstellung in einem bestimmten Vertriebsgebiet (Mitgliedstaat) durch Einfuhrkonkurrenz beeinträchtigt wird. Umgekehrt sind marktbeherrschende Unternehmen jedoch nicht verpflichtet, von sich aus den zwischenstaatlichen Handel auf den von ihnen beherrschten Märkten zu erleichtern. So ist etwa die Aufrechterhaltung sachlich gerechtfertigter **Produktdifferenzierungen** zwischen verschiedenen Mitgliedstaaten oder die Verwendung unterschiedlicher Marken in bestimmten Vertriebsgebieten auch dann nicht zu beanstanden, wenn dies den zwischenstaatlichen Handel (insbesondere **Parallelhandel**) weniger attraktiv macht. Art. 102 AEUV ist kein allgemeines Instrument zur Durchsetzung eines einheitlichen Produktangebotes in allen Ländern des Binnenmarktes. 288

b) Missbräuchliche (schikanöse) Ausnutzung von Eintragungs- bzw. Klagerechten betreffend gewerbliche Schutzrechte. Unter sehr eingeschränkten Voraussetzungen ist es einem marktbeherrschenden Unternehmen versagt, die Eintragung gewerblicher Schutzrechte oder die Erhebung gerichtlicher Klagen gegen einen Schutzrechtsverletzer als Mittel der Auseinandersetzung im Wettbewerb einzusetzen. Im Schrifttum wird zum Teil die Auffassung vertreten, dem marktbeherrschenden Unternehmen sei generell verboten, **Sperrpatente oder Sperrmarken** eintragen zu lassen, willkürliche Patentverletzungsklagen gegen aktuelle oder potentielle Kunden zu erheben bzw. die Gültigkeit der diesen erteilten oder zu erteilenden Patente **systematisch anzufechten.**[1159] In dieser Allgemeinheit lässt sich jedoch der Zugang marktbeherrschender Unternehmen zu den Instrumentarien des gewerblichen Rechtsschutzes nicht einschränken. Auch das marktbeherrschende Unternehmen ist immer berechtigt, „die zum **Schutz seiner Geschäftsinteressen** erforderlichen Maßnahmen zu ergreifen".[1160] Missbräuchlich ist die Eintragung oder die Geltendmachung von gewerblichen Schutzrechten daher nur dann, wenn sie offensichtlich keinem anderen Zweck als der Behinderung von Wettbewerbern dient. Missbräuchlich ist die Eintragung einer Marke z. B. dann, wenn sie bereits nach den Kriterien des Markenrechts als Instrument des Behinderungswettbewerbs zu deren Nichtigkeit führt.[1161] Die Kommission ist gegen die 289

[1156] Komm. Beschl. v. 5.3.2014 – QT.39984, Rn. 129 ff. – Romanian Power Exchange/OPCOM.

[1157] Komm. Beschl. v. 5.3.2014 – QT.39984, Rn. 64–70, 199–203 – Romanian Power Exchange/OPCOM.

[1158] Komm. Beschl. v. 5.3.2014 – QT.39984, Rn. 152, 160 – Romanian Power Exchange/OPCOM.

[1159] *Schröter/Bartl* in Schröter/Jakob/Klotz/Mederer Art. 102 Rn. 216, relativierend in Rn. 315 ff.; *Jung* in Grabitz/Hilf/Nettesheim Art. 102 Rn. 231; *Mailänder* in Gemeinschaftskommentar Art. 86 Rn. 68.

[1160] Komm. E. v. 29.7.1987 - IV/32.279, ABl. 1987 L 286/36 Rn. 19 – BBI/Boosey & Hawkes; EuG Urt. 8.10.1996 – verb. - T-24/93 bis T-26/93, T-28/93, Slg. 1996, II-1201 Rn. 107 – Compagnie maritime belge transports u. a./Kommission (CEWAL).

[1161] Vgl. die bei *Fezer* MarkenR § 50 Rn. 23 ff. dargestellten Fallgruppen: Störung eines schutzwürdigen Besitzstandes, Verhinderung ausländischer Konkurrenz.

Eintragung einer Sperrmarke in einem Fall vorgegangen, in dem die Markeneintragung nach den Marktgegebenheiten keinen anderen Zweck verfolgen konnte, als den Markteintritt eines ausländischen Wettbewerbers zu verhindern.[1162] Damit ist jedoch nicht jede vorsorgliche Markenanmeldung missbräuchlich. Zu berücksichtigen ist nämlich auch, dass das Markenrecht den Inhaber nicht zur sofortigen Benutzung der eingetragenen Marke verpflichtet, sondern insoweit eine Übergangsfrist von 5 Jahren vorsieht.[1163]

290 In der Sache ***AstraZeneca***[1164] hat die Kommission die Ausübung von arzneimittelzulassungsrechtlichen Verfahrensrechten durch ein marktbeherrschendes Unternehmen als Missbrauch i. S. d. Art. 102 AEUV qualifiziert. *AstraZeneca* hatte die Marktzulassung des Medikaments Losec in Kapselform zurückgenommen und zugleich eine Marktzulassung für Losec in Tablettenform beantragt. Der Markteintritt von Generikaanbietern verzögerte sich dadurch über den Ablauf des Patentschutzes für Losec hinaus. Nach dem damals geltenden Recht war für die vereinfachte Zulassung von Generika erforderlich, dass sich das Originalpräparat als Referenzprodukt auf dem Markt befand. Inzwischen sind derartige Strategien durch Änderungen des Zulassungsverfahrens ausgeschlossen. *AstraZeneca* hat nach der Rechtsmeinung der Kommission noch einen weiteren Missbrauch begangen. Durch unrichtige Angaben im Antragsverfahren wurde die Erteilung ergänzender Schutzzertifikate erreicht, für die die Voraussetzungen tatsächlich nicht vorlagen. Auch dieses Verhalten wurde als Missbrauch i. S. d. Art. 102 AEUV qualifiziert. Diese Entscheidung wurde von den Europäischen Gerichten im Wesentlichen bestätigt. Dabei verdeutlichten die Gerichte, dass **irreführende Darstellungen gegenüber öffentlichen Stellen,** die geeignet sind, bei diesen unrichtige Vorstellungen hervorzurufen und infolgedessen die **Erteilung eines ausschließlichen Rechts** zu ermöglichen, auf das das Unternehmen in Wirklichkeit keinen Anspruch hat, dem Leistungswettbewerb fremd ist und damit missbräuchliches Handeln darstellt.[1165] Kein Missbrauch liegt dagegen vor, wenn die objektiv falsche Darstellung versehentlich erfolgte und sofort berichtigt wird.[1166] Hinsichtlich des **Widerrufs der Marktzulassung** betont der Gerichtshof erneut, dass dem Unternehmen in markbeherrschender Stellung eine besondere Verantwortung zukommt und dass die Rechtmäßigkeit eines Verhaltens nach anderen Rechtsgebieten für das Wettbewerbsrecht nicht maßgeblich ist.[1167] Es darf daher **regulatorische Verfahren nicht** in einer Weise **in Anspruch nehmen,** durch die der **Marktzutritt für Wettbewerber vereitelt oder erschwert** wird, wenn dafür nicht Gründe des Leistungswettbewerbs bestehen oder eine objektive Rechtfertigung greift.[1168] Dem Schutz des Leistungswettbewerbs diente der Widerruf der Zulassung und der dafür erforderlichen medizinischen Untersuchungsergebnisse nicht, da das Unternehmen nach dem Sinn der Zulassungsrichtlinie gerade nicht mehr über das ausschließliche Verwertungsrecht dieser Ergebnisse verfügte. Falls mit der Aufrechterhaltung der Zulassung Verpflichtungen irgendwelcher Art verbunden gewesen wären, wäre dies als objektive Rechtfertigung grundsätzlich denkbar gewesen; derartige Verpflichtungen konnten aber nicht geltend gemacht werden.[1169] Der EuGH lehnte außerdem die Anwendung

---

[1162] Fall Osram/Airam, 11. Wettbewerbsbericht (1981), Rn. 97.

[1163] Art. 10 der Markenrechtsrichtlinie 2008/95/EG, ABl. 2008 L 299/25; §§ 25, 26 MarkenG; Art. 15 der Gemeinschaftsmarkenverordnung (EG) Nr. 207/2009, ABl. 2009 L 78/1.

[1164] Komm. E. v. 15.6.2005 – COMP/A.37.507 – AstraZeneca.

[1165] EuG Urt. v. 1.7.2010 – T-321/05, Slg. 2010, II-2805 Rn. 355 ff. – AstraZeneca; EuGH Urt. v. 6.12.2012 – C-457/10 P Rn. 62, 98, 106 – AstraZeneca/Kommission.

[1166] EuG Urt. v. 1.7.2010 – T-321/05, Slg. 2010, II-2805 Rn. 358 – AstraZeneca; EuGH Urt. v. 6.12.2012 – C-457/10 P Rn. 99 – AstraZeneca/Kommission. Soweit die Darstellungen mehrdeutig sind, muss das marktbeherrschende Unternehmen alle sachdienlichen Informationen transparent darstellen, EuGH Urt. v. 6.12.2012 – C-457/10 P Rn. 95 – AstraZeneca/Kommission.

[1167] EuGH Urt. v. 6.12.2012 – C-457/10 P Rn. 132, 134 – AstraZeneca/Kommission.

[1168] EuGH Urt. v. 6.12.2012 – C-457/10 P Rn. 134 – AstraZeneca/Kommission.

[1169] EuGH Urt. v. 6.12.2012 – C-457/10 P Rn. 131, 135 ff., 151 ff. – AstraZeneca/Kommission.

der Fallgruppe der Zwangslizenzen nach dem Urteil *IMS Health* (s. Rn. 263ff.) ab, da Möglichkeit eines Zulassungswiderrufs keine dem (geistigen) Eigentumsrecht vergleichbar geschützte Rechtsposition darstellt.[1170]

Für die Erhebung von **Unterlassungsklagen** im Hinblick auf die Verletzung von Patenten, Marken oder anderen gewerblichen Schutzrechten ist hervorzuheben, dass das Unionsrecht grundsätzlich den Zugang zu **gerichtlichem Rechtsschutz** als allgemeines **Grundrecht** respektiert (Art. 47 GRCharta), so dass die Erhebung einer solchen Klage nur unter ganz außergewöhnlichen Umständen als Missbrauch einer beherrschenden Stellung im Sinne von Art. 102 AEUV angesehen werden kann. Dies ist nach der Rechtsprechung nur dann der Fall, wenn die Klage „vernünftigerweise nicht als Geltendmachung der Rechte des betroffenen Unternehmens verstanden werden und daher nur dazu dienen kann, den Gegner zu belästigen".[1171] Die zitierte Rechtsprechung nähert sich somit den Kriterien des Schikaneverbots nach § 226 BGB. Diese Linie wird mit den jüngsten Kommissionsentscheidungen betreffend der sog. „Smartphone-Patentkriege" fortgesetzt (s. Rn. 267ff.). 291

c) Ausschließlich auf Wettbewerbsbeschränkungen gerichtete Maßnahmen („naked restrictions"). Während die meisten der bisher genannten Wettbewerbspraktiken in ihrem Ursprung primär den Absatz der eigenen Wirtschaftsleistungen fördern sollen (z.B. durch Niedrigpreise, Exklusivbindungen oder Rabatte) und ihre Qualifikation als Missbrauch wegen ihrer ambivalenten Wirkungen schwierig ist, sind auch Handlungen denkbar, deren **einziges Ziel und deren einzige Wirkung die Schwächung des Wettbewerbers** ist. In der Entscheidung ***Intel*** hatte die Kommission Zahlungen und Rabatte des Chipherstellers an Computerproduzenten zu bewerten, die an unterschiedliche Bedingungen geknüpft waren: Die Computerproduzenten sollten u.a. Computer mit konkurrierenden Chips nur an bestimmte Abnehmer und nur über bestimmte Kanäle verkaufen oder die Einführung dieser Produkte verzögern.[1172] In diesem Zusammenhang stellte die Kommission fest, dass ein Verstoß gegen Art. 102 AEUV aus der Verfolgung eines wettbewerbswidrigen Ziels resultieren kann.[1173] Obwohl sie eigener Auffassung nach nicht dazu verpflichtet war, stellte sie auch fest, dass die Produkteinführung tatsächlich verzögert oder behindert und damit der Wettbewerb beschränkt wurde.[1174] Die Kommission sieht hier eine Analogie zur ihrer Entscheidung *Irish Sugar,* in der der marktbeherrschende Zuckerproduzent die Einführung eines Konkurrenzprodukts dadurch behindert hatte, dass er die Importware gegen eigene Erzeugnisse austauschte.[1175] Sie unterscheidet die für Behinderung des Wettbewerbers gewährten Zahlungen und Rabatte eindeutig von den bedingten Rabatten (s. Rn. 245) und führt keine as-efficient-competitor-Analyse durch.[1176] 292

Das EuG bestätigte und präzisierte diesen Beschluss in seinem Urteil: Soweit erwiesen sei, dass ein Unternehmen in beherrschender Stellung mit seinem Verhalten eine Wettbewerbsbeschränkung bezwecke, sei dieses Verhalten auch geeignet, eine solche Wirkung zu entfalten; der Nachweis einer möglichen oder wahrscheinlichen Marktabschottung ist nicht erforderlich.[1177] Damit wird deutlich, dass das EuG bei der Verfolgung wettbewerbswidriger Zwecke nicht zwangsläufig von einem Verstoß gegen Art. 102 AEUV ausgeht, sondern zunächst nur **wettbewerbswidrige Auswirkungen vermutet.** Wird diese Vermutung aber nicht erschüttert, ist von einem Verstoß auszugehen. Allerdings gehen sowohl Kom- 293

[1170] EuGH Urt. v. 6.12.2012 – C-457/10 P Rn. 149 – AstraZeneca/Kommission.
[1171] EuG Urt. v. 17.7.1998 – T-111/96, Slg. 1998, II-2937 Rn. 60ff., 72 – ITT Promedia/Kommission.
[1172] Komm. E. v. 13.5.2009 – COMP/C-3/37.990, Rn. 1645ff. – Intel.
[1173] Komm. E. v. 13.5.2009 – COMP/C-3/37.990, Rn. 1643 – Intel.
[1174] Komm. E. v. 13.5.2009 – COMP/C-3/37.990, Rn. 1678f. – Intel.
[1175] Komm. E. v. 13.5.2009 – COMP/C-3/37.990, Rn. 1643, 1671 – Intel.
[1176] Komm. E. v. 13.5.2009 – COMP/C-3/37.990, Rn. 1665 – Intel.
[1177] EuG Urt. v. 12.6.2014 – T-286/09 Rn. 203, 210 – Intel/Kommission.

mission[1178] als auch Gericht[1179] ebenso auf die Auswirkungen der Zahlungen von Intel ein und stellen die marktabschließende Wirkung ausdrücklich fest – hier: den tatsächlichen Verkauf nur an bestimmte Kunden und über bestimmte Kanäle und die Verzögerung der Produkteinführung. Hinsichtlich der Missbrauchsqualifikation geht das EuG von einer Absatzeinschränkung nach Art. 102 Satz 2 Buchst. b AEUV aus.[1180] Ob sich eine Fallgruppe der naked restrictions mit der Besonderheit, dass hier wettbewerbswidrige Auswirkungen vermutet werden, bilden wird, kann erst nach dem Urteil des EuGH[1181] beurteilt werden.

3. Rechtfertigung

294 In welchem Umfang ein missbräuchliches Verhalten in Unwert ausschließender Weise gerechtfertigt sein kann und daher ahndungsfrei bleibt, ist bisher nicht eindeutig geklärt.[1182] Im Unterschied zu Art. 101 Abs. 3 AEUV enthält das Missbrauchsverbot gerade keinen Ausnahmetatbestand. Im untechnischen Sinne gesprochen, kann sich eine Rechtfertigung missbräuchlichen Verhaltens auf verschiedenen Wertungsebenen ergeben: Ahndungsfrei bleibt ein missbräuchliches Verhalten zum einen, wenn es durch übergeordnete Allgemeininteressen im Sinne von Art. 106 Abs. 2 AEUV „gerechtfertigt" ist. Ob es sich bei Art. 106 Abs. 2 um einen **Rechtfertigungsgrund** stricto sensu handelt oder aber um eine **Legal- oder Bereichsausnahme,**[1183] ist bislang nicht geklärt. Der Gerichtshof enthält sich in diesem Zusammenhang einer terminologischen Klarstellung.[1184] In anderen Fällen neigt die Rechtspraxis dazu, das Element der Rechtfertigung bereits als immanenten Teil des gesetzlichen Missbrauchstatbestands zu prüfen, so in der Anwendung des Kopplungsverbotes (vgl. oben IV.1.b), in der Anwendung des Diskriminierungstatbestandes[1185] oder bei der Frage, ob sich ein marktbeherrschendes Unternehmen gegen den Vorwurf des Verdrängungswettbewerbs durch Niedrigpreise mit dem Argument verteidigen kann, es passe sich nur an das Niedrigpreisniveau seiner Wettbewerber an („Meeting Competition Defence").[1186] Grundsätzlich lassen sich die von Kommission und Europäischen Gerichten anerkannten Rechtfertigungsgründe in **drei Kategorien** einteilen: Berechtigte geschäftliche Interessen, sonstige anerkennenswerte objektive Gründe und Effizienzvorteile.[1187]

295 Auch einem marktbeherrschenden Unternehmen steht es frei, seine **berechtigten geschäftlichen Interessen** wahrzunehmen, wobei eine Rechtfertigung nicht möglich ist, wenn das Verhalten auf die Verstärkung der beherrschenden Stellung oder deren Missbrauch abzielt.[1188] So kann das Einstellen der Belieferung eines Geschäftspartners nur dann

---

[1178] Komm. E. v. 13.5.2009 – COMP/C-3/37.990, Rn. 1670 – Intel.

[1179] EuG Urt. v. 12.6.2014 – T-286/09 Rn. 203, 210 – Intel/Kommission.

[1180] EuG Urt. v. 12.6.2014 – T-286/09 Rn. 219 – Intel/Kommission.

[1181] Rechtsmittel ist anhängig unter Rs. C-413/14 P.

[1182] Vgl. *Jung* in Grabitz/Hilf/Nettesheim Art. 102 Rn. 145ff.; *Schröter/Bartl* in Schröter/Jakob/Klotz/Mederer Art. 102 Rn. 178ff.

[1183] Vgl. *de Bronett* in Wiedemann § 22 Rn. 112.

[1184] Vgl. z.B. EuGH Urt. v. 10.2.2000 – verb. Rs. C–147/97 und C-148/97, Slg. 2000, I-825 Rn. 41 – Deutsche Post AG/GZS Gesellschaft für Zahlungssysteme; Urt. v. 23.5.2000 – C-209/98, Slg. 2000, I-3743 Rn. 74 – FFAD.

[1185] EuGH Urt. v. 11.12.2008 – C-52/07, Slg. 2008, I-9275 Rn. 47 – Kanal 5/STIM. Vgl. auch die Erläuterungen unter IV.1.c. *Schröter/Bartl* in Schröter/Jakob/Klotz/Mederer Art. 102 Rn. 178, spricht diesbzgl. von „tatbestandliche[n] Rechtfertigungsgründe[n]".

[1186] Vom Gerichtshof indirekt anerkannt in Urt. v. 3.7.1991 – C-62/86, Slg. 1991, I-3359 Rn. 134 und 156 – AKZO/Kommission; siehe auch Komm. E. v. 29.7.1983 – IV/30.698, ABl. 1983 L 252/13 Rn. 31 – ECS/AKZO: Einstweilige Anordnungen; vgl auch EuGH Urt. v. 16.3.2000 – verb. Rs. C-395/96 P und C-396/96 P, Slg. 2000, I-1365 Rn. 96 – Compagnie Maritime Belge Transports u.a./Kommission (CEWAL); Urt. v. 2.4.2009 – C-202/07 P, Slg. 2009, I-2369 Rn. 42ff. – France Télécom/Kommission.

[1187] Kategorisierung von *Schröter/Bartl* in Schröter/Jakob/Klotz/Mederer Art. 102 Rn. 179.

[1188] EuGH Urt. v. 14.2.1978 – 27/76, Slg. 1978, 207 Rn. 189 – United Brands; Urt. v. 16.9.2008 – verb. Rs. C-468/06 bis C-478/06, Slg. 2008, I-7139 Rn. 50 – GSK. Ebenso Urt. v. 11.12.2008 –

einen Missbrauch darstellen, wenn es *ohne* sachliche Rechtfertigung erfolgt.[1189] Damit sind alle Verteidigungshandlungen, die sich für sich genommen keine Maßnahmen des Leistungswettbewerbs sind, als Rechtfertigungsgrund ausgeschlossen.[1190] Wie ein Ausgleich der sich gegenüberstehenden Wertungsgesichtspunkte – Durchdringung des Marktes gegen berechtigte geschäftliche Interessen – herbeigeführt werden kann, zeigt der Gerichtshof u. a. in dem Urteil *GlaxoSmithKline,* in dem er das Pharmaunternehmen dazu verpflichtete normale Bestellmengen eines langjährigen Kunden auszuführen, unabhängig davon, ob Teile der Bestellung exportiert werden sollten.[1191] Im Umkehrschluss bedeutet dies, dass die Ausführung einer anormalen und unverhältnismäßigen Mengenbestellung und wohl auch einer Bestellung zum ausschließlichen Export verweigert werden und dieses Verhalten gerechtfertigt sein kann.[1192] Ein berechtigtes geschäftliches Interesse wird auch durch die **„Meeting Competition Defence"** verteidigt.[1193] Grundsätzlich ist anerkannt, dass das marktbeherrschende Unternehmen seine Preise auf das Niveau des Wettbewerbs absenken kann.[1194] Im Falle *AKZO* hatte der EuGH allgemein festgestellt, dass das marktbeherrschende Unternehmen keine Preise unter den durchschnittlichen variablen Kosten anbieten dürfe.[1195] Danach ist es für das marktherrschende Unternehmen ohne Weiteres möglich, seine Preise bis zum Limit der Kostendeckung an die Wettbewerber anzupassen.[1196] Eine weitere Preisanpassung an die Mitwettbewerber unterhalb der eigenen Kostendeckung ist nur zur Wahrung bedrohter geschäftlicher Interessen möglich, aber unzulässig, wenn sie gerade auf eine Verstärkung dieser beherrschenden Stellung und deren Missbrauch abzielt.[1197] Eine Preisanpassung zielt immer dann auf einen Missbrauch ab – mit der Folge, dass die Meeting Competition Defence gerade nicht vorgetragen werden kann –, wenn dem marktbeherrschenden Unternehmen ein Verdrängungsplan nachgewiesen werden kann.[1198] In der *Intel*-Entscheidung hat die Kommission festgestellt, dass Treuerabatte für die gesamte oder überwiegende Abnahmemenge nicht notwendig sind, um dem Wettbewerb zu begegnen.[1199] Ebenso kann der Kommission zufolge der **Bestand von Immaterialgüterrechten** allein keinen Missbrauch rechtfertigen, wenn feststeht, dass die Durchsetzung solcher Rechte ausnahmsweise missbräuchlich ist. Soweit bei standardessentiellen Patenten der Rechteinhaber im Rahmen der Errichtung des Standards erklärt hat, dass er

---

C-52/07, Slg. 2008, I-9275 Rn. 26 – Kanal 5/STIM, ohne den ausdrücklichen Bezug zur Rechtfertigung.

[1189] EuGH Urt. v. 16.9.2008 – verb. Rs. C-468/06 bis C-478/06, Slg. 2008, I-7139 Rn. 34 m. w. N. – GSK.

[1190] EuG Urt. v. 21.10.1997 – T-229/94, Slg. 1997, II-1689 Rn. 78 – Deutsche Bahn; *Jung* in Grabitz/Hilf/Nettesheim Art. 102 Rn. 127.

[1191] EuGH Urt. v. 16.9.2008 – verb. Rs. C-468/06 bis C-478/06, Slg. 2008, I-7139 Rn. 70 ff. – GSK.

[1192] EuGH Urt. v. 16.9.2008 – verb. Rs. C-468/06 bis C-478/06, Slg. 2008, I-7139 Rn. 76 – GSK, ausdrücklich nur zur Bestellung anormaler Mengen.

[1193] Die Kommission äußerte sich hierzu eingehend in ihrem Diskussionspapier zur Revision des Art. 82 EG, DG Competition Discussion Paper on the Application of Article 82 of the Treaty to Exclusionary Abuses, Rn. 81 ff., http://ec.europa.eu/competition/antitrust/art82/discpaper2005.pdf. In der letztlich veröffentlichten Prioritätenmitteilung der Kommission, ABl. 2009 C 45/7 finden sich aber dazu keine Ausführungen mehr.

[1194] EuGH Urt. v. 3.7.1991 – C-62/86, Slg. 1991, I-3359 Rn. 70 – AKZO/Kommission („kann nicht jeder Preiswettbewerb als unzulässig angesehen werden").

[1195] EuGH Urt. v. 3.7.1991 - C-62/86, Slg. 1991, I–3359 Rn. 71 – AKZO/Kommission.

[1196] EuG Urt. v. 30.1.2007 - T-340/03, Slg. 2007, II-107 Rn. 176 – France Télécom/Kommission; EuGH Urt. v. 2.4.2009 – C-202/07 P, Slg. 2009, I-2369 Rn. 43 – France Télécom/Kommission.

[1197] EuG Urt. v. 30.1.2007 - T-340/03, Slg. 2007, II-107 Rn. 185 – France Télécom/Kommission; EuGH Urt. v. 2.4.2009 – C-202/07 P, Slg. 2009, I-2369 Rn. 46 – France Télécom/Kommission.

[1198] EuG Urt. v. 30.1.2007 - T-340/03, Slg. 2007, II-107 Rn. 187 – France Télécom/Kommission; EuGH Urt. v. 2.4.2009 – C-202/07 P, Slg. 2009, I-2369 Rn. 47 f. – France Télécom/Kommission.

[1199] Komm. E. v. 13.5.2009 - COMP/C-3/37.990, Rn. 1630 – Intel.

Zugang zu seinen Rechten zu fairen, zumutbaren und diskriminierungsfreien Bedingungen gewähren will, ist die missbräuchliche Verweigerung der Lizenzerteilung nur gerechtfertigt, wenn der Lizenzsucher entweder in finanziellen Schwierigkeiten steckt, oder seine Vermögenswerte in Ländern liegen, in denen keine adäquate Vollstreckung wegen Schadensersatzansprüchen möglich ist, oder er sich weigert, eine Lizenzvereinbarung zu den o. g. Bedingungen einzugehen.[1200]

296 In unterschiedlichen Entscheidungen prüfen Kommission und Gerichte ebenso, ob sich das Art. 102 AEUV unterfallende Verhalten aus **objektiven Gründen rechtfertigen** lässt.[1201] Zum Teil sprechen die Gerichte auch von sachlichen Erwägungen und prüfen diesen Rechtfertigungsgrund zusammen mit den berechtigten geschäftlichen Interessen.[1202] In den Entscheidungen werden als objektive Rechtfertigungsgründe vor allem Rechtsunterschiede zwischen den mitgliedstaatlichen Märkten geltend gemacht und geprüft. Aus dem Urteil *Kanal 5/STIM* des Gerichtshofs geht hervor, dass eine Rechtfertigung auch bei Praktiken, die einen Tatbestand des Art. 102 Satz 2 AEUV erfüllen, grundsätzlich möglich ist. Die Vorlageentscheidung betraf die unterschiedliche Berechnung von Gebühren (vgl. Art. 102 Satz 2 Buchst. c AEUV) durch eine Verwertungsgesellschaft gegenüber privaten und öffentlich-rechtlichen Fernsehsendern. Der Gerichtshof konnte nur Leitlinien für das vorlegende Gericht geben und sah eine mögliche Rechtfertigung in der Aufgabe und der Art der Finanzierung öffentlich-rechtlicher Unternehmen.[1203] In einer Entscheidung, in der der Widerruf einer Arzneimittelzulassung für missbräuchlich befunden worden war, da er den Wettbewerb durch Generika-Hersteller erschwerte, zog der Gerichtshof Verpflichtungen zur Überwachung bei Aufrechterhaltung der Zulassung als Rechtfertigung aus objektiven Gründen in Betracht.[1204]

297 Eine Rechtfertigung unter Hinweis auf die **Effizienzvorteile** des fraglichen Verhaltens ist von der Kommission und den Europäischen Gerichten mittlerweile anerkannt.[1205] In dem Vorabentscheidungsverfahren *Post Danmark/Konkurrencerådet* hatte der Gerichtshof die Berechnung von Preisen zu beurteilen, die zwar unter den durchschnittlichen Gesamtkosten aber über den inkrementellen Kosten lagen, ohne dass eine Verdrängungsabsicht des marktbeherrschenden Unternehmens nachweisbar gewesen wäre.[1206] Für den Fall, dass das vorlegende Gericht wettbewerbswidrige Auswirkungen finden sollte, wies der Gerichtshof ausdrücklich auf die Möglichkeit einer Rechtfertigung hin, wozu das Unternehmen den Nachweis erbringen müsse, dass die Verdrängungswirkung durch Effizienzvorteile ausgeglichen oder übertroffen werde.[1207] Im einzelnen müssen 1) Effizienzvorteile aufgezeigt werden, die auch dem Verbraucher zugutekommen und 2) die negativen Auswirkungen auf

---

1200 Komm. Beschl. v. 29.4.2014 – AT.39985, Rn. 423, 427 ff. – Motorola – Enforcement of GPRS standard essential patents; Beschl. v. 29.4.2013 – AT.39939, Rn. 66 f. – Samsung – Enforcement of UMTS standard essential patents; siehe auch Rn. 269.

1201 EuGH Urt. v. 13.7.1989 – C-395/87, Slg. 1989, 2521 Rn. 38, 46 – Ministère public/Tournier; Urt. v. 15.3.2007 – C-95/04 P, Slg. 2007, I-2331 Rn. 69 – British Airways/Kommission; Urt. v. 11.12.2008 – C-52/07, Slg. 2008, I-9275, Rn. 47 – Kanal 5/STIM; Prioritätenmitteilung der Kommission, ABl. 2009 C 45/7 Rn. 28 f. (bzgl. von Behinderungsmissbräuchen); Komm. Beschl. v. 18.12. 2013 – COMP/AT.39678, AT.39731 Rn. 64 f. – Deutsche Bahn I, II; Beschl. v. 5.3.2014 – AT.39984, Rn. 190 ff. – Romanian Power Exchange/OPCOM.

1202 EuGH Urt. v. 16.9.2008 – verb. Rs. C-468/06 bis C-478/06, Slg. 2008, I-7139 Rn. 39 ff., 70 ff. – GSK Die Kommission unterscheidet teilweise ebenso nicht ausdrücklich zwischen berechtigten geschäftlichen Interessen und einer Rechtfertigung aus objektiven Gründen, vgl. Beschl. v. 13.12. 2011 – COMP/C-3/39629, Rn. 40 – IBM Maintenance Services.

1203 EuGH Urt. v. 11.12.2008 – C-52/07, Slg. 2008, I-9275 Rn. 47 – Kanal 5/STIM.

1204 EuGH Urt. v. 6.12.2012 – C-457/10 P Rn. 135 ff. – AstraZeneca/Kommission. Zur Entscheidung im Einzelnen Rn. 226.

1205 Zur Kritik aus der Literatur *Fuchs/Möschel* in Immenga/Mestmäcker Art. 102 Rn. 162 f.

1206 EuGH Urt. v. 27.3.2012 – C-209/10 – Post Danmark/Konkurrencerådet. Ausführlich dazu Rn. 228.

1207 EuGH Urt. v. 27.3.2012 – C-209/10 Rn. 40 f. – Post Danmark/Konkurrencerådet.

den Wettbewerb und die Verbraucherinteressen mindestens ausgleichen. Das Wettbewerbsverhalten muss 3) notwendig zur Erreichung des Effizienzvorteils sein und darf nicht über dasjenige hinausgehen, was zur Erreichung solcher Vorteile erforderlich ist. Schließlich darf trotz der Vorteile 4) der wirksame Wettbewerb nicht völlig ausgeschaltet werden.[1208] Vor und nach diesem Urteil wurde eine Rechtfertigung durch Effizienzvorteile ebenso bei einer Kosten-Preis-Schere[1209] und bei Steigerungs- und Treuerabatten[1210] für möglich gehalten. Da das Urteil *Post Danmark/Konkurrencerådet* keine Einschränkungen hinsichtlich der Anwendbarkeit des Rechtfertigungsgrundes enthält und mit der Entscheidung zu den Treuerabatten der Rechtfertigungsgrund auch auf einen nicht nur preisbezogenen Missbrauch angewandt wurde, ist davon auszugehen, dass Effizienzvorteile grds. jedem Missbrauchsvorwurf entgegengehalten werden können. Dementsprechend hat die Kommission eine Rechtfertigung wegen angeblicher Effizienzvorteile unter ähnlichen Voraussetzungen in Fällen von Kopplungsgeschäften[1211] und missbräuchlicher Verfolgung von Lizenzverstößen[1212] geprüft. In Bezug auf Behinderungsmissbräuche hat die Kommission in ihrer Prioritätenmitteilung anerkannt, dass eine Rechtfertigung aus Effizienzgesichtspunkten möglich ist.[1213]

V. Beeinträchtigung des Handels zwischen den Mitgliedstaaten

Wie erwähnt, dient das Tatbestandsmerkmal vor allem der Abgrenzung des Anwendungsbereichs des europäischen Missbrauchsverbots von den entsprechenden mitgliedstaatlichen Verboten; es erfüllt damit die gleiche Aufgabe wie in Art. 101 Abs. 1 AEUV (siehe Rn. 9). Im Folgenden soll daher nur auf die **Grundzüge der Anwendung** abgestellt werden. Im Übrigen wird auf die ausführlichen Erläuterungen im Rahmen von Art. 101 AEUV verwiesen. **298**

1. Materielle Anforderungen

Verboten ist nach Art. 102 AEUV nur die Ausnutzung einer beherrschenden Stellung auf dem Binnenmarkt, soweit sie dazu führen kann, dass der Handel zwischen den Mitgliedstaaten beeinträchtigt wird. Schon aus dem Wortlaut ist demnach erkennbar, dass eine tatsächliche Handelsbeeinträchtigung nicht erforderlich ist, sondern nur eine dementsprechende Eignung des fraglichen Wettbewerbsverhaltens.[1214] **299**

Diese Eignung zur Handelsbeeinträchtigung wurde früher von Kommission und EuGH unterschiedlich beurteilt. In der Entscheidung ***Hugin*** nahm die Kommission eine Handelsbeeinträchtigung in einem Fall an, in dem ein schwedisches Unternehmen, das europaweit Registrierkassen und entsprechende Reparaturteile vertrieb, sich weigerte weiterhin einen Londoner Handels- und Reparaturbetrieb zu beliefern, da sich letzterer die erforderlichen Maschinen und Ersatzteile auch nicht mehr von anderen Vertragshändlern in anderen Mitgliedstaaten besorgen könne und sein (bisher nationales) Geschäft nicht ausbauen könne.[1215] **300**

[1208] EuGH Urt. v. 27.3.2012 – C-209/10 Rn. 41 f. – Post Danmark/Konkurrencerådet.

[1209] EuGH Urt. v. 17.2.2011 – C-52/09, Slg. 2011, I-527 Rn. 75 ff. – Konkurrensverket/TeliaSonera. Die Kommission hat ebenfalls im Fall einer Kosten–Preis–Schere eine Rechtfertigung wegen Effizienzvorteilen geprüft und sich ausdrücklich auf das Urteil Post Danmark/Konkurrencerådet bezogen, Komm. Beschl. v. 18.12.2013 – COMP/AT.39678, AT.39731, Rn. 64, 66 – Deutsche Bahn I, II.

[1210] EuGH Urt. v. 15.3.2007 – C-95/04 P, Slg. 2007, I-2331 Rn. 86 ff. – British Airways/Kommission; EuG Urt. v. 12.6.2014 – T-286/09 Rn. 93 – Intel/Kommission.

[1211] Komm. Beschl. v. 20.12.2012 – COMP/39230, Rn. 86 ff. – Rio Tinto Alcan.

[1212] Komm. Beschl. v. 29.4.2014 – AT.39985, Rn. 480 ff. – Motorola – Enforcement of GPRS standard essential patents; siehe auch Rn. 269.

[1213] Prioritätenmitteilung der Kommission, ABl. 2009 C 45/7 Rn. 28, 30 f.

[1214] Ausdrücklich: EuGH Urt. v. 9.11.1983 – 322/81, Slg. 1983, 3461 Rn. 104 – Michelin.

[1215] Komm. E. v. 8.12.1977 – IV/29.132, ABl. 1978 L 22/23, 32 f. – Hugin/Liptons.

Der EuGH stellte allgemein fest, dass eine Handelsbeeinträchtigung bei Wettbewerbspraktiken vorliegt, soweit diese „geeignet sind, die Freiheit des Handels zwischen Mitgliedstaaten in einer Weise zu gefährden, die der Verwirklichung der Ziele eines einheitlichen Marktes zwischen den Mitgliedstaaten nachteilig sein kann, indem insbesondere die **nationalen Märkte abgeschottet** werden oder die **Wettbewerbsstruktur** im Gemeinsamen Markt **verändert** wird."[1216] Soweit sich die Auswirkungen des Verhaltens dagegen auf einen Mitgliedstaat beschränken, kann nur der Anwendungsbereich des nationalen Rechts eröffnet sein. Im konkreten Fall blieben die **Auswirkungen des Verhaltens** des Kassenherstellers **auf einzelne Mitgliedstaaten begrenzt,** weil die konkret betroffenen und vergleichbare Reparaturbetriebe nur lokal tätig wurden und der geringe Wert der Ersatzteile die Entstehung eines grenzüberschreitenden Handels aus technischen und wirtschaftlichen Gründen unwahrscheinlich machte.[1217] Während aus dem *Hugin*-Urteil noch nicht hervorgeht, wann genau eine Marktabschottung und eine Wettbewerbsstrukturveränderung anzunehmen ist, werden diese Formulierungen in späteren Entscheidungen näher erläutert. In einem Vorlageverfahren zu langfristigen Miet- und Instandhaltungsverträgen von Telefonanlagen entschied der EuGH, dass eine Handelsbeeinträchtigung vorliegt, wenn das Verhalten geeignet ist, unmittelbar oder mittelbar, gegenwärtig oder zukünftig die Handelsbeziehungen zwischen den Mitgliedstaaten zu beeinflussen und so die von den Verträgen gewollte wechselseitige wirtschaftliche Durchdringung zu verhindern.[1218] Eine derartige Marktabschottung liegt insbesondere dann vor, wenn die Vertragsklausel die Einfuhr von Telefongeräten aus anderen Mitgliedstaaten behindert.[1219]

301 Damit wird deutlich, dass Art. 102 AEUV – wie Art. 101 AEUV – einerseits auf jegliche Praktiken anzuwenden ist, die eine Aufteilung der mitgliedstaatlichen Märkte bewirken können. Insoweit ist auch die an die *Dassonville*-Entscheidung angelehnte Einbeziehung unmittelbarer und mittelbarer, gegenwärtiger und zukünftiger Beeinflussungen zu verstehen. Aber auch wenn eine Aufteilung der Märkte nicht zu befürchten ist, sondern eine Praktik auf jedem mitgliedstaatlichen Markt gleichermaßen angewandt wird, soll sie Art. 102 AEUV unterfallen, wenn sie die Wettbewerbsstruktur auf dem Binnenmarkt verändert. Eine Strukturveränderung auf dem Binnenmarkt ist theoretisch auch dann anzunehmen, wenn im Einzelfall nur ein lokaler Markt betroffen ist, soweit dieser als Teil eines unionsweiten Marktes (z. B. durch Expansion) zumindest denkbar ist. In diese Richtung argumentierte die Kommission in der oben dargestellten *Hugin*-Entscheidung. Aus dem Urteil des Gerichtshofs wird aber ersichtlich, dass die Existenz eines grenzüberschreitenden Handels zumindest wahrscheinlich sein muss, der durch die jeweilige Praxis in seiner Wettbewerbsstruktur beeinflusst wird. Gerade bei Praktiken, die nicht ausdrücklich auf die Trennung mitgliedstaatlicher Märkte ausgerichtet sind, sondern bei denen eine Strukturbeeinflussung im Raum steht, wird daher verstärkt darauf zu achten sein, ob diese auch spürbar ist. Denn auch die **Spürbarkeit der zwischenstaatlichen Handelsbeeinträchtigung** ist ausdrücklich zu prüfen.[1220]

[1216] EuGH Urt. v. 31.5.1979 – 22/78, Slg. 1979, 1869 Rn. 17 – Hugin/Kommission. St. Rspr., z. B. EuGH Urt. v. 25.10.2001 – C-475/99, Slg. 2001, I-8137 Rn. 47 – Ambulanz Glöckner/Landkreis Südwestpfalz; Urt. v. 25.1.2007 – C-407/07 P, Slg. 2007, I-829, Rn. 89 – Dalmine/Kommission.

[1217] EuGH Urt. v. 31.5.1979 – 22/78 Slg. 1979, 1869 Rn. 18 ff., 21 ff. – Hugin/Kommission. Im Gegensatz dazu stellte der EuGH in seinem Urt. v. 9.11.1983 – 322/81, Slg. 1983, 3461, Rn. 104 – Michelin, ausdrücklich fest, dass, obwohl das Verhalten des marktbeherrschenden Unternehmen sich nur auf Abnehmer in einem Mitgliedstaat bezog, bedeutende Konkurrenten in anderen Mitgliedstaaten existierten und deshalb beträchtliche Handelsströme vorhanden sein.

[1218] EuGH Urt. v. 5.10.1988 – C-247/86, Slg. 1988, 6005 Rn. 11 – Alsatel/SA Novasam.

[1219] EuGH Urt. v. 5.10.1988 – C-247/86, Slg. 1988, 6005 Rn. 11 – Alsatel/SA Novasam.

[1220] Komm. Beschl. v. 29.9.2010 – COMP/39.315, Rn. 62 – ENI; Beschl. v. 10.4.2013 – AT/39727, Rn. 34 – CEZ; Beschl. v. 18.12.2013 – COMP/AT.39678, AT.39731, Rn. 68 – Deutsche Bahn I, II.

Da heute zumeist unionsweite Märkte existieren, wird das Tatbestandsmerkmal in der jüngeren Entscheidungspraxis der Kommission recht **stiefmütterlich behandelt.** In einer Verpflichtungsentscheidung, welche jährliche Mindestabnahmemengen und überlange Vertragslaufzeiten im Erdgasgeschäft auf dem belgischen Markt betraf, stellte die Kommission hinsichtlich der Auswirkungen auf den zwischenstaatlichen Handel lapidar fest, dass solche möglich seien, da „eine solche missbräuchliche Ausnutzung, die eine ausschließende Wirkung hat, andere Handlungsmuster hervorbringen könnte als die, die aus einem dem Wettbewerb offenstehenden Markt entstehen würden."[1221] In dieser Formulierung ist kein Unterschied mehr zum Tatbestandsmerkmal des Missbrauchs auszumachen, obwohl im konkreten Fall auch ausländische Anbieter und somit ein grenzüberschreitender Markt existierten. Jedenfalls soweit im gesamten Unionsraum oder in unterschiedlichen Mitgliedstaaten eine fragliche Praktik angewendet wird, ist eine Handelsbeeinträchtigung als Wettbewerbsstrukturveränderung anzunehmen.[1222] Auch wenn die Marktbeherrschung sich auf den **Markt eines Mitgliedstaates** bezieht, will die Kommission analog zu Art. 101 AEUV eine Handelsbeeinträchtigung annehmen.[1223] Besonders auffällig ist in diesem Zusammenhang, dass die Kommission in insgesamt drei Fällen, nämlich *Irish Sugar,*[1224] *Magill*[1225] und *Van den Bergh Foods*[1226] die missbräuchlichen Verhaltensweisen von irischen Unternehmen untersucht hat, deren Wirkungen im Wesentlichen nur Wettbewerber und Kunden in der **Republik Irland** betroffen hatten. Die Kommission und die Unionsgerichte[1227] haben dennoch eine Beeinträchtigung des Handels zwischen den Mitgliedstaaten angenommen, da sich die Beschränkungen der irischen Marktbeherrscher wegen der geographischen Nähe zumindest potentiell auf den Markt in Nordirland und somit auf das Vereinigte Königreich ausgewirkt hatten. Die **Spürbarkeit** leitet die Kommission auch in den neueren Entscheidungen aus der **starken Marktposition** ab.[1228] Dies ist insoweit redundant, da Art. 102 AEUV ja gerade auf die Marktbeherrschung abstellt. In einer anderen neueren Entscheidung hat die Kommission die Spürbarkeit im Falle der deutschlandweiten Margenbeschneidung durch die Deutsche Bahn im Bereich Trassenstrom gegenüber anderen Bahngesellschaften mit der Begründung angenommen, dass der deutsche Schienenverkehrssektor einer der größten in der Europäischen Union sei und als Transitweg für Güter und Personen eine bedeutende Rolle spiele.[1229] 302

[1221] Komm. E. v. 11.10.2007 – COMP/B-1/37966, Rn. 25 – Distrigaz.

[1222] Komm. Beschl. v. 15.11.2011 – COMP/39.592, Rn. 43 – Standard & Poor's; Beschl. 13.12. 2011 – COMP/C-3/39692, Rn. 42 – IBM Maintenance Services; Beschl. v. 20.12.2012 – COMP/ 39230, Rn. 112 – Rio Tinto Alcan.

[1223] Komm. Beschl. v. 10.4.2013 – AT/39727, Rn. 35 – CEZ. Auch hier war aber die Behinderung ausländischer Firmen beim Markteintritt ausdrücklich möglich (Rn. 36).

[1224] Komm. E. v. 14.5.1997 – IV/34.621, 35.059/F-3, ABl. 1997 L 258/1; EuG Urt. v. 7.10.1999 – T-228/97, Slg. 1999, II–2969 – Irish Sugar.

[1225] Komm. E. v. 21.12.1988 – IV/31.851, ABl. 1989 L 78/43 – Magill TV Guide/ITP, BBC und RTE; EuGH Urt. v. 6.4.1995 – verb. Rs. C-241/91 P und C-242/9, Slg. 1995, I-743 – RTE und ITP/Kommission.

[1226] Komm. E. v. 11.3.1998 – IV/34.073, 34.395 und 35.436 ABl. 1998 L 246/1 – Van den Bergh Foods Limited betreffend Vertriebsvereinbarungen eines marktführenden Speiseeiserzeugers in Irland.

[1227] Vgl. im *Magill*-Fall EuGH Urt. v. 6.4.1995 – verb. Rs. C-241/91 P und C-242/91 – P, Slg. 1995, I-743 Rn. 59 ff. – RTE und ITP/Kommission; EuG Urt. v. 7.10.1999 – T-228/97, Slg. 1999, II-2969 Rn. 185 – Irish Sugar; Komm. E. v. 18.7.1988 – IV/30.178, ABl. 1988 L 284/41 – Napier Brown/British Sugar, der zufolge die Weigerung von British Sugar, Zucker an einen inländischen Großhändler zu liefern, eine Beschränkung des Wettbewerbs auf den nachgelagerten Märkten darstellte.

[1228] Komm. Beschl. v. 20.12.2012 – COMP/39.654, Rn. 47 – Reuters Instrument Codes; Beschl. v. 29.4.2014 – AT.39985, Rn. 539 – Motorola – Enforcement of GPRS standard essential patents.

[1229] Komm. Beschl. v. 18.12.2013 – COMP/AT.39678, AT.39731, Rn. 68 – Deutsche Bahn I, II.

2. Rechtsfolgen

303 Ist das Tatbestandsmerkmal in der soeben geschilderten Form verwirklicht, so richtet sich die Vereinbarkeit des Wettbewerbsverhaltens nach Art. 102 AEUV und der Frage, ob es einen Missbrauch einer marktbeherrschenden Stellung darstellt. Soweit dies der Fall ist, ist das fragliche Verhalten nach Unionsrecht verboten, unabhängig davon, ob es nach mitgliedstaatlichem Kartellrecht erlaubt ist. Stellt das Verhalten aber keinen Missbrauch einer marktbeherrschenden Stellung i. S. d. Art. 102 AEUV dar, gestattet Art. 3 Abs. 2 S. 2 VO Nr. 1/2003 den Mitgliedstaaten ein eigenes, strengeres Verbot anzuwenden. Soweit keine Beeinträchtigung des Handels zwischen den Mitgliedstaaten vorliegt, können die Mitgliedstaaten das fragliche Verhalten allein am Maßstab des eigenen Wettbewerbsrechts beurteilen.

VI. Rechtsfolgen eines Verstoßes gegen Art. 102 AEUV

304 Die missbräuchliche Ausnutzung einer marktbeherrschenden Stellung ist mit dem Binnenmarkt unvereinbar und aus diesem Grund verboten. Das Missbrauchsverbot, dem **repressiver Charakter** zukommt, entfaltet ebenso wie das Kartellverbot des Art. 101 AEUV unmittelbare Wirkung **erga omnes.**[1230]

1. Kartellbehördliche Maßnahmen

305 Die Rechtsgrundlage für das Aufsichtsverfahren der Kommission und die sich aus dem Verbot ergebenden Konsequenzen (Untersagung und Bußgeld) bildete noch bis zum 30.4.2004 die Verordnung Nr. 17.[1231] Seitdem gilt die Verordnung Nr. 1/2003. Das Missbrauchsverbot gilt im Gegensatz zum Kartellverbot des Art. 101 AEUV absolut, d. h. ohne die Möglichkeit einer Einzel- oder Gruppenfreistellung, wie sie nach Art. 101 Abs. 3 AEUV vorgesehen sind.[1232] Möglich war jedoch, dass die Kommission nach vorheriger Anmeldung **„einer Verhaltensweise"** im Sinne von Art. 2 der Verordnung Nr. 17 ein Negativattest[1233] oder einen Comfort Letter ausstellte, wenn die Voraussetzungen für ein Einschreiten nach Art. 102 AEUV nicht vorlagen.[1234] Dieses Verfahren ist jedoch zum 1.5.2004 abgeschafft worden.[1235] Bei Vorliegen einer Zuwiderhandlung erlässt die Kommission eine förmliche Verbots- und Untersagungsverfügung, die den Verstoß feststellt und dem Unternehmen die Verpflichtung auferlegt, das missbräuchliche Verhalten abzustellen. An diese Verfügung kann die Kommission ein Zwangsgeld koppeln, um das betreffende Unternehmen zur Beachtung der in der Kommissionsentscheidung auferlegten Handlungs- oder Unterlassungspflichten anzuhalten. Bei schuldhafter Ausnutzung der marktbeherrschenden Stellung kann die Kommission ein Bußgeld festsetzen, dessen Höhe sich nach der Schwere und der Dauer des Verstoßes richtet. Das Verfahren kann auch nach Art. 9 Abs. 1 VO (EG) Nr. 1/2003 dadurch abgeschlossen werden, dass von einem Unternehmen angebotene Zusagen durch Entscheidung für verpflichtend erklärt werden (Verpflichtungszusa-

---

[1230] *Schröter/Bartl* in Schröter/Jakob/Klotz/Mederer Art. 102 Rn. 28; *Jung* in Grabitz/Hilf/Nettesheim Art. 102 Rn. 11.

[1231] Erste Durchführungsverordnung (EWG) Nr. 17/62 des Rates vom 6.2.1962 zu den Artikeln 85 und 86 des Vertrages, ABl. 1962 L 13/24.

[1232] Vgl. EuGH Urt. v. 11.4.1989 – C-66/86, Slg. 1989, 802 Rn. 32 – Ahmed Saeed; EuG Urt. v. 10.7.1990 – T-51/89, Slg. 1990, II-309 Rn. 25 – Tetra Pak/Kommission; *Jung* in Grabitz/Hilf/Nettesheim Art. 102 Rn. 13.

[1233] Vgl. Art. 2 der Verordnung Nr. 17.

[1234] Vgl. beispielsweise in einem Verfahren nach Art. 81 (jetzt Art. 101): Komm. E. v. 12.4.1999 – IV/D-1/30.373, IV/D-1/37.143, ABl. 1999 L 125/12 – P & I Clubs.

[1235] Weissbuch der Kommission über die Modernisierung der Vorschriften zur Anwendung der Artikel 81 und 82 EG-Vertrag vom 28.4.1999, KOM (1999) 101 endg., ABl. 1999 C 132; 29. Wettbewerbsbericht 1999, Rn. 20 ff.; Verordnung (EG) Nr. 1/2003 v. 16.12.2002, ABl. 2003 L 1/1.

gen), wobei das Verfahren bei Nichteinhaltung ggf. wieder aufgenommen wird (Abs. 2). Seit 2008 sind im Bereich von Art. 102 AEUV die Mehrzahl der Verfahren auf diese Weise beendet worden.[1236]

a) Abgrenzung zur Missbrauchskontrolle durch nationale Behörden. Auch nationale Behörden und Gerichte wenden Art. 102 AEUV im Rahmen ihrer innerstaatlichen Verfahrensordnungen an, soweit sein Anwendungsbereich eröffnet ist.[1237] Die Frage nach dem Anwendungsbereich von Art. 102 AEUV im Verhältnis zu den Missbrauchsverboten der Mitgliedstaaten oder Drittstaaten[1238] ist also von der Frage nach der Zuständigkeit der Kommission zur Durchsetzung von Art. 102 AEUV im Falle der Verletzung der Vorschrift zu unterscheiden: Die Eröffnung des Anwendungsbereichs des Art. 102 AEUV ist daher nur notwendige Voraussetzung für die Zuständigkeit der Kommission. Hierzu legt Art. 11 Abs. 1 VO (EG) Nr. 1/2003 fest, dass die Kommission und die Wettbewerbsbehörden der Mitgliedstaaten eng zusammenarbeiten. Nach Art. 11 Abs. 6 VO (EG) Nr. 1/2003 entfällt die Zuständigkeit einer mitgliedstaatlichen Wettbewerbsbehörde sobald die Kommission ein Verfahren einleitet. Die Kommission und die mitgliedstaatlichen Wettbewerbsbehörden können aber auch entsprechend Art. 13 Abs. 1 VO (EG) Nr. 1/2003 die Aufnahme eines Verfahrens wegen Art. 102 AEUV verweigern, wenn das fragliche Verhalten bereits von einer Wettbewerbsbehörde untersucht wird. Im Übrigen existieren **keine materiellen Einschränkungen hinsichtlich der Zuständigkeit der Kommission im Primär- oder Sekundärrecht.** 306

Die Pflicht zur engen Zusammenarbeit nach Art. 11 Abs. 1 VO (EG) Nr. 1/2003 wurde aber zum Anlass genommen, das Netzwerk der europäischen Wettbewerbsbehörden zu gründen **(European Competition Network – ECN).** Dieses stützt sich daneben auf eine Gemeinsame Erklärung des Rates und der Kommission zur Arbeitsweise des Netzes der Wettbewerbsbehörden[1239] und die ECN-Mitteilung[1240] der Kommission. Nach der ECN-Mitteilung sind die **mitgliedstaatlichen Behörden** gut geeignet, Verstöße gegen Art. 102 AEUV allein oder gemeinsam zu verfolgen, wenn der Wettbewerb hauptsächlich in **ein bis drei Mitgliedstaaten** beeinträchtigt wird.[1241] Soweit die Verhaltensweisen Auswirkungen auf den Wettbewerb in **mehr als drei Mitgliedstaaten** haben, soll die Kommission besonders gut geeignet sein, diesen zu verfolgen. Dies gilt ebenso, wenn das Unionsinteresse eine Entscheidung der Kommission erfordert, um die gemeinschaftliche Wettbewerbspolitik weiter zu entwickeln.[1242] Obwohl Mitteilungen der Kommission diese grundsätzlich binden können, wird aus der vagen Formulierung deutlich, dass die Zuständigkeit der Kommission bei Eröffnung des Anwendungsbereichs von Art. 102 AEUV jedenfalls nicht mit Erfolg als formelles Rechtmäßigkeitserfordernis bestritten werden kann. In der letzten Zeit hat die Kommission z. B. entschieden, dass das Bundeskartellamt die geeignete Behörde zur Beurteilung der Zugangsverweigerung durch den Hafenbetreiber in Puttgarten war.[1243] In der Praxis scheint die Verteilung zu funktionieren: Nach der Kommission wurden von Mai 2004 bis Dezember 2013 von der Kommission 122 Verfahren zu 307

[1236] Vgl. die Nachweise in Rn. 3.

[1237] EuGH Urt. v. 10.11.1993 – C-60/92, Slg. 1993, I-5683 Rn. 14 – Otto/Postbank; Urt. v. 17.7.1997 – C-242/95, Slg. 1997, I-4449 Rn. 23 – GT-Link/Danske Statsbaner. Ausdrücklich Art. 5, 6 VO (EG) Nr. 1/2003.

[1238] Dazu Rn. 10 f.

[1239] Dok. 15435/02 ADD 1 abrufbar unter http://ec.europa.eu/competition/ecn/joint_statement_de.pdf.

[1240] Bekanntmachung der Kommission über die Zusammenarbeit innerhalb des Netzes der Wettbewerbsbehörden (ECN-Mitteilung), ABl. 2004 C 101/43.

[1241] ECN-Mitteilung, ABl. 2004 C 101/43 Rn. 8–13.

[1242] ECN-Mitteilung, ABl. 2004 C 101/43 Rn. 14 f.

[1243] Vgl. Bundeskartellamt Beschl. v. 27.1.2010 – B9–188/05, S. 46 – Scandlines GmbH Fährhafen Puttgarden.

Artt. 101 und 102 AEUV durchgeführt, während auf die mitgliedstaatlichen Behörden 665 Verfahren (davon 213 zu Art. 102 AEUV) entfielen.[1244] Im Jahr 2014 wurde das ECN über die Durchführung von insgesamt 194 neue Verfahren (21 von der Kommission, 173 von den mitgliedstaatlichen Behörden von denen 29% Art. 102 AEUV betrafen) informiert.[1245]

308 **b) Untersagungsverfahren.** Art. 7 Abs. 1 der Verordnung (EG) Nr. 1/2003 verleiht der Kommission die Befugnis, Zuwiderhandlungen gegen Art. 102 AEUV förmlich festzustellen und eine **Untersagungsverfügung** gegen das betroffene Unternehmen zu erlassen. Der Tenor der Entscheidung enthält in der Regel neben der Feststellung der Zuwiderhandlung auch eine abstrakte Beschreibung der einzelnen von dem marktbeherrschenden Unternehmen zu verantwortenden Verhaltensweisen. Zudem ergeht die Anordnung an das marktbeherrschende Unternehmen, die bezeichnete Zuwiderhandlung unverzüglich abzustellen. So führt die Kommission unter Umständen auch bestimmte Vertragsklauseln im Entscheidungstenor an und fordert das betreffende Unternehmen auf, diese um die in der Entscheidung angeführten Missbrauchsmerkmale zu bereinigen.[1246] Meistens wird dem Unternehmen auch die Verpflichtung auferlegt, die Änderung der inkriminierten Vertragsklauseln der Kommission mitzuteilen. Die Kommission schreibt dem betroffenen Unternehmen jedoch in der Regel nicht vor, in welcher Weise das Unternehmen sein Marktverhalten ändern muss. Bei der missbräuchlichen Gewährung von Rabatten oder der Anwendung diskriminierender Bedingungen etwa verbietet die Kommission lediglich deren Anwendung, entscheidet aber nicht über die zulässige Preishöhe oder die noch erlaubten Modalitäten der Rabattgewährung. Der Entscheidungstenor beschränkt sich in diesen Fällen auf die Feststellung, dass das Unternehmen missbräuchlichen Rabatte gewährt oder diskriminierende Bedingungen angewendet hat.[1247] Zudem fehlt bisher im Unionsrecht eine der Rechtsprechung der deutschen Gerichte entsprechende Praxis, die den Kartellbehörden im Verfahren der kartellrechtlichen **Preishöhenaufsicht** das Recht zuerkennt, in der Untersagungsverfügung eine Preisobergrenze zu benennen.[1248] In Ausnahmefällen hat die Kommission ein marktbeherrschendes Unternehmen auch positiv zur Erteilung einer Zwangslizenz für die Nutzung eines gewerblichen Schutzrechtes verpflichtet.[1249]

309 **c) Bußgeldverfahren.** Die Festsetzung von Bußgeldern findet in der Entscheidungspraxis der Kommission hauptsächlich bei Verstößen gegen Art. 101 AEUV Anwendung. Art. 23 Abs. 2 Buchst. a der Verordnung (EG) Nr. 1/2003 sieht die Verhängung einer Geldbuße jedoch auch bei Zuwiderhandlungen gegen das Missbrauchsverbot vor. Die Verordnung (EG) Nr. 1/2003 bestimmt nicht im Einzelnen, wie die Höhe des Bußgelds zu

---

[1244] Communication from the Commission – Ten Years of Antitrust Enforcement under Regulation 1/2003: Achievements and Future Perspectives vom 9.7.2014, COM(2014) 453.

[1245] Statistische Auswertungen des ECN abrufbar unter http://ec.europa.eu/competition/ecn/statistics.html.

[1246] Vgl. Art. 3 der Komm. E. v. 24.7.1991 – IV/31.043, ABl. 1992 L 72/1, 42 – Tetra Pak II; Art. 4 der Komm. E. v. 12.6.1998 – IV/36.010-F3, ABl. 1998 L 252/47, 66 – Italienische Tabakmonopolverwaltung (AAMS); bestätigt durch EuG Urt. v. 22.11.2001 – T-139/98, Slg. 2001, II-3413 – AAMS/Kommission.

[1247] Vgl. Art. 1 der Komm. E. v. 4.2.2000 – IV/D-2/34.780, ABl. 2000 L 30/1, 23 – Virgin/British Airways; sowie in den „Flughafenfällen": Art. 1 der Komm. E. v. 11.6.1998 – IV/35.613, ABl. 1998 L 230/10, 27 – Alpha Flight Services/Aéroports de Paris; Art. 1 der Komm. E. v. 11.3.1998 – IV/34.801, ABl. 1998 L 72/30, 50 – FAG – Flughafen Frankfurt/Main AG; Art. 1 der Komm. E. v. 10.2.1999 – IV/35.767, ABl. 1999 L 69/24, 30 – Ilmailulaitos/Luftfartsverket; Art. 1 der Komm. E. v. 10.2.1999 – IV/35.703, ABl. 1999 L 69/31, 38 – Portugiesische Flughäfen.

[1248] Vgl. KG WUW/E OLG 1599 (1600) – Vitamin B 12; BGH WuW/E BGH 1678 (1679) – Valium II.

[1249] Komm. E. v. 3.7.2001 – COMP D3/38.044, ABl. 2002 L 59/18 – NDC Health/IMS Health, suspendiert durch EuG Beschl. v. 10.8.2001 – T-184/01 R, Slg. 2001, II-2349 – IMS Health/Kommission und Beschl. v. 26.10.2001 – T-184/01 R, Slg. 2001, II-3193 – IMS Health/Kommission. Das gegen den Beschl. v. 26.10.2001 eingelegte Rechtsmittel wurde vom EuGH zurückgewiesen, Beschl. v. 11.4.2002 – C-481/01 P (R), Slg. 2002, I-3401 – NDC Health/Kommission, IMS Health.

bemessen ist, sondern verlangt in Art. 23 Abs. 3 nur, dass neben der **Schwere des Verstoßes** auch die **Dauer der Zuwiderhandlung** zu berücksichtigen ist. Einen Höchstbetrag von 10% des weltweiten **Unternehmensumsatzes** darf die Kommission im Rahmen ihres Ermessens nicht überschreiten. Im Jahre 1998 hat die Kommission erstmals **Leitlinien zur Bußgeldbemessung** veröffentlicht, nach deren Schemata die Höhe des Bußgelds berechnet wird.[1250] Die Leitlinien sind mit Wirkung zum 1.9.2006 novelliert worden.[1251] Anders als die zuvor geltenden Leitlinien unterscheidet die Neufassung nicht mehr nach minder schweren, schweren und besonders schweren Verstößen. Stattdessen erfolgt zunächst eine Einordnung auf einer Skala von bis zu 30% des Jahresumsatzes des betreffenden Unternehmens auf dem relevanten Markt. Bei der Bestimmung der genauen Höhe innerhalb dieser Bandbreite berücksichtigt die Kommission mehrere Umstände, u.a. die Art der Zuwiderhandlung, den kumulierten Marktanteil sämtlicher beteiligten Unternehmen, den Umfang des von der Zuwiderhandlung betroffenen räumlichen Marktes und die etwaige Umsetzung der Zuwiderhandlung in der Praxis. Der so festgesetzte Betrag wird dann mit der Anzahl von Jahren multipliziert, die der Verstoß andauerte.[1252]

Zudem können **erschwerende oder mildernde Umstände** hinzutreten, die die Höhe **310** des Bußgeldes beeinflussen. Gegen Großunternehmen können Zuschläge zur besonderen Abschreckung erhoben werden. Auch rückfällige Unternehmen können besonders hart bestraft werden.[1253] Die Geldbuße für jedes an der Zuwiderhandlung beteiligte Unternehmen darf jedoch gemäß Art. 23 Absatz 2 der Verordnung (EG) Nr. 1/2003 10% seines im vorausgegangenen Geschäftsjahr erzielten Gesamtumsatzes nicht übersteigen. Die meisten Entscheidungen der Kommission, auch jene, die vor Erlass der ersten Leitlinien ergangen sind, betrafen Fälle, in denen schwere Verstöße im Sinne der ersten Leitlinien geahndet wurden. So wurde im Fall *Hoffmann-La Roche*[1254] die Gewährung von Treuerabatten als Zuwiderhandlung gegen Art. 82 EGV (jetzt Art. 102 AEUV) gesehen, die eine starke Behinderung des Wettbewerbs zur Folge hatte. *Hoffmann-La Roche* wurde dafür ein Bußgeld von 300000 Rechnungseinheiten auferlegt, was 1976 einem Betrag von 1,098 Mio. DM entsprach. Der Gerichtshof[1255] hat diesen Betrag jedoch auf 200000 Rechnungseinheiten herabgesetzt, da die Kommission in ihrer Entscheidung von einem zu langen Zeitraum der Zuwiderhandlungen und auch von einem falschen Sachverhalt ausgegangen war.

In der *Irish-Sugar*-Entscheidung[1256] hat die Kommission ebenfalls einen schwerwiegen- **311** den Verstoß angenommen, da das Unternehmen durch die Abschottung des heimischen Zuckermarktes **jeglichen Wettbewerb auszuschalten** versuchte. Die Geldbuße belief sich dabei auf einen Betrag von 8,8 Mio. ECU. In gleicher Weise hat die Kommission bestimmte Maßnahmen des staatlichen Tabakmonopolunternehmens in Italien, die auf einen Schutz der eigenen Marken gegenüber ausländischen Anbietern abzielten, als schweren systematischen Wettbewerbsverstoß eingestuft.[1257] Daher wurde ein Grundbetrag von 3 Mio. ECU festgesetzt, der auf Grund der langen Dauer des Verstoßes (erschwerender Umstand) auf 6 Mio. ECU erhöht wurde. Einer der ersten Fälle, in denen die Leitlinien

---

1250 Komm., Leitlinien für das Verfahren zur Festsetzung von Geldbußen, die gemäß Artikel 15 Absatz 2 der Verordnung Nr. 17 und gemäß Artikel 65 Absatz 5 EGKS-Vertrag festgesetzt werden, ABl. 1998 C 9/3.

1251 Komm., Leitlinien für das Verfahren zur Festsetzung von Geldbußen gemäß Artikel 23 Absatz 2 Buchstabe a) der Verordnung (EG) Nr. 1/2003, ABl. 2006 C 210/2.

1252 Komm., Leitlinien für das Verfahren zur Festsetzung von Geldbußen gemäß Artikel 23 Absatz 2 Buchstabe a) der Verordnung (EG) Nr. 1/2003, ABl. 2006 C 210/2 Rn. 19ff.

1253 Komm., Leitlinien für das Verfahren zur Festsetzung von Geldbußen gemäß Artikel 23 Absatz 2 Buchstabe a) der Verordnung (EG) Nr. 1/2003, ABl. 2006 C 210/2 Rn. 28ff.

1254 Komm. E. v. 9.6.1976 – IV/29.020, ABl. 1976 L 223/27 – Vitamine.

1255 EuGH Urt. v. 13.2.1979 – 85/76, Slg. 1979, 461 Rn. 140 – Hoffmann-La Roche.

1256 Komm. E. v. 14.5.1997 – IV/34.621, 35.059/F-3, ABl. 1997 L 258/1 – Irish Sugar.

1257 Komm. E. v. 12.6.1998 – IV/36.010-F3, ABl. 1998 L 252/47 – Italienische Tabakmonopolverwaltung (AAMS).

auch im Bereich von Art. 82 EGV (jetzt Art. 102 AEUV) Anwendung gefunden haben, war die *TACA*-Entscheidung,[1258] in der die Kommission gegen die Mitglieder der *Trans-Atlantic Agreement (TACA)* ein Bußgeld von insgesamt 273 Mio. ECU verhängte, das jedoch auch Verstöße gegen Art. 81 EGV (jetzt Art. 101 AEUV) betraf. Die Kommission bemaß den auf jedes einzelne Unternehmen anfallenden Bußgeldanteil anhand des Größenvergleichs der Unternehmen zueinander, gemessen am **weltweiten Umsatz** der transatlantischen Linienschifffahrt. Im Fall *Deutsche Post* setzte die Kommission für die missbräuchliche Anwendung von Treuerabatten ein Bußgeld von 24 Mio. Euro fest.[1259] Im zweiten *Michelin*-Fall betrug die für ein System von Treue- und Zielrabatten festgesetzte Geldbuße 19,76 Mio. Euro.[1260] Als erschwerenden Umstand wertete die Kommission in diesem Fall die Tatsache, dass Michelin bereits im Jahre 1981 für einen gleichartigen Verstoß, wenn auch in einem anderen geographisch relevanten Markt, ebenfalls mit einen Bußgeld belegt worden war.[1261] Die Kopplungspraktiken der *Belgischen Post* wertete die Kommission als sehr schwere Beeinträchtigung des Wettbewerbs und setzte hierfür ein Bußgeld von 2,5 Mio. Euro fest.[1262] Als besonders schweren Verstoß wertete die Kommission die Anwendung einer Kosten-Preis-Schere durch die *Deutsche Telekom* und verhängte ein Bußgeld in Höhe von 12,6 Mio Euro.[1263] Völlig aus dem Rahmen bisheriger Praxis fiel die Entscheidung der Kommission im Fall *Microsoft,* in der sie wegen der „äußerst gravierenden Missbrauchshandlungen" ein Bußgeld von 497,2 Mio. Euro festsetzte.[1264] **Auf Basis der neuen Leitlinien zur Bußgeldberechnung** hat die Kommission in dem Verfahren gegen *Intel* ein neues Rekordbußgeld i. H. v. 1,06 Mrd. Euro erlassen. Hinsichtlich der Schwere des Verstoßes wies die Kommission auf die langjährige Verbotspraxis von Treuerabatten und den eindeutig erkennbaren wettbewerbswidrigen Zweck der direkten Zahlungen an Abnehmer des Wettbewerbers hin; erschwerend wertete sie die Tatsache, dass neben *Intel* mit über 80% Marktanteil nur noch der geschädigte Wettbewerber auf dem zudem weltweiten Markt existierte.[1265]

312 In anderen Fällen hat die Kommission die Festsetzung eines Bußgeldes nicht für notwendig erachtet. In einigen Verfahren nach Art. 102 AEUV[1266] wurden die Betreiber großer Flughäfen nicht zur Zahlung eines Bußgeldes verpflichtet, obwohl die Kommission in allen Fällen den Missbrauch der marktbeherrschenden Stellung festgestellt hatte. Darüber hinaus sehen die Leitlinien vor, dass die Kommission eine bloß **„symbolische" Geldbuße** festsetzen kann, die nicht anhand der Dauer oder der Schwere des Verstoßes ermittelt wird und einer besonderen Begründung bedarf.[1267] Von dieser Möglichkeit macht die

---

[1258] Komm. E. v. 16.9.1998 – IV/35.134, ABl. 1999 L 95/1 – Trans-Atlantic Conference Agreement; dazu *Richardson* ECLR 1999, 360 (364).

[1259] Komm. E. v. 20.3.2001 – COMP/35.141, ABl. 2001 L 125/27 Rn. 51 – Deutsche Post AG.

[1260] Komm. E. v. 20.6.2001 – COMP/E–2/36.041/PO, ABl. 2002 L 143/1 – Michelin.

[1261] Komm. E. v. 20.6.2001 – COMP/E-2/36.041/PO, ABl. 2002 L 143/1 Rn. 361 ff. – Michelin.

[1262] Komm. E. v. 5.12.2001 – COMP/C-1/37.859, ABl. 2002 L 61/32 Rn. 86 – De Post/La Poste (Belgien).

[1263] Komm. E. v. 21.5.2003 – COMP/C-1/37.451, 37.578, 37.579, ABl. 2003 L 263/9 Rn. 204 – Deutsche Telekom AG.

[1264] Komm. E. v. 24.3.2004 – COMP/37.792, ABl. 2007 L 32/23 (Zusammenfassung) – Microsoft.

[1265] Komm. E. v. 13.5.2009 – COMP/C-3/37.990, Rn. 1779 ff. – Intel. Das EuG hat die derartig berechnete Geldbuße nicht beanstandet, Urt. v. 12.6.2014 – T-286/09 Rn. 1560 ff. – Intel/Kommission.

[1266] Komm. E. v. 11.6.1998 – IV/35.613, ABl. 1998 L 230/10 – Alpha Flight Services/Aéroports de Paris; Komm. E. v. 11.3.1998 – IV/34.801, ABl. 1998 L 72/30 – FAG – Flughafen Frankfurt/Main AG; Komm. E. v. 10.2.1999 – IV/35.767 – Ilmailulaitos/Luftfartsverket, ABl. 1999 L 69/24; ebenso in einem Verfahren nach Art. 86 Abs. 3 EG–Vertrag: Komm. E. v. 10.2.1999 – IV/35.703, ABl. 1999 L 69/31 – Portugiesische Flughäfen.

[1267] Vgl. Punkt 5. Buchst. d der Leitlinien 1998; Rn. 36 der Leitlinien 2006. In den Leitlinien 1998 war die Höhe der symbolischen Geldbuße auf 1000 ECU begrenzt. Beispiel: Komm. E. v. 25.7.2001 – COMP/C-1/36.915, ABl. 2001 L 331/40 Rn. 192 – Deutsche Post AG – Aufhalten grenzüberschreitender Postsendungen.

Kommission bei sogenannten **„Neulandfällen"** Gebrauch, in denen bestimmte Verhaltensweisen erstmalig als Wettbewerbsverstöße qualifiziert werden. Das betroffene Unternehmen wird bloß auf den Verstoß hingewiesen, obwohl dieses seine beherrschende Stellung schuldhaft ausgenutzt hat.[1268] Die Kommission hatte bereits im *Tetra Pak I*-Verfahren[1269] von der Verhängung einer Geldbuße mit der Begründung abgesehen, dass die festgestellten Verletzungen der Wettbewerbsregeln ohne Präzedenzfälle waren. Im Verfahren *Fußballweltmeisterschaft 1990* hat die Kommission erstmals eine Entscheidung in Zusammenhang mit dem Vertrieb von Eintrittskarten für Sportereignisse erlassen, aber der kurzen Dauer des Wettbewerbsverstoßes wegen gänzlich auf die Verhängung einer Geldbuße verzichtet.[1270] In der Entscheidung Fußball-*Weltmeisterschaft 1998*[1271] hat die Kommission lediglich eine symbolische Geldbuße festgesetzt, obwohl das Verhalten der zentralen Ticketverkaufseinrichtung auch nach den Feststellungen der Kommission gegen fundamentale Prinzipien des Gemeinschaftsrechts verstoßen hatte. Bei den wirtschaftlich so eminent wichtigen Fällen des Missbrauchs von standardessentiellen Patenten hat die Kommission in ihrem ersten diesbzgl. Verbotsbeschluss von der Verhängung einer Geldbuße abgesehen, weil Unionsorgane bisher zu diesem Problem noch keine und mitgliedstaatliche Gerichte unterschiedliche Aussagen getroffen haben.[1272] Der EuGH hat aber schon festgestellt, dass die Kommission nicht dadurch an der Verhängung eines Bußgeldes gehindert ist, dass Kommissionsorgane zu der jeweiligen wettbewerblichen Praxis bisher keine Stellung bezogen haben.[1273] Insgesamt lässt sich keine klare Linie in der Bußgeldpraxis der Kommission zu Art. 102 AEUV feststellen.

2. Zivilrechtliche Folgen

Art. 102 AEUV enthält keine Art. 101 Abs. 2 AEUV vergleichbare Norm, die sämtliche **313** missbräuchliche Wettbewerbspraktiken für nichtig erklären würde. Da missbräuchliches Handeln nicht unbedingt rechtsgeschäftlicher Natur sein muss, sondern auch rein faktischen Charakter haben kann, hätte diese Nichtigerklärung auch nicht gepasst.[1274] Ebenso kann die zwingende Nichtigkeit eines Verkaufs zu Verdrängungspreisen schwere Nachteile für den kurzfristig profitierenden Abnehmer nach sich ziehen. Die zivilrechtlichen Folgen eines Verstoßes gegen Art. 102 AEUV richten sich somit nach den **Rechtsordnungen der Mitgliedstaaten,** welche dabei die unionsrechtlichen Vorgaben zu beachten haben. Dies gilt insbesondere für den Äquivalenzgrundsatz, wonach das nationale Recht unionsrechtliche Sachverhalte nicht benachteiligen darf, und den Effektivitätsgrundsatz, wonach das nationale Recht die Durchsetzung des Unionsrecht nicht praktisch unmöglich machen oder übermäßig erschweren darf.

Nach deutschem Recht bedeutet ein Verstoß gegen Art. 102 AEUV regelmäßig die **314** Nichtigkeit des betreffenden Rechtsgeschäfts nach § 134 BGB. Die beeinträchtigten Wettbewerber und sonstige Geschädigte können zudem Unterlassungs-, Schadensersatz- und Beseitigungsansprüche nach § 33 GWG geltend machen.

[1268] Vgl. *Arhold* EuZW 1999, 165 (167); Komm. E. v. 20.3.2001 – COMP/35.141, ABl. 2001 L 125/27 Rn. 47, 48 – Deutsche Post AG; Komm. E. v. 20.4.2001 – COMP D3/34.493, ABl. 2001 L 166/1 – DSD.

[1269] Komm. E. v. 26.7.1988 – IV/31.043, ABl. 1988 L 272/27 – Tetra Pak I.

[1270] Komm. E. v. 27.10.1992 – IV/33.384 und 33.378, ABl. 1992 L 326/31 – Fußballweltmeisterschaft 1990; vgl. auch Komm., 22. Wettbewerbsbericht 1992, Rn. 206.

[1271] Komm. E. v. 20.7.1999 – IV/36.888, ABl. 2000 L 5/55 – Fußball-Weltmeisterschaft 1998; dazu kritisch: *Weatherill* ECLR 2000, 275 (279 f.).

[1272] Komm. Beschl. v. 29.4.2014 – AT/39985, Rn. 560 – Motorola – Enforcement of GPRS standard essential patents.

[1273] EuGH Urt. v. 6.12.2012 – C-457/10 P Rn. 164 – AstraZeneca/Kommission.

[1274] *Schröter/Bartl* in Schröter/Jakob/Klotz/Mederer Art. 102 Rn. 54.

Art. 103 [Erlass von Verordnungen und Richtlinien]

(1) **Die zweckdienlichen Verordnungen oder Richtlinien zur Verwirklichung der in den Artikeln 101 und 102 niedergelegten Grundsätze werden vom Rat auf Vorschlag der Kommission und nach Anhörung des Europäischen Parlaments beschlossen.**

(2) **Die in Absatz 1 vorgesehenen Vorschriften bezwecken insbesondere,**

a) die Beachtung der in Artikel 101 Absatz 1 und Artikel 102 genannten Verbote durch die Einführung von Geldbußen und Zwangsgeldern zu gewährleisten;

b) die Einzelheiten der Anwendung des Artikels 101 Absatz 3 festzulegen; dabei ist dem Erfordernis einer wirksamen Überwachung bei möglichst einfacher Verwaltungskontrolle Rechnung zu tragen;

c) gegebenenfalls den Anwendungsbereich der Artikel 101 und 102 für die einzelnen Wirtschaftszweige näher zu bestimmen;

d) die Aufgaben der Kommission und des Gerichtshofs der Europäischen Union bei der Anwendung der in diesem Absatz vorgesehenen Vorschriften gegeneinander abzugrenzen;

e) das Verhältnis zwischen den innerstaatlichen Rechtsvorschriften einerseits und den in diesem Abschnitt enthaltenen oder aufgrund dieses Artikels getroffenen Bestimmungen andererseits festzulegen.

Übersicht

Schrifttum zu Art. 83–85: *Appeldoorn,* Are the Proposed Changes Compatible with Article 81 (3) E.C.?, ECLR 2001, 400ff.; *Bechtold,* Modernisierung des EG-Wettbewerbsrechts: der Verordnungsentwurf der Kommission zur Umsetzung des Weißbuchs, BB 2000, 2425ff.; *Bunte,* Rechtsanwendungskonkurrenzen bei der Anwendung des EG-Kartellrechts durch die nationalen Kartellbehörden, DB 1994, 921ff.; *de Bronett,* Plädoyer für eine Reform der Aufgabenverteilung zwischen der Kommission und dem Gerichtshof der EU bei der Anwendung der Art. 101 und 102 AEUV in Einzelfällen, ZWeR 2012, 157ff.; *ders.,* Ein Vergleich zwischen Kartellgeldbußen gegen Unternehmen und „Pauschalbeträgen" gegen Mitgliedstaaten wegen Verstoß gegen EU-Recht, ZWeR 2013, 38ff.; *Deringer,* Stellungnahme zum Weißbuch der Europäischen Kommission über die Modernisierung der Vorschriften zur Anwendung der Art. 85 und 86 EG-Vertrag (Art. 81 und 82 EG), EuZW 2000, 5ff.; *Fuchs,* Die Gruppenfreistellungsverordnung als Instrument der europäischen Wettbewerbspolitik im System der Legalausnahme, ZWeR 2005, 1ff.; *Geiger,* Das Weißbuch der EG-Kommission zu Art. 81, 82 EG – eine Reform, besser als ihr Ruf, EuZW 2000, 165ff.; *Hoeren,* Europäisches Kartellrecht zwischen Verbots- und Mißbrauchsprinzip – Überlegungen zur Entstehungsgeschichte des Art. 85 EGV, in: FS Großfeld, 1999, S. 405ff.; *Jaeger,* Die möglichen Auswirkungen einer Reform des EG-Wettbewerbsrechts für die nationalen Gerichte, WuW 2000, 1062ff.; *Kerse,* Enforcing Community Competition Policy under Articles 88 and 89 of the E.C. Treaty – New Powers for U.K. Competition Authorities, ECLR 1997, 17ff.; *Lässig,* Dezentrale Anwendung des europäischen Kartellrechts, 1997; *Levitt,* Art. 88, the Merger Control Regulation and the English Courts: BA/Dan-Air, ECLR 1993, 73ff.; *Mestmäcker,* Versuch einer kartellpolitischen Wende in der EU, EuZW 1999, 523ff.; *Monopolkommission,* Sondergutachten 28, Kartellpolitische Wende in der Europäischen Union? 1999; *dies.,* Sondergutachten 32, Folgeprobleme der europäischen Kartellverfahrensreform, 2002; *dies.,* Sondergutachten zum Zusammenschlußvorhaben der E. ON AG mit der Gelsenberg AG und der E. ON AG mit der Bergemann GmbH, 2002; *dies.*, Hauptgutachten XX (2012/2013), Eine Wettbewerbsordnung für die Finanzmärkte, 2014; *Möschel*, Systemwechsel im Europäischen Wettbewerbsrecht?, JZ 2000, 61 ff.; *Rackow*, Verfasst der EuGH die Union? EuGH v. 16.6.2005 – C-105/03 (Pupino), EuGH v. 13.9.2005 – C-176/03 (Nichtigerklärung des Rahmenbeschlusses über den Schutz der Umwelt durch das Strafrecht) und die Folgen, ZIS 2008, 526 ff.; *Schaub/Dohms*, Das Weißbuch der Europäischen Kommission über die Modernisierung der Vorschriften zur Anwendung der Artikel 81 und 82 EG-Vertrag, WuW 1999, 1055 ff.; *Schmidt, Karsten*, Umdenken im Kartellverfahrensrecht!, BB 2003, 1237 ff.; *Schmidt-Aßmann*, Verwaltungskooperation und Verwaltungskooperationsrecht in der Europäischen Gemeinschaft, EuR 1996, 270 ff.; *Schütz*, Von Gerede und Wirklichkeit – Aufweichung des Freistellungsmonopols der EG-Kommission?, WuW 1994, 520 ff.; *Staudenmeyer*, Das Verhältnis der Art. 85, 86 EWGV zur EG-Fusionskontrollverordnung, WuW 1992, 475 ff.; *Wils*, Is Criminalization of EU Competition Law the Answer?, World Competition, Vol. 28, No. 2 (June) 2005, 117 ff., zit. nach Social Science Research Network SSRN-id684921.

I. Ermächtigung zum Erlass von Durchführungsvorschriften (Art. 103 Abs. 1)

1. Zweck und Umfang der Ermächtigung

a) Art. 101 und 102 AEUV enthalten die materiellen Grundsätze des Kartellrechts der Gemeinschaft, verzichten jedoch auf detaillierte Regelungen des Verfahrens zur Anwendung und Durchsetzung dieser Grundsätze. Art. 103 ermächtigt (wie seine weitgehend gleichlautenden Vorgängerbestimmungen, Art. 87 EGV und Art. 83 EG) den Rat, diese **Lücke** durch Verordnungen und Richtlinien zu **schließen.** Der ursprünglichen, durch den Vertrag von Amsterdam geänderten Fassung des Abs. 1[1] war darüber hinaus ein entsprechender **Auftrag** zu entnehmen, da die vertragschließenden Parteien zu Recht davon ausgingen, dass es für die effektive Durchsetzung der Wettbewerbsregeln solcher Detailregelungen bedürfe. Dieser imperative Charakter der Ermächtigung kommt auch in der durch den Amsterdamer Vertrag geänderten Fassung des Abs. 1 noch – wenn auch weniger deutlich – zum Ausdruck.[2] Praktisch ist dies jedoch von geringer Bedeutung, da der Rat seinem Rechtsetzungsauftrag bereits vor der Vertragsänderung durch den Erlass von Durchführungsverordnungen für alle wesentlichen Bereiche nachgekommen war und ihm zudem nach allgM ein weiter Spielraum bei der Beurteilung der Frage zuzubilligen ist, welche Maßnahmen zur Verwirklichung der Grundsätze zweckdienlich sind. **Zweckdienlichkeit** bezeichnet dabei nicht die Unerlässlichkeit, sondern die bloße Eignung einer Regelung, die Durchsetzung der Verbote der Art. 101 und 102 AEUV bzw. die Anwendung des Art. 101 Abs. 3 AEUV zu fördern.[3] 1

b) In den nicht von Durchführungsvorschriften gem. Art. 103 erfassten Bereichen bilden die Regelungen der Art. 104 und 105 das Instrumentarium zur Verwirklichung der Art. 101, 102. Die Existenz der Übergangsvorschriften der Art. 104, 105 AEUV belegt, dass Art. 101, 102 AEUV bereits seit Inkrafttreten des Vertrages **unmittelbar geltendes Recht** sind, dessen **Anwendbarkeit** grundsätzlich nicht von der Existenz von Durchführungsvorschriften abhängt.[4] Allerdings dürfen die nationalen Gerichte außerhalb des Geltungsbereichs der Durchführungsregelungen nach der Rechtsprechung des EuGH die Nichtigkeitssanktion des Art. 101 Abs. 2 AEUV erst dann anwenden, wenn die zuständige 2

---

[1] Art. 87 Abs. 1 EGV: „Binnen drei Jahren erlässt der Rat (…) alle zweckdienlichen Verordnungen oder Richtlinien (…)". In der Kommentierung der Art. 103–105 AEUV wird angesichts des gegenüber den Vorgängerbestimmungen (Art. 87–89 EGV, Art. 83–85 EG) nahezu unveränderten Wortlauts zur besseren Lesbarkeit grundsätzlich auf die aktuellen Vorschriften abgestellt, auch wenn sich zitierte Entscheidungen etc. auf die Vorgängerbestimmungen bezogen.

[2] Dafür *Jung* in: Calliess/Ruffert, Art. 103 Rn. 16; *Stadler* in: Langen/Bunte, Art. 103 Rn. 4.

[3] Vgl. nur *Schröter* in: ders./Jakob/Klotz/Mederer, Europäisches Wettbewerbsrecht, 2. Aufl. 2014, Art. 103 Rn. 16; *Stadler* a. a. O. Rn. 9.

[4] Vgl. EuGH Urt. v. 6.4.1962 Rs. 13/61 – *De Geus en Uitdenbogerd/Bosch*, Slg. 1962, 97/113, 116 f.

nationale Behörde nach Art. 104 AEUV entschieden hat, dass die betreffende Vereinbarung unter Art. 101 Abs. 1 AEUV fällt und keiner Ausnahme fähig ist oder wenn die Kommission nach Art. 105 festgestellt hat, dass ein Verstoß gegen Art. 101 Abs. 1 AEUV vorliegt.[5] Diese Einschränkung ist nach Auffassung des EuGH aus Gründen der Rechtssicherheit geboten, weil die Vereinbarung sonst nichtig sein könnte, ohne dass Art. 101 insgesamt – unter Einschluss des Abs. 3 – geprüft worden wäre. Der EuGH geht dabei ersichtlich davon aus, dass die Freistellungsfähigkeit nicht unmittelbar von den Gerichten geprüft werden kann, sondern dass darüber in einem behördlichen Verfahren – sei es durch die Kommission, sei es durch die nationalen Wettbewerbsbehörden – zu entscheiden ist. Erst die Durchführungsverordnungen ermöglichen demnach den nationalen Gerichten die **unmittelbare Anwendung** der Rechtsfolge des **Art. 101 Abs. 2** AEUV. **Art. 102** AEUV ist dagegen ohne weiteres unmittelbar anwendbar, da Zuwiderhandlungen gegen diese Bestimmung keiner Freistellung fähig sind.[6]

3 Die o. g. Einschränkungen beruhten auf einem Verständnis des Art. 101 AEUV als Verbot mit Erlaubnisvorbehalt. Billigt der EuGH den durch die VO 1/03[7] bewirkten Wechsel zum System der **Legalausnahme** – in diesem Sinne wird dessen bislang fehlende Problematisierung durch den Gerichtshof zu verstehen sein, auch wenn es bislang noch nicht zu einer einschlägigen Vorlagefrage gekommen ist[8] –, so dürfte dies auch für die vom Anwendungsbereich der VO 1/03 ausgenommenen Gebiete nicht folgenlos bleiben: Zum einen entfällt im Bereich der VO 1/03 ein gesondertes Freistellungsverfahren, so dass die Regelungen der Art. 104, 105 AEUV diesbezüglich nicht mehr defizitär erscheinen. Zum anderen wird für die Zweckmäßigkeit des Systemwechsels nicht zuletzt angeführt, Art. 101 Abs. 3 AEUV habe durch die jahrzehntelange Praxis der Kommission und der Gerichte so klare Konturen erhalten, dass er auch für die Zivilgerichte handhabbar geworden sei und für die Unternehmen eine hinreichende Rechtssicherheit bestehe.[9] Wenngleich die Fallpraxis in den (bisherigen) Ausnahmebereichen eher spärlich ist, so lassen sich doch die Erkenntnisse aus der allgemeinen Anwendung des Art. 101 AEUV auch für die Sondergebiete fruchtbar machen. Es wird sich daher schwerlich argumentieren lassen, in den nicht von Durchführungsbestimmungen geregelten Bereichen sei Art. 101 Abs. 2 AEUV einer unmittelbaren Anwendung durch die Gerichte weiterhin nicht zugänglich.[10] Allerdings ist diese Frage angesichts des inzwischen (nahezu) umfassenden Anwendungsbereichs der VO 1/03 derzeit weitgehend theoretischer Natur. Sieht man von dem eingetretenen Systemwechsel ab, so müsste die bisherige Rspr. zumindest im Lichte der *Delimitis*-Entscheidung[11] des EuGH dahin modifiziert werden, dass eine unmittelbare Anwendbarkeit des Art. 101 Abs. 2 AEUV auch in den Ausnahmebereichen gegeben ist, wenn eine Freistellung offensichtlich nicht in Betracht kommt.

---

[5] Vgl. EuGH Urt. v. 6.4.1962, Rs. 13/61 – *De Geus en Uitdenbogerd/Bosch,* Slg. 1962, 97/113, 116 f.; EuGH Urt. v. 30.4.1986 Verb. Rs. 209–213/84 – *Ministère public/Asjes u. a.,* Slg. 1986, 1425/1470 Rn. 68; EuGH Urt. v. 11.4.1989 Rs. 66/86 – *Ahmed Saeed Flugreisen u. a./Zentrale zur Bekämpfung unlauteren Wettbewerbs,* Slg. 1989, 803/847 Rn. 29.

[6] Vgl. EuGH Urt. v. 11.4.1989 Rs. 66/86 – *Ahmed Saeed Flugreisen u. a./Zentrale zur Bekämpfung unlauteren Wettbewerbs,* Slg. 1989, 803/847 Rn. 32 f.

[7] Verordnung (EG) Nr. 1/2003 des Rates vom 16. Dezember 2002 zur Durchführung der in den Artikeln 81 und 82 des Vertrags niedergelegten Wettbewerbsregeln, ABl. L 1 v. 4.1.2003, 1 ff.

[8] Vgl. *Kirchhoff* in: MünchKommEUWettbR, Einleitung Rn. 1712, zum bisherigen Fehlen einer diese Problematik entscheidungserheblich machenden Vorlagefrage und zu möglichen Konstellationen, in denen diese Entscheidungserheblichkeit eintreten könnte.

[9] Vgl. *Schaub/Dohms* WuW 1999, 1055/1069.

[10] So auch *Lohse* in: Frankfurter Kommentar, 77. Lfg. Oktober 2012, Art. 103 AEUV, Rn. 10; *Rapp-Jung* in: MünchKommEUWettbR, 1. Aufl. 2007, Art. 83 Rn. 36, Art. 84 Rn. 13; *Ritter* in: Immenga/Mestmäcker, Art. 104 AEUV Rn. 5.

[11] Vgl. EuGH Urt. v. 28.2.1991 Rs. C-234/89 – *Delimitis/Henninger Bräu,* Slg. 1991 I-935 ff., 937 Ls. 5 u. Rn. 47 ff.

c) Die sekundärrechtlichen Regelungen, zu denen Art. 103 ermächtigt, dienen zur Ausfüllung des durch Art. 101 und 102 gesetzten Rahmens. Der Rat überschreitet daher seine Befugnisse nach Art. 103, soweit die Verordnungen oder Richtlinien die primärrechtlichen Regelungen nicht lediglich **konkretisieren,** sondern sie verändern oder einschränken. Eine Vertragsänderung kann nicht im Verfahren und in den Formen des Art. 103 bewirkt werden. 4

2. Rechtsform der Durchführungsbestimmungen

Der Rat kann nach pflichtgemäßem **Ermessen** wählen, ob er sich für eine Durchführungsregelung des Instrumentes der **Verordnung** (Art. 288 Abs. 2 AEUV) oder der **Richtlinie** (Art. 288 Abs. 3 AEUV) bedient. Bis vor kurzem hat er sich stets für die Rechtsform der Verordnung entschieden, die nicht nur die Ziele, sondern auch die einzusetzenden Mittel verbindlich vorgibt. Abweichend von dieser Praxis hat die – auf Art. 103 und 114 gestützte – jüngst erlassene Durchführungsbestimmung betreffend Schadensersatzklagen wegen Zuwiderhandlungen gegen nationales und europäisches Kartellrecht die Form einer Richtlinie.[12] 5

3. Verfahren

Durchführungsvorschriften nach Art. 103 werden auf Vorschlag der Kommission und nach obligatorischer Anhörung des Europäischen Parlaments – in der Praxis zusätzlich nach Anhörung des Wirtschafts- und Sozialausschusses – vom Rat mit **qualifizierter**[13] **Mehrheit** beschlossen. Allerdings ist für den Ratsbeschluss insgesamt Einstimmigkeit erforderlich, wenn eine Durchführungsvorschrift neben Art. 103 auf Art. 352 AEUV (ex-Art. 308 EGV) gestützt werden muss und die Regelungsgegenstände sich – wie dies bei den Fusionskontrollverordnungen (VO 4064/89 und der sie ablösenden VO 139/04[14]) der Fall war – wegen ihres engen Sachzusammenhanges nicht voneinander trennen lassen. Da der Rat nur auf Vorschlag der Kommission tätig werden kann (Art. 103 Abs. 1), bedürfen gemäß Art. 293 Abs. 1 Halbs. 1 AEUV Änderungen an den Vorschlägen der Kommission grundsätzlich eines einstimmigen Ratsbeschlusses. 6

Der Rat hat die Möglichkeit, sich in seinen Verordnungen und Richtlinien auf Grundzüge zu beschränken und die Kommission zu deren Präzisierung zu ermächtigen.[15] Hiervon hat er regelmäßig Gebrauch gemacht.[16] Durch den Vertrag von Lissabon ist Art. 105 AEUV ein dritter Abs. hinzugefügt worden, der der Kommission ausdrücklich die Befugnis zum Erlass von Gruppenfreistellungsverordnungen bezüglich solcher Vereinbarungen zuweist, zu denen der Rat nach Art. 103 Abs. 2 Buchst. b) AEUV eine Verordnung oder Richtlinie erlassen hat (vgl. dazu unten Art. 105 Rn. 15 ff.). 7

II. Beispielkatalog des Art. 103 Abs. 2

1. Zweck und Umfang der Ermächtigung

Art. 103 Abs. 2 enthält eine nicht abschließende („insbesondere") Aufzählung zweckdienlicher Regelungsgegenstände. Nicht aufgeführt, aber gleichwohl zweckmäßig sind 8

---

[12] Vgl. Richtlinie 2014/104/EU des Europäischen Parlaments und des Rates vom 26. November 2014 über bestimmte Vorschriften für Schadensersatzklagen nach nationalem Recht wegen Zuwiderhandlungen gegen wettbewerbsrechtliche Bestimmungen der Mitgliedstaaten und der Europäischen Union, ABl. L 349 v. 5.12.2014, 1 ff.

[13] Dieses Erfordernis wird zwar in Art. 103 AEUV im Gegensatz zur Vorgängerbestimmung (Art. 83 EG) nicht mehr genannt, ergibt sich aber aus Art. 16 Abs. 3 EUV; zu den erforderlichen Mehrheiten s. dort Abs. 4 und 5.

[14] Vgl. Verordnung (EG) Nr. 139/2004 des Rates vom 20. Januar 2004 über die Kontrolle von Unternehmenszusammenschlüssen („EG-Fusionskontrollverordnung"), ABl. L 24 v. 29.1.2004, 1 ff.

[15] Vgl. EuGH Urt. v. 15.7.1970 Rs. 41/69 – *Chemiefarma/Kommission,* Slg. 1970, 661/691.

[16] Vgl. die Aufstellung in der Voraufl., Art. 83 EG Rn. 27 ff.

beispielsweise Informations- und Nachprüfungsbefugnisse der Kommission im Kartellverfahren[17] oder die Möglichkeit, im Kartellverwaltungsverfahren einstweilige Maßnahmen anzuordnen.[18] Trotz ihres nur beispielhaften Charakters können die in Abs. 2 hervorgehobenen Regelungsgegenstände Anhaltspunkte für die durch Auslegung der Art. 101, 102 EG zu beantwortende Frage liefern, ob sich eine Durchführungsbestimmung noch in dem durch das Primärrecht gesetzten Rahmen bewegt.

2. Geldbußen und Zwangsgelder (Buchst. a))

9 Für eine wirksame Durchsetzung des europäischen Wettbewerbsrechts sind die in Buchst. a) genannten Geldbußen und Zwangsgelder unerlässlich. Die in Art. 101 Abs. 1 AEUV selbst geregelte zivilrechtliche Sanktion der Nichtigkeit verbotener Vereinbarungen und Beschlüsse bietet keine Handhabe gegen eine faktische Befolgung der nichtigen Abreden. Art. 102 AEUV sieht nicht einmal zivilrechtliche Sanktionen vor, so dass diese sich ohne Verordnung nach Art. 103 allenfalls aus nationalem Recht ergeben können. Daher waren schon bisher in allen kartellrechtlichen Anwendungsverordnungen Geldbußen und Zwangsgelder vorgesehen.[19] Auch VO 1/03[20] enthält in Art. 23, 24 entsprechende Bestimmungen. Ergänzende Regelungen zur Verfolgungs- und Vollstreckungsverjährung enthielt bisher VO 2988/74. Nunmehr finden sich die Verjährungsregelungen in Art. 25, 26 VO 1/03.

10 Art. 103 ermächtigt die europäischen Gesetzgebungsorgane nach herrschender Lehre weder zur Anordnung von über die in Art. 101 Abs. 2 AEUV angeordnete Nichtigkeit hinausgehenden zivilrechtlichen Sanktionen noch zum Erlass von **Strafvorschriften.**[21] In der Tat ist eine eigenständige Strafgewalt *der Gemeinschaft* in der Rechtsprechung des EuGH bisher nicht anerkannt, sondern festgestellt worden, die Strafgewalt gehöre grundsätzlich zur Zuständigkeit der Mitgliedstaaten.[22] Allerdings hat der EuGH für den Bereich des Umweltschutzes eine Zuständigkeit des Gemeinschaftsgesetzgebers bejaht, Maßnahmen in Bezug auf das Strafrecht *der Mitgliedstaaten* zu ergreifen, wenn dies seiner Meinung nach erforderlich ist, um die volle Wirksamkeit der zum Schutz der Umwelt erlassenen Rechtsnormen zu gewährleisten; dies sei dann der Fall, wenn die Anwendung wirksamer, verhältnismäßiger und abschreckender (strafrechtlicher) Sanktionen durch die nationalen Behörden eine zur Bekämpfung schwerer Beeinträchtigungen der Umwelt unerlässliche Maßnahme darstelle.[23] Sollte sich die Überzeugung herausbilden,[24] dass es für eine wirksame

---

[17] Vgl. Art. 17 ff. VO 1/03 (s. Fn. 7) und zuvor Art. 11, 14 VO 17/62 – Erste Durchführungsverordnung des Rates vom 6.2.1962 zu den Artikeln 85 und 86 des Vertrags in der Gemeinschaft, ABl. L 13 v. 21.2.1962, 204 ff.

[18] Vgl. Art. 8 VO 1/03 (s. Fn. 7).

[19] Vgl. Art. 15, 16 VO 17/62; Art. 22, 23 VO 1017/68; Art. 19, 20 VO 4056/86 und Art. 12, 13 VO 3975/87.

[20] Vgl. Fn. 7.

[21] Vgl. etwa *Schröter* in: Groeben/Schwarze, Art. 83 Rn. 28; *Jung* in: Calliess/Ruffert, Art. 103 Rn. 23; *Bechtold/Bosch/Brinker,* EU-Kartellrecht, Art. 103 Rn. 8; *Gleiss/Hirsch,* Kommentar zum EG-Kartellrecht, 3. Aufl., Art. 87 Rn. 13; *Ludwigs* in: Grabitz/Hilf/Nettesheim, Stand 53. Ergänzungslieferung Mai 2014, Art. 103 AEUV Rn. 22; zweifelnd *Deringer,* EWG-Kommentar, Art. 87 Rn. 24.

[22] Vgl. EuGH Urt. v. 11.11.1981 Rs. 203/80 – *Casati,* Slg. 1981, 2595 ff., Rn. 27; Urt. v. 13.9. 2005 Rs. C-176/03 – *Kommission der Europäischen Gemeinschaften/Rat der Europäischen Union,* Slg. 2005, I-7907 ff., Rn. 47 ff. und dazu die Schlussanträge des Generalanwaltes *Ruiz-Jarabo Colomer* v. 26.5.2005, Rn. 27, 33, 38. Die damalige EU-Kommissarin für Wettbewerb, Fr. Kroes, hat betont, wenn man auf europäischer Ebene Haftstrafen gegen Manager wegen schwerer Kartellverstöße einführen wolle, müsse der EU-Vertrag geändert werden, vgl. Handelsblatt v. 20.6.2007, S. 6 „Berlin lehnt Haftstrafen für Kartellsünder ab".

[23] Vgl. EuGH Urt. v. 13.9.2005 Rs. C-176/03 – *Kommission der Europäischen Gemeinschaften/Rat der Europäischen Union,* Slg. 2005, I-7907 ff., Rn. 48 sowie hierzu – mit ausführlichen Nachweisen – die Schlussanträge des Generalanwaltes *Ruiz-Jarabo Colomer* v. 26.5.2005, Rn. 71 ff.

[24] Zu den unterschiedlichen Auffassungen vgl. etwa Handelsblatt v. 20.6.2007, S. 6 „Berlin lehnt Haftstrafen für Kartellsünder ab"; *Wils,* World Competition 2005, Vol. 28, No. 2 (June) 2005, zit.

Durchsetzung der Art. 101, 102 AEUV strafrechtlicher Sanktionen bedürfe, so wäre der Gemeinschaftsgesetzgeber nach den vorstehenden Grundsätzen, die auf den Bereich des Wettbewerbsrechts übertragbar sein dürften, nicht daran gehindert, in einer Durchführungsverordnung nach Art. 103 Verstöße gegen Art. 101, 102 AEUV zu benennen, die von den Mitgliedstaaten strafrechtlich geahndet werden müssen.[25] Es erscheint durchaus konsequent, auf der Grundlage der Argumentation des EuGH (strafrechtliche Regelungsbefugnisse als Annex zur sachlichen Zuständigkeit für das betreffende Rechtsgebiet)[26] über Harmonisierungsbefugnisse hinausgehend die Möglichkeit zur Einführung strafrechtlicher Sanktionen *auf Gemeinschaftsebene* zu bejahen, sofern diese als unerlässlich für die Durchsetzung des europäischen Wettbewerbsrechts einzustufen sein sollten.[27] Allerdings ist zweifelhaft, ob der EuGH selbst so weit gehen würde. Zudem fragt sich zumindest aus der Perspektive nationalen Verfassungsrechts, ob in einem Verfahren zur Einführung gemeinschaftsrechtlicher Strafnormen nach Art. 103 dem Erfordernis einer demokratischen Legitimation der Norm hinreichend Rechnung getragen würde.[28] Unabhängig von den soeben erörterten Fragen ergibt sich aus einer Beschränkung der Gemeinschaftskompetenzen jedenfalls kein Hindernis für die nationalen Gesetzgeber, Verstöße gegen das europäische Kartellrecht mit weitergehenden zivilrechtlichen oder mit strafrechtlichen Sanktionen zu belegen.

Auch wenn Art. 101f. AEUV nicht ausdrücklich **Schadensersatzansprüche** wegen 11
der Verletzung der Art. 101f. AEUV vorsehen, sind diese nach der neueren Rspr. des EuGH zu bejahen.[29] Zur Entfaltung der vollen Wirksamkeit der Vertragsbestimmungen haben Parlament und Rat daher jüngst die Richtlinie 2014/104/EU über Schadensersatzklagen nach nationalem Recht wegen Zuwiderhandlungen gegen wettbewerbsrechtliche Bestimmungen der Mitgliedstaaten und der Europäischen Union[30] erlassen, die sich sowohl

---

nach Social Science Research Network SSRN-id684921, Rn. 74ff.; *Monopolkommission,* Hauptgutachten XX (2012/2013), S. 86ff., Rn. 118ff.

[25] Str.; wie hier *Rapp-Jung* in: MünchKommEUWettbR, 1. Aufl. 2007, Art. 83 Rn. 15; *Schröter* in: ders./Jakob/Klotz/Mederer, Europäisches Wettbewerbsrecht, 2. Aufl. 2014, Art. 103 AEUV Rn. 31 a.E.; *de Bronett,* ZWeR 2013, 38/51f.; *Wils,* World Competition 2005, Vol. 28, No. 2 (June) 2005, zit. nach Social Science Research Network SSRN-id684921, Rn. 148ff.; *Lohse* in: Frankfurter Kommentar, 77. Lfg. Oktober 2012, Art. 103 AEUV, Rn. 25, hält dies für möglich, sofern eine solche Durchführungsverordnung sich neben Art. 103 auch auf Art. 352 AEUV stützt; eine mögliche Bedeutung der zitierten EuGH-Rspr. für strafrechtliche Harminisierungsvorhaben im Bereich des EU-Wettbewerbsrechts konstatierend *Stadler* in: Langen/Bunte, Art. 103 AEUV Rn. 22. *Dannecker/Biermann* in: Immenga/Mestmäcker, vor Art. 23 VO 1/2003 Rn. 22, halten eine unionsrechtliche Kompetenz einerseits für „mehr als fraglich" und schließen Art. 352 AEUV als ergänzend heranzuziehende Rechtsgrundlage aus, halten aber andererseits eine Kompetenz im Hinblick auf die zitierte EuGH-Entscheidung in der Rs. 176/03 für „nicht von vornherein ausgeschlossen", während *Ludwigs* in: Grabitz/Hilf/Nettesheim, Stand 53. Ergänzungslieferung Mai 2014, Art. 103 AEUV Rn. 22 eine Kompetenz nach Art. 103 Abs. 2 Buchst. a) verneint, Art. 352 AEUV jedoch als mögliche Rechtsgrundlage ansieht.

[26] Kritisch zu diesem Begründungsansatz des EuGH etwa *Rackow,* ZIS 2008, 526/534ff. mit weiteren Nachw., der hierin eine unzulässige Aufweichung des Prinzips der begrenzten Einzelermächtigung sieht.

[27] Dafür etwa *Wils* und *de Bronett* a.a.O. (vgl. Fn. 25), dort auch zur Notwendigkeit und Möglichkeit, die für die Verhängung von Strafen auf Gemeinschaftsebene erforderlichen verfahrensrechtlichen Regelungen einzuführen.

[28] Vgl. etwa die Entscheidung des BVerfG zum Lissabon-Vertrag, *BVerfG,* Urt. v. 30.6.2009, 2 BvE 2/08 u.a., BVerfGE 123, 267ff., Rn. 252f.

[29] Vgl. EuGH Urt. v. 20.9.2001 Rs. C-453/99 – *Courage/Crehan,* Slg. 2001, I-6297ff.; EuGH Urt. v. 13.7.2006 Rs. C-295/04 – *Manfredi,* Slg. 2006, I-6619ff.; EuGH Urt. v. 14.6.2011 Rs. C-360/09 – *Pfleiderer,* Slg. 2011, I-5161ff., EuGH Urt. v. 6.11.2012 Rs. C-199/11 – *EG/Otis u.a.,* WuW/E EU-R 2566ff.

[30] Vgl. Richtlinie 2014/104/EU des Europäischen Parlaments und des Rates vom 26. November 2014 über bestimmte Vorschriften für Schadensersatzklagen nach nationalem Recht wegen Zuwiderhandlungen gegen wettbewerbsrechtliche Bestimmungen der Mitgliedstaaten und der Europäischen Union, ABl. L 349 v. 5.12.2014, 1ff.

auf Art. 103 AEUV – einschlägig ist hier Abs. 2 Buchst. a) – als auch auf Art. 114 AEUV[31] stützt.

3. Einzelheiten der Anwendung des Art. 101 Abs. 3 (Buchst. b))

12 **a)** Während die materiell-rechtlichen Voraussetzungen, unter denen die Bestimmungen des Artikels 101 Abs. 1 für unanwendbar erklärt werden können, durch Art. 101 Abs. 3 verbindlich vorgegeben sind, können die **Zuständigkeiten** für die Anwendung dieser Bestimmung und das dabei einzuhaltende **Verfahren** mittels Durchführungsverordnungen näher ausgestaltet werden. Auch hierbei ist jedoch der durch den Vertrag gesteckte Rahmen zu beachten. Die vom Rat erlassenen Anwendungsverordnungen wiesen bis zu dem durch die VO 1/03 bewirkten Systemwechsel der Kommission die ausschließliche Zuständigkeit zur Abgabe von **Einzelfreistellungserklärungen** zu.[32] Hinsichtlich **Gruppenfreistellungen,** zu denen Art. 103 Abs. 2 Buchst. b i. V. m. Art. 101 Abs. 3 AEUV ermächtigt, hat sich der Rat weitgehend darauf beschränkt, durch seine Verordnungen die Verfahrensvoraussetzungen für den Erlass von Gruppenfreistellungsverordnungen durch die Kommission zu schaffen (zweistufige Rechtsetzung, s. oben Rn. 6). Lediglich im Bereich des Verkehrs hatte er durch Art. 4 VO 1017/68 und Art. 6 der – inzwischen aufgehobenen – VO 4056/86 Gruppenfreistellungen selbst im Verordnungswege ausgesprochen.

13 **b)** In Abkehr vom Konzept des Verbots mit dem Vorbehalt behördlicher Erlaubnis, das den bisherigen Anwendungsverordnungen zugrunde liegt, bewirkt **VO 1/03**[33] als Nachfolgeverordnung zur VO 17/62 nunmehr den Übergang zu einem System, in dem Art. 101 Abs. 3 die Funktion einer **Legalausnahme** zukommt.[34] Zulässig ist dies jedoch nur dann, wenn Art. 101 das bisherige System des Verbots mit Erlaubnisvorbehalt nicht verbindlich vorgibt. Der Wortlaut von Art. 101 Abs. 3, wonach unter den genannten Voraussetzungen die Bestimmungen des Abs. 1 für nicht anwendbar „erklärt" werden können,[35] spricht gegen die Möglichkeit, dass bei Vorliegen der Voraussetzungen des Art. 101 Abs. 3 AEUV die Nichtanwendbarkeit bereits ex lege eintritt.[36] Dass sich die notwendige Erklärung auf (einzelne) Vereinbarungen etc. oder Gruppen davon beziehen muss, dürfte es auch ausschließen, im Wege einer einzigen Verordnung nach Art. 103 zu erklären, dass sämtliche Vereinbarungen, die die in Art. 101 Abs. 3 AEUV genannten Voraussetzungen erfüllen, freigestellt sind. Denn dies geht über den größten möglichen Freistellungsgegenstand – die Gruppe von Vereinbarungen – hinaus.[37]

14 Die Befürworter der vorgeschlagenen Reform verweisen demgegenüber darauf, dass die gewählte Formulierung auf einem Kompromiss zwischen den Verfechtern einer Legalausnahme und den Anhängern eines Genehmigungssystems beruhe und keine verbindliche Entscheidung für eines der beiden Lager habe bewirken sollen.[38] Die Rechtsprechung des EuGH zur Frage der unmittelbaren Anwendbarkeit des Art. 101 AEUV im nicht durch

---

[31] Letzteres im Hinblick darauf, dass es auch um die Durchsetzung von Schadensersatzansprüchen wegen der Verletzung nationalen Wettbewerbsrechts geht, vgl. *Stadler* in: Langen/Bunte, Art. 103 AEUV Rn. 23.

[32] Vgl. Art. 9 Abs. 1 VO 17/62; Art. 5, 12, 15 VO 1017/68; Art. 12, 14 VO 4056/86 und Art. 5, 7 Abs. 1 VO 3975/87.

[33] Vgl. Fn. 7.

[34] Vgl. Art. 1 Abs. 2 und Erwägungsgrund 4 VO 1/03 (s. Fn. 7).

[35] Die übrigen Sprachfassungen des Vertrages – z. B. die französische Formulierung „peuvent être déclarées inapplicables" – deuten ebenso klar auf die Notwendigkeit einer gesonderten Erklärung hin.

[36] Vgl. etwa *Mestmäcker* EuZW 1999, 523/525 ff.; *Deringer* EuZW 2000, 5/5 f.; *Jaeger* WuW 2000, 1062/1065 f.; *Kirchhoff* in: MünchKommEuWettbR, Einleitung Rn. 1711.

[37] Vgl. *Monopolkommission,* Sondergutachten 28, Rn. 16, S. 17 f.

[38] Vgl. *Schaub/Dohms* WuW 1999, 1055/1065 f.; *Geiger* EuZW 2000, 165/166 f.; *Appeldoorn* ECLR 2002, 400/401 gegen *Deringer* EuZW 2000, 5/5 f.; zur Entstehungsgeschichte ausführlich *Hoeren* in: FS Großfeld, 1999, S. 405 ff.

Durchführungsbestimmungen nach Art. 103 geregelten Bereich lässt zwar erkennen, dass der Gerichtshof Art. 101 AEUV bislang als Verbot mit Erlaubnisvorbehalt aufgefasst und eine unmittelbare Anwendbarkeit des Abs. 3 der Vorschrift verneint hat.[39] Allerdings hatte der EuGH bisher auch noch keine Veranlassung, näher zu überprüfen, ob dieses durch Wortlaut und Systematik zumindest nahegelegte Verständnis so zwingend ist, dass die angestrebte Neuregelung weder nach Art. 103 noch nach Art. 352 AEUV[40] vorgenommen werden kann, sondern eine Vertragsänderung voraussetzt. Diese Frage ist jedoch entscheidend, da mit der Reform dem Abs. 3 des Art. 101 AEUV die Funktion der Legalausnahme nicht unmittelbar kraft Primärrechts zugeschrieben wird, sondern erst die sekundärrechtliche VO 1/03 die unmittelbare Anwendbarkeit des Art. 101 Abs. 3 AEUV herbeiführen soll.[41] Bedenken, die Reform trage dem in Art. 103 Abs. 2 Buchst. b) genannten Erfordernis einer wirksamen Überwachung bei möglichst einfacher Verwaltungskontrolle nicht ausreichend Rechnung, erscheinen kaum geeignet, die Unzulässigkeit der geplanten Neuregelung zu begründen. Denn dem Rat ist insoweit – ebenso wie bei der Beurteilung der Zweckmäßigkeit – ein erheblicher Beurteilungsspielraum zuzubilligen.

c) Gruppenfreistellungsverordnungen sind im System der Legalausnahme weiterhin zulässig[42] und zur Erhöhung der Rechtssicherheit auch zweckmäßig. Ersetzten sie im bisherigen System konstitutive behördliche Freistellungsentscheidungen, so ordnen sie nunmehr eine Rechtsfolge an, die sich bereits aus Art. 101 Abs. 3 AEUV i. V. m. Art. 1 Abs. 2 VO 1/03 ergibt, sofern die Gruppenfreistellungsverordnung die Anforderungen des Art. 101 Abs. 3 AEUV zutreffend konkretisiert. Die aus Art. 288 Abs. 2 AEUV folgende Verbindlichkeit der Gruppenfreistellungsverordnung wird hierdurch nicht beeinträchtigt. Bestehende Gruppenfreistellungsverordnungen werden, wie Art. 3 Abs. 2 S. 1 und Art. 29 VO 1/03 zeigen, weder nach dem lex-posterior-Grundsatz durch VO 1/03 verdrängt, noch stellt diese eine speziellere Regelung dar. Sieht man die Gruppenfreistellungsverordnung für ihren Geltungsbereich nicht als vorrangige Spezialregelung an, so ergibt sich die Freistellung daher, soweit die Bedingungen des Art. 101 Abs. 3 AEUV erfüllt sind, sowohl aus Art. 101 Abs. 3 AEUV i. V. m. VO 1/03 als auch aus der Gruppenfreistellungsverordnung.[43] Ist die Gruppenfreistellung dagegen zu weit gefasst, bewirkt allein sie die Freistellung der Vereinbarung. 15

4. Sonderregelungen für einzelne Wirtschaftsbereiche (Buchst. c))

Dass Buchst. c) die Möglichkeit eröffnet, den Anwendungsbereich der Art. 101 und 102 AEUV für die einzelnen Wirtschaftsbereiche näher zu bestimmen, bedeutet – wie der EuGH klargestellt hat – nicht etwa, dass es besonderer Regelungen gemäß dieser Vorschrift bedürfte, damit Art. 101 und 102 AEUV für die einzelnen Wirtschaftsbereiche wirksam werden.[44] Gegen eine solche Auslegung spricht nicht nur die abschwächende Formulierung „gegebenenfalls“, sondern vor allem die Existenz der Übergangsvorschriften der Art. 104, 105 AEUV, die eine Anwendung der Wettbewerbsregeln in sämtlichen Branchen ermöglichen, soweit es an Durchführungsregelungen nach Art. 103 fehlt. Nach zutreffender, im jüngeren Schrifttum herrschender Auffassung ermächtigt Art. 103 Abs. 2 Buchst. c) auch nicht dazu, einzelne Branchen aus dem Anwendungsbereich der Wettbewerbsregeln her- 16

[39] Vgl. oben Rn. 2.
[40] Diese Möglichkeit verneint ausdrücklich Monopolkommission, Sondergutachten 28, Rn. 21, S. 21.
[41] Vgl. Erwägungsgründe 2 und 4 der VO 1/03 (s. Fn. 7).
[42] Vgl. Art. 3 Abs. 2 S. 1, Art. 29 VO 1/03 (s. Fn. 7) sowie Art. 105 Abs. 3 AEUV.
[43] Ebenso im Ergebnis *Karsten Schmidt* BB 2003, 1237/1241 m. w. N.; ausführlich *Fuchs* ZWeR 2005, 1/7 ff., 13.
[44] Vgl. EuGH Urt. v. 27.1.1987 Rs. 45/85 – *Verband der Sachversicherer,* Slg. 1987, 405/451; *Pernice* in: Grabitz/Hilf, Kommentar zur Europäischen Union, Art. 87 Rn. 21; *Brinker* in: Schwarze, EU-Kommentar, Art. 83 Rn. 9.

auszunehmen.[45] Derartige Ausnahmen finden sich ausschließlich im Primärrecht, und zwar in Art. 42 AEUV[46] und Art. 106 Abs. 2 AEUV.

17 Dass es der Verwirklichung der in Art. 101 und 102 AEUV niedergelegten Grundsätze dienen könnte, sie hinsichtlich ganzer Wirtschaftsbereiche für unanwendbar zu erklären, erscheint auch begrifflich fern liegend. Art. 103 Abs. 2 Buchst. c) soll es vielmehr lediglich ermöglichen, den Besonderheiten einzelner Wirtschaftszweige durch **konkretisierende Regelungen** Rechnung zu tragen. Diese Spezialvorschriften können sich – ebenso wie Gruppenfreistellungsverordnungen nach Buchst. b) – auf die Erfüllung der Freistellungsvoraussetzungen nach Art. 101 Abs. 3 AEUV durch bestimmte Gruppen von Vereinbarungen beziehen, so dass auch Buchst. c) eine Ermächtigungsgrundlage für **Gruppenfreistellungsverordnungen** darstellt. Sie brauchen sich jedoch nicht hierauf zu beschränken, sondern können klarstellen, dass bestimmte Abreden bereits den **Tatbestand des Art. 101 Abs. 1 AEUV** nicht erfüllen. In gleicher Weise kann für bestimmte Verhaltensweisen deutlich gemacht werden, dass sie den Verbotstatbestand des Art. 102 AEUV nicht verwirklichen. Soweit die Spezialregelung die primärrechtlichen Vorgaben unzutreffend konkretisiert – etwa, weil das in der Verordnung privilegierte Verhalten tatsächlich einen Verstoß gegen Art. 101 Abs. 1 oder 102 AEUV darstellt bzw. keine Freistellung rechtfertigt –, fehlt es an einer Rechtsgrundlage für die Sonderregelung, so dass sie auf entsprechende Klage vom EuGH für (insoweit) nichtig erklärt werden kann.

18 Der Rat hat von seiner Befugnis nach Buchst. c) bislang für den Bereich des **Verkehrs**[47] und für den **Versicherungssektor**[48] Gebrauch gemacht.

5. Abgrenzung der Aufgaben von Kommission und Gerichtshof (Buchst. d))

19 Die Aufgaben der Kommission sind ebenso wie jene des Gerichtshofes bereits im Vertrag selbst weitgehend festgelegt.[49] Durchführungsvorschriften nach Art. 103 Abs. 2 können an diesen primärrechtlichen Vorgaben nichts ändern. Spielraum für Abgrenzungen gem. Buchst. d) besteht daher nur, soweit der Vertrag ihn ausdrücklich eröffnet oder die Zuständigkeitszuweisungen des Primärrechts lückenhaft in dem Sinne sind, dass sie keine abschließenden Anordnungen treffen. Ersteres ist im Bereich von **Sanktionsentscheidungen** der Fall: Art. 261 AEUV ermöglicht es, dem Gerichtshof die Befugnis zuzuweisen, Entscheidungen über in Verordnungen vorgesehene Zwangsmaßnahmen einer unbeschränkten Ermessensüberprüfung zu unterziehen und die Maßnahmen zu ändern (was die Möglichkeit der Verschärfung einschließt) oder sogar selbst zu verhängen. Im Bereich der in den Durchführungsverordnungen nach Art. 103 Abs. 2 verankerten Bußgeld- und

[45] Vgl. *Schröter* in: Groeben/Schwarze, Art. 83 Rn. 44; *Pernice* in: Grabitz/Hilf, Kommentar zur Europäischen Union, Stand 11. Ergänzungslieferung Oktober 1997, Art. 87 Rn. 23; *Jung* in: Calliess/Ruffert, Art. 103 Rn. 30; *Stadler* in: Langen/Bunte, Kommentar zum deutschen und europäischen Kartellrecht, Art. 103 Rn. 29; *Brinker* in: Schwarze, EU-Kommentar, Art. 103 Rn. 7, 9; a. A. insbes. *Wohlfarth/Everling/Glaesner/Sprung,* Art. 87 Rn. 5; vgl. auch *Deringer,* EWG-Kommentar, Art. 87 Rn. 29f. und *Gleiss/Hirsch,* Kommentar zum EG-Kartellrecht, 3. Aufl. 1978, Art. 87 Rn. 16.

[46] Die VO 26/62 zur Anwendung bestimmter Wettbewerbsregeln auf die Produktion landwirtschaftlicher Erzeugnisse und den Handel mit diesen Erzeugnissen wurde auf der Grundlage der Sonderbestimmungen der Art. 42, 43 AEUV, (ex-Art. 42, 43 EGV bzw. 36, 37 EG) erlassen; sie ist inzwischen durch die ebenfalls adiese Vertragsbestimmungen gestützte VO 1184/2006 ersetzt worden.

[47] Vgl. Art. 3–6 VO 1017/68 a. F. (Eisenbahn-, Straßen- und Binnenschiffsverkehr), inzwischen (bis auf Art. 13 Abs. 3) aufgehoben und ersetzt durch VO 169/2009; Art. 1 VO 479/92 (Seeschifffahrtskonsortien), inzwischen aufgehoben und ersetzt durch VO 246/2009, auf der wiederum VO 906/2009 (verlängert durch VO 697/2014) beruht; Art. 1–3, 6 VO 4056/86 (Seeverkehr), inzwischen aufgehoben durch VO 1419/2006; für den Luftverkehr s. Art. 2 VO 3975/87 (inzwischen bis auf Art. 6 Abs. 3 aufgehoben durch VO 411/2004) und Art. 2 VO 3976/87 (inzwischen geändert durch VO 411/2004 und sodann ersetzt durch VO 487/2009).

[48] Vgl. VO 267/2010; zuvor VO 358/2003, durch die wiederum VO 3932/92 ersetzt wurde.

[49] Vgl. Art. 17, 19 EUV und Art. 103 Abs. 1, 105, 106 Abs. 3, 244ff. bzw. Art. 251ff. EG.

Zwangsgeldregelungen wurde dem Gerichtshof die Kompetenz zur vollständigen Überprüfung der Kommissionsentscheidungen sowie das Recht eingeräumt, die festgesetzten Geldbußen und Zwangsgelder aufzuheben, herabzusetzen oder zu erhöhen.[50]

Denkbar wären jedoch auch Regelungen, wonach Buß- oder Zwangsgelder aufgrund der von der Kommission durchgeführten Ermittlungen allein durch den EuGH verhängt werden können, um von vornherein eine effektive, unabhängige richterliche Beurteilung dieser einschneidenden Maßnahmen zu gewährleisten.[51] **Untersagungsentscheidungen** im Bereich der **Fusionskontrolle** dürften zwar keine Zwangsmaßnahmen i. S. d. Art. 261 AEUV darstellen. Soweit rechtspolitisch teilweise gefordert wird, die Untersagungsbefugnis nach US-amerikanischem Vorbild von der Kommission auf den Gerichtshof zu verlagern, um eine Trennung zwischen den für Ermittlung und den für die Festsetzung der Rechtsfolgen Zuständigen zu schaffen, ergibt sich aus dem Primärrecht jedoch auch kein Hindernis für eine solche Regelung. Das Rechtsstaatsprinzip gebietet eine derartige Aufgabenverteilung zwar nicht, steht ihr aber auch nicht entgegen.[52] 20

Wie sich aus Art. 261 AEUV ergibt, ist es nicht bereits ein Erfordernis des Primärrechts, dass eine unbeschränkte Ermessensüberprüfung zu erfolgen habe. Eine primärrechtliche Untergrenze für die **Kontrolldichte** bei der gerichtlichen Überprüfung von Kommissionsentscheidungen ist lediglich aus dem zentralen Erfordernis der Rechtsstaatlichkeit abzuleiten, **effektiven Rechtsschutz** zu gewährleisten. Diesem Gebot kann auch durch eine Überprüfung genügt werden, die den Wettbewerbsbehörden einen weiten Beurteilungs- und Ermessensspielraum zubilligt. Ein solch großzügiger Maßstab – vom EuGH und dem EuG lange Zeit ohnehin bei der Nachprüfung von Entscheidungen zu komplexen wirtschaftlichen Sachverhalten praktiziert[53] – ließe sich grundsätzlich durch eine Vorschrift nach Buchst. d) festlegen. Allerdings hätte letztlich der Gerichtshof selbst die Möglichkeit, ihm angelegte Fesseln zu sprengen, indem er dem Vertrag das Erfordernis einer weitergehenden Kontrolle entnehmen könnte. 21

6. Festlegung des Verhältnisses von innerstaatlichen Rechtsvorschriften und Gemeinschaftsrecht (Buchst. e))

Regelungen gemäß Buchst. e) sollen der Verwirklichung der in Art. 101 und 102 AEUV niedergelegten Grundsätze in Fällen dienen, in denen innerstaatliches Recht und Gemeinschaftsrecht unterschiedliche Rechtsfolgen für denselben Sachverhalt anordnen. Mit Art. 3 VO 1/03 bildet eine solche **Kollisionsnorm** einen der Kernpunkte des neuen europäischen Kartellrechtssystems. Vor Erlass der VO 1/03 war von der durch Buchst. e) eingeräumten Befugnis dagegen kaum Gebrauch gemacht worden. Eine Ausnahme bildete die – allerdings neben Art. 103 AEUV auf Art. 352 AEUV gestützte – **Fusionskontroll-Verordnung** VO 4064/89, deren Art. 21 Abs. 2 die Anwendbarkeit des innerstaatlichen 22

---

[50] Vgl. Art. 17 VO 17/62; Art. 24 VO 1017/68; Art. 21 VO 4056/86; Art. 14 VO 3975/87 und nunmehr Art. 31 VO 1/03 (s. Fn. 7).

[51] Ebenso *Pernice* in: Grabitz/Hilf, Kommentar zur Europäischen Union, Stand 11. Ergänzungslieferung Oktober 1997, Art. 87 Rn. 25; *de Bronett,* ZWeR 2012, 157/165.

[52] Wie hier *Ritter* in: Immenga/Mestmäcker, Art. 103 AEUV Rn. 84 unter Hinweis auf entsprechende Diskussionen vor Einführung der VO 17/62; *Lohse* in: FK, Art. 103 AEUV Rn. 40, S. 58 bei Fn. 4; *de Bronett,* ZWeR 2012, 157/164 ff.; a. A. *Korte* in: MüKoEuWettbR, Art. 103 AEUV Rn. 22; *Stadler* in: Langen/Bunte, Art. 103 AEUV Rn. 33 a. E.; abl. wohl auch *Schröter* in ders./Jakob/Klotz/Mederer, Europäisches Wettbewerbsrecht, 2. Aufl. 2014, Art. 103 AEUV Rn. 52, Fn. 133.

[53] Vgl. etwa EuG Urt. v. 29.6.1993 Rs. T-7/92 – *Asia Motor France/Kommission,* Slg. 1993, II-669/683 Rn. 33; eine intensive Prüfung erfolgte hingegen in den im Jahre 2002 entschiedenen Fällen aus dem Bereich der Fusionskontrolle, vgl. EuG Urt. v. 6.6.2002 Rs. T-342/99 – *Airtours/Kommission,* Slg. 2002, II-2585 ff. = WuW EU-R 559 ff.; EuG Urt. v. 22.10.2002 Rs. T-310/01 – *Schneider Electric/Kommission,* Slg. 2002, II-4071 ff.; EuG Urt. v. 25.10.2002 Rs. T-5/02 – *Tetra Laval/Kommission,* Slg. 2002, II-4381 = WuW EU-R 585 ff.

Wettbewerbsrechts auf Zusammenschlüsse von gemeinschaftsweiter Bedeutung untersagte, während Art. 21 Abs. 3 FKVO a. F. innerstaatliche Maßnahmen zum Schutz nicht wettbewerblicher berechtigter Interessen in gewissem Umfang zuließ.[54]

23 In den übrigen Bereichen waren die Linien zur Bewältigung von Konflikten zwischen dem gemeinschaftlichen Wettbewerbsrecht und nationalem Recht bislang durch die auf dem Primärrecht beruhenden Judikate des Gerichtshofs vorgegeben. Danach ist das Gemeinschaftsrecht vorrangig anwendbar; das entgegenstehende nationale Recht darf im Konfliktfall nicht angewendet werden.[55] Die Wettbewerbsordnungen bleiben zwar grundsätzlich nebeneinander anwendbar – wovon Buchst. e) ersichtlich ausgeht –, die einheitliche Anwendung und volle Wirksamkeit der EG-Wettbewerbsvorschriften darf hierdurch jedoch nicht gefährdet werden.[56] Der **Vorrang des Gemeinschaftsrechts** gilt danach im Wettbewerbsrecht dann, wenn der Vertrag selbst die betreffende Rechtsfolge unmittelbar anordnet oder die Kommission eine Maßnahme erlässt, die positiver Ausdruck der gemeinschaftlichen Wettbewerbspolitik ist.[57] Zu diesen positiven Maßnahmen gehören Einzelfreistellungen, aber auch Gruppenfreistellungsverordnungen, nicht hingegen Negativatteste.[58]

24 Da nach der **VO 1/03**[59] Art. 101 Abs. 3 AEUV eine Legalausnahme darstellt, wird es grundsätzlich[60] keine gestaltenden Freistellungsentscheidungen mehr geben, die positiver Ausdruck der gemeinschaftlichen Wettbewerbspolitik i. S. d. *Walt-Wilhelm*-Urteils[61] sein könnten. Um Unklarheiten über den Vorrang des Art. 101 Abs. 3 AEUV gegenüber strengerem nationalen Recht zu vermeiden, ist auf der Grundlage von Art. 103 Abs. 2 Buchst. e) in Art. 3 Abs. 2 S. 1 VO 1/03 angeordnet, dass im Anwendungsbereich der gemeinschaftsrechtlichen Regelungen die Anwendung des Wettbewerbsrechts der Mitgliedstaaten nicht zum Verbot von nach Art. 101 AEUV erlaubten Vereinbarungen führen darf. Die eigentliche Bedeutung des Art. 3 Abs. 2 S. 1 VO 1/03 liegt in der in ihm zum Ausdruck kommenden Interpretation des Primärrechts dahin, dass dieses im Anwendungsbereich des Art. 101 AEUV nicht etwa nur einen für schärfere nationale Regelungen offenen Mindeststandard festlege, sondern kein Verbot solcher Abreden dulde, die die Voraussetzungen des Art. 101 Abs. 1 AEUV nicht erfüllen oder bei denen die Freistellungsvoraussetzungen des Art. 101 Abs. 3 AEUV vorliegen.

25 Anders verhält es sich hinsichtlich der **Missbrauchsregelungen** des Art. 102. Ausweislich des Art. 3 Abs. 2 S. 2 VO 1/03 werden diese vom Rat – abweichend von der im ursprünglichen Verordnungsentwurf (VOE)[62] dargelegten Auffassung und im Gegensatz zu Art. 101 AEUV – nunmehr als Mindeststandard interpretiert, der strengere nationale Regelungen zulasse. Diese Auslegung des Primärrechts seitens des Rates ist für den Ge-

---

[54] Die neue Fusionskontroll-Verordnung VO 139/04 hat diese Regelungen übernommen, vgl. dort Art. 21 Abs. 3 u. 4.

[55] Vgl. EuGH Urt. v. 20.2.1964 Rs. 6/64 – *Costa/E. N. E. L.*, Slg. 1964, 1251/1256 ff., 1269 ff.

[56] Vgl. EuGH Urt. v. 13.2.1969 Rs. 14/68 – *Walt Wilhelm u. a./Bundeskartellamt*, Slg. 1969, 1/13 ff.

[57] Vgl. EuGH Urt. v. 13.2.1969 Rs. 14/68 – *Walt Wilhelm u. a./Bundeskartellamt*, Slg. 1969, 1/14 Rn. 5.

[58] Vgl. etwa *Bechtold/Bosch/Brinker*, EG-Kartellrecht, Art. 10 VO 1/2003 Rn. 1.

[59] Vgl. Fn. 7.

[60] Zur Rechtsnatur und Bindungswirkung der Entscheidungen nach Art. 9 Abs. 1 und Art. 10 VO 1/03 (s. Fn. 7) vgl. Art. 9 VerfVO 1/2003 Rn. 31 ff. und Art. 10 VerfVO 1/2003 Rn. 19 f. sowie *Schmidt, Karsten* BB 2003, 1237/1241 f.

[61] Vgl. oben Fn. 56.

[62] Vgl. Kommission, Vorschlag für eine Verordnung des Rates zur Durchführung der in den Artikeln 81 und 82 EG-Vertrag niedergelegten Wettbewerbsregeln und zur Änderung der Verordnungen (EWG) Nr. 1017/68, (EWG) 2988/74, (EWG) 4056/86 und (EWG) 3975/87 („Durchführungsverordnung zu den Artikeln 81 und 82 EG-Vertrag") v. 27.9.2000, KOM (2000) 582 endgültig, Art. 3.

richtshof indes nicht bindend. Gelangte er zu einer gegenteiligen Auslegung des Art. 102, wäre das strengere nationale Recht unanwendbar. Demgegenüber würde es die in Art. 3 Abs. 2 S. 1 VO 1/03 getroffene Vorrangregelung zugunsten des Gemeinschaftsrechts im Bereich des Art. 101 AEUV nicht in Frage stellen, wenn Art. 101 AEUV nach Auffassung des EuGH lediglich einen Mindeststandard setzte. Denn in diesem Fall hätte der Rat einen – wohl auch durch das Subsidiaritätsprinzip nicht beseitigten – Spielraum, nach Buchst. e) festzulegen, dass den gemeinschaftsrechtlich vorgegebenen Standard verschärfende nationale Regelungen nicht anwendbar seien.

Die angesichts der Formulierung in Art. 3 VOE[63] aufgekommene Streitfrage, ob Art. 103 Abs. 2 Buchst. e) einen **generellen Ausschluss** des nationalen Rechts zulasse[64] oder ob dieses anwendbar bleiben müsse, soweit es keine anderen Ergebnisse als das Gemeinschaftsrecht zeitige,[65] ist praktisch bedeutungslos geworden, da die beschlossene Formulierung des Art. 3 VO 1/03 eine parallele Anwendung nationalen, dem Gemeinschaftsrecht nicht widersprechenden Wettbewerbsrechts ermöglicht. **26**

Für zulässig erachtet wird es überwiegend, auf der Grundlage von Buchst. e) Vorschriften über die **Zusammenarbeit** nationaler Kartellbehörden und der Kommission und zur Präzisierung der Zwischenstaatlichkeitsklausel zu erlassen, um hierdurch eine einheitliche Anwendung des Gemeinschaftskartellrechts zu erleichtern.[66] Soweit es um die Tatbestandsvoraussetzungen der Art. 101, 102 AEUV geht, müssen sich Durchführungsbestimmungen nach Art. 103 allerdings auf Konkretisierungen des Primärrechts beschränken. Die Harmonisierung des materiellen Rechts ist nicht Gegenstand der Ermächtigung nach Buchst. e), sondern der Art. 114f. AEUV. Der Begriff der **Bestimmungen** bezeichnet die gem. Art. 103 Abs. 2 erlassenen Verordnungen und Richtlinien. Er verleiht nicht die Befugnis, den Vorrang von „soft law" (Mitteilungen, Bekanntmachungen) anzuordnen. **27**

III. Fundstellen für wichtige sekundärrechtliche Bestimmungen

Ergänzend zu den Kommentierungen wichtiger sekundärrechtlicher Vorschriften im vorliegenden Band ist auf die von der Kommission auf ihrer website veröffentlichte englischsprachige Zusammenstellung sekundärrechtlicher Bestimmungen hinzuweisen.[67] **28**

Art. 104 [Übergangsbestimmung]

Bis zum Inkrafttreten der gemäß Artikel 103 erlassenen Vorschriften entscheiden die Behörden der Mitgliedstaaten im Einklang mit ihren eigenen Rechtsvorschriften und den Bestimmungen der Artikel 101, insbesondere Absatz 3, und 102 über die Zulässigkeit von Vereinbarungen, Beschlüssen und aufeinander abgestimmten Verhaltensweisen sowie über die missbräuchliche Ausnutzung einer beherrschenden Stellung auf dem Binnenmarkt.

---

[63] Vgl. vorige Fn.

[64] So *Schröter* in: Groeben/Schwarze, Art. 83 Rn. 50; *Bechtold* BB 2000, 2425/2429; vgl. auch die Regelung in Art. 21 Abs. 2 Fusionskontroll-Verordnung a. F. – VO (EWG) Nr. 4064/89 des Rates über die Kontrolle von Unternehmenszusammenschlüssen in der Fassung der Verordnung (EG) Nr. 1310/97 des Rates vom 30. Juni 1997, ABl. L 180 v. 9.7.1997, 1ff. – und Art. 21 Abs. 3 der neuen Fusionskontroll-Verordnung (VO 139/04).

[65] Vgl. *Monopolkommission,* Sondergutachten 32, S. 20 Rn. 19.

[66] Vgl. *Schröter* in: Groeben/Schwarze, Kommentar zum Vertrag über die Europäische Union und zur Gründung der Europäischen Gemeinschaft, Art. 83 Rn. 50ff.

[67] Vgl. www.ec.europa.eu/competition/antitrust/legislation (Stand: 1. Juli 2013). Abrufbar sind dort ebenfalls die zugehörigen Mitteilungen und Bekanntmachungen. Für eine Übersicht mit Stand Anfang 2009 s. Voraufl., Art. 83 EG Rn. 27ff.; vgl. ferner die Aufstellung bei *Lohse* in: Frankfurter Kommentar, 77. Lfg. Oktober 2012, Art. 103 AEUV, Rn. 46ff.

Übersicht

I. Sinn und Zweck

1 Art. 104 ermöglicht als **Übergangs- und Auffangregelung** die Anwendung der Wettbewerbsregeln des Vertrages durch die Wettbewerbsbehörden der Mitgliedstaaten, solange und soweit nicht Durchführungsvorschriften nach Art. 103 diese Aufgabe ausschließlich der Kommission zuweisen. **Hauptziel** des Art. 104 – ebenso wie des Art. 105 – war es, die Wirksamkeit der Wettbewerbsregeln des Vertrages bereits vor dem Inkrafttreten der Durchführungsvorschriften nach Art. 103 EG zu gewährleisten. Die Vollzugsbefugnisse, die Art. 104 den Behörden der Mitgliedstaaten zu diesem Zwecke zuerkennt, umfassen – vom Vertragstext besonders hervorgehoben – auch die Freistellung wettbewerbsbeschränkender Vereinbarungen nach Art. 101 Abs. 3 AEUV. Hierin lag bisher ein entscheidender Unterschied zu den Befugnissen, die aus der durch die Rechtsprechung des EuGH grundsätzlich[1] anerkannten **unmittelbaren Anwendbarkeit** der Wettbewerbsregeln folgen. Hatte in dem von Durchführungsverordnungen erfassten Bereich vor Inkrafttreten der VO 1/03[2] die Kommission das Freistellungsmonopol, so kommt es im Anwendungsbereich der Art. 104, 105 AEUV nach wie vor den Wettbewerbsbehörden der Mitgliedstaaten zu.

2 Art. 104 stellt die europarechtliche Grundlage für die **dezentrale Anwendung** des europäischen Kartellrechts dar. Ob dies bereits eine ausreichende Basis für die Rechtsanwendung seitens der Mitgliedstaaten ist oder es hierzu weiterer **innerstaatlicher Durchführungsbestimmungen** bedarf, richtet sich nach dem Recht des jeweiligen Mitgliedstaates. In Deutschland wurde als Reaktion auf eine Entscheidung des Kammergerichts,[3] wonach Art. 104 entgegen der bis dahin herrschenden Meinung für eine Anwendung des europäischen Kartellrechts durch das Bundeskartellamt nicht genügte, als nationale Durchführungsbestimmung durch die 5. GWB-Novelle § 47 GWB a. F. in das GWB aufgenommen, die Vorgängerbestimmung des § 50 GWB a. F. Durch die 7. GWB-Novelle wurden neben dem Bundeskartellamt auch die Landeskartellbehörden zur Anwendung des europäischen Kartellrechts ermächtigt; die Wahrnehmung der Befugnisse, die den Behörden der Mitgliedstaaten nach Art. 104 und 105 AEUV übertragen sind, weist § 50 Abs. 5 S. 1 GWB dabei ausschließlich dem Bundeskartellamt zu.

II. Praktische Bedeutung

3 In seiner Funktion als **Übergangsvorschrift** ist Art. 104 mit Inkrafttreten der VO 17/62 und der weiteren Durchführungsverordnungen weitgehend obsolet geworden.[4] Die praktisch bedeutsamste Ausnahme bildete bislang[5] der **Luftverkehr** zwischen der Gemein-

---

[1] Vgl. Art. 103 Rn. 2; zur Einschränkung s. unten Rn. 10.

[2] Verordnung (EG) Nr. 1/2003 des Rates vom 16. Dezember 2002 zur Durchführung der in den Artikeln 81 und 82 des Vertrags niedergelegten Wettbewerbsregeln, ABl. L 1 v. 4.1.2003, 1 ff.

[3] KG Beschl. v. 4.11.1988, WuW/E OLG 4291/4294 ff. – *Landegebühr.*

[4] Die – wenigen – Fälle der Anwendung des Art. 104 (Art. 88 a. F.) vor Inkrafttreten der VO 17/62 sind aufgeführt bei *Deringer,* EWG-Kommentar, Art. 88/89 Rn. 42 ff. und bei *Gleiss/Hirsch,* Kommentar zum EG-Kartellrecht, 3. Aufl. 1978, Art. 88 Rn. 1.

[5] Vgl. aber unten Rn. 5.

schaft und **Drittstaaten,** der vom Anwendungsbereich der VO 3975/87 über den Luftverkehr zwischen Flughäfen der Gemeinschaft nicht erfasst war (s. Art. 1 Abs. 2 VO 3975/87). In diesem Bereich sind in jüngerer Zeit u. a. sowohl die Kommission nach Art. 105 als auch das Bundeskartellamt nach Art. 104 gegen die Luftfahrtallianz Lufthansa/SAS/United Airlines[6] vorgegangen.

Als **Auffangbestimmung** kommt Art. 104 auch nach Beseitigung der Ausnahmebereiche fortdauernde Bedeutung zu. Denn die Befugnisse der mitgliedstaatlichen Behörden aus Art. 104 gelten auch für den Fall, dass eine Durchführungsvorschrift ersatzlos außer Kraft tritt oder ihr Anwendungsbereich nachträglich wieder eingeschränkt[7] wird. Dies erfordert der Zweck des Art. 104, im Falle des Fehlens sekundärrechtlicher Durchführungsvorschriften eine verfahrensrechtliche Grundlage für die Anwendung des europäischen Kartellrechts bereitzustellen. So erstreckte sich Art. 104 wieder auf die Verkehrswirtschaft, nachdem diese durch die VO 141/62 aus dem Anwendungsbereich der VO 17/62 herausgenommen worden war.[8] Entsprechendes gilt, soweit eine Durchführungsverordnung vom EuGH für nichtig erklärt wird. Dies könnte sich als bedeutsam im Hinblick auf VO 1/03[9] erweisen, da diese auf der umstrittenen[10] Annahme basiert, Art. 101 Abs. 3 AEUV lasse sich als Legalausnahme verstehen (vgl. Art. 1 Abs. 2 und Erwägungsgrund 4 VO 1/03). 4

III. Tatbestand

1. Bis zum Inkrafttreten

Nicht erfasst vom Anwendungsbereich sekundärrechtlicher Durchführungsvorschriften nach Art. 103 AEUV waren, nachdem der Luftverkehr zwischen der Gemeinschaft und Drittstaaten (s. oben Rn. 3) zum 1.5.2004 dem Regime der VO 1/03 unterstellt worden war,[11] zunächst noch der innerstaatliche Luftverkehr, die Trampdienste im Seeverkehr sowie der Seeverkehr innerhalb eines Mitgliedstaats.[12] Auch diese letzten **originären Anwendungsbereiche** des Art. 104 sind indes inzwischen durch die Einbeziehung der betreffenden Sektoren in die Regelungen der VO 1/03 entfallen.[13] Vor Inkrafttreten der VO 1/03 ordneten darüber hinaus Durchführungsverordnungen selbst ein Fortbestehen mitgliedstaatlicher Befugnisse nach Art. 104 an, solange die Kommission kein Verfahren zum Erlass einer Entscheidung im Einzelfall eingeleitet hatte;[14] ausgenommen von dieser subsidiären Fortgeltung war jedoch die Befugnis zu Freistellungserklärungen nach Art. 101 Abs. 3 AEUV. 5

[6] Vgl. die Mitteilung der Kommission vom 30.7.1998, ABl. 1998 C 239/04; die Verfahren der Kommission und des Bundeskartellamtes (B 9–71/96) wurden 2002 eingestellt, nachdem die Unternehmen durch Abgabe der geforderten Zusagen die kartellrechtlichen Bedenken ausgeräumt hatten.

[7] So wurde durch die VO 141/62 die Verkehrswirtschaft vom Anwendungsbereich der VO 17/62 ausgenommen.

[8] So – zur letztgenannten Konstellation – EuGH Urt. v. 30.4.1986, Verb. Rs. 209–213/84 – *Ministère public/Asjes u. a.,* Slg. 1986, 1425/1467 Rn. 52 f.

[9] Verordnung (EG) Nr. 1/2003 des Rates vom 16. Dezember 2002 zur Durchführung der in den Artikeln 81 und 82 des Vertrags niedergelegten Wettbewerbsregeln, ABl. L 1 v. 4.1.2003, S. 1 ff.

[10] Ablehnend etwa *Monopolkommission,* Sondergutachten 28, 1999, S. 16 ff., 51; *Mestmäcker* EuZW 1999, 523/525 ff.; *Deringer* EuZW 2000, 5/6; *Jaeger* WuW 2000, 1062/1065 f.; *Möschel* JZ 2000, 61/62; a. A. – die Vereinbarkeit mit dem Primärrecht bejahend – z. B. *Schaub/Dohms* WuW 1999, 1055/1065 f.; *Geiger* EuZW 2000, 165/166 f.

[11] Durch VO 411/2004 wurde VO 3975/87 aufgehoben und VO 3976/87 geändert. Später wurde die geänderte VO 3986/87 durch VO 487/2009 ersetzt.

[12] Vgl. Art. 1 Abs. 2 VO 4056/86.

[13] Zunächst wurden durch die Verfahrensverordnung VO 1/03 die verfahrensrechtlichen Besonderheiten der VO 4056/86 beseitigt; sodann wurde die VO 4056/86 durch VO 1419/2006 (bis auf Übergangsregelungen, die inzwischen ausgelaufen sind) aufgehoben.

[14] Vgl. Art. 9 Abs. 3 VO 17/62, Art. 15 VO 1017/68, Art. 14 VO 4056/86 und Art. 7 VO 3975/87.

6 Restkompetenzen nach Art. 104 haben die Mitgliedstaaten im Bereich der **Fusionskontrolle.** Art. 21 Abs. 1 der reformierten FKVO (VO 139/04)[15] schließt die Anwendbarkeit der dort genannten Durchführungsverordnungen auf Zusammenschlüsse i. S. d. Art. 3 FKVO aus, und zwar unabhängig davon, ob diese gemeinschaftsweite Bedeutung i. S. d. Art. 1 FKVO haben. Lediglich für kooperative Gemeinschaftsunternehmen ohne gemeinschaftsweite Bedeutung macht Art. 21 Abs. 1 2. HS FKVO hiervon eine Ausnahme. Entsprechendes galt schon nach der bisherigen FKVO).[16] Auf Zusammenschlüsse i. S. d. Art. 3 FKVO, die nicht unter die Ausnahmeregelung des Art. 21 Abs. 1 2. HS der VO 139/04 fallen, finden daher mangels anwendbarer Durchführungsbestimmungen gemäß Art. 103 die Art. 104, 105 Anwendung. Die Behörden der Mitgliedstaaten können deshalb insbesondere konzentrative Gemeinschaftsunternehmen ohne gemeinschaftsweite Bedeutung über Art. 104 nach Art. 101, 102 beurteilen.[17] Die Möglichkeit der Verweisung von Zusammenschlüssen unterhalb der Schwellenwerte an die Kommission ist noch keine Regelung bezüglich der Fälle selbst. Nur dann, wenn eine Verweisung vorliegt und die Kommission nach der FKVO zuständig wird, enden die mitgliedstaatlichen Befugnisse nach Art. 104, 105 AEUV.[18] Soweit hingegen ein Zusammenschluss i. S. d. Art. 3 FKVO mit gemeinschaftsweiter Bedeutung vorliegt, dürfte die auf Art. 103 und 352 gestützte FKVO selbst als Durchführungsverordnung gem. Art. 103 zu werten sein und daher die Anwendung der Art. 104, 105 ausschließen (str.).[19]

2. Behörden der Mitgliedstaaten

7 Der Begriff der Behörde ist **funktional** zu verstehen. Er bezweckt keine Einschränkung der mitgliedstaatlichen Organisationshoheit, sondern umfasst diejenigen Stellen, denen nach dem Recht des jeweiligen Mitgliedstaates die **verwaltungsmäßige Anwendung** des Kartellrechts obliegt. Neben Verwaltungsbehörden wie dem Bundeskartellamt und den mit der Überprüfung der Entscheidungen dieser Verwaltungsbehörden betrauten Gerichten sind Behörden im Sinne der Vorschrift daher auch diejenigen **Gerichte,** denen in einigen Mitgliedstaaten statt einer Verwaltungsbehörde die Anwendung des Kartellrechts zugewiesen ist.[20] Dagegen handeln Gerichte nicht als Behörden, soweit sie in unmittelbarer Anwendung der Art. 101 Abs. 1 und 2, 102 AEUV über die Wirksamkeit einer Vereinbarung oder Verpflichtungen zum Schadensersatz zu befinden haben. Gerichte unterfallen auch

---

[15] Verordnung (EG) Nr. 139/2004 des Rates vom 20.1.2004 über die Kontrolle von Unternehmenszusammenschlüssen („EG-Fusionskontrollverordnung"), ABl. L 24 v. 29.1.2004, 1 ff.

[16] Vgl. Art. 22 Abs. 1 VO 4064/89.

[17] H. M., vgl. etwa *Jung* in: Calliess/Ruffert, Art. 104 Rn. 6 und Art. 105 Rn. 2; *Langeheine* in: Groeben/Thiesing/Ehlermann, Art. 22 FKVO Rn. 5; *Rapp-Jung* in: MünchKommEUWettbR, 1. Aufl. 2007, Art. 84 Rn. 6; *Korte* in: MüKoEuWettbR, Art. 104 AEUV Rn. 4; i. E. auch *Lohse* in: Frankfurter Kommentar, 77. Lfg. Oktober 2012, Art. 103 AEUV, Rn. 9, S. 20 (die weitergehend eine Anwendbarkeit auch bei Zusammenschlüssen mit gemeinschaftsweiter Bedeutung annimmt, da die FKVO keine Art. 104 f. verdrängende Durchführungsvorschrift sei, ebenda S. 19); Monopolkommission, Sondergutachten E. ON/Gelsenberg, 2002, Rn. 225, S. 122 f.; a. A. der englische Court of Appeal, R v Secretary of State for Trade and Industry, ex parte Airlines of Britain Holdings plc and Another, 1992 Times Law Reports 599, kritisch dazu *Levitt,* ECLR 1993, 73/75 f.

[18] A. A. *Käseberg* in: Langen/Bunte, Art. 21 FKVO Rn. 6.

[19] Wie hier etwa *Bellamy/Child,* European Union Law of Competition, 7. Aufl. 2013, Rn. 8.271; i. E. auch *Staudenmeyer* WuW 1992, 475/479; *Körber* in: Immenga/Mestmäcker, Einl. FKVO Rn. 58 bei Fn. 122; a. A. etwa *Langeheine* in: Groeben/Thiesing/Ehlermann, FKVO, Art. 22 Rn. 5 mit Fn. 16; *Fuchs/Möschel* in: Immenga/Mestmäcker, Art. 102 AEUV Rn. 386, S. 730; *Lohse* in: Frankfurter Kommentar, 77. Lfg. Oktober 2012, Art. 103 AEUV, Rn. 9, S. 19; ausführlich zum Streitstand *Körber* in: Immenga/Mestmäcker, Einl. FKVO Rn. 50 ff.

[20] Vgl. etwa EuGH Urt. v. 30.1.1974 Rs. 127/73 – *BRT/SABAM,* Slg. 1974, 51, Rn. 19 f. u. EuGH Urt. v. 30.4.1986, Verb. Rs. 209–213/84 – *Ministère public/Asjes u.a,* Slg. 1986, 1425/1468 Rn. 55; ebenso nunmehr Erwägungsgrund 35 S. 2 zur VO 1/03.

insoweit nicht dem Behördenbegriff, als sie mit der strafrechtlichen Ahndung von Verstößen gegen das Kartellrecht betraut sind.[21]

3. Im Einklang mit ihren eigenen Rechtsvorschriften

Dass die mitgliedstaatlichen Behörden im Einklang mit ihren eigenen Rechtsvorschriften zu entscheiden haben, bedeutet, dass sie auch bei der Anwendung des europäischen Kartellrechts an die jeweiligen **nationalen Zuständigkeits- und Verfahrensregeln** gebunden sind. Diese Verweisung auf die lex fori entspricht nicht nur allgemeinen Grundsätzen des internationalen Verfahrensrechts, sondern stellt auch den praktikabelsten Weg zur Schließung der verfahrensrechtlichen Lücken dar, die im Anwendungsbereich von Art. 104 angesichts fehlender Durchführungsverordnungen nach Art. 103 EG bestehen. In Deutschland bestimmt § 50 GWB nähere Einzelheiten hinsichtlich der Zuständigkeit und des Verfahrens bei Anwendung des europäischen Kartellrechts. Zu den Zuständigkeitsregelungen nach dem Recht des Mitgliedstaates gehören auch die Regelungen über die **internationale Zuständigkeit.** Demnach sind in Deutschland für die Anwendung des Art. 104 neben der in Art. 101, 102 AEUV vorausgesetzten Beeinträchtigung des zwischenstaatlichen Handels auch hinreichende **Inlandsauswirkungen** zu fordern. § 50 Abs. 5 GWB, der die Wahrnehmung der den Behörden der Mitgliedstaaten übertragenen Befugnisse nach Art. 104, 105 ausschließlich dem Bundeskartellamt zuweist, enthält in S. 2 i. V. m. Abs. 3 S. 2 eine Verweisung auf die für die Anwendung des GWB geltenden Verfahrensvorschriften und damit auch auf § 130 Abs. 2 GWB. Da hinreichende Inlandsauswirkungen auch völkerrechtlich eine Mindestanforderung für die internationale Zuständigkeit darstellen,[22] sind sie im Übrigen auch dann erforderlich, wenn im jeweiligen nationalen Recht das Auswirkungsprinzip nicht ausdrücklich festgeschrieben ist. 8

IV. Rechtsfolgen

1. Entscheidungsinhalt

Der Inhalt der möglichen Entscheidungen, die auf Grund eines Verstoßes gegen Art. 101 oder 102 AEUV nach Art. 104 ergehen können, bestimmt sich nach den eigenen Rechtsvorschriften, d. h. dem nationalen Verfahrensrecht (s. oben Rn. 8). Die mitgliedstaatliche Behörde braucht sich daher nicht auf die Feststellung des Verstoßes oder die Erteilung einer Freistellung zu beschränken. Sie kann vielmehr auch die übrigen **vom nationalen Verfahrensrecht** für Kartellrechtsverstöße **vorgesehenen Rechtsfolgen** anordnen, etwa die Praktizierung der wettbewerbswidrigen Abrede oder die Fortführung des missbräuchlichen Verhaltens untersagen und Geldbußen verhängen; ebenso können Freistellungen mit Auflagen oder Bedingungen versehen werden, wenn das innerstaatliche Recht dies zulässt. Die Verhängung strafrechtlicher Sanktionen in Anwendung des Art. 104 scheidet hingegen aus, weil es sich insoweit nicht mehr um eine verwaltungsbehördliche Tätigkeit im Sinne des Behördenbegriffes (s. oben Rn. 7 a. E.) handelt. Zudem könnte diese Rechtsfolge nach h. M. auch nicht Gegenstand von Durchführungsverordnungen nach Art. 103 sein (s. dort Rn. 10). Diese Begrenzung ist daher auch für das in Art. 104 geregelte Übergangsregime zu beachten. 9

---

[21] Vgl. EuGH Urt. v. 30.4.1986 Verb. Rs. 209–213/84 – *Ministère public/Asjes u. a.*, Slg. 1986, 1425/1468 Rn. 56.

[22] Vgl. *Rehbinder* in: Immenga/Mestmäcker,§ 130 GWB Rn. 116 und ebenda, IntWbR Rn. 15f.; *Stadler* in: Langen/Bunte, Kommentar zum deutschen und europäischen Kartellrecht, § 130 GWB Rn. 119.

2. Bindungswirkung

10 **a) Anwendung des Art. 101 AEUV durch die Gerichte.** Mit einer Entscheidung gemäß Art. 104 über den Verstoß einer Abrede gegen Art. 101 AEUV schafft die mitgliedstaatliche Behörde die Voraussetzung dafür, dass die ordentlichen Gerichte die Nichtigkeitsfolge des **Art. 101 Abs. 2 AEUV** auf diese Abrede anwenden können. Denn nach der Rechtsprechung des EuGH ist Art. 101 AEUV wie Art. 102 AEUV zwar unmittelbar anwendbar. Soweit jedoch eine Durchführungsverordnung fehlt – d.h. im Anwendungsbereich der Art. 104, 105 AEUV –, dürfen die ordentlichen Gerichte nach bisheriger Auffassung des EuGH eine Vereinbarung erst dann nach Art. 101 Abs. 2 AEUV für nichtig erklären, wenn die nationale Wettbewerbsbehörde nach Art. 104 entschieden hat, dass die betreffende Vereinbarung unter Art. 101 Abs. 1 AEUV fällt und keiner Ausnahme fähig ist oder wenn die Kommission nach Art. 105 AEUV festgestellt hat, dass ein Verstoß gegen Art. 101 Abs. 1 AEUV vorliegt.[23] Dieser **Entsperrungseffekt** der behördlichen Entscheidung geht mit einer **inhaltlichen Bindung** des ordentlichen Gerichts einher. Dieses darf zu keiner anderen Beurteilung der Vereinbarkeit der Abrede mit dem gemeinsamen Markt kommen, sondern muss die Konsequenzen aus der von der Behörde getroffenen Entscheidung ziehen.[24] Anderenfalls wäre das vom EuGH aufgestellte Erfordernis der vorherigen behördlichen Entscheidung sinnlos.

11 **Art. 102 AEUV** ist dagegen ohne Einschränkungen **unmittelbar anwendbar,** denn eine Freistellung des missbräuchlichen Verhaltens kommt von vornherein nicht in Betracht.[25] Eine Entscheidung der nationalen Wettbewerbsbehörde nach Art. 104 i.V.m. Art. 102 AEUV entfaltet daher europarechtlich ebenso wenig eine Bindungswirkung für das ordentliche Gericht, wie das Fehlen einer solchen behördlichen Entscheidung die unmittelbare Anwendung des Art. 102 AEUV versperren kann.

12 **b) Territoriale Begrenzung.** Die umstrittene Frage, ob die oben (Rn. 10) genannte Entsperrungs- und Bindungswirkung nur für die Gerichte des jeweiligen Mitgliedstaates gilt[26] oder sich auch auf Gerichte oder Behörden anderer Mitgliedstaaten erstreckt,[27] dürfte im ersteren Sinne zu beantworten sein. Die gemäß Art. 104 AEUV vorgehende nationale Behörde wendet zwar europäisches Recht an, handelt insoweit aber nicht als Gemeinschaftsorgan, sondern als Behörde eines Mitgliedstaats.[28] Eine gemeinschaftsweite Geltung ihrer Entscheidung folgt daher nicht aus Art. 288 Abs. 4 AEUV. Sekundärrechtliche Regelungen über eine Geltungserstreckung liegen nicht vor. Diese kann daher nur durch die **Anerkennung** der Entscheidung seitens anderer Mitgliedstaaten begründet werden. Fehlt es hieran, ist die Behörde eines anderen Mitgliedstaates nicht gehindert, selbst nach Art. 104 vorzugehen und zu einer abweichenden Entscheidung zu gelangen.[29] Einschränkungen ergeben sich insoweit lediglich durch eine aus Art. 4 Abs. 3 EUV abzuleitende Verpflichtung zur Kooperation auch der mitgliedstaatlichen Behörden untereinander sowie aus den Koordinierungsbefugnissen der Kommission nach Art. 105 AEUV. Die Entschei-

---

[23] Vgl. EuGH Urt. v. 6.4.1962 Rs. 13/61 – *De Geus en Uitdenbogerd/Bosch,* Slg. 1962, 97/113, 116f.; EuGH Urt. v. 30.4.1986 Verb. Rs. 209–213/84 – *Ministère public/Asjes u.a.,* Slg. 1986, 1425/1470 Rn. 68; EuGH Urt. v. 11.4.1989 Rs. 66/86 – *Ahmed Saeed Flugreisen u.a./Zentrale zur Bekämpfung unlauteren Wettbewerbs,* Slg. 1989, 803/847 Rn. 29; s. auch Art. 83 Rn. 2f.

[24] Vgl. EuGH Urt. v. 30.4.1986 Verb. Rs. 209–213/84 – *Ministère public/Asjes u.a.,* Slg. 1986, 1425/1470 Rn. 69.

[25] Vgl. EuGH Urt. v. 11.4.1989 Rs. 66/86 – *Ahmed Saeed Flugreisen u.a./Zentrale zur Bekämpfung unlauteren Wettbewerbs,* Slg. 1989, 803/847f. Rn. 30ff.

[26] Vgl. *Bunte* DB 1994, 921/923; grundsätzlich auch *Kerse* ECLR 1997, 17/19, jedoch mit unklarer Einschränkung hinsichtlich Art. 101 Abs. 2.

[27] So *Wolf/Fink* WuW 1994, 289/292; *Schütz* WuW 1994, 520/521.

[28] Vgl. *Schmidt-Aßmann* EuR 1996, 270/300f.; *Lässig,* Dezentrale Anwendung des europäischen Kartellrechts, 1997, S. 75.

[29] Hiervon geht offenbar auch *Pernice* in: Grabitz/Hilf, Kommentar zur Europäischen Union, 11. Ergänzungslieferung Oktober 1997, Art. 88 Rn. 5, aus.

dung der Behörde eines Mitgliedstaats entfaltet – vom Fall der Anerkennung abgesehen – nicht nur keine inhaltliche Bindungswirkung für die ordentlichen Gerichte eines anderen Mitgliedstaates, sondern vermag diesen auch nicht die Möglichkeit zur Anwendung des Art. 101 Abs. 2 AEUV zu eröffnen.

Zum **Verhältnis zu Art. 105** s. dort. Rn. 14. **13**

Art. 105 [Wettbewerbsaufsicht]

(1) [1]**Unbeschadet des Artikels 104 achtet die Kommission auf die Verwirklichung der in den Artikeln 101 und 102 niedergelegten Grundsätze.** [2]**Sie untersucht auf Antrag eines Mitgliedstaats oder von Amts wegen in Verbindung mit den zuständigen Behörden der Mitgliedstaaten, die ihr Amtshilfe zu leisten haben, die Fälle, in denen Zuwiderhandlungen gegen diese Grundsätze vermutet werden.** [3]**Stellt sie eine Zuwiderhandlung fest, so schlägt sie geeignete Mittel vor, um diese abzustellen.**

(2) [1]**Wird die Zuwiderhandlung nicht abgestellt, so trifft die Kommission in einem mit Gründen versehenen Beschluss die Feststellung, dass eine derartige Zuwiderhandlung vorliegt.** [2]**Sie kann den Beschluss veröffentlichen und die Mitgliedstaaten ermächtigen, die erforderlichen Abhilfemaßnahmen zu treffen, deren Bedingungen und Einzelheiten sie festlegt.**

(3) **Die Kommission kann Verordnungen zu den Gruppen von Vereinbarungen erlassen, zu denen der Rat nach Artikel 103 Absatz 2 Buchstabe b eine Verordnung oder Richtlinie erlassen hat.**

Übersicht

I. Sinn und Zweck

1 Art. 105 begründet eine mit den Zuständigkeiten der Behörden der Mitgliedstaaten **konkurrierende Zuständigkeit**[1] der Europäischen Kommission zur Wahrung der Wettbewerbsregeln des Vertrages im Anwendungsbereich des Art. 104 AEUV, d. h. dort, wo der Kommission nicht bereits durch Durchführungsvorschriften nach Art. 103 AEUV ausschließliche Zuständigkeiten eingeräumt sind (vgl. Art. 104 AEUV Rn. 3, 5). Die der Kommission eingeräumten Befugnisse sollen ihr eine gewisse **Beaufsichtigung und Überwachung**[2] der mitgliedstaatlichen Anwendung der Wettbewerbsregeln im Rahmen des Art. 104 AEUV ermöglichen. Art. 105 bildet somit ein zentralistisches Korrektiv gegenüber der im Grundsatz dezentralen Anwendung der Art. 101, 102 AEUV außerhalb des von Durchführungsbestimmungen nach Art. 103 AEUV erfassten Bereiches. Die der Kommission hierzu eingeräumten Befugnisse umfassen jedoch nicht die Abgabe von Freistellungserklärungen nach Art. 101 Abs. 3 AEUV durch die Kommission.[3]

2 Der Streitfrage, ob Art. 105, wie insbesondere seine systematische Stellung nahegelegt, ebenso wie Art. 104 AEUV lediglich der Charakter einer **Übergangsvorschrift** zu-

---

[1] Näheres unten Rn. 14.

[2] Vgl. EuGH Urt. v. 6.4.1962, Rs. 13/61 – *De Geus en Uitdenbogerd/Bosch,* Slg. 1962, 97/112.

[3] Vgl. EuGH Urt. v. 6.4.1962, Rs. 13/61 – *De Geus en Uitdenbogerd/Bosch,* Slg. 1962, 97/112; EuGH Urt. v. 30.4.1986 Verb. Rs. 209–213/84 – *Ministère public/Asjes u. a.,* Slg. 1986, 1425/1469 Rn. 62; allgM.

kommt,[4] hat keine praktischen Auswirkungen. Denn selbst wenn aus dem Fehlen der in Art. 104 AEUV verwandten Formulierung „Bis zum Inkrafttreten …" abzuleiten wäre, dass Art. 105[5] oder zumindest dessen Abs. 1 S. 1[6] den Charakter einer auch im Anwendungsbereich von Durchführungsvorschriften nach Art. 103 AEUV gültigen **Grundsatznorm** hat, bleiben die in Art. 105 Abs. 1 und 2 festgelegten Zuständigkeiten und Befugnisse der Kommission deutlich hinter jenen zurück, die der Kommission durch die Durchführungsvorschriften vermittelt werden. Soweit man die **FKVO (VO 139/2004)** selbst als Durchführungsverordnung gemäß Art. 103 AEUV betrachtet, hat die Bejahung des Grundsatzcharakters von Art. 105 im Bereich der Fusionskontrolle zwar zur Folge, dass die Art. 101, 102 AEUV über Art. 105 AEUV durch die Kommission auf solche Zusammenschlüsse i. S. d. Art. 3 der FKVO angewendet werden können, die die Voraussetzungen des Art. 21 Abs. 1 2. Hs. FKVO nicht erfüllen und für die deshalb gem. Art. 21 Abs. 1 1. Hs. FKVO die Anwendbarkeit der dort bezeichneten Durchführungsverordnungen ausgeschlossen ist. Praktisch ist dies jedoch zu vernachlässigen: Zum einen beschränkt sich die Kommission im Anwendungsbereich der FKVO grundsätzlich auf deren Anwendung.[7] Zum anderen bedürfte es für die Anwendung des Art. 102 AEUV keines Rückgriffs auf Art. 105, da Art. 102 AEUV unmittelbar anwendbar ist und eine sekundärrechtliche Norm wie Art. 21 Abs. 1 1. Hs. FKVO kein Anwendungshindernis begründen kann. Bedeutsam werden könnte die durch den Vertrag von Lissabon eingefügte Regelung des **Abs. 3,** sofern man sie nicht als bloße klarstellende Bestätigung der bisher schon anerkannten Praxis zweistufiger Rechtsetzung ansieht, sondern sie als eigenständige Befugnis zum Erlass von **Gruppenfreistellungsverordnungen** auffasst (vgl. dazu unten Rn. 15 ff.).

II. Praktische Bedeutung

3 Die Kommission ist vor Inkrafttreten der VO 17/62[8] in 26 Fällen nach Art. 105 vorgegangen. Zur Veröffentlichung von Entscheidungen gemäß Art. 105 Abs. 2 S. 2 ist es dabei nicht gekommen, da die Unternehmen die beanstandeten Verhaltensweisen i. d. R. aufgaben, nachdem die Kommission ihnen gemäß Art. 105 Abs. 1 S. 3 Vorschläge zur Abstellung der Zuwiderhandlungen unterbreitet hatte.[9] Auch später machte die Kommission in einer Reihe von Fällen von ihren verbliebenen Befugnissen nach Art. 105 in den seinerzeit

[4] Vgl. EuGH Urt. v. 30.4.1986 Verb. Rs. 209–213/84 – *Ministère public/Asjes u. a.,* Slg. 1986, 1425/1467 Rn. 52 u. S. 1468 Rn. 58; EuGH Urt. v. 11.4.1989 Rs. 66/86 – *Ahmed Saeed Flugreisen u. a./Zentrale zur Bekämpfung unlauteren Wettbewerbs,* Slg. 1989, 803/845 Rn. 21; *Brinker* in: Schwarze, EU-Kommentar, Art. 105 Rn. 1; *Grill* in: Lenz, EG-Vertrag, 2. Aufl. 1999, Art. 85 Rn. 1.

[5] So etwa *Korte* in: MünchKommEUWettbR, Art. 105 Rn. 2 f.; *Ludwigs* in: Grabitz/Hilf/Nettesheim, Stand 53. Ergänzungslieferung Mai 2014, Art. 105 AEUV Rn. 1; *Jung* in: Calliess/Ruffert, Art. 105 Rn. 1; *Eilmansberger* in: Streinz, EUV/AEUV, 2. Aufl. 2012, Art. 105 AEUV Rn. 5; *Wohlfarth/Everling/Glaesner/Sprung,* Art. 89 Rn. 1. Der durch den Vertrag von Lissabon in Art. 105 eingefügte Abs. 3 ist unzweifelhaft als Grundsatznorm konzipiert: Die Kommission kann danach Verordnungen zu den Gruppen von Vereinbarungen erlassen, zu denen der Rat eine Verordnung oder Richtlinie erlassen hat, also gerade in dem Bereich, in dem Durchführungsverordnungen bestehen. Dies spricht deutlich dafür, dass Art. 105 insgesamt diesen Charakter als Grundsatznorm teilt und nach Inkrafttreten von Durchführungsvorschriften anwendbar bleibt; ebenso *Lohse* in: Frankfurter Kommentar, 77. Lfg. Oktober 2012, Art. 105 AEUV Rn. 3 a. E.; *Khan* in: Geiger/Khan/Kotzur, EUV/AEUV, 5. Aufl. 2010, Art. 105 AEUV Rn. 3.

[6] Vgl. etwa *Schröter* in: ders./Jakob/Klotz/Mederer, Europäisches Wettbewerbsrecht, 2. Aufl. 2014, Art. 105 Rn. 20; *Jungbluth* in: Langen/Bunte, 9. Aufl. 2001, Art. 85 Rn. 5; wohl auch *Pernice* in: Grabitz/Hilf, Kommentar zur europäischen Union, 11. Ergänzungslieferung Oktober 1997, Art. 89 Rn. 1, 2.

[7] Zu Einzelheiten s. *Körber* in: Immenga/Mestmäcker, Einl. FKVO Rn. 53 ff.

[8] Erste Durchführungsverordnung des Rates vom 6.2.1962 zu den Artikeln 85 und 86 des Vertrags in der Gemeinschaft, ABl. L 13 v. 21.2.1962, 204 ff.

[9] Vgl. *Kommission,* Vierter Gesamtbericht 1961 Rn. 50.

nicht durch die Durchführungsverordnungen geregelten Bereichen der **Seeschifffahrt** und der **Luftfahrt** – insbesondere vor Inkrafttreten der Verordnungen 4056/86 und 3975/87 – Gebrauch.[10] Eine förmliche Entscheidung gem. Art. 105 Abs. 2 S. 1 erging 1987 gegen die Fluggesellschaften Alitalia, Lufthansa und Olympic Airways, die daraufhin ihre beanstandeten Vereinbarungen änderten, so dass die Kommission von einer Veröffentlichung der Entscheidung absah.[11] Die letzten Verfahren hatten drei **Luftfahrtallianzen** und die mit ihnen einhergehenden Wettbewerbsbeschränkungen im Luftverkehr zwischen der Gemeinschaft und den USA, d. h. einem Drittstaat, zum Gegenstand.[12] Die Allianz Lufthansa/SAS/United Airlines war daneben Gegenstand eines Kartellverwaltungsverfahrens des Bundeskartellamts nach Art. 104 AEUV,[13] während die Allianz SAS/American Airlines in einem Parallelverfahren des britischen Office of Fair Trading geprüft wurde. In Anbetracht dessen kam der Frage, in welchem Verhältnis die Befugnisse der Art. 104 AEUV und Art. 105 zueinander stehen (s. unten Rn. 13), erhöhte praktische Bedeutung zu. Da die o. g. bisherigen Ausnahmebereiche inzwischen der VO 1/03 unterfallen, stellt sich dieses Problem jedoch auch im Verkehrssektor nicht mehr. Lediglich in den oben[14] angesprochenen Sonderfällen der Fusionskontrolle im Bereich konzentrativer Vollfunktionsgemeinschaftsunternehmen ohne gemeinschaftsweite Bedeutung i. S. d. Art. 1 der Fusionskontrollverordnung (VO 139/04) besteht derzeit zumindest theoretisch noch ein gewisses Konfliktpotential. Die Fragestellung würde allerdings wieder erhebliche Bedeutung erlangen, wenn der EuGH eine Durchführungsverordnung, insbesondere die VO 1/03, für nichtig erklären würde, so dass insoweit erneut mitgliedstaatliche Befugnisse nach Art. 104 AEUV bestünden.[15]

III. Untersuchungen

Die Kommission ist befugt, vermutete Zuwiderhandlungen gegen die in Art. 101, 102 AEUV niedergelegten **Grundsätze** zu untersuchen. Während in der älteren Literatur aus dem Begriff der „Grundsätze" ein eingeschränkter Prüfungsmaßstab gefolgert wurde, der nicht die Bestimmungen im Einzelnen umfasse,[16] ist heute anerkannt, dass Bezugspunkt für die Zuwiderhandlungen der gesamte Tatbestand der genannten Normen ist. Für die Richtigkeit der heute hM spricht nicht zuletzt, dass in Art. 103 Abs. 1 AEUV ebenfalls von den in Art. 101, 102 AEUV niedergelegten Grundsätzen die Rede ist, ohne dass zweifelhaft sein kann, dass die Durchführungsbestimmungen gerade dazu dienen sollen, die Art. 101, 102 AEUV in vollem Umfang zu verwirklichen. Die Untersuchung setzt voraus, dass **konkrete Anhaltspunkte** für eine Zuwiderhandlung gegen Art. 101 oder 102 AEUV vorliegen. Besteht ein solcher **Anfangsverdacht,** so steht es grundsätzlich im **Ermessen** der Kommission, eine Untersuchung einzuleiten. Auf **Antrag** eines Mitgliedstaates – dieser wird regelmäßig die Anhaltspunkte für eine Zuwiderhandlung benennen – ist sie hierzu jedoch verpflichtet. Verneint sie einen Anfangsverdacht, hat sie dies gegenüber dem antragstellenden Mitgliedstaat darzulegen. Dritte, z. B. Unternehmen, haben kein solches formelles Antragsrecht.[17] Die Kommission wird die ihr vorgetragenen rechtlichen und tatsächlichen Gesichtspunkte allerdings entsprechend den zu Art. 3 VO 17/62[18] entwickelten 4

---

[10] Vgl. *Kommission,* 10. WB 1980 Rn. 10; 11. WB 1981 Rn. 5, 12. WB 1982 Rn. 20; 12. WB 1982 Rn. 20; 13. WB 1983 Rn. 48; 14. WB 1984 Rn. 45; 15. WB 1985 Rn. 35; 16. WB 1986 Rn. 36.

[11] Vgl. Kommission, 17. WB 1987 Rn. 46.

[12] Vgl. Kommission, 27. WB 1997 Rn. 87, 90, 92 sowie die Mitteilungen zu den Allianzen Lufthansa/SAS/United Airlines und British Airways/American Airlines, ABl. C 239 v. 30.7.1998, 5 ff., 10 ff.

[13] Vgl. Bundeskartellamt, Tätigkeitsbericht 2001/2002, S. 191.

[14] Vgl. oben Rn. 2 sowie Art. 104 Rn. 6.

[15] Vgl. Art. 104 Rn. 4 a. E.

[16] Vgl. *Deringer,* EWG-Kommentar, Art. 89 Rn. 50; *Wohlfarth/Everling/Glaesner/Sprung,* EWG-Kommentar, Art. 89 Rn. 2.

[17] Vgl. EuGH Urt. v. 10.6.1982 Rs. 246/81 – *Lord Bethell/Kommission,* Slg. 1982, 2277/2290 f.

[18] Vgl. Fn. 8.

Grundsätzen[19] aufmerksam daraufhin zu prüfen haben, ob sie einen Verstoß gegen Art. 101 oder 102 AEUV erkennen lassen. Besteht danach ein Anfangsverdacht, so liegt es im pflichtgemäß auszuübenden Ermessen der Kommission, ob sie dies zum Anlass für eine Untersuchung von Amts wegen nimmt. Die Untersuchungen müssen sich auf konkrete Fälle beziehen. Art. 105 bildet keine Grundlage für allgemeine Untersuchungen der Wettbewerbsverhältnisse innerhalb bestimmter Branchen.

5 Unabhängig davon, ob die Untersuchung auf Antrag eines Mitgliedstaats oder von Amts wegen erfolgt, hat die Kommission die Untersuchungen **in Verbindung** mit den zuständigen Behörden zumindest der – etwa nach dem Auswirkungsprinzip oder wegen dort vorzunehmender Untersuchungshandlungen – betroffenen Mitgliedstaaten durchzuführen. Durch die Verbindung zwischen Kommission und mitgliedstaatlichen Behörden soll ein aufeinander abgestimmtes Vorgehen erleichtert und den für die Durchführung etwaiger Abhilfemaßnahmen zuständigen Mitgliedstaaten frühzeitig die Möglichkeit eröffnet werden, ihre Auffassungen im Verfahren der Kommission zur Geltung zu bringen. Die Kommission ist daher verpflichtet, die mitgliedstaatlichen Behörden über die Untersuchung zu informieren, und zwar – soweit dies nicht unzweckmäßig ist – vor Einleitung der entsprechenden Verfahrensschritte,[20] um ihnen eine rechtzeitige Stellungnahme zu ermöglichen. Die von Teilen der Literatur vertretene Auffassung, die Kommission bedürfe für die Untersuchungen der Zustimmung der Behörde des betroffenen Mitgliedstaates,[21] findet im Wortlaut hingegen keinen hinreichenden Rückhalt. Sie lässt sich auch schwerlich mit der Verpflichtung der mitgliedstaatlichen Behörden zur **Amtshilfe** vereinbaren. Vielmehr darf die Kommission auch ohne eine solche Zustimmung Auskunftsersuchen an die Unternehmen richten oder mit deren Zustimmung Nachprüfungen vornehmen. Antworten diese nicht freiwillig oder dulden sie die Nachprüfung nicht, so fehlt es der Kommission allerdings an eigenen Mitteln zur Durchsetzung der Untersuchungsmaßnahmen. Sie wird sich in diesen Fällen daher der Amtshilfe seitens der mitgliedstaatlichen Behörden bedienen.

IV. Maßnahmen der Kommission

1. Vorschläge nach Art. 105 Abs. 1 S. 3

6 Ergibt die Untersuchung, dass eine Zuwiderhandlung gegen Art. 101 bzw. 102 AEUV vorliegt, so unterbreitet die Kommission zunächst einen Vorschlag zur Abstellung des Verstoßes. Der Vorschlag hat nach allgemeiner Meinung den Charakter einer unverbindlichen **Empfehlung** i. S. d. Art. 288 Abs. 5 AEUV. Umstritten ist, an wen sich die Vorschläge zu richten haben. Während nach Ansicht insbesondere des älteren Schrifttums[22] die Mitgliedstaaten die **Adressaten** der Empfehlungen sind, werden diese in der Praxis der Kommission[23] den zuwiderhandelnden Unternehmen unterbreitet. Weshalb ausschließlich eine dieser Handlungsmöglichkeiten bestehen soll, vermag indes keine der beiden Seiten über-

[19] Vgl. EuG Urt. v. 18.9.1992 Rs. T-24/90 – *Automec Srl/Kommission,* Slg. 1992, II-2223 Rn. 79; EuG Urt. v. 9.1.1996 Rs. T-575/93 – *Caspar Koelman/Kommission,* Slg. 1996, II-1/18 Rn. 39, bestätigt durch EuGH Beschl. v. 16.9.1997 Rs. C-59/96 – *Caspar Koelman/Kommission,* Slg. 1997, I-4809/4838 Rn. 42.

[20] Vgl. etwa *Pernice* in: Grabitz/Hilf, Kommentar zur Europäischen Union, 11. Ergänzungslieferung Oktober 1997, Art. 89 Rn. 7 f.; *Stadler* in: Langen/Bunte, Art. 105 Rn. 9.

[21] Vgl. *Deringer,* EWG-Kommentar, Art. 89 Rn. 54; *Gleiss/Hirsch,* Kommentar zum EG-Kartellrecht, 3. Aufl. 1978, Art. 89 Rn. 3.

[22] Vgl. *Gleiss/Hirsch* a. a. O. Art. 89 Rn. 3; *Draetta* in: Quadri/Monaco/Trabucchi, Commentario CEE, 1965, Art. 89 Rn. 3, S. 675.

[23] Ausschließlich für diese Möglichkeit die heute überwiegende Lehre, vgl. etwa *Jung* in: Calliess/Ruffert, Art. 105 Rn. 7; *Lohse* in: Frankfurter Kommentar, 77. Lfg. Oktober 2012, Art. 105 AEUV Rn. 7; *Stadler* in: Langen/Bunte, Art. 105 Rn. 11; *Schröter* in: Groeben/Schwarze, Art. 85 Rn. 14 (offener – „auch und sogar in erster Linie" – allerdings *ders.* in: Schröter/Jakob/Klotz/Mederer, Europäisches Wettbewerbsrecht, 2. Aufl. 2014, Art. 105 Rn. 26).

zeugend zu begründen. Art. 105 Abs. 2 S. 1 lässt beide Möglichkeiten offen, indem er nur daran anknüpft, dass die Zuwiderhandlung nicht abgestellt wird. Dass letztlich die Mitgliedstaaten die erforderlichen Abhilfemaßnahmen zu treffen haben, könnte zwar dafür sprechen, die Vorschläge an sie zu richten. Zwingend ist dies aber schon deshalb nicht, weil der die Ermächtigung der Mitgliedstaaten betreffende Abs. 2 S. 2 statt vom Abstellen der Zuwiderhandlung von der Abhilfe spricht[24] und die Adressaten der Feststellung nach Abs. 2 S. 1 jedenfalls auch die Unternehmen sind. Umgekehrt erscheint es methodisch unzulässig, aus Art. 3 Abs. 3 der – inzwischen außer Kraft getretenen – sekundärrechtlichen VO 17/62,[25] wonach die Unternehmen Adressaten von Vorschlägen der Kommission waren, ableiten zu wollen, dass dies auch für das Verfahren nach Art. 105 gelten müsse.[26] Da Wortlaut, Systematik und Zweck des Art. 105 keinen eindeutigen Aufschluss darüber vermitteln, wem die Vorschläge zu unterbreiten sind, ist davon auszugehen, dass der Kommission beide Möglichkeiten offen stehen[27] und sie nach pflichtgemäßem **Ermessen** entscheiden kann, ob sie die Empfehlung an die Mitgliedstaaten oder die Unternehmen richtet. In der **Kommissionspraxis** entsprechen die Vorschläge Beschwerdepunkten, in denen den Unternehmen neben Sachverhalt und rechtlicher Würdigung zusätzlich mitgeteilt wird, auf welche Weise sie eine feststellende Entscheidung nach Abs. 2 noch vermeiden können.[28] Die Abhilfe erfolgt seitens der Unternehmen regelmäßig dadurch, dass sie Zusagen gemäß den Vorschlägen der Kommission abgeben. Sofern das zugesagte Verhalten die Zuwiderhandlung entfallen lässt, dienen die Zusagen als Grundlage für die Einstellung des Verfahrens durch die Kommission und ggf. parallel nach Art. 104 AEUV prüfende nationale Wettbewerbsbehörden.

2. Maßnahmen nach Art. 105 Abs. 2

a) Feststellung der Zuwiderhandlung. Erst wenn die Zuwiderhandlung trotz des Vorschlags nicht abgestellt wird, hat die Kommission die Möglichkeit – und nach dem Wortlaut des Art. 105 Abs. 2 S. 1 auch die Verpflichtung –, die Zuwiderhandlung in einem mit Gründen versehenen Beschluss festzustellen. Es handelt sich dabei um einen **Beschluss** gem. Art. 288 Abs. 4 AEUV, der hinsichtlich des festgestellten Tatbestandes und seiner kartellrechtlichen Würdigung Bindungswirkung für die mitgliedstaatlichen Behörden und Gerichte entfaltet und letzteren – ebenso wie eine Entscheidung der nationalen Behörde nach Art. 104 AEUV – die unmittelbare Anwendung der Rechtsfolge des Art. 101 Abs. 2 AEUV eröffnet,[29] sofern diese nicht ohnehin schon als Konsequenz des Systemwechsels zur Legalausnahme zu bejahen ist.[30] 7

Der **Umfang der Bindungswirkung** wird durch die in Art. 105 Abs. 2 S. 1 eingeräumte Befugnis begrenzt, „Zuwiderhandlungen" gegen die in Art. 101, 102 AEUV niedergelegten Grundsätze festzustellen. Zu Feststellungen, dass *kein* solcher Verstoß vorliege, ist die Kommission nicht ermächtigt. Fraglich ist die Bindungswirkung dann, wenn die 8

---

24 Auch in den übrigen sprachlichen Fassungen des Vertrages werden insoweit unterschiedliche Formulierungen verwandt.

25 Vgl. Fn. 8.

26 So noch *Jung* in: Calliess/Ruffert, 2. Aufl. 2002, Art. 85 Rn. 8.

27 Wie hier *Pernice* (Fn. 20) Art. 89 Rn. 10; *Ludwigs* in: Grabitz/Hilf/Nettesheim, Stand 53. Ergänzungslieferung Mai 2014, Art. 105 AEUV Rn. 9; *Grill* in: Lenz, EG-Vertrag, 2. Aufl. 1999, Art. 85 Rn. 3; vgl. auch *Wohlfarth/Everling/Glaesner/Sprung,* Art. 89 Rn. 3.

28 Vgl. die in der Mitteilung der Kommission zur Allianz zwischen Lufthansa, SAS und United Airlines, ABl. C 239/5 v. 30.7.1998, 5 ff., zur Diskussion gestellten Mittel zur Abstellung der Zuwiderhandlung.

29 Vgl. EuGH Urt. v. 6.4.1962, Rs. 13/61 – *De Geus en Uitdenbogerd/Bosch,* Slg. 1962, 97/113, 116 f.; EuGH Urt. v. 30.4.1986 Verb. Rs. 209–213/84 – *Ministère public/Asjes u. a.,* Slg. 1986, 1425/1470 Rn. 68; EuGH Urt. v. 11.4.1989 Rs. 66/86 – *Ahmed Saeed Flugreisen u. a./Zentrale zur Bekämpfung unlauteren Wettbewerbs,* Slg. 1989, 803/847 Rn. 29; vgl. auch Art. 104 Rn. 10.

30 Vgl. dazu oben Art. 103 Rn. 3.

Kommission sich nicht darauf beschränkt, eine Zuwiderhandlung gegen die Grundsätze des Art. 101 Abs. 1 AEUV festzustellen, sondern sie zugleich eine Feststellung zur **Freistellungsfähigkeit** gem. Art. 101 Abs. 3 AEUV trifft. Die Kommission hat zwar i. R. d. Art. 105 nicht die Befugnis, eine Freistellung zu *erteilen* [31] Es steht jedoch im Einklang mit dem Prüfungsmaßstab des Art. 105 Abs. 1 S. 1, der den gesamten Art. 101 AEUV umfasst, und bildet zudem die Grundlage der zitierten Rechtsprechung des EuGH,[32] der Kommission auch die Möglichkeit zuzuerkennen, das Vorliegen der Freistellungsvoraussetzungen zu *prüfen.* Auf der Grundlage dieser traditionellen Auffassung bedurfte es einer behördlichen Entscheidung über das Vorliegen der Voraussetzungen des Art. 101 Abs. 3 AEUV, zu der die Gerichte nicht ermächtigt waren. Der Beschluss der Kommission nach Art. 105 AEUV sollte nach der Rechtsprechung des EuGH den Weg für die unmittelbare Anwendung der Rechtsfolgen des Art. 101 Abs. 2 AEUV durch die Gerichte eröffnen, und zwar deshalb, weil er die Prüfung des Art. 105 Abs. 3 AEUV umfasste. Auch wenn an der Notwendigkeit einer solchen vorherigen *behördlichen* Prüfung der Freistellungsvoraussetzungen im Lichte eines veränderten Verständnisses des Art. 101 Abs. 3 AEUV, wie es mit dem Übergang zum System der Legalausnahme verbunden ist, nicht länger festzuhalten sein dürfte, wird man der Kommission weiterhin die Befugnis zubilligen müssen, die Freistellungsvoraussetzungen im Verfahren nach Art. 105 AEUV zu prüfen und ihr Fehlen festzustellen. Die Kommission kann daher durch eine Entscheidung nach Art. 105 verbindlich beschließen, dass die Freistellungsvoraussetzungen nach Art. 101 Abs. 3 AEUV *nicht* vorliegen.[33] Geht sie hingegen davon aus, dass die Freistellungsvoraussetzungen erfüllt sind, so wird sie von einem Beschluss nach Art. 105 AEUV absehen müssen, da eine Zuwiderhandlung gegen die in Art. 101 AEUV (unter Einschluss von dessen Abs. 3) niedergelegten Grundsätze nicht vorliegt. Stellt die Kommission fest, dass eine Zuwiderhandlung vorliegt und die Freistellungsvoraussetzungen nicht erfüllt sind, macht sie aber in der Entscheidung zugleich **Vorschläge,** wie die Freistellungsvoraussetzungen erfüllt werden könnten, so dürfte dieser Bestandteil der Entscheidung nicht durch die in Art. 105 Abs. 2 S. 1 enthaltene Befugnis gedeckt sein und daher gegenüber den Mitgliedstaaten keine Bindungswirkung entfalten.

9 Die im Ermessen der Kommission stehende **Veröffentlichung** der Entscheidung ist nicht nur ein Mittel, um die Transparenz der Wettbewerbsaufsicht zu erhöhen. Sie kann vielmehr auch dazu dienen, öffentlichen Druck gegen das den Art. 101, 102 AEUV widersprechende Verhalten hervorzurufen oder zu steigern.

10 **b) Ermächtigung der Mitgliedstaaten.** Die Kommission hat keine Möglichkeit, **Abhilfemaßnahmen** selbst durchzusetzen, kann aber die Mitgliedstaaten hierzu **ermächtigen** und die Einzelheiten und Bedingungen festlegen. Die Bestimmung lässt zahlreiche Deutungen zu. In der älteren Literatur wird überwiegend die Ansicht vertreten, Abhilfemaßnahmen könnten **Schutzmaßnahmen** aller Art (Schutzzölle, Einfuhrbeschränkungen, Abwehrkartelle etc.) sein.[34] Die heute h. M. lehnt dies als systemwidrig ab. Ihr zufolge können die Mitgliedstaaten nur zu solchen Maßnahmen ermächtigt werden, die ihr innerstaatliches Recht gegenüber Unternehmen – insbesondere zur Bekämpfung von Kartellen und des Missbrauchs wirtschaftlicher Machtstellungen – zulässt.[35] Für die ältere Auffassung

---

[31] Vgl. oben Rn. 1 mit Fn. 3.

[32] Vgl. EuGH Urt. v. 6.4.1962, Rs. 13/61 – *De Geus en Uitdenbogerd/Bosch,* Slg. 1962, 97/113, 116f.; EuGH Urt. v. 30.4.1986 Verb. Rs. 209–213/84 – *Ministère public/Asjes u. a.,* Slg. 1986, 1425/1470 Rn. 68; EuGH Urt. v. 11.4.1989 Rs. 66/86 – *Ahmed Saeed Flugreisen u. a./Zentrale zur Bekämpfung unlauteren Wettbewerbs,* Slg. 1989, 803/847 Rn. 29; vgl. auch oben Art. 104 Rn. 10.

[33] Ebenso *Jung* in: Calliess/Ruffert, Art. 105 Rn. 8.

[34] Vgl. etwa *Wohlfarth/Everling/Glaesner/Sprung,* Art. 89 Rn. 5; *Deringer,* EWG-Kommentar, Art. 89 Rn. 61; *Gleiss/Hirsch,* Kommentar zum EG-Kartellrecht, 3. Aufl. 1978, Art. 89 Rn. 3.

[35] Vgl. *Schröter* in: Groeben/Schwarze, Art. 85 Rn. 16; *Stadler* in: Langen/Bunte, Art. 105 Rn. 13; *Ritter* in: Immenga/Mestmäcker, EG-WbR Bd. II, 1. Aufl., S. 1482f.; *Jung* in: Calliess/Ruffert, Art. 105 Rn. 9; *Lohse* in: Frankfurter Kommentar, 77. Lfg. Oktober 2012, Art. 105 AEUV Rn. 7;

lässt sich anführen, dass eine Ermächtigung nur sinnvoll ist, wenn die betreffenden Maßnahmen ohne die Ermächtigung nicht zu Gebote stünden, und dass nicht die Behörden der Mitgliedstaaten, sondern die Mitgliedstaaten selbst ermächtigt werden. Beides kann als Hinweis darauf verstanden werden, dass Gegenstand der Ermächtigung außergewöhnliche Maßnahmen der genannten Art sein können. Gegen diese Auslegung spricht allerdings, dass die o. g. Schutzmaßnahmen der Zuwiderhandlung oder ihren Folgen nicht abhelfen, sondern allenfalls Druckmittel darstellen, die ihrerseits das Funktionieren des Gemeinsamen Marktes erheblich beeinträchtigen können. Ferner sieht Art. 105 keine Befugnis des Rates vor, die Maßnahmen zu korrigieren, während dies bei in der ursprünglichen Fassung des Vertrages enthaltenen, inzwischen abgeschafften Schutzklauseln überwiegend der Fall war.[36] Das Fehlen einer solchen Korrekturmöglichkeit des Rates spricht daher ebenfalls dagegen, Art. 105 den Charakter einer Schutzklausel beizumessen.

Im Ergebnis ist der heute hM zu folgen. Denn diese macht die Ermächtigung nicht etwa überflüssig, deren Sinn ist danach vielmehr **verfahrensökonomischer Natur:** Der Mitgliedstaat setzt das Kommissionsverfahren lediglich fort und kann sich daher auf die **Anordnung und Vollstreckung** der Maßnahmen beschränken, zu denen er ermächtigt wurde, während er ohne die Ermächtigung zur Durchführung eines vollständigen eigenen Verfahrens nach Art. 104 AEUV bzw. rein nationalem Recht genötigt wäre. Da es lediglich um die Anordnung und Vollstreckung von inhaltlich bereits vorgegebenen Maßnahmen geht, ist es darüber hinaus denkbar, diese Verfahrensschritte durchzuführen, noch bevor besondere Wettbewerbsbehörden geschaffen worden sind. Hierdurch ist erklärbar, dass sich die Ermächtigung an die Mitgliedstaaten statt an die zuständigen Behörden der Mitgliedstaaten richtet. 11

Obwohl der Mitgliedstaat kraft einer gemeinschaftsrechtlichen Ermächtigung handelt, ist davon auszugehen, dass sich die Wirkung seiner Entscheidungen auf sein **Territorium** beschränkt. Zum einen erscheint die Durchsetzung von Maßnahmen auf fremdem Staatsgebiet wenig praktikabel. Zum anderen wäre es seltsam, wenn die Kommission auswählen könnte, welchen von mehreren betroffenen Mitgliedstaaten sie zu gemeinschaftsweit wirkenden Maßnahmen ermächtigt. Die gegenteilige Auffassung hätte im Übrigen die merkwürdige Konsequenz, dass die Untersagungsentscheidung eines nach Art. 105 Abs. 2 S. 2 ermächtigten Mitgliedstaates gemeinschaftsweite Wirkung hätte, während Freistellungen – z. B. als Folge der Erfüllung von Bedingungen – nach wie vor nur national erteilt werden könnten. 12

Dass lediglich von einer Ermächtigung der Mitgliedstaaten die Rede ist, spricht dagegen, diese als in jedem Fall zur Durchführung der Maßnahme verpflichtet anzusehen. Da jedoch der Verstoß gegen Art. 101, 102 AEUV verbindlich festgestellt wurde und Art. 4 Abs. 3 EUV die Mitgliedstaaten auch zu einer aktiven Förderung der Vertragsziele verpflichtet, kann ein Untätigbleiben des ermächtigten Mitgliedstaats gegen seine Verpflichtung zu gemeinschaftsfreundlichem Verhalten verstoßen.[37] 13

V. Verhältnis zu Art. 104 AEUV

Die Kommission kann „unbeschadet des Art. 104" nach Art. 105 vorgehen, also auch dann, wenn die Mitgliedstaaten wegen der vermuteten Zuwiderhandlung bereits ein Ver- 14

---

a. A. *Pernice* in: Grabitz/Hilf, Kommentar zur europäischen Union, 11. Ergänzungslieferung Oktober 1997, Art. 89 Rn. 13: Ermächtigung qua Gemeinschaftsrecht im Falle fehlender innerstaatlicher Handlungsbefugnisse.

[36] Hierauf weisen *Wohlfarth/Everling/Glaesner/Sprung,* Art. 89 Rn. 5 sowie *Deringer,* EWG-Kommentar, Art. 89 Rn. 61, selbst hin.

[37] So auch *Ludwigs* in: Grabitz/Hilf/Nettesheim, Stand 53. Ergänzungslieferung Mai 2014, Art. 105 AEUV Rn. 10.

fahren nach Art. 104 AEUV eingeleitet haben. Ebenso wenig sind die Mitgliedstaaten durch ein bereits eingeleitetes Kommissionsverfahren nach Art. 105 an einem eigenständigen Vorgehen gemäß Art. 104 AEUV gehindert.[38] Die Stellung des das mitgliedstaatliche Verfahren regelnden Art. 104 AEUV vor Art. 105 und die geringeren Befugnisse der Kommission (keine Freistellungsbefugnis, keine eigenen Durchsetzungsbefugnisse) gegenüber den nach Art. 104 AEUV vorgehenden Behörden der Mitgliedstaaten stehen der Annahme einer Nachrangigkeit des Verfahrens nach Art. 104 AEUV entgegen. Auch die in Art. 105 Abs. 1 S. 2 AEUV vorgesehene Möglichkeit der Ermächtigung bedeutet nicht, dass erst durch die Ermächtigung ein Verfahrenshindernis für die Mitgliedstaaten beseitigt wird, denn wäre dies der Fall, so könnte die Ermächtigung nicht im Ermessen der Kommission stehen, sie müsste vielmehr zwingend vorgesehen sein. Anderenfalls könnten bei unterbliebener Ermächtigung weder die Kommission (mangels Durchsetzungsbefugnissen) noch die Mitgliedstaaten (wegen eines Verfahrenshindernisses) gegen die festgestellte Zuwiderhandlung vorgehen. Die im früheren Sekundärrecht getroffenen Zuständigkeitsregelungen (vgl. Art. 9 Abs. 3 VO 17/62; Art. 15 VO 1017/68; Art. 14 VO 4056/86; Art. 7 VO 3975/87) sind durch die VO 1/03 außer Kraft gesetzt worden und waren auch zuvor für die Auslegung des Vertrages nicht maßgeblich. Darüber hinaus konnten sie auch keine hinreichende Basis für eine Analogie bilden, weil sie Fallgestaltungen betrafen, in denen statt der Mitgliedstaaten die Kommission über die Freistellungsbefugnis verfügte. Meinungsverschiedenheiten zwischen Kommission und Mitgliedstaaten konnten bislang durch intensive Kooperation vermieden oder beseitigt werden. Lässt sich keine Einigung erzielen, werden die Mitgliedstaaten allerdings akzeptieren müssen, dass die Kommission verbindlich das Vorliegen einer Zuwiderhandlung feststellen und dabei auch die Freistellungsfähigkeit des Verhaltens verneinen kann (s. o. Rn. 7, 8).

VI. Befugnis nach Abs. 3

15 Der erst durch den Vertrag von Lissabon eingefügte Abs. 3 ist in seiner **Bedeutung umstritten.** Während er nach einer Ansicht lediglich die bisherige Praxis der zweistufigen Rechtsetzung bestätigt, rein **deklaratorischen** Charakter hat[39] und somit nicht von den Anforderungen einer delegierten Rechtsetzung nach Art. 290 AEUV dispensiert, kommt ihm nach überwiegender Auffassung[40] **eigenständige Bedeutung** zu: Es handele sich um eine **originäre primärrechtliche Kompetenzzuweisung** zum Erlass von Gruppenfreistellungsverordnungen, die gerade nicht den Anforderungen des Art. 290 AEUV – insbesondere auch nicht jenen des Abs. 1 Unterabs. 2 – unterliege. Gegen eine rein deklaratorische Bedeutung der Vorschrift spricht, dass die Zulässigkeit der zweistufigen Rechtsetzung allgemein anerkannt war und für eine bloße Klarstellung somit kein Regelungsanlass bestand. Daher erscheint es zutreffend, für den als Tatbestandsvoraussetzung genannten Fall, dass der Rat eine Verordnung oder Richtlinie nach Art. 103 Abs. 2 Buchst. b) zu Gruppen

---

[38] Vgl. *Schröter* in: Groeben/Schwarze, Art. 85 Rn. 6; *Brinker* in: Schwarze, EU-Kommentar, Art. 105 Rn. 3; *Eilmansberger* in: Streinz, EUV/EGV, 2. Aufl. 2012, Art. 105 AEUV Rn. 2; *Kerse*, ECLR 1997, 17/19. Noch deutlicher als durch die Wendung „unbeschadet des Artikels 104“ wird dies z. B. durch die in der englischen Vertragsfassung verwandte Formulierung „without prejudice to Article 104“.

[39] Vgl. *Brinker* in: Schwarze, EU-Kommentar, Art. 105 Rn. 4.

[40] Vgl. etwa *Schröter* in: ders./Jakob/Klotz/Mederer, Europäisches Wettbewerbsrecht, 2. Aufl. 2014, Art. 105 Rn. 33; *Stadler* in: Langen/Bunte, Art. 105 Rn. 5; *Jung* in: Calliess/Ruffert, Art. 105 Rn. 10; *Lohse* in: Frankfurter Kommentar, 77. Lfg. Oktober 2012, Art. 105 AEUV Rn. 9; *Ludwigs* in: Grabitz/Hilf/Nettesheim, Stand 53. Ergänzungslieferung Mai 2014, Art. 105 AEUV Rn. 11; *Khan* in: Geiger/Khan/Kotzur, EUV/AEUV, 5. Aufl. 2010, Art. 105 AEUV Rn. 3; im Ausgangspunkt auch *Korte* in: MünchKommEUWettbR, Art. 105 Rn. 22, der jedoch für die (entsprechende) Anwendung der Voraussetzungen der Art. 290 f. eintritt (ebenda, Rn. 23, 26 ff.).

von Vereinbarungen[41] erlassen hat, der Kommission **unmittelbar aus Art. 105 Abs. 3** eine auf diese Gruppen von Vereinbarungen bezogene Befugnis zum Erlass von Gruppenfreistellungsverordnungen zuzuerkennen, ohne dass es einer ausdrücklichen Delegation nach Art. 290 Abs. 1 Unterabs. 1 bedürfte.

Da diese unmittelbare primärrechtliche Befugnis zeitlich nicht beschränkt ist, bedarf es auch keiner Festlegung der Dauer der Befugnis in der vom Rat erlassenen Verordnung oder Richtlinie gemäß Art. 290 Abs. 1 Unterabs. 2.[42] Ebenso wenig sind die Art. 290 Abs. 2 und 3 einschlägig, da diese an eine Delegation durch Rechtsakt des Rates anknüpfen, während die Befugnis hier bereits durch Primärrecht zuerkannt wird, auch wenn dieses tatbestandlich einen Rechtsakt des Rates voraussetzt.[43] Zu weitgehend erscheint indes die Auffassung,[44] auch eine nähere Bestimmung von **Ziel, Inhalt und Geltungsbereich** der Gruppenfreistellungsverordnung sei im Rechtsakt des Rates entbehrlich. Das Erfordernis entsprechender Vorgaben ergibt sich bereits daraus, dass Art. 105 Abs. 3 eine Verordnung oder Richtlinie des Rates nach Art. 103 Abs. 2 Buchst. b) voraussetzt. Deren Gegenstand müssen somit die *Einzelheiten* der Anwendung des Art. 101 Abs. 3 im Hinblick auf bestimmte Gruppen von Vereinbarungen sein. Lediglich allgemeine Beschreibungen und blankettähnliche Formulierungen genügen daher nicht.[45] 16

Unabhängig von den soeben dargestellten Auffassungen sind **Vorgaben,** die der Rat in der Richtlinie oder Verordnung zur Ausgestaltung der Gruppenfreistellungsverordnung macht, aus Gründen der **Normenhierarchie** für die Kommission **verbindlich.**[46] Da der Rat alles selbst regeln oder eine Regelung gänzlich unterlassen könnte – in beiden Fällen wären Befugnisse der Kommission nach Art. 105 Abs. 3 nicht begründet –, muss er die Regelungsbefugnisse der Kommssion auch wirksam beschränken dürfen. Zu beachten wäre es daher auch, wenn der Rat in einer Richtlinie oder Verordnung nach Art. 103 Abs. 2 Buchst. b) festlegte, dass die Kommission *keine* Gruppenfreistellungsverordnung nach Art. 105 Abs. 3 erlassen darf. Er könnte hiermit beispielsweise verhindern, dass bei Erlass einer Richtlinie die Umsetzungsspielräume der Mitgliedstaaten durch die nach Art. 105 Abs. 3 anderenfalls eröffneten Befugnisse der Kommission eingeschränkt werden. 17

Tatbestandlich setzt Art. 105 Abs. 3 eine Verordnung oder Richtlinie nach Art. 103 Abs. 2 **Buchst. b)** voraus. Verordnungen nach Art. 103 Abs. 2 **Buchst. c)** (vgl. oben Art. 103 Rn. 16 f.) eröffnen somit nicht die Befugnisse nach Abs. 3. Dessen Voraussetzungen sind überdies nur insoweit erfüllt, als der Rechtsakt des Rates **allein** auf Art. 103 Abs. 2 Buchst. b) – und nicht etwa zusätzlich auf andere Vertragsbestimmungen, insbesondere Art. 352 AEUV – gestützt wird, denn anderenfalls würden die strengeren Anforderungen für den Erlass von Sekundärrecht aufgrund dieser weiteren Kompetenztitel unterlaufen. 18

[41] Gleiches gilt für Beschlüsse und abgestimmte Verhaltensweisen. Dass diese in Art. 105 Abs. 3 im Gegensatz zu Art. 101 nicht erwähnt werden, dürfte auf einem Redaktionsversehen beruhen, vgl. *Schröter* in: ders./Jakob/Klotz/Mederer, Europäisches Wettbewerbsrecht, 2. Aufl. 2014, Art. 105 Rn. 30.

[42] Vgl. *Schröter* in: ders./Jakob/Klotz/Mederer, Europäisches Wettbewerbsrecht, 2. Aufl. 2014, Art. 105 Rn. 33.

[43] Vgl. *Schröter* in: ders./Jakob/Klotz/Mederer, Europäisches Wettbewerbsrecht, 2. Aufl. 2014, Art. 105 Rn. 33.

[44] Vgl. etwa *Stadler* in: Langen/Bunte, Art. 105 Rn. 5.

[45] Im Ergebnis ähnlich, aber noch darüber hinausgehend *Korte* in: MünchKommEUWettbR, Art. 105 Rn. 23, 26 ff. (Rückgriff auf Art. 290 Abs. 1 Unterabs. 2, wohl im Wege der Analogie).

[46] Vgl. etwa *Stadler* in: Langen/Bunte, Art. 105 Rn. 5.

Art. 106 [Öffentliche Unternehmen; Dienstleistungen von allgemeinem wirtschaftlichem Interesse]

(1) **Die Mitgliedstaaten werden in Bezug auf öffentliche Unternehmen und auf Unternehmen, denen sie besondere oder ausschließliche Rechte gewähren, keine den Verträgen und insbesondere den Artikeln 18 und 101 bis 109 widersprechende Maßnahmen treffen oder beibehalten.**

(2) [1]**Für Unternehmen, die mit Dienstleistungen von allgemeinem wirtschaftlichem Interesse betraut sind oder den Charakter eines Finanzmonopols haben, gelten die Vorschriften der Verträge, insbesondere die Wettbewerbsregeln, soweit die Anwendung dieser Vorschriften nicht die Erfüllung der ihnen übertragenen besonderen Aufgabe rechtlich oder tatsächlich verhindert.** [2]**Die Entwicklung des Handelsverkehrs darf nicht in einem Ausmaß beeinträchtigt werden, das dem Interesse der Union zuwiderläuft.**

(3) **Die Kommission achtet auf die Anwendung dieses Artikels und richtet erforderlichenfalls geeignete Richtlinien oder Beschlüsse an die Mitgliedstaaten.**

Übersicht

Schrifttum: *Badura,* Das öffentliche Unternehmen im europäischen Binnenmarkt, ZGR 26 (1997), S. 291; *ders.,* „Dienste von allgemeinem wirtschaftlichem Interesse" unter der Aufsicht der Europäischen Gemeinschaft in: Classen/Dittmann/Fechner/Gassner/Kilian (Hrsg.), „In einem vereinten Europa dem Frieden der Welt zu dienen …" Liber amicorum Thomas Oppermann, 2001, S. 571; *Bala,* Art. 90 Abs. 2 EGV im System unverfälschten Wettbewerbs – unter besonderer Berücksichtigung der Elektrizitätsversorgungswirtschaft, Diss. jur. Münster 1997; *Böhmann,* Privatisierungsdruck des Europarechts, 2001; *Bruhns,* Dienste von allgemeinem wirtschaftlichem Interesse im europäischen Binnenmarktrecht, Diss. jur. Heidelberg 2001; *Bußmann,* Dienstleistungen von allgemeinem wirtschaftlichem Interesse nach Art. 16, 86 Abs. 2 EG und Art. 36 Grundrechtecharta unter Berücksichtigung des Vertrags von Lissabon, 2009; *Cox* (Hrsg.), Daseinsvorsorge und öffentliche Dienstleistungen in der Europäischen Union. Zum Widerstreit zwischen freiem Wettbewerb und Allgemeininteresse, 2000; *ders.,* Zur Organisation der Daseinsvorsorge in Deutschland. Stand und Entwicklungstendenzen in europäischer Perspektive, 2001; *ders.,* Dienstleistungen von allgemeinem wirtschaftlichen Interesse in Europa. Regulierung, Finanzierung, Evaluierung, gute Praktiken, ZögU 25 (2002), S. 331; *v. Dan-*

witz, Dienste von allgemeinem wirtschaftlichem Interesse in der europäischen Wettbewerbsordnung – Eine Perspektive für das öffentliche Kreditwesen?, NWVBl. 2002, 132; *ders.*, Die Rolle der Unternehmen der Daseinsvorsorge im Verfassungsentwurf, in: Schwarze (Hrsg.), Der Verfassungsentwurf des Europäischen Konvents, 2004, S. 251; *Dohms,* Die Bedeutung des Art. 86 n. F. (= Art. 90 a. F.) EGV für die wettbewerbsrelevanten Vorschriften des EG-Vertrages, Diss. jur. Berlin 2001; *Ehlers,* Empfiehlt es sich, das Recht der öffentlichen Unternehmen im Spannungsfeld von öffentlichem Auftrag und Wettbewerb national und gemeinschaftsrechtlich neu zu regeln? Gutachten E zum 64. Deutschen Juristentag, 2002; *Emmerich,* Das Wirtschaftsrecht der öffentlichen Unternehmen, 1969; *Erhardt,* Beihilfen für öffentliche Dienstleistungen. Das Verhältnis zwischen Art. 87 und 86 EG, 2003; *Essebier,* Dienstleistungen von allgemeinem wirtschaftlichem Interesse und Wettbewerb. Eine rechtsvergleichende Untersuchung zu Art. 86 II EG, 2005; *Franzius,* Gewährleistung im Recht. Grundlagen eines europäischen Regelungsmodells öffentlicher Dienstleistungen, 2009; *Heinemann,* Grenzen staatlicher Monopole im EG-Vertrag, 1996; *Fesenmair,* Öffentliche Dienstleistungsmonopole im europäischen Recht. Eine juristisch-ökonomische Analyse unter besonderer Berücksichtigung der Theorie der natürlichen Monopole, 1996; *Frenz,* Dienste von allgemeinem wirtschaftlichem Interesse – Neuerungen durch Art. 16 EG, EuR 2000, 901; *ders.*, Europarechtliche Perspektiven kommunaler Dienste – Am Beispiel der Abfallwirtschaft, DÖV 2002, 1028; *Götz,* Die Betrauung mit Dienstleistungen von allgemeinem wirtschaftlichen Interesse (Art. 86 Abs. 2 EG) als Akt der öffentlichen Gewalt, in: Geis/Lorenz (Hrsg.), Staat, Kirche, Verwaltung. Festschrift für Hartmut Maurer zum 70. Geburtstag, 2001, S. 921; *Hailbronner,* Öffentliche Unternehmen im Binnenmarkt – Dienstleistungsmonopole und Gemeinschaftsrecht, NJW 1991, 593; *Hellermann,* Örtliche Daseinsvorsorge und gemeindliche Selbstverwaltung, 2000; *Helm,* Rechtspflicht zur Privatisierung. Privatisierungsgebote im deutschen und europäischen Recht, 1999; *Henneke* (Hrsg.), Kommunale Perspektiven im zusammenwachsenden Europa, 2002; *ders.*, Zehn Jahre Europäischer Binnenmarkt: Auswirkungen auf Strukturen, Institutionen und Modalitäten der Daseinsvorsorge in Deutschland, Der Landkreis 2003, 15; *Herrmann* (Ed./Hrsg.), European Services of General Interest. Touchstone for the German Social Economy/Europäische Daseinsvorsorge. Prüfsteine für die deutsche Sozialwirtschaft, 2002; *Hrbek/Nettesheim* (Hrsg.), Europäische Union und mitgliedstaatliche Daseinsvorsorge, 2002; *Hünnekens,* Rechtsfragen der wirtschaftlichen Infrastruktur, 1995; *Ipsen/Nicolaysen,* Öffentliche Unternehmen im Gemeinsamen Markt und Bericht über die aktuelle Entwicklung des Gemeinschaftsrechts, NJW 1964, 2336; *Jacobi,* Third-Party-Access im Europäischen Wettbewerbsrecht. Artikel 82 EG-Vertrag als Grundlage eines Zugangsanspruchs Dritter zu fremden Infrastruktureinrichtungen, 2002; *Jarass,* Kommunale Wirtschaftsunternehmen im Wettbewerb. Eine Analyse aktueller verfassungsrechtlicher, EG-rechtlicher und kommunalrechtlicher Probleme sowie ein Reformvorschlag, 2002; *Kämmerer,* Privatisierung. Typologie – Determinanten – Rechtspraxis – Folgen, 2001; *ders.*, Daseinsvorsorge als Gemeinschaftsziel oder: Europas „soziales Gewissen", NVwZ 2002, 1041; *Keller,* Service Public und Art. 86 Abs. 2 EGV, 1999; *Kling,* Staatliches Handeln, Daseinsvorsorge und Kartellrecht. Die Rolle der europäischen Wettbewerbsregeln im öffentlichen Sektor, 2014; *Knauff,* Der Gewährleistungsstaat: Reform der Daseinsvorsorge. Eine rechtswissenschaftliche Untersuchung unter besonderer Berücksichtigung des ÖPNV, 2004; *ders.*, Die Daseinsvorsorge im Visier Europas, VR 2004, 296; *ders.*, Globale Kommunalwirtschaft?, VR 2005, 145; *ders.*, Die Daseinsvorsorge im Vertrag von Lissabon, EuR 2010, 725; *ders.*, § 6 Die wirtschaftliche Befähigung der öffentlichen Hand, in: Schmidt/Wollenschläger (Hrsg.), Kompendium Öffentliches Wirtschaftsrecht, 4. Aufl. 2016; *Krajewski,* Öffentliche Dienstleistungen im europäischen Verfassungsrecht, DÖV 2005, 665; *ders.*, Dienstleistungen von allgemeinem Interesse im Vertrag von Lissabon, ZögU 2010, 75; *ders.*, Grundstrukturen des Rechts öffentlicher Dienstleistungen, 2011; *Lecheler,* Privatisierung von Verwaltungsaufgaben, BayVBl. 1994, 555; *Löwenberg,* Service Public und öffentliche Dienstleistungen in Europa. Ein Beitrag zu Art. 16 des EG-Vertrages, 2001; *Lübbig/Martín-Ehlers,* Beihilfenrecht der EU. Das Recht der Wettbewerbsaufsicht über staatliche Beihilfen in der Europäischen Union, 2. Aufl. 2009; *Malek,* Daseinsvorsorge und europäisches Beihilfenrecht. Die beihilfenrechtliche Bewertung von Ausgleichszahlungen für Dienstleistungen von allgemeinem wirtschaftlichem Interesse, 2013; *Mann,* Die öffentlich-rechtliche Gesellschaft. Zur Fortentwicklung des Rechtsformenspektrums für öffentliche Unternehmen, 2002; *ders.*, Öffentliche Unternehmen im Spannungsfeld von öffentlichem Auftrag und Wettbewerb, JZ 2002, 819; *Markopoulos,* EU-Wirtschaftsverfassung und kommunale Wasserversorgung, KommJur 2012, 330; *Mestmäcker,* Staat und Unternehmen im europäischen Gemeinschaftsrecht, RabelsZ 52 (1988), S. 526; *ders.*, Daseinsvorsorge und Universaldienst im europäischen Kontext. Ein Beitrag zur Funktion von Art. 90 Abs. 2 EGV, in: Ruland/v. Maydell/Papier (Hrsg.), Verfassung, Theorie und Praxis des Sozialstaats. Festschrift für Hans F. Zacher zum 70. Geburtstag, 1998, S. 635; *Peter,* Rechtliche Grenzen der gemeindlichen Wirtschaftsbetätigung durch die kommunale Selbstverwaltungsgarantie im Kontext europäischer Integration, 2012; *Ostendorf,* Der Einfluss des Sekundärrechts auf Auslegung und Anwendung von Art. 86 II EGV in den einzelnen Wirtschaftssektoren, Diss. jur. FU Berlin 2002; *Pielow,*

Grundstrukturen öffentlicher Versorgung. Vorgaben des Europäischen Gemeinschaftsrechts sowie des französischen und deutschen Rechts unter besonderer Berücksichtigung der Elektrizitätswirtschaft, 2001; *Pöhn,* Wirtschaftslenkung in den Formen des Öffentlichen Rechts und des Zivilrechts – verfassungsrechtliche und europarechtliche Vorgaben, 2002; *Rinne,* Die Energiewirtschaft zwischen Wettbewerb und öffentlicher Aufgabe. Zugleich ein Beitrag zu Art. 90 Abs. 2 EGV, 1998; *Ruge,* Kommentar zu den Auswirkungen des Protokolls über Dienste von allgemeinem Interesse auf Daseinsvorsorge und Vergaberecht, WiVerw 2008, 263; *Rumpff,* Das Ende der öffentlichen Dienstleistungen in der Europäischen Union? Art. 86 Abs. 2 (ex-Art. 90 Abs. 2) EGV im System des EGV, 2000; *Schmidt,* Die Liberalisierung der Daseinsvorsorge, Der Staat 42 (2003), S. 225; *Schader-Stiftung* (Hrsg.), Die Zukunft der Daseinsvorsorge – Öffentliche Unternehmen im Wettbewerb, 2001; *Schnabel,* Öffentliche Unternehmen in der Europäischen Union. Artikel 106 in Verbindung mit Art. 101 AEUV als Begrenzung staatlicher Maßnahmen zu Gunsten einer sozialen Marktwirtschaft mit einem unverfälschten Wettbewerb, 2014; *Schneider,* Der Staat als Wirtschaftssubjekt und Steuerungsakteur, DVBl. 2000, 1250; *Schorkopf,* Das Protokoll über die Dienste von allgemeinem Interesse und seine Auswirkungen auf das öffentliche Wettbewerbsrecht, WiVerw 2008, 253; *Schwarze* (Hrsg.), Daseinsvorsorge im Lichte des Wettbewerbsrechts, 2001; *ders.,* Daseinsvorsorge im Lichte des europäischen Wettbewerbsrechts, EuZW 2001, 334; *Schweitzer,* Daseinsvorsorge, „service public", Universaldienst: Art. 86 Abs. 2 EG-Vertrag und die Liberalisierung in den Sektoren Telekommunikation, Energie und Post, Baden-Baden 2001/2002; *dies.,* Die Daseinsvorsorge im Verfassungsentwurf des Europäischen Konvents – Ein europäischer „service public"? in: Schwarze (Hrsg.), Der Verfassungsentwurf des Europäischen Konvents, 2004, S. 269; *Storr,* Der Staat als Unternehmer. Öffentliche Unternehmen in der Freiheits- und Gleichheitsdogmatik des nationalen Rechts und des Gemeinschaftsrechts, 2001; *ders.,* Zwischen überkommener Daseinsvorsorge und Diensten von allgemeinem wirtschaftlichem Interesse – Mitgliedstaatliche und europäische Kompetenzen im Recht der öffentlichen Dienste, DÖV 2002, 357; *Tettinger,* Maastricht II – Vertragsergänzung zur Sicherung der Daseinsvorsorge in Europa?, DVBl. 1997, 341; *Triantafyllou,* Der Staat als Garant der Wettbewerbsstruktur, EuZW 2014, 734; *Weiß,* Privatisierung und Staatsaufgaben. Privatisierungsentscheidungen im Lichte einer grundrechtlichen Staatsaufgabenlehre unter dem Grundgesetz, 2002; *ders.,* Europarecht und Privatisierung, AöR 128 (2003), S. 91; *ders.,* Kommunale Energieversorger und EG-Recht: Fordert das EG-Recht die Beseitigung der Beschränkungen für die kommunale Wirtschaft? Ein Beitrag zum Grundfreiheitenstatus öffentlicher Unternehmen, DVBl. 2003, 564; *ders.,* Öffentliche Unternehmen und EGV, EuR 2003, 165; *Welti,* Die kommunale Daseinsvorsorge und der Vertrag über eine Verfassung für Europa, AöR 130 (2005), S. 529; *Wernicke,* Die gewandelte Bedeutung des Art. 106 AEUV: Aus den Apokryphen zum Kanon der Wirtschaftsverfassung, EuZW 2015, 281; *Wieland/Hellermann,* Der Schutz des Selbstverwaltungsrechts der Kommunen gegenüber Einschränkungen ihrer wirtschaftlichen Betätigung im nationalen und europäischen Recht, 1995; *Wissenschaftlicher Beirat beim Bundesministerium für Wirtschaft und Technologie,* „Daseinsvorsorge" im europäischen Binnenmarkt, 2002; *Wollenschläger,* § 6 Wettbewerbliche Vorgaben für öffentliche Unternehmen, in: Kirchhof/Korte/Magen (Hrsg.), Öffentliches Wettbewerbsrecht. Neuvermessung eines Rechtsgebiets, 2014; *Wuermeling,* Auswirkungen des Lissabonner Vertrages auf die Daseinsvorsorge, WiVerw 2008, 247; *Zahn,* Kommunale Dienstleistungsmonopole, Diss. jur. Konstanz 1994.

I. Art. 106 AEUV im Kontext

1 Art. 106 AEUV ist die **Zentralnorm des Europarechts in Bezug auf öffentliche Unternehmen sowie Unternehmen mit staatlich verliehenen Sonderrechten.**[1] Trotz ihrer systematischen Zugehörigkeit zu den Wettbewerbsregeln des AEUV beschränken sich ihre Wirkungen nicht auf das Wettbewerbsrecht, sondern beziehen sich auf das gesamte Europarecht. Art. 106 AEUV weist daher Bezüge zu zahlreichen anderen Bestimmungen des Primärrechts auf. Dabei treten Wechselwirkungen auf, die für die Interpretation von erheblicher Bedeutung sind.

2 Die drei Absätze der Bestimmung regeln **unterschiedliche Sachverhalte.** Gleichwohl bestehen zwischen diesen in der Praxis vielfach Überschneidungen, so dass die Absätze der Norm einen inneren Zusammenhang aufweisen. Art. 106 Abs. 1 AEUV bekräftigt die Geltung der europarechtlichen Vorgaben (auch) für öffentliche Unternehmen sowie Unternehmen, denen seitens der Mitgliedstaaten besondere oder ausschließliche Rechte

[1] Ebenso *Müller-Graff* in: Vedder/Heintschel von Heinegg, Art. 106 AEUV Rn. 2.

verliehen wurden. Art. 106 Abs. 2 AEUV ermöglicht dagegen unter bestimmten Voraussetzungen Ausnahmen von der Anwendung von Vertragsvorschriften im Hinblick auf diejenigen Unternehmen, die „Dienstleistungen von allgemeinem wirtschaftlichem Interesse" erbringen oder den Charakter eines Finanzmonopols aufweisen. Typischerweise handelt es sich dabei um Unternehmen, die auch von Art. 106 Abs. 1 AEUV erfasst werden.[2] Dies ist jedoch nicht zwingend der Fall. Während Art. 106 Abs. 1 AEUV maßgeblich an die Trägerschaft der Unternehmen oder staatlich gewährte Sonderrechte anknüpft, liegt Art. 106 Abs. 2 AEUV ein ausschließlich aufgabenbezogener Regelungsansatz zugrunde, so dass es auf die Trägerschaft des Unternehmens oder seine Nähe zur öffentlichen Hand nicht ankommt. Art. 106 Abs. 3 AEUV enthält eine Überwachungsaufgabe und Handlungsermächtigung für die Kommission, die sich auf beide vorstehende Absätze bezieht.

1. Entwicklung und praktische Bedeutung

Der heutige Art. 106 AEUV war als Art. 90 EWGV bereits in den **Römischen Ver- 3
trägen** enthalten. Allerdings war seine Einführung stark umstritten.[3] Während die Gründungsstaaten mit einer ausgeprägten öffentlichen Wirtschaft, insbesondere Frankreich und Italien, diese nicht in den Anwendungsbereich des Europarechts einbeziehen und dadurch schützen wollten, sahen die stärker privatwirtschaftlich-wettbewerblich geprägten Benelux-Staaten die Gefahr, dass ihre Volkswirtschaften ohne eine uneingeschränkte Bindung öffentlicher Unternehmen an das Europarecht durch übermächtige ausländische Staatswirtschaften geschädigt würden.[4] Der in Gestalt des Art. 90 EWGV, dessen Formulierung bewusst unklar vorgenommen wurde,[5] gefundene **Kompromiss**[6] ist wegen der Unvereinbarkeit dieser Positionen zu Recht als Formel-[7] oder Negativkompromiss[8] bezeichnet worden und hat zur Folge, dass Art. 106 AEUV „die umstrittenste und rätselhafteste Vorschrift von allen" Bestimmungen des EU-Wettbewerbsrechts ist.[9] Die widerstreitenden Ansätze zeigen sich bis heute in den ersten beiden Absätzen der Vorschrift. Während Art. 106 Abs. 1 AEUV darauf abzielt, die Sonderstellung öffentlicher Unternehmen einzugrenzen, öffnet Art. 106 Abs. 2 AEUV diese Eingrenzung wieder, wenn auch auf Grundlage eines tätigkeitsbasierten Regelungsansatzes.

Seit seiner Entstehung hat der heutige Art. 106 AEUV **keine inhaltlichen Änderun- 4
gen** erfahren.[10] Auch im Zusammenhang mit der Schaffung des Art. 16 EGV (heute Art. 14 AEUV) durch den Vertrag von Amsterdam wurde der Regelungsgehalt des Art. 106 AEUV nicht in Frage gestellt. Seine systematische Verortung blieb über alle bisherigen Vertragsänderungen hinweg erhalten. Allein die in Art. 106 Abs. 1 AEUV in Bezug genommenen Bestimmungen wurden mehrfach ihrer veränderten Nummerierung angepasst und der ursprünglich in Art. 106 Abs. 3 AEUV enthaltene Begriff der Entscheidungen durch denjenigen der Beschlüsse ersetzt, wobei es sich um eine Folgeänderung in Be-

---

[2] Vgl. auch *Püttner* in: Hrbek/Nettesheim, S. 32 (36); daher für ein Verständnis der Vorschriften als „Einheit" FK/*Kapp,* Art. 106 AEUV Rn. 103; *Emmerich/Hoffmann* in: Dauses, EU-Wirtschaftsrecht, H. II. Rn. 131.

[3] *Heinemann,* S. 53.

[4] Zur Ausgestaltung der wirtschaftlichen Staatstätigkeit in den einzelnen EWG-Gründungsmitgliedern siehe *Emmerich,* S. 44 ff.; zur Entstehungsgeschichte der Vorschrift vgl. *Löwenberg,* S. 125 ff.

[5] *Heinemann,* S. 54; *Henneke,* Der Landkreis 2003, 15 (16); *Löwenberg,* S. 128; *Kämmerer,* NVwZ 2002, 1041 (1042). Positiv spricht *Mann,* S. 30, von einer „oszillierende[n] Tatbestandsstruktur".

[6] *Hellermann,* S. 87; *Ipsen/Nicolaysen,* NJW 1964, 2336 (2337); *Tettinger,* DVBl. 1997, 341 (345); *Zahn,* S. 154 f.

[7] *Emmerich/Hoffmann* in: Dauses, EU-Wirtschaftsrecht, H. II. Rn. 70, 79; *Fesenmair,* S. 29; *Pielow,* S. 51.

[8] *Kämmerer,* NVwZ 2002, 1041 (1042); ebenso *Henneke,* Der Landkreis 2003, 15 (16).

[9] *Markopoulos,* KommJur 2012, 330 (331).

[10] Zum Bedeutungswandel siehe aber *Wernicke,* EuZW 2015, 281 ff.

zug auf den heutigen Art. 288 AEUV handelt. Zudem wird seither auf „die Verträge" und damit auch auf den EUV Bezug genommen.[11]

5 Die drei Absätze des Art. 106 AEUV verfügen sämtlich über eine **praktische Relevanz.** Zu Art. 106 Abs. 1 und 2 AEUV besteht eine beachtliche Entscheidungspraxis. Die Auswirkungen einzelner Entscheidungen sind dabei erheblich, da sie Grundfragen der öffentlichen Wirtschaft und der mitgliedstaatlichen Organisation der Leistungserbringung in den Bereichen der Daseinsvorsorge betreffen und weit über den konkreten Einzelfall hinaus von Bedeutung sind.[12] In Bezug auf die Rechtsetzung ist Art. 106 AEUV in doppelter Hinsicht von Bedeutung. Zum einen wurden einige Richtlinien von der Kommission auf Grundlage von Art. 106 Abs. 3 AEUV erlassen. Zum anderen fließen die Wertungen des Art. 106 Abs. 1 und 2 AEUV in die Ausgestaltung von Sekundärrechtsakten ein, die auf anderen Rechtsgrundlagen beruhen und zudem vornehmlich andere Regelungsziele verfolgen, sich jedoch auch auf die öffentliche Wirtschaft und Sektoren der Daseinsvorsorge auszuwirken geeignet sind.

2. Zwecke

6 Infolge der disparaten Regelungsziele von Art. 106 Abs. 1 und 2 AEUV beschränkt sich die Funktion der Gesamtnorm darauf, öffentliche Unternehmen und – sei es aufgrund zugewiesener Sonderrechte oder Aufgaben – andere staatsnahe Unternehmen europarechtlich zu erfassen und in Bezug auf diese **Rechtsklarheit** zu schaffen. Darüber hinaus verfügen die Absätze der Norm über eine funktionale Eigenständigkeit.

7 Art. 106 Abs. 1 AEUV statuiert einen **Grundsatz der Nichtprivilegierung** öffentlicher und anderer staatsnaher Unternehmen.[13] Das an die Mitgliedstaaten gerichtete Verbot, in Bezug auf diese Unternehmen dem Europarecht widersprechende Maßnahmen zu treffen oder beizubehalten ist vor dem Hintergrund der verbreiteten Instrumentalisierung derartiger Unternehmen zu sehen. Dies wie auch die Entstehungsgeschichte der Norm sprechen dagegen, in Art. 106 Abs. 1 AEUV eine spezielle Ausprägung des allgemeinen Diskriminierungsverbotes[14] zu sehen. Eine Schlechterstellung öffentlicher und staatsnaher Unternehmen gegenüber privaten Unternehmen durch den jeweiligen Mitgliedstaat als Träger bzw. Verleiher der ausschließlichen oder besonderen Rechte, welche sowohl die Staatsnähe herstellen als auch daran anknüpfend den Anwendungsbereich von Art. 106 Abs. 1 AEUV eröffnen, erfolgt grundsätzlich nicht. Vielmehr bestanden in allen Mitgliedstaaten über Jahrzehnte hinweg rechtlich begründete Privilegien zugunsten derartiger Unternehmen bis hin zur Einräumung von Monopolstellungen. Die Eignung des Einsatzes dieser Unternehmen zur Erreichung europarechtswidriger Zwecke und die Erfahrung ihrer wettbewerblichen Besserstellung waren die maßgeblichen Gründe für die Schaffung von Art. 106 Abs. 1 AEUV. Eine Auslegung der Norm dahingehend, dass diese in Bezug auf die erfassten Unternehmen nicht nur Privilegierungen im Hinblick auf europarechtliche Verpflichtungen verbietet, sondern eine umfassende Gleichbehandlung öffentlicher und privater Unternehmen ungeachtet ihrer Besonderheiten gebietet,[15] trägt dem in Anbetracht des seither unveränderten Wortlauts nicht Rechnung. Zwar ist ein Interpretationswandel im Laufe von Jahrzehnten nicht grundsätzlich ausgeschlossen; er ist für die Norm jedoch

---

[11] *Wernicke* in: Grabitz/Hilf/Nettesheim, Art. 106 AEUV Rn. 1.

[12] Eine große praktische Bedeutung konstatierte bereits *Lecheler,* BayVBl. 1994, 555 (557), für Art. 86 Abs. 2 EGV.

[13] Ebenso *Bechtold/Bosch/Brinker,* EU-Kartellrecht, Art. 106 AEUV Rn. 2; *Voet van Vormizeele* in: Schwarze, EU-Kommentar, Art. 106 AEUV Rn. 4; *Kühling* in: Streinz, Art. 106 AEUV Rn. 2; *Krajewski,* Grundstrukturen, S. 352 ff.; *Schnabel,* S. 306; dahingehend auch MünchKomm/*Gundel,* Art. 106 AEUV Rn. 62 ff.

[14] Vgl. EuGH U. v. 21.3.1991 Rs. 303/88 – *Textilbeihilfen* Slg. 1991, I-1433 Rn. 19.

[15] *Wernicke* in: Grabitz/Hilf/Nettesheim, Art. 106 AEUV Rn. 5; wohl auch FK/*Kapp,* Art. 106 AEUV Rn. 7; *Stadler* in: Langen/Bunte, Art. 106 AEUV Rn. 14.

abzulehnen. Auf Grundlage der anerkannten Dogmatik führt er nicht zu anderen Ergebnissen: Sofern eine Schlechterstellung öffentlicher Unternehmen im Einzelfall erfolgt, wie etwa im Falle der Beschränkungen der geografischen Betätigungsmöglichkeiten kommunaler Unternehmen durch das verfassungs- und gemeindewirtschaftsrechtliche Örtlichkeitsprinzip,[16] kann Art. 106 Abs. 1 AEUV auch bei einem Verständnis als Diskriminierungsverbot keinen eigenständigen Beitrag zur Lösung der Problematik leisten. Indem die Vorschrift die Geltung des Europarechts anordnet, verweist sie u. a. auf die Grundfreiheiten als Maßstab. Diese gelten jedoch unabhängig davon auch zugunsten öffentlicher Unternehmen.[17]

Die Möglichkeiten der Mitgliedstaaten zur **Rechtfertigung von Eingriffen in die Grundfreiheiten,** die gerade in der Zuordnung öffentlicher Unternehmen zum Staat begründet sind, etwa aus Gründen der Aufrechterhaltung der von öffentlichen Unternehmen wahrgenommenen Verwaltungsfunktionen,[18] werden **dadurch nicht beschränkt.** Würde jedoch Art. 106 Abs. 1 AEUV, verstanden als umfassendes Gleichbehandlungsgebot, zusätzlich dazu dienen (sollen), diese Rechtfertigungsmöglichkeiten einzuschränken,[19] beraubte dies die Mitgliedstaaten ihrer Steuerungsmöglichkeiten in Bezug auf ihre Unternehmen. Damit wäre sogar eine Schlechterstellung der Träger öffentlicher Unternehmen gegenüber denjenigen privater Unternehmen verbunden: Während private Eigentümer aufgrund ihrer grundsätzlich fehlenden Bindung an die Grundfreiheiten[20] ihren Unternehmen ein Tätigwerden in anderen EU-Mitgliedstaaten durchaus und sogar ohne Begründung verwehren können, wäre dies dem Staat und seinen Untergliederungen bei öffentlichen Unternehmen kaum je möglich. Damit würde Art. 106 Abs. 1 AEUV jedoch seinen Sinn ins Gegenteil verkehren: An die Stelle der Verhinderung von Diskriminierungen privater Unternehmen träte letztlich die europarechtlich begründete Privilegierung öffentlicher Unternehmen und ihre Freistellung von öffentlicher (und damit auch demokratischer) Steuerung und Kontrolle. Ein solches Auslegungsergebnis ist jedoch nicht nur ahistorisch und würde die Gemeinwohlorientierung öffentlicher Unternehmen normativ in Frage stellen. Es steht zudem in Widerspruch zu Art. 106 Abs. 2 AEUV. Eine Auslegung von Art. 106 Abs. 1 AEUV als in jede Richtung wirkendes und insoweit „neutrales" Diskriminierungsverbot ist daher abzulehnen, so dass es bei dem herkömmlichen Verständnis der Norm als Verbot der Privilegierung öffentlicher und staatsnaher Unternehmen[21] bleiben muss. 8

Art. 106 Abs. 2 AEUV verfolgt demgegenüber das Ziel einer **Sicherstellung von gemeinwohlorientierten Leistungen** und ermöglicht zu diesem Zweck eine Nichtanwendung europarechtlicher Vorgaben. Die Formulierung der Norm knüpft gleichwohl an die 9

---

[16] Für Europarechtskonformität etwa *Peter,* S. 738 ff.; *Knauff,* VR 2005, 145 ff.; a. A. *Ehricke,* Die Vereinbarkeit des kommunalen Örtlichkeitsprinzips mit dem EG-Recht, 2009, S. 111; differenzierend *Wenzl,* Das Örtlichkeitsprinzip im europäischen Binnenmarkt. Die räumliche Beschränkung der Kommunalwirtschaft durch das deutsche (Verfassungs-)Recht und ihre Vereinbarkeit mit dem Gemeinschaftsrecht, 2007, S. 119 ff.

[17] Siehe nur *Frenz,* Handbuch Europarecht I, 2. Aufl. 2014, Rn. 241 ff.; *Manthey,* Bindung und Schutz öffentlicher Unternehmen durch die Grundfreiheiten des Europäischen Gemeinschaftsrechts, 2001, S. 51 ff.; *Wollenschläger* in: Kirchhof/Korte/Magen, § 6 Rn. 43 ff.

[18] *Knauff,* VR 2005, 145 (147 ff.); siehe auch *Nierhaus/Stern,* Regionalprinzip und Sparkassenhoheit im europäischen Bankenbinnenmarkt, 1992, S. 203 ff.

[19] Für eine Berechtigung der Kommunen zur territorial unbegrenzten Wettbewerbsteilnahme unter Bezugnahme auf die Grundfreiheiten *Jarass,* S. 44 ff.; *Moraing* in: Püttner, Zur Reform des Gemeindewirtschaftsrechts, 2002, S. 41 (45).

[20] Zusammenfassend dazu *Ehlers* in: Ehlers, Europäische Grundrechte und Grundfreiheiten, 4. Aufl. 2014, § 7 Rn. 54 ff.; ausführlich *Preedy,* Die Bindung Privater an die europäischen Grundfreiheiten. Zur sogenannten Drittwirkung im Europarecht, 2003.

[21] Vgl. auch EuGH U. v. 6.7.1982 verb. Rs. 188 bis 190/80 – *Transparenzrichtlinie* Slg. 1982, 2545 Rn. 20 f.

in Art. 106 Abs. 1 AEUV hervorgehobene Geltung des Europarechts auch für öffentliche und staatsnahe Unternehmen, welche häufig derartige Leistungen erbringen, an und gibt dadurch zu erkennen, dass die Anwendung des Europarechts auch im Hinblick auf Dienstleistungen von allgemeinem wirtschaftlichem Interesse als Regelfall zu betrachten ist. Es handelt sich bei Art. 106 Abs. 2 AEUV mithin um eine Ausnahmevorschrift, der ein funktionaler Regelungsansatz zugrunde liegt. Daher entfaltet Art. 106 Abs. 2 AEUV gerade keine Schutzwirkungen für bestimmte mitgliedstaatliche Systeme der Erbringung der erfassten gemeinwohlorientierten Leistungen, die sich historisch mit unterschiedlichen Eigenarten und Bezeichnungen (Daseinsvorsorge,[22] service public[23] etc.) herausgebildet haben.

10 Art. 106 Abs. 3 AEUV normiert einen Überwachungsauftrag an die Kommission in Bezug auf Art. 106 AEUV, bei dessen Erfüllung sie zudem zur Rechtsetzung ermächtigt wird.[24] Der Zweck der Vorschrift beschränkt sich daher darauf, die **Durchsetzung der in den beiden vorstehenden Absätzen enthaltenen materiellen Anforderungen** sicherzustellen.[25] Eine darüber hinausgehende eigenständige Bedeutung kommt Art. 106 Abs. 3 AEUV nicht zu.

3. Verhältnis zu anderen Bestimmungen

11 Art. 106 AEUV weist Bezüge zu zahlreichen anderen Bestimmungen des europäischen Primärrechts auf. So wirkt die EU nach Art. 3 Abs. 3 UAbs. 1 S. 2 EUV auf „eine in hohem Maße wettbewerbsfähige soziale **Marktwirtschaft,** die auf Vollbeschäftigung und sozialen Fortschritt abzielt," hin. Dies konkretisiert Art. 119 Abs. 1 AEUV für die Wirtschaftspolitik dahingehend, dass diese „dem Grundsatz einer offenen Marktwirtschaft mit freiem Wettbewerb verpflichtet ist." Wenngleich zwischen beiden Vorschriften durchaus inhaltliche Divergenzen bestehen[26] und auch die verwendeten Begrifflichkeiten nicht in jeder Hinsicht eindeutig sind, stehen die Festlegungen auf Marktwirtschaft und Wettbewerb außer Frage. Damit geht eine Ablehnung staats- und planwirtschaftlicher Konzepte einher. Art. 106 Abs. 1 AEUV fügt sich in diese wirtschaftspolitische Richtungsentscheidung ein, verstärkt und konkretisiert diese bereichsspezifisch, indem Privilegierungen öffentlicher und staatsnaher Unternehmen im Hinblick auf das Europarecht grundsätzlich ausgeschlossen werden. Dies ist insbesondere insoweit von Bedeutung, als das Europarecht (herkömmlich) eher wettbewerbsfördernde als -hindernde Vorgaben enthält. Art. 106 Abs. 2 AEUV bestätigt dies durch Formulierung und funktionalen Regelungsansatz, betont aber zugleich die (zunehmend bedeutsame) soziale Komponente der europäischen Integration, indem die Bestimmung anerkennt, dass es im Rahmen eines marktwirtschaftlich-wettbewerblichen Systems gemeinwohlorientierte Leistungen geben kann, welche den Marktkräften entzogen sein sollen – und damit auch denjenigen Vorgaben des Europarechts, welche ihre Realisierung bezwecken.[27]

12 In Bezug auf das europäische **Wettbewerbsrecht,** dessen Grundlagen für das Kartell- und Beihilferecht in unmittelbarem systematischem Zusammenhang mit Art. 106 AEUV geregelt sind, bedarf es einer differenzierenden Betrachtung. Während Art. 106 Abs. 1 AEUV seine uneingeschränkte Geltung bekräftigt und im Hinblick auf öffentliche und staatsnahe Unternehmen explizit klarstellt, dass diese in vollem Umfang den wettbewerbs-

---

[22] Grundlegend für die deutsche Konzeption *Forsthoff,* Die Verwaltung als Leistungsträger, 1938; im Überblick zur Entwicklung der Daseinsvorsorge in Deutschland *Henneke* in: Krautscheid (Hrsg.), Die Daseinsvorsorge im Spannungsfeld von europäischem Wettbewerb und Gemeinwohl, 2009, S. 17 ff.; *Bull,* Der Staat 47 (2008), S. 1 ff.; *Krajewski,* VerwArch 99 (2008), S. 174 ff.

[23] Im Überblick dazu *Krajewski,* Grundstrukturen, S. 46 ff.; *Löwenberg,* S. 65 ff.

[24] Einen „hybriden Charakter" attestiert der Vorschrift daher *Krajewski,* Grundstrukturen, S. 167.

[25] *Mestmäcker/Schweitzer* in: Immenga/Mestmäcker, Art. 106 Abs. 3 AEUV Rn. 1.

[26] Näher *Knauff,* EuR 2010, 725 (739 ff.).

[27] Zur Einbeziehung in die Wirtschaftsverfassung der EU siehe auch *Mestmäcker/Schweitzer* in: Immenga/Mestmäcker, Einl. Art. 106 AEUV Rn. 103.

rechtlichen Anforderungen unterfallen und damit nicht als wettbewerbliches aliud zu qualifizieren sind, trägt Art. 106 Abs. 2 AEUV dem Umstand Rechnung, dass eine strikte Anwendung des EU-Wettbewerbsrechts auf die Erbringung gemeinwohlorientierter Leistungen zu sozialpolitisch unerwünschten und ggf. sogar grundrechtlich problematischen Folgen führen könnte. Dieser Wirtschaftssektor steht zwar nicht außerhalb des Marktes. Ein Ausgleich von Angebot und Nachfrage in einem freien und staatlich unbeeinflussten Wettbewerb ist jedoch nicht in jedem Falle geeignet, Ergebnisse zu erzielen, welche die gesellschaftliche Funktion der betroffenen Leistungen in angemessener Weise berücksichtigt. Eine eingeschränkte oder modifizierte Anwendung vor allem des Beihilferechts,[28] punktuell aber auch des Kartellrechts, sind daher sachlich geboten und werden durch Art. 106 Abs. 2 AEUV ermöglicht. Die Rechtsetzungsermächtigung des Art. 106 Abs. 3 AEUV ergänzt schließlich die wettbewerbsrechtlichen Ermächtigungsgrundlagen, soweit sekundärrechtliche Vorgaben im Hinblick auf die Anwendung wettbewerbsrechtlicher Vorgaben auf öffentliche und staatsnahe Unternehmen sowie solche, die gemeinwohlorientierte Leistungen erbringen, oder Ausnahmen hiervon in Frage stehen. Dies verdeutlicht in erster Linie die Besonderheiten des Bereichs und ermöglicht eine diese in den Fokus nehmende Rechtsetzung. Zugleich legt sie eine solche politisch nahe und qualifiziert damit die öffentliche, staatsnahe und gemeinwohlorientierte Wirtschaft in gewissem Umfang als wettbewerbsrechtlichen Sonderbereich.

In Bezug auf die **Grundfreiheiten** und das allgemeine **Diskriminierungsverbot** des Art. 18 AEUV hebt Art. 106 Abs. 1 AEUV vor allem die Bindung öffentlicher Unternehmen durch diese zentralen Vorgaben des Europarechts und deren Uneinschränkbarkeit durch die Mitgliedstaaten hervor. Deren Verpflichtung durch die Grundfreiheiten und das Diskriminierungsverbot ist umfassend und gilt für alle Ausprägungen der Staatlichkeit. Hierzu zählen aus europarechtlicher Perspektive öffentliche Unternehmen unmittelbar aufgrund der Trägerschaft sowie aufgrund der Einräumung von Sonderrechten staatsnahe Unternehmen, da diese einer Instrumentalisierung zur Erreichung staatlicher Ziele in gleichem Maße zugänglich sind, so dass es ihrer Einbeziehung in die staatliche Verpflichtung zur Beachtung der Grundfreiheiten und des allgemeinen Diskriminierungsverbots im Hinblick auf die uneingeschränkte Realisierung dieser zentralen europarechtlichen Anforderungen bedarf. Auf Grundlage des hier vertretenen Verständnisses des Art. 106 Abs. 1 AEUV als Grundsatz der Nichtprivilegierung verstärkt die Vorschrift jedoch nicht die Wirkungen der Grundfreiheiten zugunsten öffentlicher Unternehmen. Art. 106 Abs. 2 AEUV stellt dagegen eine mögliche Grenze für die Verwirklichung von Grundfreiheiten und allgemeinem Diskriminierungsverbot dar. Die Vorschrift ermöglicht zusätzliche Einschränkungen über die darauf bezogenen geschriebenen und ungeschriebenen Ausnahmen hinaus. Dies gilt zum einen für die Bereichsausnahmen der Art. 45 Abs. 4, Art. 51 AEUV. Diese tragen dem Bedürfnis nach Ausnahmen von der Anwendung der Niederlassungs- und der Dienstleistungsfreiheit im Bereich der Erbringung gemeinwohlorientierter Leistungen nicht Rechnung, da es sich dabei gerade nicht um hoheitliche Tätigkeiten handelt. Zum anderen erscheint es zwar nicht ausgeschlossen, die Existenz der betroffenen Leistungen zu Konditionen, welche ihrer gesellschaftlichen Funktion gerecht werden, als zwingenden Grund des Allgemeinwohls[29] zu qualifizieren. Im Hinblick darauf erfolgende Beschränkungen der Grundfreiheiten setzen jedoch ihre – nicht stets gegebene – Diskriminierungsfreiheit voraus. Insoweit kommt Art. 106 Abs. 2 AEUV eine eigenständige Rechtfertigungsfunktion zu. Übermäßigen Beschränkungen der Grundfreiheiten und intensiven Diskriminierungen auf dieser Grundlage stehen allerdings sowohl der funktionale Regelungsansatz der Norm als auch deren innere Rechtfertigungsgrenzen entgegen. 13

[28] Im Einzelnen dazu MünchKomm/*Gundel,* Art. 106 AEUV Rn. 141 ff.

[29] Grundlegend zur Möglichkeit ungeschriebener Rechtfertigungsgründe in Bezug auf die Grundfreiheiten EuGH U. v. 20.2.1979 Rs. 120/78 – *Cassis de Dijon* Slg. 1979, 649.

14 Spezifisch in Bezug auf den freien Warenverkehr enthält Art. 37 AEUV mit dem Gebot der Um- und Ausgestaltung **staatlicher Handelsmonopole** derart, dass Diskriminierungen in den Versorgungs- und Absatzbedingungen ausgeschlossen werden, eine mit der Wertung von Art. 106 Abs. 1 AEUV korrespondierende Bestimmung.[30] Bei den erfassten Handelsmonopolen handelt es sich um öffentliche oder private Unternehmen, denen seitens eines Mitgliedstaates für den Handel mit bestimmten Waren ausschließliche Rechte erteilt wurden.[31] Sie werden durch Art. 37 AEUV nicht verboten; allein mit der Warenverkehrsfreiheit unvereinbare Wirkungen werden untersagt. Nicht ausgeschlossen ist nach der Rechtsprechung des EuGH allerdings deren Rechtfertigung im Einzelfall anhand Art. 106 Abs. 2 AEUV.[32]

15 Nicht abschließend geklärt ist bislang das Verhältnis von Art. 106 AEUV und Art. 345 AEUV. Nach dieser Vorschrift lassen die Verträge „die **Eigentumsordnung** in den verschiedenen Mitgliedstaaten unberührt." Bedeutung und Tragweite der Norm sind umstritten. Teilweise wird ein Spannungsverhältnis zu den Marktvorschriften und -freiheiten sowie zu den Wettbewerbsregeln konstatiert.[33] Auf Grundlage eines historisch abgeleiteten[34] Verständnisses der Norm als wirtschaftsverfassungsrechtliche Grundentscheidung wird aus ihr die Zulässigkeit einer unternehmerischen Betätigung der Mitgliedstaaten nach deren Traditionen und Vorstellungen entnommen.[35] Dies ist jedoch (auch) im Hinblick auf Art. 106 AEUV abzulehnen. Nach vorzugswürdiger Ansicht vermittelt Art. 345 AEUV in Anbetracht seines Gesamtzusammenhangs allein eine eigentumsrechtliche Neutralität. Die Vorschrift und die wettbewerbsbezogenen Bestimmungen greifen auf Grundlage dieser Interpretation ineinander.[36] Zwischen Existenz und Handlungsmöglichkeiten öffentlicher Unternehmen kann und muss differenziert werden. Systematisch ist zu berücksichtigen, dass Art. 106 AEUV Bestandteil der allgemeinen Wettbewerbsregeln und insoweit teilweise explizit auf öffentliche Unternehmen bezogen ist. Zugleich ist die Vorschrift deutlich konkreter gefasst als Art. 345 AEUV, der nur allgemein auf die Eigentumsordnung in den Mitgliedstaaten abstellt. Infolge dessen ist einerseits die Existenz öffentlicher Unternehmen in doppelter Hinsicht europarechtlich anerkannt und abgesichert. Andererseits können Sonderregeln für die öffentliche Wirtschaft nicht unter Rückgriff auf Art. 345 AEUV, sondern nur in dem im Übrigen europarechtlich, insbesondere durch Art. 106 AEUV vorgesehenen Umfang begründet werden. Art. 345 AEUV ist jedoch insoweit von Bedeutung, als die Vorschrift Privatisierungspflichten entgegensteht,[37] welche letztlich den Anwendungsbereich von Art. 106 Abs. 1 AEUV stark beschränken würden. Eine Auslegung und Anwendung des Europarechts, die ein Tätigwerden öffentlicher Unternehmen generell unmöglich machen würden, widerspräche daher nicht nur Art. 345 AEUV, sondern auch den Wer-

---

[30] Näher dazu im vorliegenden Kontext *Stadler* in: Langen/Bunte, Art. 106 AEUV Rn. 112ff.; *Dohms* in: Wiedemann, Kartellrecht, § 35 Rn. 228ff.

[31] Siehe nur *Leible/Streinz* in: Grabitz/Hilf/Nettesheim, Art. 37 AEUV Rn. 11ff.

[32] EuGH U. v. 23.10.1997 Rs. C-159/94 – *EDF/GDF* Slg. 1997, I-5815 Rn. 49.

[33] *Kämmerer,* JZ 1996, 1042 (1045); bezogen auf öffentliche Unternehmen *Weiß,* DVBl. 2003, 564 (569); *ders.,* EuR 2003, 165 (176).

[34] Ihre Entstehung ist ebenfalls auf den eingangs dargestellten Konflikt zurückzuführen, vgl. dazu *Ruffert* in: Henneke, S. 10 (12f.).

[35] *Heinemann,* S. 191; dahingehend auch *Weiß,* DVBl. 2003, 564 (569); *Zeiss,* Privatfinanzierung staatlicher Infrastruktur. Modelle, Strukturen, nationales Haushaltsverfassungsrecht und Wettbewerbsorientierung des Gemeinschaftsrechts, Diss. jur. Bonn 2000, S. 138.

[36] *Erhardt,* S. 265f.; *Fesenmair,* S. 131f.; *Kämmerer,* S. 96; dahingehend auch *Badura,* ZGR 26 (1997), S. 291 (294); *Helm,* S. 84f.; *Ruffert* in: Henneke, S. 10 (14f.); *Storr,* S. 301; vgl. auch *Klotz* in: Schröter/Jakob/Klotz/Mederer, Art. 106 AEUV Rn. 3.

[37] *Dohms* in: Schwarze, Daseinsvorsorge, S. 41 (54); *Hellermann,* S. 81; *Ruffert* in: Henneke, S. 10 (15); *Schwarze,* EuZW 2001, 334 (336); *ders.* in: ders., S. 9 (14f.); *Weiß,* AöR 128 (2003), S. 91 (94). Mittelbar kann ein Privatisierungsdruck aus der Nichterfüllung der Privilegierungsvoraussetzungen des Art. 106 Abs. 2 AEUV folgen, *Bala,* S. 128f.

tungen des Art. 106 AEUV. Insoweit verstärken sich die Regelungsgehalte von Art. 106 AEUV und Art. 345 AEUV wechselseitig.[38]

Ein enger Zusammenhang besteht schließlich zwischen Art. 106 AEUV und den sonstigen **Vorschriften über Dienstleistungen von allgemeinem wirtschaftlichem Interesse.** Art. 14 AEUV und Art. 36 EuGRC sowie das Protokoll (Nr. 26) über Dienste von allgemeinem Interesse befassen sich mit demselben Gegenstand wie Art. 106 Abs. 2 AEUV und weisen damit eine tatbestandliche Überschneidung auf. Zudem besteht die Besonderheit, dass Art. 14 S. 1 AEUV als einzige primärrechtliche Bestimmung explizit auf Art. 106 AEUV Bezug nimmt. Danach tragen die Union und die Mitgliedstaaten „[u]nbeschadet des Artikels 4 des Vertrags über die Europäische Union und der Artikel 93, 106 und 107 dieses Vertrags und in Anbetracht des Stellenwerts, den Dienste von allgemeinem wirtschaftlichem Interesse innerhalb der gemeinsamen Werte der Union einnehmen, sowie ihrer Bedeutung bei der Förderung des sozialen und territorialen Zusammenhalts […] im Rahmen ihrer jeweiligen Befugnisse im Anwendungsbereich der Verträge dafür Sorge, dass die Grundsätze und Bedingungen, insbesondere jene wirtschaftlicher und finanzieller Art, für das Funktionieren dieser Dienste so gestaltet sind, dass diese ihren Aufgaben nachkommen können." Wenngleich dieser Wortlaut einen grundsätzlichen Vorrang von Art. 106 AEUV vor Art. 14 AEUV nahe legt, greift ein solches Verständnis zu kurz, da es Funktion und systematische Stellung der Vorschriften nicht berücksichtigt. Zwar besteht wegen des auch Art. 14 AEUV zugrunde liegenden funktionalen Regelungsansatzes kein Widerspruch zu Art. 106 Abs. 1 AEUV. Im Hinblick auf Art. 106 Abs. 2 AEUV stellt sich jedoch die Schwierigkeit, dass es sich dabei um eine Rechtfertigungsbestimmung handelt, während Art. 14 S. 1 AEUV als Unionszielbestimmung[39] von allgemeiner Bedeutung zu qualifizieren ist, welcher im Hinblick auf die betroffenen Dienstleistungen von allgemeinem wirtschaftlichem Interesse in Übereinstimmung mit deren politischer Qualifikation als Teil des europäischen Gesellschaftsmodells[40] ein positiver Regelungsansatz zugrunde liegt. Der aus Art. 106 Abs. 2 AEUV folgende Ausnahmecharakter von Sonderregelungen für derartige Dienstleistungen wird dadurch zumindest erheblich relativiert. Zugleich erfolgt eine Anerkennung der (wirtschaftlichen) gemeinwohlorientierten Leistungen als bedeutsamer Rechtswert der EU, was sich nicht zuletzt dahingehend auszuwirken geeignet ist, dass die EU die Leistungen der Daseinsvorsorge – wenngleich nicht notwendig spezifische Formen ihrer Erbringung – bei der Gestaltung und Durchführung ihrer Politiken einschließlich der Wettbewerbspolitik zu berücksichtigen und ihre Existenz und Funktionsfähigkeit zu wahren hat. Allerdings ist Art. 14 S. 1 AEUV nicht unmittelbar anwendbar[41] und vermittelt keine subjektiven Rechte.[42] 16

Ergänzend enthält Art. 14 S. 2 AEUV eine **spezifische Rechtsetzungsermächtigung,** die sich gegenständlich, nicht aber hinsichtlich der zu erlassenden Rechtsakte und ihrer möglichen Inhalte mit Art. 106 Abs. 3 AEUV überschneidet. Mit dieser durch den 17

---

[38] Zum Zusammenhang zwischen den Normen siehe auch *Mestmäcker/Schweitzer* in: Immenga/Mestmäcker, Einl. Art. 106 AEUV Rn. 20; *Bechtold/Bosch/Brinker,* EU-Kartellrecht, Art. 106 AEUV Rn. 6; *Kühling* in: Streinz, Art. 106 AEUV Rn. 4.

[39] Entsprechend *Palmer* in: Hrbek/Nettesheim, S. 9 (11); *Pielow,* S. 100; *Stober,* NJW 2002, 2357 (2361).

[40] Siehe etwa KOM (96) 443 endg., S. 1b; KOM (2000) 580 endg., S. 3; ähnlich KOM (2001) 598, S. 3; KOM (2003) 270 final, S. 3; kritisch *Cox,* ZögU 25 (2002), S. 331 (332); *Kuper* in: Herrmann, S. 35.

[41] *Hatje* in: Schwarze, EU-Kommentar, Art. 14 AEUV Rn. 9; *Frenz,* EuR 2000, 901 (918); *ders.,* DÖV 2002, 1028 (1031); *Weiß,* Privatisierung und Staatsaufgaben, 2002, S. 408.

[42] *Jung* in: Calliess/Ruffert, Art. 14 AEUV Rn. 23; *Löwenberg,* S. 308; *Burgi* in: Henneke (Hrsg.), Verantwortungsteilung zwischen Kommunen, Ländern, Bund und Europäischer Union, 2001 S. 90 (115); *Kämmerer,* NVwZ 2002, 1041 (1043); *Nettesheim* in: Hrbek/Nettesheim, S. 39 (51); *Schmidt,* Der Staat 42 (2003), S. 225 (238); *Schwarze* in: ders., Daseinsvorsorge, S. 9 (14).

Vertrag von Lissabon eingeführten Kompetenznorm wird der EU erstmalig[43] eine spezifische Regelungszuständigkeit im Bereich der Daseinsvorsorge eingeräumt, die damit der geteilten Zuständigkeit gemäß Art. 2 Abs. 2 AEUV unterfällt.[44] Sie gewinnt damit die Möglichkeit zu einer aktiven Politikgestaltung im Hinblick auf gemeinwohlorientierte Leistungen. Insoweit ist jedoch zusätzlich das Protokoll (Nr. 26) über Dienste von allgemeinem Interesse von Bedeutung.[45] Nach dessen Art. 1 zählen „[z]u den gemeinsamen Werten der Union in Bezug auf Dienste von allgemeinem wirtschaftlichem Interesse im Sinne des Artikels 14 des Vertrags über die Arbeitsweise der Europäischen Union [...] insbesondere: – die wichtige Rolle und der weite Ermessensspielraum der nationalen, regionalen und lokalen Behörden in der Frage, wie Dienste von allgemeinem wirtschaftlichem Interesse auf eine den Bedürfnissen der Nutzer so gut wie möglich entsprechende Weise zur Verfügung zu stellen, in Auftrag zu geben und zu organisieren sind; – die Vielfalt der jeweiligen Dienstleistungen von allgemeinem wirtschaftlichem Interesse und die Unterschiede bei den Bedürfnissen und Präferenzen der Nutzer, die aus unterschiedlichen geografischen, sozialen oder kulturellen Gegebenheiten folgen können; – ein hohes Niveau in Bezug auf Qualität, Sicherheit und Bezahlbarkeit, Gleichbehandlung und Förderung des universellen Zugangs und der Nutzerrechte." Aus letzterem folgt, dass europäische Vorgaben im Bereich der Daseinsvorsorge grundsätzlich einem hohen Leistungsniveau nicht entgegenstehen dürfen. Die ersten beiden Spiegelstriche stellen dagegen die regionale Verankerung und Verantwortung für Dienste von allgemeinem wirtschaftlichem Interesse und damit die Rolle der Mitgliedstaaten heraus.[46] Zwar folgen daraus keine unüberwindlichen Hindernisse für die Entwicklung einer europäischen Daseinsvorsorgepolitik.[47] Für die Auslegung von Art. 14 AEUV ist das Protokoll (Nr. 26) gleichwohl relevant.[48] Darüber hinaus ist es in Anbetracht des Zusammenhangs zwischen Art. 14 AEUV und Art. 106 AEUV zugleich auch für letztere Vorschrift als Auslegungsdeterminante von Bedeutung.

18 Entsprechendes gilt schließlich auch für Art. 36 EuGRC. Danach „anerkennt und achtet [die EU] den Zugang zu Dienstleistungen von allgemeinem wirtschaftlichen Interesse, wie er durch die einzelstaatlichen Rechtsvorschriften und Gepflogenheiten im Einklang mit den Verträgen geregelt ist, um den sozialen und territorialen Zusammenhalt der Union zu fördern." Dabei handelt es sich entgegen vielfach vertretener Auffassung nicht nur um einen Grundsatz,[49] sondern um ein **Grundrecht** (wenn auch mit einem sehr beschränkten Gewährleistungsgehalt).[50] Ungeachtet ihrer dogmatischen Einordnung bringt die Vorschrift jedoch die Bedeutung der betreffenden Leistungen zum Ausdruck. Wenngleich sich nach dem Wortlaut der Schutz nur auf europarechtskonforme und damit insbesondere mit Art. 106 AEUV übereinstimmende mitgliedstaatliche Organisations- und Leistungsformen bezieht, ist Art. 36 EuGRC geeignet, einer umgestaltenden Einflussnahme der EU auf den

---

[43] Dies hervorhebend *Wuermeling,* WiVerw 2008, 247 (249); entsprechend zum VVE *v. Danwitz* in: Schwarze, Verfassungsentwurf, S. 251; vom Übergang in eine „Phase der Mitgestaltung durch europäisches Recht" spricht *Welti,* AöR 130 (2005), S. 529 (552); ähnlich auch *Knauff,* VR 2004, 296 (300); a. A. wohl *Nowak,* EuR Beih. 1/2009, S. 129 (177).

[44] *Bußmann,* S. 128; vgl. auch zu Art. III-122 S. 2 VVE *Krajewski,* DÖV 2005, S. 665 (672).

[45] Siehe spezifisch dazu *Schorkopf,* WiVerw 2008, 253 ff.; *Ruge,* WiVerw 2008, 263 ff.

[46] *Schorkopf,* WiVerw 2008, 253 (258), sieht daher im Protokoll eine Ausprägung des Subsidiaritätsgedankens.

[47] A. A. wohl *Schorkopf,* WiVerw 2008, 253 (257), wonach das Protokoll „eine primärrechtliche Demarkationslinie [zieht], jenseits derer öffentliches Wirtschaften einem europäischen Legitimationszwang entzogen sein soll."

[48] *Ruge,* WiVerw 2008, S. 263 (265).

[49] Dahingehend *Frenz,* Handbuch Europarecht IV, 2009, Rn. 4273 ff.; *Pielow* in: Tettinger/Stern, Art. 36 Rn. 19; *Riedel* in: Meyer (Hrsg.), Charta der Grundrechte der Europäischen Union, 3. Aufl. 2011, Art. 36 Rn. 13; *Schorkopf,* WiVerw 2008, 253 (256).

[50] Näher *Knauff,* Gewährleistungsstaat, S. 162 f.; ähnlich *Krajewski,* DÖV 2005, S. 665 (668); implizit auch *Bußmann,* S. 120 f.

Sachbereich entgegenzuwirken. Insoweit enthält die Norm zugleich einen abwehrrechtlich verstärkten Bestandsschutz für nationale Sozialstandards.[51] Insgesamt legen die auf Dienstleistungen von allgemeinem wirtschaftlichem Interesse bezogenen Regelungen des EU-Primärrechts nahe, dass sich deren normative Bewertung im Zuge der Verträge von Amsterdam und Lissabon ungeachtet unterbliebener Änderungen von Art. 106 AEUV erheblich gewandelt hat. Im normativen Gesamtkontext erscheinen diese gemeinwohlorientierten Leistungen und damit mittelbar auch die diese in erheblichem Maße erbringende öffentliche und staatsnahe Wirtschaft nicht mehr als atypische Ausnahmeerscheinung, sondern als europarechtlich geschützter Eigenwert. Dies ist bei der Auslegung von Art. 106 (insb. Abs. 2) AEUV zu berücksichtigen,[52] sodass eine sehr enge Interpretation der Norm im Lichte ihres normativen Gesamtzusammenhangs nicht (mehr) angemessen ist.

Im Hinblick auf die vielfach kommunale Leistungserbringung im Bereich der Daseins- **19**
vorsorge ist schließlich das **Recht der kommunalen Selbstverwaltung** von Bedeutung. Nach dem durch den Vertrag von Lissabon insoweit erweiterten Art. 4 Abs. 2 S. 1 EUV achtet die EU die „lokale Selbstverwaltung" als Teil der nationalen Identität der Mitgliedstaaten.[53] Damit gewinnt die jeweils spezifische mitgliedstaatliche Ausprägung des kommunalen Selbstverwaltungsrechts ein eigenständiges europarechtliches Gewicht. Die primärrechtliche Anerkennung des kommunalen Selbstverwaltungsrechts ist grundsätzlich geeignet, die Stellung der Gemeinden auch als Anbieter von Leistungen der Daseinsvorsorge zu stärken und weist daher einen unmittelbaren Bezug zu Art. 106 AEUV auf, wenngleich traditionelle Organisationsformen der Daseinsvorsorge nicht als Bestandteile der „europarechtsfesten" mitgliedstaatlichen Identität zu qualifizieren sind. Allerdings steigert die explizite Anerkennung der kommunalen Selbstverwaltung, die sich zumindest nicht gänzlich auf nichtwirtschaftliche Aspekte reduzieren lässt,[54] Begründungsbedürftigkeit europarechtlicher Einflussnahmen, die de facto auf eine Zurückdrängung der Gemeinden als Erbringer von Leistungen der Daseinsvorsorge gerichtet sind. Art. 4 Abs. 1 EUV steht insoweit in einem unmittelbaren Wirkungszusammenhang mit Art. 14 S. 1 AEUV und Art. 1 1. Spiegelstr. des Protokolls über Dienstleistungen von allgemeinem Interesse.

Bereichsspezifisch ist schließlich das Protokoll (Nr. 29) über den **öffentlich-rechtlichen** **20**
Rundfunk in den Mitgliedstaaten von Bedeutung. Danach berühren „die Bestimmungen der Verträge […] nicht die Befugnis der Mitgliedstaaten, den öffentlich-rechtlichen Rundfunk zu finanzieren, sofern die Finanzierung der Rundfunkanstalten dem öffentlich-rechtlichen Auftrag, wie er von den Mitgliedstaaten den Anstalten übertragen, festgelegt und ausgestaltet wird, dient und die Handels- und Wettbewerbsbedingungen in der Union nicht in einem Ausmaß beeinträchtigt, das dem gemeinsamen Interesse zuwiderläuft, wobei den Erfordernissen der Erfüllung des öffentlich-rechtlichen Auftrags Rechnung zu tragen ist." Inhaltlich besteht insoweit eine grundsätzliche Übereinstimmung mit Art. 106 Abs. 2 AEUV.

II. Art. 106 Abs. 1: Grundsatz der Nichtprivilegierung

1. Allgemeines

Ungeachtet der durch den Vertrag von Lissabon erfolgten Modifikationen legt das **ord-** **21**
nungspolitische Konzept des Primärrechts die EU auf Wirtschaftsfreiheit, Marktwirt-

---

[51] *Meyer/Engels,* ZRP 2000, 368 (371); *Schütz,* RuP 2001, 138 (140); a. A. *Pielow* in: Tettinger/Stern, Art. 36 Rn. 31.

[52] Vgl. *Wernicke* in: Grabitz/Hilf/Nettesheim, Art. 106 AEUV Rn. 3; *Badura* in: FS Oppermann, S. 571 (578); *v. Danwitz,* NWVBl. 2002, S. 132 (136); *Welti,* AöR 130 (2005), S. 529 (544 f.); *Schweitzer* in: Schwarze, Verfassungsentwurf, S. 269 (308); von einer „Interpretationsmaxime" spricht *Franzius,* S. 380; eingeschränkt *Nettesheim* in: Hrbek/Nettesheim, S. 39 (50).

[53] Grundlegend zur Identitätsfrage *Pache,* DVBl. 2002, 1154 ff.

[54] *Ruge,* WiVerw 2008, 263.

schaft und unverfälschten Wettbewerb fest.[55] Wettbewerb, Deregulierung und Beihilfenverbot erscheinen diesbezüglich als wesentliche Strukturmerkmale, die zudem in engem Zusammenhang mit dem allgemeinen Diskriminierungsverbot des Art. 18 AEUV stehen,[56] nach dem kein Unionsangehöriger wegen seiner Staatsangehörigkeit benachteiligt werden darf. Das Wettbewerbsprinzip dominiert in der Binnenmarktkonzeption.[57] Indem der in Art. 106 AEUV normierte Grundsatz der Nichtprivilegierung öffentlicher und staatsnaher Unternehmen explizit die europarechtlichen Vorgaben auf diese Unternehmen für anwendbar erklärt, dient die Vorschrift nicht zuletzt als Instrument zur Durchsetzung der europarechtlich vorgegebenen Markt- und Wettbewerbskonzeption in Sektoren, in denen öffentliche Unternehmen herkömmlich vielfach aufgrund mitgliedstaatlicher Entscheidung über Wettbewerbsvorteile verfügten oder dem Wettbewerb sogar entzogen waren.[58] Art. 106 Abs. 1 AEUV verdeutlicht, dass das Europarecht staatliche Rahmenbedingungen für öffentliche und private Unternehmen anstrebt, die grundsätzlich nicht – insbesondere zugunsten ersterer – voneinander abweichen,[59] ohne die Existenzberechtigung öffentlicher Unternehmen oder die Möglichkeit der Verleihung ausschließlicher oder besonderer Rechte an private Unternehmen durch die Mitgliedstaaten grundsätzlich in Frage zu stellen.[60] Eigenständige Verpflichtungen stellt Art. 106 Abs. 1 AEUV jedoch nicht auf, so dass der Vorschrift ein deklaratorischer Charakter zukommt.[61] Sie bildet vor allem eine besondere Ausprägung des europarechtlichen Loyalitäts-[62] und Effektivitätsgebots[63] nach Art. 4 Abs. 3 EUV. Eine unmittelbare Anwendbarkeit des Art. 106 Abs. 1 AEUV ist (nur) in Verbindung mit und entsprechend den durch die Verweisung erfassten Normen gegeben.[64]

22 Art. 106 Abs. 1 AEUV richtet sich ungeachtet seiner Verankerung im ersten Abschnitt der Wettbewerbsregeln des AEUV (Vorschriften für Unternehmen) primär an die Mitgliedstaaten.[65] Der Wortlaut bringt dies klar zum Ausdruck. **Adressaten** sind danach alle Ausprägungen der Staatlichkeit.[66] Dies schließt neben dem Gesamtstaat auch rechtlich selbst-

---

[55] *Badura,* ZGR 26 (1997), S. 291 (294); *Böhmann,* S. 53; ähnlich *Pöhn,* S. 72; ausführlich dazu auch *Erhardt,* S. 102ff.

[56] *Fehling* in: Schwarze, Daseinsvorsorge, S. 195 (196); *Schwarting,* ZögU 24 (2001), S. 286 (292).

[57] *Cox* in: ders., Öffentliche Dienstleistungen in der Europäischen Union. Zum Spannungsfeld zwischen Service Public und Wettbewerbsprinzip, 1996, S. 13.

[58] Im Überblick zu den mitgliedstaatlichen Situationen *Mestmäcker/Schweitzer* in: Immenga/Mestmäcker, Einl. Art. 106 AEUV Rn. 8ff.

[59] *Fehling* in: Schwarze, Daseinsvorsorge, S. 195 (197); *Hellermann,* S. 82; *Ipsen/Nicolaysen,* NJW 1964, 2336 (2338); *Schneider,* DVBl. 2000, 1250 (1252); *Weiß,* AöR 128 (2003), S. 91 (94). Verhindert werden soll jedoch in erster Linie eine Besserstellung öffentlicher Unternehmen, *Weiß,* DVBl. 2003, 564 (566f.).

[60] Vgl. *Mann,* JZ 2002, 819 (820); *Schneider,* DVBl. 2000, 1250 (1253); darüber hinausgehend *Steckert,* Kommunalwirtschaft im Wettbewerb – Durch Liberalisierung zur Sinnkrise? – Eine Streitschrift, 2002, S. 19. Dagegen will *Pöhn,* S. 83, dem Primärrecht entnehmen, „dass jede Form von staatlicher Wirtschaftstätigkeit auf ein Minimum zu reduzieren ist." Diese Aussage ist jedoch angesichts der angeführten Regelungen nicht haltbar.

[61] *Khan* in: Geiger/Khan/Kotzur, Art. 106 Rn. 3; von einer „Selbstverständlichkeit" spricht *Kühling* in: Streinz, Art. 106 AEUV Rn. 1; von einer „Klarstellungsfunktion" *Dohms* in: Wiedemann, Kartellrecht, § 35 Rn. 4, der daneben aber von einer verantwortungsbegründenden Funktion der Norm für die Mitgliedstaaten ausgeht.

[62] EuGH U. v. 14.12.1995 Rs. C-387/93 – *Banchero* Slg. 1995 I-4664 Rn. 46.

[63] EuGH U. v. 16.11.1977 Rs. 13/77 – *INNO/ATAB* Slg. 1977, 2115 Rn. 40/42; *Emmerich/Hoffmann* in: Dauses, EU-Wirtschaftsrecht, H.II. Rn. 75; für eine Qualifikation als lex specialis *Bechtold/Bosch/Brinker,* EU-Kartellrecht, Art. 106 AEUV Rn. 3; *Kühling* in: Streinz, Art. 106 AEUV Rn. 1; ausführlich *Dohms* in: Wiedemann, Kartellrecht, § 35 Rn. 206ff.

[64] *Kühling* in: Streinz, Art. 106 AEUV Rn. 5; *Dohms* in: Wiedemann, Kartellrecht, § 35 Rn. 202.

[65] EuGH U. v. 23.4.1991 Rs. C-41/90 – *Höfner und Elser* Slg. 1991, I-1979 Rn. 26; *Grill* in: Lenz/Borchardt, Art. 106 AEUV Rn. 2f.; *Schwarze,* EuZW 2000, 613 (623); *Weiß,* EuR 2003, 165 (169).

[66] *Mestmäcker/Schweitzer* in: Immenga/Mestmäcker, Einl. Art. 106 AEUV Rn. 55; *Emmerich/Hoffmann* in: Dauses, EU-Wirtschaftsrecht, H. II. Rn. 82; *Dohms* in: Wiedemann, Kartellrecht, § 35 Rn. 26.

ständige oder unselbstständige Untergliederungen wie Bundesländer, Provinzen, Bezirke, Kreise und Gemeinden ein. Erfasst werden auch sonstige Verwaltungsbehörden aller Art einschließlich solcher der funktionalen Selbstverwaltung. Darüber hinaus richtet sich Art. 106 Abs. 1 AEUV unmittelbar an diejenigen Unternehmen, die Gegenstand der Regelung sind. Im Hinblick auf öffentliche Unternehmen folgt dies bereits aus dem Umstand, dass auch diese eine besondere Erscheinungsform der Staatlichkeit sind.[67] Allein die Wahl bestimmter Organisationsformen führt nicht dazu, dass die europarechtlichen Anforderungen an staatliches Handeln variieren. Infolge dessen werden öffentliche Unternehmen nicht nur in gleicher Weise wie ihre mitgliedstaatlichen Träger durch an diese gerichtete Anforderungen wie die Grundfreiheiten verpflichtet, sondern zusätzlich auch von Art. 106 Abs. 1 AEUV erfasst.[68] Wenngleich damit keine neuen Verpflichtungen einhergehen, folgt aus Art. 106 Abs. 1 AEUV eine Klarstellung, dass öffentliche Unternehmen bei ihrem Handeln und der Ausgestaltung ihrer Geschäftspolitik nicht nur aus dem mitgliedstaatlichen Recht folgende Bindungen, etwa an die Grundrechte[69] und das Gemeinwohl,[70] sondern insbesondere auch an die Grundfreiheiten und das allgemeine Verbot der Diskriminierung aus Gründen der Staatsangehörigkeit gebunden sind. Gleiches gilt für die direkt an Unternehmen gerichteten Vorgaben des Europarechts, insbesondere das EU-Kartellrecht der Art. 101 f. AEUV, hinsichtlich der eine unmittelbare Verpflichtung jedoch klarer zu Tage tritt. An aufgrund der Verleihung ausschließlicher oder besonderer Rechte als staatsnah zu qualifizierende und daher in Art. 106 Abs. 1 AEUV genannte private Unternehmen richtet sich die Norm dagegen nicht unmittelbar. Diese unterliegen zwar einer ggf. intensiven staatlichen Beeinflussung. Dies qualifiziert sie jedoch nicht als Teil der Staatlichkeit. Durch derartige Unternehmen handelt nicht der Staat selbst, wie dies bei öffentlichen Unternehmen der Fall ist, sondern ein von diesem materiell zu unterscheidendes privates Rechtssubjekt. Zwar sind mitgliedstaatengerichtete Verpflichtungen im Einzelfall aufgrund des Effektivitätsgrundsatzes nach der Rechtsprechung des EuGH punktuell auf derartige Unternehmen anwendbar, etwa im Falle ihrer staatlichen Instrumentalisierung zur Beihilfegewährung.[71] Eine Verallgemeinerung kommt diesbezüglich jedoch nicht in Betracht, da andernfalls die dem Europarecht zugrunde liegende Differenzierung zwischen staatlichen und privaten Akteuren in Frage gestellt würde. Im Hinblick auf die Formulierung und Zwecksetzung des Art. 106 Abs. 1 AEUV ist eine unmittelbare Bindung staatsnaher privater Unternehmen daher nicht gegeben.[72] Anders als öffentliche Unternehmen sind diese allein Gegenstand, nicht aber Adressaten der Vorschrift.

2. Tatbestand

Art. 106 Abs. 1 AEUV erfasst tatbestandlich Maßnahmen der Mitgliedstaaten, die sich auf öffentliche Unternehmen oder auf Unternehmen beziehen, denen sie besondere oder ausschließliche Rechte gewähren. Die Weite dieser Bestimmung des Anwendungsbereichs **23**

---

[67] *Müller-Graff* in: Vedder/Heintschel von Heinegg, Art. 106 AEUV Rn. 6; vgl. auch *Wernicke* in: Grabitz/Hilf/Nettesheim, Art. 106 AEUV Rn. 61.

[68] *Grill* in: Lenz/Borchardt, Art. 106 AEUV Rn. 3; a. A. *Dohms* in: Wiedemann, Kartellrecht, § 35 Rn. 12.

[69] Siehe nur *Dreier* in: Dreier, GG I, 3. Aufl. 2013, Art. 1 III Rn. 68 ff.; *Gurlit,* NZG 2012, 249 (251 ff.); ausführlich *Gersdorf,* Öffentliche Unternehmen im Spannungsfeld zwischen Demokratie- und Wirtschaftlichkeitsprinzip. Eine Studie zur verfassungsrechtlichen Legitimation der wirtschaftlichen Betätigung der öffentlichen Hand, 2000, S. 47 ff.; *Möstl,* Grundrechtsbindung öffentlicher Wirtschaftstätigkeit: Insbesondere die Bindung der Nachfolgeunternehmen der Deutschen Bundespost an Art. 10 GG nach der Postreform II, 1999, insb. S. 89 ff.

[70] *Britz,* NVwZ 2001, 380 (382); *Löwer,* VVDStRL 60 (2001), S. 416 (419); näher *Knauff* in: Schmidt/Wollenschläger, § 6 Rn. 26 ff.

[71] EuGH U. v. 22.3.1977 Rs. 78/76 – *Steinike & Weinlig* Slg. 1977, 595.

[72] Ohne Differenzierung gegenüber öffentlichen Unternehmen *Mestmäcker/Schweitzer* in: Immenga/Mestmäcker, Einl. Art. 106 AEUV Rn. 56 f.

der Norm korrespondiert mit ihrer Zielsetzung, die Anwendung des Europarechts auch im Hinblick auf die öffentliche und staatsnahe Wirtschaft sicherzustellen.

24 **a) Staatliche Maßnahmen.** Der Begriff „Maßnahme" ist weit auszulegen.[73] Er erfasst sowohl rechtliche als auch tatsächliche **Handlungen aller Art,** mithin jede Form der Einflussnahme,[74] die spezifisch auf die von Art. 106 Abs. 1 AEUV erfassten Unternehmen bezogen sind. Es kann sich mithin um bereichsspezifische Normierungen, rechtlich bindende Einzelanordnungen oder -vereinbarungen sowie – insbesondere bei öffentlichen Unternehmen – um informelle Einflussnahmen oder Realakte handeln.[75] Auf Rechtsnatur und Wirkungsweise kommt es für die Qualifikation als Maßnahme i. S. v. Art. 106 Abs. 1 AEUV nicht an, so dass etwa auch spezifische Ermächtigungen erfasst werden unabhängig davon, ob die betroffenen Unternehmen davon Gebrauch machen.[76] Ob Art. 106 Abs. 1 AEUV darüber hinaus eine Pflicht der Mitgliedstaaten zur besonders intensiven Überwachung der erfassten Unternehmen entnommen werden kann,[77] erscheint allerdings in Anbetracht der Fassung der Norm zweifelhaft.[78] Jedenfalls eine bewusste Duldung von Verstößen gegen Europarecht durch die in Art. 106 Abs. 1 AEUV genannten Unternehmen seitens der Mitgliedstaaten ist jedoch als Verstoß gegen die Vorschrift zu qualifizieren.[79] Gleiches gilt für eine „absichtliche Nichtwahrnehmung" einer vorgesehenen Aufsicht. Die Begründung eines öffentlichen Unternehmens als solche ist allerdings nicht erfasst.[80]

25 Die Maßnahme muss jedoch auf den betreffenden Mitgliedstaat im vorstehend genannten Sinn zurückgehen. Regelmäßig setzt dies ein aktives Tätigwerden staatlicher Stellen voraus. Art. 106 Abs. 1 AEUV bringt dies durch die Bezugnahme auf das Treffen von Maßnahmen zum Ausdruck. Daneben unterfällt der Norm jedoch auch ein Beibehalten von Maßnahmen, so dass auch ein an ein früheres aktives Handeln anknüpfendes Unterlassen erfasst wird.[81]

26 Mangels Adressateneigenschaft nicht erfasst werden demgegenüber Handlungen und Unterlassungen Privater, sofern diese dem Mitgliedstaat nicht zurechenbar sind. Letztes ist in Bezug auf Handlungen der Fall, wenn Private durch einen Mitgliedstaat zu diesen veranlasst werden und dadurch gleichsam zu seinem Instrument werden. Auch auf diesem Wege darf keine Privilegierung öffentlicher oder staatsnaher Unternehmen bewirkt werden, etwa in Gestalt von Abnahmepflichten für Leistungen, die von derartigen Unternehmen angeboten werden.

27 **b) Gegenstand.** Die von Art. 106 Abs. 1 AEUV erfassten staatlichen Maßnahmen müssen sich entweder auf öffentliche Unternehmen oder auf Unternehmen beziehen, denen der Mitgliedstaat besondere oder ausschließliche Rechte gewährt. Als **Unternehmen**

[73] *Böhmann,* S. 105; *Mestmäcker/Schweitzer* in: Immenga/Mestmäcker, Art. 106 Abs. 1 AEUV Rn. 92; *Grill* in: Lenz/Borchardt, Art. 106 AEUV Rn. 11; *Dohms* in: Wiedemann, Kartellrecht, § 35 Rn. 74; *Weiß,* EuR 2003, 165 (169).

[74] Vgl. *Mestmäcker/Schweitzer* in: Immenga/Mestmäcker, Art. 106 Abs. 1 AEUV Rn. 91 f.; *Grill* in: Lenz/Borchardt, Art. 106 AEUV Rn. 11; *Kühling* in: Streinz, Art. 106 AEUV Rn. 24; *Müller-Graff* in: Vedder/Heintschel von Heinegg, Art. 106 AEUV Rn. 11; *Emmerich/Hoffmann* in: Dauses, EU-Wirtschaftsrecht, H. II. Rn. 97 f.

[75] Detailliert *Schnabel,* S. 317 f.

[76] *Klotz* in: Schröter/Jakob/Klotz/Mederer, Art. 106 AEUV Rn. 45; *Dohms* in: Wiedemann, Kartellrecht, § 35 Rn. 75.

[77] Dafür *Wernicke* in: Grabitz/Hilf/Nettesheim, Art. 106 AEUV Rn. 60; FK/*Kapp,* Art. 106 AEUV Rn. 39; *Grill* in: Lenz/Borchardt, Art. 106 AEUV Rn. 20; wohl auch *Bechtold/Bosch/Brinker,* EU-Kartellrecht, Art. 106 AEUV Rn. 35; *Stadler* in: Langen/Bunte, Art. 106 AEUV Rn. 41; *Voet van Vormizeele* in: Schwarze, EU-Kommentar, Art. 106 AEUV Rn. 33; *Kühling* in: Streinz, Art. 106 AEUV Rn. 35.

[78] Ebenso *Emmerich/Hoffmann* in: Dauses, EU-Wirtschaftsrecht, H. II. Rn. 101.

[79] *Bechtold/Bosch/Brinker,* EU-Kartellrecht, Art. 106 AEUV Rn. 29; *Stadler* in: Langen/Bunte, Art. 106 AEUV Rn. 41; *Klotz* in: Schröter/Jakob/Klotz/Mederer, Art. 106 AEUV Rn. 47.

[80] *Klotz* in: Schröter/Jakob/Klotz/Mederer, Art. 106 AEUV Rn. 15.

[81] *Wernicke* in: Grabitz/Hilf/Nettesheim, Art. 106 AEUV Rn. 54.

gilt dabei ebenso wie im gesamten EU-Wettbewerbsrecht jede Einheit, die eine wirtschaftliche Tätigkeit ausübt, unabhängig von ihrer Rechtsform und Finanzierung[82] (funktionaler Unternehmensbegriff).[83] Entscheidend ist damit der Aspekt der wirtschaftlichen Betätigung, „die darin besteht, Güter oder Dienstleistungen auf einem bestimmten Markt anzubieten."[84] Einrichtungen, die Tätigkeiten nichtwirtschaftlicher Natur durchführen, fallen nicht unter den Unternehmensbegriff und sind daher auch nicht über Art. 106 Abs. 1 AEUV an die Wettbewerbs- und Binnenmarktregeln gebunden.[85] Dies gilt nach Auffassung des EuGH auch für das Nachfrageverhalten.[86] Die Abgrenzung nichtwirtschaftlicher von wirtschaftlichen Tätigkeiten ist daher von zentraler Bedeutung. Die Auffassung, eine Einrichtung sei nicht nur dann als wirtschaftlich tätig anzusehen, wenn ein Markt (unter Teilnahme von Privaten) besteht, andernfalls aber als nichtwirtschaftlich,[87] überzeugt nicht. Auf Gebieten mit rasant fortschreitender technischer Entwicklung ist es letztlich zufallsabhängig, ob sich bereits ein Markt etabliert hat. Darüber hinaus ermöglicht ein solches Verständnis die hoheitliche Schaffung lukrativer „nichtwirtschaftlicher" Bereiche seitens des Staates mit der Folge einer Rechtszersplitterung in der EU, da kaum eine parallele Bereichsbestimmung in allen Mitgliedstaaten vorgenommen würde. Mangels eines Negativkatalogs ist daher zur Bestimmung der Wirtschaftlichkeit darauf abzustellen, ob für die betreffende Tätigkeit unter wirklichkeitsnaher Betrachtung zumindest potentiell ein Markt besteht.[88] Dies ist bei rein hoheitlichen,[89] kulturellen oder sozialen[90] Zwecksetzungen nicht der Fall. Die Mitgliedstaaten haben damit auch im Hinblick auf Art. 106 Abs. 1 AEUV keine Definitionsmacht, was öffentliche Verwaltung bzw. Unternehmung ist.[91] Im Einzelnen bestehen gleichwohl Abgrenzungsschwierigkeiten.[92] Bei gemischt hoheitlich-wirtschaftlichen Tätigkeitsgebieten ist auf den jeweiligen Schwerpunkt abzustellen.[93]

Die Maßnahmen müssen zudem eine **spezifische Zielrichtung** haben. Staatliche Maß- **28**
nahmen, die allgemein auf Unternehmen ungeachtet ihrer Trägerschaft oder unabhängig von Sonderrechten und damit auch auf öffentliche und staatsnahe Unternehmen bezogen

---

[82] EuGH U. v. 23.4.1991 Rs. C-41/90 – *Höfner und Elser* Slg. 1991, I-1979 Rn. 21; ausführlich zur Begriffsbestimmung *Erhardt,* S. 35 ff.

[83] FK/*Kapp,* Art. 106 AEUV Rn. 11; *Kühling* in: Streinz, Art. 106 AEUV Rn. 6 f.; *Alber* in: Schwarze, Daseinsvorsorge, S. 73 (107); *v. Danwitz,* NWVBl. 2002, 132 (133); *Dohms* in: Schwarze, Daseinsvorsorge, S. 41 (50); *Hellermann,* S. 96 f.; *Pielow,* S. 47 f.; *Mann,* S. 7; *Rumpff,* S. 76 f.; *Schmidt,* Die Verwaltung 28 (1995), S. 281 (298 f.); *Schroeder,* EWS 2002, 174 (176); ausführlich dazu *Mestmäcker/Schweitzer* in: Immenga/Mestmäcker, Art. 106 Abs. 1 AEUV Rn. 1 ff.; *Dohms* in: Wiedemann, Kartellrecht, § 35 Rn. 13 ff.

[84] EuGH U. v. 3.3.2011 Rs. C-437/09 – *AG2R Prévoyance* Slg. 2011 I-973 Rn. 42.

[85] KOM(96) 443 endg., S. 5; *Dohms* in: Schwarze, Daseinsvorsorge, S. 41 (44).

[86] EuGH U. v. 11.7.2006 Rs. C-205/03 P – *FENIN* Slg. 2006, I-6295 Rn. 26; a. A. *Mestmäcker/Schweitzer* in: Immenga/Mestmäcker, Art. 106 Abs. 1 AEUV Rn. 32 ff.; kritisch auch FK/*Kapp* Art. 106 AEUV Rn. 11.

[87] *Nettesheim* in: Hrbek/Nettesheim, S. 39 (53 f.).

[88] *Mestmäcker/Schweitzer* in: Immenga/Mestmäcker, Art. 106 Abs. 1 AEUV Rn. 9.

[89] Im Überblick *Kühling* in: Streinz, Art. 106 AEUV Rn. 8 ff.; ausführlich zur Abgrenzung *Kling,* S. 13 ff.

[90] Dazu einschließlich der Abgrenzung zu sozialwirtschaftlichen Betätigungen *Weiß,* EuR 2013, 669 ff.

[91] *Haverkate/Huster,* Europäisches Sozialrecht. Eine Einführung, 1999, Rn. 466; dahingehend auch *Heinemann,* S. 73 f.

[92] Vgl. in sozialversicherungsrechtlichem Kontext gegen eine Unternehmenseigenschaft von Krankenkassen EuGH U. v. 17.2.1993 verb. Rs. C-159 und 160/91 – *Poucet* Slg. 1993, I-637 Rn. 16 ff.; entsprechend für Spitzenverbände der Krankenkassen EuGH U. v. 16.3.2004 verb. Rs. C-264, 306, 354 und 355/01 – *AOK Bundesverband* Slg. 2004, I-2493 Rn. 65; anders EuGH U. v. 16.11.1995 Rs. C-244/94 – *Fédération française des sociétés d'assurance* Slg. 1995, I-4013 Rn. 22; U. v. 21.9.1999 Rs. C-67/96 – *Albany* Slg. 1999, I-5751 Rn. 84 ff.; siehe dazu auch *Mestmäcker/Schweitzer* in: Immenga/Mestmäcker, Art. 106 Abs. 1 AEUV Rn. 26 ff., 35 f.; *Kling,* S. 54 ff.

[93] *Bechtold/Bosch/Brinker,* EU-Kartellrecht, Art. 106 AEUV Rn. 22.

sind, unterfallen Art. 106 Abs. 1 AEUV nicht. Eine derartige Zielrichtung ist jedoch zu bejahen, wenn staatliche Maßnahmen zwar formal neutral und auf alle Unternehmen bezogen sind, sich aber tatsächlich nahezu ausschließlich zugunsten der Norm genannten Unternehmen auswirken. Dies kann bei sektorspezifischen Regelungen der Fall sein, wenn der betreffende Sektor von öffentlichen und staatsnahen Unternehmen dominiert wird.[94]

29 **aa) Öffentliche Unternehmen.** Der Begriff des öffentlichen Unternehmens ist weder in Art. 106 Abs. 1 AEUV noch an anderer Stelle primärrechtlich definiert. Obwohl derartige Unternehmen in allen Mitgliedstaaten seit jeher existieren und die Begrifflichkeit in den nationalen Rechtsordnungen bekannt ist, handelt es sich um einen **europarechtlichen Rechtsbegriff.**[95] Als solcher ist er autonom und ohne Rückgriff auf mitgliedstaatliche (Vor-)Verständnisse auszulegen.[96] Folglich unterliegt die Bestimmung, wann ein Unternehmen als öffentliches anzusehen ist, nicht der Definitionsgewalt der Mitgliedstaaten, sondern letztlich dem EuGH.

30 Eine positive europarechtliche Begriffsbestimmung enthält jedoch Art. 2 lit. b der Richtlinie 2006/111/EG der Kommission über die Transparenz der finanziellen Beziehungen zwischen den Mitgliedstaaten und den öffentlichen Unternehmen sowie über die finanzielle Transparenz innerhalb bestimmter Unternehmen **(Transparenzrichtlinie).**[97] Danach gilt als öffentliches Unternehmen „jedes Unternehmen, auf das die öffentliche Hand aufgrund Eigentums, finanzieller Beteiligung, Satzung oder sonstiger Bestimmungen, die die Tätigkeit des Unternehmens regeln, unmittelbar oder mittelbar einen beherrschenden Einfluss ausüben kann". Dies wird vermutet, „wenn die öffentliche Hand unmittelbar oder mittelbar: i) die Mehrheit des gezeichneten Kapitals des Unternehmens besitzt oder ii) über die Mehrheit der mit den Anteilen des Unternehmens verbundenen Stimmrechte verfügt oder iii) mehr als die Hälfte der Mitglieder des Verwaltungs-, Leitungs- oder Aufsichtsorgans des Unternehmens bestellen kann". Übereinstimmend mit dem umfassenden Staatsverständnis des Europarechts unterfallen dem Begriff der öffentlichen Hand nach Art. 2 lit. a der Transparenzrichtlinie dabei „alle Bereiche der öffentlichen Hand, inklusive Staat sowie regionale, lokale und alle anderen Gebietskörperschaften". Zwar kann der primärrechtliche Begriff des öffentlichen Unternehmens schon aus normhierarchischen Gründen nicht abschließend sekundärrechtlich definiert werden und entfaltet daher nur indizielle Wirkung.[98] Der in Art. 106 Abs. 1 AEUV verwendete Begriff des öffentlichen Unternehmens, dessen überkommenes Verständnis auch die Transparenzrichtlinie maßgeblich geprägt hat,[99] erfasst aber jedenfalls alle von der Transparenzrichtlinie als öffentlich qualifizierte Unternehmen.[100]

31 Entscheidend für die Qualifikation eines Unternehmens als öffentliches i. S. v. Art. 106 Abs. 1 AEUV sind damit die Einwirkungsmöglichkeiten[101] des Staates, der in gleicher Weise wie in Bezug auf den Anwendungsbereich der Norm zu bestimmen ist. Gehen dessen Einwirkungsmöglichkeiten über die allgemeine Verpflichtung zur Beachtung der Gesetze

---

[94] *Klotz* in: Schröter/Jakob/Klotz/Mederer, Art. 106 AEUV Rn. 40.

[95] EuGH U. v. 16.6.1987 Rs. 118/85 – *Transparenzrichtlinie II* Slg. 1987, 2599 Rn. 11; *Jung* in: Callies/Ruffert, Art. 106 AEUV Rn. 12; *Klotz* in: Schröter/Jakob/Klotz/Mederer, Art. 106 AEUV Rn. 8; *Dohms,* Rn. 21; *Mann,* S. 7.

[96] *Bechtold/Bosch/Brinker,* EU-Kartellrecht, Art. 106 AEUV Rn. 17.

[97] ABl. 2006 L 318/17.

[98] *Müller-Graff* in: Vedder/Heintschel von Heinegg, Art. 106 AEUV Rn. 9.

[99] *Böhmann,* S. 69, m. w. N. aus der älteren Literatur.

[100] MünchKomm/*Gundel,* Art. 106 AEUV Rn. 41; *Stadler* in: Langen/Bunte, Art. 106 AEUV Rn. 19; *Dohms* in: Wiedemann, Kartellrecht, § 35 Rn. 28, 32; ähnlich *Ehlers,* Empfiehlt es sich, das Recht der öffentlichen Unternehmen im Spannungsfeld von öffentlichem Auftrag und Wettbewerb national und gemeinschaftsrechtlich neu zu regeln? Gutachten E zum 64. Deutschen Juristentag Berlin 2002, S. 31; *Mann,* S. 8f.; *Weiß,* EuR 2003, 165 (168).

[101] Diese hervorhebend *Bechtold/Bosch/Brinker,* EU-Kartellrecht, Art. 106 AEUV Rn. 17; vgl. auch *Wernicke* in: Grabitz/Hilf/Nettesheim, Art. 106 AEUV Rn. 26ff.

hinaus[102] und ermöglichen sie eine **Steuerung des Unternehmens ohne Rückgriff auf hoheitliche Maßnahmen,** liegt ein öffentliches Unternehmen vor.[103] Damit ist auch der öffentliche Charakter eines Unternehmens funktional zu bestimmen; auf die Rechtsform kommt es nicht an.[104] Diese entscheidenden Steuerungsmöglichkeiten liegen jedenfalls regelmäßig in den in der Transparenzrichtlinie genannten Konstellationen vor. Diesbezüglich ist besonders hervorzuheben, dass die zumindest mehrheitliche staatliche Trägerschaft zwar im Regelfall gegeben, aber nur eine der Möglichkeiten ist, welche zu einer Qualifikation als öffentliches Unternehmen führen.[105]

Über die exemplarisch in Art. 2 lit. b Transparenzrichtlinie genannten Fälle eines beherrschenden Einflusses hinaus kann sich ein solcher auch auf andere Weise ergeben, etwa aus umfassenden Zustimmungsvorbehalten zugunsten staatlicher Stellen auf vertraglicher Grundlage. Die Einbeziehung eines mittelbaren beherrschenden Einflusses in Art. 2 lit. b Transparenzrichtlinie verdeutlicht zugleich, dass auch solche Unternehmen als öffentliche zu qualifizieren sind, die einer ggf. vielfach gestuften Konzernstruktur angehören, die insgesamt staatlich beherrscht wird. Zwar stellt die Transparenzrichtlinie hinsichtlich der Beherrschung schließlich nur eine Vermutung auf; deren Widerlegung kann jedoch nur dann gelingen, wenn aufgrund der gesellschaftsvertraglichen Ausgestaltung rechtlich wie tatsächlich ein bestimmender Einfluss des Staates ausgeschlossen ist. Zumindest in Deutschland ist dies jedoch haushalts- und kommunalrechtlich ausgeschlossen.[106] 32

bb) Unternehmen mit ausschließlichen und besonderen Rechten. Neben auf öffentliche Unternehmen bezogene staatliche Maßnahmen erfasst Art. 106 Abs. 1 AEUV auch solche, die auf Unternehmen bezogen sind, denen die Mitgliedstaaten durch einen besonderen Rechtsakt besondere oder ausschließliche Rechte einräumen. Dabei kann es sich sowohl um öffentliche als auch um **private Unternehmen** handeln.[107] Eigenständige Bedeutung hat diese Alternative des Art. 106 Abs. 1 AEUV jedoch nur hinsichtlich entsprechend berechtigter privater Unternehmen, da öffentliche Unternehmen unabhängig von der Einräumung von Sonderrechten ohnehin und unabhängig vom Vorliegen weiterer Voraussetzungen von der ersten Alternative erfasst sind. 33

Grund für die Aufnahme dieser privilegierten Unternehmen[108] in die Vorschrift und zugleich entscheidendes Kriterium für deren Identifikation ist ihre **besondere Rechtsbeziehung zum Staat,**[109] aufgrund derer ihre Instrumentalisierung für staatliche Zwecke in ähnlicher Wiese möglich ist wie bei öffentlichen Unternehmen.[110] Besondere und ausschließliche Rechte im Sinne der Vorschrift betreffen stets die Befugnis zu bestimmten Tätigkeiten im Rahmen eines Monopols oder Oligopols kraft hoheitlicher Zuweisung.[111] 34

---

[102] *Schwarze,* EuZW 2000, 613 (623).

[103] *Jung* in: Callies/Ruffert, Art. 106 AEUV Rn. 13; *Klotz* in: Schröter/Jakob/Klotz/Mederer, Art. 106 AEUV Rn. 9 ff.; *Kühling* in: Streinz, Art. 106 AEUV Rn. 17; *Dohms* in: Wiedemann, Kartellrecht, § 35 Rn. 29; von einem „beherrschenden Einfluss" spricht *Grill* in: Lenz/Borchardt, Art. 106 AEUV Rn. 6; ähnlich *Müller-Graff* in: Vedder/Heintschel von Heinegg, Art. 106 AEUV Rn. 9.

[104] *Wernicke* in: Grabitz/Hilf/Nettesheim, Art. 106 AEUV Rn. 16; *Klotz* in: Schröter/Jakob/Klotz/Mederer, Art. 106 AEUV Rn. 12; *Emmerich/Hoffmann* in: Dauses, EU-Wirtschaftsrecht, H. II. Rn. 86 ff.; *Dohms* in: Wiedemann, Kartellrecht, § 35 Rn. 30.

[105] *Mestmäcker/Schweitzer* in: Immenga/Mestmäcker, Art. 106 Abs. 1 AEUV Rn. 37.

[106] Näher *Knauff* in: Schmidt/Wollenschläger, § 6 Rn. 47 ff., 69 ff.

[107] *Grill* in: Lenz/Borchardt, Art. 106 AEUV Rn. 7; *Dohms* in: Wiedemann, Kartellrecht, § 35 Rn. 39.

[108] *Klotz* in: Schröter/Jakob/Klotz/Mederer, Art. 106 AEUV Rn. 21; *Müller-Graff* in: Vedder/Heintschel von Heinegg, Art. 106 AEUV Rn. 10; *Emmerich/Hoffmann* in: Dauses, EU-Wirtschaftsrecht, H. II. Rn. 90.

[109] *Klotz* in: Schröter/Jakob/Klotz/Mederer, Art. 106 AEUV Rn. 27; *Schwarze,* EuZW 2000, 613 (624); vgl. auch *Dohms* in: Wiedemann, Kartellrecht, § 35 Rn. 61.

[110] Vgl. *Grill* in: Lenz/Borchardt, Art. 106 AEUV Rn. 8.

[111] *Dohms,* Rn. 39 f.

Nicht ausreichend ist dagegen das bloß faktische Bestehen eines Monopols oder Oligopols oder dessen Begründung aufgrund allgemeingültiger Rechte, wie dies etwa bei gewerblichen Schutzrechten der Fall ist.[112]

35 **(1) Ausschließliche und besondere Rechte.** Der in Art. 106 Abs. 1 AEUV angelegten **Unterscheidung zwischen ausschließlichen und besonderen Rechten** kommt allerdings ungeachtet ihrer unterschiedlichen wettbewerblichen Auswirkungen[113] vor dem Hintergrund der Rechtsfolgengleichheit keine wesentliche Bedeutung zu.[114] Der EuGH hat ihren Gehalt in der Formulierung zusammengefasst, es werde durch derartige Rechte „einer begrenzten Zahl von Unternehmen durch Rechtsvorschrift ein Schutz verliehen, der die Fähigkeit anderer Unternehmen, die fragliche wirtschaftliche Tätigkeit im selben Gebiet zu im Wesentlichen gleichen Bedingungen auszuüben, wesentlich beeinträchtigen kann."[115] Entscheidend ist mithin die hoheitliche Besserstellung der mit Sonderrechten versehenen Unternehmen bei ihrem wirtschaftlichen Tätigwerden im Verhältnis zu tatsächlichen oder potenziellen Wettbewerbern,[116] mithin die Verleihung eines Wettbewerbsvorteils.[117] Beide Begriffe werden gleichwohl in Art. 2 lit. f und g Transparenzrichtlinie definiert. Die Legaldefinitionen können zwar die Begrifflichkeit des Art. 106 Abs. 1 AEUV aufgrund des Vorrangs des Primärrechts vor dem Sekundärrecht nicht abschließend bestimmen, sie bringen jedoch den normativen Gehalt der Begrifflichkeit zutreffend zum Ausdruck.

36 Art. 2 lit. f Transparenzrichtlinie bestimmt **ausschließliche Rechte** als „Rechte, die ein Mitgliedstaat einem Unternehmen durch Rechts- oder Verwaltungsvorschriften gewährt, wenn der Mitgliedstaat die Leistung eines Dienstes oder einer Tätigkeit in einem bestimmten Gebiet einem einzigen Unternehmen vorbehält". Ausschließliche Rechte vermitteln danach ein rechtlich abgesichertes Monopol.[118] Im gleichen Sinne wird der Begriff bereichsspezifisch in Art. 2 lit. f der Verordnung (EG) Nr. 1370/2007 über öffentliche Personenverkehrsdienste auf Schiene und Straße[119] verwendet: „‚ausschließliches Recht' [ist] ein Recht, das einen Betreiber eines öffentlichen Dienstes berechtigt, bestimmte öffentliche Personenverkehrsdienste auf einer bestimmten Strecke oder in einem bestimmten Streckennetz oder Gebiet unter Ausschluss aller anderen solchen Betreiber zu erbringen". Hierzu hat die Kommission in den zugehörigen Auslegungsleitlinien ausgeführt: „Durch die Ausschließlichkeit ist das Unternehmen in einem bestimmten Marktsegment insofern vor dem Wettbewerb durch andere Betreiber geschützt, als kein anderes Unternehmen dieselbe Dienstleistung erbringen darf. Die Mitgliedstaaten können jedoch durch Rechtsvorschriften oder Verwaltungspraktiken auch Rechte gewähren, die nicht-ausschließlich erscheinen, aber andere Unternehmen de facto an einer Marktbeteiligung hindern. So können beispielsweise Verwaltungsvereinbarungen, mit denen die Genehmigung zum Betrieb öffentlicher Verkehrsdienste erteilt wird, sofern bestimmte Kriterien bezüglich des gewünschten Umfangs und der gewünschten Qualität dieser Dienste erfüllt werden, in der Praxis zu einer Beschränkung der Zahl der Betreiber auf dem Markt führen. Die Kommission ist der Auffassung, dass der in der Verordnung (EG) Nr. 1370/2007 verwendete Begriff der Ausschließlichkeit auch diesen Sachverhalt einschließt."[120] Ein derartiges Verständnis des Begriffs des ausschließlichen Rechts liegt nicht nur im Hinblick auf die

---

[112] *Grill* in: Lenz/Borchardt, Art. 106 AEUV Rn. 9; *Klotz* in: Schröter/Jakob/Klotz/Mederer, Art. 106 AEUV Rn. 21.

[113] *Mestmäcker/Schweitzer* in: Immenga/Mestmäcker, Art. 106 Abs. 1 AEUV Rn. 47.

[114] *Klotz* in: Schröter/Jakob/Klotz/Mederer, Art. 106 AEUV Rn. 22.

[115] EuGH U. v. 25.10.2001, Rs. C-475/99 – *Ambulanz Glöckner* Slg. 2001, I-8089 Rn. 24.

[116] *Dohms* in: Wiedemann, Kartellrecht, § 35 Rn. 46.

[117] EuGH U. v. 12.12.2013, Rs. C-327/12 – *SOA* Rn. 42.

[118] *Klotz* in: Schröter/Jakob/Klotz/Mederer, Art. 106 AEUV Rn. 23; *Dohms* in: Wiedemann, Kartellrecht, § 35 Rn. 40.

[119] ABl. 2007 L 315/1.

[120] ABl. 2014 C 92/1 (7).

Verordnung (EG) Nr. 1370/2007 nahe. Vielmehr entspricht es auch dem Sinn und Zweck von Art. 106 Abs. 1 AEUV, eine Monopolstellung immer dann anzunehmen, wenn sie tatsächlich gegeben ist, ein Wettbewerb gleichwohl (nur) theoretisch möglich erscheint. Damit korrespondiert auch die neueste sekundärrechtliche Definition ausschließlicher Rechte als „Rechte, die eine zuständige Behörde eines Mitgliedstaats im Wege einer mit den Verträgen im Einklang stehenden Rechts- oder veröffentlichten Verwaltungsvorschrift, gewährt hat, wodurch die Möglichkeit anderer Wirtschaftsteilnehmer zur Ausübung dieser Tätigkeit wesentlich eingeschränkt wird", in Art. 5 Nr. 10 der Richtlinie 2014/23/EU über die Konzessionsvergabe.[121]

Ein ausschließliches Recht muss nicht für das gesamte Staatsgebiet des betreffenden Mitgliedstaates gelten, sondern kann sich **auf Teile desselben beschränken.**[122] Dabei ist nicht erforderlich, dass es sich um wesentliche Teile des Staatsgebiets handelt. Auch ein Monopol auf kommunaler Ebene ist als ausschließliches Recht i. S. der Transparenzrichtlinie wie auch des Art. 106 Abs. 1 AEUV zu qualifizieren.[123] Gleiches gilt für das Gebiet eines Hafens.[124] Voraussetzung ist allein, dass der Wettbewerb in dem betreffenden Sektor mangels Alternativen für die Nutzer tatsächlich unterbunden wird. Derartige kleinräumige Monopole bestehen etwa in Deutschland in Bezug auf die örtliche Trinkwasserversorgung, die weithin auf Grundlage von § 50 WHG i. V. m. den Landeswassergesetzen und den Gemeindeordnungen kommunalen Unternehmen zugewiesen ist.[125] 37

Besondere Rechte werden in Art. 2 lit. g Transparenzrichtlinie definiert als „Rechte, die ein Mitgliedstaat durch Rechts- oder Verwaltungsvorschriften einer begrenzten Zahl von Unternehmen in einem bestimmten Gebiet gewährt, wenn der Staat: i) die Zahl dieser Unternehmen auf zwei oder mehrere Unternehmen begrenzt, ohne sich dabei an objektive, angemessene und nicht diskriminierende Kriterien zu halten, um eine Leistung zu erbringen oder eine Tätigkeit zu betreiben, oder ii) mehrere konkurrierende Unternehmen nach anderen als solchen Kriterien bestimmt, um eine Leistung zu erbringen oder eine Tätigkeit zu betreiben, oder iii) einem oder mehreren Unternehmen nach anderen als solchen Kriterien durch Rechts- oder Verwaltungsvorschriften besondere Vorteile einräumt, die die Fähigkeit anderer Unternehmen, die gleiche Tätigkeit in demselben Gebiet unter gleichen Bedingungen zu leisten, wesentlich beeinträchtigen." Trotz dieser ausführlichen Begriffsbestimmung, die sich nahezu wortlautidentisch auch in Art. 1 Nr. 4 Telekommunikationsendeinrichtungsrichtlinie 2008/63/EG[126] findet,[127] ist der Begriff der besonderen Rechte nicht abschließend geklärt. Darunter fallen jedenfalls keine Rechte, auf deren Erteilung bei Erfüllung bestimmter, gesetzlich festgelegter Anforderungen ein Anspruch besteht, wie dies etwa bei gesetzlich vorgesehenen Genehmigungserfordernissen vielfach der Fall ist.[128] In diesem Falle fehlt es bereits an der zahlenmäßigen Begrenztheit der betroffenen Unternehmen. Zugleich sind besondere Rechte nicht ausschließlich, wie Art. 2 lit. g 38

[121] ABl. 2014 L 94/1.

[122] *Kühling* in: Streinz, Art. 106 AEUV Rn. 20.

[123] EuGH U. v. 4.5.1988 Rs. 30/87 – *Bodson* Slg. 1988, 2479 Rn. 33; vgl. auch *Dohms* in: Wiedemann, Kartellrecht, § 35 Rn. 40.

[124] EuGH U. v. 10.12.1991 Rs. C-179/90 – *Merci Convenzionali Porto di Genova* Slg. 1991, I-5889 Rn. 8 f.

[125] Siehe dazu *Zepf,* Wettbewerbsbeschränkungen in der Wasserversorgung. Eine Untersuchung nach deutschem und europäischem Kartellrecht, 2010, S. 80 ff.; ausführlich zur Ausgestaltung des Wassermarktes *Laskowski,* Das Menschenrecht auf Wasser. Die rechtlichen Vorgaben zur Sicherung der Grundversorgung mit Wasser und Sanitärleistungen im Rahmen einer ökologisch-nachhaltigen Wasserwirtschaftsordnung, 2010, S. 689 ff.

[126] ABl. 2008 L 162/20.

[127] Ähnlich zudem Art. 1 Nr. 6 Richtlinie 2002/77/EG über den Wettbewerb auf den Märkten für elektronische Kommunikationsnetze und -dienste, ABl. 2002 L 249/21.

[128] *Grill* in: Lenz/Borchardt, Art. 106 AEUV Rn. 10; *Klotz* in: Schröter/Jakob/Klotz/Mederer, Art. 106 AEUV Rn. 21.

Transparenzrichtlinie durch die Bezugnahme auf eine Mehrzahl von Unternehmen (i und ii) bzw. die vorausgesetzte verbleibende, wenn auch erschwerte Konkurrenz (iii) verdeutlicht. Auf Grundlage der Transparenzrichtlinie sind damit besondere Rechte solche, die weder jedem Unternehmen zugänglich sind noch ein Monopol vermitteln. Dieses Verständnis ist auf Art. 106 Abs. 1 AEUV übertragbar, so dass besondere Rechte eine – ggf. räumlich oder zeitlich begrenzte – Oligopolisierung zur Folge haben.[129] Zweifelhaft erscheint dagegen, ob zur Bestimmung des primärrechtlichen Begriffs des besonderen Rechts auch die in allen Varianten des Art. 2 lit. g Transparenzrichtlinie enthaltene Bezugnahme auf „objektive, angemessene und nicht diskriminierende Kriterien" zur Auswahl der betreffenden Unternehmen von Bedeutung sein kann.[130] Danach ist ein Recht nicht als besonderes zu qualifizieren, wenn es zwar wettbewerbsbeschränkende Wirkungen entfaltet, die betreffenden Unternehmen jedoch „fair" ausgewählt wurden. Zwar ist unter dieser Voraussetzung eine staatliche Instrumentalisierung dieser Unternehmen weniger wahrscheinlich, da eine solche durch willkürliche Auswahlentscheidungen begünstigt wird. Sie ist jedoch auch nicht ausgeschlossen, da auch bei der Festlegung derartiger Kriterien Spielräume bestehen. Zudem können staatliche Maßnahmen i. S. v. Art. 106 Abs. 1 AEUV de facto auch zeitlich nach der Auswahlentscheidung ansetzen.

39 Im Hinblick auf die Zwecksetzung der Norm sind daher – anders als für allein vergaberechtliche Zwecke, vgl. Art. 4 Abs. 3 der Richtlinie 2014/25/EU über die Vergabe von Aufträgen durch Auftraggeber im Bereich der Wasser-, Energie- und Verkehrsversorgung sowie der Postdienste[131] – alle Rechte als besondere zu qualifizieren, bezüglich deren Gewährung seitens des Staates ein Ermessen besteht oder mit dessen Verleihung besondere Vorrechte gegenüber Dritten verbunden sind. Damit übereinstimmend definiert auch Art. 5 Nr. 11 Konzessionsvergaberichtlinie besondere Rechte als „Rechte, die eine zuständige Behörde eines Mitgliedstaats im Wege einer mit den Verträgen im Einklang stehenden Rechts- oder veröffentlichten Verwaltungsvorschrift gewährt hat, um die Ausübung einer Tätigkeit auf zwei oder mehr Wirtschaftsteilnehmer zu beschränken, wodurch die Möglichkeit anderer Wirtschaftsteilnehmer zur Ausübung dieser Tätigkeit wesentlich eingeschränkt wird".

40 **(2) Gewährung.** Die von Art. 106 Abs. 1 AEUV in Bezug genommenen ausschließlichen oder besonderen Rechte müssen auf eine mitgliedstaatliche Gewährung zurückgehen. Dies ist ungeachtet der eine zusätzliche Anforderung nahe legenden Formulierung schon deshalb zwingend, da es sich andernfalls nicht um derartige Rechte, sondern allein um tatsächliche Marktmacht handeln würde. Es bedarf mithin bereits zur Entstehung der Rechte eines **hoheitlichen Begründungsaktes,**[132] der zugleich als Anknüpfungspunkt

---

[129] *Dohms* in: Wiedemann, Kartellrecht, § 35 Rn. 41; vgl. auch *Stadler* in: Langen/Bunte, Art. 106 AEUV Rn. 25.

[130] Vgl. auch *Mestmäcker/Schweitzer* in: Immenga/Mestmäcker, Art. 106 Abs. 1 AEUV Rn. 46; *Kühling* in: Streinz, Art. 106 AEUV Rn. 23; *Emmerich/Hoffmann* in: Dauses, EU-Wirtschaftsrecht, H. II. Rn. 92; *Dohms* in: Wiedemann, Kartellrecht, § 35 Rn. 66 ff.

[131] ABl. 2014 L 94/243. Die Norm lautet: „Im Sinne dieses Artikels sind ‚besondere oder ausschließliche Rechte' Rechte, die eine zuständige Behörde eines Mitgliedstaats im Wege einer Rechts- oder Verwaltungsvorschrift gewährt hat, um die Ausübung von in den Artikeln 8 bis 14 aufgeführten Tätigkeiten" der Versorgung mit Gas und Wärme, Elektrizität, Wasser, Verkehrsleistungen, des Betriebs von Häfen und Flughäfen, von Postdiensten sowie der Förderung von Öl und Gas und Exploration oder Förderung von Kohle und anderen festen Brennstoffen „auf eine oder mehrere Stellen zu beschränken, wodurch die Möglichkeit anderer Stellen zur Ausübung dieser Tätigkeit wesentlich eingeschränkt wird.

Rechte, die in einem angemessen bekanntgegebenen und auf objektiven Kriterien beruhenden Verfahren gewährt wurden, sind keine „besonderen oder ausschließlichen Rechte" im Sinne des Unterabsatzes 1. (…)".

[132] *Bechtold/Bosch/Brinker,* EU-Kartellrecht, Art. 106 AEUV Rn. 28; *Wernicke* in: Grabitz/Hilf/Nettesheim, Art. 106 AEUV Rn. 35; FK/*Kapp,* Art. 106 AEUV Rn. 29; auch zur Abgrenzung *Dohms* in: Wiedemann, Kartellrecht, § 35 Rn. 53 ff.

für den Tatbestand des Art. 106 Abs. 1 AEUV in Bezug auf nicht-öffentliche Unternehmen dient.

Der Begriff des Gewährens ist weit zu verstehen,[133] erfasst **zahlreiche Modalitäten der Zuweisung von Sonderrechten** seitens eines Mitgliedstaates an ein Unternehmen und lässt sich nicht abschließend bestimmen. Jedes staatliche Handeln, welches zur Folge hat, dass ein Unternehmen gegenüber anderen, vergleichbaren Unternehmen Vorzüge im Sinne ausschließlicher oder besonderer Rechte genießt, die nicht allein auf seine eigenen Fähigkeiten am Markt zurückgehen, ist als hoheitliches Handeln im Sinne einer Gewährung i. S. v. Art. 106 Abs. 1 AEUV zu qualifizieren. Die zur Verfügung stehenden Instrumente der Rechtegewährung richten sich nach dem jeweiligen nationalen Recht.[134] Bezogen auf die deutsche Rechtsordnung kommt dabei jede Form öffentlich-rechtlichen Handelns in Betracht. Rechtsnormen (Gesetze, Rechtsverordnungen, Satzungen) können ebenso zur Zuweisung von Sonderrechten an Unternehmen genutzt werden wie Verwaltungsakte i. S. v. § 35 VwVfG oder öffentlich-rechtliche Verträge gemäß §§ 54 ff. VwVfG. Eine privatrechtliche, insbesondere vertragliche Zuweisung derartiger Rechte ist in Anbetracht der diesbezüglichen Neutralität sowie der Zielsetzung des Art. 106 Abs. 1 AEUV ebenfalls möglich und erfolgt etwa bei der Vergabe von qualifizierten Wegenutzungsrechten durch die Kommunen an Energieversorgungsunternehmen nach § 46 Abs. 2 EnWG wie auch – ungeachtet der jeweiligen Rechtsnatur – vielfach durch Konzessionen i. S. v. Art. 5 Nr. 1 der Konzessionsvergaberichtlinie.[135] Selbst eine Zuweisung derartiger Rechte durch Realakt wird europarechtlich erfasst; dem deutschen Recht ist sie allerdings fremd. Stets bedarf es im Hinblick auf die Gewährung von Sonderrechten jedoch eines aktiven staatlichen Handelns. Regelmäßig wird dieses nach außen gerichtet sein, da eine Begründung von Rechten durch allein verwaltungsinterne Maßnahmen im deutschen Recht grundsätzlich nicht in Betracht kommt. Im Hinblick auf die Effektivität des Art. 106 Abs. 1 AEUV müssen vom Begriff des „Gewährens" jedoch auch solche Konstellationen erfasst werden, bei denen es an einer nach außen wirkenden Entscheidung fehlt, aber gleichwohl Sonderrechte für Unternehmen begründet werden.[136] Eine „Selbstbegründung" derartiger Rechte durch Unternehmen kann in Anbetracht des hoheitlichen Charakters der Entscheidung über deren Zuweisung allerdings nicht erfolgen. Ein Umschlagen tatsächlicher Marktmacht in besondere oder ausschließliche Rechte ohne staatliches Zutun ist daher ausgeschlossen. 41

3. Rechtsfolge: Verbot vertragswidriger Maßnahmen

Als Rechtsfolge ordnet Art. 106 Abs. 1 AEUV eine **uneingeschränkte Beachtung des Europarechts** im Hinblick auf die Ergreifung staatlicher Maßnahmen in Bezug auf öffentliche Unternehmen sowie die erfassten Unternehmen mit staatlich zugewiesenen Sonderrechten an.[137] Diesen Unternehmen darf mithin durch die Mitgliedstaaten keine allgemeine rechtliche Sonderstellung eingeräumt werden. Dies gilt unabhängig vom Tätigkeitsfeld der betroffenen Unternehmen. Auch einzelne Abweichungen von europarechtlichen Vorgaben sind nur unter der Voraussetzung zulässig, dass diese im Europarecht selbst vorgesehen sind. Damit sind die aufgeführten Unternehmen dem EU-Wirtschaftsrecht grundsätzlich unterworfen.[138] Normativ besonders hervorgehoben werden das Verbot von 42

---

[133] *Bechtold/Bosch/Brinker,* EU-Kartellrecht, Art. 106 AEUV Rn. 28.

[134] *Klotz* in: Schröter/Jakob/Klotz/Mederer, Art. 106 AEUV Rn. 21; *Dohms* in: Wiedemann, Kartellrecht, § 35 Rn. 53.

[135] Vgl. *Hünnekens,* S. 96.

[136] EuGH U. v. 21.9.1999 Rs. C-67/96 – *Albany* Slg. 1999, I-5751 Rn. 88 ff.; *Dohms* in: Wiedemann, Kartellrecht, § 35 Rn. 42.

[137] Zur letztlich unerheblichen Streitfrage, ob der unternehmerisch handelnde Staat ebenfalls unter Art. 106 Abs. 1 AEUV fällt, oder sein Handeln „nur" direkt an Art. 101 f. AEUV zu messen ist, im Überblick *Bechtold/Bosch/Brinker,* EU-Kartellrecht, Art. 106 AEUV Rn. 19.

[138] *Dohms* in: Schwarze, Daseinsvorsorge, S. 41 (46).

Diskriminierungen aufgrund der Staatsangehörigkeit, Art. 18 AEUV, und das Wettbewerbs- und Beihilfenrecht, Art. 101 ff. AEUV. Von besonderer Bedeutung, wenn auch nicht explizit in Art. 106 Abs. 1 AEUV aufgeführt, sind darüber hinaus die Grundfreiheiten,[139] insbesondere die Niederlassungs- und die Dienstleistungsfreiheit. Die Mitgliedstaaten haben mithin hinsichtlich der ihnen besonders nahe stehenden Unternehmen alles zu unterlassen, was eine Verwirklichung aller Vorgaben des europäischen Primärrechts sowie ihrer sekundärrechtlichen Konkretisierung[140] in Frage zu stellen geeignet ist.

43 Aus dem allgemeinen **Diskriminierungsverbot** des Art. 18 AEUV folgt in Bezug auf den Regelungsgegenstand des Art. 106 Abs. 1 AEUV zum einen, dass die Mitgliedstaaten Unionsbürger und Unternehmen aus anderen EU-Mitgliedstaaten gegenüber ihren öffentlichen und staatsnahen Unternehmen nicht benachteiligen dürfen. Dies gilt insbesondere im Hinblick auf die Möglichkeiten des Agierens am Markt. Zum anderen dürfen die EU-Mitgliedstaaten öffentliche und ihnen sonst nahestehende Unternehmen nicht instrumentalisieren, um Diskriminierungen von Unionsbürgern und Unternehmen aus anderen Mitgliedstaaten als Leistungsabnehmer vorzunehmen, etwa hinsichtlich des Leistungsangebots oder im Rahmen der Preisgestaltung.[141] Keine Aussage lässt sich Art. 18 AEUV jedoch im Hinblick auf eine Besserstellung öffentlicher und staatsnaher Unternehmen im Verhältnis (nur) zu sonstigen inländischen Unternehmen entnehmen, da Inländerdiskriminierungen dem Verbotstatbestand mangels Grenzüberschreitung nicht unterfallen.

44 In engem Zusammenhang mit dem allgemeinen Diskriminierungsverbot stehen die in Art. 106 Abs. 1 AEUV nicht gesondert erwähnten **Grundfreiheiten.**[142] Diese wirken zum einen als – vorrangige[143] – spezielle Diskriminierungsverbote und überschneiden sich insoweit mit Art. 18 AEUV, darüber hinaus aber handelt es sich um Beschränkungsverbote. Mitgliedstaatliche Maßnahmen in Bezug auf öffentliche und staatsnahe Unternehmen dürfen daher nicht dazu führen, dass der Marktzutritt für Unternehmen aus anderen EU-Mitgliedstaaten erschwert oder weniger attraktiv wird.[144] Diskriminierungen und Beschränkungen von Grundfreiheiten sind nur zulässig, sofern dies explizit vorgesehen ist oder – nur bei nichtdiskriminierenden Maßnahmen – aus zwingenden Gründen des Allgemeininteresses. Die in Betracht kommenden Rechtfertigungsgründe sind dabei durchaus vielfältig; es bedarf jedoch stets eines Regelungsziels, welches gerade nicht in der Bevorzugung oder Sicherung der (eigenen) öffentlichen oder staatsnahen Unternehmen bestehen kann. Exemplarisch sei für die Bedeutung der Grundfreiheiten im vorliegenden Kontext auf das Recht der Vergabe öffentlicher Aufträge verwiesen, dessen grundlegende Wertungen der EuGH aus den Grundfreiheiten ableitet[145] und das sekundärrechtlich detailliert ausgestaltet wird. Eine Bevorzugung öffentlicher oder staatsnaher Unternehmen bei Beschaffungen durch die öffentliche Hand ist danach unzulässig, sofern nicht die strengen Voraussetzungen

---

[139] *Klotz* in: Schröter/Jakob/Klotz/Mederer, Art. 106 AEUV Rn. 48.

[140] *Voet van Vormizeele* in: Schwarze, EU-Kommentar, Art. 106 AEUV Rn. 50; *Kühling* in: Streinz, Art. 106 AEUV Rn. 25; *Müller-Graff* in: Vedder/Heintschel von Heinegg, Art. 106 AEUV Rn. 11; *Emmerich/Hoffmann* in: Dauses, EU-Wirtschaftsrecht, H. II. Rn. 102; *Dohms* in: Wiedemann, Kartellrecht, § 35 Rn. 80.

[141] Kommission, Entscheidung 87/359/EWG, ABl. 1987 L 194/28; *Mestmäcker/Schweitzer* in: Immenga/Mestmäcker, Art. 106 Abs. 1 AEUV Rn. 95; zahlreiche Beispiele bei FK/*Kapp,* Art. 106 AEUV Rn. 43.

[142] Zur Warenverkehrsfreiheit EuGH U. v. 10.3.1983 Rs. C-172/82 – *Syndicat national des fabricants raffineurs d'huile de graissage u. a.* Slg. 1983, 555; ausführlich dazu im vorliegenden Kontext *Mestmäcker/Schweitzer* in: Immenga/Mestmäcker, Art. 106 Abs. 1 AEUV Rn. 56 ff.; *Dohms* in: Wiedemann, Kartellrecht, § 35 Rn. 157 ff.; auch zu den anderen Grundfreiheiten FK/*Kapp,* Art. 106 AEUV Rn. 44 ff.

[143] *Kühling* in: Streinz, Art. 106 AEUV Rn. 30.

[144] Entscheidung 97/606/EG, ABl. 1997 L 244/18.

[145] Dazu zusammenfassend die Kommissionsmitteilung zu Auslegungsfragen in Bezug auf das Gemeinschaftsrecht, das für die Vergabe öffentlicher Aufträge gilt, die nicht oder nur teilweise unter die Vergaberichtlinien fallen, ABl. 2006 C 179/2.

für eine Inhouse-Vergabe vorliegen,[146] die funktional mit einer Eigenleistung gleichzusetzen ist.

Der Verweis auf die Geltung der **Wettbewerbsregeln** in Art. 106 Abs. 1 AEUV stellt klar, dass die allgemeinen kartell- und beihilferechtlichen Vorgaben auch für öffentliche und staatsnahe Unternehmen gelten. Praktisch bedeutsam ist dies vor allem[147] im Hinblick auf das Marktverhalten, welches im Falle der bei ausschließlichen Rechten stets gegebenen marktbeherrschenden Stellung des betreffenden Unternehmens der Missbrauchskontrolle unterliegt,[148] sowie für die traditionell vielfältigen staatlichen Förder- und Unterstützungsmaßnahmen für die von Art. 106 Abs. 1 AEUV erfassten Unternehmen.[149] 45

Umstritten ist schließlich, ob Art. 106 Abs. 1 AEUV unmittelbar eine Aussage über die **Zulässigkeit der Gewährung von ausschließlichen oder besonderen Rechten** für Unternehmen zu entnehmen ist.[150] Nach der Normstruktur ist diese Frage zu trennen von derjenigen nach staatlichen Maßnahmen in Bezug auf Unternehmen, die über derartige Sonderrechte verfügen und die expliziter Regelungsgegenstand der Vorschrift sind.[151] Nach seinem Wortlaut bezieht sich Art. 106 Abs. 1 AEUV auf Unternehmen, denen ausschließliche oder besondere Rechte seitens eines Mitgliedstaates zugewiesen wurden. Damit setzt die Norm im Ausgangspunkt die Existenz solcher Rechte voraus. Weder Formulierung noch Entstehungsgeschichte des Art. 106 Abs. 1 AEUV legen nahe, dass diese Rechte in Frage gestellt werden sollen. Gleichwohl wird der Vorschrift vielfach eine Rechtswidrigkeitsvermutung zu Lasten staatlicher Monopole[152] entnommen. Wenngleich im Ergebnis der Einschätzung zuzustimmen ist, dass die Schaffung eines Monopols durch Gewährung ausschließlicher Rechte europarechtlich bedenklich ist, sofern dadurch eine Lage geschaffen wird, in der das jeweilige Monopolunternehmen seine marktbeherrschende Stellung zwangsläufig missbrauchen wird oder jedenfalls aufgrund der Beeinträchtigung der Chancengleichheit durch staatliche Privilegien naheliegenderweise missbrauchen könnte,[153] lässt sich dies jedoch nicht aus Art. 106 Abs. 1 AEUV ableiten. Der Vorschrift kommt für die Herleitung dieses Ergebnisses allenfalls eine Brücken-, wenn nicht nur eine Klarstellungsfunktion zu. Zwar ist die Gewährung eines ausschließlichen oder besonderen Rechts auch selbst eine mitgliedstaatliche Maßnahme, die tatbestandlich von Art. 106 Abs. 1 EUV erfasst wird.[154] Da die Norm jedoch gerade keinen eigenen Beurteilungsmaßstab aufstellt, sondern auf die (sonstigen) europarechtlichen Vorgaben verweist, kann ihr unmittelbar keine Wertung zu Lasten der staatlichen Gewährung von Sonderrechten für Unternehmen 46

[146] Zur aktuellen normativen Ausgestaltung *Dabringhausen,* VergabeR 2014, 512ff.; *Knauff,* EuZW 2014, 486ff.; *Ziekow,* NZBau 2015, 258ff.

[147] Zur Bedeutung von Art. 101 AEUV im Einzelnen *Schnabel,* S. 169ff.

[148] Vgl. Kommission, Entscheidung 94/119/EG, ABl. 1994 L 55/52; Entscheidung 95/364/EG, ABl. 1995 L 216/8; Entscheidung 95/489/EG, ABl. 1995 L 280/49; Entscheidung 97/181/EG, ABl. 1997 L 76/19; Entscheidung 97/744/EG, ABl. 1997 L 301/17; Entscheidung 97/745/EG, ABl. 1997 L 301/27; Entscheidung 2000/521/EG, ABl. 2000 L 208/36; Entscheidung 2001/176/EG, ABl. 2001 L 63/59; Entscheidung 2002/344/EG, ABl. 2002 L 120/19; siehe auch *Mestmäcker/Schweitzer* in: Immenga/Mestmäcker, Art. 106 Abs. 1 AEUV Rn. 101ff.; FK/*Kapp,* Art. 106 AEUV Rn. 60ff.; *Dohms* in: Wiedemann, Kartellrecht, § 35 Rn. 84ff.

[149] *Mestmäcker/Schweitzer* in: Immenga/Mestmäcker, Art. 106 Abs. 1 AEUV Rn. 99f.; FK/*Kapp,* Art. 106 AEUV Rn. 57ff.; *Kühling* in: Streinz, Art. 106 AEUV Rn. 32; *Klotz* in: Schröter/Jakob/Klotz/Mederer, Art. 106 AEUV Rn. 51ff.

[150] Dafür etwa FK/*Kapp,* Art. 106 AEUV Rn. 35.

[151] *Wernicke* in: Grabitz/Hilf/Nettesheim, Art. 106 AEUV Rn. 55; MünchKomm/*Gundel,* Art. 106 AEUV Rn. 68ff.

[152] *Heinemann,* S. 29; *Pielow,* S. 73, dahingehend auch *Nettesheim* in: Hrbek/Nettesheim, S. 39 (44), letztere mit Verweis auf die Entscheidungspraxis des EuGH.

[153] St. Rspr., vgl. zuletzt EuGH U. v. 17.7.2014 Rs. C-553/12 P Rn. 41 – *DIE; Grill* in: Lenz/Borchardt, Art. 106 AEUV Rn. 14ff.; *Jung* in: Callies/Ruffert, Art. 106 AEUV Rn. 27, mit zahlreichen Nachweisen aus der Rechtsprechung; siehe auch *Triantafyllou,* EuZW 2014, 734ff.

[154] A. A. *Voet van Vormizeele* in: Schwarze, EU-Kommentar, Art. 106 AEUV Rn. 31.

entnommen werden.[155] Erst im Zusammenwirken mit und letztlich aus den Wettbewerbsregeln[156] und den deregulierend wirkenden Grundfreiheiten[157] lässt sich die Zulässigkeit der Verleihung von ausschließlichen und besonderen Rechten bewerten.[158] Diese wiederum begründen in ihrem Zusammenwirken durchaus ein grundsätzliches europarechtliches Monopolverbot.[159]

III. Art. 106 Abs. 2: Privilegierungsvoraussetzungen

1. Allgemeines

47 Art. 106 Abs. 2 AEUV ermöglicht seit den Römischen Verträgen mitgliedstaatliche Sonderregeln zugunsten von gemeinwohlorientierten Leistungen – in der herkömmlichen deutschen Terminologie: der Daseinsvorsorge – sowie von Finanzmonopolen. Sie bringt damit zugleich die Besonderheiten dieser Bereiche und deren europarechtliche Anerkennung zum Ausdruck. Nachdem die Vorschrift über Jahrzehnte kaum eine Rolle spielte, ist sie im Zuge der europäischen Liberalisierungspolitik seit den 1990er Jahren aus ihrem Dornröschenschlaf erweckt worden.[160] Die Existenz von Art. 106 Abs. 2 AEUV ist gleichwohl bis heute rechtspolitisch umstritten; über **Bedeutung und Verständnis** bestehen sehr unterschiedliche Auffassungen. Die Norm wird einerseits als zentrale Einbruchstelle für versorgungswirtschaftsbezogene Sonderregime in den Mitgliedstaaten[161] und durch Rechtsangleichung unüberwindbarer „Souveränitätsvorbehalt" angesehen,[162] andererseits als Verankerung eines eigenständigen europarechtlichen service public-Begriffs.[163] Diese unterschiedlichen Interpretationsansätze beruhen nicht zuletzt auf der „Häufung unbestimmter Rechtsbegriffe"[164] in Art. 106 Abs. 2 AEUV. Ungeachtet aller Auslegungsschwierigkeiten handelt es sich dabei nach wie vor um die zentrale Vorschrift für den Bereich der Daseinsvorsorge im europäischen Primärrecht.

48 Art. 106 Abs. 2 AEUV zielt auf den Ausgleich zwischen dem Interesse der EU an der Befolgung des Europarechts auch durch öffentliche oder privilegierte Unternehmen und „dem anerkannten legitimen Interesse der Mitgliedstaaten an gemeinwirtschaftlicher Aufgabenerfüllung".[165] Sie dient damit als „zentrale(s) Instrument der Konfliktlösung und Konfliktvermeidung".[166] Insoweit erfolgt im Rahmen des Art. 106 Abs. 2 AEUV eine Überprüfung, ob ein Zusammenhang zwischen der wettbewerblichen Privilegierung der Unternehmen

---

[155] *Dohms* in: Wiedemann, Kartellrecht, § 35 Rn. 78, 81.

[156] Ausführlich zu Art. 102 AEUV *Mestmäcker/Schweitzer* in: Immenga/Mestmäcker, Art. 106 Abs. 1 AEUV Rn. 81 ff.; *Schnabel,* S. 110 ff.

[157] *Basedow,* StWissStPrax 2 (1991), S. 151 (164).

[158] EuGH U. v. 19.3.1991 Rs. C-202/88 – *Telekommunikationsendgeräte* Slg. 1991, I-1223 Rn. 22; U. v. 25.7.1991 Rs. C-353/89 – *Kommission/Niederlande* Slg. 1991, I-4069 Rn. 34; *Mestmäcker/Schweitzer* in: Immenga/Mestmäcker, Art. 106 Abs. 1 AEUV Rn. 51 ff., 56 ff.

[159] Vgl. auch *Grill* in: Lenz/Borchardt, Art. 106 AEUV Rn. 7; *Kühling* in: Streinz, Art. 106 AEUV Rn. 26 ff.

[160] Siehe aus der EuGH-Rechtsprechung EuGH U. v. 19.5.1993 Rs. C-320/91 – *Corbeau* Slg. 1993, I-2533; U. v. 27.4.1994 Rs. C-393/92 – *Almelo* Slg. 1994, I-1477; U. v. 23.10.1997 Rs. C-159/94 – *EDF/GDF* Slg. 1997, I-5815; U. v. 18.6.1998 Rs. C-266/96 – *Corsica Ferries France* Slg. 1998, I-3949; U. v. 10.2.2000, verb. Rs. C-147/97 und 148/97 – *Deutsche Post* Slg. 2000, I-825; U. v. 15.11.2007 Rs. C-162/06 *International Mail Spain* Slg. 2007, I-9911. Zur Bedeutung in einzelnen Wirtschaftssektoren *Dohms* in: Wiedemann, Kartellrecht, § 35 Rn. 428 ff.

[161] *Pielow,* S. 76.

[162] *Hailbronner,* NJW 1991, 593 (600); etwas schwächer *Hellermann* in: Schader-Stiftung, S. 78 (92); ablehnend dazu *Emmerich/Hoffmann* in: Dauses, EU-Wirtschaftsrecht, H. II. Rn. 133.

[163] *Keller,* S. 30, zu dessen Elementen zusammenfassend S. 103.

[164] *Bala,* S. 4; ähnlich *Rinne,* S. 51; *Storr,* S. 325.

[165] *Ipsen/Nicolaysen,* NJW 1964, 2336 (2338); ähnlich *Khan* in: Geiger/Khan/Kotzur, Art. 106 Rn. 8; *Bocklet* in: Schader-Stiftung, S. 11 (14).

[166] *Dohms* in: Schwarze, Daseinsvorsorge, S. 41 (57); sinngemäß auch *Fesenmair,* S. 194; *Hellermann,* S. 110; *Rumpff,* S. 20.

und dem öffentlichen Interesse gegeben ist.[167] In Anbetracht dessen handelt es sich um **keine Bereichsausnahme** zugunsten der Dienstleistungen von allgemeinem wirtschaftlichem Interesse erbringenden Unternehmen und ihren Tätigkeitsbereichen,[168] ohne dass der Frage der juristischen Qualifikation aber wesentliche praktische Bedeutung zukäme.[169]

Gesetzessystematisch ist Art. 106 Abs. 2 AEUV als Ausnahme zu Art. 106 Abs. 1 AEUV konzipiert. Nach den Regeln der juristischen Methodik ist daher eine enge **Auslegung** der Bestimmung geboten[170] und sie ist danach überdies restriktiv anzuwenden.[171] Allerdings besteht eine Divergenz hinsichtlich des Regelungsbereichs der beiden Absätze des Art. 106 AEUV. So unterfallen von Art. 106 Abs. 2 AEUV erfasste Unternehmen nicht zwingend auch Art. 106 Abs. 1 AEUV.[172] Es fehlt daher in systematischer Hinsicht an der Regel-Ausnahme-Konstellation, wenn es auch durchaus nicht geringe Überschneidungen in Teilmengen gibt,[173] da jedenfalls öffentliche Unternehmen typischerweise gemeinwohlorientierte Tätigkeiten wahrnehmen. Vorzugswürdig erscheint daher, Art. 106 Abs. 2 AEUV nicht nur als Ausnahme zu Art. 106 Abs. 1 AEUV, sondern als systematisch teilweise fehlplatzierte Gesamtausnahme anzusehen. Ein solches Verständnis steht auch im Einklang mit der Zielrichtung dieser Vorschrift, da diese für öffentliche und privilegierte Unternehmen auf den gesamten Vertrag verweist. Am Ausnahmecharakter der Vorschrift an sich ändert dies jedoch nichts. **49**

Umstritten ist, ob und wie eine **Einwirkung des Art. 14 AEUV auf die Auslegung von Art. 106 Abs. 2 AEUV** erfolgt. Das Verhältnis zwischen beiden Bestimmungen ist bislang nicht abschließend geklärt.[174] Nach teilweise vertretener Auffassung spricht Art. 14 AEUV gegen eine enge Auslegung des Art. 106 Abs. 2 AEUV.[175] Eine weite Auslegung der Vorschrift widerspricht jedoch ihrem Ausnahmecharakter, der auch durch Art. 14 AEUV nicht in Frage gestellt wird. Zudem ist zu berücksichtigen, dass Art. 14 AEUV nach dem Wortlaut „unbeschadet" des Art. 106 AEUV einschließlich des zweiten Absatzes, gilt. Dies legt nahe, Art. 106 Abs. 2 AEUV zunächst nach den herkömmlichen Methoden auszulegen. Aufgrund des normativen Gesamtzusammenhangs ist dieses Auslegungsergebnis – im Hinblick sowohl auf die einzelnen Tatbestandsmerkmale als auch der **50**

---

[167] Vgl. *Mestmäcker* in: FS Zacher, S. 635 (648); ähnlich *Weiß,* AöR 128 (2003), S. 91 (96).

[168] MünchKomm/*Gundel,* Art. 106 AEUV Rn. 93; *Emmerich/Hoffmann* in: Dauses, EU-Wirtschaftsrecht, H. II. Rn. 156, die von einem „beliebte[n] Missverständnis" sprechen; *Mestmäcker,* RabelsZ 52 (1988), S. 526 (534); anders *Klotz* in: Schröter/Jakob/Klotz/Mederer, Art. 106 AEUV Rn. 67; *Lübbig/Martín-Ehlers,* Rn. 73; *Jung* in: Callies/Ruffert, Art. 106 AEUV Rn. 34; ebenso *Badura* in: FS Oppermann, S. 571 (578); *Weiß,* EuR 2003, 165 (184).

[169] Zutreffend *Stadler* in: Langen/Bunte, Art. 106 AEUV Rn. 42.

[170] EuGH U. v. 27.3.1974 Rs. 127/73 – *BRT/SABAM II* Slg. 1974, 313 Rn. 19/22; U. v. 17.7. 1997 Rs. C-242/95 – *GT-Link* Slg. 1997, I-4449 Rn. 50; U. v. 23.10.1997 Rs. C-159/94 – *EDF/GDF* Slg. 1997, I-5815 Rn. 53; U. v. 23.10.1997 Rs. C-157/94 – Kommission/Niederlande Slg. 1997, I-5699 Rn. 37; U. v. 17.5.2001 Rs. C-340/99 – *TNT Traco spA/Poste Italiane SpA* Slg. 2001, I-4109 Rn. 56; *Khan* in: Geiger/Khan/Kotzur, Art. 106 Rn. 20; *Jung* in: Callies/Ruffert, Art. 106 AEUV Rn. 35.

[171] *Alber* in: Schwarze, Daseinsvorsorge, S. 73 (75); *Mann,* S. 35. Als „ultima ratio" bezeichnet *Kämmerer,* NVwZ 2004, 28 (31), die Möglichkeit der Inanspruchnahme des (heutigen) Art. 106 Abs. 2 AEUV.

[172] EuGH U. v. 3.2.1977 Rs. 52/76 – *Benedetti/Munari* Slg. 1977, 163 Rn. 20/22; *Grill* in: Lenz/Borchardt, Art. 106 AEUV Rn. 22; *Dohms* in: Wiedemann, Kartellrecht, § 35 Rn. 11, 275.

[173] *Pielow* in: Henneke, S. 33 (57), hält Überschneidungen für nahezu stets gegeben, da auch im Falle des Einsatzes privater Unternehmen diese regelmäßig besondere oder ausschließliche Rechte erhielten.

[174] FK/*Kapp,* Art. 106 AEUV Rn. 101a; *v. Danwitz,* NWVBl. 2002, 132 (136). Siehe dazu aber auch *Kluth* in: Henneke, S. 68 (73 ff.).

[175] *Bechtold/Bosch/Brinker,* EU-Kartellrecht, Art. 106 AEUV Rn. 37; *Khan* in: Geiger/Khan/Kotzur, Art. 106 Rn. 9; FK/*Kapp,* Art. 106 AEUV Rn. 101d; *Stadler* in: Langen/Bunte, Art. 106 AEUV Rn. 14; *Frenz,* DÖV 2002, 1028 (1033); *Hailbronner,* NJW 1991, 593 (600); *Hellermann,* S. 112; *Schweitzer,* S. 409.

Norm als Ganzes – daraufhin zu hinterfragen, ob es die Funktionsfähigkeit der betroffenen gemeinwohlorientierten Dienstleistungen und damit die Unionszielbestimmung des Art. 14 AEUV in ausreichendem Maße berücksichtigt. Art. 14 AEUV bewirkt somit letztlich eine Ergebniskontrolle. Dass diese nicht zuletzt auf Wertungsgesichtspunkten beruht, schadet gerade im Falle des ebenfalls von Wertungsfragen geprägten Art. 106 Abs. 2 AEUV nicht. Zudem handelt es sich nicht um eine freie, sondern eine normativ durch Art. 14 AEUV geprägte Wertung. Für politisch-willkürliche Erwägungen ist insoweit kein Raum. Zwar entspricht eine solche zweistufige Auslegung nicht der überkommenen Methodik. Allein durch sie kann jedoch Wortlaut und Funktion des Art. 14 AEUV Rechnung getragen werden. Für Art. 106 Abs. 2 AEUV folgt daraus keine grundsätzlich weitere Auslegung, wohl kann aber im Einzelfall eine solche geboten sein. Entscheidend sind insoweit die Umstände des Einzelfalls. Insbesondere verliert Art. 106 Abs. 2 AEUV jedoch nicht seinen Charakter als Ausnahmevorschrift.[176] Die hier vertretene Auffassung vermeidet zudem methodische Brüche, die zum einen durch eine weite Auslegung einer weiterhin als Ausnahmebestimmung betrachteten Vorschrift, zum anderen durch die Missachtung entweder des gesamten Art. 14 AEUV oder der in ihm enthaltenen Einschränkung bezüglich des Art. 106 AEUV auftreten würden. Schließlich ermöglicht sie eine flexible, von sachlichen Notwendigkeiten geprägte Handhabung des Art. 106 Abs. 2 AEUV. Damit greift Art. 106 Abs. 2 AEUV als Ausnahmevorschrift nur ein, wenn die Berücksichtigung von Wettbewerbselementen bei der Leistungserbringung nicht möglich ist,[177] allerdings unter der Voraussetzung, dass der Erfolg der Dienste nicht gefährdet ist.

51 **Adressaten** des Art. 106 Abs. 2 AEUV sind nach seinem Wortlaut die Unternehmen. Darüber hinaus spricht die Vorschrift jedoch auch die Mitgliedstaaten an.[178] Dies kann zum einen aus dem systematischen Zusammenhang mit dem ersten Absatz der Vorschrift entnommen werden. Soweit Überschneidungen zwischen den beiden Absätzen bestehen, wäre es andernfalls nicht erklärbar, weshalb die Mitgliedstaaten einerseits keine europarechtswidrigen Maßnahmen in Bezug auf die Art. 106 Abs. 1 AEUV erfassten Unternehmen treffen dürfen, sofern dies dennoch geschehen ist, die betroffenen Unternehmen sich aber auf Ausnahmen berufen dürften. Wird der systematische Zusammenhang jedoch wie hier letztlich nicht als entscheidend für die Auslegung des Art. 106 Abs. 2 AEUV angesehen, folgt dies auch unmittelbar aus der Vorschrift selbst. Voraussetzung für die Inanspruchnahme der Ausnahme ist die Betrauung der Unternehmen. Unabhängig von deren Gestaltung im Einzelfall ist diese jedenfalls ein mitgliedstaatlicher Akt. Es wäre jedoch widersinnig, den Mitgliedstaaten bei der Bestimmung gemeinwohlorientierter Dienste engere Fesseln anzulegen, als den Unternehmen bei ihrer Durchführung. Damit können sowohl die Unternehmen als auch die Mitgliedstaaten selbst die Ausnahme des Art. 106 Abs. 2 AEUV in Anspruch nehmen.[179]

52 Nach der neueren Rechtsprechung des EuGH[180] und der deutlich überwiegenden Auffassung in der Literatur[181] ist Art. 106 Abs. 2 AEUV **unmittelbar anwendbar.** Teilweise

---

[176] Ebenso *Hellermann,* S. 114; *Rumpff,* S. 161; *Wissenschaftlicher Beirat,* S. 2, die aber von einer insgesamt weiteren Auslegung ausgehen.

[177] *Kühling* in: Hrbek/Nettesheim, S. 138 (142).

[178] *Mestmäcker/Schweitzer* in: Immenga/Mestmäcker, Einl. Art. 106 AEUV Rn. 58; *Klotz* in: Schröter/Jakob/Klotz/Mederer, Art. 106 AEUV Rn. 58f.; *Dohms* in: Wiedemann, Kartellrecht, § 35 Rn. 283; *Ehricke,* EuZW 1998, 741 (744).

[179] *Khan* in: Geiger/Khan/Kotzur, Art. 106 Rn. 10.

[180] EuGH U. v. 11.4.1989 Rs. 66/86 – *Ahmed Saeed* Slg. 1989, 803 Rn. 55; U. v. 27.4.1994 Rs. C-393/92 – *Almelo* Slg. 1994, I-1477 Rn. 50; U. v. 19.10.1995 Rs. C-19/93 – *Rendo II* Slg. 1995, I-3319 Rn. 17f.; anders noch EuGH U. v. 14.7.1971 Rs. 10/71 – *Hafen von Mertert* Slg. 1971, 723 Rn. 13/16; U. v. 10.3.1983 Rs. C-172/82 – *Syndicat national des fabricants raffineurs d'huile de graissage u. a.* Slg. 1983, 555 Rn. 15.

[181] *Wernicke* in: Grabitz/Hilf/Nettesheim, Art. 106 AEUV Rn. 13; MünchKomm/*Gundel,* Art. 106 AEUV Rn. 77f.; *Stadler* in: Langen/Bunte, Art. 106 AEUV Rn. 11f.; *Grill* in: Lenz/Borchardt,

wird jedoch vertreten, dass dies allein für Art. 106 Abs. 2 S. 1 AEUV, nicht aber auch für Art. 106 Abs. 2 S. 2 AEUV gelte.[182] Danach könnten mitgliedstaatliche Gerichte zwar eine Freistellung von Vorschriften des AEUV bestimmen, diese jedoch nicht anhand ihrer Wirkungen auf den gemeinschaftlichen Handelsverkehr messen, wie von Art. 106 Abs. 2 S. 2 AEUV gefordert. Ein derartiges Verständnis verfehlt jedoch Sinn und Zweck der Vorschrift. Der zu erstrebende Ausgleich wiche einer einseitigen Bevorzugung des Ausnahmetatbestands. Daher muss Art. 106 Abs. 2 AEUV als Ganzes betrachtet und im Hinblick auf seine unmittelbare Anwendbarkeit beurteilt werden. Voraussetzung für diese ist eine hinreichende Bestimmtheit und die Verleihung von Rechten oder Pflichten.[183] Diese Voraussetzungen sind nach Art. 106 Abs. 2 S. 1 AEUV erfüllt. Auch die von unbestimmten Rechtsbegriffen geprägte Formulierung steht dem nicht entgegen. Da Art. 106 Abs. 2 S. 2 AEUV jedoch insoweit nur eine Einschränkung, nicht aber einen völlig neuen, unabhängigen Regelungsgehalt enthält, ist er notwendigerweise ebenfalls unmittelbar anwendbar. Dass Art. 106 Abs. 2 S. 2 AEUV für sich allein betrachtet die Voraussetzungen für die unmittelbare Anwendbarkeit nicht erfüllt, ist daher unerheblich.

In der **Entwicklung der Rechtsprechung des EuGH** zu Art. 106 Abs. 2 AEUV lassen sich zwei Phasen unterscheiden. Erfolgte zunächst eine integrationsbetonte und überaus restriktive Interpretation des Art. 106 Abs. 2 AEUV, nahm der EuGH im Jahr 1993 mit der umstrittenen[184] „Corbeau"-Entscheidung[185] eine Akzentverschiebung zugunsten öffentlicher Dienstleistungen vor,[186] womit zugleich ein stärkerer Schutz nationaler Souveränitätsansprüche verbunden war.[187] Eine starke Einschränkung des Anwendungsbereichs von Art. 106 Abs. 2 AEUV bei gleichzeitiger Realisierung der Zwecke der Vorschrift erfolgte allerdings zehn Jahre später durch die „Altmark Trans"-Entscheidung.[188] Im Hinblick auf Ausgleichszahlungen für Dienstleistungen von allgemeinem wirtschaftlichem Interesse entschied der EuGH, dass diese nicht als Beihilfen zu qualifizieren seien, sofern (1) eine Betrauung des betreffenden Unternehmens mit der Erfüllung klar definierter gemeinwirtschaftlicher Verpflichtungen erfolgt, (2) eine vorherige objektive und transparente Darstellung der Parameter für die Berechnung der Ausgleichsleistung gegeben ist, (3) eine Überkompensation ausgeschlossen ist und (4) die Bestimmung der auszugleichenden Kosten am Maßstab eines durchschnittlichen, gut geführten Unternehmens vorgenommen wird, wenn die Auswahl des Unternehmens nicht in einem Vergabeverfahren erfolgt ist. Entgegen der zuvor u.a. vom EuG[189] vertretenen „Rechtfertigungslösung", die derartige Zahlungen als tatbestandliche Beihilfen qualifizierte und eine Rechtfertigung am Maßstab von Art. 106 53

Art. 106 AEUV Rn. 30; *Bala,* S. 101; *Dohms* in: Wiedemann, Kartellrecht, § 35 Rn. 376ff.; *Ehlers,* Gutachten E zum 64. DJT, S. 52; *Götz* in: FS Maurer, S. 921 (926f.); *Heinemann,* S. 72; *Hellermann,* S. 119; *Kluth* in: Henneke, S. 68 (79); *Rinne,* S. 179ff.; *Rumpff,* S. 173; *Wieland/Hellermann,* S. 164; ablehnend aber *Bruhns,* S. 150; *Erhardt,* S. 353f.

[182] *Jung* in: Callies/Ruffert, Art. 106 AEUV Rn. 9; *Koenig/Paul* in: Streinz, Art. 106 AEUV Rn. 44; *Müller-Graff* in: Vedder/Heintschel von Heinegg, Art. 106 AEUV Rn. 13.

[183] EuGH U. v. 5.2.1963 Rs. 26/62 – *van Gend & Loos* Slg. 1963, 5 (25).

[184] Zustimmend *Kämmerer,* NVwZ 2002, 1041 (1042). *Ostendorf,* S. 35ff., betont den Zusammenhang der neueren Rechtsprechung des EuGH zu Art. 86 Abs. 2 EGV zur Weiterentwicklung des Binnenmarkts und damit der umfassenderen Anwendung der Wettbewerbsvorschriften; ablehnend *Badura* in: FS Oppermann, S. 571 (573); *Schweitzer,* S. 124.

[185] EuGH U. v. 19.5.1993 Rs. C-320/91 – *Corbeau* Slg. 1993, I-2533; daran anschließend EuGH U. v. 27.4.1994 Rs. C-393/92 – *Almelo* Slg. 1994, I-1477; U. v. 23.10.1997 Rs. C-159/94 – *EDF/GDF* Slg. 1997, I-5815.

[186] *Löwenberg,* S. 197; ausführlich zur Rechtsprechungsentwicklung *Schweitzer,* S. 97ff.

[187] *Dohms,* Rn. 326, sieht daher die (nicht beabsichtigte) Gefahr der Instrumentalisierung des Corbeau-Urteils gegen Liberalisierungsbestrebungen in traditionell monopolisierten bzw. oligopolisierten Märkten.

[188] EuGH U. v. 24.7.2003, Rs. C-280/00 – *Altmark Trans* Slg. 2003, I-7747.

[189] EuG U. v. 27.2.1997 Rs. T-106/95 – *FFSA* Slg. 1997, II-229 Rn. 178, 199; U. v. 26.6.2008 Rs. T-442/03 – *SIC* Slg. 2000, II-2125 Rn. 83f.

Abs. 2 AEUV vorsah, ist nach der seitdem die Rechtspraxis prägenden „Tatbestandslösung" ein Rückgriff auf Art. 106 Abs. 2 AEUV in beihilferechtlichem Kontext nur möglich und nötig, wenn die in der Altmark Trans-Entscheidung aufgestellten tatbestandsausschließenden Voraussetzungen nicht gegeben sind.[190]

2. Tatbestand

54 Der Tatbestand des Art. 106 Abs. 2 AEUV erfasst zum einen Unternehmen, welche mit Dienstleistungen von allgemeinem wirtschaftlichem Interesse betraut sind und damit den Bereich der Daseinsvorsorge, zum anderen Finanzmonopole. Situativ steht in beiden Fällen eine Verhinderung der Aufgabenerfüllung durch die Beachtung des Europarechts in Frage.

55 **a) Alt. 1: Daseinsvorsorge.** Der auf Unternehmen, die mit Dienstleistungen von allgemeinem wirtschaftlichem Interesse betraut sind, bezogenen ersten Alternative des Art. 106 Abs. 2 AEUV kommt für den Bereich der Daseinsvorsorge eine zentrale Bedeutung zu. Der Begriff des **Unternehmens** entspricht demjenigen des Art. 106 Abs. 1 AEUV und des europäischen Wettbewerbsrechts insgesamt und ist damit funktional zu verstehen. Gleiches gilt ungeachtet der insoweit bestehenden erheblichen Interpretationsunsicherheiten hinsichtlich der Norm insgesamt und ihrer weiteren Tatbestandsmerkmale aufgrund der normativen Hervorhebung der Dienste und nicht ihrer Erbringer. Mag die Vorschrift auch faktisch als „Rettungsanker" für öffentliche Unternehmen dienen,[191] so knüpft sie ausdrücklich an der Funktion von Unternehmen, nicht aber an ihrer Trägerschaft an. Damit betrifft Art. 106 Abs. 2 AEUV grundsätzlich sowohl öffentliche als auch private Unternehmen.[192]

56 **aa) Dienstleistungen von allgemeinem wirtschaftlichem Interesse.** Der Begriff der „Dienstleistungen von allgemeinem wirtschaftlichem Interesse" in Art. 106 Abs. 2 AEUV, der demjenigen der „Dienste von allgemeinem wirtschaftlichem Interesse" in Art. 14 AEUV entspricht, konnte in den Jahrzehnten seit seiner Einführung durch die Römischen Verträge allenfalls ansatzweise geklärt werden. Nicht zu Unrecht wird kritisiert, er sei unklar und konturlos,[193] führe in den Mitgliedstaaten je nach Rechtstradition zu einem unterschiedlichen Verständnis[194] und vermittle dadurch kaum ein „Gefühl der Interpretationssicherheit".[195] Vielfältig und teils die Wortlautgrenze überschreitend sind dementsprechend die **Auslegungsansätze.** Erfasst würden nach einer Ansicht wirtschaftliche Dienstleistungen von allgemeinem Interesse bzw. Daseinsvorsorgeleistung wirtschaftlicher Natur.[196] Nach anderer Auffassung seien sämtliche wirtschaftliche Aktivitäten zur Sicherung von Infrastruktur und Daseinsvorsorge[197] erfasst. Ein weiterer Interpretationsansatz hält die wirtschaftliche Natur der Leistung für unerheblich, da eine Unterscheidung wirtschaftlicher und nichtwirtschaftlicher Tätigkeiten zum einen schwierig und zum anderen Art. 106 Abs. 2 AEUV im Verhältnis zu Art. 106 Abs. 1 AEUV dann weitgehend funktionslos wäre, sondern versteht den Begriff daher auf ein allgemeines Interesse an der wirtschaftlichen Erbringung der Dienstleistungen bezogen.[198]

---

[190] Näher *Malek,* S. 85 ff.; *Wernsmann/Loscher,* NVwZ 2014, 976 ff.

[191] *Püttner,* ZÖR 56 (2001), S. 227 (231 f.).

[192] KOM(2000) 580 endg., S. 11; KOM(2003) 270 final, S. 7; *Wernicke* in: Grabitz/Hilf/Nettesheim, Art. 106 AEUV Rn. 36; FK/*Kapp,* Art. 106 AEUV Rn. 102; *Heinemann,* S. 176.

[193] *Pielow,* S. 25; *Storr,* DÖV 2002, 357 (359).

[194] *Löwenberg,* S. 56; ähnlich auch *Ambrosius* in: Cox, Daseinsvorsorge, S. 15 (26).

[195] *Tettinger* in: Cox, Daseinsvorsorge, S. 97 (98); ähnlich *Bruhns,* S. 105; *Fesenmair,* S. 29; mit Bezug zur EuGH-Rechtsprechung *Lübbig/Martín-Ehlers,* Rn. 822.

[196] *Emmerich/Hoffmann* in: Dauses, EU-Wirtschaftsrecht, H. II. Rn. 150; *Bocklet* in: Schader-Stiftung, S. 11 (14); *Dohms,* Rn. 289; *ders.* in: Schwarze, Daseinsvorsorge, S. 41 (58); ähnlich MünchKomm/*Gundel,* Art. 106 AEUV Rn. 82; *Götz* in: FS Maurer, S. 921 (923); *Jacobi,* S. 37; *Weiß,* EuR 2003, 165 (183).

[197] *Jung* in: Callies/Ruffert, Art. 106 AEUV Rn. 36; *Jarass,* S. 42.

[198] *Hellermann,* S. 113 f.

In Anbetracht dieser Unsicherheiten hat auch die Kommission den Versuch unternommen, zur Klärung der Begrifflichkeit beizutragen. In ihrer Mitteilung „Ein Qualitätsrahmen für Dienstleistungen von allgemeinem Interesse in Europa" definiert sie Dienstleistungen von allgemeinem wirtschaftlichem Interesse als „wirtschaftliche Tätigkeiten, die dem Allgemeinwohl dienen und ohne staatliche Eingriffe am Markt überhaupt nicht oder in Bezug auf Qualität, Sicherheit, Bezahlbarkeit, Gleichbehandlung oder universaler Zugang nur zu anderen Standards durchgeführt würden. Die Gemeinwohlverpflichtung wird dem Leistungserbringer im Wege eines Auftrags auferlegt, der eine Gemeinwohlkomponente enthält, sodass sichergestellt ist, dass die Dienstleistung unter Bedingungen erbracht wird, die es dem Leistungserbringer ermöglichen, seinen Auftrag zu erfüllen."[199] In ihrer Mitteilung über die Anwendung der Beihilfevorschriften der Europäischen Union auf Ausgleichsleistungen für die Erbringung von Dienstleistungen von allgemeinem wirtschaftlichem Interesse führt sie zudem aus, es handle sich um „Dienstleistungen, die ein Unternehmen, wenn es im eigenen gewerblichen Interesse handelt, nicht oder nicht im gleichen Umfang oder nicht zu den gleichen Bedingungen übernommen hätte" und die „zum Wohle der Bürger oder im Interesse der Gesellschaft als Ganzes erbracht werden müssen."[200] Dieser Erklärungsansatz stellt zwar einige zentrale Charakteristika heraus, bietet aber keine umfassende oder gar allgemein anerkannte Definition. Letztlich muss der Begriff daher aus seinen Bestandteilen heraus entwickelt werden. 57

Der erste Begriffsbestandteil der **Dienstleistungen** ist nach allgemeiner Auffassung nicht identisch mit dem Dienstleistungsbegriff des Art. 56 AEUV.[201] Der Begriff ist nach Sinn und Zweck der Norm in Art. 106 Abs. 2 AEUV weiter auszulegen und überdies unabhängig von der Einordnung des „Dienstleisters" als Unternehmen im EU-wettbewerbsrechtlichen Sinn,[202] die allerdings regelmäßig gegeben ist. Dienstleistungen i. S. v. Art. 106 Abs. 2 AEUV können Leistungen aller Art einschließlich der Bereitstellung von Waren sein.[203] Erfasst wird daher neben nichtkörperlichen Leistungen, etwa der Bildung, der Arbeitsvermittlung oder der Gesundheitsfürsorge, auch die Versorgung mit Wasser, elektrischer Energie oder Gas.[204] Auf Grundlage des Dienstleistungsbegriffs des Art. 106 Abs. 2 AEUV kann daher potenziell jedes Angebot der Norm unterfallen. Für die Abgrenzung kommt es daher vor allem auf die weiteren Begriffsbestandteile an.[205] 58

Ein **allgemeines Interesse** an der Dienstleistung setzt voraus, dass deren Erbringung nicht nur auf das Wohl Einzelner gerichtet ist. Erforderlich ist mithin eine Abgrenzung von gemeinwohlorientierten und individual- bzw. gruppeninteressenorientierten Tätigkeiten.[206] Nur erstere unterfallen dem Begriff des allgemeinen Interesses i. S. v. Art. 106 Abs. 2 AEUV. Bei diesem handelt es sich zugleich um einen europarechtlichen Rechtsbegriff, der schon wegen des effet utile[207] einheitlich auszulegen ist.[208] Gleichwohl besteht kein umfas- 59

---

[199] KOM(2011) 900 endg., S. 4.

[200] ABl. 2012 C 8/4 Rn. 47, 50.

[201] *Müller-Graff* in: Vedder/Heintschel von Heinegg, Art. 106 AEUV Rn. 15; *Bala,* S. 27; *Bruhns,* S. 106 ff.; *Heinemann,* S. 176; *Hellermann,* S. 112; *Jacobi,* S. 37; *Rinne,* S. 59; *Rumpff,* S. 187; *Wieland/Hellermann,* S. 167. Dies zeigt auch der Vergleich mit der französischen Fassung, vgl. *Keller,* S. 112.

[202] *Hellermann,* S. 112; *Tettinger,* DVBl. 1997, 341 (344).

[203] *Klotz* in: Schröter/Jakob/Klotz/Mederer, Art. 106 AEUV Rn. 64; *Müller-Graff* in: Vedder/Heintschel von Heinegg, Art. 106 AEUV Rn. 15.

[204] Vgl. etwa EuGH U. v. 27.4.1994 Rs. C-393/92 – *Almelo* Slg. 1994, I-1477 Rn. 47 ff.

[205] Eine praktische Bedeutungslosigkeit konstatiert daher FK/*Kapp,* Art. 106 AEUV Rn. 110.

[206] *Koenig/Paul* in: Streinz, Art. 106 AEUV Rn. 47; *Klotz* in: Schröter/Jakob/Klotz/Mederer, Art. 106 AEUV Rn. 66; *Bruhns,* S. 131; *Erhardt,* S. 273; *Hellermann,* S. 113; *Ostendorf,* S. 42; *Alber* in: Schwarze, Daseinsvorsorge, S. 73 (87); *Schmidt,* Der Staat 42 (2003), S. 225 (232).

[207] *Storr,* S. 323.

[208] *Bala,* S. 37; *Emmerich,* S. 454; *Keller,* S. 115; *Mestmäcker,* RabelsZ 52 (1988), S. 526 (564 f.); *Pielow,* S. 80; *ders.* in: Henneke, S. 33 (56); *Rumpff,* S. 189; *Schmidt,* Der Staat 42 (2003), S. 225; *Storr,* DÖV 2002, 357 (359).

sendes Definitionsrecht der EU zur Festlegung der Dienstleistungen, an denen ein allgemeines Interesse besteht. Dies verdeutlicht Art. 1 des Protokolls (Nr. 26) über Dienste von allgemeinem Interesse. Dieses hebt sowohl die „Vielfalt der jeweiligen Dienstleistungen von allgemeinem wirtschaftlichem Interesse und die Unterschiede bei den Bedürfnissen und Präferenzen der Nutzer, die aus unterschiedlichen geografischen, sozialen oder kulturellen Gegebenheiten" als auch den „weite[n] Ermessensspielraum der nationalen, regionalen und lokalen Behörden in der Frage, wie Dienste von allgemeinem wirtschaftlichem Interesse auf eine den Bedürfnissen der Nutzer so gut wie möglich entsprechende Weise zur Verfügung zu stellen, in Auftrag zu geben und zu organisieren sind", hervor. Noch deutlicher bestimmt Art. 4 Abs. 1 S. 1 Richtlinie 2014/23/EU, dass „[d]iese Richtlinie [...] nicht das Recht der Mitgliedstaaten [berührt], im Einklang mit dem Unionsrecht festzulegen, was sie als Dienstleistungen von allgemeinem wirtschaftlichem Interesse erachten, wie diese Dienstleistungen unter Beachtung der Vorschriften über staatliche Beihilfen organisiert und finanziert werden und welchen spezifischen Verpflichtungen sie unterliegen sollten."

60 Das Vorliegen eines allgemeinen Interesses ist daher zumindest grundsätzlich nicht europäisch, sondern **auf Ebene der Mitgliedstaaten und ihrer Untergliederungen**[209] **zu bestimmen.**[210] Hierfür spricht neben der Formulierung des Protokolls (Nr. 26) vor allem die Konzeption des Art. 106 Abs. 2 AEUV als Ausnahmevorschrift zugunsten mitgliedstaatlicher Gestaltungsmöglichkeiten im Bereich gemeinwohlorientierter Dienstleistungen. Funktion der Vorschrift ist es insoweit gerade, einen Kontrapunkt zu den marktöffnenden europarechtlichen Regelungen zu setzen und mitgliedstaatliche Konzeptionen der „Daseinsvorsorge", des „service public" etc. aufrechterhalten zu können. Dies würde konterkariert, wenn den Mitgliedstaaten die Möglichkeit der Bestimmung des „allgemeinen Interesses" zugunsten einer Bestimmung durch die EU vorenthalten würde. Zudem stünde eine diesbezügliche Definitionshoheit der EU im Widerspruch zum Prinzip der begrenzten Einzelermächtigung, Art. 5 Abs. 1 AEUV. Dieser sollte durch Art. 106 Abs. 2 AEUV keineswegs die Kompetenz zur Regelung des Bereichs gemeinwohlorientierter Dienste übertragen werden. Deutlich wird dies auch aus einem Vergleich mit Art. 14 AEUV, dessen Satz 1 der Union ausdrücklich eine unterstützende Aufgabe zuweist und dessen Satz 2 zwar eine Ermächtigung zur Sekundärrechtsetzung enthält, diese aber äußerst restriktiv ausgestaltet.[211] Durch eine Definitionsbefugnis des „allgemeinen Interesses" würde Art. 106 Abs. 2 AEUV jedoch indirekt zu einem Instrument der Rechtsangleichung. Im Einzelfall ist theoretisch gleichwohl denkbar, auf ein gesamteuropäisches Interesse abzustellen,[212] das nur durch die EU bestimmt werden kann. Dementsprechend enthält das sektorspezifische Sekundärrecht einige Vorgaben.[213] Die grundsätzliche Definitionshoheit der Mitgliedstaaten stellt dies allerdings nicht in Frage.[214] Mitgliedstaatliche Willkürentscheidungen im Hinblick auf die Festlegung allgemeiner Interessen sind gleichwohl ausgeschlossen.[215] Die mitgliedstaatliche Definition unterliegt notwendig einer europarechtlichen „Vertretbar-

[209] Vgl. EuG U. v. 12.2.2008 Rs. T-289/03 – *BUPA* Slg. 2008, II-81 Rn. 187; *Klotz* in: Schröter/Jakob/Klotz/Mederer, Art. 106 AEUV Rn. 66.

[210] *Grill* in: Lenz/Borchardt, Art. 106 AEUV Rn. 24; *Hellermann,* S. 115; *Koenig/Kühling/Ritter,* EG-Beihilfenrecht, S. 31; *Mestmäcker,* RabelsZ 52 (1988), S. 526 (564); *Pielow,* S. 83; *Wieland/Hellermann,* S. 168.

[211] Näher *Knauff,* EuR 2010, 725 (731 ff.); *Krajewski,* ZögU 2010, 75 (40 ff.).

[212] So implizit *Heinemann,* S. 176; unter Verweis auf den heutigen Art. 14 S. 1 AEUV auch *Erhardt,* S. 258.

[213] Vgl. *Dohms* in: Wiedemann, Kartellrecht, § 35 Rn. 308.

[214] Vgl. bereits EuGH U. v. 20.3.1985 Rs. 41/83 – *Italien/Kommission* Slg. 1985, 873 Rn. 30; von einem „weiten Ermessen der Mitgliedstaaten" spricht EuGH U. v. 8.5.2013 Rs. C-197/11 – *Libert* Rn. 88.

[215] Vgl. *Cox* in: ders., Daseinsvorsorge, S. 73 (77); *ders.,* ZögU 25 (2002), S. 331 (333).

keitskontrolle".[216] Diese ist nicht zuletzt notwendig, um die Gefahr desintegrativer Tendenzen bei zu starker Betonung mitgliedstaatlicher Freiräume zu bannen.[217] Nach der Rechtsprechung des EuGH muss eine Tätigkeit im allgemeinen Interesse gegenüber anderen Tätigkeiten des Wirtschaftslebens spezifische, im Allgemeininteresse liegende Merkmale aufweisen,[218] welches sich „von dem Interesse an anderen Tätigkeiten des Wirtschaftslebens besonders unterscheidet".[219] Diese Definition ist im Ansatz zirkelschlüssig und daher nur wenig weiterführend. Soweit vertreten wird, die Anknüpfung an den Interessen eines Mitgliedstaates als nicht ausreichend zu erachten und stattdessen allein auf das Interesse an der Darbietung bestimmter, als wesentlich angesehener Güter durch dessen Einwohner als Verbraucher abzustellen, letztlich also auf die Nachfrage,[220] überzeugt dies nicht. Dafür sprechen zwar die im Einklang mit der Zwecksetzung des AEUV stehende ökonomische Zielrichtung und die Vermeidung einer Unterordnung mitgliedstaatlicher unter europäische Einschätzungen. Die gerade durch Art. 106 Abs. 2 AEUV abzusichernden mitgliedstaatlichen Spielräume wären nichtsdestotrotz verloren.

Das Merkmal des allgemeinen Interesses darf nicht dazu dienen, mitgliedstaatliche Poli- 61
tikmöglichkeiten einzuengen. Allein **Missbrauchstatbestände sind auszuschließen,** nicht aber die Entwicklung mehr oder weniger wohlfahrtsstaatlicher Staatskonzeptionen. Zudem setzt ein entsprechendes Verständnis eine ständige Marktbeobachtung und -bewertung voraus und ist damit nur schwer handhabbar. Vorzugswürdig erscheint es daher, für die Bestimmung des allgemeinen Interesses auf den Gemeinwohlbezug der entsprechenden Dienstleistungen abzustellen. Unter Gemeinwohl ist dabei das gesamtgesellschaftliche Wohlergehen zu verstehen. Dieser Bezug kann sich sowohl aus der tatsächlichen Nachfrage als auch aus politischen Zielsetzungen der Mitgliedstaaten ergeben, wobei jedoch ein bloßes Interesse an Monopolisierung nicht genügt. Insoweit ist ein strenger Maßstab anzulegen. Auch muss die Dienstleistung unmittelbar dem Gemeinwohl dienen. Andernfalls besteht die Gefahr des Missbrauchs. Letztlich ist eine abstrakte Bestimmung „allgemeiner Interessen" nicht abschließend möglich. Allerdings ist zumindest erforderlich, dass sie sich im Einklang mit den Wertungen des Europarechts befinden und sich gleichsam aus sich selbst heraus dem Rechtsanwender erschließen.

Der weitere Begriffsbestandteil des **wirtschaftlichen Interesses** dient dazu, Tätigkeiten 62
rein hoheitlicher, sozialer oder kultureller Natur von Art. 106 Abs. 2 AEUV auszunehmen und stellt damit die Nichtanwendbarkeit des Europarechts auf derartige Tätigkeiten klar.[221] Die Vorschrift korrespondiert mit Art. 2 des Protokolls (Nr. 26) über Dienste von allgemeinem Interesse, wonach „[d]ie Bestimmungen der Verträge [...] in keiner Weise die Zuständigkeit der Mitgliedstaaten [berühren], nichtwirtschaftliche Dienste von allgemeinem Interesse zur Verfügung zu stellen, in Auftrag zu geben und zu organisieren." Zu unterscheiden ist somit zwischen markt- und nichtmarktbezogenen Tätigkeiten.[222] Allerdings genügt es für die Anwendbarkeit der Bestimmung, dass zumindest auch wirtschaftliche Interessen verfolgt werden. Deren Ausschließlichkeit ist nicht erforderlich.[223] Teilweise wird

---

[216] *Pielow,* S. 81, bezüglich des Gesamtbegriffs „allgemeines wirtschaftliches Interesse".

[217] Vgl. *Wissenschaftlicher Beirat,* S. 7, 23.

[218] EuGH U. v. 10.12.1991 Rs. C-179/90 – *Merci Convenzionali Porto di Genova* Slg. 1991, I-5889 Rn. 27; so auch U. v. 17.7.1997 Rs. C-242/95 – *GT-Link* Slg. 1997, I-4449 Rn. 53; U. v. 18.6.1998 Rs. C-266/96 – *Corsica Ferries France* Slg. 1998, I-3949 Rn. 45.

[219] EuGH U. v. 28.2.2013 Rs. C-1/12 – *OTOC* Rn. 105.

[220] *Schweitzer,* S. 181. Die betroffenen Güter sollen durch eine geringe Preiselastizität der Nachfrage erkennbar sein, vgl. ebd. S. 190.

[221] Ausführlich dazu *Koenig/Paul* in: Streinz, Art. 106 AEUV Rn. 51 ff.

[222] KOM(96) 443 endg., S. 5; KOM(2003) 270 final, S. 14; *Bruhns,* S. 110; *Schwarze,* EuZW 2001, 334 (335).

[223] *Wernicke* in: Grabitz/Hilf/Nettesheim, Art. 106 AEUV Rn. 38; FK/*Kapp,* Art. 106 AEUV Rn. 116; *Stadler* in: Langen/Bunte, Art. 106 AEUV Rn. 51.

das Merkmal des wirtschaftlichen Interesses allerdings neben dem Unternehmensbegriff für unbedeutend[224] oder für obsolet[225] erachtet. Von einer wirtschaftlichen Tätigkeit wird immer dann ausgegangen, wenn diese industrieller, handwerklicher oder kommerzieller Art sind und darauf gerichtet, Güter oder Dienstleistungen am Markt anzubieten.[226] Eine solche ist jedoch gerade konstitutives Merkmal für den Begriff des Unternehmens.[227] Indem somit in beiden Fällen auf den Charakter der in Frage stehenden Tätigkeit abgestellt wird, kann dem Begriff „wirtschaftlich" im Rahmen des Art. 106 Abs. 2 AEUV neben demjenigen des „Unternehmens" keine eigenständige Bedeutung zukommen.[228] Ungeachtet dessen bedarf es mangels Legaldefinition der Begriffspaare wirtschaftlich – nichtwirtschaftlich bzw. marktbezogen – nicht marktbezogen der Abgrenzung.[229] Diese kann jedoch nicht nach rein ökonomischen Kriterien vorgenommen werden und bleibt damit letztlich eine politische und rechtliche Entscheidung.[230] Der EuGH geht davon aus, dass eine Tätigkeit nicht marktbezogen ist entweder bei der Ausübung von hoheitlichen Eingriffsbefugnissen[231] oder der Erbringung von Leistungen mit ausschließlich sozialem Charakter.[232] Unterschiede oder auch nur Eigenheiten im Verhältnis zum Unternehmensbegriff sind nicht erkennbar. Damit kommt dem Begriff „wirtschaftlich" in Art. 106 Abs. 2 AEUV allein deklaratorische Bedeutung zu, dessen Verwendung die Besonderheit der erfassten Tätigkeiten und ihre Abgrenzung zu europarechtlich nicht erfassten Dienstleistungen von allgemeinem Interesse ohne wirtschaftlichen Charakter hervorhebt.[233]

63 Ob dem Begriff der Dienstleistungen von allgemeinem wirtschaftlichem Interesse als Ganzes eine über seine Bestandteile hinausgehende Bedeutung zukommen kann, ist umstritten. Teilweise wird eine weitgehende Gleichsetzung mit dem Begriff des Universaldienstes, der seine Grundlage in der telekommunikationsrechtlichen Universaldienstrichtlinie 2002/22/EG[234] findet, vorgeschlagen.[235] **Universaldienste** sind Grundversorgungsleistungen, zu denen der Zugang bei einem kontinuierlichen Angebot für alle Bürger diskriminierungsfrei gegen ein vertretbares Entgelt zu ermöglichen ist. Außerdem sollen die entsprechenden Leistungen qualitativ hochwertig[236] und flächendeckend[237] dargeboten werden. Dennoch soll die Leistungserbringung grundsätzlich im Rahmen von Wettbewerbsmärkten erfolgen.[238] Hinsichtlich der Bestimmung der betreffenden Leistungen folgt aus dem Universaldienstkonzept keine Totalharmonisierung mit dem Ziel eines optimalen Versorgungsniveaus in allen Mitgliedstaaten. Es wird allein ein Mindeststandard festge-

---

[224] *Heinemann,* S. 178f.; wohl auch *Dohms* in: Wiedemann, Kartellrecht, § 35 Rn. 297.

[225] *Kämmerer,* S. 127.

[226] EuGH U. v. 16.6.1987 Rs. 118/85 – *Transparenzrichtlinie II* Slg. 1987, 2599 Rn. 7, 13; *Dohms* in: Wiedemann, Kartellrecht, § 35 Rn. 304ff.; *Dohms* in: Schwarze, Daseinsvorsorge, S. 41 (46).

[227] Zum Zusammenhang der Begrifflichkeiten siehe auch *Stadler* in: Langen/Bunte, Art. 106 AEUV Rn. 50f.

[228] *Schweitzer,* S. 99; ähnlich *Erhardt,* S. 275f.

[229] KOM(2001) 598, S. 11; *Cox,* Organisation, S. 3; *Bocklet* in: Schader-Stiftung, S. 11 (13); *Dohms* in: Schwarze, Daseinsvorsorge, S. 41 (46); *Leibfried* in: Schader-Stiftung, S. 158 (163f.).

[230] *Cox,* Organisation, S. 3; vgl. auch FK/*Kapp,* Art. 106 AEUV Rn. 116.

[231] EuGH U. v. 19.1.1994 Rs. C-364/92 – *Eurocontrol* Slg. 1994, I-43 Rn. 30.

[232] EuGH U. v. 17.2.1993 verb. Rs. C-159 und 160/91 – *Poucet* Slg. 1993, I-637 Rn. 18f. Ausführlich zur Rechtsprechung des EuGH zum Merkmal der Wirtschaftlichkeit *Bruhns,* S. 112ff.

[233] Vgl. auch EuGH U. v. 23.3.2006 Rs. C-237/04 – *Enirisorse* Slg. 2006, I-2843 3. Leitsatz.

[234] ABl. 2002 L 108/51; geändert durch Richtlinie 2009/136/EG, ABl. 2009 L 337/11.

[235] Dahingehend *Grill* in: Lenz/Borchardt, Art. 106 AEUV Rn. 22.

[236] KOM(96) 443 endg., S. 3, 6; KOM(2000) 580 endg., S. 42; KOM(2003) 270 final, S. 16; *Cox,* Organisation, S. 2f.; ausführlich dazu im Bereich der Telekommunikation *Ostendorf,* S. 96ff.; *Windthorst,* Der Universaldienst im Bereich der Telekommunikation. Eine öffentlichrechtliche Betrachtung unter Einbezug des amerikanischen Rechts, 2000, S. 175ff.

[237] *Dohms,* Rn. 293.

[238] Vgl. *Schweitzer,* S. 277f.

legt,[239] über den die Mitgliedstaaten hinausgehen können. Obwohl der Universaldienst somit gerade die sichere und allgemeine Erbringung gemeinwohlorientierter Leistungen wirtschaftlicher Natur zum Gegenstand hat, ist eine Gleichsetzung mit dem Begriff der Dienstleistungen von allgemeinem wirtschaftlichem Interesse abzulehnen.[240] Ein derartiges Verständnis berücksichtigt die Wettbewerbsorientierung des Universaldienstkonzepts nur unzureichend. Eine Gleichsetzung würde das Modell des Universaldienstes über die bislang sekundärrechtlich erfassten Bereiche, insbesondere Telekommunikation und Post, hinaus auf jegliches gemeinwohlorientiertes Leistungsangebot mit wirtschaftlichem Charakter in den Mitgliedstaaten erstrecken. Damit verbunden wäre ein Liberalisierungsdruck, der im Widerspruch zur Funktion des Art. 106 Abs. 2 AEUV als Ausnahmevorschrift zugunsten mitgliedstaatlicher Leistungssysteme steht. Richtigerweise sind Universaldienste nur als (wichtiger) Teilbereich der „Dienstleistungen von allgemeinem wirtschaftlichem Interesse" zu qualifizieren.

Ein weiterer Interpretationsansatz setzt die „Dienste von allgemeinem wirtschaftlichem **64**
Interesse" hinsichtlich ihres Gegenstands grundsätzlich mit dem deutschen Konzept der **Daseinsvorsorge** gleich, indem ihnen ein Aufgabenkatalog entnommen wird, der etwa dem herkömmlichen, teils landesverfassungs- und kommunalrechtlich ausgestalteten Aufgabenbereich der Daseinsvorsorge entspricht.[241] Dieser Ansatz negiert jedoch sowohl die fehlende Bestimmtheit des Begriffs „Daseinsvorsorge" als auch missachtet er den Vorrang des Europarechts und die Unabhängigkeit seiner Rechtsbegriffe von einzelnen mitgliedstaatlichen Konzeptionen. Gleichwohl ist die Heranziehung der aus der nationalen Rechtswirklichkeit bekannten Daseinsvorsorge insoweit für die Interpretation des Begriffs der Dienstleistungen von allgemeinem wirtschaftlichem Interesse sinnvoll, als dadurch eine vergleichende Darstellung ermöglicht wird. Nach Ansicht der Kommission umfassen die „Dienste von allgemeinem wirtschaftlichem Interesse" insbesondere Verkehrs-, Energieversorgungs- und Telekommunikationsdienste.[242] Diese Aufzählung ist nicht abschließend, verdeutlicht aber, welchen Bereichen in allen Mitgliedstaaten in Bezug auf das Gemeinwohl eine besondere Rolle zugebilligt wird. Ausgehend davon erfasst der Begriff der Dienstleistungen von allgemeinem wirtschaftlichem Interesse nur einen Teilbereich der „Daseinsvorsorge"[243] und ist damit enger als jener.[244] Daraus kann jedoch nicht geschlossen werden, ein allgemeines wirtschaftliches Interesse liege bereits dann nicht vor, wenn Leistungen auf geographisch getrennten Märkten bei gleicher Qualität im Wettbewerb erbracht werden,[245] da insoweit der mitgliedstaatliche Gestaltungsspielraum missachtet wird. Dagegen spricht überdies Art. 14 AEUV. Zwar kann der Vorschrift nicht entnommen werden, dass der Begriff weit auszulegen ist.[246] Sie spricht jedoch zumindest für das Bestehen mitgliedstaatlicher Erbringungsalternativen. Letztlich ist eine abschließende Bestimmung des Begriffs der Dienstleistungen von allgemeinem wirtschaftlichem Interesse nicht möglich,[247] sondern allein eine Annäherung an seinen Inhalt, welche von den begrifflichen Bestandteilen ausgehend sowie unter Wahrung der mitgliedstaatlichen Spielräume – und insoweit

[239] *Cannivé,* Infrastrukturgewährleistung in der Kommunikation zwischen Staat und Markt. Eine verfassungsrechtliche Analyse des Universaldienstkonzepts im TKG, 2001, S. 87; *Ostendorf,* S. 94; *Windthorst,* Der Universaldienst im Bereich der Telekommunikation. Eine öffentlichrechtliche Betrachtung unter Einbezug des amerikanischen Rechts, 2000, S. 171.

[240] Vgl. auch *Wernicke* in: Grabitz/Hilf/Nettesheim, Art. 106 AEUV Rn. 41.

[241] So *Hösch,* Die kommunale Wirtschaftstätigkeit: Teilnahme am wirtschaftlichen Wettbewerb oder Daseinsvorsorge, 2000, S. 40; *ders.,* WiVerw 2000, 159 (182); dahingehend auch *Brandl,* BayBgm 2002, 52 (53); *Dippel/Wilhelm,* WiVerw 2001, 120 (126).

[242] KOM(96) 443 endg., S. 2.

[243] *Kämmerer,* NVwZ 2002, 1041 (1042); ähnlich *Jung* in: Callies/Ruffert, Art. 14 AEUV Rn. 2.

[244] *Schwarze,* EuZW 2001, 334 (338).

[245] So *Wissenschaftlicher Beirat,* S. 17.

[246] So aber *Tettinger,* DVBl. 1997, 341 (344).

[247] Zur Entscheidungspraxis FK/*Kapp,* Art. 106 AEUV Rn. 120.

auch unter Hinnahme nationaler Konzeptionen wie der „Daseinsvorsorge" und deren Gegenstände – wie auch der Wertung des Art. 14 AEUV erfolgen muss.

65 **bb) Betrauung.** Das Vorliegen einer Tätigkeit, die als Dienstleistung von allgemeinem wirtschaftlichem Interesse zu qualifizieren ist, ist eine notwendige, aber keine hinreichende Bedingung für den Eintritt der Rechtsfolgen des Art. 106 Abs. 2 AEUV. Vielmehr erfordert die Norm zusätzlich als **eigenständiges Tatbestandsmerkmal,** dass das leistungserbringende Unternehmen nach Art. 106 Abs. 2 AEUV gerade mit dieser Tätigkeit betraut sein muss.

66 Der **Begriff** der Betrauung ist „aus sich selbst heraus nicht verständlich"[248] und auch Jahrzehnte nach seiner Einführung in das Europarecht **nicht abschließend geklärt.**[249] Seine Verwendung in Art. 106 Abs. 2 AEUV ist nicht auf ein spezifisches nationales Vorbild zurückzuführen. Es handelt sich daher um einen genuin europarechtlichen Rechtsbegriff, der vor dem Hintergrund der Situationsvielfalt hinsichtlich der Organisation der Erbringung gemeinwohlorientierter Leistungen in den Mitgliedstaaten auszulegen ist und diese nicht in Frage stellen soll. Nichtsdestotrotz kann das Merkmal nicht mit Rücksicht auf die bestehenden Unterschiede in der praktischen Ausgestaltung der Dienstezuweisung je nach betroffener Rechtsordnung gesondert ausgelegt werden. Nicht zuletzt im Interesse der Einheitlichkeit des Europarechts und seiner Effektivität ist das Vorliegen einer Betrauung daher allein nach autonom zu bestimmenden europarechtlichen Anforderungen zu bestimmen.

67 Ansatzpunkte für die Interpretation können der **Verwendung des Betrauungsbegriffs im europäischen Sekundärrecht und Soft Law** entnommen werden, wenngleich diese nicht uneingeschränkt einheitlich erfolgt. Art. 4 des Beschlusses 2012/21/EU der Kommission über die Anwendung von Artikel 106 Absatz 2 des Vertrags über die Arbeitsweise der Europäischen Union auf staatliche Beihilfen in Form von Ausgleichsleistungen zugunsten bestimmter Unternehmen, die mit der Erbringung von Dienstleistungen von allgemeinem wirtschaftlichem Interesse betraut sind,[250] bestimmt: „Die Erbringung der Dienstleistung von allgemeinem öffentlichem Interesse wird dem Unternehmen im Wege eines oder mehrerer Betrauungsakte übertragen, deren Form von den einzelnen Mitgliedstaaten bestimmt werden kann. In dem Akt/den Akten muss insbesondere Folgendes festgelegt sein: a) Gegenstand und Dauer der gemeinwirtschaftlichen Verpflichtungen; b) das Unternehmen und gegebenenfalls das betreffende Gebiet; c) Art etwaiger dem Unternehmen durch die Bewilligungsbehörde gewährter ausschließlicher oder besonderer Rechte; d) Beschreibung des Ausgleichsmechanismus und Parameter für die Berechnung, Überwachung und Änderung der Ausgleichsleistungen; e) Maßnahmen zur Vermeidung und Rückforderung von Überkompensationszahlungen und f) einen Verweis auf diesen Beschluss." Erläuternd heißt es hierzu in Erwägungsgrund 14: „Die Höhe der Ausgleichsleistungen kann nur dann ordnungsgemäß berechnet und überprüft werden, wenn die dem Unternehmen übertragenen gemeinwirtschaftlichen Verpflichtungen und alle dem Staat obliegenden Verpflichtungen in einem oder mehreren Betrauungsakten der zuständigen Behörde im betreffenden Mitgliedstaat klar festgelegt sind. Die Form des Instruments kann sich von Mitgliedstaat zu Mitgliedstaat unterscheiden […]".

68 Inhaltlich übereinstimmende Aussagen enthalten auch der Rahmen der Europäischen Union für staatliche Beihilfen in Form von Ausgleichsleistungen für die Erbringung öffentlicher Dienstleistungen (2011),[251] der Beihilfen für Dienstleistungen von allgemeinem wirtschaftlichem Interesse betrifft, die nicht bereits aufgrund des Beschlusses freigestellt, sondern individuell am Maßstab des Art. 106 Abs. 2 AEUV zu messen sind, und

---

[248] *Bechtold/Bosch/Brinker,* EU-Kartellrecht, Art. 106 AEUV Rn. 45.
[249] *Wernicke* in: Grabitz/Hilf/Nettesheim, Art. 106 AEUV Rn. 48.
[250] ABl. 2012 L 7/3.
[251] ABl. 2012 C 8/15 Rn. 15 f.

die Mitteilung über die Anwendung der Beihilfevorschriften der Europäischen Union auf Ausgleichsleistungen für die Erbringung von Dienstleistungen von allgemeinem wirtschaftlichem Interesse.[252] Unter Bezugnahme auf die Altmark-Trans-Rechtsprechung des EuGH[253] geht die Kommission darin grundsätzlich von der Notwendigkeit der Erteilung eines öffentlichen Dienstleistungsauftrags aus, der „im Wege eines Betrauungsakts vergeben werden [muss], der abhängig von der Gesetzgebung des Mitgliedstaats die Form eines legislativen oder regulatorischen Instruments oder eines Vertrags haben kann. Der öffentliche Dienstleistungsauftrag kann auch in mehreren Akten festgehalten werden."[254] In dem Fall, dass „dem Unternehmen ein angemessener Gewinn als Teil der Ausgleichsleistung gewährt wird, müssen im Betrauungsakt außerdem die Kriterien für die Berechnung dieses Gewinns festgelegt sein. Ist eine Überprüfung des Ausgleichsbetrags während des Betrauungszeitraums vorgesehen, müssen im Betrauungsakt die Bestimmungen für diese Überprüfung und ihre möglichen Auswirkungen auf den Gesamtausgleichsbetrag festgelegt werden."[255] Geringere Anforderungen stellt die Kommission dagegen an Betrauungen außerhalb des Art. 106 Abs. 2 AEUV im Anwendungsbereich der Verordnung (EU) Nr. 360/2012 der Kommission über die Anwendung der Artikel 107 und 108 des Vertrags über die Arbeitsweise der Europäischen Union auf De-minimis-Beihilfen an Unternehmen, die Dienstleistungen von allgemeinem wirtschaftlichem Interesse erbringen.[256] Nach deren Erwägungsgrund 6 sollte das „begünstigte Unternehmen [...] schriftlich mit der Erbringung der Dienstleistung von allgemeinem wirtschaftlichem Interesse, für die die Beihilfe bestimmt ist, betraut werden. Das mit der Erbringung der Dienstleistung von allgemeinem wirtschaftlichem Interesse betraute Unternehmen sollte dem Betrauungsakt Einzelheiten zu dem Auftrag entnehmen können, der Betrauungsakt muss jedoch nicht unbedingt alle Details enthalten, die im Beschluss 2012/21/EU der Kommission [...] aufgeführt sind."

In der **Rechtsprechung** von EuGH und EuG wurde eine Betrauung bejaht bei einer Aufgabenübertragung durch Gesetz,[257] sonstige Rechtsvorschrift, insbesondere Rechtsverordnung[258] und kommunale Satzung,[259] öffentlich-rechtliche Konzession[260] oder Kooperationsvereinbarung i. S. eines öffentlich-rechtlichen Vertrages.[261] Bei öffentlichen Unter- **69**

---

[252] ABl. 2012 C 8/4 Rn. 52f.

[253] EuGH U. v. 24.7.2003, Rs. C-280/00 – *Altmark Trans* Slg. 2003, I-7747.

[254] Der öffentliche Dienstleistungsauftrag ist schließlich auch das zentrale Instrument der Betrauung in der Verordnung (EG) Nr. 1370/2007 über öffentliche Personenverkehrsdienste. Art. 2 lit. i dieser Verordnung definiert den öffentlichen Dienstleistungsauftrag als „einen oder mehrere rechtsverbindliche Akte, die die Übereinkunft zwischen einer zuständigen Behörde und einem Betreiber eines öffentlichen Dienstes bekunden, diesen Betreiber eines öffentlichen Dienstes mit der Verwaltung und Erbringung von öffentlichen Personenverkehrsdiensten zu betrauen, die gemeinwirtschaftlichen Verpflichtungen unterliegen; gemäß der jeweiligen Rechtsordnung der Mitgliedstaaten können diese rechtsverbindlichen Akte auch in einer Entscheidung der zuständigen Behörde bestehen: – die die Form eines Gesetzes oder einer Verwaltungsregelung für den Einzelfall haben kann oder – die Bedingungen enthält, unter denen die zuständige Behörde diese Dienstleistungen selbst erbringt oder einen internen Betreiber mit der Erbringung dieser Dienstleistungen betraut".

[255] ABl. 2012 C 8/4 Rn. 57f.

[256] ABl. 2012 L 114/8.

[257] EuGH U. v. 14.7.1971 Rs. 10/71 – *Hafen von Mertert* Slg. 1971, 723 Rn. 8/12; U. v. 23.4.1991 Rs C-41/90 – *Höfner und Elser* Slg. 1991, I-1979 Rn. 24; U. v. 19.5.1993 Rs. C-320/91– *Corbeau* Slg. 1993, I-2533 Rn. 15; U. v. 17.5.2001 Rs. C-340/99 – *TNT Traco spA/Poste Italiane SpA* Slg. 2001, I-4109 Rn. 53; U. v. 25,10.2001 Rs. C-475/99 – *Ambulanz Glöckner* Slg. 2001, I-8089.

[258] Vgl. EuGH U. v. 30.3.2006 Rs. C-451/03 – *Servizi Ausiliari Dottori Commercialisti* Slg. 2006, I-2941.

[259] EuGH U. v. 23.5.2000 Rs. C-209/98 – *Sydhavnens Sten & Grus* Slg. 2000, I-3743.

[260] EuGH U. v. 4.5.1988 Rs. C-30/87 – *Bodson* Slg. 1988, 2479 Rn. 31ff.; U. v. 27.4.1994 Rs. C-393/92 – *Almelo* Slg. 1994, I-1477 Rn. 47; U. v. 23.10.1997 Rs. C-159/94 – *EDF/GDF* Slg. 1997, I-5815 Rn. 66; U. v. 21.12.2011 Rs. C-242/10 – *Enel Produzione* Slg. 2011, I-13665 Rn. 52.

[261] EuGH U. v. 18.12.2007 Rs. C-220/06 – *Asociación Profesional de Empresas de Reparto y Manipulado de Correspondencia* Slg. 2007, I-12175.

nehmen kann die Aufgabenübertragung und damit die Betrauung bereits im Gründungsakt liegen.[262] Nach dem EuG kann der „Auftrag […] auch einem rechtsgeschäftlichen Akt entsprechen, sofern dieser hoheitlichen Ursprungs und bindend ist".[263] Jedenfalls bedarf es nach der Rechtsprechung zwingend eines Hoheitsakts der öffentlichen Gewalt,[264] der allerdings mit privatrechtlichen Vereinbarungen wie Tarifverträgen in Verbindung stehen kann.[265] Letztlich verfügen die Mitgliedstaaten nach der Rechtsprechung bei der Wahl der Rechtsform von Betrauungsakten über ein weites Ermessen.[266] Allerdings muss sich die Betrauung auf ein bestimmtes Unternehmen beziehen; eine bloße Aufsicht, mag sie auch besonders intensiv ausgestaltet sein, genügt nicht.[267] Zudem muss der Betrauungsakt klar bestimmt sein.[268] Gleichwohl kann der „Auftrag, mit dem die Gemeinwohlaufgabe übertragen wird, … in mehreren unterschiedlichen Akten definiert werden".[269] Fehlt es an der Zuweisung von besonderen Aufgaben und nimmt ein Unternehmen nur Privatinteressen wahr, liegt keine Betrauung vor.[270]

70 Darüber hinaus bestehen verschiedene Interpretationsansätze, die sich in der praktischen Anwendung allerdings kaum unterschiedlich auswirken. Nach dem **formellen Betrauungsbegriff,** der an die Rechtsprechung anknüpft, stellt sich die Betrauung als eindeutige hoheitliche Verpflichtung[271] eines bestimmten Unternehmens zur Erbringung bestimmter Leistungen[272] dar. Als Betrauungsakt ist danach jede rechtsbegründende öffentlich-rechtliche Gestattung anzusehen.[273] Notwendig ist die Benennung eines konkreten Unternehmens.[274] Bloße gesetzliche Genehmigungserfordernisse bzw. allgemeine Anschluss- und Versorgungspflichten sind damit nicht ausreichend.[275] Eine Betrauung kann somit etwa erfolgen durch (echte) Konzession,[276] Verwaltungsakt oder Normen.[277] Begründet wird das Erfordernis eines formellen und hoheitlichen Betrauungsakts mit der Notwendigkeit von Transparenz und politischer Legitimation[278] sowie, damit in engem Zusammenhang, dem Vorliegen von Rechtssicherheit und einem eindeutigen Anknüpfungspunkt.[279] Für eine solche Auslegung spricht zudem der Normzweck des Art. 106 Abs. 2 AEUV. Als Ausnahmevorschrift zielt er darauf ab, einem eng begrenzten Kreis von Unternehmen Begünstigungen zu ermöglichen. Dessen Erkennbarkeit wird durch eine rein formale Bestimmung

[262] Vgl. EuGH U. v. 21.9.1999 Rs. C-67/96 – *Albany* Slg. 1999, I-5751; U. v. 21.9.1999 Rs. C-115/97 verb. Rs. 115 bis C-117/97 – *Brentjens* Slg. 1999, I-6025.

[263] EuG, U. v. 7.12.2012 Rs. T-137/10 – *CBI* Rn. 109.

[264] EuGH U. v. 27.3.1974 Rs. 127/73 – *BRT/SABAM II* Slg. 1974, 313 Rn. 19/22; U. v. 14.11. 1981 Rs. C-172/80 – *Züchner* Slg. 1981, 2021; U. v. 11.4.1989 Rs. 66/86 – *Ahmed Saeed* Slg. 1989, 803 Rn. 55; U. v. 27.4.1994 Rs. C-393/92 – *Almelo* Slg. 1994, I-1477 Rn. 47; U. v. 23.10.1997 Rs. C-159/94 – *EDF/GDF* Slg. 1997, I-5815 Rn. 59.

[265] Vgl. EuGH U. v. 3.3.2011 Rs. C-437/09 – *AG2R Prévoyance* Slg. 2011, I-973.

[266] EuG U. v. 7.12.2012 Rs. T-137/10 – *CBI* Rn. 107.

[267] EuGH U. v. 2.3.1983 Rs. 7/82 – *GVL* Slg. 1983, 483 Rn. 32.

[268] EuG U. v. 16.7.2014 Rs. T-309/12 – *Zweckverband Tierkörperbeseitigung* Rn. 135ff.

[269] EuG U. v. 7.12.2012 Rs. T-137/10 – *CBI* Rn. 108.

[270] EuGH U. v. 27.3.1974 Rs. 127/73- *BRT/SABAM II* Slg. 1974, 313 Rn. 23.

[271] *Müller-Graff* in: Vedder/Heintschel von Heinegg, Art. 106 AEUV Rn. 17; *Hellermann,* S. 117; *Schweitzer,* S. 103; *Frenz,* EuR 2000, 901 (906).

[272] *Emmerich/Hoffmann* in: Dauses, EU-Wirtschaftsrecht, H. II. Rn. 165f.; *Rinne,* S. 73; den Aufgabenbezug betont *Wernicke* in: Grabitz/Hilf/Nettesheim, Art. 106 AEUV Rn. 49.

[273] *Badura* in: FS Oppermann, S. 571 (580).

[274] EuGH U. v. 2.3.1983 Rs. 7/82 – *GVL* Slg. 1983, 483 Rn. 31f.; U. v. 11.4.1989 Rs. 66/86 – *Ahmed Saeed* Slg. 1989, 803 Rn. 55.

[275] *Dohms,* Rn. 301; so auch schon *Mestmäcker,* RabelsZ 52 (1988), S. 526 (563).

[276] *Jung* in: Callies/Ruffert, Art. 106 AEUV Rn. 42; *Bala,* S. 57; *Dohms,* Rn. 300; *Jacobi,* S. 40; *Storr,* S. 322.

[277] *Bala,* S. 56f.; *Zeiss,* DVBl. 2003, 435 (439).

[278] *Schweitzer,* S. 104; ähnlich *Mann,* JZ 2002, 819 (822f.); die Notwendigkeit der Schaffung von Transparenz besonders hervorhebend *Schmidt,* Der Staat 42 (2003), S. 225 (235).

[279] *Jacobi,* S. 41; *Ehricke,* EuZW 1998, 741 (745).

des Betrauungsbegriffs erleichtert. Insbesondere wird dadurch sichergestellt, dass tatsächlich nur von den – an den Grundsatz der Unionstreue gebundenen – Mitgliedstaaten für konkret unerlässlich erachtete Dienstleistungen hinsichtlich ihrer Erbringer privilegiert werden. Problematisch ist der streng formelle Betrauungsbegriff aber hinsichtlich der Verschiedenheit der Formen der Sicherstellung für notwendig gehaltener Leistungen in den einzelnen Mitgliedstaaten. Die unterschiedlichen Ausgestaltungen können im Ergebnis dazu führen, dass dieselbe gemeinwohlorientierte Leistung wegen der unterschiedlichen Organisation in einem Mitgliedstaat von der Ausnahmeregelung des Art. 106 Abs. 2 AEUV erfasst wird, in einem anderen jedoch nicht. Dies allein als „spezifisches Risiko" der Mitgliedstaaten aufzufassen und ihnen gegebenenfalls eine diesbezügliche Änderung nahe zu legen, kann insbesondere auch vor dem Hintergrund des Art. 14 AEUV nicht überzeugen.

Der **materielle Betrauungsbegriff** ist deutlich weniger konturenscharf als der formelle. **71** Notwendig ist auch danach, dass im Ergebnis eine spezifische Aufgabe einem Unternehmen durch einen Träger öffentlicher Gewalt überantwortet wird.[280] Als ausreichend für die Annahme einer Betrauung wird allerdings eine eindeutige Aufgabenzuweisung aus dem Gesamtzusammenhang angesehen.[281] Eine Betrauung sei vor allem dann gegeben, wenn die Übertragung von Sonderpflichten nicht von einem Unternehmen, sondern dem Mitgliedstaat ausgeht[282] oder Versorgungspflichten jenseits der Rentabilität bestünden[283] und zugleich erzwingbar sind.[284] Damit wird die Betrauung anhand des Maßnahmeinhalts und der wirtschaftlichen Folgen bestimmt.[285] Das Erfordernis der Transparenz bei der Betrauung könne auch anders als durch formellen Hoheitsakt erreicht werden.[286] So ist auch eine Betrauung durch Vertrag zulässig,[287] wenn sie auch „normalerweise durch Gesetz"[288] erfolgen solle. Für eine Bestimmung der Betrauung nach materiellen Kriterien sprechen vor allem die in den Mitgliedstaaten bestehenden Unterschiede, die durch Art. 106 Abs. 2 AEUV nicht beseitigt werden sollten. Zudem ermöglicht diese Herangehensweise eine flexiblere Handhabung des Art. 106 Abs. 2 AEUV. Damit geht jedoch zugleich die Gefahr einer Instrumentalisierung einher.

Nach hier vertretener Auffassung ist eine **funktionale Bestimmung** des Betrauungsbe- **72** griffs geboten, welche dem materiellen Betrauungsbegriff nahe kommt, jedoch dessen Unschärfen vermeidet. Wie insbesondere die sekundärrechtliche Ausgestaltung und das Soft Law der Kommission zutreffend verdeutlichen, zielt das Erfordernis der Betrauung darauf ab, eine eindeutige Zuweisung einer klar definierten Dienstleistung von allgemeinem wirtschaftlichem Interesse an ein konkretes Unternehmen[289] zu gewährleisten und somit die politische Entscheidung des jeweiligen Mitgliedstaats hinsichtlich der Versorgung der Bevölkerung mit den betreffenden Leistungen zum Ausdruck zu bringen,[290] welche der Markt andernfalls nicht oder nur unzureichend zur Verfügung stellt.[291] Ist diesem Erfordernis Ge-

---

[280] *Wieland/Hellermann,* S. 171; dahingehend auch FK/*Kapp,* Art. 106 AEUV Rn. 119; *Kling,* S. 91.

[281] *Grill* in: Lenz/Borchardt, Art. 106 AEUV Rn. 25; *Pielow,* S. 85; *Mann,* S. 34, hält dagegen die Existenz einer aktiven Handlung schon nach dem Wortsinn für unerlässlich.

[282] *Rumpff,* S. 215.

[283] *Bala,* S. 54; *Fesenmair,* S. 207; *Jacobi,* S. 38. Nach *Fesenmair,* S. 203; *Pielow,* S. 82 f., kann dieser Aspekt zugleich zur Bestimmung des Merkmals „Dienstleistungen von allgemeinem wirtschaftlichem Interesse herangezogen werden.

[284] *Stadler* in: Langen/Bunte, Art. 106 AEUV Rn. 58.

[285] *Fesenmair,* S. 206; ähnlich *Krajewski,* Grundstrukturen, S. 423.

[286] *Bala,* S. 52.

[287] KOM(2000) 580 endg., S. 11; *Nettesheim* in: Hrbek/Nettesheim, S. 39 (53).

[288] *Püttner,* DÖV 2002, 731 (732).

[289] A. A. MünchKomm/*Gundel,* Art. 106 AEUV Rn. 86.

[290] *Krajewski,* Grundstrukturen, S. 422; *Malek,* S. 144; *Schweitzer,* S. 103.

[291] *Essebier,* S. 115.

nüge getan, ist eine Betrauung i. S. v. Art. 106 Abs. 2 AEUV ungeachtet der konkreten Ausgestaltung gegeben. Ein solches Verständnis lässt sowohl Raum für mitgliedstaatliche Ausgestaltungsmodelle als auch sichert es die einheitliche und zweckentsprechende Anwendung des Art. 106 Abs. 2 AEUV. Unverzichtbar ist damit ein mitgliedstaatlicher Akt, der die wahrzunehmende Aufgabe und etwaige Ausgleichsleistungen eindeutig identifiziert und eine unmittelbar verpflichtende Wirkung auf das zu betrauende Unternehmen entfaltet. Einer Betrauung in diesem Sinne bedarf es insbesondere auch stets bei öffentlichen Unternehmen;[292] sie kann jedoch bei entsprechender Ausgestaltung durch den Errichtungsakt und damit durch die Unternehmenssatzung erfolgen.[293]

73 **b) Alt. 2: Finanzmonopole.** Außer Unternehmen, die mit Dienstleistungen von allgemeinem wirtschaftlichem Interesse betraut wurden, unterfallen auch Finanzmonopole Art. 106 Abs. 2 AEUV. Die **Bedeutung** dieser Tatbestandsalternative ist allerdings kaum mehr gegeben.[294] Als Folge der europäischen Liberalisierungspolitik hat ihre Relevanz zudem stetig abgenommen, da ein Finanzmonopol i. S. v. Art. 106 Abs. 2 AEUV seinen rechtmäßigen Bestand voraussetzt. Daran fehlt es, wenn europarechtlich seine Abschaffung geboten ist.[295] Das im Jahr 2017 auslaufende deutsche Branntweinmonopol nach dem Branntweinmonopolgesetz wird wegen dessen heute abweichender Zwecksetzung nicht mehr erfasst.[296]

74 Der **Begriff** der Finanzmonopole wird von Art. 106 Abs. 2 AEUV nicht definiert, sondern vorausgesetzt. In anderen Vorschriften des Primärrechts findet er keine Verwendung; eine gegenständliche Überschneidung, die für die Anwendbarkeit des Art. 106 Abs. 2 AEUV allerdings ohne Belang ist,[297] liegt jedoch mit dem Begriff der Handelsmonopole in Art. 37 AEUV vor. Wenngleich er mitgliedstaatliche Erscheinungen betrifft, handelt es sich um einen europarechtlichen Rechtsbegriff, der autonom auszulegen ist.

75 Voraussetzung für das Vorliegen eines Finanzmonopols ist zunächst das Vorliegen eines Monopols. Ein solches ist begrifflich notwendig auf ein Unternehmen (im funktionalen Sinne) und damit auf eine wirtschaftliche Betätigung bezogen. Die Trägerschaft des Unternehmens ist unerheblich.[298] Das Monopol darf nach Sinn und Zweck der Norm nicht nur faktisch bestehen, sondern muss hoheitlich durch den Mitgliedstaat begründet sein.[299] Es handelt sich mithin um ein **ausschließliches Recht** i. S. v. Art. 106 Abs. 1 AEUV.[300] Dieses muss nicht notwendig auf das gesamte Gebiet eines Mitgliedstaats bezogen sein, im Rahmen seiner Geltung jedoch den Wettbewerb ausschließen. Hieraus folgt zugleich, dass Art. 106 Abs. 2 AEUV in Bezug auf Finanzmonopole als echte Ausnahmevorschrift zu Art. 106 Abs. 1 AEUV zu qualifizieren ist.

76 Art. 106 Abs. 2 AEUV erfasst jedoch (anders als Art. 106 Abs. 1 AEUV) nicht jedes mitgliedstaatlich begründete Monopol, sondern nur solche, die als **besondere Einnahmequelle für den Staatshaushalt** dienen (sollen).[301] Damit setzt Art. 106 Abs. 2 AEUV

---

[292] *Dohms,* Rn. 303; *Pielow,* S. 84; vgl. auch EuGH U. v. 10.2.2000 Rs. C-147/97 – *Deutsche Post AG* Slg. 2000, I-825.

[293] *Krajewski,* Grundstrukturen, S. 423.

[294] *Wernicke* in: Grabitz/Hilf/Nettesheim, Art. 106 AEUV Rn. 52; FK/*Kapp,* Art. 106 AEUV Rn. 122.

[295] Vgl. EuGH U. v. 28.4.1993, C-306/91 – *Kommission/Italien* Slg. 1993, I-2133.

[296] *Khan* in: Geiger/Khan/Kotzur, Art. 106 Rn. 18; ausführlich *Ueberschär,* Finanzmonopole der EG unter besonderer Berücksichtigung des deutschen Branntweinmonopols, 2008, S. 30 ff.

[297] EuGH U. v. 23.10.1997 Rs. C-157/94 – *Kommission/Niederlande* Slg. 1997, I-5699 Rn. 26 ff.; U. v. 23.10.1997 Rs. C-158/94 – *Kommission/Italien* Slg. 1997, I-5789 Rn. 35 ff.

[298] *Dohms* in: Wiedemann, Kartellrecht, § 35 Rn. 320.

[299] *Koenig/Paul* in: Streinz, Art. 106 AEUV Rn. 68.

[300] *Klotz* in: Schröter/Jakob/Klotz/Mederer, Art. 106 AEUV Rn. 75.

[301] *Grill* in: Lenz/Borchardt, Art. 106 AEUV Rn. 27; *Khan* in: Geiger/Khan/Kotzur, Art. 106 Rn. 18; *Dohms* in: Wiedemann, Kartellrecht, § 35 Rn. 321.

eine spezifische Zielsetzung der Monopoleinräumung voraus,[302] deren Vorliegen im Einzelfall von dem betreffenden Mitgliedstaat nachzuweisen ist und einer entsprechenden – im Zweifel gesetzlichen – Ausgestaltung bedarf.

Darüber hinaus bestehen nach dem eindeutigen Wortlaut der Norm **keine weiteren Voraussetzungen.** Insbesondere ist anders als bei Dienstleistungen von allgemeinem wirtschaftlichem Interesse eine Betrauung nicht erforderlich; es bedarf ihrer zur Abgrenzung jedoch auch nicht, da diese bereits mittels der Monopolzuweisung erreicht wird. 77

c) Verhinderung der Aufgabenerfüllung. Eine Ausnahme nach Art. 106 Abs. 2 AEUV setzt sowohl im Hinblick auf mit Dienstleistungen von allgemeinem wirtschaftlichem Interesse betrauten Unternehmen als auch auf Finanzmonopole voraus, dass die Erfüllung der jeweils zugewiesenen besonderen Aufgabe durch die Anwendung des Unionsrechts rechtlich oder tatsächlich verhindert würde. Es handelt sich dabei um ein **kumulativ zu erfüllendes Tatbestandsmerkmal.** 78

Nach dem gewöhnlichen Wortsinn wie auch dem Ausnahmecharakter des Art. 106 Abs. 2 AEUV wäre eine Verhinderung der Aufgabenerfüllung nur dann anzunehmen, wenn die Anwendung des Europarechts gänzlich zur Unmöglichkeit der Erfüllung der betreffenden Aufgabe führen würde.[303] Dadurch würde zum einen die mitgliedstaatliche Definitionsbefugnis erheblich in Frage gestellt. Zum anderen widerspricht eine derartige Auslegung in Bezug auf Dienstleistungen von allgemeinem wirtschaftlichem Interesse der in Art. 14 AEUV getroffenen positiven Entscheidung für gemeinwohlorientierte Dienste, da deren primärrechtlich gefordertes Funktionieren im Falle einer erheblichen Behinderung nicht mehr gegeben ist. Trotz des scheinbar eindeutigen Wortlauts kann der Begriff „verhindern" nicht ausschließlich im Sinne der Unmöglichmachung ausgelegt werden. Der **EuGH** bejaht in seiner neueren Rechtsprechung das Merkmal der Verhinderung bereits im Falle einer bloßen **Gefährdung der Aufgabenerfüllung.**[304] Eine solche sei schon dann gegeben, wenn andernfalls eine Leistungserbringung zu wirtschaftlich tragbaren Bedingungen nicht möglich wäre.[305] Nicht erforderlich ist insbesondere, dass das Überleben des Unternehmens bei Anwendung der Vertragsvorschriften bedroht wäre.[306] Letztlich wird damit das mitgliedstaatliche Eigenwirtschaftlichkeitsprinzip als Teil der unionsrechtlich zu privilegierenden Aufgabe anerkannt.[307] Damit verliert der Begriff der Verhinderung in seiner Interpretation durch den EuGH allerdings seine begrenzende Funktion und entfaltet letztlich keine Wirkungen. Da sich, zumal aus mitgliedstaatlicher Sicht, jedenfalls bei Dienstleistungen von allgemeinem wirtschaftlichem Interesse stets eine bloße Gefährdung der Aufgabendurchführung hinsichtlich eines „Basisdienstes" bei der uneingeschränkten Anwendung des Europarechts aufzeigen lässt, führt die Bejahung der anderen Merkmale des Art. 106 Abs. 2 S. 1 AEUV damit grundsätzlich zum Eingreifen der Vorschrift, so dass Ausnahmen von der Anwendung des Europarechts zum Regelfall werden können. 79

---

[302] *Klotz* in: Schröter/Jakob/Klotz/Mederer, Art. 106 AEUV Rn. 76.

[303] *Emmerich/Hoffmann* in: Dauses, EU-Wirtschaftsrecht, H. II. Rn. 178.

[304] EuGH U. v. 23.10.1997 Rs. C-157/94 – *Kommission/Niederlande* Slg. 1997, I-5699 Rn. 45; U. v. 23.10.1997 Rs. C-159/94 – *EDF/GDF* Slg. 1997, I-5815 Rn. 59; U. v. 21.9.1999, verb. Rs. C-115/97 bis 117/97 – *Brentjens* Slg. 1999, I-6025, Rn. 107; strenger noch EuGH U. v. 30.4.1974 Rs. 155/73 – *Sacchi* Slg. 1974, 409 Rn. 15; U. v. 18.6.1991 Rs. C-260/89 – *ERT* Slg. 1991, I-2925 Rn. 33; U. v. 23.4.1991 Rs C-41/90 – *Höfner und Elser* Slg. 1991, I-1979 Rn. 24; systematisierend zur EuGH-Rechtsprechung *Dohms* in: Wiedemann, Kartellrecht, § 35 Rn. 343 ff.

[305] EuGH U. v. 19.5.1993 Rs. C-320/91 – *Corbeau* Slg. 1993, I-2533 Rn. 16; U. v. 23.10.1997 Rs. C-157/94 – *Kommission/Niederlande* Slg. 1997, I-5699 Rn. 53; U. v. 25.10.2001 – Rs. C-475/99 – *Ambulanz Glöckner* Slg. 2001, I-8089 Rn. 61.

[306] EuGH U. v. 23.10.1997 Rs. C-159/94 – *EDF/GDF* Slg. 1997, I-5815 Rn. 59; U. v. 10.2.2000, verb. Rs. C-147/97 und 148/97 – *Deutsche Post* Slg. 2000, I-825 Rn. 50 ff. – Deutsche Post; U. v. 3.3.2011 Rs. C-437/09 – *AG2R Prévoyance* Slg. 2011, I-973 Rn. 76.

[307] *Schweitzer,* S. 117.

80 Entgegen dem derzeitigen Verständnis des EuGH sind daher höhere Anforderungen an das Vorliegen einer Verhinderung der Aufgabenerfüllung zu stellen.[308] Die einschränkungslose Anwendung des Europarechts muss – unter Berücksichtigung des Art. 14 AEUV – auch im Bereich gemeinwohlorientierter Dienstleistungen der Regelfall sein. Sprachlich ist die Verhinderung als stärkste Erscheinungsform der Behinderung anzusehen. Eine solche ist daher in jedem Fall notwendig. Dies geht bereits über das vom EuGH vertretene Erfordernis einer bloßen Gefährdung hinaus, da eine tatsächliche Beeinträchtigung gegeben sein muss. Unabhängig von der semantischen Nähe der Behinderung zur Verhinderung spricht für die Notwendigkeit einer nicht nur potentiellen Einschränkung der Wortlaut des Art. 106 Abs. 2 AEUV. Der dort gewählte Indikativ („verhindert") zeigt (unabhängig von der eigentlichen Bedeutung des Begriffs) an, dass eine bloß mögliche negative Betroffenheit nicht genügt. Damit muss die uneingeschränkte und unmodifizierte Anwendung des Europarechts frei von vernünftigen Zweifeln objektiv[309] zu einer Behinderung der Aufgabenerfüllung führen. Nicht ausreichend ist jedoch das Vorliegen einer beliebigen Behinderung. Erforderlich ist vielmehr wegen der notwendigen graduellen Nähe zur im Normtext enthaltenen Verhinderung eine gewisse Intensität der Behinderung. Deren Bestimmung kann unter Heranziehung bereits im Europarecht vorhandener Kriterien erfolgen. Insoweit bietet sich vor allem das vom EuGH[310] zu Art. 101 AEUV entwickelte Spürbarkeitserfordernis[311] an, das insoweit mit umgekehrter Zielrichtung herangezogen werden könnte. Dient es in seinem ursprünglichen Kontext dazu, Kartelle, die sich nicht nachhaltig auf den Binnenmarkt auswirken, von der europarechtlichen Kontrolle auszunehmen, kann es im Rahmen des Art. 106 Abs. 2 AEUV dazu genutzt werden, die Anwendung des Europarechts sicherzustellen, sofern nicht dadurch die zweckentsprechende Erbringung gemeinwohlorientierter Dienste durch die damit betrauten Unternehmen deutlich erschwert wird. Die diesbezüglich verbleibenden Wertungsspielräume lassen sich durch den Rückgriff auf das im Wettbewerbsrecht entwickelte Modell unter Berücksichtigung der Besonderheiten des betroffenen Bereichs zumindest einengen. Damit ist der Begriff „verhindert" in Art. 106 Abs. 2 AEUV nach hier vertretener Auffassung im Sinne einer **spürbaren Beeinträchtigung** zu verstehen. Eine solche Auslegung trägt sowohl dem Charakter des Art. 106 Abs. 2 AEUV als Ausnahmevorschrift und seiner Formulierung als auch Art. 14 AEUV besser Rechnung als das sehr weite Begriffsverständnis des EuGH.

81 Unabhängig vom Begriffsverständnis kommt der **Beweislastverteilung** eine entscheidende Bedeutung für die Anwendung und praktische Bedeutung von Art. 106 Abs. 2 AEUV zu. Nach den Regeln der juristischen Methodik muss wegen des Ausnahmecharakters der Vorschrift derjenige, der sich die Ausnahme zunutze machen will, deren Voraussetzungen nachweisen. Die Beweislast für sämtliche Voraussetzungen, insbesondere auch für die Verhinderung der zweckentsprechenden Aufgabenerfüllung, liegt danach bei dem jeweiligen Mitgliedstaat.[312] In der Praxis gehen damit allerdings erhebliche Probleme einher. So müssen nicht nur im Einzelnen die sich aus der Anwendung des Europarechts ergebenden Behinderungen und ihre konkreten Auswirkungen auf die Leistungserbringung dargelegt werden. Darüber hinaus ist im Zweifel auch aufzuzeigen, weshalb eine alternative, im

---

[308] Ebenso *Koenig/Paul* in: Streinz, Art. 106 AEUV Rn. 72; vgl. auch *Grill* in: Lenz/Borchardt, Art. 106 AEUV Rn. 28; *Müller-Graff* in: Vedder/Heintschel von Heinegg, Art. 106 AEUV Rn. 20; kritisch zur EuGH-Rechtsprechung auch *Klotz* in: Schröter/Jakob/Klotz/Mederer, Art. 106 AEUV Rn. 79 ff.

[309] *Koenig/Paul* in: Streinz, Art. 106 AEUV Rn. 73.

[310] EuGH U. v. 30.6.1966 Rs. 56/65 – *Maschinenbau Ulm* Slg. 1966, 281 (303 f.).

[311] Siehe dazu auch die Bekanntmachung der Kommission, ABl. 1997 C 372/13.

[312] EuGH U. v. 23.10.1997 Rs. C-157/94 – *Kommission/Niederlande* Slg. 1997, I-5699 Rn. 51; U. v. 23.10.1997 Rs. C-159/94 – *EDF/GDF* Slg. 1997, I-5815 Rn. 94, 101 f.; U. v. 25.6.1998 Rs. C-203/96 – *Dusseldorp* Slg. 1998, I-4075 Rn. 67; *Dohms* in: Wiedemann, Kartellrecht, § 35 Rn. 385 ff.; *Helm*, S. 84.

Einklang mit den europarechtlichen Anforderungen stehende Ausgestaltung nicht möglich und eine Ausnahme damit erforderlich ist. Ein solcher Nachweis ist jedoch angesichts der inzwischen erreichten Dichte des Europarechts und der Vielzahl an Alternativgestaltungen nur schwer lückenlos zu führen.[313]

Vor diesem Hintergrund wird vorgeschlagen, der EU weitergehende Nachweispflichten 82 aufzuerlegen und damit die **Mitgliedstaaten zu entlasten.** Jene müsse zunächst Anhaltspunkte für die fehlende Notwendigkeit einer Ausnahme liefern sowie gegebenenfalls den Gegenbeweis zur Erforderlichkeit des Vertragsverstoßes antreten. Sofern bestritten, kommt ihr darüber hinaus die Nachweisführung für eine gegen das Unionsinteresse verstoßende Entwicklung nach Art. 106 Abs. 2 S. 2 AEUV zu.[314] Im Ergebnis bedeutet dies eine weitgehende Beweislastumkehr. Eine solche wird jedoch auch durch Art. 14 AEUV nicht gerechtfertigt. Vielmehr ist im Grundsatz an der methodisch richtigen Beweislastverteilung festzuhalten. Angesichts der bestehenden Schwierigkeiten und den Wertungen des Art. 14 AEUV ist die Nachweisdichte für die Mitgliedstaaten hinsichtlich der Erforderlichkeit einer Ausnahme jedoch zu verringern. In jedem Fall bleibt jedoch eine in sich schlüssige und die Wertungen des Gemeinschaftsrechts ausreichend berücksichtigende Darstellung erforderlich. Im Ergebnis bedeutet dies eine Stärkung der mitgliedstaatlichen Autonomie im Bereich gemeinwohlorientierter Leistungen ohne eine grundlegende Schwächung des Europarechts.

3. Rechtsfolgen

Art. 106 Abs. 2 S. 1 AEUV nimmt den Geltungsanspruch des Europarechts bei gegebe- 83 nem Tatbestand zurück und gestattet den Mitgliedstaaten ein andernfalls als europarechtswidrig zu qualifizierendes Handeln. Die damit verbundene **Rechtfertigungswirkung** ist jedoch begrenzt. Zum einen erfasst sie keine mitgliedstaatlichen Maßnahmen, die über das zur Erfüllung der spezifischen Aufgaben der mit Dienstleistungen von allgemeinem wirtschaftlichem Interesse betrauten Unternehmen und Finanzmonopole hinausgehen. Zum anderen darf nach Art. 106 Abs. 2 S. 2 AEUV die Entwicklung des Handelsverkehrs nicht in einem Ausmaß beeinträchtigt werden, das dem Interesse der Union zuwiderläuft.

a) Geltung des Europarechts und Ausnahmen. In Anknüpfung an Art. 106 Abs. 1 84 AEUV bekräftigt die Formulierung des Art. 106 Abs. 2 S. 1 AEUV explizit die **grundsätzliche Geltung des Europarechts** für die tatbestandlich erfassten Konstellationen.[315] Die besondere Hervorhebung des Wettbewerbsrechts verdeutlicht, dass insbesondere für Finanzierung und Marktverhalten bezüglich mit Dienstleistungen von allgemeinem wirtschaftlichem Interesse betrauten Unternehmen und Finanzmonopolen keine generellen Ausnahmen in Anspruch genommen werden können.

Die **Reichweite der Ausnahmen** von der Anwendung des Europarechts wird unmit- 85 telbar durch die tatbestandlichen Voraussetzungen bestimmt. Nach dem Wortlaut des Art. 106 Abs. 2 S. 1 AEUV gilt das Europarecht für die erfassten Unternehmen, „soweit die Anwendung dieser Vorschriften nicht die Erfüllung der ihnen übertragenen besonderen Aufgabe rechtlich oder tatsächlich verhindert." Abweichungen von europarechtlichen Vorgaben sind mithin nur in dem zur Aufgabeerfüllung erforderlichen Maße zulässig. Es muss also eine sachliche Notwendigkeit zur Inanspruchnahme von Ausnahmen gegeben sein, die in der spezifischen Funktion der betroffenen Unternehmen begründet ist. Art. 106 Abs. 2 S. 1 AEUV vermittelt zudem keine Bereichsausnahme vergleichbar Art. 51, 62 AEUV. Vielmehr rechtfertigt die Vorschrift allein eine punktuelle Außerachtlassung europarechtlicher Anforderungen in Bezug auf die erfassten Unternehmen im Hinblick auf die

---

313 Vgl. auch *Koenig/Paul* in: Streinz, Art. 106 AEUV Rn. 75 f.

314 *Pielow*, S. 89 f.

315 Vgl. auch *Khan* in: Geiger/Khan/Kotzur, Art. 106 Rn. 8; *Stadler* in: Langen/Bunte, Art. 106 AEUV Rn. 1; *Emmerich/Hoffmann* in: Dauses, EU-Wirtschaftsrecht, H. II. Rn. 168.

diesen zugewiesenen Aufgaben durch die Mitgliedstaaten, ohne deren Verpflichtung zur uneingeschränkten Beachtung des Europarechts im Übrigen in Frage zu stellen. Mithin ermächtigt Art. 106 Abs. 1 S. 2 AEUV ausschließlich zur Nichtbeachtung konkreter europarechtlicher Bestimmungen, die andernfalls einer ordnungsgemäßen Erfüllung der ebenfalls konkret bestimmten Aufgaben der erfassten Unternehmen entgegenstehen. Jede darüber hinausgehende Missachtung des Europarechts kann durch Art. 106 Abs. 2 AEUV nicht gerechtfertigt werden.[316] Positiv gefasst bedeutet dies zugleich, dass europarechtliche Vorgaben, welche eine Erfüllung der Aufgaben von mit Dienstleistungen von allgemeinem wirtschaftlichem Interesse betrauten Unternehmen und Finanzmonopolen verhindern (i. S. d. obigen Definition), nicht beachtet werden müssen. Infolge der Festlegungsbefugnis über Dienstleistungen von allgemeinem wirtschaftlichem Interesse ist es den Mitgliedstaaten möglich, sektorspezifisch in erheblichem Maße auf die Anwendung des Europarechts Einfluss zu nehmen.

86 Im Hinblick auf den **Gegenstand der Ausnahmen** bestehen keine Einschränkungen. Mithin können sämtliche Normen des primären und sekundären[317] Europarechts auf Grundlage von Art. 106 Abs. 2 S. 1 AEUV zurücktreten. Eine Differenzierung zwischen verschiedenen Normen ist weder in der Norm selbst noch in anderen relevanten Bestimmungen des AEUV, insbesondere Art. 14 AEUV, angelegt.[318] Selbst im Hinblick auf sekundärrechtliche Sonderregelungen für Dienstleistungen von allgemeinem wirtschaftlichem Interesse (oder ggf. Finanzmonopole) kommt eine Inanspruchnahme von Ausnahmen durch die Mitgliedstaaten auf Grundlage von Art. 106 Abs. 2 AEUV grundsätzlich in Betracht.[319] Allerdings fehlt es insoweit regelmäßig an der Notwendigkeit, da derartige Regelungen gerade bezwecken, eine Erfüllung der Aufgaben zu ermöglichen.

87 Nach herrschender Auffassung müssen Ausnahmen von der Anwendung des Europarechts aufgrund Art. 106 Abs. 2 S. 1 AEUV dem Grundsatz der **Verhältnismäßigkeit** entsprechen.[320] Dies überzeugt aufgrund Formulierung und Struktur der Norm **nicht.** Der Wortlaut gibt keinen Anhaltspunkt dafür, dass andere als die genannten Aspekte bei der Frage über die Zulässigkeit der Inanspruchnahme einer Ausnahme von europarechtlichen Anforderungen berücksichtigt werden können. Indem die Norm gerade auf eine bei uneingeschränkter Anwendung des Europarechts erfolgende Verhinderung der Aufgabenerfüllung abstellt und gerade diese Konsequenz des Europarechts ausschließen will, besteht kein Raum für weitergehende Abwägungen. Zudem entspricht die Tatbestandsstruktur des Art. 106 AEUV insgesamt etwa einer Verhältnismäßigkeitsprüfung[321] und macht Art. 106 Abs. 2 S. 2 AEUV unmittelbar eine „am Verhältnismäßigkeitsgrundsatz orientierte Abwägung" erforderlich,[322] die aber gerade nur auf bestimmte Aspekte bezogen ist, die andernfalls Gegenstand einer umfassenden Verhältnismäßigkeitsprüfung wären. Auch dies spricht dafür, dass das in Art. 106 Abs. 2 AEUV normierte Prüfungsprogramm als abschließend anzusehen ist. Bei gegebenem Tatbestand, insbesondere dem erforderlichen Konnex zwi-

---

[316] Vgl. auch EuGH U. v. 28.2.2013 Rs. C-1/12 – *OTOC* Rn. 104 ff.; *Stadler* in: Langen/Bunte, Art. 106 AEUV Rn. 63.

[317] *Dohms* in: Wiedemann, Kartellrecht, § 35 Rn. 287 f.; zweifelnd *Müller-Graff* in: Vedder/Heintschel von Heinegg, Art. 106 AEUV Rn. 22; ablehnend *Koenig/Paul* in: Streinz, Art. 106 AEUV Rn. 42; wohl auch *Emmerich/Hoffmann* in: Dauses, EU-Wirtschaftsrecht, H. II. Rn. 186 f. Der EuGH U. v. 20.4.2010 Rs. C-265/08 – *Federutility* Slg. 2010, I-3377, hat Ausnahmen von sekundärrechtlichen Vorgaben jedenfalls insoweit nicht beanstandet, als der betreffende Sekundärrechtsakt hierfür einen Anknüpfungspunkt enthielt.

[318] *Khan* in: Geiger/Khan/Kotzur, Art. 106 Rn. 10.

[319] A. A. für den Fall einer abschließenden Harmonisierung eines abgegrenzten Sachbereichs *Wernicke* in: Grabitz/Hilf/Nettesheim, Art. 106 AEUV Rn. 11.

[320] KOM(2000) 580 endg., S. 11 f.; *Khan* in: Geiger/Khan/Kotzur, Art. 106 Rn. 20; *Dohms* in: Wiedemann, Kartellrecht, § 35 Rn. 276, 363 ff.; *Bala,* S. 91; *Hünnekens,* S. 97; *Rinne,* S. 174 f.

[321] *Mann,* S. 37; *ders.,* JZ 2002, 819 (823); ähnlich *Bruhns,* S. 147; *Erhardt,* S. 321.

[322] *Grill* in: Lenz/Borchardt, Art. 106 AEUV Rn. 29.

schen Normanwendung und Aufgabenverhinderung, und der erkannten Notwendigkeit einer Ausnahme bedarf es daher vorbehaltlich Art. 106 Abs. 2 S. 2 AEUV keiner zusätzlichen Verhältnismäßigkeitsprüfung oder Abwägung.

b) Auswirkungen auf den Binnenmarkt. Als einzige und zugleich absolut wirkende Grenze[323] für die Inanspruchnahme von Ausnahmen von der Anwendung des Europarechts aufgrund Art. 106 Abs. 2 S. 1 AEUV sieht Art. 106 Abs. 2 S. 2 AEUV vor, dass hierdurch die Entwicklung des Handelsverkehrs nicht in einem dem Unionsinteresse zuwiderlaufenden Ausmaß beeinträchtigt werden darf. Die Vorschrift begründet innerhalb ihres Anwendungsbereichs den **Vorrang des Unionsinteresses** für den Fall eines anders nicht lösbaren Konflikts mit mitgliedstaatlichen Interessen[324] und ist als Beschränkung der Ausnahme in Satz 1 grundsätzlich und unter Beachtung der Wertungen des Art. 14 AEUV weit auszulegen.[325] 88

Tatbestandliche Voraussetzung für die Anwendbarkeit des Art. 106 Abs. 2 S. 2 AEUV ist eine **Beeinträchtigung der Entwicklung des Handelsverkehrs im Binnenmarkt** infolge der mitgliedstaatlichen Inanspruchnahme von Ausnahmen von der Anwendung des Europarechts nach Art. 106 Abs. 2 S. 1 AEUV. Wie die normative Bezugnahme auf die Entwicklung verdeutlicht, ist diesbezüglich eine Prognose vorzunehmen, zumal andernfalls eine Bewertung neuer mitgliedstaatlicher Maßnahmen nur mit erheblicher zeitlicher Verzögerung erfolgen könnte. Ist nach dieser Prognose nicht zu erwarten, dass die mitgliedstaatliche Inanspruchnahme von Art. 106 Abs. 2 S. 1 AEUV sich auf den Binnenmarkt auswirken wird,[326] erfolgt keine weitere Abwägung. Da es sich im Anwendungsbereich der Norm jedoch stets um wirtschaftliche Tätigkeiten handelt, ist eine fehlende Binnenmarktrelevanz nur in seltenen Ausnahmefällen anzunehmen,[327] wenngleich eine übergreifende, nicht auf einzelne Produkte oder Dienstleistungen beschränkte Betrachtung geboten ist.[328] 89

Sofern negative Auswirkungen auf die Entwicklung des Handelsverkehrs infolge der mitgliedstaatlichen Inanspruchnahme von Ausnahmen zu erwarten sind, dürfen diese nicht ein dem **Unionsinteresse** zuwiderlaufendes Ausmaß annehmen. Es erfolgt mithin eine Abwägung zwischen dem mitgliedstaatlichen Freistellungsinteresse, welches notwendig auf die Erfüllung der in Frage stehenden Aufgaben bezogen ist, und dem Unionsinteresse (vor allem) an einer Realisierung des Binnenmarktes.[329] Dies zielt auf eine „optimale Verknüpfung von Markteffizienz mit gemeinwohlrelevanten Erfordernissen"[330] ab, ohne aber Maßstäbe hierfür vorzugeben. Insbesondere ist eine abstrakte Bestimmung des Unionsinteresses nicht möglich. Zwar bildet das Primärrecht die wesentliche Erkenntnisgrundlage; dieses enthält jedoch insbesondere in Art. 14 AEUV und Art. 36 EuGRC Wertungen, welche die mitgliedstaatliche Inanspruchnahme von Ausnahmen von der Anwendung des wettbewerbsfördernden Europarechts auf gemeinwohlorientierte Leistungen zu stützen geeignet sind.[331] Letztlich ist daher an den konkreten Wirkungen im Einzelfall anzusetzen. Je stärker dabei der Handelsverkehr beeinträchtigt wird und je weniger dies zur Sicherstellung der 90

---

[323] *Stadler* in: Langen/Bunte, Art. 106 AEUV Rn. 68.
[324] *Mestmäcker,* RabelsZ 52 (1988), S. 526 (570).
[325] *Dohms* in: Wiedemann, Kartellrecht, § 35 Rn. 370; dahingehend auch *Bechtold/Bosch/Brinker,* EU-Kartellrecht, Art. 106 AEUV Rn. 52; anders *Ehlers,* Gutachten E zum 64. DJT, S. 55.
[326] „Deutliche Hinweise" verlangt diesbezüglich *Dohms* in: Wiedemann, Kartellrecht, § 35 Rn. 374.
[327] Vgl. Kommission, Entscheidung v. 12.2.2001 N 258/00.
[328] *Wernicke* in: Grabitz/Hilf/Nettesheim, Art. 106 AEUV Rn. 68.
[329] *Khan* in: Geiger/Khan/Kotzur, Art. 106 Rn. 21; *Emmerich/Hoffmann* in: Dauses, EU-Wirtschaftsrecht, H.II. Rn. 186; ähnlich *Stadler* in: Langen/Bunte, Art. 106 AEUV Rn. 70; *Essebier,* S. 251 f.; für eine umfassende Berücksichtigung primärrechtlich formulierter und sekundärrechtlich konkretisierter Unionsinteressen *Dohms* in: Wiedemann, Kartellrecht, § 35 Rn. 375; ähnlich FK/*Kapp,* Art. 106 AEUV Rn. 136 ff.
[330] KOM(96) 443 endg., S. 6.
[331] Vgl. auch *Wernicke* in: Grabitz/Hilf/Nettesheim, Art. 106 AEUV Rn. 69.

erfassten Aufgaben notwendig ist, umso eher ist ein Verstoß gegen das Unionsinteresse anzunehmen. Umgekehrt sprechen geringe Auswirkungen auf den innerunionalen Handel und eine offenkundige Beschränkung der Ausnahmen auf das sachlich Unerlässliche tendenziell gegen einen Widerspruch gegen das Unionsinteresse und damit für eine Zulässigkeit der Maßnahme.

91 Der Beschluss 2012/21/EU gibt Hinweise darauf, wann nach **Auffassung der Kommission** keine Beeinträchtigung des Unionsinteresses erfolgt, da er die erfassten Beihilfen von der Notifikationspflicht des Art. 108 Abs. 3 AEUV freistellt. Zentrale Bedeutung kommt diesbezüglich der grundsätzlichen Begrenzung der Beihilfenhöhe auf 15 Mio. € jährlich, einer Beschränkung der Dauer der Betrauung auf regelmäßig nicht mehr als zehn Jahre und der Begrenzung der Höhe der Ausgleichsleistung auf die Abdeckung der durch die Erfüllung der gemeinwirtschaftlichen Verpflichtungen verursachten Nettokosten unter Berücksichtigung eines angemessenen Gewinns zu. In Bezug auf Beihilfen, die nicht dem Beschluss 2012/21/EU unterfallen, hat sich die Kommission zudem in ihrer Mitteilung „Rahmen der Europäischen Union für staatliche Beihilfen in Form von Ausgleichsleistungen für die Erbringung öffentlicher Dienstleistungen" dahingehend geäußert, dass eine Beachtung der in der Mitteilung enthaltenen Ausführungen zum Vorliegen einer „echte[n] und genau abgesteckte[n] Dienstleistung von allgemeinem wirtschaftlichem Interesse", zum Betrauungsakt, zur Bestimmung der Dauer des Betrauungszeitraums nach objektiven Kriterien, zur Notwendigkeit der Einhaltung der Transparenzrichtlinie 2006/111/EG sowie des primär- und sekundärrechtlichen Vergaberechts, zu Nichtdiskriminierung sowie zur Begrenzung der Höhe der Ausgleichsleistung auf die Nettokosten zuzüglich eines angemessenen Gewinns „in der Regel ausreichend [ist], um sicherzustellen, dass Beihilfen den Wettbewerb nicht in einer Weise verfälschen, die den Interessen der Europäischen Union zuwiderläuft." Anderes könne jedoch für unter außergewöhnlichen Umständen auftretende schwerwiegende Wettbewerbsverfälschungen gelten. Exemplarisch benennt die Kommission die Situation, dass „Unternehmen in wichtigen Wirtschaftszweigen die Möglichkeit [genommen wird], das für eine rentable Geschäftstätigkeit erforderliche Geschäftsvolumen zu erreichen" oder eine Marktabschottung erfolge. In einem solchen Fall sei zu prüfen, „ob dieselbe öffentliche Dienstleistung ebenso gut in einer weniger wettbewerbsverfälschenden Weise erbracht werden könnte".

4. Sekundärrechtliche Konkretisierungen

92 Art. 106 Abs. 2 AEUV bezieht sich ausschließlich auf mitgliedstaatliche Maßnahmen. In Bezug auf Dienstleistungen von allgemeinem wirtschaftlichem Interesse hat jedoch auch die EU unabhängig von Art. 106 Abs. 3 AEUV einige Sekundärrechtsakte mit der Qualität von **Gesetzgebungsakten** i. S. v. Art. 289 Abs. 3 AEUV erlassen, welche deren Sicherung und Funktionsfähigkeit dienen und insoweit sowohl den Rückgriff auf Art. 106 Abs. 2 AEUV überflüssig machen als auch dessen normative Wertung aufgreifen. Allerdings konnte bislang keine Übereinstimmung im Hinblick auf den Erlass einer u. a. vom Europäischen Parlament geforderten allgemeinen Rahmenrichtlinie zur Daseinsvorsorge[332] erzielt werden.

93 Es bestehen für **alle traditionellen Bereiche der Daseinsvorsorge** bereichsspezifische Vorschriften. Trotz einiger Parallelen weisen diese allerdings keinen übergreifenden Regelungsansatz auf und adressieren nicht sämtliche relevanten Problemstellungen. Von besonderer Bedeutung ist in diesem Kontext die telekommunikationsrechtliche Universaldienstrichtlinie 2002/22/EG,[333] deren Regelungsmodell des Universaldienstes durch die Postbinnenmarktrichtlinie 97/67/EG[334] in modifizierter Form übernommen wurde. Zu

---

[332] *Europäisches Parlament* A5–0361/2001, Rn. 6.
[333] ABl. 2002 L 108/51, geändert durch Richtlinie 2009/136/EG, ABl. 2009 L 337/11.
[334] ABl. 1998 L 15/14, zuletzt geändert durch Richtlinie 2008/6/EG, ABl. 2008 L 52/3.

nennen ist des Weiteren die Verordnung (EG) Nr. 1370/2007 über öffentliche Personenverkehrsdienste auf Schiene und Straße.[335] Diese zielt ausweislich ihres Art. 1 Abs. 1 darauf ab, „festzulegen, wie die zuständigen Behörden unter Einhaltung des Gemeinschaftsrechts im Bereich des öffentlichen Personenverkehrs tätig werden können, um die Erbringung von Dienstleistungen von allgemeinem Interesse zu gewährleisten, die unter anderem zahlreicher, sicherer, höherwertig oder preisgünstiger sind als diejenigen, die das freie Spiel des Marktes ermöglicht hätte" und legt die zu diesem Zweck zu verwendenden Instrumente und Vorgehensweisen fest. Ein Rückgriff auf das Universaldienstkonzept erfolgt insoweit jedoch ebenso wenig wie im energiebezogenen Sekundärrecht.[336] Die Elektrizitätsbinnenmarktrichtlinie 2009/72/EG[337] enthält jedoch Regelungen zur „Gewährleistung der Grundversorgung". Art. 3 der Erdgasbinnenmarktrichtlinie 2009/73/EG sieht in Bezug auf die Gasversorgung die Möglichkeit der Auferlegung gemeinwirtschaftlicher Verpflichtungen durch die Mitgliedstaaten ausdrücklich vor, „die sich auf Sicherheit, einschließlich Versorgungssicherheit, Regelmäßigkeit, Qualität und Preis der Versorgung sowie Umweltschutz, einschließlich Energieeffizienz, Energie aus erneuerbaren Quellen und Klimaschutz, beziehen können." Zugleich verweist die Vorschrift auf die Geltung des (heutigen) Art. 106 AEUV und bestimmt, dass „[s]olche Verpflichtungen […] klar festgelegt, transparent, nichtdiskriminierend und überprüfbar sein und den gleichberechtigten Zugang von Erdgasunternehmen der Gemeinschaft zu den nationalen Verbrauchern sicherstellen" müssen.

IV. Art. 106 Abs. 3: Ermächtigung der Kommission

1. Allgemeines

94 Um die praktische Wirksamkeit der Art. 106 Abs. 1 und 2 AEUV zu gewährleisten, bestimmt Art. 106 Abs. 3 AEUV, dass die Kommission auf die Anwendung dieser Bestimmungen achtet und gegebenenfalls rechtsetzend tätig wird. Damit weist die Vorschrift der **Kommission** eine **aktive Rolle** zu.[338] Dies entspricht grundsätzlich dem Konzept der wettbewerbsrechtlichen Vorschriften des AEUV, denen Art. 106 AEUV systematisch zugehörig ist. Zugleich unterscheidet sich der Regelungsansatz der Norm in Bezug auf Dienstleistungen von allgemeinem wirtschaftlichem Interesse deutlich von Art. 14 AEUV, dessen Wertung sowie diejenige des darauf bezogenen Protokolls jedoch auch bei der Auslegung und Anwendung von Art. 106 Abs. 3 AEUV zu berücksichtigen sind. In Bezug auf die sekundärrechtliche Festlegung von Grundsätzen und Bedingungen für das Funktionieren dieser Dienste verfügt die Kommission gerade nicht über eigene Regelungsbefugnisse. Diese sind vielmehr dem Rat und dem Europäischen Parlament als Unionsgesetzgeber zugewiesen. Vor diesem Hintergrund kann Art. 106 Abs. 3 AEUV der Kommission keine umfassenden Kompetenzen zur Regelung der Daseinsvorsorge vermitteln.

95 Erstmalig wurde der heutige Art. 106 Abs. 3 AEUV im Jahre 1980 mit dem Erlass der Transparenzrichtlinie[339] angewendet. Seither verfügt die Norm über eine **praktische Bedeutung.** Die Kommission zog die Vorschrift mehrfach als Rechtsgrundlage für eine Sekundärrechtsetzung heran. Zudem hat sie zahlreiche Einzelentscheidungen darauf gestützt.[340]

---

335 ABl. 2007 L 315/1.

336 Ein Kommissionsvorschlag zu einer Änderungsrichtlinie enthielt das Universaldienstkonzept diesbezüglich jedoch bereits, KOM(2001) 125 endg.

337 ABl. 2009 L 211/55.

338 FK/*Kapp,* Art. 106 AEUV Rn. 143.

339 Richtlinie 80/723/EWG, ABl. 1980 L 195/35.

340 Im Überblick dazu *Mestmäcker/Schweitzer* in: Immenga/Mestmäcker, Art. 106 Abs. 3 AEUV Rn. 41, 50 f., 53 ff., 60 ff.; *Klotz* in: Schröter/Jakob/Klotz/Mederer, Art. 106 AEUV Rn. 171 ff.

2. Überwachungsaufgabe

96 Die Zuweisung der auf die Anwendung von Art. 106 Abs. 1 und 2 AEUV bezogenen „Überwachungsfunktion"[341] an die Kommission korrespondiert mit ihrer allgemeinen, aus Art. 17 Abs. 1 S. 2 und 3 EUV folgenden Aufgabe, für die Anwendung des Europarechts zu sorgen und diese zu überwachen.[342] Dass dies in Art. 106 Abs. 3 AEUV bereichsspezifisch nochmals wiederholt wird, ist zwar vornehmlich historisch bedingt, bringt aber zugleich den bereits beim Abschluss der Römischen Verträge nicht zu Unrecht vermuteten Unwillen zumindest einiger Mitgliedstaaten zur Beachtung der Anforderungen des Art. 106 Abs. 1 und 2 AEUV und die daraus folgende besondere **Notwendigkeit** einer „Gemeinschaftsaufsicht" zum Ausdruck,[343] die sich nicht nur auf die Mitgliedstaaten, sondern mittelbar auch auf die Unternehmen bezieht.[344]

97 Die Kommission nimmt ihre Aufsichtsfunktion auf Grundlage von Art. 106 Abs. 3 AEUV ebenso wie jenseits des Anwendungsbereichs der Vorschrift grundsätzlich **formlos** und auf Grundlage eines „umfassende[n] Opportunitätsprinzip[s]"[345] wahr. Spezifische Verfahrensvorschriften bestehen nicht. Grundsätzlich setzt ihre Ausübung eine Erkennung und Ermittlung des maßgeblichen Sachverhalts und dessen Bewertung auf Grundlage der gewonnenen Erkenntnisse voraus, die wiederum Grundlage für die Entscheidung über etwaig zu ergreifende Maßnahmen ist.

98 Den Anstoß für **Ermittlungsmaßnahmen** der Kommission, deren Aufnahme im konkreten Einzelfall in ihrem Ermessen liegt, bilden regelmäßig Berichte, die ihr die Mitgliedstaaten in Erfüllung entsprechender Verpflichtungen, die auch mittels einer auf Art. 106 Abs. 3 AEUV gestützten Rechtsetzung begründet werden können, zukommen lassen, oder Beschwerden von Bürgern und Unternehmen über (vermeintlich) rechtswidriges Handeln. Für die daran anschließende Sammlung aller für die Beurteilung erforderlichen Erkenntnisse über den Sachverhalt im Einzelfall vermittelt Art. 106 Abs. 3 AEUV der Kommission allerdings keine spezifischen Eingriffsbefugnisse. Sie ist daher auf die ihr allgemein europarechtlich zugewiesenen Maßnahmen verwiesen. Dies schließt sachbereichsspezifische Sonderbefugnisse ein, sofern deren Anwendungsbereich ungeachtet des Bezugs der Ermittlung zu Art. 106 AEUV eröffnet ist. In verfahrensrechtlicher Hinsicht besteht eine Bindung an rechtsstaatliche Grundsätze wie auch (gegenüber Grundrechtsträgern) an die Unionsgrundrechte. Hieraus (wie auch ggf. in prozessualer Hinsicht aus Art. 258 Abs. 1 AEUV) folgt – vorbehaltlich der Fälle besonderer Eilbedürftigkeit – zwingend die Notwendigkeit der Anhörung des betreffenden Mitgliedstaats zu den sachgegenständlichen Voraussetzungen des möglichen Verstoßes gegen Art. 106 Abs. 1 oder 2 AEUV.[346] Gleiches gilt im Hinblick auf die betroffenen Unternehmen.[347] In der Praxis ist das Verfahren zweistufig ausgestaltet und folgt insoweit den Vorbildern des Vertragsverletzungsverfahrens sowie des Verfahrens der Beihilfenprüfung.[348]

---

[341] EuGH U. v. 6.7.1982 verb. Rs. 188 bis 190/80 – *Transparenzrichtinie* Slg. 1982, 2545 Rn. 12; *Kühling* in: Streinz, Art. 106 AEUV Rn. 79.

[342] *Mestmäcker/Schweitzer* in: Immenga/Mestmäcker, Art. 106 Abs. 3 AEUV Rn. 1; von einer Konkretisierung spricht FK/*Kapp,* Art. 106 AEUV Rn. 141.

[343] Vgl. auch *Kühling* in: Streinz, Art. 106 AEUV Rn. 3.

[344] *Kühling* in: Streinz, Art. 106 AEUV Rn. 79.

[345] *Dohms* in: Wiedemann, Kartellrecht, § 35 Rn. 486; auf politische Rücksichtnahmen verweisen *Emmerich/Hoffmann* in: Dauses, EU-Wirtschaftsrecht, H. II. Rn. 119.

[346] *Wernicke* in: Grabitz/Hilf/Nettesheim, Art. 106 AEUV Rn. 88; *Mestmäcker/Schweitzer* in: Immenga/Mestmäcker, Art. 106 Abs. 3 AEUV Rn. 16; *Klotz* in: Schröter/Jakob/Klotz/Mederer, Art. 106 AEUV Rn. 105; näher *Dohms* in: Wiedemann, Kartellrecht, § 35 Rn. 493f., 501ff.

[347] EuGH U. v. 12.2.1992 Rs. C-48/90 – *Eilkurierdienste* Slg. 1992, I-565 Rn. 50f.; *Bechtold/Bosch/Brinker,* EU-Kartellrecht, Art. 106 AEUV Rn. 62.

[348] Zur Verfahrensausgestaltung in der Praxis im Einzelnen *Dohms* in: Wiedemann, Kartellrecht, § 35 Rn. 487ff.

Auf Grundlage ihrer tatsächlichen Erkenntnisse hat die Kommission eine **rechtliche Bewertung** vorzunehmen. Diese muss am Maßstab des Art. 106 Abs. 1 bzw. 2 AEUV erfolgen.[349] Dabei hat die Kommission nicht nur die tatsächlichen Aspekte umfassend einzubeziehen und zu gewichten, sondern auch die mitgliedstaatlichen Gestaltungsspielräume zu berücksichtigen. **99**

Die möglichen **Konsequenzen** eines bei der Aufsicht nach Art. 106 Abs. 3 AEUV erkannten Verstoßes werden durch die Norm nur partiell angedeutet. Ebenso wie auch sonst im Zuge der Wahrnehmung ihrer Aufsichtsfunktion kann die Kommission gegen den betreffenden Mitgliedstaat ein Vertragsverletzungsverfahren nach Art. 258 AEUV einleiten, ohne dass sie hierzu aber verpflichtet wäre.[350] Alternativ[351] kann die Kommission auf die in Art. 106 Abs. 3 AEUV angesprochenen, jedoch keineswegs nur auf bereits erfolgte Fehlentwicklungen bezogene Instrumente zurückgreifen. Eine Verpflichtung besteht allerdings auch diesbezüglich nicht.[352] So kann sie einen Beschluss an den betreffenden Mitgliedstaat richten. Dieser kann feststellender Natur sein oder Verpflichtungen zur Abstellung des konkret zu benennenden rechtswidrigen Handelns enthalten.[353] Im letzteren Falle hat die Kommission allerdings die allgemein aus Art. 5 EUV[354] wie auch die sich aus der Bezugnahme des Art. 106 Abs. 3 AEUV auf die beiden vorstehenden Absätze der Norm folgenden Kompetenzschranken zu beachten und ihre Entscheidung zu begründen.[355] Unter den gleichen Voraussetzungen kann sich, insbesondere, wenn ein festgestellter Verstoß nur exemplarisch für Fehlentwicklungen in mehreren Mitgliedstaaten steht, auch der Erlass einer Richtlinie als angemessene Reaktion erweisen. Insoweit geht die Aufsichtsfunktion der Kommission zugleich in ihre ebenfalls in Art. 106 Abs. 3 AEUV angelegte Gestaltungsfunktion über. **100**

3. Rechtsgestaltung

Art. 106 Abs. 3 AEUV enthält überdies eine „quasi-gesetzgeberische“[356] Rechtsetzungsermächtigung für die Kommission. Dabei besteht keine zwingende normative Verbindung mit ihrer Aufsichtsfunktion, so dass eine Rechtsetzung keine vorherige Verletzung von Art. 106 Abs. 1 oder 2 AEUV voraussetzt. Vielmehr kann die Kommission **auch präventiv** tätig werden.[357] Dies impliziert eine – wenn auch begrenzte – Befugnis zu politischer Gestaltung und eröffnet der Kommission erhebliche Handlungsspielräume.[358] Diese hat sie bislang vor allem in beihilfe- und telekommunikationsrechtlichem Kontext ausgefüllt. **101**

---

[349] Dazu näher *Dohms* in: Wiedemann, Kartellrecht, § 35 Rn. 475f. Der Kommission ist es allerdings nicht versagt, zugleich im Rahmen der Ausübung ihrer allgemeinen Aufsichtsfunktion weitere Verstöße gegen europarechtliche Vorgaben zu beanstanden.

[350] EuGH U. v. 14.2.1989 Rs. 247/87 – *Star Fruit* Slg. 1989, 291 Rn. 10f.; U. v. 17.5.1990 Rs. C-87/89 – *Sonito* Slg. 1990, I-1981 Rn. 6f.

[351] EuGH U. v. 19.3.1991 Rs. 202/88 – *Telekommunikationsendgeräte* Slg. 1991, I-1223 Rn. 16ff.; ausführlich zum Verhältnis der Verfahrensarten *Mestmäcker/Schweitzer* in: Immenga/Mestmäcker, Art. 106 Abs. 3 AEUV Rn. 12ff.; *Klotz* in: Schröter/Jakob/Klotz/Mederer, Art. 106 AEUV Rn. 101ff.; *Dohms* in: Wiedemann, Kartellrecht, § 35 Rn. 557ff.

[352] *Klotz* in: Schröter/Jakob/Klotz/Mederer, Art. 106 AEUV Rn. 100.

[353] EuGH U. v. 12.2.1992 Rs. C-48/90 – *Eilkurierdienste* Slg. 1992, I-627 Rn. 26ff.; U. v. 20.2. 1997 Rs. C-107/95 P – *Bundesverband der Bilanzbuchhalter* Slg. 1997, I-947 Rn. 23; U. v. 29.3.2001 Rs. C-163/99 – *Portugal/Kommission* Slg. 2001, I-2638 Rn. 19; U. v. 22.2.2005 Rs. C-141/02 P – *T-Mobile Austria* Slg. 2005, I-1316 Rn. 66; *Mestmäcker/Schweitzer* in: Immenga/Mestmäcker, Art. 106 Abs. 3 AEUV Rn. 4; *Klotz* in: Schröter/Jakob/Klotz/Mederer, Art. 106 AEUV Rn. 98f.; *Dohms* in: Wiedemann, Kartellrecht, § 35 Rn. 484.

[354] Näher zur Verhältnismäßigkeit *Dohms* in: Wiedemann, Kartellrecht, § 35 Rn. 477ff.

[355] Dazu im Einzelnen *Dohms* in: Wiedemann, Kartellrecht, § 35 Rn. 511ff.

[356] *Emmerich/Hoffmann* in: Dauses, EU-Wirtschaftsrecht, H. II. Rn. 120.

[357] *Wernicke* in: Grabitz/Hilf/Nettesheim, Art. 106 AEUV Rn. 79; FK/*Kapp,* Art. 106 AEUV Rn. 143.

[358] Von einem effektiven Liberalisierungsinstrument spricht *Dohms* in: Wiedemann, Kartellrecht, § 35 Rn. 7; kritisch MünchKomm/*Gundel,* Art. 106 AEUV Rn. 175.

102 **a) Ermessen.** Die Kommission verfügt bei der Anwendung des Art. 106 Abs. 3 AEUV über ein weites Ermessen,[359] das sich in Bezug auf die Rechtsetzung besonders stark auswirkt. Es bezieht sich sowohl auf das Ob der Rechtsetzung als auch (mit gewissen Einschränkungen) auf Regelungsform und -gegenstände.[360]

103 **aa) Entschließungsermessen.** Ihr Entschließungsermessen ist – unter Beachtung des Anwendungsbereichs von Art. 106 AEUV – nahezu unbegrenzt.[361] Die Kommission kann grundsätzlich frei entscheiden, ob sie die Durchsetzung der in Art. 106 AEUV enthaltenen Verpflichtungen mittels Rechtsetzung befördern will. Eine diesbezügliche Pflicht ist allerdings grundsätzlich weder generell noch in Bezug auf einzelne Gegenstände begründbar. Eine Ermessensreduzierung auf Null im Sinne einer Verpflichtung zur Rechtsetzung erscheint zwar dogmatisch möglich; in Anbetracht der Vielzahl der von der Kommission in Wahrnehmung ihrer Aufgaben nach Art. 17 Abs. 1 EUV zu berücksichtigenden Aspekte, die über den Anwendungsbereich des Art. 106 AEUV hinausweisen und auch politischer Natur sein können, spielt sie jedoch praktisch keine Rolle. Ähnliches gilt für „Negativentscheidungen" in Bezug auf eine Rechtsetzung durch die Kommission. Nur für den (praktisch nicht relevanten) Fall, dass die aus Art. 106 AEUV folgenden Verpflichtungen bereits vollumfänglich von den Mitgliedstaaten verwirklicht werden, so dass es keiner weiteren Maßnahmen bedarf, erscheint es denkbar, aus den Prinzipien der Subsidiarität und der Verhältnismäßigkeit, Art. 5 Abs. 3 und 4 AEUV, Regelungsgrenzen zu entnehmen. Hierauf deutet auch die im Übrigen wenig aussagekräftige Formulierung der Norm („erforderlichenfalls") hin.[362] Jenseits dieser allein theoretisch denkbaren Extremfälle kann die Kommission frei entscheiden, ob sie die Wahrnehmung ihrer Überwachungsaufgabe durch eine Rechtsetzung ergänzt oder erleichtert.

104 **bb) Instrumentenwahl.** Das Ermessen der Kommission in Bezug auf eine Rechtsetzung auf Grundlage von Art. 106 Abs. 3 AUEV bezieht sich nicht nur auf das Ob, sondern darüber hinaus auf die Instrumentenwahl. Insoweit besteht jedoch eine bedeutsame Einschränkung dahingehend, als die Norm **nur** zum Erlass von **Richtlinien und Beschlüssen** i. S. v. Art. 288 Abs. 3 und 4 AEUV ermächtigt. Zwischen diesen Formen der Sekundärrechtsetzung kann die Kommission frei wählen, vgl. Art. 296 Abs. 1 AEUV. Weder aus Art. 106 Abs. 3 AEUV noch aus den Prinzipien der Subsidiarität und der Verhältnismäßigkeit lässt sich diesbezüglich ein Vorrangverhältnis ableiten. Mangels Beschluss durch Rat und Europäisches Parlament handelt es sich in beiden Fällen nicht um Gesetzgebungsakte i. S. v. Art. 289 Abs. 3 AEUV; zugleich handelt es sich nicht um delegierte Rechtsakte nach Art. 290 AEUV, da die Rechtsetzungsermächtigung der Kommission nicht aus einem Gesetzgebungsakt folgt, sondern unmittelbar primärrechtlich verankert ist.[363] Die Schaffung von Verordnungen i. S. v. Art. 288 Abs. 2 AEUV ist der Kommission auf Grundlage von Art. 106 Abs. 3 AEUV mangels Ermächtigung hierzu nicht gestattet. Nicht genannt werden zudem rechtlich unverbindliche Regelungsinstrumente wie die in Art. 288 Abs. 5 AEUV normierten Stellungnahmen und Empfehlungen. Diese (wie auch die primärrechtlich nicht ausgestalteten Formen von **Soft Law**) bedürfen jedoch nach herrschender Auffassung wegen ihrer fehlenden Rechtsverbindlichkeit keiner Rechtsgrundlage und stehen der Kommission daher ohne Weiteres zur Verfügung.[364]

105 **cc) Regelungsgegenstände.** Von der Kommission auf Grundlage von Art. 106 Abs. 3 AEUV erlassene Rechtsakte sind zwingend auf die Verwirklichung der in den vorstehen-

---

[359] *Stadler* in: Langen/Bunte, Art. 106 AEUV Rn. 81.
[360] *Kühling* in: Streinz, Art. 106 AEUV Rn. 89.
[361] *Dohms* in: Wiedemann, Kartellrecht, § 35 Rn. 528.
[362] Dahingehend *Klotz* in: Schröter/Jakob/Klotz/Mederer, Art. 106 AEUV Rn. 96.
[363] Von einem exekutiven Charakter spricht daher *Dohms* in: Wiedemann, Kartellrecht, § 35 Rn. 526.
[364] *Klotz* in: Schröter/Jakob/Klotz/Mederer, Art. 106 AEUV Rn. 95; *Dohms* in: Wiedemann, Kartellrecht, § 35 Rn. 470.

den Absätzen enthaltenen Verpflichtungen bezogen und somit entsprechend dem Grundsatz der begrenzten Einzelermächtigung nach Art. 5 Abs. 2 EUV **inhaltlich durch Art. 106 Abs. 1 und 2 AEUV determiniert.** Die Begründung völlig neuer Pflichten durch die Kommission ist daher ausgeschlossen. Nur im Grundsatz bereits bestehende, in Art. 106 AEUV wurzelnde Pflichten können konkretisiert und präzisiert werden.[365] Eine tatsächliche Begrenzung der Kommissionszuständigkeiten ist mit diesen Anforderungen jedoch nicht verbunden, zumal es sich – entsprechend dem europarechtlichen Regelfall – um eine final ausgestaltete Rechtsetzungskompetenz handelt. Dementsprechend können die konkreten Inhalte von auf Art. 106 Abs. 3 AEUV gestützten Sekundärrechtsakten vielfältig sein. Insbesondere können sowohl materielle als auch verfahrens- und organisationsrechtliche Inhalte normiert werden. Diese können zudem unmittelbar auf eine Verwirklichung der Anforderungen von Art. 106 Abs. 2 und 3 AEUV als auch – gleichsam als Vorstufe – auf eine Verbesserung der Erkenntnisgrundlagen der Kommission und damit auf die Erleichterung ihrer Überwachungsaufgabe gerichtet sein.

Stets sind zudem die aus den Grundsätzen der Subsidiarität und der Verhältnismäßigkeit **106** folgenden Anforderungen zu beachten. Der Grundsatz der **Subsidiarität** ist dabei kaum geeignet, den Regelungsspielraum der Kommission zu begrenzen, da eine Rechtsetzung durch diese im Anwendungsbereich von Art. 106 Abs. 3 AEUV gerade erfolgt, um auf mitgliedstaatlicher Ebene auftretenden (potenziellen) Defiziten bei der Realisierung der Regelungsgehalte von Art. 106 Abs. 1 und 2 AEUV zu begegnen, so dass den Anforderungen des Art. 5 Abs. 3 EUV Rechnung getragen ist. In Anbetracht der vom EuGH anerkannten Einschätzungsprärogative gilt im Ergebnis grundsätzlich nichts anderes auch für den **Verhältnismäßigkeitsgrundsatz.** Gleichwohl verstärkt dieser die Ausrichtung der auf Art. 106 Abs. 3 AEUV zu stützenden Rechtsakte auf den Regelungsgehalt der vorstehenden Absätze und steht insbesondere im Anwendungsbereich des Art. 106 Abs. 2 AEUV einer übermäßig intensiven, die mitgliedstaatlichen Spielräume außer Acht lassenden Sekundärrechtsetzung durch die Kommission entgegen.[366]

b) Verfahren. Für den Erlass von Richtlinien und Beschlüssen i. S. v. Art. 288 Abs. 3 **107** und 4 AEUV durch die Kommission enthält Art. 106 Abs. 3 AEUV über die diesbezügliche Ermächtigung hinaus keine weiteren Vorgaben. Insbesondere existieren **keine spezifischen Verfahrensanforderungen,** die von der Kommission zu beachten wären. Mithin erarbeitet die Kommission selbst einen Entwurf und verabschiedet diesen als Kollegium mit der Mehrheit ihrer Mitglieder gemäß Art. 250 Abs. 1 AEUV. Eine vorherige Beteiligung der anderen Organe der EU wie auch der Mitgliedstaaten ist primärrechtlich nicht geboten.[367] Gleiches gilt für die Beteiligung von Betroffenen, Interessengruppen und der Allgemeinheit. In der Praxis führt die Kommission gleichwohl ein umfassendes Konsultationsverfahren vor Erlass von Richtlinien auf Grundlage von Art. 106 Abs. 3 AEUV durch.[368] Dies ist nicht zu beanstanden.[369] Der verabschiedete Rechtsakt ist nach Art. 296 Abs. 2 AEUV mit einer Begründung zu versehen. Er wird gemäß Art. 297 Abs. 2 AEUV vom Präsidenten der Kommission unterzeichnet und tritt, sofern darin nichts anderes bestimmt ist, zwanzig Tage nach seiner Veröffentlichung im EU-Amtsblatt in Kraft.

---

[365] EuGH U. v. 19.3.1991 Rs. C-202/88 – *Telekommunikationsendgeräte* Slg. 1991, I-1223 Rn. 14; *Hellermann,* S. 103; *Mestmäcker/Schweitzer* in: Immenga/Mestmäcker, Art. 106 Abs. 3 AEUV Rn. 1; *Dohms* in: Wiedemann, Kartellrecht, § 35 Rn. 525 f.

[366] Näher *Kühling* in: Streinz, Art. 106 AEUV Rn. 85 ff.; vgl. auch MünchKomm/*Gundel,* Art. 106 AEUV Rn. 170.

[367] *Mestmäcker/Schweitzer* in: Immenga/Mestmäcker, Art. 106 Abs. 3 AEUV Rn. 3, 8, 16; MünchKomm/*Gundel,* Art. 106 AEUV Rn. 173; *Dohms* in: Wiedemann, Kartellrecht, § 35 Rn. 537 ff.; a. A. FK/*Kapp,* Art. 106 AEUV Rn. 158; *Grill* in: Lenz/Borchardt, Art. 106 AEUV Rn. 33; *Kühling* in: Streinz, Art. 106 AEUV Rn. 92.

[368] Näher *Dohms* in: Wiedemann, Kartellrecht, § 35 Rn. 534 ff.

[369] Zweifelnd aber *Mestmäcker/Schweitzer* in: Immenga/Mestmäcker, Art. 106 Abs. 3 AEUV Rn. 8.

108 **c) Richtlinien.** Eine Richtlinie ist gemäß Art. 288 Abs. 3 AEUV „für jeden Mitgliedstaat, an den sie gerichtet wird, hinsichtlich des zu erreichenden Ziels verbindlich, überlässt jedoch den innerstaatlichen Stellen die Wahl der Form und der Mittel." Als Regelungsinstrument zur Erreichung der Ziele des Art. 106 Abs. 1 und 2 AEUV kommen Richtlinien daher vor allem dann in Betracht, wenn Regelungen ihren Gegenstand bilden, die auf eine Übernahme durch nationales Recht angelegt sind, die mithin auf eine **Rechtsharmonisierung** abzielen. Einer solchen bedarf es vor allem dann, wenn die mitgliedstaatlichen Rechtsordnungen verschiedene, miteinander unvereinbare Konzepte enthalten oder ohne eine Harmonisierung eine Realisierung des Regelungsgehalts der Art. 106 Abs. 1 und 2 AEUV aus anderen Gründen fraglich erscheint. Die Kommission verfügt dabei über eine Einschätzungsprärogative.[370] Im Hinblick auf Art. 106 Abs. 2 AEUV ist allerdings zu berücksichtigen, dass die Vorschrift eine materielle Harmonisierung der Daseinsvorsorge gerade nicht erfordert, sondern mitgliedstaatliche Gestaltungsspielräume voraussetzt. Diese dürfen auch nicht durch Richtlinien der Kommission auf Grundlage von Art. 106 Abs. 3 AEUV beseitigt oder wesentlich eingeschränkt werden.

109 Die Kommission hat erstmalig im Jahr 1980 mit dem Erlass der Richtlinie 80/723/EWG der Kommission über die Transparenz der finanziellen Beziehungen zwischen den Mitgliedstaaten und den öffentlichen Unternehmen sowie über die finanzielle Transparenz innerhalb bestimmter Unternehmen[371] **(Transparenzrichtlinie)** von der Ermächtigung des (heutigen) Art. 106 Abs. 3 AEUV Gebrauch gemacht. Diese wurde im Jahr 2006 durch eine identisch bezeichnete kodifizierte Fassung, die Richtlinie 2006/111/EG,[372] ersetzt. In deutsches Recht werden ihre Vorgaben durch das Gesetz zur Umsetzung der Richtlinie 2000/52/EG der Kommission vom 26. Juli 2000 zur Änderung der Richtlinie 80/723/EWG über die Transparenz der finanziellen Beziehungen zwischen den Mitgliedstaaten und den öffentlichen Unternehmen (Transparenzrichtlinie-Gesetz – TranspRLG) umgesetzt. Die Transparenzrichtlinie bezieht sich inhaltlich auf Art. 106 Abs. 1 und 2 AEUV und trägt damit nicht zuletzt dem Umstand Rechnung, dass Dienstleistungen von allgemeinem wirtschaftlichem Interesse in den Mitgliedstaaten vielfach von öffentlichen Unternehmen angeboten werden. Die Transparenzrichtlinie stellt dies nicht in Frage, sondern stellt allein Anforderungen an die Transparenz und die Verwendung hierfür zur Verfügung gestellter staatlicher Mittel auf. Insbesondere statuiert sie eine Verpflichtung zu einer getrennten Buchführung für „Inhaber besonderer oder ausschließlicher von einem Mitgliedstaat gemäß [Art. 106 Abs. 1 AEUV] verliehener Rechte, die mit der Erbringung einer Dienstleistung von allgemeinem wirtschaftlichem Interesse im Sinne von [Art. 106 Abs. 2 AEUV] betraut sind, einen Ausgleich in unterschiedlicher Form in Bezug auf diese Dienstleistung erhalten und die andere Tätigkeiten ausüben", aus der „klar ersichtlich wird: a) eine nach den verschiedenen Geschäftsbereichen getrennte Aufstellung der Kosten und Erlöse; b) eine genaue Angabe der Methode, nach der die Kosten und Erlöse den verschiedenen Geschäftsbereichen zugeordnet und zugewiesen werden", Art. 1 Abs. 2, Art. 2 lit. d Richtlinie 2006/111/EG. Dies soll nicht zuletzt die Kommission mit den für eine Beurteilung der Übereinstimmung des Handelns der Mitgliedstaaten mit Art. 106 Abs. 1 und 2 AEUV erforderlichen Informationen versehen, vgl. Erwägungsgrund 9, Art. 6 ff. Richtlinie 2006/111/EG. Allerdings findet die Transparenzrichtlinie nach ihrem Art. 5 keine Anwendung, so in Bezug auf die Pflicht zu getrennter Buchführung nach Abs. 2 lit. c auf „Unternehmen, die mit der Erbringung von Dienstleistungen von allgemeinem wirtschaftlichen Interesse im Sinne von [Art. 106 Abs. 2 AEUV] betraut wurden, sofern der ihnen gewähr-

---

[370] Zum früheren Streit um die Verwendbarkeit der Richtlinie als Regelungsinstrument auf Grundlage des heutigen Art. 106 Abs. 3 AEUV *Mestmäcker/Schweitzer* in: Immenga/Mestmäcker, Art. 106 Abs. 3 AEUV Rn. 2.

[371] ABl. 1980 L 195/35.

[372] ABl. 2006 L 318/17; näher dazu MünchKomm/*Gundel,* Art. 106 AEUV Rn. 179 ff.

te Ausgleich in jeglicher Form für einen angemessenen Zeitraum im Rahmen eines offenen, transparenten und nicht diskriminierenden Verfahrens festgesetzt wurde." Diese wie auch die sonstigen Ausnahmen beziehen sich auf wettbewerblich neutrale Konstellationen.

Ebenfalls auf Grundlage des (heutigen) Art. 106 Abs. 3 AEUV wurden einige auf die **110** Telekommunikationsmärkte bezogene Richtlinien erlassen.[373] Die **Richtlinie 2002/77/EG über den Wettbewerb auf den Märkten für elektronische Kommunikationsnetze und -dienste**[374] verbietet ausschließliche oder besondere Rechte für die Errichtung und/oder die Bereitstellung elektronischer Kommunikationsnetze oder die Erbringung öffentlich zugänglicher elektronischer Kommunikationsdienste sowie in Bezug auf Funkfrequenzen für die Erbringung elektronischer Kommunikationsdienste und Auskunftsdienste. Zudem haben die Mitgliedstaaten sicherzustellen, dass jedes Unternehmen das Recht zur Erbringung elektronischer Kommunikationsdienste bzw. zur Errichtung, zum Ausbau und zur Bereitstellung elektronischer Kommunikationsnetze erhält. Darüber hinaus dürfen vertikal integrierte öffentliche Unternehmen, die elektronische Kommunikationsnetze bereitstellen und marktbeherrschend sind, keine Ungleichbehandlung vornehmen, die ihren eigenen Tätigkeiten zugutekommt. Die Richtlinie enthält darüber hinaus Regelungen im Hinblick auf die Auferlegung von Universaldienstverpflichtungen an öffentliche Unternehmen, die elektronische Kommunikationsdienste erbringen, den Betrieb von Satellitenfunk- und Kabelfernsehnetzen. Die **Richtlinie 2008/63/EG über den Wettbewerb auf dem Markt für Telekommunikationsendeinrichtungen**[375] zielt im Wesentlichen darauf ab, sicherzustellen, dass in den vormals monopolisierten, jedoch europarechtlich liberalisierten Telekommunikationsmärkten ausschließliche und besondere Rechte im Hinblick auf Telekommunikationsendeinrichtungen, z. B. Telefone, Satellitenanlagen und technische Hindernisse für den Betrieb beseitigt werden, um der Realisierung der Warenverkehrsfreiheit zur Durchsetzung zu verhelfen.

d) Beschlüsse. Beschlüsse sind nach Art. 288 Abs. 4 AEUV „in allen ihren Teilen ver- **111** bindlich. Sind sie an bestimmte Adressaten gerichtet, so sind sie nur für diese verbindlich." Das Primärrecht unterscheidet mithin zwischen **zwei verschiedenen Ausprägungen** von Beschlüssen. Neben allgemeinverbindlichen Beschlüssen existieren auch solche, die sich nur an individuell Verpflichtete richten. Beide Formen werden mangels Differenzierung von Art. 106 Abs. 3 AEUV erfasst, so dass die Kommission zur Durchsetzung des Regelungsgehalts von Art. 106 Abs. 1 und 2 AEUV sowohl Beschlüsse mit allgemeiner Wirkung als auch solche erlassen kann, die sich nur an bestimmte Adressaten richten. Hinsichtlich letzterer kommen vor allem einzelne Mitgliedstaaten in Betracht,[376] daneben aber auch Unternehmen, die in den Anwendungsbereich von Art. 106 AEUV fallen. Während Beschlüsse, die sich an einzelne Adressaten richten, primär der Reaktion auf oder Vorbeugung von konkreten Fehlentwicklungen in einzelnen Mitgliedstaaten dienen und konkrete Verhaltensvorgaben für die Adressaten formulieren, können adressatenlose Beschlüsse dazu dienen, allgemeine Anforderungen aufzustellen oder zu verdeutlichen. Sie unterscheiden sich von Verordnungen nach Art. 288 Abs. 2 AEUV definitorisch nur dadurch, dass sie nicht über unmittelbare Geltung in den Mitgliedstaaten verfügen. Inhaltlich hat dies zur Folge, dass sie nicht auf einen Vollzug i. S. einer aktiven Realisierung ihres Regelungsge-

---

373 Siehe dazu auch *Mestmäcker/Schweitzer* in: Immenga/Mestmäcker, Art. 106 Abs. 3 AEUV Rn. 34 ff.

374 ABl. 2002 L 249/21.

375 ABl. 2008 L 162/20.

376 Vgl. Kommission, Entscheidung 94/119/EG, ABl. 1994 L 55/52; Entscheidung 95/364/EG, ABl. 1995 L 216/8; Entscheidung 95/489/EG, ABl. 1995 L 280/49; Entscheidung 97/181/EG, ABl. 1997 L 76/19; Entscheidung 97/606/EG, ABl. 1997 L 244/18; Entscheidung 97/744/EG, ABl. 1997 L 301/17; Entscheidung 97/745/EG, ABl. 1997 L 301/27; Entscheidung 2000/521/EG, ABl. 2000 L 208/36; Entscheidung 2001/176/EG, ABl. 2001 L 63/59; Entscheidung 2002/344/EG, ABl. 2002 L 120/19.

halts gerichtet sind, sondern ihre Wirkung allein reaktiv entfalten. Adressatenlose Beschlüsse eignen sich daher besonders als Instrument zur Festlegung und Klarstellung von Maßstäben für die Beurteilung mitgliedstaatlichen Verhaltens durch die Kommission. Insoweit überschneiden sie sich funktional zugleich mit Regelwerken der Kommission ohne Rechtsverbindlichkeit (Soft Law).

112 Auf Art. 106 Abs. 3 AEUV wurde insbesondere der an die Mitgliedstaaten gerichtete und dem DAWI-Paket 2011/12[377] zugehörige **Beschluss der Kommission 2012/21/EU über die Anwendung von Artikel 106 Absatz 2 des Vertrags über die Arbeitsweise der Europäischen Union auf staatliche Beihilfen in Form von Ausgleichsleistungen zugunsten bestimmter Unternehmen, die mit der Erbringung von Dienstleistungen von allgemeinem wirtschaftlichem Interesse betraut sind,**[378] gestützt.[379] Die betreffenden Ausgleichsleistungen, die tatbestandlich als Beihilfen i. S. v. Art. 107 Abs. 1 AEUV zu qualifizieren sind, werden von der Notifizierungspflicht des Art. 108 AEUV gemäß Beschluss 2012/21/EU freigestellt, wenn sie die Voraussetzungen des Art. 106 Abs. 2 AEUV erfüllen, dessen Anforderungen zugleich bereichsspezifisch konkretisiert werden. In Übereinstimmung mit der Auslegung des Art. 106 Abs. 2 AEUV und Art. 14 S. 1 AEUV hebt der Beschluss explizit die mitgliedstaatliche Bestimmungszuständigkeit für Dienstleistungen von allgemeinem wirtschaftlichem Interesse hervor. Der 8. Erwägungsgrund stellt jedoch klar, dass „offenkundige Fehler" nicht hingenommen werden.[380] Formuliert als bloßer Vorbehalt einer durchaus gebotenen Missbrauchskontrolle tritt darin auch der Anspruch der Kommission zu Tage, den Mitgliedstaaten keine ausschließliche Entscheidungskompetenz hinsichtlich der erfassten Dienstleistungen zuzubilligen, jedenfalls soweit deren Erbringung durch mitgliedstaatliche Beihilfen unterstützt wird.[381]

113 Das Vorliegen einer Dienstleistung von allgemeinem wirtschaftlichem Interesse vorausgesetzt, fehlt es nach Art. 2 Abs. 1 lit. a, Abs. 2 an einer unionsrelevanten Beeinträchtigung des Handelsverkehrs, wenn die Höhe der Ausgleichsleistung maximal 15 Mio €/Jahr (statt zuvor 30 Mio €/Jahr) beträgt und die Betrauungsdauer regelmäßig nicht mehr als 10 Jahre beträgt. Die in der Vorgängerentscheidung noch enthaltenen Vorgaben zur Größe des begünstigten Unternehmens sind entfallen, so dass diese nunmehr unerheblich ist.[382] Keine Begrenzung der Höhe der Ausgleichsleistung besteht gemäß Art. 2 Abs. 1 lit. b und c für Krankenhäuser und mit sozialen Dienstleistungen (insb. Gesundheitsdienste, Langzeitpflege, Kinderbetreuung, sozialer Wohnungsbau) betraute Unternehmen. Beihilfen können insoweit in unbegrenzter Höhe auf Grundlage von Art. 106 Abs. 2 AEUV gerechtfertigt werden, ohne dass sie zu notifizieren sind. Stets bedarf es jedoch nach Art. 4 eines eindeutigen Betrauungsakts. Dieser muss gegenständlich zweifelsfrei gefasst sein und einen expliziten Hinweis auf den Beschluss 2012/21/EU enthalten. In der Folge besteht zudem eine strikte Bindung an den Betrauungsakt. Nachträgliche Änderungen sind unzulässig. Die Höhe der als Ausgleichsleistungen zulässigen Beihilfen wird nach Art. 5 und 6 auf den Ausgleich der Nettokosten unter Berücksichtigung eines angemessenen Gewinns gemäß detaillierter Berechnungsvorgaben unter der Berücksichtigung von Anreizkriterien begrenzt. Nur wenn sämtliche der vorgenannten Voraussetzungen gegeben sind, die wiederum durch Transparenz- und Informationserfordernisse der Art. 7 bis 9 ergänzt werden, bedarf es auf Grundlage des Beschlusses 2012/21/EU nach dessen Art. 1 und 3 keiner Notifizierung der Beihilfe. Für den Fall ihres nachträglichen Entfalls statuiert Art. 2 Abs. 3 das Wiederaufleben

[377] Im Einzelnen dazu *Knauff,* ZG 28 (2013), S. 139; *Pauly/Jedlitschka,* DVBl. 2012, 1269 ff.

[378] ABl. 2012 L 7/3.

[379] Zweifelnd zur Kompetenzgemäßheit der Vorgängerregelung *Kühling* in: Streinz, Art. 106 AEUV Rn. 80.

[380] Siehe auch EuG U. v. 26.6.2008 Rs. T-442/03 – *SIC* Slg. 2008, II-1161 Rn. 195.

[381] Vgl. insoweit auch den in Form einer Mitteilung ergangenen „Qualitätsrahmen für Dienstleistungen von allgemeinem Interesse in Europa", KOM(2011) 900 endg.

[382] Zu den Hintergründen *Jung/Deuster,* BRZ 2012, 24 (30).

der Notifizierungspflicht, da dann eine Einzelfallprüfung hinsichtlich der Europarechtskonformität der Beihilfe erforderlich ist.

e) Exkurs: Soft Law. Ebenso wie in anderen Bereichen des europäischen Wettbewerbsrechts werden Art. 106 AEUV und die darauf bezogenen Sekundärrechtsakte durch **rechtlich unverbindliche Regelwerke** der Kommission ergänzt und erläutert. Derartiges Soft Law kann in zahlreichen Erscheinungsformen auftreten und bedarf trotz seiner beabsichtigten und auch faktisch gegebenen Steuerungswirkung keiner Rechtsgrundlage.[383] Ein Bezug zu Art. 106 Abs. 3 AEUV kann sich daher nur inhaltlich ergeben. Eine darauf gestützte Sekundärrechtsetzung entfaltet ebenso wie die primärrechtlichen Grundlagen eine Maßstabswirkung für Soft Law, welches auf Art. 106 Abs. 3 AEUV bezogen ist. Der Kommission ist die Schaffung von Soft Law anstelle von Sekundärrecht jedoch nicht verwehrt, so dass eine instrumentelle Austauschbarkeit jedenfalls insoweit besteht, als es für den Regelungserfolg nicht wesentlich auf die formale Verbindlichkeit ankommt. **114**

Im Kontext des Art. 106 Abs. 3 AEUV ist der in Form einer Kommissionsmitteilung erlassene **Rahmen der Europäischen Union für staatliche Beihilfen in Form von Ausgleichsleistungen für die Erbringung öffentlicher Dienstleistungen**[384] von Bedeutung. Er gilt ausweislich seiner Nr. 7 „nur für Ausgleichsleistungen für die Erbringung von Dienstleistungen von allgemeinem wirtschaftlichem Interesse, wenn es sich um staatliche Beihilfen handelt, die nicht von dem Beschluss 2012/21/EU erfasst werden." Erfasst werden mithin nur solche Ausgleichsleistungen, deren Beihilfecharakter weder aufgrund der Altmark-Kriterien,[385] noch wegen geringer wirtschaftlicher Bedeutung nach einer de minimis-Verordnung[386] entfällt und die auch nicht die Voraussetzungen einer Freistellung von der Notifizierungspflicht gemäß dem Beschluss 2012/21/EU erfüllen. Dabei handelt es sich um tatbestandliche Beihilfen, die der allgemeinen Beihilfenkontrolle unterfallen. Im Unionsrahmen legt die Kommission die Voraussetzungen dar, nach denen derartige notifizierungspflichtige Beihilfen als mit Art. 106 Abs. 2 AEUV für vereinbar erklärt werden können. Teilweise erfolgt dabei eine Einschränkung für Beihilfen, die Art. 2 Abs. 1 Beschluss 2012/21/EU unterfallen. Damit die Kommission eine Rechtfertigung auf Grundlage von Art. 106 Abs. 2 AEUV für möglich erachtet, müssen folgende Voraussetzungen erfüllt sein: Die Beihilfe muss für eine echte und nachweisbar bedarfsgerechte Dienstleistung von allgemeinem wirtschaftlichem Interesse gewährt werden. Hierfür bedarf es regelmäßig vorheriger Konsultationen. Ein derartiges Erfordernis ist neuartig[387] und lässt sich kaum auf interpretativem Wege aus Art. 106 Abs. 2 AEUV ableiten. Ziel ist es, Beihilfen auszuschließen, die sich entweder auf Leistungen beziehen, die nicht den Charakter von Dienstleistungen von allgemeinem wirtschaftlichem Interesse aufweisen oder es sich zwar um solche handelt, aber keine diesbezügliche Nachfrage besteht. In beiden zu verhindernden Fällen handelt es sich letztlich um eine regelmäßig beihilferechtlich unzulässige Wirtschaftsförderung, bezüglich derer eine Rechtfertigung nach Art. 106 Abs. 2 AEUV nicht in Betracht kommt. **115**

---

383 Näher *Knauff,* Der Regelungsverbund: Recht und Soft Law im Mehrebenensystem, 2010, S. 296 ff.

384 ABl. 2012 C 8/15.

385 EuGH U. v. 24.7.2003 Rs. C-280/00 – *Altmark Trans* Slg. 2003, I-7747. Danach unterfallen Ausgleichsleistungen für Dienstleistungen von allgemeinem wirtschaftlichem Interesse tatbestandlich nicht dem Beihilfebegriff des Art. 107 Abs. 1 AEUV, sofern (1) eine Betrauung des leistungserbringenden Unternehmens mit der Erfüllung klar definierter gemeinwirtschaftlicher Verpflichtungen erfolgt, (2) die Parameter für die Berechnung der Ausgleichsleistung zuvor objektiv und transparent dargestellt werden, (3) eine Überkompensation ausgeschlossen ist und (4) die Bestimmung der auszugleichenden Kosten am Maßstab eines durchschnittlichen, gut geführten Unternehmens erfolgt, sofern das Unternehmen nicht in einem Vergabeverfahren ausgewählt wurde.

386 Verordnung (EU) Nr. 1407/2013, ABl. L 2013 L 352/1; Verordnung (EU) Nr. 360/2012, ABl. 2012 L 114/8.

387 *Petzold,* NordÖR 2012, 396 (398), der von einer „faktischen Anforderung" spricht.

116 Des Weiteren statuiert der Unionsrahmen das Erfordernis eines gegenständlich und bezüglich der (Berechnung der) Ausgleichsleistungen eindeutigen Betrauungsakts, ohne dass dieser jedoch spezifischen Formvorgaben unterstellt wird. Die Höhe der Ausgleichsleistungen ist dabei auf die Nettokosten zuzüglich eines angemessenen Gewinns unter Berücksichtigung von Effizienzanreizen zu beschränken, um Überkompensationen zu vermeiden. Diesbezüglich enthält der Unionsrahmen **konkrete Berechnungsvorgaben,** die aufgrund ihrer Komplexität „absehbar erheblichen Aufwand und Beratungsbedarf"[388] zur Folge haben. Der Betrauungszeitraum muss objektiv begründet sein. Er darf nicht länger sein als der Abschreibungszeitraum für wesentliche Vermögenswerte, die für die Erbringung der Dienstleistungen von allgemeinem wirtschaftlichem Interesse eingesetzt werden. Soweit öffentliche Unternehmen begünstigt werden, müssen die Anforderungen der Transparenzrichtlinie 2006/111/EG eingehalten werden. Weitere Anforderungen sind die Einhaltung des EU-Vergaberechts, die Beachtung des Nichtdiskriminierungsprinzips und die Erfüllung von Transparenzerfordernissen. Dabei handelt es sich (zumindest aus europarechtlicher Perspektive) um Selbstverständlichkeiten, die stets für ein rechtmäßiges Handeln unabdingbar sind. Sind diese Voraussetzungen erfüllt, sieht die Kommission die Beihilfe als einer Rechtfertigung nach Art. 106 Abs. 2 AEUV zugänglich an, ohne dass damit aufgrund des Regelungscharakters des Unionsrahmens als Soft Law eine strikte Bindung vermittelt würde. Um unter außergewöhnlichen Umständen möglich erscheinende schwere Wettbewerbsverfälschungen zu vermeiden, behält sich die Kommission vor, die Genehmigung der Beihilfe mit Auflagen zu verbinden. Bezüglich der ihm unterfallenden Beihilfen statuiert der Unionsrahmen schließlich Berichtspflichten der Mitgliedstaaten, um deren dauerhafte Europarechtskonformität sicherzustellen.

117 Wenngleich der Bezug zu Art. 106 AEUV darin nicht stets vordergründig ist, sind im Kontext der Norm auch die zahlreichen **Ausführungen** der Kommission von Bedeutung, die sich allgemein auf Fragen der **Daseinsvorsorge** bzw. der Dienst(leistung)e(n) von allgemeinem (wirtschaftlichem) Interesse beziehen. Aus neuerer Zeit sind besonders hervorzuheben der Qualitätsrahmen für Dienstleistungen von allgemeinem Interesse in Europa[389] und der Leitfaden zur Anwendung der Vorschriften der Europäischen Union über staatliche Beihilfen, öffentliche Aufträge und den Binnenmarkt auf Dienstleistungen von allgemeinem wirtschaftlichem Interesse und insbesondere auf Sozialdienstleistungen von allgemeinem Interesse.[390]

4. Verhältnis zu anderen Ermächtigungen

118 Art. 106 Abs. 3 AEUV weist inhaltliche Bezüge zu zahlreichen anderen Ermächtigungsgrundlagen für eine Sekundärrechtsetzung auf. Wegen der abweichenden Zuständigkeiten und Verfahren bedarf es diesbezüglich einer Abgrenzung. Grundsätzlich stehen die verschiedenen Kompetenzgrundlagen selbstständig nebeneinander.[391]

119 **a) Art. 14 S. 2 AEUV.** Bislang nicht abschließend geklärt ist das Verhältnis von Art. 106 Abs. 3 AEUV und der durch den Vertrag von Lissabon eingeführten Ermächtigung des Europäischen Parlaments und des Rates zur Sekundärrechtsetzung auf Grundlage von Art. 14 S. 2 AEUV. Danach werden die **„Grundsätze und Bedingungen" für das aufgabengemäße Funktionieren der Dienst(leistung)e(n) von allgemeinem wirtschaftlichem Interesse** insbesondere wirtschaftlicher und finanzieller Art „vom Europäischen Parlament und vom Rat durch Verordnungen gemäß dem ordentlichen Gesetzge-

[388] *Petzold,* NordÖR 2012, 396 (398); ähnlich *Pauly/Jedlitschka,* DVBl. 2012, 1269 (1275 f.).
[389] KOM(2011) 900.
[390] SWD(2013) 53 final/2.
[391] FK/*Kapp,* Art. 106 AEUV Rn. 146 f.; *Stadler* in: Langen/Bunte, Art. 106 AEUV Rn. 109; *Emmerich/Hoffmann* in: Dauses, EU-Wirtschaftsrecht, H. II. Rn. 117.

bungsverfahren festgelegt, unbeschadet der Zuständigkeit der Mitgliedstaaten, diese Dienste im Einklang mit den Verträgen zur Verfügung zu stellen, in Auftrag zu geben und zu finanzieren." Für die Reichweite dieser Ermächtigungsgrundlage kommt es entscheidend darauf an, was als „Grundsätze und Bedingungen" zu qualifizieren ist. Wegen des Grundsatzes der begrenzten Einzelermächtigung, Art. 5 Abs. 2 EUV,[392] verbleibt die Regelungszuständigkeit für sonstige Vorgaben allein bei den Mitgliedstaaten, sofern nicht Art. 106 Abs. 3 AEUV der Kommission eine Rechtsetzung ermöglicht. Als Grundsätze und Bedingungen i.S.v. Art. 14 S. 2 AEUV lassen sich allein Rahmenregelungen qualifizieren.[393] Inhaltliche Vollregelungen und insbesondere auch die Vorgabe einer bestimmten Art und Weise der Leistungserbringung, etwa durch einen Privatisierungszwang, kommen auf Grundlage von Art. 14 S. 2 AEUV nicht in Betracht.[394] Sachgegenständlich bestehen keine Einschränkungen.[395] Die Bezugnahme auf Aspekte „insbesondere jene wirtschaftlicher und finanzieller Art" in Art. 14 S. 1 AEUV, legt allein deren besondere Bedeutung nahe,[396] ohne jedoch andere Regelungsgegenstände auszuschließen, so dass etwa Regelungen über die (Mindest-)Qualität von Diensten im allgemeinen wirtschaftlichen Interesse möglich sind.[397] Somit kann die EU auf Grundlage von Art. 14 S. 2 AEUV sowie unter Beachtung der Prinzipien der Subsidiarität[398] und der Verhältnismäßigkeit, Art. 5 Abs. 3 und 4 EUV, umfangreiche Rahmenregelungen für den Bereich der Daseinsvorsorge schaffen.

Allerdings begrenzt die Vorschrift die Unionskompetenz zugleich insoweit, als die Rege- 120
lungen nur **„unbeschadet der Zuständigkeit der Mitgliedstaaten, diese Dienste im Einklang mit den Verträgen zur Verfügung zu stellen, in Auftrag zu geben und zu finanzieren"** ergehen dürfen. Die damit verbundene, mit dem Charakter als Rahmenregelung korrespondierende Einschränkung zulässiger Inhalte steht einem allzu umfassenden materiell-rechtlichen Zugriff der EU auf die Daseinsvorsorge ebenfalls entgegen. Die konkrete Ausgestaltung ihres Rechtsrahmens obliegt nach wie vor den Mitgliedstaaten, die unterschiedliche Konzepte verfolgen können.[399] Instrumentell enthält Art. 14 S. 2 AEUV eine bedeutsame Einschränkung, da der Erlass von Richtlinien auf Grundlage von Art. 14 S. 2 AEUV nicht in Betracht kommt. Abweichend vom Grundansatz des Art. 296 Abs. 1 AEUV[400] ermächtigt die Vorschrift ausschließlich zur Schaffung von Verordnungen,[401] die gemäß der unveränderten Definition in Art. 288 Abs. 2 AEUV allgemeine Geltung beanspruchen, umfassend verbindlich sind und unmittelbar gelten. Verordnungen stellen den Mitgliedstaaten daher als regelmäßig abschließende Vollregelungen grundsätzlich keine Spielräume zur eigenständigen Ausfüllung zur Verfügung[402] und entziehen sich zugleich

---

392 Vgl. zu dessen Bedeutung auch BVerfGE 123, 267, 347 ff.

393 *Welti,* AöR 130 (2005), S. 529 (551 f.), hält insoweit Regelungen über die Abgrenzung von strittigen Merkmalen des Wettbewerbsrechts sowie von wirtschaftlichen und nichtwirtschaftlichen Tätigkeiten für möglich.

394 Ebenso *v. Danwitz* in: Schwarze, Verfassungsentwurf, S. 251 (261).

395 *Bußmann,* S. 129 f.

396 *Krajewski,* DÖV 2005, 665 (669).

397 Ablehnend dazu *Wuermeling,* WiVerw 2008, 247 (252).

398 Dies hervorhebend *Ruge,* WiVerw 2008, 263 (264 f.).

399 Vgl. *v. Danwitz* in: Schwarze, Verfassungsentwurf, S. 251 (261).

400 Zur Formenwahlfreiheit bei der Sekundärrechtsetzung (noch auf Grundlage des EG-Vertrags) *Bast,* Grundbegriffe der Handlungsformen der EU entwickelt am Beschluss als praxisgenerierter Handlungsform des Unions- und Gemeinschaftsrechts, 2006, S. 33 ff.; ablehnend *Biervert,* Der Mißbrauch von Handlungsformen im Gemeinschaftsrecht, Eine Untersuchung des gemeinschaftsrechtlichen Handlungsformensystems unter Einbeziehung der Rechtsordnungen Deutschlands, Frankreichs und Englands, 1999, S. 91.

401 Von einem „subsidiaritätsrechtlichen Missgriff, wenn nicht sogar ein[em] Redaktionsversehen" spricht diesbezüglich *v. Danwitz* in: Schwarze, Verfassungsentwurf, S. 251 (266); dies zu Recht ablehnend *Krajewski,* Grundstrukturen, S. 181.

402 Ausnahmsweise können Verpflichtungen zum Erlass von mitgliedstaatlichen Durchführungsmaßnahmen enthalten sein, vgl. *Ruffert* in: Calliess/Ruffert, Art. 288 AEUV Rn. 21.

einer Umsetzung.[403] Es besteht mithin eine grundlegende Spannung zwischen dem Inhalt und der Form von Regelungen, die auf Grundlage von Art. 14 S. 2 AEUV erlassen werden. Die Ausschließlichkeit der Verordnungsgebung im Anwendungsbereich von Art. 14 S. 2 AEUV kann (und soll) sich im Ergebnis zu Lasten der Gestaltungsfähigkeit der EU im Bereich der Daseinsvorsorge auswirken.[404] Bislang ist noch keine Verordnung auf Art. 14 S. 2 AEUV gestützt worden.

121 Durch die Einfügung des Art. 14 S. 2 AEUV wird die **Befugnis der Kommission zur Rechtsetzung auf Grundlage von Art. 106 Abs. 3 AEUV nicht beeinträchtigt.** Soweit ihr dies in Bezug auf Art. 106 Abs. 2 AEUV sinnvoll erscheint, kann sie Vorschriften betreffend Dienstleistungen von allgemeinem wirtschaftlichem Interesse erlassen. Dies schließt auch Detailregelungen ein, so dass Art. 106 Abs. 3 AEUV insoweit über Art. 14 S. 2 AEUV hinausgeht. Wenngleich beide Ermächtigungsgrundlagen selbstständig nebeneinander stehen, verdeutlicht Art. 14 S. 2 AEUV die begrenzte Reichweite von Art. 106 Abs. 3 AEUV. Eine eigenständige Gestaltung grundlegender Aspekte des Daseinsvorsorgesektors durch die Kommission im Wege der Sekundärrechtsetzung scheidet gerade im Vergleich der Ermächtigungsgrundlagen aus. Unter der Voraussetzung des Erlasses einer auf Art. 14 S. 2 AEUV gestützten Verordnung wäre diese zudem wegen ihrer Teilnahme am Grundsatzcharakter ihrer Rechtsgrundlage als Maßstab für eine Rechtsetzung der Kommission auf Grundlage von Art. 106 Abs. 3 AEUV zu berücksichtigen.

122 **b) Art. 103 AEUV.** Art. 103 AEUV enthält eine Ermächtigung zur Sekundärrechtsetzung, die sich an den Rat richtet, der nach (bloßer) Anhörung des Europäischen Parlaments entscheidet. Der Kommission ist allein ein Vorschlagsrecht zugewiesen. Inhaltlich zielt Art. 103 AEUV auf eine **Durchsetzung des Regelungsgehalts von Art. 101 und 102 AEUV** und damit der zentralen Anforderungen des EU-Kartellrechts ab. Die Ermächtigung ist insoweit gegenständlich unbeschränkt, wie die allein exemplarische Aufzählung möglicher Regelungsziele einer Sekundärrechtsetzung in Art. 103 Abs. 2 AEUV verdeutlicht. Dementsprechend können auch die Art. 106 Abs. 1 und 2 AEUV unterfallenden Unternehmen von auf Art. 103 AEUV gestützten Normen erfasst werden. Zwischen diesen sowie auf Art. 106 Abs. 3 AEUV gestütztem Sekundärrecht besteht kein generelles Spezialitätsverhältnis. Dies schlägt sich in der Praxis nicht zuletzt darin nieder, dass es sich bei auf Art. 106 Abs. 3 AEUV gestützten Regelungen der Kommission, die einen kartellrechtlichen Inhalt aufweisen, regelmäßig um einzelfallbezogene Beschlüsse handelt. Zwar können öffentliche und staatsnahe Unternehmen sowie solche, die Dienstleistungen von allgemeinem wirtschaftlichem Interesse erbringen oder über ein Finanzmonopol verfügen, durchaus spezifische kartellrechtliche Fragen aufwerfen. Allerdings wurzeln diese nicht gerade in ihren besonderen, durch Art. 106 AEUV in Bezug genommenen Charakteristika, sondern in einer entsprechenden Ausgestaltung des jeweiligen mitgliedstaatlichen Rechts. Ein auf Grundlage von Art. 106 Abs. 3 AEUV zu erfüllendes allgemeines Regelungsbedürfnis besteht daher in kartellrechtlichem Kontext typischerweise nicht. Vielmehr liegt es gerade in Anbetracht der (auch) kartellrechtlichen Gleichstellung von öffentlichen und sonstigen Unternehmen durch Art. 106 Abs. 1 AEUV nahe, erstere auch sekundärrechtlich nicht gesondert zu erfassen, sondern den allgemeinen – und somit auf Art. 103 AEUV zu stützenden – Vorgaben zu unterstellen. Dessen ungeachtet verleiht Art. 106 Abs. 3 AEUV auch in kartellrechtlichem Zusammenhang der Kommission die Kompetenz zu einer eigenständigen Sekundärrechtsetzung, sofern es dieser zur Durchsetzung des Regelungsgehalts von Art. 106 Abs. 1 und 2 AEUV i. V. m. dem EU-Kartellrecht ihrer Auffassung nach bedarf.

123 **c) Art. 107 ff. AEUV.** Die primärrechtlichen Grundlagen des EU-Beihilferechts enthalten mehrere Ermächtigungen zur Sekundärrechtsetzung, die sich mit Art. 106 Abs. 3

---

[403] EuGH U. v. 10.10.1973 Rs. 34/73 – *Variola* Slg. 1973, 981 Rn. 10 f.
[404] Dahingehend auch *Krajewski,* DÖV 2005, 665 (672).

AEUV gegenständlich überschneiden können. Neben der Ermächtigung des Rates zur Schaffung von Durchführungsverordnungen auf Grundlage von Art. 109 AEUV wird auch die Kommission durch Art. 108 Abs. 4 AEUV ermächtigt, Verordnungen im Hinblick auf Beihilfen zu erlassen, die durch Durchführungsverordnung des Rates von der Notifikationspflicht des Art. 108 Abs. 3 AEUV befreit wurden. Der Rat kann überdies durch Beschluss nach Art. 107 Abs. 3 lit. e AEUV bestimmte Beihilfen für mit dem Binnenmarkt vereinbar erklären. Diese Ermächtigungen weisen keinen spezifischen Bezug zu den Art. 106 Abs. 1 und 2 AEUV unterfallenden Unternehmen auf, erfassen aber auch Beihilfen, die diesen gewährt werden. Mangels diesbezüglicher Einschränkung ist es dem Rat unbenommen, Vorschriften in Bezug auf Beihilfen zugunsten dieser Unternehmen zu erlassen bzw. solcher, die diesen typischerweise zu Gute kommen.[405] Tatbestandlich besteht daher eine **Überschneidung zwischen den beihilferechtlichen Ermächtigungsgrundlagen und Art. 106 Abs. 3 AEUV.** Funktional ist eine Abgrenzung gleichwohl möglich. Für eine Sekundärrechtsetzung auf Grundlage von Art. 106 Abs. 3 AEUV zur Durchsetzung beihilferechtlicher Anforderungen gegenüber öffentlichen und staatsnahen Unternehmen, mithin bezogen auf Art. 106 Abs. 1 AEUV, besteht wegen der spezifisch beihilferechtlichen Ermächtigungsgrundlagen sowie vor dem Hintergrund der primärrechtlichen Zuweisung des Vollzugs des Beihilferechts an die Kommission nur ein geringes Regelungsbedürfnis. Wie insbesondere die Transparenzrichtlinie verdeutlicht, bezieht sich dieses vor allem auf die Schaffung der Voraussetzungen für eine effektive Kontrolle, soweit die zu adressierenden Schwierigkeiten gerade in den Charakteristika öffentlicher und staatsnaher Unternehmen wurzeln. In Bezug auf Art. 106 Abs. 2 AEUV ist zu beachten, dass die Vorschrift der Rechtfertigung von Abweichungen u. a. von beihilferechtlichen Vorgaben dient; eine auf Art. 106 Abs. 3 AEUV gestützte Sekundärrechtsetzung der Kommission kann hieran anknüpfen und – unter Berücksichtigung der mitgliedstaatlichen Gestaltungsspielräume – insbesondere Voraussetzungen und Reichweite von zulässigen Abweichungen von beihilferechtlichen Vorgaben aufzeigen.

d) Art. 114 AEUV. Art. 114 Abs. 1 AEUV ermächtigt Rat und Europäisches Parlament auf Vorschlag der Kommission zur Ergreifung von „Maßnahmen zur Angleichung der Rechts- und Verwaltungsvorschriften der Mitgliedstaaten, welche die Errichtung und das **Funktionieren des Binnenmarkts** zum Gegenstand haben." Letzteres steht auch in Bezug auf Sekundärrechtsakte in Frage, welche der Durchsetzung des Gebots der Nichtprivilegierung nach Art. 106 Abs. 1 AEUV dienen. Allerdings ist Art. 106 Abs. 3 AEUV insoweit spezieller. Daher ist eine Sekundärrechtsetzung, die allgemein auf die Verwirklichung des Binnenmarkts gerichtet ist,[406] auf Art. 114 Abs. 1 AEUV zu stützen.[407] Dem steht nicht entgegen, dass sich diese auch auf öffentliche und privilegierte Unternehmen auswirkt. Sekundärrechtsakte, welche dagegen gerade deren Verhalten im Wettbewerb steuern sollen, wirken sich zwar nahezu unvermeidlich auch positiv auf den Binnenmarkt aus; insoweit besteht jedoch ein engerer inhaltlicher Bezug zu Art. 106 Abs. 1 AEUV, so dass Art. 106 Abs. 3 AEUV als Rechtsgrundlage heranzuziehen ist. Aufgrund der klaren primärrechtlichen Zuordnung können Rat und Europäisches Parlament diese Kompetenz auch nicht unter Verweis auf ihre Stellung als Unionsgesetzgeber und die höhere Dignität des in Art. 114 Abs. 1 AEUV vorgesehenen ordentlichen Gesetzgebungsverfahrens i. S. v. Art. 294 AEUV streitig machen. Die aus Art. 106 Abs. 3 AEUV folgende, aufgrund des 124

[405] So wurde die Verordnung (EG) Nr. 1370/2007 über öffentliche Personenverkehrsdienste auf Schiene und Straße, ABl. 2007 L 315/1, allein auf beihilferechtliche Ermächtigungsgrundlagen gestützt.

[406] Vgl. insoweit zur Kommissionspraxis *Wernicke* in: Grabitz/Hilf/Nettesheim, Art. 106 AEUV Rn. 90 ff.

[407] Dies ist insbesondere in den netzgebundenen Sektoren (mit Einschränkungen bezüglich der Telekommunikation) erfolgt, dazu *Mestmäcker/Schweitzer* in: Immenga/Mestmäcker, Art. 106 Abs. 3 AEUV Rn. 48 ff.; *Klotz* in: Schröter/Jakob/Klotz/Mederer, Art. 106 AEUV Rn. 153 ff.

notwendigen Zusammenhangs mit Art. 106 Abs. 1 und 2 AEUV sachlich klar umrissene Kompetenzzuweisung ist vielmehr abschließend und weist der Kommission diesbezüglich eigene Rechtsetzungsbefugnisse zu, deren Nutzung gleichwohl die Entwicklung des Binnenmarktes fördern kann und soll.

7. Teil. Gruppenfreistellungsverordnungen

A. Allgemeines

Übersicht

Schrifttum: *Chagny,* La réforme des règles communautaires de concurrence applicables aux restrictions verticales: adaptation plutôt que révolution, RLC, 2009/21, 17; *Coumes und Wilson,* New rules on supply and distribution agreements: Main changes of the new system, ECLR, 2010, Vol. 31, Issue 11, 439; *Debroux, Vogel, Gras, Cesarini,* Colloque – Réforme des restrictions verticales – Table ronde III: La qualification des contrats: Distribution sélective/exclusive, franchise… Où sont les frontières ? (Paris, 27 mai 2010), Concurrences, 3/2010, Nr. 31886; *Decocq,* Les nouvelles règles de concurrence applicables aux contrats de distribution, RJ com., 2010, 434; *Demme,* Le droit des restrictions verticales, Economica, 2010; *De Stefano,* The new EU Vertical Restraints Regulation: Navigating the vast seas beyond safe harbours and hardcore restrictions, ECLR, 2010, Vol. 31, Issue 12, 487; *Ferrier,* Droit de la distribution, Litec, 5. Aufl., 2009; *Ferrier,* Accords de distribution, Rép. communautaire Dalloz, 2011; *Ferrier,* Restrictions verticales, Rép. communautaire Dalloz, 2011; *Goyder,* EU Distribution Law, Hart Publishing, 4. Aufl., 2005; *Gurin,* Nouvelles règles relatives aux restrictions verticales, JCP E, 2011, 1027; *Hildebrand,* Economic Analysis of Vertical Agreements Kluwer, 2005; *Idot,* Règlement d'exemption sur les accords verticaux, Europe, 2010, Nr. 212; Aperçu du nouveau régime des accords verticaux, Europe, 2010, étude Nr. 8; *Korah und O'sullivan,* Vertical Agreements: Distribution under the EC Competition Rules, Hart Publishing, 2002; *Liebscher, Flohr, Petsche,* Handbuch der EU-Gruppenfreistellungsverordnungen, 2. Aufl., C.H. Beck, 2012; *Malaurie-Vignal,* Étude du Règlement Nr. 330/2010 du 20 avril 2010 concernant l'application de l'article 101, § 3 à des catégories d'accords verticaux et de pratiques concertées, Contrats Conc. Consom., 2010, étude Nr. 9; *Marco Colino,* Vertical Agreements and Competition Law. A Comparative Study of the EU and US Regimes, Hart Publishing, 2010; *Mattera,* Les nouvelles règles pour la distribution des biens et services, RDUE, 2010, 347; *Mendelsohn und Rose,* Guide to the EC Block Exemption for Vertical Agreements, Kluwer, 2002; *Nihoul,* Concurrence: les nouvelles règles applicables aux restrictions verticales, JDE, 2010, Nr. 5, 139; *Raud und Notté,* Nouveau règlement d'exemption par catégories des restrictions verticales (Règl. UE n° 330/2010, 20 avril 2010), JCP E, 2010, 237; *Rey und Verge,* Vertical restraints in European competition policy, Concurrences 4–2014, 44; *Rousseva,* Modernizing by Eradicating: How the Commission's New Approach to Article 81 EC Dispenses with the Need to Apply Article 82 EC to Vertical Restraints, Common Market Law Review, Vol. 42, n° 3 June 2005, 587–638; *Simon,* Vertical Restraints: New BER and Guidelines Adopted, JECLAP, 2010, Vol. 1, Nr. 4, 311; *Subiotto und Dautricourt,* The Reform of European Distribution Law, World Competition Law and Economics Review, march 2011, 11; *Toussaint-David,* Les nouvelles règles de concurrence communautaires applicables aux réseaux de distribution, CDE, 2010, dossier 19; *Velez,* Significant changes to the Block Exemption on

Vertical Restraints, ECLR, 2011, Vol. 32, Issue 4, 212; *Vilmart,* La nouvelle exemption des accords de distribution: une insécurité grandissante, JCP E, 2010, 1556; *Vogel,* EU Competion Law Applicable to Distribution Agreements: Review of 2009 and Outlook for 2010, JECPL, 2010, vol. 1, n° 3; Efficiency versus Regulation: The Application of EU Competition Law to Distribution Agreements, JECLAP, 2013, Vol. 4, Nr. 3, 277; EU Competition Law Applicable to Distribution Agreements: Review of 2011 and Outlook for 2012, JECLAP, 2012, Nr. 3, 271; Vertical restraints: Towards More Rigid Rules for Distribution Networks in Europe? JECLAP 2014, 393; *Whish und Bailey,* Regulation 330/2010: The Commission's new block exemption for vertical agreements, CMLR, december 2010, 1757.

Einführung

1 Gemäß Art. 101 Abs. 3 AEUV können die Bestimmungen des Art. 101 Abs. 1 AEUV auf „Gruppen" (engl.: „categories", frz.: „catégories") von Vereinbarungen, Beschlüssen oder abgestimmten Verhaltensweisen für nicht anwendbar erklärt werden. Dies ermöglicht die nachträgliche **Einschränkung des Unionsrechtlichen Kartellverbots** bezüglich solcher in tatbestandlicher Hinsicht typisierbaren Wettbewerbsbeschränkungen,[1] bei denen zu vermuten ist, dass sie neben der Wettbewerbsbeschränkung positive Effekte erzielen, die ihre wettbewerblichen Nachteile aufwiegen, und die daher im Grundsatz für unbedenklich oder sogar für wünschenswert gehalten werden. Dafür muss hinsichtlich dieser freizustellenden Wettbewerbsbeschränkungen vom Vorliegen sämtlicher **Freistellungsvoraussetzungen des Art. 101 Abs. 3 AEUV** auszugehen sein.

2 Trotz ihrer Tatbestandsmäßigkeit im Sinne des Art. 101 Abs. 1 AEUV ist die Anwendung dieser Norm auf die freigestellten Fälle ausgeschlossen. Unterfällt eine Vereinbarung oder Abstimmung einer Gruppenfreistellung, bedarf es weder einer Anmeldung durch die Parteien noch einer Erklärung der Kommission.[2] Solche – durch Verordnung erfolgende – Gruppenfreistellungen kommen daher in ihrer Wirkung einer **Legalausnahme** gleich.[3] Freilich wurde die Bedeutung der Gruppenfreistellungsverordnungen durch die am 1. Mai 2004 in Kraft getretene Verordnung (EG) Nr. 1/2003 des Rates vom 16. Dezember 2002 zur Durchführung der in den ex-Artikeln 81 und 82 des Vertrags niedergelegten Wettbewerbsregeln[4] (Kartellverfahrens-VO) in Frage gestellt,[5] da durch diese Verordnung ein Wechsel vom Verbot mit Erlaubnisvorbehalt zu einem System der Legalausnahme stattgefunden hat.[6] Im neuen System der VO 1/2003 sind wettbewerbsbeschränkende Vereinbarungen, die die Voraussetzungen des Art. 101 Abs. 3 AEUV erfüllen, von vorneherein und ohne konstitutiven Freistellungsakt der Behörde vom Verbot des Art. 101 Abs. 1 AEUV ausgenommen.[7]

1. Normsetzung

3 **a) Ermächtigungsgrundlagen.** Gemäß Art. 103 Abs. 2 lit. b) AEUV liegt die originäre **Kompetenz** zum Erlass von Gruppenfreistellungsverordnungen **beim Rat.** Dieser

---

[1] Siehe auch *Mestmäcker/Schweitzer,* Europäisches Wettbewerbsrecht, § 1 Rn. 39–40 und § 14 Rn. 20 ff.

[2] *Chaput,* Pratiques restrictives de concurrence, in: JurisClasseur Europe, Band 4, Fascicule 1411.

[3] *Ellger* in: Immenga/Mestmäcker, Wettbewerbsrecht Bd. I EU/Teil 1, AEUV S. 345 ff.

[4] ABl. 2003 L 1/1.

[5] Näher hierzu unten Rn. 16 ff.; s. auch *Bechtold,* Modernisierung des EG-Wettbewerbsrechts: Der Verordnungs-Entwurf der Kommission zur Umsetzung des Weißbuchs, BB 2000, 2425, 2426, *ders.* EG-Gruppenfreistellungsverordnungen – „eine Zwischenbilanz", EWS 2001, 49, 50; *K. Schmidt,* Umdenken im Kartellverfahrensrecht – Gedanken zur Europäischen VO Nr. 1/2003, BB 2003, 1237, 1241.

[6] Nach *Mestmäcker/Schweitzer,* Europäisches Wettbewerbsrecht, § 14 Rn. 359 f. zieht das Prinzip der Legalausnahme der VO 1/2003 einen Funktionswandel der Gruppenfreistellungsverordnungen nach sich. An die Stelle der Bewältigung des Massenproblems tritt nun die Gewährleistung der einheitlichen Rechtsanwendung in den Mitgliedstaaten.

[7] *Mestmäcker/Schweitzer,* Europäisches Wettbewerbsrecht, § 14 Rn. 15.

hat diese Befugnis jedoch für viele Bereiche umfassend an die Kommission delegiert.[8] Zu nennen sind in diesem Zusammenhang die **(Ermächtigungs-)Verordnungen (EWG) Nr. 19/65,**[9] **Nr. 2821/71,**[10] **Nr. 487/2009,**[11] **Nr. 1534/91**[12] **und Nr. 246/2009,**[13] durch die der Kommission die Befugnis eingeräumt wurde, bestimmte Vereinbarungstypen vom Kartellverbot freizustellen. Die Verordnung (EWG) Nr. 19/65, die bedeutendste der fünf erlassenen Ermächtigungsverordnungen, betrifft Vertriebsverträge und Lizenzvereinbarungen. Die Verordnung (EWG) Nr. 2821/71 gilt für Normen- und Typenkartelle, Forschungs- und Entwicklungskooperationen und Spezialisierungskooperationen, die Verordnung (EG) Nr. 487/2009 betrifft den Luftverkehr innerhalb der Gemeinschaft. Die Verordnungen (EG) 1534/91 und 246/2009 gelten zum einen für den Bereich der Versicherungswirtschaft und zum anderen für die so genannten Konsortien im Bereich der Schifffahrt. Die Ermächtigungsverordnungen des Rates zeichnen sich durch eine **einheitliche Struktur** aus. Abweichungen von dem Aufbaumuster der Ermächtigungsverordnungen[14] sind sowohl in materieller als auch in formeller Hinsicht selten. So ist zum Beispiel gem. der Ermächtigungsverordnung Nr. 19/65 des Rates Voraussetzung für den Erlass von Gruppenfreistellungsverordnungen durch die Kommission, dass diese über **hinreichende Erfahrungen** in dem betroffenen Bereich **aus Einzelfreistellungsverfahren** verfügt.[15]

b) Überblick über die von der Kommission erlassenen und aktuell geltenden Gruppenfreistellungsverordnungen. Auf Grundlage dieses zweistufigen Rechtsetzungsverfahrens, welches auf einem Kompromiss zwischen Rat und Kommission beruht und vom EuGH für zulässig erachtet worden ist,[16] hat die Kommission eine Reihe von Grup- 4

[8] Der Rat hat einzelne Gruppenfreistellungsverordnungen im Bereich Verkehr selbst erlassen, ohne sich den gesamten Bereich vorzubehalten (vgl. Fn. 11 und Fn. 29): Verordnung (EWG) Nr. 1017/68 vom 19. Juli 1968 über die Anwendung von Wettbewerbsregeln auf dem Gebiet des Eisenbahn-, Straßen- und Binnenschiffsverkehrs, ABl. 1968 L 175/1 und Verordnung (EWG) Nr. 4056/86 des Rates vom 22. Dezember 1986 über die Einzelheiten der Anwendung der Artikel 85 und 86 des Vertrages auf den Seeverkehr, ABl. 1986 L 378/4.

[9] Verordnung (EWG) Nr. 19/1965 des Rates vom 2. März 1965 über die Anwendung von Artikel 85 Absatz 3 des Vertrages auf Gruppen von Vereinbarungen und aufeinander abgestimmten Verhaltensweisen, ABl. 1965 B 36/533, zuletzt geändert durch die Verordnung (EG) Nr. 1/2003 des Rates vom 16. Dezember 2002, ABl. Nr. L 001 vom 04/01/2003 S. 0001–0025.

[10] Verordnung (EWG) Nr. 2821/71 des Rates vom 20. Dezember 1971 über die Anwendung von Artikel 85 Absatz 3 des Vertrages auf Gruppen von Vereinbarungen, Beschlüssen und aufeinander abgestimmten Verhaltensweisen, ABl. 1971 L 285/46, zuletzt geändert durch die Verordnung (EG) Nr. 1/2003 des Rates vom 16. Dezember 2002, ABl. Nr. L 001 vom 04/01/2003 S. 0001–0025.

[11] Verordnung (EG) Nr. 487/2009 des Rates vom 25. Mai 2009 zur Anwendung von Artikel 81 Absatz 3 des Vertrags auf bestimmte Gruppen von Vereinbarungen und aufeinander abgestimmten Verhaltensweisen im Luftverkehr (kodifizierte Fassung), ABl. 2009 L 148/1.

[12] Verordnung (EWG) Nr. 1534/91 des Rates vom 31. Mai 1991 über die Anwendung von Artikel 85 Absatz 3 des Vertrages auf bestimmte Gruppen von Vereinbarungen, Beschlüssen und aufeinander abgestimmten Verhaltensweisen im Bereich der Versicherungswirtschaft, ABl. 1991 L 143/1, zuletzt geändert durch die Verordnung (EG) Nr. 1/2003 des Rates vom 16. Dezember 2002, ABl. L 1 vom 4.1.2003, S. 1–25.

[13] Verordnung (EG) Nr. 246/2009 des Rates vom 26. Februar 2009 über die Anwendung des Artikels 81 Absatz 3 des Vertrages auf bestimmte Gruppen von Vereinbarungen, Beschlüssen und aufeinander abgestimmten Verhaltensweisen zwischen Seeschifffahrtsunternehmen (Konsortien) (kodifizierte Fassung), ABl. L 79 vom 25.3.2009, S. 1–4.

[14] Siehe *Geers,* Die Gruppenfreistellung im Kartellrecht – Zur Fortentwicklung des europäischen Kartellrechts durch den Erlass einer Allgemeinen Gruppenfreistellungsverordnung, Diss. Bayreuth 2000, 66 f., welcher eine fiktive Muster-Ermächtigungsverordnung erstellt.

[15] Vgl. Erwägungsgrund (4) der Verordnung (EWG) Nr. 19/65; siehe bezüglich anderer Besonderheiten der einzelnen Ermächtigungsverordnungen *Geers,* Fn. 11, S. 66 ff.

[16] EuGH v. 13.7.1966 Rs. 32/65 – *Italienische Klage* Slg. 1966, 457, 481 f.; *Ellger* in: Immenga/Mestmäcker, Wettbewerbsrecht Bd. I EU/Teil 1, AEUV S. 458 f.

penfreistellungsverordnungen erlassen. Es handelt sich dabei zum einen um die (sektorübergreifenden) Verordnungen für:
- **vertikale Vertriebsvereinbarungen**[17] **(vGVO),**
- **Spezialisierungsvereinbarungen**[18] **(Spezialisierungs-Gruppenfreistellungsverordnung),**
- **Vereinbarungen über Forschung und Entwicklung**[19] **(Gruppenfreistellungsverordnung F&E),**
- **Vereinbarungen über Technologietransfer**[20] **(Technologietransfer-Gruppenfreistellungsverordnung).**

5 Die früheren Freistellungsverordnungen über Alleinvertriebsvereinbarungen,[21] Alleinbezugsvereinbarungen[22] und Franchisevereinbarungen[23] sind infolge der Ersetzung durch die erste Verordnung über Vertikal-Vereinbarungen (wegen ihrer umfassenden Wirkung auch **„Schirm-Gruppenfreistellungsverordnung"** genannt) außer Kraft getreten.[24] Die Verordnungen über Vertikal-Vereinbarungen umfassen aber auch Vertragsformen, die von diesen Vorgänger-Verordnungen nicht freigestellt wurden, wie z. B. Zulieferverträge[25] und selektive Vertriebssysteme.[26]

---

[17] Verordnung (EU) Nr. 330/2010 der Kommission vom 20. April 2010 über die Anwendung von Artikel 101 Absatz 3 des Vertrags über die Arbeitsweise der Europäischen Union auf Gruppen von vertikalen Vereinbarungen und abgestimmten Verhaltensweisen, ABl. L 102 vom 23.4.2010, S. 1–7, gültig bis zum 31. Mai 2022, als Nachfolgeregelung für Verordnung (EG) Nr. 2790/1999 der Kommission vom 22. Dezember 1999 über die Anwendung von Artikel 81 Abs. 3 des Vertrages auf Gruppen von vertikalen Vereinbarungen und aufeinander abgestimmten Verhaltensweisen, ABl. 1999 L 336/21, am 31. Mai 2010 außer Kraft getreten.

[18] Verordnung (EU) Nr. 1218/2010 der Kommission vom 14. Dezember 2010 über die Anwendung von Artikel 101 Absatz 3 des Vertrags über die Arbeitsweise der Europäischen Union auf bestimmte Gruppen von Spezialisierungsvereinbarungen, ABl. L 335 vom 18.12.2010, S. 43–47, gültig bis zum 31. Dezember 2022, als Nachfolgeregelung für Verordnung (EG) Nr. 2658/2000 der Kommission vom 29. November 2000 über die Anwendung von Artikel 81 Absatz 3 des Vertrages auf Gruppen von Spezialisierungsvereinbarungen, ABl. 2000 L 304/3, am 31. Dezember 2010 außer Kraft getreten.

[19] Verordnung (EU) Nr. 1217/2010 der Kommission vom 14. Dezember 2010 über die Anwendung von Artikel 101 Absatz 3 des Vertrags über die Arbeitsweise der Europäischen Union auf bestimmte Gruppen von Vereinbarungen über Forschung und Entwicklung, ABl. L 335 vom 18.12. 2010, S. 36–42, gültig bis zum 31. Dezember 2022, als Nachfolgeregelung für Verordnung (EG) Nr. 2659/2000 der Kommission vom 29. November 2000 über die Anwendung von Artikel 81 Absatz 3 des Vertrages auf Gruppen von Vereinbarungen über Forschung und Entwicklung, ABl. 2000 L 304/7, am 31. Dezember 2010 außer Kraft getreten.

[20] Verordnung (EU) Nr. 316/2014 der Kommission vom 21. März 2014 über die Anwendung von Artikel 101 Absatz 3 des Vertrags über die Arbeitsweise der Europäischen Union auf Gruppen von Technologietransfer-Vereinbarungen, ABl. L 93 vom 28.3.2014, S. 17–23, gültig bis zum 30. April 2026, als Nachfolgeregelung für Verordnung (EG) Nr. 772/2004 zur Anwendung von Art. 81 Abs. 3 des Vertrages auf Gruppen von Technologietransfervereinbarungen, ABl. EG 2004 L 123/11, am 30. April 2014 außer Kraft getreten.

[21] Verordnung (EWG) Nr. 1983/1983 der Kommission vom 22. Juni 1983 über die Anwendung von Artikel 85 Absatz 3 des Vertrages auf Gruppen von Alleinvertriebsvereinbarungen, ABl. 1983 L 173/1, außer Kraft getreten am 31. Dezember 2001.

[22] Verordnung (EWG) Nr. 1984/1983 der Kommission vom 22. Juni 1983 über die Anwendung von Artikel 85 Abs. 3 des Vertrages auf Gruppen von Alleinbezugsvereinbarungen, ABl. 1983 L 173/5, außer Kraft getreten am 31. Dezember 2001.

[23] Verordnung (EWG) Nr. 4087/1988 der Kommission vom 30. November 1988 über die Anwendung von Artikel 85 Abs. 3 des Vertrages auf Gruppen von Franchisevereinbarungen, ABl. 1988 L 359/46, außer Kraft getreten am 31. Dezember 2001.

[24] Vgl. Art. 12 Abs. 2 der vGruppenfreistellungsverordnung Nr. 2790/1999.

[25] *Bauer/de Bronett,* Die EU-Freistellungsverordnung für vertikale Vertriebsbeschränkungen (2001) Rn. 150 f.

[26] Vgl. *Schultze/Pautke/Wagener,* Vertikal-Gruppenfreistellungsverordnung, Praxiskommentar (2011), Rn. 130 ff.

6 Zum anderen gibt es eine Reihe von **sektorspezifischen Gruppenfreistellungsverordnungen,** im Einzelnen für:

– **Vertriebs- und Kundendienstvereinbarungen für Automobile,**[27]
– **Verträge der Versicherungswirtschaft,**[28]
– **die Seeschifffahrt.**[29]

7 Der Luftverkehrssektor unterlag bis zum 31. Oktober 2007 noch zum Teil den allgemein anwendbaren Bestimmungen sektorspezifischer Gruppenfreistellungsverordnungen. Aber angesichts der Ergebnisse einer 2004 durch die Kommission durchgeführten Konsultation und des durch die Verordnung (EG) Nr. 1/2003 eingeführten Ausnahmesystems wurde entschieden, dass es nun „keine hinreichenden Gründe für den Erlass einer sektorspezifischen Gruppenfreistellung mehr gibt".[30]

8 **c) Rechtsetzungspolitik der europäischen Kommission auf Grundlage der Ermächtigungsverordnungen.** Die Kommission ist als Verordnungsgeber dem **Prinzip der beschränkten Einzelermächtigung** unterworfen und somit sowohl an die Bestimmungen der Ermächtigungsverordnung des Rates als auch des der Ermächtigungsverordnung zugrunde liegenden Primärrechts, d.h. Art. 101 Abs. 3 AEUV, als Grenzen der Normsetzung gebunden. Bereits in den **Gruppenfreistellungsverordnungen der ersten Generation,** d.h. die Verordnungen, die dem sogenannten **„Weißlistenansatz"**[31] folgten, und deren Anwendungsvoraussetzungen formalistischer Natur waren, hatte die Kommission Regelungen getroffen, die nicht von Artikel 81 Abs. 3 EGV bzw. der entsprechenden Ermächtigungsverordnung gedeckt waren.[32] Besonders deutlich wurde dies im Rahmen der Gruppenfreistellungsverordnung für den Automobilsektor. Durch die Festlegung von Mindestvertragslaufzeiten und Mindestkündigungsfristen sowie des Eingreifens Dritter in die Vertriebsbeziehung hatte die Kommission die Gruppenfreistellungsverordnung zu einem Harmonisierungsinstrument im europäischen Vertragsrecht denaturiert.[33] Bei Erlass der Gruppenfreistellungsverordnung 1475/95 stand nicht mehr der **Schutz des Wettbewerbs sondern der Schutz von Wettbewerbern** im Vordergrund, was zu einer besonderen Stellung der Vertragsparteien und insbesondere des Vertragshändlers auf Grundlage der Gruppenfreistellungsverordnung führte.

---

[27] Verordnung (EU) Nr. 461/2010 der Kommission vom 27. Mai 2010 über die Anwendung von Artikel 101 Absatz 3 des Vertrags über die Arbeitsweise der Europäischen Union auf Gruppen von vertikalen Vereinbarungen und abgestimmten Verhaltensweisen im Kraftfahrzeugsektor, ABl. L 129 vom 28.5.2010, S. 52–57, gültig bis zum 31. Mai 2023 als Nachfolgeregelung für Verordnung (EG) Nr. 1400/2002 der Kommission vom 31. Juli 2002 über die Anwendung von Artikel 81 Absatz 3 des Vertrages auf Gruppen von vertikalen Vereinbarungen und aufeinander abgestimmten Verhaltensweisen im Kraftfahrzeugsektor, ABl. 2002 L 203/30.

[28] Verordnung (EU) Nr. 267/2010 der Kommission vom 24. März 2010 über die Anwendung von Artikel 101 Absatz 3 des Vertrags über die Arbeitsweise der Europäischen Union auf Gruppen von Vereinbarungen, Beschlüssen und abgestimmten Verhaltensweisen im Versicherungssektor, ABl. L 83 vom 30.3.2010, S. 1–7, gültig bis zum 31. März 2017.

[29] Verordnung (EG) Nr. 906/2009 der Kommission vom 28. September 2009 über die Anwendung von Artikel 81 Absatz 3 EG-Vertrag auf bestimmte Gruppen von Vereinbarungen, Beschlüssen und aufeinander abgestimmten Verhaltensweisen zwischen Seeschifffahrtsunternehmen (Konsortien), ABl. L 256 vom 29.9.2009, S. 31–34, gültig bis zum 25. April 2020 (verlängert durch die Verordnung (EU) Nr. 697/2014 der Kommission vom 24. Juni 2014).

[30] Siehe Erwägungsgrund Nr. (7) der Verordnung (EG) Nr. 1459/2006 der Kommission vom 28. September 2006 über die Anwendung von Artikel 81 Absatz 3 EG-Vertrag auf bestimmte Gruppen von Vereinbarungen und aufeinander abgestimmten Verhaltensweisen betreffend Konsultationen über Tarife für die Beförderung von Passagieren im Personenlinienverkehr und die Zuweisung von Zeitnischen auf Flughäfen, ABl. L 272 vom 3.10.2006, S. 3–8.

[31] Vgl. Rn. 23f.

[32] *Ellger* in: Immenga/Mestmäcker, Wettbewerbsrecht, Bd. I EU/Teil 1, AEUV S. 462.

[33] Dies zeigt insbesondere die Rechtsprechung der französischen Gerichte, vgl. *L. Vogel,* La Semaine Juridique (Edition Entreprise) 3/4–1997, 32.

9 Ferner hatte die Kommission in verschiedene Gruppenfreistellungsverordnungen Klauseln aufgenommen, welche vom EuGH als nicht unter das Verbot des Art. 81 Abs. 1 EGV fallend eingestuft worden waren.[34] Eine solche Vorgehensweise vermag die Normadressaten zu informieren, verstärkt allerdings die Wirkung der weißen Liste als Quasiformularvertragsklauseln und ist rein deklaratorischer Natur, da eine **Freistellung nur möglich ist, wenn eine Wettbewerbsbeschränkung zumindest vorliegen kann.**[35]

10 Die zwei aufeinanderfolgenden Schirm-Gruppenfreistellungsverordnungen, die im Dezember 1999 und im April 2010 von der Kommission verabschiedet wurden, stellen **eine neue Generation von Gruppenfreistellungsverordnungen** dar. Neben den spezifischen Charakteristika der auf Vertikalvereinbarungen anwendbaren Verordnung sind diese durch den **Wegfall der sogenannten weißen Klauseln** und des damit in Zusammenhang stehenden Standardisierungsdrucks sowie durch die **Berücksichtigung der Marktmacht der Vertragspartner** durch den Anwendungsbereich definierende Schwellenwerte gekennzeichnet.[36] Damit entfällt der mit den in weißen Listen enthaltenen quasi-obligatorischen Klauseln verbundene so genannte **„Zwangsjackeneffekt"**[37] der Gruppenfreistellungsverordnung.[38] Dieser besteht darin, dass jede „überschießende"[39] (also im Umfang über die weißen Klauseln hinausgehende) wie jede nicht in der weißen Liste aufgeführte Wettbewerbsbeschränkung die Freistellung gefährdet. Weiter sind die in der vGVO erstmalig verwandten **„roten" Klauseln** als neues, flexibleres Instrument in den Gruppenfreistellungsverordnungen hervorzuheben. Diese Klauseln weichen das „Alles-oder-Nichts-Prinzip" auf, das den früheren Verordnungen zu eigen ist, indem sie die Sanktionen des Verstoßes gegen Art. 101 Abs. 1 AEUV auf den jeweils betroffenen Teil begrenzen.[40] Ferner wird der Erlass von Gruppenfreistellungsverordnungen der zweiten Generation durch die Bekanntmachung von umfangreichen, zum Teil über deren Konkretisierung hinausgehenden Leitlinien durch die Kommission begleitet, welche in erster Linie der Rechtsicherheit der Betroffenen dienen sollen.[41]

2. Regelungszweck der Gruppenfreistellungen

11 **a) Allgemeines.** Die Freistellung bestimmter wettbewerbsbeschränkender Verhaltensweisen von Unternehmen im Wege einer GVO ist dann zweckmäßig, wenn die betroffenen Vereinbarungen typischerweise unter dem Aspekt eines **funktionierenden und frei-**

---

[34] Vgl. EuGH v. 28.1.1986 Rs. 161/84 – *Pronuptia* Slg. 1986, 353 und die Franchise Gruppenfreistellungsverordnung; *Schultze/Pautke/Wagener,* Vertikal-Gruppenfreistellungsverordnung, Praxiskommentar (2011), Rn. 670 ff.

[35] EuGH v. 13.7.1966 Rs. 32/65 – *Italienische Klage* Slg. 1966, 457, 483: *„Indem Artikel 85 Absatz 3 den Rat zu Gruppenfreistellungsverordnungen ermächtigt, verpflichtet er ihn zugleich, von dieser Befugnis nur für Gruppen von solchen Vereinbarungen Gebrauch zu machen, die möglicherweise unter Absatz 1 fallen; eine entsprechende Verordnung des Rates wäre in der Tat gegenstandslos, wenn die Vereinbarungen, die zu den von ihr beschriebenen Gruppen gehören, jene Voraussetzung von vorneherein nicht erfüllen könnten".*

[36] Vgl. dazu auch *L. Vogel,* Traité de droit des affaires, Ziffer 908; *L. Vogel,* European Competition Law, Ziffer 4.51; auch die Gruppenfreistellungsverordnung Nr. 823/2000, siehe Fn. 26, weist diese Merkmale als Nachfolgeverordnung der Verordnung Nr. 870/95, ABl. 1995 L 89/7, erstmalig auf.

[37] *Ellger* in: Immenga/Mestmäcker, Wettbewerbsrecht, Bd. I EU/Teil 1, AEUV S. 470.

[38] Vgl. zum „Alles-oder-Nichts-Prinzip": *Axster,* Das „Alles-oder-Nichts-Prinzip" der EG-Gruppenfreistellungsverordnungen, WuW 1994, 615; im Zusammenhang mit der Freistellungsverordnung für Vertriebsvereinbarungen über Automobile Nr. 1475/95: *L. Vogel,* La semaine juridique 3/4–1997, 32.

[39] Ausführlicher zur Frage „überschießender Wettbewerbsbeschränkungen", *Wiedemann,* Kommentar zu den Gruppenfreistellungsverordnungen des EWG-Kartellrechts, Band 1 (1989), 100 ff.

[40] Vgl. zu den „Roten Klauseln" auch *Bauer/de Bronett,* Die EU-Freistellungsverordnung für vertikale Vertriebsbeschränkungen (2001), Rn. 137 ff.

[41] Siehe dazu näher unter Rn. 31.

en Wettbewerbs keinen Bedenken begegnen und wenn sie der Verbesserung von Warenerzeugung oder -verteilung oder dem technischen oder wirtschaftlichen Fortschritt zu dienen geeignet sind und an diesen Vorteilen die Verbraucher angemessen partizipieren lassen, ohne dabei über das erforderliche Maß wettbewerbsbeschränkender Vereinbarungen hinauszugehen. In diesen Fällen wäre das Festhalten an der Überprüfung jedes Einzelfalles überflüssige Förmelei und würde wegen der großen Anzahl der dem Art. 101 Abs. 1 AEUV unterfallenden Wettbewerbsbeschränkungen darüber hinaus erheblichen praktischen Problemen begegnen.

Ein wesentlicher Grund für die Einführung der ersten Gruppenfreistellungsverordnungen war daher auch die **enorm hohe Anzahl von Anträgen auf Einzelfreistellungen**, die in Folge des Inkrafttretens der Verordnung Nr. 17/62 in den 60er Jahren bei der Generaldirektion IV der Kommission eingingen. Zweck des Gruppenfreistellungsverfahrens war somit in erster Linie die **Bewältigung des Massenproblems.**[42] Ferner sollte den Unternehmen Rechtssicherheit durch die mit abstrakten Regelungen verbundene Transparenz der Bedingungen einer Freistellung gewährleistet werden.[43] Teilweise wird *contra legem* vertreten, dass ein weiterer Zweck darin liege, hinsichtlich bestimmter Verhaltensweisen, die dem Art. 101 Abs. 1 AEUV *per se* nicht unterfallen, klarzustellen, dass diese nicht zu beanstanden sind.[44] 12

b) Vor- und Nachteile von Einzel- und Gruppenfreistellungen. Das System der Gruppenfreistellung wird **in wettbewerbsrechtstheoretischer Hinsicht zum Teil wegen seiner Streuwirkung kritisiert.** Insbesondere soll die große Anzahl und die unbestimmte Fassung der Gruppenfreistellungsverordnungen dazu geführt haben, dass auf unionsrechtlicher Ebene eine **Zurückdrängung des Kartellverbotes** stattgefunden habe, die nunmehr zur regelmäßigen Zulässigkeit von Kartellen statt zu ihrem regelmäßigen Verbot führe.[45] Tatsächlich ist anzunehmen, dass aufgrund der notgedrungen abstrakten Fassung einer Gruppenfreistellungsverordnung auch einige wenige Fälle erfasst und freigestellt werden, für die eine Einzelfreistellung aufgrund der konkreten Umstände des Einzelfalls nicht in Betracht käme.[46] Dies ist jedoch – insbesondere mit Blick auf die Möglichkeit einer Administrativkontrolle, d. h. der Freistellungsentziehung im Einzelfall und der legislativen Kontrolle, d. h. der Freistellungsentziehung durch Verordnung hinsichtlich bestimmter Märkte wie in der vGVO vorgesehen[47] – hinzunehmen. 13

Ein weiterer Nachteil der Gruppenfreistellung besteht in der häufig und entgegen der Zielsetzung bestehenden **mangelnden Rechtssicherheit.** Da zweifelhaft sein kann, ob eine Wettbewerbsbeschränkung freigestellt ist, kommt es zu einer geringeren Verlässlichkeit der Beurteilung einer konkreten Vereinbarung als bei einer individuellen Entscheidung durch die Behörde. Den beteiligten Unternehmen wird bei Inanspruchnahme der Gruppenfreistellung das **Subsumtionsrisiko** zugemutet,[48] was vor allem die Gefahr der Nichtigkeit und Undurchsetzbarkeit von Verträgen in sich bergen, aber auch der Verwirkung von Bußgeldern auslösen kann. Ein System, in dem Ausnahmen nur oder wegen enger gefasster Generalausnahmen überwiegend im Wege von **Einzelfreistellungen** erfolgen, wiese einige der beschriebenen Nachteile nicht oder nur in geringerem Maße auf. Es ist aber zu berücksichtigen, dass die Inanspruchnahme der Gruppenfreistellung ohnehin **frei-** 14

[42] *Wiedemann,* Kommentar zu den Gruppenfreistellungsverordnungen des EWG-Kartellrechts, Band 1 (1989), 13; *Emmerich,* Kartellrecht, 13. Auflage, § 8, Rn. 7.

[43] Vgl. auch *Ellger* in: Immenga/Mestmäcker, Wettbewerbsrecht, Bd. I EU/Teil 1, AEUV S. 461 ff.

[44] *Wiedemann,* Kommentar zu den Gruppenfreistellungsverordnungen des EWG-Kartellrechts, Band 1 (1989), 13.

[45] So schon vor Erlass der vGruppenfreistellungsverordnung: *Jung* EuZW 1993, 690, 697.

[46] Vgl. auch *Grabitz/Koch* Art. 85 Rn. 193.

[47] Siehe dazu unten Rn. 39 ff.

[48] Vgl. *Gleiss/Hirsch,* Kommentar zum EG-Kartellrecht (1993), Art. 85 (3) Rn. 1794; *Langen/Bunte,* Kartellrecht, Kommentar, Bd. 2, S. 733.

willig erfolgt. Die Gruppenfreistellung bietet den Unternehmen lediglich die Möglichkeit einer Vertragsanpassung.[49] In Fällen, in denen ernsthafte Rechtsunsicherheit besteht, weil neue oder ungelöste Fragen in Bezug auf die Anwendung der betroffenen Regeln auftauchen, können einzelne Unternehmen „mit der Bitte um informelle Beratung an die Kommission" herantreten, da die Kartellverfahrens-VO das Recht der Kommission unberührt lässt, informelle Beratung zu leisten. Diese Möglichkeit bleibt dennoch sehr theoretisch und kommt nur im Falle einer „neuen oder ungelösten Frage in Bezug auf die Anwendung dieser Regeln" in Betracht.[50]

15 Ein durchgängiges **Einzelfreistellungsprinzip** kommt als **rechtspolitisches Postulat** im Übrigen nicht in Betracht. Die individuelle Entscheidung über die große Anzahl der dem Art. 101 Abs. 1 AEUV unterfallenden Wettbewerbsbeschränkungen müsste unweigerlich zu einer **Paralysierung der administrativen Institutionen** führen. Daneben käme es in vielen unproblematischen Fällen zu unzumutbaren Verzögerungen mit kaum zu ermessendem volkswirtschaftlichem Schaden. Das System der Gruppenfreistellungen ist insoweit als **unverzichtbar zur praktischen Durchsetzung des Art. 101 Abs. 3 AEUV** in seiner derzeitigen Form anzusehen.[51] Es ist für die Kommission wie auch für die Wettbewerbsakteure wegen der damit verbundenen Verwaltungsvereinfachung von erheblichem Vorteil. Die Tendenz der politischen Institutionen der Gemeinschaft ist daher auch eindeutig die Ausdehnung des Gruppenfreistellungsprinzips anstatt seiner Zurückdrängung. Die am 1. Mai 2004 in Kraft getretene Kartellverfahrens-VO[52] hat mit der Abschaffung der Einzelfreistellung diese Tendenz fortgesetzt.

16 **c) Bedeutungsentwicklung der Gruppenfreistellungsverordnungen im Unionsrecht.** Die Gruppenfreistellungen haben im Laufe der Zeit nicht zuletzt aufgrund ihrer steigenden Anzahl gegenüber den Einzelfreistellungsentscheidungen immer mehr **an Bedeutung gewonnen.** Dies war bereits vor Inkrafttreten der VO 1/2003 in jüngerer Zeit vor allem am Rückgang der Anmeldungen wettbewerbsbeschränkender Vereinbarungen bei der Kommission deutlich geworden.[53] Mit Inkrafttreten der VO 1/2003 ist eine Anmeldung nunmehr vollständig gegenstandslos geworden.

17 **d) Zukunft der Gruppenfreistellungsverordnungen.** Die zweite Generation von Gruppenfreistellungsverordnungen stellt die Verwirklichung der von der Kommission angekündigten **Neuorientierung der Gemeinschaft im Bereich des Kartellverbots** dar.[54] Die offeneren Regelungen der vGVO weisen deutlich in Richtung der wesentlichen, im Rahmen dieser Reform angestrebten Ziele der Dezentralisierung der Anwendung des europäischen Kartellverbots und der Einschränkung des bisherigen Systems umfassender Präventivkontrolle, indem sie einen größeren Spielraum für gesetzlich ausgenommene Wettbewerbsbeschränkungen schaffen. Mit dem Inkrafttreten der Kartellverfahrens-

---

[49] *Gleiss/Hirsch,* Kommentar zum EG-Kartellrecht (1993), Art. 85 (3) Rn. 1793.

[50] Erwägungsgrund 38 der Verordnung (EG) Nr. 1/2003 des Rates vom 16. Dezember 2002 zur Durchführung der in den Artikeln 81 und 82 des Vertrags niedergelegten Wettbewerbsregeln, ABl. 2003 L 1/1; Siehe auch *Mestmäcker/Schweitzer,* Europäisches Wettbewerbsrecht, § 14 Rn. 17 f.

[51] Vgl. zur entsprechenden Tendenz in Vorschlägen der Kommission das Weißbuch über die Modernisierung der Vorschriften zur Anwendung der Artikel 85 und 86 EG-Vertrag, Arbeitsprogramm der Kommission Nr. 99/027, ABl. 1999 C 132/1; zur Diskussion über die Kommissionsvorschläge vgl. etwa *Mestmäcker* EuZW 1999, 523 sowie *Deringer* EuZW 2000, 5. S auch *Bechtold,* Modernissierung des EG-Wettbewerbsrechts: Der Verordnungsentwurf der Kommission zur Umsetzung des Weißbuchs, BB 2000, 2425.

[52] Verordnung (EG) Nr. 1/2003 des Rates vom 16. Dezember 2002 zur Durchführung der in den Artikeln 81 und 82 des Vertrags niedergelegten Wettbewerbsregeln, ABl. 2003 L 1/1.

[53] Zwischen 1998 und 2000 ist ein signifikanter Rückgang der bei der Kommission angemeldeten Vereinbarungen zu verzeichnen, nämlich von 216 Anmeldungen im Jahr 1998 über 162 im Jahr 1999 bis auf 101 im Jahr 2000, vgl. die 28.–30. Wettbewerbsberichte der Kommission.

[54] Vgl. auch *L. Vogel,* Traité de droit des affaires, Ziffer 908; *L. Vogel,* European Competition Law, Ziffer 4.51 f.

VO[55] am 1. Mai 2004 wurde diese Entwicklung abgeschlossen. Die Verordnung **restrukturiert das unionsrechtliche Kartellverbot,** indem sie die Möglichkeit der Einzelfreistellung abschafft und damit das (obligatorische) Präventivkontrollverfahren durch den **Grundsatz der Legalausnahme** ersetzt (Art. 1 der Kartellverfahrens-VO).

Die **Gründe** für den aktuellen Ansatz der Kommission sind vielschichtig. Ein wesentlicher Beweggrund liegt in der Vielzahl von Anmeldungen durch Unternehmen, welche bezwecken, aufgrund des Vorrangs des Unionsrechts die **Interventionsbefugnisse nationaler Kartellbehörden** zu beschneiden.[56] Dieser Aspekt wird indes für die vGVO Nr. 330/2010 vom 20. April 2010 insoweit abgeschwächt, als nach Art. 29 der VO (EG) Nr. 1/2003 vom 16. Dezember 2002 unter bestimmten Umständen auch nationalen Kartellbehörden das Recht einer Freistellungsentziehung zukommt.[57] Ein weiterer Grund für die Reformen liegt in der **Erweiterung der Gemeinschaft,** die bei Beibehaltung des bisherigen Systems einen Anstieg der (Einzel-)Freistellungsverfahren hätte erwarten lassen. 18

Fraglich ist allerdings, welche **Rolle den Einzelfreistellungen und den Gruppenfreistellungsverordnungen** in einem System, das auf dem Grundsatz der Legalausnahme beruht, zukommt.[58] Da es zur Wirksamkeit des Art. 101 Abs. 3 AEUV in einem solchen System keines Umsetzungsaktes bedarf, verlieren Einzelfreistellungen jeglichen Sinn. Aus diesem Grund sieht die Kartellverfahrens-VO[59] keinerlei Einzelfreistellungsmöglichkeit mehr vor. Auch für Gruppenfreistellungen ist in dem neuen System an sich kein Raum mehr. Die Einführung des Grundsatzes der Legalausnahme macht Gruppenfreistellungsverordnungen überflüssig. Lediglich als **Auslegungsrichtlinien** für die Anwendung der Legalausnahme dürften die Gruppenfreistellungsverordnungen noch herangezogen werden. Es ist allerdings fraglich, ob dies der Vorstellung der Kommission entspricht, denn die Kommission erlässt weiterhin Gruppenfreistellungsverordnungen, misst ihnen also offenbar nach wie vor eine rechtlich verbindliche Wirkung bei. Die neue Kartellverfahrens-VO sieht in ihrem Artikel 29 außerdem weiterhin implizit die Möglichkeit von Gruppenfreistellungen vor. Auch dies kann als Indiz dafür gewertet werden, dass Gruppenfreistellungsverordnungen nach der Vorstellung der Kommission weiterhin rechtlich verbindlich und nicht bloße Auslegungshilfen sein sollen.[60] Die Kommission ist die Antwort auf die Frage, wie dies dogmatisch zu begründen ist, allerdings bis heute schuldig geblieben. 19

Der deutsche Gesetzgeber scheint die Frage des Zusammenspiels der nationalen Vorschriften mit den EU-Freistellungsverordnungen allerdings durch die am 1. Juli 2005 in Kraft getretene 7. GWB-Novelle gelöst zu haben.[61] 20

An die Stelle der bisherigen §§ 1 bis 18 GWB a. F. sind völlig neue §§ 1 bis 3 GWB getreten. Die §§ 4 bis 18 GWB a. F. gibt es nicht mehr. § 1 GWB entspricht als allgemeines 21

---

[55] Verordnung (EG) Nr. 1/2003 des Rates vom 16. Dezember 2002 zur Durchführung der in den Artikeln 81 und 82 des Vertrags niedergelegten Wettbewerbsregeln, ABl. 2003 L 1/1.

[56] Weißbuch (Fn. 56), Zusammenfassung Ziffer 6.

[57] Vgl. Rn. 41 f.

[58] *Mestmäcker/Schweitzer,* Europäisches Wettbewerbsrecht, § 14 Rn. 9; Vgl. auch *Emmerich,* Kartellrecht, 13. Auflage, § 2, Rn. 16.

[59] Verordnung (EG) Nr. 1/2003 des Rates vom 16. Dezember 2002 zur Durchführung der in den Artikeln 81 und 82 des Vertrags niedergelegten Wettbewerbsregeln, ABl. 2003 L 1/1; siehe umfassend zur neuen EG-Verfahrensverordnung *K. Schmidt,* Umdenken im Kartellverfahrensrecht! – Gedanken zur Europäischen VO Nr. 1/2003, BB 2003, 1237 ff.; siehe ebenfalls *A. Weitbrecht,* Das neue EG-Kartellverfahrensrecht, EuZW 2003, 69 ff.; siehe auch *H. Kahlenberg/C. Haellmigk,* Neues Deutsches Kartellgesetz, BB 2005, 1509.

[60] Vgl. diesbezüglich *Bechtold,* EG-Gruppenfreistellungsverordnungen – eine Zwischenbilanz EWS 2001, 49, 54, der auch auf die Auswirkungen des Grundsatzes „keine Vermutung der Rechtswidrigkeit" auf die Auslegung der Gruppenfreistellungsverordnungen eingeht – vgl. dazu Ziffer 62 der Leitlinien zur vGruppenfreistellungsverordnung.

[61] Siehe zur 7. GWB-Novelle des deutschen Gesetzgebers *Bechtold/Buntscheck,* Die 7. GWB-Novelle und die Entwicklung des deutschen Kartellrechts 2003 bis 2005, NJW 2005, 2966 ff.

Kartellverbot dem Art. 101 Abs. 1 AEUV, ohne Zwischenstaatlichkeitsklausel. Was nach den Maßstäben des Art. 101 Abs. 1 AEUV als horizontales oder vertikales Kartell verboten ist, verstößt nunmehr „automatisch" auch gegen § 1 GWB, bei Vorliegen von Zwischenstaatlichkeit in Übereinstimmung mit Art. 3 der VO (EG) Nr. 1/2003 parallel zu Art. 101 Abs. 1 AEUV, und ohne Vorliegen von Zwischenstaatlichkeit aufgrund autonomer Entscheidungen des deutschen Gesetzgebers. Die Freistellungsnorm des Art. 101 Abs. 3 AEUV, die aufgrund des Art. 1 der VO (EG) Nr. 1/2003 als unmittelbar anwendbar *(self executing)* interpretiert wird, ist in § 2 Abs. 1 GWB enthalten. § 2 Abs. 2 GWB sieht eine „dynamische" Verweisung auf die jeweils geltenden Gruppenfreistellungsverordnungen vor.[62]

22 Auch das Verhältnis der Gruppenfreistellungsverordnungen zur ***rule of reason*** wurde durch die neue Kartellverfahrens-VO[63] in Frage gestellt. Diese Regel setzt am Verbotstatbestand an und führt dazu, dass bestimmte Vereinbarungen bzw. Verhaltensweisen nicht unter das Kartellverbot fallen und folglich auch nicht freigestellt werden müssen. Die *rule of reason* hat sich in der Praxis als Instrument bewährt, das sachgerechte Entscheidungen im Einzelfall erlaubt. Aber seit 2001 scheint das Gericht der Europäischen Union der Ausweitung der *rule of reason* ein Ende setzen zu wollen und erklärte, dass der Gerichtshof und das Gericht sich zwar „wiederholt in Urteilen für eine flexiblere Auslegung des Verbotes in Artikel 85 Absatz 1 EG-Vertrag ausgesprochen" haben, jedoch haben sie das Bestehen einer derartigen Regel nicht anerkannt.[64] Nach dem Gericht kann nämlich eine Abwägung der wettbewerbsfördernden und der wettbewerbsbeschränkenden Aspekte einer Beschränkung nur im Rahmen vom Art. 101 Abs. 3 AEUV stattfinden: die Anerkennung der rule of reason würde demnach die normative Struktur des Art. 101 AEUV in Frage stellen.[65] In einer Entscheidung vom 23. Oktober 2003 hat das Gericht weiterhin erklärt, das europäische Kartellrecht kenne keine *rule of reason.*[66] Die Kartellverfahrens-VO scheint die *rule of reason* nun überflüssig zu machen: Wird in einem Schritt das Vorliegen eines Verstoßes gegen das Kartellverbot und das Eingreifen einer Freistellung geprüft, so ist für eine Abwägung im Rahmen der *rule of reason* offenbar kein Raum mehr. Doch die neue Kartellverfahrens-VO könnte auch die entgegengesetzte Wirkung haben. Freistellungen haben einen Platz an sich nur in einem System, das auf einer Anmeldung beruht. Die Anmeldung ist erforderlich, weil die betreffende Vereinbarung gegen das Kartellverbot verstößt; der Antragsteller trägt deshalb Argumente vor, die den Verstoß rechtfertigen. In einem System, das erst *a posteriori* bei einem Verstoß eingreift, werden die an der Vereinbarung beteiligten Unternehmen naturgemäß bereits das Vorliegen eines verbotenen Kartells bestreiten. Freistellungen verlieren damit an Bedeutung. Tatsächlich gibt es keine logischen Bedenken gegen eine Geltendmachung der Argumente, die eine Freistellung rechtfertigen können, bei der Erörterung der Frage, ob ein Kartell vorliegt. Dies zeigt das Beispiel des Exklusivvertriebs. In einem auf einer Anmeldung beruhenden System werden die Beteiligten argumentieren, die Beschränkung des Wettbewerbs werde durch die Förderung des wirtschaftlichen und technischen Fortschritts und die Vorteile für die Verbraucher, die einen besseren Service erhalten, ausgeglichen. Dieselben Erwägungen können aber auch bei der Frage erörtert werden, ob überhaupt ein Kartell vorliegt. So kann argumentiert werden, die im Exklusivvertrieb liegende Beeinträchtigung des *intra-brand* Wettbewerbs werde durch

[62] Siehe zur neuen Verfahrensverordnung 1/2003 *Schmidt,* Umdenken im Kartellverfahrensrecht! – Gedanken zur Europäischen VO Nr. 1/2003, BB 2003, 1237ff.

[63] Verordnung (EG) Nr. 1/2003 des Rates vom 16. Dezember 2002 zur Durchführung der in den Artikeln 81 und 82 des Vertrags niedergelegten Wettbewerbsregeln, ABl. 2003 L 1/1.

[64] EuG v. 18. September 2001, Rs. T-112/99, Métropole télévision (M6)/Kommission; EuG v. 29. Juni 2012, Rs. T-350-09, E.ON Ruhrgas AG.und E.ON/Kommission.

[65] EuG v. 24. Mai 2012, T-111-08, MasterCard Inc./Kommission.

[66] EuG v. 23.10.2003 Rs. T-65/98 – *Van den Bergh Foods Ltd.*

eine Vergrößerung des *inter-brand* Wettbewerbs ausgeglichen. Eine entsprechende Entwicklung lässt sich in Frankreich beobachten. Das französische Kartellrecht kommt ohne Freistellungen aus und bedient sich des Instruments der *rule of reason,* um bestimmte Vereinbarungen wegen ihrer vorteilhaften Wirkungen vom Kartellverbot auszunehmen. Europäische Gruppenfreistellungsverordnungen werden im Rahmen der Anwendung der *rule of reason* als Richtlinien berücksichtigt.[67]

Da die Abschaffung der Anmeldung einen Bedeutungsverlust der Freistellung nach sich zieht, ist auf europäischer Ebene, soweit keine entgegenwirkenden Maßnahmen ergriffen werden, eine entsprechende Entwicklung zu erwarten. Zwar besteht die Gefahr, dass sich der konkrete Inhalt der *rule of reason* national unterschiedlich entwickelt, denn die neue Kartellverfahrens-VO räumt den nationalen Wettbewerbsbehörden weitgehende Befugnisse bei der Anwendung des europäischen Kartellrechts ein. Langfristig könnte es deshalb zu einer **international uneinheitlichen Anwendung des europäischen Kartellrechts** kommen. Die Gruppenfreistellungsverordnungen könnten sich jedoch im neuen System als nützliches Instrument der Harmonisierung erweisen. Außerdem sehen Art. 22 Abs. 2 GWB und Art. 3 der Verordnung 1/2003 den Vorrang von Artikel 101 AEUV vor. 23

3. Inhalt der Gruppenfreistellungsverordnungen

a) Aufbau der Gruppenfreistellungsverordnungen. Der inhaltliche Aufbau der Gruppenfreistellungsverordnungen folgte bis zum Erlass der ersten vGVO im Dezember 1999 einem weitgehend **homogenen Muster,** das durch die Ermächtigungsverordnungen des Rates bestimmt war.[68] Die früheren Verordnungen begannen mit einer **abstrakten Definition der freigestellten Vereinbarung** anhand der beteiligten Parteien bzw. des Inhalts und Gegenstandes der Vereinbarung, mit dem Ziel, die Anwendungsbereiche verschiedener Gruppenfreistellungsverordnungen voneinander abzugrenzen. Im weiteren Aufbau hatte sich in den Gruppenfreistellungsverordnungen eine Gesetzgebungstechnik etabliert, die sich durch die Aufnahme von **Listen typisierter Klauseln** auszeichnet. Im Anschluss an die Typenbeschreibung befand sich in den Gruppenfreistellungsverordnungen der ersten Generation eine Aufstellung der aufgrund der Verordnung ausdrücklich für freigestellt erklärten Klauseln, die **weiße Liste.** 24

Im Anschluss daran wurden in einer **schwarzen Liste** diejenigen Klauseln aufgeführt, welche in Vereinbarungen nicht enthalten sein dürfen, sofern sie von der Freistellung profitieren sollen. Bei Aufnahme einer schwarzen Klausel ist eine Freistellung der Vereinbarung aufgrund einer Gruppenfreistellungsverordnung von vornherein ausgeschlossen, und in diesem Fall trifft sogar die gesamte Vereinbarung – nicht nur die betroffene Vertragsklausel – die Nichtigkeits- und Verbotsfolge der Abs. 1 und 2 des ehemaligen Art. 81 EG. Zu den schwarzen Klauseln wurden im Allgemeinen auch die Beschränkungen des Anwendungsbereichs und bestimmte Unterlassungspflichten gerechnet. Aus der Kombination von weißen und schwarzen Klauseln ergab sich für die Unternehmen, die die Freistellung in Anspruch nehmen wollten, das Problem, dass sie gezwungen waren, sich auf die Aufnahme der **weißen Klauseln zu beschränken,** um sicher zu sein, dass sie in den Genuss der Gruppenfreistellung kommen. Innovative Formen von Vereinbarungen und stärker am Einzelfall orientierte Kooperationsformen wurden auf diese Weise in der Praxis ausgeschlossen, obwohl der EuGH klar festgestellt hatte, dass eine Vereinbarung keinesfalls nichtig ist, wenn 25

[67] Namentlich zur vGruppenfreistellungsverordnung Cour d'appel Paris (5. Kammer, Sektion B) v. 9.11.2000 Nr. 1998-19395, Petites Affiches, 11. April 2001, S. 15, Anm. P. Arhel; Concurrence Actualité Express, 18. Jan. 2001, Nr. 305, S. 4; Conseil de la Concurrence v. 14.6.2002 Nr. 02-D-36 Bulletin officiel de la Concurrence, de la Consommation et de la Répression des fraudes Nr. 14 v. 30.9.2002, 660, vgl. hierzu *L. Vogel,* Traité de droit économique, Tome 1, Droit de la concurrence, Ziffern 66 und 121; *L. Vogel,* European Competition Law, Ziffer 4.40 ff.

[68] Vgl. *Gleiss/Hirsch,* Kommentar zum EG-Kartellrecht (1993), Art. 85 (3), Rn. 1799.

sie nicht die Voraussetzungen einer Gruppenfreistellungsverordnung erfüllt.[69] Diese Folge der (weißen) Positivlisten (die im problematischsten Fall darüber hinaus nicht mit einer so genannten „Minusklausel" versehen waren, nach der auch weniger weitgehende Beschränkungen freigestellt werden)[70] wird als **„Zwangsjackeneffekt"** bezeichnet.[71]

26 In einigen Gruppenfreistellungsverordnungen, so z. B. in Art. 3 Abs. 1 der früheren Gruppenfreistellungsverordnung für Franchisevereinbarungen, befand sich darüber hinaus eine Liste **„grauer" Klauseln.**[72] Dabei handelte es sich um Teile von Vereinbarungen, die die Freistellung nicht berührten, sofern sie zur Durchsetzung bestimmter schutzwürdiger Interessen einer der an der Vereinbarung beteiligten Parteien **„erforderlich"** waren. Diese Regelungstechnik führt zu einer geringeren Praktikabilität von Gruppenfreistellungsverordnungen, da hierdurch zwangsläufig verstärkte Subsumtionsunsicherheiten entstehen.[73] Insbesondere nach Ausgestaltung der Franchise-Gruppenfreistellungsverordnung, deren Art. 3 Abs. 1 darüber hinaus im Fall der fehlenden Erforderlichkeit einer grauen Klausel die Freistellung der gesamten Vereinbarung ausschloss und damit ihre Nichtigkeit anordnete (also die Nachteile der schwarzen und grauen Klauseln kumulierte), begegnete dieses System unter dem Aspekt der Rechtssicherheit erheblichen Bedenken.[74]

27 Hinsichtlich des oft kritisierten[75] Alles-oder-nichts-Prinzips ist jedoch – wie der Blick auf die aktuelle vGVO Nr. 330/2010, die Spezialisierungs-Gruppenfreistellungsverordnung, die Gruppenfreistellungsverordnung für Kooperation auf dem Gebiet der Forschung und Entwicklung, die Technologietransfer-Gruppenfreistellungsverordnung, und die neue Gruppenfreistellungsverordnung für Vertriebsvereinbarungen über Automobile zeigt – ein **Wandel in der Rechtssetzungspraxis** der Kommission eingetreten. Die Kommission verfolgt nunmehr einen sogenannten **Schwarzlistenansatz** und verzichtet darauf, enge Voraussetzungen für zulässige Wettbewerbsbeschränkungen aufzustellen und belässt es beim negativen Katalog unzulässiger „Kernbeschränkungen" *(hardcore restrictions)*. Solche „Kernbeschränkungen" schließen den Rechtsvorteil der Gruppenfreistellung aus, auch wenn die Marktanteilsschwellen nicht überschritten werden. Neben diese „Kernbeschränkungen", die den früheren „schwarzen" Klauseln entsprechen, treten außerdem als zusätzliches Regelungsinstrument die **Klauselverbote einer „roten" Liste,** für die im Fall des Verstoßes eine gesetzlich vorgesehene geltungserhaltende Reduktion statt der bisherigen vollständigen Nichtigkeit der Vereinbarung gilt. Rote Klauseln sind daher zwar ähnlich wie schwarze Klauseln **mit der Freistellung nicht vereinbar** und daher nichtig und verboten, führen jedoch nicht zu einem Verlust der Freistellung für die gesamte Vereinbarung, sondern lassen die Freistellung des Vertrages oder der Absprache im Übrigen unberührt.

28 Seitdem die Verordnung 2790-1999 durch die Verordnung 330–2010 ersetzt wurde, hat die Kommission ihre Einstellung gegenüber Kernbeschränkungen gelockert. Wenn das Bestehen solcher Beschränkungen in einem Vertrag ihren wettbewerbswidrigen Charakter vermuten lässt, **ist diese Vermutung nunmehr widerlegbar.**[76] Die Freistellung wird gewährt, wenn nachgewiesen ist, dass die Aufnahme einer schwarzen Klausel in einem Vertrag Effizienzgewinne zur Folge hat und die in Art. 101 Abs. 3 AEUV festgelegten Voraussetzungen erfüllt sind. Das Verbot von Mindestpreisen, die auferlegt werden, ist auch nicht mehr absolut. Eine Preisbindung muss den Leitlinien zufolge nicht zu einer Wettbewerbsbeschränkung führen und kann Effizienzgewinne zur Folge haben.[77] Auch wenn die Auf-

---

[69] Vgl. EuGH v. 18.12.1986 – *VAG/Magne* Slg. 1986, 4071, 4088, Tz. 12.
[70] Vgl. dazu *Gleiss/Hirsch,* Kommentar zum EG-Kartellrecht (1993), Art. 85 (3), Rn. 1797.
[71] *Bechtold/Bosch/Brinker,* EU-Kartellrecht Kommentar (2014), S. 382.
[72] Vgl. dazu auch *Gleiss/Hirsch* (Fn. 68) Art. 85 (3), Rn. 1807 ff.
[73] Vgl. auch die Kritik von *Gleiss/Hirsch* (Fn. 68) Art. 85 (3), Rn. 1807.
[74] *Gleiss/Hirsch* (Fn. 68) Art. 85 (3), Rn. 1807.
[75] Vgl. z. B. *Axster* WuW 1994, 615 ff.
[76] Leitlinien für vertikale Beschränkungen, 2010-C 130-01, Punkt 47.
[77] Vgl. Leitlinien für vertikale Beschränkungen, 2010-C 130-01, Punkte 223 und 225 ff.

fassung von der Schädlichkeit solcher Klauseln weitgehend grundsätzlich bleibt, ist die Entwicklung der Meinung der Kommission signifikant.

29 Als weiteres Mittel, um die als inadäquat angesehenen Folgen des mit den „weißen" und „schwarzen" Listen verbundenen **Alles-oder-Nichts-Prinzips**[78] und des Zwangsjackeneffektes[79] abzuschwächen, befand sich in einigen früheren Gruppenfreistellungsverordnungen[80] ein so genanntes **Widerspruchsverfahren.**[81] Eine Vereinbarung, die weder in der weißen noch in der schwarzen Liste aufgeführt war, konnte unter Bezugnahme auf das Widerspruchsverfahren bei der Kommission angemeldet werden. Widersprach diese innerhalb des in der Verordnung vorgesehenen Zeitraums nicht, **galt** die betroffene (gesamte) Vereinbarung **als freigestellt.** Es handelte sich daher um eine Ausdehnung des Anwendungsbereichs der Gruppenfreistellungsverordnung auf die angemeldeten Vereinbarungen, **nicht um eine besondere Form der Einzelfreistellung.**[82]

30 **b) Anwendungsbereich der Gruppenfreistellungsverordnungen zweiter Generation und Marktanteilsschwelle.** Wie angesprochen, wurden durch die **Gruppenfreistellungsverordnung für vertikale Vertriebsvereinbarungen** im Dezember 1999 mehrere Verordnungen in einer einzigen zusammengefasst. Dadurch war der **Anwendungsbereich** dieser Verordnung schon außerordentlich **weit** und gab den von der Verordnung betroffenen Unternehmen mehr Freiheit als ihre Vorgänger-Verordnungen.[83] Die am 1. Juni 2010 in Kraft getretene Verordnung Nr. 330/2010 behält einen sehr weiten Anwendungsbereich, denn sie umfasst sämtliche vertikale Vereinbarungen über den Bezug oder Verkauf von Waren oder Dienstleistungen sowie vertikale Vereinbarungen, die Nebenabreden über die Übertragung oder Nutzung von Rechten des geistigen Eigentums enthalten. Nach Ansicht der europäischen Kommission soll den Händlern die Möglichkeit gegeben werden, den Erwartungen der Verbraucher gerecht zu werden, die überall in der Union die Möglichkeit haben sollen, Waren und Dienstleistungen zum günstigsten Preis einzukaufen.

31 Die erste Verordnung über Vertikal-Vereinbarungen beinhaltete eine Begrenzung des Anwendungsbereiches der Verordnung ausschließlich auf solche Vereinbarungen, an denen auf der Lieferantenseite ein Unternehmen beteiligt war, das über einen **Anteil von weniger als 30 %** am sachlich und räumlich relevanten Markt verfügte.[84] Die gleiche Grenze des sogenannten ***„safe harbor"*** galt im Fall von Alleinbelieferungsverpflichtungen für die Käuferseite mit entsprechender Nachfragemacht. Damit sollten Kartelle, an denen Unternehmen mit relativer Marktmacht beteiligt sind, nach wie vor einer umfassenden Präventivkontrolle unterzogen werden.

32 Nun sieht die vGVO Nr. 330/2010 seit dem 1. Juni 2010 vor, dass die Freistellung nur dann gilt, wenn der Anteil des Anbieters an dem relevanten Markt, auf dem er die Vertragswaren oder -dienstleistungen anbietet, **und** der Anteil des Abnehmers an dem relevan-

---

[78] *Axster,* Das „Alles-oder-Nichts-Prinzip" der EG-Gruppenfreistellungsverordnungen, WuW 1994, 615.

[79] Vgl. *Bechtold/Bosch/Brinker,* EU-Kartellrecht Kommentar (2014), S. 382.

[80] Vgl. Art. 4 Technologietransfer-Gruppenfreistellungsverordnung Nr. 240/96 der Kommission vom 31. Januar 1996 zur Anwendung von Artikel 85 Absatz 3 des Vertrages auf Gruppen von Technologietransfer-Vereinbarungen, ABl. 1996 L 31/2, die für Altverträge, die vor dem 1.5.2004 geschlossen wurden, bis zum 31.3.2006 in Kraft blieb; zuvor auch in Franchise-, Spezialisierungs- und F&E-Gruppenfreistellungsverordnung.

[81] Ausführlich dazu *Wiedemann,* Kommentar zu den Gruppenfreistellungsverordnungen des EWG-Kartellrechts, Band 1 (1989), 65ff. Widerspruchsverfahren fanden sich z. B. in Art. 4 der Spezialisierungs-Gruppenfreistellungsverordnung, Art. 7 der Gruppenfreistellungsverordnung für Forschung und Entwicklung und Art. 4 der Technologietransfer-Gruppenfreistellungsverordnung.

[82] *Gleiss/Hirsch,* Kommentar zum EG-Kartellrecht (1993), Art. 85 (3) Rn. 1810.

[83] *L. Vogel,* Traité de droit des affaires, Ziffer 908; *L. Vogel,* European Competition Law, Ziffer 4.51.

[84] *Ellger* in: Immenga/Mestmäcker, Wettbewerbsrecht, Bd. 1 EU/Teil 1, AEUV S. 444ff.

ten Markt, auf dem er die Vertragswaren oder -dienstleistungen bezieht, jeweils nicht mehr als 30% beträgt (Art. 3). Die Tatsache, dass die Gruppenfreistellung an eine **zweifache Marktanteilschwelle** geknüpft ist, ist sowohl für die Lieferanten wie auch für die Händler im Allgemeinen problemlos. Im ursprünglichen Entwurf sah die Kommission vor, dass der Marktanteil eines Händlers auf der Basis des nachgelagerten Marktes bzw. der nachgelagerten Märkte, auf denen er die relevanten Waren und Dienstleistungen verkauft, zu berechnen ist. Diese Berücksichtigung von lokalen Märkten hätte tatsächlich für zahlreiche Händler problematisch sein können, die für alle von ihnen vertretenen Marken die Schwelle von 30% in ihrem (ihren) Einzugsgebiet(en) überschreiten können, insbesondere beim Handel mit Neuwagen. Die Kommission hat diese Befürchtungen ernst genommen. Im Text der Verordnung Nr. 330/2010/EU wird jetzt auf den Marktanteil des Käufers auf dem Markt, auf dem er die Vertragswaren und -dienstleistungen kauft und der meist ein nationaler Markt ist, auf dem der Marktanteil der Händler deutlich unter 30% liegt, Bezug genommen.[85] Dieser „Upstream"-Markt ist meistens ein nationaler Markt und der Marktanteil des Händlers auf diesem Markt liegt fast immer unter 30%, obwohl sein lokaler Marktanteil („Downstream") viel höher sein kann.

33 Verträge, die gegen die Bestimmungen des Art. 101 Abs. 1 AEUV verstoßen, aber die mit hinreichender Sicherheit die Anwendungsvoraussetzungen des Art. 101 Abs. 3 AEUV erfüllen, sind in der Gruppe enthalten (Art. 2). Andernfalls obliegt es den Parteien, ihren Vertrag anhand der Leitlinien über vertikale Beschränkungen zu prüfen. Das Fehlen einer Liste zulässiger Beschränkungen hat zur Folge, dass sämtliche **Vereinbarungen, die keine Kernbeschränkung** und kein rotes Klauselverbot beinhalten, **zulässig** sind. Hierbei handelt es sich um eine erhebliche Flexibilisierung des früheren Systems, eine Ersetzung eines Verbots mit Erlaubnisvorbehalt („verboten ist, was nicht erlaubt ist"), durch eine Erlaubnis mit Verbotsvorbehalt („erlaubt ist, was nicht verboten ist"). Handelt es sich dabei um mit Art. 101 Abs. 3 AEUV im Einzelfall unvereinbare Beschränkungen, kommt nur eine Entziehung der Freistellung gemäß Art. 29 der Kartellverfahrens-VO (EG) Nr. 1/2003 des Rates vom 16. Dezember 2002 in Betracht.

34 Die Rückkehr zu mehr Vertragsfreiheit für Vertikalvertriebsvereinbarungen bedeutet allerdings auch einen **Verlust an Rechtssicherheit.**[86] Die Unternehmen sind darauf angewiesen, sich an den – nicht verbindlichen – Leitlinien der Kommission zu orientieren. Darüber hinaus kann die für die Anwendbarkeit der Verordnung entscheidende Frage der Bestimmung des Marktanteils bzw. der dafür erforderlichen Marktabgrenzung erhebliche Probleme bereiten, die auch durch die **Bekanntmachung** der Kommission **zur Definition des relevanten Marktes**[87] nicht vollständig ausgeräumt werden können.

35 Durch die Aufnahme des selektiven Vertriebs in den Anwendungsbereich der vGVO seit Dezember 1999 hat die Kommission einen weiteren Bereich, der von der Rechtsprechung als in wettbewerblicher Hinsicht positiv bilanziert worden war, unter ihr Freistellungsmonopol im Sinne des Artikel 101 Abs. 3 gestellt. Dies entspricht der bisherigen Politik der Kommission.[88] Es stellt sich daher die Frage, was von der ***rule of reason*** und der damit verbundenen Interpretationsmöglichkeit des den Art. 101 AEUV anwendenden Richters verbleibt. Wird das Institut der *rule of reason,* d. h. das Abwägen der wettbewerblichen Auswirkungen einer Vereinbarung, darauf beschränkt, den Anwendungsbereich der Gruppenfreistellungsverordnungen festzulegen? In diesem Zusammenhang ist auf die Rechtsprechung der *Cour d'appel* (Berufungsgericht) von Paris hinzuweisen, welches im ersten die

---

[85] *L. Vogel und J. Vogel,* Le nouveau droit de la distribution automobile, Revue Lamy droit des Affaires, sept. 2010, Nr. 52.

[86] *L. Vogel,* Traité de droit des affaires, Ziffer 908; *L. Vogel,* European Competition Law, Ziffer 4.51.

[87] Bekanntmachung der Kommission über die Definition des relevanten Marktes, ABl. 1997 C 372/5.

[88] Vgl. Rn. 7.

vGVO betreffenden Urteil einen ***bilan concurrentiel*** (Wettbewerbsbilanz) der streitgegenständlichen Klausel vorgenommen hat, obwohl der Marktanteil des Vertriebsnetzbetreibers klar unter 30% lag und es sich nicht um eine schwarze Klausel handelte.[89]

4. Leitlinien der Kommission

Die Kommission hat für die Gruppenfreistellungsverordnungen der zweiten Generation **Leitlinien,**[90] also offizielle Auslegungshilfen, erlassen, die in ihrer Tragweite die bisher von der Kommission begleitend erlassenen Bekanntmachungen[91] übertreffen. Zwar haben solche Bekanntmachungen im Konfliktfall keine Bindungswirkung für die mit der Auslegung der Verordnungen befassten Gerichte.[92] Nach dem Urteil des EuGH vom 13. Dezember 2012 in der Rechtssache „Expedia" ist folglich eine Bekanntmachung der Kommission wie die De-minimis-Bekanntmachung für die Mitgliedstaaten nicht verbindlich.[93] Solche Bekanntmachungen sollen jedoch den von den Verordnungen betroffenen Unternehmen ein höheres Maß an Rechtssicherheit verschaffen. Namentlich hinsichtlich der Verordnung Nr. 330/2010 existiert ein umfang- und detailreiches Werk von Auslegungshilfen der Kommission.[94] Diese Leitlinien entwickeln freilich unter dem Aspekt der **Selbstbindung der Verwaltung** Wirkung, da es unzulässig wäre, wenn die Kommission Vereinbarungen durch Verhängung von Bußgeldern sanktionieren würde, obwohl sie diese in ihrer eigenen Bekanntmachung als unbedenklich eingestuft hat. Die mit einem Verstoß gegen das Kartellverbot verbundene Nichtigkeit von Verträgen aufgrund von Art. 101 Abs. 2 AEUV vermag dadurch indes nicht beseitigt zu werden.[95] Im Gegensatz zur Auslegung wird die 36

[89] Vgl. Cour d'appel de Paris (5. Kammer, Sektion B) v. 9.11.2000 Nr. 1998-19395, Petites Affiches, 11. April 2001, S. 15, Anm. P. Arhel; Concurrence Actualité Express, 18. Jan. 2001, Nr. 305, S. 4.

[90] Z. B. hinsichtlich der vGruppenfreistellungsverordnung: Mitteilung der Kommission – Leitlinien für vertikale Beschränkungen, SEK/2010/0411 endg., ABl. C 2010/130, 1; früher: Bekanntmachung der Kommission, Leitlinien für vertikale Beschränkungen, ABl. 2000 C 291/1; hinsichtlich der TT-Gruppenfreistellungsverordnung: Bekanntmachung der Kommision, Leitlinien zur Anwendung von Art. 81 EG-Vertrag auf Technologietransfervereinbarungen, ABl. EG 2004 C 101/02; siehe auch den Leitfaden der Kommission über die Anwendung von Art. 81 Abs. 3 des EG-Vertrags auf Gruppen von vertikalen Vereinbarungen und aufeinander abgestimmte Verhaltensweisen im Kraftfahrzeugsektor.

[91] Vgl. Bekanntmachung der Kommission vom 13. April 1984 zu den Verordnungen (EWG) Nr. 1983/83 und (EWG) 1984/83 der Kommission vom 22. Juni 1984 über die Anwendung des Artikels 85 Absatz 3 des Vertrages auf Gruppen von Alleinvertriebs- bzw. Alleinbezugsvereinbarungen (siehe Fn. 18 und 19), ABl. 1984 C 101/2, sowie Bekanntmachung der Kommission vom 18. Januar 1985 zur Verordnung (EWG) Nr. 123/85 vom 12. Dezember 1984 über die Anwendung des Artikel 85 Absatz 3 auf Gruppen von Vertriebs- oder Kundendienstvereinbarungen im Automobilsektor, ABl. 1985 C 17/4.

[92] *Ellger* in: Immenga/Mestmäcker, Wettbewerbsrecht, Bd. I EU/Teil 1, AEUV S. 465 f.

[93] EuGH, Urt. vom 13. Dezember 2012, Rs. C-226/11, Expedia Inc. gegen Autorité de la concurrence, Ersuchen um Vorabentscheidung: Cour de Cassation – Frankreich. Diese Bekanntmachung dient nach dieser Rechtsprechung des EuGH dazu, „zu erläutern, in welcher Weise die Kommission als Wettbewerbsbehörde der Union selbst Art. 101 AEUV anwenden wird. Infolgedessen hat die Kommission durch die De-minimis-Bekanntmachung die Ausübung ihres Ermessens beschränkt und kann nicht von dieser Bekanntmachung abweichen, ohne gegen allgemeine Rechtsgrundsätze, insbesondere die Grundsätze der Gleichbehandlung und des Vertrauensschutzes, zu verstoßen. Zum anderen möchte sie den Gerichten und den Behörden der Mitgliedstaaten einen Leitfaden für die Anwendung dieses Artikels an die Hand geben" (Rn. 28). Auch aus den mit der De-minimis-Bekanntmachung verfolgten Zielen ergibt sich, so der EuGH in Rn. 27, „dass die Bekanntmachung für die Wettbewerbsbehörden und die Gerichte der Mitgliedstaaten nicht verbindlich sein soll".

[94] Mitteilung der Kommission, ABl. 2000 C 291/1; siehe aber auch die Mitteilung der Kommission zur Anwendbarkeit von Artikel 81 EG-Vertrag auf Vereinbarungen über horizontale Zusammenarbeit, ABl. 2001 C 3, die Vereinbarungen betrifft, die nicht von den horizontalen Gruppenfreistellungsverordnungen gedeckt sind.

[95] *Gleiss/Hirsch,* Kommentar zum EG-Kartellrecht, Art. 85 (3) Rn. 1794.

analoge Anwendung von Gruppenfreistellungsverordnungen allgemein für **unzulässig** gehalten.[96] Allerdings sind hier die Grenzen zwischen (notwendiger) Auslegung und (unzulässiger) Analogie fließend.[97] Die Leitlinien für vertikale Vereinbarungen sowie die für horizontale Vereinbarungen gehen über die Auslegung der Gruppenfreistellungsverordnungen erheblich hinaus. Es handelt sich um Kompendien zur Auslegung des materiellen Kartellrechts, deren praktische Bedeutung nicht zu unterschätzen ist, da sie aufgrund einer faktischen Bindung die Schaffung eines neuen Angleichungszwanges bedingen könnten.[98] Angesichts dieser Perspektiven muss darauf hingewiesen werden, dass die Kommission sich in den früheren Leitlinien zu den vertikalen Vereinbarungen gegen die Rechtsprechung des EuGH gestellt hatte. Die kartellrechtliche Beurteilung von Handelsvertreterverträgen wurde in den Ziffern 12 bis 20 der Leitlinien zur vGVO Nr. 2790/1999 vom 22. Dezember 1999 ausschließlich vom Kriterium der Risikoverteilung abhängig gemacht, welches allerdings in der EuGH-Rechtsprechung nur in Zusammenhang mit der Integration des Handelsvertreters in das Unternehmen des Geschäftsherrn in Erscheinung tritt.[99] Das EuG hat sich zur Abgrenzung sogenannter echter von unechten Handelsvertretern über die Entscheidungspraxis der Kommission und die entsprechende Definition in ihren Leitlinien unter Aufhebung der betreffenden Kommissionsentscheidung hinweggesetzt.[100] Hierdurch hat es die Grenzen des sogenannten Handelsvertreterprivilegs wesentlich weiter gezogen als bislang die Kommission.

5. Regelungswirkungen

37 Da die Gruppenfreistellungsverordnungen einer analogen Anwendung nicht zugänglich sind,[101] ist eine gründliche rechtliche Prüfung des Vorliegens ihrer Voraussetzungen im Vorfeld einer Kooperation anzuraten.

38 **a) Rechtsfolge der (Nicht-)Anwendbarkeit einer Gruppenfreistellungsverordnung.** Die an einer wettbewerbsbeschränkenden Maßnahme beteiligten Unternehmen können diese ohne weiteres vollziehen, solange sicher davon auszugehen ist, dass sie einer Gruppenfreistellung unterfällt. Ist dies nicht der Fall, setzen sich die Beteiligten indes dem **zivilrechtlichen und verwaltungsrechtlichen Sanktionsrisiko** aus, das ein Verstoß gegen Art. 101 Abs. 1 AEUV beinhaltet. Falls die an einer wettbewerbsbeschränkenden Vereinbarung oder Verhaltensabstimmung beteiligten Unternehmen **rechtsirrig** davon ausgehen, ihr wettbewerbsbeschränkendes Verhalten unterfalle einer Gruppenfreistellungsverordnung, greift das Verbot des Art. 101 Abs. 1 AEUV in vollem Umfang ein. Unter Geltung der VO Nr. 17 konnte dem Sanktionsrisiko nur durch eine vorsorgliche An–

[96] Wie hier *Gleiss/Hirsch* (Fn. 102) Art. 85 (3) Rn. 1796; *Ellger* in: Immenga/Mestmäcker, Wettbewerbsrecht Bd. I EU/Teil 1, AEUV S. 468f.; weitergehend *Wiedemann,* Kommentar zu den Gruppenfreistellungsverordnungen des EWG-Kartellrechts, Band 1 (1989), 30f.; allerdings muss darauf hingewiesen werden, dass keine Ermächtigungsverordnung den Erlass solcher Leitlinien zur Auslegung stützt.

[97] *Gleiss/Hirsch* (Fn. 102) Art. 85 (3) Rn. 1796; *Wiedemann,* Kommentar zu den Gruppenfreistellungsverordnungen des EWG-Kartellrechts, Band 1 (1989), 30f.; *Emmerich,* Kartellrecht, 13. Auflage, § 2, Rn. 17.

[98] Vgl. *Bechtold,* EG-Gruppenfreistellungsverordnungen – eine Zwischenbilanz, EWS 2001, 49, 53, der die positive und negative Wirksamkeit der Leitlinien mit der der Gruppenfreistellungsverordnungen gleichstellt.

[99] Vgl. insbesondere Leitlinien zur vGruppenfreistellungsverordnung Punkt 13; *Lange,* Handelsvertretervertrieb nach den neuen Leitlinien der Kommission EWS 2001, 18, 19; *Bechtold,* EG-Gruppenfreistellungsverordnungen – eine Zwischenbilanz, EWS 2001, 49, 53f.; *Pfeffer/Wegner,* Handelsvertreterprivileg: Vertrieb über Handelsvertreter – praktikable Ausnahme zum Kartellverbot des Art. 81 EG/§ 1 GWB, EWS 2006, 296ff.; *Nolte,* Renaissance des Handelsvertretervertriebs? – Die europäische Rechtssprechung und die Leitlinien der Kommission, WuW 2006, 253.

[100] EuG v. 15.9.2005 – Rs. T-325/01 DaimlerChrysler AG/Kommission.

[101] *Gleiss/Hirsch* (Fn. 102) Art. 85 (3) Rn. 1796.

meldung begegnet werden, da eine rückwirkende Freistellung **nur bis zum Zeitpunkt der Anmeldung** erteilt werden konnte. Seit dem Inkrafttreten der Kartellverfahrens-VO[102] am 1. Mai 2004 kommt eine vorsorgliche Anmeldung wegen der Abschaffung der Einzelfreistellung und der Einführung des Legalausnahmeprinzips nicht mehr in Betracht.

b) Rechtssicherheit. Unternehmen, die sich auf eine Gruppenfreistellungsverordnung berufen wollen, sind mit bestimmten **Unwägbarkeiten** konfrontiert. Diese können, wie bereits oben angesprochen, in der fehlenden Gewissheit bestehen, ob die betroffene Vereinbarung tatsächlich freigestellt ist, da teilweise eine Auslegung der Verordnungen, z. B. hinsichtlich ihres Anwendungsbereiches, erforderlich ist. Die **Sicherheit einer konkreten Verwaltungsentscheidung** kann durch die Anwendung einer Gruppenfreistellungsverordnung nicht erreicht werden. Im Rahmen der vGVO z. B. kann es im Bereich von Marktanteilsbestimmungen, die über die Bestimmung des Anwendungsbereichs der Verordnung entscheiden, wegen der dafür erforderlichen, häufig schwierigen sachlichen und räumlichen Marktabgrenzung im Einzelfall zu Herausforderungen für den Rechtsanwender kommen. Andererseits gewährleisten die Gruppenfreistellungsverordnungen in eindeutigen Fällen sogar eine **bessere Vorhersehbarkeit** der Zulässigkeit einer Vereinbarung. Durch die in ihnen enthaltene abstrakte Antizipation einer Vielzahl von Verwaltungsentscheidungen kann mit den Verordnungen auf eine praktikable Konkretisierung des Gesetzeswortlautes und dessen Auslegung durch die Regulierungsinstanz bereits im Stadium der Planung einer Kooperation zurückgegriffen werden. Daher ergibt sich durch die Gruppenfreistellungsverordnungen für Unternehmen auch ein **höheres Maß an vorweggenommener Transparenz** der Freistellungskriterien. 39

6. Entziehung der Freistellung

In einzelnen Fällen ist es denkbar, dass eine Gruppenfreistellungsverordnung aufgrund der mit **abstrakten Regelungen verbundenen Streuwirkung** eingreift, ohne dass die Voraussetzungen des Art. 101 Abs. 3 AEUV tatsächlich vorliegen. Um in diesen Fällen die Freistellungswirkung der Verordnung, die ohne einen exekutiven Zwischenakt – *de lege* – eintritt, auszuschließen, kommt eine **nachträgliche Entziehung** der Freistellung durch Entscheidung der Kommission gemäß Art. 288 AEUV in Betracht. Die Kartellverfahrens-VO sieht diese Möglichkeit vor (Art. 29 Abs. 1).[103] Damit steht der Kommission, unter bestimmten Umständen auch den mitgliedstaatlichen Kartellbehörden, eine Korrekturmöglichkeit in atypischen, wettbewerblich unerwünschten Fällen zur Verfügung. 40

a) Voraussetzungen. Um einer einzelnen Vereinbarung die Freistellungswirkung einer Verordnung zu entziehen bedarf es konkreter Anhaltspunkte dafür, dass die Voraussetzungen des **Art. 101 Abs. 3 AEUV** nicht erfüllt sind. Bereits das **Fehlen einer der vier kumulativen** (positiven und negativen) **Voraussetzungen** dieser Norm[104] **rechtfertigt und erfordert** ein Entziehungsverfahren.[105] 41

b) Verfahren. Die Einleitung des Entziehungsverfahrens vor der Kommission setzt keinen Antrag voraus, kann also **von Amts wegen** erfolgen. Es besteht aber für die Mitgliedstaaten und für Personen oder Personenvereinigungen, die ein berechtigtes Interesse geltend machen, die Möglichkeit, das Verfahren durch einen Antrag einzuleiten. Eine diesen Antrag ablehnende Kommissionsentscheidung unterliegt der gerichtlichen Kontrolle durch 42

---

[102] Verordnung (EG) Nr. 1/2003 des Rates vom 16. Dezember 2002 zur Durchführung der in den Artikeln 81 und 82 des Vertrags niedergelegten Wettbewerbsregeln, ABl. 2003 L 1/1.

[103] Art. 29 Abs. 1 der Verordnung (EG) Nr. 1/2003 des Rates vom 16. Dezember 2002 zur Durchführung der in den Artikeln 81 und 82 des Vertrags niedergelegten Wettbewerbsregeln, ABl. 2003 L 1/1.

[104] Vgl. Art. 81 Abs. 3 Rn 17 ff.

[105] Vgl. *Ellger* in: Immenga/Mestmäcker, Wettbewerbsrecht Bd. I EU/Teil 1, AEUV S. 476 ff.

den EuGH.[106] Eine etwaige Entziehungsentscheidung entfaltet **keine Rückwirkung** und gilt daher nur *ex nunc.*[107] Dies ergibt sich bereits aus allgemeinen Vertrauensschutzgrundsätzen, wird aber auch durch die Leitlinien der Kommission für vertikale Beschränkungen[108] unterstrichen. Die **praktische Bedeutung** des Entziehungsverfahrens ist allerdings bislang denkbar gering: Die Kommission hat vom Instrument der Entziehung der Freistellung nur in wenigen Ausnahmefällen Gebrauch gemacht.[109] Den nationalen Wettbewerbsbehörden steht ebenfalls die Befugnis der Freistellungsentziehung zu, allerdings nur dann, wenn die streitgegenständlichen Vereinbarungen, Beschlüsse von Unternehmensvereinigungen oder aufeinander abgestimmte Verhaltensweisen im Gebiet ihres jeweiligen Mitgliedstaats oder in einem Teilgebiet dieses Mitgliedstaats, „das alle Merkmale eines gesonderten räumlichen Marktes aufweist", auftreten.[110]

43 Neben dieser klassischen administrativen Kontrolle durch die Kommission hat die vGVO Nr. 330/2010 in ihrem Artikel 6 eine spezifische **legislative Möglichkeit der Freistellungsentziehung** geschaffen, welche dem Kumulativeffekt einer Vielzahl gleichartiger vertikaler Wettbewerbsbeschränkungen Rechnung trägt. Um eine einheitliche Anwendung der Gruppenfreistellung zu gewährleisten, obliegt den Behörden eine Meldepflicht gegenüber der Kommission, vor Beginn oder unverzüglich nach Einleitung der ersten förmlichen Ermittlungshandlung, sobald sie aufgrund von Artikel 101 oder Artikel 102 des Vertrags tätig werden.[111]

7. Die Gruppenfreistellungsverordnungen im Normgefüge

44 Für den Fall, dass eine Vereinbarung unter verschiedene Gruppenfreistellungsverordnungen fällt, genügt zur Annahme ihrer Freistellung die **Erfüllung der Tatbestandsvoraussetzungen nur einer** dieser **Verordnungen.**[112] Wenn die isolierte Anwendung der betroffenen Verordnungen zu keiner Freistellung führt, so können Tatbestandsmerkmale der verschiedenen Verordnungen aber nicht etwa in der Weise kombiniert werden, dass durch die teilweise Erfüllung der Voraussetzungen der einen Verordnung das Fehlen von Voraussetzungen der anderen Verordnung kompensiert wird.[113] Gruppenfreistellungsverordnungen können mit mitgliedstaatlichen Rechtssätzen in einem **Konkurrenzverhältnis** stehen.[114] Die Mitgliedstaaten sehen in ihren nationalen Rechtsordnungen ebenso wie die Europäische Union ein Verbot wettbewerbsbeschränkender Vereinbarungen und Abstimmungen zwischen Unternehmen vor. Diese Verbote sind **ihrerseits** regelmäßig **mit Ausnahmen** versehen, die sich nicht mit durch Verordnungen der Europäischen Union freigestellten Ausnahmeklauseln decken müssen. Im Konfliktfall stellt sich daher die Frage, ob eines der beiden Rechtsregime einen Vorrang beanspruchen kann. Solange das strengere Rechtsregime das des Unionsrechts ist, ist seit langem unbestritten, dass insoweit der **Vorrang des Unionsrechts** zum Zuge kommt.[115] Daher führt die Unvereinbarkeit einer Vereinbarung

[106] Bekanntmachung der Kommission über die Behandlung von Beschwerden durch die Kommission gemäß Artikel 81 und 82 EG-Vertrag, ABl. C 101 vom 27.4.2004, S. 65–77, Rn. 67 ff.

[107] *Ellger* in: Immenga/Mestmäcker, Wettbewerbsrecht Bd. I EU/Teil 1, AEUV S. 481.

[108] Leitlinien für vertikale Beschränkungen 2010-C 130-01, Punkt 77.

[109] Vgl. nur beispielhaft die Entscheidung (EWG) 93/406 der Kommission vom 23. Dezember 1992 in einem Verfahren nach Artikel 85 EWG-Vertrag gegen Langnese-Iglo GmbH (Sache IV/34 072), Amtsblatt 1993 L 183/19.

[110] Art. 29 Abs. 2 der Verordnung (EG) Nr. 1/2003 des Rates vom 16. Dezember 2002 zur Durchführung der in den Artikeln 81 und 82 des Vertrags niedergelegten Wettbewerbsregeln, ABl. 2003 L 1/1.

[111] Verordnung (EG) Nr. 1/2003, Art. 11 Abs. 3.

[112] *Ellger* in: Immenga/Mestmäcker, Wettbewerbsrecht Bd. I EU/Teil 1, AEUV S. 492 f. (Rn. 433).

[113] *Ellger* in: Immenga/Mestmäcker, Wettbewerbsrecht Bd. I EU/Teil 1, AEUV S. 492 f. (Rn. 433).

[114] Vgl. ausführlich *Kloyer,* Der Vorrang von Gruppenfreistellungsverordnungen. 1992.

[115] Vgl. zu den Normkonkurrenzen mit dem nationalen Kartellrecht auch *Schultze/Pautke/Wagener,* Vertikal-Gruppenfreistellungsverordnung, Praxiskommentar (2011), 85 ff. sowie *Wiedemann,* Kom-

mit Art. 101 AEUV unabhängig vom jeweiligen nationalen Recht gemäß Abs. 2 zur Nichtigkeit und gemäß Abs. 1 zum Verbot der Vereinbarung. Für die Fälle, in denen das nationale Recht strengere Anforderungen an die Zulässigkeit stellt als das Unionsrecht, ist zu differenzieren: Wenn bereits die Anwendung des unionsrechtlichen Kartellverbots an den **tatbestandlichen Voraussetzungen** scheitert, kann das strengere mitgliedstaatliche Recht Anwendung finden. Liegt hingegen eine (Einzel- oder Gruppen-)Freistellung vor, kommt eine Sanktion der Vereinbarung oder Abstimmung aufgrund nationalen Rechts nicht in Betracht. Den Einzel- sowie Gruppenfreistellungen liegt eine bewusste und gezielte Legalisierung eines bestimmten Verhaltens zugrunde. Das **Primat des Unionsrechts** ist daher in diesen Fällen auch auf die Ausnahmeentscheidungen zu erstrecken.[116]

Die Nichtanerkennung des Primats würde dem nationalen Recht den Vorrang vor der unionsrechtlichen Wettbewerbspolitik gewähren. Die auf dem Gebiet der vertikalen Vereinbarungen erlassenen Freistellungsverordnungen sahen seit jeher vor, dass die Verordnungen in allen ihren Elementen bindend und in jedem Mitgliedstaat direkt anwendbar sind. Die Generalstaatsanwälte haben sich auch stets klar zugunsten des Vorrangs der Freistellungsverordnungen vor den nationalen Bestimmungen des Wettbewerbsrechts ausgesprochen.[117] Die Kommission vertritt den gleichen Standpunkt. Auch in Deutschland[118] und Österreich[119] ist der Vorrang des Unionsrechts durch die höchstrichterliche Rechtsprechung anerkannt. Am 1. Mai 2004 wurde die Debatte über den Vorrang der Gruppenfreistellungsverordnungen abgeschlossen und das Vorrangprinzip hinsichtlich der Verordnungen endgültig bestätigt.[120] Die Kartellverfahrensverordnung hat sich nämlich deutlich für eine weitgehende Anwendung dieses Prinzips entschieden.[121] **45**

Die aktuelle Kartellverfahrensverordnung Nr. 1/2003 begnügt sich nicht damit, das Vorrangprinzip aufzustellen, sondern zieht ihm gewisse Grenzen. Damit das Vorrangprinzip die Anwendung des Abhängigkeitsmissbrauches (und anderer nationaler Unterbindung einseitiger Handlungen) nicht verbietet, sieht Artikel 3 Abs. 2 der Verordnung Nr. 1/2003 vor, dass „den Mitgliedstaaten durch diese Verordnung nicht verwehrt wird, in ihrem Hoheitsgebiet strengere innerstaatliche Vorschriften zur Unterbindung oder Ahndung einseitiger Handlungen von Unternehmen zu erlassen oder anzuwenden", sogar wenn ein solches Verhalten im Rahmen einer durch die GVO frei getellten Vereinbarung erfolgt. Auch im deutschen Schrifttum wird die Auffassung vertreten, dass auch unter der neuen Verordnung Nr. 1/2003 die Vorrangwirkung nicht für missbräuchliches Verhalten gilt sondern strengeres Recht (bspw. § 20 *GWB*) nach S. 2 anwendbar bleibt.[122] **46**

---

mentar zu den Gruppenfreistellungsverordnungen des EWG-Kartellrechts, Band 1 (1989), 127ff.; *Langen/Bunte,* Kartellrecht, Kommentar, Bd. 2, S. 26.

116 Im Ergebnis ebenso *Schultze/Pautke/Wagener,* Vertikal-Gruppenfreistellungsverordnung, Praxiskommentar (2011), S. 85ff.; *Gleiss/Hirsch,* Kommentar zum EG-Kartellrecht, Einleitung, Rn. 71f.

117 Vgl. die Schlussanträge des Generalstaatsanwalts Verloren Van Themaat in der Rs. Metro – SB-Großmärkte GmbH/Komm. v. 22. Okt. 1986, Rs. 75/84, und des Generalstaatsanwalts Tesauro in der Rs. Bayerische Motoren Werke AG/ALD Auto Leasing und Bundeskartellamt/Volkswagen AG und VAG Leasing GmbH v. 24. Okt. 1995, Rs. C-70/93 und C-268/93.

118 BGH v. 1.7.1976 WuW/E BGH 1455 – *BMW-Direkthändler.*

119 OGH v. 25.10.1996, 1 Ob 2362/96a EvBl 1997/71 – *Liefervertrag.*

120 Vgl. Zur Stärkung des Vorrangprinzips durch die VO 1/2003 gegenüber dem deutschen nationalen Kartellrecht und der Ausnahme des missbräuchlichen Verhaltens im Hinblick auf § 20 GWB: *Immenga/Lange,* Entwicklungen des europäischen Kartellrechts im Jahr 2003, RIW 2003, 889, 890.

121 Art. 3 Abs. 2 der Verordnung Nr. 1/2003 bestimmt: „Die Anwendung des einzelstaatlichen Wettbewerbsrechts darf nicht zum Verbot von Vereinbarungen zwischen Unternehmen, Beschlüssen von Unternehmensvereinigungen und aufeinander abgestimmten Verhaltensweisen führen, welche den Handel zwischen Mitgliedstaaten zu beeinträchtigen geeignet sind, aber den Wettbewerb im Sinne des Artikels 81 Absatz 1 des Vertrags nicht einschränken oder die Bedingungen des Artikels 81 Absatz 3 des Vertrags erfüllen oder durch eine Verordnung zur Anwendung des Artikels 81 Absatz 3 des Vertrags erfasst sind".

122 *Immenga/Lange,* Europäisches Kartellrecht 2003, RIW 2003, 889, 890.

47 Der Grundsatz des Vorrangs des Unionsrechts hat unlängst hinsichtlich eines eventuellen Konflikts zwischen dem französischen Recht gegen wettbewerbsbeschränkende Praktiken und dem europäischen Kartellrecht zu noch nicht völlig überwundenen Schwierigkeiten geführt:[123] Kann eine Klausel in einem Vertrag, der rechtsgültig durch eine Freistellungsverordnung freigestellt ist, verboten werden oder die Haftung des Lieferanten aufgrund des französischen Rechts gegen wettbewerbsbeschränkende Praktiken auslösen? Wenn man davon ausgeht, dass das Ziel des französischen Rechts gegen wettbewerbsbeschränkende Praktiken der Schutz des Wettbewerbs ist, sollte dies nicht der Fall sein. Die französische Rechtsprechung behandelt diese Frage uneinheitlich, mehrere Entscheidungen stützen sich auf das europäische Wettbewerbsrecht,[124] andere gehen davon aus, dass kein Konflikt besteht, was erstaunlich scheint, insbesondere, wenn man in Betracht zieht, dass das nationale Recht den Schutz der Wettbewerber zum Ziel hat.[125]

---

[123] *Vogel,* EU Competition Law Applicable to Distribution Agreements: Review of 2011 and Outlook for 2012, JECLAP, 2012, Nr. 3, 278 ff.

[124] Vgl. Berufungsgericht Paris, 11.5.2011, Nr. 10–03078, Garage Pierre Dubois v. DAF Trucks France und 16.6.2010, Nr. 08–04444, SA Groupe Volkswagen France v. SA Europe Garage.

[125] Cour de Cassation, Ch. Com., 8.7.2008, Nr. 07–16761 und Nr. 07–13350; Conseil Constitutionnel, 13.5.2011, Nr. 2011-126 QPC.

B. Vertikalvereinbarungen*

Übersicht

* Verordnung (EU) Nr. 330/2010 der Kommission vom 20. April 2010 über die Anwendung von Artikel 101 Absatz 3 des Vertrags über die Arbeitsweise der Europäischen Union auf Gruppen von vertikalen Vereinbarungen und abgestimmten Verhaltensweisen.

Schrifttum:

a) Gesamtdarstellungen

Bauer/de Bronett, Die EU-Gruppenfreistellungsverordnung für vertikale Wettbewerbsbeschränkungen, 2001; *Bechtold/Bosch/Brinker,* EU-Kartellrecht, Abschnitt IV A: VO 330/2010 – Gruppenfreistellung für Vertikalvereinbarungen, 3. Aufl. 2014; *Berg/Mäsch,* Deutsches und europäisches Kartellrecht, Kommentar, 2. Aufl. 2015; *Beutelmann,* Selektive Vertriebssysteme im europäischen Kartellrecht (Abhandlungen zum Recht der Internationalen Wirtschaft, Bd. 64), 2004; *Dallmann* in: Schulte/Just, Kartellrecht. GWB, Kartellvergaberecht, EU-Kartellrecht. Verordnung (EU) Nr. 330/2010 der Kommission vom 20. April 2010 über die Anwendung von Artikel 101 Absatz 3 des Vertrags über die Arbeitsweise der Europäischen Union auf Gruppen von vertikalen Vereinbarungen und abgestimmte Verhaltensweisen (Vertikal-GVO), 2012; *Ellger* in: Immenga/Mestmäcker, EU-Wettbewerbsrecht, Band 1. EU/Teil 1: Kommentar zum Europäischen Kartellrecht, III. Abschnitt AEUV. Art. 101 Abs. 3 AEUV, 5. Aufl. 2012; *ders.* a. a. O., IV. Abschnitt A. Verordnung (EU) Nr. 330/2010 der Kommission vom 20. April 2010 über die Anwendung von Artikel 101 Absatz 3 des Vertrages über die Arbeitsweise der Europäischen Union auf Gruppen von vertikalen Vereinbarungen und abgestimmten Verhaltensweisen, 5. Aufl., 2012; *Enchelmaier* in Berg/Mäsch, Deutsches und Europäisches Kartellrecht. Kommentar. Teil 2 Europäisches Recht. D. Gruppenfreistellungsverordnungen I. Gruppenfreistellungsverordnung für vertikale Vereinbarungen und abgestimmte Verhaltensweisen (GVO-VV), 2. Aufl. 2015; *Europäische Kommission,* Wettbewerbspolitik in Europa. Wettbewerbsregeln für Liefer- und Vertriebsvereinbarungen, Luxemburg 2002; *Flohr/Petsche,* Franchiserecht. Deutschland und Österreich, 2. Aufl. 2008; *Habermeier,* Gruppenfreistellungsverordnungen, in: Martinek/Semler/Habermeier/Flohr, Vertriebsrecht, 8. Kapitel § 36, III. Artikel 101 AEUV, 3. Aufl. 2010; *Honnefelder,* Gruppenfreistellungsverordnung für selektive Vertriebssysteme, 2003; *Jäger,* Vertriebsfranchising im europäischen Kartellrecht: eine Untersuchung der kartellrechtlichen Grenzen für Vertriebsfranchiseverträge vor dem Hintergrund der Gruppenfreistellungsverordnung VO 2790/1999 (FIW-Schriftenreihe Heft 205), 2005; *Jestaedt/Zöttl,* in: Münchener Kommentar. Europäisches und Deutsches Wettbewerbsrecht (Kartellrecht, Missbrauchs- und Fusionskontrolle), Band 1: Europäisches Wettbewerbsrecht Abschnitt: Gruppenfreistellungsverordnungen, A: GVO Nr. 330/2010 (Vertikal-GVO), 2. Aufl. 2015; *Kirchhoff* in: Wiedemann, Handbuch des Kartellrechts, § 11 Die Beurteilung der verschiedenen Arten von Vertriebsverträgen unter besonderer Berücksichtigung der Vertikal-GVO Nr. 330/2010 und der dazu erlassenen Leitlinien; § 13 Sonstige vertikale Beschränkungen, 3. Aufl. 2015; *Kling/Thomas,* Kartellrecht, 2007; *Klotz* in: Schröter/Jakob/Klotz/Mederer, Europäisches Wettbewerbsrecht, Großkommentar, 2. Aufl. 2014; *S. Mäger* in: Th. Mäger, Europäisches Kartellrecht (Praxis Europarecht), 3. Kapitel: Vertikale Vereinbarungen, 2006; *Mestmäcker/Schweitzer,* Europäisches Wettbewerbsrecht, § 15: Die Gruppenfreistellungsverordnung für Vertikalvereinbarungen (Vertikal-GVO), 3. Aufl. 2014; *Nebel/Schulz/Flohr,* Das Franchise-System, 4. Aufl. 2008; *Noack,* Industrielle Zulieferverträge und Artikel 81 EGV; unter besonderer Berücksichtigung der Gruppenfreistellungsverordnung für vertikale Vereinbarungen, 2004; *Nolte* in: Langen/Bunte, Kommentar zum deutschen und europäischen Kartellrecht, Band 2: Europäisches Kartellrecht, Nach Art. 101 AEUV, 12. Aufl. 2014; *Petsche/Lager,* Vertikale Vereinbarungen (Verordnung (EU) Nr. 330/2010), in: Liebscher/Flohr/Petsche, Handbuch der EU-Gruppenfreistellungsverordnungen, 2. Teil § 7, 2. Aufl. 2012; *Pohlmann,* Gruppenfreistellungen, in: Frankfurter Kommentar (FK), Art. 101 AEUV. Grundfragen des Art. 81 Abs. 3 EG, Lfg. 65 April 2008; *Rahlmeyer,* Die Gruppenfreistellungsverordnung für vertikale Wettbewerbsbeschränkungen, in: Martinek/Semler/Habermeier/Flohr, Vertriebsrecht, 8. Kapitel § 37, 3. Aufl. 2010; *Roniger,* Das neue Vertriebskartellrecht: Kurzkommentar zur vertikalen EG-Gruppenfreistellungsverordnung, 2000; *Saria,* Gruppenfreistellung nach EU-Kartellrecht, in: Liebscher/Flohr/Petsche, Handbuch der EU-Gruppenfreistellungsverordnungen, 1. Teil § 1, 2. Aufl. 2012; *Scheerer,* Rechtsfragen der Gruppenfreistellungsverordnung für vertikale Wettbewerbsbeschränkungen, (Studienreihe Wirtschaftsrechtliche Forschungsergebnisse, Bd. 37), Diss. Augsburg 2002; *Schuhmacher,* Selektiver Vertrieb (Verordnung (EU) Nr. 330/2010), in: Liebscher/Flohr/Petsche, Handbuch der EU–Gruppenfreistellungsverordnungen, 2. Teil § 8, 2. Aufl. 2012; *Schultze/Pautke/Wagener,* Die Gruppenfreistellungsverordnung für vertikale Vereinbarungen. Praxiskommentar, 3. Aufl. 2011; *Seeliger* in: Wiedemann, Handbuch des Kartellrechts, § 11 Die Beurteilung der verschiedenen Arten von Vertriebsverträgen unter besonderer Berücksichtigung der Vertikal-GVO Nr. 330/2010 und der dazu erlassenen Leitlinien; § 13 Sonstige vertikale Beschränkungen, 3. Aufl. 2015; *Simon* in: Lange, Handbuch zum deutschen und europäischen Kartellrecht, Kapitel 4: Besonderheiten bei vertikalen Vereinbarungen, 2. Aufl. 2006; *Wiedemann,* Kommentar zu den Gruppenfreistellungsverordnungen des EWG-Kartellrechts, Bd. I Allgemeiner Teil, 1989; *Wolter,* in: Frankfurter Kommentar (FK), Fallgruppen Art. 101 Abs. 1 und 3 AEUV, Abschnitt III.2: Kommentierung der VO 2790/1999, Lfg. 68 Mai 2009.

Fremdsprachliche Gesamtdarstellungen: *Banks,* Distribution Law: Antitrust Principles and Practice (Loseblatt, ab 1995); *Bellamy & Child,* European Community Law of Competition, 6. ed. (hrsg. von Roth/Rose), London 2008; *Hirsch/Montag/Säcker (Hrsg.),* Competition Law – European Community Practice and Procedure, London 2008; *Kokkoris (Hrsg.),* Competition Cases from the European Union: the Ultimate Guide to Leading Cases of the EU and all 27 Member States, London 2008; *Korah/O'Sullivan,* Distribution Agreements and EC Competition Rules, Oxford 2002; *Mendelsohn/Rose,* Guide to the EC Block Exemption for Vertical Agreements, Den Haag 2002; *OECD* Policy Roundtables: Vertical Restraints for On-line Sales, 2013; *Ritter/Braun,* European Competition Law. A Practitioner's Guide, Third Ed., Chapter IV: Vertical Restraints of Competition in Distribution and Purchasing Agreements, 2005; *Whish,* Competition Law, 5. Aufl. 2003; *Wijckmans/Tuytschaever/Vanderelst,* Vertical Agreements in EC Competition Law, Oxford 2006.

b) Neuere Einzeldarstellungen (ab 2005; zum Schrifttum bis 2004 vgl. Vorauflage):
Ahlert/Kenning/Olbrich/Schröder (Hrsg.), Vertikale Preis- und Markenpflege im Kreuzfeuer des Kartellrechts, 2012; *Akman/Hviid,* A most-favoured-customer clause with a twist, in: European competition journal, 2006, 57; *Baron,* Die Rechtsnatur der Gruppenfreistellungsverordnungen im System der Legalausnahme – ein Scheinproblem, WuW 2006, 358; *ders.,* Überlegungen zur Revision der Vertikal-Gruppenfreistellungsverordnung: Weiter so wie bisher oder Aufbruch zu neuen Ufern?, in: Festschrift für Ulrich Loewenheim 2009, S. 423 ff.; *Beutelmann,* „Die guten ins Töpfchen ..." – Zur Auswahl der zugelassenen Händler in selektiven Vertriebssystemen, ZWeR 2013, 346; *Böni,* Das Verhältnis von EU-Kartellrecht zum US Antitrust Law am Beispiel ausgewählter vertikaler Beschränkungen – Rockzipfel oder Emanzipation?, WuW 2012, 699; *Bornkamm,* Richterliche Kontrolle von Entscheidungen im deutschen und europäischen Kartellverwaltungsverfahren, ZWeR 2010, 34; *Bühlmann/Schirmbacher,* Kartellrecht und Internetvertrieb, in: Jusletter 30, Mai 2011; *Bundeskartellamt,* Vertikale Beschränkungen in der Internetökonomie. Tagung des Arbeitskreises Kartellrecht 10. Oktober 2013; *Dallmann,* Englische Klauseln nach der 7. GWB-Novelle, WRP 2006, 347; *Daventer/Rösch/Terschüren,* Abgrenzung zweiseitiger Märkte am Beispiel von Internetsuchmaschinen, NZKart 2014, 387; *de Crozals/Heinen,* Der Entwurf der neuen Gruppenfreistellungsverordnung für Vertikalvereinbarungen und der neuen Leitlinien für vertikale Beschränkungen – die wesentlichen Änderungen, EWS 2009, 503; *Derlin,* Vertriebslizenzen und Vertragshändlerverträge. Kartell- und haftungsrechtliche Relevanz der Abgrenzung (Geistiges Eigentum und Wettbewerb), 2009; *Dethof,* Die Beschränkung des Internetvertriebs der Händler nach Pierre Fabre, ZWeR 2012, 503; *Ehricke/Pellmann,* Zur EG-kartellrechtlichen Bewertung der Unzulässigkeitskriterien langfristiger Gaslieferungsverträge, WuW 2005, 1104; *Eilmansberger,* Neues zum Handelsvertreterprivileg: Das DaimlerChrysler-Urteil, ZWeR 2006, 64; *Ellenrieder,* Das Totalverbot des Internetvertriebs im selektiven Vertrieb als bezweckte Wettbewerbsbeschränkung, WRP 2012, 141; *Emde,* Die Unzulässigkeit längerer als fünfjähriger Wettbewerbsverbote in Vertragshändlerverträgen (Art. 81 Abs. 1, 2 EG i. V. m. Art. 5 lit. a GVO 2790/99), WRP 2005, 1492; *ders.,* Anspruch von Vertriebsmittlern auf Zugang zum Vertriebssystem eines Unternehmens – Kontrahierungsanspruch, Belieferungsanspruch und ihr Verhältnis zum Schadenersatzanspruch, NZKart 2013, 355; *Ensthaler/Gesmann-Nuissl,* Die rechtliche Stellung des Handelsvertreters innerhalb der Kfz-Vertriebssysteme, EuZW 2006, 167; *Ewald,* Preisbindung, Preisempfehlung und Kartellverbot aus ökonomischer Sicht, in: Schwerpunkte des Kartellrechts 2009/2010 (FIW-Seminar 37, 2009), 2011, S. 65; *Fiebig,* Meistbegünstigungs- und Preisparitätsklauseln im Internetvertrieb, NZKart 2014, 122; *Franck,* Europäisches Absatzrecht. Schriften zum Europäischen und Internationalen Privat-, Bank- und Wirtschaftsrecht, 2006; *Fuchs,* Die Gruppenfreistellungsverordnung als Instrument der europäischen Wettbewerbspolitik im System der Legalausnahme, ZWeR 2005, 1; *Funke/Just,* Die neue Gruppenfreistellungsverordnung für vertikale Verträge. Neue Wettbewerbsregeln für Liefer- und Vertriebsvereinbarungen?, KSzW 03.2010 I 151; *Galle,* Bestpreisklauseln von Hotelportalen und Kartellrecht, WuW 2014, 587; *Gehring,* Die Field of Use-Klausel – Verwertungsbeschränkungen im europäischen Kartellrecht, EWS 2007, 160; *Gey/Kamann,* The assessment of minimum resale price maintenance in Europe in the aftermath of Leegin, ZWeR 2008, 208; *Gorrie,* Competition between branded and private label goods: do competition concerns arise when a customer is also a competitor?, in: ECLR 2006, 217; *Haslinger,* Wie weit ist der Ausschluss moderner Vertriebsformen beim selektiven Vertrieb möglich?, WRP 2009, 279; *dies.,* Freistellung quantitativer Vertriebsbindungssysteme – ein Freibrief für Willkür des Depotkosmetik-Herstellers?, WRP 2007, 926; *Herr,* Neue EU-

Wettbewerbsregeln für Technologietransfer-Vereinbarungen (Frankfurter wirtschaftsrechtliche Studien Bd. 80), 2006; *Herrlinger,* Zur Auslegung der „Beschränkung der Kundengruppe" in Art. 4 lit. b Vertikal-GVO, NZKart 2014, 92; *Hildebrand,* Economic Analysis of Vertical Agreements. A Self-assessment (International Competition Law Series 17), 2005; *Hirsbrunner/Schwarz,* Die Vereinbarkeit von einseitigen Maßnahmen eines Herstellers gegenüber seinen Händlern mit dem Kartellverbot, in: Recht und Wettbewerb. Festschrift für Rainer Bechtold zum 65. Geburtstag, 2006, S. 171; *Inderst,* Preise als Qualitätssignal: Implikationen für das Preisbindungsverbot und seine Durchsetzung, WuW 2014, 456; *Kapp/Andresen,* Der Handelsvertreter im Strudel des Kartellrechts, BB 2006, 2253; *ders.,* Das Wettbewerbsverbot des Handelsvertreters: Korrekturbedarf bei den Vertikal-Leitlinien der Kommission?, WuW 2007, 1218; *Kasten,* Vertikale (Mindest-)Preisbindung im Lichte des „more economic approach". Neuorientierung der Behandlung von Preisbindungen im deutschen und EG-Kartellrecht?, WuW 2007, 994; *Kirchhain,* Die Anwendung der Vertikal-GVO auf innerstaatliche Wettbewerbsbeschränkungen nach der 7. GWB-Novelle, 2007; *dies.,* Die Gestaltung von innerstaatlich wirkenden Vertriebsverträgen nach der 7. GWB-Novelle, WuW 2008, 167; *Kirsch,* Kann das Kartellrecht E-commerce kontrollieren? Eine rechtsvergleichende Analyse nach US- und EU-Kartellrecht, WuW 2005, 986; *Klauß/Seeliger,* Auswirkungen der neuen Vertikal-GVO und Vertikal-Leitlinien auf den Internetvertrieb, GWR 2010, 233; *Koch,* Zivilrechtliche Probleme vertikaler Wettbewerbsbeschränkungen nach europäischem und deutschem Recht, in: Recht und spontane Ordnung. Festschrift für Mestmäcker zum achtzigsten Geburtstag, 2006, S. 285; *Kreutzmann,* Neues Kartellrecht und geistiges Eigentum, WRP 2006, 453; *Lettl,* Informationsaustausch über die Preisgestaltung als vertikale Wettbewerbsbeschränkung, WRP 2013, 1272; *ders.,* Die neue Vertikal-GVO (EU Nr. 330/2010). Unter Einbeziehung der Änderungen der Vertikal-Leitlinien im Hinblick auf den Internetvertrieb insbesondere in selektiven Vertriebssystemen, WRP 2010, 807; *Lin,* Die sog. „englische Klausel" in Bezugsbindungsverträgen und ihre Behandlung im europäischen und deutschen Kartellrecht (Beiträge zum europäischen Wirtschaftsrecht Bd. 41), 2006; *Lohse,* Drittplattformverbote: Kernbeschränkungen des Internetvertriebs?, WuW 2014, 120; *Lubberger,* Plattformverbote verboten?, WRP 2015, 14; *Mäger/von Schreitter,* Vertikale Wettbewerbsbeschränkungen und das Internet: Schutz des Verbrauchers oder Behinderung effizienter Vertriebsstrukturen?, NZKart 2015, 62; *Malec/von Bodungen,* Die neue Vertikal-GVO und ihre Auswirkungen auf die Gestaltung von Liefer- und Vertriebsverträgen, BB 2010, 2383; *Mayr,* Internetvertrieb und Kartellrecht. Die EG-kartellrechtliche Beurteilung der Integration des Internetvertriebs in herkömmliche Vertriebssysteme (Schriften des Augsburg Center for Global Economic Law and Regulation Bd. 3), Diss. Augsburg 2005; *Nolte,* Renaissance des Handelsvertreter-Vertriebs?, WuW 2006, 252; *ders.,* Das „kartellrechtliche Schisma" zwischen Kommission und Gerichtshof nach der GVO 1400/2002: die Frage der Anwendbarkeit von Art. 81 EG auf Handelsvertreterverhältnisse am Beispiel des Kfz-Vertriebs, in: Recht und Wettbewerb. Festschrift für Rainer Bechtold zum 65. Geburtstag, 2006, S. 357; *Omlor,* Kartellrechtliche Perspektiven des Neuwagenselektivvertriebs: Parallelimporte, Markenexklusivität und Internetvertrieb, EuZW 2014, 932; *Peeperkorn/Heimann,* Keine Neuigkeiten für Drittplattformverbote. Die Bedeutung des „Pierre Fabre"-Urteils des EuGH für den Online-Vertrieb, GRUR 2014, 1175; *Pfeffer/Wegner,* Handelsvertreterprivileg: Vertrieb über Handelsvertreter – praktikable Ausnahme zum Kartellverbot des Art. 81 EG/§ 1 GWB?, EWS 2006, 296; *Pichler,* Verbot des Vertriebs über Internetplattformen Dritter im Rahmen des qualitativ-selektiven Vertriebs – zugleich Anmerkungen zum Urteil des KG „Schulranzen", NZKart 2014, 47; *Pischel,* Der Internetvertrieb nach der neuen Schirm-Gruppenfreistellungsverordnung für den Vertikalvertrieb und deren Leitlinien, GRUR 2010, 972; *Pohlmann,* Keine Bindungswirkung von Bekanntmachungen und Mitteilungen der Europäischen Kommission, WuW 2005, 1005; *Rheinländer,* Schadensersatz bei diskriminierender Lieferverweigerung – Klage auf Zulassung zum Vertriebssystem bei Verstoß gegen Art. 81 EGV, WRP 2007, 501; *ders.,* Beschränkung des Internet-Einzelhandels in selektiven Vertriebssystemen nach Art. 81 EGV, WRP 2005, 285; *Rittner,* Irrungen und Wirrungen im europäischen Handelsvertreter-Kartellrecht, ZWeR 2006, 331; *ders.,* Das EuG und das europäische Handelsvertreter-Kartellrecht. Anmerkungen zum Cepsa-Urteil des EuG, WuW 2007, 365; *Roitman,* Legal Uncertainty for vertical distribution agreements: the block exemption Regulation 2790/1999 („BER") and related aspects of the new Regulation 1/2003, ECLR 2006, 261; *Rösner,* Aktuelle Probleme der Zulässigkeit von Selektivvertriebssystemen vor dem Hintergrund der Reform der Vertikal-GVO, WRP 2010, 1114; *Rudowicz,* Plattformverbote in selektiven Vertriebssystemen: Kritische Auseinandersetzung mit dem Urteil des KG in der Sache Sternjakob, NZKart 2014, 253; *Ruppert,* Die neue Vertikal-GVO: Eine kritische Analyse der Änderungsvorschläge der Kommission und ihrer Umsetzung, 2013; *Schefer,* Das Verbot der vertikalen Preisbindung. Eine betriebswirtschaftliche Analyse am Beispiel der Lebensmittelbranche (Diss. Münster 2013), 2013; *Schlimpert,* „Verstärkte Kooperation für mehr Wettbewerb – Französische, italienische und schwedische Wettbewerbshüter nehmen Verpflichtungszusagen von Booking an, ZWeR 2015, 134; *Schmitt,* Kartellrechtliche Beurteilung von Kundenschutzklauseln in Austauschverträgen, WuW 2007, 1096;

Schulte, Preisbindung in Verbundgruppen, WRP 2005, 1500; *Schütz,* Gruppenfreistellungsverordnungen im System der unmittelbaren und integralen Anwendung des Artikels 81 EGV, in: Recht und Wettbewerb. Festschrift für Rainer Bechtold zum 65. Geburtstag, 2006, S. 455; *Soyez,* Die kartellrechtliche Beurteilung von Meistbegünstigungsklauseln im Lichte der HRS-Entscheidung des BKartA, NZKart 2014, 447; *Stöber,* Nach dem Vertriebsweg differenzierende Rabattsysteme im Lichte des europäischen Kartellrechts, WRP 2014, 1151; *Tamke,* Kartellrechtliche Beurteilung als Bestpreisklauseln von Internetplattformen, WuW 2015, 594; *Thoma,* Absatzzielvereinbarungen in selektiven Vertriebssystemen: Nach BGH Az. KZR 28/03 noch erlaubt?, WRP 2005, 1132; *Thomas,* Grundsätze zur Beurteilung vertikaler Wettbewerbsverbote. Die Neubestimmung durch das Subunternehmer II-Urteil des BGH, WuW 2010, 177; *Toncar,* Die Rule of Reason-Analyse vertikaler Mindestpreisbindungen im US-Kartellrecht (Wirtschaftsrecht und Wirtschaftspolitik Bd. 266), 2013; *Veelken,* Kombination von Alleinvertrieb und selektivem Vertrieb in den „vertikalen" EG-Gruppenfreistellungsverordnungen, in: Recht und spontane Ordnung. Festschrift für Mestmäcker zum achtzigsten Geburtstag, 2006, S. 487; *Velte,* Verbot des Vertriebs von Produkten über das Internet als Wettbewerbsbeschränkung, EuZW 2012, 19; *Walter,* Die „besten Preise" im Fokus – Renaissance von Meistbegünstigungsklauseln im Internet im Licht des deutschen und europäischen Kartellrechts, ZWeR 2015, 157; *Wegner/Pfeffer,* Kartellverbot bei Alleinvertriebsvertrag zwischen Lieferanten und Tankstellenbetreiber, EuZW 2007, 150; *Wiemer,* Informationsaustausch im Vertikalverhältnis – Berichtspflichten des Vertragshändlers im Spannungsverhältnis zwischen Kartellrecht und HGB, WuW 2009, 750.

Erwägungsgründe

DIE EUROPÄISCHE KOMMISSION –

gestützt auf den Vertrag über die Arbeitsweise der Europäischen Union,

gestützt auf die Verordnung Nr. 19/65/EWG des Rates vom 2. März 1965 über die Anwendung von Artikel 85 Absatz 3 des Vertrages auf Gruppen von Vereinbarungen und aufeinander abgestimmten Verhaltensweisen,[1] insbesondere auf Artikel 1,

nach Veröffentlichung des Entwurfs dieser Verordnung,

nach Anhörung des Beratenden Ausschusses für Kartell- und Monopolfragen,

in Erwägung nachstehender Gründe:

(1) Nach der Verordnung Nr. 19/65/EWG ist die Kommission ermächtigt, Artikel 101 Absatz 3 des Vertrages über die Arbeitsweise der Europäischen Union[2] durch Verordnung auf Gruppen von vertikalen Vereinbarungen und entsprechenden abgestimmten Verhaltensweisen anzuwenden, die unter Artikel 101 Absatz 1 AEUV fallen.

(2) Verordnung (EG) Nr. 2790/1999 der Kommission vom 22. Dezember 1999 über die Anwendung von Artikel 81 Absatz 3 des Vertrages auf Gruppen von vertikalen Vereinbarungen und aufeinander abgestimmten Verhaltensweisen[3] definiert eine Gruppe von vertikalen Vereinbarungen, die nach Auffassung der Kommission in der Regel die Voraussetzungen des Artikels 101 Absatz 3 AEUV erfüllen. Angesichts der insgesamt positiven Erfahrungen mit der Anwendung der genannten Verordnung, die am 31. Mai 2010 außer Kraft tritt und angesichts der seit ihrem Erlass gesammelten Erfahrungen sollte eine neue Gruppenfreistellungsverordnung erlassen werden.

(3) Die Gruppe von Vereinbarungen, die in der Regel die Voraussetzungen des Artikels 101 Absatz 3 AEUV erfüllen, umfasst vertikale Vereinbarungen über den Bezug oder Verkauf von Waren oder Dienstleistungen, die zwischen nicht miteinander im Wettbewerb stehenden Unternehmen, zwischen bestimmten Wettbewerbern sowie von bestimmten Vereinigungen des Wareneinzelhandels geschlossen werden; diese Gruppe umfasst ferner

---

[1] ABl. 36 vom 6.3.1965, S. 533.

[2] Mit Wirkung vom 1. Dezember 2009 ist an die Stelle des Artikels 81 EG-Vertrag der Artikel 101 des Vertrags über die Arbeitsweise der Europäischen Union (AEUV) getreten. Artikel 81 EG-Vertrag und Artikel 101 AEUV sind im Wesentlichen identisch. Im Rahmen dieser Verordnung sind Bezugnahmen auf Artikel 101 AEUV als Bezugnahmen auf Artikel 81 EG-Vertrag zu verstehen, wo dies angebracht ist.

[3] ABl. L 336 vom 29.12.1999, S. 21.

vertikale Vereinbarungen, die Nebenabreden über die Übertragung oder Nutzung von Rechten des geistigen Eigentums enthalten. Der Begriff „vertikale Vereinbarungen" sollte entsprechende abgestimmte Verhaltensweisen umfassen.

(4) Für die Anwendung von Artikel 101 Absatz 3 AEUV durch Verordnung ist es nicht erforderlich, die vertikalen Vereinbarungen zu definieren, die unter Artikel 101 Absatz 1 AEUV fallen können. Bei der Prüfung einzelner Vereinbarungen nach Artikel 101 Absatz 1 AEUV sind mehrere Faktoren, insbesondere die Marktstruktur auf der Angebots- und Nachfrageseite, zu berücksichtigen.

(5) Die durch diese Verordnung bewirkte Gruppenfreistellung sollte nur vertikalen Vereinbarungen zugute kommen, von denen mit hinreichender Sicherheit angenommen werden kann, dass sie die Voraussetzungen des Artikels 101 Absatz 3 AEUV erfüllen.

(6) Bestimmte Arten von vertikalen Vereinbarungen können die wirtschaftliche Effizienz innerhalb einer Produktions- oder Vertriebskette erhöhen, weil sie eine bessere Koordinierung zwischen den beteiligten Unternehmen ermöglichen. Insbesondere können sie dazu beitragen, die Transaktions- und Vertriebskosten der beteiligten Unternehmen zu verringern und deren Umsätze und Investitionen zu optimieren.

(7) Die Wahrscheinlichkeit, dass derartige effizienzsteigernde Auswirkungen stärker ins Gewicht fallen als etwaige von Beschränkungen in vertikalen Vereinbarungen ausgehende wettbewerbswidrige Auswirkungen, hängt von der Marktmacht der an der Vereinbarung beteiligten Unternehmen ab und somit von dem Ausmaß, in dem diese Unternehmen dem Wettbewerb anderer Anbieter von Waren oder Dienstleistungen ausgesetzt sind, die von ihren Kunden aufgrund ihrer Produkteigenschaften, ihrer Preise und ihres Verwendungszwecks als austauschbar oder substituierbar angesehen werden.

(8) Solange der auf jedes an der Vereinbarung beteiligten Unternehmen entfallende Anteil am relevanten Markt jeweils 30% nicht überschreitet, kann davon ausgegangen werden, dass vertikale Vereinbarungen, die nicht bestimmte Arten schwerwiegender Wettbewerbsbeschränkungen enthalten, im Allgemeinen zu einer Verbesserung der Produktion oder des Vertriebs und zu einer angemessenen Beteiligung der Verbraucher an dem daraus entstehenden Gewinn führen.

(9) Oberhalb dieser Marktanteilsschwelle von 30% kann nicht davon ausgegangen werden, dass vertikale Vereinbarungen, die unter Artikel 101 Absatz 1 AEUV fallen, immer objektive Vorteile mit sich bringen, die in Art und Umfang ausreichen, um die Nachteile auszugleichen, die sie für den Wettbewerb mit sich bringen. Es kann allerdings auch nicht davon ausgegangen werden, dass diese vertikalen Vereinbarungen entweder unter Artikel 101 Absatz 1 AEUV fallen oder die Voraussetzungen des Artikels 101 Absatz 3 AEUV nicht erfüllen.

(10) Diese Verordnung sollte keine vertikalen Vereinbarungen freistellen, die Beschränkungen enthalten, die wahrscheinlich den Wettbewerb beschränken und den Verbrauchern schaden oder die für die Herbeiführung der effizienzsteigernden Auswirkungen nicht unerlässlich sind; insbesondere vertikale Vereinbarungen, die bestimmte Arten schwerwiegender Wettbewerbsbeschränkungen enthalten, wie die Festsetzung von Mindest- oder Festpreisen für den Weiterverkauf oder bestimmte Arten des Gebietsschutzes, sollten daher ohne Rücksicht auf den Marktanteil der beteiligten Unternehmen von dem mit dieser Verordnung gewährten Rechtsvorteil der Gruppenfreistellung ausgeschlossen werden.

(11) Die Gruppenfreistellung sollte an bestimmte Bedingungen geknüpft werden, die den Zugang zum relevanten Markt gewährleisten und Kollusion auf diesem Markt vorbeugen. Zu diesem Zweck sollte die Freistellung von Wettbewerbsverboten auf Verbote mit einer bestimmten Höchstdauer beschränkt werden. Aus demselben Grund sollten alle unmittelbaren oder mittelbaren Verpflichtungen, die die Mitglieder eines selektiven Vertriebs-

systems veranlassen, die Marken bestimmter konkurrierender Anbieter nicht zu führen, vom Rechtsvorteil dieser Verordnung ausgeschlossen werden.

(12) Durch die Begrenzung des Marktanteils, den Ausschluss bestimmter vertikaler Vereinbarungen von der Gruppenfreistellung und die nach dieser Verordnung zu erfüllenden Voraussetzungen ist in der Regel sichergestellt, dass Vereinbarungen, auf die die Gruppenfreistellung Anwendung findet, den beteiligten Unternehmen keine Möglichkeiten eröffnen, den Wettbewerb für einen wesentlichen Teil der betreffenden Produkte auszuschalten.

(13) Nach Artikel 29 Absatz 1 der Verordnung (EG) Nr. 1/2003 des Rates vom 16. Dezember 2002 zur Durchführung der in den Artikeln 81 und 82 des Vertrags niedergelegten Wettbewerbsregeln[4] kann die Kommission den Rechtsvorteil der Gruppenfreistellung entziehen, wenn sie in einem bestimmten Fall feststellt, dass eine Vereinbarung, für die die Gruppenfreistellung nach dieser Verordnung gilt, dennoch Wirkungen hat, die mit Artikel 101 Absatz 3 AEUV unvereinbar sind.

(14) Die mitgliedstaatlichen Wettbewerbsbehörden können, nach Artikel 29 Absatz 2 der Verordnung (EG) Nr. 1/2003 den aus dieser Verordnung erwachsenden Rechtsvorteil für das Hoheitsgebiet des betreffenden Mitgliedstaats oder einen Teil dieses Hoheitsgebiets entziehen, wenn in einem bestimmten Fall eine Vereinbarung, für die die Gruppenfreistellung nach dieser Verordnung gilt, dennoch im Hoheitsgebiet des betreffenden Mitgliedstaats oder in einem Teil dieses Hoheitsgebiets, das alle Merkmale eines gesonderten räumlichen Marktes aufweist, Wirkungen hat, die mit Artikel 101 Absatz 3 AEUV unvereinbar sind.

(15) Bei der Entscheidung, ob der aus dieser Verordnung erwachsende Rechtsvorteil nach Artikel 29 der Verordnung (EG) Nr. 1/2003 entzogen werden sollte, sind die wettbewerbsbeschränkenden Wirkungen, die sich daraus ergeben, dass der Zugang zu einem relevanten Markt oder der Wettbewerb auf diesem Markt durch gleichartige Auswirkungen paralleler Netze vertikaler Vereinbarungen erheblich eingeschränkt werden, von besonderer Bedeutung. Derartige kumulative Wirkungen können sich etwa aus selektiven Vertriebssystemen oder aus Wettbewerbsverboten ergeben.

(16) Um die Überwachung paralleler Netze vertikaler Vereinbarungen zu verstärken, die gleichartige wettbewerbsbeschränkende Auswirkungen haben und mehr als 50% eines Marktes abdecken, kann die Kommission durch Verordnung erklären, dass diese Verordnung auf vertikale Vereinbarungen, die bestimmte auf den betroffenen Markt bezogene Beschränkungen enthalten, keine Anwendung findet, und dadurch die volle Anwendbarkeit von Artikel 101 AEUV auf diese Vereinbarungen wiederherstellen –

HAT FOLGENDE VERORDNUNG ERLASSEN:

Einführung

1. Sinn und Zweck der Vertikal-GVO

1 **a) Grundlegende Neuorientierung der europäischen Wettbewerbskontrolle.** Die Neuregelung der vertikalen Wettbewerbsbeschränkungen im Jahr 1999 war der erste Schritt der Europäischen Kommission („Kommission") zu der mit der VO 1/2003 weitgehend abgeschlossenen **grundlegenden Reform des europäischen Wettbewerbsrechts.** Leitlinie dieser Reform war der sog. „more economic approach": die Kommission strebte bei der Kontrolle von Wettbewerbsbeschränkungen eine Neuorientierung an, die sich stärker an den grundlegenden ökonomischen Bewertungen und Kriterien ausrichtet. Für den Bereich der vertikalen Wettbewerbsbeschränkungen wollte sie die Kontrolle darüber hinaus

[4] ABl. L 1 vom 4.1.2003, S. 1.

durch die Dezentralisierung des Vollzugs insgesamt effizienter gestalten; zugleich sollten unnötige bürokratische Belastungen der Unternehmen und der Wettbewerbsbehörden abgebaut werden.

Die Neuregelung der vertikalen Wettbewerbsbeschränkungen erfolgte nach mehrjährigen Vorarbeiten schließlich durch die Verordnung (EG) Nr. 2790/1999 der Kommission vom 22. Dezember 1999 („Vertikal-GVO").[5] Gegenüber dem bis dahin geltenden Rechtszustand brachte sie vor allem in drei Bereichen **wesentliche Veränderungen:** 2

- Anstelle mehrerer spezieller Regelungen für einzelne Typen vertikaler Wettbewerbsbeschränkungen regelt die Vertikal-GVO umfassend (nahezu) alle Formen von vertikalen Wettbewerbsbeschränkungen **(„Schirm-GVO").** Anders als bei den speziellen Vorgängerverordnungen für Alleinvertriebsvereinbarungen,[6] Alleinbezugsvereinbarungen[7] und Franchise-Vereinbarungen[8] ist dadurch eine **umfassende Freistellung** für (nahezu) alle Formen von vertikalen Wettbewerbsbeschränkungen verwirklicht. Wichtige Formen von Vertriebssystemen wie der **selektive Vertrieb** sind auf diese Weise erstmals in einer Gruppenfreistellungsverordnung erfasst. Darüber hinaus kann sie problemlos auch auf **Mischformen** oder weiterentwickelte Formen von Vertriebssystemen[9] angewandt werden.
- Die Vertikal-GVO verzichtet auf die früher üblichen zwingenden Vorgaben für die Ausgestaltung wettbewerbsbeschränkender Vereinbarungen, die von den Unternehmen in die Verträge aufgenommen werden mussten, um in den Genuss der Freistellung zu kommen **(weiße Klauseln),** und beschränkt sich stattdessen auf die Festlegung von sogenannten **schwarzen Klauseln** und Bedingungen, bei denen eine Freistellung (insgesamt oder teilweise) ausgeschlossen ist. Sie vermeidet auf diese Weise den mit den weißen Klauseln verbundenen **„Zwangsjackeneffekt".**
- Anstelle der früher überwiegend formaljuristischen Kriterien knüpft die Freistellung stärker an wirtschaftlichen Kriterien an **(wirtschaftliche Betrachtungsweise).** Dies ist die wohl wichtigste Änderung für die Anwendung und Auslegung der Vertikal-GVO.[10] Die Gleichbehandlung von vertikalen und horizontalen Wettbewerbsbeschränkungen in Art. 101 AEUV – die aus integrationspolitischen Gesichtspunkten gerechtfertigt war – trägt nicht dem unterschiedlichen **wettbewerbspolitischen Gefährdungspotenzial** Rechnung, das von diesen Wettbewerbsbeschränkungen ausgeht. Während horizontale Wettbewerbsbeschränkungen angesichts der Kumulierung von Angebots- oder Nachfragepotenzialen der Wettbewerber und dem damit verbundenen Verlust an Wettbewerbsintensität im Regelfall eine erhebliche Verminderung des Wettbewerbs zu Lasten der Marktgegenseite darstellen, trifft dies auf vertikale Wettbewerbsbeschränkungen nicht in allgemeiner Form zu.[11] Ihre wettbewerbliche Schädlichkeit hängt vor allem davon ab, inwieweit durch die vertikalen Vereinbarungen eine mögliche Marktverschließung bewirkt werden kann. Dafür wiederum ist die **Marktmacht der beteiligten Unternehmen** ein wesentlicher Faktor. In den Erwägungsgründen wird dies ausdrücklich hervor-

[5] ABl. EG 1999 Nr. L 336/21, geändert durch die Beitrittsakte zur Osterweiterung der EU, ABl. 2003 Nr. L 236/344.

[6] VO (EWG) Nr. 1983/83, ABl. EG 1983 Nr. L 173/1.

[7] VO (EWG) Nr. 1984/83, ABl. EG 1983 Nr. L 173/5.

[8] VO (EWG) Nr. 4087/88, ABl. EG 1988 Nr. L 359/46.

[9] Vgl. *Bauer/de Bronett,* Vertikal-GVO Rn. 86. In den Leitlinien Rn. 105 weist die Kommission ausdrücklich darauf hin, dass vertikale Vereinbarungen eine Kombination verschiedener vertikaler Beschränkungen enthalten können.

[10] Auch in der „Erklärung des Rates zu den wesentlichen Elementen der neuen Wettbewerbspolitik in Bezug auf vertikale Vereinbarungen" (vgl. Protokoll in Dok. 7566/99 (PRESSE 123) vom 29.4. 1999) wird die Anwendung von wirtschaftlichen Kriterien gefordert (vgl. Ziffer 2, 1. Absatz).

[11] Dies war in Erwägungsgrund 5 der Vertikal-GVO 2799/199 ausdrücklich erwähnt. Im Grundsatz stimmt dies mit der Bewertung von vertikalen Wettbewerbsbeschränkungen im US-Recht überein; vgl. Erläuterungen zu Art. 4 Rn. 196.

gehoben.[12] Die neue Konzeption kommt insbesondere in der Marktanteilsgrenze von 30% des Art. 3 zum Ausdruck. Auch die Liste der schwarzen Klauseln in Art. 4 berücksichtigt stärker als die früheren Regelungen das wettbewerbliche Gefährdungspotential der betreffenden vertikalen Wettbewerbsbeschränkungen und insbesondere mögliche Marktverschließungseffekte.

3 In ihren Auswirkungen ist die europäische Regelung für vertikale Wettbewerbsbeschränkungen **der Missbrauchsaufsicht** des früheren deutschen Rechts **stark angenähert.** Das Schwergewicht der Kontrolle liegt in der Verhinderung von möglichen Diskriminierungs- und Marktabschottungseffekten durch marktbeherrschende oder marktmächtige Unternehmen. In der Substanz bleibt aber durch die Vertikal-GVO das in Art. 101 Abs. 1 EG normierte **Verbotsprinzip für Wettbewerbsbeschränkungen** gewahrt.

4 Das neue System der Gruppenfreistellung in der VO 2790/1999 hat sich nach Einschätzung der Kommission **grundsätzlich bewährt.**[13] Bei der im Jahr 2010 notwendigen Nachfolgeregelung standen daher keine grundsätzlichen Änderungen zur Debatte. Wohl aber wollte die Kommission wichtigen Marktentwicklungen der letzten Jahre Rechnung tragen. Dazu zählte sie vor allem die gewachsene Nachfragemacht großer Handelsunternehmen.[14] In der **neuen Gruppenfreistellungsverordnung (EU) Nr. 330/2010**[15] ist deshalb die Marktanteilsschwelle in Art. 3 Abs. 1, die bisher im Grundsatz nur für die Anbieter galt, auf die Abnehmer ausgeweitet worden **(„doppelte Marktanteilsschwelle").** Wichtige Änderungen enthalten darüber hinaus die **neuen Vertikal-Leitlinien**[16] insbesondere für den **Internet-Vertrieb**. Außerdem sind typische neuere Vertriebsformen, das Produktgruppen-Management **(„Category Management")** und Vorauszahlungen für den Zugang zu Vertriebsstrukturen in die Leitlinien aufgenommen worden (Rn. 209ff. bzw. Rn. 203ff.). Schließlich hat die Kommission teilweise die Terminologie geändert, vor allem durch die Ersetzung der Begriffe Verkäufer/Käufer durch die neuen Begriffe Anbieter/Abnehmer- was sprachlich eine entschiedene Verschlechterung darstellt,[17] aber nicht mit sachlichen Änderungen verbunden ist.

5 **b) Rechtsnatur der GVO.** Die Regelung in der Vertikal-GVO führte von Anfang an zu einer **automatischen Freistellung** vom Verbot des Art. 81 Abs. 1 EG (jetzt Art. 101 Abs. 1 AEUV), ohne dass es noch einer Anmeldung (Notifizierung) der Vereinbarungen gemäß dem früheren System der VO 17 bedurfte.[18] Damit war die spätere **Legalausnahme,** welche die VO 1/2003 allgemein für Art. 101 Abs. 3 EG einführte, für den Bereich der Vertikalvereinbarungen praktisch vorweggenommen. Trotzdem hat das Inkrafttreten der VO 1/2003 in Deutschland zu einer verbreiteten Unsicherheit über die Rechtsnatur der GVO geführt.[19] Teilweise wird angenommen, dass die VO 1/2003, durch die Art. 101 Abs. 3 AEUV allgemein für unmittelbar anwendbar erklärt worden ist, wegen der „primärrechtlichen" Natur des Art. 101 AEUV Vorrang vor der speziellen GVO habe und deren Anwendung allenfalls noch „deklaratorische" Bedeutung oder eine bloße „Indizwirkung"

---

[12] Erwägungsgrund 7 der GVO 330/2010; vgl. auch Erwägungsgrund 8 der VO 1215/99.

[13] Erwägungsgrund 2 der VO 330/2010 bezieht sich ausdrücklich auf die „insgesamt positiven Erfahrungen" mit der Anwendung der VO 2790/1999.

[14] Pressemitteilung der Kommission vom 28.7.2009, IP/09/1197.

[15] ABl. EU Nr. L 102 vom 23.4.2010, S. 1.

[16] Mitteilung der Kommission „Leitlinien für vertikale Beschränkungen", ABl. EU Nr. C 130 vom 19.5.2010, S. 1.

[17] In der englischen „Originalfassung" sind die Begriffe „supplier" und „buyer" unverändert geblieben. Warum die Kommission in der neuen VO eine nicht korrekte Übersetzung gewählt hat, bleibt unerfindlich.

[18] Die Unternehmen hatten nach Art. 4 Abs. 2 der VO 17 i.d.F. der VO 1216/1999 die Möglichkeit einer Anmeldung, vorgeschrieben war diese aber seit 1999 nicht mehr. Schon damals legte die Kommission großen Wert darauf, dass möglichst wenige Anmeldungen erfolgten.

[19] In der ausländischen Literatur finden sich, soweit ersichtlich, derartige Zweifel an dem Rechtsnormcharakter der GVO nicht.

zukomme.[20] Dies verkennt die Rechtsnatur der Vertikal-GVO.[21] Sowohl die Gruppenfreistellung als auch die Einzelfreistellung in der Form der Legalausnahme beruhen auf einer Ratsverordnung gemäß Art. 101 Abs. 3 und Art. 103 AEUV; für die Gruppenfreistellung ist dies die VO 19/65 i. d. F. der VO 1215/99. Es gibt keine Hinweise, dass der Rat in der VO 1/2003 Änderungen an den bestehenden „konstitutiven" Gruppenfreistellungen vornehmen wollte. Im Gegenteil: das System der Gruppenfreistellungen ist durch die VO 1/2003 ausdrücklich bestätigt und aufrechterhalten worden.[22]

Weder aus Art. 101 Abs. 3 oder Art. 103 AEUV noch aus der VO 1/2003 ergibt sich ein Vorrang für eines der beiden Systeme. **Einzelfreistellung und Gruppenfreistellung bestehen gleichwertig nebeneinander** als „sekundärrechtliche Legalausnahmen" (Legalkonkurrenz).[23] Auf der Normebene ist die Vertikal-GVO **die speziellere Vorschrift** gegenüber der Einzelfreistellung nach der VO 1/2003. Sie hat aber **keinen Vorrang,** auch nicht in der Form als „Prüfungsvorrang". Die normative Wirkung der Vertikal-GVO tritt im Regelfall neben und zusätzlich zu der Einzelfreistellung ein, in Ausnahmefällen auch darüber hinaus, wie umgekehrt die Einzelfreistellung unabhängig vom Vorliegen einer Gruppenfreistellung ist. 6

Daraus ergibt sich für das **Verhältnis der Vertikal-GVO zur VO 1/2003:** Eine Freistellung auf Grund der GVO wirkt normativ und macht einen Rückgriff auf die Einzelfreistellung nach der VO 1/2003 entbehrlich. Dies entspricht dem Sinn und Zweck der GVO.[24] Soweit die Vertikal-GVO nicht eingreift, ist zu unterscheiden: Bei Kernbeschränkungen nach Art. 4 der GVO ist zwar eine Einzelfallprüfung nach der VO 1/2003 nicht ausgeschlossen. Es wird jedoch vermutet, dass die Voraussetzungen des Art. 101 Abs. 3 AEUV „wahrscheinlich" nicht erfüllt sind (Leitlinien Rn. 47). Dagegen bleibt eine Einzelfallprüfung uneingeschränkt möglich, wenn die Vertikal-GVO wegen Überschreitens der Marktanteilsschwelle des Art. 3 nicht anwendbar ist[25] oder es sich um eine nicht freigestellte Beschränkung gemäß Art. 5 handelt.[26] Das gilt erst recht, falls die Vereinbarung nicht in den Anwendungsbereich des Art. 2 Vertikal-GVO fällt.[27] 7

c) Rechtsgrundlage. Die Vertikal-GVO der Kommission ist gestützt auf die Ratsverordnung 19/65/EWG,[28] geändert durch die VO 1215/99.[29] Diese Rechtsgrundlage ist 8

---

[20] Vgl. die Nachweise bei *Wagner* WRP 2003, 1369, 1373 f. und *Heutz* WuW 2004, 1255, 1263 f. Vgl. dazu auch *Bergmann* ZWeR 2004, 28, 39. So auch *Vogel* in der 1. Auflage 2005, GVO-Allg. Rn. 18.

[21] Ausführlich dazu *Baron* WuW 2006, 358. Zustimmend *Pohlmann* in FK Rn. 322 ff. Wie hier jetzt auch *Ellger* in: Immenga/Mestmäcker, EU-WbR, Art. 101 Abs. 3 AEUV Rn. 338 f. und VO 330/2010 Allgemeines Rn. 47 sowie *Sura* in Langen/Bunte, VO Nr. 1/2003 Art. 1 Rn. 8 ff.

[22] Vgl. Art. 29 und Art. 3 Abs. 2 der VO 1/2003; auch der Wortlaut von Art. 1 Abs. 2 VO 1/2003 („Entscheidung") spricht für einen konstitutiven (verbindlichen) Charakter. *Sura* (s. vorige Fußn.) weist gleichfalls auf Art. 29 VO 1/2003 als Argument für den Rechtsnormcharakter der GVO hin.

[23] Vgl. *Wagner* WRP 2003, 1369, 1374 f., der aber zu Unrecht die Einzelfreistellung als „primärrechtliche" Legalausnahme bezeichnet; auch im System der Legalausnahme ist die Einzelfreistellung sekundärrechtlicher Natur, beruhend auf der VO 1/2003. Wie hier *K. Schmidt* BB 2000, 1237, 1241 und *Pohlmann* in FK Rn. 322 ff. Ähnlich *Nolte* in: Langen/Bunte, Nach Art. 101 AEUV Rn. 294 ff., wonach den GVO konstitutive Wirkung im Sinne einer gesetzlichen Fiktion der Vereinbarkeit mit Art. 101 Abs. 3 AEUV zukommt; für eine solche Fiktion fehlt aber die Rechtsgrundlage.

[24] Dies ist heute ganz überw. Auffassung. Anders aber *Klotz* in: Schröter/Jakob/Klotz/Mederer Rn. 728 Fußn. 2829: trotz Freistellung nach der Vertikal-GVO müssten die Voraussetzungen des Art. 101 Abs. 3 AEUV erfüllt sein; hierfür bestehe eine nach Art. 6 eingeschränkt widerlegbare Vermutung.

[25] Vgl. Erwägungsgrund Nr. 9 und Leitlinien Rn. 23. Zur Frage der „Ausstrahlungswirkung" s. nachfolgend Rn. 29 ff.

[26] Vgl. dazu auch Rn. 31 sowie Rn. 408.

[27] In diesem Fall greift entweder eine andere GVO ein (vgl. Art. 2 Abs. 5 Vertikal-GVO) oder es muss eine Einzelfallprüfung nach Art. 101 Abs. 3 AEUV erfolgen.

[28] ABl. EG Nr. 36 vom 6.3.1965, S. 533.

[29] ABl. EG 1999 L 148/1.

nach inzwischen wohl allgemeiner Meinung hinreichend. Die früher umstrittene Frage, ob der Rat oder die Kommission zum Erlass von Gruppenfreistellungsverordnungen nach Art. 83 Abs. 2 Buchst. b EG (jetzt Art. 103 AEUV) zuständig ist, hat nunmehr **Art. 105 Abs. 3 AEUV**[30] eindeutig in dem Sinn geklärt, dass die Kommission erst nach dem Rat tätig werden kann.

9 Dagegen werden vereinzelt **Zweifel an der Rechtsgültigkeit** der Vertikal-GVO geäußert. Die Bedenken bestehen darin, der Freistellungsumfang gehe in Teilbereichen über den nach Art. 101 Abs. 3 AEUV zulässigen Rahmen hinaus.[31] Diese Bedenken sind nicht berechtigt. Für die Rechtsgültigkeit einer Gruppenfreistellung kommt es allein darauf an, dass in der GVO eine sachgerechte, an den Kriterien des Art. 101 Abs. 3 AEUV ausgerichtete Gruppenbildung vorgenommen wird. Dies entspricht dem Auftrag des Art. 103 Abs. 2 Buchst. b AEUV, der ausdrücklich neben dem Erfordernis einer wirksamen Überwachung eine „möglichst einfache Verwaltungskontrolle" vorschreibt. Die Kommission hat bei der Festlegung der normtypischen Freistellungstatbestände einen Ermessensspielraum. Bei der gebotenen **generalisierenden Betrachtungsweise** sind die Kriterien der gruppenweisen Freistellung in der Vertikal-GVO, die sich im Wesentlichen an der wirtschaftlichen Betrachtungsweise orientieren, nicht zu beanstanden. Einzelne „Ausreißer", bei denen die gruppenweise Freistellung im Einzelfall ausnahmsweise nicht gerechtfertigt ist, können und müssen notfalls mit dem Instrument des Widerrufs im Einzelfall (Art. 29 VO 1/2003) eingefangen werden.

2. Praktische Bedeutung

10 **a) Die Vertikal-GVO als „Schirm-GVO".** Im Gegensatz zu den Vorgängerregelungen, deren Anwendungsbereich auf drei Spezialfälle beschränkt war (s. oben Rn. 2), gilt die Vertikal-GVO umfassend für alle vertikalen Wettbewerbsbeschränkungen, mit nur wenigen Ausnahmen (Art. 2 Abs. 5). Daraus leitet sich die gebräuchliche Bezeichnung **Schirm-GVO** ab. Die früheren Regelungen blieben in ihrer Wirkung vor allem deshalb beschränkt, weil aus ihnen kaum gemeinsame Grundlinien abgeleitet werden konnten, die sich auf andere, nicht geregelte vertikale Wettbewerbsbeschränkungen entsprechend übertragen ließen. Hier hat die Vertikal-GVO einen grundlegenden Wandel bewirkt. Sie ist ein wesentliches Element der umfassenden Reform des europäischen Wettbewerbsrechts und bildet eine der **grundlegenden Normen** in dem neuen System. Auch die neu gefassten Branchen-Sonderregelungen für den Kfz-Bereich[32] und den Technologietransfer[33] folgen dem Aufbau und den Prinzipien der Vertikal-GVO. Für den Bereich der horizontalen Wettbewerbsbeschränkungen gibt es keine vergleichbare allgemeine Regelung.[34]

11 Vertikale Wettbewerbsbeschränkungen sind im Wirtschaftsleben weit verbreitet und viel häufiger als horizontale Beschränkungen. Trotzdem finden sich **nur wenige Entscheidungen** der Kommission zur Vertikal-GVO;[35] bis 1999 machten Vertikalvereinbarungen

---

[30] Eingefügt durch den Lissabon-Vertrag vom 13.12.2007, ABl. C 306 vom 17.12.2007.

[31] So früher *Veelken* in: Immenga/Mestmäcker, EG-WbR, 4. Aufl. 2007, Einl. GFVO Rn. 17ff.; anders jetzt *Ellger* in: Immenga/Mestmäcker, EU-WbR, VO 330/2010 Allgemeines Rn. 20–22 sowie Art. 101 Abs. 3 AEUV Rn. 339. Im Ergebnis ebenso *Pohlmann* in FK Rn. 352 und *Schultze/Pautke/Wagener,* Vertikal-GVO Rn. 14. Außerhalb Deutschlands sind solche Zweifel nicht bekannt geworden.

[32] VO (EU) Nr. 461/2010 vom 27.5.2010, ABl. (EU) 2010 Nr. L 129/52 (früher: Verordnung (EG) Nr. 1400/2002 vom 31.7.2002, ABl. EG 2002 Nr. L 203/30).

[33] VO (EU) Nr. 316/2014 vom 21.3.2014, ABl. (EU) vom 28.3.2014 Nr. L 93/17 (früher: Verordnung (EG) Nr. 772/2004 vom 27.4.2004, ABl. EG 2004 Nr. L 123/11).

[34] F&E-GVO: VO (EU) Nr. 1217/2010 und Spezialisierungs-GVO: VO (EU) Nr. 1218/2010, beide vom 14.12.2010, ABl. (EU) vom 18.12.2010 Nr. L 335/36 bzw. 335/43.

[35] Zu den wenigen Ausnahmen, in denen die Kommission die Voraussetzungen der Vertikal-GVO bejaht hat, gehört vor allem das Verfahren Neste (Fälle COMP/E/37.194 und 37.195), das den Ver-

dagegen zahlenmäßig den größten Anteil an den Verfahren der Kommission aus. Vor allem nach Inkrafttreten der VO 1/2003 hat sich die Kommission kaum noch mit der Frage einer Freistellung von vertikalen Beschränkungen befasst.[36] Wenn sie sich in einer Entscheidung überhaupt zur Vertikal-GVO geäußert hat, beschränkte sich dies meist auf einen kurzen Hinweis, dass die Voraussetzungen einer Freistellung erkennbar nicht erfüllt waren.[37] Vergleichbar ist die Situation beim Bundeskartellamt. Fälle der Preisbindung und von unzulässigen Preisempfehlungen bilden zwar einen Schwerpunkt der Bußgeldpraxis. Die Vertikal-GVO ist jedoch in diesen Fällen normalerweis nicht einschlägig.[38] Erst in neueren Entscheidungen zum **Internet** ist die Frage einer gruppenweisen Freistellung durch die Vertikal-GVO wieder relevant geworden (s. Rn. 271).

Dies unterstreicht die **große praktische Bedeutung der Vertikal-GVO** als Legalaus- 12
nahme und des Systems der „Selbsteinschätzung" der Unternehmen. Offenbar gelingt es den Unternehmen in großem Umfang, ihre Vertikalvereinbarungen (Vertriebs- und Zulieferverträge) so auszurichten, dass etwaige Wettbewerbsbeschränkungen durch die Vertikal-GVO freigestellt sind.[39] Sie vermeiden auf diese Weise das Risiko einer Fehleinschätzung im Rahmen einer Einzelfallbeurteilung nach Art. 101 Abs. 3 AEUV. Die Kommission unterstützt und fördert diese Entwicklung. Zu ihren wettbewerbspolitischen Grundsätzen seit dem „Modernisierungspaket" gehört es, dass sie nur noch solche Fälle aufgreift, in denen schwerwiegende oder verbreitete Verstöße gegen Art. 101 oder 102 AEUV vorliegen.[40] Vertikale Wettbewerbsbeschränkungen fallen meist nicht in diese Kategorie.[41]

b) „Sicherer Hafen" für freigestellte Wettbewerbsbeschränkungen. In der Praxis 13
wird durch die Vertikal-GVO wahrscheinlich die **große Mehrheit der vertikalen Wettbewerbsbeschränkungen freigestellt;** genaue Zahlen liegen nicht vor.[42] Besonders kleineren, rechtlich unerfahrenen Unternehmen bietet die Vertikal-GVO einen „sicheren Hafen". Zwar sind Einzelfreistellungen nach dem neuen System der Legalausnahme (VO 1/2003) in ihrer Wirkung den Gruppenfreistellungen stark angenähert; insbesondere ist eine Anmeldung der Vereinbarungen nicht mehr nötig. Die Vertikal-GVO schafft aber **in vielen Fällen Klarheit und Rechtssicherheit,** die sonst nicht bestehen würde. Es liegt an den Unternehmen selbst, durch eine entsprechende Vertragsgestaltung dafür Sorge zu tragen, dass für die Freistellung nach der Vertikal-GVO **keine schwierigen Nachweise** erbracht werden müssen. Notwendig sind dafür in erster Linie Vertragsklauseln, die sich deutlich von den „schwarzen Klauseln" (Art. 4) abgrenzen.

---

trieb von Kfz-Kraftstoffen in Finnland betraf und durch Verwaltungsschreiben abgeschlossen wurde (vgl. Wettbewerbsbericht 2003 S. 213).

[36] Dies entspricht dem ausdrücklichen Ziel der „Modernisierung" des Kartellverfahrensrechts durch die VO 1/2003, das der Kommission die Konzentration auf Hard-core-Verstöße erleichtern sollte.

[37] So z. B. in den Verfahren Yamaha (Entscheidung vom 16.7.2003, COMP 37.975) und Topps (Entscheidung vom 26.4.2004, COMP 37.980). Gleiches gilt für die Fälle, in denen die Kommission Geldbußen bei vertikalen Wettbewerbsbeschränkungen verhängt hat; vgl. z. B. das Verfahren JCB Service (Entscheidung vom 21.12.2000, COMP 35.918; in den nachfolgenden Gerichtsverfahren spielte die Vertikal-GVO ebenfalls keine Rolle) sowie die verschiedenen Verfahren gegen Kfz-Hersteller wegen Preisbindung der Händler. Offen gelassen ist die Anwendung der Vertikal-GVO in der Art. 9-Entscheidung der Kommission vom 12.4.2006 im Fall Repsol (COMP 38.348).

[38] Das BKartA prüft zwar im Bußgeld- und Verwaltungsverfahren, ob die Voraussetzungen einer Freistellung erfüllt sind. Soweit ersichtlich, hat es aber in allen Fällen eine Freistellung abgelehnt (meist wegen eines Verstoßes gegen Art. 4 Vertiakl-GVO).

[39] Nähere Untersuchungen sind hierzu nicht bekannt.

[40] Auch in diesen Fällen wird die Kommission häufig nicht aus eigenem Antrieb, sondern aufgrund von Beschwerden Dritter oder der Vertragsbeteiligten tätig. Vgl. dazu die Bekanntmachung der Kommission über die Behandlung von Beschwerden durch die Kommission gemäß Artikel 81 und 82 EG-Vertrag, ABl. Nr. C 101 vom 27.4.2004, S. 65.

[41] Vgl. zum wettbewerbspolitischen Gefährdungspotenzial oben Rn. 2.

[42] Nach inoffiziellen Schätzungen der Kommission liegen etwa 80% aller Vertikalvereinbarungen unterhalb der Marktanteilsgrenze in Art. 3 der Vertikal-GVO; vgl. Art. 3 Rn. 151.

14 Für die betroffenen Unternehmen ist die Rechtssicherheit durch die gruppenweise Freistellung in der Regel ein **großer Vorteil.** Gerade im System der Legalausnahme nach der VO 1/2003 liegt der Sinn einer Gruppenfreistellung darin, dass der Kreis der freigestellten Wettbewerbsbeschränkungen möglichst leicht und zügig ermittelt werden kann, ohne dass jeweils die Voraussetzungen des Art. 101 Abs. 3 AEUV für jeden Einzelfall nachgewiesen werden müssen. In vielen Fällen macht die Vertikal-GVO auch eine Feststellung entbehrlich, ob die betreffende vertikale Vereinbarung eine **spürbare Wettbewerbsbeschränkung i. S. d. Art. 101 Abs. 1 AEUV** darstellt. Diese häufig schwierig zu beurteilende Frage kann dahinstehen, wenn die Voraussetzungen der Vertikal-GVO offensichtlich erfüllt sind; auf diesen Vorzug weist die Kommission zu Recht hin.[43]

15 Von den Unternehmen wird vor allem die **Marktanteilsschwelle** des Art. 3 als Unsicherheitsfaktor kritisiert.[44] Aber auch die Auslegung der Art. 4 und 5 Vertikal-GVO, die z. T. schwer verständlich sind, kann erhebliche Schwierigkeiten bereiten. Hinsichtlich der Marktanteile wird jeder Vertragspartner in der Regel leichter einschätzen können, ob der kritische Bereich für ihn selbst erreicht ist. Kritischer ist die Situation aufgrund der doppelten Marktanteilsschwelle in Art. 3 für die Gegenseite, da diese in der Regel auf Informationen durch den Vertragspartner angewiesen ist. Im Ergebnis dürften die Unternehmen aber auch mit dem neuen System der VO 330/2010 ohne größere Probleme zurechtzukommen.

3. Auslegung der Vertikal-GVO

16 **a) Die Leitlinien der Kommission.** Für die Auslegung und Anwendung der Vertikal-GVO haben die von der Kommission veröffentlichten „Leitlinien für vertikale Beschränkungen"[45] die größte Bedeutung. Für die Praxis sind sie häufig ebenso wichtig wie der Verordnungstext selbst. Leitlinien haben **keinen Normcharakter.** In Deutschland wurde ihre Bedeutung deshalb lange Zeit unterschätzt. Sie haben eine rechtlich wirksame **Selbstbindung der Kommission** zur Folge.[46] Diese kann zwar für die Zukunft neue Regeln erlassen, wenn dafür ein Bedürfnis besteht. Bei abgeschlossenen Sachverhalten kann sie aber nach dem Vertrauensgrundsatz von den Leitlinien nur abweichen, wenn dies durch besondere Gründe – die eng auszulegen sind – gerechtfertigt ist.[47] Auch die europäischen Gerichte überprüfen die Selbstbindung der Kommission bis in die Einzelheiten. Dadurch wenden sie die **Leitlinien vielfach in gleicher Weise wie Rechtsnormen** an. Da die Leitlinien den Inhalt des europäischen Rechts bestimmen, wirkt sich dies zumindest faktisch auf die Anwendung des europäischen Rechts durch die Behörden und Gerichte der Mitgliedstaaten aus.[48] Nach § 2 Abs. 2 GWB gilt dies für das deutsche Recht auch dann, wenn keine zwischenstaatlichen Auswirkungen vorliegen.

17 Im Umfang gehen die Vertikal-Leitlinien über den Bereich der Freistellungsvoraussetzungen weit hinaus und behandeln sowohl Einzelfälle der **Anwendung des Art. 101**

---

[43] Die Kommission geht in den Leitlinien Rn. 110 davon aus, dass generell zunächst die Voraussetzungen der Vertikal-GVO untersucht werden, bevor zu prüfen ist, ob Art. 101 Abs. 1 AEUV anwendbar ist. Kritisch gegenüber dieser Verallgemeinerung *Bauer/de Bronett*, Vertikal-GVO Rn. 21 f.

[44] Näheres dazu s. Art. 3 Rn. 150.

[45] ABl. EU 2010 C 130/1 vom 19.5.2010. Frühere Fassung ABl. EG 2000 Nr. C 291/1.

[46] Zur Bedeutung der Leitlinien vgl. *Bergmann* ZWeR 2004, 28, 38 f. Anders ist es nur, soweit die Leitlinien wegen Verstoßes gegen höherrangiges Recht unwirksam sind. Das sind aber Ausnahmefälle.

[47] Dies entspricht der ständigen Rspr. der europäischen Gerichte vor allem bei der Bemessung von Geldbußen.

[48] Allerdings haben die Leitlinien nach dem EuGH-Urteil vom 13.12.2012 ECLI:EU:C:2012:795 *Expedia* keine bindende Wirkung für die Gerichte und die Behörden der Mitgliedstaaten, sondern bewirken nur eine Selbstbindung der Kommission. Diese ist aber in der Praxis in aller Regel ein ausreichender Maßstab für die Rechtsanwendung.

Abs. 1 AEUV als auch zum überwiegenden Teil in den Rn. 8 bis 22 und Rn. 128ff. die Anwendung des Art. 101 Abs. 3 AEUV im Wege der **Einzelfallprüfung** auf nicht von der GVO erfasste Wettbewerbsbeschränkungen. Auf die gruppenweise Freistellung durch die Vertikal-GVO beziehen sich vor allem die Randnummern 23 bis 73 der Leitlinien; sie sind bei der Anwendung der GVO stets mit heranzuziehen.

b) Allgemeine Auslegungsgrundsätze. Die Vertikal-GVO wirft eine Fülle von schwierigen, z.T. nicht eindeutig zu beantwortenden Rechtsfragen auf. Die Rspr. und Erläuterungen zu den drei **Vorgänger-Verordnungen**[49] können für die Auslegung der Vertikal-GVO heute nur noch sehr eingeschränkt und mit Vorbehalten zu Hilfe gezogen werden.[50] Es gibt auch keine allgemeinen Rechtsgrundsätze für die Auslegung einer GVO. Eine generelle Regel, dass die Vertikal-GVO immer eng auszulegen sei,[51] ist ebenso wenig sachgerecht wie umgekehrt eine Vermutung der weiten Auslegung.[52] Auch ein generelles Analogieverbot ist abzulehnen.[53] Grundsätzlich muss daher die Vertikal-GVO **aus sich selbst heraus** und, soweit möglich, **auf der Basis der Leitlinien** der Kommission ausgelegt und angewandt werden. Dabei sind der Zusammenhang und die Einbindung in das System des Art. 101 AEUV stets mit zu berücksichtigen. Für den **Nachweis eines Wettbewerbsverstoßes** im Rahmen einer vertikalen Beziehung gilt grundsätzlich das gleiche Beweisniveau wie für horizontale Vereinbarungen.[54] 18

Damit die GVO ihren Zweck erfüllen kann, hat bei der Auslegung vor allem der Gesichtspunkt eines **„sicheren Hafens" als Maßstab** zu gelten. Notwendig ist deshalb, dass die Vertragsparteien im Zeitpunkt des Vertragsschlusses eine einigermaßen sichere Prognose über die Freistellung vornehmen können. Wenn erst durch nachträgliche Abwägungen eine Entscheidung möglich ist, verliert die GVO ihren speziellen Sinn.[55] Im Zweifelsfall ist bei der Auslegung auf eine **einfache und klare Regelung** zu achten. Umfangreiche und schwierige Bewertungen sind nicht Aufgabe einer GVO, sondern der Einzelfallprüfung nach Art. 101 Abs. 3 AEUV vorzubehalten. 19

Bei Begriffen in der GVO, die aus Art. 101ff. AEUV übernommen sind (z.B. Unternehmen, Vereinbarung, abgestimmte Verhaltensweise), ist das **Primärrecht** maßgeblich.[56] Gleiches gilt für Begriffe wie z.B. Markt oder Marktanteil, die im Kartellrecht feste Konturen erhalten haben. Echte oder vermeintliche Lücken in der GVO können nicht im Wege der **Analogie** geschlossen werden; dies gilt sowohl zu Gunsten als auch zu Lasten der Unternehmen.[57] Damit würde die Funktion des sicheren Hafens erheblich beeinträchtigt. 20

---

[49] Nachweise im Einzelnen s. oben Rn. 2.

[50] Dagegen bleiben Rspr. und Entscheidungspraxis zur VO 2790/1999 selbstverständlich für die Auslegung der VO 330/2010 weiter maßgeblich, soweit sich nicht durch die neue VO 330/2010 eine substantielle Änderung ergeben hat. Vgl. zum entsprechenden Fall der Kfz-GVO das Urteil des BGH 24.6.2009 Nissan Rn. 22.

[51] Das ist wohl die h.M.; vgl. z.B. *Ellger* in: Immenga/Mestmäcker, EU-WbR, Art. 101 Abs. 3 AEUV Rn. 346f. m.w.N.

[52] In allgemeiner Form wird dieser Grundsatz wohl nicht vertreten. Gegen den Grundsatz einer engen Auslegung der GVO z.B. *Pohlmann* in FK Rn. 409.

[53] Das ist im Schrifttum umstritten. Wie hier *Pohlmann* in FK Rn. 401 und *Habermeier* in Martinek/Semler/Habermeier/Flohr § 36 Rn. 52; a.A. *Saria* in Liebscher/Flohr/Petsche, Handbuch der EU-Gruppenfreistellungsverordnungen § 1 Rn. 96.

[54] Vgl. EuGH 10.2.2011 Activision Blizzard Germany, WuW/E EU-R 1919, 1926.

[55] Diese Konsequenz kann sich z.B. bei der Bewertung von Mindestabnahmeverpflichtungen ergeben, wenn auf Vorjahreswerte abgestellt wird; vgl. dazu Art. 5 Rn. 376. Den hohen Stellenwert der Rechtssicherheit betonen (zu Recht) auch *Pohlmann* in FK Rn. 415 und *Rahlmeyer* in Martinek/Semler/Habermeier/Flohr § 37 Rn. 12.

[56] So z.B. auch *Ellger* in: Immenga/Mestmäcker, EU-WbR, Art. 101 Abs. 3 AEUV Rn. 345.

[57] Der EuGH hat im Urteil C-439/09 13.10.2011 *Pierre Fabre* Rn. 57 zwar allgemein festgestellt, es bestehe „kein Anlass, die Bestimmungen, mit denen die Vereinbarungen … in die Gruppenfreistellung einbezogen werden, weit auszulegen." Tatsächlich handelte es sich aber nicht um eine Frage der „weiten Auslegung", sondern der analogen Anwendung einer Bestimmung der Vertikal-GVO.

21 Eine Rolle spielen bei der Auslegung auch die **unterschiedlichen Rechtsfolgen.** Bei einer zu weitgehenden gruppenweisen Freistellung, die über den Rahmen des Art. 101 Abs. 3 AEUV hinausgeht, ist ggf. ein umständliches und zeitaufwändiges Entzugsverfahren nach Art. 29 VO 1/2003 nötig. Dagegen ist das Risiko bei einer engen Auslegung, die den Rahmen des Art. 101 Abs. 3 AEUV nicht voll ausschöpft, deutlich geringer, da eine Einzelfreistellung stets möglich bleibt.[58] Das gilt vor allem für die Auslegung des Anwendungsbereichs nach Art. 2, während Kernbeschränkungen nach Art. 4 restriktiv ausgelegt werden sollten.[59]

4. Rechtsfolgen

22 **a) Die Wirkung der Freistellung.** Die GVO ist eine Norm im Sinne des Art. 288 Abs. 2 AEUV; sie hat allgemeine Geltung, ist in allen ihren Teilen verbindlich und gilt unmittelbar in allen Mitgliedstaaten. Die Freistellung durch die Vertikal-GVO hat daher **normativen Charakter** und somit „konstitutive" Wirkung: Die VO als Sekundärrecht legt fest, in welchen Fällen die primärrechtliche Norm des Art. 101 Abs. 3 AEUV anwendbar ist. Diese Wirkung tritt auch dann ein, wenn wegen besonderer Umstände die Voraussetzungen des Art. 101 Abs. 3 AEUV im Einzelfall nicht erfüllt sein sollten. Um die Freistellungen in diesen Fällen rückgängig zu machen und die Wirkungen des Art. 101 Abs. 1 und 2 AEUV eintreten zu lassen, bedarf es einer Entscheidung der Wettbewerbsbehörde nach Art. 29 VO 1/2003 oder einer Verordnung nach Art. 6 Vertikal-GVO. Dabei bleibt die Freistellung so lange wirksam, bis sie durch Entscheidung oder Verordnung mit Wirkung für die Zukunft (ex nunc) aufgehoben worden ist. Da die Vertikal-GVO eine Norm des Gemeinschaftsrechts ist, hat sie **für Behörden und Gerichte der Mitgliedstaaten verbindliche Wirkung.** Sie ist auch dann zu befolgen, wenn Zweifel an ihrer Rechtsgültigkeit bestehen sollten. Die nationalen Gerichte können (und müssen gfls.) die Frage der Rechtsgültigkeit oder der Auslegung der VO dem EuGH nach Art. 267 AEUV zur Entscheidung vorlegen.

23 **b) Umfang der Freistellung.** Voraussetzung der Freistellung nach Art. 2 Vertikal-GVO ist, dass die Marktanteilsschwellen (Art. 3) eingehalten und in der Vereinbarung keine Kernbeschränkungen (Art. 4) oder nicht freigestellte Beschränkungen (Art. 5) enthalten sind. Die Freistellung erstreckt sich dann auf die **gesamte Vereinbarung** bzw. abgestimmtes Verhalten, einschließlich aller Nebenabreden. Unerheblich ist, ob diese Nebenabreden für die Vereinbarung wesentlich sind oder ob sie bloße Annexregelungen darstellen, sofern sie nur nach dem Willen der Parteien Teil des einheitlichen Rechtsgeschäfts sind.[60] Wie weit der Umfang der Vereinbarung reicht und welche Abreden im Einzelnen umfasst sind, bestimmt sich nach den allgemeinen Regeln.

24 Sofern einzelne Klauseln der Vereinbarung nicht freistellungsfähig sind, gelten die Rechtsfolgen nach Art. 4 und 5 Vertikal-GVO. Im Fall einer Kernbeschränkung gemäß Art. 4 ist die Vereinbarung „als Ganzes" von der Freistellung ausgeschlossen.[61] Ist die vertikale Vereinbarung Teil eines umfassenderen Rechtsgeschäfts, richtet sich die Rechtsgültigkeit des Rechtsgeschäfts insgesamt nach nationalem Recht.[62] Bei einer nicht freigestellten Beschränkung nach Art. 5 ist nur die betroffene Klausel nicht freigestellt; der Rest der Vereinbarung bleibt davon unberührt (Leitlinien Rn. 71).

---

[58] Auf diesen Gesichtspunkt hat auch der EuGH in der Entscheidung *Pierre Fabre* (s. vorige Fußn.) Rn. 57 ausdrücklich abgestellt.

[59] In diesen Fällen wird vermutet, dass die Voraussetzungen des Art. 101 Abs. 3 AEUV „wahrscheinlich" nicht erfüllt sind; s. Leitlinien Rn. 47.

[60] Vgl. dazu die Erläuterungen bei Art. 2 insbesondere Rn. 101 f.

[61] Leitlinien Rn. 47; ebenso Leitlinien Rn. 70. Im Einzelnen s. die Erläuterungen zu Art. 4 Rn. 334 ff.

[62] Maßgeblich ist § 139 BGB. Im Zweifel wird danach die Nichtigkeit des gesamten Vertrags anzunehmen sein, da Kernbeschränkungen aus Sicht der Parteien häufig eine wesentliche Bedeutung für das Rechtsgeschäft haben werden. Zur salvatorischen Klausel vgl. Rn. 334 und 407.

Die Freistellung bezieht sich grundsätzlich **nicht auf horizontale Wettbewerbsbeschränkungen,** soweit solche neben vertikalen Wettbewerbsbeschränkungen vorliegen. Lediglich Art. 2 Abs. 4 sieht insoweit eine eingeschränkte Ausnahme vor. **25**

Die Vertikal-GVO stellt nur im Hinblick auf das Verbot des Art. 101 Abs. 1 AEUV frei. **Sonstige Verbote,** wie z. B. das Missbrauchsverbot des **Art. 102 AEUV,** das Beihilfeverbot nach Art. 107 AEUV oder andere europarechtliche Regelungen, werden durch die Gruppenfreistellung nicht berührt.[63] **26**

c) Keine Vermutung der Rechtswidrigkeit für nicht freigestellte Wettbewerbsbeschränkungen. Vereinbarungen, die nicht durch die Vertikal-GVO freigestellt werden, sind deswegen nicht ohne weiteres unzulässig und nach Art. 101 Abs. 2 AEUV nichtig. Für das Überschreiten der Marktanteilsgrenze von 30 % legt dies der **Erwägungsgrund 9** ausdrücklich fest.[64] Dies ist Ausfluss eines allgemeinen Grundsatzes, der über den konkreten Fall des Art. 3 Vertikal-GVO hinaus gilt. Bei nicht freigestellten vertikalen Wettbewerbsbeschränkungen bedarf es in jedem Einzelfall einer umfassenden Abwägung, ob im Hinblick auf die wirtschaftlichen Auswirkungen die Voraussetzungen des Art. 101 Abs. 3 AEUV tatsächlich erfüllt sind oder nicht (Leitlinien Rn. 96). **27**

Auch wenn eine **„schwarze Klausel"** im Sinne des Art. 4 vorliegt, ist eine Einzelfreistellung nicht ausgeschlossen. Nach den Leitlinien von 2000 hatte die Kommission in diesem Fall eine Einzelfreistellung generell als „unwahrscheinlich" erklärt (Rn. 46). In den neuen Leitlinien von 2010 hat sie diese Feststellung abgeschwächt. Nunmehr wird (nur noch) vermutet, dass die Voraussetzungen des Art. 101 Abs. 3 AEUV wahrscheinlich nicht vorliegen (Rn. 47). Außerdem listet die Kommission in den Leitlinien für einzelne Kernbeschränkungen eine Reihe möglicher Gründe für eine Einzelfreistellung auf (Rn. 60 ff. und 223 ff.). Trotzdem bleiben die Chancen einer Einzelfreistellung in diesem Fall gering. Dies folgt aber nicht aus der Nichtanwendbarkeit der GVO, sondern aus der wettbewerblichen Schädlichkeit der Klauseln, die auch bei einer Einzelfallprüfung zu berücksichtigen ist. **28**

d) „Ausstrahlungswirkung" auf nicht freigestellte Wettbewerbsbeschränkungen? Die Vertikal-GVO hat, sofern ihre Voraussetzungen erfüllt sind, eine positive Wirkung, indem die betreffenden Vereinbarungen vom Verbot des Art. 101 Abs. 1 AEUV freigestellt sind. Unstreitig ergibt sich daraus eine „positive Ausstrahlungswirkung" in dem Sinn, dass freigestellte Vereinbarungen auch bei der Anwendung anderer Rechtsvorschriften nicht als missbilligt betrachtet werden dürfen.[65] Darüber hinaus besteht eine Ausstrahlungswirkung auf die **Anwendung des Art. 101 Abs. 3 AEUV.** Bei der Einzelfallprüfung sind die in der Vertikal-GVO zum Ausdruck kommenden Bewertungen mit zu berücksichtigen.[66] **29**

Streitig ist, ob bei Nichtvorliegen der Voraussetzungen der Vertikal-GVO eine **negative Wirkung** eintritt in der Form, dass in diesem Fall eine Einzelfallfreistellung unmittelbar nach Art. 101 Abs. 3 AEUV nicht in Betracht kommt.[67] Dies wird als „Ausstrahlungswir- **30**

---

[63] Für Art. 102 AEUV ist dies in Rn. 1 der Leitlinien ausdrücklich klargestellt. Im Übrigen folgt die Beschränkung auf Art. 101 Abs. 1 AEUV aus dem Wortlaut des Art. 2 Abs. 1 Vertikal-GVO.

[64] Vgl. dazu auch Leitlinien Rn. 23.

[65] Dies gilt jedenfalls für die Anwendung wettbewerbsbezogener Regelungen des europäischen oder nationalen Rechts. Ein Unwerturteil aus anderen Rechtsgründen bleibt grundsätzlich unberührt. Auch ein nach der Vertikal-GVO freigestellter Vertrag kann sogar wegen Sittenwidrigkeit nach § 138 BGB nichtig sein (so z. B. BGH 10.12.2008 – KZR 54/08 – Subunternehmervertrag II Rn. 34 und 36). Nach Auffassung des BGH (WuW DE-R 1335, 1344) ist allerdings eine freigestellte Klausel auch im Rahmen der Inhaltskontrolle Allgemeiner Geschäftsbedingungen nicht zu beanstanden. Vgl. dazu auch Rn. 40.

[66] Vgl. dazu *Nordemann,* Erläuterungen zu Art. 101 Abs. 3 AEUV, Rn. 18; ferner *Bechtold/Bosch/Brinker,* EU-Kartellrecht, Art. 81 EG Rn. 161.

[67] Dies ist in Literatur und Rspr. vor allem für langfristige Energielieferverträge erörtert worden; vgl. *Säcker/Jaecks,* Langfristige Energielieferverträge und Wettbewerbsrecht, S. 28 f. und *Dreher* ZWeR

kung"[68] bzw. „Leitbildfunktion"[69] bzw. als „Leitliniencharakter" der GVO bezeichnet. Diese Auffassung ist abzulehnen.[70] Hinsichtlich der Marktanteilsgrenze (Art. 3) widerspricht sie nicht nur den Leitlinien, sondern auch dem Text der GVO selbst (Erwägungsgrund 9).[71] Auch für Kernbeschränkungen ist nach der neuen VO 330/2010 eine Einzelfreistellung denkbar. Der BGH hat bislang zwar die Frage einer „Leitbildfunktion" der Gruppenfreistellung für die Inhaltskontrolle von Vereinbarungen offen gelassen.[72] Im Ergebnis verneint er jedoch eine solche „Leitbildfunktion", da er für nicht freigestellte Vereinbarungen Art. 101 Abs. 3 AEUV ohne Einschränkungen für anwendbar hält.[73]

31 Auch hinsichtlich der **Wettbewerbsverbote in Art. 5** ist eine negative Ausstrahlungswirkung abzulehnen. Bei Überschreiten der Bindungsdauer von 5 Jahren und/oder des Bindungsumfangs von 80% (Art. 5 Abs. 1 Buchst. a i. V. m. Art. 1 Abs. 1 Buchst. d) ist eine Einzelfallabwägung der Freistellungsvoraussetzungen des Art. 101 Abs. 3 AEUV vorzunehmen. Die „Beweislast" bestimmt sich dabei nach Art. 2 VO 1/2003.

32 Entsprechendes gilt für die Frage einer möglichen (negativen) **Ausstrahlungswirkung auf das deutsche Recht** in dem Sinn, dass auch eine Einzelfallfreistellung nach deutschem Recht ausgeschlossen und die Vereinbarung nach § 1 GWB verboten wäre.[74] Dies ist ebenfalls abzulehnen.[75] Der Umstand, dass die Voraussetzungen einer Freistellung nach der Vertikal-GVO nicht erfüllt sind, lässt grundsätzlich keinen Rückschluss auf das Vorliegen des § 1 GWB bzw. einer Freistellung nach deutschem Recht zu.

5. Verhältnis zu anderen Vorschriften

33 **a) Verhältnis zu anderen EU-Normen.** Gegenüber der Vertikal-GVO als Generalnorm haben **spezielle Regelungen** für einzelne Bereiche Vorrang (Art. 2 Abs. 5). Dies gilt insbesondere für den Versicherungssektor, soweit ausnahmsweise vertikale Vereinbarungen in der GVO 267/2010 für den Versicherungssektor[76] geregelt sind. Im Übrigen ist zu unterscheiden. Vorrang haben die beiden **horizontalen GVO** für Vereinbarungen über Forschung und Entwicklung (VO 1217/2010) sowie für Spezialisierungsvereinbarungen (VO 1218/2010), die verschiedene detaillierte Regelungen für den Vertrieb der gemeinsam hergestellten Produkte enthalten.[77]

34 Für den **Kfz-Vertrieb** gilt seit dem 1. Juni 2013 keine Sonderregelung mehr,[78] sondern dieser Bereich unterfällt nunmehr auch der „Schirm-GVO" VO 330/2010. Die **neue Kfz-GVO 461/2010** enthält weitergehende (verschärfte) Anforderungen nur noch für Bezug, Kauf oder Weiterverkauf von Kfz-Ersatzteilen oder die Erbringung von Wartungs- oder Instandsetzungsdienstleistungen von Kfz. Die Freistellung solcher Vereinbarungen

---

2003, 3, 10 m. w. N.; OLG Stuttgart RdE 2002, 182. Gegen eine Ausstrahlungswirkung offenbar *Markert* WRP 2003, 356, 364. Allgemein für eine negative Ausstrahlungswirkung der Vertikal-GVO *Bauer/de Bronett,* Vertikal-GVO Rn. 304 und *Wagner* WRP 2003, 1369, 1381.

[68] *Dreher* ZWeR 2003, 3, 10 ff.

[69] *Säcker/Jaecks,* Langfristige Energielieferverträge und Wettbewerbsrecht, S. 14 und 28 ff.

[70] Ebenso *Bunte,* Langfristige Gaslieferverträge nach nationalem und europäischem Kartellrecht, S. 72 ff.

[71] Dass Gruppenfreistellungsverordnungen keine abschließende Regelung enthalten, ist im Bereich der horizontalen Beschränkungen besonders deutlich.

[72] So vor allem in der Entscheidung vom 13.7.2004, BGH WuW DE-R 1335, 1338.

[73] Nach der Entscheidung des BGH soll dies sogar im Fall von Kernbeschränkungen gelten (vgl. WuW DE-R 1335, 1341 und 1348); dies entspricht der neueren Auffassung der Kommission, dass eine Einzelfreistellung solcher Vereinbarungen möglich ist (vgl. Leitlinien Rn. 47 und 60 ff.).

[74] Vgl. *Säcker/Jaecks,* Langfristige Energielieferverträge und Wettbewerbsrecht, S. 48 ff.

[75] So auch *Bunte,* Langfristige Gaslieferverträge nach nationalem und europäischem Kartellrecht, S. 74.

[76] VO (EU) Nr. 267/2010 vom 24.3.2010, ABl. (EU) Nr. L 83/1 vom 30.3.2010.

[77] Zur Behandlung von horizontalen Wettbewerbsbeschränkungen vgl. auch Art. 2 Abs. 4.

[78] Zuletzt war dies die VO 1400/2002.

setzt nach Art. 4 VO 461/2010 voraus, dass die Vereinbarungen einerseits die Voraussetzungen der Vertikal-GVO erfüllen; andererseits dürfen sie keine der in Art. 5 aufgeführten zusätzlichen Kernbeschränkungen enthalten. Beide GVO gelten also kumulativ.[79]

Art. 102 AEUV und Art. 101 AEUV sind nebeneinander jeweils nach ihren eigenen Voraussetzungen anwendbar. Eine Freistellung nach Art. 101 Abs. 3 AEUV hat deshalb keine Wirkung für das Verbot des Art. 102 AEUV. Eine – gruppenweise oder einzeln – freigestellte Vereinbarung kann somit den Tatbestand des Missbrauchs eines marktbeherrschenden Unternehmens erfüllen. Auch wenn ein bestimmtes missbräuchliches Verhalten durch eine GVO freigestellt ist, kann dieses nach Art. 102 AEUV unmittelbar verboten sein; ein vorhergehender Entzug des Rechtsvorteils der Freistellung nach Art. 29 VO 1/2003 ist nicht erforderlich.[80] Im Übrigen wird, wenn ein marktbeherrschendes Unternehmen an einer Vereinbarung beteiligt ist, in der Regel die (nunmehr doppelte) Marktanteilsschwelle des Art. 3 überschritten sein. 35

Im Verhältnis zur **FKVO** sind Überschneidungen bei kooperativen Gemeinschaftsunternehmen denkbar. In diesen Fällen gelten für die Koordinierung der Muttergesellschaften nach Art. 2 Abs. 4 und 5 FKVO die allgemeinen Kartellvorschriften. Dazu gehören auch die einschlägigen GVO.[81] In der Praxis ist ein solcher Fall allerdings noch nicht aufgetreten. 36

b) Verhältnis zum deutschen Recht. Die Vertikal-GVO nimmt wie alle GVO als gemeinschaftsrechtlicher Legislativakt (Art. 288 Abs. 2 AEUV) am **Vorrang des Gemeinschaftsrechts** teil. Nach Art. 3 der VO 1/2003 gilt ab 1. Mai 2004 nicht mehr die sog. Zweischrankentheorie, sondern ein erweiterter Vorrang des europäischen Rechts. Im gleichen Jahr ist das deutsche Recht der wettbewerbsbeschränkenden Vereinbarungen vollständig an das europäische Recht angepasst worden. Dies gilt auch für den Bereich unterhalb der zwischenstaatlichen Auswirkungen, für den das nationale Recht uneingeschränkt anwendbar bleibt.[82] Damit ist ein **Gleichklang von deutschem und europäischem Recht** sichergestellt. Ein Konfliktfall kann sich künftig nicht mehr stellen.[83] Im Zweifel kann daher auch offenbleiben, ob deutsches oder europäisches Recht anzuwenden ist. 37

Die **Leitlinien** und Bekanntmachungen der Kommission haben nach der Expedia-Entscheidung des EuGH[84] zwar keine bindende Wirkung für Behörden und Gerichte der Mitgliedstaaten. Zunehmend werden sie aber in der behördlichen und gerichtlichen Praxis als Maßstab auch für die Anwendung des deutschen Rechts herangezogen. In einigen Fällen hat das Bundeskartellamt eigene Bekanntmachungen veröffentlicht, die mit denen der Kommission weitgehend übereinstimmen.[85] Die Anwendung des deutschen Rechts richtet sich somit regelmäßig an der europäischen Praxis aus. Erhebliche Abweichungen bestehen aber nach der Rspr. des BGH[86] bei der Geldbußenbemessung. 38

Ein „Einfallstor" für **Wertungen des europäischen Rechts** besteht darüber hinaus bei der Anwendung von unbestimmten wertenden Rechtsbegriffen. Vorgänge, die nach EU- 39

[79] Ebenso *Ellger* in: Immenga/Mestmäcker, EU-WbR, VO 330/2010 Allgemeines Rn. 52.

[80] EuG 10.7.1990 Rs. T-51/89 Tetra Pak Rausing Rn. 22 ff. Vgl. dazu *Pohlmann* in FK Rn. 389.

[81] Für die Verhaltenskoordinierung der Muttergesellschaften nach Art. 2 A4bs. und 5 FKVO gelten die allgemeinen Regeln des Art. 101 Abs. 1 und 3 AEUV. A. A. *Pohlmann* in FK Rn. 393, die u. a. auf die zeitliche Befristung der GVO hinweist. Im neuen System der Legalausnahme hat aber auch die Einzelfreistellung keine zeitlich unbefristete Wirkung. Zum Streitstand vgl. im Einzelnen *Ellger* in: Immenga/Mestmäcker, EU-WbR, Art. 101 Abs. 3 Rn. 445.

[82] Vgl. § 2 Abs. 1 und 2 GWB.

[83] Zur Frage des Vorrangs bei „einseitigen" Handlungen, insbesondere im Fall des § 20 GWB, s. Erläuterungen zu Art. 4 Rn. 349.

[84] EuGH Urteil vom 13.12.2012 ECLI:EU:C:2012:795.

[85] So z. B. die Bagatellbekanntmachung Nr. 18/2007 vom 13.3.2007, veröffentlicht auf der Internet-Seite des Bundeskartellamts.

[86] Nach dem Urteil des BGH vom 26.2.2013 – KRB 20/12 – Grauzementkartell bildet die 10%–Grenze im deutschen Recht nicht, wie im europäischen Recht, eine Kappungsgrenze, sondern ist der Höchstbetrag der Geldbuße.

Recht positiv beurteilt werden, können sinnvollerweise im deutschen Recht nicht als „missbräuchlich", „unbillig" oder „unlauter" eingestuft werden (s. Art. 4 Rn. 350). Umgekehrt sind „schwarze Klauseln" (Art. 4) bei der Anwendung des deutschen Rechts grundsätzlich als wettbewerbsschädlich einzustufen.

40 **Unberührt** von der Gruppenfreistellung bleiben Regelungen im deutschen Recht, die **andere als wettbewerbsrechtliche Ziele** verfolgen. Insoweit entfällt auch der Vorrang des europäischen Rechts (Art. 3 Abs. 3 VO 1/2003). Daraus folgt, dass z. B. die **Inhaltskontrolle von AGB** nach § 307 BGB unabhängig von der Regelung in der Vertikal-GVO ist.[87] Beide Regelungen sind nebeneinander anwendbar.

Art. 1 Begriffsbestimmungen

(1) **Für die Zwecke dieser Verordnung gelten folgende Begriffsbestimmungen:**

a) „vertikale Vereinbarung" ist eine Vereinbarung oder abgestimmte Verhaltensweise, die zwischen zwei oder mehr Unternehmen, von denen jedes für die Zwecke der Vereinbarung oder der abgestimmten Verhaltensweise auf einer anderen Ebene der Produktions- oder Vertriebskette tätig ist, geschlossen wird und die die Bedingungen betrifft, zu denen die beteiligten Unternehmen Waren oder Dienstleistungen beziehen, verkaufen oder weiterverkaufen dürfen;

b) „vertikale Beschränkung" ist eine Wettbewerbsbeschränkung in einer vertikalen Vereinbarung, die unter Artikel 101 Absatz 1 AEUV fällt;

c) „Wettbewerber" ist ein tatsächlicher oder potenzieller Wettbewerber; ein „tatsächlicher Wettbewerber" ist ein Unternehmen, das auf demselben relevanten Markt tätig ist; ein „potenzieller Wettbewerber" ist ein Unternehmen, bei dem realistisch und nicht nur hypothetisch davon ausgegangen werden kann, dass es ohne die vertikale Vereinbarung als Reaktion auf einen geringen, aber anhaltenden Anstieg der relativen Preise wahrscheinlich innerhalb kurzer Zeit die zusätzlichen Investitionen tätigen oder sonstigen Umstellungskosten auf sich nehmen würde, die erforderlich wären, um in den relevanten Markt einzutreten;

d) „Wettbewerbsverbot" ist eine unmittelbare oder mittelbare Verpflichtung, die den Abnehmer veranlasst, keine Waren oder Dienstleistungen herzustellen, zu beziehen, zu verkaufen oder weiterzuverkaufen, die mit den Vertragswaren oder -dienstleistungen im Wettbewerb stehen, oder eine unmittelbare oder mittelbare Verpflichtung des Abnehmers, auf dem relevanten Markt mehr als 80 % seines Gesamtbezugs an Vertragswaren oder -dienstleistungen und ihren Substituten, der anhand des Werts des Bezugs oder, falls in der Branche üblich, anhand des bezogenen Volumens im vorangehenden Kalenderjahr berechnet wird, vom Anbieter oder von einem anderen vom Anbieter benannten Unternehmen zu beziehen;

e) „selektive Vertriebssysteme" sind Vertriebssysteme, in denen sich der Anbieter verpflichtet, die Vertragswaren oder -dienstleistungen unmittelbar oder mittelbar nur an Händler zu verkaufen, die anhand festgelegter Merkmale ausgewählt werden, und in denen sich diese Händler verpflichten, die betreffenden Waren oder Dienstleistungen nicht an Händler zu verkaufen, die innerhalb des vom Anbieter für den Betrieb dieses Systems festgelegten Gebiets nicht zum Vertrieb zugelassen sind;

f) „Rechte des geistigen Eigentums" umfassen unter anderem gewerbliche Schutzrechte, Know-how, Urheberrechte und verwandte Schutzrechte;

g) „Know-how" ist eine Gesamtheit nicht patentgeschützter praktischer Kenntnisse, die der Anbieter durch Erfahrung und Erprobung gewonnen hat und die geheim, wesentlich und identifiziert sind; in diesem Zusammenhang bedeutet „geheim", dass das Know-how nicht allgemein bekannt oder leicht zugänglich ist; „wesent-

[87] Im Ergebnis ebenso BGH WuW DE-R 1335, 1339 ff. Vgl. auch oben Rn. 30.

lich" bedeutet, dass das Know-how für den Abnehmer bei der Verwendung, dem Verkauf oder dem Weiterverkauf der Vertragswaren oder -dienstleistungen bedeutsam und nützlich ist; „identifiziert" bedeutet, dass das Know-how so umfassend beschrieben ist, dass überprüft werden kann, ob es die Merkmale „geheim" und „wesentlich" erfüllt;

h) „Abnehmer" ist auch ein Unternehmen, das auf der Grundlage einer unter Artikel 101 Absatz 1 AEUV fallenden Vereinbarung Waren oder Dienstleistungen für Rechnung eines anderen Unternehmens verkauft;

i) „Kunde des Abnehmers" ist ein nicht an der Vereinbarung beteiligtes Unternehmen, das die Vertragswaren oder -dienstleistungen von einem an der Vereinbarung beteiligten Abnehmer bezieht.

(2) **Für die Zwecke dieser Verordnung schließen die Begriffe „Unternehmen", „Anbieter" und „Abnehmer" die jeweils mit diesen verbundenen Unternehmen ein. „Verbundene Unternehmen" sind:**

a) Unternehmen, in denen ein an der Vereinbarung beteiligtes Unternehmen unmittelbar oder mittelbar
  i) die Befugnis hat, mehr als die Hälfte der Stimmrechte auszuüben, oder
  ii) die Befugnis hat, mehr als die Hälfte der Mitglieder des Leitungs- oder Aufsichtsorgans oder der zur gesetzlichen Vertretung berufenen Organe zu bestellen, oder
  iii) das Recht hat, die Geschäfte des Unternehmens zu führen;

b) Unternehmen, die in einem an der Vereinbarung beteiligten Unternehmen unmittelbar oder mittelbar die unter Buchstabe a aufgeführten Rechte oder Befugnisse haben;

c) Unternehmen, in denen ein unter Buchstabe b genanntes Unternehmen unmittelbar oder mittelbar die unter Buchstabe a aufgeführten Rechte oder Befugnisse hat;

d) Unternehmen, in denen ein an der Vereinbarung beteiligtes Unternehmen gemeinsam mit einem oder mehreren der unter den Buchstaben a, b und c genannten Unternehmen oder in denen zwei oder mehr der zuletzt genannten Unternehmen gemeinsam die unter Buchstabe a aufgeführten Rechte oder Befugnisse haben;

e) Unternehmen, in denen die folgenden Unternehmen gemeinsam die unter Buchstabe a aufgeführten Rechte oder Befugnisse haben:
  i) an der Vereinbarung beteiligte Unternehmen oder mit ihnen jeweils verbundene Unternehmen im Sinne der Buchstaben a bis d, oder
  ii) eines oder mehrere der an der Vereinbarung beteiligten Unternehmen oder eines oder mehrere der mit ihnen verbundenen Unternehmen im Sinne der Buchstaben a bis d und ein oder mehrere dritte Unternehmen.

1. Zu Absatz 1 (Definitionen)

a) Die Aufzählung in Abs. 1. Die Vertikal-GVO beginnt, wie bei europäischen Regelungen inzwischen üblich, mit einer Liste von Definitionen. Die Erläuterungen hierzu erfolgen bei den jeweiligen sachlichen Regelungen. 41

Zu Abs. 1 Buchst. a (Vertikale Vereinbarung)

Siehe dazu Erläuterungen zu Art. 2 Abs. 1

Zu Abs. 1 Buchst. b (Vertikale Beschränkung)

Siehe dazu Erläuterungen zu Art. 2 Abs. 1

Zu Abs. 1 Buchst. c (Wettbewerber)

Siehe dazu Erläuterungen zu Art. 2 Abs. 1

Zu Abs. 1 Buchstabe d (Wettbewerbsverbot)

Siehe dazu Erläuterungen zu Art. 5 Abs. 1 Buchst. a

Zu Abs. 1 Buchst. e (Selektive Vertriebssysteme)

Siehe dazu Erläuterungen zu Art. 4 Buchst. b und c

Zu Abs. 1 Buchst. f (Rechte des geistigen Eigentums)

Siehe dazu Erläuterungen zu Art. 2 Abs. 3

Zu Abs. 1 Buchst. g (Know-how)

Siehe dazu Erläuterungen zu Art. 5 Abs. 1 Buchst. b

42 Darüber hinaus hat der Begriff „Know-how" Bedeutung auch im Zusammenhang mit der Regelung geistiger Eigentumsrechte in Art. 2 Abs. 3.

Zu Abs. 1 Buchst. h (Abnehmer)

43 Der Begriff „Abnehmer" wird in der Vertikal-GVO mehrfach verwandt.[88] Die Definition in Art. 1 Abs. 1 Buchst. h bezieht sich aber nicht darauf, sondern betrifft **Handelsvertreterverträge** und ähnliche Rechtsgeschäfte (z. B. Kommissionsverträge).[89] Aus Art. 1 Abs. 1 Buchst. h folgt, dass auch Handelsvertreterverträge in den Anwendungsbereich der Vertikal-GVO einbezogen sind. Dies gilt aber nur, wenn und soweit sie dem Art. 101 Abs. 1 AEUV unterfallen.[90] Die Vorschrift hat damit nur deklaratorischen Charakter.[91] Erläuterungen zu den Handelsvertretervereinbarungen s. nachfolgend Rn. 45.

Zu Abs. 1 Buchst. i (Kunde des Abnehmer)

44 Der Begriff „Kunden des Abnehmers" findet sich nur in Art. 4 Buchst. b (i). Siehe dazu Erläuterungen zu Art. 4 Buchst. b. Regelungen für das Verhältnis zwischen Arbeitnehmer und Kunden sind auch in einigen anderen Bestimmungen z. B. Art. 2 Abs. 3 und Art. 4 Buchst. b (iv) enthalten. Darüber hinaus verwendet die Vertikal-GVO mehrfach, vor allem in Art. 4 Buchst. b Einleitung und (i), den Begriff „Kundengruppe".

45 **b) Vereinbarungen mit Handelsvertretern. aa) Echte und unechte Handelsvertreter-Verträge.** Zur Abgrenzung der Handelsvertreterverträge, die nicht von Art. 101 Abs. 1 AEUV erfasst sind **(„echte Handelsvertreterverträge")**, von den sogenannten unechten Handelsvertreterverträgen (Eigenhändlersverträgen), auf die grundsätzlich Art. 101 Abs. 1 AEUV anzuwenden ist, hat die Kommission in den **Leitlinien Rn. 12 ff.** ausführliche Hinweise gegeben. Sie betreffen nicht nur die Freistellung nach der Vertikal-GVO, sondern vor allem die Anwendung des Art. 101 Abs. 1 AEUV.[92] In der neuen Fassung der Leitlinien 2010 wird die Bezeichnung „echter" oder „unechter" Handelsvertreter nicht mehr verwandt; stattdessen wird allein danach unterschieden, ob der Handelsvertreter-Vertrag Art. 101 Abs. 1 AEUV unterfällt oder nicht.[93] Außerdem hat die Kommission eine 3. Risikokategorie eingeführt, die eine Anwendung des Art. 101 Abs. 1 AEUV begründet (s. unten Rn. 47).

46 Im Grundsatz unverändert bleibt die frühere Linie der Kommission, dass für die Abgrenzung zwischen „echtem" und „unechtem" Handelsvertreter allein darauf abzustellen ist, ob

---

[88] Z. B. Art. 2 Abs. 3 und 4; Art. 3 Abs. 1; Art. 4 Buchst. a und b; Art. 5 Abs. 1 Buchst. b sowie Abs. 2 und 3.

[89] Der Begriff des Handelsvertreters richtet sich nicht nach nationalem Recht, sondern ist gemeinschaftsrechtlich zu definieren (EuGH 16.12.1975 C-40/73 ECLI:EU:C:1975:174 *Suiker Unie* Rn. 478/481). Die gesetzliche Definition des Handelsvertreters in § 84 HGB ist daher für das europäische Recht nicht verbindlich; vgl. *Kirchhoff* in: Wiedemann, Handbuch des Kartellrechts § 11 Rn. 6.

[90] Dies ergibt sich unmittelbar aus Art. 2 Abs. 1 Unterabsatz 2 i. V. m. Art. 1 Abs. 1 Buchst. b Vertikal-GVO.

[91] Vgl. *Bechtold/Bosch/Brinker,* EU-Kartellrecht, Art. 1 VO 330/2010 Rn. 24. Vgl. auch *Simon* in: Lange, Handbuch zum deutschen und europäischen Kartellrecht Rn. 390 ff.

[92] Hierzu wird auf die Erläuterungen von *Roth/Ackermann,* in: FK, Grundfragen des Art. 81 Abs. 1 EG Rn. 72 ff. verwiesen. Vgl. ferner die ausführliche Darstellung bei *Scheerer,* Rechtsfragen der Gruppenfreistellungsverordnung für vertikale Wettbewerbsbeschränkungen, S. 121 ff. Zur Kritik an den Leitlinien vgl. z. B. *Lange* EWS 2001, 18 und – in Teilen zu weitgehend – *Rittner* DB 2000, 1211.

[93] Eine sachliche Änderung ist damit nicht verbunden. So auch, trotz seiner grundsätzlichen Kritik an der Konzeption der Leitlinien, *Nolte* in Langen/Bunte, Nach Art. 101 AEUV Rn. 659.

das **wirtschaftliche Risiko** ausschließlich vom Auftraggeber getragen wird oder ob der Handelsvertreter in irgendeiner Form an diesem Risiko beteiligt ist. In der Literatur ist diese Abgrenzung z. T. kritisiert worden, weil sie einerseits hinsichtlich der Risikotragung strengere Anforderungen stelle als die Rspr. der europäischen Gerichte, andererseits nicht das vom EuGH verwandte Kriterium der **Eingliederung** in den Betrieb des Auftraggebers berücksichtige.[94] Während das EuG im DaimlerChrysler-Urteil,[95] ohne die Leitlinien zu erwähnen, weitgehend an der bisherigen Rspr. festgehalten hat, nähert sich der EuGH in später ergangenen Entscheidungen den Kriterien der Kommission an.[96] Er erwähnt zwar noch den Begriff „Eingliederung", aber nicht mehr als eigenständiges Kriterium, sondern nur noch als Ergebnis der Risikoverteilung im Vertrag.[97] Daher spricht viel dafür, dass tatsächlich kein Widerspruch zwischen den Leitlinien der Kommission und der Rspr. der europäischen Gerichte (mehr) besteht.[98] Die Kommission hält jedenfalls an ihrer Auffassung fest,[99] die sich in der Praxis durchgesetzt hat und deshalb für die Unternehmen maßgeblich ist.

bb) Die Abgrenzung nach Risikofaktoren. Die Differenzierung zwischen echten und unechten Handelsvertretern erfolgt danach, welche wirtschaftlichen und finanziellen Risiken der Handelsvertreter in Bezug auf die ihm vom Auftraggeber übertragenen Tätigkeiten übernimmt. In den neuen Leitlinien 2010 Rn. 15 stellt die Kommission nun auf **drei Arten von Risiken** ab: 47

- Risiken, die unmittelbar mit den Geschäften für den Auftraggeber verbunden sind
- Risiken hinsichtlich marktspezifischer Investitionen in diesem Tätigkeitsbereich und
- Risiken bezüglich anderer Tätigkeiten, die der Auftraggeber vom Handelsvertreter verlangt.

Generell verlangt die Kommission in Rn. 16 der Leitlinien, dass die erworbenen oder verkauften Vertragswaren nicht in das Eigentum des Handelsvertreters übergehen dürfen und dass der Handelsvertreter nicht derjenige ist, der die Vertragsdienstleistungen selbst erbringt. Dagegen ist das Provisionsausfallrisiko das typische Eigenrisiko des Handelsvertreters und bleibt deshalb außer Betracht (Rn. 15). Auch die Personalkosten sind immer vom Handelsvertreter zu tragen. 48

Die Leitlinien enthalten in Rn. 16 eine **„schwarze Liste" schädlicher Risiken.** Diese Liste ist zwar nicht erschöpfend (Leitlinien Rn. 17), in der Praxis bleibt sie aber das ausschlaggebende Kriterium. Die Risiken, die zur **Anwendung des Art. 101 Abs. 1 AEUV** führen, sind im Einzelnen:[100] 49

Buchst. a (Beteiligung an **Transportkosten**): Die für den Verkauf oder Kauf der Vertragsware anfallenden Transportkosten dürfen nicht dem Handelsvertreter aufgebürdet wer- 50

---

[94] Vgl. statt aller *Nolte,* Das „kartellrechtliche Schisma" zwischen Kommission und Gerichtshof nach der GVO 1400/2002, S. 357 sowie in Langen/Bunte, Nach Art. 101 AEUV Rn. 645 ff.

[95] Urteil vom 15.9.2005, ECLI:EU:T:2005:322, WuW/E EU-R 933.

[96] Urteile vom 14.12.2006 ECLI:EU:C:2006:473 CEES Rn. 42 ff. und vom 11.9.2008 ECLI:EU:C:2008:485 CEPSA Rn. 35 ff.

[97] Urteil CEES Rn. 46, Urteil CEPSA Rn. 36: in beiden Fällen verweist der EuGH „insbesondere" auf die vertraglichen Regelungen zur Risikotragung, ohne die Eingliederung zu erwähnen. Wie hier *Schultze/Pautke/Wagener,* Vertikal-GVO Rn. 274 Fußn. 9. Anders dagegen *Kirchhoff* in: Wiedemann, Handbuch des Kartellrechts § 11 Rn. 12 f., der grundsätzlich zwischen Risikoverteilung und Eingliederung i. S. d. Weisungsabhängigkeit unterscheidet, allerdings im Normalfall eine gesonderte Prüfung des Eingliederungskriteriums für entbehrlich hält.

[98] Auch im deutschen Recht ist nach der Rspr. des BGH (Urteil vom 15.4.1986 – KVR 3/85 – EH-Partner-Vertrag Rn. 14) „in erster Linie" auf die Risikoverteilung abzustellen. Vgl. dazu *Kapp* WuW 2007, 1218.

[99] Vgl. neben den neuen Leitlinien 2010 Rn. 12 ff. insb. die Art. 9-Entscheidung vom 12.4.2006 im Fall Repsol, COMP 38.348.

[100] Die in Buchst. a bis d genannten Risiken gehören zur vertragsspezifischen Gruppe; Buchst. e und f enthalten marktspezifische Investitionen, und Buchst. g betrifft die andersartigen Risiken.

den, es sei denn der Auftraggeber erstattet die Kosten.[101] Als unschädlich ist auch eine angemessene Pauschalvergütung anzusehen, z.B. in Form einer zusätzlichen Provision, die die durchschnittlichen Kosten abdeckt.[102]

51 Buchst. b (Übernahme der **Lagerkosten**): Der Handelsvertreter kann zwar verpflichtet werden, ein Lager für die Vertragsware zu errichten. Kosten und Risiken muss aber der Auftraggeber übernehmen. Auch hier ist eine angemessene pauschale Vergütung als unschädlich anzusehen. Für den Verlust der Ware hat der Handelsvertreter nur einzustehen, wenn ihn ein Verschulden trifft, z.B. weil er Weisungen des Auftraggebers nicht beachtet hat.[103] Die Versicherungskosten muss in jedem Fall der Auftraggeber übernehmen.

52 Buchst. c **(Produkthaftungsrisiko):** Die Haftung für fehlerhafte Produkte trifft nach dem Produkthaftungsrecht[104] grundsätzlich den Auftraggeber. Der Handelsvertreter haftet nur dann selbst, wenn er die Vertragsware in die EU importiert oder sich als Hersteller ausgibt. Sofern dies mit Zustimmung des Auftraggebers geschieht, hat er einen Anspruch, dass der Auftraggeber ihn von der Haftung für fehlerhafte Produkte freistellt.

53 Buchst. d **(Haftung für Nichterfüllung):** Der Handelsvertreter darf nicht mit dem Risiko der Nichterfüllung durch die Kunden belastet werden, es sei denn ihn trifft ein Verschulden. Der Verlust der Provision kann allerdings auch für den Fall vereinbart werden, dass kein Verschulden vorliegt. Eine **Delkrederehaftung** nach § 86 Abs. 1 S. 2 HGB (Bürgschaft für die Zahlungsfähigkeit des Kunden) ist damit an sich ausgeschlossen. Man wird sie aber als unbedenklich ansehen müssen, wenn sie im Einzelfall durch eine angemessene Vergütung (Delkredereprovision) abgegolten ist.[105] Eine generelle Verpflichtung zur Übernahme der Delkrederehaftung für alle Geschäfte führt aber zur Anwendung von Art. 101 Abs. 1 AEUV.

54 Buchst. e und f **(marktspezifische Investitionen):** Hierunter versteht die Kommission Investitionen, die für die Tätigkeit des Handelsvertreters erforderlich sind (Leitlinien Rn. 14). Weitere Voraussetzung ist, dass sie nach Beendigung des „Geschäftsfelds" nicht für andere „Geschäfte" genutzt oder nur mit erheblichem Verlust veräußert werden können **(„versunkene Kosten").** Unklar ist, ob das Geschäft bzw. Geschäftsfeld dabei nach der Branche oder enger nach dem einzelnen Hersteller abzugrenzen ist. Aus den Beispielen in Buchst. f (insbes. Kraftstofftank) lässt sich entnehmen, dass die Kommission von einer weiten, d.h. branchenbezogenen Abgrenzung ausgeht.[106]

55 Die in Buchst. e genannten **„verkaufsfördernden Maßnahmen"** wie z.B. Werbeaufwendungen gehören an sich zu den wesensmäßigen Aufgaben des Handelsvertreters. Schädlich können also nur solche Investitionen sein, die über den normalen Umfang hinausgehen, der sich aus der Pflicht zur Förderung des Geschäfts des Auftraggebers ergibt. Nach dem Wortlaut ist dabei schon die Verpflichtung zu solchen Investitionen erfasst.

56 In Buchst. f sind darüber hinaus weitere **marktspezifische Investitionen** genannt, die der Handelsvertreter nicht übernehmen darf. Als Beispiel sind ein Benzintank für Tankstel-

---

[101] Das EuG hat im Urteil vom 15.9.2005 T-325/01 ECLI:EU:T:2005:322 *Daimler-Chrysler* allerdings betont, dass dieses Risiko nicht überbewertet werden darf. Vgl. dazu auch *Kirchhoff* in: Wiedemann, Handbuch des Kartellrechts § 11 Rn. 16.

[102] Ähnlich *Schultze/Pautke/Wagener,* Vertikal-GVO Rn. 295f. und *Nolte* in Langen/Bunte, Nach Art. 101 AEUV Rn. 707.

[103] *Schultze/Pautke/Wagener,* Vertikal-GVO Rn. 301.

[104] In Deutschland § 4 Abs. 1 ProdHG.

[105] So auch *Nolte* in Langen/Bunte, Nach Art. 101 AEUV Rn. 701; a.A. *Schultze/Pautke/Wagener,* Vertikal-GVO Rn. 306. Wie hier auch *Kirchhoff* in: Wiedemann, Handbuch des Kartellrechts § 11 Rn. 8.

[106] Gemeint sind also Investitionen, die bei einem Wechsel der Branche hinfällig werden. Herstellerspezifische Investitionen (z.B. Berufskleidung, die mit Marke des Herstellers versehen ist) sind nicht betroffen. Im Ergebnis ebenso *Nolte* in Langen/Bunte, Nach Art. 101 AEUV Rn. 681f.; a.A. *Schultze/Pautke/Wagener,* Vertikal-GVO Rn. 308.

lenbetreiber oder spezielle Software für Versicherungsvertreter[107] angeführt. Nicht dazu gehört die allgemeine Geschäftsausstattung des Handelsvertreters, die er für seine Tätigkeit benötigt. Unbedenklich sind die genannten Investitionen, wenn der Auftraggeber „in vollem Umfang" die Kosten übernimmt. Entgegen dem Wortlaut dürfte dies auch eine angemessene pauschale Vergütung umfassen.[108]

Buchst. g **(andere Tätigkeiten auf demselben Markt):** Grundsätzlich darf der Handelsvertreter nicht auf demselben Markt in Konkurrenz zum Auftraggeber treten (vgl. unten Rn. 65). Nach dem (missglückten) Wortlaut des Buchst. g darf der Auftraggeber dies nicht „verlangen". Dagegen darf der Handelsvertreter auf einem anderen Markt ohne weiteres tätig werden.[109] Dazu gehören im Allgemeinen auch Kundendienstleistungen (Reparatur, Wartung und Service). Wenn solche Leistungen allerdings im Rahmen einer Garantie oder Gewährleistung des Auftraggebers anfallen, müssen die Kosten vom Auftraggeber in vollem Umfang getragen werden.[110] **57**

Nach den Leitlinien Rn. 17 liegt ein echter Handelsvertretervertrag nur vor, wenn der Handelsvertreter **keine oder nur unbedeutende Risiken** der aufgezählten Beispielsfälle übernimmt. Jedes nicht nur unerhebliche Risiko des Handelsvertreters führt somit für Vereinbarungen zum Auftragsgeschäft zur Anwendung des Art. 101 AEUV. Ob ein Risiko „unerheblich" ist, hängt weniger von der Höhe der Aufwendungen ab als davon, wie groß das wirtschaftliche und finanzielle Risiko des Handelsvertreters ist.[111] **58**

cc) Anwendung des Art. 101 AEUV. Die Unterscheidung zwischen echten und unechten Handelsvertreterverträgen ist nur für das **Auftragsgeschäft** bedeutsam, das der Handelsvertreter im Namen und für Rechnung des Auftraggebers tätigt. Auf die Vereinbarungen, die das Auftragsgeschäft (Gütermarkt) betreffen, ist bei **echten Handelsvertreterverträgen,** bei denen das wirtschaftliche Risiko in vollem Umfang vom Auftraggeber getragen wird, Art. 101 Abs. 1 AEUV nicht anwendbar, soweit es die Konditionen für den Vertrieb der Vertragsware betrifft. Insoweit trägt allein der Auftraggeber die wirtschaftliche Verantwortung. Er kann deshalb dem Handelsvertreter die Konditionen des Verkaufs, einschl. Preis und Kundenkreis, im Einzelnen vorgeben, ohne dass dies eine schwarze Klausel im Sinne des Art. 4 Vertikal-GVO darstellt.[112] **59**

Bei **unechten Handelsvertreterverträgen** (insbes. Eigenhändlerverträgen) findet dagegen **Art. 101 Abs. 1 AEUV** auf die Vereinbarungen zwischen Auftraggeber und Handelsvertreter zum Auftragsgeschäft Anwendung, soweit darin Wettbewerbsbeschränkungen enthalten sind. In diesen Fällen ist auch die Vertikal-GVO grundsätzlich anwendbar; dies ergibt sich aus Art. 1 Abs. 1 Buchst. h. Üblicherweise sind in Eigenhändlerverträgen Preis-, Gebiets- und Kundenbeschränkungen für den Verkauf der Vertragsware enthalten. Diese stellen gemäß Art. 4 Buchst. a oder b Vertikal-GVO im Allgemeinen **Kernbeschränkungen** dar, die zur Nichtigkeit der Vereinbarung und möglicherweise des ganzen Vertrags führen.[113] In der Praxis besteht daher im Allgemeinen großes Interesse daran, unechte Handelsvertreterverträge mit ihren gravierenden Rechtsfolgen soweit wie möglich zu vermeiden. **60**

Eine Kernbeschränkung nach Art. 4 Buchst. a Vertikal-GVO liegt gemäß Rn. 49 der Leitlinien auch vor, wenn es dem Handelsvertreter untersagt wird, seine Provision ganz **61**

---

[107] Vgl. dazu *Bunte/Kreutzmann,* in: Festschrift Helm, S. 19, 43 f.

[108] Vgl. EuG Urteil vom 15.9.2005 T-325/01 ECLI:EU:T:2005:322 *Daimler-Chrysler* Rn. 110 ff.

[109] Dazu zählt auch eine Inkassotätigkeit für den Auftraggeber; s. unten Rn. 65.

[110] Vgl. dazu *Nolte* in Langen/Bunte, Nach Art. 101 AEUV Rn. 715 ff.

[111] Vgl. *Kirchhoff* in: Wiedemann, Handbuch des Kartellrechts § 11 Rn. 15.

[112] Vgl. Leitlinien Rn. 18. Eine abweichende Meinung vertritt *Nolte* in Langen/Bunte, Nach Art. 101 AEUV Rn. 728, der Bedenken gegen die Anwendung der Vertikal-GVO auf Handelsvertreterverträge erhebt.

[113] Die abweichende Auffassung in der Vorauflage wird aufgegeben. Dagegen sind nach Ansicht von *Kirchhoff* in: Wiedemann, Handbuch des Kartellrechts § 11 Rn. 34 derartige Klauseln bei einem Mehrfirmenvertreter (Agenturvertrieb) grundsätzlich mit Art. 101 Abs. 1 AEUV vereinbar.

oder teilweise an den Kunden auszuzahlen **(Provisionsweitergabeverbot).** Der Handelsvertreter kann seine Provision also mit dem Kunden teilen, sofern das Einkommen des Auftraggebers dadurch nicht geschmälert wird.[114]

62 Für die Ausgestaltung der vertraglichen Beziehungen zwischen Handelsvertreter und Auftraggeber **(„Vermittlungsmarkt")** gelten andere Regelungen. Hier ist der Handelsvertreter immer, also auch der echte Handelsvertreter, eigenständiger Unternehmer. Auf diese Vereinbarung findet deshalb die Regelung des Art. 101 AEUV unmittelbar Anwendung, soweit die dortigen Voraussetzungen (z. B. Auswirkungen auf den zwischenstaatlichen Handel) erfüllt sind. Die übliche Absprache, dass sich die **Provision des Handelsvertreters** nach dem Verkaufsvolumen richtet, ist dabei keine Preisbindung; insoweit gilt Vertragsfreiheit.

63 Nach den Leitlinien Rn. 19 liegt in der Regel kein Verstoß gegen Art. 101 Abs. 1 AEUV vor, wenn sich der Auftraggeber verpflichtet, keine anderen Handelsvertreter einzusetzen **(Alleinvertreterklausel).**[115] Anders ist es bei **Wettbewerbsverboten** oder sonstigen Ausschließlichkeitsbindungen zu Lasten des Handelsvertreters.[116] In diesen Fällen greift aber auch die Vertikal-GVO ein, sofern deren Voraussetzungen (Marktanteilsgrenzen nach Art. 3 und kein Verstoß gegen Art. 4 und 5) erfüllt sind. Ein Wettbewerbsverbot ist dann bis zur Dauer von fünf Jahren freigestellt.[117] Nachvertragliche Wettbewerbsverbote sind dagegen grundsätzlich nicht freigestellt.[118]

64 Nicht eindeutig ist die Rechtslage zur Tätigkeit eines Handelsvertreters für mehrere Auftraggeber **(„Mehrfirmenvertreter").** Nach den Leitlinien Rn. 13 Satz 2 sieht es die Kommission als unerheblich an, ob der Vertreter für einen oder mehrere Auftraggeber handelt. Im Gegensatz dazu hat der EuGH in einer früheren Entscheidung die Anwendung von jetzt Art. 101 Abs. 1 AEUV u. a. damit begründet, dass die Vertreter für eine größere Anzahl von Auftraggebern tätig waren.[119] Die Entscheidung betrifft aber einen besonderen Fall, da es um ein Netz von horizontalen und vertikalen Vereinbarungen und gesetzlichen Regelungen ging, durch die Preisnachlässe zugunsten der Kunden verhindert werden sollten. Im Grundsatz ist deshalb mit der Kommission von der Zulässigkeit der Mehrfirmenverträge auszugehen, und zwar unabhängig davon, ob die Auftraggeber in einem Wettbewerbsverhältnis stehen.[120]

---

[114] Im Ergebnis wird dadurch das Weisungsrecht des Auftraggebers für die Auftragsware eingeschränkt, da der Auftraggeber es hinnehmen muss, dass der Handelsvertreter auf eigene Kosten mit dem Kunden niedrigere Preise vereinbart. An dieser Vorgabe der Kommission müssen sich – trotz rechtlicher Zweifel – die Parteien in der Praxis ausrichten. Wie hier auch *Kirchhoff* in: Wiedemann, Handbuch des Kartellrechts § 11 Rn. 37 unter Hinweis auf das Urteil EuG vom 15.9.2005 T-325/01 ECLI:EU:T:2005:322 *Daimler-Chrysler* Rn. 99. Vgl. auch die Erl. zu Art. 4 Rn. 203.

[115] Bei marktbeherrschenden Unternehmen kann dies aber einen Missbrauch gemäß Art. 102 AEUV darstellen; vgl. EuGH Urteil vom 16.12.1975 C-40/73 u. a. *Suiker Unie* ECLI:EU:C:1975:174 Rn. 482f. zu Eigenhändlern und Rn. 486 zu echten Handelsvertretern. Gleiches gilt im deutschen Recht für marktstarke Unternehmen i. S. d. § 20 Abs. 1 GWB; vgl. die dortigen Erläuterungen.

[116] Die Kommission spricht hier von „Markenzwangklauseln" (Leitlinien Rn. 19).

[117] Vgl. im Einzelnen die Erläuterungen zu Art. 5. Weitergehend *Kirchhoff* in: Wiedemann, Handbuch des Kartellrechts § 11 Rn. 32, der Art. 101 Abs. 1 AEUV für nicht anwendbar hält, wenn der Handelsvertreter für mehrere nicht konkurrierende Unternehmen tätig ist.

[118] Art. 5 Abs. 1 Buchst. b Vertikal-GVO. Dagegen sieht *Kirchhoff* in: Wiedemann, Handbuch des Kartellrechts § 11 Rn. 29 nachvertragliche Wettbewerbsverbote entspr. § 90a HGB für maximal zwei Jahre als zulässig an.

[119] Urteil vom 1.10.1987 C-311/87 Flämische Reisebüros Rn. 20.

[120] So auch *Schultze/Pautke/Wagener,* Vertikal-GVO Rn. 278 und 284; a. A. *Nolte* in Langen/Bunte, Nach Art. 101 AEUV Rn. 651. Differenzierend *Kirchhoff* in: Wiedemann, Handbuch des Kartellrechts § 11 Rn. 32, der nur bei nicht konkurrierenden Auftraggebern die Anwendbarkeit des Art. 101 Abs. 1 AEUV verneint. Auch im deutschen Recht ist nach BGH vom 15.4.1986 – KVR 3/85 – EH-Partner-Vertrag Rn. 17 eine Mehrfachvertretung von konkurrierenden Auftraggebern grundsätzlich zulässig (vgl. auch *Kirchhoff* in: Wiedemann, Handbuch des Kartellrechts § 11 Rn. 51 zum deutschen Recht).

Nicht zulässig sind dagegen zusätzliche **Eigengeschäfte** des Handelsvertreters auf dem gleichen Markt.[121] Schon aus dem Wesen des Handelsvertretervertrags folgt, dass er dem Auftraggeber gegen dessen Willen keine Konkurrenz machen darf.[122] Andererseits bestehen keine Bedenken, dass der Handelsvertreter auf einem anderen Markt auf eigene Rechnung tätig ist, solange der Auftraggeber hierdurch keinen Schaden erleidet.[123] Unbedenklich sind also z. B. die Eigenverkaufsshops von Tankstellenpächtern oder eigene Service- und Reparaturwerkstätten von Handelsvertretern für den Kfz-Neuwagenverkauf.[124] Dazu gehört auch die **Inkassotätigkeit** zugunsten des Auftraggebers, die mit einer zusätzlichen Provision zu vergüten ist (§ 87 Abs. 4 HGB). 65

Eine mögliche Verhaltensabstimmung unter mehreren Auftraggebern, die denselben Handelsvertreter beschäftigen, ist nach Art. 101 Abs. 1 AEUV zu beurteilen, was durch die Leitlinien Rn. 20 ausdrücklich klargestellt ist. Auf derartige **horizontale** Beschränkungen ist die Vertikal-GVO nicht anwendbar.[125] 66

Die **zivilrechtlichen** Rechtsbeziehungen zwischen Handelsvertreter und Auftraggeber richten sich ausschließlich nach nationalem Recht. Dies gilt auch für mögliche Ausgleichsansprüche des Handelsvertreters bei Vertragsbeendigung.[126] 67

2. Abs. 2 (Verbundene Unternehmen)

a) Anwendungsbereich (Unterabsatz 1). Art. 1 Abs. 2 enthält eine inzwischen übliche **Verbundklausel,**[127] die einheitlich für den Anwendungsbereich der GVO die Einbeziehung verbundener Unternehmen vorschreibt.[128] Für die Einzelfreistellung nach Art. 101 Abs. 3 AEUV gibt es keine vergleichbare ausdrückliche Regelung. Soweit es dabei auf Größenkriterien ankommt, wird aber auch dort eine Bewertung für das Unternehmen nur zusammen mit seinen verbunden Unternehmen sachgerecht sein. 68

Bedeutung hat die Verbundklausel vor allem für die Ermittlung der **Marktanteile** gemäß Art. 3 i. V. m. Art. 7. Aber auch bei der Anwendung des Art. 4 und Art. 5 für Kernbeschränkungen und nicht freigestellte Beschränkungen ist hinsichtlich der Beziehungen der Unternehmen jeweils auf verbundene Unternehmen mit abzustellen. Insgesamt ist die praktische Bedeutung jedoch gering; in den Entscheidungen spielt die Verbundklausel fast nie eine Rolle. Ihre wesentliche Funktion dürfte darin bestehen, dass sie Umgehungen der Schwellenwerte durch Aufspaltungen von Unternehmen von vornherein verhindert. In der 69

---

[121] Eine besondere Regelung hierzu ist in den Leitlinien nicht enthalten.

[122] So bereits EuGH vom 16.12.1975 C-40/73 u. a. *Suiker Unie* ECLI:EU:C:1975:174 Rn. 476 f. und 539. Zum deutschen Recht s. BGH 17.10.1991 – I ZR 248/99 und vom 12.3.2003 – VIII ZR 197/02. Vgl. auch *Nolte* in Langen/Bunte, Nach Art. 101 AEUV Rn. 743.

[123] *Schultze/Pautke/Wagener,* Vertikal-GVO Rn. 320 f., die zutreffend darauf hinweisen, dass für solche Vertragsgestaltungen ein praktisches Bedürfnis bestehen kann. Dies gilt auch im deutschen Recht; der BGH hält es für „nicht unüblich", dass Eigengeschäft und Handelsvertretung in einer Hand zusammenfallen (Urteil vom 15.4.1986 – KVR 3/85 – EH Partner-Vertrag Rn. 17).

[124] *Kirchhoff* in: Wiedemann, Handbuch des Kartellrechts § 11 Rn. 43.

[125] Vgl. auch *Kirchhoff* in: Wiedemann, Handbuch des Kartellrechts § 11 Rn. 31 zum Fall des Mehrfirmenvertreters.

[126] Zur Frage, ob Vertragsanpassungen an die Bestimmungen der Vertikal-GVO einen Ausgleichsanspruch des Handelsvertreters zur Folge haben, vgl. *Beckmann* WuW 2003, 752, 758 ff. Zu Ausgleichsansprüchen bei Kündigung von Kfz-Händlerverträgen vgl. LG Frankfurt WRP 2004, 1506 (mit Anm. *Wendel*).

[127] Vorschriften zur Einbeziehung verbundener Unternehmen finden sich nicht nur in den verschiedenen Gruppenfreistellungsverordnungen. Auch in der Fusionskontrolle wird eine vergleichbare Regelung für die Umsatzberechnung angewandt, die jedoch teilweise abweicht (vgl. Art. 5 Abs. 4 und 5 EG-Fusionskontrollverordnung Nr. 139/2004, ABl. EG 2004 Nr. L 24/1).

[128] In der Vorgänger-VO 2790/1999 war eine weitgehend identische Bestimmung in Art. 11 Abs. 1 und 2 enthalten. Eine sachliche Änderung stellt allenfalls die Ersetzung des mehrfach verwendeten Begriffs „Einflussmöglichkeiten" durch den engeren Begriff „Befugnisse" dar.

Praxis wichtiger ist die vergleichbare Verbundklausel in Ziff. 12 der sog. **Bagatellbekanntmachung** der Kommission,[129] durch die der Anwendungsbereich dieser Bekanntmachung in der Praxis weiter eingeschränkt wird.

70 Nach ihrem Wortlaut findet die Verbundklausel in allen Fällen Anwendung, in denen die GVO auf „Unternehmen", „Anbieter" oder „Abnehmer" abstellt. Unternehmen ist dabei im Allgemeinen der Oberbegriff für Anbieter und Abnehmer. Gleich zu behandeln sind Begriffe wie „Wettbewerber" (Art. 2 Abs. 4), „Händler" (in selektiven Vertriebssystemen; Art. 4 Buchst. b (iii) und Buchst. d) sowie „Mitglieder eines selektiven Vertriebssystems" (Art. 4 Buchst. c und Art. 5 Abs. 1 Buchst. c).[130] Dagegen ist hinsichtlich der Umsatzschwelle für „Mitglieder" einer Unternehmensvereinigung (Art. 2 Abs. 2 i. V. m. Art. 8) die Erstreckung auf verbundene Unternehmen ausdrücklich angeordnet.

71 Regelmäßig wirkt sich die Verbundklausel zu Lasten der Unternehmen aus. In Ausnahmefällen greift sie auch zu Gunsten der Unternehmen ein.[131] Nur im letzteren Fall können die Unternehmen abweichende Vereinbarungen treffen.

72 **b) Definition (Unterabsatz 2).** Die recht detaillierte Regelung in Unterabsatz 2 zählt insgesamt 5 Fallgruppen von verbundenen Unternehmen auf, wobei es sich zum Teil um Konzernregelungen (Buchst. a bis c) und zum Teil um Sonderregelungen für Gemeinschaftsunternehmen (Buchst. d und e) handelt. Bei den **Konzernunternehmen** (Buchst. a bis c) wird abweichend von früheren Regelungen nicht auf die Kapitalbeteiligung,[132] sondern allein auf das Stimmrecht abgestellt. Als verbundene Unternehmen sind Tochterunternehmen (Buchst. a), Mutterunternehmen (Buchst. b) oder Schwester- bzw. sonstige Konzernunternehmen (Buchst. c) definiert. Erfasst sind jeweils auch mehrstufige Abhängigkeitsverhältnisse (Enkelunternehmen u. a.).

73 Hinsichtlich der **Gemeinschaftsunternehmen** (GU) unterscheidet die Regelung zwischen Fallgestaltungen, bei denen das GU von Unternehmen eines einzelnen Verbundes gegründet ist (Buchst. d),[133] und GU, bei denen verschiedene selbständige Unternehmen beteiligt sind (Buchst. e).[134] In der letzteren Fallgestaltung wird wiederum unterschieden zwischen (i) GU der Vertragsparteien und (ii) GU, an denen neben einer oder mehreren Vertragsparteien auch dritte Unternehmen beteiligt sind. Bei beiden Fallgruppen sind Tochterunternehmen der GU nicht erfasst.[135]

74 In welcher Weise der Einfluss ausgeübt wird **(Einflussmittel),** ist in Buchst. a (i) bis (iii) für alle Fallgruppen abschließend geregelt. Im Interesse der Rechtssicherheit sind dabei rasch zu ermittelnde formale Kriterien zugrunde gelegt. Ob tatsächlich Einfluss ausgeübt wird, ist nicht zu prüfen.[136] Die dort verwendeten Begriffe sind nicht nach nationalem (Gesellschafts-)Recht auszulegen, sondern allein nach europarechtlichen Maßstäben. In der Praxis werden sich die drei Tatbestände nicht selten überschneiden. Die **Zurechnung** der verbundenen (beherrschten und herrschenden) Unternehmen erfolgt unabhängig von der Höhe der Beteiligung immer zu 100%. Anders ist es bei Gemeinschaftsunternehmen, die zu gleichen Teilen zugerechnet werden (jetzt Art. 7 Buchst. g).

75 Hinsichtlich der Stimmrechte und Besetzungsrechte in Buchst. a (i) und (ii) wird die **„Mehrheit"** verlangt. Dies ist nicht als absolute Mehrheit (50% + 1) zu verstehen. Es

129 De-minimis-Bekanntmachung, ABl. (EU) Nr. C-291/01 vom 30.8.2014 (früher: Bekanntmachung vom 22.12.2001, ABl. EG 2001 Nr. C 368/13).

130 Vgl. *Schultze/Pautke/Wagener,* Vertikal-GVO Rn. 330 zum Begriff „Wettbewerber".

131 Ebenso *Schultze/Pautke/Wagener,* Vertikal-GVO Rn. 346.

132 Dies ist in der Fusionskontrollverordnung Art. 5 Abs. 4 Buchst. b (i) anders geregelt.

133 Sog. „verbundinterne Gemeinschaftsunternehmen"; vgl. *Ellger* in: Immenga/Mestmäcker, EU-WbR, Art. 101 Abs. 3 AEUV Rn. 367.

134 Sog. „verbundexterne Gemeinschaftsunternehmen"; vgl. *Ellger* in: Immenga/Mestmäcker, EU-WbR, Art. 101 Abs. 3 AEUV Rn. 367.

135 Vgl. *Schultze/Pautke/Wagener,* Vertikal-GVO Rn. 342.

136 Vgl. *Ellger* in: Immenga/Mestmäcker, EU-WbR, Art. 101 Abs. 3 AEUV Rn. 370.

reicht, wenn faktisch eine gesicherte Mehrheit im Entscheidungsorgan besteht.[137] Das **Recht zur Führung der Geschäfte** nach Buchst. a (iii) kann auf Gesetz beruhen,[138] aber auch vertraglich vereinbart sein.[139] Der Einfluss kann in allen Fällen unmittelbar oder **mittelbar,** d. h. über mehrere Stufen der in Buchst. a (i) bis (iii) aufgezählten Einflussmittel ausgeübt werden.[140]

Art. 2 Freistellung

(1) **Nach Artikel 101 Absatz 3 AEUV und nach Maßgabe dieser Verordnung gilt Artikel 101 Absatz 1 AEUV nicht für vertikale Vereinbarungen.**

Diese Freistellung gilt, soweit solche Vereinbarungen vertikale Beschränkungen enthalten.

(2) **Die Freistellung nach Absatz 1 gilt nur dann für vertikale Vereinbarungen zwischen einer Unternehmensvereinigung und ihren Mitgliedern oder zwischen einer solchen Vereinigung und ihren Anbietern, wenn alle Mitglieder der Vereinigung Wareneinzelhändler sind und wenn keines ihrer Mitglieder zusammen mit seinen verbundenen Unternehmen einen jährlichen Gesamtumsatz von mehr als 50 Mio. EUR erwirtschaftet. Vertikale Vereinbarungen solcher Vereinigungen werden von dieser Verordnung unbeschadet der Anwendbarkeit von Artikel 101 AEUV auf horizontale Vereinbarungen zwischen den Mitgliedern einer solchen Vereinigung sowie auf Beschlüsse der Vereinigung erfasst.**

(3) **Die Freistellung nach Absatz 1 gilt für vertikale Vereinbarungen, die Bestimmungen enthalten, die die Übertragung von Rechten des geistigen Eigentums auf den Abnehmer oder die Nutzung solcher Rechte durch den Abnehmer betreffen, sofern diese Bestimmungen nicht Hauptgegenstand der Vereinbarung sind und sofern sie sich unmittelbar auf die Nutzung, den Verkauf oder den Weiterverkauf von Waren oder Dienstleistungen durch den Abnehmer oder seine Kunden beziehen. Die Freistellung gilt unter der Voraussetzung, dass diese Bestimmungen für die Vertragswaren oder -dienstleistungen keine Wettbewerbsbeschränkungen enthalten, die denselben Zweck verfolgen wie vertikale Beschränkungen, die durch diese Verordnung nicht freigestellt sind.**

(4) **Die Freistellung nach Absatz 1 gilt nicht für vertikale Vereinbarungen zwischen Wettbewerbern. Sie findet jedoch Anwendung, wenn Wettbewerber eine nicht gegenseitige vertikale Vereinbarung treffen und**

a) der Anbieter zugleich Hersteller und Händler von Waren ist, der Abnehmer dagegen Händler, jedoch kein Wettbewerber auf der Herstellungsebene; oder

b) der Anbieter ein auf mehreren Handelsstufen tätiger Dienstleister ist, der Abnehmer dagegen Waren oder Dienstleistungen auf der Einzelhandelsstufe anbietet und auf der Handelsstufe, auf der er die Vertragsdienstleistungen bezieht, kein Wettbewerber ist.

(5) **Diese Verordnung gilt nicht für vertikale Vereinbarungen, deren Gegenstand in den Geltungsbereich einer anderen Gruppenfreistellungsverordnung fällt, es sei denn, dies ist in einer solchen Verordnung vorgesehen.**

---

[137] Sog. Hauptversammlungsmehrheit. Bei einer üblichen Hauptversammlungspräsenz von z. B. 80% ist somit eine Quote von 40% +1 ausreichend. Dies entspricht den Regeln zum Begriff der alleinigen Kontrolle nach Art. 3 FKVO.

[138] Z. B. als Folge eines Beherrschungsvertrags.

[139] Vgl. *Wiedemann* Bd. I Allgemeiner Teil Rn. 147 ff. Da nach der Vertikal-GVO auf die Stimmrechte und nicht die Kapitalbeteiligung abgestellt wird, ist allerdings keine so weite Auslegung wie bei Art. 5 Abs. 4 (iv) FKVO vorzunehmen.

[140] *Ellger* in: Immenga/Mestmäcker, EU-WbR, Art. 101 Abs. 3 AEUV Rn. 375.

1. Sinn und Zweck

76 **a) Anwendungsbereich der „Schirm-GVO".** Durch Art. 2 wird der **Anwendungsbereich** der Vertikal-GVO im Einzelnen festgelegt. Im Gegensatz zu den früheren Spezialregelungen für Alleinvertriebs-, Alleinbezugs- und Franchise-Vereinbarungen[141] gilt die Freistellung nicht nur branchen-, sondern auch vertragsübergreifend und bezieht (nahezu) alle vertikalen Wettbewerbsbeschränkungen ein („Schirm-GVO"). Sie unterscheidet auch nicht zwischen den verschiedenen Formen von vertikalen Verhältnissen (z. B. Vertrieb oder Zulieferbeziehung). Durch diesen umfassenden Anwendungsbereich stellt die Vertikal-GVO die **Generalnorm für vertikale Wettbewerbsbeschränkungen** dar. Eine abschließende Regelung für spezielle Vertriebsformen gibt es nicht mehr; Hinweise zu einzelnen Typen von Wettbewerbsbeschränkungen finden sich nur in den Leitlinien.

77 Absatz 1 enthält neben der eigentlich selbstverständlichen Feststellung, dass die Voraussetzungen des Art. 101 Abs. 1 AEUV erfüllt sein müssen (2. Unterabsatz), in Unterabsatz 1 den Grundsatz der Freistellung vertikaler Wettbewerbsbeschränkungen. Abgrenzungsfragen, die sich durch den weiten Anwendungsbereich ergeben, sind in den Absätzen 2 bis 5 geregelt.

78 **b) Entstehungsgeschichte.** Bereits in ihrem Grünbuch[142] hatte die Kommission das Ziel eines umfassenden Anwendungsbereichs der neuen Regelung aufgestellt, mit der die bisher getrennten Sonderregelungen für einzelne Fallgruppen abgelöst werden sollten. Bei der Überarbeitung der früheren GVO 2790/1999 im Jahr 2009 bestand weitgehend Einigkeit, dass sich die damals geltende Regelung im Wesentlichen bewährt hatte. Anders als bei der Verabschiedung der VO 2790/1999 gab es keine Diskussion mehr über die spezielle Vorschrift zu Unternehmensvereinigungen in Art. 2 Abs. 2. Die einzige sachliche Änderung in Art. 2 durch die VO 330/2010 betraf Absatz 4. Die bis dahin geltende Ausnahme für Unternehmen mit einem Umsatz von bis zu 100 Mio. Euro, die in der Praxis keine große Bedeutung erlang hatte, wurde gestrichen.

79 **c) Rechtsgrundlage.** Hinsichtlich des Anwendungsbereichs schöpft die Vertikal-GVO die Rechtsgrundlage in der Rats-VO 1215/99[143] weitgehend aus. Bei der Definition von vertikalen Wettbewerbsbeschränkungen in Absatz 1 waren inhaltliche Abweichungen zur Rats-VO nicht beabsichtigt. Der Wortlaut der deutschen Fassungen stimmt auch in der VO 330/2010 wieder nicht vollkommen überein; diese nicht erheblichen Unterschiede haben aber keine substantiellen Auswirkungen (vgl. aber Rn. 94).

2. Praktische Bedeutung

80 **a) Vertragstypen.** Durch den weiten Anwendungsbereich, der sich aus der umfassenden Einbeziehung nahezu aller vertikaler Wettbewerbsbeschränkungen i. S. d. Art. 101 Abs. 1 AEUV ergibt, ist die Vertikal-GVO die in der Praxis bei weitem wichtigste Gruppenfreistellungsverordnung. Auch wenn genaue Angaben über die Auswirkungen nicht vorliegen, besteht kein Zweifel an der **großen Zahl der Anwendungsfälle.**[144] Der Schwerpunkt liegt dabei deutlich im Bereich des Vertriebs. In der Praxis sind bei vielen Fallgestaltungen des Waren- oder Dienstleistungsvertriebs vertragliche Bindungen üblich, die Wettbewerbsbeschränkungen i. S. d. Art. 101 Abs. 1 AEUV darstellen und die grenzüberschreitende Auswirkungen (im weiten Sinne der Kommissionspraxis und der Rspr. der

---

[141] Fundstellen oben in Rn. 2 Fußn. 6–8.
[142] KOM (96) 721 endg. vom 22.1.1997.
[143] ABl. EG 1999 Nr. L 148/1.
[144] Inoffizielle Schätzungen der Kommission besagen, dass etwa 80 % aller vertikalen Vereinbarungen unterhalb der Marktanteilsschwelle liegen und damit vorbehaltlich des Art. 4 freigestellt sind; vgl. oben Rn. 13 und Erläuterungen zu Art. 3 Rn. 151.

europäischen Gerichte)[145] haben. Die Einzelregelungen der Vertikal-GVO sind daher **vorrangig auf Vertriebsbindungen ausgerichtet.**

Ein weiterer Anwendungsbereich der Vertikal-GVO sind daneben wettbewerbsbeschränkende Abreden in **Zuliefer-/Herstellerverträgen,** die grenzüberschreitende Auswirkungen haben. Hier wird aber der im Grundsatz zunächst umfassende Anwendungsbereich im Ergebnis dadurch erheblich eingeschränkt, dass nach Art. 2 Abs. 4 bei einem potenziellen horizontalen Wettbewerbsverhältnis eine gruppenweise Freistellung grundsätzlich ausgeschlossen ist. Dies ist immer dann der Fall, wenn der Erwerber der Zulieferteile, der zugleich der Hersteller des Endprodukts ist, die Zulieferteile auch selbst herstellen könnte. Solche Fälle, in denen eine gruppenweise Freistellung von Zulieferverträgen nicht eingreift, sind vor allem bei OEM (Original Equipment Manufacturer)-Verträgen nicht selten.[146] Erhebliche praktische Bedeutung kommt deshalb gerade bei Zulieferverträgen der Frage zu, inwieweit von der Vereinbarung überhaupt eine spürbare Wettbewerbsbeschränkung i. S. d. Art. 101 Abs. 1 AEUV ausgeht. Die Grundsätze, die die Kommission dazu in der sog. **Zulieferbekanntmachung** vom 18.12.1978[147] veröffentlicht hat, sind weiter anwendbar. 81

b) Umfang der Freistellung. Gegenüber den drei **Vorgängerregelungen** für Alleinvertriebs-, Alleinbezugs- und Franchising-Vereinbarungen[148] ist der Anwendungsbereich der Vertikal-GVO **deutlich ausgeweitet.** Neben der branchen- und vertragsübergreifenden Erfassung aller wettbewerbsbeschränkenden Vertikalvereinbarungen mit grenzüberschreitenden Auswirkungen geht die Vertikal-GVO in dreifacher Hinsicht über den Anwendungsbereich der früheren Regelungen hinaus: 82

- auch Vereinbarungen, an denen **mehr als 2 Unternehmen** beteiligt sind, werden erfasst;
- einbezogen sind nicht nur Verträge über Waren, sondern **auch** über **Dienstleistungen;**
- neben dem Weiterverkauf der Waren oder Dienstleistungen sind auch andere Formen der Verwendung wie z. B. **Weiterverarbeitung und Eigenverbrauch** freigestellt.

Erstmals sind in der Vertikal-GVO auch Abgrenzungen gegenüber horizontalen Wettbewerbsbeschränkungen in den Absätzen 2 und 4 gesetzlich geregelt. 83

c) Praktische Handhabung. Durch den umfassenden Anwendungsbereich wird die **Handhabung** der Vertikal-GVO in der Praxis **sehr erleichtert.** In den meisten Fällen bereitet die Feststellung, dass Wettbewerbsbeschränkungen in Vertriebsbindungen oder Hersteller-/Zuliefervereinbarungen von der Vertikal-GVO erfasst sind, keine besonderen Schwierigkeiten. Dies ist eine wichtige Voraussetzung für eine effektive Anwendung der Gruppenfreistellung im System der **Legalausnahme,** in dem die Unternehmen aufgrund eigenverantwortlicher Selbsteinschätzung über das Vorliegen der Freistellungsvoraussetzungen entscheiden müssen. 84

Für den Bereich der Vertikalvereinbarungen war bereits durch die VO 1216/99[149] i. V. m. Art. 4 Abs. 2 der VO 17 die **Pflicht zur Anmeldung von wettbewerbsbeschränkenden Vereinbarungen aufgehoben** und durch ein Regime der freiwilligen Anmeldungen ersetzt worden. Das Ziel, die Zahl der Notifizierungen zu verringern und dadurch Unternehmen und Kommission von der Belastung durch unnötige Anmeldungen zu befreien, 85

---

[145] Siehe dazu die Bekanntmachung der Kommission über den Begriff der Beeinträchtigung des zwischenstaatlichen Handels, ABl. (EG) vom 27.4.2004 Nr. C 101/81. Im deutschen Recht gilt die Vertikal-GVO unabhängig davon, ob die Vereinbarung grenzüberschreitende Auswirkungen hat (§ 2 Abs. 2 Satz 2 GWB).

[146] Vgl. dazu *Jestaedt/Zöttl* in: Münchener Kommentar GVO Nr. 330/2010 Art. 1 Rn. 23; *Nolte* in Langen/Bunte, Nach Art. 101 AEUV Rn. 320.

[147] ABl. EG 1979 Nr. C 1/2.

[148] Nachweise s. oben Rn. 2 Fußn. 6–8.

[149] ABl. EG 1999 Nr. L 148/5.

wurde offensichtlich erreicht. Von der Möglichkeit freiwilliger Anmeldungen haben die Unternehmen nach Inkrafttreten der Vertikal-GVO kaum noch Gebrauch gemacht.[150] Seit dem 1. Mai 2004 gibt es nach der VO 1/2003 überhaupt keine Möglichkeit mehr, wettbewerbsbeschränkende Vereinbarungen zur Prüfung und Freistellung bei der Kommission anzumelden. Auch im deutschen Recht ist das **Anmeldeverfahren** mit der 7. GWB-Novelle[151] **abgeschafft** worden.

3. Tatbestand

86 **a) Grundsatz: Freistellung der Vertikalvereinbarungen (Art. 2 Abs. 1). aa) Vertikalverhältnis.** Art. 2 Abs. 1 der VO 330/2010 ist anders aufgebaut als die Vorgängerregelung. Die Definition der vertikalen Vereinbarung ist nicht mehr in Art. 2, sondern nunmehr zusammen mit den anderen Definitionen in Art. 1 Abs. 1 Buchst. a enthalten. Sachlich ist damit keine Änderung verbunden.[152]

87 Der Begriff **„Vereinbarung"** in Art. 2 Abs. 1 umfasst als Oberbegriff sowohl die Vereinbarung als auch das abgestimmte Verhalten von Unternehmen i. S. d. Art. 101 Abs. 1 AEUV. Die Vertikal-GVO enthält hierfür keine eigene Definition.[153] Die Begriffe „Unternehmen", „Vereinbarung" und „abgestimmte Verhaltensweise" sind deshalb deckungsgleich mit Art. 101 Abs. 1 AEUV.[154] Für die Anwendung der Vertikal-GVO ist vor allem bedeutsam, dass **einseitige Handlungen** (z. B. nachträglich vom Hersteller angeordnete Vertriebsbeschränkungen) nicht erfasst sind. Allerdings können scheinbar einseitige Handlungen dadurch Teil einer Absprache werden, dass der Vertragspartner entweder im Vorhinein einer solchen Anordnung vertraglich zugestimmt oder sie nachträglich z. B. durch widerspruchslose Befolgung gebilligt hat.[155] In diesem Fall findet auch die Vertikal-GVO Anwendung.

88 Nicht erfasst sind in Art. 2 Abs. 1 Vertikal-GVO, anders als in Art. 101 Abs. 1 AEUV, **Beschlüsse von Unternehmensvereinigungen.** Da diese in der Regel vor allem horizontale Auswirkungen im Verhältnis der Mitglieder untereinander haben, erschien der Kommission eine generelle Freistellung nicht gerechtfertigt.[156]

89 Außerdem setzt eine Freistellung nach Art. 2 Abs. 1 Vertikal-GVO voraus, dass die Vereinbarung eine **Wettbewerbsbeschränkung** i. S. v. Art. 101 Abs. 1 AEUV enthält. Dies ist im 2. Unterabsatz des Art. 2 Abs. 1 ausdrücklich klargestellt. Art. 1 Abs. 1 Buchst. b Vertikal-GVO verweist insoweit ausdrücklich auf Art. 101 Abs. 1 AEUV. Der Begriff in der Vertikal-GVO ist daher mit Art. 101 Abs. 1 AEUV identisch. Eine Reihe von typischen Vertikalbeziehungen ist damit vom Anwendungsbereich der Vertikal-GVO ausgenommen. So sind nach den allgemeinen Regeln des Art. 101 Abs. 1 AEUV z. B. die Fachhandelsbindung beim selektiven Vertrieb, ein reines Vertriebs-Franchising, viele Zuliefervereinbarungen, echte Handelsvertreterverträge und Beschränkungen zum Zweck der

[150] Genauere Angaben sind dazu von der Kommission nicht veröffentlicht worden.

[151] Vgl. die Ausführungen in der amtlichen Begründung des Regierungsentwurfs, BT-Drucks. 15/3640, S. 28 ff.

[152] Die geringfügigen Abweichungen im Wortlaut („für die Zwecke der Vereinbarung" statt „zwecks Durchführung der Vereinbarung") ändern daran nichts.

[153] Ähnlich z. B. Art. 1 Abs. 1 Buchst. a Technologietransfer-GVO (VO 316/2014).

[154] Im Einzelnen wird deshalb auf die entsprechenden Erläuterungen zu Art. 101 Abs. 1 AEUV verwiesen.

[155] Vgl. dazu EuGH Urteile vom 13.6.2006 C-74/04 ECLI:EU:C:2006:460 *VW* und 6.1.2004 C-2/01 ECLI:EU:C:2004:2 u. a. *Bayer.* Wegen der Einzelheiten vgl. die Erläuterungen zu Art. 101 AEUV.

[156] Vgl. *Seeliger* in Wiedemann, Handbuch des Kartellrechts § 11 Rn. 75; *Schultze/Pautke/Wagener,* Vertikal-GVO Rn. 111 ff. Anders dagegen Art. 1 Abs. 1 Buchst. a Technologietransfer-GVO (VO 316/2014). In der Vertikal-GVO ist eine spezielle Regelung mit strengeren Anforderungen in Art. 2 Abs. 2 enthalten.

Erschließung eines neuen Produktmarkts oder Absatzgebiets regelmäßig kein Wettbewerbsverstoß.[157]

Art. 101 Abs. 1 AEUV erfordert außerdem eine **spürbare** Wirkung der Wettbewerbsbeschränkung. Die Praxis richtet sich hierbei vor allem nach der de minimis-Bekanntmachung der Kommission.[158] Die dort vorgesehene Vergünstigung für Unternehmen, die keine Wettbewerber sind und einen Marktanteil von jeweils nicht mehr als 15% haben, entfällt aber bei allen bezweckten Wettbewerbsbeschränkungen, insbesondere bei Kernbeschränkungen i. S. d. Art. 4 Vertikal-GVO.[159] Anders ist es im Fall von Wettbewerbsverboten, die gemäß Art. 5 GVO nicht freigestellt sind.[160] Diese sind entweder bei mangelnder Spürbarkeit keine Wettbewerbsbeschränkung oder können nach Art. 101 Abs. 3 AEUV freigestellt sein. 90

Im europäischen Recht ist zusätzlich erforderlich, dass die Vereinbarung Auswirkungen auf den **zwischenstaatlichen Handel** haben kann.[161] Diese Voraussetzung gilt nicht im deutschen Recht (§ 2 Abs. 2 S. 2 GWB). Hierin besteht der einzige Unterschied im deutschen und europäischen Recht für Vertikalvereinbarungen. 91

Darüber hinaus ist der Anwendungsbereich der Vertikal-GVO nur dann erfüllt, wenn zwei weitere Voraussetzungen nebeneinander gegeben sind: 92

bb) Beteiligte Unternehmen. Es muss sich um zwei oder mehr Unternehmen handeln, die **„für die Zwecke der Vereinbarung … auf einer unterschiedlichen Ebene der Produktions- oder Vertriebskette tätig"** sind (Art. 1 Abs. 1 Buchst. a). Die unterschiedlichen Stufen können entweder im Vertriebsverhältnis (Hersteller – Großhandel – Einzelhandel) oder im Zulieferverhältnis (Hersteller – Zulieferer) bestehen (Leitlinien Rn. 25 Buchst. c). In beiden Fällen sind **auch mehrstufige Beziehungen** in Form von Kettenverträgen (in Zulieferfällen z. B. Zulieferung von Systemkomponenten und Einzelteilen) denkbar. Auf jeder Stufe darf die Vereinbarung allerdings nur ein Unternehmen einbeziehen;[162] denkbar (und häufig) ist aber, dass ein Hersteller verschiedene Verträge mit vielen Händlern auf der gleichen Stufe abschließt.[163] In der Praxis erfasst die GVO höchstens Vereinbarungen auf drei Stufen (Hersteller – Großhändler – Einzelhändler). 93

Nach dem Wortlaut und dem Sinn der Regelung ist es erforderlich, dass das Stufenverhältnis gerade **in Bezug auf die vertragsgegenständliche Vereinbarung** besteht. Auf die generelle Einordnung der Unternehmen als Hersteller, Zulieferer oder Händler kommt es nicht an, vielmehr muss das Stufenverhältnis **„im Rahmen" der Vereinbarung** bestehen. Diese Formulierung verwendet (zutreffend) die VO 1215/99.[164] Die deutsche Fassung „für die Zwecke der Vereinbarung" in Art. 1 Abs. 1 Buchst. a Vertikal-GVO ist dagegen undeutlicher.[165] Eine Vertikalvereinbarung kann auch dann vorliegen, wenn sich die Un- 94

---

[157] Vgl. dazu die Liste bei *Rahlmeyer* in Martinek/Semler/Habermeier/Flohr § 37 Rn. 25f.

[158] Bekanntmachung vom 25.6.2014, ABl. (EU) Nr. C 291/1 vom 30.8.2014 (früher: Bekanntmachung vom 22.12.2001, ABl. EG 2001 Nr. C 368/13). Vgl. dazu auch *Seeliger* in Wiedemann, Handbuch des Kartellrechts § 11 Rn. 127.

[159] Die neue Bekanntmachung vom 25.6.2014 folgt dem *Expedia*-Urteil des EuGH vom 13.12. 2012 Rs. C-226/11 ECLI:EU:C:2012:795, wonach bei allen bezweckten Wettbewerbsbeschränkungen eine de minimis-Schwelle ausgeschlossen ist Eine weitere Vergünstigung in der früheren Bekanntmachung für kleine und mittlere Unternehmen ist ebenfalls ersatzlos weggefallen.

[160] Vgl. dazu *Schultze/Pautke/Wagener,* Vertikal-GVO Rn. 150.

[161] Dazu hat die Kommission die Bekanntmachung vom 27.4.2004, ABl. EU 2004 C-101/81 vom 27.4.2004 erlassen.

[162] Sonst handelt es sich um horizontale Beziehungen, für die Art. 2 Abs. 4 gilt. Vgl. dazu auch *Schultze/Pautke/Wagener,* Vertikal-GVO Rn. 128f., die auf die unterschiedliche Behandlung von Mehrparteienverträgen gegenüber Einzelverträgen mit denselben Unternehmen hinweisen, dies aber für gerechtfertigt halten.

[163] Vgl. dazu *Seeliger* in: Wiedemann Handbuch des Kartellrechts § 11 Rn. 80.

[164] ABl. EG 1999 Nr. L 148/1.

[165] In der VO 2790/1999 hieß es stattdessen „zwecks Durchführung der Vereinbarung". Inhaltlich stellt die neue Formulierung in der VO 330/2010 keine Verbesserung dar.

ternehmen auf einem anderen sachlichen und/oder räumlichen Markt als **Wettbewerber** gegenüberstehen, sofern nur das konkrete Vertragsverhältnis eine Vertikalbeziehung darstellt.[166]

95 **cc) Inhalt der Vereinbarung.** In der Vereinbarung muss geregelt sein, unter welchen Bedingungen die betroffenen Unternehmen „bestimmte Waren oder Dienstleistungen beziehen, verkaufen oder weiterverkaufen" können. In den Anwendungsbereich des Art. 2 Abs. 1 fallen damit nur wettbewerbsbeschränkende Vereinbarungen, die **den Bezug oder Vertrieb von Waren oder Dienstleistungen** zum Inhalt haben. Voraussetzung für eine Freistellung ist also ein Lieferverhältnis über Waren oder Dienstleistungen (Leitlinien Rn. 25 Buchst. d).

96 Weit auszulegen sind im Rahmen des Art. 2 Abs. 1 die Begriffe **„Ware"** und **„Dienstleistung"**. Unter Ware sind körperliche und nichtkörperliche Gegenstände, bewegliche und unbewegliche Sachen zu verstehen. Anders als die frühere Verordnung über Alleinbezugsvereinbarungen erfasst die Vertikal-GVO daher auch **Energielieferverträge,**[167] was vor allem bei langfristigen Bezugsbindungen von Bedeutung ist.[168] Auf **Leasing-Verträge** dürfte die GVO jedenfalls dann anwendbar sein, wenn der Kauf- und nicht der Mietcharakter im Vordergrund steht.[169] Für reine Miet- oder Pachtverhältnisse gilt aber Art. 2 Abs. 1 nicht, da Miete auch bei weiter Auslegung nicht „Kauf einer Dienstleistung" darstellt.[170]

97 Entsprechend dem umfassenden Anwendungsbereich der Vertikal-GVO kommt es weder auf die zivilrechtliche Ausgestaltung der Beziehung[171] noch auf **Herkunft und Verwendungszweck** der Ware oder Dienstleistung an. Es ist somit unerheblich, ob die Waren von Dritten stammen oder an Dritte weiterveräußert oder vermietet werden sollen.[172] Erfasst sind auch Fälle, dass der Käufer die Waren oder Dienstleistungen zum Zweck der **Weiterverarbeitung oder des Eigenverbrauchs** bezieht.[173]

98 Nach dem Sinn und Zweck des Art. 2 Abs. 1 muss die **Wettbewerbsbeschränkung im Verhältnis der Vertragsparteien** der Liefer- oder Bezugsvereinbarung bestehen.[174] Dies bedeutet, dass sich die wettbewerbsbeschränkende Abrede aus den Bezugs- oder Vertriebsvereinbarungen ergeben muss. Sie kann sich sowohl auf den Inhalt der Vereinbarung von Verkäufer und Käufer als auch auf die anschließende Verwendung durch den Käufer

---

[166] Der Ausschluss von Wettbewerbern erfolgt nicht in Art. 2 Abs. 1, sondern erst durch Art. 2 Abs. 4 Vertikal-GVO. Vgl. dazu *Ellger* in: Immenga/Mestmäcker, EU-WbR, VO 330/2010 Art. 2 Rn. 13.

[167] Vgl. z. B. *Säcker/Jaecks,* Langfristige Energielieferverträge und Wettbewerbsrecht, S. 30 ff. sowie *Nolte* in Langen/Bunte, Nach Art. 101 AEUV Rn. 321.

[168] Siehe dazu Erläuterungen zu Art. 5 Rn. 371; vgl. auch oben Rn. 30.

[169] Art. 10 Abs. 12 Satz 2 der früheren Kfz-GVO (VO Nr. 1475/1995) behandelte einen Leasing-Vertrag dann als Weiterveräußerung, wenn der Eigentumsübergang vor Vertragsbeendigung vorgesehen war. Diesen Gedanken wird man hier entsprechend anwenden können. Anders dagegen *Seeliger* in: Wiedemann, Handbuch des Kartellrechts § 11 Rn. 82, wonach das Leasing von Produkten nicht unter die Vertikal-GVO fällt.

[170] Leitlinien Rn. 26 Satz 2. Vgl. *Mestmäcker/Schweitzer,* Europäisches Wettbewerbsrecht, § 15 Rn. 8; a. A. jetzt *Bechtold/Bosch/Brinker,* EU-Kartellrecht, Art. 2 VO 330/2010 Rn. 12. Anders ist es bei der Weiterverwendung durch den Käufer; hier reicht auch Miete oder Pacht aus (vgl. z. B. *Ellger* in: Immenga/Mestmäcker, EU-WbR, VO 330/2010 Art. 2 Rn. 74).

[171] Vgl. *Bechtold/Bosch/Brinker,* EU-Kartellrecht, Art. 2 VO 330/2010 Rn. 12.

[172] Allg. Meinung; vgl. z. B. *Ellger* in: Immenga/Mestmäcker, EU-WbR, VO 330/2010 Art. 2 Rn. 17. Hierbei sind auch Leasingverträge, anders als im Fall der Rn. 96, uneingeschränkt einzubeziehen.

[173] In den Leitlinien Rn. 25 f. ist dies ausdrücklich erwähnt; vgl. auch *Schultze/Pautke/Wagener,* Vertikal-GVO Rn. 136. Bei Unternehmen, die nur für den Eigenverbrauch Waren beziehen, ist aber nach der „FENIN-Rspr." der europäischen Gerichte zu prüfen, ob es sich überhaupt um Unternehmen i. S. d. Art. 101 Abs. 1 AEUV handelt; vgl. dazu die Erläuterungen zu Art. 101 Abs. 1 AEUV.

[174] Vgl. z. B. *Wolter* in: FK, Art. 2 Rn. 14 ff.

beziehen.[175] Im Schrifttum wird darüber hinaus teilweise gefordert, die Vertikalvereinbarung müsse eine **Wertschöpfungskette** in einem Austauschverhältnis zum Gegenstand haben.[176] Regelmäßig wird diese Voraussetzung zwar erfüllt sein; Art. 2 Abs. 1 schreibt dies aber nach seinem Wortlaut nicht vor.[177]

Nicht wesentlich ist dagegen, dass sich die Wettbewerbsbeschränkung **gerade auf die gekaufte Ware oder Dienstleistung** bezieht.[178] Vereinbarungen, die z.B. eine wettbewerbsbeschränkende Bindung des Zulieferers für das Endprodukt des Herstellers enthalten, unterfallen deshalb der Vertikal-GVO, sofern es sich um einen einheitlichen Vertrag handelt. Bei **Kopplungsbindungen** in vertikalen Lieferbeziehungen (Leitlinien Rn. 214ff.) erstreckt sich die Freistellung nicht nur auf Wettbewerbsbeschränkungen für das Kopplungsprodukt, sondern gilt auch für Beschränkungen, die mit dem gekoppelten Produkt verbunden sind. Voraussetzung ist, dass für beide Produkte die weiteren Voraussetzungen der Art. 3 und 4 erfüllt sind.[179] **99**

Normalerweise wird die Wettbewerbsbeschränkung zwar den **Käufer** betreffen, denkbar und miterfasst sind aber auch Regelungen, die eine Wettbewerbsbeschränkung auf Seiten des Verkäufers enthalten.[180] Freigestellt sind auch Wettbewerbsbeschränkungen, die einer Vertragspartei vereinbarungsgemäß **mit Wirkung gegenüber Dritten** auferlegt sind, wie z.B. beim Verbot der Weiterveräußerung der gekauften Ware an andere Unternehmen.[181] **100**

dd) Nebenabreden. Für die Anwendung des Art. 2 Abs. 1 ist es unschädlich, wenn – wie dies häufig der Fall ist – andere Regelungen in den vertraglichen Abmachungen mitenthalten sind. Die Freistellung bezieht sich dann auf die **Gesamtheit der Vereinbarung.** So kommt eine Gruppenfreistellung auch dann zur Anwendung, wenn die Bezugsvereinbarung im Rahmen und im Zusammenhang mit einem Mietvertrag abgeschlossen wurde (z.B. Gaststättenpacht mit Bierbezugspflicht).[182] Entscheidend ist, wie weit nach dem Willen der Vertragsparteien der Inhalt der Vertikalvereinbarung reicht; ob die Abrede wesentlich ist oder es sich um eine „Annexregelung" handelt, ist unerheblich.[183] **101**

---

[175] *Bechtold/Bosch/Brinker,* EU-Kartellrecht, Art. 2 VO 330/2010 Rn. 11 und *Wolter* in: FK Art. 2 Rn. 14 sprechen insoweit von „Inhaltsbindung" des Erstvertrags und „Abschlussbindung" des Zweitvertrags.

[176] So früher *Veelken* in: Immenga/Mestmäcker, EG-WbR, 4. Aufl. 2007, VO 2790/1999 Rn. 68ff. Auch *Ellger* in: Immenga/Mestmäcker, EU-WbR, VO 330/2010 Art. 2 Rn. 17 erwähnt ohne nähere Erläuterung eine „Wertschöpfungskette". Wie hier jetzt *Schultze/Pautke/Wagener,* Vertikal-GVO Rn. 125.

[177] Die Anwendung der Vertikal-GVO könnte dadurch erheblich erschwert werden. Vgl. dazu oben Rn. 20.

[178] Weitergehend früher *Veelken* in: Immenga/Mestmäcker, EG-WbR, 4. Aufl. 2007, VO 2790/1999 Rn. 78, der einen „inneren" bzw. „unmittelbaren Zusammenhang" zwischen Wettbewerbsbeschränkung und Vertragsgegenstand forderte. Dies widerspricht dem Zweck der Vertikal-GVO, die eine leicht handhabbare Freistellung für alle vertikalen Wettbewerbsbeschränkungen ermöglichen will. Nach *Schultze/Pautke/Wagener,* Vertikal-GVO Rn. 132 und *Bechtold/Bosch/Brinker,* EU-Kartellrecht, Art. 2 VO 330/2010 Rn. 13 muss zwischen Wettbewerbsbeschränkung und Vertragsgegenstand wenigstens ein „Zusammenhang" bestehen. Wie hier jetzt *Ellger* in: Immenga/Mestmäcker, EU-WbR, VO 330/2010 Art. 2 Rn. 16.

[179] Für Art. 3 ist dies in den Leitlinien Rn. 218 ausdrücklich klargestellt.

[180] Die abweichende Auffassung von *Scheerer,* Rechtsfragen der Gruppenfreistellungsverordnung für vertikale Wettbewerbsbeschränkungen, S. 80f. (vgl. auch *Bechtold* EWS 2001, 49, 52) hat keine Stütze im Wortlaut der Vorschrift. Praktische Bedeutung hat diese Frage vor allem im Hinblick auf Meistbegünstigungsklauseln (s. dazu Erläuterungen zu Art. 4 Rn. 204f.).

[181] Vgl. z.B. *Schultze/Pautke/Wagener,* Vertikal-GVO Rn. 135.

[182] Vgl. z.B. *Bauer/de Bronett,* Vertikal-GVO Rn. 87.

[183] Die Grundsätze, die z.B. in der Fusionskontrolle zur Abgrenzung von Nebenabreden entwickelt worden sind, können nicht (auch nicht entsprechend) angewandt werden. Echte Nebenabreden sind Gegenstand des Vertrags und damit nach Art. 2 Abs. 1 Vertikal-GVO freigestellt (so auch *Seeliger* in: Wiedemann, Handbuch des Kartellrechts, § 11 Rn. 83). Zum Sonderfall der Nebenabreden in Bezug auf geistige Eigentumsrechte vgl. Art. 2 Abs. 3.

102 Soweit es sich dagegen um Abreden handelt, die keinen sachlichen Bezug zu den Vertriebs- oder Bezugsvereinbarungen haben, entfällt eine Gruppenfreistellung. Dies betrifft insbesondere Vereinbarungen, die nur **gelegentlich einer Vertriebs- oder Bezugsbeziehung** abgeschlossen worden sind, ohne dass insoweit ein innerer Zusammenhang besteht.[184] Um einen solchen Fall kann es sich handeln, wenn der Käufer in der Verwendung der gelieferten Ware oder Dienstleistung vertraglich beschränkt wird, dies aber durch die Art der Lieferbeziehung nicht gerechtfertigt ist.[185] Nach den gleichen Grundsätzen ist auch der von der Kommission erwähnte Beispielsfall zu behandeln, dass einer Vertragspartei eigenständige Forschungs- und Entwicklungsarbeiten untersagt werden.[186]

103 **b) Sonderregelung für Unternehmensvereinigungen (Art. 2 Abs. 2).** Die Vorschrift betrifft sowohl Einkaufs- als auch Vertriebsgemeinschaften von Unternehmen, insbesondere in Form der **Verbundgruppen.**[187] Nach den ursprünglichen Absichten von Kommission und Mitgliedstaaten sollten damit erleichternde Voraussetzungen für die Freistellung von Einkaufskooperationen kleiner und mittlerer Unternehmen begründet werden.[188] Im Ergebnis stellt die Regelung jedoch eine gravierende **Einschränkung der Gruppenfreistellung** für Unternehmensvereinigungen dar.[189] Nach dem klaren Wortlaut hat Art. 2 Abs. 2 **abschließenden Charakter** (Leitlinien Rn. 29), außerhalb der dort genannten Voraussetzungen ist eine Gruppenfreistellung für Vertikalvereinbarungen von Unternehmensvereinigungen mit ihren Mitgliedern oder Lieferanten ausgeschlossen. Dies muss auch dann gelten, wenn die Unternehmensvereinigung ihrerseits ein Unternehmen ist.[190]

Außerhalb der Grenzen des Art. 2 Abs. 2 bleibt nur eine Einzelfreistellung nach Art. 101 Abs. 3 AEUV möglich. Die Kommission hat in Rn. 29 der Leitlinien versichert, dass in diesem Fall Unternehmensvereinigungen „in der Regel" auch dann freigestellt sind, wenn der Umsatz einiger Mitglieder mehr als 50 Mio. Euro beträgt und auf diese Mitglieder insgesamt nicht mehr als 15% des Gesamtumsatzes aller Mitglieder entfällt.[191]

104 Eine gruppenweise Freistellung kommt nur für solche Unternehmensvereinigungen in Betracht, deren Mitglieder **ausschließlich Wareneinzelhändler** sind. Dies sind nach den Leitlinien Rn. 29 Händler, die Waren an Endverbraucher weiterverkaufen. Beim Weiterverkauf müssen die Waren, bis auf die Verpackung oder kleinere Bearbeitungen, im Wesentlichen mit den gekauften Waren identisch sein.[192] Dabei sind auch mehrstufige Kooperationen, bei denen die Händler nur mittelbar der Zentralvereinigung angehören, mit erfasst.[193]

---

[184] Zuzustimmen ist der Auffassung von *Seeliger* in: Wiedemann, Handbuch des Kartellrechts, § 11 Rn. 83, dass der Sachzusammenhang weit auszulegen ist. Im Ergebnis ähnlich *Ellger* in: Immenga/Mestmäcker, EU-WbR, VO 330/2010 Art. 2 Rn. 17.

[185] Weitergehend *Polley/Seeliger* WRP 2003, 1203, 1205, wonach bei gemischten Verträgen nur der Vertragsteil, der sich auf Kauf, Verkauf oder Weiterverkauf bezieht, freigestellt ist.

[186] Vgl. Leitlinien Rn. 26 Satz 3. Hiermit übereinstimmend offenbar *Bauer/de Bronett,* Vertikal-GVO Rn. 88. Ein allgemeiner Ausschluss von F & E-Arbeiten ist dem Wortlaut des Art. 2 Abs. 1 aber nicht zu entnehmen; es kommt vielmehr auf die Umstände des Einzelfalls an.

[187] Der Begriff der Unternehmensvereinigung ist der gleiche wie in Art. 101 Abs. 1 AEUV.

[188] Dies wäre auch im Hinblick auf die Beurteilung derartiger Vereinbarungen nach Art. 101 Abs. 1 AEUV gerechtfertigt gewesen. Teilweise abweichend *Ellger* in: Immenga/Mestmäcker, EU-WbR, VO 330/2010 Art. 2 Rn. 55f. und 60.

[189] Vgl. dazu insbesondere *Pukall* NJW 2000, 1375, 1377. Zur Entstehungsgeschichte vgl. auch *Ellger* in: Immenga/Mestmäcker, EU-WbR, VO 330/2010 Art. 2 Rn. 55f.

[190] Wegen des weiten Unternehmensbegriffs (s. Erläuterungen zu Art. 101 Abs. 1 AEUV) würde Art. 2 Abs. 2 andernfalls weitgehend leerlaufen. Dagegen a. A. insbesondere *Ellger* in: Immenga/Mestmäcker, EU-WbR, VO 330/2010 Art. 2 Rn. 55 und Rn. 61.

[191] Diese Erleichterung dürfte in der Praxis wertlos sein, da jedenfalls die Vertragspartner und meist auch die Mitglieder selbst die Voraussetzungen nicht ermitteln können; vgl. *Seeliger* in: Wiedemann, Handbuch des Kartellrechts, § 11 Rn. 91.

[192] Vgl. dazu *Schultze/Pautke/Wagener,* Vertikal-GVO Rn. 367.

[193] So auch *Ellger* in: Immenga/Mestmäcker, EU-WbR, VO 330/2010 Art. 2 Rn. 66.

Weitere Voraussetzung ist, dass keiner der Wareneinzelhändler einen **Jahresumsatz von mehr als 50 Mio. Euro** aufweist. Dies muss sich auf die gesamte Zeit der Freistellung erstrecken.[194] Für die Berechnung des Umsatzes gilt Art. 8; verbundene Unternehmen sind mit einzubeziehen.[195] Für die Mitglieder der Unternehmensvereinigung, erst recht aber für Außenstehende ist dieses Erfordernis in der Regel nicht nachprüfbar. Die Vorschrift verfehlt damit ihr Ziel, Rechtssicherheit für die Freistellung von wettbewerbsbeschränkenden Vertikalvereinbarungen zu schaffen.[196] 105

Soweit die Voraussetzungen des Art. 2 Abs. 2 gegeben sind, erfasst die Freistellung nur Wettbewerbsbeschränkungen **im vertikalen Verhältnis der Unternehmensvereinigung zu ihren Mitgliedern oder Lieferanten.** In der Praxis sind davon vor allem Alleinbelieferungs- und Alleinbezugsverpflichtungen betroffen.[197] Nach dem Wortlaut des Art. 2 Abs. 2 sind vertikale und horizontale Beziehungen jeweils getrennt zu behandeln.[198] Die grundlegenden Vereinbarungen über Gründung oder Änderungen der Unternehmensvereinigung sind horizontaler Natur. Hierfür gelten die einschlägigen **horizontalen Regelungen,** insbesondere die Leitlinien über horizontale Wettbewerbsbeschränkungen.[199] 106

Diese enthalten für die Freistellung von Einkaufskooperationen in vielen Fällen großzügigere Voraussetzungen, was in der Sache verfehlt ist. 107

Art. 2 Abs. 2 ist insgesamt missglückt und praktisch kaum anzuwenden.[200] Inhaltlich stellt die Regelung eine wettbewerbspolitisch verfehlte **Benachteiligung der Kooperationen gegenüber Konzernunternehmen** dar. Im Ergebnis bleibt damit für wettbewerbsbeschränkende Vereinbarungen von Unternehmensvereinigungen mit ihren Mitgliedern oder Lieferanten in der Regel nur der Ausweg, eine Einzelfallfreistellung unmittelbar nach Art. 101 Abs. 3 AEUV zu prüfen. 108

c) Behandlung von geistigen Eigentumsrechten (Art. 2 Abs. 3). Art. 2 Abs. 3 dient der **notwendigen Abgrenzung,** unter welchen Voraussetzungen die Vertikal-GVO auf wettbewerbsbeschränkende Vereinbarungen anwendbar ist, die sich auf geistige Eigentumsrechte beziehen. In derartigen Fällen besteht ein **Spannungsverhältnis** zwischen dem wesensgemäßen Schutz von geistigen Eigentumsrechten einerseits und der Notwendigkeit, eine Aushöhlung von Wettbewerbsregelungen durch den Schutz von geistigen Eigentumsrechten zu verhindern.[201] Normative Regelungen über geistige Eigentumsrechte erfordern daher stets einen differenzierenden Ausgleich zwischen diesen widerstreitenden Interessen. 109

aa) Anwendungsbereich. In Art. 2 sind Vereinbarungen über geistige Eigentumsrechte nicht generell freigestellt. Nach Absatz 3 fallen Abreden über geistige Eigentumsrechte nur dann in den Anwendungsbereich des Art. 2, wenn die Übertragung oder Nutzung 110

---

[194] Die in den früheren Leitlinien enthaltene Zusage, dass eine geringfügige Überschreitung schon zu Beginn der Vereinbarung unschädlich sei, hat die Kommission in den neuen Leitlinien nicht übernommen.

[195] Vgl. Art. 1 Abs. 2. Die Umsätze verbundener Unternehmen werden grundsätzlich in voller Höhe zugerechnet. Zu Gemeinschaftsunternehmen vgl. oben Rn. 73.

[196] Ähnlich auch *Seeliger* in: Wiedemann, Handbuch des Kartellrechts, § 11 Rn. 91.

[197] Nach *Nolte* in Langen/Bunte, Nach Art. 101 AEUV Rn. 328 soll ein Bezugszwang für die Mitglieder nicht nach Art. 2 Abs. 2 freistellungsfähig sein. Wie hier *Ellger* in: Immenga/Mestmäcker, EU-WbR, VO 330/2010 Art. 2 Rn. 69.

[198] Nach Auffassung der Kommission (Leitlinien Rn. 30) ist als Prüfungsreihenfolge zunächst mit den horizontalen Beschränkungen zu beginnen.

[199] ABl. EU vom 14.11.2011 Nr. C 11/1 (frühere Fassung: ABl. EG 2001 Nr. C 3/2), insbesondere Kapitel 4 „Einkaufsvereinbarungen". Vgl. auch unten Rn. 139.

[200] Vgl. z. B. *Schultze/Pautke/Wagener,* Vertikal-GVO Rn. 370; kritisch auch *Jestaedt/Zöttl* in: Münchener Kommentar, Art. 2 GVO Nr. 330/2010 Rn. 18 sowie *Bauer/de Bronett,* Vertikal-GVO Rn. 212f. Zustimmend dagegen *Klotz* in: Schröter/Jakob/Klotz/Mederer Rn. 727.

[201] Zur wettbewerbsrechtlichen Beurteilung geistiger Eigentumsrechte s. oben die Erläuterungen von *Nordemann,* Europäisches Recht 3. Teil.

dieser Rechte nicht den Hauptgegenstand der Vereinbarung bildet. Sie müssen folglich Teil einer zugrunde liegenden Vereinbarung über eine Bezugs- oder Lieferbeziehung sein. D. h. freigestellt sind nur solche vertraglichen Abmachungen, bei denen es sich um einen **Annex zu Vertriebs- oder Bezugsvereinbarungen** handelt. Haben die Parteien dagegen eine eigenständige Vereinbarung über geistige Eigentumsrechte getroffen, sind die einschlägigen Regelungen über geistige Eigentumsrechte anzuwenden; dies ist insbesondere die **Gruppenfreistellungsverordnung für den Technologietransfer.**[202] Wenn für keine GVO die notwendigen Voraussetzungen erfüllt sind, ist jedenfalls eine Einzelfreistellung nach Art. 101 Abs. 3 AEUV zu prüfen.

111 Art. 2 Abs. 3 enthält eine **abschließende Regelung,** wann Vereinbarungen, die sich auf geistige Eigentumsrechte beziehen, nach der Vertikal-GVO freigestellt sind. Die Vorschrift bestimmt nicht nur, dass bestimmte Vereinbarungen über geistige Eigentumsrechte in den Anwendungsbereich der Vertikal-GVO fallen. Vor allem hat sie zur Folge, dass Vertikalvereinbarungen nicht allein deshalb von der Freistellung nach der Vertikal-GVO ausgeschlossen sind, weil sie Klauseln über geistige Eigentumsrechte enthalten. Nach den Leitlinien der Kommission (Rn. 38) sollen vor allem Regelungen über Markenzeichen,[203] Urheberrechte und Know-how betroffen sein. Diese Aufzählung von Anwendungsfällen ist aber nur beispielhaft und nicht abschließend.

112 Der praktisch bedeutsamste Fall für die Anwendung von Art. 2 Abs. 3 sind neben Zulieferverträgen vor allem **Franchise-Vereinbarungen.** Franchising dient ähnlich wie der selektive Vertrieb der Durchsetzung eines einheitlichen Vertriebssystems durch den Hersteller. Vom selektiven Vertrieb unterscheidet es sich dadurch, dass keine objektiv nachprüfbaren Kriterien festgelegt sind (vgl. unten Rn. 299). Der Franchisegeber gestattet dem Franchisenehmer in der Regel gegen Entgelt, sein Organisations- und Marketingkonzept mit dem dazu gehörigen technischen und/oder kommerziellen Know-how einschl. der damit verbundenen gewerblichen Schutzrechte (Marken, Geschäftsbezeichnungen, Urheberrechte, Know-how) für den Vertrieb der Produkte zu nutzen, und gewährt dem Franchisenehmer dabei laufend Unterstützung und Beratung.[204] Im Kern ist Franchising Übertragung von Know-how zu Marketingzwecken.[205] Vor allem bei Restaurantketten ist diese Vertriebsform verbreitet.[206]

113 Von der Vertikal-GVO sind, weitergehend als in der früheren speziellen Franchise-GVO,[207] alle Formen des sog. **Vertriebs-Franchising** erfasst. Voraussetzung ist, dass der Franchisegeber nicht nur das Know-how überträgt, sondern auch Waren oder Dienstleistungen an den Franchisenehmer liefert.[208] Lediglich das reine Hersteller-Franchising bleibt (wie bisher) von der Freistellung ausgeschlossen (s. unten Rn. 81). Zu den grundsätzlich

---

[202] VO (EU) Nr. 316/2014 vom 21.3.2014, ABl. (EU) vom 28.3.2014 Nr. L 93/17 (früher: VO (EG) 772/2004 vom 27.4.2004 ABl. (EG) 2004 Nr. L 123/11). Vgl. dazu unten die Erläuterungen von *Schweder,* Abschnitt C Technologietransfer.

[203] Da Markenlizenzen nicht nach der Technologietransfer-GVO freigestellt sind, kommt hier nur eine Einzelfreistellung nach Art. 101 Abs. 3 AEUV in Betracht. Nach *Schultze/Pautke/Wagener,* Vertikal-GVO Rn. 385 soll sich die Freistellung in diesem Fall an den Maßstäben der Vertikal-GVO, insbesondere den Kernbeschränkungen nach Art. 4, orientieren.

[204] Leitlinien Rn. 43 auf Basis der *Pronuptia*-Entscheidung des EuGH v. 28.1.1986, Slg. 1986, 353, 384.

[205] Auch beim Franchising steht somit der Warenabsatz durchaus im Vordergrund; anders *Schultze/Pautke/Wagener,* Vertikal-GVO Rn. 398.

[206] *Seeliger* in: Wiedemann, Handbuch des Kartellrechts, § 11 Rn. 456.

[207] Verordnung (EWG) Nr. 4087/88 ABl. EG 1988 Nr. L 359/46. Eine hilfreiche Gegenüberstellung der früheren und der geltenden Regelung hinsichtlich der „weißen" und unzulässigen Klauseln findet sich bei *Schultze/Pautke/Wagener,* Vertikal-GVO Rn. 706 f.

[208] Auf die reine Know-how-Übertragung findet zwar die Vertikal-GVO keine Anwendung. Die Kommission will aber die Grundsätze der GVO und der Leitlinien auch in diesem Fall entsprechend anwenden (Leitlinien Rn. 44 letzter Satz).

nach Art. 2 freigestellten Typen des Vertriebs-Franchising gehören auch die Fälle, bei denen der Franchise-Nehmer die Waren von einem Dritten bezieht (Ketten-Franchising im Gegensatz zum „normalen" Händler-Franchising). Wie die frühere Franchise-GVO erfasst auch die Vertikal-GVO das sogenannte Master-Franchising (auch: Haupt-Franchising), bei dem der Franchise-Nehmer das Know-how an Dritte weitergibt.[209] Neu ist demgegenüber, dass auch das Großhandels-Franchising nunmehr freistellungsfähig ist.

Die kartellrechtliche Bewertung des Franchising ist dadurch gekennzeichnet, dass bestimmte vertragliche Beschränkungen als **systemimmanent** angesehen werden und deshalb keine Wettbewerbsbeschränkung i. S. d. Art. 101 Abs. 1 AEUV darstellen.[210] Hierunter fallen insbes. Vereinbarungen zum Schutz des Know-how auch nach Vertragsbeendigung[211] sowie Wettbewerbsverbote für den Franchisenehmer für die Dauer der Vertragsbeziehung.[212] Vorkehrungen zur Aufrechterhaltung des Markenimage sind ebenso wesenstypisch und daher zugelassen. Alle darüber hinaus gehenden Beschränkungen des Franchisegebers oder -nehmers sind unter den Voraussetzungen der Vertikal-GVO freigestellt.[213] Sofern die Voraussetzungen der Vertikal-GVO gemäß Art. 3 oder Art. 4 nicht erfüllt sind, bleibt eine Einzelfreistellung nach Art. 101 Abs. 3 AEUV möglich.[214] **114**

bb) Inhalt der Vorschrift. Die Kommission gibt in Rn. 31 ff. der Leitlinien als Hilfestellung eine ausführliche Erläuterung zur Auslegung des Art. 2 Abs. 3. Die Anwendung in der Praxis wird sich weitgehend nach diesen Hinweisen richten. Rückschlüsse zum Anwendungsbereich der Vertikal-GVO finden sich auch in den Leitlinien zur neuen Gruppenfreistellungsverordnung für den Technologietransfer.[215] **115**

Die Vereinbarung muss sich auf **„Rechte des geistigen Eigentums"** beziehen. Eine **Definition** des Begriffs findet sich in **Art. 1 Abs. 1 Buchst. f.**[216] Die dort aufgezählten Beispiele Gewerbliche Schutzrechte, Know-how,[217] Urheberrechte und verwandte Rechte sind nicht abschließend. Als geistiges Eigentumsrecht sind z. B. auch das Recht am Namen (Firma) und Unternehmenskennzeichen anzusehen. **116**

Know-how umfasst nach der Definition in Art. 1 Abs. 1 Buchst. g praktische Erkenntnisse, die durch Erfahrung oder Erprobung gewonnen und nicht patentgeschützt sind, sofern sie geheim, wesentlich und identifiziert sind. Die letzteren drei Begriffe sind in Art. 1 Abs. 1 Buchst. g wiederum näher erläutert.[218] **117**

Im Einzelnen setzt eine Freistellung nach Art. 2 Abs. 3 voraus, dass die folgenden fünf Bedingungen erfüllt sind:[219] **118**

(1) Das geistige Eigentumsrecht muss **Bestandteil einer Vertikalvereinbarung** gemäß Art. 2 Abs. 1, Art. 1 Abs. 1 Buchst. a sein. Damit ist die Freistellung strikt auf den Anwen- **119**

---

[209] Im Ergebnis ebenso, trotz Bedenken hinsichtlich der dogmatischen Herleitung, *Schultze/Pautke/Wagener,* Vertikal-GVO Rn. 410 und 419.

[210] Grundlegend dazu die *Pronuptia*-Entscheidung des EuGH v. 28.1.1986, Slg. 1986, 353, 384.

[211] Normalerweise ist diese Klausel nach Art. 5 Abs. 1 Buchst. b und Abs. 3 nicht freigestellt.

[212] Die Beschränkung auf fünf Jahre gemäß Art. 5 Abs. 1 Buchst. a gilt in diesem Fall nicht.

[213] Die Kommission zählt in den Leitlinien Rn. 45 eine Reihe von Beispielsfällen auf.

[214] Wegen der Einzelheiten wird auf die umfangreiche Spezialliteratur zu Franchise-Vereinbarungen verwiesen. Ein Überblick über Klauseln in Franchise-Verträgen, die keine Wettbewerbsbeschränkung i. S. d. Art. 101 Abs. 1 AEUV darstellen, Klauseln, die nach Art. 2 Vertikal-GVO freigestellt sind, und Klauseln, die einer Einzelfallprüfung nach Art. 101 Abs. 3 AEUV bedürfen, findet sich bei *Seeliger* in: Wiedemann, Handbuch des Kartellrechts, § 11 Rn. 459 ff.

[215] ABl. EU 2014 Nr. C 89/3–50 Rn. 75 ff.

[216] Die Übersetzung „intellektuelle Eigentumsrechte" in der VO 2790/1999, die nicht mit dem Wortlaut des Art. 2 Abs. 3 übereinstimmte, ist in der neuen Vertikal-GVO berichtigt worden.

[217] Know-how war in der Definition der geistigen Eigentumsrechte in Art. 1 Buchst. e der VO 2790/1999 nicht ausdrücklich erwähnt. Daher war streitig, ob Know-how als geistiges Eigentumsrecht mit erfasst war. Die Klarstellung im Text der neuen Vertikal-GVO hat vor allem für Franchise-Verträge Bedeutung. Vgl. dazu *Ellger* in: Immenga/Mestmäcker, EU-WbR, VO 330/2010 Art. 2 Rn. 78.

[218] Eine in der Sache gleichlautende Definition enthält Art. 1 Buchst. i – l der F&E-GVO.

[219] Zitiert nach der Reihenfolge in den Leitlinien Rn. 31 ff.

dungsbereich der Vertikal-GVO beschränkt. Eindeutig vom Anwendungsbereich der Vertikal-GVO **ausgeschlossen** sind in erster Linie **reine Lizenzverträge,** die nicht die Lieferung von Waren oder Dienstleistungen zum Gegenstand haben,[220] oder Vereinbarungen über die **Verwertung von urheberrechtlich geschützten Werken.** Dies gilt aber auch für vergleichbare Fallgestaltungen, bei denen die Lieferung der Ware (nur) der Durchführung der Lizenzvereinbarung dient. Ein Beispiel hierfür ist die **Aushändigung einer „hardcopy"** (Mutterkopie) im Rahmen einer Lizenzübertragung zur Herstellung und Verteilung der Kopien (Leitlinien Rn. 33 Buchst. b).

120 **(2)** Das geistige Eigentumsrecht muss **an den Abnehmer** (Käufer) übertragen bzw. lizenziert werden. Auf diese Weise werden Fälle aus dem Anwendungsbereich ausgeschlossen, bei denen das geistige Eigentumsrecht dem Anbieter (Verkäufer) vom Abnehmer übertragen bzw. zur Nutzung überlassen wird.[221] Solche Vertragsgestaltungen finden sich häufig im **Verhältnis zwischen Hersteller und Zulieferer,** wenn nämlich der Hersteller (Abnehmer) das geistige Eigentumsrecht besitzt und der Zulieferer das Produkt nach seinen Anweisungen fertigt **(weisungsgebundene Herstellung).** In diesen Fällen kommt eine gruppenweise Freistellung nicht in Betracht.[222] Sofern eine spürbare Wettbewerbsbeschränkung i. S. d. Art. 101 Abs. 1 AEUV vorliegt, bedarf es einer Einzelfallprüfung nach Art. 101 Abs. 3 AEUV.[223] Bloße Spezifikationen, die der Abnehmer dem Anbieter (Zulieferer) für die Herstellung des Produkts liefert, hindern aber nicht die Anwendung der Vertikal-GVO.

121 **(3)** Ferner darf die Vereinbarung über das geistige Eigentumsrecht nicht den **Hauptgegenstand** der Vereinbarung bilden. Damit wird das entscheidende Kriterium verdeutlicht, dass nach Art. 2 Abs. 3 nur Annex-Regelungen zu Bezugs- oder Vertriebsvereinbarungen freistellbar sein sollen. Kern der Vereinbarung muss eine Regelung über den Bezug, Vertrieb oder Weiterverkauf sein, nicht die Übertragung des geistigen Eigentumsrechts auf den Abnehmer.

122 Schwierig ist die Abgrenzung bei **Software-Verträgen.** Nach den Leitlinien[224] unterliegt der (Mit-)Verkauf von urheberrechtlich geschützter Software grundsätzlich dem Anwendungsbereich der Vertikal-GVO. Die Freistellung erfasst auch die Lieferung einer hardcopy, die an die Kunden weiterverkauft wird. Dies gilt selbst für den Fall, dass das Urheberrecht durch Öffnen der Verpackung vom Erwerber wirksam anerkannt wird.[225] Anders ist es dagegen, wenn das Urheberrecht an der Software selbst vom Verkäufer aus der Hand gegeben und dem Erwerber zur freien Verfügung überlassen wird. Hier gilt, sofern die Voraussetzungen erfüllt sind, die Gruppenfreistellungsverordnung für den Technologietransfer.

123 **(4)** Das geistige Eigentumsrecht muss unmittelbar mit **Nutzung, Verkauf oder Weiterverkauf von Waren oder Dienstleistungen** durch den Abnehmer oder seine Kunden zusammenhängen. Mit dieser (übermäßig komplizierten) Formulierung soll die Zweckbindung ausgedrückt werden, dass die Vereinbarung über das geistige Eigentumsrecht der Durchführung der Vertikalbeziehung (Liefer- oder Bezugsvereinbarung) dienen soll. Ausgeschlossen sind damit wiederum Fälle einer reinen Herstellerlizenz.[226] Auch der

---

[220] Diese Vereinbarungen können nicht als Übertragung einer Dienstleistung, die nach Art. 2 Abs. 1 freigestellt ist, bewertet werden; andernfalls würde der Zweck von Art. 2 Abs. 3 verfehlt.

[221] Leitlinien Rn. 34.

[222] Vgl. *Ellger* in: Immenga/Mestmäcker, EU-WbR, VO 330/2010 Art. 2 Rn. 82.

[223] Die Kommission verweist in den Leitlinien Rn. 34 auf die sog. Zulieferbekanntmachung (ABl. EG 1979 Nr. C 1/2), wonach weisungsgebundene Fremdfertigung unter bestimmten Voraussetzungen nicht dem Verbot des Art. 101 Abs. 1 AEUV unterfällt.

[224] Rn. 41. Vgl. dazu auch *Schultze/Pautke/Wagener,* Vertikal-GVO Rn. 421 ff. und *Seeliger* in: Wiedemann, Handbuch des Kartellrechts, § 11 Rn. 105.

[225] Kritisch zu diesem Fall *Schultze/Pautke/Wagener,* Vertikal-GVO Rn. 423 f.

[226] Die Kommission erwähnt den Fall der Herstellung von Getränken nach festgelegten Rezepturen des Herstellers; vgl. Leitlinien Rn. 33 Buchst. a.

Typ des **reinen Hersteller-Franchisings,** bei dem der Franchisegeber dem Franchisenehmer das Know-how zur Herstellung einer Ware oder Dienstleistung überlässt, fällt aus dem Anwendungsbereich der Vertikal-GVO.[227]

Streitig ist die Behandlung des in der Praxis eher selten anzutreffenden Falls, dass dem Abnehmer das geistige Eigentumsrecht mit der Befugnis zur **Weiterverarbeitung** der gelieferten Ware oder Dienstleistung übertragen wird. Nach Art. 2 Abs. 1 i. V. m. Art. 1 Abs. 1 Buchst. a sind die Fälle der Weiterverarbeitung durch den Abnehmer vom Anwendungsbereich der Vertikal-GVO mit umfasst. Es ist deshalb sachgerecht, dass die Freistellung in einem solchen Fall die Vereinbarungen über geistige Eigentumsrechte nach Art. 2 Abs. 3 mit erfasst.[228] Dies entspricht im Ergebnis auch der Auffassung der Kommission.[229] 124

(5) Schließlich legt Satz 2 als Voraussetzung der Freistellung fest, dass die Vereinbarungen über die geistigen Eigentumsrechte keinen Zweck verfolgen dürfen, der **schwarzen Klauseln** (Art. 4) **oder sonstigen Beschränkungen** gemäß Art. 5 entspricht. Dadurch werden diese Annexvereinbarungen genau gleich behandelt wie die den Hauptgegenstand bildende Bezugs- oder Liefervereinbarung.[230] Eine den Kernbeschränkungen entsprechende Vertragsklausel führt, wie im Fall des Art. 4, zum Ausschluss der Gruppenfreistellung für die Vereinbarung insgesamt. Dagegen ist im Fall einer Vereinbarung, die einem Wettbewerbsverbot gemäß Art. 5 entspricht, nur die betreffende Klausel nicht freigestellt.[231] 125

d) Vereinbarungen zwischen Wettbewerbern (Art. 2 Abs. 4). Von zentraler Bedeutung für die weitgehende Freistellung von vertikalen Wettbewerbsbeschränkungen in der Vertikal-GVO ist eine klare **Abgrenzung** der freigestellten Vertikalvereinbarungen gegenüber **Wettbewerbsbeschränkungen im Horizontalverhältnis** (Kartellen). Denn nur im Fall von reinen Vertikalbeziehungen, die keine horizontalen Wettbewerbsbeschränkungen enthalten, ist das wettbewerbliche Gefährdungspotential generell geringer.[232] 126

aa) Der Ausschluss von horizontalen Wettbewerbsbeschränkungen (Satz 1 von Art. 2 Abs. 4). Bereits aus Art. 1 Abs. 1 Buchst. a, wonach die Vertragsparteien im Rahmen der Vereinbarung (zwecks Durchführung) auf unterschiedlichen Wirtschaftsstufen stehen müssen, ergibt sich, dass bei horizontalen Vereinbarungen eine Freistellung ausgeschlossen ist. Art. 2 Abs. 4 geht darüber hinaus und schließt auch eine Freistellung von vertikalen Vereinbarungen zwischen Wettbewerbern grundsätzlich aus. Ziel der Regelung ist es, **Marktaufteilungen** durch im Wettbewerb stehende Unternehmen **zu verhindern.**[233] 127

Maßgeblich sind dabei, wie sich aus Art. 1 Abs. 1 Buchst. a ergibt, nicht nur aktuelle, sondern **auch potenzielle Wettbewerbsbeziehungen.**[234] Durch die Einbeziehung des 128

---

[227] Vgl. Leitlinien Rn. 44; *Schultze/Pautke/Wagener,* Vertikal-GVO Rn. 411.

[228] Ebenso *Ellger* in: Immenga/Mestmäcker, EU-WbR, VO 330/2010 Art. 2 Rn. 84; *Schultze/Pautke/Wagener,* Vertikal-GVO Rn. 380.

[229] In den Leitlinien Rn. 36 wird ein Fall der Weiterverarbeitung als freistellungsfähig angeführt (Zubereitung eines gelieferten Getränks nach Anweisung des Lieferanten).

[230] Nach der VO 2790/1999 führten neben bezweckten auch bewirkte Wettbewerbsbeschränkungen in Bezug auf die geistigen Eigentumsrechte zum Ausschluss der Vertikal-GVO, was von Art. 4 abwich (vgl. Voraufl. Art. 2 Rn. 85). Diese sachlich nicht gerechtfertigte Ungleichbehandlung hat die neue Vertikal-GVO beseitigt.

[231] So auch *Ellger* in: Immenga/Mestmäcker, EU-WbR, VO 330/2010 Art. 2 Rn. 100 f.

[232] Erwägungsgrund 3 der Vertikal-GVO sieht deshalb eine Freistellung grundsätzlich nur für Vereinbarungen „zwischen nicht miteinander im Wettbewerb stehenden Unternehmen" und „zwischen bestimmten Wettbewerbern" vor.

[233] Nähere Regelungen dazu finden sich vor allem in den Leitlinien der Kommission zur horizontalen Zusammenarbeit (Horizontal-Leitlinien; ABl. EU 2011 Nr. C 11/1). Im Einzelnen wird auf die Erl. zu Art. 101 Abs. 1 AEUV verwiesen.

[234] Vgl. Leitlinien Rn. 27. Eingehend dazu *Seeliger* in: Wiedemann, Handbuch des Kartellrechts, § 11 Rn. 113 f.

potenziellen Wettbewerbs hat der Ausschluss von horizontalen Wettbewerbsbeschränkungen eine erhebliche praktische Bedeutung. Dies wirkt sich insbesondere auf **Zuliefervereinbarungen und sogenannten Kollegenlieferungen** (Erwerb von Produkten eines Wettbewerbers z.B. zum Ausgleich kurzfristiger Engpässe) aus. Da der Hersteller in vielen Fällen die Möglichkeit haben wird, die erworbenen Zulieferteile oder „Kollegenprodukte" ggf. auch selbst herzustellen, ist im Verhältnis von Hersteller und Zulieferer bzw. anderem Hersteller ein potenzielles horizontales Wettbewerbsverhältnis nicht selten.[235] Durch Art. 2 Abs. 4 ist in diesen Fällen eine Freistellung grundsätzlich ausgeschlossen und, sofern die Zuliefervereinbarung eine spürbare Wettbewerbsbeschränkung gemäß Art. 101 Abs. 1 AEUV darstellt, ist eine Einzelfreistellung nach Art. 101 Abs. 3 AEUV erforderlich. Forderungen von Seiten der Mitgliedstaaten und der Wirtschaft nach einer weitergehenden Freistellung von Zuliefervereinbarungen hat die Kommission weder durch die Gruppenfreistellungsverordnung Spezialisierung noch durch die Horizontal-Leitlinien erfüllt.[236]

129 Nach der **Definition** des potenziellen Wettbewerbers in Art. 1 Abs. 1 Buchst. c muss es bei realistischer Betrachtungsweise wahrscheinlich sein, dass das Unternehmen bei einem geringen aber anhaltenden Preisanstieg innerhalb kurzer Zeit in den Markt eintreten würde. Was als **„kurze Zeit"** zu verstehen ist, wird in der Vertikal-GVO nicht erläutert. Die F&E-GVO und die Spezialisierungs-GVO benennen dagegen einen Zeitraum von „höchstens drei Jahren".[237] In den Vertikal-Leitlinien (Rn. 27) präzisiert die Kommission, dass der Markteintritt „in der Regel binnen höchstens eines Jahres" erfolgen muss. Der Begriff des potenziellen Wettbewerbers ist daher im Vertikalbereich enger gefasst als bei horizontalen Vereinbarungen, wo es eine vergleichbare Bestimmung nicht gibt.[238]

130 Es genügt allerdings nicht, dass die Unternehmen in irgendeiner Beziehung Wettbewerber sind. Vielmehr muss das **aktuelle oder potenzielle Wettbewerbsverhältnis in Bezug auf den Vertragsgegenstand** bestehen. Das Wettbewerbsverhältnis muss sich also gerade auf die Produkte (Waren oder Dienstleistungen) beziehen, die Gegenstand der vertikalen Vereinbarung sind. Dazu muss der Markt des Vertragsgegenstands, falls erforderlich, im Einzelnen abgegrenzt werden. Ein Händler, der Produkte unter eigner Marke (Handelsmarke) vertreibt, steht zu anderen Markenherstellern nicht in einem Wettbewerbsverhältnis, da er nicht als Hersteller angesehen wird (Leitlinien Rn. 27 a.E.).

131 Art. 1 Abs. 1 Buchst. c setzt voraus, dass die Unternehmen „auf demselben relevanten Markt" tätig sind. [239] Sie müssen sich daher sowohl auf dem **gleichen sachlichen** wie auch auf dem gleichen **regionalen Markt** als Wettbewerber gegenüberstehen.[240] Dagegen war nach der früheren GVO 2790/1999 allein auf den sachlichen Markt abzustellen. Durch die geänderte Definition wird die Tragweite von Satz 1 des Art. 2 Abs. 4 erheblich eingeschränkt; d.h. der Anwendungsbereich der gruppenweisen Freistellung wird entsprechend auf Unternehmen, die in unterschiedlichen regionalen Märkten tätig sind, erweitert.

132 Art. 1 Abs. 2 ist entsprechend anzuwenden.[241] **Verbundene Unternehmen** sind daher bei der Abgrenzung mit zu berücksichtigen.

[235] Gelegentliche Kollegenlieferungen stellen grundsätzlich keine Wettbewerbsbeschränkung dar. Trotzdem sind die Hersteller in der Regel zumindest potenzielle Wettbewerber; a.A. wohl *Nolte* in Langen/Bunte, Nach Art. 101 AEUV Rn. 361.

[236] Näheres dazu bei *Pukall* NJW 2000, 1375, 1377.

[237] Siehe Art. 1 Abs. 1 Buchst. t F&E-GVO; Art. 1 Buchst. n Spezialisierungs-GVO.

[238] Vgl. Rn. 10 der Horizontal-Leitlinien sowie die bereits erwähnten GVO zu F&E sowie Spezialisierung.

[239] Zur Abgrenzung des relevanten Markts vgl. Erläuterungen zu Art. 3 Rn. 161 ff.

[240] Ein plastisches Beispiel dafür, dass die Einbeziehung des regionalen Markts in den potenziellen Wettbewerb sachgerecht ist, gibt *Seeliger* in: Wiedemann, Handbuch des Kartellrechts, § 11 Rn. 111.

[241] Unmittelbar ist Art. 1 Abs. 2 nach seinem Wortlaut auf „Wettbewerber" nicht anwendbar.

bb) Ausnahmsweise Freistellung von horizontalen Wettbewerbsbeschränkungen (Satz 2 von Art. 2 Abs. 4). Der Ausschluss von horizontalen Wettbewerbsbeschränkungen gilt nicht uneingeschränkt, es sind zwei Ausnahmen[242] vorgesehen. Sie setzen gemeinsam voraus, dass es sich nicht um wechselseitige vertikale Vereinbarungen[243] handelt. Es darf in diesen Fällen also immer nur ein einziges Lieferverhältnis in Bezug auf den Vertragsgegenstand bestehen. In der Praxis dürfte dies bis auf seltene Ausnahmefälle immer unproblematisch sein.[244] **133**

Die erste Ausnahme in Buchst. a betrifft – unter Anlehnung an die Praxis im englischen Recht – den Fall des sog. **„dualen Vertriebs".**[245] Eine Freistellung tritt dann ein, wenn der Hersteller die Produkte sowohl über Händler als auch durch das eigene Unternehmen vertreibt bzw. ein Eigenvertrieb gemäß Art. 1 Abs. 1 Buchst. c möglich und wahrscheinlich ist. Hier liegt zwar ein (zumindest potenzielles) Wettbewerbsverhältnis auf der Vertriebsstufe vor; der Charakter einer Vertikalvereinbarung wird dadurch aber nicht in Frage gestellt. Die Anwendung der Vertikal-GVO auf derartige Vereinbarungen ist deshalb gerechtfertigt. Ein aktuelles oder potenzielles Wettbewerbsverhältnis auf der Herstellerebene schließt dagegen die Anwendung der Vertikal-GVO aus. **134**

Ein Vertrieb im eigenen Unternehmen liegt auch vor, wenn der Absatz durch (echte) Handelsvertreter erfolgt oder wenn der Hersteller den Absatz sowohl über ein Franchise-System als auch durch Eigenvertrieb organisiert hat.[246] Dagegen entfällt nach dem Wortlaut eine Freistellung, wenn beide Unternehmen nur im Handelsbereich tätig sind (ein Großhändler als Anbieter vertreibt sowohl an den Einzelhandel als auch direkt an Endkunden).[247] Dies gilt auch, wenn der Großhändler Waren unter einer eigenen Handelsmarke vertreibt, da diese Produkte nicht als vom Händler hergestellt gelten.[248] Die Freistellung ist ferner ausgeschlossen, wenn der Käufer (Händler) zugleich Hersteller ist. Dafür reicht auch ein (potenzielles) Wettbewerbsverhältnis auf der Herstellerstufe aus, d.h. der Händler könnte potenziell die Vertragsware selbst herstellen.[249] **135**

Die Ausnahme für den dualen Vertrieb, die in Buchst. a für Waren umschrieben ist, gilt entsprechend für den Vertrieb von **Dienstleistungen** (Buchst. b). Erfasst ist der Fall, dass ein Dienstleister auf mehreren Handelsstufen tätig ist, der Abnehmer dagegen nur auf der Einzelhandelsstufe. In diesem Fall ist es für die Freistellung unschädlich, dass der Anbieter auf der Einzelhandelsstufe Wettbewerber des Abnehmers ist, vorausgesetzt dass auf der vorgelagerten Stufe kein Wettbewerbsverhältnis besteht. Der in der Vorgänger-VO 2790/1999 missverständliche Wortlaut[250] wurde in der neuen GVO bereinigt und eine Symmetrie zur Regelung für Waren hergestellt. **136**

---

[242] Eine weitere Ausnahme in der Vorgänger-VO 2790/1999 für Vereinbarungen, bei denen der Abnehmer einen Umsatz von nicht mehr als 100 Mio. Euro aufweist, ist ersatzlos entfallen.

[243] Hierfür kann die Definition (nicht) wechselseitiger Vereinbarungen in Art. 1 Abs. 1 Buchst. d und e Technologietransfer-GVO (VO 316/2014 vom 21.3.2014) entsprechend angewandt werden; so auch *Seeliger* in: Wiedemann, Handbuch des Kartellrechts, § 11 Rn. 119. Eine wechselseitige Vereinbarung erfordert, dass sich die Parteien auf dem gleichen sachlichen und regionalen Markt gegenüberstehen (vgl. *Bechtold/Bosch/Brinker,* EU-Kartellrecht, Art. 2 VO 330/2010 Rn. 19) und sich wechselseitig mit den gleichen oder konkurrierenden Produkten beliefern (vgl. *Ellger* in: Immenga/Mestmäcker, EU-WbR, VO 330/2010 Art. 2 Rn. 109).

[244] Bei Lizenzen gemäß der Technologietransfer-GVO ist dies anders.

[245] In den Leitlinien Rn. 28 spricht die Kommission von „zweigleisigem Vertrieb".

[246] *Ellger* in: Immenga/Mestmäcker, EU-WbR, VO 330/2010 Art. 2 Rn. 112.

[247] *Schultze/Pautke/Wagener,* Vertikal-GVO Rn. 440 a. E.

[248] Dies betont die Kommission ausdrücklich in den Leitlinien Rn. 27 a. E.

[249] Dies geht über den (nicht eindeutigen) Wortlaut der Vorschrift hinaus, folgt aber aus dem Sinn und Zweck des Art. 2 Abs. 4. Vgl. auch *Seeliger* in: Wiedemann, Handbuch des Kartellrechts, § 11 Rn. 122.

[250] Vgl. dazu Voraufl. Art. 2 Rn. 93; *Schultze/Pautke/Wagener,* Vertikal-GVO Rn. 455.

4. Rechtsfolgen

137 Durch Art. 2 wird der Umfang der **gruppenweisen Freistellung** festgelegt. Vereinbarungen, die nach Art. 2 in den Anwendungsbereich der Vertikal-GVO fallen, sind – im Rahmen der weiteren Voraussetzungen (Art. 3, 4 und 5) – freigestellt. Dabei kommt es nicht darauf an, dass im konkreten Fall die Voraussetzungen des Art. 101 Abs. 3 AEUV tatsächlich erfüllt sind.[251] Sofern eine Vereinbarung nicht durch Art. 2 erfasst und auch eine andere GVO nicht anwendbar ist, bedarf es einer Einzelfallprüfung, ob die (vertikale) Wettbewerbsbeschränkung gemäß den Voraussetzungen des Art. 101 Abs. 3 AEUV freigestellt ist.

138 Durch den weiten Anwendungsbereich des Art. 2 wird das Regel-Ausnahme-Verhältnis im Ergebnis praktisch umgekehrt: Nach dem Primärrecht des Art. 101 Abs. 1 und 3 AEUV gilt der Grundsatz, dass vertikale Wettbewerbsbeschränkungen grundsätzlich verboten sind, sofern sie nicht ausnahmsweise freigestellt sind. Im System der Vertikal-GVO gilt dagegen der Grundsatz: vertikale Wettbewerbsbeschränkungen sind **grundsätzlich freigestellt, sofern nicht ausdrücklich etwas anderes geregelt ist.**[252]

139 Hinsichtlich der Rechtsfolgen, die sich aus den Sonderregelungen in den Absätzen 2 bis 4 ergeben, ist zu differenzieren. Bei Vereinbarungen von **Unternehmensvereinigungen** mit ihren Mitgliedern oder ihren Lieferanten unterscheidet Art. 2 Abs. 2 ausdrücklich zwischen den vertikalen und horizontalen Wettbewerbsbeschränkungen. Die Freistellung umfasst nach Art. 2 Abs. 2 nur die Wettbewerbsbeschränkungen im Vertikalverhältnis. Wenn darüber hinaus Wettbewerbsbeschränkungen im horizontalen Verhältnis vorliegen, sind diese nach den einschlägigen Regelungen für horizontale Wettbewerbsbeschränkungen zu prüfen. Maßgeblich sind insoweit vor allem die Leitlinien für horizontale Wettbewerbsbeschränkungen.[253]

140 Für Vereinbarungen in Bezug auf **geistige Eigentumsrechte** sind die Rechtsfolgen in Art. 2 Abs. 3 abschließend geregelt. Die Freistellung erfasst, wenn der Anwendungsbereich nach Art. 2 Abs. 3 gegeben ist, die Vereinbarung in ihrer Gesamtheit. Sofern dagegen eine der Voraussetzungen des Art. 2 Abs. 3 nicht erfüllt ist, kommt für diese Vereinbarung eine Freistellung nach der Vertikal-GVO nicht in Betracht (Alles-oder-Nichts-Prinzip).[254] Zu prüfen bleibt dann die Frage, ob insbesondere nach der Technologietransfer-GVO und hilfsweise nach Art. 101 Abs. 3 AEUV die Freistellungsvoraussetzungen erfüllt sind.

141 Bei **Vereinbarungen zwischen Wettbewerbern,** die nach Art. 2 Abs. 4 Satz 2 freigestellt sind, gilt die Freistellung nach Art. 2 auch hinsichtlich der horizontalen Wettbewerbsbeschränkung.[255] Im Falle des dualen Vertriebs überwiegt der vertikale Charakter der Vereinbarung so sehr, dass eine gesonderte Prüfung im Hinblick auf die horizontale Wettbewerbsbeschränkung ausnahmsweise entbehrlich erscheint. Soweit dagegen die Voraussetzungen für eine Freistellung von horizontalen Wettbewerbsbeschränkungen nach Art. 2 Abs. 4 nicht erfüllt sind, bleibt die Freistellung nach den Regeln für horizontale Wettbewerbsbeschränkung zu prüfen.[256] In der Regel wird eine Einzelfallabwägung notwendig sein. Dies gilt insbesondere für eine große Zahl der **Zuliefervereinbarungen.** Die Vertikal-GVO findet in diesen Fällen immer dann keine Anwendung, wenn der Hersteller des

---

[251] Zur abweichenden Auffassung von *Klotz* s. oben Rn. 7 Fußn. 24.

[252] Vgl. dazu Erläuterungen in der Einführung insbes. Rn. 2 und 14. Zum amerikanischen Recht vgl. Erläuterungen zu Art. 4 Rn. 138.

[253] Vgl. dazu *Mestmäcker/Schweitzer,* Europäisches Wettbewerbsrecht, § 15 Rn. 15 sowie *Schultze/Pautke/Wagener,* Vertikal-GVO Rn. 457, die insoweit von einer „Doppelkontrolle" sprechen. Einschränkend *Ellger* in: Immenga/Mestmäcker, EU-WbR, VO 330/2010 Art. 2 Rn. 71: Art. 101 Abs. 1 AEUV sei bei kleineren Unternehmensvereinigungen häufig nicht einschlägig.

[254] So auch *Ellger* in: Immenga/Mestmäcker, EU-WbR, VO 330/2010 Art. 2 Rn. 99 f.

[255] Ebenso *Schultze/Pautke/Wagener,* Vertikal-GVO Rn. 440.

[256] Ob man auch hierin eine „Doppelkontrolle" sieht (so *Schultze/Pautke/Wagener,* Vertikal-GVO Rn. 457, 478 und *Nolte* in: Langen/Bunte, Nach Art. 101 AEUV Rn. 369), ist unerheblich.

Endprodukts, der das Zulieferprodukt abnimmt, dieses entweder selbst herstellt oder zumindest potenziell herstellen kann. Eine angemessene Regelung für die Freistellung von Zuliefervereinbarungen steht somit noch aus.[257]

5. Verhältnis zu anderen Regelungen (Art. 2 Abs. 5)

Der Vorrang von Sonderregelungen gegenüber der allgemeinen Schirm-GVO (Art. 2 Abs. 5) betraf früher vor allem die **Kfz-GVO.**[258] Nach Art. 3 der neuen Kfz-GVO[259] gilt die allgemeine Vertikal-GVO uneingeschränkt auch beim Bezug, Verkauf oder Weiterverkauf neuer Kraftfahrzeuge. Besondere Vorschriften gelten nur noch für den Vertrieb von Ersatzteilen sowie Instandsetzungs- und Wartungsdienstleistungen bei Kraftfahrzeugen (Art. 4). Abweichend von Art. 2 Abs. 5 müssen in diesen Fällen kumulativ sowohl die Voraussetzungen der Vertikal-GVO als auch der neuen Kfz-GVO erfüllt sein (vgl. dazu oben Rn. 34). Eine weitere branchenbezogene Sonderregelung auch für vertikale Beziehungen enthält die **GVO-Versicherungen.**[260] 142

Keine Bedeutung hat Art. 2 Abs. 5 bei Vereinbarungen über **geistige Eigentumsrechte.** Für diesen Bereich enthalten Art. 2 Abs. 3 sowie die Technologietransfer-GVO[261] abschließende Regelungen des Anwendungsbereichs (s. oben Rn. 111). 143

Das Verhältnis zu den Regelungen für **horizontale Wettbewerbsbeschränkungen** ergibt sich weitgehend aus Art. 2 Abs. 4; danach sind horizontale und vertikale Regelungen grundsätzlich nebeneinander anwendbar. Die Vorrang-Regelung in Art. 2 Abs. 5 greift ein, soweit die horizontalen Gruppenfreistellungsverordnungen Spezialisierung sowie Forschung und Entwicklung **besondere Vorschriften für den Vertrieb** enthalten. Diese schließen insoweit die Anwendung der Vertikal-GVO aus (Leitlinien Rn. 46). 144

Für das Verhältnis zum **nationalen Recht** vgl. die Erläuterungen in der Einführung Rn. 37 ff. 145

Art. 3 Marktanteilsschwelle

(1) **Die Freistellung nach Artikel 2 gilt nur, wenn der Anteil des Anbieters an dem relevanten Markt, auf dem er die Vertragswaren oder -dienstleistungen anbietet, und der Anteil des Abnehmers an dem relevanten Markt, auf dem er die Vertragswaren oder -dienstleistungen bezieht, jeweils nicht mehr als 30 % beträgt.**

(2) **Bezieht ein Unternehmen im Rahmen einer Mehrparteienvereinbarung die Vertragswaren oder -dienstleistungen von einer Vertragspartei und verkauft es sie anschließend an eine andere Vertragspartei, so gilt die Freistellung nach Artikel 2 nur, wenn es die Voraussetzungen des Absatzes 1 als Abnehmer wie auch als Anbieter erfüllt.**

1. Sinn und Zweck

Art. 3 ist die Vorschrift, in der die neue **wirtschaftliche Betrachtungsweise** (s. oben Rn. 2) am deutlichsten zum Ausdruck kommt. Nicht mehr die Verwendung bestimmter juristischer Klauseln in den Vereinbarungen entscheidet über die Freistellung. Vielmehr stellt Art. 3 näherungsweise auf das Kriterium der **Marktmacht ab,** das in der ökonomischen Bewertung von vertikalen Wettbewerbsbeschränkungen maßgeblich ist (vgl. Erwägungsgrund 7). 146

[257] Vgl. *Pukall* NJW 2000, 1375, 1377. Auch *Schultze/Pautke/Wagener,* Vertikal-GVO Rn. 450 sehen die Einordnung industrieller Zulieferbeziehungen als „problematisch" an.
[258] VO (EG) Nr. 1400/2002 vom 31.7.2002, ABl. EG 2002 Nr. L 203/30.
[259] VO (EU) Nr. 461/2010 vom 28.5.2010, ABl. EU 2010 Nr. L 129/52.
[260] VO (EG) Nr. 267/2010 vom 24.3.2010, ABl. EG 2010 Nr. L 83/1.
[261] VO (EU) Nr. 316/2014 vom 21.3.2014, ABl. EU 2014 Nr. L 93/17.

147 Marktmacht ist in der wettbewerbsrechtlichen Theorie ein häufig verwandter Begriff. In der Praxis bereitet jedoch die Ermittlung der Marktmacht eines Unternehmens vielfach erhebliche Schwierigkeiten. Als Kriterium, das Marktmacht nahe kommt und dennoch leicht zu handhaben ist, sind in Art. 3 **Marktanteilsschwellen** festgelegt. Ein anderes Merkmal, das Marktmacht besser zum Ausdruck bringt und dennoch praktikabel ist, hat sich nicht finden lassen.[262]

148 Für die Festlegung der Marktanteilsschwelle hatte die Kommission im Grünbuch[263] zunächst ein Modell mit unterschiedlichen Schwellen von 20 % und 40 % zur Diskussion gestellt. Bei den Beratungen zur Rats-VO 1215/99 einigten sich Mitgliedstaaten und Kommission auf eine **einheitliche Schwelle von 30 %.** Diese erscheint einerseits ausreichend hoch, um einen großen Anwendungsbereich für die Freistellung sicherzustellen; andererseits weist sie einen hinlänglich deutlichen Abstand zur Schwelle der Marktbeherrschung auf, für die eine Freistellung nach Art. 101 Abs. 3 AEUV grundsätzlich nicht in Betracht kommt.[264]

149 Art. 3 der neuen VO 330/2010 enthält mit der **doppelten Marktanteilsschwelle** die wichtigste Änderung gegenüber der Vorgänger-VO 2790/1999. Die Kommission begründete diese Einschränkung des Anwendungsbereichs damit, dass wettbewerbsproblematische Marktmacht nicht nur auf der Anbieter-(Hersteller-)seite, sondern auch auf der Abnehmer-(Händler-)seite gegeben sein könne.[265] Der Kommissionsvorschlag sah vor, dass für beide Seiten jeweils der Absatzmarkt maßgeblich sein sollte. Hiergegen wurden in der Konsultation z. B. von Seiten der Industrie, aber auch einiger Wettbewerbsbehörden erhebliche Bedenken geltend gemacht.[266] Erst im VO-Text selbst stellte die Kommission dann für den Abnehmer stattdessen auf den Bezugsmarkt ab. Theoretisch ist die Einbeziehung des Abnehmers zwar gut fundiert. Wegen der erhöhten praktischen Schwierigkeiten der Marktanteilsermittlung ist die neue Regelung aber kritisch zu bewerten.[267]

150 Der **„safe harbour"** der Vertikal-GVO ist im geltenden System unabhängig von der Schwere des Wettbewerbsverstoßes.[268] Nunmehr spielt es auch keine Rolle mehr, welche Vertragspartei die Marktanteilsschwelle überschreitet. Nur wenige Fälle sind denkbar, in denen trotz Marktmacht einer Partei die Gruppenfreistellung gewährt wird.[269] Hier kommt nur ein Entzug der Freistellung nach Art. 29 VO 1/2003 in Betracht. Umgekehrt dürfte es viele Fälle geben, die trotz Überschreitens der Marktanteilsschwelle wettbewerblich unproblematisch sind, weil keine Partei über erhebliche Marktmacht verfügt. Dies muss im

---

[262] Die Kommission erwähnt das Erfordernis der Marktmacht in den Leitlinien Rn. 97 f. Vgl. z. B. *Fuchs,* Die Modernisierung des europäischen Kartellrechts im Bereich vertikaler Vereinbarungen, S. 95, 112 ff.; *Pukall* NJW 2000, 1375, 1376; *Beutelmann,* Selektive Vertriebssysteme im europäischen Kartellrecht, S. 104 ff. Vgl. dazu auch *Bergmann* ZWeR 2004, 28, 35 m. w. N.

[263] KOM (96) 721 endg.

[264] Vgl. ausführlich *Ellger* in: Immenga/Mestmäcker, EU-WbR, VO 330/2010 Art. 3 Rn. 25; *Beutelmann,* Selektive Vertriebssysteme im europäischen Kartellrecht, S. 106 ff.

[265] Pressemitteilung der Kommission vom 20.4.2010, IP/10/445; Kritik an der Argumentation der Kommission üben *Schultze/Pautke/Wagener,* Vertikal-GVO Rn. 483 ff. Zur Entstehungsgeschichte vgl. auch *Seeliger* in: Wiedemann, Handbuch des Kartellrechts § 11 Rn. 130.

[266] Der Vorschlag hätte die Rechtsunsicherheit noch weiter verstärkt, da der Anbieter vielfach die Marktsituation auf der Absatzseite seines Abnehmers nicht genau kennen wird. Außerdem war nicht klar, welcher Markt z. B. im Fall der Weiterverarbeitung maßgeblich sein sollte.

[267] Ähnlich im Ergebnis *Ellger* in: Immenga/Mestmäcker, EU-WbR, VO 330/2010 Art. 3 Rn. 10. Weitergehend *Schultze/Pautke/Wagener,* Vertikal-GVO Rn. 482 f., die in der Neuregelung einen „Sündenfall" sehen.

[268] Durch Art. 4 gilt auch insoweit ein „Alles-oder-Nichts-Prinzip". Einzige Ausnahme sind Wettbewerbsverbote gemäß Art. 5.

[269] *Ellger* in: Immenga/Mestmäcker, EU-WbR, VO 330/2010 Art. 3 Rn. 16 erwähnt den Fall, dass sich beim Vertrieb an einen Großhändler die Marktmacht des Herstellers im interbrand-Wettbewerb nach der Stellung auf dem Endkundenmarkt richten kann. Eine ähnliche Konstellation kann sich beim Kettenfranchising ergeben (vgl. dazu unten Rn. 211 Fußn. 346).

Rahmen der Einzelfallprüfung im Rahmen des Art. 101 Abs. 3 AEUV berücksichtigt werden.

2. Praktische Bedeutung

Art. 3 ist bewusst so gestaltet, dass eine **große Zahl** von wettbewerbsbeschränkenden Vereinbarungen in den Genuss der gruppenweisen Freistellung gelangen kann. Die Kommission schätzt, dass etwa 80% der Vertikalvereinbarungen unterhalb der Schwellenwerte des Art. 3 bleiben.[270] In der praktischen Wirkung wird damit das System des Verbots mit Erlaubnisvorbehalt, das Art. 101 Abs. 1 und 3 AEUV zugrunde liegt, ersetzt durch ein **der Missbrauchsaufsicht nahe kommendes** Regime.[271] **151**

Bei der Anwendung der Vertikal-GVO hat Art. 3 **erhebliche Bedeutung,** da die Gruppenfreistellung den Unternehmen unterhalb der Marktanteilsschwelle Rechtssicherheit bietet.[272] Tatsächlich ist die Tragweite zum einen jedoch durch die de minimis-Bekanntmachung der Kommission[273] eingeschränkt, die bei Marktanteilen bis 15% zum gleichen Ergebnis führt. Die Vertikal-GVO bietet daher nur bei Marktanteilen zwischen 15 und 30% einen zusätzlichen Rechtsvorteil.[274] **152**

Zum andern führt eine Überschreitung der Marktanteilsschwelle nicht automatisch zur Unwirksamkeit der Vereinbarung. Abweichende Ergebnisse sind nur zu erwarten, wenn besondere Umstände vorliegen, die in der generalisierenden Bewertung der Vertikal-GVO nicht berücksichtigt sind.[275] Die Frage, ob die Marktanteilsschwelle des Art. 3 eingehalten ist, hat daher vor allem bei nur geringfügiger Überschreitung häufig keine ausschlaggebende Bedeutung Bei einer Fehleinschätzung der Marktanteile besteht normalerweise zumindest kein Bußgeldrisiko.[276] **153**

Eingeschränkt wird der durch Art. 3 gewährte Vorteil der Rechtssicherheit vor allem durch das System der Kernbeschränkungen **(schwarze Klauseln)** nach Art. 4 und der sonstigen Beschränkungen nach Art. 5. In diesen Fällen ist eine Freistellung entweder insgesamt (Art. 4) oder bezogen auf die getroffene Vereinbarung (Art. 5) ausgeschlossen, unabhängig davon, ob die Marktanteilsschwellen überschritten sind oder nicht. Durch die Freistellung nach Art. 2 und 3 wird also eine inhaltliche Prüfung der wettbewerbsbeschränkenden vertikalen Vereinbarungen nicht entbehrlich; diese Prüfung richtet sich aber nicht an dem umfassenden Maßstab des Art. 101 Abs. 3 AEUV aus, sondern allein an den eingegrenzten Kriterien in den Art. 4 und 5. **154**

Nach dem **Prüfschema der Kommission** in den Leitlinien Rn. 110 ist die Ermittlung der Marktanteile der Vertragsparteien der erste Schritt für die Prüfung vertikaler Beschränkungen. Danach sollen die Voraussetzungen einer Freistellung nach der Vertikal-GVO bzw. Art. 101 Abs. 3 AEUV geprüft werden. Diese Prüfreihenfolge ist wegen der Unsicherheiten der Marktanteilsermittlung kaum zweckmäßig und meist nicht empfehlenswert.[277] Zusätzliche Probleme wirft die **doppelte Marktanteilsschwelle** in Art. 3 auf. Hier kann **155**

---

[270] So *Schaub/Dohms* WuW 1999, 1055, 1070. Welcher Anteil dabei bereits durch die de minimis-Bekanntmachung der Kommission erfasst wird, ist nicht bekannt.

[271] S. Erläuterungen oben Rn. 3 und Art. 2 Rn. 138.

[272] Gleiches gilt für das deutsche Recht nach §§ 1 und 2 GWB i. d. F. der 7. GWB-Novelle.

[273] Sog. Bagatellbekanntmachung vom 25.6.2014 (ABl. 2014 Nr. C 291/1).

[274] *Seeliger* in: Wiedemann, Handbuch des Kartellrechts, § 11 Rn. 127; *S. Mäger* in: T. Mäger, Europäisches Kartellrecht, 3. Kap. Rn. 17. Bei Kernbeschränkungen gemäß Art. 4 entfallen im Übrigen auch die Vorteile der de minimis-Bekanntmachung (s. oben Rn. 90).

[275] Je höher der Marktanteil ist, desto eher wird dies der Fall sein. Vgl. *Bechtold* WuW 2003, 343. Vgl. hierzu auch *Nordemann,* Erläuterungen zu Art. 101 Abs. 3 AEUV Rn. 18.

[276] Die Zusicherung der Kommission in Rn. 65 der Leitlinien vom 13.10.2000, dass sie in diesem Fall kein Bußgeld verhängen werde, ist zwar nicht in die geltenden Leitlinien 2010 übernommen. In der Sache hat sich dadurch aber nichts geändert.

[277] Kritisch auch *Bauer/de Bronett,* Vertikal-GVO Rn. 21 f. Vgl. oben Rn. 15.

man sich zumindest in Vertriebsfällen vielfach mit einer **Faustregel** helfen: Beträgt der Marktanteil des Herstellers (Anbieters) auf seinem Absatzmarkt weniger als 30%, dann wird es wahrscheinlich sein, dass auch der Marktanteil des Händlers (Abnehmers) auf seinem Bezugsmarkt nicht mehr als 30% beträgt.[278] Jedenfalls sind die wettbewerblichen Probleme im Allgemeinen eher gering, wenn nur der Abnehmer einen Marktanteil von mehr als 30% aufweist.[279]

156 Die in Art. 3 Abs. 2 nunmehr behandelten **Mehrstufenvereinbarungen** sind in der Praxis eher selten anzutreffen. Inhaltlich stellt diese Sonderregelung keine Neuerung dar s. unten Rn. 173 ff.

3. Tatbestand

157 **a) Regelfall (Art. 3 Abs. 1).** Art. 3 umschreibt den Kreis der Vereinbarungen, der von der Gruppenfreistellung nach Art. 2 umfasst ist (vereinzelt als „persönlicher Anwendungsbereich" bezeichnet). Die Aufzählung der Erfordernisse ist **abschließend,** soweit nicht nach Art. 4 oder 5 eine Freistellung ausgeschlossen ist.

158 **aa) Relevanter Markt.** Bei Vereinbarungen von zwei Parteien sind nach der neuen Vertikal-GVO sowohl der **Marktanteil des Anbieters als auch des Abnehmers** relevant. Nach der VO 2790/1999 war allein der Marktanteil des Lieferanten maßgeblich; nur im Fall der Alleinbelieferung entschied stattdessen der Marktanteil des Abnehmers. Auf andere (weitergelagerte) Märkte kommt es nach dem „vereinfachten Ansatz" der Vertikal-GVO[280] nicht an, selbst wenn hier wettbewerblich kritische Größenordnungen eindeutig überschritten sind. In solchen Fällen bleibt allenfalls ein Widerruf der Freistellung nach Art. 29 VO 1/2003 möglich.

159 Der relevante Markt ist für Anbieter und Abnehmer unterschiedlich zu ermitteln. Beim Anbieter gilt der Marktanteil beim Verkauf der Produkte **(Absatzmarkt).** Für den Abnehmer ist dagegen, anders als noch im Entwurf der Kommission, der Markt relevant, auf dem er das Produkt nachfragt **(Bezugsmarkt).** Diese beiden Märkte entsprechen sich spiegelbildlich (Verkauf und Kauf des Produkts). Trotzdem sind die Marktanteile durch die unterschiedliche Perspektive i. d. R. nicht identisch.[281]

160 Die großen Handelskonzerne und -ketten verfügen häufig über erhebliche **Nachfragemacht** gegenüber den Herstellern. Diese wird durch den Bezugsmarkt erfasst. Zu den daraus resultierenden Praktiken der sog. **Zugangsvorauszahlungen** (Listungsgebühren, Regalmieten, Werbekostenzuschüsse u. a.) hat die Kommission in den Leitlinien Rn. 203 ff. Hinweise gegeben, die sich auf die Einzelfallprüfung nach Art. 101 Abs. 3 AEUV wegen eines Marktanteils von mehr als 30% beziehen.[282]

161 **bb) Marktabgrenzung.** Sowohl der sachliche als auch der räumliche Markt sind nach den üblichen Kriterien abzugrenzen. Die Kommission verweist in den Leitlinien Rn. 86 hierzu auf ihre Bekanntmachung über die Definition des relevanten Marktes.[283] Die (missverständliche) Definition des sachlichen Markts in der VO 2790/1999[284] ist weggefallen. In der Vertikal-GVO heißt es nun (zutreffend) „relevanter Markt" (z. B. Art. 1 Abs. 1 Buchst. c und d). Soweit in den Leitlinien Rn. 87 ff. „besondere Fragen" behandelt

---

[278] Das trifft allerdings auf Alleinbezugsvereinbarungen (Art. 3 Abs. 2 der VO 2790/1999) in dieser Allgemeinheit nicht zu.

[279] Vgl. *Ellger* in: Immenga/Mestmäcker, EU-WbR, VO 330/2010 Art. 3 Rn. 17. *Schultze/Pautke/Wagener,* Vertikal-GVO Rn. 493 nehmen geringere Wettbewerbsprobleme an, wenn beide Parteien etwa gleich hohe Marktanteile haben.

[280] So die früheren Leitlinien vom 13.10.2000, Rn. 22.

[281] Vgl. aber auch oben Rn. 155 zur „Faustregel" bei der praktischen Vorgehensweise.

[282] Diese Praktiken sind im Rahmen der Vertikal-GVO als Teil einer Liefer-/Bezugsvereinbarung grundsätzlich freigestellt (Leitlinien Rn. 203).

[283] Gültig ist noch der Text in ABl. EG 1997 Nr. C 372/5.

[284] Vgl. dazu Voraufl. Rn. 114.

werden, handelt es sich um Spezifizierungen der allgemeinen Kriterien im Hinblick auf Besonderheiten bestimmter Vertikalvereinbarungen.

(1) Für die Abgrenzung des **sachlichen Markts** kommt es entscheidend auf die Sicht der Marktgegenseite an **(Bedarfsmarktkonzept).** Maßgeblich ist, in welchem Umfang die verkauften Waren oder Dienstleistungen von den direkten Abnehmern als austauschbar angesehen werden. Ihre Präferenzen können und werden häufig beeinflusst sein durch die Präferenzen ihrer eigenen Abnehmer. In vielen Fällen wird deshalb, vor allem bei Konsumgütern, letztlich die **Sicht der Endverbraucher** für die Abgrenzung des sachlichen Markts zumindest eine wichtige Rolle spielen (Leitlinien Rn. 89). Dies ist aber nicht zwingend. So wird der private Endverbraucher bei Gegenständen des täglichen Bedarfs in der Regel die einzelne Ware als nicht austauschbar und deshalb als eigenen Markt ansehen, während Groß- und Einzelhändler Warensortimente (Paletten) beziehen.[285] Für sie ist der sachliche Markt dann umfassender als für den Endkunden. 162

Für den Abnehmer ist die **Vertriebsform** im Allgemeinen nicht entscheidend; er trifft seine Wahl nach den Eigenschaften und dem Preis des Produkts.[286] Vertriebsformen stehen miteinander im Wettbewerb und begründen somit keinen eigenen Markt. 163

Zwischenprodukte, die in Endprodukte eingebaut werden, sind aus Sicht des Endkunden i.d.R. nicht von Interesse. Hier kommt es deshalb auf die Sicht des (Erst-)Erwerbers an, der das Zwischenprodukt verarbeitet (Leitlinien Rn. 89). 164

Die allgemeinen Grundsätze gelten auch für die Marktabgrenzung **von Reparatur- bzw. Ersatzteilen.** Es hängt von den jeweiligen Umständen ab, ob es sich insoweit um getrennte Märkte neben dem Markt für die Originalausrüstung handelt oder ob ein einheitlicher das Ersatzteilgeschäft einschließender Produktmarkt vorliegt. Letzteres ist vor allem dann anzunehmen, wenn die Kunden beim Erwerb des Produkts die später anfallenden Ersatzteil- und Reparaturkosten mit in ihre Wahl einbeziehen.[287] 165

Bei **Franchise-Verträgen** bemisst sich der Marktanteil des Franchisegebers nach dem Wert der Waren oder Dienstleistungen, die seine Franchisenehmer auf dem Endkundenmarkt absetzen. Dabei sind auch die Produkte mit einzubeziehen, die ohne Franchising angeboten werden (weitere Erläuterungen in Leitlinien Rn. 92). 166

(2) Auch die **regionale Marktabgrenzung** richtet sich nach den allgemeinen Kriterien. Die Definition des räumlich relevanten Markts in Art. 9 Abs. 7 FusionskontrollVO ist entsprechend anwendbar; im Einzelfall kann die Bekanntmachung der Kommission über die Definition des relevanten Markts Hilfe geben. Entscheidend auch für die regionale Marktabgrenzung ist die Sicht der unmittelbaren Marktgegenseite, d.h. des direkten Abnehmers. Dies wird für die Handelsstufe häufig zu einem größeren regionalen Markt führen, als dies aus der Sicht der (privaten) Endverbraucher der Fall wäre (Leitlinien Rn. 89 a.E.). 167

cc) Berechnung des Marktanteils. Die Einzelheiten ergeben sich insbesondere aus Art. 7 Buchst. a bis c und g. Maßgeblich sind die (eventuell geschätzten) **Vorjahreswerte** der insgesamt vom Lieferanten verkauften bzw. der vom Abnehmer gekauften Waren oder Dienstleistungen im Verhältnis zu den sonstigen Waren oder Dienstleistungen auf dem betroffenen Markt. Lässt sich der Wert der Produkte nicht ermitteln, sind auch Schätzungen der Absatz- und Bezugsmengen möglich. Durchschnittswerte über mehrere Jahre, wie sie in der Fusionskontrolle verwandt werden, sind hier nicht zulässig. 168

---

[285] Darauf weist die Kommission in Leitlinien Rn. 89 besonders hin. Vgl. dazu *Bechtold/Bosch/Brinker,* EU-Kartellrecht, Art. 3 VO 330/2010 Rn. 5; *Schultze/Pautke/Wagener,* Vertikal-GVO Rn. 508.

[286] Leitlinien Rn. 89. Zum Internet s. unten Rn. 252ff.

[287] So Leitlinien Rn. 91. *Petsche/Lager* in: Liebscher/Flohr/Petsche, Handbuch der EU-Gruppenfreistellungsverordnungen § 7 Rn. 81; *Bechtold* EWS 2001, 49, 51. *Schultze/Pautke/Wagener,* Vertikal-GVO Rn. 509 halten dieses Konzept nur bei Endverbrauchermärkten für „stimmig". Für Händler als Abnehmer seien Originalware und Ersatzteile i.d.R. ein einheitlicher Produktmarkt.

169 Die **Eigenproduktion** (Verwendung im Unternehmen oder in den verbundenen Unternehmen) bleibt bei der Berechnung des Marktanteils für das Zwischenprodukt grundsätzlich unberücksichtigt (Leitlinien Rn. 94). Beim Absatz von Waren über integrierte Händler im Fall des dualen Vertriebs (Art. 7 Buchst. c) sind diese Absatzwerte, obwohl es sich dabei um verbundene Unternehmen i. S. d. Art. 1 Abs. 2 handelt, ausnahmsweise bei der Marktanteilsberechnung mitzuzählen.

170 Beim Absatz von **unterschiedlichen Produkten über dasselbe Vertriebssystem** sind die Marktanteile jeweils gesondert für die einzelnen Produkte festzustellen.[288] In gleicher Weise ist auch die Freistellung gesondert für die einzelnen Produkte zu beurteilen.

171 Die **Verbundklausel** (Art. 1 Abs. 2) ist anzuwenden. Unabhängig von der Höhe der Anteilsquoten werden verbundene Unternehmen zu 100%, Gemeinschaftsunternehmen den kontrollierenden Unternehmen zu gleichen Teilen (Art. 7 Buchst. g) zugerechnet.

172 **dd) Marktanteilsschwelle.** Der maßgebliche Schwellenwert ist in Art. 3 auf 30% festgelegt.[289] Dies gilt einheitlich für alle Arten von Vereinbarungen. Bei **Kopplungsbindungen** ist der Wert sowohl für das gekoppelte Produkt als auch für das Kopplungsprodukt maßgeblich. Die Marktanteilsschwelle muss während der gesamten Vertragsdauer eingehalten sein. Steigt der Marktanteil einer Vertragspartei nach Vertragsschluss auf mehr als 30%, entfällt – vorbehaltlich der Toleranzschwellen in Art. 7 – die Gruppenfreistellung. Im Fall **kurzfristiger Überschreitungen** lässt Art. 7 Buchst. d und e Ausnahmen für ein bzw. zwei weitere Jahre zu. Der Schwellenwert in Art. 3 darf aber insgesamt um nicht länger als zwei Jahre überschritten werden (Art. 7 Buchst. f).

173 **b) Mehrparteienvereinbarungen (Art. 3 Abs. 2). aa) Sinn und Zweck.** In Ergänzung zum Regeltatbestand für Zwei-Parteien-Vereinbarungen in Art. 3 Abs. 1 enthält Art. 3 Abs. 2 eine Bestimmung für Vereinbarungen, an denen **drei (oder mehr) Parteien beteiligt** sind. Die frühere Ausnahmeregelung in Art. 3 Abs. 2, wonach bei Alleinbelieferungsverträgen auf den Marktanteil des Abnehmers (Käufers) abzustellen war, ist durch die doppelte Marktanteilsschwelle hinfällig geworden.

174 Eine vergleichbare Vorschrift hat es in der Vertikal-GVO noch nicht gegeben. Trotzdem stellt Art. 3 Abs. 2 keine wirkliche Neuerung dar, da er die in Rn. 93 der früheren Leitlinien vom 13.10.2000 enthaltene Aussage übernimmt. Die Vorschrift bewirkt daher lediglich eine **Bestätigung der Rechtslage** in Gesetzesform.[290] In der Praxis haben Mehrparteienvereinbarungen bislang keine nennenswerte Bedeutung erlangt. Das dürfte sich auch künftig kaum ändern.

175 **bb) Tatbestand.** Eine Mehrparteienvereinbarung i. S. d. Art. 3 Abs. 2 liegt nur vor, wenn die drei (oder mehr) Beteiligten jeweils auf einer **anderen Ebene der Produktions- oder Vertriebskette** tätig sind (Art. 1 Abs. 1 Buchst. a). Der häufigste Anwendungsfall dürfte ein einheitlicher Vertrag zwischen Hersteller, Großhändler und Einzelhändlern sein. Hiervon zu unterscheiden – und nicht in Art. 3 Abs. 2 erfasst – sind Vereinbarungen einer Vertragspartei mit einer Mehrzahl von Vertragspartnern auf derselben oder unterschiedlichen Ebenen, die rechtlich selbständig sind. So wie z. B. ein Hersteller mit seinen Händlern jeweils getrennte Einzelvereinbarungen treffen kann, können theoretisch auch mehrere Mehrstufenvereinbarungen nebeneinander bestehen.[291]

---

[288] Leitlinien Rn. 72f. Vorausgesetzt ist, dass die Produkte jeweils einem anderen sachlichen Markt angehören, also nicht zu einer Produktpalette (s. oben Rn. 162) gehören.

[289] Zur Begründung s. oben Rn. 147f. Vgl. auch *Ellger* in: Immenga/Mestmäcker, EU-WbR, VO 330/2010 Art. 3 Rn. 25; *Beutelmann,* Selektive Vertriebssysteme im europäischen Kartellrecht, S. 107.

[290] *Schultze/Pautke/Wagener,* Vertikal-GVO Rn. 515 betrachten die Vorschrift als eine „Selbstverständlichkeit".

[291] Dann müsste z. B. der Hersteller mit dem Großhändler und jedem Einzelhändler eine gesonderte Mehrstufenvereinbarung abschließen. Vgl. dazu *Ellger* in: Immenga/Mestmäcker, EU-WbR, VO 330/2010 Art. 3 Rn. 34.

176 Eine Mehrparteienvereinbarung erfordert keinen ausdrücklichen (oder gar schriftlichen) Vertrag. Schwieriger ist die Ermittlung dann, wenn es sich um eine stillschweigende Vereinbarung oder ein abgestimmtes Verhalten der Unternehmen auf verschiedenen Produktions- oder Vertriebsebenen handelt. Insoweit wird auf die Erläuterungen zum Begriff **„Vereinbarung"** in Art. 101 Abs. 1 AEUV verwiesen. Wegen der geringen Unterschiede in den Rechtsfolgen (Rn. 87) kann die Frage meist offenbleiben. Jedenfalls ist aus einem gleichförmigen Verhalten in der Vertriebskette nicht ohne weiteres auf eine Mehrparteienvereinbarung zu schließen. Vielmehr muss in diesem Fall eine gemeinsame einheitliche Willensbildung aller Beteiligten nachgewiesen werden.[292]

4. Rechtsfolgen

177 Für die Unternehmen unterhalb der Marktanteilsschwelle von 30% bietet Art. 3 **Rechtssicherheit** durch die Gruppenfreistellung. Diese umfasst alle Wettbewerbsbeschränkungen in der Vertikalvereinbarung, soweit nicht die Voraussetzungen von schwarzen Klauseln nach Art. 4 oder sonstigen Beschränkungen i. S. d. Art. 5 vorliegen.

178 Bei **Überschreiten der Marktanteilsschwelle** entfällt die Freistellung; notwendig ist eine Einzelfallabwägung nach Art. 101 Abs. 3 AEUV, sofern nicht ausnahmsweise eine andere gruppenweise Freistellung eingreift. Eine weitergehende Wirkung hat die Überschreitung der Marktanteilsschwelle nicht; sie ist also **„wertneutral"**. Die Einzelfallprüfung derartiger Vereinbarungen erfolgt nach den allgemeinen Kriterien, ohne dass aus dem Überschreiten negative Rückschlüsse auf die Bewertung der Vereinbarungen gezogen werden könnten.[293] Vor allem bei geringfügigen Überschreitungen wird es, wenn keine besonderen Umstände hinzukommen, vielfach nahe liegen, dass die Einzelfallabwägung zum gleichen Ergebnis kommt wie die Abwägung der Fallgruppen in der Vertikal-GVO.[294]

179 Bei einer **Mehrparteienvereinbarung** ist, obwohl es sich um einen einheitlichen Vertrag handelt, hinsichtlich der Rechtsfolge eine gedankliche Aufteilung vorzunehmen. Im Fall Hersteller – Großhändler – Einzelhändler sind die Marktanteile für die Beziehung Hersteller – Großhändler und Großhändler –Einzelhändler getrennt zu ermitteln. Für den Hersteller ist dabei der Absatzmarkt, für den Einzelhändler der Bezugsmarkt maßgeblich. Für den Großhändler ist sowohl auf den Absatzmarkt (in der Beziehung zum Einzelhändler) als auch auf den Bezugsmarkt (in der Beziehung zum Hersteller) abzustellen. Damit unterscheidet sich die Rechtsfolge nicht von der Situation, dass getrennte Vereinbarungen zwischen Hersteller/Großhändler und Großhändler/Einzelhändlern vorliegen würden.[295] Ein Unterschied besteht aber, falls in einer der beiden Beziehungen die Marktanteilsschwelle überschritten ist. In diesem Fall ist bei einer Mehrparteienvereinbarung die gesamte Vereinbarung nicht freigestellt.[296]

Art. 4 Beschränkungen, die zum Ausschluss des Rechtsvorteils der Gruppenfreistellung führen – Kernbeschränkungen

Die Freistellung nach Artikel 2 gilt nicht für vertikale Vereinbarungen, die unmittelbar oder mittelbar, für sich allein oder in Verbindung mit anderen Umständen unter der Kontrolle der Vertragsparteien Folgendes bezwecken:

---

[292] Im Ergebnis ähnlich, wenn auch mit unterschiedlichem Akzent, *Ellger* in: Immenga/Mestmäcker, EU-WbR, VO 330/2010 Art. 3 Rn. 35.

[293] Zur Frage einer möglichen negativen „Ausstrahlungswirkung" der Vertikal-GVO s. oben Rn. 29ff.

[294] Vgl. *Nordemann,* Erläuterungen zu Art. 101 Abs. 3 AEUV Rn. 18; *Bechtold* WuW 2003, 343.

[295] Für eine Umgehungsgefahr (vgl. *Schultze/Pautke/Wagener,* Vertikal-GVO Rn. 515; *Ellger* in: Immenga/Mestmäcker, EU-WbR, VO 330/2010 Art. 3 Rn. 34) besteht daher kein Anlass.

[296] So auch *Ellger* in: Immenga/Mestmäcker, EU-WbR, VO 330/2010 Art. 3 Rn. 36.

a) Die Beschränkung der Möglichkeit des Abnehmers, seinen Verkaufspreis selbst festzusetzen; dies gilt unbeschadet der Möglichkeit des Anbieters, Höchstverkaufspreise festzusetzen oder Preisempfehlungen auszusprechen, sofern sich diese nicht infolge der Ausübung von Druck oder der Gewährung von Anreizen durch eines der beteiligten Unternehmen tatsächlich wie Fest- oder Mindestverkaufspreise auswirken;

b) die Beschränkung des Gebiets oder der Kundengruppe, in das oder an die ein an der Vereinbarung beteiligter Abnehmer, vorbehaltlich einer etwaigen Beschränkung in Bezug auf den Ort seiner Niederlassung, Vertragswaren oder -dienstleistungen verkaufen darf, mit Ausnahme

i) der Beschränkung des aktiven Verkaufs in Gebiete oder an Kundengruppen, die der Anbieter sich selbst vorbehalten oder ausschließlich einem anderen Abnehmer zugewiesen hat, sofern dadurch der Verkauf durch die Kunden des Abnehmers nicht beschränkt wird,

ii) der Beschränkung des Verkaufs an Endverbraucher durch Abnehmer, die auf der Großhandelsstufe tätig sind,

iii) der Beschränkung des Verkaufs an nicht zugelassene Händler durch die Mitglieder eines selektiven Vertriebssystems innerhalb des vom Anbieter für den Betrieb dieses Systems festgelegten Gebiets,

iv) der Beschränkung der Möglichkeit des Abnehmers, Teile, die zur Weiterverwendung geliefert werden, an Kunden zu verkaufen, die diese Teile für die Herstellung derselben Art von Waren verwenden würden, wie sie der Anbieter herstellt;

c) die Beschränkung des aktiven oder passiven Verkaufs an Endverbraucher durch auf der Einzelhandelsstufe tätige Mitglieder eines selektiven Vertriebssystems; dies gilt unbeschadet der Möglichkeit, Mitgliedern des Systems zu untersagen, Geschäfte von nicht zugelassenen Niederlassungen aus zu betreiben;

d) die Beschränkung von Querlieferungen zwischen Händlern innerhalb eines selektiven Vertriebssystems, auch wenn diese auf verschiedenen Handelsstufen tätig sind;

e) die zwischen einem Anbieter von Teilen und einem Abnehmer, der diese Teile weiterverwendet, vereinbarte Beschränkung der Möglichkeit des Anbieters, die Teile als Ersatzteile an Endverbraucher oder an Reparaturbetriebe oder andere Dienstleister zu verkaufen, die der Abnehmer nicht mit der Reparatur oder Wartung seiner Waren betraut hat.

1. Sinn und Zweck

180 **a) Anwendungsbereich.** Art. 4 enthält eine **grundlegende Weichenstellung** für die Anwendung der Vertikal-GVO. Die Freistellung soll nur für wettbewerblich unbedenkliche Vereinbarungen gelten, wettbewerblich schädliche Vereinbarungen (sog. **„Kernbeschränkungen“**[297]) sollen dagegen nicht freigestellt sein.

181 Anknüpfungspunkt für die Abgrenzung der Kernbeschränkungen ist vor allem die **Schwere** der Wettbewerbsbeschränkung. Dies ist ein wesentlicher Unterschied zu den „schwarzen Klauseln“ in den früheren Spezialregelungen, die stärker an formaljuristischen Kriterien ausgerichtet waren. Kernbeschränkungen sind demnach Vereinbarungen, bei denen im Prinzip **keine Effizienzgewinne** erwartet werden können, die die Nachteile der Wettbewerbsbeschränkungen überwiegen (Erwägungsgrund 6 bis 10). Die Schädlichkeit der Wettbewerbsbeschränkungen ergibt sich dabei aus der Natur der Vereinbarung **unabhängig vom Marktanteil.**

[297] Die Ausdrucksweise ist nicht einheitlich. Weithin üblich ist die Bezeichnung „schwarze Klauseln“ (in Anlehnung an die früheren Gruppenfreistellungsverordnungen). Der Ausdruck „Kernbeschränkungen“, der auch in den Leitlinien verwandt wird (Rn. 47 ff.), entspricht (annäherungsweise) dem englischen Text „hardcore restraints“.

Die VO 330/2010 enthält in ihrem Text nur wenige kleinere Abweichungen gegenüber der VO 2790/1999.[298] Dagegen sind in neuen Leitlinien die Ausführungen zum **Internet** grundlegend überarbeitet. Von Bedeutung ist auch, dass jetzt der Spielraum für eine Einzelfreistellung von Kernbeschränkungen weniger restriktiv gefasst ist. Während nach den Leitlinien von 2000 (Rn. 46) eine Freistellung in diesen Fällen „unwahrscheinlich" (und im Ergebnis praktisch aussichtslos) war, gilt in den neuen Leitlinien (Rn. 47) hierfür nur noch eine Vermutung, die nach den allgemeinen Regeln widerleglich ist.[299] 182

Die Regelung der Kernbeschränkungen kommt im Ergebnis dem ***per se*-Verbot des US-Rechts** nahe.[300] Entgegen Art. 4 werden aber im amerikanischen Recht seit 1977 alle vertikalen Beschränkungen nach der *rule of reason* behandelt.[301] Dies gilt nach der neueren Rspr. des Supreme Court auch für vertikale Preisabsprachen, insbesondere die Preisbindung der 2. Hand *(resale price maintenance)*.[302] 183

b) Schutzzweck. Art. 4 dient allein dem Schutz des **Wettbewerbsprinzips.** Auswahl und Umfang der Kernbeschränkungen richten sich ausschließlich nach wettbewerblichen Gesichtspunkten. Im Gegensatz dazu war der frühere § 14 GWB (i. d. F. der 6. GWB-Novelle) auf den Schutz der Vertragsfreiheit ausgerichtet.[303] 184

Für die Ausgestaltung der Kernbeschränkungen in Art. 4 spielen zum Teil auch Gesichtspunkte der **Marktintegration** eine Rolle.[304] Dies ist unschädlich, da die Förderung der Marktintegration zugleich dem Wettbewerbsprinzip dient. Im Zweifelsfall sind jedenfalls die wettbewerblichen Gesichtspunkte maßgeblich. 185

c) Rechtsgrundlage. Die Kernbeschränkungen des Art. 4 sind **normtypisch** Wettbewerbsbeschränkungen i. S. d. Art. 101 Abs. 1 AEUV, wie schon die dort angeführten Beispielsfälle zeigen. Auch die Voraussetzungen des Art. 101 Abs. 3 AEUV sind normtypisch nicht erfüllt.[305] 186

Schwieriger zu beurteilen ist, ob alle **wesentlichen Fallgestaltungen** schädlicher Wettbewerbsbeschränkungen erfasst sind. In Einzelfällen wie z. B. hinsichtlich der Preisbindung des Verkäufers[306] kann dies zweifelhaft sein. Die in der bisherigen Praxis erkennbar gewordenen Lücken sind (bisher) nicht so gravierend, dass dadurch die Regelung in Art. 4 in Frage gestellt wäre. Die Kommission ist jedoch für eine geschlossene und konsistente Regelung verantwortlich, die den Vorgaben des Art. 101 Abs. 3 AEUV entspricht, und hat, falls sich bei der Anwendung tatsächlich gravierende Lücken zeigen sollten, für eine Anpassung der Verordnung Sorge zu tragen. 187

2. Praktische Bedeutung

Art. 4 ist in der Praxis die bei weitem **wichtigste Regelung der Vertikal-GVO.** Anders als im Fall des Art. 3 und auch des Art. 5 hat ein Verstoß gegen Art. 4 schwerwiegen- 188

---

[298] Hierauf wird bei den Erläuterungen jeweils hingewiesen.

[299] Die Kommission führt in den Leitlinien eine Reihe von Fällen an, in denen die Vermutung nicht zur Anwendung kommt (z. B. Rn. 63 f. und Rn. 223 ff.).

[300] Vgl. die Darstellung bei *Ingo Schmidt/Haucap,* Wettbewerbspolitik und Kartellrecht, 10. Aufl. 2013, S. 277 ff.; *Scheerer,* Rechtsfragen der Gruppenfreistellungsverordnung für vertikale Wettbewerbsbeschränkungen, S. 25 ff.; *Glasow,* Vertikale Preisbindung, Wettbewerbstheorie und Wettbewerbsrecht in den USA, Deutschland und Europa, 2000.

[301] US Supreme Court in *Cont'l T. V. Inc. v. GTE Sylvania Inc.,* 433 U. S. 36 (1977).

[302] US Supreme Court, 28.6.2007 *Leegin v. PSKS,* WuW 2008, 381.

[303] Vgl. BGH Urteil vom 2.2.1999, WRP 1999, 534, 536. Zu den Unterschieden zwischen dem früheren § 14 GWB und Art. 4 Buchst. a der Vertikal-GVO s. Rn. 200 und 217 ff.

[304] Leitlinien Rn. 7. Weitergehend *Veelken* in: Immenga/Mestmäcker, EU-WbR, 4. Aufl. 2007, Vertikal-VO Rn. 167 und Rn. 169 Fn. 590, wonach Marktintegration eine „Schwerpunktsetzung" darstellt.

[305] Daraus folgt die Vermutung, dass die Voraussetzungen für eine Einzelfreistellung „wahrscheinlich nicht erfüllt" sind (Leitlinien Rn. 47).

[306] Zu den Meistbegünstigungsklauseln vgl. Rn. 204 f.

de Konsequenzen für die gesamte Vereinbarung. Hinzu kommt, dass bei Vorliegen einer Kernbeschränkung die **Bagatellbekanntmachung der Kommission nicht anzuwenden** ist[307] und die Voraussetzungen für eine **Einzelfreistellung „wahrscheinlich nicht erfüllt"** sind (Leitlinien Rn. 47). Die Rechtswirksamkeit einer Vertikalvereinbarung insgesamt hängt also in der Regel entscheidend davon ab, ob eine Kernbeschränkung in der Vereinbarung enthalten ist oder nicht. Nicht zuletzt drohen bei schwerwiegenden Verstößen **Geldbußen** in Millionenhöhe.

189 In der praktischen Handhabung ist es daher bei der Abfassung und Überprüfung von Vertikalvereinbarungen vorrangig, sorgfältig auf etwaige Kernbeschränkungen zu achten. Zweckmäßigerweise wird diese **Prüfung vielfach am Anfang** stehen. Erst wenn eine Kernbeschränkung ausgeschlossen ist, empfiehlt es sich, die anderen Bestimmungen der Vertikal-GVO heranzuziehen.[308]

3. Tatbestand

190 **a) Allgemeines.** Alle insgesamt 5 Kernbeschränkungen des Art. 4 haben einige gemeinsame Voraussetzungen:

191 Damit die Vertikal-GVO überhaupt anwendbar ist, muss die Wettbewerbsbeschränkung aus einer **Vereinbarung oder abgestimmten Verhalten** resultieren (vgl. o. Rn. 86ff.) Eine Kernbeschränkung im Sinne des Art. 4 kommt nicht in Betracht bei einseitigen Maßnahmen einer Vertragspartei, auf die Art. 101 Abs. 1 AEUV nicht anwendbar ist. Insoweit wird auf die Erläuterungen zu Art. 101 Abs. 1 AEUV Bezug genommen.[309]

192 Die Wettbewerbsbeschränkung muss nach Art. 4 **„bezweckt"** sein. Ein bloßes Bewirken reicht, anders als bei der Anwendung des Art. 101 Abs. 1 AEUV, hier nicht.[310] Dabei ist, wie üblich, nicht die subjektive Absicht der Vertragsparteien, sondern der objektiv erkennbare Inhalt der Vereinbarung maßgeblich.[311] Dass eine Wettbewerbsbeschränkung bezweckt ist, kann sich unmittelbar aus dem Inhalt der Vereinbarung ergeben, kann aber auch **mittelbar aus den Umständen** zu entnehmen sein. Bei den Kernbeschränkungen gemäß Art. 4 besteht hierfür eine Vermutung (s. u. Rn. 195), zumal der EuGH in der neueren Rspr. das Merkmal „bezweckt" ausgeweitet hat.[312]

193 Abweichend von Art. 101 Abs. 1 AEUV dürfen im Rahmen des Art. 4 nur Umstände **„unter der Kontrolle der Vertragsparteien"** berücksichtigt werden. Die schwerwiegende Folge eines Verstoßes gegen Art. 4 soll nur dann eintreten, wenn den Vertragsparteien der Verstoß verantwortbar zugerechnet werden kann.[313] Eine „Kontrolle" i. S. d. Art. 4 liegt dann vor, wenn die Vertragsparteien entweder bei Vertragsschluss die betreffenden Umstände kannten und sie diese in Kauf genommen haben oder wenn sie nachträglich eingetretene Umstände nicht verhindert haben, obwohl ihnen dies möglich gewesen wäre. In der Praxis hat dieses Merkmal keine Bedeutung erlangt.

---

[307] Bekanntmachung vom 25.6.2014, ABl. EU 2014 Nr. C 291/1, Ziffer 13.

[308] Die Kommission empfiehlt ein anderes Prüfungsschema. Vgl. dazu oben Rn. 155.

[309] Dieser Unterschied hat vor allem in Bußgeldverfahren gegen Kfz- und Pharmaunternehmen eine große Rolle gespielt. Vgl. dazu auch oben Rn. 87.

[310] Ganz überw. Meinung. Vgl. z. B. *Ellger* in: Immenga/Mestmäcker, EU-WbR, VO 330/2010 Art. 4 Rn. 8ff.; a. A. *Polley/Seeliger* WRP 2000, 1203, 1211. Auch wenn der praktische Unterschied in vielen Fällen nicht groß sein mag (*Seeliger* in: Wiedemann, Handbuch des Kartellrechts, § 1 Rn. 144; *Schultze/Pautke/Wagener,* Vertikal-GVO Rn. 518 letzter Satz), bleibt die Unterscheidung nach dem Wortlaut maßgeblich.

[311] So die ständige EuGH-Rspr.; vgl. z. B. Urteil vom 6.10.2009 Rs. C-501/06 u. a. *GlaxoSmithKline* Rn. 58ff.

[312] Insbesondere Urteil vom 14.3.2013 Rs. C-32/11 ECLI:EU:C:2013:160 *Allianz Hungaria* Rn. 36ff.

[313] In diesem Sinne auch *Bauer/de Bronett,* Vertikal-GVO Rn. 92; vgl. *Beutelmann,* Selektive Vertriebssysteme im europäischen Kartellrecht, S. 147f.

Nicht erforderlich ist, dass die bezweckte Wettbewerbsbeschränkung tatsächlich eingetreten ist. Auf den „Erfolg" der Wettbewerbsbeschränkung kommt es nicht an.[314] 194

Wenn eine Vereinbarung den Tatbestand des Art. 4 erfüllt, folgt allein daraus in der Regel die **Spürbarkeit** der Wettbewerbsbeschränkung. Nach der EuGH-Rspr. ist eine Vereinbarung, die einen wettbewerbswidrigen Zweck hat, „ihrer Natur nach unabhängig von ihren konkreten Auswirkungen" eine spürbare Wettbewerbsbeschränkung.[315] Andererseits hält der EuGH daran fest, dass eine Alleinvertriebsvereinbarung mit absolutem Gebietsschutz (Kernbeschränkung nach Art. 4 Buchst. b) wegen der schwachen Stellung der Unternehmen auf dem relevanten Markt den Wettbewerb nur geringfügig d. h. nicht spürbar beeinträchtigen kann.[316] Es besteht zwar eine Vermutung, dass eine Kernbeschränkung eine bezweckte Wettbewerbsbeschränkung ist.[317] Zwingend ist dies aber nicht. In Zweifelsfällen kann es deshalb erforderlich sein festzustellen, ob eine Kernbeschränkung ausnahmsweise nur geringfügige Auswirkungen auf den Wettbewerb hat. Davon zu unterscheiden sind Vereinbarungen, die wegen „legitimer Bedürfnisse"[318] (z. B. aus Sicherheits- oder Gesundheitsgründen oder in Fällen der Markterschließung) gar keine Wettbewerbsbeschränkung sind.[319] Unberührt bleibt auch bei Kernbeschränkungen in jedem Fall die Möglichkeit einer **Einzelfreistellung** nach Art. 101 Abs. 3 AEUV.[320] 195

b) Preisbindungen (Art. 4 Buchst. a). aa) Inhalt der Kernbeschränkung: (1) Anwendungsbereich. Preisbindungen sind eine besonders gravierende Beschränkung des Wettbewerbs, die in Art. 101 Abs. 1 AEUV an erster Stelle als Beispielsfall eines Wettbewerbsverstoßes aufgeführt ist. Auch im US-Recht wurde die vertikale Preisbindung lange Zeit als schwerwiegender Eingriff in den Wettbewerb („*per se*"-Verstoß) bewertet.[321] Die Freiheit der Marktteilnehmer, im Markt die Preise nach eigenem Ermessen auszuhandeln und zu vereinbaren, soll nicht durch Absprache mit Dritten im Vorhinein beschränkt werden. 196

Aus **ökonomischer Sicht** werden Preisbindungen heute als ambivalent betrachtet. Negativ fällt vor allem ins Gewicht, dass ein Preiswettbewerb zwischen den Händlern eines Herstellers (intra brand-Wettbewerb) entfällt. Auch kann es zu einer Kollusion auf der Händler-Ebene kommen. Ein positiver Effekt ist, dass eine Preisbindung das Trittbrettfahrerproblem bei Service-Dienstleistungen durch stationäre Händler lösen kann. Die gesicherte Marge kann Händler außerdem zu verstärkten Verkaufsförderungsaktivitäten veranlassen.[322] Die Kommission hat sich bei der Verabschiedung der neuen Vertikal-GVO 330/2010 entschieden, an dem **Prinzip der Kernbeschränkung** in Art. 4 Buchst. a festzuhalten. Der ökonomischen Bewertung ist sie jedoch dadurch entgegen- 197

---

[314] Dies entspricht den Grundsätzen zur Anwendung des Art. 101 Abs. 1 AEUV. Vgl. z. B. EuGH Urteil vom 14.3.2013 Rs. C-32/11 ECLI:EU:C:2013:160 *Allianz Hungaria* Rn. 38.

[315] Urteil vom 13.12.2012 Rs. C-226/11 ECLI:EU:C:2012:795 *Expedia* Rn. 37. Bei allen Kernbeschränkungen ist deshalb der safe harbour durch die Marktanteilsschwellen in der de minimis-Bekanntmachung der Kommission nicht anzuwenden (s. o. Rn. 90).

[316] Urteil vom 13.12.2012 Rs. C-226/11 ECLI:EU:C:2012:795 *Expedia* Rn. 22.

[317] Vgl. z. B. EuGH Urteil vom 6.10.2009 Rs. C-501/06 u. a. ECLI:EU:C:2009:610 *GlaxoSmithKline* Rn. 58 ff.

[318] EuGH Urteil vom 13.10.2011 Rs. C-439/09 ECLI:EU:C:2011:649 *Pierre Fabre* Rn. 40.

[319] Vgl. oben Rn. 89 und die Beispiele in den Leitlinien Rn. 60 ff. Unerheblich ist es, wenn man das Ergebnis stattdessen aus dem Immanenzgedanken ableitet.

[320] Vgl. EuGH Urteil vom 13.10.2011 Rs. C-439/09 ECLI:EU:C:2011:649 *Pierre Fabre* Rn. 48 f.; Leitlinien Rn. 47. Beispiele benennt die Kommission in den Leitlinien Rn. 63 f. und 223 ff.

[321] Zur neueren *rule of reason*-Praxis der US-Gerichte s. oben Rn. 183. Im Gegensatz dazu enthielt der frühere § 14 GWB ein uneingeschränktes Verbot, das keine Ausnahmen vorsah.

[322] Vgl. dazu statt aller Monopolkommission, 19. Hauptgutachten 2010/2011, Rn. 500 f. sowie OECD Policy Roundtable 2013. Eine ausführliche Auflistung der möglichen negativen Auswirkungen gibt die Kommission in den Leitlinien Rn. 224. Zur ökonomischen Bewertung von Mindestpreisen vgl. *Kasten,* WuW 2007, 994.

gekommen, dass sie in den Leitlinien den Spielraum für **Freistellungen erweitert** hat.[323]

198 Die **Fallpraxis** der Kommission ist recht gering: nur fünf Verfahren sind bekannt geworden, in denen sie sich seit 1999 neben anderem mit einer Preisbindung befasst hat.[324] Das Bundeskartellamt hat dagegen eine große Zahl von Verfahren wegen verbotener Preisbindung und verbindlicher Preisempfehlung geführt, die überwiegend mit einem Bußgeldbescheid beendet wurden.[325]

199 Eine **Kernbeschränkung** nach Art. 4 Buchst. a liegt immer dann vor, wenn der Abnehmer (dazu nachfolgend bb) durch Absprache mit dem Anbieter (dazu cc) hinsichtlich des Verkaufspreises (dazu dd) einer Bindung unterliegt (dazu ee) und deshalb beim Verkauf seiner Ware oder Dienstleistung den Preis mit seinem Kunden nicht mehr frei vereinbaren kann. Von dieser Regel sind im 2. Halbsatz **Gegenausnahmen** für Höchstpreisvereinbarungen und Preisempfehlungen vorgesehen (dazu s. unten Rn. 217 ff.).

200 Generell deckt sich der Anwendungsbereich des Art. 4 Buchst. a mit dem des Art. 2 Abs. 1. Die Preisbindung muss sich auf Waren oder Dienstleistungen beziehen, die **Gegenstand der Vereinbarung** i. S. d. Art. 2 Abs. 1 sind. Dabei kommt es nicht darauf an, wer die Waren oder Dienstleistungen geliefert hat und an wen sie weiterveräußert werden.[326] Im Gegensatz zum früheren § 14 GWB erfasst Art. 4 Buchst. a nur Preisbindungen und **nicht sonstige Konditionenbindungen,** die keinen Bezug zu den Preisen haben. Die Vorschrift ist gemäß dem Wortlaut **eng auszulegen.** Wegen der gravierenden Sanktion, die an eine Kernbeschränkung nach Art. 4 anknüpft, verbietet sich nach dem Grundsatz „in dubio pro reo" eine analoge ausweitende Auslegung.[327]

201 Ein Sonderfall ist die **Buchpreisbindung**. Sie stellt nach inzwischen gefestigter Meinung eine Kernbeschränkung i. S. d. Art. 4 Buchst. a dar. Die Kommission verneint aber eine grenzüberschreitende Wirkung bei einem System, das auf einen Mitgliedstaat beschränkt ist.[328] In diesem Fall handelt es sich somit nicht um eine Wettbewerbsbeschränkung nach dem europäischen Wettbewerbsrecht.

202 **(2) „Abnehmer".** Abnehmer ist jeder, der Waren oder Dienstleistungen vom Anbieter (z. B. Hersteller) erwirbt. Dies muss nicht ein Kauf im zivilrechtlichen Sinn sein. Unerheblich ist, auf welcher Stufe der Vertriebskette der Abnehmer tätig ist; Großhändler und Importeure sind ebenfalls erfasst.

203 Auch der **unechte Handelsvertreter** ist als Abnehmer anzusehen (vgl. Art. 1 Abs. 1 Buchst. h). Eine Kernbeschränkung liegt vor, wenn der (unechte) Handelsvertreter in der Verwendung seiner Provision eingeschränkt wird, indem z. B. die Weitergabe der Provision an den Kunden oder ihre Aufteilung untersagt wird. Der Handelsvertreter darf in der Ver-

---

[323] Leitlinien Rn. 225. S. oben Rn. 182 und im Einzelnen unten Rn. 227 ff. sowie Rn. 341.

[324] Kommission 21.12.2000 *JCB,* OJ 2002 L-069 S. 1, insoweit aufgehoben durch EuG Urteil vom 13.1.2004 T-67/01 ECLI:EU:C:2004:3 *JCB Services,* Rn. 121 ff.; Verfahren *Editions Nathan*: PM vom 5.7.2000, IP/00/713; Verfahren *B&W Lautsprecher*: PM 24.6.2002, IP/02/916; Kommission 30.5.2001 *Volkswagen (Passat),* OJ 2001 L-262 S. 14; Verfahren *Yamaha*: PM 16.7.2003, ip/03/1028.

[325] Vgl. die Übersicht in den Tätigkeitsberichten: 2011/2012 BT-Drucks. 17/13675 S. 36; 2009/2010 BT-Drucks. 17/6640 S. 43; 2007/2008 BT-Drucks. 16/13500 S. 38; 2005/2006 BT-Drucks. 16/5710 S. 39; 2003/2004 BT-Drucks. 15/5790 S. 41; 2001/2002 BT-Drucks. 15/1226 S. 52.

[326] Vgl. dazu Rn. 97. Ebenso *Klotz* in: Schröter/Jakob/Klotz/Mederer Rn. 770 zur Lieferung von Waren durch Dritte. Zum Verkauf der Ware oder Dienstleistung durch Dritte s. unten Rn. 211.

[327] Vgl. oben Rn. 19 ff.

[328] Vorläufige Mitteilung vom 10.6.2000, Amtsbl. C 162/25 sowie abschließende Stellungnahme der Kommission vom 22.3.2002 (IP/02/461). Durch das Buchpreisbindungsgesetz vom 2.9.2002 ist in Deutschland, ähnlich wie in mehreren anderen Mitgliedstaaten, eine Buchpreisbindung gesetzlich angeordnet, wodurch auch die Anwendung des nationalen Wettbewerbsrechts (§ 1 GWB) ausgeschlossen ist. Ähnlich ist die Situation bei Zeitungen und Zeitschriften, für die § 30 GWB ausdrücklich eine Preisbindung beim Weiterverkauf gestattet.

wendung seiner Provision nicht eingeschränkt werden, solange die Einnahmen des Auftraggebers nicht beeinträchtigt werden.[329]

204 Nicht erfasst ist die Bindung des **Verkäufers**. Den häufigsten Fall in dieser Hinsicht bilden **Meistbegünstigungsklauseln.**[330] Sie enthalten entweder die Verpflichtung gegenüber dem Käufer, diesem keine ungünstigeren Bedingungen zu gewähren als sonstigen Abnehmern (echte Meistbegünstigungsklausel[331]), oder die Verpflichtung im Interesse dritter Abnehmer, dass diese nicht schlechter gestellt werden dürfen als der Käufer (unechte Meistbegünstigungsklausel[332]). In beiden Fällen haben Meistbegünstigungsklauseln einen positiven Effekt, insoweit sie durch niedrigere Endpreise dem Verbraucher zugutekommen. Andererseits bieten Meistbegünstigungsklauseln den marktstarken Handelsunternehmen vielfach ein zusätzliches Druckmittel, günstigere Konditionen gegenüber den (ohnehin häufig schwächeren) industriellen Herstellern durchzusetzen.[333]

205 Meistbegünstigungsklauseln zu Lasten des Anbieters führen tendenziell zu einer Vereinheitlichung der Abgabepreise an die Abnehmer und beschränken dadurch den intra brand-Wettbewerb zwischen den Händlern.[334] Sie sind entsprechend den allgemeinen Regeln nach Art. 2 und 3 bis zu einem Marktanteil von 30% beider Vertragsparteien freigestellt.[335] Nach inzwischen ganz überwiegender Meinung verstoßen diese Vereinbarungen nicht gegen Art. 4 Buchst. a.[336] Meistbegünstigungsklauseln **zu Lasten des Abnehmers** sind dagegen Kernbeschränkungen und nicht freigestellt, sofern damit (Mindest-)Preise für den Käufer beim Weiterverkauf festgelegt sind.[337]

206 **(3) „Vereinbarung"** mit dem Verkäufer. Die Preisbindung muss Gegenstand einer Vereinbarung mit dem Anbieter sein. Art. 4 Buchst. a ist nur anwendbar, wenn eine Vereinbarung oder ein abgestimmtes Verhalten nicht nur hinsichtlich der Vertikalbeziehung insgesamt vorliegt; auch die Maßnahmen, aus denen sich die Bindung des Abnehmers ergibt, müssen im europäischen Wettbewerbsrecht auf einer Willensübereinstimmung beider Vertragsparteien beruhen.[338]

---

[329] Vgl. Leitlinien Rn. 49; *Bauer/de Bronett,* Vertikal-GVO, Rn. 51; *Köhler,* Der Markenartikel und sein Preis, Sonderheft NJW 100 Jahre Markenverband – Marken im Wettbewerb, 2003, S. 28, 30. Vgl. auch Erläuterungen zu Art. 1 Rn. 61.

[330] Vgl. dazu *Schultze/Pautke/Wagener,* Vertikal-GVO Rn. 573ff. Zu den sog. „Baisseklauseln" vgl. auch *Ellger* in: Immenga/Mestmäcker, EU-WbR, VO 330/2010 Art. 4 Rn. 13.

[331] *Kurth* WuW 2003, 28. Sie werden auch rechtliche Meistbegünstigungsklauseln (*Walter,* Frankfurter Kommentar zum GWB, § 14 Rn. 82) genannt.

[332] *Kurth* WuW 2003, 28, 29. Sie werden auch wirtschaftliche Meistbegünstigungsklauseln genannt (vgl. *Meyer* WRP 2004, 1456, 1457).

[333] Dies war der Hauptgrund für die Einführung der doppelten Marktanteilsschwelle in Art. 3 Abs. 1 der neuen GVO 330/2010. Das Bundeskartellamt sieht negative Effekte vor allem in einer möglichen Koordinierungswirkung auf der Händlerebene (vgl. „Handreichung" vom 13.4.2010, WuW 2010, 786 Abschnitt III 4 Buchst. bb). Vgl. dazu auch *Beutelmann,* Selektive Vertriebssysteme im europäischen Kartellrecht, S. 97.

[334] Ausgenommen sind Fälle, in denen ohnehin kein *intra brand*-Wettbewerb stattfindet, wie z.B. bei einem Exklusivvertrieb (Kommission 16.10.2003 ABl. EG 2004 L 75/95 *ARGEV,* Rn. 210). Vgl. auch *Meyer* WRP 2004, 1456, 1463.

[335] Vgl. *Semler/Bauer* DB 2000, 193, 197; ebenso *Ellger* in: Immenga/Mestmäcker, EU-WbR, VO 330/2010 Art. 4 Rn. 13 und *Seeliger* in: Wiedemann, Handbuch des Kartellrechts, § 11 Rn. 161f. Kritik an der Regelung in der früheren VO 2790/1999 üben *Polley/Seeliger* WRP 2000, 1203, 121212 und *Bechtold* EWS 2001, 49, 52. Ihre Bedenken dürften durch die doppelte Marktanteilsschwelle in Art. 3 Abs. 1 entkräftet sein, da nunmehr marktbeherrschende oder sehr marktstarke Händler nicht mehr unter die Gruppenfreistellung fallen.

[336] Vgl. statt aller *Schultze/Pautke/Wagener,* Vertikal-GVO Rn. 584ff. und *Nolte* in: Langen/Bunte, Nach Art. 101 AEUV Rn. 417.

[337] Dazu unten Rn. 213ff. Vgl. auch *Meyer* WRP 2004, 1456, 1459ff.

[338] Dies entspricht der Rspr. der europäischen Gerichte; vgl. Urteil des EuGH vom 6.1. 2004, ECLI:EU:C:2004:2, WuW EU-R 769 *Adalat* und Urteil des EuG vom 3.12.2003, ECLI:EU: C:2003:326, WuW EU-R 761 *Volkswagen II.* Im Ergebnis wie hier *Bauer/de Bronett,* Vertikal-GVO

207 Vielfach zeigt sich in der Praxis, dass für bestimmte Produkte **einheitliche Endkundenpreise** im Markt üblich sind. Daraus folgt nicht automatisch, dass eine Preisbindung durch den Hersteller erfolgt ist. Selbst ohne eine ausdrückliche oder stillschweigende Preisbindungsvereinbarung kann aber zumindest ein **abgestimmtes Verhalten** vorliegen. Dies kann z.B. zutreffen, wenn der Hersteller erkennen lässt, dass er beim Verkauf an Endkunden ein bestimmtes Preisniveau wünscht oder hierfür einen Preis empfiehlt und die Händler überwiegend diesen Preis einhalten. Wird ein solches abgestimmtes Verhalten nachgewiesen, ist dies ein Verstoß gegen Art. 4 Buchst. a Vertikal-GVO.

208 **Einseitige Handlungen des Verkäufers,** die der Abnehmer nicht akzeptiert oder hingenommen hat und die ihm deshalb nicht zugerechnet werden können, stellen gleichfalls keine Kernbeschränkung dar.[339] Daher reicht es nicht, dass der Anbieter gegen den Willen des Abnehmers bestimmte Endverkaufspreise oder ein bestimmtes Preisniveau durchsetzt. Die europäischen Gerichte haben dies wiederholt bekräftigt, diesen Grundsatz zugleich aber erheblich eingeschränkt. Auch **scheinbar einseitige** Handlungen des Anbieters können eine Vereinbarung sein. Dabei sind zwei Fälle denkbar: entweder der Abnehmer hat vorab für den Fall einer Preisabweichung in bestimmte einseitige Sanktionen des Anbieters vertraglich eingewilligt; oder er hat den einseitigen Maßnahmen nachträglich (ausdrücklich oder stillschweigend) zugestimmt, z.B. indem er dem Druck oder den Anreizen des Anbieters widerspruchslos gefolgt ist.[340]

209 Die Kommission hat in den **Leitlinien** Rn. 48 eine Reihe von Beispielsfällen von Beschränkungen der Preisfreiheit des Käufers aufgeführt.[341] Richtigerweise ist diese Aufzählung so zu verstehen, dass in diesen Fällen eine Beschränkung vorliegen *kann.* Darüber hinaus ist stets zu prüfen, ob eine Vereinbarung zustande gekommen ist oder ein abgestimmtes Verhalten vorliegt. Daran kann es zum Beispiel bei einseitigen Rabattkürzungen und anderen Formen wirtschaftlichen Drucks fehlen.[342] Für Preisbindungen bei Franchise-Verträgen gilt dies entsprechend.[343]

210 **(4) „Verkaufspreis": (4.1)** Der Begriff **„Verkauf"** ist nicht im engen zivilrechtlichen Sinn zu verstehen. Er bezieht sich auf die Lieferung von Waren oder Dienstleistungen. Nicht erfasst sind Vereinbarungen, die sich zwar auf die Vertragswaren oder -dienstleistungen beziehen, die aber nicht die Weiterveräußerung betreffen. Deshalb unterfallen Beschränkungen z.B. hinsichtlich des **Bezugs oder der Verarbeitung** der Waren oder Dienstleistungen durch den Abnehmer nicht Art. 4 Buchst. a.[344]

211 Streitig ist, ob Art. 4 Buchst. a allein den **Weiterverkauf** der vom Abnehmer bezogenen Produkte erfasst oder auch Verkäufe anderer Waren oder Dienstleistungen. Für den weiteren Anwendungsbereich spricht, dass die in den Entwurfsfassungen der VO 2790/1999 vorgesehene Beschränkung auf „Weiterverkaufspreise" im endgültigen Text nicht mehr enthalten war. Andererseits scheint die Kommission in den Leitlinien nun der engeren Auffassung zu

---

Rn. 97; so jetzt auch *Ellger* in: Immenga/Mestmäcker, EU-WbR, VO 330/2010 Art. 4 Rn. 187; a.A. *Schultze/Pautke/Wagener,* Vertikal-GVO Rn. 401.

[339] Im deutschen Recht sind nach § 21 Abs. 2 GWB auch einseitige Handlungen, die ein anderes Unternehmen durch Druck oder Anreize zu einem kartellrechtswidrigen Verhalten veranlassen, verboten. Nach der Praxis des Bundeskartellamts hat ein solcher Verstoß das gleiche Gewicht wie eine Kernbeschränkung nach Art. 4 Buchst. a (vgl. Beschluss vom 25.9.2009 WuW2009, 1161 *Ciba Vision Kontaktlinsen* Rn. 56).

[340] Vgl. die in der Fußnote 338 angeführten Urteile *Adalat* und *Volkswagen II.*

[341] Weitere Beispiele bei *Bechtold/Bosch/Brinker,* EU-Kartellrecht, Art. 4 VO 330/2010 Rn. 5.

[342] Kritisch zu den Beispielsfällen der Kommission *Bauer/de Bronett,* Vertikal-GVO Rn. 97, da hier auch einseitige Maßnahmen erfasst seien. *Schultze/Pautke/Wagener* hatten in der Voraufl. (Rn. 458) die Auffassung der Kommission als „fragwürdig" bezeichnet. In der 3. Aufl. weisen sie lediglich auf das Erfordernis einer Vereinbarung oder eines abgestimmten Verhaltens hin (Rn. 529, 531).

[343] Beispiele dafür bei *Kiethe* WRP 2004, 1004, 1005.

[344] Wohl allgemeine Meinung. Vgl. statt aller *Schultze/Pautke/Wagener,* Vertikal-GVO Rn. 523.

folgen.[345] Im Ergebnis wird man unterscheiden müssen. Art. 2 und damit Art. 4 Buchst. a sind anwendbar, wenn die Ware oder Dienstleistung, die im „Zweitverhältnis" preislich gebunden ist, auch im „Erstverhältnis" Gegenstand der Vertikalbeziehung ist. Im Fall, dass sich Erst- und Zweitverhältnis auf die gleiche Ware oder Dienstleistung beziehen, unabhängig davon wer die Leistung jeweils erbracht hat, besteht ein so enger Zusammenhang, dass das Verbot einer Preisbindung für das Zweitverhältnis sachlich gerechtfertigt ist.[346]

Nach diesen Grundsätzen sind auch die umstrittenen **Bestpreisklauseln im Internet** 212 (auch Preisparitätsklauseln bezeichnet) zu beurteilen. Das Bundeskartellamt konnte im Fall HRS[347] offenlassen, ob die Vereinbarung des Hotelvermittlers HRS mit einer Vielzahl von Hotels, dass diese weder anderen Hotelvermittlern noch den Kunden günstigere Preise anbieten dürfen, als sie HRS gewährt wurden, eine Kernbeschränkung gem. Art. 4 Buchst. a ist; eine Freistellung nach der Vertikal-GVO kam schon wegen Überschreitens der Marktanteilsschwelle in Art. 3 nicht in Betracht. Zweifellos handelt es sich um eine schwerwiegende Wettbewerbsbeschränkung, die den Wettbewerbsdruck z. B. durch neue Anbieter vermindert (marktverschließende Wirkung) und bei Verwendung durch mehrere Anbieter zu einer Preisfixierung der Abnehmer führen kann. Bestpreisklauseln sind „schon ihrer Natur nach geeignet", diese Wirkungen herbeizuführen. Somit sind die Kriterien für eine „bezweckte" Wettbewerbsbeschränkung wohl eindeutig erfüllt.[348] Das gilt unabhängig davon, ob es sich um eine echte Meistbegünstigungsklausel (Besserstellungsverbot) oder eine unechte Meistbegünstigungsklausel (Gleichstellungsgebot) handelt (dazu oben Rn. 204). Denn die Preissetzungsfreiheit des Abnehmers wird in beiden Fällen gleichermaßen gravierend eingeschränkt. Trotzdem stellt die Bestpreisklausel von HRS **keine Kernbeschränkung** i. S. d. Art. 4 Buchst. a dar. Die Leistung im Erstverhältnis (Agenturvertrag zwischen HRS und Hotel) hat einen ganz anderen Gegenstand und ist ganz anderer Natur als die Leistung im Zweitverhältnis (Vermietung eines Hotelzimmers mit weiteren Leistungen). Bei dieser Konstellation ist die Bindung des Abnehmers nach den gleichen Grundsätzen zu beurteilen, wie sie für Preisabsprachen zwischen Nicht-Wettbewerbern im Allgemeinen gelten.[349] Um die Freistellung

---

[345] Vgl. Rn. 48 Satz 1 („Mindestweiterverkaufspreisen") und Satz 2 (Weiterverkaufspreis").

[346] Dies trifft z. B. zu, wenn die gebundene Ware oder Dienstleistung nicht vom Anbieter, sondern einem Dritten bezogen wird, wie es beim Kettenfranchising der Fall ist. Ebenso gilt dies bei einer Situation, dass der Kunde auf Veranlassung des Abnehmers die Ware unmittelbar vom Anbieter bezieht. In diesen Beispielsfällen, die in der Literatur üblicherweise hierzu erörtert werden, sind somit die Voraussetzungen einer verbotenen Preisbindung erfüllt (vgl. *Schultze*/Pautke/*Wagener,* Vertikal-GVO Rn. 521; *Klotz* in: Schröter/Jakob/Klotz/Mederer Rn. 770; *Nolte* in: Langen/Bunte, Nach Art. 101 AEUV Rn. 418; so auch trotz abweichender Grundposition *Ellger* in: Immenga/Mestmäcker, EU-WbR, VO 330/2010 Art. 4 Rn. 14 für den Fall, dass der Abnehmer das Produkt mit Waren herstellt, die der Anbieter geliefert hat).

[347] Entscheidung vom 20.12.2013 – B 9–66/10; bestätigt durch Urteil des OLG Düsseldorf vom 9.1.2015, WuW DE-R 4572). HRS hat keine Beschwerde eingelegt, das Urteil ist deshalb rechtskräftig. Amazon hat auf seine Preisparität für Händler auf dem Amazon Marketpalace endgültig verzichtet; daraufhin hat das BKartA das Verfahren eingestellt (PM vom 26.11.2013). Gleiches gilt für die Bestpreisklauseln von Verivox (PM des BKartA vom 3.6.2015). Verfahren des BKartA gegen Booking und Expedia, die ähnliche Klauseln wie HRS verwendet haben, sind noch anhängig. In Frankreich, Italien und Schweden hat Booking dagegen mit den Wettbewerbsbehörden eine Einigung erzielt, nach der die Bestpreisklauseln zwar nicht ganz verboten, wohl aber deutlich eingeschränkt werden müssen. Auch die Wettbewerbsbehörden in Griechenland und Irland haben auch Verpflichtungszusagen von Booking bzw. HRS die Verfahren eingestellt.

[348] Vgl. EuGH Urteil vom 13.12.2012 ECLI:EU:C:2012:795 Rn. 36 *Expedia* und Urteil vom 14.3.2013 ECLI:EU:C:2013:160 Rn. 38 *Allianz Hungaria.* Dagegen a. A. OLG Düsseldorf Urteil vom 9.1.2015 Rn. 65, WuW DE-R 4572, 4580.

[349] Zweifel am Vorliegen einer Kernbeschränkung äußert auch *Zimmer,* Gutachten für das Bundeskartellamt (Internetseite des Bundeskartellamts, Arbeitskreis Kartellrecht 2013 Folie 19) gegen *Bodenstein,* GRUR Prax 2010, 260, 262 und *Heyers,* GRUR Int. 2013, 409, 411. Für die Zulässigkeit von Bestpreisklauseln, wenn auch mit anderer Begründung, *Nolte* in: Langen/Bunte, Nach Art. 101 AEUV Rn. 802 ff.; a. A. *Schultze/Pautke/Wagener,* Vertikal-GVO Rn. 587. Nach *Tamke,* WuW 2015,

nach Art. 2 Abs. 1 aufzuheben, bleibt der Wettbewerbsbehörde nur die Prüfung eines Entzugs der Freistellung nach Art. 29 VO 1/2003.

213 **(4.2)** Die Bindung muss sich auf den **Preis** der Ware oder Dienstleistung beziehen. Unter „Preis" ist die Gegenleistung für die Ware oder Dienstleistung (Endpreis) zu verstehen. Hierzu zählen insbesondere Vereinbarungen über **Fest- oder Mindestpreise.**[350] Erfasst sind auch Bindungen hinsichtlich einzelner **Preisbestandteile** oder kostenbildender Faktoren (Transport-, Verpackungs- oder Lagerkosten etc.; vgl. die Aufzählung in den Leitlinien Rn. 48). Anders ist es, wenn die Preisbestandteile nicht unmittelbar in den Endpreis eingehen. Die Vereinbarung von Gewinnspannen ist ebenfalls eine Kernbeschränkung, da sie den Aufschlag auf einen vorgegebenen Preis beschränkt.[351]

214 In der Praxis finden sich nicht selten Absprachen, die dem Abnehmer eine **Preisdifferenzierung** für einzelne Kundengruppen vorschreiben bzw. nahelegen. Der häufigste Fall dürften Vorgaben des Herstellers sein, dass der Abnehmer beim Internetverkauf einen bestimmten Preisabstand zum stationären Verkauf einzuhalten hat. Dies ist ein besonders schwerwiegender Verstoß gegen Art. 4 Buchst. a.[352] Aber auch im umgekehrten Fall, dass der Anbieter dem Abnehmer einen **einheitlichen Preis** für den (Weiter-)Verkauf vorschreibt, z. B. durch eine Meistbegünstigungsklausel zugunsten der Kunden, liegt eine Kernbeschränkung vor.[353]

215 **(5) „Beschränkung".** Durch die Vereinbarung mit dem Anbieter muss der Abnehmer in der Möglichkeit beschränkt sein, „seinen Verkaufspreis selbst festzusetzen". Die Bindung kann sich auf den Verkauf an einzelne **Kundengruppen** beschränken oder nur einen einzigen Kunden betreffen, sofern dieser über ein hinreichendes Gewicht im Markt verfügt. Selbst dann, wenn der Abnehmer dabei über **Wahlalternativen** verfügt, ändert dies die Beurteilung nicht.[354] Gleiches gilt, wenn der Hersteller eine **Marge** vorgibt, innerhalb derer der Händler den Preis frei bestimmen kann.[355]

216 Die Beschränkung kann sich aus dem Vertrag selbst ergeben oder auch aus den Umständen, ohne im Vertrag selbst vereinbart zu sein. Neben rechtlich bindenden Vereinbarungen reicht **wirtschaftlicher Druck** aus, der den Abnehmer zu einem bestimmten Verhalten veranlasst, sofern eine Willensübereinstimmung beider Seiten zustande kommt (s. oben Rn. 208). Dabei kann sich auch durch eine Kombination verschiedener Maßnahmen erge-

---

594, 602 kommt eine Kernbeschränkung nur bei echten, nicht aber bei unechten Meistbegünstigungsklauseln in Betracht. Aus praktischen Gründen rät *Seeliger* in: Wiedemann, Handbuch des Kartellrechts, § 11 Rn. 147 bei der Vereinbarung von Bestpreisklauseln zur Vorsicht. Wie hier (keine Kernbeschränkung) *Walter,* ZWeR 2015, 157, 171 wegen des insoweit klaren Wortlauts („Arbeitnehmer") des Art. 4 Buchst. a sowie *Soyez,* NZKart 2014, 447, die darüber hinaus beide eine Einzelfreistellung im Regelfall als nicht möglich ansehen. Das OLG Düsseldorf (s. Fußn. 348) hat sogar die Frage gestellt, ob die Vertikal-GVO überhaupt anwendbar ist (Rn. 123 f. des Urteils). Zweifellos stellt aber der Agenturvertrag zwischen HRS und Hotel ein Vertikalverhältnis dar, so dass für einen Ausschluss der Vertikal-GVO kein Grund ersichtlich ist (so auch *Tamke,* WuW 2015, 594, 600 f. gegen OLG Düsseldorf).

[350] Zu Mindestpreisen vgl. z. B. *Beutelmann,* Selektive Vertriebssysteme im europäischen Kartellrecht, S. 150.

[351] Ebenso *Ellger* in: Immenga/Mestmäcker, EU-WbR, VO 330/2010 Art. 4 Rn. 17.

[352] Zur Rechtslage bei unterschiedlichen Abgabepreisen des Herstellers für Internet- und stationäre Verkäufe des Abnehmers s. unten Rn. 254 ff.

[353] Dafür spricht der Text der Leitlinien Rn. 48 Satz 6. Wie hier *Schultze/Pautke/Wagener,* Vertikal-GVO Rn. 588.

[354] Dies ist z. B. der Fall, wenn der Abnehmer zwischen dem Verkauf an Gruppe A zu gebundenem Preis und an Gruppe B zu freiem Preis wählen oder zwischen einer Preisbindung bei Bezug des Produkts von X und einem freiem Preis bei Bezug von Y entscheiden kann. Anders wohl BGH Urteil vom 5.2.2002, GRUR 2002, 644, 645 – *Jugendnachtfahrten* zum alten § 14 GWB bei einer „veritablen" Wahlfreiheit.

[355] Anders wäre es nur, wenn die Marge so groß ist, dass sie alle realistischer Weise in Betracht kommenden Preise abdeckt. Dann entfällt eine Beschränkung.

ben, dass die Preissetzungsfreiheit des Abnehmers nachhaltig eingeschränkt ist.[356] **Überwachungssysteme,** mit denen der Hersteller das Preisverhalten seiner Händler beobachtet und kontrolliert, stellen für sich genommen noch keine Kernbeschränkung dar. Sie können aber im Gesamtzusammenhang den Druck auf die Händler so stark erhöhen, dass daraus im Ergebnis eine Preisbindung der Händler erwächst.[357]

bb) Ausnahmen: Höchstpreisbindung und Preisempfehlungen: (1) Höchstpreise schränken zwar wie andere Preisbindungen die Vertragsfreiheit ein, im Ergebnis wirken sie sich aber vielfach zugunsten der Verbraucher aus. Entsprechend dem wirtschaftlichen Ansatz der Vertikal-GVO[358] sind derartige Bindungen deshalb im zweiten Halbsatz des Art. 4 Buchst. a von den Kernbeschränkungen ausdrücklich ausgenommen.[359] 217

Nach der Rspr. des EuGH[360] ist in jedem Einzelfall zu prüfen, ob eine Höchstpreisvereinbarung **eine spürbare Wettbewerbsbeschränkung** i. S. d. Art. 101 Abs. 1 AEUV darstellt. Dies kann sich entweder aus der Schwere der Wettbewerbsbeeinträchtigung z. B. durch eine Vielzahl gleichförmiger Vereinbarungen, oder durch das Zusammentreffen mit anderen Regelungen ergeben. Die Kommission erwähnt auch die Gefahr, dass ein Höchstpreis für die anderen Unternehmen als Orientierungspreis dienen kann (Leitlinien Rn. 227). Stellt die Vereinbarung einer Preisobergrenze eine spürbare Wettbewerbsbeschränkung dar, ist sie nach den allgemeinen Regeln bis zu einem Marktanteil beider Parteien von 30% freigestellt bzw. es ist zu prüfen, ob eine Einzelfallfreistellung nach Art. 101 Abs. 3 AEUV in Betracht kommt (vgl. Leitlinien Rn. 229). 218

Ausdrücklich ausgenommen sind in Art. 4 Buchst. a 2. Halbsatz Vereinbarungen, die nur formal Höchstpreise festlegen, in Wirklichkeit aber durch **Druck oder Anreiz** wirtschaftlich die Wirkung von Fest- oder Mindestpreisen haben. Solche Vereinbarungen sind nicht freigestellt und stellen eine Kernbeschränkung dar. Ebenso wie bei Fest- oder Mindestpreisen ist auch hier vor allem im Fall des wirtschaftlichen Drucks vorausgesetzt, dass nicht nur die Festlegung der Preisobergrenze, sondern auch die den Druck ausübende Maßnahme Gegenstand einer Vereinbarung ist.[361] **Einseitige Handlungen** des Herstellers, denen der Händler nicht (stillschweigend) zugestimmt hat, begründen keinen Verstoß gegen Art. 4 Buchst. a. 219

Streitig ist, ob auch durch **andere Umstände** als Ausübung von Druck oder Gewährung von Anreizen die Freistellung in Art. 4 Buchst. a entfallen kann. Insbesondere ist der Fall relevant, dass die Höchstpreisfestsetzung so niedrig angesetzt ist, dass für den Abnehmer eine **Unterschreitung wirtschaftlich nicht lohnend** ist. Im Ergebnis kommt die 220

---

[356] Zahlreiche Beispiele führt die Kommission in Rn. 48 der Leitlinien an. Druck oder Anreize spielen vor allem im Zusammenhang mit Preisempfehlungen eine große Rolle. Näheres dazu, auch zur sog. „Handreichung" des Bundeskartellamts. s. unten Rn. 225. Vgl. auch *Schultze/Pautke/Wagener,* Vertikal-GVO Rn. 530; *Bauer/de Bronett,* Vertikal-GVO Rn. 97 f.

[357] Vgl. Leitlinien Rn. 48. Ebenso die „Handreichung" des Bundeskartellamts vom 13.4. 2010 (WuW 2010, 786), Abschnitt III 3b. Grundsätzlich liegt wirtschaftlicher Druck nicht bereits darin, dass der Hersteller dem Händler Auskunft über seine Preise geben muss (Informationspflicht), solange der Hersteller die Informationen nicht wettbewerbswidrig verwendet oder an andere Händler weitergibt; vgl. dazu *Kirchhoff* in Wiedemann, Handbuch des Kartellrechts § 11 Rn. 426 und 435 zum selektiven Vertrieb. Zu „Preisgesprächen" zwischen Hersteller und Händlern s. unten Rn. 226.

[358] Vgl. dazu oben Rn. 2. Weitere Hinweise bei *Fuchs,* Die Modernisierung des europäischen Kartellrechts im Bereich vertikaler Vereinbarungen, S. 95, 110.

[359] Auch der Rat hatte in Ziffer 3 der Erklärung zu den Ratsverordnungen 1215/99 und 1216/99 (s. oben Fußn. 10) ausdrücklich nur Mindestpreise und Festpreise als Inhalt von Kernbeschränkungen gefordert.

[360] Urteil vom 11.9.2008 ECLI:EU:C:2008:485, EuZW 2008, 668 *CEPSA* Rn. 69 ff. und vom 2.4.2009 ECLI:EU:C:2009:215, EuZW 2009, 374 *Pedro IV Servicios* Rn. 78 ff. Vgl. dazu auch *Ellger* in: Immenga/Mestmäcker, EU-WbR, VO 330/2010 Art. 4 Rn. 19.

[361] Vgl. dazu, auch zum abweichenden deutschen Recht, oben Fußn. 339.

Höchstpreisvereinbarung in diesem Fall zwar einer Fest- oder Mindestpreisvereinbarung gleich. Eine ausweitende (analoge) Anwendung des Art. 4 Buchst. a auf diesen Fall ist aber nach dem Wortlaut nicht möglich.[362] Es wäre nicht verständlich, dass eine (den Interessen der Verbraucher entgegenkommende) besonders niedrige Höchstpreisfestsetzung zur Unwirksamkeit der Vereinbarung führen würde. Da in diesen Fällen eine spürbare Wettbewerbsbeschränkung vorliegen dürfte, gilt nach den allgemeinen Regeln bis zu einem Marktanteil von 30% beider Parteien die Freistellung nach der Vertikal-GVO bzw. ist eine Einzelfallfreistellung nach Art. 101 Abs. 3 AEUV denkbar.

221 **(2) Preisempfehlungen** sind nach den allgemeinen Regeln nur dann ein Verstoß gegen Art. 101 Abs. 1 AEUV, wenn sie auf einer Vereinbarung beruhen oder ihnen ein abgestimmtes Verhalten zugrunde liegt und hierdurch eine spürbare Wettbewerbsbeschränkung bezweckt oder bewirkt wird. Durch die Befolgung kommt i. d. R. stillschweigend eine **Einigung über die Preisempfehlung** zustande.[363] Auch sonst wird sich vielfach aus den Umständen ergeben, dass der Händler mit einer Preisempfehlung des Herstellers einverstanden ist, selbst wenn er sich nicht daran hält.

222 Zu der Preisempfehlung müssen weitere Umstände hinzukommen, aus denen sich eine **spürbare Wettbewerbsbeschränkung** ergibt.[364] Dies ist insbesondere dann der Fall, wenn die Preisempfehlung mit anderen Maßnahmen kombiniert ist, die dazu führen, dass in einer Vielzahl von Fällen ein gleichförmiges Preisverhalten von Käufern bewirkt wird.[365] Auch ein Überwachungssystem durch den Verkäufer ist ein Indiz für eine wettbewerbsbeschränkende Wirkung (Leitlinien Rn. 48). Die Kommission sieht vor allem die Gefahr, dass der empfohlene Preis als Orientierungspreis wirkt und dadurch zu einer Vereinheitlichung der Endpreise führt (Leitlinien Rn. 227).

223 Liegt eine spürbare Wettbewerbsbeschränkung vor, ist die Preisempfehlung nach Art. 2 im Rahmen der Marktanteilsschwellen des Art. 3 Abs. 1 freigestellt. Eine Freistellung scheidet jedoch aus, wenn aufgrund von Druck oder Anreizen die Höchstpreisvereinbarung oder die Preisempfehlung tatsächlich den **Charakter von Fest- oder Mindestpreisen** hat. Wie bei den Preisbindungen selbst muss es sich bei der Ausübung des Drucks oder der Gewährung der Anreize um eine **Vereinbarung oder ein abgestimmtes Verhalten** handeln.[366] Insoweit gelten die gleichen Grundsätze, die für mittelbare Preisbindungen und Höchstpreise maßgeblich sind (s. oben Rn. 216 und Rn. 219). Eine **Ausübung von Druck** liegt dann vor, wenn Sanktionen des Lieferanten den Käufer daran hindern, den festgesetzten Höchstpreis oder die Preisempfehlung tatsächlich zu unterschreiten. Erfasst sind dabei alle Vorkehrungen, die dem Käufer für diesen Fall Nachteile auferlegen. Auch eine bloße Preisbeobachtung bzw. -überwachung durch den Verkäufer rechnet dazu, falls (unausgesprochen) dem Käufer bei einer Preisunterbietung Konsequenzen drohen. Um-

---

[362] Wie hier *Ellger* in: Immenga/Mestmäcker, EU-WbR, VO 330/2010 Art. 4 Rn. 23 und *Beutelmann,* Selektive Vertriebssysteme im europäischen Kartellrecht, S. 149; a. A. *Schultze/Pautke/Wagener,* Vertikal-GVO Rn. 553, *Nolte* in: Langen/Bunte, Nach Art. 101 AEUV Rn. 451; *Bechtold* EWS 2001, 49, 112. Nach *Seeliger* in: Wiedemann, Handbuch des Kartellrechts § 11 Rn. 156 und 159 kann es sich in diesen Fällen um eine verschleierte Vereinbarung von Mindest- oder Festpeisen handeln.

[363] Eine andere Frage ist es, ob die Befolgung einer Preisempfehlung bereits eine Preisbindung darstellt. Dies ist zu verneinen. Beides wird vielfach vermengt (vgl. z. B. *Ellger* in: Immenga/Mestmäcker, EU-WbR, VO 330/2010 Art. 4 Rn. 24; *Schultze/Pautke/Wagener,* Vertikal-GVO Rn. 559; nicht eindeutig auch Leitlinien Rn. 25 Buchst. a).

[364] Dies wird in den Leitlinien Rn. 48 a. E. ausdrücklich klargestellt.

[365] Vgl. dazu Urteil des EuGH vom 28.1.1986 *Pronuptia,* Slg. 1986, 353, 384; in die gleiche Richtung weisen die Leitlinien Rn 226 f. zur Einzelfreistellung von Preisempfehlungen.

[366] Dies war Gegenstand der in Fußn. 338 erwähnten gerichtlichen Entscheidungen. Allein hierauf bezieht sich die ganz überw. Mehrheit der Stellungnahmen in der Literatur. Zu bedenken ist aber, dass im deutschen Recht nach § 21 Abs. 2 GWB auch einseitige Maßnahmen einen Wettbewerbsverstoß darstellen können.

stritten ist, inwieweit der Aufdruck einer Preisempfehlung auf den Waren bereits eine unzulässige Druckausübung darstellt.[367] Für sich allein bedeutet dies nicht, dass der Händler einem ausreichenden Druck unterliegt.

Ähnlich liegt es bei der **Gewährung von Anreizen.** Eine faktische Preisunterbietung wird hier durch Vorteile verhindert, die dem Käufer bei Einhalten einer bestimmten Preisobergrenze bzw. des empfohlenen Preises in Aussicht gestellt sind (z. B. Skonti, Boni, Rabatte). Wirtschaftlich muss der Käufer so gestellt sein, dass eine Preisunterschreitung für ihn uninteressant ist. Die Trennlinie zur Ausübung von Druck ist in der Praxis fließend, jedoch unerheblich.[368] 224

Besonders das **Bundeskartellamt** hat mit großem Nachdruck in einer Reihe von Entscheidungen Wettbewerbsverstöße im Zusammenhang mit Preisempfehlungen verfolgt.[369] Sehr restriktiv sind die die Auslegungshinweise im **Vorsitzendenschreiben vom 13.4.2010** (sog. „Handreichung"), in dem der Kreis des unzulässigen Drucks bzw. der mittelbaren Preisbindung außerordentlich weit gezogen ist.[370] Auch wenn es ausdrücklich auf den Produktbereich des Lebensmitteleinzelhandels (einschl. Tiernahrung) begrenzt und dazu bestimmt ist, die Kooperationspflichten nach dem Bonusprogramm zu erläutern, haben die Hinweise Bedeutung für die allgemeine Entscheidungspraxis des Bundeskartellamts.[371] 225

Problematisch ist insbesondere die Bewertung von **Preisgesprächen** des Herstellers mit den Händlern. Das Bundeskartellamt gestattet dem Hersteller jährlich nur ein einziges Mal, seine Preisstrategie und die Gründe für die Preisempfehlung zu erläutern. Jede weitere **Thematisierung** der Preisempfehlung stelle zumindest einen Risikofaktor dar, der unter Umständen einen Wettbewerbsverstoß begründe.[372] Dies ist eine unzumutbare Beschränkung des Freiraums für eine angemessene und wirtschaftlich sinnvolle Preisstrategie. Wie auch der EuGH anerkennt, gibt es ein „legitimes Bedürfnis" für den Hersteller z. B. von hochwertigen Markenprodukten, seine Preisstrategie mit dem Handel zu erörtern.[373] Auch von der Kommission wird die Haltung des Bundeskartellamts in dieser Strenge nicht geteilt Nicht die Thematisierung als solche, sondern allein Inhalt und Umstände des Preisgesprächs können die Annahme einer Preisbindung begründen. 226

cc) Freistellung nach Art. 101 Abs. 3 AEUV. Auch bei Kernbeschränkungen hat der EuGH in gefestigter Rspr.[374] eine Einzelfreistellung gemäß Art. 101 Abs. 3 AEUV für möglich erklärt. Nach den Leitlinien Rn. 47 besteht zwar eine **Vermutung,** dass die Vor- 227

---

[367] Die Kommission scheint dies in den Leitlinien Rn. 48 zu bejahen. Kritisch dazu *Seeliger* in: Wiedemann, Handbuch des Kartellrechts, § 11 Rn. 159; *Schultze/Pautke/Wagener,* Vertikal-GVO Rn. 568; *Nolte* in: Langen/Bunte, Nach Art. 101 AEUV Rn. 448.

[368] Auch die Beispielsfälle in den Leitlinien Rn. 47 differenzieren nicht zwischen den beiden Alternativen.

[369] Branchenweit werden Preisempfehlungen z. B. bei Arzneimitteln und Brillengläsern praktiziert; beides wurde vom Bundeskartellamt untersagt (PM vom 8.1.2008 und 25.3.2009). Einzelne Unternehmen waren in neuerer Zeit z. B. bei Matratzen (Bußgeld von 8,2 Mio. Euro; vgl. PM vom 22.8.2014) und Kosmetika (Bußgeld von 6,5 Mio. Euro; vgl. PM vom 31.7.2013) betroffen.

[370] Veröffentlicht in WuW 2010, 786.

[371] *Schultze/Pautke/Wagener,* Vertikal-GVO Rn. 567 ff. folgern daraus, dass das Schreiben auf den konkreten Einzelfall begrenzt sei und seine Bedeutung nicht verallgemeinert werden dürfe. Dies wäre aber für die Unternehmen, die sich darauf verlassen würden, ein hohes Risiko.

[372] Vgl. Abschnitt III 3a. In der Entscheidung *Ciba Vision Kontaktlinsen* (WuW 2009, 1161) hat das Bundeskartellamt jede weitere Thematisierung sogar für sich allein als ausreichend für eine Preisbindung angesehen (kritisch zur Begründung des Bundeskartellamts auch *Jestaedt/Zöttl* in: Münchener Kommentar, Art. 4 Rn. 33 Fußn. 53 sowie *Mäger/von Schreitter,* NZKart 2015, 62, 63).

[373] EuGH Urteil vom 20.2.2011 C-260/09 ECLI:EU:C:2011:62 *Nintendo* Rn. 72. Auch der BGH hat im Beschluss vom 6.11.2012 GRUR 2013, 8 – *UVP für Rucksäcke* Zweifel an der These des Bundeskartellamts erkennen lassen. Vgl. hierzu *Lettl,* WRP 2013, 1272.

[374] Vgl. Urteil vom 13.10.2011 C-439/09 ECLI:EU:C:2011:649 *Pierre Fabre* Rn. 49.

aussetzungen hierfür bei einem Verstoß gegen Art. 4 nicht erfüllt sind. Im Gegensatz zu den früheren Leitlinien 2000 ist diese Vermutung nun aber uneingeschränkt **widerlegbar;** dies trägt der Rspr. des EuGH Rechnung.

228 In den neuen Leitlinien 2010 Rn. 223ff. führt die Kommission drei (nicht abschließende) Beispielsfälle für eine Einzelfreistellung an. Der wichtigste Fall dürfte die **Erschließung neuer Märkte** sein. Eine Preisbindung stellt zwar in diesem Fall eine spürbare Wettbewerbsbeschränkung dar.[375] Sie kann aber unerlässlich sein, um wirksamen Wettbewerb in dem neuen Markt[376] zu begründen, und deshalb gemäß Art. 101 Abs. 3 AEUV freigestellt sein.

229 Unter recht eingeschränkten Voraussetzungen können **kurzfristige Sonderangebotsaktionen** für eine Freistellung in Betracht kommen. Nach den Leitlinien Rn. 225 gilt dies nur für Franchisevereinbarungen und den selektiven Vertrieb; die Dauer der Aktionen muss dabei auf zwei bis sechs Wochen befristet sein.[377]

230 Denkbar ist schließlich eine Freistellung, wenn mit der Preisbindung die sog. **„Trittbrettfahrerproblematik“** gelöst werden soll. Es ist ein weit verbreitetes Phänomen, dass Kunden die Beratung in einem Fachgeschäft einholen, das Produkt aber billiger bei einem Händler kaufen, der keine Beratung anbietet. Die Problematik stellt sich vor allem in Bezug auf **Internetverkäufe** (dazu unten Rn. 252ff.). Im Einzelfall wird schwierig zu begründen sein, dass eine Preisbindung nicht nur den gewünschten Erfolg bringt, sondern auch unerlässlich, d.h. das am wenigsten gravierende Mittel ist.

231 **c) Gebiets- oder Kundengruppenbeschränkungen (Art. 4 Buchst. b). aa) Inhalt der Kernbeschränkung: (1) Anwendungsbereich.** Neben den Preisbindungen (Buchst. a) enthält Art. 4 in Buchst. b den zweiten größeren Bereich von Kernbeschränkungen. Nicht freigestellt sind Vereinbarungen, die dem Abnehmer eine **Beschränkung des Absatzgebiets oder der Kundengruppe** auferlegen. Der Abnehmer (Händler) soll frei entscheiden können, an wen und wohin er seine Produkte absetzt.

232 Gesetzestechnisch stellt Art. 4 Buchst. b eine **Ausnahme von der Gruppenfreistellung** in Art. 2 dar. Wie bei Art. 4 Buchst. a sind von dieser Ausnahme wiederum Ausnahmen (Gegenausnahmen) vorgesehen; bei diesen tritt die Freistellung nach Art. 2 und 3 ein.[378] Im Fall des Art. 4 Buchst. b besteht die Besonderheit, dass die **Gegenausnahmen eine erhebliche Bedeutung** haben und erst durch das Zusammenspiel von Ausnahmen und Gegenausnahmen die Tragweite der Vorschrift deutlich wird.

233 Die Kernbeschränkung in Art. 4 Buchst. b ist gemäß dem Wortlaut **eng auszulegen.**[379] Eine ausweitende oder analoge Anwendung nach dem Sinn und Zweck der Vorschrift, im Hinblick auf die zum Teil abweichenden Vorgängerregelungen oder wegen gleichartiger Schutzbedürfnisse ist grundsätzlich nicht zulässig. Das schließt nicht aus, dass auf Besonderheiten bestimmter Vertragstypen, wie z.B. den verschiedenen Formen des **Franchisings,** Rücksicht genommen werden muss. Gleiches gilt für die Anwendung auf **Internetverkäufe und -werbung** (s. dazu Rn. 252ff.).

---

[375] Die gegenteilige Auffassung von *Schultze/Pautke/Wagener,* Vertikal-GVO Rn. 535 und *Nolte* in: Langen/Bunte, Nach Art. 101 AEUV Rn. 433 dürfte durch die *Expedia*-Entscheidung des EuGH (Urteil vom 13.12.2012 Rs. C-226/11 ECLI:EU:C:2012:795) überholt sein.

[376] Das Merkmal „neu“ kann sich dabei sowohl auf den sachlichen als auch den geografischen Markt beziehen.

[377] Auch im deutschen Recht hatte der BGH zum alten § 14 GWB eine Preisbindung im Rahmen einer sechswöchigen Verkaufsförderaktion als zulässig angesehen (Urteil vom 8.4.2003 GRUR 2003, 637 *1 Riegel extra*).

[378] Es handelt sich nicht (wie *Nolte* in: Langen/Bunte, Nach Art. 101 AEUV Rn. 408, 458, 484 meint; ebenso *Ellger* in: Immenga/Mestmäcker, EU-WbR, VO 330/2010 Art. 4 Rn. 32) um „weiße Klauseln“, da die Verwendung dieser Klauseln keine Bedingung der Freistellung ist. Kritisch zur Regelungstechnik der Vorschrift *Baron,* in Festschrift Loewenheim S. 431ff.; *Beutelmann,* Selektive Vertriebssysteme im europäischen Kartellrecht, S. 116.

[379] Das gilt jedenfalls für die Grundnorm, die das Verbot enthält; s. oben Rn. 18ff.

der Fall sein. Dagegen ist bei Verwendungsgeboten (z.B. „nur für den Eigenbedarf") der Weiterverkauf immer ausgeschlossen oder beschränkt.

Eine Gebiets- oder Kundenkreisbeschränkung liegt auch vor, wenn dem Käufer der Zugang zu Kunden erschwert oder unmöglich gemacht wird. **Standortklauseln** verstoßen daher an sich gegen Art. 4 Buchst. b.[399] Sie sind aber in der VO 330/2010 nun generell von der Kernbeschränkung ausgenommen.[400] Der Hersteller kann also mit dem Händler den **Ort und** auch die **Anzahl der Niederlassungen** vertraglich vereinbaren.[401] Dies gilt sowohl in positiver (Festlegung des Ortes, an dem sich eine Niederlassung befinden muss) als auch in negativer Form (Vereinbarung, wo der Händler keine Niederlassung betreiben darf).[402] Der Hersteller ist dabei keinen Einschränkungen unterworfen. Im äußersten Fall kann er die Zahl der Niederlassungen auf 1 beschränken und den Ort präzise festlegen.[403] Eine Kontrolle im Hinblick auf Notwendigkeit und Angemessenheit der Standortbeschränkung ist nicht vorgesehen. **245**

(4.2) Die **Beschränkung** kann sich unmittelbar aus dem Vertrag oder mittelbar aus den Umständen ergeben. Im letzteren Fall sind aber nur Umstände „unter der Kontrolle der Vertragsparteien" zu berücksichtigen (s. Rn. 193). **246**

Erforderlich ist, dass die Beschränkung entsprechend den allgemeinen Grundsätzen Gegenstand einer Vereinbarung ist oder sich aus einem abgestimmten Verhalten ergibt. **Einseitige Anordnungen** des Anbieters (Verkäufers), die nicht Vertragsgegenstand sind und vom Abnehmer (Käufer) nicht gebilligt oder hingenommen werden, sind nicht zu berücksichtigen (vgl. Rn. 87 und 191). **247**

Neben den direkten sind vor allem **mittelbar** wirkende Vereinbarungen in der Praxis relevant. Eine mittelbare Gebietsbeschränkung kann in der **Begrenzung der Liefermenge** z.B. auf den üblichen Umsatz des Händlers in seinem angestammten Liefergebiet (Quotenabsprache) liegen, da der Händler dann keine weiteren Gebiete beliefern kann.[404] Auch eine **Preisdifferenzierung,** die z.B. auf den Sitz des Kunden oder seine Zugehörigkeit zu einer Kundengruppe abstellt, ist eine Gebiets- oder Kundenbeschränkung.[405] Schwieriger ist die Beurteilung bei einer **Verpflichtung zum Gewinnausgleich,** den der Händler bei Verkäufen außerhalb seines Gebiets an den an sich berechtigten Händler zu leisten hat. Jedenfalls dann, wenn diese Entschädigung über den Ersatz der vergeblichen Aufwendungen hinausgeht und einen Ausgleich für den entgangenen Gewinn mit einschließt, ist dies **248**

---

[399] Vielfach werden Standortklauseln auch als Verkaufsmodalität („Wie" der Beschränkung) angesehen; so z.B. *Seeliger* in: Wiedemann, Handbuch des Kartellrechts, § 11 Rn. 165.

[400] Die VO 2790/1999 enthielt eine entsprechende Bestimmung nur für den selektiven Vertrieb in Art. 4 Buchst. c. Für den Kfz-Vertrieb galten bis Mai 2013 besondere Regelungen in der VO 1400/2002 (Art. 4 Abs. 1 Buchst. d und Art. 5 Abs. 2; vgl. dazu *Wendel* WRP 2002, 1395). Seit dem 1.6. 2013 gilt auch für den Kfz-Vertrieb die Vertikal-GVO (vgl. Rn. 34 und 142).

[401] Nach *Ellger* in: Immenga/Mestmäcker, EU-WbR, VO 330/2010 Art. 4 Rn. 45 soll die Ausnahme für Standortklauseln nur im Bereich von Exklusivgebieten gelten. Das ist mit dem Wortlaut der Vorschrift nicht vereinbar.

[402] Die unterschiedlichen Formulierungen in Art. 4 Buchst. b und Buchst. c haben keine sachliche Bedeutung; so zu Recht *Bechtold/Bosch/Brinker,* EU-Kartellrecht, Art. 4 VO 330/2010 Rn. 13. Ausführlich dazu auch *Ellger* in: Immenga/Mestmäcker, EU-WbR, VO 330/2010 Art. 4 Rn. 46.

[403] *Seeliger* in: Wiedemann, Handbuch des Kartellrechts, § 11 Rn. 165; im Ergebnis auch *Schultze/Pautke/Wagener,* Vertikal-GVO Rn. 597f. Die Vereinbarung kann auch vorschreiben, dass der Händler zumindest eine physische Niederlassung betreiben muss, also reine Internetshops nicht beliefert werden (Leitlinien Rn. 54). Zu den Besonderheiten bei Internet-Verkäufen vgl. im Übrigen unten Rn. 252ff.

[404] Dies war die Situation im Fall Adalat (EuGH Urteil vom 6.1.2004 ECLI:EU:C:2004:2, WuW EU-R 769). Vgl. dazu *Seeliger* in: Wiedemann, Handbuch des Kartellrechts, § 11 Rn. 166; *Nolte* in: Langen/Bunte, Nach Art. 101 AEUV Rn. 471.

[405] Eine Wettbewerbsbeschränkung liegt ausnahmsweise nicht vor, wenn die Preisdifferenzierung durch objektive Faktoren (z.B. höhere Kosten) sachlich gerechtfertigt ist. Zum Doppelpreissystem beim Internethandel s. Rn. 254ff.

eine Kernbeschränkung nach Art. 4 Buchst. b.[406] Umstritten ist vor allem, ob der Hersteller seine **Garantieleistungen** auf ein bestimmtes Gebiet in der EU begrenzen darf. Um eine Kernbeschränkung handelt es sich nur, wenn der Hersteller damit eine Gebietsbeschränkung des Händlers bezweckt. Dafür müssen entsprechende Indizien vorliegen.[407]

249 Auch aus der **Ausübung von Druck** oder der **Gewährung von Anreizen** kann sich eine Wettbewerbsbeschränkung ergeben, selbst wenn die rechtliche Entscheidungsfreiheit des Abnehmers unberührt bleibt. Ein typischer und wohl der häufigste Fall einer Kernbeschränkung ist, dass übliche Boni, Prämien bzw. Umsatzvergütungen bei Verkäufen außerhalb des Gebiets oder an bestimmte Kunden abbedungen sind.[408] Allerdings ist in allen Fällen das Vereinbarungserfordernis zu beachten. **Einseitige** Maßnahmen des Verkäufers, die den Käufer anhalten sollen, bestimmte Kundengruppen nicht (mehr) zu beliefern – wie z. B. die **Drohung mit einer Vertragskündigung** –, verstoßen grundsätzlich nicht gegen Art. 4 Buchst. b. Anders ist es nur, wenn dem Verkäufer (Hersteller) hierfür in den vertraglichen Vereinbarungen eine Befugnis eingeräumt ist oder der Käufer (Händler) diese Sanktionen nachträglich (stillschweigend) akzeptiert hat.[409] Die Aufzählung möglicher Formen einer mittelbaren Beschränkung durch die Kommission in den Leitlinien Rn. 50 ist insoweit ungenau und zum Teil zu weitgehend.[410]

250 Unschädlich sind ausnahmsweise solche Verkaufsbeschränkungen, die sich **aus der Natur des Produkts** ergeben (z. B. bei gefährlichen Produkten; Lieferung von Zigaretten und Alkohol an Jugendliche oder Kinder) und die deshalb keine spürbare Wettbewerbsbeschränkung darstellen (Leitlinien Rn. 60). Diese Klauseln müssen dann aber allgemein für alle beteiligten Händler (einschließlich des Verkäufers) gleichermaßen gelten. Im gleichen Sinn wird man auch den Fall behandeln müssen, dass z. B. Beschränkungen des Parallelimports den unterschiedlichen gesetzlichen Regelungen in der EU Rechnung tragen.[411]

251 Die Leitlinien sehen in den Rn. 61 und 62 zwei weitere **Ausnahmen** vor. Bei der **Markteinführung** eines neuen Produkts darf der Hersteller zum Schutz des Händlers anderen Händlern für die Dauer von zwei Jahren unter bestimmten Voraussetzungen aktive und passive Verkäufe[412] in diesen Markt untersagen.[413] Ähnlich ist es bei **Markteinführungstests** in kleinere Gebiete oder an kleinere Kundengruppen und bei der (zeitlich) **gestaffelten Markteinführung** von neuen Produkten. Hier dürfen die teilnehmenden

---

[406] Die Kommission hat 2% als angemessene Kosten angesehen; das EuG hat Kosten in Höhe von 4 bis 8% nicht beanstandet. Vgl die Nachweise bei *Schultze/Pautke/Wagener,* Vertikal-GVO Rn. 607.

[407] Kritisch zur Erstreckung auf Garantieleistungen auch *Bechtold/Bosch/Brinker,* EU-Kartellrecht, Art. 4 VO 330/2010 Rn. 11. Eine Kernbeschränkung bejaht dagegen *Nolte* in: Langen/Bunte, Nach Art. 101 AEUV Rn. 475.

[408] Vgl. dazu z. B. *Schultze/Pautke/Wagener,* Vertikal-GVO Rn. 603 ff. mit Rspr.-Nachweisen. *Seeliger* in: Wiedemann, Handbuch des Kartellrechts, § 11 Rn. 166 rät bei derartigen wirtschaftlichen Anreizen zu Vorsicht und genauer Prüfung. Grundsätzlich zulässig sind Kontrollmaßnahmen des Herstellers zur Überwachung seines Vertriebssystems. Dagegen hat die Kommission in Informations- und Herkunftspflichten der Händler teilweise eine Wettbewerbsbeschränkung gesehen; vgl. dazu *Kirchhoff* in: Wiedemann, Handbuch des Kartellrechts, § 11 Rn. 433.

[409] Dies entspricht der Rspr. des EuGH im Fall Adalat (Urteil vom 6.1.2004 ECLI:EU:C:2004:2, WuW EU-R 769) und im Fall Volkswagen (Urteil vom 13.7.2006 ECLI:EU:C:2006:460, EWS 2006, 365).

[410] Auch *Schultze/Pautke/Wagener,* Vertikal-GVO Rn. 614 betonen die „Schwäche" der Leitlinien in diesem Punkt. Im deutschen Recht kommt es unter den Voraussetzungen des § 21 Abs. 2 GWB auf das Vorliegen einer Vereinbarung nicht an; vgl. dazu *Kirchhoff* in: Wiedemann, Handbuch des Kartellrechts, § 11 Rn. 429.

[411] Vgl. dazu das Urteil EuG vom 27.9.2006 T-168/01 ECLI:EU:T:2006:265 *GlaxoSmithKline.* Diese Grundsätze möchte *Nolte* in: Langen/Bunte, Nach Art. 101 AEUV Rn. 483 auch auf den Fall unterschiedlicher Steuersätze in der EU anwenden.

[412] Zu den Begriffen aktiver und passiver Verkauf s. im folgenden Rn. 290 f.

[413] Kritik an den unbestimmten Begrifflichkeiten äußern *Schultze/Pautke/Wagener,* Vertikal-GVO Rn. 736 ff.

Händler verpflichtet werden, für die Dauer der Markterprobung bzw. der gestaffelten Markteinführung keine aktiven Verkäufe in andere Gebiete zu tätigen. In beiden Fällen geht die Kommission davon aus, dass Art. 101 Abs. 1 AEUV nicht verletzt ist.

bb) Besonderheiten des Vertriebs über Internet. Wie bereits in der Vorgänger-GVO 2790/1999 ist der Vertrieb über Internet nicht in der VO 330/2010 selbst, sondern nur in den **Leitlinien** geregelt.[414] Bei der Vorbereitung der neuen Verordnung waren gerade diese Bestimmungen Gegenstand eines besonders intensiven Lobbyings. Die Hersteller hochwertiger Produkte, insbes. die Markenartikelhersteller, kämpften darum, dass ihnen ein möglichst weitgehender Ausschluss des Internethandels erlaubt wurde, während die Internethändler umgekehrt jede Beschränkung des Internet-Vertriebs verhindern wollten.[415] Die Erläuterungen zum Internetvertrieb in den Leitlinien sind daher weithin ein **Kompromiss** „in letzter Minute", worunter die Konsistenz des Textes teilweise leidet. Unklar bleibt auch, welcher Vorschrift in der GVO die Erläuterungen zugeordnet sind. Für die Beschränkungen des Internet-Handels im Rahmen eines **selektiven Vertriebs** gilt neben Art. 4 Buchst. b zusätzlich das – i. d. R. weiter gehende – Verbot des Art. 4 Buchst. c (vgl. Rn. 305 ff.). 252

Insgesamt gibt es mindestens fünf Bereiche, in denen Vereinbarungen zum Vertrieb über Internet spezielle kartellrechtliche Probleme aufwerfen. Dies sind: 253

- Vereinbarungen, in denen Hersteller und Händler die **(Weiter-)Verkaufspreise** des Händlers festlegen (s. dazu oben Rn. 196 ff., insbes. Rn. 212)
- Vereinbarungen, die unterschiedliche **Abgabepreise** des Herstellers vorsehen, je nachdem ob der Händler die Produkte des Herstellers stationär oder über das Internet vertreibt (**Doppelpreissystem** bzw. *dual pricing*)
- Vereinbarungen, in denen der Hersteller dem Händler ein (vollständiges oder teilweises) **Verbot des Internetvertriebs** auferlegt
- Vereinbarungen, in denen bestimmte **Qualitätsanforderungen an den Internetvertrieb** des Händlers festgelegt sind
- Vereinbarungen, in denen der Hersteller dem Händler den Vertrieb über alle oder bestimmte **Internet-Plattformen** (z. B. Amazon oder eBay) untersagt.

Im Einzelnen gilt für diese Vereinbarungen:

(1) Doppelpreissystem: Die unterschiedlichen Abgabepreise ergeben sich üblicherweise aus Rabatten des Herstellers, die für stationäre Verkäufe des Händlers höher ausfallen als für Internet-Verkäufe. Der Vertrieb über Internet soll dadurch für den Händler unwirtschaftlich oder zumindest weniger lukrativ werden. Dabei sind zwei Formen der Beschränkung möglich: entweder kann die Vereinbarung **ausdrücklich** unterschiedliche Abgabepreise des Herstellers für den Fall des stationären und des Internet-Vertriebs des Händlers vorsehen, oder sie kann Klauseln enthalten, die den Internet-Handel **mittelbar benachteiligen,** weil die höheren Rabatte an Anforderungen geknüpft sind, die gar nicht oder nur unter erschwerten Bedingungen beim online-Vertrieb erfüllt werden können. In beiden Fällen stellt diese Diskriminierung einer Vertriebsform zweifellos eine Wettbewerbsbeschränkung gemäß Art. 101 Abs. 1 AEUV dar. 254

Eine Freistellung ist grundsätzlich ausgeschlossen, wenn es sich hierbei um eine Kernbeschränkung gemäß Art. 4 Buchst. b handelt. Die unterschiedlichen Abgabepreise haben keine Abgrenzung eines Gebiets oder einer Kundengruppe i. e. S. zum Inhalt. Mit dem Begriff **„Kundengruppe"** ist aber nicht eine durch ein einheitliches Kriterium definierte Gruppe von Kunden gemeint. Es wäre auch nicht verständlich, dass die Kernbeschränkung 255

---

[414] Angesichts der wirtschaftlichen Bedeutung des Internethandels und der vielfältigen kartellrechtlichen Probleme, die in diesem Bereich bestehen, ist dies zu bedauern; vgl. *Baron* in: Festschrift Loewenheim, S. 423, 434.

[415] Dazu *Simon,* EWS 2010, 497, 502, der als Repräsentanten beider Seiten einerseits Louis Vouitton (LVMH) und andererseits eBay nennt. Den Interessenkonflikt schildert auch *Seeliger* in: Wiedemann, Handbuch des Kartellrechts, § 11 Rn. 185.

von einer „Gruppenidentität" abhängig sein sollte.[416] Im Gegenteil zeigt der englische Wortlaut *„customers"*, dass es auf eine Beschränkung in Bezug auf bestimmte Arten von Kunden nicht ankommt. Entscheidend ist, dass die **konkreten Absatzchancen des Händlers spürbar beeinträchtigt** werden, weil er einen Teil seiner Kunden wegen der Internetbeschränkung nicht mehr erreicht.[417]

256 Auch die Kommission bewertet ein Doppelpreissystem, durch das der Internet-Vertrieb benachteiligt wird, als Kernbeschränkung.[418] Es soll aber zulässig sein, dass der Hersteller dem Händler eine **feste Gebühr** zusagt, „um dessen Offline- oder Online-Verkaufsanstrengungen zu unterstützen". Dabei darf es sich nicht um einen variablen Betrag handeln, dessen Höhe sich nach dem Umfang der stationären Verkäufe richtet. Ein solcher „Fixkostenzuschuss" unabhängig von den getätigten Umsätzen ist für den Hersteller wenig attraktiv. Diese Ausnahme dürfte deshalb in der Praxis kaum Bedeutung erlangen.[419] Außerdem können unterschiedliche Abgabepreise dann ausnahmsweise freistellungsfähig sein, wenn dadurch erheblich **höhere Kosten** des Online- oder des Offline-Vertriebs ausgeglichen werden sollen (Leitlinien Rn. 64).

257 Das Bundekartellamt betrachtet ein Doppelpreissystem ebenfalls als Kernbeschränkung. Bisher liegt noch keine Entscheidung dazu vor, insbes. hat es keine Sanktion verhängt. Alle Verfahren wurden durch **Zusagen der Hersteller** erledigt. In Pressemitteilungen, Fallberichten und sonstigen Verlautbarungen wird der Standpunkt des Amts aber sehr deutlich ausgesprochen.[420] Es gibt keinen Zweifel, dass bei künftigen Verstößen ein hohes **Bußgeldrisiko** besteht.

258 In der Literatur wird vereinzelt argumentiert, dass mittelbare Beschränkungen (spezielle Anforderungen an den Internetvertrieb) nicht als Kernbeschränkung, sondern als ein nach dem Immanenzgedanken zulässiges **Qualitätskriterium** anzusehen seien.[421] Zwar kann der Hersteller grundsätzlich auch für Internet-Verkäufe Qualitätskriterien festlegen. Diese müssen aber nach der Natur der Produkte sachlich gerechtfertigt sein. Schon daran wird es vielfach fehlen. Vor allem dürfen Qualitätskriterien nicht gezielt einen Vertriebsweg benachteiligen. Abgabepreise, die zwischen Internetvertrieb und stationärem Vertrieb differenzieren, sind deshalb i. d. R. als Kernbeschränkung nach Art. 4 Buchst. b einzuordnen.

258a **(2) Verbot des Internetvertriebs oder Umsatzbeschränkungen:** Ein vollständiges Verbot ist zweifellos die gravierendste Einschränkung des Internetvertriebs. Vereinbarungen, in denen der Umsatz des Händlers über Internet dem Umfang nach beschränkt wird, können einem Verbot in der Wirkung nahekommen. Diese Klauseln sind nicht nur eine spürbare Wettbewerbsbeschränkung. Da das Internet als Vertriebsweg auf diese Weise ganz oder teilweise ausgeschlossen wird, stellen sie auch eine **Gebiets- oder Kundengruppenbeschränkung** nach Art. 4 Buchst. b dar (s. oben Rn. 231 ff.). Gleiches gilt, wenn der

---

[416] So zu Recht OLG Schleswig Urteil vom 5.6.2014 *Digitalkameras* NZKart 2014, 364, 365 gegen OLG München GRUR-RR 2009, 394. Ebenso KG Urteil vom 19.9.2013, WuW/E DE-R 4019.

[417] OLG Schleswig Urteil vom 5.6.2014 *Digitalkameras* NZKart 2014, 364, 365. *Mäger/von Schreitter* NZKart 2015, 62, 65 sehen den Zweck der Doppelpreissysteme sogar in einer „vollständigen Marginalisierung des Internet-Handels zu Lasten der Händler". Näheres dazu auch unten Rn. 267.

[418] Richtlinien Rn. 52 Buchst. d. Nicht klar ist, ob sich die Kernbeschränkung aus Art. 4 Buchst. b oder Buchst. c ergibt.

[419] Diese Einschätzung wird von *Nolte* in: Langen/Bunte, Nach Art. 101 AEUV Rn. 811 geteilt.

[420] Vgl. z. B. Tätigkeitsbericht 2011/2012 S. 35: „Das Bundeskartellamt tritt solchen Verhaltensweisen (sc. Strategien, die den Absatzkanal Internet verschließen) daher entschieden entgegen." Zu den Einzelfällen vgl. PM vom 28.11.2013 zum Verfahren GARDENA; Fallbericht vom 23.12.2013 zum Rabattsystem der Bosch-Siemens-Hausgeräte GmbH und Fallbericht vom 13.12.2011 zum Verfahren Dornbracht. Im letzteren Fall wurde die Auffassung des Bundeskartellamts vom OLG Düsseldorf im Urteil vom 13.11.2013, NZKart 2014, 68 bestätigt. Die Nichtzulassungsbeschwerde hat der BGH (Beschluss vom 7.10.2014 – KZR 88/13) abgewiesen.

[421] *Stöber,* Nach dem Vertriebsweg differenzierende Rabattsysteme im Lichte des europäischen Kartellrechts, WRP 2014. 1151, 1155 ff.

Hersteller für einzelne wichtige Großkunden, die er z.B. sich selbst vorbehält, einen Internetverkauf untersagt (vgl. Rn. 242).

Die Kommission bewertet den Internetverkauf grundsätzlich als passiven Verkauf und folgert daraus, dass Beschränkungen des Internetvertriebs grundsätzlich eine verbotene Kernbeschränkung sind.[422] Als unzulässig bewertet sie alle Klauseln, die Internetverkäufe dem Umfang nach an den stationären Absatz binden oder in sonstiger Weise den **Internetumsatz begrenzen.** Dazu gehört insbes. die prozentuale Begrenzung von Internetverkäufen gemessen am stationären Umsatz (z.B. „höchstens die Hälfte des Gesamtumsatzes"; vgl. Leitlinien Rn. 52 Buchst. c). Zulässig ist dagegen die Vereinbarung, dass der Internethändler daneben über ein oder mehrere **stationäre Verkaufslokale** oder Ausstellungsräume verfügen muss (sog. *„brick and click"*-Klausel; vgl. Leitlinien Rn. 54). In diesem Fall wird der Internetumsatz des Händlers mengenmäßig nicht begrenzt. Der Hersteller kann somit **reine Internethändler**, die keine physische Verkaufs- oder Ausstellungsfläche besitzen, vom Vertrieb seiner Produkte ausschließen. 259

Auch das Bundeskartellamt hat wiederholt betont, dass es Internetverbote als kritisch bewertet und hierin grundsätzlich einen Hardcore-Verstoß sieht.[423] In der Entscheidung *Depotkosmetik im Internet* hat der BGH ein vollständiges Verbot des Internetvertriebs ebenfalls als unzulässige Kernbeschränkung angesehen.[424] Eindeutige Internetverbote sind daher in der Praxis kaum noch anzutreffen. 260

Für Mengenbegrenzungen von Internetverkäufen lässt die Kommission in den Leitlinien zwei **Ausnahmen** zu: Um zu gewährleisten, dass der Händler über die stationäre Verkaufsfläche in einem realistischen Umfang Verkäufe tätigt, kann der Hersteller hierfür einen bestimmten **absoluten Mindestumfang** – gemessen am Wert oder der Menge der Produkte – festlegen (Leitlinien Rn. 52 Buchst. c). Angaben, welcher Umfang dabei als angemessen anzusehen ist, macht die Kommission nicht.[425] Außerdem kann der Hersteller im Rahmen des selektiven Vertriebs seinen Vertragshändlern eine **Höchstgrenze für die Verkäufe an einen einzelnen Kunden** auferlegen, um zu verhindern, dass das Verbot des Verkaufs an nicht zugelassene Händler umgangen wird. Dabei richtet sich die zugelassene Menge danach, wie leicht ein nicht zugelassener Händler sich diese Produkte über Internet oder ein stationäres Geschäft besorgen kann (Leitlinien Rn. 56). 261

Ein Verbot von Internetverkäufen hält die Kommission in einigen Ausnahmefällen für zulässig, wenn es hierfür eine **sachliche Rechtfertigung** gibt. Voraussetzung ist immer, dass das Verbot für alle Händler in gleicher Weise gilt und auch der Hersteller selbst das Verbot einhält. So liegt schon keine Wettbewerbsbeschränkung vor, wenn das Produkt seiner Natur nach aus Gründen der Sicherheit (wie z.B. bei Waffen) für einen Internetvertrieb nicht geeignet ist (Leitlinien Rn. 60). Umstritten ist, inwieweit ein Internetverbot aus Gründen des **Gesundheitsschutzes** gerechtfertigt sein kann. Nach einer Entscheidung des EuGH darf die Warenverkehrsfreiheit mit Rücksicht auf den Gesundheitsschutz bei verschreibungspflichtigen Medikamenten eingeschränkt werden.[426] Die gleichen Überlegungen wird man zur wettbewerbsrechtlichen Rechtfertigung eines Internetverbots heranziehen können. Dagegen hat der EuGH ein nationales Verbot des Verkaufs von Kontaktlinsen 262

---

[422] Leitlinien Rn. 52f. Für eine Kernbeschränkung nach Art. 4 Buchst. b ist die Einordnung als aktiver oder passiver Verkauf an sich unerheblich. Diese Unterscheidung hat Bedeutung nur für die Ausnahme in Buchst. b Ziffer i). Bei einem Exklusivvertrieb kann deshalb auch der Internetverkauf, soweit er aktiver Verkauf ist, beschränkt werden.

[423] Vgl. PM 28.4.2014 zum Verfahren ASICS; PM vom 28.11.2013 zum Verfahren GARDENA. Im Beschluss vom 25.9.2009 WuW 2009, 1161 *CIBA Vision Kontaktlinsen* ist das Internetverbot ausdrücklich als Wettbewerbsverstoß bezeichnet (Rn. 18).

[424] Versäumnisurteil vom 4.11.2003, WuW/E DE-R 1203 Rn. 27.

[425] Diese Ausnahme ist daher nicht unproblematisch, da sie zu einer erheblichen Behinderung des Internetvertriebs ausgenutzt werden kann.

[426] Urteil vom 11.12.2003 C-322/01 ECLI:EU:C:2003:664 *DocMorris.*

über das Internet als rechtswidrig angesehen, da es über den erforderlichen Gesundheitsschutz hinausgehe und einen ganzen Vertriebsweg generell ausschließe.[427]

263 Bei **Luxusgütern** und hochpreisigen Produkten wird ein Internetverbot damit begründet, es sei zur Sicherung des Prestigecharakters („Aura des Exklusiven")[428] notwendig. Der EuGH hat jedoch entschieden, dass der **Imageschutz** keine Rechtfertigung für Wettbewerbsbeschränkungen sein kann.[429] Diese Feststellung hat für alle Vertriebssysteme Gültigkeit.

264 Die Ausnahme von der Kernbeschränkung in Rn. 61 der Leitlinien für eine zweijährige **Markterschließung** kommt auch für das Verbot von Internetverkäufen in Betracht, da in diesem Fall aktive und passive Verkäufe ausgeschlossen werden dürfen. Dagegen gilt die Ausnahme für Markteinführungstests und gestaffelte Markteinführungen (Leitlinien Rn. 62) nur für aktive Verkäufe und hat für den Internetvertrieb somit keine Bedeutung.

265 **(3) Qualitätsanforderungen an den Internetvertrieb:** Diese Form der Beschränkung ist typisch für den selektiven Vertrieb (s. unten Rn. 305 ff.), ist aber darauf nicht beschränkt. Auch in anderen Vertriebssystemen kann der Hersteller dem Händler Vorgaben zur **Art und Weise des Internetvertriebs** auferlegen.[430] Derartige Anforderungen sind grundsätzlich weder eine Gebiets- oder Kundengruppenbeschränkung noch eine Beschränkung des Verkaufs an Endverbraucher nach Art. 4 Buchst. c. Sie sind deshalb im Rahmen der Art. 2 und 3 freigestellt.

266 Der wohl wichtigste Fall einer Qualitätsanforderung ist die Vereinbarung, dass der Händler verpflichtet ist, neben dem Internetvertrieb einen **stationären Vertrieb** zu betreiben (*„brick und click"*-Klausel).[431] Die Kommission geht dabei recht weit. Sie lässt es ausdrücklich zu, dass der Hersteller „mehrere" Verkaufspunkte oder Ausstellungsflächen fordern kann. Dass dies einzelne Händler überfordern und dadurch indirekt vom Internetvertrieb abhalten kann, dürfte in vielen Fällen naheliegen.

267 Die Erläuterungen der Kommission zur Ausgestaltung der Qualitätskriterien im Einzelnen in Rn. 56 der Leitlinien gelten ausdrücklich nur für den selektiven Vertrieb. Inhaltlich sind sie jedoch auf Qualitätsanforderungen in anderen Vertriebssystemen entsprechend anzuwenden.[432] Die Grenze zulässiger Qualitätsanforderungen ist immer dann überschritten, wenn der Händler davon abgehalten wird, das Internet zu benutzen, um „mehr und andere Kunden zu erreichen".[433] Das entspricht inhaltlich dem Verbot, dass der **Internetvertrieb weder direkt noch indirekt beschränkt** werden darf (s. oben Rn. 243). Als Beispielsfälle führt die Kommission an, dass Kunden von der Website des Händlers automatisch auf andere Websites umgeleitet werden (Leitlinien Rn. 52 Buchst. a) oder dass der Händler Internet-Transaktionen abbrechen muss, wenn sie von Kunden außerhalb seines Gebiets ausgehen (Leitlinien Rn. 52 Buchst. b). Auch das Recht auf eine **eigene Website** kann

---

[427] Urteil vom 2.12.2010 C-108/09 ECLI:EU:C:2010:725 *Ker-Optica.* Im gleichen Sinn OLG Schleswig Urteil vom 29.9.2014 – 6 U 2/14 zum Vertrieb von Gleitsichtbrillen und Kontaktlinsen und BKartA Beschluss vom 25.9.2009 WuW 2009, 1161 *CIBA Vision Kontaktlinsen.*

[428] BGH 4.11.2003 *Depotkosmetik im Internet,* WuW/E DE-R 1203 Rn. 25.

[429] Urteil vom 13.10.2011 C-439/09 ECLI:EU:C:2011:649 *Pierre Fabre* Rn. 45 f. Vgl. dazu unten Rn. 273.

[430] So heißt es in den Leitlinien Rn. 54 zutreffend: „insbesondere für den selektiven Vertrieb".

[431] Leitlinien Rn. 54. Nicht klar ist, ob die Kommission dies nur auf den selektiven Vertrieb bezieht oder ob dies allgemein gilt.

[432] Auf die entsprechenden Erläuterungen zum selektiven Vertrieb (Rn. 298 ff.) wird deshalb verwiesen. Wie hier *Bühlmann/Schirmbacher,* Kartellrecht und Internetvertrieb, Rn. 62 f.; so auch *Schultze/*
Pautke/Wagener, Vertikal-GVO Rn. 766 und *Seeliger* in: Wiedemann, Handbuch des Kartellrechts, § 11 Rn. 190 ff.

[433] Diese Formulierung findet sich wortgleich in Rn. 52 vor Buchst. a für alle Vertriebssysteme als auch in Rn. 56 speziell für den selektiven Vertrieb.

dem Händler nicht streitig gemacht werden;[434] wohl aber kann der Hersteller gemäß den obigen Grundsätzen auf die Ausgestaltung der Website Einfluss nehmen. Insgesamt dürfen die Anforderungen nicht so hoch sein, dass sie faktisch auf ein Verbot von Internetverkäufen hinauslaufen.[435] Eine Kernbeschränkung liegt somit vor, wenn die finanziellen Belastungen des Händlers das zumutbare Maß übersteigen.[436] Dass dieser Effekt bewirkt wird, reicht aber nicht aus. Die faktische bzw. indirekte Gebiets- oder Kundenbeschränkung muss „bezweckt" sein (s. oben Rn. 192). Das legt die Kommission im Einzelfall sehr weit aus. So hat sie die **Informationspflicht** des Händlers, den Hersteller über geplante Internetverkäufe vorab zu unterrichten, wegen der „abschreckenden Wirkung" als Kernbeschränkung gewertet.[437] Im Regelfall dürfte hiermit aber keine Wettbewerbsbeschränkung bezweckt sein.

(4) Verbot des Verkaufs über Internet-Plattformen: Wie in vielen Fällen eines generellen Internetverbots ist es auch bei diesen Vereinbarungen das Ziel, hochwertige (Marken-)Produkte gegen eine befürchtete „Verramschung" zu schützen. Auch soll das hohe Preisniveau derartiger Produkte abgesichert werden. 268

Gemäß den **Leitlinien Rn. 54** scheint die Kommission in diesem Verbot grundsätzlich ein zulässiges Qualitätskriterium zu sehen.[438] Der Hersteller könne verlangen, dass seine Händler Plattformen Dritter nur so nutzen, wie es in der Vereinbarung der Parteien festgelegt sei. Einschränkungen der Vertragsfreiheit enthalten die Leitlinien nicht. 269

Dagegen sieht das Bundeskartellamt in Plattformverboten eine Wettbewerbsbeschränkung, die es kritisch beurteilt. Zwar hat es sich in einem „Hintergrundpapier" nicht festgelegt, ob diese Vereinbarung eine Kernbeschränkung nach Art. 4 Buchst. b sei; jedoch nennt es zahlreiche Bedenken gegen eine mögliche Freistellung des Verbots nach Art. 101 Abs. 3 AEUV.[439] Auch meldet es Zweifel an, ob die Auffassung in den Leitlinien mit der *Pierre Fabre*-Rspr. des EuGH vereinbar sei (S. 24). Eine formelle Entscheidung gibt es noch nicht, so dass offen ist, welche Haltung das Bundeskartellamt im Ergebnis einnehmen wird. 270

In Deutschland waren Plattform-Verbote Gegenstand mehrerer Zivilgerichtsverfahren. Von den Gerichten, wie auch in der Literatur, werden die Klauseln unterschiedlich bewertet.[440] Die vorliegenden Entscheidungen betreffen überwiegend, aber nicht ausschließlich den selektiven Vertrieb (vgl. dazu Rn. 314). Für die Fälle außerhalb des selektiven Vertriebs besteht weitgehende Einigkeit, dass die Verbote wegen des großen Potenzials, das durch die Plattformen erschlossen wird, eine **Wettbewerbsbeschränkung** i. S. d. Art. 101 Abs. 1 AEUV darstellen und deshalb einer Rechtfertigung oder einer Freistellung bedürfen. 271

---

[434] Leitlinien Rn. 57 gemäß dem Urteil EuGH 13.10.2011 Rs. C-439/09 ECLI:EU:C:2011:649 *Pierre Fabre* Rn. 55 ff.

[435] Dies gilt auch für den selektiven Vertrieb. Vgl. Schlussanträge GA Mazák vom 3.3.2011 Rs. C-439/09 ECLI:EU:C:2011:113 *Pierre Fabre* Rn. 54.

[436] Auf diesen Aspekt verweisen *Schultze/Pautke/Wagener,* Vertikal-GVO Rn. 766 a. E. und *Nolte* in: Langen/Bunte, Nach Art. 101 AEUV Rn. 827.

[437] Kommission 16.7.2003 *Yamaha* Rn. 107 ff., 171. In Rn. 109 räumt die Kommission ein, dass eine Exportbeschränkung durch die Klausel nicht direkt bezweckt war, sondern nur im Ergebnis bewirkt wurde („potential effect of discouraging dealers from exporting"). Daher ist die Schlussfolgerung in Rn. 171, diese Klausel sei ein Verstoß gegen Art. 4 Buchst. b, wohl nicht zutreffend.

[438] Der Wortlaut ist aber nicht eindeutig. Die Kommission spricht allein davon, dass die Parteien eine Plattform Dritter in Einklang mit ihrer Vereinbarung „nutzen" können. Das kann man auch dahin verstehen, dass nur das Wie der Nutzung, nicht aber ein Verbot vereinbart werden kann.

[439] Bundeskartellamt, Vertikale Beschränkungen in der Internetökonomie. Tagung des Arbeitskreises Kartellrecht 10.10.2013, S. 24 ff.; vgl. auch PM vom 2.7.2014 zum Verfahren *Adidas* und vom 28.4.2014 zum Verfahren *ASICS.*

[440] Vgl. die Nachweise im „Hintergrundpapier" des Bundeskartellamts (s. vorige Fußn.) S. 24 Fußn. 103 und 104.

272 Umstritten ist, ob das Plattformverbot eine **Kundengruppenbeschränkung** nach Art. 4 Buchst. b beinhaltet. Dies wird mit der Begründung verneint, die Benutzer von Internetplattformen seien nicht von anderen Kunden nach einheitlichen Kriterien abgrenzbar.[441] Dem ist entgegenzuhalten, dass eine trennscharfe Abgrenzung von Kundengruppen nur in Ausnahmefällen möglich ist. Vor allem ist der Begriff „Kundengruppe" (in der VO 2790/1999 „Kundenkreis") eine Spezialität des deutschen Textes. In den meisten anderen Fassungen heißt es „Kunden" bzw. „Kundschaft".[442] Aus dem Begriff „Kundengruppe" im deutschen (und dänischen) Text kann deshalb nicht das Erfordernis einer abgegrenzten Kategorie von Kunden abgeleitet werden, das in den meisten anderen Sprachfassungen keine Grundlage hat. Ziel der Regelung ist es, den *interbrand*-Wettbewerb um Gebiete und Kunden zu schützen. Dafür ist eine Abgrenzung von Kundengruppen – anders als bei Buchst. b Ziffer i) – nicht erforderlich.[443] Außerdem erfordert Art. 4 Buchst. b nicht den vollständigen Ausschluss einer Kundengruppe, es genügt vielmehr eine „Beschränkung" (vgl. oben Rn. 246ff.). Ein Plattformverbot ist aber eine erhebliche Beschränkung jedenfalls der Kundengruppe der Internetbenutzer.

273 Somit bleibt die Frage, ob es sich bei dem Plattform-Verbot insbes. für Luxusgüter und andere hochpreisige bzw. hochwertige Produkte um ein (zulässiges) **Qualitätskriterium** handelt. Im Ergebnis wird man dies – entgegen den Leitlinien und einer verbreiteten Auffassung[444] – **verneinen** müssen. Denn das Verbot regelt nicht nur das „Wie" des Verkaufs, sondern schränkt den Kreis der Adressaten, die auf das Angebot zugreifen können, und damit das „An Wen" des Verkaufs erheblich ein.[445] Hauptzweck des Verbots ist der Schutz der „Aura des Exklusiven". Hierzu hat der EuGH in *Pierre Fabre* ausdrücklich festgestellt, dass der **Imageschutz** für hochwertige Güter keine Wettbewerbsbeschränkung rechtfertigen kann.[446] Der Einwand, dass der EuGH allein über ein umfassendes Internetverbot im selektiven Vertrieb entschieden habe, weshalb das Urteil für andere Beschränkungen nicht maßgeblich sei,[447] greift nicht durch, da der EuGH in keiner Weise auf das Internetverbot als solches und die Besonderheiten des selektiven Vertriebs Bezug nimmt. Seine Aussage hat erkennbar generellen Charakter.

274 Aus der EuGH-Entscheidung folgt zwingend, dass ein Qualitätskriterium wie das Plattform-Verbot nur dann zulässig ist, wenn es hierfür eine objektive **Rechtfertigung** gibt. Als Begründung kommt neben dem Imageschutz bei beratungsintensiven Produkten möglicherweise auch das Trittbrettfahrerproblem (s. oben Rn. 230) in Betracht. Da mit dem

---

[441] OLG München 2.7.2009, U(K) 4842/08, GRUR-RR 2009, 394; ebenso *Lohse,* WuW 2014, 120, 127. Auch *Seeliger* in: Wiedemann, Handbuch des Kartellrechts, § 11 Rn. 195f. neigt dieser Auffassung zu.

[442] Englisch: „customers", französisch: „clientèle"; italienisch: „ai clienti"; spanisch: „clientela"; portugiesisch: „clientes"; holländisch: „klanten"; schwedisch: „kundkrets" (Kundschaft). Nur die dänische Fassung („kundegruppe") entspricht der deutschen Version.

[443] So insbes. OLG Schleswig Urteil vom 5.6.2014 *Digitalkameras* NZKart 2014, 364, 365; *Mäger/von Schreitter,* NZKart 2015, 62, 66; s. dazu Rn. 255. Den Unterschied zu Art. 4 Buchst. b Ziffer i) übersehen *Schultze/Pautke/Wagener,* Vertikal-GVO Rn. 721.

[444] So z.B. KG Urteil vom 19.9.2013, WuW/E DE-R 4019; *Peeperkorn/Heimann,* GRUR 2014, 1175, 1178 unter Bezug auf die Leitlinien Rn. 54; *Nolte* in: Langen/Bunte, Nach Art. 101 AEUV Rn. 831f., 845f. Nach *Seeliger* in: Wiedemann, Handbuch des Kartellrechts, § 11 Rn. 195 (mit weiteren Nachweisen) sind die Umstände des Einzelfalls maßgeblich. In neuester Zeit mehren sich Gerichtsentscheidungen, die zumindest ein generelles Verbot von Drittplattformen für unzulässig erachten; vgl. die Übersicht bei *Schweda/Rudowicz,* WRP 2013, 590.

[445] Insoweit a.A. (ohne Begründung) *Peeperkorn/Heimann,* GRUR 2014, 1175, 1178. Nicht zutreffend ist die Auffassung von *Lubberger,* WRP 2015, 14 Rn. 38f., dass Drittplattform-Verbote im Regelfall eine (zulässige) Beschränkung des aktiven Verkaufs darstellen.

[446] Urteil vom 13.10.2011 C-439/09 ECLI:EU:C:2011:649 *Pierre Fabre* Rn. 45f.

[447] So insbesondere *Peeperkorn/Heimann,* GRUR 2014, 1175, 1177; ebenso *Nolte* in: Langen/Bunte, Nach Art. 101 AEUV Rn. 848, was aber in Kontrast steht zur (richtigen) Ansicht in Rn. 782, dass die Entscheidung für alle Vertriebsformen Gültigkeit habe.

Plattformverbot eine spezielle, in der Praxis sehr verbreitete und bedeutsame Internetnutzung ganz ausgeschlossen und der Internetzugang damit wesentlich beschränkt wird, müsste das Verbot jedenfalls durch ganz **gewichtige Gründe** gerechtfertigt sein. Sie werden nur schwerlich aufzufinden sein. Vor allem müssten sie derart sein, dass der Internetvertrieb grundsätzlich möglich bleibt und nur der Vertrieb über Plattformen verschlossen ist. Das ist kaum vorstellbar. Im Fall des **selektiven Vertriebs** liegt außerdem eine unzulässige Kernbeschränkung nach Art. 4 Buchst. c vor, da für die Vertragshändler der Zugang zu den Endkunden wesentlich eingeschränkt ist.[448]

Sofern es für ein Plattform-Verbot ausnahmsweise eine objektive Rechtfertigung gibt, ist eine einheitliche, **nicht diskriminierende Handhabung** des Verbots weitere Voraussetzung. Nicht nur alle anderen Händler, sondern auch der Hersteller selbst müssen sich dann strikt an die Vorgaben halten.[449] Andernfalls liefe das in der *Pierre Fabre*-Rspr. des EuGH angelegte Erfordernis einer objektiven Rechtfertigung leer.[450] **275**

Das Verbot von Internet-Plattformen lässt sich schließlich nicht damit rechtfertigen, dass man die Internet-Plattform als **„Ort der Niederlassung"** i.S.d. Art. 4 Buchst. b ansieht.[451] Auch dies hat der EuGH im *Pierre Fabre*-Urteil (Rn. 56ff.) überzeugend dargelegt. **276**

Soweit es sich bei den genannten Beschränkungen des Internet-Vertriebs um eine Kernbeschränkung nach Art. 4 Buchst. b oder Buchst. c handelt, wird eine **Einzelfreistellung** nach Art. 101 Abs. 3 AEUV in aller Regel nicht in Betracht kommen. Sowohl die erforderlichen Effizienzen als auch die Unerlässlichkeit des Verbots werden kaum jemals nachzuweisen sein.[452] Meist wird das Ziel auch durch mildere Wettbewerbsbeschränkungen wie z.B. Qualitätsanforderungen an den Plattformvertrieb zu erreichen sein.[453] In der Praxis ist bisher in allen Fällen eine Einzelfreistellung versagt worden. **277**

Bislang haben Kommission und Bundeskartellamt bei Verstößen, die allein den Internet-Handel betrafen, noch kein Bußgeld verhängt. Nachdem die ersten Entscheidungen vorliegen, ist für die Zukunft jedoch mit einem erheblichen **Bußgeldrisiko** zu rechnen. Dabei ist zu erwarten, dass der tatbezogene Umsatz, der ein wichtiger Maßstab für die Höhe der Geldbuße ist, nach der Summe sowohl des Internet- als auch des stationären Umsatzes berechnet wird.[454] Denn beide Behörden nehmen an, dass sich die online- und offline-Preise gegenseitig beeinflussen. Bei verbotenen Internetbeschränkungen dürfte darüber hinaus ein nicht unerhebliches Sanktionspotential durch **Schadenersatzforderungen** bestehen.[455] Denn der Schaden in Form von verminderten Internet- **278**

---

[448] Mit dieser Begründung hat das LG Frankfurt Urteil vom 18.6.2014 WuW/E DE-R 4409 ein Drittplattformverbot als unzulässig angesehen und dabei ausdrücklich die Leitlinien Rn. 54 als nicht verbindlich erklärt.

[449] Aus diesem Grund hält das KG im Urteil vom 19.9.2013, WuW/E DE-R 4019 das Plattform-Verbot für rechtswidrig. Ebenso OLG Schleswig Urteil vom 5.6.2014 *Digitalkameras* NZKart 2014, 364, 365; im Grundsatz auch OLG Karlsruhe 25.11.2009 – 6 U 47/08, GRUR-RR 2010, 109, 111, das aber im konkreten Fall anders entschieden hat. Im Ergebnis offen *Seeliger* in: Wiedemann, Handbuch des Kartellrechts, § 11 Rn. 197f.

[450] Die Entscheidung *Auto24* des EuGH vom 14.6.2012 C-158/11 ECLI:EU:C:2012:351, EuZW 2012, 628 steht dem nicht entgegen. Danach ist für den selektiven Vertrieb eine diskriminierungsfreie Handhabung der Kriterien nicht erforderlich. Daraus folgt aber nicht, dass Diskriminierungen in Form einer Kernbeschränkung nach Art. 2 freigestellt sind.

[451] Nicht verständlich *Lubberger,* WRP 2015, 14 Rn. 43ff., der aus diesem Umstand gerade die Zulässigkeit von Plattform-Verboten ableiten will.

[452] Zweifelnd, im Ergebnis offen Bundeskartellamt im „Hintergrundpapier" (s. oben Fußn. 439) S. 24ff. Wie hier *Mäger/von Schreitter,* NZKart 2015, 62, 65 z.B. zu Doppelpreissystemen.

[453] Vgl. OLG Schleswig Urteil vom 5.6.2014 *Digitalkameras* NZKart 2014, 364, 365 zum Verbot von Drittplattformen.

[454] So auch *Mäger/von Schreitter,* NZKart 2015, 62, 65.

[455] Darauf weisen *Mäger/von Schreitter,* NZKart 2015, 62, 65 z.B. für den Fall der Doppelpreissysteme hin.

Umsätzen wird bei diesen Konstellationen i. d. R. ohne großen Aufwand nachzuweisen sein.

279 **cc) Die Gegenausnahmen in den Unterpunkten von Art. 4 Buchst. b. Ziffer i): Zugelassene Exklusivvereinbarungen.** Der erste Unterpunkt des Art. 4 Buchst. b enthält eine wichtige Einschränkung, indem **Alleinvertriebsverträge** (Exklusivvertrieb) unter bestimmten Voraussetzungen von der Kernbeschränkung ausgenommen sind. Diese Vereinbarungen, die in der Praxis sehr verbreitet sind, haben für beide Seiten wesentliche **Vorteile**. Der Exklusivhändler ist in seinem Gebiet gegen den Wettbewerb anderer Händler des Herstellers (*intrabrand*-Wettbewerb) geschützt. Dies ermöglicht es ihm, besondere Anstrengungen zum Vertrieb der Produkte des Herstellers zu unternehmen und so dessen Position im *interbrand*-Wettbewerb zu stärken.

280 In der Regel besteht der Alleinvertriebsvertrag nicht isoliert aus der Zuweisung eines exklusiven Verkaufsgebiets oder einer exklusiven Kundengruppe, sondern beinhaltet eine **Kombination verschiedener Regelungen.** Die Alleinstellung wird durch das allen anderen Händlern auferlegte Verbot abgesichert, in dem Exklusivgebiet bzw. gegenüber der exklusiven Kundengruppe tätig zu werden. Zum Ausgleich ist der Exklusivhändler zu gesteigerten Verkaufsanstrengungen und -investitionen für den Hersteller verpflichtet **(Absatzförderungspflicht).** Zusätzlich kann vereinbart werden, dass der Händler die Produkte ausschließlich bei dem einen Hersteller beschafft (Alleinbezugsverpflichtung).[456] Auch kann es sich empfehlen, mit dem Händler ein Wettbewerbsverbot für den Vertrieb konkurrierender Produkte zu vereinbaren (Leitlinien Rn. 160 f., 165).

281 Eine **Wettbewerbsbeschränkung** besteht nicht in der Zuweisung des Vertragsgebiets oder -kundenkreises und der Verpflichtung zu gesteigerten Verkaufsanstrengungen. Art. 101 Abs. 1 AEUV ist erst durch die Ge- und Verbote in den begleitenden Vereinbarungen betroffen. Eine **Kernbeschränkung** nach Art. 4 Buchst. b ist die den anderen Händlern auferlegte Verpflichtung, nicht in das Exklusivgebiet oder an die Exklusivkundengruppe Verkäufe zu tätigen.

282 Die Kommission hat den Vorteilen des Alleinvertriebs schon sehr früh durch eine gruppenweise Freistellung Rechnung getragen.[457] Die VO 330/2010 sieht eine Gegenausnahme für den Alleinvertrieb in Art. 4 Buchst. b Ziffer i) unter **drei Voraussetzungen** vor. Sind sie erfüllt, ist die Vereinbarung im Rahmen der Art. 2 und 3 freigestellt.

283 Die Freistellung erfordert, dass

- der Anbieter entweder sich selbst die ausschließliche Belieferung vorbehalten oder einem Dritten das ausschließliche Belieferungsrecht zugewiesen hat (dazu unten (1),
- nur der aktive Verkauf beschränkt wird (dazu unten (2) und
- die Kunden des Abnehmers nicht ihrerseits Verkaufsbeschränkungen unterliegen (dazu unten (3).

284 **(1) Exklusivgebiet oder -kundengruppe.** Der Begriff der exklusiven Zuweisung eines Gebiets oder Kundengruppe ist in den Leitlinien Rn. 51 definiert. Notwendig ist die ausschließliche Lieferung an einen Abnehmer und außerdem die ausreichende Absicherung dieses Abnehmers gegen aktive Verkäufe anderer Abnehmer in der EU. Dieser Schutz des Exklusivhändlers muss nicht nur faktisch, sondern auch **rechtlich gesichert** sein. Der Hersteller muss also mit allen anderen Händlern entsprechende Vereinbarungen zum Schutz des Exklusivhändlers treffen.

285 Wie die Gebiete definiert oder die Kundengruppen bestimmt werden, steht im Ermessen der Parteien. Allerdings muss die Aufteilung nach **klar erkennbaren Kriterien** erfolgen, da sonst eine Respektierung des Exklusivrechts durch die anderen Händler nicht möglich ist. Der Begriff der **„Kundengruppe“** ist daher hier – anders als im Obersatz des

---

[456] Vgl. *Seeliger* in: Wiedemann, Handbuch des Kartellrechts, § 11 Rn. 321.

[457] Die erste GVO 67/67 vom 22.3.1967 galt sowohl für Alleinbelieferung als auch Alleinbezug. Für den Alleinvertrieb wurde sie ersetzt durch die VO 1983/83 vom 22.6.1983.

Art. 4 Buchst. b[458] – so auszulegen, dass eine hinreichende Abgrenzung der geschützten Kunden erforderlich ist.[459] Unter dieser Voraussetzung kann sich der Hersteller auch einzelne namentlich benannte (Groß-)Kunden vorbehalten.[460]

Die Zuweisung eines Exklusivrechts schließt nicht aus, dass der Händler außerhalb seines Exklusivgebiets bzw. seiner exklusiven Kundengruppe tätig wird. Er darf somit in **„freien Gebieten“,**[461] die weder dem Hersteller vorbehalten noch einem anderen Abnehmer zugewiesen sind, seinerseits Verkäufe tätigen.[462] Ein Eingriff in diese Befugnis ist eine Kernbeschränkung gemäß Art. 4 Buchst. b. Der Hersteller muss daher rechtzeitig Vorsorge treffen, dass beim Ausscheiden eines Händlers oder bei Gebietsänderungen keine Lücke entsteht, weil dann die Exklusivität für die frei werdenden Gebiete oder Kundengruppen entfallen würde.[463] **286**

Exklusive Gebiete oder Kundengruppen sind wegen des Verbots in Art. 4 Buchst. c nicht mit einem **selektiven Vertriebssystem** vereinbar. Dagegen ist es möglich, dass nebeneinander ein selektiver Vertrieb und ein Alleinvertrieb für verschiedene Gebiete oder Kundengruppen existieren. **287**

Dem Anbieter vorbehalten ist eine Belieferung nur dann, wenn er die Kunden tatsächlich beliefert bzw. eine Belieferung ernsthaft anstrebt. Ein negativer Vorbehalt in der Form, dass lediglich anderen Händlern die Belieferung untersagt wird, reicht nicht.[464] **288**

Die **exklusive Zuweisung an einen Abnehmer** setzt einen ausreichenden Schutz dieses Abnehmers gegen Verkäufe durch Dritte voraus.[465] Der Verkäufer kann sich aber, anders als nach der GVO 2790/1999, jetzt das Recht vorbehalten, seinerseits in das Exklusivgebiet oder an die Exklusivkundengruppe des Abnehmers Verkäufe zu tätigen.[466] Das Exklusivrecht kann zwar auf mehrere Käufer aufgeteilt sein. Es darf aber jeweils für bestimmte Gebiete oder Kundengruppen nur **ein einziges Exklusivrecht** geben.[467] Wenn die Exklusivrechte mehreren Händlern gleichzeitig eingeräumt sind, entfällt die Gegenausnahme in Art. 4 Buchst. b Ziffer i), und jede Gebiets- oder Kundengruppenbeschränkung ist eine Kernbeschränkung nach dem Obersatz von Art. 4 Buchst. b.[468] **289**

---

[458] Siehe dazu Rn. 241 f., 255 und 271. Abweichend vom Obersatz des Art. 4 Buchst. b heißt es in der englischen Fassung hier „customer group“.

[459] Das ist, trotz einer missverständlichen Begründung, auch die Auffassung von *Schultze/Pautke/Wagener,* Vertikal-GVO Rn. 639.

[460] Das ist umstritten; vgl. *Nolte* in: Langen/Bunte, Nach Art. 101 AEUV Rn. 494. Wie hier, mit überzeugender Begründung, *Dallmann* in: Schulte/Just, Vertikal-GVO Art. 4 Rn. 22.

[461] Gelegentlich wird dafür die Bezeichnung „weiße Flecken“ verwandt; vgl. *Semler/Bauer* DB 2000, 193, 198.

[462] Dies war in den früheren Gruppenfreistellungsverordnungen anders geregelt. *Schultze/Pautke/Wagener,* Vertikal-GVO Rn. 467 sehen hierin eine „dramatische“ Änderung.

[463] Zur vertraglichen Ausgestaltung vgl. *Seeliger* in: Wiedemann, Handbuch des Kartellrechts, § 11 Rn. 179; *Nolte* in: Langen/Bunte, Nach Art. 101 AEUV Rn. 500; *Jestaedt/Zöttl* in: Münchener Kommentar GVO Nr. 330/2010 Art. 4 Rn. 80 ff.

[464] Weitergehend *Ellger* in: Immenga/Mestmäcker, EU-WbR, VO 330/2010 Art. 4 Rn. 60, wonach es ausreicht, dass eine Belieferung durch den Lieferanten „nicht ausgeschlossen“ ist, und *Nolte* in: Langen/Bunte, Nach Art. 101 AEUV Rn. 497 ff., der eine Belieferung „auf Anfrage“ als ausreichend ansieht. Wie hier *Semler/Bauer* DB 2000, 193, 198; ähnlich *Bauer/de Bronett,* Vertikal-GVO Rn. 115, der eine konkrete und nachweisbare Absicht verlangt, „in absehbarer Zeit“ die Belieferung aufzunehmen, und *Schultze/Pautke/Wagener,* Vertikal-GVO Rn. 646 ff., wonach eine „zumindest mittelfristige Strategie“ erforderlich ist (Rn. 650); ebenso *Petsche/Lager* in: Liebscher/Flohr/Petsche, Handbuch der EU-Gruppenfreistellungsverordnungen § 7 Rn. 102. Der Lieferant ist nicht an seine Absicht gebunden und kann seine Strategie jederzeit ändern; vgl. *Rahlmeyer* in: Martinek/Semler/Habermeier/Flohr, Vertriebsrecht § 37 Rn. 59.

[465] Vgl. oben Rn. 284 und Leitlinien Rn. 50. Kritisch zur praktischen Handhabung dieser Regelung *Bauer/de Bronett,* Vertikal-GVO Rn. 109 ff.

[466] Dazu können auch einzelne namentlich benannte Kunden gehören; vgl. oben Rn. 285.

[467] *Roninger* Art. 4 Rn. 16 bezeichnet dies missverständlich als „Lückenlosigkeitsprinzip“.

[468] Vgl. *Ellger* in: Immenga/Mestmäcker, EU-WbR, VO 330/2010 Art. 4 Rn. 62 und *Beutelmann,* Selektive Vertriebssysteme im europäischen Kartellrecht, S. 119.

290 **(2) Beschränkung nur der aktiven Verkäufe.** Die Freistellung kommt nur für **aktive Verkäufe** in Betracht. Beschränkungen des passiven Verkaufs sind dagegen stets eine Kernbeschränkung. [469] Beide Begriffe sind nicht in der GVO definiert. Die Leitlinien enthalten in Rn. 51 eine Definition durch die Kommission, die inzwischen allgemein maßgeblich ist. Die Grundform ist der **passive Verkauf.** Er besteht in der generellen Information über die Verkaufsangebote (z. B. durch Produktlisten oder ein Schaufenster) und **Werbung**, die nicht an bestimmte einzelne Kunden gerichtet ist, insbes. in den Medien und im Internet. Außerdem ist passiver Verkauf die Reaktion auf eine unaufgeforderte Bestellung einzelner Kunden (sog. Komm-Kunden-Geschäfte).[470]

291 **Aktiver Verkauf** ist danach eine darüber hinausgehende Akquisition
- entweder durch gezielte Ansprache einzelner Kunden oder
- durch gezielte Ansprache bestimmter Kundengruppen oder Kunden in einem Gebiet durch Werbung oder Verkaufsförderungsmaßnahmen, die speziell auf diese Kunden ausgerichtet oder nur für diese von Interesse sind (z. B. E-Mails). [471]

Auch die Errichtung eines Lagers in dem betreffenden Gebiet, die in den neuen Leitlinien nicht mehr erwähnt wird, gehört dazu. Werbemaßnahmen allgemeiner Art sind ausnahmsweise aktiver Verkauf und können vertraglich beschränkt werden, wenn es keine vernünftige Alternative gibt, exklusiv gebundene Kunden oder Kundengruppen gezielt anzusprechen.

292 Problematisch ist die Abgrenzung von aktiven und passiven Verkäufen im Fall von **Internetverkäufen** und **Internetwerbung.** Die Kommission betrachtet das Internet als besonders schutzwürdiges Verkaufsmittel und ordnet Internetwerbung und Internetverkauf deshalb grundsätzlich als passiven Verkauf ein, der nicht beschränkt werden darf (Leitlinien Rn. 52). Daraus folgt, dass Kunden nicht behindert werden dürfen, über Internet Waren oder Dienstleistungen bei einem Händler zu bestellen. Eine Ausnahme gilt nur für die gezielte Ansprache von Kunden. Dazu zählen z. B. gebietsspezifische Banner auf Websites Dritter (Leitlinien Rn. 53) sowie Links oder meta-Tags in Suchmaschinen.[472] In der Wahl einer **fremden Sprache** sieht die Kommission kein Kriterium, das den passiven Charakter des Verkaufs beeinflussen kann (Leitlinien Rn. 52). Die Verwendung von nicht verbreiteten, im Geschäftsverkehr unüblichen Sprachen wird man aber als „Bemühungen, die sich gezielt an ein bestimmtes Gebiet oder eine bestimmte Kundengruppe richten" (Leitlinien Rn. 53), betrachten müssen. Dies ist somit ein aktiver Verkauf, der vertraglich ausgeschlossen werden kann.[473] Für Englisch gilt dies nicht.

293 Hinsichtlich des **Versandhandels** enthalten die neuen Leitlinien keine Regelung mehr.[474] Damit dürfte wieder die frühere Praxis der Kommission maßgeblich sein, die für den Versandhandel in größerem Umfang Einschränkungen zugelassen hatte.[475]

294 Im Ergebnis können aktive Verkäufe nur in eng begrenztem Rahmen vertraglich eingeschränkt werden, während passive Verkäufe überhaupt nicht beschränkt werden dürfen. Im

---

[469] Dies gilt aber nicht für die Gegenausnahmen in Ziffer ii), iii) und iv) von Art. 4 Buchst. b, nach denen auch passive Verkäufe beschränkt werden können. Unberührt bleibt die eigene freie Entscheidung des Händlers (ohne Abstimmung mit dem Lieferanten), bestimmte Kunden nicht zu beliefern; vgl. dazu *Rahlmeyer* in: Martinek/Semler/Habermeier/Flohr, Vertriebsrecht § 37 Rn. 54.

[470] *Bechtold/Bosch/Brinker,* EU-Kartellrecht, Art. 4 VO 330/2010 Rn. 14. Im Einzelfall kann die Abgrenzung schwierig sein. Nach *Rahlmeyer* in: Martinek/Semler/Habermeier/Flohr, Vertriebsrecht § 37 Rn. 55 f. liegt im Streitfall die Verantwortung beim Händler; ihn soll deshalb eine Aufklärungspflicht gegenüber dem Lieferanten treffen, was sehr weitgehend erscheint.

[471] Vgl. Leitlinien Rn. 51, 2. Spiegelstrich.

[472] *Nolte* in: Langen/Bunte, Nach Art. 101 AEUV Rn. 758 ff.

[473] Vgl. dazu *Schultze/Pautke/Wagener,* Vertikal-GVO Rn. 748; *Bühlmann/Schirmbacher,* Kartellrecht und Internetvertrieb, Rn. 66 ff.

[474] In den Leitlinien zur GVO 2790/1999 Rn. 51 war der Versandhandel dem Internetvertrieb gleichgestellt. Dies war in der Sache nicht angemessen.

[475] Vgl. die Nachweise bei *Schultze/Pautke/Wagener,* Vertikal-GVO Rn. 722.

Fall von aktiven Verkäufen ist eine Gebiets- oder Kundengruppenbeschränkung nur unter zwei Voraussetzungen zulässig. Erstens muss es sich um einen Alleinvertrieb handeln. In allen anderen Vertriebssystemen besteht diese Möglichkeit nicht. Zweitens ist eine vertragliche Beschränkung nur zulässig, soweit dadurch **aktive Verkäufe an exklusiv gebundene Kunden(-gruppen)** verhindert werden. Aktive Verkäufe in freie Gebiete oder an Kunden, die keine Exklusivkunden des Herstellers oder eines anderen Händlers sind, fallen nicht darunter; ihre Beschränkung ist eine Kernbeschränkung nach dem Obersatz des Art. 4 Buchst. b. Auch die (seltenen) Formen eines aktiven Internetverkaufs dürfen nur hinsichtlich exklusiv gebundener Kunden beschränkt werden. Alle anderen Einschränkungen des Internetvertriebs (Verbote, Mengenbegrenzungen, Qualitätsstandards, Preisbindungen) richten sich danach, inwieweit es sich dabei um eine Kernbeschränkung nach Art. 4 Buchst. a oder b handelt, gleichgültig ob es sich um Aktiv- oder Passivverkäufe handelt (Rn. 252).

(3) Keine Beschränkung der Verkäufe seitens der Kunden des Händlers. Der 295
Alleinvertrieb soll wegen der gravierenden Auswirkungen nur die erste Vertriebsstufe des Anbieters (Herstellers) erfassen. Die Tätigkeit der nachgelagerten Vertriebsstufe (bei sog. „durchlaufenden Vertriebsbindungen") soll nicht behindert werden; der Anbieter (Hersteller) darf also die Großhändler nicht verpflichten, mit den Einzelhändlern einen entsprechenden Alleinvertrieb zu vereinbaren. Dadurch soll bei mehrstufigen Vertriebssystemen ein absoluter Gebietsschutz ausgeschlossen werden. Auf der nachfolgenden Handelsstufe dürfen auch aktive Verkäufe nicht beschränkt werden. Darauf, in welcher Form oder durch wen die Kunden des Verkäufers gebunden werden, kommt es nicht an.

Ziffer ii): Zulässiges Verbot von Sprungverkäufen durch Großhändler. Diese 296
Ausnahme knüpft an die bisherige Praxis von **Sprunglieferungsverboten** in selektiven Vertriebssystemen an,[476] geht aber darüber hinaus.[477] Großhändlern darf vom Anbieter die vertragliche Verpflichtung auferlegt werden, nicht an Endverbraucher zu verkaufen. Dies gilt für alle Vertriebsformen und dabei für **aktive wie passive Verkäufe.** Die Freistellung bezieht sich, wie Art. 4 insgesamt, nur auf die Vertragswaren oder -dienstleistungen, nicht auf sonstige Produkte. Die Klausel ist auch dann zulässig, wenn der Großhändler bereits als Einzelhändler tätig ist; er muss den Einzelhandelsverkauf dann beenden.[478]

Die Klausel muss nicht den Einzelhandelsvertrieb insgesamt untersagen, sondern kann 297
auch **inhaltliche Ausnahmen** vorsehen, z. B. hinsichtlich einzelner Produkte, bestimmter Großkunden oder der bestehenden Einzelhandelsverträge. Die vertragliche Beschränkung kann zulässigerweise auch mit einzelnen Großhändlern und unabhängig von der Natur der vertriebenen Produkte vereinbart werden.

Ziffer iii): Zulässiges Verbot des Verkaufs an Außenseiter in selektiven Ver- 298
triebssystemen. Diese Ausnahme stimmt inhaltlich mit der **Definition des selektiven Vertriebs** in Art. 1 Abs. 1 Buchst. e überein. Sie stellt die Vereinbarungen, die den selektiven Vertrieb kennzeichnen, von der Sanktion des Art. 4 Buchst. b frei. Dies gilt unabhängig davon, ob der Vertrag wirtschaftlich einem anderen Vertragstyp zuzuordnen ist (z. B. bestimmte Formen des **Franchising**).

Der Begriff „selektiver Vertrieb" erfordert nach der neueren EuGH-Rspr. nur, dass der 299
Hersteller **objektive Kriterien** festlegt, die von allen Händlern erfüllt sein müssen.[479] Nach der früheren Rspr. und Praxis lag dann keine Wettbewerbsbeschränkung i. S. d. Art. 101 Abs. 1 AEUV vor, wenn diese Kriterien im Hinblick auf die Natur der Produkte

---

476 In der Regel wird dann keine spürbare Wettbewerbsbeschränkung vorliegen; vgl. *Klotz* in: Schröter/Jakob/Klotz/Mederer Rn. 786.

477 *Schultze/Pautke/Wagener,* Vertikal-GVO Rn. 655 f.; *Beutelmann,* Selektive Vertriebssysteme im europäischen Kartellrecht, S. 122.

478 Dem Großhändler kann auch die Einrichtung eines Einzelhandelsbetriebs für die Vertragswaren untersagt werden; a. A. *Bechtold/Bosch/Brinker,* EU-Kartellrecht, Art. 4 VO 330/2010 Rn. 18.

479 EuGH Urteil vom 14.6.2012 C-158/11 ECLI:EU:C:2012:351 *Auto24,* EuZW 2012, 628.

objektiv erforderlich waren, vom Hersteller einheitlich (diskriminierungsfrei) gehandhabt wurden und nicht über das notwendige Maß hinausgingen.[480] Umstritten war, ob diese zusätzlichen Anforderungen Voraussetzung für eine Freistellung nach der Vertikal-GVO waren. Durch die EuGH-Entscheidung *Auto24* ist nunmehr klargestellt, dass dies nicht der Fall ist.[481] Ob ein selektiver Vertrieb z. B. bei einer diskriminierenden Handhabung der objektiven Kriterien freigestellt ist, richtet sich nach den einschlägigen Vorschriften der Vertikal-GVO (insbes. Art. 3 und 4) bzw. Art. 101 Abs. 3 AEUV.

300 Da Art. 4 Buchst. b Ziffer iii) der Definition des selektiven Vertriebs entspricht, gilt die **Freistellung** für alle Arten des selektiven Vertriebs.[482] Sie betrifft nicht nur aktive, sondern auch passive Verkäufe (s. oben Rn. 290 Fußn. 469). Entsprechend ihrem Charakter als Gegenausnahme greift sie nur im Umfang der Kernbeschränkung nach dem Obersatz von Art. 4 Buchst. b ein (s. Rn. 232). Freigestellt ist der Verkauf an Händler (Wiederverkäufer) auf allen Handelsstufen; auch die Verpflichtung des Herstellers, nicht an Außenseiter zu liefern, ist mit umfasst („Mitglieder eines selektiven Vertriebssystems"). Beschränkungen des Verkaufs an Endverbraucher sind eine Kernbeschränkung nach Art. 4 Buchst. c.

301 Neu ist der Zusatz in Ziffer iii) von Art. 4 Buchst. b „innerhalb des vom Anbieter für den Betrieb dieses Systems festgelegten Gebiets". Daraus folgt, dass ein selektiver Vertrieb **regional begrenzt** sein kann und dass daneben in den übrigen Gebieten ein **anderes Vertriebssystem** praktiziert wird. Die Freistellung in Ziffer iii) beschränkt sich dabei auf das Gebiet des selektiven Vertriebs. Beschränkungen der Lieferungen an die Händler außerhalb des selektiven Vertriebs richten sich nach den jeweils einschlägigen Vorschriften. Aus den Leitlinien Ziffer 55 ist zu entnehmen, dass Ziffer iii) auch gilt, wenn das selektive Vertriebssystem noch nicht besteht, sondern **erst in Zukunft eingerichtet** werden soll („noch nicht verkauft"). Damit wird der stufenweise Aufbau eines gebietsübergreifenden selektiven Vertriebs ermöglicht. Der Hersteller muss aber den Aufbau eines selektiven Vertriebssystems zumindest ernsthaft beabsichtigen. Die bloße theoretische Möglichkeit eines späteren Vertriebs ist nicht ausreichend.[483]

302 **Ziffer iv): Zulässige Beschränkungen in Lieferverträgen über Bestandteile.** Die Ausnahme in Ziffer iv) bezieht sich nicht auf Vertriebs-, sondern auf Zulieferverträge. Sie erlaubt vertragliche Regelungen, wonach der Abnehmer eines **Zwischenprodukts,** das er vom Zulieferer erworben hat, dieses nicht an andere Hersteller weiterveräußern darf, die gleiche Erzeugnisse herstellen wie der Zulieferer. Der Zulieferer des Zwischenprodukts, der zugleich Hersteller des Endprodukts ist,[484] kann sich so dagegen schützen, dass seine Produkte an andere Endhersteller geliefert werden, mit denen er selbst im Wettbewerb steht.

303 Gegenstand der freigestellten Bindung sind „Teile, die **zur Weiterverwendung geliefert** werden".[485] Die zugelieferten (Zwischen-)Produkte[486] können Rohmaterialien sein, meist wird es sich aber um Fertigteile handeln. Ausgeschlossen werden darf die Lieferung

---

[480] Dies wird als qualitative Selektion oder reine Fachhandelsbindung bezeichnet. Vgl. dazu Leitlinien Rn. 175; *Seeliger* in: Wiedemann, Handbuch des Kartellrechts, § 11 Rn. 203 ff.

[481] So auch die Vorauflage Rn. 203. Anders weiterhin *Ellger* in: Immenga/Mestmäcker, EU-WbR, VO 330/2010 Art. 4 Rn. 75 f. Vgl. ferner *Bergmann* ZWeR 2004, 28, 37 und *Honnefelder,* Gruppenfreistellungsverordnung für selektive Vertriebssysteme?, Diss. Göttingen 2001.

[482] Üblicherweise werden qualitativer, qualifizierter und quantitativer selektiver Vertrieb unterschieden (*Ellger* in: Immenga/Mestmäcker, EU-WbR, VO 330/2010 Art. 4 Rn. 71). Die Freistellung ist auch unabhängig davon, ob es sich um eine spürbare Wettbewerbsbeschränkung i. S. d. Art. 101 Abs. 1 AEUV handelt.

[483] Vgl. zum Ganzen, auch zur Lücke in der Regelung, *Schultze/Pautke/Wagener,* Vertikal-GVO Rn. 661 f.

[484] Es handelt sich daher regelmäßig um OEM-Produkte; vgl. *Nolte* in: Langen/Bunte, Nach Art. 101 AEUV Rn. 509 und *Seeliger* in: Wiedemann, Handbuch des Kartellrechts, § 11 Rn. 210.

[485] Der Wortlaut in der GVO 2790/1999 lautete stattdessen: „Bestandteile, die zwecks Einfügung in andere Erzeugnisse geliefert werden", ohne dass ein sachlicher Unterschied erkennbar ist.

[486] Nach den Leitlinien Rn. 55 umfasst der Begriff „Teile" alle Zwischenprodukte.

an solche Hersteller, die **gleichartige Produkte wie der Zulieferer selbst herstellen.** Voraussetzung ist, dass die Vertikal-GVO nicht nach Art. 2 Abs. 4 ausgeschlossen ist; d.h. aktueller oder potentieller Wettbewerber des Zulieferers darf nicht der Abnehmer selbst sein, sondern nur der Kunde des Abnehmers.[487]

Die Ausnahme betrifft nur Bindungen des **Abnehmers.** Vertragliche Bindungen des Verkäufers (Herstellers des Zulieferprodukts) sind – wie allgemein in Art. 4 Buchst. b – nicht geregelt.[488] **304**

d) Beschränkungen des Verkaufs an Endverbraucher in selektiven Vertriebssystemen (Art. 4 Buchst. c). aa) Allgemeines, Anwendungsbereich. Der in Art. 4 Buchst. c geregelte selektive Vertrieb dürfte die am meisten verbreitete besondere Vertriebsform sein. Er ist typisch für Marken-Endprodukte,[489] ist aber nicht darauf beschränkt. Eine **Legaldefinition** enthält Art. 1 Abs. 1 Buchst. e (s. o. Rn. 298f.). Durch den selektiven Vertrieb wird tendenziell der **markeninterne Wettbewerb** zwischen den Händlern des Vertriebssystems **eingeschränkt.** Diese Gefahr soll dadurch begrenzt und ausgeglichen werden, dass der markeninterne Wettbewerb zwischen den Händlern beim Verkauf an Endverbraucher auf keinen Fall beschränkt sein darf. Besondere Bedeutung hatte diese Kernbeschränkung im Fall des **Kfz-Vertriebs.**[490] **305**

Der qualitative selektive Vertrieb **(reine Fachhandelsbindung)** unterfällt grundsätzlich nicht der GVO, da er keine spürbare Wettbewerbsbeschränkung darstellt (Art. 2 Abs. 1 Unterabs. 2). Trotzdem darf nach Art. 4 Buchst. c auch in diesem Fall der Verkauf von Einzelhändlern an Endkunden nicht beschränkt sein.[491] Auf die anderen Formen des selektiven Vertriebs findet Art. 101 Abs. 1 AEUV Anwendung. Sie gelten nach der EuGH-Rspr. grundsätzlich als **„bezweckte" Wettbewerbsbeschränkung.**[492] Jedoch ist eine Einzelfreistellung nach Art. 101 Abs. 3 AEUV möglich. Auch **Franchise-Verträge** unterliegen den Anforderungen des Art. 4 Buchst. c, wenn sie die Voraussetzungen von selektiven Vertriebssystemen des Art. 1 Abs. 1 Buchst. e erfüllen. Anders als im Rahmen des Art. 101 Abs. 1 AEUV kommt es dabei auf die Art der Beschränkungen, ihre sachliche Rechtfertigung und den Charakter der Produkte nicht an.[493] **306**

Die Kernbeschränkungen in Art. 4 **Buchst. b und Buchst. c** sind **nebeneinander anwendbar,** wobei die jeweils strengere Vorschrift maßgeblich ist. Eine „Vorrangfrage" stellt sich daher nicht.[494] Beschränkungen von Passivverkäufen an Endverbraucher sind nach beiden Bestimmungen unzulässig. Beschränkungen von Aktivverkäufen sind dann eine Kernbeschränkung, wenn sie unter eine der beiden Regelungen fallen, gleichgültig ob sie nach der anderen Bestimmung freigestellt wären.[495] In einem selektiven Vertriebssystem **307**

---

[487] Vgl. *Ellger* in: Immenga/Mestmäcker, EU-WbR, VO 330/2010 Art. 4 Rn. 85.

[488] In diesen Fällen kann aber eine Kernbeschränkung nach Art. 4 Buchst. e vorliegen. In allen anderen Fällen sind derartige Einschränkungen nach den Art. 2 und 3 freigestellt.

[489] Nach den Leitlinien Rn. 174 soll er „praktisch nur" in diesem Fall zum Tragen kommen. Das erscheint zu eng.

[490] Die VO 1400/2002 enthielt dazu in Art. 2 Abs. 5 besondere Regelungen, die gegenüber Art. 4 Buchst. c Vorrang hatten. Seit dem 1.6.2013 gilt für den Kfz-Vertrieb die Vertikal-GVO (s. o. Rn. 34 und 142).

[491] Eine solche Vereinbarung wäre eine Wettbewerbsbeschränkung, so dass Art. 101 Abs. 1 AEUV und damit auch Art. 4 Buchst. c anwendbar wären. Ebenso *Mäger/von Schreitter,* NZKart 2015, 62, 68ff. zu Drittplattform-Verboten.

[492] EuGH Urteil vom 13.10.2011 Rs. C-439/09 ECLI:EU:C:2011:649 *Pierre Fabre* Rn. 39.

[493] Zu Franchiseverträgen vgl. im Einzelnen *Schultze/Pautke/Wagener,* Vertikal-GVO Rn. 667ff.

[494] Das Verhältnis stellt somit eine Art „Zwei-Schranken-Theorie" dar. Nach der überw. Meinung im Schrifttum hat Art. 4 Buchst. c als speziellere Norm „Vorrang" vor Buchst. b Ziffer i); so z.B. *Ellger* in: Immenga/Mestmäcker, EU-WbR, VO 330/2010 Art. 4 Rn. 87; *Schultze/Pautke/Wagener,* Vertikal-GVO Rn. 782; *Nolte* in: Langen/Bunte, Nach Art. 101 AEUV Rn. 512.

[495] Beispiele sind Beschränkungen im selektiven Vertrieb einerseits von Aktivverkäufen von Einzelhändlern an Großhändler, andererseits von Großhändlern an Endverbraucher: in beiden Fällen

können Einzelhändlern Verkaufsbeschränkungen (nur) hinsichtlich der Belieferung von Außenseitern (Art. 4 Buchst. b Ziffer iii) und zum Schutz von Alleinvertriebssystemen in anderen Gebieten (Leitlinien Rn. 56) auferlegt werden. Außerdem kann der Standort vorgegeben werden (2. Halbsatz in Buchst. c).

308 **bb) „Mitglieder eines selektiven Vertriebssystems".** Mitglieder eines selektiven Vertriebssystems sind nicht nur die Händler, sondern **auch der Anbieter** (Hersteller). Dies wird durch die abweichende Formulierung in Buchst. d („Händler") bestätigt.

309 Erfasst werden nur solche Mitglieder, die „auf der **Einzelhandelsstufe**" tätig sind. Maßgeblich ist nicht die Organisation oder Art des Geschäftsbetriebs, sondern die konkrete Tätigkeit. Auch Hersteller und Großhändler unterliegen der Verpflichtung aus Art. 4 Buchst. c, wenn und soweit sie tatsächlich an Endverbraucher direkt absetzen.[496] Dies kann auch nicht dadurch umgangen werden, dass einem Hersteller oder Großhändler in einem selektiven Vertriebssystem generell verboten wird, an Endkunden zu vertreiben; dies wäre eine Kernbeschränkung nach Art. 4 Buchst. b.[497] Entsprechendes gilt für **Franchise-Vereinbarungen,** falls die Voraussetzungen des Art. 1 Abs. 1 Buchst. e erfüllt sind.

310 **cc) Beschränkungen des Verkaufs an Endverbraucher.** Aus den Leitlinien Rn. 56 ergibt sich, dass hierunter nicht nur private Konsumenten, sondern auch gewerbliche Endabnehmer zu verstehen sind („gewerbliche oder sonstige Endverbraucher"). Geschützt sind somit alle Abnehmer, die die Produkte weder weiterverkaufen noch weiterverarbeiten, wie z. B. öffentliche Institutionen, die die Produkte zur Erfüllung ihrer Aufgaben verwenden (Krankenhäuser, Schulen, militärische Beschaffungen etc.).[498]

311 **dd) Beschränkungen des aktiven oder passiven Verkaufs.** Nach dem Wortlaut des Art. 4 Buchst. c sind „Beschränkungen des aktiven oder passiven Verkaufs an Endverbraucher" verboten. Dies schließt im Allgemeinen die Gebiets- oder Kundengruppenbeschränkungen i. S. d. Art. 4 Buchst. b mit ein oder ist noch umfassender.[499] Die Erläuterungen zu den nach Buchst. b betroffenen Beschränkungen (Leitlinien Rn. 50; s. oben Rn. 231 ff.) gelten deshalb hier entsprechend. Schädlich sind alle Formen unmittelbarer oder mittelbarer Beschränkung. Eine Ausnahme für aktive Verkäufe, wie in Ziffer i) von Buchst. b, gibt es bei Buchst. c nicht. Die der Verkaufstätigkeit vorgelagerte **Werbung** ist ebenfalls geschützt.

312 Für (aktive und passive) **Internetverkäufe** von Einzelhändlern im Rahmen des selektiven Vertriebs gilt neben dem Verbot des Art. 4 Buchst. b (dazu Rn. 252 ff.) auch die Kernbeschränkung des Art. 4 Buchst. c; sie dürfen somit nicht beschränkt werden. Allerdings haben in der Praxis **Qualitätskriterien** des Herstellers für den selektiven Vertrieb eine große Bedeutung. Sie sind auch für den Internetvertrieb grundsätzlich zulässig. Aus der Natur des selektiven Vertriebs ergibt sich, dass die Anforderungen hier sogar höher sein können als in den anderen Fällen. Leitlinie für die Zulässigkeit von Vorgaben für den Internetvertrieb ist, dass diese insgesamt **den Kriterien für den stationären Verkauf „gleichwertig"** sein müssen (Leitlinien Rn. 56). Sie müssen dieselben Ziele verfolgen und vergleichbare Ergebnisse erreichen; unterschiedliche Kriterien müssen in den Unterschieden der beiden Vertriebswege begründet sein. Im Detail können die Anforderungen sowohl den **Internetauftritt** (z. B. Gestaltung der Website, Verwendung von Bannern, Abbildung der Vertragsprodukte, Angabe von Produktinformationen, Verwendung von

---

handelt es sich um eine Kernbeschränkung nach Buchst. b, auch wenn die Vereinbarungen nicht Buchst. c unterfallen.

[496] *Ellger* in: Immenga/Mestmäcker, EU-WbR, VO 330/2010 Art. 4 Rn. 89; *Schultze/Pautke/-Wagener,* Vertikal-GVO Rn. 809.

[497] *Bechtold/Bosch/Brinker,* EU-Kartellrecht, Art. 4 VO 330/2010 Rn. 25 bezeichnen dies als „Alles-oder-Nichts-Prinzip".

[498] Nach der FENIN-Rspr. sind diese Institutionen keine Unternehmen i. S. d. Art. 101 Abs. 1 AEUV (vgl. EuG 4.3.2003 T-319/99, bestätigt durch EuGH 11.7.2006 ECLI:EU:C:2006:453).

[499] Ebenso *Mäger/von Schreitter,* NZKart 2015, 62, 67.

Domain-Namen, Links zu anderen Websites, Seitenaufbau, Sortimentstiefe und -breite) als auch die **Modalitäten der Verkaufsabwicklung** (z. B. Lieferfristen, Vorratshaltung, Versandkosten, Zahlungsmethoden) regeln.[500] Dabei kann der Händler verpflichtet werden, sich bei seinen Internetverkäufen dem Vertriebsmodell des Herstellers anzupassen (Leitlinien Rn. 56).

Jedoch dürfen die Qualitätskriterien nicht zum Ergebnis haben, dass sie den Internetverkauf übermäßig benachteiligen (Leitlinien Rn. 56; s. oben Rn. 267). Grundsätzlich verboten sind deshalb alle Klauseln, die die Verwendung des **Internet unmittelbar oder mittelbar einschränken.** Die Kommission fasst darunter alle Vereinbarungen, die „Vertragshändler davon abhalten, das Internet zu benutzen, um mehr und andere Kunden zu erreichen" (Leitlinien Rn. 56). Gebiets- oder Kundengruppenbeschränkungen i. S. d. Art. 4 Buchst. b sind deshalb zugleich eine Kernbeschränkung gemäß Art. 4 Buchst. c. In diesen Fällen liegt keine zulässige Qualitätsanforderung vor; erst recht verstoßen solche Klauseln gegen das Verbot des Art. 101 Abs. 1 AEUV. Unbestritten ist dies für ein **Totalverbot des Internet** oder gleichwertige Maßnahmen (s. oben Rn. 258a ff.) sowie **Doppelpreissysteme** (s. oben Rn. 254 ff.), sofern diese Klauseln nicht ausnahmsweise objektiv gerechtfertigt sind (s. oben Rn. 262). **313**

Streitig ist vor allem die Beurteilung von **Drittplattform-Verboten.** Vielfach wird ein solches Verbot als ein grundsätzlich zulässiges Qualitätskriterium angesehen.[501] So ist wohl auch die Aussage der Kommission in den **Leitlinien Rn. 54** zu verstehen. Diese Ansicht ist abzulehnen. Sie verstößt gegen das Grundprinzip des selektiven Vertriebs, dass die Belieferung von Endkunden nicht eingeschränkt werden darf. Auch im selektiven Vertrieb sind Plattformverbote deshalb grundsätzlich nicht zulässig (s. oben Rn. 268 ff.).[502] Für die Rechtfertigung eines Plattformverbots müsste jedenfalls dargetan werden, dass zwar der Vertrieb über Internet mit der Art des Produkts vereinbar ist, der Vertrieb über eine Plattform aber nicht. Meist wird als Argument lediglich angeführt, dass der Vertrieb über eine Plattform den Ruch eines „Flohmarktes" habe bzw. hier die Gefahr der „Verramschung" von hochwertigen Produkten bestehe.[503] Derartige Image- oder Markenschutzgründe hat der EuGH in der *Pierre Fabre*-Entscheidung (s. oben Rn. 273) ausdrücklich zurückgewiesen. **314**

Selbst wenn ein solches Qualitätskriterium grundsätzlich akzeptiert würde, wäre danach ein Plattformverbot allenfalls für die Versteigerung über Ebay denkbar; dagegen trifft der Vorwurf für Amazon Marketplace und die Sofortkäufe bei Ebay nicht zu. Außerdem müsste ein besonderer Service- oder Beratungsbedarf oder ein Bedürfnis für eine **besonders gestaltete Internetpräsentation** nachgewiesen werden. Das ist bei den bisher entschiedenen Schulranzen-Fällen des OLG Karlsruhe und des KG zweifellos nicht der Fall. Zudem wäre erforderlich, dass ein deutlicher Unterschied zu den Online-Shops der Hersteller besteht, der auch nicht durch Anpassungen des Plattform-Vertriebs beseitigt werden kann. Ebenso wenig kann das Verbot im Hinblick auf mögliche **„Trittbrettfahrer"** gerechtfer- **315**

---

[500] Vgl. dazu eingehend *Kirchhoff* in: Wiedemann, Handbuch des Kartellrechts, § 11 Rn. 403 ff. Zulässig ist insbes. die sog „brick und click"-Klausel, die den Internethändler verpflichtet, zusätzlich eine stationäre Verkaufs- und/oder Ausstellungsfläche zu betreiben. Umstritten ist, inwieweit Vereinbarungen, die dem Händler Art und Umfang des Lagerbestands oder des Sortiments vorschreiben, zulässig sind; vgl. dazu *Kirchhoff* in: Wiedemann, Handbuch des Kartellrechts, § 11 Rn. 413 ff. und 419 ff.

[501] So z. B. OLG Karlsruhe 25.11.2009 – 6 U 47/08, GRUR-RR 2010, 109, 111; KG 19.9.2013, WuW/E DE-R 4019; aus der Literatur insbes. *Peeperkorn/Heimann,* GRUR 2014, 1175, 1178 unter Berufung auf die Leitlinien Rn. 54. Ausführlich dazu *Kirchhoff* in: Wiedemann, Handbuch des Kartellrechts, § 11 Rn. 399 ff.

[502] So z. B. LG Kiel 8.11.2013, WuW/E DE-R 4019 und OLG Schleswig 5.6.2014, NZKart 2014, 364, 365; LG Frankfurt 18.6.2014, WuW/E DE-R 4409: aus der Literatur insbes. *Mäger/von Schreitter,* NZKart 2015, 62, 68 ff. m. w. N.; *Lohse,* WuW 2014, 120, 129.

[503] Damit haben das OLG Karlsruhe und das KG (s. Fußn. 449) ihre Entscheidung begründet.

tigt werden, da diese Problematik allenfalls durch das Internet, nicht aber durch die Drittplattform verursacht ist. Schließlich hilft auch der **Äquivalenztest** (Gleichwertigkeit von online- und offline-Beschränkungen) nicht weiter, da es keine stationären Verkaufseinrichtungen gibt, die mit einer Plattform vergleichbar sind.[504]

316 Der eigentliche Zweck eines Drittplattformverbots ist nicht der Schutz gegen eine Beeinträchtigung der Produktqualität. Vielmehr soll der **Preisdruck,** der durch die leichte Vergleichsmöglichkeit mit anderen Anbietern erzeugt wird, vermieden oder zumindest abgeschwächt werden.[505] Im Ergebnis ist deshalb festzuhalten, dass der Auffassung der Kommission, die Plattformverbote in den Leitlinien Rn. 54 unter die Qualitätskriterien einordnet und sie in bestimmten Grenzen für zulässig erklärt, nicht gefolgt werden kann.[506] Nur in besonderen Ausnahmefällen, in denen eine bestimmte Plattform der Produktqualität nicht gerecht wird, kann der Vertrieb über diese Plattform ausgeschlossen werden.

317 Für die **Kombination von selektivem Vertrieb und Alleinvertrieb,** die im Ergebnis einen **absoluten Gebietsschutz** ermöglichen würde, folgt aus Art. 4 Buchst. b und c: Beim Verkauf an Endverbraucher ist die Kombination nach Art. 4 Buchst. c ausgeschlossen. Auf der Großhandelsstufe sind zwar nach Buchst. b Ziffer i) bis iii) einzelne Beschränkungen möglich, damit ist aber kein umfassender Gebietsschutz zu erreichen.[507] Grundsätzlich zulässig ist eine solche Verbindung, wenn die Vertriebssysteme in verschiedenen Gebieten praktiziert werden.[508] Auch dann bleiben aber im Zweifel erhebliche Lücken, da den Selektivhändlern der Verkauf an systemfremde Endverbraucher und den Exklusivhändlern der Verkauf in nicht exklusiv gebundene Gebiete nicht untersagt werden kann.[509]

318 **ee) Ausnahme: Standortklausel.** Zum Ausgleich für die weitgehenden Anforderungen an den selektiven Vertrieb in Art. 4 Buchst. c erlaubt der 2. Halbsatz Vereinbarungen, dass die Händler ihre Geschäfte **nur aus zugelassenen Niederlassungen** betreiben dürfen. Derartige **Standort- oder Sitzklauseln** sind weithin verbreitet und sollen nicht unterbunden werden. Händlern eines selektiven Vertriebsnetzes kann also vom Anbieter vorgeschrieben werden, an welchen Standorten sie ihre Verkaufsstelle betreiben oder nicht betreiben dürfen. Die Parteien sind dabei in der Auswahl frei; eine Kontrolle im Hinblick auf Notwendigkeit oder Angemessenheit der Standortbeschränkung ist nicht vorgesehen.[510] Die Ausnahme in Art. 4 Buchst. c betrifft nur den Verkauf an Endverbraucher auf der Einzelhandelsstufe. Sie wird ergänzt durch die Standortklausel, die durch die VO 330/2010 in Art. 4 Buchst. b eingefügt worden ist und die alle Vertriebsformen erfasst.[511]

319 Die Standortklausel ist wettbewerbsrechtlich nicht unproblematisch, da sie vielfältige Regulierungen des selektiven Vertriebs erlaubt, die zwar nicht rechtlich, aber *de facto* einen

---

[504] Offene Onlineplattformen sind nach *Mäger/von Schreitter,* NZKart 2015, 62, 71 – wenn überhaupt – mit Einkaufszentren vergleichbar. Auch daraus ließe sich aber kein Argument für die Zulässigkeit eines Verbots von Drittplattformen ableiten.

[505] *Mäger/von Schreitter,* NZKart 2015, 62, 71 werten Plattformverbote demgemäß als „Preisstabilisierungsmaßnahmen im bloßen Gewand einer Qualitätsanforderung".

[506] Auch das Bundeskartellamt äußert Zweifel, ob die Leitlinien Rn. 54 im Hinblick auf die *Pierre Fabre*-Rspr. des EuGH noch Bestand haben (Hintergrundpapier Arbeitskreis Kartellrecht, S. 24).

[507] Vgl. im Einzelnen dazu *Schultze/Pautke/Wagener,* Vertikal-GVO Rn. 788 ff.

[508] Die Zulässigkeit des regional begrenzten selektiven Vertriebs ergibt sich aus der Neufassung von Art. 4 Buchst. b Ziffer iii); s. dazu oben Rn. 301.

[509] Im Ergebnis ebenso *Schultze/Pautke/Wagener,* Vertikal-GVO Rn. 798 ff., die deshalb eine genaue Prüfung aus wirtschaftlicher Sicht empfehlen.

[510] Möglich sind auch Beschränkungen auf eine Straße (*Seeliger* in: Wiedemann, Handbuch des Kartellrechts, § 11 Rn. 212) oder eine einzige Niederlassung (*Bechtold/Bosch/Brinker,* EU-Kartellrecht, Art. 4 VO 330/2010 Rn. 23). Zulässig ist darüber hinaus eine Vereinbarung, dass der Internet-Händler zumindest über ein stationäres Verkaufslokal verfügen muss (s. o. Rn. 259).

[511] Dazu s. oben Rn. 245. Der unterschiedliche Wortlaut der beiden Vorschriften hat keine sachliche Bedeutung.

weitgehenden Gebietsschutz schaffen. Das austarierte System der Kernbeschränkungen zum Schutz der Endverbraucher vor Beschränkungen des *intrabrand*-Wettbewerbs kann dadurch stark ausgehöhlt werden.[512] Auf der anderen Seite weist die Kommission in den Leitlinien Rn. 185 darauf hin, dass Standortklauseln auch zum Schutz von Händlern notwendig sein können, die erhebliche Investitionen in die Verkaufsförderung tätigen (wollen). In diesem Fall kann bei Überschreiten der Marktanteilsschwelle eine Einzelfreistellung nach Art. 101 Abs. 3 AEUV gerechtfertigt sein.

Bei **mobilen Verkaufsstellen** (Laden auf Rädern) darf ein Gebiet festgelegt werden, das für den Verkauf an Endverbraucher eingehalten werden muss.[513] 320

e) Beschränkungen von Querlieferungen in selektiven Vertriebssystemen (Art. 4 Buchst. d). aa) Allgemeines, Anwendungsbereich. Art. 4 Buchst. d enthält eine weitere Kernbeschränkung für selektive Vertriebssysteme. Neben Verkäufen an Endverbraucher (Art. 4 Buchst. c) dürfen auch Verkäufe der zugelassenen (vgl. Art. 4 Buchst. b Ziffer iii) Händler untereinander nicht beschränkt werden. Die mit selektiven Vertriebssystemen tendenziell verbundene **Beschränkung des markeninternen Wettbewerbs** soll dadurch begrenzt werden. Die zugelassenen Händler sollen die Erzeugnisse untereinander jeweils zu den günstigsten Konditionen erwerben oder absetzen können. Gebiets- und Kundenaufspaltungen innerhalb des selektiven Vertriebssystems sollen so verhindert werden.[514] Dies hat vor allem bei Preisunterschieden in EU-Ländern erhebliche Bedeutung. 321

Hinsichtlich des Anwendungsbereichs gilt die **Legaldefinition des selektiven Vertriebs** in Art. 1 Abs. 1 Buchst. e (s. oben Rn. 299). Erfasst sind alle Formen des (qualitativen und quantitativen) selektiven Vertriebs einschließlich der reinen Fachhandelsbindung.[515] Außerhalb von selektiven Vertriebssystemen sind Beschränkungen von Querlieferungen zwischen Händlern grundsätzlich eine Kernbeschränkung nach Art. 4 Buchst. b, aktive Verkäufe können jedoch nach Ziffer i) dieser Bestimmung untersagt werden. 322

bb) Beschränkung von Querlieferungen zwischen Händlern. Art. 4 Buchst. d erfasst **Händler aller Stufen.** Damit sind echte Querlieferungen zwischen Händlern der gleichen Stufe ebenso wie alle anderen Lieferungen zwischen Händlern verschiedener Stufen (Sprunglieferungen, Rücklieferungen etc.) erfasst. Es muss sich aber jeweils um **zugelassene Händler** (vgl. Art. 4 Buchst. b Ziffer iii) handeln. Daher sind Klauseln, die Lieferungen an nicht zugelassene Händler (oder den Erwerb von solchen Händlern) verbieten **(Graumarktbezug),** keine Kernbeschränkung.[516] 323

Nicht erfasst ist der **Anbieter.** Beschränkungen des Anbieters hinsichtlich der Belieferung von Händlern stellen somit keine Kernbeschränkung dar. Bei Beschränkungen der Lieferung an Endverbraucher greift aber Art. 4 Buchst. c ein. 324

cc) Beschränkung von Querlieferungen. Der Begriff Beschränkung ist im weiten Sinne zu verstehen; er schließt unmittelbare oder mittelbare Beschränkungen von Lieferungen wie auch des **Bezugs** innerhalb des selektiven Vertriebssystems ein.[517] Dies kann 325

---

[512] Diese Gefahr ist hier noch größer als bei der Standortklausel gemäß Art. 4 Buchst. b (s. dazu oben Rn. 245). Die großen Einflussmöglichkeiten des Herstellers betont auch *Klotz* in: Schröter/Jakob/Klotz/Mederer Rn. 793.

[513] Leitlinien Rn. 57. Kritisch dazu *Metzlaff* BB 2000, 1201, 1207.

[514] *Beutelmann,* Selektive Vertriebssysteme im europäischen Kartellrecht, S. 126 kritisiert die Regelung als „übermäßig streng".

[515] Sie ist zwar grundsätzlich keine spürbare Wettbewerbsbeschränkung i. S. d. Art. 101 Abs. 1 AEUV. Das ändert sich jedoch durch eine Beschränkung von Querlieferungen, so dass Art. 101 Abs. 1 AEUV und damit auch die Vertikal-GVO anwendbar sind. Anders *Ellger* in: Immenga/Mestmäcker, EU-WbR, VO 330/2010 Art. 4 Rn. 97.

[516] Unberührt bleiben Regelungen des nationalen Rechts, die das Vorgehen des Herstellers gegen Grauhändler betreffen. Vgl. *Kirchhoff* in: Wiedemann, Handbuch des Kartellrechts, § 11 Rn. 443 ff.

[517] In den Leitlinien Rn. 58 heißt es demgemäß, dass die Vertragshändler frei sein müssen, die Vertragsprodukte von anderen Vertragshändlern „zu beziehen".

z. B. die Festlegung von (hohen) Mindestabnahmemengen einschließen.[518] Unzulässig sind Beschränkungen des **aktiven und passiven Verkaufs** einschließlich **Internetverkäufen** (s. oben Rn. 246 ff., 267). Auch **Werbung** darf nicht beschränkt werden.

326 Aus Art. 4 Buchst. d folgt, dass in einem selektiven Vertriebsnetz der Bezug oder Absatz zwischen den zugelassenen Händlern **nicht mit anderen Bindungen gekoppelt** werden darf. Alleinbezugs- oder Alleinbelieferungsvereinbarungen bei Lieferungen auf der Händlerebene sind daher unzulässig.[519] Dagegen wird ein **Alleinbezug beim Hersteller** nicht als Kernbeschränkung anzusehen sein. Durch ein solches Wettbewerbsverbot mit Bezug auf die Herstellerebene werden die Querlieferungen der Händler untereinander nicht beeinträchtigt.[520]

327 **f) Lieferbeschränkungen für Ersatzteile (Art. 4 Buchst. e). aa) Allgemeines, Anwendungsbereich.** Art. 4 Buchst. e erklärt bestimmte Beschränkungen bei der **Lieferung von Ersatzteilen** zu nicht freistellungsfähigen Kernbeschränkungen. Die Vorschrift richtet sich, im Gegensatz zu Art. 4 Buchst. b Ziffer iv), an den Anbieter (Hersteller der Ersatzteile), der bestimmte Vertriebsbindungen nicht eingehen darf. Dies ist neben Art. 4 Buchst. c die einzige Vorschrift, die Wettbewerbsbeschränkungen des Anbieters als Kernbeschränkung definiert.

328 Geschützt werden soll durch Art. 4 Buchst. e die **Bezugsfreiheit von unabhängigen Reparatur- und Dienstleistungsunternehmen.** Dies gelingt jedoch nur unvollkommen, da Art. 4 Buchst. e nur einen eng umgrenzten Fall erfasst.[521] Die Vorschrift bietet unabhängigen Reparaturwerkstätten, die für ihre Dienstleistungen auf bestimmte Ersatzteile angewiesen sind, nur einen unvollständig gesicherten Zugang zu den Original-Ersatzteilen des Herstellers. Für den Vertrieb von **Kfz-Ersatzteilen** gilt daher weiterhin die Sonderregelung der Kfz-GVO 461/2010, die in Art. 5 Buchst. a bis c ergänzende und weitergehende Bestimmungen enthält.[522]

329 Eine Kernbeschränkung nach Art. 4 Buchst. e setzt eine **Zuliefervereinbarung** über Ersatzteile voraus. In der Regel handelt es sich dabei um sog. OEM (Original Equipment Manufacturer)-Lieferverträge. [523] Der Anbieter wird im Allgemeinen der Hersteller des Zulieferererzeugnisses sein; der Käufer muss Hersteller des Endprodukts sein, in das das Zulieferprodukt eingefügt wird.[524] Eine Kernbeschränkung liegt dann vor, wenn diese beiden Parteien die Lieferung der Ersatzteile an andere Abnehmer (unabhängige Reparaturwerkstätten) verhindern. Zu den Fällen der Zulieferbekanntmachung s. unten Rn. 332.

330 **bb) Beschränkung des Vertriebs** von Ersatzteilen. Der Begriff **„Beschränkung"** ist, wie bei Art. 4 insgesamt, weit auszulegen; er umfasst hier alle unmittelbaren oder mittelbaren Beschränkungen des Zuliefererherstellers beim Vertrieb gleichartiger Ersatzteile (vgl. oben Rn. 246 ff.). Die Beschränkungen können sich auf die Lieferung der Ersatzteile selbst beziehen (z. B. durch Alleinbezugsverpflichtung); sie können aber auch die technischen **Anleitungen oder Hilfsmittel** (z. B. Hersteller-Software) betreffen, die für die Verwendung des Ersatzteils notwendig sind (Leitlinien Rn. 59). Eine Zusicherung des Zulieferer-

---

[518] BGH Urteil vom 13.7.2004, WuW DE-R 1335, 1341.

[519] Leitlinien Rn. 59; vgl. auch *Schultze/Pautke/Wagener,* Vertikal-GVO Rn. 631 und *Kirchhoff* in: Wiedemann, Handbuch des Kartellrechts, § 11 Rn. 213.

[520] In diesem Fall ist (nur) Art. 5 einschlägig. Im Ergebnis ebenso *Bechtold/Bosch/Brinker,* EU-Kartellrecht, Art. 4 VO 330/2010 Rn. 29; a. A. *Schultze/Pautke/Wagener,* Vertikal-GVO Rn. 814 f., wonach die Klausel auch den Bezug durch andere zugelassene Händler erlauben müsse.

[521] Vgl. dazu *Bayreuther* EWS 2000, 106, 114.

[522] Ob Art. 5 Kfz-GVO gegenüber Art. 4 Buchst. e Vorrang hat, wird unterschiedlich beurteilt (vgl. *Ellger* in: Immenga/Mestmäcker, EU-WbR, VO 330/2010 Art. 4 Rn. 102 gegen *Bechtold/Bosch/Brinker,* EU-Kartellrecht, Art. 4 VO 330/2010 Rn. 29). Im Ergebnis macht es keinen Unterschied, auf welche Vorschrift die Kernbestimmung gestützt ist.

[523] *Ellger* in: Immenga/Mestmäcker, EU-WbR, VO 330/2010 Art. 4 Rn. 103.

[524] Die Kommission nennt ihn in den Leitlinien Rn. 59 „Erstausrüster".

herstellers an den Abnehmer, die diesem eine **Alleinbelieferung** einräumt, schließt die Belieferung anderer Reparaturbetriebe aus und ist deshalb eine Kernbeschränkung nach Art. 4 Buchst. e.[525]

cc) Vertriebsbeschränkung für **Teile als Ersatzteile.** Der Verkäufer darf nicht gehindert werden, die Erzeugnisse „als Ersatzteile an Endverbraucher oder an Reparaturbetriebe oder andere Dienstleister zu verkaufen". Da diese Ersatzteile mit den Originalteilen identisch sind, spricht man auch von „Identteilen".[526] Nach dem Wortlaut sind **nicht nur unabhängige Reparatur- und Wartungsfirmen** geschützt. Auch wenn Lieferungen an Vertragswerkstätten anderer (konkurrierender) Hersteller beschränkt werden, ist dies eine Kernbeschränkung.[527] Dagegen unterfällt der Vertrieb an reine (Teile-)Händler nicht dem Art. 4 Buchst. e, ist also freigestellt. Nur wenn der Händler „als verlängerter Arm" einer Reparaturwerkstatt tätig wird, ist dies einer Lieferung an die Reparatur- oder Wartungsfirma gleichzusetzen.[528] Die Vorschrift greift ferner nicht ein, wenn der Käufer das Zulieferprodukt an einen anderen Hersteller weiterveräußert. **331**

Eine praktisch bedeutsame Ausnahme ergibt sich aus der **Zulieferbekanntmachung** vom 18.12.1978.[529] Hier ist zu unterscheiden: sind alle Voraussetzungen der Zulieferbekanntmachung erfüllt, ist die Verpflichtung, dass die für den Auftraggeber hergestellten Produkte nur für den Auftraggeber bestimmt sind, keine Wettbewerbsbeschränkung (Ziff. 2 der Bekanntmachung). Das schließt die Anwendung von Art. 4 Buchst. e zwangsläufig aus (Art. 2 Abs. 1 Unterabs. 2). In allen anderen Fällen gilt für den Zulieferer die Kernbeschränkung in Art. 4 Buchst. e, er darf die Belieferung von Reparaturbetrieben und Dienstleistern nicht ausschließen.[530] **332**

dd) Weitere Voraussetzung des Art. 4 Buchst. e ist, dass die genannten Reparaturwerkstätten und anderen Dienstleister **keine Vertragswerkstätten des Abnehmers** sind. Dem Endhersteller bleibt damit die Möglichkeit, den Zulieferer daran zu hindern, die Belieferung an ihn selbst zu umgehen und direkt an die Vertragswerkstätten des Endherstellers zu liefern. Für Vertragswerkstätten eines konkurrierenden Herstellers gilt dies nicht. **333**

4. Rechtsfolgen

a) Grundsatz. Die **Gruppenfreistellung entfällt „als Ganzes"**, wenn eine Kernbeschränkung in einer Vertikalvereinbarung enthalten ist (Leitlinien Rn. 47). Das gilt unabhängig davon, ob die Kernbeschränkung wesentlicher Teil der Vereinbarung ist oder nicht. Die Erstreckung der Sanktion auf die ganze Vereinbarung (und nicht nur die betroffene Abrede) ist der wesentliche Unterschied zu der in Art. 5 vorgesehenen Rechtsfolge.[531] Die **Unwirksamkeit** erfasst die Vereinbarung so weit, wie das Verbot des Art. 101 Abs. 1 AEUV mit der Rechtsfolge des Abs. 2. reicht; d. h. alle Vereinbarungen, die den Wettbe- **334**

---

[525] So *Schultze/Pautke/Wagener,* Vertikal-GVO Rn. 831. *Nolte* in: Langen/Bunte, Nach Art. 101 AEUV Rn. 549 hält eine einschränkende GVO-konforme Auslegung für möglich.

[526] *Bechtold/Bosch/Brinker,* EU-Kartellrecht, Art. 4 VO 330/2010 Rn. 28; *Nolte* in: Langen/Bunte, Nach Art. 101 AEUV Rn. 549. Die Ersatzteile müssen nicht speziell auf das Endprodukt ausgerichtet sein; sie können auch für andere Zwecke verwendbar sein (*Ellger* in: Immenga/Mestmäcker, EU-WbR, VO 330/2010 Art. 4 Rn. 107).

[527] Ebenso jetzt *Ellger* in: Immenga/Mestmäcker, EU-WbR, VO 330/2010 Art. 4 Rn. 107.

[528] Weitergehend *Ellger* in: Immenga/Mestmäcker, EU-WbR, VO 330/2010 Art. 4 Rn. 108; a. A. wohl *Nolte* in: Langen/Bunte, Nach Art. 101 AEUV Rn. 547.

[529] Vgl. dazu *Nolte* in: Langen/Bunte, Nach Art. 101 AEUV Rn. 553 ff.; *Schultze/Pantke/Wagener* Vertikal-GVO Rn. 832 ff., 837 f.

[530] *Nolte* in: Langen/Bunte, Nach Art. 101 AEUV Rn. 557 will die Zulieferbekanntmachung entsprechend anwenden, wenn der Auftraggeber das gesamte wirtschaftliche und finanzielle Risiko der Entwicklung und Fertigung übernimmt. Das erscheint im Hinblick auf den Wortlaut gewagt.

[531] Kernbeschränkungen sind generell „nicht abtrennbar" (Leitlinien Rn. 70).

werb beschränken, sind verboten und damit nichtig.[532] Sofern die Kernbeschränkung, was regelmäßig anzunehmen ist, einen wesentlichen Vertragsbestandteil darstellt, ist nach § 139 BGB der ganze Vertrag nichtig. Vertragliche **salvatorische Klauseln,** dass die Unwirksamkeit einzelner Bestimmungen die Wirksamkeit der übrigen Vereinbarung nicht berührt, ändern die materielle Rechtslage nicht, führen aber zu einer Verschiebung der Beweislast.[533]

335 Kernbeschränkungen sind i. d. R. „bezweckte" Wettbewerbsbeschränkungen, die unabhängig vom Marktanteil das Spürbarkeitserfordernis erfüllen.[534] Bei diesen Verstößen kommen daher die Vergünstigungen der **Bagatellbekanntmachung** nicht zur Anwendung.[535]

336 Die Rechtsfolge des Art. 4 kann nicht durch **Umdeutung der Vereinbarung** im Wege einer „geltungserhaltenden Reduktion"[536] oder durch Anpassung des Vertrags wegen Wegfalls der Geschäftsgrundlage vermieden werden. Wenn eine **„Heilung"** der Vereinbarung zulässig wäre, würde die Sanktionswirkung des Art. 4 nachhaltig beeinträchtigt.[537] Aus dem gleichen Grund ist auch ein **einseitiger Verzicht** des Verkäufers auf Klauseln, die eine Kernbeschränkung darstellen, nicht möglich, es sei denn, dass dies vertraglich ausdrücklich vorgesehen ist.[538] Zulässig und geboten ist es dagegen, Vereinbarungen im Zweifel so auszulegen, dass sie nicht gegen Art. 4 verstoßen.[539]

337 Aus der Vertikal-GVO selbst ergeben sich bei einem Verstoß gegen Kernbeschränkungen keine Ansprüche z. B. auf Belieferung oder Schadensersatz. Für **zivilrechtliche Rechtsfolgen** ist allein das nationale Recht maßgeblich.[540] Die Sanktionen des nationalen Rechts müssen aber nach dem Äquivalenz- und dem Effektivitätsgrundsatz des EuGH eine hinreichende und angemessene Entschädigung der durch den Kartellverstoß Geschädigten vorsehen; dies gilt insbes. für den Anspruch auf Schadensersatz in Geld.[541]

338 Bei besonders schweren Verstößen ist mit **Geldbußen** zu rechnen, die hohe Beträge ausmachen können.[542] Auf diese Weise ahndet die Kommission vor allem Vereinbarungen, die zu einer Marktaufteilung im europäischen Binnenmarkt führen (z. B. Preisbindungen mit nationalen Preisunterschieden, Beschränkungen des Ex- oder (Re-)Imports, nationale Kundenzuweisungen) oder durch die Verbraucher erheblich geschädigt werden.[543]

---

[532] Die Bezeichnung „Alles oder Nichts-Prinzip" (so *Ellger* in: Immenga/Mestmäcker, EU-WbR, VO 330/2010 Art. 4 Rn. 111 und *Nolte* in: Langen/Bunte, Nach Art. 101 AEUV Rn. 405) gibt den Sachverhalt nicht ganz zutreffend wieder.

[533] So die neuere BGH-Rspr.; vgl. Urteil vom 24.9.2002 KZR 10/01, WuW/DE-R 1031; vgl. ferner *Seeliger* in: Wiedemann, Handbuch des Kartellrechts, § 11 Rn. 139.

[534] Vgl. EuGH Urteil vom 13.12.2012 Rs. C-226/11 ECLI:EU:C:2012:795 *Expedia* Rn. 22.

[535] Bekanntmachung vom 25.6.2014, ABl. (EU) Nr. C-291/01 vom 30.8.2014, Rn. 13; s. oben Rn. 90 und 195.

[536] So auch *Nolte* in: Langen/Bunte, Nach Art. 101 AEUV Rn. 406, der aber bei Verstößen gegen die Ausnahmeregelungen in Art. 4 Buchst. b eine geltungserhaltende Vertragsanpassung befürwortet (a. a. O. Rn. 459 und 500); dies ist aber mit dem System des Art. 4 nicht vereinbar.

[537] Vgl. BGH Urteil vom 10.2.2004 KZR 39/02, WuW/DE-R 1305, 1306 jedenfalls für andere als zeitliche Beschränkungen; a. A. *Polley/Seeliger* WRP 2000, 1203, 1211.

[538] Wie hier *Creutzig* WRP 2000, 1218, 1221 (für den Bereich des Kfz-Vertriebs); a. A. *Beckmann* WuW 2003, 752, 763.

[539] *Bauer/de Bronett,* Vertikal-GVO Rn. 93 ff.

[540] EuGH Urteil vom 20.9.2001 C-453/99 ECLI:EU:C:2001:465 *Courage/Crehan* Rn. 25; Urteil vom 13.7.2006 C-295/04 ECLI:EU:C:2006:461 *Manfredi.* Ebenso BGH 30.3.2011 KZR 6/09 *MAN Vertragswerkstatt.*

[541] EuGH Gr. Kammer Urteil vom 14.6.2011 C-360/09 ECLI:EU:C:2011:389 *Pfleiderer;* Urteil vom 6.6.2013 C-536/11 ECLI:EU:C:2013:366 *Donau Chemie* Rn. 23.

[542] Vor allem bei Verstößen im Kfz-Vertrieb hat die Kommission hohe Geldbußen verhängt; im Fall *Volkswagen I* betrug sie 102 Mio. Euro, wurde im Gerichtsweg auf 90 Mio. Euro ermäßigt.

[543] Zu weitgehend aber *Nolte* in: Langen/Bunte, Nach Art. 101 AEUV Rn. 400, dass Verstöße gegen Kernbeschränkungen immer mit Geldbußen geahndet werden; ebenso *Ellger* in: Immenga/Mestmäcker, EU-WbR, VO 330/2010 Art. 4 Rn. 2 („in aller Regel").

Die einzelnen Fallgruppen von Kernbeschränkungen in Art. 4 sind **kumulativ** nebeneinander anwendbar. Wenn einer der Tatbestände des Art. 4 vorliegt, entfällt die Gruppenfreistellung, auch wenn eine andere Freistellungsvoraussetzung erfüllt ist.[544] 339

Im Fall mehrfacher gleichartiger Kernbeschränkungen in einem einheitlichen Vertriebssystem (z.B. Preisbindungen mehrerer Händler durch einen Lieferanten) kann u.U. eine **Wettbewerbsbeschränkung im Horizontalverhältnis** vorliegen, indem der Wettbewerb zwischen den Händlern des Vertriebssystems eingeschränkt wird. Dies ist insbesondere in Franchise-Systemen oder beim selektiven Vertrieb denkbar.[545] In diesen Fällen ist auch Art. 2 Abs. 4 einschlägig. 340

b) Ausnahmen. Auch im Fall einer Kernbeschränkung ist eine **Einzelfreistellung** gemäß Art. 101 Abs. 3 AEUV nicht ausgeschlossen.[546] Entsprechend der wirtschaftlichen Betrachtungsweise (s. oben Rn. 2) hat die Kommission ihre frühere restriktive Praxis, nach der eine Einzelfreistellung praktisch ausgeschlossen war,[547] abgemildert und den Spielraum für eine Einzelfreistellung erweitert. Zwar besteht immer noch eine Vermutung, dass bei Vorliegen einer Kernbeschränkung die Voraussetzungen des Art. 101 Abs. 3 AEUV nicht erfüllt sind. Diese kann jedoch nach den allgemeinen Grundsätzen widerlegt werden (Leitlinien Rn. 47).[548] Es wird jedoch auch weiterhin nur in Ausnahmefällen möglich sein, dass trotz Vorliegens einer Kernbeschränkung eine Vereinbarung als wirksam anzusehen ist.[549] Bislang sind hierfür keine Beispiele auf der Basis der neuen Leitlinien bekannt geworden. 341

c) Zeitliche Dauer. Regelmäßig wird der Ausschluss der Freistellung mit **Vertragsbeginn** zusammenfallen. Im Fall einer Kernbeschränkung ist die Vereinbarung dann von Anfang an unwirksam. Die Rechtsfolge kann aber auch später eintreten, wenn die Kernbeschränkung erst im Laufe des Vertrags vereinbart wird oder sie sich aus nachträglich eingetretenen Umständen ergibt.[550] 342

Im Fall von „schwarzen Klauseln“ der früheren Verordnungen war ausdrücklich angeordnet, dass die Unwirksamkeit des Vertrages nur bis zur Beendigung des Verstoßes dauert (Art. 6 Abs. 3, 2. Halbsatz i.V.m. Art. 6 Abs. 1 Nr. 6 bis 12 der Kfz-GVO 1475/95). Diese Regelung ist mit der Systematik des Art. 4 nicht mehr vereinbar. Die Unwirksamkeit ist endgültig, die nichtige Vereinbarung tritt nicht wieder automatisch in Kraft. Eine erneute (gruppenweise) Freistellung setzt eine **neue geänderte Vereinbarung** voraus, die keine Kernbeschränkung enthält.[551] Dies kann auch durch die (stillschweigend mögliche) Bestätigung des Vertrags im Übrigen erfolgen. 343

---

[544] Eine „Vorrangfrage“ stellt sich hier nicht; vgl. auch oben Rn. 307.

[545] Vgl. dazu *Kiethe* WRP 2004, 1004, 1006.

[546] Dies betont der EuGH in ständiger Rspr.; vgl. z.B. Urteil vom 13.10.2011 C-439/09 ECLI:EU:C:2011:649 *Pierre Fabre* Rn. 57; Urteil vom 6.10.2009 C-501/06 ECLI:EU:C:2009:610 *GlaxoSmithKleine* Rn. 54ff., 78ff. Auch der BGH bejaht die Anwendbarkeit des Art. 101 Abs. 3 AEUV bei Kernbeschränkungen (Urteil vom 13.7.2004, WuW/DE-R 1335, 1341).

[547] Leitlinien von 2000 Rn. 46: eine Einzelfreistellung ist „unwahrscheinlich“.

[548] In den Leitlinien führt die Kommission dafür mehrere konkrete Beispiele an: in Rn. 223ff. zur Preisbindung und in Rn. 63f. zu Beschränkungen von Großhändlerverkäufen und zum Doppelpreissystem im Internet, ferner in den Beispielen zu einzelnen Beschränkungen (Rn. 128ff.). Allgemeine Hinweise finden sich in den Erläuterungen zu positiven Auswirkungen vertikaler Beschränkungen (Rn. 106ff.) und den für Art. 101 Abs. 3 AEUV maßgeblichen Faktoren (Rn. 123ff.).

[549] Ein Beispielsfall aus der früheren Praxis ist die Freistellung der Preisbindung für Zeitschriften. (Urteil des EuGH vom 3.7.1985 Binon Slg. 1985, 2015, 2046, wonach eine Freistellung der Preisbindung für Zeitschriften in Belgien nach Art. 101 Abs. 3 AEUV nicht ausgeschlossen ist). Die Preisbindung für Bücher in Belgien und den Niederlanden hat die Kommission dagegen als nicht freistellungsfähigen Verstoß gegen Art. 101 Abs. 1 AEUV bewertet (vgl. Entscheidung vom 25.2.1982 VBBB/VBVB, ABl. 1982 Nr. L 54/36).

[550] *Seeliger* in: Wiedemann, Handbuch des Kartellrechts, § 11 Rn. 14.

[551] So jetzt auch, entgegen früherer Ansicht, *Schultze/Pautke/Wagener,* Vertikal-GVO Rn. 517 und *Ellger* in: Immenga/Mestmäcker, EU-WbR, VO 330/2010 Art. 4 Rn. 11.

5. Verhältnis zu anderen Vorschriften

344 **a) Verhältnis zu anderen EU-Normen.** Soweit die Vertikal-GVO anwendbar ist, tritt die Rechtsfolge des Art. 4 unabhängig von sonstigen Regelungen ein. Konkurrenzprobleme zu anderen EU-rechtlichen Vorschriften bestehen nicht. Die Einzelfreistellung von wettbewerbsbeschränkenden Vereinbarungen, die eine Kernbeschränkung enthalten, richtet sich nach den allgemeinen Grundsätzen des Art. 101 Abs. 3 AEUV (s. oben Rn. 28).

345 **b) Verhältnis zum deutschen Recht.** Das europäische Recht der wettbewerbsbeschränkenden Vereinbarungen hat nach Art. 3 Abs. 1 VO 1/2003 Vorrang gegenüber abweichenden nationalen Bestimmungen. Für den Bereich der Vertikalvereinbarungen ist dies ohne Bedeutung, da die Vertikal-GVO nach § 2 Abs. 2 GWB auch im deutschen Recht Anwendung findet. Im Fall einer Kernbeschränkung entfällt somit auch für den Bereich des deutschen Rechts eine gesetzliche Gruppenfreistellung; zugleich wird vermutet, dass die Voraussetzungen für eine Einzelfreistellung nach § 2 Abs. 1 GWB „wahrscheinlich nicht erfüllt" sind.[552] Die fortbestehenden Sonderregelungen für die Preisbindung bei Büchern und Zeitschriften[553] entsprechen gleichfalls dem europäischen Recht.

346 Hinsichtlich der **Sanktionen,** für die der Vorrang nicht gilt, verbleibt es beim Äquivalenz- und Effektivitätsgrundsatz; d. h. die Sanktionen für Verstöße gegen die Vertikal-GVO müssen den sonstigen Sanktionen im deutschen Recht vergleichbar sein. Sie müssen darüber hinaus hinreichend wirksam (d. h. abschreckend) sein.[554] Dies ist trotz gewisser Defizite der deutschen Bußgeldvorschriften im Ergebnis zu bejahen.[555]

347 In einzelnen Fällen ist die Tragweite des Vorrangs des europäischen Rechts noch umstritten. Dies gilt insbesondere für die Anwendung des **§ 20 GWB** auf **selektive Vertriebssysteme,** soweit dieser weitergehende Anforderungen und Rechtsfolgen als die Vertikal-GVO enthält. Dabei geht es insbesondere um **Anspruch auf Aufnahme in das Vertriebssystem** marktmächtiger Hersteller. Derartige zivilrechtliche Ansprüche richten sich nicht nach europäischem, sondern nach nationalem Recht.[556] Die Vorrangfrage ist dabei zu unterscheiden von der inhaltlichen Ausgestaltung der Vorschriften.

348 Freigestellt – und damit **vom Vorrang umfasst** – ist das zwischen Hersteller und Händlern **vereinbarte Vertriebssystem.**[557] Soweit vertragliche Vereinbarungen nach europäischem Recht freigestellt sind – gleichgültig ob durch die Vertikal-GVO oder aufgrund einer Einzelfallabwägung nach Art. 101 Abs. 3 AEUV – ist nach Art. 3 der VO 1/2003 im Verhältnis zwischen Hersteller und zugelassenen Händlern eine abweichende nationale Regelung ausgeschlossen. Das umfasst auch Rechtsfolgen, die über das europäische Recht hinausgehen und dadurch die Wirkung der Freistellung aufheben oder einschränken. Deshalb kann für die beteiligten Händler nach § 20 GWB **kein Anspruch auf diskriminie-**

---

[552] Die Regelung in den Leitlinien Rn. 47 ist entsprechend anzuwenden.

[553] Einschlägig sind das Buchpreisbindungsgesetz vom 2. September 2002 sowie § 30 GWB n. F.

[554] Dies ist ständige Rspr. des EuGH; vgl. z. B. Urteil vom 21.9.1983 verb. Rs. 205–215/82 ECLI:EU:C:1983:233 *Deutsches Milchkontor* Rn. 24 und für den Bereich des Wettbewerbsrechts EuGH Urteil vom 20.9.2001 C-453/99 ECLI:EU:C:2001:465 *Courage/Crehan* Rn. 29.

[555] Die Bußgeldvorschriften des GWB bleiben vor allem im Bereich der Konzernhaftung und der Rechtsnachfolge hinter der europäischen Praxis zurück; vgl. dazu *Ost,* Die Regelung der Rechtsnachfolge und weitere Neuerungen im Kartellordnungswidrigkeitenrecht durch die 8. GWB-Novelle, S. 307 ff.; *ders.,* Aufsichtspflichten im Konzern und die 8.GWB-Novelle, NZKart 2013, 25. Auch die neuere BGH-Rspr. zur Obergrenze von Geldbußen (Urteil vom 26.2.2013 *Grauzementkartell* WuW/ E DE/R 3861) führt zu unterschiedlichen Bußgeldbeträgen.

[556] EuGH Urteil vom 20.9.2001 C-453/99 ECLI:EU:C:2001:465 *Courage/Crehan* Rn. 25; Urteil vom 13.7.2006 C-295/04 *Manfredi.*

[557] Vgl. z. B. *Becker/Pfeiffer* ZWeR 2004, 268, 275 ff.; *Bechtold* NJW 2003, 3729, 3732 f.; *Wirtz* WuW 2003, 1039, 1042 f.

rungsfreie Handhabung der Kriterien, z. B. Rabatte, in einem freigestellten (selektiven) Vertriebssystem bestehen.[558]

Auf diskriminierende Praktiken des Herstellers im Einzelfall, die nicht durch den (freigestellten) Vertrag gedeckt sind, bleibt jedoch § 20 GWB weiterhin anwendbar.[559] Insbesondere greift der Vorrang des Art. 3 Abs. 2 VO 1/2003 nach Satz 2 der Vorschrift nicht ein, da insoweit eine **„einseitige Handlung"** des Herstellers vorliegt.[560] Gleiches muss im Ergebnis auch im Verhältnis zu **Außenseitern** des Vertriebssystems gelten. Es ist dann gleichgültig, ob das diskriminierende Verhalten eine gänzlich einseitige Handlung des Herstellers ist oder auf einer Absprache des Herstellers mit den anderen Händlern beruht. Alles andere wäre unverständlich.[561] Der Wortlaut des Art. 3 Abs. 2 VO 1/2003 steht dem nicht entgegen. Das nationale Recht darf danach kein „Verbot" der Vereinbarungen (hier also des Vertriebssystems) vorsehen.[562] Andere Rechtsfolgen, die die Gültigkeit der vertraglichen Vereinbarungen voraussetzen und ihre **Wirksamkeit im Verhältnis der beteiligten Parteien** nicht einschränken, sind dagegen nach dem Zweck des Art. 3 VO 1/2003 nicht ausgeschlossen. Unberührt bleiben somit die Rechtsfolgen aus § 20 GWB im Verhältnis zu den Unternehmen, die an der Vereinbarung nicht beteiligt sind, wie z. B. die Unterlassung von Diskriminierungen oder ein **Belieferungs- bzw. Aufnahmeanspruch** von Außenstehenden. 349

Von der Vorrangfrage zu unterscheiden ist die Frage der inhaltlichen **Auslegung unbestimmter Rechtsbegriffe** im nationalen Recht. Dies trifft auch auf § 20 GWB zu. Was vom europäischen Recht freigestellt und damit gebilligt ist, und zwar wiederum gleichgültig ob dies auf der Vertikal-GVO oder einer Einzelfallabwägung nach Art. 101 Abs. 3 AEUV beruht, kann keine „unbillige" Behinderung oder „sachlich nicht gerechtfertigte" Ungleichbehandlung im Sinne des § 20 GWB sein.[563] Maßgeblich ist insoweit der Grundsatz der **Einheitlichkeit der Rechtsordnung.** Er nötigt dazu, § 20 GWB „europarechtskonform" auszulegen.[564] Vereinbarungen, die durch europäisches Recht freigestellt sind, 350

---

[558] Anders BGH Beschluss vom 12.7.2013 *Laborchemikalien* Rn. 22, NZKart 2013, 462, wonach die Verwendung einer Rabattstaffel in einem Händlervertrag und der „Abschluss eines solchen Vertrages" eine einseitige Maßnahme darstelle, für die der Vorrang des EU-Rechts nicht gelte. Wie der BGH zu dieser Auffassung gelangt, ist nicht erklärlich.

[559] Dass § 20 GWB grundsätzlich nicht durch den Vorrang des europäischen Rechts nach Art. 3 der VO 1/2003 verdrängt wird, entspricht herrschender Meinung. Vgl. z. B. *Schütz* in GK, 5. Aufl., VO 1/2003 Art. 3 Rn. 20 f.; *Mestmäcker/Schweitzer,* Europäisches Wettbewerbsrecht, § 6 Rn. 33; *Glöckner* WRP 2003, 1327, 1335 ff.; *Hossenfelder/Lutz* WuW 2003, 118, 122; *Hossenfelder/Töllner/Ost,* Kartellrechtspraxis und Kartellrechtsprechung 2003/04, Rn. 40; *Schwarze/Weitbrecht,* Grundzüge des europäischen Kartellverfahrensrechts. Die Verordnung (EG) Nr. 1/2003, Art. 3 Rn. 34. *Wirtz* WuW 2003, 1039, 1043 betont zu Recht die „Mehrdimensionalität" von selektiven Vertriebssystemen. Der BGH hat im Urteil vom 13.7.2004, WRP 2004, 1372 § 20 GWB angewandt, ohne die Frage des Vorrangs zu behandeln.

[560] Zweifelhaft ist, ob man dies damit begründen kann, Ansprüche aus § 20 GWB verfolgten ein anderes Ziel als die Wettbewerbsvorschriften. Dies scheint der letzte Satz in Erwägungsgrund 9 der VO 1/2003 nahezulegen, dürfte aber mit dem Verständnis des § 20 GWB nicht vereinbar sein.

[561] Wie hier *Nolte* in: Langen/Bunte, Nach Art. 101 AEUV Rn. 774. Vgl. auch *Lampert/Niejahr/Kübler/Weidenbach,* EG-KartellVO. Praxiskommentar zur Verordnung (EG) Nr. 1/2003, Art. 3 Rn. 112; *Weitbrecht,* EuZW 2003, 69, 72. Nicht so weitgehend für das Recht auf Netzzugang *Schwarze/Weitbrecht,* Grundzüge des europäischen Kartellverfahrensrechts. Die Verordnung (EG) Nr. 1/2003, Art. 3 Rn. 34. Ähnlich, aber den Anwendungsbereich des § 20 GWB weiter einschränkend *Harte-Bavendamm/Kreutzmann* WRP 2003,682, 687 ff., 691.

[562] Darauf weisen *Lampert/Niejahr/Kübler/Weidenbach,* EG-KartellVO. Praxiskommentar zur Verordnung (EG) Nr. 1/2003, Art. 3 Rn. 104 hin. Dem Verbot sind sonstige über das EU-Recht hinausgehende Rechtsfolgen gleichgestellt (s. oben Rn. 348).

[563] *Becker/Pfeiffer* ZWeR 2004, 268, 277; *Bechtold* NJW 2003, 3729, 3732 f.

[564] Diesem Ansatz ist auch der BGH, dogmatisch zutreffend, in der Entscheidung „Depotkosmetik im Internet" gefolgt (Urteil vom 4.11.2003, WRP 2004, 374, 376). Allerdings ist die Auslegung des europäischen Rechts im konkreten Fall aus heutiger Sicht nicht mehr zutreffend; vgl. dazu Rn. 263. Kritik üben insoweit auch (aus anderen Überlegungen) *Becker/Pfeiffer* ZWeR 2004, 268, 278 ff.

können auch deshalb im Verhältnis zu den beteiligten Händlern keinen Verstoß gegen § 20 GWB darstellen.

Art. 5 Nicht freigestellte Beschränkungen

(1) **Die Freistellung nach Artikel 2 gilt nicht für die folgenden, in vertikalen Vereinbarungen enthaltenen Verpflichtungen:**

a) unmittelbare oder mittelbare Wettbewerbsverbote, die für eine unbestimmte Dauer oder für eine Dauer von mehr als fünf Jahren vereinbart werden;

b) unmittelbare oder mittelbare Verpflichtungen, die den Abnehmer veranlassen, Waren oder Dienstleistungen nach Beendigung der Vereinbarung nicht herzustellen, zu beziehen, zu verkaufen oder weiterzuverkaufen;

c) unmittelbare oder mittelbare Verpflichtungen, die die Mitglieder eines selektiven Vertriebssystems veranlassen, Marken bestimmter konkurrierender Anbieter nicht zu verkaufen.

Für die Zwecke des Unterabsatz 1 Buchstabe a gelten Wettbewerbsverbote, deren Dauer sich über den Zeitraum von fünf Jahren hinaus stillschweigend verlängert, als für eine unbestimmte Dauer vereinbart.

(2) **Abweichend von Absatz 1 Buchstabe a gilt die Begrenzung auf fünf Jahre nicht, wenn die Vertragswaren oder -dienstleistungen vom Abnehmer in Räumlichkeiten und auf Grundstücken verkauft werden, die im Eigentum des Anbieters stehen oder von diesem von nicht mit dem Abnehmer verbundenen Dritten gemietet oder gepachtet worden sind und das Wettbewerbsverbot nicht über den Zeitraum hinausreicht, in dem der Abnehmer diese Räumlichkeiten und Grundstücke nutzt.**

(3) **In Abweichung von Absatz 1 Buchstabe b gilt die Freistellung nach Artikel 2 für unmittelbare oder mittelbare Verpflichtungen, die den Abnehmer veranlassen, Waren oder Dienstleistungen nach Beendigung der Vereinbarung nicht herzustellen, zu beziehen, zu verkaufen oder weiterzuverkaufen, wenn die folgenden Bedingungen erfüllt sind:**

a) die Verpflichtungen beziehen sich auf Waren oder Dienstleistungen, die mit den Vertragswaren oder -dienstleistungen im Wettbewerb stehen;

b) die Verpflichtungen beschränken sich auf Räumlichkeiten und Grundstücke, von denen aus der Abnehmer während der Vertragslaufzeit seine Geschäfte betrieben hat;

c) die Verpflichtungen sind unerlässlich, um dem Abnehmer vom Anbieter übertragenes Know-how zu schützen;

d) die Dauer der Verpflichtungen ist auf höchstens ein Jahr nach Beendigung der Vereinbarung begrenzt.

Absatz 1 Buchstabe b gilt unbeschadet der Möglichkeit, Nutzung und Offenlegung von nicht allgemein zugänglichem Know-how unbefristeten Beschränkungen zu unterwerfen.

1. Sinn und Zweck

351 **a) Allgemeines.** Die Regelung in Art. 5 umfasst unterschiedliche Fallgestaltungen von Wettbewerbsbeschränkungen, die – ähnlich wie bei Art. 4 – im Regelfall den Abnehmer (Händler) betreffen. Auch diese Beschränkungen des Wettbewerbs haben erhebliches Gewicht und werden deshalb missbilligt. Anders als im Fall des Art. 4 handelt es sich aber um **keine schweren Verstöße,** weshalb die Unwirksamkeit nicht die Vereinbarung insgesamt, sondern nur die spezielle Abrede i. S. d. Art. 5 Abs. 1 erfasst.[565]

[565] *Klotz* in: Schröter/Jakob/Klotz/Mederer Rn. 803 sieht hierin einen „gewissen Systembruch". Zu Recht weist *Nolte* in: Langen/Bunte, Nach Art. 101 AEUV Rn. 559 auf die „Ambivalenz" der

Für die in Art. 5 Abs. 1 aufgeführten Beschränkungen gibt es keine einheitliche Bezeichnung. Die früher vielfach verwendeten Begriffe **„graue“**[566] oder **„rote Klauseln“**[567] haben sich ebenso wie der Ausdruck „Negativliste“[568] nicht durchgesetzt. In der GVO 330/2010 heißt es nunmehr **„Nicht freigestellte Beschränkungen“**, was zwar besser als die Bezeichnung „Bedingungen“ in der VO 2790/1999, aber sprachlich etwas „holprig“ ist.[569] Sachlich zutreffend ist die Ergänzung in den Leitlinien Rn. 65 „Nicht nach der GVO freigestellte Beschränkungen“. Zur Vereinfachung empfiehlt sich am ehesten der Begriff **„unwirksame Klauseln“**.[570] **352**

Gegenüber der Regelung in der GVO 2790/1999 enthält Art. 5 in der VO 330/2010 **keine inhaltlichen Änderungen**. Sprachlich wurde die Vorschrift aber umgestaltet: Abs. 1 enthält nunmehr die Verbotstatbestände, die Ausnahmen finden sich nun geschlossen in den Abs. 2 und 3. **353**

b) Wettbewerbsverbote. Die Bestimmung in Art. 5 ist im Zusammenhang mit der Definition in **Art. 1 Abs. 1 Buchst. d** zu sehen. Wettbewerbsverbote im engeren Sinn können sich entweder ausdrücklich oder implizit – z. B. im Fall des **Markenzwangs *(single branding)*** – aus einer Vereinbarung ergeben. Erfasst sind nach Art. 1 Abs. 1 Buchst. d auch Mindestabnahmeverpflichtungen, insbesondere **Alleinbezugsvereinbarungen.**[571] In allen diesen Fällen ist der Abnehmer gehindert, in ein Konkurrenzverhältnis zum Anbieter zu treten. Wettbewerbsverbote beschränken somit die wettbewerblichen Aktivitäten des Abnehmers und schalten ihn als Wettbewerber zumindest teilweise aus. Sie bewirken eine Marktverengung, eine Erweiterung der wettbewerblichen Freiräume des Verkäufers und schränken die Auswahlmöglichkeiten der Kunden unter konkurrierenden Produkten (*inter-brand*-Wettbewerb) ein.[572] **354**

Innerhalb laufender Geschäftstätigkeit der Vertragsparteien setzt Art. 5 Abs. 1 Buchst. a bei vertraglichen Wettbewerbsverboten und Mindestabnahmeverpflichtungen eine **fixe Grenze von fünf Jahren;** hiervon ist nur eine Ausnahme in Abs. 2 für einen besonderen Fall vorgesehen. Dies erleichtert die Handhabung im Rahmen einer Gruppenfreistellung, lässt aber eine Berücksichtigung der Besonderheiten der jeweiligen Vereinbarung nur in engen Grenzen zu.[573] **355**

---

wettbewerblichen Beurteilung von Wettbewerbsverboten hin, die u. U. auch positive Wirkungen haben können (s. dazu unten Rn. 359).

566 *Bechtold* EWS 2001, 49; *Brinker,* Die neue Gruppenfreistellungsverordnung für vertikale Wettbewerbsbeschränkungen, S. 131, 143. Ebenso jetzt *Bechtold/Bosch/Brinker,* EU-Kartellrecht, Art. 5 VO 330/2010 Rn. 2.

567 *Bauer/de Bronett,* Vertikal-GVO Rn. 137. Beide Bezeichnungen verwendet *Scheerer,* Rechtsfragen der Gruppenfreistellungsverordnung für vertikale Wettbewerbsbeschränkungen, S. 99.

568 *Polley/Seeliger* WRP 2000, 1203, 1214.

569 Besser obwohl wenig prägnant war auch die Bezeichnung „Ausschlussbestimmungen“ in den früheren Leitlinien Rn. 58 ff. Die alte Bezeichnung „Bedingungen“ verwendet noch *Nolte* in: Langen/Bunte, Nach Art. 101 AEUV vor Rn. 558, während *Klotz* in: Schröter/Jakob/Klotz/Mederer Rn. 802 von „sonstigen unzulässigen Klauseln“ spricht.

570 So auch *Lange,* Handbuch zum deutschen und europäischen Kartellrecht, Kap. 3 § 2 Rn. 29.

571 Zu den Unterschieden von Alleinbezug und Markenzwang vgl. *Seeliger* in: Wiedemann, Handbuch des Kartellrechts, § 11 Rn. 226.

572 Vgl. Leitlinien Rn. 100 ff. sowie zu den einzelnen Typen der Beschränkungen Rn. 129 ff.; vgl. auch *Beutelmann,* Selektive Vertriebssysteme im europäischen Kartellrecht, S. 137 f.

573 *Pukall,* Neue EU-Gruppenfreistellungsverordnung für Vertriebsbindungen, NJW 2000, 1375, 1378 weist auf das Bedürfnis längerfristiger Bindungen bei besonders umfangreichen Investitionen des Herstellers hin; Kritik an der Begrenzung üben auch *Mestmäcker/Schweitzer,* Europäisches Wettbewerbsrecht, § 15 Rn. 62. Nach *Scheerer,* Rechtsfragen der Gruppenfreistellungsverordnung für vertikale Wettbewerbsbeschränkungen, S. 101 ist die Frist von fünf Jahren in bestimmten Bereichen dagegen zu lang. Auch nach Ziff. 4 der Erklärung des Rates zu den Ratsverordnungen 1215/99 und 1216/99 (s. Erläuterungen in der Einführung Fußn. 10) sollten „als Grundlage für Konsultationen“ zwar eine

356 Nach Abschluss der vertraglichen Beziehungen besteht für ein Wettbewerbsverbot grundsätzlich keine Rechtfertigung mehr. Für **nachvertragliche Wettbewerbsverbote** schließt Art. 5 Abs. 1 Buchst. b eine Gruppenfreistellung im Prinzip aus; hiervon sind nur eng begrenzte Ausnahmen in Abs. 3 zugelassen.

357 **c) Konkurrenzklauseln in selektiven Vertriebssystemen.** Hierbei handelt es sich um **boykottähnliche Maßnahmen,** die den Marktzugang für bestimmte Produkte erschweren oder verhindern und die Auswahlmöglichkeiten der Kunden unter konkurrierenden Produkten (*interbrand*-Wettbewerb) einschränken. Derartige wettbewerblich schädlichen Vereinbarungen sind daher nach Art. 5 Abs. 1 Buchst. c ausnahmslos nicht freigestellt.[574]

2. Praktische Bedeutung

358 **a) Wettbewerbsverbote.** Der vertragliche Ausschluss des Wettbewerbs ist im Horizontalverhältnis vielfach ein besonders schwerwiegender Hardcore-Verstoß. Im Vertikalverhältnis wurden Wettbewerbsverbote dagegen schon früh in bestimmten Fällen ausdrücklich freigestellt.[575] In der Praxis sind Wettbewerbsverbote und in diesem Sinn wirkende Mindestabnahme- oder Alleinbezugsvereinbarungen in Vertikalvereinbarungen weit verbreitet, bei bestimmten Vertragstypen gehören sie sogar zu den Wesensmerkmalen. Dies trifft besonders auf **Zuliefer- und Franchise-Verträge** zu. Häufig ergeben sich Wettbewerbsverbote, auch wenn sie nicht ausdrücklich vereinbart sind, aus dem Vertragstyp (z.B. **Markenzwang** oder **Alleinbezug**). In der Beratungspraxis finden die Bestimmungen zu Wettbewerbsverboten, anders als die Kernbeschränkungen gemäß Art. 4, deutlich geringere Beachtung. Nicht überraschend gibt es auch nur wenige Entscheidungen zu Inhalt und Rechtsfolgen des Art. 5.

359 Die Beschränkung vertraglicher Wettbewerbsverbote auf fünf Jahre, die erstmals durch die GVO 2790/1999 für alle Vertragstypen eingeführt wurde, ist eine gravierende Einschränkung gegenüber der früheren Rechtslage.[576] Langfristige Wettbewerbsverbote sind häufig der wirtschaftliche Ausgleich für **vertragsspezifische Investitionen des Verkäufers,** die dem Käufer bei Vertragsdurchführung zu Gute kommen. Die feste zeitliche Grenze in Art. 5 Abs. 1 Buchst. a engt eine angemessene vertragliche Regelung erheblich ein (vgl. Rn. 387). Bei der Beratung der GVO 2790/1999 war diese Vorschrift noch heftig umstritten.[577] Dagegen war die 5-Jahres-Frist bei der Verabschiedung der GVO 330/2010 kein Gegenstand allgemeiner Diskussion mehr. Die Kommission hat die Regelung damit gerechtfertigt, dass in den Fällen langfristiger Investitionen des Käufers, an denen sich der Hersteller beteiligt, eine Einzelfreistellung über Art. 5 hinaus in Betracht kommt. Eine feste, eng bemessene Grenze sei aus Gründen der Rechtssicherheit und als Signal wegen der grundsätzlichen wettbewerblichen Schädlichkeit von Wettbewerbsverboten vorzuziehen. **Einzelfreistellungen** sind aber für die Vertragsparteien mit nicht unerheblichen Risiken verbunden.[578] In der Praxis werden deshalb aus Gründen der Rechtssicherheit wettbewerbliche Bindungen inzwischen weitgehend auf fünf Jahre begrenzt.[579] Vielfach besteht

---

Regelfrist von fünf Jahren, zugleich aber in der Verordnung oder den Leitlinien Ausnahmen in geeigneten Fällen vorgesehen werden.

[574] Vgl. *Bornkamm,* Anwendung europäischen Kartellrechts durch die Gericht und Mitgliedstaaten, S. 47, 53ff. zur Rechtslage vor Inkrafttreten der Vertikal-GVO.

[575] Hinweise dazu bei *Schultze/Pautke/Wagener,* Vertikal-GVO Rn. 845.

[576] Vgl. *Schultze/Pautke/Wagener,* Vertikal-GVO Rn. 845.

[577] Vgl. *Pukall* NJW 2000, 1375, 1378.

[578] So hatte die Kommission im Fall Interbrew (COMP 37.904) umfangreiche Änderungen der Darlehensverträge gefordert, um die wettbewerblichen Bedenken auszuräumen (Presseerklärung vom 15.4.2003, IP/03/545; vgl. dazu die Darstellung bei *Hossenfelder/Töllner/Ost,* Kartellrechtspraxis und Kartellrechtsprechung 2003/04, Rn. 1212).

[579] Dies berichten auch *Petsche/Lager* in: Liebscher/Flohr/Petsche, Handbuch der EU-Gruppenfreistellungsverordnungen § 7 Rn. 130 aus der Beratungspraxis. *Ellger* in: Immenga/Mestmäcker, EU-

die Gefahr, dass die Verkäufer in solchen Fällen entweder ihre Investitionen verringern oder die Amortisation auf den Zeitraum von fünf Jahren verkürzen. Dies würde den Interessen der Käufer zuwiderlaufen und wäre wettbewerblich unerwünscht.

b) Nachvertragliche Wettbewerbsverbote. Für Wettbewerbsverbote, die sich auf die Zeit nach Vertragsbeendigung beziehen, entspricht das grundsätzliche Verbot in Art. 5 Abs. 1 Buchst. b weitgehend der früheren Praxis. Die Ausnahmeregelung ist **eher großzügig bemessen.**[580] 360

c) Individuelle Wettbewerbsverbote in selektiven Vertriebssystemen. Art. 5 Abs. 1 Buchst. c betrifft einen **Sonderfall des Boykotts.** Die Sanktion in Art. 5 wirft deshalb für die Praxis keine besonderen Probleme auf.[581] Es ist eher erstaunlich, dass dieser Verstoß nicht unter die Kernbeschränkungen in Art. 4 aufgenommen worden ist. 361

3. Tatbestand

a) Vertragliche Wettbewerbsverbote und Mindestabnahmeverpflichtungen (Art. 5 Abs. 1 Buchst. a). aa) Anwendungsbereich. Hinsichtlich des Anwendungsbereichs gelten die Voraussetzungen des Art. 101 Abs. 1 AEUV. Ausgenommen von Art. 5 Abs. 1 Buchst. a sind erstens alle Absprachen, durch die der **Wettbewerb nicht (spürbar) beeinträchtigt** wird. Wettbewerbsverbote sind häufig ein wesensnotwendiger Bestandteil von vertraglichen Vereinbarungen, die einen anderen wettbewerbsrechtlich zulässigen Zweck verfolgen.[582] Im Vertikalbereich kann dies bei **Zuliefervereinbarungen**[583] und vor allem **Franchise-Verträgen**[584] der Fall sein. Hier stellen bei langfristigen Verträgen selbst mehrjährige Wettbewerbsverbote häufig keine spürbare Wettbewerbsbeschränkung i. S. d. Art. 101 Abs. 1 AEUV dar. Insbesondere Bezugsbindungsklauseln in Franchiseverträgen sind keine Wettbewerbsbeschränkung i. S. d. Art. 101 Abs. 1 AEUV, wenn sie für die Funktionsfähigkeit des Franchisesystems erforderlich sind.[585] Nach den Leitlinien Rn. 133 fallen Wettbewerbsverbote von Unternehmen in nicht-marktbeherrschender Stellung, die **weniger als ein Jahr** betragen, im Allgemeinen nicht unter Art. 101 Abs. 1 AEUV. Anders als bei Kernbeschränkungen nach Art. 4 gilt das Verbot des Art. 5 Abs. 1 nicht für **kleine und mittlere Unternehmen** unterhalb der de-minimis-Schwelle der Bagatellbekanntmachung;[586] d. h. die Befristung der Wettbewerbsverbote auf fünf Jahre bzw. ein Jahr greift erst 362

WbR, VO 330/2010 Art. 5 Rn. 19 hält die Kritik nicht für begründet, weil die vertragliche Vereinbarung selbst nicht befristet sein müsse (s. unten Rn. 377). Der Verkäufer wird aber häufig eine langfristige Leistung ohne zeitlich entsprechende Gegenleistung des Käufers nicht akzeptieren. Eingehend dazu auch *Schultze/Pautke/Wagener,* Vertikal-GVO Rn. 876 ff.

[580] Der räumliche Anwendungsbereich geht z. B. über den Rahmen der früheren Franchise-GVO hinaus (vgl. *Schultze/Pautke/Wagener,* Vertikal-GVO Rn. 889). Kritisch dagegen *Bauer/de Bronett,* Vertikal-GVO Rn. 45 und 168; auch *Beutelmann,* Selektive Vertriebssysteme im europäischen Kartellrecht, S. 144 hält die Frist für „zu eng".

[581] Die Kommission verweist in den Leitlinien Rn. 69 auf einen einzelnen Fall im Parfümeriebereich; vgl. dazu auch *Bauer/de Bronett,* Vertikal-GVO Rn. 173.

[582] Anerkannt ist dies im Bereich der Fusionskontrolle bei Unternehmenskaufverträgen und der Gründung von Gemeinschaftsunternehmen (vgl. Bekanntmachung der Kommission zu Nebenabreden, ABl. 2005 C 56/24). Vergleichbare Regelungen bestehen im Gesellschaftsrecht für den Fall der Gründung von Gesellschaften. Auch in der F&E-GVO und in der Spezialisierungs-GVO sind Wettbewerbsverbote in bestimmten Fällen freigestellt.

[583] Vgl. hierzu die Zuliefer-Bekanntmachung der Kommission vom 18.12.1978 Ziffer 2. Auch in sonstigen Zulieferbeziehungen kann ein Wettbewerbsverbot sachlich gerechtfertigt und daher freigestellt sein (s. unten Rn. 408).

[584] Grundlegend dazu die *Pronuptia*-Entscheidung des EuGH (Urteil vom 28.1.1986 Rs. 161/84 ECLI:EU:C:1986:41). Vgl. auch Leitlinien Rn. 190 f., wonach der Verkauf von Konkurrenzprodukten für die gesamte Dauer des Franchise-Vertrags untersagt werden kann.

[585] Vgl. LG Düsseldorf Urteil vom 21.11.2013, WuW/E DE-R 4416 m. w. N.

[586] Bekanntmachung vom 25.6.2014, ABl. (EU) Nr. C-291/01 vom 30.8.2014.

bei einem gemeinsamen Marktanteil der beteiligten Unternehmen von 15% ein.[587] Sofern eine spürbare Wettbeschränkung nicht vorliegt, gelten die Einschränkungen des Art. 5 Abs. 1 nicht. Auch Wettbewerbsverbote, die über fünf Jahre hinausgehen, können in diesem Fall wirksam vereinbart werden.[588]

363 Eine zweite wesentliche Einschränkung des Anwendungsbereichs von Art. 5 ergibt sich aus Art. 2 Abs. 4 Satz 1, wonach Vereinbarungen **zwischen Wettbewerbern** nicht unter die Vertikal-GVO fallen. Wettbewerbsverbote, die zugleich horizontale Wirkungen im Verhältnis zu (aktuellen oder potenziellen) Wettbewerbern haben, sind deshalb nach den einschlägigen – in der Regel strengeren – Horizontalbestimmungen zu beurteilen. Insbesondere im Fall von **Zulieferprodukten** wird dies häufig zutreffen (s. oben Rn. 128).

364 Auch wenn dies im Wortlaut des Art. 5 Abs. 1 Buchst. a nicht zum Ausdruck kommt, umfasst die Regelung **nur Verpflichtungen des Abnehmers.** Dies ergibt sich aus der Definition in Art. 1 Abs. 1 Buchst. d. Der Begriff „Abnehmer" ist in einem weiten, nicht zivilrechtlichen Sinn zu verstehen. Er umfasst jeden, der Waren und Dienstleistungen von einem anderen bezieht.

365 Beschränkungen zu Lasten des **Verkäufers** (z. B. in Fällen der Alleinbelieferung, des Alleinvertriebs oder des Ausschlusses des Eigenvertriebs) unterliegen nicht der zeitlichen Begrenzung nach Art. 5 Abs. 1.[589] Dies gilt unabhängig davon, ob der Verkäufer (Hersteller) zugleich auch selbst als Händler tätig ist.[590]

366 **bb) Wettbewerbsverbote für konkurrierende Erzeugnisse.** Wettbewerbsverbote im engeren Sinn sind in der 1. Alternative des Art. 1 Abs. 1 Buchst. d definiert. Es muss sich um Vereinbarungen handeln, die sich **nicht auf Vertragswaren oder -dienstleistungen** beziehen, sondern auf Produkte, die mit diesen im Wettbewerb stehen. Diese Alternative des Art. 5 erfasst somit nicht den intrabrand-, sondern nur den ***interbrand*-Wettbewerb.**

367 Die Abgrenzung der Vertragswaren oder -dienstleistungen ergibt sich aus dem Gegenstand der Vertikal-Vereinbarung i. S. d. Art. 2 Abs. 1.[591] Verwendungsbeschränkungen für Vertragsprodukte unterliegen nicht dem Wettbewerbsverbot in Art. 5, sie können aber der 2. Alternative des Art. 1 Abs. 1 Buchst. d und vor allem Art. 4 unterfallen. Welche Produkte mit den Vertragsprodukten im Wettbewerb stehen, richtet sich nach der **Abgrenzung des sachlichen Markts.** Insoweit sind die allgemeinen Kriterien maßgeblich.[592] Der räumliche Markt muss dagegen nicht identisch sein.[593]

368 Die **Art der Beschränkung** umfasst Behinderungen des Abnehmers bei der **Herstellung, dem Bezug, Verkauf oder Weiterverkauf** von Konkurrenzprodukten. Herstellverbote für Konkurrenzprodukte sind vor allem in Zulieferverträgen häufig anzutreffen.[594] Bezugsbeschränkungen für Konkurrenzprodukte sind in der Wirkung ähnlich wie Alleinbezugsverpflichtungen für Vertragsprodukte (s. unten Rn. 371), schränken die Vertragsfrei-

---

[587] Vgl. Europäische Kommission, Wettbewerbspolitik in Europa. Wettbewerbsregeln für Liefer- und Vertriebsvereinbarungen, 2002, S. 13/14.

[588] Der BGH hat im Urteil 8.4.2014 – VBL-Versicherungspflicht, NZKart 2014, 411 die unbefristete Gesamtbedarfsdeckungsverpflichtung einer Rentenversicherung mit jährlicher Kündigungsfrist als nicht wettbewerbsbeschränkend angesehen.

[589] Wettbewerbsverbote zu Lasten des Verkäufers können aber horizontale Beschränkungen sein, auf die Art. 2 Abs. 4 Anwendung findet.

[590] *Schultze/Pautke/Wagener,* Vertikal-GVO Rn. 851; *Nolte* in: Langen/Bunte, Nach Art. 101 AEUV Rn. 564; kritisch dagegen *Bauer/de Bronett,* Vertikal-GVO Rn. 170 ff.

[591] Vgl. auch den Wortlaut des Einleitungssatzes von Art. 4 und des Art. 2 Abs. 4.

[592] Vgl. Erläuterungen zu Art. 3 Rn. 161 ff.

[593] Dafür spricht der Wortlaut der 1. Alternative von Art. 1 Abs. 1 Buchst. d, der auf den Wettbewerb der Produkte abstellt, während für Mindestabnahmeverpflichtungen in der 2. Alternative der „relevante Markt" maßgeblich ist. Ebenso *Ellger* in: Immenga/Mestmäcker, EU-WbR, VO 330/2010 Art. 5 Rn. 10; a. A. *Schultze/Pautke/Wagener,* Vertikal-GVO Rn. 194.

[594] Dabei kann es sich um horizontale Beschränkungen handeln; s. dazu Rn. 128.

heit aber weniger ein als diese.[595] Verkaufs- (und Weiterverkaufs-)Beschränkungen für Konkurrenzprodukte sind typisch z. B. für Franchise-Verträge.

Sowohl nach Art. 5 Abs. 1 Buchst. a als auch nach Art. 1 Abs. 1 Buchst. d sind **„unmittelbare und mittelbare Verbote"** erfasst. Dies spricht für eine weite Auslegung unter Einschluss von **faktischen Bindungen** oder wirtschaftlichen **Anreizwirkungen.** Im Widerspruch dazu steht aber der Begriff **„verpflichtet"** in Art. 1 Abs. 1 Buchst. d, der eine rechtliche Bindung erfordert. Anders als im Fall des Art. 4[596] ist daher unklar, ob auch die Ausübung von Druck und die Gewährung von Anreizen eine (mittelbare) Beschränkung i. S. d. Art. 5 Abs. 1 Buchst. a darstellen. Die Kommission geht zwar in den Leitlinien Rn. 129 davon aus, dass Wettbewerbsverbote auch in einer faktischen Bindung bestehen können, misst diesen aber eine schwächere Abschottungswirkung bei. Der Wortlaut von Art. 5 Abs. 1 Buchst. a und Art. 1 Abs. 1 Buchst. d lässt eine solche Auslegung nicht zu. Ein vom Lieferanten gesetzter Druck oder Anreiz kann einer (mittelbaren) „Verpflichtung" des Abnehmers nicht gleichgesetzt werden. Unerheblich ist, ob die faktische Bindung die gleiche Wirkung wie ein rechtlicher Zwang hat. Ein Verbot i. S. d. Art. 5 Abs. 1 Buchst. a liegt nur bei einer rechtlichen „Verpflichtung" vor.[597] 369

Das Wettbewerbsverbot muss darin bestehen, dass der Abnehmer „keine" konkurrierenden Waren oder Dienstleistungen herstellt, erwirbt oder weiterverkauft. Bloße Erschwerungen dieser Tätigkeiten reichen nach dem Wortlaut des Art. 1 Abs. 1 Buchst. d („keine Waren oder Dienstleistungen") nicht aus.[598] Dies hat vor allem für sogenannte **englische Klauseln** Bedeutung, wonach der Bezug von Konkurrenzprodukten nur erlaubt ist, wenn der Lieferant nicht bereit ist, gleich günstige Konditionen für die Vertragsprodukte zu bieten. Die Kommission stellt diese Klauseln im Grundsatz einem Wettbewerbsverbot gleich.[599] Da diese Vereinbarungen nur eine Erschwerung, aber keinen vollständigen Ausschluss für die Konkurrenzprodukte beinhalten, unterfallen sie nicht dem Art. 5 Abs. 1 Buchst. a.[600] 370

cc) Mindestabnahmeverpflichtungen. Diese Vereinbarungen sind nach der 2. Alternative des Art. 1 Abs. 1 Buchst. d den Wettbewerbsverboten gleichgestellt. Der Art nach handelt es sich um Vereinbarungen, die den Abnehmer rechtlich binden, entweder seinen 371

---

[595] Beide schließen den Bezug von Konkurrenzprodukten aus; der Bezug der Vertragsprodukte ist dagegen nur bei einer Alleinbezugsverpflichtung beschränkt. Vgl. dazu auch *Schultze/Pautke/Wagener,* Vertikal-GVO Rn. 177 ff., 188, die zwischen Alleinbezug im engeren und weiteren Sinn und Direktbezug unterscheiden.

[596] Dort ist nach dem Wortlaut erforderlich, dass Beschränkungen unmittelbar oder mittelbar „bezweckt" sind. Vgl. dazu Rn. 192.

[597] Wie hier nunmehr *Schultze/Pautke/Wagener,* Vertikal-GVO Rn. 190 ff., die ausdrücklich ein Kündigungsrecht des Anbieters bei Verkäufen von Konkurrenzprodukten einschließen; in vorsichtiger Form auch *Beutelmann,* Selektive Vertriebssysteme im europäischen Kartellrecht, S. 144. Für eine Abwägung im Einzelfall *Bauer/de Bronett,* Vertikal-GVO Rn. 145 ff. unter Hinweis darauf, dass die früheren Leitlinien 2000 „nicht völlig eindeutig" seien. Wie die Kommission dagegen *Ellger* in: Immenga/Mestmäcker, EU-WbR, VO 330/2010 Art. 5 Rn. 14; *Nolte* in: Langen/Bunte, Nach Art. 101 AEUV Rn. 569, allerdings mit der Einschränkung, dass es sich häufig um einseitige Maßnahmen handelt, die nicht Art. 5 unterfallen.

[598] *Beutelmann,* Selektive Vertriebssysteme im europäischen Kartellrecht, S. 139.

[599] Leitlinien Rn. 129 letzter Satz. Allerdings ist die Formulierung zurückhaltender als in den Leitlinien 2010 Rn. 152 („dürfte die gleiche Wirkung … haben") und „vor allem" auf den Fall bezogen, dass der Abnehmer den Namen des günstigeren Anbieters nennen muss.

[600] So auch *Schultze/Pautke/Wagener,* Vertikal-GVO Rn. 205 ff., 855 (allerdings einschränkend für Mindestabnahmeverpflichtungen). Im Grundsatz a. A., aber differenzierend *Ellger* in: Immenga/Mestmäcker, EU-WbR, VO 330/2010 Art. 5 Rn. 14. Kritik an den Leitlinien üben z. B. *Bauer/de Bronett,* Vertikal-GVO Rn. 154 ff. Im Fall langfristiger Gaslieferverträge, die flächendeckend eine Marktabschottung bewirken (und deshalb nicht freigestellt sind), sah auch das Bundeskartellamt englische Klauseln als wettbewerbsschädlich an (PM vom 28.1.2005: Bundeskartellamt forciert Wettbewerb auf dem Gasmarkt).

gesamten Bedarf **(Gesamtbedarfsdeckungsklauseln)** oder einen wesentlichen Teil der Bezüge bei einem bestimmten Anbieter zu decken. Auf welche Weise die Bindung herbeigeführt wird, ist dabei unerheblich. Eindeutig unter Art. 1 Abs. 1 Buchst. d und Art. 5 Abs. 1 Buchst. a fallen Bindungen für den gesamten Bedarf **(Alleinbezugsbindungen).** Darüber hinaus sind nach Art. 1 Abs. 1 Buchst. d alle Vereinbarungen erfasst, nach denen der Abnehmer **mehr als 80 % seines Gesamtbezugs** an den Vertragsprodukten vom Anbieter bezieht.[601] Der Abnehmer muss frei bleiben, mindestens 20 % seines Gesamtbezugs an Vertragsprodukten von einem anderen Anbieter zu beziehen. Die 80 %-Schwelle kann entweder durch Vorgabe von Prozentsätzen über 80 %[602] oder üblicherweise in Form von absolut festgelegten höheren Bezugsmengen überschritten werden.[603] Aus Vereinbarungen, die den **Direktbezug** der Vertragsprodukte beim Anbieter vorschreiben, folgt für sich allein kein Wettbewerbsverbot.[604]

372 Nach dem Wortlaut muss die Beschränkung in rechtlichen **„Verpflichtungen"** des Käufers bestehen. Ebenso wie bei Wettbewerbsverboten im engeren Sinne reichen daher **faktische Bindungen** des Käufers (Ausübung von Druck oder Gewährung von Anreizen) nicht aus (s. oben Rn. 369).

373 Unerheblich ist, ob der Abnehmer rechtlich gebunden ist, von dem **Anbieter selbst oder einem Dritten** zu beziehen. Notwendig ist allerdings, dass das andere Unternehmen von dem Lieferanten bezeichnet worden ist.

374 **Gegenstand** der Bindung sind die **Vertragswaren oder -dienstleistungen** sowie ihre Substitute, die der **Abnehmer vom Anbieter bezieht.** Darin unterscheiden sich Mindestabnahmeverpflichtungen wesentlich von Wettbewerbsverboten, die den Bezug von anderen Anbietern betreffen. Klauseln, die nur den Bezug von Vertragswaren binden, gleichartige Konkurrenzprodukte aber freistellen, unterfallen damit nicht Art. 5 Abs. 1 Buchst. a. Anders ist es nur, wenn die Vertragsprodukte mehr als 80 % der Gesamtbezüge ausmachen.

375 Die Mindestabnahmeverpflichtung bezieht sich auf die **Vertragsprodukte und ihre Substitute** auf dem relevanten Markt. „Substitute" sind die Produkte, die dem gleichen sachlichen Markt angehören. Dies richtet sich nach den allgemeinen Kriterien (s. oben Rn. 161 ff.). Anders als bei den Wettbewerbsverboten ist für Mindestabnahmeverpflichtungen nach dem Wortlaut des Art. 1 Abs. 1 Buchst. d der **relevante Markt** der Bezugspunkt. In diesem Fall ist also auch der **räumliche Markt** mit zu berücksichtigen. Dies gilt sowohl für die Referenzbezüge des Vorjahres als auch die freigestellten Bezugsmengen. Bezüge in Gebieten außerhalb des vertraglich festgelegten räumlichen Geltungsbereichs werden nicht erfasst.[605]

376 Hinsichtlich der 80 %-Schwelle ist der Referenzwert grundsätzlich der **Einkaufswert** der Gesamtbezüge. Neu ist, dass nunmehr stattdessen das Einkaufsvolumen herangezogen werden kann, wenn dies branchenüblich ist. In beiden Fällen ist jeweils das **vorhergehende Kalenderjahr** (nicht Geschäftsjahr) maßgeblich. Nach den Leitlinien Rn. 66 kann die-

---

[601] Bindungen unterhalb von 80 % sind deshalb, sofern sie eine spürbare Wettbewerbsbeschränkung beinhalten, nach Art. 2 und 3 freigestellt; vgl. *Bechtold/Bosch/Brinker,* EU-Kartellrecht, Art. 5 VO 330/2010 Rn. 5.

[602] Bezugsverpflichtungen zu 100 % oder nahezu 100 % fanden sich früher insbesondere bei langfristigen Energielieferverträgen. Vgl. dazu die Musterentscheidung des Bundeskartellamts im Fall E.ON/ Ruhrgas vom 13.1.2006, bestätigt durch das OLG Düsseldorf (WuW/E DE-V 1147 ff. und DE-R 1757 ff.), sowie die zahlreichen Nachfolgeverfahren (z. B. EWE AG, Beschluss des BKartA vom 18.2.2008).

[603] *Bauer/de Bronett,* Vertikal-GVO Rn. 141.

[604] Vgl. *Schultze/Pautke/Wagener,* Vertikal-GVO Rn. 50 f.; *Bauer/de Bronett,* Vertikal-GVO Rn. 150; *Nolte* in: Langen/Bunte, Nach Art. 101 AEUV Rn. 670.

[605] So *Schultze/Pautke/Wagener,* Vertikal-GVO Rn. 194, die aber wohl zu Recht auf die geringe praktische Bedeutung dieser Frage hinweisen.

ser Wert notfalls, wenn keine genauen Daten vorliegen, geschätzt werden. Klauseln, die in allgemeiner Form jeweils (bis zu) „80% der Vorjahresbezüge" binden, sind kein Wettbewerbsverbot und damit ohne zeitliche Befristung freigestellt. Bei absoluten Bezugsmengen ist aber unklar, worauf der Begriff „vorhergehend" bei mehrjährigen Verträgen zu beziehen ist. Dies hat Bedeutung in Fällen schwankender Abnahmemengen oder vor allem bei sich änderndem Gesamtbedarf. Nach dem Sinn und Zweck der Vertikal-GVO, die einen „sicheren Hafen" bieten soll, müsste der Maßstab bei Abschluss der Vereinbarung klar und eindeutig definiert sein. Das würde bedeuten, dass bei langfristigen Vereinbarungen nur das der Vereinbarung vorhergehende Kalenderjahr maßgeblich sein kann.[606] Nach der gegenteiligen Auffassung ist die 80%-Schwelle nach den **Bezügen im jeweils vorhergehenden Kalenderjahr** zu ermitteln. Sie muss also jedes Jahr neu berechnet werden. Obwohl dies die Handhabung sehr erschwert, hat sich diese Berechnungsmethode in der Praxis durchgesetzt[607] und muss jetzt wohl hingenommen werden.

dd) Dauer des Wettbewerbsverbots. Wettbewerbsverbote und Mindestabnahmeverpflichtungen werden nicht generell als wettbewerbsschädlich angesehen, sondern nur im Fall einer **übermäßig langen Bindung des Abnehmers.** Art. 5 Abs. 1 Buchst. a schließt daher eine Freistellung aus, wenn der Abnehmer **mehr als fünf Jahre** gebunden ist. Dabei kommt es nicht auf die Dauer der Vereinbarung insgesamt an; entscheidend ist allein die Befristung des Wettbewerbsverbots auf höchstens fünf Jahre (sog. **„Entkopplung"**).[608] **377**

Unbefristete Bindungen sind nach Satz 1 des Art. 5 Abs. 1 nicht freigestellt. Gleiches gilt für Wettbewerbsverbote, die länger als fünf Jahre befristet sind. Unerheblich ist dabei, ob und unter welchen Bedingungen der Käufer die Vereinbarung vor Ablauf der 5-Jahresfrist kündigen kann.[609] **378**

Für die Berechnung der **5-Jahres-Frist** ist entscheidend, dass die Bindung des Käufers diesen Zeitraum nicht überschreiten darf. Dabei zählt der Zeitraum von der ersten bis zur letzten Bindung. Unschädlich sind alle Verträge, bei denen nach dem 5. Jahr kein Wettbewerbsverbot und keine Mindestabnahmeverpflichtung über 80% hinaus vorgesehen sind, wie z.B. in der Praxis übliche Vereinbarungen, durch die der Käufer für die ersten fünf Jahre zu 100% und für die Folgejahre zu 80% gebunden ist.[610] **379**

Zweifel ergeben sich bei der Berechnung der 5-Jahres-Frist im Fall von **absoluten Mindestabnahmemengen.** Aus Gründen der Praktikabilität wird man hier verlangen müssen, dass die Bindung für fünf aufeinanderfolgende Jahre bestehen muss.[611] Unabhängig davon bleibt das Problem, dass die Einhaltung der 80%-Schwelle in diesen Fällen i.d.R. nur nachträglich festgestellt werden kann (s. oben Rn. 376). Ob eine fünfjährige Bindung überschritten wird und die Mindestabnahmeverpflichtung von Anfang an wirksam war, steht somit erst nach Abschluss des 5. Vertragsjahres fest; mit dem Sinn einer GVO ist das kaum vereinbar. **380**

Erfasst sind darüber hinaus nach Unterabs. 2 des Art. 5 Abs. 1 alle Bindungen, die durch eine **stillschweigende Verlängerung** über den 5-Jahreszeitraum hinaus einer unbefriste- **381**

---

[606] So die Vorauflage Rn. 269; ebenso *Roninger* Art. 1 Rn. 6.

[607] *Ellger* in: Immenga/Mestmäcker, EU-WbR, VO 330/2010 Art. 5 Rn. 15 („gleitendes Einkaufsvolumen").; *Seeliger* in: Wiedemann, Handbuch des Kartellrechts, § 11 Rn. 225; *Bauer/de Bronett,* Vertikal-GVO Rn. 143; *Schultze/Pautke/Wagener,* Vertikal-GVO Rn. 197, die auf die sich daraus ergebenden „kleineren Fragen" hinweisen.

[608] Vgl. *Ellger* in: Immenga/Mestmäcker, EU-WbR, VO 330/2010 Art. 5 Rn. 19; *Petsche* in: Liebscher/Flohr/Petsche, Handbuch der EU-Gruppenfreistellungsverordnungen, § 7 Rn. 130.

[609] Die Freiheit des Abnehmers, die Bindung effektiv zu beenden, spielt nur bei der Verlängerung eines weniger als fünf Jahre betragenden Wettbewerbsverbots eine Rolle.

[610] Vgl. *Bechtold/Bosch/Brinker, EU*-Kartellrecht, Art. 5 VO 330/2010 Rn. 7.

[611] Das bedeutet, dass in jedem Jahr, in dem die 80%-Schwelle nicht erreicht ist, eine neue 5-Jahresfrist zu laufen beginnt. So *Schultze/Pautke/Wagener,* Vertikal-GVO Rn. 201; anders die Vorauflage Rn. 272 und *Roninger* Art. 1 Rn. 7, wonach „Freijahre", in denen die 80%-Schwelle nicht überschritten ist, mitgezählt werden.

ten Vereinbarung gleichstehen.[612] Darunter fällt auch die Verlängerung durch einseitige Erklärung des Anbieters, da hier der Abnehmer ohne sein Zutun einer fünf Jahre überschreitenden Bindung ausgesetzt ist oder sein kann.

382 Dagegen greift die Vorschrift nicht ein, wenn eine Mitwirkung des Abnehmers erforderlich ist, damit die Bindung über fünf Jahre hinausgeht. Freigestellt sind deshalb **Verlängerungsvereinbarungen** oder **Kettenverträge,** wenn der neue Vertrag die 5-Jahres-Grenze nicht überschreitet. Dabei kommt es auf die Motive, aus welchen Gründen und zu welchem Zeitpunkt der neue Vertrag geschlossen wird, nicht an; entscheidend ist, dass die Bindung des Abnehmers zu keinem Zeitpunkt die Dauer von fünf Jahren übersteigt.[613] Unschädlich ist deshalb eine einseitige Verlängerungsoption des Abnehmers über fünf Jahre hinaus.[614] Auch eine vertragliche Verpflichtung des Abnehmers, vor Ablauf der fünf Jahre über eine Verlängerung zu verhandeln, ist unschädlich, falls er einer Verlängerung nicht zustimmen muss.

383 Eine Vertragsverlängerung über fünf Jahre hinaus ist nur dann unschädlich, wenn der Abnehmer in seiner Entscheidungsfreiheit nicht eingeschränkt ist. Es darf also keinen **faktischen Druck oder Anreiz** für den Abnehmer zur Vertragsverlängerung geben.[615] Die Kommission hat dazu in den Leitlinien Rn. 66 Hinweise gegeben. So dürfen z. B. bei **langfristigen Darlehen des Verkäufers** die Rückzahlungsmodalitäten für den Abnehmer im Fall der Nichtverlängerung keine unverhältnismäßige zusätzliche Belastung vorsehen. Bei der Überlassung von **besonderen Ausrüstungsgegenständen** (z. B. Einrichtung einer Gaststätte) muss der Abnehmer das Recht haben, diese bei Vertragsbeendigung vom Anbieter zum Marktpreis zu übernehmen, sofern sie nicht vertragsspezifisch sind, d. h. sie nicht für andere Zwecke verwendet werden können.[616]

384 **ee) Ausnahme: Verkauf aus Immobilien des Anbieters (Art. 5 Abs. 2).** Die 5-Jahres-Grenze kommt dann nicht zur Anwendung, wenn der Verkäufer dem Käufer seine eigenen **Räumlichkeiten oder sein Grundstück zur Verfügung gestellt** hat. In diesem Fall ist eine Konkurrenztätigkeit des Käufers für den Verkäufer nicht zumutbar (Leitlinien Rn. 67). Die Höhe der vom Käufer zu entrichtenden Vergütung ist dabei ohne Bedeutung. Entgegen dem Wortlaut dürfte die Ausnahme auch bei unbefristeten Verträgen anwendbar sein.[617]

385 Gleichgestellt sind Fälle, in denen der Anbieter Immobilien **von einem Dritten** gemietet oder gepachtet und sie dem Abnehmer zur Verfügung gestellt hat. „Miete" oder „Pacht" sind dabei nicht im Sinn des (einzelstaatlichen) Zivilrechts zu verstehen, sondern aus dem Zusammenhang der Vertikal-GVO heraus auszulegen.

386 Die Ausnahme setzt voraus, dass das Wettbewerbsverbot nicht den Zeitraum überschreitet, in dem der Abnehmer die vom Anbieter überlassene Immobilie nutzt. Nach dem Zusammenhang der Regelung muss dabei im Vertrag selbst der **„Gleichlauf" von Wettbewerbs-**

---

[612] Sog. „Evergreen-Klauseln"; vgl. *Bauer/de Bronett,* Vertikal-GVO Rn. 158 und *Petsche* in: Liebscher/Flohr/Petsche, Handbuch der EU-Gruppenfreistellungsverordnungen, § 7 Rn. 128.

[613] *Schultze/Pautke/Wagener,* Vertikal-GVO Rn. 863 schränken dies dahingehend ein, dass die 5-Jahresfrist vom Zeitpunkt des Vertragsschlusses (und nicht der Beendigung des ursprünglichen Vertrags) zu berechnen ist. Dem wird man zustimmen müssen. Ob dabei eine Ausnahme für „9–12 Monate vor Auslaufen der Fünfjahres-Frist" möglich ist, erscheint andererseits zweifelhaft.

[614] Vgl. *Bechtold/Bosch/Brinker, EU*-Kartellrecht, Art. 5 VO 330/2010 Rn. 9; *Nolte* in: Langen/Bunte, Nach Art. 101 AEUV Rn. 574; *Seeliger* in: Wiedemann, Handbuch des Kartellrechts, § 11 Rn. 229.

[615] Vgl. *Schultze/Pautke/Wagener,* Vertikal-GVO Rn. 865 ff.; *Ellger* in: Immenga/Mestmäcker, EU-WbR, VO 330/2010 Art. 5 Rn. 19 und *Bauer/de Bronett,* Vertikal-GVO Rn. 158 f.

[616] Erläuterungen dazu in Leitlinien Rn. 107 nach Buchst. d und Rn. 146 f.; noch detaillierter die Leitlinien 2000 Rn. 156. Vgl. auch *Bauer/de Bronett,* Vertikal-GVO Rn. 159.

[617] Sowohl Sinn und Zweck als auch Gründe der Praktikabilität sprechen für eine Gleichbehandlung mit Verträgen, die länger als fünf Jahre befristet sind. So auch *Ellger* in: Immenga/Mestmäcker, EU-WbR, VO 330/2010 Art. 5 Rn. 21; *Nolte* in: Langen/Bunte, Nach Art. 101 AEUV, Rn. 583; anders Voraufl. Rn. 276.

verbot und Immobiliennutzung angeordnet sein.[618] Die gemäß Art. 5 Abs. 2 verlängerte Frist kann auf keinen Fall über die Nutzung der Immobilie hinausgehen; eine weitergehende Bindung des Abnehmers erfordert einen Neuabschluss des Wettbewerbsverbots.[619]

Die Regelung in Art. 5 Abs. 2 ist abgestellt auf die Bedürfnisse der Praxis insbesondere **387** in Großbritannien. Sie wird aber ähnlichen Problemgestaltungen bei vertragsspezifischen Investitionen des Verkäufers z. B. im Rahmen von **Bierlieferungs-, Tankstellen- und Franchise-Verträgen** nicht gerecht.[620] Die Hilfestellung des Verkäufers besteht in solchen Fällen vor allem in der langfristigen Überlassung von Einrichtungsgegenständen. Entsprechend langfristige Wettbewerbsverbote, die von der Kommission in den früheren Spezialregelungen[621] berücksichtigt waren, sind nach dem klaren Wortlaut des Art. 5 Abs. 2 bei einer Bindung des Käufers über fünf Jahre hinaus nicht mehr freigestellt. Denkbar ist aber insbesondere bei vertragsspezifischen Investitionen eine **Einzelfreistellung;** [622] sie ist grundsätzlich auf die Dauer des Abschreibungszeitraums beschränkt.[623] Je umfangreicher die vertragsspezifischen Investitionen sind, desto eher ist dabei mit einer Freistellung von längerfristigen Bindungen zu rechnen.[624] Sogar in Fällen der Marktbeherrschung können ausnahmsweise langfristige Bindungen zulässig sein, wenn dies z. B. zum Schutz von Know-how gerechtfertigt ist.[625]

b) Nachvertragliche Wettbewerbsverbote (Art. 5 Abs. 1 Buchst. b). Nach Beendigung der vertraglichen Beziehungen besteht grundsätzlich kein Anlass mehr zu vertraglichen Beschränkungen des Wettbewerbs. Art. 5 Abs. 1 Buchst. b enthält daher ein **grundsätzliches Verbot** aller nachvertraglichen Wettbewerbsverbote. Es betrifft nicht nur konkurrierende Produkte im Sinne von Art. 5 Abs. 1 Buchst. a, sondern gilt generell.[626] Zugelassen sind nur eng begrenzte und praktisch wenig bedeutsame Ausnahmen zum Schutz von Know-how, das der Anbieter dem Abnehmer überlassen hat. Diese Ausnahmen, die vor allem für **Franchise-Verträge** typisch sind, entsprechen weitgehend den früheren Regelungen, weichen davon aber zum Teil auch ab.[627] **388**

Insgesamt gilt Art. 5 Abs. 1 Buchst. b nur, soweit das nachvertragliche Wettbewerbsverbot überhaupt eine **spürbare Wettbewerbsbeschränkung** i. S. d. Art. 101 Abs. 1 AEUV **389**

---

[618] *Ellger* in: Immenga/Mestmäcker, EU-WbR, VO 330/2010 Art. 5 Rn. 24; *Schultze/Pautke/Wagener,* Vertikal-GVO Rn. 871.

[619] Insoweit weitergehend *Bechtold/Bosch/Brinker,* EU-Kartellrecht, Art. 5 VO 330/2010 Rn. 11, wonach ein Wettbewerbsverbot für den Zeitraum der Nutzung der Räumlichkeiten und zugleich für weitere höchstens fünf Jahre vereinbart werden kann.

[620] Vgl. dazu *Pukall* NJW 2000, 1375, 1378.

[621] Bei Gaststätten- und Tankstellenverträgen erstreckte sich die Freistellung von Wettbewerbsverboten, sofern die Gaststätte bzw. Tankstelle dem Käufer vom Lieferanten aufgrund eines Pachtvertrags oder im Rahmen eines sonstigen Benutzungsverhältnisses überlassen war, über die 5- bzw. 10-Jahres-Frist hinaus auf die Dauer der tatsächlichen Nutzung (vgl. VO 1984/83 für Alleinbezugsvereinbarungen, Art. 8 Abs. 2 Buchst. a zu Bierlieferungsvereinbarungen und Art. 12 Abs. 2 zu Tankstellenverträgen). Bei Alleinvertriebs- und Franchise-Vereinbarungen war ohnehin eine unbefristete Bindung zugelassen. Auch *Schultze/Pautke/Wagener,* Vertikal-GVO Rn. 874 sehen in dem „zu engen Anwendungsbereich" der Ausnahme ein Problem.

[622] Andere als vertragsspezifische Investitionen sind nach den Leitlinien (Rn. 147) nicht zu berücksichtigen. Ein Darlehen des Verkäufers allein reicht nicht, selbst bei günstigeren als banküblichen Konditionen.

[623] Leitlinien Rn. 107 nach Buchst. d und 146. Diese Erläuterungen sind auf deutschen Wunsch von der Kommission nachträglich näher spezifiziert worden (vgl. *Pukall* NJW 2000, 1375, 1378).

[624] So ausdrücklich die früheren Leitlinien 2000 Rn. 119 Nr. 9. Das Wettbewerbsverbot kann bei „sehr umfangreichen Investitionen" auch über fünf Jahre hinausgehen (Leitlinien Rn. 146). Vgl. dazu auch *Schultze/Pautke/Wagener,* Vertikal-GVO Rn. 877.

[625] Nach den Leitlinien Rn. 133 steigt zwar die Wahrscheinlichkeit einer wettbewerbswidrigen Marktabschottung, wenn marktbeherrschende Unternehmen beteiligt sind; ausgeschlossen ist eine Einzelfreistellung in diesem Fall aber nicht.

[626] *Ellger* in: Immenga/Mestmäcker, EU-WbR, VO 330/2010 Art. 5 Rn. 27.

[627] Kritisch dazu *Bauer/de Bronett,* Vertikal-GVO Rn. 168.

darstellt.[628] Daran kann es bei Franchiseverträgen fehlen.[629] Nicht in den Anwendungsbereich der Vertikal-GVO fallen nach Art. 2 Abs. 4 nachvertragliche Wettbewerbsverbote zwischen (aktuellen oder potenziellen) Wettbewerbern.[630]

390 Erfasst sind Vereinbarungen, die sich auf Waren oder Dienstleistungen jeglicher Art beziehen, sofern die Beschränkungen den **Abnehmer** treffen.[631] Das Verbot gilt nicht nur für Wettbewerbsverbote i. S. d. Art. 1 Abs. 1 Buchst. d, sondern für alle Vereinbarungen, die den Abnehmer in der nachvertraglichen Tätigkeit behindern.[632] Die Beschränkungen müssen sich auf die Zeit **nach Beendigung der Vertragsbeziehungen** erstrecken. Bei Wettbewerbsverboten, die sowohl die vertragliche als auch die nachvertragliche Periode umfassen, ist eine Aufteilung geboten.

391 Art. 5 Abs. 3 sieht zwei **Ausnahmen vom Verbot nachvertraglicher Wettbewerbsverbote** vor. Beide Regelungen sind unabhängig voneinander.[633]

392 **– Zulässige Beschränkungen der Konkurrenztätigkeit des Abnehmers (Unterabsatz 1).** Die Ausnahme in Unterabsatz 1 des Art. 5 Abs. 3 soll es dem Anbieter ermöglichen, eigenes Know-how gegen eine nachvertragliche Konkurrenztätigkeit des Abnehmers zu schützen. Dies ist vor allem bei **Franchise-Verträgen** relevant. Die Freistellung ist dabei auf den Zeitraum von einem Jahr begrenzt.

393 Damit ein nachvertragliches Wettbewerbsverbot freigestellt ist, müssen nach Art. 5 Abs. 3 Unterabsatz 1 drei Voraussetzungen **kumulativ** erfüllt sein:

- **Sachlich** ist die Ausnahme begrenzt auf **Konkurrenzprodukte.** Diese müssen dem gleichen sachlichen Markt wie die Vertragsprodukte angehören; d. h. das Know-how muss bei diesen in ähnlicher Weise wie bei den Vertragsprodukten nutzbar sein. Für die Produktmarktabgrenzung gelten die allgemeinen Kriterien.
- **Räumlich** ist die Ausnahme begrenzt auf den Ort der **Geschäftstätigkeit des Abnehmers.**[634] Das nachvertragliche Wettbewerbsverbot ist in diesem Fall damit zu rechtfertigen, dass der Abnehmer bei einer Geschäftstätigkeit in den gleichen Räumen besonders leicht darüber täuschen könnte, dass er zur Ausnutzung des Know-how nicht mehr berechtigt ist. Unerheblich ist dabei, wem die Räumlichkeiten oder das Grundstück gehören und ob sie dem Abnehmer vom Anbieter überlassen sind.[635] Das Wettbewerbsverbot entfällt allerdings, wenn der Abnehmer seine geschäftliche Tätigkeit an einen anderen Ort („ein Haus weiter“) verlegt.[636]

---

[628] Anders als im Fall einer Kernbeschränkung (dazu oben Rn. 195) bedeutet ein nachvertragliches Wettbewerbsverbot nicht zwingend, dass eine Wettbewerbsbeschränkung i. S. d. Art. 101 Abs. 1 AEUV vorliegt. Sofern dies der Fall ist, gilt Art. 5 Abs. 1 Buchst. b i. V. m. Abs. 3.

[629] Nach der EuGH-Rspr. (Urteil vom 28.1.1986 *Pronuptia* ECLI:EU:C:1986:41) gilt die Zulässigkeit eines dem Franchisenehmer auferlegten Wettbewerbsverbots nicht nur für die Dauer der Geschäftsbeziehung, sondern auch für einen angemessenen Zeitraum danach. Vgl. auch *Kirchhoff* in: Wiedemann, Handbuch des Kartellrechts, § 11 Rn. 460.

[630] Das wird auch dann anzunehmen sein, wenn das Wettbewerbsverhältnis während des Vertragszeitraums bestanden hat und mit Vertragsbeendigung weggefallen ist. Im gleichen Sinn *Schultze/Pautke/Wagener,* Vertikal-GVO Rn. 881.

[631] Kritik daran übt *Bauer/de Bronett,* Vertikal-GVO Rn. 171 f.

[632] *Ellger* in: Immenga/Mestmäcker, EU-WbR, VO 330/2010 Art. 5 Rn. 27; *Bechtold/Bosch/Brinker, EU*-Kartellrecht, Art. 5 VO 330/2010 Rn. 12.

[633] *Ellger* in: Immenga/Mestmäcker, EU-WbR, VO 330/2010 Art. 5 Rn. 29 ff., 38; *Schultze/Pautke/Wagener,* Vertikal-GVO Rn. 690. Nach *Bechtold/Bosch/Brinker,* EU-Kartellrecht, Art. 5 VO 330/2010 Rn. 13 handelt es sich nur um eine einzige Gegenausnahme.

[634] Kritisch zu diesem Erfordernis („nicht nachvollziehbar“) *Bauer/de Bronett,* Vertikal-GVO Rn. 168.

[635] Dies gilt sogar für Räumlichkeiten, die dem Abnehmer selbst gehören oder von ihm gemietet bzw. gepachtet sind. Vgl. *Schultze/Pautke/Wagener,* Vertikal-GVO Rn. 888.

[636] Das nachvertragliche Wettbewerbsverbot wird dadurch weiter entwertet. Vgl. *Ellger* in: Immenga/Mestmäcker, EU-WbR, VO 330/2010 Art. 5 Rn. 32; *Nolte* in: Langen/Bunte, Nach Art. 101 AEUV, Rn. 586. *Metzlaff* BB 2000, 1201, 1209 hält es für zweifelhaft, ob die Beschränkungen in

– Außerdem muss das Wettbewerbsverbot **zum Schutz des** vom Anbieter überlassenen **Know-how unerlässlich** sein.[637] Zum Begriff Know-how vgl. Art. 1 Abs. 1 Buchst. g. Danach muss das Know-how „geheim, wesentlich und identifiziert" sein. „Unerlässlich" ist ein Wettbewerbsverbot, wenn es den Abnehmer daran hindert, das vom Verkäufer überlassene Know-how zu seinem eigenen Vorteil auszunutzen. An dieses Bedürfnis dürfen keine hohen Anforderungen gestellt werden. Es reicht, wenn eine begründete Gefahr besteht, dass der Abnehmer bei einer Konkurrenztätigkeit nach Vertragsende das Know-how des Anbieters verwendet.[638]

Unter den genannten Voraussetzungen ist das Wettbewerbsverbot für die Zeit von **einem Jahr nach Vertragsende** freigestellt. Die Jahresfrist muss nach dem Wortlaut der Vorschrift vertraglich festgelegt sein. Ist dies nicht der Fall, entfällt die Freistellung insgesamt von Anfang an (und nicht erst nach dem ersten Jahr). Die Frage, ob für die Dauer des Wettbewerbsverbots eine **Karenzentschädigung** zu leisten ist, richtet sich nach nationalem Recht. 394

– Zulässige Vorkehrungen zum Schutz von geheimem Know-how (Unterabsatz 2). Der Unterabsatz 2 des Art. 5 Abs. 3 enthält eine über den Rahmen des 1. Unterabsatzes hinausgehende weitere Ausnahme. Dem Anbieter wird dadurch gestattet, mit dem Abnehmer zeitlich unbegrenzte Schutzvorkehrungen zur **Geheimhaltung von Know-how** für die Zeit nach Vertragsbeendigung zu vereinbaren. Dabei geht es nicht nur, wie in Unterabsatz 1, um die Aufnahme einer Konkurrenztätigkeit, sondern er darf jede tatsächliche **Nutzung und Offenlegung** des Know-how durch den Abnehmer verhindern und die Verwertung des Know-how zeitlich unbefristet verbieten. 395

Gleichgültig ist, ob die Voraussetzungen des Unterabsatzes 1 erfüllt sind oder die Jahresfrist bereits abgelaufen ist. Unterabsatz 2 stellt klar, dass die Vereinbarungen zum Schutz des Know-how für die Zeit **nach Vertragsbeendigung** nicht dem allgemeinen Verbot nachvertraglicher Wettbewerbsverbote unterliegen.[639] 396

Geschützt werden kann nur **„geheimes"** Know-how; es darf also nicht offenkundig sein.[640] Sobald das Know-how allgemein zugänglich geworden ist, entfällt die Ausnahmeregelung in Unterabsatz 2;[641] seine Nutzung und Offenlegung kann nicht mehr beschränkt werden. Die Freistellung bleibt allerdings bestehen, wenn die Offenkundigkeit auf einem Vertragsverstoß des Käufers beruht.[642] 397

c) Individuelle Wettbewerbsverbote in selektiven Vertriebssystemen (Art. 5 Abs. 1 Buchst. c). Von einer Freistellung ausgeschlossen sind Vereinbarungen in selektiven Vertriebssystemen, die **gezielt gegen einzelne Konkurrenzunternehmen** gerichtet sind. Nach den Leitlinien Rn. 182 befürchtet die Kommission vor allem, dass mehrere Betreiber von selektiven Vertriebssystemen durch gleichförmige Absprachen dieser Art einen „exklu- 398

Art. 5 überhaupt auf Franchisevereinbarungen anwendbar ist, da dies im Widerspruch zur EuGH-Rspr. stehe (s. oben Rn. 389; Kritik äußern auch *Jestaedt/Zöttl* in: Münchener Kommentar, Vertikal-GVO Art. 5 Rn. 30).

[637] In der Literatur wird dieses Erfordernis als zu weitgehend kritisiert; vgl. *Schulz,* EU-Gruppenfreistellungsverordnung für vertikale Wettbewerbsbeschränkungen – Interpretations- und Anwendungsprobleme, S. 333, 347 f. und *Semler/Bauer* DB 2000, 193, 199.

[638] Vgl. *Ellger* in: Immenga/Mestmäcker, EU-WbR, VO 330/2010 Art. 5 Rn. 35.

[639] Für eine solche bloß klarstellende Funktion spricht einerseits der Wortlaut „dies gilt unbeschadet …", andererseits der Umstand, dass während der Vertragsdauer Vorkehrungen zum Schutz von geheimem Know-how i. d. R. ohnehin keine Wettbewerbsbeschränkung darstellen. Weitergehend wollen *Schultze/Pautke/Wagener,* Vertikal-GVO Rn. 897 die Vorschrift auch auf Beschränkungen während der Vertragsdauer anwenden; nunmehr offengelassen bei *Ellger* in: Immenga/Mestmäcker, EU-WbR, VO 330/2010 Art. 5 Rn. 40 (anders aber Rn. 38).

[640] Dieses Erfordernis ist bereits in Art. 1 Abs. 1 Buchst. g enthalten.

[641] *Schultze/Pautke/Wagener,* Vertikal-GVO Rn. 896.

[642] Andernfalls könnte sich der Abnehmer durch Vertragsbruch einen rechtlichen Vorteil verschaffen. Wie hier *Ellger* in: Immenga/Mestmäcker, EU-WbR, VO 330/2010 Art. 5 Rn. 39.

siven Klub von Marken" schaffen und bestimmte Marken oder Händlerkategorien vom Markt ausschließen. Unabhängig von derartigen horizontalen Absprachen sind **boykottähnliche Maßnahmen**[643] gegen einzelne Konkurrenzunternehmen wettbewerblich unerwünscht und auch aus diesem Grund nach Art. 5 Abs. 1 Buchst. c nicht freigestellt.

399 **Markenexklusivität** als solche wird durch Art. 5 Abs. 1 Buchst. c nicht berührt (Leitlinien Rn. 69). Die Kombination von selektivem Vertrieb mit einem (auf fünf Jahre begrenzten) Wettbewerbsverbot ist grundsätzlich freigestellt. Vereinbarungen, die generell die Tätigkeit für andere Produkte oder andere Hersteller verbieten, sind Wettbewerbsverbote und nach Art. 5 Abs. 1 Buchst. a und Art. 1 Abs. 1 Buchst. d zu beurteilen.[644]

400 Die Regelung betrifft **selektive Vertriebssysteme** i. S. d. Art. 1 Abs. 1 Buchst. e (s. oben Rn. 298 f.). Zu den „Mitgliedern" gehört auch der Hersteller (s. oben Rn. 308).

401 Um **konkurrierende Anbieter** handelt es sich, wenn diese auf dem gleichen sachlichen Markt tätig sind. Insoweit gelten die allgemeinen Kriterien.[645]

402 Von Art. 5 Abs. 1 Buchst. c erfasst sind Vereinbarungen, die **bestimmte** Konkurrenzfirmen ausschließen. Die Firmen müssen entweder namentlich benannt oder eindeutig **namentlich bestimmbar** sein. Allgemeine Selektionskriterien, die nicht gezielt auf einzelne Unternehmen Bezug nehmen, unterliegen nicht der Sonderregelung des Art. 5 Abs. 1 Buchst. c.

403 Voraussetzung ist nach dem Wortlaut eine rechtlich bindende „**Verpflichtung**". Eine **faktische Bindung** durch Ausübung von Druck oder Gewährung von Anreizen reicht nicht, auch wenn die Wirkung einer rechtlichen Bindung ähnlich ist.[646]

404 Erfasst sind ferner nur Verpflichtungen, die ein **Verbot** des Vertriebs von bestimmten Konkurrenzprodukten enthalten. Verpflichtungen zum Vertrieb bestimmter Produkte (Gebote) unterfallen nicht Art. 5 Abs. 1 Buchst. c und sind grundsätzlich freigestellt.[647]

405 Soweit Art. 5 Abs. 1 Buchst. c eingreift, ist eine gruppenweise Freistellung der betroffenen Vereinbarung ausgeschlossen. Eine Einzelfreistellung bleibt theoretisch möglich.[648] Vereinbarungen in **anderen als selektiven Vertriebssystemen,** die ein Verkaufsverbot für Produkte bestimmter Hersteller beinhalten, sind Wettbewerbsverbote, die nach den allgemeinen Regeln in Art. 5 Abs. 1 Buchst. a grundsätzlich für die Dauer von fünf Jahren freigestellt sind.[649]

4. Rechtsfolgen

406 Anders als die weitergehende Regelung in Art. 4 hat ein Verstoß gegen Art. 5 **keine Auswirkungen auf die Vereinbarung insgesamt.** Von der gruppenweisen Freistellung

---

[643] Die Kommission verwendet in den Leitlinien Rn. 69 den Begriff „kollektiver Boykott".

[644] Vgl. *Schultze/Pautke/Wagener,* Vertikal-GVO Rn. 903 ff.; *Beutelmann,* Selektive Vertriebssysteme im europäischen Kartellrecht, S. 146.

[645] *Ellger* in: Immenga/Mestmäcker, EU-WbR, VO 330/2010 Art. 5 Rn. 49; a. A. *Beutelmann,* Selektive Vertriebssysteme im europäischen Kartellrecht, S. 145 f., wonach nur aktueller und nicht potenzieller Wettbewerb zu berücksichtigen ist.

[646] Vgl. Rn. 369, auch zur abweichenden Rechtslage im Fall des Art. 4; ebenso *Schultze/Pautke/Wagener,* Vertikal-GVO Rn. 908. Weitergehend *Beutelmann,* Selektive Vertriebssysteme im europäischen Kartellrecht, S. 145. Nach *Bechtold/Bosch/Brinker,* EU-Kartellrecht, Art. 5 VO 330/2010 Rn. 15 ist auch ein Zustimmungsvorbehalt des Verkäufers unwirksam, der so ausgeübt wird, dass tatsächlich ein einzelner Lieferant ausgeschlossen ist; das ist aber mit dem Wesen einer Gruppenfreistellung kaum noch vereinbar.

[647] *Schultze/Pautke/Wagener,* Vertikal-GVO Rn. 909; enger *Beutelmann,* Selektive Vertriebssysteme im europäischen Kartellrecht, S. 146 f., wonach die Umstände des Einzelfalls entscheidend sind. In Ausnahmefällen kann auch eine Kernbeschränkung nach Art. 4 Buchst. b vorliegen, wenn z. B. die vorgeschriebene Liefermenge so groß ist, dass eine Belieferung an den Kunden praktisch ausgeschlossen ist (vgl. oben Rn. 248).

[648] Die Kommission sieht eine Einzelfreistellung als unwahrscheinlich an, wenn große Unternehmen an der Absprache beteiligt sind (vgl. Einzelheiten in Rn. 182 der Leitlinien).

[649] *Schultze/Pautke/Wagener,* Vertikal-GVO Rn. 901.

ausgeschlossen ist allein die jeweils in Art. 5 benannte vertragliche Vereinbarung; die übrigen Vereinbarungen bleiben freigestellt und sind damit wirksam (Leitlinien Rn. 65, 71). Diese Rechtsfolge ist zwingend, unabhängig davon, ob aus der Sicht der Vertragsparteien die von Art. 5 betroffene Vereinbarung einen wesentlichen Teil der Abmachung darstellt. Die im Rahmen des Art. 101 Abs. 2 AEUV anwendbaren Grundsätze zur Frage der **Teil-Unwirksamkeit** gelten hier nicht.[650]

Davon zu unterscheiden ist die Frage, welche Auswirkungen eine unwirksame Wettbe- **407**
werbsverbots-Klausel auf die **Wirksamkeit des Vertrags insgesamt** hat. Dies richtet sich nach nationalem Recht, hier § 139 BGB. Im Zweifel ist davon auszugehen, dass der Vertrag im Übrigen unberührt bleibt. Eine vertraglich vereinbarte **salvatorische Klausel** für den Fall der Ungültigkeit der betreffenden Vereinbarung würde diese Rechtsfolge nur bestätigen. Im Streitfall wird dadurch jedoch die Darlegungs- und Beweislast demjenigen auferlegt, der sich auf die Unwirksamkeit des gesamten Vertrags beruft.[651] **Nicht zulässig** ist eine **Umdeutung** der Vereinbarung mit dem Ziel, dass der Vertrag insgesamt freigestellt und damit rechtsgültig wird, insbesondere durch Verkürzung der Bindungsfrist auf das zulässige Maß von fünf Jahren **(geltungserhaltende Reduktion),**[652] oder eine Anpassung nach den Grundsätzen des **Wegfalls der Geschäftsgrundlage.** Die zwingende Rechtsfolge des Art. 5 würde damit umgangen.

Anders als im Fall des Art. 4 ist dagegen eine **Einzelfreistellung** der betroffenen Ver- **408**
einbarung nicht generell „unwahrscheinlich“. Da Wettbewerbsverbote einen minder schwerwiegenden Wettbewerbsverstoß darstellen, sind die Voraussetzungen des Art. 101 Abs. 1 AEUV im Einzelfall zu prüfen. Allerdings kommt eine Einzelfreistellung für über fünf Jahre hinausgehende Wettbewerbsverbote als Regel nicht in Betracht (Leitlinien Rn. 133). Vor allem die starre Grenze von fünf Jahren kann problematisch sein, wenn auch der Verkäufer seinerseits durch **vertragsspezifische Investitionen** länger als fünf Jahre gebunden ist (sog **„Hold-up“-Problem**). In solchen Fällen kann eine Einzelfreistellung, die sich auf die Dauer der Lieferbeziehung erstreckt,[653] gerechtfertigt sein. Die Kommission vertritt in den Leitlinien auch hierzu eine eher restriktive Linie, die den praktischen Bedürfnissen nicht immer gerecht wird (s. oben Rn. 359 und 387). Anders ist es bei **Franchise-Verträgen,** bei denen vertragliche und nachvertraglichen Wettbewerbsverbote vielfach nicht einmal als Wettbewerbsbeschränkung i. S. d. Art. 101 Abs. 1 AEUV anzusehen sind (s. oben Rn. 362, 388f.). Boykottähnliche Maßnahmen in selektiven Vertriebssystemen gemäß Art. 5 Abs. 1 Buchst. c sind zwar ein gravierender Verstoß, eine Einzelfreistellung ist aber nicht ausgeschlossen, sofern die großen Unternehmen der Branche an der Absprache nicht beteiligt sind (Leitlinien Rn. 182).

---

[650] A. A. *Mestmäcker/Schweitzer,* Europäisches Wettbewerbsrecht, § 15 Rn. 56.

[651] So die neuere BGH-Rspr.; vgl. Urteil vom 24.9.2002 KZR 10/01, WuW/DE-R 1031; *Schultze/Pautke/Wagener,* Vertikal-GVO Rn. 843f; *Nolte* in: Langen/Bunte, Nach Art. 101 AEUV, Rn. 563. Enger dagegen *Klotz* in: Schröter/Jakob/Klotz/Mederer Rn. 802, wonach die Wirksamkeit der übrigen Vereinbarungen davon abhängt, dass die Vertragsparteien eine salvatorische Klausel vereinbart haben. Das würde den Unterschied zur Rechtsfolge bei Verstößen gegen Art. 4 unnötig einschränken.

[652] *Ellger* in: Immenga/Mestmäcker, EU-WbR, VO 330/2010 Art. 5 Rn. 52; *Schultze/Pautke/Wagener,* Vertikal-GVO Rn. 868f. Nicht eindeutig ist insoweit die Auffassung des BGH. Nach dem Leitsatz der Entscheidung vom 10.2.2004 WuW DE-R 1305 sind unzulässige zeitliche Beschränkungen in Verträgen auf das zulässige Maß zurückzuführen. Im Begründungstext (WuW DE-R 1305, 1306) werden jedoch Zweifel an dieser Auffassung geäußert, weil es wie eine „Belohnung“ wirken könnte, wenn die Beschränkung auf das gerade noch zulässige Maß reduziert würde. Das Urteil bezieht sich nur auf Übergangsfälle, für den Regelfall ist die Entscheidung ausdrücklich offen gelassen. Verfehlt ist das Urteil des OLG Naumburg vom 18.7.2013 *Hubarbeitsmaschinen* WuW/DE-R 3999, das eine zeitliche Reduktion von nachvertraglichen Wettbewerbsverboten für zulässig hält.

[653] Vgl. Leitlinien Rn. 107 nach Buchst. d, 146.

5. Verhältnis zu anderen Vorschriften

409 **a) Verhältnis zu anderen EU-Normen.** Art. 5 Abs. 1greift nur ein, wenn eine „spürbare Wettbewerbsbeschränkung" i. S. d. Art. 101 Abs. 1 AEUV vorliegt und die Vertikal-GVO nach Art. 2 Abs. 1 Unterabs. 2 anwendbar ist. Falls durch gleichförmige Wettbewerbsverbote eine Wettbewerbsbeschränkung auch im Horizontalverhältnis (Verhaltenskoordinierung z. B. der verschiedenen Händler) bewirkt wird, gilt Art. 2 Abs. 4.

410 Nicht selten werden Wettbewerbsverbote mit einer **Kernbeschränkung nach Art. 4 Buchst. b** zusammen vereinbart (z. B. Alleinbezugsvereinbarung gekoppelt mit Gebiets- oder Kundengruppenbeschränkung).[654] In diesem Fall kommt allein die weitergehende Sanktion des Art. 4 zur Anwendung. Die Sonderregelung in der Kfz-GVO hat Vorrang (vgl. Art. 2 Abs. 5).

411 Die Anwendung des **Art. 102 AEUV** wird durch die Vertikal-GVO nicht berührt.[655] Bei Wettbewerbsverboten zugunsten marktbeherrschender Unternehmen sind in der Regel nur erheblich kürzere Fristen als fünf Jahre zulässig. Auch bei langfristigen Gaslieferverträgen, die flächendeckend eine Marktabschottung bewirken (und deshalb nicht freigestellt sind), hält das Bundeskartellamt Bezugsbindungen von 80% und mehr nur bis zu zwei Jahren und Bezugsbindungen von 50–80% des Bedarfs nur bis zu einer 4-Jahresfrist für wettbewerblich unbedenklich.[656]

412 **b) Verhältnis zum deutschen Recht.** Für die in den Art. 5 Abs. 1 Buchst. a bis c erfassten vertraglichen Vereinbarungen gilt bei zwischenstaatlichen Auswirkungen der Vorrang des europäischen Rechts gemäß Art. 3 Abs. 2 der VO 1/2003. Abweichende Regelungen des deutschen Rechts sind daher für den Anwendungsbereich des Art. 5 nicht denkbar. Sofern keine zwischenstaatlichen Auswirkungen vorliegen und somit deutsches Recht anwendbar ist, führt die Bezugnahme in § 2 Abs. 2 GWB zum gleichen Ergebnis.

413 Vereinbarungen, die nicht dem Wettbewerbsrecht unterfallen, wie z. B. Wettbewerbsverbote in echten Handelsvertreterverträgen oder in Dienst- bzw. Arbeitsverträgen, sind allein nach nationalem Recht zu beurteilen. Auch für die Frage einer möglichen **Karenzentschädigung** und andere privatrechtliche Rechtsfolgen, die nicht durch Art. 5 geregelt sind, ist nationales Recht maßgeblich.

Hinweis: Die Art. 6 und 7 der Verordnung 2790/1999 zum Entzug der Gruppenfreistellung durch Entscheidung der Kommission oder der nationalen Wettbewerbsbehörde entsprechen Art. 29 VO 1/2003. Diese Vorschriften sind deshalb ersatzlos entfallen.

Art. 6 Nichtanwendung dieser Verordnung

Nach Artikel 1a der Verordnung Nr. 19/65/EWG kann die Kommission durch Verordnung erklären, dass in Fällen, in denen mehr als 50 % des relevanten Marktes von parallelen Netzen gleichartiger vertikaler Beschränkungen abgedeckt werden, die vorliegende Verordnung auf vertikale Vereinbarungen, die bestimmte Beschränkungen des Wettbewerbs auf diesem Markt enthalten, keine Anwendung findet.

1. Sinn und Zweck

414 Für die Beurteilung vertikaler Wettbewerbsbeschränkungen kann es neben der Marktmacht der einzelnen betroffenen Unternehmen eine erhebliche Bedeutung haben, in wel-

---

[654] Das Wettbewerbsverbot betrifft die Frage, welche Produkte (**„was"**) der Abnehmer (nicht) verkaufen bzw. beziehen darf. Bei der Kernbeschränkung nach Art. 4 Buchst. b geht es dagegen um die Frage, **an wen** der Abnehmer seine Produkte (nicht) verkaufen darf.

[655] Dies war in Erwägungsgrund 16 der Vertikal-GVO 2790/1999 ausdrücklich klargestellt.

[656] Vgl. die Musterentscheidung des Bundeskartellamts im Fall E.ON/Ruhrgas vom 13.1.2006, bestätigt durch das OLG Düsseldorf (WuW/E DE-V 1147 ff. und DE-R 1757 ff.), sowie die zahlreichen Nachfolgeverfahren (z. B. EWE AG, Beschluss des BKartA vom 18.2.2008).

chem Ausmaß der Markt durch gleichartige Beschränkungen insgesamt abgedeckt ist. Im Hinblick auf die Gefahren solcher kumulativer Wirkungen soll die Kommission die Befugnis haben, neben der Möglichkeit eines Freistellungsentzugs durch Einzelentscheidung (Art. 29 VO 1/2003) den Freistellungsvorteil für alle betroffenen Unternehmen in einem einzigen Akt durch Verordnung aufzuheben. Die Verordnung nach Art. 6 ist eine **abstrakt generelle Regelung,** die auf die potenzielle Gefährdung durch eine hohe Marktabdeckung gleichartiger Beschränkungen abstellt. Anders als im Fall des Entzugs der Freistellung nach Art. 29 der VO 1/2003 muss ein konkreter Verstoß gegen Art. 101 Abs. 3 AEUV nicht nachgewiesen sein.

Rechtsgrundlage ist der in Absatz 1 ausdrücklich benannte Art. 1a der VO 19/65,[657] der durch die VO 1215/99[658] nachträglich eingefügt wurde. Eine gleichlautende Regelung enthielt die Vorgänger-GVO 2790/1999 in Art. 8 Abs. 1. Der dort zusätzlich enthaltene Absatz 2, wonach die Verordnung frühestens 6 Monate nach Erlass in Kraft tritt, ist wegen der gleichlautenden Bestimmung in der VO 19/65 entfallen. Eine vergleichbare Vorschrift gibt es in nunmehr in zwei anderen Gruppenfreistellungsverordnungen: Art. 6 Kfz-GVO 461/2010 (ohne Absatz 2) und Technologietransfer-GVO 316/2014 (mit Absatz 2). 415

2. Praktische Bedeutung

Eine Verordnung nach Art. 6 ist in der Sache eine **Änderungsverordnung** der Vertikal-GVO. Solche Änderungen sind auch ohne spezielle Rechtsgrundlage jederzeit möglich. Die eigentliche Bedeutung des Art. 5 besteht deshalb darin, den „Vertrauensschutz" für den dort geregelten Fall aufzuheben. Dies wird aber nur eingeschränkt erreicht. Schon bei Erlass der Vertikal-GVO waren hohe Marktabdeckungen durch Netze gleichartiger Beschränkungen bekannt, ohne dass die Kommission daraus Konsequenzen gezogen hätte (z. B. beim selektiven Vertrieb von teuren Markenwaren wie Parfüm und anderen Luxusartikeln,[659] aber auch für den Kfz-Vertrieb, der in der Kfz-GVO gesondert geregelt war). Falls derartige Netze längere Zeit bestanden haben, bleibt der „Vertrauensschutz" für die Unternehmen erhalten. Deshalb müssen hier noch weitere Umstände hinzukommen, damit ein genereller Entzug der Freistellung durch VO gerechtfertigt ist. Damit ist Art. 6 letztlich überflüssig, da eine Änderungsverordnung ohne diese Rechtsgrundlage möglich wäre. Auch deshalb ist kaum damit zu rechnen, dass die Kommission jemals von Art. 6 Gebrauch machen wird.[660] 416

3. Tatbestand

a) Voraussetzungen. Das Erfordernis, dass auf dem relevanten Markt **Netze gleichartiger vertikaler Beschränkungen** nebeneinander bestehen, war in Art. 6 VO 2790/1999 auch für den Entzug der Freistellung ausdrücklich angeführt („insbesondere"). In Art. 29 VO 1/2003 ist dies nicht mehr der Fall, sachliche Änderungen ergeben sich daraus aber nicht. Während für den Entzug der Freistellung nach Art. 29 VO 1/2003 in jedem Einzelfall eine erhebliche Beschränkung des Zugangs oder des Wettbewerbs festgestellt werden muss, reicht für eine VO nach Art. 6 die **abstrakt-generelle Gefährdung** durch eine Marktabdeckung von mehr als 50%.[661] Errechnet wird diese Schwelle aus dem Verhältnis des Umsatzes, der durch gleichartige (nicht unbedingt identische) vertikale Beschränkungen betroffen ist, zu dem Gesamtumsatz auf dem relevanten Markt. 417

---

657 ABl. EG Nr. 36, S. 533.

658 ABl. EG 1999 Nr. L 148/1.

659 Nach *Beutelmann,* Selektive Vertriebssysteme im europäischen Kartellrecht, S. 177 war Art. 6 zunächst speziell für Fälle des selektiven Vertriebs vorgesehen.

660 *Beutelmann,* Selektive Vertriebssysteme im europäischen Kartellrecht, S. 179 rechnet dagegen mit Verordnungen nach Art. 6 für den selektiven Vertrieb.

661 *Ellger* in: Immenga/Mestmäcker, EU-WbR, Art. 101 Abs. 3 AEUV Rn. 404.

418 Bei der Berechnung der Marktanteilsschwelle ist Art. 9 entsprechend anzuwenden. Gleiches gilt für die Verbundklausel in Art. 11.

419 **b) Verfahren.** Der Erlass einer Verordnung nach Art. 8 steht im **pflichtgemäßen Ermessen** der Kommission. Dies gilt auch für die Wahl zwischen einer Entzugsentscheidung nach Art. 29 VO 1/2003 und der weitergehenden VO nach Art. 6. Zweckmäßigerweise wird zunächst ein Einschreiten in einem Einzelfall vorangehen, ehe die Kommission den Erlass einer VO nach Art. 6 erwägt.[662]

420 Eine VO nach Art. 6 muss die einzelnen vertikalen Beschränkungen, die nicht mehr freigestellt sein sollen, konkret beschreiben (Leitlinien Rn. 83). Sie kann zeitlich befristet sein. In Kraft treten kann sie frühestens 6 Monate nach Erlass (VO 19/65). Sie gilt dann auch für die Netze gleichartiger vertikaler Beschränkungen, die zu diesem Zeitpunkt vorliegen (unechte Rückwirkung).[663]

421 Das Verfahren für den Erlass der VO richtet sich nach der VO 19/65, insbesondere deren Art. 5 und 6.

4. Rechtsfolgen

422 Durch die VO nach Art. 6 wird die Freistellung nach Art. 101 Abs. 3 AEUV **mit Wirkung für die Zukunft** (ex nunc) aufgehoben. Bei den betroffenen Vereinbarungen ist für die Zeit danach gemäß den allgemeinen Kriterien des Art. 101 Abs. 3 AEUV zu beurteilen, ob die Voraussetzungen für eine Einzelfallfreistellung erfüllt sind. Anders als im Fall des Entzugs der Freistellung nach Art. 29 VO 1/2003 ist eine solche Prüfung möglich und geboten, da die VO nach Art. 6 keine Feststellung eines Verstoßes gegen Art. 101 Abs. 1 AEUV im konkreten Fall enthält.[664]

Art. 7 Anwendung der Marktanteilsschwelle

Für die Anwendung der Marktanteilsschwellen im Sinne des Artikels 3 gelten folgende Vorschriften:

a) Der Marktanteil des Anbieters wird anhand des Absatzwerts und der Marktanteil des Abnehmers anhand des Bezugswerts berechnet. Liegen keine Angaben über den Absatz- bzw. Bezugswert vor, so können zur Ermittlung des Marktanteils des betreffenden Unternehmens Schätzungen vorgenommen werden, die auf anderen verlässlichen Marktdaten unter Einschluss der Absatz- und Bezugsmengen beruhen;

b) Die Marktanteile werden anhand der Angaben für das vorangegangene Kalenderjahr ermittelt;

c) Der Marktanteil des Anbieters schließt Waren oder Dienstleistungen ein, die zum Zweck des Verkaufs an vertikal integrierte Händler geliefert werden;

d) Beträgt ein Marktanteil ursprünglich nicht mehr als 30 % und überschreitet er anschließend diese Schwelle, jedoch nicht 35 %, so gilt die Freistellung nach Artikel 2 im Anschluss an das Jahr, in dem die Schwelle von 30 % erstmals überschritten wurde, noch für zwei weitere Kalenderjahre;

e) Beträgt ein Marktanteil ursprünglich nicht mehr als 30 % und überschreitet er anschließend 35 %, so gilt die Freistellung nach Artikel 2 im Anschluss an das Jahr, in dem die Schwelle von 35 % erstmals überschritten wurde, noch für ein weiteres Kalenderjahr;

f) Die unter den Buchstaben d und e genannten Rechtsvorteile dürfen nicht in der Weise miteinander verbunden werden, dass ein Zeitraum von zwei Kalenderjahren überschritten wird;

---

[662] Dies entspricht auch der Auffassung der Kommission; vgl. Leitlinien Rn. 82.

[663] *Beutelmann,* Selektive Vertriebssysteme im europäischen Kartellrecht, S. 179. Gleiches ergibt sich durch einen Umkehrschluss aus den Leitlinien Rn. 87.

[664] Vgl. *Seeliger* in: Wiedemann, Handbuch des Kartellrechts, § 11 Rn. 240.

g) Der Marktanteil der in Artikel 1 Absatz 2 Unterabsatz 2 Buchstabe e genannten Unternehmen wird zu gleichen Teilen jedem Unternehmen zugerechnet, das die in Artikel 1 Absatz 2 Unterabsatz 2 Buchstabe a aufgeführten Rechte oder Befugnisse hat.

1. Sinn und Zweck

Art. 7 regelt Einzelheiten für die **Anwendung der Marktanteilsschwelle** i. S. d. Art. 3. Die VO 330/2010 unterscheidet nicht mehr zwischen „Ermittlung" und „Anwendung", wie es in der VO 2790/1999 in Absatz 1 und 2 des Art. 9 der Fall gewesen war. In der Sache enthält Art. 9 weiterhin zwei unterschiedliche Regelungen: zum einen Bestimmungen zur Feststellung, ob die 30%-Schwelle erreicht ist, in den Buchst. a bis c und g, zum andern Vorschriften, die die 30%-Schwelle in bestimmten Fällen abschwächen, in den Buchst. d bis f. 423

2. Praktische Bedeutung

Die Grundsätze zur Ermittlung des Marktanteils in Art. 7 Buchst. a bis c und g stellen eine notwendige Ergänzung des Art. 3 dar. Sie sind bei Anwendung des Art. 3 immer mit heranzuziehen. Bei der Prüfung einer Einzelfreistellung nach Art. 101 Abs. 3 AEUV können diese Grundsätze entsprechend herangezogen werden. 424

Durch die Toleranzgrenzen in Art. 7 Buchst. d bis f wird die Bedeutung der **Marktanteilsschwellen** in Art. 3 **relativiert.** Im Ergebnis kann daher in geeigneten Fällen offen bleiben, ob die 30%-Schwelle in Art. 3 tatsächlich in einem bestimmten Zeitraum eingehalten wurde oder nicht. 425

Beide Teilregelungen des Art. 7 sind nur in den Fällen relevant, in denen die Freistellung entscheidend von der Einhaltung der Schwelle in Art. 3 abhängt, d. h. wenn Zweifel bestehen, ob die Marktanteile beider bzw. aller Vertragsparteien mehr oder weniger als 30% betragen. Ihre praktische Bedeutung ist deshalb **eher gering.** 426

3. Tatbestand

a) Ermittlung des Marktanteils (Buchst. a bis c und g). Für die Berechnung des Marktanteils in Art. 3 sind die **Absatzwerte** (nicht Absatzmengen) **des vergangenen Kalenderjahrs** heranzuziehen; das Geschäftsjahr spielt keine Rolle. Das vorhergehende Jahr ist auch für Newcomer maßgeblich, so dass deren Marktanteil im Jahr des Markteintritts und im Jahr danach mit Null anzusetzen ist. Sofern die Absatzwerte nicht errechnet werden können, ist auf Schätzungen zurückzugreifen; dabei können auch die Absatzmengen herangezogen werden.[665] Nach dem Wortlaut der Vorschrift ist es nicht zulässig, entsprechend der üblichen Kommissionspraxis in der Fusionskontrolle bei starken Marktanteilsschwankungen auf Durchschnittswerte der letzten drei oder fünf Jahre abzustellen;[666] statt dessen greifen die Toleranzwerte in Buchst. d bis f ein. Verbundene Unternehmen sind nach Art. 1 Abs. 2 mitzuzählen; bei Gemeinschaftsunternehmen erfolgt die Anrechnung ausnahmsweise nur zur Hälfte bzw. zu gleichen Teilen (Buchst. g). 427

Hinsichtlich verbundener Unternehmen bestimmt Art. 7 Buchst. c, dass der Marktanteil die **Lieferungen an integrierte Händler** einschließt. Dies weicht von der sonst üblichen Praxis ab, wonach Eigenlieferungen im Konzern nicht zu berücksichtigen 428

---

[665] Der zulässigerweise geschätzte Wert bleibt maßgeblich, auch wenn sich später ein anderer Wert ergeben sollte (vgl. *Bechtold/Bosch/Brinker,* EU-Kartellrecht, Art. 7 VO 330/2010 Rn. 6).

[666] Vgl. *Schultze/Pautke/Wagener,* Vertikal-GVO Rn. 930, 952. Weitergehend *Bechtold/Bosch/Brinker,* EU-Kartellrecht, Art. 7 VO 330/2010 Rn. 8, wonach die Jahresfrist nur den „Regelfall" darstellt, im Einzelfall aber abweichende Zeitperioden zulässig sein sollen.

sind.[667] Die Ausnahme in Art. 7 Buchst. c betrifft, anders als in der VO 2790/1999, ausdrücklich nur Lieferungen des Anbieters; für alle anderen Unternehmen und für den Abnehmer[668] ist nach der üblichen Berechnungsmethode zu verfahren.[669] Art. 7 Buchst. c kommt somit nur im Fall des „dualen Vertriebs" der Endprodukte zur Anwendung; er gilt dann sowohl für die Berechnung des Handelsvolumens (Marktabgrenzung) als auch die Ermittlung des Marktanteils des Anbieters (Leitlinien Rn. 95).

429 **b) Nachlauffristen bei Marktanteils-Überschreitungen (Buchst. d bis f).** Diese Regelung will den betroffenen Unternehmen ausreichend Zeit einräumen, damit sie sich im Falle der Marktanteils-Überschreitung auf den Wegfall der gruppenweisen Freistellung rechtzeitig einstellen können. Voraussetzung ist, dass der Marktanteil zunächst den Wert von 30% nicht überschritten hat.[670] Der **Toleranzzeitraum** ist recht **großzügig bemessen,**[671] ersetzt andererseits aber auch die sonst denkbare Durchschnittsberechnung schwankender Marktanteile (s. oben Rn. 427). Überschreitet der Marktanteil im Referenzjahr (vorhergehendes Kalenderjahr) die Schwelle von 30% und bleibt in diesem Jahr und danach unter 35%, endet die Freistellung erst nach Ablauf von zwei weiteren Jahren (Buchst. d). Sobald der festgestellte Marktanteil in einem Jahr über 35% hinausgegangen ist, verlängert sich die Frist nur noch um ein weiteres Jahr (Buchst. e). Insgesamt ist die längst mögliche Toleranzgrenze auf zwei aufeinander folgende Kalenderjahre begrenzt (Buchst. f). Wird die Marktanteilsschwelle von 30% im Verlauf wieder unterschritten, kommen die Fristen mit den Toleranzgrenzen erneut zur Anwendung.[672]

430 Der Verlust der Gruppenfreistellung nach Überschreiten der 30%-Marktanteilsgrenze gemäß Art. 3 tritt daher frühestens am Ende des darauf folgenden Jahres ein, wenn nämlich bereits im Referenzjahr die Schwelle von 30% überschritten war. Ist das nicht der Fall, bleiben in den meisten Fällen noch drei Jahre nach erstmaligem Überschreiten der Marktanteilsschwelle (laufendes Jahr und zwei weitere Jahre nach Buchst. d), zumindest aber zwei zusätzliche Jahre (laufendes Jahr und ein weiteres Jahr nach Buchst. e).

Art. 8 Anwendung der Umsatzschwelle

(1) **Für die Berechnung des jährlichen Gesamtumsatzes im Sinne des Artikels 2 Absatz 2 sind die Umsätze zu addieren, die das jeweilige an der vertikalen Vereinbarung beteiligte Unternehmen und die mit ihm verbundenen Unternehmen im letzten Geschäftsjahr mit allen Waren und Dienstleistungen ohne Steuern und sonstige Abgaben erzielt haben. Dabei werden Umsätze zwischen dem an der vertikalen Vereinbarung beteiligten Unternehmen und den mit ihm verbundenen Unternehmen oder zwischen den mit ihm verbundenen Unternehmen nicht mitgerechnet.**

---

[667] Soweit es sich um Zwischenprodukte handelt, soll es nach den Leitlinien Rn. 94 dabei verbleiben, dass für die Marktabgrenzung und die Berechnung des Marktanteils die Eigenproduktion nicht mitgerechnet wird. Art. 7 Buchst. c gilt also nur für Endprodukte.

[668] Die Marktanteilsschwelle in Art. 3 gilt zwar auch für den Abnehmer; für ihn ist aber nicht der Absatzmarkt, sondern der Bezugsmarkt maßgeblich (s. oben Rn. 159). Der Abnehmer kann daher im Rahmen des Art. 7 Buchst. c nicht dem Anbieter gleichgestellt werden.

[669] In den früheren Leitlinien 2000 Rn. 99 waren „konkurrierende Produzenten" ausdrücklich mit einbezogen. Diese Worte sind in den neuen Leitlinien Rn. 95 (offenbar bewusst) gestrichen worden. Trotzdem wendet *Ellger* in: Immenga/Mestmäcker, EU-WbR, VO 330/2010 Art. 7 Rn. 7 die Vorschrift auch auf die Wettbewerber an; ebenso *Bechtold/Bosch/Brinker,* EU-Kartellrecht, Art. 7 VO 330/2010 Rn. 5, die im Ergebnis die Rechtslage als unklar bezeichnen. Nicht eindeutig *Schultze/Pautke/Wagener,* Vertikal-GVO Rn. 934 ff.

[670] Die Toleranzgrenzen kommen daher nicht zur Anwendung, wenn der Marktanteil bereits im vorhergehenden Kalenderjahr mehr als 30% betragen hat.

[671] Vgl. im Einzelnen die tabellarischen Übersichten bei *Schultze/Pautke/Wagener,* Vertikal-GVO Rn. 948 ff., die im Ergebnis zu der Feststellung führen, dass „es gar nicht so einfach ist, aus der Vertikal-GVO herauszuwachsen" (Rn. 951).

[672] So auch *Ellger* in: Immenga/Mestmäcker, EU-WbR, VO 330/2010 Art. 7 Rn. 9.

(2) **Die Freistellung nach Artikel 2 bleibt bestehen, wenn der jährliche Gesamtumsatz im Zeitraum von zwei aufeinanderfolgenden Geschäftsjahren die Schwelle um nicht mehr als 10 % überschreitet.**

1. Sinn und Zweck, Praktische Bedeutung

Art. 8 Abs. 1 enthält eine ergänzende Regelung für die Umsatzermittlung nach Art. 2 Abs. 2. Bei der Anwendung dieser Vorschriften sind die Grundsätze in Art. 10 Abs. 1 immer mit heranzuziehen. Absatz 2 sieht darüber hinaus eine Toleranzgrenze bei geringfügigen Überschreitungen der Umsatzschwellen vor. **431**

Beide Regelungen sind nur relevant, wenn es in den (ohnehin seltenen) Fällen des Art. 2 Abs. 2 auf die Einhaltung der Umsatzschwellenwerte entscheidend ankommt, also eine Einzelfreistellung nicht in Betracht kommt. Die praktische Bedeutung des Art. 8 ist daher außerordentlich gering. Sie ist noch geringer geworden, da die weitere Umsatzschwelle in Art. 2 Abs. 4 der Vorgänger-GVO 2790/1999 (100 Mio. Euro) entfallen ist (s. oben Fußn. 242). **432**

2. Tatbestand

a) Ermittlung des Umsatzes (Absatz 1). Nach Art. 8 Abs. 1 sind bei der Ermittlung der Umsatzgrenzen von 50 Mio. EUR (Art. 2 Abs. 2) **die Umsatzwerte des vergangenen Geschäftsjahrs** maßgeblich. Dabei sind die Umsätze nicht nur der Vertragspartei selbst, sondern aller mit ihr gemäß Art. 1 Abs. 2 verbundenen Unternehmen heranzuziehen.[673] Umsätze zwischen den verbundenen Unternehmen (Innenumsätze) werden dabei nach Satz 2 – in Übereinstimmung mit den allgemeinen Regeln – nicht mitgezählt. Im Falle von Gemeinschaftsunternehmen findet Art. 7 Buchst. g auf die Ermittlung der Umsatzgrenzen keine Anwendung;[674] der Umsatz des Gemeinschaftsunternehmens wird bei der Anwendung von Art. 2 Abs. 2 und 4 den Mutterunternehmen jeweils voll zugerechnet. **433**

b) Toleranzgrenze (Absatz 2). Geringfügige Überschreitungen der maßgeblichen Umsatzschwelle in Art. 2 Abs. 2 führen nicht automatisch zum Verlust der Freistellung. Unschädlich ist nach Art. 8 Abs. 2 eine Überschreitung von bis zu 10% in zwei aufeinander folgenden Jahren. Voraussetzung ist, dass zunächst der Grenzwert eingehalten war; dies folgt aus dem Wortlaut „gilt weiter". Absatz 2 greift daher nicht ein, wenn bereits im ersten Jahr der Vereinbarung die Grenze, wenn auch nur geringfügig, überschritten war. **434**

Art. 9 Übergangszeitraum

Das Verbot nach Artikel 101 Absatz 1 AEUV gilt in der Zeit vom 1. Juni 2010 bis zum 31. Mai 2011 nicht für bereits am 31. Mai 2010 in Kraft befindliche Vereinbarungen, die zwar die Freistellungskriterien dieser Verordnung nicht erfüllen, aber am 31. Mai 2010 die Freistellungskriterien der Verordnung (EG) Nr. 2790/1999 erfüllt haben.

Art. 9 enthält in Absatz 1 die notwendige **Übergangsregelung,** um beim Inkrafttreten einen nahtlosen Anschluss an die früher geltenden Regelungen sicherzustellen. Die gruppenweise Freistellung nach der jetzt geltenden GVO 330/2010 gilt für alle Vereinbarungen, auch soweit sie vor Inkrafttreten der Verordnung abgeschlossen sind. **435**

---

[673] Bei Unternehmensvereinigungen sind die der Unternehmensvereinigung als Vertragspartei angehörigen Wareneinzelhändler keine verbundenen Unternehmen i. S. d. Art. 1 Abs. 2. Die Vorschrift muss entsprechend auf sie angewandt werden (vgl. *Schultze/Pautke/Wagener,* Vertikal-GVO Rn. 959).

[674] Vgl. *Ellger* in: Immenga/Mestmäcker, EU-WbR, VO 330/2010 Art. 8. Die GVO 2790/1999 enthielt eine vergleichbare Regelung in Art. 11 Abs. 3.

436 Soweit die GVO 330/2010 inhaltlich strengere Anforderungen stellt als die Vorgänger-GVO 2790/1999, sieht Absatz 2 **verlängerte Auslauffristen** für Vereinbarungen vor, die nach den früheren Vorschriften freigestellt waren. Diese Übergangsfristen sind seit dem 1.6.2011 abgelaufen und daher inzwischen bedeutungslos. Spätestens seit diesem Zeitpunkt richtet sich die gruppenweise Freistellung für alle Vertikal-Vereinbarungen – unabhängig davon, wann die Vereinbarungen abgeschlossen worden sind – nur noch nach den Bestimmungen der GVO 330/2010.[675]

Art. 10 Geltungsdauer

Diese Verordnung tritt am 1. Juni 2010 in Kraft.
Sie gilt bis zum 31. Mai 2022.

437 Art. 10 regelt die zeitliche Geltungsdauer der Vertikal-GVO. Ihre Geltung ist bis zum 31. Mai 2022 befristet.[676] Zu diesem Zeitpunkt enden alle gruppenweisen Freistellungen nach Art. 2, sofern die Kommission nicht – wie zu erwarten ist – eine Anschlussregelung trifft.

---

[675] Gegenüber der GVO 2790/1999 enthält die geltende GVO 330/2010 nur wenige Verschärfungen, vor allem die doppelte Marktanteilsschwelle in Art. 3. Anders als beim Inkrafttreten der Vertikal-GVO 2790/1999 (vgl. dazu im Einzelnen *Beckmann* WRP 2003, 752, 756 ff.) stellte sich das Problem einer notwendigen Anpassung der Verträge diesmal nicht.

[676] Für den Entzug der gruppenweisen Freistellung gilt ab 1.5.2004 Art. 29 Abs. 1 und 2 VO 1/2003, der zeitlich nicht befristet ist.

C. Technologietransfer*

Übersicht

* Verordnung (EU) Nr. 316/2014 der Kommission vom 21. März 2014 über die Anwendung von Artikel 101 Absatz 3 des Vertrags über die Arbeitsweise der Europäischen Union auf Gruppen von Technologietransfer-Vereinbarungen.

DIE EUROPÄISCHE KOMMISSION –

gestützt auf den Vertrag über die Arbeitsweise der Europäischen Union,
gestützt auf die Verordnung Nr. 19/65/EWG des Rates vom 2. März 1965 über die Anwendung von Artikel 85 Absatz 3 des Vertrags auf Gruppen von Vereinbarungen und aufeinander abgestimmten Verhaltensweisen, insbesondere auf Artikel 1,
nach Veröffentlichung des Entwurfs dieser Verordnung,
nach Anhörung des Beratenden Ausschusses für Kartell- und Monopolfragen,
in Erwägung nachstehender Gründe:

(1) Nach der Verordnung Nr. 19/65/EWG ist die Kommission ermächtigt, Artikel 101 Absatz 3 AEUV durch Verordnung auf bestimmte unter Artikel 101 Absatz 1 AEUV fallende Gruppen von Technologietransfer-Vereinbarungen und entsprechende aufeinander abgestimmte Verhaltensweisen für anwendbar zu erklären, an denen nur zwei Unternehmen beteiligt sind.

(2) Auf der Grundlage der Verordnung Nr. 19/65/EWG hat die Kommission insbesondere die Verordnung (EG) Nr. 772/2004 erlassen. In der Verordnung (EG) Nr. 772/2004 sind die Gruppen von Technologietransfer-Vereinbarungen festgelegt, die nach Auffassung der Kommission in der Regel die Voraussetzungen des Artikels 101 Absatz 3 AEUV erfüllen. Angesichts der insgesamt positiven Erfahrungen mit der Anwendung dieser Verordnung, die am 30. April 2014 außer Kraft tritt, und der seit ihrem Erlass gesammelten Erfahrungen sollte eine neue Gruppenfreistellungsverordnung erlassen werden.

(3) Diese Verordnung sollte sowohl den Wettbewerb wirksam schützen als auch den Unternehmen angemessene Rechtssicherheit bieten. Bei der Verfolgung dieser beiden Ziele ist darauf zu achten, dass die behördliche Kontrolle und der rechtliche Rahmen so weit wie möglich vereinfacht werden.

(4) Gegenstand einer Technologietransfer-Vereinbarung ist die Vergabe von Technologierechten in Form einer Lizenz. Solche Vereinbarungen steigern in der Regel die Effizienz in der Wirtschaft und fördern den Wettbewerb, da sie den parallelen Forschungs- und Entwicklungsaufwand reduzieren, den Anreiz zur Aufnahme von Forschungs- und Entwicklungsarbeiten stärken, Anschlussinnovationen fördern, die Verbreitung der Technologie erleichtern und den Wettbewerb auf den Produktmärkten beleben können.

(5) Die Wahrscheinlichkeit, dass die effizienzsteigernden und wettbewerbsfördernden Wirkungen die wettbewerbsschädigenden Wirkungen überwiegen, die von Beschränkungen in Technologietransfer-Vereinbarungen verursacht werden, hängt von der Marktmacht der beteiligten Unternehmen und somit von dem Ausmaß ab, in dem diese Unternehmen dem Wettbewerb anderer Unternehmen ausgesetzt sind, die über Ersatztechnologien verfügen oder Ersatzprodukte herstellen.

(6) Diese Verordnung sollte nur für Technologietransfer-Vereinbarungen zwischen einem Lizenzgeber und einem Lizenznehmer gelten. Sie sollte für solche Vereinbarungen auch dann gelten, wenn sie Bedingungen für mehr als eine Handelsstufe enthalten, beispielsweise wenn der Lizenznehmer verpflichtet wird, ein spezielles Vertriebssystem zu errichten, und wenn ihm vorgegeben wird, welche Verpflichtungen er den Wiederverkäufern der in Lizenz hergestellten Produkte auferlegen muss oder kann. Diese Beschränkungen und Verpflichtungen sollten jedoch mit den für Liefer- und Vertriebsvereinbarungen geltenden Wettbewerbsregeln der Verordnung (EU) Nr. 330/2010 der Kommission vereinbar sein. Liefer- und Vertriebsvereinbarungen zwischen einem Lizenznehmer und Kunden, die seine Vertragsprodukte kaufen, sollten von dieser Verordnung nicht freigestellt sein.

(7) Diese Verordnung sollte nur für Vereinbarungen gelten, mit denen der Lizenzgeber dem Lizenznehmer und/oder einem oder mehreren seiner Zulieferer(n) erlaubt, die lizenzierten Technologierechte – gegebenenfalls nach weiteren Forschungs- und Entwicklungsarbeiten des Lizenznehmers und/oder seines Zulieferers bzw. seiner Zulieferer – zur Produktion von Waren oder Dienstleistungen zu nutzen. Sie sollte nicht gelten für die Lizenzvergabe im Zusammenhang mit Forschungs- und Entwicklungsvereinbarungen, die unter die Verordnung (EU) Nr. 1217/2010 der Kommission fallen, und die Lizenzvergabe im Zusammenhang mit Spezialisierungsvereinbarungen, die unter die Verordnung (EU) Nr. 1218/2010 der Kommission fallen. Ebenfalls nicht gelten sollte sie für Vereinbarungen zur reinen Vervielfältigung und zum reinen Vertrieb urheberrechtlich geschützter Softwareprodukte, da derartige Vereinbarungen nicht die Vergabe von Technologielizenzen zu Produktionszwecken zum Gegenstand haben, sondern eher mit Vertriebsvereinbarungen vergleichbar sind. Ferner sollte die Verordnung weder für Vereinbarungen zur Errichtung von Technologiepools, das heißt Vereinbarungen über die Zusammenführung von Technologien mit dem Ziel, diese Dritten zur Nutzung anzubieten, noch für Vereinbarungen gelten, in deren Rahmen diesen Dritten Lizenzen für die zusammengeführten Technologien erteilt werden.

(8) Für die Anwendung des Artikels 101 Absatz 3 AEUV durch Verordnung ist es nicht erforderlich, diejenigen Technologietransfer-Vereinbarungen zu bestimmen, die unter Artikel 101 Absatz 1 AEUV fallen könnten. Bei der individuellen Beurteilung von Vereinbarungen nach Artikel 101 Absatz 1 sind mehrere Faktoren zu berücksichtigen, insbesondere die Struktur und Dynamik der relevanten Technologie- und Produktmärkte.

(9) Die in dieser Verordnung geregelte Gruppenfreistellung sollte nur für Vereinbarungen gelten, von denen mit hinreichender Sicherheit angenommen werden kann, dass sie die Voraussetzungen des Artikels 101 Absatz 3 AEUV erfüllen. Damit die Vorteile des Technologietransfers genutzt und die damit verbundenen Ziele erreicht werden können, sollte diese Verordnung nicht nur für den Technologietransfer als solchen, sondern auch für andere in Technologietransfer-Vereinbarungen enthaltene Bestimmungen gelten, soweit diese Be-

stimmungen unmittelbar mit der Produktion oder dem Verkauf von Vertragsprodukten verbunden sind.

(10) Bei Technologietransfer-Vereinbarungen zwischen Wettbewerbern kann davon ausgegangen werden, dass sie im Allgemeinen zu einer Verbesserung der Produktion oder des Vertriebs und zu einer angemessenen Beteiligung der Verbraucher an den daraus resultierenden Vorteilen führen, wenn der gemeinsame Marktanteil der beteiligten Unternehmen auf den relevanten Märkten 20% nicht überschreitet und die Vereinbarungen keine stark wettbewerbsschädigenden Beschränkungen enthalten.

(11) Bei Technologietransfer-Vereinbarungen zwischen Nicht-Wettbewerbern kann davon ausgegangen werden, dass sie im Allgemeinen zu einer Verbesserung der Produktion oder des Vertriebs und zu einer angemessenen Beteiligung der Verbraucher an den daraus resultierenden Vorteilen führen, wenn der individuelle Marktanteil der beteiligten Unternehmen auf den relevanten Märkten 30% nicht überschreitet und die Vereinbarungen keine stark wettbewerbsschädigenden Beschränkungen enthalten.

(12) Wird die anwendbare Marktanteilsschwelle auf einem oder mehreren Produkt- oder Technologiemärkten überschritten, so sollte die Gruppenfreistellung für die Vereinbarung in Bezug auf die betreffenden relevanten Märkte nicht gelten.

(13) Bei Technologietransfer-Vereinbarungen oberhalb dieser Marktanteilsschwellen kann nicht ohne weiteres davon ausgegangen werden, dass sie unter Artikel 101 Absatz 1 AEUV fallen. Eine Vereinbarung zwischen nichtkonkurrierenden Unternehmen über die Vergabe einer Exklusivlizenz fällt beispielsweise häufig nicht unter Artikel 101 Absatz 1 AEUV. Auch bei unter Artikel 101 Absatz 1 fallenden Technologietransfer-Vereinbarungen oberhalb dieser Marktanteilsschwellen kann nicht ohne weiteres davon ausgegangen werden, dass sie die Freistellungsvoraussetzungen nicht erfüllen. Ebenso wenig kann jedoch angenommen werden, dass sie in der Regel objektive Vorteile mit sich bringen, die nach Art und Umfang geeignet sind, die durch sie verursachten Wettbewerbsbeeinträchtigungen auszugleichen.

(14) Diese Verordnung sollte keine Technologietransfer-Vereinbarungen freistellen, die Beschränkungen enthalten, die für die Verbesserung der Produktion oder des Vertriebs nicht unerlässlich sind. Insbesondere Technologietransfer-Vereinbarungen, die stark wettbewerbsschädigende Beschränkungen enthalten, wie die Festsetzung von Preisen gegenüber Dritten, sollten ungeachtet des Marktanteils der beteiligten Unternehmen von dem Vorteil der Gruppenfreistellung nach dieser Verordnung ausgenommen werden. Bei diesen sogenannten Kernbeschränkungen sollte die gesamte Vereinbarung vom Vorteil der Gruppenfreistellung ausgeschlossen werden.

(15) Um Innovationsanreize zu wahren und eine angemessene Anwendung der Rechte des geistigen Eigentums sicherzustellen, sollten bestimmte Beschränkungen von der Gruppenfreistellung ausgenommen werden. Dies gilt vor allem für bestimmte Rücklizenz-Verpflichtungen und Nichtangriffsklauseln. Sind solche Beschränkungen in einer Lizenzvereinbarung enthalten, so sollte nur die betreffende Beschränkung vom Vorteil der Gruppenfreistellung ausgeschlossen werden.

(16) Die Marktanteilsschwellen und der Ausschluss von der Gruppenfreistellung von Technologietransfer-Vereinbarungen welche stark wettbewerbsschädigende Beschränkungen und nichtfreigestellte Beschränkungen, die in dieser Ver-

ordnung vorgesehen sind, enthalten, dürften im Allgemeinen sicherstellen, dass Vereinbarungen, auf die die Gruppenfreistellung Anwendung findet, den beteiligten Unternehmen nicht die Möglichkeit eröffnen, für einen wesentlichen Teil der betreffenden Produkte den Wettbewerb auszuschalten.

(17) Nach Artikel 29 Absatz 1 der Verordnung (EG) Nr. 1/2003 des Rates kann die Kommission den mit dieser Verordnung verbundenen Rechtsvorteil entziehen, wenn sie in einem bestimmten Fall feststellt, dass eine nach dieser Verordnung freigestellte Vereinbarung gleichwohl Wirkungen hat, die mit Artikel 101 Absatz 3 AEUV unvereinbar sind. Dies kann unter anderem dann der Fall sein, wenn Innovationsanreize eingeschränkt werden oder der Marktzugang erschwert wird.

(18) Die Wettbewerbsbehörde eines Mitgliedstaats kann nach Artikel 29 Absatz 2 der Verordnung (EG) Nr. 1/2003 den Rechtsvorteil der vorliegenden Verordnung für das Gebiet oder ein Teilgebiet des jeweiligen Mitgliedstaats entziehen, wenn sie in einem bestimmten Fall feststellt, dass eine unter die Freistellung nach dieser Verordnung fallende Vereinbarung im Gebiet oder in einem Teilgebiet des Mitgliedstaats, das alle Merkmale eines gesonderten räumlichen Marktes aufweist, Wirkungen hat, die mit Artikel 101 Absatz 3 AEUV unvereinbar sind.

(19) Im Hinblick auf die Verstärkung der Überwachung paralleler Netze von Technologietransfer-Vereinbarungen, die gleichartige wettbewerbsbeschränkende Auswirkungen haben und mehr als 50 % eines Marktes abdecken, kann die Kommission durch Verordnung erklären, dass die vorliegende Verordnung auf Technologietransfer-Vereinbarungen, die bestimmte auf den betroffenen Markt bezogene Beschränkungen enthalten, keine Anwendung findet, und dadurch die volle Anwendbarkeit des Artikels 101 AEUV auf diese Vereinbarungen wiederherstellen –

HAT FOLGENDE VERORDNUNG ERLASSEN:

Einführung

1. Die Neufassung der Regeln für Technologietransfer-Vereinbarungen

Am 1. Mai 2014 ist die Verordnung (EU) Nr. 316/2014 über die Anwendung von Artikel 101 Absatz 3 des Vertrags über die Arbeitsweise der Europäischen Union auf Gruppen von Technologietransfer-Vereinbarungen (im Folgenden: TT-GVO) in Kraft getreten.[1] Sie ersetzt die Verordnung (EG) Nr. 772/2004[2] (im Folgenden: VO 772/2004), die wiederum die VO 240/96[3] ersetzt hat.[4] Die TT-GVO gilt bis zum 30. April 2026.[5] Zusammen mit der TT-GVO sind Leitlinien zur Anwendung von Artikel 101 AEUV auf Technologietransfer-Vereinbarungen (im Folgenden: Leitlinien) in Kraft getreten.[6] 1

[1] ABl. 2014 L 93/17.

[2] Verordnung (EG) Nr. 772/2004 der Kommission vom 27. April 2004 über die Anwendung von Artikel 81 Absatz 3 EG-Vertrag auf Gruppen von Technologietransfer-Vereinbarungen, ABl. 2004 L 123/11 (VO 772/2004).

[3] Verordnung (EG) Nr. 240/96 der Kommission vom 31. Januar 1996 zur Anwendung von Artikel 85 Absatz 3 des Vertrages auf Gruppen von Technologietransfer-Vereinbarungen, ABl. 1996 L 31/2 (VO 240/96).

[4] Zur Vorgeschichte sowie den Vorgänger-Verordnungen der TT-GVO vgl. *Gaster,* in: Schröter/Jakob/Klotz/Mederer, Europäisches Wettbewerbsrecht, 2. Auflage, 2014, Art. 101 AEUV, Rn. 1097–1104, 1111–1129.

[5] Art. 11 TT-GVO.

[6] ABl. 2014 C 89/3.

2 Die TT-GVO und die Leitlinien gelten im **gesamten EWR.** Die TT-GVO gilt unmittelbar in der Europäischen Union. Sie ist zudem in das EWR-Abkommen integriert worden. Die EFTA-Überwachungsbehörde hat auch die Leitlinien übernommen.[7]

2. Entstehung

3 Vor Verabschiedung der TT-GVO leitete die Kommission im Dezember 2011 ein **öffentliches Konsultierungsverfahren** ein und veröffentlichte im Februar 2013 Entwürfe zur Neufassung der TT-GVO und der Leitlinien.[8] Nach öffentlicher Konsultation der Entwürfe[9] verabschiedete sie am 21. März 2014 die endgültigen Fassungen der TT-GVO und der Leitlinien. Die endgültige Fassung der TT-GVO enthielt gegenüber dem Entwurf einige wesentliche Änderungen, insbesondere in den Kernbeschränkungen des Art. 4.

3. Wesentliche Neuregelungen

4 Die neue TT-GVO beruht auf den aus Sicht der Kommission insgesamt positiven Erfahrungen mit der VO 772/2004 und der seit ihrem Erlass gesammelten Erfahrungen.[10] Sie stellt in größerem Umfang als die VO 772/2004 Nebenbestimmungen mit frei. Zugleich wurde der Kreis der Kernbeschränkungen moderat erweitert, insbesondere für konkurrierende Unternehmen. Bei den **nicht-freigestellten Beschränkungen** ist die neue TT-GVO **deutlich restriktiver** als ihre Vorgängerin. Hier fällt insbesondere auf, dass Kündigungsrechte bei Angriff des Lizenznehmers auf die Gültigkeit der lizenzierten Schutzrechte (*terminate-on-challenge clauses*) in nicht-exklusiven Lizenzen nunmehr nicht mehr freigestellt sind.[11] Die TT-GVO regelt nun auch ausdrücklich, dass sie gegenüber der Forschungs- und Entwicklungs-GVO[12] (im Folgenden. F&E-GVO) sowie der Spezialisierungs-GVO[13] nachrangig ist.[14]

5 Insgesamt ist die neue TT-GVO **strenger als ihre Vorgängerin.** Ein wesentlicher Kritikpunkt ist die Einschränkung der Vertragsfreiheit bei nicht-marktbeherrschenden Unternehmen. Außerdem wird teilweise befürchtet, dass die neue TT-GVO die Position des Lizenznehmers in Verhandlungen über Lizenzverträge stärkt. Die Praxis kritisiert auch die Beibehaltung der Marktanteilsschwellen als Anwendungsvoraussetzung. Insbesondere die Marktanteile auf den relevanten Technologiemärkten[15] sind häufig nur schwierig zu bestimmen, was die Rechtssicherheit beeinträchtigt. Ob die Kommission ihrem Anspruch gerecht geworden ist, den rechtlichen Rahmen für Technologietransfer-Vereinbarungen so weit wie möglich zu vereinfachen und den Unternehmen angemessene Rechtssicherheit zu bieten,[16] mag daher durchaus bezweifelt werden.

---

[7] http://www.eftasurv.int/media/esa-docs/physical/716315_TTBER-2014-Guidelines.pdf.

[8] Hierzu eingehend die Analyse von *Leistner/Königs,* WRP 2014, 268 ff.

[9] Die Entwürfe sowie die Stellungnahmen hierzu sind veröffentlicht unter http://ec.europa.eu/competition/consultations/2013_technology_transfer/index_en.html.

[10] Erwägungsgrund 2 TT-GVO.

[11] Vgl. Art. 5 Abs. 1 lit. b) TT-GVO; hierzu kritisch *Lawrance,* Journal of Intellectual Property Law & Practice 2014, 802 ff.

[12] Verordnung (EU) Nr. 1217/2010 der Kommission vom 14. Dezember 2010 über die Anwendung von Artikel 101 Absatz 3 des Vertrags über die Arbeitsweise der Europäischen Union auf bestimmte Gruppen von Vereinbarungen über Forschung und Entwicklung, ABl. 2010 L 335/36.

[13] Verordnung (EU) Nr. 1218/2010 der Kommission vom 14. Dezember 2010 über die Anwendung von Artikel 101 Absatz 3 des Vertrags über die Arbeitsweise der Europäischen Union auf bestimmte Gruppen von Spezialisierungsvereinbarungen, ABl. 2010 L 335/43.

[14] Art. 9 TT-GVO.

[15] Vgl. Art. 1 Abs. 1 lit. k) TT-GVO.

[16] Vgl. Erwägungsgrund 3 TT-GVO.

4. Struktur der TT-GVO

Nach der TT-GVO sind Technologietransfer-Vereinbarungen freigestellt, 6
- die zwischen zwei Unternehmen geschlossen wurden,
- mit dem Ziel der Produktion von Vertragsprodukten durch den Lizenznehmer und/oder seine Zulieferer,
- solange das betroffene Technologierecht besteht bzw. das betroffene Know-how geheim ist,
- die Parteien nicht die Marktanteilsschwellen überschreiten,
- soweit die F&E-GVO und die Spezialisierungs-GVO nicht anwendbar sind,
- wenn keine Kernbeschränkung nach Art. 4 einschlägig ist und
- soweit keine Beschränkung nach Art. 5 enthalten ist.

5. Leitlinien

a) Rechtswirkungen. Wie in der Vergangenheit auch, hat die Kommission die TT-GVO mit Leitlinien flankiert. Die Leitlinien sind eine **wichtige Erläuterung und Auslegungshilfe** für die TT-GVO. Sie gehen aber darüber hinaus und bieten auch Hilfe bei der kartellrechtlichen Beurteilung von Technologietransfer-Vereinbarungen, die nicht unter die TT-GVO fallen, weil die Marktanteile der Parteien zu hoch sind oder weil die sonstigen Voraussetzungen nicht erfüllt sind. Hervorzuheben sind insbesondere die Ausführungen in den Leitlinien zu Technologiepools[17] und Streitbeilegungsvereinbarungen.[18] 7

Die Leitlinien verhalten sich grundsätzlich nicht zu Art. 102 AEUV. Sie nehmen also nicht Stellung zur Frage, unter welchen Voraussetzungen wettbewerbsbeschränkende Klauseln in Technologietransfer-Vereinbarungen, die von Marktbeherrschern abgeschlossen werden, als missbräuchlich im Sinne von Art. 102 AEUV einzustufen sind. Erfüllen solche Klauseln die Tatbestände sowohl von Art. 101 AEUV als auch von Art. 102 AEUV, so besteht **Idealkonkurrenz** und es sind beide Vorschriften nebeneinander anwendbar.[19] Schwieriger zu beantworten ist die Frage, ob Klauseln in Technologietransfer-Vereinbarungen unter Beteiligung eines Marktbeherrschers, die gruppenfreigestellt oder nach Maßgabe der Leitlinien mit Art. 101 AEUV vereinbar sind, gegen Art. 102 AEUV verstoßen können.[20] Das ist zwar theoretisch denkbar. Praktisch dürfte es in solchen Fällen aber regelmäßig an der Missbräuchlichkeit fehlen, da solche Klauseln in aller Regel nicht von den Mitteln des normalen Leitungswettbewerbs abweichen dürften.[21] 8

Die Leitlinien enthalten keine Rechtsnormen im eigentlichen Sinne, sondern nur eine verschriftlichte Verwaltungspraxis der Kommission. Durch ihre Veröffentlichung hat sich die Kommission aber **selbst gebunden.**[22] Sie ist daher grundsätzlich gehalten, in ihrer Verwal- 9

---

[17] Leitlinien, Rn. 244–273.

[18] Leitlinien, Rn. 234–243.

[19] Siehe EuGH, Urt. v. 13.2.1979, Rs. C-85/76, Hoffmann-La Roche, Rn. 116.

[20] Marktbeherrschende Unternehmen haben eine besondere Verantwortung für den Wettbewerb und unterliegen deswegen strengeren Regeln als nicht-marktbeherrschende Unternehmen. Zur besonderen Verantwortung aus geistigen Eigentumsrechten: EuG, Urt. v. 17.9.2007, Rs. T-201/04, Microsoft, Rn. 229.

[21] Vgl. BGH, Urt. v. 4.11.2003, KZR 2/02 – Depotkosmetik im Internet (für das Verhältnis der VO 2790/99 zu § 20 GWB). Anders kann dies allerdings dann sein, wenn der Schwerpunkt auf einseitigem Verhalten liegt, weil missbräuchliches Verhalten durch vertragliche Abreden praktiziert wird, die einseitig dem Interesse des Marktbeherrschers dienen und deren Bedingungen vom Marktbeherrscher kraft dessen Marktbeherrschung oder Marktmacht und der hiermit einhergehenden Abhängigkeit seiner Vertragspartner einseitig durchgesetzt werden, vgl. OLG Düsseldorf, Urt. v. 21.12.2011, VI-Kart 5–11 – Merck-Rabattstaffel, Rn. 74ff. sowie BGH, Beschl. v. 12.7.2013, KVR 11/12 – Merck-Rabattstaffel, Rn. 22.

[22] Siehe EuGH, Urt. v. 13.12.2012, Rs. C-226/11, Expedia, Rn. 28 (zur De-Minimis-Bekanntmachung); EuGH, Urt. v. 11.6.2013, Rs. C-439/11 P, Ziegler, Rn. 60 (zu den Leitlinien über den Be-

tungspraxis nicht von ihren Leitlinien abzuweichen. Die Leitlinien stehen unter einem Sonderfallvorbehalt.[23] Die Kommission kann daher von den Leitlinien abweichen, wenn eine solche Abweichung im Einzelfall aufgrund von besonderen Umständen notwendig erscheint. Sie muss hierfür aber triftige Gründe anführen können, die mit dem Grundsatz der Gleichbehandlung vereinbar sind.[24] Die Kommission selbst weist in den Leitlinien darauf hin, dass sich eine rein mechanische Anwendung der dortigen Vorgaben verbietet und dass diese sinnvoll und flexibel unter Berücksichtigung der Umstände des jeweiligen Einzelfalls angewendet werden müssen.[25] Die Leitlinien stehen zudem als **„tertiäres Unionsrecht"** naturgemäß unter dem Vorbehalt der Vereinbarkeit mit höherrangigem primären (Art. 101 AEUV) und sekundären (TT-GVO) Unionsrecht sowie dem Vorbehalt abweichender Rechtsprechung des EuG und EuGH.[26] Abweichende Rechtsprechung kann die betroffenen Teile der Leitlinien demnach hinfällig machen. In diesem Fall entfalten die betreffenden Vorgaben in den Leitlinien keine Rechtswirkungen mehr. Zudem ist zu berücksichtigen, dass Leitlinien immer nur eine Einschätzung der Rechtslage zum Zeitpunkt ihrer Veröffentlichung wiedergeben. Auch relevante Rechtsentwicklungen oder Änderungen der Marktverhältnisse nach Veröffentlichung der Leitlinien können daher im Einzelfall Vorgaben der Leitlinien als überholt erscheinen lassen. Die Bindungswirkung der Leitlinien gilt im Übrigen weder für Gerichte noch für nationale Wettbewerbsbehörden.[27]

10 **b) Inhalte.** Die Leitlinien enthalten umfangreiche Erläuterungen zur Anwendung und Auslegung der TT-GVO.[28] Diese sind schon deshalb **praktisch bedeutsam,** weil sie aus der Feder des Verordnungsgebers der TT-GVO stammen und damit den gesetzgeberischen Willen in der Regel authentisch widerspiegeln.

11 Besonders bedeutsam sind zudem die Ausführungen in den Leitlinien zu einzelnen potentiell wettbewerbsbeschränkenden Abreden in Technologietransfer-Vereinbarungen. Die Leitlinien nehmen **eingehend** Stellung zu Ausgestaltungsspielräumen bei der Vereinbarung von Lizenzgebühren,[29] zu Exklusiv- und Alleinlizenzen,[30] zu Beschränkungen des Verkaufs der Produkte, die die lizenzierte Technologie enthalten,[31] zu Outputbeschränkungen,[32] Nutzungsbeschränkungen *(field of use),*[33] Beschränkungen des Lizenznehmers auf den Eigenbedarf *(captive use),*[34] Koppelungs- und Paketvereinbarungen[35] sowie zu Wettbewerbs-

---

griff der Beeinträchtigung des zwischenstaatlichen Handels); eingehend zu den Rechtswirkungen derartiger Leitlinien und Mitteilungen der Kommission *Thomas,* EuR 2009, 423 ff.; *v. Graevenitz,* EuZW 2013, 169 ff.; *Schweda,* WuW 2004, 1133 ff.

[23] Vgl. *Schweda,* WuW 2004, 1133, 1138; *Thomas,* EuR 2009, 423, 428.

[24] Siehe EuGH, Urt. v. 11.6.2013, Rs. C-439/11 P, Ziegler, Rn. 60 (zu den Leitlinien über den Begriff der Beeinträchtigung des zwischenstaatlichen Handels).

[25] Leitlinien, Rn. 3.

[26] Leitlinien, Rn. 4; vgl. auch LG Frankfurt a. M., 18.6.2014, 2–03 O 158/13, NJOZ 2014, 1658, 1661 (zu den Vertikalleitlinien).

[27] Siehe EuGH, Urt. v. 13.12.2012, Rs. C-226/11, Expedia, Rn. 27, 29 (zur De-Minimis-Bekanntmachung); LG Frankfurt a. M., 18.6.2014, 2–03 O 158/13, NJOZ 2014, 1658, 1661 (zu den Vertikalleitlinien); weitergehend *Schweda,* WuW 2004, 1133 ff. Die EFTA-Überwachungsbehörde hat sich die Leitlinien zu Eigen gemacht (siehe oben Rn. 2) und dürfte entsprechend im Ermessen gebunden sein. Die Gerichte und die nationalen Wettbewerbsbehörden dürften die Leitlinien in ihren Entscheidungen jedenfalls berücksichtigen. Anhaltspunkte zur Berücksichtigung durch das Bundeskartellamt lassen sich seiner gemeinsamen Stellungnahme mit dem BMWi zur TT-GVO und den Leitlinien entnehmen (ec.europa.eu/competition/consultations/2013_technology_transfer).

[28] Leitlinien, Rn. 1–143.

[29] Leitlinien, Rn. 184–188.

[30] Leitlinien, Rn. 190–196.

[31] Leitlinien, Rn. 197–203.

[32] Leitlinien, Rn. 204–207.

[33] Leitlinien, Rn. 208–215.

[34] Leitlinien, Rn. 216–220.

[35] Leitlinien, Rn. 221–225.

verboten.[36] Darüber hinaus enthalten sie, wie bereits erwähnt, umfangreiche Kapitel zu Technologiepools[37] und Streitbeilegungsvereinbarungen.[38]

Praktisch bedeutsam ist auch der sog. **4-Plus-Test.** Nach diesem Test besteht eine Regelvermutung dafür, dass wettbewerbsbeschränkende Absprachen in einer Technologietransfer-Vereinbarung ausnahmsweise kartellrechtlich zulässig sind, wenn die Nutzer der von den Parteien kontrollierten Technologie noch mindestens vier weitere Technologien unabhängiger Dritter einsetzen können, sofern diese auch unter Kostengesichtspunkten eine tragfähige wirtschaftliche Alternative zu der lizenzierten Technologie darstellen, und die fragliche Vereinbarung keine Kernbeschränkungen im Sinne der TT-GVO beinhaltet.[39] Auf die Marktanteile der lizenzierten Technologie kommt es dann nicht mehr an. Man wird dies so lesen müssen, dass die unabhängigen Dritten ihre Technologien Dritten auch tatsächlich zugänglich machen müssen, sie also lizenzieren. Diese Regelvermutung bildet einen kartellrechtlichen sicheren Hafen (Safe-Harbour-Bereich),[40] der auf dem Gedanken basiert, dass auf einem relevanten Markt mit mindestens vier alternativen Technologiequellen infolge des verbleibenden hinreichenden Wettbewerbsdrucks in der Regel keine konkreten Wettbewerbsprobleme auftreten.[41] In der Praxis können die Voraussetzungen dieses sicheren Hafens allerdings mitunter schwierig zu ermitteln sein. Denn Lizenzverträge und ihre Vertragsbedingungen werden häufig geheim gehalten. 12

c) Technologiepools. Die Leitlinien enthalten wichtige Ausführungen zur kartellrechtlichen Würdigung von Technologiepools.[42] Diese sind etwas umfangreicher als in den alten Leitlinien. In der Praxis dürfte hieraus aber **kein größerer Änderungsbedarf** resultieren.[43] 13

Weder Vereinbarungen zur Gründung von Technologiepools noch die Lizenzvereinbarungen zwischen dem Pool und einzelnen Lizenznehmern sind von der TT-GVO erfasst.[44] Die Praxis orientiert sich daher bei der Ausgestaltung solcher Vertragsbeziehungen eng an den Leitlinien. Begründet ein Technologiepool einen technischen Standard, so sind darüber hinaus die Ausführungen der Kommission in ihren Horizontalleitlinien[45] zu Standardisierungen[46] zu berücksichtigen. 14

aa) Definition und praktische Bedeutung. Die Leitlinien definieren Technologiepools als „Vereinbarungen, bei denen zwei oder mehr Parteien ein Technologiepaket zusammenstellen, das nicht nur an die Mitglieder des Pools, sondern auch an Dritte in Lizenz vergeben wird".[47] In der Praxis reicht das Spektrum von einfachen vertraglichen Gestaltungen, bei denen die Schutzrechtsinhaber ihre Schutzrechte direkt an interessierte Dritte lizenzieren, bis hin zu Technologiepools mit höherem Organisationsgrad, bei denen ein unabhängiger Poolverwalter bestimmt wird, der mit der Lizenzierung des Schutzrechtspakets exklusiv betraut ist. 15

---

[36] Leitlinien, Rn. 226–233.

[37] Leitlinien, Rn. 244–273.

[38] Leitlinien, Rn. 234–243.

[39] Leitlinien, Rn. 157.

[40] So die Überschrift über Rn. 157 der Leitlinien; vgl. auch *Hansen/Shah,* ECLR 2004, 465, 466: „negative safe harbor".

[41] *Fuchs,* in: Immenga/Mestmäcker, EU-Wettbewerbsrecht, 5. Auflage, 2012, Kapitel F (Technologie-Transfer), Einleitung TT-GVO, Rn. 70; *Coates/Kjolbye/Peeperkorn,* in: Faull/Nikpay, The EU Law of Competition, 3rd edition (2014), Chapter 10, Rn. 10.123.

[42] Leitlinien, Rn. 244–273.

[43] So auch *Cook,* Journal of Intellectual Property Rights 2014, 229, 231.

[44] Leitlinien, Rn. 247; Erwägungsgrund 7 TT-GVO.

[45] Leitlinien zur Anwendbarkeit von Artikel 101 des Vertrags über die Arbeitsweise der Europäischen Union auf Vereinbarungen über horizontale Zusammenarbeit, ABl. 2011 C 11/01 (Horizontalleitlinien).

[46] Horizontalleitlinien, aaO, Rn. 257–335.

[47] Leitlinien, Rn. 244.

16 Die größte praktische Bedeutung haben Technologiepools für Patente **(Patentpools),** insbesondere im Bereich von technischen Industriestandards. Patentpools fassen die Patente verschiedener Patentinhaber zusammen, damit sie unter einem einzigen Vertrag lizenziert werden können. Patentpools finden sich in der Praxis v. a. in der Elektronikindustrie, dort insbesondere im Mobilfunkbereich, sowie bei Audio- und Videokodierungen bzw. -speicherung.[48]

17 **bb) Wettbewerbspolitische Bewertung.** Aus wettbewerblicher Sicht sind Patentpools **ambivalent.** Sie können daher in der Regel nur auf einer Einzelfallbasis kartellrechtlich beurteilt werden.[49]

18 Einerseits sind Patentpools ein wichtiges Instrument, um die komplexe Lizenzierung insbesondere von standard-essenziellen Patenten zu koordinieren. Patentpools können zudem zur Auflösung sog. **Patentdickichte** *(patent thickets)* maßgeblich beitragen und damit zur Vermeidung kostspieliger Patentkollisionen.[50] Von Patentdickichten spricht man, wenn die für die Herstellung eines bestimmten Produktes erforderlichen Patente und sonstigen Schutzrechte in den Händen vieler verschiedener Patentinhaber verstreut liegen.[51] Jedes einzelne Patent gewährt dann prinzipiell das Recht, die Einführung des betreffenden Produktes zu blockieren. Die Markteinführung neuer Produkte, die durch eine Vielzahl an Patenten geschützt sind, erfordert also, dass sich die Patentinhaber koordinieren und einigen. Patentpools können vor diesem Hintergrund die Transparenz erhöhen, Transaktionskosten verringern, kostspielige Verletzungsklagen vermeiden und darüber hinaus durch den Wegfall eines doppelten Preisaufschlags Vergütungssätze in Form von Lizenzen reduzieren.[52] Patentpools können zudem Sperrpositionen bei sich blockierenden oder sich ergänzenden Patenten überwinden.[53] Das sind wichtige Vorteile für die Abnehmer der implementierenden Produkte.

19 Patentpools können aber auch ein wirksames Instrument sein, um **Marktzutrittsschranken** zu errichten, indem neu eintretenden Unternehmen die Nutzung des intellektuellen Eigentums verwehrt oder nur zu prohibitiven Bedingungen erlaubt wird.[54] Patentpools können zudem auf ein Preiskartell hinauslaufen oder durch den Ausschluss alternativer Technologien den Innovationswettbewerb beschränken.[55]

20 **cc) Kartellrechtliche Würdigung von Technologiepools.** Im Rahmen der kartellrechtlichen Beurteilung von Technologiepools unterscheiden die Leitlinien zwischen der Bildung und Verwaltung des Pools[56] und der Beurteilung der Lizenzverträge des Pools mit seinen Lizenznehmern.[57]

21 Im Rahmen der Prüfung von **Bildung und Verwaltung eines Pools** berücksichtigt die Kommission (1) die Transparenz der Poolgründung,[58] (2) Auswahl und Art der zusam-

---

[48] Vgl. die Nachweise bei *Königs,* GRUR 2014, 1155, 1155 f., dort auch zu Versuchen in der Vergangenheit, Patentpools in der Biotechnologie und im Pharmabereich zu etablieren.

[49] Vgl. *Alexiadis/Guerrero Pérez,* European Intellectual Property Review 2013, 415, 418.

[50] Zu Patentdickichten siehe Wissenschaftlicher Beirat beim Bundesministerium für Wirtschaft und Technologie, Gutachten vom 24. März 2007 zum Thema „Patentschutz und Innovation", S. 12 ff.; *Mestmäcker/Schweitzer,* Europäisches Wettbewerbsrecht, 3. Auflage, 2014, § 30 Rn. 52.

[51] Grundlegend *Shapiro,* in: Jaffe/Lerner/Stern, Innovation Policy and the Economy, Volume I (2001), S. 119 ff.

[52] *Blind/Pohlmann,* GRUR 2014, 713, 717; vgl. auch Leitlinien, Rn. 245.

[53] Wissenschaftlicher Beirat beim Bundesministerium für Wirtschaft und Technologie, Gutachten vom 24. März 2007 zum Thema „Patentschutz und Innovation", S. 14.

[54] Wissenschaftlicher Beirat beim Bundesministerium für Wirtschaft und Technologie, Gutachten vom 24. März 2007 zum Thema „Patentschutz und Innovation", S. 14 f.; *Mestmäcker/Schweitzer,* Europäisches Wettbewerbsrecht, 3. Auflage, 2014, § 30 Rn. 36.

[55] Leitlinien, Rn. 246.

[56] Leitlinien, Rn. 248–260, 262–265.

[57] Leitlinien, Rn. 266–273.

[58] Hierzu Leitlinien, Rn. 249.

mengeführten Schutzrechte,[59] (3) Grad der Beteiligung unabhängiger Sachverständiger an Gründung und Verwaltung des Pools,[60] sowie (4) Vorkehrungen des Pools, um den Austausch sensibler Informationen auf das unbedingt erforderliche Minimum zu beschränken sowie angemessene Regelungen im Falle von Streitigkeiten innerhalb des Pools.[61]

Der wichtigste Aspekt in der Analyse ist, welche Schutzrechte im Pool gebündelt werden. Hier unterscheidet die Kommission zwischen **technologischen Ergänzungen** und **technologischen Substituten** einerseits und **essenziellen** und **nicht-essenziellen Schutzrechten** andererseits.[62] Technologische Ergänzungen liegen vor, wenn die fraglichen Schutzrechte alle miteinander erforderlich sind, um ein bestimmtes Produkt herzustellen. Dann ergänzen sie sich und sind komplementär zueinander. In solchen Konstellationen gibt es in aller Regel keinen Grund für wettbewerbsrechtliche Bedenken.[63] Technologische Substitute liegen dagegen vor, wenn jedes der fraglichen Schutzrechte es dem Inhaber ermöglicht, das Produkt herzustellen, wenn also die Schutzrechte auf dem relevanten Technologiemarkt[64] miteinander konkurrieren.[65] Essenziell sind solche Schutzrechte, die zur Einhaltung eines technischen Industriestandards notwendig sind.[66] Essenzielle Technologien sind *per definitionem* einander ergänzende Technologien. 22

Die Bündelung von technologischen Substituten in einem Pool bewertet die Kommission grundsätzlich sehr kritisch. Die im Pool gebündelten Technologien stehen dann miteinander im Wettbewerb. Der Pool kann unter diesen Umständen den Technologiewettbewerb beschränken und zu **kollektiven Koppelungsgeschäften** führen. Handelt es sich um erhebliche, d.h. praktisch bedeutsame Substitute, soll der Pool unter solchen Umständen in der Regel gegen Art. 101 Abs. 1 AEUV verstoßen und nicht nach Art. 101 Abs. 3 AEUV freistellungsfähig sein.[67] 23

Umfasst ein Pool auch nicht-essenzielle Technologien, so soll er regelmäßig von Art. 101 Abs. 1 AEUV erfasst sein, wenn er auf dem relevanten Technologiemarkt eine bedeutende Stellung innehat.[68] Letzteres ist bei Pools, die einen verbreiteten technischen Industriestandard verwirklichen, regelmäßig der Fall. Auch Pools, die Wettbewerbsbeschränkungen i.S.v. Art. 101 Abs. 1 AEUV enthalten, können freilich nach Art. 101 Abs. 3 AEUV freigestellt sein. Die Kommission stellt insoweit bei Pools, die auch nicht-essenzielle Patente enthalten, vorrangig darauf ab, ob der Pool alle anderen **Safe-Harbour-Kriterien** erfüllt.[69] Dabei ist auch zu berücksichtigen, dass ein Schutzrecht nach Gründung des Pools seinen Charakter als essenzielle Technologie wieder verlieren kann.[70] Für die Beurteilung von Technologiepools, die nicht-essenzielle, aber einander ergänzende Technologien umfassen, hat die Kommission gesonderte Kriterien aufgestellt.[71] 24

Die kartellrechtliche Beurteilung der **Lizenzverträge des Pools** mit seinen Lizenznehmern stützt die Kommission in erster Linie auf folgende Grundsätze: (1) Marktstellung des Pools auf dem relevanten Technologiemarkt, (2) diskriminierungsfreie Lizenzierungspraxis des Pools, (3) möglicher Ausschluss relevanter Technologien Dritter oder Behinde- 25

[59] Hierzu Leitlinien, Rn. 250–255.
[60] Hierzu Leitlinien, Rn. 256–258.
[61] Hierzu Leitlinien, Rn. 259f.
[62] Leitlinien, Rn. 250.
[63] Wissenschaftlicher Beirat beim Bundesministerium für Wirtschaft und Technologie, Gutachten vom 24. März 2007 zum Thema „Patentschutz und Innovation", S. 15.
[64] Vgl. Art. 1 Abs. 1 lit. k) TT-GVO.
[65] Vgl. Leitlinien, Rn. 251.
[66] Vgl. Leitlinien, Rn. 252.
[67] Leitlinien, Rn. 255. Eingehend hierzu *Königs,* GRUR 2014, 1155, 1158f.
[68] Leitlinien, Rn. 262. Zur kartellrechtlichen Bewertung solcher Fälle eingehend Königs, GRUR 2014, 1155, 1160.
[69] Leitlinien, Rn. 265. Zu den Safe-Harbour-Kriterien sogleich.
[70] Leitlinien, Rn. 263.
[71] Vgl. Leitlinien, Rn. 264.

rungen der Einrichtung alternativer Pools, sowie (4) Freiheit der Lizenzverträge von Kernbeschränkungen gemäß Art. 4 TT-GVO.[72]

26 Rücklizenz-Verpflichtungen in den Lizenzverträgen des Pools sollen nach Auffassung der Kommission **nicht-exklusiv** sein und sich auf solche Entwicklungen beschränken, die für die Verwendung der im Pool gebündelten Technologien essenziell oder wichtig sind.[73] Nichtangriffsklauseln einschließlich Kündigungsklauseln im Falle eines Angriffes auf den Bestand der lizenzierten Schutzrechte sollen in der Regel unter Art. 101 Abs. 1 AEUV fallen.[74] Hier spiegeln sich die Wertungen aus Art. 5 TT-GVO wieder.

27 Verfügt ein Pool über eine marktbeherrschende Stellung auf dem relevanten Technologiemarkt,[75] so muss er Lizenzen auf nicht-exklusiver Basis zu **angemessenen und diskriminierungsfreien Konditionen** vergeben, wobei Poolmitglieder und dritte Lizenznehmer gleich zu behandeln, unterschiedliche Lizenzgebühren für unterschiedliche Verwendungszwecke *(fields of use)* aber zulässig sind.[76]

28 **dd) Sicherer Hafen (Safe-Harbour-Bereich).** Die kartellrechtliche Bewertung von Technologiepools ist vielschichtig und mit zahlreichen Unsicherheiten behaftet. Um der Praxis gleichwohl handhabbare Vorgaben an die Hand zu geben, führen die Leitlinien erstmals einen **sicheren Hafen** (Safe-Harbour-Bereich) für Technologiepools ein.[77] Es ist zu erwarten, dass sich die Praxis vorrangig an diesem sicheren Hafen orientieren wird.[78] Dieser enthält sieben Voraussetzungen. Sofern alle sieben Voraussetzungen erfüllt sind, werden sowohl die Gründung und Verwaltung des Pools als auch die Lizenzvergabe durch den Technologiepool unabhängig von der Marktstellung der Mitglieder des Pools als kartellrechtskonform eingestuft. Dies ist ein begrüßenswerter Fortschritt gegenüber der alten Fassung der Leitlinien, die noch keinen derartigen sicheren Hafen kannten. Insbesondere führt die Einführung des sicheren Hafens zu einem höheren Maß an Rechtssicherheit.[79] In Anbetracht der ausdrücklichen Bezeichnung der Regelung als sicherer Hafen und dem damit einhergehenden gesteigerten Vertrauensschutz dürfte es der Kommission nicht gestattet sein, von sich aus im Einzelfall strengere Maßstäbe anzulegen, selbst wenn besondere Umstände vorliegen.

29 Der sichere Hafen wurde nicht in die TT-GVO aufgenommen, weil die Gründung von Technologiepools in der Regel auf Vereinbarungen zwischen mehr als zwei Unternehmen beruht und weil solche Vereinbarungen zudem nicht auf Produktion gerichtet sind.[80] **In Abweichung** von den alten Leitlinien[81] geht die Kommission in den neuen Leitlinien davon aus, dass auch die Lizenzvergabe durch den Pool eine Mehrparteienvereinbarung ist, für die die TT-GVO nicht gilt.[82]

---

[72] Leitlinien, Rn. 267.

[73] Leitlinien, Rn. 271; siehe auch Kommission, Pressemitteilung IP/03/1152 vom 7.8.2003 im Fall Philips/Sony CD-Licensing.

[74] Leitlinien, Rn. 272.

[75] Vgl. Art. 1 Abs. 1 lit. k) TT-GVO.

[76] Leitlinien, Rn. 269.

[77] Leitlinien, Rn. 261.

[78] Vgl. *Alexiadis/Guerrero Pérez,* European Intellectual Property Review 2013, 415, 418.

[79] So auch die Einschätzung von *Besen/Slobodenjuk,* GRUR 2014, 740, 743.

[80] Die TT-GVO ist nur auf Vereinbarungen zwischen zwei Unternehmen anwendbar, die auf Produktion gerichtet sind, Art. 1 Abs. 1 lit. c). Siehe auch Rn. 54 und 56 sowie Fn. 39 der Leitlinien. Die Ausführungen in den Leitlinien könnten so verstanden werden, dass die TT-GVO auch auf Technologiepools von zwei Unternehmen nicht anwendbar ist. Das wäre aber mit dem Wortlaut der TT-GVO nicht vereinbar. Die Kommission hat die Verordnung (EG) Nr. 240/96 auf ein gemeinsames Lizenzierungsprogramm von Philips und Sony für CD-Standards angewendet, siehe Kommission, XXXIII. Bericht über die Wettbewerbspolitik 2003, Rn. 66.

[81] ABl. 2004 C 101/2, dort Rn. 212.

[82] Leitlinien, Rn. 247. Auch diese Auslegung steht im Konflikt mit dem Wortlaut der TT-GVO, wenn der Pool Rechtspersönlichkeit hat. Für diese Auslegung spricht, dass mehrere Unternehmen im Pool ihre Schutzrechte gemeinsam verwerten und so der Blick auf den Pool eine verkürzte Sichtweise wäre.

Da ein Pool bei Erfüllung der Voraussetzung des sicheren Hafens schon nicht von Art. 101 Abs. 1 AEUV erfasst ist, sind auch Pools, die im Rahmen von Forschungs- und Entwicklungs- oder Spezialisierungsvereinbarungen aufgesetzt werden, nach Maßgabe der Leitlinien zu beurteilen; der Vorrang der F&E-GVO und der Spezialisierungs-GVO[83] dürfte für solche Fälle nicht greifen. **30**

Der sichere Hafen steht unter den folgenden sieben Voraussetzungen:[84] **31**

(1) Der Pool muss offen sein für alle interessierten Schutzrechtsinhaber. Im Entwurf der Leitlinien[85] hieß es insoweit noch weitergehend, der Pool müsse „allen interessierten Parteien" offen stehen. Das hätte auch für Lizenznehmer und sonstige Dritte gegolten. Die **restriktivere Formulierung** in den Leitlinien ist zu begrüßen. Die Teilnahme von Lizenznehmern oder anderen Dritten verkompliziert nur die Entscheidungsfindung im Pool ohne erkennbaren Nutzen und kann schlimmstenfalls sogar wichtige Schutzrechtsinhaber von der Teilnahme abschrecken.[86] **32**

(2) Der Pool erfasst nur **essenzielle** Technologien (und damit ausschließlich einander ergänzende und nicht konkurrierende) Technologien. Hintergrund für diese Voraussetzung ist, dass die Teilnahme substituierbarer Schutzrechte am Pool aus der Sicht der Lizenznehmer regelmäßig keinen Mehrwert schafft, dafür aber zu höheren Lizenzgebühren führt.[87] **33**

(3) Der Pool muss hinreichende Vorkehrungen gegen den Austausch sensibler Informationen zwischen den Mitgliedern treffen, soweit diese Informationen nicht für die Gründung und Verwaltung des Pools unbedingt erforderlich sind. Dies betrifft bspw. die Preisgestaltung bei den auf Grundlage der gepoolten Schutzrechte hergestellten Produkten oder Informationen zur eigentlichen Produktion durch die Mitglieder. Zur Sicherstellung dieser Voraussetzung bietet es sich in Pools mit **externen Poolverwaltern** an, sämtliche potentiell kritischen Informationen nur dem Poolverwalter zur Verfügung zu stellen.[88] Der Poolverwalter kann dann sicherstellen, dass die Poolmitglieder nur aggregierte und/oder anonymisierte Informationen erhalten. Alternativ sind Regelungen zum Aufbau von sog. „Chinese Walls" zu treffen. Besondere Sorgfalt ist geboten, wenn Mitglieder des Pools zugleich Mitglieder von Pools konkurrierender Standards sind, weil dann zusätzlich ein schädlicher Informationsaustausch zwischen den konkurrierenden Pools droht.[89] **34**

(4) Lizenzen für die gepoolten Schutzrechte müssen auch für Nicht-Poolmitglieder erhältlich sein. Der Pool darf folglich kein ***closed shop*** sein. **35**

(5) Die Lizenzierung muss dabei in fairer, angemessener und diskriminierungsfreier Weise **(FRAND-Grundsatz)** erfolgen. Nähere Ausführungen zum FRAND-Grundsatz finden sich in den Horizontalleitlinien[90] im Kapitel Standardisierungen.[91] Auffällig ist, dass die Kommission an dieser Stelle Anforderungen aus Art. 102 AEUV als Voraussetzung des sicheren Hafens anführt. Der Verweis auf die Angemessenheit der Konditionen der Lizenzierung gehört in den Kontext der Prüfung eines Preis- und Konditionenmissbrauchs. Zwar kann ein Technologiepool auf den betroffenen Technologiemärkten **36**

---

[83] Art. 9 TT-GVO.
[84] Vgl. Leitlinien, Rn. 261.
[85] Entwurf einer Mitteilung der Kommission, Leitlinien zur Anwendung von Artikel 101 des Vertrags über die Arbeitsweise der Europäischen Union auf Technologietransfer-Vereinbarungen, C(2013) 924 draft.
[86] *Königs,* GRUR 2014, 1155, 1157.
[87] *Königs,* GRUR 2014, 1155, 1157.
[88] Vgl. Leitlinien, Rn. 259 sowie *Königs,* GRUR 2014, 1155, 1162.
[89] Leitlinien, Rn. 260.
[90] Kommission, Leitlinien zur Anwendbarkeit von Artikel 101 des Vertrags über die Arbeitsweise der Europäischen Union auf Vereinbarungen über horizontale Zusammenarbeit, ABl. 2011 C 11/01.
[91] Horizontalleitlinien, Rn. 287 ff.

durchaus eine marktbeherrschende Stellung haben. Bei technischen Industriestandards wird dies sogar die Regel sein. Zwingend ist dies aber nicht.

37 (6) Der Pool darf die Anfechtung von Gültigkeit oder Essenzialität der gepoolten Schutzrechte nicht beschränken. Nichtangriffsabreden oder Kündigungsrechte im Falle von Anfechtungen bringen einen Technologiepool daher **regelmäßig aus dem Anwendungsbereich** des sicheren Hafens. Hier spiegelt sich die neuerdings kritischere Haltung der Kommission gegenüber Nichtangriffsabreden und Kündigungsrechten wieder.[92] Die Voraussetzung führt zu erheblichem Änderungsbedarf, da Nichtangriffsabreden bislang in Patentpoolvereinbarungen gängige Praxis waren.[93]

38 (7) Der Pool darf die Poolmitglieder nicht in der Entwicklung konkurrierender Produkte und Technologien beschränken.[94]

39 **d) Streitbeilegungsvereinbarungen (Vergleiche).** Deutlich **erweitert** wurden auch die Hinweise in den Leitlinien zu Streitbeilegungsvereinbarungen (Vergleiche). Lizenzvereinbarungen in Streitbeilegungsvereinbarungen zwischen zwei Unternehmen fallen unter die TT-GVO. Ist Art. 101 Abs. 1 AEUV auf eine Streitbeilegungsvereinbarung anwendbar, kann sie also gleichwohl nach Maßgabe der TT-GVO freigestellt sein. Ist sie nicht gruppenfreigestellt, kann sich ihre Zulässigkeit immer noch aus den Leitlinien ergeben (Einzelfreistellung).

40 Die Kommission bewertet Streitbeilegungsvereinbarungen als **grundsätzlich wettbewerbsförderlich,** da sie helfen können, kostspielige und zeitaufwendige Streitigkeiten um den Bestand von Schutzrechten beizulegen oder zu vermeiden.[95] Gleichwohl existiert im Unionskartellrecht kein „Vergleichsprivileg". Wettbewerbsbeschränkende Abreden in Streitbeilegungsvereinbarungen werden daher im Prinzip nicht anders behandelt als solche in anderen Lizenzvereinbarungen.[96]

41 Die Leitlinien benennen als **potentiell kartellrechtswidrige Abreden** in Streitbeilegungsvereinbarungen Absprachen, wonach der Lizenznehmer gegen Gewährung eines finanziellen Vorteils später oder nur eingeschränkt in den Markt eintritt (sog. *pay-for-delay-*Vereinbarungen),[97] Kreuzlizenzen *(cross licensing)*[98] und Nichtangriffsabreden.[99] Die diesbezüglichen Ausführungen in den Leitlinien beruhen ersichtlich auf Erkenntnissen der Kommission aus einer Reihe von jüngeren Fällen im pharmazeutischen Bereich.[100]

42 **aa) Begriff.** Die Leitlinien definieren nicht, wann eine Streitbeilegungsvereinbarung vorliegt, sondern setzen diesen Begriff voraus. Der Begriff der **Bona-fide-Streitbeilegungsvereinbarung,** der sich noch im Entwurf der Leitlinien findet,[101] hat keinen Eingang in die Leitlinien gefunden. Bona fide wird von manchen so verstanden, dass die Parteien der Streitbeilegungsvereinbarung in gutem Glauben auf die Gültigkeit der streitigen

---

[92] Vgl. Leitlinien, Rn. 272. Hierzu kritisch *Lawrance,* Journal of Intellectual Property Law & Practice 2014, 802 ff.

[93] *Königs,* GRUR 2014, 1155, 1162.

[94] Vgl. hierzu Leitlinien, Rn. 270.

[95] Vgl. Leitlinien, Rn. 234–236.

[96] EuGH, Urt. v. 27.9.1988, Rs. 65/86, Slg. 1988, 5259 – Bayer/Süllhöfer, Rn. 15.

[97] Leitlinien, Rn. 238 f.

[98] Leitlinien, Rn. 240 f.

[99] Leitlinien, Rn. 242 f.

[100] Namentlich Kommission, Entsch. v. 9.7.2014, COMP/AT.39612, Servier (Perindopril), Kommission, Entsch. v. 10.12.2013, COMP/AT.39685, Johnson & Johnson/Novartis (Fentanyl); Kommission, Entsch. v. 19.6.2013, COMP/AT.39226, Lundbeck u. a. (Citalopram), Rechtsmittel anhängig beim EuG (Rs. T-460/13), Kommission, Entsch. v. 15.6.2005, COMP/AT.37.507, AstraZeneca (Losec) sowie EuG, Urt. v. 1.7.2010, Rs. T-321/05 – AstraZeneca und EuGH, Urt. v. 6.12.2012, Rs. C-457/10 P – AstraZeneca.

[101] Entwurf einer Mitteilung der Kommission, Leitlinien zur Anwendung von Artikel 101 des Vertrags über die Arbeitsweise der Europäischen Union auf Technologietransfer-Vereinbarungen, C(2013) 924 draft, Rn. 226.

Schutzrechte sein müssen.[102] An bona fide fehlt es jedoch wohl nur dann, wenn die Vereinbarung keinerlei wettbewerbsfördernden Zweck hat.[103]

43 In Anlehnung an die Rechtsprechung zu Markenabgrenzungsvereinbarungen dürfte es jedenfalls ausreichen, wenn bei Abschluss der Vereinbarung ein **ernsthafter, objektiv begründeter Anlass** zu der Annahme bestand, der einen Partei könne aus einem Schutzrecht ein entsprechender Unterlassungsanspruch gegen die andere Partei zustehen.[104]

44 Nicht erforderlich ist sicherlich, dass ein Streit über Schutzrechte zwischen den Parteien bereits rechtshängig ist. Ausreichend dürfte vielmehr sein, wenn eine Partei gegenüber der anderen Partei die Verletzung eines Schutzrechtes **ernsthaft behauptet.** Der Umstand, dass eine Vereinbarung der Vermeidung künftiger Streitigkeiten dient, dürfte dagegen als solches noch nicht ausreichen, um sie als echte Streitbeilegungsvereinbarung zu qualifizieren. Dies gilt jedenfalls dann, wenn zum Zeitpunkt des Abschlusses der Vereinbarung noch vollkommen offen ist, ob es künftig zu einem Streit kommen wird, und wenn ja, auf welche Schutzrechte sich dieser Streit erstrecken würde. Besteht hingegen bei einer wertenden Gesamtbetrachtung eine gesteigerte Wahrscheinlichkeit, dass es künftig zum Streit kommt und dient die konkrete Vereinbarung der Vermeidung dieses Streits, dann liegt regelmäßig eine echte Streitbeilegungsvereinbarung vor.[105]

45 **bb) Pay-for-delay.** Streitbeilegungsvereinbarungen zwischen Wettbewerbern können unter Art. 101 Abs. 1 AEUV fallen, wenn der Lizenzgeber den Lizenznehmer dafür vergütet, dass der Lizenznehmer verzögert oder nur eingeschränkt in den Markt des Lizenzgebers eintritt (***pay for delay*** oder ***reverse payment settlements***).[106] Hindert die Streitbeilegungsvereinbarung eine Partei daran, ihre eigenen Produkte auf dem Markt einzuführen, kann es sich um eine unzulässige Marktaufteilung handeln. Die Kommission bewertet dabei finanzielle Anreize für den Verzicht oder die Verzögerung des Markteintritts als – im Ergebnis unwiderlegbares – Indiz für eine bezweckte Wettbewerbsbeschränkung.[107] Besondere praktische Bedeutung hat dies im Pharma-Bereich bei Vereinbarungen, in denen Generikahersteller auf den Markteintritt verzichten oder jedenfalls den Markteintritt verzögern und dafür vom Originalpräparatehersteller eine geldwerte Gegenleistung erhalten. Hier kann für Newcomer ein besonders hoher ökonomischer Anreiz bestehen, sich anstelle der Aufnahme von Wettbewerb die hohen (Monopol-)Preise für das patentgeschützte Produkt mit dem Platzhirschen zu teilen.[108]

46 **cc) Cross-Licensing.** Obwohl die Kommission an **wechselseitige Lizenzen *(cross licensing)*** zwischen Wettbewerbern grundsätzlich strenge Anforderungen stellt,[109] sind Streitbeilegungsvereinbarungen, in denen sich die Parteien wechselseitige Lizenzen erteilen, nach Auffassung der Kommission **im Allgemeinen nicht wettbewerbsbeschränkend.**[110] Der Grund hierfür ist, dass wechselseitige Lizenzen in Streitbeilegungsvereinbarungen regelmäßig Sperrpositionen auflösen und es so den Parteien erlauben, ihre Technologien ungehindert zu nutzen.

47 Die Kommission sieht das Gefährdungspotential wechselseitiger Lizenzen vor allem in einer möglichen Beschränkung des Innovationswettbewerbs. Wechselseitige Lizenzen, die beiden Parteien die gleiche technische Basis vermitteln, können die Wahrscheinlichkeit,

---

[102] So *Leistner/Königs,* WRP 2014, 268, 274.
[103] Vgl. Leitlinien, Rn. 100.
[104] EuGH, Urt. v. 30.1.1985, Rs. 35/83, Slg. 1985, 363 – Toltecs/Dorcet II; vgl. auch BGH, Urt. v. 7.12.2010, KZR 71/08 – Jette Joop, Rn. 19.
[105] Vgl. hierzu auch Leitlinien, Rn. 234.
[106] Leitlinien, Rn. 238 f. Vgl. eingehend hierzu *Maass/Schmidt,* EuZW 2015, 85, 88 f.
[107] Kommission, Entsch. v. 19.6.2013, COMP/AT.39226, Lundbeck.
[108] *Mestmäcker/Schweitzer,* Europäisches Wettbewerbsrecht, 3. Auflage, 2014, § 30 Rn. 89. Zur Sichtweise der Kommission vgl. *Maass/Schmidt,* EuZW 2015, 85, 88 f.
[109] Vgl. Leitlinien, Rn. 98.
[110] Leitlinien, Rn. 236.

dass eine Partei einen Wettbewerbsvorsprung durch Innovation erlangt, beseitigen oder zumindest erheblich reduzieren.[111] Ein solches **„technologisches Patt"** kann den Innovationswettbewerb erheblich dämpfen. Wechselseitige Lizenzen in diesem Sinne liegen dabei nicht etwa schon dann vor, wenn sich beide Parteien jeweils Lizenzen erteilen, sondern nur dann, wenn die Lizenzen beider Parteien auch konkurrierende Technologien zum Gegenstand haben oder für die Herstellung konkurrierender Produkte genutzt werden können.[112] Streitbeilegungsvereinbarungen, in denen sich die Parteien gegenseitig komplementäre Technologien lizenzieren, sind daher in der Regel unkritisch.

48 Besonders kritisch ist die Haltung der Kommission, wenn die Parteien über erhebliche Marktmacht verfügen und/oder sich bei konkurrierenden Technologien auch Lizenzen für künftige (Weiter-)Entwicklungen erteilen.[113] Mit geschickt konstruierten Kreuzlizenzierungsverträgen lässt sich in einem Oligopol in technisch geprägten Märkten eine perfekte kollusive Lösung realisieren.[114]

49 Auch Streitbeilegungsvereinbarungen mit wechselseitigen Lizenzen, die die Parteien in der Nutzung ihrer Technologien oder der Lizenzerteilung an Dritte beschränken (zum Beispiel durch Exklusiv- oder Alleinlizenzen), können nach Auffassung der Kommission unter Art. 101 Abs. 1 AEUV fallen.[115] Dies gilt vor allem dann, wenn die Parteien über Marktmacht verfügen und die Vereinbarung über das hinausgeht, was zur **Auflösung einer Sperrposition** erforderlich ist.

50 **dd) Nichtangriffsklauseln.** Obwohl **Nichtangriffsklauseln** nach Maßgabe der TT-GVO nicht freistellungsfähig sind,[116] sind sie in Streitbeilegungsvereinbarungen **in der Regel zulässig,** weil sie schon nicht unter Art. 101 Abs. 1 AEUV fallen.[117] Denn die Streitbeilegungsvereinbarung soll eben den Konflikt zwischen den Parteien beseitigen; ein Anfechtungsrecht würde dem diametral entgegenstehen.[118]

51 Nichtangriffsklauseln können allerdings **in Ausnahmefällen** unter Art. 101 Abs. 1 AEUV fallen, z.B. wenn das Schutzrecht durch falsche Angaben erschlichen wurde,[119] der Lizenzgeber den Lizenznehmer für die Streitbeilegungsvereinbarung vergütet oder die betroffene Technologie für die Produktion des Lizenznehmers notwendig ist. Die Technologie kann für die Produktion des Lizenznehmers notwendig sein, wenn sie standardessenziell ist, de-facto-essenziell ist oder wenn sich der Lizenznehmer aufgrund seiner Investitionen in einem (unverschuldeten) lock-in befindet.[120]

52 Im Entwurf der Leitlinien[121] hatte die Kommission darüber hinaus Nichtangriffsklauseln in Streitbeilegungsvereinbarungen auch dann als Verstoß gegen Art. 101 Abs. 1 AEUV bewertet, wenn der Lizenzgeber hätte wissen müssen, dass für die Technologie kein Schutzrecht hätte erteilt werden dürfen. Dies wäre weit über die Fallgruppe des Erschleichens des Schutzrechtes hinausgegangen. Die Kommission ist von dieser Position nach Protesten abgerückt, weil der Bestand eines Patents in der Praxis letztlich immer unsicher ist

---

[111] Vgl. Leitlinien, Rn. 241.

[112] Vgl. die Definitionen für „wechselseitige Vereinbarung" in Art. 1 Abs. 1 lit d) TT-GVO und für „nicht wechselseitige Vereinbarung" in Art. 1 Abs. 1 lit e) TT-GVO. Vgl. auch Leitlinien, Rn. 98.

[113] Leitlinien, Rn. 241.

[114] Wissenschaftlicher Beirat beim Bundesministerium für Wirtschaft und Technologie, Gutachten vom 24. März 2007 zum Thema „Patentschutz und Innovation", S. 14.

[115] Leitlinien, Rn. 240f.

[116] Art. 5 Abs. 1 lit. b) TT-GVO.

[117] Leitlinien, Rn. 242; vgl. auch *Coates/Kjolbye/Peeperkorn,* in: Faull/Nikpay, The EU Law of Competition, 3rd edition, 2014, Chapter 10, Rn. 10.159.

[118] Vgl. auch *Böttger/Kresken,* EuZW 2014, 653, 654f.; *Cepl/Rüting,* WRP 2013, 305, 310.

[119] Das ist die Situation des Falls AstraZeneca (EuGH, Urt. v. 6.12.2012, Rs. C-457/10).

[120] Vgl. Leitlinien, Rn. 136.

[121] Entwurf einer Mitteilung der Kommission, Leitlinien zur Anwendung von Artikel 101 des Vertrags über die Arbeitsweise der Europäischen Union auf Technologietransfer-Vereinbarungen, C(2013) 924 draft.

und das **Wissen-Müssen** nur **schwerlich nachweisbar** ist. Es steht jedoch zu erwarten, dass die Kommission im Grundsatz an diesem Kriterium festhalten wird. Möglicherweise könnte ein Wissen-Müssen in diesem Sinne vorliegen, wenn ein deutsches Gericht in einem Patentverletzungsverfahren das Verfahren ausgesetzt hat, weil es eine hohe Wahrscheinlichkeit sieht, dass das Patent keinen Bestand haben wird. Entsprechend wären Streitbeilegungsverhandlungen in solchen Situationen beschränkt. Im Ergebnis dürfte die Aussetzung aber kein hinreichend konkreter Hinweis auf die Ungültigkeit des Patents sein, zumal sich der Kläger sonst wohl kaum auf eine Streitbeilegungsvereinbarung einließe.

ee) „Klonverbote". In Streitbeilegungsvereinbarungen regelmäßig zulässig sind **Verbote an die andere Partei, Kopien der eigenen Produkte herzustellen („Klonverbote").** Solche „Klonverbote" sind keine Kernbeschränkungen i. S. v. Art. 4 Abs. 2 lit. d), da die gebundene lizenznehmende Partei bei der Herstellung einer Kopie der Produkte der anderen Partei in der Regel zugleich auch die an sie lizenzierte Technologie nutzt.[122] Sie sind auch wettbewerbsförderlich, da sie Innovationsanreize setzen. Die Kommission legt großen Wert darauf, dass sich Streitbeilegungsvereinbarungen nicht negativ auf die Innovationsanreize für die Parteien auswirken dürfen.[123] Streitbeilegungsvereinbarungen dürfen die Parteien nicht daran hindern, einen Wettbewerbsvorsprung gegenüber der anderen Partei zu erlangen.[124] Sie sollen daher gerade nicht darauf hinauslaufen, dass die Parteien die gemeinsame Nutzung künftiger Innovationen vereinbaren.[125] Dies ist gewährleistet, wenn die wechselseitigen Lizenzen darauf abzielen, ihnen die Entwicklung ihrer jeweiligen Technologien zu ermöglichen, und wenn sie die Parteien nicht dazu veranlassen, dieselben technologischen Lösungen zu nutzen.[126] Ein entsprechend eng definiertes „Klonverbot" stellt genau dies sicher. Es verhindert lediglich den weniger schützenswerten Imitationswettbewerb[127] und gewährleistet damit, dass die Parteien nicht künftig dieselben technologischen Lösungen nutzen. 53

Artikel 1 Begriffsbestimmungen

(1) **Für diese Verordnung gelten folgende Begriffsbestimmungen:**

a) „Vereinbarung": eine Vereinbarung, ein Beschluss einer Unternehmensvereinigung oder eine abgestimmte Verhaltensweise;

b) „Technologierechte": Know-how und die folgenden Rechte oder eine Kombination daraus einschließlich Anträgen auf Gewährung bzw. auf Registrierung dieser Rechte:

vii)

i) Patente,

ii) Gebrauchsmuster,

---

[122] Vgl. *Fuchs,* in: Immenga/Mestmäcker, EU-Wettbewerbsrecht, 5. Auflage, 2012, Kapitel F (Technologie-Transfer), Art. 4 TT-GVO, Rn. 69.

[123] TT-Leitlinien, Rn. 241.

[124] TT-Leitlinien, Rn. 241.

[125] TT-Leitlinien, Rn. 241.

[126] TT-Leitlinien, Rn. 241.

[127] Vgl. zum Aspekt des weniger schützenswerten Imitationswettbewerbs EuGH, 29.4.2004, Rs. C-418/01 – IMS Health, Rn. 49, wo der Gerichtshof im Zusammenhang mit der essential-facilities-doctrine bei geistigen Eigentumsrechten ausführt, dass „die Weigerung eines Unternehmens in beherrschender Stellung, Zugang zu einem durch ein Recht des geistigen Eigentums geschützten Erzeugnis zu gewähren, obwohl dieses Erzeugnis für die Tätigkeit auf einem abgeleiteten Markt unerlässlich ist, nur dann als missbräuchlich eingestuft werden [kann], wenn sich das Unternehmen, das um die Lizenz ersucht hat, nicht im Wesentlichen darauf beschränken will, Erzeugnisse oder Dienstleistungen anzubieten, die vom Inhaber des Rechts des geistigen Eigentums bereits auf dem abgeleiteten Markt angeboten werden, sondern beabsichtigt, neue Erzeugnisse oder Dienstleistungen anzubieten, die der Inhaber nicht anbietet und für die eine potenzielle Nachfrage der Verbraucher besteht".

iii) Geschmacksmuster,
iv) Topografien von Halbleiterprodukten,
v) ergänzende Schutzzertifikate für Arzneimittel oder andere Produkte, für die solche ergänzenden Schutzzertifikate vergeben werden können,
vi) Sortenschutzrechte,
vii) Software-Urheberrechte;

c) „Technologietransfer-Vereinbarung“:
i) eine von zwei Unternehmen geschlossene Vereinbarung über die Lizenzierung von Technologierechten mit dem Ziel der Produktion von Vertragsprodukten durch den Lizenznehmer und/oder seine Zulieferer,
ii) eine Übertragung von Technologierechten zwischen zwei Unternehmen mit dem Ziel der Produktion von Vertragsprodukten, bei der das mit der Verwertung der Technologierechte verbundene Risiko zum Teil beim Veräußerer verbleibt;

d) „wechselseitige Vereinbarung“: eine Technologietransfer-Vereinbarung, bei der zwei Unternehmen einander in demselben oder in getrennten Verträgen eine Technologierechtslizenz erteilen, die konkurrierende Technologien zum Gegenstand hat oder für die Produktion konkurrierender Produkte genutzt werden kann;

e) „nicht wechselseitige Vereinbarung“: eine Technologietransfer-Vereinbarung, bei der ein Unternehmen einem anderen Unternehmen eine Technologierechtslizenz erteilt oder mit der zwei Unternehmen einander eine solche Lizenz erteilen, wobei diese Lizenzen jedoch keine konkurrierenden Technologien zum Gegenstand haben und auch nicht für die Produktion konkurrierender Produkte genutzt werden können;

f) „Produkt“: eine Ware oder eine Dienstleistung in Form eines Zwischen- oder Endprodukts;

g) „Vertragsprodukt“: ein Produkt, das unmittelbar oder mittelbar auf der Grundlage der lizenzierten Technologierechte produziert wird;

h) „Rechte des geistigen Eigentums“: gewerbliche Schutzrechte, vor allem Patente und Markenzeichen, sowie Urheberrechte und verwandte Schutzrechte;

i) „Know-how“: eine Gesamtheit praktischer Kenntnisse, die durch Erfahrungen und Versuche gewonnen werden und die
i) geheim, das heißt nicht allgemein bekannt und nicht leicht zugänglich sind,
ii) wesentlich, das heißt für die Produktion der Vertragsprodukte von Bedeutung und nützlich sind, und
iii) identifiziert sind, das heißt umfassend genug beschrieben sind, so dass überprüft werden kann, ob die Merkmale „geheim“ und „wesentlich“ erfüllt sind;

j) „relevanter Produktmarkt“: der Markt für die Vertragsprodukte und ihre Substitute, das heißt alle Produkte, die aufgrund ihrer Eigenschaften, ihrer Preise und ihres Verwendungszwecks vom Käufer als austauschbar oder substituierbar angesehen werden;

k) „relevanter Technologiemarkt“: der Markt für die lizenzierten Technologierechte und ihre Substitute, das heißt alle Technologierechte, die aufgrund ihrer Eigenschaften, der für sie zu entrichtenden Lizenzgebühren und ihres Verwendungszwecks vom Lizenznehmer als austauschbar oder substituierbar angesehen werden;

l) „räumlich relevanter Markt“: das Gebiet, in dem die beteiligten Unternehmen die relevanten Produkte anbieten bzw. nachfragen oder Technologierechte lizenzieren, in dem die Wettbewerbsbedingungen hinreichend homogen sind und das sich von benachbarten Gebieten durch spürbar unterschiedliche Wettbewerbsbedingungen unterscheidet;

m) „relevanter Markt“: die Kombination des relevanten Produkt- oder Technologiemarktes mit dem räumlich relevanten Markt;

n) „konkurrierende Unternehmen": Unternehmen, die auf dem relevanten Markt miteinander im Wettbewerb stehen, das heißt

i) konkurrierende Unternehmen auf dem relevanten Markt, auf dem die Technologierechte lizenziert werden, das heißt Unternehmen, die Lizenzen für konkurrierende Technologierechte vergeben (tatsächliche Wettbewerber auf dem relevanten Markt),

ii) konkurrierende Unternehmen auf dem relevanten Markt, auf dem die Vertragsprodukte verkauft werden, das heißt Unternehmen, die ohne die Technologietransfer-Vereinbarung auf dem relevanten Markt bzw. den relevanten Märkten, auf denen die Vertragsprodukte angeboten werden, beide tätig sein würden (tatsächliche Wettbewerber auf dem relevanten Markt), oder die unter realistischen Annahmen und nicht nur rein theoretisch im Falle einer geringfügigen, aber dauerhaften Erhöhung der relevanten Preise auch ohne die Technologietransfer-Vereinbarung wahrscheinlich umgehend die notwendigen zusätzlichen Investitionen oder sonstigen Umstellungskosten auf sich nehmen würden, um in den relevanten Markt bzw. in die relevanten Märkte eintreten zu können (potenzielle Wettbewerber auf dem relevanten Markt);

o) „selektive Vertriebssysteme": Vertriebssysteme, bei denen sich der Lizenzgeber verpflichtet, Lizenzen für die Produktion der Vertragsprodukte unmittelbar oder mittelbar nur Lizenznehmern zu erteilen, die anhand festgelegter Kriterien ausgewählt werden, und bei denen sich diese Lizenznehmer verpflichten, die Vertragsprodukte nicht an Händler zu verkaufen, die in dem vom Lizenzgeber in Bezug auf dieses System vorbehaltenen Gebiet nicht zum Vertrieb zugelassen sind;

p) „Exklusivlizenz": eine Lizenz, bei der der Lizenzgeber selber mit den lizenzierten Technologierechten weder im Allgemeinen noch im Hinblick auf eine bestimmte Nutzung oder in einem bestimmten Gebiet produzieren darf und diese Technologierechte auch nicht an Dritte vergeben darf;

q) „Exklusivgebiet": ein bestimmtes Gebiet, in dem nur ein Unternehmen die Vertragsprodukte produzieren darf, wobei die Möglichkeit nicht ausgeschlossen ist, dass es einem anderen Lizenznehmer erlaubt ist, die Vertragsprodukte in diesem Gebiet nur für einen bestimmten Kunden zu produzieren, wenn die zweite Lizenz erteilt worden ist, um diesem Kunden eine alternative Bezugsquelle zu verschaffen;

r) „Exklusivkundengruppe": eine Gruppe von Kunden, an die nur ein an der Technologietransfer-Vereinbarung beteiligtes Unternehmen die mit der lizenzierten Technologie produzierten Vertragsprodukte aktiv verkaufen darf.

(2) Für die Zwecke dieser Verordnung schließen die Begriffe „Unternehmen", „Lizenzgeber" und „Lizenznehmer" verbundene Unternehmen ein.
„Verbundene Unternehmen" sind

a) Unternehmen, bei denen ein an der Technologietransfer-Vereinbarung beteiligtes Unternehmen unmittelbar oder mittelbar
i) über mehr als die Hälfte der Stimmrechte verfügt oder
ii) mehr als die Hälfte der Mitglieder des Leitungs- oder Aufsichtsorgans oder der zur gesetzlichen Vertretung berufenen Organe bestellen kann oder
iii) das Recht hat, die Geschäfte zu führen;

b) Unternehmen, die in einem an der Technologietransfer-Vereinbarung beteiligten Unternehmen unmittelbar oder mittelbar die unter Buchstabe a bezeichneten Rechte oder Einflussmöglichkeiten haben;

c) Unternehmen, in denen ein unter Buchstabe b genanntes Unternehmen unmittelbar oder mittelbar die unter Buchstabe a bezeichneten Rechte oder Einflussmöglichkeiten hat;

d) Unternehmen, in denen ein an der Technologietransfer-Vereinbarung beteiligtes Unternehmen gemeinsam mit einem oder mehreren der unter den Buchstaben a, b und c genannten Unternehmen oder in denen zwei oder mehr der zuletzt ge-

nannten Unternehmen gemeinsam die unter Buchstabe a bezeichneten Rechte oder Einflussmöglichkeiten haben;

e) Unternehmen, in denen die unter Buchstabe a bezeichneten Rechte und Einflussmöglichkeiten gemeinsam ausgeübt werden durch

i) an der Technologietransfer-Vereinbarung beteiligte Unternehmen oder mit ihnen jeweils verbundene Unternehmen im Sinne der Buchstaben a bis d oder

ii) eines oder mehrere der an der Technologietransfer-Vereinbarung beteiligten Unternehmen oder eines oder mehrere der mit ihnen im Sinne der Buchstaben a bis d verbundenen Unternehmen und ein oder mehrere dritte Unternehmen.

1. Vereinbarung (Abs. 1 lit. a))

54 Vereinbarung im Sinne der TT-GVO ist **jede Handlungsform,** die von Art. 101 Abs. 1 AEUV erfasst sein kann, also Vereinbarungen, Beschlüsse von Unternehmensvereinigungen oder abgestimmte Verhaltensweisen. Auf die dortige Kommentierung kann also verwiesen werden.

55 In der Praxis werden die meisten Technologietransfer-Vereinbarungen **schriftlich** gefasst. Für die kartellrechtliche Prüfung bei Vertragsschluss kommt es dann regelmäßig nur auf den schriftlichen Vertrag an. Später ist auch zu berücksichtigen, wie der Vertrag gelebt wird. Gerade die Kernbeschränkungen in Art. 4 können auch durch aufeinander abgestimmte Verhaltensweisen realisiert werden (z. B. kann eine unzulässige Beschränkung der Weiterverkaufspreise i. S. v. Art. 4 Abs. 2 lit. a) aus einem unzulässigen Druckausüben des Lizenzgebers auf den Lizenznehmer resultieren). In diesem Fall entfällt die Gruppenfreistellung für die gesamte Technologietransfer-Vereinbarung auch dann, wenn diese in ihrer schriftlichen Fassung ohne weiteres mit den Vorgaben der TT-GVO vereinbar ist.[128]

2. Technologierechte (Abs. 1 lit. b))

56 Der Regelungsbereich der TT-GVO wurde gegenüber der VO 772/2004 **leicht erweitert.** Die erfassten Technologierechte bleiben gleich, nur die **Regelungstechnik** hat sich geändert. In der VO 772/2004 waren die heutigen Technologierechte mit Ausnahme der Software-Urheberrechte als Patente definiert. Die Software-Urheberrechte waren über die Softwarelizenz-Vereinbarungen erfasst. Heute stehen alle sieben Technologierechte (Patente, Gebrauchsmuster, Geschmacksmuster, Topografien von Halbleiterprodukten, ergänzende Schutzzertifikate für Arzneimittel oder andere Produkte, für die solche ergänzenden Schutzzertifikate vergeben werden können, Sortenschutzrechte und Software-Urheberrechte) nebeneinander in Abs. 1 lit. b).

57 Die einzige materielle Änderung hat sich bei den **Anmeldungen bzw. Anträgen auf Gewährung von Schutzrechten** ergeben. In der VO 772/2004 waren nur Anmeldungen von Patenten und Gebrauchsmustern erfasst. In der TT-GVO sind nunmehr (soweit möglich) Anträge auf Gewährung bzw. Registrierung sämtlicher Technologierechte erfasst, natürlich mit Ausnahme von Know-how, das nicht angemeldet werden kann.

58 Technologierechte sind Patente, Gebrauchsmuster, Geschmacksmuster und bestimmte andere geistige Eigentumsrechte (Topografien von Halbleiterprodukten, ergänzende Schutzzertifikate für Arzneimittel oder Pflanzenschutzmittel, Sortenschutzrechte und Software-Urheberrechte) sowie geheimes Know-how. Know-how ist in Art. 1 Abs. 1 lit. i) definiert. Die anderen Technologierechte sind nicht in der TT-GVO definiert. Sie bestimmen sich nach dem jeweils einschlägigen Sachrecht.[129] Von der Definition erfasst sind nur Technologierechte für die **Dauer ihrer Geltung.**

---

[128] Vgl. *Bechtold/Bosch/Brinker,* EU-Kartellrecht, 3. Auflage, 2014, Art. 1 VO 316/2014, Rn. 2.

[129] Eine Übersicht über die einschlägigen Sachrechte findet sich bei *Bechtold/Bosch/Brinker,* EU-Kartellrecht, 3. Auflage, 2014, Art. 1 VO 316/2014, Rn. 4 ff.

59 Die TT-GVO gewährt hingegen keine Gruppenfreistellung für die Lizenzierung oder Übertragung von **Markenzeichen und Urheberrechten.**[130] Sie erfasst daher keine Markenlizenzverträge wie bspw. Markenabgrenzungsvereinbarungen.[131] Software-Urheberrechte sind dagegen grundsätzlich von der TT-GVO erfasst, weil sie einen größeren Produktionsbezug haben. Die Leitlinien stellen allerdings klar, dass Lizenzierung von Software-Urheberrechten für die reine Vervielfältigung oder den reinen Vertrieb eines geschützten Werks nicht erfasst ist.[132] Denn dann sei die Lizenzierung nicht auf Produktion gerichtet. Bei anderen Urheberrechten will die Kommission die Grundsätze der TT-GVO und der Leitlinien analog anwenden.[133] Wie bei den Software-Urheberrechten gilt das jedoch nicht, wenn die Lizenzierung auf den Vertrieb gerichtet ist, z. B. beim Filmverleih oder Filmaufführungen.[134] Die Vertriebsbezogenheit soll bei Markenzeichen der Regelfall sein; darum will die Kommission dort grundsätzlich nicht die Grundsätze der TT-GVO und der Leitlinien anwenden.[135] Man dürfte den Leitlinien aber entnehmen können, dass die Grundsätze ausnahmsweise anwendbar sind, wenn die Lizenzierung des Markenzeichens auf die Produktion gerichtet ist.

3. Technologietransfer-Vereinbarung (Abs. 1 lit. c))

60 Technologietransfer-Vereinbarungen sind entweder Vereinbarungen zwischen zwei Unternehmen über die Lizenzierung von Technologierechten oder Übertragungen von Technologierechten, wenn das mit der Verwertung der Technologierechte verbundene Risiko zum Teil beim Veräußerer verbleibt.[136]

61 Anders als der Begriff des Transfers suggeriert, erfasst die TT-GVO demnach in erster Linie die Einräumung von Nutzungsrechten an Technologierechten (und nur ausnahmsweise deren dingliche Übertragung). Der Regelfall des Technologietransfers ist der einer **Lizenz,** mit der der Lizenzgeber dem Lizenznehmer das Recht einräumt, seine Technologierechte gegen Zahlung von Lizenzgebühren zu nutzen.[137] Ebenso vom Begriff der Technologietransfer-Vereinbarung erfasst sind Verpflichtungen, das Technologierecht gegenüber dem Vertragspartner nicht auszuüben (sog. ***Non-Assertion Agreements***).[138]

62 In der zweiten Alternative umfasst der Begriff der Technologietransfer-Vereinbarung bestimmte Formen der **Übertragung von Technologierechten.**[139] Die reine Übertragung eines Technologierechts verstößt allerdings in aller Regel nicht gegen Art. 101 Abs. 1 AEUV, so dass solche Vereinbarungen keiner Gruppenfreistellung bedürfen. Anders liegt der Fall, wenn das Technologierecht zwar dinglich übertragen wird, der Veräußerer aber an dessen Verwertung wirtschaftlich dauerhaft beteiligt bleibt, etwa weil er vom Erwerber eine nutzungsabhängige Vergütung erhält.[140] Solche Fälle entsprechen bei wirtschaftlicher Betrachtung einem Lizenzverhältnis.[141] Vom Begriff der Technologietransfer-Vereinbarung ist dann sowohl der schuldrechtliche als auch der dingliche Teil der vertraglichen Abreden erfasst.

---

[130] Sie können jedoch als Nebenbestimmungen von der TT-GVO erfasst werden (Leitlinien, Rn. 47).
[131] Vgl. Hanseatisches OLG, 12.12.2013, 3 U 38/11 – FC St. Pauli II, Rn. 365 (zur VO 772/2004).
[132] Leitlinien, Rn. 62.
[133] Leitlinien, Rn. 48.
[134] Leitlinien, Rn. 49.
[135] Leitlinien, Rn. 50.
[136] Siehe dazu Leitlinien, Rn. 52.
[137] Leitlinien, Rn. 51.
[138] Siehe dazu Leitlinien, Rn. 53.
[139] Bei der Übertragung von Technologierechten mit Risikoübergang ist zu beachten, dass sie der Fusionskontrolle unterliegen können.
[140] Vgl. Leitlinien, Rn. 52.
[141] *Bechtold/Bosch/Brinker,* EU-Kartellrecht, 3. Auflage, 2014, Art. 1 VO 316/2014, Rn. 13.

63 Weitere Voraussetzung für eine Technologietransfer-Vereinbarung ist, dass die Vereinbarung zwischen nicht mehr als **zwei Unternehmen** geschlossen sein darf. Auf Vereinbarungen mit mehr als zwei Parteien findet die TT-GVO keine Anwendung. Die Kommission will aber auf solche Vereinbarungen mit Ausnahme von Technologiepools die Grundsätze der TT-GVO analog anwenden.[142] Der Begriff des Unternehmens entspricht gemäß Abs. 2 der wirtschaftlichen Einheit. Mehrparteien-Vereinbarungen sind also dann von der TT-GVO erfasst, wenn sämtliche Parteien insgesamt zu zwei wirtschaftlichen Einheiten gehören.

64 Schließlich liegt eine Technologietransfer-Vereinbarung nur vor, wenn die fragliche Vereinbarung auch das **Ziel der Produktion** von Vertragsprodukten hat. Die Lizenz muss demnach dem Lizenznehmer und/oder seinen Zulieferern erlauben, die lizenzierte Technologie zur Produktion von Waren oder Dienstleistungen zu nutzen.[143] Ausreichend ist insoweit, dass die Lizenz dem Lizenznehmer die Produktion zumindest erleichtert. Es kommt also nicht darauf an, ob der Lizenznehmer auch ohne die Lizenz produzieren könnte, solange die Lizenz ihm nur gestattet, effizienter zu produzieren. Das Ziel der Produktion von Vertragsprodukten tritt in der TT-GVO an die Stelle der Ermöglichung der Produktion von Vertragsprodukten aus Art. 1 Abs. 1 lit. b) VO 772/2004. Die TT-GVO stellt also nicht mehr auf die objektive Ermöglichung, sondern auf das subjektive Ziel ab. Sie nimmt den Parteien so das Risiko, dass sich die Herstellung der Produkte mit der Technologie später als tatsächlich nicht möglich erweist.[144] Ist die Lizenzierung nicht auf die Produktion, sondern auf den Vertrieb gerichtet, ist die Vertikal-GVO anwendbar.[145]

65 Abs. 1 lit. c) erfasst beim Ziel der Produktion nicht nur die Produktion durch den Lizenznehmer, sondern auch die Produktion durch seine **Zulieferer.** Das entspricht der wirtschaftlichen Realität; beinahe jeder Hersteller arbeitet mit Zulieferern. Beschränkungen des Lizenznehmers im Verhältnis zu seinen Zulieferern können über Art. 2 Abs. 3 als Nebenbestimmungen freigestellt sein.[146]

4. Wechselseitige/nicht wechselseitige Vereinbarungen (Abs. 1 lit. d) und e))

66 Die Frage der Wechselseitigkeit der Vereinbarung spielt vor allem bei den Kernbeschränkungen in Art. 4 eine Rolle. Bei einer Reihe von Kernbeschränkungen unterscheidet die TT-GVO zwischen **wechselseitigen** und **nicht wechselseitigen Vereinbarungen.** An wechselseitige Vereinbarungen zwischen Wettbewerbern werden strengere Anforderungen gestellt als an nicht wechselseitige Vereinbarungen zwischen Wettbewerbern.

67 **Wechselseitige Vereinbarungen** sind Technologietransfer-Vereinbarungen, in denen zwei Unternehmen einander Technologierechtslizenzen erteilen, die konkurrierende Technologien zum Gegenstand haben oder für die Produktion konkurrierender Produkte genutzt werden können. Dies kann in ein und demselben Vertrag oder in mehreren, getrennten Verträgen geschehen. Maßgeblich ist also immer eine Gesamtbetrachtung sämtlicher Verträge

---

[142] Leitlinien, Rn. 57. Der Grund für die Beschränkung auf Zwei-Parteien-Vereinbarungen liegt in der entsprechend begrenzten Verordnungsermächtigung der Kommission aus Art. 1 Abs. 1 VO (EWG) 19/65 und nicht in einer abweichenden Wertung der Kommission für Mehrparteien-Vereinbarungen.

[143] Leitlinien, Rn. 58; vgl. auch Erwägungsgrund 7 TT-GVO.

[144] A. A. *Röhling/Nagel,* in: Münchener Kommentar Europäisches und Deutsches Wettbewerbsrecht, Band 1, 2. Auflage, 2015, Art. 1 GVO Nr. 316/2014, Rn. 69, wonach die Vereinbarung ihrem objektiven Zweck nach in eine Produktion münden muss und die rein subjektives Nutzungsabsicht nicht genügen soll.

[145] Artikel 2 Abs. 3 Verordnung (EU) Nr. 330/2010 der Kommission vom 20. April 2010 über die Anwendung von Artikel 101 Absatz 3 des Vertrags über die Arbeitsweise der Europäischen Union auf Gruppen von vertikalen Vereinbarungen und abgestimmten Verhaltensweisen, ABl. 2010 L 102/1 (Vertikal-GVO).

[146] Für die VO 773/2004 bejahten das *Schultze/Pautke/Wagener,* TT-GVO, 2005, Rn. 99.

zwischen den Parteien. Dabei sind auch solche Verträge mit einzubeziehen, die von mit den direkten Vertragsparteien verbundenen Unternehmen abgeschlossen wurden.[147]

Bei wechselseitigen Vereinbarungen über Technologielizenzen, die konkurrierende Technologien zum Gegenstand haben oder mit denen konkurrierende Produkte hergestellt werden können, findet ein Lizenzaustausch ***(cross licensing)*** statt.[148] Bei einer nicht wechselseitigen Vereinbarung erteilt dagegen grundsätzlich nur eine Partei der anderen eine Lizenz für ihre Technologierechte. Eine nicht wechselseitige Vereinbarung liegt allerdings auch bei einem Lizenzaustausch vor, wenn die lizenzierten Technologierechte nicht miteinander konkurrieren und sie nicht zur Herstellung von konkurrierenden Produkten genutzt werden können. Nicht der Lizenztausch als solches macht also eine Vereinbarung zu einer wechselseitigen Vereinbarung, sondern nur der Lizenztausch, der auch konkurrierende Technologien zum Gegenstand hat oder Technologien, die für die Herstellung konkurrierender Produkte genutzt werden können. Eine Vereinbarung gilt im Übrigen für die Zwecke der TT-GVO nicht allein deshalb als wechselseitig, weil sie eine Rücklizenzverpflichtung enthält oder weil der Lizenznehmer dem Lizenzgeber eine Lizenz für seine eigenen Verbesserungen an der lizenzierten Technologie erteilt.[149] 68

Fraglich ist, ob auch dann eine wechselseitige Vereinbarung vorliegt, wenn die ausgetauschten Technologien auf dem Technologiemarkt nur **potenziell miteinander konkurrieren.** Dagegen spricht die Formulierung in Rn. 36 der Leitlinien. Danach „wird potenzieller Wettbewerb auf dem Technologiemarkt bei der Anwendung der TT-GVO nicht berücksichtigt und die Parteien werden als Nicht-Wettbewerber angesehen“. Dieser Satz verweist auf Rn. 83 der Leitlinien; dort bleibt unklar, ob der potenzielle Wettbewerb nur bei den Marktanteilsschwellen und den Kernbeschränkungen ignoriert wird. Allerdings unterscheidet die TT-GVO zwischen wechselseitigen und nicht-wechselseitigen Vereinbarungen auch nur in den Kernbeschränkungen. Für die Berücksichtigung des potenziellen Wettbewerbs könnte die Definition von konkurrierenden Unternehmen sprechen. Dort berücksichtigt die TT-GVO auf der Ebene des Technologiemarktes nur den tatsächlichen Wettbewerb.[150] Konkurrierende Unternehmen sind nach der Definition nur Unternehmen, die Lizenzen für konkurrierende Technologierechte tatsächlich vergeben. Im Umkehrschluss könnte sich daraus ergeben, dass Technologierechte auch konkurrieren können, wenn die Unternehmen keine Lizenzen an ihnen vergeben.[151] Im Ergebnis dürfte es aber überzeugender sein, eine wechselseitige Vereinbarung abzulehnen, wenn die ausgetauschten Technologien bislang nur potenziell miteinander im Wettbewerb standen. In der Praxis sollten Unternehmen mit dem potenziellen Wettbewerb vorsichtig umgehen. Die Kommission ist an ihre Leitlinien gebunden und kann den potenziellen Wettbewerb wohl nicht bei wechselseitigen Vereinbarungen berücksichtigen. Gerichte und nationale Wettbewerbsbehörden sind hingegen nicht an die Leitlinien gebunden.[152] 69

Die Kommission sieht das Gefährdungspotential wechselseitiger Lizenzen vor allem in einer möglichen Beschränkung des **Innovationswettbewerbs.** Wechselseitige Lizenzen, die beiden Parteien die gleiche technische Basis vermitteln, können die Möglichkeit, dass eine Partei einen Wettbewerbsvorsprung durch Innovation erlangt, ausschalten oder erheblich reduzieren.[153] Ein solches „technologisches Patt“ kann den Innovationswettbewerb erheblich dämpfen.[154] 70

[147] Vgl. Art. 1 Abs. 2 TT-GVO.
[148] Leitlinien, Rn. 98.
[149] Leitlinien, Rn. 98.
[150] Art. 1 Abs. 1 lit. n) i) TT-GVO.
[151] Diesen Schluss stützen auch die Leitlinien, Rn. 182.
[152] Vgl. oben Rn. 9.
[153] Vgl. Leitlinien, Rn. 241.
[154] Vgl. die Definitionen für „wechselseitige Vereinbarung“ in Art. 1 Abs. 1 lit d) TT-GVO und für „nicht wechselseitige Vereinbarung“ in Art. 1 Abs. 1 lit e) TT-GVO. Vgl. auch Leitlinien, Rn. 98.

71 Die Qualifizierung einer Vereinbarung als wechselseitig oder nicht kann sich **während der Vertragslaufzeit** verändern. Wird eine nicht wechselseitige Vereinbarung später durch die Erteilung einer zweiten Lizenz zu einer wechselseitigen Vereinbarung, so müssen die Parteien dies berücksichtigen und gegebenenfalls die Konditionen der ersten Lizenzvergabe abändern, um sicherzustellen, dass die Vereinbarung keine Kernbeschränkung enthält. Bei ihrer wettbewerbsrechtlichen Prüfung berücksichtigt die Kommission, wie viel Zeit zwischen der ersten und der zweiten Lizenzvergabe verstrichen ist.[155]

5. Produkt/Vertragsprodukt (Abs. 1 lit. f) und g))

72 Eine Technologietransfer-Vereinbarung fällt nur unter die TT-GVO, wenn sie vorsieht, dass der Lizenznehmer oder seine Zulieferer mit der lizenzierten Technologie Produkte (Vertragsprodukte) herstellen.

73 Produkte in diesem Sinne können Waren oder Dienstleistungen sein (Abs. 1 lit. f)). Der Begriff des Produktes ist folglich weit gefasst, im Sinne **aller wirtschaftlichen Güter.** Produkte können sowohl Zwischenprodukte als auch Endprodukte sein. Zwischenprodukte sind solche, die noch eine weitere Verarbeitung benötigen. Endprodukte sind fertige Produkte, die an Endverbraucher geliefert werden.

74 Vertragsprodukte sind Produkte, die unmittelbar oder mittelbar auf Grundlage der lizenzierten Technologierechte hergestellt werden (Abs. 1 lit g)). Die lizenzierte Technologie kann in das Produkt selbst inkorporiert werden oder im Herstellungsprozess zum Tragen kommen, z. B. in Form eines Verfahrenspatents.[156]

75 Im Vergleich zur VO 772/2004 lockert Abs. 1 lit. g) sprachlich die Anknüpfung an die lizenzierte Technologie, indem nunmehr ausdrücklich die **unmittelbare und mittelbare Herstellung auf Grundlage der lizenzierten Technologierechte** mit erfasst wird. Die VO 772/2004 erfasste nur Fälle, bei denen zwischen der lizenzierten Technologie und dem Vertragsprodukt eine direkte Verbindung besteht.[157] Ein sachlicher Unterschied scheint damit aber nicht verbunden zu sein. Unter der VO 772/2004 diente das Erfordernis der direkten Verbindung zwischen der lizenzierten Technologie und dem Vertragsprodukt der Abgrenzung zu Fällen, in denen eine solche Verbindung nicht besteht, weil die Lizenz dem Lizenznehmer die Durchführung weiterer Forschungs- und Entwicklungsarbeiten ermöglichen soll, so dass Forschung und Entwicklung der Hauptgegenstand der Vereinbarung ist. In solchen Fällen findet aber auch nach den neuen Regeln die TT-GVO keine Anwendung.[158]

6. Rechte des geistigen Eigentums (Abs. 1 lit. h))

76 Abs. 1 lit. h) definiert Rechte des geistigen Eigentums als **gewerbliche Schutzrechte,** vor allem Patente und Markenzeichen, sowie Urheberrechte und verwandte Schutzrechte. Der Begriff der gewerblichen Schutzrechte ist für die TT-GVO nicht näher definiert, weder in den Leitlinien noch in der Praxis der Kommission oder der Gerichte. Er dürfte Rechte zum Schutz von Immaterialgütern meinen, und zwar Ausschließungsrechte bzw. Rechte, die an Ausschließungsrechte anknüpfen.[159]

77 Die Rechte des geistigen Eigentums überschneiden sich in großen Teilen mit den Technologierechten. **Sämtliche Technologierechte** mit Ausnahme des Know-how sind **geistige Eigentumsrechte.**[160] Know-how unterliegt keinem Ausschließungsrecht und ist da-

---

[155] Leitlinien, Rn. 98.
[156] Leitlinien, Rn. 61.
[157] Vgl. Leitlinien zur Anwendung von Artikel 81 EG-Vertrag auf Technologietransfer-Vereinbarungen, ABl. 2004 C 101/2, Rn. 45.
[158] Leitlinien, Rn. 66.
[159] Vgl. Leitlinien, Rn. 6.
[160] Art. 1 Abs. 1 lit. g) VO 772/2004 schloss noch Know-how in die Rechte des geistigen Eigentums ein.

her kein Recht des geistigen Eigentums. Es gibt auch Rechte des geistigen Eigentums, die keine Technologierechte sind. Das sind insbesondere Markenzeichen und Urheberrechte; Software-Urheberrechte sind jedoch Technologierechte.

Rechte des geistigen Eigentums finden zum einen in Art. 2 Abs. 3 Erwähnung. Vertragliche Beschränkungen betreffend Rechte des geistigen Eigentums, die keine Technologierechte sind, können über Art. 2 Abs. 3 als Nebenbestimmungen mit gruppenfreigestellt sein. Auf die Lizenzierung von Urheberrechten will die Kommission zudem die Grundsätze der TT-GVO und der Leitlinien entsprechend anwenden, nicht jedoch auf Markenzeichen.[161] **78**

Rechte des geistigen Eigentums finden außerdem in Art. 5 Abs. 1 lit. b) Erwähnung. Danach ist eine Verpflichtung, die Gültigkeit der Rechte des geistigen Eigentums der anderen Partei nicht anzufechten (Nichtangriffsabrede), nicht gruppenfreigestellt. Gleiches gilt für entsprechende Kündigungsrechte, soweit sie nicht im Rahmen einer Exklusivlizenz eingeräumt werden. **79**

7. Know-how (Abs. 1 lit. i))

Know-how ist eine Gesamtheit praktischer Erkenntnisse, die durch Erfahrungen und Versuche gewonnen werden und die geheim, wesentlich und identifiziert sind.[162] Diese Definition ist erforderlich, weil es **keine allgemeine Definition von Know-how** gibt, auf die die TT-GVO zurückgreifen könnte.[163] Durch vorgebliches Know-how könnten Vertragsparteien zudem versuchen, ohne sachliche Rechtfertigung in den Genuss der Gruppenfreistellung zu kommen. **80**

Der **Erkenntnisgewinn** durch Erfahrungen und Versuche dürfte wohl nicht als Beschränkung auf empirische Erkenntnisverfahren gemeint sein. Know-how kann auch durch analytische Erkenntnisverfahren gewonnen werden. Know-how umfasst nicht nur technische, sondern auch betriebswirtschaftliche Kenntnisse.[164] Aus Abs. 1 lit. i) Ziffer ii) TT-GVO ergibt sich allerdings die Einschränkung, dass diese Kenntnisse wesentlich, also für die Produktion der Vertragsprodukte von Bedeutung und nützlich sein müssen.[165] **81**

Das geheime Know-how unterliegt keinen den anderen Technologierechten vergleichbaren gesetzlichen Ausschließungsrechten, sondern wird über seine **Geheimhaltung** geschützt. Deswegen ist sein Inhaber beim Transfer auf **vertragliche Ausschließungsrechte** angewiesen, um die Nutzung und Weitergabe durch den Vertragspartner zu kontrollieren. Das ist bei der kartellrechtlichen Bewertung der das Know-how erfassenden Technologietransfer-Vereinbarung zu berücksichtigen. **82**

Know-how ist geheim, wenn es **nicht allgemein bekannt und nicht leicht zugänglich** ist.[166] Entsprechend Art. 39 Abs. 2 lit. a) TRIPS dürfte Know-how geheim sein, wenn es entweder in seiner Gesamtheit oder in der genauen Anordnung und Zusammenstellung seiner Bestandteile Personen in den Kreisen, die üblicherweise mit den fraglichen Informationen zu tun haben, nicht allgemein bekannt oder leicht zugänglich ist.[167] Folglich ist **83**

---

[161] Leitlinien, Rn. 48 ff.

[162] Zum Schutz von Know-how allgemein sehr instruktiv *McGuire,* GRUR 2015, 424 ff.

[163] Siehe *Ohly* in: Ohly/Sosnitza, UWG, 6. Auflage 2014, Vor §§ 17–19 Rn. 1; sowie *Eibhlin Wessendorf,* GRUR Int. 2013, 876 für die USA. Gegenwärtig gibt es eine Initiative für eine Richtlinie über den Schutz vertraulichen Know-hows und vertraulicher Geschäftsinformationen (Geschäftsgeheimnisse) vor rechtswidrigem Erwerb sowie rechtswidriger Nutzung und Offenlegung, die allerdings im aktuellen Entwurfsstand auch keine Definition enthält. Siehe zum Verfahrensstand eur-lex.europa.eu/procedure/DE/1041456.

[164] *Enders,* GRUR 2012, 12, 26.

[165] Siehe *Fuchs,* in: Immenga/Mestmäcker, EU-Wettbewerbsrecht, 5. Auflage, 2012, Kapitel F (Technologie-Transfer), Art. 1 TT-GVO, Rn. 51.

[166] Art. 1 Abs. 1 lit. i) Ziffer i) TT-GVO.

[167] Siehe dazu auch *Enders,* GRUR 2012, 12, 27.

Know-how allgemein bekannt, wenn alle oder fast alle Marktteilnehmer diese Kenntnisse haben oder sich leicht verschaffen können. Dagegen dürfte es nicht dem Geheimnis schaden, wenn das Know-how nur einem eng begrenzten Kreis anderer Marktteilnehmer bekannt ist.[168]

84 **Wesentlich** bedeutet, dass das Know-how für die Produktion der Vertragsprodukte von Bedeutung und nützlich ist.[169] Das ist weniger als Erforderlichkeit.[170] Das Produkt bzw. der Produktionsprozess müssen jedoch erheblich verbessert werden gegenüber dem Einsatz frei zugänglicher Technologie.[171] Verbesserung heißt, dass das Know-how geeignet ist, die Wettbewerbsposition des Lizenznehmers zu verbessern.[172] Es genügen insofern unternehmerisch nachvollziehbare Gründe des Lizenznehmers.[173]

85 **Identifiziert** ist das Know-how, wenn überprüft werden kann, ob das lizenzierte Know-how die Merkmale geheim und wesentlich erfüllt. Hier steht also nicht im Vordergrund, ob das Know-how so konkret ist, dass es reproduzierbare Ergebnisse ermöglicht (das dürfte unter das Merkmal wesentlich fallen). Im Vordergrund steht die Überprüfbarkeit der Merkmale wesentlich und geheim. Entsprechend sollten die Parteien bei der Vertragsgestaltung vorgehen. Sie sollten die Wesentlichkeit im Vertrag klar dokumentieren.[174] Außerdem soll das Merkmal geheim sicherstellen, dass Beschränkungen aus dem Know-how nicht zu weit gefasst werden. Das soll den Lizenznehmer bei der Nutzung seiner eigenen Technologien schützen.[175]

8. Produktmarkt und Technologiemarkt (Abs. 1 lit. j) bis lit. m))

86 Die TT-GVO berücksichtigt den Produktmarkt und den Technologiemarkt. Dem Technologiemarkt vorgelagert ist der Innovationsmarkt.[176] Er fällt nicht unter die TT-GVO sondern unter die F&E-GVO.

87 Bei der Abgrenzung des **Produktmarkts** ergeben sich keine Besonderheiten. Er umfasst alle Produkte, die aus Abnehmersicht aufgrund ihrer Eigenschaften, ihrer Preise und ihres Verwendungszwecks als mit den Vertragsprodukten austauschbar oder substituierbar angesehen werden.[177] Substituierbare Produkte beschränken sich nicht auf Produkte, die die lizenzierte Technologie enthalten. Dabei dürften aus praktischen Erwägungen auch Produkte einzubeziehen sein, die ohne entsprechende Berechtigung die lizenzierte Technologie enthalten, also das fragliche Technologierecht verletzen.[178] Produkte können Waren oder Dienstleistungen, Zwischen- oder Endprodukte sein (Abs. 1 lit. f)).

88 Auch der **Technologiemarkt** wird nach dem Nachfragekonzept bestimmt.[179] Der relevante Technologiemarkt umfasst demnach die lizenzierten Technologierechte und ihre

---

[168] Vgl. *Ohly* in: Ohly/Sosnitza, UWG, 6. Auflage 2014, Vor §§ 17–19. Rn. 1; a. A. *Bechtold/Bosch/Brinker,* EU-Kartellrecht, 3. Auflage, 2014, Art. 1 VO 316/2014, Rn. 22. Wird Know-how an einen Marktteilnehmer mit solcher Kenntnis übertragen, ist es jedoch nicht wesentlich, da er diese Erkenntnisse selbst hat und folglich die Übertragung für ihn nicht nützlich ist.

[169] Art. 1 Abs. 1 lit. i) Ziffer ii) TT-GVO.

[170] *Schultze/Pautke/Wagener,* TT-GVO, 2005, Rn. 162. In diese Richtung geht allerdings das Kausalitätserfordernis bei *Bechtold/Bosch/Brinker,* EU-Kartellrecht, 3. Auflage, 2014, Art. 1 VO 316/2014, Rn. 23.

[171] Vgl. Leitlinien, Rn. 45. Es muss jedoch keine Verbesserung gegenüber dem Einsatz anderen geheimen Know-hows oder geistiger Eigentumsrechte eintreten, außer Know-how bzw. geistigen Eigentumsrechten, die der Lizenznehmer bereits selbst hat.

[172] Vgl. Leitlinien Rn. 45 lit. b) a. E.

[173] *Bechtold/Bosch/Brinker,* EU-Kartellrecht, 3. Auflage, 2014, Art. 1 VO 316/2014, Rn. 23.

[174] Siehe *Schultze/Pautke/Wagener,* TT-GVO, 2005, Rn. 165.

[175] *Bechtold/Bosch/Brinker,* EU-Kartellrecht, 3. Auflage, 2014, Art. 1 VO 316/2014, Rn. 24.

[176] Vgl. Art. 1 Abs. 1 lit. m) i. V. m. Art. 3 TT-GVO.

[177] Leitlinien, Rn. 21.

[178] Vgl. *Bechtold/Bosch/Brinker,* EU-Kartellrecht, 3. Auflage, 2014, Art. 1 VO 316/2014, Rn. 34.

[179] Leitlinien, Rn. 22; Kommission, Entsch. v. 29.4.2014, AT.39985, Rn. 190 ff., Motorola.

Substitute, das heißt anderen Technologien, die von Lizenznehmern aufgrund ihrer Eigenschaften, der für sie geforderten Lizenzgebühren und ihres Verwendungszwecks als mit den lizenzierten Technologierechten austauschbar oder substituierbar angesehen werden.[180]

Zur VO 772/2004 wurde unter Verweis auf den Wortlaut ganz überwiegend vertreten, der Technologiemarkt werde rein sachlich abgegrenzt; die räumliche Dimension werde nicht berücksichtigt.[181] Diese Auffassung ist zur TT-GVO nicht mehr vertretbar. Abs. 1 lit. m) stellt die **Einbeziehung der räumlichen Dimension** klar. Auch die Abgrenzung der räumlichen Dimension folgt gemäß Art. 1 Abs. 1 lit. l) der üblichen Abgrenzung der Marktbedingungen, die im Marktgebiet hinreichend homogen sein müssen und spürbar unterschiedlich zu anderen Marktgebieten.[182] 89

Substituierbar sind nur solche Technologien, für die tatsächlich Lizenzen vergeben werden. In der Praxis bestehen oft Schwierigkeiten, die substituierbaren Technologien zu ermitteln. Das hat zur Folge, dass der Kreis der Wettbewerbstechnologien zu klein und die Marktanteile zu groß ausfallen. 90

Ein weiteres Problem besteht bei neu entwickelten Technologien. Hier ist vielfach unklar, ob der Markt in Anbetracht der Innovation bestehende Technologien noch als **austauschbar** ansieht.[183] Das hat zwei Probleme zur Folge: Einerseits ist unklar, wie hoch der Marktanteil des Technologierechts ist. Andererseits kann unklar sein, ob die Vertragsparteien Wettbewerber sind. Deswegen dürfte angebracht sein, die Technologien so lange als substituierbar anzusehen, bis das Verhalten der Marktteilnehmer das Gegenteil zeigt.[184] 91

Manche Technologierechte bilden einen eigenständigen Technologiemarkt. Das trifft häufig auf standard-essenzielle Patente zu.[185] 92

9. Konkurrierende Unternehmen (Abs. 1 lit. n))

Die TT-GVO ist bei konkurrierenden Unternehmen strenger als bei nicht-konkurrierenden Unternehmen. Insbesondere sieht Art. 4 **weitergehende Kernbeschränkungen für konkurrierende Unternehmen** vor. Zudem sind nach Art. 3 die Marktanteilsschwellen niedriger. 93

Die Vertragsparteien gelten als konkurrierende Unternehmen, wenn sie auf dem Technologiemarkt und/oder auf dem Produktmarkt konkurrieren.[186] Auf dem Technologiemarkt gelten für die Zwecke der TT-GVO nur **tatsächliche Wettbewerber** als konkurrierende Unternehmen, auf dem Produktmarkt auch **potenzielle Wettbewerber.**[187] Für den tatsächlichen Wettbewerb ist nicht erforderlich, dass die Vertragsparteien bereits Lizenzen auf dem Technologiemarkt vergeben haben. Es genügt, wenn sie bereits Lizenzen angeboten haben.[188] Außerhalb der TT-GVO will die Kommission den potenziellen Wettbewerb auf dem Technologiemarkt berücksichtigen, außer bei den Kernbeschränkungen.[189] 94

---

[180] Leitlinien, Rn. 22.

[181] *Schultze/Pautke/Wagener,* TT-GVO, 2005, Rn. 179. *Fuchs,* in: Immenga/Mestmäcker, EU-Wettbewerbsrecht, 5. Auflage, 2012, Kapitel F (Technologie-Transfer), Art. 1 TT-GVO, Rn. 59.

[182] Kommission, Entsch. v. 29.4.2014, AT.39985, Motorola, Rn. 214; siehe auch Kommission, Bekanntmachung über die Definition des relevanten Marktes, ABl. 1997 C 372/5, Rn. 8.

[183] Vgl. *Schultze/Pautke/Wagener,* TT-GVO, 2005, Rn. 176 f.; *Fuchs,* in: Immenga/Mestmäcker, EU-Wettbewerbsrecht, 5. Auflage, 2012, Kapitel F (Technologie-Transfer), Art. 3 TT-GVO, Rn. 4.

[184] Vgl. Leitlinien, Rn. 33.

[185] Vgl. Einf. TT-GVO, Rn. 22.

[186] So auch *Bechtold/Bosch/Brinker,* EU-Kartellrecht, 3. Auflage, 2014, Art. 1 VO 316/2014, Rn. 31.

[187] Zum potenziellen Wettbewerb siehe Rn. 36 der Leitlinien. Potenziellen Wettbewerb auf dem Technologiemarkt berücksichtigt die TT-GVO grundsätzlich nicht, weil er in der Regel schwieriger zu beurteilen ist (ebd.).

[188] *Bechtold/Bosch/Brinker,* EU-Kartellrecht, 3. Auflage, 2014, Art. 1 VO 316/2014, Rn. 32.

[189] Leitlinien, Rn. 83.

95 Bei der TT-GVO ergibt sich eine Änderung gegenüber der VO 772/2004 bei Wettbewerbern auf dem Technologiemarkt. Nach Art. 1 Abs. 1 lit. j) Ziffer i) VO 772/2004 standen zwei Unternehmen nur dann im Wettbewerb auf dem Technologiemarkt, wenn sie „Lizenzen für konkurrierende Technologien vergeben, ohne die Rechte des anderen Unternehmens an geistigem Eigentum zu verletzen". Die TT-GVO enthält diese Einschränkung nicht mehr. Die Leitlinien sehen nun eine flexiblere Handhabung vor: „Grundsätzlich gelten die Parteien einer Vereinbarung nicht als Wettbewerber, wenn sie sich in einer einseitigen oder zweiseitigen **Sperrposition** befinden. [...] In der Praxis wird es jedoch Fälle geben, in denen nicht klar ist, ob ein bestimmtes Technologierecht gültig ist und verletzt wird."[190] Die Kommission möchte offenbar stärker einbeziehen, ob die Sperrposition aus dem Technologierecht überhaupt rechtmäßig besteht.[191] Außerdem betont sie nun stärker die tatsächlichen Schwierigkeiten bei der Bestimmung von Gültigkeit und Verletzung eines Technologierechts. Streit der Vertragsparteien über Gültigkeit oder Verletzung des Technologierechts führt jedenfalls nicht per se zum Ausschluss der Wettbewerberstellung.[192]

96 Es kann sich ergeben, dass die Vertragsparteien bei Vertragsschluss keine Wettbewerber sind, aber **während der Vertragslaufzeit zu Wettbewerbern werden.** Dann gewährt Art. 4 Abs. 3 Bestandsschutz im Bereich der Kernbeschränkungen (aber nicht darüber hinaus). Während der gesamten Dauer der Vereinbarung gelten die Kernbeschränkungen für nicht-konkurrierende Unternehmen, es sei denn, die Vereinbarung wird später wesentlich geändert. Als Beispiel für eine wesentliche Änderung nennt die TT-GVO den Abschluss einer neuen Technologietransfer-Vereinbarung zwischen den Parteien über Technologierechte, die mit den Vertragsprodukten im Wettbewerb stehen.[193] Auch Vertragsverlängerungen dürften regelmäßig eine wesentliche Änderung beinhalten. In Anlehnung an Art. 5 Abs. 1 dürften Vertikal-GVO stillschweigende Vertragsverlängerungen aber vom Bestandsschutz profitieren.

97 Hier wird natürlich nicht berücksichtigt, dass die Parteien infolge der Technologietransfer-Vereinbarung Wettbewerber werden.[194]

10. Selektive Vertriebssysteme (Abs. 1 lit. o))

98 Abs. 1 lit. o) definiert für die TT-GVO den Begriff der selektiven Vertriebssysteme. Die Definition entspricht der Definition in der Vertikal-GVO. Deswegen kann man sich an den entsprechenden Ausführungen in den Vertikalleitlinien orientieren.[195]

99 Die TT-GVO erwähnt selektive Vertriebssysteme in Art. 4 Abs. 2 lit. b) Ziffer v) und Art. 4 Abs. 2 lit. c). Art. 4 Abs. 2 lit. b) Ziffer v) ermöglicht dem Lizenzgeber, seine Lizenznehmer zu verpflichten, sich einem selektiven Vertriebssystem anzuschließen.[196] Art. 4 Abs. 2 lit. c) stellt sicher, dass auf der Einzelhandelsstufe tätige Mitglieder eines selektiven Vertriebssystems die Möglichkeit haben, die Vertragsprodukte an Endverbraucher – sowohl aktiv als auch passiv – zu verkaufen.

---

[190] Leitlinien, Rn. 29.

[191] Der EuGH hat in anderem Zusammenhang entschieden, dass für die Frage der Zuwiderhandlung gegen Art. 101 AEUV unerheblich ist, ob ein Unternehmen illegal auf dem relevanten Markt tätig ist (EuGH, Urt. v. 7.2.2013, Rs. C-68/12, Rn. 21, Slowakische Banken). Dieses Urteil dürfte nicht auf den vorliegenden Sachverhalt übertragbar sein. Denn die hier betroffenen geistigen Eigentumsrechte gewähren das Recht zur Ausschließung von Wettbewerbern. Im Fall slowakische Banken ging es hingegen um möglicherweise fehlende bankenrechtliche Genehmigungen (dort, Rn. 8).

[192] Vgl. *Bechtold/Bosch/Brinker,* EU-Kartellrecht, 3. Auflage, 2014, Art. 1 VO 316/2014, Rn. 33.

[193] Die Literatur begrüßt dieses neu eingefügte Beispiel, kritisiert aber, dass es nicht ausreicht (*Besen/Slobodenjuk,* GRUR 2014, 740, 742).

[194] Vgl. Leitlinien, Rn. 28.

[195] Vertikalleitlinien, Rn. 174 ff.

[196] Leitlinien, Rn. 125.

Rein qualitativ selektierende Vertriebssysteme fallen grundsätzlich nicht unter Art. 101 Abs. 1 AEUV und sind deswegen nicht freistellungsbedürftig.[197] Sie müssen drei Voraussetzungen erfüllen: (1) Das selektive Vertriebssystem muss tatsächlich zur Wahrung der Qualität und zur Gewährleistung des richtigen Gebrauchs des betreffenden Produkts erforderlich sein. (2) Die Lizenznehmer und Verkäufer müssen aufgrund objektiver Kriterien qualitativer Art ausgewählt werden, die einheitlich festzulegen, allen potenziellen Lizenznehmern zur Verfügung zu stellen und unterschiedslos anzuwenden sind. (3) Die aufgestellten Kriterien dürfen nicht über das hinausgehen, was erforderlich ist. Alle anderen selektiven Vertriebssysteme sind (gruppen-)freistellungsbedürftig. 100

Quantitativ selektierende Vertriebssysteme haben (zusätzlich) Kriterien, die die Anzahl der Lizenznehmer unmittelbar beschränken. Zum Beispiel begrenzen sie ausdrücklich die Zahl der Lizenznehmer oder schreiben Mindest- oder Höchstumsätze für zugelassene Lizenznehmer vor.[198] 101

Ein selektives Vertriebssystem fällt in die Definition der TT-GVO, wenn die Lizenznehmer anhand festgelegter Kriterien ausgewählt werden und sich verpflichten, die Vertragsprodukte nicht an Händler zu verkaufen, die im Vertriebsgebiet nicht zugelassen sind. Der Lizenzgeber kann auch im selektiven Vertriebssystem **qualitative und quantitative Kriterien kombinieren.**[199] Keine Voraussetzung eines selektiven Vertriebssystems sind die Veröffentlichung der Auswahlkriterien, ihre objektive Rechtfertigung oder ihre einheitliche und unterschiedslose Anwendung.[200] 102

11. Exklusivlizenz (Abs. 1 lit. p))

Eine Exklusivlizenz liegt vor, wenn es dem Lizenzgeber nach der Lizenzvereinbarung (kumulativ) sowohl im Allgemeinen, als auch für eine bestimmte Nutzung oder ein bestimmtes Gebiet[201] sowohl verboten ist, selbst auf der Grundlage der lizenzierten Technologierechte zu produzieren als auch Dritten für die lizenzierten Technologierechte Lizenzen zu erteilen. Exklusivlizenzen können räumlich die ganze Welt oder einen beliebigen Teil davon umfassen.[202] Im Rahmen einer Exklusivlizenz ist der **Lizenznehmer der Einzige,** der auf der Grundlage der lizenzierten Technologierechte produzieren darf.[203] Eine Exklusivlizenz verschafft demnach dem Lizenznehmer im Geltungsbereich der Lizenz ein Monopol auf die lizenzierten Technologierechte. Sie hat annähernd die gleiche Wirkung auf den Wettbewerb wie eine Übertragung des Technologierechts. 103

Exklusivlizenzen werden nur in Art. 5 ausdrücklich erwähnt. **Exklusive Rücklizenzierungsverpflichtungen** zu Lasten des Lizenznehmers für eigene Verbesserungen an der lizenzierten Technologie oder eigene neue Anwendungen dieser Technologie sind nicht gruppenfreigestellt (Art. 5 Abs. 1 lit. a)). Kündigungsrechte, die dem Lizenzgeber im Falle der Anfechtung seiner Schutzrechte durch den Lizenznehmer das Recht einräumen, den Lizenzvertrag zu kündigen *(terminate-on-challenge clauses),* sind dagegen nur im Rahmen von Exklusivlizenzen gruppenfreigestellt (Art. 5 Abs. 1 lit. b)). Exklusivlizenzen werden außerdem in einem der beiden Regelbeispiele für den Entzug der Gruppenfreistellung in Art. 6 Abs. 1 lit. b) erwähnt. Die Leitlinien behandeln Exklusivlizenzen in einem eigenen Kapitel.[204] 104

---

[197] Vgl. Vertikalleitlinien, Rn. 175.
[198] Vgl. Vertikalleitlinien, Rn. 175.
[199] Vgl. Vertikalleitlinien, Rn. 175: „Beim quantitativen Selektivvertrieb kommen noch Kriterien hinzu […].".
[200] Dies hat der EuGH für die insofern vergleichbare Kfz-GVO 2002 entschieden (EuGH, Urt. v. 14.6.2012, Rs. C-158/11, Auto 24, Rn. 31, 32). Die Ausführungen des EuGH dürften sich auf selektive Vertriebssysteme im Anwendungsbereich der Vertikal-GVO und der TT-GVO übertragen lassen.
[201] Siehe Leitlinien, Rn. 190.
[202] Leitlinien, Rn. 191.
[203] Leitlinien, Rn. 190.
[204] Leitlinien, Rn. 190–196.

105 Art. 4 Abs. 1 lit. c) Ziffer i) und Art. 4 Abs. 2 lit. b) Ziffer i) enthalten Regelungen zu **Lizenzen, die Exklusivlizenzen ähneln,** jedoch dahinter zurückbleiben.[205] Sie regeln Lizenzen mit Vertriebs- und Produktionsbeschränkungen in Form von Exklusivgebieten oder Exklusivkundengruppen.

106 Verpflichtet sich der Lizenzgeber nur, Dritten in einem bestimmten Gebiet keine Produktionslizenzen zu erteilen, handelt es sich nicht um eine Exklusivlizenz sondern um eine **Alleinlizenz.**[206] Im Unterschied zur Exklusivlizenz darf der Lizenzgeber bei einer Alleinlizenz selbst produzieren.

12. Exklusivgebiet/Exklusivkundengruppe (Abs. 1 lit. q) und r))

107 Ein Exklusivgebiet ist ein bestimmtes räumliches Gebiet, in dem grundsätzlich nur ein Unternehmen die Vertragsprodukte produzieren darf (Abs. 1 lit. q)). Exklusivgebiete sind nicht gleichzusetzen mit Produktmärkten oder technischen Anwendungsbereichen *(fields of use)*. Ein Sonderfall besteht, wenn der Lizenzgeber einem anderen Lizenznehmer erlaubt, die Vertragsprodukte in einem Gebiet nur für einen bestimmten Kunden zu produzieren, wenn die zweite Lizenz erteilt worden ist, um diesem Kunden eine alternative Bezugsquelle zu verschaffen ***(second sourcing).*** Durch das *second sourcing* verliert ein Gebiet nicht seinen Status als Exklusivgebiet.[207]

108 Das Exklusivgebiet bezieht sich auf die **Produktion der Vertragsprodukte** und nicht auf ihren Verkauf. Trotzdem lässt die TT-GVO Exklusivgebiete für den Verkauf zu. Dazu muss eine Exklusivkundengruppe anhand des gemeinsamen Merkmals eines bestimmten räumlichen Gebiets abgegrenzt werden.[208]

109 Eine **Exklusivkundengruppe** ist eine Gruppe von Kunden, an die nur ein an der Technologietransfer-Vereinbarung beteiligtes Unternehmen die mit der lizenzierten Technologie produzierten Vertragsprodukte aktiv verkaufen darf (Abs. 1 lit. r)). Das Merkmal des aktiven Verkaufs entspricht der Definition in den Vertikalleitlinien.[209] Danach ist aktiver Verkauf die aktive Ansprache einzelner Kunden. Passiver Verkauf ist die Erledigung unaufgeforderter Bestellungen einzelner Kunden.

110 Eine Gruppe von Kunden liegt vor, wenn die ihr angehörenden Kunden durch ein **gemeinsames Merkmal** als der Gruppe zugehörig identifiziert werden können.[210] Eine Kundengruppe kann im Extremfall auch ein einzelner Kunde sein,[211] sofern nur er das Merkmal erfüllt.

111 Das gemeinsame Merkmal der Kundengruppe kann auch ein **bestimmtes räumliches Gebiet** sein.[212] Das macht das Exklusivgebiet zum Unterfall der Exklusivkundengruppe.[213] Die Definition des Exklusivgebiets enthält eine Durchbrechung für alternative Bezugsquellen *(second sourcing),* die die TT-GVO bei Exklusivkundengruppen nicht vorsieht. Das führt jedoch zu keinen Konflikten, weil sich das Exklusivgebiet auf die Produktion und die Exklusivkundengruppe auf den Verkauf der Vertragsprodukte bezieht.

---

[205] In den Leitlinien missverständlich als Exklusivlizenzen bezeichnet, vgl. Rn. 107.

[206] Leitlinien, Rn. 191.

[207] Solche Beschränkungen eines Lizenznehmers auf *second sourcing* sind zulässig weil gruppenfreigestellt, vgl. Art. 4 Abs. 1 lit. c) Ziffer iv) (für Verträge zwischen Wettbewerbern) und Art. 4 Abs. 2 lit. b) Ziffer iii) (für Verträge zwischen Nicht-Wettbewerbern).

[208] Siehe dazu unten in diesem Abschnitt.

[209] Leitlinien, Rn. 108. Siehe Vertikalleitlinien, Rn. 51.

[210] *Bechtold/Bosch/Brinker,* EU-Kartellrecht, 3. Auflage, 2014, Art. 1 VO 316/2014, Rn. 40.

[211] *Bechtold/Bosch/Brinker,* EU-Kartellrecht, 3. Auflage, 2014, Art. 1 VO 316/2014, Rn. 40.

[212] *Bechtold/Bosch/Brinker,* EU-Kartellrecht, 3. Auflage, 2014, Art. 1 VO 316/2014, Rn. 40; zur VO 773/2004: *Fuchs,* in: Immenga/Mestmäcker, EU-Wettbewerbsrecht, 5. Auflage, 2012, Kapitel F (Technologie-Transfer), Art. 1 TT-GVO, Fn. 77; *Schultze/Pautke/Wagener,* TT-GVO, 2005, Rn. 232.

[213] *Fuchs,* in: Immenga/Mestmäcker, EU-Wettbewerbsrecht, 5. Auflage, 2012, Kapitel F (Technologie-Transfer), Art. 1 TT-GVO, Fn. 441.

Verkaufsbeschränkungen in bestimmte Gebiete oder an bestimmte Kundengruppen zwischen Wettbewerbern (Art. 4 Abs. 1 lit. c)) sowie die Beschränkung passiver Verkäufe in bestimmte Gebiete oder an bestimmte Kundengruppen zwischen Nicht-Wettbewerbern (Art. 4 Abs. 2 lit. b)) sind nach der TT-GVO grundsätzlich unzulässige Kernbeschränkungen. Bestimmte Beschränkungen zu Exklusivgebieten und Exklusivkundengruppen sind allerdings in Art. 4 Abs. 1 lit. c) Ziffer i) und ii) sowie Art. 4 Abs. 2 lit. b) Ziffer i) von den Kernbeschränkungen ausgenommen. **112**

13. Verbundene Unternehmen (Abs. 2)

Gemäß Abs. 2 schließen die Begriffe „Unternehmen", „Lizenzgeber" und „Lizenznehmer" verbundene Unternehmen mit ein. Die Definition der verbundenen Unternehmen ist für die TT-GVO nicht nur bei der Berechnung der Marktanteile und der Bestimmung des Wettbewerbsverhältnisses wichtig. Sie ist auch wichtig, weil die TT-GVO nur **Vereinbarungen zwischen zwei Unternehmen** gruppenfreistellt. Aus Abs. 2 ergibt sich, dass auf beiden Seiten beliebig viele miteinander verbundene Unternehmen an der Vereinbarung beteiligt sein können. Die Definition der verbundenen Unternehmen entspricht der aus Art. 5 Abs. 4 FKVO.[214] Wie dort benutzt die TT-GVO eine formalisierte Variante der wirtschaftlichen Einheit. Auf die dortige Kommentierung kann also verwiesen werden. **113**

Artikel 2 Freistellung

(1) **Nach Artikel 101 Absatz 3 AEUV und nach Maßgabe dieser Verordnung gilt Artikel 101 Absatz 1 AEUV nicht für Technologietransfer-Vereinbarungen.**

(2) **Die Freistellung nach Absatz 1 gilt, soweit diese Technologietransfer-Vereinbarungen Wettbewerbsbeschränkungen enthalten, die unter Artikel 101 Absatz 1 AEUV fallen. Die Freistellung gilt, solange die lizenzierten Technologierechte nicht abgelaufen, erloschen oder für ungültig erklärt worden sind oder – im Falle von lizenziertem Know-how – solange das Know-how geheim bleibt. Wenn das Know-how jedoch infolge des Verhaltens des Lizenznehmers offenkundig wird, gilt die Freistellung für die Dauer der Vereinbarung.**

(3) **Die Freistellung nach Absatz 1 gilt auch für Bestimmungen in Technologietransfer-Vereinbarungen, die sich auf den Erwerb von Produkten durch den Lizenznehmer oder aber auf die Lizenzierung oder die Übertragung von Rechten des geistigen Eigentums oder von Know-how auf den Lizenznehmer beziehen, soweit diese Bestimmungen unmittelbar mit der Produktion oder dem Verkauf von Vertragsprodukten verbunden sind.**

1. Freistellung

Art. 2 Abs. 1 enthält die Gruppenfreistellung von Art. 101 Abs. 1 AEUV für Technologietransfer-Vereinbarungen in einer Art Generalklausel. Freigestellt sind danach alle gemäß Art. 101 Abs. 1 AEUV wettbewerbsbeschränkenden Klauseln in Technologietransfer-Vereinbarungen, die nicht ausdrücklich in der TT-GVO verboten sind, soweit die Marktanteilsschwellen (Art. 3) eingehalten werden. Es ist also alles erlaubt, was nicht ausdrücklich verboten ist (sog. **Schirmfreistellung**).[215] **114**

---

[214] Verordnung (EG) Nr. 139/2004 des Rates vom 20. Januar 2004 über die Kontrolle von Unternehmenszusammenschlüssen, ABl. 2004 L 24/1 (FKVO). Im Unterschied zur Vertikal-GVO und zur VO 461/2010 verwenden die TT-GVO und die FKVO den Begriff „Einflussmöglichkeiten" an Stelle von „Befugnisse".

[215] Vgl. nur *Gaster,* in: Schröter/Jakob/Klotz/Mederer, Europäisches Wettbewerbsrecht, 2. Auflage, 2014, Art. 101 AEUV, Rn. 1141; *Fuchs,* in: Immenga/Mestmäcker, GWB, 5. Auflage, 2014, § 2 GWB, Rn. 266.

115 Freigestellte Technologietransfer-Vereinbarungen sind **rechtswirksam und durchsetzbar.** Sie können lediglich für die Zukunft verboten werden und dies nur bei Entzug der Freistellung durch die Kommission oder die Wettbewerbsbehörden der Mitgliedstaaten (Art. 6).[216] Freigestellte Technologietransfer-Vereinbarungen können von nationalen Gerichten bei privatrechtlichen Streitigkeiten nicht auf der Grundlage des Art. 101 Abs. 1 verboten werden,[217] wohl aber auf Grundlage von Art. 102 AEUV oder nationalen Vorschriften zur Unterbindung oder Ahndung einseitiger Handlungen von Unternehmen (wie bspw. §§ 18–20 GWB), soweit diese einschlägig sind. Praktisch dürfte es in solchen Fällen aber regelmäßig an der Missbräuchlichkeit fehlen, da gruppenfreigestellte Technologietransfer-Vereinbarungen in aller Regel nicht von den Mitteln des normalen Leistungswettbewerbs abweichen werden.[218]

116 Die TT-GVO hat auch im System der Legalausnahme (Art. 101 Abs. 3 AEUV) nicht bloß deklaratorischen Charakter sondern **konstitutive Wirkung.**[219] Dies folgt bereits aus ihrem Rechtscharakter als Verordnung i. S. v. Art. 288 Abs. 2 AEUV. Die TT-GVO konkretisiert Art. 101 Abs. 3 AEUV für Technologietransfer-Vereinbarungen. Liegen die Voraussetzungen der TT-GVO vor, sind die Voraussetzungen von Art. 101 Abs. 3 AEUV daher nicht mehr zu prüfen (außer in den Fällen des Entzugs der Gruppenfreistellung, Art. 6).

2. Dauer der Freistellung

117 Die Freistellung gilt, solange die lizenzierten Technologierechte nicht abgelaufen, erloschen oder für ungültig erklärt worden sind (Abs. 2). Bei lizenziertem Know-how gilt sie, solange das Know-how geheim bleibt.

118 Wenn das Know-how infolge des Verhaltens des Lizenznehmers offenkundig wird, gilt die Freistellung für die Dauer der Vereinbarung. Damit soll verhindert werden, dass der Lizenznehmer durch **Vertragsbruch** die Gruppenfreistellung aufheben kann. Bei Know-how ist in der Praxis problematisch, dass die Gruppenfreistellung ohne Kenntnis der Parteien entfallen kann, z. B. wenn ein Dritter das Know-how entdeckt und veröffentlicht.

3. Räumlicher Umfang der Freistellung

119 Die Leitlinien stellen nunmehr klar, dass die Freistellung nur in Mitgliedsstaaten gilt, in denen der Lizenzgeber entsprechende Technologierechte innehat.[220] Wettbewerbsbeschränkende Regelungen in der Technologietransfer-Vereinbarung, die in ihrem räumlichen Geltungsbereich nicht entsprechend beschränkt sind, sind daher nicht vollumfänglich freigestellt. Dann besteht das **Risiko der (teilweisen) Nichtigkeit** des Vertrages.[221]

---

[216] Vgl. Leitlinien, Rn. 40.

[217] Vgl. Leitlinien, Rn. 40.

[218] Vgl. BGH, Urt. v. 4.11.2003, KZR 2/02 – Depotkosmetik im Internet (für das Verhältnis der VO 2790/99 zu § 20 GWB). Anders kann dies allerdings dann sein, wenn der Schwerpunkt auf einseitigem Verhalten liegt, weil missbräuchliches Verhalten durch vertragliche Abreden praktiziert wird, die einseitig dem Interesse des Marktbeherrschers dienen und deren Bedingungen vom Marktbeherrscher kraft dessen Marktbeherrschung oder Marktmacht und der hiermit einhergehenden Abhängigkeit seiner Vertragspartner einseitig durchgesetzt werden, vgl. OLG Düsseldorf, Urt. v. 21.12.2011, VI-Kart 5–11 – Merck-Rabattstaffel, Rn. 74 ff. sowie BGH, Beschl. v. 12.7.2013, KVR 11/12 – Merck-Rabattstaffel, Rn. 22.

[219] Vgl. nur *Hengst,* in: Langen/Bunte, Kartellrecht, Band 2: Europäisches Kartellrecht, 12. Auflage, 2014, Art. 101 AEUV, Rn. 414–417, m. w. N. zum Streitstand.

[220] Leitlinien, Rn. 44.

[221] Der Umfang der Nichtigkeit richtet sich weitgehend nach dem anwendbaren nationalen Recht (siehe EuGH, Urt. v. 11.9.2008, Rs. C-279/06, CEPSA/Tobar, Rn. 79). Zum deutschen Recht siehe BGH, 24.9.2002, KZR 10/01, GRUR 2004, 353 – Tennishallenpachtvertrag.

4. Nebenbestimmungen

Die Freistellung gilt gem. Abs. 3 auch für Bestimmungen, die sich auf den Erwerb von Produkten durch den Lizenznehmer oder auf die Lizenzierung oder die Übertragung von Rechten des geistigen Eigentums oder von Know-how auf den Lizenznehmer beziehen, soweit diese Bestimmungen unmittelbar mit der Produktion oder dem Verkauf von Vertragsprodukten verbunden sind **(Nebenbestimmungen).** 120

Bestimmungen in Technologietransfer-Vereinbarungen über den Erwerb von Produkten durch den Lizenznehmer fallen nur insoweit unter die TT-GVO, als sie sich **unmittelbar auf die Produktion oder den Verkauf der Vertragsprodukte** beziehen. Somit gilt die TT-GVO nicht für diejenigen Teile von Technologietransfer-Vereinbarungen, die sich auf Inputs und/oder Ausrüstung beziehen, die für andere Zwecke als die Produktion der Vertragsprodukte verwendet werden.[222] Nach der TT-GVO sind auch Technologietransfer-Vereinbarungen freigestellt, die den Lizenznehmer beim Verkauf der Produkte beschränken, die die lizenzierte Technologie enthalten.[223] 121

Unter die Nebenbestimmungen fallen solche Rechte des geistigen Eigentums (Art. 1 Abs. 1 lit. h)), die nicht Technologierechte im Sinne des Art. 1 Abs. 1 lit. b) sind. Das sind insbesondere **Markenzeichen und Urheberrechte** (mit Ausnahme von Software-Urheberrechten). Ihre Übertragung ist nicht unmittelbar von der TT-GVO erfasst, deswegen müssen sie gegebenenfalls als Nebenbestimmungen mit freigestellt werden.[224] 122

Auch Beschränkungen des Lizenznehmers im Verhältnis zu seinen Zulieferern können Nebenbestimmungen sein. Voraussetzung ist, dass der Lizenznehmer von dem **Zulieferer** Waren oder Dienstleistungen für seine eigene Herstellung von Vertragsprodukten oder seinen Verkauf von Vertragsprodukten bezieht. In Zulieferbeziehungen ist allerdings zuerst anhand der Zuliefer-Bekanntmachung[225] zu prüfen, ob sie überhaupt unter Art. 101 Abs. 1 AEUV fallen.[226] 123

Eine Besonderheit gilt für **Unterlizenzen.** Der Lizenznehmer muss häufig seinen Zulieferern Unterlizenzen erteilen oder das geheime Know-how mitteilen, damit der Zulieferer seine Aufgaben erfüllen kann. Entsprechend ist es für den Lizenzgeber wichtig, Beschränkungen des Zulieferers sicherzustellen. Es ist unklar, ob diese Beschränkungen unmittelbar unter die TT-GVO fallen. Dafür spricht, dass Art. 1 Abs. 1 lit. c) Ziffer i) die Produktion von Vertragsprodukten durch Zulieferer in die Technologietransfer-Vereinbarung einschließt. Im Ergebnis ist das unerheblich. Die Kommission wendet nämlich die Grundsätze der TT-GVO analog auf Masterlizenz-Vereinbarungen an.[227] 124

Der Anknüpfungspunkt der **unmittelbaren Verbindung** erleichtert die Anwendung der TT-GVO auf Nebenbestimmungen gegenüber der VO 772/2004.[228] Die VO 772/2004 sah als zusätzliche Voraussetzung vor, dass die Lizenzierung der Technologie Hauptgegenstand des Vertrages ist. Dieses Tatbestandsmerkmal war in der praktischen Handhabung schwierig.[229] Heute können die vorgenannten Nebenbestimmungen sogar dann nach 125

---

[222] Leitlinien, Rn. 46.
[223] Leitlinien, Rn. 77.
[224] Leitlinien, Rn. 47. Auf solche nicht erfassten geistigen Eigentumsrechte können die Grundsätze der TT-GVO allerdings unter Umständen analog anwendbar sein, siehe dazu oben Art. 1 TT-GVO, Rn. 59.
[225] Kommission, Bekanntmachung vom 18. Dezember 1978 über die Beurteilung von Zulieferverträgen nach Artikel 85 Absatz 1 des Vertrages zur Gründung der Europäischen Wirtschaftsgemeinschaft, ABl. 1979 C 1/2).
[226] Siehe Leitlinien, Rn. 64.
[227] Leitlinien, Rn. 60.
[228] So auch die Einschätzung von *Fuchs,* in: Immenga/Mestmäcker, GWB, 5. Auflage, 2014, § 2 GWB, Rn. 267a.
[229] Vgl. *Schultze/Pautke/Wagener,* TT-GVO, 2005, Rn. 72 ff.

der TT-GVO freigestellt sein, wenn sie gleichberechtigt neben dem Technologietransfer stehen oder sogar das Hauptmotiv der Parteien der Vereinbarung sind.[230]

126 Zwar sieht die **Vertikal-GVO**[231] umgekehrt in ihrem Art. 2 Abs. 3 weiter vor, dass sie die Übertragung von geistigen Eigentumsrechten erfasst, wenn diese Bestimmungen nicht Hauptgegenstand der Vereinbarung sind und sich unmittelbar auf die vertikale Vereinbarung beziehen. Jedoch ist die Vertikal-GVO nach ihrem Art. 2 Abs. 5 subsidiär gegenüber der TT-GVO, so dass die oben genannten Nebenbestimmungen auch dann unter die TT-GVO fallen, wenn sie den Tatbestand des Art. 2 Abs. 3 Vertikal-GVO erfüllen.

127 Für den Schutzrechtsinhaber hat die TT-GVO den wesentlichen Vorteil, dass er den Lizenznehmer **stärker im Vertrieb beschränken** kann, als es unter dem Regime der Vertikal-GVO möglich wäre. So sind bei der TT-GVO Wettbewerbsverbote und Alleinbezugsverpflichtungen unabhängig von ihrer Dauer gruppenfreigestellt, im Gegensatz zu Art. 1 Abs. 1 lit. d) i. V. m. 5 Abs. 1 lit. a) Vertikal-GVO. Vereinbarungen, die auf der nächsten Handelsstufe zwischen Lizenznehmern und Abnehmern der Vertragsprodukte geschlossen werden, unterliegen ausschließlich der Vertikal-GVO.[232] Im Vertragsverhältnis zwischen dem Lizenznehmer und den Abnehmern seiner Waren und Dienstleistungen gilt folglich die TT-GVO nicht. Die abweichenden Regelungen von TT-GVO und Vertikal-GVO haben auch Nachteile für beide Parteien. Ist eine auf den Vertrieb (und nicht auf Produktion) gerichtete Lizenz Hauptgegenstand einer Vereinbarung, fällt sie weder unter die TT-GVO noch unter die Vertikal-GVO.[233]

128 Ein anders Vorrangverhältnis gilt hingegen bei der **F&E-GVO** (VO 1217/2010) und der **Spezialisierungs-GVO** (VO 1218/2010). Beide sind gemäß Art. 9 gegenüber der TT-GVO vorrangig. Und beide knüpfen nach ihrem jeweiligen Art. 2 Abs. 2 sowohl an den Hauptgegenstand und die unmittelbare Verbindung an. Tritt bei Forschungs- und Entwicklungsvereinbarungen oder Spezialisierungsvereinbarungen die Übertragung geistiger Eigentumsrechte in den Hintergrund, dürften regelmäßig diese Gruppenfreistellungsverordnungen anwendbar sein.

5. Beispiele für gruppenfreigestellte sowie außerhalb der Gruppenfreistellung zulässige Beschränkungen

129 Aufgrund der **Schirmfreistellung** sind alle Wettbewerbsbeschränkungen in Technologietransfer-Vereinbarungen von Art. 101 Abs. 1 AEUV freigestellt, die nicht nach Art. 4 und 5 verboten sind. Die Leitlinien benennen darüber hinaus eine Reihe von Beschränkungen in Technologietransfer-Vereinbarungen, die im Allgemeinen schon keine Wettbewerbsbeschränkung darstellen. Diese sind also unabhängig von Marktanteilen der beteiligten Parteien und sonstigen Voraussetzungen der Gruppenfreistellung in der Regel kartellrechtskonform.

130 Die Vergabe von **Exklusivlizenzen** zwischen Nicht-Wettbewerbern ist in der Regel schon nicht wettbewerbsbeschränkend.[234] Bei einer Exklusivlizenz darf der Lizenzgeber das lizensierte Schutzrecht weder selbst nutzen noch es an Dritte lizenzieren.[235] Anders zu be-

---

[230] Vgl. Leitlinien, Rn. 47: „Die TT-GVO ist (…) selbst dann auf Technologietransfer-Vereinbarungen anwendbar, wenn die Parteien mehr an der Nutzung des Markenzeichens als an der Nutzung der Technologie interessiert sind."

[231] Verordnung (EU) Nr. 330/2010 der Kommission vom 20. April 2010 über die Anwendung von Artikel 101 Absatz 3 des Vertrags über die Arbeitsweise der Europäischen Union auf Gruppen von vertikalen Vereinbarungen und abgestimmten Verhaltensweisen, ABl. 2010 L 102/1 (Vertikal-GVO).

[232] Leitlinien, Rn. 76.

[233] Immerhin stellt die Kommission für die Lizenzierung von Software-Urheberrechten, die auf Vertrieb oder Vervielfältigung gerichtet sind, klar, dass die Vertikal-GVO analog anwendbar ist (Rn. 62 der Leitlinien). Das dürfte allerdings nicht verallgemeinerungsfähig sein, denn die Leitlinien sehen keine Analogie bei der Lizenzierung von Markenzeichen vor (Rn. 50 der Leitlinien).

[234] Vgl. Erwägungsgrund 13 TT-GVO; Leitlinien, Rn. 194.

[235] Leitlinien, Rn. 190.

urteilen sein können Fälle, in denen der Lizenznehmer bereits über eine substituierbare Technologie verfügt, die er nur intern nutzt, insbesondere wenn er über Marktmacht verfügt.[236] Bei Wettbewerbern wird danach unterschieden, ob Exklusivlizenzen wechselseitig oder nicht wechselseitig erteilt werden. Während die wechselseitige Erteilung von Exklusivlizenzen zwischen Wettbewerbern eine Kernbeschränkung ist,[237] sind nicht wechselseitige Exklusivlizenzen zwischen Wettbewerbern gruppenfreigestellt.[238]

Im Gegensatz zu Exklusivlizenzen fällt die weniger beschränkende wechselseitige Erteilung von **Alleinlizenzen** zwischen Wettbewerbern unter die Gruppenfreistellung.[239] Gleiches gilt naturgemäß für Alleinlizenzen zwischen Nicht-Wettbewerbern. Bei einer Alleinlizenz verpflichtet sich der Lizenzgeber, Dritten in einem bestimmten Gebiet keine Produktionslizenzen zu erteilen, nimmt aber selbst nicht von der Produktion Abstand.[240] **131**

Bei Beschränkungen des Verkaufs von Produkten, die die lizenzierte Technologie enthalten, in ein bestimmtes Gebiet oder an eine bestimmte Kundengruppe **(Verkaufsbeschränkungen)** wird ebenfalls danach unterscheiden, ob die Vereinbarung zwischen Wettbewerbern oder Nicht-Wettbewerbern abgeschlossen ist. **132**

Zwischen **Wettbewerbern** gilt Folgendes: Beschränkungen des aktiven und passiven Verkaufs, die einer oder beiden Parteien in einer wechselseitigen Vereinbarung zwischen Wettbewerbern auferlegt werden, sind als Kernbeschränkungen anzusehen.[241] In nicht wechselseitigen Vereinbarungen zwischen Wettbewerbern sind dagegen die einer oder beiden Parteien auferlegten Beschränkungen des aktiven und/oder passiven Verkaufs in das Exklusivgebiet oder an die Exklusivkundengruppe, das bzw. die der anderen Partei vorbehalten ist, gruppenfreigestellt.[242] Ebenfalls gruppenfreigestellt sind in nicht wechselseitigen Vereinbarungen zwischen Wettbewerbern Beschränkungen des aktiven Verkaufs in das Exklusivgebiet oder an die Exklusivkundengruppe, das bzw. die der Lizenzgeber einem anderen Lizenznehmer zugewiesen hat, soweit dieser andere Lizenznehmer nicht zum Zeitpunkt des Vertragsschlusses Wettbewerber des Lizenzgebers war.[243] **133**

Zwischen **Nicht-Wettbewerbern** gilt dagegen Folgendes: Verkaufsbeschränkungen zulasten des Lizenzgebers sind immer gruppenfreigestellt.[244] Dies gilt gleichermaßen für aktive wie für passive Verkaufsbeschränkungen. Beschränkungen der aktiven Verkäufe des Lizenznehmers sind gleichfalls gruppenfreigestellt, und zwar unabhängig davon, ob das betroffene Gebiet oder die betroffene Kundengruppe dem Lizenzgeber oder einem anderen Lizenznehmer exklusiv zugewiesen ist.[245] Beschränkungen passiver Verkäufe zulasten des Lizenznehmers sind dagegen nur mit Blick auf Exklusivgebiete und/oder Exklusivkundengruppen gruppenfreigestellt, die der Lizenzgeber sich selbst vorbehalten hat.[246] Beschränkungen passiver Verkäufe in exklusive Gebiete oder an Kundengruppen, die der Lizenzgeber einem anderen Lizenznehmer exklusiv zugewiesen hat, sind nicht gruppenfreigestellt. Solche Beschränkungen können allerdings für einen gewissen Zeitraum schon nicht vom Verbot des Art. 101 Abs. 1 AEUV erfasst sind, wenn sie objektiv notwendig sind, damit der geschützte Lizenznehmer in einen neuen Markt eintreten kann.[247] Das **134**

---

[236] Leitlinien, Rn. 195.
[237] Art. 4 Abs. 1 lit. c) TT-GVO.
[238] Leitlinien, Rn. 193.
[239] Leitlinien, Rn. 192.
[240] Leitlinien, Rn. 191.
[241] Vgl. Art. 4 Abs. 1 lit. c) TT-GVO sowie Leitlinien, Rn. 198.
[242] Vgl. Leitlinien, Rn. 199.
[243] Vgl. Leitlinien, Rn. 200.
[244] Leitlinien, Rn. 120.
[245] Vgl. Art. 4 Abs. 2 lit. b) TT-GVO sowie Leitlinien, Rn. 120, 201.
[246] Vgl. Art. 4 Abs. 2 lit. b) Ziffer i) TT-GVO sowie Leitlinien, Rn. 121.
[247] Leitlinien, Rn. 126. *Besen/Slobodenjuk,* GRUR 2014, 740, 742, weisen in diesem Zusammenhang zu Recht kritisch auf das mit der Selbsteinschätzung nach Maßgabe der Leitlinien verbundene rechtliche Risiko hin.

kann der Fall sein, wenn der Lizenznehmer umfangreiche Investitionen auf sich nehmen muss, um einen neuen Markt zu erschließen und zu entwickeln.[248] Dann dürfte die Beschränkung der passiven Verkäufe für einen angemessenen Zeitraum nicht unter Art. 101 AEUV fallen, der es dem Lizenznehmer erlaubt, seine Investitionen zu amortisieren.

135 **Nutzungsbeschränkungen (*field of use*-Beschränkungen),** also die Beschränkung einer Lizenz auf einen bestimmten technischen Anwendungsbereich oder einen bestimmten Produktmarkt oder Wirtschaftszweig, die zugleich immer auch ein Verbot der Nutzung außerhalb des zugewiesenen Bereichs beinhalten, können von Art. 101 Abs. 1 AEUV erfasst sein.[249] Allerdings handelt es sich dabei nicht um Kernbeschränkungen,[250] so dass die Gruppenfreistellung greift.

136 Beschränkungen der Produktion und/oder des Absatzes **(Output-Beschränkungen),** die in einer nicht wechselseitigen Lizenzvereinbarung zwischen Wettbewerbern dem Lizenznehmer auferlegt werden, sind gruppenfreigestellt.[251] Output-Beschränkungen für einen der Lizenznehmer in einer wechselseitigen Vereinbarung zwischen Wettbewerbern sind ebenfalls gruppenfreigestellt, sofern die Beschränkung nur für Vertragsprodukte (und nicht für eigene Technologien) gilt.[252] Für Output-Beschränkungen zwischen Nicht-Wettbewerbern gilt dagegen immer die Gruppenfreistellung.[253]

137 Verpflichtungen zur Produktion einer **Mindestmenge** von die lizenzierte Technologie enthaltenden Erzeugnissen sind in der Regel nicht wettbewerbsbeschränkend.[254] Solche Verpflichtungen sind insbesondere für Lizenzgeber von Bedeutung, die nicht selbst auf Grundlage der lizenzierten Technologie produzieren.

138 Beschränkungen, nach denen der Lizenznehmer die Vertragsprodukte nur für den **Eigenbedarf** *(captive use)* herstellen darf, unterliegen zwischen Wettbewerbern wie zwischen Nicht-Wettbewerbern der Gruppenfreistellung.[255]

139 Vorgaben an den Lizenznehmer zur **Sicherung von Qualitätsstandards** dürften gruppenfreigestellt sein, soweit sie erforderlich sind, um einen Mindeststandard oder die Einhaltung einer Mindestqualität abzusichern.[256] Gleiches dürfte auch für **Bezugspflichten für Rohmaterialien** gelten.[257]

140 **Meistbegünstigungsklauseln** bezogen auf Lizenzgebühren sind gruppenfreigestellt. Der Lizenznehmer kann also den Lizenzgeber verpflichten, ihm die mit einem Dritten getroffenen günstigeren Konditionen gleichfalls einzuräumen oder gar Lizenzen an Dritte nur zu ungünstigeren Bedingungen zu gewähren.[258]

141 **Koppelungs- und Paketvereinbarungen** sind gruppenfreigestellt.[259] Kopplungsvereinbarungen liegen dann vor, wenn der Lizenzgeber dem Lizenznehmer bei der Vergabe einer Lizenz für eine Technologie (dem Kopplungsprodukt) zur Bedingung macht, auch die Lizenz für eine andere Technologie zu erwerben oder aber ein Produkt des Lizenzge-

---

[248] Eingehend hierzu Leitlinien, Rn. 126.

[249] Vgl. Leitlinien, Rn. 208–215.

[250] Leitlinien, Rn. 113, 209. In der VO 772/2004 war dies noch ausdrücklich im Text der GVO selbst klargestellt, vgl. Art. 4 Abs. 1 lit c) Ziffern i) und ii) VO 772/2004, ohne dass sich hieraus ein materieller Unterschied zur neuen TT-GVO ergeben würde.

[251] Leitlinien, Rn. 103, 204.

[252] Leitlinien, Rn. 103, 204.

[253] Leitlinien, Rn. 205.

[254] Leitlinien, Rn. 183.

[255] Leitlinien, Rn. 216.

[256] Vgl. *S. Gehring,* in: Mäger, Europäisches Kartellrecht, 2. Auflage, 2014, 5. Kapitel, Rn. 99.

[257] Vgl. *S. Gehring,* in: Mäger, Europäisches Kartellrecht, 2. Auflage, 2014, 5. Kapitel, Rn. 100.

[258] *Bechtold/Bosch/Brinker,* EU-Kartellrecht, 3. Auflage, 2014, Art. 4 VO 316/2014, Rn. 8; ebenso zur VO 772/2004 *Fuchs,* in: Immenga/Mestmäcker, EU-Wettbewerbsrecht, 5. Auflage, 2012, Kapitel F (Technologie-Transfer), Art. 4 TT-GVO, Rn. 14.

[259] Vgl. Leitlinien, Rn. 222.

bers oder ein anderes von ihm bezeichnetes Produkt (das gekoppelte Produkt) zu kaufen. In einer Paketvereinbarung werden demgegenüber zwei Technologien oder eine Technologie und ein Produkt zusammen als Paket angeboten.[260]

Wettbewerbsverbote im Zusammenhang mit Technologielizenzen, also Auflagen für den Lizenznehmer, keine Technologien Dritter zu verwenden, die mit der lizenzierten Technologie im Wettbewerb stehen,[261] sind gruppenfreigestellt.[262] **142**

Geheimhaltungspflichten und **Vertraulichkeitsabsprachen** *(non-disclosure-agreements),* die die Vertraulichkeit der Lizenzvereinbarung, ihrer Konditionen sowie der ausgetauschten technischen Informationen absichern, sind im Allgemeinen schon nicht wettbewerbsbeschränkend.[263] Dies gilt grundsätzlich auch für nachvertragliche Geheimhaltungspflichten.[264] **143**

Verbote der Unterlizenzierung sind ebenfalls nicht wettbewerbsbeschränkend.[265] Solche Verbote sind Ausfluss des allgemeinen Unterlassungsanspruchs des Schutzrechtsinhabers. Sie gehören zum spezifischen Gegenstand des Schutzrechtes. **144**

Auch **Nutzungsverbote nach Ablauf der Vereinbarung** sind nicht wettbewerbsbeschränkend, sofern die lizenzierten Technologierechte noch gültig und rechtswirksam sind bzw. das lizenzierte Know-How noch geheim ist.[266] Solche Nutzungsverbote sind im Grunde deklaratorisch, da es die zwangsläufige Folge des Ablaufs eines Lizenzvertrages darstellt, dass der Lizenzgeber dem Lizenznehmer die Nutzung der unverändert geschützten Technologie untersagen kann. **145**

Unterstützungspflichten des Lizenznehmers bei der Durchsetzung des Lizenzrechts durch den Lizenzgeber sind ebenfalls nicht wettbewerbsbeschränkend.[267] Praktisch bedeutsam sind insoweit Informationsansprüche des Lizenzgebers oder Verpflichtungen des Lizenznehmers, sich an den Prozesskosten finanziell zu beteiligen. Solche Verpflichtungen können in der Regel gleichermaßen zwischen Wettbewerbern wie zwischen Nicht-Wettbewerbern vereinbart werden.

In der Regel nicht von Art. 101 Abs. 1 AEUV erfasst sind außerdem die **Festlegung der Lizenzgebühren und Zahlungsmodalitäten.** Ob die Lizenzgebühren in Form von Pauschalzahlungen, als Prozentsatz vom Verkaufswert oder als fixer Betrag je verkauftes Produkt (Stücklizenzen) erhoben werden, spielt dabei keine Rolle.[268] Verpflichtungen zur Zahlung von **Mindestgebühren** sind gleichfalls in der Regel nicht wettbewerbsbeschränkend.[269] Selbst wenn die Pflicht zur Zahlung von **Lizenzgebühren über die Geltungsdauer** der lizenzierten Schutzrechte hinausreicht, soll in der Regel kein Verstoß gegen Art. 101 Abs. 1 AEUV vorliegen.[270] Die Kommission stört sich also nicht daran, dass der Lizenznehmer noch Lizenzgebühren zahlen muss, wenn das Schutzrecht längst erloschen ist. Dies eröffnet in der Praxis Spielraum für „gestreckte" Lizenzgebührvereinbarungen. Als Grund gibt die Kommission an, dass mit Auslaufen der Schutzrechte Dritte die fragliche Technologie rechtmäßig nutzen und mit den Vertragsparteien konkurrieren können. Deswegen dürfte die Vereinbarkeit mit Art. 101 Abs. 1 AEUV voraussetzen, dass es zum Zeitpunkt des Auslaufens des lizenzierten Schutzrechts jedenfalls potenzielle Wettbewerber auf dem Produktmarkt gibt. Lizenzgebührenregelungen zwischen Wettbewerbern, die aus-

---

[260] Vgl. Leitlinien, Rn. 221.
[261] Leitlinien, Rn. 226.
[262] Leitlinien, Rn. 227.
[263] Leitlinien, Rn. 183.
[264] Kommission, Entsch. v. 11.10.1988, IV/32.173, Continental/Michelin, Rn. 17.
[265] Leitlinien, Rn. 183.
[266] Leitlinien, Rn. 183.
[267] Leitlinien, Rn. 183.
[268] Leitlinien, Rn. 184.
[269] Leitlinien, Rn. 183.
[270] Leitlinien, Rn. 187.

nahmsweise wettbewerbsbeschränkend sind, sind in der Regel von der Gruppenfreistellung erfasst.[271]

146 Nicht wettbewerbsbeschränkend sind auch **Markierungs- und Kennzeichnungspflichten.**[272] Das sind Verpflichtungen des Lizenznehmers, Name oder Marke des Lizenzgebers auf den Produkten anzubringen, die die lizenzierte Technologie beinhalten. Soweit sich eine Markierungs- und Kennzeichnungspflicht indes auch auf Produkte erstreckt, die die lizenzierte Technologie nicht beinhalten, liegt in der Regel eine Wettbewerbsbeschränkung vor, die auch nicht gruppenfreigestellt sein dürfte.[273]

147 **Streitbeilegungsvereinbarungen** (Vergleiche) als solche sind grundsätzlich, soweit auf sie überhaupt Art. 101 Abs. 1 AEUV anwendbar ist, gruppenfreigestellt. Dies gilt auch dann, wenn die Parteien sich im Rahmen der Streitbeilegung Kreuzlizenzen erteilen.[274] Die einzelnen Bedingungen einer Streitbeilegungsvereinbarung können dagegen durchaus gegen Art. 101 Abs. 1 AEUV verstoßen und als nicht freigestellte Beschränkungen oder Kernbeschränkungen zudem von der Gruppenfreistellung ausgenommen sein.[275]

Artikel 3 Marktanteilsschwellen

(1) **Handelt es sich bei den Vertragsparteien um konkurrierende Unternehmen, so gilt die Freistellung nach Artikel 2 unter der Voraussetzung, dass der gemeinsame Marktanteil der Parteien auf dem relevanten Markt bzw. den relevanten Märkten 20 % nicht überschreitet.**

(2) **Handelt es sich bei den Vertragsparteien nicht um konkurrierende Unternehmen, so gilt die Freistellung nach Artikel 2 unter der Voraussetzung, dass der individuelle Marktanteil der Parteien auf dem relevanten Markt bzw. den relevanten Märkten 30 % nicht überschreitet.**

1. Marktanteilsschwellen

148 Art. 3 legt Marktanteilsschwellen (20% gemeinsamer Marktanteil für Wettbewerber; je 30% individueller Marktanteil bei Nicht-Wettbewerbern) fest, von deren Einhaltung die Gruppenfreistellung abhängt. Die Marktanteilsschwellen indizieren einen erheblichen Grad an Marktmacht der beteiligten Parteien. Sie verwirklichen damit den ökonomischen Ansatz, wonach sich die **kartellrechtliche Kontrolle auf Wettbewerbsbeschränkungen konzentrieren** sollte, die auch tatsächlich das Potential haben, relevante Auswirkungen im Markt zu entfalten.

149 Werden die **Marktanteilsschwellen überschritten,** entfällt die Freistellung durch die TT-GVO. Es ist dann im Einzelfall zu prüfen, ob die Voraussetzungen von Art. 101 Abs. 3 AEUV vorliegen.[276] Höhere Marktanteile bedeuten folglich nicht automatisch die Kartellrechtswidrigkeit der Vereinbarung. Auf den Umstand, dass die Marktanteile die Marktanteilsschwellen übersteigen, lässt sich vielmehr weder die Vermutung stützen, dass die Vereinbarung unter Artikel 101 Abs. 1 fällt,[277] noch, dass sie die Voraussetzungen des Art. 101 Abs. 3 nicht erfüllt.[278] Lediglich wenn die fragliche Technologietransfer-Vereinbarung Kernbeschränkungen i. S. v. Art. 4 enthält, wird deren Kartellrechtswidrigkeit nach Auffas-

---

[271] Leitlinien, Rn. 186.

[272] Leitlinien, Rn. 183.

[273] Vgl. *S. Gehring,* in: Mäger, Europäisches Kartellrecht, 2. Auflage, 2014, 5. Kapitel, Rn. 98, unter Verweis auf EuGH, Urt. v. 25.2.1986, Rs. 193/83, Slg. 1986, 611, Windsurfing International.

[274] Leitlinien, Rn. 236.

[275] Vgl. Leitlinien, Rn. 237.

[276] Zu den maßgeblichen Prüfkriterien in solchen Fällen vgl. Leitlinien, Rn. 156–183 sowie Rn. 184–233 für einzelne potentiell wettbewerbsbeschränkende Absprachen.

[277] Vgl. Erwägungsgrund 13 TT-GVO.

[278] Leitlinien, Rn. 79.

sung der Kommission vermutet.[279] Praktisch bedeutsam ist bei Überschreiten der Marktanteilsschwellen darüber hinaus der sog. 4-Plus-Test, nach dem wettbewerbsbeschränkende Absprachen in einer Technologietransfer-Vereinbarung unabhängig von den Marktanteilen der Parteien mit Art. 101 AEUV vereinbar sind, wenn neben der lizenzierten Technologie noch mindestens vier weitere alternative Technologien unabhängiger Dritter im Markt verfügbar sind und die fragliche Vereinbarung keine Kernbeschränkungen im Sinne der TT-GVO beinhaltet.[280]

Ein besonders Problem kann sich bei **neu entwickelten, innovativen Technologien** 150
ergeben. Diese können nach Markteinführung schnell sehr hohe Marktanteile auf sich vereinen. Die Aussagekraft solcher hohen Marktanteile ist aber häufig begrenzt. Sie spiegeln in der Regel nur den *first mover advantage* wider. Gerade in jungen Märkten mit kurzen Innovationszyklen können sich hohe Marktanteile als vergänglich erweisen. In einem solchen dynamischen Umfeld sind hohe Marktanteile deshalb nicht zwangsläufig ein Hinweis auf Marktmacht.[281] Nach den Leitlinien wird bei neuen Technologien, bei denen es im vorhergehenden Kalenderjahr noch keine Verkäufe gab, ein Marktanteil von Null zugrunde gelegt. Mit Beginn der Verkäufe sollen den neuen Technologien dann aber die entsprechenden Marktanteile zugeordnet werden.[282] Dies führt dazu, dass eine Gruppenfreistellung bei neuen Technologien häufig nur für eine relativ kurz bemessene Markteintrittsphase (von bis zu drei Jahren, siehe Art. 8 lit. e)) in Betracht kommt. Nach dieser Markteintrittsphase scheitert die Gruppenfreistellung am Überschreiten der Marktanteilsschwellen. Es bietet sich dann an, das Ergebnis über Art. 101 Abs. 3 AEUV zu korrigieren. Sind die übrigen Voraussetzungen der TT-GVO erfüllt, dürfte die kartellrechtliche Analyse in solchen Fällen darauf zu konzentrieren sein, ob die hohen Marktanteile Ausdruck von Marktmacht sind oder nicht. Liegt keine Marktmacht vor, ist das Vorliegen der Voraussetzungen von Art. 101 Abs. 3 AEUV zu vermuten.

Die **Marktanteilsschwellen sind marktbezogen** anzuwenden. Betrifft eine Techno- 151
logietransfer-Vereinbarung mehrere Produkt- und/oder Technologiemärkte und wird die Marktanteilsschwelle nur auf einigen Märkten überschritten, auf anderen dagegen nicht, so gilt die Freistellung nur für jene Märkte nicht, auf denen die Schwellen überschritten sind.[283] Für die anderen Märkte ist die Vereinbarung gruppenfreigestellt, soweit die übrigen Voraussetzungen der TT-GVO vorliegen.[284]

2. Wettbewerber oder Nicht-Wettbewerber

Für die **Bestimmung der relevanten Marktanteile** kommt es zunächst auf die 152
Stellung der Parteien als konkurrierende Unternehmen (Wettbewerber) oder nicht-konkurrierende Unternehmen (Nicht-Wettbewerber)[285] an. Abhängig von dieser Einordnung findet entweder Abs. 1 mit einer **gemeinsamen Marktanteilsschwelle** von 20% oder Abs. 2 mit einer **individuellen Marktanteilsschwelle** von 30% Anwendung. Abs. 2 ist anwendbar, wenn es sich bei den Parteien um tatsächliche oder potenzielle Wettbewerber auf den Produktmärkten und/oder tatsächliche Wettbewerber auf dem Technologiemarkt handelt.[286] Der potenzielle Wettbewerb auf dem Technologiemarkt wird demnach weder bei der Anwendung der Marktanteilsschwellen noch bei der Anwendung der Liste der

[279] Leitlinien, Rn. 18, 94, 95, 156.
[280] Leitlinien, Rn. 157. Zum 4-Plus-Test vgl. auch Einf. TT-GVO, Rn. 12.
[281] Vgl. EuG, Urt. v. 11.12.2013, Rs. T-79/12, Microsoft/Skype, Rn. 69, in einem fusionskontrollrechtlichen Fall, in dem die fusionierte Einheit auf einem möglichen engen Markt für Videokommunikation auf unter Windows funktionierenden PCs einen Marktanteil von 80% bis 90% hatte.
[282] Vgl. Leitlinien, Rn. 90.
[283] Vgl. Erwägungsgrund 12 TT-GVO.
[284] Vgl. Leitlinien, Rn. 81.
[285] Vgl. Art. 1 Abs. 1 lit. n)).
[286] Leitlinien, Rn. 82.

Kernbeschränkungen in Bezug auf Vereinbarungen zwischen Wettbewerbern berücksichtigt.[287]

153 Die Kommission hatte im Entwurf der TT-GVO[288] vorgeschlagen, die 20%-Marktanteilsschwelle auch anzuwenden auf Vereinbarungen zwischen nicht konkurrierenden Unternehmen, bei denen der Lizenznehmer eine mit der lizenzierten Technologie substituierbare Technologie besitzt, die er jedoch ausschließlich für die **unternehmensinterne Produktion** *(captive use)* benutzt. Dieser Vorschlag hat allerdings keinen Eingang in die endgültige TT-GVO gefunden. Die Nichtaufnahme dieses Vorschlags ist zu begrüßen.[289] Die unternehmensinterne Herstellung wird nach allgemeinen Grundsätzen nicht in die Marktanteilsberechnung einbezogen.[290] Es ist nicht ersichtlich, warum davon bei den Marktanteilsschwellen abgewichen werden sollte.

154 Es wird diskutiert, ob die Marktanteilsschwellen in einem **strengen Alternativverhältnis** stehen oder ob sie **kumulativ anwendbar** sind. Nach dem strengen Alternativverhältnis sind auf allen Märkten die Schwellen des Art. 3 Abs. 1 für Wettbewerber anzuwenden, wenn die Parteien auf mindestens einem Markt Wettbewerber sind. Diese Auffassung wird zur VO 773/2004 mit Argumenten vertreten, die sich auf die TT-GVO übertragen lassen.[291] Uns erscheint richtig, für jeden Markt die Schwelle abhängig vom dortigen Wettbewerbsverhältnis zu bestimmen. Zwar erweckt der Wortlaut des Art. 3 stellenweise den Eindruck, die Schwellen stünden in einem strengen Alternativverhältnis. Denn Art. 3 verwendet den allgemeinen Begriff der konkurrierenden Unternehmen. Die Vertragsparteien sind bereits dann konkurrierende Unternehmen, wenn sie nur auf einem Markt im Wettbewerb stehen.[292] Jedoch spricht Abs. 1 klar vom gemeinsamen Marktanteil und Abs. 2 klar vom individuellen Marktanteil. Die Schwelle des Abs. 1 passt also nicht auf Märkte, in denen die Vertragsparteien nicht im Wettbewerb stehen.[293] Hinzu kommt, dass das strenge Alternativverhältnis dem Sinn und Zweck der Norm widerspricht. Die Marktanteilsschwellen sollen Unternehmen mit zu großer Marktmacht von der Gruppenfreistellung ausschließen. Dazu muss für den jeweiligen Markt berücksichtigt werden, ob die Vertragsparteien als Wettbewerber ihre Marktmacht verbinden oder ob sie keine Wettbewerber sind. Das lässt das strenge Alternativverhältnis nicht zu.

3. Produktmarkt

155 Auf dem Produktmarkt werden die Marktanteile sowohl für den Lizenznehmer als auch den Lizenzgeber einschließlich verbundener Unternehmen auf der Grundlage der Absätze der Vertragsprodukte (die die lizenzierte Technologie enthalten) und der Konkurrenzprodukte (die nicht auf der lizenzierten Technologie basieren) berechnet. Verkäufe weiterer Lizenznehmer werden dem Lizenzgeber auf dem Produktmarkt nicht zugerechnet.[294]

---

287 Leitlinien, Rn. 83.

288 Vgl. Art. 3 Abs. 2 Entwurf TT-GVO. Der Entwurf der TT-GVO sowie die Stellungnahmen hierzu sind veröffentlicht unter http://ec.europa.eu/competition/consultations/2013_technology_transfer/index_en.html.

289 So auch *Besen/Slobodenjuk,* GRUR 2014, 740, 741. Positiv zum Vorschlag im Entwurf der TT-GVO dagegen *Leistner/Königs,* WRP 2014, 268, 270.

290 *Bechtold/Bosch/Brinker,* EU-Kartellrecht, 3. Auflage, 2014, Art. 3 VO 316/2014, Rn. 3.

291 *Fuchs,* in: Immenga/Mestmäcker, EU-Wettbewerbsrecht, 5. Auflage, 2012, Kapitel F (Technologie-Transfer), Art. 3 TT-GVO, Rn. 9f.; *Bechtold/Bosch/Brinker,* EU-Kartellrecht, 3. Auflage, 2014, Art. 3 VO 316/2014, Rn. 4, sehen sich zu Unrecht von *Fuchs* (a.a.O.), als anderen Vertreter dieser Auffassung angeführt.

292 So die Argumentation bei *Fuchs,* in: Immenga/Mestmäcker, EU-Wettbewerbsrecht, 5. Auflage, 2012, Kapitel F (Technologie-Transfer), Art. 3 TT-GVO, Rn. 10.

293 *Bechtold/Bosch/Brinker,* EU-Kartellrecht, 3. Auflage, 2014, Art. 3 VO 316/2014, Rn. 4.

294 Leitlinien, Rn. 91.

4. Technologiemarkt

In der Theorie hält es die Kommission für vorzugswürdig, den Marktanteil auf dem Technologiemarkt anhand der Lizenzerlöse zu berechnen. Sie erkennt jedoch an, dass dieser Ansatz große praktische Schwierigkeiten mit sich bringt.[295] Deswegen bestimmt sich der Marktanteil auf den relevanten Technologiemärkten nach der **Präsenz der lizenzierten Technologie auf den relevanten Produktmärkten** (sog. „Fußabdruck" bzw. *„footprint"*). Der Marktanteil des Lizenzgebers berechnet sich danach auf der Grundlage der vom Lizenzgeber und allen seinen Lizenznehmern abgesetzten Produkte, die die lizenzierte Technologie enthalten, im Vergleich zu den Absätzen mit Konkurrenzprodukten.[296] 156

Dabei werden alle **Absätze mit Konkurrenzprodukten** berücksichtigt, die auf dem jeweiligen Produktmarkt getätigt werden. Dies schließt Absätze mit solchen Konkurrenzprodukten mit ein, die mit nur **firmenintern genutzten Technologien** hergestellt werden.[297] Ob die Technologien, auf denen die Konkurrenzprodukte basieren, an Dritte lizenziert werden oder nicht, spielt demnach keine Rolle. Die deutsche Fassung der Leitlinien ist an dieser Stelle missverständlich. Sie erweckt den Eindruck, Produkte, die mit ausschließlich firmenintern genutzten Technologien hergestellt werden, müssten ausgeschlossen werden, sofern das im Einzelfall möglich ist.[298] Der Vergleich mit der englischen Fassung zeigt aber, dass an dieser Stelle nur der theoretische Idealfall geschildert wird. 157

Die Leitlinien gehen nicht auf Konkurrenzprodukte ein, die gänzlich **ohne substituierbare Technologien hergestellt** werden. Da bei diesen Produkten die gleichen praktischen Schwierigkeiten bestehen, sind auch sie einzubeziehen. Es kommt also auch insoweit alleine darauf an, ob die Produkte auf dem Produktmarkt miteinander im Wettbewerb stehen. Dahinter liegt zwar keine Technologie, die in einem tatsächlichen oder potenziellen Wettbewerbsverhältnis zur lizenzierten Technologie steht. Diese Produkte zeigen jedoch die Bedeutung der Technologie für den Produktmarkt und geben so Rückschluss auf die Marktmacht des Lizenzgebers auf dem Technologiemarkt. 158

Beim **räumlich relevanten Markt** orientiert sich die TT-GVO ebenfalls an den Produktmärkten.[299] Der Technologiemarkt ist häufig räumlich weiter als die Produktmärkte. In solchen Fällen kann die TT-GVO in einem Teilgebiet des Technologiemarkts anwendbar sein und in einem anderen nicht, abhängig von den Marktanteilen auf den kleineren Produktmärkten. In solchen Fällen dürfte es sinnvoll sein, auf den räumlichen Technologiemarkt zu schauen. Ergeben sich bei dieser Betrachtung Marktanteile unter den Schwellen der TT-GVO, dürften jedenfalls die Grundsätze der TT-GVO anwendbar sein. 159

Sowohl die Einbeziehung der nur firmenintern genutzten Technologien und der Produkte ohne substituierbare Technologie als auch die Orientierung am räumlichen Produktmarkt gilt unmittelbar nur für die Zwecke der TT-GVO. Für Technologie-Vereinbarungen **außerhalb des sicheren Hafens der TT-GVO** lässt sich den Leitlinien nicht entnehmen, dass man diese Wertungen ohne weiteres übertragen kann.[300] Man muss im Einzelfall prüfen, ob sich die Marktanteile auch ohne diese Hilfsmittel bestimmen lassen. 160

Nach Art. 8 lit. d) bestimmt sich der Marktanteil des Lizenzgebers auf der Grundlage von Produktabsätzen, und zwar den mit vom Lizenzgeber und allen seinen Lizenznehmern abgesetzten Produkte, die die lizenzierte Technologie enthalten. Sind die Parteien Wettbewerber auf dem Technologiemarkt – lizenzieren sie also konkurrierende Technologien – 161

---

[295] Vgl. Leitlinien, Rn. 87, 25.
[296] Vgl. Art. 8 lit. d) sowie Leitlinien, Rn. 86–88.
[297] Leitlinien, Rn. 88.
[298] Leitlinien, Rn. 88 am Anfang.
[299] Die Formulierung in den Leitlinien, Rn. 89, erwecken den Eindruck, dieser Ansatz gelte über die Berechnung der Marktanteile hinaus. Das trifft nicht zu. Außerhalb der Berechnung der Marktanteile gilt die räumliche Marktabgrenzung aus Art. 1 Abs. 1 lit. l).
[300] Vgl. Leitlinien, Rn. 88 f.

bestimmt sich der Marktanteil des Lizenznehmers nach den Gesamtverkäufen, die seine konkurrierende Technologie enthalten. Beim Technologiemarkt kommt es mithin ausschlaggebend darauf an, wer die Technologie lizenziert und nicht darauf, wer die darauf basierenden Produkte verkauft.

5. Ermittlung des Marktanteils

162 Wie gesehen, werden Marktanteile auf den betroffenen Produkt- und Technologiemärkten gleichermaßen anhand von **Absatzwerten** berechnet. Auch beim Fußabdruck-Ansatz dürfte der Marktanteil anhand des Absatzwerts zu berechnen sein. Sinnvoller wäre jedoch, vorrangig die **Absatzmenge** und nachrangig den Absatzwert zugrunde zu legen. Der Absatzwert bildet zwar die Marktposition des Produktes besser ab als die Absatzmenge.[301] Der Absatzwert bezieht jedoch eine Vielzahl produktbezogener Faktoren (wie z. B. die Qualität oder die besondere Werthaltigkeit einzelner Produktbestandteile) ein und bildet die Marktposition der Technologie (als einen unter vielen produktbezogenen Faktoren) nicht hinreichend ab.

163 Liegen zu den Absatzwerten keine Angaben vor, so können zur Ermittlung des Marktanteils Schätzungen vorgenommen werden, die auf anderen verlässlichen Marktdaten unter Einschluss der Absatzmengen beruhen (Art. 8 lit. a)). Relevant sind dabei immer die Marktanteile aus dem vorhergehenden Kalenderjahr (Art. 8 lit. b)).

164 Eine genaue Marktanteilsbestimmung kann in vielen Fällen – wenn überhaupt – nur mit **hohem Kosten- und Zeitaufwand** durchgeführt werden. Selbst wenn die Parteien diesen Aufwand auf sich nehmen, wird in Grenzfällen immer noch ein gewisses Restrisiko bleiben.[302] Es wird daher vertreten, dass eine praxisnähere und kostengünstigere Herangehensweise die Marktanteilsschwellen ignorieren sollte und sich vielmehr auf den tatsächlichen Inhalt der Vereinbarung und dessen kartellrechtliche Beurteilung unter Art. 101 Abs. 1 AEUV konzentrieren sollte. Auf Basis der TT-GVO ist indes die Ermittlung der Marktanteile unverzichtbarer Bestandteil der kartellrechtlichen Analyse.

6. Änderungen während der Laufzeit

165 Wird die in Art. 3 vorgesehene Marktanteilsschwelle während der Laufzeit der Vereinbarung überschritten, so gilt die Freistellung nach Art. 8 lit. e) noch für zwei weitere Jahre fort. Die **Zweijahresfrist** beginnt mit Ablauf des Kalenderjahres, in dem die Marktanteilsschwellen erstmals überschritten werden. Im Hinblick auf diese Frist muss die Berechnung der Marktanteile (entscheidend ist das Vorjahr) – und damit auch die Bestimmung der Wettbewerbereigenschaft – während der Dauer der Vereinbarung fortlaufend erfolgen.

166 Werden die Parteien während der Vertragslaufzeit **Wettbewerber,** gilt ab diesem Zeitpunkt die Marktanteilsschwelle von 20%.[303] Art. 4 Abs. 3 bestimmt jedoch, dass die Kernbeschränkungen für Nicht-Wettbewerber nach Art. 4 Abs. 2 in diesem Fall so lange weitergelten, bis die Vereinbarung endet oder wesentlich geändert wird.[304]

Artikel 4 Kernbeschränkungen

(1) **Handelt es sich bei den Vertragsparteien um konkurrierende Unternehmen, so gilt die Freistellung nach Artikel 2 nicht für Vereinbarungen, die unmittelbar oder mittelbar, für sich allein oder in Verbindung mit anderen Umständen, die der Kontrolle der Parteien unterliegen, Folgendes bezwecken:**

---

[301] Vgl. Leitlinien, Rn. 92.

[302] Vgl. auch *Bechtold/Bosch/Brinker,* EU-Kartellrecht, 3. Auflage, 2014, Art. 3 VO 316/2014, Rn. 3.

[303] Leitlinien, Rn. 85.

[304] Siehe dazu auch Leitlinien, Rn. 39 und Art. 1 TT-GVO, Rn. 93 ff.

a) die Beschränkung der Möglichkeit einer Partei, den Preis, zu dem sie ihre Produkte an Dritte verkauft, selbst festzusetzen;

b) die Beschränkung des Outputs mit Ausnahme von Output-Beschränkungen, die dem Lizenznehmer in einer nicht wechselseitigen Vereinbarung oder nur einem Lizenznehmer in einer wechselseitigen Vereinbarung in Bezug auf die Vertragsprodukte auferlegt werden;

c) die Zuweisung von Märkten oder Kunden mit Ausnahme

i) der dem Lizenzgeber und/oder dem Lizenznehmer in einer nicht wechselseitigen Vereinbarung auferlegten Verpflichtung, mit den lizenzierten Technologierechten in dem Exklusivgebiet, das der anderen Partei vorbehalten ist, nicht zu produzieren und/oder in das Exklusivgebiet oder an die der anderen Partei vorbehaltene Exklusivkundengruppe nicht aktiv und/oder passiv zu verkaufen,

ii) der in einer nicht wechselseitigen Vereinbarung dem Lizenznehmer auferlegten Beschränkung des aktiven Verkaufs in das Exklusivgebiet oder an die Exklusivkundengruppe, das bzw. die vom Lizenzgeber einem anderen Lizenznehmer zugewiesen worden ist, sofern es sich bei Letzterem nicht um ein Unternehmen handelt, das zum Zeitpunkt seiner eigenen Lizenzerteilung in Konkurrenz zum Lizenzgeber stand,

iii) der dem Lizenznehmer auferlegten Verpflichtung, die Vertragsprodukte nur für den Eigenbedarf zu produzieren, sofern er keiner Beschränkung in Bezug auf den aktiven und passiven Verkauf der Vertragsprodukte als Ersatzteile für seine eigenen Produkte unterliegt,

iv) der dem Lizenznehmer in einer nicht wechselseitigen Vereinbarung auferlegten Verpflichtung, die Vertragsprodukte nur für einen bestimmten Kunden zu produzieren, wenn die Lizenz erteilt worden ist, um diesem Kunden eine alternative Bezugsquelle zu verschaffen;

d) die Beschränkung der Möglichkeit des Lizenznehmers, seine eigenen Technologierechte zu verwerten, oder die Beschränkung der Möglichkeit der Vertragsparteien, Forschungs- und Entwicklungsarbeiten durchzuführen, es sei denn, letztere Beschränkungen sind unerlässlich, um die Preisgabe des lizenzierten Know-hows an Dritte zu verhindern.

(2) **Handelt es sich bei den Vertragsparteien nicht um konkurrierende Unternehmen, so gilt die Freistellung nach Artikel 2 nicht für Vereinbarungen, die unmittelbar oder mittelbar, für sich allein oder in Verbindung mit anderen Umständen, die der Kontrolle der Parteien unterliegen, Folgendes bezwecken:**

a) die Beschränkung der Möglichkeit einer Partei, den Preis, zu dem sie ihre Produkte an Dritte verkauft, selbst festzusetzen; dies gilt unbeschadet der Möglichkeit, Höchstverkaufspreise festzusetzen oder Preisempfehlungen auszusprechen, sofern sich diese nicht infolge der Ausübung von Druck oder der Gewährung von Anreizen durch eine der Vertragsparteien tatsächlich wie Fest- oder Mindestverkaufspreise auswirken;

b) die Beschränkung des Gebiets oder des Kundenkreises, in das bzw. an den der Lizenznehmer Vertragsprodukte passiv verkaufen darf, mit Ausnahme

i) der Beschränkung des passiven Verkaufs in ein Exklusivgebiet oder an eine Exklusivkundengruppe, das bzw. die dem Lizenzgeber vorbehalten ist,

ii) der dem Lizenznehmer auferlegten Verpflichtung, die Vertragsprodukte nur für den Eigenbedarf zu produzieren, sofern er keiner Beschränkung in Bezug auf den aktiven und passiven Verkauf der Vertragsprodukte als Ersatzteile für seine eigenen Produkte unterliegt,

iii) der Verpflichtung, die Vertragsprodukte nur für einen bestimmten Kunden zu produzieren, wenn die Lizenz erteilt worden ist, um diesem Kunden eine alternative Bezugsquelle zu verschaffen,

iv) der Beschränkung des Verkaufs an Endverbraucher durch Lizenznehmer, die auf der Großhandelsebene tätig sind,

v) der Beschränkung des Verkaufs an nichtzugelassene Händler, die Mitgliedern eines selektiven Vertriebssystems auferlegt wird;

c) die Beschränkung des aktiven oder passiven Verkaufs an Endverbraucher, sofern diese Beschränkung einem Lizenznehmer auferlegt wird, der einem selektiven Vertriebssystem angehört und auf der Einzelhandelsebene tätig ist; dies gilt unbeschadet der Möglichkeit, Mitgliedern des Systems zu verbieten, Geschäfte von nichtzugelassenen Niederlassungen aus zu betreiben.

(3) **Sind die Vertragsparteien zum Zeitpunkt des Abschlusses der Vereinbarung keine konkurrierenden Unternehmen, sondern treten sie erst später miteinander in Wettbewerb, so ist Absatz 2 anstelle von Absatz 1 während der gesamten Geltungsdauer der Vereinbarung anwendbar, sofern die Vereinbarung nicht später wesentlich geändert wird. Eine solche Änderung liegt beispielsweise vor, wenn die Parteien eine neue Technologietransfer-Vereinbarung in Bezug auf konkurrierende Technologierechte schließen.**

1. Einführung

167 Art. 4 enthält eine **abschließende** Auflistung unzulässiger vertraglicher Abreden (sog. Kernbeschränkungen oder „schwarze Klauseln"). Kernbeschränkungen sind besonders schwerwiegende Wettbewerbsbeschränkungen, die nach Auffassung der Kommission erfahrungsgemäß fast immer wettbewerbsschädigend sind.[305] Die Kommission geht bei Kernbeschränkungen davon aus, dass diese in der Regel nicht die Voraussetzungen des Art. 101 Abs. 3 AEUV erfüllen.[306] Sie sind daher von der Gruppenfreistellung ausgenommen. Die Art. 4 und 5, in denen die Kernbeschränkungen und weitere nichtfreigestellte Beschränkungen abschließend aufgeführt sind, sollen nach der Intention der Kommission sicherstellen, dass freigestellte Technologietransfer-Vereinbarungen den Innovationsanreiz nicht verringern, die Verbreitung von Technologien nicht verzögern und den Wettbewerb zwischen Lizenzgeber und Lizenznehmer bzw. zwischen Lizenznehmern nicht unangemessen einschränken.[307]

168 Regelungstechnisch enthält Art. 4 ein kompliziertes System von Ausnahmen, Gegenausnahmen und Gegen-Gegenausnahmen. Die TT-GVO bildet insgesamt eine **Ausnahme vom Verbot** des Art. 101 Abs. 1 AEUV, Kernbeschränkungen führen wiederum zum Fortfall der Gruppenfreistellung, Ausnahmen von den Kernbeschränkungen erlauben jedoch gewisse an sich unter Kernbeschränkungen fallende Regelungen und Rückausnahmen zu den Ausnahmen führen wieder dazu, dass eine Ausnahme doch nicht vorliegt und die Regelung kartellrechtswidrig ist.[308]

169 Die Liste der Kernbeschränkungen ist im Vergleich zur VO 772/2004 nur unwesentlich verändert worden.[309] Neu ist, dass in Vereinbarungen zwischen Nicht-Wettbewerbern passive Verkäufe in Gebiete oder an Kundengruppen, die der Lizenzgeber einem anderen Lizenznehmer exklusiv zugewiesen hat, von Anfang an als Kernbeschränkungen gelten.[310] Unter der VO 772/2004 waren Beschränkungen von passiven Verkäufen in diesen Fällen noch innerhalb der ersten beiden Jahre des Verkaufs gruppenfreigestellt.[311] Die **Verschärfung** wird allerdings dadurch wieder **relativiert,** dass solche Beschränkungen nach Maßgabe der Leitlinien für einen gewissen Zeitraum schon nicht vom Verbot des Art. 101

---

[305] Vgl. Leitlinien, Rn. 94 sowie Erwägungsgrund 14 der TT-GVO.
[306] Leitlinien, Rn. 95.
[307] Vgl. Leitlinien, Rn. 148.
[308] *Gennen,* IPRB 2014, 131, 134.
[309] *Besen/Slobodenjuk,* GRUR 2014, 740, 741; *Bechtold/Bosch/Brinker,* EU-Kartellrecht, 3. Auflage, 2014, Art. 4 VO 316/2014, Rn. 1.
[310] Art. 4 Abs. 2 lit. b) TT-GVO.
[311] Art. 4 Abs. 2 lit. b) Ziffer ii) VO 772/2004.

Abs. 1 AEUV erfasst sind, wenn sie objektiv notwendig sind, damit der geschützte Lizenznehmer in einen neuen Markt eintreten kann.[312]

2. Rechtsfolge bei Aufnahme von Kernbeschränkungen

Enthält eine Vereinbarung auch nur eine der Kernbeschränkungen aus dem Katalog in Art. 4, ist sie insgesamt von der Gruppenfreistellung ausgenommen **(Alles-oder-nichts-Prinzip).** Dies führt zwar nicht gleichsam automatisch zur Unwirksamkeit der gesamten Vereinbarung. Im ersten Schritt sind vielmehr nur sämtliche beschränkenden Klauseln der Vereinbarung, einschließlich derer, die innerhalb der Marktanteilsschwellen freigestellt wären, von der Freistellung ausgenommen. Diese Klauseln können dann grundsätzlich immer noch kartellrechtlich zulässig und damit wirksam sein. Dies gilt im Grundsatz auch für die Klauseln, die Kernbeschränkungen beinhalten. **170**

Praktisch wird dies indes nur selten der Fall sein. Zwar bedeutet die Nennung einer Klausel als Kernbeschränkung nicht, dass diese im konkreten Fall überhaupt eine tatbestandliche Wettbewerbsbeschränkung i. S. v. Art. 101 Abs. 1 AEUV beinhaltet.[313] In Anbetracht ihrer **Qualifizierung als besonders schwerwiegende Wettbewerbsbeschränkung** wird dies freilich in der Regel der Fall sein.[314] Vergleichbares gilt für die Legalausnahme gemäß Art. 101 Abs. 3 AEUV. Zwar kann auch eine Kernbeschränkung grundsätzlich die Voraussetzungen der Legalausnahme erfüllen und daher wirksam sein. Dies wird jedoch bei Kernbeschränkungen nur in seltenen Ausnahmefällen erfolgreich belegbar sein.[315] **171**

Die Aufnahme einer Kernbeschränkung[316] wird daher häufig zugleich das endgültige Verdikt über das Schicksal der Vereinbarung besiegeln und diese insgesamt unwirksam machen. Die weiteren **zivilrechtlichen Folgen einer Kernbeschränkung,** also insbesondere die Frage, ob die übrigen Vertragsbestandteile, die keine Wettbewerbsbeschränkung enthalten, wirksam bleiben, bestimmen sich grundsätzlich nach nationalem Recht,[317] im deutschen Recht also nach § 139 BGB.[318] Die Kernbeschränkungen im Katalog von Art. 4 betreffen in der Regel wesentliche Vertragsbestandteile *(essentialia negotii)*. Fällt ein solcher wesentlicher Vertragsbestandteil weg, wird der verbleibende Vertrag auch bei Aufnahme einer handelsüblichen salvatorischen Klausel regelmäßig insgesamt unwirksam.[319] **172**

Bei Kernbeschränkungen besteht darüber hinaus ein hohes **Bußgeldrisiko** sowie ein Risiko, auf Schadensersatz in Anspruch genommen zu werden. Entsprechend sind die „Katalogklauseln" des Art. 4 in der Literatur zu Recht als „kartellrechtlicher Giftschrank" bezeichnet worden.[320] **173**

3. Vereinbarungen zwischen Wettbewerbern oder Nicht-Wettbewerbern

Art. 4 enthält unterschiedliche Kataloge von Kernbeschränkungen, je nachdem ob die zu betrachtende Vereinbarung zwischen konkurrierenden Unternehmen[321] oder zwischen **174**

---

[312] Leitlinien, Rn. 126. Das kann der Fall sein, wenn der Lizenznehmer umfangreiche Investitionen auf sich nehmen muss, um einen neuen Markt zu erschließen und zu entwickeln.

[313] So zu Recht *Zöttl,* WRP 2005, 33, 38.

[314] Vgl. in diesem Zusammenhang nur EuGH, Urt. v. 13.12.2012, Rs. C-226/11 – Expedia Inc., Rn. 37, wonach bezweckte Wettbewerbsbeschränkungen (um die es sich bei Kernbeschränkungen in der Regel handeln dürfte) ihrer Natur nach und unabhängig von ihren konkreten Auswirkungen immer eine spürbare Beschränkung des Wettbewerbs darstellen.

[315] Leitlinien, Rn. 18, 94, 95.

[316] Bzw. das Umsetzen einer abgestimmten Verhaltensweise, die eine Kernbeschränkung verwirklicht, vgl. oben Art. 1 TT-GVO, Rn. 55.

[317] Vgl. nur EuGH, Urt. v. 11.11.2008, Rs. C-279/06 – CEPSA, Rn. 78f.

[318] Siehe dazu BGH, 24.9.2002, KZR 10/01, GRUR 2004, 353 – Tennishallenpachtvertrag.

[319] Vgl. BGH, NJW 2010, 1660, 1661.

[320] *Hufnagel,* Mitt. 2004, 297, 300.

[321] Vgl. Art. 4 Abs. 1 TT-GVO.

nicht konkurrierenden Unternehmen[322] abgeschlossen ist. Der Begriff des konkurrierenden Unternehmens ist in Art. 1 Abs. 1 lit. n) definiert. Der Begriff des nicht-konkurrierenden Unternehmens ergibt sich im Umkehrschluss aus dieser Definition. **Materiell** besteht kein Unterschied zu dem im Unionskartellrecht gebräuchlicheren Begriffspärchen Wettbewerber/Nicht-Wettbewerber.

4. Wechselseitige und nicht wechselseitige Vereinbarungen

175 Handelt es sich bei den Vertragsparteien um **Wettbewerber,** ist weiterhin zwischen wechselseitigen und nicht wechselseitigen Vereinbarungen zu unterscheiden.[323] Wechselseitigen Vereinbarungen begegnet die Kommission mit großen Vorbehalten, nicht wechselseitige Vereinbarungen unterliegen dagegen einem großzügigeren Prüfungsmaßstab.

5. Vereinbarungen zwischen Wettbewerbern

176 Abs. 1 zählt **abschließend** die Kernbeschränkungen für Vereinbarungen zwischen Wettbewerbern[324] auf. Er enthält außerdem Rückausnahmen von diesen Kernbeschränkungen.

177 **a) Preisbindungen (Abs. 1 lit. a)).** Nach Abs. 1 lit. a) sind in einem Lizenzvertrag enthaltene Beschränkungen einer Partei, die die Preisfestsetzung für an Dritte verkaufte Produkte zum Gegenstand haben, immer **unzulässig.** Bei solchen Preisabsprachen zwischen Wettbewerbern handelt es sich um besonders schädliche Kartelle.[325]

178 Der Wortlaut der Vorschrift ist nicht auf Produkte beschränkt, die mit der lizenzierten Technologie hergestellt wurden (Vertragsprodukte[326]). Auch die Leitlinien lassen klar erkennen, dass von Abs. 1 lit. a) Beschränkungen der Preissetzungsfreiheit sowohl mit Blick auf Vertragsprodukte als auch mit Blick auf andere Produkte[327] erfasst sein sollen.[328] Dies erscheint indes fragwürdig, soweit sich die Preisabsprache auf Produkte bezieht, die in keinem sachlichen Zusammenhang mit der Technologietransfer-Vereinbarung stehen.[329] In solchen Fällen sollten die Technologietransfer-Vereinbarung und die Preisabsprache **getrennt** bewertet werden. Die Preisabsprache bliebe dann natürlich kartellrechtlich verboten, würde aber die eigentliche Technologietransfer-Vereinbarung nicht „infizieren".[330]

179 Verbotene Preisfestsetzungen können direkt erfolgen (bspw. durch eine verbindliche Preisliste mit zulässigen Höchstrabatten) aber auch indirekt (bspw. durch die Ausgestaltung der Lizenzgebühren, etwa in Gestalt einer vereinbarten Erhöhung der Lizenzgebühren, wenn die Produktpreise unter ein bestimmtes Niveau fallen). Es ist unerheblich, ob die Vereinbarung Festpreise, Mindestpreise oder Höchstpreise zum Gegenstand hat.[331] Auch unverbindliche Preisempfehlungen sind zwischen Wettbewerbern, anders als zwischen Nicht-Wettbewerbern,[332] Kernbeschränkungen. Hier ist die TT-GVO **strenger** als die

---

[322] Vgl. Art. 4 Abs. 2 TT-GVO.
[323] Vgl. Art. 1 Abs. 1 lit. d) und e) TT-GVO.
[324] Konkurrierende Unternehmen, vgl. Art. 1 Abs. 1 lit. n) TT-GVO.
[325] Vgl. Art. 101 Abs. 1 lit. a) AEUV.
[326] Art. 1 Abs. 1 lit g) TT-GVO.
[327] Art. 1 Abs. 1 lit. f) TT-GVO.
[328] Leitlinien, Rn. 99.
[329] Vgl. auch *Fuchs,* in: Immenga/Mestmäcker, EU-Wettbewerbsrecht, 5. Auflage, 2012, Kapitel F (Technologie-Transfer), Art. 4 TT-GVO, Rn. 10; *Bechtold/Bosch/Brinker,* EU-Kartellrecht, 3. Auflage, 2014, Art. 4 VO 316/2014, Rn. 8; *Röhling/Nagel,* in: Münchener Kommentar Europäisches und Deutsches Wettbewerbsrecht, Band 1, 2. Auflage, 2015, Art. 4 GVO Nr. 316/2014, Rn. 10.
[330] Ähnlich *Bechtold/Bosch/Brinker,* EU-Kartellrecht, 3. Auflage, 2014, Art. 4 VO 316/2014, Rn. 8; *Fuchs,* in: Immenga/Mestmäcker, EU-Wettbewerbsrecht, 5. Auflage, 2012, Kapitel F (Technologie-Transfer), Art. 4 TT-GVO, Rn. 10, schlägt vor, das Ergebnis über Art. 101 Abs. 3 AEUV zu korrigieren.
[331] Leitlinien, Rn. 99.
[332] Vgl. Art. 4 Abs. 2 lit. a) TT-GVO.

Vertikal-GVO. Die Vertikal-GVO stellt in beschränktem Umfang unverbindliche Preisempfehlungen und Mindestpreise auch zwischen Wettbewerbern frei.[333]

Mindestlizenzgebühren sind keine Preisbeschränkungen im Sinne von Abs. 1 lit. a).[334] **180** Auch Lizenzgebühren in Form von Pauschalzahlungen, als Prozentsatz vom Verkaufswert (sog. *running royalties*) oder als fixer Betrag je verkauftes Produkt (sog. Stücklizenzen) sind für sich betrachtet keine Kernbeschränkungen.[335] Selbst wenn die Pflicht zur Zahlung von Lizenzgebühren **über die Geltungsdauer** der lizenzierten Schutzrechte hinausreicht, soll in der Regel schon kein Verstoß gegen Art. 101 Abs. 1 AEUV vorliegen.[336] Die Kommission stört sich also nicht daran, dass der Lizenznehmer noch Lizenzgebühren zahlen muss, wenn das Schutzrecht längst erloschen ist. Dies eröffnet in der Praxis Spielraum für über einen längeren Zeitraum „gestreckte" Lizenzgebührvereinbarungen. Als Grund gibt die Kommission an, dass mit Auslaufen der Schutzrechte Dritte die fragliche Technologie rechtmäßig nutzen und mit den Vertragsparteien konkurrieren können. Folglich dürfte die Vereinbarkeit mit Art. 101 Abs. 1 AEUV voraussetzen, dass es bei Auslaufen des lizenzierten Schutzrechts mindestens potenzielle Wettbewerber gibt.

Stücklizenzen in wechselseitigen Vereinbarungen zwischen Wettbewerbern können al- **181** lerdings dann unter die Kernbeschränkung des Abs. 1 lit. a) fallen, wenn damit die Preise auf den nachgelagerten Produktmärkten abgestimmt werden sollen. Das soll nach Auffassung der Kommission immer dann der Fall sein, wenn die Vereinbarung **keinerlei wettbewerbsfördernden Zweck** hat und deshalb **keine Bona-fide-Lizenzvereinbarung** darstellt.[337] Angesichts des Umstandes, dass Stücklizenzen häufig ein legitimes und ökonomisch gerechtfertigtes Ziel verfolgen, sind insoweit keine zu hohen Anforderungen zu stellen.[338]

Unter Abs. 1a) fallen auch Vereinbarungen, wonach die Lizenzgebühren auf der Grund- **182** lage auch von Verkäufen jener Produkte berechnet werden, die die lizenzierte Technologie überhaupt nicht nutzen.[339] Durch eine solche Regelung würden auch Produkte mit der eigenen Technologie des Lizenznehmers mindestens anteilig mit Lizenzgebühren bedacht, was dessen Kosten **ohne sachliche Rechtfertigung** künstlich erhöht *(raising rivals costs)*. Eine solche Vereinbarung könnte allenfalls im Einzelfall die Voraussetzungen der Ausnahme nach Art. 101 Abs. 3 AEUV erfüllen, wenn es ohne die Beschränkung unmöglich oder unangemessen schwierig wäre, die vom Lizenznehmer gezahlte Lizenzgebühr zu berechnen und zu überwachen.[340]

Absprachen mit Blick auf die Höhe der Lizenzgebühren der Parteien gegenüber Dritten **183** sind nicht von Abs. 1 lit. a) erfasst.[341] Vereinbarungen der Parteien über die Preise für die Lizenzvergabe der Technologierechte an Dritte sind zwar in aller Regel Wettbewerbsbe-

---

[333] Siehe Art. 2 Abs. 4 i. V. m. Art. 4 lit. a) Vertikal-GVO.

[334] Leitlinien, Rn. 99.

[335] Leitlinien, Rn. 184.

[336] Leitlinien, Rn. 187.

[337] Leitlinien, Rn. 100, 185. Kritisch hierzu *Zöttl,* WRP 2005, 33, 42; *Korah,* ECLR 2004, 247, 255, die davon ausgehen, dass *running royalties* auch in wechselseitigen Vereinbarungen ein wichtiges Gestaltungselement darstellen, da sie im Gegensatz zu Pauschalbeträgen eine angemessene wirtschaftliche Erfolgs- und Risikoteilung zwischen den Parteien ermöglichen.

[338] Vgl. nur *S. Gehring,* in: Mäger, Europäisches Kartellrecht, 2. Auflage, 2014, 5. Kapitel, Rn. 51.

[339] Leitlinien, Rn. 101, 185.

[340] Dies könnte z. B. der Fall sein, wenn die lizenzierte Technologie keine sichtbaren Spuren *(fingerprints)* in oder auf dem Endprodukt hinterlässt, was insbesondere bei Verfahrenspatenten der Fall sein kann, vgl. Leitlinien, Rn. 102.

[341] *Bechtold/Bosch/Brinker,* EU-Kartellrecht, 3. Auflage, 2014, Art. 4 VO 316/2014, Rn. 8; *Röhling/Nagel,* in: Münchener Kommentar Europäisches und Deutsches Wettbewerbsrecht, Band 1, 2. Auflage, 2015, Art. 4 GVO Nr. 316/2014, Rn. 11; ebenso zur VO 772/2004 *Fuchs,* in: Immenga/Mestmäcker, EU-Wettbewerbsrecht, 5. Auflage, 2012, Kapitel F (Technologie-Transfer), Art. 4 TT-GVO, Rn. 14; *Schultze/Pautke/Wagener,* TT-GVO, 2005, Rn. 735; *Zöttl* WRP 2005, 33, 41.

schränkungen i. S. v. Art. 101 Abs. 1 lit. a) AEUV. Sie sind aber gleichwohl gruppenfreigestellt. Gleiches gilt naturgemäß für **Meistbegünstigungsklauseln** bezogen auf Lizenzgebühren. Der Lizenznehmer kann also den Lizenzgeber verpflichten, ihm die mit einem Dritten getroffenen günstigeren Konditionen gleichfalls einzuräumen oder gar Lizenzen an Dritte nur zu ungünstigeren Bedingungen zu gewähren.[342]

184 **b) Beschränkungen des Outputs (Abs. 1 lit. b)).** Nach Abs. 1 lit. b) sind bestimmte Beschränkungen, die den Output (also die Produktion und/oder den Absatz) einer Partei betreffen, nicht freigestellt. Mit einer **Output-Beschränkung** legen die Parteien fest, wie viel sie produzieren und verkaufen dürfen.[343] Im Verhältnis zwischen Wettbewerbern können Output-Beschränkungen zu einer Marktaufteilung führen. Output-Beschränkungen können dabei als **einfache Verbote** geregelt sein. Sie können aber auch auf mittelbarem Weg vereinbart werden, etwa durch Gestaltungen, die den Anreiz der Parteien verringern, den Output zu erhöhen, weil dann die Höhe der vereinbarten Lizenzgebühren steigt.[344]

185 **Nicht jede** Output-Beschränkung zwischen Wettbewerbern ist auch zugleich eine Kernbeschränkung i. S. v. Abs. 1 lit. b). Kernbeschränkungen sind zum einen Output-Beschränkungen im Rahmen von wechselseitigen Vereinbarungen für den Fall, dass auch die Output-Beschränkung wechselseitig, also beiden Vertragspartnern auferlegt, ist. Wechselseitige Vereinbarungen sind Technologie-Tauschverträge, die konkurrierende Technologien zum Gegenstand haben oder für die Produktion konkurrierender Produkte genutzt werden können.[345] Kernbeschränkungen sind zum anderen solche Output-Beschränkungen, die dem Lizenzgeber in Bezug auf seine eigene Technologie auferlegt werden.

186 Keine Kernbeschränkung (und damit gruppenfreigestellt) sind dementsprechend Output-Beschränkungen, die einem Lizenznehmer in einer **nicht wechselseitigen Lizenzvereinbarung** auferlegt werden.[346] Eine Lizenzvereinbarung ist auch dann nicht-wechselseitig, wenn die Parteien zwar Lizenzen tauschen, die vom Tausch erfassten Technologierechte aber komplementär zueinander sind.[347] Keine Kernbeschränkungen sind außerdem Output-Beschränkungen für einen der Lizenznehmer in einer wechselseitigen Vereinbarung, sofern die Beschränkung nur für Vertragsprodukte (und nicht für eigene Technologien) gilt.[348]

187 Die Regelung in Abs. 1 lit. b) entspricht der in Art. 4 Abs. 1 lit. b) VO 772/2004. Unter der VO 240/96 waren Output- und Produktionsbeschränkungen – mit Ausnahme der Eigenproduktion[349] und des second sourcing[350] – ebenfalls nicht freigestellt,[351] jedoch ohne Unterscheidung zwischen wechselseitigen und nicht wechselseitigen Vereinbarungen.

188 Für Technologietransfer-Vereinbarungen zwischen Nicht-Wettbewerbern (vgl. Abs. 2) gibt es keine Entsprechung zu Art. 1 lit. b). Dort sind folglich Output-Beschränkungen in

---

[342] *Bechtold/Bosch/Brinker,* EU-Kartellrecht, 3. Auflage, 2014, Art. 4 VO 316/2014, Rn. 8; ebenso zur VO 772/2004 *Fuchs,* in: Immenga/Mestmäcker, EU-Wettbewerbsrecht, 5. Auflage, 2012, Kapitel F (Technologie-Transfer), Art. 4 TT-GVO, Rn. 14.

[343] Leitlinien, Rn. 103, unter Verweis auf EuGH, Urt. v. 25.2.1986, Rs. 193/83, Slg. 1986, 611, Windsurfing International, Rn. 60 ff.

[344] Leitlinien, Rn. 103. Kritisch zur pauschal negativen Bewertung von gestaffelten Gebühren *Fuchs,* in: Immenga/Mestmäcker, EU-Wettbewerbsrecht, 5. Auflage, 2012, Kapitel F (Technologie-Transfer), Art. 4 TT-GVO, Rn. 17 (m. w. N.), mit dem Hinweis darauf, dass solche Lizenzabreden bei niedrigem Eingangssatz die Technologieverbreitung fördern und den Lizenzgeber angemessen am wirtschaftlichen Erfolg beteiligen können.

[345] Art. 1 Abs. 1 lit d) TT-GVO.

[346] Leitlinien, Rn. 103, 204.

[347] Vgl. die Definitionen für „wechselseitige Vereinbarung" in Art. 1 Abs. 1 lit. d) TT-GVO und für „nicht wechselseitige Vereinbarung" in Art. 1 Abs. 1 lit. e) TT-GVO. Vgl. auch Leitlinien, Rn. 98.

[348] Leitlinien, Rn. 103, 204.

[349] Art. 1 Abs. 1 Nr. 8 VO 240/96.

[350] Art. 2 Abs. 1 Nr. 13 VO 240/96.

[351] Art. 3 Nr. 5 VO 240/96.

aller Regel **freistellungsfähig.** Eine Ausnahme sind Output-Beschränkungen, die der Beschränkung von Passiv-Verkäufen dienen.[352]

c) Aufteilung von Märkten oder Kunden (Abs. 1 lit. c)). Nach Abs. 1 lit. c) gelten Beschränkungen durch Zuweisung von Märkten oder Kunden grundsätzlich als Kernbeschränkung. Werden bestimmte (sachliche oder geographische) Märkte oder Kunden einer Partei zugewiesen, so bedeutet dies zugleich, dass die andere Partei dorthin nicht liefern darf. Dieses **Lieferverbot** ist die Kernbeschränkung. Solche Beschränkungen werden in der Regel als **Marktaufteilung** gewertet.[353] **189**

Das Verbot in Abs. 1 lit. c) ist durch eine Reihe von Ausnahmen durchbrochen, die wiederum teilweise Gegenausnahmen erfahren. Besondere Bedeutung hat dabei die Unterscheidung zwischen wechselseitigen Vereinbarungen, an die die Kommission sehr strenge Anforderungen stellt, und nicht wechselseitigen Vereinbarungen.[354] Während die VO 772/2004 und der Entwurf der TT-GVO noch sieben Ausnahmen vorsahen, sind es in der endgültigen Fassung der TT-GVO nunmehr nur noch vier Ausnahmen. Damit ist aber **im Ergebnis keine strengere Neuregelung** verbunden. **190**

aa) Nutzungsbeschränkungen (field of use-Beschränkungen). Entfallen ist zum einen die Ausnahme für Nutzungsbeschränkungen (***field of use*-Beschränkungen**). Solche Nutzungsbeschränkungen waren unter der VO 772/2004 ausdrücklich gruppenfreigestellt, und zwar in Gestalt von Verpflichtungen des Lizenznehmers, die lizenzierte Technologie nur in bestimmten Anwendungsbereichen oder Produktmärkten zu nutzen[355] bzw. dem Lizenzgeber und/oder dem Lizenznehmer in einer nicht wechselseitigen Vereinbarung auferlegten Verpflichtungen, mit der lizenzierten Technologie nicht in Anwendungsbereichen, Produktmärkten oder Exklusivgebieten zu produzieren, die der anderen Partei vorbehalten sind.[356] **191**

Materiell werden dadurch Nutzungsbeschränkungen im Rahmen der TT-GVO aber **nicht strenger** geregelt. Solche Beschränkung einer Lizenz auf einen bestimmten technischen Anwendungsbereich oder einen bestimmten Produktmarkt oder Wirtschaftszweig, die zugleich immer auch ein Verbot der Nutzung außerhalb des zugewiesenen Bereichs beinhalten, können zwar nach den Leitlinien durchaus von Art. 101 Abs. 1 AEUV erfasst sein.[357] Allerdings stellten die Leitlinien ebenfalls klar, dass Nutzungsbeschränkungen keine Kernbeschränkungen sind,[358] so dass die Gruppenfreistellung greift. **192**

Nutzungsbeschränkungen müssen von unzulässigen Kundenkreisbeschränkungen im Sinne von Abs. 1 lit. c) abgegrenzt werden. Die Abgrenzung kann dabei im Einzelfall durchaus **erhebliche praktische Schwierigkeiten** aufwerfen. Entscheidend ist dabei der **Begriff des technischen Anwendungsbereichs.**[359] Dieser muss objektiv unter Verweis auf genau bezeichnete, relevante technische Merkmale des Vertragsprodukts definiert sein.[360] **193**

Ein technischer Anwendungsbereich ist nicht notwendig mit einem Produktmarkt deckungsgleich. Er kann es zwar sein; ein Produktmarkt kann aber auch durchaus mehrere technische Anwendungsbereiche umfassen.[361] Die Leitlinien nennen insoweit zwei Beispie- **194**

---

352 Vgl. unten Rn. 232.
353 Leitlinien, Rn. 198.
354 Vgl. die Definitionen für „wechselseitige Vereinbarung" in Art. 1 Abs. 1 lit. d) TT-GVO und für „nicht wechselseitige Vereinbarung" in Art. 1 Abs. 1 lit e) TT-GVO. Vgl. auch Leitlinien, Rn. 98.
355 Vgl. Art. 4 Abs. 1 lit. c) Ziffer i) VO 772/2004.
356 Vgl. Art. 4 Abs. 1 lit. c) Ziffer ii) VO 772/2004.
357 Vgl. Leitlinien, Rn. 208–215. Zur kartellrechtlichen Beurteilung von „field of use-Klauseln" vgl. *Gehring/Fort,* EWS 2007, 160 ff.
358 Leitlinien, Rn. 113, 209.
359 *S. Gehring,* in: Mäger, Europäisches Kartellrecht, 2. Auflage, 2014, 5. Kapitel, Rn. 69.
360 Leitlinien, Rn. 209.
361 Leitlinien, Rn. 208.

le: eine neue Motortechnik, die sowohl in Vier-Zylinder-Motoren als auch in Sechs-Zylinder-Motoren zum Einsatz kommen kann, sowie eine Technologie zur Herstellung von Chipsätzen, die für Chipsätze mit bis zu vier Hauptprozessoren und für Chipsätze mit mehr als vier Hauptprozessoren eingesetzt werden kann.[362] Eine Lizenz, die die Verwendung der lizenzierten Technologie auf beispielsweise Vier-Zylinder-Motoren oder Chipsätze mit bis zu vier Hauptprozessoren beschränkt, wäre nach Auffassung der Kommission als Nutzungsbeschränkung (und nicht als Kundenkreisbeschränkung) anzusehen.[363] Der Umstand, dass eine Nutzungsbeschränkung einer bestimmten Kundengruppen in einem Produktmarkt entspricht, weil nur diese Kunden ausschließlich oder überwiegend jene Produkte erwerben, die von der Nutzungsbeschränkung erfasst sind, führt dabei für sich betrachtet noch nicht zu ihrer Qualifizierung als **Kundenkreisbeschränkung.**[364] Eine unzulässige Kundenkreisbeschränkung setzt vielmehr voraus, dass die Kundengruppe, die von der gebundenen Partei nicht beliefert werden darf, genau vertraglich bestimmt wird.[365] Im Ergebnis dürfte entscheidend sein, ob die fragliche Technologie es ermöglicht, voneinander differenzierbare Produkte herzustellen, die sich nach objektiven Kriterien unterscheiden lassen.[366]

195 Eine Nutzungsbeschränkung darf nicht über den Einsatzbereich der lizenzierten Technologie hinausgehen.[367] Wird der Lizenznehmer beispielsweise auch hinsichtlich der Einsatzgebiete der Nutzung seiner eigenen Technologie eingeschränkt, so läuft die Vereinbarung auf eine **unzulässige Marktaufteilung** hinaus. Aus Abs. 1d) ergibt sich in Ergänzung dazu noch, dass der Lizenznehmer nicht in der Nutzung seiner eigenen Technologie eingeschränkt werden darf. Beides ist selbstverständlich: Die Beschränkung des Lizenznehmers darf nicht weitergehen als der Schutzbereich des betreffenden Schutzrechts reicht, denn eine außerhalb des Schutzbereichs liegende Technologie ist grundsätzlich gemeinfrei (wenn sie nicht auf andere Weise sonderrechtlich geschützt ist) und damit der Verfügungsbefugnis des Schutzrechtsinhabers entzogen.

196 **bb) Alleinlizenzen.** Entfallen ist außerdem die Ausnahme für dem Lizenzgeber auferlegte Verpflichtungen, in einem bestimmten Gebiet keinem anderen Lizenznehmer eine Technologie-Lizenz zu erteilen **(Alleinlizenzen).**[368] Im Rahmen von Alleinlizenzen verpflichtet sich der Lizenzgeber, in einem bestimmten Gebiet keinem Dritten eine Lizenz zu erteilen, behält sich aber vor, selbst die lizenzierte Technologie weiter zu nutzen.

197 Auch der Wegfall dieser Ausnahme führt nicht zu einer materiellen Verschärfung. Nach den Leitlinien gilt nämlich die **Gruppenfreistellung für Alleinlizenzen** nach wie vor, und zwar unabhängig davon, ob die Vereinbarung wechselseitig ist oder nicht.[369] Die Kommission bewertet Alleinlizenzen weniger kritisch, weil sie die Möglichkeit der Parteien, ihre eigenen Technologierechte in den betreffenden Gebieten in vollem Umfang zu nutzen, nicht in Frage stellen.[370]

198 **cc) Verkaufs- und Produktionsbeschränkungen (Ziffer i)).** Ziffer i) stellt nicht wechselseitige Vereinbarungen frei, nach denen eine Partei von der Produktion mit den lizensierten Technologierechten sowie von aktiven und/oder passiven Verkäufen in das Exklusivgebiet[371] oder an eine Exklusivkundengruppe[372] der anderen Partei Abstand nimmt.

---

[362] Leitlinien, Rn. 208.
[363] Leitlinien, Rn. 208.
[364] Leitlinien, Rn. 209.
[365] Leitlinien, Rn. 209.
[366] *S. Gehring,* in: Mäger, Europäisches Kartellrecht, 2. Auflage, 2014, 5. Kapitel, Rn. 69.
[367] Leitlinien, Rn. 113.
[368] Vgl. Art. 4 Abs. 1 lit. c) Ziffer iii) VO 772/2004.
[369] Leitlinien, Rn. 109.
[370] Leitlinien, Rn. 109.
[371] Vgl. Art. 1 Abs. 1 lit. q) TT-GVO.
[372] Vgl. Art. 1 Abs. 1 lit. r) TT-GVO.

Zulässig sind Verkaufs- und Produktionsbeschränkungen zulasten des Lizenzgebers, zulasten des Lizenznehmers oder zulasten von beiden. Freigestellt sind Lizenzvereinbarungen, die der einen Partei nur die Herstellung im Exklusivgebiet der anderen Partei untersagen, die der einen Partei nur (aktive und/oder passive) Verkäufe in das Exklusivgebiet und/oder an die Exklusivkundengruppe der anderen Partei untersagen sowie Lizenzvereinbarungen, die solche Produktion- und Verkaufsbeschränkungen kombinieren. Verkaufs- und Produktionsbeschränkungen in wechselseitigen Vereinbarungen zwischen Wettbewerbern sind hingegen als Kernbeschränkung von der Gruppenfreistellung ausgenommen.[373]

Was aktive und passive Verkäufe sind, bestimmt sich nach **Maßgabe der Vertikalleitlinien.**[374] Aktiver Verkauf bedeutet die aktive Ansprache einzelner Kunden oder Kundengruppen mittels gezielte Werbemaßnahmen.[375] Passiver Verkauf bedeutet die Erledigung unaufgeforderter Bestellungen einzelner Kunden, die von sich aus auf die betreffende Partei zugekommen sind, z. B. als Reaktion auf allgemeine Werbe- oder Verkaufsförderungsmaßnahmen.[376] 199

Entgegen der irreführenden Bezeichnung in den Leitlinien[377] erfasst Ziffer i) **keine Exklusivlizenzen** i. S. v. Art. 1 Abs. 1 lit. p). Eine Exklusivlizenz läge nur vor, wenn der Lizenzgeber sich auch verpflichten würde, die lizenzierten Technologierechte nicht an dritte Lizenznehmer zu lizenzieren. Bei einer Exklusivlizenz ist der Lizenznehmer der Einzige, der auf der Grundlage der lizenzierten Technologierechte im Allgemeinen oder im Hinblick auf die jeweilige Nutzung oder das jeweilige Gebiet produzieren darf.[378] Eine solche Verpflichtung ist indes von der Ausnahme in Ziffer i) nach dem klaren Wortlaut nicht erfasst. Die von Ziffer i) erfassten Lizenzen sind nur im bilateralen Verhältnis zwischen Lizenzgeber und Lizenznehmer exklusiv, nicht aber im Verhältnis zu Dritten. Insofern bietet es sich an, von beschränkten Exklusivlizenzen zu sprechen. Erteilt der Lizenzgeber dem Lizenznehmer in einer nicht wechselseitigen Vereinbarung eine beschränkte Exklusivlizenz für die Herstellung von Produkten auf der Basis der lizenzierten Technologie in einem bestimmten Gebiet und sagt damit zugleich zu, die Vertragsprodukte in diesem Gebiet weder selbst zu produzieren noch in dieses Gebiet zu liefern, so ist eine solche Beschränkung nach Ziffer i) gruppenfreigestellt. 200

Materiell macht dies allerdings keinen Unterschied. Denn nach den Leitlinien ist die nicht wechselseitige Erteilung von Exklusivlizenzen (i. S. v. Art. 1 Abs. 1 lit. p)) zwischen Wettbewerbern keine Kernbeschränkung und daher ebenfalls von der allgemeinen Gruppenfreistellung erfasst.[379] **Gruppenfreigestellt** ist demzufolge auch eine **Kombination aus Exklusivlizenz und Produktions- und Verkaufsbeschränkung** gemäß Ziffer i). Der Lizenzgeber verpflichtet sich dann, selbst mit den lizenzierten Technologierechten nicht in dem Exklusivgebiet des Lizenznehmers zu produzieren, Produkte mit der lizenzierten Technologie nicht in das Exklusivgebiet und/oder an die Exklusivkundengruppe des Lizenznehmers zu verkaufen und die lizenzierten Technologierechte auch nicht an dritte Lizenznehmer zu lizenzieren. 201

Exklusivlizenzen und beschränkte Exklusivlizenzen fallen **unabhängig von der Größe** des Gebiets unter die Gruppenfreistellung. Möglich ist auch, die Lizenz auf weltweiter Basis zu erteilen. Der Lizenzgeber verzichtet dann ganz darauf, in den Markt einzutreten bzw. auf dem Markt zu bleiben.[380] 202

---

373 Mit Ausnahme von Eigenbedarfsklauseln, siehe Art. 4 Abs. 1 lit. c) Ziffer iii).
374 Leitlinien, Rn. 108 mit Verweis auf Leitlinien für vertikale Beschränkungen, ABl. 2010 C 130/01.
375 Vgl. Vertikalleitlinien, Rn. 51.
376 Vgl. Vertikalleitlinien, Rn. 51.
377 Vgl. Leitlinien, Rn. 107.
378 Vgl. Leitlinien, Rn. 190.
379 Leitlinien, Rn. 193.
380 Leitlinien, Rn. 107, 193.

203 Beschränkte Exklusivlizenzen sollen dem Lizenzgeber und/oder dem Lizenznehmer einen Anreiz bieten, in die lizenzierte Technologie zu investieren und sie weiterzuentwickeln.[381] Zugleich beruht die Freistellung von beschränkten Exklusivlizenzen auf dem **Gedanken der räumlichen Arbeitsteilung.** Der Lizenzgeber soll die Technologie einem Lizenznehmer zur Nutzung in Gebieten überlassen, die er selbst nicht „beackern" will, ohne zugleich fürchten zu müssen, dass ihm der Lizenznehmer alsbald in seinem „Heimatgebiet" Konkurrenz macht.[382]

204 Verkaufsbeschränkungen in Gestalt von beschränkten Exklusivlizenzen können auch oberhalb der Marktanteilsschwelle von 20% nach Maßgabe von Art. 101 Abs. 3 AEUV freigestellt sein, wenn sie **für die Verbreitung wertvoller Technologien unerlässlich** sind. Dies liegt nahe, wenn der Lizenzgeber in dem Gebiet, in dem er die Technologie selbst nutzt, eine relativ schwache Marktstellung innehat. Eine Beschränkung insbesondere des aktiven Verkaufs kann dann unerlässlich sein, um den Lizenzgeber zur Lizenzvergabe zu bewegen. Ohne diese Beschränkung würde sich der Lizenzgeber dem Risiko aktiven Wettbewerbs in seinem Haupttätigkeitsfeld aussetzen. Ebenso kann es sich als unabdingbar erweisen, den aktiven Verkauf des Lizenzgebers einzuschränken, insbesondere dann, wenn der Lizenznehmer in dem ihm zugewiesenen Vertragsgebiet eine relativ schwache Marktposition innehat und umfangreiche Investitionen auf sich nehmen muss, um die lizenzierte Technologie effizient nutzen zu können.[383]

205 Verkaufsbeschränkungen in Gestalt von beschränkten Exklusivlizenzen können auch dann nach Art. 101 Abs. 3 AEUV freigestellt sein, wenn der Schutz des Exklusivgebiets bzw. der Exklusivkundengruppe aufgrund von Produktionsengpässen vorübergehend aufgeweicht und der anderen Partei die Lieferung an die geschützten Gebiete bzw. Kundengruppen erlaubt wird.[384]

206 **dd) Verbot aktiver Verkäufe zum Schutz dritter Lizenznehmer (Ziffer ii)).** Ziffer ii) stellt nicht wechselseitige Vereinbarungen frei, in denen dem Lizenznehmer zum Schutz eines dritten Lizenznehmers eine Beschränkung des aktiven Verkaufs in ein Gebiet oder an eine Kundengruppe auferlegt wird, das bzw. die dem dritten Lizenznehmer exklusiv zugewiesen ist. Voraussetzung dafür ist, dass der **geschützte dritte Lizenznehmer** im Zeitpunkt des Abschlusses seines Lizenzvertrages kein Wettbewerber des Lizenzgebers war, da er sonst keinen Schutz verdient.[385] Geschützt werden soll nur der dritte Lizenznehmer, der noch nicht auf dem Markt präsent war und dem eine Chance zum Aufbau seines Marktes gegeben werden soll. In wechselseitigen Vereinbarungen zwischen Wettbewerbern sind derartige Beschränkungen hingegen als Kernbeschränkung von der Gruppenfreistellung ausgenommen.

207 Unterschieden werden muss diese Beschränkung von (unzulässigen) Absprachen gleichen Inhalts zwischen Lizenznehmern. Eine solche Vereinbarung würde auf ein **Kartell unter Lizenznehmern** hinauslaufen, auf das – in Ermangelung eines Technologietransfers – auch die TT-GVO nicht anwendbar wäre.[386]

208 Oberhalb der Marktanteilsschwelle von 20% ist eine Beschränkung aktiver Verkäufe des Lizenznehmers für die Zeit, die ein geschützter dritter Lizenznehmer benötigt, um einen neuen Markt zu erschließen und in dem ihm zugewiesenen Vertragsgebiet Fuß zu fassen

---

381 Leitlinien, Rn. 107.

382 *Gaster,* in: Schröter/Jakob/Klotz/Mederer, Europäisches Wettbewerbsrecht, 2. Auflage, 2014, Art. 101 AEUV, Rn. 1167.

383 Zum Ganzen Leitlinien, Rn. 199.

384 Leitlinien, Rn. 108. In der deutschen Fassung heißt es insoweit missverständlich, die Ausschließlichkeit werde ad hoc ausgeweitet. Ein Blick in die englische Fassung der Leitlinien („if the exclusivity is shared on an ad hoc basis") belegt aber, dass eine temporäre Aufweichung der Exklusivität gemeint ist.

385 Leitlinien, Rn. 110.

386 Leitlinien, Rn. 110.

bzw. seine Marktposition bei der ihm zugewiesenen Kundengruppe zu festigen, in der Regel nach Art. 101 Abs. 3 AEUV freigestellt.[387]

ee) Eigenbedarfsklauseln (Ziffer iii)). Ziffer iii) stellt Beschränkungen frei, nach denen der Lizenznehmer die Vertragsprodukte nur für den **Eigenbedarf** *(captive use)* herstellen darf. Eine wortgleiche Ausnahme gilt auch für Verträge zwischen Nicht-Wettbewerbern.[388] Anders als in den Ausnahmen in Ziffer i), ii) und iv) sind nach Ziffer iii) auch Eigenbedarfsklauseln in wechselseitigen Vereinbarungen zwischen Wettbewerbern gruppenfreigestellt. 209

Ist das Vertragsprodukt ein Bauteil, so kann der Lizenznehmer verpflichtet werden, das Bauteil nur für den Einbau in seine eigenen Produkte herzustellen und nicht an andere Hersteller zu verkaufen.[389] Die Beschränkung auf den Eigenbedarf kann als **Auflage für den Lizenznehmer** definiert werden, seine Herstellung des lizenzierten Produkts auf die Menge zu beschränken, die für die Herstellung, Wartung und Reparatur seiner eigenen Produkte erforderlich ist. Der Lizenznehmer darf dann die Produkte, die die lizenzierte Technologie enthalten, lediglich als Input für seine eigene Produktion benutzen, sie aber nicht an andere Hersteller für deren Produktion verkaufen.[390] 210

Im Rahmen einer **Eigenbedarfsklausel** muss es dem Lizenznehmer jedoch immer freigestellt sein, die Vertragsprodukte als Ersatzteile für seine eigenen Produkte an Dritte zu verkaufen. Insbesondere muss er Dritte beliefern können, die Kundendienste für diese Produkte anbieten.[391] Die Kommission möchte mit dieser Auflage Beschränkungen im nachgelagerten Reparatur- und Ersatzteilmarkt *(aftermarket)* unterbinden. 211

ff) Zusätzliche Bezugsquelle (Ziffer iv)). Ziffer iv) stellt Beschränkungen frei, die einem Lizenznehmer in einer nicht wechselseitigen Vereinbarung auferlegt worden sind und ihm die Verpflichtung auferlegen, die Vertragsprodukte nur für einen bestimmten Kunden zu produzieren, um diesem eine **alternative Bezugsquelle** zu verschaffen *(second sourcing)*. In wechselseitigen Vereinbarungen zwischen Wettbewerbern sind derartige Beschränkungen hingegen als Kernbeschränkung von der Gruppenfreistellung ausgenommen. Die Regelung korrespondiert mit der Definition des Exklusivgebiets in Art. 1 Abs. 1 lit. q). Das Exklusivgebiet schließt second sourcing nicht aus. 212

Hintergrund für die Freistellung ist, dass industrielle Abnehmer beim Bezug von Bauteilen für ihre Produkte zur Sicherstellung der Produktion häufig verlangen, eine zweite Lieferquelle zu erhalten. Bei einer solchen Lizenz sind die Möglichkeiten, den Markt oder Kunden aufzuteilen, gering. Eine solche Beschränkung wird den Lizenznehmer auch nicht dazu bringen, die Verwertung seiner eigenen Technologie einzustellen und wirkt dementsprechend in aller Regel **wettbewerbsfördernd.** 213

Die Ausnahme in Ziffer iv) gilt auch, wenn mehrere Unternehmen eine Lizenz zur Belieferung desselben Kunden erhalten (sog. *multiple sourcing*).[392] Sie gilt zudem **unabhängig von der Geltungsdauer** der Lizenzvereinbarung und damit bspw. auch für einmalige Lizenzen, die alleine dazu dienen, die Anforderungen eines Kunden für ein bestimmtes Projekt zu erfüllen.[393] 214

Second source-Vereinbarungen können für den Lizenzgeber in der Praxis problematisch sein. Denn sie versetzen den zu beliefernden Kunden (auf dessen Wunsch eine solche Regelung immer zurückgehen wird) in die Lage, statt von dem Lizenzgeber, der die vertragsgegenständlichen Technologierechte in der Regel selbst entwickelt hat, von einem Dritten zu beziehen. Dieser Dritte kann mangels eigenen Entwicklungsaufwandes preiswerter an- 215

---

387 Leitlinien, Rn. 200.
388 Vgl. Art. 4 Abs. 2 lit. b) Ziffer ii) TT-GVO.
389 Leitlinien, Rn. 111.
390 Leitlinien, Rn. 216.
391 Leitlinien, Rn. 111.
392 Leitlinien, Rn. 112.
393 Leitlinien, Rn. 112.

bieten. In der Folge kann es passieren, dass sich der Bezug vom Entwickler auf die „zweite Quelle" verlagert. Hiergegen kann sich der Lizenzgeber vertraglich nicht absichern, da er keinen Zugriff auf die Preisgestaltung der zweiten Quelle hat. Ihm bleibt dann unter Umständen nur die Rolle des „Technologiegebers", der lediglich **Lizenzgebühren liquidiert,** aber langfristig keine eigenen Produkte verkauft.

216 **d) Beschränkung der Verwertung eigener Technologierechte und von Forschungs- und Entwicklungsarbeiten (Abs. 1 lit. d)).** Abs. 1 lit. d) stellt sicher, dass es den Parteien auch nach dem Abschluss des Lizenzvertrages freisteht, **unabhängige Forschungs- und Entwicklungsarbeiten** durchzuführen und die eigene konkurrierende Technologie uneingeschränkt zu nutzen. Ein nahezu wortgleiches Verbot gilt auch für Verträge zwischen Nicht-Wettbewerbern, allerdings nicht als Kernbeschränkung sondern nur als nicht freigestellte Beschränkung.[394]

217 Forschungs- und Entwicklungsarbeiten müssen in jedem Fall **unbeschränkt** bleiben, gleich ob sie Bereiche betreffen, die von der fraglichen Technologietransfer-Vereinbarung erfasst sind oder nicht.[395] Hier spiegelt sich ein Regelungsziel wieder, das auch in der F&E-GVO Niederschlag gefunden hat.[396]

218 Verpflichtungen des Lizenznehmers, der anderen Partei Verbesserungen an der lizenzierten Technologie zu lizenzieren, gelten nicht als Beschränkung der Forschungs- und Entwicklungsarbeiten,[397] können aber ggf. unter Art. 5 Abs. 1 lit. a) TT-GVO fallen und damit gleichwohl von der Gruppenfreistellung ausgenommen sein.

219 Um das Know-how des Lizenzgebers vor einer Preisgabe zu schützen, können ausnahmsweise Beschränkungen hinsichtlich Forschungs- und Entwicklungsarbeiten mit Dritten vereinbart werden, allerdings nur unter der **engen Voraussetzung,** dass sie **unerlässlich** sind, um die **Preisgabe des lizenzierten Know-hows an Dritte zu verhindern.**[398] Derartige Beschränkungen kommen naturgemäß nur in Betracht, wenn in der fraglichen Technologietransfer-Vereinbarung zumindest auch Know-how mit übertragen wird. Zudem gilt ein **strenges Übermaßverbot.** Sind in der Vereinbarung bspw. die Mitarbeiter des Lizenznehmers, die im Bereich des lizenzierten Know-hows geschult werden, ausdrücklich benannt, und hat der Lizenznehmer das Know-how durch „Chinese Walls" abgesichert, so kann es ausreichen, wenn der Lizenznehmer verpflichtet wird, diesen Mitarbeitern die Teilnahme an Forschungs- und Entwicklungsarbeiten mit Dritten zu untersagen.[399]

220 Nach Maßgabe von Abs. 1 lit. d) darf der Lizenznehmer auch nicht in der Nutzung seiner eigenen Technologierechte eingeschränkt werden, sofern er dabei nicht die lizenzierten Technologierechte nutzt. In Bezug auf seine eigenen Technologierechte darf der Lizenznehmer nicht darin beschränkt werden, wo er herstellt oder verkauft, innerhalb welcher technischen Anwendungsbereiche oder Produktmärkte er produziert, welche Mengen er herstellt oder verkauft und zu welchem Preis er verkauft sowie an welche Dritte er lizenziert.[400] Er darf auch nicht verpflichtet werden, Lizenzgebühren für Produkte zu zahlen, die auf der Grundlage seiner eigenen Technologierechte hergestellt wurden.[401] Dabei spielt es

[394] Vgl. Art. 5 Abs. 2 TT-GVO.

[395] Leitlinien, Rn. 115.

[396] Vgl. Art. 5 lit. a) Verordnung (EU) Nr. 1217/2010 der Kommission vom 14. Dezember 2010 über die Anwendung von Artikel 101 Absatz 3 des Vertrags über die Arbeitsweise der Europäischen Union auf bestimmte Gruppen von Vereinbarungen über Forschung und Entwicklung (F&E-GVO).

[397] Leitlinien, Rn. 115.

[398] Vgl. Leitlinien, Rn. 115.

[399] *Gaster,* in: Schröter/Jakob/Klotz/Mederer, Europäisches Wettbewerbsrecht, 2. Auflage, 2014, Art. 101 AEUV, Rn. 1180; kritisch *Röhling/Nagel,* in: Münchener Kommentar Europäisches und Deutsches Wettbewerbsrecht, Band 1, 2. Auflage, 2015, Art. 4 GVO Nr. 316/2014, Rn. 66, mit dem Hinweis auf praktische Schwierigkeiten aufgrund von unternehmensinternen Berichtspflichten.

[400] Leitlinien, Rn. 116.

[401] Leitlinien, Rn. 101.

keine Rolle, ob es sich um mit der lizenzierten Technologie konkurrierende Technologien handelt oder nicht. Als Kernbeschränkung gelten vielmehr **sämtliche Wettbewerbsverbote,** die sich auf die eigenen Technologierechte des Lizenznehmers erstrecken.

Grund für diese Kernbeschränkung ist die Befürchtung eines ansonsten **verringerten** 221 **Wettbewerbs** auf den betroffenen Produkt- und Technologiemärkten. Zudem würde in einer solchen Konstellation der Anreiz des Lizenznehmers verringert, in die Entwicklung und Verbesserung seiner Technologie zu investieren.[402]

Auflagen für den Lizenznehmer, keine Dritttechnologien zu verwenden, die mit der li- 222 zenzierten Technologie im Wettbewerb stehen (Wettbewerbsverbot) sind dagegen unter der TT-GVO grundsätzlich freigestellt.[403]

6. Vereinbarungen zwischen Nicht-Wettbewerbern

Abs. 2 zählt abschließend die Kernbeschränkungen für Vereinbarungen zwischen Nicht- 223 Wettbewerbern[404] auf und enthält ebenfalls Rückausnahmen von diesen Kernbeschränkungen.

a) Preisbindungen (Abs. 2 lit. a)). Nach Abs. 2 lit. a) sind auch in Lizenzverträgen 224 zwischen Nicht-Wettbewerbern Beschränkungen einer Partei (also nicht notwendig des Lizenznehmers), die die Preisfestsetzung für an Dritte verkaufte Produkte zum Gegenstand haben, grundsätzlich unzulässig. **Abweichend** von den bereits bei den Kernbeschränkungen für Wettbewerber erörterten verbotenen Preisfestsetzungsklauseln (Abs. 1 lit. a)) sind in Vereinbarungen zwischen Nicht-Wettbewerbern aber Preisempfehlungen sowie die Festsetzung von Höchstverkaufspreisen gruppenfreigestellt und damit zulässig. Diese Freistellung gilt jedoch nur, solange sich derartige Maßnahmen nicht wie Fest- oder Mindestverkaufspreise auswirken.

Die Kernbeschränkung nach Abs. 2 lit. a) kann **direkt** oder auf **indirektem Wege** ver- 225 wirklicht werden. Als Beispiele für indirekte Preisbindungen nennen die Leitlinien Vereinbarungen, in denen Preisspannen oder Rabatthöchstgrenzen festgelegt werden oder der Verkaufspreis an die Verkaufspreise der Wettbewerber gekoppelt wird, ferner Drohungen, Einschüchterungen, Warnungen, Sanktionen oder Vertragskündigungen in Verbindung mit der Einhaltung eines vorgegebenen Preisniveaus.[405] Indirekte Preisbindungen können zudem durch die Gestaltung der Lizenzgebühren verwirklicht werden, etwa durch eine vereinbarte Erhöhung der Lizenzgebühren, wenn die Produktpreise unter ein bestimmtes Niveau fallen. Vergleichbare Wirkung können unter Umständen auch prozentuale Lizenzgebühren mit fester Untergrenze haben.

Abs. 2 lit. a) orientiert sich ersichtlich an Art. 4 lit. a) der Vertikal-GVO,[406] so dass bei der 226 Auslegung auf die Praxis zu dieser Vorschrift zurückgegriffen werden kann. Es empfiehlt sich dabei, die **sehr strenge Praxis in Deutschland** zu beachten, wonach jede Kontaktaufnahme nach Aussprechen einer unverbindlichen Preisempfehlung, die über die reine Übermittlung der unverbindliche Preisempfehlung hinausgeht und dieser durch nachträgliche und erneute Thematisierung – insbesondere mit Blick auf das bisherige Preissetzungsverhalten des Vertragspartners – Nachdruck verleiht, deren Unverbindlichkeit infrage stellt und als Druckausübung im Sinne einer indirekten Preisbindung zu werten sein kann.[407]

---

[402] Leitlinien, Rn. 116.

[403] Leitlinien, Rn. 116, 227.

[404] Konkurrierende Unternehmen, vgl. Art. 1 Abs. 1 lit. n) TT-GVO.

[405] Leitlinien, Rn. 118.

[406] Verordnung (EU) Nr. 330/2010 der Kommission vom 20. April 2010 über die Anwendung von Artikel 101 Absatz 3 des Vertrags über die Arbeitsweise der Europäischen Union auf Gruppen von vertikalen Vereinbarungen und abgestimmten Verhaltensweisen, ABl. 2010 L 102/1 (Vertikal-GVO).

[407] Vgl. Bundeskartellamt, Beschl. v. 25.9.2009, B 3 – 123/08 – Ciba Vision; KG, Urt. v. 2.2.2012, 2 U 2/06 Kart – 7 – Sternjakob; im Grundsatz offen gelassen von BGH, Beschl. v. 6.11.2012, KZR 13/12 – Sternjakob. Siehe zur Haltung des Bundeskartellamts und zur (einschränkenden) Auslegung

227 Der Wortlaut von Abs. 2 lit. a) ist, ebenso wenig wie der von Abs. 1 lit. a), auf Produkte beschränkt, die mit der lizenzierten Technologie produziert wurden (Vertragsprodukte[408]).[409] Dies erscheint auch bei Abs. 2 lit. a) fragwürdig, soweit sich die vertikale Preisabsprache auf Produkte bezieht, die in **keinem sachlichen Zusammenhang** mit der Technologietransfer-Vereinbarung stehen.[410] In solchen Fällen sollten die Technologietransfer-Vereinbarung und die Preisabsprache getrennt bewertet werden. Die Preisbindung bliebe dann zwar regelmäßig kartellrechtlich verboten, würde aber die eigentliche Technologietransfer-Vereinbarung nicht „infizieren".[411]

228 Absprachen mit Blick auf Lizenzgebühren der Parteien gegenüber Dritten sind nicht von Abs. 2 lit. a) erfasst.[412] Wie auch bei Vereinbarungen zwischen Wettbewerbern (Abs. 1 lit. a)), handelt es sich dabei nicht um Kernbeschränkungen. Solche Absprachen verstoßen zwar regelmäßig gegen Art. 101 Abs. 1 AEUV, sind aber gleichwohl von der Gruppenfreistellung erfasst. Gleiches gilt naturgemäß für Meistbegünstigungsklauseln bezogen auf Lizenzgebühren. Der Lizenznehmer kann also den Lizenzgeber verpflichten, ihm die mit einem Dritten getroffenen günstigeren Konditionen gleichfalls einzuräumen oder gar Lizenzen an Dritte nur zu ungünstigeren Bedingungen zu gewähren.[413]

229 **b) Beschränkungen des passiven Verkaufs (Abs. 2 lit. b)).** Nach Abs. 2 lit. b) sind Einschränkungen des passiven Verkaufs des Lizenznehmers entweder mit Blick auf bestimmte Gebiete oder bestimmte Kunden **grundsätzlich verboten.** Abs. 2 lit. b) ist, ähnlich wie Abs. 1 lit. c), durch eine Reihe von Ausnahmen durchbrochen, die wiederum teilweise Gegenausnahmen erfahren.

230 Abs. 2 lit b) erfasst nur Verkaufsbeschränkungen, die dem Lizenznehmer auferlegt werden, und auch nur soweit sie Produkte betreffen, die die lizenzierte Technologie enthalten.[414] Beschränkungen zulasten des Lizenzgebers sind dagegen **grundsätzlich gruppenfreigestellt**[415] und oberhalb der Marktanteilsschwelle von 30% nach Maßgabe von Art. 101 Abs. 3 AEUV zulässig, soweit nicht entweder keine echten Alternativen zur Technologie des Lizenzgebers auf dem Markt verfügbar sind oder der Lizenznehmer über eine von Dritten erhaltene Lizenz für diese alternativen Technologien verfügt.[416]

231 Abs. 2 lit. b) verbietet nur Beschränkungen des Lizenznehmers in seinen passiven Verkäufen. Beschränkungen der aktiven Absatzbemühungen des Lizenznehmers sind dagegen grundsätzlich gruppenfreigestellt. Dies gilt für Nicht-Wettbewerber auch dann, wenn der aktive Verkauf beschränkt wird, ohne dass das betroffene Gebiet oder die betroffene Kundengruppe dem Lizenzgeber oder einem anderen Lizenznehmer exklusiv zugewiesen ist.

---

der Entscheidung Ciba Vision auch das Interview mit dem Präsidenten des Bundeskartellamts in der Lebensmittel Zeitung vom 24.9.2010, S. 25 ff.

[408] Art. 1 Abs. 1 lit. g) TT-GVO.

[409] *Fuchs,* in: Immenga/Mestmäcker, EU-Wettbewerbsrecht, 5. Auflage, 2012, Kapitel F (Technologie-Transfer), Art. 4 TT-GVO, Rn. 73; *Bechtold/Bosch/Brinker,* EU-Kartellrecht, 3. Auflage, 2014, Art. 4 VO 316/2014, Rn. 24 gehen dagegen ohne nähere Erläuterung davon aus, dass Abs. 2 lit. a) nur die Preise für mit der lizenzierten Technologie hergestellte Produkte erfasst.

[410] *Fuchs,* in: Immenga/Mestmäcker, EU-Wettbewerbsrecht, 5. Auflage, 2012, Kapitel F (Technologie-Transfer), Art. 4 TT-GVO, Rn. 73 mit Verw. auf Rn. 10.

[411] Ähnlich *Fuchs,* in: Immenga/Mestmäcker, EU-Wettbewerbsrecht, 5. Auflage, 2012, Kapitel F (Technologie-Transfer), Art. 4 TT-GVO, Rn. 73 mit Verw. auf Rn. 10, mit Korrektur des Ergebnisses über Art. 101 Abs. 3 AEUV.

[412] *Bechtold/Bosch/Brinker,* EU-Kartellrecht, 3. Auflage, 2014, Art. 4 VO 316/2014, Rn. 24; für die VO 772/2004 ebenso *Fuchs,* in: Immenga/Mestmäcker, EU-Wettbewerbsrecht, 5. Auflage, 2012, Kapitel F (Technologie-Transfer), Art. 4 TT-GVO, Rn. 73.

[413] *Bechtold/Bosch/Brinker,* EU-Kartellrecht, 3. Auflage, 2014, Art. 4 VO 316/2014, Rn. 24; für die VO 772/2004 ebenso *Fuchs,* in: Immenga/Mestmäcker, EU-Wettbewerbsrecht, 5. Auflage, 2012, Kapitel F (Technologie-Transfer), Art. 4 TT-GVO, Rn. 73.

[414] Leitlinien, Rn. 119.

[415] Leitlinien, Rn. 120.

[416] Leitlinien, Rn. 202.

Grund für die **Freistellung von Beschränkungen des aktiven Verkaufs** ist die Annahme, dass sie Investitionen sowie den nicht über den Preis ausgetragenen Wettbewerb fördern und die Qualität der Vertragsprodukte verbessern. Auch diese Freistellung soll Investitionen fördern, indem Lizenznehmer nur dem Wettbewerb einer begrenzten Anzahl anderer Lizenznehmer innerhalb eines Gebiets ausgesetzt sind, nicht aber von außerhalb.

Was aktive und passive Verkäufe sind, bestimmt sich nach **Maßgabe der Vertikalleitlinien.**[417] Aktiver Verkauf bedeutet die aktive Ansprache einzelner Kunden oder Kundengruppen mittels gezielten Werbemaßnahmen.[418] Passiver Verkauf bedeutet die Erledigung unaufgeforderter Bestellungen einzelner Kunden, die von sich aus auf die betreffende Partei zugekommen sind, z. B. als Reaktion auf allgemeine Werbe- oder Verkaufsförderungsmaßnahmen.[419] 232

Verkaufsbeschränkungen gemäß Abs. 2 lit. b) können auf direktem Wege oder indirekt erfolgen, bspw. durch finanzielle Anreize oder die Einrichtung eines Überwachungssystems zur Überprüfung des tatsächlichen Bestimmungsortes der lizenzierten Produkte.[420] **Mengenbeschränkungen** können unter bestimmten Umständen ebenfalls ein indirektes Mittel sein, um passive Verkäufe zu beschränken. Hinweise darauf sind nach den Leitlinien die Anpassung der Mengen im Laufe der Zeit, um lediglich eine lokale Nachfrage zu decken, eine Kombination aus Mengenbeschränkung und der Auflage, im Vertragsgebiet eine bestimmte Mindestmenge abzusetzen, Mindestlizenzgebühren, die vom Absatz im betreffenden Gebiet abhängig sind, gestaffelte Lizenzgebühren entsprechend dem Bestimmungsort der Produkte oder die Überwachung des Bestimmungsortes der Produkte, die von den einzelnen Lizenznehmern verkauft werden.[421] 233

Keine Kernbeschränkungen gemäß Abs. 2 lit. b) sind Nutzungsbeschränkungen (*field of use*-Beschränkungen).[422] Nutzungsbeschränkungen sind vielmehr von der Gruppenfreistellung erfasst und auch oberhalb der Marktanteilsschwellen von 30 % **im Allgemeinen** entweder **nicht wettbewerbsschädigend** oder **effizienzfördernd.**[423] 234

Abs. 2 lit. b) benennt fünf wichtige Ausnahmen vom allgemeinen Verbot der Beschränkung passiver Verkäufe von Lizenznehmern. 235

aa) Exklusivgebiete/-kundengruppen des Lizenzgebers (Ziffer i)). Gemäß Ziffer i) stellen Beschränkungen der Lizenznehmer mit Blick auf passive Verkäufe in Exklusivgebiete[424] und/oder an Exklusivkundengruppen,[425] die der Lizenzgeber sich selbst vorbehalten hat, keine Kernbeschränkung dar. Gleiches gilt naturgemäß für Beschränkungen aktiver Verkäufe. Der Lizenzgeber kann also Verkäufe in ihm exklusiv vorbehaltene Gebiete oder Kundengruppen **vollständig untersagen.** Voraussetzung für die Freistellung ist nicht, dass der Lizenzgeber in dem Exklusivgebiet oder für die Kundengruppe bereits produziert; er kann sich das Gebiet oder die Kundengruppe auch für eine spätere Nutzung vorbehalten.[426] 236

Neu ist, dass Beschränkungen passiver Verkäufe in exklusiv zugewiesene Gebiete oder an Kundengruppen, die der Lizenzgeber einem anderen Lizenznehmer exklusiv zugewiesen hat, von Anfang an als Kernbeschränkungen gelten. Unter der VO 772/2004 waren Beschränkungen von passiven Verkäufen zum Schutz anderer Lizenznehmer noch innerhalb 237

---

[417] Leitlinien, Rn. 119, 108 mit Verweis auf Leitlinien für vertikale Beschränkungen, ABl. 2010 C 130/01.
[418] Vgl. Vertikalleitlinien, Rn. 51.
[419] Vgl. Vertikalleitlinien, Rn. 51.
[420] Leitlinien, Rn. 119.
[421] Leitlinien, Rn. 119.
[422] Vgl. dazu oben unter Rn. 191 ff.
[423] Leitlinien, Rn. 214.
[424] Vgl. Art. 1 Abs. 1 lit. q) TT-GVO.
[425] Vgl. Art. 1 Abs. 1 lit. r) TT-GVO.
[426] Leitlinien, Rn. 121.

der ersten beiden Jahre des Verkaufs gruppenfreigestellt.[427] Die **Verschärfung,** die einen Gleichlauf mit den Regelungen der Vertikal-GVO herstellt,[428] wird allerdings dadurch wieder **relativiert,** dass solche Beschränkungen nach Maßgabe der Leitlinien für einen gewissen Zeitraum schon nicht vom Verbot des Art. 101 Abs. 1 AEUV erfasst sind, wenn sie objektiv notwendig sind, damit der geschützte Lizenznehmer in einen neuen Markt eintreten kann.[429] Das kann der Fall sein, wenn der Lizenznehmer umfangreiche Investitionen auf sich nehmen muss, um einen neuen Markt zu erschließen und zu entwickeln.[430] Dann dürfte die Beschränkung der passiven Verkäufe für einen angemessenen Zeitraum nicht unter Art. 101 AEUV fallen, der es dem Lizenznehmer erlaubt, seine Investitionen zu amortisieren.

238 Auch oberhalb der Marktanteilsschwelle von 30% können Beschränkungen des aktiven und passiven Verkaufs durch Lizenznehmer in ein Gebiet oder an einen Kundenkreis, das bzw. der ausschließlich dem Lizenzgeber vorbehalten ist, für die Verbreitung wertvoller Technologien unerlässlich sein und daher nicht unter Art. 101 Abs. 1 AEUV fallen bzw. die Voraussetzungen des Art. 101 Abs. 3 erfüllen. Dies kann dann der Fall sein, wenn der Lizenzgeber in dem Gebiet, in dem er die Technologie selbst nutzt, eine relativ schwache Marktstellung innehat. Eine Beschränkung insbesondere des aktiven Verkaufs kann dann **unerlässlich** sein, um den Lizenzgeber überhaupt zur Lizenzvergabe zu bewegen.[431]

239 **bb) Eigenbedarfsklauseln (Ziffer ii)).** Ziffer ii) stellt Beschränkungen frei, nach denen der Lizenznehmer die Vertragsprodukte nur für den Eigenbedarf herstellen darf. Eine wortgleiche Ausnahme gilt auch für Verträge zwischen Wettbewerbern.[432]

240 Ist das Vertragsprodukt ein Bauteil, so kann der Lizenznehmer verpflichtet werden, das Bauteil nur für den Einbau in seine eigenen Produkte herzustellen und nicht an andere Hersteller zu verkaufen.[433] Die Beschränkung auf den Eigenbedarf kann als **Auflage für den Lizenznehmer** definiert werden, seine Herstellung des lizenzierten Produkts auf die Menge zu beschränken, die für die Herstellung, Wartung und Reparatur seiner eigenen Produkte erforderlich ist. Der Lizenznehmer darf dann die Produkte, die die lizenzierte Technologie enthalten, lediglich als Input für seine eigene Produktion benutzen, sie aber nicht an andere Hersteller für deren Produktion verkaufen.[434]

241 Im Rahmen einer Eigenbedarfsklausel muss es dem Lizenznehmer jedoch immer freigestellt sein, die Vertragsprodukte als **Ersatzteile für seine eigenen Produkte** an Dritte zu verkaufen. Insbesondere muss er Dritte beliefern können, die Kundendienste für diese Produkte anbieten.[435] Die Kommission möchte mit dieser Auflage Beschränkungen im nachgelagerten Reparatur- und Ersatzteilmarkt *(aftermarket)* unterbinden.

242 **cc) Zusätzliche Bezugsquelle (Ziffer iii)).** Ziffer iii) stellt Beschränkungen frei, die einem Lizenznehmer die Verpflichtung auferlegen, die Vertragsprodukte nur für einen bestimmten Kunden zu produzieren, um diesem eine alternative Bezugsquelle *(second sourcing)* zu verschaffen. Eine nahezu wortgleiche Ausnahme gilt auch für nicht wechselseitige Verträge zwischen Wettbewerbern.[436] Hintergrund ist, dass industrielle Abnehmer beim Bezug

---

[427] Art. 4 Abs. 2 lit. b) Ziffer ii) VO 772/2004.

[428] Vgl. *Leistner/Königs,* WRP 2014, 268; 270; *Lorenz,* in: Berg/Mäsch, Deutsches und Europäisches Kartellrecht, 2. Auflage, 2015, Art. 4 GVO-TT, Rn. 18, die die Verschärfung unter diesem Aspekt begrüßen.

[429] Leitlinien, Rn. 126. *Besen/Slobodenjuk,* GRUR 2014, 740, 742, weisen in diesem Zusammenhang zu Recht kritisch auf das mit der Selbsteinschätzung nach Maßgabe der Leitlinien verbundene rechtliche Risiko hin.

[430] Eingehend hierzu Leitlinien, Rn. 126.

[431] Zum Ganzen Leitlinien, Rn. 201.

[432] Vgl. Art. 4 Abs. 1 lit. c) Ziffer iii) TT-GVO.

[433] Leitlinien, Rn. 111.

[434] Leitlinien, Rn. 216.

[435] Leitlinien, Rn. 111.

[436] Vgl. Art. 4 Abs. 1 lit. c) Ziffer iv) TT-GVO.

von Bauteilen für ihre Produkte zur Sicherstellung der Produktion häufig verlangen, eine zweite Lieferquelle zu erhalten. Bei einer solchen Lizenz sind die **Möglichkeiten,** den Markt oder Kunden aufzuteilen, **gering.** Eine solche Beschränkung wird den Lizenznehmer auch nicht dazu bringen, die Verwertung seiner eigenen Technologie einzustellen und wirkt dementsprechend in aller Regel wettbewerbsfördernd. Nach Auffassung der Kommission sind solche Beschränkungen zwischen Nicht-Wettbewerbern regelmäßig schon nicht von Art. 101 Abs. 1 AEUV erfasst, so dass sie keiner Gruppenfreistellung bedürfen.[437]

Die Ausnahme in Ziffer iii) gilt auch, wenn mehrere Unternehmen eine Lizenz zur Belieferung desselben Kunden erhalten (sog. *multiple sourcing*).[438] Sie gilt zudem **unabhängig** von der Geltungsdauer der Lizenzvereinbarung und damit bspw. auch für einmalige Lizenzen, die alleine dazu dienen, die Anforderungen eines Kunden für ein bestimmtes Projekt zu erfüllen.[439] 243

Second source-Vereinbarungen können für den Lizenzgeber in der Praxis problematisch sein, das sie den zu beliefernden Kunden (auf dessen Wunsch eine solche Regelung immer zurückgehen wird) in die Lage versetzen, statt von dem Lizenzgeber, der die vertragsgegenständlichen Technologierechte in der Regel selbst entwickelt hat, von einem Dritten zu beziehen, der mangels eigenen Entwicklungsaufwandes preiswerter anbieten kann. In der Folge kann es passieren, dass sich der Bezug vom Entwickler auf die „zweite Quelle" verlagert. Hiergegen kann sich der Lizenzgeber vertraglich nicht absichern, da er keinen Zugriff auf die Preisgestaltung der zweiten Quelle hat. Ihm bleibt dann unter Umständen nur die Rolle des „Technologiegebers", der lediglich **Lizenzgebühren liquidiert,** aber langfristig keine eigenen Produkte verkauft. 244

dd) Beschränkungen des Verkaufs an Endverbraucher (Ziffer iv)). Ziffer iv) stellt Beschränkungen frei, die es einem Großhändler verbieten, direkt an Endabnehmer zu verkaufen. Der Großhändler kann dann nur an Einzelhändler verkaufen. Auf diese Weise kann der Lizenzgeber dem Lizenznehmer eine **Großhandelsfunktion** innerhalb des Vertriebs zuweisen und ihn darauf beschränken.[440] Nach Auffassung der Kommission sind solche Beschränkungen zwischen Nicht-Wettbewerbern regelmäßig schon nicht von Art. 101 Abs. 1 AEUV erfasst, so dass sie keiner Gruppenfreistellung bedürfen.[441] 245

Über Ziffer iv) hinaus kann auch ein Verbot für alle Lizenznehmer, bestimmte Endverbraucher zu beliefern, unter Umständen schon nicht als Wettbewerbsbeschränkung zu werten sein, wenn die Beschränkung aufgrund der Gefährlichkeit des betreffenden Produkts **aus Gründen der Sicherheit oder Gesundheit objektiv notwendig** ist.[442] 246

ee) Beschränkungen des Verkaufs an nichtzugelassene Händler (Ziffer v)). Ziffer v) ermöglicht dem Lizenzgeber den Aufbau und die Wahrung eines **selektiven Vertriebssystems,** indem Vereinbarungen freigestellt werden, die den Verkauf an nicht zugelassene Händler verbieten. Der Lizenzgeber kann also den Lizenznehmer verpflichten, sich einem selektiven Vertriebssystem anzuschließen.[443] 247

Selektive Vertriebssysteme sind Vertriebssysteme, bei denen sich der Lizenzgeber verpflichtet, Lizenzen für die Produktion der Vertragsprodukte unmittelbar oder mittelbar nur Lizenznehmern zu erteilen, die anhand **festgelegter Kriterien** ausgewählt werden, und bei denen sich diese Lizenznehmer verpflichten, die Vertragsprodukte nicht an Händler zu verkaufen, die in dem vom Lizenzgeber in Bezug auf dieses System vorbehaltenen Gebiet nicht zum Vertrieb zugelassen sind.[444] 248

---

437 Leitlinien, Rn. 123.
438 Leitlinien, Rn. 112.
439 Leitlinien, Rn. 112.
440 Leitlinien, Rn. 124.
441 Leitlinien, Rn. 124, unter Verweis auf EuGH, 25.10.1977, Rs. 26/76, Slg. 1977, 1875, Metro I.
442 Leitlinien, Rn. 127.
443 Leitlinien, Rn. 125.
444 Art. 1 Abs. 1 lit. o) TT-GVO. Die Definition entspricht Art. 1 Abs. 1 lit. e) Vertikal-GVO.

249 Mitglieder eines selektiven Vertriebssystems, die auf der Einzelhandelsstufe tätig sind, müssen die Möglichkeit haben, die Vertragsprodukte an Endverbraucher – sowohl aktiv als auch passiv – zu verkaufen (Abs. 2 lit. c)). Der Lizenzgeber darf folglich nicht ein selektives Vertriebssystem mit Exklusivgebieten oder Exklusivkundengruppen kombinieren, wenn dies auf eine **Beschränkung des aktiven oder passiven Verkaufs** an Endverbraucher hinausliefe.[445] Zulässig ist es dagegen, wenn der Lizenzgeber im selektiven Vertriebssystem dem Lizenznehmern eine Großhandelsfunktion innerhalb des Vertriebs zuweist (Abs. 2 lit. c)).[446] Ebenso kann der Lizenzgeber Geschäfte von nicht zugelassenen Niederlassungen aus verbieten (vgl. Abs. 2 lit. c) a. E.).

7. Nachträglich entstehendes Wettbewerbsverhältnis (Abs. 3)

250 Für die Frage, ob zwischen den Vertragsparteien ein Wettbewerbsverhältnis besteht oder nicht, kommt es grundsätzlich auf den **Zeitpunkt des Vertragsabschlusses** an. Abs. 3 regelt was gilt, wenn ein Wettbewerbsverhältnis erst nach Vertragsabschluss entsteht.

251 Werden die Parteien erst später Wettbewerber, bleibt für die gesamte verbleibende Vertragsdauer weiterhin die Liste der Kernbeschränkungen für Nicht-Wettbewerber (Abs. 2) einschlägig, solange der Vertrag nicht wesentlich geändert wird. Es gelten also die weniger strengen Vorgaben fort. Dies dürfte auch im Falle von Verlängerungen der ursprünglichen Laufzeit einer Vereinbarung gelten, die **stillschweigend** (also durch Unterbleiben der Kündigung) eintreten.[447]

252 Wesentliche Vertragsänderungen während der verbleibenden Vertragsdauer führen hingegen dazu, dass vom Zeitpunkt der Vertragsänderung an die strengeren Vorgaben für Wettbewerber (Abs. 1) gelten. Weder die TT-GVO noch die Leitlinien definieren, was **wesentliche Vertragsänderungen** sind. Die TT-GVO nennt nur beispielhaft, dass die Parteien eine neue Technologietransfer-Vereinbarung über konkurrierende Technologierechte schließen. Wesentlich dürfte im Lichte dieses Beispiels alles sein, was eine gewisse Erheblichkeitsschwelle überschreitet. Da wesentliche Vertragsänderungen zu einer Ausnahme von der Grundregel von Abs. 3 führen, wonach Technologietransfer-Vereinbarungen zwischen Nicht-Wettbewerbern einen Bestandsschutz vor Änderungen des Wettbewerbsverhältnisses genießen, sind an die Erheblichkeit der Vertragsänderung nicht zu geringe Anforderungen zu stellen.

253 Sind die Parteien umgekehrt ursprünglich Wettbewerber und fällt dieses Wettbewerbsverhältnis nachträglich weg, so gilt mit Wegfall des Wettbewerbsverhältnisses das **weniger strenge Regime** des Abs. 2.[448]

Artikel 5 Nichtfreigestellte Beschränkungen

(1) **Die Freistellung nach Artikel 2 gilt nicht für die folgenden in Technologietransfer-Vereinbarungen enthaltenen Verpflichtungen:**

a) alle unmittelbaren oder mittelbaren Verpflichtungen des Lizenznehmers, dem Lizenzgeber oder einem vom Lizenzgeber benannten Dritten für eigene Verbesserungen an der lizenzierten Technologie oder eigene neue Anwendungen dieser Technologie eine Exklusivlizenz oder Gesamt- bzw. Teilrechte zu gewähren;

---

445 Leitlinien, Rn. 125.

446 Dies folgt im Umkehrschluss aus Abs. 2 lit. c), der Vertriebsbeschränkungen an Endverbraucher, die einem Lizenznehmer auferlegt werden, der einem selektiven Vertriebssystem angehört und auf der Einzelhandelsebene tätig ist, als Kernbeschränkung qualifiziert. Derartige Beschränkungen sind daher zulässig, soweit der Lizenznehmer auf der Großhandelsebene tätig ist.

447 *Bechtold/Bosch/Brinker,* EU-Kartellrecht, 3. Auflage, 2014, Art. 4 VO 316/2014, Rn. 5.

448 *Röhling/Nagel,* in: Münchener Kommentar Europäisches und Deutsches Wettbewerbsrecht, Band 1, 2. Auflage, 2015, Art. 4 GVO Nr. 316/2014, Rn. 86; *Fuchs,* in: Immenga/Mestmäcker, EU-Wettbewerbsrecht, 5. Auflage, 2012, Kapitel F (Technologie-Transfer), Art. 4 TT-GVO, Rn. 96.

b) alle einer Partei auferlegten unmittelbaren oder mittelbaren Verpflichtungen, die Gültigkeit der Rechte des geistigen Eigentums, über die die andere Partei in der Union verfügt, nicht anzufechten, unbeschadet der Möglichkeit, bei einer Exklusivlizenz die Beendigung der Technologietransfer-Vereinbarung für den Fall vorzusehen, dass der Lizenznehmer die Gültigkeit eines oder mehrerer der lizenzierten Technologierechte anficht.

(2) **Handelt es sich bei den Vertragsparteien nicht um konkurrierende Unternehmen, so gilt die Freistellung nach Artikel 2 nicht für unmittelbare oder mittelbare Verpflichtungen, die die Möglichkeit des Lizenznehmers, seine eigenen Technologierechte zu verwerten, oder die Möglichkeit einer der Vertragsparteien, Forschungs- und Entwicklungsarbeiten durchzuführen, beschränken, es sei denn, letztere Beschränkung ist unerlässlich, um die Preisgabe des lizenzierten Know-hows an Dritte zu verhindern.**

1. Einführung

Die in Art. 5 aufgelisteten nicht freigestellten Beschränkungen (**„graue Klauseln"**) unterscheiden sich grundsätzlich in zweierlei Hinsicht von den Kernbeschränkungen des Art. 4. Zum einen steht eine nicht freigestellte Beschränkung der Gruppenfreistellung des übrigen Teils der Vereinbarung nicht entgegen, soweit sie sich vom übrigen Teil trennen lässt.[449] Bei Kernbeschränkungen entfällt dagegen nach dem Alles-oder-nichts-Prinzip die Gruppenfreistellung für die gesamte Vereinbarung (Art. 4 Abs. 1 und 2). Zum anderen ist bei Kernbeschränkungen eine Einzelfreistellung nach Art. 101 Abs. 3 AEUV nur in Ausnahmefällen möglich. Bei nicht freigestellten Beschränkungen nach Art. 5 ist eine Einzelfreistellung dagegen eher möglich. 254

Aus diesem Grund lässt sich auch nicht ausmachen, dass nicht freigestellte Beschränkungen in der Regel nach Art. 101 Abs. 2 AEUV nichtig wären.[450] Ist eine nicht freigestellt Klausel nach Art. 101 Abs. 2 AEUV nichtig, ergeben sich die Folgen für den Gesamtvertrag aus dem einschlägigen nationalen Zivilrecht.[451] Der **Umfang der Freistellung** gibt nicht den **Umfang der Nichtigkeit** vor. 255

2. Exklusive Rücklizenzen und Rechteübertragungen an den Lizenzgeber (Abs. 1 lit. a))

Nach Abs. 1 lit. a) ist die Verpflichtung des Lizenznehmers, dem Lizenzgeber für eigene Verbesserungen oder eigene neue Anwendungen eine Exklusivlizenz oder Gesamt- bzw. Teilrechte zu gewähren, nicht freigestellt. Die Einbeziehung sowohl von Verbesserungen als auch von neuen Anwendungen dient wohl nur der **Klarstellung.** Die neuen Anwendungen dürften ein Unterfall der Verbesserungen sein. Es kommt nicht darauf an, ob die Verpflichtung zur Gewährung von Exklusivlizenzen auf bestimmte Nutzungen oder Gebiete beschränkt ist. Auch die Verpflichtung des Lizenznehmers, dem Lizenzgeber eine sachlich oder räumlich beschränkte exklusive Rücklizenz für eigene Verbesserungen oder eigene neue Anwendungen zu erteilen, ist von Abs. 1 lit. a) erfasst.[452] 256

Ob der Lizenznehmer eine Vergütung als Gegenleistung für die Übertragung der Verbesserung oder die Exklusivlizenz erhält, ist für die Qualifizierung als nicht freigestellte Beschränkung ohne Belang.[453] **Nichtausschließliche (einfache) Rückübertragungs-** 257

---

[449] Leitlinien, Rn. 128.

[450] So aber *Bechtold/Bosch/Brinker,* EU-Kartellrecht, 3. Auflage, 2014, Art. 5 VO 316/2014, Rn. 1.

[451] Siehe EuGH, Urt. v. 11.9.2008, Rs. C-279/06, CEPSA/Tobar, Rn. 79. Zum deutschen Recht siehe BGH, 24.9.2002, KZR 10/01, GRUR 2004, 353 – Tennishallenpachtvertrag.

[452] Ebenso *Röhling/Nagel,* in: Münchener Kommentar Europäisches und Deutsches Wettbewerbsrecht, Band 1, 2. Auflage, 2015, Art. 5 GVO Nr. 316/2014, Rn. 4.

[453] Leitlinien, Rn. 130.

oder Rücklizenz-Verpflichtungen unterliegen hingegen nicht Art. 5 Abs. 1 lit. a) und sind daher gruppenfreigestellt.[454] Das gilt auch dann, wenn diese einseitig nur für den Lizenznehmer gelten, also alleine zugunsten des Lizenzgebers. Das korrespondiert mit Rn. 3, 3. Spiegelstrich der Zuliefer-Bekanntmachung.[455] Danach fällt die Verpflichtung des Zulieferers, dem Auftraggeber nichtausschließliche Lizenzen auf ein Anwendungs- oder Verbesserungspatent zu erteilen, nicht unter Art. 101 Abs. 1 AEUV.

258 Die Kommission möchte in Abs. 1 lit. a) Konstellationen abdecken, in denen der Lizenzgeber den Lizenznehmer daran hindern kann, Verbesserungen selbst zu nutzen oder an andere Unternehmen weiterzugeben, sei es indem sich der Lizenzgeber eine exklusive Rücklizenz einräumen oder indem er sich – ganz oder teilweise – die geistigen Eigentumsrechte an der Verbesserung übertragen lässt. Sie befürchtet, dass andernfalls die Anreize für den Lizenznehmer, innovativ tätig zu werden und Neuerungen und Verbesserungen vorzunehmen, zu stark gedämpft werden.[456]

259 Art. 1 Abs. 1 lit. p) definiert die Exklusivlizenz als eine Lizenz, bei welcher der Lizenzgeber mit den lizenzierten Technologierechten selber nicht produzieren und diese Technologierechte auch nicht an Dritte vergeben darf. Diese beiden Kriterien (**Eigenproduktion** und **Lizenzvergabe**) müssen nach dem klaren Wortlaut **kumulativ** vorliegen.[457] Das hat zur Folge, dass eine Verpflichtung zur Rücklizenzierung freigestellt ist, wenn der verpflichtete Lizenznehmer zwar die rücklizenzierten Verbesserungen oder neuen Anwendungen nicht an Dritte weiterlizenzieren darf, selbst aber durchaus auf ihrer Grundlage produzieren darf. Denn dann liegt keine Exklusivlizenz im Sinne der TT-GVO vor. Dies ist auch mit dem Sinn und Zweck der Regelung vereinbar, dem Lizenznehmer Anreize für Innovationen zu setzen.[458] Er darf die Innovationen zwar nicht durch Lizenzierung an Dritte verwerten, aber durch eigene Nutzung. Das Verbot in Abs. 1 lit. a) erfasst aber ebenso wenig den umgekehrten Fall, in dem der Lizenznehmer die rücklizenzierten Verbesserungen oder neuen Anwendungen an Dritte weiterlizenzieren, aber nicht selbst nutzen darf. Auch in diesem Fall liegt keine Exklusivlizenz im Sinne der TT-GVO vor. Das hat die eigenartige Konsequenz, dass es dann nach der TT-GVO erlaubt ist, den Lizenznehmer von der Nutzung für eigene Verbesserungen oder eigene neue Anwendungen auszuschließen.

260 In der TT-GVO hat die Kommission die Unterscheidung zwischen abtrennbaren und nicht abtrennbaren Verbesserungen aufgegeben. Die VO 772/2004 beschränkte die Vorgängerregelung noch auf **abtrennbare Verbesserungen.** Eine Verbesserung ist abtrennbar, wenn sie ohne Verletzung der lizenzierten Technologie verwertet werden kann. Diese Unterscheidung begründete die Kommission damit, dass der Lizenznehmer nicht abtrennbare Verbesserungen ohnehin nicht ohne Erlaubnis des Lizenzgebers verwerten dürfe.[459] Die Kommission hat diese Differenzierung aufgegeben, weil sie auch bei nicht abtrennbaren Verbesserungen eine Verringerung des Anreizes für Neuerungen sieht und die Exklusivität oft nicht unerlässlich für Verbesserungen im Sinne des Art. 101 Abs. 3 AEUV sei. Zudem ist die Unterscheidung zwischen abtrennbaren und nicht abtrennbaren Verbesserungen im Einzelfall nur schwierig zu treffen.[460] Teile der Literatur sehen die Aufgabe der

---

[454] Leitlinien, Rn. 131.

[455] Europäische Kommission, 18.12.1978, Bekanntmachung über die Beurteilung von Zulieferverträgen nach Art. 85 Abs. 1 EG, ABl. 1979 C 1/2. Diese Bekanntmachung ist nach wie vor gültig, wie z. B. der Verweis in Rn. 64 der Leitlinien auf diese Bekanntmachung belegt.

[456] Leitlinien, Rn. 129. Vor diesem Hintergrund die strengere Neuregelung befürwortend *Leistner/Königs,* WRP 2014, 268, 273.

[457] Vgl. auch Leitlinien, Rn. 190.

[458] Vgl. Leitlinien, Rn. 129.

[459] Europäische Kommission, Leitlinien zur Anwendung von Art. 81 EG auf Technologietransfer-Vereinbarungen, ABl. 2004 C 101/2, Rn. 109.

[460] Vgl. *Maass/Schmidt,* EuZW 2015, 85, 91.

Differenzierung eher kritisch.[461] Für die Aufgabe der Differenzierung spricht, dass der Lizenznehmer auch nicht abtrennbare Verbesserungen durchaus nutzen kann. Er kann sie einerseits selbst nutzen und andererseits an Unternehmen lizenzieren, die bereits eine Lizenz des Lizenzgebers haben. Die eingeschränkte Nutzbarkeit nicht abtrennbarer Verbesserungen dürfte jedoch in der Einzelfreistellung zu berücksichtigen sein.

Die Kommission weist für nicht-gruppenfreigestellte Rücklizenzen bzw. Rechteübertragungen darauf hin, dass sie durchaus nach Maßgabe von Art. 101 Abs. 3 AEUV einzelfreigestellt werden können.[462] Die Änderungen in Art. 5 Abs. 1 lit. a) im Vergleich zur VO 772/2004 sind demnach offenbar von dem Gedanken getragen, solche Rückübertragungen einer **Einzelfallbeurteilung** zu unterstellen. Die Kommission benennt in den Leitlinien mehrere Kriterien für die Einzelfreistellung.[463] Dazu gehört die Zahlung einer Vergütung für die Übertragung bzw. Exklusivlizenz, um so einen Innovationsanreiz zu setzen. Gemeint ist damit wohl die Verpflichtung zur Zahlung einer Vergütung in der Vereinbarung und nicht die (spätere) Zahlung selbst. Wichtig dürfte auch sein, ob die Vergütung angemessen ist, was in der Praxis indes oftmals nur schwierig zu ermitteln ist.[464] Außerdem ist die Marktstellung des Lizenzgebers auf dem Technologiemarkt wichtig. Je stärker seine Stellung ist, desto wichtiger ist es, dass auch der Lizenznehmer innovativ tätig ist. Zudem berücksichtigt die Kommission parallele Netze von Lizenzvereinbarungen, die die Rückübertragung bzw. Exklusivlizenz verstärken können. **261**

3. Nichtangriffs- und Kündigungsklauseln (Abs. 1 lit. b))

Ebenfalls nicht gruppenfreigestellt sind gemäß Abs. 1 lit. b) grundsätzlich alle einer Partei auferlegten unmittelbaren und mittelbaren Verpflichtungen, die Gültigkeit der Rechte des geistigen Eigentums der anderen Partei in der Europäischen Union nicht anzufechten.[465] Die Regelung erfasst zum einen Nichtangriffsklauseln ***(no challenge clauses).*** Darunter versteht man das einer Vertragspartei auferlegte Verbot, die Gültigkeit der Schutzrechte der anderen Partei anzufechten. Zum anderen sind als mittelbare Verpflichtungen bis auf eine Ausnahme Kündigungsrechte erfasst, die zwar formal dem Lizenznehmer die Möglichkeit belassen, die Schutzrechte des Lizenzgebers anzufechten, dem Lizenzgeber in diesem Fall aber das Recht einräumen, den Lizenzvertrag zu kündigen ***(terminate-on-challenge clauses).*** **262**

Der EuGH hat in der Vergangenheit klargestellt, dass Nichtangriffsklauseln nicht notwendig gegen Art. 101 Abs. 1 AEUV verstoßen. Dann ist auch keine Freistellung erforderlich. Das hat allerdings **geringe Praxisrelevanz.** Der EuGH nimmt nämlich nur solche Nichtangriffsabreden von Art. 101 Abs. 1 AEUV aus, die nicht die Handlungsfreiheit des Lizenznehmers beeinträchtigen.[466] Der EuGH sieht zum Beispiel keine Beeinträchtigung der Handlungsfreiheit, wenn die Lizenz kostenlos erteilt wird oder sich auf ein technisch überholtes Verfahren bezieht, von dem der Lizenznehmer keinen Gebrauch macht.[467] **263**

a) Hintergrund. Anders als unter der VO 772/2004 sind Kündigungsklauseln nach Maßgabe von Abs. 1 lit. b) nicht mehr allgemein sondern nur noch im Rahmen von Exklusivlizenzen gruppenfreigestellt. Die strengere Neuregelung ist maßgeblich von den Ver- **264**

---

461 Siehe *Besen/Slobodenjuk,* GRUR 2014, 740, 742; *Frank,* CR 2014, 349, 353; die Auffassung der Kommission teilen dagegen *Conrad/Lejeune/Stögmüller/Brandi-Dohrn,* CR 2013, 412, 415 f.

462 Leitlinien, Rn. 130.

463 Leitlinien, Rn. 130.

464 Die Kommission spricht in den Leitlinien die Angemessenheit nicht an. In Verbindung mit den praktischen Schwierigkeiten bei der Ermittlung spricht dies dafür, im ersten Schritt von der Angemessenheit auszugehen.

465 Rechtsvergleichend zur Rechtslage in Bezug auf Nichtangriffs- und Kündigungsklausel in den USA *Böttger/Kresken,* EuZW 2014, 653 ff.

466 EuGH, Urt. v. 27.9.1988, Rs. 65/86, Slg. 1988, 5259 – Bayer/Süllhöfer, Rn. 19.

467 EuGH, Urt. v. 27.9.1988, Rs. 65/86, Slg. 1988, 5259 – Bayer/Süllhöfer, Rn. 17 f.

fahren der Kommission zum Missbrauch der marktbeherrschenden Stellung aus **standardessenziellen Patenten** geprägt. Insbesondere dürfte hier das Urteil des OLG Karlsruhe im Fall Motorola/Apple eine wesentliche Rolle gespielt haben. In diesem Urteil hat das OLG Karlsruhe es für nicht missbräuchlich gehalten, dass der Inhaber des standard-essenziellen Patents ein Kündigungsrecht für den Fall verlangte, dass der Lizenznehmer die Gültigkeit des standard-essenziellen Patents angreift. Zur Begründung hat sich das OLG Karlsruhe auf Art. 5 Abs. 1 lit. c) VO 772/2004 gestützt.[468] Wenn dies der Grund für die Änderung dieser Regelung war, ist das kurios. Denn das OLG Karlsruhe hätte sich nicht auf die vorgenannte Regelung stützen dürfen. Sie schließt nämlich nicht per se den Missbrauch einer marktbeherrschenden Stellung aus.[469] Außerdem waren bei dem standard-essenziellen Patent im Streitfall mit einem Marktanteil von 100% die Marktanteilsschwellen der TT-GVO klar überschritten.[470]

265 Die Kommission möchte durch Abs. 1 lit. b) bestmöglich absichern, dass Lizenznehmer die Unwirksamkeit „schwacher" geistiger Eigentumsrechte rechtlich geltend machen können. Die Beseitigung unwirksamer geistiger Eigentumsrechte steht im **öffentlichen Interesse.**[471] Unwirksame Schutzrechte senken Innovationsanreize für neue Technologien und beeinträchtigen dadurch den Innovationswettbewerb.[472] Die Kommission sieht Lizenznehmer am besten platziert, die Ungültigkeit eines geistigen Eigentumsrechts zu erkennen.[473] Gleichzeitig dürften sie regelmäßig auch ein erhebliches Interesse an deren Vernichtung haben. Deswegen sind sie wichtig, um die ungültigen geistigen Eigentumsrechte als Wettbewerbshindernisse aus dem Weg zu räumen.

266 **b) Nichtangriffsklauseln.** Nichtangriffsklauseln ***(no challenge clauses)*** sind einer Vertragspartei auferlegte Verbote, die Gültigkeit der Rechte des geistigen Eigentums der anderen Partei anzufechten. Dabei spielt es keine Rolle, ob die fraglichen Rechte an die andere Partei lizensiert wurden oder nicht. Von dem Verbot in Abs. 1 lit. b) erfasst sind auch Nichtangriffsklauseln, die sich auf Rechte des geistigen Eigentums beziehen, die eine Partei nicht an die andere Partei (oder überhaupt nicht, also auch nicht an Dritte) lizenziert hat. Nichtangriffsklauseln im Sinne von Abs. 1 lit. b) umfassen gleichermaßen Verbote zulasten des Lizenznehmers, die Rechte des geistigen Eigentums des Lizenzgebers anzugreifen, wie auch Verbote zulasten des Lizenzgebers, die Rechte des geistigen Eigentums des Lizenznehmers anzugreifen. Abs. 1 lit. b) beschränkt also nicht nur den Lizenzgeber. Nichtangriffsklauseln können als unmittelbare oder mittelbare vertragliche Verpflichtungen vereinbart werden.

267 Nicht betroffen von Abs. 1 lit. b) sind Nichtangriffsklauseln in **Streitbeilegungsvereinbarungen** *(settlements)*. Diese fallen in der Regel schon nicht unter Art. 101 Abs. 1 AEUV.[474] Das heißt, sie bedürfen überhaupt keiner Freistellung.[475]

268 Andere Fälle, in denen Nichtangriffsklauseln (und erst recht Kündigungsklauseln) nicht gegen Art. 101 Abs. 1 AEUV verstoßen, sind Lizenzen für technisch überholte Verfahren, von denen der Lizenznehmer keinen Gebrauch mehr macht oder die kostenlose Erteilung einer Lizenz.[476] In solchen Fällen besteht die Vermutung, dass die fraglichen Technologien

---

[468] OLG Karlsruhe, GRUR-RR 2012, 124, 125 – GPRS-Zwangslizenzierungspflicht.

[469] Die mögliche parallele Anwendung von Art. 102 AEUV auf Technologietransfer-Vereinbarungen bleibt von der TT-GVO unberührt (Rn. 2 der alten und der neuen Leitlinien).

[470] Siehe auch in diesem Zusammenhang: Kommission, Entsch. v. 29.4.2014, AT.39985, Motorola, Rn. 380 f.

[471] Vgl. EuGH, 25.2.1986, Rs. 193/83, Windsurfing International, Rn. 92.

[472] Vgl. *Böttger/Kresken*, EuZW 2014, 653, 655 f.; *Cepl/Rüting*, WRP 2013, 305, 306.

[473] Leitlinien, Rn. 134.

[474] Leitlinien, Rn. 242.

[475] Siehe dazu oben Einf. TT-GVO, Rn. 39 ff.

[476] Leitlinien, Rn. 134, mit Verweis auf EuGH, Urt. v. 27.9.1988, Rs. 65/86, Slg. 1988, 5259 – Bayer/Süllhöfer.

nicht wertvoll sind, so dass **kein Wettbewerbsnachteil** für die Unternehmen entsteht, die an ihrer Nutzung gehindert werden.[477]

269 Wird einer Partei dagegen lediglich untersagt, das **Eigentum der anderen Partei an geistigen Eigentumsrechten** (im Gegensatz zu deren Gültigkeit) anzufechten, so liegt darin in der Regel schon kein Verstoß gegen Art. 101 Abs. 1 AEUV (bei marktbeherrschenden Lizenzgebern kann dies jedoch ein Verstoß gegen Art. 102 AEUV sein). Das vertragliche Verbot, die **Standard-Essenzialität** eines Patentes anzugreifen, fällt ebenfalls nicht unter Abs. 1 lit. b). Es dürfte aber regelmäßig unter Art. 101 Abs. 1 AEUV fallen und nicht gruppenfreigestellt sein. Denn bei wichtigen Standards hat ein standard-essenzielles Patent einen Marktanteil von 100 Prozent und überschreitet somit die Marktanteilsschwellen der TT-GVO.[478] Außerdem ist das Verbot dann missbräuchlich.[479]

270 Fraglich ist, was gilt, wenn einer Partei die Anfechtung der Gültigkeit der Schutzrechte der anderen Partei zwar formal frei steht, ihr aber im Falle einer solchen Anfechtung **vertragliche Sanktionen** drohen. Denkbar sind bspw. Sanktionen in Gestalt von automatischen Erhöhungen der Lizenzgebühren, Vertragsstrafen oder der Herabstufung einer ausschließlichen in eine einfache Lizenz.[480] In solchen Fällen kann eine mittelbare Nichtangriffsklausel verwirklicht sein, die von Abs. 1 lit. b) erfasst ist. Das dürfte in der Regel dann anzunehmen sein, wenn die gebundene Partei auf Grund der drohenden Sanktion de facto davon abgehalten wird, die Gültigkeit der Schutzrechte der anderen Partei anzugreifen.[481]

271 Beim Wortlaut von Abs. 1 lit. b) fällt unmittelbar auf, dass die Vorschrift nur Nichtangriffsklauseln betreffend die Anfechtung der Gültigkeit von Rechten des geistigen Eigentums[482] von der Gruppenfreistellung ausnimmt, nicht aber von Technologierechten.[483] Der Begriff der Technologierechte ist insofern weiter gefasst, als er auch Know-how sowie Anträge auf Gewährung bzw. Registrierung von Rechten des geistigen Eigentums mit umfasst. Eine Nichtangriffsklausel mit Blick auf Know-how fällt demnach nicht unter Abs. 1 lit. b).[484] Eine solche Klausel wäre ohnehin sinnlos. Denn dem Lizenznehmer einmal preisgegebenes Know-how kann ihm praktisch nicht mehr entzogen werden.[485] Fraglich ist, ob Abs. 1 lit. b) auch Nichtangriffsklauseln verbietet, soweit sie es der einen Partei untersagen, gegen Anträge der anderen Partei auf Gewährung bzw. Registrierung von geistigen Eigentumsrechten vorzugehen. Dem Wortlaut nach ist dies nicht so. Denn anders als der Begriff der Technologierechte umfasst der Begriff der Rechte des geistigen Eigentums gerade keine Anträge auf Gewährung bzw. Registrierung der aufgezählten geistigen Eigentumsrechte. Ein Verbot, gegen **Anträge auf Gewährung bzw. Registrierung von geistigen Eigentumsrechten** vorzugehen, dürfte allerdings als eine mittelbare Verpflichtung zu qualifizieren sein, die Gültigkeit der Rechte des geistigen Eigentums nicht anzufechten, und somit auch von Abs. 1 lit. b) erfasst sein. Hierfür sprechen auch teleologische Überlegungen. Abs. 1 lit. b) soll die Beseitigung unwirksamer geistiger Eigentumsrechte im öffentlichen Interesse ermöglichen. Je früher dies geschieht, desto geringer sind die negativen Auswirkungen auf den Innovationswettbewerb. Vor diesem Hintergrund erscheint es wertungsmäßig angemessen, Abs. 1 lit. b) auch auf Verbote zu erstrecken, Anträge auf Gewährung bzw. Registrierung von Rechten des geistigen Eigentums anzugreifen.

---

[477] Leitlinien, Rn. 134.
[478] Siehe Kommission, Entsch. v. 29.4.2014, AT.39985, Motorola, Rn. 213.
[479] Siehe das Memo der Kommission vom 29.4.2014 im Fall Motorola (AT.39985). Die TT-GVO verhält sich nicht zur Missbräuchlichkeit einer Klausel, siehe Rn. 2 der Leitlinien.
[480] Vgl. *Böttger/Kresken,* EuZW 2014, 653, 656.
[481] *Böttger/Kresken,* EuZW 2014, 653, 656.
[482] Art. 1 Abs. 1 lit. h) TT-GVO.
[483] Art. 1 Abs. 1 lit. b) TT-GVO.
[484] *Frank,* CR 2014, 349, 352; anders wohl *Schultze/Pautke/Wagener,* TT-GVO, 2005, Rn. 851, zur VO 772/2004.
[485] Vgl. Leitlinien, Rn. 140.

272 Die von Abs. 1 lit. b) erfassten Rechte des geistigen Eigentums beschränken sich nach dem Wortlaut der Norm auf Rechte in der Europäischen Union. Tatsächlich gilt die Regelung wie auch die gesamte TT-GVO und die Leitlinien im gesamten EWR. Die TT-GVO ist in das EWR-Abkommen integriert worden.[486] Deswegen erfasst Abs. 1 lit. b) geistige Eigentumsrechte im gesamten **EWR.**

273 **c) Kündigungsklauseln.** Neben Nichtangriffsklauseln erfasst Abs. 1 lit. b) auch das Recht des Lizenzgebers, die Technologietransfer-Vereinbarung zu kündigen, wenn der Lizenznehmer die Gültigkeit des geistigen Eigentumsrechts angreift ***(terminate-on-challenge clauses).***[487] Darin unterscheidet sich die TT-GVO von der VO 772/2004[488] und der F&E-GVO,[489] die solche Kündigungsklauseln unter die Gruppenfreistellung gefasst haben bzw. fassen. Ein Kündigungsrecht kann nach Auffassung der Kommission dieselbe Wirkung wie eine Nichtangriffsklausel haben, insbesondere wenn die Abkehr von der Technologie des Lizenzgebers für den Lizenznehmer zu erheblichen *sunk costs* führt oder wenn die Technologie des Lizenzgebers ein notwendiger Input für die Produktion des Lizenznehmers ist.[490] Solche *sunk costs* können dem Lizenznehmer entstanden sein, wenn er bereits in bestimmte Maschinen oder Werkzeuge investiert hat, die nicht für die Produktion mit einer anderen Technologie verwendet werden können.

274 Ein Kündigungsrecht ist aber immer darauf zu prüfen, ob eine **Einzelfreistellung** möglich ist. Das dürfte vielfach der Fall sein.[491] Praktisch ausgeschlossen dürfte die Einzelfreistellung hingegen bei standard-essenziellen Patenten sein, weil der Lizenznehmer auf diese Patente angewiesen ist.[492] Die Kündigungsmöglichkeit wirkt auch dann ähnlich einer Nichtangriffsverpflichtung, wenn der Lizenznehmer infolge der Kündigung erhebliche Investitionen verlöre oder ihm erheblicher Gewinn entginge.[493] Insgesamt gilt, dass die Einzelfreistellung umso schwieriger ist, desto stärker die Marktposition des lizenzierten geistigen Eigentumsrechts ist. Außerdem will die Kommission berücksichtigen, ob der Lizenznehmer zum Zeitpunkt der Anfechtung seine Verpflichtungen aus der Vereinbarung erfüllt.[494]

275 Gruppenfreigestellt ist dagegen die Möglichkeit, bei einer **Exklusivlizenz** die Beendigung der Vereinbarung für den Fall vorzusehen, dass der Lizenznehmer die Gültigkeit eines oder mehrerer der lizenzierten Technologierechte anficht. Diese Rückausnahme in Abs. 1 lit. b) war im Entwurf der TT-GVO noch nicht vorgesehen. Sie wurde nach Protesten aus der Praxis im Anhörungsverfahren eingeführt. Die Kommission begründet sie mit der Erwägung, der Lizenzgeber würde sich mit der Exklusivlizenz in ein Abhängigkeitsverhältnis zum Exklusivlizenznehmer begeben.[495] Wenn der Exklusivlizenznehmer kaum Anstrengungen unternimmt, das betroffene Produkt weiterzuentwickeln, zu produzieren und zu vermarkten, könnten Anreize zur Innovation und zur Lizenzvergabe beeinträchtigt werden. Der Zusammenhang zur Möglichkeit, die Vereinbarung bei einer Anfechtung zu beenden, wird allerdings nicht ganz klar. Der erfolgreiche Angriff auf die Gültigkeit wirkt absolut und betrifft auch das Verhältnis zwischen Lizenzgeber und anderen (potenziellen) Nutzern. Greift ein Lizenznehmer die Gültigkeit des Technologierechts an, dürfte dies bei einer Ex-

---

[486] Vgl. Einf. TT-GVO, Rn. 2.

[487] Leitlinien, Rn. 136.

[488] Unter der VO 772/2004 wurden Kündigungsklauseln regelmäßig in Technologietransfervereinbarungen aufgenommen, vgl. *Maass/Schmidt,* EuZW 2015, 85, 91.

[489] Vgl. Art. 6 lit. a) F&E-GVO. Die F&E-GVO ist insofern an die VO 772/2004 angelehnt, wird aber bis zum Ende des Jahres 2022 fortgelten.

[490] Leitlinien, Rn. 136.

[491] Leitlinien, Rn. 137.

[492] Vgl. Leitlinien, Rn. 136.

[493] Die wettbewerbsbeschränkende Wirkung dürfte durch eine Kündigungsfrist begrenzt werden, die die Amortisierung der Investitionen erlaubt.

[494] Leitlinien, Rn. 138.

[495] Leitlinien, Rn. 139.

klusivlizenz den gleichen Druck auf den Lizenzgeber ausüben wie bei einer nicht-exklusiven Lizenz. Letztendlich erkennt dies die Kommission selbst an, sie will aber bei nicht-exklusiven Lizenzen eine Einzelfallprüfung.[496]

Die Rückausnahme für Exklusivlizenzen beschränkt sich auf die **lizenzierten Technologierechte.** Sie erfasst also nicht allgemein sämtliche geistigen Eigentumsrechte des Lizenzgebers und dürfte auch nicht geistige Eigentumsrechte erfassen, die lediglich als Nebenbestimmungen mit freigestellt sind. Ein Kündigungsrecht im Rahmen einer Exklusivlizenz für den Fall, dass der Lizenznehmer irgendein Recht des geistigen Eigentums des Lizenzgebers angreift, ist folglich vom Verbot des Abs. 1 lit. b) erfasst. Aus dem Wortlaut lässt sich nicht zweifelsfrei entnehmen, ob nur die Vereinbarung beendet werden darf, unter der das angefochtene Technologierecht lizenziert wurde, oder sämtliche Technologietransfer-Vereinbarungen mit diesem Lizenznehmer. Die Möglichkeit, auch andere Technologietransfer-Vereinbarungen zu beenden, würde jedoch das Kräfteverhältnis wieder so massiv zugunsten des Lizenzgebers verschieben, dass dies nicht gewollt sein dürfte. Die Rückausnahme gilt folglich nur für Kündigungsklauseln, die es dem Lizenzgeber einer Exklusivlizenz erlauben, dem Lizenznehmer diese Lizenz zu kündigen, wenn dieser die Gültigkeit eines der exklusiv an ihn lizenzierten Rechte des geistigen Eigentums angreift. Die Beendigung erfasst alle Vertragsgestaltungen, die das Recht zur Nutzung der lizenzierten Technologie beenden und meint vor allem die Kündigung der Vereinbarung. 276

Eine Kündigungsklausel für den Fall, dass der Lizenznehmer die **Produktion auf Grundlage einer eigenen, konkurrierenden Technologie** aufnimmt, fällt zwar nicht unter Abs. 1 lit. b). Sie ist aber gleichwohl nicht gruppenfreigestellt, da sie bei Vereinbarungen zwischen Nicht-Wettbewerbern von Abs. 2 und bei Vereinbarungen zwischen Wettbewerbern von Art. 4 Abs. 1 lit. d) erfasst ist.[497] 277

Ob die Kommission im Rahmen der Neuregelung von Kündigungsklauseln in Technologietransfer-Vereinbarungen die richtige Balance zwischen öffentlichem Interesse an der Vernichtung „schwacher" Schutzrechte und Interesse des Lizenzgebers, sich bei einem Angriff auf seine Schutzrechte aus der vertraglichen Beziehung zum Lizenznehmer lösen zu können, getroffen hat, kann durchaus bezweifelt werden.[498] Insbesondere erscheint die Regelung **wenig sachgerecht** für Vereinbarungen, in denen der Lizenznehmer eine sehr starke Position hat.[499] Schutzrechte werden von Lizenznehmern in starker Position gelegentlich auch aus rein strategischem Interesse angefochten, um z. B. bessere Konditionen durchzusetzen. Auch ist bei Anfechtung der lizenzierten Schutzrechte die Grundlage des Lizenzvertrages grundlegend erschüttert. Schließlich ist nicht immer einzusehen, warum der Lizenznehmer weitgehend risikolos die Schutzrechte des Lizenzgebers soll angreifen können. Liegt der Lizenznehmer mit seinem Angriff am Ende richtig, dann drohen ihm durch die Kündigung des Lizenzvertrages ohnehin keine Nachteile. 278

Letztlich ist diese Kritik aber akademisch. Die Praxis muss sich auf die Neuregelung in Abs. 1 lit. b) einstellen. Für den Lizenzgeber kann es unter Umständen erwägenswert sein, Kündigungsklauseln aufzunehmen und das Risiko, dass diese Klausel nicht durchgesetzt werden können, in Kauf zu nehmen. Denn auch eine unwirksame Klausel kann im Einzelfall eine wenn auch begrenzte **abschreckende Wirkung** entfalten.[500] Zur Absicherung 279

---

496 Fn. 67 der Leitlinien; siehe auch *Besen/Slobodenjuk,* GRUR 2014, 740, 742; *Frank,* CR 2014, 349, 352. Nach Auffassung von *Maass/Schmidt,* EuZW 2015, 85, 92, geht es der Kommission darum, kleinere Innovatoren, wie sie bspw. in der Biotech-Industrie zu finden sind, zu helfen, sich gegen strategische Nichtigkeitsklagen von Lizenznehmern zu wehren.

497 Leitlinien, Rn. 143.

498 Kritisch auch *Lawrance,* Journal of Intellectual Property Law & Practice 2014, 802 ff.

499 Vgl. *Maass/Schmidt,* EuZW 2015, 85, 92, mit dem Beispiel kleinerer Innovatoren in der Biotech-Industrie. Der Lizenznehmer hat jedoch auch bei kleinen Innovatoren keine starke Position, wenn das lizenzierte geistige Eigentumsrecht dem Innovator eine marktbeherrschende Stellung verleiht.

500 Ähnlich *Lawrance,* Journal of Intellectual Property Law & Practice 2014, 802 ff.

der Lizenzeinnahmen ist denkbar, die Lizenzgebühren auch auf mitlizenziertes Know-how zu stützen (soweit vorhanden) oder die Zahlung von Einmalbeträgen *(upfront payments)* zum Vertragsbeginn oder bei Erreichung gewisser Meilensteinen zu vereinbaren.[501]

4. Nicht-freigestellte Beschränkungen bei Nicht-Wettbewerbern (Abs. 2)

280 Abs. 1 erfasst sowohl Wettbewerber als auch Nicht-Wettbewerber. Abs. 2 enthält eine zusätzliche Ausnahme von der Gruppenfreistellung für Nicht-Wettbewerber. Abs. 2 nimmt von der Gruppenfreistellung Klauseln bei Vereinbarungen zwischen Nicht-Wettbewerbern aus, nach denen der Lizenznehmer in der Verwertung seiner eigenen Technologierechte oder in seiner Forschung und Entwicklung beschränkt wird. Diese Regelung entspricht inhaltlich der Kernbeschränkung Art. 4 Abs. 1 lit. d) für Wettbewerber. Deswegen kann hier weitgehend auf die dortige Kommentierung verwiesen werden.[502]

281 Für Nicht-Wettbewerber hat die Kommission diese Regelung in Art. 5 verortet, um klarzustellen, dass hier eine **Einzelfreistellung durchaus möglich** ist.[503] Hat der Lizenznehmer allerdings eine konkurrierende Technologie, sieht die Kommission wie bei Wettbewerbern in der Regel keine Möglichkeit zur Einzelfreistellung.[504] Das gilt unabhängig davon, ob der Lizenznehmer diese konkurrierende Technologie in Lizenz vergibt oder nicht – hier berücksichtigt die Kommission also ausnahmsweise potenziellen Wettbewerb auf dem Technologiemarkt.

282 Die Einschränkung einer der Vertragsparteien in der Forschung und Entwicklung sieht die Kommission besonders kritisch, wenn nur **wenige Technologien am Markt** vorhanden sind.[505] Dann ist der potenzielle Wettbewerb besonders wichtig. Wenn die beschränkte Partei zudem über die notwendigen Einrichtungen und Fähigkeiten für die Entwicklung konkurrierender Technologien verfügt, sind Beschränkungen in der Forschung und Entwicklung in der Regel nicht einzelfreistellungsfähig. Ansonsten dürften Beschränkungen in der Forschung und Entwicklung häufig nicht spürbar sein oder unter Art. 101 Abs. 3 AEUV fallen. Die Kommission hebt insofern hervor, dass solche Beschränkungen die Lizenzierungsbereitschaft des Lizenzgebers steigern dürften. Deswegen hält sie auch ein Kündigungsrecht des Lizenzgebers für einzelfreistellungsfähig, das für den Fall vereinbart wurde, dass der Lizenznehmer die Produktion auf Grundlage einer eigenen, konkurrierenden Technologie aufnimmt.

Artikel 6 Entzug des Rechtsvorteils im Einzelfall

(1) **Nach Artikel 29 Absatz 1 der Verordnung (EG) Nr. 1/2003 kann die Kommission den mit dieser Verordnung verbundenen Rechtsvorteil entziehen, wenn sie in einem bestimmten Fall feststellt, dass eine nach Artikel 2 freigestellte Technologietransfer-Vereinbarung gleichwohl Wirkungen hat, die mit Artikel 101 Absatz 3 AEUV unvereinbar sind; dies gilt insbesondere, wenn**

a) der Zugang von Technologien Dritter zum Markt beschränkt wird, beispielsweise durch die kumulative Wirkung paralleler Netze gleichartiger beschränkender Vereinbarungen, die den Lizenznehmern die Nutzung von Technologien Dritter untersagen;

b) der Zugang potenzieller Lizenznehmer zum Markt beschränkt wird, beispielsweise durch die kumulative Wirkung paralleler Netze gleichartiger beschränkender Vereinbarungen, die den Lizenzgebern die Erteilung von Lizenzen an andere Li-

---

[501] Vgl. *Böttger/Kresken,* EuZW 2014, 653, 657.
[502] Vgl. Art. 4 TT-GVO, Rn. 216 ff.
[503] Leitlinien, Rn. 141.
[504] Leitlinien, Rn. 142.
[505] Leitlinien, Rn. 143.

zenznehmer untersagen, oder weil der einzige Eigentümer einer Technologie, der für relevante Technologierechte eine Lizenz vergibt, einem Lizenznehmer eine Exklusivlizenz erteilt, der bereits mit substituierbaren Technologierechten auf dem betreffenden Produktmarkt tätig ist.

(2) **Wenn eine unter die Freistellung nach Artikel 2 dieser Verordnung fallende Technologietransfer-Vereinbarung im Gebiet eines Mitgliedstaats oder in einem Teilgebiet desselben, das alle Merkmale eines gesonderten räumlichen Marktes aufweist, im Einzelfall Wirkungen hat, die mit Artikel 101 Absatz 3 AEUV unvereinbar sind, kann die Wettbewerbsbehörde dieses Mitgliedstaats unter den gleichen Umständen wie in Absatz 1 des vorliegenden Artikels den Rechtsvorteil dieser Verordnung gemäß Artikel 29 Absatz 2 der Verordnung (EG) Nr. 1/2003 in Bezug auf das betroffene Gebiet entziehen.**

1. Einleitung

Wie in Art. 6 VO 772/2004 kann die **Kommission** auch in der TT-GVO bestimmten Vereinbarungen die Freistellung im Einzelfall entziehen, wenn mindestens eine der vier kumulativen Voraussetzungen des Art. 101 Abs. 3 AEUV nicht erfüllt ist.[506] Gemäß Abs. 2 können die **Wettbewerbsbehörden der Mitgliedsstaaten** die Freistellung im Einzelfall entziehen, wenn der räumlich relevante Markt nicht größer ist als das Staatsgebiet des jeweiligen Mitgliedsstaates. Art. 6 hat weitgehend nur klarstellende Natur. Die entsprechenden Kompetenzen für die Kommission und die Wettbewerbsbehörden der Mitgliedstaaten ergeben sich bereits aus Art. 29 VO 1/2003, der unmittelbar anwendbar ist. Lediglich die Regelbeispiele in Abs. 1 lit. a) und b) enthalten konstitutive Konkretisierungen von Art. 29 VO 1/2003. **283**

Der Entzug der Gruppenfreistellung wirkt nur ***ex nunc.*** Bis zu einer rechtskräftigen Entscheidung gemäß Art. 6 ist die fragliche Technologietransfer-Vereinbarung gruppenfreigestellt und damit kartellrechtskonform. **284**

Die **praktische Bedeutung** des Entzugs der Gruppenfreistellung im Einzelfall ist **sehr gering.** Weder die Kommission noch eine nationale Wettbewerbsbehörde haben, soweit ersichtlich, jemals im Zusammenhang mit Technologietransfer-Vereinbarungen von dieser Kompetenz Gebrauch gemacht. Dies gilt im Grundsatz auch für andere Gruppenfreistellungsverordnungen. Lediglich das Bundeskartellamt hat in jüngster Zeit im Kontext mit vertikalen Beschränkungen im Bereich des Online-Handels einmal erwogen, für bestimmte vertragliche Vereinbarungen den Vorteil der Vertikal-GVO per Entscheidung zu entziehen,[507] allerdings ohne letztlich von dieser Befugnis Gebrauch gemacht zu haben. **285**

2. Ratio

Hat eine Technologietransfer-Vereinbarung entgegen der Vermutung der TT-GVO Wirkungen, die mit Art. 101 Abs. 3 AEUV unvereinbar sind, kann ihr der **Rechtsvorteil** der Gruppenfreistellungsverordnung **entzogen** werden. **286**

Zwar stellen die Anforderungen und Voraussetzungen der TT-GVO im Allgemeinen sicher, dass Vereinbarungen, auf die die Gruppenfreistellung Anwendung findet, mit Art. 101 Abs. 3 AEUV vereinbar sind.[508] Zum Wesen der Gruppenfreistellung gehört aber, dass sie nicht alle Umstände des jeweiligen Einzelfalls berücksichtigen kann. Auch in der Liste der Kernbeschränkungen und der Liste der nichtfreigestellten Beschränkungen in den Art. 4 und 5 können nicht alle möglichen negativen Auswirkungen von Lizenzvereinba- **287**

---

[506] Vgl. Leitlinien, Rn. 145.

[507] Vgl. Bundeskartellamt, Vertikale Beschränkungen in der Internetökonomie, Hintergrundpapier zur Tagung des Arbeitskreises Kartellrecht am 10. Oktober 2013, S. 14.

[508] Vgl. Erwägungsgrund 16 TT-GVO.

rungen berücksichtigt sein. Insbesondere trägt die Gruppenfreistellung nicht der **kumulativen Wirkung gleichartiger Beschränkungen** Rechnung, die in Netzen von Lizenzvereinbarungen enthalten sind.[509] Hier kommt die sog. Bündeltheorie des EuGH aus der Rechtssache Delimitis zum Ausdruck.[510]

288 Daraus ergibt sich das Bedürfnis, einzelnen Vereinbarungen die Gruppenfreistellung wieder entziehen zu können. Deswegen regelt Art. 29 VO 1/2003 die entsprechende Befugnis der Kommission und der Wettbewerbsbehörden der Mitgliedsstaaten zum Entzug der Gruppenfreistellung **im Einzelfall.**

3. Anwendungsfälle

289 Die TT-GVO stellt in den Regelbeispielen in Art. 6 Abs. 1 lit. a) und b) die kumulative beschränkende Wirkung **paralleler Netze gleichartiger beschränkender Vereinbarungen** in den Vordergrund. Solche Vereinbarungen fallen bei isolierter Betrachtung unter Art. 101 Abs. 3 AEUV. Zusammengenommen können sie jedoch eine marktverschließende Wirkung entwickeln, die nicht mehr mit Art. 101 Abs. 3 AEUV vereinbar ist.[511] Bei parallelen Netzen gleichartiger Beschränkungen stehen der Kommission auch die Maßnahmen nach Art. 7 zur Verfügung.

290 Die VO 772/2004 nannte als drittes Beispiel noch den Fall, dass die Parteien die lizenzierte Technologie nicht verwerten. Der Kommission fehlte die **effizienzsteigernde Wirkung** der Lizenzvergabe, wenn die Technologie nicht verwertet wird. Der Aufgabe dieses Beispiels dürfte nicht zu entnehmen sein, dass die (Nicht-)Verwertung der Technologie künftig unerheblich ist. Die Gruppenfreistellung setzt nach Art. 1 Abs. 1 lit. c) i. V. m. Art. 2 Abs. 1 voraus, dass der Technologietransfer auf die Produktion von Vertragsprodukten gerichtet ist. Diese Zielrichtung dürfte in Zweifel stehen, wenn die betroffene Technologie nicht verwertet wird.

4. Beweislast

291 Die Beweislast liegt bei der entziehenden Wettbewerbsbehörde.[512] Die Wettbewerbsbehörde muss sowohl die Anwendbarkeit von Art. 101 Abs. 1 AEUV nachweisen als auch die Nichterfüllung zumindest eines der vier Merkmale von Art. 101 Abs. 3 AEUV.

Artikel 7 Nichtanwendung dieser Verordnung

(1) **Gemäß Artikel 1a der Verordnung Nr. 19/65/EWG kann die Kommission durch Verordnung erklären, dass in Fällen, in denen parallele Netze gleichartiger Technologietransfer-Vereinbarungen mehr als 50 % eines relevanten Marktes erfassen, die vorliegende Verordnung auf Technologietransfer-Vereinbarungen, die bestimmte Beschränkungen des Wettbewerbs auf diesem Markt vorsehen, keine Anwendung findet.**

(2) **Eine Verordnung nach Absatz 1 wird frühestens sechs Monate nach ihrem Erlass anwendbar.**

1. Nichtanwendungsverordnung

292 Art. 7 stellt es in das **Ermessen der Kommission,**[513] parallele Netze gleichartiger Vereinbarungen im Wege einer Verordnung aus dem Anwendungsbereich der TT-GVO auszuschließen, wenn diese mehr als 50% eines relevanten Marktes erfassen.

[509] Leitlinien, Rn. 148.
[510] EuGH, 28.2.1991, Rs. C-234/89, Slg. 1991, I-935, Delimitis, vgl. auch *Gaster,* in: Schröter/Jakob/Klotz/Mederer, Europäisches Wettbewerbsrecht, 2. Auflage, 2014, Art. 101 AEUV, Rn. 1211.
[511] Vgl. Leitlinien, Rn. 148.
[512] Leitlinien, Rn. 146.
[513] Vgl. auch Leitlinien, Rn. 152.

Anders als bei einem Beschluss nach Art. 6 bedeutet eine solche Verordnung nicht, dass die betroffenen Vereinbarungen gegen Art. 101 AEUV verstoßen. Vielmehr bewirkt eine Kommissionsverordnung nach Art. 7 lediglich, dass der Rechtsvorteil der TT-GVO in Bezug auf die betreffenden Beschränkungen und Märkte aufgehoben und die **volle Anwendbarkeit von Art. 101 Abs. 1 und Abs. 3 AEUV wieder hergestellt wird.**[514] So ist etwa denkbar, dass eine unter die Verordnung fallende Vereinbarung nach Art. 101 Abs. 3 AEUV freigestellt wird, wenn genügend andere erfasste Vereinbarungen geändert werden. 293

Die Kommission ist gehalten, den **Anwendungsbereich** einer Verordnung nach Art. 7 **klar** und **eindeutig zu definieren.** Hierzu muss sie zum einen den sachlich und räumlich relevanten Markt (bzw. die Märkte) abgrenzen und zum anderen die Art der Beschränkung bei der Lizenzvergabe ermitteln und festlegen, auf welche die TT-GVO keine Anwendung mehr finden soll.[515] Die Kommission kann und muss dabei nach Maßgabe des Verhältnismäßigkeitsgrundsatzes den Anwendungsbereich der Verordnung auf das Wettbewerbsproblem beschränken, das sie damit beheben möchte. Beispielsweise kann die Kommission den Anwendungsbereich ihrer Verordnung auf Wettbewerbsverbote beschränken, die eine gewisse Geltungsdauer überschreiten oder Bagatellschwellen in Marktanteilen bestimmen, unterhalb derer ein Unternehmen nicht erheblich zur kumulativen Wirkung beiträgt.[516] 294

2. Karenzzeit

Eine Verordnung nach Art. 7 Abs. 1 wird gemäß Art. 7 Abs. 2 frühestens sechs Monate nach ihrem Erlass anwendbar. Bis dahin gilt die Gruppenfreistellung weiter.[517] Diese Karenzzeit soll den betroffenen Unternehmen die **rechtzeitige Umstellung** der betroffenen Vereinbarungen ermöglichen.[518] 295

Artikel 8 Anwendung der Marktanteilsschwellen

Für die Anwendung der Marktanteilsschwellen nach Artikel 3 gelten folgende Vorschriften:

a) Der Marktanteil wird anhand des Absatzwerts berechnet; liegen keine Angaben über den Absatzwert vor, so können zur Ermittlung des Marktanteils des betreffenden Unternehmens Schätzungen vorgenommen werden, die auf anderen verlässlichen Marktdaten unter Einschluss der Absatzmengen beruhen.

b) Der Marktanteil wird anhand der Angaben aus dem vorhergehenden Kalenderjahr ermittelt.

c) Der Marktanteil der in Artikel 1 Absatz 2 Unterabsatz 2 Buchstabe e genannten Unternehmen wird zu gleichen Teilen jedem Unternehmen zugerechnet, das die in Artikel 1 Absatz 2 Unterabsatz 2 Buchstabe a aufgeführten Rechte oder Einflussmöglichkeiten hat.

d) Der Anteil eines Lizenzgebers an einem relevanten Markt für die lizenzierten Technologierechte wird auf der Grundlage der Präsenz der lizenzierten Technologierechte auf dem relevanten Markt bzw. den relevanten Märkten (das heißt sowohl für den sachlich relevanten als auch für den räumlich relevanten Markt), auf dem/denen die Vertragsprodukte verkauft werden, berechnet, das heißt auf der Grundlage der Verkaufsdaten betreffend die vom Lizenzgeber und seinen Lizenznehmern insgesamt hergestellten Vertragsprodukte.

e) Wird die in Artikel 3 Absatz 1 oder Absatz 2 genannte Marktanteilsschwelle von 20 % bzw. 30 % erst zu einem späteren Zeitpunkt überschritten, so gilt die Frei-

[514] Leitlinien, Rn. 150.
[515] Leitlinien, Rn. 153.
[516] Vgl. Leitlinien, Rn. 153.
[517] Leitlinien, Rn. 155.
[518] Leitlinien, Rn. 154.

stellung nach Artikel 2 im Anschluss an das Jahr, in dem die Schwelle von 20 % bzw. 30 % erstmals überschritten wird, noch für zwei aufeinander folgende Kalenderjahre weiter.

296 Für Art. 8 TT-GVO wird auf die Kommentierung zu Art. 3 TT-GVO verwiesen.

Artikel 9 Verhältnis zu anderen Gruppenfreistellungsverordnungen

Diese Verordnung gilt nicht für Lizenzabsprachen in Vereinbarungen über Forschung und Entwicklung, die unter die Verordnung (EU) Nr. 1217/2010 fallen oder in Spezialisierungsvereinbarungen, die unter die Verordnung (EU) Nr. 1218/2010 fallen.

1. Einführung

297 Art. 9 behandelt das Verhältnis der TT-GVO zu anderen Gruppenfreistellungsverordnungen nur unvollständig. Gemäß Art. 9 gilt die TT-GVO nicht für Lizenzabsprachen in Vereinbarungen, die unter die F&E-GVO[519] oder unter die Spezialisierungs-GVO[520] fallen. Gegenüber diesen Gruppenfreistellungsverordnungen ist die TT-GVO also nachrangig. Die **Regelung** in Art. 9 ist dabei nur **klarstellender Natur.** Danach gilt für eine Vereinbarung eine bestimmte Gruppenfreistellungsverordnung dann nicht, wenn sie unter eine andere Gruppenfreistellungsverordnung fällt. Für die Abgrenzung entscheidend ist letztlich, wo der Schwerpunkt der Vereinbarung liegt bzw. was ihren Hauptgegenstand ausmacht. Um diesen zu ermitteln, ist eine Gesamtbetrachtung sämtlicher vertraglicher Abreden vorzunehmen, unter Einbeziehung ihrer wirtschaftlichen Bedeutung. Verbleiben Zweifel, sollten in der Praxis die Anforderungen aller in Betracht kommenden Gruppenfreistellungsverordnungen beachtet werden.

298 Nicht angesprochen ist in Art. 9 das Verhältnis der TT-GVO zur Vertikal-GVO.[521] Nach Maßgabe ihres Art. 2 Abs. 5 gilt die Vertikal-GVO nicht für vertikale Vereinbarungen, deren Gegenstand in den Geltungsbereich einer anderen Gruppenfreistellungsverordnung fällt. Das kann auch das Verhältnis zwischen TT-GVO und Vertikal-GVO betreffen.

2. Verhältnis der TT-GVO zur Spezialisierungs-GVO

299 Die Spezialisierungs-GVO gilt grundsätzlich für Vereinbarungen über eine **gemeinsame Produktion,** in denen sich zwei oder mehr Parteien dazu verpflichten, bestimmte Produkte gemeinsam zu produzieren.[522] Im Rahmen einer solchen Produktionsabsprache kann es notwendig sein, dass sich die beteiligten Parteien untereinander Technologierechte lizenzieren. Diese dienen dann dem Ziel der Herstellung von Vertragsprodukten. Die Übertragung von Technologierechten oder die Erteilung diesbezüglicher Lizenzen an eine oder mehrere der Parteien der Spezialisierungs-Vereinbarung fällt dann unter die Spezialisierungs-GVO, wenn sie nicht den Hauptgegenstand der Vereinbarung bilden, sich aber unmittelbar auf ihre Umsetzung beziehen und dafür erforderlich sind.[523] Gründen die Par-

---

[519] Verordnung (EU) Nr. 1217/2010 der Kommission vom 14. Dezember 2010 über die Anwendung von Artikel 101 Absatz 3 des Vertrags über die Arbeitsweise der Europäischen Union auf bestimmte Gruppen von Vereinbarungen über Forschung und Entwicklung, ABl. 2010 L 335/36.

[520] Verordnung (EU) Nr. 1218/2010 der Kommission vom 14. Dezember 2010 über die Anwendung von Artikel 101 Absatz 3 des Vertrags über die Arbeitsweise der Europäischen Union auf bestimmte Gruppen von Spezialisierungsvereinbarungen, ABl. 2010 L 335/43.

[521] Verordnung (EU) Nr. 330/2010 der Kommission vom 20. April 2010 über die Anwendung von Artikel 101 Absatz 3 des Vertrags über die Arbeitsweise der Europäischen Union auf Gruppen von vertikalen Vereinbarungen und abgestimmten Verhaltensweisen, ABl. 2010 L 102/1.

[522] Art. 1 Abs. 1 lit. d) Spezialisierungs-GVO.

[523] Art. 2 Abs. 2 Spezialisierungs-GVO.

teien der Vereinbarung bspw. ein gemeinsames Produktionsunternehmen und erteilen sie diesem eine Produktionslizenz für ihre Technologierechte, so fällt die Lizenzvereinbarung unter die Spezialisierungs-GVO.[524]

Im Vergleich zur TT-GVO ist die Spezialisierungs-GVO in ihren Regelungen **teilweise strenger, teilweise** aber auch **weniger streng.** Verkaufsbeschränkungen lässt die Spezialisierungs-GVO grundsätzlich nicht zu.[525] Outputbeschränkungen lässt sie dagegen auch dann zu, wenn sie wechselseitig erfolgen.[526] 300

3. Verhältnis der TT-GVO zur F&E-GVO

Die F&E-GVO gilt grundsätzlich für Vereinbarungen, die zwei oder mehr Unternehmen treffen, um **gemeinsam Forschungs- und Entwicklungsarbeiten** durchzuführen und deren Ergebnisse gemeinsam zu verwerten.[527] Im Rahmen einer solchen gemeinsamen F&E-Tätigkeit kann es notwendig sein, dass sich die beteiligten Parteien untereinander Technologierechte lizenzieren. Die Übertragung von Technologierechten oder die Erteilung diesbezüglicher Lizenzen an eine oder mehrere der Parteien der F&E-Vereinbarung oder an eine von den Parteien für die Durchführung der gemeinsamen Forschung und Entwicklung, der Auftragsforschung und -entwicklung oder der gemeinsamen Verwertung gegründete Einheit fällt dann unter die F&E-GVO, wenn sie nicht den Hauptgegenstand der Vereinbarung bilden, sich aber unmittelbar auf ihre Umsetzung beziehen und dafür erforderlich sind.[528] 301

Der Schwerpunkt der Gesamtvereinbarung liegt auf der gemeinsamen Forschung und Entwicklung, wenn die Parteien einer F&E-Vereinbarung einander Lizenzen erteilen oder diese einer gemeinsamen Einrichtung erteilen. Solche Lizenzvergaben fallen dann ausschließlich unter die F&E-GVO.[529] 302

Für den Lizenzgeber hat der Vorrang der F&E-GVO zum Beispiel den Vorteil, dass dort weiter die Kündigungsmöglichkeit bei Anfechtung eines geistigen Eigentumsrechts gruppenfreigestellt ist.[530] 303

4. Verhältnis der TT-GVO zur Vertikal-GVO

Nicht ausdrücklich in der TT-GVO geregelt ist das Verhältnis der TT-GVO zur Vertikal-GVO. Die Vertikal-GVO gilt für Vereinbarungen zwischen zwei oder mehr Unternehmen, von denen jedes zwecks Durchführung der Vereinbarung auf einer unterschiedlichen Produktions- oder Vertriebsstufe tätig ist, und in denen die Bedingungen geregelt sind, zu denen die Parteien bestimmte Waren oder Dienstleistungen beziehen, verkaufen oder weiterverkaufen können. Sie erfasst die Übertragung von Rechten des geistigen Eigentums auf den Abnehmer oder die Nutzung solcher Rechte durch den Abnehmer, sofern diese nicht Hauptgegenstand der Vereinbarung sind und sofern sie sich unmittelbar auf die Nutzung, den Verkauf oder den Weiterverkauf von Waren oder Dienstleistungen durch den Abnehmer oder seine Kunden beziehen.[531] Da ein Lizenznehmer, der ein Produkt verkauft, das die lizenzierte Technologie enthält, ein Anbieter im Sinne der Vertikal-GVO ist, sind die TT-GVO und die Vertikal-GVO **eng miteinander verbunden.**[532] 304

---

524 Leitlinien, Rn. 72.
525 Art. 4 lit. c) Spezialisierungs-GVO.
526 Art. 4 lit. b) Ziffer i) Spezialisierungs-GVO.
527 Art. 1 Abs. 1 lit. a) Forschungs- und Entwicklungs-GVO.
528 Art. 2 Abs. 2 Forschungs- und Entwicklungs-GVO.
529 Leitlinien, Rn. 74.
530 Art. 6 lit. a) Forschungs- und Entwicklungs-GVO.
531 Art. 2 Abs. 3 Vertikal-GVO.
532 Leitlinien, Rn. 76.

305 Die TT-GVO erfasst dabei auch Vertriebsbeschränkungen des Lizenznehmers beim Verkauf der Produkte, die die lizenzierte Technologie enthalten. Zwar sieht die Vertikal-GVO in ihrem Art. 2 Abs. 3 vor, dass sie die Übertragung von geistigen Eigentumsrechten erfasst, wenn diese Bestimmungen nicht Hauptgegenstand der Vereinbarung sind und sich unmittelbar auf die vertikale Vereinbarung beziehen. Jedoch ist die Vertikal-GVO nach ihrem Art. 2 Abs. 5 **subsidiär** gegenüber der TT-GVO. Gleichzeitig gilt die Freistellung der TT-GVO gemäß Art. 2 Abs. 3 schon für Vertriebsbeschränkungen, soweit diese nur unmittelbar mit der Produktion oder dem Verkauf von Vertragsprodukten verbunden sind. Darauf, dass der Technologietransfer den Hauptgegenstand der Vereinbarung bildet, kommt es folglich im Verhältnis zwischen TT-GVO und Vertikal-GVO nicht an. Vertriebsbeschränkungen fallen vielmehr als Nebenbestimmungen auch dann unter die TT-GVO, wenn sie den Tatbestand des Art. 2 Abs. 3 Vertikal-GVO erfüllen.[533]

306 Für den Schutzrechtsinhaber hat die TT-GVO den wesentlichen Vorteil, dass er den Lizenznehmer stärker im Vertrieb beschränken kann, als es unter dem Regime der Vertikal-GVO möglich wäre. So sind bei der TT-GVO Wettbewerbsverbote und Alleinbezugsverpflichtungen unabhängig von ihrer Dauer gruppenfreigestellt, im Gegensatz zu Art. 1 Abs. 1 lit. d) i. V. m. 5 Abs. 1 lit. a) Vertikal-GVO. Die abweichenden Regelungen von TT-GVO und Vertikal-GVO haben auch Nachteile für beide Parteien. Ist eine auf den Vertrieb (und nicht auf Produktion) gerichtete Lizenz Hauptgegenstand einer Vereinbarung, fällt sie weder unter die TT-GVO noch unter die Vertikal-GVO.[534]

307 Vereinbarungen, die auf der nächsten Handelsstufe zwischen Lizenznehmern und Abnehmern der Vertragsprodukte geschlossen werden, unterliegen ausschließlich der Vertikal-GVO.[535] Im Vertragsverhältnis zwischen dem Lizenznehmer und den Abnehmern seiner Waren und Dienstleistungen gilt folglich die TT-GVO nicht.

Artikel 10 Übergangszeit

Das Verbot nach Artikel 101 Absatz 1 AEUV gilt vom 1. Mai 2014 bis zum 30. April 2015 nicht für Vereinbarungen, die am 30. April 2014 bereits in Kraft waren und die am 30. April 2014 die Voraussetzungen für eine Freistellung zwar nach der Verordnung (EG) Nr. 772/2004, nicht aber nach dieser Verordnung erfüllen.

308 Art. 10 enthielt eine für am 30. April 2014 bereits bestehende Lizenzvereinbarungen geltende – recht kurz bemessene – Übergangsfrist. Lizenzvereinbarungen, die nach der VO 772/2004 freigestellt waren, blieben danach bis zum 30. April 2015 weiter freigestellt, auch wenn sie mit der TT-GVO nicht vereinbar waren. Diese Übergangsfrist ist abgelaufen, so dass Stand heute alle Technologietransfer-Vereinbarungen den Anforderungen der TT-GVO genügen müssen.

Artikel 11 Geltungsdauer

Diese Verordnung tritt am 1. Mai 2014 in Kraft.
Sie gilt bis zum 30. April 2026.

---

[533] A. A. *Bechtold/Bosch/Brinker,* EU-Kartellrecht, 3. Auflage, 2014, Art. 2 VO 316/2014, Rn. 5, wonach auch für das Verhältnis der TT-GVO zur Vertikal-GVO der Hauptgegenstand der Vereinbarung entscheidend sein soll.

[534] Immerhin stellt die Kommission für die Lizenzierung von Software-Urheberrechten, die auf Vertrieb oder Vervielfältigung gerichtet sind, klar, dass die Vertikal-GVO analog anwendbar ist (Rn. 62 der Leitlinien). Das dürfte allerdings nicht verallgemeinerungsfähig sein, denn die Leitlinien sehen keine Analogie bei der Lizenzierung von Markenzeichen vor (Rn. 50 der Leitlinien).

[535] Leitlinien, Rn. 76.

Diese Verordnung ist in allen ihren Teilen verbindlich und gilt unmittelbar in jedem Mitgliedstaat.

Die TT-GVO gilt bis zum 30. April 2026. Aus heutiger Sicht ist damit zu rechnen, dass **309**
es zu einer Nachfolge-Verordnung zur TT-GVO kommen wird.

D. Gruppenfreistellungsverordnung zu Spezialisierungsvereinbarungen

Übersicht

Schrifttum: *Auf'mkolk,* Der reformierte Rechtsrahmen der EU-Kommission für Vereinbarungen über horizontale Zusammenarbeit, WuW 2011, 699; *Bechtold,* Leitlinien der Kommission und Rechtssicherheit – am Beispiel der neuen Horizontal-Leitlinien, GRUR 2012, 107; *Bechtold/Bosch/Brinker,* EU-Kartellrecht, 2014; *Bellamy/Child,* European Union Law of Competition, 2013; *Dauses,* Handbuch des EU-Wirtschaftsrechts, 2014; *Fritzsche,* Die neuen Regeln über horizontale Kooperation im europäischen Wettbewerbsrecht, EuZW 2011, 208; *Grabitz/Hilf/Nettesheim,* Das Recht der Europäischen Union: EUV/AEUV, 2014; *Hirsch/Montag/Säcker,* Münchener Kommentar zum Europäischen und Deutschen Wettbewerbsrecht (Kartellrecht) Bd. 1, 2015; *Immenga/Mestmäcker,* EU-Wettbewerbsrecht Bd. 1, 2012; *Langen/Bunte,* Kartellrecht Bd. 2, 2014; *Liebscher/Flohr/Petsche,* Handbuch der EU-Gruppenfreistellungsverordnungen, 2012; *Mäger,* Europäisches Kartellrecht, 2011; *Schröder/Jakob/Klotz/Mederer,* Europäisches Wettbewerbsrecht, 2014; *Schulte/Just,* Kartellrecht, 2011; *Seeliger/Laskey,* Die Gruppenfreistellungsverordnung für Spezialisierungsvereinbarungen, EWS 2011, 119; *Streinz,* EUV/AEUV, 2012; *Wiedemann,* Handbuch des Kartellrechts, 2008; *Whish/Bailey,* Competition Law, 2012.

Erwägungsgründe:

(1) Nach der Verordnung (EWG) Nr. 2821/71 ist die Kommission ermächtigt, Artikel 101 Absatz 3 des Vertrags über die Arbeitsweise der Europäischen Union durch Verordnung auf Gruppen von Vereinbarungen, Beschlüssen und abgestimmten Verhaltensweisen anzuwenden, die unter Artikel 101 Absatz 1 AEUV fallen und die eine Spezialisierung einschließlich der zu ihrer Durchführung erforderlichen Vereinbarungen zum Gegenstand haben.

(2) In der Verordnung (EG) Nr. 2658/2000 der Kommission vom 29. November 2000 über die Anwendung von Artikel 81 Absatz 3 des Vertrages auf Gruppen von Spezialisierungsvereinbarungen sind Gruppen von Spezialisierungsvereinbarungen definiert, die nach Auffassung der Kommission in der Regel die Voraussetzungen des Artikels 101 Absatz 3 AEUV erfüllen. Angesichts der insgesamt positiven Erfahrungen mit der Anwendung dieser Verordnung, die am 31. Dezember 2010 außer Kraft tritt, und der seit ihrem Erlass gesammelten Erfahrungen sollte eine neue Gruppenfreistellungsverordnung erlassen werden.

(3) Diese Verordnung sollte sowohl den Wettbewerb wirksam schützen als auch den Unternehmen angemessene Rechtssicherheit bieten. Mit Blick auf diese beiden Ziele sollte ebenfalls angestrebt werden, die behördliche Aufsicht und den rechtlichen Rahmen soweit wie möglich zu vereinfachen. Solange ein gewisser Grad an Marktmacht nicht erreicht ist, kann im Hinblick auf die Anwendung von Artikel 101 Absatz 3 AEUV grundsätzlich davon ausgegangen werden, dass die positiven Auswirkungen von Spezialisierungsvereinbarungen negative Auswirkungen auf den Wettbewerb überwiegen.

(4) Für die Anwendung von Artikel 101 Absatz 3 AEUV durch Verordnung ist es nicht erforderlich, die Vereinbarungen zu definieren, die unter Artikel 101 Absatz 1 AEUV fallen können. Bei der Einzelfallprüfung nach Artikel 101 Absatz 1 AEUV sind mehrere Faktoren, insbesondere die Struktur des relevanten Marktes, zu berücksichtigen.

(5) Der mit dieser Verordnung gewährte Rechtsvorteil der Freistellung sollte nur Vereinbarungen zugutekommen, bei denen mit hinreichender Sicherheit angenommen werden kann, dass sie die Voraussetzungen des Artikels 101 Absatz 3 AEUV erfüllen.

(6) Vereinbarungen über die Spezialisierung in der Produktion tragen am ehesten zu Verbesserungen in Produktion und Vertrieb von Waren bei, wenn die Parteien komplementäre Fähigkeiten, Vermögenswerte oder Tätigkeiten einbringen, weil sie dann durch die Ausrichtung auf die Herstellung bestimmter Produkte rationeller arbeiten und die betreffenden Produkte preisgünstiger anbieten können. Dies gilt im Allgemeinen auch für Vereinbarungen über die Spezialisierung in der Vorbereitung von Dienstleistungen. In einer Wettbewerbssituation dürften die Verbraucher angemessene Vorteile daraus ziehen.

(7) Derartige Vorteile können sich ergeben aus Vereinbarungen, mit denen eine Partei zugunsten einer anderen ganz oder teilweise auf die Herstellung bestimmter Waren oder die Vorbereitung bestimmter Dienstleistungen verzichtet („einseitige Spezialisierung"), aus Vereinbarungen, mit denen jede Partei zugunsten einer anderen ganz oder teilweise auf die Herstellung bestimmter Waren oder die Vorbereitung bestimmter Dienstleistungen verzichtet („gegenseitige Spezialisierung"), und aus Vereinbarungen, mit denen sich die Parteien verpflichten, bestimmte Waren nur gemeinsam herzustellen oder bestimmte Dienstleistungen nur gemeinsam vorzubereiten („gemeinsame Produktion"). Im Rahmen dieser Verordnung ist es für eine einseitige oder gegenseitige Spezialisierung nicht erforderlich, dass eine Partei Kapazität abbaut, da es genügt, dass sie ihr Produktionsvolumen verringert. Für eine gemeinsame Produktion ist es jedoch nicht erforderlich, dass die Parteien ihre jeweilige Produktion außerhalb des Anwendungsbereichs ihrer geplanten Vereinbarung über die gemeinsame Produktion zurückfahren.

(8) Vereinbarungen über die einseitige bzw. die gegenseitige Spezialisierung setzen ihrem Wesen nach voraus, dass die Parteien auf demselben sachlich relevanten Markt tätig sind. Eine Tätigkeit der Parteien auf demselben räumlich relevanten Markt ist jedoch nicht notwendig. Die Anwendung dieser Verordnung auf Vereinbarungen über die einseitige bzw. die gegenseitige Spezialisierung sollte daher auf Fälle beschränkt werden, in denen die Parteien auf demselben sachlich relevanten Markt tätig sind. Vereinbarungen über die gemeinsame Produktion können von Parteien geschlossen werden, die bereits auf demselben sachlich relevanten Markt tätig sind, aber auch von Parteien, die über die Vereinbarung in einen sachlich relevanten Markt eintreten wollen. Vereinbarungen über die gemeinsame Produktion sollten daher unter diese Verordnung fallen, und zwar unabhängig davon, ob die Parteien bereits auf demselben sachlich relevanten Markt tätig sind.

(9) Damit die Vorteile der Spezialisierung zum Tragen kommen, ohne dass sich eine Partei ganz aus dem der Produktion nachgelagerten Markt zurückzieht, sollten Vereinbarungen über die einseitige und die gegenseitige Spezialisierung nur unter diese Verordnung fallen, sofern sie Liefer- und Bezugsverpflichtungen enthalten oder einen gemeinsamen Vertrieb vorsehen. Die Liefer- und Bezugsverpflichtungen können, müssen aber nicht ausschließlicher Art sein.

(10) Solange für die Produkte, die Gegenstand einer Spezialisierungsvereinbarung sind, der Anteil der Parteien am relevanten Markt eine bestimmte Schwelle nicht überschreitet, kann davon ausgegan-

gen werden, dass solche Vereinbarungen im Allgemeinen einen wirtschaftlichen Nutzen in Form von Größen- oder Verbundvorteilen oder besseren Produktionstechniken bei angemessener Beteiligung der Verbraucher an den entstehenden Vorteilen mit sich bringen. Handelt es sich jedoch bei den Produkten, die im Rahmen einer Spezialisierungsvereinbarung hergestellt werden, um Zwischenprodukte, die eine oder mehrere der Parteien ganz oder teilweise als Vorleistung für ihre eigene Produktion bestimmter nachgelagerter Produkte verwenden, die sie dann auf dem Markt verkaufen, so sollte die mit dieser Verordnung gewährte Freistellung auch daran gebunden sein, dass der Anteil der Parteien am relevanten Markt für diese nachgelagerten Produkte eine bestimmte Schwelle nicht überschreitet. Würde man in einem solchen Fall lediglich den Marktanteil der Parteien auf der Ebene des Zwischenprodukts prüfen, so ließe man außer Acht, dass auf der Ebene der nachgelagerten Produkte potenziell das Risiko einer Marktverschließung oder einer Erhöhung der Inputpreise für Wettbewerber besteht. Es kann jedoch nicht generell davon ausgegangen werden, dass Spezialisierungsvereinbarungen unter Artikel 101 Absatz 1 AEUV fallen oder dass sie die Voraussetzungen des Artikel 101 Absatz 3 AEUV nicht erfüllen, wenn die in dieser Verordnung festgelegte Marktanteilsschwelle überschritten ist oder andere Voraussetzungen dieser Verordnung nicht erfüllt sind. In diesen Fällen muss die Spezialisierungsvereinbarung einer Einzelfallprüfung nach Artikel 101 AEUV unterzogen werden.

(11) Vereinbarungen, die Beschränkungen enthalten, die für die Erzielung der positiven Auswirkungen einer Spezialisierungsvereinbarung nicht unerlässlich sind, sollten mit dieser Verordnung nicht freigestellt werden. Vereinbarungen, die bestimmte Arten schwerwiegender Wettbewerbsbeschränkungen wie die Festsetzung von Preisen für Dritte, die Beschränkung von Produktion oder Absatz und die Zuweisung von Märkten oder Kundengruppen enthalten, sollten ohne Rücksicht auf den Marktanteil der Parteien grundsätzlich von dem mit dieser Verordnung gewährten Rechtsvorteil der Freistellung ausgeschlossen werden.

(12) Durch die Begrenzung des Marktanteils, den Ausschluss bestimmter Vereinbarungen von der Freistellung und die in dieser Verordnung vorgesehenen Voraussetzungen ist in der Regel sichergestellt, dass Vereinbarungen, auf die die Gruppenfreistellung Anwendung findet, den Parteien nicht die Möglichkeit eröffnen, für einen wesentlichen Teil der betreffenden Waren oder Dienstleistungen den Wettbewerb auszuschalten.

(13) Nach Artikel 29 Absatz 1 der Verordnung (EG) Nr. 1/2003 des Rates vom 16. Dezember 2002 zur Durchführung der in den Artikeln 81 und 82 des Vertrags niedergelegten Wettbewerbsregeln kann die Kommission den Rechtsvorteil dieser Verordnung entziehen, wenn sie in einem bestimmten Fall feststellt, dass eine unter die Freistellung nach dieser Verordnung fallende Vereinbarung Auswirkungen hat, die mit Artikel 101 Absatz 3 AEUV unvereinbar sind.

(14) Nach Artikel 29 Absatz 2 der Verordnung (EG) Nr. 1/2003 kann die Wettbewerbsbehörde eines Mitgliedstaats den Rechtsvorteil dieser Verordnung für das Gebiet oder ein Teilgebiet dieses Mitgliedstaats entziehen, wenn sie in einem bestimmten Fall feststellt, dass eine unter die Freistellung nach dieser Verordnung fallende Vereinbarung im Gebiet oder in einem Teilgebiet dieses Mitgliedstaats, das alle Merkmale eines gesonderten räumlichen Marktes aufweist, Auswirkungen hat, die mit Artikel 101 Absatz 3 AEUV unvereinbar sind.

(15) Der Rechtsvorteil dieser Verordnung könnte nach Artikel 29 der Verordnung (EG) Nr. 1/2003 entzogen werden, wenn insbesondere wegen der Marktstellung anderer Marktteilnehmer oder wegen Verbindungen zwischen anderen Marktteilnehmern aufgrund paralleler Spezialisierungsvereinbarungen der relevante Markt sehr konzentriert ist und kaum Wettbewerb besteht.

(16) Um den Abschluss von Spezialisierungsvereinbarungen zu erleichtern, die sich auf die Struktur der Parteien auswirken können, sollte die Geltungsdauer dieser Verordnung auf 12 Jahre festgesetzt werden

I. Einführung

1 Die Verordnung 1218/2010 über die Anwendung von Art. 101 Abs. 3 AEUV auf bestimmte Gruppen von Spezialisierungsvereinbarungen ist mit Wirkung zum 1.1.2011 in

Kraft getreten und gilt für 12 Jahre (im Folgenden **„Spezialisierungs-GVO"**).[1] Der Anwendungsbereich der Spezialisierungs-GVO erfasst drei unterschiedliche Kooperationsformen, und zwar (i) einseitige und (ii) gegenseitige Spezialisierungen sowie (iii) die gemeinsame Produktion. Eine nach der Spezialisierungs-GVO freistellungsfähige horizontale Zusammenarbeit hat ihren Schwerpunkt und ihre Rechtfertigung in der Herstellung und der Produktion von Waren oder Dienstleistungen. Sie muss in der Produktion zum Beispiel Rationalisierungseffekte erzielen, den technischen Fortschritt fördern oder die Warenerzeugung durch eine effizientere Nutzung von Produktionskapazitäten verbessern. Konzentrieren sich hingegen die Zusammenarbeit und deren wirtschaftliche Effizienzen primär auf den gemeinsamen Vertrieb, liegt kein Anwendungsfall der Spezialisierungs-GVO vor.[2] Die Europäische Kommission stellt zwar – im Sinne der Unternehmen begrüßenswert – für nach der Spezialisierungs-GVO freigestellte Vereinbarungen auch einen gegenüber der Produktion nachgeordneten gemeinsamen Vertrieb weitgehend frei. Dieser muss aber – vergleichbar mit einer unmittelbaren und notwendigen Nebenabrede – erforderlich sein, um die in der Produktion angestrebten Effizienzen und Rationalisierungen zu verwirklichen.[3] Gegenstand einer Herstellerkooperation können sämtliche Produkte, also Waren oder Dienstleistungen, und zwar sowohl in Form von Zwischen- als auch Endprodukten, sein.

2 Die Spezialisierungs-GVO folgt – wie alle modernen Gruppenfreistellungsverordnungen – dem **Prinzip der Generalfreistellung.** Das bedeutet, dass, sofern keine Kernbeschränkungen vorliegen, die in ihren Anwendungsbereich fallenden Produktionsvereinbarungen zwischen Wettbewerbern automatisch vom Kartellverbot ausgenommen sind. Diese Freistellungsvermutung gilt gemäß Art. 2 Abs. 2 und Abs. 3 lit. b Spezialisierungs-GVO nicht nur für die spezialisierte Produktion an sich, sondern umfasst auch mit der Herstellung unmittelbar verbundene und notwendige Nebenabreden (z. B. eine räumlich oder sachlich begrenzte Nutzung einer für die Produktion erforderlichen Lizenz, Wettbewerbsverbote hinsichtlich gleichlautender Spezialisierungsvereinbarungen zu Lasten der Kooperationspartner oder einen gemeinsamen Vertrieb des Spezialisierungsprodukts). Rein theoretisch würde die Spezialisierungs-GVO somit Kooperationen ermöglichen, die in ihren wirtschaftlichen Auswirkungen kaum noch einem tatsächlichen Zusammenschluss der beteiligten Unternehmen etwa in Form eines Vollfunktions-Gemeinschaftsunternehmens nachstehen.[4]

3 Das logische Gegengewicht zu dieser großzügigen Freistellung von Produktionsabsprachen zwischen Unternehmen, die im Wettbewerb stehen, ist die **vergleichsweise niedrige Marktanteilsschwelle** nach Art. 3 Spezialisierungs-GVO. Denn alle drei Kooperationsformen können sich auf das Marktverhalten der beteiligten Unternehmen auswirken, indem sie für diese zu einem gewissen Grad die Produktionskosten, die Produktqualität oder die Produkteigenschaften angleichen. Horizontale Produktionsabsprachen sind daher klassische Wettbewerbsbeschränkungen im Sinne von Art. 101 Abs. 1 AEUV, sodass strenge Voraussetzungen an die Marktposition der Vertragsparteien prinzipiell gerechtfertigt sind. Nach Ansicht der Europäischen Kommission ist bei einem gemeinsamen Marktanteil der beteiligten Unternehmen von nicht mehr als 20% davon ausgehen, dass in der Regel die positiven, den Wettbewerb fördernden Effekte (z. B. Kosteneinsparungen, bessere Produktionstechnologien) die damit verbundenen Beschränkungen im Marktverhalten der beteiligten Unternehmen überwiegen. Die Marktanteilsschwelle von 20% darf auf keinem der von der Kooperation betroffenen Märkte überschritten werden. Somit muss neben dem

---

[1] Verordnung (EG) Nr. 1218/2010 der Kommission vom 14. Dezember 2010 über die Anwendung von Art. 101 Abs. 3 des Vertrags über die Arbeitsweise der Europäischen Union auf bestimmte Gruppen von Spezialisierungsvereinbarungen, ABl. 2010 L 335/43, Art. 7.

[2] Vgl. Spezialisierungs-GVO, Erw. 6 und 7; *Lübbig* in Wiedemann, § 8 Rn. 167.

[3] Vgl. Spezialisierungs-GVO, Art. 2, welcher die Thematik der Nebenabreden behandelt und in Abs. 3 lit. b auch den gemeinsamen Vertrieb freistellt.

[4] Vgl. Abgrenzung zur Fusionskontrollverordnung Rn. 10 ff. in dieser Kommentierung; *Wollmann/Herzog* in MüKo, Art. 101 AEUV Rn. 224.

Markt für das Zwischenprodukt, das eigentlich Gegenstand der Vereinbarung ist, auch der Markt für das Enderzeugnis, in dessen Herstellung das Zwischenprodukt nur einfließt, für die Beurteilung der Anwendungsvoraussetzungen berücksichtigt werden. Ferner ist die Einhaltung der Marktanteilsschwelle nicht bloß einmal am Beginn der Kooperation zu prüfen, sondern jährlich. Art. 5 lit. d und lit. e Spezialisierungs-GVO gestatten den Unternehmen allerdings bei einem späteren Überschreiten der Schwelle eine Übergangsfrist für einen schrittweisen Vertragsausstieg.

1. Entstehungsgeschichte und Normzweck

4 Die positiven wirtschaftlichen Auswirkungen und Effekte von **Spezialisierungsvereinbarungen** erkannte die Europäische Kommission bereits sehr früh.[5] Seit dem Ende der 60er Jahre nahm sie vor allem in Negativtestaten und Einzelfreistellungsentscheidungen gegenüber Produktionsspezialisierungen eine wohlwollende Haltung ein. So stellte sie beispielsweise die gemeinsame Serienfertigung von Fahrzeugen mit elektrischen Antriebssystemen,[6] die gemeinsame Herstellung inklusive anschließendem Vertrieb von heizungstechnischem Material[7] oder die spezialisierte Fertigung von Uhren[8] von der Anwendung des Kartellverbots frei.[9]

5 In konsequenter Fortsetzung ihrer positiven Grundhaltung erließ die Kommission im Jahr 1972 die **erste** Gruppenfreistellungsverordnung für Spezialisierungsvereinbarungen.[10] Die ursprüngliche Spezialisierungs-GVO nahm nur die gegenseitige Spezialisierung vom Kartellverbot aus, vorausgesetzt die beteiligten Unternehmen hatten einen gemeinsamen Marktanteil von nicht mehr als 10% und überschritten eine festgelegte gemeinsame Umsatzschwelle[11] nicht. Diese ersten – nur bedingt praxisbezogen – Tatbestandsmerkmale wurden über die Jahre hinweg sukzessive ausgedehnt.[12] Der sachliche Anwendungsbereich wurde im Jahr 1983 um die gemeinsame Produktion und im Jahr 1993 um den unmittelbar anschließenden gemeinsamen Vertrieb des Spezialisierungsprodukts erweitert.[13] Die Vor-

---

[5] Vgl. *Emmerich/Hoffmann* in Dauses, Art. 101 AEUV Rn. 169; *Braun* in Langen/Bunte, Nachbemerkungen zu Art. 101 AEUV, Fallgruppen Rn. 184 (mit zahlreichen Entscheidungsbeispielen).

[6] Kom., IV/26045, ABl. 1968 L 201/7, Rn. 4f. – *ACEC/Berliet.*

[7] Kom., IV/26625, ABl. 1969 L 195/1 – *Clima Chappée/Buderus.*

[8] Kom., IV 26437, ABl. 1969 L 195/5 – *Jaz/Peter.*

[9] Vgl. weitere Beispiele wie z. B. Kom. 71/312/EGKS, ABl. 1971 L 201/1, Rn. 5 und Rn. 6 – *FKH/Thyssen/Wuppermann* (im Bereich Metallurgie); Kom. IV/243, 244, 245, ABl. 1972 L 303/24 – *Cimbel* (Produktions-GU im Bereich Zement); Kom. IV/26.825, ABl. 1973 L 296/24 – *Prym-Beka* (Spezialisierungsvereinbarung über die Produktion und Lieferung von Nadeln); Kom., IV/30.437, ABl. 1983 L 224/19 – *Rockwell/Iveco* (Bauteile für Kraftfahrzeuge); Kom., IV/31.055, ABl. 1987 L 5/13 – *ENI/Monedison* (Spezialisierung bei der Produktion von Thermoplaste).

[10] Verordnung (EWG) Nr. 2779/72 der Kommission vom 21. Dezember 1972 über die Anwendung von Artikel 85 Absatz 3 des Vertrages auf Gruppen von Spezialisierungsvereinbarungen, ABl. 1972 L 292/23.

[11] Das Erfordernis einer Umsatzschwelle wurde durch die VO 151/93 aufgehoben, um neben kleinen und mittleren Unternehmen auch großen Konzernen die Anwendung der Spezialisierungs-GVO zu ermöglichen.

[12] So etwa erhöhte die Verordnung (EWG) Nr. 2903/77 der Kommission vom 23. Dezember 1977 zur Verlängerung und Änderung der Verordnung (EWG) Nr. 2779/72 über die Anwendung von Artikel 85 Absatz 3 des Vertrages auf Gruppen von Spezialisierungsvereinbarungen, ABl. 1977 L 338/14, die Marktanteilsschwelle auf 15 %; die Verordnung (EWG) Nr. 417/85 der Kommission vom 19. Dezember 1984 über die Anwendung von Artikel 85 Absatz 3 des Vertrages auf Gruppen von Spezialisierungsvereinbarungen, ABl. 1985 L 53/1, erhöhte die Marktanteilsschwelle auf 20 %.

[13] Verordnung (EWG) Nr. 3604/82 der Kommission vom 23. Dezember 1982 über die Anwendung von Artikel 85 Absatz 3 des Vertrages auf Gruppen von Spezialisierungsvereinbarungen, ABl. 1982 L 376/33; Verordnung (EWG) Nr. 151/93 der Kommission vom 23. Dezember 1992 zur Änderung der Verordnungen (EWG) Nr. 417/85, (EWG) Nr. 418/85, (EWG) Nr. 2349/84 und (EWG) Nr. 556/89 über die Anwendung von Artikel 85 Absatz 3 des Vertrages auf Gruppen von Spezialisie-

gänger-GVO aus dem Jahr 2000[14] führte für Spezialisierungsvereinbarungen das Prinzip der Generalfreistellung ein, um durch den Wegfall der freigestellten Vertragsbedingungen in der sogenannten „weißen Liste" den Spielraum an möglichen freistellungsfähigen Vereinbarungen für die Unternehmen flexibler zu gestalten. Des Weiteren wurde im Jahr 2000 die einseitige Spezialisierung als freistellungsfähige Vereinbarung in die GVO mit aufgenommen und eine Belieferungsverpflichtung eingeführt.[15] Am 14.12.2010 veröffentlichte die Europäische Kommission die aktuell gültige VO 1218/2010.

6 Im Allgemeinen haben Gruppenfreistellungsverordnungen, Bekanntmachungen und Leitlinien der Europäischen Kommission seit dem Systemwechsel im EU-Kartellrecht mit der Einführung der Legalausnahme im Jahr 2004[16] eine noch wichtigere Funktion als zuvor, weil die teilweise ex-ante Kontrolle (z.B. mittels Einzelfreistellungen) in eine **generelle ex-post-Kontrolle** umgewandelt wurde. Damit die Unternehmen in ihrer Selbsteinschätzung nicht zur Gänze auf sich gestellt sind, bieten die genannten Mitteilungen der Europäischen Kommission eine Orientierungshilfe und erhöhen die Rechtssicherheit. Für die Beurteilung von Spezialisierungsvereinbarungen sind die Leitlinien der Europäischen Kommission zur Anwendbarkeit von Artikel 101 AEUV auf Vereinbarungen über horizontale Zusammenarbeit maßgeblich, auch wenn sie im Wesentlichen nur eine Zusammenfassung der bisherigen Entscheidungspraxis und keine eigenständige Fortentwicklung der Rechtsanwendung darstellen.[17] Im rechtstatsächlichen Bereich bleibt allerdings die Bedeutung der Spezialisierungs-GVO begrenzt, da sich nur wenige tatsächlich einschlägige Anwendungsfälle ergeben: So unterliegt etwa die gemeinsame Produktion (insbesondere bei anschließendem gemeinsamen Vertrieb), die in Form eines (Vollfunktions-)Gemeinschaftsunternehmens erfolgt, in der Regel den Vorschriften zur Fusionskontrolle.[18] Darüber hinaus werden Spezialisierungen gerade zwischen Unternehmen mit einer unterschiedlichen Portfolio-Ausrichtung vereinbart, sodass es oftmals am für die Anwendung der Spezialisierungs-GVO erforderlichen Wettbewerbsverhältnis zwischen den Vertragsparteien fehlt. Selbst bei Kooperationen zwischen Wettbewerbern greift zuerst einmal die De-Minimis-Bekanntmachung,[19] wonach entsprechende Vereinbarungen (mit Ausnahme von Kernbeschränkungen) zwischen Unternehmen mit einem gemeinsamen Marktanteil von bis zu 10% vom Kartellverbot mangels Spürbarkeit ausgenommen sind. Damit verbleibt als möglicher Anwendungsfall beispielsweise eine „lose" Zusammenlegung von Produktionsstätten (d.h. nicht in Form eines Vollfunktions-Gemeinschaftsunternehmen) von zwei am selben sachlich relevanten Produktmarkt tätigen Unternehmen, deren gemeinsamer Marktanteil sich zwischen 10% und 20% bewegt.

2. Abgrenzung zu anderen Normen des Kartellrechts

7 Die Spezialisierungs-GVO bedeutet nichts anderes als eine **automatisierte Anwendung von Art. 101 Abs. 3 AEUV.** Die Unternehmen haben bei Vereinbarungen, welche die Voraussetzungen der Spezialisierungs-GVO erfüllen und keine Kernbeschrän-

---

rungsvereinbarungen, von Vereinbarungen über Forschung und Entwicklung, von Patentlizenzvereinbarungen und von Know-how-Vereinbarungen, ABl. 1993 L 21/8.

[14] Verordnung (EG) Nr. 2658/2000 der Kommission vom 29. November 2000 über die Anwendung von Artikel 81 Absatz 3 des Vertrages auf Gruppen von Spezialisierungsvereinbarungen, ABl. 2000 L 304/3 („Spezialisierungs-GVO aF").

[15] Vgl. *Bechtold/Bosch/Brinker,* VO 1218/2010 Einf. Rn. 2.

[16] VO 1/2003 zur Durchführung der in den Artikeln 81 und 82 des Vertrags niedergelegten Wettbewerbsregeln, ABl. 2003 L 1/1.

[17] Leitlinien zur Anwendbarkeit von Artikel 101 des Vertrags über die Arbeitsweise der Europäischen Union auf Vereinbarungen über horizontale Zusammenarbeit, ABl. 2011 C 11/1 („Leitlinien zu Horizontalvereinbarungen"), Rn. 150ff.

[18] Vgl. *Bellamy/Child,* Rn. 6.056.

[19] Bekanntmachung der Kommission über Vereinbarungen von geringer Bedeutung, die den Wettbewerb nicht spürbar beschränken, ABl. 2014 C 291/1.

kungen beinhalten, ohne weiteren Prüfungsbedarf oder erhöhten Dokumentationsaufwand die Rechtssicherheit, dass eine Freistellung nach Art. 101 Abs. 3 AEUV gerechtfertigt ist. Die Spezialisierungs-GVO schließt aber die Anwendbarkeit der Einzelfreistellung nach Art. 101 Abs. 3 AEUV nicht aus. Vereinbarungen, welche die GVO-Voraussetzungen nicht oder nicht zur Gänze erfüllen, können weiterhin in den Genuss einer Einzelfreistellung gelangen. In diesem Fall bedarf es aber einer Selbsteinschätzung durch die betroffenen Unternehmen samt des damit verbundenen Aufwands, die Voraussetzungen für die Einzelfreistellung zu dokumentieren.

8 **a) Abgrenzung zu anderen Gruppenfreistellungsverordnungen.** In der Praxis überschneiden sich Spezialisierungsvereinbarungen häufig mit einer vorgelagerten gemeinsamen **Forschung und Entwicklung („FuE").** Gemäß Art. 1 Abs. 2 der Spezialisierungs-GVO wäre eine unmittelbar notwendige FuE als Nebenabrede automatisch freigestellt.[20] Allerdings sind auch nach der FuE-GVO[21] (Art. 2 Abs. 2) gemeinsame oder arbeitsteilige Verwertungen der FuE-Ergebnisse unter bestimmten Voraussetzungen vom Kartellverbot ausgenommen. Für die Praxis kann es durchaus von Bedeutung sein, welche der GVOs zur Anwendung gelangt, weil einerseits die FuE-GVO großzügigere Marktanteilsschwellen normiert (Art. 4 FuE-GVO: 25 %), andererseits aber die Spezialisierungs-GVO keine zeitliche Begrenzung der Freistellung, wie sie in der FuE-GVO vorgesehen ist, kennt.[22] Im Sinne der Leitlinien zur horizontalen Zusammenarbeit ist bei einer integrierten Kooperation auf den maßgeblichen Schwerpunkt der Tätigkeit abzustellen.[23] Demnach ist die FuE-GVO gegenüber der Spezialisierungs-GVO *lex specialis,* wenn die erfolgreiche gemeinsame FuE eine entscheidende Voraussetzung für die anschließende gemeinsame Produktion bedeutet und somit faktisch den Schwerpunkt der gesamten Vereinbarung bildet. Entschließen sich die Vertragsparteien hingegen zu einer Produktionsspezialisierung und wäre eine gemeinsame FuE (z. B. zur Verbesserung des Produktionsprozesses) lediglich eine die Rationalisierung und Effizienz im Herstellungsprozess steigernde Zugabe, greift uE die Spezialisierungs-GVO. Eine parallele Anwendung der beiden GVOs würde in der Praxis nur bei klar abgrenzbaren Prozessschritten Sinn machen.

9 Demgegenüber ist die Abgrenzung zur **Technologie-Transfer-GVO**[24] ausdrücklich in der Spezialisierungs-GVO geregelt. Die Technologie-Transfer-GVO gilt für Vereinbarungen, mit denen der Lizenzgeber dem Lizenznehmer erlaubt, die lizenzierte Technologie zur selbständigen Produktion von Waren und Dienstleistungen zu nutzen. Sie gilt aber nicht für Lizenzvergaben, die im Zusammenhang mit einer Spezialisierungsvereinbarung erfolgen.[25] Gemäß Art. 2 Abs. 2 Spezialisierungs-GVO sind Lizenzvergaben im Zusammenhang mit einer einseitigen oder gegenseitigen Spezialisierung bzw. einer gemeinsamen Produktion als notwendige Nebenabreden freigestellt, sofern die Lizenzvergabe nicht den Hauptgegenstand der Vereinbarung bildet.

10 **b) Abgrenzung zur Fusionskontrollverordnung.** Nach Art. 3 Abs. 5 FKVO[26] beurteilt sich die Gründung eines Gemeinschaftsunternehmens, das auf Dauer alle Funktionen

---

[20] Siehe näher zu den Nebenabreden Rn. 44 ff. in dieser Kommentierung.

[21] Verordnung (EU) Nr. 1217/2010 der Kommission vom 14. Dezember 2010 über die Anwendung von Artikel 101 Absatz 3 des Vertrags über die Arbeitsweise der Europäischen Union auf bestimmte Gruppen von Vereinbarungen über Forschung und Entwicklung, ABl. 2010 L 335/36.

[22] Näheres zur Dauer der Freistellung in Art. 4 Abs. 2 FuE-GVO („FuE-GVO").

[23] Leitlinien zu Horizontalvereinbarungen, Rn. 13; *Seeliger/Laskey* in Liebscher/Flohr/Petsche, § 9 Rn. 89; anders *Israel* in MüKo, GVO Nr. 1218/2010 Einl. Rn. 16 ff.

[24] Verordnung (EU) Nr. 316/2014 der Kommission vom 21. März 2014 über die Anwendung von Artikel 101 Absatz 3 des Vertrags über die Arbeitsweise der Europäischen Union auf Gruppen von Technologietransfer-Vereinbarungen, ABl. 2014 L 93/17 („Technologie-Transfer-GVO").

[25] Technologie-Transfer-GVO, Erw. 7.

[26] Verordnung (EG) Nr. 139/2004 des Rates vom 20. Januar 2004 über die Kontrolle von Unternehmenszusammenschlüssen, ABl. 2004 L 24/1 („FKVO").

einer selbständigen wirtschaftlichen Einheit erfüllt, ausschließlich nach fusionskontrollrechtlichen Maßstäben (**„Vollfunktions-GU"**). Die FKVO schließt bei einem Vollfunktions-GU mit gemeinschaftsweiter Bedeutung die Anwendung von Art. 101 und Art. 102 AEUV und somit auch der GVOs aus.[27]

Ein nach der Spezialisierungs-GVO zu beurteilendes Produktions-GU setzt im Wesentlichen voraus, dass es gerade **nicht operativ selbständig** agiert und dadurch auch nicht die Kriterien einer Vollfunktionsfähigkeit im Sinne der konsolidierten Mitteilung zu Zuständigkeitsfragen erfüllt.[28] Nach Ansicht der Europäischen Kommission würde beispielsweise der Mangel an ausreichenden personellen und finanziellen Ressourcen (z. B. das Fehlen eines eigenständigen Managements für das Tagesgeschäft) die Anwendbarkeit der FKVO in Frage stellen.[29] In einer solchen Konstellation liegt es nahe, dass das GU lediglich die spezifische Aufgabe der Produktion für ihre Muttergesellschaften übernimmt und eine eigene Marktpräsenz und ein eigener Markzugang nicht geplant sind. Wenn das GU sodann primär seine Mütter mit dem Spezialisierungsprodukt beliefert bzw. die Einsatzprodukte (z. B. Rohstoffe) nicht eigenständig am Markt beschafft, kann uE eine Vollfunktionsfähigkeit ausgeschlossen werden. Nutzen die Vertragsparteien allerdings für das Spezialisierungsprodukt ein gemeinsames Vertriebsnetz, um dadurch – zusätzlich zur verbesserten Warenerzeugung – eine verbesserte Warenverteilung zu erreichen, beinhaltet ein Produktions-GU oftmals auch die gemeinsame – und häufig über das GU eigenständig geführte – Vermarktung. Erzielt ein GU mehr als die Hälfte seiner Umsätze mit Dritten ist dies nach Auffassung der Europäischen Kommission ein starkes Indiz für Vollfunktion.[30] Diese Annahme wird umso eher zutreffen, wenn das Geschäftsmodell des GUs darauf basiert, das Spezialisierungsprodukt generell demjenigen zu verkaufen, der es am höchsten bewertet und am meisten dafür bezahlt, und kann auch die Kooperationspartner zu marktüblichen Bedingungen beliefert werden.[31] Im letzteren Fall verdrängt die FKVO die Anwendung der Spezialisierungs-GVO. 11

Theoretisch anwendbar bleibt die Spezialisierungs-GVO bei einem Vollfunktions-GU ohne gemeinschaftsweite Bedeutung (Art. 2 Abs. 4 und Art. 21 Abs. 1 FKVO).[32] 12

II. Die Bestimmungen der Gruppenfreistellungsverordnung

Artikel 1. Begriffsbestimmungen

(1) **Für die Zwecke dieser Verordnung bezeichnet der Ausdruck**

a) **„Spezialisierungsvereinbarung" eine Vereinbarung über die einseitige Spezialisierung, eine Vereinbarung über die gegenseitige Spezialisierung oder eine Vereinbarung über die gemeinsame Produktion;**

b) **„Vereinbarung über die einseitige Spezialisierung" eine Vereinbarung zwischen zwei auf demselben sachlich relevanten Markt tätigen Parteien, mit der sich die eine Vertragspartei verpflichtet, die Produktion bestimmter Produkte ganz oder teilweise einzustellen oder von deren Produktion abzusehen und diese Produkte von der anderen Partei zu beziehen, die sich ihrerseits verpflichtet, diese Produkte zu produzieren und zu liefern;**

c) **„Vereinbarung über die gegenseitige Spezialisierung" eine Vereinbarung zwischen zwei oder mehr auf demselben sachlich relevanten Markt tätigen Parteien,**

---

[27] Art. 21 Abs. 1 FKVO.

[28] Der Begriff der Vollfunktionsfähigkeit wird in der konsolidierten Mitteilung der Kommission zu Zuständigkeitsfragen definiert, ABl. 2009 C 43/10 („Mitteilung zu Zuständigkeitsfragen"), Rn. 91 ff.

[29] Mitteilung zu Zuständigkeitsfragen, Rn. 94.

[30] Mitteilung zu Zuständigkeitsfragen, Rn. 98.

[31] Mitteilung zu Zuständigkeitsfragen, Rn. 98.

[32] Vgl. dazu näher *Israel* in MüKo, GVO Nr. 1218/2010 Einl. Rn. 14.

mit der sich zwei oder mehr Parteien auf der Grundlage der Gegenseitigkeit verpflichten, die Produktion bestimmter, aber unterschiedlicher Produkte ganz oder teilweise einzustellen oder von deren Produktion abzusehen und diese Produkte von den anderen Parteien zu beziehen, die sich ihrerseits verpflichten, diese Produkte zu produzieren und zu liefern;

d) **„Vereinbarung über die gemeinsame Produktion" eine Vereinbarung, in der sich zwei oder mehr Parteien verpflichten, bestimmte Produkte gemeinsam zu produzieren;**

e) **„Vereinbarung" eine Vereinbarung, einen Beschluss einer Unternehmensvereinigung oder eine abgestimmte Verhaltensweise;**

f) **„Produkt" eine Ware oder eine Dienstleistung in Form einer Zwischen- oder Endware oder einer Zwischen- oder Enddienstleistung, mit Ausnahme von Vertriebs- und Mietleistungen;**

g) **„Produktion" die Herstellung von Waren oder die Vorbereitung von Dienstleistungen, auch im Wege der Vergabe von Unteraufträgen;**

h) **„Vorbereitung von Dienstleistungen" die der Erbringung von Dienstleistungen für Kunden vorgelagerten Tätigkeiten;**

i) **„relevanter Markt" den sachlich und räumlich relevanten Markt, zu dem die Spezialisierungsprodukte gehören, sowie im Falle von Spezialisierungsprodukten in Form von Zwischenprodukten, die eine oder mehrere der Parteien ganz oder teilweise intern für die Produktion nachgelagerter Produkte verwenden, auch den sachlich und räumlich relevanten Markt, zu dem die nachgelagerten Produkte gehören;**

j) **„Spezialisierungsprodukt" das Produkt, das unter der Spezialisierungsvereinbarung produziert wird;**

k) **„nachgelagertes Produkt" das Produkt, für das ein Spezialisierungsprodukt von einer oder mehreren der Parteien als Vorleistung verwendet wird und das von diesen Parteien auf dem Markt verkauft wird;**

l) **„Wettbewerber" einen tatsächlichen oder potenziellen Wettbewerber;**

m) **„tatsächlicher Wettbewerber" ein Unternehmen, das auf demselben relevanten Markt tätig ist;**

n) **„potenzieller Wettbewerber" ein Unternehmen, bei dem ohne die Spezialisierungsvereinbarung realistisch und nicht nur hypothetisch davon ausgegangen werden kann, dass es als Reaktion auf einen geringen, aber anhaltenden Anstieg der relativen Preise wahrscheinlich innerhalb von höchstens drei Jahren die zusätzlichen Investitionen tätigen oder sonstigen Umstellungskosten auf sich nehmen würde, die erforderlich wären, um in den relevanten Markt einzusteigen;**

o) **„Alleinbelieferungsverpflichtung" die Verpflichtung, das Spezialisierungsprodukt nicht an einen Wettbewerber zu liefern, es sei denn, er ist Partei der Vereinbarung;**

p) **„Alleinbezugsverpflichtung" die Verpflichtung, das Spezialisierungsprodukt nur von einer Vertragspartei zu beziehen;**

q) **„gemeinsam" im Zusammenhang mit dem Vertrieb, dass die Parteien i) die Produkte über ein gemeinsames Team, eine gemeinsame Organisation oder ein gemeinsames Unternehmen vertreiben oder ii) einen Dritten zum Vertriebshändler mit oder ohne Ausschließlichkeitsbindung ernennen, sofern der Dritte kein Wettbewerber ist;**

r) **„Vertrieb" unter anderem Verkauf von Waren und Erbringung von Dienstleistungen.**

(2) **Für die Zwecke dieser Verordnung umfassen die Ausdrücke „Unternehmen" und „Parteien" die jeweils mit diesen verbundenen Unternehmen.**

Der Ausdruck „verbundene Unternehmen" bezeichnet

a) **Unternehmen, in denen ein an der Spezialisierungsvereinbarung beteiligtes Unternehmen unmittelbar oder mittelbar i) die Befugnis hat, mehr als die Hälfte**

der Stimmrechte auszuüben, ii) die Befugnis hat, mehr als die Hälfte der Mitglieder des Aufsichts- oder Leitungsorgans oder der zur gesetzlichen Vertretung berufenen Organe zu bestellen, oder iii) das Recht hat, die Geschäfte des Unternehmens zu führen;

b) Unternehmen, die in einem an der Spezialisierungsvereinbarung beteiligten Unternehmen unmittelbar oder mittelbar die unter Buchstabe a aufgeführten Rechte oder Befugnisse haben;

c) Unternehmen, in denen ein unter Buchstabe b genanntes Unternehmen unmittelbar oder mittelbar die unter Buchstabe a aufgeführten Rechte oder Befugnisse hat;

d) Unternehmen, in denen ein an der Spezialisierungsvereinbarung beteiligtes Unternehmen zusammen mit einem oder mehreren der unter den Buchstaben a, b und c genannten Unternehmen oder in denen zwei oder mehr der zuletzt genannten Unternehmen zusammen die unter Buchstabe a aufgeführten Rechte oder Befugnisse haben;

e) Unternehmen, in denen die folgenden Parteien zusammen die unter Buchstabe a aufgeführten Rechte oder Befugnisse haben: i) an der Spezialisierungsvereinbarung beteiligte Parteien oder jeweils mit diesen verbundene Unternehmen im Sinne der Buchstaben a bis d oder ii) eine oder mehrere der an der Spezialisierungsvereinbarung beteiligten Parteien oder eines oder mehrere der mit ihnen verbundenen Unternehmen im Sinne der Buchstaben a bis d und eine oder mehrere dritte Parteien.

1. Legaldefinitionen

Art. 1 bestimmt die nach der Spezialisierungs-GVO **auslegungsbedürftigen Begriffe.** 13
Diese Begriffe sind in Einklang mit anderen Gruppenfreistellungsverordnungen, z.B. der Technologie-Transfer-GVO, der FuE-GVO oder auch der Vertikal-GVO definiert:[33]

a) Zum sachlichen Anwendungsbereich. Spezialisierungsvereinbarungen (Art. 1 14
Abs. 1 lit. a) sind nach der Spezialisierungs-GVO in drei eindeutig abgegrenzten Ausprägungen möglich: (i) einseitige und (ii) gegenseitige Arbeitsteilung oder (iii) gemeinsame Produktion.[34] Wichtig für die Anwendung der Spezialisierungs-GVO ist, dass sich die Arbeitsteilung auf die **Herstellung** von Waren oder Dienstleistungen bezieht. Eine reine FuE-Spezialisierung oder der bloße gemeinsame Vertrieb sind nicht erfasst. Das Tatbestandselement der Arbeitsteilung verlangt, dass die Produktion oder zumindest gewisse Teile der Produktion entweder an den Vertragspartner, ein Gemeinschaftsunternehmen oder einen Dritten[35] übertragen werden. Ein bloßer Produktionsverzicht ohne entsprechende Übertragung fällt nicht in den Anwendungsbereich der Spezialisierungs-GVO.

aa) Einseitige Spezialisierung. Bei der **einseitigen Spezialisierung** (Art. 1 Abs. 1 15
lit. b) verpflichtet sich ein Unternehmen gegenüber einem anderen – am selben sachlich relevanten Markt tätigen – Unternehmen, während der Dauer der Kooperation die eigene Produktion des Spezialisierungsprodukts **einzustellen** oder **von einer geplanten eigenen Produktion abzusehen** und diese Aufgabe an den Vertragspartner zu übertragen und in der Folge das Spezialisierungsprodukt vom Vertragspartner zu beziehen. Der Ver-

[33] Verordnung (EU) Nr. 330/2010 der Kommission vom 20. April 2010 über die Anwendung von Artikel 101 Absatz 3 des Vertrags über die Arbeitsweise der Europäischen Union auf Gruppen von vertikalen Vereinbarungen und abgestimmten Verhaltensweisen, ABl. 2010 L 102/1, Art. 1 Abs. 1 lit. c für „Wettbewerber".

[34] Damit ist die Spezialisierungs-GVO im Vergleich zu den Leitlinien zu Horizontalvereinbarungen in ihrer Anwendung eingeschränkter, denn die Leitlinien sprechen von „Produktionsvereinbarung[en]" und stellen fest, dass dieser Begriff alle Formen von Produktionsvereinbarungen umfasst (z.B. auch horizontale Zuliefervereinbarungen); Leitlinien zu Horizontalvereinbarungen, Rn. 150.

[35] Vgl. *Seeliger/Laskey*, EWS 2011, 119, 121; *Israel* in MüKo, GVO Nr. 1218/2010 Art. 1 Rn. 7.

tragspartner wiederum verpflichtet sich, das Spezialisierungsprodukt zu produzieren und zu liefern. Die Definition stellt klar, dass einseitige Spezialisierungen nur von zwei Unternehmen geschlossen werden können.[36]

16 Im typischen Anwendungsfall erzeugen beide Kooperationspartner zum Zeitpunkt der Vereinbarung das Spezialisierungsprodukt bereits und eines der beiden Unternehmen stellt seine Produktion ein und überträgt diese aus Gründen der Effizienz an den Vertragspartner. Hier verzichtet einer der beiden Kooperationspartner – in der Praxis leicht belegbar und erkennbar – auf die eigene bislang durchgeführte Produktion. Der zweite Anwendungsfall der Spezialisierung-GVO, nämlich das Absehen von einer zukünftigen Produktion ist nicht so offensichtlich und setzt uE voraus, dass das verzichtende Unternehmen realistischerweise beabsichtigte und auch in der Lage gewesen wäre, das Spezialisierungsprodukt selbst herzustellen. Andernfalls würde die Kooperation von vornherein keinen Produktionsverzicht beinhalten und wäre wohl eher als eine horizontale Zuliefervereinbarung zu sehen, welche nicht in den Anwendungsbereich der Spezialisierungs-GVO fällt.[37]

17 **Nicht zwingend** ist, dass bei einer einseitigen (oder auch gegenseitigen) Spezialisierung die Produktion des jeweiligen Spezialisierungsprodukts von einer Vertragspartei zur Gänze eingestellt wird.[38] Ein Unternehmen, das z.B. für die Herstellung eines Produkts zwei Produktionsstätten betreibt, kann auch nur eine Produktionsstätte schließen und sich bei Vorliegen der notwendigen Voraussetzungen auf die Spezialisierungs-GVO berufen.

18 Die entscheidende Voraussetzung für eine nach der Spezialisierungs-GVO zulässige Spezialisierung, sei sie nun einseitig oder auch gegenseitig, besteht in der Bezugs- und Belieferungsverpflichtung.[39] Diese gewährleistet, dass sich keines der beiden Unternehmen aus dem der Produktion nachgelagerten Markt zurückzieht und verhindert somit, dass es unter dem Deckmantel der Spezialisierung *de facto* zu einer **Marktaufteilung** kommt.[40] Nicht verlangt ist hingegen, dass die Vertragsparteien eine exklusive Bezugs- und Belieferungsverpflichtung eingehen; eine solche wird aber nach Art. 2 Abs. 3 lit. a bei Vorliegen der sonstigen Voraussetzungen freigestellt.

19 **bb) Gegenseitige Spezialisierung.** Die **Gegenseitige Spezialisierung** (Art. 1 Abs. 1 lit. c) umfasst zwei, aber auch mehrere beteiligte Unternehmen, vorausgesetzt diese sind auf demselben sachlich relevanten Markt tätig. Bei der gegenseitigen Spezialisierung verzichten die Parteien wechselseitig auf die Herstellung bestimmter, jeweils verschiedener, jedoch komplementärer Produkte.[41] Ähnlich wie bei der einseitigen Spezialisierung bedarf es für die Zulässigkeit einer **wechselseitigen** Bezugs- und Belieferungsverpflichtung.

20 Der Kern der Wechselseitigkeit besteht in der Produktion unterschiedlicher Produkte. Allerdings definiert die Spezialisierungs-GVO nicht, anhand welcher Merkmale die Unterschiedlichkeit bestimmt wird. UE sollte die Frage nach der **Unterschiedlichkeit** keinen allzu strengen Anforderungen unterliegen. Für die Erzielung von Rationalisierungseffekten ist es ausreichend, wenn die Produkte zu einem bestimmten Maß komplementär sind. Eine formale Zuordnung in unterschiedliche sachlich relevante Märkte wäre zu weitgehend,[42]

---

36 Vgl. *Israel* in MüKo, GVO Nr. 1218/2010 Art. 1 Rn. 5; *Eilmansberger* in Streinz, Art 101 AEUV Rn. 273ff.

37 Vgl. *Bechtold/Bosch/Brinker,* VO 1218/2010 Art. 1 Rn. 4; siehe auch Rn. 24 in dieser Kommentierung.

38 Vgl. *Israel* in MüKo, GVO Nr. 1218/2010 Art. 1 Rn. 6; Kom., IV/29.672, ABl. 1980 L 39/51 – *FLORAL* („*Die Warenerzeugung ist nicht betroffen, da jedes beteiligte Unternehmen seine gesamte Produktionspalette in vollem Umfang beibehalten hat*", S. 58).

39 Vgl. Spezialisierungs-GVO, Erw. 9; *Lübbig* in Wiedemann, § 8 Rn. 166.

40 Spezialisierungs-GVO, Erw. 9; *Israel* in MüKo, GVO Nr. 1218/2010 Art. 1 Rn. 4.

41 Spezialisierungs-GVO, Art. 1 Abs. 1 lit. c bzw. Erw. 7; die Komplementarität sichert den nach der GVO honorierten Rationalisierungseffekt.

42 Strenger hingegen *Israel* in MüKo, GVO Nr. 1218/2010 Art. 1 Rn. 11: „*Produkte dürften dann unterschiedlich sein, wenn sie verschiedenen sachlich relevanten Märkten zuzuordnen sind.*"

zumal die Spezialisierungs-GVO auch eine gemeinsame Produktion als freistellungsfähig erachtet.

cc) Gemeinsame Produktion. Die **Gemeinsame Produktion** (Art. 1 Abs. 1 lit. d) umfasst zahlreiche unterschiedliche Kooperationsmöglichkeiten. Beispielsweise können sich Unternehmen entschließen, eine bereits vorhandene Produktionsanlage gemeinsam auszulasten, ein Gemeinschaftsunternehmen zu gründen oder ein drittes Unternehmen gemeinsam mit der Herstellung eines bestimmten Produkts zu beauftragen.[43] Die rechtliche Grundlage der funktionalen Zusammenlegung von Produktionsmitteln kann von einer losen Zusammenarbeit bis hin zu einem komplexen Vertrag zur Gründung eines Gemeinschaftsunternehmens reichen. 21

Anders als bei der einseitigen oder gegenseitigen Spezialisierung muss bei einer gemeinsamen Produktion nicht geprüft werden, ob bereits vorhandene oder realistisch absehbare Produktionskapazitäten zumindest teilweise eingestellt und übertragen werden.[44] Beteiligte Unternehmen können die eigene Produktion **wie bisher** parallel fortführen und **zusätzlich** Produktionsmittel für eine kapazitätserweiternde gemeinsame Produktion schaffen. Darüber hinaus sind bei einer gemeinsamen Produktion nach der Spezialisierungs-GVO Bezugs- und Belieferungsverpflichtungen – anders als bei der einseitigen und gegenseitigen Spezialisierung – nicht zwingend. Allerdings ist in der Praxis ein nicht-vollfunktionsfähiges Produktions-GU, welches sich nach der Spezialisierungs-GVO beurteilt und eben nicht nach der FKVO, ohnehin nur vorstellbar, wenn es primär oder überwiegend seine Muttergesellschaften beliefert. 22

Der Begriff **Vereinbarung** (Art. 1 Abs. 1 lit. e) unterliegt im Sinne der ständigen Rechtsprechung zu Art. 101 AEUV einer sehr weiten Auslegung und erfasst unabhängig von der Form jede zwischen unabhängigen Unternehmen gebildete Willensübereinstimmung.[45] Praktisch hat diese Definition für die Anwendung der Spezialisierungs-GVO allerdings nur wenig Bedeutung, denn Spezialisierungen in Form einer lediglich abgestimmten Verhaltensweise, einer formlosen Willensübereinstimmung oder aufgrund des Beschlusses einer Unternehmensvereinigung scheinen unwahrscheinlich. 23

Die Definition des Begriffs **Produkt** (Art. 1 Abs. 1 lit. f) schließt alle Waren oder Dienstleistungen ein, unabhängig davon, ob es sich um Zwischen- oder Endprodukte handelt. Ausdrücklich nicht erfasst von lit. f sind Vertriebs- und Mietleistungen.[46] Reine Vertriebsspezialisierungen, sei es nun im Verkauf oder in der Vermietung von Produkten, sind nicht nach der Spezialisierungs-GVO freistellungsfähig. Die Europäische Kommission sieht derart verwirklichte Rationalisierungen gerade im Vergleich zu den erwarteten nachteiligen Auswirkungen auf den Wettbewerb kritischer. Reine Vertriebsspezialisierungen sind nach Art 101 Abs. 3 AEUV im Einzelfall zu prüfen.[47] 24

Produktion (Art. 1 Abs. 1 lit. g) meint unabhängig von der Fertigungstiefe sämtliche Formen der Herstellung von Waren oder der Vorbereitung von Dienstleistungen. Insbesondere ist auch die Vergabe von Unteraufträgen erfasst. So liegt beispielsweise bei einer einseitigen Spezialisierung eine Produktion des nach der Vereinbarung produzierenden, am Vertrag beteiligten Unternehmens im Sinne der Spezialisierungs-GVO genauso vor, wenn das produzierende Unternehmen die Herstellung vollständig an einen Dritten ausgelagert.[48] Allerdings darf es sich in einem solchen Fall beim Dritten nicht um einen Wettbewerber handeln. 25

---

[43] Vgl. *Leupold* in Schulte/Just, Spez-GVO Art. 1 Rn. 5.

[44] Vgl. *Israel* in MüKo, GVO Nr. 1218/2010 Art. 1 Rn. 15.

[45] EuG, T-347/94, Slg. 1998, II-1751, Rn. 65 – *Mayr-Melnhof/Kommission;* EuGH 28/77, Slg. 1978, 1391, Rn. 39 – *Tepea;* EuGH, 41/69, Slg. 1970, 661, Rn. 110 – *ACF Chemiefarma/Kommission.*

[46] Anders als nach der FuE-GVO: *Israel* in MüKo, GVO Nr. 1218/2010 Art. 1 Rn. 18; *Bechtold/Bosch/Brinker,* VO 1218/2010 Art. 1 Rn. 10.

[47] Vgl. *Israel* in MüKo, GVO Nr. 1218/2010 Art. 1 Rn. 18.

[48] Vgl. *Seeliger/Laskey* in Liebscher/Flohr/Petsche, § 9 Rn. 81; *Fuchs* in Immenga/Mestmäcker, Spez-GVO Art. 1 Rn. 10, 12, 21; *Bechtold/Bosch/Brinker,* VO 1218/2010 Art. 1 Rn. 11.

26 **dd) Vorbereitung von Dienstleistungen.** Die **Vorbereitung von Dienstleistungen** (Art. 1 Abs. 1 lit. h) stellt klar, dass auch bei Dienstleistungen der Kern der Kooperation in der Produktion, sprich der Vorbereitung der Dienstleistung, liegen muss. D. h. die Vorbereitung ist der eigentlichen Erbringung der Dienstleistung vorgelagert. Die Erbringung, und somit der Vertrieb der Dienstleistung kann bei Vorliegen der sonstigen Voraussetzungen nach Art. 2 Abs. 3 lit. b freigestellt sein, sofern es sich um den der Spezialisierungskooperation unmittelbar nachgeordneten gemeinsamen Vertrieb handelt. Letzteres wird in der Praxis aber uE selten und wohl nur in besonderen Konstellationen nach der Spezialisierungs-GVO freistellungsfähig sein. Denn üblicherweise definiert sich eine Dienstleistung gerade durch die Erbringung (z. B. Personal und dessen Fachkenntnisse, Strategien im Service, Branding). Insofern würde daher bei einem gemeinsamen Vertrieb in der Regel die Erbringung den Schwerpunkt der Kooperation ausmachen und zu einer wesentlichen Angleichung im Marktauftritt der Kooperationspartner führen. Ein uE mögliches Beispiel für eine nach der Spezialisierungs-GVO erfasste gemeinsame Erbringung wäre allerdings eine Kooperation zwischen zwei konkurrierenden Softwareanbietern in der Vorbereitung einer 24-Stunden-Hotline zur Entgegennahme von Kundenbeschwerden und einfachen Fehlerbehebung, wobei aus Gründen der Effizienz und Machbarkeit die Hotline sodann auch gemeinsam betrieben wird.

27 **b) Zum relevanten Markt und Wettbewerbsverhältnis. aa) Relevanter Markt** (Art. 1 Abs. 1 lit i). Die Definition des relevanten Markts ist die entscheidende Vorfrage für die Ermittlung der Marktanteile und bedeutet für die Praxis die eigentliche Herausforderung der Anwendungsprüfung. Die Spezialisierungs-GVO folgt – wie alle Normen des EU-Kartellrechts – der einschlägigen Bekanntmachung der Kommission über den relevanten Markt,[49] wonach Waren oder Dienstleistungen unter Berücksichtigung der maßgeblichen Wettbewerbsbedingungen, nämlich Nachfragesubstituierbarkeit, Angebotssubstituierbarkeit und potenzieller Wettbewerb, sachlich und räumlich zugeordnet werden.[50]

28 Maßgeblich ist jener sachlich und räumlich relevante Markt, auf dem das Spezialisierungsprodukt **angeboten** wird. Kritisch ist zu sehen, dass bei einer Spezialisierung oder gemeinsamen Produktion eines Zwischenprodukts automatisch – aufgrund der gewählten Definition in lit. i – auch der Markt für den Vertrieb des Endprodukts (in welches das Zwischenprodukt nur verbaut wird) relevant sein soll. Die Kommission begründet diese sehr formale Anwendung der Marktanteilsschwelle damit, dass eine auf den Marktanteil des Zwischenprodukts beschränkte Betrachtung außer Acht ließe, dass auf der Ebene der nachgelagerten Produkte (insbesondere bei höheren Marktanteilen der Parteien) das Risiko einer Marktverschließung oder einer Erhöhung der Inputpreise für Wettbewerber bestünde.[51] UE überzeugt dies nur bedingt, denn es ist in der Praxis sehr wohl möglich, dass auf dem Markt des Zwischenprodukts eine Vielzahl von Anbietern tätig ist und hinreichender Wettbewerb besteht, obwohl der gemeinsame Marktanteil der Parteien auf dem Markt des Endprodukts über 20% liegt. In einem solchen Fall ist es nicht ersichtlich, warum eine Herstellungskooperation für ein Zwischenprodukt (insbesondere wenn es sich um eine für das Endprodukt nicht wesentliche Komponente handelt) ein Risiko zur nachgelagerten Marktverschließung oder Erhöhung der Einkaufspreise für Wettbewerber begründen sollte. Es erscheint unverhältnismäßig, den Parteien allein deshalb die Möglichkeit der Gruppenfreistellung vollständig zu entziehen.[52]

---

[49] Bekanntmachung der Kommission über die Definition des relevanten Marktes, Abl. 1997 C 372/3 („Bekanntmachung zur Marktdefinition").

[50] Bekanntmachung zur Marktdefinition, Rn. 13.

[51] Spezialisierungs-GVO, Erw. 10.

[52] Ähnlich kritisch auch *Fritzsche,* EuZW 2011, 208, 211; *Fuchs* in Immenga/Mestmäcker, Spez-GVO Art. 1 Rn. 24; *Israel* in MüKo, GVO Nr. 1218/2010 Art. 1 Rn. 22.

Spezialisierungsprodukt (Art. 1 Abs. 1 lit. j) ist das Produkt, das gemäß der Spezialisierungsvereinbarung hergestellt wird. Bedeutend ist diese Definition vor allem für den Anwendungsbereich des freistellungsfähigen gemeinsamen Vertriebs nach Art. 2 Abs. 3 lit. b. Ein solcher fällt nur dann unter die Spezialisierungs-GVO, wenn er sich auf das spezialisierte bzw. gemeinsam hergestellte Produkt beschränkt.[53] 29

Nachgelagertes Produkt (Art. 1 Abs. 1 lit. k) bedeutet, dass ein Spezialisierungsprodukt als Vorleistung bzw. Komponente verwendet wird. Wird dieses nachgelagerte Produkt von einer oder mehreren Vertragsparteien auf dem Markt verkauft, dann greift die Marktanteilsschwelle gemäß Art. 3. Die Anwendung der Spezialisierungs-GVO kann dadurch – unabhängig von geringen Marktanteilen auf dem Markt des eigentlichen Spezialisierungsprodukts – ausgeschlossen sein. Dabei ist ausreichend, dass nur eine Vertragspartei das Spezialisierungsprodukt als Vorleistung oder Komponente verwendet.[54] 30

bb) Wettbewerbsverhältnis. Wettbewerber (Art. 1 Abs. 1 lit. l) umfasst im Sinne der Spezialisierungs-GVO den **tatsächlichen Wettbewerber** (Art. 1 Abs. 1 lit. m) und den **potenziellen Wettbewerber** (Art. 1 Abs. 1 lit. n). 31

Entscheidend ist das Wettbewerbsverhältnis im Hinblick auf das Spezialisierungsprodukt. Überschneiden sich die Vertragsparteien auf Märkten, welche für die Spezialisierung **nicht relevant** sind, besteht kein Wettbewerb im Sinne der Spezialisierungs-GVO.[55] 32

Ein tatsächlicher Wettbewerber ist ein Unternehmen, das auf demselben relevanten Markt tätig ist. D. h. ein Wettbewerber muss sowohl **sachlich** als auch **räumlich** in einem Wettbewerbsverhältnis stehen. Gemäß Art. 1 Abs. 1 lit. b bedarf es für die generelle Anwendbarkeit der Spezialisierungs-GVO allerdings nur einer sachlichen Wettbewerbsbeziehung *(„… Vereinbarung zwischen zwei auf demselben sachlich relevanten Markt tätigen Parteien …“)*. Somit können sich Unternehmen, die zwar austauschbare Produkte anbieten, aber auf räumlich unterschiedlichen Märkten tätig sind, auf die Spezialisierungs-GVO, auch ohne tatsächliche oder potenzielle Wettbewerbsbeziehung berufen. 33

Im Vergleich zum tatsächlichen Wettbewerber gestaltet sich die Identifikation eines potenziellen Wettbewerbers schwieriger. Gemäß lit. n muss es sich um ein Unternehmen handeln, bei dem ohne die Spezialisierungsvereinbarung realistisch und nicht nur hypothetisch davon ausgegangen werden kann, dass es als Reaktion auf einen geringen, aber anhaltenden Anstieg der relativen Preise wahrscheinlich innerhalb von höchstens drei Jahren die zusätzlichen Investitionen tätigen oder sonstigen Umstellungskosten auf sich nehmen würde, die erforderlich wären, um in den relevanten Markt einzusteigen. Die Definition beinhaltet somit eine **Kombination** aus einer **objektiven Möglichkeit zum Markteintritt** innerhalb von drei Jahren (z. B. vorhandene bzw. einfach zu beschaffende Produktionsmittel und -kapazitäten) und einem eher subjektiven, aber dennoch realistischen **unternehmerischen Interesse,** in den Markt eintreten zu wollen (z. B. entsprechende Profitaussichten).[56] In Frage gestellt werden kann, ob die Vorgabe eines Dreijahreszeitraums als Definitionstatbestand tatsächlich hilfreich ist. Bei bestimmten Produkten und Marktgegebenheiten können drei Jahre ein zu langer Zeitraum sein. 34

c) Exklusive Liefervereinbarungen. aa) Alleinbelieferungsverpflichtung (Art. 1 Abs. 1 lit. o). Anders als dieser Begriff vermuten lassen würde, umfasst eine Alleinbelieferung nach der Spezialisierungs-GVO nur die Verpflichtung der Vertragsparteien, das Spezialisierungsprodukt nicht an einen Wettbewerber, der nicht Partei der Vereinbarung ist, zu liefern. Damit stellt Art. 2 Abs. 3 lit. b nur diese eingegrenzte Form einer Alleinbelieferung frei. Den Vertragsparteien muss es konsequenterweise erlaubt sein, an andere dritte Unter- 35

---

[53] Vgl. *Israel* in MüKo, GVO Nr. 1218/2010 Art. 1 Rn. 23.

[54] Vgl. *Seeliger/Laskey* in Liebscher/Flohr/Petsche, § 9 Rn. 108; *Bechtold/Bosch/Brinker,* VO 1218/2010 Art. 1 Rn. 15.

[55] Vgl. *Bechtold/Bosch/Brinker,* VO 1218/2010 Art. 1 Rn. 17.

[56] Vgl. *Israel* in MüKo, GVO Nr. 1218/2010 Art. 1 Rn. 28.

nehmen zu liefern, die weder tatsächliche noch potenzielle Wettbewerber sind, da andernfalls eine Alleinbelieferungsverpflichtung z. B. bei einer einseitigen Spezialisierung den Marktaustritt des produzierenden Unternehmens von dem der Produktion nachgelagerten Markt bewirken würde.[57]

36 **bb) Alleinbezugsverpflichtung.** Die **Alleinbezugsverpflichtung** (Art. 1 Abs. 1 lit. p) bedeutet, dass das Spezialisierungsprodukt ausschließlich von einer Vertragspartei bezogen werden darf.

37 **Gemeinsamer Vertrieb** (Art. 1 Abs. 1 lit. q und lit. r): Der gemeinsame Verkauf von Waren und die gemeinsame Erbringung von Dienstleistungen können nach der Spezialisierungs-GVO **(i)** über ein gemeinsames Team, eine gemeinsame Organisation oder ein gemeinsames Unternehmen oder **(ii)** über einen durch die Parteien gemeinsam ernannten Vertriebshändler, der weder tatsächlicher noch potenzieller Wettbewerber ist, erfolgen. Interessanterweise stellt die Spezialisierungs-GVO für (ii) gleich in der Definition eine Ausschließlichkeitsvereinbarung frei, sofern diese nur die Vertragsparteien (und nicht den Vertriebshändler) bindet. D. h. die Vertragsparteien verpflichten sich, das Spezialisierungsprodukt nur an einen bestimmten Vertriebshändler zu liefern. Natürlich können die Vertragsparteien auf die Ausschließlichkeit verzichten und beispielsweise mehrere Vertriebshändler benennen oder neben dem Vertriebshändler auch direkt über eine gemeinsame Organisation gemeinsam vertreiben. Hingegen beurteilen sich Beschränkungen zu Lasten des Vertriebshändlers, z. B. Wettbewerbsverbote, territoriale Beschränkungen oder Zuweisungen von Kundengruppen, nach der Vertikal-GVO. So wäre etwa ein sogenannter Markenzwang für den Vertriebshändler, wonach er z. B. seine Bestellungen für das Spezialisierungsprodukt ausschließlich (oder zu mehr als 80%) auf die Kooperationspartner konzentrieren muss, nach der Vertikal-GVO freistellungsfähig. Dies setzt voraus, dass sowohl der Marktanteil der Anbieter (d. h. der Kooperationspartner, welcher durch die Anwendbarkeit der Spezialisierungs-GVO bereits geprüft ist), als auch der Marktanteil des Vertriebshändlers nicht mehr als 30% beträgt und das Wettbewerbsverbot auf 5 Jahre befristet wird.

38 **d) Zum Begriff des Unternehmens.** Nach Art. 1 Abs. 2 versteht die Spezialisierungs-GVO unter dem Begriff **Unternehmen** sowohl die Vertragsparteien als auch mit diesen verbundene Unternehmen. Die Definition „verbunden" erfolgt gleichbedeutend zu Art. 1 Abs. 2 FuE-GVO, Art. 1 Abs. 2 Technologie-Transfer-GVO oder Art. 1 Abs. 2 Vertikal-GVO.

39 Abs. 2 stellt klar, dass es im Sinne des **Konzernprivilegs** keiner Anwendung der Spezialisierungs-GVO bei Vereinbarungen zwischen verbundenen Unternehmen bedarf. Ferner ist die Definition für Art. 3 relevant, weil zu den Marktanteilen der Vertragsparteien jene der verbundenen Unternehmen, welche am für das Spezialisierungsprodukt relevanten Markt tätig sind, hinzugerechnet werden müssen.[58]

40 Die Spezialisierungs-GVO nennt **fünf Fälle verbundener Unternehmen:** (i) Tochterunternehmen – Unternehmen, auf die eine Vertragspartei unmittelbar oder mittelbar beherrschenden Einfluss ausüben kann (lit. a); (ii) Mutterunternehmen – Unternehmen, welche die Vertragspartei beherrschen können (lit. b); (iii) Schwesterunternehmen – Unternehmen, die vom selben Mutterunternehmen wie die Vertragspartei beherrscht werden (lit. c); (iv) Gemeinschaftsunternehmen – Unternehmen, das eine Vertragspartei gemeinsam mit einem der in lit. a bis c genannten Unternehmen oder durch mehrere in lit. a bis c genannte Unternehmen beherrscht (lit. d) und schließlich (v) Gemeinschaftsunternehmen – Unternehmen, in dem mindestens zwei unabhängige Unternehmen zusammen beherrschenden Einfluss haben, wobei nur eine der beherrschenden Mütter eine Vertragspartei oder deren verbundenes Unternehmen ist (lit. e). Im letzten Fall sind die vom Gemein-

[57] Vgl. *Bechtold/Bosch/Brinker,* VO 1218/2010 Art. 1 Rn. 15.

[58] Vgl. *Israel* in MüKo, GVO Nr. 1218/2010 Art. 1 Rn. 36; *Fuchs* in Immenga/Mestmäcker, Spez-GVO Art. 1 Rn. 35.

schaftsunternehmen gehaltenen Marktanteile nach Art. 5 lit. c gleichmäßig auf die beherrschenden Mütter aufzuteilen. Da die Marktanteile der Vertragsparteien nach Art. 3 addiert werden, wirkt sich diese Pro-Kopf-Aufteilung nur bei Beteiligung Dritter am Gemeinschaftsunternehmen reduzierend aus.

Artikel 2. Freistellung

(1) **Nach Artikel 101 Absatz 3 AEUV und nach Maßgabe dieser Verordnung gilt Artikel 101 Absatz 1 AEUV nicht für Spezialisierungsvereinbarungen.**

Diese Freistellung gilt, soweit diese Vereinbarungen Wettbewerbsbeschränkungen enthalten, die unter Artikel 101 Absatz 1 AEUV fallen.

(2) **Die Freistellung nach Absatz 1 gilt für Spezialisierungsvereinbarungen, deren Bestimmungen sich auf die Übertragung von Rechten des geistigen Eigentums oder die Erteilung diesbezüglicher Lizenzen an eine oder mehrere der Parteien beziehen, sofern diese Bestimmungen nicht Hauptgegenstand solcher Vereinbarungen sind, sich aber unmittelbar auf ihre Umsetzung beziehen und dafür erforderlich sind.**

(3) **Die Freistellung nach Absatz 1 gilt für Spezialisierungsvereinbarungen, wenn die Parteien**

a) eine Alleinbezugs- oder eine Alleinbelieferungsverpflichtung akzeptieren oder

b) die Spezialisierungsprodukte nicht selbst verkaufen, sondern gemeinsam vertreiben.

2. Generalfreistellung

41 **a) Geltungsbereich.** Die Geltung der Spezialisierungs-GVO begrenzt sich auf **drei Spezialisierungsformen** und nimmt deren **potenziell wettbewerbsbeschränkenden Auswirkungen** samt den unmittelbar erforderlichen Nebenabreden – unter bestimmten Voraussetzungen – generell vom Kartellverbot aus. Freistellungsfähig sind sowohl die einseitige und gegenseitige Spezialisierung als auch die gemeinsame Produktion.[59] Spezialisierungen (einseitig oder gegenseitig) verlangen, dass eine (oder mehrere) Vertragspartei(en) eine bereits vorhandene oder tatsächlich beabsichtigte Produktion zumindest teilweise einstellt, an die andere Vertragspartei überträgt und in der Folge das Spezialisierungsprodukt auch von dieser bezieht. Streng betrachtet sind somit rein horizontale Zuliefervereinbarungen, wonach eine Vertragspartei – ohne Absehen von oder Einstellung eigener Produktion – eine andere Vertragspartei lediglich mit der Zulieferung eines von ihr erzeugten Produkts beauftragt, nicht nach der Spezialisierungs-GVO freistellungsfähig. Allerdings erkennt die Europäische Kommission in den Leitlinien zu Horizontalvereinbarungen auch für horizontale Zuliefervereinbarungen einen Safe-Harbour bei einem gemeinsamen Marktanteil von nicht mehr als 20% an.[60]

42 Die Anwendung der Spezialisierungs-GVO verlangt ferner – wie alle GVOs –, dass die beabsichtigte Vereinbarung zu einer **Beschränkung des Wettbewerbs** nach Art. 101 Abs. 1 AEUV führt. Sind etwa zwei Unternehmen auf gänzlich unterschiedlichen (nicht verbundenen) Märkten tätig und planen diese ein für beide benötigtes Zwischenprodukt gemeinsam herzustellen, besteht in einer solchen Kooperation keine Beschränkung des Wettbewerbs. Eine Wettbewerbsbeschränkung wäre wohl ebenso zu verneinen, wenn die beteiligten Unternehmen ohne die gemeinsame Produktion oder die Spezialisierungsvereinbarung nachweislich gezwungen wären, gänzlich aus dem relevanten Markt auszuscheiden.[61] Nachteilige Auswirkungen auf den Wettbewerb sind auch dann unwahrscheinlich,

[59] Näheres zum Umfang dieser Kooperationsvarianten in Rn. 14 ff. in dieser Kommentierung.
[60] Leitlinien zu Horizontalvereinbarungen, Rn. 170; *Auf'mkolk,* WuW 2011, 699, 707.
[61] Kom., IV/30.863, ABl. 1984 L 212/1, Rn. 30 – *BPCL-ICI* (faktisch verneint die Kommission aber aufgrund des vorliegenden Sachverhalts, dass ein gänzliches Ausscheiden aus dem Markt erfolgt wäre).

wenn erst die Vereinbarung die Unternehmen in die Lage versetzt, eine neue Ware oder Dienstleistung einzuführen, weil sie dies alleine aufgrund objektiver Faktoren (z. B. mangels technischem Know-How) nicht geschafft hätten.[62] Nachteilige Wettbewerbseffekte fehlen auch bei Spezialisierungsprodukten, deren gemeinsame Produktion nur zu einer sehr geringen Angleichung der Gesamtkosten führt.[63] Ohne Wettbewerbsbeschränkung scheidet ein Freistellungsbedarf nach der Spezialisierungs-GVO von vornherein aus.[64]

43 In den Leitlinien zu Horizontalvereinbarungen erklärt die Europäische Kommission, worin sie **mögliche kartellrechtliche Bedenken** einer Spezialisierungskooperation sieht:[65] Unter bestimmten Voraussetzungen können die Vertragsparteien dazu verleitet sein, wettbewerbsrelevante Parameter anzugleichen, wie etwa die Produktionsmenge, die Qualität oder auch die Verkaufspreise. Risikoerhöhende Faktoren sind (i) signifikante Marktanteile, (ii) Marktmerkmale, die eine Koordinierung begünstigen (z. B. hohe Markttransparenz, hoher Anteil der Produktionskosten an der eigentlichen Geschäftstätigkeit)[66] oder (iii) ein erleichterter Austausch sensitiver, für die Spezialisierung nicht erforderlicher Geschäftsinformationen.[67] Spezialisierungen, die neben der Produktion auch einen gemeinsamen Vertrieb oder ein gemeinsames Marketing vorsehen, sind bedingt durch ihre stärkere Nähe zum Abnehmer risikobehafteter als reine Produktionsvereinbarungen. Allerdings ist ein gemeinsamer Vertrieb des Spezialisierungsprodukts freistellungsfähig.[68] Darüber hinaus können Spezialisierungsvereinbarungen von marktstarken Unternehmen nach Ansicht der Kommission zu einer wettbewerbswidrigen Verschließung eines verbundenen Markts gegenüber Dritten führen.[69]

44 **b) Nebenabreden über den Technologietransfer.** Die Generalfreistellung der Spezialisierungs-GVO umfasst auch unmittelbar mit der Umsetzung der Spezialisierung verbundene und erforderliche Nebenabreden über die Übertragung von Rechten des geistigen Eigentums oder der Erteilung diesbezüglicher Lizenzen, sofern diese wettbewerbsbeschränkende Regelungen enthalten (z. B. Ausschließlichkeitsvereinbarungen oder Verwendungsbeschränkungen). Damit regelt die Spezialisierungs-GVO die **Abgrenzung zur Technologie-Transfer-GVO** und legt fest, dass sie – als *lex specialis* – bei Lizenzvergaben im Zusammenhang mit einer einseitigen oder gegenseitigen Spezialisierung bzw. einer gemeinsamen Produktion die Technologie-Transfer-GVO verdrängt, sofern die Lizenzvergabe nicht den Hauptgegenstand der Vereinbarung bildet. Allerdings ist eine eigenständige und der Spezialisierung ausschließlich nachgelagerte Lizenzvereinbarung in der Regel keine Nebenabrede, insbesondere wenn diese mit einer unbeteiligten Partei geschlossen wird. Ein gemeinsamer Vertrieb von Lizenzen ist nach der GVO gerade nicht freistellungsfähig, weil sich gemäß Art. 2 Abs. 3 lit. b der gemeinsame Vertrieb auf das Spezialisierungsprodukt begrenzen muss.

45 Der Wortlaut von Art 2 Abs. 2 Spezialisierungs-GVO nennt lediglich die Übertragung und Lizenzierung von Rechten des geistigen Eigentums als freistellungsfähige Nebenabrede

[62] Leitlinien zu Horizontalvereinbarungen, Rn. 163; *Wollmann/Herzog* in MüKo, Art. 101 AEUV Rn. 215 ff.; anders *Schroeder* in Grabitz/Hilf/Nettesheim, Art. 101 AEUV Rn. 616 (sieht einen klaren Anwendungsfall für die GVO).

[63] *Bellamy/Child,* Rn. 6.059 (inklusive Verweis auf Kom., ABl. 1999 C 272/14, Rn. 22 – *Solvay/Sisecam*).

[64] Vgl. *Israel* in MüKo, GVO Nr. 1218/2010 Art. 2 Rn. 5; *Emmerich/Hoffmann* in Dauses, Art. 101 AEUV Rn. 169.

[65] Leitlinien zu Horizontalvereinbarungen, Rn. 157 ff.

[66] Kom., IV/26.186, ABl. 1978 L 242/15 – *Centraal Stikstof Verkoopkantoor* (Versagung der Freistellung u. a. aufgrund hoher Kostenangleichung, ab S. 31); Kom IV/34.252, ABl. 1994 L 378/37 – *Philips/Osram,* Rn. 18 (die unwesentliche Normung der Fertigungskosten wurde explizit als Rechtfertigung angeführt).

[67] Leitlinien zu Horizontalvereinbarungen, Rn. 158 f.; *Bellamy/Child,* Rn. 6.060.

[68] Siehe Rn. 158 f. in dieser Kommentierung; Leitlinien zu Horizontalvereinbarungen, Rn. 167.

[69] Leitlinien zu Horizontalvereinbarungen, Rn. 159.

und bezieht sich daher auf gewerbliche Schutzrechte, Urheberrechte und verwandte Schutzrechte. Demnach wären **weder** schutzwürdiges Know-how **noch** sonstige der Spezialisierungsvereinbarung immanente Nebenabreden (z. B. eine der gemeinsamen Produktion lediglich vorgelagerte FuE[70]) automatisch freigestellt. Die Spezialisierungs-GVO enthält aber im Sinne der von Art. 101 Abs. 1 AEUV anerkannten „Ancillary-Restraints-Doktrin"[71] keine abschließende Aufzählung von freistellungsfähigen Nebenabreden, sondern es sind sämtliche für die Umsetzung der Spezialisierungsvereinbarung unmittelbar notwendigen und erforderlichen Abreden freigestellt.[72] Beispiele für nach der Entscheidungspraxis zulässige Nebenabreden wären: die Einräumung eines Vetorechts für den Vertrieb von Neuheiten des Spezialisierungsprodukts,[73] eine wechselseitige Meistbegünstigungsklausel,[74] ein vorgelagertes Wettbewerbsverbot während der Anlaufzeit der geplanten Kooperation,[75] wechselseitige Mindestabnahmeverpflichtungen[76] oder die wechselseitige Verpflichtung, erforderliche Betriebsanlagen für eine Mindestzeit zu betreiben.[77]

c) Alleinbezugs- und Alleinbelieferungsverpflichtungen. Art. 2 Abs. 3 lit. a **erweitert** die Freistellung auf Alleinbezugs- und Alleinbelieferungsverpflichtungen.[78] 46

In der Praxis werden solche Verpflichtungen sehr häufig vereinbart, weil diese gewährleisten, dass die Vertragsparteien ihre Kräfte ausschließlich auf die gemeinsame Produktion oder Spezialisierung konzentrieren.[79] Gerade bei einer einseitigen oder gegenseitigen Spezialisierung, für die eine Bezugs- und Belieferungsverpflichtung für die Freistellung zwingend ist, bedeutet die Kombination einer Alleinbezugs- mit einer Alleinbelieferungsverpflichtung faktisch nichts anderes als ein **zwischen den Vertragsparteien vereinbartes Wettbewerbsverbot** wonach es diesen nicht erlaubt ist, während der Vertragsdauer eine gleichlautende Spezialisierungsvereinbarung mit einem Dritten abzuschließen.[80] Zwar stellt die Spezialisierungs-GVO – unter Berücksichtigung des Prinzips der Generalfreistellung – ein solches Wettbewerbsverbot für die Dauer der Vereinbarung ohnehin frei, weil darin gerade keine Kernbeschränkung gemäß Art. 4 Spezialisierungs-GVO liegt. Allerdings könnte Art. 2 Abs. 3 lit. a auch als ausdrückliche Zulässigkeitserklärung verstanden werden.[81] 47

d) Gemeinsamer Vertrieb. Grundsätzlich ist eine Zusammenarbeit von Wettbewerbern in der Vermarktung und im Vertrieb eines Produkts besonders sensibel, weil sich die Kooperation in einem solchen Fall um den **Kern der wettbewerbsrelevanten Parameter** dreht (z. B. Zugang zum Kunden, Verkaufspreise oder Marketingstrategien). Umso bemerkenswerter ist es, dass die Spezialisierungs-GVO den nachgelagerten gemeinsamen Ver- 48

---

[70] Siehe Rn. 8 in dieser Kommentierung zur Abgrenzung zur FuE-GVO.

[71] Unmittelbar mit dem Hauptgegenstand einer Vereinbarung verbunden ist eine Abrede, wenn sie dessen Durchführung untergeordnet und untrennbar mit ihm verbunden ist. Leitlinien zur Anwendung von Artikel 81 Absatz 3 EG-Vertrag, Abl. 2004 C 101/97, Rn. 29.

[72] Vgl. *Braun* in Langen/Bunte, Nachbemerkungen zu Art. 101 AEUV, Fallgruppen Rn. 188; *Israel* in MüKo, GVO Nr. 1218/2010 Art. 2 Rn. 9; *Seeliger/Laskey* in Liebscher/Flohr/Petsche, § 9 Rn. 84; für eine Ausdehnung zumindest in Bezug auf Know-how: *Bechtold/Bosch/Brinker,* VO 1218/2010 Art. 2 Rn. 8.

[73] Kom., IV/26.437, ABl. 1969 L 195/05, Rn. 16 – *Jaz-Peter.*

[74] Kom., IV/36.592, ABl. 1999 L 218/14, Rn. 55 – *Cégétel.*

[75] Kom., IV/36.237, ABl. 1999 L 90/6, Rn. 99 – *TPS,* Rn. 99.

[76] Kom., IV/34.252, Abl. 1994 L 378/37, Rn. 20 – *Philips/Osram („wesentlichen Bedarf abzudecken");* Kom., IV/30.437, ABl. 1983 L 224/19 – *Rockwell/Iveco („den Gesamtbedarf abzudecken").*

[77] Kom., IV/30.863, ABl. 1984 L 212/1, Rn. 28 und Rn. 38 – *BPCL-ICI.*

[78] Siehe dazu auch Art. 1 Abs. 1 lit. o und p in Rn. 35 f. in dieser Kommentierung.

[79] Vgl. *Seeliger/Laskey* in Liebscher/Flohr/Petsche, § 9 Rn. 93.

[80] Vgl. *Israel* in MüKo, GVO Nr. 1218/2010 Art. 2 Rn. 17.

[81] In einer der ursprünglichen Sepzialisierungs-GVOs – Art. 2 Abs. 1 lit. a VO 417/85 – war ein Wettbewerbsverbot zu Lasten der Vertragsparteien noch ausdrücklich als Teil der „weißen Liste" enthalten; vgl auch *Seeliger/Laskey* in Liebscher/Flohr/Petsche, § 9 Rn. 93.

trieb nicht nur für die gemeinsame Produktion,[82] sondern nunmehr auch unstrittig für die einseitige und gegenseitige Spezialisierung als freistellungsfähig erachtet. Die Europäische Kommission würdigt in dieser Freistellungsoption nach Art. 2 Abs. 3 lit. b, dass sich Rationalisierungseffekte und Effizienzgewinne in der Produktion in manchen Fällen erst dann maßgeblich realisieren lassen, wenn den Parteien auch ein daran unmittelbar anschließender gemeinsamer Vertrieb des Spezialisierungsprodukts erlaubt wird. Wichtig ist allerdings, dass sich der Schwerpunkt der Rationalisierungen und Effizienzen nicht auf den gemeinsamen Vertrieb verlagert.

49 Die Spezialisierungs-GVO definiert den Begriff des gemeinsamen Vertriebs in Art. 1 Abs. 1 lit. q.[83] Daraus ergibt sich, dass ein nach der Spezialisierungs-GVO freistellungsfähiger gemeinsamer Vertrieb **eng auszulegen** ist und jedenfalls nicht mit der nach der FuE-GVO freistellungsfähigen gemeinsamen Verwertung gleichgesetzt werden darf. Gemäß Art. 1 Abs. 1 lit. o FuE-GVO dürfen die Vertragsparteien einer F&E-Kooperation auch eine spezialisierte Verwertung vereinbaren. So kann z. B. Vertragspartner A die Produktion des gemeinsam entwickelten Produkts übernehmen und Vertragspartner B den Vertrieb oder die Vertragsparteien können sich im Zuge des Vertriebs geographisch (z. B. in Form von Gebietsbeschränkungen) spezialisieren. Nach der Spezialisierungs-GVO bedeuten derartige Beschränkungen aber einen schwerwiegenden Verstoß (vgl. Art. 4 lit. c Spezialisierungs-GVO über Gebiets- und Kundenbeschränkungen) und würden nach dem Alles-oder-Nichts-Prinzip die Anwendung der Spezialisierungs-GVO auf die gesamte Vereinbarung ausschließen. Hingegen sind im Zuge des zulässigen gemeinsamen Vertriebs Absprachen über den Preis des Spezialisierungsprodukts für den direkten Abnehmer nach Art. 4 lit. a Spezialisierungs-GVO möglich.[84]

50 Logische Konsequenz einer engen Freistellungsfähigkeit des gemeinsamen Vertriebs im Rahmen einer Spezialisierungsvereinbarung ist, dass sich dieser **strikt** und **ausschließlich** auf das gemeinsam oder arbeitsteilig erzeugte Spezialisierungsprodukt beschränken muss. Würden die Vertragsparteien über das Spezialisierungsprodukt hinaus z. B. komplementäre Produkte einbeziehen, ist eine Prüfung nach Art. 101 Abs. 3 AEUV erforderlich. Eine Freistellung dürfte jedoch angesichts des Umstands, dass es sich sodann um eine reine Vermarktungskooperation zwischen Wettbewerbern handelt, eher komplex und schwierig sein. Eine Anwendung der Spezialisierungs-GVO scheidet ebenso aus, wenn der Kern der Spezialisierung im Vertrieb an sich und nicht mehr in der Produktion liegt. Dies wäre uE der Fall, wenn das gemeinsam hergestellte Produkt im Vergleich zu den Angleichungen im Vertrieb (erforderliche Fachkenntnisse des Personals, Marketing, Serviceleistungen beim Kunden, Branding etc.) eine vernachlässigbare Bedeutung für den erfolgreichen Marktauftritt einnimmt (z. B. Produkte des Einzelhandels, die sich primär über die Marke und den Vertrieb differenzieren). Der Schwerpunkt der Kooperation würde im Vertrieb und gerade nicht mehr in der Produktion liegen. Zwar schließt dies nicht aus, dass die Parteien aus Gründen der Effizienz das Produkt unter Berufung auf die Spezialisierungs-GVO gemeinsam produzieren; die Kooperation darf aber bei einem solchen Produkt für eine Freistellung nach der Spezialisierungs-GVO keinen gemeinsamen Vertrieb umfassen.

51 Nach Art. 1 Abs. 1 lit. q ii) der Spezialisierungs-GVO bedeutet der Begriff „gemeinsam" im Zusammenhang mit dem Vertrieb auch, dass die Kooperationspartner nicht zwingend direkt (z. B. durch ein gemeinsames Team) vertreiben müssen, sondern gemeinsam einen Dritten, der nicht mit den Kooperationspartnern im Wettbewerb steht, zum Vertriebshänd-

---

[82] Art. 3 lit. b GVO 2658/2000 regelte den gemeinsamen Vertrieb lediglich im Zusammenhang mit einer „Vereinbarung über eine gemeinsame Produktion", sodass im Umkehrschluss nicht davon auszugehen war, das auch der gemeinsame Vertrieb bei einer einseitigen oder gegenseitigen Spezialisierung nach der GVO freistellungsfähig war; *Seeliger/Laskey* in Liebscher/Flohr/Petsche, § 9 Rn. 94.

[83] Siehe dazu näher in Rn. 37.

[84] Siehe dazu auch Rn. 68 f. in dieser Kommentierung.

ler bestimmen dürfen, und zwar mit oder ohne Ausschließlichkeitsbindung.[85] Da nach der Begriffsdefinition der Vertriebshändler gerade kein Wettbewerber der Kooperationspartner sein darf, ist es nach der Spezialisierungs-GVO – deren Anwendbarkeit eine Wettbewerbsbeziehung zwischen den Vertragsparteien voraussetzt – **unzulässig,** dass die Kooperationspartner den Vertriebshändler aus den eigenen Reihen wählen.[86]

Wird ein Dritter zum Vertriebshändler bestimmt, ist es uE wichtig, dass dieser für alle Kooperationsparteien **gleichberechtigt** tätig ist und als Dritter die **Interessen aller Kooperationspartner** im Vertrieb wahrt. Somit setzt der Vertriebshändler stellvertretend für die Kooperationspartner den gemeinsamen Vertrieb um. Würde der Vertriebshändler nur für eine der Vertragsparteien tätig, würde die andere zugunsten ihres Kooperationspartners aus dem Markt austreten. Einen solchen wettbewerbsbeschränkenden Marktaustritt versucht die Spezialisierungs-GVO aber zu verhindern. Daher wird für die einseitige und gegenseitige Spezialisierung auch eine (wechselseitige) Bezugs- und Lieferverpflichtung geregelt. 52

Bei einer einseitigen oder gegenseitigen Spezialisierung **kollidiert** uE allerdings in der praktischen Umsetzung die Bezugs- und Belieferungsverpflichtung mit der nach der Spezialisierungs-GVO nunmehr zulässigen Option, auch für diese zwei Kooperationsformen einen gemeinsamen Vertrieb mittels Vertriebshändler freizustellen. Hier ist wohl der gedankliche Zwischenschritt notwendig, dass der Vertriebshändler stellvertretend für jeden der Kooperationspartner das Spezialisierungsprodukt bezieht, um die Freistellungsfähigkeit eines gemeinsamen Vertriebs für einseitige oder gegenseitige Spezialisierungen nicht von vornherein auszuschließen. 53

Artikel 3. Marktanteilsschwelle

Die Freistellung nach Artikel 2 gilt nur unter der Voraussetzung, dass der gemeinsame Anteil der Parteien auf jedem relevanten Markt höchstens 20 % beträgt.

Artikel 5. Anwendung der Marktanteilsschwelle

Für die Anwendung der Marktanteilsschwelle gemäß Artikel 3 gelten die folgenden Vorschriften:

a) Der Marktanteil wird anhand des Absatzwerts berechnet; liegen keine Angaben über den Absatzwert vor, so können zur Ermittlung des Marktanteils der Parteien Schätzungen vorgenommen werden, die auf anderen verlässlichen Marktdaten unter Einschluss der Absatzmengen beruhen.

b) Der Marktanteil wird anhand der Angaben für das vorangegangene Kalenderjahr ermittelt.

c) Der Marktanteil der in Artikel 1 Absatz 2 Unterabsatz 2 Buchstabe e genannten Unternehmen wird zu gleichen Teilen jedem Unternehmen zugerechnet, das die in Buchstabe a des genannten Unterabsatzes aufgeführten Rechte oder Befugnisse hat.

d) Beträgt der in Artikel 3 genannte Marktanteil ursprünglich nicht mehr als 20 % und überschreitet er anschließend diese Schwelle, jedoch nicht 25 %, so gilt die Freistellung nach Artikel 2 im Anschluss an das Jahr, in dem die 20 %-Schwelle erstmals überschritten wurde, noch für zwei weitere aufeinanderfolgende Kalenderjahre.

e) Beträgt der in Artikel 3 genannte Marktanteil ursprünglich nicht mehr als 20 % und überschreitet er anschließend 25 %, so gilt die Freistellung nach Artikel 2 im

---

[85] Zur Begriffsdefinition siehe Rn. 35.

[86] Vgl. *Schroeder* in Grabitz/Hilf/Nettesheim, Art. 101 AEUV Rn. 617; *Seeliger/Laskey* in Liebscher/Flohr/Petsche, § 9 Rn. 10.

Anschluss an das Jahr, in dem die 25%-Schwelle erstmals überschritten wurde, noch für ein weiteres Kalenderjahr.

f) **Die in den Buchstaben d und e genannten Rechtsvorteile dürfen nicht in einer Weise miteinander verbunden werden, dass ein Zeitraum von zwei Kalenderjahren überschritten wird.**

3. Marktanteilsschwellen und deren Anwendung

54 Wie alle GVOs stellt auch die Spezialisierungs-GVO die Anwendung der Generalfreistellung unter die Voraussetzung einer Marktanteilsschwelle.[87] Die Ermittlung des maßgeblichen Marktanteils unterliegt wesentlichen Vorfragen und bedeutet in der Praxis eine nicht unbedeutende Herausforderung. Der **relevante Markt** ist bei einer Vereinbarung mit unterschiedlichen Spezialisierungsprodukten für jedes der nicht austauschbaren Produkte separat zu ermitteln und jeder dieser Märkte kann für sich die Anwendbarkeit der Spezialisierungs-GVO ausschließen.

55 **a) Relevanter Markt.** Die Ermittlung von Marktanteilsschwellen setzt voraus, dass die Vertragsparteien den relevanten Markt definieren. Dabei handelt es sich um den **sachlich** und **räumlich maßgeblichen Markt,** auf dem das Spezialisierungsprodukt angeboten wird. Die Marktdefinition folgt den Grundsätzen der Bekanntmachung der Kommission zur Marktabgrenzung:[88]

56 **Sachlich** kommt es auf sämtliche Erzeugnisse an, die von den Abnehmern hinsichtlich ihrer Eigenschaften, Preise und ihres vorgesehenen Verwendungszwecks als austauschbar angesehen werden. D. h. in der Praxis haben die Vertragsparteien nicht nur den tatsächlichen Gegenstand der Spezialisierung zu berücksichtigen, sondern auch gleichartige, mit dem Spezialisierungsprodukt austauschbare Produkte.

57 **Räumlich** ist jenes Gebiet maßgeblich, in dem die Wettbewerbsbedingungen hinreichend homogen sind und das sich von anderen Gebieten durch spürbar unterschiedliche Wettbewerbsbedingungen abgrenzt. Die Spezialisierungs-GVO verlangt – wie alle Normen des EU-Kartellrechts – einen grenzüberschreitenden Bezug, d. h. eine spürbare Auswirkung auf den Handel zwischen den Mitgliedstaaten. Dieser Rechtsbegriff wird aber nach ständiger Praxis sehr weit ausgelegt; beispielsweise ist es ausreichend, wenn nur Teile des Territoriums der Mitgliedstaaten betroffen sind.[89]

58 Wie in Art. 1 Abs. 1 lit. i ausgeführt, ist bei einer Spezialisierung von Zwischenprodukten auch der Markt relevant, auf dem das Endprodukt vertrieben wird. Unabhängig davon, dass das spezialisierte Zwischenprodukt nur eine Komponente des Endprodukts ist, und wie stark diese Komponente einem Wettbewerbsdruck unterliegt, **schließt** ein gemeinsamer Marktanteil von über 20% am Markt des Endprodukts die Anwendung der Spezialisierungs-GVO **gänzlich aus.**[90, 91]

59 **b) Ermittlung des Marktanteils.** Art. 5 stellt klar, dass die Marktanteile anhand des **Absatzwerts des Spezialisierungsprodukts** ermittelt werden. Sollten in bestimmten Märkten reine Wertvolumina ökonomisch keinen Sinn machen oder nicht realistisch verfügbar sein, kann auch z. B. auf Absatzmengen zurückgegriffen werden.[92] Die Spezialisie-

[87] So auch Art. 4 Abs. 2 FuE-GVO, Art. 3 Technologie-Transfer-GVO, Art. 3 Abs. 1 Vertikal-GVO; *Schroeder* in Grabitz/Hilf/Nettesheim, Art. 101 AEUV Rn. 621.

[88] Bekanntmachung der Kommission über die Definition des relevanten Marktes im Sinne des Wettbewerbsrechts der Gemeinschaft, ABl. 1997 C 372/5, Rn. 7; Art. 1 Spezialisierungs-GVO.

[89] Leitlinien über den Begriff der Beeinträchtigung des zwischenstaatlichen Handels in den Artikeln 81 und 82 des Vertrags, ABl. 2004 C 101/81, Rn. 21; näher siehe *Kirchhoff* in MüKo, Art. 101 AEUV Rn. 495 ff.

[90] Siehe Rn. 28 in dieser Kommentierung.

[91] Spezialisierungs-GVO, Erw. 10.

[92] Vgl. *Seeliger/Laskey* in Liebscher/Flohr/Petsche, § 9 Rn. 209; *Bechtold/Bosch/Brinker,* VO 1218/2010 Art. 5 Rn. 3.

rungs-GVO würdigt, dass in der Praxis die Idealvorstellung einer exakten Berechnung von Absatzwerten und damit verbundenen Marktanteilen oft nicht realisierbar ist. Sind also dokumentierbare Berechnungen im engeren Sinne nicht möglich, dürfen die Unternehmen die Marktvolumina schätzen. Sofern die Unternehmen eine seriöse Schätzung der maßgeblichen Marktvolumina vornehmen, d.h. „unter Einsatz aller vernünftigerweise zur Verfügung stehenden Erkenntnismöglichkeiten" vorgehen, schadet es nicht, wenn sich im Nachhinein herausstellen sollte, dass ein z.B. nach behördlicher Ermittlung berechneter Marktanteil moderat von den ursprünglichen Schätzungen abweicht.[93] Für die Vergangenheit wurde die Spezialisierungs-GVO trotz Abweichung zulässig angewandt.

Nach Art. 5 lit. b sind die Marktanteile für den Zeitraum des letzten Kalenderjahres zu ermitteln. Dies ist uE nicht in allen Fällen sachgerecht, weil bei Unternehmen mit einem vom Kalenderjahr abweichenden Wirtschaftsjahr ein Bezug auf das letzte abgeschlossene Geschäftsjahr zuverlässigere Ergebnisse bringt.[94] 60

c) Marktanteilsschwellen. Eine Ausnahme vom Kartellverbot für Spezialisierungsvereinbarungen verlangt nach Ansicht der Kommission, dass der wirtschaftliche Nutzen in Form von Größen- oder Verbundvorteilen bzw. besseren Produktionstechniken in eine **angemessene Beteiligung der Verbraucher** mündet.[95] Zur Weitergabe von Rationalisierungseffekten benötigt es hinreichenden Wettbewerb, den die Europäische Kommission im Allgemeinen nur bei Unternehmen mit einem gemeinsamen Marktanteil von nicht mehr als 20% annimmt. Weisen kooperierende Unternehmen einen höheren gemeinsamen Marktanteil auf, muss eine Vereinbarung im Einzelnen nach Art. 101 Abs. 3 AEUV gerechtfertigt werden.[96] 61

In der Praxis grenzt die gewählte Schwelle von 20% den faktischen Anwendungsbereich der Spezialisierungs-GVO ein, weil Vereinbarungen (mit Ausnahme von Kernbeschränkungen) von marktschwachen Unternehmen (gemeinsamer Marktanteil von bis zu 10%) ohnehin **nach der De-Minimis-Bekanntmachung vom Kartellverbot ausgenommen** sind und Unternehmen auch bei moderaten gemeinsamen Marktanteilen von lediglich ab 20% weiterhin den Rechtsunsicherheiten der Einzelfreistellung nach Art. 101 Abs. 3 AEUV unterliegen. 62

d) Übergangsfristen – Toleranzklausel. Für den Fall, dass die beteiligten Unternehmen nach Abschluss der Spezialisierungsvereinbarung die Marktanteilsschwelle von 20% überschreiten, regelt Art. 5 lit. d bis f Übergangsfristen. Daraus lässt sich die Verpflichtung der Vertragsparteien ableiten, die Voraussetzungen für die Anwendung der Spezialisierungs-GVO **regelmäßig** nachzuprüfen. 63

Trotz dieser Verpflichtung ist der wesentliche Kern der Bestimmung als unternehmensfreundlich zu werten, weil ein geringfügiges nachträgliches Überschreiten der Marktanteilsschwelle **nicht** den sofortigen Wegfall der Freistellung zur Folge hat. Die **Zulässigkeit eines allmählichen „Phase-Outs"** ist für Unternehmen wichtig, damit z.B. Investitionen in der Anfangsphase, die zur Vertragsumsetzung erforderlich waren, nicht vollständig ins Leere laufen. 64

Art. 5 Spezialisierungs-GVO legt fest, dass bei einer **geringfügigen,** aber **andauernden Überschreitung** der Marktanteilsschwelle von 20%, aber nicht 25%, die Freistellung noch für zwei weitere Kalenderjahre gilt. Wächst der gemeinsame Marktanteil aber auf 65

---

[93] Vgl. *Bechtold/Bosch/Brinker,* VO 1218/2010 Art. 5 Rn. 2; *Fuchs* in Immenga/Mestmäcker, Spez-GVO Art. 3 Rn. 6.

[94] Vgl. *Bechtold/Bosch/Brinker,* VO 1218/2010 Art. 5 Rn. 4.

[95] So Spezialisierungs-GVO, Erw. 3.

[96] Kom., IV/34.252, ABl. 1994 L 378/37, Rn. 17 – *Philips/Osram; Eilmansberger* in Streinz, Art. 101 AEUV Rn. 276 verweist beispielsweise auf eine Freistellungsentscheidung der Kommission aus dem Jahr 1987: *BASF/Bayer/Hoechst/Dystar,* ABl. 2000 C 376/9, in der die Marktanteile für bestimmte Produkte weit über den relevanten Schwellen der Spezialisierungs-GVO lagen; näher zu den Voraussetzungen einer Einzelfreistellung auch *Schroeder* in Grabitz/Hilf/Nettesheim, Art. 101 AEUV Rn. 625 ff.

über 25%, wird die Freistellung nur um ein weiteres Jahr verlängert. Die Verlängerungsfrist beginnt mit dem Ablauf des Kalenderjahres, in dem die Überschreitung stattfand. Die beiden Übergangsfristen können nicht kumuliert werden, d.h. bei einem Überschreiten der Marktanteilsschwelle läuft die Freistellung nach der Spezialisierungs-GVO spätestens nach 2 Jahren aus. Allerdings beträgt die Frist auch dann 2 Jahre, wenn der gemeinsame Marktanteil zunächst auf über 25% steigt, sich jedoch vor Ablauf der einjährigen Übergangsfrist auf z.B. 23% einpendelt.[97] Die Freistellung bleibt darüber hinaus unbefristet aufrecht, wenn der gemeinsame Marktanteil vor Ablauf der zweijährigen Übergangsfrist wieder auf unter 20% sinkt. Überschreiten die beteiligten Unternehmen danach die Marktanteilsschwelle wieder, beginnen die Übergangsfristen neu zu laufen.[98]

66 Bei einem **dauerhaften Überschreiten** der Marktanteilsschwelle fällt nach Ablauf der Übergangsfristen für die Vertragsparteien lediglich die Freistellung nach der Spezialisierungs-GVO weg. Das bedeutet jedoch nicht automatisch die Notwendigkeit, die Kooperation zu beenden. Den Parteien verbleibt weiterhin die Option einer Freistellung nach Art. 101 Abs. 3 AEUV. Dies gilt insbesondere für die Fälle, in denen ein Vertragspartner aufgrund der Spezialisierungsvereinbarung die gesamte Produktion inklusive Forschung und Entwicklung in dem betroffenen Produktbereich aufgegeben hat und bei einem dauerhaften Überschreiten der 20-Prozent-Schwelle zu einem späteren Zeitpunkt faktisch nicht mehr in der Lage ist, die Produktion wieder eigenständig aufzunehmen. Die Vertragsparteien können die Kooperationsvereinbarung auch anpassen, um darin enthaltene freistellungsbedürftige Wettbewerbsbeschränkungen zu beseitigen. Beispielsweise könnten die Vertragsparteien einen in der Spezialisierungsvereinbarung vorgesehenen gemeinsamen Vertrieb des Spezialisierungsprodukts beenden, um zumindest für die Zukunft die gemeinsame Produktion zu erhalten. Dies gilt insbesondere, wenn die gemeinsame Produktion durch die Errichtung von Produktionsstätten mit enormen Investitionen verbunden war. Mit einer solchen – wenn praktisch umsetzbaren – Vertragsanpassung könnte ein Freistellungsbedarf für die ausschließliche gemeinsame Produktion mangels Wettbewerbsbeschränkung generell entfallen (z.B. wenn die Produktionskosten oder die Produkteigenschaft für den Verkaufspreis/die Vermarktung von geringer Bedeutung sind). Die Europäische Kommission selbst führt in ihren Leitlinien zur horizontalen Zusammenarbeit aus, dass *„bei Produktionsvereinbarungen, die Vermarktungsfunktionen wie gemeinsamen Vertrieb oder gemeinsames Marketing umfassen, […] die Gefahr wettbewerbsbeschränkender Auswirkungen größer [ist] als bei Vereinbarungen, die lediglich die gemeinsame Produktion betreffen“*.[99]

Artikel 4. Kernbeschränkungen

Die Freistellung nach Artikel 2 gilt nicht für Spezialisierungsvereinbarungen, die unmittelbar oder mittelbar, für sich allein oder in Verbindung mit anderen Umständen, auf die die Parteien Einfluss haben, einen der folgenden Zwecke verfolgen:

a) die Festsetzung der Preise für den Verkauf der Produkte an Dritte, ausgenommen die Festsetzung der Preise für direkte Abnehmer im Rahmen des gemeinsamen Vertriebs;

b) die Beschränkung von Produktion oder Absatz, ausgenommen i) Bestimmungen über die in Vereinbarungen über die einseitige oder die gegenseitige Spezialisierung festgelegten Produktmengen und die Festlegung von Kapazität und Produktionsvolumen in Vereinbarungen über die gemeinsame Produktion und ii) die Festlegung von Absatzzielen im Rahmen des gemeinsamen Vertriebs;

c) die Zuweisung von Märkten oder Kunden.

---

[97] Vgl. *Reher/Holzhäuser,* Art. 7 Spez-GVO, Rn. 55.
[98] Vgl. *Seeliger/Laskey* in Liebscher/Flohr/Petsche, § 9 Rn. 111.
[99] Leitlinien zu Horizontalvereinbarungen, Rn. 167.

4. Kernbeschränkungen

a) Alles-oder-Nichts-Prinzip. Art. 4 enthält eine abschließende Liste sogenannter **schwarzer Klauseln.** Dabei handelt es sich um wettbewerbsbeschränkende Vereinbarungen, die nach dem **Alles-oder-Nichts-Prinzip** die Anwendung der Spezialisierungs-GVO auf den gesamten Spezialisierungsvertrag ausschließen, und zwar unabhängig von ihrer Rechtfertigungsmöglichkeit im Einzelfall. Theoretisch könnte eine Spezialisierungsvereinbarung trotz einer schwarzen Klausel nach Art 101 Abs. 3 AEUV freigestellt sein. Da aber die Kernbeschränkungen nach Art. 4 an die demonstrative Aufzählung der Kernbeschränkungen nach Art. 101 Abs. 1 AEUV angelehnt sind, ist eine Rechtfertigung praktisch unmöglich. 67

b) Festsetzung von Preisen. Nach Art. 4 lit. a bedeutet es eine unzulässige Kernbeschränkung, wenn die Vertragsparteien die Preise für den Verkauf der Spezialisierungsprodukte **an Dritte** festsetzen.[100] Da die Spezialisierungs-GVO horizontale Vereinbarungen regelt, ist jede Absprache in Bezug auf die Preise kritisch.[101] Die Kernbeschränkung umfasst im Sinne von Art. 101 Abs. 1 lit. a AEUV nicht nur den eigentlichen Verkaufspreis,[102] sondern auch Preisbestandteile (wie Rabatte[103] oder Transport-, Maut- oder sonstige Manipulationszuschläge[104]) oder bloße Geschäftsbedingungen, die für die Preisfestsetzung maßgeblich sind. Weitere Beispiele aus der Entscheidungspraxis sind die Abstimmung über den Zeitpunkt und das Ausmaß von Preiserhöhungen,[105] die Verpflichtung, nicht unterhalb der Selbstkosten zu verkaufen,[106] nicht von veröffentlichten Preisen abzuweichen[107] oder die Festsetzung von Höchst- oder Mindestpreisen.[108] 68

Art. 4 lit. a enthält allerdings auch eine Gegenausnahme für den zulässig vereinbarten gemeinsamen Vertrieb des Spezialisierungsprodukts. Im Vergleich zur Vorgänger-GVO hat sich der **Anwendungsbereich** der Gegenausnahme **bedeutend erweitert,** weil nunmehr ein gemeinsamer Vertrieb auch im Zuge einer einseitigen oder gegenseitigen Spezialisierung nach der Spezialisierungs-GVO freistellungsfähig ist (und nicht nur für die gemeinsame Produktion). Die Vertragsparteien können somit unabhängig von der gewählten Spezialisierungsform im Rahmen des gemeinsamen Vertriebs die Preise des Spezialisierungsprodukts für die direkten Abnehmer festlegen, ohne die Vorteile der Gruppenfreistellung zu verlieren.[109] Preisfestsetzungen für den direkten Abnehmer sind uE allerdings dann nicht mehr von der Spezialisierungs-GVO gedeckt, wenn die Vertragsparteien z. B. parallel zu einem gemeinsam bestimmten Vertriebshändler auch jeder für sich eigenständig vertreiben. Die Kombination gemeinsamer Vertriebshändler plus eigenständiger Vertrieb widerspricht zwar der Ratio des gemeinsamen Vertriebs in Art. 2 Abs. 3 lit. b Spezialisierungs-GVO, wonach die Kooperationspartner *„die Spezialisierungsprodukte nicht selbst verkaufen,* 69

---

100 Nicht erfasst sind natürlich die Preise für die Lieferungen zueinander.

101 Vgl. auch *Emmerich/Hoffmann* in Dauses, Art. 101 AEUV Rn. 170; *Fuchs* in Immenga/Mestmäcker, Art. 5 Spez-GVO Rn. 82.

102 Kom., COMP/E-3/36.700, ABl. 2003 L 84/1, Rn. 2 – *Industriegase und medizinische Gase* (Vereinbarungen/abgestimmte Verhaltensweisen über Preiserhöhungen für die betreffenden Erzeugnisse, Moratorien zur Umsetzung dieser Preiserhöhungen, Mindestpreise und verschiedene andere Geschäftsbedingungen für diese Erzeugnisse); Kom., IV/C/33.833, ABl. 1994 L 243/1, Rn. 130 – *Karton.*

103 EuGH, Rs 73/74, Slg. 1975, 1491 Rn. 28 – *Belgische Tapeten.*

104 Kom., COMP/M.39.092, ABl. 2011 C 348/12, Rn. 5 – *Badezimmerausstattungen.*

105 Kom., IV/C/33.833, ABl. 1994 L 243/1, Rn. 130 – *Karton;* Kom., COMP/E-3/36.700, ABl. 2003 L 84/1 – *Industrielle und medizinische Gase;* Kom., COMP/39.092, ABl. 2011 C 348/12 – *Badezimmerausstattungen* (die beteiligten Unternehmen hatten Preiserhöhungen, Mindestpreise und Rabatte festgesetzt).

106 Kom., IV/400, ABl. 1974 L 160/1, A1 – *IFTRA-Verpackungsglas.*

107 Kom., IV/400, ABl. 1974 L 160/1, Rn. 48 – *IFTRA-Verpackungsglas.*

108 EuGH, Rs 209/78, Slg. 1980, 3125 – *van Landewyck;* EuGH, Rs 16–20/79, Slg. 1979, 3327 Rn. 7 – *Danis.*

109 Vgl. *Seeliger/Laskey* in Liebscher/Flohr/Petsche, § 9 Rn. 120; Leitlinien zu Horizontalvereinbarungen, Rn. 160; *Bechtold/Bosch/Brinker,* VO 1218/2010 Art. 4 Rn. 6.

sondern gemeinsam vertreiben". Allerdings, selbst wenn ein solches Vertriebsmodell nicht ausdrücklich von der Spezialisierungs-GVO erfasst ist, muss es – sofern es keine Kernbeschränkung nach Art. 4 Spezialisierungs-GVO beinhaltet – nicht *per se* wettbewerbsbeschränkend sein. Es würde aber die Freistellungsfähigkeit einer Preisfestsetzung für das gemeinsam vertriebene Spezialisierungsprodukt ausschließen.

70 **c) Produktions- und Absatzbeschränkungen.** Art. 4 lit. b nennt die Beschränkung der Produktion oder des Absatzes als weitere Kernbeschränkungen. Im Sinne von Art. 101 Abs. 1 AEUV erfasst die Einschränkung der Erzeugung jede Beschränkung des Leistungsangebots, wie etwa die Festsetzung von Produktionsquoten,[110] um bestehende Marktanteile einzufrieren, die Koordinierung einer vorübergehenden Produktionseinstellung[111] oder die Verpflichtung, keine neuen Produktionsanlagen zu errichten.[112] Einschränkungen des Absatzes kommen zumeist in Form von Lieferquoten vor. Verboten sind beispielsweise feste bzw. höchstzulässige Liefermengen, aber auch durch Ober- und Untergrenzen vorab definierte Bandbreiten für Liefermengen.[113]

71 Die Spezialisierungs-GVO normiert aber auch hier Gegenausnahmen. Einerseits dürfen die Vertragsparteien im Rahmen von einseitigen oder gegenseitigen Spezialisierungen **Produktionsmengen** festlegen, da der produzierende Vertragspartner den erforderlichen Bedarf kennen muss, um eine hinreichende Produktionsplanung vornehmen zu können. Die Abstimmung muss sich hier aber ausschließlich auf die für den Vertragspartner herzustellende und an ihn zu liefernde Menge des Spezialisierungsprodukts beschränken und darf nicht auf die Produktion außerhalb der Spezialisierung übergreifen (z. B. keine Beschränkungen hinsichtlich der Produktion für den eigenen Bedarf).[114] Bei einer gemeinsamen Produktion ist es hingegen zulässig, die Kapazität und das Produktionsvolumen der zusammengelegten Produktion insgesamt festzulegen. Es besteht keine Begrenzung auf die an die Vertragspartner zu liefernde Menge, sondern die Vereinbarung darf die Gesamtproduktion des gemeinsam hergestellten Produkts umfassen. Die Vertragsparteien dürfen im Zuge eines zulässigen gemeinsamen Vertriebs auch die **Absatzziele** des Spezialisierungsprodukts festlegen, und zwar zusätzlich zur Gegenausnahme in Art. 4 lit. b über die Preise an die unmittelbaren Abnehmer.

72 **d) Aufteilung von Märkten oder Abnehmerkreisen.** Art. 4 lit. c verbietet Vereinbarungen über die Zuweisung von Märkten oder Kunden. Markt- und/oder Kundenaufteilungen sind **klassische Kernbeschränkungen** nach Art. 101 Abs. 1 AEUV. Dies gilt insbesondere in Form der Aufteilung geographischer Gebiete, wie etwa im Gebiet des jeweils anderen keine Produktionstätigkeiten aufzunehmen, keine Waren abzusetzen, keine Kunden zu werben,[115] die Preise im Bestimmungsland nicht zu unterbieten oder keine Produktförderungsmaßnahmen zu verwirklichen.[116] Im Ergebnis werden die betreffenden geo-

---

[110] Kom., IV/29.869, ABl. 1980 L 383/19 – *Gußglas in Italien*; Kom., IV/31.865, ABl. 1994 L 239/14, Rn. 31 – *PVC II* (bestätigt durch EuG, T-305/94, Slg. 1999 II-931, Rn. 584 ff. – *Limburgse Vinyl Maatschappij*).

[111] Kom., IV/C/33.833, ABl. 1994 L 243/1, Rn. 130 – *Karton*.

[112] Kom., IV/34.456, ABl. 1994 L 131/15, Rn. 9 ff. – *Stichting Baksteen*.

[113] Kom., IV 31/371, ABl. 1986 L 232/15, Rn. 17 – *Dach- und Dichtungsbahnen*; Kom., IV/31.533, ABl. 1989 L 260/1, Rn. 23 ff. – *Betonstahlmatten*; Kom., IV/C/33.833, ABl. 1994 L 243/1, Rn. 16 – *Karton*; Kom., IV/29.869, ABl. 1980 L 383/19, 24 – *Gussglas Italien*.

[114] Vgl. *Israel* in MüKo, GVO Nr. 1218/2010 Art. 5 Rn. 6.

[115] Kom., IV 31/371, ABl. 1986 L 232/15, Rn. 76 ff. – *Dach- und Dichtungsbahnen;* Kom., IV/35.691/E-4, ABl. 1999 L 24/1, Rn. 146 – *Fernwärmetechnik-Kartell;* Kom., COMP/E-1/37.512, ABl. 2003 L 6/1, Rn. 590 – *Vitamine;* Kom., COMP/E-2/37.978, ABl. 2004 L 38/18, Rn. 98 – *Methylglukamin;* zur Absicherung einer Alleinbezugsklausel durch eine horizontale Absprache siehe etwa EuG, T-49/02, Slg. 2005 II-3033, Rn. 84 ff. – *Brasserie national*.

[116] EuGH, Rs 40/73, Slg. 1975, 1663 – *Suiker Unie;* EuGH, Rs 41/69, Slg. 1970, 661 – *ACF Chemiefarma;* Kom., IV/30.350, ABl. 1984 L 220/27, Rn. 81 – *Zinc Producer Group;* Kom., IV/30.907, ABl. 1985 L 35/1, Rn. 10 ff. – *Peroxygen (Heimatmarktprinzip)*.

graphischen Gebiete oder Kundengruppen von Mitbewerbern abgeschottet und auf diese Weise eine künstliche Monopolisierung bewirkt.[117]

Da die Spezialisierungs-GVO Vereinbarungen von Unternehmen, welche auf demselben sachlich relevanten Markt tätig sind, regelt, steht sie konsequenterweise Absprachen über die Märkte und Kunden kritisch gegenüber.[118] Art. 4 lit. c sieht **keine** Gegenausnahmen vor, weder für die Beschränkung des aktiven Verkaufs in bestimmte Gebiete noch für die Möglichkeit, sich Kundengruppen zuzuweisen.[119] Zwar können die Vertragsparteien gemäß Art. 1 Abs. 1 lit. q Spezialisierungs-GVO einen gemeinsamen Vertrieb über ein gemeinsames Team, eine gemeinsame Organisation oder ein gemeinsames Unternehmen vereinbaren. Es wäre aber eine nach Art. 4 lit. c Spezialisierungs-GVO unzulässige Kernbeschränkung, wenn die Kooperationspartner unter „gemeinsamer Nutzung der Verkaufsorganisationen“ sich die alleinige Verantwortung für den Vertrieb des Spezialisierungsprodukts in einem bestimmten Gebiet, einer bestimmten Region oder für eine bestimmte Kundengruppe übertragen.[120] **73**

Artikel 6. Übergangszeitraum

Das Verbot des Artikels 101 Absatz 1 AEUV gilt in der Zeit vom 1. Januar 2011 bis zum 31. Dezember 2012 nicht für bereits am 31. Dezember 2010 in Kraft befindliche Vereinbarungen, die zwar nicht die Freistellungskriterien dieser Verordnung, aber die Freistellungskriterien der Verordnung (EG) Nr. 2658/2000 erfüllen.

Artikel 7. Geltungsdauer

Diese Verordnung tritt am 1. Januar 2011 in Kraft.
Sie gilt bis zum 31. Dezember 2022.

5. Übergangszeitraum und Geltungsdauer

Art. 6 ist seit dem 1. Januar 2013 nur noch von historischer Bedeutung. Die Bestimmung normiert aus Gründen des Vertrauensschutzes eine Übergangsfrist bis zum 31.12. 2012 für Vereinbarungen, die zwar in den Anwendungsbereich der Spezialisierungs-GVO aF fielen, die allerdings die Voraussetzungen der nun geltenden Spezialisierungs-GVO nicht mehr erfüllten. **74**

Die GVO ist am 1. Januar 2011 in Kraft getreten und gilt bis zum 31. Dezember 2022. **75**

6. Entzug der Freistellung

Gemäß Art. 29 Abs. 1 VO 1/2003 vom 16. Dezember 2002 zur Durchführung der in den Art. 81 und 82 des Vertrags niedergelegten Wettbewerbsregeln ist die Europäische Kommission berechtigt, einer Vereinbarung, die zwar grundsätzlich in den Anwendungsbereich der Spezialisierungs-GVO fällt, aber insgesamt Wirkungen zeigt, die mit einer Freistellung nach Art. 101 Abs. 3 AEUV nicht vereinbar sind, den Rechtsvorteil der Spezialisierungs-GVO zu entziehen. Dies kann **von Amts wegen** oder auch auf eine **konkrete Beschwerde** hin erfolgen. **76**

In diesem Zusammenhang ist bemerkenswert, dass Art. 29 Abs. 1 VO 1/2003 es theoretisch auch den **nationalen Wettbewerbsbehörden** der einzelnen Mitgliedstaaten erlaubt, **77**

---

[117] So bereits die Kommission im 1. Wettbewerbsbericht (1971), S. 15; Kom., IV/29.453, ABl. 1978 L 191/41 – *SNPE-LEL;* vgl. auch *Wollmann/Herzog* in MüKo, Art. 101 AEUV Rn. 187 f.

[118] Vgl. *Seeliger/Laskey* in Liebscher/Flohr/Petsche, § 9 Rn. 124.

[119] Anders z. B. für die gemeinsame Forschung und Entwicklung nach Art. 5 lit. d FuE-GVO.

[120] Vgl. *Seeliger/Laskey* in Liebscher/Flohr/Petsche, § 9 Rn. 125.

den Rechtsvorteil der Spezialisierungs-GVO für das Gebiet des betreffenden Mitgliedstaates zu entziehen.[121]

78 In Erwägungsgrund 15 der Spezialisierungs-GVO nennt die Europäische Kommission als möglichen Anwendungsfall für den Entzug des Rechtsvorteils, „*wenn insbesondere wegen der Marktstellung anderer Marktteilnehmer oder wegen Verbindungen zwischen anderen Marktteilnehmern aufgrund paralleler Spezialisierungsvereinbarungen der relevante Markt sehr konzentriert ist und kaum Wettbewerb besteht.*" In der Praxis ist kein Fall bekannt, in dem die Europäische Kommission von ihrem Recht nach Art. 29 Abs. 1 VO 1/2003 Gebrauch gemacht hätte.[122]

---

[121] Vgl. *Seeliger/Laskey* in Liebscher/Flohr/Petsche, § 9 Rn. 128; *Israel* in MüKo, GVO Nr. 1218/2010 Einl. Rn. 21.

[122] Vgl. *Israel* in MüKo, GVO Nr. 1218/2010 Einl. Rn. 21.

E. Forschung und Entwicklung

Übersicht

Schrifttum: *Auf'mkolk* WuW 2011, 699 ff.; *Axster* WuW 1994, 615 ff.; *Backhaus* GRUR Int. 2005, 359 ff.; *Bahr/Loest* EWS 2002, 263 ff.; *Bechtold/Bosch/Brinker,* EU-Kartellrecht, 3. Auflage 2014; *Bechtold/Bosch/Brinker/Hirsbrunner,* EG-Kartellrecht, 2. Aufl. 2009; *Besen/Slobodenjuk,* GRUR 2011, 300; *Bunte* WuW 1989, 7 ff.; *Fritzsche* EuZW 2011, 208 ff.; *Gehring/Mäger* DB 2011, 398 ff.; Gemeinschaftskommentar, (Gesetz gegen Wettbewerbsbeschränkungen und Europäisches Kartellrecht), 4. Auflage 1997 und 5. Auflage 2004; *Gruber* ÖZK 2011, 7 ff.; *Gutermuth* CPI Antitrust Chronicle 2011(1) 1 ff.; *ders.* WuW 2012, 237 ff.; *Immenga/Mestmäcker* Band 1 EU-Wettbewerbsrecht, 5. Auflage 2012 und 4. Auflage 2007; *Korah,* R & D and the EEC Competition Rules Regulations 418/851986; *Kunzmann* Mitt. d. dt.Patentanw. 2012, 441 ff.; *Langen/Bunte* Bd. 2 Europäisches Kartellrecht, 2014; *Lejeune* ITRB 2012, 116 ff.; *Liebscher/Flohr/Petsche* Handbuch der EU-Gruppenfreistellungsverordnungen, 2012; *Mestmäcker/Schweitzer,* Europäisches Wettbewerbsrecht, 2. Aufl. 2004; Münchener

Kommentar, Europäisches und Deutsches Wettbewerbsrecht (Kartellrecht), Band 1 Europäisches Wettbewerbsrecht, 1. Auflage 2007; *Pautke/Schultze,* ZWeR 2014, 417; *Polley/Seeliger* WRP 2001, 494 ff.; *Quellmalz* WRP 2004, 461 ff.; *Rosenberger* GRUR Int. 2012, 721 ff.; *Schubert* NZKart 2013, 278 ff.; *Schulte/Just* Kommentare zum Gewerblichen Rechtsschutz, 2012; *Whish* ECLR 1985, 84 ff.; *Wiedemann,* Kommentar zu den Gruppenfreistellungsverordnungen des EWG-Kartellrechts, Bd. I, 1989; *Wissel* WuW 1985, 772 ff.; *Wissel/Eickhoff* WuW 2004, 1244 ff.; *Wolf,* WRP 2013, 885 ff.

Vorläufer: VO (EG) Nr. 2659/2000 der Kommission vom 29. November 2000 über die Anwendung von Art. 81 Abs. 3 des Vertrages auf Gruppen von Vereinbarungen über Forschung und Entwicklung.

Einführung

1a Forschungs- und Entwicklungs **(„FuE")**-Vereinbarungen können die beteiligten Unternehmen durch die Bündelung von Ressourcen und Kompetenzen in die Lage versetzen, neue und innovative Produkte, Technologien oder Verfahren zu entwickeln. Die Bündelung der Ressourcen führt zudem regelmäßig zu geringeren Kosten für FuE und ermöglicht damit einen optimaleren Einsatz der Unternehmenskapazitäten.[1] Die meisten FuE-Vereinbarungen sind damit grundsätzlich pro-kompetitiv und fallen nicht unter das Kartellverbot des Art. 101 AEUV, § 1 GWB. Dies gilt insbesondere für den Bereich der Grundlagenforschung, die von der Entwicklung marktreifer Produkte in aller Regel weit entfernt ist, aber auch für FuE-Vereinbarungen zwischen Unternehmen, die nicht miteinander im Wettbewerb stehen. Allerdings können FuE-Vereinbarungen dann wettbewerbsbeschränkende Auswirkungen haben, wenn die kooperierenden Unternehmen zusammen über eine gewisse Marktmacht verfügen oder wenn ihre Kooperation den Innovationswettbewerb etwa in anderen Bereichen außerhalb der Vereinbarung spürbar beschränkt. Die Gruppenfreistellungsverordnung für FuE-Vereinbarungen[2] (im Folgenden: **„FuE-GVO"**) stellt bestimmte Typen von FuE-Vereinbarungen gruppenweise von der Anwendung des Kartellverbots frei und erleichtert damit die den Unternehmen seit der VO 1/2003[3] grundsätzlich obliegende Selbsteinschätzung erheblich. Detaillierte Ausführungen zu FuE-Vereinbarungen enthalten auch die Leitlinien der Europäischen Kommission zur Anwendbarkeit von Art. 101 AEUV auf Vereinbarungen über horizontale Zusammenarbeit[4] (im Folgenden: **„Horizontalleitlinien"**) in Kapitel 3. Diese sind nicht nur für Verständnis und Auslegung der in der FuE-GVO verwendeten Begriffe von Bedeutung, sie enthalten darüber hinaus auch Kriterien zur kartellrechtlichen Beurteilung von FuE-Vereinbarungen, die nicht in den Anwendungsbereich der FuE-GVO fallen, etwa weil die Parteien zu hohe Marktanteile haben.

Änderungen gegenüber der Vorgängerverordnung

1b Gemäß Art. 9 ist die FuE-GVO zum 1. Januar 2011 in Kraft getreten. Im Vergleich zur Vorgängerverordnung Nr. 2659/2000 (im Folgenden: **„Vorgängerverordnung"**) bleibt der Aufbau im Wesentlichen gleich. Im Unterschied zur Vorgängerverordnung sind allerdings die Art. 1 und 2 in der Reihenfolge getauscht worden. Die Verordnung beginnt also mit der Definition wesentlicher Begriffe, während die gruppenweise Freistellung von FuE-Vereinbarungen in Art. 2 geregelt ist. Neu eingefügt wurde Art. 6, der nicht freigestellte Beschränkungen in FuE-Vereinbarungen behandelt, welche von der gruppenweisen Frei-

---

[1] *Leupold,* in: Schulte/Just, F&E-GVO Einleitung Rn. 7.

[2] Verordnung (EU) Nr. 1217/2010 der Kommission vom 14. Dezember 2010 über die Anwendung von Artikel 101 Absatz 3 des Vertrages über die Arbeitsweise der Europäischen Union auf bestimmte Gruppen von Vereinbarungen über Forschung und Entwicklung (Text von Bedeutung für den EWR).

[3] Verordnung Nr. 1/2003 des Rates vom 16.12.2002 zur Durchführung der in den Art. 81 und 82 EG niedergelegten Wettbewerbsregeln, ABl. 2003, Nr. L 1, S. 1.

[4] ABl. C33/20 vom 2.2.2011.

stellung gem. Art. 2 zwar nicht erfasst werden, die aber anders als die in Art. 5 geregelten Kernbeschränkungen die Anwendung der FuE-GVO auf die FuE-Vereinbarung im Übrigen nicht berühren.[5] Inhaltlich hat die Verordnung gegenüber der Vorgängerverordnung Erweiterungen bzw. Klarstellungen erfahren. So sind unter der neuen Verordnung auch Vereinbarungen, die eine sogenannte Auftragsforschung, bei denen nur eine Partei FuE-Arbeiten unternimmt, während die andere Partei die Finanzierung erbringt, zum Gegenstand haben, ausdrücklich von der Freistellung des Art. 2 erfasst.[6] Daneben ist nun auch die gemeinsame Verwertung in der – in der Praxis durchaus gängigen – Weise, dass eine Vertragspartei die Ergebnisse der gemeinsamen FuE auf der Grundlage einer von der anderen Partei erteilten Lizenz herstellt und vertreibt, von der Freistellung des Art. 2 ausdrücklich erfasst.[7]

Erwägungsgründe

DIE EUROPÄISCHE KOMMISSION –

gestützt auf den Vertrag über die Arbeitsweise der Europäischen Union,

gestützt auf die Verordnung (EWG) Nr. 2821/71 des Rates vom 20. Dezember 1971 über die Anwendung von Artikel 85 Absatz 3 des Vertrags auf Gruppen von Vereinbarungen, Beschlüssen und aufeinander abgestimmten Verhaltensweisen (1),

nach Veröffentlichung des Entwurfs dieser Verordnung,

nach Anhörung des Beratenden Ausschusses für Kartell- und Monopolfragen,

in Erwägung nachstehender Gründe:

(1) Nach der Verordnung (EWG) Nr. 2821/71 ist die Kommission ermächtigt, Artikel 101 Absatz 3 des Vertrags über die Arbeitsweise der Europäischen Union (2) durch Verordnung auf Gruppen von Vereinbarungen, Beschlüssen und abgestimmten Verhaltensweisen anzuwenden, die unter Artikel 101 Absatz 1 AEUV fallen und die Forschung und Entwicklung von Produkten, Technologien oder Verfahren bis zur Produktionsreife sowie die Verwertung der Ergebnisse einschließlich der Bestimmungen über Rechte des geistigen Eigentums zum Gegenstand haben.

(2) Entsprechend ihrem Auftrag nach Artikel 179 Absatz 2 AEUV unterstützt die Union Unternehmen, einschließlich kleiner und mittlerer Unternehmen, in ihren Bemühungen auf dem Gebiet der Forschung und technologischen Entwicklung von hoher Qualität und fördert ihre Zusammenarbeitsbestrebungen. Mit dieser Verordnung sollen Forschung und Entwicklung erleichtert, gleichzeitig jedoch der Wettbewerb wirksam geschützt werden.

(3) In der Verordnung (EG) Nr. 2659/2000 der Kommission vom 29. November 2000 über die Anwendung von Artikel 81 Absatz 3 des Vertrags auf Gruppen von Vereinbarungen über Forschung und Entwicklung (3) sind Gruppen von Forschungs- und Entwicklungsvereinbarungen definiert, die nach Auffassung der Kommission in der Regel die Voraussetzungen des Artikels 101 Absatz 3 AEUV erfüllen. Angesichts der insgesamt positiven Erfahrungen mit der Anwendung dieser Verordnung, die am 31. Dezember 2010 außer Kraft tritt, und der seit ihrem Erlass gesammelten Erfahrungen sollte eine neue Gruppenfreistellungsverordnung erlassen werden.

(4) Diese Verordnung sollte sowohl den Wettbewerb wirksam schützen als auch den Unternehmen angemessene Rechtssicherheit bieten. Mit Blick auf diese beiden Ziele sollte ebenfalls angestrebt werden, die behördliche Aufsicht und den rechtlichen Rahmen soweit wie möglich zu vereinfachen. Solange ein gewisser Grad an Marktmacht nicht erreicht ist, kann im Hinblick auf die Anwendung von Artikel 101 Absatz 3 AEUV grundsätzlich davon ausgegangen werden, dass die positiven Auswirkungen von Forschungs- und Entwicklungsvereinbarungen negative Auswirkungen auf den Wettbewerb überwiegen.

---

[5] *Gutermuth,* WuW 2012, S. 237, 240 f.
[6] *Leupold,* in: Schulte/Just, F&E-GVO Einleitung, Rn. 12.
[7] *Auf'mkolk,* WuW 2011, S. 699, 705.

(5) Für die Anwendung von Artikel 101 Absatz 3 AEUV durch Verordnung ist es nicht erforderlich, die Vereinbarungen zu definieren, die unter Artikel 101 Absatz 1 AEUV fallen können. Bei der Einzelfallprüfung nach Artikel 101 Absatz 1 AEUV sind mehrere Faktoren, insbesondere die Struktur des relevanten Marktes, zu berücksichtigen.

(6) Vereinbarungen über die gemeinsame Durchführung von Forschungsarbeiten oder die gemeinsame Weiterentwicklung der Forschungsergebnisse bis zur Produktionsreife fallen normalerweise nicht unter das Verbot des Artikels 101 Absatz 1 AEUV. Unter bestimmten Umständen, etwa wenn sich die Parteien darauf verständigen, keinen weiteren Forschungs- und Entwicklungstätigkeiten in demselben Feld nachzugehen, und damit auf die Möglichkeit verzichten, gegenüber den übrigen Parteien Wettbewerbsvorteile zu erlangen, können solche Vereinbarungen unter Artikel 101 Absatz 1 AEUV fallen und sollten deshalb in den Anwendungsbereich dieser Verordnung aufgenommen werden.

(7) Der mit dieser Verordnung gewährte Rechtsvorteil der Freistellung sollte nur Vereinbarungen zugutekommen, bei denen mit hinreichender Sicherheit angenommen werden kann, dass sie die Voraussetzungen des Artikels 101 Absatz 3 AEUV erfüllen.

(8) Eine Zusammenarbeit in Forschung und Entwicklung sowie bei der Verwertung der Ergebnisse trägt am ehesten zur Förderung des technischen und wirtschaftlichen Fortschritts bei, wenn die Parteien Fähigkeiten, Vermögenswerte oder Tätigkeiten in die Zusammenarbeit einbringen, die einander ergänzen. Dies gilt auch für den Fall, dass eine Partei die Forschung und Entwicklung einer anderen Partei lediglich finanziert.

(9) Die gemeinsame Verwertung der Ergebnisse kann als logische Folge gemeinsamer Forschung und Entwicklung angesehen werden. Sie kann in der Herstellung von Produkten, in der Verwertung von Rechten des geistigen Eigentums, die wesentlich zum technischen oder wirtschaftlichen Fortschritt beitragen, oder in der Vermarktung neuer Produkte bestehen.

(10) Die aus einer verstärkten und wirksameren Forschungs- und Entwicklungstätigkeit erwachsenden Vorteile kommen den Verbrauchern in Form neuer oder verbesserter Waren oder Dienstleistungen, in Form einer schnelleren Markteinführung dieser Waren oder Dienstleistungen oder in Form niedrigerer Preise infolge des Einsatzes neuer oder verbesserter Technologien oder Verfahren zugute.

(11) Um eine Freistellung zu rechtfertigen, sollte sich die gemeinsame Verwertung nur auf Produkte, Technologien oder Verfahren beziehen, für die die Nutzung der Forschungs- und Entwicklungsergebnisse von entscheidender Bedeutung ist. Ferner sollte in der Forschungs- und Entwicklungsvereinbarung festgelegt sein, dass alle Parteien für die Zwecke weiterer Forschung und Entwicklung und Verwertung uneingeschränkten Zugang zu den Endergebnissen der gemeinsamen Forschung und Entwicklung, einschließlich daraus erwachsender Rechte des geistigen Eigentums und daraus erwachsenden Know-hows, haben, sobald sie vorliegen. Der Zugang zu den Ergebnissen sollte grundsätzlich nicht beschränkt werden, wenn es um die Nutzung der Ergebnisse für die Zwecke weiterer Forschung und Entwicklung geht. Wenn die Parteien jedoch ihre Verwertungsrechte im Einklang mit dieser Verordnung beschränken, insbesondere wenn sie sich im Rahmen der Verwertung spezialisieren, kann auch der Zugang zu den Ergebnissen für die Zwecke der Verwertung entsprechend beschränkt werden. Ferner können an Forschung und Entwicklung beteiligte Hochschulen, Forschungsinstitute und Unternehmen, die Forschungs- und Entwicklungsleistungen in Form gewerblicher Dienste erbringen und sich üblicherweise nicht mit der Verwertung von Ergebnissen befassen, vereinbaren, die Forschungs- und Entwicklungsergebnisse ausschließlich für die Zwecke weiterer Forschung zu nutzen. Je nach ihrer Leistungsfähigkeit und ihren wirtschaftlichen Interessen können die Parteien ungleiche Beiträge zu ihrer Forschungs- und Entwicklungszusammenarbeit leisten. Um den unterschiedlichen Wert oder die unterschiedliche Art der Beiträge der Parteien zu berücksichtigen und auszugleichen, kann eine

unter diese Verordnung fallende Forschungs- und Entwicklungsvereinbarung deshalb vorsehen, dass eine Partei einer anderen Partei für den Zugang zu den Ergebnissen für die Zwecke weiterer Forschung oder Verwertung eine Vergütung zahlt. Die Vergütung sollte jedoch nicht so hoch sein, dass sie diesen Zugang praktisch verhindern würde.

(12) Ist in der Forschungs- und Entwicklungsvereinbarung keine gemeinsame Verwertung der Ergebnisse vorgesehen, dann sollten die Parteien einander mit dieser Vereinbarung Zugang zu ihrem vorhandenen Know-how gewähren, sofern dieses Know-how für die Verwertung der Ergebnisse durch die anderen Parteien unerlässlich ist. Hierfür in Rechnung gestellte Lizenzgebühren sollten nicht so hoch sein, dass sie den Zugang der anderen Parteien zu dem Know-how praktisch verhindern würden.

(13) Die durch diese Verordnung gewährte Freistellung sollte auf Forschungs- und Entwicklungsvereinbarungen beschränkt werden, bei denen nicht die Gefahr besteht, dass die Unternehmen für einen wesentlichen Teil der betreffenden Waren, Dienstleistungen oder Technologien den Wettbewerb ausschalten. Von der Gruppenfreistellung auszuschließen sind Vereinbarungen zwischen Wettbewerbern, deren gemeinsamer Anteil am Markt für die Waren, Dienstleistungen oder Technologien, die aufgrund der Forschungs- und Entwicklungsergebnisse verbessert oder ersetzt werden können, bei Abschluss der Vereinbarung eine bestimmte Schwelle überschreitet. Es kann jedoch nicht generell davon ausgegangen werden, dass Forschungs- und Entwicklungsvereinbarungen unter Artikel 101 Absatz 1 AEUV fallen oder dass sie die Voraussetzungen des Artikel 101 Absatz 3 AEUV nicht erfüllen, wenn die in dieser Verordnung festgelegte Marktanteilsschwelle überschritten ist oder andere Voraussetzungen dieser Verordnung nicht erfüllt sind. In diesem Fall muss die Forschungs- und Entwicklungsvereinbarung einer Einzelfallprüfung nach Artikel 101 AEUV unterzogen werden.

(14) Damit auch bei der gemeinsamen Verwertung der Ergebnisse Wettbewerb gewährleistet bleibt, sollte festgelegt werden, dass die Gruppenfreistellung ihre Geltung verliert, wenn der gemeinsame Anteil der Parteien am Markt für die aus der gemeinsamen Forschung und Entwicklung hervorgegangenen Produkte, Dienstleistungen oder Technologien zu groß wird. Die Freistellung sollte jedoch ungeachtet der Höhe der Marktanteile der Parteien während eines bestimmten Zeitraums nach Beginn der gemeinsamen Verwertung weiter gelten, damit sich – insbesondere nach Einführung eines gänzlich neuen Produkts – die Marktanteile der Parteien stabilisieren können und zugleich ein Mindestzeitraum für die Erwirtschaftung einer Rendite auf das investierte Kapital gewährleistet wird.

(15) Vereinbarungen, die Beschränkungen enthalten, die für die Erzielung der positiven Auswirkungen einer Forschungs- und Entwicklungsvereinbarung nicht unerlässlich sind, sollten mit dieser Verordnung nicht freigestellt werden. Vereinbarungen, die bestimmte Arten schwerwiegender Wettbewerbsbeschränkungen enthalten, sollten ohne Rücksicht auf den Marktanteil der Parteien grundsätzlich von dem mit dieser Verordnung gewährten Rechtsvorteil der Freistellung ausgeschlossen werden; dies gilt unter anderem für die Beschränkung der Freiheit der Parteien, Forschung und Entwicklung in einem Bereich durchzuführen, der mit dem Bereich der betreffenden Vereinbarung nicht zusammenhängt, für die Festsetzung von Preisen für Dritte, für die Beschränkung von Produktion oder Absatz sowie für die Beschränkung des passiven Verkaufs von Vertragsprodukten oder Vertragstechnologien in Gebiete oder an Kunden, die anderen Parteien vorbehalten sind. Nutzungsbeschränkungen stellen in diesem Zusammenhang weder eine Produktions- oder Absatzbeschränkung noch eine Gebiets- oder Kundenbeschränkung dar.

(16) Durch die Begrenzung des Marktanteils, den Ausschluss bestimmter Vereinbarungen von der Freistellung und die in dieser Verordnung vorgesehenen Voraussetzungen ist in der Regel sichergestellt, dass Vereinbarungen, auf die die Gruppenfreistellung Anwendung findet, den Parteien nicht die Möglichkeit eröffnen, für einen wesentlichen Teil der betreffenden Waren oder Dienstleistungen den Wettbewerb auszuschalten.

(17) Es kann nicht ausgeschlossen werden, dass eine wettbewerbswidrige Marktverschließung bewirkt werden könnte, wenn eine Partei mehrere, von Wettbewerbern durchgeführte Forschungs- und Entwicklungsprojekte finanziert, die dieselben Vertragsprodukte oder Vertragstechnologien betreffen, insbesondere wenn die Partei das ausschließliche Recht erlangt, die Ergebnisse gegenüber Dritten zu verwerten. Daher sollte der Rechtsvorteil dieser Verordnung für Vereinbarungen über Auftragsforschung und -entwicklung nur gewährt werden, wenn der gemeinsame Marktanteil aller an diesen miteinander zusammenhängenden Vereinbarungen beteiligten Parteien, d.h. der finanzierenden Partei und aller die Forschungs- und Entwicklungsarbeiten ausführenden Parteien, höchstens 25% beträgt.

(18) Vereinbarungen zwischen Unternehmen, die nicht als Hersteller von Produkten, Technologien oder Verfahren, die aufgrund der Forschungs- und Entwicklungsergebnisse verbessert, substituiert oder ersetzt werden können, miteinander im Wettbewerb stehen, schalten den Wettbewerb in Forschung und Entwicklung nur in Ausnahmefällen aus. Es ist daher zweckmäßig, diesen Vereinbarungen die mit dieser Verordnung gewährte Freistellung unabhängig vom Marktanteil zugutekommen zu lassen und in Ausnahmefällen den Rechtsvorteil der Gruppenfreistellung zu entziehen.

(19) Nach Artikel 29 Absatz 1 der Verordnung (EG) Nr. 1/2003 des Rates vom 16. Dezember 2002 zur Durchführung der in den Artikeln 81 und 82 des Vertrags niedergelegten Wettbewerbsregeln (4) kann die Kommission den Rechtsvorteil dieser Verordnung entziehen, wenn sie in einem bestimmten Fall feststellt, dass eine unter die Freistellung nach dieser Verordnung fallende Vereinbarung Auswirkungen hat, die mit Artikel 101 Absatz 3 AEUV unvereinbar sind.

(20) Nach Artikel 29 Absatz 2 der Verordnung (EG) Nr. 1/2003 kann die Wettbewerbsbehörde eines Mitgliedstaats den Rechtsvorteil dieser Verordnung für das Gebiet oder ein Teilgebiet dieses Mitgliedstaats entziehen, wenn sie in einem bestimmten Fall feststellt, dass eine unter die Freistellung nach dieser Verordnung fallende Vereinbarung im Gebiet oder in einem Teilgebiet dieses Mitgliedstaats, das alle Merkmale eines gesonderten räumlichen Marktes aufweist, Auswirkungen hat, die mit Artikel 101 Absatz 3 AEUV unvereinbar sind.

(21) Der Rechtsvorteil dieser Verordnung könnte zum Beispiel nach Artikel 29 der Verordnung (EG) Nr. 1/2003 entzogen werden, wenn die Forschungs- und Entwicklungsarbeiten Dritter in dem betreffenden Bereich durch das Bestehen einer Forschungs- und Entwicklungsvereinbarung erheblich eingeschränkt werden, weil anderswo Forschungskapazitäten nur in begrenztem Umfang zur Verfügung stehen, oder wenn der Zugang Dritter zum Markt für die Vertragsprodukte oder Vertragstechnologien infolge der besonderen Angebotsstruktur durch das Bestehen der Forschungs- und Entwicklungsvereinbarung erheblich beschränkt wird, oder wenn die Parteien die Ergebnisse der gemeinsamen Forschung und Entwicklung ohne sachlich gerechtfertigten Grund nicht gegenüber Dritten verwerten, oder wenn die Vertragsprodukte oder Vertragstechnologien im Binnenmarkt oder in einem wesentlichen Teil desselben nicht mit Produkten, Technologien oder Verfahren im Wettbewerb stehen, die aufgrund ihrer Eigenschaften, ihres Preises und ihres Verwendungszwecks von den Nutzern als gleichartig angesehen werden, oder wenn durch das Bestehen der Forschungs- und Entwicklungsvereinbarung auf einem bestimmten Markt der Wettbewerb im Bereich der Innovation beschränkt oder der Wettbewerb in Forschung und Entwicklung ausgeschaltet würde.

(22) Da Forschungs- und Entwicklungsvereinbarungen und insbesondere solche, bei denen sich die Zusammenarbeit auch auf die Verwertung der Ergebnisse erstreckt, häufig für einen langen Zeitraum geschlossen werden, sollte die Geltungsdauer dieser Verordnung auf 12 Jahre festgesetzt werden –

HAT FOLGENDE VERORDNUNG ERLASSEN:

Artikel 1 (Begriffsbestimmungen)

(1) **Für die Zwecke dieser Verordnung bezeichnet der Ausdruck**

a) „Forschungs- und Entwicklungsvereinbarung" eine Vereinbarung zwischen zwei oder mehr Parteien, die die Bedingungen für die Verfolgung der nachstehenden Ziele durch diese Parteien betreffen:

i) gemeinsame Forschung und Entwicklung von Vertragsprodukten oder Vertragstechnologien und gemeinsame Verwertung der erzielten Ergebnisse,

ii) gemeinsame Verwertung der Ergebnisse der gemeinsamen Forschung und Entwicklung von Vertragsprodukten oder Vertragstechnologien, die nach einer zuvor geschlossenen Vereinbarung zwischen denselben Parteien durchgeführt worden ist,

iii) gemeinsame Forschung und Entwicklung von Vertragsprodukten oder Vertragstechnologien ohne gemeinsame Verwertung der Ergebnisse,

iv) Auftragsforschung und -entwicklung von Vertragsprodukten oder Vertragstechnologien und gemeinsame Verwertung der erzielten Ergebnisse,

v) gemeinsame Verwertung der Ergebnisse der Auftragsforschung und -entwicklung von Vertragsprodukten oder Vertragstechnologien, die nach einer zuvor geschlossenen Vereinbarung zwischen denselben Parteien durchgeführt worden ist, oder

vi) Auftragsforschung und -entwicklung von Vertragsprodukten oder Vertragstechnologien ohne gemeinsame Verwertung der Ergebnisse;

b) „Vereinbarung" eine Vereinbarung, einen Beschluss einer Unternehmensvereinigung oder eine abgestimmte Verhaltensweise;

c) „Forschung und Entwicklung" den Erwerb von Know-how über Produkte, Technologien oder Verfahren und die Durchführung von theoretischen Analysen, systematischen Studien oder Versuchen, einschließlich der versuchsweisen Herstellung und der technischen Prüfung von Produkten oder Verfahren, die Errichtung der dafür erforderlichen Anlagen und die Erlangung von Rechten des geistigen Eigentums an den Ergebnissen;

d) „Produkt" eine Ware oder eine Dienstleistung in Form einer Zwischen- oder Endware oder einer Zwischen- oder Enddienstleistung;

e) „Vertragstechnologie" eine Technologie oder ein Verfahren, die bzw. das aus den gemeinsamen Forschungs- und Entwicklungsarbeiten hervorgeht;

f) „Vertragsprodukt" ein Produkt, das aus den gemeinsamen Forschungs- und Entwicklungsarbeiten hervorgeht oder unter Anwendung der Vertragstechnologien hergestellt bzw. bereitgestellt wird;

g) „Verwertung der Ergebnisse" die Herstellung oder den Vertrieb der Vertragsprodukte, die Anwendung der Vertragstechnologien, die Abtretung von Rechten des geistigen Eigentums oder die Erteilung diesbezüglicher Lizenzen oder die Weitergabe von Know-how, das für die Herstellung oder Anwendung erforderlich ist;

h) „Rechte des geistigen Eigentums" unter anderem gewerbliche Schutzrechte, Urheberrechte und verwandte Schutzrechte;

i) „Know-how" eine Gesamtheit nicht patentgeschützter praktischer Kenntnisse, die durch Erfahrung und Erprobung gewonnen wurden und die geheim, wesentlich und identifiziert sind;

j) „geheim" im Zusammenhang mit Know-how, dass das Know-how nicht allgemein bekannt und nicht leicht zugänglich ist;

k) „wesentlich" im Zusammenhang mit Know-how, dass das Know-how bei der Herstellung der Vertragsprodukte oder der Anwendung der Vertragstechnologien bedeutsam und nützlich ist;

l) „identifiziert" im Zusammenhang mit Know-how, dass das Know-how so umfassend beschrieben ist, dass überprüft werden kann, ob es die Merkmale „geheim" und „wesentlich" erfüllt;

m) „gemeinsam" im Zusammenhang mit Tätigkeiten, die unter einer Forschungs- und Entwicklungsvereinbarung ausgeübt werden, die Ausübung der betreffenden Tätigkeiten
iii)
i) in einem gemeinsamen Team, einer gemeinsamen Organisation oder einem gemeinsamen Unternehmen,
ii) durch einen gemeinsam bestimmten Dritten oder
iii) durch die Parteien im Wege der Spezialisierung im Rahmen der Forschung und Entwicklung oder der Verwertung;

n) „Spezialisierung im Rahmen der Forschung und Entwicklung" die Beteiligung aller Parteien an der unter die Forschungs- und Entwicklungsvereinbarung fallenden Forschung und Entwicklung und die Aufteilung der Forschungs- und Entwicklungsarbeiten untereinander so, wie es ihres Erachtens am zweckmäßigsten ist; dies umfasst nicht Auftragsforschung und -entwicklung;

o) „Spezialisierung im Rahmen der Verwertung" die Verteilung einzelner Aufgaben wie Produktion oder Vertrieb unter den Parteien oder die Auferlegung von Beschränkungen hinsichtlich der Verwertung der Ergebnisse unter den Parteien wie in Bezug auf bestimmte Gebiete, Kunden oder Anwendungsbereiche; dies umfasst den Fall, dass nur eine Partei die Vertragsprodukte auf der Grundlage einer von den anderen Parteien erteilten ausschließlichen Lizenz herstellt und vertreibt;

p) „Auftragsforschung und -entwicklung" die Ausführung von Forschungs- und Entwicklungsarbeiten durch eine Partei und deren Finanzierung durch eine finanzierende Partei;

q) „finanzierende Partei" eine Partei, die Auftragsforschung und -entwicklung finanziert und selbst keine der Forschungs- und Entwicklungstätigkeiten ausübt;

r) „Wettbewerber" einen tatsächlichen oder potenziellen Wettbewerber;

s) „tatsächlicher Wettbewerber" ein Unternehmen, das Produkte, Technologien oder Verfahren anbietet, die auf dem räumlich relevanten Markt durch das Vertragsprodukt oder die Vertragstechnologie verbessert, substituiert oder ersetzt werden können;

t) „potenzieller Wettbewerber" ein Unternehmen, bei dem realistisch und nicht nur hypothetisch davon ausgegangen werden kann, dass es ohne die Forschungs- und Entwicklungsvereinbarung als Reaktion auf einen geringen, aber anhaltenden Anstieg der relativen Preise wahrscheinlich innerhalb von höchstens drei Jahren die zusätzlichen Investitionen tätigen oder sonstigen Umstellungskosten auf sich nehmen würde, die erforderlich wären, um Produkte, Technologien oder Verfahren anbieten zu können, die auf dem räumlich relevanten Markt durch das Vertragsprodukt oder die Vertragstechnologie verbessert, ausgetauscht oder ersetzt werden können;

u) „relevanter Produktmarkt" den relevanten Markt für die Produkte, die durch die Vertragsprodukte verbessert, ausgetauscht oder ersetzt werden können;

v) „relevanter Technologiemarkt" den relevanten Markt für die Technologien oder Verfahren, die durch die Vertragstechnologien verbessert, ausgetauscht oder ersetzt werden können.

(2) Für die Zwecke dieser Verordnung umfassen die Ausdrücke „Unternehmen" und „Parteien" die jeweils mit diesen verbundenen Unternehmen.

Der Ausdruck „verbundene Unternehmen" bezeichnet

a) Unternehmen, in denen eine Partei der Forschungs- und Entwicklungsvereinbarung unmittelbar oder mittelbar
i) die Befugnis hat, mehr als die Hälfte der Stimmrechte auszuüben,
ii) die Befugnis hat, mehr als die Hälfte der Mitglieder des Aufsichts- oder Leitungsorgans oder der zur gesetzlichen Vertretung berufenen Organe zu bestellen, oder
iii) das Recht hat, die Geschäfte des Unternehmens zu führen;

b) Unternehmen, die in einem an der Forschungs- und Entwicklungsvereinbarung beteiligten Unternehmen unmittelbar oder mittelbar die unter Buchstabe a aufgeführten Rechte oder Befugnisse haben;

c) Unternehmen, in denen ein unter Buchstabe b genanntes Unternehmen unmittelbar oder mittelbar die unter Buchstabe a aufgeführten Rechte oder Befugnisse hat;

d) Unternehmen, in denen ein an der Forschungs- und Entwicklungsvereinbarung beteiligtes Unternehmen zusammen mit einem oder mehreren der unter den Buchstaben a, b und c genannten Unternehmen oder in denen zwei oder mehr der zuletzt genannten Unternehmen zusammen die unter Buchstabe a aufgeführten Rechte oder Befugnisse haben;

e) Unternehmen, in denen die folgenden Parteien zusammen die unter Buchstabe a aufgeführten Rechte oder Befugnisse haben:

i) an der Forschungs- und Entwicklungsvereinbarung beteiligte Parteien oder jeweils mit diesen verbundene Unternehmen im Sinne der Buchstaben a bis d oder

ii) eine oder mehrere der an der Forschungs- und Entwicklungsvereinbarung beteiligten Parteien oder eines oder mehrere der mit ihnen verbundenen Unternehmen im Sinne der Buchstaben a bis d und eine oder mehrere dritte Parteien.

I. Einleitung

1 Art. 1 enthält einen Katalog von für die Bestimmung des Anwendungsbereichs der FuE-GVO und ihr Verständnis wichtigen Definitionen. Der Katalog wurde im Vergleich zu der entsprechenden Regelung in Art. 2 der Vorgängerverordnung ausgeweitet und präzisiert, was der Verständlichkeit der GVO förderlich ist.

II. Definitionen des Art. 1

1. Art. 1 Abs. 1

2 **a) „Forschungs- und Entwicklungsvereinbarung" (Art. 1 Abs. 1 lit. a).** Insbesondere wurde auch die Definition der „Forschungs- und Entwicklungsvereinbarung" ausgeweitet, die nunmehr sechs Typen von Vereinbarungen umfasst. Neben den bereits von der Vorgängerverordnung erfassten Konstellationen der (i) gemeinsamen FuE von Produkten oder Verfahren einschließlich der gemeinsamen Verwertung der Ergebnisse, der (ii) bloßen gemeinsamen Verwertung (etwa der Ergebnisse aus einer früheren FuE-Zusammenarbeit der Parteien) und schließlich der (iii) reinen Forschungskooperation ohne gemeinsame Verwertung, erfasst die Definition der FuE-Vereinbarung nun ausdrücklich auch die sog. Auftragsforschung – in allen der oben aufgeführten Konstellationen.[8] Unter der Vorgängerverordnung war unklar, ob die Auftragsforschung in den Anwendungsbereich der GVO fiel. Die nun erfolgte Klarstellung und Erweiterung des Begriffs der FuE-Vereinbarung ist zu begrüßen. Sie führt nicht nur zu einem höheren Maß an Rechtssicherheit für die kooperierenden Parteien, sondern ermöglicht diesen auch ein größeres Maß an Gestaltungsfreiheit hinsichtlich der Aufteilung der FuE-Aufgaben innerhalb der Kooperation. Aufgrund des sehr weiten Begriffs der gemeinsamen „Verwertung der Ergebnisse" ist die reine Forschungskooperation selten. Nur sofern keine Exklusivlizenzen unter den Parteien erteilt werden und diese in der Verwertung der Ergebnisse vollkommen frei sind, ist nicht von einer gemeinsamen Verwertung auszugehen.[9]

3 **b) „Vereinbarung" (Art. 1 Abs. 1 lit. b).** Die Definition stellt klar, dass der Begriff der Vereinbarung gemäß der FuE-GVO ebenso zu verstehen ist wie in Art. 101 Abs. 1

---

[8] *Fuchs,* in: Immenga/Mestmäcker, 5. Auflage, VO (EU) 1217/2010, Rn 23.
[9] *Leupold,* in: Schulte/Just, Art. 1 F&E-GVO, Rn. 3.

AEUV und neben der Vereinbarung im engeren Sinne auch Beschlüsse von Unternehmensvereinigungen und abgestimmte Verhaltensweisen erfasst.

4 **c) „Forschung und Entwicklung" (Art. 1 Abs. 1 lit. c).** Der Terminus Forschung und Entwicklung hat den in der Vorgängerverordnung verwandten Terminus Forschungs- und Entwicklungsarbeiten ersetzt. Beide Termini sind aber wohl synonym zu verstehen. Dies ergibt sich schon daraus, dass Art. 1 lit. e, f, n, p weiterhin auf „Forschungs- und Entwicklungs**arbeiten**" Bezug nehmen, obwohl dieser Begriff in der aktuellen GVO nicht mehr gesondert definiert wird. FuE erfasst alle Aktivitäten bis zur Produktionsreife. Diese sind abzugrenzen von Verwertungshandlungen. Da für die Freistellungsdauer (Art. 4) der Unterscheidung zwischen FuE-Arbeiten und Verwertungsphase große Bedeutung zukommt, ist diese Definition und ihre Reichweite von hoher praktischer Relevanz. Die Entwicklung von Prototypen oder interne und externe Tests fallen noch in die FuE-Phase.[10] Hingegen sieht die Kommission die Aufnahme der Serienproduktion als Kriterium für den Abschluss der FuE-Phase an.[11]

5 **d) „Produkt" (Art. 1 Abs. 1 lit. d).** Die Definition stellt klar, dass Gegenstand einer FuE-Vereinbarung sowohl Waren als auch Dienstleistungen und ferner nicht nur End-, sondern auch Zwischenprodukte sein können.

6 **e) „Vertragstechnologie" (Art. 1 Abs. 1 lit. e), „Vertragsprodukt" (Art. 1 Abs. 1 lit. f).** Der Terminus „Vertragstechnologie" hat den in der Vorgängerverordnung verwandten Begriff „Vertragsverfahren" ersetzt. Die Definition ist indes gleich geblieben, so dass beide Termini wohl synonym zu verstehen sind. Die Differenzierung zwischen „Vertragstechnologie/Vertragsverfahren" einerseits und „Vertragsprodukt" andererseits ergibt sich aus entsprechenden Unterscheidungen im Patentrecht. „Vertragstechnologie/Vertragsverfahren" und „Vertragsprodukt" stehen stellvertretend für die möglichen Ergebnisse der FuE i. S. d. GVO. Als solche werden aber auch Patente und Know-how erfasst, die schon vor der gemeinsamen FuE bestanden, also von einer Vertragspartei in die FuE eingebracht und später untrennbarer Bestandteil der FuE-Ergebnisse geworden sind.[12]

7 **f) „Verwertung der Ergebnisse" (Art. 1 Abs. 1 lit. g).** Die „Verwertung der Ergebnisse" stellt – wie dargestellt – den Gegenbegriff zur FuE-Phase i. S. d. Art. 1 Abs. 1 lit. c dar. Umfasst ist nicht nur die Herstellung oder der Vertrieb, sondern auch die Anwendung der Verfahren bzw. Technologien, die Abtretung von Rechten ebenso wie die Lizenzierung oder Weitergabe von Know-how.[13] Der Begriff der „Verwertung der Ergebnisse" steht im engen Zusammenhang mit der Definition des „gemeinsamen" Handelns i. S. v. Art. 1 Abs. 1 lit. m.

8 **g) „Rechte des geistigen Eigentums" (Art. 1 Abs. 1 lit. h).** Bei dieser Definition wird der Begriff „gewerbliche Schutzrechte" verwendet. Letzterer umfasst Patente, Gebrauchsmuster, Sortenschutzrechte und Patent- und Gebrauchsmusteranmeldungen sowie certificats d'utilité und certificats d'addition nach französischem Recht einschließlich Anmeldungen für die beiden letztgenannten Rechte. Bedingt dadurch, dass die FuE-GVO lediglich Vereinbarungen zwischen Unternehmen im Bereich der Forschung und technologischen Entwicklung aus dem Anwendungsbereich des Art. 101 Abs. 1 AEUV ausnimmt, sind Urheberrechte, soweit sie nicht EDV-Programme oder Darstellungen technischer Art betreffen, nicht von der FuE-GVO erfasst, da sie den Schutz von Werken der Literatur, Wissenschaft und Kunst bezwecken. Nicht erfasst sind außerdem Geschmacksmuster und Marken, die als gewerbliche Schutzrechte nicht auf den Schutz technischer Entwicklungen, sondern nicht-technischen geistigen Eigentums abzielen. So schützen Geschmacksmuster das Design und die Mustermerkmale eines Produktes, während Marken

---

[10] *Wiedemann,* GVO Bd. I, Art. 1 GVO Nr. 418/85, Rn. 10 ff.
[11] Komm. E. v. 12.12.1990 – *KBS/Goulds/Lowara/ITT,* ABl. 1991 L 19/32, Tz. 20.
[12] Komm. E. v. 10.10.1988 – *Continental/Michelin,* ABl. 1988 L 305/41, Tz. 32.
[13] *Fuchs,* in: Immenga/Mestmäcker, 5. Auflage, VO (EU) 1217/2010 Art. 1, Rn. 17.

das alleinige Recht sichern, ein Produkt unter einer bestimmten Marke in den Verkehr zu bringen.

h) „Know-how" (Art. 1 Abs. 1 lit. i). Der Know-how-Begriff bezeichnet – wie auch ansonsten in der Terminologie des Europäischen Wettbewerbsrechts – alle praktischen, nicht patentgeschützten Kenntnisse, die ihrem Inhaber einen tatsächlichen Wettbewerbsvorteil vermitteln. Wesentlich für das Know-how ist, dass die entsprechenden Kenntnisse geheim, wesentlich und identifiziert sind.[14] 9

i) „geheim" (Art. 1 Abs. 1 lit. j). Das Merkmal „geheim" erfordert, dass das Know-how weder allgemein bekannt noch leicht zugänglich sein darf. Ferner darf sich das Know-how auch nicht unmittelbar aus dem Produkt selbst ergeben, sondern darf nur den Parteien bekannt sein, die es entwickelt haben oder Dritten, denen es mit der Maßgabe der Geheimhaltung zugänglich gemacht wurde.[15] 10

j) „wesentlich" (Art. 1 Abs. 1 lit. k). Während unter der Vorgängerverordnung noch verlangt wurde, dass das Know-how für die Herstellung der Vertragsprodukte oder die Anwendung der Vertragsverfahren „unerlässlich" war, ist es unter der neuen GVO ausreichend, dass dieses hierfür „bedeutsam" und „nützlich" ist. Die Anforderungen an das Merkmal der Wesentlichkeit sind folglich unter der neuen GVO deutlich herabgesetzt worden und wurden damit, wie auch die übrigen Anforderungen, die an Know-how zu stellen sind, der entsprechenden Definition in der GVO-Technologietransfer (Art. 1 Abs. 1 lit. i VO 316/2014 bzw. der Vorgängerverordnung VO 772/2004) angepasst. 11

k) „identifiziert" (Art. 1 Abs. 1 lit. l). Das Merkmal „identifiziert" erfordert, dass das Know-how so umfassend beschrieben ist, dass sich überprüfen lässt, ob die oben genannten Merkmale „geheim" und „wesentlich" auch tatsächlich erfüllt sind. Dieses Merkmal erweist sich in der Praxis leider häufig als Problem, da Know-how-Träger aus Geheimhaltungsgründen nicht selten davor zurückschrecken, ihr Know-how umfassend in schriftlicher oder elektronischer Form niederzulegen. Vor diesem Hintergrund sollten insbesondere bei abrufbarem Know-how, etwa bei praktischen Kenntnissen von Beschäftigten, die regelmäßig nicht schriftlich fixiert werden, keine allzu hohen Anforderungen an das Merkmal „identifiziert" gestellt werden.[16] 12

l) „gemeinsam" (Art. 1 Abs. 1 lit. m). Die Definition dient der Festlegung, unter welchen Voraussetzungen im Zusammenhang mit FuE-Arbeiten oder der Ergebnisverwertung es sich um eine Kooperation handelt, die Gegenstand der Gruppenfreistellung sein kann. Dabei erweist sich die Definition in lit. m) deshalb als wenig aussagekräftig, weil der Begriff „gemeinsam" wiederum in Bezug auf Team und Organisation, Ziffer (i), unter Verwendung des Wortes „gemeinsam" definiert wird. Demgegenüber dürften sich keine Verständnisschwierigkeiten im Zusammenhang mit der Tätigkeit eines FuE-Gemeinschaftsunternehmens ergeben. Für die Organisation und das Team wird man fordern müssen, dass der Begriff der „Gemeinsamkeit" nur dann erfüllt wird, wenn in die Organisation und das Team Vertreter der beteiligten Unternehmen entsandt sind und in ihr tatsächlich tätig werden. 13

Gem. Art. 1 Abs. 1 lit. m (ii) und (iii) kann die Arbeit bei der gemeinsamen FuE grundsätzlich auch arbeitsteilig erfolgen, und zwar „durch einen gemeinsam bestimmten Dritten" oder „im Wege der Spezialisierung". Die FuE-GVO bietet den Kooperationspartnern im Vergleich zu der Vorgängerverordnung ein höheres Maß an Flexibilität bei der Verteilung der Aufgaben innerhalb der Kooperation. Dies gilt sowohl für die eigentliche FuE-Tätigkeit als auch für die Verwertung möglicher Ergebnisse der FuE. 14

---

[14] Die einzelnen Bestandteile des Know-how-Begriffs sind ausführlich erläutert in der Verordnung (EG) Nr. 772/2004 der Kommission v. 27. April 1996 zur Anwendung von Art. 81 Abs. 3 des Vertrages auf Gruppen von Technologietransfer-Vereinbarungen, ABl. L 123/11 v. 27.4.2004.

[15] *Bechtold/Bosch/Brinker,* Art. 1 VO 1217/2010, Rn. 17.

[16] *Fuchs,* in: Immenga/Mestmäcker, 5. Auflage, VO (EU) 1217/2010, Rn 19.

15 **m) „Spezialisierung im Rahmen der Forschung und Entwicklung" (Art. 1 Abs. 1 lit. n).** Während unter der Vorgängerverordnung die Möglichkeit einer arbeitsteiligen Kooperation nur allgemein umrissen wurde (Art. 2 Nr. 11 lit. c), umschreibt die neue FuE-GVO detailliert, auf welchem Wege eine Spezialisierung erfolgen kann. Bei der Spezialisierung im Rahmen der FuE kann die Aufteilung gemäß der Definition in der Weise erfolgen, wie es aus Sicht der Kooperationspartner „am zweckmäßigsten ist". Einschränkungen, etwa dergestalt, dass bestimmte Aufgabenbereiche von einer Partei jeweils vollständig übernommen werden müssten, was unter der Vorgängerverordnung vereinzelt innerhalb der Literatur vertreten wurde,[17] lassen sich mit einer solchen weiten Formulierung nicht (mehr) in Einklang bringen. Vor diesem Hintergrund ist davon auszugehen, dass eine Arbeitsteilung grundsätzlich auch innerhalb einzelner Aufgabenbereiche und Themenfelder zulässig ist. Ausgenommen unter lit. n ist lediglich die sog. Auftragsforschung, die aber unter lit. p und q geregelt ist.[18]

16 **n) „Spezialisierung im Rahmen der Verwertung" (Art. 1 Abs. 1 lit. o).** Auch im Rahmen der Verwertung, d. h. bei Produktion oder Vertrieb der Ergebnisse der gemeinsamen FuE ist eine arbeitsteilige Aufteilung der Aufgaben unter den Kooperationspartnern zulässig. Grundsätzlich möglich sind, sofern nur eine Partei die Vertragsprodukte auf der Grundlage einer von der anderen Partei erteilten ausschließlichen Lizenz herstellt und vertreibt, etwa Beschränkungen in Bezug auf Gebiete oder Kunden im Rahmen des Vertriebs sowie in Bezug auf bestimmte Anwendungsbereiche im Zusammenhang mit der Produktion. Bei einer solchen Spezialisierung im Rahmen der Verwertung ist jedoch darauf zu achten, dass keine Kernbeschränkungen i. S. d. Art. 5 vereinbart werden.

17 **o) „Auftragsforschung und -entwicklung", „finanzierende Partei" (Art. 1 Abs. 1 lit. p und q).** Die sog. Auftragsforschung, bei der nur eine Partei mit der Ausführung von FuE-Arbeiten betraut ist, während sich die Rolle der anderen Partei auf die Finanzierung beschränkt, ist nun ausdrücklich von der gruppenweisen Freistellung des Art. 2 FuE-GVO erfasst. Unter der Vorgängerverordnung war dies unklar und die Frage in der einschlägigen Literatur folglich höchst umstritten.[19] Im Kommissionsentwurf der GVO aus dem Mai 2010 waren Vereinbarungen, die eine Auftragsforschung und -entwicklung zum Gegenstand haben, sogar noch ausdrücklich vom Anwendungsbereich der GVO ausgeschlossen.[20] Die mit der neuen GVO erfolgte Abkehr von diesem restriktiven Ansatz ist zu begrüßen. Sie führt nicht nur zu einem höheren Maß an Rechtsklarheit, sie erweitert auch die Handlungsspielräume der Kooperationspartner.

18 **p) „Wettbewerber" (Art. 1 Abs. 1 lit. r).** Wettbewerber im Sinne der FuE-GVO sind sowohl aktuelle als auch potenzielle Wettbewerber.[21] Beide Begriffe werden wiederum in Art. 1 lit. s) und t) gesondert definiert. Zur Auslegung kann man auch die Horizontalleitlinien der Kommission ergänzend heranziehen.[22]

19 **q) „tatsächlicher Wettbewerber" (Art. 1 Abs. 1 lit. s).** Die Definition des tatsächlichen Wettbewerbers wurde im Vergleich zur Vorgängerverordnung nur geringfügig geändert, wobei die entsprechenden Änderungen lediglich klarstellender Natur sind. Analog zur

---

[17] *Chroczie/v. Merveveldt,* in: MünchKomm EuWettbR, Art. 2 GVO Nr. 2659/2000, Rn. 23.

[18] So auch *Fuchs,* in: Immenga/Mestmäcker, 5. Auflage, VO (EU) 1217/2010, Rn. 22.

[19] Bejahend *Chroczie/v. Merveldt,* in: MünchKomm, EuWettbR, Art. 2 GVO Nr. 2659/2000, Rdnr. 23; zweifelnd *Schütze,* in: Loewenheim/Meessen/Riesenkampff, Kartellrecht, 2. Aufl. 2009, Rdnr. 28 zu GVO-FuE; verneinend *Bechtold/Bosch/Brinker/Hirsbrunner,* Art. 2 VO 2059/2000, Rdnr. 14; *Mestmäcker/Schweitzer,* Europäisches Wettbewerbsrecht, 2. Aufl. 2004, § 29, Rdnr. 26; *Fuchs,* in: Immenga/Mestmäcker, 4. Auflage, F&E-VO, Rn. 63 mit Fn. 132.

[20] *Gutermuth,* WuW 2012, 237 (241).

[21] *Traugott,* in: Liebscher/Flohr/Petsche § 10 Forschung und Entwicklung (Verordnung (EU) Nr. 1217/2010) Rn. 18.

[22] Vgl. *Polley/Seeliger,* WRP 2004, 499 unter Hinweis auf die Leitlinien der Kommission, dort Fußnote 8 und 9 zu Tz. 9.

Terminologie der FuE-GVO, nach der Ergebnisse der gemeinsamen FuE ein Produkt, eine Technologie oder ein Verfahren sein können, stellt Art. 1 Abs. 1 lit. s bei der Definition des tatsächlichen, d. h. des bereits existierenden und aktiven Wettbewerbers darauf ab, dass das entsprechende Unternehmen vergleichbare Produkte, Technologien oder Verfahren anbietet, welche durch die Ergebnisse der gemeinsamen FuE „verbessert, substituiert oder ersetzt werden können." Die Variante war in der entsprechenden Regelung der Vorgängerverordnung noch nicht erhalten, deckt sich aber wohl inhaltlich mit der Alternative „ersetzt", so dass in der sprachlichen Erweiterung keine inhaltliche zu sehen ist.

r) „potenzieller Wettbewerber" (Art. 1 Abs. 1 lit. t). Die Beschreibung des poten- 20
ziellen Wettbewerbers wurde gegenüber der Vorgängerverordnung präzisiert. Die hypothetische Betrachtung, die bei der Einordnung eines anderen Unternehmens als potenzieller Wettbewerber anzustellen ist, wurde um die Angabe eines Prognosezeitraums von „höchstens drei Jahren" erweitert. Demnach ist ein Unternehmen nur dann als potenzieller Wettbewerber einzuordnen, wenn nach einer realistischen und nicht nur hypothetischen Annahme davon auszugehen ist, dass dieses – als Reaktion auf einen geringen, aber anhaltenden Preisanstieg – innerhalb von drei Jahren in den relevanten Markt eintreten wird. Die Aufnahme eines Prognosezeitraums, innerhalb dessen mit einem Markteintritt zu rechnen ist, entspricht dem allgemeinen Verständnis von potenziellem Wettbewerb, von dem nur dann ein Wettbewerbsdruck ausgehen kann, wenn ein Markteintritt in absehbarer Zeit bevorsteht.[23] Dies spiegelt sich etwa auch in den Horizontalleitlinien wider, nach denen für die Annahme eines potenziellen Wettbewerbers ein Markteintritt „innerhalb kurzer Zeit" wahrscheinlich sein muss, wobei der Zeitraum, der hierunter zu verstehen ist, je nach Sachlage unterschiedlich sein kann. Die Kommission fasst den Prognosezeitraum insbesondere in Konstellationen, wie sie unter der FuE-GVO relevant sind, in denen ein potenzieller Wettbewerber **Vertragspartei** der anderen Partei ist, länger.[24]

**s) „relevanter Produktmarkt", „relevanter Technologiemarkt" (Art. 1 Abs. 1 21
lit. u und v).** Die Termini „relevanter Produktmarkt" und „relevanter Technologiemarkt" ersetzen den Terminus „relevanter Markt der Vertragsprodukte" aus der Vorgängerverordnung. Da Letzterer indes neben den Vertragsprodukten als möglichen Ergebnissen der gemeinsamen FuE auch bereits gemeinsam entwickelte Technologien umfasste, ergibt sich insoweit keine Änderung bei der Bestimmung der für die Zwecke der FuE-GVO sachlich relevanten Märkte.[25] Relevant sind demnach im Hinblick auf die Marktanteilsschwellen des Art. 4 Abs. 2 und 3 FuE-GVO die kumulierten Marktanteile der Parteien auf dem Markt für die Produkte, Technologien oder Verfahren, die durch die Vertragsprodukte bzw. Vertragstechnologien „verbessert, ausgetauscht oder ersetzt werden". Mit dieser Formulierung nimmt die entsprechende Regelung der Art. 1 Abs. 1 lit. u und v nun ausdrücklich Bezug auf das sog. Bedarfsmarktkonzept, das bei der Bestimmung der sachlich relevanten Märkte primär angewendet wird.

2. „Verbundene Unternehmen" (Art. 1 Abs. 2)

Art. 1 Abs. 2 stellt klar, dass die Begriffe „Unternehmen" und „Parteien" für die Zwe- 22
cke der FuE-GVO jeweils auch die mit ihnen verbundenen Unternehmen umfassen.[26] Dies ist insbesondere für die Bestimmung der Marktanteile im Rahmen von Art. 4 Abs. 2 und 3

[23] *Fuchs,* in: Immenga/Mestmäcker, 5. Auflage, VO (EU) 1217/2010, Rn 24.
[24] Horizontalleitlinien, Rn. 10, Fn. 3.
[25] *Leupold,* in: Schulte/Just, Art. 1 F&E-GVO, Rn. 22.
[26] Auf eine Definition des Begriffs der „beteiligten Unternehmen", der in der Terminologie der Vorgängerverordnung noch verwendet wurde, wurde in der neuen FuE-GVO verzichtet. Der Begriff der beteiligten Unternehmen, der sich zusammenfassend auf die kooperierenden Unternehmen und die mit diesen verbundenen Unternehmen bezog, war bereits in der alten GVO ohne materielle Bedeutung. In der Terminologie der neuen FuE-GVO taucht er nun gar nicht mehr auf.

von Bedeutung. Der Begriff der verbundenen Unternehmen entspricht inhaltlich dem Begriff der „verbundenen Unternehmen", wie er auch sonst im Europäischen Wettbewerbsrecht,[27] insbesondere im Rahmen der EU-Fusionskontrolle, verwendet wird.[28] Im Rahmen der Anwendung der GVO, insbesondere für die Zwecke des Art. 4 Abs. 2 und 3, muss daher bei der Betrachtung der Vertragsparteien stets auf die gesamte, dahinterstehende Unternehmensgruppe einschließlich sämtlicher, insoweit relevanter Verflechtungen mit anderen Unternehmen abgestellt werden.[29]

Artikel 2 (Freistellung)

(1) **Nach Artikel 101 Absatz 3 AEUV und nach Maßgabe dieser Verordnung gilt Artikel 101 Absatz 1 AEUV nicht für Forschungs- und Entwicklungsvereinbarungen.**
Diese Freistellung gilt, soweit diese Vereinbarungen Wettbewerbsbeschränkungen enthalten, die unter Artikel 101 Absatz 1 AEUV fallen.

(2) **Die Freistellung nach Absatz 1 gilt für Forschungs- und Entwicklungsvereinbarungen, deren Bestimmungen sich auf die Übertragung von Rechten des geistigen Eigentums oder die Erteilung diesbezüglicher Lizenzen an eine oder mehrere der Parteien oder an eine von den Parteien für die Durchführung der gemeinsamen Forschung und Entwicklung, der Auftragsforschung und -entwicklung oder der gemeinsamen Verwertung gegründete Einheit beziehen, sofern diese Bestimmungen nicht Hauptgegenstand solcher Vereinbarungen sind, sich aber unmittelbar auf deren Umsetzung beziehen und dafür erforderlich sind.**

1. Allgemeines

23 Art. 2 bestimmt die Art der Vereinbarungen, die freigestellt werden und zwar FuE-Vereinbarungen, wie sie in Art. 1 Abs. 1 lit. a definiert worden sind, sowie sog. Nebenabreden i. S. d. Art. 2 Abs. 2. Der in Art. 2 Abs. 1 eingeführte Unterabsatz am Ende wird allgemein als überflüssig angesehen, da jede Freistellung nach Art. 101 Abs. 3 AEUV voraussetzt, dass eine tatbestandliche Wettbewerbsbeschränkung i. S. v. Art. 101 Abs. 1 AEUV vorliegt. In diesem Zusammenhang gilt es zu beachten, dass in der Praxis viele FuE-Vereinbarungen mangels Wettbewerbsbeschränkung bereits nicht unter das Kartellverbot fallen und daher auch keiner Freistellung unter der GVO bedürfen.

24 Art. 2 Abs. 2 bezieht sich auf Nebenabreden zu FuE-Vereinbarungen, die die Übertragung bzw. Lizenzierung von geistigen Eigentumsrechten zum Gegenstand haben und stellt klar, dass auch diese unter den in Abs. 2 genannten Voraussetzungen von der Freistellung unter der FuE-GVO – und nicht etwa unter der Technologietransfer-GVO – erfasst werden.

2. Anwendungsbereich

25 Die GVO gilt für Unternehmen jeder Größe, wobei von einem **funktionalen Unternehmensbegriff** auszugehen ist.[30] Erfasst werden auch **Universitäten, Forschungsinstitute** und **natürliche Personen,** soweit sie sich als Vertragspartner an einer FuE-Kooperation beteiligen oder eine Erfindung wirtschaftlich verwerten.[31] Räumlich gilt die FuE-GVO im gesamten Rechtsraum der EU und durch parallele Regelungen im EWR-Vertrag faktisch auch im Europäischen Wirtschaftsraum.

---

[27] *Leupold,* in: Schulte/Just, Art. 1 F&E-GVO, Rn. 23.
[28] Siehe auch York von Wartenburg/*Ablasser-Neuhuber,* Art. 5 FKVO Rn. 30 ff.
[29] Siehe auch *Baron,* Art. 1 Vert-GVO, Rn. 68 ff.
[30] Zum Unternehmensbegriff im Kartellrecht siehe auch *Grave* Art. 101 Abs. 1 AEUV, Rn. 131 ff. sowie *Muttenlauch/Lübbig,* Art. 102 AEUV, Rn. 17 ff.
[31] EuGH U. v. 23.4.1991, Rs. C-41/90, Slg. 1991 I, 1979, Ziff. 20–23 der Gründe – *Höfner, Elser/Macatron,* Komm. E. v. 26.7.1976, ABl. 1976, Nr. L 254, S. 40, 45 – *Reuter/BASF.*

Der sachliche Anwendungsbereich ergibt sich aus Art. 2 Abs. 1 i. V. m. Art. 1 Abs. 1 lit. a) bis c) und – soweit es um Nebenabreden geht – aus Art. 2 Abs. 2. Wie bereits oben ausgeführt, gilt es zu beachten, dass FuE-Vereinbarungen häufig erst gar nicht dem Verbot des Art. 101 Abs. 1 AEUV unterfallen. Eine Orientierung geben hier die Horizontalleitlinien der Kommission, die Beispiele von Vereinbarungen enthalten, die schon keine tatbestandliche Wettbewerbsbeschränkung i. S. v. Art. 101 Abs. 1 AEUV darstellen. Dazu zählen beispielsweise Vereinbarungen über die FuE-Zusammenarbeit in einem eher frühen Stadium, d. h. weit entfernt von der Verwertung möglicher Ergebnisse.[32] Erfüllt die Vereinbarung den Tatbestand des Art. 101 Abs. 1 AEUV, greift die Freistellung für den Fall, dass die Voraussetzungen des Art. 3 erfüllt sind, die Marktanteilsschwellen des Art. 4 nicht überschritten werden und die Vereinbarung keine Kernbeschränkung gemäß Art. 5 enthält. 26

3. Die freigestellten Gruppen von FuE-Vereinbarungen

Gegenstand der Freistellung gem. Art. 2 Abs. 1 sind alle Typen von FuE-Vereinbarungen, die in Art. 1 Abs. 1 lit. a (i)–(vi) dargestellt werden. Von der gruppenweisen Freistellung des Art. 2 Abs. 1 erfasst ist daher die gemeinsame Forschung und Entwicklung von Vertragsprodukten oder Vertragstechnologien – in allen der unter Ziff. i)–iii) aufgeführten Konstellationen sowie die Auftragsforschung- und Entwicklung – in den unter lit. a iv)–vi) genannten Konstellationen.[33] Mit Blick auf die Marktanteilsschwelle des Art. 4 Abs. 2 ist zwischen „klassischen" FuE-Vereinbarungen gem. Art. 1 Abs. 1 lit. a (i)–(iii) einerseits und Vereinbarungen über die Auftragsforschung (Art. 1 Abs. 1 lit. a (iv)–(vi)) andererseits zu unterscheiden. 27

a) Gemeinsame FuE und gemeinsame Verwertung (Art. 1 Abs. 1 lit. a i). Diese Gruppe stellt die wichtigste Form von Vereinbarungen dar, die von der GVO erfasst werden. 28

b) Gemeinsame Verwertung der Ergebnisse der gemeinsamen FuE (Art. 1 Abs. 1 lit. a ii). Die Norm erfasst die Fälle, in denen nach vorheriger gemeinsamer FuE-Kooperation eine **isolierte Vereinbarung** über die **Verwertung** der Ergebnisse geschlossen wird. Ausgehend vom Wortlaut gilt dies auch für Fälle, in denen eines der beteiligten Unternehmen nach Abschluss der ursprünglichen FuE-Phase aus der Kooperation ausgestiegen ist. Jede andere Auslegung würde es dem aus der ursprünglichen FuE-Kooperation ausscheidenden Partner gestatten, Verwertungsvereinbarungen der verbleibenden Vertragsparteien unmöglich zu machen, was mit dem Zweck der GVO – Förderung von FuE – nur schwer in Einklang zu bringen wäre.[34] 29

Umstritten ist, ob nach abgeschlossener FuE-Kooperation allein für die Verwertung weitere Unternehmen hinzutreten können. Die ablehnende Auffassung verwies auf die Regelung des Art. 3 Abs. 4 der Vorgängerverordnung, der mit gewissen Modifikationen in die aktuelle GVO übernommen wurde.[35] Auch die Kommission hält die GVO in einem derartigen Falle für unanwendbar.[36] Demgegenüber wird angeführt, dass es auf diese Weise den Unternehmen erschwert wird, sich Rationalisierungseffekte in der Verwertungsphase zunutze zu machen, insbesondere dann, wenn es sich um die Hinzunahme eines Partners handelt, der über entsprechende Expertise und Ressourcen für die Verwertung verfügt.[37] Letztlich wird man angesichts des eindeutigen Wortlautes der Norm aus Gründen der Rechtssicherheit die Auffassung der Kommission zu beachten haben. 30

---

32 Horizontalleitlinien, Rn. 129; *Backhaus* GRUR Int. 2005, 366; *Besen/Slobodenjuk,* GRUR 2011, 300 (301).

33 *Fuchs,* in: Immenga/Mestmäcker, 5. Auflage, VO (EU) 1217/2010, Art. 2, Rn. 3.

34 Ähnlich *Wiedemann,* GVO Bd. I, Art. 1 GVO Nr. 418/85, Rn. 7.

35 *Korah,* S. 20 für den wortgleichen Art. 2 lit. d der VO Nr. 418/85.

36 Komm. E. v. 12.12.1990 – *KBS/Goulds/Lowara/ITT,* ABl. 1991 L 19/33, Tz. 24.

37 *Wiedemann,* GVO Bd. I, Art. 1 GVO Nr. 418/85, Rn. 7.

31 **c) Gemeinsame FuE ohne gemeinsame Verwertung (Art. 1 Abs. 1 lit. a iii).** Hinsichtlich dieser Art von Vereinbarung ist zu unterscheiden: Es kann FuE-Kooperationen geben, die schon von vornherein nicht unter Art. 101 Abs. 1 AEUV fallen.[38] Dies wird durch Erwägungsgrund 6 der GVO ausdrücklich bestätigt. Für solche Vereinbarungen ist die GVO ohne Bedeutung. Enthält die FuE-Vereinbarung jedoch beispielsweise die Verpflichtung der Vertragsparteien, in dem selben Bereich keinen weiteren FuE-Tätigkeiten nachzugehen oder reicht die FuE zwischen Wettbewerbern an die Verwertungsreife heran, unterfällt die Vereinbarung – Spürbarkeit der Einwirkung auf den innergemeinschaftlichen Wettbewerb vorausgesetzt – Art. 101 Abs. 1 AEUV und ist damit auch an der GVO zu messen. Diese Unterscheidung ist durchaus von Bedeutung: Da die Freistellung jedenfalls dann, wenn die Vertragsparteien konkurrierende Unternehmen sind, den Marktanteilsschwellenanforderungen des Art. 4 unterliegt, ist es aus Sicht der betroffenen Unternehmen wichtig zu wissen, ob sie auch bei einer reinen FuE ohne gemeinsame Verwertung darauf zu achten haben, dass diese Voraussetzung des Art. 4 gegeben ist oder ob sie ohne Weiteres die beabsichtigte FuE in vollem Umfang durchführen können.

4. Nebenabreden (Art. 2 Abs. 2)

32 Art. 2 Abs. 2 grenzt den Anwendungsbereich der FuE-GVO von anderen GVOen, insbesondere der TT-GVO ab. Die Übertragung bzw. Lizenzierung von geistigen Eigentumsrechten fällt – isoliert betrachtet – grundsätzlich in den Regelungsbereich der TT-GVO. Eine Ausnahme gilt jedoch für den Fall, dass die Übertragung bzw. Lizenzierung von Eigentumsrechten – etwa zur Absicherung der Forschungsarbeiten und mit Blick auf die spätere Verwertung der Ergebnisse – als Nebenabrede zu FuE-Vereinbarungen geregelt wird. Da derartige Nebenabreden der Vermeidung von potenziellen späteren Konflikten der FuE-Partner dienen und teilweise auch erforderlich sind, damit sich die kooperierenden Unternehmen überhaupt auf eine Kooperation einlassen, sind sie grundsätzlich zu begrüßen und sollen daher von der gruppenweisen Freistellung des Art. 2 erfasst sein. Allerdings können Nebenabreden auch zu wettbewerbswidrigen Zwecken missbraucht werden. Vor diesem Hintergrund gilt die Freistellung des Art. 2 Abs. 2 nur unter der Voraussetzung, dass die entsprechenden Bestimmungen nicht Hauptgegenstand der Vereinbarungen sind – in diesem Fall wäre wohl der Anwendungsbereich der TT-GVO bzw. einer anderen GVO eröffnet –, sich aber unmittelbar auf die Umsetzung der FuE-Vereinbarungen beziehen und für diese erforderlich sind.

5. „Alles-oder-Nichts"-Prinzip

33 Nicht selten kommt es vor, dass eine Vereinbarung über eine FuE-Kooperation nahezu in vollem Umfang den Freistellungsbedingungen der GVO entspricht und nur in einem oder wenigen vertraglichen Bestimmungen dieser zuwiderläuft. Ob in diesem Fall die gesamte Vereinbarung nicht mehr dem Schutz der GVO unterfiel, war unter der Verordnung Nr. 418/85 strittig: Der EuGH hat diese Frage in Bezug auf die GVO noch nicht entschieden, schien aber ebenso wie die Kommission das „Alles-oder-Nichts"-Prinzip jedenfalls für die Verordnung Nr. 418/85 zu bejahen.[39] In der Literatur wurde das „Alles-oder-Nichts"-Prinzip teilweise mit dem Argument abgelehnt, auf den Unternehmen laste damit ein unerträgliches Subsumtionsrisiko.[40] Dieser Streit, der bereits unter der Vorgängerverordnung angesichts des klaren Wortlauts in Erwägungsgrund 17 der GVO, (Satz 2), nach dem FuE-

---

[38] Vgl. Art. 1 Rn. 4.

[39] EuGH U. v. 28.2.1991, Rs. C-234/89, *Delimitis/Hennigerbräu,* Slg. 1991, I-935, I-990, Tz. 38 f.; Komm. E. v. 12.1.1990 – *Alcatel/Espace/ANT Nachrichtentechnik,* ABl. 1990 L 32/24 Tz. 17; *Schödermeier/Wagner* in GK, 4. Aufl., Teil I Rn. 18 ff. m. w. N.

[40] Vgl. *Axster,* WuW 1994, 615 ff.

Vereinbarungen, die schwarz gelistete Klauseln enthielten, insgesamt von dem Vorteil der Gruppenfreistellung ausgeschlossen waren, obsolet gewesen war, dürfte sich unter der aktuellen FuE-GVO nun endgültig erledigt haben. Durch die in der aktuellen GVO neu eingeführte Differenzierung zwischen schwarz gelisteten Klauseln (Kernbeschränkungen gem. Art. 5), welche die Gruppenfreistellung für die Vereinbarung als Ganze entfallen lassen, und sog. grauen Klauseln (Art. 6), die als weniger wettbewerbsschädigend angesehen werden und daher zwar selbst nicht von der Freistellung des Art. 2 profitieren können, die Gruppenfreistellung der übrigen Vereinbarung indes unberührt lassen, hat die Kommission selbst das „Alles-oder-Nichts"-Prinzip durchbrochen. Letzteres gilt nunmehr nur noch für Kernbeschränkungen gem. Art. 5.

6. Verhältnis zum nationalen Kartellrecht

FuE-Vereinbarungen, die nach der GVO freigestellt sind, können wegen des Grundsatzes 34
des **Vorrangs des Gemeinschaftsrechts** nicht mehr von § 1 GWB erfasst werden. Insofern enthält Art. 3 Abs. 2 VO Nr. 1/2003 eine allgemein gültige Kollisionsnorm: Soweit es sich um Vereinbarungen handelt, die geeignet sind, den Handel zwischen den Mitgliedstaaten spürbar zu beeinträchtigen, ist allein Europäisches Gemeinschaftsrecht anwendbar.[41] Eine FuE-Vereinbarung, die geeignet ist, den zwischenstaatlichen Handel spürbar zu beeinträchtigen, unterfällt damit nicht nationalem Recht, auch wenn sie von Art. 101 AEUV – aus anderen Erwägungen – nicht erfasst ist. Vereinbarungen, die keine Eignung zur Beeinträchtigung des zwischenstaatlichen Handels aufweisen, unterfallen nicht dem Vorrang des Art. 3 Abs. 2 VO Nr. 1/2003. Es ist ausschließlich nationales Recht anzuwenden.[42]

Artikel 3 (Freistellungsvoraussetzungen)

(1) **Die Freistellung nach Artikel 2 gilt unter den Voraussetzungen der Absätze 2 bis 5.**

(2) **In der Forschungs- und Entwicklungsvereinbarung muss festgelegt sein, dass alle Parteien für die Zwecke weiterer Forschung und Entwicklung und Verwertung uneingeschränkten Zugang zu den Endergebnissen der gemeinsamen Forschung und Entwicklung oder der Auftragsforschung und -entwicklung einschließlich daraus erwachsender Rechte des geistigen Eigentums und daraus erwachsenden Know-hows haben, sobald sie vorliegen. Beschränken die Parteien ihre Verwertungsrechte im Einklang mit dieser Verordnung, insbesondere wenn sie sich im Rahmen der Verwertung spezialisieren, so kann der Zugang zu den Ergebnissen für die Zwecke der Verwertung entsprechend beschränkt werden. Ferner können Forschungsinstitute, Hochschulen oder Unternehmen, die Forschungs- und Entwicklungsleistungen in Form gewerblicher Dienste erbringen und sich üblicherweise nicht mit der Verwertung von Ergebnissen befassen, vereinbaren, die Ergebnisse ausschließlich für die Zwecke weiterer Forschung zu nutzen. Die Forschungs- und Entwicklungsvereinbarung kann vorsehen, dass die Parteien einander für den Zugang zu den Ergebnissen für die Zwecke weiterer Forschung oder Verwertung eine Vergütung zahlen, die jedoch nicht so hoch sein darf, dass sie diesen Zugang praktisch verhindern würde.**

(3) **Sind in der Forschungs- und Entwicklungsvereinbarung nur gemeinsame Forschung und Entwicklung oder Auftragsforschung und -entwicklung vorgesehen, so**

[41] Vgl. zur Spürbarkeit: Bekanntmachung über Vereinbarungen von geringer Bedeutung, die den Wettbewerb gemäß Art. 101 Abs. 1 des Vertrages zur Arbeitsweise der Europäischen Union den Wettbewerb nicht spürbar beeinträchtigen (de minimis) – ABl. 2014 C 92/01 sowie zur Beeinträchtigung des zwischenstaatlichen Handels die Leitlinien über den Begriff der Beeinträchtigung des zwischenstaatlichen Handels (ABl. 2004 C 108/81).

[42] *Schütz,* in: GK, 5. Aufl., Art. 3 VO 1/2003, Rn. 12.

muss in dieser Vereinbarung unbeschadet des Absatzes 2 festgelegt sein, dass jeder Partei Zugang zum vorhandenen Know-how der anderen Parteien gewährt wird, sofern dieses Know-how für die Verwertung der Ergebnisse durch die Partei unerlässlich ist. Die Forschungs- und Entwicklungsvereinbarung kann vorsehen, dass die Parteien einander für den Zugang zu ihrem vorhandenen Know-how eine Vergütung zahlen, die jedoch nicht so hoch sein darf, dass sie diesen Zugang praktisch verhindern würde.

(4) **Die gemeinsame Verwertung darf nur Ergebnisse betreffen, die durch Rechte des geistigen Eigentums geschützt sind oder Know-how darstellen und die für die Herstellung der Vertragsprodukte oder die Anwendung der Vertragstechnologien unerlässlich sind.**

(5) **Die im Wege der Spezialisierung im Rahmen der Verwertung mit der Herstellung der Vertragsprodukte betrauten Parteien müssen verpflichtet sein, Aufträge der anderen Parteien über die Belieferung mit Vertragsprodukten zu erfüllen, es sei denn, die Forschungs- und Entwicklungsvereinbarung sieht auch einen gemeinsamen Vertrieb im Sinne von Artikel 1 Absatz 1 Buchstabe m Ziffer i oder ii vor oder die Parteien haben vereinbart, dass nur die Partei, die die Vertragsprodukte herstellt, diese auch vertreiben darf.**

1. Allgemeines

35 Art. 3 enthält – zusammen mit den Marktanteilsschwellen in Art. 4 – die **Positiv**voraussetzungen für die Anwendbarkeit der GVO. Insoweit unterscheidet sich die FuE-GVO in ihrer Systematik von anderen GVOen, die – abgesehen vielleicht von einer Marktanteilsschwelle – bestimmte Typen von Vereinbarungen grundsätzlich von der Anwendung des Art. 101 Abs. 1 AEUV freistellen und lediglich bestimmte Kernbeschränkungen festlegen, bei denen eine Freistellung der entsprechenden Vereinbarung entfällt.

2. Die einzelnen Freistellungsbedingungen

36 Art. 3 Abs. 2 bis 5 enthalten Voraussetzungen für die Freistellung, die teilweise stets (Abs. 2), teilweise nur bei alleiniger FuE (Abs. 3), teilweise nur bei einer FuE mit gemeinsamer Verwertung (Abs. 4) oder im Falle der Spezialisierung im Rahmen der Verwertung (Abs. 5) relevant sind.

37 Art. 3 Abs. 2 GVO verlangt – insoweit in Übereinstimmung mit der Vorgängerverordnung –, dass sämtliche FuE-Partner Zugang zu den Endergebnissen der FuE und daneben auch zu etwaigen, daraus erwachsenden Rechten des geistigen Eigentums sowie Know-how haben. Mit dieser Regelung wird die rasche Verbreitung der erarbeiteten FuE-Kenntnisse und damit letztlich die Förderung des technischen Fortschritts bezweckt.[43] Anders als unter der Vorgängerverordnung gilt gem. Art. 3 Abs. 2, dass Zugang nur zu den **End**ergebnissen der gemeinsamen FuE eingeräumt werden muss. In der Praxis ist zu erwarten, dass diese Konkretisierung des Begriffs der Ergebnisse zu Abgrenzungsproblemen zwischen bloßen Zwischen- und Endergebnissen führen wird.[44] Im Unterschied zur Vorgängerverordnung erlaubt Art. 3 Abs. 2 S. 2 ferner nun explizit von den Parteien vereinbarte Beschränkungen der Verwertungsrechte für den Fall, dass die Verwertung arbeitsteilig erfolgt und sich die Parteien im Rahmen der Verwertung spezialisieren.[45] Zulässige Beschränkungen in diesem Sinne sind etwa sog. „field-of-use"-Beschränkungen i. S. d. Art. 1 Abs. 1

[43] *Whish,* The Commission's Block Exemption on Research and Development Agreements, ECLR 1985, 84, 90.

[44] *Gutermuth,* Der neue Kartellrechtsrahmen für Forschungs- und Entwicklungsvereinbarungen, WuW 2012, 237 (242).

[45] *Pautke/Schultze,* ZWeR 2014, 417, 429.

lit. o.[46] Ausdrücklich zulässig ist nun auch eine Beschränkung dergestalt, dass eine Partei die Vertragsprodukte auf der Grundlage einer von der anderen Partei erteilten, ausschließlichen Lizenz herstellt und vertreibt. Unter der Vorgängerverordnung stand eine solche Gestaltung dem Wortlaut des Art. 3 Abs. 2 entgegen. Die im Vergleich zur Vorgängerverordnung erweiterten Beschränkungsmöglichkeiten sind letztlich die Konsequenz der Erweiterung des Begriffs der Forschungs- und Entwicklungsvereinbarung gem. Art. 1 Abs. 1, der den Parteien insgesamt ein höheres Maß an Flexibilität bei der Ausgestaltung der FuE-Kooperation und der Verteilung der Aufgaben zugesteht.

Wie bereits unter der Vorgängerverordnung, lässt auch Art. 3 Abs. 2 FuE-GVO weiterhin zu, dass Forschungsinstitute, Hochschulen oder Lohn-FuE-Unternehmen, soweit zu ihrem Geschäftsbereich nicht die Verwertung von FuE-Ergebnissen zählt, verpflichtet werden dürfen, die FuE-**Ergebnisse nur für eigene Forschungsaufgaben** zu verwenden. Hintergrund ist hierbei offenbar die Überlegung, dass von diesen Unternehmen bei einer derartigen Beschränkung keine spürbaren Auswirkungen auf den FuE-/Produktwettbewerb ausgehen werden.[47] **38**

Gemäß der neu eingefügten Regelung des Art. 3 Abs. 2 S. 4 ist es nun ausdrücklich zulässig, dass die Parteien die Gewährung des Zugangs zu den Ergebnissen der gemeinsamen FuE an die Zahlung einer Vergütung knüpfen. Allerdings darf die Vergütung nicht so hoch sein, dass sie den Zugang praktisch verhindern würde. Die Vorgängerverordnung hatte offengelassen, in welcher Art und Weise der Zugang zu gewähren war, weshalb innerhalb der Literatur die Frage der Zulässigkeit einer Vergütungsregelung diskutiert wurde.[48] **39**

Für den Fall, dass sich die FuE-Partner allein auf die gemeinsame FuE bzw. die nach der aktuellen GVO nunmehr explizit zulässige Auftragsforschung beschränken, muss nach Art. 3 Abs. 3 jedem der beteiligten Partner die Möglichkeit der **selbständigen Verwertung** eröffnet sein. Art. 3 Abs. 3 ist somit unbeachtlich, wenn die Partner ihre ursprüngliche FuE-Kooperation auf eine gemeinsame Verwertung ausweiten. Hintergrund der Regelung ist die Überlegung, dass FuE-Kooperationen nur dann wettbewerblich günstige Wirkungen im Sinne von Art. 101 Abs. 3 AEUV haben, wenn die FuE-Partner sämtliche für sie relevanten Ergebnisse der gemeinsamen FuE auch verwerten.[49] **40**

Gegenstand der Verwertungsberechtigung ist das für die Verwertung der Ergebnisse unerlässliche Know-how. Der Begriff des Know-how ergibt sich aus Art. 1 Abs. 1 lit. i). Erfasst wird nach der ausdrücklichen Regelung in Art. 3 Abs. 3 aber nicht nur das durch die gemeinsame FuE erzielte Know-how, sondern auch „Background-Know-how", das schon vorher bei einem der FuE-Partner vorhanden war. Der Begriff „unerlässlich" ist demgegenüber nicht definiert. Richtigerweise wird man im vorliegenden Zusammenhang Know-how als „unerlässlich" anzusehen haben, wenn die Verwertung des erarbeiteten Wissens ohne dieses Know-how nicht möglich wäre. Zu „Background-Know-how", das für die Verwertung lediglich „hilfreich" oder „nützlich" ist, muss der FuE-Partner, der hierüber verfügt, folglich keinen Zugang gewähren.[50] Letztlich soll verhindert werden, dass ein Partner der FuE-Vereinbarung auf Grund seines Vorwissens die Verwertung durch den anderen Partner blockieren kann.[51] Durch Art. 1 Abs. 1 lit. g FuE-GVO ist klargestellt, dass im Rahmen von Art. 3 Abs. 3 die „selbständige Verwertung" auch bei einer Lizenzvergabe an Dritte gegeben ist. In Bezug auf Art. 1 Abs. 3 lit. b der Verordnung Nr. 418/85 wurde dies **41**

[46] *Fuchs,* in: Immenga/Mestmäcker, 5. Auflage, VO (EU) 1217/2010, Art. 3, Rn 6.
[47] Vgl. dazu Erwägungsgrund 14 der Vorgängerverordnung; kritisch *Fuchs,* in: Immenga/Mestmäcker, 5. Auflage, VO (EU) 1217/2010 Art. 3, Rn. 7.
[48] *Fuchs,* in: Immenga/Mestmäcker, 5. Auflage, VO (EU) 1217/2010, Art. 3, Rn 8; *Bechtold/Bosch/Brinker/Hirsbrunner,* Art. 3 VO 2659/2000, Rn. 2; *Leupold,* in: Schulte/Just Kartellrecht, Art. 3 F&E-GVO, Rn. 4.
[49] Vgl. auch *Bahr/Loest,* EWS 2002, 266.
[50] *Schödermeier/Wagner,* in: GK, 4. Aufl. Teil III, Art. 2 VO(EWG) Nr. 418/85, Rn. 15.
[51] *Korah,* S. 27.

noch bestritten.[52] In Frage gestellt wurde früher auch, ob bei dem Begriff der selbständigen Verwertung das Herstellenlassen bei einem Dritten durch einen Kooperationspartner umfasst ist.[53] Richtigerweise wird man auch diese Form der Verwertung als ausreichend ansehen müssen, da es keinen Unterschied machen kann, wie der selbständig verwertende Kooperationspartner vorgeht.[54]

42 Im Gegensatz zu Art. 3 Abs. 3 betrifft Abs. 4 den Fall der FuE mit **gemeinsamer Verwertung.** Insoweit wird – wie auch schon bei der Vorgängerverordnung – die Voraussetzung aufgestellt, dass die gemeinsame FuE-Verwertung qualifizierte technische Kenntnisse betreffen muss, d. h. solche, die durch geistige Eigentumsrechte geschützt sind oder als Know-how zu qualifizieren sind.[55] Es reicht somit nicht aus, dass die FuE-Ergebnisse nur ganz allgemein den technischen und wirtschaftlichen Fortschritt fördern.

43 Die weitere Voraussetzung, nach der die FuE-Ergebnisse für die Herstellung der Vertragserzeugnisse/die Anwendung der Vertragstechnologien **„unerlässlich"** sein müssen, beruht auf der Erwägung der Kommission, dass nur dann die gruppenweise Freistellung der gemeinsamen Verwertung und die hieraus resultierenden zusätzlichen Wettbewerbsbeschränkungen zu rechtfertigen ist.[56] Im Unterschied zur Vorgängerverordnung, nach der die Ergebnisse für die Herstellung der Vertragsprodukte bzw. Anwendung der Vertragsverfahren „von entscheidender Bedeutung" sein mussten, wurde das entsprechende Kriterium folglich nur geringfügig modifiziert, allerdings, was sehr zu begrüßen ist, terminologisch an die Regelung des Art. 101 Abs. 3 lit. a AEUV angepasst, nach der nur solche wettbewerblichen Beschränkungen von der Einzelfreistellung profitieren können, die (für die Verwirklichung der in Art. 101 Abs. 3 genannten Ziele) unerlässlich sind. Für die Auslegung des Terminus „unerlässlich" kann daher auf die vorhandene Entscheidungspraxis zu Art. 101 Abs. 3 zurückgegriffen werden. Zu begrüßen ist ebenfalls, dass die Kommission bei der Neufassung der FuE-GVO darauf verzichtet hat, wie in der Vorgängerverordnung, weitere Anforderungen an die Verwertung von Know-how zu stellen. Gem. Art. 3 Abs. 4 a. F. konnte nur solches Know-how Gegenstand der gemeinsamen Verwertung sein, das „wesentlich zum technischen und wirtschaftlichen Fortschritt beiträgt". Die Beurteilung, ob diese Voraussetzung im Einzelfall gegeben war, gestaltete sich in der Praxis häufig als schwierig.[57] Nunmehr ist eine gemeinsame Verwertung von Know-how – ebenso wie von Arbeitsprodukten, die von geistigen Eigentumsrechten geschützt sind – dann zulässig, wenn es/diese im oben beschriebenen Sinne für die Herstellung der Arbeitsprodukte oder Anwendung der Vertragstechnologien unerlässlich ist.

Während die Vorgänger-GVO Vereinbarungen über Verwertungsrechte freistellte, wenn sich diese auf einen bestimmten Anwendungsbereich bezogen und die Parteien bei Abschluss der FuE-Vereinbarung keine Wettbewerber waren, nimmt die aktuelle FuE-GVO keinen Bezug mehr zu diesen möglichen *field-of-use-restrictions.* Dadurch stellt die Kommission klar, dass Nutzungsbeschränkungen bei FuE-Vereinbarungen grundsätzlich sowohl zwischen Nichtwettbewerbern, als auch zwischen Wettbewerbern möglich sind.[58]

44 Art. 3 Abs. 5 betrifft den Fall der „Spezialisierung im Rahmen der Verwertung" im Sinne von Art. 1 Abs. 1 lit. o als Unterfall der gemeinsamen Verwertung. Wollen die FuE-Partner bei der gemeinsamen Verwertung diesen Weg beschreiten, muss sichergestellt sein, dass der herstellende Partner alle anderen FuE-Partner entsprechend ihrer Bestellungen beliefert. Hintergrund der Regelung ist die Sorge, dass der herstellende FuE-Partner die Herstellungsfunktion dazu nutzen könnte, sich im Wettbewerb mit den anderen Partnern

---

[52] *Korah,* S. 27; *Wiedemann,* GVO Bd. I, Art. 2 GVO Nr. 418/85, Rn. 12.
[53] Differenzierend *Wiedemann,* GVO Bd. I, Art. 2 GVO Nr. 418/85, Rn. 12.
[54] *Schödermeier/Wagner,* in: GK, 4. Aufl., Teil III. Art. 2 VO(EWG) Nr. 418/85, Rn. 19.
[55] *Fuchs,* in: Immenga/Mestmäcker, 5. Auflage, VO (EU) 1217/2010, Art. 3 Rn 10.
[56] Erwägungsgrund 11.
[57] *Fuchs,* in: Immenga/Mestmäcker, 5. Auflage, VO (EU) 1217/2010, Art. 3, Rn. 11.
[58] *Besen/Slobodenjuk,* GRUR 2011, 300 (303).

auf nachgelagerten Produktmärkten, also insbesondere beim Vertrieb der Vertragsprodukte Vorteile zu verschaffen. Folgerichtig findet Art. 3 Abs. 5 keine Anwendung, wenn die FuE-Kooperation die Vergemeinschaftung des Vertriebs umfasst. Gleiches gilt für den Fall, dass die Parteien vereinbart haben, dass nur die Partei, die die Vertragsprodukte herstellt, diese auch vertreiben darf.[59] In dem erstgenannten Fall ist ohnehin gewährleistet, dass sämtliche FuE-Partner von der Verwertung der Ergebnisse profitieren. In dem zuletzt genannten Fall tritt der nicht herstellende Partner mit dem anderen Partner auf dem nachgelagerten Vertriebsmarkt gar nicht in Wettbewerb, weshalb eine Lieferverpflichtung ebenfalls keinen Sinn machen würde.[60]

Artikel 4 (Marktanteilsschwelle und Freistellungsdauer)

(1) **Sind die Parteien keine Wettbewerber, so gilt die Freistellung nach Artikel 2 für die Dauer der Forschung und Entwicklung. Werden die Ergebnisse gemeinsam verwertet, so gilt die Freistellung weiter sieben Jahre ab dem Tag des ersten Inverkehrbringens der Vertragsprodukte oder Vertragstechnologien im Binnenmarkt.**

(2) **Sind zwei oder mehr Parteien Wettbewerber, so gilt die Freistellung nach Artikel 2 nur dann für den in Absatz 1 des vorliegenden Artikels genannten Zeitraum, wenn zum Zeitpunkt des Abschlusses der Forschungs- und Entwicklungsvereinbarung**

a) im Falle einer Forschungs- und Entwicklungsvereinbarung im Sinne von Artikel 1 Absatz 1 Buchstabe a Ziffer i, ii oder iii der gemeinsame Anteil der Parteien an den relevanten Produkt- und Technologiemärkten höchstens 25 % beträgt oder

b) im Falle einer Forschungs- und Entwicklungsvereinbarung im Sinne von Artikel 1 Absatz 1 Buchstabe a Ziffer iv, v oder vi der gemeinsame Anteil der finanzierenden Partei und aller Parteien, mit denen die finanzierende Partei Forschungs- und Entwicklungsvereinbarungen über dieselben Vertragsprodukte oder Vertragstechnologien geschlossen hat, an den relevanten Produkt- und Technologiemärkten höchstens 25 % beträgt.

(3) **Nach Ablauf des in Absatz 1 genannten Zeitraums gilt die Freistellung solange weiter, wie der gemeinsame Anteil der Parteien an den relevanten Produkt- und Technologiemärkten 25 % nicht überschreitet.**

1. Allgemeines

Die bereits unter der Vorgängerverordnung bestehende Marktanteilsschwelle von 25 % für FuE-Vereinbarungen unter Wettbewerbern wurde auch in der aktuellen FuE-GVO beibehalten. Bezugspunkt der 25 %-Schwelle ist entsprechend der Definition des Wettbewerberbegriffs in Art. 1 Abs. 1 lit. s der Markt des Produkts bzw. der Technologie, welches/welche durch das Vertragsprodukt bzw. die Vertragstechnologie verbessert oder ersetzt werden kann, d. h. der gegenwärtige Produkt- und Technologiemarkt. Für eine Freistellung nach Abschluss der FuE-Arbeiten, d. h. im Verwertungsstadium, ist demgegenüber der Markt der Vertragsprodukte bzw. der Vertragstechnologien, d. h. aus der *ex-ante* Perspektive bei Abschluss der FuE-Vereinbarung der künftige Produkt-[61] bzw. Technologiemarkt, der Bezugspunkt. 45

Neu ist die in Art. 4 Abs. 2 vorgenommene Differenzierung zwischen FuE-Vereinbarungen im Sinne von Art. 1 Abs. 1 lit. a Ziff. i)–iii) und solchen im Sinne von Ziff. iv)–vi) (Auftragsforschung), die den Anwendungsbereich der GVO, der nun ausdrücklich auch 46

[59] *Traugott,* in: Liebscher/Flohr/Petsche § 10 Forschung und Entwicklung (Verordnung (EU) Nr. 1217/2010) Rn. 41; *Fritzsche,* EuZW 2011, 208 (209).

[60] *Fuchs,* in: Immenga/Mestmäcker, 5. Auflage, VO (EU) 1217/2010, Art. 4, Rn. 12.

[61] *Fuchs,* in: Immenga/Mestmäcker, 5. Auflage, VO (EU) 1217/2010, Art. 4, Rn. 3.

die Auftragsforschung in den verschiedenen Varianten (d. h. mit oder ohne gemeinsame Verwertung bzw. auf eine gemeinsame Verwertung beschränkt) widerspiegelt, erweitert.

47 Bei der Freistellungsdauer wird weiterhin grundsätzlich unterschieden zwischen Vereinbarungen konkurrierender Unternehmen und solchen, die von Nichtwettbewerbern abgeschlossen werden. Dem Begriff „Wettbewerber" kommt damit für die Freistellungsdauer eine zentrale Bedeutung zu. Insoweit ist die Definition in Art. 1 Abs. 1 lit. r heranzuziehen.[62]

2. FuE-Zusammenarbeit zwischen Nichtwettbewerbern

48 Die **reine FuE-Zusammenarbeit zwischen Nichtwettbewerbern** erfüllt in der Regel schon nicht den Verbotstatbestand des Art. 101 Abs. 1 AEUV.[63] Unabhängig davon wird durch Art. 4 Abs. 1 klargestellt, dass die Freistellungsdauer auf jeden Fall den Zeitraum der FuE-Zusammenarbeit umfasst und – soweit die Vertragsparteien eine gemeinsame Verwertung beabsichtigen – einen weiteren Zeitraum von 7 Jahren, beginnend mit dem Tag des ersten Inverkehrbringens der Vertragsprodukte (Art. 1 Abs. 1 lit. f) im Binnenmarkt. Dadurch sollen die Vertragsparteien in die Lage versetzt werden, eine Amortisierung der Investitionen zu erreichen, die sie im Hinblick auf die Forschung und Entwicklung getätigt haben.

49 Durch Art. 4 Abs. 3 wird die Freistellungsdauer im Falle der gemeinsamen Verwertung über den 7-Jahres-Zeitraum ausgedehnt, solange die Vertragsparteien in den relevanten Produkt- und Technologiemärkten keinen gemeinsamen Anteil erreichen, der 25% überschreitet. Die Vertragsparteien tragen dabei das Risiko der Selbsteinschätzung, ob sie sich bei fortgesetzter Zusammenarbeit im Rahmen der gemeinsamen Verwertung noch innerhalb eines Marktanteilsbereichs bewegen, der die Freistellung erhält, oder aber schon einen gemeinsamen Marktanteil erreicht haben, der dazu führt, dass die Freistellungswirkung entfällt. Dieses Risiko ist nicht unbeträchtlich angesichts der häufig bestehenden Unsicherheiten bei der Bestimmung des relevanten Marktes und der Ermittlung des eigenen Marktanteils.[64]

3. FuE-Zusammenarbeit zwischen Wettbewerbern

50 Stehen zwei oder mehrere **Vertragspartner** in einem **aktuellen oder potenziellen Wettbewerbsverhältnis** im relevanten Markt derjenigen Produkte, die durch das Vertragsprodukt oder die Vertragstechnologie verbessert oder ersetzt werden können, so ist gemäß Art. 4 Abs. 2 danach zu differenzieren, welcher Art die avisierte FuE-Vereinbarung sein wird.

51 Im Falle einer FuE-Vereinbarung im Sinne von Art. 1 Abs. 1 lit. a Ziff. i)–iii) gilt Folgendes: Erreichen die konkurrierenden Vertragspartner in dem Markt der Produkte, die durch das Vertragsprodukt oder die Vertragstechnologie verbessert oder ersetzt werden sollen, einen gemeinsamen Marktanteil von mehr als 25% zum Zeitpunkt des Vertragsabschlusses, scheidet eine Freistellung nach der GVO von vornherein aus. Unterschreitet der gemeinsame Marktanteil der Vertragsparteien diesen Schwellenwert, gilt die gleiche Freistellungsdauer wie bei nicht-konkurrierenden Partnern einer FuE-Zusammenarbeit (d. h. für die Dauer der reinen FuE sowie – im Falle der gemeinsamen Verwertung – für weitere 7 Jahre). Hintergrund der Marktanteilsschwellenregelung ist die Überlegung, dass es ab einer gewissen Marktstärke der Vertragspartner wettbewerblich unerwünscht ist, dass Konkurrenten bei der Forschung und Entwicklung und möglicherweise sogar bei der Verwertung kooperieren, statt selbständig derartige Aktivitäten zu entfalten. Bei einer FuE-

[62] Vgl. Art. 1 Rn. 18.
[63] *Backhaus,* GRUR Int. 2005, 366; *Besen/Slobodenjuk,* GRUR 2011, 300.
[64] *Fuchs,* in: Immenga/Mestmäcker, 5. Auflage, VO (EU) 1217/2010, Art. 4, Rn. 18.

Zusammenarbeit zwischen aktuellen oder potenziellen Wettbewerbern, die die Voraussetzungen für eine Freistellung nach Art. 4 Abs. 2 erfüllen, erfolgt unter den Voraussetzungen des Art. 4 Abs. 3 auch eine Ausdehnung der Freistellungsdauer über den 7-jährigen Verwertungszeitraum hinaus.[65]

Im Falle einer FuE-Vereinbarung im Sinne des Art. 1 Abs. 1 lit. a Ziff. iv)–vi), d. h. einer FuE-Vereinbarung, die eine sog. Auftragsforschung zum Gegenstand hat, gilt demgegenüber Folgendes: Auch in dieser Konstellation gilt die Marktanteilsschwelle von 25%, die von den Kooperationspartnern zum Zeitpunkt des Vertragsabschlusses nicht überschritten werden darf. Allerdings müssen bei der Ermittlung und Berechnung der Marktanteile neben den Anteilen, die auf die Kooperationspartner (und die mit ihnen verbundenen Unternehmen) entfallen, auch die Anteile aller anderen Parteien, mit denen die finanzierende (und nicht selbst forschende) Partei FuE-Vereinbarungen über dieselben Vertragsprodukte oder Vertragstechnologien geschlossen hat, einbezogen werden.[66] Der Sinn und Zweck einer solchen kumulierten Marktanteilsbetrachtung erschließt sich aus Erwägungsgrund 17 der FuE-GVO. Danach besteht in Konstellationen, in denen eine Partei mehrere, von Wettbewerbern durchgeführte FuE-Projekte finanziert, die dieselben Vertragsprodukte oder Vertragstechnologien betreffen, die Gefahr einer Marktverschließung. Vor diesem Hintergrund soll der Vorteil der Gruppenfreistellung gem. Art. 2 nach dem Willen der Kommission FuE-Vereinbarungen zur Auftragsforschung nur zuteilwerden, wenn im Falle konkurrierender FuE-Projekte der finanzierenden Partei die auf diese entfallenden Marktanteile in Summe 25% nicht überschreiten. 52

Artikel 5 (Kernbeschränkungen)

Die Freistellung nach Artikel 2 gilt nicht für Forschungs- und Entwicklungsvereinbarungen, die unmittelbar oder mittelbar, für sich allein oder in Verbindung mit anderen Umständen, auf die die Parteien Einfluss haben, einen der folgenden Zwecke verfolgen:

a) die Beschränkung der Freiheit der Parteien, eigenständig oder in Zusammenarbeit mit Dritten Forschung und Entwicklung in einem Bereich, der mit dem Bereich der Forschungs- und Entwicklungsvereinbarung nicht zusammenhängt, oder aber nach Abschluss der gemeinsamen Forschung und Entwicklung oder der Auftragsforschung und -entwicklung im Bereich der Forschungs- und Entwicklungsvereinbarung oder in einem damit zusammenhängenden Bereich zu betreiben;

b) die Beschränkung von Produktion oder Absatz, ausgenommen

i) die Festlegung von Produktionszielen, wenn die gemeinsame Verwertung der Ergebnisse die gemeinsame Herstellung der Vertragsprodukte umfasst,

ii) die Festlegung von Absatzzielen, wenn die gemeinsame Verwertung der Ergebnisse den gemeinsamen Vertrieb der Vertragsprodukte oder die gemeinsame Erteilung von Lizenzen für die Vertragstechnologien im Sinne von Artikel 1 Absatz 1 Buchstabe m Ziffer i oder ii umfasst,

iii) Verhaltensweisen, die eine Spezialisierung im Rahmen der Verwertung darstellen, und

iv) die Beschränkung der Freiheit der Parteien, während des Zeitraums, für den die Parteien die gemeinsame Verwertung der Ergebnisse vereinbart haben, mit den Vertragsprodukten oder Vertragstechnologien im Wettbewerb stehende Produkte, Technologien oder Verfahren herzustellen, zu verkaufen, abzutreten oder Lizenzen dafür zu erteilen;

c) die Festsetzung der Preise für den Verkauf der Vertragsprodukte oder der Gebühren für die Erteilung von Lizenzen für die Vertragstechnologien an Dritte, ausge-

[65] *Gehring/Mäger,* DB 2011, 389 (403).

[66] *Braun,* in: Langen/Bunte Bd. 2, Nach Art. 101 B. Horizontale Kooperationsformen, Rn. 156.

nommen die Festsetzung der Preise für direkte Abnehmer und die Festsetzung der Lizenzgebühren für direkte Lizenznehmer, wenn die gemeinsame Verwertung der Ergebnisse den gemeinsamen Vertrieb der Vertragsprodukte oder die gemeinsame Erteilung von Lizenzen für die Vertragstechnologien im Sinne von Artikel 1 Absatz 1 Buchstabe m Ziffer i oder ii umfasst;

d) die Beschränkung des Gebiets oder der Kundengruppe, in dem oder an die die Parteien passiv die Vertragsprodukte verkaufen oder Lizenzen für die Vertragstechnologien erteilen dürfen, ausgenommen die Verpflichtung, Lizenzen für die Ergebnisse ausschließlich einer anderen Partei zu erteilen;

e) die Verpflichtung, die Vertragsprodukte oder Vertragstechnologien nicht oder nur in beschränktem Umfang aktiv in Gebieten oder an Kunden zu verkaufen, die einer der Parteien nicht im Wege der Spezialisierung im Rahmen der Verwertung ausschließlich zugewiesen sind;

f) die Verpflichtung, Aufträge von Kunden abzulehnen, die in dem Gebiet der jeweiligen Partei ansässig sind, oder von Kunden, die im Wege der Spezialisierung im Rahmen der Verwertung einer anderen Partei zugewiesen sind und die die Vertragsprodukte in anderen Gebieten innerhalb des Binnenmarkts vermarkten würden;

g) die Verpflichtung, Nutzern oder Wiederverkäufern den Bezug der Vertragsprodukte von anderen Wiederverkäufern auf dem Binnenmarkt zu erschweren.

1. Allgemeines

53 Art. 5 enthält die sog. **Schwarze Liste** und folgt damit einer Regelungssystematik, die die Kommission auch in anderen GVOen (Technologietransfer-, Vertikal-GVO) verwendet hat.[67] Dem liegt die Betrachtungsweise zu Grunde, dass bestimmte, als besonders schwerwiegend angesehene Beschränkungen *per se* nicht freistellungsfähig sind. Entsprechend dem sog. „Alles-oder-Nichts-Prinzip" führt die Aufnahme auch nur einer einzigen schwarz gelisteten Beschränkung in eine FuE-Vereinbarung nach Auffassung der Kommission und wohl auch des Europäischen Gerichtshofes – mit seltenen Ausnahmen –[68] zur generellen Nichtanwendbarkeit der gesamten GVO.[69]

2. Unzulässige Klauseln

54 Systematisch lässt sich die Liste der Kernbeschränkungen des Art. 5 in **drei Gruppen** unterteilen: Generell unzulässige Beschränkungen, Beschränkungen, die nur bei einer reinen FuE-Zusammenarbeit unzulässig sind, und schließlich solche Beschränkungen, die eine FuE-Kooperation mit gemeinsamer Verwertung betreffen.

55 Zu den generell unzulässigen Beschränkungen zählen Art. 5 lit. a und g. Die unter der Vorgängerverordnung noch schwarz gelisteten Nichtangriffsklauseln hinsichtlich gewerblicher Schutzrechte für die Zeit nach Beendigung der FuE-Zusammenarbeit (Art. 5 lit. b a. F.), werden jetzt in Art 6 lit. a als sogenannte „graue" Klauseln eingeordnet. Als „graue Klauseln" profitieren die entsprechenden Klauseln nicht von der gruppenweisen Freistellung gem. Art. 2, sondern können lediglich auf dem Wege der Einzelfreistellung gem. Art. 101 Abs. 3 AEUV von der Anwendung des Kartellverbots freigestellt werden. Im Unterscheid zu den sog. Kernbeschränkungen gem. Art. 5 führt ihre Verwendung jedoch nicht zur Unanwendbarkeit der FuE GVO insgesamt.

56 Klauselverbote betreffend eine FuE-Kooperation mit gemeinsamer Verwertung finden sich in lit. d und lit. e. Demnach sind Beschränkungen des Passivvertriebs (lit. d), sowie des

[67] *Vogel,* GVO-Allgemeines, Rn. 24 ff.; *Baron,* Vert-GVO-Einführung, Rn. 28; *Schweda,* Art. 4 TT-GVO, Rn. 167.

[68] *Fuchs,* in: Immenga/Mestmäcker, 5. Auflage, VO (EU) 1217/2010, Art. 5, Rn. 1.

[69] Vgl. Art. 2 Rn. 33, dort Fn. 39; *Schubert,* NZKart 2013, 278 (279).

Aktivvertriebs (lit. e) grundsätzlich verboten. Aber auch die lit. b, c und f behandeln u. a. Klauseln bei FuE-Kooperation mit gemeinsamer Verwertung.

a) Generell unzulässige Klauseln. Art. 5 lit. a verbietet die Einschränkung der Freiheit der Vertragsparteien, einerseits während der andauernden FuE-Zusammenarbeit in Bereichen, die nicht unmittelbar mit dem Bereich der FuE-Vereinbarung zusammenhängen, oder andererseits – nach Abschluss der gemeinsamen FuE – in dem vertragsgegenständlichen Bereich oder damit zusammenhängenden Bereichen[70] FuE-Aktivitäten zu entfalten. Damit soll sichergestellt werden, dass die FuE-Kooperation nicht zur Vereinbarung weitgehender Wettbewerbsverbote genutzt wird, die zu einer Verringerung von FuE- und Innovationstätigkeiten führen würde.[71] Gegenüber der entsprechenden Regelung in der Vorgängerverordnung wurde der Wortlaut des Art. 5 lit. a dahingehend verändert, dass sich ein Wettbewerbsverbot während der FuE-Phase ausnahmsweise auch auf benachbarte Bereiche beziehen darf, sofern diese in einem Zusammenhang mit dem Bereich der gemeinsamen FuE stehen.[72] Dies ergibt sich aus einem Umkehrschluss aus Art. 5 lit. a. 57

Nach Art. 5 lit. g steht die FuE-Vereinbarung generell nicht in Einklang mit der GVO, wenn einem oder mehreren Vertragspartnern die Verpflichtung auferlegt wird, Nutzern oder Wiederverkäufern den Bezug der Vertragsprodukte von anderen Wiederverkäufern auf dem Binnenmarkt zu erschweren. Wenn durch die GVO in gewissem Umfang Wettbewerbsbeschränkungen in Bezug auf die Vertragsparteien hingenommen werden, so soll jedenfalls auf der Ebene der Abnehmer der Vertragspartner keine weitere Einschränkung des Wettbewerbs, insbesondere in Form einer festen Zuordnung bestimmter Märkte an bestimmte Vertragspartner, stattfinden. Im Verhältnis zur Vorgängerregelung in Art. 5 Abs. 1 lit. j wurde das Regelbeispiel, „insbesondere geistige Eigentumsrechte geltend zu machen oder Maßnahmen zu ergreifen, um die Nutzer oder Wiederverkäufer daran zu hindern, rechtmäßig in der Gemeinschaft in den Verkehr gebrachte Produkte zu beziehen oder anderweitig in den Verkehr zu bringen", gestrichen. Gleichwohl werden entsprechende Klauseln weiterhin von Art. 5 lit. g erfasst.[73] 58

b) Unzulässige Klauseln bei reiner FuE-Zusammenarbeit. Gemäß Art. 5 lit. b stellt jede Form der Beschränkung der Produktion und des Absatzes grundsätzlich eine im Falle der reinen FuE-Zusammenarbeit unzulässige Beschränkung dar. Die wettbewerbsrechtliche Logik besteht darin, dass bei einer auf die reine FuE-Zusammenarbeit beschränkten Kooperation die Vertragsparteien nach Beendigung der FuE-Phase hinsichtlich der Produktion und des Absatzes der Vertragsprodukte keinerlei Beschränkungen unterworfen werden sollen. Etwas anderes gilt nur dann, wenn die Vertragspartner auch die Verwertung gemeinsam durchführen. Dies folgt aus den Ausnahmen in Art. 5 lit. b i)–iv), die in i) und ii) inhaltlich der Vorgängerregelung in Art. 5 Abs. 2 VO 2659/2000 entsprechen. 59

Aus derselben wettbewerbsrechtlichen Überlegung heraus verbietet Art. 5 lit. c 1. Hs. die Festsetzung der Preise für den Verkauf der Vertragsprodukte an Dritte. Art. 5 lit. c 2. Hs. sieht indes eine Ausnahme von diesem Verbot für den Fall vor, dass die gemeinsame Verwertung der Ergebnisse den gemeinsamen Vertrieb der Vertragsprodukte oder die gemeinsame Erteilung von Lizenzen für die Vertragstechnologien im Sinne des Art. 1 lit. m Ziffer i) oder ii) umfasst, die gemeinsame Verwertung also von einem gemeinsamen Team, einer Organisation oder einem Gemeinschaftsunternehmen bzw. über die Betrauung eines gemeinsam bestimmten Dritten durchgeführt wird.[74] 60

---

[70] *Bahr/Loest,* EWS 2002, 267 weisen zutreffend darauf hin, dass offen bleibt, was mit dem Begriff „Bereich" gemeint sein soll.

[71] *Pautke/Schultze,* ZWeR 2014, 417, 431.

[72] *Liebscher/Flohr/Petsche,* § 10 Forschung und Entwicklung, Rn. 54.

[73] *Fuchs,* in: Immenga/Mestmäcker, 5. Auflage, VO (EU) 1217/2010, Art. 5, Rn. 21.

[74] *Schubert,* NZKart 2013, 278, 283.

61 **c) Unzulässige Klauseln bei FuE-Zusammenarbeit mit gemeinsamer Verwertung.** Nach Art. 5 lit. e dürfen bei einer FuE-Kooperation mit gemeinsamer Verwertung die Vertragspartner grundsätzlich **keinerlei** Beschränkungen **des Aktivvertriebs,** d. h. bei der Auswahl der von ihnen zu beliefernden Kunden oder Gebiete ausgesetzt sein. Eine Kunden- oder Gebietsaufteilung zwischen den Vertragsparteien ist nur soweit zulässig, als es um Gebiete oder Kunden geht, die dem jeweils anderen Vertragspartner im Wege der Spezialisierung im Rahmen der Verwertung ausschließlich zugewiesen sind. Die mögliche Beschränkung des Aktivvertriebs im Rahmen der Spezialisierung geht damit über die mögliche Beschränkung des Passivvertriebs, Art. 5 lit. d, hinaus.[75] Im Unterschied zu der entsprechenden Regelung des Art. 5 lit. g a. F., die erst nach Ablauf der in Art. 4 Abs. 1 und 2 geregelten siebenjährigen Verwertungsphase anwendbar war, gilt das Verbot von Kunden- oder Gebietsbeschränkungen gem. Art. 5 lit. e von Anfang an.[76]

62 Haben sich die Vertragsparteien im Rahmen der gemeinsamen Verwertung bestimmte Gebiete im Verhältnis zueinander vorbehalten, was gemäß Art. 5 lit. e grundsätzlich zulässig ist, dürfen indes nach Art. 5 lit. d sog. **Passivverkäufe nicht beschränkt** werden. Eine solche Beschränkung von Passivverkäufen würde eine verbotene Kernbeschränkung darstellen. Unter passivem Verkauf wird dabei entsprechend der allgemeinen Terminologie der Kommission ein Verkauf verstanden, der nicht aktiv durch Werbung oder andere Promotion-Maßnahmen herbeigeführt worden ist, sondern auf Anfrage eines Kunden aus einem Gebiet zustande kommt, das einem anderen Vertragspartner oder einem Dritten zugewiesen worden ist.[77] Eine Ausnahme von dem Verbot der Beschränkung von Passivverkäufen gilt lediglich für die grundsätzlich mögliche Verpflichtung, Lizenzen für die Ergebnisse der FuE-Anstrengungen **ausschließlich** einer anderen an der Kooperation beteiligten Partei zu erteilen (Art. 5 lit. d 2. Hs.). Dies bedeutet, dass eine passiv angefragte Lizenz eines potenziellen Kundens u. U. deshalb nicht gewährt werden kann, weil sie nur einem Kooperationspartner erteilt werden darf bzw. als ausschließliche Lizenz erteilt wurde.[78]

63 Art. 5 lit. f verbietet Beschränkungen von sog. **Parallelimporten,** d. h. Beschränkungen, die die FuE-Partner dazu verpflichten, Aufträge von Kunden abzulehnen, die in dem Gebiet der jeweiligen Partei ansässig sind, oder von Kunden, die im Wege der Spezialisierung im Rahmen der Verwertung einer anderen Partei zugewiesen sind **und die die Vertragsprodukte in anderen Gebieten innerhalb des Binnenmarktes vermarkten würden.** Die Regelung des Art. 5 lit. f ersetzt die Regelung des. Art. 5 Abs. 1 lit. i) der Vorgängerverordnung.

Artikel 6 (Nicht freigestellte Beschränkungen)

Die Freistellung nach Artikel 2 gilt nicht für die folgenden Verpflichtungen in Forschungs- und Entwicklungsvereinbarungen:

a) die Verpflichtung, nach Abschluss der Forschung und Entwicklung die Gültigkeit von Rechten des geistigen Eigentums, die die Parteien im Binnenmarkt innehaben und die für die Forschung und Entwicklung von Bedeutung sind, nicht anzufechten oder nach Ablauf der Forschungs- und Entwicklungsvereinbarung die Gültigkeit von Rechten des geistigen Eigentums, die die Parteien im Binnenmarkt innehaben und die die Ergebnisse der Forschung und Entwicklung schützen, nicht anzufechten; dies gilt unbeschadet der Möglichkeit, für den Fall, dass eine der Parteien die Gültigkeit solcher Rechte des geistigen Eigentums anficht, die Kündigung der Forschungs- und Entwicklungsvereinbarung vorzusehen;

---

[75] *Kunzmann,* Mitt. Heft 10/2012, 441 (445).

[76] *Leupold,* in: Schulte/Just, Kartellrecht, Art. 5 F&E-GVO, Rn. 15; *Gutermuth,* WuW 2012, 237 (244).

[77] *Schubert,* NZKart 2013, 278, 282 zur Frage der Abgrenzung des „aktiven „und „passiven" Verkaufs.

[78] Vgl. *Fuchs,* in: Immenga/Mestmäcker, 5. Auflage, VO (EU) 1217/2010, Art. 5, Rn. 16.

b) die Verpflichtung, Dritten keine Lizenzen für die Herstellung der Vertragsprodukte oder für die Anwendung der Vertragstechnologien zu erteilen, sofern nicht die Verwertung der Ergebnisse der gemeinsamen Forschung und Entwicklung oder der Auftragsforschung und -entwicklung durch mindestens eine der Parteien in der Vereinbarung vorgesehen ist und im Binnenmarkt gegenüber Dritten erfolgt.

1. Allgemeines

Art. 6 wurde neu in die FuE-GVO aufgenommen. Er regelt sog. „graue Klauseln",[79] **64** d. h. Klauseln, die nicht von der gruppenweisen Freistellung des Art. 2 profitieren, deren Verwendung in einer FuE-Vereinbarung aber die Anwendung der FuE-GVO im Übrigen unberührt lässt. Die in Art. 6 lit. a und b geregelten Klauseln führen daher, anders als die unter Art. 5 geregelten Kernbeschränkungen, nicht zur Unanwendbarkeit der gesamten FuE-GVO. Ob diese Klauseln nach Art. 101 Abs. 3 AEUV freigestellt werden können, muss im Einzelfall auf dem Wege der Selbsteinschätzung überprüft werden. Der Umstand, dass sie gem. Art. 6 grau gelistet sind, führt nicht zu einer Vermutung ihrer Rechtswidrigkeit.[80]

Die in Art. 6 geregelten Klauseln betreffen sog. Nichtangriffsklauseln (lit. a) sowie Be- **65** schränkungen bzgl. der Lizenzvergabe an Dritte (lit. b). Wie bereits oben unter Art. 5 ausgeführt wurde, handelt es sich bei den entsprechenden Klauseln um Klauseln, die in der Vorgängerverordnung noch schwarz gelistet waren.

2. Art. 6 lit. a

Die Vertragsparteien sollen ungeachtet ihrer gemeinsamen FuE frei bleiben, Schutzrech- **66** te des anderen Vertragspartners anzugreifen. Eine vertragliche Regelung, die diese Freiheit der Parteien beschränkt, kann gem. Art. 6 lit. a nicht von der Freistellungswirkung des Art. 2 profitieren. Der sachliche Anwendungsbereich der Regelung erstreckt sich sowohl auf das geistige Eigentum, das für die FuE-Tätigkeit der Parteien von Bedeutung ist, als auch auf geistige Eigentumsrechte, die die Ergebnisse der FuE-Tätigkeit selbst schützen.[81] Da ein Angriff auf Schutzrechte der anderen Partei im Zweifel dazu führt, dass das Vertrauensverhältnis zwischen den Vertragsparteien zerstört wird, sieht Art. 6 lit. a vor, dass im Falle eines durch einen Vertragspartner vorgenommenen Angriffs hinsichtlich eines Schutzrechts eines anderen Vertragspartners für Letzteren eine Kündigungsmöglichkeit im Vertrag vereinbart werden kann. Auch eine derartige Kündigungsmöglichkeit wird einen gewissen abschreckenden Effekt im Hinblick auf einen Schutzrechtsangriff haben. Sie lässt jedoch dem Vertragspartner, der einen derartigen Schutzrechtsangriff erwägt, die Freiheit, zwischen dem Vorteil eines Schutzrechtsangriffs und dem Wert der gemeinsamen FuE zu entscheiden.

3. Art. 6 lit. b

Für den Fall, dass die Zusammenarbeit der Parteien auf eine reine FuE beschränkt ist, ist **67** eine Klausel in einer FuE-Vereinbarung, nach der Dritten keine Lizenzen für die Herstellung der Vertragsprodukte oder für die Anwendung des Vertragsverfahrens erteilt werden dürfen, von der gruppenweisen Freistellung des Art. 2 ausgenommen. Mit dieser Klausel soll die Verwertung und Verbreitung der im Wege der gemeinsamen FuE gewonnen Ergebnisse sichergestellt oder zumindest gefördert werden. Für den Fall, dass die FuE-Parteien auf eine Verwertung verzichten, soll die Verwertung durch Dritte nicht unnötig

[79] Zur Begrifflichkeit *Rosenberger,* GRUR Int. 2012, 721, 732.

[80] *Gruber,* ÖZK 2011, 7 (10); *Gutermuth,* CPI Antitrust Chronicle 2011 (1) 1 (3); a. A. *Lejeune* ITRB 2012, 116 (118).

[81] *Liebscher/Flohr/Petsche,* § 10 Forschung und Entwicklung, Rn. 61.

behindert werden. Die Kommission hat die Neufassung der FuE-GVO dazu genutzt, klarzustellen, dass es im Rahmen des Art. 6 lit. b nicht ausreichend ist, dass einer der FuE-Partner nach dem Inhalt der FuE-Vereinbarung die Verwertung lediglich beabsichtigt, sondern dass auch tatsächlich eine Verwertung im Binnenmarkt erfolgen muss, damit in zulässiger Weise eine Beschränkung von Drittlizenzen erfolgen kann.[82]

Artikel 7 (Anwendung der Marktanteilsschwelle)

Für die Anwendung der Marktanteilsschwelle gemäß Artikel 4 gelten die folgenden Vorschriften:

a) Der Marktanteil wird anhand des Absatzwerts berechnet; liegen keine Angaben über den Absatzwert vor, so können zur Ermittlung des Marktanteils der Parteien Schätzungen vorgenommen werden, die auf anderen verlässlichen Marktdaten unter Einschluss der Absatzmengen beruhen.

b) Der Marktanteil wird anhand der Angaben für das vorangegangene Kalenderjahr ermittelt.

c) Der Marktanteil der in Artikel 1 Absatz 2 Unterabsatz 2 Buchstabe e genannten Unternehmen wird zu gleichen Teilen jedem Unternehmen zugerechnet, das die in Buchstabe a des genannten Unterabsatz es aufgeführten Rechte oder Befugnisse hat.

d) Beträgt der in Artikel 4 Absatz 3 genannte Marktanteil ursprünglich nicht mehr als 25 % und überschreitet er anschließend diese Schwelle, jedoch nicht 30 %, so gilt die Freistellung nach Artikel 2 im Anschluss an das Jahr, in dem die 25 %-Schwelle erstmals überschritten wurde, noch für zwei weitere aufeinander folgende Kalenderjahre.

e) Beträgt der in Artikel 4 Absatz 3 genannte Marktanteil ursprünglich nicht mehr als 25 % und überschreitet er anschließend 30 %, so gilt die Freistellung nach Artikel 2 im Anschluss an das Jahr, in dem die 30 %-Schwelle erstmals überschritten wurde, noch für ein weiteres Kalenderjahr.

f) Die in den Buchstaben d und e genannten Rechtsvorteile dürfen nicht in einer Weise miteinander verbunden werden, dass ein Zeitraum von zwei Kalenderjahren überschritten wird.

1. Allgemeines

68 Art. 7 bestimmt, wie sich der für Art. 4 so bedeutsame gemeinsame Marktanteil der Vertragspartner berechnet. Demzufolge sind Art. 4 und Art. 7 im Rahmen der Anwendung der GVO notwendigerweise verknüpft. Zu berücksichtigen sind in diesem Zusammenhang auch die mit den Vertragsparteien verbundenen Unternehmen (Art. 1 Abs. 2 lit. a–e).

2. Vorgaben für die Marktanteilsberechnung

69 Nach Art. 7 lit. a wird für die **Berechnung des Marktanteils** der Absatzwert herangezogen. Dies bedeutet, dass man für diese Berechnung zunächst das Gesamtmarktvolumen auf der Grundlage des Verkaufspreises berechnen muss, um dann ausgehend von dem Umsatz der Vertragsparteien im jeweils relevanten Markt (einerseits im Sinne von Art. 4 Abs. 2, andererseits im Sinne von Art. 4 Abs. 3 den Anteil zu ermitteln. Maßgeblich für diese Berechnung ist nach Art. 7 lit. b nicht das laufende Geschäftsjahr, sondern das diesem vorhergehende Kalenderjahr. Es kommt somit nicht auf das Geschäftsjahr des Unternehmens an. Für Gemeinschaftsunternehmen im Sinne von Art. 1 Abs. 2 lit. e trifft Art. 7 lit. c die Klarstellung, dass der Marktanteil solcher Unternehmen zu gleichen Teilen jedem der Unternehmen zugerechnet wird, die die gemeinsame Kontrolle über das Gemeinschaftsun-

[82] *Besen/Slobodenjuk,* GRUR 2011, 300 (305).

ternehmen ausüben. Beherrscht beispielsweise eine der Vertragsparteien ein Gemeinschaftsunternehmen zusammen mit einem dritten Unternehmen und ist dieses Gemeinschaftsunternehmen in einem relevanten Markt im Sinne von Art. 4 Abs. 2 oder Art. 4 Abs. 3 tätig, dann wäre dieser Vertragspartei bei einem Marktanteil des Gemeinschaftsunternehmens von 10% ein Marktanteil von 5% zuzurechnen.

Für den Fall der **gemeinsamen Verwertung** gilt nach Art. 7 lit. d folgende Regelung: **70** Ist ursprünglich (d. h. nach Auslauf des 7-jährigen Verwertungszeitraums) der gemeinsame Marktanteil der Vertragsparteien geringer als 25% und überschreitet er diese Schwelle anschließend, jedoch nur bis maximal 30%, wird die in Art. 4 Abs. 3 niedergelegte Freistellungsdauer in der Weise konkretisiert, dass trotz Überschreitung der 25%-Schwelle für das Jahr, in dem diese Überschreitung erstmalig stattfindet, sowie für die darauffolgenden zwei weiteren Kalenderjahre die Freistellung weiter gilt.

Eng mit Art. 7 lit. d verknüpft ist Art. 7 lit. e. Dieser trifft die Klarstellung, dass bei einer **71** erstmaligen **Überschreitung der 25%-Schwelle,** die über einen Marktanteil von 30% hinausgeht, die Freistellung im Sinne von Art. 4 Abs. 3 noch für das Jahr gilt, in dem diese Überschreitung der 30%-Grenze stattfindet, sowie für das nachfolgende Kalenderjahr. Durch die Klarstellung „erstmals überschritten" wird ausgeschlossen, dass es bei einem Abfall des Marktanteils unter die 25%-Schwelle innerhalb des Toleranzzeitraums nicht zum Wiederaufleben der Freistellungswirkung des Art. 4 Abs. 3 kommt.[83]

Durch Art. 7 lit. f wird klargestellt, dass die Überschreitungsregelungen der Art. 7 lit. d **72** und lit. e nicht kumuliert werden können. Maximal ist somit eine Freistellung bei Überschreitung der 25%-Schwelle für den Zeitraum zweier Kalenderjahre möglich, die dem Jahr der Überschreitung nachfolgen.

Artikel 8 (Übergangszeitraum)

Das Verbot des Artikels 101 Absatz 1 AEUV gilt in der Zeit vom 1. Januar 2011 bis zum 31. Dezember 2012 nicht für bereits am 31. Dezember 2010 in Kraft befindliche Vereinbarungen, die zwar nicht die Freistellungsvoraussetzungen dieser Verordnung, aber die Freistellungsvoraussetzungen der Verordnung (EG) Nr. 2659/2000 erfüllen.

Art. 8 sieht eine vergleichsweise großzügige Übergangsregelung von zwei Jahren für be- **73** reits in Kraft befindliche FuE-Vereinbarungen vor, die die Freistellungsvoraussetzungen der Vorgängerverordnungen erfüllten, nicht jedoch die der neuen FuE-GVO. Derartige Vereinbarungen waren noch bis zum 31.12.2012 freigestellt.

Artikel 9 (Geltungsdauer)

Diese Verordnung tritt am 1. Januar 2011 in Kraft.
Sie gilt bis zum 31. Dezember 2022.
Diese Verordnung ist in allen ihren Teilen verbindlich und gilt unmittelbar in jedem Mitgliedstaat.

(nicht kommentiert) **74**

[83] *Bahr/Loest,* EWS 2002, 265.

F. Automobilvertrieb*

Übersicht

Schrifttum: *Alcalde,* La distribution automobile: Etude juridique, Thèse, Université de Montpellier I, 2011; *Chagny,* Le nouveau cadre réglementaire européen applicable au secteur automobile: le retour au droit commun aura bien lieu, *ma non troppo!,* RLC, 2011/26, 125; *Clark und Simon,* The New Legal Framework for Motor Vehicle Distribution: a Toolkit to Deal with Real Competition Breakdowns, JECLAP, 2010, Vol. 1, No 6; *Creutzig,* Der Automobilvertrieb ab Oktober 2002, Kritische Anmerkungen zur Kfz-GVO 1400–2002, WRP 10–2002, 1124; Die neue Gruppenfreistellungsverordnung für den Kfz-Sektor, EuZW 18–2002, 560; Vertrieb und Betreuung neuer Kraftfahrzeuge im 21. Jahrhundert- Fragen und Antworten zur Kfz-GVO 1400–2002, BB n° 4216 octobre 2002, 2133; EG-Gruppenfreistellungsverordnung (GVO) für den Kraftfahrzeugsektor, 2003 504, WRP-Buch, Recht und Wirtschaft, Heidelberg; *Duflos,* Analyse économique des importations parallèles: application aux secteurs de l'automobile et des médicaments, Introduction, Concurrences, 2/2011, 1; *Genzow,* Was müssen Händler bei der Neugestaltung ihrer Verträge beachten, in DIETZ, GVO 2002 – Die neue Herausforderung im Automobilhandel, 2002; *Giroudet-Demay,* Les règles de la distribution automobile, un débat mi-clos, Jur. auto., octobre 2013, 13; *du Jardin,* Nouveau règlement d'exemption automobile: un alignement sur le règlement général, JTDE, 2010, 297; *Grams,* Zur Bedeutung der neuen EU-Gruppenfreistellungsverordnung für die Automobilzulieferindustrie, *Liebscher und Petsche Pfeffer,* Die neue Gruppenfreistellungsverordnung (EG), n° 1400–2002 für die Automobilbranche, NJW, 2002, 2910; *Junqua-Lamarque,* Quand une nouvelle fois les impératifs de l'automobile malmènent les principes de la distribution sélective, LPA, 2012, n° 252, 9; *Kileste, Hollander, Staudt,* La résiliation des concessions de vente. 50 ans d'évolution de la loi du 27 juillet 1961, Anthémis, 2011; *Maziarz,* Block exemption for sale of new motor vehicles: A major change ahead? ECLR, 2014, 63; *Roniger & Hemetsberger,* KFZVertrieb neu, Praxishandbuch zur Gruppenfreistellungsverordnung für den

* Verordnung (EU) Nr. 461/2010 der Kommission vom 27. Mai 2010 über die Anwendung von Artikel 101 Absatz 3 des Vertrags über die Arbeitsweise der Europäischen Union auf Gruppen von vertikalen Vereinbarungen und abgestimmten Verhaltensweisen im Kraftfahrzeugsektor, ABl. L 129 vom 28.5.2010, S. 52–57, am 1. Juni 2010 in Kraft getreten und gültig bis zum 31. Mai 2023.

Kfz-Sektor, Fachbuch Recht, Linde Verlag, Vienne, 2003, 488; *Selinsky,* Le prix de la réparation automobile bientôt maîtrisé? RLC, 2013/34, 25; *Van Bael und Bellis,* Competition Law of the European Community, Kluwer, 2004, 50; Commission Publishes New Block Exemption For the Motor Vehicle Sector; *J. VOGEL,* La concurrence par les mérites, la qualité, les prix et l'intérêt du consommateur, Jur. auto., octobre 2013, 16; Les „critères définis" en distribution sélective quantitative, Journ. auto., juin 2011, 44; Vers un retour de la distribution automobile au droit commun des restrictions verticales?, Concurrences, 4/2008, 64; Quel avenir juridique pour la distribution automobile ?, RLDA, 2008, n° 33; *L. und J. Vogel,* Droit de la distribution automobile II, Bilan de l'application du règlement 1400–2002, LawLex, 2006–2007; Le nouveau droit de la distribution automobile, RLDA, 2010, n° 3015; *Wachsmann,* Exemple de l'automobile et des médicaments, Concurrences, 2/2011, 6; *Wijckmans, Tuytschaever, Vanderelst,* Motor Vehicle Distribution under regulation 1400–2002; Vertical Agreements in EC Competition Law, Oxford University Press, 2006, chapter IV; *Wunderer,* Marktliberalisierung durch EU-Kartellrecht im Kfz-Vertrieb und Kundendienst, Handbuch, Auswirkungen der EU-GVO 1400/2002 auf Deutschland und Österreich, Verlag Österreich, 2007; *Zuehlke und De Stefano,* EC motor vehicle block exemption reform: are you ready for the new regime?, ECLR, 2010, Vol. 31, n° 3, 93.

Erwägungsgründe

DIE EUROPÄISCHE KOMMISSION –

gestützt auf den Vertrag über die Arbeitsweise der Europäischen Union,
gestützt auf die Verordnung Nr. 19/65/EWG des Rates vom 2. März 1965 über die Anwendung von Artikel 85 Absatz 3 des Vertrags auf Gruppen von Vereinbarungen und aufeinander abgestimmten Verhaltensweisen, insbesondere auf Artikel 1,
nach Veröffentlichung des Entwurfs dieser Verordnung,
nach Anhörung des Beratenden Ausschusses für Kartell- und Monopolfragen,
in Erwägung nachstehender Gründe:

(1) Nach der Verordnung Nr. 19/65/EWG ist die Kommission ermächtigt, Artikel 101 Absatz 3 des Vertrags über die Arbeitsweise der Europäischen Union durch Verordnung auf Gruppen von vertikalen Vereinbarungen und entsprechenden abgestimmten Verhaltensweisen anzuwenden, die unter Artikel 101 Absatz 1 AEUV fallen. Gruppenfreistellungsverordnungen gelten für vertikale Vereinbarungen, die bestimmte Voraussetzungen erfüllen, und können allgemein oder nur auf bestimmte Sektoren anwendbar sein.

(2) Die Kommission hat eine Gruppe von vertikalen Vereinbarungen definiert, die ihrer Auffassung nach in der Regel die Voraussetzungen von Artikel 101 Absatz 3 AEUV erfüllen, und hat zu deren Freistellung die Verordnung (EU) Nr. 330/2010 der Kommission vom 20. April 2010 über die Anwendung von Artikel 101 Absatz 3 AEUV auf Gruppen von vertikalen Vereinbarungen und abgestimmten Verhaltensweisen erlassen, die die Verordnung (EG) Nr. 2790/1999 der Kommission ersetzt.

(3) Für den Kraftfahrzeugsektor, der sowohl Personenkraftwagen als auch Nutzfahrzeuge umfasst, wurden seit 1985 spezifische Gruppenfreistellungsverordnungen erlassen, zuletzt die Verordnung (EG) Nr. 1400/2002 der Kommission vom 31. Juli 2002 über die Anwendung von Artikel 81 Absatz 3 des Vertrags auf Gruppen von vertikalen Vereinbarungen und aufeinander abgestimmten Verhaltensweisen im Kraftfahrzeugsektor. Die Verordnung (EG) Nr. 2790/1999 galt ausdrücklich nicht für vertikale Vereinbarungen, deren Gegenstand in den Geltungsbereich einer anderen Gruppenfreistellungsverordnung fällt. Daher fiel der Kraftfahrzeugsektor nicht in den Geltungsbereich der vorgenannten Verordnung.

(4) Die Verordnung (EG) Nr. 1400/2002 tritt am 31. Mai 2010 außer Kraft. Im Interesse der Verwaltungsvereinfachung, der Senkung der Befolgungskosten der betroffenen Unternehmen und der wirksamen Überwachung der Märkte nach Artikel 103 Absatz 2 Buchstabe b AEUV sollte für den Kraftfahrzeugsektor jedoch weiterhin eine Gruppenfreistellung gelten.

(5) Auf der Grundlage der seit 2002 mit dem Vertrieb neuer Kraftfahrzeuge, dem Vertrieb von Ersatzteilen und der Erbringung von Instandsetzungs- und Wartungsdienstleistungen für Kraftfahrzeuge gesammelten Erfahrungen lässt sich im Kraftfahrzeugsektor eine Gruppe von vertikalen Vereinbarungen definieren, bei denen die Voraussetzungen von Artikel 101 Absatz 3 AEUV in der Regel als erfüllt gelten können.

(6) Diese Gruppe umfasst vertikale Vereinbarungen über den Bezug, Verkauf oder Weiterverkauf neuer Kraftfahrzeuge, vertikale Vereinbarungen über den Bezug, Verkauf oder Weiterverkauf von Kraftfahrzeugersatzteilen und vertikale Vereinbarungen über die Erbringung von Instandsetzungs- und Wartungsdienstleistungen für Kraftfahrzeuge, die zwischen nicht miteinander im Wettbewerb stehenden Unternehmen, zwischen bestimmten Wettbewerbern oder von bestimmten Vereinigungen des Einzelhandels oder von Werkstätten geschlossen werden. Sie umfasst ferner vertikale Vereinbarungen, die Nebenabreden über die Übertragung oder Nutzung von Rechten des geistigen Eigentums enthalten. „Vertikale Vereinbarungen" sind daher so zu definieren, dass der Begriff sowohl diese Vereinbarungen als auch die entsprechenden abgestimmten Verhaltensweisen umfasst.

(7) Bestimmte Arten von vertikalen Vereinbarungen können die wirtschaftliche Effizienz innerhalb einer Produktions- oder Vertriebskette erhöhen, weil sie eine bessere Koordinierung zwischen den beteiligten Unternehmen ermöglichen. Insbesondere können sie dazu beitragen, die Transaktions- und Vertriebskosten der beteiligten Unternehmen zu verringern und deren Umsätze und Investitionen zu optimieren.

(8) Die Wahrscheinlichkeit, dass derartige effizienzsteigernde Auswirkungen stärker ins Gewicht fallen als etwaige von Beschränkungen in vertikalen Vereinbarungen ausgehende wettbewerbswidrige Auswirkungen, hängt von der Marktmacht der an der Vereinbarung beteiligten Unternehmen ab und somit von dem Ausmaß, in dem diese Unternehmen dem Wettbewerb anderer Anbieter von Waren oder Dienstleistungen ausgesetzt sind, die von ihren Kunden aufgrund ihrer Produkteigenschaften, ihrer Preise und ihres Verwendungszwecks als austauschbar oder substituierbar angesehen werden. Vertikale Vereinbarungen, die Beschränkungen enthalten, die wahrscheinlich den Wettbewerb beschränken und den Verbrauchern schaden oder die für die Herbeiführung der effizienzsteigernden Auswirkungen nicht unerlässlich sind, sollten nicht unter die Gruppenfreistellung fallen.

(9) Um den geeigneten Geltungsbereich einer Gruppenfreistellungsverordnung zu bestimmen, muss die Kommission die Wettbewerbsbedingungen in dem entsprechenden Sektor berücksichtigen. Die Schlussfolgerungen der Beobachtung des Kraftfahrzeugsektors, die im Bericht zur Bewertung der Verordnung (EG) Nr. 1400/2002 der Kommission vom 28. Mai 2008 und in der Mitteilung der Kommission – Der künftige wettbewerbsrechtliche Rahmen für den Kfz-Sektor – vom 22. Juli 2009 aufgeführt sind, ergaben, dass zwischen Vereinbarungen über den Vertrieb neuer Kraftfahrzeuge und Vereinbarungen über die Erbringung von Instandsetzungs- und Wartungsdienstleistungen und den Vertrieb von Ersatzteilen zu unterscheiden ist.

(10) Beim Vertrieb neuer Kraftfahrzeuge gibt es offenbar keine erheblichen Beeinträchtigungen des Wettbewerbs, die diesen Sektor von anderen Wirtschaftssektoren unterscheiden und die Anwendung von Regeln erforderlich machen würden, die anders und strenger sind als die der Verordnung (EU) Nr. 330/2010. Durch die Marktanteilsschwelle, den Ausschluss bestimmter vertikaler Vereinbarungen von der Gruppenfreistellung und die in der vorgenannten Verordnung genannten weiteren Voraussetzungen ist in der Regel sichergestellt, dass vertikale Vereinbarungen über den Vertrieb neuer Kraftfahrzeuge den Anforderungen von Artikel 101 Absatz 3 AEUV entsprechen. Daher sollten solche Vereinbarungen unter die Freistellung nach der Verordnung (EU) Nr. 330/2010 fallen, sofern alle darin festgelegten Voraussetzungen erfüllt sind.

(11) Im Zusammenhang mit Vereinbarungen über den Vertrieb von Ersatzteilen und über die Erbringung von Instandsetzungs- und Wartungsdienstleistungen sollten bestimmte

Besonderheiten des Kfz-Anschlussmarktes berücksichtigt werden. Insbesondere zeigen die von der Kommission bei der Anwendung der Verordnung (EG) Nr. 1400/2002 gesammelten Erfahrungen, dass sich Preiserhöhungen für einzelne Instandsetzungsdienstleistungen nur teilweise in einer größeren Zuverlässigkeit moderner Fahrzeuge und längeren Wartungsintervallen widerspiegeln. Diese Trends sind mit der technologischen Entwicklung und der zunehmenden Komplexität und Zuverlässigkeit der Fahrzeugteile verknüpft, die die Kraftfahrzeughersteller von Originalteileherstellern beziehen. Die Originalteilehersteller verkaufen ihre Produkte sowohl über die Netze der zugelassenen Werkstätten der Fahrzeughersteller als auch über unabhängige Kanäle als Ersatzteile auf dem Anschlussmarkt und üben dadurch erheblichen Wettbewerbsdruck auf dem Kfz-Anschlussmarkt aus. Die Kosten, die die Verbraucher in der Union im Schnitt für die Instandsetzung und Wartung von Kraftfahrzeugen tragen müssen, machen einen sehr großen Teil ihrer gesamten Kraftfahrzeugausgaben aus.

(12) Die Wettbewerbsbedingungen auf dem Kfz-Anschlussmarkt haben auch direkte Auswirkungen auf die öffentliche Sicherheit, weil nicht ordnungsgemäß instand gesetzte Fahrzeuge möglicherweise nicht sicher sind, wie auch auf die öffentliche Gesundheit und die Umwelt infolge der Emissionen von Kohlendioxid und anderen Luftschadstoffen von Fahrzeugen, die nicht regelmäßig gewartet werden.

(13) Soweit ein gesonderter Anschlussmarkt definiert werden kann, hängt es vom Grad des Wettbewerbs zwischen zugelassenen Werkstätten (d. h. Werkstätten, die direkt oder indirekt von Kraftfahrzeugherstellern geschaffenen Werkstattnetzen angehören) wie auch zwischen zugelassenen und unabhängigen Marktteilnehmern (zu denen unabhängige Ersatzteilhersteller und unabhängige Werkstätten zählen) ab, ob auf den Märkten für den Bezug und Verkauf von Ersatzteilen und den Märkten für die Erbringung von Instandsetzungs- und Wartungsdienstleistungen für Kraftfahrzeuge wirksamer Wettbewerb herrscht. Die Wettbewerbsfähigkeit der letztgenannten Akteure hängt von dem ungehinderten Zugang zu wesentlichen Vorleistungen wie Ersatzteilen und technischen Informationen ab.

(14) Aufgrund dieser Besonderheiten sind die in der Verordnung (EU) Nr. 330/2010 festgelegten Regeln, einschließlich der einheitlichen Marktanteilsschwelle von 30%, erforderlich, aber nicht ausreichend, um sicherzustellen, dass eine Gruppenfreistellung nur bei vertikalen Vereinbarungen über den Vertrieb von Ersatzteilen und über die Erbringung von Instandsetzungs- und Wartungsdienstleistungen gewährt wird, bei denen mit ausreichender Sicherheit angenommen werden kann, dass die Voraussetzungen von Artikel 101 Absatz 3 AEUV erfüllt sind.

(15) Daher sollten vertikale Vereinbarungen über den Vertrieb von Ersatzteilen und über die Erbringung von Instandsetzungs- und Wartungsdienstleistungen nur dann unter die Gruppenfreistellung fallen, wenn sie zusätzlich zu den in der Verordnung (EU) Nr. 330/2010 festgelegten Freistellungsvoraussetzungen auch strengere Voraussetzungen in Bezug auf bestimmte Arten schwerwiegender Wettbewerbsbeschränkungen, die die Lieferung und die Verwendung von Ersatzteilen auf dem Kfz-Anschlussmarkt beschränken könnten, erfüllen.

(16) Die Gruppenfreistellung sollte insbesondere nicht für Vereinbarungen gelten, die den Verkauf von Ersatzteilen durch Mitglieder des selektiven Vertriebssystems eines Kraftfahrzeugherstellers an unabhängige Werkstätten beschränken, die die Ersatzteile für die Erbringung von Instandsetzungs- und Wartungsdienstleistungen verwenden. Ohne Zugang zu solchen Ersatzteilen könnten die unabhängigen Werkstätten nicht wirksam mit zugelassenen Werkstätten in Wettbewerb treten, da sie nicht in der Lage wären, den Verbrauchern Leistungen von guter Qualität anzubieten, die zu einem sicheren und zuverlässigen Betrieb der Kraftfahrzeuge beitragen.

(17) Um den wirksamen Wettbewerb auf den Instandsetzungs- und Wartungsmärkten zu gewährleisten und Werkstätten die Möglichkeit zu geben, Endverbrauchern konkurrierende Ersatzteile anzubieten, sollte die Gruppenfreistellung zudem nicht für vertikale Ver-

einbarungen gelten, die zwar die Voraussetzungen der Verordnung (EU) Nr. 330/2010 erfüllen, aber die Möglichkeiten eines Ersatzteilherstellers beschränken, solche Teile an zugelassene Werkstätten im Vertriebssystem eines Kraftfahrzeugherstellers, unabhängige Ersatzteilhändler, unabhängige Werkstätten oder Endverbraucher zu verkaufen. Dies berührt nicht die zivilrechtliche Haftung des Ersatzteilherstellers oder die Möglichkeit der Kraftfahrzeughersteller, die zugelassenen Werkstätten ihres Vertriebssystems anzuweisen, nur Ersatzteile zu verwenden, die den bei der Montage eines bestimmten Kraftfahrzeugs verwendeten Bauteilen qualitativ gleichwertig sind. Wegen der unmittelbaren vertraglichen Einbindung der Fahrzeughersteller in die Instandsetzungsarbeiten im Rahmen der Gewährleistung, des unentgeltlichen Kundendienstes und von Rückrufaktionen sollte die Freistellung für Vereinbarungen gelten, denen zufolge zugelassene Werkstätten verpflichtet sind, für diese Instandsetzungsarbeiten nur vom Fahrzeughersteller gelieferte Originalersatzteile zu verwenden.

(18) Damit zugelassene und unabhängige Werkstätten sowie Endverbraucher den Hersteller von Kraftfahrzeugbauteilen oder Ersatzteilen identifizieren und zwischen alternativ angebotenen Ersatzteilen wählen können, sollte sich diese Gruppenfreistellung nicht auf Vereinbarungen erstrecken, durch die ein Kraftfahrzeughersteller die Möglichkeiten eines Herstellers von Bauteilen oder Originalersatzteilen beschränkt, sein Waren- oder Firmenzeichen auf diesen Teilen effektiv und sichtbar anzubringen.

(19) Damit alle Marktteilnehmer genügend Zeit haben, um sich an die vorliegende Verordnung anzupassen, sollte die Geltungsdauer der Bestimmungen der Verordnung (EG) Nr. 1400/2002, die sich auf vertikale Vereinbarungen über den Bezug, Verkauf und Weiterverkauf neuer Kraftfahrzeuge beziehen, bis zum 31. Mai 2013 verlängert werden. Für vertikale Vereinbarungen über den Vertrieb von Ersatzteilen und über die Erbringung von Instandsetzungs- und Wartungsdienstleistungen sollte die vorliegende Verordnung ab dem 1. Juni 2010 gelten, damit weiterhin ein angemessener Schutz des Wettbewerbs auf den Kfz-Anschlussmärkten gewährleistet ist.

(20) Die Kommission wird die Entwicklungen im Kraftfahrzeugsektor fortlaufend beobachten und geeignete Abhilfemaßnahmen treffen, wenn Wettbewerbsprobleme auftreten sollten, die sich auf dem Markt für den Vertrieb neuer Kraftfahrzeuge, für die Lieferung von Ersatzteilen oder die Erbringung von Kundendienstleistungen für Kraftfahrzeuge zum Schaden der Verbraucher auswirken könnten.

(21) Nach Artikel 29 Absatz 1 der Verordnung (EG) Nr. 1/2003 des Rates vom 16. Dezember 2002 zur Durchführung der in den Artikeln 81 und 82 des Vertrags niedergelegten Wettbewerbsregeln kann die Kommission den Rechtsvorteil der Gruppenfreistellung entziehen, wenn sie in einem bestimmten Fall feststellt, dass eine Vereinbarung, für die die Gruppenfreistellung nach dieser Verordnung gilt, dennoch Wirkungen hat, die mit Artikel 101 Absatz 3 AEUV unvereinbar sind.

(22) Die mitgliedstaatlichen Wettbewerbsbehörden können nach Artikel 29 Absatz 2 der Verordnung (EG) Nr. 1/2003 den aus dieser Verordnung erwachsenden Rechtsvorteil für das Hoheitsgebiet des betreffenden Mitgliedstaats oder einen Teil dieses Hoheitsgebiets entziehen, wenn in einem bestimmten Fall eine Vereinbarung, für die die Gruppenfreistellung nach dieser Verordnung gilt, dennoch im Hoheitsgebiet des betreffenden Mitgliedstaats oder in einem Teil dieses Hoheitsgebiets, das alle Merkmale eines gesonderten räumlichen Marktes aufweist, Wirkungen hat, die mit Artikel 101 Absatz 3 AEUV unvereinbar sind.

(23) Bei der Entscheidung, ob der aus dieser Verordnung erwachsende Rechtsvorteil nach Artikel 29 der Verordnung (EG) Nr. 1/2003 entzogen werden sollte, sind die wettbewerbsbeschränkenden Wirkungen, die sich daraus ergeben, dass der Zugang zu einem relevanten Markt oder der Wettbewerb auf diesem Markt durch gleichartige Auswirkungen paralleler Netze vertikaler Vereinbarungen erheblich eingeschränkt werden, von besonderer

Bedeutung. Derartige kumulative Wirkungen können sich etwa aus selektiven Vertriebssystemen oder aus Wettbewerbsverboten ergeben.

(24) Um die Überwachung paralleler Netze vertikaler Vereinbarungen zu verstärken, die gleichartige wettbewerbsbeschränkende Auswirkungen haben und mehr als 50% eines Marktes abdecken, kann die Kommission durch Verordnung erklären, dass diese Verordnung auf vertikale Vereinbarungen, die bestimmte auf den betroffenen Markt bezogene Beschränkungen enthalten, keine Anwendung findet, und dadurch die volle Anwendbarkeit von Artikel 101 AEUV auf diese Vereinbarungen wiederherstellen.

(25) Um die Auswirkungen dieser Verordnung auf den Wettbewerb im Kraftfahrzeugvertrieb, bei der Lieferung von Ersatzteilen und der Erbringung von Kundendienstleistungen für Kraftfahrzeuge im Binnenmarkt zu bewerten, erscheint es angemessen, einen Bewertungsbericht über die Anwendung der vorliegenden Verordnung zu erstellen –

HAT FOLGENDE VERORDNUNG ERLASSEN:

Einführung

1. Besonderheit des Automobilsektors

1 Obwohl die Vorschriften für den Automobilvertrieb den allgemein geltenden Regelungen angeglichen wurden, waren sie von den spezifischen, für diesen Sektor nacheinander geltenden Freistellungsverordnungen stark geprägt und bleiben auch heute noch unter ihrem Einfluss. Grundsätzlich sollen mit **Freistellungsverordnungen** lediglich die Voraussetzungen bestimmt werden, die erfüllt sein müssen, um in den Genuss einer Gruppenfreistellung zu kommen.[1] In der Praxis haben sie die Vertragsgestaltung der Automobil-Vertriebsnetze strukturiert und sogar den Inhalt der Verträge festgelegt. Diese Situation ergibt sich aus dem Willen der Marktbeteiligten, um jeden Preis in den Genuss von Rechtssicherheit zu kommen, die Gruppenfreistellungen gewährleisten, sowie aus den für den Automobilsektor geltenden Verordnungen, die äußerst streng sind und diese Branche bisher geregelt haben.

2 Die Kommission hat die **Besonderheit des Automobilsektors mit dem Erlass der Verordnung 123/85 vom 12. Dezember 1984 anerkannt.** Zehn Jahre danach hat sie eine neue, ebenfalls sektorspezifische Regelung, die Verordnung 1475/95 vom 28. Juni 1995 erlassen. Ihre Einstellung gegenüber dieser Vertriebsart blieb auch in der Folge unverändert, was sich vor allem daran erkennen lässt, dass sie am 31. Juli 2002 eine dritte spezifische Freistellungsverordnung (1400/2002) erlassen hat, anstelle den Automobilvertrieb in die einheitliche vertikale Gruppenfreistellungsverordnung einzugliedern. Diese Besonderheit wurde mit der speziellen Natur des Produkts und der Kfz-Dienstleistungen begründet, sowie mit der Notwendigkeit, die Sicherheit des Verbrauchers zu gewährleisten. Die Verordnung 1400/2002 blieb von der Auffassung beeinflusst, dass der Wettbewerb durch die erhöhte Autonomie der Händler und den Mehrmarkenvertrieb verstärkt wird. Mehrere Grundsätze wurden auf diese Weise bestätigt: **Keine Kumulierung von Alleinvertrieb und selektivem Vertrieb**, **Errichtung eines absoluten Mehrmarkenvertriebs**, **Trennung zwischen Vertrieb und Kundendienst**, **verstärkter Schutz der Händler**, **Möglichkeit der Errichtung von Zweigstellen im gesamten Binnenmarkt und eine rein qualitative Selektion im Servicebereich.** Die Verordnung sieht zahlreiche verbotene Klauseln vor, die entweder als Kernbeschränkungen bzw. schwarze Klauseln oder als rote Klauseln bezeichnet werden. Der Automobilvertrieb wurde endgültig einer wesentlich strengeren Behandlung unterstellt als Sektoren, die unter die allgemeine Verordnung für vertikale Beschränkungen fallen.

---

[1] EuGH, 18.12.1986 Rs. 10/86 VAG France (SA) v. Etablissements Magne (SA), Slg. 1986, 4071, LawLex024048.

2. Dualität des Systems der Gruppenfreistellung

3 Da die Verordnung am 31. Mai 2010 abgelaufen ist, hat die Kommission eine **neue Kfz-Verordnung 461/2010 am 27. Mai 2010** erlassen, die am 1. Juni 2010 in Kraft getreten ist und bis zum 31. Mai 2023 in Kraft bleibt.[2] Die neue Verordnung sieht zwei verschiedene Systeme für den Vertrieb und den Servicebereich vor. Ziel war es, den Automobilherstellern mehr Freiheit bei der Organisation ihrer Vertriebsnetze zu gewähren und die Transaktions- und Vertriebskosten der beteiligten Unternehmen zu reduzieren. Bis zum 31. Mai 2013 blieb auf den Vertrieb und den Weiterverkauf von Neuwagen die Verordnung 1400/2002 anwendbar**. Seither gilt für diese Tätigkeit die allgemeine Verordnung 330/2010 für vertikale Vereinbarungen.** Die spezifischen Bedingungen der Verordnung 1400/2002, wie z.B. die Dauer der Vereinbarungen, die Kündigungsfristen, die Kündigungsgründe, die freie Übertragung innerhalb eines Vertriebsnetzes, das Recht auf ein Schiedsverfahren oder die Heranziehung eines unabhängigen Sachverständigen bei Streitigkeiten, für die das Schuldrecht der Mitgliedstaaten und nicht eine Freistellungsregelung relevant ist, finden somit nicht mehr Anwendung.

4 In der Praxis hat die Verordnung 1400/2002 auf die Automobil-Händlerverträge nach wie vor einen erheblichen Einfluss. Zahlreiche Verträge, die unter Einhaltung der in der Verordnung 1400/2002 festgelegten Bedingungen geschlossen wurden, bleiben in Kraft. Einige Automobilhersteller haben es vorgezogen, keine Neuorganisation ihres Netzes vorzunehmen. Und die Mitglieder, die ihre früheren Verträge gekündigt haben oder neue Verträge im Wege von Zusatzverträgen vorgeschlagen haben, haben nicht immer alle Möglichkeiten, die ihnen die Vertikal-GVO bietet, ausgeschöpft. Die meisten Automobil-Hersteller sind Mitglied von Berufsverbänden wie ACEA und JAMA, die einen Verhaltenskodex vorgelegt haben, insbesondere für die Beibehaltung einer Kündigungsfrist von zwei Jahren im Falle einer gewöhnlichen Kündigung.

5 Die Kundendienstverträge für Reparaturen, Wartung und Ersatzteile müssen seit dem 1. Juni 2010 **kumulativ** die Freistellungsbedingungen der Verordnung 330/2010 und die spezifischen Voraussetzungen der Verordnung 461/2010 erfüllen. Es geht um den freien Wettbewerb im Kundendienstbereich und die Möglichkeit für Reparaturwerkstätten, Zugang zu Ersatzteilen anderer Marken zu bekommen. Gleichzeitig sollen die Automobilhersteller verlangen können, dass die Reparaturen unter Garantie in ihrem Netz durchgeführt werden, wenn sie die Kosten übernehmen.

3. Der Ausschluss der Gruppenfreistellung.

6 **a) Beschränkende Klauseln.** Die wichtigsten Kernbeschränkungen eines Kfz-Vertriebsnetzes betreffen die **Preise** und die **Parallelimporte.**

7 Der Abschluss eines Konzessionsvertrags bedeutet nicht, dass der Konzessionär stillschweigend eine wettbewerbswidrige Politik des Automobilherstellers in der Zukunft akzeptiert. Eine wettbewerbswidrige Vereinbarung über den Preis zwischen dem Hersteller und den Händlern liegt nur dann vor, wenn die Händler ausdrücklich den Vorschlägen des Herstellers zustimmen und die Anweisungen des Herstellers tatsächlich umgesetzt werden.[3]

---

[2] Die Kommission hat ebenfalls neue Leitlinien für vertikale Beschränkungen im Automobilvertrieb bekanntgemacht: Bekanntmachung der Kommission, Ergänzende Leitlinien für vertikale Beschränkungen in Vereinbarungen über den Verkauf und die Instandsetzung von Kraftfahrzeugen und den Vertrieb von Kraftfahrzeugersatzteilen, 2010/C 138/05, ABl. C 138 vom 28.5.2010, S. 16–27.

[3] Aus der Rechtsprechung der Gemeinschaftsgerichte zum Vereinbarungsbegriff siehe EuG 26. Oktober 2000 Rs. T-41–96 „Bayer"; EuG 3. Dezember 2003 Rs. T-208-01 „Volkswagen"; EuG 21. Oktober 2003 Rs. T-368-00 „Opel"; EuG 13. Januar 2004 Rs. T-67-01 „JCB"; zur Bestätigung durch die französische nationale Rechtsprechung siehe Cass. com. 12. Juli 2005 unter Aufrechterhaltung des Urteils des Berufungsgerichts Paris 29. Juni 2004.

Nach dem EuGH gilt, dass eine Politik, die den Händlern einen absoluten territorialen Schutz durch die Abschottung der Märkte bietet, **eine rechtswidrige Absprache darstellt, deren Freistellung auszuschließen ist.**[4] Ein rechtswidriges Exportverbot kann allgemein und direkt sein[5] oder aus indirekten Maßnahmen hergeleitet werden, wie beispielsweise durch ein Prämiensystem in Verbindung mit der Ausübung von Druck,[6] mit besonderen finanziellen Bedingungen oder mit der Anforderung bei der Auftragserteilung, dass die Zulassung auf dem nationalen Gebiet beantragt werden muss.[7] Auch eine Kontingentierungspolitik kombiniert mit einem Prämiensystem als Verkaufsanreiz für mindestens 85% der verfügbaren Kraftfahrzeuge im Vertragsgebiet wurde als rechtswidrig beurteilt.[8] Grundsätzlich ist davon auszugehen, dass alle Methoden eines Automobilherstellers, die auf eine Abschottung der Märkte abzielen, wie beispielsweise das Verbot für Wiederverkäufer, Werbung außerhalb ihres Ausschließlichkeitsgebiets zu betreiben[9] oder Modelle mit anderen Spezifikationen als üblicherweise auf ihrem Gebiet zum Verkauf anzubieten,[10] verboten sind. 8

Wenn keine Querlieferungen zwischen Händlern getätigt werden, darf daraus nicht auf ein Verbot von Querlieferungen geschlossen werden, wenn die vertraglichen Regelungen ein solches Verbot nicht vorsehen und die an die Händler verteilten Rundschreiben lediglich den Verkauf an nicht autorisierte Wiederverkäufer stigmatisieren.[11] 9

b) *Rule of reason.* Wenn sich die Parteien für den **Alleinvertrieb** entschieden haben, wird der Markenwettbewerb verstärkt, aber der markeninterne Wettbewerb eingeschränkt. Wenn ein **selektives Vertriebssystem** ausgewählt wird, was im Automobilsektor meistens der Fall ist, kann die Beschränkung der Anzahl an Wiederverkäufern aufgrund der Selektion durch eine Verbesserung des Kundendienstes für den Endverbraucher kompensiert werden. An der Rechtmäßigkeit des selektiven Vertriebssystems kann kaum gezweifelt werden, wenn es sich um eine qualitative Selektion handelt, die auf objektiven technischen Kriterien ohne ungerechtfertigte Diskriminierung beruht und keine quantitative oder sonstige Wettbewerbseinschränkung bezweckt oder bewirkt wird, die mit diesem Artikel nicht vereinbar wäre.[12] Dahingegen können auf die quantitative Selektion, die direkt die Anzahl der Wiederverkäufer beschränkt, die Bestimmungen des Art. 101 Abs. 1 AEUV anwendbar sein. 10

c) Einzelfreistellung. Vereinbarungen, auf die weder die *rule of reason* noch die Gruppenfreistellung anwendbar sind, kann eine Einzelfreistellung gewährt werden, wenn sie die 11

---

[4] EuGH, 18.9.2003, Rs. C-338/00P, Volkswagen AG, Slg. 2003, I-9189, LaxLex033234 – Vgl. dazu noch EuGH, 1.10.1975, Rs. 25/75, Van Vliet Kwasten en Ladderfabriek (NV) v. Fratelli Dalle Crode, LaxLex024131; 78/155/EWG: Entscheidung der Kommission vom 23. Dezember 1977 betreffend ein Verfahren nach Artikel 85 des Vertrages (IV/29.146 – BMW Belgium N. V. und belgische BMW-Vertragshändler); 80/1333/EWG, LawLex024114: Entscheidung der Kommission vom 11. Dezember 1980 betreffend ein Verfahren nach Artikel 85 des EWG-Vertrags (IV/26.912 – Hennessy – Henkell), LaxLex024096.

[5] EuGH, 12.7.1979, Rs. 32/78, BMW, LawLex024105, Slg. 1979, S. 2435 ff.; 78/155/EWG: Entscheidung der Kommission vom 23. Dezember 1977, LawLex024114. – Vgl. auch 2001/146/EG: Entscheidung der Kommission vom 20. September 2000, Opel, LawLex023574.

[6] EuG Urt. v. 21. Oktober 2003, Rs. T-368-00, General Motors Nederland BV, LawLex033646; 2006/431/EG: Entscheidung der Kommission vom 5. Oktober 2005, SEP und andere/Automobiles Peugeot SA, LawLex061163; EuG Urt. v. 9. Juli 2009, Rs. T-450-05, Peugeot, LawLex092418.

[7] EuG Urt. v. 9. Juli 2009, Rs. T-450-05, Peugeot.

[8] EuG Urt. v. 6. Juli 2000, Rs. T-62–98, Volkswagen AG c. Commission, LawLex023577, bestätigt durch den EuGH, 18.9.2003, Rs. C-338-00P, Volkswagen AG.

[9] 75/73/EWG: Entscheidung der Kommission vom 13. Dezember 1974, BMW AG, ABl. L 29 vom 3.2.1975, S. 1–10.

[10] 86/506/EWG: Entscheidung der Kommission vom 25. September 1986, Peugeot, ABl. L 295 vom 18.10.1986, S. 19–27.

[11] EuG Urt. v. 21. Januar 1999, Rs. T-185-96, Riviera Auto Service, LawLex023672.

[12] 91/39/EWG: Entscheidung der Kommission vom 19. Dezember 1990, D'Ieteren, ABl. L 20 vom 26.1.1991, S. 42–45.

in Art. 101 Abs. 3 AEUV vorgesehenen Bedingungen erfüllen. Die Kommission hat bereits sehr früh bestätigt, dass das Erfordernis eines Händlernetzes für die Vermarktung von Kraftfahrzeugen und Ersatzteilen der Herstellermarke zum wirtschaftlichen Fortschritt im Sinne des Art. 101 Abs. 3 AEUV beiträgt, weil das Kraftfahrzeug ein Konsumgut ist, dessen Verwendung eine Gefahr für das Leben, die Gesundheit und Sachgüter darstellt und umweltschädigende Auswirkungen haben kann.[13] Die Verbraucher erhalten eine angemessene Beteiligung am entstehenden Gewinn, weil die Begrenzung der Wiederverkäufer durch die Errichtung eines Händlernetzes eine Mindestqualifizierung für den Verkauf der Waren gewährleistet, die den Kunden fachkundige Auskünfte und verbesserte Dienstleistungen gewährt.[14] Einschränkungen wie das Verbot für Wiederverkäufer, Werbung außerhalb ihres exklusiven Vertragsgebiets zu betreiben, führen zu einer verstärkten Verkaufsförderung durch ausgewählte Agenten und eine Rationalisierung des Vertriebs.[15]

Art. 1. Begriffsbestimmungen

(1) Für die Zwecke dieser Verordnung gelten folgende Begriffsbestimmungen:

a) „vertikale Vereinbarung" ist eine Vereinbarung oder abgestimmte Verhaltensweise, die zwischen zwei oder mehr Unternehmen, von denen jedes für die Zwecke der Vereinbarung oder der abgestimmten Verhaltensweise auf einer anderen Ebene der Produktions- oder Vertriebskette tätig ist, besteht und die die Bedingungen betrifft, zu denen die beteiligten Unternehmen Waren oder Dienstleistungen beziehen, verkaufen oder weiterverkaufen dürfen;

b) „vertikale Beschränkung" ist eine Wettbewerbsbeschränkung in einer vertikalen Vereinbarung, die unter Artikel 101 Absatz 1 AEUV fällt;

c) „zugelassene Werkstatt" ist ein Erbringer von Instandsetzungs- und Wartungsdienstleistungen für Kraftfahrzeuge, der dem von einem Kraftfahrzeuganbieter eingerichteten Vertriebssystem angehört;

d) „zugelassener Händler" ist ein Händler von Ersatzteilen für Kraftfahrzeuge, der dem von einem Kraftfahrzeuganbieter eingerichteten Vertriebssystem angehört;

e) „unabhängige Werkstatt" ist

i) ein Erbringer von Instandsetzungs- und Wartungsdienstleistungen für Kraftfahrzeuge, der nicht dem von einem Kraftfahrzeuganbieter, dessen Kraftfahrzeuge er instand setzt oder wartet, eingerichteten Vertriebssystem angehört,

ii) eine zugelassene Werkstatt im Vertriebssystem eines Anbieters, soweit sie Instandsetzungs- und Wartungsdienstleistungen für Kraftfahrzeuge erbringt, für die sie nicht Mitglied des Vertriebssystems des entsprechenden Anbieters ist;

f) „unabhängiger Händler" ist:

i) ein Händler von Ersatzteilen für Kraftfahrzeuge, der nicht dem von einem Kraftfahrzeuganbieter eingerichteten Vertriebssystem angehört,

ii) ein zugelassener Händler im Vertriebssystem eines Anbieters, soweit er Ersatzteile für Kraftfahrzeuge vertreibt, für die er nicht Mitglied des Vertriebssystems des entsprechenden Anbieters ist;

g) „Kraftfahrzeuge" sind Fahrzeuge mit Selbstantrieb und mindestens drei Rädern, die für den Verkehr auf öffentlichen Straßen bestimmt sind;

h) „Ersatzteile" sind Waren, die in ein Kraftfahrzeug eingebaut oder an ihm angebracht werden und ein Bauteil dieses Fahrzeugs ersetzen, wozu auch Waren wie Schmieröle zählen, die für die Nutzung des Kraftfahrzeugs erforderlich sind, mit Ausnahme von Kraftstoffen;

---

[13] 75/73/EWG: Entscheidung der Kommission vom 13. Dezember 1974, BMW AG, ABl. L 29 vom 3.2.1975, S. 1–10.

[14] *Ibidem.*

[15] *Ibidem.*

i) „selektive Vertriebssysteme" sind Vertriebssysteme, in denen sich der Anbieter verpflichtet, die Vertragswaren oder -dienstleistungen unmittelbar oder mittelbar nur an Händler zu verkaufen, die aufgrund festgelegter Merkmale ausgewählt werden, und in denen sich diese Händler verpflichten, die betreffenden Waren oder Dienstleistungen nicht an Händler zu verkaufen, die innerhalb des vom Anbieter für den Betrieb dieses Systems festgelegten Gebiets nicht zum Vertrieb zugelassen sind.

(2) **Für die Zwecke dieser Verordnung schließen die Begriffe „Unternehmen", „Anbieter", „Hersteller" und „Abnehmer" die jeweils mit diesen verbundenen Unternehmen ein.**

„Verbundene Unternehmen" sind:

a) Unternehmen, in denen ein an der Vereinbarung beteiligtes Unternehmen unmittelbar oder mittelbar
i) die Befugnis hat, mehr als die Hälfte der Stimmrechte auszuüben, oder
ii) die Befugnis hat, mehr als die Hälfte der Mitglieder des Leitungs- oder Aufsichtsorgans oder der zur gesetzlichen Vertretung berufenen Organe zu bestellen, oder
iii) das Recht hat, die Geschäfte des Unternehmens zu führen;

b) Unternehmen, die in einem an der Vereinbarung beteiligten Unternehmen unmittelbar oder mittelbar die unter Buchstabe a aufgeführten Rechte oder Befugnisse haben;

c) Unternehmen, in denen ein unter Buchstabe b genanntes Unternehmen unmittelbar oder mittelbar die unter Buchstabe a aufgeführten Rechte oder Befugnisse hat;

d) Unternehmen, in denen ein an der Vereinbarung beteiligtes Unternehmen gemeinsam mit einem oder mehreren der unter den Buchstaben a, b und c genannten Unternehmen oder in denen zwei oder mehr der zuletzt genannten Unternehmen gemeinsam die unter Buchstabe a aufgeführten Rechte oder Befugnisse haben;

e) Unternehmen, in denen die folgenden Unternehmen gemeinsam die unter Buchstabe a aufgeführten Rechte oder Befugnisse haben:
i) an der Vereinbarung beteiligte Unternehmen oder mit ihnen jeweils verbundene Unternehmen im Sinne der Buchstaben a bis d oder
ii) eines oder mehrere der an der Vereinbarung beteiligten Unternehmen oder eines oder mehrere der mit ihnen verbundenen Unternehmen im Sinne der Buchstaben a bis d und ein oder mehrere dritte Unternehmen.

Der Definitionskatalog entspricht bis auf wenige Ausnahmen den entsprechenden Vorschriften der vGVO 330/2010.[16] Im Folgenden werden lediglich diejenigen Begriffsbestimmungen erläutert, die sektorspezifischen Besonderheiten Rechnung tragen: 12

Unabhängige Werkstätten sind nach **Art. 1 lit. e** Erbringer von Instandsetzungs- und Wartungsdienstleistungen und gehören im Gegensatz zu den sogenannten **zugelassenen Werkstätten** nicht einem von einem Kraftfahrzeuganbieter eingerichteten Vertriebssystem an, wobei es jeweils auf das zu reparierende Fahrzeug ankommt. Allein aufgrund der Mitgliedschaft in einem Vertriebssystem ist eine Werkstatt nicht als zugelassene Werkstatt anzusehen. 13

Kraftfahrzeuge sind mindestens dreirädrige Fahrzeuge, die mit einem Selbstantrieb ausgestattet sind und für den Verkehr auf öffentlichen Straßen bestimmt sind. Der Vertrieb von Motorrädern und landwirtschaftlichen Fahrzeugen wird von der vorliegenden GVO nicht erfasst und fällt somit in den Anwendungsbereich der vGVO.[17] Auch das Gericht der Europä- 14

[16] So entsprechen die Bestimmungen des Art. 1, 1) lit. a, b, i, und 2) dem Wortlaut des Artikels 1 der vGVO (Begriffsbestimmungen der vGVO).

[17] Was der früheren Rechtslage entspricht, vgl. Art. 1 GVO 1475/95 sowie explizit Leitfaden der Kommission zur GVO 1475/95, ABl. 1995 L 145 vom 29.6.1995, zu Frage 1.

ischen Union hat mittlerweile bestätigt, dass Baustellenfahrzeuge, selbst wenn sie auf öffentlichen Straßen genutzt werden, nicht zu dieser Nutzung i. S. d. Verordnung bestimmt sind.[18]

15 **Ersatzteile** sind Waren, die in ein Kraftfahrzeug eingebaut oder an ihm angebracht werden und ein Bauteil dieses Fahrzeugs ersetzen. Auch Waren, die für die Nutzung des Fahrzeugs erforderlich sind, wie z. B. Schmierstoffe – mit Ausnahme des Kraftstoffs –, fallen unter den Ersatzteilbegriff.[19]

Art. 2. Geltung der Verordnung (EG) Nr. 1400/2002

Nach Artikel 101 Absatz 3 AEUV gilt Artikel 101 Absatz 1 AEUV vom 1. Juni 2010 bis zum 31. Mai 2013 nicht für vertikale Vereinbarungen, die die Bedingungen betreffen, unter denen die beteiligten Unternehmen neue Kraftfahrzeuge beziehen, verkaufen oder weiterverkaufen dürfen, und die die in der Verordnung (EG) Nr. 1400/2002 festgelegten Freistellungsvoraussetzungen erfüllen, die speziell vertikale Vereinbarungen über den Bezug, Verkauf oder Weiterverkauf neuer Kraftfahrzeuge betreffen.

16 *(Art. 2 nicht kommentiert)*

Art. 3. Anwendung der Verordnung 330/2010

Ab dem 1. Juni 2013 gilt die Verordnung 330/2010 für vertikale Vereinbarungen über den Bezug, Verkauf oder Weiterverkauf neuer Kraftfahrzeuge.

17 Seit dem 1. Juni 2010 gelten für den Automobilsektor zwei verschiedene Systeme, je nachdem ob es sich um den Vertrieb von Neuwagen oder den Vertrieb von Ersatzteilen und/oder die Erbringung von Dienstleistungen in den Bereichen Reparatur und Wartung handelt. Der Kommission zufolge handelt es sich bei Vertriebsverträgen für Ersatzteile und Reparatur- und Wartungsverträgen um spezifische Vereinbarungen, für die kumulativ die allgemeine Verordnung 330/2010 und die relevanten Bestimmungen der Verordnung 461/2010 vom 27. Mai 2010 gelten. Der Vertrieb von Neuwagen, für den drei zusätzliche Jahre die Verordnung 1400/2002 gegolten hat, fällt seit dem 1. Juni 2013 in den Geltungsbereich der Verordnung 330/2010.[20]

1. Zum Geltungsbereich der „Schirm-Gruppenfreistellungsverordnung" im Kraftfahrzeugsektor

18 Artikel 2 der Verordnung 1400/2002 vom 31. Juli 2002 erklärte Art. 101 Abs. 1 AEUV für nicht anwendbar auf Verträge mit vertikalen Beschränkungen, die sich auf die Bedingungen beziehen, zu denen die Parteien neue Kraftfahrzeuge, Ersatzteile für Kraftfahrzeuge oder Instandsetzungs- und Wartungsdienstleistungen kaufen, verkaufen oder weiterverkaufen können. Diese Verordnung war nicht auf Pferdewagen, Gebrauchtwagen, Zweiradfahrzeuge, landwirtschaftliche Geräte, Gabelstapler, Hoch- und Tiefbaugeräte anwendbar.[21]

---

[18] EuG Urt. v. 13. Januar 2004 Ziff. 113 ff., Rs. T-67-01; siehe auch *Bechtold/Bosch/Brinker/Hirsbrunner,* EG-Kartellrecht, S. 465, nach deren Auffassung für den Fall, dass ein Fahrzeug primär für den Verkehr außerhalb öffentlicher Straßen bestimmt daneben aber auch für den Verkehr auf öffentlichen Straßen zugelassen ist es auf die Hauptbestimmung ankommt.

[19] Der Leitfaden der Kommission zur GVO 1475/95, ABl. 1995 L 145 vom 29.6.1995, stellte bezüglich dem gegenüber der Vorgängerregelung unveränderten Artikel 10 Nr. 6 klar, dass „Öl und andere Flüssigkeiten (…) keine Ersatzteile im Sinne der Verordnung [sind] und (…) deshalb von den Händlern von beliebigen Quellen bezogen werden [können]".

[20] Vgl. VO 460/2010, Erwägungsgrund (10) ff.

[21] 2002/190/EG: Entscheidung der Kommission vom 21. Dezember 2000, JCB, ABl. L 69 vom 12.3.2002, LawLex023556: Bau- und Erdbewegungsmaschinen, die nicht zur Benutzung auf öffent-

Die Verordnung 330/2010, die die Verordnung 1400/2002 ersetzt, gilt für alle vertikalen Vereinbarungen ohne Unterscheidung, d.h. auf Vereinbarungen oder abgestimmte Verhaltensweisen zwischen zwei oder mehreren Unternehmen, von denen jedes auf einer anderen Stufe der Produktions- oder Vertriebskette tätig ist, und regelt die Voraussetzungen, zu denen die Parteien bestimmte Güter oder Dienstleistungen kaufen, verkaufen oder weiterverkaufen können.[22]

Die Verordnung 330/2010 betrifft wie die Verordnung 1400/2002 die **vertikalen Vereinbarungen** zwischen einer Unternehmensgruppe und deren Mitgliedern oder zwischen einer Unternehmensgruppe und deren Lieferanten. Die Funktionsweise der Gruppe wird einer **zweifachen Kontrolle** insoweit unterstellt, als die horizontalen Vereinbarungen zwischen den Mitgliedern der Gruppe oder die von der Gruppe gefassten Beschlüsse nicht unter die Freistellung fallen. Um in den Genuss der Freistellung zu kommen, müssen alle Gruppenmitglieder **Einzelhändler** sein und **kein** Gruppenmitglied darf gemeinsam mit den mit ihm verbundenen Unternehmen einen **Gesamtjahresumsatz von mehr als 50 Millionen Euro** erwirtschaften.[23] 19

Die Verordnung gilt auch für Bestimmungen über die **Übertragung von Rechten des geistigen Eigentums auf den Abnehmer oder die Nutzung solcher Rechte durch den Abnehmer,** sofern diese Bestimmungen nicht wesentlicher Gegenstand der Vereinbarung sind und sie unmittelbar mit der Nutzung, dem Verkauf oder dem Weiterverkauf von Gütern oder Dienstleistungen durch den Abnehmer oder seinen Kunden in Zusammenhang stehen.[24] 20

Verträge zwischen Wettbewerbern sind im Prinzip vom Geltungsbereich der Freistellungsverordnung **ausgeschlossen.**[25] Die Kommission hat seinerzeit gemäß der Verordnung 1475/95 den Ausschluss von Verträgen begründet, mit denen ein Automobilhersteller den Vertrieb seiner Waren auf einen anderen Automobilhersteller überträgt und darauf verwiesen, dass derartige Vereinbarungen ein erhebliches Wettbewerbshindernis darstellen.[26] Es ist jedoch nicht außergewöhnlich, wenn ein Automobilhersteller, der über ein auf einem oder mehreren Märkten gut etabliertes Vertriebsnetz verfügt, den Vertrieb von Fahrzeugen eines Wettbewerbers übernimmt, dessen Händlernetz nicht so dicht ist bzw. der kein Netz *ex nihilo* aufbauen will. Obwohl solche Verträge nicht die Gruppenfreistellung für sich in Anspruch nehmen können, kann ihnen eine **Einzelfreistellung** gewährt werden. Die Verordnung sieht jedoch **zwei Ausnahmen** von diesem Grundsatz vor, die sich auf nicht wechselseitige Verträge beziehen und mit denen auf einen Wettbewerber der Vertrieb der Waren eines anderen übertragen wird, dieser letztere aber nicht den Vertrieb des ersten übernimmt. Die Freistellung bezieht sich somit (i) auf duale Vertriebssysteme, bei denen der Hersteller oder der Lieferant eines bestimmten Produkts auch auf der Stufe des Vertriebs dieses Produkts im Wettbewerb mit unabhängigen Händlern tätig wird, aber der Abnehmer ein Händler ist, der kein Konkurrenzprodukt für die Vertragswaren herstellt, oder (ii) auf einen dualen Dienstleistungsvertrieb, wenn der Lieferant gleichzeitig Erbringer der Dienstleistungen ist und sie an Abnehmer verkauft, die auf einer anderen Vertriebsstufe seine Wettbewerber sind. 21

2. Qualitative und/oder quantitative Selektion

Praktisch alle Vertriebssysteme sind selektiv und die Selektion ist sowohl qualitativer wie auch quantitativer Natur. Seit dem 1. Juni 2013 ist der **exklusive und selektive Vertrieb** 22

lichen Wegen vorgesehen sind, fallen nicht in den Anwendungsbereich der Verordnung (EG) Nr. 1475/95; bestätigt durch EuG Urt. v. 13.1.2004, Rs. T-67-01, JCB Service, LawLex0470.

[22] VO Nr. 330/2010, Art. 1 Abs. 1, a).

[23] VO Nr. 330/2010, Art. 2, Abs. 2; VO Nr. 1400/2002, Art. 2, Abs. 2, a).

[24] VO Nr. 330/2010, Art. 2, Abs. 3.

[25] VO Nr. 330/2010, Art. 2, Abs. 4.

[26] VO Nr. 1475/95 vom 28. Juni 1995, Erwägungsgrund (21).

kumulativ nicht mehr verboten, wenn der aktive und passive Verkauf für alle Netzmitglieder zulässig ist. Trotz dieses Nachteils kann die Kumulierung für den Lieferanten von Interesse sein, da er den Ort der Niederlassung seiner Händler bestimmen kann.

23 **a) Qualitative Selektion.** Aus den Leitlinien für vertikale Beschränkungen[27] geht hervor, dass die qualitative Selektion bei der Zulassung von Wiederverkäufern ausschließlich auf der Basis von objektiven Kriterien aufgrund der Natur der Ware durchzuführen ist, beispielsweise Schulung des Verkaufspersonals, Serviceleistungen in den Verkaufsstellen, Sortiment der angebotenen Waren, etc. Die **qualitative Selektion** ist nur dann gerechtfertigt, wenn **drei Voraussetzungen** erfüllt sind: i) **Aufgrund der Natur der betreffenden Ware muss ein selektives Vertriebssystem notwendig sein,** d.h. das System muss durch eine berechtigte Anforderung aufgrund der Natur der Ware zur Wahrung der Qualität und Sicherstellung der zweckentsprechenden Benutzung gerechtfertigt sein; ii) **die Wiederverkäufer müssen anhand von objektiven Kriterien qualitativer Natur ausgewählt werden,** die einheitlich für alle festgelegt werden und von denen alle potentiellen Wiederverkäufer Kenntnis erlangen und die nicht diskriminierend angewandt werden; iii) **die festgelegten Kriterien dürfen nicht über das, was notwendig ist, hinausgehen.**

24 Die qualitativen Kriterien können insbesondere auf technische Kompetenzen des Verkaufspersonals, die Konfiguration der Verkaufseinrichtungen, die Verkaufsmethoden und die Art von Verkaufsdienstleistungen, die vom Händler zu erbringen sind, ausgerichtet sein.[28]

25 **b) Quantitative Selektion.** Aus den Leitlinien[29] ist ersichtlich, dass die quantitative Selektion die qualitative Selektion durch **weitere Selektionskriterien** ergänzt, die unmittelbar die potentielle Anzahl der zugelassenen Händler insofern begrenzt, als **beispielsweise eine Mindest- oder Höchstabsatzmenge** vorgegeben wird, die Anzahl der zugelassenen Händler begrenzt wird, usw.

26 Einige nationale Gerichte haben Verwirrung geschaffen, weil sie in Entscheidungen, die in Anwendung der Verordnung 1400/2002 erlassen wurden, verlangt haben, dass die quantitativen Selektionskriterien sowohl präzise wie auch objektiv sein müssen.[30] Der Kommission zufolge, die als *amicus curiae* Stellung genommen hat, hat die Verordnung 1400/2002 den selektiven Vertrieb auf der Basis einer einzigen zusätzlichen Bedingung definiert, nämlich die Bestimmung der Kriterien, die direkt die Anzahl der Händler begrenzt. Die Kommission hat keineswegs die Notwendigkeit für den Anbieter erwähnt, Kriterien objektiver Art zu definieren, d.h. nach der sehr präzisen Definition dieses Begriffs im europäischen Recht aufgrund der Natur von Vertragswaren und Vertragsdienstleistungen. Die vom Anbieter umgesetzten quantitativen Kriterien müssen daher lediglich definiert, d.h. präzise sein. Angesichts der unterschiedlichen Auslegungen des Begriffs der quantitativen Kriterien durch die französischen Gerichte hat der Kassationsgerichtshof durch Beschluss vom 29. März 2011[31] eine Vorabentscheidungsfrage gestellt, die insbesondere auf deren Definition nach Art. 1, Ziffer 1 lit.f der Verordnung 1400/2002 ausgerichtet war. Der EuGH wurde dazu aufgefordert, zu der Frage Stellung zu nehmen, ob der Anbieter lediglich präzise Kriterien auswählen muss, die direkt die Anzahl der Händler begrenzt, oder ob der Anbieter seine Auswahl rechtfertigen muss. Dem Gerichtshof zufolge müssen die quantita-

---

[27] Leitlinien für vertikale Beschränkungen, 2010/C 130/01, ABl. C 130 vom 19.5.2010 S. 1–46, Punkt 175.

[28] Ergänzende Leitlinien für vertikale Beschränkungen in Vereinbarungen über den Verkauf und die Instandsetzung von Kraftfahrzeugen und den Vertrieb von Kraftfahrzeugersatzteilen, 2010/C 138/05, Punkt 43.

[29] Leitlinien für vertikale Beschränkungen, 2010/C 130/01, ABl. C 130 vom 19.5.2010 S. 1–46, Punkt 175.

[30] Vgl. zum Beispiel, Cour de Cassation, Ch. com., 28. Juni 2005, bezüglich der Billigung des quantitativen selektiven Markennetzes von DaimlerChrysler France, LawLex056663.

[31] Cour de Cassation, Ch. com., 29. März 2011, LawLex11709.

tiven Kriterien einen präzisen, überprüfbaren Inhalt haben, aber es ist keinesfalls notwendig, dass diese Kriterien objektiv gerechtfertigt sind und einheitlich ohne Diskriminierung auf alle Kandidaten für eine Zulassung angewandt werden.[32] Der Kassationsgerichtshof hat daraus die Konsequenzen gezogen und sich auf den Lösungsansatz des EuGH in seiner Entscheidung vom 15. Januar 2013 gestützt.[33]

3. Wegfall der früheren allgemeinen Bedingungen für eine Freistellung

Nach der Verordnung 1400/2002 mussten Vertriebsverträge für Neuwagen die in Art. 3 aufgeführten Bedingungen erfüllen, um in den Genuss der Gruppenfreistellung zu kommen. Die Erfüllung dieser Bedingungen war die Voraussetzung für den **Anspruch auf Freistellung,** aber **nicht für die Gültigkeit des Vertrags** im Sinne der Bestimmungen des Art. 101 AEUV. Mit der Gruppenfreistellung wird lediglich bezweckt, dass bestimmte Klauseln vom Verbot und der automatischen Nichtigkeit im Sinne des Art. 101 Abs. 1 und 2 AEUV ausgeschlossen werden.[34] **Demnach kann ein Vertrag, der mit der Gruppenfreistellung nicht konform ist, dennoch rechtmäßig sein, wenn er keine wettbewerbsbeschränkenden Klauseln enthält.** Die meisten in Art. 3 aufgeführten Bedingungen waren vertraglicher Natur und in einer Freistellungsverordnung fehl am Platze. **Die Verordnung 330/2010 übernimmt sie nicht und beschränkt sich auf einen Marktanteilschwellenwert.** 27

Folgende Bedingungen waren vorgesehen: 28

a) Marktanteilschwellenwerte. Nach der Verordnung 1400/2002 war die Freistellung nur möglich, wenn bestimmte Marktanteilschwellenwerte nicht überschritten wurden. Nach Art. 3 Abs. 1 waren drei Vertriebssysteme möglich, wenn der Marktanteil des Lieferanten **30 % nicht** überschritt: Der Alleinvertrieb, der qualitative selektive Vertrieb sowie der qualitative und quantitative selektive Vertrieb. Bei einem Marktanteil **zwischen 30 und 40 %** beschränkte sich die Auswahl auf qualitative selektive Vertriebssysteme sowie qualitative und quantitative selektive Vertriebssysteme. Bei einem Marktanteil von **mehr als 40 %** musste das Lieferantenetz ein qualitatives selektives System errichten oder den Nachweis erbringen, dass alle Voraussetzungen für eine Einzelfreistellung erfüllt waren. Grundsätzlich stützten sich die Kommission und die nationalen Gerichte auf die Position des Lieferanten auf dem allgemeinen Markt der Personenkraftwagenzulassungen sämtlicher Marken auf jedem nationalen Markt, um zu beurteilen, ob die Schwellenwerte der Verordnung oder die der de-minimis-Bekanntmachung erfüllt waren.[35] 29

Die **Verordnung 330/2010** übernimmt den ***„safe harbor"***-Grundsatz, der sich aus den Marktanteilschwellenwerten ergibt, jedoch in einer anderen Form. Die Freistellung ist nunmehr unter der Voraussetzung anwendbar, dass **der Anteil des Lieferanten** an dem Markt, auf dem er die Vertragswaren oder -dienstleistungen anbietet, **30 % nicht überschreitet, und, dass der Anteil des Käufers an dem Markt,** auf dem er die Vertragswaren oder -dienstleistungen bezieht, ebenfalls **30 %** nicht **überschreitet** (Art. 3). Die Änderung der Schwellenwerte hat nicht zu einer Änderung der Vertriebsstrukturen geführt. Zahlreiche Automobilhersteller haben das System des quantitativen selektiven Vertriebs trotz der neuen Möglichkeiten, die ihnen die Verordnung über vertikale Vereinbarungen bietet, beibehalten. Aufgrund der schwierigen wirtschaftlichen Rahmenbedingungen haben die Automobilhersteller der Stabilität ihrer Netze Vorrang eingeräumt. Sie haben sich sodann an die Auflagen der quantitativen Selektion angepasst, die eine erhebli- 30

---

[32] EuGH, 14.6.2012, Rs. C-158-11, Auto 24 SARL, LawLex12871.

[33] Cour de Cassation, Ch. com., 15. Januar 2013, LawLex1335.

[34] EuHG, 18.12.1986 Rs. 10/86 VAG France (SA) v. Etablissements Magne (SA), Slg. 1986, 4071, LawLex024048.

[35] Pressemitteilung der Kommission, IP/04/585 v. 3. Mai 2004, „Kommission genehmigt das neue Vertriebs- und Kundendienstsystem von Porsche".

che Flexibilität bei der Organisation der Netze dank der Möglichkeit, das Einzugsgebiet zu definieren, sichert. Letztlich hat der EuGH diese Vertriebsart insofern abgesichert, als die Kriterien für die Freistellung „Kriterien sein müssen, deren präziser Inhalt überprüfbar ist", ohne dass die Notwendigkeit besteht, „dass ein solches System auf Kriterien beruht, die objektiv gerechtfertigt sind und ohne Unterscheidung gegenüber den Bewerbern einer Zulassung" einheitlich Anwendung finden müssen.[36]

31 **b) Übertragbarkeit innerhalb eines Netzes.** Um in den Genuss der Freistellung zu kommen, musste der Vertrag eine **Klausel über die Übertragung von Rechten und Pflichten** enthalten, die es dem Händler ermöglicht, seinen Vertrag innerhalb des Netzes unabhängig vom jeweiligen Vertriebssystem abzutreten (Verordnung 1400–2002, Art. 3, Absatz 3). Die Übertragbarkeit von vertraglichen Rechten und Pflichten sollte **drei Voraussetzungen** kumulativ erfüllen: Die Übertragung erfolgt zwischen zwei Unternehmen derselben Art,[37] im Rahmen derselben Marke und umfasst sämtliche aus dem Vertrag erwachsenden Rechte und Pflichten.[38] Die Übertragbarkeit innerhalb eines Netzes sollte grenzüberschreitende Übernahmen ermöglichen und den Handel zwischen Mitgliedstaaten fördern. In der Tat haben solche Übernahmen praktisch nie stattgefunden. Vielmehr hat diese Regelung die Konzentration der Händler auf lokaler und regionaler Ebene gefördert und damit die Konkurrenz zwischen Händlern vermindert.

32 **Die Verordnung 330/2010 enthält keine vergleichbare Regelung.** Die meisten Hersteller haben zur Kenntnis genommen, dass die freie Übertragbarkeit innerhalb des Netzes weggefallen ist und verlangen nunmehr, dass Übertragungen ihrer Genehmigung unterstellt werden.

33 **c) Beiziehung eines unabhängigen Sachverständigen oder eines Schiedsrichters.** Nach der Verordnung 1400/2002 war jede Partei berechtigt, einen unabhängigen Sachverständigen oder einen Schiedsrichter im Falle eines Streits über die Erfüllung vertraglicher Pflichten beizuziehen (Art. 3 Absatz 6), und dies unbeschadet des Rechts der Vertragsparteien, bei einem nationalen Gericht Klage einzureichen. Die Beiziehung eines Sachverständigen oder eines Schiedsrichters im Falle einer Vertragskündigung wurde nicht als notwendige Voraussetzung für eine außerordentliche Kündigung betrachtet.[39]

34 Obwohl ein derartiges Erfordernis nicht in der Verordnung 330/2010 vorgesehen ist, wurde in der Praxis die Möglichkeit der Beiziehung eines unabhängigen Sachverständigen oder eines Schiedsrichters im Falle eines Streits im Allgemeinen **in den meisten neuen Verträgen in einer vereinfachten Form beibehalten.**

35 **d) Schriftliche Mitteilung der Kündigung und Begründungspflicht.** Um den Schutz der Mitglieder eines Netzes zu erhöhen und insbesondere um Kündigungen aus wettbewerbswidrigen Gründen zu verhindern, hatte Artikel 3 Absatz 4 der Verordnung 1400/2002 den Genuss der Freistellung bei vertikalen Verträgen auf unbestimmte Zeit an die Verpflichtung geknüpft, **die Kündigung schriftlich mitzuteilen und die objektiven und transparenten Gründe der Kündigung darzutun.** Nach einer strikten Auslegung verpflichtete diese Regel nicht etwa den Lieferanten dazu, die Kündigung mit einem schuldhaften Verhalten der anderen Vertragspartei zu rechtfertigen, sondern lediglich dazu, **seinen Beschluss zu begründen.** Die gerichtliche Überprüfung sollte sich daher auf die wettbewerbsrechtlichen Aspekte der Gründe für die Kündigung beschränken und nicht auf ihre Zweckmäßigkeit. Darüber hinaus erstreckte sich die Begründungspflicht nicht auf die Nicht-Erneuerung eines Vertrags auf befristete Dauer.[40]

---

[36] EuGH, 14.6.2012, Rs. C-158-11, Auto 24 SARL, LawLex12871.

[37] Leitfaden zur VO Nr. 1400/2002 vom 31. Juli 2002, ABl. L 203 vom 1.8.2002, S. 30, Frage Nr. 66: „Das Verkaufsrecht gilt aber nur für Übertragungen an ein gleichartiges Mitglied des Netzes".

[38] VO Nr. 1400–2002 v. 31. Juli 2002, Erwägungsgrund (10).

[39] EuGH, 18.1.2007, Rs. C-421-05, City Motors Groep NV c. Citroën Belux NV, LawLex0774.

[40] Leitfaden zur VO Nr. 1400/2002 vom 31. Juli 2002, ABl. L 203 vom 1.8.2002, S. 30, Frage Nr. 71: Frage 71: „Muss ein Lieferant Gründe für die Nichterneuerung eines auf eine bestimmte

Die von den allgemeinen Vorschriften abweichende Begründungspflicht bei einer Vertragsbeendigung wurde **in der Verordnung 330/2010 nicht übernommen** und ist daher nicht mehr unbedingt notwendig. 36

e) Mindestdauer des Vertrags. Art. 3 Abs. 5 der Verordnung 1400–2002 legte die Laufzeit von befristeten Verträgen auf **mindestens fünf Jahre** fest. Im Gegenzug war der Lieferant berechtigt, eine Erneuerung des Vertrags ohne Begründung abzulehnen, aber ohne Möglichkeit, einen Schadensersatzanspruch geltend zu machen. Trotz dieser Vorteile bevorzugen die Marktbeteiligten **Verträge auf unbefristete Dauer;** diese Lösung genießt auch unter der Verordnung 330/2010, die keine Regelung bezüglich der Vertragsdauer enthält, den Vorrang. 37

f) Kündigungsfrist. Die gewöhnliche Kündigungsfrist war in Artikel 3 Absatz 5 der Verordnung 1400/2002 auf **zwei Jahre** festgesetzt.[41] Sie war auf ein Jahr begrenzt, wenn am Ende des Vertrags auf unbestimmte Dauer der Lieferant zu einer angemessenen Abfindung kraft Gesetzes oder aufgrund einer Sondervereinbarung verpflichtet war[42] oder er sein Netz umstrukturieren musste.[43] Die **Umstrukturierung** musste das gesamte Netz oder einen substantiellen Teil des Netzes umfassen, d. h. sie musste signifikant in materieller wie auch geographischer Hinsicht sein.[44] Die Umstrukturierung musste auch notwendig sein, d. h. unter Berücksichtigung der Effizienz angesichts objektiver interner oder externer Umstände des Unternehmens gerechtfertigt sein, so dass ohne Restrukturierung den bestehenden Netzstrukturen ein Schaden entstehen könnte. Obwohl aufgrund der GVO 1400/2002 eine Umstrukturierung des Netzes nicht notwendig war, hat sie einen derartigen Effekt angesichts der Organisation der Netze, insbesondere wegen des Übergangs von einem exklusiven selektiven System auf ein selektives System bewirkt.[45] Die Beweislast der Rechtmäßigkeit der Umstrukturierung hatte der Lieferant zu tragen.[46] 38

Die **meisten neuen Verträge** sahen nach wie vor eine Kündigungsfrist von **zwei Jahren** vor, obwohl die GVO 330/2010 diese Bedingung nicht auferlegt. Diese Besonder- 39

Dauer abgeschlossenen Vertrags anführen? Nein. Laut der Verordnung muss der Lieferant nicht angeben, weshalb er einen auf eine bestimmte Dauer abgeschlossenen Vertrag nicht erneuern will*. (*In einigen Mitgliedstaaten könnte es allerdings zivilrechtliche Bestimmungen geben, nach denen die Angabe der Gründe vorgeschrieben ist.)"

[41] Nach der Verordnung Nr. 123/85 musste die Kündigungsfrist mindestens ein Jahr betragen. Die Verordnung Nr. 1475/95 hat die Frist auf 2 Jahre verlängert. Nach der Verordnung 1400/2002 muss die Kündigung auch begründet werden.

[42] Das französische Recht sieht keinen rechtlichen, automatischen Handelsvertreterausgleich vor, der nur vertraglich vereinbart werden kann. Ein Teil der Autoren, insbesondere in Deutschland und in Österreich, vertritt die Meinung, dass die Bestimmung eines Handelsvertreterausgleiches die Reduzierung der Kündigungsfrist auf ein Jahr nicht gerechtfertigt. Laut diesen Autoren wäre der Handelsvertreterausgleich dazu nicht geeignet, denn die Entschädigung sollte den Schaden erstatten, den die Verkürzung des Vertrages bzw. Abschreibungsdauer verursacht hat; Vgl. näher dazu LIEBSCHER und PETSCHE, Die neue Kfz- Gruppenfreistellungsverordnung – Neue Kartellregeln im Bereich Kfz, 2003; GUGERBAUER, Kfz-GVO, Kurzkommentar, 2002, Art. 3, Nr. 17; RONIGER und HEMETSBERGER, Kfz-Vertrieb neu, Art. 3, Nr. 26, 146.

[43] Laut der Kommission ist die Kündigungsfrist zu verkürzen „um jedoch die Entwicklung anpassungs- und leistungsfähiger Strukturen nicht zu hemmen": VO Nr. 1475/95, Erwägungsgrund (19).

[44] „Eine solche Umstrukturierung beinhaltet notwendigerweise eine Änderung der Organisation der Vertriebsstruktur dieses Lieferanten, die insbesondere die Art oder die Gestalt dieser Strukturen, ihren Zweck, die Aufteilung der internen Aufgaben innerhalb dieser Strukturen, die Modalitäten der Versorgung mit den betroffenen Waren und Dienstleistungen, die Anzahl oder Stellung der Beteiligten an diesen Strukturen und ihre räumliche Reichweite betreffen kann.": EuGH, 7.9.2006, Rs. C-125-05, VW-Audi Forhandlerforeningen c. Skandinavisk Motor Co A/S, LawLex061853.

[45] Siehe insbesondere EuGH, 30.11.2006, Rs. C-376-05, A. Brünsteiner GmbH c. Bayerische Motorenwerke AG, LawLex062480; EuGH, 26.1.2007, Rs. C-273-06, Auto Peter Petschenig GmbH c. Toyota Frey Austria GmbH, LawLex07276.

[46] EuGH, 7.9.2006, VW-Audi Forhandlerforeningen c. Skandinavisk Motor Co A/S, LawLex061853.

heit erklärt sich durch die Festlegung einer solchen Frist in manchen Verhaltenskodex, durch die Gepflogenheiten in der Automobilbranche und durch die Übereinstimmung dieser Frist mit den nationalen Gesetzen, die relativ lange Kündigungsfristen vorschreiben.[47]

4. Schwarze Klauseln

40 Um in den Genuss der Freistellung zu kommen, darf der Automobilvertriebsvertrag keine Kernbeschränkungen enthalten, die auch „schwarze Klauseln" genannt werden und in Artikel 4 der Verordnung 330/2010 aufgelistet sind. Das Vorliegen solcher Beschränkungen führt dazu, dass **„die Freistellung für den Vertrag als Ganzes nicht gilt,"**[48] im Unterschied zu den in Artikel 5 verbotenen roten Klauseln, für die die Freistellung nicht gilt, „ohne dass davon der Vertrag als Ganzes betroffen ist".[49]

41 **a) Preis und Preisnachlässe.**[50] Die Freistellung gilt nicht für Vereinbarungen, die die Möglichkeit des Händlers, den Verkaufspreis selbst festzusetzen, beschränken, „unbeschadet der Möglichkeit des Lieferanten, **Höchstverkaufspreise festzusetzen oder Preisempfehlungen auszusprechen,** sofern sich diese nicht infolge der Ausübung von **Druck** oder der **Gewährung von Anreizen** durch eine der Vertragsparteien tatsächlich wie Fest- oder Mindestverkaufspreise auswirken." (Art. 4 lit. a der Verordnung 330/2010). Die Vorschrift gilt somit für **Mindest- und Festpreise.**[51] Der Beweis für einen Verstoß setzt voraus, dass der Hersteller in einer eindeutigen Formulierung seine Preispolitik den Netzmitgliedern mitteilt,[52] und, dass diese Politik von den Netzmitgliedern im relevanten Gebiet umgesetzt wird. Der Lieferant wird dahingegen nicht sanktioniert, wenn er die Vergütung der Händler moduliert, seine Verkaufspreise ändert oder Rabatte und Preisnachlässe in Abhängigkeit von den wirtschaftlichen Marktbedingungen gewährt.[53]

---

[47] Siehe insbesondere im französischen Recht, Art. L. 442-6, I, 5° Code de commerce.

[48] Leitlinien für vertikale Beschränkungen, Punkt 47.

[49] Leitlinien für vertikale Beschränkungen, Punkt 65.

[50] Siehe VAN DEN BERGH, Modern Industrial Organisation Versus Old-fashioned European Competition Law, 1996; HUGUES, FOSS, ROSS, The Economic Assessment of Vertical Restraints under UK and E. C. Competition Law 2001; GOGESHVILI, Resale Price Maintenance – a Dilemma in EU Competition Law, Georgian Law Review 5:2002-2:3, 2002; JENNY, Pratiques restrictives, concurrence et efficience, Cah. dr. entr., 1989, Nr. 4, 5; DELBARRE, Réglementation des prix imposés: pour la retraite à 40 ans, RJDA, 3/13, 167; XOUDIS, Les accords de distribution au regard du droit de la concurrence, Publications du Centre d'études juridiques européen, Genève, 2002; ALESE, Unmasking the Masquerade of Vertical Price Fixing, ECLR, 2007, 514; KOKKORIS, Purchase Price Fixing: a *per se* Infringement?, ECLR, 2007, 473; KNEEPKENS, Resale Price Maintenance Economics Call for a more Balanced Approach, ECLR, 2007, 656; SPECTOR, Minimum resale prices: is a ban justified?, Concurrences 3/2007, 28; ALLAIN und CHAMBOLLE, The recent economic debate on the welfare effects of resale price maintenance, Concurrences 3/2008; CARNEY und McAHREN, Resale price maintenance agreements after Leegin, Concurrences 3/2008; DUBRUILLE und FARGUES, Le prix de revente: un libre espace de jeux, Concurrences 3/2008; PEEPERKORN, Resale Price Maintenance and its Alleged Efficiences, ECJ, 2008, Vol. 4-1, 201; BOTTEMAN und KUILWISK, (Minimum) Resale Price Maintenance Under the New Guidelines: A Critique and a Suggestion, The CPI Antitrust Journal, juin 2010; SUBIOTTO und DAUTRICOURT, The Reform of European Distribution Law, World Comp., 2011, 11, 29; NIHOUL und LÜBBIG, Competition Policy: Going International?, JECLAP, 2010; CALLERY, Should the European Union embrace or exorcise Leegin's „rule of reason"?, ECLR, 2011, 42.

[51] Beispiel für eine Sanktion: Vgl. 2002/758/EG: Entscheidung der Kommission vom 10. Oktober 2001, Mercedes-Benz, ABl. L 257 vom 25.9.2002, S. 1–47; LawLex023465.

[52] Durch Mahnungen oder Rundschreiben zum Beispiel: 2001/711/EG: Entscheidung der Kommission vom 29. Juni 2001, Volkswagen, ABl. L 262 vom 2.10.2001, S. 14–37, LawLex023539; Durch Druckmittel: EuG, 21. Oktober 2003, Rs. T-368-00, General Motors Nederland BV, LawLex033646.

[53] EuG, 21. Januar 1999, Rs. T-185-96, T-189-96, T-190-96, Riviera Auto Service, LawLex023672.

Die Kommission hat in ihren Leitlinien zu den vertikalen Beschränkungen eine verständnisvollere Ansicht gegenüber Geschäftspraktiken, die Preise vorschreiben, vertreten. Obwohl die Verordnung 330/2010 das Verbot als solches aufrechterhält, ist in den Leitlinien nunmehr die Möglichkeit einer Einzelfreistellung vorgesehen, wenn Effizienzgewinne nachweisbar sind.[54] 42

b) Verbot von Verkaufsbeschränkungen. Nach Artikel 4 lit. b der Verordnung 330/2010 gilt grundsätzlich, dass jeder Käufer frei ist, Vertragswaren und -dienstleistungen ohne Beschränkungen des Gebiets oder des Kundenkreises weiterzuverkaufen. Diese Bestimmungen bedeuten einen neuen Schritt hin zur Öffnung der Märkte. Die Verordnung sieht allerdings Ausnahmen vom *per se*-Verbot der Verkaufsbeschränkungen vor, die je nach Vertriebssystem unterschiedlich sind. **Passive Verkäufe** in einem Vertragsgebiet oder an vertragsgegenständliche Kunden dürfen nicht beschränkt werden (Art. 4 lit. b) i)). 43

Die **Beschränkungen von Querverkäufen innerhalb selektiver Netze,** unabhängig davon, ob sie direkt oder indirekt sind, stellen **Kernbeschränkungen** dar, die es rechtfertigen, dass die Freistellung für den Vertrag als Ganzes nicht gilt. Artikel 4 lit. d der Verordnung bezieht sich auf Verkäufe zwischen Händlern, auch wenn diese auf verschiedenen Handelsstufen tätig sind. Zum Verbot gehören Maßnahmen zur Beschränkung und zum Verbot von Parallelexporten, die vom Hersteller seinen Konzessionären auferlegt werden, insbesondere das Verbot von Querlieferungen zwischen Händlern aus verschiedenen Mitgliedstaaten, eine Auftragskontrolle und die Verhängung von Sanktionen, wenn diese Auflagen nicht befolgt werden.[55] 44

Die Mitglieder eines selektiven Vertriebssystems müssen **aktive und passive Verkäufe** tätigen können. Der Lieferant ist allerdings berechtigt, seinen Mitgliedern zu verbieten, die Tätigkeit von einem nicht zugelassenen Standort aus zu betreiben (Art. 4 lit. c). 45

Nach der Verordnung 1400/2002 konnten die europäischen Käufer auch frei einen Händler in einem anderen Mitgliedstaat auswählen und der Lieferant war verpflichtet, seinen Händlern Neuwagen zu liefern, die mit den in anderen Mitgliedstaaten geltenden Vorschriften konform waren, wenn der Konzessionär sie in der lokalen Version verkaufte. Diese Regel hat in der Vergangenheit zur Verurteilung eines Automobilherstellers geführt, der sich geweigert hat, seinen deutschen Konzessionären Neuwagen, die den britischen Vorschriften entsprachen, zu liefern, da er auf diese Weise eventuelle Querlieferungen zwischen Konzessionären oder den direkten Verkauf an englische Endverbraucher behinderte und die Pflicht zur Verfügbarkeit, die die Verordnung dem Hersteller auferlegt, verletzt hat.[56] Die Verordnung 330/2010 sieht diese Beschränkung nicht vor. Die Automobil-Leitlinien,[57] die vorab daran erinnern, dass die Beschränkungen des Parallelhandels verschiedene Formen haben können,[58] verweisen darauf, dass, wenn ein Händler Neuwagen 46

---

[54] Leitlinien für vertikale Beschränkungen, 2010-C 130-01, Punkt 223.

[55] 98/273/EG: Entscheidung der Kommission vom 28. Januar 1998, VW, ABl. L 124 vom 25.4. 1998, S. 60–108, LawLex023727.

[56] 83/560/EWG: Entscheidung der Kommission vom 16. November 1983, Ford, ABl. L 327 vom 24.11.1983, S. 31–39, LawLex024079; 86/506/EWG: Entscheidung der Kommission vom 25. September 1986, Peugeot, ABl. L 295 vom 18.10.1986, S. 19–27, LawLex024053; EuGH, 17.9.1985, Rs. 25–84 und 26–84, Ford, LawLex024063 – Vgl. auch 2001/711/EG: Entscheidung der Kommission vom 29. Juni 2001, Volkswagen, LawLex023539, Punkt 86.

[57] Ergänzende Leitlinien für vertikale Beschränkungen in Vereinbarungen über den Verkauf und die Instandsetzung von Kraftfahrzeugen und den Vertrieb von Kraftfahrzeugersatzteilen, 2010/C 138/05, Punkt 50.

[58] Vgl. zum Beispiel zu der Verweigerung von Bonuszahlungen: 2001/146/EG Entscheidung der Kommission vom 20. September 2000, Opel, LawLex023574; Vgl. auch 2002/758/EG: Entscheidung der Kommission vom 10. Oktober 2001, Mercedes-Benz, ABl. L 257 vom 25.9.2002, S. 1–47, LawLex023465, über die durch den Hersteller an seine Vertreter gerichtete Mitteilung mit der Aufforderung, „sich auf das eigene Gebiet zu konzentrieren“ mit der Androhung, Fahrzeuge abzudisponieren und mit der Anweisung, von den Kunden aus anderen Mitgliedstaaten eine Anzahlung von 15 % zu verlangen.

mit den **angeforderten spezifischen Merkmalen für grenzüberschreitende Verkäufe** nicht beziehen kann, eine indirekte Einschränkung des Parallelhandels vorliegt.[59]

5. Zulässige Beschränkungen

47 **Vier Ausnahmen** vom Verbot der Verkaufsbeschränkungen sind in Artikel 4 lit. b der Verordnung 330/2010 aufgelistet:

48 **a) Das Verbot des aktiven Verkaufs im Falle eines exklusiven Vertriebssystems.** Diese Ausnahme beschränkt sich auf den aktiven Verkauf im exklusiven Vertragsgebiet oder an den exklusiven Kundenkreis, wobei ein absoluter territorialer Schutz verboten ist. Der passive Verkauf in einem Vertragsgebiet oder an den exklusiven Kundenkreis darf nicht eingeschränkt werden: Der Händler muss ohne Einschränkung Anfragen von Kunden, die nicht zu seinem Vertragsgebiet gehören, oder von Kunden, die nicht zum abgetretenen Kundenkreis gehören, nachkommen können.[60] Mit diesem Verbot wird bezweckt, dass Parallelimporte gefördert werden, Preisdifferenzen zwischen Vertragsgebieten vermindert werden und die Freiheit der Kunden bei ihrer Wahl geschützt wird. Der Verkauf im Internet wird mit einem passiven Verkauf gleichgesetzt.[61]

49 **b) Verbot für Großhändler, direkt an Endkunden zu liefern.** Im Sinne der Metro-Rechtsprechung[62] ermöglicht dieses Verbot es, zu vermeiden, dass Großhändler von Vorteilen profitieren, die ihnen als Vergütung für ihre Funktion und als Kostenausgleich gewährt werden.

50 **c) Verbot des Verkaufs außerhalb des Netzes im Falle eines selektiven Vertriebssystems.** Die Beschränkungen, die zugelassenen Händlern eines selektiven Vertriebssystems auferlegt werden, schützen sie vor der Konkurrenz von nicht zugelassenen Händlern, die konkurrenzfähiger sind, weil sie nicht zum Netz gehören. Der Weiterverkauf von Neuwagen außerhalb des Netzes kann als **Vertragsverletzung** betrachtet werden, die eine außergewöhnliche Kündigung sowie die Kontrolle der Lagerbestände und Rechnungen durch den Lieferanten zur Folge haben kann.[63] Eine Freistellungsver-

---

[59] Vgl. die frühere Rechtsprechung: EuGH, 17.9.1985, Rs. 25–84 und 26–84, Ford, LawLex024063.

[60] Vgl. Leitlinien für vertikale Beschränkungen, 2010-C 130-01, Punkt 51: „Aktiver" Verkauf bedeutet die aktive Ansprache einzelner Kunden, z. B. mittels Direktwerbung einschließlich Massen-E-Mails oder persönlichen Besuchs, oder die aktive Ansprache einer bestimmten Kundengruppe oder von Kunden in einem bestimmten Gebiet mittels Werbung in den Medien, über das Internet oder mittels anderer verkaufsfördernder Maßnahmen, die sich gezielt an die betreffende Kundengruppe oder gezielt an die Kunden in dem betreffenden Gebiet richten. Werbung oder verkaufsfördernde Maßnahmen, die für den Abnehmer nur interessant sind, wenn sie (auch) eine bestimmte Kundengruppe oder Kunden in einem bestimmten Gebiet erreichen, gelten als „aktiver" Verkauf an diese Kundengruppe oder an die Kunden in diesem bestimmten Gebiet. „Passiver" Verkauf bedeutet die Erledigung unaufgeforderter Bestellungen einzelner Kunden, d. h. das Liefern von Waren an bzw. das Erbringen von Dienstleistungen für solche Kunden. Allgemeine Werbe- oder Verkaufsförderungsmaßnahmen, die Kunden in Gebieten oder Kundengruppen, die anderen Händlern (ausschließlich) zugewiesen sind, erreichen, die aber eine vernünftige Alternative zur Ansprache von Kunden außerhalb dieser Gebiete oder Kundengruppen, z. B. im eigenen Gebiet, darstellen, sind passive Verkäufe. Allgemeine Werbe- oder Verkaufsförderungsmaßnahmen werden als vernünftige Alternative zur Ansprache dieser Kunden angesehen, wenn es für den Abnehmer auch dann attraktiv wäre, die entsprechenden Investitionen zu tätigen, wenn Kunden in den Gebieten oder Kundengruppen, die anderen Händlern (ausschließlich) zugewiesen sind, nicht erreicht würden.

[61] Leitlinien für vertikale Beschränkungen, 2010-C 130-01, Punkt 52.

[62] EuGH, 25.10.1977, Rs. C-26–76, Metro v. Saba, LawLex024119: die Beschränkung der Belieferung an die Endverbraucher durch die Grosshändler fällt nicht unter das Verbot von Art. 101, Abs. 1 AEUV.

[63] EuGH, 25.10.1977, Rs. C-26–76, Metro v. Saba, LawLex024119; EuGH, 22.10.1986, Rs. 75–84, Metro v. Saba, LawLex024052; 92/33/EWG: Entscheidung der Kommission vom 16. Dezember 1991, Yves Saint Laurent Parfums, ABl. L 12 vom 18.1.1992, S. 24–35, LawLex023968.

ordnung betrifft aber lediglich die etablierten Beziehungen zwischen den Lieferanten und den Händlern und kann keinesfalls Weiterverkäufern außerhalb des Netzes entgegengehalten werden, um die Ausübung ihrer Tätigkeit zu begrenzen.[64] Für diese Weiterverkäufer gelten die innerstaatlichen Vorschriften, die gegebenenfalls ihr unredliches Verhalten verbieten.[65]

d) Beschränkungen des Verkaufs von Teilen an Wettbewerber des Anbieters. 51
Diese Beschränkung, die es einem Lieferanten ermöglicht, sich gegen direkte Weiterverkäufe an seine Konkurrenten zu schützen, ist insofern nur begrenzt wirksam, als sie nicht gegen den Weiterverkauf seiner Waren an seine Konkurrenten über Drittkäufer schützt.

6. Rote Klauseln

Artikel 5 der Verordnung 330/2010 enthält eine Liste von sogenannten „roten" Klau- 52
seln, für die die Freistellung nicht gilt, wenn sie in einem vertikalen Vertrag vereinbart werden, **wobei die Freistellung des übrigen Vertrags nicht entfällt.**

a) Wettbewerbsverbot. Die Bestimmungen der Verordnung 1400/2002 unterschieden 53
sich erheblich von der allgemeinen Verordnung über vertikale Vereinbarungen. Das Wettbewerbsverbot erstreckte sich auf alle unmittelbaren und mittelbaren Verpflichtungen, die den Käufer daran hindern, Waren und Dienstleistungen herzustellen, zu beziehen, zu verkaufen oder weiterzuverkaufen, die mit den Vertragswaren und Vertragsdienstleistungen im Wettbewerb stehen, sowie alle unmittelbare oder mittelbare Verpflichtungen des Käufers, beim Anbieter oder bei einem vom Anbieter bezeichneten Unternehmen **mehr als 30 % seiner Einkäufe zu tätigen** (Verordnung 1400/2002, Art. 1 lit. b.). Artikel 5 Absatz 1 lit. a **verweigerte daher die Freistellung aller unmittelbaren und mittelbaren Wettbewerbsverbote,** mit denen die Verpflichtung zum Bezug von mehr als 30 % gleichzustellen ist, obwohl die GVO 330/2010 die Freistellung lediglich im Falle von Wettbewerbsverboten auf unbefristete Dauer oder für mehr als fünf Jahre verweigert, wobei der Schwellenwert für den unzulässigen exklusiven Bezug auf 80 % festgesetzt wurde. Der Automobilhersteller hatte lediglich die Möglichkeit, den Verkauf von Fahrzeugen anderer Marken in einem von der **Verkaufshalle** gesonderten Raum aufzuerlegen, und wenn er die Vermarktung seiner Fahrzeuge Fachhändlern vorbehalten wollte, musste er die Kosten dafür übernehmen.

Nachvertragliche Wettbewerbsverbote waren unzulässig Art. 5 Abs. 1 lit. d) der Verord- 54
nung 1400/2002, während die vertikale GVO deren Gültigkeit zum Schutz von Know-how, das vom Lieferanten auf den Händler übertragen wird, anerkennt, sofern die Verbote auf ein Jahr beschränkt sind bzw. unbefristet sind, wenn das geschützte Know-how nicht allgemein bekannt ist.

Seit dem 1. Juni 2013 können ein Lieferant und ein Händler, deren jeweiliger Markt- 55
anteil 30 % nicht überschreitet, vereinbaren, dass der Händler lediglich beim Hersteller kaufen wird, **sofern diese Verpflichtung auf maximal fünf Jahre beschränkt ist.** Nach Ablauf dieses Zeitraums von fünf Jahren muss die Erneuerung des Wettbewerbsverbots Gegenstand einer ausdrücklichen Vereinbarung der Parteien sein und nichts darf den Händler daran hindern, das Wettbewerbsverbot nach Ablauf dieses Zeitraums zu beenden.[66] Für den

---

[64] Vgl. unter Anwendung der Verordnung Nr. 1475-95: EuGH, 15.2.1996, Rs. C-226-94, Grand Garage Albigeois SA, LawLex025535; EuGH, 15.2.1996, Rs. C-309-94, Nissan France SA c. Dupasquier, LawLex025536; EuGH, 20.2.1997, Rs. C-128-95, Fontaine SA c. Aqueducs automobiles SARL, LawLex025645.

[65] EuGH, 5.6.1997, Rs. C-41-96, VAG-Händlerbeirat (eV) v. Syd-Consult, LawLex025676.

[66] Ergänzende Leitlinien für vertikale Beschränkungen in Vereinbarungen über den Verkauf und die Instandsetzung von Kraftfahrzeugen und den Vertrieb von Kraftfahrzeugersatzteilen, 2010/C 138/05, Punkt 26.

Fall einer kumulativen Auswirkung, die den Markt abschotten kann, behält sich die Kommission das Recht vor, die Freistellung zu entziehen.[67]

56 **b) Markenclubs und Boykottpraktiken.** Nicht freigestellt sind unmittelbare oder mittelbare Verpflichtungen, die Mitglieder eines selektiven Vertriebssystems daran **hindern, Marken von bestimmten Konkurrenzanbietern zu verkaufen.** Die Kommission hat in den Automobil-Leitlinien darauf verwiesen, dass sie überwachen wird, „wie Markenzwangsverpflichtungen bei bestehenden Mehrmarkenhändlern umgesetzt werden, um zu gewährleisten, dass solche Verpflichtungen nicht Teil einer allgemeinen Strategie sind, die auf die Ausschaltung der Konkurrenz eines oder mehrerer Wettbewerber abzielt, insbesondere von Neulingen oder schwächeren Wettbewerbern".[68]

57 Die Verordnung 1400/2002 sah auch zwei weitere rote Klauseln vor, die in der Verordnung 330/2010 nicht übernommen wurden. Es stand den Händlern eines Netzes frei, eine Leasing-Tätigkeit als unabhängige Leasinggeber aufzubauen.[69] Die den Konzessionären auferlegte Verpflichtung, eine Leasing-Agentur ausschließlich für den Hersteller einzurichten, konnte daher nach der Automobil-Verordnung nicht freigestellt werden.[70] Seit dem 1. Juni 2013 kann ein Hersteller seinen Händlern eine Leasing-Tätigkeit verbieten, da eine entsprechende Regelung in der Verordnung 330/2010 nicht vorgesehen ist. Im Übrigen war die Freistellung nicht auf unmittelbare und mittelbare Verpflichtungen anwendbar, die den Mitgliedern von selektiven Vertriebssystemen für Personenkraftwagen oder leichten Nutzfahrzeugen auferlegt wurden, um ihre Fähigkeit, zusätzliche Verkaufsstellen einzurichten, zu begrenzen. Die Möglichkeit der Errichtung von Zweigstellen betraf weder die Alleinvertriebshändler noch die autorisierten Händler von mittleren und schweren Nutzfahrzeugen, Autobussen und Reisebussen. Es ging um die Errichtung von Verkaufsstellen und Auslieferungsstellen. Seit dem 1. Juni 2013 kann ein Hersteller seinen Händlern wieder verbieten, zusätzliche Verkaufsstellen ohne seine ausdrückliche Einwilligung einzurichten.[71]

Art. 4. Freistellung

Nach Artikel 101 Absatz 3 AEUV und nach Maßgabe dieser Verordnung gilt Artikel 101 Absatz 1 AEUV nicht für vertikale Vereinbarungen, die die Bedingungen betreffen, unter denen die beteiligten Unternehmen Kraftfahrzeugersatzteile beziehen, verkaufen oder weiterverkaufen oder Instandsetzungs- und Wartungsdienstleistungen für Kraftfahrzeuge erbringen dürfen, und die die Freistellungsvoraussetzungen der Verordnung (EU) Nr. 330/2010 erfüllen und keine der in Artikel 5 der vorliegenden Verordnung aufgeführten Kernbeschränkungen enthalten.

---

[67] Ergänzende Leitlinien für vertikale Beschränkungen in Vereinbarungen über den Verkauf und die Instandsetzung von Kraftfahrzeugen und den Vertrieb von Kraftfahrzeugersatzteilen, 2010/C 138/05, Punkte 33 ff.

[68] Ergänzende Leitlinien für vertikale Beschränkungen in Vereinbarungen über den Verkauf und die Instandsetzung von Kraftfahrzeugen und den Vertrieb von Kraftfahrzeugersatzteilen, 2010/C 138/05, Punkt 27.

[69] Leitfaden zur VO Nr. 1400/2002 vom 31. Juli 2002, ABl. L 203 vom 1.8.2002, S. 30, Punkt 5.3.1.2: „Die Verordnung erstreckt sich nicht auf Verpflichtungen, mit denen die Möglichkeiten eines Händlers, Leasingdienstleistungen zu verkaufen, beschränkt werden. Dies gilt sowohl für Leasing durch den Händler als auch für Leasingdienstleistungen eines mit dem Händler verbundenen Leasingunternehmens oder für Leasingdienstleistungen, die der Händler als Vertreter für ein Leasingunternehmen seiner Wahl vermittelt."

[70] EuGH, 24.10.1995, Rs. C-266-93, Volkswagen AG, LawLex023461.

[71] Leitlinien für vertikale Beschränkungen, Punkt 57: „[…] wobei für die Standortwahl für das Geschäft bestimmte Auflagen gemacht werden dürfen. Vertragshändler können daran gehindert werden, ihre Geschäftstätigkeit von anderen Räumlichkeiten aus auszuüben oder eine neue Verkaufsstätte an einem anderen Standort zu eröffnen […]".

Diese Freistellung gilt, soweit solche Vereinbarungen vertikale Beschränkungen enthalten.

Allgemeine Freistellungsbedingungen. Nach Art. 4 ist Art. 101 Abs. 1 AEUV auf 58 Vereinbarungen über den Verkauf oder Weiterverkauf von Ersatzteilen oder Instandsetzungs- oder Wartungsdienstleistungen, welche die in der Verordnung 330/2010 festgelegten Freistellungsbedingungen erfüllen und keine Kernbeschränkung im Sinne des Artikels 5 der Verordnung 461/2010 enthalten, nicht anwendbar.

Rahmenbedingungen. Die Kommission hat in der Kfz-Verordnung 461/2010 vom 59 27. Mai 2010 einen originellen Lösungsansatz festgelegt, indem sie im Wesentlichen den Aftersales-Bereich den Bedingungen der allgemeinen Verordnung 330/2010 und den speziell für den Automobilsektor geltenden Vorschriften unterstellt. Der Kommission zufolge sind aufgrund eines **gesonderten Marktes für Reparaturen und Ersatzteile,** auf dem der effektive Wettbewerb vom Ausmaß des Zusammenspiels zwischen zugelassenen Werkstätten, die zu einem Netz gehören, wie auch zwischen zugelassenen und unabhängigen Marktteilnehmern abhängt, **besondere Freistellungsbedingungen** vorzusehen, insbesondere um die **Sicherheit der Endverbraucher** zu gewährleisten und sicherzustellen, dass die Reparaturbetriebe **Zugang zu den wesentlichen Materialien** haben wie Ersatzteile und technische Informationen (Rn. 13). Aufgrund dieser Besonderheiten ist es notwendig, strengere Anforderungen für „bestimmte Arten schwerwiegender Wettbewerbsbeschränkungen, die die Lieferung und die Verwendung von Ersatzteilen auf dem Kfz-Anschlussmarkt beschränken könnten“, aufzuerlegen (Rn. 15).

Die Kommission geht davon aus, dass „aufgrund der markenspezifischen Natur der 60 Märkte für Instandsetzungs- und Wartungsdienstleistungen der Wettbewerb auf diesen Märkten an und für sich nicht so intensiv ist, wie auf den Märkten des Neuwagenvertriebs“.[72] Davon ausgehend, dass jede Marke einen spezifischen Anschlussmarkt hat und in Erwägung einer Reduzierung des Marktanteilschwellenwerts von 100% auf 30%, um in den Genuss der Freistellung des qualitativen selektiven Vertriebs zu kommen, hat die Kommission die Ansicht vertreten, dass grundsätzlich die Hersteller und ihre Netze insofern keinen Anspruch auf die Gruppenfreistellung haben, als ihre Marktanteile deutlich höher als 30% sind. **Die Kommission tritt eindeutig für einen rein qualitativen selektiven Vertrieb im Aftersales-Bereich für die überwiegende Mehrheit der Fahrzeuge ein.** Diese Auffassung untersagt es, die Anzahl der zugelassenen Reparaturbetriebe zu begrenzen und verpflichtet zur Zulassung von Kandidaten, die die qualitativen Kriterien erfüllen. Es stellt sich jedoch auf einigen Märkten bereits heraus, dass die Anzahl der zugelassenen Reparaturbetriebe im Verhältnis zum potentiellen Arbeitsvolumen zu hoch ist.

Darüber hinaus war der **Anspruch auf die gesetzliche Garantie oder die vertragliche Garantie** traditionell in allen Netzen üblich, unabhängig davon wo der Endverbraucher die Reparatur- und Wartungsarbeiten für sein Fahrzeug durchführen ließ und abgesehen von Fällen, in denen der Garantieanspruch aus einer mangelhaften Reparatur oder Wartung außerhalb eines Netzes herzuleiten war. Die Automobil-Leitlinien 2010-C 138/05 haben dieses System grundlegend geändert, indem sie die **Leistungspflicht unabhängig von Wartungs- und Instandsetzungsdienstleistungen außerhalb des Netzes** auch für die erweiterten Garantieansprüche vorsehen. Der Einwand gegen die Wartungs- und Reparaturverpflichtung innerhalb des Netzes im Rahmen der entgeltlichen Garantieerweiterungen, die nach Wahl des Endverbrauchers abgeschlossen werden, scheint wettbewerbsrechtlich unbegründet zu sein. 61

---

[72] Ergänzende Leitlinien für vertikale Beschränkungen in Vereinbarungen über den Verkauf und die Instandsetzung von Kraftfahrzeugen und den Vertrieb von Kraftfahrzeugersatzteilen, 2010/C 138/05, Punkt 15.

Art. 5. Beschränkungen, die zum Ausschluss des Rechtsvorteils der Gruppenfreistellung führen – Kernbeschränkungen

Die Freistellung nach Artikel 4 gilt nicht für vertikale Vereinbarungen, die unmittelbar oder mittelbar, für sich allein oder in Verbindung mit anderen Umständen unter der Kontrolle der beteiligten Unternehmen Folgendes bezwecken:

a) die Beschränkung des Verkaufs von Kraftfahrzeugersatzteilen durch Mitglieder eines selektiven Vertriebssystems an unabhängige Werkstätten, welche diese Teile für die Instandsetzung und Wartung eines Kraftfahrzeugs verwenden;

b) die zwischen einem Anbieter von Ersatzteilen, Instandsetzungsgeräten, Diagnose- oder Ausrüstungsgegenständen und einem Kraftfahrzeughersteller vereinbarte Beschränkung der Möglichkeiten des Anbieters, diese Waren an zugelassene oder unabhängige Händler, zugelassene oder unabhängige Werkstätten oder an Endverbraucher zu verkaufen;

c) die zwischen einem Kraftfahrzeughersteller, der Bauteile für die Erstmontage von Kraftfahrzeugen verwendet, und dem Anbieter dieser Bauteile vereinbarte Beschränkung der Möglichkeiten des Anbieters, sein Waren- oder Firmenzeichen auf diesen Teilen oder Ersatzteilen effektiv und gut sichtbar anzubringen.

62 Die neue Verordnung enthält nur noch **drei** von insgesamt fünf **Kernbeschränkungen,** die in Art. 4 Abs. 2 der Verordnung 1400/2002 aufgelistet waren: i) Das Verbot, das Mitgliedern eines selektiven Vertriebsnetzes auferlegt wird, Ersatzteile an unabhängige Reparaturwerkstätten zu verkaufen, ii) das Verbot für Ersatzteillieferanten, ihre Waren an unabhängige Marktbeteiligte außerhalb des Netzes oder an Endverbraucher zu verkaufen, iii) das Verbot für Anbieter von Bauteilen, ihre Waren- oder Firmenzeichen auf Bauteilen der Erstmontage eines Fahrzeugs anzubringen.

63 Abgesehen von diesen Kernbeschränkungen legt die Kommission ein besonderes Augenmerk auf drei Arten von Verhaltensweisen:

– die Voraussetzungen für den **Zugang unabhängiger Marktbeteiligter zu technischen Informationen,** die für die Instandsetzung und die Wartung von Markenfahrzeugen notwendig sind;[73] dieser Zugang ist in der Praxis bereits weitgehend geöffnet worden und im Einzelnen in den Verordnungen 71/2007 vom 20. Juni 2007 und 595/2009 vom 18. Juni 2009 geregelt;
– Praktiken, die darin bestehen, dass ein Lieferant seine **gesetzliche oder erweiterte Garantie an die Bedingung knüpft, dass der Endverbraucher sämtliche Reparaturen im Netz durchführen muss,** auch Reparaturen, die nicht durch die Garantie gedeckt sind;[74] eine derartige Einstellung gefährdet das wirtschaftliche Gleichgewicht der entgeltlichen Garantieerweiterungen, die auf Risikokontrolle beruhen;
– der **Zugang zum Reparaturwerkstätten-Netz** soll vorzugsweise nach den Grundsätzen des qualitativen selektiven Vertriebs[75] organisiert werden und nicht an den Verkauf von Neuwagen gebunden sein.[76] Solche Maßnahmen können Ineffizienzen zur Folge

[73] Ergänzende Leitlinien für vertikale Beschränkungen in Vereinbarungen über den Verkauf und die Instandsetzung von Kraftfahrzeugen und den Vertrieb von Kraftfahrzeugersatzteilen, 2010/C 138/05, Punkt 62ff.

[74] Ergänzende Leitlinien für vertikale Beschränkungen in Vereinbarungen über den Verkauf und die Instandsetzung von Kraftfahrzeugen und den Vertrieb von Kraftfahrzeugersatzteilen, 2010/C 138/05, Punkt 69.

[75] Ergänzende Leitlinien für vertikale Beschränkungen in Vereinbarungen über den Verkauf und die Instandsetzung von Kraftfahrzeugen und den Vertrieb von Kraftfahrzeugersatzteilen, 2010/C 138/05, Punkt 70.

[76] Ergänzende Leitlinien für vertikale Beschränkungen in Vereinbarungen über den Verkauf und die Instandsetzung von Kraftfahrzeugen und den Vertrieb von Kraftfahrzeugersatzteilen, 2010/C 138/05, Punkt 71.

haben, da die Anzahl der Reparaturwerkstätten nicht unbedingt den Bedürfnissen der Kunden oder der finanziellen Ausgewogenheit des Netzes entspricht und auf dem Kfz-Anschlussmarkt, der sich nicht unbedingt vom Verkaufsmarkt unterscheidet, bereits ein sehr intensiver Wettbewerb herrscht.

Die Vereinbarungen dürfen weder unmittelbar noch mittelbar, einzeln oder kumulativ 64 den **Verkauf von Ersatzteilen** durch die Mitglieder eines selektiven Vertriebssystems **an unabhängige Werkstätten,**[77] die diese Teile für die Reparatur und die Wartung eines Fahrzeugs verwenden, beschränken. Sie dürfen auch nicht die Fähigkeit des Lieferanten beschränken, Ersatzteile, Reparaturwerkzeuge, Diagnosegeräte oder sonstige Ausrüstungen **an zugelassene oder unabhängige Betriebe** (Händler oder Reparaturbetriebe) **oder Endverbraucher**[78] zu verkaufen, oder die Möglichkeit der Anbieter von Bauteilen, ihr Marken- oder Firmenzeichen auf den gelieferten Teilen oder auf den Ersatzteilen effektiv und gut sichtbar anzubringen, darf schließlich auch nicht **beschränkt** werden (Art. 5).[79] Diese Bestimmungen sollen einen effektiven Wettbewerb auf den Instandsetzungs- und Wartungsmärkten sicherstellen und es den Reparaturbetrieben ermöglichen, den Endverbrauchern konkurrierende Ersatzteile anzubieten. Sie schließen nicht die Möglichkeit für Automobilhersteller aus, den zugelassenen Werkstätten ihres Netzes die ausschließliche Verwendung von Ersatzteilen einer Qualität, die der Qualität der Bauteile, die für die Erstmontage eines Fahrzeugs verwendet werden, gleichwertig ist, aufzuerlegen. Nach den Leitlinien 2010-C 138/05 können **Teile als gleichwertig angesehen** werden, wenn sie so hochwertig sind, dass ihre Verwendung den Ruf des betreffenden zugelassenen Netzes nicht gefährdet. Desgleichen gilt, dass die Freistellung auf Vereinbarungen anwendbar ist, die die Reparaturwerkstatt dazu verpflichtet, bei Instandsetzungsarbeiten, die unter Herstellergarantie durchgeführt werden, nur vom Fahrzeughersteller gelieferte Originalersatzteile zu verwenden (Rn. 17). Die Verordnung 461/2010 findet seit dem 1. Juni 2010 Anwendung.

Art. 6. Nichtanwendung dieser Verordnung

Nach Artikel 1a der Verordnung Nr. 19/65/EWG kann die Kommission durch Verordnung erklären, dass in Fällen, in denen mehr als 50 % des relevanten Marktes

---

[77] Ergänzende Leitlinien für vertikale Beschränkungen in Vereinbarungen über den Verkauf und die Instandsetzung von Kraftfahrzeugen und den Vertrieb von Kraftfahrzeugersatzteilen, 2010/C 138/05, Punkt 22: Die Beschränkung des Verkaufs von Kraftfahrzeugersatzteilen durch Mitglieder eines selektiven Vertriebssystems an unabhängige Werkstätten bezieht sich auf Originalteile, die nur über den Kraftfahrzeughersteller oder Mitglieder seines Netzes zugelassener Werkstätten zu beziehen sind.

[78] Ergänzende Leitlinien für vertikale Beschränkungen in Vereinbarungen über den Verkauf und die Instandsetzung von Kraftfahrzeugen und den Vertrieb von Kraftfahrzeugersatzteilen, 2010/C 138/05, Punkt 23: In der Regel gilt Artikel 101 Absatz 1 AEUV nicht für die zwischen einem Anbieter von Ersatzteilen, Instandsetzungsgeräten, Diagnose- oder Ausrüstungsgegenständen und einem Kraftfahrzeughersteller vereinbarte unmittelbare oder mittelbare Beschränkung der Möglichkeiten des Anbieters, diese Waren an zugelassene oder unabhängige Händler bzw. Werkstätten zu verkaufen. Wenn aber ein Kraftfahrzeughersteller einen Teileanbieter verpflichtet, das Eigentum an einem solchen Werkzeug, den Rechten des geistigen Eigentums oder dem Know-how zu übertragen, oder lediglich einen geringen Teil der Produktentwicklungskosten übernimmt oder keine erforderlichen Werkzeuge und Rechte des geistigen Eigentums bzw. kein erforderliches Know-how bereitstellt, gilt die betreffende Vereinbarung nicht als Zuliefervertrag. Daher fällt sie möglicherweise unter Artikel 101 Absatz 1 AEUV und kann auf der Grundlage der Gruppenfreistellungsverordnungen geprüft werden.

[79] Ergänzende Leitlinien für vertikale Beschränkungen in Vereinbarungen über den Verkauf und die Instandsetzung von Kraftfahrzeugen und den Vertrieb von Kraftfahrzeugersatzteilen, 2010/C 138/05, Punkt 24: „Kann das Waren- oder Firmenzeichen auf den Bauteilen und Ersatzteilen angebracht werden, so lässt sich leichter feststellen, welche Ersatzteile kompatibel sind und von Originalteileanbietern (OES) bezogen werden können."

von parallelen Netzen gleichartiger vertikaler Beschränkungen abgedeckt werden, die vorliegende Verordnung auf vertikale Vereinbarungen, die bestimmte Beschränkungen des Wettbewerbs auf diesem Markt enthalten, keine Anwendung findet.

65 *(Art. 6 nicht kommentiert)*

Art. 7. Überwachung und Bewertungsbericht

Die Kommission wird die Anwendung dieser Verordnung überwachen und spätestens bis zum 31. Mai 2021 einen Bericht erstellen; sie berücksichtigt dabei insbesondere die Voraussetzungen von Artikel 101 Absatz 3 AEUV.

66 *(Art. 7 nicht kommentiert)*

Art. 8. Geltungsdauer

Diese Verordnung tritt am 1. Juni 2010 in Kraft.
Sie gilt bis zum 31. Mai 2023.

G. Versicherungswirtschaft*

Übersicht

Schrifttum: *Brinker/Schädle,* Versicherungspools und EG-Kartellrecht, VersR 2003, 1475; *Dreher,* Das europäische Kartellrecht der Mitversicherungsgemeinschaften, FS Immenga, 2004, S. 93; *Dreher,* Das Versicherungskartellrecht nach der Sektoruntersuchung der EG-Kommission zu den Unternehmensversicherungen, VersR 2008, 15; *Dreher/Kling,* Kartell- und Wettbewerbsrecht der Versicherungsunternehmen, 2007; *von Fürstenwerth,* EG-Gruppenfreistellungsverordnungen für die Versicherungswirtschaft, WM 1994, 365; *Hörst,* Die Zulässigkeit von Absprachen unter Versicherungsunternehmen in der EU, VR 2003, 148; *Honsel,* Kartellrechtliche Probleme bei Finanzdienstleistungen, in: *Baudenbacher,* Neueste Entwicklungen im europäischen und internationalen Kartellrecht, 2003, S. 215; *Hootz,*

* Verordnung (EU) Nr. 267/2010 der Kommission vom 24. März 2010 über die Anwendung von Artikel 101 Absatz 3 des Vertrags über die Arbeitsweise der Europäischen Union auf Gruppen von Vereinbarungen, Beschlüssen und aufeinander abgestimmten Verhaltensweisen im Versicherungssektor.

Gemeinschaftskommentar, Gesetz gegen Wettbewerbsbeschränkungen und Europäisches Kartellrecht, 5. Aufl. 8. Lieferung 2003; *Kahlenberg,* Die EG-Gruppenfreistellungsverordnung für die Versicherungswirtschaft, WuW 1994, 985; *Körber/Rauh,* Kartellrechtlicher Zugang der Kunden- und Verbraucherverbände zu den gemeinsamen Statistiken der Versicherungswirtschaft, VersR 2012, 670; *Kreiling,* Versicherungsgemeinschaften im europäischen Kartellrecht, 1999; *Nebel,* Europäisches Versicherungskartellrecht: Die Gruppenfreistellungsverordnung für Versicherungen, SVZ 61 (1993), 88; *Pohlmann,* Musterversicherungsbedingungen nach Wegfall der GVO: Paradise lost?, WuW 2010, 1106; *Saller,* Die neue Gruppenfreistellungsverordnung der Europäischen Kommission für den Versicherungssektor, VersR 2010, 417; *Schümann,* Die Gruppenfreistellungsverordnung Nr. 3932/92 für die Versicherungswirtschaft, 1998; *Schulze-Schwienhorst,* Die kartellrechtlichen Rahmenbedingungen der „Mitversicherung im Einzelfall", FS *Kollhosser,* 2004, S. 329; *Schumm,* Die Gruppenfreistellungsverordnung für die Versicherungswirtschaft, VersWissStud (2. Bd.), 75; *Stancke,* Vorsicht beim Informationsaustausch!, VW 2004, 1458; *Vernimmen,* Die Gruppenfreistellungsverordnung für die Versicherungswirtschaft, VW 1993, 559; *von Hülsen/Manderfeld,* Neue Rahmenbedingungen des Versicherungskartellrechts – Die neue Gruppenfreistellungsverordnung für den Versicherungssektor, VersR 2010, 559; *Windhagen,* Die Versicherungswirtschaft im europäischen Kartellrecht, VersWissStud (3. Bd.).

Vorläufer: VO (EWG) Nr. 3932/92 der Kommission vom 21. Dezember 1992 über die Anwendung von Artikel 85 Absatz 3 EWG-Vertrag auf bestimmte Gruppen von Vereinbarungen, Beschlüssen und aufeinander abgestimmten Verhaltensweisen im Bereich der Versicherungswirtschaft sowie VO (EG) Nr. 358/2003 der Kommission vom 27. Februar 2003 über die Anwendung von Artikel 81 Absatz 3 EG-Vertrag auf Gruppen von Vereinbarungen, Beschlüssen und aufeinander abgestimmten Verhaltensweisen im Versicherungssektor.

Erwägungsgründe

Die Europäische Kommission –

gestützt auf den Vertrag über die Arbeitsweise der Europäischen Union,

gestützt auf die Verordnung (EWG) Nr. 1534/91 des Rates vom 31. Mai 1991 über die Anwendung von Artikel 85 Absatz 3 des Vertrags auf Gruppen von Vereinbarungen, Beschlüssen und aufeinander abgestimmten Verhaltensweisen im Bereich der Versicherungswirtschaft,[1] insbesondere auf Artikel 1 Absatz 1 Buchstaben a), b), c) und e),

nach Veröffentlichung des Entwurfs dieser Verordnung,

nach Anhörung des Beratenden Ausschusses für Kartell- und Monopolfragen,

in Erwägung nachstehender Gründe:

(1) Die Verordnung (EWG) Nr. 1534/91 ermächtigt die Kommission, Artikel 101 Absatz 3 des Vertrags über die Arbeitsweise der Europäischen Union[2] durch Verordnung auf Gruppen von Vereinbarungen, Beschlüssen und abgestimmten Verhaltensweisen im Versicherungssektor anzuwenden, die eine Zusammenarbeit in folgenden Bereichen bezwecken:

- die Erstellung gemeinsamer, auf gegenseitig abgestimmten Statistiken oder dem Schadensverlauf beruhender Risikoprämientarife;
- die Erstellung von Mustern für allgemeine Versicherungsbedingungen;
- die gemeinsame Deckung bestimmter Arten von Risiken;
- die Abwicklung von Schadensfällen;
- die Prüfung und Anerkennung von Sicherheitsvorkehrungen;
- die Erstellung von Verzeichnissen und Austausch von Informationen über erhöhte Risiken.

(2) Auf der Grundlage der Verordnung (EWG) Nr. 1534/91 erließ die Kommission die Verordnung (EG) Nr. 358/2003 vom 27. Februar 2003 über die Anwendung von Arti-

[1] ABl. L 143 vom 7.6.1991, S. 1.

[2] Mit Wirkung vom 1. Dezember 2009 ist an die Stelle des Artikels 81 EG-Vertrag der Artikel 101 des Vertrags über die Arbeitsweise der Europäischen Union (AEUV) getreten. Artikel 81 EG-Vertrag und Artikel 101 AEUV sind im Wesentlichen identisch. Im Rahmen dieser Verordnung sind Bezugnahmen auf Artikel 101 AEUV als Bezugnahmen auf Artikel 81 EG-Vertrag zu verstehen, wo dies angebracht ist.

kel 81 Absatz 3 EG-Vertrag auf bestimmte Gruppen von Vereinbarungen, Beschlüssen und aufeinander abgestimmten Verhaltensweisen im Bereich der Versicherungswirtschaft.[3] Die Verordnung (EG) Nr. 358/2003 tritt am 31. März 2010 außer Kraft.

(3) Nach der Verordnung (EG) Nr. 358/2003 sind Vereinbarungen über die Abwicklung von Schadensfällen und über die Erstellung von Verzeichnissen erhöhter Risiken und den Austausch der entsprechenden Informationen nicht freigestellt. Die Kommission war der Ansicht, dass es ihr an ausreichender Erfahrung mit konkreten Fällen mangelte, um die ihr mit Verordnung (EWG) Nr. 1534/91 übertragenen Befugnisse auf diese Bereiche anzuwenden. Daran hat sich nichts geändert. Ferner sollten mit dieser Verordnung – im Gegensatz zu der Verordnung (EG) Nr. 358/2003 – weder die Erstellung von Mustern für allgemeine Versicherungsbedingungen noch die Prüfung und Anerkennung von Sicherheitsvorkehrungen freigestellt werden, weil die von der Kommission vorgenommene Überprüfung des Funktionierens der Verordnung (EG) Nr. 358/2003 gezeigt hat, dass die Aufnahme solcher Vereinbarungen in eine sektorspezifische Gruppenfreistellungsverordnung nicht mehr erforderlich ist. Da jene beiden Arten von Vereinbarungen nicht spezifisch für den Versicherungssektor sind und, wie die Überprüfung gezeigt hat, auch Anlass zu wettbewerbsrechtlichen Bedenken geben können, ist es angemessener, dass sie der Selbstveranlagung unterliegen.

(4) Nach einer am 17. April 2008 eingeleiteten öffentlichen Anhörung nahm die Kommission am 24. März 2009 einen Bericht an das Europäische Parlament und an den Rat über das Funktionieren der Verordnung (EG) Nr. 358/2003 (nachstehend „Bericht" genannt)[4] an. Der Bericht und das dazugehörige Arbeitspapier (nachstehend „Arbeitspapier" genannt) enthielten Vorschläge für vorläufige Änderungen an der Verordnung (EG) Nr. 358/2003. Am 2. Juni 2009 organisierte die Kommission eine öffentliche Zusammenkunft mit betroffenen Dritten, u. a. mit Vertretern des Versicherungssektors, der Verbraucherorganisationen und der mitgliedstaatlichen Wettbewerbsbehörden, bei der die Feststellungen und Vorschläge des Berichts und des Arbeitspapiers behandelt wurden.

(5) Diese Verordnung soll den effektiven Schutz des Wettbewerbs gewährleisten und gleichzeitig nutzbringend für die Verbraucher sein und den Unternehmen ausreichende Rechtssicherheit bieten. Bei der Verfolgung dieser beiden Ziele sollten die von der Kommission gesammelten Erfahrungen auf diesem Gebiet und die Ergebnisse der Anhörungen, die dem Erlass der Verordnung vorangingen, berücksichtigt werden.

(6) Nach der Verordnung (EWG) Nr. 1534/91 muss die betreffende Freistellungsverordnung der Kommission eine Beschreibung der Gruppen von Vereinbarungen, Beschlüssen und abgestimmten Verhaltensweisen enthalten, auf die die Verordnung anzuwenden ist, und bestimmen, welche Beschränkungen oder Bestimmungen in den Vereinbarungen, Beschlüssen und abgestimmten Verhaltensweisen enthalten bzw. nicht enthalten sein dürfen; ferner müssen darin die Bestimmungen, die in die Vereinbarungen, Beschlüssen und abgestimmten Verhaltensweisen aufzunehmen sind, und die sonstigen Voraussetzungen, die erfüllt sein müssen, genannt sein.

(7) Dennoch sollte der Ansatz der Verordnung (EG) Nr. 358/2003 weiterverfolgt und dementsprechend das Hauptaugenmerk auf die Festlegung von Gruppen von Vereinbarungen gerichtet werden, die bis zu einem bestimmten Marktanteil freizustellen sind, sowie auf die Beschränkungen oder Bestimmungen, die in solchen Vereinbarungen nicht enthalten sein dürfen.

(8) Die Gruppenfreistellung aufgrund der vorliegenden Verordnung sollte auf Vereinbarungen beschränkt sein, von denen mit hinreichender Sicherheit angenommen werden kann, dass sie die Voraussetzungen von Artikel 101 Absatz 3 des Vertrags über die Arbeitsweise der Europäischen Union (AEUV)erfüllen. Für die Anwendung von Artikel 101 Ab-

[3] ABl. L 53 vom 28.2.2003, S. 8.
[4] KOM (2009) 138.

satz 3 AEUV durch Verordnung ist es nicht erforderlich, diejenigen Vereinbarungen zu definieren, die unter Artikel 101 Absatz 1 AEUV fallen können. Gleichzeitig wird nicht vermutet, dass Vereinbarungen, die nicht unter diese Verordnung fallen, unter Artikel 101 Absatz 1 AEUV fallen oder die Voraussetzungen von Artikel 101 Absatz 3 AEUV nicht erfüllen. Bei der individuellen Beurteilung von Vereinbarungen nach Artikel 101 Abs. 1 AEUV sind verschiedene Faktoren und insbesondere die Struktur des relevanten Marktes zu berücksichtigen.

(9) Die Zusammenarbeit von Versicherungsunternehmen untereinander oder innerhalb von Unternehmensvereinigungen bei der Datenerhebung (die auch statistische Berechnungen einschließen kann) zur Ermittlung von Durchschnittskosten, die in der Vergangenheit für die Deckung eines genau beschriebenen Risikos entstanden sind, und – im Falle von Lebensversicherungen – die Zusammenarbeit bei der Aufstellung von Sterbetafeln und Tafeln über die Häufigkeit von Krankheiten, Unfällen und Invalidität (nachstehend „Tabellen" genannt) verbessern die Kenntnis von Risiken und erleichtern es dem einzelnen Versicherer, die Risiken zu bewerten. Dies wiederum kann Markteintritte erleichtern und damit nutzbringend für die Verbraucher sein. Das Gleiche gilt für gemeinsame Studien über die wahrscheinlichen Auswirkungen von außerhalb des Einflussbereichs der Unternehmen liegenden Umständen, die sich auf die Häufigkeit oder das Ausmaß von Schäden oder den Ertrag verschiedener Anlageformen auswirken. Es muss jedoch sichergestellt werden, dass diese Zusammenarbeit nur in dem zur Erreichung der genannten Ziele erforderlichen Umfang freigestellt wird. Deshalb ist insbesondere festzulegen, dass Vereinbarungen über Bruttoprämien nicht unter die Freistellung fallen. Bruttoprämien können niedriger sein als die in den genannten Erhebungen, Tabellen und Studienergebnissen ermittelten Beträge, da die Versicherungsunternehmen ihre Anlageerlöse zur Reduzierung ihrer Prämien verwenden können. Außerdem sollten die Erhebungen, Tafeln und Studien unverbindlich sein und lediglich zu Referenzzwecken eingesetzt werden. Ein Informationsaustausch, der nicht der Erreichung der in diesem Erwägungsgrund beschriebenen Ziele dient, sollte nicht unter diese Verordnung fallen.

(10) Je enger die Kategorien für Statistiken über die in der Vergangenheit entstandenen Kosten für die Deckung eines genau beschriebenen Risikos gefasst werden, umso mehr Spielraum haben die Versicherungsunternehmen, wenn sie bei der Berechnung der Bruttoprämien eine Staffelung vornehmen wollen. Die gemeinsamen Erhebungen über vergangene Risikokosten sollten daher unter der Voraussetzung freigestellt werden, dass die Statistiken so ausführlich und differenziert erstellt werden, wie es versicherungsstatistisch angemessen ist.

(11) Nicht nur die auf dem jeweiligen räumlichen oder sachlichen Markt tätigen Versicherungsunternehmen, sondern auch potentielle Neuanbieter müssen Zugang zu den gemeinsamen Erhebungen, Tabellen und Studienergebnissen haben. Auch für Verbraucher- und Kundenorganisationen können derartige Erhebungen, Tabellen und Studienergebnisse von Interesse sein. Versicherungsunternehmen, die noch nicht auf dem fraglichen Markt vertreten sind, wie auch Verbraucher- und Kundenorganisationen müssen verglichen mit den bereits auf dem Markt vertretenen Versicherungsunternehmen zu angemessenen und diskriminierungsfreien Konditionen und zu erschwinglichen Preisen Zugang zu diesen Erhebungen, Tabellen und Studienergebnissen erhalten. Zu solchen Konditionen gehört beispielsweise die Selbstverpflichtung eines noch nicht auf dem Markt vertretenen Versicherungsunternehmens, im Falle eines Marktzutritts statistische Informationen über Schadensfälle vorzulegen, sowie unter Umständen die Mitgliedschaft in dem für die Erstellung der Erhebungen verantwortlichen Versicherungsverband. Ausnahmen von dem Gebot des Zugangs für Verbraucher- und Kundenorganisationen sollten aus Gründen der öffentlichen Sicherheit möglich sein, wenn die Daten beispielsweise die Sicherheitssysteme von Kernkraftwerken oder die Schwachstellen von Hochwasserschutzsystemen betreffen.

(12) Mit der Zahl der zugrunde gelegten Statistiken erhöht sich auch die Verlässlichkeit der gemeinsamen Erhebungen, Tabellen und Studien. Versicherungsunternehmen mit hohen Marktanteilen können unter Umständen für verlässliche Erhebungen auf eine ausreichende Zahl interner Statistiken zurückgreifen, Unternehmen mit geringen Marktanteilen jedoch nicht und Marktneulinge noch viel weniger. Grundsätzlich fördert die Einbeziehung der Angaben aller auf dem Markt vertretenen Versicherungsunternehmen einschließlich der großen Anbieter in diese gemeinsamen Erhebungen, Tabellen und Studien den Wettbewerb, da sie kleineren Versicherern hilft, und sie erleichtert zudem den Markteintritt. Wegen dieser Besonderheit des Versicherungssektors ist es nicht gerechtfertigt, eine Freistellung dieser gemeinsamen Erhebungen, Tabellen und Studien an Marktanteilschwellen zu knüpfen.

(13) Mitversicherungs- und Mit-Rückversicherungsgemeinschaften können unter eng begrenzten Voraussetzungen erforderlich werden, wenn die beteiligten Unternehmen die Versicherung oder Rückversicherung von Risiken anbieten wollen, für die sie ohne die Versicherungsgemeinschaft nur eine unzureichende Versicherungsdeckung anbieten könnten. Diese Art von Gemeinschaften führt im Allgemeinen nicht zu einer Wettbewerbsbeschränkung im Sinne des Artikels 101 Absatz 1 AEUV und ist demnach zulässig.

(14) Mitversicherungs- und Mit-Rückversicherungsgemeinschaften können zulassen, dass Versicherer und Rückversicherer auch dann eine Versicherung oder Rückversicherung von Risiken anbieten, wenn die Bildung einer Versicherungsgemeinschaft für die Deckung des betreffenden Risikos nicht erforderlich ist. Versicherungsgemeinschaften können aber auch zu Wettbewerbsbeschränkungen wie der Vereinheitlichung von Vertragsbedingungen oder sogar von Versicherungssummen und Prämien führen. Deshalb sollten die Voraussetzungen festgelegt werden, unter denen solche Versicherungsgemeinschaften freigestellt werden können.

(15) Im Falle wirklich neuartiger Risiken ist nicht vorhersehbar, welche Zeichnungskapazität zur Risikodeckung erforderlich ist und ob zwei oder mehrere Versicherungsgemeinschaften nebeneinander die entsprechende Versicherung anbieten könnten. Deshalb kann eine Gemeinschaft zur Mitversicherung oder Mit-Rückversicherung dieser neuartigen Risiken für einen begrenzten Zeitraum ohne Marktanteilsschwelle freigestellt werden. Nach drei Jahren dürfte das gesammelte Datenmaterial über Schadensfälle ausreichen, um beurteilen zu können, ob ein Bedarf an einer Versicherungsgemeinschaft besteht.

(16) Risiken, die zuvor noch nicht existierten, sollten als neuartige Risiken eingestuft werden. In Ausnahmefällen kann ein Risiko jedoch als neuartiges Risiko eingestuft werden, wenn es sich einer objektiven Analyse zufolge so wesentlich verändert hat, dass nicht vorhersehbar ist, welche Zeichnungskapazität zur Risikodeckung erforderlich ist.

(17) Mitversicherungs- und Mit-Rückversicherungsgemeinschaften zur Deckung nicht neuartiger Risiken, die eine Einschränkung des Wettbewerbs bewirken, können unter eng begrenzten Voraussetzungen Vorteile haben, die eine Freistellung nach Artikel 101 Absatz 3 AEUV rechtfertigen, obwohl sie durch zwei oder mehr konkurrierende Anbieter ersetzt werden könnten. Durch sie können beispielsweise ihre beteiligten Unternehmen leichter die notwendige Erfahrung in der betreffenden Versicherungssparte sammeln oder von Kosteneinsparungen oder günstigeren Bruttoprämien dank gemeinsamer Rückversicherung zu vorteilhaften Konditionen profitieren. Alle Freistellungen sollten sich aber auf Vereinbarungen beschränken, die den betreffenden Unternehmen keine Möglichkeiten bieten, den Wettbewerb bei einem wesentlichen Teil der fraglichen Produkte auszuschalten. Für die Verbraucher bringen Versicherungsgemeinschaften jedoch nur dann wirklich Vorteile, wenn auf den relevanten Märkten, auf denen die Versicherungsgemeinschaften tätig sind, hinreichender Wettbewerb herrscht. Diese Voraussetzung gilt als erfüllt, wenn der Marktanteil einer Versicherungsgemeinschaft eine bestimmte Schwelle nicht überschreitet, so dass davon ausgegangen werden kann, dass sie einem wirksamen tatsächlichen oder potenziellen Wettbewerb seitens der Unternehmen ausgesetzt ist, die nicht an jener Versicherungsgemeinschaft beteiligt sind.

(18) Diese Verordnung sollte daher Mitversicherungs- und Mit-Rückversicherungsgemeinschaften, wenn sie länger als drei Jahre bestehen oder nicht zur Deckung eines neuartigen Risikos gegründet werden, nur unter der Bedingung freistellen, dass der gemeinsame Marktanteil der an der Versicherungsgemeinschaft beteiligten Unternehmen bestimmte Schwellenwerte nicht überschreitet. Der Schwellenwert für Mitversicherungsgemeinschaften sollte niedriger angesetzt werden, weil im Rahmen einer Mitversicherungsgemeinschaft einheitliche Versicherungsbedingungen und Bruttoprämien vorkommen können. Um zu bestimmen, ob eine Versicherungsgemeinschaft die Marktanteilsvoraussetzung erfüllt, sind die Gesamtmarktanteile der einzelnen Mitglieder zu aggregieren. Der jeweilige Marktanteil der beteiligten Unternehmen basiert auf der Gesamtheit der auf demselben relevanten Markt inner- und außerhalb dieser Versicherungsgemeinschaft eingenommenen Bruttoprämien. Ferner sollte die Freistellung in beiden Fällen von der Erfüllung der zusätzlichen Voraussetzungen dieser Verordnung abhängig gemacht werden, mit denen die Beschränkungen des Wettbewerbs zwischen den an der Versicherungsgemeinschaft beteiligten Unternehmen auf ein Minimum begrenzt werden sollen. In diesen Fällen ist jeweils im Einzelnen zu prüfen, ob die Voraussetzungen dieser Verordnung erfüllt sind.

(19) Um den Abschluss von Vereinbarungen – die zum Teil mit erheblichen Investitionsentscheidungen einhergehen – zu erleichtern, sollte die Geltungsdauer dieser Verordnung auf sieben Jahre festgesetzt werden.

(20) Wenn die Kommission in einem bestimmten Fall feststellt, dass eine Vereinbarung, die nach dieser Verordnung freigestellt ist, dennoch Wirkungen entfaltet, die mit Artikel 101 Absatz 3 AEUV unvereinbar sind, kann sie den Rechtsvorteil dieser Verordnung nach Artikel 29 Absatz 1 der Verordnung (EG) Nr. 1/2003 des Rates vom 16. Dezember 2002 zur Durchführung der in den Artikeln 81 und 82 des Vertrags niedergelegten Wettbewerbsregeln[5] entziehen.

(21) Nach Artikel 29 Absatz 2 der Verordnung (EG) Nr. 1/2003 kann die Wettbewerbsbehörde eines Mitgliedstaats den Rechtsvorteil dieser Verordnung im Gebiet des betreffenden Mitgliedstaats oder in einem Teilgebiet dieses Mitgliedstaats entziehen, wenn in einem bestimmten Fall eine Vereinbarung, die nach dieser Verordnung freigestellt ist, dennoch im Gebiet des betreffenden Mitgliedstaats oder in einem Teilgebiet dieses Mitgliedstaats, wenn das Gebiet alle Merkmale eines gesonderten räumlichen Marktes aufweist, Auswirkungen hat, die mit Artikel 101 Absatz 3 AEUV unvereinbar sind.

(22) Bei der Prüfung, ob der Rechtsvorteil dieser Verordnung nach Artikel 29 der Verordnung (EG) Nr. 1/2003 zu entziehen ist, sind etwaige wettbewerbsschädliche Auswirkungen aufgrund von Verbindungen zwischen einer Mitversicherungs- oder Mit-Rückversicherungsgemeinschaft und/oder ihren beteiligten Unternehmen und anderen Versicherungsgemeinschaften und/oder deren beteiligten Unternehmen auf demselben relevanten Markt von besonderer Bedeutung –

HAT FOLGENDE VERORDNUNG ERLASSEN:

Einführung

1 Auf Grund der **besonderen Unsicherheiten im Versicherungsgeschäft** wird die Versicherungswirtschaft nicht nur staatlich beaufsichtigt, sondern enthielten viele nationale Kartellgesetze für diesen Wirtschaftszweig auch Bereichsausnahmen oder Sonderregelungen.[6] Unsicherheiten entstehen aus der für das Versicherungsgeschäft charakteristischen Übernahme eines fremden Risikos für einen in der Zukunft liegenden längeren Zeitraum

[5] ABl. L 1 vom 4.1.2003, S. 1.

[6] Z. B. im deutschen Recht bis zur 6. GWB-Novelle § 102 GWB und dann bis zur 7. Novelle § 29 GWB.

sowohl für die Unternehmen als auch für die Versicherungsnehmer. Während die Unternehmen bei Vertragsabschluss nicht abschätzen können, welche Kosten sich aus der Abwicklung der einzelnen Verträge ergeben und ob sie diese alleine tragen können, dürften viele Versicherungsnehmer beim Angebot völlig unterschiedlicher Formulierungen in Versicherungsbedingungen den Leistungsumfang nicht sicher einschätzen können und auch nicht wissen, welche Sicherheitsvorkehrungen von ihrem Versicherungsunternehmen prämienmindernd berücksichtigt werden. Durch eine Zusammenarbeit der Versicherungsunternehmen können hingegen die bestehenden Unsicherheiten begrenzt werden. Versicherer können durch gemeinsame Statistiken und Studien Risiken besser kalkulieren und damit leichter in den Wettbewerb eintreten oder, wenn ihnen Risiken als zu groß für eine alleinige Übernahme erscheinen, sich durch Mitversicherungen daran beteiligen. Die gemeinsame Erarbeitung von Musterversicherungsbedingungen und die gemeinsame Zertifizierung von Sicherheitsvorkehrungen führen nicht nur zu Kosteneinsparungen und zur Erleichterung des Markteintritts neuer Versicherer, sondern beseitigt vorrangig Unsicherheiten beim Versicherungsnehmer, indem die Vergleichbarkeit von Versicherungsbedingungen und deren einheitliche Auslegung durch die Rechtsprechung sowie die allgemeine Akzeptanz von Sicherheitsvorkehrungen ermöglicht wird. Nach ganz überwiegender Ansicht der am Markt Beteiligten fördern gemeinsame Aktivitäten der Versicherer in diesen Bereichen somit den Wettbewerb oder ermöglichen ihn teilweise erst.[7]

Die **EU-Kommission** teilt diese Ansicht (mit Zweifeln hinsichtlich der Auswirkungen von Sicherheitsvorkehrungen), ist allerdings angesichts der Eigenverantwortlichkeit der Unternehmen nach Art. 1 Abs. 2 VO 1/2003 der Auffassung, dass zur wettbewerblichen Beurteilung von Musterversicherungsbedingungen und der gemeinsamen Aufstellung von technischen Spezifikationen über Sicherheitsvorkehrungen und deren Zertifizierung die allgemeinen Regelungen ausreichen, weil diese auch in anderen Branchen vorkommen.[8] Sie berücksichtigt dabei allerdings nicht ausreichend die Besonderheiten der Versicherungsbranche, da in Musterversicherungsbedingungen nicht nur Muster für Nebenbedingungen des Vertrages geschaffen werden, sondern auch solche für die Umschreibung des zu übernehmenden Risikos und damit der Hauptleistung des Versicherers, und bei technischen Spezifikationen und der Zertifizierung von Sicherheitsvorkehrungen anders als üblich nicht die Hersteller von Produkten gemeinsame Standards aufstellen, sondern die Versicherer als Nicht-Produzenten Anforderungen an die Tauglichkeit der Sicherheitsvorkehrungen aufstellen und überprüfen. 2

1. Ermächtigungsgrundlage und freistellbare Verhaltensweisen

Als der EuGH[9] das europäische Kartellrecht für uneingeschränkt auf die Versicherungswirtschaft anwendbar erklärt hatte, wurden in der Folgezeit eine Vielzahl von einander ähnlichen Vereinbarungen bei der Kommission angemeldet.[10] Um deren Arbeit zu erleichtern, hat der Europäische Rat die **VO (EWG) Nr. 1534/91** beschlossen.[11] Diese stellt die **Ermächtigungsgrundlage** für den Erlass einer GVO für bestimmte Vereinbarungen im 3

---

[7] EU-Kommission, Abschlussbericht der Sektoruntersuchung der Unternehmensversicherung v. 25.9.2007, Kom. (2007) 556 endg., veröffentlicht auf der Website der Generaldirektion Wettbewerb, Rn. 28.

[8] Erwägungsgrund 3; Abschlussbericht, a. a. O. Fn. 7, Rn. 11 u. 30–33; Mitteilung der Kommission über die Anwendung von Artikel 101 Abs. 3 AEUV auf Gruppen von Vereinbarungen, Beschlüssen und abgestimmten Verhaltensweisen im Versicherungssektor, ABl. EU C82 v. 30.3.2010, S. 20, Rn. 4 u. 22.

[9] EuGH U. v. 27.1.1987 Rs. 45/85 – *Verband der Sachversicherer/Kommission* Slg. 1987, I-405, Tz. 14.

[10] Einzelheiten bei: *Schumm,* VersWissStud (2. Bd.), 77; *von Fürstenwerth,* WM 1994, 366; GK-*Hootz,* VO 1534/91, Art. 1 Rn. 1; *Ellger* in: Immenga/Mestmäcker, WbR Bd. 1, Einl Vers-GVO Rn. 1; Liebscher/Flohr/Petsche-*Schauer,* § 11 Rn. 5.

[11] Erwägungsgrund 7 der VO (EWG) Nr. 1534/91, ABl. EG 1991 L 143, S. 1.

Bereich der Versicherungswirtschaft dar. Die Kommission hat von der Ermächtigung nur im Hinblick auf Statistiken und Mitversicherungsgemeinschaften, und damit nicht in vollem Umfang, Gebrauch gemacht,[12] obwohl in den nicht geregelten Bereichen weiterhin erhebliche Rechtsunsicherheiten bestehen. Im Hinblick auf Muster für allgemeine Versicherungsbedingungen, Vereinbarungen über die Abwicklung von Schadenfällen, die Prüfung und Anerkennung von Sicherheitsvorkehrungen sowie die Erstellung von Verzeichnissen über erhöhte Risiken hat die EU-Kommission auf eine Aufnahme in diese GVO verzichtet und sie der Selbstveranlagung überlassen. Durch diesen Verzicht sind diese Formen der Zusammenarbeit nur noch unter Zuhilfenahme der Leitlinien über die horizontale Zusammenarbeit[13] zu überprüfen mit der Folge eines Verlustes an Rechtssicherheit, da Leitlinien – anders als eine GVO – keine Bindungswirkung gegenüber nationalen Kartellbehörden und Gerichten entfalten.[14] Nachfolgend sollen daher einige Hinweise zur wettbewerbsrechtlichen Beurteilung dieser Verhaltensweisen gegeben werden.

4 **a) Muster allgemeiner Versicherungsbedingungen.** Die gemeinsame Erstellung von Mustern für allgemeine Versicherungsbedingungen war durch die beiden Vorgängerverordnungen noch ebenso wie Modelle zur Darstellung von Überschussbeteiligungen freigestellt.[15] Die EU-Kommission sieht in ihnen aber keine versicherungsspezifischen Formen der Zusammenarbeit und überlässt sie daher nun der Selbstveranlagung durch die beteiligten Unternehmen gemäß Art. 1 VO Nr. 1/2003.[16] Die Versicherer können damit nicht mehr darauf vertrauen, dass Musterversicherungsbedingungen oder -klauseln automatisch vom Kartellverbot freigestellt sind, wenn sie die Bedingungen der Vorgänger-GVO Nr. 358/2003 einhalten. Die früheren Freistellungsbedingungen können aber **Anhaltspunkte für die Selbstveranlagung** geben.[17] Allgemein ist dabei folgendes zu berücksichtigen:

- Musterklauseln, die lediglich gesetzliche Rahmenbedingungen wiedergeben, beschränken in der Regel den Wettbewerb nicht.
- Musterklauseln, von deren Formulierung praktisch kein Verbraucher seine Entscheidung über einen Vertragsabschluss abhängig machen würde (etwa zur Form bestimmter Willenserklärungen oder zum Gerichtsstand), beschränken den Wettbewerb nicht spürbar.[18]
- Musterklauseln für Nebenbedingungen, die bei einem größeren Teil der Verbraucher die Entscheidung über den Vertragsabschluss beeinflussen, können den Wettbewerb spürbar beschränken.

5 Bei Dauerschuldverhältnissen wie Versicherungsverträgen fallen unter die letztgenannten Klauseln insbesondere solche, die den Verbraucher lange oder weitgehend an einen Vertragspartner binden und dadurch zugleich künftigen Wettbewerb verhindern. Die in Art. 6 Abs. 1 lit. d–i GVO Nr. 358/2003 enthaltenen Klauseln verdeutlichen, worin die Kommission bislang eine **übermäßige** und nicht freistellungsfähige **Bindung des Versicherungsnehmers** durch Musterklauseln sah. Dazu gehören die Möglichkeiten zu einseitigen Vertragsänderungen (etwa Einschränkungen des Deckungsumfangs, Prämienerhöhungen ohne Ausdehnung des Leistungsumfangs oder Anknüpfung an einen Index und Änderungen der Vertragsbedingungen) durch den Versicherer ohne Kündigungsmöglichkeit des Versicherungsnehmers[19] und zur einseitigen Änderung der Vertragsdauer durch den Versi-

---

[12] Vgl. Erwägungsgründe 1 und 3 dieser GVO.

[13] Leitlinien über horizontale Zusammenarbeit, ABl. EU C 11 v. 14.1.2011, S. 1 ff.

[14] *Dreher,* VersR 2008, 25.

[15] Art. 1 lit. b u. Art. 5–9 VO Nr. 3932/92 sowie Art. 1 lit. c u. d, Art. 5 u. Art. 6 VO Nr. 358/2003.

[16] Erwägungsgrund 3; Mitteilung Versicherungssektor, a. a. O. Fn. 8, Rn. 19 u. 22.

[17] Mitteilung Versicherungssektor, a. a. O. Fn. 8, Rn. 23 Fn. 4.

[18] Ähnlich EU-Kommission: Horizontalleitlinien, a. a. O. Fn. 13, Rn. 301 f.

[19] Bericht der Komm. über die Anwendung der GVO Nr. 3932/92 v. 12.5.1999, Kom. (1999) 192 endg., Rn. 20; *von Fürstenwerth,* WM 1994, 370; FK-*Meyer-Lindemann,* Sonderbereiche Versicherungswirtschaft, Rn. 142; GK-*Hootz,* Art. 6 GVO 358/2003 Rn. 5 f.; a. A.: *Dreher/Kling,* Rn. 366; *Schümann,* S. 134.

cherer. Auch eine Vertragsdauer von mehr als 3 Jahren in der Nicht-Lebensversicherung, eine stillschweigende Vertragsverlängerungen um mehr als ein Jahr bei ausbleibender Kündigung, ein Wiederaufleben eines einmal beendeten Vertrages, wenn der Versicherungsnehmer später erneut dem gleichen Risiko unterliegt, sowie eine Verpflichtung zur Versicherung weiterer, unterschiedlicher Risiken bei demselben Versicherer gelten demnach als übermäßige Bindung des Versicherungsnehmers in Musterklauseln.

Muster für Nebenbedingungen können auch in sonstiger (unzulässiger) Weise den Wettbewerb beschränken etwa den **Wettbewerb um Verträge mit anderen Personen** durch eine vertragliche Pflicht zur Übertragung eines Versicherungsvertrages auf den Erwerber einer versicherten Sache (Art. 6 Abs. 1 lit. j VO Nr. 358/2003) oder den grenzüberschreitenden **Wettbewerb auf einem nachgelagerten Markt,** wenn die Musterklausel vorgibt, dass generell nur die im eigenen Land geprüften Sicherheitsvorkehrungen anerkannt werden (Art. 6 Abs. 1 lit. k VO Nr. 358/2003). 6

Die größte Gefahr für den Wettbewerb geht allerdings ggf. von Musterklauseln aus, die die synallagmatischen **Hauptleistungen des Vertrages** beschreiben. Finden sich in ihnen Hinweise auf die Höhe von Bruttoprämien (also auch jede konkrete Vorgabe zur Berechnung), so wird der **Preiswettbewerb** beschränkt oder gar ausgeschaltet, was keinesfalls freistellbar ist.[20] Da Versicherungen zudem allein auf rechtlichen Versprechen beruhen, machen Beschreibungen des versicherten Risikos und der im Fall der Verwirklichung des Risikos vom Versicherer zu erbringenden Leistung das eigentliche Versicherungsprodukt aus. Musterbedingungen hierzu führen daher – wesentlich umfassender als in anderen Branchen – zu einer **Einschränkung der Produktvielfalt**[21] und ähneln der Normierung technischer Vorrichtungen.[22] Jedoch soll auch möglichst jeder Versicherungsnehmer den Versicherungsschutz finden, den er benötigt, was eine gewisse Produktvielfalt voraussetzt. Deshalb hat die alte GVO Nr. 358/2003 in Musterbedingungen (bezifferte und auch prozentuale[23]) Angaben über Versicherungssummen und Selbstbehalte ebenso untersagt wie zu weit gehende Zusammenfassungen von Risiken, für die auch je ein eigener (Spezial-) Tarif erstellt werden könnte,[24] sowie Deckungsausschlüsse für den Fall von Besonderheiten beim Versicherungsnehmer wie z. B. Staatsangehörigkeit, bestimmte Krankheiten oder Altersgrenzen[25] (Art. 6 Abs. 1 lit. b u. c, Abs. 3). Sinnvoll und vorteilhaft für die Verbraucher kann allerdings im Einzelfall die passgenaue Abgrenzung verschiedener Versicherungsvertragsarten durch Musterbedingungen sein, um Doppelversicherungen oder Versicherungslücken zu vermeiden (etwa zur Abgrenzung der vom Eigentümer abzuschließenden Wohngebäudeversicherung von der vom Mieter abzuschließenden Hausratsversicherung). Die Beschreibung des versicherten Risikos in allgemein zugänglichen Musterbedingungen kann auch von den Versicherungsnehmern als Vergleichsmaßstab zu den tatsächlich angebotenen Bedingungen genutzt werden und so mehr Markttransparenz schaffen, wenn diese allgemein zugänglich sind.[26] Falls die Musterversicherungsbedingungen potentiellen (insbesondere ausländischen) Wettbewerbern zur Verfügung gestellt werden, erleichtern sie ihnen 7

---

[20] Vgl. Komm. E. v. 4.12.1992 – *Lloyds Underwriters* ABl. EG 1993 L 4/26, Rn. 30–34; auch *Pohlmann,* WuW 2010, 1110.

[21] Vgl. Horizontalleitlinien, a. a. O. Fn. 13, Rn. 303.

[22] Ausführlicher: *Pohlmann,* WuW 2010, 1109.

[23] Bericht der Komm. über die Anwendung der GVO Nr. 3932/92 v. 12.5.1999, Kom. (1999) 192 endg., Rn. 19; *Schumm,* VersWissStud (2. Bd.), 82; ebenso: *Dreher/Kling,* Rn. 364; zweifelnd: GK-*Hootz* Art. 6 GVO 358/2003 Rn. 3.

[24] Dazu: *Hörst,* VR 2003, 152; GK-*Hootz,* Art. 6 GVO 358/2003 Rn. 4.

[25] Bericht der Komm. über die Anwendung der GVO VersW, Kom. (1999) 192 endg., Rn. 21; *Schumm,* VersWissStud (2. Bd.), 83 f.; GK-*Hootz,* Art. 6 GVO 358/2003 Rn. 15.

[26] Vgl. Komm. E. v. 20.12.1989 – *Concordato Incendio* ABl. EG 1990 L 15/25 Rn. 26; Mitteilung Versicherungssektor, a. a. O. Fn. 8, Rn. 23; Horizontalleitlinien, a. a. O. Fn. 13, Rn. 312 f. u. 335; *Honsel,* Neueste Entwicklungen im eur. und int. Kartellrecht, S. 218; *Schumm,* VersWissStud (2. Bd.), 81; *Vernimmen,* VW 1993, 560; GK-*Hootz,* Art. 1 GVO 358/2003 Rn. 37.

den Marktzutritt. Musterversicherungsbedingungen führen zudem zu mehr Rechtssicherheit, da sie eine Kommentierung und eine einheitliche Auslegung der Verträge durch die Rechtsprechung erleichtern. Selbst Muster für die Umschreibung des versicherten Risikos sind daher grundsätzlich freistellbar.

8 Auf jeden Fall ist zu beachten, dass die Versicherer deutlich auf die **Unverbindlichkeit** der Musterbedingungen[27] und die Möglichkeit abweichender Klauseln hingewiesen werden sowie dass ihnen eine Absprache über die Verbindlichkeit der Musterbedingungen verboten ist. Art. 5 Abs. 1 u. Art. 6 Abs. 2 GVO Nr. 358/2003 sollten so auch die Produktvielfalt und den sich daraus ergebenden Wettbewerb sicherstellen. Sollte hingegen trotz Beachtung dieser Regeln die Produktvielfalt tatsächlich zu stark eingeschränkt sein, stünde die Freistellungsfähigkeit der gemeinsamen Erarbeitung von Musterversicherungsbedingungen infrage. Kataloge mit alternativ verwendbaren Musterklauseln können einer zu starken Einschränkung der Produktvielfalt entgegenwirken.[28]

9 **Modelle zur Darstellung von Überschussbeteiligungen** sollen eine einfache Darstellung von Überschussbeteiligungen gestatten und so die Vergleichbarkeit verschiedener Angebote erleichtern.[29] Sie mussten gemäß Art. 5 Abs. 2, Art. 6 Abs. 4 u. 5 GVO Nr. 358/2003 unverbindlich sein und durften nicht lediglich bestimmte Zinssätze oder bezifferte Angaben zu Verwaltungskosten enthalten, um auch nicht den Anschein einer Vorgabe für bestimmte Wettbewerbsparameter zu erwecken. Dies ist auch künftig zu beachten.

10 **b) Abwicklung von Schadensfällen.** Im Hinblick auf Vereinbarungen über die Abwicklung von Schadensfällen mangelt es der EU-Kommission an Erfahrung für eine Regelung in der vorliegenden Verordnung.[30] Auch gibt die Kommission weder in ihren Leitlinien über die horizontale Zusammenarbeit[31] noch in den Leitlinien über Vereinbarungen im Versicherungssektor[32] Hinweise zur kartellrechtlichen Behandlung solcher Abkommen. Jedoch sind in drei Fällen Direktregulierungsabkommen zwischen Kfz-Haftpflichtversicherern durch Verwaltungsschreiben der EU-Kommission für mit dem Binnenmarkt vereinbar erklärt worden. Des Weiteren sind Schadenteilungsabkommen mit Regelungen über pauschalierte Regresse bei der Kommission angemeldet worden, über deren Zulässigkeit nicht mehr entschieden wurde. Bei **Direktregulierungsabkommen** besteht die Gefahr, dass der regulierende Haftpflichtversicherer den Geschädigten, der zugleich sein eigener Versicherungsnehmer ist, großzügiger entschädigt, weil nicht er, sondern im Regresswege der Haftpflichtversicherer des Schädigers letztendlich die Kosten tragen muss. Auch bei pauschalierten Regressen in **Schadenteilungsabkommen** werden die Versicherer aufgrund der Pauschalen nicht am Ende genau die Kosten tragen müssen, die sie bei einer Abrechnung nach Sach- und Rechtslage zu tragen hätten. Solche Kostenverlagerungen können zu einer Beeinflussung des Wettbewerbs i. S. d. Art. 101 Abs. 1 AEUV führen. Soweit die Versicherer im eigenen Interesse solche Pauschalierungsregelungen vereinbaren, die der üblicherweise bestehenden Sach- und Rechtslage sehr nahe kommen, und zudem durch die Masse der vom Abkommen erfassten Fälle die gegenseitigen Kostenverlagerungen über die Zeit annähernd bei den beteiligten Versicherern ausgeglichen werden, kann es insoweit aber schon an einer Spürbarkeit der Wettbewerbsbeschränkung fehlen.[32a] Schadenabwicklungsabkommen können aber auch Pauschalbeträge für die Erstattung von Verwaltungskosten des regulierenden Versicherers vorsehen. Gerade wenn diese Pauschalbeträge umfangreich und detailliert vereinbart werden, könnten die beteiligten Versi-

---

[27] Die Horizontalleitlinien, a. a. O. Fn. 13, Rn. 301, verlangen Unverbindlichkeit.

[28] *Pohlmann,* WuW 2010, 1113; auch: Mäger-*Bartmann,* 10. Kap. A, Rn. 71.

[29] *Schumm,* VersWissStud (2. Bd.), 84.

[30] Siehe Erwägungsgrund 3.

[31] A. a. O. Fn. 13.

[32] A. a. O. Fn. 8.

[32a] Ähnlich: MK-*Esser/Stappert,* SB VersW Rn. 125 m. w. N.

cherer dies zu einer allgemeinen Angleichung ihrer Verwaltungskosten an diese Pauschalen nutzen, was auch eine wettbewerbsbeschränkende Wirkung entfalten kann. Andererseits führen solche Abkommen auch zu Vorteilen für die Verbraucher im Sinne des Art. 101 Abs. 3 AEUV durch eine schnellere Schadenregulierung und durch die Einsparung von Verwaltungskosten für die Prüfung der Rechtslage im Einzelfall, die niedrigere Prämien ermöglicht.

c) Sicherheitsvorkehrungen. Die in den Vorgängerverordnungen freigestellte[33] Aufstellung von technischen Spezifikationen, Regeln und Verhaltenskodizes über Sicherheitsvorkehrungen und deren Einbau und Wartung durch Wartungsunternehmen sowie die Prüfung und Zertifizierung entsprechend diesen Regeln obliegt nunmehr auch der Selbstveranlagung durch die Versicherer, weil die Kommission sie nicht für versicherungsspezifisch hält.[34] Unter Sicherheitsvorkehrungen sind dabei Anlagen zu verstehen, die den Eintritt eines Schadens verhindern oder die Schadenhöhe verringern können, wie z. B. Brandschutzwände, Rauchmelder, Feuerlöscher, Tresore, Wegfahrsperren oder andere Vorrichtungen zur Verhinderung von Einbrüchen. Nicht darunter fielen Dienstleistungen wie die Bewachung eines Objektes. 11

Bei der gemeinsamen **Aufstellung von technischen Spezifikationen,** Regeln und Verhaltenskodizes ist zunächst zu beachten, dass hier Versicherer auf fremde Märkte einwirken, indem sie (abstrakt-generelle) Qualitätsanforderungen für Sicherheitsvorkehrungen (also Rauchmelder etc.) und für Einbau- und Wartungsunternehmen formulieren. Wenn Sicherheitsvorkehrungen und Wartungsunternehmen diese Anforderungen nicht erfüllen und Versicherer diese daraufhin nicht als Voraussetzung für die Versicherbarkeit eines Risikos akzeptieren oder prämienmindernd berücksichtigen, dürften sie Marktanteile verlieren und zwar umso mehr je mehr Versicherer genau diese Anforderungen voraussetzen. Das berechtigte Interesse der Versicherer,[35] nur funktionierende Sicherheitsvorkehrungen anzuerkennen, steht den Verkaufsinteressen der Hersteller und Wartungsunternehmen gegenüber. Die **Beeinflussung des Wettbewerbs** auf den fremden Märkten muss sich daher **auf das unbedingt Notwendige beschränken,** um freistellungsfähig zu sein.[36] Die Freistellungsvoraussetzungen der alten GVO sollten deshalb künstliche Marktzutrittsschranken für Anbieter von Sicherheitsvorkehrungen verhindern.[37] Demnach mussten die (für die Versicherer unverbindlichen und ansonsten jedermann zugänglichen) technischen Spezifikationen sich auf nicht bereits durch europäische Gesetzgebung harmonisierte Bereiche beschränken, damit die europäische Gesetzgebung nicht durch zusätzliche Anforderungen der Versicherer unterlaufen wird, was den grenzüberschreitenden Wettbewerb insbesondere behindern würde, wenn die Spezifikationen jeweils nicht auf europäischer, sondern auf nationaler Ebene aufgestellt werden.[38] Ferner hatten sie inhaltlich präzise, technisch gerechtfertigt und verhältnismäßig zu sein, während Richtlinien für die Prüfung von Einbau- und Wartungsunternehmen sich auf die berufliche Qualifikation beziehen sowie objektiv und diskriminierungsfrei sein mussten (Art. 1 lit. f u. Art. 9 lit. a–c GVO Nr. 358/2003). Dies ist auch künftig im Rahmen der Selbstveranlagung zu beachten, um übermäßige Einflussnahmen auf fremde Märkte zu vermeiden. In Spezifikationen und Richtlinien enthaltene willkürliche oder überzogene Anforderungen stehen einer Freistellung jedenfalls entgegen, da sie nicht unerlässliche Beschränkungen i. S. des Art. 101 Abs. 3 lit. a AEUV sind. Ähnliches ist zu beachten, wenn über die Richtlinien für Wartungsunternehmen hinaus 12

[33] Art. 1 lit. d u. Art. 14–15 VO Nr. 3932/92 sowie Art. 1 lit. f u. Art. 9 VO Nr. 358/2003.

[34] Erwägungsgrund 3; Mitteilung Versicherungssektor, a. a. O. Fn. 8, Rn. 19 u. 26.

[35] Ein solches Interesse sieht auch die EU-Kommission: Bericht der Kommission über das Funktionieren der GVO Nr. 358/2003 v. 24.3.2009, KOM (2009) 138 endg., Rn. 24.

[36] Vgl. Horizontalleitlinien, a. a. O. Fn. 13, Rn. 317 u. 328.

[37] *Schumm,* VersWissStud (2. Bd.), 88 f.

[38] Ähnlich: Bericht der Kommission über das Funktionieren der GVO Nr. 358/2003 v. 24.3.2009, KOM (2009) 138 endg., Rn. 25 f.

auch Richtlinien für andere schadenverhütende Unternehmen wie Bewachungsunternehmen geschaffen werden sollen.

13 Die **Zertifizierung** – also die Prüfung, ob konkrete Sicherheitsvorkehrungen und Wartungsunternehmen die Anforderungen der Spezifikationen und Richtlinien erfüllen, und die Bestätigung der Übereinstimmung mit diesen Anforderungen – betrifft nicht nur die Märkte für die Sicherheitsvorkehrungen und Wartungen, sondern auch den Markt für die Zertifizierung von Produkten und Unternehmen. Zertifizierungsorganisationen der Versicherungswirtschaft müssen daher **dieselben rechtlichen Vorgaben erfüllen wie andere Zertifizierungsstellen** (insbesondere die Normenreihen EN 45 000 und EN ISO/IEC 17 025), die eine objektive, faire und dokumentierte Prüfung sicherstellen sollen. Daher muss jeder Anbieter von Sicherheitsvorkehrungen die Zertifizierung (ggf. gegen eine nicht unverhältnismäßige Gebühr[39]) beantragen können und sie bei Tauglichkeit des Produkts auch erhalten, damit die Nachfrage nicht auf bestimmte Anbieter (unter Ausschluss anderer Anbieter tauglicher Produkte) gelenkt und so der Wettbewerb auf einem fremden Markt in ungerechtfertigter Weise beeinflusst wird. Wenn die Bekanntgabe der zertifizierten Produkte und Unternehmen zudem noch soweit möglich eine Abstufung nach Leistungsniveau enthält, eröffnet dies auch einen zusätzlichen Wettbewerb zwischen den Versicherungsunternehmen hinsichtlich der Anerkennung der Sicherheitsvorkehrungen. Eine Absprache der Versicherer, ausschließlich die von einer bestimmten Zertifizierungsstelle zertifizierten Produkte und Unternehmen anzuerkennen, würde allerdings den Wettbewerb zwischen den Zertifizierungsstellen in nicht unerlässlicher Weise beschränken und ist damit nicht freistellbar. Die gemeinsame Zertifizierung erspart sowohl den Versicherungsunternehmen als auch den Herstellern von Sicherheitsvorkehrungen und den Wartungsunternehmen Kosten, da die Prüfung und Anerkennung so nur von einer Zertifizierungsstelle anstatt von jedem einzelnen Versicherer durchgeführt werden muss.

14 **d) Verzeichnisse über erhöhte Risiken.** Auch hinsichtlich der Verzeichnisse über erhöhte Risiken mangelt es der EU-Kommission an Erfahrung, so dass sie sich nicht zu einer Freistellung in dieser Verordnung entschließen konnte.[40] Soweit Vereinbarungen über die Erstellung von Verzeichnissen über erhöhte Risiken und den Informationsaustausch hierüber existieren, dürfte es bereits an einer spürbaren Wettbewerbsbeschränkung fehlen, wenn sich die Unternehmen **nicht über den Umgang mit den erhöhten Risiken verständigen.**[41] Nach Auffassung der EU-Kommission kann ein Informationsaustausch zwischen Unternehmen über Versicherungsnehmer zudem zu Effizienzgewinnen führen, die auch den Versicherungsnehmern durch günstigere Prämien zugutekommen und so eine Freistellung gemäß Art. 101 Abs. 3 AEUV ermöglichen.[42] Die Rechtsprechung des EuGH zu Kreditauskunftsregistern,[43] wonach u. a. dem anfragenden Unternehmen nicht die Identität des meldenden Gläubigers bekannt werden darf, wird sich auch auf den Informationsaustausch zwischen Versicherungsunternehmen auswirken. Offen ist, ob diese Voraussetzung dabei auch eingreift, wenn lediglich Tatsachen über den Versicherungsnehmer (unter Ausschluss wertender Entscheidungen des Versicherungsunternehmens) bekannt gegeben werden[44] oder wenn ein Informationsaustausch nur zur Aufdeckung von Betrügern im Rahmen der Schadenbearbeitung und nicht während der Vertragsanbahnung erfolgt.

---

[39] Horizontalleitlinien, a. a. O. Fn. 13, Rn. 319.

[40] Siehe Nachweise in Fn. 30–32.

[41] Bericht der Komm. über die Anwendung der GVO Nr. 3932/92 v. 12.5.1999, Kom. (1999) 192 endg. Rn. 47 u. 49; *Dreher/Kling,* Rn. 420–424; *Nebel,* SVZ 61 (1993), 89 f.; FK-*Meyer-Lindemann,* Sonderbereiche Versicherungswirtschaft, Rn. 128.

[42] Horizontalleitlinien, a. a. O. Fn. 13, Rn. 97.

[43] EuGH U. v. 23.11.2006 Rs. C-238/05 – *Asnef-Equifax,* EuZW 2006, 753.

[44] Dazu: *Stappert/Esser-Wellié,* Urteilsanmerkung, EuZW 2006, 759; Mäger-*Bartmann,* 10. Kap. A, Rn. 25.

2. Veränderungen gegenüber der Vorgängerregelung

Die in der GVO Nr. 358/2003 noch enthaltenen Freistellungen für gemeinsam erarbeitete **Musterversicherungsbedingungen** und **technische Spezifikationen** und **Richtlinien** sind in die GVO Nr. 267/2010 **nicht übernommen** worden. Für die Freistellung von Erhebungen, Tabellen und Studien sind zwei neue Bedingungen (keine Hinweise auf Bruttoprämien und Offenlegung gegenüber Verbraucherorganisationen) aufgenommen worden. Ferner ist die Berechnung der Marktanteile von Versicherungsgemeinschaften durch die Einbeziehung von außerhalb der Gemeinschaft gehaltenen Marktanteilen der beteiligten Unternehmen verändert und der Begriff des neuartigen Risikos erweitert worden. Die spezielle Möglichkeit zum Entzug der Freistellung ist im Hinblick auf die allgemeine Regelung in Art. 29 VO Nr. 1/2003 aufgegeben worden. Weitere Änderungen betreffen Klarstellungen und Neuformulierungen. 15

3. Verhältnis zu anderen Freistellungsregelungen

Freistellungen nach der **alten GVO** Nr. 358/2003 galten bis zum 30.9.2010 weiter für Vereinbarungen, die vor dem 31.3.2010 deren Voraussetzungen erfüllten, nicht aber die Voraussetzungen der Neuregelung (Art. 8 GVO Nr. 267/2010). Dies galt insbesondere für Musterversicherungsbedingungen und technische Spezifikationen für Sicherheitsvorkehrungen, die während der Übergangszeit noch durch die GVO freigestellt waren und danach ggf. nach Art. 1 Abs. 2 VO Nr. 1/2003. 16

Die GVO Nr. 267/2010 stellt nur zwei ganz genau umschriebene Arten von Vereinbarungen zwischen Versicherern frei. Sie enthält mithin keine abschließende Regelung für alle durch Versicherer getroffenen Vereinbarungen. Auf andere Vereinbarungen zwischen Versicherern oder zwischen Versicherern und anderen Unternehmen können die **übrigen GVOen** Anwendung finden.[45] 17

Die GVO Nr. 267/2010 soll im Übrigen nur Gruppen von Vereinbarungen freistellen, die mit hinreichender Sicherheit die Voraussetzungen des Art. 101 Abs. 3 AEUV erfüllen.[46] Für Vereinbarungen, die die GVO-Voraussetzungen nicht vollständig erfüllen, bleibt eine **Einzelfreistellung** möglich.[47] Zudem bleibt es bei der konstitutiven Freistellungswirkung der GVO Nr. 267/2010, während für darüber hinausgehende Vereinbarungen ggf. die **Legalausnahme** des Art. 1 Abs. 2 VO 1/2003 eingreift. Diese Unterscheidung ist bereits in Art. 101 Abs. 3 AEUV angelegt, der ebenfalls zwischen (einzelnen) Vereinbarungen und Gruppen von Vereinbarungen unterscheidet. Die GVO führt aufgrund ihrer Bindungswirkung gegenüber nationalen Behörden und Gerichten (dazu unten Rn. 19) jedoch auch bei einer Fortentwicklung des Rechts zu einer EU-weit zwingenden einheitlichen Anwendung dieser Bereiche des Versicherungskartellrechts. 18

4. Verhältnis zu nationalem Recht

Eine GVO ist eine Entscheidung der Kommission über die Vereinbarkeit bestimmter Verhaltensweisen mit Art. 101 Abs. 1 und 3 AEUV. Diese hat gemäß Art. 288 Abs. 2 AEUV allgemeine Geltung und ist in allen ihren Teilen unmittelbar verbindlich. Soweit eine Vereinbarung unter Art. 101 Abs. 1 AEUV fällt, hat die GVO damit auch nach In-Kraft-Treten der VO Nr. 1/2003 **Vorrang vor Entscheidungen** nationaler Kartellbehörden oder **nationaler Gerichte** und greift sogar ein, wenn die Voraussetzungen des 19

[45] Ebenso: *Ellger* in: Immenga/Mestmäcker, WbR Bd. 1, Einl Vers-GVO Rn. 35.
[46] Erwägungsgrund 8.
[47] Ebenso: Mitteilung Versicherungssektor, a. a. O. Fn. 8, Rn. 14; Komm. E. v. 12.4.1999 – *P&I-Clubs II* ABl. EG 1999 L 125/12, Rn. 105; *von Fürstenwerth,* WM 1994, 373; *Kahlenberg,* WuW 1994, 988; Liebscher/Flohr/Petsche-*Schauer,* § 11 Rn. 24.

Art. 101 Abs. 3 AEUV im Ausnahmefall einmal nicht erfüllt sein sollten.[48] Kartellbehörden und Gerichte dürfen also nicht zu einer anderen Entscheidung kommen, was Art. 3 Abs. 2 VO Nr. 1/2003 auch festschreibt. Das deutsche Recht trägt dem durch § 22 Abs. 2 GWG Rechnung und dehnt zugleich die Anwendbarkeit der GVO Nr. 267/2010 durch § 2 Abs. 2 GWB auf ausschließlich nationalem Recht unterliegende Vereinbarungen aus.

KAPITEL I BEGRIFFSBESTIMMUNGEN

Art. 1 Begriffsbestimmungen

Für die Zwecke dieser Verordnung gelten die folgenden Begriffsbestimmungen:

1. „Vereinbarung" ist eine Vereinbarung, ein Beschluss einer Unternehmensvereinigung oder eine abgestimmte Verhaltensweise;

2. „beteiligte Unternehmen" sind Unternehmen, die Parteien einer solchen Vereinbarung sind, und die mit ihnen verbundenen Unternehmen;

3. „verbundene Unternehmen" sind

a) Unternehmen, in denen ein an der Vereinbarung beteiligtes Unternehmen unmittelbar oder mittelbar

i) die Befugnis hat, mehr als die Hälfte der Stimmrechte auszuüben, oder

ii) mehr als die Hälfte der Mitglieder des Leitungs- oder Verwaltungsorgans oder der zur gesetzlichen Vertretung berufenen Organe bestellen kann oder

iii) das Recht hat, die Geschäfte des Unternehmens zu führen;

b) Unternehmen, die in einem an der Vereinbarung beteiligten Unternehmen unmittelbar oder mittelbar die unter Buchstabe a aufgeführten Rechte oder Befugnisse haben;

c) Unternehmen, in denen ein unter Buchstabe b genanntes Unternehmen unmittelbar oder mittelbar die unter Buchstabe a aufgeführten Rechte oder Befugnisse hat;

d) Unternehmen, in denen ein an der Vereinbarung beteiligtes Unternehmen gemeinsam mit einem oder mehreren der unter den Buchstaben a, b oder c genannten Unternehmen bzw. zwei oder mehr der zuletzt genannten Unternehmen gemeinsam die in Buchstabe a aufgeführten Rechte oder Befugnisse hat bzw. haben;

e) Unternehmen, in denen die nachstehend genannten Unternehmen gemeinsam über die unter Buchstabe a aufgeführten Rechte oder Befugnisse verfügen:

i) an der Vereinbarung beteiligte Unternehmen oder mit ihnen jeweils verbundene Unternehmen im Sinne der Buchstaben a bis d oder

ii) ein oder mehrere an der Vereinbarung beteiligte Unternehmen oder ein oder mehrere der mit diesen im Sinne der Buchstaben a bis d verbundenen Unternehmen und ein oder mehrere dritte Unternehmen;

4. „Mitversicherungsgemeinschaften" sind unmittelbar oder über einen Makler oder einen bevollmächtigten Vertreter von Versicherungsunternehmen gegründete Gemeinschaften, ausgenommen Ad-hoc-Mitversicherungsvereinbarungen auf dem Zeichnungsmarkt, bei denen ein Teil des jeweiligen Risikos von einem Hauptversicherer und der verbleibende Teil von zur Deckung dieses verbleibenden Teils aufgeforderten Nebenversicherern gedeckt wird, und die

a) sich verpflichten, im Namen und für Rechnung aller Beteiligten Versicherungsverträge für eine bestimmte Risikosparte abzuschließen oder

b) den Abschluss und die Abwicklung der Versicherung einer bestimmten Risikosparte in ihrem Namen und für ihre Rechnung durch eines der Versicherungs-

[48] Vgl. insoweit EuGH U. v. 14.12.2000 Rs. C-344/98 – *Masterfoods/HB Ice Cream* Slg. 2000, I-11369, Rn. 49–52, der für den Fall einer Einzelfallentscheidung der Kommission deren Vorrang vor Entscheidungen nationaler Gerichte feststellt (so nunmehr auch Art. 16 VO 1/2003).

unternehmen, einen gemeinsamen Makler oder eine zu diesem Zweck geschaffene gemeinsame Organisation vornehmen lassen;

5. „Mit-Rückversicherungsgemeinschaften" sind unmittelbar oder über einen Makler oder einen bevollmächtigten Vertreter von Versicherungsunternehmen, eventuell mit der Unterstützung von einem oder mehreren Rückversicherungsunternehmen, gegründete Gemeinschaften, ausgenommen Ad-hoc-Mit-Rückversicherungsvereinbarungen auf dem Zeichnungsmarkt, bei denen ein Teil des jeweiligen Risikos von einem Hauptversicherer und der verbleibende Teil von zur Deckung des verbleibenden Teils aufgeforderten Nebenversicherern gedeckt wird, um
   a) wechselseitig alle oder Teile ihrer Verpflichtungen hinsichtlich einer bestimmten Risikosparte rückzuversichern;
   b) gelegentlich für dieselbe Risikosparte Rückversicherungsschutz im Namen und für Rechnung aller Beteiligten anzubieten;

6. „neuartiges Risiko" ist
   a) ein Risiko, das zuvor noch nicht existierte und das nur durch ein völlig neuartiges Versicherungsprodukt gedeckt werden kann, nicht aber durch Ergänzung, Verbesserung oder Ersatz eines vorhandenen Versicherungsprodukts oder
   b) in Ausnahmefällen ein Risiko, das sich einer objektiven Analyse zufolge so wesentlich verändert hat, dass nicht vorhersehbar ist, welche Zeichnungskapazität zur Risikodeckung erforderlich ist;

7. „Bruttoprämien" sind Prämien, die den Versicherungsnehmern in Rechnung gestellt werden.

1. Allgemeines

Die GVO enthält einen vorangestellten Katalog von Begriffsbestimmungen. Diese sollen die **Verständlichkeit der Vorschriften** erleichtern, da so von einer Erläuterung der Begrifflichkeiten im Rahmen einzelner Vorschriften abgesehen werden kann. Die Begriffsbestimmungen unter Nr. 1 bis 3 stimmen weitgehend wörtlich mit denen in anderen GVOen und Bekanntmachungen überein. 20

2. Die Begriffe im Einzelnen

a) Vereinbarung. Der Begriff Vereinbarung (Art. 1 Nr. 1) stellt lediglich eine Verkürzung der in Art. 101 Abs. 1 AEUV erwähnten Verhaltensweisen (Vereinbarung, Beschluss einer Unternehmensvereinigung, abgestimmte Verhaltensweise) dar und dient der Vereinfachung. Auf die Erläuterungen zu Art. 101 Abs. 1 AEUV Rn. 216–255 wird verwiesen. 21

b) Unternehmen. Die Definition der **beteiligten Unternehmen** (Art. 1 Nr. 2) stellt klar, dass neben den eine Vereinbarung unmittelbar abschließenden Unternehmen auch die mit ihnen verbundenen Unternehmen i. S. d. Art. 1 Nr. 3 beteiligt sind. Diese Definition hat eine Bedeutung in Art. 3 Abs. 2 lit. a und Art. 6 Abs. 3. 22

Gemäß Art. 1 Nr. 3 gehören zu den mit einem Unternehmen **verbundenen Unternehmen** Tochterunternehmen (a), Mutterunternehmen (b), Schwesterunternehmen (c), Gemeinschaftsunternehmen innerhalb eines Konzerns (d) sowie von beteiligten Unternehmen (e).[49] Die Definition geht zurück auf Art. 16 Abs. 2 und 3 GVO Nr. 3932/92. Unter einem beteiligten Unternehmen i. S. d. Art. 1 Nr. 3 ist allerdings nur das eine Vereinbarung unmittelbar abschließende Unternehmen zu verstehen. Die Definition des Art. 1 Nr. 2 gilt hier nicht, da ansonsten die unter Nr. 3 erst zu beschreibenden verbundenen Unternehmen in einem Umschreibungsmerkmal bereits enthalten wären.[50] Die Kommission hat dies in Art. 1 Nr. 3 nunmehr auch durch die in den Vorgängerregelungen nicht enthaltene Formulierung „*an der Vereinbarung* beteiligtes Unternehmen" klargestellt. 23

---

[49] Einzelheiten: GK-*Hootz,* Art. 2 GVO 358/2003 Rn. 4–12.
[50] Ebenso: *Ellger* in: Immenga/Mestmäcker, WbR Bd. 1, Art. 1 Vers-GVO Rn. 4.

24 **c) Mitversicherungsgemeinschaft.** Nach der ursprünglich aus Art. 10 Abs. 2 lit. a GVO Nr. 3932/92 stammenden Definition der Mitversicherungsgemeinschaften (Art. 1 Nr. 4) wirken in diesen mehrere (Erst-) Versicherer zusammen, wobei deren Rechtsform (zumeist BGB-Gesellschaften) durch die GVO nicht vorgegeben ist.[51] Rückversicherer können sich an von der GVO freigestellten Mitversicherungsgemeinschaften nicht beteiligen, wie ein Vergleich mit Art. 1 Nr. 5 ergibt.[52]

25 Mitversicherungsgemeinschaften haben den Abschluss von (mehreren) Versicherungsverträgen für eine bestimmte Risikosparte (Art. 1 Nr. 4 lit. a) zum Gegenstand. Die **Ad-hoc-Mitversicherungsvereinbarungen** zur Übernahme von Einzelrisiken sind daher nunmehr auch ausdrücklich durch die Definition ausgenommen. Sie kommen entweder zustande, weil ein größerer Versicherungsnehmer ggf. vermittelt durch einen Makler die Beteiligung mehrerer Versicherungsunternehmen an der Risikoübernahme wünscht (dann scheidet eine Versicherung durch einen einzelnen Versicherer von vorneherein aus), oder wenn ein Versicherer mangels Kapazitäten oder Erfahrung das Risiko alleine nicht übernehmen kann und ihm somit nur eine Mitversicherungslösung die Teilnahme am Wettbewerb um dieses Risiko ermöglicht. Die gemeinsame Deckung eines Einzelfalls **beschränkt** somit **regelmäßig nicht den Wettbewerb.**[53] Die EU-Kommission äußerte jedoch kurz vor Erlass dieser Verordnung Bedenken hinsichtlich einheitlicher Prämien und Bedingungen der an der Ad-hoc-Mitversicherung beteiligten Versicherer.[54] Diese Bedenken sind nicht nachzuvollziehen, da einheitliche Prämien und Bedingungen einerseits unerlässlich für eine kostenreduzierende einheitliche Vertragsabwicklung durch den führenden Versicherer sind und andererseits regelmäßig durch Verhandlungen zwischen den Versicherern mit dem Kunden/Makler zustande kommen und nicht lediglich aufgrund von Meistbegünstigungsklauseln.[55] Dem Versicherungsnehmer sind jedenfalls unterschiedliche Bedingungen jedes einzelnen Mitversicherers (etwa zum Umfang des versicherten Risikos, zu Schadenobergrenzen oder zu Kündigungsfristen) nicht zuzumuten. Wettbewerbsrechtlich bedenklich wäre es auch nur, wenn die Mitversicherer die für die Ad-hoc-Mitversicherung vereinbarte Prämie bzw. die einheitlichen Bedingungen auch über den Einzelfall hinaus als Grundlage für eine aufeinander abgestimmte Geschäftspolitik nähmen; das wäre aber eine eigenständige Absprache. Schließlich wäre es auch ein Wertungswiderspruch, wenn man bei der Mitversicherung eines Einzelfalls eine einheitliche Prämie und einheitliche Bedingungen untersagen würde, während sie in der freigestellten Mit-Versicherungsgemeinschaft sogar für alle darin eingebrachten Risiken vereinbart werden können.[56] Die so genannte **Konzern-Police,** bei der im Rahmen einer Vereinbarung einer Konzern-Holdinggesellschaft mit mehreren Versicherern mehrere Einzelverträge mit den einzelnen Konzernunternehmen abgeschlossen werden, ist i. d. R. lediglich als Abdeckung eines bestimmten einzelnen (konzernweiten) Risikos anzusehen.[57] Insofern kann angesichts der wirtschaftli-

---

[51] *Vernimmen,* VW 1993, 560; *Windhagen,* S. 193.

[52] Ebenso: *Dreher/Kling,* Rn. 316.

[53] 2. Wettbewerbsbericht 1972, Nr. 57 Fn. 3; Bericht der Komm. über die Anwendung der GVO Nr. 3932/92 v. 12.5.1999, KOM (1999) 192 endg., Rn. 25; EU-Kommission, Abschlussbericht, a. a. O. Fn. 7, Rn. 17; *Brinker/Schädle,* VersR 2003, 1478; *Dreher/Kling,* Rn. 127 und 258; *von Fürstenwerth,* WM 1994, 367 u. 371; *Hörst,* VR 2003, 152; *Honsel,* Neueste Entwicklungen im eur. und int. Kartellrecht, S. 223; *Kahlenberg,* WuW 1994, 994; *Pohlmann/Orlikowski-Wolf,* VersR 2005, 176; *Schulze-Schwienhorst* in: FS Kollhosser Bd. I, 2004, S. 335 ff.; *Stancke,* VW 2004, 1460; GK-*Hootz,* Art. 1 GVO 358/2003 Rn. 49; MK-*Esser/Stappert,* SB VersW Rn. 39 f.; a. A.: *Kreiling,* S. 37 f.; *Schaloske,* VersR 2008, 742; *Schümann,* S. 165; zur Abgrenzung der Versicherungsgemeinschaft von der Mitversicherung eines Einzelfalls: *Dreher* in: FS Lorenz, 2004, S. 211 ff.

[54] EU-Kommission, Abschlussbericht, a. a. O. Fn. 7, Rn. 14 f.

[55] Im Erg. ebenso: *Dreher,* VersW 2008, 22–24; *Schaloske,* VersR 2008, 743.

[56] Ebenso: *Dreher,* VersW 2008, 22.

[57] *Kreiling,* S. 35 f.; *Schulze-Schwienhorst* in: FS Kollhosser Bd. I, 2004, S. 340; *Stancke,* VW 2004, 1460; *Ellger* in: Immenga/Mestmäcker, WbR Bd. 1, Art. 5 Vers-GVO Rn. 6; MK-*Stappert/Johannsen,*

chen Einheit des Konzerns und der Weisungsbefugnisse der Holdinggesellschaft die rein rechtliche Selbständigkeit der Versicherungsnehmer nicht zu einer Mehrzahl von Risiken führen, obwohl diese seitens der Konzerngesellschaften einheitlich versichert werden sollen. Auch bei einem **Gruppenvertrag** eines Unternehmens mit mehreren Versicherern zur Absicherung der betrieblichen Altersversorgung der Arbeitnehmer dieses Unternehmens liegt lediglich ein bestimmtes Risiko vor.[58] Wenn die Arbeitnehmer dabei selbst Versicherungsnehmer sind, handelt es sich hingegen nur um einen **Rahmenvertrag** für die Versicherungsverträge mit den Arbeitnehmern, also für mehrere Risiken, was über eine Ad-hoc-Mitversicherung hinausgeht.

In die Begriffsbestimmung ist jetzt auch eine Beschreibung von drei Möglichkeiten zur **Gründung** der Versicherungsgemeinschaft, nämlich durch die beteiligten Versicherer selbst, durch einen Makler (insb. Maklerkonzepte) und durch einen bevollmächtigten Vertreter, aufgenommen worden. Mit letzterem ist ein rechtsgeschäftlich bevollmächtigter gemeinsamer Vertreter aller beteiligten Versicherungsunternehmen gemeint; werden die beteiligten Versicherer organschaftlich oder durch jeweils einen eigenen Bevollmächtigten vertreten, so greift die erste Variante einer unmittelbaren Gründung durch die Versicherer. Neu ist auch die Unterscheidung zwischen dem **Hauptversicherer** (im deutschen Sprachraum meistens „führender Versicherer" genannt) und den zur Deckung des verbleibenden Teils aufgeforderten **Nebenversicherern.** Diese Unterscheidung legt nahe, dass der Hauptversicherer einen größeren Teil des Risikos deckt als jeweils die beteiligten Nebenversicherer und dass er der aktiv handelnde Versicherer in der Gemeinschaft ist, der sich die mithaftenden Nebenversicherer zusammensucht (sie also auffordert), die Versicherungsverträge verwaltet, Schäden reguliert und gegenüber den Nebenversicherern abrechnet, während die Nebenversicherer lediglich für ihren Teil haften und ggf. Risiken einbringen. Dies entspricht der üblichen Vorgehensweise bei der Ad-hoc-Mitversicherung eines Einzelfalls[59] und auch bei kleineren Mitversicherungsgemeinschaften. Bei größeren Versicherungsgemeinschaften mit einer eigenständigen gemeinsamen Organisation zum Abschluss und zur Abwicklung der Versicherungsverträge kann man als Hauptversicherer nur denjenigen Versicherer bezeichnen, der den größten Anteil am Risiko deckt. 26

Die Gemeinschaft muss umschreiben, welche Risiken gemeinsam gedeckt werden sollen („bestimmte **Risikosparte**"). Von der Begriffsbestimmung gedeckt ist dabei auch die Übernahme von Risiken aus mehreren Risikosparten nebeneinander, sofern diese nur bestimmt werden.[60] Zudem sind noch zwei **Arten des Tätigwerdens** nach außen möglich: Zum einen können sich alle beteiligten Versicherer verpflichten, Versicherungsverträge jeweils zugleich in Vertretung für alle beteiligten Versicherer abzuschließen (Art. 1 Nr. 4a); zum anderen können sich die beteiligten Versicherer aber auch darauf verständigen, dass lediglich eine Stelle (ein beteiligtes Unternehmen, ein Makler oder eine besondere gemeinsame Organisation) in Vertretung für alle beteiligten Unternehmen nach außen hin auftritt (Art. 1 Nr. 4b). 27

d) Mit-Rückversicherungsgemeinschaften. Mit-Rückversicherungsgemeinschaften (Art. 1 Nr. 5) können entweder ausschließlich von Erstversicherern oder als Gemeinschaft von Erstversicherern mit einzelnen Rückversicherern gebildet werden. Auch der neue 28

Art. 5 GVO Nr. 267/2010 Rn. 11; tlw. abweichend: *Dreher* in: FS Lorenz, 2004, S. 223 f.; *Dreher/Kling,* Rn. 248.

[58] *Dreher/Kling,* Rn. 239; *von Fürstenwerth,* WM 1994, 371; *Hörst,* VR 2003, 152; *Bechtold/Bosch/Brinker,* Art. 1 VO 267/2010 Rn. 18; GK-*Hootz,* Art. 1 GVO 358/2003 Rn. 51; *Ellger* in: Immenga/Mestmäcker, WbR Bd. 1, Art. 5 Vers-GVO Rn. 6; MK-*Esser/Stappert,* SB VersW Rn. 33.

[59] *Bechtold/Bosch/Brinker,* Art. 1 VO 267/2010 Rn. 16, wollen diesen Teil der Begriffsbestimmung ausschließlich auf Ad-hoc-Mitversicherungen beziehen, wogegen aber das nachfolgende „und" in der Begriffsbestimmung spricht.

[60] GK-*Hootz,* Art. 2 GVO 358/2003 Rn. 14; *Ellger* in: Immenga/Mestmäcker, WbR Bd. 1, Art. 5 Vers-GVO Rn. 7.

Wortlaut der Definition (**„Unterstützung"** statt „Beteiligung" in der GVO Nr. 358/2003) ändert daran nichts, da eine bloße Unterstützung im Sinne einer Hilfestellung ohne eigene Beteiligung zur Folge hätte, dass ein Rückversicherer in wettbewerbsbeschränkender Weise mit einem Wettbewerber, der Mit-Rückversicherungsgemeinschaft, zusammenarbeiten dürfte, ohne selbst zu haften und ohne Berücksichtigung seines Marktanteils bei der Berechnung des Marktanteils der Gemeinschaft. Die Marktanteilsschwellen des Art. 6 wären dann ihrer Bedeutung beraubt. Unterstützung bedeutet hier also weiterhin Beteiligung von einem oder mehreren Rückversicherern. Mit-Rückversicherungsgemeinschaften, die nur von Rückversicherern gebildet werden, sind hingegen nicht erfasst, da es der Kommission an ausreichender Erfahrung für eine solche Freistellungsregelung mangelte.[61]

29 Auch Mit-Rückversicherungsgemeinschaften müssen mehr als nur ein Einzelrisiko rückversichern; **Ad-hoc-Mit-Rückversicherungsvereinbarungen** sind nunmehr auch vom Wortlaut her nicht erfasst. Das von der Ad-hoc-Mit-Rückversicherung übernommene Einzelrisiko kann dabei ein Paket gebündelter von einem einzelnen Erstversicherer übernommener Versicherungsverträge einer Risikosparte sein. Die vorgesehene Art der Gründung durch Versicherer, Makler oder bevollmächtigen Vertreter und die Unterteilung in Haupt- und Nebenversicherer entspricht der Begriffsbestimmung der Mitversicherungsgemeinschaft.

30 Mit-Rückversicherungsgemeinschaften müssen ferner festlegen, welche **Risikosparte** sie rückversichern. Gegenstand der Vereinbarung muss sein, dass alle oder Teile der übernommenen Risiken der festgelegten Risikoart wechselseitig rückversichert werden (Art. 1 Nr. 5a). Zusätzlich, aber nicht überwiegend („gelegentlich") können auch von nicht beteiligten Versicherern übernommene Risiken der festgelegten Art von der Mit-Rückversicherungsgemeinschaft gemeinsam rückversichert werden (Art. 1 Nr. 5b).[62]

31 **e) Neuartiges Risiko.** Das neuartige Risiko (Art. 1 Nr. 6) ist im Hinblick auf die nicht durch eine Marktanteilsgrenze beschränkte Freistellung in der Vorgänger-GVO noch sehr eng umschrieben worden und umfasste nur bislang unbekannte, zuvor **nicht existierende Risiken** (nunmehr Art. 1 Nr. 6a). Darunter können nur solche Risiken fallen, gegen die sich zuvor praktisch niemand absichern wollte, weil sie auch als solche nicht zu identifizieren waren, etwa neu entstehende Risiken im Rahmen der Erforschung des Weltraums oder beim weiteren Einsatz der Gentechnik in Landwirtschaft und Medizin. Durch Art. 1 Nr. 6b werden jetzt aber ausnahmsweise auch wesentlich **veränderte Risiken** von diesem Begriff erfasst, wenn nicht vorhersehbar ist, welche Zeichnungskapazität zur Risikodeckung erforderlich ist (vgl. Erwägungsgrund 16). Dies betraf in der Zeit nach dem September 2001 etwa das Risiko einer Gebäudezerstörung durch Terrorakte (nicht mehr nur durch Sprengstoff, sondern auch durch einfliegende Flugzeuge) und könnte in Zukunft plötzlich veränderte Risiken infolge der Klimaänderung betreffen.[63]

32 **f) Bruttoprämien.** Bruttoprämien (Art. 1 Nr. 7) sind die Geldbeträge, die den Versicherungsnehmern in der Erstversicherung in Rechnung gestellt werden. Sie umfassen neben den zur Deckung der Risiken erforderlichen Kosten auch die unternehmensindividuellen

---

[61] Vgl. Erwägungsgrund 14 GVO Nr. 3932/92 zu der aus Art. 10 Abs. 2 lit. b dieser Vorgänger-GVO insoweit unverändert übernommenen Vorgängerregelung.

[62] Ebenso: FK-*Meyer-Lindemann,* Sonderbereiche Versicherungswirtschaft, Rn. 78; GK-*Hootz,* Art. 2 GVO 358/2003 Rn. 16; *Ellger* in: Immenga/Mestmäcker, WbR Bd. 1, Art. 5 Vers-GVO Rn. 10; weiter: *Kahlenberg,* WuW 1994, 994; *Vernimmen,* VW 1993, 560, die nicht ein Überwiegen der wechselseitigen Rückversicherung verlangen; enger: Liebscher/Flohr/Petsche-*Schauer,* § 11 Rn. 50, nach dessen Auffassung die Rückversicherung Dritter „nur von ganz untergeordneter Bedeutung" sein darf; teilweise anders: *Brinker/Schädle,* VersR 2003, 1478, die ein kumulatives Vorliegen der unter Nr. 5a und b beschriebenen Tatbestände verlangen und damit eine Pflicht auch zur Rückversicherung nicht beteiligter Versicherer.

[63] So auch: *Dreher/Baubkus,* VersR 2010, 1390 ff., die diese Risiken aber teilweise als nicht nur verändert, sondern als zuvor nicht existierend einstufen.

Kosten (Sicherheitszuschläge, Rückstellungserträge, Verwaltungs- und Vertriebskosten, Gewinnspanne) und Steuern.

KAPITEL II GEMEINSAME ERHEBUNGEN, TABELLEN UND STUDIEN

Art. 2. Freistellung

Nach Artikel 101 Absatz 3 AEUV und nach Maßgabe der Bestimmungen dieser Verordnung ist Artikel 101 Absatz 1 AEUV nicht anwendbar auf Vereinbarungen zwischen zwei oder mehr Unternehmen des Versicherungssektors über

a) die gemeinsame Erhebung und Verbreitung von Daten, die für folgende Zwecke erforderlich sind:

i) Berechnung von Durchschnittskosten für die Deckung eines genau beschriebenen Risikos in der Vergangenheit (nachstehend „Erhebungen“ genannt),

ii) Erstellung von Sterbetafeln und Tafeln über die Häufigkeit von Krankheiten, Unfällen und Invalidität im Bereich der Versicherungen, die ein Kapitalisierungselement beinhalten (nachstehend „Tabellen“ genannt);

b) die gemeinsame Durchführung von Studien zu den wahrscheinlichen Auswirkungen allgemeiner Umstände, die außerhalb des Einflussbereichs der betreffenden Unternehmen liegen, auf die Häufigkeit oder das Ausmaß von künftigen Forderungen bei einem bestimmten Risiko oder einer bestimmten Risikosparte oder auf den Ertrag verschiedener Anlageformen (nachstehend „Studien“ genannt) sowie die Verbreitung der Ergebnisse solcher Studien.

1. Allgemeines

a) Anwendungsbereich. Die Gruppenfreistellung greift grundsätzlich nur in Fällen ein, in denen ein Verhalten nach Art. 101 Abs. 1 AEUV verboten ist.[64] Falls eine Absprache den Wettbewerb nicht spürbar beeinträchtigt, bedarf es keiner Freistellung; die Freistellungsbedingungen müssen dann auch nicht eingehalten werden. Ist eine den Wettbewerb beeinträchtigende Absprache hingegen nicht geeignet, den **Handel zwischen den Mitgliedstaaten** zu **beeinträchtigen** (lediglich dem nationalen Recht unterliegende Fälle), fehlt der EU die Kompetenz zur Regelung der Freistellung.[65] Erhebungen, Tabellen und Studien werden regelmäßig in den nationalen Versicherungsverbänden erarbeitet, in denen der ganz überwiegende Teil der auf diesem nationalen Markt tätigen Versicherer zusammenarbeitet. Daher ist hier regelmäßig das europäische Recht wegen der Erstreckung der Vereinbarung auf das gesamte Gebiet eines Mitgliedstaates und ggf. auch der Beteiligung von Niederlassungen ausländischer Versicherer anzuwenden.[66] Art. 2 enthält die dann ggf. notwendig werdende Regelung zur Freistellung der Erhebungen, Tabellen und Studien vom Verbot des Art. 101 Abs. 1 AEUV. Die genauen Bedingungen für die Freistellung sind in den Artikeln 3 und 4 aufgeführt. 33

b) Vereinbarungen. Der Begriff der Vereinbarung ist im Sinne des Art. 1 Nr. 1 zu verstehen. Er umfasst daher neben Vereinbarungen im engeren Sinne auch Beschlüsse von Unternehmensvereinigungen und abgestimmte Verhaltensweisen i. S. d. Art. 101 Abs. 1 AEUV. Gemeinsame Erhebungen, Tabellen und Studien kommen in der Regel nur als Zusammenarbeit in einer Unternehmensvereinigung vor. Freigestellt sind in diesen Fällen 34

[64] *Schumm,* VersWissStud (2. Bd.), 75; Liebscher/Flohr/Petsche-*Schauer,* § 11 Rn. 27.

[65] Jedoch erstreckt sich die GVO 267/2010 gemäß § 2 Abs. 2 GWB auch auf nationale Fälle.

[66] Vgl. hierzu auch: EuGH U. v. 27.1.1987 Rs. 45/85 – *Verband der Sachversicherer/Kommission* Slg. 1987, I-405, Rn. 48 u. 50; Komm. E. v. 14.1.1992 – *Assurpol* ABl. EG 1992 L 37/16, Rn. 33 f.; *Kahlenberg,* WuW 1994, 987; *Pohlmann/Orlikowski-Wolf,* VersR 2005, 174; *Schumm,* VersWissStud (2. Bd.), 78; *Schümann,* S. 72-77; FK-*Meyer-Lindemann,* Sonderbereiche Versicherungswirtschaft, Rn. 2.

die gemeinsame Erhebung und Verbreitung von Daten sowie die gemeinsame Durchführung von Studien und die Verbreitung der Studienergebnisse (regelmäßig durch Bekanntgabe an die Unternehmen). Der Erhebung von Daten und der Durchführung von Studien geht dabei ebenso wie der Verbreitung von Daten und Studienergebnissen zunächst ein **Beschluss** der zuständigen Gremien **einer Unternehmensvereinigung** voraus. In der Verbreitung der Daten und Studienergebnisse gegenüber Unternehmen durch den aufstellenden Verband liegt zugleich inhaltlich aus Sicht des Empfängers die (unverbindliche) **Empfehlung** des Versenders, diese Ergebnisse auch zu verwenden. Deshalb muss auch die ausdrücklich als solche bezeichnete (unverbindliche) Empfehlung von der Freistellung umfasst sein.[67] Nach Auffassung der Kommission und des EuGH[68] handelt es sich bei solchen unverbindlichen Empfehlungen um Beschlüsse der Unternehmensvereinigung.

35 **c) Unternehmen des Versicherungssektors.** Art. 2 stellt (im Unterschied zu Art. 1 VO Nr. 1534/91) klar, dass die freigestellten Vereinbarungen zwischen zwei oder mehr Unternehmen des Versicherungssektors abgeschlossen werden müssen. Dies schließt im Anwendungsbereich dieser GVO Vereinbarungen zwischen einem Versicherungsunternehmen und einem Unternehmen aus einem anderen Wirtschaftszweig ebenso aus wie Vereinbarungen zwischen einer Vereinigung von Versicherungsunternehmen und einer solchen von Unternehmen anderer Branchen (etwa im Bereich der Abwicklung von Schadensfällen und Statistiken hierüber).

2. Erhebungen und Tabellen

36 **a) Sinn und Zweck.** Nach Erwägungsgrund 9 sollen Erhebungen und Tabellen die Kenntnis der Versicherer über die Risiken verbessern. Jeder Versicherer könnte zwar auch selbst Erhebungen oder Tabellen erstellen, dies aber nur auf der Basis einer geringeren Datenmenge. Durch die Zusammenarbeit der Versicherer bei der Erstellung von Erhebungen können annähernd sämtliche Schadendaten aus dem gesamten Markt einbezogen werden, was eine **stärkere Differenzierung** ermöglicht. Zudem können statistische Aussagen mit einer **größeren Sicherheit** getroffen werden.[69] Dies nützt allen (großen und kleinen) Versicherungsunternehmen, da sie auf der Basis der Erhebungen und Tabellen besser festlegen können, welche Prämie sie zur Deckung ihrer Kosten benötigen. Marktanteilsschwellen sind daher für diesen Freistellungsbereich nicht vorgesehen. Versicherungsnehmer profitieren durch eine risikogerechtere Festsetzung der Prämien (etwa in der Kfz-Haftpflichtversicherung durch Differenzierung nach Fahrzeugtyp und Region sowie weiteren Merkmalen oder in der Lebensversicherung durch Differenzierung nach Alter etc.). Gäbe es die gemeinsamen Erhebungen und Tabellen nicht, würden nicht nur Marktzutritte erschwert, sondern auch kleinere Versicherer aufgrund von verhältnismäßig häufigeren Fehlentscheidungen bei der Prämienfestsetzung verstärkt aus dem Markt ausscheiden.

37 **b) Erhebungen.** Art. 2 lit. a i) definiert den Begriff der Erhebungen und stellt diese vom Kartellverbot frei, wenn die Bedingungen der Art. 3 und 4 eingehalten werden. In Art. 2 lit. a der GVO Nr. 3932/92 wurde dieser Freistellungsbereich noch als „Nettoprämie" bezeichnet, was auf den Begriff „Festsetzung gemeinsamer Risikoprämientarife" in Art. 1 VO Nr. 1534/91 zurückgeht. Art. 1 lit. a GVO Nr. 358/2003 verwendete dann die Bezeichnung „Berechnungen". „Erhebungen" ist also nunmehr der dritte Versuch, für diesen Freistellungsbereich einen passenden Begriff zu finden.

38 Kennzeichnend für Erhebungen ist nach Art. 2 lit. a i), dass sie einerseits durch eine Berechnung die Durchschnittskosten eines genau beschriebenen Risikos ergeben sollen und

---

[67] Ebenso: GK-*Hootz,* Art. 1 GVO 358/2003 Rn. 6; *Ellger* in: Immenga/Mestmäcker, WbR Bd. 1, Art. 2 Vers-GVO Rn. 7.

[68] EuGH U. v. 27.1.1987 Rs. 45/85 – *Verband der Sachversicherer/Kommission* Slg. 1987, I-405 Rn. 32.

[69] Vgl. Erwägungsgrund 12.

dass sie andererseits nur **Daten aus der Vergangenheit** einbeziehen dürfen. Benötigt werden also zunächst Daten, aus denen sich Aussagen zur Verwirklichung eines Risikos in der Vergangenheit entnehmen lassen, also nur Ist-Daten und keine Soll-Daten (letztere führen höchstens zu verbotenen Preisabsprachen für die Zukunft). Welche Daten das sein können, beschreibt Art. 3 Abs. 1 lit. a (dazu unten Rn. 48 f.). Diese Daten müssen von den beteiligten Versicherungsunternehmen geliefert oder eingesammelt werden (in Art. 2 lit. a als „Erhebung von Daten" bezeichnet). Dabei ist zu beachten, dass ausschließlich die Daten eingesammelt werden dürfen, die zur Erstellung der Erhebungen auch wirklich **erforderlich** sind. Eine Erhebung weiterer, nicht erforderlicher Daten wäre nicht unerlässlich i. S. d. Art. 101 Abs. 3 AEUV.

Anschließend findet mit Hilfe mathematisch-statistischer Methoden eine **Errechnung der Durchschnittskosten** für die Deckung eines genau beschriebenen Risikos statt. Was genau das beschriebene Risiko ist, kann sich dabei auch aus Musterversicherungsbedingungen bzw. Musterversicherungsklauseln, die den Haftungsumfang des Versicherers beschreiben, ergeben. Dieser Berechnungsvorgang wird nunmehr durch die GVO als Erhebung definiert. Der Begriff Erhebung wird in Art. 2 lit. a i) also zweimal, und zwar mit unterschiedlicher Bedeutung, benutzt, nämlich einmal für das Einsammeln der erforderlichen Daten und zum anderen als Oberbegriff für die nachfolgenden Berechnungen.[70] Die Ergebnisse dieser Berechnungen sind ebenfalls Daten (über Durchschnittskosten eines Risikos), die anschließend noch verbreitet werden durch Übermittlung an die beteiligten Versicherer. Der gesamte Vorgang von der **Einsammlung der Daten bis zur Übermittlung der ermittelten Durchschnittskosten** eines Risikos ist **von** der **Freistellung umfasst.** In der Literatur wird allerdings teilweise die Auffassung vertreten, die Freistellung umfasse nur das Einsammeln der Rohdaten und deren Weitergabe an die Versicherungsunternehmen, die daraus selbständig jeweils Statistiken erstellen.[71] Demzufolge müsste jedes Versicherungsunternehmen separat mit eigenen Kräften aus denselben Rohdaten die Durchschnittskosten berechnen, was aus Gründen der Mathematik als exakter Wissenschaft auch nur zu jeweils demselben Ergebnis führen kann. Das wäre nicht besonders effizient und brächte auch keinen Vorteil für den Wettbewerb unter den Versicherern, sondern würde einen Vorteil gemeinsamer Berechnungen (Kostenersparnis) zunichtemachen. Da Datenerhebungen nach Erwägungsgrund 9 auch statistische Berechnungen einschließen können und die EU-Kommission an keiner Stelle darauf hingewiesen hat, dass sich der Freistellungsumfang anders als zuvor nicht mehr auf die gemeinsame Erstellung von Statistiken erstrecken soll, ist diese Auffassung abzulehnen.[72] 39

Unter die Erhebungen fallen nur die so genannten **Schadenbedarfsstatistiken**, da nur sie (bei Bekanntgabe) faktisch zu einer gewissen Vereinheitlichung der Prämienbemessungsgrundlagen führen können. **Allgemeine Marktstatistiken,** die einen anonymisierten Überblick über den Geschäftsverlauf, die Geschäftssituation oder die Entwicklung der Unternehmenskosten des gesamten jeweiligen Versicherungsmarktes geben, beschränken hingegen den Wettbewerb nicht; sie bedürfen daher keiner Freistellung.[73] 40

c) Tabellen. In Tabellen i. S. d. Art. 2 lit. a ii) (seien sie nun Sterbetafeln oder andere Tafeln) wird nicht die Höhe der Durchschnittskosten eines Risikos dargestellt, sondern die **Häufigkeit** des Eintritts **der Risiken** Tod, Krankheit, Invalidität und Unfall. Aus der Darstellung im Zusammenhang mit den Erhebungen und im Unterschied zu Studien ergibt 41

[70] Ebenso: Liebscher/Flohr/Petsche-*Schauer,* § 11 Rn. 35.

[71] *Saller,* VersR 2010, 419.

[72] Ausführlicher: *von Hülsen/Manderfeld,* VersR 2010, 561; *Ellger* in: Immenga/Mestmäcker, WbR Bd. 1, Art. 2 Vers-GVO Rn. 5; Schröter/Jakob/Klotz/Mederer-*Voet van Vormizeele,* Art. 101 AEUV Rn. 979; ebenso: *Körber/Rauh,* VersR 2012, 672; FK-*Meyer-Lindemann,* Sonderbereiche Versicherungswirtschaft, Rn. 37; MK-*Stappert/Johannsen,* Art. 2 GVO 267/2010 Rn. 7; Mäger-*Bartmann,* 10. Kap. A, Rn. 48.

[73] So auch: *Ellger* in: Immenga/Mestmäcker, WbR Bd. 1, Art. 2 Vers-GVO Rn. 8.

sich, dass auch Tabellen nur **Daten aus der Vergangenheit** wiederspiegeln dürfen. Deshalb sind etwa Darstellungen von künftigen Sterblichkeiten Studien i.S.d. Art. 2 lit.b. Schließlich sollen sich die Tabellen auf „Versicherungen, welche ein Kapitalisierungselement beinhalten," beziehen. Diese Formulierung ist allerdings missverständlich: Gemeint sind nicht etwa nur kapitalbildende Lebensversicherungen, sondern alle Arten von **Summenversicherungen,** bei denen bei Eintritt der Ereignisse Tod, Krankheit, Invalidität oder Unfall unabhängig von dem konkret eingetretenen materiellen Schaden eine bestimmte Geldsumme auszuzahlen ist, oder Versicherungen mit Prämienrückgewähr bei Nichtgeltendmachung von aus den zuvor genannten Ereignissen entstandenen Schäden. Nur dann lassen sich unmittelbar aus der Häufigkeit des Ereigniseintritts Schlussfolgerungen für die Kosten der Versicherer ziehen.[74] Ist hingegen der eingetretene materielle Schaden zu ersetzen und kommt es daher auch auf dessen Höhe an, werden (ggf. zusätzlich) Erhebungen notwendig. Auch bei Tabellen sind das Einsammeln der Daten bei den Versicherungsunternehmen, das Erstellen der Tafeln und die Verbreitung/Bekanntgabe derselben gegenüber den Versicherern freigestellt.

3. Studien

42 **a) Sinn und Zweck.** Auch Studien sind Prämienbemessungsgrundlagen. Da Prämien für einen mit oder nach Vertragsabschluss beginnenden längeren Zeitraum erhoben werden, müssen **Erhebungen in die Zukunft** hinein **fortgeschrieben** werden. Dies geschieht **durch Studien** z.B. zur künftigen Kostenentwicklung im Bereich der Schadenbeseitigung, zur Erhöhung der Schadenaufwendungen infolge der technischen Entwicklung oder einer verbesserten Ausstattung versicherter Gegenstände, zur künftigen Entwicklung der Sterblichkeit, zum medizinischen Fortschritt oder zu vermehrten Schäden infolge des Klimawandels.[75]

43 **b) Freistellungsreichweite.** Studien müssen nach Art. 2 lit.b Umstände betreffen, die sich auf **künftige**, also ungewisse **Forderungen** aus Versicherungsverträgen beziehen, sei es auf deren Häufigkeit (entsprechend den Tabellen) oder auf deren Ausmaß (entsprechend den Erhebungen). **Untersuchungsgegenstände** dürfen die Auswirkungen auf Forderungen mit Bezug auf ein bestimmtes Risiko, eine bestimmte Risikosparte oder den Ertrag verschiedener Anlageformen sein. Der Ertrag verschiedener Anlageformen kann für verschiedene Risikosparten Bedeutung erlangen und kann daher spartenübergreifend untersucht werden. Er wirkt sich auf die Risikoprämie aus, da von den Versicherern erwirtschaftete hohe Kapitalerträge die zur Kostendeckung notwendigen Prämien verringern (vgl. Erwägungsgrund 9). Die Umstände müssen zudem **allgemeiner Art** sein. Dies schließt die Untersuchung der Auswirkungen von Umständen aus, die durch Entscheidungen der einzelnen Versicherer beeinflusst werden können, wie etwa die künftige Entwicklung der Verwaltungskosten der Versicherer.[76] Solche Umstände unterliegen allein dem Wettbewerb der Versicherer.

44 Studien haben die **wahrscheinlichen Auswirkungen** dieser Umstände darzustellen. Daraus ergeben sich Grenzen für die anzuwendenden **Untersuchungsmethoden.** Nach Art. 10 lit.a GVO Nr. 358/2003 konnte die Freistellung von Studien außerdem entzogen

---

[74] Ebenso: *Dreher/Kling,* Rn. 181; *Ellger* in: Immenga/Mestmäcker, WbR Bd. 1, Art. 2 Vers-GVO Rn. 10; MK-*Stappert/Johannsen,* Art. 2 GVO 267/2010 Rn. 12; aus den Vorauflagen dieser Kommentierung auch – nahezu wortgleich und unter Verzicht auf jegliche Quellenangaben – übernommen von *Langen-Bunte,* Syst. VIII Rn. 39; im Erg. ähnlich: *von Fürstenwerth,* WM 1994, 368; kritisch: KölnerKomm-*Krimphove,* Syst. VII Rn. 48.

[75] Weitere Beispiele: *Schumm,* VersWissStud (2. Bd.), 80; *Vernimmen,* VW 1993, 559; Prölss/*Kollhosser,* Versicherungsaufsichtsgesetz, 11. Aufl. 1997, § 81 Anh. II Rn. 46.

[76] Ebenso: Liebscher/Flohr/Petsche-*Schauer,* § 11 Rn. 36; *Ellger* in: Immenga/Mestmäcker, WbR Bd. 1, Art. 2 Vers-GVO Rn. 13.

werden, wenn sie auf ungerechtfertigten Annahmen beruhten. Diese spezielle Entzugsmöglichkeit ist zwar im Hinblick auf die allgemeine Entzugsmöglichkeit nach Art. 29 Abs. 1 VO Nr. 1/2003 aufgegeben worden.[77] Jedoch deutet eine weitgehende Zugrundelegung ungerechtfertigter (und damit unwahrscheinlicher) Annahmen in Studien auf eine mögliche Verhaltensabstimmung unter den Versicherern hin und kann zum Entzug der Freistellung führen. Demzufolge müssen Studien auch künftig allgemein zugängliche Erkenntnisquellen ausschöpfen und auf der Basis anerkannter wissenschaftlicher Methoden, insb. der Versicherungsmathematik, erstellt werden sowie in ihrer Darstellung nachvollziehbar sein.[78] Willkürliche Festlegungen sind nicht von der Freistellung gedeckt. Die weiteren Freistellungsbedingungen enthalten Art. 3 Abs. 2 und Art. 4.

Freigestellt sind die gemeinsame Durchführung der Studien (etwa durch Versicherungsverbände) und nach Fertigstellung der Studie die Verbreitung der Studienergebnisse durch Übermittlung an die beteiligten Versicherungsunternehmen. Aus der eigenständigen Freistellungsregelung ergibt sich schließlich, dass Studienergebnisse **nicht in Erhebungen eingerechnet,** und zu zukunftsbezogenen Risikoprämientarifen zusammengefasst werden dürfen.[79] Eine gemeinsame Bekanntgabe von Erhebungen und Studienergebnissen in getrennten Abschnitten eines Schriftstückes ist hingegen nicht ausgeschlossen.[80] 45

Art. 3. Freistellungsvoraussetzungen

(1) **Die in Artikel 2 Buchstabe a vorgesehene Freistellung gilt nur unter der Voraussetzung, dass die Erhebungen und Tabellen**

a) auf der Zusammenstellung von Daten beruhen, die sich auf eine als Beobachtungszeitraum gewählte Anzahl von Risiko-Jahren beziehen und die identische oder vergleichbare Risiken in ausreichender Zahl betreffen, damit eine statistisch auswertbare Größe entsteht und unter anderem Folgendes beziffert werden kann:
- **i) die Anzahl der Schadensfälle in dem genannten Zeitraum;**
- **ii) die Zahl der in dem Beobachtungszeitraum in jedem Risiko-Jahr versicherten einzelnen Risiken;**
- **iii) die Gesamtheit der innerhalb dieses Zeitraums aufgrund der aufgetretenen Schadensfälle geleisteten oder geschuldeten Zahlungen;**
- **iv) der Gesamtbetrag der Versicherungssummen pro Risiko-Jahr während des gewählten Beobachtungszeitraums;**

b) hinsichtlich der verfügbaren Statistiken so detailliert sind, wie es versicherungsstatistisch angemessen ist;

c) unter keinen Umständen die Sicherheitszuschläge, Erträge aus Rückstellungen, Verwaltungs- oder Vertriebskosten oder Steuern und sonstige Abgaben beinhalten oder Investitionserlöse oder erwartete Gewinne berücksichtigen.

(2) **Die in Artikel 2 vorgesehenen Freistellungen gelten nur unter der Voraussetzung, dass die Erhebungen, Tabellen oder Studienergebnisse**

a) nicht die beteiligten Versicherungsunternehmen oder einen Versicherungsnehmer identifizieren;

b) bei der Erstellung und Verbreitung einen Hinweis auf ihre Unverbindlichkeit enthalten;

---

[77] Erwägungsgrund 20.

[78] *Schumm,* VersWissStud (2. Bd.), 80; GK-*Hootz,* Art. 1 GVO 358/2003 Rn. 23; *Ellger* in: Immenga/Mestmäcker, WbR Bd. 1, Art. 2 Vers-GVO Rn. 12; enger: *Brinker/Schädle,* VersR 2003, 1476, die allein auf statistischen Erhebungen beruhende Studien zulassen wollen.

[79] So auch: GK-*Hootz,* Art. 1 GVO 358/2003 Rn. 27; *von Fürstenwerth,* WM 1994, 368; *Vernimmen,* VW 1993, 559; *Windhagen,* S. 145; *Ellger* in: Immenga/Mestmäcker, WbR Bd. 1, Art. 2 Vers-GVO Rn. 13.

[80] GK-*Hootz,* Art. 1 GVO 358/2003 Rn. 27.

c) keinen Hinweis auf die Höhe von Bruttoprämien enthalten;

d) allen Versicherungsunternehmen, auch solchen die nicht auf dem räumlichen oder sachlichen Markt tätig sind, auf den sich diese Erhebungen, Tabellen oder Studienergebnisse beziehen, die ein Exemplar erbitten, zu angemessenen und diskriminierungsfreien Konditionen und erschwinglichen Preisen zur Verfügung gestellt werden;

e) Verbraucher- und Kundenorganisationen, die spezifische und präzise Zugangsanträge aus ordnungsgemäß gerechtfertigten Gründen stellen, zu angemessenen und diskriminierungsfreien Konditionen und erschwinglichen Preisen zur Verfügung gestellt werden, ausgenommen wenn die Nichtoffenlegung aus Gründen der öffentlichen Sicherheit objektiv gerechtfertigt ist.

1. Allgemeines

46 Art. 3 enthält die Voraussetzungen für eine Freistellung von Erhebungen, Tabellen und Studien. Berechnungen und Tabellen müssen die Voraussetzungen beider Absätze erfüllen, während für Studien nur die Voraussetzungen des Art. 3 Abs. 2 gelten. Bei Nichterfüllung einzelner Voraussetzungen entfällt die gruppenweise Freistellung insgesamt.

2. Besondere Voraussetzungen für Erhebungen und Tabellen (Abs. 1)

47 **a) Aussagekraft von Erhebungen und Tabellen.** Art. 3 Abs. 1 lit. a i)–iv) beschreibt, über welche Erkenntnisse Erhebungen und Tabellen u. a. Aussagen enthalten müssen bzw. was beziffert werden soll.[81] Erwähnt werden die Anzahl von Schadensfällen und versicherten Risiken, die Gesamtheit der geleisteten oder geschuldeten Zahlungen und der Gesamtbetrag der Versicherungssummen. Darüber hinaus gehende Aussagen sind zulässig.[82] Die von der Erhebung erfassten Risiken dürfen bei ihrer Bekanntgabe und Verbreitung durch eine Erläuterung beschrieben werden.

48 **b) Anforderung an Datenmaterial und Zusammenstellung.** Erhebungen und Tabellen müssen nach Art. 3 Abs. 1 lit. a auf einer Zusammenstellung von Daten beruhen. Hinsichtlich der Daten wird zunächst eine **zeitliche Vorgabe** gemacht. Von den beteiligten Unternehmen muss ein **Beobachtungszeitraum** gewählt werden. Der Beobachtungszeitraum muss vollständig in der Vergangenheit liegen (Art. 2 lit. a i) und kann sich über mehrere Risiko-Jahre erstrecken; die Unternehmen und Versicherungsverbände sind in der Festlegung insoweit frei.[83] Die zusammenzustellenden Daten müssen sich allesamt auf den gemeinsam festgelegten Beobachtungszeitraum beziehen.

49 **Inhaltlich** müssen die Daten **identische oder vergleichbare Risiken** betreffen. Das schließt aus, Daten aus verschiedenen Risikosparten zusammenzufassen.[84] Daten über vergleichbare Risiken aus derselben Sparte dürfen zusammengestellt werden. Art. 3 Abs. 1 lit. a verlangt insoweit, dass Daten über Risiken **in ausreichender Zahl** vorhanden sind, um diese überhaupt statistisch auswerten zu können. Eine Zusammenfassung von vergleichbaren Risiken ist also möglich und nötig, wenn dadurch erst eine für die statistische Auswertung notwendige Anzahl von Daten zusammen kommt.[85]

---

[81] A. A.: KölnerKomm-*Krimphove,* Syst.VII Rn. 63, der diese Vorschrift nicht auf die Aussagekraft der Erhebungen u. Tabellen bezieht, sondern auf deren Datenbasis.

[82] *von Fürstenwerth,* WM 1994, 368; GK-*Hootz,* Art. 3 GVO 358/2003 Rn. 3; *Ellger* in: Immenga/Mestmäcker, WbR Bd. 1, Art. 3 Vers-GVO Rn. 4; abweichend: *Dreher/Kling,* Rn. 175.

[83] GK-*Hootz,* Art. 3 GVO 358/2003 Rn. 6.

[84] GK-*Hootz,* Art. 3 GVO 358/2003 Rn. 5; *Ellger* in: Immenga/Mestmäcker, WbR Bd. 1, Art. 3 Vers-GVO Rn. 3.

[85] So auch: Bericht der Komm. über die Anwendung der GVO Nr. 3932/92 v. 12.5.1999, Kom. (1999) 192 endg., Rn. 8; *Burrichter* in: FS Lieberknecht, 1997, S. 272 f.; *Schümann,* S. 91; GK-*Hootz,* Art. 3 GVO 358/2003 Rn. 7.

Sofern sich Risiken aufgrund von Erkenntnissen aus der Vergangenheit erkennbar hinsichtlich ihres Schadenverlaufs unterscheiden, muss jedoch eine angemessen **differenzierte Statistik** erstellt werden. Dies ergibt sich aus Art. 3 Abs. 1 lit. b, wonach Statistiken so ausführlich und differenziert wie versicherungsstatistisch angemessen sein müssen. So soll den Versicherungsunternehmen Spielraum für eine Staffelung bei der Festlegung der Bruttoprämien gegeben werden.[86] Die Zusammenfassung der statistisch ausgewerteten Daten zu Gruppen wird hierdurch begrenzt. Sie ist nur zulässig, wenn sie versicherungsstatistisch angemessen ist. **Untergrenze** für die Differenzierung in Statistiken ist das von den Unternehmen aufgrund der zugrunde liegenden Vereinbarung **gelieferte Datenmaterial.** Art. 3 Abs. 1 lit. b zwingt die Unternehmen nicht dazu, mehr Daten zu liefern, als sie liefern wollen (z. B. muss in der Kfz-Versicherung nicht über die in Deutschland übliche Aufgliederung nach dem Zulassungsbezirk des versicherten Kfz hinaus der Wohnsitz des Halters mitgeteilt werden, um nach Postleitzahlbezirken differenzieren zu können).[87] Ansonsten würden die Unternehmen zu einer potentiell noch stärker den Wettbewerb beschränkenden Zusammenarbeit gezwungen. Nicht ausgeschlossen ist es jedoch, einzelnen beteiligten Unternehmen auf deren (unternehmensindividuellen) Wunsch hin neben oder an Stelle einer weitgehend ausdifferenzierten Statistik auch eine durch versicherungsstatistisch angemessene Gruppenbildung weniger ausdifferenzierte Statistik zur Verfügung zu stellen. Die Unternehmen sollen nämlich lediglich die Möglichkeit erhalten, Prämien auf engeren Grundlagen zu berechnen.[88] Außerdem müssen die weitgehend ausdifferenzierten Statistiken nach Art. 3 Abs. 1 lit. b nur *verfügbar* sein. 50

Verwendet werden dürfen nur Daten, die sich auf Risiken bzw. Schäden beziehen. Ausgeschlossen ist nach Art. 3 Abs. 1 lit. c hingegen die **Einbeziehung unternehmensindividueller Elemente** der Prämienkalkulation und von Abgaben. Als unternehmensindividuelle Elemente der Prämienkalkulation werden aufgelistet: Sicherheitszuschläge (die nur in Bezug auf zukünftige Entwicklungen erforderlich sind, nicht aber für vergangenheitsbezogene Berechnungen), Rückstellungserträge, Verwaltungs- und Vertriebskosten (einschließlich interner Schadenermittlungskosten), Investitionserlöse und erwartete Gewinne. Diese Elemente der Prämienkalkulation beruhen nicht auf den von den Versicherungsnehmern übernommenen Risiken, sondern auf Entscheidungen des jeweiligen Versicherers. Sie sind wesentliche Elemente des Preiswettbewerbs der Versicherer untereinander und sollen diesem Wettbewerb nicht durch Angleichung infolge der Verbreitung von Erhebungen entzogen werden. Eine solche Angleichung wäre auch nicht unerlässlich i. S. d. Art. 101 Abs. 3 AEUV.[89] Steuern und sonstige Abgaben bedürfen hingegen keiner Ermittlung, da sie gesetzlich der Höhe nach festgeschrieben sind. Nicht unter das Verbot fallen externe Schadenermittlungskosten oder im Rahmen des Schadenersatzes zu ersetzende Steuern (Mehrwertsteuer).[90] 51

Die Zusammenstellung der Daten hat unter **Anwendung rein mathematischer Methoden** zu erfolgen.[91] Eine versicherungsmathematisch anerkannte Methode ist die Bereinigung der Daten von außergewöhnlichen Großschäden, die nur sehr selten auftreten (Glättung). Sie ist notwendig, um nicht bei Auftritt eines außergewöhnlichen Großschadens in einer Risikogruppe zu einem über einen langen Zeithorizont hinweg nicht ge- 52

[86] Erwägungsgrund 10.

[87] Ebenso: *Honsel,* Neueste Entwicklungen im eur. und int. Kartellrecht, S. 230.

[88] Vgl. Erwägungsgrund 10; a. A.: *Ellger* in: Immenga/Mestmäcker, WbR Bd. 1, Art. 3 Vers-GVO Rn. 4.

[89] EuGH U. v. 27.1.1987 Rs. 45/85 – *Verband der Sachversicherer/Kommission* Slg. 1987, I-405 Rn. 60; Ebenso: *von Fürstenwerth,* WM 1994, 368; *Vernimmen,* VW 1993, 559; GK-*Hootz,* Art. 3 GVO 358/2003 Rn. 14.

[90] *Bechtold/Bosch/Brinker,* Art. 3 Rn. 13; Prölss/*Kollhosser,* Versicherungsaufsichtsgesetz, 11. Aufl. 1997, § 81 Anh. II Rn. 41.

[91] *Schumm,* VersWissStud (2. Bd.), 79; *Schümann,* S. 92; GK-*Hootz,* Art. 3 GVO 358/2003 Rn. 8 und 13.

rechtfertigten hohen Schadenbedarf zu gelangen, der dann kurzfristig zu einer außergewöhnlich hohen Prämie führen würde. Die Kommission hat mittlerweile die ursprünglich umstrittene Glättung anerkannt.[92] Nicht mathematisch gerechtfertigte Festlegungen sind hingegen unzulässig.[93]

3. Voraussetzungen für Erhebungen, Tabellen und Studien (Abs. 2)

53 **a) Keine Identifizierung.** Gemäß Art. 3 Abs. 2 lit. a dürfen Erhebungen, Tabellen und Studien die beteiligten **Unternehmen und einzelne Versicherungsnehmer nicht identifizieren.** Sie könnten ansonsten Rückschlüsse sowohl auf die Zusammensetzung des Versicherungsbestandes als auch auf die (geheime) Geschäftspolitik der zu identifizierenden Unternehmen zulassen. Mittelbare Identifizierbarkeit von Unternehmen ist daher nur schädlich, wenn solche Rückschlüsse naheliegend sind.[94] Die Kenntnis über die Schadenbedarfe und die Geschäftspolitik anderer Versicherer ist auch für die Gewinnung von Kenntnissen über den eigenen Schadenbedarf nicht unerlässlich i. S. d. Art. 101 Abs. 3 AEUV.[95] In Ausnahmefällen (etwa die für die Durchschnittskostenermittlung notwendige Berücksichtigung einzelner Großschäden) schadet auch die mittelbare Identifizierbarkeit des Versicherers nicht,[96] zumal dessen Identität in diesen Fällen zumeist schon durch Presseveröffentlichungen bekannt ist. Das Verbot, die **Identität eines Versicherungsnehmers** zu offenbaren, ist neu in die GVO aufgenommen worden. Zum einen spielt die Identität eines Versicherungsnehmers für die Durchschnittskosten eines Risikos keine Rolle, zum anderen könnte die Offenlegung der Identität eines Versicherungsnehmers im Zusammenhang mit dem bei ihm aufgetretenen Schadenverlauf auch zu einem abgestimmten Verhalten hinsichtlich der Verträge mit ihm führen. Art. 3 Abs. 2 lit. a führt auch dazu, dass einzelne Versicherungsunternehmen, die gemeinsam außerhalb eines Verbandes Erhebungen, Tabellen oder Studien erstellen wollen, mit der Datenerhebung und den Berechnungen eine unabhängige und hinsichtlich der Einzeldaten zur Verschwiegenheit verpflichtete Organisation beauftragen müssten, damit nicht einem berechnenden Versicherer die Einzeldaten der anderen beteiligten Versicherer bekannt werden.

54 **b) Unverbindlichkeit.** Erhebungen, Tabellen und Studienergebnisse müssen bei ihrer Erstellung und Verbreitung einen ausdrücklichen **Hinweis auf** ihre **Unverbindlichkeit** enthalten (Art. 3 Abs. 2 lit. b). Würden Erhebungen, Tabellen und Studienergebnis als verbindlich betrachtet, käme dies einer verbotenen Absprache über Preisbestandteile gleich.[97] Erhebungen, Tabellen und Studien müssen daher unverbindlich sein. Der Hinweis verdeutlicht den Versicherern, dass sie auf Grund ihres individuellen Versicherungsbestands durchaus einen höheren oder niedrigeren Schadenbedarf haben können und dass daher Berechnungen, Tabellen und Studien für sie auch nicht verbindlich sein können.[98] Ein Hinweis im erläuternden Begleitschreiben reicht angesichts des Wortlauts („enthalten") nicht; vielmehr muss er an prominenter Stelle im Text erscheinen.[99] Da dieser Hinweis nicht nur bei

---

[92] Vgl.: *Dreher/Kling,* Rn. 180; *Schümann,* S. 92; GK-*Hootz,* Art. 3 GVO 358/2003 Rn. 10f. Eine ausführliche Begründung liefert: *Burrichter* in: FS Lieberknecht, 1997, S. 263 ff.

[93] Bericht der Komm. über die Anwendung der GVO Nr. 3932/92 v. 12.5.1999, Kom. (1999) 192 endg., Rn. 9f.; *Ellger* in: Immenga/Mestmäcker, WbR Bd. 1, Art. 3 Vers-GVO Rn. 4.

[94] *Schümann,* S. 97f.; *Windhagen,* S. 149.

[95] *Schümann,* S. 111; GK-*Hootz,* Art. 3 GVO 358/2003 Rn. 22 stellt insoweit auf die Vertraulichkeit der Informationen als Grund für diese Voraussetzung ab.

[96] *Ellger* in: Immenga/Mestmäcker, WbR Bd. 1, Art. 3 Vers-GVO Rn. 8; Liebscher/Flohr/Petsche-*Schauer,* § 11 Rn. 38.

[97] So im Ergebnis: Konsultationspapier zur Überprüfung des Funktionierens der Verordnung (EG) Nr. 358/2003, abrufbar auf der Homepage der EU-Kommission, GD Wettbewerb, Rn. 19.

[98] *Schumm,* VersWissStud (2. Bd.), 80; *Vernimmen,* VW 1993, 559; *Ellger* in: Immenga/Mestmäcker, WbR Bd. 1, Art. 3 Vers-GVO Rn. 9.

[99] GK-*Hootz,* Art. 3 GVO 358/2003 Rn. 23.

der Verbreitung, sondern auch der Erstellung gegeben werden muss, ist er auch bei der Übermittlung von Zwischenergebnissen oder Entwürfen an Mitarbeiter der beteiligten Unternehmen einzufügen. Art. 3 Abs. 2 lit. b wird noch verstärkt durch die Regelung des Art. 4.

c) Bruttoprämien. Neu ist das Verbot eines **Hinweises auf die Höhe von Bruttoprämien** i. S. d. Art. 1 Nr. 7 durch Art. 3 Abs. 2 lit. c. Im Hinblick auf Erhebungen und Tabellen ergänzt dieses Verbot Art. 3 Abs. 1 lit. c, wonach die über die Durchschnittskosten zur Risikodeckung hinausgehenden einzelnen Faktoren zur Bildung einer Bruttoprämie nicht Teil der Erhebungen sein dürfen. Eine durchschnittliche Bruttoprämie darf nun ebenso wenig angegeben werden wie eine prozentuale Angabe zum Anteil der Risikoprämie an der durchschnittlichen Bruttoprämie. Auch dürfen etwa in Studienergebnissen nicht Hinweise auf eine bestimmte prozentuale Erhöhung der Bruttoprämien erscheinen. 55

d) Transparenz für Versicherer. Gemäß Art. 3 Abs. 2 lit. d sind Erhebungen, Tabellen und Studienergebnisse sämtlichen **Versicherern zu** angemessenen und **diskriminierungsfreien Konditionen zur Verfügung zu stellen.** Diese Regelung soll insb. potenziellen Neuanbietern, die noch nicht auf dem entsprechenden Markt tätig sind und denen ansonsten die Kalkulationsgrundlagen fehlen würden, den Marktzutritt ermöglichen.[100] Sie gilt auch, wenn lediglich einzelne Versicherer gemeinsam außerhalb eines Verbandes Erhebungen, Tabellen und Studien erstellen. Als angemessen und nicht diskriminierend benennt Erwägungsgrund 11 beispielhaft den Erwerb einer Verbandsmitgliedschaft und die Verpflichtung, im Falle eines Marktzutritts künftig ebenfalls durch Datenlieferung zur Erstellung von Berechnungen und Tabellen beizutragen. Die Zahlung eines (nicht ein Marktzutrittshindernis darstellenden) erschwinglichen Preises kommt bei Versicherern in Betracht, die nicht bereits als Verbandsmitglieder über Mitgliedschaftsbeiträge die Erstellung von Erhebungen, Tabellen und Studien mitfinanzieren. 56

e) Transparenz für Verbraucherorganisationen. Nach Art. 3 Abs. 2 lit. e sind seit Erlass dieser Verordnung auch Verbraucher- und Kundenorganisationen die erstellten Erhebungen, Tabellen und Studienergebnisse unter bestimmten Bedingungen zu **angemessenen** und diskriminierungsfreien **Konditionen** und zu erschwinglichen Preisen zur Verfügung zu stellen. Versicherer müssen daher ggf. Kalkulationsgrundlagen offenlegen, während sie in anderen Branchen geheim gehalten werden dürfen und Nachfragern nicht mitgeteilt werden müssen. Eine allgemeine Veröffentlichung von Erhebungen, Tabellen und Studienergebnissen ist dabei zu Recht nicht erforderlich.[101] 57

Die Offenlegungspflicht gilt nur gegenüber **Verbraucher- und Kundenorganisationen,** also Verbraucherverbände und Organisationen von Versicherungsnehmern; sie kann z. B. nicht von Fernsehsendern mit Sendungen zur Durchsetzung von Verbraucheransprüchen oder von einzelnen Versicherungsnehmern[102] in Anspruch genommen werden. Deshalb ist es auch nicht zulässig, wenn Verbraucher- und Kundenorganisationen die Offenlegung von Erhebungen, Tabellen und Studienergebnissen ihnen gegenüber beantragen, um sie dann der Öffentlichkeit, ihren Mitgliedern oder einzelnen Versicherungsnehmern zur Verfügung zu stellen; das würde die Beschränkung auf Verbraucher- und Kundenorganisationen unterlaufen.[103] 58

---

[100] Vgl. Erwägungsgrund 11; Bericht der Kommission über das Funktionieren der GVO Nr. 358/2003 v. 24.3.2009, KOM (2009) 138 endg., Rn. 9.

[101] Ebenso: *Ellger* in: Immenga/Mestmäcker, WbR Bd. 1, Art. 3 Vers-GVO Rn. 11.

[102] So auch: *von Hülsen/Manderfeld,* VersR 2010, 562; *Ellger* in: Immenga/Mestmäcker, WbR Bd. 1, Art. 3 Vers-GVO Rn. 13.

[103] Ebenso: *Bechtold/Bosch/Brinker,* Art. 3 Rn. 24; A. A.: *Ellger* in: Immenga/Mestmäcker, WbR Bd. 1, Art. 3 Vers-GVO Rn. 16 f.; *Von Hülsen/Manderfeld,* VersR 2010, 562, *Körber/Rauh,* VersR 2012, 675, u. Liebscher/Flohr/Petsche-*Schauer,* § 11 Rn. 43, wollen jeweils jedenfalls eine entsprechende vertragliche Beschränkung zulassen.

59 Die Verbraucherorganisationen müssen allerdings einen speziellen, auf eine bestimmte Erhebung, Tabelle oder Studie bezogenen **Zugangsantrag** an den Ersteller derselben[104] stellen und **ordnungsgemäß gerechtfertigte Gründe** nennen. Letzteres verdeutlicht, dass für das in Erwägungsgrund 11 erwähnte Interesse der Verbraucher- und Kundenorganisationen bloße Neugier nicht genügt. Sonst hätte es einer qualifizierten Begründungspflicht nicht bedurft. Daher geht es auch nicht nur um eine Verbesserung der Verhandlungsmacht der Versicherungsnehmer. Vielmehr sind die Anforderungen an rechtfertigende Gründe für das geltend gemachte Interesse an dem Interesse der Versicherungsunternehmen an einer Geheimhaltung ihrer einzelnen Kalkulationsgrundlagen zu messen.[105] Die rechtfertigenden Gründe können daher nur solche sein, die sich auf die wettbewerbsrechtlich korrekte Zusammenarbeit der Versicherer bei der Erstellung von Erhebungen etc. beziehen, z. B. konkrete Auffälligkeiten oder Hinweise auf Wettbewerbsbeschränkungen auf einem Markt. Die Offenlegung kann verweigert werden, wenn dies aus Gründen der öffentlichen Sicherheit objektiv gerechtfertigt ist, etwa bei Daten zu Sicherheitssystemen von Kernkraftwerken oder Schwachstellen von Hochwasserschutzsystemen[106] oder zur Verbreitung von Lösegeldversicherungen.

60 Die Offenlegungspflicht erstreckt sich auf die **Ergebnisse** der Erhebungen, Tabellen und Studien. Umstritten ist, ob sie sich darüber hinaus aus Transparenzgründen auch auf die aggregierten **Rohdaten** und die **Berechnungsmethoden** erstreckt.[107] Dafür spricht, dass sich etwa Auffälligkeiten bei der Statistikarbeit nur erkennen lassen, wenn man die zugrunde liegenden Rohdaten und/oder Berechnungsmethoden kennt. Allerdings kommt dies nur in Betracht, wenn auch für die Bereitstellung von Rohdaten und Berechnungsmethoden sich jeweils auf sie beziehende konkrete rechtfertigende Gründe benannt werden. Für die Übermittlung der Erhebungen, Tabellen und Studienergebnisse können von der Verbraucherorganisation **erschwingliche Preise** verlangt werden, was auch einem allzu leichten Offenlegungsverlangen Grenzen setzt. Die Verbraucherorganisation darf die Erhebungen, Tabellen und Studien für ihre Arbeit (ggf. unter Mitarbeit externer Fachleute) auswerten und das Ergebnis ihrer Auswertung veröffentlichen.

Art. 4. Von der Freistellung ausgenommene Vereinbarungen

Die Freistellungen nach Artikel 2 gelten nicht für beteiligte Unternehmen, die sich verpflichten oder es anderen Unternehmen auferlegen, keine anderen Erhebungen oder Tabellen als die in Artikel 2 Buchstabe a genannten zu verwenden oder nicht von den Ergebnissen der Studien nach Artikel 2 Buchstabe b abzuweichen.

61 Art. 4 verstärkt die Wirkung von Art. 3 Abs. 2 lit. b. Er soll die **Unverbindlichkeit** von Erhebungen, Tabellen und Studienergebnissen nicht nur wie Art. 3 Abs. 2 lit. b im Verhältnis zwischen empfehlendem Verband und den Unternehmen, an die die Empfehlung gerichtet ist, sicherstellen, sondern auch im Verhältnis zwischen letzteren untereinander. Würden sich einzelne Unternehmen untereinander absprechen, die Erhebungen, Tabellen und Studienergebnisse strikt umzusetzen, wäre dies eine **verbotene Absprache von** wesentlichen **Preisbestandteilen.** Deshalb soll die unverbindliche Verbreitung von Erhebun-

---

[104] *von Hülsen/Manderfeld,* VersR 2010, 562; *Ellger* in: Immenga/Mestmäcker, WbR Bd. 1, Art. 3 Vers-GVO Rn. 14; a. A.: *Körber/Rauh,* VersR 2012, 673.

[105] Ähnlich: Schröter/Jakob/Klotz/Mederer-*Voet van Vormizeele,* Art. 101 AEUV Rn. 983; *Ellger* in: Immenga/Mestmäcker, WbR Bd. 1, Einl Vers-GVO Rn. 22 u. Art. 3 Rn. 15 f.; a. A.: *Körber/Rauh,* VersR 2012, 674, u. *Saller,* VersR 2010, 419, denen jegliches Interesse genügt; restriktiver: *von Hülsen/Manderfeld,* VersR 2010, 562 f.

[106] Erwägungsgrund 11 a. E.

[107] Dafür: *Körber/Rauh,* VersR 2012, 672 f.; MK-*Stappert/Johannsen,* Art. 3 GVO 267/2010 Rn. 12; a. A.: *Ellger* in: Immenga/Mestmäcker, WbR Bd. 1, Art. 3 Vers-GVO Rn. 18.

gen, Tabellen und Studienergebnissen nach Art. 2 lit. a und b allgemein freigestellt bleiben, während die Unternehmen, die sich i. S. d. Art. 4 absprechen, nicht vom Vorteil der Freistellung profitieren sollen, sondern im Gegenteil einer Sanktionierung unterliegen.[108] Die sich so absprechenden Unternehmen verstoßen damit durch eine Beteiligung an Erhebungen und der Verbreitung von Daten gegen Art. 101 Abs. 1 AEUV, weil ihre Absprache zum Nichtabweichen von Erhebungen, Tabellen und Studienergebnissen nicht unerlässlich i. S. d. Art. 101 Abs. 3 lit. a AEUV ist und gemäß Art. 4 nicht von der Gruppenfreistellung umfasst. Nach Art. 4 entfällt die Freistellung ausschließlich für Erhebungen, Tabellen und Studienergebnisse, die Gegenstand der Absprache sind.[109] Dementsprechend können etwa Erhebungen im Bereich einer anderen Risikosparte, zu deren Einhaltung sich die Unternehmen nicht abgesprochen haben, weiterhin freigestellt sein.

Die zu einem Fortfall der Freistellung führende Handlung besteht in einem **Verpflichten** oder **Auferlegen.** Verpflichten meint die (freiwillige) vertragliche Verpflichtung gegenüber einer oder mehreren Personen, Unternehmen oder einer Unternehmensvereinigung. Die Verpflichtung kann einseitig oder gegenseitig erfolgen. Auferlegen ist hingegen jede Disziplinierung von dritten Unternehmen durch einen Versicherer ggf. durch Gewährung von Vorteilen oder Androhung von Nachteilen.[110] Konzerninterne Weisungen fallen nicht unter den Begriff des Auferlegens. Die Verpflichtung bzw. das Auferlegen muss auf die strikte Einhaltung der Erhebungen, Tabellen und Studienergebnisse gerichtet sein und geht somit über die bloße Befolgung einer Empfehlung hinaus.[111] 62

KAPITEL III GEMEINSAME DECKUNG BESTIMMTER ARTEN VON RISIKEN

Art. 5. Freistellung

Nach Artikel 101 Absatz 3 AEUV und nach Maßgabe der Bestimmungen dieser Verordnung ist Artikel 101 Absatz 1 AEUV nicht anwendbar auf Vereinbarungen zwischen zwei oder mehr Unternehmen des Versicherungssektors über die Bildung und die Tätigkeit von Gemeinschaften von Versicherungsunternehmen oder Gemeinschaften von Versicherungsunternehmen und Rückversicherungsunternehmen mit dem Ziel der gemeinsamen Abdeckung bestimmter Risikosparten, sei es in der Form der Mitversicherung oder der Mit-Rückversicherung.

1. Sinn und Zweck und Systematik

Die Freistellung von Versicherungsgemeinschaften soll den einzelnen Versicherern ermöglichen, sich an Risiken zu beteiligen, die sie selbst – etwa aus betriebswirtschaftlichen Gründen oder mangels Erfahrung – nicht vollständig übernehmen wollen, und außerdem, diese Risiken breiter zu streuen. Der so entstehende **stärkere Wettbewerb** soll den Versicherungsnehmern bessere Preise und Bedingungen verschaffen.[112] 63

Die Begriffe der Mitversicherungsgemeinschaft und der Mit-Rückversicherungsgemeinschaft werden in Art. 1 Nr. 4 u. 5 definiert (vgl. Erläuterungen unter Rn. 24–30). Art. 5 enthält den grundsätzlichen Freistellungstatbestand für Mitversicherungsgemeinschaften und für Mit-Rückversicherungsgemeinschaften und ist aus Art. 1 lit. e der Vorgängerver- 64

---

[108] *von Fürstenwerth,* WM 1994, 368; *Kahlenberg,* WuW 1994, 990; GK-*Hootz,* Art. 4 GVO 358/2003 Rn. 7; *Ellger* in: Immenga/Mestmäcker, WbR Bd. 1, Art. 4Vers-GVO Rn. 3; MK-*Stappert/Johannsen,* Art. 4 GVO 267/2010 Rn. 1.

[109] A. A.: FK-*Meyer-Lindemann,* Sonderbereiche Versicherungswirtschaft, Rn. 59.

[110] GK-*Hootz,* Art. 4 GVO 358/2003 Rn. 3 und 4.

[111] *Ellger* in: Immenga/Mestmäcker, WbR Bd. 1, Art. 4 Vers-GVO Rn. 3.

[112] Vgl. Komm. E. v. 20.12.1989 – *TEKO* ABl. EG 1990 L 13/34, Rn. 26; Komm. E. v. 14.1.1992 – *Assurpol* ABl. EG 1992 L 37/16, Rn. 38; EU-Kommission, Abschlussbericht, a. a. O. Fn. 7, Rn. 11; Erwägungsgrund 17; Mitteilung Versicherungssektor, a. a. O. Fn. 8, Rn. 12.

ordnung Nr. 358/2003 übernommen worden. Die weiteren Freistellungsbedingungen enthalten Art. 6 und 7.

2. Eingreifen des Art. 101 Abs. 1 AEUV

65 **a) Vereinbarungen von Versicherungsunternehmen.** Der Begriff der Vereinbarung ist im Sinne des Art. 1 Nr. 1 zu verstehen. Vereinbarungen im engeren Sinne setzen dabei eine Verständigung der beteiligten Unternehmen auf einen gemeinsamen Plan voraus (vgl. die Kommentierung zu Art. 101 Abs. 1 AEUV Rn. 219ff.). Versicherungsgemeinschaften werden praktisch nur durch solche **Vereinbarungen im engeren Sinne** gebildet. Die Vereinbarung wird auch ausschließlich von Unternehmen des Versicherungssektors getroffen, nämlich bei Mit-Versicherungsgemeinschaften durch Erstversicherungsunternehmen und bei Mit-Rückversicherungsgemeinschaften durch Erstversicherungsunternehmen und ggf. auch Rückversicherungsunternehmen. Makler oder besondere Organisationen, die an der Gründung der Gemeinschaft mitwirken, sind nicht Partner, sondern höchstens Initiatoren oder Vermittler der Vereinbarung, da sie selbst keinen Anteil am Risiko übernehmen.

66 **b) Spürbare Wettbewerbsbeschränkung.** Für ein Eingreifen des Art. 101 Abs. 1 AEUV ist ferner eine spürbare Wettbewerbsbeschränkung erforderlich. Eine solche kann in der gemeinsamen Übernahme von Versicherungsgeschäften und der damit verbundenen Vereinbarung einheitlicher Prämien und Bedingungen liegen.[113]

67 **Nicht wettbewerbsbeschränkend** sind jedoch Ad-hoc-Mit(rück-)versicherungen eines Einzelfalls, die daher auch ausdrücklich durch die Begriffsbestimmungen ausgenommen sind (siehe oben Rn. 25). Gleiches gilt auch für Versicherungsgemeinschaften, wenn ohne Bestehen einer solchen Versicherungsgemeinschaft keines oder nur eines ihrer Mitglieder in der Lage wäre, die entsprechende Risikosparte zu versichern, und aus der Gemeinschaft auch nicht zwei ausreichend große Versicherungsgemeinschaften zur Abdeckung solcher Risiken gebildet werden könnten.[114] In einem solchen Fall wird der Wettbewerb nicht beschränkt, da sich **lediglich zusätzliche Versicherer** an der Abdeckung von Risiken der entsprechenden Art **beteiligen.**[115] Auch Versicherungsgemeinschaften, die lediglich aufgrund der Festlegung der Mitversicherer und ihrer Anteile an der Risikoübernahme durch einen Kunden oder in dessen Vertretung durch einen Makler zustande kommen und die zudem auch nicht die Risiken anderer Kunden absichern, beschränken den Wettbewerb nicht, da sich die Mitversicherer allein auf Grund der **Festlegungen des Kunden** und nicht auf Grund einer eigenen Absprache beteiligen.[116] Ein solcher Fall kann etwa bei einem Rahmenvertrag der Mitversicherer mit einem Unternehmen über die betriebliche Altersversorgung der Unternehmensmitarbeiter vorliegen, wenn Letztere selbst auch Versicherungsnehmer sind, also zumindest Teile der Prämien finanzieren, oder bei so genannten

---

[113] Erwägungsgrund 14.

[114] Komm. E. v. 12.4.1999 – *P & I-Clubs* II ABl. EG 1999 L 125/12, Rn. 66 u. 117; Bericht der Kommission über die Anwendung der GVO Nr. 358/2003 v. 24.3.2009, Kom (2009) 138 endg. Rn. 20; Mitteilung Versicherungssektor, a.a.O. Fn. 8, Rn. 14; ähnlich Erwägungsgrund 13. Ebenso: *Ellger* in: Immenga/Mestmäcker, WbR Bd. 1, Art. 5 Vers-GVO Rn. 1; MK-*Esser/Stappert,* SB VersW Rn. 41f.

[115] Ähnlich: *Esser-Wellié/Hohmann,* VersR 2004, 1213; *von Fürstenwerth,* WM 1994, 371; *Kreiling,* S. 42.

[116] Im Ansatz ebenso: *von Fürstenwerth,* WM 1994, 367 u. 371; *Honsel,* Neueste Entwicklungen im eur. und int. Kartellrecht, S. 219f.; *Schulze-Schwienhorst* in: FS Kollhosser Bd. I, 2004, S. 338f.; *Stancke,* VW 2004, 1460; FK-*Meyer-Lindemann,* Sonderbereiche Versicherungswirtschaft, Rn. 72; MK-*Stappert/Johannsen,* Art. 5 GVO 267/2010 Rn. 5; weiter gehen: *Esser-Wellié/Hohmann,* VersR 2004, 1212f. u. Liebscher/Flohr/Petsche-*Schauer,* § 11 Rn. 48, die bei bloßem Vorliegen des Kundenwunsches bereits eine Wettbewerbsbeschränkung ablehnen; a.A.: *Dreher* in: FS Immenga, 2004, S. 97; *Dreher/Kling,* Rn. 279–283; *Kreiling,* S. 39f.; *Saller,* VersR 2010, 420; *Schaloske,* VersR 2008, 740f.

Maklerkonzepten. Schließlich beschränken Versicherungsgemeinschaften auch dann jedenfalls nicht spürbar den Wettbewerb, wenn sie die Voraussetzungen der Bekanntmachung über Vereinbarungen von geringer Bedeutung[117] erfüllen. Gleiches gilt für die Gemeinschaft der Grenzversicherer, die aus dem Ausland ohne ausreichenden Haftpflichtversicherungsschutz einreisende PKW-Besitzer versichert.

c) Zwischenstaatlicher Handel. Art. 101 Abs. 1 AEUV erfordert schließlich eine Vereinbarung, die den Handel zwischen den Mitgliedstaaten zu beeinträchtigen geeignet ist. Dies trifft auf Versicherungsgemeinschaften zu, die auf einem gesamten nationalen Markt tätig sind oder an denen ausländische Versicherer beteiligt sind. An einer Beeinträchtigung des Handels zwischen den Mitgliedstaaten kann es aber bei einer lediglich regional tätigen Mitversicherungsgemeinschaft fehlen, an der keine Niederlassungen ausländischer Versicherer beteiligt sind. In letzterem Fall greift die GVO Nr. 267/2010 nur mittelbar über § 2 Abs. 2 GWB ein. **68**

3. Freistellungsreichweite

Freigestellt i. S. d. Art. 101 Abs. 3 AEUV sind gemäß Art. 5 sowohl die Bildung der Versicherungsgemeinschaft als auch deren Tätigkeit, wenn die weiteren Bedingungen der Art. 6 u. 7 eingehalten werden. Die **Bildung** einer Versicherungsgemeinschaft beginnt, indem ein Versicherer (ggf. auch ein Makler) andere auf ein solches Projekt anspricht. Sie umfasst insb. Vereinbarungen über die Beteiligungsquoten der einzelnen Versicherer, die Bedingungen für die Aufnahme und das Ausscheiden von Versicherern, die Verteilung der Kosten sowie die Bedingungen und Tarife für die zu übernehmenden Risiken.[118] Die freigestellte **Tätigkeit** der Versicherungsgemeinschaft erstreckt sich über solche Vereinbarungen hinaus auf den Informationsaustausch über die Beurteilung der zu übernehmenden Risiken, über Verhandlungen mit Versicherungsnehmern und über den Schadenverlauf eines übernommenen Risikos sowie ggf. Absprachen über die Rückversicherung übernommener Risiken.[119] **69**

Art. 6. Anwendung der Freistellung und der Marktanteilsschwellen

(1) **Ausschließlich zur Deckung neuartiger Risiken gegründete Mitversicherungs- und Mit-Rückversicherungsgemeinschaften werden nach Artikel 5 unabhängig von ihrem Marktanteil ab dem Tag ihrer erstmaligen Gründung für eine Dauer von drei Jahren freigestellt.**

(2) **Mitversicherungs- und Mit-Rückversicherungsgemeinschaften, die nicht unter Absatz 1 fallen, werden für die Geltungsdauer dieser Verordnung gemäß Artikel 5 unter der Voraussetzung freigestellt, dass der von den beteiligten Unternehmen gehaltene gemeinsame Marktanteil folgende Werte nicht überschreitet:**

a) bei Mitversicherungsgemeinschaften 20 % eines der relevanten Märkte;
b) bei Mit-Rückversicherungsgemeinschaften 25 % eines der relevanten Märkte.

(3) **Bei der Berechnung des Anteils eines beteiligten Unternehmens an dem relevanten Markt wird Folgendes berücksichtigt:**

a) der Marktanteil des beteiligten Unternehmens innerhalb der fraglichen Versicherungsgemeinschaft;

---

117 ABl. EU C 291 v. 30.8.2014, S. 1, insb. Rn. 8 u. 14; dazu auch: Generaldirektion Wettbewerb, Konsultationspapier, Fn. 3, Rn. 30; *Dreher* in: FS Immenga, 2004, S. 98 ff.; *Esser-Wellié/Hohmann,* VersR 2004, 1215 f.

118 Zu Letzterem: Komm. E. v. 14.1.1992 – *Assurpol* ABl. EG 1992 L 37/16, Rn. 40; Komm. E. v. 12.4.1999 – *P&I-Clubs II* ABl. EG 1999 L 125/12, Rn. 65 u. 81.

119 *Stancke,* VW 2004, 1465; Einzelheiten bei: *Schulze-Schwienhorst* in: FS Kollhosser Bd. I, 2004, S. 333 und 341 f.; zum Informationsaustausch vgl. MK-*Esser/Stappert,* SB VersW Rn. 79–87.

b) der Marktanteil des beteiligten Unternehmens innerhalb anderer Versicherungsgemeinschaften auf demselben relevanten Markt wie die fragliche Versicherungsgemeinschaft, an der das beteiligte Unternehmen beteiligt ist; und

c) der Marktanteil des beteiligten Unternehmens außerhalb jeglicher Versicherungsgemeinschaft auf demselben relevanten Markt wie die fragliche Versicherungsgemeinschaft.

(4) **Für die Anwendung der in Absatz 2 genannten Marktanteilsschwellen gelten folgende Regeln:**

a) der Marktanteil wird auf der Grundlage der Bruttobeitragseinnahmen berechnet; falls diese Zahlen nicht erhältlich sind, können Schätzungen anhand anderer verlässlicher Marktinformationen, u. a. Risikodeckung oder Versicherungswert, zur Errechnung des Marktanteils des betreffenden Unternehmens herangezogen werden;

b) der Marktanteil wird anhand der Angaben des vorangegangenen Kalenderjahres ermittelt.

(5) **Wird die in Absatz 2 Buchstabe a genannte Marktanteilsschwelle von 20 % erst im Laufe der Zeit überschritten und wird dabei ein Wert von höchstens 25 % erreicht, so gilt die Freistellung nach Artikel 5 im Anschluss an das Jahr, in dem die Schwelle von 20 % zum ersten Mal überschritten wird, für weitere zwei aufeinander folgende Kalenderjahre.**

(6) **Wird die in Absatz 2 Buchstabe a genannte Marktanteilsschwelle von 20 % erst im Laufe der Zeit überschritten und wird dabei ein Wert von mehr als 25 % erreicht, so gilt die Freistellung nach Artikel 5 im Anschluss an das Jahr, in dem die Schwelle von 25 % zum ersten Mal überschritten wird, für ein weiteres Kalenderjahr.**

(7) **Die in den Absätzen 5 und 6 genannten Vorteile dürfen nicht in der Weise miteinander verbunden werden, dass ein Zeitraum von zwei Kalenderjahren überschritten wird.**

(8) **Wird die in Absatz 2 Buchstabe b genannte Marktanteilsschwelle von 25 % erst im Laufe der Zeit überschritten und wird dabei ein Wert von höchstens 30 % erreicht, so gilt die Freistellung nach Artikel 5 im Anschluss an das Jahr, in dem die Schwelle von 25 % zum ersten Mal überschritten wird, für weitere zwei aufeinander folgende Kalenderjahre.**

(9) **Wird die in Absatz 2 Buchstabe b genannte Marktanteilsschwelle von 25 % erst im Laufe der Zeit überschritten und wird dabei ein Wert von mehr als 30 % erreicht, so gilt die Freistellung nach Artikel 5 im Anschluss an das Jahr, in dem die Schwelle von 30 % zum ersten Mal überschritten wird, für ein weiteres Kalenderjahr.**

(10) **Die in den Absätzen 8 und 9 genannten Vorteile dürfen nicht in der Weise miteinander verbunden werden, dass ein Zeitraum von zwei Kalenderjahren überschritten wird.**

1. Versicherungsgemeinschaften zur Deckung neuartiger Risiken (Abs. 1)

70 Art. 5 i. V. m. Art. 6 Abs. 1 stellt Mitversicherungs- und Mit-Rück**versicherungsgemeinschaften zur Deckung neuartiger Risiken** frei. Die Versicherungsgemeinschaften dürfen ausschließlich neuartige Risiken i. S. d. Art. 1 Nr. 6 abdecken und nicht nebenbei noch andere Risiken. Die Freistellung ist von der Einhaltung einer Marktanteilsgrenze unabhängig, so dass sich alle auf dem entsprechenden Markt tätigen Versicherer an ihr beteiligen können. Sie ist befristet auf drei Jahre ab dem Tag der ihrer Gründung. Anschließend sollen die gesammelten Erfahrungen nach Auffassung der Kommission ausreichen um zu beurteilen, ob es einer Gemeinschaft aller Versicherungsunternehmen bedarf.[120] Angesichts der engen Umschreibung neuartiger Risiken in der ersten Variante (Art. 1 Nr. 6 lit. a) dürf-

[120] Erwägungsgrund 15.

ten in solchen, eher seltenen Fällen die einzelnen Mitglieder einer Gemeinschaft häufig schon nicht in der Lage sein, solche Risiken alleine abzudecken, und ihre Gründung notwendig sein, um diese Risiken überhaupt versichern zu können. Dann aber liegt schon keine Wettbewerbsbeschränkung vor (vgl. oben Rn. 67).

2. Freistellung nach Marktanteil (Abs. 2)

Art. 6 Abs. 2 enthält die Voraussetzungen für eine **Freistellung** von Versicherungsge- **71**
meinschaften, die den Wettbewerb beschränken, aber nicht bereits nach Abs. 1 freigestellt sind. Dafür muss eine Mitversicherungs- oder Mit-Rückversicherungsgemeinschaft i. S. d. Art. 1 Nrn. 4 und 5, Art. 5 (siehe Rn. 24–30 u. 67) vorliegen. Ferner dürfen die Gemeinschaften zwar auf mehreren Märkten tätig sein, aber auf keinem dieser Märkte **Marktanteile** von 20% im Falle der Mitversicherungsgemeinschaft (lit. a) und von 25% im Falle der Mit-Rückversicherungsgemeinschaft (lit. b) überschreiten (zur Berechnung siehe sogleich unter 3.). Auf Märkte, auf denen die Gemeinschaft selbst nicht, einzelne ihrer Mitglieder aber schon tätig sind, kommt es nicht an.[121] Die Marktanteilsgrenzen entsprechen den Marktanteilsgrenzen in anderen Horizontal-GVOen. Ferner müssen noch die Bedingungen des Art. 7 eingehalten werden. Der Hinweis, dass die Freistellung für die Geltungsdauer der Verordnung gilt, hat lediglich klarstellenden Charakter: Alle unter die GVO fallenden Vereinbarungen – mit Ausnahme der nach Art. 6 Abs. 1 freigestellten Versicherungsgemeinschaften – sind grundsätzlich bis zum 31.3.2017 freigestellt.

3. Berechnung des Marktanteils der Versicherungsgemeinschaften (Abs. 3 u. 4)

Für die Berechnung der in Abs. 2 genannten Marktanteile sind zunächst die **sachlich** **72**
und örtlich betroffenen Märkte, auf denen die jeweilige Versicherungsgemeinschaft tätig ist, zu ermitteln. Hierzu ist die Bekanntmachung der Kommission über die Definition des relevanten Marktes[122] heranzuziehen, nach der es im Wesentlichen auf die Austauschbarkeit der angebotenen Produkte aus Sicht des Versicherungsnehmers und die Angebotssubstituierbarkeit ankommt.[123] Existierende Musterversicherungsbedingungen können dabei insb. im Bereich der Nichtlebensversicherung ein Indiz für einen eigenen sachlich relevanten Markt darstellen, dem auch leicht abweichende Produkte unterfallen, ggf. sogar verwandte Bankprodukte, sofern sie aus Sicht des Versicherungsnehmers austauschbar sind oder ein Versicherer sie kurzfristig ohne großen Umstellungsaufwand anbieten kann.[124] Mit-Rückversicherungsgemeinschaften sind sachlich jeweils auf dem Markt der Rückversicherung für bestimmte Erstversicherungsbereiche (unterschieden wird häufig nach Leben, Nichtleben, Casuality und Maritime) tätig. Hinsichtlich des örtlich relevanten Marktes geht die Kommission in der Versicherungswirtschaft (mit Ausnahme des Großkundengeschäfts und der Rückversicherung) aufgrund der unterschiedlichen Marktbedingungen derzeit von nationalen Märkten aus.[125] Dem ist insbesondere zuzustimmen,

---

[121] *Ellger* in: Immenga/Mestmäcker, WbR Bd. 1, Art. 6 Vers-GVO Rn. 15.

[122] ABl. EG C 372 v. 9.12.1997, S. 5 ff.

[123] Bericht der Kommission über die Anwendung der GVO Nr. 358/2003 v. 24.3.2009, Kom. (2009) 138 endg., Rn. 21; ausführlicher zu Kommissionsentscheidungen hierzu: *Brinker/Schädle,* VersR 2003, 1480 f., und VersR 2004, 673 ff.; *Dreher/Kling,* Rn. 98, 103; *Kahlenberg,* WuW 1994, 995; *Stancke,* VW 2004, 1462; *GK-Hootz,* Art. 7 GVO 358/2003 Rn. 4 f.; *Ellger* in: Immenga/Mestmäcker, WbR Bd. 1, Art. 6 Vers-GVO Rn. 12; Liebscher/Flohr/Petsche-*Schauer,* § 11 Rn. 53; das OLG Düsseldorf stellt in seinem Beschl. v. 17.9.2008 – *Versicherungsstelle Wiesbaden,* WuW 2009, 419, entscheidend auf die Angebotsumstellungsflexibilität ab, bestätigt durch Beschluss des BGH, WuW 2009, 1292 f.

[124] Vgl. *Dreher/Kling,* Rn. 99–102; OLG Düsseldorf, Beschl. v. 17.9.2008 – *Versicherungsstelle Wiesbaden,* WuW 2009, 419 f.; a. A.: *Barth/Gießelmann,* VersR 2009, 1460, die die sachlichen Erstversicherungsmärkte ähnlich denen der Rückversicherung abgrenzen wollen.

[125] Abschlussbericht, a. a. O. Fn. 7, Rn. 5.

wenn die von der Versicherungsgemeinschaft und ihren Wettbewerbern verwendeten Versicherungsbedingungen und Tarife auf einen nationalen Markt zugeschnitten sind oder deren Versicherungsnehmer fast ausschließlich (als Bewohner oder Staatsbürger) einen Bezug zu einem einzelnen Mitgliedstaat haben. Beides lässt vermuten, dass das angebotene Versicherungsprodukt gerade nicht als über eine Nationalstaatsgrenze hinweg austauschbar angesehen wird.

73 Maßgeblich für die Berechnung des Marktanteils sind grundsätzlich die **Bruttobeitragseinnahmen des vorangegangenen Kalenderjahres** (Art. 6 Abs. 4 lit. a und b). Die der Versicherungsgemeinschaft zuzurechnenden Bruttobeitragseinnahmen sind dabei den Bruttobeitragseinnahmen des gesamten jeweiligen Marktes gegenüber zu stellen. Nur falls Bruttobeitragseinnahmen nicht ermittelbar sind, können andere verlässliche Marktinformationen zur Berechnung herangezogen werden wie etwa der Umfang der Risikodeckung oder der Versicherungswert im Vergleich zum Gesamtmarkt. Die Berechnungen müssen für sämtliche Märkte, auf denen die Versicherungsgemeinschaft tätig ist, durchgeführt werden.

74 Wie der Marktanteil der Versicherungsgemeinschaft zu berechnen ist, richtet sich nach Art. 6 Abs. 2 und 3. Art. 6 Abs. 2 gibt insoweit vor, dass es auf den **von den beteiligten Unternehmen gehaltenen gemeinsamen Marktanteil** ankommt. Die beteiligten Unternehmen sind gemäß Art. 1 Nr. 2 die unmittelbar an der Versicherungsgemeinschaft beteiligten Versicherungsunternehmen und die mit ihnen verbundenen Unternehmen. Damit ist grundsätzlich der Marktanteil des Konzerns zugrunde zu legen, wenn ein Konzernunternehmen an der Versicherungsgemeinschaft beteiligt ist. Der gemeinsame Marktanteil kommt durch Addition aller Anteile auf dem relevanten Markt zustande, die von den Mitgliedern der Versicherungsgemeinschaft (einschließlich der mit ihnen verbundenen Unternehmen) gehalten werden. Der von den einzelnen Mitgliedern der Versicherungsgemeinschaft gehaltene Marktanteil auf dem relevanten Markt ergibt sich gemäß Art. 6 Abs. 3 aus drei einzelnen Faktoren:

- Der Marktanteil, den das beteiligte Versicherungsunternehmens **innerhalb der Gemeinschaft** hält (lit. a). Hierzu kann man die Bruttobeitragseinnahmen der Versicherungsgemeinschaft anhand der übernommenen Anteile am Risiko auf deren Mitglieder aufteilen und so anhand der gesamten Bruttobeitragseinnahmen des relevanten Marktes einzelne Marktanteile errechnen (einfacher ist es aber wohl, den direkt von der Gemeinschaft gehaltenen Marktanteil zu errechnen und hierzu noch die von den einzelnen Mitgliedern gehaltenen Marktanteile nach lit. b und c hinzuzurechnen).
- Wenn ein beteiligtes Versicherungsunternehmen (und damit ggf. auch die verbundenen Unternehmen) darüber hinaus Mitglied **in weiteren Versicherungsgemeinschaften** auf demselben relevanten Markt ist (nach Sinn und Zweck der Vorschrift einschließlich Ad-hoc-Mitversicherungen), ist auch der ihm insoweit zuzurechnende Marktanteil zu berücksichtigen (lit. b). Dazu ist anhand des übernommenen Anteils am Risiko der Anteil an den Bruttobeitragseinnahmen der anderen Versicherungsgemeinschaft und daraus der Marktanteil zu errechnen.
- Schließlich ist noch zu berücksichtigen, welchen Anteil am relevanten Markt das beteiligte Unternehmen (einschließlich der verbundenen Unternehmen) alleine **außerhalb jeglicher Versicherungsgemeinschaft** hält (lit. c).

75 Alle drei Faktoren **addiert** ergeben den Marktanteil des an der Gemeinschaft beteiligten Versicherungsunternehmens. Das Zusammenrechnen der so ermittelten Marktanteile aller einzelnen beteiligten Versicherungsunternehmen ergibt den **gemeinsamen Marktanteil** der Versicherungsgemeinschaft auf dem relevanten Markt, der dann an den Marktanteilsgrenzen des Art. 6 Abs. 2 zu messen ist.

76 Im Unterschied zur Vorgänger-GVO kommt es somit nicht mehr nur auf den direkt von der Versicherungsgemeinschaft gehaltenen Marktanteil an, vielmehr werden von den beteiligten Versicherungsunternehmen außerhalb gehaltene Anteile auf demselben relevanten

Markt hinzugerechnet. Die Marktanteilsberechnung ähnelt damit derjenigen des Art. 11 Abs. 1 GVO Nr. 3932/92. Die EU-Kommission gleicht damit die Marktanteilsberechnung an diejenige anderer Gruppenfreistellungsverordnungen an[126] und trägt befürchteten wettbewerbsbeschränkenden Auswirkungen der Zusammenarbeit in einer Versicherungsgemeinschaft auf das Marktverhalten der beteiligten Versicherungsunternehmen und über diese auf das Marktverhalten von durch gemeinsame Mitglieder verbundene Versicherungsgemeinschaften Rechnung. Im Gegenzug ist das Verbot des Art. 8 lit. g GVO Nr. 358/2003, wonach kein Mitglied einer Versicherungsgemeinschaft zugleich einer anderen auf demselben sachlich und örtlich relevanten Markt tätigen Versicherungsgemeinschaft angehören durfte, aufgehoben worden.

4. Überschreitungen der Marktanteilsschwellen (Abs. 5–10)

Abs. 5–10 treffen Regelungen für den Fall, dass die **Marktanteilsschwellen** von 20 bzw. 25% **überschritten** werden. Da zur Berechnung der Marktanteile immer auf das vorangegangene Kalenderjahr abzustellen ist (Art. 6 Abs. 4 lit. b), erstreckt sich die Freistellung nach Art. 5 i. V. m. Art. 6 Abs. 2 noch auf das Kalenderjahr, in dem die Marktanteilsschwelle erstmalig überschritten wird. Die Regelungen der Abs. 5–10 beziehen sich erst auf die Folgejahre. Bei einer Überschreitung um jeweils bis zu 5% gilt die Freistellung noch zwei weitere Kalenderjahre (Abs. 5 und 8). Bei einer Überschreitung von jeweils mehr als 5% gilt die Freistellung noch ein weiteres Kalenderjahr (Abs. 6 und 9). Diese beiden Regelungen dürfen aber nicht in der Weise kombiniert werden, dass die Versicherungsgemeinschaft noch insgesamt drei Jahre nach erstmaliger Überschreitung der jeweiligen Marktanteilsschwelle freigestellt wäre; es bleibt bei einer **höchstens zweijährigen weiteren Freistellung** (Abs. 7 und 10). 77

Wird hingegen die jeweilige Marktanteilsschwelle in einem der Folgejahre der erstmaligen Überschreitung wieder unterschritten, so können bei einer nachherigen erneuten Überschreitung die Regelungen gemäß Abs. 5–10 erneut in Anspruch genommen werden, da zwischenzeitlich wieder eine Freistellung gemäß Art. 5, 6 Abs. 2 eingetreten ist. 78

Art. 7. Freistellungsvoraussetzungen

Die in Artikel 5 vorgesehene Freistellung gilt nur unter der Voraussetzung, dass

a) jedes beteiligte Unternehmen das Recht hat, nach einer angemessenen Kündigungsfrist aus der Versicherungsgemeinschaft auszuscheiden, ohne dass dies Sanktionen zur Folge hat;

b) die Regeln der Versicherungsgemeinschaft die daran beteiligten Unternehmen nicht verpflichten, Risiken der von der Versicherungsgemeinschaft gedeckten Art ganz oder teilweise über die Versicherungsgemeinschaft zu versichern oder rückzuversichern, und ihnen nicht untersagen, diese Risiken außerhalb der Versicherungsgemeinschaft zu versichern oder rückzuversichern;

c) die Regeln der Versicherungsgemeinschaft die Tätigkeit der Versicherungsgemeinschaft oder der beteiligten Unternehmen nicht auf die Versicherung oder Rückversicherung von Risiken in bestimmten geografischen Gebieten der Union beschränken;

d) die Vereinbarung Produktion und Absatz nicht einschränkt;

e) die Vereinbarung keine Aufteilung von Märkten oder Kunden vorsieht und

f) die beteiligten Unternehmen einer Mit-Rückversicherungsgemeinschaft keine Bruttoprämien für die Direktversicherung vereinbaren.

---

[126] Bericht der Kommission über das Funktionieren der GVO Nr. 358/2003 v. 24.3.2009, KOM (2009) 138 endg., Rn. 19.

1. Allgemeines

79 Die in Art. 7 aufgeführten Bedingungen stellen sicher, dass keine unerlässlichen Beschränkungen i.S.d. Art. 101 Abs. 3 AEUV vereinbart werden. Aufgeführt werden nur noch **verbotene Klauseln,** während die früheren so genannten weißen Klauseln (insb. Art. 10 Abs. 3 und 4, 12 und 13 GVO Nr. 3932/92) entfallen sind. Die in den früheren weißen Klauseln für zulässig erklärten Vereinbarungen bleiben auch künftig zulässig.[127]

2. Die Voraussetzungen im Einzelnen

80 **a) Kündigungsfrist.** Nach Art. 7 lit. a muss jedes an einer Versicherungsgemeinschaft beteiligte Unternehmen ohne Sanktion nach einer **angemessenen Kündigungsfrist** aus dieser ausscheiden können. Art. 8 lit. a GVO 358/2003 sah hierzu noch ein Ausscheiden „spätestens ein Jahr" nach Kündigung vor. Dies gibt einen Anhaltspunkt dafür, welche Kündigungsfrist angemessen ist (etwa ein Jahr). Angemessen ist demnach auch weiterhin sowohl die Vereinbarung einer **Kündigungsfrist** von bis zu einem Jahr als auch die Beschränkung auf einen bestimmten **Kündigungszeitpunkt** (z.B. zum Ende eines Kalenderjahres). Ein solcher Kündigungszeitpunkt macht insbesondere Sinn, wenn die von der Versicherungsgemeinschaft abgeschlossenen Versicherungsverträge in der Regel auf ein mit dem Kalenderjahr übereinstimmendes Jahr abgeschlossen werden. Eine **Verknüpfung von Kündigungsfrist und jährlichem Kündigungszeitpunkt** ist jedoch nur bei einer nicht allzu langen Kündigungsfrist noch angemessen. Ansonsten würde z.B. eine Kündigung im Januar bei einer einjährigen Kündigungsfrist und dem Jahresende als Kündigungszeitpunkt dazu führen, dass die Gemeinschaft erst nach gut 23 Monaten verlassen werden könnte. Andererseits muss aber sichergestellt sein, dass in der Zeit bis zum Ausscheiden des kündigenden Versicherers noch durch Verhandlungen der verbleibenden Mitversicherer oder Neuaufnahme eines anderen Versicherers die entstandene Lücke bei der Risikodeckung gefüllt werden kann. Nach Sinn und Zweck der Regelung ist unter dem beteiligten Unternehmen nur ein Mitgliedsunternehmen der Versicherungsgemeinschaft zu verstehen; Art. 1 Nr. 2 ist nicht anwendbar, da nur ein Mitglied (und nicht die mit ihm verbundenen außenstehenden Gesellschaften) aus der Gemeinschaft ausscheiden kann.[128]

81 **b) Einbringungspflicht.** Eine **Pflicht** der Mitglieder **zur** (vollständigen oder teilweisen) **Einbringung von Risiken** der festgelegten Art in die Versicherungsgemeinschaft (Einbringungspflicht) wird durch Art. 7 lit. b ausgeschlossen. Die Versicherer sollen das Recht behalten, die Risiken ggf. auch vollständig selbst zu tragen (zu versichern oder rückzuversichern), was ihnen auch nicht untersagt werden darf. Die Regelung sichert so die Stellung des Versicherungsunternehmens als selbständiger Wettbewerber. Deshalb dürfen Versicherer auch nicht verpflichtet werden, alle Risiken dieser Art der Gemeinschaft anzubieten **(Andienungspflicht),**[129] denn dann läge die Entscheidung, ob das Risiko von der Versicherungsgemeinschaft übernommen wird, nur noch bei der Gemeinschaft und nicht mehr bei dem beteiligten Versicherungsunternehmen. Freiwillig, also ohne vorherige Absprache, dürfen sie aber alle Risiken in die Gemeinschaft einbringen.[130]

82 **c) Gebietsbeschränkungen.** Die Regeln der Versicherungsgemeinschaft dürfen gemäß Art. 7 lit. c die Gemeinschaft selbst oder deren Mitglieder nicht darin beschränken, **Risiken aus verschiedenen geografischen Gebieten** innerhalb der EU zu versichern oder

---

[127] Siehe auch oben Rn. 69; GK-*Hootz,* Art. 8 GVO 358/2003 Rn. 1.
[128] A. A.: *Dreher/Kling,* Rn. 331.
[129] FK-*Meyer-Lindemann,* Sonderbereiche Versicherungswirtschaft, Rn. 115.
[130] Komm. E. v. 20.12.1989 – *TEKO* ABl. EG 1990 L 13/34, Rn. 29; ebenso: *Ellger* in: Immenga/Mestmäcker, WbR Bd. 1, Art. 7 Vers-GVO Rn. 5.

rückzuversichern. Verboten sind damit Regelungen, die die Bildung eines Binnenmarktes für Versicherungsdienstleistungen stören könnten, etwa Versicherungsbedingungen, die die Übernahme von Risiken ausdrücklich auf einen Mitgliedstaat beschränken.[131] Art. 7 lit. c erfasst nur von der Versicherungsgemeinschaft bewusst zu diesem Zwecke aufgestellte Begrenzungen, nicht aber Regelungen (etwa zum Versicherungsumfang), die aus nationalen Gesetzen oder der Rechtsprechung herrühren. So kann etwa aus nationalen Gesetzen eine Haftpflichtobergrenze (z. B. für Pharmarisiken) als Versicherungsobergrenze übernommen werden, auch wenn dies faktisch dazu führen kann, dass nur Risiken aus EU-Mitgliedstaaten versichert werden, die eine Obergrenze in dieser Höhe kennen. Weder die Gemeinschaft noch deren Mitglieder sind dadurch gehindert, Risiken aus anderen EU-Mitgliedstaaten zu versichern.

d) Produktions- und Absatzbeschränkungen. Art. 7 lit. d betrifft die Produktion 83
und den Absatz von Versicherungsprodukten durch Mitglieder der Gemeinschaft. Letztere dürfen weder hinsichtlich der Menge noch hinsichtlich der Art durch die Regeln der Gemeinschaft an der **Übernahme von Risiken** und dem **Vertrieb von Versicherungsprodukten,** die sie nicht in die Gemeinschaft einbringen wollen, **gehindert** werden. Dies entspricht anderen Freistellungsregelungen für horizontale Vereinbarungen.[132] Nach Sinn und Zweck der Regelung ist die Tätigkeit der Versicherungsgemeinschaft als solche nicht beschränkt. Versicherungsgemeinschaften dürfen also festlegen, welche Risiken sie zu welchen Bedingungen versichern wollen, nicht aber, welche Prämien und Bedingungen Mitversicherer bei der Versicherung von Risiken, die nicht in die Gemeinschaft eingebracht werden sollen, zugrunde zu legen haben. Zulässig sind auch Obergrenzen für die von der Gemeinschaft insgesamt zu übernehmenden Risiken, damit nicht einzelne Mitglieder überfordert werden, solange allen Mitgliedern das Geschäft außerhalb der Gemeinschaft erlaubt bleibt.[133]

e) Marktaufteilung. Gemäß Art. 7 lit. e darf die Vereinbarung auch keine **Aufteilung** 84
von Märkten oder Kunden vorsehen. Die Vorschrift betrifft die sachlich relevanten Märkte (unterschieden nach der Art der abzuschließenden Versicherungsverträge), die einzelnen Vertriebsgebiete und die verschiedenen Kundengruppen. Es darf weder eine ausschließliche Zuteilung an die Versicherungsgemeinschaft oder an ein einzelnes Mitglied derselben geben noch eine Aufteilung verschiedener Märkte und Kundengruppen zwischen der Versicherungsgemeinschaft und/oder ihren einzelnen Mitgliedern.[134]

f) Vertikale Bindungen. Mitversicherungsgemeinschaften dürfen festlegen, welche 85
Prämie sie vom Versicherungsnehmer nehmen, und Mit-Rückversicherungsgemeinschaften, welche Prämie der das Risiko einbringende Erstversicherer an sie zu zahlen hat. Art. 7 lit. f verbietet hingegen den Mit-Rückversicherungsgemeinschaften (und nur diesen), darüber hinaus auch festzulegen, wie hoch die vom Versicherungsnehmer an den Erstversicherer zu zahlende **Bruttoprämie** (Art. 1 Nr. 7) sein soll,[135] um den Wettbewerb zwischen den Erstversicherern nicht unnötig einzuschränken. Verboten wird somit eine bestimmte vertikale Wettbewerbsbeschränkung. Die Verwendung gemeinsamer Risikoprämientarife, die die Erstversicherer ergänzt um unternehmensindividuelle Kosten und Gewinnerwartungen den von den Versicherungsnehmern verlangten Bruttoprämien zugrunde legen, ist dadurch nicht ausgeschlossen.[136]

---

[131] Ebenso: *Ellger* in: Immenga/Mestmäcker, WbR Bd. 1, Art. 7 Vers-GVO Rn. 6.
[132] Vgl. etwa: Art. 5 lit. b GVO Nr. 1217/2010 oder Art. 4 lit. b GVO Nr. 1218/2010.
[133] A. A.: *Ellger* in: Immenga/Mestmäcker, WbR Bd. 1, Art. 7 Vers-GVO Rn. 7.
[134] Ebenso: *Ellger* in: Immenga/Mestmäcker, WbR Bd. 1, Art. 7 Vers-GVO Rn. 8.
[135] Dies entspricht der Regelung in Art. 4 lit. a GVO Nr. 2790/1999 über vertikale Wettbewerbsbeschränkungen; vgl. auch: Komm. E. v. 14.1.1992 – *Assurpol* ABl. EG 1992 L 37/16 Rn. 40; *Ellger* in: Immenga/Mestmäcker, WbR Bd. 1, Art. 7 Vers-GVO Rn. 9; anders noch: Komm. E. v. 20.12. 1989 – *TEKO* ABl. EG 1990 L 13/34 Rn. 30.
[136] Ebenso: *Dreher/Kling,* Rn. 323 f.

KAPITEL VI SCHLUSSBESTIMMUNGEN

Art. 8. Übergangszeit

Das Verbot des Artikels 101 Absatz 1 AEUV gilt vom 1. April 2010 bis zum 30. September 2010 nicht für Vereinbarungen, die am 31. März 2010 bereits in Kraft waren und die Voraussetzungen für eine Freistellung nach der Verordnung (EG) Nr. 358/2003, nicht aber für eine Freistellungnach dieser Verordnung erfüllen.

86 Art. 8 verlängerte die Freistellungsregelungen der GVO Nr. 358/2003 für Vereinbarungen, die die Freistellungsvoraussetzungen der GVO Nr. 267/2010 nicht einhielten. Dies betraf praktisch Musterversicherungsbedingungen, technische Spezifikationen und Richtlinien über Sicherheitsvorkehrungen und für Einbau- und Wartungsunternehmen sowie Versicherungsgemeinschaften, die aufgrund der Einbeziehung von außerhalb der Gemeinschaft gehaltenen Marktanteilen der beteiligten Versicherer die für sie geltenden Marktanteilsgrenzen überschreiten. Für diese Formen der Zusammenarbeit musste von den zusammenarbeitenden Versicherungsunternehmen **innerhalb der Übergangszeit** im Wege der **Selbstveranlagung** überprüft werden, ob sie gemäß Art. 1 Abs. 2 VO Nr. 1/2003 freigestellt sind.

87 Bei **Musterversicherungsbedingungen** und technischen Spezifikationen und Richtlinien über **Sicherheitsvorkehrungen,** die zuvor durch die GVO Nr. 358/2003 freigestellt waren, ist in der Regel davon auszugehen, dass sie auch gemäß Art. 1 Abs. 2 VO Nr. 1/2003 freigestellt sind. Lediglich wenn darin Regelungen enthalten sind, die nach der GVO Nr. 358/2003 nicht verboten waren, sich aber ähnlich negativ auf den Wettbewerb auswirken, konnte es Zweifel an der Freistellung geben. Ggf. waren solche Vereinbarungen dann bis zum 30.9.2010 so zu ändern, dass an der Freistellung kein Zweifel mehr bestand, oder zum selben Datum zu widerrufen.

88 Bei **Versicherungsgemeinschaften** konnte es durch die Einbeziehung von außerhalb der Gemeinschaft von den beteiligten Versicherern gehaltenen Marktanteilen passieren, dass die Marktanteilsgrenzen des Art. 6 Abs. 2 überschritten wurden. Hier war zunächst zu prüfen, ob die Regelungen des Art. 6 Abs. 5–10 eingriffen, also die Marktanteilsgrenzen von 20 bzw. 25% unter Einbeziehung der außerhalb der Gemeinschaft gehaltenen Marktanteile in den vorangegangenen Jahren erstmalig 2008 oder 2009 überschritten wurden. Wurden die Marktanteilsgrenzen durch die Einbeziehung der außerhalb gehaltenen Marktanteile hingegen schon früher und dann kontinuierlich überschritten, so dass Art. 6 Abs. 5–10 nicht eingriffen, blieb nur noch die übergangsweise Freistellung bis zum 30.9.2010 und ggf. eine Einzelfreistellung gemäß Art. 1 Abs. 2 VO Nr. 1/2003.

Art. 9. Geltungsdauer

Diese Verordnung tritt am 1. April 2010 in Kraft.
Sie gilt bis zum 31. März 2017.

89 Art. 9 legt fest, dass die Gruppenfreistellungsverordnung unmittelbar nach Außerkrafttreten der GVO Nr. 358/2003 am 1. April 2010 in Kraft tritt und 7 Jahre Bestand hat. Nicht ersichtlich ist, warum hier eine **kürzere Geltungsdauer** als in den anderen Horizontalverordnungen vorgesehen ist (Art. 9 VO Nr. 1217/2010 und Art. 7 VO Nr. 1218/2010 sehen jeweils eine Geltungsdauer von 12 Jahren vor).

8. Teil. Kartellverfahrensverordnung

Einführung

Übersicht

Schrifttum: *Ackermann,* Kartellrecht als Instrument der Wirtschaftsaufsicht, ZWeR 2012, 3; *Bornkamm,* Hoheitliches und unternehmerisches Handeln der öffentlichen Hand im Visier des europäischen Kartellrechts – Der autonome Unternehmensbegriff der Art. 81, 82 EG, in: FS Hirsch (2008), 231–239; *Dekeyser/Jaspers,* A New Era of ECN Cooperation-Achievements and Challenges with Special Focus on Work in the Leniency Field, (2007) 30 World Competition 3–23; *Dekeyser/Dalheimer,* Cooperation within the European Competition Network – Taking Stock after 10 months of Case Practice, in: Antitrust Reform in Europe: A Year in Practice (IBA, 2005) 105–123; *FIDE,* The modernisation of European Competition Law (13. FIDE-Kongress Linz 2008,) (2008); *Fuchs,* Die Gruppenfreistellungsverordnung als Instrument der europäischen Wettbewerbspolitik im System der Legalausnahme, ZWeR 2005, 1; *Gippini-Fournier,* The modernisation of European Competition Law – Community report in: FIDE, a. a. O., S. 87; *Ost,* Antitrust Procedure and the European Human Rights Convention – The Right to an Independent Tribunal and the Right not to Incriminate Oneself, in: *Baudenbacher* (Hrsg.) Neueste Entwicklungen im europäischen und internationalen Kartellrecht: Vierzehntes St. Galler Internationales Kartellrechtsforum 2007 (2008); *ders.,/Brenner,* Das deutsche Kartellbußgeldverfahren nach der Entscheidung des EuGH in der Rechtssache VEBIC: Vereinbar mit Unionsrecht?, in FS Canenbley (2012), S. 369; *ders.,* From Regulation 1 to Regulation 2: National Enforcement of EU Cartel Prohibition and the Need for Further Convergence Journal of European Competition Law & Practice 2014, 125, doi:10.1093/jeclap/lpt083; *Wilks* Agencies, networks, discourses and the trajectory of European competition enforcement, European competition journal 3(2007), 437–464; *Wils,* Principles of European Antitrust Enforcement, 2005; ders, Ten Years of Regulation 1/2003 – A Retrospective, NZKart 2014, 2; *ders.* Ten Years of Commitment Decisions Under Article 9 of Regulation 1/2003: Too Much of a Good Thing? (June 12, 2015). Concurrences Journal 6th International Conference ‚New frontiers of antitrust' (Paris, 15 June 2015). Available at SSRN: http://ssrn.com/abstract=2617580.

Erwägungsgründe

Der Rat der europäischen Union

gestützt auf den Vertrag zur Gründung der Europäischen Gemeinschaft,
insbesondere auf Artikel 83,
auf Vorschlag der Kommission,

nach Stellungnahme des Europäischen Parlaments,
nach Stellungnahme des Wirtschafts- und Sozialausschusses,
in Erwägung nachstehender Gründe:

(1) Zur Schaffung eines Systems, das gewährleistet, dass der Wettbewerb im Gemeinsamen Markt nicht verfälscht wird, muss für eine wirksame und einheitliche Anwendung der Artikel 81 und 82 des Vertrags in der Gemeinschaft gesorgt werden. Mit der Verordnung Nr. 17 des Rates vom 6. Februar 1962, Erste Durchführungsverordnung zu den Artikeln 81 und 82 des Vertrags, wurden die Voraussetzungen für die Entwicklung einer Gemeinschaftspolitik im Bereich des Wettbewerbsrechts geschaffen, die zur Verbreitung einer Wettbewerbskultur in der Gemeinschaft beigetragen hat. Es ist nunmehr jedoch an der Zeit, vor dem Hintergrund der gewonnenen Erfahrung die genannte Verordnung zu ersetzen und Regeln vorzusehen, die den Herausforderungen des Binnenmarkts und einer künftigen Erweiterung der Gemeinschaft gerecht werden.

(2) Zu überdenken ist insbesondere die Art und Weise, wie die in Artikel 81 Absatz 3 des Vertrags enthaltene Ausnahme vom Verbot wettbewerbsbeschränkender Vereinbarungen anzuwenden ist. Dabei ist nach Artikel 83 Absatz 2 Buchstabe b) des Vertrags dem Erfordernis einer wirksamen Überwachung bei möglichst einfacher Verwaltungskontrolle Rechnung zu tragen.

(3) Das durch die Verordnung Nr. 17 geschaffene zentralisierte System ist nicht mehr imstande, diesen beiden Zielsetzungen in ausgewogener Weise gerecht zu werden. Dieses System schränkt die Gerichte und die Wettbewerbsbehörden der Mitgliedstaaten bei der Anwendung der gemeinschaftlichen Wettbewerbsregeln ein, und das mit ihm verbundene Anmeldeverfahren hindert die Kommission daran, sich auf die Verfolgung der schwerwiegendsten Verstöße zu konzentrieren. Darüber hinaus entstehen den Unternehmen durch dieses System erhebliche Kosten.

(4) Das zentralisierte Anmeldesystem sollte daher durch ein Legalausnahmesystem ersetzt werden, bei dem die Wettbewerbsbehörden und Gerichte der Mitgliedstaaten nicht nur zur Anwendung der nach der Rechtsprechung des Gerichtshofs der Europäischen Gemeinschaften direkt anwendbaren Artikel 81 Absatz 1 und Artikel 82 des Vertrags befugt sind, sondern auch zur Anwendung von Artikel 81 Absatz 3 des Vertrags.

(5) Um für die wirksame Durchsetzung der Wettbewerbsvorschriften der Gemeinschaft zu sorgen und zugleich die Achtung der grundlegenden Verteidigungsrechte zu gewährleisten, muss in dieser Verordnung die Beweislast für die Artikel 81 und 82 des Vertrags geregelt werden. Der Partei oder Behörde, die den Vorwurf einer Zuwiderhandlung gegen Artikel 81 Absatz 1 oder Artikel 82 des Vertrags erhebt, sollte es obliegen, diese Zuwiderhandlung gemäß den einschlägigen rechtlichen Anforderungen nachzuweisen. Den Unternehmen oder Unternehmensverbänden, die sich gegenüber der Feststellung einer Zuwiderhandlung auf eine Rechtfertigung berufen möchten, sollte es obliegen, im Einklang mit den einschlägigen rechtlichen Anforderungen den Nachweis zu erbringen, dass die Voraussetzungen für diese Rechtfertigung erfüllt sind. Diese Verordnung berührt weder die nationalen Rechtsvorschriften über das Beweismaß noch die Verpflichtung der Wettbewerbsbehörden und Gerichte der Mitgliedstaaten, zur Aufklärung rechtserheblicher Sachverhalte beizutragen, sofern diese Rechtsvorschriften und Anforderungen im Einklang mit den allgemeinen Grundsätzen des Gemeinschaftsrechts stehen.

(6) Die wirksame Anwendung der Wettbewerbsregeln der Gemeinschaft setzt voraus, dass die Wettbewerbsbehörden der Mitgliedstaaten stärker an der Anwendung beteiligt werden. Dies wiederum bedeutet, dass sie zur Anwendung des Gemeinschaftsrechts befugt sein sollten.

(7) Die einzelstaatlichen Gerichte erfüllen eine wesentliche Aufgabe bei der Anwendung der gemeinschaftlichen Wettbewerbsregeln. In Rechtsstreitigkeiten zwischen Privatperso-

nen schützen sie die sich aus dem Gemeinschaftsrecht ergebenden subjektiven Rechte, indem sie unter anderem den durch die Zuwiderhandlung Geschädigten Schadenersatz zuerkennen. Sie ergänzen in dieser Hinsicht die Aufgaben der einzelstaatlichen Wettbewerbsbehörden. Ihnen sollte daher gestattet werden, die Artikel 81 und 82 des Vertrags in vollem Umfang anzuwenden.

(8) Um die wirksame Durchsetzung der Wettbewerbsregeln der Gemeinschaft und das reibungslose Funktionieren der in dieser Verordnung enthaltenen Formen der Zusammenarbeit zu gewährleisten, müssen die Wettbewerbsbehörden und die Gerichte in den Mitgliedstaaten verpflichtet sein, auch die Artikel 81 und 82 des Vertrags anzuwenden, wenn sie innerstaatliches Wettbewerbsrecht auf Vereinbarungen und Verhaltensweisen, die den Handel zwischen den Mitgliedstaaten beeinträchtigen können, anwenden. Um für Vereinbarungen, Beschlüsse von Unternehmensvereinigungen und aufeinander abgestimmte Verhaltensweisen gleiche Bedingungen im Binnenmarkt zu schaffen, ist es ferner erforderlich, auf der Grundlage von Artikel 83 Absatz 2 Buchstabe e) des Vertrags das Verhältnis zwischen dem innerstaatlichen Recht und dem Wettbewerbsrecht der Gemeinschaft zu bestimmen. Dazu muss gewährleistet werden, dass die Anwendung innerstaatlichen Wettbewerbsrechts auf Vereinbarungen, Beschlüsse und abgestimmte Verhaltensweisen im Sinne von Artikel 81 Absatz 1 des Vertrags nur dann zum Verbot solcher Vereinbarungen, Beschlüsse und abgestimmten Verhaltensweisen führen darf, wenn sie auch nach dem Wettbewerbsrecht der Gemeinschaft verboten sind. Die Begriffe Vereinbarungen, Beschlüsse und abgestimmte Verhaltensweisen sind autonome Konzepte des Wettbewerbsrechts der Gemeinschaft für die Erfassung eines koordinierten Verhaltens von Unternehmen am Markt im Sinne der Auslegung dieser Begriffe durch die Gerichte der Gemeinschaft. Nach dieser Verordnung darf den Mitgliedstaaten nicht das Recht verwehrt werden, in ihrem Hoheitsgebiet strengere innerstaatliche Wettbewerbsvorschriften zur Unterbindung oder Ahndung einseitiger Handlungen von Unternehmen zu erlassen oder anzuwenden. Diese strengeren einzelstaatlichen Rechtsvorschriften können Bestimmungen zum Verbot oder zur Ahndung missbräuchlichen Verhaltens gegenüber wirtschaftlich abhängigen Unternehmen umfassen. Ferner gilt die vorliegende Verordnung nicht für innerstaatliche Rechtsvorschriften, mit denen natürlichen Personen strafrechtliche Sanktionen auferlegt werden, außer wenn solche Sanktionen als Mittel dienen, um die für Unternehmen geltenden Wettbewerbsregeln durchzusetzen.

(9) Ziel der Artikel 81 und 82 des Vertrags ist der Schutz des Wettbewerbs auf dem Markt. Diese Verordnung, die der Durchführung dieser Vertragsbestimmungen dient, verwehrt es den Mitgliedstaaten nicht, in ihrem Hoheitsgebiet innerstaatliche Rechtsvorschriften zu erlassen, die andere legitime Interessen schützen, sofern diese Rechtsvorschriften im Einklang mit den allgemeinen Grundsätzen und übrigen Bestimmungen des Gemeinschaftsrechts stehen. Sofern derartige Rechtsvorschriften überwiegend auf ein Ziel gerichtet sind, das von dem des Schutzes des Wettbewerbs auf dem Markt abweicht, dürfen die Wettbewerbsbehörden und Gerichte in den Mitgliedstaaten solche Rechtsvorschriften in ihrem Hoheitsgebiet anwenden. Dementsprechend dürfen die Mitgliedstaaten im Rahmen dieser Verordnung in ihrem Hoheitsgebiet innerstaatliche Rechtsvorschriften anwenden, mit denen unlautere Handelspraktiken – unabhängig davon, ob diese einseitig ergriffen oder vertraglich vereinbart wurden – untersagt oder geahndet werden. Solche Rechtsvorschriften verfolgen ein spezielles Ziel, das die tatsächlichen oder vermuteten Wirkungen solcher Handlungen auf den Wettbewerb auf dem Markt unberücksichtigt lässt. Das trifft insbesondere auf Rechtsvorschriften zu, mit denen Unternehmen untersagt wird, bei ihren Handelspartnern ungerechtfertigte, unverhältnismäßige oder keine Gegenleistungen umfassende Bedingungen zu erzwingen, zu erhalten oder den Versuch hierzu zu unternehmen.

(10) Aufgrund von Verordnungen des Rates wie 19/65/EWG, (EWG) Nr. 2821/71, (EWG) Nr. 3976/87, (EWG) Nr. 1534/91 oder (EWG) Nr. 479/92 ist die Kommission

befugt, Artikel 81 Absatz 3 des Vertrags durch Verordnung auf bestimmte Gruppen von Vereinbarungen, Beschlüssen von Unternehmensvereinigungen und aufeinander abgestimmten Verhaltensweisen anzuwenden. In den durch derartige Verordnungen bestimmten Bereichen hat die Kommission so genannte Gruppenfreistellungsverordnungen erlassen, mit denen sie Artikel 81 Absatz 1 des Vertrags auf Gruppen von Vereinbarungen, Beschlüssen oder aufeinander abgestimmten Verhaltensweisen für nicht anwendbar erklärt, und sie kann dies auch weiterhin tun. Soweit Vereinbarungen, Beschlüsse oder aufeinander abgestimmte Verhaltensweisen, auf die derartige Verordnungen Anwendung finden, dennoch Wirkungen haben, die mit Artikel 81 Absatz 3 des Vertrags unvereinbar sind, sollten die Kommission und die Wettbewerbsbehörden der Mitgliedstaaten die Befugnis haben, in einem bestimmten Fall den Rechtsvorteil der Gruppenfreistellungsverordnung zu entziehen.

(11) Zur Erfüllung ihrer Aufgabe, für die Anwendung des Vertrags Sorge zu tragen, sollte die Kommission an Unternehmen oder Unternehmensvereinigungen Entscheidungen mit dem Ziel richten können, Zuwiderhandlungen gegen die Artikel 81 und 82 des Vertrags abzustellen. Sie sollte, sofern ein berechtigtes Interesse besteht, auch dann Entscheidungen zur Feststellung einer Zuwiderhandlung erlassen können, wenn die Zuwiderhandlung beendet ist, selbst wenn sie keine Geldbuße auferlegt. Außerdem sollte der Kommission in dieser Verordnung ausdrücklich die ihr vom Gerichtshof zuerkannte Befugnis übertragen werden, Entscheidungen zur Anordnung einstweiliger Maßnahmen zu erlassen.

(12) Mit dieser Verordnung sollte der Kommission ausdrücklich die Befugnis übertragen werden, unter Beachtung des Grundsatzes der Verhältnismäßigkeit alle strukturellen oder auf das Verhalten abzielenden Maßnahmen festzulegen, die zur effektiven Abstellung einer Zuwiderhandlung erforderlich sind. Maßnahmen struktureller Art sollten nur in Ermangelung einer verhaltensorientierten Maßnahme von gleicher Wirksamkeit festgelegt werden, oder wenn letztere im Vergleich zu Maßnahmen struktureller Art mit einer größeren Belastung für das betroffene Unternehmen verbunden wäre. Änderungen an der Unternehmensstruktur, wie sie vor der Zuwiderhandlung bestand, sind nur dann verhältnismäßig, wenn ein erhebliches, durch die Struktur eines Unternehmens als solcher bedingtes Risiko anhaltender oder wiederholter Zuwiderhandlungen gegeben ist.

(13) Bieten Unternehmen im Rahmen eines Verfahrens, das auf eine Verbotsentscheidung gerichtet ist, der Kommission an, Verpflichtungen einzugehen, die geeignet sind, die Bedenken der Kommission auszuräumen, so sollte die Kommission diese Verpflichtungszusagen durch Entscheidung für die Unternehmen bindend erklären können. Ohne die Frage zu beantworten, ob eine Zuwiderhandlung vorgelegen hat oder noch vorliegt, sollte in solchen Entscheidungen festgestellt werden, dass für ein Tätigwerden der Kommission kein Anlass mehr besteht. Entscheidungen bezüglich Verpflichtungszusagen lassen die Befugnisse der Wettbewerbsbehörden und der Gerichte der Mitgliedstaaten, das Vorliegen einer Zuwiderhandlung festzustellen und über den Fall zu entscheiden, unberührt. Entscheidungen bezüglich Verpflichtungszusagen sind für Fälle ungeeignet, in denen die Kommission eine Geldbuße aufzuerlegen beabsichtigt.

(14) In Ausnahmefällen, wenn es das öffentliche Interesse der Gemeinschaft gebietet, kann es auch zweckmäßig sein, dass die Kommission eine Entscheidung deklaratorischer Art erlässt, mit der die Nichtanwendung des in Artikel 81 oder Artikel 82 des Vertrags verankerten Verbots festgestellt wird, um die Rechtslage zu klären und eine einheitliche Rechtsanwendung in der Gemeinschaft sicherzustellen; dies gilt insbesondere in Bezug auf neue Formen von Vereinbarungen oder Verhaltensweisen, deren Beurteilung durch die bisherige Rechtsprechung und Verwaltungspraxis noch nicht geklärt ist.

(15) Die Kommission und die Wettbewerbsbehörden der Mitgliedstaaten sollen gemeinsam ein Netz von Behörden bilden, die die EG-Wettbewerbsregeln in enger Zusammenarbeit anwenden. Zu diesem Zweck müssen Informations- und Konsultationsverfahren eingeführt werden. Nähere Einzelheiten betreffend die Zusammenarbeit innerhalb des

Netzes werden von der Kommission in enger Abstimmung mit den Mitgliedstaaten festgelegt und überarbeitet.

(16) Der Austausch von Informationen, auch solchen vertraulicher Art, und die Verwendung solcher Informationen zwischen den Mitgliedern des Netzwerks sollte ungeachtet anders lautender einzelstaatlicher Vorschriften zugelassen werden. Diese Informationen dürfen für die Anwendung der Artikel 81 und 82 des Vertrags sowie für die parallel dazu erfolgende Anwendung des nationalen Wettbewerbsrechts verwendet werden, sofern letztere Anwendung den gleichen Fall betrifft und nicht zu einem anderen Ergebnis führt. Werden die ausgetauschten Informationen von der empfangenden Behörde dazu verwendet, Unternehmen Sanktionen aufzuerlegen, so sollte für die Verwendung der Informationen keine weitere Beschränkung als nur die Verpflichtung gelten, dass sie ausschließlich für den Zweck eingesetzt werden, für den sie zusammengetragen worden sind, da Sanktionen, mit denen Unternehmen belegt werden können, in allen Systemen von derselben Art sind. Die Verteidigungsrechte, die Unternehmen in den einzelnen Systemen zustehen, können als hinreichend gleichwertig angesehen werden. Bei natürlichen Personen dagegen können Sanktionen in den verschiedenen Systemen erheblich voneinander abweichen. In solchen Fällen ist dafür Sorge zu tragen, dass die Informationen nur dann verwendet werden, wenn sie in einer Weise erhoben wurden, die hinsichtlich der Wahrung der Verteidigungsrechte natürlicher Personen das gleiche Schutzniveau wie nach dem für die empfangende Behörde geltenden innerstaatlichen Recht gewährleistet.

(17) Um eine einheitliche Anwendung der Wettbewerbsregeln und gleichzeitig ein optimales Funktionieren des Netzwerks zu gewährleisten, muss die Regel beibehalten werden, dass die Wettbewerbsbehörden der Mitgliedstaaten automatisch ihre Zuständigkeit verlieren, sobald die Kommission ein Verfahren einleitet. Ist eine Wettbewerbsbehörde eines Mitgliedstaats in einem Fall bereits tätig und beabsichtigt die Kommission, ein Verfahren einzuleiten, sollte sie sich bemühen, dies so bald wie möglich zu tun. Vor der Einleitung eines Verfahrens sollte die Kommission die betreffende nationale Behörde konsultieren.

(18) Um eine optimale Verteilung der Fälle innerhalb des Netzwerks sicherzustellen, sollte eine allgemeine Bestimmung eingeführt werden, wonach eine Wettbewerbsbehörde ein Verfahren mit der Begründung aussetzen oder einstellen kann, dass sich eine andere Behörde mit demselben Fall befasst hat oder noch befasst. Ziel ist es, dass jeder Fall nur von einer Behörde bearbeitet wird. Diese Bestimmung sollte nicht der der Kommission durch die Rechtsprechung des Gerichtshofs zuerkannten Möglichkeit entgegenstehen, eine Beschwerde wegen fehlenden Gemeinschaftsinteresses abzuweisen, selbst wenn keine andere Wettbewerbsbehörde die Absicht bekundet hat, sich des Falls anzunehmen.

(19) Die Arbeitsweise des durch die Verordnung Nr. 17 eingesetzten Beratenden Ausschusses für Kartell- und Monopolfragen hat sich als sehr befriedigend erwiesen. Dieser Ausschuss fügt sich gut in das neue System einer dezentralen Anwendung des Wettbewerbsrechts ein. Es gilt daher, auf der Grundlage der Bestimmungen der Verordnung Nr. 17 aufzubauen und gleichzeitig die Arbeit effizienter zu gestalten. Hierzu ist es zweckmäßig, die Möglichkeit eines schriftlichen Verfahrens für die Stellungnahme vorzusehen. Der Beratende Ausschuss sollte darüber hinaus als Diskussionsforum für die von den Wettbewerbsbehörden der Mitgliedstaaten gerade bearbeiteten Fälle dienen können, um auf diese Weise dazu beizutragen, dass die Wettbewerbsregeln der Gemeinschaft einheitlich angewandt werden.

(20) Der Beratende Ausschuss sollte sich aus Vertretern der Wettbewerbsbehörden der Mitgliedstaaten zusammensetzen. In Sitzungen, in denen allgemeine Fragen zur Erörterung stehen, sollten die Mitgliedstaaten einen weiteren Vertreter entsenden dürfen. Unbeschadet hiervon können sich die Mitglieder des Ausschusses durch andere Experten des jeweiligen Mitgliedstaats unterstützen lassen.

(21) Die einheitliche Anwendung der Wettbewerbsregeln erfordert außerdem, Formen der Zusammenarbeit zwischen den Gerichten der Mitgliedstaaten und der Kommission

vorzusehen. Dies gilt für alle Gerichte der Mitgliedstaaten, die die Artikel 81 und 82 des Vertrags zur Anwendung bringen, unabhängig davon, ob sie die betreffenden Regeln in Rechtsstreitigkeiten zwischen Privatparteien anzuwenden haben oder ob sie als Wettbewerbsbehörde oder als Rechtsmittelinstanz tätig werden. Insbesondere sollten die einzelstaatlichen Gerichte die Möglichkeit erhalten, sich an die Kommission zu wenden, um Informationen oder Stellungnahmen zur Anwendung des Wettbewerbsrechts der Gemeinschaft zu erhalten. Der Kommission und den Wettbewerbsbehörden der Mitgliedstaaten wiederum muss die Möglichkeit gegeben werden, sich mündlich oder schriftlich vor einzelstaatlichen Gerichten zu äußern, wenn Artikel 81 oder 82 des Vertrags zur Anwendung kommt. Diese Stellungnahmen sollten im Einklang mit den einzelstaatlichen Verfahrensregeln und Gepflogenheiten, einschließlich derjenigen, die die Wahrung der Rechte der Parteien betreffen, erfolgen. Hierzu sollte dafür gesorgt werden, dass die Kommission und die Wettbewerbsbehörden der Mitgliedstaaten über ausreichende Informationen über Verfahren vor einzelstaatlichen Gerichten verfügen.

(22) In einem System paralleler Zuständigkeiten müssen im Interesse der Rechtssicherheit und der einheitlichen Anwendung der Wettbewerbsregeln der Gemeinschaft einander widersprechende Entscheidungen vermieden werden. Die Wirkungen von Entscheidungen und Verfahren der Kommission auf Gerichte und Wettbewerbsbehörden der Mitgliedstaaten müssen daher im Einklang mit der Rechtsprechung des Gerichtshofs geklärt werden. Von der Kommission angenommene Entscheidungen bezüglich Verpflichtungszusagen berühren nicht die Befugnis der Gerichte und der Wettbewerbsbehörden der Mitgliedstaaten, die Artikel 81 und 82 des Vertrags anzuwenden.

(23) Die Kommission sollte die Befugnis haben, im gesamten Bereich der Gemeinschaft die Auskünfte zu verlangen, die notwendig sind, um gemäß Artikel 81 des Vertrags verbotene Vereinbarungen, Beschlüsse und aufeinander abgestimmte Verhaltensweisen sowie die nach Artikel 82 des Vertrags untersagte missbräuchliche Ausnutzung einer beherrschenden Stellung aufzudecken. Unternehmen, die einer Entscheidung der Kommission nachkommen, können nicht gezwungen werden, eine Zuwiderhandlung einzugestehen; sie sind auf jeden Fall aber verpflichtet, Fragen nach Tatsachen zu beantworten und Unterlagen vorzulegen, auch wenn die betreffenden Auskünfte dazu verwendet werden können, den Beweis einer Zuwiderhandlung durch die betreffenden oder andere Unternehmen zu erbringen.

(24) Die Kommission sollte außerdem die Befugnis haben, die Nachprüfungen vorzunehmen, die notwendig sind, um gemäß Artikel 81 des Vertrags verbotene Vereinbarungen, Beschlüsse und aufeinander abgestimmte Verhaltensweisen sowie die nach Artikel 82 des Vertrags untersagte missbräuchliche Ausnutzung einer beherrschenden Stellung aufzudecken. Die Wettbewerbsbehörden der Mitgliedstaaten sollten bei der Ausübung dieser Befugnisse aktiv mitwirken.

(25) Da es zunehmend schwieriger wird, Verstöße gegen die Wettbewerbsregeln aufzudecken, ist es für einen wirksamen Schutz des Wettbewerbs notwendig, die Ermittlungsbefugnisse der Kommission zu ergänzen. Die Kommission sollte insbesondere alle Personen, die eventuell über sachdienliche Informationen verfügen, befragen und deren Aussagen zu Protokoll nehmen können. Ferner sollten die von der Kommission beauftragten Bediensteten im Zuge einer Nachprüfung für die hierfür erforderliche Zeit eine Versiegelung vornehmen dürfen. Die Dauer der Versiegelung sollte in der Regel 72 Stunden nicht überschreiten. Die von der Kommission beauftragten Bediensteten sollten außerdem alle Auskünfte im Zusammenhang mit Gegenstand und Ziel der Nachprüfung einholen dürfen.

(26) Die Erfahrung hat gezeigt, dass in manchen Fällen Geschäftsunterlagen in der Wohnung von Führungskräften und Mitarbeitern der Unternehmen aufbewahrt werden. Im Interesse effizienter Nachprüfungen sollten daher die Bediensteten der Kommission und die anderen von ihr ermächtigten Personen zum Betreten aller Räumlichkeiten befugt sein, in denen sich Geschäftsunterlagen befinden können, einschließlich Privatwohnungen. Die

Ausübung der letztgenannten Befugnis sollte jedoch eine entsprechende gerichtliche Entscheidung voraussetzen.

(27) Unbeschadet der Rechtsprechung des Gerichtshofs ist es sinnvoll, die Tragweite der Kontrolle darzulegen, die das nationale Gericht ausüben kann, wenn es, wie im innerstaatlichen Recht vorgesehen und als vorsorgliche Maßnahme, die Unterstützung durch Verfolgungsbehörden genehmigt, um sich über einen etwaigen Widerspruch des betroffenen Unternehmens hinwegzusetzen, oder wenn es die Vollstreckung einer Entscheidung zur Nachprüfung in anderen als Geschäftsräumen gestattet. Aus der Rechtsprechung ergibt sich, dass das nationale Gericht insbesondere von der Kommission weitere Klarstellungen anfordern kann, die es zur Ausübung seiner Kontrolle benötigt und bei deren Fehlen es die Genehmigung verweigern könnte. Ferner bestätigt die Rechtsprechung die Befugnis der nationalen Gerichte, die Einhaltung der für die Durchführung von Zwangsmaßnahmen geltenden Vorschriften des innerstaatlichen Rechts zu kontrollieren.

(28) Damit die Wettbewerbsbehörden der Mitgliedstaaten mehr Möglichkeiten zu einer wirksamen Anwendung der Artikel 81 und 82 des Vertrags erhalten, sollten sie einander im Rahmen von Nachprüfungen und anderen Maßnahmen zur Sachaufklärung Unterstützung gewähren können.

(29) Die Beachtung der Artikel 81 und 82 des Vertrags und die Erfüllung der den Unternehmen und Unternehmensvereinigungen in Anwendung dieser Verordnung auferlegten Pflichten sollten durch Geldbußen und Zwangsgelder sichergestellt werden können. Hierzu sind auch für Verstöße gegen Verfahrensvorschriften Geldbußen in angemessener Höhe vorzusehen.

(30) Um für eine tatsächliche Einziehung der Geldbußen zu sorgen, die Unternehmensvereinigungen wegen von ihnen begangener Zuwiderhandlungen auferlegt werden, müssen die Bedingungen festgelegt werden, unter denen die Kommission von den Mitgliedern der Vereinigung die Zahlung der Geldbuße verlangen kann, wenn die Vereinigung selbst zahlungsunfähig ist. Dabei sollte die Kommission der relativen Größe der der Vereinigung angehörenden Unternehmen und insbesondere der Lage der kleinen und mittleren Unternehmen Rechnung tragen. Die Zahlung der Geldbuße durch eines oder mehrere der Mitglieder einer Vereinigung erfolgt unbeschadet der einzelstaatlichen Rechtsvorschriften, die einen Rückgriff auf andere Mitglieder der Vereinigung zur Erstattung des gezahlten Betrags ermöglichen.

(31) Die Regeln über die Verjährung bei der Auferlegung von Geldbußen und Zwangsgeldern sind in der Verordnung (EWG) Nr. 2988/74 des Rates enthalten, die darüber hinaus Sanktionen im Verkehrsbereich zum Gegenstand hat. In einem System paralleler Zuständigkeiten müssen zu den Handlungen, die die Verjährung unterbrechen können, auch eigenständige Verfahrenshandlungen der Wettbewerbsbehörden der Mitgliedstaaten gerechnet werden. Im Interesse einer klareren Gestaltung des Rechtsrahmens empfiehlt es sich daher, die Verordnung (EWG) Nr. 2988/74 so zu ändern, dass sie im Anwendungsbereich der vorliegenden Verordnung keine Anwendung findet, und die Verjährung in der vorliegenden Verordnung zu regeln.

(32) Das Recht der beteiligten Unternehmen, von der Kommission gehört zu werden, sollte bestätigt werden. Dritten, deren Interessen durch eine Entscheidung betroffen sein können, sollte vor Erlass der Entscheidung Gelegenheit zur Äußerung gegeben werden, und die erlassenen Entscheidungen sollten auf breiter Ebene bekannt gemacht werden. Ebenso unerlässlich wie die Wahrung der Verteidigungsrechte der beteiligten Unternehmen, insbesondere des Rechts auf Akteneinsicht, ist der Schutz der Geschäftsgeheimnisse. Es sollte sichergestellt werden, dass die innerhalb des Netzwerks ausgetauschten Informationen vertraulich behandelt werden.

(33) Da alle Entscheidungen, die die Kommission nach Maßgabe dieser Verordnung erlässt, unter den im Vertrag festgelegten Voraussetzungen der Überwachung durch den

Gerichtshof unterliegen, sollte der Gerichtshof gemäß Artikel 229 des Vertrags die Befugnis zu unbeschränkter Ermessensnachprüfung bei Entscheidungen der Kommission über die Auferlegung von Geldbußen oder Zwangsgeldern erhalten.

(34) Nach den Regeln der Verordnung Nr. 17 zur Durchführung der in den Artikeln 81 und 82 des Vertrags niedergelegten Grundsätze kommt den Organen der Gemeinschaft eine zentrale Stellung zu. Diese gilt es zu bewahren, doch müssen gleichzeitig die Mitgliedstaaten stärker an der Anwendung der Wettbewerbsregeln der Gemeinschaft beteiligt werden. Im Einklang mit dem in Artikel 5 des Vertrags niedergelegten Subsidiaritäts- und Verhältnismäßigkeitsprinzip geht die vorliegende Verordnung nicht über das zur Erreichung ihres Ziels einer wirksamen Anwendung der Wettbewerbsregeln der Gemeinschaft Erforderliche hinaus.

(35) Um eine ordnungsgemäße Anwendung des gemeinschaftlichen Wettbewerbsrechts zu erreichen, sollten die Mitgliedstaaten Behörden bestimmen, die sie ermächtigen, Artikel 81 und 82 des Vertrags im öffentlichen Interesse anzuwenden. Sie sollten die Möglichkeit erhalten, sowohl Verwaltungsbehörden als auch Gerichte mit der Erfüllung der den Wettbewerbsbehörden in dieser Verordnung übertragenen Aufgaben zu betrauen. Mit der vorliegenden Verordnung wird anerkannt, dass für die Durchsetzung der Wettbewerbsregeln im öffentlichen Interesse in den Mitgliedstaaten sehr unterschiedliche Systeme bestehen. Die Wirkung von Artikel 11 Absatz 6 dieser Verordnung sollte sich auf alle Wettbewerbsbehörden erstrecken. Als Ausnahme von dieser allgemeinen Regel sollte, wenn eine mit der Verfolgung von Zuwiderhandlungen betraute Verwaltungsbehörde einen Fall vor ein von ihr getrenntes Gericht bringt, Artikel 11 Absatz 6 für die verfolgende Behörde nach Maßgabe der Bedingungen in Artikel 35 Absatz 4 dieser Verordnung gelten. Sind diese Bedingungen nicht erfüllt, sollte die allgemeine Regel gelten. Auf jeden Fall sollte Artikel 11 Absatz 6 nicht für Gerichte gelten, soweit diese als Rechtsmittelinstanzen tätig werden.

(36) Nachdem der Gerichtshof in seiner Rechtsprechung klargestellt hat, dass die Wettbewerbsregeln auch für den Verkehr gelten, muss dieser Sektor den Verfahrensvorschriften der vorliegenden Verordnung unterworfen werden. Daher sollte die Verordnung Nr. 41 des Rates vom 26. November 1962 über die Nichtanwendung der Verordnung Nr. 17 des Rates auf den Verkehr aufgehoben werden und die Verordnungen des Rates (EWG) Nr. 1017/68, (EWG) Nr. 4056/86 und (EWG) Nr. 3975/87 sollten so geändert werden, dass die darin enthaltenen speziellen Verfahrensvorschriften aufgehoben werden.

(37) Diese Verordnung wahrt die Grundrechte und steht im Einklang mit den Prinzipien, die insbesondere in der Charta der Grundrechte der Europäischen Union verankert sind. Demzufolge ist diese Verordnung in Übereinstimmung mit diesen Rechten und Prinzipien auszulegen und anzuwenden.

(38) Rechtssicherheit für die nach den Wettbewerbsregeln der Gemeinschaft tätigen Unternehmen trägt zur Förderung von Innovation und Investition bei. In Fällen, in denen ernsthafte Rechtsunsicherheit entsteht, weil neue oder ungelöste Fragen in Bezug auf die Anwendung dieser Regeln auftauchen, können einzelne Unternehmen den Wunsch haben, mit der Bitte um informelle Beratung an die Kommission heranzutreten. Diese Verordnung lässt das Recht der Kommission, informelle Beratung zu leisten, unberührt –

HAT FOLGENDE VERORDNUNG ERLASSEN:

I. Überblick

1. Funktionen der Kartellverordnung

1 Die Verordnung 1/2003 hat im Wesentlichen drei Funktionen. Sie regelt zunächst wie im deutschen Recht die §§ 32ff., §§ 54ff. sowie § 81 GWB das **Kartellverfahrensrecht für die EU-Kommission** außerhalb der Fusionskontrolle. Sodann enthält die VO 1/2003

die wesentlichen Regelungen für die **dezentrale Anwendung** des europäischen Rechts durch die nationalen Behörden und Gerichte, wobei insbesondere die Art. 11, 12 und 22 als „Grundgesetz" des **Netzes der europäischen Wettbewerbsbehörden** (ECN) die Zusammenarbeit regeln. Ihre dritte Funktion besteht in ihrem **Modellcharakter.** Wie sich in den ersten Jahren seit Inkrafttreten der Verordnung gezeigt hat, sehen die meisten europäischen Rechtsordnungen in der VO 1/2003 ihr natürliches Konvergenzziel.[1] Dabei gehen die internen Harmonisierungen zumeist deutlich über das durch die VO 1/2003 geforderte Minimum hinaus. Die Konvergenz geht auch deutlich über das hinaus, was erforderlich ist, um Spannungen innerhalb einer nationalen (materiellrechtlichen) Rechtsordnung zu vermeiden (etwa Anpassung des materiellen Kartellverbotes) und erfasst inzwischen in weiten Bereichen das interne Verfahrensrecht. Mit der seit der Mitteilung „Zehn Jahre Kartellrechtsdurchsetzung unter VO 1/2003"[2] zu erwartenden Reform der VO 1/2003 wird eine weitere zentrale Harmonisierung bestimmter verfahrensrechtlicher Regelung in der Diskussion stehen. Im Fokus ist insbesondere eine Vereinheitlichung der grundlegenden Konzepte der Sanktionsnorm im ECN (insbes. des Sanktionsadressaten „Unternehmen" einschließlich Fragen der Konzernhaftung und der Rechtsnachfolge,)[3] und Fragen der Unabhängigkeit und Ausstattung der nationalen Wettbewerbsbehörden.

2. Legalausnahme statt Anmeldesystem

2 Die VO 1/2003 ersetzte das alte System der Anmeldungen und das Freistellungsmonopol der Kommission im Rahmen von Art. 101, Abs. 3 AEUV durch ein **System der Legalausnahme.** Unternehmen bedürfen nicht länger einer konstitutiv wirkenden Freistellungsentscheidung der Kommission, um sich auf Art. 101, Abs. 3 AEUV berufen zu können. Die Durchführungsverordnung ersetzt somit die ex-ante-Prüfung von Vereinbarungen aufgrund von Anmeldungen durch eine ex-post-Kontrolle wettbewerbswidriger Praktiken. Die Rolle der Wettbewerbsbehörden und insbesondere der Kommission änderte sich daher. Deren Ressourcen sollten nicht länger für die Bestätigung erlaubter, sondern für die **Untersagung, Korrektur und gegebenenfalls Sanktionierung verbotener Verhaltensweisen** eingesetzt werden. Art. 101 ist in seiner Gesamtheit **unmittelbar anwendbares Recht;** gleiches gilt wie schon vor der VO 1/2003 für Art. 82 (Art. 1).

II. Kartellverfahren der EU-Kommission

3 In der VO 1/2003 werden die rechtlichen Grundlagen für ein Vorgehen der Kommission in Kartell- und Missbrauchsverfahren gelegt. Dabei unterscheidet das europäische Recht nicht zwischen Verwaltungs- und Ordnungswidrigkeitenverfahren. Es gibt nur ein einheitliches Verwaltungsverfahren, auch wenn gegen ein Unternehmen eine Geldbuße verhängt wird. Entsprechend der Umstellung des Anmeldesysrems in ein System der Legalausnahme ist das Instrumentarium der Kommission auf eine ex-post-Kontrolle ausgerichtet. Diese Umstellung spiegelt sich zunächst in den Entscheidungsbefugnissen der Kommission wie-

[1] Commission Staff Working Document SWD (2014) 231 – Enhancing competition enforcement by the Member States' competition authorities: institutional and procedural issues (SWD(2014) 231/2, 9.7.2014), S. 13.

[2] „Ten Years of Antitrust Enforcement under Regulation 1/2003: Achievements and Future Perspectives" (COM(2014) 453, 9.7.2014); vgl. auch Commission Staff Working Document SWD (2014) 230 – Ten Years of Antitrust Enforcement under Regulation 1/2003 (SWD(2014) 230/2, 9.7. 2014) sowie Commission Staff Working Document SWD (2014) 231 – Enhancing competition enforcement by the Member States' competition authorities: institutional and procedural issues (SWD(2014) 231/2, 9.7.2014).

[3] *Ost,* JECLAP 2014, 124.

der (Art. 7 bis 10). Art. 7 regelt die Befugnis der Kommission, Verstöße wirksam abzustellen. Ergänzt wird Art. 7 durch Art. 23, der die Befugnis zur Festsetzung von Geldbußen enthält. Art. 9, der große praktische Bedeutung erlangt hat,[4] ermächtigt die Kommission im zeitlichen Vorfeld einer Feststellung eines Verstoßes, angebotene Verpflichtungszusagen für bindend zu erklären. Damit wird dem praktischen Bedürfnis nach informellerer Konfliktbeilegung Rechnung getragen. Positive Entscheidungen, in denen die Unanwendbarkeit von Art. 101 oder 102 AEUV im Einzelfall festgestellt wird, sind nur noch ausnahmsweise im öffentlichen Interesse der Gemeinschaft zulässig (Art. 10). Die durch die VO 1/2003 weiter ausgebauten Ermittlungsbefugnisse der Kommission sind in den Art. 17 bis 22 geregelt. Praktisch bedeutsam ist insbesondere das Auskunftsverlangen nach Art. 18 sowie das seit Abschaffung des Anmeldesystems verstärkt genutzte Instrument der Sektoruntersuchung (Art. 17).

4 Neben den Regelungen der VO 1/2003 werden weitere Einzelheiten des Verfahrens durch eine ergänzende Verordnung sowie einige Mitteilungen geregelt. Die Kommission hat auf der Grundlage von Art. 33 durch dieVerordnung Nr. 773/2004 Verfahrensbestimmungen erlassen, welche weitere Einzelheiten zu den Ermittlungs- und Handlungsbefugnissen nach der Verordnung Nr. 1/2003 regeln.[5] Unter den Bekanntmachungen der Kommission betreffen insbesondere folgende ihr eigenes Verwaltungsverfahren:

- Bekanntmachung der Kommission über die **Behandlung von Beschwerden** durch die Kommission gemäß Art. 81[101] und 82 [102] EG-Vertrag[6]
- Bekanntmachung der Kommission über **informelle Beratung** bei neuartigen Fragen zu den Artikeln 81 [101] und 82 [102] des Vertrages, die in Einzelfällen auftreten (Beratungsschreiben).[7]

5 Da gerade das Verfahrensrecht grundrechtsrelevante Positionen der betroffenen Unternehmen betreffen kann, ist der Bereich der **Verteidigungsrechte** besonders durch die ergänzende **Rechtsprechung** der europäischen Gerichte geprägt. Dies betrifft insbesondere die Grenzen der behördlichen Untersuchungsbefugnisse, wie sie der EuGH etwa im Bereich des *legal privilege* (vgl. Art. 18 Rn. 50) herausgearbeitet hat. Dabei ist erhebliche Zurückhaltung bei der Interpretation der grundrechtlichen Fundierung der verfahrensrechtlichen Rechtsprechung geboten.[8] Oft handelt es sich um die ergänzende Interpretationen einfachen Rechts.

III. Dezentrale Anwendung durch Behörden und Gerichte

1. Unmittelbare Geltung der Art. 101 und 102 AEUV und Schaffung eines Systems paralleler Zuständigkeiten

6 Die Anwendung der Art. 101 und 102 AEUV obliegt – neben der Kommission (Art. 4) – in vollem Umfang ebenso den Wettbewerbsbehörden und Gerichten der Mitgliedstaaten (Art. 5 und 6). Die Mitgliedstaaten sind zur effektiven Anwendung der Verordnung Nr. 1/2003 verpflichtet (Art. 35, Abs. 1). Die Verordnung ersetzte somit das zentralisierte Anmeldungs- und Erlaubnissystem durch ein **System paralleler Zuständigkeiten auf Gemeinschafts- und mitgliedstaatlicher Ebene.** Diese grundlegende Neuorientierung hat mehrere Konsequenzen.

---

[4] *Wils,* Ten Years of Commitment Decisions Under Article 9 of Regulation 1/2003: Available at SSRN: http://ssrn.com/abstract=2617580.

[5] Verordnung (EG) Nr. 773/2004 der Kommission vom 7. April 2004 über die Durchführung von Verfahren auf der Grundlage der Artikel 81 und 82 EG-Vertrag durch die Kommission, ABl. L 123 vom 27.4.2004, S. 18.

[6] ABl. C 101 vom 27.4.2004, S. 65.

[7] ABl. C 101 vom 27.4.2004, S. 78.

[8] MüKoEuWettbR/*Skouris/Kraus* (1. Aufl.) Einl. Rn. 383; *Ost,* Antitrust Procedure, 179.

2. Effektive und einheitliche Anwendung des Gemeinschaftsrechts

7 Zum einen sind besondere Vorkehrungen erforderlich, um die **effektive Umsetzung der gemeinschaftlichen Wettbewerbsregeln** und die **Rechtseinheitlichkeit** in einem System paralleler Zuständigkeiten zu gewährleisten. Die Verordnung sieht daher vor, dass auf wettbewerbsbeschränkende Vereinbarungen und Missbräuche marktbeherrschender Stellungen, die geeignet sind, den Handel zwischen Mitgliedstaaten zu beeinträchtigen, die Vorschriften der Art. 101 und 102 AEUV anzuwenden sind (Art. 3, Abs. 1). Eine Reihe weiterer Vorschriften soll eine kohärente Anwendung des Gemeinschaftsrechts sichern, insbesondere die Verpflichtung nationaler Gerichte und Behörden zur Beachtung von Entscheidungen der Kommission (Art. 16)[9] und die Befugnis der Kommission, Verfahren an sich zu ziehen (Art. 11, Abs. 6). Da ferner die **parallele Anwendung nationalen Rechts** nicht ausgeschlossen wird, muss auch insofern die Kohärenz mit der Anwendung der gemeinschaftlichen Wettbewerbsregeln gewahrt werden. Diesen Zweck verfolgt die Konvergenznorm des Art. 3, Abs. 2 erster Satz, die festlegt, dass die Anwendung nationalen Wettbewerbsrechts nicht zur Untersagung von Vereinbarungen zwischen Unternehmen führen darf, wenn diese nicht gegen Art. 101 des Vertrags verstoßen. Andererseits dürfen Vereinbarungen, die nicht mit Art. 101 vereinbar sind, nicht nach nationalem Recht gestattet werden.[10] Nicht erfasst vom Vorrang des Gemeinschaftsrechts sind allerdings Vereinbarungen zwischen Körperschaften, die nach europäischem Recht nicht als Unternehmen qualifiziert werden (vgl. *Fenin*-Rechtsprechung Art. 101 Abs. 1 Rn. 146, 350; Art. 106 Rn. 27). Der rein nachfragende Staat kann somit auch bei grenzüberschreitenden Transaktionen nach weitergehendem nationalen Recht (§ 130 GWB) vom Kartellrecht erfasst werden, zumal der Gedanke *des level playing field* auf diese Konstellationen kaum passt.[11] Erst recht im Anwendungsbereich des Art. 102 sind strengere nationale Vorschriften und Entscheidungen zulässig (Art. 3, Abs. 2 zweiter Satz).[12]

3. Netz der Wettbewerbsbehörden (ECN)

8 Ferner war es ein zentrales Anliegen der Reform, ein **koordiniertes und arbeitsteiliges Handeln der parallel zuständigen Wettbewerbsbehörden** sicherzustellen. Die Verordnung sieht vor, dass die Kommission und die Wettbewerbsbehörden der Mitgliedstaaten ein Netz bilden, in dem sie die gemeinschaftlichen Wettbewerbsregeln in enger Zusammenarbeit anwenden.[13] Die Verordnung enthält zum diesem Zweck eine Reihe von Vorschriften. Neben der allgemeinen Verpflichtung zu enger Zusammenarbeit (Art. 11, Abs. 1) bestehen Verpflichtungen zur gegenseitigen Information über beabsichtigte Ermittlungen und Entscheidungen (Art. 11, Abs. 2 bis 5), Befugnisse zum Austausch von Beweismitteln und vertraulicher Informationen (Art. 12) bzw. deren Erhebung in Amtshilfe (Art. 22), die Möglichkeit, parallele Verfahren zu suspendieren oder zu beenden (Art. 13) sowie die Bestimmungen über den beratenden Ausschuss (Art. 14). Die gemeinsame Erklärung der Kommission und des Ministerrats vom 16. Dezember 2002 legt Grundsätze zum Funktionieren des Netzes fest.[14] Wichtige Einzelfragen, etwa zur Fallverteilung im Netz

---

[9] Vergleiche EuGH U. v. 14.12.2000 Rs C-344/98 – *Masterfoods Ltd gegen HB Ice Cream* Ltd Slg. 2000, I-11 369.

[10] EuGH U. v. 13.2.1969 Rs. 14/68 – *Walt Wilhelm u. a. gegen Bundeskartellamt* Slg. 1969, 1 und EuGH U. v. 10.7.1980 Rs. 253/78 und I-32/9 – *Giry und Guérlain* Slg. 1980, 2327 Rn. 15–17.

[11] A. A. *Bornkamm,* FS Hirsch S. 238. Die Rechtsprechung des BGH lässt die Frage der Identität des nationalen und europäischen Unternehmensbegriffs explizit offen: BGH KZR 58/11 Urt. v. 6.11.2013 VBL-Gegenwert Rn. 52.

[12] *Bornkamm,* FS Blau, 41, 50.

[13] Erwägungsgrund 15.

[14] Verfügbar über http://register.consilium.eu.int/pdf/en/02/st15/15 435-a1en2.pdf.

oder zum Austausch von Informationen, werden in einer Bekanntmachung über die Zusammenarbeit innerhalb des Netzes der Wettbewerbsbehörden erläutert.[15]

9 Neben den Kohärenzmechanismen sowie der Regelung zum Informationsaustausch und zur Amtshilfe wird auf einer Vielzahl verschiedener Foren fallbezogen sowie auf wettbewerbspolitischer Ebene eine möglichst kohärente Fortentwicklung der Anwendungspraxis der Netzwerkbehörden gesichert. Diese **informelle Zusammenarbeit** ist Garant für das Funktionieren des stark auf gegenseitigem Vertrauen basierenden Netzwerkes. Die enge europaweite Kooperation auf den verschiedensten Ebenen dürfte in Europa einzigartig sein.[16]

10 Gleichwohl ist stets auch die **begrenzte Leistungsfähigkeit** des Netzwerkes hinzuweisen. Insbesondere ist die reine Möglichkeit der (freiwilligen) Amtshilfe nicht mit der umfassenden europaweiten Ermittlungskompetenz einer nationalen Behörde zu verwechseln. Amtshilfe wird angesichts des hohen Ressourcenaufwandes stets auf Sonderfälle beschränkt bleiben.

4. Rolle der Gerichte

11 Die verstärkte Anwendung und Durchsetzung der Wettbewerbsregeln des Vertrags durch die **Gerichte der Mitgliedstaaten** war eine weitere Zielsetzung der Reform.[17] Die Zuständigkeit der einzelstaatlichen Gerichte für die Anwendung der Art. 101 und 102 AEUV (Art. 6), insbesondere die Möglichkeit, Art. 101, Abs. 3 unmittelbar anzuwenden, bewirkt, dass den Wettbewerbsregeln des Vertrags erheblich breitere Geltung in zivilrechtlichen Verfahren (etwa in Streitigkeiten aus Verträgen, aus unerlaubter Handlung sowie in Verfahren des einstweiligen Rechtsschutzes), aber auch in verwaltungs- und strafrechtlichen Verfahren verschafft wird. Die einheitliche Anwendung des Gemeinschaftsrechts erfordert eine enge Formen der Zusammenarbeit und gegenseitigen Unterstützung zwischen den Gerichten und der Kommission sowie den nationalen Wettbewerbsbehörden (Art. 15). Einerseits haben Gerichte die Möglichkeit, sich an die Kommission zu wenden; andererseits können die Kommission und die jeweiligen nationalen Wettbewerbsbehörden sich entsprechend der Vorbildnorm des § 90 GWB vor Gerichten zur Anwendung der Art. 101 und 102 AEUV äußern (amicus curiae). Einzelheiten regelt die Bekanntmachung der Kommission über die Zusammenarbeit zwischen der Kommission und den Gerichten der EU-Mitgliedstaaten bei der Anwendung der Art. 81 [101] und 82 [102] des Vertrags.[18]

5. *Soft Convergence?* – Die VO 1/2003 als Modellgesetz

12 Über Art. 5 werden den nationalen Behörden Grundformen der Entscheidungsbefugnisse zugewiesen. Eine jüngere Studie[19] hat gezeigt, dass über den verpflichtenden Mindeststandard hinaus die VO 1/2003 auch hinsichtlich der Ausgestaltung des Verfahrensrechts allgemeinen Modellcharakter hat. In den 28 im ECN zusammengeschlossenen nationalen Jurisdiktionen besteht in den meisten Bereichen eine erhebliche **Tendenz zur Anpassung des nationalen Verfahrensrechts an die Verfahrensregeln** der VO 1/2003. Auch die verfahrensrechtliche Ausgestaltung des nationalen Rechts muss dem Prinzip der Effektivität genügen.[20] Dies kann sogar zu Vorgaben der institutionellen Ausgestaltung des

---

[15] ABl. C 101 vom 27.4.2004, S. 43.

[16] *Dekeyser/Jaspers,* (2007) 30 World Competition 3–23; *Dekeyser/Dalheimer,* Cooperation within the European Competition 105–123; aus politologischer Sicht: *Wilks,* European competition journal 3 (2007), 437–464.

[17] Siehe hierzu bereits das Weißbuch der Kommission (Fn. 5), Kapitel III, Abschnitt II. A. 3.

[18] ABl. C 101 vom 27.4.2004, S. 54.

[19] ECN Working Group on Cooperation Issues, Results of the questionnaire on the reform of Member States (MS) national competition laws after EC Regulation No. 1/2003 (22 May 2013) verfügbar über http://ec.europa.eu/competition/ecn/convergence_table_en.pdf.

[20] *Ackermann,* ZWeR 2012, 3.

nationalen Durchsetzungsregimes führen.[21] Gleichwohl bestehen auch noch erhebliche Unterschiede, wie sie etwa zwischen dem deutschen Ordnungswidrigkeitenrecht und dem Kommissionsverfahren offen zu Tage treten. Diese **Unterschiede im Verfahrensrecht** führen angesichts der zumeist an praktischen Fragen orientierten Fallverteilung zu für die Unternehmen schwer nachvollziehbaren Ergebnisunterschieden. Diese Spannungen werden mittelfristig den Harmonisierungsdruck in diesem Bereich weiter erhöhen.[22] In der Zwischenzeit ist von getrennten Sphären auszugehen, soweit nicht (wie z.B. die in § 81, Abs. 5 GWB im Bereich der Bußgeldzumessungskriterien) der Gesetzgeber eine Harmonisierung angestrebt hat und somit eine Vorlagefähigkeit gegeben ist.[23]

Im Hinblick auf die Grundrechtsgewährleistung im Verfahrensrecht ist die Entwicklung 13
der Rechtsprechung im Fluss. So konnte man anhand der Kriterien, die die europäische Rechtsprechung für die Anwendung des europäischen Grundrechtsstandards entwickelt hatte,[24] vertreten, dass bei der bloßen Anwendung von *materiellem* europäischen Recht das nationale Gericht bzw. die Kartellbehörde die Standards des europäischen Kartellverfahrensrechts etwa im Bereich der Verteidigungsrechte nicht zwingend zu beachten hätte. Erwägungsgrund 16 VO 1/2003 geht davon aus, dass die Verteidigungsrecht der jeweiligen Jurisdiktionen von Bedeutung sind. Abgesehen von den Entscheidungsformen (Art. 5)), setzen etwa im Rahmen einer Durchsuchung die nationalen Behörden nationales Verfahrensrecht durch. Nach dieser engen Auffassung gelten die nationalen Standards fort, solange dem Effektivitätsgebot Genüge getan wird. Nach dem Urteil des EuGH in Sachen *Akerberg Fransson*[25] zu Art. 51 Abs. 1 S. 1 Var. 2 GRC muss man allerdings davon ausgehen, dass der EuGH die Anwendbarkeit der europäischen Grundrechte in einem weit größeren Umfang annehmen wird. Danach ist zwar grundsätzlich nach dem Meistbegünstigungsgrundsatz der höhere Grundrechtsstandard maßgeblich. Allerdings darf der nationale Grundrechtestandard die Wirksamkeit des Unionsrechts nicht beeinträchtigen.[26]

IV. Bedeutung der VO 1/2003 für die Unternehmen

1. Grundsatz der Eigenverantwortung

Die Abschaffung des Anmelde- und Erlaubnissystems führt zu höherer die **Eigenverantwortung der Unternehmen für die Vereinbarkeit ihres Handelns mit dem Wettbewerbsrecht.** Unternehmen und ihre Rechtsberater haben selbst zu prüfen, inwieweit möglicherweise wettbewerbsbeschränkende Vereinbarungen durch Art. 101, Abs. 3 freigestellt sind. Eine Bekanntmachung der Kommmission zur Anwendung von Art. 101, Abs. 3 erläutert hierzu die Praxis der Kommission.[27] Zwar berührt die Verordnung Nr. 1/2003 nicht die Befugnis der Kommission, informelle Stellungnahmen in Einzelfällen abzugeben.[28] Derartige **Beratungsschreiben** der Kommission an einzelne Unternehmen sind jedoch **nur in eng begrenzten Ausnahmenfällen** beabsichtigt, insbesondere wenn ein 14

[21] EuGH Urt. v. 7.12.2010, Rs. C-439/08 – VEBIC; dazu Ost/Brenner, FS Canenbley 369.
[22] Ost, JECLAP 2014, 125, 131.
[23] EuGH, Urt. v. 11.12.2007, C-280/06 – Autorità Garante della Concorrenza/ETI, verfügbar über http://curia.europa.eu/.
[24] EuGH U. v. 13.7.1989 Rs. C 5/88 *Wachauf/Bundesamt für Ernährung und Fortswirtschaft* Slg. 1985, I-2605 Rn. 19; U. v. 11.7.1985 Rs. C 60/84 – *Cinéthèque SA and others v. Fédération nationale des cinémas français,* Slg. 1989, I-2609; Rn. 26, U. v. 30.9.1987 Rs. C 12/86 – *Meryem Demirel/Stadt Schwäbisch Gmünd* Slg. 1987, I-3719 Rn. 28; EuGH, U. v. 18.6.1991, Rs. C-260/89 – *ERT Elliniki Radiophonia Tileorassi AE v.Dimotiki Etairia Pliroforisis und Sotirios Kouvelas,* Slg. 1991, I-2925, Rn. 42 alle verfügbar über http://curia.europa.eu/; ausführlich *Ost,* Antitrust Procedure S. 176 f. a. A. *Wils,* Principles, Rn. 289.
[25] EuGH Urt. v. 26.2.2013, Rs C-617/10.
[26] EuGH Urt. v. 26.2.2013, Rs. C-399/11 – Meloni.
[27] ABl. C 101 vom 27.4.2004, S. 97.
[28] Erwägungsgrund 38.

Sachverhalt neue oder ungelöste Fragen der Anwendung der Art. 101 oder 102 aufwirft, deren Klärung erhebliche Rechtsunsicherheit vermeiden hilft, und sofern die Abgabe einer Stellungnahme mit den Prioritäten der Kommission bei der Durchsetzung des EG-Wettbewerbsrechts vereinbar ist. Die Kommission hat die Voraussetzungen und das Verfahren für derartige Beratungsschreiben in einer gesonderten Bekanntmachung erläutert.[29] Dagegen stellt die Verordnung klar, dass **förmliche positive Feststellungsentscheidungen** der Kommission nicht mehr im Interesse einzelner Unternehmen, sondern **nur noch im öffentlichen Interesse der Gemeinschaft** getroffen werden können (Art. 10). In den ersten zehn Jahren gab es weder ein Beratungsschreiben noch eine Entscheidung nach Art. 10 VO 1/2003.[30] Die Praxis der nationalen Kartellbehörden, informelle Beratungsmöglichkeiten zu eröffnen, ist bisweilen stärker ausgeprägt. Obwohl den nationalen Behörden nicht das Recht zusteht, verbindliche Entscheidungen entsprechend Art. 10 zu erlassen, kann ein Beratungsschreiben einer nationalen Behörde für die Unternehmen von großer Bedeutung und in zivilgerichtlichen Verfahren von erheblicher Überzeugungskraft sein.

2. Rechtsicherheit für Unternehmen

15 Die **Rechtssicherheit** für Unternehmen wird zwar in der Regel nicht mehr durch behördliche Entscheidungen oder Stellungnahmen im Einzelfall, wohl aber durch eine größere Einheitlichkeit der Rechtsanwendung im Gebiet der Gemeinschaft gefördert. Die Verpflichtung der nationalen Wettbewerbsbehörden, Gemeinschaftsrecht auf Sachverhalte anzuwenden, die den Handel zwischen Mitgliedstaaten beeinträchtigen können (Art. 3, Abs. 1), und der Schutz vor einer strikteren Beurteilung von Vereinbarungen nach nationalem Recht (Art. 3, Abs. 2) dienen dem Ziel der Chancengleichheit der Unternehmen. Eine Reihe weiterer Mechanismen soll, wie bereits in Rn. 8 erläutert, die Kohärenz der Rechtsanwendung sicherstellen.

3. Verteilung von Fällen im Netz

16 Die Verteilung von Fällen zwischen den Wettbewerbsbehörden innerhalb des Netzes ist von Bedeutung für die betroffenen Unternehmen. Grundsätzlich ist davon auszugehen, dass jeder Fall möglichst von einer einzigen Wettbewerbsbehörde untersucht und entschieden werden sollte.[31] Die gemeinsame Erklärung von Kommission und Rat vom 16. Dezember 2002 und die Bekanntmachung der Kommission über die Zusammenarbeit innerhalb des Netzes der Wettbewerbsbehörden stellen **Kriterien** dafür auf, welche Behörden im Einzelfall geeignet sein können, den Wettbewerbsregeln Geltung zu verschaffen.[32] Soweit Unternehmen selbst Fälle initiieren, insbesondere durch die Einreichung einer Beschwerde, steht es ihnen grundsätzlich offen, sich an die Kommission oder eine nationale Wettbewerbsbehörde zu wenden. Die Kriterien der Bekanntmachung sind zwar für Unternehmen nicht rechtlich bindend, können jedoch als Richtlinie im Interesse einer effektiven Fallzuteilung verstanden werden. Der Wahl der Behörde durch ein Unternehmen kommt in der Praxis nur eingeschränkte Bedeutung zu, obwohl zu erwarten ist, dass in vielen Fällen die zunächst befasste Behörde verantwortlich bleiben wird. Es ist davon auszugehen, dass eine Übertragung eines Falles in der Regel nur dann erfolgen wird, wenn die befasste Behörde sich nicht für geeignet erachtet oder wenn andere Behörden sich für besser geeignet halten. Die Kommission wird insbesondere dann als besonders geeignete Behörde er-

[29] ABl. C 101 vom 27.4.2004, S. 78.

[30] Commission Staff Working Document SWD (2014) 230 – Ten Years of Antitrust Enforcement under Regulation 1/2003 (SWD(2014) 230/2, 9.7.2014) Rn. 193, Fn 274.

[31] Siehe den Erwägungsgrund 18 der Verordnung. Artikel 13 sieht zu diesem Zweck die Möglichkeit vor, parallele Verfahren auszusetzen oder Beschwerden zurückzuweisen.

[32] Zu Einzelheiten siehe die Bekanntmachung, ABl. C 101 vom 27.4.2004, S. 43.

achtet, wenn ein **enger Bezug zur Anwendung anderer Gemeinschaftsbestimmungen** durch die Kommission besteht oder wenn **zur Entwicklung gemeinschaftlicher Wettbewerbspolitik im Gemeinschaftsinteresse eine Entscheidung der Kommission erforderlich** ist, wenn neue Wettbewerbsfragen auftreten oder um eine wirksame Durchsetzung der Wettbewerbsregeln sicherzustellen.

Neben der Fallzuteilung zwischen Kommission und mitgliedstaatlichen Behörden kann das Netz auch dazu dienen, ein paralleles Tätigwerden mehrer Wettbewerbsbehörden bei der Anwendung des Wettbewerbsrechts der Gemeinschaft zu ermöglichen. Der Bekanntmachung zufolge soll es möglich sein, dass Wettbewerbsfälle, die sich in mehreren Mitgliedstaaten auswirken, durch eine einzelne nationale Wettbewerbsbehörde mit Unterstützung der Wettbewerbsbehörden anderer Mitgliedstaaten oder durch mehrere **parallel handelnde Wettbewerbsbehörden** bearbeitet werden können. Sind mehrere nationale Wettbewerbsbehörden geeignet, einen Fall parallel zu behandeln, wird jede im Hinblick auf ihr jeweiliges Hoheitsgebiet tätig.[33] In den ersten zehn Jahren der praktischen Anwendung der VO 1/2003 gab es nur wenige parallele Verfahren. Rechtliche Fragen, insbesondere die Vereinbarkeit paralleler Entscheidungen eines zusammenhängenden Sachverhalts durch mehrere nationale Wettbehörden mit dem Grundsatz „ne bis in idem" (Art. 50 der Charta der Grundrechte in der Europäischen Union), werden letztlich durch die Gemeinschaftsgerichte zu klären sein. Entsprechend der Logik einer Entscheidung des EuGH in einer Sonderkonstellation[34] ist bei einem grenzüberschreitenden Kartell davon auszugehen, dass, wenn eine nationale Behörde die Sanktionierung allein auf die Wirkungen auf ihre Jurisdiktion beschränkt, eine weitere nationale Behörde nachfolgend ebenfalls beschränkt auf die spezifischen Auswirkungen eine Geldbuße gegen das gleiche Unternehmen verhängen kann. 17

Eine **Übertragung eines Falls auf eine andere Behörde oder eine anderweitige Änderung der Fallzuteilung** soll „schnell und effizient", auf der Grundlage einer Information der Kommission und gegebenenfalls der Wettbewerbsbehörden andere Mitgliedstaaten zu Beginn der Ermittlungen (Art. 11, Abs. 3) erfolgen. In der Praxis erfolgt dies auch schon vor Durchsuchungen. Die Frage der **Rechtsstellung betroffener Unternehmen bei einer Änderung der Fallzuteilung innerhalb des Netzes** ist in der Verordnung nicht umfassend geklärt. Die Fallzuteilung ist zunächst von der sachlichen Zuständigkeit zur Anwendung von Art. 101 und 102 zu unterscheiden, die alle Behörden im Netz besitzen (Art. 4 und 5); lediglich die Einleitung eines förmlichen Verfahrens durch die Kommission enthebt nationale Behörden ihrer Zuständigkeit (Art. 11, Abs. 6). Da die Netzwerkmechanismen allein im öffentlichen Interesse der effektiven Kartellrechtsdurchsetzung erlassen wurden, sind Fallumverteilungen durch die Unternehmen nicht angreifbar – vgl. Art. 11 Rn. 1 ff.[35] Da allerdings das Evokationsrecht der Kommission nach Art. 11 Abs. 6 in die Befugnisse der Mitgliedstaaten eingreift, dürfte insoweit den Mitgliedstaaten hier etwa bei einem Verstoß gegen Loyalitätspflichten bzw. das Subsidiaritätsprinzip Rechtschutz vor den europäischen Gerichten zustehen. Diese Frage hat sich allerdings angesichts der zurückhaltenden Praxis der Kommission zu Art. 11, Abs. 6 bisher nicht gestellt. 18

4. Schutz vertraulicher Informationen

Da das Netz auf einen **Austausch von Informationen,** einschließlich Geschäftsgeheimnissen und vertraulichen Informationen, **zwischen Kommission und Wettbewerbsbehörden der Mitgliedstaaten** angelegt ist (Art. 12, Abs. 1), kommt insoweit dem **Schutz der betroffenen Unternehmen** besondere Bedeutung zu. Die Verordnung trifft hierzu eine Reihe von Vorkehrungen. Art. 28 schützt gegen die Weitergabe jeglicher Berufsgeheimnisse durch die Kommission oder Behörden der Mitgliedstaaten an Dritte au- 19

---

[33] ABl. C 101 vom 27.4.2004, S. 43 und 44.
[34] EuGH Urt. v. 14.2.2012, Rs. C-17/10 Toshiba Rn. 93 ff.
[35] *Gippini-Fournier,* Community Report, S. 73 ff.

ßerhalb des Netzes. Der gemeinschaftsrechtlich vorgegebene Begriff der Berufsgeheimnisse beinhaltet Geschäftsgeheimnisse und andere vertrauliche Informationen und stellt einen Mindestschutz sicher.[36] Art. 12, Abs. 2 enthält eine zusätzliche Schutzbestimmung für den Austausch von Informationen innerhalb des Netzes. Eine Verwertung zu Beweiszwecken ist nur zulässig im Rahmen derselben Untersuchung zur Anwendung von Art. 101 oder 102 des Vertrags oder kongruenten nationalen Wettbewerbsrechts. Art. 12, Abs. 3 schützt besonders Einzelpersonen im Hinblick auf die Auferlegung möglicher strafrechtlicher Sanktionen infolge eines Informationsaustausches zwischen Wettbewerbsbehörden. Der Zuverlässigkeit und Sicherheit der beabsichtigten Kommunikationsvorkehrungen im Netz – insbesondere durch ein Intranet der beteiligten Behörden – kommt in diesem Zusammenhang große Bedeutung zu.

20 Besondere Fragestellungen ergeben sich für **Anträge aufgrund so genannter Kronzeugenprogramme,** durch die Unternehmen, die an einer illegalen Kartellabsprache beteiligt sind, bei unaufgeforderter Offenlegung ihrer Beteiligung um Milderung oder völliges Absehen von Sanktionen nachsuchen können. Die Kommission[37] und fast alle Mitgliedstaaten (Ausnahme Malta)[38] haben derartige Kronzeugenprogramme zumeist angelehnt an das 2006 verabschiedete und 2012 ergänzte ECN-Kronzeugenmodell[39] geschaffen. Da nicht davon ausgegangen werden kann, dass ein Antrag an eine bestimmte Wettbewerbsbehörde zugleich als Antrag an andere Behörden erachtet wird, dürfte es im Interesse eines betroffenen Unternehmens liegen, derartige Anträge – soweit Kronzeugenprogramme bestehen – gleichzeitig an alle Behörden zu richten, deren Gebiet durch den Wettbewerbsverstoß betroffen ist. Die gesetzliche Verpflichtung der befassten Behörde zur Unterrichtung anderer Wettbewerbsbehörden im Netz nach Maßgabe von Art. 11, Abs. 2 bis 4 sowie die Befugnis zum Austausch von Informationen nach Art. 12 bestehen grundsätzlich auch in Verfahren aufgrund von Kronzeugenanträgen. Um die Wirksamkeit der Kronzeugenprogramme aufrechtzuerhalten, sieht die Bekanntmachung der Kommission über die Zusammenarbeit innerhalb des Netzes der Wettbewerbsbehörden jedoch eine Reihe von Einschränkungen vor.[40] Unterrichtungen nach Art. 11 sollen von anderen Mitgliedsbehörden des Netzes nicht als Grundlage für die Einleitung eigener Ermittlungen herangezogen werden, der Austausch von Informationen nach Art. 12 soll unter bestimmten Voraussetzungen vom Einverständnis des Antragstellers oder einer Zusicherung der empfangenden Behörde abhängig sein. Diese Regelungen beruhen als teilweiser Verzicht auf die in der Durchführungsverordnung vorgesehenen Befugnisse auf Verpflichtungserklärungen der am Netz beteiligten Behörden.[41] Die Beibehaltung einer klaren und verlässlichen Verwaltungspraxis im Netz wird insofern von Bedeutung sein.

V. Historischer Hintergrund und Entstehungsgeschichte

1. Grundlage im Vertrag

21 Die Durchführungsverordnung Nr. 1/2003[42] ersetzte nach mehr als 40 Jahren die Durchführungsverordnung Nr. 17/1962.[43] Der Gemeinschaftsgesetzgeber hatte sich zu Be-

---

[36] Vergleiche Artikel 287 des Vertrags.

[37] Mitteilung der Kommission über den Erlass und die Ermäßigung von Geldbußen in Kartellsachen, ABl. Nr. C 045 vom 19.2.2002, S. 3.

[38] Für eine aktuelle Liste vgl. http://ec.europa.eu/comm/competition/ecn/leniency_programme_nca.pdf.

[39] http://ec.europa.eu/comm/competition/ecn/model_leniency_de. pdf.

[40] Siehe Abschnitt 2.3.3 der Bekanntmachung, ABl. C 101 vom 27.4.2004, S. 48.

[41] Siehe Abschnitt 6 der Bekanntmachung, ABl. C 101 vom 27.4.2004, S. 52.

[42] Verordnung (EG) Nr. 1/2003 des Rates vom 16. Dezember 2002 zur Durchführung der in den Artikeln 81 und 82 des Vertrags niedergelegten Wettbewerbsregeln, ABl. Nr. L 1 vom 4. Januar 2003, S. 1.

[43] Erste Durchführungsverordnung zu den Artikeln 85 und 86 des Vertrages, Amtsblatt Nr. P 013 vom 21. Februar 1962, S. 204.

ginn der 1960er Jahre für die Schaffung eines zentralisierten Anmeldesystems zu Umsetzung von Art. 85 [jetzt Art. 101] und gegen ein System der Legalausnahme entschieden. Die Verbotsvorschrift des Art. 85, Abs. 1 und 2[44] sollte nur durch eine Entscheidung der Kommission, aufgrund einer Anmeldung durch die betroffenen Unternehmen, im Sinne von Art. 85, Abs. 3[45] für nicht anwendbar erklärt werden können (Art. 4, Abs. 1 der Verordnung Nr. 17/1962). Die Bestimmung des Art. 85, Abs. 3 erhielt damit, im Gegensatz zu den der ersten beiden Absätzen dieser Vorschrift, keine unmittelbare Geltung. Gestattet wurde diese sekundärrechtliche Umsetzung des Art. 85 durch dessen Wortlaut: Die Formulierung des Art. 85, Abs. 3 („Die Bestimmungen des Abs. 1 können für nicht anwendbar erklärt werden") ließ dem Gemeinschaftsgesetzgeber die Wahl zwischen einem Erlaubnissystem und einem System der unmittelbar anwendbaren Legalausnahme.[46]

2. Beweggründe für die Reform

Seit Mitte der 1990er Jahre wurden Überlegungen zu einer grundlegenden Reform der bisher geltenden Durchführungsverordnung angestellt, zunächst in den Dienststellen der Kommission und danach, im Anschluss an das Weißbuch der Kommission vom 12. Mai 1999, in der öffentlichen Diskussion. Sie beruhten auf der Erkenntnis, dass die der Verordnung Nr. 17/1962 zugrundeliegenden Zielsetzungen nicht mehr völlig zeitgemäß waren und die bisherige Verfahrensordnung eine effektive Umsetzung der Wettbewerbsregeln des Gemeinschaftsvertrags nicht mehr vollständig gewährleistete. Die Ziele des Gemeinschaftsgesetzgebers zu Beginn der 1960er Jahre – den Gemeinschaftsbehörden ausreichende Informationen bereitzustellen, eine hinreichend einheitliche Anwendung von Art. 85 in den Mitgliedstaaten der Gemeinschaft zu ermöglichen und Rechtsicherheit für Unternehmen zu schaffen – erschienen erreicht oder jedenfalls nicht länger hinreichend, um ein zentralisiertes Anmeldesystem zu rechtfertigen. Die Kommission – unter der Aufsicht des europäischen Gerichtshofs – hatte im Laufe von fast 40 Jahren durch eine umfangreiche Entscheidungs- und Verwaltungspraxis die Grundsätze der gemeinschaftlichen Wettbewerbspolitik festgelegt und eine Vielzahl wichtiger Detailfragen geklärt.[47] 22

3. Weißbuch der Kommission

Das Weißbuch der Kommission vom 12. Mai 1999 schlug eine radikale Umgestaltung („Modernisierung") des bisherigen Wettbewerbsverfahrens vor. Im Vordergrund stand dabei das Ziel, durch eine Vereinfachung des Verfahrens eine effektivere Umsetzung der gemeinschaftlichen Wettbewerbsregeln zu ermöglichen. Die Kommission war zu der Erkenntnis gelangt, dass die Vielzahl der Anmeldungen sie daran hinderte, aktiv und aus eigener Initiative schwerwiegende Wettbewerbsverstöße zu verfolgen.[48] Die für die Gründungsgemeinschaft mit lediglich sechs Mitgliedern und ohne eigene wettbewerbsrechtliche Tradition konzipierten Regeln wurden nach wie vor unverändert angewandt. Es war absehbar, dass die damals bevorstehende Erweiterung der Gemeinschaft auf bis zu 25 Mitgliedstaaten eine wirksame Umsetzung weiter erschweren würde. In Betracht zu ziehen 23

---

[44] Nunmehr Art. 101, Abs. 1 und 2.

[45] Nunmehr Art. 101, Abs. 3.

[46] Näheres zum historischen Hintergrund der ursprünglichen Durchführungsverordnung findet sich im Weißbuch der Kommission über die Modernisierung der Vorschriften zur Anwendung der Artikel 85 und 86 EG-Vertrag vom 12. Mai 1999, COM(1999) 101 endg/2, Kapitel I, Abschnitt I. – Die Vereinbarkeit der Reform mit dem Vertrag und die Auslegung der zitierten Vorschriften des Artikel 81, Absatz 3 wurde nach der Veröffentlichung des Weißbuchs und während des Gesetzgebungsverfahrens eingehend und kontrovers diskutiert.

[47] Siehe hierzu ebenfalls das Weißbuch der Kommission, ebenda.

[48] Im Jahre 1998, dem Jahr vor der Veröffentlichung der Reformvorschläge, leitete die Kommission lediglich 13 % ihrer Verfahren aus eigener Initiative und 29 % der Verfahren aufgrund von Beschwerden ein, während 58 % auf die Bearbeitung von Anmeldungen entfielen.

waren ferner der erreichte Stand an Rechtsklarheit und Rechtssicherheit und die sich für Unternehmen aus dem geltenden Anmeldesystem ergebenden Belastungen.

24 Die Kommission sprach sich daher für die Abschaffung des Systems der Anmeldungen und administrativen Freistellungen, und damit ihres Entscheidungsmonopols im Rahmen von Art. 101, Abs. 3, sowie dessen Ersetzung durch eine verstärkte ex-post-Kontrolle ein. Wichtige Bestandteile der künftigen Ordnung sollten die dezentralisierte Anwendung der gemeinschaftlichen Wettbewerbsregel im Zusammenspiel der Kommission mit nationalen Wettbewerbsbehörden sowie durch nationale Gerichte, eine bessere Zusammenarbeit der Behörden untereinander und zugleich wirksamere Ermittlungsbefugnisse zur effektiven Durchsetzung der Regeln sein.

4. Verordnungsentwurf der Kommission

25 Der Vorschlag der Kommission für eine neue Durchführungsverordnung vom 27. September 2000[49] baute auf den Ergebnissen einer umfassenden öffentlichen Diskussion über das Weißbuch auf. Zugleich erweiterte der Verordnungsentwurf das Reformvorhaben um ein wesentliches Element. Art. 3 des Entwurfs sah vor, dass auf ausschließlich Gemeinschaftsrecht auf Sachverhalte angewandt werden solle, die den Handel zwischen den Mitgliedstaaten zu beeinträchtigen geeignet sind. Dies beruhte auf der Erkenntnis, dass nach der Abschaffung des Freistellungsmonopols der Kommission dem Risiko einer Zersplitterung und möglicherweise Renationalisierung des erreichten gemeinschaftlichen Rechtsbestands entgegenzuwirken war. Im gleichen Zuge nahm der Gedanke eines Netzes der Wettbewerbsbehörden in der Gemeinschaft konkretere Gestalt an.

5. Gesetzgebungsverfahren

26 Der Verlauf und die Dauer des Gesetzgebungsverfahrens waren geprägt von der Tragweite der beabsichtigten Reform ebenso wie dem Bestreben, möglichst breiten Konsens über eine auf lange Zeit angelegte, neue Verfahrensordnung zu erzielen. Die Neuordnung der Aufgabenverteilung und der Zusammenarbeit zwischen der Kommission und den Wettbewerbsbehörden der Mitgliedstaaten rückte zunehmend in den Mittelpunkt. Das europäische Parlament sprach sich grundsätzlich für eine weitreichende und entschiedene Reform aus.[50] Die Verhandlungen im Ministerrat erwiesen sich als schwieriger. Einige Mitgliedstaaten hatten Bedenken in bezug auf zentrale Elemente des Entwurfs, insbesondere das Verhältnis von Gemeinschaftsrecht zu nationalem Recht (Art. 3). Politisch kontrovers waren ferner die Abgrenzung der künftigen Kompetenzen der Kommission und der nationalen Wettbewerbsbehörden, insbesondere die Befugnis der Kommission, vor nationalen Behörden anhängige Verfahren an sich zu ziehen (Art. 11, Abs. 6) und die Befugnisse des beratenden Ausschusses (Art. 14).

27 Ein wichtiger Zwischenschritt war erreicht, als sich der Rat am 5. Dezember 2001 mehrheitlich auf wesentliche Grundzüge der Reform einigte. Die Beratungen im Rat führten dennoch zu einer Reihe von Änderungen am Vorschlag der Kommission. Deren wichtigste bestand in einem Kompromiss zu Art. 3. Der ursprünglich vorgeschlagene Ausschluss der Anwendung nationalen Rechts wurde unter Bewahrung der wesentlichen Zielsetzung der Bestimmung – gleiche Bedingungen für Unternehmen im Binnenmarkt zu gewährleisten[51] – abgemildert. Der Vorschlag einer generellen Ermächtigung der Kommission zum Erlass von Gruppenfreistellungsverordnungen (Art. 28 des Entwurfs) fand keine

---

[49] Vorschlag für eine Verordnung des Rates zur Durchführung der in den Artikeln 81 und 82 EG-Vertrag niedergelegten Wettbewerbsregeln und zur Änderung der Verordnungen (EWG) Nr. 1017/68, (EWG) Nr. 2988/74, (EWG) Nr. 4056/86 und (EWG) Nr. 3975/87 („Durchführungsverordnung zu den Artikeln 81 und 82 EG-Vertrag"), ABl. Nr. C 365 E vom 19. Dezember 2000, S. 284.

[50] Stellungnahme des Europäischen Parlaments, ABl. C 72 E vom 21.3.2002, S. 305.

[51] Erwägungsgrund 8.

Zustimmung. Mit einer Reihe weiterer Änderungen beschloss der Rat am 16. Dezember 2002 die neue Verordnung. Rat und Kommission einigten sich im selben Zuge auf eine gemeinsame politische Erklärung zu den Grundsätzen für die Zusammenarbeit zwischen Kommission und nationalen Wettbewerbsbehörden im künftigen Netz.

IV. Ergänzende Verfahrensbestimmungen und Bekanntmachungen

1. Verfahrensbestimmungen der Kommission

Die Verordnung Nr. 1/2003 wird durch weitere Bestimmungen ergänzt und erläutert. 28
Die Kommission hat auf der Grundlage von Art. 33 durch ihre neue Verordnung Nr. 773/2004 Verfahrensbestimmungen erlassen, welche weitere Einzelheiten zu den Ermittlungs- und Handlungsbefugnissen nach der Verordnung Nr. 1/2003 regeln.[52]

2. Bekanntmachungen der Kommission

Ferner erläutern Verwaltungsbekanntmachungen der Kommission wesentliche Elemente 29
der Neuregelung. Diese Bekanntmachungen sollen einerseits nationalen Gerichten, Behörden und Unternehmen Leitlinien für die Beurteilung zentraler materiell-rechtlicher Fragen bei der Anwendung von Art. 101 in dem System paralleler Zuständigkeiten geben. Andererseits sollen die wichtigsten Verfahrensfragen im neuen System erläutert werden.

Im Einzelnen sind die folgenden Bekanntmachungen veröffentlicht worden:

- Leitlinien über den Begriff der Beeinträchtigung des zwischenstaatlichen Handels in den Art. 81 und 82 des Vertrags[53]
- Leitlinien zur Anwendung von Art. 81 Abs. 3 EG-Vertrag[54]
- Bekanntmachung über die Zusammenarbeit innerhalb des Netzes der Wettbewerbsbehörden[55]
- Bekanntmachung der Kommission über die Zusammenarbeit zwischen der Kommission und den Gerichten der EU-Mitgliedstaaten bei der Anwendung der Art. 81 und 82 des Vertrags[56]
- Bekanntmachung der Kommission über die Behandlung von Beschwerden durch die Kommission gemäß Art. 81 und 82 EG-Vertrag[57]
- Bekanntmachung der Kommission über informelle Beratung bei neuartigen Fragen zu den Artikeln 81 und 82 des Vertrages, die in Einzelfällen auftreten (Beratungsschreiben).[58]

Nicht dazu zu zählen ist die Mitteilung der Kommission vom 10.12.2008 (17065/08) über die „Erläuterung zu den Prioritäten der Kommission bei der Anwendung von Artikel 82 des EG-Vertrages auf Fälle von Behinderungsmissbrauch durch marktbeherrschende Unternehmen. Schon der Charakter als „Prioritätenpapier" zeigt, dass es nicht um eine verbindliche Rechtsauslegung von Art. 102 EG geht. Auch wenn sich Netzwerkbehörden an den Aussagen des Papiers orientieren mögen, fehlt dieser Mitteilung jedoch direkt und indirekt rechtliche Bindungswirkung.

Ferner erläutern Verwaltungsbekanntmachungen der Kommission wesentliche Elemente der Neuregelung. Diese Bekanntmachungen sollen einerseits nationalen Gerichten, Behör-

---

52 Verordnung (EG) Nr. 773/2004 der Kommission vom 7. April 2004 über die Durchführung von Verfahren auf der Grundlage der Artikel 81 und 82 EG-Vertrag durch die Kommission, ABl. L 123 vom 27.4.2004, S. 18.

53 ABl. C 101 vom 27.4.2004, S. 81.

54 ABl. C 101 vom 27.4.2004, S. 97.

55 ABl. C 101 vom 27.4.2004, S. 43.

56 ABl. C 101 vom 27.4.2004, S. 54.

57 ABl. C 101 vom 27.4.2004, S. 65.

58 ABl. C 101 vom 27.4.2004, S. 78.

den und Unternehmen Leitlinien für die Beurteilung zentraler materiell-rechtlicher Fragen bei der Anwendung von Art. 81 in dem System paralleler Zuständigkeiten geben. Andererseits sollen die wichtigsten Verfahrensfragen im neuen System erläutert werden.

Im Einzelnen sind die folgenden Bekanntmachungen veröffentlicht worden:

- Leitlinien über den Begriff der Beeinträchtigung des zwischenstaatlichen Handels in den Art. 81 und 82 des Vertrags
- Leitlinien zur Anwendung von Art. 81 Abs. 3 EG-Vertrag
- Bekanntmachung über die Zusammenarbeit innerhalb des Netzes der Wettbewerbsbehörden
- Bekanntmachung der Kommission über die Zusammenarbeit zwischen der Kommission und den Gerichten der EU-Mitgliedstaaten bei der Anwendung der Art. 81 und 82 des Vertrags
- Bekanntmachung der Kommission über die Behandlung von Beschwerden durch die Kommission gemäß Art. 81 und 82 EG-Vertrag
- Bekanntmachung der Kommission über informelle Beratung bei neuartigen Fragen zu den Artikeln 81 und 82 des Vertrages, die in Einzelfällen auftreten (Beratungsschreiben).

Nicht dazu zu zählen ist die Mitteilung der Kommission vom 10.12.2008 (17065/08) über die „Erläuterung zu den Prioritäten der Kommission bei der Anwendung von Artikel 82 des EG-Vertrages auf Fälle von Behinderungsmissbrauch durch marktbeherrschende Unternehmen. Schon der Charakter als „Prioritätenpapier" zeigt, dass es nicht um eine verbindliche Rechtsauslegung von Art. 82 EG geht. Auch wenn sich einige Netzwerkbehörden an den Aussagen des Papiers orientieren mögen, fehlt dieser Mitteilung jedoch direkt und indirekt rechtliche Bindungswirkung.

Art. 1. Anwendung der Artikel 81 und 82 des Vertrags

(1) **Vereinbarungen, Beschlüsse und aufeinander abgestimmte Verhaltensweisen im Sinne von Artikel 81 Absatz 1 des Vertrags, die nicht die Voraussetzungen des Artikels 81 Absatz 3 des Vertrags erfüllen, sind verboten, ohne dass dies einer vorherigen Entscheidung bedarf.**

(2) **Vereinbarungen, Beschlüsse und aufeinander abgestimmte Verhaltensweisen im Sinne von Artikel 81 Absatz 1 des Vertrags, die die Voraussetzungen des Artikels 81 Absatz 3 des Vertrags erfüllen, sind nicht verboten, ohne dass dies einer vorherigen Entscheidung bedarf.**

(3) **Die missbräuchliche Ausnutzung einer marktbeherrschenden Stellung im Sinne von Artikel 82 des Vertrags ist verboten, ohne dass dies einer vorherigen Entscheidung bedarf.**

Übersicht

Vorläufer und **Entwürfe:** Vorschlag für eine Ratsverordnung über die Durchführung der in den Artikeln 81 and 82 EG niedergelegten Wettbewerbsregeln und zur Änderung der Verordnungen (EWG) Nr. 1017/68, (EWG) Nr. 2988/74, (EWG) Nr. 4056/86 und (EWG) Nr. 3975/87, KOM (2000) 582 endg., ABl. C 365 E, 284–296; Weißbuch über die Modernisierung der Vorschriften zur Anwendung der Art. 85 und 86 EG-Vertrag, KOM (1999) 101 endg., ABl. C 132, 1–33.

I. Sinn und Zweck

1. Modernisierung des Kartellverfahrensrechts

Art. 1 dient neben Art. 3 und Art. 11 ff. der Verordnung 1/2003 der Umsetzung der zentralen Anliegen der EU-Kommission zur Modernisierung der Anwendung des EU-Kartellrechts. Die Novellierung verfolgte neben Veränderungen in manchen Detailfragen, etwa Klarstellungen hinsichtlich der Ermittlungsbefugnisse der Kommission, drei zentrale Ziele: Zum einen wurde das Verhältnis zwischen nationalem und europäischem Kartellrecht, das bisher – abgesehen von einer Bestimmung in der Fusionskontrolle – nur richterrechtlich mehr oder weniger geklärt war,[1] nun durch Art. 3 der vorliegenden Verordnung im Sinne eines recht **umfassenden Vorrangs des Unionsrechts** festgelegt. Zum zweiten ging es um eine stärkere **Dezentralisierung der Anwendung der Art. 81 und 82 EG,** nunmehr Art. 101 und 102 AEUV, die neben der Kommission auch die nationalen Kartellbehörden und Gerichte zu grundsätzlich gleichberechtigten Vollzugsinstanzen machen sollte, um der Kommission die Möglichkeit zu geben, sich auf die Fälle von Unionsinteresse zu beschränken.[2] Als drittes wesentliches Ziel, mit letzterem eng verbunden,[3] stellten die Reformbestrebungen der EU-Kommission die **unmittelbare Anwendbarkeit von Art. 101 Abs. 3 AEUV** her. 1

Art. 101 Abs. 3 AEUV lässt eine Ausnahme vom umfassenden Kartellverbot gemäß Art. 101 Abs. 1 AEUV zu, die sogenannte Freistellung. Unternehmen, die in den Genuss einer solchen Freistellung kommen wollten, mussten sie vor Inkrafttreten der VO 1/2003 durch Anmeldung ihrer Vereinbarungen beantragen. Die Zuständigkeit zu Freistellungsentscheidungen war nach der Regelung des Art. 9 der alten KartellverfahrensVO 17/62 bei der Kommission monopolisiert. Durch die Modernisierung des Kartellverfahrensrechts hat die Kommission nicht nur ihr Freistellungsmonopol beseitigt, sondern Art. 101 Abs. 3 AEUV mit unmittelbarer Rechtsgeltung ausgetattet, so dass es gar keiner **autoritativen Freistellungsentscheidung** mehr bedarf. Dies erfolgte durch die überaus eindeutige Regelung des Art. 1 der Verordnung 1/2003 mit Wirkung ab dem 1.5.2004. Dieses letzte Ziel geht über eine Dezentralisierung des Vollzugs des Kartellrechts weit hinaus (dafür hätte genügt, das Entscheidungsmonopol der Kommission über Freistellungen durch Schaffung einer Freistellungszuständigkeit auch der nationalen Kartellbehörden auszuweiten) und bringt einen Systemwechsel mit sich. 2

In seltener Deutlichkeit geben Art. 1 Abs. 1 und 2 der VO 1/2003 zu erkennen, dass wettbewerbswidrige Absprachen im Sinne des Art. 101 Abs. 1 AEUV, die die Voraussetzungen des Art. 101 Abs. 3 AEUV erfüllen, von Gesetzes wegen nicht verboten sind. Um dieses Regelungsziel zu erreichen, hätte die Regel des Art. 1 Abs. 1 VO 1/2003 genügt, da bereits diese anordnet, dass nur solche Vereinbarungen, Beschlüsse und Verhaltensweisen verboten sind, die nicht Art. 101 Abs. 3 AEUV entsprechen. Art. 101 Abs. 3 AEUV ist demnach **negative Tatbestandsvoraussetzung** für das kartellrechtliche Verbot wettbewerbswidriger Verhaltensweisen. Um keinen Zweifel an der beabsichtigten völligen Neuausrichtung des EU-Kartell(verfahrens)rechts insoweit aufkommen zu lassen, stellt Art. 1 Abs. 2 VO 1/2003 nochmals klar, dass bei Vorliegen der Voraussetzungen des Art. 101 Abs. 3 AEUV die Verhaltensweisen nicht verboten sind. 3

---

[1] Die Leitentscheidung hierzu ist EuGH U. v. 13.2.1969 Rs. 14/68 – *Walt Wilhelm u. a./Bundeskartellamt* Slg. 1969, 1. S. auch EuG Rs. T-149/89 – *Sotralentz/Kommission* Slg. 1995, II-1127 Rn. 26. Zu den verbliebenen Unklarheiten vgl. *Weiß* in: Calliess/Ruffert, EUV/AEUV Kommentar, 4. Aufl. 2011, Art. 101, Rn. 21 ff.

[2] Zur Zulässigkeit der Beschränkung vgl. EuG Rs. T-24/90 – *Automec II* Slg. 1992, II-2223, Rn. 84f; Rs. T-77/95 – *SFEI* Slg. 1997, II-1, Rn. 55. Zum Opportunitätsgrundsatz in der Kartellrechtsanwendung durch die Kommission s. *Weiß,* § 20 Europäisches Wettbewerbsverwaltungsrecht, in: Terhechte (Hrsg), Verwaltungsrecht der EU, 2011, Rn. 11.

[3] Vgl. nur *J. Stuyck/H. Gilliams,* General Introduction, in: dies., Modernisation of European Competition Law, 2002, 2.

2. Art. 101 Abs. 3 AEUV: Von der Freistellung zur Legalausnahme

4 **a) Neuregelung.** Nach der Regelung in der alten Verordnung 17/62 und dem bis Inkrafttreten der VO 1/2003 bestehenden Verständnis von Art. 101 Abs. 3 AEUV waren wettbewerbswidrige Kartellabsprachen umfassend von Gesetzes wegen (Art. 101 Abs. 1 VAEU) verboten. Soweit dieses Verbot wegen bestimmter wettbewerbsfördernder, mithin erwünschter Effekte der Vereinbarungen und Absprachen als unverhältnismäßig oder unberechtigt angesehen wurde, erlaubte Art. 101 Abs. 3 AEUV, dass die Verhaltensweisen unter bestimmten, dort näher festgelegten Voraussetzungen vom Verbot freigestellt wurden. Dazu mussten die Unternehmen, für die ihre Vereinbarungen in den Genuss der Freistellung kommen wollten, diese bei der Kommission anmelden und eine **Freistellungsentscheidung** beantragen, vgl. Art. 4, 5, 25 VO 17/62; die Zuständigkeit dafür war bei der Kommission monopolisiert. Zur Arbeitserleichterung wurde die Kommission befugt, für bestimmte Bereiche oder Branchen Gruppenfreistellungsverordnungen zu erlassen, die typische wettbewerbsbeschränkende Vereinbarungen en bloc vom Kartellverbot ausnahmen.

5 Dieses System entsprach somit einem grundsätzlich **umfassenden Verbot von wettbewerbswidrigen Absprachen** mit Erlaubnisvorbehalt. Es hatte seinen Grund in der als im Gegensatz zum Verbot nach Art. 101 Abs. 1 AEUV (und auch nach Art. 102 VAEU) fehlend angesehenen unmittelbaren Anwendbarkeit des Art. 101 Abs. 3 AEUV.

6 Über diese Sichtweise hat sich die Kommission in der von ihr betriebenen Novellierung des Verfahrensrechts hinweggesetzt. Die Novelle durch Inkrafttreten der VO 1/2003 führte dazu, dass Rechtsanwender den Ausnahmetatbestand nach Art. 101 Abs. 3 AEUV ebenso wie den Verbotstatbestand nach Art. 101 Abs. 1 AEUV unmittelbar subsumieren müssen, um ein abschließendes Urteil über die kartellrechtliche Erlaubtheit oder Verbotenheit einer streitigen Absprache oder eines umstrittenen Verhaltens zu erhalten. An die Stelle einer grundsätzlich in jedem Einzelfall einzuholenden Freistellung vom Kartellverbot tritt eine Behandlung der tatbestandlichen Voraussetzungen des Art. 101 Abs. 3 AEUV als **Legalausnahme,** also als eine unmittelbar aus der Normgeltung abzuleitende gesetzlich fixierte Ausnahme vom Kartellverbot.

7 Einzelfreistellungen gibt es daher nicht mehr. Das Instrument der **Gruppenfreistellung** existiert aber fort, vgl. Rn. 10 der Präambel der VO 1/2003 und ihre Art. 29 und 40. Die bestehenden Gruppenfreistellungsverordnungen bleiben in Kraft,[4] und zwar weiterhin – wie die Existenz von Art. 29 belegt – mit konstitutiver Wirkung,[5] und können auch aufgrund ihrer fortgeltenden Ermächtigungen geändert werden. In dem neuen System, bei dem die Unternehmen grundsätzlich selbst die Rechtmäßigkeit ihres Handelns beurteilen müssen, sind die Gruppenfreistellungsverordnungen von entscheidender Bedeutung für die Rechtssicherheit der Unternehmen. Gruppenfreistellungsverordnungen schaffen kein neues Recht für Unternehmen, sondern kodifizieren und erläutern die Auslegung von Art. 101 Abs. 3 AEUV.[6] Das bringt die Gefahr mit sich, dass sich die Unternehmen mehr noch als bisher dazu gezwungen sehen, in ihren Vereinbarungen exakt die Regelungen der Gruppenfreistellungsverordnungen zu übernehmen.[7] (Zur Frage der **Fortgeltung von Einzelfreistellungsentscheidungen** s. Art. 34, Rn. 4ff.)

---

[4] Zu den Auswirkungen der Reform auf die Gruppenfreistellungsverordnungen *Bechtold,* EWS 2001, 54; *Fuchs,* ZWeR 2005, 1.

[5] Im Ergebnis wie hier *Bechtold/Bosch/Brinker,* EU-Kartellrecht, 3. Aufl 2014, Art. 1 VO 1/2003, Rn. 22; s. auch *Reidlinger* in: Streinz, EUV/AEUV, 2. Auflage 2013, Art. 103, Rn. 26.

[6] Zu GVO als Hilfsmittel zur Auslegung von Art. 101 und 102 AEUV s. *Puffer-Mariette,* in Schröter/Jakob/Klotz/Mederer (Hrsg.), Europäisches Wettbewerbsrecht, 2. Aufl. 2014, Art. 1 VO 1/2003, Rn. 22.

[7] *Lenarts,* Modernisation of the Application and Enforcement of European Competition Law, in: Stuyck/Gilliams, Modernisation of European Competition Law, 2002, 18.

Diese Neuausrichtung des Kartellverfahrensrechts wurde in Deutschland, aber nicht nur hier, stark kritisiert.[8] Insbesondere wurde moniert, der Rat habe keine Kompetenz, sekundärrechtlich durch eine Verordnung die unmittelbare Anwendbarkeit des Art. 101 Abs. 3 AEUV anzuordnen, zumal diese Norm in ihrem Wortlaut fordert, dass die Verbotswirkungen des Art. 101 Abs. 1 AEUV für bestimmte Vereinbarungen „für nicht anwendbar erklärt werden können", was impliziere, dass dies durch Entscheidungen erfolge, nicht aber von Gesetzes wegen. Die Kritik ist angesichts der vollzogenen Wende mittlerweile verstummt, konnte aber Einfluss auf die Formulierung des Art. 1 der VO 1/2003 nehmen. Bei näherer Betrachtung zeigt sich, dass von einer Primärrechtswidrigkeit der neuen Regelung in Art. 1 der Verordnung nicht ausgegangen werden kann (dazu näher unten Rn. 17). 8

b) Bewertung. Die Tatbestandsmerkmale des Art. 101 Abs. 3 AEUV eigenen sich wegen ihrer Weite und geringen Bestimmtheit in der Tat nicht ohne weiteres zu einer unmittelbaren Vollziehung. Das spiegelte sich in der zurückhaltenden Kontrolle der Freistellungsentscheidungen durch den EuGH, der vor der Nachprüfung komplexer ökonomischer Bewertungen zurückschreckte,[9] und war ein Haupteinwand gegen die neue Politik der Legalausnahme, deren Unvereinbarkeit mit primärrechtlichen Vorgaben gerügt worden war.[10] Die jetzt eingeführte Legalausnahme schafft insofern **starke Rechtsunsicherheit.** Auch die Kommission gibt in der Begründung ihres Verordnungsvorschlags zu, dass Art. 101 Abs. 3 AEUV **Beurteilungsspielräume** gewährt, über die früher die Kommission verfügte[11] und für die nunmehr streitig ist, ob die Unternehmen sich darauf berufen dürfen.[12] 9

Diese Rechtsunsicherheit wird auch nicht durch die Möglichkeit der Kommission beseitigt, ausnahmsweise gemäß **Art. 10** der Verordnung 1/2003 die **Nichtanwendbarkeit** des 10

---

[8] Vgl. nur *Deringer* EuZW 2000, 5; *Immenga* EuZW 1999, 609; *Mestmäcker* EuZW 1999, 523; *Weyer* ZHR 2000, 629 und das Sondergutachten der Monopolkommission vom 16.9.1999 „Kartellpolitische Wende in der EU? – Zum Weißbuch der Kommission vom 28.4.1999." Zur Kritik im Ausland etwa *Riley* ECLR 2003, 604, 657; *Stuyck/Gilliams,* Modernisation of European Competition Law; *Wesseling* ECLR 1999, 420. Bei der Kritik im Ausland ging es aber weniger um Zweifel an der grundsätzlichen Kompetenz des Rates zu dieser Reform, sondern um die als nur halbherzig oder unaufrichtig empfundene neue Dezentralisierungspolitik und um Unsicherheiten der neuen Verordnung, etwa hinsichtlich der Kompetenzverteilungen zwischen den nationalen und der europäischen Kartellbehörde.

[9] S. nur EuG, Rs. T-19/91 – *Vichy/Kommission* Slg. 1992, II-415 Rn. 90; EuG, Rs. T-29/92 – *SPO* Slg. 1995, II-289 Rn. 288; EuGH Rs. C-137/95 P Slg. 1996, I-1611. Dazu *Jaeger,* Journal of European Competition Law and Practice 2011, 295, 310; *Weiß,* in: Calliess/Ruffert, EUV/AEUV Kommentar, 4. Aufl. 2011, Art. 101, Rn. 154. Der EuGH hat zuletzt die Kontrolldichte bezüglich Rechts- und Tatsachenfragen bei der Kartellrechtsanwendung, nicht nur im Hinblick auf die Bußgeldkontrolle, verstärkt, s. bereits EuGH, Rs. C-12/03 P – *Tetra Laval,* Slg. 2005 I-987, Rn. 39, mittlerweile deutlicher EuGH, Rs. C-386/10 P – *Chalkor/Kommission* Slg. 2011, I-13085, Rn. 62; Rs. C-389/10 P – *KME Germany u. a./Kommission* Slg. 2011, I-13125, Rn. 129; Rs. C-272/09 P – *KME Germany u. a./Kommission,* Slg. 2011, I-12789, Rn. 102; Urteil vom 11.9.2014, Rs. C-382/12 P – *Mastercard,* Rn. 155f; s. dazu neben *Jaeger,* ebda; *Nehl,* in: Immenga/Körber (Hrsg.), Die Kommission zwischen Gestaltungsmacht und Rechtsbindung, 2012, 113ff.; *Puffer-Mariette,* in Schröter/Jakob/Klotz/Mederer (Hrsg.), Europäisches Wettbewerbsrecht, 2. Aufl. 2014, Art. 1 VO 1/2003, Rn. 28; *Schweitzer,* in Lianos/Geradin, Handbook on European Competition Law. Enforcement and Procedure, 2013, 491, 504ff. Fortbestehende Defizite identifiziert *Völcker,* in Immenga/Körber (Hrsg), Die Kommission zwischen Gestaltungsmacht und Rechtsbindung, 2012, 153 (167ff.).

[10] Vgl. nur *Deringer,* EuR 2001, 306.

[11] Zur begrenzten gerichtlichen Kontrolle von ökonomischen Wertungen der Kommission auf das Vorliegen offensichtlicher Beurteilungsfehler EuG, Rs. T-111/08 – *Mastercard,* Rn. 82f, 201, 210, 217.

[12] Ablehnend etwa *Ellger,* in Immenga/Mestmäcker (Hg.), Wettbewerbsrecht, Band 1 EU/Teil 1, 4. Aufl 2012, Art. 101 Abs. 3 AEUV, Rn. 57ff. Gewährt man solch einen Spielraum nicht, muss zumindest die Sanktionierung auf eindeutige Fälle beschränkt bleiben, dazu *Dannecker/Biermann,* in: Immenga/Mestmäcker (Hg.), Wettbewerbsrecht, Band 1 EU/Teil 2, 4. Aufl 2012, Art. 23 VO 1/2003, Rn. 88.

Kartellverbots **festzustellen.** Demnach kann die Kommission feststellen, dass die Voraussetzungen von Art. 101 Abs. 1 AEUV gar nicht vorliegen (früher als Negativattest bezeichnet) oder die Ausnahme nach seinem Abs. 3 vorliegt (Positivattest). In Erwägungsgrund 14 der Verordnung 1/2003 wird vermerkt, dass diese Feststellungen nur deklaratorischer Natur sein sollen. Wäre das so, könnten sie die ihnen gestellte Aufgabe, die Rechtslage zu klären und die Rechtsanwendung zu vereinheitlichen, so gleichfalls Erwägungsgrund 14, kaum erreichen. Da Art. 10 Verordnung 1/2003 explizit von einer Entscheidung spricht, könnte man diese gemäß Art. 249 EG (nun Art. 288 Abs. 4 AEUV mit dem neuen Begriff des Beschlusses) als verbindlich anzusehen haben. Die rechtliche Bedeutung der Nichtanwendbarkeitsentscheidungen ist somit nicht klar und in der Literatur auch umstritten.[13] Man wird abzuwarten haben, in welche Richtung sich Art. 10 der Verordnung entwickeln wird (dazu auch Art. 4, Rn. 24, Art. 10, Rn. 20); praktisch relevant ist die Möglichkeit zu Positivattesten noch nicht geworden.

11 Andererseits ist zu sehen, dass auch die bisherige Verfahrenshandhabung nicht durchgängig Rechtssicherheit brachte, da viele Freistellungsanmeldungen durch nicht verbindliche **comfort letters** abgeschlossen wurden, in denen den Anmeldern nur formlos mitgeteilt wurde, dass gegen die Vereinbarung keine kartellrechtlichen Bedenken bestehen. Diese einfachen Verwaltungsschreiben entfalteten keine Bindungswirkung für nationale Stellen.[14] Ferner ist das Bestehen von Beurteilungsspielräumen kein zwingender Grund gegen eine unmittelbare Anwendbarkeit. Es sind auch aus dem nationalen Recht zahlreiche wenig bestimmte Generalklauseln bekannt (als Paradebeispiel sei etwa an § 138 BGB erinnert), die die Gerichte in kasuistischer Annäherung näherer Bestimmung zuführen mussten. Die höchstrichterliche Fallgruppenbildung wird dabei durchweg als der Anforderung der Rechtssicherheit und Vorhersehbarkeit gerecht werdend akzeptiert. Angesichts der zahlreichen Entscheidungen der Kommission und der umfangreichen Rechtsprechungstätigkeit des EuGH zu Art. 101 AEUV dürfte mittlerweile ein Maß an Vorhersehbarkeit der Auslegung des Art. 101 AEUV erreicht worden sein, das die unmittelbare Anwendung auch in Bezug auf seinen Abs. 3 zulässt.

12 Problematischer ist schon, dass die Voraussetzungen des Art. 101 Abs. 3 AEUV **Spielräume für Wertungen** eröffnen, die eigentlich im Interesse der Einheitlichkeit der Anwendung bei nur einer Stelle monopolisiert werden sollten. Die Kommission verfügte bei ihren Freistellungsentscheidungen anerkanntermaßen über einen **Beurteilungsspielraum,** der nur einer begrenzten gerichtlichen Kontrolle zugänglich war.[15] Doch kann auch hier auf die erreichte Klärung durch die umfangreiche Entscheidungs- und Rechtsprechungstätigkeit verweisen werden. Ferner sichert die Praxis des europäischen Kartellrechts durch die zahlreichen Mitteilungen der Kommission zur Anwendung des Kartellrechts und durch neue Instrumente in der Verordnung die Einheitlichkeit der Anwendung des Kartellrechts in allen Staaten der EU (vgl. neben dem oben Rn. 10 erwähnten, aber nicht unproblematischen Art. 10 die Art. 11 ff., die das Netzwerk von Kartellbehörden mit gegenseitigen Unterrichtungspflichten errichten, das die insoweit schon bestehende Kooperation in rechtliche Formen fasst). Außerdem ist die Einheitlichkeit der Anwendung von EU-Recht eine Problematik, die das EU-Recht insgesamt betrifft. Sie prägt das gesamte Unionsrecht, das im Regelfall gerade durch nationale Stellen angewendet wird, vgl. Art. 197 I, 291 I AEUV.

13 Auf der anderen Seite stehen die Vorzüge der Neuregelung, die maßgeblich die Erwägungen der Kommission leiteten: Das System der Einzelfreistellung führte in den Berei-

[13] Für Bindungswirkung *Anweiler,* in diesem Band Art. 10 VerfVO, Rn. 19; *Dalheimer,* in Grabitz/Hilf, nach Art. 83, Art. 10 VO 1/2003, Rn. 14; *Eilmansberger,* JZ 2001, S. 373; *Hossenfelder/Lutz,* WuW 2003, S. 122 f.; *Puffer-Mariette,* in Schröter/Jakob/Klotz/Mederer (Hrsg.), Europäisches Wettbewerbsrecht, 2. Aufl. 2014, Art. 1 VO 1/2003, Rn. 14. A.A. *Bechtold/Bosch/Brinker,* EU-Kartellrecht, 3. Aufl. 2014, Art. 1 VO 1/2003, Rn. 21; *K. Schmidt,* BB 2003, S. 1242.

[14] *Weiß* in: Calliess/Ruffert, EUV/AEUV, Kommentar, 4. Aufl. 2011, Art. 101, Rn. 23.

[15] EuG, Rs. T-19/91 – *Vichy/Kommissiom* Slg. 1992, II-415, Rn. 90. Dazu bereits oben Rn. 9.

chen, für die es keine Gruppenfreistellung gab, oder für Vereinbarungen, für die die Gruppenfreistellung nicht eingriff, zu einer Flut von Anmeldungen bei der Kommission. Die ständig steigende Arbeitslast der Kommission zeigte, dass das System der Verordnung 17/62 an seine Grenze gekommen war, zumal der Erlass einer Freistellungsentscheidung mit **erheblichem Verfahrensaufwand** einherging. Das galt nicht nur für die Kommission, sondern auch für die antragstellenden Unternehmen.

Die Legalausnahme befreit die Kommission von der Last der Einzelfreistellungsentscheidungen und ermöglicht es ihr, sich stärker auf die Aufdeckung der schwerwiegendsten Kartellrechtsverstöße zu konzentrieren und sie durch Verbots- und Bußgeldentscheidungen zu ahnden, um die Achtung der europäischen Kartellrechts **ex post** stärker voranzutreiben. Ferner kann die Kommission infolge der erreichten Arbeitsentlastung sich stärker darauf fokussieren, die EU-Wettbewerbspolitik zu formulieren, sei es durch den Erlass von Gruppenfreistellungen, sei es durch Bekanntmachungen über die Auslegung und Anwendung von Art. 101 und 102 AEUV und durch intensive Zusammenarbeit mit den nationalen Stellen. **14**

II. Kompetenzgrundlage

Die Kompetenz des Rats zum Erlass von Durchführungsvorschriften zur Anwendung der Art. 101 und 102 AEUV ergibt sich aus Art. 103 VAEU. Dabei kann die **Kompetenzgrundlage** für eine sekundärrechtliche Anordnung der unmittelbaren Anwendung von Art. 101 Abs. 3 AEUV nur in Art. 103 Abs. 2 lit. b) AEUV gesehen werden. Danach kann der Rat die Einzelheiten der Anwendung des Art. 101 Abs. 3 AEUV festlegen. **15**

Diese Formulierung des Art. 103 Abs. 2 lit. b) AEUV ist offen genug, um dem Rat nicht nur die Möglichkeit einzuräumen, das Freistellungsverfahren näher zu regeln, sondern durch Anordnung einer **Legalausnahme** ein Freistellungsverfahren auch gänzlich abzuschaffen. Denn die Einzelheiten der Anwendung von Art. 101 Abs. 3 AEUV zu regeln, umfasst es auch, die unmittelbare Anwendung dieser Bestimmung anzuordnen.[16] Die durch Abschaffung der Freistellungsentscheidung freigewordenen Kapazitäten können zur Stärkung der effektiven Überwachung der Einhaltung des EU-Kartellrechts herangezogen werden – ein explizites Ziel der Reform; ferner dient die Neufassung auch dem Ziel der Vereinfachung der Verwaltungskontrolle; die Abschaffung des Genehmigungsvorbehalts und damit der entsprechenden Verfahren ist die stärkste Form der Verwaltungsvereinfachung. Die Novellierung entspricht daher der Anforderung des 2. Satzteils der lit. b), für „eine wirksame Überwachung bei möglichst einfacher Verwaltungskontrolle" zu sorgen. Eine Verwaltungskontrolle über die Anwendung von Art. 101 Abs. 3 AEUV besteht grundsätzlich nach wie vor, da die Kommission und nationale Kartellbehörden zuständig sind für den Vollzug des Kartellrechts. Sie werden aber nun auch bezüglich Art. 101 Abs. 3 VAEU nicht mehr präventiv, sondern nur noch repressiv tätig. Eine präventive Kontrolle wird von Art. 103 AEUV nicht gefordert. **16**

Allerdings wird gerade der 2. Satzteil der lit. b) von manchen als Argument für die **Primärrechtswidrigkeit** der Neuregelung herangezogen. Es stehe demnach im Widerspruch zu „einer wirksamen Überwachung bei möglichst einfacher Verwaltungskontrolle", wenn den mit der unmittelbaren Anwendung von Art. 101 Abs. 3 AEUV betrauten Stellen keine hinreichenden Informationsmittel zur Verfügung stünden, um eine wirksame Überwachung des Wettbewerbsverhaltens der Unternehmen zu garantieren.[17] Diesem Ansatz ist aber zum einen zu entgegnen, dass die Verordnung durch die Schaffung des kooperativen Netzwerks ECN (vgl. Art. 11 ff.), bestehend aus den verschiedenen nationalen Wettbe- **17**

[16] Siehe insoweit auch *Ludwigs* in: Grabitz/Hilf/Nettesheim, Recht der EU, Art. 103 AEUV, Rn. 27.

[17] Vgl. *Schröter* in: Schröter/Jakob/Klotz/Mederer, Europäisches Wettbewerbsrecht, 2. Aufl 2014, Art. 103 AEUV, Rn. 13 f.

werbsbehörden und der Kommission mit wechselseitigen Informations- und Konsultationsprozessen (Art. 11, 12), die Voraussetzung für umfassende Informationsmöglichkeiten der Aufsichtsbehörden sicherstellt. Zum anderen überzeugt das Argument nicht, die Pflicht, kartellrechtlich bedenkliche Vereinbarungen anzuzeigen, wäre für eine effektive Überwachung nötig, weil sonst zu weniger kartellrechtlich relevante Sachverhalte einer behördlichen Prüfung unterzogen würden. Denn die Anzeigeverpflichtung konnten die Unternehmen ohne weiteres durch Nichtmitteilung umgehen. Schließlich sichert die unmittelbare Anwendung von Art. 101 Abs. 1 und 3 AEUV gerade die vollständige Anwendung des EU-Kartellrechts durch nationale Gerichte. Art. 103 AEUV verbietet nicht, dass Art. 101 Abs. 3 AEUV neben den Verwaltungsbehörden auch durch die Gerichte angewandt wird. Art. 103 AEUV erlaubt somit die Wahl eines Durchführungssystems, das auf der unmittelbaren Anwendbarkeit von Art. 101 Abs. 3 AEUV beruht.[18]

III. Die Regelungen im Einzelnen

1. Art. 1 Abs. 1 und Abs. 3: Unmittelbare Anwendbarkeit der Verbote

18 Sowohl Art. 1 Abs. 1 als auch Art. 1 Abs. 3 der Verordnung 1/2003 ordnen die **direkte, unmittelbare Wirkung** der in Art. 101 und 102 AEUV vorgesehenen Verbote an. Damit geben sie insoweit – und insoweit inhaltlich identisch mit Art. 1 der VO 17/62 – deklaratorisch nur die bereits nach Primärrecht bestehende Rechtslage wieder. Denn anerkanntermaßen wirken das Kartellverbot und das Verbot des Missbrauchs der marktbeherrschenden Stellung kraft Primärrechts unmittelbar, auch mit Wirkung zwischen Privaten. Denn die Verbote der Art. 101 und 102 AEUV lassen Rechte entstehen, die die nationalen Gerichte zu wahren haben.[19] Das gilt seit dem Inkrafttreten der Vorläuferverordnung 17/62. Nach der Rechtsprechung des EuGH forderte die Rechtssicherheit, dass vor diesem Zeitpunkt nur solche Maßnahmen von der Nichtigkeit nach Art. 101 Abs. 1, 102 AEUV erfasst wurden,[20] die Gegenstand einer Verbotsentscheidung nach Art. 104 f. AEUV geworden waren.

2. Art. 1 Abs. 2: Ausnahme von Gesetzes wegen

19 Art. 1 Abs. 2 – die Kernbestimmung des Systemwechsels[21] – ordnet mit unmittelbarer Wirkung an, dass Absprachen, die die Voraussetzungen des Art. 101 Abs. 3 AEUV erfüllen, vom Verbot des Art. 101 Abs. 1 AEUV nicht erfasst sind. Diese Freistellung erfolgt direkt **von Gesetzes wegen** und bedarf, wie ausdrücklich klargestellt, keiner diesbezüglichen Anwendungsentscheidung.

20 Die gesetzliche Freistellung gilt, wie die systematische Stellung des Art. 1 Abs. 2 nach Art. 1 Abs. 1 und vor Art. 1 Abs. 3, ferner ihr Wortlaut und auch die primärrechtliche Rechtslage zeigen, von der hier nicht abgewichen wird, nur für Vereinbarungen, die vom Verbot des Art. 101 Abs. 1 AEUV erfasst werden, nicht für den Missbrauch marktbeherrschender Stellung nach Art. 102 AEUV.

21 Die praktische Konsequenz dieser Regelung ist, dass nationale Stellen – wie auch die Kommission – bei ihrer Beurteilung der Kartellrechtswidrigkeit einer Maßnahme auch Art. 101 Abs. 3 AEUV subsumieren müssen. Ein abschließendes Urteil über die Verletzung von Art. 101 AEUV fordert eine Prüfung sowohl des Abs. 1 als auch des Abs. 3. Dabei haben die Rechtsanwender die Auslegung des Art. 101 Abs. 1 und 3 AEUV durch den EuGH zu beachten. Außerdem sind dabei alle sonstigen **Auslegungshilfen** wie Leitlinien,

---

[18] Vgl. die Kommission in der Begründung ihres Vorschlags, Dok KOM (2000) 582 endg., unter II. B.

[19] EuGH U. v. 28.1.1991 Rs. C-234/89 – *Delimitis* Slg. 1991, I-935, Rn. 45.

[20] EuGH, Rs. 13/61, – *Geus/Bosch* Slg. 1962, 97 (112); EuGH Rs. 209-13/84 – *Asjes* Slg. 1986, 1425, Rn. 65; EuGH Rs. 66/86 – *Saeed* Slg. 1989, 803, Rn. 20.

[21] So mit Recht *Hossenfelder/Lutz* WuW 2003, 118.

Bekanntmachungen und Entscheidungen der Kommission gebührend zu berücksichtigen. Diese Pflicht zur Beachtung von Kommissionsentscheidungen ist für die nationalen Stellen in Art. 16 VO 1/2003 explizit verankert; die Gefahr einer abweichenden Entscheidung stellt nach der Gemeinsamen Erklärung des Rats und der Kommission zur Arbeitsweise des Netzes der Wettbewerbsbehörden[22] einen Anwendungsfall für eine Zuständigkeitsübernahme durch die Kommission gemäß Art. 11 Abs. 6 VO 1/2003 dar.

Dadurch, dass Art. 1 Abs. 2 eine Legalausnahme anordnet, wird die Verordnung der 22
Formulierung in Art. 101 Abs. 3 AEUV gerecht, wonach die Nichtanwendung des Verbots erklärt werden kann.[23] Diese Erklärung erfolgt im Gegensatz zu früher nicht mehr für den Einzelfall, sondern für alle Fälle abstrakt-generell durch gesetzliche Anordnung des Rates. Das System der Gruppenfreistellung wurde nun sozusagen verallgemeinert. Die fortgeltenden Gruppenfreistellungsverordnungen sind folglich als **konstitutive Konkretisierungen des Art. 1 Abs. 2** aufzufassen (dazu schon oben Rn. 7).

In der ersten Entwurfsfassung der VO 1/2003 fehlte die ausdrückliche Anordnung, 23
wie sie nun in Art. 1 Abs. 2 enthalten ist. Die endgültige Fassung versucht dadurch, Einwänden der Primärrechtswidrigkeit zu entgehen und dem Wortlaut des Art. 101 Abs. 3 AEUV gerecht zu werden. Insoweit trug die Kritik an der Novelle Früchte.

Die sekundärrechtliche Anordnung der unmittelbaren Anwendbarkeit einer primärrecht- 24
lichen Bestimmung, die nicht für eine unmittelbare Anwendung konzipiert war, ist rechtens und **widerspricht nicht höherrangigem Primärrecht.** Denn die unmittelbare Rechtswirkung des Art. 101 Abs. 3 AEUV wird durch die unmittelbare Wirkung des Art. 1 der Verordnung 1/2003, die sich aus Art. 288 AEUV ergibt, in konstitutiver Weise angeordnet. Der Unionsgesetzgeber hat die Kompetenz, die direkte Wirkung von primärrechtlichen Normen anzuordnen. Wie erläutert, steht das auch im Einklang mit Art. 103 AEUV (oben Rn. 17).

Art. 2. Beweislast

In allen einzelstaatlichen und gemeinschaftlichen Verfahren zur Anwendung der Art. 81 und 82 des Vertrags obliegt die Beweislast für eine Zuwiderhandlung gegen Art. 81 Abs. 1 oder Art. 82 des Vertrags der Partei oder der Behörde, die diesen Vorwurf erhebt. Die Beweislast dafür, dass die Voraussetzungen des Artikels 81 Abs. 3 des Vertrags vorliegen, obliegt den Unternehmen oder Unternehmensvereinigungen, die sich auf diese Bestimmung berufen.

Übersicht

I. Sinn und Zweck der Regelung

Art. 2 regelt, welche Partei die **Beweislast** dafür tragen soll, dass die Voraussetzungen 1
der Art. 101, 102 AEUV vorliegen. Durch Art. 2 wird insbesondere klargestellt, dass der Übergang zu dem System der Legalausnahme nicht bedeutet, dass ein Kläger, der sich auf einen Verstoß gegen Art. 101 AEUV beruft, auch darlegen und beweisen muss, dass die

[22] Ratsdokument 15 432/02 ADD 1.
[23] *Weitbrecht* EuZW 2003, 70.

Voraussetzungen des Art. 101 Abs. 3 AEUV nicht erfüllt sind.[1] Vielmehr trägt gemäß Art. 2 in allen mitgliedstaatlichen und gemeinschaftlichen Verfahren diejenige Partei, die sich auf Art. 101 Abs. 3 AEUV beruft, auch die Beweislast für das Vorliegen der Voraussetzungen dieser Vorschrift. Nach Ansicht der Kommission gewährleistet die Regelung eine **ausgewogene Behandlung** beider Parteien, weil die Partei, die den Rechtsvorteil des Art. 101 Abs. 3 AEUV geltend macht, in der Regel am besten in der Lage sei, die Informationen beizubringen, mit denen gezeigt werden kann, dass die Voraussetzungen dieses Artikels vorliegen. Die Bestimmung entspreche dem im Recht der Mitgliedstaaten überwiegend respektierten Grundsatz, dass jede Streitpartei für die Aspekte die Beweislast trägt, die sie zu ihren Gunsten geltend macht.[2]

II. Praktische Bedeutung

2 Die Bedeutung der Regelung geht über eine bloße Beweislastregelung für **zivilgerichtliche Verfahren** zur Anwendung des EU-Wettbewerbsrechts hinaus. Die in Art. 2 bestimmte Regelung der Beweislast gilt grundsätzlich genauso für die Verwaltungs- und Bußgeldverfahren vor der Kommission wie für die **Verwaltungs- und Bußgeldverfahren** zur Anwendung der Art. 101, 102 AEUV in den Mitgliedstaaten.[3] Diese Erstreckung auch auf die Verwaltungs- und Bußgeldverfahren wurde in der endgültigen Fassung der Verordnung durch die Einfügung „Partei oder Behörde" nochmals klargestellt. Die Bestimmung enthält also auch eine Regelung des mitgliedstaatlichen **Verwaltungsverfahrensrecht.** Im zivilrechtlichen Kontext ist die Regelung dagegen zumindest nach deutschem Verständnis als materiellrechtliche Regelung und nicht als Regelung des Zivilprozessrechts anzusehen, vgl. Art. 32 Abs. 3 S. 1 EGBGB.[4]

3 Die Anwendung der Beweislastregelung auf gemeinschaftliche und mitgliedstaatliche Bußgeldverfahren begegnet **schweren Bedenken** in Bezug auf ihre Vereinbarkeit mit dem Grundsatz *in dubio pro reo.*[5]

III. Tatbestand

1. Einzelstaatliche und gemeinschaftliche Verfahren

4 Die Regelung des Art. 2 gilt grundsätzlich für **alle Verfahren,** in denen die Anwendung des EU-Wettbewerbsrechts in Frage steht. Es wird dabei weder danach unterschieden, ob ein Gericht oder eine Verwaltungsbehörde Art. 101, 102 AEUV anwendet, noch danach, ob es sich um Zivil-, Verwaltungs- oder Bußgeldverfahren handelt. Art. 2 gilt somit sowohl für Verfahren vor der Kommission als auch für Verfahren vor den Kartellbehördenund Gerichten der Mitgliedstaaten.[6]

5 Es entspricht schon der bisherigen Praxis des EuGH, den Unternehmen den Nachweis entlastender Umstände, insbesondere von Rechtfertigungsgründen aufzuerlegen.[7] In einer

---

[1] Missverständlich noch Komm., Weißbuch über die Modernisierung, ABl. 1999, C 132/1 Rn. 85; dazu *Bartosch* EuZW 2001, 101; *Mestmäcker* EuZW 1999, 523, 529.

[2] Komm., Vorschlag für eine Verordnung des Rates zur Durchführung der in den Artikeln 81 und 82 EG-Vertrag niedergelegten Wettbewerbsregeln, KOM (2000) 582 endgültig, S. 16. Zu der Kritik vgl. Monopolkommission, Folgeprobleme der europäischen Kartellverfahrensreform, Sondergutachten 32, Rn. 69.

[3] So *Bechtold* BB 2000, 2425, 2426.

[4] Für eine Qualifizierung als verfahrensrechtliche Regelung: EuGH U. v. 17.7.1997 Rs. C-242/95 – *GT-Link/De Danske Statsbaner* Slg. 1997, I-4449 Rn. 27.

[5] So auch *Hirsch* ZWeR 233, 242; *Dannecker* in: Wirtschafts- und Privatrecht im Spannungsfeld von Privatautonomie, Wettbewerb und Regulierung, 61, 65.

[6] MüKoEuWettbwR/*Bardong,* 2. Aufl., Art. 2 VO 1/2003 Rn. 31. A. A. GK-*Schütz* Art. 2 Tz. 6: Für nationale Zivil- und Kartellverfahren gelte das entsprechende nationale Recht; ähnlich für Kartell- und Verwaltungsverfahren *Rittner/Dreher/Kulka,* Wettbewerbs- und Kartellrecht, 8. Aufl., Tz. 897.

[7] Vgl. *Dannecker* in: Immenga/Mestmäcker EG-WbR Bd. II, S. 1635 m. w. N.

Entscheidung hat der EuGH schon vor Inkrafttreten der VO 1/2003 auf die fünfte Begründungserwägung Bezug genommen und die dort geregelte Verteilung der Beweislast auch für Bußgeldentscheidungen bestätigt.[8] Die Anwendung dieser Beweislastverteilung in Bußgeldverfahren ist allerdings schwer mit der Rechtsprechung des EGMR zu der in Art. 6 Abs. 2 EMRK garantierten Unschuldsvermutung zu vereinbaren, die auch in Ordnungswidrigkeitenverfahren zu beachten ist.[9] Eine Anwendung des Art. 2 S. 2 in einem mitgliedstaatlichen Bußgeldverfahren stellte also einen Verstoß gegen Art. 6 Abs. 2 EMRK dar.[10] Die EMRK stellt zwar solange die Europäische Union ihr nicht beigetreten ist, kein Rechtsinstrument dar, das formell in die Unionsrechtsordnung übernommen worden ist.[11] Die durch sie anerkannten Grundrechte sind aber, wie Art. 6 Abs. 3 EUV bestätigt, als allgemeine Grundsätze Teil des Unionsrechts.[12] Die Charta der Grundrechte der EU[13] enthält in Art. 48 Abs. 1 ebenfalls die Garantie der Unschuldsvermutung und gem. Art. 52 Abs. 3 der Charta haben die in ihr enthaltenen Rechte, die den durch die EMRK garantierten Rechten entsprechen, die gleiche Bedeutung und Tragweite, wie sie ihnen in der EMRK verliehen werden.[14] Damit muss die Anwendung des Art. 2 S. 2 in Bußgeldverfahren auf Gemeinschaftsebene schweren Bedenken begegnen. Die Frage der Freistellungsfähigkeit gem. Art. 101 Abs. 3 AEUV ist dabei auch in Bußgeldfällen nicht von vorneherein irrelevant.[15]

Insbesondere von der deutschen Regierung wurden Bedenken gegen die Erstreckung der Beweislastregelung des Art. 2 S. 2 auch auf **Bußgeldverfahren** geäußert. In der Endfassung wurde diesen Bedenken lediglich insoweit Rechnung getragen, als in Begründungserwägung 5 der Verordnung festgestellt wird, dass die Verpflichtung der Wettbewerbsbehörden und Gerichte der Mitgliedstaaten zur Aufklärung rechtserheblicher Sachverhalte beizutragen, nicht berührt werden soll, soweit solche Verpflichtungen im Einklang mit dem Gemeinschaftsrecht stehen. Die deutsche Delegation hat zu Art. 2 deswegen eine Protokollerklärung abgegeben, in der die Auffassung Deutschlands bekräftigt wird, „dass Art. 83 EG *[nunmehr Art. 103 AEUV]* keine ausreichende Rechtsgrundlage für die Einführung oder Änderung strafrechtlicher oder strafverfahrensrechtlicher Bestimmungen ist. Dies gilt insbesondere für die grundlegenden Verfahrensgarantien in Strafverfahren wie die **Unschuldsvermutung** zugunsten der Angeklagten.“ Die deutsche Delegation zieht daraus den Schluss,[16] „dass die vorliegende Verordnung, insbesondere deren Art. 2, nicht derartige für Strafverfahren oder strafrechtsähnliche Verfahren geltende strafrechtliche oder strafverfahrensrechtliche Bestimmungen und Rechtsgrundsätze der Mitgliedstaaten ändern oder beeinträchtigen kann.“ In Bezug auf die gemeinschaftlichen Verfahren ist allerdings angesichts des Wortlauts des Art. 103 Abs. 2 lit. a AEUV schwer zu begründen, weshalb die 6

[8] EuGH U. v. 7.1.2004 verb. Rs. C-204/00P, C-205/00P, C-211/00P, C-213/00P, C-217/00P und C-219/00P – *Aalborg Portland A/S u. a./Kommission* Slg. 2004 I-123, Rn. 78 f.

[9] So *Frenz* WRP 2014, 655, 661; *Hirsch* ZWeR 2003, 233, 242; *Weiß* EuZW 2006, 263, 264. Vgl. EGMR NJW 1985, 1273 – *Öztürk/Deutschland*. Vgl. auch *GA Léger* Schlussanträge v. 3.2.1998 Rs. C-185/95P – *Baustahlge-webe/Kommission* Slg. 1998, I-8417 Rn. 31.

[10] So *Frenz* WRP 2014, 655, 661; FK-*Jaeger* Art. 2 Rn. 20.

[11] EuGH, U. v. 18.7.2013 Rs. C-501/11 P- *Schindler* Rn. 32.

[12] EuGH, U. v. 18.7.2013 Rs. C-501/11 P- Schindler Rn. 32; unter Verweis auf EuGH U. v. 24.4.2012 Rs. C-571/10 – *Kamberaj,* Rn. 62 und EuGH U. v. 26.2.2013 Rs. C-617/10 – *Åkerberg Fransson,* Rn. 44. Zur früheren Rechtsprechung vgl. EuGH U. v. 29.5.1997 Rs. C-299/95 – *Kremzow* Slg. 1997, I-2629 Rn. 14, EuGRZ 1997, 247; EuGH U. v. 17.12.1998 Rs. C-185/95 P – *Baustahlgewebe/Kommission* Slg. 1998, I-8417, WuW/E EU-R 139; EuG U. v. 20.2.2001 Rs. T-112/98 – *Mannesmannröhren-Werke AG/Kommission* Slg. 2001, II-729, WuW/E EU-R 399.

[13] ABl. 2012 C326/391.

[14] Dazu *Seitz* EuR 2011, Beiheft 2, 71, 93.

[15] So *Frenz* WRP 2014, 655, 661; a. A. MüKoEuWettbwR/*Bardong,* 2. Aufl., Art. 2 VO 1/2003 Rn. 36; *Bechtold* DB 2004, 235, 237. Die Kommission berichtet im Staff Working Paper zum Report on the functioning of Regulation 1/2003 (COM 2009)206 final Rn. 50, dass ihr keine Fälle bekannt seien, in denen die Beweislastregel zu konkreten Problemen geführt hätte.

[16] Zustimmend *Weitbrecht* EuZW 2003, 69, 72 Fn. 30.

Frage der Beweislast im Bußgeldverfahren nicht auf der Grundlage des Art. 103 AEUV geregelt werden kann und darf.

2. Art. 101 AEUV

7 Derjenige, der sich auf die Art. 101, 102 AEUV beruft, trägt die Beweislast für eine Zuwiderhandlung gegen diese Artikel. Im Falle des Art. 101 AEUV obliegt ihm also der Nachweis (i) einer **Vereinbarung** zwischen Unternehmen, eines Beschlusses von Unternehmensvereinigungen oder einer aufeinander abgestimmten Verhaltensweise, die (ii) eine **Verhinderung, Einschränkung oder Verfälschung des Wettbewerbs** innerhalb des Gemeinsamen Marktes bezwecken oder bewirken und (iii) den **Handel zwischen Mitgliedstaaten** zu beeinträchtigen geeignet sind.[17] Zusätzlich wird man auch die Beweislast für die **Spürbarkeit** einer Vereinbarung, entsprechend der bisherigen Praxis der Gerichte, demjenigen auferlegen, der eine Verletzung des Art. 101 Abs. 1 AEUV geltend macht.[18] Auf Ebene der Gemeinschaft folgt daraus, dass die Kommission bei Streitigkeiten über das Vorliegen einer Zuwiderhandlung die von ihr festgestellten Zuwiderhandlungen zu beweisen und die Beweismittel beizubringen hat, die das Vorliegen der eine Zuwiderhandlung darstellenden Tatsachen rechtlich hinreichend belegen. Soweit das Gericht noch Zweifel hat, so muss dies dem Unternehmen zugutekommen, an das sich die Entscheidung richtet, mit der eine Zuwiderhandlung festgestellt wird. Das Gericht kann daher nicht darauf schließen, dass die Kommission das Vorliegen der betreffenden Zuwiderhandlung rechtlich hinreichend nachgewiesen hat, wenn bei ihm daran noch Zweifel bestehen.[19] Die spürbare Beeinträchtigung des Wettbewerbs und die Spürbarkeit der Eignung der Beeinträchtigung des Handels zwischen den Mitgliedstaaten sind als ungeschriebene Tatbestandsmerkmale des Art. 101 Abs. 1 AEUV zu sehen. Hingegen wird wohl im Einzelfall zu entscheiden sein, wer die **Beweislast für weitere Umstände** wie Immanenzgesichtspunkte, *state compulsion defence, rule-of-reason*-Kriterien, schuldausschließender Verbotsirrtum[20] usw. – so sie überhaupt im Rahmen des Art. 101 Abs. 1 AEUV zu berücksichtigen sind – zu tragen hat.[21] Soweit es sich dabei systematisch um Umstände handelt, die nicht schon den Tatbestand ausschließen, sondern – wie z.B. Rechtfertigungsgründe – der **Rechtswidrigkeit** zuzuordnen sind, entspricht es der Struktur des Art. 101 AEUV, die Beweislast demjenigen aufzuerlegen, der sich auf diese Umstände beruft.[22] Entsprechend hat der EuGH in Bezug auf die Beweislast für das Vorliegen eines Notstandes[23] entschieden.[24] Gemäß Art. 2 S. 2

---

[17] Vgl. auch *Eufinger* WRP 2014, 152, 154.

[18] OLG Düsseldorf, U. v. 28.2.2007 Az. VI-U (Kart) 8/06 Tz. 55 – nicht veröffentlicht; OLG Düsseldorf U. v. 25.10.2006 Az. VI-Kart 14/06 (V) – nicht veröffentlicht; FK-*Jaeger* Art. 2 Rn. 4; weitere Beispiele aus anderen Mitgliedstaaten in Kommission, Staff Working Paper zum Report on the functioning of Regulation 1/2003 (COM 2009)206 final Rn. 150. A.A. *Fikentscher* WuW 2001, 446, 448.

[19] EuG U. v. 2.4.2013 Rs. T-410/08 – *GEMA,* Rn. 68 mwN. Zu den Anforderungen an die Kommission eingehend: EuG U. v. 15.12.2010 Rs. T-141/08 – *E.ON Energie AG.*

[20] Für die Anerkennung eines Verbotsirrtums: GA Kokott, Schlussanträge v. 28.2.2013 Rs C-681/11 – *Schenker & Co. AG u.a.;* sehr restriktiv aber EuGH U. v. 18.6.2013 Rs C-681/11 – *Schenker & Co. AG u.a.* Zu dem Verfahren *Palzer/Titze* RIW 2013, 544.

[21] Ähnliches kann auch für Zurechnungsregeln gelten: EuGH U. v. 11.7.2013 Rs. C-440/11 P *Kommission/Stichting Administratiekantoor Portielje* Rn. 36f.

[22] Noch weitergehend *Fikentscher* WuW 2001, 446, 449, der dem Kläger nicht einmal die Darlegungs- und Beweislast für die Spürbarkeit der Wettbewerbsbeschränkung auferlegen will.

[23] EuGH U. v. 7.6.1983 verb. Rs. 100 bis 103/80 – *SA Musique diffusion Francaise/Kommission* Slg. 1983, 1825 Rn. 90. Vgl. auch zum früheren EGKS-Vertrag EuGH U. v. 11.12.1980 Rs. 1252/79 – *SPA Acciaierie e Ferriere Lucchini/Kommission* Slg. 1980, 3753 Rn. 12 und EuGH U. v. 18.3.1980 verb. Rs. 154, 205, 206, 226 bis 228, 263 und 264/78 sowie 39, 31, 83 und 85/79 – *S.P.A: Ferriera Valsabbia/Kommission* Slg. 1980, 907 Rn. 106, 152.

[24] Zur Frage des Verschuldens s. Komm., Staff Working Paper accompanying the White Paper on Damages actions for breach of the EC antitrust rules, 50f.

obliegt die Beweislast für das Vorliegen der Voraussetzungen des Art. 101 Abs. 3 AEUV in vollem Umfang demjenigen, der sich auf die Freistellung beruft[25] (zu der Anwendbarkeit des Art. 2 S. 2 und der Verteilung der Beweislast in Bußgeldverfahren siehe oben Rn. 6).

3. Art. 102 AEUV

Die Prozesspartei oder die Behörde, die sich auf Art. 102 AEUV beruft, trägt die Beweislast für das **Vorliegen einer marktbeherrschenden Stellung,** die **missbräuchliche Ausnutzung** dieser Stellung und die Eignung des Missbrauchs zur **spürbaren Beeinträchtigung des Handels** zwischen den Mitgliedstaaten. Art. 102 AEUV sieht keine Möglichkeit der Freistellung vor. Soweit sich ein Verfahrensbeteiligter auf Rechtfertigungsgründe beruft, trägt er die Beweislast für das Vorliegen der Voraussetzungen der Rechtfertigung.[26] Die Gegenansicht sieht die Rechtfertigung als negatives Tatbestandsmerkmal, dessen Nichtvorliegen von der Behörde dargelegt und bewiesen werden muss.[27] Die Kommission geht in Bezug auf objektive Notwendigkeit und Effizienzvorteile davon aus, dass diese eine Rechtfertigung darstellen, und somit die Beweislast dem Unternehmen obliegt.[28] Es erscheint richtig, dass man bei den verschiedenen diskutierten Einschränkungen der Anwendung des Art. 102 AEUV (neben der objektiven Notwendigkeit und den Effizienzvorteilen z.B. auch die sog. *meeting competition defence*)[29] jeweils im Einzelnen prüft, ob es dabei um ein negatives Tatbestandsmerkmal oder um einen Rechtfertigungsgrund im eigentlichen Sinn handelt und die Beweislast entsprechend verteilt.[30] **8**

4. Art. 106 Abs. 2 AEUV

Die Beweislastverteilung in Bezug auf Art. 106 Abs. 2 AEUV ist in Art. 2 nicht ausdrücklich geregelt. Aufgrund der systematischen Stellung des Art. 106 Abs. 2 AEUV ist davon auszugehen, dass derjenige, der sich auf diese **Ausnahmeregelung** beruft, sowohl die Beweislast dafür trägt, dass eine Betrauung mit Dienstleistungen von allgemeinen wirtschaftlichen Interesse vorliegt, als auch dafür, dass eine Anwendung des EG-Wettbewerbsrecht die Erfüllung der übertragenen Aufgaben rechtlich oder tatsächlich verhindern würde.[31] Der Charakter des Art. 106 Abs. 2 S. 2 AEUV als (Gegen-)Ausnahme zu Art. 106 Abs. 2 S. 1 AEUV spricht dafür, die Beweislast dafür, dass eine Anwendung des Art. 106 Abs. 2 S. 1 AEUV die Entwicklung des Handelsverkehrs in einem Ausmaß beeinträchtigt, das dem Interesse der Gemeinschaft zuwiderläuft, wiederum demjenigen aufzuerlegen, der sich darauf beruft. **9**

5. Gruppenfreistellungsverordnungen

Auch in dem System der Legalausnahme bleibt die Kommission weiterhin befugt, Gruppenfreistellungsverordnungen zu erlassen (vgl. Art. 29). Nach der Systematik des Art. 2 obliegt demjenigen, der sich auf das **Eingreifen einer Gruppenfreistellungsverord-** **10**

---

[25] Vgl. EuG U. v. 12.4.2013 Rs. T-451/08 – *Stim* Rn. 101f.; EuG U. v. 4.5.2012 Rs. T-111/08 – *MasterCard, Inc.* Rn. 196f.

[26] Mit Verweis auf die Rechtsprechung MüKoEuWettbwR/*Bardong,* 2. Aufl., Art. 2 VO 1/2003 Rn. 13.

[27] So *Hirsbrunner/Schädle* EuZW 2006, 583, 585.

[28] Komm., Erläuterungen zu den Prioritäten der Kommission bei der Anwendung von Artikel 82 des EG-Vertrags auf Fälle von Behinderungsmissbrauch durch marktbeherrschende Unternehmen, ABl. 2009 C45/7 Tz. 28f.

[29] Zu diesen möglichen Rechtfertigungen vgl. Komm., DG Competition discussion paper on the application of Article 82 of the Treaty to exclusionary abuses, Rz. 77f. Vgl. dazu auch *Grünberger,* in: Kartellrechtsdurchsetzung durch private Schadensersatzklagen, 134, 142.

[30] Dazu *Hirsbrunner/Schädle* EuZW 2006, 583, 585; FK-*Jaeger* Art. 2 Rn. 6.

[31] So auch FK-*Jaeger* Art. 2 Rn. 7.

nung beruft, die **Beweislast für das Vorliegen deren Voraussetzungen.**[32] Das muss auch gelten, soweit die Gruppenfreistellungsverordnung – wie z.B. die VO 330/2010 – ihre Anwendbarkeit sowohl an das Vorliegen bestimmter Umstände (z.B. Vorliegen einer Vertikalvereinbarung) als auch an das Nichtvorliegen anderer Umstände (z.B. Marktanteil von mehr als 30%) knüpft. Da nach der Systematik der Gruppenfreistellungsverordnung das Vorliegen positiver wettbewerblicher Effekte nur dann vermutet werden kann, wenn ein solcher Marktanteil nicht erreicht wird, obliegt die Beweislast für das Vorliegen eines Marktanteils von weniger als 30% auch demjenigen, der sich auf das Vorliegen der Voraussetzungen der Gruppenfreistellungsverordnung beruft.[33] Entsprechend obliegt nach Ansicht der Kommission bei dem Verfahren der **Entziehung der Rechtsvorteile einer Gruppenfreistellungsverordnung** der Behörde, die den Rechtsvorteil entziehen will, die Beweislast dafür, dass nicht alle Voraussetzungen des Art. 101 Abs. 3 AEUV erfüllt sind.[34]

IV. Rechtsfolgen

11 Art. 2 stellt eine **reine Regelung der Beweislast** dar. Er trifft – wie in Begründungserwägung 5 zu der Verordnung klargestellt – keine Regelungen darüber, wann ein entsprechender Beweis als erbracht gilt oder welche Beweismittel in den betroffenen Verfahren zulässig sind.[35] Diese Fragen bestimmen sich in Bezug auf die mitgliedstaatlichen Verfahren weiterhin allein nach dem **jeweiligen Zivil- oder Verwaltungsverfahrensrecht.** Im deutschen Zivilrecht zumindest wird aus den Beweislastregelungen des Art. 2 auch jeweils die entsprechende Darlegungslast folgen.[36] Als fraglich muss gelten, inwieweit in den Rechtsordnungen der Mitgliedstaaten enthaltene Erleichterungen der Beweis- und Darlegungslast neben Art. 2 noch anwendbar sein können. Das deutsche Zivilrecht kennt verschiedene **Beweislasterleichterungen** in Hinblick auf Tatsachen und Umstände, die in der Sphäre der gegnerischen Partei liegen.[37] Eine Umkehr der Beweislast kann aufgrund des klaren Wortlauts des Art. 2 auf der Ebene des mitgliedstaatlichen Rechts nicht vorgenommen werden. Dagegen hindert Art. 2 nicht daran, mitgliedstaatliche Bestimmungen zur **Darlegungslast** anzuwenden, die regeln, wann eine Tatsache als beweisbedürftig gilt.[38] So regelt z.B. § 33 Abs. 4 GWB, dass die Zivilgerichte an Entscheidungen der Kartellbehörden gebunden sind, soweit darin ein Verstoß gegen Art. 101, 102 AEUV festgestellt wird. Eine solche **Bindung des Gerichts** ist inzwischen auch in der Kartellschadensersatz-Richtlinie 2014/104 vorgesehen,[39] und – auch im Hinblick auf Art. 16 – mit Art. 2 vereinbar.[40]

---

[32] Vgl. *Baron* WuW 2006, 358, 365.

[33] So auch *Bornkamm/Becker* ZWeR 2005, 213, 231; FK-*Jaeger* Art. 2 Rn 5.

[34] Vgl. Komm., Leitlinien zur Anwendung von Artikel 101 AEUV auf Technologietransfer-Vereinbarungen, ABl. 2014 C89/3 Rn. 146.

[35] So auch Kommission, Staff Working Paper zum Report on the functioning of Regulation 1/2003 (COM 2009)206 final Rn. 52 mit Beispielen aus der Gemeinschaftsrechtssprechung.

[36] So OLG Düsseldorf U. v. 26.11.2014 Az. VI-U (Kart) 51/12, Umdruck S. 27, abrufbar unter http://ec.europa.eu/competition/national_courts/cases/142951/142951_2_4.pdf (letzter Zugriff 3.6. 2015); *Grünberger,* in: Kartellrechtsdurchsetzung durch private Schadensersatzklagen, 134, 139.

[37] Monopolkommission, Folgeprobleme der europäischen Kartellverfahrensreform, Sondergutachten 32, Rn. 71; vgl. auch *Papadelli,* Beweislastverteilung bei der privaten Durchsetzung von Kartellrecht.

[38] So auch *Montag/Rosenfeld* ZWeR 2003, 107, 122; MüKoEuWettbwR/*Bardong,* 2. Aufl., Art. 2 VO 1/2003 Rn. 20.

[39] Eingehend dazu: *Petrasincu:* Bindungswirkung nationaler Entscheidungen, kartellblog. (abrufbar unter http://kartellblog.de/2014/12/12/alex-petrasincu-bindungswirkung-nationaler-entscheidungen/; letzter Aufruf 2.6.2015).

[40] Zu der Problematik: *Grünberger,* in: Kartellrechtsdurchsetzung durch private Schadensersatzklagen, 134, 149.

12 Des Weiteren ist es auch zulässig, Bestimmungen anzuwenden, die bestimmte Tatsachen als ***prima facie*-Beweis** für einen Verstoß gegen Art. 101, 102 AEUV werten.[41] Durch solche Regelungen wird keine Umkehr der Beweislast bewirkt, sondern es wird lediglich die Erbringung des Beweises erleichtert.[42] Die EuGH-Rechtsprechung zur effektiven Durchsetzung des Gemeinschaftsrechts fordert allerdings, dass Beweislastregelungen des nationalen Rechts die Ausübung der durch die Gemeinschaftsrechtsordnung verliehenen Rechte nicht praktisch unmöglich machen oder übermäßig erschweren dürfen (Effektivitätsgrundsatz).[43] Zudem sind die nationalen Gerichte gehalten, die Beweiserleichterung, die es bei der Anwendung des nationalen Kartellrechts gibt, auch bei der Durchsetzung des EU-Kartellrechts anzuwenden (Äquivalenzprinzip).[44] Soweit sich aus der Rechtsprechung des EuGH verschiedene rechtliche Vermutungen bei der Anwendung des europäischen Kartellrechts ergeben, sind diese auch für die Anwendung des europäischen Kartellrechts durch nationale Gerichte bindend.[45] Die Kartellschadensersatz-Richtlinie 2014/104 enthält verschiedene weitere Ansätze, die die Durchsetzung des europäischen Kartellrechts erleichtern sollen, so z.B. in Art. 17 Abs. 2 eine Vorschrift, mit der eine widerlegliche Schadensvermutung vorgesehen wird.[46]

13 Die Regelung des Art. 2 berührt nicht den im deutschen Verwaltungsrecht geltenden **Amtsermittlungsgrundsatz.** Dies wird durch die Begründungserwägung 5 noch einmal klargestellt. Für das deutsche verwaltungsrechtliche Verfahren bestimmt Art. 2 also lediglich, wer im Falle eines *non liquet* das Risiko der Unaufklärbarkeit zu tragen hat, ohne dass die Verpflichtung der Kartellbehörden zur Aufklärung des Sachverhaltes auch in Bezug auf Art. 101 Abs. 3 AEUV eingeschränkt würde.[47]

Art. 3. Verhältnis zwischen den Artikeln 81 und 82 des Vertrages und dem einzelstaatlichen Wettbewerbsrecht

(1) **Wenden die Wettbewerbsbehörden der Mitgliedstaaten oder einzelstaatliche Gerichte das einzelstaatliche Wettbewerbsrecht auf Vereinbarungen zwischen Unternehmen, Beschlüsse von Unternehmensvereinigungen und aufeinander abgestimmte Verhaltensweisen im Sinne des Artikels 81 Abs. 1 des Vertrags an, welche den Handel zwischen Mitgliedstaaten im Sinne dieser Bestimmung beeinträchtigen können, so wenden sie auch Art. 81 des Vertrags auf diese Vereinbarungen, Beschlüsse und aufeinander abgestimmten Verhaltensweisen an. Wenden die Wettbewerbsbehörden der Mitgliedstaaten oder einzelstaatliche Gerichte das einzelstaatliche Wettbewerbsrecht auf nach Art. 82 des Vertrags verbotene Missbräuche an, so wenden sie auch Art. 82 des Vertrags an.**

(2) **Die Anwendung des einzelstaatlichen Wettbewerbsrechts darf nicht zum Verbot von Vereinbarungen zwischen Unternehmen, Beschlüssen von Unternehmensvereinigungen und aufeinander abgestimmten Verhaltensweisen führen, welche den Handel**

[41] So auch *Berrisch/Burianski* WuW 2005, 878, 883; zweifelnd *Goette* ZWeR 2003, 135, 151. Zu Beweiserleichterungen bei Art. 82 EG, vgl. EuGH U. v. 13.7.1989 verb. Rs. 110/88, 241/88 und 242/88 – *Lucazeau/SACEM* Slg. 1989, 2811 Rn. 25. Anders jedoch EuGH U. v. 17.7.1997 Rs. C-242/95 – *GT-Link/De Danske Statsbaner* Slg. 1997, I-4449 Rn. 24.

[42] BGH NJW 1987, 2876, 2877.

[43] Vgl. EuGH U. v. 7.9.2006 Rs. C-526/04 – *Laboratoires Boiron SA/Union de recouvrement des cotisations des sécurité sociale et d'allocations familiales (Urssaf) de Lyon* Slg. 2006 I-7529.

[44] Vgl. EuGH U. v. 13.7.2006 Rs. C-295/04 bis C-298/04 – *Manfredi/Lloyd Adriatico Assicurazioni* Slg. 2006 I- 6619, WuW EU-R 1107.

[45] EuGH U. v. 4.6.2009 Rs. C 8/08 – *T-Mobile Netherlands BV* Rn. 50.

[46] Dazu *Petrasincu,* Schadenseintritt und -berechnung, kartellblog. (abrufbar unter http://kartellblog.de/2015/02/19/alex-petrasincu-schadenseintritt-und-berechnung/; letzter Aufruf 2.6.2015).

[47] Vgl. *Hirsch* ZWeR 2003, 233, 241; *Hossenberger/Lutz* WuW 2003, 118, 119; *Weitbrecht* EuZW 2003, 69, 72.

zwischen Mitgliedstaaten zu beeinträchtigen geeignet sind, aber den Wettbewerb im Sinne des Artikels 81 Abs. 1 des Vertrags nicht einschränken oder die Bedingungen des Artikels 81 Abs. 3 des Vertrags erfüllen oder durch eine Verordnung zur Anwendung von Art. 81 Abs. 3 des Vertrags erfasst sind. Den Mitgliedstaaten wird durch diese Verordnung nicht verwehrt, in ihrem Hoheitsgebiet strengere innerstaatliche Vorschriften zur Unterbindung oder Ahndung einseitiger Handlungen von Unternehmen zu erlassen oder anzuwenden.

(3) **Die Absätze 1 und 2 gelten unbeschadet der allgemeinen Grundsätze und sonstigen Vorschriften des Gemeinschaftsrechts nicht, wenn die Wettbewerbsbehörden und Gerichte der Mitgliedstaaten einzelstaatliche Gesetze über die Kontrolle von Unternehmenszusammenschlüssen anwenden, und stehen auch nicht der Anwendung von Bestimmungen des einzelstaatlichen Rechts entgegen, die überwiegend ein von den Artikeln 81 und 82 des Vertrags abweichendes Ziel verfolgen.**

Übersicht

I. Sinn und Zweck der Regelung

1 Art. 3 stellt eine neue, durch den Wechsel zu einem System der Legalausnahme notwendig gewordene Regelung dar, die in der VO Nr. 17/62 keine Entsprechung hatte. Während das Weißbuch der Kommission zur Modernisierung der EU-Wettbewerbsregeln keine Aussagen zu dem **Verhältnis von europäischem und nationalem Kartellrecht** enthielt, wurde dieser Gesichtspunkt in dem Verordnungsentwurf einer expliziten Regelung unterworfen. Mit dem ursprünglichen Vorschlag der Kommission im Verordnungsentwurf sollte die bestehende Möglichkeit der parallelen Anwendung von nationalem und europäischem Kartellrecht abgeschafft werden und jeweils nur noch eine Rechtsordnung Anwendung finden.[1] Dieser Vorschlag wurde vielfach kritisiert, weil ein **Bedeutungsverlust der nationalen Kartellrechtsordnungen** befürchtet wurde. Die jetzige Regelung des Art. 3 stellt einen Kompromiss zwischen beiden Auffassungen dar, der komplizierter ist als der ursprüngliche Kommissionsvorschlag.[2]

2 Das ursprüngliche Ziel der Kommission, durch die **Anwendung einheitlicher Regeln** einheitliche Wettbewerbsbedingungen in der Gemeinschaft zu fördern und die Kosten für Behörden und Unternehmen zu senken,[3] kann mit dieser Regelung nur bedingt erreicht werden. Im Hinblick auf wettbewerbsbeschränkende Vereinbarungen wird – wenn Eignung zur Beeinträchtigung des Handels zwischen den Mitgliedstaaten besteht – der Rückgriff auf nationales Kartellrecht jedoch nur noch dann vorgenommen werden, wenn die nationale Regelung weitergehende Rechtsfolgen hat als die europäische. Im Bereich der einseitigen Verhaltensweisen behält das nationale Recht seine Bedeutung und es bleibt bei der Möglichkeit der Anwendung strengeren nationalen Rechts.

---

[1] Vgl. dazu EuGH U. v. 14.2.2012 C-17/10 – *Toshiba Corporation* Rn. 83.

[2] A. A. *Klocker* WuW 2002, 1151; GK-*Schütz* Art. 3, Rn. 7.

[3] Komm., Vorschlag für eine Verordnung des Rates zur Durchführung der in den Artikeln 81 und 82 EG-Vertrag niedergelegten Wettbewerbsregeln, KOM (2000) 582 endgültig, S. 17.

II. Praktische Bedeutung

Die praktische Bedeutung des Art. 3 kann kaum überschätzt werden. Zum einen führt Art. 3 – obwohl die klare Trennung der Anwendungsbereiche der europäischen und der nationalen Wettbewerbsregeln in der Endfassung aufgegeben wurde – grundsätzlich zu einer **vereinfachten Beurteilung** von Vereinbarungen. Insbesondere bei Verträgen, die Berührungspunkte zu mehreren Mitgliedstaaten haben, müssen Unternehmen in Zukunft eine **parallele Überprüfung** anhand des europäischen Rechts und der jeweiligen nationalen Wettbewerbsrechte regelmäßig nicht mehr vornehmen. Damit sind EU-weite Geschäftsstrategien einfacher möglich.[4] Zwar bleibt gemäß Art. 3 eine parallele Anwendung des nationalen Rechts grundsätzlich noch möglich; eine solche Anwendung darf allerdings nicht zu einem anderen Ergebnis führen als die Anwendung des Art. 101 AEUV. Im Bereich der einseitigen Verhaltensweisen müssen aber weiterhin neben Art. 102 AEUV auch eventuell strengere Regelungen der nationalen Rechtsordnungen beachtet werden. Insoweit bleibt Art. 102 AEUV der kartellrechtliche Mindeststandard in der EU. 3

Eine weitere Konsequenz der Regelung ist, dass nationale Rechtsordnungen, die im Bereich der wettbewerbsbeschränkenden Vereinbarungen i. S. von Art. 101 AEUV **strengere Maßstäbe anlegen als das europäische Wettbewerbsrecht,** praktisch nur noch für Vereinbarungen gelten, die keine Auswirkungen auf den Handel zwischen den Mitgliedstaaten haben. Eine solche Differenzierung, die wirtschaftlich weniger bedeutende Vereinbarungen strengeren Regeln unterwirft, wird auf Dauer nur schwer rechtzufertigen sein. Entsprechend hat sich seit Inkrafttreten der VerfVO die Konvergenz der mitgliedstaatlichen Kartellrechtsregeln mit den europäischen Vorschriften auch erheblich verstärkt.[5] 4

III. Tatbestand

1. Art. 101 AEUV

Gemäß Art. 3 müssen die Gerichte und Wettbewerbsbehörden der Mitgliedstaaten alle Vereinbarungen zwischen Unternehmen, Beschlüsse von Unternehmensvereinigungen und aufeinander abgestimmte Verhaltensweisen, die geeignet sind, den Handel zwischen Mitgliedstaaten zu beeinträchtigen, nun zumindest auch nach dem Wettbewerbsrecht der Gemeinschaft beurteilen. Eine isolierte Anwendung nationalen Rechts ist in diesem Bereich nicht mehr möglich.[6] Soweit auch mitgliedstaatliches Recht angewendet wird, darf die Anwendung dieses Rechts zu keinem anderen Ergebnis führen als die Anwendung des Art. 101 AEUV. Ohne Belang ist dabei, ob die Vereinbarungen spürbare Wettbewerbsbeschränkungen i. S. des Art. 101 AEUV enthalten.[7] Dieser absolute Vorrang des europäischen Wettbewerbsrechts ist somit bei Vereinbarungen, Beschlüssen und abgestimmten Verhaltensweisen nur an die **Eignung zur Beeinträchtigung des Handels zwischen den Mitgliedstaaten** gebunden.[8] Dem liegt auch das Bestreben der Kommission zugrunde, die Konsequenz der früheren Praxis gemäß der *Walt Wilhelm*-Rechtsprechung[9] zu vermeiden, dass grenzüberschreitende Vereinbarungen, die nach europäischem Recht nicht als wettbewerbsbeschränkend angesehen werden, wieder nach strengerem nationalen Recht 5

[4] Kommission, Staff Working Paper zum Report on the functioning of Regulation 1/2003 (COM 2009)206 final Rn. 141.

[5] Kommission, Staff Working Paper zum Report on the functioning of Regulation 1/2003 (COM 2009)206 final Rn. 142.

[6] Zahlen zu der Praxis der nationalen Behörden finden sich in: Kommission, Staff Working Paper zum Report on the functioning of Regulation 1/2003 (COM 2009)206 final Rn. 148 f.

[7] *Hossenfelder/Lutz* WuW 2003, 118, 121 verlangen unter Verweis auf Begründungserwägung 8 S. 4 jedoch zusätzlich ein Bezwecken oder Bewirken einer Koordinierung des Marktverhaltens.

[8] EuGH U. v. 13.12.2012 Rs. C-226/11 – *Expedia Inc.* Rn. 18, WuW EU-R 2638; zu der Entscheidung *Palzer* EWS 2013, 151.

[9] EuGH U. v. 13.2.1969 Rs. 14/68 – *Walt Wilhelm u. a. gegen Bundeskartellamt* Slg. 1969, 1.

beurteilt werden können. Bei Fällen, die nach nationalem Wettbewerbsrecht einseitige Handlungen darstellen, nach EU-Wettbewerbsrecht allerdings als Fälle des Art. 101 AEUV gesehen werden können, bleibt es ebenfalls bei diesem Vorrang des europäischen Rechts.[10]

2. Art. 102 AEUV

6 In Fällen der missbräuchlichen Ausnutzung einer beherrschenden Stellung im Sinne von Art. 102 AEUV, die geeignet sind, den Handel zwischen den Mitgliedstaaten zu beeinträchtigen, kann innerstaatliches Kartellrecht noch angewendet werden, daneben muss aber immer auch Art. 102 AEUV angewendet werden, Art. 3 Abs. 1 S. 2. Den Behörden und Gerichten steht es frei, strengeres nationales Recht anzuwenden. Soweit die einseitige Verhaltensweise nicht den Tatbestand eines Missbrauchs i. S. des Art. 102 AEUV erfüllt, entfällt die Verpflichtung zur parallelen Anwendung des europäischen Rechts.[11] Dabei ist nach den Grundsätzen des europäischen Rechts zu bestimmen, ob eine **einseitige Verhaltensweise** vorliegt.[12] Dabei ist die insgesamt sehr großzügige Auslegung des Tatbestandsmerkmals „Abrede" in Art. 101 Abs. 1 AEUV durch EuGH und Kommission zu berücksichtigen.[13] Als offen muss gelten, ob diese teilweise Preisgabe des absoluten Vorrangs des EU-Wettbewerbsrechts auch dann gelten kann, wenn das einseitige Verhalten auch in einer Vereinbarung, einem Beschluss oder einer abgestimmten Verhaltensweise Ausdruck gefunden hat (wie es z.B. im Rahmen des § 20 GWB häufig vorkommt).[14] Dies wird tendenziell gestützt durch Begründungserwägung 8, die ausdrücklich auf missbräuchliches Verhalten gegenüber abhängigen Unternehmen Bezug nimmt.[15] Hier wird allerdings gefordert, dass die Bewertung gem. Art. 101 AEUV auch im Rahmen einer Abwägung z.B. gem. § 20 GWB berücksichtigt werden müsse.[16] Es bleibt gemäß Art. 3 Abs. 2 S. 2 den Mitgliedstaaten möglich, in ihrem Hoheitsgebiet strengere innerstaatliche Vorschriften zur Unterbindung oder Ahndung einseitiger Handlungen von Unternehmen zu erlassen oder anzuwenden, Art. 3 Abs. 2 S. 3. Die Kommission identifiziert hier in den Mitgliedstaaten vor allem Regelungen, die wirtschaftliche Abhängigkeit oder Verkauf unter Einstandspreisen betreffen.[17]

3. Eignung zur Beeinträchtigung des Handels zwischen den Mitgliedstaaten

7 Der Eignung zur Beeinträchtigung des Handels zwischen den Mitgliedstaaten kommt nunmehr – ähnlich wie der Frage der gemeinschaftsweiten Bedeutung eines Zusammen-

---

[10] Vgl. auch Begründungserwägung 8. Dazu: Kommission, Staff Working Paper zum Report on the functioning of Regulation 1/2003 (COM 2009)206 final Rn. 156f.

[11] Die Kommission nennt hier für Deutschland u. a. § 29 GWB, Kommission, Staff Working Paper zum Report on the functioning of Regulation 1/2003 (COM 2009)206 final Rn. 176.

[12] Vgl. auch *Hirsch* ZWeR 2003, 233, 244; differenzierend *Eilmansberger* ZWeR 2004, 285, 302.

[13] Vgl. EuGH U. v. 25.10.1983 Rs. 107/82 – *AEG* Slg. 1983, 3151 Rn. 37, NJW 1984, 1281; EuGH U. v. 7.6.1983 verb. Rs. 100 bis 103/80 – *SA Musique diffusion Francaise/Kommission* Slg. 1983, 1825 Rn. 75; einschränkend: EuGH U. v. 6.1.2004 verb. Rs. C-2/01 P und C-3/01 P – *Bundesverband der Arzneimittel-Importeure e. V./Kommission* Slg. 2004 I-64, DB 2004, 245; EuG U. v. 26.10.2000 Rs. T-41/96 – *Bayer* Slg. 2000, II-3383 Rn. 66. Vgl. Eilmansberger ZWeR 2004, 285, 302; *Glöckner* WRP 2003, 1327, 1330.

[14] Vgl. *Eilmansberger* ZWeR 2006, 64, 75; *Hossenfelder/Lutz* WuW 2003, 118, 121; *Wirtz* WuW 2003, 1039; *Rehbinder* in: Wirtschafts- und Privatrecht im Spannungsfeld von Privatautonomie, Wettbewerb und Regulierung, S. 303, 313. Ablehnend FK-*Jaeger* Art. 3 Rn. 20.

[15] So *Weitbrecht* EuZW 2003, 69, 72; *Harte-Bavendamm/Kreutzmann* WRP 2003, 682, 688; unklar *Koenigs* DB 2003, 755, 758. Differenzierend: *Rehbinder* in: Wirtschafts- und Privatrecht im Spannungsfeld von Privatautonomie, Wettbewerb und Regulierung, 303, 313. Mit bedenkenswerten Gründen ablehnend *Wirtz* WuW 2003, 1039, 1044.

[16] *Billing/Lettl* WRP 2012, 773, 780 mit ausführlicher Darstellung des Meinungsstandes.

[17] Kommission, Staff Working Paper zum Report on the functioning of Regulation 1/2003 (COM 2009)206 final Rn. 160f enthält eine eingehende Analyse der nationalen einschlägigen Regelungen. Zur Kasuistik auch MüKoEuWettbwR/*Bardong*, 2. Aufl., Art. 3 VO 1/2003 Rn. 99f.

schlusses im Bereich der Fusionskontrolle – zumindest für die Beurteilung wettbewerbsbeschränkender Vereinbarungen überragende Bedeutung für die Kartellrechtsanwendung zu, da sie die **entscheidende Kollisionsnorm** darstellt.[18] Die Kommission hat deswegen eine Bekanntmachung „Leitlinien über den Begriff der Beeinträchtigung des zwischenstaatlichen Handels in den *Artikeln 81 und 82 EG-Vertrag*"[19] veröffentlicht, um die Rechtsanwender in dieser entscheidenden Frage zu unterstützen.

Nach Ansicht des EuGH ist die Eignung zur Beeinträchtigung des Handels zwischen den Mitgliedstaaten gegeben, wenn sich anhand einer Gesamtheit objektiver rechtlicher oder tatsächlicher Umstände mit **hinreichender Wahrscheinlichkeit** voraussehen lässt, dass die Vereinbarung unmittelbar oder mittelbar, tatsächlich oder der Möglichkeit nach **geeignet ist,** die Freiheit des Handels zwischen Mitliedstaaten in einer Weise zu gefährden, die der **Verwirklichung der Ziele eines einheitlichen zwischenstaatlichen Marktes** nachteilig sein kann.[20] Auch im Rahmen des Art. 102 EG wird die Eignung zur Beeinträchtigung des Handels vom EuGH ähnlich definiert, da es unerheblich ist, ob der Handel zwischen den Mitgliedstaaten durch eine zweiseitige Vereinbarung oder durch einseitiges Verhalten beeinträchtigt wird.[21] Die neuere EuGH-Rechtsprechung deutet darauf hin, dass zumindest Vereinbarungen, die im wesentlichen Unternehmen und Verbraucher in einem Mitgliedstaat betreffen, nicht ohne weiteres zu einer Beeinträchtigung des Handels zwischen den Mitgliedstaaten geeignet sind.[22] Die Leitlinien der Kommission enthalten detaillierte Ausführungen zu den verschiedenen Konstellationen. Angesichts der Komplexität der verbundenen Fragen und der fehlenden Bindungswirkung der Leitlinien verbleibt jedoch eine nicht zu unterschätzende Rechtsunsicherheit. 8

4. Spürbarkeit

Nach der Rechtsprechung des EuGH ist weitere Voraussetzung der Anwendung des Art. 101 EG, dass die tatsächliche oder mögliche Beeinträchtigung des Handels **spürbar** ist.[23] Diese Spürbarkeit kann insbesondere unter Bezugnahme auf die Stellung und Bedeutung der betreffenden Unternehmen auf dem Markt der fraglichen Produkte ermittelt werden.[24] Dieses ungeschriebene Tatbestandsmerkmal der Spürbarkeit ist grundsätzlich **unabhängig** von dem weiteren Erfordernis der **Spürbarkeit der Wettbewerbsbeschränkung** zu beurteilen.[25] Da erst die Spürbarkeit der Beeinträchtigung des Handels zwischen den Mitgliedstaaten den sachlichen Anwendungsbereich des EG-Wettbewerbsrechts eröffnet, kann auch nur die spürbare Beeinträchtigung des Handels die Anwendung strengeren nationalen Kartellrechts gemäß Art. 3 Abs. 2 S. 1 ausschließen. 9

Bislang konnte die Feststellung der Eignung zur Beeinträchtigung des zwischenstaatlichen Handels insbesondere bei Vereinbarungen, an denen nur Unternehmen aus einem 10

---

[18] So auch GK-*Schütz* Art. 3 Rn. 10 f.

[19] ABl. 2004 C101/81.

[20] EuGH U. v. 13.7.1966 verb. Rs. 56 und 58/64 – *Grundig/Consten* Slg. 1966, 321, 389; EuGH U. v. 30.6.1966 Rs. 56/65 – *Société Technique Minière/Maschinenbau Ulm* Slg. 1966, 281, 303, GRUR Ausl. 1966, 586.

[21] EuGH U. v. 23.4.1991 Rs. C-41/90 – *Höfner und Elser/Macotron* Slg. 1991, I-1979 Rn. 32, NJW 1991, 2891.

[22] EuGH U. v. 21.1.1999 verb. Rs. C-215/96 und C-216/96 – *Bagnasco/Banca Popolare di Novara s. c. a.* Slg. 1999, I-135 Rn. 51; vgl. *Venit,* in: European Competition Law Annual 2000: The Modernisation of EU Competition Law, S. 457.

[23] EuGH U. v. 17.7.1997 Rs. C-219/95 – *Ferriere Nord/Kommission* Slg. 1997, I-4411 Rn. 19; EuGH U. v. 21.1.1999 verb. Rs. C-215/96 und C-216/96 – *Bagnasco/Banca Popolare di Novara s. c. a.* Slg. 1999, I-135 Rn. 48. Siehe auch Leitlinien über den Begriff der Beeinträchtigung des zwischenstaatlichen Handels in den Artikeln 81 und 82 EG-Vertrag, ABl. 2004 C101/81 Rn. 13 f.

[24] Siehe auch Leitlinien über den Begriff der Beeinträchtigung des zwischenstaatlichen Handels in den Artikeln 81 und 82 EG-Vertrag, ABl. 2004 C101/81 Rn. 44 f.

[25] Vgl. auch GK-*Schütz* Art. 3 Rn. 15.

Mitgliedstaat beteiligt waren, größere Probleme verursachen. Teilweise wurde die Frage der spürbaren Beeinträchtigung des Handels auch mit der Frage der Spürbarkeit der Wettbewerbsbeschränkung vermengt. Diese Ebenen müssen jedoch nunmehr genau unterschieden werden, da die Spürbarkeit der Wettbewerbsbeschränkung **keine Voraussetzung des Ausschlusses der Anwendbarkeit strengeren nationalen Kartellrechts** gemäß Art. 3 Abs. 2 S. 1 ist.[26] In der bis Ende 2001 geltenden Fassung der Bekanntmachung der Kommission über Vereinbarungen von geringer Bedeutung (Bagatellbekanntmachung) wurden beide Aspekte der Spürbarkeit noch zusammengefasst. Die seitdem veröffentlichten Fassungen der Bagatellbekanntmachung stellen jedoch klar, dass die Bekanntmachung nur die Frage der Spürbarkeit der Wettbewerbsbeschränkung, nicht aber die Frage der spürbaren Beeinträchtigung des Handels behandelt.[27] Die Frage der Spürbarkeit einer Beeinträchtigung des Handels zwischen den Mitgliedstaaten wird nunmehr in den Leitlinien über den Begriff der Beeinträchtigung des zwischenstaatlichen Handels in den Artikeln 81 und 82 EG-Vertrag behandelt.

11 Nach Ansicht der Kommission sind nach der sog. **NAAT-Regel** (No appreciable affectation of trade) Vereinbarungen grundsätzlich **nicht geeignet,** den **Handel** zwischen den Mitgliedstaaten **spürbar zu beeinträchtigen,** wenn folgende Voraussetzungen kumulativ erfüllt sind: (i) der gemeinsame Marktanteil der Parteien überschreitet auf keinem von der Vereinbarung betroffenen relevanten Markt innerhalb der Gemeinschaft 5%; und (ii) im Fall horizontaler Vereinbarungen überschreitet der gesamte Jahresumsatz der beteiligten Unternehmen mit den von Vereinbarung erfassten Produkten innerhalb der Gemeinschaft nicht EUR 40 Mio. Im Falle vertikaler Vereinbarungen darf der entsprechende Umsatz des Lieferanten (bzw. wenn Nachfragemacht möglich erscheint, der Umsatz des Käufers) EUR 40 Mio. nicht übersteigen. Bei Lizenzvereinbarungen wird der gesamte Umsatz der Lizenznehmer mit den Produkten der lizenzierten Technik sowie der entsprechende Umsatz des Lizenzgebers zugrunde gelegt.[28]

12 Die Kommission führt des Weiteren aus, dass Vereinbarungen zwischen **kleinen und mittleren Unternehmen** (KMU) i.S. der Empfehlung 2003/361/EG der Kommission[29] in der Regel nicht geeignet seien, den Handel zwischen den Mitgliedstaaten spürbar zu beeinträchtigen.[30] Dies gelte aber nicht uneingeschränkt, wenn KMU grenzüberschreitend tätig werden.[31] Aufgrund der mit dieser Aussage verbundenen Unsicherheit werden KMU auch in Zukunft gezwungen, bei Vereinbarungen mit grenzüberschreitendem Charakter neben dem europäischen Kartellrecht auch die betroffenen nationalen Kartellrechtsordnungen in Betracht zu ziehen.[32]

13 Die vorherige Praxis der Kommission, die nicht immer scharf zwischen Spürbarkeit der Wettbewerbsbeschränkung und Spürbarkeit der Beeinträchtigung des Handels zwischen den Mitgliedstaaten unterschied, sowie die Tatsache, dass die Bekanntmachungen und Leitlinien der Kommission weder die nationalen Gerichte noch den EuGH oder das EuG binden können,[33] tragen dazu bei, dass es – auch soweit nicht lediglich KMU beteiligt sind – in der Praxis eine große Anzahl von Vereinbarungen gibt, bei denen nicht abschließend

---

[26] Vgl. dazu auch Leitlinien über den Begriff der Beeinträchtigung des zwischenstaatlichen Handels in den Artikeln 81 und 82 EG-Vertrag, ABl. C101/81 Rn. 10.

[27] ABl. 2014 C 291/1 Rn. 4; vorher bereits ABl. 2001 C 368/13 Rn. 3.

[28] Leitlinien über den Begriff der Beeinträchtigung des zwischenstaatlichen Handels in den Artikeln 81 und 82 EG-Vertrag, ABl. 2004 C101/81 Rn. 52. Zur Anwendung der Leitlinien bei der Beurteilung eines Mittelstandkartells vgl. BKartA B. v. 25.10.2005 Az. B1–248/04.

[29] ABl. 2003 L124/36.

[30] Bagatellbekanntmachung, ABl. 2014 C 291/1 Rn. 4.

[31] Leitlinien über den Begriff der Beeinträchtigung des zwischenstaatlichen Handels in den Artikeln 81 und 82 EG-Vertrag, ABl. 2004 C101/81 Rn. 50.

[32] Vgl. *Wimmer-Leonhardt* WuW 2006, 486; *Bechtold* DB 2004, 235, 237.

[33] EuGH U. v. 13.12.2012 Rs. C-226/11 – *Expedia Inc.*

beurteilt werden kann, welcher oder welchen Kartellrechtsordnungen sie unterliegen. Aufgrund der zunehmenden Konvergenz der materiellen Regelungen verliert dieser Aspekt allerdings an praktischer Bedeutung.

Die Frage der Eignung zur Beeinträchtigung des Handels zwischen den Mitgliedstaaten kann sich grundsätzlich auch bei Verträgen stellen, an denen nur Unternehmen aus einem Mitgliedstaat beteiligt sind.[34] Insbesondere bei Vertikalvereinbarung muss dann auch die **kumulative Wirkung eines Bündels von Vereinbarungen** bewertet werden.[35] Diese komplexe Beurteilung ist somit nicht nur für die Bewertung der Spürbarkeit der Wettbewerbsbeschränkung notwendig, sondern auch für die Abgrenzung der Anwendungsbereiche des nationalen und europäischen Wettbewerbsrechts. 14

IV. Rechtsfolgen

1. Verpflichtung zur parallelen Anwendung des EU-Wettbewerbsrechts

Soweit Vereinbarungen, Beschlüsse von Unternehmensvereinigungen, abgestimmte Verhaltensweisen i. S. des Art. 101 AEUV oder missbräuchliche Verhaltensweisen i. S. des Art. 102 AEUV geeignet sind, den Handel zwischen den Mitgliedstaaten zu beeinträchtigen, können sie nur noch dann nach nationalem Kartellrecht beurteilt werden, wenn gleichzeitig EU-Wettbewerbsrecht angewandt wird. Bei der Beurteilung vertikaler und horizontaler Vereinbarungen darf nationales Recht weder strenger noch milder als EU-Wettbewerbsrecht sein und verliert somit eigenständige Bedeutung. Im Bereich der missbräuchlichen Verhaltensweisen i. S. des Art. 102 AEUV bleibt die Anwendung strengeren nationalen Kartellrechts möglich. Soweit kein Missbrauch i. S. des Art. 102 AEUV gegeben ist, besteht zudem bei einseitigen Verhaltensweisen keine Pflicht zur gleichzeitigen Anwendung des EG-Wettbewerbsrecht. Die im Vergleich zu Art. 102 AEUV detaillierteren und teilweise weitergehenden Regelungen des Missbrauchs und der Diskriminierung in den §§ 20, 29 GWB bleiben also auf missbräuchliche Verhaltensweisen, die Auswirkungen auf den Handel zwischen den Mitgliedstaaten haben können, anwendbar. 15

Die in Entscheidungen der nationalen Kartellbehörden teilweise **verwendete Technik der doppelten Begründung** anhand nationalen und europäischen Kartellrechts bleibt ebenfalls möglich, wird aber zumindest im Bereich der wettbewerbsbeschränkenden Vereinbarungen letztlich nur dann sinnvoll sein, wenn die Eignung zur Beeinträchtigung des Handels zwischen den Mitgliedstaaten zweifelhaft erscheint.[36] Das von nationalen Behörden und Gerichten anzuwendende Verfahrensrecht wird von Art. 3 nicht berührt. 16

Als unklar muss gelten, ob die Verpflichtung zur parallelen Anwendung europäischen Wettbewerbsrechts auch dann gilt, wenn ein deutsches Strafgericht eine Verurteilung wegen **Submissionsbetruges, § 298 StGB,** ausspricht. Begründungserwägung 8 führt aus, dass die Verordnung nicht für innerstaatliche Rechtsvorschriften gilt, mit denen natürlichen Personen strafrechtliche Sanktionen auferlegt werden, außer wenn solche Sanktionen als Mittel dienen, um die für Unternehmen geltenden Wettbewerbsregeln durchzusetzen. Angesichts der Tatsache, dass sich § 298 StGB in dem durch das Gesetz zur Bekämpfung der Korruption vom 13. August 1997 neugeschaffenen Abschnitt „Straftaten gegen den Wettbewerb" befindet und der Gesetzgeber durch die §§ 298–302 den freien Wettbewerb, der für eine funktionierende soziale Marktwirtschaft unerlässlich sei, schützen wollte,[37] sprechen die besseren Gründe dafür, Art. 3 auch auf entsprechende Verfahren vor Strafgerich- 17

---

[34] EuGH, U. v. 24.9.2007 Verb. Rs. C-125/07 P, C-133/07 P, C-135/07 P und C-137/07 P – *Raiffeisen Zentralbank Österreich AG* u. a. Rn. 36 f.

[35] Leitlinien über den Begriff der Beeinträchtigung des zwischenstaatlichen Handels in den Artikeln 81 und 82 EG-Vertrag, ABl. 2004 C101/81 Rn. 87.

[36] Vgl. dazu *Bechtold* DB 2004, 235, 237.

[37] Vgl. *Wolters* JuS 1998, 1100, 1101.

ten anzuwenden.[38] Praktisch wird dies keine Bedeutung haben, da eine Freistellung gemäß Art. 101 Abs. 3 AEUV in diesen Fällen ausgeschlossen ist.

2. Kein Ausschluss mitgliedstaatlicher sektoraler Regelungen

18 Die Anwendung **mitgliedstaatlicher Regelungen für bestimmte Wirtschaftsbereiche,** wie z.B. Spezialregeln für den Telekommunikations-, Post- und Energiebereich, wird durch Art. 3 nicht ausgeschlossen.[39] Dies muss zumindest für solche Bestimmungen gelten, die – wie z.B. die Regelungen zum Netzzugang des EnWG – zur Umsetzung von EG-Richtlinien erlassen wurden, da sich aus Art. 103 Abs. 2 lit. e AEUV keine ausreichende Rechtsgrundlage für eine Neuregelung von Bereichen findet, die der Gemeinschaftsgesetzgeber auf anderer Grundlage geregelt hat.[40] Eine Abgrenzung kann im Einzelfall schwierig sein, zumal sich hieraus auch ein Anreiz für die nationalen Gesetzgeber ergeben mag, sektorspezifische Regelungen zu erlassen. Ebenfalls grundsätzlich unberührt bleiben Bestimmungen des nationalen Rechts über den **unlauteren Wettbewerb.**[41]

3. Kein Ausschluss des nationalen Fusionskontrollrechts

19 Art. 3 berührt auch nicht das Recht der Wettbewerbsbehörden der Mitgliedstaaten, ihr nationales Fusionskontrollrecht auf Vereinbarungen anzuwenden, die geeignet sind, den Handel zwischen den Mitgliedstaaten zu beeinträchtigen, wie in Art. 3 Abs. 3 nochmals klargestellt wird.[42] Diese Klarstellung ist besonders bedeutsam für den Bereich der Minderheitsbeteiligungen an Wettbewerbern, die sowohl der nationalen Fusionskontrolle als auch Art. 101 AEUV unterfallen können. In Hinblick auf die Fusionskontrolle ist zudem zu beachten, dass gem. Art. 21 Abs. 1 FKVO die gesamte VO 1/2003 (und somit auch die Vorrangregelung des Art. 3) keine Anwendung auf Zusammenschlüsse i.S. des Art. 3 FKVO findet, unabhängig davon, ob der Zusammenschluss gemeinschaftsweite Bedeutung hat oder nicht. Eine Ausnahme gilt gem. Art. 21 Abs. 1 a.E. FKVO nur für kooperative Gemeinschaftsunternehmen ohne gemeinschaftsweite Bedeutung i.S. des Art. 1 FKVO, auf die die VO 1/2003 weiterhin anwendbar bleibt. Dies führt aber nicht dazu, dass die nationalen Kartellbehörden bei der Anwendung der nationalen Fusionskontrollvorschriften in diesem Bereich Art. 101 AEUV mit anwenden müssten, insoweit greift Art. 3 Abs. 3.[43]

4. Verbleibender Anwendungsbereich des nationalen Kartellrechts

20 Der Hauptanwendungsbereich des nationalen Kartellrechts liegt somit – außerhalb der Missbrauchskontrolle – in der Beurteilung von Verhaltensweisen, die nicht über die nationalen Grenzen hinauswirken. Im Bereich der wettbewerbsbeschränkenden Vereinbarungen bleibt das nationale Kartellrecht zwar auch auf grenzüberschreitende Sachverhalte anwendbar, behält jedoch neben Art. 101 AEUV keine selbstständige Bedeutung mehr.

21 Damit stellt sich die Frage der **Legitimation strengerer nationaler Regeln,** da diese weitgehend nur noch auf wirtschaftlich unbedeutendere Vereinbarungen angewendet werden können. EU-Wettbewerbsrecht kann – zumindest im Bereich des Art. 101 AEUV

[38] So auch MüKoEuWettbwR/*Bardong,* 2. Aufl., Art. 3 VO 1/2003 Rn. 34.

[39] Ausführlich MüKoEuWettbwR/*Bardong,* 2. Aufl., Art. 3 VO 1/2003 Rn. 28f.

[40] So Monopolkommission, Folgeprobleme der europäischen Kartellverfahrensreform, Sondergutachten 32, Rn. 27, FK-*Jaeger* Art. 3 Rn. 25.

[41] Vgl. Begründungserwägung 9; Kommission, Staff Working Paper zum Report on the functioning of Regulation 1/2003 (COM 2009)206 final Rn. 160f, 181.

[42] So GK-*Schütz* Art. 3 Rn. 22; a.A. *Röhling* GRUR 2003, 1019, 1022.

[43] vgl. FK-*Jaeger* Art. 3 Rn. 22; MüKoEuWettbwR/*Bardong,* 2. Aufl., Art. 3 VO 1/2003 Rn. 41.

– nicht länger als wettbewerbsrechtlicher Mindeststandard angesehen werden, der von einzelnen Mitgliedstaaten überschritten werden kann. Die einzelnen Mitgliedstaaten werden langfristig keine strengeren Regeln durchsetzen können als diejenigen, die auf europäischer Ebene gelten, wenn nicht die **wirtschaftlich unbedeutenderen Verhaltensweisen strenger behandelt** werden sollen als Verhaltensweisen mit europaweiter Bedeutung. Die Monopolkommission sieht entsprechend Art. 3 als „Hebel zur Angleichung nationaler Besonderheiten".[44]

Art. 4. Zuständigkeit der Kommission

Zur Anwendung der Art. 81 und 82 EG verfügt die Kommission über die in dieser Verordnung vorgesehenen Befugnisse.

Übersicht

I. Prinzip der begrenzten Einzelermächtigung

Art. 4 der Verordnung, platziert im Kapitel über die Zuständigkeiten, ist zum einen die **Ermächtigungsgrundlage** an die Kommission, Art. 101 und 102 AEUV anzuwenden. Diese Zuständigkeit ist, zumal ausweislich von Art. 5 Verordnung 1/2003 nicht ausschließlich. Sie bestehen neben der der nationalen Wettbewerbsbehörden und der nationalen Gerichte. Dabei verfügt die Kommission, und das ist die zweite Bedeutung von Art. 4 Verordnung 1/2003, über die in dieser Verordnung vorgesehenen Befugnisse. Art. 4 Verordnung 1/2003 ergänzt und präzisiert insoweit Art. 105 AEUV. 1

Art. 4 bekräftigt damit eine Grundregel des Unionsrechts, nämlich das **Prinzip der begrenzten Einzelermächtigung** nach Art. 5 I, II EUV. Die Kommission verfügt, wie die EU insgesamt und jedes Organ der EU, nur über diejenigen Zuständigkeiten, Aufgaben und Befugnisse, die im Unionsrecht niedergelegt sind, vgl. auch Art. 13 II EUV. Für die Anwendung des EU-Kartellrechts sind das diejenigen Kompetenzen, die die Kartellverfahrensverordnung 1/2003 enthält. Auf diese Befugnisse ist die Kommission beschränkt. 2

Die Vorgabe, dass die Kommission nur die in der Verordnung geregelten Befugnisse besitzt, entspricht auch einem **rechtsstaatlich gebotenen Vorbehalt des Gesetzes,** der für Ermittlungsmaßnahmen von Behörden aufgrund der damit verbundenen Grundrechtseingriffe eine gesetzliche, zumindest eine rechtliche Grundlage fordert, vgl. Art. 52 I EU-Grundrechtecharta.[1] 3

Die Zuständigkeit der Kommission, Verfahren wegen Verletzungen von Art. 101 und 102 AEUV einzuleiten, besteht sowohl **von Amts wegen** als auch auf eine Beschwerde von Unternehmen hin. Die Verordnung 1/2003 beschränkt das Tätigwerden der Kommission insoweit nicht, vgl. Art. 7 I. 4

---

[44] Monopolkommission, Hauptgutachten 14, Rn. 87. *Rittner,* in: Wirtschafts- und Privatrecht im Spannungsfeld von Privatautonomie, Wettbewerb und Regulierung, S. 319, 325 sieht eine „Gleichschaltung".

[1] Zum Vorbehalt des Gesetzes für Eingriffe vgl. EuGH, Rs. 46/87 und 227/88 – *Hoechst* Slg. 1989, 2859, Rn. 19; *Rieckhoff,* Der Vorbehalt des Gesetzes im Europarecht, 2007.

II. Die Befugnisse der Kommission im Überblick

5 Die Befugnisse der Kommission gemäß der Verordnung 1/2003 lassen sich in **Entscheidungsbefugnisse** und **Ermittlungsbefugnisse** unterteilen. Erstere sind in Kapitel III ab Art. 7 und als Sanktionsbefugnisse in Kapitel VI, Art. 23 und 24, geregelt, letztere in Kapitel V ab Art. 17. Hinzu kommen in **einzelnen** weiteren Bestimmungen verankerte **weitere Zuständigkeiten** wie die zur Übernahme der Ermittlungen nach Art. 11 VI.

6 Bei den Entscheidungsbefugnissen handelt es sich in erster Linie um Entscheidungen in Einzelfällen. Die Kommission hat damit eine eigenständige, primärrechtlich verankerte (vgl. Art. 105 AEUV) und damit außerhalb der Anforderungen des Art. 291 AEUV stehende Durchführungsbefugnis, die sie neben der Verfolgung von Zuwiderhandlungen im Einzelfall dazu nutzt, um wettbewerbspolitische Vorgaben zu entwickeln und die einheitliche Anwendung des EU-Wettbewerbsrechts sicherzustellen. Nachfolgend werden die Befugnisse der Kommission kurz im Überblick vorgestellt. Eine detaillierte Analyse ist in den Kommentierungen der einschlägigen Artikel zu finden.

1. Entscheidungsbefugnisse

7 **a) Feststellungsentscheidung und Abstellungsentscheidung.** Art. 7 I Verordnung 1/2003 ermächtigt die Kommission dazu, Zuwiderhandlungen gegen Art. 101 oder 102 AEUV festzustellen (Feststellungsentscheidung) und ihre Abstellung zu verfügen (Abstellungsentscheidung). In der **neuen Terminologie des Lissabonner Vertrags** ergehen diese Entscheidungen als Beschlüsse (Art. 288 AEUV). Die Feststellungs-, anders als die Abstellungsverfügung, kann auch noch im Nachhinein ergehen, Art. 7 Abs. 1 Satz 4, und zwar wenn hierzu ein berechtigtes Interesse gegeben ist. Dies kann dann der Fall sein, wenn beim Adressaten die Gefahr einer Wiederholung besteht oder der Fall neue Fragen aufwirft, deren Klärung im öffentlichen Interesse liegt.[2]

8 Art. 7 I hält auch fest, dass die Kommission von Amts wegen oder infolge einer Beschwerde seitens natürlicher oder juristischer Personen, die ein **berechtigtes Interesse** darlegen, oder seitens eines Mitgliedstaats (Art. 7 II; dazu näher Art. 7, Rn. 11 ff.) tätig wird. Ihre Entscheidungsbefugnisse sind in beiden Fällen dieselben. Diese Regelung entspricht der alten Bestimmung in Art. 3 II 2 VO 17/62.

9 Der Wortlaut der Norm regelt nicht eindeutig, ob die Kommission stets verpflichtet ist, eine Entscheidung zu treffen oder ob sie aus Opportunitätsgründen die Feststellung einer Zuwiderhandlung trotz bestehender Anzeichen unterlassen darf. Zumindest für die Abstellungsentscheidung deutet der Wortlaut des Art. 7 I 1 darauf hin („kann"), dass die Kommission insoweit über ein **Ermessen** verfügt, das sich nicht nur auf den Inhalt der Entscheidung, sondern auch auf ihren Erlass überhaupt bezieht. Nach der alten VO 17/62 verfügte die Kommission über ein Ermessen, ob sie bei Anhaltspunkten für eine Zuwiderhandlung gegen das Kartellrecht durch Entscheidung das Vorliegen eines Verstoßes feststellte. Die Kommission war nicht zum Einschreiten gegen jede vermutete Zuwiderhandlung verpflichtet; es galt das Opportunitätsprinzip.[3] Daran hat sich durch die Neufassung nichts geändert, zumal sonst die erfolgte Dezentralisierung des Kartellrechtsvollzugs sinnlos würde.

10 Für die Abstellung des Verstoßes darf die Kommission den beteiligten Unternehmen und -vereinigungen **alle dazu erforderlichen Maßnahmen** vorschreiben, unabhängig davon, ob sie sich auf das Verhalten der Beteiligten oder auf Strukturen beziehen. Strukturelle Maßnahmen können etwa die Anordnung von Entäußerungen und Entflechtungen

---

[2] EuGH, Rs. 7/82 – *GVL* Slg. 1983, 483.

[3] Vgl. EuGH, Rs. 125/78 – *GEMA* Slg. 1979, 3173, Rn. 18; EuG, Rs. T-305/94 – *Limburgse Vinyl Maatschappij* Slg. 1999, II-931, Rn. 148; zur alten Rechtslage *de Bronett,* in: Schröter/Jakob/Mederer (Hg.), Kommentar zum Europäischen Wettbewerbsrecht, 2003, Verordnung Nr. 17, Art. 3, Rn. 1.

sein.[4] Diese recht weit gefasste Kompetenz der Kommission findet ihre Schranke in der Verhältnismäßigkeit: Art. 7 I 2 gibt vor, dass die Anordnungen wirksam und erforderlich sein müssen und in einem angemessenen Verhältnis zur festgestellten Zuwiderhandlung stehen müssen. Ferner sind nach Art. 7 I 3 verhaltensorientierte Abhilfemaßnahmen grundsätzlich vorrangig, da strukturelle Maßnahmen typischerweise eine erheblich stärkere Eingriffsintensität entfalten.

11 Die neue Verordnung bestätigt damit durch eine **ausdrückliche** und recht **detaillierte Regelung** eine der Kommission auch nach früherem Recht zuerkannte Befugnis, den Unternehmen bestimmte Anweisungen bezüglich der Rückabwicklung und Abstellung der Zuwiderhandlung zu geben. Diese Befugnis war in Art. 3 VO 17/62 nicht explizit enthalten, da Art. 3 III nur Empfehlungen zur Abstellung vor Ergehen der förmlichen Entscheidung nach Art. 3 I VO 17/62 vorgesehen hatte, war aber bereits in Art. 85 II a. E. EG, nun Art. 105 II AEUV angelegt. Dementsprechend wurde Art. 3 VO 17/62 von Kommission und EuGH dahingehend angewandt und ausgelegt, dass die Kommission Handlungen bestimmt, die unterlassen oder vorgenommen werden müssen, um die Zuwiderhandlung zu beenden.[5]

12 **b) Verpflichtungszusage.** Eng mit der Möglichkeit, durch eine Abstellungsentscheidung Details der Beendigung der Zuwiderhandlung anzuordnen, zusammen hängt die Kompetenz der Kommission nach Art. 9, Verpflichtungszusagen, die die an einer wahrscheinlichen Zuwiderhandlung beteiligten Unternehmen abgeben, für **verbindlich** zu erklären. Ein vergleichbares Instrument findet sich in der Fusionskontrollverordnung, vgl. Art. 6 II, Art. 8 II, Art. 23 I lit. c) VO 139/2004.

13 Unternehmen, die Adressat einer kartellrechtlichen Ermittlung der Kommission geworden sind, mögen schon in einem frühen Verfahrensstadium vor endgültiger Klärung der Vorwürfe den Wunsch haben, den Bedenken der Kommission hinsichtlich der Kartellrechtskonformität ihres Verhaltens durch freiwillige Zusagen über ihr künftiges Wettbewerbsverhalten entgegenzukommen. Art. 9 I Verordnung 1/2003 gibt der Kommission in einem solchen Fall die Befugnis, diese Zusagen der Unternehmen durch eine Entscheidung für verbindlich zu erklären. Eine solche Entscheidung beendet die Ermittlungen der Kommission. Daher darf sich eine solche Verpflichtungsentscheidung der Kommission nur auf Zusagen beziehen, die geeignet sind, die **kartellrechtlichen Bedenken** der Kommission **auszuräumen.** Nur dann kann aus ihrer Sicht damit die Zuwiderhandlung abgestellt werden. Die Entscheidung nach Art. 9 I beantwortet aber nicht die Frage, ob ein Kartellrechtsverstoß auch wirklich vorgelegen hat oder ob ein solcher dann bei Einhaltung der Zusagen objektiv immer noch vorliegt. Denn eine Verpflichtungszusage der Kommission bindet die nationalen Stellen nicht, so ausdrücklich die Erwägungsgründe 13 und 22 der Verordnung 1/2003. Nur die Kommission ist – wie auch die Unternehmen – an die Zusagenentscheidung gebunden und deshalb gehindert, weitere Entscheidungen zu treffen.

14 Allerdings regelt Art. 9 II für den Fall einer Verpflichtungszusage die Möglichkeit der Kommission, die kartellrechtlichen Ermittlungen wieder aufzunehmen, und beschränkt diese zugleich auf die **wesentliche Änderung** der tatsächlichen Verhältnisse, auf die Nichteinhaltung der Verpflichtungen durch die Unternehmen selbst und auf fehlerhafte oder irreführende Angaben der Parteien.

15 Letzteres dürfte insbesondere dann relevant werden, wenn die beteiligten Unternehmen schon frühzeitig der Kommission solche Verpflichtungen vorschlagen, um einem Aufdecken der ganzen Wahrheit durch die Ermittlungen der Kommission zuvorzukommen. Denn dann dürften die eingegangenen Verpflichtungen nicht genügen, um alle Kartellrechtsverstöße zu beseitigen.

---

[4] *Weitbrecht* EuZW 2003, 71.

[5] Vgl. EuGH, Rs. C-279/95 P, Slg. 1998, I-5609, Rn. 78; EuG, Slg. 1991, II-485, Rn. 97 – *RTE.*

16 Art. 9 formalisiert damit eine bisher informelle Möglichkeit zur Verfahrenseinstellung durch die Kommission.[6] Darüber hinaus besteht nunmehr die Möglichkeit, die Nichtbefolgung der verbindlich gewordenen Verpflichtungszusagen selbst mit Sanktionen zu ahnden, vgl. Art. 23 II lit. c), Art. 24 I lit. c) VO 1/2003.

17 Nicht geregelt ist in der Verordnung die **Wirkung der Verpflichtungsentscheidung gegenüber Dritten,** insbesondere die zivilrechtliche Wirkung für Dritte. Die im Entwurf noch vorgesehene Möglichkeit Dritter, sich auf Zusagen zu berufen, ist nicht aufgenommen worden.[7] Nach einem allerdings aufgehobenen EuG-Judikat kann die Verpflichtungsentscheidung Rechtswirkungen gegenüber Dritten entfalten.[8]

18 **c) Einstweilige Maßnahmen.** Art. 8 gewährt der Kommission die Befugnis, in dringenden Fällen, die durch die Gefahr eines ernsten, nicht wieder gut zu machenden Schadens für den Wettbewerb **(Dringlichkeit)** charakterisiert sind, einstweilige Maßnahmen anzuordnen. Eines dahingehenden Antrags bedarf es nicht. Die Kommission kann damit vorläufig bis zur endgültigen Klärung des Vorliegens einer Zuwiderhandlung Maßnahmen zur Abwehr weiterer Beeinträchtigungen des Wettbewerbs ergreifen. Eine Beeinträchtigung des Wettbewerbs liegt vor, wenn dem Wettbewerbs selbst eine ernste Gefahr droht oder aber einem Wettbewerber. Der Maßstab des schweren, nicht wiedergutzumachenden Schadens ist erforderlich im Interesse des Schutzes der Rechte des beschuldigten Unternehmens und entspricht den auch sonst üblichen gemeinschaftsrechtlichen Anforderungen an die Zulässigkeit einstweiligen Rechtsschutzes. Für die einstweilige Maßnahme ist neben dieser Dringlichkeit nur noch Voraussetzung, dass eine Zuwiderhandlung nach einem prima facie Maßstab vorzuliegen scheint.

19 Die Kommission kann – dem einstweiligen Charakter der Anordnung entsprechend – die Maßnahme nur **befristet** anordnen. Eine Verlängerung der Befristung unterliegt wiederum der Verhältnismäßigkeitsprüfung, vgl. Art. 8 II. Das wurde – anders als noch im Vorschlag zur VO 1/2003 vorgesehen – ausdrücklich verankert.

20 Bereits nach früher geltendem Recht verfügte die Kommission über die Befugnis zu einstweiligen Maßnahmen. Sie war zwar nicht ausdrücklich in der VO 17/62 enthalten, wurde aber **richterrechtlich** in weiter Auslegung des Art. 3 VO 17/62 entwickelt[9] und fand sich auch schon in Art. 66 § 5 EGKSV. In den nun in Art. 8 geforderten Anforderungen an vorläufige Maßnahmen sind genau die vom EuGH postulierten Voraussetzungen (Dringlichkeit wegen eines nicht wiedergutzumachenden Schadens und Vorliegen einer Zuwiderhandlung nach dem ersten Anschein)[10] in den Text eingeflossen.

21 Nach der Rechtsprechung des EuGH darf die Kommission nur solche Maßnahmen einstweilig anordnen, die **unerlässlich** sind, damit die Kommission ihre Befugnisse effektiv ausüben kann. Damit soll verhindert werden, dass die von der Kommission erst noch zu treffenden Entscheidungen zu spät kommen und sie die Auswirkungen der Zuwiderhandlungen nicht mehr beseitigen können.

22 **d) Feststellung der Nichtanwendbarkeit.** Ein Ermittlungsverfahren wegen kartellrechtlicher Zuwiderhandlungen kann auch zur Feststellung führen, dass eine Vereinbarung keine Bedenken aufwirft. Art. 10 gibt für diese Fälle die Möglichkeit, statt das **Verfahren formlos einzustellen,** die Nichtanwendbarkeit der Art. 101 und 102 AEUV explizit fest-

---

[6] Vgl. etwa den XVII. Wettbewerbsbericht, S. 34.

[7] *Hossenfelder/Lutz* WuW 2003, 122.

[8] EuG, Rs. T-170/06 – *Alrosa,* Slg. 2007, II-2601, Rn. 88; aufgehoben, allerdings nicht aufgrund von Rechtsfehlern insoweit, durch EuGH, Rs. C-441/07 P, Slg. 2010, I-5949. Drittwirkung bejahend *Anweiler,* in diesem Band, Art. 9 VerfVO, Rn. 33.

[9] EuGH U. v. 17.1.1980, Rs. 729/79 R – *Camera Care* Slg. 1980, 119 (131); EuG – *La Cinq* Slg. 1992, II-1 (13ff.).

[10] Vgl. EuGH U. v. 17.1.1980 Rs. 729/79 R – *Camera Care* Slg. 1980, 119; EuG, Rs. T-23/90, – *Peugeot* Slg. 1991, II-653, Rn. 61ff., 72ff.

zustellen, falls das öffentliche Interesse das erfordert. Eine solche Entscheidung kann ergehen, wenn entweder Art. 101 I AEUV oder Art. 102 AEUV tatbestandlich gar nicht einschlägig sind oder wenn die Maßnahme zwar Art. 101 I AEUV verletzt, indes nach Art. 101 III AEUV erlaubt ist. In allen diesen Fällen ist zumindest im Ergebnis die Maßnahme mit Art. 101f. AEUV vereinbar. Art. 10 ermöglicht dann eine positive Entscheidung über die Vereinbarkeit der Maßnahme mit dem EU-Kartellrecht (Positiventscheidung), die die frühere Möglichkeit des Negativattests mit aufnimmt. Desweiteren werden auch die früheren Einzelfreistellungen mit aufgenommen, da die Kommission die Möglichkeit hat, über Art. 10 auch das Vorliegen der Voraussetzungen nach Art. 101 III AEUV festzustellen. Allerdings ergeht eine Positiventscheidung nur mehr von Amts wegen und anders als früher das Negativattest oder eine Einzelfreistellung nicht mehr infolge eines Antrags des Unternehmens. Ferner hat, da die Feststellung ausschließlich im öffentlichen Interesse ergeht, ein Unternehmen darauf keinen Anspruch, auch keinen auf eine ermessenfehlerfreie Entscheidung. Die mit dem Systemwechsel beabsichtigte Entlastung der Kommission von Einzelfreistellungen u.ä. wäre ansonsten dahin.[11] Nationale Kartellbehörden sind zu Nichtanwendbarkeitsfeststellungen nicht befugt; sie können gemäß Art. 5 II Verordnung 1/2003 nur feststellen, dass sie im konkreten Fall keinen Anlass sehen, tätig zu werden.[12]

Die Befugnis nach Art. 10 gibt der Kommission auch die Möglichkeit, bei neuartigen 23
Vereinbarungen, zu denen noch keine Entscheidungspraxis vorliegt und deren kartellrechtliche Bewertung Schwierigkeiten aufwirft, durch **Nichtanwendbarkeitsfeststellungen** zur Klärung beizutragen. Gerade in solchen Fällen dürfte ohne weiteres die Anforderung erfüllt sein, dass das öffentliche Interesse die Feststellung erfordert.

Umstritten ist der Rechtscharakter einer Feststellung nach Art. 10. Einerseits soll sie als 24
Entscheidung ergehen, so dass sie gemäß Art. 249 Abs. 4 EG (nunmehr Art. 288 Abs. 4 AEUV, der die Bezeichnung Beschluss einführt) Bindungswirkung haben dürfte, und zwar im Sinne des Art. 16 VO 1/2003. Für **Bindungswirkung** gegenüber allen anderen Stellen, insbesondere den nationalen Kartellbehörden und Gerichten, spricht ferner, dass durch diese Positiventscheidung eine einheitliche Rechtsanwendung in der EU sichergestellt werden soll.[13] Andererseits wird die Entscheidung aber als **deklaratorisch** bezeichnet (Erwägungsgrund 14 zur Verordnung 1/2003). Das Weißbuch der Kommission hatte den Positivattesten die Rechtswirkung der früheren Negativatteste zugebilligt.[14] Die früheren Negativatteste entfalteten indes keine Bindungswirkung für nationale Stellen.[15] Die Bezeichnung der Entscheidung nach Art. 10 in Erwägungsgrund 14 als deklaratorisch könnte indes auch nur bedeuten, dass dadurch die primärrechtlichen Anforderungen der Art. 101f AEUV nicht verändert werden. Das versteht sich jedoch von selbst. Die Positivatteste als Entscheidungen der Kommission können ohnehin nur vorbehaltlich der gerichtlichen Überprüfung und Bestätigung durch den EuGH gelten. Es ist daher widersprüchlich, einerseits auf einer bloß deklaratorischen Wirkung zu bestehen, andererseits sie für anfechtbar nach Art. 263 AEUV zu erachten.[16] Aufgrund der verbindlichen Handlungsform des Beschlusses und aufgrund ihres Zweckes, die Rechtsanwendung zu vereinheitlichen und für den Einzelfall Rechtssicherheit zu schaffen, ist von einer Bindungswirkung für nationale Stellen bei der Anwendung des EU-Kartellrechts gemäß Art. 16 Verordnung 1/2003

[11] *Bechtold/Bosch/Brinker,* EU-Kartellrecht, 3. Aufl 2014, Art. 10 VO 1/2003, Rn. 5; *Niggemann* in: Streinz, EUV/AEUV, 2. Aufl 2012, KartellVO nach Art. 103 AEUV, Rn. 30.

[12] EuGH, Rs. C-375/09 – *Tele2 Polska* Slg. 2011, I-3055, Rn. 23ff.

[13] Für Bindungswirkung daher *Hossenfelder/Lutz* WuW 2003, 122f.

[14] Weißbuch über die Modernisierung der Vorschriften zur Anwendung der Art. 85 und 86 EGV, ABl. 1999, Nr. C 132/1, Rn. 89.

[15] Zu dieser früheren Streitfrage *Brinker* in: Schwarze, EU-Kommentar, Art. 83, Rn. 25; *Weiß* in: Calliess/Ruffert, Kommentar zum EUV und EGV, 2. Aufl. 2002, Art. 81, Rn. 26ff.

[16] So *Bechtold/Bosch/Brinker,* EU-Kartellrecht, 3. Aufl 2014, Art. 10 VO 1/2003, Rn. 7.

auszugehen.[17] Schließlich sind Nichtanwendbarkeitsfeststellungen – im Gegensatz zu den früheren Negativattesten – Entscheidungen der Kommission, die im Vollzug des EU-Kartellrechts ergehen. Als Vollzugsentscheidungen haben die Positivatteste Anteil am Vorrang des EU-Rechts. Die Verbindlichkeit zu bejahen, bedeutet aber nicht, sie bei Fehlerhaftigkeit für sakrosankt zu erklären. Sie stehen wie jede rechtlich verbindliche Handlung unter dem Vorbehalt der gerichtlichen Kontrolle. Kontrollmaßstab ist die Vereinbarkeit mit höherrangigem Recht, wozu auch Art. 101, 102 AEUV zählen.

Geht man wie hier von der Verbindlichkeit der Nichtanwendbarkeitsentscheidungen aus, dann lässt sich aber nicht nachvollziehen, warum fehlerhafte oder gar absichtlich falsche Angaben, die zu einer Entscheidung nach Art. 10 führten, keinerlei Sanktionen zur Folge haben. Art. 23 sieht in diesem Fall keine Geldbuße vor.

25 **e) Sanktionsentscheidungen.** Kapitel VI regelt in Art. 23 und 24 die Geldbußen und Zwangsgelder, die die Kommission durch Entscheidung verhängen kann. Im Vergleich zur alten Rechtslage nach Art. 15 und 16 VO 17/62 bringt die Regelung kaum Neues. Allerdings wird der **Sanktionsrahmen pauschal ausgeweitet** bei Geldbußen auf bis zu 10% des Jahresumsatzes für materielle Verstöße und 1% bei Verstößen gegen Ermittlungsmaßnahmen und bei Zwangsgeldern auf 5% des Tagesumsatzes. Hinsichtlich der Geldbußen für Verstöße gegen Verfahrensvorschriften und Zwangsgelder wurde damit der Sanktionsrahmen drastisch erhöht.[18] Ferner finden sich die erweiterten Ermittlungsbefugnisse in den Sanktionsbestimmungen wieder.

26 Die Geldbußen können zum einen wegen Verstößen gegen Verfahrenspflichten (etwa unrichtige Auskünfte), zum anderen wegen Verletzungen des materiellen EU-Kartellrechts und schließlich wegen Zuwiderhandlungen gegen verbindliche Entscheidungen der Kommission verhängt werden. Infolge der im Vergleich zur VO 17/62 ausgeweiteten Ermittlungsbefugnisse der Kommission können Geldbußen nun auch für unrichtige oder unvollständige Antworten oder für Siegelbruch verhängt werden, vgl. Art. 23 I lit. d), e). Art. 23 II und III enthalten nähere allgemeine Regelungen für die Bestimmung der Bußgeldhöhe. Wie schon in Art. 15 IV VO 17/62 vorgesehen, legt Art. 23 V fest, dass die Geldbuße **keinen strafrechtlichen Charakter** habe. Dies verhindert aber ihre Einordnung als strafrechtliche Sanktion im weiteren Sinne nicht, zumal hinsichtlich der Schwere der angedrohten Sanktion (bis zu 10% des Umsatzes), ihres repressiven Charakters und ihrer präventiven Funktion keine Veränderung erfolgte.[19]

27 Die Zwangsgelder dienen anders als die Geldbußen nicht dazu, vergangenes Unrecht zu ahnden, sondern zielen als **Beugemittel** vorrangig darauf, den Delinquenten zum erwünschten Verhalten zu motivieren. Sie können verhängt werden, wenn Entscheidungen der EU-Kommission hinsichtlich des materiellen Rechts oder hinsichtlich von Ermittlungsmaßnahmen nicht befolgt werden und verfolgen die Abstellung von Kartellrechtsverstößen. Als Tatbestände im Vergleich zur VO 17/62 neu hinzugekommen sind die Zwangsgeldbewehrungen der einstweiligen Maßnahmen und der Verpflichtungszusagen, Art. 24 I lit. b) c).

2. Ermittlungsbefugnisse

28 Die Ermittlungsbefugnisse machen ein eigenes Kapitel der Verordnung aus (Kapitel V, Art. 17–22). Sie sind im Vergleich zur alten Rechtslage nach der VO 17/62 sehr viel um-

---

[17] So auch *Anweiler,* in diesem Band, Art. 10, Rn. 19; *Breit,* in: Schröter/Jakob/Klotz/Mederer (Hrsg.), Europäisches Wettbewerbsrecht, 2. Aufl. 2014, Art. 10 Verordnung 1/2003, Rn. 11, der aber ebda. Rn. 10 sie wieder als „Beschluss deklaratorischer Art" bezeichnet.

[18] *Weitbrecht* EuZW 2003, 71.

[19] *Dannecker/Biermann* in: Immenga/Mestmäcker (Hg.), Wettbewerbsrecht, Band 1. EU/Teil 2, 5. Aufl. 2012, Art. 23 VO 1/2003, Rn. 328ff.; *Vocke,* Die Ermittlungsbefugnisse der EG-Kommission im kartellrechtlichen Voruntersuchungsverfahren, 2006, 100ff.

fangreicher und auch differenzierter verankert. Die **Ermittlungsbefugnisse** wurden **erweitert,** einige – wie etwa das Recht zur Zeugenvernehmung, Art. 19 – neu verankert.

Im einzelnen stehen der Kommission wie bisher **Auskunftsverlangen** nach Art. 18 und **Nachprüfungen** nach Art. 20 zu. Beide Kompetenzen werden aber im Vergleich zur bisherigen Rechtslage **detaillierter geregelt** und weiten die Befugnisse der Kommission aus. So darf sie nunmehr bei Nachprüfungen die Räume versiegeln (Art. 20 Abs. 2 lit. d). Ferner sind die Möglichkeiten zur Zeugenvernehmung im Rahmen von Nachprüfungen ausgeweitet worden. Die Kommission kann nunmehr anders als bisher bei Nachprüfungen Erläuterungen auch zu Tatsachen verlangen und somit angelegentlich der Nachprüfungen weitere Aussagen einholen (Art. 20 Abs. 2 lit. e).[20] Hinsichtlich der Auskunftsverlangen fehlt nach wie vor ein Recht des Beschuldigten, selbstbelastende Aussagen zu verweigern. Leitend für die Verweigerung der Zuerkennung eines umfassenden **Aussageverweigerungsrechts** ist die Sicherstellung der praktischen Wirksamkeit der Ermittlungsbefugnisse. Das Unternehmen darf nach der im Lichte des Art. 6 EMRK kritikwürdigen Rechtsprechung des EuGH nur nicht gezwungen werden, Verstöße zuzugeben.[21] Diese Verweigerungshaltung, mit den Anforderungen des Art. 6 EMRK ernst zu machen, steht in einem seltsamen Gegensatz dazu, dass der EuGH die nationalen Gerichte auf umfassende Beachtung der Anforderungen des Art. 6 EMRK in Anspruch nimmt.[22] Ob unter der VO 1/2003 an dieser Rechtsprechung festgehalten werden kann, ist sehr zweifelhaft, da die VO 1/2003 in Art. 27 sich zur vollen Wahrung der Verteidigungsrechte bekennt und daher diese nicht mehr wie bisher unter Hinweis auf die Effizienz der Ermittlungsmaßnahmen der Kommission verkürzt werden dürfen (s. Art. 27, Rn. 4). Eine Abwägung gegen die Effizienz der Ermittlungsbefugnisse verbietet sich nunmehr. 29

Die **Nachprüfungen** werden durch Art. 21 nunmehr ausgeweitet auf **andere Räumlichkeiten** als die der Unternehmen. Damit wird praktischen Bedürfnissen Rechnung getragen, da belastende Unterlagen den Nachprüfungen der Kommission gemäß Art. 20 durch Auslagerung, etwa bei Managern, auf einfache Weise entzogen werden konnten. Anders als für die Nachprüfungen in Räumlichkeiten des Unternehmens (vgl. Art. 20 Abs. 7) ist für die Nachprüfung in den anderen Räumlichkeiten zwingend die vorherige Genehmigung der Ermittlungsmaßnahme durch ein nationales Gericht vorgeschrieben, Art. 21 Abs. 3. Hier tritt der Richtervorbehalt für Durchsuchungen hervor. Doch steht dem nationalen Richter auch insofern nur eine sehr eingeschränkte Kontrollkompetenz zu, die sich von der nach Art. 20 Abs. 7 nicht unterscheidet. Insbesondere darf der nationale Richter weder die Notwendigkeit der Nachprüfungen beurteilen noch die Übermittlung der Informationen der Kommission fordern. 30

Neu geschaffen wurde die Kompetenz zur **Zeugenvernehmung** nach Art. 19. Das Auskunftsverlangen nach Art. 18 deckt nur die Befragung von Unternehmen und Unternehmensvereinigungen ab, die sich an deren Vertretungsberechtigte richtet. Es erfasst zwar neben dem beschuldigten Unternehmen selbst auch dritte und deckt sich insoweit mit einer Befugnis zur Zeugenbefragung. Doch bezieht es sich nicht auf natürliche oder juristische Personen, die keine Unternehmen oder -vereinigungen sind. Der Kommission fehlte damit, wäre sie auf das Auskunftsverlangen nach Art. 18 begrenzt, die Möglichkeit zur Zeugenvernehmung. Die Kommission konnte nur im Rahmen der Gewährung rechtlichen 31

[20] *Niggemann* in: Streinz, EUV/AEUV, 2. Aufl 2012, KartVO nach Art. 103 AEUV, Rn. 47; *Weitbrecht* EuZW 2003, 71.

[21] Vgl. EuG, Rs. T-112/98 – *Mannesmannröhren-Werke* Slg. 2001, II-729, Rn. 57 ff., 64f; EuGH, Rs. C-301/04 P – *SGL Carbon,* Slg. 2006, I-5915, Rn. 41 ff. Kritisch dazu *Niggemann* in: Streinz, EUV/AEUV, 2. Aufl 2012, KartVO nach Art. 103 AEUV, Rn. 69; *Schwarze,* EuR 2009, 171 (190 ff.); *Seitz,* EuR Beiheft 2/2011, 71 (99 f.); *Weiß,* Die Verteidigungsrechte im EG-Kartellverfahren, 1996, 357 ff.; *ders.,* EWS 1997, 253; *ders.,* in: Terhechte (Hg.), Internationales Kartell- und Fusionskontrollverfahrensrecht, 2008, Rn. 72.217; *Willis,* ECLR 2001, 313.

[22] Vgl. EuGH, Rs. C-276/01, Slg. 2003, I-3735.

Gehörs Personen hören, die von den beschuldigten Unternehmen benannt wurden.[23] Die Neuregelung in Art. 19 schließt diese Lücke.[24] Nun können beliebige Personen befragt werden. Die Kommission hat aber keine Möglichkeit, Zeugenaussagen zu erzwingen. Umgekehrt gebietet es das rechtliche Gehör grundsätzlich, Zeugen anzuhören, die von einem beschuldigten Unternehmen als Beweismittel angeboten werden.[25]

32 Wie bisher ist die Kommission befugt, einzelne Wirtschaftszweige zu untersuchen, ohne dass ein konkreter Verdacht einer Zuwiderhandlung durch ein bestimmtes Unternehmen besteht. Allerdings wurde diese Kompetenz zur **Sektorenuntersuchung** ausgeweitet auf die Prüfung bestimmter Arten von Vereinbarungen, Art. 17 Abs. 1.

33 In diesen Rahmen fand die in Art. 4 Abs. 2 des Entwurfs der Verordnung 1/2003 enthaltene Verpflichtung zur Registrierung von Vereinbarungen, Beschlüssen und aufeinander abgestimmten Verhaltensweisen Eingang. In Art. 4 Abs. 2 war eine Befugnis der Kommission vorgesehen, durch Verordnung die Eintragung bestimmter Arten von Vereinbarungen, Beschlüssen oder Verhaltensweisen, die unter das Verbot des Artikels 101 Abs. 1 AEUV fallen und von keiner Gruppenfreistellungsverordnung erfasst werden, in ein Register vorzuschreiben. Die Kommission sollte die Einzelheiten einer solchen Registrierungspflicht unter näheren Bedingungen in einer Verordnung festlegen, die gegebenenfalls auch Sanktionen für die Nichteinhaltung der Verpflichtung enthalten konnte. Das ist nicht Recht geworden. Nach Art. 17 Abs. 1 Unterabs. 2 Verordnung 1/2003 kann die Kommission von Unternehmen und -vereinigungen eine Unterrichtung über sämtliche Vereinbarungen, Beschlüsse und aufeinander abgestimmte Verhaltensweisen fordern. Eine solche Unterrichtung hat keine Auswirkung auf die materiell-rechtliche Frage der Kartellrechtskonformität der übermittelten Vereinbarungen.

34 Die **Ermittlungsbefugnisse** der Kommission sind angesichts ihrer nunmehr sehr detaillierten Regelung und vor dem Hintergrund des Bekenntnisses zur vollen Wahrung der Verteidigungsrechte in Art. 27 Abs. 2 **nicht extensiv auszulegen** (dazu oben Rn. 29; Art. 27, Rn. 4).

3. Weitere Befugnisse

35 Abschließend ist noch auf weitere Zuständigkeiten der Kommission im Bereich der Anwendung von Art. 101 und 102 AEUV hingewiesen. So hat sie ein **Selbsteintrittsrecht** nach Art. 11 Abs. 6, kraft dessen sie bei nationalen Behörden anhängige Verfahren an sich ziehen kann. Damit kann die Kommission letztlich umfangreiche Aufsicht über die nationalen Behörden ausüben. Das hat aber keine Auswirkung auf die Zuständigkeit von Gerichten als Rechtsmittelinstanzen, Art. 35 Abs. 3 Satz 2.

36 Ferner hat die Kommission die ausschließliche Zuständigkeit, **Gruppenfreistellungsverordnungen** zu erlassen. Bei deren Ausarbeitung kann sich die Kommission auf die Erfahrung stützen, die sie aus der Befassung mit konkreten Fällen gewonnen hat. Aufgrund von Art. 11 und 12 Verordnung 1/2003 ist die Kommission auch über die Anwendung der Art. 101 und 102 AEUV durch die nationalen Stellen zu unterrichten. Sie ist daher am besten dazu in der Lage, darüber zu befinden, in welchen Bereichen Gruppenfreistellungsverordnungen eingeführt oder überarbeitet werden müssen, damit neuen Entwicklungen und den sich rasch wandelnden Marktbedingungen Rechnung getragen wird. Hierbei arbeitet die Kommission eng mit den Wettbewerbsbehörden der Mitgliedstaaten zusammen.

37 Die Kompetenz zum Erlass einer Gruppenfreistellungsverordnung ergibt sich indes nicht aus der VO 1/2003, sondern aus anderen Rechtsgrundlagen. Die ursprünglich im Entwurf vorgesehene umfassende Kompetenz der Kommission zum Erlass von Gruppenfreistel-

---

[23] Näher *Weiß,* Die Verteidigungsrechte im EG-Kartellverfahren, 1996, 318f.

[24] Vgl. auch *Burrichter/Hennig,* in: Immenga/Mestmäcker (Hg.), Wettbewerbsrecht, Band 1, EU/Teil 2, 5. Aufl. 2012, Art. 19 VO 1/2003, Rn. 1.

[25] *Weitbrecht* EuZW 2003, 71.

lungsverordnungen wurde wegen ihrer großen Unbestimmtheit zu Recht fallen gelassen. Allerdings findet sich nun eine vereinheitlichte Kompetenz der Kommission, den Rechtsvorteil von Gruppenfreistellungen im Einzelfall zu entziehen, sofern die Wirkungen einer Vereinbarung von der Freistellung nicht gedeckt sind, Art. 29 Abs. 1. Dafür ist die Kommission aber nicht ausschließlich zuständig. Art. 29 Abs. 2 ermöglicht es im Sinne einer dezentralisierten, aber einheitlichen Anwendung des EU-Wettbewerbsrechts auch den nationalen Behörden, in bestimmten Fällen den Vorteil einer Gruppenfreistellungsverordnung zu entziehen, wenn der relevante räumliche Markt nicht größer ist als das Staatsgebiet des betreffenden Mitgliedstaats. Entsprechende Entscheidungen sind jedoch dem Konsultationsverfahren gemäß Art. 11 Abs. 4 unterworfen.

Des weiteren bleibt die Kommission kompetent, die europäische **Wettbewerbspolitik** 38 durch ihre Anwendungshinweise, Mitteilungen und Bekanntmachungen zu dirigieren und damit auch für die Praxis die Auslegung und Anwendung von Art. 101 und 102 AEUV zu leiten. Diese Zuständigkeit der Kommission ist zwar in der VO 1/2003 nicht verankert, findet ihre Grundlage aber in ihrer allgemeinen exekutiven Zuständigkeit nach Art. 17 Abs. 1 EUV als Hüterin des Vertrags und konkret im Hinblick auf das Kartellrecht in Art. 105 AEUV. Diese primärrechtliche Zuständigkeit der Kommission als Verantwortliche für die Wettbewerbspolitik[26] wird durch die sekundärrechtliche Regelung des Art. 4 nicht abbedungen.

Aus diesem Grunde kann die Kommission auch ein Unternehmen bei neu auftretenden 39 Fragen zur Anwendung des Kartellrechts **beraten.** Die Kommission hat in ihrer Bekanntmachung über informelle Beratung bei neuartigen Fragen zu den Art. 101 und 102 AEUV, die in Einzelfällen auftreten, die Möglichkeit zu solchen Beratungsschreiben und ihre Verfahrensweise insoweit festgelegt.[27] Diese **Beratungsschreiben** haben demnach aber keinerlei rechtliche Bindungswirkung; sie dienen den Unternehmen nur als erste Orientierung und greifen der Auslegung des EU-Rechts durch Gerichte und nationale Stellen nicht vor. Die Kommission will sogar eine Bindung für sich selbst ausschließen. Allerdings muss das Vorliegen einer Beratung, die dem Unternehmen die Unbedenklichkeit signalisierte, in solchen Fällen, in denen die Kommission dann doch einen Verstoß gegen Art. 101 und 102 AEUV erkennt und verfolgt, die Sanktionsmöglichkeit ausschließen, sofern die Sach- und Rechtslage unverändert ist. Das Vorliegen einer solchen Beratung ist dann eine **negative Bedingung der Strafbarkeit.** Das fordert das rechtsstaatliche Verbot widersprüchlichen Verhaltens. Insoweit ist eine Selbstbindung der Kommission anzunehmen. Ohnehin dürfte aus Gründen der Bestimmtheitsanforderungen infolge des Systemwechsels zur Legalausnahme (s. Art. 1, Rn. 4, 19ff.) eine Bußgeldverhängung nur noch in Fällen erfolgen, in denen ein Verhalten eindeutig und offensichtlich nicht mehr von der Legalausnahme des Art. 101 III AEUV gedeckt ist.[28] Der EuGH sieht jedoch Stellungnahmen von Anwälten oder von nationalen Kartellbehörden nicht als geeignet an, berechtigtes Vertrauen dahingehend begründen zu können, dass ein Verhalten nicht gegen EU-Kartellrecht verstößt.[29]

Art. 5. Zuständigkeit der Wettbewerbsbehörden der Mitgliedstaaten

Die Wettbewerbsbehörden der Mitgliedstaaten sind für die Anwendung der Art. 81 und 82 des Vertrags in Einzelfällen zuständig. Sie können hierzu von Amts wegen oder aufgrund einer Beschwerde Entscheidungen erlassen, mit denen
– die Abstellung von Zuwiderhandlungen angeordnet wird,
– einstweilige Maßnahmen angeordnet werden,

---

[26] EuGH, Rs. C-344/98 – *Masterfoods* Slg. 2000, I-11369, Rn. 46.
[27] ABl. 2004, Nr. C 101, S. 78.
[28] *Dannecker/Biermann,* in: Immenga/Mestmäcker (Hg.), Wettbewerbsrecht, Band 1 EU/Teil 2, 4. Aufl 2012, Art. 23 VO 1/2003, Rn. 88.
[29] EuGH, Rs. C-681/11 – *Schenker,* Rn. 42f.

– Verpflichtungszusagen angenommen werden oder
– Geldbußen, Zwangsgelder oder sonstige im innerstaatlichen Recht vorgesehene Sanktionen verhängt werden.

Sind die Voraussetzungen für ein Verbot nach den ihnen vorliegenden Informationen nicht gegeben, so können sie auch entscheiden, dass für sie kein Grund besteht, tätig zu werden.

Schrifttum: vgl. Literaturübersicht Einf VerfVO; *Dekeyser/Gauer,* The new enforcement system for Articles 81 and 82 and the rights of defence, in: Fordham International Antitrust Law and Policy Proceedings, 2004, S. 537; *Mühlhoff,* Lieber den Spatz in der Hand … oder: Nach der Novelle ist vor der Novelle! Zu den wesentlichen Änderungen des Ordnungswidrigkeitenrechts und des Kartellordnungswidrigkeitenrechts durch die 8. GWB-Novelle NZWWiSt 2013, 321; *Ost,* Die Regelung der Rechtsnachfolge und weitere Neuerungen im Kartellordnungswidrigkeitenrecht durch die 8. GWB-Novelle in Bien, Das deutsche Kartellrecht nach der 8. GWB-Novelle (2013), 305; *Wolf/Fink,* Mit der Verordnung Nr. 17 ins nächste Jahrtausend? WuW 1994, 289 *Schwarze/Weitbrecht,* Grundzüge des europäischen Kartellverfahrensrechts, 2004; *Weitbrecht,* Die Europäisierung des Kartellrechts in Deutschland – Eine Erfolgsstory in der Krise, FS Schwarze (2014), 886.

Übersicht

I. Sinn und Zweck der Regelung

1. Einführung

1 Art. 5 erklärt die Wettbewerbsbehörden der Mitgliedstaaten grundsätzlich zuständig für die Anwendung der Art. 101, 102 AEUV, ohne diese Zuständigkeit auf einzelne materielle Vorschriften zu beschränken, wie dies in Art. 9 Abs. 1 VO Nr. 17/62 der Fall ist. Damit kommt eines der besonders betonten Ziele der Verordnung, nämlich die **Dezentralisierung der Anwendung von Art. 101, 102 AEUV,** in diesem Art. mit Nachdruck zum Ausdruck. Seine Grenzen findet die Zuständigkeit der mitgliedstaatlichen Wettbewerbsbehörden nur, wenn die Kommission ein Verfahren einleitet. In diesem Fall soll wie bisher die Zuständigkeit aller mitgliedstaatlicher Behörden enden.[1] Schließlich definiert Art. 5 die **Entscheidungsarten,** die die Wettbewerbsbehörden der Mitgliedstaaten bei der Anwendung von Art. 101, 102 AEUV erlassen können. Damit schafft Art. 5 einen rechtlichen Rahmen, in dem sich der mitgliedstaatliche Gesetzgeber bei der Ausgestaltung des mitgliedstaatlichen Rechts, soweit es um die Anwendung von Art. 101, 102 AEUV geht, bewegen muss.

2. Dezentrale Anwendung von Art. 101, 102 AEUV

2 Vor der Verabschiedung der Verordnung lag das Monopol für die Anwendung von Art. 101 Abs. 3 AEUV bei der Kommission. Dieses Anwendungsmonopol machte die Anwendung des europäischen Kartellrechts für die mitgliedstaatlichen Wettbewerbsbehörden und Gerichte wenig attraktiv, weil ein wesentlicher Teil des Instrumentariums nicht zur Verfügung stand. Angesichts der wachsenden Zahl mitgliedstaatlicher Wettbewerbsbehörden, von denen die Mehrzahl durchaus die Befugnis zur Anwendung der Art. 101, 102 AEUV

[1] Vgl. Art. 11 Abs. 6.

hatte, und der Menge nicht abgeschlossener Kommissionsverfahren, wurde das Anwendungsmonopol zunehmend als unzeitgemäß kritisiert.[2] Durch die **Aufhebung des Anwendungsmonopols** wird dem Umstand Rechnung getragen, dass dieses die effektive Durchsetzung der europäischen Wettbewerbsregeln durch die mitgliedstaatlichen Wettbewerbsbehörden und Gerichte verhindert hat, obwohl die Kommission selbst nicht in der Lage war, in allen Fällen die Verantwortung für die Einhaltung der Wettbewerbsregeln zu tragen.[3]

3. Zuständigkeit und Befugnis

Art. 5 ist Teil des Kapitels II der Verordnung und normiert wie Art. 4 für die Kommission und Art. 6 für die mitgliedstaatlichen Gerichte entsprechend die Zuständigkeit der mitgliedstaatlichen Wettbewerbsbehörden.[4] Umstritten ist, ob bzw. welche **Befugnis** der mitgliedstaatlichen Wettbewerbsbehörden sich unmittelbar aus Art. 5 ergibt. Zunächst setzt Art. 5 einen Rahmen innerhalb dessen die mitgliedstaatlichen Gesetzgeber ihren jeweiligen Behörden Entscheidungsbefugnisse zur Anwendung der Art. 101, 102 AEUV einräumen können. Nach einer weit verbreitete Auffassung im Schrifttum[5] und die deutsche Rechtsprechung[6] erschöpft sich der Normgehalt in einem Auftrag (und einer Rahmensetzung) für den nationalen Gesetzgeber. Auch wenn in einer historischen Interpretation viel für diese Auffassung sprechen mag, ist sie nicht im Einklang mit der Rechtsprechung des EuGH. In einer dynamischen Interpretation von Art. 5 hat der EuGH in dem grundlegenden Urteil *Tele2 Polska*[7] den Befugnischarakter von Art. 5 jedenfalls für Entscheidungen, keinen Anlass zum Tätigwerden, festzustellen, bejaht. Noch weitergehend hat GA *Mazàk* Art. 5 als Befugnisnorm interpretiert.[8] Diese Auffassung wird auch von Teilen des deutschen Schrifttums geteilt. Streitig ist aber weiterhin insbesondere, ob die Verhängung von Bußgeldern in Ergänzung nationalen Rechts unmittelbar auf Art. 5 gestützt werden kann. Jedenfalls dann, wenn nationale Sanktionsnormen bestehen, die in ihrer Ausgestaltung aber von den Vorgaben des europäischen Rechts abweichen, überspielt – entgegen der Auffassung des BGH – das unmittelbar anwendbare europäische Recht das deutsche Recht.[9] 3

4. Definition der Entscheidungsarten

Der Katalog von Arten von Entscheidungen, die die Wettbewerbsbehörden der Mitgliedstaaten erlassen können, zeigt, dass die mitgliedstaatlichen Behörden sich auf das **Abstellen bzw. die Ahndung von Verstößen** gegen Art. 101, 102 AEUV konzentrieren sollen. Hierzu stehen den mitgliedstaatlichen Behörden sämtliche Möglichkeiten zu, die auch der Kommission selbst durch die Verordnung eingeräumt werden. Neben Entschei- 4

---

[2] *Wolf/Fink* WuW 1994 289; Bundeskartellamt WuW 1998, 1173.

[3] Verordnungsvorschlag 2000, S. 1.

[4] Auf diese Zuständigkeit beruft sich das BKartA etwa in der Entscheidung B9–55/03.

[5] Zumeist noch ohne Berücksichtigung der Entscheidung des EuGH in Sachen Tele2 Polska: *Hossenfelder* in Voraufl. Rn. 3; *Dalheimer,* in: Grabitz/Hilf, Das Recht der europäischen Union, Art. 5 Rn. 7; *Weber,* in: Schulte/Just, Kartellrecht (2012), Artikel 5 VO Nr. 1/2003 Rn. 4; *Ritter,* in: Immenga/Mestmäcker, Wettbewerbsrecht, EG/Teil 2, 5. Aufl., Art. 5 VO Nr. 1/2003 Rn. 1; *Schwarze/Weitbrecht,* Europäisches Kartellverfahrensrecht, 2004 S. 164.

[6] BGH, Beschl. v. 16.12.2014 KRB 47/13 – maxit; so auch MüKoEuWettbR-Bauer Art. 5 Rn. 18.

[7] EuGH v. 3.5.2011 – Rs. C-375/09 – *Tele2 Polska,* Rz. 26.

[8] AG *Mazàk* Schlussanträge v 7.12.2010 *Tele2 Polska* C-375/09 Rn. 57 ff. Vgl. auch ausführlich MüKoEuWettbR-Bauer Art. 5 Rn. 11.; *Klees* 2006, § 7, Rz. 37; *Sura* in: Langen/Bunte VO Nr. 1/2003 Art. 5, Rz. 1.

[9] *Ost,* GWB-Novelle, S. 314 ff.; vgl. auch *Mühlhoff* NZWWiSt 2013, 321, 325; a. A. BGH, Beschl. v. 16.12.2014 KRB 47/13 – maxit; so auch *Dannecker/Biermannn* in Immenga/Mestmäcker, Wettbewerbsrecht, 5. Aufl., Vor § 81 GWB Rn. 19, 22; MüKoEuWettbR-*Bauer* Art. 5 Rn. 18; *Sura* in: Langen/Bunte VO Nr. 1/2003 Art. 5, Rz. 9 *de Bronett,* Europäisches Kartellverfahrensrecht, Art. 5 Rn. 7.

dungen, mit denen die Abstellung einer Zuwiderhandlung angeordnet wird, Bußgeldentscheidungen und Entscheidungen zum Erlass einstweiliger Maßnahmen gehören dazu auch sogenannte Verpflichtungsentscheidungen in Anlehnung an den entsprechenden neuen Entscheidungstyp, welcher der Kommission in Art. 9 eingeräumt wird.

5 Art. 5 regelt damit ebenfalls, dass die Wettbewerbsbehörden der Mitgliedstaaten hinsichtlich einzelner Verhaltensweisen **keine förmlichen positiven Entscheidungen** erlassen können.[10] Hiermit soll sichergestellt werden, dass die mitgliedstaatlichen Behörden keine konstitutiven Freistellungsentscheidungen erlassen können.[11] Allerdings bietet Art. 5 S. 3 den mitgliedstaatlichen Behörden die Möglichkeit, in einer Entscheidung festzustellen, dass für sie kein Grund besteht, tätig zu werden, wenn die Voraussetzungen für ein Verbot des Art. 101 Abs. 1 oder 102 AEUV nach den ihnen vorliegenden Informationen nicht vorliegen. Satz 3 ist zunächst insbesondere für die Mitgliedstaaten von Bedeutung, in denen die Wettbewerbsbehörde durch mitgliedstaatliches Verfahrensrecht verpflichtet ist, ein aufgrund einer Beschwerde eingeleitetes Verfahren förmlich (mit anfechtbarer Entscheidung) einzustellen, wenn der Beschwerdeführer seine Beschwerde nicht zurückzieht. Darüber hinaus bietet Art. 5 S. 3 allen Wettbewerbsbehörden der Mitgliedstaaten die Möglichkeit, sich in der Entscheidungsbegründung mit dem Geltungsbereich des Art. 101 Abs. 3 AEUV auseinander zu setzen, ohne allerdings im Tenor selbst entsprechende Schlussfolgerungen ziehen zu können.

II. Praktische Bedeutung

6 Die Bedeutung der Regelung zeigt sich insbesondere im Zusammenhang mit den Artikeln 1, 3, 11 Abs. 6 und 35. Art. 5 stellt die aus der Legalausnahme folgenden Auswirkungen für das Handeln der mitgliedstaatlichen Wettbewerbsbehörden klar, in dem ihre **Zuständigkeit für die Anwendung aller Bestandteile der Art. 101 und 102 AEUV** geregelt wird. Die aus Art. 3 resultierende Verpflichtung der mitgliedstaatlichen Behörden zur Anwendung der Art. 101, 102 AEUV, soweit sie anwendbar sind, wird durch Art. 5 mit einer Klarstellung der (möglichen) Entscheidungsarten flankiert. Die mitgliedstaatlichen Gesetzgeber können ihre jeweiligen mitgliedstaatlichen Behörden mit allen der Kommission zustehenden Eingriffsbefugnissen zur Ahndung und Abstellung von Verstößen gegen Art. 101, 102 AEUV ausstatten – zur Frage der unmittelbaren Anwendbarkeit vgl. Rn. 3. Mit der 7. GWB-Novelle wurden sämtliche nach Art. 5 mögliche Entscheidungsarten für die Anwendung von europäischem und mitgliedstaatlichem Recht für die deutschen Kartellbehörden eingeführt.[12] Auch in den meisten anderen Mitgliedstaaten sind vergleichbare Gesetzesänderungen in Kraft getreten.[13]

III. Tatbestand

1. Wettbewerbsbehörden der Mitgliedstaaten

7 Art. 5 S. 1 beschränkt die Zuständigkeit zur Anwendung der Art. 101, 102 AEUV auf diejenigen mitgliedstaatlichen Behörden, die die Mitgliedstaaten aufgrund der entsprechenden Verpflichtung in Art. 35 als für die Anwendung des europäischen Kartellrechts zuständig bestimmt haben. Hierdurch ist gewährleistet, dass nur die mitgliedstaatlichen Behörden Art. 101, 102 AEUV anwenden, die auch an die Verpflichtungen der Verordnung gebunden sind.

---

[10] EuGH v. 3.5.2011 – Rs. C-375/09 – *Tele2 Polska.*

[11] Verordnungsvorschlag *2000,* S. 14.

[12] GWB §§ 32–32d.

[13] ECN Working Group on Cooperation Issues, Results of the questionnaire on the reform of Member States (MS) national competition laws after EC Regulation No. 1/2003 (22 May 2013) verfügbar über http://ec.europa.eu/competition/ecn/convergence_table_en.pdf.

2. Zuständigkeit für die Anwendung von Art. 101, 102 AEUV

Für die Anwendung der Art. 101, 102 AEUV sind neben der Kommission die mitgliedstaatlichen Wettbewerbsbehörden zuständig. Damit ist ein System der **parallelen Zuständigkeit** aller gemäß Art. 35 bestimmten mitgliedstaatlichen Behörden und der Kommission definiert. Eine Regel über eine Abgrenzung von Zuständigkeiten ist damit nicht gegeben. Lediglich die förmliche Einleitung eines Verfahrens durch die Kommission beendet die Zuständigkeit der mitgliedstaatlichen Wettbewerbsbehörden.[14] Dieser Verzicht auf eine klare Regelung zur Definition der Zuständigkeit in einem Einzelfall kann „forum shopping", aber auch Rechtsunsicherheit der Unternehmen zur Folge haben.[15] Mit der Bekanntmachung der Kommission über die Zusammenarbeit innerhalb des Netzes der Wettbewerbsbehörden sollen „forum-shopping" und Rechtsunsicherheit weitgehend ausgeschlossen werden.[16] 8

Da die parallele Zuständigkeit der mitgliedstaatlichen Behörden nicht begrenzt ist, sind **parallele Verfahren in einem und demselben Fall möglich.** Zwar soll soweit möglich nur eine Behörde in einem Fall tätig werden;[17] hierzu stellt die Verordnung wichtige Voraussetzungen zur Verfügung wie den Austausch vertraulicher Informationen (Art. 12), Amtshilfe bei Ermittlungen (Art. 22) und die Befugnis zur Einstellung eines Verfahrens, weil eine andere Behörde den zugrundeliegenden Verstoß bereits bearbeitet (Art. 13). Dennoch gibt es Fälle, in denen eine einzelne mitgliedstaatliche Wettbewerbsbehörde nicht in der Lage sein wird, das beanstandete Verhalten wirkungsvoll zu ahnden, und die Kommission kein förmliches Verfahren einleitet. Insbesondere in Bußgeldverfahren, in denen die Wettbewerbsbehörde eines Mitgliedstaates nur die Auswirkungen eines Verstoßes auf seinem Hoheitsgebiet ahnden kann, werden parallele Verfahren erforderlich sein.[18] 9

Mit der Verordnung ist **keine Harmonisierung des Verfahrensrechts** beabsichtigt.[19] Vielmehr werden nur bestimmte verfahrensrechtliche Aspekte für alle Behörden, die die Art. 101, 102 AEUV anwenden, zentral in der Verordnung geregelt.[20] Gleichwohl erfordert die Dezentralisierung der Anwendung der Art. 101, 102 AEUV, insbesondere aber die Verpflichtung zu deren Anwendung gemäß Art. 3, angesichts der allgemeinen Grundsätze des Gemeinschaftsrechts, dass den mitgliedstaatlichen Wettbewerbsbehörden hinreichende Befugnisse zu einer wirksamen Ahndung von verbotenen Verhaltensweisen eingeräumt werden.[21] Zwar erfordert die Sicherstellung einer wirksamen Ahndung nicht zwingend eine Harmonisierung der einzelstaatlichen Sanktionen, bei Lücken ist ein Rückgriff auf die Ausgestaltung der Befugnisse allerdings möglich (str., vgl. oben Rn. 3). 10

Bei der Ausgestaltung der Befugnisse der nationalen Kartellbehörden verbleibt den nationalen Gesetzgebern ein gewisser Freiraum. Allerdings ist über den Wortlaut des Art. 5 hinaus von einem verfahrensrechtlichen Mindeststandard auszugehen, um dem Effektivitätsprinzip Geltung zu verschaffen.[22] Der EuGH hat etwa entsprechende Vorgaben, bei dem das Kommissionsverfahren als Maßstab herangezogen wurde, für den Bereich der Berücksichtigung von Verbotsirrtümern in Bußgeldverfahren unmittelbar aus dem Effektivitätsprinzip hergeleitet.[23] 11

---

[14] Siehe Art. 11 Rn. 3 ff.

[15] So auch Monopolkommission, Folgeprobleme der europäischen Kartellverfahrensreform, Sondergutachten 32, Rn. 33 ff.

[16] Siehe Art. 11 Rn. 4 ff.

[17] Verordnungsvorschlag *2000,* S. 7, Gemeinsame Erklärung Rn. 16.

[18] Netzbekanntmachung, Rn. 12.

[19] Verordnungsvorschlag *2000,* S. 14.

[20] Hierzu gehören jedenfalls die Artikel 2, 5 i. V. m. 35, sowie 12, 13, 15, 28 und 29.

[21] Verordnungsvorschlag *2000,* S. 19.

[22] MüKoEuWettbR-*Bauer* Art. 5 Rn. 21; *Ackermann,* ZWeR 2012, 3, 6; *Weitbrecht,* FS Schwarze (2014), 886, 896.

[23] EuGH, Urt. 18.6.2013, C-681/11 – Schenker, Rn. 45; *Ost,* JECLAP 2014, 125, 132; *Weitbrecht,* FS Schwarze (2014), 886, 900.

12 Die Feststellung der Zuständigkeit bedeutet für die mitgliedstaatlichen Wettbewerbsbehörden ebenso wie für die Kommission **keine Verpflichtung zum Eingreifen in Einzelfällen.** Das Aufgreifermessen der am Netzwerk beteiligten Wettbewerbsbehörden wird damit durch die Verordnung nicht eingeschränkt.

3. Wirkung und Reichweite von Entscheidungen mitgliedstaatlicher Behörden

13 Die Verordnung enthält **keine Regelung zur der Wirkung der verschiedenen möglichen Entscheidungsarten innerhalb des Hoheitsgebiets** des jeweiligen Mitgliedstaates. Im Hinblick auf die Auswirkungen, die Entscheidungen der mitgliedstaatlichen Wettbewerbsbehörde auf ein parallellaufendes zivilrechtliches Verfahren haben, hat inzwischen die Richtlinie über private kartellrechtliche Schadensersatzklagen den nationalen Gesetzgebern Mindistvorgaben gemacht.[24] Die Entscheidung einer mitgliedstaatlichen Wettbewerbsbehörde, dass für sie kein Grund besteht, tätig zu werden, bindet allerdings nur die entsprechende Behörde selbst, sodass einem Beschwerdeführer in jedem Fall der Zivilrechtsweg offen bleibt.

14 Die Verordnung enthält ebenfalls **keine Regelung zur territorialen Reichweite von Entscheidungen mitgliedstaatlicher Wettbewerbsbehörden.**[25] Dieser Umstand kann unter Berücksichtigung der Begründung des Verordnungsvorschlags, in der eine extraterritoriale Wirkung mitgliedstaatlicher Entscheidungen gemäß Art. 101, 102 AEUV explizit ausgeschlossen wird,[26] wohl nur so interpretiert werden, dass die bestehenden völkerrechtlichen Begrenzungen des hoheitlichen Handelns einzelner mitgliedstaatlicher Wettbewerbsbehörden nicht verändert werden.[27] Entscheidungen der mitgliedstaatlichen Wettbewerbsbehörden binden weder die Kommission noch die anderen mitgliedstaatlichen Wettbewerbsbehörden. Kommissionsentscheidungen sind dahingegen bindend für die mitgliedstaatlichen Wettbewerbsbehörden und Gerichte.[28]

4. Entscheidungsarten

15 Alle in Art. 5 S. 2 vorgesehenen Entscheidungsarten stehen durch die Verordnung auch der Kommission zu. Gemäß Art. 7 kann die Kommission eine **Zuwiderhandlung gegen Art. 101 oder 102 AEUV feststellen** und die beteiligten Unternehmen zur **Abstellung der Zuwiderhandlung verpflichten.** Art. 8 ermächtigt die Kommission unter bestimmten Bedingungen zum **Erlass einstweiliger Maßnahmen.** Art. 9 führt einen neuen Entscheidungstyp ein, mit dem die Kommission Unternehmen an von ihnen freiwillig angebotene Zusagen rechtlich binden kann und im Gegenzug dazu auf eine Feststellung eines Verstoßes verzichtet **(Verpflichtungszusagen).** Schließlich verschaffen Art. 23 und 24 der Kommission eine umfassende Rechtsgrundlage zur Verhängung von Bußgelder und/oder Zwangsgelder gegen Unternehmen, die gegen Art. 101 oder 102 AEUV verstoßen oder sonst einen in der Verordnung genannten bußgeldbewährten Verstoß begangen haben.

16 Art. 5 umfasst alle Befugnisse, die der Kommission in den Artt. 7–9 eingeräumt werden. Dies beinhaltet auch die Befugnis zur Feststellung, dass ein bestimmtes beendetes Verhalten

---

[24] Richtlinie 2014/104/EU des Europäischen Parlaments und des Rates vom 26. November 2014 über bestimmte Vorschriften für Schadensersatzklagen nach nationalem Recht wegen Zuwiderhandlungen gegen wettbewerbsrechtliche Bestimmungen der Mitgliedstaaten und der Europäischen Union v. 5.12.2014, ABl. EU L 349/1; Art. 9.

[25] Ausführlich hierzu *Dalheimer,* in: Grabitz/Hilf, Das Recht der europäischen Union, Art. 5 Rn. 20 ff.

[26] Verordnungsvorschlag *2000,* S. 19.

[27] *Sura* in: Langen/Bunte VO Nr. 1/2003 Art. 5, Rz. 1; *Schwarze/Weitrecht,* 2004, S. 192; *Dekeyser/Gauer,* 2004, S. 563.

[28] Siehe Art. 16 Rn. 23 ff. Den mitgliedstaatlichen Gerichten bleibt allerdings gemäß Art. 267 AEUV die Möglichkeit eines Vorabentscheidungsersuchens an den EuGH.

einen Verstoß darstellt. Zwar fehlt die explizite Benennung dieser Befugnis im Wortlaut von Art. 5. Die Feststellung eines Verstoßes ist allerdings ein Teil der Abstellung und Ahndung von Verstößen anzusehen.[29] Der Wortlaut des Art. 5 hindert mitgliedsstaatliche Wettbewerbsbehörden jedenfalls nicht daran, Entscheidungen zur Feststellung von Verstößen zu treffen, wenn sie dafür ein berechtigtes Interesse i. S. der Entscheidungspraxis der Europäischen Gerichte haben.[30]

Art. 6. Zuständigkeit der Gerichte der Mitgliedstaaten

Die einzelstaatlichen Gerichte für die Anwendung der Art. 81 und 82 des Vertrags zuständig.

Übersicht

I. Sinn und Zweck der Regelung

1 Der Art. stellt – gemeinsam mit Art. 1 Abs. 2 – ein Kernstück der Reform des EU-Kartellrechts durch die VerfVO dar. Mit ihm endete die ausschließliche Zuständigkeit der Kommission zur Anwendung der Freistellungsregelungen des Art. 101 Abs. 3 AEUV. Unter der Vorgänger-Verordnung 17/62 setzte eine Freistellung immer einen Akt der Kommission, entweder als Einzelentscheidung oder als Gruppenfreistellung in Form einer Verordnung voraus. Diese eingeschränkte und gleichsam asymmetrische Befugnis der Gerichte der Mitgliedstaaten zur Anwendung des Art. 81 EG erwies sich als problematisch, da die Kommission nur in geringem Maße von ihrer Kompetenz zum Erlass von Einzelfreistellungen Gebrauch machte.[1]

II. Praktische Bedeutung

2 Die praktische Bedeutung des Art. 6 liegt zunächst darin, dass **freistellungsfähige,** aber tatsächlich nicht freigestellte **Vereinbarungen** von den Gerichten **als wirksam** und nicht als (schwebend) unwirksam oder nichtig angesehen werden müssen. Diese sich nach früherer Rechtslage ergebende Rechtsfolge war wegen des Vollzugsdefizit der Kommission problematisch; die Kommission schloss einen Großteil der angemeldeten Fälle nicht durch förmliche Entscheidung, sondern nur durch **formloses Verwaltungsschreiben** ab.

3 Teilweise wurde an der **Fähigkeit der Gerichte** gezweifelt, die zur Anwendung des Art. 101 Abs. 3 AEUV notwendigen Erwägungen, die zudem zum Teil **politisch-diskretio-närer Art**[2] seien, anzustellen.[3] Dabei wurde auch darauf hingewiesen, dass selbst die europäischen Gerichte der Kommission bei der Anwendung des Art. 81 Abs. 3 EG ein

---

[29] GA Kokott, Schlussanträge v. 28.2.2013, RS C-681/11 – *Schenker,* Rn. 110; in der Sache folgt EuGH, Urt. 18.6.2013, C-681/11 – *Schenker,* Rn. 45.

[30] OLG Düsseldorf, Beschl. v. 20.6.2008, Rs VI-2 Kart 1/06 (V) – *EON Ruhrgas;* WuW/E DE-R 1757, 1772.

[1] *Bechtold* ZHR 160 (1996), 660, 667.

[2] Vgl. *Möschel* JZ 2000, 61, 62; *Deselaers/Obst,* EWS 2000, 41, 43; *Gröning* in: European Competition Law Annual 2000: The Modernization of EU Competition Law, S. 579.

[3] Vgl. MüKoEuWettbwR/*Bauer,* 2. Aufl., Art. 6 VO 1/2003 Rn. 5.

nicht gerichtlich überprüfbares Ermessen auf Tatbestandsseite zugestehen.[4] Die Kommission hat, um die Rechtsanwendung zu erleichtern, detaillierte Leitlinien zur Anwendung des Art. 101 Abs. 3 AEUV erlassen, die natürlich keine unmittelbare rechtliche Bindungswirkung entfalten können.[5] Das erste Jahrzehnt der Rechtsanwendung hat die Befürchtung der Überforderung der Gerichte durch die neuen Regelungen nicht bestätigen können.

III. Tatbestand

1. Einzelstaatliche Gerichte

4 Die Befugnis zur Anwendung des Art. 101 Abs. 3 EG steht grundsätzlich **allen Gerichten der Mitgliedstaaten** zu. Auch wenn in erster Linie Zivilgerichte betroffen sein werden, kann Art. 101 AEUV in Verfahren aller Gerichtsbarkeiten eine Rolle spielen. Zudem obliegt die Anwendung des Art. 101 Abs. 3 EG auch **Schiedsgerichten,**[6] die Verfahren behandeln, in denen EG-Wettbewerbsrecht eine Rolle spielt. Die Nichtbeachtung der Art. 101, 102 AEUV durch ein Schiedsgericht stellt einen Verstoß gegen den *ordre public* dar, der zur Aufhebung des Schiedsspruchs durch nationale Gerichte berechtigt.[7] Da allerdings nach Rechtsprechung des EuGH Schiedsgerichte nicht berechtigt sind, gemäß Art. 267 AEUV vorzulegen,[8] ergibt sich die Konsequenz, dass Fragen der Auslegung des Art. 101 Abs. 3 AEUV erst im Rahmen der Vollstreckung oder Anerkennung des Schiedsspruchs – und somit zu spät – durch Vorlage an den EuGH geklärt werden können.[9]

2. Zuständigkeit

5 Die Zuständigkeit der einzelstaatlichen Gerichte bedeutet, wie sich aus der EuGH-Rechtsprechung ergibt, dass die Art. 10 und 102 AEUV von den nationalen Gerichten **von Amts wegen** zu beachten sind und dass es insoweit **keiner Berufung einer Partei auf diese Vorschriften** bedarf.[10] Ein Gericht darf also nicht zur Erfüllung einer kartellrechtswidrigen Vereinbarung verurteilen, selbst wenn die Vereinbarung von beiden Parteien als wirksam angesehen wird. In dem ursprünglichen Kommissionsvorschlag für die Verfahrensverordnung war in Art. 6 dagegen noch missverständlich von der „Geltendmachung" des Verbots des Art. 81 Abs. 1 EG durch eine Partei die Rede.

IV. Rechtsfolgen

1. Unmittelbare Anwendung der Art. 101 und 102 AEUV

6 Nationale Gerichte haben nunmehr nicht nur Art. 102 AEUV, sondern auch Art. 101 AEUV in seiner Gesamtheit anzuwenden. Mit dieser Befugnis entfällt nunmehr auch grundsätzlich die Notwendigkeit einer Annahme **vorläufiger Gültigkeit** bestimmter Vereinbarungen, auf die das Verbot des Art. 101 Abs. 1 EG erst dann angewendet werden

---

[4] EuGH U. v. 25.3.1996 Rs. C-137/95P – *SPO/Kommission* Slg. 1996, I-1612 Rn. 41; EuG U. v. 21.2.1995 Rs. T-29/92 – *SPO/Kommission* Slg. 1995, II-289; *Mestmäcker* EuZW 1999, 523, 526.

[5] Vgl. Leitlinien zur Anwendung von Artikel 81 Absatz 3 EG-Vertrag, ABl. 2004 C101/97.

[6] Eingehend zur Anwendung des Kartellrechts durch Schiedsgerichte *K. Schmidt* ZWeR 2007, 394, 414 f.

[7] EuGH U. v. 1.6.1999 Rs. C-126/97 – *Eco Swiss China Time Ltd/Benetton International NV* Slg. 1999, I-3055, WuW/E EU-R 203; OLG Düsseldorf WuW/E DE-R 997 – *Züricher Schiedsspruch.* Kritisch dazu *Ason* WuW 2014, 1057, 1060.

[8] EuGH U. v. 3.3.1982 Rs. 102/81 – *Nordsee Deutsche Hochseefischerei/Reederei Mond* Slg. 1982, 1095.

[9] Zum Umfang der kartellrechtlichen Überprüfung des Schiedsspruchs im Anerkennungsverfahren vgl. Thüringer OLG WuW DE-R 2219 – *Schott; K. Schmidt* ZWeR 2007, 394, 417; *Ason* WuW 2014, 1057, 1060.

[10] Vgl. EuGH U. v. 14.12.1995 verb. Rs. C-430/93 und C-431/93 – *van Schijndel und van Veen/Pensionsfonds* Slg. 1995, I-4705.

kann, wenn sich die Kommission zu der Vereinbarung geäußert hat.[11] Auch Altkartelle[12] und Beitrittskartelle unterliegen nunmehr den gleichen Regeln wie alle anderen Vereinbarungen. Allerdings ist gem. Art. 21 Abs. 1 FKVO die Anwendung der Verfahrensverordnung auch auf Zusammenschlüsse i. S. der FKVO ausgeschlossen, so dass insbesondere für die Anwendung des Art. 101 AEUV auf Zusammenschlüsse ohne gemeinschaftsweite Bedeutung die alten Grundsätze der EuGH-Rechtsprechung zur „vorläufigen Gültigkeit“ angewendet werden müssten.[13]

2. Weiterhin bestehende ausschließliche Zuständigkeiten der Kommission

Die Kommission behält im Bereich des Art. 101 EG weiterhin die ausschließliche Zuständigkeit zur Anwendung der Freistellung des **Art. 2 Abs. 1 VO 1184/2006,**[14] die für den Bereich der **Landwirtschaft** gilt. Die Wettbewerbsregeln des EG-Vertrages gelten in diesem Bereich nur soweit der Rat dies bestimmt, Art. 42 AEUV. Aufgrund dieser Vorschrift erließ der Rat die VO Nr. 1184/2006, nach deren Art. 1 die Wettbewerbsregeln nur vorbehaltlich des Artikels 2 dieser VO Anwendung auf Vereinbarungen bezüglich der Produktion und des Handels mit landwirtschaftlichen Erzeugnissen finden sollen. Mit Art. 2 Abs. 1 VO Nr. 1184/2006 besteht somit eine weitere Ausnahmenorm zu Art. 101 Abs. 1 EG. Das bedeutet allerdings nicht, dass nationale Gerichte Art. 101 Abs. 1 EG auf eine Vereinbarung im Bereich der Landwirtschaft erst dann anwenden können, wenn die Kommission die Anwendung von Art. 2 Abs. 1 VO Nr. 1184/2006 abgelehnt hat.[15] Auch hier bleibt die Anwendung des Art. 101 EG durch nationale Gerichte von einer vorherigen Entscheidung der Kommission unabhängig.[16] 7

Art. 7. Feststellung und Abstellung von Zuwiderhandlungen

(1) [1] **Stellt die Kommission auf eine Beschwerde hin oder von Amts wegen eine Zuwiderhandlung gegen Art. 81 oder Art. 82 des Vertrags fest, so kann sie die beteiligten Unternehmen und Unternehmensvereinigungen durch Entscheidung verpflichten, die festgestellte Zuwiderhandlung abzustellen.** [2] **Sie kann ihnen hierzu alle erforderlichen Abhilfemaßnahmen verhaltensorientierter oder struktureller Art vorschreiben, die gegenüber der festgestellten Zuwiderhandlung verhältnismäßig und für eine wirksame Abstellung der Zuwiderhandlung erforderlich sind.** [3] **Abhilfemaßnahmen struktureller Art können nur in Ermangelung einer verhaltensorientierten Abhilfemaßnahme von gleicher Wirksamkeit festgelegt werden, oder wenn letztere im Vergleich zu Abhilfemaßnahmen struktureller Art mit einer größeren Belastung für die beteiligten Unternehmen verbunden wäre.** [4] **Soweit die Kommission ein berechtigtes Interesse hat, kann sie auch eine Zuwiderhandlung feststellen, nachdem diese beendet ist.**

---

[11] So z. B. EuGH U. v. 9.7.1969 Rs. 10/69 – *Portelange/Smith Corona Marchant International* Slg. 1969, 309 Rn. 15/16, WuW/E MUV 213; EuGH U. v. 10.7.1980 Rs. 99/79 – *Lancôme u. a./Etos BV und Albert Heyn Supermart* BV Slg. 1980, 2511 Rn. 18, WuW/E MUV 485; EuGH U. v. 24.4. 1997 Rs. C-39/96 – *Koninklijke Vereeniging/Free Record Shop* Slg. 1997, I-2303.

[12] Vgl. hierzu EuGH U. v. 6.2.1973 Rs. 48/72 – *Brasserie de Haecht/Wilkin-Janssen (II)* Slg. 1973, 77 Rn. 8 WuW/E MUV 303.

[13] Vgl. dazu EuGH U. v. 11.4.1989 Rs. 66/86 – *Ahmed Saeed Flugreisen u. a./Zentrale zur Bekämpfung des unlauteren Wettbewerbs e. V.* Slg 1989, 803 Rn. 29, WuW/E MUV 841.

[14] Abl. 2006 L214/7. Inhaltlich weitgehend identische Vorgängerregelung war die VO 26/62. Vgl. Komm., Weißbuch zur Modernisierung, ABl. 1999, C132/1 Rn. 130.

[15] Vgl. dazu zur Vorgängerregelung die Vorlagefragen in EuGH U. v. 12.12.1995 verb. Rs. C-319/93, C-40/94 und C-224/94 – *Hendrik Evert Dijkstra/Friesland (Frico Dorno) Coöperatie* Slg. 1995, I-4471 Rn. 11.

[16] Zur Vorgängerregelung: EuGH U. v. 12.12.1995 verb. Rs. C-319/93, C-40/94 und C-224/94 – *Hendrik Evert Dijkstra/Friesland (Frico Dorno) Coöperatie* Slg. 1995, I-4471 Rn. 24, 32 f.

(2) **Zur Einreichung einer Beschwerde im Sinne von Abs. 1 befugt sind natürliche und juristische Personen, die ein berechtigtes Interesse darlegen, sowie die Mitgliedstaaten.**

Übersicht

I. Allgemein

1 Nach der VO 1/2003 kann die Kommission **drei Arten von formellen Entscheidungen** i. S. d. Art. 288 AEUV erlassen, um ein Verfahren abzuschließen: (i) Entscheidungen nach Art. 7, in denen eine Verletzung der EU-Wettbewerbsregeln festgestellt wird und die entweder als Untersagungsentscheidungen (gegebenenfalls verbunden mit einer Abstellungsanordnung und einer Geldbuße) oder als reine Feststellungsentscheidungen ergehen; (ii) Entscheidungen nach Art. 9 Abs. 1, welche die von den Unternehmen angebotenen Verpflichtungszusagen für bindend erklären und darüber hinaus die Feststellung treffen, dass aufgrund der Zusagen kein Anlass mehr für ein Tätigwerden der Kommission wegen einer Zuwiderhandlung gegen Art. 101 oder 102 AEUV besteht; (iii) Positiventscheidungen gemäß Art. 10, in denen die Kommission in bestimmten Ausnahmefällen, nämlich bei Vorliegen eines öffentlichen Interesses, feststellt, dass eine Vereinbarung oder abgestimmte Verhaltensweise keine Verletzung der Art. 101 oder 102 AEUV darstellt. Die Positiventscheidung ist an die Stelle des Negativattests (Art. 2 VO 17/62) und der Einzelfreistellungsentscheidung (Art. 9 VO 17/62) getreten. Da es nach der VO 1/2003 kein Anmeldesystem mehr gibt, sondern ein **Legalausnahmesystem,** hat eine Positiventscheidung nur deklaratorische Wirkung.[1] Durch das Instrument der Positiventscheidung wird kein neues Anmeldesystem „durch die Hintertür" eingeführt, da der Einzelne keinen Anspruch auf Erlass einer solchen Entscheidung hat.[2] Positiventscheidungen werden von der Kommission nur von Amts wegen getroffen. Im Übrigen ist ihr Anwendungsbereich nach der 14. Begründungserwägung der VO 1/2003 auf Ausnahmefälle begrenzt. Bislang hat die Kommission von der Ermächtigung zum Erlass von Positiventscheidungen noch keinen Gebrauch gemacht.

2 Die VO 1/2003 überträgt die Anwendung der Art. 101, 102 AEUV in erster Linie den nationalen Wettbewerbsbehörden und Gerichten. Die Kommission will sich vor allem auf die Verfolgung und Ahndung von **Hard-Core-Wettbewerbsbeschränkungen** konzent-

[1] 14. Begründungserwägung zur VO 1/2003.
[2] *Modrall,* Global Competition Review 2003, 29, 31.

rieren (z.B. Preiskartelle, Aufteilungen von Märkten). Verfahrensabschlüssen nach Art. 7 dürfte daher in der Entscheidungspraxis der Kommission eine erhebliche größere Bedeutung zukommen als denen nach Art. 9 oder 10. Die Bedeutung des Beschwerderechts für natürliche und juristische Personen in Art. 7 Abs. 2 wird dabei noch dadurch erhöht, dass es für Private nach der VO 1/2003 keine andere Möglichkeit mehr gibt, die Kommission mit der Anwendung der Art. 101, 102 AEUV zu befassen und zu einer gerichtlich nachprüfbaren Entscheidung zu zwingen.[3] Die von Wettbewerbsbeschränkungen Betroffenen sind mithin auch unter dem Regime der VO 1/2003 nicht allein auf Zivilprozesse vor nationalen Gerichten angewiesen. Sie haben vielmehr mit dem Beschwerderecht eine Möglichkeit, in unionsrechtlich abgesicherter Weise auf die Anwendung der EU-Wettbewerbsregeln durch die Kommission hinzuwirken.

II. Änderungen gegenüber der VO 17/62

Art. 7 entspricht inhaltlich dem Art. 3 VO 17/62. Die Begründungserwägungen 11 und 12 belegen, dass der Unionsgesetzgeber die Befugnisse, die der Kommission unter der Geltung von Art. 3 VO 17/62 zustanden, durch Art. 7 nicht erweitern, sondern **lediglich präzisieren** wollte. Die zu Art. 3 VO 17/62 ergangene Rechtsprechung und Literatur behalten auch im Rahmen des Art. 7 ihre Bedeutung.[4] Art. 7 enthält allerdings keine dem Art. 3 Abs. 3 VO 17/62 entsprechende Regelung mehr, wonach die Kommission vor Erlass einer förmlichen Entscheidung an die beteiligten Unternehmen Empfehlungen zur Abstellung der beanstandeten Zuwiderhandlung richten kann. Zweck dieser Vorschrift war es, der Kommission zu ermöglichen, die beteiligten Unternehmen über die Rechtslage zu unterrichten und sie auch ohne unmittelbaren rechtlichen Zwang zu veranlassen, sich nach der Rechtsauffassung der Kommission zu verhalten.[5] Da diese Möglichkeit in der Praxis der Kommission keine nennenswerte Bedeutung erlangt hat, wurde in der VO 1/2003 auf eine solche Regelung von vornherein verzichtet. **3**

Die Bestimmung des Art. 7 enthält in Abs. 1 S. 2 und 3 eine Präzisierung hinsichtlich der Maßnahmen, die die Kommission anordnen kann, um eine Zuwiderhandlung gegen Art. 101 oder Art. 102 AEUG abzustellen. Sie ist befugt, den Adressaten der Entscheidung Abhilfemaßnahmen verhaltensorientierter oder struktureller Art aufzuerlegen. Es war zumindest zweifelhaft gewesen, ob die Befugnisse der Kommission nach Art. 3 VO 17/62 bereits **strukturelle Abhilfemaßnahmen** umfassten, da Art. 3 VO 17/62 im Gegensatz zu Art. 7 keine Arten von Abhilfemaßnahmen aufführte. In der 12. Begründungserwägung zur VO 1/2003 betont der Gemeinschaftsgesetzgeber, dass der Kommission „ausdrücklich" die Befugnis übertragen werden sollte, auch strukturelle Maßnahmen festzulegen, die zur effektiven Abstellung einer Zuwiderhandlung erforderlich sind. Mit dieser Formulierung geht der Gemeinschaftsgesetzgeber in Anlehnung an die Rechtsprechung des EuGH[6] davon aus, dass eine derartige Befugnis bereits unter der Geltung des Art. 3 VO 17/62 existierte.[7] **4**

Der Vorrang von verhaltensorientierten gegenüber strukturellen Maßnahmen, der in Art. 7 Abs. 1 S. 3 angeordnet wird, folgt aus dem Grundsatz der **Verhältnismäßigkeit,** dessen ausdrückliche Erwähnung in Art. 7 Abs. 1 S. 2 nur deklaratorische Bedeutung hat. **5**

---

[3] *Mestmäcker/Schweitzer,* Europäisches Wettbewerbsrecht, 3. Aufl. 2014, § 21 Rn. 1.

[4] *Mestmäcker/Schweitzer* a. a. O. § 21 Rn. 1.

[5] EuGH B. v. 17.1.1980 Rs. 792/79 R. – *Camera Care/Komm.* Slg 1980, 119 Rn. 13, 16.

[6] EuGH U. v. 6.3.1974 verb. Rs. 6 und 7/73 – *Commercial Solvents/Komm.* Slg. 1974, 223 Rn. 45; EuGH U. v. 6.4.1995 verb. Rs. C-241/91 P und C-242/91 P – *RTE und ITP/Komm.* Slg. 1995, I-743 Rn. 90.

[7] A. A. *Haus* WuW 2001, 659, 663f., wonach die Entflechtung als Aktionsparameter des Europäischen Kartellrechts neues Gemeinschaftsrecht darstelle und sich daher nicht als bloße Durchführungsvorschrift des Kartellverbots oder des Missbrauchverbots begreifen lasse.

Es handelt sich nach der EuGH-Rechtsprechung um einen allgemeinen Grundsatz des Gemeinschaftsrechts, der als höherrangiges Primärrecht bei der Auslegung des sekundären Gemeinschaftsrechts ohnehin stets zu beachten ist.[8]

6 Schließlich wird in Art. 7 Abs. 1 S. 4 ausdrücklich klargestellt, dass die Kommission nicht nur dann zur Feststellung einer Zuwiderhandlung befugt ist, wenn sie in der betreffenden Entscheidung zugleich deren Abstellung anordnet bzw. eine Geldbuße verhängt, sondern auch dann, wenn die **Zuwiderhandlung bereits beendet** ist und die Kommission keine Geldbuße auferlegt. Der Inhalt der Entscheidung beschränkt sich in diesem Fall auf die bloße Feststellung, dass eine Zuwiderhandlung in der Vergangenheit vorgelegen hat. Eine diesbezügliche Befugnis der Kommission hat der EuGH bereits im Jahr 1983 anerkannt.[9]

III. Tätigwerden von Amts wegen

7 Die Kommission kann gemäß Art. 7 Abs. 1 S. 1 auf eine Beschwerde hin oder von Amts wegen eine Zuwiderhandlung gegen Art. 101 oder 102 AEUV untersuchen. Vielfach werden Unternehmen, die Opfer einer wettbewerbsbeschränkenden Verhaltensweise geworden sind, aus **Angst vor Vergeltungsmaßnahmen** zögern, eine formelle Beschwerde gegen den Verletzer bei der Kommission einzulegen.[10] Dies gilt insbesondere in Fällen, in denen Unternehmen ihre marktbeherrschende Stellung gegenüber ihren Abnehmern missbrauchen. Leitet die Kommission nämlich auf eine Beschwerde hin ein Verfahren ein und versendet Beschwerdepunkte an das der Zuwiderhandlung verdächtigte Unternehmen, so kann dieses nach Art. 15 Abs. 1 VO 773/2004[11] Akteneinsicht bei der Kommission beantragen. Zwar darf die Kommission Geschäftsgeheimnisse des Beschwerdeführers und sonstige ihn betreffende vertrauliche Informationen dem Adressaten der Beschwerdepunkte grundsätzlich nicht zugänglich machen (Art. 16 Abs. 1 VO 773/2004) und sie ist auch grundsätzlich dazu verpflichtet, einen begründeten Wunsch nach vertraulicher Behandlung der Identität zu respektieren, dies alles wird jedoch nicht immer ausreichen, einem Unternehmen die Angst vor Vergeltungsmaßnahmen zu nehmen. Die Einstufung von Informationen als vertraulich hindert die Kommission nämlich nicht daran, diese offen zu legen, wenn dies zum Nachweis einer Zuwiderhandlung erforderlich ist.[12] Die Kommission muss in einem solchen Fall allerdings bei jedem einzelnen Schriftstück prüfen, ob das Bedürfnis, es offen zu legen, größer ist als der Schaden, der aus dieser Offenlegung entstehen könnte.[13] Die Kommission ist auf Informationen von den durch Wettbewerbsverstöße betroffenen Unternehmen angewiesen, um schwerwiegende Zuwiderhandlungen, die oft nur schwer nachweisbar sind, aufdecken zu können. In ihrer Bekanntmachung über die Behandlung von Beschwerden gibt die Kommission den Unternehmen deshalb die Möglichkeit, zwischen der Einlegung einer formellen Beschwerde i. S. d. Art. 7 Abs. 2 und der Einreichung einer formlosen Anzeige zu **wählen.**

8 Letztere Möglichkeit wird im EU-Sprachgebrauch als Zurverfügungstellung von **Marktinformationen** bezeichnet.[14] Diese können den Ausgangspunkt für eine von Amts wegen eingeleitete Untersuchung der Kommission bilden. Die Kommission hat für Bürger, Unter-

---

[8] Z. B. EuGH U. v. 13.12.1979 Rs. 44/79 – *Hauer/Land Rheinland-Pfalz* Slg 1979, 3727, Rn. 23; zur primärrechtskonformen Auslegung des sekundären Gemeinschaftsrechts vgl. *Anweiler,* Die Auslegungsmethoden des Gerichtshofs der Europäischen Gemeinschaften, Diss. Göttingen 1997, S. 185 ff.

[9] EuGH U. v. 2.3.1983 Rs. 7/82 – *GVL/Komm.* Slg. 1983, 483 Rn. 23.

[10] *Mestmäcker/Schweitzer,* Europäisches Wettbewerbsrecht, § 21 Rn. 11.

[11] Verordnung Nr. 773/2004 der Kommission über die Durchführung von Verfahren auf der Grundlage der Art. 81 und 82 EG-Vertrag durch die Kommission, ABl. 2004 L 123/18.

[12] Art. 27 Abs. 2 VO 1/2003.

[13] Nr. 67 der Bekanntmachung der Kommission über die Behandlung von Beschwerden durch die Kommission gemäß Art. 81 und 82 EG, ABl. 2004 C 101/65.

[14] Nr. 4 der Bekanntmachung a. a. O.

nehmen oder deren Verbände, die sie über mutmaßliche Zuwiderhandlungen informieren wollen, eine eigene Internetseite eingerichtet.[15] Entscheidet sich das von einer Zuwiderhandlung betroffene Unternehmen für diese Möglichkeit, so kann es ein Verfahren der Kommission auch dann anregen, wenn es beantragt, die von ihm gemachten Angaben insgesamt als vertraulich zu behandeln und nicht gegenüber dem beschuldigten Unternehmen zu verwerten und hierdurch zu erkennen gibt, dass es nicht an der Einlegung einer formellen Beschwerde interessiert ist.[16] Das anzeigende Unternehmen verliert dann zwar die Beteiligungsrechte eines formellen Beschwerdeführers aus Art. 6 VO 773/2004,[17] weil das gegebenenfalls von der Kommission eingeleitete Verfahren von Amts wegen geführt wird. Dafür ist die Kommission aber zur Geheimhaltung verpflichtet und darf alle in der Anzeige enthaltenen Angaben nicht ohne die Zustimmung des anzeigenden Unternehmens verwerten.

Besondere Voraussetzungen für ein Tätigwerden der Kommission von Amts wegen bestehen nicht. Die Kommission ist insbesondere nicht verpflichtet, jedem Fall eines angeblichen Verstoßes gegen Art. 101 oder 102 AEUV nachzugehen, von dem sie Kenntnis erlangt. Es gilt der Grundsatz des Aufgreifermessens **(Opportunitätsprinzip).**[18] Die Kommission „kann" in die Untersuchung des Sachverhalts eintreten. Selbst wenn ihre Ermittlungen ergeben, dass ein Wettbewerbsverstoß vorliegt, liegt es in ihrem Ermessen, ein Verfahren zur Abstellung der Zuwiderhandlung zu eröffnen. 9

Die Befugnis, ein Verfahren von Amts wegen einzuleiten, besteht auch dann, wenn die Kommission in derselben Sache das Beschwerderecht eines Unternehmens mangels Nachweises eines berechtigten Interesses ablehnt.[19] 10

IV. Tätigwerden aufgrund einer Beschwerde

1. Voraussetzungen für die Erhebung von Beschwerden

Beschwerden stellen eine wesentliche Informationsquelle zur Aufdeckung von Zuwiderhandlungen gegen das EU-Wettbewerbsrecht dar. Gemäß Art. 7 Abs. 2 sind zur Einreichung einer Beschwerde natürliche und juristische Personen befugt, die ein berechtigtes Interesse darlegen. Darunter fallen z.B. Kunden, aktuelle oder potentielle Wettbewerber, Unternehmen, die auf vor- oder nachgelagerten Märkten tätig sind, Verbraucher oder Verbraucherverbände, Gewerkschaften sowie lokale/regionale Behörden/Regierungsstellen oder politische Parteien in ihrer Eigenschaft als Abnehmer oder Nutzer von Waren oder Dienstleistungen. Beschwerdebefugt sind darüber hinaus die Mitgliedstaaten der Gemeinschaft. Sie brauchen kein berechtigtes Interesse darzulegen.[20] Das Bestehen eines berechtigten Interesses wird bei ihnen vermutet. 11

a) Berechtigtes Interesse. Ein berechtigtes Interesse ist gegeben, wenn eine natürliche oder juristische Person durch eine Wettbewerbsbeschränkung oder die missbräuchliche Ausnutzung einer marktbeherrschenden Stellung **betroffen ist oder sein kann.** Maßgeblich ist die Nähe und Intensität des dem Beschwerdeführer durch die Verletzung der Wettbewerbsregeln drohenden Schadens.[21] Unternehmen können (selbst oder durch Verbände, die ihre Interessen wahrnehmen) ein berechtigtes Interesse geltend machen, sofern sie auf dem relevanten Markt tätig sind oder das beanstandete Verhalten geeignet ist, sie in ihren Interessen unmittelbar zu verletzen.[22] Auch die an einer Wettbewerbsbeschränkung betei- 12

---

[15] http://ec.europa.eu/comm/competition/contacts/antitrust_mail.html.
[16] *Mestmäcker/Schweitzer,* Europäisches Wettbewerbsrecht, § 21 Rn. 11.
[17] Näher dazu unten Rn. 23ff.
[18] *Ritter* in: Immenga/Mestmäcker, Wettbewerbsrecht Bd. I/Teil 2, S. 371.
[19] EuG U. v. 16.9.1998 Rs. T-133/95 und T-204/95 – *IECC/Komm.* Slg. 1998, II-3645 Rn. 79.
[20] Vlg. *Ritter* (Fn. 18) S. 72.
[21] *Kerse,* Rn. 2.29.
[22] Nr. 36 der Bekanntmachung der Kommission über die Behandlung von Beschwerden durch die Kommission gemäß Art. 81 und 82 EGV, ABl. 2004 C 101/65.

ligten Unternehmen sind beschwerdeberechtigt.[23] Nicht ausreichend ist hingegen, wenn sich Personen oder Organisationen auf das Gemeinwohl berufen, ohne darzutun, dass die Zuwiderhandlung geeignet ist, sie oder ihre Mitglieder unmittelbar zu verletzen.[24]

13 Gemäß Art. 5 Abs. 1 der VO 773/2004 bzw. Nr. 40 der Kommissionsbekanntmachung über die Behandlung von Beschwerden muss der Beschwerdeführer sein berechtigtes Interesse **darlegen und nachweisen,** d. h. er muss Tatsachen vortragen, aus denen sich ergibt, dass ein Verstoß gegen die EU-Wettbewerbsregeln vorliegen kann und in welcher Weise er von diesem Verstoß betroffen ist. Ist er dazu nicht in der Lage, so ist die Kommission unbeschadet ihres Rechts auf Einleitung eines Verfahrens von Amts wegen berechtigt, die Beschwerde nicht weiter zu verfolgen. Die Kommission kann das Fehlen des berechtigten Interesses in jeder Phase ihrer Ermittlungen feststellen.[25]

14 Leitet die Kommission auf eine Beschwerde hin allerdings ein Verfahren ein, so ist es ohne Bedeutung, ob der Beschwerdeführer tatsächlich ein berechtigtes Interesse hat oder nicht, denn die Kommission wäre auch befugt gewesen, das Verfahren von Amts wegen einzuleiten.[26] Die Feststellung des berechtigten Interesses spielt folglich in der Praxis nur dann eine Rolle, wenn die Kommission auf eine Beschwerde nicht oder nicht antragsgemäß tätig geworden ist und der Beschwerdeführer daraufhin beim EuG eine Untätigkeitsklage gemäß Art. 265 AEUV erhebt.[27]

15 **b) Gegenstand.** Anders als der Wortlaut des Art. 7 Abs. 1 S. 1 nahe legt, bezieht sich das Beschwerderecht auf den **Erlass einer Abstellungsverfügung** durch die Kommission und nicht etwa auf die isolierte Feststellung, dass eine Zuwiderhandlung vorliegt.[28] Die Kommission würde sonst der Durchsetzung individueller Interessen dienen, was gerade nicht ihre Aufgabe ist. Aus Art. 3g EG folgte, dass die Aufgabe der Kommission in erster Linie darin besteht, den Wettbewerb als Institution und nicht die Rechte des Einzelnen zu schützen. Der eigentliche Sinn eines Beschwerderechts, das auf die Feststellung einer Zuwiderhandlung gerichtet wäre, würde darin bestehen, es Personen und Personenvereinigungen zu erleichtern, unter Hinweis auf die von der Kommission getroffene Feststellung Schadensersatzansprüche vor nationalen Gerichten zu führen.

16 **c) Richtiger Adressat.** Je nach **Art seines Anliegens** kann ein potentieller Beschwerdeführer entweder bei einem einzelstaatlichen Gericht oder bei einer Wettbewerbsbehörde, die für die Durchsetzung des Wettbewerbsrechts im öffentlichen Interesse zuständig ist, vorstellig werden. Die Ziffern 7 ff. der Bekanntmachung über die Behandlung von Beschwerden[29] durch die Kommission unterstützen potentielle Beschwerdeführer bei der Entscheidung, ob sie eine Beschwerde an die Kommission oder an eine Wettbewerbsbehörde der Mitgliedstaaten richten oder vor einem einzelstaatlichen Gericht Klage erheben sollen.

17 Für die Kommission ist die Tatsache, dass ein Beschwerdeführer den Schutz seiner Rechte durch eine **Klage vor einem einzelstaatlichen Gericht** sichern kann, ein wichtiges Element, das sie bei ihrer Prüfung des Gemeinschaftsinteresses[30] an der Verfolgung einer Beschwerde berücksichtigen kann. In der Bekanntmachung wird daher in Ziffer 16 darauf hingewiesen, dass es Sache der einzelstaatlichen Gerichte ist, die zivilrechtliche

---

[23] Z. B. Komm. E. v. 25.7.1974 *FRUBO* ABl. 1974 L 237/16; EuG U. v. 15.1.1997 Rs. T-77/95 – *SFEI* u. a./Komm. Slg 1997, II-1 Rn. 29, 55.

[24] Nr. 38 der Bekanntmachung (Fn. 22).

[25] EuG U. v. 16.9.1998 Rs. T-133/95 und T-204/95 – *IECC/Komm.* Slg. 1998, II-3645 Rn. 79.

[26] EuGH U. v. 12.7.1979 verb. Rs. 32/78 und 36 bis 82/78 – *BMW/Komm.* Slg. 1979, 2435 Rn. 18.

[27] *Mestmäcker/Schweitzer,* Europäisches Wettbewerbsrecht, § 21 Rn. 8.

[28] *de Bronett* WuW 1997, 865, 867.

[29] Bekanntmachung der Kommission über die Behandlung von Beschwerden durch die Kommission gemäß Art. 81 und 82 EGV, ABl. 2004 C 101/65.

[30] Näher dazu unten Rn. 25.

Rechtsfolge einer Nichtigkeit gemäß Art. 101 Abs. 2 AEUV auf Vertragsverhältnisse zur Anwendung zu bringen. Dabei können die Gerichte insbesondere auch anhand des einzelstaatlichen Rechts den **Umfang und die Folgen der Ungültigkeit bestimmter Vertragsbestimmungen** unter Berücksichtigung aller sonstigen in der Vereinbarung geregelten Fragen beurteilen. Ferner können sie für infolge einer Zuwiderhandlung entstandene Verluste **Schadensersatz** zusprechen oder im Zusammenhang mit Vereinbarungen, die sie nach Maßgabe von Art. 101 AEUV prüfen, über **Zahlungsforderungen** und andere Klagen auf **Einhaltung vertraglicher Verpflichtungen** entscheiden. Zudem können die nationalen Gerichte in der Regel der obsiegenden Partei die **Erstattung von Verfahrenskosten** zusprechen. In den Verwaltungsverfahren der Kommission ist dies hingegen ausgeschlossen.

Ein Beschwerdeführer muss darüber hinaus entscheiden, ob er die Beschwerde bei einer **18** **nationalen Wettbewerbsbehörde oder bei der Kommission** einreichen soll. Die VO 1/2003 begründet parallele Zuständigkeiten für die Anwendung von Art. 101 und 102 AEUV, indem sie die Wettbewerbsbehörden der Mitgliedstaaten zur Anwendung dieser Bestimmungen in ihrer Gesamtheit ermächtigt. Eine einzelne nationale Wettbewerbsbehörde ist im Regelfall gut geeignet, Vereinbarungen oder Verhaltensweisen zu behandeln, die den Wettbewerb **hauptsächlich innerhalb ihres Hoheitsgebiets** wesentlich beeinträchtigen. Die Kommission ist demgegenüber besonders gut geeignet, sich eines Falles anzunehmen, wenn einer oder mehrere Vereinbarungen oder Verhaltensweisen, darunter auch Netze ähnlicher Vereinbarungen oder Verhaltensweisen, **in mehr als drei Mitgliedstaaten Auswirkungen auf den Wettbewerb** haben.[31]

Innerhalb des **Europäischen Netzes der Wettbewerbsbehörden** (ECN) werden die **19** anderen ECN-Mitglieder vor oder unverzüglich nach Einleitung der ersten förmlichen Ermittlungshandlung **über eine Beschwerde informiert** (Art. 11 Abs. 2 und 3).[32] Wenn dieselbe Beschwerde bei mehreren Behörden anhängig ist oder eine Beschwerde nicht bei einer Behörde eingereicht wird, die sich des Falles gut annehmen kann, versuchen die ECN-Mitglieder, innerhalb einer indikativen Frist von zwei Monaten die Behörde oder Behörden zu bestimmen, die den Fall weiterverfolgen sollen. Die Beschwerdeführer können daher selbst einen wichtigen Beitrag zur **Vermeidung einer möglichen Weitergabe** ihres Falles leisten, indem sie die oben genannten Grundsätze heranziehen, bevor sie entscheiden, bei welcher Stelle sie die Beschwerde einlegen.[33]

d) Form. Die Kommission hat von ihrer Rechtsetzungsbefugnis gemäß Art. 33 Abs. 1a **20** Gebrauch gemacht und mit den Artikeln 5 bis 9 VO 773/2004[34] Vorschriften bzgl. Form, und Inhalt einer Beschwerde erlassen. Beschwerden i. S. d. Art. 7 Abs. 2 müssen nach Art. 5 Abs. 1 VO 773/2004 sämtliche Angaben enthalten, die in dem in ihrem Anhang beigefügten **Formblatt C** enthalten sind. Dies sind insbesondere Angaben über den Beschwerdeführer und das Unternehmen gegen dessen Verhalten sich die Beschwerde richtet, Angaben zu der mutmaßlichen Zuwiderhandlung (Beschreibung der Produkte, Handelsbeziehungen, Marktstellung der Unternehmen etc.), Beweismittel für die Zuwiderhandlung (z. B. Texte von Vereinbarungen, Sitzungsprotokolle, Namen und Anschriften von Zeugen), das Ziel, das mit der Beschwerde erreicht werden soll, Angaben wie die Kommission den behaupteten Missstand beseitigen soll und Angaben zu dem berechtigten Interesse des Beschwerdeführers. Die Kommission kann von der Vorlage eines Teils der im Formblatt C geforderten Angaben absehen. Gemäß den Absätzen 2 und 3 des Art. 5 VO

[31] Nr. 22 der Bekanntmachung der Kommission über die Behandlung von Beschwerden durch die Kommission gemäß Art. 81 und 82 EGV, ABl. 2004 C 101/65.

[32] Nr. 23 der Bekanntmachung a. a. O.

[33] Nr. 24 der Bekanntmachung (Fn. 31).

[34] VO 773/2004 über die Durchführung von Verfahren auf der Grundlage der Art. 81 und 82 EG-Vertrag durch die Kommission, ABl. 2004 L 123/18.

773/2004 ist die Beschwerde in einer Amtssprache der Gemeinschaft abzufassen und in dreifacher Ausfertigung auf Papier sowie nach Möglichkeit in elektronischer Form bei der Kommission, Generaldirektion Wettbewerb, einzureichen. Darüber hinaus muss der Beschwerdeführer eine nicht vertrauliche Fassung seiner Beschwerde vorlegen, falls er für einen Teil der Beschwerde, z.B. seine Geschäftsgeheimnisse, Vertraulichkeitsschutz geltend machen will.

21 Eine Beschwerde, die an sich die Anforderungen des Formblatts C erfüllt, kann von der Kommission zurückgewiesen werden, wenn die behauptete Zuwiderhandlung **nicht hinreichend belegt** wird.[35] Die Kommission ist bei der Zurückweisung nicht verpflichtet, Umstände zu berücksichtigen, die ihr vom Beschwerdeführer nicht angezeigt wurden und die sie nur durch eine eigene Untersuchung hätte herausfinden könnte.[36] In der Praxis bedeutet dies, dass der Beschwerdeführer u. U. umfangreiche **eigene Ermittlungen** anstellen muss. Er muss sich bemühen, hinreichende Beweismittel in der Beschwerde zusammenzutragen, wenn er sichergehen will, dass diese Erfolg haben wird. Er kann sich nicht auf die Schilderung von Vermutungen beschränken und darauf vertrauen, dass die Kommission die nötigen Beweise für die Zuwiderhandlung bei einer etwaigen Untersuchung (z.B. einer Nachprüfung bei dem angezeigten Unternehmen) schon selbst finden wird. Bei der Abfassung einer Beschwerde ist daher Sorgfalt geboten. In ihrer Bekanntmachung über die Behandlung von Beschwerden empfiehlt die Kommission potentiellen Beschwerdeführern zudem, vorab eine eigene rechtliche Würdigung des Sachverhalts vorzunehmen und sich dabei insbesondere der Rechtsprechung der Gemeinschaftsgerichte, der Entscheidungspraxis der Kommission sowie der Orientierungshilfen zu bedienen, die auf der Internetseite der Generaldirektion Wettbewerb veröffentlicht sind (z.B. Bekanntmachungen, Gruppenfreistellungsverordnungen).[37]

22 Nur wenn eine Beschwerde den Anforderungen des Art. 5 VO 773/2004 und des Formblatts C entspricht, nimmt der Beschwerdeführer an dem Verfahren gemäß Art. 7 teil, d.h er kommt in den Genuss des **Akteneinsichts- sowie des Anhörungsrechts** aus Art. 6 VO 773/2004.[38] Eingaben an die Kommission, die nicht diesen Anforderungen entsprechen, sind zwar nicht unzulässig. Sie sind aber keine Beschwerden i.S.d. Art. 7 Abs. 2 und gewähren daher keine Teilnahmerechte am Verfahren, sondern werden von der Kommission als sog. Marktinformationen angesehen, welche gegebenenfalls zu Ermittlungen und der Einleitung eines Verfahrens von Amts wegen führen können.[39]

2. Prüfungspflicht der Kommission

23 Wird die Kommission von **privaten Beschwerdeführern** mit einer Beschwerde befasst, ist sie nach der Rechtsprechung des EuGH weder verpflichtet, ein Verfahren zwecks Abstellung der behaupteten Zuwiderhandlung einzuleiten und eine Untersuchung durchzuführen noch eine Entscheidung darüber zu erlassen, ob die Zuwiderhandlung vorliegt oder nicht.[40] Die Kommission könne nämlich nicht zur Durchführung einer Untersuchung verpflichtet sein, deren Ziel die Ermittlung von Beweisen für das Vorliegen oder Nichtvorliegen einer Zuwiderhandlung wäre, gegen die sie nicht einschreiten muss. Fraglich ist, ob sich dieses **weite Aufgreif- und Verfolgungsermessen** nicht in extremen Fällen einer

---

[35] Nr. 47 der Bekanntmachung (Fn. 31) vgl. EuGH U. v. 28.3.1995 Rs. 298/83 – *CICCE/Komm.* Slg. 1995, I-1105 Rn. 21 ff.

[36] EuG U. v. 4.3.2003 Rs. T-319/99 – *FENIN/Komm.* Rn. 43.

[37] Nr. 48 der Bekanntmachung (Fn. 31). Der Pfad zu der Internetseite lautet: http://ec.europa.eu/comm/competition/index_de.html.

[38] Näher dazu unten Rn. 37.

[39] Siehe oben Rn. 8.

[40] Nr. 53 der Bekanntmachung (Fn. 31); EuG U. v. 18.9.1992 Rs. T-24/90 *Automec/Komm.* Slg 1992, II-2223 Rn. 74, 76.

Wettbewerbsstörung auf null reduziert, d. h. eine Pflicht zum Einschreiten begründet.[41] So wird vertreten, dass eine Beschwerde begründet sei, wenn die der Kommission bekannten Tatsachen einen Verdacht auf das Vorliegen einer Zuwiderhandlung gegen die EG-Wettbewerbsregeln begründen und es seitens der Kommission ermessensfehlerhaft wäre, ein Verfahren zwecks Abstellung der Zuwiderhandlung nicht durchzuführen.[42]

Anders ist dies bei **Beschwerden eines Mitgliedstaats.** Hier ist die Kommission nach Art. 105 Abs. 1 S. 2 AEUV ausdrücklich verpflichtet, eine Untersuchung durchzuführen. Wird dabei eine Zuwiderhandlung festgestellt, so hat die Kommission geeignete Mittel vorzuschlagen, um diese abzustellen (Art. 105 Abs. 1 S. 3 AEUV).[43] **24**

Die Verfahrensgarantien der Art. 6 und 7 VO 773/2004 verpflichten die Kommission allerdings, die ihr von Beschwerdeführern vorgetragenen tatsächlichen und rechtlichen Gesichtspunkte **aufmerksam zu prüfen** um festzustellen, ob diese eine Verhaltensweise erkennen lassen, die geeignet ist, den Wettbewerb innerhalb des gemeinsamen Marktes zu verfälschen und den Handel zwischen den Mitgliedstaaten zu beeinträchtigen.[44] Diese Prüfung ermöglicht es der Kommission, das **Gemeinschaftsinteresse an der Weiterverfolgung des Falles** beurteilen zu können.[45] **25**

Darüber hinaus ist die Kommission nach der Rechtsprechung verpflichtet, innerhalb eines **angemessenen Zeitraums** über eine Beschwerde zu befinden.[46] Wird dem Beschwerdeführer innerhalb dieses Zeitraums trotz Aufforderung an die Kommission keine entsprechende Mitteilung übersandt, kann er gemäß Art. 265 AEUV Untätigkeitsklage erheben.[47] Was ein angemessener Zeitraum ist, hängt von den Umständen des Einzelfalls ab. Grundsätzlich wird sich die Kommission bemühen, dem Beschwerdeführer innerhalb von vier Monaten nach Eingang der Beschwerde mitzuteilen, ob sie beabsichtigt, der Beschwerde weiter nachzugehen.[48] Damit eine Beschwerde so schnell wie möglich bearbeitet werden kann, ist der Beschwerdeführer gehalten, die Kommission insbesondere über neue Entwicklungen auf dem Laufenden halten.[49] **26**

3. Gemeinschaftsinteresse an der Verfolgung einer Beschwerde

a) Allgemein. Die Kommission ist im Bereich des Wettbewerbsrechts mit einer weiten und allgemeinen Überwachungs- und Kontrollaufgabe bedacht worden. Sie verstößt nicht gegen ihre Verpflichtungen aus dem EG-Vertrag, wenn sie selbst die **Prioritäten** ihres Verwaltungshandelns festlegt bzw. den bei ihr anhängigen Vorgängen unterschiedliche Prioritäten zuweist.[50] Nach der Rechtsprechung des EuGH ist es daher legitim, dass die Kommission bei der Festlegung der Priorität eines bei ihr anhängigen Verfahrens auf das Gemeinschaftsinteresse an einer Sache als Kriterium für die (mangelnde) Priorität abstellt.[51] **27**

---

[41] Vgl. *Schwarze/Weitbrecht* § 5 Rn. 48.

[42] *de Bronett* WuW 1997, 865, 869.

[43] Nach Nr. 6 der Bekanntmachung der Kommission über die Behandlung von Beschwerden durch die Kommission gemäß Art. 81 und 82 EGV, ABl. 2004 C 101/65, findet diese Bekanntmachung auf Beschwerden, die von Mitgliedstaaten erhoben werden, keine Anwendung.

[44] Vgl. EuGH U. v. 17.11.1987 verb. Rs. 142 und 156/84 – BAT und *Reynolds/Komm.* Slg 1987, 4487 Rn. 20; EuG U. v. 18.9.1992 Rs. T-24/90 – *Automec/Komm.* Slg 1992, II-2223 Rn. 79.

[45] Vgl. EuGH U. v. 4.3.1999 Rs. C-119/97 P – *Ufex/Komm.* Slg. 1999, I-1341 Rn. 86.

[46] EuG U. v. 18.9.1992 Rs. 28/90 – *Asia Motor France/Komm.* Slg.1992, II-2285 Rn. 29; U. v. 10.7.1997 T-38/96 – *Guerin Automobiles/Komm.* Slg. 1997, II-1223 Rn. 25.

[47] EuG U. v. 10.7.1997 Rs. T-38/96 – *Guerin Automobiles/Komm.* Slg 1997, II-1223 Rn. 26.

[48] Nr. 61 der Bekanntmachung der Kommission über die Behandlung von Beschwerden durch die Kommission gemäß Art. 81 und 82 EGV, ABl. 2004 C 101/65.

[49] Nr. 63 der Bekanntmachung a. a. O.

[50] EuG U. v. 18.9.1992 Rs. T-24/90 – *Automec/Komm.* Slg 1992, II-2223 Rn. 75 f.; EuGH U. v. 18.10.1979 Rs. 125/78 – *GEMA/Komm.* Slg 1979, 3173 Rn. 17 f.

[51] EuG U. v. 18.9.1992 Rs. T-24/90 – *Automec/Komm.* Slg 1992, II-2223 Rn. 84 f.; EuG U. v. 15.1.1997 Rs. T-77/95 – *SFEI u. a./Komm.* Slg 1997, II-1 Rn. 55.

Die Kommission handelt nicht ermessensfehlerhaft, wenn sie bei Bestehen eines Verdachts oder sogar im Fall einer tatsächlichen Zuwiderhandlung eine Beschwerde aufgrund mangelnden Gemeinschaftsinteresses zurückweist. Sie ist nicht nur vor Einleitung einer Untersuchung, sondern auch nach Durchführung von Untersuchungsmaßnahmen noch berechtigt, eine Beschwerde mangels ausreichenden Gemeinschaftsinteresses nicht weiterzuverfolgen, wenn sie sich in diesem Stadium des Verfahrens zu dieser Entscheidung bewogen sieht.[52] Bei der Würdigung des Gemeinschaftsinteresses an der Untersuchung einer Sache muss die Kommission die Umstände des konkreten Falles und insbesondere die **tatsächlichen und rechtlichen Gesichtspunkte** berücksichtigen, die in der Beschwerde vorgebracht werden.[53] Die Zahl der Beurteilungskriterien, die die Kommission heranziehen kann, ist weder eingeschränkt noch ist die Kommission verpflichtet, sich ausschließlich auf bestimmte Kriterien zu beziehen. Gegebenenfalls kann sie einzelnen Kriterien den Vorrang einräumen. Die Kommission hat insbesondere die Bedeutung der behaupteten Zuwiderhandlung für das Funktionieren des Gemeinsamen Marktes, die Wahrscheinlichkeit des Nachweises ihres Vorliegens sowie den Umfang der notwendigen Ermittlungsmaßnahmen gegeneinander **abzuwägen,** um ihre Aufgabe der Überwachung der Einhaltung der Art. 101 und 102 AEUV bestmöglich zu erfüllen.[54]

28 **b) Einzelne Beurteilungskriterien.** Die Kommission hat sich bei einer Entscheidung über die Prioritäten bei der Behandlung der ihr vorliegenden Beschwerden in jedem Fall ein Urteil über die **Schwere** der geltend gemachten Beeinträchtigungen des Wettbewerbs und deren **fortdauernde Wirkungen** zu bilden.[55] Diese Verpflichtung ist insbesondere darauf gerichtet, die Dauer und das Gewicht der beanstandeten Zuwiderhandlungen sowie deren Auswirkung auf die Wettbewerbsverhältnisse in der Gemeinschaft zu berücksichtigen. Zielt eine Beschwerde auf die Feststellung einer Zuwiderhandlung ab, die von den beteiligten Unternehmen **bereits beendet** worden ist, so ist ein hinreichendes Gemeinschaftsinteresse dann zu verneinen, wenn das Ziel eines solchen Verfahrens im Wesentlichen darin bestünde, es dem Beschwerdeführer zu erleichtern, im Hinblick auf die Erlangung von Schadensersatz vor den nationalen Gerichten ein Fehlverhalten zu beweisen.[56] Dauern wettbewerbswidrige Wirkungen nach der Einstellung der sie verursachenden Praktiken jedoch noch an, so ist die Kommission etwa nach Art. 102 AEUV weiterhin dafür zuständig, zu ihrer Beseitigung oder Neutralisierung tätig zu werden. Die Kommission darf jedenfalls nicht unter Berufung auf die bloße Tatsache, dass angeblich vertragswidrige Praktiken eingestellt worden sind, die Behandlung einer diese Praktiken beanstandenden Beschwerde wegen Fehlen eines Gemeinschaftsinteresses einstellen, **ohne geklärt zu haben, dass keine wettbewerbswidrigen Wirkungen fortdauern** und dass der Beschwerde kein Gemeinschaftsinteresse aufgrund der Schwere der geltend gemachten Beeinträchtigungen des Wettbewerbs oder deren fortdauernden Wirkungen zukommt.[57]

29 Weiter ist zu berücksichtigen, dass eine Verwaltungsbehörde wie die Kommission im Gegensatz zu einem Gericht, das die subjektiven Rechte von Privatpersonen in ihren wechselseitigen Beziehungen zu wahren hat, im öffentlichen Interesse tätig wird. Wenn Individualinteressen betroffen sind und die Möglichkeit besteht, **den Streitfall durch die nationalen Gerichte entscheiden zu lassen,** besteht kein Gemeinschaftsinteresse an einem Tätigwerden der Kommission.[58] Nach ständiger Rechtsprechung des Gerichtshofs

---

[52] EuG U. v. 16.9.1998 T-110/95 – *IECC/Komm.* Slg 1998, II-3605 Rn. 49.

[53] EuG U. v. 18.9.1995 Rs. T-548/93 – *Ladbroke/Komm.* Slg 1995, II-2565 Rn. 50.

[54] EuG U. v. 18.9.1992 Rs. T-24/90 – *Automec/Komm.* Slg 1992, II-2223 Rn. 86; EuG U. v. 24.1.1995 Rs. T-5/93 Tremblay u. a./Komm. Slg 1995, II 185 Rn. 62.

[55] *Dieckmann* in: Wiedemann, Handbuch des Kartellrechts, 2. Aufl. 2008, § 47 Rn. 11.

[56] EuG U. v. 15.1.1997 Rs. T-77/95 – *SFEI u. a./Komm.* Slg 1997, II-1 Rn. 58.

[57] EuGH U. v. 4.3.1999 Rs. C-119/97 P – *Ufex u. a./Komm.* Slg 1999, I-1341 Rn. 93ff.

[58] EuG U. v. 9.1.1996 Rs. T-575/93 – *Koelman/Komm.* Slg 1996, II-1 Rn. 78f.; *Dieckmann* in: Wiedemann, Handbuch des Kartellrechts, 2. Aufl. 2008, § 47 Rn. 11.

erzeugen Art. 101 Abs. 1 und 102 AEUV unmittelbare Wirkung in den Beziehungen zwischen Einzelnen und lassen in deren Person Rechte entstehen, die die nationalen Gerichte zu wahren haben.[59] Es ist sachgerecht, dass die Kommission bei der Prüfung des Gemeinschaftsinteresses im Rahmen einer Beschwerde nicht nur die Schwere der geltend gemachten Beeinträchtigung und das Ausmaß der Untersuchungsmaßnahmen berücksichtigt, die erforderlich sind, um das Vorliegen des Verstoßes feststellen zu können, sondern auch, ob es **erforderlich ist, die Rechtslage hinsichtlich der mit der Beschwerde gerügten Verhaltensweise zu klären** und die Rechte und Pflichten der verschiedenen von diesem Verhalten betroffenen Wirtschaftsteilnehmer im Hinblick auf das gemeinschaftliche Wettbewerbsrecht zu bestimmen. Wenn diese jeweiligen Rechte durch Gruppenfreistellungsverordnungen oder durch die Rechtsprechung des Gerichts bzw. des Gerichtshofes bereits hinreichend festgelegt und erläutert wurden, darf die Kommission – ohne einen offensichtlichen Beurteilungsfehler zu begehen – davon ausgehen, dass die nationalen Gerichte und Behörden in der Lage sein werden, die in der Beschwerde der Klägerin behaupteten Verstöße zu untersuchen und deren Rechte, die sich aus dem Gemeinschaftsrecht ergeben, zu schützen.

Das Gemeinschaftsinteresse fehlt ferner in Fällen von geringer wirtschaftlicher Bedeutung i. S. d. **„Bagatellbekanntmachung".**[60] Eine Beschwerde kann also zurückgewiesen werden, wenn eine etwaige Zuwiderhandlung auf Gemeinschaftsebene lediglich eine begrenzte wirtschaftliche Bedeutung haben würde.[61] **30**

Ein weiterer Gesichtspunkt, den die Kommission bei der Beurteilung des Gemeinschaftsinteresses an der Einleitung einer Untersuchung berücksichtigen darf, ist ferner, ob der betreffende Sachverhalt in den Geltungsbereich einer **Gruppenfreistellungsverordnung** (GVO) fällt.[62] Hauptzweck einer GVO ist es nämlich, die Notwendigkeit der Einzelprüfung von Vertriebsverträgen in dem betreffenden Tätigkeitsbereich zu begrenzen. **31**

Wenn zahlreiche Anhaltspunkte für die Annahme wettbewerbswidriger Verhaltensweisen mehrerer großer Unternehmen sprechen, die dem selben Wirtschaftszweig angehören, ist die Kommission befugt, ihre **Bemühungen auf eines der betroffenen Unternehmen zu konzentrieren** und zugleich die Wirtschaftsteilnehmer, die etwa durch die verbotene Verhaltensweise der anderen Zuwiderhandelnden Schäden erlitten haben, darauf hinzuweisen, dass ihnen der Weg zu den nationalen Gerichten offen steht. Anderenfalls wäre die Kommission gezwungen, ihre Ressourcen auf mehrere umfangreiche Untersuchungen aufzuteilen, was die Gefahr zur Folge haben könnte, dass keine dieser Untersuchungen zu Ende geführt werden kann.[63] **32**

In der Rechtssache „IECC/Komm." hat das Gericht die Auffassung der Kommission gebilligt, wonach es an einem Gemeinschaftsinteresse fehlen kann, wenn die in der Beschwerde genannten Unternehmen **das beanstandete Verhalten in dem von der Kommission befürworteten Sinne ändern.**[64] Sofern sie eine solche Entscheidung begründet, kann die Kommission beschließen, dass es nicht zweckmäßig ist, einer Beschwerde aufgrund Art. 101 oder 102 AEUV zuwiderlaufender Praktiken stattzugeben, wenn der untersuchte Sachverhalt die Annahme zulässt, dass das Verhalten der betroffenen Unter- **33**

[59] EuG U. v. 18.9.1992 Rs. T-24/90 – *Automec/Komm.* Slg 1992, II-2223 Rn. 90; EuGH U. v. 27.3.1974 Rs. 127/73 – *BRT/SABAM* und – *FONIOR* Slg 1974, 313 Rn. 15.

[60] Bekanntmachung über Vereinbarungen von geringer Bedeutung, die im Sinne des Artikels 101 Abs 1 des Vertrags über die Arbeitsweise der Europäischen Union den Wettbewerb nicht spürbar beschränken (De-minimis-Bekanntmachung), ABl. 2014 C 291/1.

[61] EuG U. v. 17.2.2000 Rs. T-241/97 – *Stork/Komm.* Slg 2000, II-309 Rn. 76.

[62] *Ritter* in: Immenga/Mestmäcker, EG-WbR Bd. II, S. 1652f.; EuG U. v. 9.1.1996 Rs. T-575/93 – *Koelman/Komm.* Slg 1996, II-1 Rn. 40.

[63] EuG U. v. 13.12.1999 verb. Rs. T-189/95, T-39/96 und T-123/96 – *SGA/Komm.* Slg 1999, II-3587 Rn. 59.

[64] EuG U. v. 16.9.1998 T-110/95 – *IECC/Komm.* Slg 1998, II-3605 Rn. 57f.

nehmen in einem im öffentlichen Interesse liegenden Sinne geändert werden wird. Im konkreten Fall durfte die Kommission es angesichts ihrer begrenzten Mittel vorziehen, die laufende Reform eines Endvergütungssystems für die Zustellung grenzüberschreitender Postsendungen durch öffentliche Postbetreiber zu fördern, anstatt gegen das Endvergütungssystem durch Erlass einer formellen Entscheidung vorzugehen.

34 **c) Begründungszwang.** Das Abstellen der Kommission auf das Gemeinschaftsinteresse bei der Zurückweisung einer Beschwerde oder bei der Festlegung der Priorität einzelner bei ihr anhängigen Verfahren unterliegt der **Kontrolle durch den Gemeinschaftsrichter.** Die Kommission kann sich in Hinblick auf den in Art. 296 AEUV vorgeschriebenen Begründungszwang nicht damit begnügen, sich abstrakt auf das Fehlen eines Gemeinschaftsinteresses zu berufen.[65] Sie hat vielmehr die tatsächlichen und rechtlichen Erwägungen darzulegen, die sie zu dem Ergebnis geführt haben, dass ein ausreichendes Gemeinschaftsinteresse an der Einleitung oder Fortführung von Untersuchungsmaßnahmen nicht bestehe.[66] Die Begründung muss so genau und detailliert sein, dass der Gemeinschaftsrichter die Ausübung des Ermessens der Kommission bei der Festlegung der Prioritäten wirksam überprüfen kann.[67] Diese Überprüfung darf allerdings nicht dazu führen, dass der Gemeinschaftsrichter seine Auffassung vom Gemeinschaftsinteresse an die Stelle derjenigen der Kommission setzt. Er hat vielmehr zu ermitteln, ob die streitige Entscheidung auf unzutreffenden Tatsachen beruht oder einen Rechtsfehler, einen offensichtlichen Beurteilungsfehler oder einen Ermessensmissbrauch aufweist.[68] Weist die Kommission zur Begründung ihrer Entscheidung, eine Beschwerde zu den Akten zu legen, auf eine für den Beschwerdeführer bestehende Möglichkeit hin, seine Rechte vor einem nationalen Gericht geltend zu machen, so muss der Gemeinschaftsrichter, der mit der Prüfung der Rechtmäßigkeit dieser Einstellungsverfügung befasst wird, prüfen, ob der Umfang des Schutzes, den die nationalen Gerichte den Rechten des Beschwerdeführers aus den EG-Vertragsbestimmungen gewähren können, von der Kommission zutreffend beurteilt worden ist.

4. Ablauf der Prüfung einer Beschwerde

35 Es sind drei aufeinander folgende Phasen zu unterscheiden: Während der **ersten Phase** nach der Einreichung der Beschwerde ermittelt die Kommission die Umstände, die ihr die Entscheidung darüber ermöglichen, wie sie die Beschwerde weiter behandeln soll. Diese Phase kann insbesondere einen informellen **Meinungs- und Informationsaustausch** zwischen der Kommission und dem Beschwerdeführer umfassen, durch den die tatsächlichen und die rechtlichen Umstände, die Gegenstand der Beschwerde sind, geklärt werden sollen.[69] Ferner erhält der Beschwerdeführer die Möglichkeit, seinen Standpunkt zu präzisieren, gegebenenfalls unter Berücksichtigung einer ersten Reaktion der Kommission. Vorläufige Äußerungen der Dienststellen der Kommission im Rahmen dieser informellen Kontakte stellen keine anfechtbaren Maßnahmen dar.[70]

36 In einer **zweiten Phase** kann die Kommission den Fall einer eingehenderen Prüfung unterziehen, um gegebenenfalls ein Verfahren nach Art. 7 Abs. 1 gegen die betreffenden Unternehmen einzuleiten.[71] Ist die Kommission hingegen der Auffassung, dass keine aus-

---

[65] EuG U. v. 18.5.1994 Rs. T-37/92 – *BEUC u. a./Komm.* Slg. 1994, II-285 Rn. 47.

[66] EuG U. v. 15.1.1997 Rs. T-77/95 – *SFEI u. a./Komm.* Slg 1997, II-1 Rn. 29; *Dieckmann* in: Wiedemann, Handbuch des Kartellrechts, 2. Aufl. 2008, § 47 Rn. 10.

[67] EuG U. v. 24.1.1995 Rs. T-114/92 – *BEMIM/Komm.* Slg 1995, II-147 Rn. 41.

[68] EuG U. v. 13.12.1999 verb. Rs. T-189/95, T-39/96 und T-123/96 – *SGA/Komm.* Slg 1999, II-3587 Rn. 41.

[69] Nr. 55 der Bekanntmachung der Kommission über die Behandlung von Beschwerden durch die Kommission gemäß Art. 81 und 82 EG, ABl. 2004 C 101/65.

[70] EuGH U. v. 11.11.1981 Rs. 60/81 – *IBM/Komm.* Slg 1981, 2639 Rn. 10.

[71] Nr. 56 der Bekanntmachung (Fn. 69).

reichenden Gründe für eine Verfolgung der Beschwerde vorliegen, übersendet sie dem Beschwerdeführer gemäß Art. 7 Abs. 1 VO 773/2004 eine **Mitteilung,** in der sie ihm die Gründe für ihre vorläufige Einschätzung darlegt und ihm Gelegenheit gibt, innerhalb einer von ihr festgesetzten Frist dazu schriftlich Stellung zu nehmen. Diese Frist muss nach Art. 17 Abs. 2 VO 773/2004 mindestens vier Wochen betragen. Auf einen entsprechenden Antrag des Beschwerdeführers kann die Frist verlängert werden.[72] Äußert sich der Beschwerdeführer innerhalb der von der Kommission vorgegebenen Frist nicht, so **gilt die Beschwerde als zurückgezogen** (Art. 7 Abs. 3 VO 773/2004). Auf diese für ihn nachteilige Rechtsfolge weist die Kommission den Beschwerdeführer in ihrer Mitteilung hin.[73]

Nach Erhalt der Mitteilung hat der Beschwerdeführer gemäß Art. 8 Abs. 1 VO 773/ 37
2004 das **Recht, Einsicht in die Unterlagen zu verlangen,** die der vorläufigen Beurteilung der Kommission zugrunde liegen. Diese Vorschrift geht in Richtung einer Gleichstellung von Beschwerdeführern mit verfahrensbetroffenen Unternehmen, da die Mitteilung der Kommission, sie beabsichtige die Beschwerde zurückzuweisen, funktional mit der Übermittlung von Beschwerdepunkten an verfahrensbetroffene Unternehmen vergleichbar ist.[74] In der Regel erfolgt die Einsichtnahme, indem der Mitteilung der Kommission eine Kopie der relevanten Unterlagen als Anlage beigefügt wird.[75] Anschließend kann der Beschwerdeführer der Kommission schriftlich seine Argumente darlegen, warum die Beschwerde nicht zurückgewiesen, sondern ein Verfahren gegen die betroffenen Unternehmen eingeleitet werden sollte. Die Prüfung der Beschwerde geht damit in die nächste Phase.

In der **dritten Phase** des Verfahrens nimmt die Kommission von den Ausführungen des 38
Beschwerdeführers Kenntnis, die dieser auf die Mitteilung der Kommission vorbringt. Veranlassen diese die Kommission nicht zu einer Änderung ihres beabsichtigten Vorgehens, weist die Kommission die Beschwerde gemäß Art. 7 Abs. 2 VO 773/2004 durch eine **formelle Entscheidung** zurück. In diesem Fall kann der Beschwerdeführer nur dann eine **erneute Prüfung durch die Kommission** verlangen, wenn er neue wesentliche Beweise beibringt. Es handelt sich dann um eine neue Beschwerde.[76] Die Kommission ist aber grundsätzlich auch befugt, ein Prüfungsverfahren, welches sie eingestellt hatte, wiederzueröffnen.[77] In einem solchen Fall hat die Kommission die Änderung ihres Standpunkts ausdrücklich zu begründen. Eine Entscheidung über die Wiedereröffnung muss darauf gestützt werden, dass neue, tatsächliche oder rechtliche Umstände vorgelegen haben, die eine Überprüfung der Angelegenheit rechtfertigen oder dass solche Umstände bekannt geworden sind.[78]

Führt die Stellungnahme des Beschwerdeführers hingegen zu einer **anderen Bewer- 39
tung,** so kann die Kommission der Beschwerde stattgeben, ein Verfahren zum Erlass einer Entscheidung nach Art. 7 einleiten und gegebenenfalls Beschwerdepunkte an die betroffenen Unternehmen versenden.

5. Rechte des Beschwerdeführers nach Einleitung eines Verfahrens

Der Beschwerdeführer nimmt an dem gegebenenfalls von der Kommission eingeleiteten 40
Verfahren teil. Nach der 7. Begründungserwägung der VO 773/2004 soll er mit dem Verfahren eng verbunden bleiben und kommt deshalb in den Genuss der Rechte aus Art. 6 Abs. 1 und 2 VO 773/2004: Ergeht in dem betreffenden Fall eine Mitteilung der Beschwerdepunkte, so übermittelt ihm die Kommission eine **Kopie der nichtvertraulichen**

[72] Nr. 71 der Bekanntmachung (Fn. 69).
[73] Nr. 68 der Bekanntmachung (Fn. 69).
[74] *Schwarze/Weitbrecht,* § 5 Rn. 44.
[75] Nr. 69 der Bekanntmachung (Fn. 69).
[76] Nr. 78 der Bekanntmachung (Fn. 69).
[77] EuGH U. v. 28.3.1985 Rs. 298/83 – *CICCE/Komm.* Slg 1985, 1105 Rn. 29.
[78] EuG U. v. 17.2.2000 Rs. T-241/97 – *Stork/Komm.* Slg 2000, II-309 Rn. 76f.

Fassung der Beschwerdepunkte und setzt ihm eine Frist zur schriftlichen Stellungnahme. Da den Beschwerdepunkten in der Regel die wichtigsten Dokumente aus der Kommissionsakte als Anlage beigefügt sind, bedeutet dies ein beschränktes Akteneinsichtsrecht für den Beschwerdeführer.[79] Darüber hinaus kann die Kommission dem Beschwerdeführer Gelegenheit geben, seine Argumente im Rahmen einer etwaigen **Anhörung** der Parteien vorzubringen, sofern er dies in seinen schriftlichen Ausführungen beantragt hat.

41 Die Kommission ist zudem verpflichtet, das Ersuchen eines Beschwerdeführers um **Anonymität** zu respektieren, soweit der Antrag nicht offensichtlich unbegründet ist.[80] Eine vertrauliche Behandlung der Identität des Beschwerdeführers kommt z.B. bei einer berechtigten Furcht vor Repressalien in Betracht.[81]

6. Nichtigkeitsklage gegen eine Zurückweisungsentscheidung

42 Gegen die Entscheidung, mit der die Kommission eine Beschwerde gemäß Art. 7 Abs. 2 VO 773/2004 zurückweist, kann der Beschwerdeführer nach Art. 263 AEUV eine Nichtigkeitsklage bei den Gemeinschaftsgerichten erheben.[82] Die Rechtmäßigkeitskontrolle beschränkt sich dabei auf die Prüfung, ob die Entscheidung nicht auf **unzutreffenden Tatsachen** beruht und weder einen **Rechtsfehler** noch einen **offensichtlichen Beurteilungsfehler** oder einen **Ermessensmissbrauch** aufweist.[83] Das Gericht hat zunächst zu prüfen, ob die Kommission die ihr obliegende Prüfung der Beschwerde vorgenommen und hierbei die von dem Beschwerdeführer angeführten tatsächlichen und rechtlichen Gesichtspunkte mit der erforderlichen Aufmerksamkeit gewürdigt hat.[84] Für eine sorgfältige Prüfung spricht, wenn die Kommission nicht nur die in der Beschwerde selbst vorgetragenen tatsächlichen und rechtlichen Gesichtspunkte berücksichtigt hat, sondern einen informellen Meinungs- und Informationsaustausch mit dem Beschwerdeführer geführt hat. Ferner hat das Gericht zu prüfen, ob die Kommission ihre Entscheidung, das Verfahren einzustellen, ordnungsgemäß begründet hat, indem sie sich auf ihre Befugnis zur „Setzung unterschiedlicher Prioritäten bei der Weiterführung der bei ihr anhängigen Verfahren" und auf das Gemeinschaftsinteresse an der vorliegenden Sache als Prioritätskriterium berufen hat.[85]

43 War die Zurückweisung der Beschwerde rechtswidrig, so hat die Nichtigkeitsklage Erfolg. Die Gemeinschaftsgerichte sind jedoch nicht befugt, die Kommission durch Urteil zu verpflichten, einer Beschwerde stattzugeben oder die beantragte Maßnahme etwa selbst zu erlassen.[86] Vielmehr ist Gegenstand der gerichtlichen Entscheidung die Nichtigerklärung der Entscheidung, mit der die Kommission die Beschwerde zurückgewiesen hat. Die Kommission hat die Beschwerde sodann **neu zu bescheiden.**[87]

7. Keine Bindungswirkung einer Zurückweisungsentscheidung

44 Eine Entscheidung zur Abweisung einer Beschwerde stellt auch dann, wenn die Kommission den Sachverhalt auf der Grundlage von Art. 101 oder 102 AEUV geprüft hat, kei-

---

[79] *Schwarze/Weitbrecht* § 5 Rn. 44.

[80] Nr. 81 der Bekanntmachung der Kommission über die Behandlung von Beschwerden durch die Kommission gemäß Art. 81 und 82 EG, ABl. 2004 C 101/65.

[81] *Schwarze/Weitbrecht* § 5 Rn. 46.

[82] EuG U. v. 29.6.1993 Rs. T-7/92 – *Asia Motor France u. a./Komm.* Slg 1993, II-669 Rn. 30ff.

[83] EuG U. v. 18.9.1992 Rs. T-24/90 – *Automec/Komm.* Slg. 1992, II-2223 Rn. 80; EuGH U. v. 15.6.1993 Rs. C-225/91 – *Matra/Komm.* Slg 1993, 3203 Rn. 23, 25.

[84] EuG U. v. 29.6.1993 Rs. T-7/92 – *Asia Motor France u. a./Komm.* Slg 1993, 669 Rn. 36f.; EuGH U. v. 28.3.1985 Rs. 298/83 – *CICCE/Komm.* Slg 1985, 1105 Rn. 18.

[85] EuG U. v. 18.9.1992 Rs. T-24/90 – *Automec/Komm.* Slg. 1992, II-2223 Rn. 81f.

[86] EuG U. v. 24.1.1995 Rs. T-114/92 – *BEMIM/Komm.* Slg. 1995, II-147 Rn. 33f.

[87] Vgl. EuGH B. v. 16.9.1997 Rs. C-59/96 – *P. Koelman/Komm.* Slg 1997, I-4809 Rn. 38; *de Bronett* WuW 1997, 865, 870.

rungen (z. B. die Vornahme einer Änderung der Allgemeinen Geschäftsbedingungen) zu informieren.[103]

In der Entscheidung „Tetra Pak II" wurde das Unternehmen aufgefordert, den festgestellten Verstoß gegen Art. 82 EG (nunmehr Art. 102 AEUV) u. a. durch die **Änderung bzw. Streichung bestimmter Vertragsbestimmungen** abzustellen. Darüber hinaus wurde das Unternehmen verpflichtet, die **neuen Verträge der Kommission vorzulegen.** 51

In der Entscheidung „United Brands" ordnete die Kommission an, dass das Unternehmen, welches einen Verstoß gegen Art. 82 EG (nunmehr Art. 102 AEUV) begangen hatte, bestimmten Vertriebshändlern die Aufhebung des rechtswidrigen Weiterverkaufsverbots mitzuteilen und die Kommission hierüber zu informieren habe.[104] 52

Die Kommission kann Unternehmen, die nach ihrer Ansicht **missbräuchliche Preis- oder Rabattsysteme** verwenden, zu einer entsprechenden Änderung ihrer Geschäftspraktiken verpflichten. Hierzu kann die Kommission den Unternehmen zwar **deutliche Hinweise** geben, die es diesen erlauben, mit ausreichender Sicherheit festzustellen, durch welches Verhalten es die Zuwiderhandlung abstellen kann. Die Kommission ist jedoch keinesfalls befugt, an Stelle des Unternehmens dessen Verkaufspreise oder Rabatte festzusetzen. In der Entscheidung „United Brands" schlug die Kommission daher dem betroffenen Unternehmen vor, die gegenüber bestimmten Kunden angewandten Preise auf ein um durchschnittlich mindestens 15 % niedrigeres Preisniveau zu senken.[105] 53

Die Kommission kann von den betroffenen Unternehmen auch verlangen, eine Zuwiderhandlung durch **Gewährung von Lizenzen oder Gewährung von Zugang zu bestimmten Informationen oder Infrastruktureinrichtungen** abzustellen. In der „Magill"-Entscheidung verpflichtete die Kommission die an dem Verstoß beteiligten Unternehmen ITP, BBC und RTE dazu, sich gegenseitig und dritten Parteien auf Anfrage und auf einer nicht diskriminierenden Basis ihre jeweiligen vorausschauenden wöchentlichen Fernsehprogrammlisten zur Verfügung zu stellen und die Veröffentlichung durch diese Parteien zu gestatten.[106] Sollte der Zugang zu den Programmlisten über Lizenzen geregelt werden, so verpflichtete die Kommission die betroffenen Unternehmen dazu, gegen Bezahlung einer angemessenen Lizenzgebühr solche Lizenzen zu erteilen. Die Kommission gestattete ITP, BBC und RTE, in die Lizenzen, die sie dritten Parteien erteilen, diejenigen Bestimmungen aufzunehmen, die sie für erforderlich halten, um eine umfassende und hochwertige Wiedergabe aller ihrer Programme sicherzustellen. Die Unternehmen wurden darüber hinaus aufgefordert, der Kommission innerhalb von zwei Monaten nach Bekanntgabe der Entscheidung Vorschläge über die Bedingungen, zu denen dritten Parteien die Veröffentlichung der Programmlisten gestattet werden solle, zur Zustimmung zu unterbreiten. 54

In der Entscheidung „Microsoft"[107] kam die Kommission zu dem Schluss, dass das Unternehmen durch eine Ausdehnung ihres Quasi-Monopols bei Betriebssystemen für Personalcomputer auf den Markt für Betriebssysteme für Arbeitsgruppenserver einerseits und den Markt für Medienabspielprogramme andererseits gegen Art. 82 EG (nunmehr Art. 102 AEUV) verstoßen habe. Zur Beendigung des Missbrauchs ordnete die Kommission an, dass Microsoft diejenigen **Interoperabilitätsinformationen offenlegen** müsse, die erforderlich seien, damit die Arbeitsgruppenserver der Microsoft-Konkurrenten problemlos mit 55

[103] Vgl. Komm. E. v. 24.7.1991 – *Tetra Pak II,* ABl. 1992 L 72, 1 ff.; bestätigt durch EuG U. v. 6.10.1994 Rs. T-83/91 – *Tetra Pak II* Slg. 1994, II-755 und EuGH U. v. 14.11.1996 Rs. C-333/94 P – *Tetra Pak II* Slg. 1996, I-5951.

[104] Komm. E. v. 17.12.1975 – *United Brands* ABl. 1976 L 95/1; vgl. E. v. 23.12.1992 *Astra* ABl. 1993 L 20/23 Rn. 33.

[105] Komm. E. v. 17.12.1975 – *United Brands* ABl. 1976 L 95/1, 19.

[106] Komm. E. v. 21.12.1988 – *Magill TV-Guide/ITP, BBC* und *RTE* ABl. 1989 L 78, 43 ff., Art. 2; bestätigt durch EuG U. v. 10.7.1991 Rs. T-69/89 *RTE/Komm.* Slg. 1991, II-485 ff. und EuGH U. v. 6.4.1995 verb. Rs. 241 und 242/91 – P *RTE* und *ITP/Komm.* Slg. 1995, I-743 ff.

[107] Komm. E. v. 24.5.2004 – *Microsoft* ABl. 2007 L 32/23.

den Windows-PCs und Windows-Servern „kommunizieren" könnten. Außerdem verlangte die Kommission, dass Microsoft eine **Version ihres Betriebssystems Windows ohne den Windows Media Player anbieten** müsse. Die Rechtmäßigkeit dieser beiden Abhilfemaßnahmen wurde vom EuG, das Microsoft zur Überprüfung der Kommissionsentscheidung angerufen hatte, bestätigt.[108] Allerdings hob das Gericht die Entscheidung der Kommission insoweit auf, als diese anordnete, dass Microsoft einen Vorschlag für einen mit Überwachungsaufgaben betrauten Treuhänder („monitoring trustee") zu machen habe, der unabhängig von der Kommission Zugang zu Microsofts Assistenz, Informationen, Dokumenten, Geschäftsräumen und Quellcodes der relevanten Microsoft-Produkte haben müsse und dass Microsoft sämtliche mit der Einsetzung des Treuhänders verbundenen Kosten einschließlich seiner Vergütung zu tragen habe. Das EuG stellte fest, dass die Kommission Microsoft nicht dazu verpflichten könne, auf einen Treuhänder Kompetenzen zu übertragen, welche die Kommission ihrerseits nicht befugt sei, auf einen Dritten zu übertragen. Darüber hinaus vertrat das Gericht die Auffassung, dass es keine Vorschrift im Gemeinschaftsrecht gebe, die die Kommission dazu berechtige, von einem Unternehmen die Übernahme derjenigen Kosten zu verlangen, welche die Kommission im Rahmen der ihr obliegenden Aufgabe, zu überwachen, ob das betreffende Unternehmen die ihm auferlegten Abhilfemaßnahmen durchführt, selbst zu tragen habe.[109]

56 In der Entscheidung „Commercial Solvents" wurde ein Unternehmen, das seine marktbeherrschende Stellung durch die Verhängung eines Lieferstopps missbrauchte, sowohl dazu verpflichtet, **umgehend bestimmte Produktmengen zu liefern** als auch binnen einer bestimmten Frist der Kommission **Vorschläge über die Wiederaufnahme der Belieferung** des vom Lieferstopp betroffenen Unternehmens zu unterbreiten.[110]

57 **c) Strukturelle Maßnahmen.** Die Kommission kann den Adressaten einer Entscheidung auch Abhilfemaßnahmen struktureller Art aufzugeben, um die Zuwiderhandlung abzustellen. Abs. 1 S. 2 beinhaltet damit eine echte Befugnis der Kommission zur **Entflechtung** von Unternehmen. Dieses Instrument ist explizit im EG- wie auch im deutschen Kartellrecht bislang allein in der **Fusionskontrolle** geregelt gewesen. Ein kartellrechtswidriger, aber bereits vollzogener Zusammenschluss darf aufgelöst werden (Art. 8 Abs. 4 FKVO, § 41 Abs. 2 S. 1 GWB). Größere Bedeutung als die Rückgängigmachung von Zusammenschlüssen haben Entflechtungsauflagen (besser: Veräußerungszusagen der Unternehmen), die wettbewerbliche Bedenken der Fusionskontrollbehörden ausräumen sollen, um doch noch eine Genehmigung des Zusammenschlussvorhabens zu ermöglichen.

58 Soweit die Kommission vor Inkrafttreten der Fusionskontrollverordnung im Jahr 1989 auf der Basis von Art. 101 und 102 AEUV Unternehmenszusammenschlüsse geprüft hat, hat sie eine **Kompetenz für strukturelle Abhilfemaßnahmen aus Art. 3 VO 17/62** hergeleitet. In der „Gillette"-Entscheidung verpflichtete die Kommission das betroffene Unternehmen, einen Verstoß innerhalb einer gesetzten Frist durch **Aufgabe einer Kapitalbeteiligung** und der Gläubigerstellung bei einem anderen Unternehmen zu beenden; anderenfalls sollte Gillette mit Zustimmung der Kommission einen unabhängigen Dritten mit der Aufgabe der Beteiligung betrauen. Ferner sollte Gillette zur Abstellung der Zuwiderhandlung die **Rückübertragung bestimmter gewerblicher Schutzrechte** veranlassen.[111]

59 Die Anordnung struktureller Maßnahmen zur Abstellung einer Zuwiderhandlung ist insbesondere aus dem **US-Antitrustrecht** bekannt.[112] In den achtziger Jahren wurde die

---

[108] EuG U. v. 17.9.2007 Rs. T-201/04 – *Microsoft/Komm.* ABl. 2007 C 296/45.
[109] EuG U. v. 17.9.2007 Rs. T-201/04 – *Microsoft/Komm.* Rn. 1278.
[110] Komm. E. v. 14.12.1972 – *Commercial Solvents* ABl. 1972 L 299/51; bestätigt durch EuGH verb. Rs. 6/73 u. 7/73 – *Commercial Solvents* Slg. 1974, 223 Rn. 45.
[111] Komm. E. v. 10.11.1992 – *Warner-Lambert/Gillette* und *BIC/Gillette* ABl. 1993 L 116/21.
[112] *Schwarze/Weitbrecht* § 6 Rn. 42 m. w. N.

US-Telefongesellschaft AT&T zerschlagen und in mehrere Gesellschaften aufgeteilt, um auf diese Weise Wettbewerb herzustellen. AT&T hielt seinerzeit ein Monopol sowohl bei Orts- als auch bei Ferngesprächen. Ferner wurde von den US-Behörden eine Zerschlagung des Software-Unternehmens Microsoft erwogen, insbesondere eine Aufteilung in eine Gesellschaft für Betriebssoftware und eine Gesellschaft für Anwendersoftware. Die Behörden haben sich damit jedoch nicht durchsetzen können.

Die Anordnung struktureller Abhilfemaßnahmen als Antwort auf einen Verstoß gegen **60**
die verhaltensorientierten Vorschriften der Art. 101 und 102 AEUV stellt eine außergewöhnliche Maßnahme dar, die nur in den seltensten Fällen verhältnismäßig sein dürfte.[113] Der Gemeinschaftsgesetzgeber hat daher in Abs. 1 Satz 3 ausdrücklich festgelegt, dass Abhilfemaßnahmen struktureller Art nur in Ermangelung einer verhaltensorientierten Abhilfemaßnahme von gleicher Wirksamkeit festgelegt werden dürfen oder wenn letztere im Vergleich zu Abhilfemaßnahmen struktureller Art mit einer größeren Belastung für die beteiligten Unternehmen verbunden wäre. Nach Ansicht der Kommission können strukturelle Abhilfen in Form der **Veräußerung bestimmter Gegenstände des Betriebsvermögens** bei bestimmten Kooperationsvereinbarungen im Rahmen von Art. 101 AEUV und in Fällen des Missbrauchs einer marktbeherrschenden Stellung i. S. d. Art. 102 AEUV für die wirksame Beendigung einer Zuwiderhandlung erforderlich sein.[114]

d) Grenzen der Kommissionsbefugnisse (Verhältnismäßigkeit). Die Grenzen der **61**
Entscheidungsbefugnisse der Kommission nach Art. 7 lassen sich mit der allgemeinen Verpflichtung erklären, stets das Verhältnismäßigkeitsprinzip zu beachten. Der Grundsatz der Verhältnismäßigkeit erfordert es, dass eine Anordnung der Kommission geeignet, erforderlich und angemessen ist.[115]

Das EuG hat in der Rechtsache „Automec/Kommission“, in der die Klägerin die Auf- **62**
nahme in ein von BMW eingerichtetes Vertriebsnetz begehrte, festgestellt, dass Art. 3 Abs. 1 VO 17/62 i. V. m. 82 EG (nunmehr Art. 102 Abs. 1 AEUV) die Kommission nicht ermächtige, Unternehmen durch Entscheidung zur **Begründung vertraglicher Beziehungen** zu verpflichten, da die Vertragsfreiheit der Unternehmen die Regel bleiben müsse.[116] Eine Einschränkung der Vertragsfreiheit könne nicht gerechtfertigt werden, weil es in der Regel mehrere **andere Mittel** gebe, eine Zuwiderhandlung abzustellen, die sich bei der Durchführung eines Vertriebssystems ereigne, z. B. die Aufgabe oder eine Änderung des Vertriebssystems. Das EuG stellte fest, dass die Kommission unter solchen Umständen zwar befugt sei, die Zuwiderhandlung festzustellen und den betroffenen Parteien die Abstellung aufzugeben, es stehe der Kommission indes nicht zu, den Parteien bezüglich der verschiedenen möglichen, allesamt dem EG-Vertrag entsprechenden Verhaltensweisen **ihre eigene Wahl aufzuzwingen.** Folglich sei die Kommission nicht befugt gewesen, die spezifischen Anordnungen zu treffen und BMW zu verpflichten, die Klägerin zu beliefern und dieser die Benutzung ihrer Warenzeichen zu gestatten.

Im Urteil „Langnese-Iglo“ stellte das EuG fest, dass die Kommission die ihr durch Art. 3 **63**
VO 17/62 eingeräumten Befugnisse dadurch überschritten habe, dass sie dem betroffenen Unternehmen den Freistellungsvorteil aus der Gruppenfreistellungsverordnung 1984/83 nicht nur für seine bestehenden, sondern auch für seine **zukünftigen** Alleinbezugsverträge entzogen habe.[117] Die Kommission hatte angeordnet, dass Langnese-Iglo für einen Zeit-

[113] *Schwarze/Weitbrecht* § 6 Rn. 43.

[114] Begründungserwägungen der Kommission zu Art. 7 des Vorschlags für eine Verordnung des Rates zur Durchführung der in den Artikeln 81 und 82 EG-Vertrag niedergelegten Wettbewerbsregeln vom 27.9.2000, KOM(2000) 582 endgültig, S. 20.

[115] *Schwarze/Weitbrecht* § 6 Rn. 39.

[116] EuG U. v. 18.9.1992 Rs. T-24/90 – *Automec/Komm.* Slg 1992, II-2223 Rn. 51 ff.

[117] EuG U. v. 8.6.1995 Rs. T-7/93 – *Langnese-Iglo* Slg. 1995, II-1533 Rn. 205 ff.

raum von fünf Jahren keine den kartellrechtswidrigen Verträgen ähnlichen Verträge abschließen dürfe.[118]

VI. Sanktionen

64 In einer Entscheidung nach Art. 7 kann die Kommission nicht nur eine Zuwiderhandlung gegen Art. 101 oder 102 AEUV feststellen und deren Abstellung anordnen, sondern darüber hinaus gemäß Art. 23 Abs. 2 lit. a ein **Bußgeld** gegen das betroffene Unternehmen verhängen, sofern dieses vorsätzlich oder fahrlässig gehandelt hat. Darüber hinaus ist die Kommission gemäß Art. 24 Abs. 1 lit. a befugt, **Zwangsgelder** festzusetzen, um die Adressaten einer Entscheidung dazu zu zwingen, die Zuwiderhandlung abzustellen. Das Zwangsgeld kann für jeden Tag des Verzuges bei der Abstellung der Zuwiderhandlung bis zu 5% des im vorangegangenen Geschäftsjahr erzielten durchschnittlichen Tagesumsatzes betragen. Von der Befugnis Zwangsgelder zu verhängen, hat die Kommission im Verfahren „Microsoft“ Gebrauch gemacht.[119] So erließ die Kommission am 10.11.2005 einen Beschluss nach Art 24 Abs. 1, der ein tägliches Zwangsgeld in Höhe von € 2 Mio. ab dem 15.12.2005 vorsah, sollte Microsoft bis dahin ihren Verpflichtungen aus der Abstellungsentscheidung vom 24.3.2004 nicht nachgekommen sein, Dritten vollständige und genaue Interoperabilitätsinformationen zu Verfügung zu stellen. Am 12.7.2006 erließ die Kommission einen Beschluss nach Art 24 Abs. 2 VO 1/2003, mit dem ein endgültiges Zwangsgeld in Höhe von € 280,5 Mio. gegen Microsoft wegen Nichterfüllung dieser Verpflichtungen zwischen dem 16.12.2005 und dem 20.6.2006 verhängt wurde (dies entsprach € 1,5 Mio. pro Tag) und erhöhte das tägliche Zwangsgeld für weitere Verzögerungen auf € 3 Mio.[120] Darüber hinaus verhängte die Kommission am 27.2.2008 gegen Microsoft gem. Art 24 Abs. 2 ein Zwangsgeld in Höhe von € 899 Mio., weil das Unternehmen im Zeitraum vom 21.6.2006 bis 27.10.2007 unangemessen hohe Preise für die Bereitstellung der Schnittstellenspezifikationen für Arbeitsgruppenserver verlangt hatte. Damit war Microsoft das erste Unternehmen, das Zwangsgelder zahlen musste, da es den Auflagen in einer Abstellungsentscheidung der Kommission nicht nachgekommen war.[121]

VII. Rechtsschutz

1. Nichtigkeitsklage des Adressaten

65 Gegen Entscheidungen nach Art. 7, die gegen sie ergangen sind, können die betroffenen Unternehmen im Wege einer Nichtigkeitsklage beim EuG gemäß Art. 263 Abs. 4 AEUV vorgehen. Allerdings hat eine solche Klage gemäß Art. 278 AEUV keine aufschiebende Wirkung. Der Vollzug der Entscheidung wird bis zum Erlass des Urteils nicht gehindert.

2. Aussetzung des Vollzugs der Entscheidung

66 Nach Art. 278 AEUV können der Gerichtshof oder das EuG die Durchführung der Entscheidung aussetzen. Für den Adressaten besteht daher die Möglichkeit, beim EuG einen **Antrag auf Aussetzung des Vollzugs gemäß § 104 VerfO-EuG** zu stellen. Dieser ist nur zulässig, wenn der Antragsteller die Entscheidung zugleich im Wege der Nichtigkeitsklage angefochten hat. Gegenstand des Antrags ist die Aussetzung des Vollzugs der angefochtenen Entscheidung bis zum Erlass des Urteils des EuG in der Hauptsache.

---

[118] Komm. E. v. 23.12.1992 – *Langnese-Iglo* ABl. 1993 L 183/19.

[119] Dazu ausführlich Breit in: *Schröter/Jakob/Klotz/Mederer,* Europäisches Wettbewerbsrecht, 2. Aufl. 2014, 3. Teil, Kapitel III Art. 7 Rz. 18.

[120] Komm. E. v. 12.7.2006, COMP/C-3/37.792 – *Microsoft,* ABl. 2008, C 138/10.

[121] Komm. E. v. 27.2.2008, COMP/COMP/C-3/37.792 – *Microsoft,* ABl. 2009, C 166/20 bestätigt durch Urteil des EuG v. 27.6.2012 Rs. T-167/08 – *Microsoft/Kommission.*

Art. 8. Einstweilige Maßnahmen

(1) **Die Kommission kann in dringenden Fällen, wenn die Gefahr eines ernsten, nicht wieder gutzumachenden Schadens für den Wettbewerb besteht, von Amts wegen auf der Grundlage einer prima facie festgestellten Zuwiderhandlung durch Entscheidung einstweilige Maßnahmen anordnen.**

(2) **Die Entscheidung gemäß Abs. 1 hat eine befristete Geltungsdauer und ist – sofern erforderlich und angemessen – verlängerbar.**

Übersicht

I. Zweck der Vorschrift

In bestimmten Fällen genügt es nicht, Unternehmen durch die generelle oder die in einer Mitteilung der Beschwerdepunkte konkretisierte Androhung von Geldbußen von der Fortsetzung eines Verstoßes gegen die Wettbewerbsregeln abzuhalten. Die Verfahren, die die Kommission gemäß Art. 7 zur Verfolgung von Zuwiderhandlungen gegen Art. 101 oder 102 AEUV einleitet, können sich unter Umständen über Jahre hinziehen. Dadurch kann den durch eine Wettbewerbsbeschränkung oder einen Missbrauch betroffenen Wirtschaftskreisen ein nicht wieder gutzumachender Schaden entstehen. Eine das Verfahren nach Jahren abschließende Untersagungs- bzw. Bußgeldentscheidung der Kommission würde dann ins Leere gehen. Art. 8 ermächtigt daher die Kommission zur Anordnung einstweiliger Maßnahmen, wenn die Gefahr eines ernsten, nicht wieder gutzumachenden Schadens für den Wettbewerb besteht und eine Zuwiderhandlung prima facie festzustellen ist. Die Anordnung der einstweiligen Maßnahmen erfolgt durch förmliche Entscheidung i. S. d. Art. 288 AEUV, die in einem **beschleunigten Verwaltungsverfahren** ergeht und gemäß Art. 30 im Amtsblatt zu veröffentlichen ist. Die Entscheidung kann die Erhebung eines Zwangsgeldes vorsehen, falls das betreffende Unternehmen der Entscheidung nicht nachkommt. 1

In der VO 17/62 fand die Befugnis der Kommission zum Erlass einstweiliger Maßnahmen keine ausdrückliche Erwähnung. Der Gerichtshof hatte aber aus **Art. 3 VO 17/62** eine solche Befugnis abgeleitet. Diese Bestimmung ermächtige die Kommission vor dem Erlass förmlicher Entscheidungen zur Abgabe von Empfehlungen und damit zu vorläufigen, den bestehenden Zustand bewahrenden Maßnahmen.[1] Die Kommission sei befugt, diejenigen einstweiligen Maßnahmen zu treffen, die unerlässlich sind, um ihr die wirksame Erfüllung ihrer Aufgaben zu ermöglichen und die **praktische Wirksamkeit** der Entscheidungen zu gewährleisten, durch die die Unternehmen gegebenenfalls verpflichtet werden, die festgestellte Zuwiderhandlung abzustellen. Das Recht, einstweilige Anordnungen zu erlassen, folge aus der Notwendigkeit, Benachteiligungen für andere betroffene Unternehmen zu vermeiden und die Ziele der Wettbewerbspolitik nicht zu gefährden, wenn solchen 2

[1] EuGH B. v. 17.1.1980 Rs. 792/79 – *Camera Care/Komm.* Slg 1980, 119 Rn. 18.

Benachteiligungen oder Gefährdungen durch rechtzeitiges Eingreifen vorgebeugt werden kann.[2]

3 Die Kommission wendet Art 8 in der Praxis sehr restriktiv an. Seit Inkrafttreten der VO 1/2003 bis heute hat die Kommission noch keine einstweilige Maßnahme gemäß dieser Bestimmung angeordnet.[3] In ihrem Bericht über die Anwendung der VO 1/2003 begründet dies die Kommission damit, dass sie als Wettbewerbsbehörde im öffentlichen Interesse zum Schutz des Wettbewerbs handele, während nationale Gerichte besser geeignet seien, die Interesse von Einzelunternehmen zu schützen. Darüber hinaus ist das Verfahren nach Art 8 aufgrund einer Reihe von Verfahrensschritten (zB Akteneinsicht, Anhörung, Beschluss durch das Kollegium der Kommission) langwierig, so dass die Kommission in der Regel gleich eine Entscheidung nach Art 7 oder 9 erlassen wird.[4]

II. Verfahren

1. Erlass von Amts wegen

4 Im Gegensatz zu Art. 7, der ein Tätigwerden der Kommission sowohl aufgrund von Beschwerden als auch von Amts wegen vorsieht, beinhaltet Art. 8 keinen Erlass von einstweiligen Maßnahmen auf Beschwerden hin, die von natürlichen oder juristischen Personen bzw. Mitgliedstaaten eingelegt werden. Vielmehr wird die Kommission ausschließlich von Amts wegen tätig. Hierdurch wird klar zum Ausdruck gebracht, dass die Kommission beim Erlass einstweiliger Maßnahmen im öffentlichen Interesse und nicht im Interesse einzelner Unternehmen tätig wird.[5]

5 Es stellt sich die Frage, ob der Unionsgesetzgeber der früheren, von der Rechtsprechung gebilligten Praxis ein Ende setzen wollte, nach der die Kommission im Rahmen des Art. 3 VO 17/62 einstweilige Maßnahmen anordnen konnte, wenn ein Beschwerdeführer dies beantragt und glaubhaft gemacht hatte, dass die Voraussetzungen für ihren Erlass erfüllt sind.[6] In den bisherigen Fällen, in denen die Kommission – noch unter Geltung der VO 17/62 – einstweilige Maßnahmen erlassen hatte, geschah dies stets aufgrund von Beschwerden. Man wird aus der **Nichterwähnung von Beschwerden** in Art. 8 sicherlich nicht den Schluss ziehen können, dass künftig Beschwerden, in denen Unternehmen den Erlass einstweiliger Maßnahmen begehren, von vornherein nicht beachtet werden. Wenn ein Beschwerdeführer glaubhaft machen kann, dass ohne den Erlass einstweiliger Maßnahmen nicht nur ihm selbst, sondern dem gesamten Wettbewerb auf dem betroffenen Markt ein ernster, nicht wieder gutzumachender Schaden droht, kommt ein Tätigwerden der Kommission entsprechend dem Beschwerdeschreiben durchaus in Betracht. Beschwerdeführer haben also im Rahmen des Art. 8 zwar kein Antragsrecht mehr, können aber den Erlass einstweiliger Maßnahmen zumindest anregen. Allerdings haben Beschwerdeführer **keine Möglichkeit mehr, eine Klage zu erheben,** falls die Kommission ihrem Begehren nicht entspricht.[7] Die Kommission ist gemäß Art. 8 nicht verpflichtet, auf eine Beschwerde im Wege einer (ablehnenden) Stellungnahme zu reagieren, welche dann von den Beschwerdeführern gegebenenfalls im Wege einer Nichtigkeitsklage angefochten werden

---

[2] EuG U. v. 13.12.1999 verb. Rs. T-189/95, T-39/96 und T-123/96 – *SGA/Komm.* Slg 1999, II-3587 Rn. 66.

[3] Bericht der Kommission über das Funktionieren der Verordnung Nr. 1/2003 vom 29.4.2009, KOM (2009) 206 und begleitendes Arbeitspapier SEK (2009) 574, Rn. 111.

[4] *Breit* in: *Schröter/Jakob/Klotz/Mederer,* Europäisches Wettbewerbsrecht, 2. Auflage 2014, 3. Teil, Kapitel III, Art 8 Rn. 16.

[5] Vgl. Begründungserwägungen der Kommission zu Art. 8 des Vorschlags für eine Verordnung des Rates zur Durchführung der in den Artikeln 81 und 82 EG-Vertrag niedergelegten Wettbewerbsregeln vom 27.9.2000, KOM(2000) 582 endgültig, S. 20.

[6] EuG U. v. 13.12.1999 verb. Rs. T-189/95, T-39/96 und T-123/96 – *SGA/Komm.* Slg 1999, II-3587 Rn. 67.

[7] *Schwarze/Weitbrecht* § 6 Rn. 48.

könnte. Nach der Rechtsprechung zu Art. 3 VO 17/62 war dies anders. Wurde der Antrag auf Erlass einstweiliger Maßnahmen von der Kommission abgelehnt, so konnte das antragstellende Unternehmen die Zurückweisung im Wege der Nichtigkeitsklage durch den Unionsrichter überprüfen lassen.[8]

2. Recht zur Stellungnahme und Anhörung

Auch wenn einstweilige Maßnahmen der Kommission aus Gründen der Dringlichkeit in einem **beschleunigten Verfahren** erlassen werden, muss die Kommission **wesentliche Verfahrensgrundsätze** beachten.[9] Gemäß Art. 27 Abs. 1 gibt die Kommission vor Erlass einer Entscheidung i. S. d. Art. 8 Unternehmen und Unternehmensvereinigungen, gegen die sich das von ihr betriebene Verfahren richtet, Gelegenheit, sich zu den Beschwerdepunkten zu äußern, die die Kommission in Betracht gezogen hat. Dem Erlass einer solchen Entscheidung geht somit ein vollständiges Verwaltungsverfahren voraus.[10] Zunächst verlangt die Kommission in der Regel von den betroffenen Unternehmen Auskünfte über die streitige Wettbewerbspraxis. Anschließend teilt sie ihnen gegebenenfalls die Beschwerdepunkte und ihre Absicht mit, einstweilige Maßnahmen zu erlassen und gibt ihnen Gelegenheit zur Stellungnahme. Die Frist für diese Stellungnahme kann von der Kommission gemäß Art. 17 Abs. 2 Satz 2 VO 773/2004[11] auf eine Woche begrenzt werden. Die Parteien haben auch im Rahmen des Verfahrens nach Art 8 ein Recht auf Akteneinsicht (Art 15 VO 773/2004). Nach dem schriftlichen Verfahren findet eine mündliche Anhörung statt. Gem. Art. 27 Abs. 3 ist dem Antrag Dritter angehört zu werden, stattzugeben, wenn diese ein ausreichendes Interesse nachweisen. Schließlich ist gem. Art. 14 Abs. 1 der Beratende Ausschuss für Kartell- und Monopolfragen vor dem Erlass der Entscheidung anzuhören. 6

Die Verpflichtung, die wesentlichen Verfahrensgarantien einzuhalten, führt dazu, dass Entscheidungen zur Anordnung einstweiliger Maßnahmen in der Regel erst mit einer gewissen Zeitverzögerung erlassen werden. Nach der bisherigen Praxis der Kommission vergehen im Durchschnitt **zwischen drei und acht Monate bis zum Erlass einer Entscheidung.**[12] 7

III. Voraussetzungen der Anordnung einstweiliger Maßnahmen

1. Allgemein

Der Erlass einstweiliger Maßnahmen ist gerechtfertigt, wenn **zwei Voraussetzungen** erfüllt sind: Erstens müssen die Verhaltensweisen bestimmter Unternehmen dem ersten Anschein nach (prima facie) einen Verstoß gegen Art. 101 oder 102 AEUV darstellen, der durch eine Abstellungsentscheidung der Kommission zu ahnden wäre. Zweitens dürfen einstweilige Maßnahmen nur ergriffen werden, um einer Situation zu begegnen, die geeignet ist, dem Wettbewerb einen ernsten und nicht wieder gutzumachenden Schaden zuzufügen. Durch die Formulierung in Art. 8 Abs. 1 stellt der Unionsgesetzgeber klar, dass die **Dringlichkeit nicht als eine dritte Tatbestandsvoraussetzung** für den Erlass einstweiliger Maßnahmen anzusehen ist: Ein dringender Fall liegt vor, wenn die Gefahr eines schweren und nicht wieder gutzumachenden Schadens besteht. Die Rechtsprechung geht ebenfalls davon aus, dass bei Bestehen der Gefahr eines schweren und nicht wieder gutzumachenden Schadens gleichzeitig zwangsläufig die Dringlichkeit gegeben ist.[13] 8

---

[8] EuGH B. v. 17.1.1980 Rs. 792/79 – *Camera Care/Komm.* Slg 1980 119 Rn. 20.

[9] So schon GA Slynn in den Schlussanträgen zu EuGH U. v. 28.2.1984 verb. Rs. 228 und 229/82 – *Ford/Komm.* Slg. 1984, 1129, 1168.

[10] *Schwarze/Weitbrecht* § 6 Rn. 56.

[11] Verordnung Nr. 773/2004 der Kommission über die Durchführung von Verfahren auf der Grundlage der Art. 81 und 82 EG-Vertrag durch die Kommission, ABl. 2004 L 123/18.

[12] *Navarro/González* ECLR 2002, 512, 514.

[13] EuG B. v. 26.10.2001 Rs. T-184/01 R – *IMS Health/Komm.* Slg 2001, II-3193 Rn. 54.

2. Prima facie festgestellte Zuwiderhandlung

9 Die Anordnung einstweiliger Maßnahmen durch die Kommission muss auf der Grundlage einer prima facie festgestellten Zuwiderhandlung gegen Art. 101 oder 102 AEUV ergehen. Der Unionsgesetzgeber folgt insoweit der bisherigen Rechtsprechung. Danach können einstweilige Maßnahmen ergriffen werden, wenn die streitigen Praktiken **auf den ersten Blick** einen Verstoß gegen die EU-Wettbewerbsregeln darstellen können, der durch eine endgültige Entscheidung der Kommission nach Art. 7 geahndet werden kann.[14] Die Anforderungen an die Feststellung einer prima facie Zuwiderhandlung können nicht dem Erfordernis der Gewissheit gleichgestellt werden, dem eine endgültige Entscheidung i. S. d. Art. 7 genügen muss. Die Kommission darf einstweilige Maßnahmen nach dem EuG-Urteil „La Cinq/Kommission" auch dann ergreifen, wenn ihre erste summarische Prüfung des Sachverhalts kein Vorliegen einer eindeutigen und offenkundigen Zuwiderhandlung ergibt.[15]

10 In der Rechtssache „Peugeot/Kommission" wies das EuG zudem die Argumentation der Klägerin zurück, die Kommission sei nicht befugt gewesen, einstweilige Maßnahmen zu treffen, da die Rechtslage nicht hinreichend klar gewesen sei und die Kommission nicht nachgewiesen habe, dass **höchstwahrscheinlich** eine Zuwiderhandlung vorliege. Die Kommission habe vielmehr zu Recht davon ausgehen können, dass das streitige Rundschreiben, in dem Peugeot ihre Vertragshändler in mehreren EU-Mitgliedstaaten aufgefordert hatte, ihre Lieferungen an das Unternehmen ECO einzustellen, auf den ersten Blick **ernsthafte Zweifel** an seiner Vereinbarkeit mit den Wettbewerbsregeln des Vertrages weckte, was der Kommission die Befugnis gab, bis zum Erlass einer Entscheidung in der Hauptsache einstweilige Maßnahmen zu treffen.[16]

11 Etwaige **Auslegungsprobleme im Zusammenhang mit kartellrechtlichen Begriffen** lassen nicht in jedem Fall die Feststellung einer prima facie vorliegenden Zuwiderhandlung zu. Dies zeigt das Verfahren des vorläufigen Rechtsschutzes in der Rechtssache **„IMS Health/Kommission".**[17] IMS Health ist der führende Anbieter von Informationsprodukten (insbesondere Absatzdaten) für die Pharma- und Gesundheitsindustrie. In Deutschland beruht der von dem Unternehmen angebotene Absatzdatendienst auf einer Bausteinstruktur mit der Bezeichnung „Struktur 1860 Bausteine". Mit Entscheidung vom 3.7.2001 erließ die Kommission auf die Beschwerde des Wettbewerbers NDC Health hin einstweilige Maßnahmen, mit denen IMS Health auferlegt wurde, allen Unternehmen, die auf dem deutschen Markt für Absatzdatendienste tätig sind, auf deren Antrag hin unverzüglich gegen Gebühr eine Lizenz für die Verwendung der Bausteinstruktur zu erteilen.[18] Die Kommission war zu der Schlussfolgerung gelangt, dass eine ausreichende Anscheinsvermutung dafür bestehe, dass die Weigerung von IMS Health, Wettbewerbern eine Lizenz zur Nutzung der Bausteinstruktur zu erteilen, den Missbrauch einer beherrschenden Stellung gemäß Art. 82 EG (nunmehr 102 AEUV) darstelle.

---

[14] Zu Art. 3 VO 17/62 vgl. EuG B. v. 26.10.2001 Rs. T-184/01 R – *IMS Health/Komm.* Slg 2001, II-3193 Rn. 53.

[15] Vgl. EuG U. v. 24.1.1992 Rs. T-44/90 – *La Cinq/Komm.* Slg 1992, II-1 Rn. 60f.

[16] EuG U. v. 12.7.1991 Rs. T-23/90 – *Peugeot/Komm.* Slg 1991, II-653 Rn. 63.

[17] EuG B. v. 26.10.2001 Rs. T-184/01 R – *IMS Health/Komm.* Slg 2001, II-3193ff.

[18] Komm. E. v. 3.7.2001 – NDC *Health/IMS Health* Einstweilige Anordnung ABl. 2002 L 59/18ff. Am 7.8.2003 hat die Kommission ihre Entscheidung zurückgezogen, weil keine Dringlichkeit mehr bestehe. Im Zuge eines Urteils des OLG Frankfurts vom September 2002, wonach die Struktur 1860 Bausteine zwar durch das deutsche Urheberrecht geschützt werde, andere Unternehmen dadurch aber nicht daran gehindert seien, eine der Struktur 1860 Bausteine sehr ähnliche Bausteinstruktur zu entwickeln, könne NDC Health inzwischen eine eigene Bausteinstruktur nutzen, welche den Kundenanforderungen entspreche. Ein Eingreifen der Kommission, damit NDC Health den Wettbewerb mit IMS Health aufnehmen könne, sei daher nicht mehr erforderlich (Pressemitteilung vom 7.8.2003 IP/03/1159).

12 IMS Health erhob daraufhin in der Hauptsache Nichtigkeitsklage gegen die Entscheidung beim EuG und begehrte darüber hinaus im **Verfahren des vorläufigen Rechtsschutzes** die Aussetzung des Vollzugs der einstweiligen Maßnahmen. Der Richter der einstweiligen Anordnung folgte der Auffassung der Antragstellerin, es sei dem ersten Anschein nach gerade nicht rechtswidrig, wenn sich ein marktbeherrschendes Unternehmen weigere, mit Wettbewerbern einen Wettbewerbsvorteil in Form seines geistigen Eigentums an einer Bausteinstruktur auf genau dem Markt zu teilen, auf den sich dieses geistige Eigentum beziehe. Nach dem Magill-Urteil des EuGH[19] könne die Ausübung eines ausschließlichen Rechts durch den Inhaber nämlich nur unter außergewöhnlichen Umständen ein missbräuchliches Verhalten i. S. d. Art. 102 AEUV darstellen. Der Unionsrichter stellte fest, dass die vorläufige Schlussfolgerung der Kommission, wonach die Verhinderung des Entstehens eines neuen Produktes kein unerlässlicher Bestandteil des Begriffs „außergewöhnliche Umstände" sei, den der Gerichtshof im Urteil Magill entwickelt habe, auf den ersten Blick eine sehr weite Auslegung dieses Begriffes darstelle. Den bezüglich der Richtigkeit dieser Auslegung bestehenden ernsthaften Meinungsverschiedenheiten stehe auf den ersten Blick ein klares öffentliches Interesse von IMS Health gegenüber, den spezifischen Gegenstand ihres Urheberrechts an der Bausteinstruktur durchzusetzen und zu nutzen.[20] In einem solchen Fall verlange es der **Ausnahmecharakter** der Befugnis zum Erlass einstweiliger Maßnahmen, dass das Verhalten, dessen Abstellung oder Änderung durch solche Maßnahmen bezweckt wird, eindeutig in den Anwendungsbereich der Wettbewerbsregeln des Vertrags falle. Im konkreten Fall hänge jedoch die Qualifizierung der streitigen Verweigerung einer Lizenz als missbräuchlich dem ersten Anschein nach davon ab, **ob die Kommission die Aussagen des Magill-Urteils betreffend die Voraussetzungen der „außergewöhnlichen Umstände" zutreffend ausgelegt habe und sei daher im Ergebnis nicht offenkundig.**[21] Der Richter der einstweiligen Anordnung verneinte daher das Vorliegen einer prima facie Zuwiderhandlung.[22] Der Vollzug der Entscheidung der Kommission, mit der IMS Health verpflichtet worden war, ihren Wettbewerbern Zwangslizenzen zu erteilen, wurde bis zum Erlass des Endurteils ausgesetzt. Das von NDC Health gegen den Beschluss eingelegte Rechtsmittel wurde zurückgewiesen.[23]

3. Gefahr eines ernsten, nicht wieder gutzumachenden Schadens für den Wettbewerb

13 Ein dringender Fall i. S. d. Art. 8 Abs. 1 liegt vor, wenn die Gefahr eines ernsten, nicht wieder gutzumachenden Schadens für den Wettbewerb besteht. In Anlehnung an die Rechtsprechung ist nicht zu fordern, dass der Schaden für den Wettbewerb sich überhaupt nicht wieder gutmachen lässt; ausreichend ist ein Schaden, der durch eine etwaige Untersagungs- bzw. Abstellungsentscheidung am **Ende des Verwaltungsverfahrens** bei der Kommission nicht wieder gutgemacht werden könnte.[24] Dass der Schaden durch ein späteres Urteil des EuG behoben werden könnte, steht der Bejahung eines nicht wieder gutzumachenden Schadens nicht entgegen.[25] Die Voraussetzung eines Schadens für den Wettbewerb macht deutlich, dass die Kommission beim Erlass einstweiliger Maßnahmen im

---

[19] EuGH B. v. 11.5.1989 Rs. C-76, 77 und 91/89 – R *RTE u. a./Komm.* Slg 1989, 1141 ff.

[20] EuG B. v. 26.10.2001 Rs. T-184/01 R – *IMS Health/Komm.* Slg 2001, II-3193 Rn. 102.

[21] EuG B. v. 26.10.2001 Rs. T-184/01 R – *IMS Health/Komm.* Slg 2001, II-3193 Rn. 144.

[22] Insoweit ergibt sich eine Abweichung zu dem EuG-Urteil „La Cinq/Kommission", nach dem einstweilige Maßnahmen selbst dann getroffen werden können, wenn das Vorliegen einer Zuwiderhandlung bei summarischer Prüfung nicht offenkundig ist (siehe oben Rn. 8).

[23] EuGH B. v. 11.4.2002 Rs. C-481/01 P(R) – *NDC Health/IMS Health und Komm.* Slg. 2002, I-3405 ff.

[24] EuG U. v. 24.1.1992 Rs. T-44/90 – *La Cinq/Komm.* Slg 1992, II-1 Rn. 80.

[25] *Navarro/Gonzalez* ECLR 2002, 512, 513.

öffentlichen Interesse und nicht im Interesse einzelner Unternehmen tätig wird.[26] Die Unternehmen können sich jederzeit an die nationalen Gerichte wenden, deren Funktion es ist, die Individualrechte zu schützen.

14 **a) Korrektur der Rechtsprechung.** Art. 8 ist **restriktiver als die frühere Rechtsprechung** zu Art. 3 VO 17/62. So entschied der EuGH in der Rechtssache „Camera Care/Kommission", dass ein Bedürfnis für die Ergreifung einstweiliger Maßnahmen bestehen könne, wenn die Wettbewerbspraktiken gewisser Unternehmen dazu führten, dass die Belange bestimmter Mitgliedstaaten beeinträchtigt werden, andere Unternehmen geschädigt werden oder die Wettbewerbsordnung der Gemeinschaft in unannehmbarer Weise in Frage gestellt werde.[27] Nach anderen Urteilen war der Erlass einstweiliger Maßnahmen gerechtfertigt, um einer Situation zu begegnen, die entweder geeignet ist, **der die Maßnahmen beantragenden Partei** einen schweren und nicht wieder gutzumachenden Schaden zuzufügen, oder die für die Allgemeinheit unerträglich ist.[28]

15 Diese Rechtsprechung steht mit dem Wortlaut des Art. 8 nicht mehr in Einklang. Es reicht für die Dringlichkeit nicht aus, wenn lediglich einem Beschwerdeführer, der den Erlass einstweiliger Maßnahmen angeregt hat, ein nicht wieder gutzumachender Schaden droht. Etwas anderes kann gelten, wenn neben dem Beschwerdeführer noch weitere Unternehmen gefährdet sind. Die Gefährdung eines **einzelnen Unternehmens** reicht jedenfalls nicht aus, um einen Schaden für den Wettbewerb i. S. d. Art. 8 anzunehmen.[29] Auch die Betroffenheit der Belange eines einzigen Mitgliedstaats dürften den Erlass einstweiliger Maßnahmen durch die Kommission nicht rechtfertigen.

16 **b) Interessenabwägung.** Im Rahmen der Beurteilung der Dringlichkeit nimmt die Kommission eine Interessenabwägung vor, bei der das **öffentliche Interesse** an der Durchsetzung der Wettbewerbsregeln, das Interesse der von einer Wettbewerbsbeschränkung **Betroffenen,** die bei Nichterlass einer einstweiligen Anordnung einen ernsten und nicht wieder gutzumachenden Schaden erleiden könnten, und das Interesse der **Urheber** der fraglichen Wettbewerbsbeschränkung, die durch den Erlass einer einstweiligen Anordnung in ihren Rechten beeinträchtigt werden könnten, berücksichtigt werden.[30] In der Entscheidung **„IMS Health/Kommission"** bejahte die Kommission die Gefahr eines schweren nicht wieder gutzumachenden Schadens sowohl für den Beschwerdeführer, NDC Health, als auch für das öffentliche Interesse.[31] Da es sich bei der Bausteinstruktur um eine De facto-Industrienorm handelte, hindere die Weigerung von IMS Health, Wettbewerbern die Struktur zur Verfügung zu stellen, diese daran, in den deutschen Markt für Informationsdienste betreffend den Absatz und die Verschreibung von Arzneimitteln einzutreten oder darin zu verbleiben. Dadurch entstehe ein schwerer und nicht wieder gutzumachender Schaden für das öffentliche Interesse. Auch NDC Health drohe bis zum endgültigen Erlass der Entscheidung der Geschäftszusammenbruch. Die Interessenabwägung der Kommission fiel daher zugunsten des Antragstellers aus.[32]

17 Der Richter der einstweiligen Anordnung beanstandete jedoch, dass sich das von der Kommission geltend gemachte öffentliche Interesse im Kern vorrangig auf die Interessen

---

[26] Vgl. die Begründungserwägungen der Kommission zu Art. 8 des Vorschlags für eine Verordnung des Rates zur Durchführung der in den Artikeln 81 und 82 EG-Vertrag niedergelegten Wettbewerbsregeln vom 27.9.2000, KOM(2000) 582 endgültig, S. 20.

[27] EuGH B. v. 17.1.1980 Rs. 792/79 R – *Camera Care/Komm.* Slg 1980, 119 Rn. 14.

[28] EuG U. v. 13.12.1999 verb. Rs. T-189/95, T-39/96 und T-123/96 – *SGA/Komm.* Slg 1999, II-3587 Rn. 66; EuG U. v. 24.1.1992 Rs. T-44/90 – *La Cinq/Komm.* Slg 1992, II-1 Rn. 28.

[29] *Schwarze/Weitbrecht* § 6 Rn. 51; a. A. *Sura* in Langen/Bunte, Kommentar zum deutschen und europäischen Kartellrecht, VO Nr. 1/2003, Art. 8 Rn. 5.

[30] Komm. E. v. 3.7.2001 – *NDC Health/IMS Health* ABl. 2002 L 59/45 Rn. 199.

[31] Komm. E. v. 3.7.2001 – *NDC Health/IMS Health* ABl. 2002 L 59/44 Rn. 187ff., 195.

[32] Komm. E. v. 3.7.2001 – *NDC Health/IMS Health* ABl. 2002 L 59/44 Rn. 199.

der Wettbewerber von IMS Health bezog.[33] Es sei daher zumindest dem ersten Eindruck nach nicht auszuschließen, dass die von der Kommission vorgenommene Interessenabwägung, die die Interessen der beiden Wettbewerber von IMS Health mit den Interessen des Wettbewerbs gleichzusetzen schien, den Hauptzweck des Art. 102 AEUV verkenne, der darin bestehe, Wettbewerbsverzerrungen zu verhindern und insbesondere die Interessen der Verbraucher zu wahren und nicht darin, die Situation einzelner Wettbewerber zu schützen. Der Richter der einstweiligen Anordnung gelangte zu dem Ergebnis, dass IMS Health ein schwerer und nicht wieder gutzumachender Schaden entstehen würde, wenn das Unternehmen **bis zum Ergehen einer Entscheidung in der Hauptsache gezwungen wäre, seinen Wettbewerbern Lizenzen** zu erteilen. Er setzte daher in seinem Beschluss den Vollzug der einstweiligen Maßnahmen aus. Das Rechtsmittel, welches NDC Health gegen den Beschluss des Richters der einstweiligen Anordnung einlegte, hatte im Ergebnis zwar keinen Erfolg. Der Präsident des Gerichtshofs stellte in seinem Zurückweisungsbeschluss jedoch fest, dass er den Ausführungen des Richters der einstweiligen Anordnung jedenfalls insoweit nicht vorbehaltlos zustimmen könne, als sie dahin verstanden werden könnten, dass sie den Schutz der Interessen der Wettbewerber aus dem in Art. 102 AEUV verfolgten Zweck ausschließen, obwohl sich solche Interessen von der Aufrechterhaltung der Struktur des tatsächlichen Wettbewerbs nicht trennen ließen.[34]

c) Beispiele. In einer Entscheidung betreffend den **Hafen von Roscoff**[35] (Bretagne) 18
hat die Kommission die Betreiberin des Hafens, die Chambre de Commerce et d'Industrie de Morlaix, im Wege der Anordnung einstweiliger Maßnahmen verpflichtet, dem Fährdienstbetreiber Irish Continental Group Zugang zu den Hafenanlagen zu gewähren. Die Entscheidung wurde auf die im Bereich des Art. 102 AEUV geltende „Essential-facilities" Doktrin gestützt. Der Hafen von Roscoff wurde von der Kommission als wesentliche Einrichtung für die Erbringung von Fährdiensten zwischen Frankreich und Irland angesehen. Die Dringlichkeit folgte für die Kommission daraus, dass die Ferienzeit unmittelbar bevorstand. Eine Verweigerung des Hafenzugangs während der Hauptreisezeit hätte der Irish Continental Group nach Ansicht der Kommission einen ernsten, nicht wieder gutzumachenden Schaden zugefügt. Unter der Geltung des Art. 8 müsste die Kommission nunmehr darauf abstellen, dass die Verweigerung des Zugangs nicht nur einen Schaden für das betroffene Unternehmen bedeutet, sondern einen Schaden für den Wettbewerb auf dem betroffenen Markt für die Erbringung von Fährdienstleistungen zwischen Frankreich und Irland.

In den Entscheidungen **Schöller**[36] und **Langnese-Iglo**[37] erließ die Kommission auf Be- 19
schwerden des Wettbewerbers Mars hin einstweilige Maßnahmen gegen die Speiseeishersteller Schöller und Langnese, weil deren Liefervereinbarungen mit Einzelhändlern in Deutschland Ausschließlichkeitsbindungen (Kühltruhenexklusivität und Verkaufsstellenexklusivität) enthielten, die Wettbewerbern den Zugang zum deutschen Markt für Impulseis erschwerte. Die Dringlichkeit wurde mit der Erwägung begründet, dass es sich bei Impulseis um ein saisonales Produkt handele.

In der Entscheidung **Ford**[38] ging die Kommission mit einstweiligen Maßnahmen gegen 20
die Einstellung des Vertriebs rechtsgelenkter Fahrzeuge der Marke Ford in Deutschland vor. Viele Kunden aus Großbritannien hatten rechtsgelenkte Ford-Fahrzeuge bei deutschen Händlern erworben, weil diese Fahrzeuge in Deutschland erheblich günstiger angeboten wurden als in Großbritannien. Um diesem Käuferverhalten entgegenzuwirken, verschickte

[33] EuG B. v. 26.10.2001 Rs. T-184/01 R – *IMS Health/Komm.* Slg 2001, II-3193 Rn. 145.
[34] EuGH B. v. 11.4.2002 Rs. C-481/01 P (R) – *NDC Health/Komm.* und *IMS Health* Slg 2002, I-3401 Rn. 84f.
[35] Vgl. Kommission, Pressemitteilung IP 95/492 v. 16.5.1995.
[36] Komm. E. v. 23.12.1992 – *Schöller* ABl. 1993 L 183/1.
[37] Komm. E. v. 23.12.1992 – *Langnese-Iglo* ABl. 1993 L 183/19.
[38] Komm. E. v. 18.12.1982 – *Ford* ABl. 1982 L 256/20.

Ford Rundschreiben an seine deutschen Händler und teilte darin mit, dass Ford Bestellungen von rechtsgelenkten Fahrzeugen künftig nicht mehr ausführen werde. Durch Entscheidung verpflichtete die Kommission Ford, das Rundschreiben zurückzunehmen und seine deutschen Händler zu informieren, dass rechtsgelenkte Fahrzeuge weiterhin zum Lieferprogramm gehörten. Die Dringlichkeit begründete die Kommission damit, dass der Kauf eines Kfz vielfach zeitgebunden sei. Es könne dem Verbraucher nicht zugemutet werden, mit dem Kauf eines rechtsgelenkten Ford-Fahrzeugs bis zum Erlass einer endgültigen Entscheidung der Kommission zu warten.[39]

IV. Auswahlermessen

21 Einstweilige Maßnahmen, die die Kommission den Adressaten einer Entscheidung nach Art. 8 auferlegt, können in einem **Tätigwerden** (z.B. Rücknahme eines Schreibens, in dem ein Lieferstop enthalten ist und Belieferung des betroffenen Unternehmens mit einem bestimmten Kontingent pro Jahr)[40] oder einem **Unterlassen** (z.B. Verbot, Verdrängungspreise zu verwenden)[41] bestehen.[42]

22 Die Rechtsprechung billigt der Kommission bei der Entscheidung darüber, welche einstweiligen Maßnahmen angezeigt sind, ein **weites Ermessen** zu.[43] Die Kommission hat dabei jedoch den **Grundsatz der Verhältnismäßigkeit** zu beachten. Sie darf diejenigen einstweiligen Maßnahmen anordnen, die unerlässlich sind, um ihr die wirksame Erfüllung ihrer Aufgaben zu ermöglichen und insbesondere die praktische Wirksamkeit der Entscheidungen nach Art. 7 zu gewährleisten, durch welche die Unternehmen gegebenenfalls verpflichtet werden, die festgestellten Zuwiderhandlungen abzustellen.[44] Einstweilige Maßnahmen dürfen nur unter Berücksichtigung der legitimen Interessen des betroffenen Unternehmens ergriffen werden. Die Maßnahmen müssen **vorläufiger** und **sichernder Art** sein und **auf das in der gegebenen Sachlage Notwendige beschränkt** bleiben. Sie dürfen eine **spätere Untersagungs- bzw. Abstellungsentscheidung (Art. 7) nicht vorwegnehmen** und nicht über deren Rahmen hinausgehen. Von mehreren gleichermaßen in Betracht kommenden einstweiligen Maßnahmen sind diejenigen zu wählen, die das betroffene Unternehmen am wenigsten belasten.[45]

V. Befristete Geltungsdauer der Entscheidung (8 Abs. 2)

23 Eine Entscheidung, mit der die Kommission einstweilige Maßnahmen anordnet, muss befristet sein. Der ursprüngliche Verordnungsvorschlag der Kommission vom 27.9.2000 sah eine Geltungsdauer der Entscheidung von bis zu einem Jahr mit Verlängerungsmöglichkeit vor.[46] Art. 8 Abs. 2 gewährt der Kommission eine größere Flexibilität. Eine Verlängerung der Geltungsdauer erfordert allerdings eine neue Entscheidung, die wieder alle Voraussetzungen des Art. 8 Abs. 1 erfüllen muss. Die Kommission muss also eine erneute, vollständige Prüfung vornehmen.[47] Zudem muss die Verlängerung verhältnismäßig, d.h. erforder-

---

[39] Komm. E. v. 18.12.1982 – *Ford* ABl. 1982 L 256/20 Rn. 44.

[40] Komm. E. v. 4.12.1991 – *Eco System/Peugeot* ABl. 1992 L 66/1 ff.

[41] Komm. E. v. 29.7.1983 – *ECS/AKZO* ABl. L 252/13 ff.

[42] Ausführlich zu den Beispielen aus der Kommissionspraxis – *Navarro/Gonzalez* ECLR 2002, 512, 514 ff.

[43] EuG B. v. 26.10.2001 Rs. T-184/01 R – *IMS Health/Komm.* Slg 2001, II-3193 Rn. 120.

[44] EuGH B. v. 17.1.1980 Rs. 792/79 R – *Camera Care/Komm.* Slg 1980, 119 Rn. 18 f.

[45] *Navarro/Gonzalez* ECLR 2002, 512, 513.

[46] Vorschlag der Kommission für eine Verordnung des Rates zur Durchführung der in den Artikeln 81 und 82 EG-Vertrag niedergelegten Wettbewerbsregeln vom 27.9.2000, KOM(2000) 582 endgültig.

[47] *Bauer* in: Hirsch, G./Montag, F./Säcker, F.J. (Hrsg.), Competition Law: European Community Practice and Procedure, 2008, Part 4, Art. 8 Rn. 4–8-019; *Sura* in: Langen/Bunte, Kommentar zum deutschen und europäischen Kartellrecht, 11. Aufl. 2011, VO Nr. 1/2003, Art. 8 Rn. 8.

lich und angemessen sein. Dies darf jedoch nicht dazu führen, dass die Kommission von vornherein in ihrer Entscheidung eine überlange Geltungsdauer anordnet. Vielmehr ist Art. 8 Abs. 2 dahingehend auszulegen, dass sich die **Verhältnismäßigkeitprüfung nicht nur auf die Verlängerungsmöglichkeit, sondern auch auf die ursprüngliche Befristung bezieht.** Die Kommission muss nicht nur bei der Entscheidung, ob und welche einstweiligen Maßnahmen sie anordnet, den Grundsatz der Verhältnismäßigkeit beachten, sondern auch bei der Befristung der einstweiligen Maßnahmen.

Einstweilige Maßnahmen bleiben ohnehin nur **solange in Kraft,** bis die Kommission 24
eine abschließende Entscheidung i. S. d. Art. 7 getroffen hat oder bis die Entscheidung über die Anordnung der einstweiligen Maßnahmen vom EuG für nichtig erklärt worden ist. Fallen die Voraussetzungen, die den Erlass einstweiliger Maßnahmen ursprünglich gerechtfertigt haben, später weg, so ist die Kommission verpflichtet, die Anordnung der Maßnahmen zurückzuziehen.[48]

VI. Sanktionen

Die Kommission kann gemäß Art. 23 Abs. 2 lit. b durch Entscheidung **Bußgelder** ver- 25
hängen, wenn Unternehmen einer Entscheidung zur Anordnung einstweiliger Maßnahmen zuwiderhandeln. Darüber hinaus ist die Kommission gemäß Art. 24 Abs. 1 lit. b befugt, **Zwangsgelder** festzusetzen, um die Adressaten einer Entscheidung i. S. d. Art. 8 dazu anzuhalten, diese zu befolgen.

VII. Rechtsschutz gegen einstweilige Maßnahmen

1. Nichtigkeitsklage

Gegen Entscheidungen, mit denen die Kommission einstweilige Maßnahmen anordnet, 26
besteht für die **betroffenen Unternehmen** die Möglichkeit, eine Nichtigkeitsklage gemäß Art. 263 AEUV zu erheben. Allerdings hat eine solche Klage gemäß Art. 278 AEUV keine aufschiebende Wirkung. Der Vollzug der einstweiligen Maßnahmen wird bis zum Erlass des Urteils nicht gehindert.

2. Vorläufiger Rechtsschutz

Nach Art. 278 und 279 AEUV können der Gerichtshof oder das EuG die Durchführung 27
einer angefochtenen Handlung aussetzen oder die erforderlichen einstweiligen Anordnungen treffen. Für ein vom Erlass einstweiliger Maßnahmen betroffenes Unternehmen besteht die Möglichkeit, beim EuG einen **Antrag auf einstweilige Anordnung gemäß § 104 VerfO-EuG** zu stellen. Das Unternehmen kann beantragen, den Vollzug der einstweiligen Maßnahmen bis zum Erlass des Urteils des EuG in der Hauptsache auszusetzen. Gemäß Art. 104 § 1 VerfO-EuG ist der Antrag nur zulässig, wenn der Antragsteller die Entscheidung der Kommission gleichzeitig im Wege der Nichtigkeitsklage angefochten hat. Nach Art. 104 § 2 VerfO-EuG müssen Anträge auf einstweilige Anordnungen die Umstände anführen, aus denen sich die Dringlichkeit ergibt; ferner ist die Notwendigkeit der beantragten gerichtlichen Anordnung in tatsächlicher und rechtlicher Hinsicht glaubhaft zu machen.

Der Antragsteller muss **glaubhaft** machen, dass **ernsthafte Gründe** bestehen, die an der 28
Richtigkeit der Beurteilung von zumindest einer der beiden Voraussetzungen für den Erlass einstweiliger Maßnahmen Zweifel aufkommen lassen.[49] Es ist hingegen nicht erforderlich, glaubhaft zu machen, dass der Kommission offensichtliche Ermessensfehler unterlaufen sind.

---

[48] So geschehen etwa im Fall *IMS Health* (s. o. Fn. 16); *Bauer* in: Competition Law: European Community Practice and Procedure, Part 4, Art. 8 Rn. 4–8–020.

[49] EuG B. v. 26.10.2001 Rs. T-184/01 R – *IMS Health/Komm.* Slg 2001, II-3193 Rn. 90, 93.

29 Die **Dringlichkeit** einer einstweiligen Anordnung ist danach zu beurteilen, ob die Gewährung vorläufigen Rechtsschutzes erforderlich ist, um zu verhindern, dass dem Antragsteller ein schwerer und nicht wieder gutzumachender Schaden entsteht.[50] Es ist Sache des Antragstellers den schweren und nicht wieder gutzumachenden Schaden darzulegen und zu beweisen. Bei der Entscheidung über die Dringlichkeit berücksichtigt der Richter der einstweiligen Anordnung, dass die angefochtene Entscheidung selbst eine vorläufige ist, die die Kommission während einer noch nicht abgeschlossenen Untersuchung getroffen hat.[51] Er prüft, ob die ernsthafte Gefahr besteht, dass die nachteiligen Wirkungen der angefochtenen Entscheidung, wenn diese sofort durchgeführt würde, über diejenigen einer sichernden Maßnahme hinausgehen und in der Zwischenzeit zu Schäden führen, die erheblich größer sind als die unvermeidlichen, aber vorübergehenden negativen Begleiterscheinungen einer einstweiligen Maßnahme.

30 Ist der Richter der einstweiligen Anordnung davon überzeugt, dass die in den Art. 278 AEUV und 279 AEUV sowie in Art. 104 VerfO-EuG vorgesehenen Voraussetzungen erfüllt sind, so muss er die **Interessen,** auf die sich die Kommission zur Begründung ihrer Entscheidung gestützt hat, gegen diejenigen, die der Antragsteller zugunsten der einstweiligen Anordnung geltend macht, **abwägen.**[52] Die Aussetzung des Vollzugs muss zur Verhinderung eines schweren und nicht wieder gutzumachenden Schadens für die Interessen des Antragstellers bereits vor der Entscheidung zur Hauptsache erforderlich und vorläufig in dem Sinne sein, dass sie dieser Entscheidung **nicht vorgreift** und deren Folgen nicht im Voraus neutralisiert.[53] Eine Aussetzung des Vollzugs kommt etwa dann in Betracht, wenn der Richter der einstweiligen Anordnung feststellt, dass ernsthafte Gründe für die Annahme bestehen, dass viele der Marktentwicklungen, zu denen der sofortige Vollzug der einstweiligen Maßnahmen wahrscheinlich führen würde (z. B. Abwandern von Kunden, Umschwenken der Kunden auf andere Produkte), nur sehr schwer oder überhaupt nicht wieder rückgängig gemacht werden könnten, falls der Klage stattgegeben würde.[54]

3. Rechtsschutz Dritter

31 Der Rechtsschutz Dritter gegen einstweilige Maßnahmen, die gegenüber einem anderen Unternehmen erlassen wurden, richtet sich nach Art. 263 Abs. 4 AEUV. Ein Dritter kann eine Nichtigkeitsklage gegen die Entscheidung der Kommission erheben, sofern er durch diese unmittelbar und individuell betroffen wird. Diese Voraussetzungen können erfüllt sein, wenn der Dritte in dem Verfahren zum Erlass der einstweiligen Maßnahme auf seinen Antrag hin von der Kommission **angehört** worden ist (Art. 27 Abs. 3), er sich also am Verfahren beteiligt hat.

Art. 9. Verpflichtungszusagen

(1) **Beabsichtigt die Kommission, eine Entscheidung zur Abstellung einer Zuwiderhandlung zu erlassen, und bieten die beteiligten Unternehmen an, Verpflichtungen einzugehen, die geeignet sind, die ihnen von der Kommission nach ihrer vorläufigen Beurteilung mitgeteilten Bedenken auszuräumen, so kann die Kommission diese Verpflichtungszusagen im Wege einer Entscheidung für bindend für die Unternehmen erklären. Die Entscheidung kann befristet sein und muss besagen, dass für ein Tätigwerden der Kommission kein Anlass mehr besteht.**

---

[50] EuG B. v. 26.10.2001 Rs. T-184/01 R – *IMS Health/Komm.* Slg 2001, II-3193 Rn. 116.
[51] EuG B. v. 26.10.2001 Rs. T-184/01 R – *IMS Health/Komm.* Slg 2001, II-3193 Rn. 117.
[52] EuG B. v. 26.10.2001 Rs. T-184/01 R – *IMS Health/Komm.* Slg 2001, II-3193 Rn. 47, 133.
[53] EuGH B. v. 11.5.1989 Rs. C-76, 77 und 91/89 R *RTE u. a./Komm.* Slg 1989, 1141, Rn. 12; EuG B. v. 26.10.2001 Rs. T-184/01 R – *IMS Health/Komm.* Slg 2001, II-3193 Rn. 47.
[54] Vgl. EuG B. v. 26.10.2001 Rs. T-184/01 R – *IMS Health/Komm.* Slg 2001, II-3193 Rn. 129.

(2) **Die Kommission kann auf Antrag oder von Amts wegen das Verfahren wieder aufnehmen,**

a) wenn sich die tatsächlichen Verhältnisse in einem für die Entscheidung wesentlichen Punkt geändert haben,

b) wenn die beteiligten Unternehmen ihre Verpflichtungen nicht einhalten oder

c) wenn die Entscheidung auf unvollständigen, unwichtigen oder irreführenden Angaben der Parteien beruht.

Übersicht

I. Einführung

1 In ihrer Begründung zu Art. 9 ihres Verordnungsvorschlags zur VO 1/2003 vom 27.9.2000[1] hatte die Kommission darauf hingewiesen, dass durch Art. 9 Abs. 1 ein **neues Instrument** eingeführt wird: Die Kommission wird befugt, durch Entscheidung Verpflichtungszusagen anzunehmen, die von Unternehmen in Zusammenhang mit einem Verfahren angeboten werden, bei dem die Kommission eine Entscheidung zur Abstellung einer Zuwiderhandlung (Art. 7) ins Auge fasst. Die Betonung lag dabei auf den Worten **„durch Entscheidung"**, denn bereits unter der Geltung der VO 17/62 hatte die Kommission in einer Reihe von Fällen Verpflichtungszusagen, die ihr von den Unternehmen zur Abstellung einer etwaigen Zuwiderhandlung angeboten wurden, als Mittel einer Verfahrensbeendigung akzeptiert. Die Befugnis, Zusagen durch formelle Entscheidung i. S. d. Art. 288 AEUV für bindend zu erklären, **beendete Unsicherheiten, die hinsichtlich der Rechtsverbindlichkeit und Durchsetzung** von Zusagen unter dem Regime der VO 17/62 bestanden hatten.[2] Unter der Geltung der VO 17/62 akzeptierte die Kommission Verpflichtungszusagen, ohne diesbezüglich eine förmliche und damit die Unternehmen bindende Entscheidung zu erlassen.[3] Die Annahme von Zusagen durch die Kommission führte zu keiner rechtlich verbindlichen Vereinbarung, etwa im Sinne eines öffentlich-

[1] Kommission, Vorschlag vom 27.9.2000 für eine Verordnung des Rates zur Durchführung der in den Artikeln 81 und 82 EG-Vertrag niedergelegten Wettbewerbsregeln und zur Änderung der Verordnungen (EWG) Nr. 1017/68, (EWG) Nr. 2988/74, (EWG) Nr. 4056/86 und (EWG) Nr. 3975/87 („Durchführungsverordnung zu den Artikeln 81 und 82 EG-Vertrag"), KOM(2000) 582 endgültig, S. 20.

[2] *Modrall,* Global Competition Review 2003, 29, 30; näher unter II. 2.

[3] *Dieckmann* in Wiedemann, Handbuch des Kartellrechts, § 45 Rn. 15.

rechtlichen Vertrages.[4] Wurde die Zusage von den betreffenden Unternehmen nicht eingehalten, so konnte die Kommission dies nicht unmittelbar mit der Auferlegung von Zwangsgeldern oder Geldbußen ahnden.[5] Dies ist durch Art. 9 geändert worden. Die Zusagen sind für die Adressaten einer Entscheidung i. S. d. Art. 9, d. h für die Unternehmen, die die Zusagen abgegeben haben, verbindlich (Art. 288 AEUV). Die Kommission kann die Nichteinhaltung von Zusagen, die sie durch Entscheidung für bindend erklärt hat, nun unmittelbar mit Bußgeldern (Art. 23 Abs. 2c) oder Zwangsgeldern (Art. 24 Abs. 1c) ahnden. Im Prinzip kann die Kommission zwar auch wie früher Zusagen akzeptieren, ohne diese gemäß Art. 9 durch eine Entscheidung für bindend zu erklären. In der Praxis wird sie aber in aller Regel nicht mehr bereit sein, auf eine solche Verbindlicherklärung zu verzichten.[6] Zweck des Art. 9 ist es, der Kommission eine effektive – und damit nicht zuletzt auch beschleunigte – Bearbeitung derjenigen Verfahren zu ermöglichen, in denen die betroffenen Unternehmen dazu bereit sind, geeignete Zusagen abzugeben, die kein weiteres Tätigwerden der Kommission erfordern. Die Unternehmen können sich durch das Angebot von Zusagen unter Umständen ein langwieriges Verwaltungsverfahren ersparen. In den zehn Jahren des Bestehens der VO 1/2003 hat sich das Instrument der Zusagenentscheidung als ein wichtiges Instrument der Durchsetzung des Europäischen Kartellrechts bewährt. Seit dem Inkrafttreten der VO im Mai 2004 **kommt dieses Instrument in etwa 50 % aller Kommissionsentscheidungen betreffend die Art. 101 und 102 zur Anwendung, welche sich nicht auf Hardcore-Kartellfälle beziehen.**[7] Der Gerichtshof hat im „Alrosa"-Urteil[8] vom 29.6.2010 betont, dass Zusagenentscheidungen im Wesentlichen analog zu behandeln seien wie Entscheidungen gemäß Art. 7, nimmt davon allerdings den Grundsatz der Verhältnismäßigkeit aus, der nach seiner Auffassung in Art. 9 einen anderen Prüfungsmaßstab erfordert als im Rahmen von Art. 7. Der Gerichtshof betont jedoch, dass die Kommission auch im Rahmen des Art. 9 verpflichtet sei, den Sachverhalt umfassend zu ermitteln und die wettbewerbsrechtlichen Bedenken klar zu formulieren. Darüber hinaus unterstreicht der Gerichtshof, dass die Unternehmen welche Zusagen anbieten, in den Genuss sämtlicher prozessualer Rechte, insbesondere des Rechts auf Akteneinsicht sowie des rechtlichen Gehörs kommen müssen.[9] Der Gerichtshof schafft dadurch eine Absicherung dagegen, dass die Interessen der Kommission an einer raschen einvernehmlichen Beendigung eines Falles von dem öffentlichen Interesse an einem effektiven Schutz des Wettbewerbs abweichen können.

II. Entstehungsgeschichte

1. Parallele zur FKVO

2 Art. 9 entspricht inhaltlich im Wesentlichen der Regelung in Art. 8 Abs. 2 FKVO. Nach dieser Vorschrift hat die Kommission bei der Frage, ob ein angemeldeter Zusammenschluss mit dem gemeinsamen Markt für vereinbar zu erklären ist, gegebenenfalls von den beteiligten Unternehmen unterbreitete Änderungen zu berücksichtigen. Diese Änderungen werden regelmäßig in Form von sogenannten Verpflichtungszusagen („Commitments") unter-

---

[4] *Dieckmann* (Fn. 3) § 45 Rn. 16.

[5] Anders war dies nur in Fällen, in denen Zusagen gemäß Art. 8 Abs. 1 VO 17/62 zum Gegenstand einer Bedingung oder Auflage im Rahmen einer Einzelfreistellungsentscheidung gemacht wurden.

[6] Allerdings hat die Kommission im März 2005 im Fall „Luftfahrtversicherungen" Verpflichtungen der Branchenverbände der Luftfahrtversicherer akzeptiert, ohne eine Artikel 9-Entscheidung zu erlassen, vgl. Kommission, Pressemitteilung IP/05/361.

[7] Vgl. *Schweitzer,* Commitment decisions under Art. 9 of regulation 1/2003: the developing EC practise and Case law, European University Institut working papers, 2008, S. 1.

[8] EuGH U. v. 29.6.2010 Rs. C-441/07 P – *Komm. / Alrosa.*

[9] Vgl. *Schweitzer,* Commitment decisions under Art. 9 of regulation 1/2003: the developing EC practise and Case law, European University Institut working papers, 2008, S. 1.

breitet. Den Unternehmen ist somit durch die FKVO ein Instrument zur Verfügung gestellt worden, um einen in seiner ursprünglich beabsichtigten Form nicht genehmigungsfähigen Zusammenschluss genehmigungsfähig zu machen. Die Kommission kann Entscheidungen, mit denen sie einen Zusammenschluss genehmigt, mit Bedingungen oder Auflagen verbinden, um **sicherzustellen,** dass die beteiligten Unternehmen den Verpflichtungen nachkommen, die sie gegenüber der Kommission hinsichtlich einer mit dem gemeinsamen Markt zu vereinbarenden Gestaltung des Zusammenschlusses eingegangen sind. Die von der Kommission gemäß Art. 8 Abs. 2 FKVO formulierten Bedingungen und Auflagen haben den verfahrensmäßigen Zweck, die Einhaltung der abgegebenen Verpflichtungszusagen abzusichern.[10] Denselben Sicherungszweck verfolgt der Unionsgesetzgeber auch mit Art. 9.

2. Zusagenpraxis nach der VO 17/62

Auch wenn die VO 17/62 keine ausdrückliche Ermächtigung vorsah, hatte die Kommission in einer Reihe von Fällen die Abgabe von Verpflichtungserklärungen akzeptiert, in erster Linie in Fällen des Missbrauchs einer marktbeherrschenden Stellung nach Art. 102 AEUV.[11] Da die Kommission keinem Offizialprinzip unterworfen ist, konnte sie ein Verfahren einstellen, wenn eine ursprünglich wettbewerbsbeschränkende Vereinbarung geändert und in Einklang mit Art. 101 oder 102 AEUV gebracht oder ganz aufgehoben worden war. Der EuGH hat diese Praxis gebilligt und im „Zellstoff"-Urteil die Entgegennahme von Zusagen als ein zulässiges Mittel anerkannt, um eine Verletzung der EU-Wettbewerbsregeln zu beheben.[12] Der EuGH setzte dabei Zusagen mit Maßnahmen gleich, die eine Zuwiderhandlung im Sinne von Art 3 VO 17/62 abstellen. 3

III. Anwendungsbereich

1. Beabsichtigte Entscheidungen nach Art. 7

Zusagenentscheidungen i. S. d. Art. 9 kommen im Rahmen von Verfahren in Betracht, in denen die Kommission gemäß Art. 7 eine Entscheidung zur Untersagung bzw. Abstellung von Zuwiderhandlungen gegen Art. 101, 102 AEUV ins Auge fasst.[13] Sie eignen sich insbesondere für Verfahren wegen Verletzung des Art. 102 AEUV, in denen eine Änderung des Verhaltens des marktbeherrschenden Unternehmens den Wettbewerbsverstoß beseitigen kann.[14] 4

Nach dem Wortlaut des Art. 9 Abs. 1 sowie der Begründungserwägung 13 setzt der Erlass einer Zusagenentscheidung voraus, dass die Kommission (i) bereits ein **Verfahren eingeleitet** und (ii) den betroffenen Unternehmen die nach ihrer vorläufigen Beurteilung bestehenden **Bedenken mitgeteilt** hat. Die Verfahrenseinleitung geschieht durch einen Beschluss der Kommission und muss vor Übermittlung der vorläufigen Beurteilung erfolgen.[15] Mit der vorläufigen Beurteilung ist nicht gemeint, dass die Kommission den betreffenden Unternehmen bereits eine Mitteilung der Beschwerdepunkte nach Art. 27 Abs. 1 übersandt haben muss.[16] Dies ergibt sich daraus, dass Art. 2 Abs. 1 VO 773/2004 zwischen 5

---

[10] Vgl. *Schwarze* EuZW 2002, 741.

[11] Ausführlich dazu *Dieckmann* (Fn. 3), § 45 Rn. 14 ff.

[12] EuGH U. v. 31.3.1993 verb. Rs. C 89, 104, 114, 116, 117 und 125–129/85 – *Ahlström Osakeyhtiö u. a./Komm.* Slg. 1993 I-1575 Rn. 178 ff.

[13] Vgl. Begründungserwägung Nr. 13 S. 1 zur VO 1/2003, ABl. 2003 L 1/1 ff.

[14] Vgl. *Dieckmann* in: Wiedemann, Handbuch des Kartellrechts, § 45 Rn. 14. Zu einzelnen Fallgruppen gemäß Art. 81, 82 EG, die sich für Zusagenentscheidungen eignen, siehe *Temple Lang* ECLR 2003, 347, 352 ff.

[15] Vgl. Art. 2 Abs. 1 der Durchführungsverordnung Nr. 773/2004, ABl. 2004, L123/18.

[16] *Busse/Leopold,* Entscheidungen über Verpflichtungszusagen nach Art. 9 VO (EG) Nr. 1/2003, WuW 2005, 146, 147; *Sura* in: Langen/Bunte, Kommentar zum deutschen und europäischen Kartell-

der vorläufigen Beurteilung gemäß Art. 9 und der Mitteilung der Beschwerdepunkte unterscheidet. Die vorläufige Beurteilung ist ein „Minus" gegenüber einer Mitteilung der Beschwerdepunkte und kann daher durch letztere ersetzt werden.[17] Die vorläufige Beurteilung muss die Bedenken der Kommission bereits so genau wiedergeben, dass die betroffenen Unternehmen in die Lage versetzt werden, geeignete Verpflichtungszusagen auszuarbeiten. Die Übermittlung der vorläufigen Beurteilung dient den Interessen der betroffenen Unternehmen. Diese können anhand der ihnen vorgeworfenen Umstände die Stärken und Schwächen der Argumentation der Kommission abschätzen und so letztlich entscheiden, ob sie im Wege einer Verpflichtungszusage mit der Kommission zusammenwirken oder sich stattdessen gegen den Vorwurf eines Wettbewerbsverstoßes zur Wehr setzen wollen.[18] Falls ein Unternehmen von der Rechtmäßigkeit seines Verhaltens überzeugt ist, so sollte es sich nicht auf das relativ schnelle Verfahren nach Art. 9 einlassen, sondern eine endgültige Entscheidung der Kommission nach Art. 7 abwarten und diese u. U. anfechten.[19]

6 Es spricht nichts dagegen, dass die Kommission auch vorbeugende Verpflichtungszusagen, die ein Unternehmen bereits **vor Erhalt** einer vorläufigen Beurteilung angeboten hat, berücksichtigen kann.[20]

7 Art. 9 ist auch in Betracht zu ziehen, wenn die Kommission die **Anordnung von einstweiligen Maßnahmen** gemäß Art. 8 beabsichtigt, da einstweilige Maßnahmen die praktische Wirksamkeit von späteren Entscheidungen zur Abstellung einer Zuwiderhandlung gewährleisten sollen.[21] Ein Beispiel dafür, dass die Eingehung von Zusagen zur Vermeidung einer Anordnung von einstweiligen Maßnahmen in Betracht kommt, ist die Kommissionsentscheidung „Seacontainers/Stena Sealink".[22]

2. Ungeeignetheit im Fall von Bußgeldentscheidungen

8 Satz 4 der Begründungserwägung Nr. 13 zur VO Nr. 1/2003 besagt, dass Entscheidungen bezüglich Verpflichtungszusagen für solche Fälle **ungeeignet** sind, in denen die Kommission eine **Geldbuße aufzuerlegen beabsichtigt.**[23] Hiermit könnte gemeint sein, dass die Kommission innerhalb eines Verfahrens, das sich gegen mehrere Unternehmen richtet, nicht gegenüber einem Beteiligten eine Zusagenentscheidung erlassen darf, während sie gegenüber den anderen beteiligten Unternehmen Geldbußen ausspricht.[24] Damit würde der Kommission in Zukunft allerdings wohl keine Möglichkeit mehr zu einer Verfahrensbeendigung gelassen wie im Fall der angeblichen Preisabsprachen einiger deutscher und niederländischer Bankinstitute in Zusammenhang mit der Erhebung von Bankgebühren für den Umtausch von Währungen der Euro-Zone in der Übergangszeit bis zur Einführung der Euro-Banknoten und -Münzen am 1.1.2002.[25] Der Fall aus dem Jahr 2001 hatte gezeigt, dass selbst bei der Untersuchung von Preisabsprachen in Ausnahmefällen eine Einstellung des Verfahrens gegen Zusagen in Betracht kommen kann. Eine Kartelluntersu-

---

recht, 11. Aufl. 2010, VO No. 1/2003, Art. 9 Rn. 5; a. A. *Temple Lang* ECLR 2003, 347, der eine vorherige Mitteilung der Beschwerdepunkte für erforderlich hält.

[17] *Sura* in: Langen/Bunte, Kommentar zum deutschen und europäischen Kartellrecht, 11. Aufl. 2010, VO No. 1/2003 Art. 9 Rn. 5.

[18] *Schwarze/Weitbrecht* § 6 Rn. 78.

[19] *Schwarze/Weitbrecht* § 6 Rn. 85.

[20] *Sura* in: Langen/Bunte, Kommentar zum deutschen und europäischen Kartellrecht, 11. Aufl. 2010, VO No. 1/2003 Art. 9 Rn. 6.

[21] Zu Zusagen als Mittel zur Verhinderung einstweiliger Maßnahmen siehe *Navarro/Gonzalez* ECLR 2002, 512, 517.

[22] Komm. E. v. 21.12.1993 – *Seacontainers/Stena Sealink* ABl. 1994 L 15/8 ff.; vgl. auch Komm. E. v. 22.12.1987 – *Eurofix-Bauco/Hilti* ABl. 1988, L 65/19 ff.

[23] Vgl. Begründungserwägung Nr. 13 S. 4 zur VO 1/2003, ABl. 2003 L 1/1 ff.

[24] A. A. *Temple Lang* ECLR 2003, 347.

[25] Pressemitteilung vom 11. Dezember 2001 IP/01/1796.

chung der Kommission hatte ergeben, dass Ende 1997 mehrere deutsche und niederländische Banken angeblich eine Vereinbarung über eine Gebühr von rund 3% für den An- und Verkauf von Banknoten des Eurogebiets für einen Zeitraum von drei Jahren bis zur Einführung der Euro-Banknoten und -Münzen geschlossen hatten. In den Mitteilungen der Beschwerdepunkte, die im August 2000 an die betroffenen Banken versandt wurden, traf die Kommission die Feststellung, dass sie nach Anhörung der Banken den Erlass einer Bußgeldentscheidung beabsichtige. Zwischen April und Sommer 2001 gaben einige der von der Untersuchung betroffenen Banken gegenüber der Kommission die Zusage ab, ihre Gebühren zu senken und sie ab Oktober 2001 ganz abzuschaffen. Indem diese Banken ihr angebliches Kartellverhalten beendeten, sah sich die Kommission veranlasst, das Verfahren gegen sie einzustellen, weil eine sofortige und erhebliche Senkung der Gebühren im Interesse der Verbraucher gelegen habe. Die Kommission wies in einer Pressemitteilung darauf hin, dass es sich um ein ungewöhnliches Vorgehen ihrerseits gehandelt habe, welches durch die besonderen Umstände des Falles gerechtfertigt gewesen sei. Da die Einführung der Euro-Banknoten und -Münzen im Januar 2002 unmittelbar bevorgestanden habe, wäre das angenommene Kartellverhalten der Banken dadurch automatisch beendet worden.[26] Diejenigen Banken hingegen, die zur Abgabe der genannten Zusage nicht bereit gewesen waren, wurden von der Kommission wegen ihrer angeblichen Beteiligung an den Preisabsprachen mit Geldbußen belegt.

Da der Gemeinschaftsgesetzgeber die Befugnisse der Kommission mit der VO 1/2003 aber im Zweifel erweitern und nicht einschränken wollte, dürfte Satz 4 der Begründungserwägung Nr. 13 wohl eher als ein allgemeiner Hinweis an die Kommission zu verstehen sein, dass in allen Fällen, in denen ein Bußgeld angezeigt ist (insbesondere bei offensichtlichen und schwerwiegenden Wettbewerbsbeschränkungen wie Preisabsprachen oder Marktaufteilungen) der Erlass einer Zusagenentscheidung in der Regel nicht in Betracht kommt. In solchen Fällen, in denen das Risiko hoher Bußgeld und erschwerender Umstände besteht, bedarf es sowohl einer Abschreckungswirkung als auch einer Publizität, welche lediglich durch die Feststellung des Vorliegens einer Zuwiderhandlung und die Verhängung von Bußgeldern erreicht werden kann.[27] Grundsätzlich dürften Zusagenentscheidungen dann ein geeignetes Mittel sein, wenn es **allein um die Abstellung eines wettbewerbswidrigen Verhaltens** im Sinne der Art. 101 oder 102 geht, nicht hingegen, wenn darüber hinaus eine Sanktion in Form einer Geldbuße erforderlich ist.[28] Zusagenentscheidungen gem Art. 9 sind daher auch **streng von Settlement-Verfahren in Kartellsachen zu unterscheiden,** welche durch Art. 10a der Kommissionsverordnung 773/2004 und die Kommissionsmitteilung über die Durchführung von Vergleichsverfahren beim Erlass von Entscheidungen nach Art. 7 und Art. 23 VO 1/2003 zugelassen sind.[29] Im Rahmen von Vergleichsverfahren stellt die Kommission das Vorliegen einer Zuwiderhandlung gem Art. 7 fest und verhängt nach Art. 23 ein Bußgeld, räumt jedoch dabei dem betroffenen Unternehmen die Möglichkeit ein, durch ein Eingeständnis der Zuwiderhandlung das Verfahren abzukürzen und in den Genuss einer Ermäßigung der Geldbuße um 10% Prozent zu kommen. Im Rahmen von Zusagenentscheidungen stellt die Kommission demgegenüber lediglich fest, dass ein Tätigwerden der Kommission in Hinblick auf die angebotenen Zusagen nicht mehr erforderlich ist, ohne über die Frage des Vorliegens einer Zuwiderhandlung zu entscheiden. Daneben kommt die Verhängung einer Geldbuße weder in der Zusagenentscheidung selbst noch in einer Entscheidung gemäß Art. 23 VO 1/2003 in Betracht. 9

[26] Pressemitteilung a. a. O.

[27] *Wils,* The use of settlemements in public antitrust enforcement: Objectives and principles, S. 14.

[28] Für die Abwendung von Geldbußen ist die Mitteilung der Kommission über den Erlass und die Ermäßigung von Geldbußen in Kartellsachen heranzuziehen, ABl. 2002 C 45/3 ff.

[29] Verordnung (EG) Nr. 622/2008 der Kommission vom 30.6.2008 zur Änderung der Verordnung (EG) Nr. 773/2004 hinsichtlich der Durchführung von Vergleichsverfahren in Kartellfällen, ABl. 2008 L 171/3.

IV. Voraussetzungen für den Erlass einer Entscheidung

1. Angebot von Verpflichtungszusagen

10 Im Rahmen des gegen sie laufenden Verfahrens können die betroffenen Unternehmen der Kommission anbieten, bestimmte Verpflichtungen einzugehen, um dadurch einer Abstellungsanordnung nach Art. 7 zu entgehen. Die Kommission kann Verpflichtungszusagen nicht einseitig verhängen, sondern die **Initiative muss von den betroffenen Unternehmen ausgehen.** Erscheinen der Kommission die angebotenen Zusagen als ungenügend, so kann sie Nachbesserungen durchsetzen, indem sie mit dem Erlass einer Untersagungsentscheidung nach Art. 7 droht.[30] Ähnlich wie Art. 8 Abs. 2 FKVO, der den Unternehmen mit der Möglichkeit, Zusagen abzugeben, ein Instrument zur Verfügung stellt, um einen in seiner ursprünglich beabsichtigten Form nicht genehmigungsfähigen Zusammenschluss genehmigungsfähig zu machen, ist auch Art. 9 als ein **Angebot des Unionsgesetzgebers an die Unternehmen** zu verstehen. Die Regelung bietet Unternehmen den Vorteil, ein möglicherweise langwieriges Verwaltungsverfahren durch die Eingehung von Verpflichtungszusagen abzukürzen. Hinzu kommt, dass der Ruf des Unternehmens Schaden nehmen kann, je länger sich ein derartiges Verfahren hinzieht. Da Zusagenentscheidungen keine Feststellung in Bezug auf das Vorliegen einer Zuwiderhandlung beinhalten, haben diese Entscheidungen für die Unternehmen den weiteren Vorteil, dass Marktteilnehmer deren Inhalt kaum für die Erhebung einer zivilrechtlichen „Follow-on"-Schadensersatzklage nutzen können.

2. Eignung zur Ausräumung der Bedenken der Kommission

11 Die an der mutmaßlichen Zuwiderhandlung gegen Art. 101, 102 AEUV beteiligten Unternehmen müssen der Kommission anbieten, Verpflichtungen eingehen zu wollen, die geeignet sind, die ihnen von der Kommission nach ihrer vorläufigen Beurteilung mitgeteilten Bedenken auszuräumen. Die Kommission muss beurteilen, ob die angebotenen Verpflichtungen diese Eignung aufweisen, und sie muss diese Eignung auch in der Zusagenentscheidung begründen. Dabei wird man ihr ein weites Ermessen zuzubilligen haben. Eine **gerichtliche Überprüfung** der Beurteilung dieser Eignung durch das EuG kommt insbesondere dann in Betracht, wenn Dritte, die von der Zusagenentscheidung unmittelbar und individuell betroffen sind, diese gemäß Art. 263 Abs. 4 AEUV anfechten. Auch dann, wenn die Kommission das Angebot von Zusagen durch ein Unternehmen und damit den Erlass einer Zusagenentscheidung ablehnt und stattdessen eine Abstellungsanordnung nach Art. 7 trifft, kann der Unionsrichter mit der Überprüfung der Eignung der angebotenen Zusagen befasst werden. Der Adressat kann die Abstellungsanordnung im Wege einer Nichtigkeitsklage mit der Begründung angreifen, dass die Kommission verpflichtet gewesen wäre, stattdessen eine die Klägerin weniger belastende Entscheidung nach Art. 9 zu erlassen.

12 Die Kommission braucht, wie es auch im deutschen Verwaltungsrecht beim Angebot eines Austauschmittels anerkannt ist, nur auf geeignete Abhilfemaßnahmen einzugehen. Dies kann jedoch nicht dazu führen, die **Beweislast** für die Eignung der angebotenen Verpflichtungszusagen vollständig den Unternehmen aufzubürden.[31] Es gelten vielmehr die allgemeinen Grundsätze der Beweislastverteilung, wie sie der EuGH im Fall „BAT und Reynolds/Kommission" angewendet hat. In dieser Entscheidung hat der EuGH in bezug auf Art. 101 und 102 AEUV die **der Kommission grundsätzlich obliegende Pflicht zur Beweisführung** im Hinblick auf das Vorliegen eines Verstoßes auch bei Abgabe von Verpflichtungserklärungen nicht abgeändert oder eingeschränkt.[32] Trifft die Kommission

---

[30] *Sura* in: Langen/Bunte, Kommentar zum deutschen und europäischen Kartellrecht, 11. Aufl. 2010, VO No. 1/2003 Art. 9 Rn. 8.

[31] Vgl. *Schwarze* EuZW 2002, 741, 746.

[32] EuGH U. v. 17.11.1987 verb. Rs. 142 und 156/84 – *BAT* und *Reynolds/Komm.* Slg 1987, 4487 Rn. 45 ff.; vgl. *Schwarze* EuZW 2002, 741, 746.

somit eine Abstellungsanordnung nach Art. 7 anstelle einer Zusagenentscheidung, so muss sie darlegen, warum ihr die von den betroffenen Unternehmen angebotenen Verpflichtungszusagen nicht geeignet erschienen sind, die Bedenken in Bezug auf die mutmaßliche Zuwiderhandlung auszuräumen und dem Unionsrichter insoweit eine Rechtmäßigkeitskontrolle ermöglichen.

3. Pflicht der Kommission zur Beachtung des Grundsatzes der Verhältnismäßigkeit

Art. 9 Abs. 1 liegt der Gedanke zugrunde, dass die Kommission eine Entscheidung zur Abstellung einer Zuwiderhandlung nur dann treffen soll, wenn das **mildere Mittel der Annahme von Verpflichtungszusagen** keinen Erfolg verspricht. Die Bestimmung ist insoweit vom **Grundsatz der Verhältnismäßigkeit** geprägt, der als ungeschriebener, allgemeiner Rechtsgrundsatz Primärrechtscharakter im EU-Recht besitzt. Der Grundsatz der Verhältnismäßigkeit verlangt, dass die Rechtsakte der Unionsorgane nicht die Grenzen dessen überschreiten, was für die Erreichung des Zieles angemessen und erforderlich ist; dabei ist, wenn mehrere geeignete Maßnahmen zur Wahl stehen, die am wenigsten belastende zu wählen.[33] Als höherrangiges Unionsrecht ist der Grundsatz der Verhältnismäßigkeit bei der Auslegung von Sekundärrechtsbestimmungen wie Art. 9 stets zu beachten.[34] 13

Bieten die beteiligten Unternehmen etwas an, das geeignet ist, die Bedenken der Kommission auszuräumen, so verlangt der Grundsatz der Verhältnismäßigkeit, dass die Kommission die angebotenen Zusagen annehmen muss und insoweit nicht nach Überlegungen der Opportunität verfahren darf.[35] Soweit Art. 9 Abs. 1 S. 1 der Kommission mit der Formulierung „kann" ein Ermessen einräumt, betrifft dies nicht die Annahme der Verpflichtungserklärungen der Unternehmen, sondern allein die Frage, ob die Kommission die Einhaltung der von den beteiligten Unternehmen eingegangenen Verpflichtungen durch den Erlass einer förmlichen Entscheidung absichern soll. 14

Der Grundsatz der Verhältnismäßigkeit verstärkt die rechtliche Position, die ein Unternehmen beim Angebot von Verpflichtungszusagen im Hinblick auf die Vermeidung einer Entscheidung zur Abstellung einer Zuwiderhandlung gegen Art. 101 oder 102 AEUV hat. Eine Entscheidung i. S. d. Art. 7 darf, wenn Verpflichtungszusagen von den beteiligten Unternehmen angeboten wurden, nur dann ergehen, wenn die angebotenen Zusagen nicht geeignet sind, die Zuwiderhandlung zu beseitigen und daher ein milderes Mittel in Form einer Zusagenentscheidung i. S. d. Art. 9 nicht in Betracht kommt. 15

Der Gerichtshof hat die Geltung des Grundsatzes der Verhältnismäßigkeit im Rahmen des Art. 9 in seinem Urteil vom 29.6.2010 in der Sache **„Kommission/Alrosa"** bestätigt.[36] Gegenstand dieses Urteils war erstmals die Rechtmäßigkeit einer Entscheidung nach Art. 9. Das EuG hatte im Jahr 2007 die Entscheidung der Kommission vom 22. Februar 2006 für nichtig erklärt, in der diese individuelle Verpflichtungszusagen von De Beers, wonach das Unternehmen jeden Bezug von Rohdiamanten von Alrosa ab dem Jahr 2009 einstellen werde, für bindend erklärt hatte.[37] Die russische Gesellschaft Alrosa und die Gesellschaft Luxemburgischen Rechts De Beers sind beide auf dem Weltmarkt für die Herstellung und Lieferung von Rohdiamanten tätig und nehmen dort den 1. und 2. Platz ein. Im Jahr 2002 – also noch unter der Geltung der VO 17/62 – teilten die beiden Unternehmen der Kommission einen für die Dauer von fünf Jahren geschlossenen Kaufvertrag mit, in dem sich Alrosa verpflichtete, De Beers Rohdiamanten im Wert von US$ 800 Mio. 16

---

[33] EuG U. v. 22.11.2001 Rs. T 9/98 – *Mitteldeutsche Erdöl-Raffinerie/Komm.* Slg. 2001, II-3367 Rn. 115.
[34] EuGH U. v. 11.7.1989 Rs. 265/87 – *Schräder/Hauptzollamt Gronau* Slg. 1989, 2237 Rn. 21.
[35] Vgl. *Schwarze* EuZW 2002, 741, 745.
[36] EuGH U. v. 29.6.2010 Rs. C441/07 P – Kommission/Alrosa.
[37] EuG U. v. 11.7.2007 Rs. T-170/06 – *Alrosa/Komm.* Rn. 92.

pro Jahr zu liefern. Die Kommission leitete daraufhin zwei Verfahren ein, von denen eines auf Art. 101 AEUV gestützt wurde, das andere auf Art. 102 AEUV. Das erstgenannte Verfahren richtete sich gegen beide Gesellschaften, das zweite nur gegen De Beers. Im Dezember 2004, d.h. nach Inkrafttreten der VO 1/2003, boten Alrosa und De Beers der Kommission gemeinsame Verpflichtungszusagen über die schrittweise Reduzierung der Mengen an Rohdiamanten an, die Alrosa an De Beers zu liefern beabsichtigte. Der Verkaufswert sollte dabei von US$ 700 Mio. im Jahr 2005 auf US$ 275 Mio. im Jahr 2010 zurückgehen und anschließend auf diesem Niveau begrenzt bleiben. Im Januar 2006 bot De Beers der Kommission jedoch im Rahmen des nach Art. 102 AEUV eingeleiteten Verfahrens individuell neue Verpflichtungszusagen dahingehend an, dass De Beers nach der Phase einer schrittweisen Reduzierung in den Jahren 2006 bis 2008 ab 2009 endgültig keine Rohdiamanten mehr von Alrosa beziehen werde. Diese individuellen Verpflichtungszusagen De Beers wurden von der Kommission in einer Entscheidung nach Art. 9 Abs. 1 für bindend erklärt. Alrosa erhob eine Nichtigkeitsklage gegen diese Entscheidung und hatte vor dem EuG Erfolg. Das EuG führte aus, dass die Kommission zwar über ein Ermessen verfüge, wenn sie entsprechend der ihr mit der Verordnung 1/2003 eingeräumten Befugnis entscheide, ob sie die von den betroffenen Unternehmen angebotenen Verpflichtungszusagen für bindend erklärt und dazu eine Entscheidung nach Art. 9 erlässt oder nach Art. 7 Abs. 1 vorgeht, der die Feststellung einer Zuwiderhandlung gegen die Wettbewerbsvorschriften des AEUV verlangt. In beiden Fällen sei die Kommission deswegen aber unabhängig von dem freiwilligen Charakter der von den betroffenen Unternehmen angebotenen Verpflichtungszusagen und den Besonderheiten des Verfahrens nach Art. 9 Abs. 1 nicht von der Verpflichtung befreit, den Grundsatz der Verhältnismäßigkeit zu beachten.[38] Die diesbezügliche Prüfung der Kommission unterliege in vollem Umfang der Kontrolle durch das EuG. Dabei seien die Geeignetheit und die Erforderlichkeit der angefochtenen Entscheidung im Hinblick auf das von der Kommission verfolgte Ziel zu beurteilen. Das EuG hob die Zusagenentscheidung der Kommission auf. Es kam zu dem Ergebnis, dass das absolute Verbot jeder Geschäftsbeziehung zwischen den beiden Parteien ab 2009 offensichtlich unverhältnismäßig sei und nur außergewöhnliche Umstände, wie insbesondere eine eventuelle gemeinsame marktbeherrschende Stellung, die Aufhebung der Vertragsfreiheit der Parteien für die Zukunft hätten rechtfertigen können.[39] Die Kommission hatte ihre Entscheidung jedoch allein auf eine marktbeherrschende Stellung von De Beers gestützt. Ferner stellte das Gericht fest, dass sich die Kommission nicht damit begnügen durfte, die von De Beers angebotenen Verpflichtungszusagen als solche zu akzeptieren, ohne andere Lösungen in Betracht zu ziehen, bei denen die Vertragsfreiheit der Parteien eher gewahrt bliebe. Gegen diese Auslegung des Verhältnismäßigkeitsgrundsatzes richtete sich das Rechtsmittel, das die Kommission gegen das Urteil des EuG einlegte.

17 Der Gerichtshof hat sich der Auffassung des EuG nicht angeschlossen, sondern dessen Urteil im Jahr 2010 für nichtig erklärt.[40] Der Gerichtshof betonte, dass sich die Verpflichtung der Kommission, die Beachtung des Grundsatzes der Verhältnismäßigkeit zu wahren, unterscheide, je nachdem, ob Abhilfemaßnahmen im Rahmen des Art. 7 oder 9 geprüft würden. Die Einhaltung des Grundsatzes der Verhältnismäßigkeit im Rahmen des Art. 9 beschränke sich auf die Prüfung, ob die fraglichen Verpflichtungszusagen die Bedenken der Kommission, die diese dem beteiligten Unternehmen mitgeteilt habe, ausräumen und darauf, ob diese Unternehmen keine weniger belastenden Verpflichtungszusagen angeboten haben, die den Bedenken ebenfalls in angemessener Weise Rechnung tragen würden.[41]

---

[38] EuG U. v. 11.7.2007 Rs. T-170/06 – *Alrosa/Komm.* Rn. 100ff.

[39] EuG U. v. 11.7.2007 Rs. T-170/06 – *Alrosa/Komm.* Rn. 141.

[40] EuGH U. v. 29.6.2010 Rs. C-441/07 P, Slg 2010, I-5949.

[41] Vgl. ausführlich *Breit* in *Schröter/Jakob/Klotz/Mederer,* Europäisches Wettbewerbsrecht, 2. Aufl. 2014, 3. Teil, Kapitel III, Art. 9 Rn. 7ff.

Entgegen der Auffassung des EuG braucht die Kommission also nicht untersuchen, ob es neben den von den Unternehmen angebotenen Verpflichtungszusagen andere mildere Mittel geben könne. Die gerichtliche Nachprüfung beschränke sich dabei auf die Prüfung, ob die Beurteilung, zu der die Kommission gelangt ist, offensichtlich fehlerhaft sei.[42] Unternehmen, die Verpflichtungszusagen anbieten, nehmen nach Ansicht des EuGH bewusst hin, dass ihre Zusagen über das hinausgehen können, wozu sie von der Kommission in einer nach eingehender Prüfung getroffenen Entscheidung nach Art. 7 verpflichtet werden könnten.[43] Diese vom Gerichtshof bejahte unterschiedliche Anwendung des Grundsatzes der Verhältnismäßigkeit bei Entscheidungen nach Art. 7 und Art. 9 begegnet Bedenken. Systematisch stehen diese beiden Entscheidungsarten im 3. Kapitel der VO 1/2003 und der EuGH hat in seiner früheren Rechtsprechung vor Inkrafttreten der VO 1/2003 entschieden, dass beide Entscheidungsarten qualitativ gleichzusetzen seien.[44] Beide Entscheidungsarten sollen der Herstellung des wettbewerbskonformen Zustands dienen, wobei lediglich die Sicherheit hinsichtlich des Vorliegens einer Zuwiderhandlung divergiert. Unterschiedliche Anforderungen an den Verhältnismäßigkeitsgrundsatz können im Ergebnis dazu führen, dass ein kooperationsbereites Unternehmen im Rahmen des Art. 9 „härter" bestraft werden kann als dies im Rahmen eines Verfahrens nach Art. 7 möglich wäre. Dies ist vor allem deshalb nicht unproblematisch, weil es im Ermessen der Kommission steht, zwischen einem Verfahren, das auf eine Entscheidung nach Art. 7 abzielt, und einem Verfahren nach Art. 9 jederzeit zu wechseln. Die Kommission kann sich daher als Konsequenz aus dem EuGH-Urteil durch Auswahl des Verfahrens nach Art. 9 einer möglicherweise schwierigen und umfassenden Verhältnismäßigkeitsprüfung entziehen, da sie das mildeste Mittel nur unter den ihr von den Unternehmen vorgelegten Zusagenangeboten identifizieren muss, vorausgesetzt diese sind gleichermaßen zur Ausräumung ihrer Bedenken geeignet. Der Verhältnismäßigkeitsgrundsatz in der Auslegung des EuGH verlangt aber gerade nicht, dass die Kommission selbst von Amts wegen nach möglichen, die Unternehmen objektiv weniger belastenden Zusagen suchen und diese in Betracht ziehen muss. Eine dahingehende Verpflichtung, die das EuG noch angenommen hatte, wäre ein Korrektiv gewesen, um zu verhindern, dass die Unternehmen Verpflichtungszusagen abgeben, die die Kommission im Rahmen des Art. 7 niemals als Abstellungsmaßnahmen verhängen könnte. Der Hinweis darauf, dass die Unternehmen die Verpflichtungszusagen freiwillig abgeben würden, um auf diese Weise der Feststellung eines Wettbewerbsverstoßes und gegebenenfalls der Verhängung einer Geldbuße zu entgehen, rechtfertigt für sich genommen keine eingeschränkte Geltung des Verhältnismäßigkeitsgrundsatzes, weil sich die Kommission und die Unternehmen nicht auf einer Ebene der Gleichordnung befinden, die eine gewisse Waffengleichheit indizieren würde. Die Kommission kann jederzeit vom Verfahren nach Art. 9 auf eines nach Art. 7 umschwenken und hat daher alle Möglichkeiten, um die Unternehmen zu einer Anpassung der von ihnen unterbreiteten Verpflichtungszusagen zu veranlassen. Da ein Verfahren nach Art. 7 für die Unternehmen nicht nur das Risiko beinhalten würde, ein Bußgeld auferlegt zu bekommen, sondern aufgrund der ausführlichen Veröffentlichung der Art. 7-Entscheidungen „Follow-on" Schadensersatzklagen Dritter vereinfacht, werden Unternehmen geneigt sein, auf etwaige Forderungen der Kommission nach Anpassung der unterbreiteten Verpflichtungszusagen einzugehen, um die Feststellung eines Verstoßes gegen Art. 101 oder 102 AEUV im Rahmen einer Entscheidung nach Art. 7 zu verhindern, selbst wenn sie ihr Verhalten als rechtmäßig erachten, aber diese Rechtmäßigkeit eben nicht beweisen können. Die Freiwilligkeit einer Verpflichtungszusage ist deshalb kein trag-

[42] EuGH U. v. 29.6.2010 Rs. C-441/07 P *Komm./Alrosa* Rn. 42.
[43] EuGH U. v. 29.6.2010 Rs. C-441/07 P – *Komm./Alrosa* Rn. 47.
[44] EuGH U. v. 31.3.1993 verb. Rs. C-89/85, C-104/85, C-114/85, C-116/85, C-117/85, C-125/85, C-126/85, C-127/85, C-128/85 und C-129/85 – Ahlström u. a./Kommission, Slg 1993, I-1575 Rn. 181.

fähiges Argument, um eine Beschränkung der Geltung des Verhältnismäßigkeitsgrundsatzes bei Art. 9 zu rechtfertigen. Hier ist der Unionsgesetzgeber gefragt, denn das „Alrosa"-Urteil des EuGH versetzt die Kommission in die Lage, Zusagen zu erzwingen, deren Inhalt nicht ausreichend gerichtlich kontrollierbar sind.[45] Im Extremfall kann die Kommission auf die Unternehmen dahingehend einwirken, dass diese nicht mehr als ein Zusagenangebot einreichen. Hier wäre dann als Konsequenz aus der „Alrosa"-Rechtsprechung die Prüfung eines etwaigen milderen Mittels komplett ausgehebelt. Schließlich ist zu bedenken, dass der Grundsatz der Verhältnismäßigkeit ein allgemeiner Rechtsgrundsatz des Unionsrechts ist, welchem Primärrechtscharakter zukommt. Ihm kommt mithin in der Normenhierarchie des Unionsrechts ein höherer Rang zu als den Bestimmungen der VO 1/2003. Auch deshalb erscheint es problematisch, wenn der EuGH unterschiedliche Ausprägungen dieses Grundsatzes bei Entscheidungsarten feststellt, die gleichermaßen auf eine Verfahrensbeendigung abzielen und sich daher nicht wesentlich voneinander unterscheiden.

4. Vorherige Veröffentlichung im Amtsblatt

18 Vor Erlass einer Entscheidung nach Art. 9 ist die Kommission gemäß Art. 27 Abs. 4 verpflichtet, eine kurze **Zusammenfassung des Falles** und den wesentlichen **Inhalt der betreffenden Verpflichtungszusagen** im Amtsblatt zu veröffentlichen. Interessierte Dritte, wie z. B. Wettbewerber oder Kunden, können ihre Bemerkungen dazu innerhalb einer Frist abgeben, die von der Kommission in der Veröffentlichung festgelegt wird und die mindestens einen Monat betragen muss. Bei der Veröffentlichung ist dem berechtigten Interesse der Unternehmen an der Wahrung ihrer Geschäftsgeheimnisse Rechnung zu tragen.

V. Inhalt der Entscheidung

1. Allgemein

19 In Entscheidungen, mit denen Verpflichtungszusagen angenommen werden, stellt die Kommission den wesentlichen Sachverhalt, den prima facie-Nachweis für die vermutete Zuwiderhandlung gegen die Wettbewerbsregeln und die angenommenen Verpflichtungszusagen dar.[46] Sie muss ferner darlegen, warum diese Zusagen nach ihrer Ansicht geeignet sind, die Bedenken der Kommission auszuräumen und sie muss feststellen, dass aus Sicht der Kommission kein Anlass mehr für ein Einschreiten besteht.[47]

2. Prima facie festgestellte Zuwiderhandlung

20 Die Beweisanforderungen, die für den Erlass einer Entscheidung nach Art. 9 an die Kommission zu stellen sind, sind geringer als bei Entscheidungen nach Art. 7. Während die Kommission bei Art. 7 die Zuwiderhandlung gegen Art. 101 oder 102 AEUV nachweisen muss, steht der Unionsgesetzgeber gemäß Satz 2 der Begründungserwägung Nr. 13 auf dem Standpunkt, dass die Frage, ob eine Zuwiderhandlung vorgelegen hat oder noch vorliegt, in einer Entscheidung nach Art. 9 **unbeantwortet** bleiben sollte. Der Grund hierfür dürfte darin liegen zu verhindern, dass Dritte die Zusagenentscheidung in einem möglichen Schadensersatzprozess vor nationalen Gerichten als Beweis für das Vorliegen einer

---

[45] Ausführlich zur berechtigten Kritik an dem Urteil des EuGH in der Rs. C-441/07 P – *Komm./Alrosa* siehe *Mestmäcker/Schweitzer,* Europäisches Wettbewerbsrecht, 3. Aufl. 2014, § 21 Rn. 60 ff.

[46] Vgl. die Begründung der Kommission zu Art. 9 des Vorschlags für eine Verordnung des Rates zur Durchführung der in den Artikeln 81 und 82 EG-Vertrag niedergelegten Wettbewerbsregeln und zur Änderung der Verordnungen (EWG) Nr. 1017/68, (EWG) Nr. 2988/74, (EWG) Nr. 4056/86 und (EWG) Nr. 3975/87 („Durchführungsverordnung zu den Artikeln 81 und 82 EG-Vertrag"), KOM(2000) 582 endgültig, S. 20.

[47] *Temple Lang* ECLR 2003, 347, 348.

Zuwiderhandlung benutzen können.[48] Dadurch soll die Bereitschaft der Unternehmen zur Eingehung von Zusagen erhöht werden. Zusagenentscheidungen beinhalten **kein Eingeständnis der Unternehmen,** dass die zugrundeliegenden Verhaltensweisen Zuwiderhandlungen gegen die EU-Wettbewerbsvorschriften darstellen.[49]

Es darf gleichwohl nicht übersehen werden, dass auch eine Zusagenentscheidung eine den Adressaten belastende Maßnahme der Kommission ist. Es ist daher zu fordern, dass die Kommission in der Entscheidung darlegt, dass prima facie eine Zuwiderhandlung gegeben ist. Die Kommission muss daher die Umstände anführen, aus denen sich bei vorläufiger Beurteilung (prima facie) das Vorliegen einer Zuwiderhandlung ergibt. Damit bestehen diesbezüglich dieselben Beweisanforderungen wie bei der Anordnung von einstweiligen Maßnahmen nach Art. 8.[50] 21

3. Mögliche Zusagen

In Betracht kommt die Eingehung von Verpflichtungen zu einem **Tun oder Unterlassen (verhaltensbedingte Zusagen),** z. B. die Wiederaufnahme einer Belieferung, das Unterlassen des Abschlusses von Ausschließlichkeitsverträgen oder die Änderung bzw. Neugestaltung von Vertriebs- oder Lizenzverträgen.[51] Die bislang von der Kommission akzeptierten und gemäß Artikel 9 für verbindlich erklärten Zusagen waren in der Regel verhaltensbezogen. Sie betrafen z. B. Umgestaltungen der Preis-, Rabatt- und Lizenzierungspolitik der betroffenen Unternehmen („Deutsche Bundesliga" und „Football Association Premier League"), die Festlegung eines Höchstwertes für bestimmte Lieferungen („De Beers/Alrosa") oder Verpflichtungen, ein möglicherweise missbräuchliches Verhalten u. a. durch den Verzicht auf Ausschließlichkeitsbindungen für Kunden, Zielrabatte und Kopplungsvereinbarungen zukünftig zu unterlassen („Coca Cola").[52] 2007 erklärte die Kommission Verpflichtungszusagen bezüglich langfristiger Erdgaslieferverträge, die von Distrigaz in Belgien abgeschlossen worden waren, für verbindlich. Um die Bedenken der Kommission hinsichtlich eines Missbrauchs einer marktbeherrschenden Stellung (Art. 102 AEUV) auszuräumen, verpflichtete sich Distrigaz, keinen übermäßigen Anteil seiner Kunden für mehr als ein Jahr an sich zu binden.[53] Im Bereich des Luftverkehrs schloss die Kommission im Jahr 2010 ein Kartellverfahren nach Art. 101 AEUV mit einer Entscheidung ab, durch die die von British Airways, American Airlines und Iberia angebotenen Verpflichtungszusagen rechtsverbindlich wurden, um Bedenken der Kommission gegen ihre Vereinbarung, Preise, Kapazitäten, Flugpläne, Marketing und Verkauf gemeinsam festzulegen und die Einnahmen aus den Transatlantikstrecken aufzuteilen, auszuräumen. So verpflichteten sich die drei Fluggesellschaften, am Flughafen London Heathrow oder London Gatwick für vier Strecken sieben Slotpaare zur Verfügung zu stellen und ihre Vielfliegerprogramme für andere Wettbewerber zu öffnen. Durch diese Zusagen sollte ein ausreichender Wettbewerb auf den transatlantischen Strecken und insbesondere bei den aus London abgehenden Flügen ermöglicht werden.[54] In 2012 und 2013 akzeptierte die Kommission Verpflichtungszusagen von Apple und fünf internationalen Verlagen betreffend den Einzelhandel mit E-Books. Die Kommission hatte Bedenken gehabt, dass diese Unternehmen den Preiswettbewerb im 22

[48] *Temple Lang* ECLR 2003, 347, 349.

[49] *Temple Lang* ECLR, 347, 350.

[50] Zur prima facie festgestellten Zuwiderhandlung siehe oben Art. 8 Rn. 8 ff.

[51] Vgl. *Ritter* in: Immenga/Mestmäcker, Wettbewerbsrecht Band 1/Teil 2, S. 92, 93; *Dieckmann* in: Wiedemann, Handbuch des Kartellrechts, § 45 Rn. 14. Ausführlich zur Zusagenpraxis der Kommission *Breit* in *Schröter/Jakob/Klotz/Mederer* (Hrsg.), Europäisches Wettbewerbsrecht, 2. Aufl. 2014, 3. Teil, Kapitel III, Art. 9 Rn. 21–28.

[52] Vgl. *Sura* in: Langen/Bunte, Kommentar zum deutschen und europäischen Kartellrecht, 11 Aufl. 2010, VO No. 1/2003 Art. 9 Rn. 9.

[53] Bericht der Kommission über die Wettbewerbspolitik 2007, KOM (2008) 368 endg., Rn. 9.

[54] Bericht der Kommission über die Wettbewerbspolitik 2010, KOM (2011) 328 endg., Rn. 122.

E-Book-Einzelhandel im EWR beschränkten. Alle diese Verlage hatten eine Umstellung von einem Großhandelsmodell, bei dem der Einzelhandelspreis von E-Books vom Einzelhändler festgesetzt wurde, auf Handelsvertreterverträge mit denselben zentralen Vertragsbedingungen für Einzelhandelspreise vorgenommen. Unter anderem war eine ungewöhnliche „Meistbegünstigungsklausel" vorgesehen, Tabellen für Einzelhandelshöchstpreise und eine einheitliche, an Apple zu entrichtende Provision. Die Kommission befürchtete, dass der Wechsel zum Handelsvertretermodell zwischen den Verlagen und Apple abgestimmt worden war und zwar als Teil einer gemeinsamen Strategie zur Erhöhung der Einzelhandelspreise für E-Books, bzw. um niedrigere Einzelhandelspreise für E-Books weltweit zu verhindern. Die Verlage sagten insbesondere zu, alle bestehenden Handelsvertreterverträge zu kündigen, die Beschränkungen und eine Meistbegünstigungsklausel für Einzelhandelspreise enthielten. Sie verpflichteten sich ferner, fünf Jahre lang keine neuen Verträge zu schließen, die Meistbegünstigungsklauseln zu Preisen enthielten.[55] Zur Durchsetzung des Kartellrechts im Bereich von Patenten wurde Samsung in 2014 durch eine Entscheidung nach Art. 9 verpflichtet, während eines Zeitraums von fünf Jahren innerhalb des EWR davon abzusehen, auf der Grundlage seiner jetzigen und künftigen standardessentiellen Patente, die sich auf Technologien zur Herstellung von Smartphones und Tablet-Computern beziehen, Verfügungen gegen potenzielle Lizenznehmer zu beantragen, die sich bereiterklären, ein bestimmtes Verfahren zur Festsetzung angemessener Lizenzgebühren nach dem FRAND-Grundsatz durch einen unabhängigen Dritten zu befolgen.[56] Ebenfalls im Jahr 2014 hat die Kommission Zusagen von Visa Europe, die multilateralen Interbankenentgelte für Kreditkartenzahlungen erheblich zu senken und die Regeln des Unternehmens mit Blick auf die Erleichterung des grenzübergreifenden Wettbewerbs zu überarbeiten, für verbindlich erklärt. Die Obergrenze für multilaterale Interbankenentgelte wurde dabei für alle Zahlungen mit Privatkunden-Kreditkarten um 40 bis 60% gesenkt.[57]

Grundsätzlich kann die Kommission auch **strukturelle Zusagen** für bindend erklären, allerdings ist auch im Rahmen des Artikel 9 die in Artikel 7 enthaltende Wertung zu beachten, wonach verhaltensbezogenen Zusagen ein Vorrang gegenüber strukturellen Zusagen einzuräumen ist. Dies ist insbesondere in den Fällen von Bedeutung, in denen Unternehmen der Kommission alternativ Verhaltens- und strukturelle Zusagen anbieten.[58] Im Jahr 2008 verpflichtete sich das deutsche Energieversorgungsunternehmen E.On, seine Vermögenswerte im Bereich der Stromerzeugung und sein Hochspannungsübertragungsnetz zu veräußern. Diese Verpflichtungszusagen betrafen Bedenken der Kommission nach Art. 102 AEUV, wonach E.On als Großhändler auf dem Strommarkt strategisch die Erzeugungskapazitäten einiger Kraftwerke zurückgehalten habe, um die Preise in die Höhe zu treiben. Darüber hinaus befürchtete die Kommission, dass E. On. eine Strategie entwickelt und umgesetzt hatte, um Dritte von Investitionen in die Stromerzeugung abzuhalten. Weiterhin sollte E.On als Übertragungsnetzbetreiber den selbst erzeugten Strom auf dem sekundären Regelenergiemarkt begünstigt haben.[59] Darüber hinaus hat die Kommission im Jahr 2009 in der Sache COMP//39.402 – Gasmarktabschottung durch RWE eine Entscheidung nach Art. 9 erlassen, mit der die von RWE angebotenen Verpflichtungszusagen bezüglich der Veräußerung ihres deutschen Gasfernleitungsnetzes rechtsverbindlich wurden.[60] Im selben Jahr akzeptierte die Kommission eine Verpflichtung des französischen Energieversorgungsunternehmens GDF Suez, langfristig von ihm ge-

[55] Entscheidung der Kommission vom 13.12.2012 und 25.7.2013 COMP//39.847 – E-Books.
[56] Bericht der Kommission über die Wettbewerbspolitik 2014, KOM (2015) 247 final, S. 6.
[57] Bericht der Kommission über die Wettbewerbspolitik 2014, KOM (2015) 247 final, S. 13.
[58] *Bauer* in: Hirsch, G./Montag, F./Säcker, F.J. (Hrsg.), Competition Law: European Community Practice and Procedure, 2008, Part 4, Art. 9, 4–9-035.
[59] Bericht der Kommission über die Wettbewerbspolitik 2008, KOM (2009) 374 endg., Rn. 50.
[60] Bericht der Kommission über die Wettbewerbspolitik 2009, Rn. 94.

buchte Kapazität auf dem französischen Gasfernleitungsnetz für Wettbewerber zur Verfügung zu stellen.[61]

In der Literatur wird verschiedentlich vertreten, **die durch Entscheidung fixierten Zusagen könnten über das hinausgehen, was den Unternehmen im Rahmen einer Verfügung nach Art. 7 hätte auferlegt werden können.**[62] Diese Meinungen werden durch das EuGH-Urteil in der Sache „Kommission/Alrosa" (dazu oben Rn. 17) bestätigt.[63] Der EuGH hat das Urteil des EuG in dieser Rechtssache aufgehoben und dabei insbesondere dessen Auffassung zurückgewiesen, die Kommission sei nicht dazu befugt, den Unternehmen nahezulegen, ihr Verpflichtungszusagen zu unterbreiten, die weiter gehen als eine Entscheidung, die die Kommission gemäß Art. 7 hätte erlassen können.[64] 23

4. Feststellung, dass für ein Tätigwerden der Kommission kein Anlass mehr besteht

Die Kommission muss gemäß Art. 9 Abs. 1 S. 2 in der Entscheidung die Feststellung treffen, dass aufgrund der abgegebenen Zusagen für ein Tätigwerden kein Anlass mehr besteht. Die Kommission muss begründen, aus welchen Gründen die Zusagen ausreichen, um die wettbewerblichen Bedenken der Kommission zu zerstreuen. Dabei dürfte es nicht ausreichen, dass die Kommission ein Tätigwerden deshalb nicht mehr für erforderlich hält, weil sie dem betreffenden Verfahren keine Priorität mehr zuweist.[65] Die Kommission muss vielmehr zu der Überzeugung gelangen, dass nach Erfüllung der Zusagen durch das betreffende Unternehmen gewährleistet ist, dass die prima facie festgestellte Zuwiderhandlung beendet wird. Dies setzt auch voraus, dass die Kommission in der Entscheidung die wettbewerblichen Probleme ausführlich erläutert.[66] 24

Dieses Tatbestandsmerkmal bringt zum Ausdruck, dass durch den Erlass der Zusagenentscheidung eine **Beendigung des Verfahrens** herbeigeführt wird. Der ursprüngliche Verordnungsvorschlag der Kommission vom 27.9.2000 stellte dies in Art. 9 Abs. 2 noch ausdrücklich fest.[67] Auch wenn eine Zusagenentscheidung keine abschließende Aussage über das Vorliegen einer Zuwiderhandlung enthält, so kommt doch die Feststellung, dass für ein Tätigwerden der Kommission kein Anlass mehr besteht, im Ergebnis der Feststellung der Nichtanwendbarkeit der Art. 101, 102 AEUV nahezu gleich. Folglich beinhaltet eine Entscheidung nach Art. 9 zumindest implizit die Feststellung, dass aus Sicht der Kommission durch die von den Unternehmen abgegebenen Verpflichtungszusagen die betreffenden Vereinbarungen oder Verhaltensweisen aus dem Anwendungsbereich der Art. 101, 102 AEUV herausgenommen werden.[68] Die tatsächliche oder potentielle Zuwiderhandlung wird also beendet.[69] 25

5. Möglichkeit zur Befristung der Entscheidung

Im Gegensatz zu Art. 8, der ausdrücklich vorsieht, dass die Anordnung einstweiliger Maßnahmen eine befristete Geltungsdauer hat, steht die Befristung von Zusagenentschei- 26

---

[61] Entscheidung der Kommission vom 3.12.2009 COMP/39.316 – GDF Suez.

[62] *Busse/Leopold,* Entscheidung über Verpflichtungszusagen nach Art. 9 VO (EG) No. 1/2003, WuW 2005, 146, 148; *Sura* in: Langen/Bunte, Kommentar zum deutschen und europäischen Kartellrecht, 11. Aufl. 2010, VO No. 1/2003 Art. 9 Rn. 10.

[63] EuGH U. v. 29.6.2010 Rs. C-441/07 P – *Komm. /Alrosa.*

[64] EuG U. v. 11.7.2007 Rs. T-170/06 – *Alrosa/Komm.* Rn. 140; zum Urteil s. o. Rn. 16.

[65] Vgl. EuGH U. v. 18.9.1992 Rs. T-24/90 – *Automec/Komm.* Slg. 1992, II-2223 Rn. 77.

[66] *Temple Lang* ECLR 2003, 347, 348.

[67] Art. 9 Abs. 2 des Vorschlags vom 27.9.2000 lautete: „Das Verfahren wird durch die Entscheidung beendet, unbeschadet der Frage, ob eine Zuwiderhandlung gegen Art. 81 oder 82 EG-Vertrag bestanden hat oder noch besteht."

[68] *Montag/Rosenfeld* ZWeR 2003, 107, 132.

[69] EuG U. v. 11.7.2007 Rs. T-170/06 – *Alrosa/Komm.* Rn. 87.

dungen im Ermessen der Kommission. Sie kann Entscheidungen gemäß Art. 9 Abs. 1 S. 2 zeitlich begrenzen, muss dies aber nicht.

27 Der ursprüngliche Verordnungsvorschlag der Kommission vom 27.9.2000 sah in Art. 9 Abs. 1 S. 2 noch vor, dass Entscheidungen über Verpflichtungszusagen generell eine befristete Geltungsdauer haben müssen, um zu gewährleisten, dass die betroffenen Unternehmen nicht auf unbestimmte Zeit an ihre Verpflichtungszusagen gebunden sind und es der Kommission erforderlichenfalls zu ermöglichen, die betreffende Vereinbarung bzw. Verhaltensweise nach Ablauf der Frist einer erneuten Prüfung zu unterziehen.[70] Warum der Unionsgesetzgeber diesen Vorschlag nicht übernommen hat, ist nicht recht nachvollziehbar.

28 Für die Unternehmen stellt sich daher die Frage, wie sie sich im Falle einer **unbefristeten Entscheidung** von den gegebenen Zusagen wieder **lösen** können. In Betracht kommt ein Antrag des Unternehmens bei der Kommission auf Wiederaufnahme des Verfahrens gemäß Art. 9 Abs. 2a. Dieser hat aber nur Aussicht auf Erfolg, wenn sich die tatsächlichen Verhältnisse in einem für die Entscheidung wesentlichen Punkt geändert haben. Das Unternehmen wird in vielen Fällen nicht überblicken können, ob eine solche Veränderung (z.B. in Bezug auf Wettbewerbsverhältnisse auf dem betroffenen Markt) eingetreten ist oder nicht.

29 Verpflichtungszusagen können von den Unternehmen jedenfalls **nicht einseitig gekündigt** werden, es sei denn, dass die Kommission diese Möglichkeit ausdrücklich in der Entscheidung vorsieht.[71] Eine Verpflichtungszusage ist nämlich nicht nur ein einseitiger Akt des Unternehmens. Der EuGH hat im „Zellstoff"-Urteil festgestellt, dass ein Unternehmen durch Übernahme der Verpflichtungen einer Entscheidung der Kommission zustimmt, zu deren einseitigem Erlass die Kommission befugt gewesen wäre.[72]

30 Eine Entscheidung nach Art. 9, die die Unternehmen für eine unbegrenzte Dauer an den Zusagen festhält, kann eine unzumutbare Belastung für die Unternehmen darstellen und wegen Verstoßes gegen den Grundsatz der Verhältnismäßigkeit nichtig sein. In einer unbefristeten Zusagenentscheidung sollte die Kommission daher von Amts wegen in regelmäßigen Zeitabständen eine Überprüfung der Erforderlichkeit der Zusagen vorsehen. An der Aufrechterhaltung von Verpflichtungszusagen, die nicht mehr erforderlich sind, um eine Zuwiderhandlung abzustellen, besteht kein Unionsinteresse. In solchen Fällen wird man dem betroffenen Unternehmen einen Anspruch darauf zubilligen müssen, dass die Kommission das Verfahren gemäß Art. 9 Abs. 2a wieder aufnimmt und die Zusagenentscheidung widerruft. Das der Kommission in Art. 9 Abs. 2 in Bezug auf die Wiederaufnahme eingeräumte Ermessen ist insoweit reduziert.

VI. Wirkung der Entscheidung

1. Bindung des Unternehmen

31 Durch eine Entscheidung nach Art. 9 erklärt die Kommission Verpflichtungszusagen, die ein Unternehmen der Kommission gegenüber abgegeben hat, für das betreffende Unternehmen für bindend. Das Unternehmen ist also gegenüber der Kommission zur Einhaltung der Zusagen verpflichtet. Die Einhaltung wird von der Kommission von Amts wegen überprüft.[73] Kommt das Unternehmen den eingegangenen Verpflichtungen vorsätzlich

---

[70] Kommission, Vorschlag für eine Verordnung des Rates zur Durchführung der in den Artikeln 81 und 82 EG-Vertrag niedergelegten Wettbewerbsregeln und zur Änderung der Verordnungen (EWG) Nr. 1017/68, (EWG) Nr. 2988/74, (EWG) Nr. 4056/86 und (EWG) Nr. 3975/87 („Durchführungsverordnung zu den Artikeln 81 und 82 EG-Vertrag"), KOM(2000) 582 endgültig, S. 20.

[71] *Ritter* in: Immenga/Mestmäcker, EG-WbR Bd. II, S. 1655f.

[72] EuGH U. v. 31.3.1993 verb. Rs. C 89, 104, 114, 116, 117 und 125–129/85 – *Ahlström Osakeyhtiö u. a./Komm.* Slg 1993, I-1575 Rn. 181.

[73] *Ritter* in: Immenga/Mestmäcker, Wettbewerbsrecht, Bd. I/Teil 2, S. 100.

oder fahrlässig nicht nach, so kann die Kommission gemäß Art. 23 Abs. 2c durch Entscheidung ein **Bußgeld** in Höhe von bis zu 10% seines im letzten Geschäftsjahr erzielten Gesamtumsatzes verhängen. Darüber hinaus kann die Kommission durch Entscheidung nach Art. 24 Abs. 1c ein solches Unternehmen durch Auferlegung eines **Zwangsgeldes** in Höhe von 5% seines Tagesumsatzes für jeden Tag des Verzugs festsetzen, um das Unternehmen zu zwingen, die Verpflichtungszusagen einzuhalten.

Werden die Zusagen nicht eingehalten, so kann die Kommission oder eine nationale Wettbewerbsbehörde oder ein nationales Gericht Schritte ergreifen, um die Zusagen durchzusetzen, ohne dabei prüfen zu müssen, ob die den Zusagen zugrundeliegenden Vereinbarungen oder abgestimmten Verhaltensweisen rechtmäßig waren oder nicht. Es braucht nur nachgewiesen werden, dass das betreffende Unternehmen sich in einer Weise verhält, die mit den abgegebenen Zusagen nicht in Übereinstimmung steht. Die Existenz einer Zusagenentscheidung dürfte damit auch die Anordnung einstweiliger Maßnahmen erleichtern, falls diese notwendig sein sollten.[74] 32

2. Bindung der Kommission

Die Kommission ist an die Feststellung gebunden, dass für ein Tätigwerden ihrerseits, d. h. den Erlass einer Untersagungs- bzw. Abstellungsanordnung i. S. d. Art. 7 kein Anlass mehr besteht. Insoweit gewährt eine Entscheidung nach Art. 9 den Unternehmen, die Verpflichtungszusagen abgeben, **Rechtssicherheit** gegenüber der Kommission. Eine Wiederaufnahme des Verfahrens durch die Kommission kommt ausschließlich in den in Art. 9 Abs. 2 genannten Fällen in Betracht. 33

3. Zivilrechtliche Drittwirkung der Verpflichtungszusagen

Nach der Begründung der Kommission zu Art. 9 ihres Verordnungsvorschlags vom 27.9.2000 sollten Dritte vor einem nationalen Gericht die Einhaltung der Verpflichtungszusagen einklagen können.[75] Diese Passage wurde jedoch vom Unionsgesetzgeber nicht übernommen. Die VO 1/2003 überlässt damit die Frage einer etwaigen zivilrechtlichen Drittwirkung von Verpflichtungszusagen allein der Rechtsprechung.[76] Auch wenn es sich bei den Zusagen im Endeffekt um Versprechen gegenüber der Kommission handelt, dürften Dritte falls erforderlich in der Lage sein, in Gerichtsverfahren die Vorteile aus diesen Zusagen einzuklagen. Eine Zusage, die ausschließlich auf Initiative der Kommission durchgesetzt werden kann, wäre nicht viel wert. Daher sollten Zusagen sowohl durch nationale Wettbewerbsbehörden als auch durch Dritte, die vor nationalen Gerichten klagen, durchgesetzt werden können. Der Kreis der Kläger, die vor den nationalen Gerichten die Vorteile, die für sie aus der Zusagenentscheidung resultieren, einklagen können, muss dazu von der Kommission in der Entscheidung hinreichend klar bezeichnet werden.[77] 34

4. Bindungswirkung für nationale Gerichte und Wettbewerbsbehörden gemäß Art. 16

Haben Gerichte oder Wettbewerbsbehörden der Mitgliedstaaten Vereinbarungen oder Verhaltensweisen nach Art. 101 oder 102 AEUV zu beurteilen, die bereits Gegenstand einer Entscheidung der Kommission gewesen sind, so dürfen die nationalen Instanzen ge- 35

---

[74] *Temple Lang* ECLR 2003, 347, 349.

[75] Kommission, Begründung zu Art. 9 des Vorschlags für eine Verordnung des Rates zur Durchführung der in den Artikeln 81 und 82 EG-Vertrag niedergelegten Wettbewerbsregeln und zur Änderung der Verordnungen (EWG) Nr. 1017/68, (EWG) Nr. 2988/74, (EWG) Nr. 4056/86 und (EWG) Nr. 3975/87 („Durchführungsverordnung zu den Artikeln 81 und 82 EG-Vertrag"), KOM(2000) 582 endgültig, S. 20.

[76] *Hossenfelder/Lutz* WuW 2003, 118, 122.

[77] *Temple Lang* ECLR 2003, 347, 351.

mäß Art. 16 keine Entscheidungen erlassen, die der Entscheidung der Kommission zuwiderlaufen. Fraglich ist, ob eine Zusagenentscheidung nach Art. 9 eine Entscheidung der Kommission im Sinne des Art. 16 darstellt, die für die nationalen Gerichte und Wettbewerbsbehörden eine Bindungswirkung entfaltet.[78]

36 **a) Wortlaut.** Im Wortlaut des Art. 16 ist allgemein von „Entscheidungen" die Rede. Daraus ergibt sich keine Einschränkung des Anwendungsbereichs und es können mithin auch Zusagenentscheidungen umfasst sein. Dafür spricht, dass Zusagenentscheidungen förmliche Entscheidungen sind, die die Kommission nur dann erlassen kann, wenn die Verpflichtungszusagen geeignet sind, eine prima facie vorliegende Zuwiderhandlung zu beenden. Entscheidungen nach Art. 9 enthalten zwar keine abschließende Feststellung, ob eine Zuwiderhandlung gegen Art. 101, 102 AEUV vorgelegen hat, sie stellen aber zumindest **positiv** fest, dass die betreffende Vereinbarung oder Verhaltensweise, so wie sie durch die Zusagen modifiziert worden ist, in Einklang mit Art. 101 oder 102 AEUV steht.[79] In der Entscheidung kommt dies durch die Formulierung zum Ausdruck, dass für die Kommission kein Anlass mehr zu einem Tätigwerden besteht.

37 **b) Begründungserwägungen.** Aus den Begründungserwägungen Nr. 13 und 22 ergibt sich allerdings eindeutig, dass Zusagenentscheidungen nach dem Willen des Unionsgesetzgebers nicht von Art. 16 erfasst werden sollten. Danach lassen Entscheidungen nach Art. 9 die Befugnisse der Wettbewerbsbehörden und der Gerichte der Mitgliedstaaten **unberührt,** das Vorliegen einer Zuwiderhandlung festzustellen und über den Fall zu entscheiden. Dies erscheint insofern konsequent, als die Kommission in einer solchen Entscheidung die Frage, ob eine Zuwiderhandlung vorliegt oder nicht, offen lässt, insoweit also den nationalen Gerichten und Wettbewerbsbehörden einen entsprechenden Spielraum lässt. In der Literatur wird daher die Auffassung vertreten, dass Art. 9-Entscheidungen (anders als solche nach Art. 7 oder Art. 10) die Kartellbehörden und Gerichte der Mitgliedsstaaten rechtlich nicht binden.[80] Demnach könnten z. B. nationale Kartellbehörden trotz einer Art. 9-Entscheidung der Kommission gleichwohl Abstellungsentscheidungen in Bezug auf denselben Sachverhalt treffen oder Gerichte könnten das Unternehmen, das die Zusagen abgegeben hat, zur Unterlassung oder zur Zahlung von Schadensersatz verurteilen.

38 **c) Vorrang des Wortlauts.** Hier stellt sich die generelle Frage, inwieweit Feststellungen in den Begründungserwägungen einer Verordnung geeignet sein können, den Anwendungsbereich der dazugehörigen Vorschrift zu beschränken. Begründungserwägungen geben Aufschluss über die subjektive Zielsetzung, die der Verordnungsgeber beim Erlass des Rechtsetzungsakts verfolgt hat. Mithin sind sie Bestandteile der Entstehungsgeschichte der Verordnung und können als Auslegungsmittel im Rahmen der historischen Auslegungsmethode berücksichtigt werden.[81] Nach der Rechtsprechung des EuGH kommt es bei der Auslegung einer Bestimmung des sekundären Unionsrechts aber **nicht in erster Linie auf die subjektive Auffassung des rechtsetzenden Organs** an, sondern auf objektive, gerichtlich nachprüfbare Umstände wie das Ziel oder den Inhalt der Bestim-

---

[78] Ausführlich zum Problemkreis *Gerhard Wiedemann,* Zur Bindungswirkung von Entscheidungen der Kommission über Verpflichtungszusagen nach Art. 9 VO Nr. 1/2003 gegenüber nationalen Behörden und Kartellgerichten, in: Festschrift für Ulf Doepner zum 65. Geburtstag, hrsg. von Ulrich Reese/Frank-Erich Hufnagel/Andrea Lensing-Kramer, München 2008, S. 89–97.

[79] *Montag/Rosenfeld* ZWeR 2003, 107, 132.

[80] *Bauer* in: Münchener Kommentar, Europäisches und Deutsches Wettbewerbsrecht (Kartellrecht), Bd. 1, 2007, Art. 9 VO 1/2003 Rn. 44; *Schwarze/Weitbrecht,* § 6 Rn. 95; *Sura* in: Langen/Bunte, Kommentar zum deutschen und europäischen Kartellrecht, 11. Aufl. 2010, VO Nr. 1/2003 Art. 9 Rn. 13.

[81] Vgl. *Lutter,* Die Auslegung angeglichenen Rechts, JZ 1992, 593, 600; *Kutscher,* Thesen zu den Methoden der Auslegung des Gemeinschaftsrechts aus der Sicht eines Richters, in: Gerichtshof der Europäischen Gemeinschaften (Hrsg.), Begegnung von Justiz und Hochschule am 27./28.9.1976, Luxemburg 1976, S. I-23.

mung selbst.[82] Die Bedeutung der Begründungserwägungen Nr. 13 und 22 für die Auslegung des Art. 9 sollte deshalb relativiert werden. Begründungserwägungen sind zwar nach Art. 296 AEUV Bestandteil einer Verordnung. Sie haben aber nicht den Charakter einer Rechtsnorm und können daher für sich genommen keine verbindlichen Anordnungen beinhalten. In diesem Sinn hat der EuGH in der Rechtssache „Casa Fleischhandel/Balm" feststellt, dass eine Begründungserwägung zwar dazu beitragen könne, Aufschluss über die Auslegung einer Rechtsvorschrift zu geben, sie könne jedoch nicht selbst eine solche Vorschrift darstellen.[83] Diese Formulierung deutet auf eine subsidiäre Bedeutung der Begründungserwägung gegenüber einem Inhalt hin, der sich unmittelbar aus dem Wortlaut und der Zielsetzung der auszulegenden Rechtsnorm selbst ergibt.[84]

d) Stellungnahme. Gibt man dem Wortlaut des Art. 16, der gerade nicht zwischen Entscheidungen nach Art. 7 und solchen nach Art. 9 differenziert, den Vorrang gegenüber den Begründungserwägungen Nr. 13 und 22, die Zusagenentscheidungen vom Anwendungsbereich des Art. 16 ausnehmen, so ist im Ergebnis eine Bindungswirkung von Art. 9-Entscheidungen für nationale Wettbewerbsbehörden und Gerichte zu bejahen.[85] Die Kommission ist zwar im Rahmen des Art. 9 nicht verpflichtet, das Vorliegen einer Zuwiderhandlung förmlich festzustellen, sie hat sich aber gleichwohl zu vergewissern, dass die wettbewerbsrechtlichen Bedenken, die es rechtfertigen, eine Entscheidung gemäß den Art. 101 AEUV und 102 AEUV in Erwägung zu ziehen, und es erlauben, den beteiligten Unternehmen gemäß Art. 9 die Einhaltung bestimmter Verpflichtungen vorzuschreiben, **tatsächlich begründet sind.**[86] Eine Art. 9-Entscheidung darf deshalb nur dann ergehen, wenn die Kommission nach sorgfältiger Prüfung der Sach- und Rechtslage zu dem Ergebnis gekommen ist, dass der Sachverhalt keine Entscheidung nach Art. 7 mehr erfordert, weil die Wettbewerbsbedenken der Kommission ausgeräumt sind.[87] Da eine Art. 9-Entscheidung mithin einen Ersatz für eine Verbotsentscheidung nach Art. 7 darstellt, sind diese beiden Arten von Entscheidungen auch im Rahmen des Art. 16 gleich zu behandeln. 39

e) Reichweite der Bindungswirkung. Anders als bei Art. 7 erfolgt in einer Zusagenentscheidung keine endgültige Bewertung des vorläufig beanstandeten Verfahrens durch die Kommission, sondern es wird aufgrund der Zusagen ausschließlich für die Zukunft – insoweit aber definitiv – entschieden, dass die wettbewerblichen Bedenken ausgeräumt sind. Mithin trifft die Kommission inzident eine **Sachentscheidung für die Zukunft.**[88] Nur darauf kann sich die Bindungswirkung nach Art. 16 beziehen. Eine nationale Kartellbehörde kann demnach für die **Zeit nach Ergehen der Art. 9-Entscheidung** kein Fortdauern der Zuwiderhandlung gegen Art. 101 oder 102 AEUV feststellen und dementsprechend für diese Zeit kein Bußgeld auferlegen, solange sich das betreffende Unternehmen an seine Zusagen hält. Was den Zeitraum bis zum Erlass der Art. 9-Entscheidung angeht, so entfaltet Art. 16 keine Bindungswirkung und die nationalen Instanzen bleiben für die Bewertung des Sachverhalts zuständig. Nationale Gerichte können z. B. das betreffende Unternehmen zur Zahlung von Schadensersatz wegen Verstoßes gegen Art. 101 oder 102 AEUV verurteilen, müssen dabei jedoch gemäß Artikel 16 berücksichtigen, dass die Zuwiderhandlung durch den Erlass der Zusagenentscheidung der Kommission beendet worden ist.[89] 40

---

[82] Vgl. EuGH U. v. 26.3.1987 Rs. 45/86 – *Kommission/Rat* Slg. 1987, 1493 Rn. 11; U. v. 11.6. 1991 Rs. C-300/89 – *Kommission/Rat* Slg. 1991, I-2867 Rn. 10.

[83] EuGH U. v. 13.7.1989 Rs. C-215/88 – *Casa Fleischhandel/Balm* Slg. 1989, 2789 Rn. 31.

[84] Zur Bedeutung von Begründungserwägungen für die Auslegung einer Verordnung siehe *Anweiler,* Die Auslegungsmethoden des Gerichtshofs der Europäischen Gemeinschaften, 1997, S. 253 ff.

[85] *Wiedemann,* a. a. O. (Fn. 56), 89, 92; *Montag/Rosenfeld,* ZWeR 2003, 107, 132.

[86] Vgl. das aufgehobene EuG U. v. 11.7.2007 Rs. T-170/06 – *Alrosa/Komm.* Rn. 100.

[87] *Wiedemann,* a. a. O. (Fn 56), 89, 91 f.

[88] *Wiedemann,* a. a. O. (Fn. 56), 89, 95.

[89] Vgl. *Wiedemann,* a. a. O. (Fn. 56), 89, 92.

VII. Wiederaufnahme des Verfahrens (Art. 9 Abs. 2)

41 Eine Entscheidung der Kommission nach Art. 9 Abs. 1 führt zur Beendigung des Verfahrens, das die Kommission zur Abstellung der mutmaßlichen Zuwiderhandlung eingeleitet hat. Nach Art. 9 Abs. 2 kann die Kommission das Verfahren **auf Antrag oder von Amts wegen nur in drei Fällen** wieder aufnehmen: (i) wenn sich die tatsächlichen Verhältnisse, aufgrund derer die Kommission die Verpflichtungszusagen angenommen hat, in einem wesentlichen Punkt geändert haben, (ii) wenn die Zusagenentscheidung auf unvollständigen, unrichtigen oder irreführenden Angaben beruht oder (iii) wenn die Unternehmen die eingegangenen Verpflichtungen nicht einhalten.

42 Für die **Unternehmen, die die Verpflichtungszusagen eingegangen sind,** besteht damit die Möglichkeit, von der Kommission eine Überprüfung zu verlangen, ob die eingegangenen Verpflichtungen noch erforderlich sind, um eine mutmaßliche Zuwiderhandlung abzustellen (Art. 9 Abs. 2a). Wenn sich die tatsächlichen Verhältnisse dahingehend geändert haben, dass eine Zuwiderhandlung gegen Art. 101, 102 AEUV ausgeschlossen ist, kann das Unternehmen auf diesem Weg die Aufhebung der Zusagenentscheidung erreichen. Dies kommt z. B. in Betracht, wenn die bei Erlass der Zusagenentscheidung bestehende marktbeherrschende Stellung des Unternehmens durch Marktzutritte oder Marktanteilsgewinne von Wettbewerbern später wegfällt, so dass ein Verstoß gegen Art. 102 AEUV ausscheidet. Soweit ersichtlich hat die Kommission bisher von einer Wiedereröffnung des Verfahrens gemäß Art. 9 Abs 2 noch keinen Gebrauch gemacht. Allerdings hat sie in der „Distrigaz"-Entscheidung festgestellt, dass eine Wiedereröffnung des Verfahrens gemäß Art. 9 Abs 2 lit a) auch in Fällen in Betracht komme, in denen es um die Aufhebung oder Milderung von Zusagen geht, weil sich neue Tatsachen ergeben haben, nach denen ein unverändertes Festhalten an den für verbindlich erklärten Zusagen unverhältnismäßig wäre, um die zugrundeliegenden wettbewerbsrechtlichen Bedenken auszuräumen.[90]

43 Auf der anderen Seite können **Dritte** (z. B. Wettbewerber) durch einen Antrag bei der Kommission erreichen, dass diese nach Art. 9 Abs. 2c) das Verfahren wieder aufnimmt, wenn sich ein Unternehmen weigert, die von ihm abgegebenen Verpflichtungszusagen einzuhalten. Dies ermöglicht der Kommission eine effektivere Kontrolle der Einhaltung von Zusagen.

VIII. Rechtsschutz

44 Erfolgreicher Rechtsschutz des gebundenen Unternehmens in Gestalt einer Nichtigkeitsklage gegen die Zusagenentscheidung gemäß Art. 263 Abs. 4 AEUV dürfte in der Regel ausscheiden, da das Unternehmen die Verpflichtungszusagen im Grundsatz freiwillig anbietet und sich bei Zweifeln am Vorgehen der Kommission auf ein Untersagungsverfahren nach Art. 7 einlassen könnte, das mit einer anfechtbaren Entscheidung endet.[91] Ein Rechtschutz Dritter gegen Zusagenentscheidungen im Wege der Nichtigkeitsklage ist hingegen durchaus denkbar, etwa wenn die Zusagen nicht weit genug gehen oder nicht geeignet sind, den von der Kommission befürchteten Wettbewerbsverstoß zu vermeiden und Dritte dadurch in ihren wettbewerblichen Interessen berührt sind.[92]

Art. 10. Feststellung der Nichtanwendbarkeit

(1) **Ist es aus Gründen des öffentlichen Interesses der Gemeinschaft im Bereich der Anwendung der Art. 81 und 82 des Vertrags erforderlich, so kann die Kommission**

---

[90] Kommissionsentscheidung vom 11.10.2007, COMP/B-1/37.966-Distrigaz, Rn. 36 f.

[91] *Sura* in: Langen/Bunte, Kommentar zum deutschen und zum europäischen Kartellrecht, 11. Aufl. 2010, VO No. 1/2003, Art. 9 Rn. 17.

[92] *Busse/Leopold,* WuW 005, 146, 154; *Bauer* in: Hirsch, G./Montag, F./Säcker, F.J. (Hrsg.), Competition Law: European Community Practice and Procedure, Part 4, Art. 9, Rn. 4–9-051.

von Amts wegen durch Entscheidung feststellen, dass Art. 81 des Vertrags auf eine Vereinbarung, einen Beschluss einer Unternehmensvereinigung oder einer abgestimmten Verhaltensweise keine Anwendung findet, weil die Voraussetzungen des Art. 81 Abs. 1 des Vertrags nicht vorliegen oder weil die Voraussetzungen des Art. 81 Abs. 3 des Vertrags erfüllt sind.

(2) **Die Kommission kann eine solche Feststellung auch in Bezug auf Art. 82 des Vertrags treffen.**

Übersicht

I. Zweck der Vorschrift

1 In dem durch VO 1/2003 geschaffenen Legalausnahmesystem bestehen die Hauptaufgaben der Kommission darin, Zuwiderhandlungen gemäß Art. 7 zu verfolgen und durch allgemeine Maßnahmen wie Gruppenfreistellungsverordnungen und Leitlinien die Wettbewerbspolitik weiter zu entwickeln und die Anwendung der Wettbewerbsregeln zu fördern. Art. 10 überträgt der Kommission jedoch auch die Befugnis, durch eine sog. Positiventscheidung festzustellen, dass **die Verbote in Art. 101 oder 102 AEUV keine Anwendung** finden. Nach dem Prinzip der Legalausnahme ergibt sich dies bereits ex lege. Die Positiventscheidung hat daher lediglich deklaratorische Wirkung. Sie tritt gewissermaßen an die Stelle der Freistellungsentscheidungen (bzw. Comfort Letters) und Negativatteste nach der VO 17/62, ohne diese jedoch zu ersetzen.[1] In allen diesen Fällen fand der Verfahrensabschluss auf Antrag der betroffenen Unternehmen statt, die vorab von der Kommission eine konstitutive Unbedenklichkeitsbescheinigung erhalten wollten. Eine solche ist nach dem neuen System der Legalausnahme nicht mehr erforderlich und auch nicht vom Unionsgesetzgeber gewollt. Nach der 14. Begründungserwägung der VO 1/2003 wollte der Unionsgesetzgeber der Kommission durch Art. 10 lediglich in Ausnahmefällen, wenn es das öffentliche Interesse der Union gebietet, die Befugnis einräumen, **von Amts wegen** eine Entscheidung deklaratorischer Art zu erlassen, mit der die Nichtanwendung der in den Art. 101 oder Art. 102 AEUV verankerten Verbote festgestellt wird, um die **Rechtslage zu klären und eine einheitliche Rechtsanwendung in der Union sicherzustellen.** Unternehmen haben mangels eines Antragsrechts keinen Anspruch auf Erlass einer Positiventscheidung, wenngleich sie eine solche natürlich anregen können.

2 Die Vorschrift des Art. 10 ist vor dem Hintergrund zu sehen, dass die Kommission in dem dezentralisierten System der VO 1/2003 als Hüterin der Verträge und Zentralbehörde eine besondere Rolle zu spielen hat, indem sie wettbewerbspolitische Vorgaben entwickelt und gewährleistet, dass die Art. 101 und 102 AEUV überall im Binnenmarkt einheitlich angewandt werden. In seinem Urteil vom 14.12.2000 in der Rechtssache „Masterfoods/HB Ice Cream" hat der EuGH diese Rolle betont.[2] Die Kommission, der nach Art. 105 Abs. 1 AEUV die Aufgabe zukomme, auf die Verwirklichung der in den Art. 101 und 102

[1] *Schwarze/Weitbrecht* § 6 Rn. 98.
[2] EuGH, U. v. 14.12.2000 Rs. C-344/98 – *Masterfoods/HB Ice Cream* Slg. 2001, I-11369 Rn. 48.

AEUV verankerten Grundsätze zu achten, habe die Wettbewerbspolitik der Union festzulegen und gemäß ihrer Ausrichtung durchzuführen.

3 Die Kommission teilt die Befugnis zur Anwendung der Art. 101 und 102 AEUV seit Inkrafttreten der VO 1/2004 in vollem Umfang mit den nationalen Gerichten und Wettbewerbsbehörden. Ungeachtet dieser Zuständigkeitsverteilung kann die Kommission bei der Erfüllung der ihr durch den Vertrag zugewiesenen Aufgabe nicht an eine Entscheidung gebunden sein, die ein nationales Gericht in Anwendung der Art. 101 und 102 AEUV erlässt. Die Kommission ist somit befugt, jederzeit Einzelentscheidungen zur Anwendung der Art. 101 und 102 zu treffen, auch wenn eine Vereinbarung oder Verhaltensweise bereits Gegenstand einer Entscheidung eines nationalen Gerichts gewesen ist und die von der Kommission ins Auge gefasste Entscheidung zu dieser in Widerspruch steht.[3] Ebenso kann die Kommission Entscheidungen treffen, die mit den bereits getroffenen Entscheidungen der nationalen Wettbewerbsbehörden in Widerspruch stehen. Positivscheidungen ergehen im Gegensatz zu einem früheren Negativattest (Art. 2 VO 17/62) im öffentlichen Interesse und nehmen deshalb am **Vorrang** der zur Anwendung des Unionsrechts ergehenden Entscheidungen der Kommission teil.[4] Die nationalen Behörden und Gerichte sind damit an die Entscheidung der Kommission gebunden.

II. Verfahren

1. Erlass von Amts wegen

4 Da das Hauptziel der VO 1/2003 darin besteht, die Tätigkeit sowohl der nationalen Wettbehörden als auch der Kommission auf das zu konzentrieren, was **verboten** ist, regelt Art. 10, dass Positiventscheidungen von der Kommission ausschließlich von Amts wegen und nur aus Gründen des öffentlichen Interesses der Union erlassen werden können. Der Erlass einer Positiventscheidung kann von den Unternehmen also nicht bei der Kommission beantragt werden. Gleichwohl dürfen betroffene Unternehmen Anregungen zum Erlass einer solchen Entscheidung geben.[5]

5 Art. 10 kann und soll die Rechtssicherheit, die für die Unternehmen in dem unter der VO 17/62 geltenden System der Anmeldung und Genehmigung bestand, nicht ersetzen. Unternehmen, die vor Abschluss einer Vereinbarung wissen wollen, ob diese zivilrechtliche Gültigkeit beanspruchen kann, verfügen im Rahmen des Art. 10 über **kein Antragsrecht** und besitzen daher nicht die Möglichkeit, selbst ein Verfahren einzuleiten, an dessen Ende eine verbindliche rechtliche Aussage der Kommission steht.[6] Unter der Geltung der VO 17/62 konnten Vereinbarungen oder Beschlüsse, die unter das Verbot des Art. 101 Abs. 1 AEUV fielen, demgegenüber nur wirksam – d. h. zivilrechtlich durchsetzbar – werden, wenn sie bei der Kommission angemeldet und von dieser durch Entscheidung vom Verbot freigestellt wurden. Die Unternehmen machten sehr häufig von der Möglichkeit Gebrauch, ihre Vereinbarungen bei der Kommission anzumelden und ein Negativattest bzw. eine Einzelfreistellung zu beantragen. Dies führte in den neunziger Jahren zu einer erheblichen Arbeitsüberlastung der Kommission. Die Praxis der Einzelfreistellungen nach der VO 17/62 war die eigentliche Triebfeder für die Reform des Kartellrechts in Gestalt der VO 1/2003. Die Verfahren über die Einzelfreistellung waren langwierig und endeten im Regelfall auch nicht mit der von den Unternehmen begehrten förmlichen Entscheidung (Negativattest oder Einzelfreistellung), sondern meist mit der Erteilung eines sog. Comfort Letters, einem Verwaltungsschreiben, das keine förmliche Bindungswirkung gegenüber nationalen Gerichten und Wettbewerbsbehörden hatte. All dies soll es im Rahmen des Art. 10 gerade nicht mehr geben.

---

[3] EuGH, U. v. 14.12.2000 Rs. C-344/98 – *Masterfoods/HB Ice Cream* Slg. 2001, I-11369 Rn. 48.
[4] *Mestmäcker/Schweitzer,* Europäisches Wettbewerbsrecht, 2. Auflage 2004, § 19 Rn. 10.
[5] *Schwarze/Weitbrecht* § 6 Rn. 99.
[6] Vgl. *Bartosch* EuZW 2001, 101, 105.

2. Beteiligungsrechte für Unternehmen

Beabsichtigt die Kommission den Erlass einer Positiventscheidung, so veröffentlicht sie 6
zuvor nach Art. 27 Abs. 4 eine **kurze Zusammenfassung des Falles** im Amtsblatt. Interessierte Dritte, z.B. Konkurrenten des Unternehmens, das durch die Positiventscheidung begünstigt werden soll, können innerhalb einer von der Kommission festgelegten Frist von mindestens einem Monat eine Stellungnahme hierzu abgeben. Sonstige Beteiligungsrechte sind in Art. 27 nicht normiert.[7] Gleichwohl sollten Konkurrenten von der Kommission auf ihren Antrag hin auch in Verfahren nach Art. 10 angehört werden, weil sie durch den Erlass einer Positiventscheidung in ihren Rechten beeinträchtigt werden können.[8]

III. Voraussetzung für den Erlass einer Positiventscheidung

1. Ausnahmecharakter des Art. 10

Art. 10 dient der einheitlichen Anwendung des Gemeinschaftsrechts. Die Bestimmung 7
darf nicht dazu führen, dass ein Anmeldesystem gewissermaßen durch die Hintertür wieder eingeführt wird. Unter dem Regime der VO 1/2003, das eine Arbeitsteilung zwischen den nationalen Gerichten, den nationalen Wettbewerbsbehörden und der Kommission begründet hat, muss das Eingreifen der Kommission auf das begrenzt werden, was nötig ist, um für Rechtsklarheit zu sorgen und eine einheitliche Anwendung der EU-Wettbewerbsregeln zu gewährleisten.[9] Positiventscheidungen sollen nach dem Willen des Unionsgesetzgebers deshalb nur in Ausnahmefällen ergehen, insbesondere wenn zu neuen Formen von Vereinbarungen oder Verhaltensweisen noch keine Rechtsprechung oder Verwaltungspraxis vorliegt.[10] Befürchtungen, die Kommission könne das Institut der Positiventscheidung missbrauchen, um industriepolitische Entscheidungen zu treffen, haben sich nicht bestätigt. Die Kommission hat von der **Ermächtigung in Art. 10 bislang noch keinen Gebrauch gemacht** und bis heute noch keine Entscheidung gemäß Art. 10 erlassen.[11] Insofern bestätigt sich, dass die Kommission gewillt ist, derartige Entscheidungen wirklich nur in absoluten Ausnahmefällen zu erlassen. Im Bericht über das Funktionieren der Verordnung Nr. 1/2003 weist die Kommission ausdrücklich darauf hin, dass das Kriterium des öffentlichen Interesses der Union den Erlass solcher Beschlüsse im Interesse von Einzelunternehmen ausschließt. Die Kommission zieht die Möglichkeit, bei Vorliegen unterschiedlicher Auffassungen eine Lösung im Rahmen des ECN zu finden (siehe dazu unten Rn. 17ff.) dem Rückgriff auf Art. 10 vor. In Hinblick auf die Subsidiarität eines Beschlusses nach Art. 10 gegenüber einer Problemlösung innerhalb des ECN kann durchaus die Frage gestellt werden, ob überhaupt noch ein praktisches Bedürfnis für die Regelung in Art 10 besteht.

Ein Anwendungsfall für den Erlass einer Positiventscheidung könnte sein, dass eine na- 8
tionale Behörde ein bestimmtes Wettbewerbsverhalten verboten hat oder beabsichtigt, dies zu tun, während die Kommission das Verhalten als zulässig erachtet. Dann könnte die Kommission eine gemäß Art. 16 für die Mitgliedstaaten verbindliche Entscheidung nach Art. 10 erlassen, welche feststellt, dass das betreffende Verhalten nicht gegen Art. 101, 102 AEUV verstößt. Mit Recht wird jedoch darauf hingewiesen, dass es nicht dem Ausnahmecharakter des Artikels 10 entsprechen würde, wenn die Kommission auf diese Weise in

---

[7] Zur Kritik vgl. *Eilmansberger* JZ 2001, 365, 373.
[8] *Schwarze/Weitbrecht* § 6 Rn. 105.
[9] Vgl. Nr. 5 Commission Staff Working Paper „The Proposal for a new Regulation implementing Art. 81 and 82 EC: The notion of community public interest in Art. 10", vom 13.11.2001, SEC (2001) 1828.
[10] 14. Begründungserwägung der VO 1/2003.
[11] Bericht der Kommission über das Funktionieren der Verordnung Nr. 1/2003 vom 29.4.2009, KOM (2009) 206 und begleitendes Arbeitspapier SEK (2009) 574, Rn. 113.

Einzelfälle vor den nationalen Behörden eingreift.[12] Für die Kommission besteht nämlich prinzipiell die Möglichkeit, ein **Verfahren gemäß Art. 11 Abs. 6 an sich zu ziehen** und zu beenden.

2. Öffentliches Interesse der Union

9 Die einzige Voraussetzung, die erfüllt sein muss, damit die Kommission zum Erlass einer Entscheidung nach Art. 10 befugt ist, ist das Bestehen eines öffentlichen Interesses der Union. Diese Tatbestandsvoraussetzung ist Ausdruck des Ausnahmecharakters der Vorschrift.[13] Das Wort „öffentlich" wurde offenbar eingefügt, um deutlich zu machen, dass die Interessen einzelner Unternehmen nicht ausreichend sind, um ein Verfahren zum Erlass einer Entscheidung in Gang zu setzen.[14]

10 **a) Beeinträchtigung der einheitlichen Anwendung der EU-Wettbewerbsregeln.** Ein Unionsinteresse dürfte insbesondere dann gegeben sein, wenn eine Entscheidung der Kommission erforderlich ist, um die Einheitlichkeit der Anwendung der Art. 101 und 102 AEUV sicherzustellen oder zu vergrößern. Starke Unterschiede in der Auslegung der Art. 101 und 102 AEUV zwischen den Mitgliedstaaten würden in Widerspruch zu einem System stehen, das den Wettbewerb innerhalb des Binnenmarkts vor Verfälschungen schützt. Der Gerichtshof hat daher die Bedeutung einer einheitlichen Anwendung der Wettbewerbsbestimmungen, die aus dem allgemeinen Prinzip der Rechtssicherheit folgt, wiederholt hervorgehoben.[15] Art. 10 wurde offenbar geschaffen, weil **eine über einen längeren Zeitraum andauernde uneinheitliche Anwendung der EU-Wettbewerbsregeln** zu einer ungleichen Behandlung der Unternehmen und damit zu uneinheitlichen Wettbewerbsbedingungen führen würde. Die Einführung von unionsweiten Geschäftsstrategien, die mit dem EU-Wettbewerbsrecht vereinbar sind, kann dadurch behindert werden. Dies wiederum kann zur Folge haben, dass die Verbraucher nicht mehr in den Genuss von innovativen Produkten oder Dienstleistungen kommen. Das Prinzip des **unverfälschten Wettbewerbs im Binnenmarkt,** das eindeutig ein öffentliches Interesse der Union darstellt, würde darunter leiden.[16]

11 Ebenso könnte die **Effektivität der Durchsetzung** des Unionsrechts beeinträchtigt werden. Falls sich in Bezug auf ein ganz bestimmtes Wettbewerbsverhalten eine unterschiedliche Entscheidungspraxis in den Mitgliedstaaten herausbilden würde, so könnte dies Vollstreckungsmaßnahmen erschweren. In Staaten, in denen das Verhalten als Verstoß gegen das EU-Wettbewerbsrecht angesehen wird, kann das Unternehmen das Verhalten nicht durchsetzen, während dies in anderen Mitgliedstaaten, in denen von der kartellrechtlichen Zulässigkeit ausgegangen wird, möglich ist. Außerdem könnten nationale Wettbewerbsbehörden davon abgehalten werden, im Hinblick auf dieses Wettbewerbsverhalten effektiv im Netz der Wettbewerbsbehörden (ECN) zu kooperieren. Eine uneinheitliche Anwendung der EU-Wettbewerbsregeln könnte ferner dazu führen, dass nationale Wettbewerbsbehörden sich selbst dann de facto oder de jure an die Rechtsprechung der Obergerichte ihres eigenen Mitgliedstaats gebunden fühlen, wenn diese Rechtsprechung nicht mit der Entscheidungspraxis der anderen Wettbewerbsbehörden im ECN übereinstimmt.

---

[12] *Schwarze/Weitbrecht* § 6 Rn. 100.

[13] Vgl. Nr. 14 Commission Staff Working Paper „The Proposal for a new Regulation implementing Art. 81 and 82 EC: The notion of community public interest in Art. 10", vom 13.11.2001, SEC (2001) 1828.

[14] Nr. 16 Commission Staff Working Paper „The Proposal for a new Regulation implementing Art. 81 and 82 EC: The notion of community public interest in Art. 10", vom 13.11.2001, SEC (2001) 1828.

[15] EuGH U. v. 28.2.1991 Rs. C-234/89 – *Delimitis* Slg. 1991, I-935 Rn. 47.

[16] Vgl. Nr. 22 Commission Staff Working Paper „The Proposal for a new Regulation implementing Art. 81 and 82 EC: The notion of community public interest in Art. 10", vom 13.11.2001, SEC (2001) 1828.

In derartigen Fällen dürfte Art. 10 die Kommission durch die Befugnis zum Erlass einer Positiventscheidung in die Lage versetzen, ein einheitliches Vorgehen im Netzwerk wiederherzustellen, indem die betreffende Verhaltensweise für mit dem EU-Wettbewerbsrecht vereinbar erklärt wird.[17] Im Hinblick darauf, dass die Anwendung des Art. 10 auf Ausnahmefälle beschränkt ist, wird man den Begriff des öffentlichen Interesses der Union wohl dahingehend auszulegen haben, dass die Beeinträchtigung der einheitlichen Anwendung im konkreten Fall **besonders schwerwiegend für das Funktionieren des Wettbewerbs im Gemeinsamen Markt** sein muss. Geringe Abweichungen bei der Interpretation der Art. 101 und 102 AEUV zwischen den Mitgliedstaaten oder Abweichungen, die lediglich eine geringe Auswirkung auf das Funktionieren des Gemeinsamen Marktes haben, dürften den Erlass einer Positiventscheidung nicht rechtfertigen.[18] 12

b) Mögliche Fallgruppen. Der eindeutigste Fall einer uneinheitlichen Anwendung dürfte vorliegen, wenn die Entscheidungspraxis – also nicht lediglich eine Einzelentscheidung – einer nationalen Wettbewerbsbehörde oder die ständige Rechtsprechung der Gerichte eines Mitgliedstaats nicht in Einklang mit der ständigen Rechtsprechung der Europäischen Gerichte, der Entscheidungspraxis der Kommission oder den EU-Leitlinien steht. Ein Beispiel wäre etwa das Verbot eines qualitativen selektiven Vertriebssystems, das nach der bestehenden Praxis eindeutig mit Art. 101 AEUV in Einklang steht. Die Wahrscheinlichkeit, dass eine derartige Situation auftritt, dürfte sehr gering sein. In einem derartigen Fall sollte die Kommission allerdings das Recht haben, eine Positiventscheidung zu erlassen, um die Einheitlichkeit der Rechtsanwendung wieder herzustellen und im Hinblick auf zukünftige Fälle Rechtsklarheit zu schaffen. 13

Abgesehen von dem Abweichen von einer bereits bestehenden Entscheidungspraxis dürfte Art. 10 anwendbar sein, wenn es zu **gewichtigen Abweichungen bei der Behandlung gleich gelagerter oder identischer Fälle** durch verschiedene nationale Gerichte in der Union kommt, etwa weil es sich um **neuartige Verhaltensweisen** im Wettbewerb handelt, zu der sich noch keine Entscheidungspraxis herausgebildet hat.[19] Derartige Konstellationen können möglicherweise nach einer **Erweiterung der EU** auftreten, sofern es in dem betreffenden neuen Mitgliedstaat zu einer abweichenden wettbewerbsrechtlichen Beurteilungspraxis kommt. Dem sollte die Kommission durch den Erlass einer die Rechtslage klarstellenden Positiventscheidung gegebenenfalls entgegenwirken können. 14

Beeinträchtigungen der einheitlichen Anwendung des EU-Wettbewerbsrechts können ferner in Bezug auf **etablierte Verhaltensweisen** auftreten, zu der es bisher erst wenig Rechtsprechung oder Kommissionsentscheidungen gibt, so dass sich noch keine einheitliche europäische Linie herausgebildet hat oder dann, wenn die wettbewerblichen Auswirkungen einer seit langem bekannten Verhaltensweise einer **Neubewertung** unterzogen werden: Eine Verhaltensweise, die von der Kommission bisher als Verstoß gegen das EU-Wettbewerbsrecht angesehen wurde, wird aufgrund einer Änderung der Verhältnisse nunmehr als rechtmäßig angesehen.[20] 15

In all diesen Fallgruppen kann sich die Frage einer Klarstellung der Rechtslage durch den Erlass einer Positiventscheidung stellen. Die Anwendbarkeit des Art. 10 sollte daher nicht auf neuartige Formen von Vereinbarungen oder Verhaltensweisen beschränkt werden, auch wenn diese in der 14. Begründungserwägung der VO 1/2004 ausdrücklich genannt werden. Die Verwendung des Begriffs „insbesondere" durch den Unionsgesetzgeber belegt, dass es sich dabei lediglich um eine von mehreren denkbaren Anwendungsfällen des Art. 10 handelt. 16

c) Subsidiarität gegenüber einer Problemlösung innerhalb des ECN. Liegt eine der oben genannten Fallkonstellationen vor, so muss dies noch nicht bedeuten, dass eine 17

[17] Vgl. Nr. 23 Commission Staff Working Paper a. a. O.
[18] Vgl. Nr. 24 Commission Staff Working Paper (Fn. 15).
[19] Vgl. Nr. 27 Commission Staff Working Paper (Fn. 15).
[20] Vgl. Nr. 29 Commission Staff Working Paper (Fn. 15).

Entscheidung nach Art. 10 unbedingt erforderlich ist.[21] Gerade bei neuartigen Formen von Vereinbarungen und Verhaltensweisen wird die Kommission oft ohne den Erlass einer Positiventscheidung auskommen. Im Zuge der Verbreitung der neuartigen Geschäftspraxis werden Streitigkeiten zwischen den beteiligten Unternehmen oder zwischen ihnen und Dritten auftreten, es wird zu Beschwerden, Klageerhebungen oder Anträgen auf Erlass von einstweiligen Maßnahmen vor den nationalen Gerichten oder Behörden kommen. In den meisten Fällen dürfte es im Laufe der Zeit zu einer hinreichenden Übereinstimmung der Beurteilungen in den Mitgliedstaaten kommen. Dies wird dadurch erleichtert, dass die nationalen Behörden und Gerichte sich gemäß Art. 12 laufend über die in ihrem Bereich auftretenden Angelegenheiten informieren. Das durch die VO 1/2003 geschaffene Netz der Wettbewerbsbehörden (ECN) stellt mithin einen Rahmen bereit, der die besten Voraussetzungen für die Entwicklung einheitlicher Beurteilungsmaßstäbe in den Mitgliedstaaten schafft.

18 Die Kommission sollte daher nicht bereits in einem frühen Stadium in diesen Entwicklungsprozess durch den Erlass einer Positiventscheidung eingreifen, sondern zunächst die Lösungen abwarten, die aus der Zusammenarbeit im ECN resultieren. Es obliegt in einem dezentralisierten System, in dem Kommission, nationale Wettbewerbsbehörden und Gerichte gleichberechtigt das EU-Wettbewerbsrecht anwenden, in erster Linie dem ECN, beim Auftreten neuartiger Verhaltensweisen Lösungsmöglichkeiten im Hinblick auf eine einheitliche Anwendung der Art. 101 und 102 AEUV zu entwickeln. Insoweit hat die Kommission den **Grundsatz der Subsidiarität** aus Art. 5 EUV zu beachten. Sie ist im Rahmen des Art. 10 **nicht auf ein Eingreifen im Frühstadium beschränkt.** Sie sollte daher nicht unnötig in nationale Verfahren eingreifen, um vorschnell Rechtsklarheit zu schaffen, wenn es in den Mitgliedstaaten zu ersten Abweichungen in der Entscheidungspraxis kommt. Erst wenn sich innerhalb des ECN nach einiger Zeit herausstellt, dass mit einer hinreichenden Übereinstimmung bei der Beurteilung der neuartigen Verhaltensweisen nicht zu rechnen ist, erscheint der Erlass einer Positiventscheidung gerechtfertigt.

IV. Bindungswirkung einer Positiventscheidung

19 Ursprünglich war von der Kommission vorgesehen, den Positiventscheidungen dieselben Rechtswirkungen zuzubilligen wie den Negativattesten gemäß Art. 2 VO 17/62.[22] Die rechtliche Bindungswirkung gegenüber den nationalen Behörden und Gerichten wäre damit strittig geblieben. Dies hätte jedoch dem Zweck der Neuregelung widersprochen. Positiventscheidungen nach Art. 10 sollen bei der nun dezentralen Anwendung des Kartellrechts ausdrücklich die Rechtslage klären und die Rechtseinheitlichkeit sicherstellen. Sie sind daher für die Mitgliedstaaten **gemäß Art. 16 verbindlich.**[23] Eine Gegenauffassung lehnt die Bindungswirkung nach Art. 16 ab und schließt insbesondere aus der Begründungserwägung 14 zur VO 1/2003, dass Positiventscheidungen nationale Behörden und Gerichte nicht rechtlich, sondern allenfalls faktisch binden können.[24] Da derartige Entscheidungen jedoch eine Feststellung in Bezug auf die Nichtanwendbarkeit von Art. 101 bzw. 102 AEUV treffen und es sich um verbindliche Unionsrechtsakte handelt, sprechen die besseren Gründe dafür, dass ihnen eine Bindungswirkung i. S. d. Art. 16

---

[21] Vgl. Nr. 30 Commission Staff Working Paper (Fn. 15).

[22] Vgl. Weißbuch der Kommission über die Modernisierung der Vorschriften zur Anwendung der Art. 85 und 86 EG-Vertrag, ABl. 1999 C-132/01 Rn. 89; *Hossenfelder/Lutz* WuW 2003, 118, 122.

[23] *Eilmansberger* JZ 2001, 365, 373; *Hossenfelder/Lutz* WuW 2003, 118, 123; *Sura* in: Langen/Bunte, Kommentar zum deutschen und europäischen Kartellrecht, 11. Auflage 2010, VO Nr. 1/2003, Art. 10 Rn. 8; *Bauer* in: Hirsch, G./Montag, F./Säcker, F.J. (Hrsg.), Competition Law: European Community Practice and Procedure, 2008, Part 4, Art. 10 Rn. 4–10–017.

[24] Vgl. *Schmidt, K.,* Umdenken im Kartellverfahrensrecht! – Gedanken zur europäischen VO No. 1/2003, BB 2003, 1237, 1241 f.; *Montag/Rosenfeld,* A Solution to the Problems? Regulation 1/2003 and the Modernisation of Competition Procedure, ZWeR 2003, 107, 115.

zukommt.[25] Daher dürfen nationale Gerichte oder Kartellbehörden bei der Beurteilung eines konkreten Sachverhalts, welcher Gegenstand einer Positiventscheidung der Kommission gewesen ist, nicht zu einem Verstoß gegen Art. 101 oder Art. 102 AEUV kommen.

V. Rechtsschutz

Positiventscheidungen sind Rechtsakte im Sinne des Art. 288 Abs. 4 AEUV. Sie können **20**
daher gemäß Art. 263 Abs. 4 AEUV im Wege der Nichtigkeitsklage angefochten werden. Es liegt auf der Hand, dass die Unternehmen, deren Marktverhalten durch eine Positiventscheidung gebilligt wird, kein Interesse an einer Anfechtung der Entscheidung haben werden. Anders ist dies möglicherweise bei **Konkurrenzunternehmen,** die Wettbewerbseinbußen aufgrund des durch die Positiventscheidung gebilligten Marktverhaltens ihres Konkurrenten befürchten. Es stellt sich jedoch die Frage, ob das Konkurrenzunternehmen durch die Entscheidung unmittelbar und individuell betroffen ist. Bei einer Positiventscheidung handelt es sich aus Sicht des Konkurrenten um eine Entscheidung, die zwar im öffentlichen Interesse getroffen wird, aber Dritte begünstigt.[26] Der Konkurrent muss daher darlegen, dass die angegriffene Maßnahme ihn wegen bestimmter persönlicher Eigenschaften oder besonderer Umstände ähnlich individuell betrifft wie einen Adressaten. Eine individuelle Betroffenheit kann sich durch **tatsächliche Verfahrensbeteiligung** ergeben, wenn der Konkurrent im Verfahren zum Erlass der Positiventscheidung als interessierter Dritter eine Stellungnahme zu dem im Amtsblatt veröffentlichen Entscheidungsentwurf abgegeben (Art. 27 Abs. 4) und die Kommission diese Stellungnahme in der Positiventscheidung berücksichtigt hat.[27]

VI. Sonstige Handlungsmöglichkeiten der Kommission

1. Erteilung von Beratungsschreiben

a) Bedeutung. Die Tatsache, dass Positiventscheidungen nach Art. 10 ausschließlich **21**
von Amts wegen getroffen werden und mithin nicht von den Unternehmen beantragt werden können, bedeutet nicht, dass die Kommission nicht auch weiterhin bereit sein wird, einzelne Fälle mit den beteiligten Unternehmen **informell zu erörtern.** Bereits der Verordnungsvorschlag vom 27.9.2000 stellte ausdrücklich fest, dass die Kommission den Unternehmen zu Vereinbarungen, Beschlüssen oder abgestimmten Verhaltensweisen, die **noch nicht geklärte, grundsätzlich neue Auslegungsfragen** aufwerfen, zusätzliche Orientierung geben wird. In diesem Vorschlag kündigte die Kommission daher eine Bekanntmachung an, in der sie darlegt, unter welchen Bedingungen sie gegebenenfalls eine mit Gründen versehene Stellungnahme abgeben werde. Diese Bekanntmachung über informelle Beratung[28] wurde im April 2004 erlassen.

Die Bekanntmachung bringt in der Nr. 5 deutlich zum Ausdruck, dass lediglich in Fäl- **22**
len, in denen aufgrund neuer oder ungelöster Auslegungsfragen **noch ernsthafte Rechtsunsicherheit** besteht, eine informelle Beratung der Kommission erfolgen kann. Sollte die von den Unternehmen aufgeworfene Frage bereits Gegenstand eines Verfahrens vor dem EuG, dem EuGH, der Kommission oder einem Gericht oder einer Wettbewerbsbehörde eines Mitgliedstaates gewesen sein, so zieht die Kommission ein Beratungsschreiben nicht

---

[25] Vgl. *Sura* in: Langen/Bunte, Kommentar zum deutschen und europäischen Kartellrecht, 11. Auflage 2010, VO No. 1/2003, Art. 10 Rn. 8.

[26] *Schwarze/Weitbrecht* § 6 Rn. 110.

[27] Ausführlich zum Rechtsschutz *Schwarze/Weitbrecht* § 6 Rn. 108 ff.

[28] Bekanntmachung der Kommission über informelle Beratung bei neuartigen Fragen zu den Art. 81 und 82 des Vertrages, die in neuartigen Fällen auftreten (Beratungsschreiben) ABl. 2004 C 101/78.

in Betracht.[29] Da Art. 10 als eine Ausnahmebestimmung anzusehen ist, dürfte auch die Abgabe einer mit Gründen versehenen Stellungnahme durch die Kommission lediglich in Ausnahmefällen in Betracht kommen.

23 Das informelle Tätigwerden der Kommission im Wege von Beratungsschreiben gewährt Unternehmen **kein Recht auf die Erlangung einer Stellungnahme.** Dies würde auch der VO 1/2003 zuwiderlaufen, weil dies der Wiedereinführung einer Art Anmeldesystem gleichkäme. Beratungsschreiben der Kommission dienen in erster Linie dazu, die Unternehmen bei ihrer eigenen Beurteilung der Vereinbarungen zu unterstützen. Sie stellen keine formelle Entscheidung der Kommission dar, binden die Gerichte der Union nicht und vermitteln demzufolge keine Rechtssicherheit. Die Kommission ist der Auffassung, dass sie in einer etwaigen späteren Würdigung derselben Frage an die Feststellungen in einem Beratungsschreiben nicht gebunden ist.[30] Dennoch wird man davon ausgehen können, dass den Beratungsschreiben eine **erhebliche faktische Wirkung** zukommen wird, solange und soweit der darin beschriebene Sachverhalt besteht.[31]

24 **b) Voraussetzungen für die Erteilung.** Ein Beratungsschreiben kann nach der Bekanntmachung von der Kommission erteilt werden, wenn (i) eine Frage der Rechtsanwendung aufgeworfen wird, die weder durch den bestehenden EG-Rechtsrahmen einschließlich der Rechtsprechung der Unionsgerichte noch durch die allgemein verfügbaren Orientierungshilfen, die Entscheidungspraxis der Kommission oder frühere Beratungsschreiben geklärt ist und (ii) eine prima facie-Bewertung des Sachverhalts und der Hintergründe es nahe legen, dass eine Klärung im Wege eines Beratungsschreibens **zweckmäßig** ist. Bei dieser zweiten Voraussetzung wird die Kommission als Anhaltspunkte die wirtschaftliche Bedeutung der von der Vereinbarung oder der Verhaltensweise betroffenen Waren oder Dienstleistungen aus Sicht der Verbraucher, das Ausmaß, in dem die Vereinbarung oder Verhaltensweise einer im Markt verbreiteten Gepflogenheit entspricht oder voraussichtlich entsprechen wird, den Umfang der mit der Transaktion einhergehenden Investitionen im Verhältnis zur Größe der beteiligten Unternehmen und/oder die Verbindung der Transaktionen mit einem strukturellen Vorgang wie z. B. der Gründung eines Teilfunktions-Gemeinschaftsunternehmens berücksichtigen.[32]

25 Die Kommission beabsichtigt, Beratungsschreiben nur dann zu verfassen, wenn eine **weitere Tatsachenfeststellung nicht erforderlich** ist. Ermittlungen der Kommission finden zwar nicht statt, allerdings kann sie sich aus öffentlichen Quellen oder früheren Verfahren unterrichten und entsprechende Informationen beiziehen. Die Kommission behält sich vor, die ihr von den Unternehmen vorgelegten Informationen mit den Wettbewerbsbehörden der Mitgliedstaaten inhaltlich zu teilen und zu erörtern.[33] Entscheidet sich die Kommission dafür, kein Beratungsschreiben zu versenden, so teilt sie dies den Unternehmen mit.[34]

2. Informelle Beratungen

26 Nach dem 38. Erwägungsgrund der VO 1/2003 kann die Kommission den Unternehmen und ihren Beratern auch für informelle Beratungen zur Verfügung stehen, die **nicht** auf die Erteilung eines schriftlichen Beratungsschreibens gerichtet sind. Dies erlaubt es den Unternehmen, die Beurteilung von Sachverhalten anhand der Art. 101 und 102 AEUV mit Beamten der Generaldirektion Wettbewerb zu erörtern. Ein Rechtsanspruch auf eine solche informelle Beratung besteht jedoch nicht.[35]

---

[29] Nr. 9 der Bekanntmachung a. a. O.
[30] Nr. 24 der Bekanntmachung (Fn. 27).
[31] *Schwarze/Weitbrecht* § 6 Rn. 134.
[32] Nr. 8 der Bekanntmachung (Fn. 27).
[33] Nr. 16 der Bekanntmachung (Fn. 27).
[34] Nr. 17 der Bekanntmachung (Fn. 27).
[35] Näher *Schwarze/Weitbrecht* § 6 Rn. 136.

Art. 11. Zusammenarbeit zwischen der Kommission und den Wettbewerbsbehörden der Mitgliedstaaten

(1) **Die Kommission und die Wettbewerbsbehörden der Mitgliedstaaten arbeiten bei der Anwendung der Wettbewerbsregeln der Gemeinschaft eng zusammen.**

(2) **Die Kommission übermittelt den Wettbewerbsbehörden der Mitgliedstaaten eine Kopie der wichtigsten Schriftstücke, die sie zur Anwendung der Artikel 7, 8, 9, 10 und 29 Absatz 1 zusammengetragen hat. Die Kommission übermittelt der Wettbewerbsbehörde eines Mitgliedstaats auf Ersuchen eine Kopie anderer bestehender Unterlagen, die für die Beurteilung des Falles erforderlich sind.**

(3) **Werden die Wettbewerbsbehörden der Mitgliedstaaten aufgrund von Artikel 81 oder Artikel 82 des Vertrags tätig, so unterrichten sie hierüber schriftlich die Kommission vor Beginn oder unverzüglich nach Einleitung der ersten förmlichen Ermittlungshandlung. Diese Unterrichtung kann auch den Wettbewerbsbehörden der anderen Mitgliedstaaten zugänglich gemacht werden.**

(4) **Spätestens 30 Tage vor Erlass einer Entscheidung, mit der die Abstellung einer Zuwiderhandlung angeordnet wird, Verpflichtungszusagen angenommen werden oder der Rechtsvorteil einer Gruppenfreistellungsverordnung entzogen wird, unterrichten die Wettbewerbsbehörden der Mitgliedstaaten die Kommission. Zu diesem Zweck übermitteln sie der Kommission eine zusammenfassende Darstellung des Falles, die in Aussicht genommene Entscheidung oder, soweit diese Unterlage noch nicht vorliegt, jede sonstige Unterlage, der die geplante Vorgehensweise zu entnehmen ist. Diese Informationen können auch den Wettbewerbsbehörden der anderen Mitgliedstaaten zugänglich gemacht werden. Auf Ersuchen der Kommission stellt die handelnde Wettbewerbsbehörde der Kommission sonstige ihr vorliegende Unterlagen zur Verfügung, die für die Beurteilung des Falls erforderlich sind. Die der Kommission übermittelten Informationen können den Wettbewerbsbehörden der anderen Mitgliedstaaten zugänglich gemacht werden. Die einzelstaatlichen Wettbewerbsbehörden können zudem Informationen untereinander austauschen, die zur Beurteilung eines von ihnen nach Artikel 81 und 82 des Vertrags behandelten Falls erforderlich sind.**

(5) **Die Wettbewerbsbehörden der Mitgliedstaaten können die Kommission zu jedem Fall, in dem es um die Anwendung des Gemeinschaftsrechts geht, konsultieren.**

(6) **Leitet die Kommission ein Verfahren zum Erlass einer Entscheidung nach Kapitel III ein, so entfällt damit die Zuständigkeit der Wettbewerbsbehörden der Mitgliedstaaten für die Anwendung der Artikel 81 und 82 des Vertrags. Ist eine Wettbewerbsbehörde eines Mitgliedstaates in einem Fall bereits tätig, so leitet die Kommission ein Verfahren erst ein, nachdem sie diese Wettbewerbsbehörde konsultiert hat.**

Übersicht

I. Sinn und Zweck der Regelung

1. Einführung

1 Innerhalb der Verordnung bildet Art. 11 das Rückgrat des Netzwerks der Wettbewerbsbehörden, das nach Abschaffung des Monopols der Kommission zur Anwendung von Art. 81 Abs. 3 EG (jetzt Art. 101 Abs. 3 AEUV) die Durchsetzung der europäischen Wettbewerbsregeln gewährleisten soll. Die Regelung behielt einige Elemente des Art. 10 VO 17/62 bei und passte sie dem neuen Anwendungskonzept an. So blieb die Informationspflicht der Kommission über ihre Verfahren gegenüber den Wettbewerbsbehörden der Mitgliedstaaten gemäß Art. 10 VO 17/62 bestehen (Art. 11 Abs. 2)[1] und wurde um Informationsverpflichtungen der mitgliedstaatlichen Wettbewerbsbehörden über deren Verfahren zur Anwendung der Art. 101, 102 AEUV gegenüber der Kommission ergänzt (Art. 11 Abs. 3 und 4). Art. 11 Abs. 6 löste die Regelung des Art. 9 Abs. 3 VO 17/62 ab, wonach die Zuständigkeit der mitgliedstaatlichen Wettbewerbsbehörden zur Anwendung der Art. 101, 102 AEUV in einem Einzelfall entfiel, wenn die Kommission ein Verfahren einleitet.

2 Die **Einbeziehung der mitgliedstaatlichen Wettbewerbsbehörden** und Gerichte in die Anwendung der europäischen Wettbewerbsregeln ist ein wesentliches Element zur Erzielung eines verbesserten Wettbewerbsschutzes durch die neue Verordnung. Die Wettbewerbsbehörden und die Kommission bilden hierzu ein **Netzwerk,** das die Infrastruktur für die neuen Instrumente der Zusammenarbeit bereitstellt und für eine optimale Verteilung der Fälle sorgt – gemäß dem Grundsatz, dass ein Vorgang von einer dafür gut geeigneten Behörde bearbeitet wird.[2] Art. 11 enthält als Rechtsgrundlage für dieses Netzwerk Regeln über gegenseitige Information und Konsultation im Netzwerk, die auch zur Sicherung der einheitlichen Anwendung der europäischen Wettbewerbsregeln dienen. Hierzu gehören Informationspflichten, gemäß derer die mitgliedstaatlichen Behörden die Kommission über eingeleitete Ermittlungen und beabsichtigte Entscheidungen mit unmittelbaren Auswirkungen für die jeweiligen Adressaten vorab unterrichten. Umgekehrt informiert die Kommission die Mitgliedstaaten ihrerseits – wie bereits zuvor – entsprechend. Die Beibehaltung der Regelung, wonach die Zuständigkeit der mitgliedstaatlichen Wettbewerbsbehörden entfällt, wenn die Kommission ein Verfahren eröffnet, soll die kohärente Anwendung und die optimale Fallverteilung sicherstellen.[3] Insbesondere mit dieser Vorschrift begründet die europäische Rechtsprechung, dass es trotz der parallelen Zuständigkeit und engen Zusammenarbeit im Netzwerk bei einer „beherrschenden" oder „vorrangigen" **Rolle der Kommission** bei der Ermittlung und Feststellung von Zuwiderhandlungen gegen die Wettbewerbsregeln der Union bleibt.[4] Weitere Einzelheiten der Zusammenarbeit innerhalb des Netzwerks legt die Kommission in enger Abstimmung mit den Mitgliedstaaten fest.[5]

2. Gemeinsame Erklärung von Rat und Kommission zur Funktionsweise des Netzwerkes

3 Die *Gemeinsame Erklärung* ist als **Protokollerklärung** zur Verordnung Ausdruck eines Kompromisses und geht auf das Begehren einer großen Zahl von Mitgliedstaaten zurück,

---

[1] Andere Elemente des Art. 10 VO 17/62 sind nunmehr in den Art. 14 und 18 enthalten.

[2] Gemeinsame Erklärung des Rates und der Kommission zur Arbeitsweise des Netzes der Wettbewerbsbehörden als Protokollerklärung zur VO 1/2003, abrufbar unter: http://ec.europa.eu/competition/ecn/documents.html, hier Rn. 15 ff.

[3] Vgl. Erwägungsgrund 17.

[4] EuG U. v. 8.3.2007, Rs. T-340/04 – *France-Télécom/Kommission,* Rn. 79; EuG U. v. 13.7.2011, Rs. T-144/07, T-147/07–150/07 und T-154/07 – *ThyssenKrupp Liften Ascenseurs u. a.,* Rn. 76; s. a. EuG U. v. 25.11.2014, Rs. T-402/13 – *Orange,* Rn. 27.

[5] Vgl. Erwägungsgrund 15.

zumindest Rahmenregeln über die Funktionsweise des Netzwerkes in die Verordnung aufzunehmen.[6] Zwar begründet diese *Gemeinsame Erklärung* keine einklagbaren Rechte für Kommission, Mitgliedstaaten oder Unternehmen,[7] jedoch stellt sie das gemeinsame Verständnis von Kommission und Mitgliedstaaten dar, wie diese jeweils ihre Rolle in der durch die Verordnung selbst wenig konkretisierten Zusammenarbeit der Behörden in einem System der parallelen Zuständigkeit zur Anwendung der Art. 101, 102 AEUV sehen.[8] Die *Gemeinsame Erklärung* enthält neben allgemeinen Grundsätzen über den Charakter der Erklärung und das Selbstverständnis der Netzwerkteilnehmer Aussagen zur Verteilung der Arbeit innerhalb des Netzwerkes und zur Ausübung der Kompetenz der Kommission, gemäß Art. 11 Abs. 6 ein Verfahren an sich zu ziehen, wenn eine (oder mehrere) mitgliedstaatliche Wettbewerbsbehörden den Fall bereits bearbeiten.

3. Bekanntmachung über die Zusammenarbeit innerhalb des Netzes der Wettbewerbsbehörden

Die *Netzbekanntmachung* ist auf der Grundlage der Verordnung und der *Gemeinsamen Erklärung* gemeinsam von Kommission und mitgliedstaatlichen Wettbewerbsbehörden (auch aus den neuen Mitgliedstaaten) erarbeitet worden und stellt damit ein erstes Arbeitsergebnis des **European Competition Network** (ECN) dar, das wiederum in der *Netzbekanntmachung* seinen Namen erhält.[9] Zwar ist das Dokument eine Bekanntmachung der Kommission, die (allermeisten) mitgliedstaatlichen Behörden haben aber die Erklärung in der Anlage zu der Bekanntmachung unterschrieben, wodurch sie die in der *Netzbekanntmachung* ausgeführten Grundsätze anerkennen.[10] Die *Netzbekanntmachung* enthält Konkretisierungen zur Verteilung der Arbeit sowie zur Nutzung der Instrumente der Zusammenarbeit (neben Art. 11 auch zu den Art. 12, 13 und 22), zur Rechtsstellung von Unternehmen insbesondere im Zusammenhang mit der Inanspruchnahme von Bonusprogrammen, zur kohärenten Anwendung der europäischen Wettbewerbsregeln sowie zur Rolle und Funktionsweise des Beratenden Ausschusses. Die *Netzbekanntmachung* bezweckt einerseits eine weitere Verständigung innerhalb des ECN, andererseits größere Transparenz für die Unternehmen über die Arbeitsweise des ECN. 4

Hinsichtlich der **Grundsätze der Fallverteilung** führt die *Netzbekanntmachung* auf der Grundlage der *Gemeinsamen Erklärung* aus, wann eine Behörde als geeignet für die Bearbeitung eines Falles anzusehen ist, und enthält praktische Beispiele, die es den Unternehmen ermöglichen sollen, zu entscheiden, an welche Behörde sie sich am besten mit einer Beschwerde oder bei Diskussionsbedarf über bestimmte Vorhaben richten. Danach ist **eine Behörde zur Bearbeitung eines Falles geeignet,** wenn erstens ein Verstoß wesentliche unmittelbare tatsächliche oder absehbare Auswirkungen auf den Wettbewerb innerhalb des jeweiligen Mitgliedstaates hat, wenn zweitens die Behörde in der Lage ist, den Verstoß wirksam zu beenden und gegebenenfalls angemessen zu ahnden, und wenn drittens die Behörde in der Lage ist – unter Umständen mit Unterstützung einer anderen Behörde – die erforderlichen Beweismittel zu sammeln.[11] Damit ist klargestellt, dass ein Fall **wettbewerbliche Auswirkung in einem Mitgliedstaat** haben muss, damit die jeweilige mit- 5

[6] *Böge/Scheidgen* EWS 2002, 201, 202; dies wurde auch von anderer Seite gefordert, vgl. *Monopolkommission,* Folgeprobleme der europäischen Kartellverfahrensreform, Sondergutachten 32, Rn. 30ff.; *Bartosch* EuZW 2001, 101, 106; *Bourgeois/Humpe* E. C. L. R. 2002, 43, 47.

[7] Siehe auch EuG U. v. 8.3.2007, Rs. T-340/04 – *France-Télécom/Kommission,* Rn. 85.

[8] Gemeinsame Erklärung Rn. 1–10, siehe Fußnote 2.

[9] Bekanntmachung der Kommission über die Arbeitsweise des Netzes der Wettbewerbsbehörden (Netzbekanntmachung), ABl. 2004 C 101/43, hier Rn. 1.

[10] Netzbekanntmachung Rn. 72 und Anlage (vgl. Fußnote 9); siehe auch die Liste der Behörden, die unterzeichnet haben http://ec.europa.eu/competition/antitrust/legislation/network.html.

[11] Gemeinsame Erklärung Rn. 15–19 (siehe Fußnote 2), Netzbekanntmachung Rn. 8 (siehe Fußnote 9).

gliedstaatliche Behörde als geeignet für die Bearbeitung angesehen wird,[12] während die Kommission immer alle drei Kriterien erfüllt.

6 Die in der *Netzbekanntmachung* nachfolgend angeführten Beispielsfälle zeigen allerdings, dass sich die mitgliedstaatlichen Wettbewerbsbehörden grundsätzlich der Verstöße annehmen sollen, deren Auswirkungen hauptsächlich den **Wettbewerb innerhalb ihres jeweiligen Hoheitsgebietes** beeinträchtigen.[13] Das alleinige Tätigwerden einer Behörde kann auch angemessen sein, wenn sich der Verstoß zwar in mehreren Mitgliedstaaten auswirkt, aber dennoch die **Entscheidung einer Behörde ausreicht,** um die gesamte Zuwiderhandlung zu beenden.[14] Wird ein solcher Fall durch nur eine Behörde bearbeitet, ist eine enge Abstimmung mit der oder den Behörden des bzw. der ebenfalls betroffenen Mitgliedstaaten erforderlich. Gleichzeitig zeigt das Beispiel, dass Fälle so weit möglich nur durch eine Behörde bearbeitet werden sollen.[15]

7 Hat ein Verstoß wesentliche Auswirkungen auf den Wettbewerb in zwei oder drei Mitgliedstaaten, kann ein **paralleles Vorgehen durch zwei oder drei Behörden** angemessen sein, wenn das Vorgehen durch nur eine mitgliedstaatliche Behörde nicht ausreichen würde, um die gesamte Zuwiderhandlung abzustellen und gegebenenfalls angemessen zu ahnden. Da die Verordnung mitgliedstaatlichen Entscheidungen zur Durchsetzung der Art. 101, 102 AEUV keine extraterritoriale Wirkung zuerkennt,[16] wird ein paralleles Vorgehen insbesondere in **Bußgeldfällen** angemessen sein, um sicherzustellen, dass die gesamten Auswirkungen des Verstoßes geahndet werden. Bei paralleler Bearbeitung eines Verstoßes werden sich die befassten Behörden um ein abgestimmtes Vorgehen bemühen, soweit dies erforderlich ist. Zur Erleichterung der Abstimmung kann eine federführende Behörde bestimmt werden.[17]

8 Die **Kommission ist besonders geeignet** zur Bearbeitung von Fällen, die den Wettbewerb in mehr als drei Mitgliedstaaten wesentlich beeinflussen. Darüber hinaus soll sie sich Fällen widmen, die enge Zusammenhänge mit anderen ausschließlich oder effizienter von der Kommission anzuwendenden Gemeinschaftsvorschriften aufweisen (z.B. Beihilferegeln).[18] Außerdem ist die Kommission besonders geeignet, wenn eine neue Wettbewerbsfrage auftritt oder eine Kommissionsentscheidung zur Gewährleistung der wirksamen Durchsetzung der Wettbewerbsregeln erforderlich ist.[19] Dies bedeutet jedoch nicht, dass jede neue Rechtsfrage zunächst von der Kommission zu behandeln ist.[20]

9 Diese Grundsätze zur Fallverteilung sind ausdrücklich **keine Zuständigkeitsregeln,** sondern Kriterien für eine Arbeitsverteilung zwischen zuständigen Behörden, von denen einige darauf verzichten, tätig zu werden. Die Netzbekanntmachung begründet (wie die Verordnung selbst) **für Unternehmen keinerlei Rechte** oder berechtigte Erwartungen dahin gehend, dass sich eine bestimmte Behörde mit einem Fall zu befassen hat.[21] Die Kriterien sind flexibel, weil sie auf die verschiedenartigsten Konstellationen in einem System

---

[12] Netzbekanntmachung Rn. 9 (siehe Fußnote 9).

[13] Netzbekanntmachung Rn. 10 (siehe Fußnote 9).

[14] Netzbekanntmachung Rn. 1 (siehe Fußnote 9).

[15] Netzbekanntmachung Rn. 7 (siehe Fußnote 9).

[16] Siehe Art. 5 Rn. 14.

[17] Netzbekanntmachung Rn. 13 (siehe Fußnote 9).

[18] Auch in solchen Fällen bleibt Arbeitsteilung möglich, wenn etwa die Kommission ein Verfahren nach Art. 106 AEUV gegen einen Mitgliedstaat und die mitgliedstaatliche Wettbewerbsbehörde ein Verfahren nach Art. 102 AEUV gegen das betroffene Unternehmen führt; vgl. Entsch. d. Kom. vom 20.10.2004 (BdKEP-Beschränkungen bei Postvorbereitung, WuW/E EU-V 455) und Entsch. d. BKartA vom 11.2.2005, B9–55/03 (WuW/E DE-V 433).

[19] Netzbekanntmachung Rn. 14, 15 (siehe Fußnote 9).

[20] Netzbekanntmachung Rn. 43 (siehe Fußnote 9).

[21] Netzbekanntmachung Rn. 31 (siehe Fußnote 9); EuG U. v. 8.3.2007, Rs. T-340/04 – *France-Télécom/Kommission,* Rn. 83; EuG U. v. 13.7.2011, Rs. T-144/07, T-147/07–150/07 und T-154/07 – *ThyssenKrupp Liften Ascenseurs u. a.,* Rn. 77 f.

paralleler Zuständigkeiten mit Behörden, die über sehr unterschiedliche Ausstattung, Erfahrung und Durchsetzungsbefugnisse verfügen, anwendbar sein müssen. Die Grundsätze stellen **anzustrebende Ergebnisse** dar. Greift eine Behörde eine Zuwiderhandlung nicht auf, obwohl sie nach den dargestellten Kriterien dazu geeignet wäre, sind andere Behörden nicht gehindert, ein Verfahren zu führen. Denkbar ist daher auch, dass mehr als drei Behörden parallel tätig werden.

Zu einer Überprüfung der Bekanntmachung aufgrund der gewonnenen Erfahrungen ist es entgegen der vorgesehenen Frist von drei Jahren nach Annahme nicht gekommen.[22]

4. Parallele oder aufeinander folgende Verfahren und der Grundsatz „ne bis in idem"

Die Pflicht zur Anwendung des europäischen Kartellrechts gemäß Art. 3 wird nicht begleitet von einer expliziten Befugnis oder gar Pflicht der mitgliedstaatlichen Wettbewerbsbehörden zur Ahndung der gesamten gemeinschaftsweiten Wirkung von Verstößen. Auch fehlt es an bindenden Kriterien und Verfahren zur Feststellung einer eindeutig zuständigen Behörde in jedem Einzelfall sowie zur Beteiligung von Behörden aus gegebenenfalls auch betroffenen Mitgliedstaaten. Dies zeigt, dass sowohl die Kommission bei der Vorlage des Verordnungsentwurfs als auch der Rat bei der Verabschiedung der Verordnung davon ausgegangen sind, dass das Prinzip „ne bis in idem" (vgl. Art. 50 GR-Charta) auch im neuen System nur dann verletzt wird, wenn eine Wettbewerbsbehörde die Auswirkungen eines bestimmten Verstoßes in einem bestimmten Mitgliedstaat bereits bebußt hat. 10

Die Rechtsprechung der Unionsgerichte stützt diese Auffassung. Danach ist die Anwendung des Prinzips „ne bis in idem" von der **dreifachen Voraussetzung** abhängig, dass der Verstoß, der Zuwiderhandelnde und das geschützte Rechtsgut identisch sind.[23] Für die Identität des Verstoßes bzw. Sachverhalts ist dabei zu berücksichtigen, auf welchen Zeitraum und welches Gebiet sich die Entscheidung bezieht.[24] Dabei liegen bislang zu den folgenden Fallkonstellationen Urteile vor: Bei aufeinander folgenden Verfahren einer mitgliedstaatlichen Behörde nach mitgliedstaatlichem und der Kommission nach europäischem Recht sah der EuGH den Grundsatz „ne bis in idem" nicht verletzt, weil die angewendeten Gesetze unterschiedliche Schutzzwecke hätten;[25] diesem Fall kommt allerdings aufgrund der Pflicht zur parallelen Anwendung des europäischen Rechts (Art. 3 Abs. 1) keine praktische Relevanz mehr zu.[26] Keine Verletzung sah der EuGH ferner bei aufeinander folgenden Entscheidungen einer Behörde außerhalb der EU und der Kommission.[27] Im Fall Archer Daniels Midland u. a./Kommission hat der EuGH klargestellt, dass keine Identität der Handlungen gegeben ist, wenn die **im Drittstaat** verhängte Sanktion nur die Durchführung oder die Auswirkungen des Kartells auf dem Markt dieses Staates und die Gemeinschaftssanktion nur die Durchführung oder Auswirkungen auf dem Markt der Gemeinschaft betrifft.[28] Im Fall Toshiba hat der EuGH entschieden, dass der Grundsatz ne bis 11

---

[22] Netzbekanntmachung Rn. 70 (siehe Fußnote 9).

[23] EuGH U. v. 7.1.2004 verb. Rs. C-204/00 P – *Aalborg Portland u. a./Kommission* Slg. 2004 I-123; EuGH U. v. 14.2.2012, Rs. C-17/10, *Toshiba,* Rn. 97; kritisch zum Erfordernis der Rechtsgutidentität: *Brammer,* Ne bis in idem im europäischen Kartellrecht, EuZW 2013, 617.

[24] EuGH U. v. 14.2.2012, Rs. C-17/10, *Toshiba,* Rn. 99.

[25] EuGH U. v. 13.2.1969 Rs. 14/68 – *Walt Wilhelm u. a./Bundeskartellamt,* Slg. 1969, 1.

[26] *Bardong* in: MünchKommEuWettbR VO 1/2003 Art. 11 Rn. 109.

[27] EuG U. v. 29.4.2004 verb. Rs. T-236/01 – *Tokai u. a./Kommission,* Slg. 2004 II-1181, WuW/E EU-R 847; EuG U. v. 9.7.2003 Rs. T-224/00 – *Archer Daniels Midland u. a./Kommission,* Slg. 2003 II-2597, WuW/E EU-R 673; EuGH U. v. 7.1.2004 verb. Rs. C-204/00 P – *Aalborg Portland u. a./Kommission* Slg. 2004 I-123; EuGH U. v. 14.12.1972 Rs. 7/72 – *Boehringer/Kommission,* Slg. 1972, 1281.

[28] EuGH U. v. 18.5.2006 Rs. C-397/03 P – *Archer Daniels Midland u. a./Kommission,* Slg. 2006 I-4429, WuW/E EU-R 1205 Rn. 6; siehe auch EuGH U. v. 10.5.2007 Rs. C-328/05 P – *SGL Carbon/Kommission* Rn. 24–29.

in idem es einer nationalen Wettbewerbsbehörde nicht verwehrt, gegen kartellbeteiligte Unternehmen Geldbußen zu verhängen, um die Auswirkungen des Kartells im Hoheitsgebiet dieses Staates **vor seinem Beitritt zur Union** zu ahnden, wenn diese Auswirkungen mit den Geldbußen, die den Mitgliedern des Kartells mit einer vor der Entscheidung der nationalen Wettbewerbsbehörde erlassenen Entscheidung der Kommission auferlegt wurden, nicht geahndet werden sollten.[29]

12 Bei **parallelen Verfahren mitgliedstaatlicher Behörden** aufgrund von Verstößen gegen Art. 101 oder 102 AEUV dürfte dieselbe Überlegung wie in den Drittstaaten-Fällen gelten, wonach es an einem „idem" fehlt, wenn sich die Entscheidungen der Behörden jeweils nur auf die Auswirkungen der Verstöße innerhalb ihres jeweiligen Territoriums beziehen.[30]

13 Eine nationale Entscheidung, die Zusagen für verbindlich erklärt oder keinen Anlass zum Tätigwerden feststellt, hindert die Kommission unter dem „ne bis in idem"-Grundsatz nicht an der Einleitung eines Verfahrens, da die verbindliche Feststellung der Nichtanwendbarkeit der Art. 101, 102 AEUV der Kommission vorbehalten ist.[31]

II. Praktische Bedeutung

14 Art. 11 schafft eine **Rechtsgrundlage für die gegenseitige Information** aller Netzwerkteilnehmer über eingeleitete Verfahren und beabsichtigte Verfahrensabschlüsse. Durch die Ausgestaltung der Regelung als Verpflichtung gegenüber der Kommission und als Befugnis gegenüber den mitgliedstaatlichen Wettbewerbsbehörden wird ein umfassendes Informationsregime ermöglicht. Damit haben sich die Bedingungen für die **Aufdeckung und das Abstellen von Verstößen** gegen die Wettbewerbsregeln deutlich verbessert, weil die grenzüberschreitenden Dimensionen der Verstöße transparent wurde. Gleichzeitig sind diese grundlegenden Informationen eine notwendige Voraussetzung für eine effektive Durchsetzung der Wettbewerbsregeln in einem System paralleler Zuständigkeit, insbesondere für eine **sachgerechte Fallverteilung.** In der Praxis sollen grundsätzlich alle Informationen, die gemäß Art. 11 übermittelt werden, in ein Intranet, das nur den ECN Mitgliedern zugänglich ist, eingestellt werden.

15 Die *Gemeinsame Erklärung* und die von den mitgliedstaatlichen Wettbewerbsbehörden unterstützte *Netzbekanntmachung* bewirken vor allem eine Verständigung aller Netzwerkteilnehmer auf einige **Grundregeln zur Verteilung der Arbeit.** Eine Bekanntmachung der Kommission allein könnte kein vergleichbares Engagement begründen und damit das Risiko von unfruchtbaren Konflikten zwischen den Netzwerkteilnehmern weniger wirkungsvoll verringern.

16 Die Kommission wird durch Art. 11 Abs. 3 und 4 i. V. m. Art. 3 über alle wesentlichen EU-kartellrechtlich relevanten Aktivitäten der mitgliedstaatlichen Wettbewerbsbehörden in den Bereichen Kartellbekämpfung und Missbrauchsaufsicht informiert und verfügt mit Art. 11 Abs. 6 über ein weitreichendes Instrument zur **Sicherstellung einer kohärenten Anwendung** der europäischen Wettbewerbsregeln.

17 Die bisherige Erfahrung zeigt, dass es gemessen an den im Netzwerk gemeldeten Fällen nur selten dazu kommt, dass ein Fall von einer zunächst tätig gewordenen Behörde zu einer

---

[29] EuGH U. v. 14.2.2012, Rs. C-17/10, *Toshiba,* Rn. 103.

[30] Siehe hierzu ausführlich *Dekeyser/Gauer* Fordham 2004, 537, 562 ff.; *Bardong* in: MünchKomm-EuWettbR VO 1/2003 Art. 11 Rn. 112 f.; *Dalheimer/Feddersen/Miersch* VO 1/2003 vor Art. 11 Rn. 27 ff.; im Ergebnis zu „ne bis in idem" ähnlich *Lampert* u. a. 2004 Art. 11 Rn. 206 f.; andere Auffassung: *Schwarze/Weitbrecht* 2004, 153 ff. m. w. N.; *Klees* 2006, 1229 f.

[31] EuG U. v. 25.11.2014, Rs. T-402/13 – *Orange,* Rn. 28 ff. Ferner steht der Grundsatz „ne bis in idem" einer erneuten materiellen Entscheidung der Kommission nicht entgegen, wenn eine erste Entscheidung aus rein verfahrensrechtlichen Gründen im Beschwerdeverfahren aufgehoben wurde, vgl. insoweit EuGH U. v. 15.10.2002 verb. Rs. C-238/99 P – *LVM/Kommission* Slg. I-8375, WuW/E EU-R 601.

anderen Behörde wandert. Als besonders bedeutsam hat sich die Zusammenarbeit im Netzwerk im Vorfeld von Ermittlungsmaßnahmen einschließlich Durchsuchungen in Verdachtsfällen von Kartellabsprachen gezeigt. Darüber hinaus wird das Netzwerk zum Austausch von Erfahrungen in bestimmten Fallkonstellation sowie von Rechtsauffassungen genutzt. Im Rahmen verschiedener Sektorarbeitsgruppen wird dieser Austausch weiter vertieft.[32] Schließlich wird auch das Netzwerk und seine Funktionsfähigkeit ständig weiter entwickelt; dies zeigt sich beispielhaft an der Entwicklung des ECN-Model-Leniency-Programm.[33]

III. Tatbestand

1. Enge Zusammenarbeit bei der Anwendung der Wettbewerbsregeln (Art. 11 Abs. 1)

18 Art. 11 Abs. 1 ersetzte den Art. 10 Abs. 2 VO 17/62 und löste damit die auf vertikale Kooperation zwischen einzelnen mitgliedstaatlichen Wettbewerbsbehörden und Kommission ausgerichtete Formulierung durch eine generelle Verpflichtung aller Netzwerkmitglieder zu einer engen Zusammenarbeit bei der Anwendung der Wettbewerbsregeln der Gemeinschaft ab. Erstes Ergebnis der engen Zusammenarbeit nach Art. 11 Abs. 1 war die Verständigung auf die *Netzbekanntmachung.* Für die Erleichterung der Zusammenarbeit und insbesondere die in den nachfolgenden Absätzen normierten gegenseitigen Informationspflichten wurde ein internetbasiertes Intranet installiert, das es erlaubt, diese Pflichten relativ unbürokratisch mit Hilfe elektronischer Formblätter zu erfüllen.[34]

19 Die Pflicht zur loyalen Zusammenarbeit verpflichtet die Kommission nicht, in einem Fall, in dem eine nationale Behörde tätig ist, auf die Durchführung eigener Ermittlungsmaßnahmen zu verzichten. Vielmehr folgt aus dem Erfordernis zur Zusammenarbeit gerade, dass Kommission und mitgliedsstaatliche Wettbewerbsbehörde zumindest im Anfangsstadium wie bei den Ermittlungen nebeneinander tätig werden können.[35]

2. Übermittlung von Informationen über Verfahren der Kommission an die mitgliedstaatlichen Wettbewerbsbehörden (Art. 11 Abs. 2)

20 Art. 11 Abs. 2 verpflichtet die Kommission, den mitgliedstaatlichen Wettbewerbsbehörden Kopien der wichtigsten Schriftstücke, die sie zur Anwendung der Art. 7, 8, 9, 10 und 29 Abs. 1 zusammengetragen hat, zu übermitteln. Die Formulierung geht auf Art. 10 Abs. 1 VO 17/62 zurück und bezog sich in der alten Fassung insbesondere auf Anträge, Anmeldungen und Beschwerden. Zu den ‚wichtigsten Schriftstücken' gehören nach ständiger Praxis auch die Beschwerdepunkte. Im System der Legalausnahme handelt es sich bei den ‚wichtigsten Schriftstücken' zu Beginn eines Verfahrens insbesondere um Beschwerden. Die bestehende Praxis der Versendung von Beschwerdepunkten wurde beibehalten (Art. 27 Abs. 1). Die mitgliedstaatlichen Wettbewerbsbehörden erhalten auf Anfrage weitere Dokumente, die für die Beurteilung eines Falles von Bedeutung sind. Zwar erwähnt Art. 11 Abs. 2 nicht ausdrücklich, dass die Kommission alle mitgliedstaatlichen Wettbewerbsbehörden informiert, **sobald sie in einem Fall Ermittlungen** durchführt. Gemäß der *Netzbekanntmachung* gelten aber für die Kommission aufgrund von Art. 11 Abs. 2 die gleichen Informationspflichten gegenüber den mitgliedstaatlichen Wettbewerbsbehörden wie die in Art. 11 Abs. 3 normierten Pflichten der mitgliedstaatlichen Wettbewerbsbehörden gegenüber der Kommission.[36]

---

[32] Tätigkeitsbericht Bundeskartellamt 2011/2012, BT-Drs. 17/13675, S. 44 ff.
[33] Siehe unter http://ec.europa.eu/competition/antitrust/legislation/network.html.
[34] *Dekeyser/Dalheimer* 2005, S. 5.
[35] EuG U. v. 8.3.2007, Rs. T-340/04 – *France-Télécom/Kommission,* Rn. 128 f.
[36] Netzbekanntmachung Rn. 17 (siehe Fußnote 9).

21 Die Verordnung enthält an anderer Stelle **weitere Verpflichtungen der Kommission zur Information** der mitgliedstaatlichen Wettbewerbsbehörden, die bereits in der VO 17/62 bestanden. So übermittelt die Kommission gemäß Art. 18 Abs. 5 Auskunftsersuchen an die Behörden, wenn das befragte Unternehmen seinen Sitz in dem betreffenden Mitgliedstaat hat oder dessen Territorium in sonstiger Weise betroffen ist. Gemäß Art. 14 Abs. 1 wird der Beratende Ausschuss vor jeder Entscheidung der Kommission gehört; zur Vorbereitung erhalten die mitgliedstaatlichen Wettbewerbsbehörden eine Zusammenfassung des Falles, eine Übersicht über die wichtigsten Schriftstücke sowie einen vorläufigen Entscheidungsentwurf.

3. Unterrichtung über Ermittlungen durch mitgliedstaatliche Wettbewerbsbehörden (Art. 11 Abs. 3)

22 Gemäß Art. 11 Abs. 3 unterrichten die mitgliedstaatlichen Wettbewerbsbehörden die Kommission über Verfahren nach Art. 101, 102 AEUV vor Beginn oder unverzüglich nach einer ersten förmlichen Ermittlungsmaßnahme. Zwar besteht die Informationspflicht formal nur gegenüber der Kommission, gleichwohl werden grundsätzlich alle gemäß Art. 11 übermittelten Informationen unmittelbar allen Netzwerkmitgliedern zugänglich gemacht.[37]

23 Die Unterrichtung des Netzwerks enthält **grundlegende Informationen über den Fall:** Die tätige Behörde, die betroffenen Produkte und Gebiete, die am mutmaßlichen Verstoß Beteiligten, die Art und Dauer des mutmaßlichen Verstoßes sowie der Anlass für das Tätigwerden. Wichtige Änderungen werden im weiteren Verlauf des Verfahrens mitgeteilt.[38]

24 Aus Art. 11 Abs. 3 geht hervor, dass nicht jede Beschwerde oder jeder Anfangsverdacht sofort dem Netzwerk mitgeteilt werden muss. Damit beruht die Vorschrift auf der Erkenntnis, dass nicht allen Beschwerden ein verfolgungswürdiger Fall zugrunde liegt. Das Netzwerk soll nur über ernsthafte Fälle unterrichtet werden. Von einem ernsthaften Fall wird demnach ausgegangen, wenn eine **förmliche Ermittlungsmaßnahme** eingeleitet wird. Mit diesem Begriff wird der Versuch unternommen, angesichts der Beibehaltung mitgliedstaatlichen Verfahrensrechts und der daraus resultierenden Vielfalt des Begriffes der Einleitung eines Verfahrens ein Kriterium zu entwickeln, das zur Übermittlung aller für die Verteilung von Fällen wesentlichen Informationen zu einem geeigneten Zeitpunkt führt. Als Maßstab für die Beurteilung, was eine förmliche Ermittlungsmaßnahme ist, können die **Ermittlungsbefugnisse der Kommission** selbst herangezogen werden.[39] Demnach sind solche mitgliedstaatliche Maßnahmen, die den Maßnahmen der Kommission gemäß den Artikeln 18, 19, 20 und 21 vergleichbar sind, als förmliche Ermittlungsmaßnahmen im Sinne des Art. 11 Abs. 3 anzusehen.

25 Ergibt sich nach der Mitteilung über einen Fall ein Bedarf nach **Umverteilung des Falles,** etwa weil ein Abgleich von Informationen unter den Wettbewerbsbehörden über den mutmaßlichen Verstoß darauf hinweist, dass eine andere Behörde besser geeignet ist, den Fall zu bearbeiten oder dass der Fall nicht sinnvoll von einer Behörde allein bearbeitet werden kann, so soll dies **im Regelfall innerhalb eines Zeitraumes von zwei Monaten** nach der erstmaligen Unterrichtung des Netzwerks (Fallverteilungsphase) abgeschlossen sein.[40] Grundsätzlich soll(en) die Behörde(n), die nach Ablauf der Zweimonatsfrist mit dem Fall befasst sind, dies auch bis zum Abschluss des Verfahrens bleiben. Abweichungen

---

[37] Gemeinsame Erklärung Rn. 10 (siehe Fußnote 2); Netzbekanntmachung Rn. 17 (siehe Fußnote 9).

[38] Netzbekanntmachung Rn. 17 (siehe Fußnote 9).

[39] Netzbekanntmachung Rn. 17 (siehe Fußnote 9).

[40] Netzbekanntmachung Rn. 18 (siehe Fußnote 9). Die Gemeinsame Erklärung Rn. 12 (siehe Fußnote 2), enthält eine Höchstfrist von drei Monaten.

von dieser Regel sollten sich auf solche Fällen beschränken, in denen erst nach Ablauf der Zweimonatsfrist neue Informationen auf eine andere geeignete Behörde hinweisen.[41]

Grundsätzlich dienen Informationen gemäß Art. 11 Abs. 2 und 3 der gegenseitigen Unterrichtung über beabsichtigte oder eingeleitete Verfahren. Dies schließt jedoch nicht aus, dass solche Informationen Indizien darstellen, die von anderen Netzwerkbehörden gegebenenfalls berücksichtigt werden können, um die Einleitung eines eigenen Verfahrens zu begründen.[42] Um die Wirksamkeit der **Bonus-Programme** der Kommission und vieler mitgliedstaatlicher Wettbewerbsbehörden bei der Aufdeckung von Kartellen aufrechtzuerhalten, haben sich die Netzwerkmitglieder verpflichtet, Informationen nach Art. 11 Abs. 2 und 3 in Fällen, die auf **Bonus-Anträge** zurückgehen, nicht als Anfangsverdacht für eigene Ermittlungen zu verwenden.[43] Diejenigen Netzwerkbehörden, die sich bislang der Erklärung zur *Netzbekanntmachung* der Kommission nicht angeschlossen haben, werden keinen Zugang zu Informationen nach Art. 11 Abs. 3 erhalten, wenn der zugrundeliegende Fall auf einen Bonus-Antrag zurückgeht.[44] 26

4. Unterrichtung über mitgliedstaatliche Entscheidungsvorhaben (Art. 11 Abs. 4)

Art. 11 Abs. 4 verpflichtet die mitgliedstaatlichen Wettbewerbsbehörden zur **Unterrichtung der Kommission** über Entscheidungsvorhaben, die auf die Abstellung einer Zuwiderhandlung (Untersagungs- oder Bußgeldentscheidung), den Erlass einer Verpflichtungsentscheidung oder den Entzug des Vorteils einer Gruppenfreistellung hinauslaufen. Damit besteht die Unterrichtungspflicht bei allen finalen Entscheidungen, die unmittelbar in die Rechtsposition der Adressaten eingreifen. Demgegenüber bleiben aus der Liste der möglichen Entscheidungsarten, die die mitgliedstaatlichen Wettbewerbsbehörden bei der Anwendung der Art. 101, 102 AEUV treffen können, Entscheidungen zur Festsetzung einstweiliger Maßnahmen sowie zur Einstellung eines Verfahrens aus Mangel an Gründen um tätig zu werden von der Unterrichtungspflicht ausgenommen.[45] Eine **neuerliche** Unterrichtung ist erforderlich, wenn sich die Art der beabsichtigten Entscheidung ändert (etwa Untersagungs- statt Zusagenentscheidung), nicht jedoch bei Änderungen in der Entscheidungsbegründung. 27

Eine **Unterrichtung der anderen Netzwerkmitglieder** ist in Art. 11 Abs. 4 ebenso als Möglichkeit vorgesehen wie Art. 11 Abs. 3. In der Praxis werden allen Netzwerkmitgliedern die der Kommission übermittelten Informationen über das ECN-Intranet ebenfalls zur Verfügung gestellt. 28

Übermittelt werden muss eine **zusammenfassende Darstellung des Sachverhaltes und die in Aussicht genommene Entscheidung** oder, soweit ein solches Dokument noch nicht vorliegt, jede sonstige Unterlage, der die geplante Vorgehensweise zu entnehmen ist. Diese flexible Formulierung trägt dem Umstand Rechnung, dass die konkreten Verfahrensregeln auf mitgliedstaatlicher Ebene unterschiedlich sind. In der Praxis wird es sich in aller Regel um die Übermittlung eines Dokumentes handeln, das den Beschwerdepunkten in den Verfahren der Kommission entspricht (in Deutschland regelmäßig das sog. Abmahnschreiben bzw. das Beschuldigungsschreiben in Bußgeldsachen).[46] 29

Die Zusammenfassung sowie der Entscheidungsentwurf oder das Dokument, dem die geplante Vorgehensweise zu entnehmen ist, müssen **30 Tage vor Erlass einer Entscheidung** übermittelt werden. Die Pflicht zur Information besteht ausdrücklich nur gegenüber 30

---

[41] Netzbekanntmachung Rn. 19 (siehe Fußnote 9).
[42] EuGH U. v. 16.7.1992 Rs. C-67/91 – *AEB* u. a. Slg. 1992 I-4820 Rn. 39–43.
[43] Netzbekanntmachung Rn. 39 und 72 sowie Anlage zu der Bekanntmachung (siehe Fußnote 9).
[44] Netzbekanntmachung Rn. 42 (siehe Fußnote 9).
[45] Siehe Rn. 15 zu Art. 5.
[46] So auch *Gippini-Fournier,* S. 83 ff.

der Kommission, so dass die genannte Frist bezwecken soll, dass die Kommission genügend Zeit hat, den Fall gegebenenfalls genauer zu prüfen.

31 Art. 11 Abs. 4 legt den mitgliedstaatlichen Wettbewerbsbehörden bewusst eine Mitteilungspflicht und **keine Pflicht zur Konsultation der Kommission** auf.[47] Demnach kann eine nationale Behörde nach Ablauf der 30 Tage die beabsichtigte Entscheidung erlassen, wenn nicht die Kommission in der Zwischenzeit ein eigenes Verfahren eingeleitet hat (Art. 11 Abs. 6).[48] In der Praxis kommt es aber durchaus dazu, dass Anmerkungen der Kommission vertieft diskutiert werden. Die **Folgen einer unterlassenen Unterrichtung** der Kommission oder der Nichtbeachtung der 30 Tage-Frist sind in der Literatur umstritten und wurden von mitgliedstaatlichen Gerichten unterschiedlich beurteilt.[49] Eine Nichtigkeit oder unheilbare Rechtswidrigkeit der nationalen Entscheidung ist nicht verlangt, um die Wirksamkeit des Unionsrechts zu sichern. Denn bei unterlassener Unterrichtung bleibt der Kommission die Möglichkeit, auch zu einem späteren Zeitpunkt den Fall noch nach Art. 11 Abs. 6 an sich zu ziehen. Sie kann auch dem Gericht gegenüber eine Stellungnahme abgeben (Art. 15 Abs. 3). Nach nationalem Recht würde es sich im Verwaltungsverfahren um einen Verfahrensfehler handeln, auf den §§ 45, 46 VwVfG Anwendung finden, und im Ordnungswidrigkeitenverfahren um einen Fehler des behördlichen Verfahrens, der für das gerichtliche Verfahren kein Verfahrenshindernis begründet.[50]

32 Eine mitgliedstaatliche Behörde kann die Kommission ersuchen, die **30 Tage-Frist zu verkürzen,** wenn eine Entscheidung wegen besonderer Umstände innerhalb kürzerer Zeit erfolgen muss.[51] Dies kann in dringenden Fällen für eine effektive Durchsetzung der Wettbewerbsregeln, in denen eine endgültige Entscheidung dem Erlass einstweiliger Maßnahmen vorzuziehen ist, erforderlich sein. Eine Entscheidung vor Ablauf der 30 Tage-Frist kann nur ergehen, wenn die Kommission auf das Ersuchen eingegangen ist.

33 Analog zu der Möglichkeit der mitgliedstaatlichen Wettbewerbsbehörden, von der Kommission **Kopien von weiteren Unterlagen zu erhalten** (Art. 11 Abs. 2), kann sich auch die Kommission von den mitgliedstaatlichen Wettbewerbsbehörden sonstige Unterlagen vorlegen lassen. Dabei müssen die Mitgliedstaaten alle Unterlagen zur Verfügung stellen, die für die Beurteilung eines Falles erforderlich sind. Art. 11 Abs. 4 sieht im Übrigen vor, dass diese Informationen allen Netzwerkmitgliedern zugänglich gemacht werden können und dass ein Austausch von für einen Fall relevanten Informationen auch unmittelbar zwischen den einzelstaatlichen Wettbewerbsbehörden möglich ist.

5. Sonstige Fälle der Anwendung des Gemeinschaftsrechts (Art. 11 Abs. 5)

34 Art. 11 Abs. 5 dient der Klarstellung, dass die mitgliedstaatlichen Wettbewerbsbehörden die Kommission auch in jedem Fall konsultieren können, in dem es nicht um eine der in Art. 11 Abs. 4 genannten Entscheidungstypen geht. Diese Konsultation ist **freiwillig.** Art. 11 Abs. 5 bietet damit eine Grundlage für die gegenseitige Information über Fälle, die anders als mit einer Untersagung, einem Bußgeld oder mit Verpflichtungszusagen abgeschlossen werden. Grundsätzlich sollen sich die Netzmitglieder über den Abschluss sämtlicher Verfahren unterrichten, die sie dem Netzwerk nach Art. 11 Abs. 2 oder 3 mitgeteilt haben.[52]

---

[47] Der ursprüngliche Entwurf zu Art. 11 Abs. 4 sah dies noch vor, siehe Verordnungsvorschlag 2000; kritisch hierzu *Eilmansberger* JZ 2001, 365, 371; *Böge/Scheidgen* EWS 2002, 201, 204.

[48] Netzbekanntmachung, Rn. 46 (siehe Fußnote 9).

[49] *Tountopoulos,* Failure of NCAs to comply with Article 11(4) of Regulation 1/2003 and legal consequences, ZWeR 2012, 474.

[50] Ausführlich *Bardong* in: MünchKommEuWettbR VO 1/2003 Art. 11 Rn. 59 ff.

[51] Netzbekanntmachung, Rn. 47 (siehe Fußnote 9).

[52] Gemeinsame Erklärung, Rn. 24 (siehe Fußnote 2); Netzbekanntmachung, Rn. 49 (siehe Fußnote 9).

6. Zuständigkeit der Kommission (Art. 11 Abs. 6)

35 Art. 11 Abs. 6 S. 1 übernimmt die Regelung des Art. 9 Abs. 3 VO 17/62. Nach der neuen Fassung der Regelung entfällt die Zuständigkeit der mitgliedstaatlichen Wettbewerbsbehörden für die Anwendung der Art. 101, 102 AEUV, wenn die Kommission ein Verfahren zum Erlass einer Entscheidung gemäß Kapitel III einleitet. Art. 11 Abs. 6 S. 2 enthält eine Verpflichtung der Kommission, die betroffene(n) mitgliedstaatliche(n) Wettbewerbsbehörde(n), die den spezifischen Fall bereits prüft, vor einer Verfahrenseinleitung zu konsultieren.

36 Die **Wirkung der Verfahrenseinleitung durch die Kommission** auf die Kompetenzen der mitgliedstaatlichen Wettbewerbsbehörden geht weiter als gemäß Art. 9 Abs. 3 VO 17/62, da den mitgliedstaatlichen Behörden hierdurch im neuen System nicht nur die Zuständigkeit zur Anwendung des EU-Rechts, sondern de facto auch die Zuständigkeit zur Anwendung mitgliedstaatlichen Rechts entzogen wird. Denn die mitgliedstaatlichen Wettbewerbsbehörden können gemäß Art. 3 mitgliedstaatliches Recht in allen Fällen, in denen EU-Recht anwendbar ist, nur noch gemeinsam mit EU-Recht anwenden.[53]

37 Für einen Entzug der Zuständigkeit muss die Kommission ein Verfahren zum Erlass einer Entscheidung nach Kapitel III der Verordnung einleiten. Demnach löst ein Verfahren der Kommission zur **Zurückweisung einer Beschwerde** gemäß Art. 13 oder aus anderen Gründen[54] **keinen Entzug der Zuständigkeit** aus. Die Durchführung von Ermittlungshandlungen durch die Kommission, einschließlich Nachprüfungen gemäß Art. 20, 21, sind parallel zu Ermittlungen mitgliedstaatlicher Behörden möglich und lösen für sich genommen ebenfalls noch keine Zuständigkeitsfolge aus.[55] Die alleinige Zuständigkeit der Kommission **endet** formal nach Abschluss des Verfahrens durch Entscheidung. Aufgrund des durch die Rechtsprechung bereits entwickelten[56] und nunmehr auch in Art. 16 Abs. 2 kodifizierten Vorrangs von Entscheidungen der Kommission ist allerdings auch eine **nachträgliche abweichende Entscheidung** einer mitgliedstaatlichen Behörde ausgeschlossen. Die Verordnung hindert jedoch die mitgliedstaatlichen Behörden nicht daran, Art. 101, 102 AEUV in solchen Fällen anzuwenden, in denen die Kommission eine Verpflichtungszusage gemäß Art. 9 durch Entscheidung für verbindlich erklärt hat.[57]

38 Die Wirkungen des Art. 11 Abs. 6 treten ein, wenn die Kommission ein Verfahren (zum Erlass einer Entscheidung nach Kapitel III der Verordnung) einleitet. Die Verordnung enthält zwar keine Regeln über die **Einleitung eines Verfahrens** durch die Kommission. Die Kommission hat jedoch ihre vorherige Fallpraxis und die durch die Rechtsprechung entwickelten Grundsätze für die Verfahrenseinleitung[58] in einer Durchführungsverordnung (VO 773/2004) festgehalten, zu deren Erlass sie nach Art. 33 Abs. 1 ermächtigt ist. Art. 2 VO 773/2004 regelt die Einleitung des Verfahrens. Danach kann die Kommission jederzeit die Einleitung eines Verfahrens zum Erlass einer Entscheidung gemäß Kapitel III der Verordnung beschließen.[59] Damit erfordert die Verfahrenseinleitung wie zuvor einen **förmlichen Akt der Kommission,** in welchem die Absicht zum Erlass einer der in Kapitel III aufgeführten Entscheidungsarten zum Ausdruck kommt.[60] Die Kommission kann die Verfahrenseinleitung in geeigneter Weise bekannt machen und die Parteien davon in Kenntnis setzen.[61] Sie ist nicht daran gehindert, ohne Verfahrenseinleitung von ihren Ermittlungsbe-

---

[53] Vgl. EuGH U. v. 14.2.2012, Rs. C-17/10, *Toshiba,* Rn. 75 ff.
[54] Erwägungsgrund 18.
[55] EuG U. v. 8.3.2007, Rs. T-340/04, *France Télécom/Kommission,* Rn. 129.
[56] Insbesondere EuGH U. v. 14.12.2000 Rs. C-344/98 – *Masterfoods/HB Ice Cream* Slg. I-11 412.
[57] Erwägungsgrund 22.
[58] EuGH U. v. 10.7.1980 Rs. 37/79 – *Anne Marty SA/Estée Lauder* SA Slg. 1980, 2481 Rn. 15.
[59] Art. 2 Abs. 1 VO 773/2004.
[60] EuGH U. v. 6.2.1973 Rs. 48/72 *Brasserie de Haecht* (Nr. 2) Slg. 1973, 77 Rn. 16, 18; siehe auch Netzbekanntmachung Rn. 52 (siehe Fußnote 9).
[61] Art. 2 Abs. 2 VO 773/2004.

fugnissen Gebrauch zu machen oder eine Beschwerde abzuweisen.[62] Vor Inkrafttreten der VerfVO hat die Kommission das Verfahren häufig erst nach Abschluss der Ermittlungen förmlich eingeleitet und dies mit der Versendung der Beschwerdepunkte verbunden. Nach der VerfVO sollte sie das Verfahren zu dem Zeitpunkt förmlich einleiten, zu dem sie die **alleinige Zuständigkeit** für einen Fall anstrebt.[63] Zumindest in Kartellsachen erfolgen Verfahrenseinleitung und Annahmen der Mitteilung der Beschwerdepunkte aber weiterhin vielfach gleichzeitig.[64]

39 Art. 11 Abs. 6 hat aufgrund seiner Wirkung für die mitgliedstaatlichen Wettbewerbsbehörden **weitreichende praktische Bedeutung für die Fallverteilung** im Netzwerk. Die Ausübung der Kompetenz der Kommission zum Entzug von Verfahren ist nicht spezifisch begrenzt, die Kommission muss nach dem Wortlaut des Verordnungstextes ein solches Eingreifen nicht begründen.[65] Dies gilt gemäß der Norm grundsätzlich sowohl dann, wenn die Kommission als Erste ein Verfahren einleitet, als auch wenn eine (oder mehrere) nationale Wettbewerbsbehörde(n) bereits mit dem Fall befasst sind.

40 Der **Rahmen für die Einleitung des Verfahrens** durch die Kommission ist durch die *‚Gemeinsame Erklärung'* von Rat und Kommission und die *Netzbekanntmachung* gesteckt. Danach ist die Kommission grundsätzlich nie daran gehindert, als Erste ein Verfahren einzuleiten. Sie erfüllt regelmäßig die Anforderungen an eine gut geeignete Behörde, wie sie im Rahmen der Grundsätze zur Fallverteilung aufgestellt sind.[66] Nach den Grundsätzen für die Fallverteilung ist jedoch davon auszugehen, dass die mitgliedstaatlichen Wettbewerbsbehörden diejenigen sein sollen, die Fälle mit im Wesentlichen mitgliedstaatlicher Bedeutung aufgreifen.[67] Über die Kriterien für die Fallverteilung hinaus sind keine Grundsätze entwickelt worden, die auf eine Eingrenzung des Aufgreifens eines Falles durch die Kommission während der Fallverteilungsphase von zwei Monaten nach der ersten Information an das Netzwerk zielen.[68] **Nach Ablauf der Fallverteilungsphase** sollte die Kommission allerdings Art. 11 Abs. 6 im Prinzip **nur noch in Ausnahmefällen** anwenden. Genannt werden Situationen, in denen Mitglieder des Netzwerkes in einem Fall einander widersprechende Entscheidungen zu treffen beabsichtigen oder eine Entscheidung treffen wollen, die offensichtlich der gefestigten Praxis entgegensteht. Darüber hinaus soll die Kommission eingreifen können, wenn sich ein mitgliedstaatliches Verfahren zeitlich über Gebühr hinauszögert. Schließlich kann die Kommission tätig werden, wenn aus ihrer Sicht eine Kommissionsentscheidung zur Weiterentwicklung der Wettbewerbspolitik der Gemeinschaft erforderlich ist, insbesondere wenn ähnliche Wettbewerbsprobleme in mehreren Mitgliedstaaten auftreten. Unproblematisch ist die Verfahrenseinleitung immer dann, wenn die betroffenen mitgliedstaatlichen Wettbewerbsbehörden hiergegen keine Einwände erheben.[69]

41 Ist bereits eine mitgliedstaatliche Wettbewerbsbehörde mit dem Fall befasst, **konsultiert die Kommission diese Behörde,** bevor sie ein Verfahren einleitet. Damit erhält die betroffene mitgliedstaatliche Wettbewerbsbehörde die Gelegenheit, den Fall gemäß Art. 14 Abs. 7 S. 3 vor der Verfahrenseinleitung durch die Kommission im Beratenden Ausschuss zur Diskussion zu stellen.[70] Die Verfahrenseinleitung durch die Kommission

---

[62] Art. 2 Abs. 3 und 4 VO 773/2004.
[63] Erwägungsgrund 2 VO 773/2004.
[64] Vgl auch Bekanntmachung über bewährte Vorgehensweisen in Verfahren nach Art. 101, 102 AEUV, ABl. C 308/06 vom 20.10.2011, Rn. 17–24.
[65] Hierzu kritisch *Kingston* E. C. L. R. 2001, 340, 344.
[66] Netzbekanntmachung Rn. 8 (siehe Fußnote 9).
[67] Netzbekanntmachung Rn. 9, 10 (siehe Fußnote 9).
[68] Netzbekanntmachung Rn. 54 Satz 2 (siehe Fußnote 9).
[69] Gemeinsame Erklärung Rn. 20–24 (siehe Fußnote 2); Netzbekanntmachung Rn. 54 Satz 3 (siehe Fußnote 9).
[70] Netzbekanntmachung, Rn. 55, 56 (siehe Fußnote 9).

dürfte für die betroffenen Mitgliedstaaten auch isoliert **anfechtbar** sein (Art. 263 Abs. 2 AEUV), da sie unmittelbare und endgültige Rechtswirkungen für die Zuständigkeit ihrer Behörden zeitigt.[71] Angesichts der führenden Rolle, welche die Rechtsprechung der Kommission zuerkennt,[72] dürfte es in der Praxis jedoch höchstens in Ausnahmefällen vorstellbar sein, dass ein Mitgliedstaat sich erfolgreich auf Rücksichtnahmepflichten (Art. 4 Abs. 3 EUV) und im Netzwerk eingegangene Bindungen der Kommission berufen kann.

Die Kommission hat sich in der *‚Gemeinsamen Erklärung'* und der *Netzbekanntmachung* 42
dahingehend gebunden, dass sie dort, wo eine mitgliedstaatliche Behörde unter Beachtung aller Informationsverpflichtungen nach Art. 11 Abs. 3 und 4 eine **Entscheidung bereits erlassen** hat, im Regelfall – soweit das Gemeinschaftsinteresse nicht auf dem Spiel steht – ihrerseits keine Entscheidung treffen wird, die im Widerspruch zu der Entscheidung der mitgliedstaatlichen Behörde steht.[73] Sie behält sich mithin ausdrücklich vor, die Entscheidung einer mitgliedstaatlichen Behörde durch eine Kommissionsentscheidung zu bekräftigen und ihr gemeinschaftsweite Geltung zu verschaffen. Weitergehend hat das EuG entschieden, dass die Nichtnutzung des Art. 11 Abs. 6 vor einer mitgliedstaatlichen **Zusagenentscheidung,** über welche die Kommission ordnungsgemäß nach Art. 11 Abs. 4 informiert worden war, letztere nicht hindern soll, zu einem späteren Zeitpunkt eine eigene Untersuchung mit einem möglicherweise abweichendem Ergebnis zu beginnen.[74] Nach Art. 35 Abs. 3 erstreckt sich die Wirkung von Art. 11 Abs. 6 **nicht auf Gerichte,** soweit diese als Rechtsmittelinstanz in Bezug auf die in Art. 5 vorgesehenen Entscheidungsarten tätig werden.

IV. Verhältnis zu anderen Vorschriften

Die Bereitstellung von Informationen der Kommission an die Wettbewerbsbehörden der 43
Mitgliedstaaten (Art. 11 Abs. 2) und umgekehrt (Art. 11 Abs. 3 und 4) ist **zu unterscheiden von einem Informationsaustausch gemäß Art. 12.** Art. 11 dient letztlich der Herstellung von Transparenz im Netzwerk der Wettbewerbsbehörden, wodurch eine sinnvolle Verteilung der Arbeit sowie gegebenenfalls die Einleitung von Maßnahmen zur Sicherstellung der kohärenten Rechtsanwendung gewährleistet werden soll. Entsprechend stellen die Regelungen des Art. 11 Verpflichtungen dar. Nach Art. 11 bereitgestellte Informationen können **nicht als Beweismittel in anderen Verfahren** verwendet werden, dürfen aber bei der Entscheidung über die Eröffnung eines eigenen Verfahrens berücksichtigt werden.[75] Dahingegen zielt der Informationsaustausch gemäß Art. 12 auf die Verwendung als Beweismittel in eigenen Verfahren und stellt eine Kompetenz, aber keine Verpflichtung dar.

Eine Weitergabe von nach Art. 11 erhaltenen Informationen an andere Behörden oder 44
Dienststellen, die nicht mit der Anwendung von Art. 101, 102 AEUV befasst sind, ist auch aufgrund der in **Art. 28** enthaltenen Regelungen über die **Wahrung des Berufsgeheimnisses** unzulässig. Art. 28 schafft insoweit einen einheitlichen Standard für innerhalb des Behördennetzes ausgetauschte Informationen.

---

[71] *Sura* in: Langen/Bunte VO Nr. 1/2003 Art. 11 Rn. 16; *Bardong* in: MünchKommEuWettbR VO 1/2003 Art. 11 Rn. 82.

[72] Vgl. EuG U. v. 8.3.2007, Rs. T-340/04 – *France-Télécom/Kommission,* Rn. 79; EuG U. v. 13.7. 2011, Rs. T-144/07, T-147/07–150/07 und T-154/07 – *ThyssenKrupp Liften Ascenseurs u. a.,* Rn. 76; s. a. EuG U. v. 25.11.2014, Rs. T-402/13 – *Orange,* Rn. 27.

[73] Gemeinsame Erklärung Rn. 23 (siehe Fußnote 2), Netzbekanntmachung Rn. 57 (siehe Fußnote 9).

[74] EuG U. v. 25.11.2014, Rs. T-402/13 – *Orange,* Rn. 32 ff.

[75] EuGH U. v. 16.7.1992 Rs. C-67/91 – *AEB u. a.* Slg. 1992, I-4820 Rn. 29 ff.

Art. 12. Informationsaustausch

(1) **Für die Zwecke der Anwendung der Artikel 81 und 82 des Vertrags sind die Kommission und die Wettbewerbsbehörden der Mitgliedstaaten befugt, einander tatsächliche oder rechtliche Umstände einschließlich vertraulicher Angaben mitzuteilen und diese Informationen als Beweismittel zu verwenden.**

(2) **Die ausgetauschten Informationen werden nur zum Zweck der Anwendung der Artikel 81 oder 82 des Vertrags sowie in Bezug auf den Untersuchungsgegenstand als Beweismittel verwendet, für den sie von der übermittelnden Behörde erhoben wurden. Wird das einzelstaatliche Wettbewerbsrecht jedoch im gleichen Fall und parallel zum gemeinschaftlichen Wettbewerbsrecht angewandt und führt es nicht zu anderen Ergebnissen, so können nach diesem Artikel ausgetauschte Informationen auch für die Anwendung des einzelstaatlichen Wettbewerbsrechts verwendet werden.**

(3) **Nach Absatz 1 ausgetauschte Informationen können nur dann als Beweismittel verwendet werden, um Sanktionen gegen natürliche Personen zu verhängen, wenn**
- **das Recht der übermittelnden Wettbewerbsbehörde ähnlich geartete Sanktionen in Bezug auf Verstöße gegen Artikel 81 oder 82 des Vertrags vorsieht oder, falls dies nicht der Fall ist, wenn**
- **die Informationen in einer Weise erhoben worden sind, die hinsichtlich der Wahrung der Verteidigungsrechte natürlicher Personen das gleiche Schutzniveau wie nach dem für die empfangende Behörde geltenden innerstaatlichen Recht gewährleistet. Jedoch dürfen in diesem Falle die ausgetauschten Informationen von der empfangenden Behörde nicht verwendet werden, um Haftstrafen zu verhängen.**

Übersicht

I. Sinn und Zweck der Regelung

1. Einführung

1 Art. 12 ist ein Kernstück des mit der VerfVO verknüpften Konzeptes zur dezentralen Durchsetzung der europäischen Wettbewerbsregeln. Diese Vorschrift schafft eine **unmittelbar anwendbare Rechtsgrundlage für den Austausch von Informationen** einschließlich solcher, die wie Geschäftsgeheimnisse grundsätzlich vertraulich zu behandeln sind, zum Zwecke der Verwendung als Beweismittel in Verfahren zur Durchsetzung der Art. 101, 102 AEUV. Ohne dieses Instrument wäre eine effektive Verteilung der Fälle innerhalb des Behördennetzwerks[1] kaum möglich, weil die Behörde, die zentrale Beweisstücke ermittelt hat, als einzige befugt wäre, diese Information auch als Beweismittel in einem Verfahren zu verwenden.[2] Art. 12 stellt damit auch eine notwendige Ergänzung zu der ebenfalls mit der VerfVO eingeführten Befugnis zur Ermittlung ‚im Namen und für Rechnung' der Wettbewerbsbehörde eines anderen Mitgliedstaates gemäß Art. 22 dar. Art. 12

[1] Vgl. Kommentierung zu Art. 11.
[2] Verordnungsvorschlag 2000, S. 23.

entspricht Empfehlungen des Competition Committee der OECD für den Austausch von Informationen zwischen Wettbewerbsbehörden in Kartellfällen.[3]

2. Rechtslage vor der Geltung der Verordnung 1/2003

Die Kommission konnte schon gemäß Art. 11 Abs. 1 VO 17/62 zur Erfüllung der ihr in Vorschriften nach Art. 85 EG übertragenen Aufgaben von den Regierungen und den zuständigen Behörden der Mitgliedstaaten alle erforderlichen Auskünfte einholen.[4] Die Mitgliedstaaten konnten allerdings keine von der Kommission aufgrund von Art. 10 VO 17/62 erhaltenen Informationen als Beweismittel in mitgliedstaatlichen Verfahren zur Durchsetzung von Art. 81, 82 EG verwenden.[5] 2

Hinsichtlich des Austausches vertraulicher Informationen zwischen den Wettbewerbsbehörden der Mitgliedstaaten bei der Anwendung von mitgliedstaatlichem oder europäischem Kartellrecht gab es nur unzulängliche Möglichkeiten. So beinhalteten einige mitgliedstaatliche Wettbewerbsgesetze zwar bereits Regelungen für den Austausch von Beweismitteln, wobei die Herausgabe der Informationen aber regelmäßig an Bedingungen geknüpft war, beispielsweise, dass die empfangende Behörde ebenfalls zur Herausgabe vertraulicher Informationen befugt ist oder aber dass die Herausgabe im Interesse der mitgliedstaatlichen Wirtschaft ist.[6] Auch haben Dänemark, Island und Norwegen eine gemeinsame vertragliche Grundlage zum Austausch vertraulicher Informationen.[7] Das deutsche GWB enthielt bis zur 7. GWB-Novelle keinerlei Regelungen für den Austausch von Beweismitteln mit Behörden außerhalb Deutschlands.[8] Eine flächendeckende Austauschmöglichkeit zwischen den europäischen Wettbewerbsbehörden war damit nicht gesichert. 3

3. Vorrang vor entgegenstehendem mitgliedstaatlichen Recht

Art. 12 kann weder insgesamt noch teilweise durch mitgliedstaatliches Recht eingeschränkt werden. Bestehen rechtliche Hindernisse auf mitgliedstaatlicher Ebene, die Art. 12 oder einzelnen Bestandteilen dieser Regel entgegenstehen, geht Art. 12 vor.[9] Weder die in Art. 12 vorgesehene Weitergabe von Informationen noch deren Verwendung als Beweismitteln kann durch mitgliedstaatliche Regelungen verhindert werden. Mithin gelten weiter bestehende einschränkende Regelungen in mitgliedstaatlichen Gesetzen nicht in Fällen, in denen Art. 101, 102 AEUV zur Anwendung kommen. 4

4. Angemessener verfahrensrechtlicher Schutz

Art. 12 Abs. 1 ermöglicht zunächst grundsätzlich den Austausch von Informationen und deren Verwendung als Beweismittel. In den beiden folgenden Absätzen wird die Verwendung eingegrenzt, um sicherzustellen, dass betroffene Unternehmen einen angemessenen verfahrensrechtlichen Schutz genießen.[10] Dabei geht es in Art. 12 Abs. 2 zum einen um 5

---

[3] OECD Competition Committee, Best practices for the formal exchange of information between comptition authorities in hardcore cartel investigations, Oktober 2005, www.oecd.org.

[4] Vgl. zur Reichweite der Auskunftsverpflichtungen der Mitgliedstaaten nach altem Recht *Sauter* in: Langen/Bunte Kommentar zum deutschen und europäischen Kartellrecht, 9. Aufl., VO 17/62 Art. 11.

[5] EuGH U. v. 16.7.1992 Rs. C-67/91 – *AEB u. a.* Slg. 1992, I-4820 Rn. 47–55.

[6] Vgl. *Bardong* in: MünchKommEuWettbR VO 1/2003 Art. 12 Rn. 4 ff. m. w. N.

[7] Agreement between Denmark, Iceland and Norway on co-operation in competition cases (vom 16. März 2001), abzurufen unter www.en.kfst.dk/Competition/International-Cooperation.

[8] Mit den im Rahmen der 7. GWB-Novelle neu eingefügten §§ 50a–50c GWB wurde dies geändert.

[9] Bekanntmachung der Kommission über die Arbeitsweise des Netzes der Wettbewerbsbehörden (Netzbekanntmachung) ABl. 2004 C 101/43, hier Rn. 27.

[10] Verordnungsvorschlag 2000, S. 23.

eine Beschränkung der Verwendung auf Verfahren, in denen jedenfalls Art. 101 oder 102 AEUV angewendet werden, selbst wenn möglicherweise parallel auch mitgliedstaatliches Recht angewendet wird. Zum anderen ist die Verwendung ausgetauschter Beweismittel nur in Bezug auf den Untersuchungsgegenstand möglich, für den sie von der übermittelnden Behörde erhoben wurde. Schließlich wird mit Art. 12 Abs. 3 die Verwendung ausgetauschter Informationen in Hinblick auf Verfahren gegen natürliche Personen beschränkt. Damit wird sichergestellt, dass die in der Regel weitergehenden Verteidigungsrechte natürlicher Personen gewahrt bleiben.[11]

5. Sicherung bestehender Ermittlungsbefugnisse gegen juristische Personen

6 Die Beschränkung der Verwendung ausgetauschter Informationen gemäß Art. 12 Abs. 3 in Verfahren gegen natürliche Personen dient außerdem der Sicherstellung der (zumeist weitergehenden) Ermittlungsbefugnisse derjenigen Wettbewerbsbehörden, die keine Sanktionen gegen natürliche Personen verhängen können oder die in Verfahren gegen juristische Personen über andere Ermittlungsbefugnisse verfügen als in Verfahren gegen natürliche Personen. Denn ohne eine solche Beschränkung könnten Unternehmen sich möglicherweise mit Verweis auf die Sicherung des Grundrechtsschutzes ihrer Organmitglieder der Beantwortung von Auskunftsersuchen der Kommission entziehen.[12]

II. Praktische Bedeutung

7 Art. 12 schafft eine **wesentliche Voraussetzung für eine effektive Zusammenarbeit** innerhalb des Netzwerks der Wettbewerbsbehörden. Erstmals ist es möglich, unmittelbar Informationen zur Verwendung als Beweismittel zu übermitteln. Auch wenn Art. 12 nur eine Befugnis darstellt und keine Wettbewerbsbehörde verpflichtet ist, anderen Behörden relevante Informationen zur Verfügung zu stellen, besteht in der Praxis eine große Bereitschaft zur Unterstützung. Zu ersten Anwendungsfällen ist es bereits nach kurzer Zeit gekommen. So haben die österreichische Bundeswettbewerbsbehörde auf Anfrage des Bundeskartellamtes,[13] das Bundeskartellamt auf Anfrage der italienischen Wettbewerbsbehörde[14] und die schwedische Wettbewerbsbehörde auf Anfrage des Bundeskartellamtes[15] nach Art. 22 Abs. 1 Ermittlungen durchgeführt und nach Art. 12 die Ergebnisse übermittelt. Heute handelt es sich bei dem Informationsaustausch um ein selbstverständliches Instrument der behördlichen Sachverhaltsaufklärung, das zwar nur in einem begrenzten Teil von Verfahren zur Anwendung kommt, dort aber ausschlaggebende Bedeutung haben kann. So sind vom Bundeskartellamt 2011 in zwölf und 2012 in 19 Fällen Informationen nach Art. 12 ausgetauscht worden.[16] In einem großen Teil der Fälle ist dem Informationsaustausch eine Amtshilfe nach Art. 22 vorausgegangen, d. h. wurden die Informationen speziell für die ersuchende Behörde erhoben.[17] In weiteren Fällen handelt es sich um die Übermittlung von öffentlich zugänglichen Informationen, etwa Registerauszügen, oder um Erkenntnisse aus eigenen Verfahren. Anders als teilweise erwartet, hat der Austausch

---

[11] Netzbekanntmachung (siehe Fußnote 9) Rn. 28c.

[12] Zur Reichweite der Auskunftsverpflichtungen von Unternehmen gegenüber der Kommission vgl. EuGH U. v. 18.10.1989, Rs. 374/87 – *Orkem/Kommission,* Slg. 1989, 3283; EuG U. v. 20.2.2001 Rs. T-112/98 – *Mannesmannröhren-Werke/Kommission* Slg. 2001 II-732.

[13] Siehe Pressemeldung des Bundeskartellamtes vom 25. Mai 2004.

[14] Siehe Pressemeldung der Autorità Garante della Concorrenza e del Mercato vom 15. Juli 2004.

[15] Siehe Pressemeldung des Bundeskartellamtes vom 5. Februar 2008.

[16] Bundeskartellamt, Tätigkeitsbericht 2011/2012, BT-Drs. 17/13675, S. 45.

[17] So im Fall „Feuerwehrfahrzeuge", wo die österreichische Bundeswettbewerbsbehörde für das Bundeskartellamt bei verdächtigen Unternehmen Durchsuchungen durchgeführt hat. Die Befugnis hierzu wurde gerichtlich klargestellt durch OGH, Beschluss v. 15.7.2009, 16 Ok 7/09, WuW 2010, 463.

bereits erhobener Beweismittel in Folge von Fallumverteilungen bisher kaum Bedeutung erlangt.

III. Tatbestand

1. Unmittelbar geltende Befugnis

Nicht nur für die Kommission selbst, sondern auch für die mitgliedstaatlichen Wettbewerbsbehörden stellt Art. 12 eine unmittelbar anwendbare Befugnis dar. Es ist nicht zwingend erforderlich, diese ins mitgliedstaatliche Recht zu übernehmen; entgegenstehende nationale Vorschriften beschränken die Befugnis nicht.[18] Der Informationsaustausch gemäß Art. 12 kann unmittelbar zwischen der übermittelnden und der empfangenden Behörde erfolgen. 8

2. Keine Verpflichtung zur Übermittlung

Art. 12 schafft eine Befugnis, keine Verpflichtung zum Austausch von Informationen zum Zweck der Verwendung als Beweismittel. Die Übermittlung geschieht **auf Anfrage der begehrenden Wettbewerbsbehörde;** die übermittelnde Wettbewerbsbehörde entscheidet nach eigenem Ermessen über die Herausgabe von Informationen.[19] Eine gewisse Verpflichtung zur Kooperation im Netzwerk ergibt sich aber aus Art. 11 Abs. 1 sowie aus der *Gemeinsamen Erklärung* und aus der *Netzbekanntmachung,* sowie letztendlich aus Art. 4 Abs. 3 EUV.[20] Diese Verpflichtung hat allerdings Grenzen, etwa wenn der Austausch die Aufgabenerfüllung der übermittelnden Behörde beeinträchtigen könnte, sei es aufgrund von Kapazitätsengpässen oder weil der Schutz von Informanten nicht gewährleistet werden kann.[21] 9

3. Austausch von Informationen

Von Art. 12 sind alle Informationen umfasst, die bei der Kommission im Rahmen ihrer Tätigkeit als Wettbewerbsbehörde oder bei den mitgliedstaatlichen Wettbewerbsbehörden anfallen und die Anwendung von Art. 101, 102 AEUV betreffen. Dabei handelt es sich etwa um Eingaben von Verfahrensbeteiligten, Ermittlungsergebnisse der Behörden über allgemeine Marktumstände und unternehmensindividuelle Umstände, vertrauliche ebenso wie öffentlich zugängliche Angaben. Unerheblich ist ferner die Form, in der die Informationen vorliegen (schriftlich, elektronisch, mündlich, als Kopie oder im Original) und wie die Ursprungsbehörde sie erlangt hat.[22] 10

4. Beschränkungen der Verwendung als Beweismittel (Art. 12 Abs. 2, 3)

Die Verwendung der ausgetauschten Informationen als Beweismittel setzt voraus, dass die empfangende Behörde sie **in einem Verfahren aufgrund eines Verstoßes gegen Art. 101 oder 102 AEUV** einsetzt. Bei paralleler Anwendung mitgliedstaatlichen Wettbewerbsrechts gemäß Art. 3 Abs. 1 können die ausgetauschten Informationen auch für die Anwendung mitgliedstaatlichen Rechts verwendet werden. Allerdings darf hierbei nach der ausdrücklichen Formulierung der Vorschrift die Anwendung des EU-Rechts einerseits und des mitgliedstaatlichen Rechts andererseits in dem betreffenden Fall nicht zu unterschiedlichen Ergebnissen führen. Dies bedeutet ein Beweisverwertungsverbot hinsichtlich ausge- 11

---

[18] Erwägungsgrund 16; das deutsche GWB enthält mit § 50a mittlerweile eine vergleichbare Norm.
[19] Kritisch hierzu *Kingston* E.C.L.R. 2001, 340, 345, Monopolkommission, Folgeprobleme der europäischen Kartellverfahrensreform, Sondergutachten, Rn. 53.
[20] Siehe auch Art. 22, Rn. 9.
[21] *Bardong* in: MünchKommEuWettbR VO 1/2003 Art. 12 Rn. 50; *Faull/Nikpay* Rn. 2.165.
[22] *Dalheimer/Feddersen/Miersch* VO 1/2003 Art. 12, Rn. 10 ff.; *Bardong* in: MünchKommEuWettbR VO 1/2003 Art. 12 Rn. 20.

tauschter Informationen, wenn und soweit eine mitgliedstaatliche Behörde neben Art. 101 oder 102 AEUV auch weitergehendes mitgliedstaatliches Wettbewerbsrecht im Bereich der Missbrauchsaufsicht anwenden will. Die **Art des Verfahrens,** in dem die empfangende Behörde Art. 101 oder Art. 102 AEUV anwendet (Verwaltungs-, Bußgeld- oder Strafverfahren), ist unerheblich. Ein Austausch ist auch im Vorfeld förmlicher Verfahren und für Sektoruntersuchungen möglich, soweit damit die effektive Durchsetzung der Art. 101, 102 AEUV bezweckt wird.[23]

12 Die Verwendung ausgetauschter Informationen ist **beschränkt auf den Untersuchungsgegenstand,** der den Ermittlungen der Informationen durch die herausgebende Wettbewerbsbehörde zugrunde lag. Demnach ermöglicht Art. 12 keine verfahrensübergreifende Beweisverwertung. Die Verwendungsbreite der ausgetauschten Information wird im Ausgangspunkt durch die Definition des Untersuchungsgegenstandes durch die ermittelnde Wettbewerbsbehörde bestimmt.[24] Wie weit die Bindung an diese Definition reicht, ist unter Berücksichtigung des Zwecks der Vorschrift (Wahrung der Verteidigungsrechte) zu bestimmen.[25] Dass eines der Verfahren einen größeren geographischen oder zeitlichen Umfang hat, schließt einen gleichen Untersuchungsgegenstand noch nicht aus.[26]

13 Ausgetauschte Informationen können grundsätzlich nur dann in **Sanktionsverfahren gegen natürliche Personen** eingesetzt werden, wenn eine von zwei Bedingungen erfüllt ist (Art. 12 Abs. 3). Entweder muss das Gesetz, das die übermittelnde Behörde anwendet, ebenfalls **ähnlich geartete Sanktionen** gegen natürliche Personen für Verstöße gegen Art. 101 oder 102 AEUV vorsehen, oder die Ermittlungen müssen im Einzelfall auf eine Art und Weise durchgeführt werden, dass die **Verteidigungsrechte** der natürlichen Personen in gleichem Maße gewahrt werden wie dies im mitgliedstaatlichen Recht der empfangenden Behörde vorgesehen ist. Von ähnlich gearteten Sanktionen kann ausgegangen werden, wenn in beiden Mitgliedstaaten[27] Geldbußen gegen Verantwortliche in Unternehmen verhängt werden können. Auf die Einstufung der Sanktion (verwaltungs- oder strafrechtliche Sanktion) nach mitgliedstaatlichem Recht kommt es dabei nicht an. Eine Verwendung ausgetauschter Informationen zur Verhängung einer **Haftstrafe** ist nur dann möglich, wenn in beiden Mitgliedstaaten eine solche verhängt werden kann.

14 Es gibt **keine weiteren (ungeschriebenen) Beschränkungen zur Verwendung** von nach Art. 12 ausgetauschten Informationen in Verfahren gegen juristische Personen.[28] Dies bedeutet, dass die Verordnung die Verwertung ausgetauschter Beweismittel zulässt, auch wenn sie aufgrund von Ermittlungsbefugnissen erhoben wurden, die der empfangenden Behörde nach ihrem mitgliedstaatlichen Verfahrensrecht nicht in gleicher Weise eröffnet sind.[29] Grundverständnis der Verordnung ist, dass die Verteidigungsrechte, die den Unternehmen in den verschiedenen Rechtssystemen zustehen, als **hinreichend gleichwertig** angesehen werden können.[30] Tatsächlich wird nicht nur durch die EMRK ein gemeinsamer Mindeststandard geschaffen,[31] sondern ist nach der jüngeren Rechtsprechung des EuGH davon auszugehen, dass auf mitgliedstaatliche Ermittlungsmaßnahmen zur Durch-

---

[23] *Bardong* in: MünchKommEuWettbR VO 1/2003 Art. 12 Rn. 16f.

[24] *Faull/Nikpay* Rn. 2.179f.; *Ritter* in: Immenga/Mestmäcker VO 1/2003 Art. 12 Rn. 13; *Sura* in: Langen/Bunte VO Nr. 1/2003 Art. 12 Rn. 8; *Gippini-Fournier,* S. 80f.

[25] Im Einzelnen: *Bardong* in: MünchKommEuWettbR VO 1/2003 Art. 12 Rn. 74–84.

[26] EuG U. v. 25.11.2014, Rs. T-402/13 – *Orange,* Rn. 52.

[27] Die Kommission kann keine Geldbußen gegen natürliche Personen verhängen, siehe auch Netzbekanntmachung, Rn. 28c.

[28] Erwägungsgrund 16.

[29] Vgl. *Bardong* in: MünchKommEuWettbR VO 1/2003 Art. 12 Rn 32: keine Zweischrankenregel, nach der nur Beweismittel verwendet werden dürfen, die von der empfangenden Behörde selbst hätten erhoben werden können; a. A. *Kerse/Khan,* 2004, S. 269ff.

[30] Erwägungsgrund 16.

[31] Für die Union, die der EMRK bisher nicht beigetreten ist, mittelbar über Art. 6 Abs. 3 EUV und Art. 52 Abs. 3 GR-Charta.

setzung der Art. 101, 102 AEUV auch die europäische Grundrechtecharta Anwendung findet.[32] Unterschiede zwischen deutschem und europäischem Recht bestehen etwa bei den Auskunftsverweigerungsrechten juristischer Personen.[33] Allerdings beruhen diese auf der Ausgestaltung des einfachen Rechts und besteht auch in Deutschland kein verfassungsrechtlich verbürgter Schutz vor einem Zwang zur Selbstbezichtigung für juristische Personen.[34]

Nach **deutschem Recht** ist Voraussetzung für die Verhängung einer Geldbuße gegen eine juristische Person gemäß § 30 Abs. 1 OWiG, dass deren vertretungsberechtigtes Organ oder Vorstand eine Ordnungswidrigkeit begangen hat. Verstöße gegen Art. 101 und 102 AEUV sind mit der 7. GWB-Novelle in den Bußgeldkatalog des § 81 Abs. 1 GWB aufgenommen worden. Nach § 50a Abs. 3 S. 3 GWB steht das Beweisverwertungsverbot im Satz 1 dieser Vorschrift (Beschränkung mit Blick auf natürliche Personen) einer Verwendung der Beweise gegen juristische Personen nicht entgegen. Gemäß § 30 Abs. 4 OWiG kann eine Geldbuße gegen ein Unternehmen auch im selbständigen Verfahren festgesetzt werden. Voraussetzung bleibt aber auch hier die verfolgbare Ordnungswidrigkeit einer natürlichen Person, § 30 Abs. 4 S. 3 OWiG. Von einer verfolgbaren Ordnungswidrigkeit ist auszugehen, wenn kein Verfolgungshindernis vorliegt. Art. 12 Abs. 3 regelt nach seinem Wortlaut kein solches Verfolgungshindernis, sondern vielmehr die Verwertbarkeit von Informationen als Beweismittel gegen eine natürliche Person; eine Beschränkung der Verwertung derselben Information gegen das betroffene Unternehmen ist hingegen nicht vorgesehen. Hierfür spricht insbesondere der Wortlaut des Art. 12 Abs. 1, aber auch der Erwägungsgrund 16, wonach der Austausch und die Verwendung von Informationen zwischen den Mitgliedern des Netzwerkes ungeachtet anders lautender einzelstaatlicher Vorschriften zugelassen sein soll und die Verwendung gegen Unternehmen neben den in Art. 12 Abs. 2 genannten keinen weiteren Beschränkungen unterliegt. Soweit demnach Art. 12 Abs. 3 zu einem Beweisverwertungsverbot gegen eine natürliche Person führt, gilt dieses nicht im selbständigen Verfahren gegen eine juristische Person. 15

5. Rechtsmittel

Ob die ausgetauschten Informationen von der übermittelnden Behörde rechtmäßig erhoben wurden, bestimmt sich nach dem für diese Behörde geltenden Recht.[35] Entsprechend müssen Rechtsmittel, die auf eine **Überprüfung der Rechtmäßigkeit der Ermittlungen** zielen, im Ursprungsland eingelegt werden. Sollte eine Rechtsschutzmöglichkeit im Ursprungsland nicht bestehen, können Einwände gegen die Rechtmäßigkeit der Ermittlungsmaßnahme ggf. im Rahmen der Anfechtung der verfahrensabschließenden Entscheidung vorgetragen werden, die dann vom Rechtsmittelgericht im empfangenden Land an den Anforderungen des Ursprungslandes zu prüfen wären.[36] 16

6. Besonderheiten in Fällen mit Leniency-Anträgen

Mit der Netzbekanntmachung der Kommission, die von der übergroßen Zahl der mitgliedstaatlichen Wettbewerbsbehörden mittels einer Erklärung gestützt wird,[37] soll dem Umstand Rechnung getragen werden, dass der Austausch und die Verwendung von Beweismitteln gemäß Art. 12 die Wirksamkeit der bestehenden Bonus-Programme zur Auf- 17

[32] Vgl. EuGH, Urt. v. 26.2.2013, Rs. C-617/10 – *Akerberg Fransson,* Rn. 19 ff.

[33] Bundeskartellamt, Zwischenbericht zum Expertenkreis Kartellsanktionen, NZKart 2015, 2, 4.

[34] BVerfG 26. Februar 1997, 1 BvR 2172/96; kritisch *Meyer/Kuhn* WuW 2004, 880, 892.

[35] Netzbekanntmachung (siehe Fußnote 9) Rn. 27.

[36] *Dalheimer/Feddersen/Miersch* VO 1/2003 Art. 12 Rn. 9.

[37] Netzbekanntmachung (siehe Fußnote 9), insbesondere Rn. 72 und Anlage; Liste der unterstützenden Behörden, eingestellt in: http://ec.europa.eu/competition/antitrust/legislation/network-html.

deckung von Kartellabsprachen beeinträchtigen könnte. Bonusprogramme werden definiert als Programme, bei denen einem Kartellmitglied entweder völlige Sanktionsfreiheit oder aber eine wesentliche Reduzierung der Sanktionen gewährt wird, wenn es uneingeschränkt aus freien Stücken Informationen über das Kartell offen legt, und die Offenlegung bestimmten Kriterien vor oder während der Ermittlungsphase des Verfahrens genügt.[38] Im September 2006 haben sich die Netzwerkbehörden auf das ECN-Modell-Leniency-Programm verständigt, das einheitliche Standards für die Behandlung von Bonus-Anträgen vorsieht.[39] Die Anreize zur freiwilligen Offenlegung von Informationen würden beeinträchtigt, wenn der Antragsteller damit rechnen müsste, dass diese Informationen auch von anderen Behörden verwendet werden können, die ihm keinen Erlass oder Reduktion der Sanktion gewähren (können), etwa weil sie kein Bonus-Programm haben.[40]

18 Die Netzbekanntmachung sieht deshalb vor, dass eine Übermittlung nach Art. 12 von im Rahmen eines Bonus-Programmes freiwillig vorgelegten Informationen grundsätzlich nur mit **Einverständnis des Bonus-Antragstellers** an eine andere Behörde im Netz erfolgen wird. Dies gilt auch für alle Beweise, die im Rahmen von solchen Maßnahmen zur Sachverhaltsaufklärung erhoben wurden, die nur infolge des Bonus-Antrages durchgeführt werden konnten.[41]

19 Von dieser Regel sind **drei Ausnahmen** vorgesehen. Das Einverständnis des Antragstellers ist nicht erforderlich, wenn entweder erstens der Antragsteller bei sowohl der empfangenden Behörde als auch der übermittelnden Behörde in Bezug auf dieselbe Zuwiderhandlung einen Bonus-Antrag gestellt hat, oder wenn zweitens die empfangende Behörde eine schriftliche Erklärung abgegeben hat, dass sie weder die übermittelten Informationen noch die nach der Übermittlung dieser Informationen selbst erhobenen Beweismittel gegen den Antragsteller verwenden wird, um Sanktionen zu verhängen. Und drittens können solche Informationen ohne Einverständnis des Bonus-Antragstellers ausgetauscht werden, die eine Behörde im Rahmen der Amtshilfe gemäß Art. 22 für diejenige Behörde erhoben hat, bei der der Bonus-Antrag eingegangen ist.[42]

7. Übergangsfragen

20 Die Befugnisse nach Art. 12 gelten seit dem Inkrafttreten der VO 1/2003 auch für Beweismittel, die vor dem 1. Mai 2004 erhoben wurden, sowie für Sachverhalte, die vor dem 1. Mai 2004 stattgefunden haben, und in Verfahren, die vor dem 1. Mai 2004 eingeleitet wurden. Art. 12 ist eine reine Verfahrensvorschrift. Nach ständiger Rechtsprechung der Europäischen Gerichte finden Verfahrensvorschriften auf alle Verfahren Anwendung, die zum Zeitpunkt des Inkrafttretens der Regelung anhängig sind, wenn es keine ausdrückliche Übergangsregel gibt.[43] Da Art. 12 keine Übergangsregel vorsieht, ist die Vorschrift auch anwendbar auf Sachverhalte, die vor dem Inkrafttreten der Regelung stattgefunden haben.

---

[38] Netzbekanntmachung (siehe Fußnote 9) Rn. 37, dort Fn. 14. Die englische Fassung ist hier verständlicher.

[39] Überarbeitet im November 2012; siehe http://ec.europa.eu/comm/competition/ecn/.

[40] Vergleichbar ist die Situation in Bezug auf Settlement-Erklärungen, mit denen der vorgeworfene Sachverhalt als zutreffend anerkannt und die Geldbuße bis zur Höhe des in Aussicht gestellten Betrages akzeptiert wird (vgl. Merkblatt „Das Settlement-Verfahren des Bundeskartellamtes in Bußgeldsachen" vom 23.12.2013, abzurufen unter www.bundeskartellamt.de). Auch diese Erklärungen sollten grundsätzlich nur mit Einverständnis des Erklärenden ausgetauscht werden.

[41] Netzbekanntmachung (siehe Fußnote 9) Rn. 40.

[42] Netzbekanntmachung (siehe Fußnote 9) Rn. 41. Zu weiteren Einzelheiten siehe *Blake/Schnichels* EuZW 2004, 551.

[43] EuGH U. v. 6.7.1993 verb. Rs. C-121/91 u. C-122/91 – *CT Control (Rotterdam)* und – *JCT Benelux v. Kommission* Slg. 1993, I-3873 Rn. 22; EuGH U. v. 7.9.1999 Rs. C-61/98 – *De Haan Beheer v. Inspecteur der communities* Slg. 1999, I-5003 Rn. 12ff.

IV. Verhältnis zu anderen Vorschriften

21 Der Informationsaustausch gemäß Art. 12 ist zu unterscheiden von der **Bereitstellung von Informationen** der Kommission an die mitgliedstaatlichen Wettbewerbsbehörden **(Art. 11 Abs. 2, Art. 14 Abs. 1, Art. 18 Abs. 5),** der mitgliedstaatlichen Behörden an die Kommission oder der mitgliedstaatlichen Behörden untereinander **(Art. 11 Abs. 3 und 4).** Der Austausch gemäß Art. 12 dient der Verwendung als Beweismittel in Verfahren der empfangenden Behörde. Die Regelung räumt eine Befugnis ein und stellt keine Verpflichtung dar. Dahingegen dient die verpflichtete Bereitstellung von Informationen gemäß Art. 11 der Herstellung von Transparenz im Netzwerk der Wettbewerbsbehörden, wodurch eine sinnvolle Verteilung der Arbeit sowie gegebenenfalls die Einleitung von Maßnahmen zur Sicherstellung der kohärenten Rechtsanwendung gewährleistet werden soll. Informationen, die eine Wettbewerbsbehörde im Netzwerk aufgrund von Art. 11 enthalten hat, können nicht als Beweismittel verwendet werden.

22 Die Möglichkeit eines Informationsaustauschs nach Art. 12 kann im Einzelfall dazu führen, dass **andere,** stärker belastende **Ermittlungsmaßnahmen,** insb. Durchsuchungen, unverhältnismäßig sind.[44]

23 Eine Verwendung von Beweismitteln über die in Art. 12 genannten Zwecke hinaus einschließlich der Weitergabe an andere Behörden oder Dienststellen, die nicht mit der Anwendung von Art. 101, 102 AEUV befasst sind, ist auch aufgrund der in **Art. 28** enthaltenen Regelungen über die **Wahrung des Berufsgeheimnisses** unzulässig. Art. 28 schafft insoweit einen einheitlichen Standard für innerhalb des Behördennetzes ausgetauschte Informationen.

Art. 13. Aussetzung und Einstellung des Verfahrens

(1) **Sind die Wettbewerbsbehörden mehrerer Mitgliedstaaten aufgrund einer Beschwerde oder von Amts wegen mit einem Verfahren gemäß Artikel 81 oder 82 des Vertrags gegen dieselbe Vereinbarung, denselben Beschluss oder dieselbe Verhaltensweise befasst, so stellt der Umstand, dass eine Behörde den Fall bereits bearbeitet, für die übrigen Behörden einen hinreichenden Grund dar, ihr Verfahren auszusetzen oder die Beschwerde zurückzuweisen. Auch die Kommission kann eine Beschwerde mit der Begründung zurückweisen, dass sich bereits eine Wettbewerbsbehörde eines Mitgliedstaats mit dieser Beschwerde befasst.**

(2) **Ist eine einzelstaatliche Wettbewerbsbehörde oder die Kommission mit einer Beschwerde gegen eine Vereinbarung, einen Beschluss oder eine Verhaltensweise befasst, die bereits von einer anderen Wettbewerbsbehörde behandelt worden ist, so kann die Beschwerde abgewiesen werden.**

Übersicht

[44] Vgl. EuG U. v. 25.11.2014, Rs. T-402/13 – *Orange,* Rn. 43 ff., für den konkreten Fall allerdings abgelehnt (Rn. 56).

I. Sinn und Zweck der Regelung

1 Art. 13 stellt den Wettbewerbsbehörden der Mitgliedstaaten ein **Instrument zur Aussetzung von Verfahren oder Zurückweisung von Beschwerden** (letzteres gilt auch für die Kommission) zur Verfügung, wenn eine andere Behörde denselben Fall (dieselbe Vereinbarung, denselben Beschluss, dieselbe Verhaltensweise) bereits bearbeitet (Abs. 1) oder aber die Bearbeitung bereits abgeschlossen hat (Abs. 2). Hiermit soll angesichts des Ziels, dass jeder Fall soweit möglich nur von einer Behörde bearbeitet wird, vorrangig eine **optimale Arbeitsverteilung** innerhalb des Netzwerkes sichergestellt werden.[1] Insbesondere soll auf diese Weise die Gefahr von unnötiger Doppelarbeit und etwaig bestehende Anreize zu Mehrfachbeschwerden beseitigt werden.[2] Der Verweis auf das Ziel einer optimalen Fallverteilung in Erwägungsgrund 18 kann allerdings nicht so verstanden werden, dass die Eignung der handelnden Behörde eine Bedingung für die Heranziehung des Art. 13 darstellt. Es bleibt vielmehr dabei, dass die Fallverteilung keinen Zuständigkeitsregeln unterliegt und ein Anspruch der Unternehmen auf Behandlung durch eine bestimmte Behörde nicht besteht.[3]

2 Die Regelung ist erforderlich, weil das jeweilige mitgliedstaatliche Verfahrensrecht Wettbewerbsbehörden verschiedener Mitgliedstaaten dazu verpflichtet, über jede eingegangene Beschwerde materiell-rechtlich zu entscheiden.[4] Dies gilt aufgrund von Art. 265 AEUV auch für die Kommission selbst. Art. 13 schafft für diese Behörden einen eigenständigen **förmlichen Zurückweisungsgrund.** Er unterliegt über die beiden ausdrücklich genannten Voraussetzungen hinaus keinen weiteren Bedingungen, verlangt also etwa von der Kommission keine Auseinandersetzung mit dem Unionsinteresse an einer Verfahrenseröffnung.[5]

3 Allerdings haben Kommission und mitgliedstaatliche Wettbewerbsbehörden **verschiedene Befugnisse.** Nach dem Wortlaut der Vorschrift ist es der Kommission nicht möglich, die Bearbeitung einer Beschwerde auszusetzen, wenn eine mitgliedstaatliche Behörde mit derselben Beschwerde befasst ist.[6] Die mitgliedstaatlichen Wettbewerbsbehörden können wiederum eine Beschwerde dann nicht zurückweisen, wenn die Kommission mit derselben Beschwerde befasst ist, aber noch nicht förmlich ein Verfahren eingeleitet hat und damit noch nicht ausschließliche Zuständigkeit (Art. 11 Abs. 6) erlangt hat.

II. Praktische Bedeutung

4 Die praktische Bedeutung dieser Vorschrift besteht insbesondere dort, wo Unternehmen, die sich über das Verhalten anderer Marktteilnehmer beschweren wollen, versuchen, **‚forum shopping'** zu betreiben. Hierbei sind verschiedene Szenarien denkbar und in Einzelfällen anzutreffen. So können sich Beschwerdeführer an Behörden wenden, von denen sie meinen, dass sie besonders zupackend sind, unabhängig davon ob diese auch die am besten geeigneten Behörden innerhalb des Netzwerkes sind, um den Fall wirkungsvoll zu bearbeiten. Oder es wendet sich ein Beschwerdeführer an mehrere oder gar alle Wettbewerbsbehörden gleichzeitig, um das eigene Anliegen besonders zu betonen. Schließlich kann ein Beschwerdeführer versuchen, nach der Abweisung seiner Beschwerde durch eine Wettbewerbsbehörde gleiche Beschwerden bei allen anderen Behörden des Netzwerkes

---

[1] Siehe Erwägungsgrund 18 und Gemeinsame Erklärung des Rates und der Kommission zur Arbeitsweise des Netzes der Wettbewerbsbehörden als Protokollerklärung zur VO 1/2003, abrufbar unter: http://ec.europa.eu/competition/een/documents.html, hier Rn. 16; EuG U. v. 21.1.2015, Rs. T-355/13 – *EasyJet,* Rn. 36.

[2] Verordnungsvorschlag 2000, S. 23.

[3] EuG U. v. 17.12.2014, Rs. T-201/11 – *Si.mobil,* Rn. 34 ff.; dazu: *Viros,* JELLP 2015, 415.

[4] Verordnungsvorschlag 2000, S. 17.

[5] EuG U. v. 17.12.2014, Rs. T-201/11 – *Si.mobil,* Rn. 34, 41.

[6] Auf diesen Unterschied weist *Schneider* hin, MünchKommEuWettbR VO 1/2003, Art. 13 Rn. 14.

einzureichen. Für solche Fälle bietet Art. 13 eine Grundlage zur Aussetzung oder Einstellung des Verfahrens, ohne sich neben einer anderen Behörde oder erneut in materieller Hinsicht mit dem Fall auseinandersetzen zu müssen.

III. Tatbestand

1. Unmittelbare Geltung

Art. 13 schafft eine Rechtsgrundlage zur Aussetzung eines Verfahrens und zur Zurückweisung von Beschwerden, wenn eine andere Wettbewerbsbehörde des Netzwerkes bereits mit einem Verfahren gegen dasselbe Verhalten befasst ist. Dies gilt für laufende (Abs. 1) sowie für abgeschlossene Verfahren (Abs. 2). Damit können sich die mitgliedstaatlichen Wettbewerbsbehörden bei der Zurückweisung einer Beschwerde direkt auf Art. 13 berufen, unabhängig davon, ob ein vergleichbarer Zurückweisungsgrund im mitgliedstaatlichen Verfahrensrecht vorgesehen ist.[7] Im Hinblick auf die weitere Verfahrensgestaltung (etwa Begründungs- und Anhörungspflichten) sowie den eröffneten Rechtsschutz gilt allerdings das jeweilige mitgliedstaatliche Verfahrensrecht. 5

2. Befugnis

Art 13 schafft die Befugnis, **keine Verpflichtung zur Aussetzung oder Einstellung eines Verfahrens,** wenn eine andere Behörde bereits mit derselben Vereinbarung usw. befasst ist oder war. Damit stellt Art 13 keine Beschränkung der in Art. 5 geregelten parallelen Zuständigkeit zur Anwendung von Art. 101, 102 AEUV dar.[8] Mithin bleibt es möglich, dass eine mitgliedstaatliche Wettbewerbsbehörde ein Verfahren führt, obwohl eine andere mitgliedstaatliche Wettbewerbsbehörde bereits aufgrund desselben Verhaltens ein Verfahren führt oder geführt hat. Dies entspricht auch der territorialen Reichweite von Entscheidungen mitgliedstaatlicher Wettbewerbsbehörden, die grundsätzlich nicht über das eigene Hoheitsgebiet hinausgeht.[9] 6

3. Dieselbe Vereinbarung, derselbe Beschluss oder dieselbe Verhaltensweise

Voraussetzung der Befugnis ist zunächst, dass dieselbe Vereinbarung, derselbe Beschluss oder dieselbe Verhaltensweise Gegenstand ist. Die Verordnung und ihre Begründung enthalten keine Hinweise, wie diese Begriffe auszufüllen sind. Die Netzbekanntmachung erläutert, dass Art. 13 angewendet werden kann, wenn eine Vereinbarung dieselbe Zuwiderhandlung auf denselben sachlichen und räumlichen Märkten betrifft.[10] Auf die Beschreibung oder rechtliche Bewertung durch den Beschwerdeführer kann es nicht ankommen.[11] Faktisch muss die tätige Wettbewerbsbehörde im Grundsatz in der Lage sein, das vom Beschwerdeführer beanstandete Verhalten abzustellen, damit sich eine andere Behörde im Netzwerk auf Art. 13 berufen kann. Hierzu ist es nicht erforderlich, dass der Beschwerdeführer bei der tätigen Wettbewerbsbehörde identisch ist mit demjenigen bei der beschwerdeabweisenden Behörde.[12] 7

4. Laufende oder abgeschlossene Bearbeitung eines Falles

Zweite Voraussetzung für die Aussetzung eines Verfahrens oder die Zurückweisung einer Beschwerde gemäß Art. 13 ist, dass eine andere Wettbewerbsbehörde den zugrundeliegen- 8

---

[7] Verordnungsvorschlag 2000, S. 23.
[8] Vgl. EuGH U. v. 14.2.2012, Rs. C-17/10, *Toshiba,* Rn. 90.
[9] Verordnungsvorschlag 2000, S. 19.
[10] Bekanntmachung der Kommission über die Arbeitsweise des Netzes der Wettbewerbsbehörden (Netzbekanntmachung), ABl. 2004 C 101/43, hier Rn. 21, siehe auch EuG U. v. 17.12.2014, Rs. T-201/11 – *Si.mobil,* Rn. 72.
[11] EuG U. v. 17.12.2014, Rs. T-201/11 – *Si.mobil,* Rn. 76.
[12] Netzbekanntmachung (siehe Fußnote 10) Rn. 21.

den Fall „bereits bearbeitet", sei es aufgrund einer Beschwerde oder von Amts wegen, (Abs. 1) oder behandelt hat (Abs. 2). Für eine Berufung auf Art. 13 ist es nicht ausreichend, dass eine Beschwerde bei einer anderen Behörde eingereicht wurde. Von einer **laufenden Bearbeitung** kann erst ausgegangen werden, wenn die tätige Wettbewerbsbehörde in besagtem Fall ermittelt.[13] Dies erfordert allerdings keine förmliche Einleitung eines Verfahrens. Auf die Erfolgsaussichten kommt es ebenso nicht an.[14] Auch die Kommission ist grundsätzlich nicht verpflichtet, von sich aus zu prüfen, ob die tätige Behörde überhaupt über die institutionellen, finanziellen und technischen Mittel verfügt, um ihre Aufgaben zu erfüllen.[15] Ein **abgeschlossenes Verfahren** setzt nicht per se eine Entscheidung voraus. Das Verfahren kann auch eingestellt worden sein, etwa weil die Beschwerde abgewiesen wurde. Auch wenn die zunächst tätige Behörde (Kommission oder einzelstaatliche Wettbewerbsbehörde) die Beschwerde aus Gründen der Prioritätensetzung zurückgewiesen hat, erlaubt dies anderen Behörden eine Abweisung nach Art. 13 Abs. 2.[16] Dies gilt auch für die Kommission; denn die Überprüfung der Entscheidungen nationaler Behörden ist nicht ihre Aufgabe, sondern allein Sache der nationalen Gerichte.[17] Voraus setzung der Befugnis nach Art. 13 ist jedoch, dass die (laufende oder abgeschlossene) Behandlung des Sachverhaltes (zumindest auch) auf der **Basis von Art. 101, 102 AEUV** erfolgte, ohne dass es allerdings auf die inhaltliche Richtigkeit dieser Rechtsanwendung ankommt.[18]

5. Aussetzung des Verfahrens oder Zurückweisung einer Beschwerde

9 Art. 13 nennt die Befugnis, das Verfahren auszusetzen oder aber die Beschwerde zurückzuweisen. Diese beiden Handlungsoptionen der Wettbewerbsbehörden sind nicht an unterschiedliche Tatbestandsvoraussetzungen geknüpft. Von der Befugnis zur **Aussetzung eines Verfahrens** kann eine Wettbewerbsbehörde Gebrauch machen, wenn eine andere Wettbewerbsbehörde das beanstandete Verhalten bereits untersucht und die aussetzende Behörde das Ergebnis der Prüfung abwarten will. Die **Zurückweisung einer Beschwerde** liegt nahe, wenn das Verfahren der tätig gewordenen Wettbewerbsbehörde bereits abgeschlossen ist oder die mit einer Beschwerde konfrontierte Wettbewerbsbehörde keine Notwendigkeit sieht, das noch laufende Verfahren der tätigen Wettbewerbsbehörde abzuwarten.[19]

10 Ohne ersichtlichen Grund können mitgliedstaatliche Wettbewerbsbehörden eine Beschwerde nicht zurückweisen, mit der die **Kommission befasst** ist, ohne bereits ein förmliches Verfahren eröffnet zu haben. Diese Einschränkung kann nicht mit den Wirkungen von Art. 11 Abs. 6 begründet werden, denn von einer Befassung im Sinne der Vorschrift wird bereits vor der förmlichen Einleitung von Verfahren ausgegangen.[20] Im Ergebnis kann sich eine mitgliedstaatliche Behörde, die Beschwerden förmlich zurückweisen muss, nicht auf Art. 13 berufen, wenn die Kommission bereits mit derselben Beschwerde – aber ohne förmliche Verfahrenseröffnung – befasst ist. Erst mit einer förmlichen Verfahrenseröffnung durch die Kommission kann die mitgliedstaatliche Behörde dem Beschwerdeführer mitteilen, dass sie nunmehr aufgrund von Art. 11 Abs. 6 nicht mehr zuständig ist.

---

[13] EuG U. v. 17.12.2014, Rs. T-201/11 – *Si.mobil,* Rn. 48 ff.
[14] *Schneider* in: MünchKommEuWettbR VO 1/2003 Art. 13 Rn. 22.
[15] EuG U. v. 17.12.2014, Rs. T-201/11 – *Si.mobil,* Rn. 57.
[16] EuG U. v. 21.1.2015, Rs. T-355/13 – *EasyJet,* Rn. 25 ff.
[17] EuG U. v. 21.1.2015, Rs. T-355/13 – *EasyJet,* Rn. 20, 39.
[18] EuG U. v. 21.1.2015, Rs. T-355/13 – *EasyJet,* Rn. 44 ff.
[19] Netzbekanntmachung (siehe Fußnote 10) Rn. 22.
[20] So ordnen *Dalheimer/Feddersen/Miersch,* VO 1/2003, Art. 13 Rn. 8, diese Diskrepanz bei den Befugnissen von mitgliedstaatlichen Behörden und Kommission ein.

6. Parallele oder aufeinanderfolgende Verfahren

Eine Häufung von parallelen oder aufeinander folgenden Verfahren durch mehrere Wettbewerbsbehörden ist dann nicht zu erwarten, wenn die Grundvereinbarungen zur Funktionsweise des Netzwerkes von allen beteiligten Wettbewerbsbehörden beachtet werden. Denn bereits die Verständigung auf Grundregeln über die Verteilung der Fälle zeigt, dass der gemeinsame Wille zur Einhaltung des ‚one-stop-shop' Prinzips besteht, soweit dies möglich ist. Dem würde eine grundsätzliche Weiterführung paralleler Verfahren in den Fällen entgegenstehen, die von einer Wettbewerbsbehörde allein effektiv bearbeitet werden können. Auch die Kommission wird im Normalfall keine Entscheidung treffen, die zu einer Entscheidung einer mitgliedstaatlichen Wettbewerbsbehörde im Widerspruch steht.[21] 11

Parallele Verfahren durch mehrere mitgliedstaatliche Wettbewerbsbehörden werden dann erforderlich, wenn ein Verstoß den Wettbewerb in mehreren Mitgliedstaaten beeinträchtigt, der nicht durch eine Behörde erfolgreich sanktioniert und/oder abgestellt werden kann, und wenn die Kommission den Fall aus Ermessensgründen nicht aufgreift.[22] 12

Aufeinanderfolgende Verfahren sind insbesondere zu erwarten, wenn eine mitgliedstaatliche Wettbewerbsbehörde oder die Kommission aufgrund des bestehenden Aufgreifermessens eine Beschwerde zurückweist oder ein von Amts wegen eingeleitetes Verfahren einstellt, und eine andere mitgliedstaatliche Wettbewerbsbehörde oder die Kommission der Auffassung ist, der Fall erfordere ein administratives Eingreifen. Hier zeigt sich, dass die grundsätzliche parallele Zuständigkeit zur Anwendung der Art. 101, 102 AEUV sicherstellt, dass die Durchsetzung kartellrechtlicher Normen nicht letztlich von den Ressourcen oder der Prioritätensetzung der zunächst tätig gewordenen Wettbewerbsbehörde abhängt.[23] 13

IV. Verhältnis zu anderen Vorschriften

Art. 13 schafft eine zusätzliche Befugnis zur Einstellung oder Aussetzung von Verfahren neben anderen bestehenden Rechtsgrundlagen, die weiterhin anwendbar bleiben.[24] Für die Kommission bedeutet dies entsprechend keine Beschränkungen der durch die Rechtsprechung des Europäisches Gerichtshofs zuerkannten Möglichkeiten, eine Beschwerde wegen fehlenden Gemeinschaftsinteresses zurückzuweisen, selbst wenn keine andere Wettbewerbsbehörde die Absicht bekundet hat, sich des Falles anzunehmen.[25] Für die mitgliedstaatlichen Wettbewerbsbehörden bleiben entsprechende, im mitgliedstaatlichen Recht vorgesehene Befugnisse bestehen. 14

Art. 14. Beratender Ausschuss

(1) **Vor jeder Entscheidung, die nach Maßgabe der Art. 7, 8, 9, 10 und 23, Art. 24 II und Art. 29 I ergeht, hört die Kommission einen Beratenden Ausschuss für Kartell- und Monopolfragen.**

(2) **Für die Erörterung von Einzelfällen setzt der Beratende Ausschuss sich aus Vertretern der Wettbewerbsbehörden der Mitgliedstaaten zusammen. Für Sitzungen, in denen andere Fragen als Einzelfälle zur Erörterung stehen, kann ein weiterer für Wettbewerbsfragen zuständiger Vertreter des jeweiligen Mitgliedstaats bestimmt werden.**

---

[21] Gemeinsame Erklärung (siehe Fußnote 1) Rn. 23.

[22] Gemeinsame Erklärung (siehe Fußnote 1) Rn. 15–19.

[23] Monopolkommission, Folgeprobleme der europäischen Kartellverfahrensreform, Sondergutachten 32, Rn. 40; *Mavroides/Neven,* Legal Issues of Economic Integration, 2001, 151, 161.

[24] Verordnungsvorschlag 2000, S. 23; Netzbekanntmachung, Rn. 25.

[25] Erwägungsgrund 18; für eine ausführliche Darstellung der entsprechenden Möglichkeiten der Kommission siehe *Schneider* in: MünchKommEuWettbR VO 1/2003 Art. 13 Rn. 1–11.

Die Vertreter können im Falle der Verhinderung durch andere Vertreter ersetzt werden.

(3) **Die Anhörung kann in einer von der Kommission einberufenen Sitzung, in der die Kommission den Vorsitz führt, frühestens 14 Tage nach Absendung der Einberufung, der eine Darstellung des Sachverhalts unter Angabe der wichtigsten Schriftstücke sowie ein vorläufiger Entscheidungsvorschlag beigefügt wird, erfolgen. Bei Entscheidungen nach Art. 8 kann die Sitzung sieben Tage nach Absendung des verfügenden Teils eines Entscheidungsentwurfs abgehalten werden. Enthält eine von der Kommission abgesendete Einberufung zu einer Sitzung eine kürzere Ladungsfrist als die vorerwähnten Fristen, so kann die Sitzung zum vorgeschlagenen Zeitpunkt stattfinden, wenn kein Mitgliedstaat einen Einwand erhebt. Der Beratende Ausschuss nimmt zu dem vorläufigen Entscheidungsvorschlag der Kommission schriftlich Stellung. Er kann seine Stellungnahme auch dann abgeben, wenn einzelne Mitglieder des Ausschusses nicht anwesend und nicht vertreten sind. Auf Antrag eines oder mehrerer Mitglieder werden die in der Stellungnahme aufgeführten Standpunkte mit einer Begründung versehen.**

(4) **Die Anhörung kann auch im Wege des schriftlichen Verfahrens erfolgen. Die Kommission muss jedoch eine Sitzung einberufen, wenn ein Mitgliedstaat dies beantragt. Im Fall eines schriftlichen Verfahrens setzt die Kommission den Mitgliedstaaten eine Frist von mindestens 14 Tagen für die Übermittlung ihrer Bemerkungen, die an die anderen Mitgliedstaaten weitergeleitet werden. In Bezug auf Entscheidungen nach Art. 8 gilt eine Frist von sieben anstatt von 14 Tagen. Legt die Kommission für das schriftliche Verfahren eine kürzere Frist als die vorerwähnten Fristen fest, so gilt die vorgeschlagene Frist, sofern kein Einwand seitens der Mitgliedstaaten erhoben wird.**

(5) **Die Kommission berücksichtigt soweit möglich die Stellungnahme des Ausschusses. Sie unterrichtet den Ausschuss darüber, inwieweit sie seine Stellungnahme berücksichtigt hat.**

(6) **Gibt der Beratende Ausschuss eine schriftliche Stellungnahme ab, so wird diese Stellungnahme dem Entscheidungsentwurf beigefügt. Empfiehlt der Beratende Ausschuss die Veröffentlichung der Stellungnahme, so trägt die Kommission bei der Veröffentlichung dem berechtigten Interesse der Unternehmen an der Wahrung ihrer Geschäftsgeheimnisse Rechnung.**

(7) **Die Kommission setzt auf Antrag der Wettbewerbsbehörde eines Mitgliedstaats Fälle, die nach Art. 81 und 82 EG von einer Wettbewerbsbehörde eines Mitgliedstaats behandelt werden, auf die Tagesordnung des Beratenden Ausschusses. Die Kommission kann dies auch aus eigener Initiative tun. In beiden Fällen wird die betreffende Wettbewerbsbehörde von ihr vorab unterrichtet.**

Ein entsprechender Antrag kann insbesondere von der Wettbewerbsbehörde eines Mitgliedstaats gestellt werden, wenn es sich um einen Fall handelt, bei dem die Kommission die Einleitung eines Verfahrens mit den Wirkungen des Art. 11 VI beabsichtigt.

Zu den Fällen, die von den Wettbewerbsbehörden der Mitgliedstaaten behandelt werden, gibt der Beratende Ausschuss keine Stellungnahme ab. Der Beratende Ausschuss kann auch allgemeine Fragen des gemeinschaftlichen Wettbewerbsrechts erörtern.

Übersicht

I. Einleitung

Der Beratende Ausschuss für Kartell- und Monopolfragen war bereits durch die VO 17/62 eingerichtet worden. Wegen seiner sehr zufriedenstellenden Funktionsweise blieb er auch in der Neufassung des Kartellverfahrensrechts erhalten und stellt neben dem Netz Europäischer Wettbewerbsbehörden ECN die zweite institutionelle Ausprägung des **Verwaltungsverbundes** zwischen EU und Mitgliedstaaten im Bereich des Kartellrechts[1] dar. Art. 14 Abs. 1 bis 3 entsprechen weitgehend Art. 10 Abs. 3 bis 6 VO 17/62. Allerdings wurde die **Zusammensetzung** des Beratenden Ausschusses und seine **Funktionsweise detaillierter geregelt,** und es wurden in Art. 14 Abs. 4 bis 7 weitere Regelungen über das schriftliche Verfahren, den Stellenwert der Stellungnahme des Ausschusses und – insoweit neu – die Befassung des Ausschusses mit Fällen, die bei nationalen Wettbewerbsbehörden anhängig sind, angefügt (dazu näher Rn. 8). 1

Die Novelle beseitigt auch die speziellen Beratenden Ausschüsse, die für den Landverkehrssektor, den See- und Luftverkehr gemäß den einschlägigen Spezialregelungen bestanden, vgl. die Änderungen der speziellen Verordnungen durch Art. 36, 38, 39. Es gibt nunmehr nur noch einen einheitlichen Beratenden Ausschuss für alle Fragen der Kartellrechtsanwendung. 2

II. Rolle und Bedeutung des Beratenden Ausschusses

1. Institution der Zusammenarbeit

Der Beratende Ausschuss für Kartell- und Monopolfragen institutionalisierte bereits in der VO 17/62 eine enge und stetige Verbindung zwischen der Kommission und den nationalen Kartellbehörden und war greifbarer Ausdruck des wechselseitigen Informationsaustausches und der Kooperation. In anderen Politikfeldern erfolgt die Kooperation zwischen der nationalen und supranationalen Ebene bei der zentralisierten Durchführung durch die Kommission im Wege der Komitologieverfahren nach Art. 291 AEUV, die die Kontrolle der Kommission durch die Mitgliedstaaten bei dem Erlass von Durchführungsakten etablieren. Diese Verfahren stehen aufgrund der primärrechtlich begründeten Vollzugszuständigkeit der Kommission für den Bereich der Wettbewerbspolitik nicht zur Verfügung. 3

Da diese Zusammenarbeit in der VO 1/2003 eine neue Akzentuierung und intensivere Ausgestaltung als Netzwerk der Wettbewerbsbehörden erfährt und ihr ein eigenes Kapitel IV gewidmet ist, ist die Rolle des Beratenden Ausschusses eher noch bedeutsamer für die Zusammenarbeit der nationalen Kartellbehörden und der Kommission. 4

2. Anhörung zu Entscheidungs- und Verordnungsentwürfen der Kommission

Wie schon nach der alten Rechtlage, ist der Beratende Ausschuss von der Kommission immer dann anzuhören, wenn die Kommission **verfahrenabschließende Entscheidungen** trifft. Allerdings wurde der Katalog der anhörungspflichtigen Entscheidungen erweitert. Die Anhörungspflicht erstreckt sich nunmehr neben Feststellungs- und Abstellungsentscheidungen auch auf einstweilige Maßnahmen nach Art. 8 (insoweit wird die Praxis unter VO 17/62 verankert),[2] Verpflichtungszusagen nach Art. 9, Nichtanwendbarkeitsfeststellungen nach Art. 10, Sanktionsverhängungen nach Art. 23, 24 Abs. 2 (insoweit bestand schon nach der alten Regelung eine Anhörungspflicht, vgl. Art. 15 Abs. 3, 16 Abs. 3 VO 17/62) und auf den Widerruf von Vorteilen der Gruppenfreistellungsverordnungen, 5

---

[1] Dazu näher *Weiß,* § 20 Europäisches Wettbewerbsverwaltungsrecht, in: Terhechte (Hg.), Verwaltungsrecht der EU, 2011, Rn. 84.

[2] S. auch *Kerse/Khan,* EC Antitrust Procedure, Rn. 5–040 mit Fn. 98.

Art. 29 Abs. 1. Der Ausschuss ist ferner vor dem Erlass von **Durchführungsvorschriften** zur Verfahrensverordnung gemäß Art. 33 und vor der Untersuchung einzelner Wirtschaftszweige oder Arten von Vereinbarungen nach Art. 17 zu hören. Auch vor Erlass von **Gruppenfreistellungsverordnungen** ist in den einschlägigen Rechtsgrundlagen eine Anhörung des Ausschusses vorgesehen.[3]

6 Nicht angehört wird der Ausschuss vor Ermittlungsmaßnahmen und vor der Anordnung (im Gegensatz zur konkreten Festsetzung) von Zwangsgeld. Der Verweis für die Anhörungspflicht nur auf Art. 24 Abs. 2 und nicht auf Art. 24 Abs. 1 stellt letzteres klar und entspricht den Mindestanforderungen der Rechtsprechung.[4]

7 Art. 14 Abs. 3 sieht vor, dass der Ausschuss zu den vorläufigen Entscheidungsvorschlägen bzw. Entscheidungsentwürfen der Kommission gehört wird. Diese Anhörung ist eine wesentliche Formvorschrift im Sinne von Art. 263 AEUV; ihr Fehlen oder ihrer unrichtige Durchführung führt zur Rechtswidrigkeit der getroffenen Entscheidung und damit zu ihrer Aufhebung, sofern sich der Verfahrensfehler ausgewirkt hat.[5] Art. 14 Abs. 5 verpflichtet die Kommission darauf, die Stellungnahme soweit wie möglich bei ihrer Entscheidung zu berücksichtigen. Darüber hat die Kommission den Ausschuss zu unterrichten. Damit wird die Stellungnahme aufgewertet, weil sich die Anhörung nicht auf eine bloße Formalie beschränkt, sondern die Stellungnahme des Ausschusses auch inhaltlich beachtet werden muss, wenn sie auch nicht das Entscheidungsergebnis mitzuprägen braucht. Insbesondere ist die Stellungnahme des Ausschusses nicht bindend für die Kommission. Die Unterrichtungspflicht dient der Rechenschaftslegung der Kommission gegenüber dem Beratenden Ausschuss.

3. Wettbewerbspolitische Erörterungen

8 Der Ausschuss kann sich ferner mit **bei nationalen Kartellbehörden anhängigen Fällen** befassen, wenn die Kommission oder ein Mitgliedstaat (nicht notwendig der betroffene) dies wünschen. Diese Zuständigkeit wurde neu in VO 1/2003 aufgenommen, um den Tätigkeitskreis des Beratenden Ausschusses auszuweiten. Das wird vor allem für die Fälle einschlägig sein, in denen die Kommission eine Übernahme der Zuständigkeit nach Art. 11 Abs. 6 aufgrund der Bedeutung des Falles für die einheitliche Anwendung beabsichtigt.[6] Dieser Fall wurde daher explizit in Art. 14 Abs. 7 Unterabs. 2 genannt. Der Ausschuss gibt aber – anders als bei der Anhörung zu Entscheidungsentwürfen der Kommission – zu nationalen Fällen keine Stellungnahme ab. Seine Rolle beschränkt sich hier auf die reine Erörterung,[7] die der Abstimmung der Wettbewerbspolitik dient und eine einheitliche Anwendung des EU-Kartellrechts ermöglicht.

9 Schließlich kann der Beratende Ausschuss auch **allgemeine Fragen** des unionalen Wettbewerbsrechts erörtern. Auch hier ist eine förmliche Stellungnahme nicht vorgesehen. Auf diesem Wege können die Mitgliedstaaten sich bei der Formulierung der europäischen Wettbewerbspolitik einbringen, um eine **Einheitlichkeit** wettbewerbspolitischer Bewertungen und auch der Kartellrechtsanwendung zu sichern. Art. 14 Abs. 7 a.E. verankert damit die bisherige Praxis, nach der die Kommission die Vertreter der Mitgliedstaaten zu allgemeinen Kartellkonferenzen einlädt und zu Gesetzesvorhaben und Bekanntmachungen

---

[3] Art. 6 VO 19/65 (Vertikal- und Lizenzverträge), Art. 7 VO 487/2009 (Luftverkehr), Art. 6 VO 246/2009 (Seeverkehr) und Art. 6 VO 1534/91 (Versicherungen).

[4] Vgl. EuGH, Rs. 46/87 und 227/88 – *Hoechst* Slg. 1989, 2859, Rn. 55f.

[5] EuG, Rs. T-25/95 u.a., – *Cimenteries CBR SA u.a.* Slg. 2000, II-491, Rn. 742; *Bechtold/Bosch/Brinker,* EU-Kartellrecht, 3. Aufl. 2014, Art. 14, Rn. 7; *Sauer* in: Schröter/Jakob/Mederer, Europäisches Wettbewerbsrecht, 2. Aufl. 2014, Art. 14 VO 1/2003, Rn. 35.

[6] *Hossenfelder/Lutz* WuW 2003, 125; *Sauer* in: Schröter/Jakob/Mederer, Europäisches Wettbewerbsrecht, 2. Aufl 2014, Art. 14 VO 1/2003, Rn. 7.

[7] *Klees,* Europäisches Kartellverfahrensrecht, 2005, § 7 Rn. 228 spricht von „Gesprächsplattform".

hört. In der Praxis erfolgt die Erörterung allgemeiner Fragen aber vor allem im ECN, so dass die Möglichkeit zur Einberufung des Beratenden Ausschusses dazu keine praktische Relevanz hat.[8]

4. Zusammensetzung des Beratenden Ausschusses

Die Zusammensetzung des Ausschusses ist im Vergleich zur früheren Regelung und auch anders als noch im Entwurf differenzierter ausgestaltet. Gemäß Art. 14 Abs. 2 besteht der Beratende Ausschuss aus Vertretern der Kartellbehörden der Mitgliedstaaten. Üblicherweise ist das je Mitgliedstaaten einer; in der Praxis widersetzt sich die Kommission aber auch der Anwesenheit mehrerer Vertreter nicht. Diese Praxis scheint in der offenen Formulierung des neuen Art. 14 Abs. 2 Eingang gefunden zu haben. 10

Durch die Anforderung, dass es **Vertreter der Kartellbehörde** sind, wird nicht nur im allseitigen Interesse die einschlägige Qualifikation der Vertreter sichergestellt, sondern dient der Funktionsfähigkeit des Netzwerks zwischen Kommission und nationalen Kartellbehörden. Daneben können auch einschlägige Experten anwesend sein, etwa aus der Bundesnetzagentur.[9] 11

Für den Fall, dass im Ausschuss nicht nur konkrete Fälle erörtert werden, ist bestimmt, dass jeder Mitgliedstaat einen **weiteren für Wettbewerbsfragen zuständigen Vertreter** entsenden kann. Dieser muss kein Beamter der Kartellbehörde sein, sondern kann ein Vertreter aus dem einschlägigen Ministerium. Das erscheint sinnvoll, weil es dann nicht um Einzelfragen, sondern um grundsätzliche Aspekte der **Ausrichtung der Wettbewerbspolitik** geht. 12

Im Falle der Verhinderung eines Vertreters kann der Mitgliedstaat einen anderen entsenden. Die Vertreter werden von jedem Mitgliedstaat in eigener Verantwortung bestimmt. 13

III. Durchführung der Anhörung

Die obligatorische Anhörung zu Entwürfen von Kommissionsentscheidungen erfolgt in einer dazu einberufenen **gemeinsamen, nichtöffentlichen Sitzung.** Eine Sitzung kann sich mit mehreren Fällen befassen. Die Modalitäten der Einberufung der Sitzung und der Stellungnahme sind in Art. 14 Abs. 3 geregelt. Danach beträgt die Ladungsfrist regelmäßig 14 Tage, bei einstweiligen Maßnahmen wegen ihrer Eilbedürftigkeit sieben Tage. Kürzere Fristen sind möglich, sofern kein Mitgliedstaat widerspricht. Das EuG hatte zur alten VO 17/62 entschieden, dass die Frist von 14 Tagen eine rein interne Verfahrensregel darstellt, deren Nichtbeachtung nur unter ganz besonderen Situationen den Ausgang der Anhörung beeinflusst, etwa wenn der Ausschuss nicht genügend Zeit hatte, von den wesentlichen Einzelheiten der Sache Kenntnis zu nehmen.[10] Dafür genügt die Vorlage erforderlicher Unterlagen am Werktag zuvor.11 14

Der Einladung sind wie bisher eine Darstellung des Sachverhalts unter Angabe der wichtigsten Schriftstücke sowie ein vorläufiger Entscheidungsvorschlag beizufügen, und zwar in der jeweiligen Landessprache. Durch diese Unterlagen wird eine sinnvolle Gestaltung der Anhörung erst möglich. Lagen dem Ausschuss wesentliche Unterlagen nicht vor und konnte der Ausschuss daher seine Stellungnahme nicht in voller Sachkenntnis abgeben, ist die Anhörung nicht ordentlich durchgeführt.[12] Als wesentliche Unterlagen zählen dabei 15

---

[8] *Bechtold/Bosch/Brinker,* EU-Kartellrecht, 3. Aufl 2014, Art. 14, Rn. 10; *De Bronett,* Europäisches Kartellverfahrensrecht, 2. Aufl. 2012, Art. 14, Rn. 13.

[9] Vgl. Erwägungsgrund 20 und Art. 28 II 2 Verordnung 1/2003; *Sauer* in: Schröter/Jakob/Mederer, Europäisches Wettbewerbsrecht, 2. Aufl 2014, Art. 14 VO 1/2003, Rn. 13.

[10] EuG, Rs. T-69/89 – *RTE* Slg. 1991, II-485, Rn. 27.

[11] EuG, Rs. T-111/08 – *MasterCard,* Rn. 295 ff.

[12] EuG, Rs. T-25/95 u. a. – *Cimenteries CBR SA u. a.* Slg. 2000, II-491, Rn. 742.

diejenigen, die den Ausschuss in die Lage versetzen, in voller Kenntnis der Umstände seine Empfehlung abzugeben. Dazu zählt die Niederschrift über die Anhörung der Unternehmen, wenn diese wichtige Informationen enthalten.[13] Gemäß dem Mandat des Anhörungsbeauftragten ist auch sein Abschlußbericht vorzulegen.[14]

16 In der Praxis fungiert ein Mitglied des Ausschusses als Berichterstatter, das dazu vom Ausschuss bestimmt wurde. Er informiert den Ausschuss über den jeweiligen Fall und weist auf wesentliche Fragen hin. Die Vertreter der Mitgliedstaaten erörtern nach dem Bericht des Berichterstatters die relevanten Fragen. Regelmäßig geht es um die Anwendung von Art. 101 und 102 AEUV und das Ob und Wie einer Sanktionierung. Anschließend wird eine Stellungnahme formuliert, die die Blickpunkte aller Mitgliedstaaten enthält, zunächst der Mehrheits- und dann der Minderheitsauffassung.

17 **Ausnahmsweise** kann die Anhörung auch im Wege eines **schriftlichen Verfahrens** stattfinden, Art. 14 Abs. 4. Dieser Weg kann aber nicht beschritten werden, wenn auch nur ein Mitgliedstaat eine Sitzung beantragt. Auch für das schriftliche Verfahren gelten die bereits benannten (Rn. 14) Fristen von 14 bzw. sieben Tagen. Das schriftliche Verfahren kann zu einer Beschleunigung der Anhörung der Mitgliedstaaten beitragen, hat aber den Nachteil, dass sie eine gemeinsame Position des Ausschusses erschwert, weil die Mitgliedstaaten jeweils nur ihre eigene Position formulieren.

18 Der Ausschuss gibt seine – nicht notwendig einheitliche[15] – Stellungnahme schriftlich ab und versieht die von ihm in der Stellungnahme eingenommenen Standpunkte mit Gründen, sofern ein Mitglied das verlangt. Die Abgabe der Stellungnahme wird nicht durch die Abwesenheit von Mitgliedern verhindert. Die Mitgliedstaaten können somit nicht durch eine Politik des leeren Stuhls die Arbeit des Ausschusses behindern.

IV. Behandlung der Stellungnahme

19 Wie schon angesprochen, muss die Kommission soweit wie möglich die – nicht bindende – Stellungnahme des Ausschusses berücksichtigen und dem Ausschuss darüber Rechenschaft ablegen, Art. 14 Abs. 5. Diese **Berücksichtigungspflicht** stellt sicher, dass die Kommission die Stellungnahme inhaltlich würdigt und sie nicht zu einer bloßen Förmelei ohne Entscheidungsrelevanz wird. Allerdings ist die Kommission nicht verpflichtet, der Stellungnahme des Ausschusses zu folgen.

20 Die schriftliche Stellungnahme des Ausschusses ist dem Entscheidungsentwurf beizufügen, über den die Kommission berät.

21 Anders als früher (s. Art. 10 Abs. 6 a.E. VO 17/62) ist eine **Veröffentlichung** der Stellungnahme des Beratenden Ausschusses nicht ausgeschlossen, vgl. Art. 14 Abs. 6. Vielmehr kann sein Votum auf seine Empfehlung hin veröffentlicht werden. In der Fusionskontrolle ist die Stellungnahme des Beratenden Ausschusses zu veröffentlichen (Art. 19 Abs. 7 VO 139/2004). Die Kommission trägt dann dafür Sorge, dass die **Geschäftsgeheimnisse** der Unternehmen bei der Veröffentlichung gewahrt werden.

Art. 15. Zusammenarbeit mit Gerichten der Mitgliedstaaten

(1) **Im Rahmen von Verfahren, in denen Artikel *81 oder 82* des Vertrags zur Anwendung kommen, können die Gerichte der Mitgliedstaaten die Kommission um Informationen, die sich in ihrem Besitz befinden, oder um Stellungnahmen zu Fragen bitten, die die Anwendung der Wettbewerbsregeln der Gemeinschaft betreffen.**

---

[13] Vgl. EuG, Rs. T-69/89 – *RTE* Slg. 1991, II-485, *Kerse/Khan,* EC Antitrust Procedure, § 5.23.

[14] Art. 16 II Beschluss 2011/695/EG des Präsidenten der Kommission über Funktion und Mandat des Anhörungsbeauftragten, ABl. 2011 Nr. L 275/29.

[15] *Klees,* Europäisches Kartellverfahrensrecht, 2005, § 7, Rn. 235.

(2) **Die Mitgliedstaaten übermitteln der Kommission eine Kopie jedes schriftlichen Urteils eines einzelstaatlichen Gerichts über die Anwendung des Artikels *81 oder 82* des Vertrags. Die betreffende Kopie wird unverzüglich übermittelt, nachdem das vollständige schriftliche Urteil den Parteien zugestellt wurde.**

(3) **Die einzelstaatlichen Wettbewerbsbehörden können von sich aus den Gerichten ihres Mitgliedstaats schriftliche Stellungnahmen zur Anwendung der Artikel *81 oder 82* des Vertrags übermitteln. Mit Erlaubnis des betreffenden Gerichts können sie vor den Gerichten ihres Mitgliedstaats auch mündlich Stellung nehmen. Sofern es die kohärente Anwendung der Artikel *81 oder 82* des Vertrags erfordert, kann die Kommission aus eigener Initiative den Gerichten der Mitgliedstaaten schriftliche Stellungnahmen übermitteln. Sie kann mit Erlaubnis des betreffenden Gerichts auch mündlich Stellung nehmen.**

Zum ausschließlichen Zweck der Ausarbeitung ihrer Stellungnahmen können die Wettbewerbsbehörden der Mitgliedstaaten und die Kommission das betreffende Gericht des Mitgliedstaats ersuchen, ihnen alle zur Beurteilung des Falles notwendigen Schriftstücke zu übermitteln oder für deren Übermittlung zu sorgen.

(4) **Umfassendere Befugnisse zur Abgabe von Stellungnahmen vor einem Gericht, die den Wettbewerbsbehörden der Mitgliedstaaten nach ihrem einzelstaatlichen Recht zustehen, werden durch diesen Artikel nicht berührt.**

Übersicht

I. Sinn und Zweck der Regelung

Art. 15, der keine Entsprechung in der VO Nr. 17/62 hatte, enthält verschiedene Regelungen, die alle dem Zweck dienen, innerhalb eines Systems der konkurrierenden Zuständigkeiten von Gerichten und Wettbewerbsbehörden und im Rahmen der dezentralen Anwendung des EG-Wettbewerbsrechts die **Kohärenz und Einheitlichkeit der Rechtsanwendung** zu gewährleisten. Art. 15 führt ein System des gegenseitigen Informationsaustauschs zwischen der Kommission und den Gerichten der Mitgliedstaaten ein, das der Kommission unter bestimmten Umständen die Möglichkeit bietet, sich an Verfahren vor nationalen Gerichten zu beteiligen.[1] Die Probleme, denen Art. 15 abhelfen soll, bestanden auch schon bevor den nationalen Gerichten die Kompetenz zur Anwendung des Art. 101 Abs. 3 AEUV verliehen wurde. Entsprechend wird mit der Regelung in Art. 15 Abs. 1 nur die durch den EuGH in verschiedenen Urteilen entwickelte[2] und bereits 1993 in der ersten 1

[1] So EuGH U. v. 11.6.2009 Rs. C-429/07 – *Inspecteur van de Belastingdienst/X BV* Slg. 2009, I-4833 Rn. 24.

[2] EuGH U. v. 28.2.1991 Rs. C-234/89 – *Delimitis/Henninger Bräu* Slg. 1991, I-935 Rn. 53, WuW/E EWG/MUV 911; EuG U. v. 18.9.1996 Rs. T-353/94 – *Postbank NV/Kommission* Slg. 1996, II-921 Rn. 64.

Bekanntmachung über die Zusammenarbeit mit den nationalen Gerichten[3] niedergelegte Pflicht der Kommission zur Unterstützung der nationalen Gerichte bei der Anwendung des EU-Wettbewerbsrechts in die Verordnung aufgenommen. Vor dem Inkrafttreten der VO 1/2003 wurde diese Pflicht vor allem mit Art. 10 Abs. 2 EG (nunmehr Art. 4 Abs. 3 EU) und der daraus abgeleiteten **Verpflichtung zur loyalen Zusammenarbeit** zwischen den Organen der Gemeinschaft und den Gerichten der Mitgliedstaaten begründet.[4] Art. 15 Abs. 2 hingegen geht über die bis dahin bestehenden Verpflichtungen zur Zusammenarbeit hinaus und stellt eine neue Regelung dar, die gewährleisten soll, dass die Kommission über alle Verfahren zur Anwendung der Art. 101, 102 AEUV vor nationalen Gerichten zumindest informiert wird. Ebenso erweitert die Regelung in Abs. 3 die Möglichkeiten der Kommission zur Beteiligung an nationalen Gerichtsverfahren, da der **Kommission** ein eigenes Recht eingeräumt wird, sich (schriftlich) als ***amicus curiae*** zu beteiligen, ohne dazu von dem Gericht selbst aufgefordert worden zu sein. Art. 15 Abs. 3 entspricht im Wesentlichen der Regelung der Befugnisse des Bundeskartellamtes in § 90 GWB. Ähnliche Befugnisse der Kartellbehörden finden sich auch im französischen und U. S.-Kartellrecht.[5]

2 Gemeinsamer Ausgangspunkt aller Regelungen zur Beteiligung von Kartellbehörden an Kartellzivilprozessen ist es, durch **prozessuale Beteiligungsrechte** zu gewährleisten, dass das **Allgemeininteresse** bei kartellrechtlichen Streitigkeiten Privater nicht unberücksichtigt bleibt. Soweit bei Kartellzivilprozessen in letzter Instanz dieselben Gerichte urteilen, die auch über die Rechtmäßigkeit von Entscheidungen der Kartellbehörde zu befinden haben (wie z. B. in Deutschland, Frankreich und den Vereinigten Staaten), ergibt sich auch daraus ein Interesse der Kartellbehörden, in Kartellzivilprozessen ihre Sicht der Dinge darlegen zu können.

3 Die Regelungen in Art. 15 dienen diesem Zweck besser als die vorher geltenden Bestimmungen. Diese – und insbesondere die Bekanntmachung zur Zusammenarbeit[6] von 1993 – waren hauptsächlich von dem Bestreben getragen, den Gerichten der Mitgliedstaaten, die über Kartellstreitigkeiten zu entscheiden haben, **Hilfestellung bei der Anwendung der Wettbewerbsregeln** zu geben und insbesondere eine **Prognose zur Wahrscheinlichkeit einer Freistellung** gemäß Art. 101 Abs. 3 AEUV zu ermöglichen. Art. 15 Abs. 2 und 3 geben der Kommission auch die Möglichkeit, die nationale Kartellrechtsanwendung in den Gerichten genau zu beobachten und sich aus eigener Initiative an Gerichtsverfahren zu beteiligen. Nach anfänglicher Zurückhaltung macht die Kommission von dieser Möglichkeit auch Gebrauch.[7]

II. Praktische Bedeutung

1. Umfang der Beteiligung der Kommission an nationalen Gerichtsverfahren

4 Die erste Grundlage für eine Beteiligung der Kommission an nationalen Gerichtsverfahren war die im Jahr 1993 veröffentlichte Bekanntmachung zur Zusammenarbeit der Kommission mit den Gerichten der Mitgliedstaaten.[8] Seit 1994 wird in den Wettbewerbsberich-

[3] ABl. 1993 C 39/6. Die nunmehr geltende Bekanntmachung zur Zusammenarbeit wurde im Abl. 2004 C101/54 veröffentlicht.

[4] Vgl. zu diesem Grundsatz EuGH U. v. 13.7.1990 Rs. C-2/88 Imm. – *J. J. Zwartveld/Europäisches Parlament* Slg. 1990, I-3367 Rn. 17; EuGH U. v. 28.2.1991 Rs. C 234/89 – *Delimitis/Henninger Bräu* Slg. 1991, I-935 Rn. 53, WuW/E EWG/MUV 911.

[5] Ausführlich dazu *Zuber,* Die Kommission als amicus curiae, S. 96 f.

[6] ABl. 1993 C 39/6.

[7] Die *amicus curiae*-Stellungnahmen werden – soweit das betroffene Gericht es gestattet – auf der Internetseite der Kommission eingestellt: http://ec.europa.eu/competition/court/antitrust_amicus_curiae.html (letzter Zugriff: 21.11.2014).

[8] ABl. 1993 C 39/6.

ten der Kommission über die Fälle der Beteiligung berichtet.[9] Auf der Grundlage dieser Daten lässt sich ein Bild des Umfangs der Aktivitäten der Kommission zeichnen. In dem Zeitraum von 1993 bis 2013 beteiligte sich die Kommission demnach an **100 nationalen Gerichtsverfahren.** In 87 Fällen beteiligte sie sich auf Anfrage des Gerichts mit der Bitte um eine Stellungnahme oder die Übermittlung von Informationen, in 13 Fällen beteiligte sich die Kommission aus eigener Initiative als *amicus curiae* gem. Art. 15 Abs. 3. Die Kommission beteiligte sich an Verfahren in elf Mitgliedstaaten: Österreich, Belgien, Spanien, Irland, Frankreich, Deutschland, Litauen, den Niederlanden, der Slowakei, Schweden und Großbritannien. Wenn nur die Anfragen betrachtet werden, die unter der Geltung der VerfVO behandelt wurden (2004–2013), so hat die Kommission 26 Anfragen nach Art. 15 Abs. 1 beantwortet, von denen 13 veröffentlicht wurden, und sich in 13 Fällen als *amicus curiae* beteiligt.[10]

Bei den Gerichten handelte es sich **nicht ausschließlich um Zivilgerichte,** in zahlreichen Fällen waren die Gerichte mit der Anfechtung von Behördenentscheidungen befasst,[11] in einem Fall handelte es sich um eine steuerliche Streitigkeit.[12] Unter den „Gerichten" befand sich auch ein Schiedsgericht.[13] Soweit ersichtlich, handelte es sich bei den Gerichten, die sich bislang selbst an die Kommission gewandt haben, in vielen Fällen um Gerichte der ersten Instanz, Wenig überraschend ist, dass die Kommission in den Fällen, in denen sie sich selbst für eine Beteiligung als *amicus curiae* entscheidet, dies vor allem in den Obergerichten tut, wie z. B. dem BGH, der Cour de cassation oder dem belgischen Verfassungsgericht.[14] 5

Bei der Bewertung der bisherigen Zahl von 100 Anfragen muss allerdings berücksichtigt werden, dass zahlreiche Anfragen im Wesentlichen denselben Sachverhalt betrafen, der Gegenstand mehrerer nationaler Verfahren war.[15] Die **Zahl der Vorlagefragen** gemäß Art. 267 AEUV zur Auslegung der Art. 101, 102, 106 AEUV war im gleichen Zeitraum wesentlich höher. 6

2. Zusätzliche Befugnisse der Kommission gemäß Abs. 2 und Abs. 3

Durch die Informationspflicht der Gerichte gemäß Abs. 2 und das nicht von einer Zustimmung des nationalen Gerichtes abhängige Beteiligungsrecht gemäß Abs. 3 wird der Kommission ermöglicht, einen **umfassenden Überblick über die Anwendung der** 7

[9] Vgl. 24. WB 1994 Rn. 48–51; 25. WB 1995, Rn. 93; 26. WB 1996, 373 f.; 27. WB 1997, 335 f.; 28. WB 1998, 392 f.; 29. WB 1999, 405; 30. WB 2000, 382 f.; 31. WB 2001, 408 f.; 32. WB 2002, 369 f.; 33. WB 2003, 298; 34. WB 2004, 55; 35. WB 2005, 77; 36. WB 2006, 89; 37. WB 2007, 25; 38. WB 2008, 113; 39. WB 2009, 57, 206f; 40. WB 2010, 129f; 41. WB 2011, Teil 2, 18; 42. WB 2012, 16; 43. WB 2013, 24. *Robertson,* WuW 2014, 372, 380, geht davon aus, dass die Datenlage unvollständig sei und die Kommission nicht über alle Stellungnahmen informiere. M. E. muss hier zwischen der Veröffentlichung der Stellungnahmen auf der Internetseite der Kommission und der Darstellung im Wettbewerbsbericht unterschieden werden. Im Wettbewerbsbericht werden die Fälle vollständig dargestellt, während nicht alle Stellungnahmen veröffentlicht werden.

[10] Kommission, Staff working document Ten years of Antitrust Enforcement under Regulation 1/2003 (SWD (2014) 230/2. Rn. 246, 248.

[11] Vgl. High Court of Justice, 24. WB 1994, 43; Audiencia Nacional, 26. WB 1996, 375, 28. WB 1998, 392 und 29. WB 1999, 405; College van Beroep vorr het Bedrijfsleven s-Gravenhage, 27. WB 1997, 335, Slowakisches Oberstes Gericht, 40. WB 2010, 131.

[12] EuGH U. v. 11.6.2009 Rs. C-429/07 – *Inspecteur van de Belastingdienst/X BV* Slg. 2009, I-4833.

[13] Vgl. 26. WB 1996, 375.

[14] Eine Darstellung der wichtigsten Fälle findet sich in Kommission, Staff working document Ten years of Antitrust Enforcement under Regulation 1/2003 (SWD (2014) 230/2. Rn. 248 f.

[15] Vgl. die Anfragen der spanischen Gerichte in 28. WB 1998, 395; 29. WB 1999, 405; 30. WB 2000, 382 f.; 31. WB 2001, 408 f., 32. WB 2002, 369 f.; 33. WB 2003, 298, 34. WB 2004, 55; 39. WB 2009, 207.

EU-Wettbewerbsregeln durch nationale Gerichte zu gewinnen und ihrer Rechtsauffassung in nationalen Verfahren Gehör zu verschaffen, wenn sie das für notwendig hält. Durch diese Informations- und Beteiligungsrechte ist es der Kommission nunmehr möglich, uneinheitliche Anwendung des EU-Wettbewerbsrechts durch nationale Gerichte zu erkennen und eine **größere Transparenz der Kartellrechtsanwendung** der nationalen Gerichte zu schaffen. Die Kommission konzentriert – ähnlich wie das Bundeskartellamt bei der Wahrnehmung der Aufgaben aus § 90 GWB[16] – ihre Beteiligung auf die letztinstanzlichen Gerichte der Mitgliedstaaten und nimmt nur in Ausnahmefällen in Verfahren vor den Instanzgerichten Stellung. Nach anfänglicher Zurückhaltung hat die Kommission 2006 zum ersten Mal von ihrem Recht Gebrauch gemacht und vor der französischen Cour d'appel in Paris eine schriftliche Stellungnahme zu der Auslegung der VO 1400/2002 abgegeben[17] und seitdem regelmäßig vor allem vor letztinstanzlichen Gerichten zu Kartellrechtsfragen ohne Anfrage des Gerichts Stellung genommen.[18] Während der Entwurf der Verordnung allerdings noch ein uneingeschränktes Recht der Kommission zur Beteiligung vorsah, ist dieses Recht in der Endfassung auf Fälle beschränkt, in denen die kohärente Rechtsanwendung in Frage steht. Die Beteiligung der Kommission an der mündlichen Verhandlung soll zudem nur mit Erlaubnis des betroffenen Gerichts möglich sein.

3. Konflikt mit der richterlichen Unabhängigkeit

8 Schon die bisherige Bekanntmachung über die Zusammenarbeit zwischen Kommission und Gerichten der Mitgliedstaaten hat in verschiedenen Mitgliedstaaten zu Zweifeln daran geführt, ob sich eine Beteiligung einer Verwaltungsbehörde an einem gerichtlichen Verfahren mit der **Unabhängigkeit der Gerichte** vereinbaren lässt.[19] Entsprechende Bedenken wurden auch in Deutschland geäußert, obwohl es in Deutschland mit § 90 GWB entsprechende Befugnisse des Bundeskartellamts schon seit Inkrafttreten des GWB gibt.[20] Die bisherige Praxis der Kommission war – wohl auch aufgrund dieser Bedenken – von **großer Zurückhaltung** geprägt. Da keine Bindung an die Kommissionsstellungnahmen besteht, ist aber eine Beeinträchtigung der Unabhängigkeit der Gerichte nicht zu befürchten.[21] In dem Vorlageverfahren *Inspecteur van de Belastingdienst/X BV*[22] machte die niederländische Regierung als Streithelferin geltend, die uneingeschränkte Beteiligung der Kommission stelle einen Eingriff in die Verfahrensautonomie der Mitgliedstaaten dar. Der EuGH hat sich dieser Auffassung nicht angeschlossen.[23] Die Erfordernis einer gerichtlichen Erlaubnis für die Teilnahme an der mündlichen Verhandlung in Art. 15 zeigt aber, dass die Regelung Eingriffe in das Verfahren und entsprechende Konflikte möglichst zu vermeiden sucht. In verschiedenen Fällen führte die *amicus curiae*-Beteiligung der Kommission am nationalen Verfahren dazu, dass das betroffene Gericht eine Rechtsfrage dem EuGH vorgelegt hat.[24]

---

[16] Vgl. dazu *Topel* GRUR 2000, 985, 988.

[17] Vgl. 36. WB 2006, 90.

[18] Kommission, Staff working document Ten years of Antitrust Enforcement under Regulation 1/2003 (SWD (2014) 230/2. Rn. 248.

[19] Komm., Summary of the Observations on the White Paper, 2001, S. 15; *Robertson* WuW 2014, 372, 376.

[20] Darauf weist auch *Jaeger* WuW 2000, 1063, 1070 hin.

[21] Zu der Frage, ob die bindung des Art. 16 gegen die richterliche Unabhängigkeit verstoßen könnte, vgl. *Schröder,* Gesetzesbindung des Richters und Rechtsweggarantie im Mehrebenensystem, S. 161, 171.

[22] EuGH U. v. 11.6.2009 Rs. C-429/07 – *Inspecteur van de Belastingdienst/X BV* Slg. 2009, I-4833.

[23] Kritisch zu der Entscheidung MüKoEuWettbwR/*Nothdurft,* 2. Aufl., Art. 15 VO 1/2003 Rn. 8a.

[24] Kommission, Staff working document Ten years of Antitrust Enforcement under Regulation 1/2003 (SWD (2014) 230/2. Rn. 250.

III. Tatbestand

1. Gerichte der Mitgliedstaaten

Auch wenn durch die Regelung vor allem die Stärkung der Rechtseinheitlichkeit der Entscheidungspraxis der Kommission und der Zivilgerichte der Mitgliedstaaten bezweckt wird, geht der Anwendungsbereich des Art. 15 darüber hinaus. Die Rechte und Pflichten treffen grundsätzlich **alle Gerichte der Mitgliedstaaten** und somit – wie auch in Begründungserwägung 21 der Verordnung ausgeführt – auch die Gerichte, die über die Rechtmäßigkeit von Verwaltungsentscheidungen der nationalen Kartellbehörden zu entscheiden haben. Soweit in einzelnen Mitgliedstaaten Gerichte als Wettbewerbsbehörden tätig sind, kann nach der *Syfait*-Entscheidung des EuGH[25] Art. 15 auf diese Gerichte keine Anwendung mehr finden.[26] Der EuGH hatte die fehlende Vorlageberechtigung gemäß Art. 267 AEUV der gerichtsähnlich organisierten griechischen Wettbewerbsbehörde u. a. damit begründet, dass die Kommission diesen Gerichten gemäß Art. 11 Abs. 6 die Zuständigkeit entziehen kann.[27] Anderes sollte für die Gerichte, die über die Rechtmäßigkeit von Verwaltungsentscheidungen der nationalen Kartellbehörden zu entscheiden haben, gelten.[28] Bei der Anwendung des Art. 15 sind sie auch entsprechend früherer Praxis der Kommission[29] einzubeziehen.[30] Eine Einbeziehung auch dieser Gerichte fördert die **Kohärenz der Anwendung** der EU-Wettbewerbsregeln. Allerdings ist nicht vollkommen klar, ob in Bezug auf diese Gerichte ausschließlich Art. 15 oder sowohl Art. 15 als auch Art. 11 Anwendung finden sollen. Art. 35 Abs. 3 deutet darauf hin, dass tatsächlich beide Vorschriften auf derartige Gerichte Anwendung finden können.[31] 9

Ob die nationalen Gerichte tatsächliche und rechtliche Stellungnahmen der Kommission einholen können, richtet sich zunächst nach dem jeweiligen **nationalen Prozessrecht.** Unproblematisch wird das zumindest in denjenigen Mitgliedstaaten sein, in denen eine entsprechende Einbeziehung der nationalen Kartellbehörden möglich ist (wie z. B. in Frankreich gemäß Art. L.462-3 Code de commerce). In Deutschland kann ein Zivilgericht gemäß § 273 Abs. 2 Nr. 2 ZPO durch Verfügung eine Behörde um Auskünfte und die Übermittlung von Urkunden bitten, ohne dass es eines entsprechenden Antrages der Parteien bedarf.[32] Ein solches Vorgehen von Amts wegen wird man zumindest in Bezug auf Informationen zu dem Stand eines Verfahrens der Kommission für zulässig halten können. Aufgrund des **zivilprozessualen Beibringungsgrundsatzes** kann ein solches Vorgehen jedoch nur die Ausnahme sein.[33] Regelmäßig werden tatsächliche Auskünfte der Kommission im deutschen Zivilprozess nur aufgrund eines Beweisantrages einer Partei eingeholt 10

[25] EuGH U. v. 31.5.2005 Rs. C-53/03 – *Synetairismos Farmakopoion Aitolias & Akarnanias (Syfait)/GlaxoSmithKline plc* Slg. 2005, I-4609.

[26] Vgl. dazu *Nothdurft* in Münchener Kommentar zum Kartellrecht, Art. 15 EGVerfVO.

[27] EuGH U. v. 31.5.2005 Rs. C-53/03 – *Synetairismos Farmakopoion Aitolias & Akarnanias (Syfait)/GlaxoSmithKline plc* Slg. 2005, I-4609 Rn. 51.

[28] MüKoEuWettbwR/*Nothdurft,* 2. Aufl., Art. 15 VO 1/2003 Rn. 6.

[29] Vgl. die Anfragen der spanischen Audiencia Nacional, 26. WB 1996, 375, 28. WB 1998, 392 und 29. WB 1999, 405.

[30] Art. 15 Abs. 3 vermittelt der nationalen Wettbewerbsbehörde allerdings kein Recht, Partei in einem Verfahren zu sein, in dem seine Entscheidungen angefochten werden, vgl. die Konstellation in EuGH U. v. 7.12.2010 Rs. C-439/08 – VEBIC.

[31] Siehe auch die Bekanntmachung der Kommission über die Zusammenarbeit zwischen der Kommission und den Gerichten der EU-Mitgliedstaaten bei der Anwendung der Artikel 81 und 82 EG-Vertrag, ABl. 2004 C101/54 Rn. 2.

[32] Vgl. dazu Münchener Kommentar zur ZPO-*Lüke,* Einl. Rn. 190; *Lampert/Weidenbach* WRP 2007, 154, 160.

[33] Vgl. dazu *Hirsch* ZWeR 2003, 233, 240; MüKoEuWettbwR/*Nothdurft,* 2. Aufl., Art. 15 VO 1/2003 Rn. 20; a. A. FK-*Jaeger* Art. 15 Rn. 16.

werden können.[34] Soweit sich eine der Parteien zum Beweis auf tatsächliche Auskünfte der Kommission bezieht, kann ein entsprechender Beweisbeschluss erlassen werden, §§ 358a Nr. 2, 432 ZPO. § 432 ZPO sieht dies ausdrücklich für Urkunden vor, die in den Händen einer Behörde sind und die die Parteien nicht ohne Mitwirkung des Gerichts beschaffen können. Jedoch verpflichtet **bloßes pauschales Verweisen** auf Informationen der Kommission durch eine Partei ein Gericht nicht zum Erlass eines Beweisbeschlusses.[35] Auch genügt es nicht, die Vorlegung einer Akte schlechthin zu verlangen.[36] In Zukunft wird auf der Grundlage der Richtlinie zu Kartellschadensersatzklagen die Möglichkeit der Anordnung der Offenlegung von Beweismitteln durch Kläger, Beklagte und Dritte (wie z.B. Kartellbehörden) noch einmal schärfer gefasst werden müssen. [37]

11 Dagegen kann nach anderer Ansicht tatsächliches Vorbringen der Kommission nur dadurch in den Prozess eingeführt werden, dass der **Richter gemäß § 139 ZPO** die Parteien **zur Beibringung** bestimmter Angaben mit Hilfe von Kommissionsunterlagen auffordert.[38] Gleichzeitig müsse das Gericht eine Verfügung erlassen, in der die geforderten Angaben für entscheidungserheblich erklärt werden und die dann der Kommission vorgelegt werden kann.[39] Vorzugswürdig erscheint es jedoch, wie oben dargestellt, in Anlehnung an §§ 358a Nr. 2, 432 ZPO einen **Beweisbeschluss des Gerichts** für grundsätzlich notwendig (soweit nicht schon ein Vorgehen von Amts wegen mögich ist) aber auch ausreichend zu halten.[40]

2. Informationen

12 Die Regelung in Abs. 1 greift die bisherige Praxis der Kommission nach der Bekanntmachung über die Zusammenarbeit auf. Der EuGH hatte in *Delimitis* das Recht der nationalen Gerichte anerkannt, bei der Kommission **Auskünfte über den Verfahrensstand** vor der Kommission und, wenn die konkrete Anwendung des Art. 101 und 102 besondere Schwierigkeiten bereitet, wirtschaftliche und rechtliche Auskünfte einzuholen.[41] Durch Abs. 1 wird klargestellt, dass die Kommission nicht verpflichtet ist, für die nationalen Gerichte ermittelnd tätig zu werden, sondern nur die Informationen weitergeben muss, über die sie bereits verfügt. Zu diesen Informationen können neben allgemeinen Studien auch **Dokumente aus der Verfahrensakte** der Kommission gehören.[42] Dies ergab sich aus dem *Postbank N. V.*-Urteil, in dem das EuG ausführt, dass die Unterstützung, die die Kommission aufgrund des Grundsatzes der loyalen Zusammenarbeit gemäß Art. 10 EG (nunmehr Art. 4 Abs. 3 EU) den nationalen Gerichten gewähren muss, auch darin bestehen kann, dass die Kommission Unterlagen, die sie in Wahrung ihrer Aufgaben gesammelt

---

[34] Zu dieser Möglichkeit vgl. BGH WuW/E BGH 2183, 2186 – *Grundig-Vertriebsbindungssystem; Baur/Weyer* in FK, Art. 81 – Zivilrechtsfolgen Rn. 221. FK-*Jaeger* Art. 15 Rn. 16 geht davon aus, dass grundsätzlich kein Beweisantrag notwendig sei.

[35] Vgl. *Baumbach/Lauterbach/Albers/Hartmann,* § 432 ZPO Rn. 3; *Thomas/Putzo,* § 432 ZPO Rn. 2; OLG Stuttgart WuW/E OLG E 4214, 4215 – *City-Reisebüro.*

[36] So BGH NJW 1994, 3295, 3296; *Thomas/Putzo,* Vorbem. § 415 ZPO Rn. 2; vgl. dazu auch BGH B. v. 14.7.2015 – KVR 55/14 Tz. 25.

[37] Zu den Regelungen vgl. *Makatsch/Mir* EuZW 2015, 7, 9.

[38] So *Bornkamm,* Schwerpunkte des Kartellrechts 92/93, S. 51, 59; in Anschluss daran *Ebenroth/Birk* Beilage 2 zu EWS 11/1996, 1, 4.

[39] So *Bornkamm,* Schwerpunkte des Kartellrechts 92/93, S. 51, 59; *Odersky* in: FS Mestmäcker, S. 699, 709; in Anschluss daran *Ebenroth/Birk,* Beilage 2 zu EWS 11/1996, 1, 4; *Ackermann,* Art. 85 Abs. 1 EGV und die rule of reason, S. 144. Kritisch dazu *Esser-Wellié* WuW 1995, 457, 472, der darin eine Überdehnung der Hinweispflicht aus § 139 ZPO sieht.

[40] So auch *Canenbley/Klingbeil,* in: Die Anwendung der Artikel 85 und 86 des EG-Vertrages durch nationale Gerichte, S. 142, 166.

[41] EuGH U. v. 28.2.1991 Rs. C-234/89 – *Delimitis/Henninger Bräu* Slg. 1991, I-935 Rn. 53, WuW/E EWG/MUV 911.

[42] So auch *Kerse* CML Rev. 34 (1997) 1481, 1489.

hat, an die nationalen Gerichte übermittelt.[43] Diese Verpflichtung erstreckt sich nach Ansicht des EuG auch auf Unterlagen, die **Geschäftsgeheimnisse** enthalten, da die Wahrung der Geschäftsgeheimnisse dann grundsätzlich Aufgabe des anfragenden Gerichtes sei.[44] Diese Auffassung wird nunmehr auch von Art. 28 Abs. 1 gestützt, der die Tätigkeit der Kommission gemäß Art. 15 vom Schutz der Berufsgeheimnisse ausnimmt. Dies scheint bedenklich, da ein wirksamer Schutz der Geschäftsgeheimnisse auf nationaler Ebene nicht ohne weiteres vorausgesetzt werden kann und – entgegen der Ansicht des EuG[45] – das Bestehen einer europarechtlichen Pflicht der nationalen Gerichte zur Wahrung der Geschäftsgeheimnisse zumindest zweifelhaft erscheinen muss.[46]

Die neue Bekanntmachung über die Zusammenarbeit sieht vor, dass die Kommission **vor der Übermittlung von Geschäftsgeheimnissen** zunächst bei dem Gericht **nachfragt,** „ob es den Schutz von vertraulichen Informationen und Geschäftsgeheimnissen gewährleisten kann und wird." Nur wenn diese Gewähr geboten werden kann, will die Kommission die Geschäftsgeheimnisse weiterleiten.[47] Dieses Vorgehen ist aus pragmatischen Gründen zu begrüßen. Im deutschen Recht stellt sich die Frage, ob Tatsachen, die den Prozessparteien nicht offenbart werden, überhaupt einen Einfluss auf die Urteilsfindung haben können. Da es weder im deutschen Zivilprozess noch im deutschen Verwaltungsprozess **Geheimverfahren** gibt, können die nicht zugänglichen Dokumente auch nicht der Urteilsfindung zugrunde gelegt werden.[48] Zumindest im deutschen Verwaltungsprozess (und insbesondere im Kartellverwaltungsverfahren) gilt deswegen der Schutz der Geschäftsgeheimnisse nicht absolut, sondern das Interesse an der Geheimhaltung der Geschäftsgeheimnisse muss gegen die **anderen betroffenen Interessen abgewogen** werden.[49] Inwieweit ein solcher Schutz der Geschäftsgeheimnisse, der nicht absolut gilt, für die Kommission als genügende Gewähr genügt, muss noch als offen gelten. 13

Wie auch in der Bekanntmachung über die Zusammenarbeit innerhalb des Netzes der Wettbewerbsbehörden[50] ist im Rahmen der Zusammenarbeit zwischen der Kommission und den nationalen Gerichten ein Ausschluss der Weitergabe der im Rahmen eines Antrages auf **Kronzeugenbehandlung freiwillig vorgelegten Beweismittel** vorgesehen.[51] Soweit ersichtlich hat bislang erst ein Gericht, der High Court of England and Wales, eine Anfrage an die Kommission gestellt, in der offenbar auch einzelne Inhalte des Kronzeugen- 14

[43] EuG U. v. 18.9.1996 Rs. T-353/94 – *Postbank NV/Kommission* Slg. 1996, II-921 Rn. 64.

[44] EuG U. v. 18.9.1996 Rs. T-353/94 – *Postbank NV/Kommission* Slg. 1996, II-921 Rn. 89; so auch EuGH U. v. 14.6.2011 Rs. C-360/09 -*Pfleiderer AG.*

[45] EuG U. v. 18.9.1996 Rs. T-353/94 – *Postbank NV/Kommission* Slg. 1996, II-921 Rn. 69.

[46] Ausführlich hierzu *Zuber,* Die Kommission als amicus curiae, S. 123f. Vgl. aber jetzt für den Bereich des Vergaberechts EuGH U. v. 14.2.2008 Rs. C-450/06 – *Varec SA/Belgien* – noch nicht veröffentlicht.

[47] Bekanntmachung der Kommission über die Zusammenarbeit zwischen der Kommission und den Gerichten der EU-Mitgliedstaaten bei der Anwendung der Artikel 81 und 82 EG-Vertrag, ABl. 2004 C-101/54 Rn. 25f. Vgl. EuG U. v. 18.9.1996 Rs.T-353/94 – *Postbank NV/Kommission* Slg. 1996, II-921 Rn. 92f; MüKoEuWettbwR/*Nothdurft,* 2. Aufl., Art. 15 VO 1/2003 Rn. 14.

[48] So BGHZ 116, 47, 58; BVerwG NVwZ 2004, 105; *Kürschner* NJW 1992, 1804; FK-Jaeger Art. 15 Rn. 13. A. A. für das verwaltungsgerichtliche Verfahren *Mayen* NVwZ 2003, 537.

[49] Vgl. § 72 Abs. 2 S. 4 GWB; BVerwG NVwZ 2004, 105; OLG Lüneburg NVwZ 2003, 629; BVerfGE 101, 106. Vgl. auch BVerfG EuGRZ 2006, 159 zu den bei der Abwägungsentscheidung zu berücksichtigenden Interessen des betroffenen Unternehmens.

[50] Bekanntmachung der Kommission über die Zusammenarbeit innerhalb des Netzes der Wettbewerbsbehörden, ABl. 2004 C-101/43 Rz. 40f.

[51] Bekanntmachung der Kommission über die Zusammenarbeit zwischen der Kommission und den Gerichten der EU-Mitgliedstaaten bei der Anwendung der Artikel 81 und 82 EG-Vertrag, ABl. 2004 C-101/54 Rn. 25; MüKoEuWettbwR/*Nothdurft,* 2. Aufl., Art. 15 VO 1/2003 Rn. 15. Vgl. dazu ausführlich Commission Staff Working Paper accompanying the White Paper on Damages actions for breach of the EC antitrust rules, 81f; *Lampert/Weidenbach* WRP 2007, 152, 160f; *Jüngten* WuW 2007, 128, 132.

antrages angefragt wurden.[52] Die Kommission hatte zunächst signalisiert, der Anfrage nachzukommen, offenbar in der Annahme, es seien keine Kronzeugeninformationen betroffen;[53] nachdem die betroffenen Unternehmen dagegen Rechtsschutz vor dem EuG gesucht hatten, rückte die Kommission wieder von diesem Vorhaben ab.[54] Die Richtlinie zu Kartellschadensersatzklagen 2014/104/EU sieht in Art. 6 Abs. 6 auch eine Ausnahme von Offenlegungspflichten in Bezug auf Kronzeugenanträgen vor.[55] Die deutsche Rechtsprechung hierzu ist nicht einheitlich.[56]

15 Bevor die Kommission einem nationalen Gericht Geschäftsgeheimnisse eines Unternehmens übermittelt, ist sie grundsätzlich dazu verpflichtet, dem Unternehmen vorher **Gelegenheit zur Stellungnahme** zu geben.[57] Die Entscheidung, die Dokumente zu übermitteln, ist dem betroffenen Unternehmen mitzuteilen und kann Gegenstand einer **Nichtigkeitsklage gemäß Art. 263 Abs. 4 AEUV** sein.[58] Dies war auch in dem Entwurf der Verordnung (EG) Nr. 773/2004 über die Durchführung von Verfahren auf der Grundlage der Art. 101 und 102 AEUV durch die Kommission ausdrücklich vorgesehen;[59] die entsprechende Bestimmung wurde in der endgültigen Fassung jedoch gestrichen.[60] Trotz dieser Streichung ist im Einklang mit der Rechtsprechung der europäischen Gerichte weiterhin davon auszugehen, dass die Entscheidung, Geschäftsgeheimnisse zu übermitteln, dem betroffenen Unternehmen mitzuteilen ist und von diesem gemäß Art. 263 Abs. 4 AEUV angefochten werden kann. Verschiedene Fälle zeigen, dass das EuG in entsprechenden Fällen auch einstweiligen Rechtsschutz gewährt.[61]

16 Auch im Rahmen der VO Nr. 1049/2001 über den Zugang der Öffentlichkeit zu Dokumenten des Europäischen Parlamentes, des Rates und der Kommission **(„Transparenzverordnung")**, die grundsätzlich auch den Zugang zu Kartellverfahrensakten umfasst, ist die Kommission berechtigt, Zugang zu vertraulichen Informationen und Geschäftsgeheimnissen zu verweigern, muss dies jedoch im Einzelnen begründen.[62] Soweit nur pauschal

---

[52] High Court of England and Wales [2012] EWHC 869 (Ch). WuW KRInt 403, auch abrufbar unter http://ec.europa.eu/competition/antitrust/national_courts/1368894.pdf (letzter Zugriff: 3.6. 2015).

[53] Siehe den Auszug aus dem Schreiben der Kommission in Rn. 13 der Entscheidung High Court of England and Wales [2012] EWHC 869 (Ch)., abrufbar unter http://ec.europa.eu/competition/antitrust/national_courts/1368894.pdf (letzter Zugriff: 3.6.2015).

[54] EuG U. v. 4.12.2014 Rs. T-164/12 – *Alstom;* Präsident des EuG B. v. 13.6.2012 Rs. T-173/12 – *Areva.* Zu Rechtsschutz gegen die Veröffentlichung von Einzelheiten des Kronzeugenantrags in einer Entscheidung vgl. Präsident des EuG B. v. 16.11.2012 Rs. T-341/12R – *Evonik Degussa.*

[55] Kritisch dazu *Makatsch/Mir* EuZW 2015, 7, 9; dazu auch *Weitbrecht/Mühle* EuZW 2014, 209, 215.

[56] *Makatsch/Mir* EuZW 2015, 7, 9, unter Verweis auf OLG Düsseldorf NZKart 2013, 39 einerseits und OLG Hamm WuW/E DE-R 4101 andererseits. Dazu auch *Palzer* EWS 2012, 544.

[57] Vgl. EuGH U. v. 24.6.1986 Rs. 53/85 – *AKZO Chemie/Kommission* Slg. 1986, 1965 Rn. 29, WuW/E MUV 735; vgl. auch Bekanntmachung der Kommission über die Zusammenarbeit zwischen der Kommission und den Gerichten der EU-Mitgliedstaaten bei der Anwendung der Artikel 81 und 82 EG-Vertrag, ABl. 2004 C-101/54 Rn. 22.

[58] So EuG U. v. 4.12.2014 Rs. T-164/12 – *Alstom.* Zur prozeduralen Wahrung der Vertraulichkeit allgemein vgl. EuGH U. v. 24.6.1986 Rs. 53/85 *AKZO/Kommission* Slg. 1986, 1965 Rn. 17 f.; Präsident des EuG B. v. 16.11.2012 Rs. T-341/12R – *Evonik Degussa;* Präsident des EuG, B. v. 1.12.1994 Rs. T-353/94R – *Postbank NV/Kommission* Slg. 1994, II-1141; EuG B. v. 2.5.1997 Rs. T-90/96 – *Peugeot/Kommission* Slg. 1997, II-663 Rn. 34, 36; Präsident des EuG B. v. 20.12.2001 Rs. T-213/01 R – *Österreichische Postsparkasse/Kommission* Slg. 2001, II-3963 Rn. 49. Vgl. auch Art. 9 des Beschlusses der Kommission über das Mandat von Anhörungsbeauftragten, ABl. 2001 L 162/1.

[59] Art. 17 Entwurf der Verordnung über das Verfahren der Kommission, ABl. 2003 C-243/3.

[60] ABl. 2004 L 123/18.

[61] Unmittelbar zur Übermittlung von Informationen nach Art. 15: EuG U. v. 4.12.2014 Rs. T-164/12 – *Alstom.* Vgl. Präsident des EuG B. v. 1.12.1994 Rs. T-353/94R – *Postbank NV/Kommission* Slg. 1994, II-1141.

[62] EuG U. v. 13.9.2013 Rs. T-380/08 – *Niederlande/Kommission.*

Zugang zu Kartellakten gefordert wird, besteht allerdings eine allgemeine Vermutung, dass eine Ausnahme vom Zugangsanspruch aufgrund des Schutzes der Untersuchungstätigkeit der Kommission und der geschäftlichen Interessen anderer eingreift.[63]

3. Stellungnahmen

Die Kommission ist zudem gemäß Abs. 1 verpflichtet, auf Wunsch der nationalen Gerichte **Stellungnahmen zur rechtlichen Bewertung** eines Falles abzugeben. Auch diese Verpflichtung ergibt sich nach der Rechtsprechung des EuGH schon aus Art. 4 Abs. 3 EU. Von verschiedener Seite wurde in der entsprechenden Tätigkeit der Kommission eine Usurpation von Kompetenzen des EuGH durch Einrichtung eines **„kleinen Vorlageverfahrens"** gesehen, der EuGH hat allerdings bislang an dieser Tätigkeit der Kommission als „Rechtssachverständige" in nationalen Verfahren keinen Anstoß genommen.[64] 17

Die bisherigen rechtlichen Stellungnahmen der Kommission waren – soweit ersichtlich – eher **vorsichtig formuliert.**[65] Zum einen wurde in Verfahren, die Vereinbarungen betrafen, die auch Gegenstand eines Kommissionsverfahrens waren, von seiten der Kommission darauf geachtet, durch die Stellungnahme für das nationale Gericht nicht das eigene Verfahren zu präjudizieren.[66] Zum anderen wurden die Stellungnahmen ausdrücklich unter den Vorbehalt einer abweichenden Entscheidung des EuGH gestellt, bzw. es wurde von der Kommission eine **Vorlage gemäß Art. 267 AEUV angeregt.**[67] 18

4. Übermittlung von Urteilen und weiteren Schriftstücken

Die Regelung des Abs. 2 begründet eine Pflicht der Mitgliedstaaten zur **Übersendung von Urteilen.** Anders als in der entsprechenden Vorschrift des deutschen Kartellrechts, § 90 Abs. 1 GWB, wird keine vorherige Information über anhängige Verfahren verlangt.[68] Da die Kommission sich schon an mehreren erstinstanzlichen Verfahren beteiligt hat,[69] besteht hier eine gewisse Informationslücke. Die Kommission stellt auch fest, dass eine flächendeckende Übermittlung der Urteile offenbar noch nicht in allen Mitgliedstaaten gewährleistet ist.[70] Durch Abs. 3 Unterabsatz 2 wird zudem gewährleistet, dass die Kommission sich **umfassend** über den Rechtsstreit **informieren** kann, wenn sie beabsichtigt, eine Stellungnahme in einem Verfahren abzugeben.[71] Die so erlangten Informationen können von Kommission und nationalen Kartellbehörden allerdings nur für die Vorbereitung der Stellungnahmen genutzt werden. Eine entsprechende Einschränkung gibt es bei den Beteiligungsrechten des Bundeskartellamtes gemäß § 90 GWB (die durch Art. 15 nicht eingeschränkt werden, vgl. Abs. 4) nicht.[72] 19

---

[63] *Hempel* EuZW 2014, 297, 300.

[64] Vgl. EuGH U. v. 11.1.2000 verb. Rs. C-174/98 P und C-189/98 P – *Niederlande/van der Wal/Kommission* Slg. 2000, I-47 Rn. 23f., WuW EU-R 280, 283.

[65] Soweit das nationale Gericht dem zustimmt, werden die Stellungnahme auf der Internetseite der Kommission veröffentlicht: http://ec.europa.eu/competition/court/antitrust_requests.html (letzter Aufruf: 21.11.2014).

[66] Vgl. Stellungnahmen gegenüber Cour d'appel Paris und OLG München, 26. WB 1996, 374f.; dazu auch *Topel* GRUR 2000, 985, 987.

[67] Vgl. die Antwort auf die Anfrage des LG Offenburg, 27. WB 1997, 335 sowie 31. WB 2001, 409f.

[68] Zu den Hintergründen: MüKoEuWettbwR/*Nothdurft,* 2. Aufl., Art. 15 VO 1/2003 Rn. 32.

[69] Kommission, Staff working document Ten years of Antitrust Enforcement under Regulation 1/2003 (SWD (2014) 230/2. Rn. 248.

[70] Kommission, Staff working document Ten years of Antitrust Enforcement under Regulation 1/2003 (SWD (2014) 230/2. Rn. 247.

[71] MüKoEuWettbwR/*Nothdurft,* 2. Aufl., Art. 15 VO 1/2003 Rn. 36.

[72] KG WuW/E OLG 2446, 2448 – *Heizölhandel.* MüKoEuWettbwR/*Nothdurft,* 2. Aufl., Art. 15 VO 1/2003 Rn. 36 nimmt an, dass auch auf europäischer Ebene unter Art. 15 die Informationen aber als Verdachtsgrund zur Einleitung eines eigenen Verfahrens genutzt werden könnten.

5. Beteiligung zur Wahrung der Kohärenz der Rechtsanwendung

20 Die Befugnis der Kommission, von sich aus den Gerichten der Mitgliedstaaten schriftliche Stellungnahmen zu übermitteln, steht allein unter dem Vorbehalt, dass die kohärente Anwendung der Art. 101 oder 102 AEUV dies erfordert. Dabei ist nicht notwendig, dass das betreffende Verfahren unmittelbar die Anwendung der Art. 101 oder 102 AEUV betrifft. Fragen der kohärenten Anwendung können z. B. auch dann betroffen sein, wenn das Verfahren die Frage der steuerlichen Anerkennung von Geldbußen der Kommission zum Gegenstand hat.[73] Die Kommission kann nicht als Streithelfer einer Partei tätig werden, sondern ist nur befugt, aus **Gründen des Gemeinschaftsinteresses** Stellungnahmen in nationalen Gerichtsverfahren abzugeben. Art. 15 Abs. 3 S. 3 konkretisiert das Gemeinschaftsinteresse noch, da nur eine Beteiligung zur Wahrung der kohärenten Anwendung der Art. 101 und 102 AEUV vorgesehen wird. Dabei darf allerdings nicht übersehen werden, dass jede Stellungnahme in einem Zivilprozess notwendigerweise für eine Partei günstig und für die andere ungünstig sein wird. Es ist selbstverständlich, dass das Gemeinschaftsinteresse oft mit bestimmten Individualinteressen übereinstimmen wird, ohne dass daraus folgen würde, dass der Kommission eine Beteiligung an nationalen Gerichtsverfahren in diesen Fällen verwehrt wäre. GA Mengozzi weist darauf hin, dass es wegen der besonderen Aufgabe der Überwachung des Wettbewerbsrechts, die der Kommission obliegt, außerordentlich schwierig oder gar unmöglich wäre, in der Praxis zu unterscheiden, was zum öffentlichen Interesse der Gemeinschaft und was zu einem individuelleren Interesse der Kommission gehört.[74] Gleichwohl muss darauf geachtet werden, den **Schein der Parteilichkeit** zu vermeiden.[75] Ein europarechtlicher Anspruch einer Partei auf eine Stellungnahme der Kommission in einem Gerichtsverfahren besteht nicht.

21 Die Kommission wird im Rahmen der Zusammenarbeit die beteiligten Parteien **nicht anhören** und, soweit Kontakte zu einer der Parteien bestehen, das Gericht über diese Kontakte informieren.[76] Die **Wahrung der Verfahrensrechte** der Parteien obliegt dem einzelstaatlichen Gericht im nationalen Verfahren.[77]

22 Anders als in den Fällen, in denen die Kommission eine Beschwerde aufgrund mangelnden öffentlichen Interesses zurückweisen will,[78] kann sich das Gemeinschaftsinteresse an einer Beteiligung an einem mitgliedstaatlichen Verfahren nur aus der **rechtlichen** und nicht aus der **wirtschaftlichen Bedeutung** eines Falles ergeben. Man wird aber davon ausgehen müssen, dass die Kommission für die Beurteilung, ob eine Beteiligung zur Wahrung der kohärenten Anwendung der Art. 101, 102 AEUV notwendig ist, über ein weites Ermessen verfügt. Ob den Bedenken der Monopolkommission, die aufgrund des ursprünglichen Vorschlages, eine Beteiligung im öffentlichen Interesse zuzulassen, ein mögliches **Einfallstor für industriepolitische Einflüsse** befürchtete,[79] durch das Kriterium der Wahrung der kohärenten Anwendung der Art. 101, 102 AEUV abgeholfen wird, mag deswegen dahinstehen.

---

[73] EuGH U. v. 11.6.2009 Rs. C-429/07 – *Inspecteur van de Belastingdienst/X BV* Slg. 2009, I-4833.

[74] GA Mengozzi Schlussanträge v. 5.3.2009 in Rs. C-429/07 – *Inspecteur van de Belastingdienst/X BV* Slg. 2009, I-4833 Tz. 61.

[75] Vgl. Bekanntmachung der Kommission über die Zusammenarbeit zwischen der Kommission und den Gerichten der EU-Mitgliedstaaten bei der Anwendung der Artikel 81 und 82 EG-Vertrag, ABl. 2004 C-101/54 Rn. 19. Zu der entsprechenden Problematik im deutschen Recht: KG WuW/E OLG 2446, 2448 – *Heizölhandel.*

[76] Vgl. Bekanntmachung der Kommission über die Zusammenarbeit zwischen der Kommission und den Gerichten der EU-Mitgliedstaaten bei der Anwendung der Artikel 81 und 82 EG-Vertrag, ABl. 2004 C-101/54 Rn. 19.

[77] Vgl. EuG U. v. 18.9.1996 Rs. T-353/94 – *Postbank NV/Kommission* Slg. 1996, II-921 Rn. 68 f.

[78] EuGH U. v. 24.10.1996 Rs. C-91/95P – *Tremblay/Kommission* Slg. 1996, I-5547; EuGH U. v. 4.3.1999 Rs. C-119/97 P – *Union française de l'express (Ufex)/Kommission* Slg. 1999, I-1341, WuW EU-R 169; EuG U. v. 18.9.1992 Rs. T-24/90 – *Automec/Kommission (II)* Slg. 1992, II-2223.

[79] So Monopolkommission, Sondergutachten 32, S. 54.

Die Grenze des Zulässigen wird zumindest dann überschritten sein, wenn offensichtlich sachfremde oder parteiische Erwägungen Grund für eine Beteiligung sind.

6. Beteiligung der nationalen Kartellbehörden

Abs. 3 eröffnet zum einen die Möglichkeit, dass sich die Kommission vor den nationalen Gerichten von nationalen Kartellbehörden vertreten lässt. Daneben verschafft Abs. 3 den **nationalen Wettbewerbsbehörden** jedoch auch ein **eigenständiges Recht,** sich an Verfahren zur Anwendung der Art. 101, 102 AEUV vor den Gerichten ihres Mitgliedstaates zu beteiligen, unabhängig davon, ob eine solche Berechtigung schon nach nationalem Recht besteht (z.B. gemäß § 90 GWB in Deutschland).[80] Durch Abs. 4 wird zudem klargestellt, dass umfassendere Beteiligungsrechte der nationalen Kartellbehörden nach nationalem Recht durch die Regelung in Art. 15 nicht eingeschränkt werden sollen. 23

Abs. 3 begründet allerdings kein Recht nationaler Wettbewerbsbehörden, sich an **Gerichtsverfahren anderer Mitgliedstaaten zu beteiligen,** noch begründet er eine Verpflichtung nationaler Wettbewerbsbehörden, entsprechende Anfragen von Gerichten anderer Mitgliedstaaten zu beantworten. Die Zulässigkeit solcher Begehren richtet sich weiterhin ausschließlich nach nationalem Recht. Zumindest in Deutschland kann ein Zivilgericht amtliche Auskünfte auch von ausländischen Behörden anfordern,[81] ohne dass eine Verpflichtung dieser Behörden zur Beantwortung besteht. 24

IV. Rechtsfolgen

1. Keine Bindungswirkung der Kommissionsstellungnahmen

Die rechtlichen Stellungnahmen der Kommission entfalten keine **Bindungswirkung für die nationalen Gerichte.** Die Gerichte bleiben in ihrer Entscheidungsfindung vollkommen frei; der Kommission kommt keine vorrangige Befugnis zur Auslegung der Art. 101, 102 AEUV zu. Zumindest von den **letztinstanzlichen Gerichten** wird man jedoch verlangen müssen, dass sie, bevor sie von einer rechtlichen Stellungnahme der Kommission abweichen, bei Entscheidungserheblichkeit dem EuGH die Frage gemäß **Art. 267 AEUV vorlegen.**[82] Wenn ein Gemeinschaftsorgan eine andere Auslegung des Gemeinschaftsrechts vertritt, ist die vom nationalen Gerichte vorgenommene Auslegung des EU-Rechtes eben nicht „derart offenkundig ist, dass für einen vernünftigen Zweifel keinerlei Raum mehr bleibt".[83] Teilweise wird vermutet, dass die Möglichkeit der Einholung einer Stellungnahme bei der Kommission zu einem Rückgang der kartellrechtlichen Vorlagen zum EuGH geführt hätte.[84] 25

2. Verwertbarkeit des tatsächlichen Vortrages der Kommission

Der Beweiswert und die prinzipielle Verwertbarkeit der Kommissionsstellungnahmen in nationalen Verfahren richten sich grundsätzlich **nach den Vorschriften des nationalen** Verfahrensrechts, zumindest solange eine entsprechende Regelung auf europäischer Ebene 26

---

[80] Zu der Frage, ob durch Art. 15 Abs. 3 der nationalen Wettbewerbsbehörde ein Recht vermittelt wird, Partei in einem Verfahren zu sein, in dem seine Entscheidungen angefochten werden, vgl. EuGH U. v. 7.12.2010 Rs. C-439/08 – *VEBIC.*

[81] Vgl. BGH NJW 1992, 3106, 3107.

[82] So auch FK-*Jaeger* Art. 15 Rn. 22; zurückhaltend: MüKoEuWettbwR/*Nothdurft,* 2. Aufl., Art. 15 VO 1/2003 Rn. 26. Offenbar haben verschiedene *amicus curiae*-Beteiligungen genau dazu geführt, vgl. Kommission, Staff working document Ten years of Antitrust Enforcement under Regulation 1/2003 (SWD (2014) 230/2. Rn. 250.

[83] Vgl. EuGH U. v. 6.10.1982 Rs. 283/81 – *C.I.L.F.I. T u.a./Ministero del sanità* Slg. 1982, 3415 Rn. 16.

[84] So *Robertson,* WuW 2014, 372, 381.

fehlt. Europarechtlich besteht lediglich die Pflicht, Auskünfte der Kommission nicht ungünstiger zu behandeln als vergleichbare Stellungnahmen nationaler Behörden.[85] Des Weiteren dürfen die nationalen Regeln eine Beteiligung der Kommission nicht grundsätzlich unmöglich oder praktisch sinnlos machen. Aus Sicht des EuGH sind die Stellungnahmen der Kommission mit **Gutachten** vergleichbar, die von **Sachverständigen** für das Gericht erstellt wurden.[86] Ohne Regelung auf europäischer Ebene lässt sich die Frage jedoch nur für jeden Mitgliedstaat separat beantworten.

27 Im deutschen Zivilprozess erscheint es angemessen, das Vorbringen der Kommission – soweit nicht ohnehin die Vorschriften über den Urkundsbeweis anwendbar sind – als **amtliche Auskunft** anzusehen, die grundsätzlich entweder als Zeugen- oder Sachverständigenbeweis zu betrachten ist.[87] Entsprechend verfahren deutsche Gerichte bereits in Bezug auf Stellungnahmen ausländischer Behörden.[88] Der Ansatz des BGH, amtliche Stellungnahmen grundsätzlich als Zeugen- oder Sachverständigenbeweis zu betrachten, die entsprechenden Vorschriften der ZPO allerdings nur angepasst anzuwenden,[89] scheint flexibel genug, um im Einzelfall zu einem angemessenen Ergebnis zu kommen. Das Gericht kann im Rahmen der **Beweiswürdigung der Stellungnahme** prüfen, inwieweit die Auskunft durch bestimmte außerrechtliche Interessen der Behörde oder einzelner Beamten beeinträchtigt ist, wenn tatsächlich Anhaltspunkte für eine solche Beeinträchtigung bestehen.[90] Die Wettbewerbspolitik der Kommission kann aber nicht als eine solche Beeinträchtigung angesehen werden.[91]

3. Schutz der Geschäftsgeheimnisse

28 Soweit die Auskünfte der Kommission Geschäftsgeheimnisse enthalten, ist das nationale Gericht dazu berufen, diese **Geschäftsgeheimnisse zu wahren.** Zumindest im Rahmen des deutschen Zivilprozessrechts wäre ein Gericht gehalten, als vertraulich gekennzeichnete Teile eines übermittelten amtlichen Dokuments den Parteien nicht zugänglich zu machen.[92] Die nicht zugänglichen Dokumente können – zumindest in Deutschland – dann aber auch nicht der Urteilsfindung zugrunde gelegt werden.[93]

4. Verpflichtung zur Stellungnahme

29 Art. 15 Abs. 1 enthält nicht ausdrücklich eine Pflicht der Kommission, auf Anfragen nationaler Gerichte zu antworten. Deswegen ist verschiedentlich gefordert worden, eine entsprechende Verpflichtung in Art. 15 aufzunehmen.[94] Durch die Rechtsprechung des EuGH und des EuG ist jedoch hinreichend geklärt, dass sich die **Verpflichtung zu dieser Zusammenarbeit** mit den nationalen Gerichten direkt aus **Art. 4 Abs. 3 EU ergibt,**[95] so dass eine ausdrückliche Regelung entbehrlich erscheint. Die Kommission hat sich in der

---

[85] Vgl. EuGH U. v. 16.12.1976 Rs. 33/76 – *REWE Zentralfinanz u. a./Landwirtschaftskammer für das Saarland* Slg. 1976, 1989 Rn. 5.
[86] EuGH U. v. 11.1.2000 verb. Rs. C-174/98 P und C-189/98 P – *Niederlande/van der Wal/Kommission* Slg. 2000, I-47 Rn. 25, WuW EU-R 280, 283.
[87] Vgl. *Jaeger* WuW 2000, 1062, 1073; zur amtlichen Auskunft als Beweismittel: BGHZ 62, 93, 95.
[88] Vgl. BGH NJW 1992, 3106, 3107; vgl. auch BGH BB 1976, 480; BGH MDR 1964, 223.
[89] So BGHZ 62, 93, 95.
[90] So auch BGH MDR 1964, 223.
[91] A. A. *Braun,* EC Competition Rules in National Courts, Pt. III, Germany, S. 463.
[92] So *Zöller* § 432 ZPO Rn. 3; BGH NJW 1952, 305.
[93] So BGHZ 116, 47, 58; *Kürschner* NJW 1992, 1804; FK-*Jaeger* Art. 15 Rn 13.Vgl. oben Rn. 13.
[94] So Monopolkommission, Sondergutachten 32, S. 58.
[95] Vgl. EuGH U. v. 13.7.1990 Rs. C-2/88 Imm. – *J.J. Zwartveld u. a./Europäisches Parlament* Slg. 1990, I-3367 Rn. 17; EuGH U. v. 28.2.1991 Rs. C-234/89 – *Delimitis/Henninger Bräu* Slg. 1991, I-935 Rn. 53, WuW/E EWG/MUV 911; EuG U. v. 18.9.1996 Rs. T-353/94 – *Postbank NV/Kommission* Slg. 1996, II-921 Rn. 64.

neuen Bekanntmachung zur Zusammenarbeit im Rahmen einer Selbstverpflichtung **Fristen** für die Beantwortung der Anfragen gegeben, die allerdings nicht rechtlich bindend sind.[96] Die Fälle zeigen jedoch, dass die Kommission Anfragen von Gerichten relativ zügig, teilweise sogar innerhalb eines Monats, beantwortet.[97]

Die Kommission kann allerdings die **Übermittlung von Informationen** an einzel- **30**
staatliche Gerichte verweigern, soweit dies aus Gründen der notwendigen Sicherung der Gemeinschaftsinteressen notwendig ist, oder um einen Eingriff in die Funktionsabläufe und die Unabhängigkeit der Kommission, vor allem durch Gefährdung der Erfüllung der ihr übertragenen Aufgaben zu unterbinden (zu der Verweigerung der Übermittlung zum Schutz von vertraulichen Informationen s. oben Rn. 13).[98] Die Rechtsprechung der Gemeinschaftsgerichte macht jedoch deutlich, dass eine Verweigerung nur in **seltenen Fällen** berechtigt sein wird.[99]

Art. 16. Einheitliche Anwendung des gemeinschaftlichen Wettbewerbsrechts

(1) **Wenn Gerichte der Mitgliedstaaten nach Artikel 81 oder 82 des Vertrags über Vereinbarungen, Beschlüsse oder Verhaltensweisen zu befinden haben, die bereits Gegenstand einer Entscheidung der Kommission sind, dürfen sie keine Entscheidungen erlassen, die der Entscheidung der Kommission zuwiderlaufen. Sie müssen es auch vermeiden, Entscheidungen zu erlassen, die einer Entscheidung zuwiderlaufen, die die Kommission in einem von ihr eingeleiteten Verfahren zu erlassen beabsichtigt. Zu diesem Zweck kann das einzelstaatliche Gericht prüfen, ob es notwendig ist, das vor ihm anhängige Verfahren auszusetzen. Diese Verpflichtung gilt unbeschadet der Rechte und Pflichten nach Artikel 234 des Vertrags.**

(2) **Wenn Wettbewerbsbehörden der Mitgliedstaaten nach Artikel 81 oder 82 des Vertrags über Vereinbarungen, Beschlüsse oder Verhaltensweisen zu befinden haben, die bereits Gegenstand einer Entscheidung der Kommission sind, dürfen sie keine Entscheidungen treffen, die der von der Kommission erlassenen Entscheidung zuwiderlaufen würden.**

Übersicht

I. Sinn und Zweck der Regelung

Die Regelung des Art. 16 soll in dem System **paralleler Zuständigkeiten** von Kom- **1**
mission, nationalen Wettbewerbsbehörden und nationalen Gerichten dazu beitragen, die **Kohärenz der Rechtsanwendung** zu wahren.

[96] Bekanntmachung der Kommission über die Zusammenarbeit zwischen der Kommission und den Gerichten der EU-Mitgliedstaaten bei der Anwendung der Artikel 81 und 82 EG-Vertrag, ABl. 2004 C101/54 Rn. 22, 28.

[97] Vgl. die Fälle in 31. WB 2001, 408 f.; 32. WB 2002, 369 f.

[98] Bekanntmachung der Kommission über die Zusammenarbeit zwischen der Kommission und den Gerichten der EU-Mitgliedstaaten bei der Anwendung der Artikel 81 und 82 EG-Vertrag, ABl. 2004 C101/54 Rn. 26.

[99] Vgl. EuGH U. v. 13.7.1990 Rs. C-2/88 Imm. – *J.J. Zwartveld/Europäisches Parlament* Slg. 1990, I-3367 Rn. 17; EuG U. v. 18.9.1996 Rs.T-353/94 – *Postbank NV/Kommission* Slg. 1996, II-921 Rn. 92 f.; EuGH U. v. 11.1.2000 verb. Rs. C-174/98 P und C-189/98 P – *Niederlande/van der Wal/Kommission* Slg. 2000, I-47, WuW EU-R 280.

2 Der EuGH hat bereits vor Inkrafttreten der VO 1/2003 in verschiedenen Urteilen auf der Grundlage von Art. 4 Abs. 3 EU die **Pflicht** der nationalen Gerichte betont, **Entscheidungswidersprüche zu vermeiden,** und diese Pflicht nicht allein auf den Fall bezogen, dass ein Gerichtsurteil durch eine nachträglich und mit Rückwirkung ergehende Freistellungsentscheidung unrichtig werden könnte.[1] Der EuGH versuchte das Problem der drohenden Entscheidungswidersprüche zwischen Kommission und nationalen Gerichten in diesen Fällen nicht durch eine klare Kollisionsregel, sondern **durch prozessuale Gestaltungen** zu lösen. So legte der EuGH den nationalen Gerichten die **Möglichkeit der Verfahrensaussetzung** nahe, wenn die Gefahr einer späteren widersprechenden Kommissionsentscheidung bestand, und verwies weiterhin auf die Möglichkeit, die Kommission um rechtliche oder tatsächliche Informationen zu bitten.[2]

3 Die Frage der Reichweite der Pflichten der nationalen Gerichte bekam allerdings im Jahre 2000 nochmals einen etwas anderen Akzent, da der EuGH im *Masterfoods*-Urteil[3] zum ersten Mal Gelegenheit hatte, sich zu der Frage eines konkreten Widerspruchs zwischen einer Kommissions- und einer nationalen Gerichtsentscheidung zu äußern. Der EuGH stellte fest, dass ein **nationales Gericht,** das zu einer Vereinbarung oder einer Verhaltensweise Stellung nimmt, deren Vereinbarkeit mit den Art. 101, 102 EG bereits Gegenstand einer Entscheidung der Kommission war, **keine Entscheidung erlassen darf,** die der Entscheidung der Kommission zuwiderläuft. Der Wortlaut des Art. 16 wurde in Anlehnung an dieses Urteil formuliert.

4 Die weitere, im Rahmen der Debatte um das Weißbuch der Kommission ebenfalls umstrittene Frage, inwieweit die Kommission in Bezug auf Vereinbarungen oder Verhaltensweisen tätig werden kann, die **bereits Gegenstand nationaler Gerichts- oder Verwaltungsverfahren** waren,[4] wurde in der Verordnung nicht ausdrücklich geregelt, ist jedoch Gegenstand einer gemeinsamen Erklärung des Rates und der Kommission zu der neuen Durchführungsverordnung.

II. Praktische Bedeutung

5 Direkte **Konflikte zwischen Entscheidungen nationaler Gerichte und Entscheidungen der Kommission** scheinen – abgesehen von dem irischen *Masterfoods*-Verfahren[5] und dem deutschen *IMS Health*-Verfahren[6] – bislang eher selten gewesen zu sein. Dagegen darf die Zahl der Verfahren, die Sachverhalte betreffen, mit denen auch die Kommission in

---

[1] EuGH U. v. 28.2.1991 Rs. C-234/89 – *Delimitis/Henninger Bräu* Slg. 1991, I-935, WuW/E EWG/MUV 911; EuGH U. v. 12.12.1995 verb. Rs. C-319/93, C-40/94 und C-224/94 – *Hendrik Evert Dijkstra/Friesland (Frico Dorno) Coöperatie* Slg. 1995, I-4471; EuGH U. v. 15.12.1994 Rs. C-250/92 – *Goettrup-Klim/DLG* Slg. 1994, I-5641; *Metzlaff* EWS 1994, 373, 376.

[2] EuGH U. v. 28.2.1991 Rs. C-234/89 – *Delimitis/Henninger Bräu* Slg. 1991, I-935, WuW/E EWG/MUV 911.

[3] EuGH U. v. 14.12.2000 Rs. C-344/98 – *Masterfoods/HB Ice Cream Ltd.* Slg. 2000, I-11369; WuW EU-R 389.

[4] Vgl. dazu *Jaeger* WuW 2000, 1062, 1069; *Schütz* WuW 2000, 686, 694.

[5] Vgl. EuGH U. v. 14.12.2000 Rs. C-344/98 – *Masterfoods/HB Ice Cream Ltd.* Slg. 2000, I-11369 WuW EU-R 389; EuG B. v. 7.7.1998 Rs. T-65/98 R – *Van den Bergh Foods Ltd./Kommission* Slg. 1998, II-2641, WuW EU-R 163; EuG U. v. 23.10.2003 Rs. T-65/98 *Van den Bergh Foods Ltd./Kommission* Slg. 2003 II-4653; WuW EU-R 765; Supreme Court of Ireland Urteil v. 16.6.1998 – *Masterfoods Ltd v. HB Ice Cream Ltd,* Competition 7 (1998) 78, 79 per Chief Justice *Liam Hamilton*.

[6] Vgl. EuGH B. v. 11.4.2002 Rs. C-481/01 P (R) – *NDC Health Corporation und NDC Health GmbH & Co. KG/IMS Health Inc. und Kommission* Slg. 2002 I-3401, GRUR Int. 2002, 852; EuG B. v. 26.10.2001 Rs. T-184/01 R – *IMS Health/Kommission* Slg. 2001, II-3193, GRUR Int. 2002, 67; *GA Tizzano* Schlussanträge vom 2.10.2003 Rs. C-418/01 *IMS Health GmbH & Co. OHG/NDC Health GmbH & Co. KG* und OLG Frankfurt MMR 2003, 45, 49; OLG Frankfurt MMR 2002, 687, 689. Die Kommission hat ihre Entscheidung inzwischen zurückgezogen, Komm. E. v. 13.8.2003 – *NDC Health/IMS Health* ABl. 2003 L268/69, vgl. *Conde* GRUR Int. 2003, 876.

der einen oder anderen Weise bereits befasst war, nicht unterschätzt werden.[7] Neben zahlreichen Verfahren, die Vereinbarungen betrafen, die bereits Gegenstand von Verwaltungsschreiben der Kommission waren, werden inzwischen regelmäßig **Verbotsentscheidungen** der Kommission als Grundlage für **Schadensersatzklagen betroffener Wettbewerber oder Abnehmer** genommen.[8] Die Richtlinie 2014/104/EU zum Kartellschadensersatz, die – wie im nationalen Recht schon § 33 Abs. 4 GWB – neben der Bindung der Gerichte an Verbotsentscheidungen der Kommission auch eine Bindung an Entscheidungen des Bundeskartellamts und anderer Kartellbehörden der Mitgliedstaaten vorsieht, wird langfristig zu einer weiteren Zunahme von sog. Follow-on-Klagen führen.[9]

Mit dem Ende des Freistellungsmonopols der Kommission ist die Anzahl der Kommissionsverfahren drastisch gesunken. Zumindest bei wirtschaftlich bedeutenden Sachverhalten wird eine parallele Befassung von Kartellbehörden und nationalen Gerichten aber eher zunehmen. **Direkte Konflikte** zwischen der Beurteilung der Kommission und der nationalen Gerichte werden dabei aber auch in Zukunft die **Ausnahme** bleiben.[10] **6**

Entscheidungen nationaler Wettbewerbsbehörden auf der Grundlage der Art. 101, 102 AEUV, **die Entscheidungen der Kommission widersprechen,** sind nur schwer vorstellbar, da die nationalen Behörden gem. Art. 11 Abs. 6 mit der Eröffnung eines Kommissionsverfahrens die Kompetenz zur Anwendung des EU-Wettbewerbsrechts verlieren. Allerdings ergibt sich mittelbar aus Art. 16, dass die Befugnis der Kartellbehörden der Mitgliedstaaten zum Tätigwerden wieder aufleben kann, wenn das Kommissionsverfahren beendet ist.[11] [12] **7**

III. Tatbestand

1. Entscheidungen der Kommission

Gemäß Art. 16 dürfen die Wettbewerbsbehörden und Gerichte der Mitgliedstaaten keine Entscheidungen erlassen, die den Entscheidungen der Kommission zuwiderlaufen. **Formelle Entscheidungen** der Kommission sind nunmehr im Wesentlichen **Feststellung und Abstellung von Zuwiderhandlungen** (Art. 7) und **Feststellung der Nichtanwendbarkeit** (sog. „Positiventscheidung", Art. 10).[13] In Begründungserwägung 22 wird klargestellt, dass **Entscheidungen über Verpflichtungszusagen** gemäß Art. 9 nicht die Befugnis der Gerichte und Wettbewerbsbehörden berühren, Art. 101, 102 EG anzuwen- **8**

---

[7] Vgl. dazu die Beispiele bei *Zuber,* Die Kommission als amicus curiae, S. 27.

[8] Vgl. im Anschluss an Komm. E. v. 5.12.1988 *BPB Industries plc* ABl. 1989 L 10/50, berichtigt ABl. 1989 L 52/42, WuW/E EV 1388: High Court U. v. 8.4.1996 – *Iberian UK v. BPB Industries Plc* [1996] 2 CMLR. 601; im Anschluss an Komm. E. v. 4.12.1991 – *Eco System/Peugeot* ABl. 1991, L 66/1: Tribunal de commerce Paris U. v. 22.10.1996 – *Sté Ecosystem c. Peugeot Europe,* Dec 1996, no. 471; im Anschluss an Komm. E. v. 22.11.2001 – *Vitaminkartell* ABl. 2003 L6/1: LG Mannheim GRUR 2004, 182; LG Mainz NJW-RR 2004, 478, OLG Karlsruhe NJW 2004, 2243 und High Court U. v. 2.5.2003 – *Roche Products Limited et. al.* v *Provimi Ltd* [2003] EWHC 961 (Comm). Zu den deutschen Verfahren *Beninca* WuW 2004, 604; *Bulst* NJW 2004, 2201.

[9] Zur sog. Follow on-Klage, vgl. *Hempel* WuW 2005, 137, *Bechtold* DB 2004, 235, 239; Monopolkommission, Sondergutachten 41, S. 19f.

[10] Vgl. dazu auch *Gröning* in: European Competition Law Annual 2000: The Modernization of EU Competition Law, S. 579.

[11] So EuGH U. v. 14.2.2012 Rs. C-17/10 – *Toshiba Corporation* Rn. 85, 91.

[12] Vgl. hierzu auch die Grundsätze in der Gemeinsamen Protokollerklärung des Rates und der Kommission.

[13] Gemäß EuGH U. v. 14.2.2012 Rs. C-17/10 – *Toshiba Corporation* Rn. 87 erfasst Art. 16 alle denkbaren Entscheidungen, die die Kommission auf der Grundlage der VO 1/2003 getroffen haben kann; dies muss aber differenziert werden. Ausführlich zu den betroffenen Entscheidungen *Imgrund,* Die Bindung der deutschen Zivilgerichte an Beschlüsse von Kommission und Behörden der Europäischen Union im Kartellrecht, 135f; *Grünberger,* in: Kartellrechtsdurchsetzung durch private Schadensersatzklagen, 134, 160.

den.[14] Das Angebot von Zusagen zur Vermeidung einer Verbotsentscheidung kann also insbesondere in Fällen, in denen auch mit Schadensersatzklagen zu rechnen ist, sinnvoll sein, um eine Bindung der Gerichte gemäß Art. 16 zu verhindern.[15] Gleiches gilt auch nach §§ 32b, 33 Abs. 4 GWB für Verfahren vor dem Bundeskartellamt. Art. 16 geht in Bezug auf Entscheidungen der Kommission jedoch weiter als § 33 Abs. 4 GWB, da die Verpflichtung der Gerichte hier schon vor Bestandskraft und ggf. auch schon vor Erlass der Entscheidung besteht und nicht lediglich Verbotsentscheidungen der Kommission betrifft.

9 Im Anschluss an die frühere Bewertung der Negativatteste[16] wird teilweise bezweifelt, ob Entscheidungen gemäß Art. 10 auch der Bindungswirkung gem. Art. 16 unterliegen.[17]

10 Die **Feststellung der Nichtanwendbarkeit** sei eine rein deklaratorische Entscheidung und könne als solche die Gerichte und Behörden nicht stärker binden als Negativatteste nach der VO Nr. 17/62.[18] Die durch diese Ansicht vorgenommene Einschränkung der Bindungswirkung gemäß Art. 16 auf Verbotsentscheidungen findet allerdings keine Stütze im Wortlaut der Vorschrift.[19] Zudem waren nationale Gerichte bereits bislang nach der Rechtsprechung des EuGH gehalten, Entscheidungswidersprüche auch in Bezug auf Negativatteste zu vermeiden.[20] Auch der EuGH hat Entscheidungen gem. Art. 10 ausdrücklich in die Geltung des Art. 16 mit einbezogen.[21]

11 Bei Entscheidungen über **Buß- oder Zwangsgelder** (Art. 22, 23) erscheint ein Konflikt zwischen Kommissions- und nationalen Entscheidungen dagegen nur schwer denkbar.[22] Soweit die Kommission in Zukunft im Einzelfall **informelle Beratungsschreiben** zu einzelnen Vereinbarungen versendet,[23] trifft die nationalen Wettbewerbsbehörden und Gerichte keine Pflicht gemäß Art. 16. Auch hier besteht jedoch die Pflicht zur loyalen Zusammenarbeit gemäß Art. 4 Abs. 3 EU.

12 Soweit die Kommission eine Beschwerde durch Entscheidung zurückweist, kommt dem keine materielle Bindungswirkung zu.[24] Das folgt schon daraus, dass eine Beschwerde wegen mangelnden Gemeinschaftsinteresses zurückgewiesen werden kann, wenn die Rechte des Beschwerdeführers auch durch nationale Kartell- oder Gerichtsverfahren gewahrt werden können. Die Ausführungen in der **Zurückweisung der Beschwerde** binden den

---

[14] So auch *Busse/Leopold* WuW 2005, 146, 151; *K. Schmidt* BB 2003, 1237, 1242; a. A. Montag/Rosenfeld ZWeR 2003, 107, 132. Ausführlich zu dem Meinungsstreit *G. Meessen,* Der Anspruch auf Schadensersatz bei Verstössen gegen EU-Kartellrecht, 111.

[15] Vgl. auch *Imgrund,* Die Bindung der deutschen Zivilgerichte an Beschlüsse von Kommission und Behörden der Europäischen Union im Kartellrecht, 144. Kritisch dazu *G. Meessen,* Der Anspruch auf Schadensersatz bei Verstössen gegen EU-Kartellrecht, 114 („Pakt zulasten des Geschädigten"); vgl. auch BGH B. v. 14.7.2015 – KVR 55/14 Tz. 22.

[16] Vgl. dazu *Bornkamm,* Schwerpunkte des Kartellrechts 92/93, S. 51, 55; *Ehricke* ZHR 158 (1994), 170, 179.

[17] Ausführlich zum Meinungsstand: *Imgrund,* Die Bindung der deutschen Zivilgerichte an Beschlüsse von Kommission und Behörden der Europäischen Union im Kartellrecht, 153 f.

[18] So *Röhling* GRUR 2003, 1019, 1023; FK-*Jaeger* Art. 16 Rn. 15. Der EuGH U. v. 14.2.2012 Rs. C-17/10 – *Toshiba Corporation* Rn. 87, bezieht Entscheidungen gem. Art. 10 aber ausdrücklich in die Bindungswirkung ein.

[19] Nunmehr deutlich EuGH U. v. 14.2.2012 Rs. C-17/10 – *Toshiba Corporation* Rn. 87. So auch *Hossenfelder/Lutz* WuW 2003, 118, 123; *Hirsch* ZWeR 2003, 233, 251.

[20] Vgl. EuGH U. v. 15.12.1994 Rs. C-250/92 – *Goettrup-Klim/DLG* Slg. 1994, I-5641 Rn. 57 f.

[21] EuGH U. v. 14.2.2012 Rs. C-17/10 – *Toshiba Corporation* Rn. 87.

[22] Zu parallelen Bußgeldverfahren und Schadensersatzklagen nach deutschem Recht vgl. OLG Düsseldorf B. v. 3.5.2006 Az. VI-W (Kart) 6/06 Tz. 16 – nicht veröffentlicht.

[23] Vgl. dazu Bekanntmachung der Kommission über informelle Beratung bei neuartigen Fragen zu den Artikeln 81 und 82 EG-Vertrag, die in Einzelfällen auftreten (Beratungsschreiben), ABl. 2004 C-101/78.

[24] Vgl. *Zuber,* Die EG-Kommission als amicus curiae, S. 72, FK-*Jaeger* Art. 16 Rn. 16.

nationalen Richter nicht, sind jedoch ein tatsächlicher Gesichtspunkt, der vom Richter beachtet werden kann.[25]

2. Wettbewerbsbehörden und Gerichte der Mitgliedstaaten

Art. 16 soll gewährleisten, dass auch bei der weitgehenden Dezentralisierung der **13** Anwendung der Wettbewerbsregeln des EG-Vertrages, die durch die Reform erreicht werden soll, **Entscheidungen der Kommission** nicht durch Maßnahmen der Mitgliedstaaten **in ihrer Wirksamkeit beeinträchtigt** werden können. Deswegen ist der Adressatenkreis des Art. 16 weit zu fassen; die Verpflichtung trifft alle Behörden und Gerichte, die befugt oder verpflichtet sind, Art. 101, 102 EG anzuwenden. In Bezug auf nationale Gerichte, die Aufgaben von Wettbewerbsbehörden wahrnehmen, kann es im Einzelfall schwierig sein zu bestimmen, ob Abs. 1 oder Abs. 2 des Art. 16 auf sie Anwendung findet. Die Durchführungsverordnung ordnet diese Gerichte teilweise den Gerichten und teilweise den Wettbewerbsbehörden zu (vgl. Begründungserwägung 21 und Art. 35 Abs. 3).

Art. 16 gilt nicht unmittelbar für **Schiedsgerichte.** Da es Gerichten der Mitgliedstaaten **14** allerdings gemäß Art. 16 verwehrt ist, Schiedssprüche für vollstreckbar zu erklären, die im Widerspruch zu einer Kommissionsentscheidung stehen,[26] sollten auch Schiedsgerichte Art. 16 beachten.

3. Widerspruch zu einer Entscheidung der Kommission

Durch Art. 16 soll laut der Begründung der Kommission verhindert werden, dass sich **15** auf der Grundlage derselben Rechtsvorschriften widersprüchliche Entscheidungen etablieren. In der Begründung wird darauf hingewiesen, dass das Potential für widersprüchliche Entscheidungen vom **Tenor** der Kommissionsentscheidung und dem **Sachverhalt** abhängt, auf den sie sich stützt.

Grundsätzlich können zwei Situationen unterschieden werden: Zum einen können die **16** nationalen Behörden oder das nationale Gericht in bezug auf eine bestimmte Verhaltensweise oder Vereinbarung von der **rechtlichen Wertung** der Kommission in einer vorhergehenden Entscheidung abweichen. Zum anderen können die nationalen Behörden oder das nationale Gericht bei einer Entscheidung über eine Verhaltensweise oder eine Vereinbarung von einer **anderen tatsächlichen Grundlage** ausgehen als die Kommission in einer vorhergehenden Entscheidung. In beiden Fällen kann es zu einem Widerspruch zwischen nationaler und Kommissionsentscheidung kommen.

Wenn ein nationales Gericht über eine Verhaltensweise oder Vereinbarung zu entschei- **17** den hat, die bereits Gegenstand einer Kommissionsentscheidung war, ist es grundsätzlich an die Beurteilung der Kommission in der Entscheidung gebunden und kann insoweit keine abweichende Bewertung mehr vornehmen.[27] Dies ergibt sich in Bezug auf bestandskräftige Verbotsentscheidungen der Kommission bereits aus § 33 Abs. 4 GWB.

Soweit die **Rechtsauffassung** der Kommission nicht von den europäischen Gerichten **18** bestätigt worden ist, kann sie für **nationale Gerichte** nicht bindend sein. Auch ohne die ausdrückliche Erwähnung in Art. 16 Abs. 1 S. 4 verstünde es sich von selbst, dass Art. 16 das Recht der nationalen Gerichte, gemäß Art. 267 AEUV eine Vorabentscheidung des EuGH zur Auslegung des Gemeinschaftsrechts einzuholen, nicht einschränken kann. Soweit letztinstanzliche Gerichte von der Rechtsauffassung der Kommission abweichen wollen und die Frage entscheidungserheblich ist, sind diese Gerichte zu einer **Vorlage zum**

---

[25] EuG U. v. 9.1.1996 Rs. T-575/93 – *Casper Koelmann* Slg. 1996 II-1 Rn. 43.

[26] Vgl. hierzu auch EuGH U. v. 1.6.1999 Rs. C-126/97 – *Eco Swiss China Time Ltd/Benetton International NV* Slg. 1999, I-3055; OLG Düsseldorf, WuW/E DE-R 997 – *Züricher Schiedsspruch.*

[27] Vgl. EuG U. v. 12.4.2013 Rs. T-421/08 *Performing Right Society Ltd.* Rn. 196.

EuGH gemäß Art. 267 AEUV sogar verpflichtet. Zumindest bei **bestandskräftigen** Kommissionsentscheidungen kann allerdings die Vorlage gemäß Art. 267 AEUV auf der Grundlage der TWD-Entscheidung des EuGH ausgeschlossen sein.[28] Gemäß dieser Entscheidung kann sich eine Partei in einem nationalen Rechtsstreit nicht mehr auf die Unwirksamkeit einer Entscheidung der Kommission berufen, wenn sie die Entscheidung nicht fristgemäß angefochten hat, obwohl sie unstreitig klagebefugt war.[29]

19 Wenn die Entscheidung der Kommission vor den europäischen Gerichten angefochten wurde, kann das nationale Gericht, das von einer Rechtsauffassung der Kommission in einer Entscheidung zu demselben Sachverhalt abweichen will, zur Vermeidung von Entscheidungswidersprüchen auch das **Verfahren aussetzen.**

20 Dagegen stellt ein Urteil, mit dem z.B. ein Schadensersatzanspruch wegen eines von der Kommission festgestellten Kartellverstoßes abgelehnt wird, nicht notwendigerweise einen Widerspruch zu der Kommissionsentscheidung dar.[30] Die Feststellung eines Verstoßes gegen EU-Wettbewerbsrecht ist in solchen Fällen immer nur eine Vorfrage; das Bestehen eines Anspruches hängt immer noch von weiteren, durch nationales Recht vorgegebenen Voraussetzungen ab.[31] Der EuGH stellt fest, dass der nationale Richter zwar von dem Bestehen des Kartells oder einer verbotenen Verhaltensweise ausgehen muss, wenn die Kommission dies festgestellt hat. Die Beurteilung, ob ein Schaden entstanden ist und ob ein Schaden kausal durch das Kartell verursacht wurde, obliegt ihm aber selbst.[32] Insoweit kann die Entscheidung der Kommission ein nationales Gericht auch nicht binden.

21 Die Bindung der Gerichte an Entscheidungen der Kommission stellt keinen Eingriff in die **richterliche Unabhängigkeit** und keinen Verstoß gegen die **Gewaltenteilung** dar.[33]

4. Vermeidung von Entscheidungswidersprüchen schon vor Erlass einer Kommissionsentscheidung

22 Art. 16 Abs. 1 S. 1 behandelt den Fall, dass bereits eine Kommissionsentscheidung zu einem bestimmten Sachverhalt vorliegt. In Art. 16 Abs. 1 S. 2 wird die Verpflichtung der Gerichte auf die Fälle ausgedehnt, in denen die Kommission noch keine Entscheidung erlassen hat, einen solchen Erlass jedoch beabsichtigt. Darin ist ein Verweis auf die Pflicht der Kommission, vor Erlass einer Entscheidung gemäß Art. 9, 10, die Absicht des Erlasses zu veröffentlichen, Art. 27 Abs. 4, zu sehen.[34] Die Pflicht der nationalen Gerichte zur Vermeidung von Entscheidungswidersprüchen besteht nach der Rechtsprechung des EuGH zu Art. 4 Abs. 3 EU jedoch grundsätzlich immer, wenn die Gefahr besteht, dass ein Urteil im **Widerspruch** zu einer **später erlassenen Kommissionsentscheidung** steht, unabhängig davon, ob die Kommission die Absicht, eine bestimmte Entscheidung zu erlas-

---

[28] EuGH U. v. 9.3.1994 Rs. C-188/92 – *Textilwerke Deggendorf/Bundesrepublik Deutschland* Slg. 1994, I-833. vgl. FK-*Jaeger* Art. 16 Rn. 21; *Berrisch/Burianski* WuW 2005, 878, 882; differenzierend *Grünberger,* in: Kartellrechtsdurchsetzung durch private Schadensersatzklagen, 134, 180; ausführlich zu dem Problem und im Ergebnis gegen eine Einschränkung der Vorlageberechtigung *Imgrund,* Die Bindung der deutschen Zivilgerichte an Beschlüsse von Kommission und Behörden der Europäischen Union im Kartellrecht, 173f, 183.

[29] Vgl. *Berrisch/Burianski* WuW 2005, 878, 882.

[30] Vgl. LG Mainz NJW-RR 2004, 478, 479; *Bornkamm* ZWeR 2003, 73, 83; *Zuber,* Die Kommission als amicus curiae, S. 67 f.

[31] Vgl. dazu Komm., Staff Working Paper accompanying the White Paper on Damages actions for breach of the EC antitrust rules, 46 f.; LG Mannheim GRUR 2004, 182, 183; *Köhler* GRUR 2004, 99, 100 f.

[32] EuGH U. v. 6.11.2012 Rs. C-199/11 – *Otis* Rn. 65f; EuZW 2013, 24.

[33] Im Ergebnis ebenso: MüKoEuWettbwR/*Schneider,* 2. Aufl., Art. 16 VO 1/2003 Rn. 5. Ausführlich dazu: *Schröder,* Gesetzesbindung des Richters und Rechtsweggarantie im Mehrebenensystem, S. 161 f.

[34] Vgl. *Bornkamm* ZWeR 2003, 73, 84 Fn. 39.

sen, erklärt hat.[35] Da durch Art. 16 die Verpflichtungen der Gerichte jedenfalls nicht eingeschränkt werden sollten, besteht die Pflicht zur Vermeidung von Entscheidungswidersprüchen auch, wenn nicht ausgeschlossen werden kann, dass die Kommission erst später eine Entscheidung zu demselben Sachverhalt erlässt. Dies wird vor allem dann der Fall sein, wenn bereits ein Kommissionsverfahren eröffnet worden ist. Art. 16 enthält keine korrespondierende Pflicht der nationalen Wettbewerbsbehörden; gemäß Art. 11 Abs. 6 verlieren nationale Wettbewerbsbehörden jedoch ohnehin ihre Zuständigkeit, wenn die Kommission ein Verfahren eröffnet.[36]

IV. Rechtsfolgen

Gemäß Art. 16 dürfen die Gerichte und Wettbewerbsbehörden der Mitgliedstaaten keine Entscheidungen erlassen, die Entscheidungen der Kommission zuwiderlaufen. Damit wird die bereits in verschiedenen EuGH-Urteilen festgestellte, vor Inkrafttreten der VO 1/2003 auf Art. 4 Abs. 3 EU gestützte Pflicht zur Vermeidung von Entscheidungswidersprüchen auch in der Durchführungsverordnung verankert. Man wird von den Gerichten der Mitgliedstaaten verlangen müssen, dass sie in den Fällen, in denen ein Widerspruch mit einer Kommissionsentscheidung entstehen könnte, die prozessualen Möglichkeiten nutzen, die helfen können, einen solchen Widerspruch zu vermeiden. Dazu gehört die **Zusammenarbeit mit der Kommission** gemäß Art. 15 sowie die **Möglichkeit der Verfahrensaussetzung,** wenn die Entscheidung der Kommission vor den europäischen Gerichten angefochten wurde. Die nationalen Gerichte haben zudem in geeigneten Fällen die Möglichkeit, den EuGH um eine **Vorabentscheidung** gemäß Art. 267 AEUV anzugehen. 23

Soweit ein nationales Gericht **seinen Verpflichtungen** aus Art. 16 **nicht nachkommt,** kann die betroffene Prozesspartei dies im Rahmen eines Rechtsmittels gegen das Urteil geltend machen. Es ist anzunehmen, dass sich die Kommission in einer solchen Konstellation gemäß Art. 15 an dem nationalen Verfahren beteiligen wird. Soweit allerdings auch das letztinstanzliche Gericht seinen Loyalitätspflichten gemäß Art. 16 nicht genügt und auch nicht den EuGH gemäß Art. 267 AEUV anruft, – was dann einer offenen Konfrontation mit der Kommission gleichkäme – bestehen keine Möglichkeiten, das Gericht zur Beachtung des Art. 16 zu zwingen. In Deutschland ist, wenn sich das Verhalten des letztinstanzlichen Gerichts als willkürliche Unterlassung der Vorlage gemäß Art. 267 AEUV darstellt, lediglich noch die Möglichkeit der **Urteilsverfassungsbeschwerde** wegen Verstoßes gegen Art. 101 Abs. 1 S. 1 GG gegeben.[37] Des weiteren können nach EuGH-Rechtsprechung Staatshaftungsansprüche bestehen, wenn ein Gerichtsurteil offenkundig gegen Gemeinschaftsrecht verstößt.[38] 24

Grundsätzlich hätte die Kommission die Möglichkeit, in Fällen der vorsätzlichen Nichtbeachtung des Art. 16 durch die nationalen Gerichte ein **Vertragsverletzungsverfahren gemäß Art. 258 AEUV** gegen den betroffenen Mitgliedstaat einzuleiten.[39] Dass ein Staat 25

---

[35] Vgl. EuGH U. v. 28.2.1991 Rs. C-234/89 – *Delimitis/Henninger Bräu* Slg. 1991, I-935, WuW/E EWG/MUV 911; EuGH Urteil v. 12.12.1995 verb. Rs. C-319/93, C-40/94 und C-224/94 – *Hendrik Evert Dijkstra/Friesland (Frico Dorno) Coöperatie* Slg. 1995, I-4471; EuGH U. v. 15.12.1994 Rs. C-250/92 – *Goettrup-Klim/DLG* Slg. 1994, I-5641.

[36] Zum Wiederaufleben der Zuständigkeit, vgl. EuGH U. v. 14.2.2012 Rs. C-17/10 – *Toshiba Corporation* Rn. 91.

[37] Vgl. BVerfG B. v. 8.4.2015 Az. 2 BvR 35/12, abrufbar unter http://www.bverfg.de/SharedDocs/Entscheidungen/DE/2015/04/rk20150408_2bvr003512.html (zuletzt abgerufen am 8.6.2015); BVerfG NJW 1988, 1456 – *Denkavit*.

[38] EuGH U. v. 30.9.2003 Rs. C-224/01 – *Gerhard Köbler/Republik Österreich* Slg. 2003, I-10239; EuZW 2003, 718.

[39] EuGH U. v. 9.12.2003 Rs. C-129/00 – *Kommission/Italien* Slg. 2003 I-14637 Rn. 29. Kritisch zu dieser Möglichkeit: *Geiger* EuZW 2001, 116, 117.

für das Fehlverhalten seiner Gerichte haftet, auch wenn er deren Verhalten aufgrund der richterlichen Unabhängigkeit nicht beeinflussen kann, entspricht völkerrechtlichen Grundsätzen.[40] Wie aber die Zurückhaltung der Kommission in vergleichbaren Fallgestaltungen (z. B. der Weigerung letztinstanzlicher Gerichte bestimmter Mitgliedstaaten, gemäß Art. 267 AEUV vorzulegen) zeigt,[41] erscheint die Einleitung derartiger Vertragsverletzungsverfahren nicht sehr wahrscheinlich.[42]

Art. 17. Untersuchung einzelner Wirtschaftszweige und einzelner Arten von Vereinbarungen

(1) [1]**Lassen die Entwicklung des Handels zwischen Mitgliedstaaten, Preisstarrheiten oder andere Umstände vermuten, dass der Wettbewerb im Gemeinsamen Markt möglicherweise eingeschränkt oder verfälscht ist, so kann die Kommission die Untersuchung eines bestimmten Wirtschaftszweigs oder – Sektor übergreifend – einer bestimmten Art von Vereinbarungen durchführen.** [2]**Im Rahmen dieser Untersuchung kann die Kommission von den betreffenden Unternehmen oder Unternehmensvereinigungen die Auskünfte verlangen, die zur Durchsetzung von Artikel 81 und 82 des Vertrags notwendig sind, und die dazu notwendigen Nachprüfungen vornehmen.**

Die Kommission kann insbesondere von den betreffenden Unternehmen und Unternehmensvereinigungen verlangen, sie von sämtlichen Vereinbarungen, Beschlüssen und aufeinander abgestimmten Verhaltensweisen zu unterrichten.

Die Kommission kann einen Bericht über die Ergebnisse ihrer Untersuchung bestimmter Wirtschaftszweige oder – Sektor übergreifend – bestimmter Arten von Vereinbarungen veröffentlichen und interessierte Parteien um Stellungnahme bitten.

(2) **Die Artikel 14, 18, 19, 20, 22, 23 und 24 gelten entsprechend.**

Übersicht

I. Sinn und Zweck der Regelung

1 Die Vorschrift dient der **Aufdeckung von wettbewerbsschädlichen Praktiken** in der Gemeinschaft. Art. 17 ermächtigt die Kommission hierfür zur Durchführung von sektorspezifischen Untersuchungen und – Sektor übergreifend – zur Untersuchung von bestimmten Arten von Vereinbarungen.

2 Für die Einleitung der Untersuchung genügt es, dass ein **allgemeiner Verdacht** auf Wettbewerbsbeschränkungen oder -verfälschungen vorliegt, ein konkreter Verdacht gegen einzelne Unternehmen oder Unternehmensvereinigungen ist nicht erforderlich. Allgemein bietet sich das Verfahren nach Art. 17 bei der Prüfung von Märkten an, in denen augenscheinlich eingeschränkter Wettbewerb herrscht, aber keine konkreten Verdachtsmomente

[40] Unter dem Gesichtspunkt der Staatshaftung: EuGH U. v. 30.9.2003 Rs. C-224/01 – *Gerhard Köbler/Republik Österreich* Slg. 2003, I-10239; EuZW 2003, 718.

[41] Vgl. *Breuer* EuZW 2004, 199, 201.

[42] Die Kommission spricht die Möglichkeit eines Vertragsverletzungsverfahrens allerdings in Bezug auf Nichtanwendung des gemeinschaftlichen Wettbewerbsrechts durch nationale Gerichte an, Staff Working Paper zum Report on the functioning of Regulation 1/2003 (COM 2009)206 final, Rn. 151.

gegen einzelne Unternehmen vorliegen. Mit der gemäß Art. 17 erteilten Befugnis können möglicherweise wettbewerbswidrige Verhaltensweisen systematisch und transparent durchleuchtet werden.[1] Die Vorschrift ist nach Ansicht der Kommission besonders geeignet für Untersuchungen in etablierten oligopolistischen Märkten, wo die geringe Zahl großer Anbieter ein aufeinander abgestimmtes Verhalten erleichtert.[2] Zudem kann sie für die Untersuchung von sich noch entwickelnden Wirtschaftszweigen geeignet sein, in denen die Marktstruktur droht, durch bestimmte Vertragsarten geschädigt zu werden, so dass ein frühzeitiges Verständnis der branchenweiten Wettbewerbsbedingungen für die „richtige" Weichenstellung von gesteigerter Bedeutung ist.[3] Insbesondere in diesem Anwendungsbereich können in den Sektorenuntersuchungen erfasste Daten und Erkenntnisse auch dazu beitragen, Ermittlungen in (späteren) Kartell-, Missbrauchs- und Fusionskontrollverfahren zu erleichtern.[4] Untersuchungsgegenstand können auch Praktiken sein, die nur deshalb wettbewerbsschädliche Wirkungen entfalten, weil sie weit verbreitet sind, z. B. in einem bestimmten Wirtschaftssektor verbreitete exklusive Lieferverträge.[5]

Wie bereits Art. 103 AEUV (deklaratorisch bestätigt in Art. 17 Abs. 1 Unterabs. 1 3
Satz 2) vorgibt, können auf Art. 17 nur Untersuchungen gestützt werden, die der Aufdeckung von Verstößen gegen Art. 101 und 102 AEUV dienen. Für andere Zwecke fehlt die rechtliche Grundlage.[6]

II. Praktische Bedeutung der Regelung

Die Untersuchung von Wirtschaftszweigen aufgrund der Vorgängervorschrift Art. 12 4
VO 17/62 hatte ursprünglich **kaum Bedeutung.** Zwischen 1962 und 1999 stützte die Kommission insgesamt nur zwei Untersuchungen auf diese Vorschrift.[7] Zwischen 1999 und dem Inkrafttreten der VO 1/2003 am 1. Mai 2004 folgten Untersuchungen in zwei weiteren Sektoren.[8] Nach Inkrafttreten der VO 1/2003 machte die Kommission von der Befugnis hingegen zunächst recht ausgiebig Gebrauch, in fünf Fällen in den Bereichen Energie, Finanzdienstleistungen und pharmazeutische Industrie.[9] Seit 2008 hat die Kommission von

---

[1] So die Kommission in der Pressemitteilung IP/04/134 v. 30.1.2004 zur Verfahrenseinleitung (noch nach Art. 12 VO 17/62) in der Rs. COMP/38.788 – *PO/Sector Inquiry New Media I.*

[2] Als Beispiel können der Energiesektor, in dem die Kommission im Jahr 2005 Untersuchungen einleitete (Rs. COMP/39.172–173), sowie der Telekommunikationssektor, in dem die Kommission im Jahr 1999 Untersuchungen auf der Grundlage des Art. 12 VO 17/62 einleitete (Rs. IV/37.638-37.640), herangezogen werden.

[3] So im Bereich der Inhalte für neue Medien und UMTS, in dem die Kommission Anfang 2004 eine auf die Vorgängernorm Art. 12 VO 17/62 gestützte Untersuchung einleitete (siehe Fn. 1).

[4] *Burrichter/Hennig* in: Immenga/Mestmäcker, Art. 17, Rn. 7, 43 m. w. N.

[5] So im Brauereisektor, der Ende der 60er Jahre Gegenstand einer Untersuchung nach Art. 12 VO 17/62 war (Ermittlungen des Ausmaßes von Bierlieferungs-Vertragssystemen, ABl. 1969 C 148/3).

[6] So auch *Burrichter/Hennig* in: Immenga/Mestmäcker, Vorbemerkung zu Art. 17–22, Rn. 13, Art. 17, Rn. 17; vgl. aber Kommission, Energy sector competition inquiry – frequently asked questions, MEMO/05/203, vorletzte Frage, wo die Kommission erläutert, dass die erhaltenen Informationen auch zur Analyse der – in den Artikeln 87 ff. EG geregelten – staatlichen Beihilfen herangezogen werden.

[7] Brauereisektor (Ermittlungen des Ausmaßes von Bierlieferungs-Vertragssystemen, Untersuchungsbeschluss v. 9.10.1969, ABl. 1969 C 148/3) und Handel mit Margarine (vgl. WuW 1970, 670, wo auf einen Untersuchungsbeschluss der Kommission v. 23.6.1965 verwiesen wird).

[8] Kommission Beschluss v. 27.7.1999 betr. Telekommunikationssektor: (1) Mietleitungen (Rs. IV/37.638 –*PO/Sector Inquiry (LEASED LINES)*), (2) Roaming-Dienste (Rs. IV/37.639 – *PO/Sector Inquiry (ROAMING)*) und (3) Zugang und Nutzung der Ortsnetze (Rs. IV/37.640 – *PO/Sector Inquiry (LOCAL LOOP)*). Kommission Beschluss v. 30.1.2004 betr. Verkauf von Sportrechten an Internet-Anbieter und Betreiber von Mobilfunknetzen der dritten Generation (UMTS) (Rs. COMP/38.788 –*PO/Sector Inquiry New Media I*).

[9] Komm. Beschluss v. 13.5.2005, Rs. COMP/39.172 – *Electricity Sector Inquiry* und COMP/39.173 – *Gas Sector Inquiry;* Komm. Beschluss v. 13.6.2005, Rs. COMP/39.190 – *Financial Services Sector*

der Befugnis allerdings keinen Gebrauch mehr gemacht. Informationen über die seit 1999 erfolgten Sektoruntersuchungen sind auf der Webseite der Kommission abrufbar (vgl. Fn. 30).

III. Tatbestand

5 Nach Art. 17 kann die Kommission verdächtigen Preisstrukturen oder sonstigen Umständen nachgehen, die die **Vermutung möglicher wettbewerbsrechtswidriger Situationen** rechtfertigen. Es bedarf also eines **Anfangsverdachts.** Die verdächtige wettbewerbswidrige Situation kann sich allgemein auf einen bestimmten Wirtschaftszweig oder – Sektor übergreifend – auf bestimmte Vertragstypen beziehen.

6 Die **Eingriffsschwelle** für eine Untersuchung nach Art. 17 ist niedrig. Ohne dass Hinweise auf einen konkreten Verstoß gegen Wettbewerbsregeln durch einzelne Unternehmen oder Unternehmensvereinigungen vorliegen müssen, genügt eine Vermutung für das mögliche Bestehen wettbewerbswidriger Verhaltensweisen.

7 Grundlage der Vermutung müssen **Tatsachen** sein. Ein allgemeines Enquête-Recht der Kommission besteht nicht.[10] Neben den in Art. 17 genannten „Preisstarrheiten“[11] stützte die Kommission ihre Vermutung bisher u. a. auf folgende Umstände: Marktfragmentierung,[12] hohe Marktkonzentration,[13] Zugangsschranken,[14] Fehlen von Wahlmöglichkeiten seitens der Nachfrageseite, Bestehen von branchenüblichen Vertragsbedingungen, die der Nachfrageseite nur begrenzten Raum lassen, Vertragsbedingungen individuell auszuhandeln, Hinweise auf eine unzulässige Zusammenarbeit von Wettbewerbern in Verbänden,[15] große Preisdiskrepanzen zwischen den Mitgliedstaaten,[16] deutliche Preisanstiege,[17] die Anfälligkeit der Branche für wettbewerbswidrige Verhaltensweisen,[18] Geschäftspraktiken, die auf wettbewerbsbeschränkende Strategien hinsichtlich der Erlangung und Ausübung von Patenten hindeuten, Innovationsrückgang,[19] sowie informelle Beschwerden von Marktteilnehmern u. a. über Preisdiskriminierung, unterschiedliche Behandlung von Kunden, ver-

---

Inquiry – Retail banking und COMP/39.191 – *Financial Services Sector Inquiry – Business Insurance,* sowie zuletzt Komm. Beschluss v. 15.1.2008, Rs. COMP/D 1/39.514 – *Pharmaceuticals Sector Inquiry.*

[10] *Burrichter/Hennig* in: Immenga/Mestmäcker Art. 17, Rn. 13, 15f; *Jungermann* in: Frankfurter Kommentar, Art. 17, Rn. 28; a. A. wohl *Sura* in: Langen/Bunte, Art. 17, Rn. 1.

[11] Vgl. Pressemitteilungen IP/99/786 v. 22.10.1999 und IP/00/111 v. 4.2.2000 zur Untersuchung der Telekommunikationsbranche.

[12] Komm. Beschluss v. 13.6.2005 in der Rs. COMP/39.190 – *Financial Services Sector Inquiry – Retail Banking,* Rn. 3.

[13] Komm. Beschluss v. 13.5.2005 in den Rs. COMP/39.172 – *Electricity Sector Inquiry* und COMP/39.173 – *Gas Sector Inquiry,* Rn. 3.

[14] Komm. Beschluss v. 13.6.2005 in der Rs. COMP/39.190 – *Financial Services Sector Inquiry – Retail Banking,* Rn. 3; Komm. Beschluss v. 13.5.2005 in den Rs. COMP/39.172 – *Electricity Sector inquiry* und COMP/39.173 – *Gas Sector Inquiry,* Rn. 4; Komm. Beschluss v. 15.1.2008 in der Rs. COMP/39.514 – *Pharmaceuticals Sector Inquiry,* Rn. 3.

[15] Komm. Beschluss v. 13.6.2005 in der Rs. COMP/39.191 – *Financial Services Sector Inquiry – Business Insurance,* Rn. 3.

[16] Vgl. Pressemitteilung IP/99/786 v. 22.10.1999 zur Untersuchung der Telekommunikationsbranche.

[17] Komm. Beschluss v. 5.2005 in den Rs. COMP/39.172 – *Electricity Sector Inquiry* und COMP/39.173 – *Gas Sector Inquiry,* Rn. 3.

[18] Pressemitteilung IP/04/134 v. 30.1.2004 zur Untersuchung des Verkaufs von Sportrechten an Internet-Anbieter und Betreiber von Mobilfunknetzen der dritten Generation: *„[d]ie bisherigen einschlägigen Erfahrungen hätten gezeigt, dass die Branche für möglicherweise wettbewerbswidrige Vereinbarungen und Verhaltensweisen durchaus anfällig sei.“* Hinsichtlich der „einschlägigen Erfahrungen“ verwies die Kommission auf Verfahren, in denen sie sich mit typischen Praktiken der Branche auseinandersetzen musste (u. a. COMP/C.2/37.398 – *UEFA;* COMP/C.2/37.576 – *UEFA-Übertragungsregelung;* COMP/C.2/37.214 – *DFB;* COMP/38.828 – *PO/FA Premier League Limited + British Sky Broadcasting).*

[19] Komm. Beschluss v. 15.1.2008 in der Rs. COMP/39.514 – *Pharmaceuticals Sector Inquiry,* Rn. 3f.

zögerte Bedienung, Verweigerung von Vertragsabschlüssen und Qualität der Leistungen.[20] Die Kommission stützte ihre Vermutung bisher immer auf mehrere der genannten Umstände. Rechtsprechung hinsichtlich der erforderlichen Konkretheit oder Dichte der für die Vermutung erforderlichen Umstände gibt es nicht.

IV. Rechtsfolgen

1. Verfahrenseinleitung

Liegt ein Anfangsverdacht vor, steht es im **Ermessen** der Kommission, ob sie eine Untersuchung nach Art. 17 vornimmt. Ein Rechtsanspruch auf Einleitung einer Untersuchung besteht nicht. Eine Ermessensreduzierung mit der Folge einer Pflicht der Kommission zur Einleitung einer Untersuchung nach Art. 17 ist schwer denkbar. Liegen ausreichend Anhaltspunkte für einen tatsächlichen Verstoß gegen die Wettbewerbsregeln vor, kommt regelmäßig eine Einleitung von konkreten Verfahren gegen die betroffenen einzelnen Unternehmen oder Unternehmensvereinigungen in Betracht. **8**

Das Verfahren nach Art. 17 wird durch einen **förmlichen Beschluss** der Kommission eingeleitet. Während die Vorgängervorschrift Art. 12 Abs. 1 VO 17/62 ausdrücklich vorsah, dass die Kommission die Einleitung einer Untersuchung „beschließen" kann, spricht der neue Wortlaut nur davon, dass die Kommission eine Untersuchung durchführen kann. Ein förmlicher Einleitungsbeschluss wird aber in Anbetracht der mit der Untersuchung verbundenen Eingriffe in die Rechte der betroffenen Unternehmen und Unternehmensvereinigungen nach wie vor zu fordern sein.[21] Auch der Verweis in Abs. 2 auf Art. 14 und damit die notwendige **Anhörung des Beratenden Ausschusses** legt dies nahe. Die bisherige Praxis der Kommission bestätigt dies. Zudem werden die Einleitungsbeschlüsse veröffentlicht.[22] Da der Beschluss keine individuellen Adressaten hat, scheidet eine **Anfechtung** – mangels unmittelbaren Betroffenseins – regelmäßig aus. Unternehmen und Unternehmensvereinigungen können allerdings Klage gegen anfechtbare individuelle Ermittlungshandlungen erheben, die infolge des Einleitungsbeschlusses erfolgen. Die Rechtmäßigkeit des Einleitungsbeschlusses (als Rechtsgrund für die Ermittlungsmaßnahmen) kann dann inzident überprüft werden.[23] Dementsprechend ist zu fordern, dass der Beschluss den Adressaten von Ermittlungsmaßnahmen nach Art. 17 mitgeteilt wird, da ansonsten eine Prüfung seiner Rechtmäßigkeit nicht möglich ist.[24] **9**

2. Ermittlungsbefugnisse

Hat die Kommission durch Beschluss ein Verfahren nach Art. 17 eingeleitet, verfügt sie gemäß Abs. 2 über **sämtliche** der im 5. Kapitel der Verordnung vorgesehenen **Ermittlungsbefugnisse,** einschließlich Auskunftsverlangen (Art. 18), Befugnis zur (freiwilligen) Befragung (Art. 19), Nachprüfungen in Betriebs- und Geschäftsräumen (Art. 20), nicht aber **10**

---

[20] Vgl. Pressemitteilungen IP/99/786 v. 22.10.1999 und IP/00/111 v. 4.2.2000 zur Untersuchung der Telekommunikationsbranche.

[21] Davon gehen auch *Lampert/Niejahr/Kübler/Weidenbach,* EG-KartellVO, Art. 17, Rn. 359, sowie *Sauer* in: Schulte/Just, Art. 17, Rn. 8 und *Schütz* in: Kölner Kommentar, Art. 17, Rn. 11, aus.

[22] Vgl. die auf der Webseite der Kommission unter http://ec.europa.eu/comm/competition/antitrust/sector_inquiries.html veröffentlichten Eröffnungsbeschlüsse. Vier der Beschlüsse sind mit dem Begriff „Entscheidung" überschrieben. Richtigerweise handelt es sich aber rechtstechnisch um Beschlüsse, da Entscheidungen gemäß Art. 249 UA 4 EG einen bestimmten Adressaten haben, der von diesen unmittelbar betroffen ist (so auch *Miersch* in: Dalheimer/Feddersen/Miersch, EGV nach Art. 83, Art. 17, Rn. 9; *Burrichter/Hennig* in: Immenga/Mestmäcker, Art. 17, Rn. 26). Den richtigen Begriff verwendete die Kommission zuletzt in der Einleitung der Sektoruntersuchung der Pharmaindustrie.

[23] *Burrichter/Hennig* in: Immenga/Mestmäcker, Art. 17, Rn. 54.

[24] *De Bronett,* Art. 17, Rn. 23: sofern der Beschluss nicht bereits veröffentlicht wurde, sollte er als Ausfertigung den Dokumenten der konkreten Ermittlungsmaßnahme anliegen.

der in Art. 21 vorgesehenen Nachprüfung in anderen Räumlichkeiten. Damit ist klargestellt, dass aufgrund der hohen Eingriffsintensität eine Nachprüfung in Privaträumen (Wohnungen) nicht auf eine nur unspezifische Vermutung möglicher wettbewerbsschädlicher Praktiken gestützt werden kann. Auch wenn der Kommission nach Art. 17 damit außer der Befugnis nach Art. 21 sämtliche Ermittlungsbefugnisse der VO 1/2003 zustehen, sollte nach dem Grundsatz der Verhältnismäßigkeit von der Befugnis zur Nachprüfung nach Art. 20 aufgrund der höheren Eingriffsintensität zurückhaltend Gebrauch gemacht werden. Dennoch führte die Kommission bei der Einleitung einer der erfolgten Untersuchungen Nachprüfungen durch.[25] In den anderen vier Fällen beschränkte sich die Kommission auf die Versendung von Auskunftsverlangen nach Art. 18. Rechtsgrund für die Ermittlungsmaßnahmen ist der Untersuchungsbeschluss nach Art. 17. Dieser bestimmt auch den Gegenstand und den Zweck der Ermittlungsmaßnahmen. Nach Abs. 1 Unterabs. 2 besteht auf Verlangen der Kommission insbesondere eine Pflicht der Unternehmen und Unternehmensvereinigungen, die Kommission von *„sämtlichen Vereinbarungen, Beschlüssen und aufeinander abgestimmten Verhaltensweisen zu unterrichten"*. Trotz dieses uneingeschränkten Wortlauts wird diese Befugnis einschränkend dahingehend zu interpretieren sein, dass die betroffenen Vereinbarungen, Beschlüsse und abgestimmten Verhaltensweisen für die Anwendbarkeit von Art. 101 oder 102 AEUV zumindest relevant sein können.[26] Die Kommission hat von der Vorschrift im Nachgang zu der Pharmasektor-Untersuchung Gebrauch gemacht, um kartellrechtlich möglicherweise problematische Vergleiche von Patentstreitigkeiten zu identifizieren, indem sie ausgewählte Originalpräparate- und Generikahersteller per Auskunftsverlangen aufforderte, Kopien zwischen ihnen geschlossener Vereinbarungen zu übermitteln.[27]

3. Sanktionen

11 Abs. 2 verweist auch auf die **Sanktionsvorschriften** der Art. 23 und 24. Sofern die Voraussetzungen dieser Vorschriften vorliegen, kann die Kommission daher Geldbußen erlassen und Zwangsgelder verhängen (vgl. Art. 23 Abs. 1 lit. a und lit. b sowie Art. 24 Abs. 1 lit. d).

4. Berichterstattung/weitere Maßnahmen

12 Nach Art. 17 Abs. 1 Unterabs. 3 kann die Kommission die Ergebnisse ihrer Untersuchung in einem Bericht veröffentlichen. Interessierte Parteien können zu einer Stellungnahme aufgefordert werden. In den bisher durchgeführten Verfahren veröffentlichte die Kommission zunächst jeweils vorläufige Berichte, führte anschließend öffentliche Konsultationen durch, bevor sie unter Einbeziehung der Konsultation endgültige Berichte veröffentlichte.[28] Auf der Basis der endgültigen Ergebnisse entscheidet die Kommission dann über die Erforderlichkeit und den Umfang weiterer Maßnahmen, wobei insbesondere die Überprüfung und Anpassung bestehender Rechtsvorschriften,[29] neue Gesetzesinitiati-

---

[25] COMP/39.514 – *Pharmaceutical Sector Inquiry.* Nach der Pressemitteilung IP/08/49 v. 16.1.2008 erfolgten die Nachprüfungen, um zu gewährleisten, dass *„die Kommission unmittelbaren Zugang zu einschlägigen Informationen hat, […], die in Unternehmen in der Regel als streng vertraulich gelten. Da derartige Informationen leicht zurückgehalten, verschleiert oder zerstört werden können, wurde es als angemessen erachtet, Nachprüfungen in den Unternehmen vorzunehmen."*.

[26] So auch Gemeinschaftskommentar/*Schütz,* Artikel 17, Rn. 10.

[27] Siehe IP/10/12 v. 12.1.2010 hinsichtlich des ersten sogenannten Monitorings von Patentvergleichsvereinbarungen zwischen Pharmaunternehmen. Die Kommission hat bisher vier solcher jeweils auf einen bestimmen Zeitraum beschränkter Monitorings durchgeführt, siehe http://ec.europa.eu/competition/sectors/pharmaceuticals/inquiry/index.html.

[28] Sämtliche Informationen sind auf der Webseite der Kommission unter http://ec.europa.eu/comm/competition/antitrust/sector_inquiries.html erhältlich.

[29] So in der Rs. COMP/D1/39.191 – *Business Insurance Sector Inquiry,* vgl. Pressemitteilung IP/07/1390 v. 25.9.2007.

ven,[30] die vertiefte Überprüfung bestimmter Vereinbarungen,[31] und/oder die Einleitung von Einzelprüfverfahren[32] in Betracht kommen. Angesichts der Zweckgebundenheit dürfen allerdings nur solche Maßnahmen ergriffen werden, die der Durchsetzung der Art. 101, 102 AEUV zumindest mittelbar dienen.[33] Die Verwendung für andere als wettbewerbsregulierende Zwecke darf allerdings auf solchen Informationen basieren, die beispielsweise im Rahmen der Berichterstattung zulässigerweise veröffentlicht wurden.[34] Sofern Bedenken der Kommission ausgeräumt wurden, beendete die Kommission die Untersuchungen auch bereits vorzeitig.[35]

V. Verhältnis zu anderen Vorschriften

Einzelprüfverfahren. Sofern (zusätzliche) Anzeichen für konkrete Zuwiderhandlungen gegen Art. 101 oder 102 AEUV bestehen oder im Rahmen der Untersuchung nach Art. 17 aufgedeckt werden, kann die Kommission zugleich (oder zeitlich versetzt) Verfahren gegen einzelne Unternehmen einleiten.[36] Die Ermittlungsbefugnisse des 5. Kapitels der Verordnung sind dann unmittelbar anwendbar, ebenso die im 6. Kapitel vorgesehenen Sanktions- und Zwangsmaßnahmen. In Einzelprüfverfahren kann die Kommission die im Rahmen der Sektoruntersuchung erlangten Beweismittel verwerten, jedenfalls sofern diese die der Untersuchung zugrunde liegende Vermutung belegen.[37] Der Gegenansicht[38] ist 13

---

[30] So in den Rs. COMP/39.172 – *Electricity Sector Inquiry* und COMP/39.173 – *Gas Sector Inquiry,* vgl. IP/07/1361 v. 19.9.2007 (Verabschiedung des sog. dritten Legislativpakets als Gesetzesvorschläge); Rs. COMP/39.514 – *Pharmaceutical Sector Inquiry,* vgl. COM(2012) 84 final (Vorschlag einer Richtlinie des Europäischen Parlaments und des Rates betreffend die Transparenz von Maßnahmen zur Regelung der Preisfestsetzung bei Humanarzneimitteln und ihrer Aufnahme in die staatlichen Krankenversicherungssysteme).

[31] In der Rs. COMP/39.514 – *Pharmaceutical Sector Inquiry* hat die Kommission nach Veröffentlichung ihres Abschlussberichtes im Juli 2009 bisher insgesamt vier sognannte Monitorings hinsichtlich von Vereinbarungen zur Patentstreitbeilegung im Pharmasektor durchgeführt, siehe auch Rn. 11.

[32] Vgl. nachfolgend Rn. 13, Fn. 40.

[33] *Burrichter/Hennig* in: Immenga/Mestmäcker, Art. 17, Rn. 50 und 52, wo in diesem Zusammenhang darauf hingewiesen wird, dass nicht ausgeschlossen werden kann, dass die gewonnenen Informationen Dritten zur privaten Rechtsdurchsetzung im Rahmen der Akteneinsicht zur Verfügung gestellt werden müssen.

[34] *Burrichter/Hennig* in: Immenga/Mestmäcker, Art. 17, Rn. 50–51.

[35] Rs. IV/37.638 – *PO/Sector Inquiry (LEASED LINES),* Pressemitteilung IP/01/1852 v. 11.12. 2002.

[36] *GA Jacobs,* Schlussantrag v. 15.12.1993, Rs. C-36/92 – *NV Samenwerkende Elektriciteits-Produktiebedrijven (SEP)/Kommission („SEP")* Slg. 1994, I-1914, Rn. 38 und EuGH Entsch. v. 19.5.1994, Rs. 36/92 – *SEP* Slg. 1994, I-1911, Rn. 21, unter Bezugnahme auf den Schlussantrag. So leitete die Kommission aufgrund der Untersuchungen im Telekommunikationssektor (vgl. Fn. 2) Verfahren gegen mehrere Telekommunikationsbetreiber ein (u. a. die Rs. IV/38.097 und IV/38.098 sowie vgl. die Pressemitteilungen der Kommission IP/04/994 – betreffend Vodafone und O2 und IP/05/161 – betreffend T-Mobile und Vodafone). In Rs. COMP/39.190 – *Financial Services Sector Inquiry – Retail Banking* führte die Untersuchung unter anderem zu Einzelprüfverfahren gegen MasterCard und Visa (vgl. MEMO/06/260 v. 30.6.2006 in der Rs. COMP/34.579 – *Europay (Eurocard-MasterCard)* und MEMO/08/170 v. 26.3.2008 in der Rs. COMP/39.398 – *Visa Europe Limited*). In Rs. COMP/ 39.514 – *Pharmaceutical Sector Inquiry* führte die Untersuchung zu Einzelprüfverfahren gegen *Lundbeck* und konkurrierende Generikahersteller sowie Servier und konkurrierende Generikahersteller (vgl. IP/12/834 v. 25.7.2012 in der Rs. COMP/39.226 – *Lundbeck* und IP/12/835 v. 30.7.2012 in der Rs. COMP/39.612 – *Servier*), die mit erheblichen Geldbußen endeten.

[37] So auch *Burrichter/Hennig* in: Immenga/Mestmäcker, Art. 17, Rn. 46; *Ritter* in: Immenga/Mestmäcker, Art. 28, Rn. 12; *de Bronett* in: von der Groeben/Schwarze, VO Nr. 17, Rn. 20; *de Bronett* in: Schröter/Jakob/Mederer, VO Nr. 17, Art. 12, Rn. 1; *Niggemann* in: Streinz, KartVO nach Art 103 AEUV, Rn. 35.

[38] *Bischke* in: MüKo, Art. 17, Rn. 7; *Lampert/Niejahr/Kübler/Weidenbach,* EG-KartellVO, Art. 17, Rn. 360. Unter Verweis auf Art. 28 Abs. 1 (bzw. Art. 20 VO 17/62) und die Rechtsprechung des EuGH (z. B. Entsch. v. 17.10.1989, Rs. 85/87 – *DOWBenelux NV/Kommission* Slg. 1989, S. 3137,

nicht zu folgen, da ansonsten die Kommission zu einer nicht nachvollziehbaren Doppelarbeit bei der Sachverhaltsermittlung verpflichtet wäre.[39] Jedenfalls sofern sie die Untersuchung durch Versendung von Auskunftsverlangen durchführte, nutzte die Kommission diese Möglichkeit bisher allerdings nicht. So wies sie in der *Retail Banking* Sektoruntersuchung ausdrücklich darauf hin, dass sie bisher im Rahmen von Sektoruntersuchungen erlangte Beweismittel nicht in Einzelprüfverfahren nutzte.[40]

14 **Sektoruntersuchungen nach anderen Vorschriften.** Art. 17 schließt die Untersuchung von Wirtschaftszweigen nach anderen Vorschriften nicht aus. So führt die Kommission beispielsweise auf der Grundlage der Kfz-GVO (Art. 11 VO 1400/2002) regelmäßig gemeinschaftsweite Untersuchungen im Kfz-Sektor durch.[41]

Art. 18. Auskunftsverlangen

(1) **Die Kommission kann zur Erfüllung der ihr durch diese Verordnung übertragenen Aufgaben durch einfaches Auskunftsverlangen oder durch Entscheidung von Unternehmen und Unternehmensvereinigungen verlangen, dass sie alle erforderlichen Auskünfte erteilen.**

(2) **Bei der Versendung eines einfachen Auskunftsverlangens an ein Unternehmen oder eine Unternehmensvereinigung gibt die Kommission die Rechtsgrundlage, den Zweck des Auskunftsverlangens und die benötigten Auskünfte an, legt die Frist für die Übermittlung der Auskünfte fest und weist auf die in Artikel 23 für den Fall der Erteilung einer unrichtigen oder irreführenden Auskunft vorgesehenen Sanktionen hin.**

(3) **Wenn die Kommission durch Entscheidung Unternehmen und Unternehmensvereinigungen zur Erteilung von Auskünften verpflichtet, gibt sie die Rechtsgrundlage, den Zweck des Auskunftsverlangens und die geforderten Auskünfte an und legt die Frist für die Erteilung der Auskünfte fest. Die betreffende Entscheidung enthält ferner einen Hinweis auf die in Artikel 23 vorgesehenen Sanktionen und weist entweder auf die in Artikel 24 vorgesehenen Sanktionen hin oder erlegt diese auf. Außerdem weist sie auf das Recht hin, vor dem Gerichtshof gegen die Entscheidung Klage zu erheben.**

(4) **Die Inhaber der Unternehmen oder deren Vertreter oder – im Fall von juristischen Personen, Gesellschaften und Vereinigungen ohne Rechtspersönlichkeit – die nach Gesetz oder Satzung zur Vertretung berufenen Personen erteilen die verlangten Auskünfte im Namen des betreffenden Unternehmens bzw. der Unternehmensvereinigung. Ordnungsgemäß bevollmächtigte Rechtsanwälte können die Auskünfte im Namen ihrer Mandanten erteilen. Letztere bleiben in vollem Umfang dafür verantwortlich, dass die erteilten Auskünfte vollständig, sachlich richtig und nicht irreführend sind.**

Rn. 17 f.) können nach dieser Ansicht die Informationen nur als Indiz für die Einleitung eines Einzelprüfverfahrens herangezogen werden (mittelbare Verwertung), in dem dann erneut Beweise erhoben werden müssen.

[39] So jedenfalls, wenn der Gegenstand der Sektoruntersuchung hinreichend eng eingegrenzt ist. Bei einem zu weit festgelegten Untersuchungsgegenstand kann dagegen eine Beeinträchtigung der vom *EuGH* in der Rechtssache *DOW Benelux NV/Kommission* (vgl. Fn. 42) anerkannten Verteidigungsrechte der Unternehmen in Betracht kommen.

[40] Kommission, Competition – Final report on retail banking inquiry – frequently asked questions, MEMO/07/40 v. 31.1.2007, Seite 1 und Seite 10. In der Pharmasektor-Untersuchung, in der die Kommission anfangs Nachprüfungen durchführte, gab es allerdings, soweit ersichtlich keine vergleichbare, nach außen kommunizierte Selbstbeschränkung dieser Art; Siehe Kommission, Antitrust: shortcomings in pharmaceutical sector require further action – frequently asked questions, MEMO/09/321 v. 8.7.2009.

[41] Vgl. die umfassende Dokumentation hierzu unter http://ec.europa.eu/comm/competition/sectors/motor_vehicles/prices/report.html.

(5) **Die Kommission übermittelt der Wettbewerbsbehörde des Mitgliedstaats, in dessen Hoheitsgebiet sich der Sitz des Unternehmens bzw. der Unternehmensvereinigung befindet, sowie der Wettbewerbsbehörde des Mitgliedstaats, dessen Hoheitsgebiet betroffen ist, unverzüglich eine Kopie des einfachen Auskunftsverlangens oder der Entscheidung.**

(6) **Die Regierungen und Wettbewerbsbehörden der Mitgliedstaaten erteilen der Kommission auf Verlangen alle Auskünfte, die sie zur Erfüllung der ihr mit dieser Verordnung übertragenen Aufgaben benötigt.**

Übersicht

I. Sinn und Zweck der Regelung

1 Art. 18 gibt der Kommission eine Ermittlungsbefugnis an die Hand, Verstöße gegen Art. 101 und 102 AEUV aufzudecken, um dadurch die darin enthaltenen Wettbewerbsregeln durchzusetzen. Während die Ermittlungsbefugnisse nach Art. 20 und 21 (Nachprüfungen) die physische Anwesenheit von Beamten oder Bediensteten einer Wettbewerbsbehörde vor Ort voraussetzen und Art. 19 (Befragungen) regelmäßig einen persönlichen Kontakt erfordert, handelt es sich bei einem Auskunftsverlangen nach Art. 18 um ein **schriftliches Verfahren,** in dessen Rahmen die Kommission **Auskünfte und Unterlagen** anfordern kann.

2 Art. 18 unterscheidet zwischen **unverbindlichen** Auskunftsverlangen nach Abs. 2 und **verbindlichen** Auskunftsentscheidungen nach Abs. 3. Dabei ist es in das Ermessen der Kommission gestellt, ob sie sogleich eine verbindliche Auskunftsentscheidung erlässt.

II. Praktische Bedeutung

3 Die praktische Bedeutung von Art. 18 ist groß. Auskunftsverlangen sind neben Nachprüfungen (Art. 20 und 21) die wichtigsten Instrumente der Kommission zur Sachverhaltsaufklärung und Aufdeckung von Wettbewerbsverstößen. Während die Kommission normalerweise nur bei Verdacht auf schwere und eindeutige Kartellrechtsverstöße (wie Kartelle oder Exportverbote) wegen des damit verbundenen Überraschungsmomentes zu-

nächst zum Mittel der Nachprüfung nach Art. 20 und/oder 21 greift *(Dawn Raids),* stellt das Auskunftsverlangen in praktisch jedem Verfahren die zentrale Ermittlungsmaßnahme dar. Auch wenn zunächst eine Nachprüfung durchgeführt wurde, schließen sich dieser regelmäßig ein oder mehrere Auskunftsverlangen an. Auskunftsverlangen werden dabei häufig, wenn nicht regelmäßig, nicht nur an die des Kartellrechtsverstoßes verdächtigten Unternehmen und Unternehmensvereinigungen gerichtet, sondern auch an Dritte, die sachdienliche Informationen beisteuern können.[1] Zunehmend zielen die nachgefragten Informationen nicht nur auf die Feststellung der kartellrechtswidrigen Handlungen selbst, sondern auch auf eine umfassende Ermittlung des Marktumfeldes. Um den in der Rechtsprechung betonten Anforderungen an den Nachweis insbesondere von bewirkten Wettbewerbsbeschränkungen[2] gerecht zu werden, muss sich die Kommission eine detaillierte Kenntnis des Funktionierens der betroffenen Märkte beschaffen.[3]

III. Tatbestand

1. Allgemeine Anforderungen an Auskunftsverlangen

4 Art. 18 enthält eine Reihe von Anforderungen, die gleichermaßen einfache (freiwillige) Auskunftsverlangen nach Art. 18 Abs. 2 wie förmliche (verbindliche) Auskunftsverlangen nach Art. 18 Abs. 3 betreffen. Insbesondere hat jedes Auskunftsverlangen die Rechtsgrundlage, den Zweck des Auskunftsverlangens, die benötigten Auskünfte, die Frist zur Beantwortung und einen Hinweis auf die möglichen Sanktionen zu enthalten. Zusätzlich besteht das ungeschriebene Erfordernis des Vorliegens eines Anfangsverdachts.

5 **a) Anfangsverdacht.** Als formelle Ermittlungsmaßnahme mit Eingriffscharakter ist ein Auskunftsverlangen nach Art. 18 nur zulässig, wenn ein hinreichender Anfangsverdacht einer Verletzung der Art. 101 oder 102 AEUV durch einzelne Unternehmen oder Unternehmensvereinigungen vorliegt.[4] Ermittlungen „ins Blaue hinein" sind damit nicht zulässig.[5] Auch wenn aussagekräftige Rechtsprechung zu dieser Frage bisher nicht vorliegt, wird man allerdings **keine gesteigerten Anforderungen** an die erforderlichen Verdachtsmomente stellen dürfen. Aufgrund der – im Vergleich zu einer Nachprüfung – geringeren Grundrechtsintensität eines schriftlichen Auskunftsverlangens werden wenige konkrete Anhaltspunkte genügen, dass das Verhalten eines Unternehmens kartellrechtlich relevant sein könnte. Häufig wird sich ein Anfangsverdacht aus einer förmlichen oder informellen Beschwerde eines Dritten ergeben. Offensichtlich unglaubhafte oder zu vage gehaltene Beschwerden können allerdings nicht Anlass für ein Auskunftsersuchen sein.[6]

6 **b) Begründung (Rechtsgrundlage, Zweck, Gegenstand).** Ein Auskunftsverlangen ist zu begründen. Nach Art. 18 Abs. 2 (für das einfache Verlangen) und Abs. 3 (für das

---

[1] Bekanntmachung der Kommission über bewährte Vorgehensweisen in Verfahren nach Artikel 101 und 102 des AEUV *(Best Practices-Bekanntmachung),* ABl. 2011 C 308/06, Rn. 32.

[2] Zur Unterscheidung zwischen bezweckten und bewirkten Wettbewerbsbeschränkungen, s. Art 101 AEUV, Rn. 265.

[3] Vgl. EuG Entsch. v. 17.9.2007, Rs. T-201/04 – *Microsoft/Kommission,* Rn. 14; im Bereich der Fusionskontrolle vgl. EuG Entsch. v. 22.10.2002, Rs. T-310/01 – *Schneider Electric SA/Kommission* Slg. 2002, II-4071; Entsch. v. 25.10.2002, Rs. T-5/02 – *Tetra Laval BV/Kommission* Slg II-4381, wo ausdrücklich eine umfassende Analyse der wettbewerblichen Auswirkungen gefordert wurde – erst recht ist dies im Anwendungsbereich der möglicherweise mit Bußgeld sanktionierten Verhaltenskontrolle nach Art. 101 und 102 AEUV erforderlich.

[4] In der Rechtsprechung ist wiederholt die Rede von „Informationen, die den Verdacht begründen" oder „vermuteten Zuwiderhandlungen", vgl. nur EuGH Entsch. v. 21.9.1989, verb. Rs. 46/87 und 227/88 – *Hoechst/Kommission* Slg. 1989, 2859, Rn. 41 f. (hinsichtlich einer Nachprüfung); EuG Entsch. v. 8.3.1995, Rs. T-34/93 – *Société Générale/Kommission* Slg. 1995 II-545, Rn. 63.

[5] *Burrichter/Hennig* in: Immenga/Mestmäcker, Art. 18, Rn. 9.

[6] *Schwarze/Weitbrecht,* Grundzüge des europäischen Kartellverfahrensrechts, 2. Teil, 1. Abschnitt, § 4, I., Rn. 4; *Burrichter/Hennig* in: Immenga/Mestmäcker, Art. 18, Rn. 9 m. w. N.; vgl. die Kommentierung zu Art. 20, Rn. 52.

verbindliche Verlangen) muss in der Begründung die **Rechtsgrundlage** und der **Zweck** der Ermittlungsmaßnahme angegeben werden. Die im Rahmen anderer Ermittlungsmaßnahmen[7] ausdrücklich geforderte Bezeichnung des **Gegenstandes der Ermittlung** ist einem schriftlichen Auskunftsverlangen nach Art. 18 immanent; der Gegenstand wird durch die in dem Auskunftsverlangen gestellten Fragen und/oder die Bezeichnung der angeforderten Dokumente und Unterlagen bestimmt.

Die Angabe der **Rechtsgrundlage** des Auskunftsverlangens erfolgt durch den Verweis 7
auf die Vorschrift des Art. 18 Abs. 2 (einfaches Verlangen) bzw. Abs. 3 (verbindliches Verlangen).

Der Angabe des **Zwecks** des Auskunftsverlangens kommt eine zentrale Bedeutung zu. 8
Nur die Kenntnis des Zwecks ermöglicht es den betroffenen Unternehmen, ihre **Verteidigungsrechte** zu wahren und ihre **Mitwirkungspflichten** zu bestimmen. Die Kenntnis des Zwecks ist für die Entscheidung notwendig, ob einem einfachen Auskunftsverlangen Folge geleistet oder eine verbindliche Auskunftsentscheidung gerichtlich angefochten werden soll.[8] Vor allem am Maßstab des angegebenen Zwecks der Ermittlungsmaßnahme können die betroffenen Unternehmen – und im Fall der gerichtlichen Kontrolle das Gericht – zudem das **Kriterium der Erforderlichkeit** der verlangten Auskünfte (vgl. hierzu nachfolgend Rn. 37) überprüfen.[9] Schließlich legt der Zweck des Auskunftsverlangens die **Verwertbarkeit** der erlangten Informationen fest (vgl. Art. 28 Abs. 1).

Trotz dieser zentralen Bedeutung der Angabe des Zwecks wird dieser von der Kommis- 9
sion in der Praxis häufig nur vage und generell umschrieben. Auch der *EuGH* lässt bereits sehr knappe Angaben zur Beschreibung des Zwecks genügen.[10] Als Mindestanforderung kann das vom *EuGH* bestätigte Vorbringen des *Generalanwalts Jacobs* in der Rechtssache *SEP/Kommission* angesehen werden. Danach beinhaltet die Verpflichtung der Kommission zur Zweckbenennung *„daß sie die vermutete Verletzung der Wettbewerbsregeln konkret nennen muß. Der Zweck ist mit hinreichender Genauigkeit anzugeben, da sonst nicht festgestellt werden kann, ob die Auskünfte notwendig sind, und der Gerichtshof seine Nachprüfung nicht vornehmen kann.“*[11] Die Kommission muss dem Adressaten zwar nicht alle ihr vorliegenden Informationen über die vermuteten Zuwiderhandlungen übermitteln oder gar eine strenge rechtli-

---

[7] Vgl. Art. 19 Abs. 1, Art. 20 Abs. 3 und 4, Art. 21 Abs. 2.

[8] Im Hinblick auf Nachprüfungen EuGH – *Hoechst/Kommission* a. a. O. (Fn. 4), Rn. 29; EuGH Entsch. v. 22.10.2002, Rs. C-94/00 – *Roquette Frères SA* Slg. 2002, I-9011 Rn. 47. Im Hinblick auf Auskunftsverlangen EuG U. v. 8.3.1995 Rs. T-34/93 – *Société Générale/Kommission* Slg. 1995, II-545 Rn. 40; EuG Entsch. v. 12.12.1991, Rs. T-39/90 – *SEP/Kommission* Slg. 1991, II-1497, Rn. 25; vgl. die Broschüre der Kommission *„Dealing with the Commission“* (abrufbar unter http://bookshop.europa.eu/en/dealing-with-the-commission-pbCV9596552/), Kapitel 4.1., S. 28.

[9] *GA Jacobs* Schlussantrag v. 15.12.1993, Rs. C-36/92 – *SEP/Kommission* Slg. 1994, I-1911 Rn. 30, 34 und EuGH Entsch. v. 19.5.1994 in derselben Sache, Rn. 21 unter Bezugnahme auf den Schlussantrag. Vgl. auch EuG U. v. 14.3.2014, Rs. T-306/11 – *Schwenk Zement/Kommission* Slg. 2014, 123, Rn. 30; Rs. T-293/11 – *Holcim (Deutschland) und Holcim/Kommission* Slg. 2014, 127, Rn. 49; Rs. 302/11 – *HeidelbergCement/Kommission* Slg. 2014, 128, Rn. 35; Rs. 292/11 – *Cemex u. a./Kommission* Slg. 2014, 125, Rn. 41; Rs. T-305/II – *Italmobiliare SpA/Kommission* Slg. 2014. Gegen drei der Urteile vom 14.3.2014, mit denen der entsprechende Klagegrund zurück gewiesen wurde, wurden Rechtsmittel eingelegt; vgl. Rs. C-248/14 P – *Schwenk Zement/Kommission;* C-247/14 P – *HeidelbergCement/Kommission;* und C-268/14 P – *Italmobiliare SpA/Kommission.* In seinen Schlussanträgen vom 15.10.2015 schlug *GA Wahl* in *HeidelbergCement/Kommission*, Rn. 29; *Schwenk Zement/Kommission*, Rn. 41; und *Italmobiliare SpA/Kommission*, Rn. 53, dem EuGH vor, den Klagegründen stattzugeben und die Entscheidungen des EuG jeweils aufzuheben, soweit sie die unzureichende Begründung des Zwecks der Ermittlungsmaßnahme in den Kommissionsentscheidungen gestützt hatten. Die Entscheidungen des EuGH lagen bei Redaktionsschluss noch nicht vor.

[10] EuGH U. v. 26.6.1980 Rs. 136/79 – *National Panasonic/Kommission* Slg. 1980, 2033, Rn. 26; EuGH – *Hoechst/Kommission* a. a. O. (Fn. 4), Rn. 42; vgl. auch *Burrichter/Hennig* in: Immenga/Mestmäcker, Art. 18, Rn. 32 m. w. N.

[11] *GA Jacobs* und EuGH – *SEP/Kommission* a. a. O. (Fn. 9).

che Qualifizierung vornehmen;[12] sie hat aber klar anzugeben, welchen Vermutungen sie bezüglich welcher Verhaltensweisen nachgeht.[13] Hierzu dürfte zumindest eine Angabe der betroffenen Produkte oder Dienstleistungen, der betroffenen geographischen Gebiete und des vermuteten wettbewerbswidrigen Verhaltens (z.B. Preisabsprachen) erforderlich sein. Schließlich hat die Kommission deutlich zu machen, ob sich die Ermittlungen gegen den Adressaten des Auskunftsverlangens richten, oder ob dieser nur Dritter ist.[14]

10 Durch die in der Regel in einem Fragebogen aufgelisteten „benötigten Auskünfte" wird der **Gegenstand** der Ermittlungsmaßnahme bestimmt. Die Kommission hat die verlangten Auskünfte dabei klar zu umschreiben, so dass eine konkrete Antwort möglich ist.[15] Dabei kann ein Spannungsfeld dergestalt entstehen, dass die Kommission für eine hinreichende Konkretisierung der Fragen noch nicht über ausreichende Informationen verfügt, andererseits eine möglichst konkrete Bezeichnung für die Adressaten aber notwendig ist, um das Bestehen und den Umfang ihrer Beantwortungspflicht feststellen und vollständige, richtige und unmissverständliche Auskünfte geben zu können. Vor diesem Hintergrund kommt wiederum der Angabe des Zwecks der Ermittlungsmaßnahme als Beurteilungsmaßstab eine entscheidende Bedeutung zu (vgl. Rn. 8). **Unklarheiten in einem Auskunftsverlangen** können grundsätzlich mit der Kommission geklärt werden.[16] Erörterungen verschiedener Interpretationsmöglichkeiten einer Frage mit der Kommission bringen jedoch häufig die „Gefahr" weiterer Nachfragen und Präzisierungen durch die Kommission mit sich. Insbesondere aus der Sicht eines Unternehmens, gegen das sich die Ermittlung richtet, mag sich daher empfehlen, vor der eigentlichen Beantwortung das eigene Verständnis der Frage klarzustellen, um sich nicht potentiell einem Vorwurf der Irreführung auszusetzen (Rn. 24). Dann noch verbleibende Missverständnisse aufgrund unklarer Fragestellungen dürften nicht den Unternehmen und Unternehmensvereinigungen angelastet werden.[17]

11 **c) Formelle Anforderungen (Form, Frist, Sprache, Verweis auf Rechtsfolgen).** Das Auskunftsverlangen erfolgt grundsätzlich **schriftlich.** Dies ergibt sich auch hinsichtlich des einfachen Auskunftsverlangens aus dem Wortlaut des Abs. 2 („Versendung") und Abs. 5 („Kopie").[18] In Absprache mit den Adressaten kann allerdings auf eine Zusendung eines Schriftstückes verzichtet werden und das schriftlich abgefasste Auskunftsverlangens stattdessen in den Räumlichkeiten der Kommission eingesehen werden.[19] Dieses Vorgehen

---

[12] EuGH – *Hoechst/Kommission* a.a.O. (Fn. 4), Rn. 41; EuG – *Société Générale/Kommission* a.a.O. (Fn. 4), Rn. 63; Entsch. v. 17.10.1989, Rs. 85/87 – *Dow Benelux/Kommission* Slg. 1989, 3137, Rn. 10 (keine Notwendigkeit der Angabe einer Marktabgrenzung, der *„exakten rechtlichen Qualifizierung"* oder des Zeitraums der angeblichen Zuwiderhandlungen).

[13] EuGH – *Hoechst/Kommission* a.a.O. (Fn. 4), Rn. 42. Vgl. auch EuG – *Schwenk Zement/Kommission* a.a.O. (Fn. 9), Rn. 30, 37f; *Holcim (Deutschland) und Holcim/Kommission* a.a.O. (Fn. 9), Rn. 49, 56f; *HeidelbergCement/Kommission* a.a.O. (Fn. 9), Rn. 35, 42f.; *Cemex u. a./Kommission* a.a.O. (Fn. 9), Rn. 41, 48f. sowie hierzu *Bischke* in: NZKart 8/2014 (301) und die Schlussanträge vom 15.10.2015 von *GA Wahl* in *HeidelbergCement/Kommission* a.a.O. (Fn. 9), Rn. 29; *Schwenk Zement/Kommission* a.a.O. (Fn. 9), Rn. 41; und *Italmobiliare SpA/Kommission* a.a.O. (Fn. 9), Rn. 53. Die Entscheidungen des EuGH lagen bei Redaktionsschluss noch nicht vor.

[14] *de Bronett,* Art. 18, Rn. 6.

[15] *Schriefers* WuW 1993, 98 (100).

[16] Die Kommission weist in aller Regel in dem Auskunftsverlangen auf die Möglichkeit einer Kontaktaufnahme zur Klärung bestehender Fragen hin.

[17] EuG – *Holcim (Deutschland) und Holcim/Kommission,* a.a.O. (Fn. 9), Rn. 93f; EuG – *HeidelbergCement/Kommission,* a.a.O. (Fn. 9), Rn. 112f.; EuG – *Cemex u. a./Kommission,* a.a.O. (Fn. 9), Rn. 142f; sowie hierzu *Bischke* in: NZKart 8/2014 (302) und der Schlussantrag vom 15.10.2015 von *GA Wahl* in *HeidelbergCement/Kommission* a.a.O. (Fn. 9), Rn. 136. Die Entscheidung des EuGH lag bei Redaktionsschluss noch nicht vor.

[18] *Best Practices-Bekanntmachung* a.a.O. (Fn. 1), Rn. 32; *Dealing with the Commission* a.a.O. (Fn. 8), Abschnitt 4.2. In der Praxis übersendet die Kommission Auskunftsverlangen per Brief oder Telefax, aber in zunehmendem Maße auch per Email.

[19] Vgl. *Bischke* in: Münchener Kommentar, Art. 18, Rn. 5.

kann sich insbesondere in Kartellverfahren anbieten, um potentiell Geschädigten den Zugang zu Beweismitteln zu erschweren. Unverbindliche Auskunftsverlangen werden innerhalb der Kommission regelmäßig von dem zuständigen Referatsleiter *(Head of Unit)* ausgestellt.[20] Verbindliche Auskunftsentscheidungen nach Abs. 3 werden regelmäßig im Delegationsverfahren vom Generaldirektor der Generaldirektion Wettbewerb erlassen.[21] Vor dem Erlass werden weder die Beteiligten noch Dritte oder der Beratende Ausschuss angehört.[22]

12 Dem Adressaten ist in dem Auskunftsverlangen eine **angemessene Frist** für die Beantwortung mitzuteilen. Dies gilt sowohl für verbindliche als auch für unverbindliche Auskunftsverlangen. Die Angemessenheit der Frist ist anhand des Grundsatzes der Verhältnismäßigkeit zu prüfen, wonach die einem Unternehmen auferlegte Pflicht zur Auskunftserteilung für das Unternehmen keine Belastung darstellen darf, die zu den Erfordernissen der Untersuchung außer Verhältnis steht.[23] Was dabei im Einzelfall noch als angemessen anzusehen ist, richtet sich insbesondere nach dem **Umfang und der Art der verlangten Informationen unter Berücksichtigung der individuellen Situation des Adressaten,**[24] einschließlich der vorhandenen Ressourcen, der Schwere der mutmaßlichen Zuwiderhandlungen, sowie der Verfahrensrolle des Adressaten. Die Frist muss dabei so bemessen sein, dass es dem Adressaten nicht nur möglich ist, tatsächlich zu antworten, sondern auch, sich zu vergewissern, dass die erteilten Auskünfte vollständig, richtig und nicht irreführend sind, was im Hinblick auf das Bußgeldrisiko nach Art. 23 Abs. 1 Buchst. b von Bedeutung ist.[25] Anders als in der Fusionskontrolle gibt es in den Verfahren nach der VO 1/2003 keine engen Entscheidungsfristen, die die Kommission zwingend einzuhalten hat. Besonders kurze Fristen für die Erteilung von aufwendigeren Auskünften bedürfen deshalb einer Begründung.[26] Bei einfachen Auskunftsverlangen sind Fristen von zwei bis vier Wochen, bei verbindlichen Entscheidungen von drei bis acht Wochen üblich.[27] Häufig werden die vorgegebenen Fristen von den betroffenen Unternehmen als zu kurz empfunden, insbesondere in Anbetracht der Fülle von Informationen, die in vielen Fällen abgefragt wird. Sofern Adressaten sich nicht in der Lage sehen, binnen der vorgegebenen Frist die verlangten Auskünfte zu erteilen, sollte dies der Kommission kommuniziert und um eine **Fristverlängerung** gebeten werden. Normalerweise gibt die Kommission Anfragen, in denen nachvollziehbare Gründe für eine Verlängerung aufgeführt werden, statt.[28] In manchen Fällen ist es auch möglich, sich auf eine sukzessive Beantwortung verschiedener Fragen zu einigen.[29]

---

[20] Vgl. GK/*Schütz,* Artikel 18, Rn. 7; *de Bronett,* Artikel 18, Rn. 3; *Dealing with the Commission* a. a. O. (Fn. 8), Abschnitt 4.3.

[21] Vgl. *de Bronett,* Art. 18, Rn. 3; *Dealing with the Commission* a. a. O. (Fn. 8), Abschnitt 4.3; EuGH Entsch. v. 23.9.1986, Rs. 5/85 – *Akzo Chemie/Kommission* Slg. 1986, 2585, Rn. 35–37; v. 15.6.1994, Rs. C-137/92 – *Kommission/BASF AG, Limburgse Vinyl Maatschappij NV, DSM NV u. a. („PVC")* Slg. 1994, S. I-2555, Rn. 71; zudem kommt eine Übertragung der Zeichnungsberechtigung in Betracht, EuG Entsch. v. 20.4.1999, verb. Rs. T-305–307/94, T-318/94, T-325/94, T-329/94 und T-335/94 – *Limburgse Vinyl Maatschappij NV (LVM) u. a./Kommission* Slg. 1999, II-931, Rn. 330; GK/*Schütz,* Artikel 18, Rn. 8. Vgl. zum Ermächtigungs- bzw. Delegationsverfahren Art. 13, 14 GO der Kommission, ABl. 2000 L 308/26 (zuletzt geändert durch Komm. Beschluss v. 9.11.2011 Abl. 2011 L 296/58).

[22] *de Bronett,* Art. 18, Rn. 3.

[23] EuG – *Schwenk* Zement/*Kommission* a. a. O. (Fn. 9), Rn. 71 m.w.N.

[24] *Kerse/Khan,* Chapter 3-023.

[25] EuG – *Schwenk* Zement/*Kommission* a. a. O. (Fn. 9), Rn. 73, 85.

[26] EuG – *Schwenk* Zement/*Kommission* a. a. O. (Fn. 9), Rn. 81.

[27] Vgl. *Best Practices-Bekanntmachung* a. a. O. (Fn. 1), Rn. 37–40; *Dealing with the Commission* a. a. O. (Fn. 8), unter 4.3., S. 29; vgl. auch *Ortiz Blanco,* Rn. 7.35, 7.37 und *Kerse/Khan,* Chapter 3-023.

[28] Vgl. *Best Practices-Bekanntmachung* a. a. O. (Fn. 1, Rn. 39 f.; *Dealing with the Commission* a. a. O. (Fn. 8), unter 4.3., S. 29; *Ortiz Blanco,* Rn. 7.37; vgl. aber EuG – *Schwenk* Zement/*Kommission* a. a. O. (Fn. 9), Rn. 78 ff., betreffend einer Untersuchung, in der die Kommission nicht bereit war, eine unverhältnismäßig kurze Frist von zwei Wochen zu verlängern.

[29] Vgl. *Best Practices-Bekanntmachung* a. a. O. (Fn. 1), Rn. 39.

13 Auch wenn Vorgaben im Hinblick auf die im Rahmen des Auskunftsverlangens zu verwendende **Sprache** der VO 1/2003 nicht zu entnehmen sind, hat die Kommission das Auskunftsverlangen in der Gemeinschaftssprache des Mitgliedstaates abzufassen, in dem der Adressat seinen Sitz hat (Amtssprache des Landes).[30] Ist das Auskunftsverlangen in einer anderen Sprache abgefasst oder ist nur das Anschreiben einschließlich der förmlichen Erfordernisse (Erwähnung des Zwecks, der Rechtsgrundlage und möglicher Sanktionsfolgen sowie Bestimmung einer Frist) in der Landessprache abgefasst, die eigentliche Fragenliste dagegen in einer anderen Sprache, hat der Adressat Anspruch auf eine Übersetzung.[31] In jedem Fall kann der Adressat in der Amtssprache seines Landes antworten.[32] Das Risiko sprachlicher Missverständnisse dürfte in all den Fällen, in denen dem Adressaten keine Fassung des kompletten Auskunftsverlangens in seiner Amtssprache vorliegt, bei der Kommission liegen.[33]

14 Im Hinblick auf Art. 16 der Durchführungsverordnung 773/2004[34] werden die Adressaten zudem regelmäßig darauf hingewiesen, dass Auskünfte, die vertrauliche Informationen enthalten, in den Schutzbereich des Art. 28 Abs. 2 fallen, und deshalb gebeten, im Hinblick auf eine später Dritten zu gewährende Akteneinsicht eine **nicht-vertrauliche Version** der Antworten, einschließlich einer Begründung für die Einstufung bestimmter Teile als vertraulich, einzureichen.

15 Nach Art. 18 Abs. 2 bzw. Abs. 3 muss das Auskunftsverlangen einen **Hinweis auf die möglichen Sanktionen** enthalten. Diese ergeben sich für einfache Auskunftsverlangen aus Art. 23 Abs. 1 lit. a) (Verbot unrichtiger oder irreführender Angaben), für verbindliche Auskunftsverlangen aus Art. 23 Abs. 1 lit. b) (Verbot unrichtiger, unvollständiger oder irreführender Angaben und nicht fristgemäße Beantwortung). Fehlt der Hinweis, besteht ein Sanktionsverbot.

2. Zusätzliche Anforderungen an verbindliche Auskunftsentscheidungen

16 Verbindliche Auskunftsverlangen durch förmliche Entscheidung der Kommission erfordern keine weitreichendere Begründung als einfache unverbindliche.[35] Neben dem Hinweis auf die Möglichkeit der Bebußung unvollständiger oder nicht fristgerechter Antworten (s. Rn. 26) hat die verbindliche Auskunftsentscheidung auch einen Hinweis auf die Möglichkeit der Erzwingung der Beantwortung durch Festsetzung von Zwangsgeldern gemäß Art. 24 Abs. 1 lit. d) zu enthalten, wenn sie nicht bereits eine solche Sanktion festsetzt. Schließlich ist eine **Rechtsmittelbelehrung** aufzunehmen, die den Adressaten darauf

---

[30] Art. 3 VO Nr. 1 d. Rates vom 15.4.1958 zur Regelung der Sprachenfrage für die Europäische Wirtschaftsgemeinschaft, ABl. B17/385, zuletzt geändert durch VO (EU) Nr. 517/2013 d. Rates v. 13. Mai 2013, ABl. 2013 L 158/1; *Best Practices-Bekanntmachung* a. a. O. (Fn. 1), Rn. 25; *Ortiz Blanco,* Rn. 7.28.

[31] Vgl. *Best Practices-Bekanntmachung* a. a. O. (Fn. 1), Rn. 27f; *Ortiz Blanco,* Rn. 7.28. In der Praxis wird der eigentliche Fragenkatalog aus Zeitgründen teilweise in der Verfahrenssprache des Kommissionsverfahrens abgefasst. Dies ist vor allem bei Auskunftsverlangen der Fall, die im Rahmen fristengebundener Fusionskontrollverfahren (also nicht auf Grundlage der VO 1/2003, sondern der VO 139/2004) ergehen. Die Kommission weist in diesen Fällen zumeist darauf hin, dass eine Beantwortung in der gewählten Sprache hilfreich wäre, dass der Adressat aber auch in einer anderen Gemeinschaftssprache antworten und eine Übersetzung des Auskunftsverlangens verlangen kann.

[32] Art. 2 VO Nr. 1 d. Rates vom 15.4.1958 zur Regelung der Sprachenfrage für die Europäische Wirtschaftsgemeinschaft, ABl. B17/385, zuletzt geändert durch VO (EU) Nr. 517/2013 d. Rates v. 13. Mai 2013, ABl. 2013 L 158/1 a. a. O. (Fn. 30); vgl. auch GK/*Schütz,* Artikel 18, Rn. 7; *de Bronett,* Artikel 18, Rn. 4.

[33] GK/*Schütz,* Artikel 18, Rn. 7; vgl. auch *de Bronett,* Artikel 18, Rn. 4.

[34] VO (EG) Nr. 773/2004 der Komm. v. 7.4.2004 über die Durchführung von Verfahren auf der Grundlage der Artikel 81 und 82 EG-Vertrag durch die Kommission, ABl. 2004 L 123/18, zuletzt geändert durch VO (EG) Nr. 622/2008 d. Rates v. 30.6.2008, ABl. 2008 L 171/3.

[35] EuGH – *National Panasonic/Kommission* a. a. O. (Fn. 10), Rn. 26–27; EuGH – *Hoechst/Kommission* a. a. O. (Fn. 4), Rn. 42.

hinweist, dass er gegen die verbindliche Auskunftsentscheidung Klage vor dem Gerichtshof erheben kann (vgl. Rn. 53).

3. Verhältnis zwischen einfachem und verbindlichem Auskunftsverlangen

Es steht grundsätzlich im **Ermessen** der Kommission, ob sie ein einfaches **unverbindliches** Auskunftsverlangen nach Art. 18 Abs. 2 oder eine **verbindliche** Auskunftsentscheidung nach Abs. 3 an Unternehmen und Unternehmensvereinigungen richtet. Hinsichtlich der Auswahl zwischen einem unverbindlichen und einem verbindlichen Auskunftsersuchen wird man der Kommission einen weiten Ermessensspielraum zugestehen müssen, der sich rechtlich nach den Gesichtspunkten der Zweck- und Verhältnismäßigkeit zu richten hat.[36] Insbesondere ist nicht *per se* ein reduziertes Ermessen der Kommission dergestalt anzunehmen, dass im Regelfall zunächst ein einfaches Auskunftsverlangen ergehen muss.[37] Allerdings weist eine verbindliche Entscheidung aufgrund der gegenüber einem unverbindlichen Auskunftsverlangen verschärften Sanktions- und Zwangsgeldandrohung eine höhere Eingriffsintensität auf, so dass der Adressat ein berechtigtes Interesse hat, dass die Kommission nicht ohne jeglichen Grund eine verbindliche Entscheidung erlässt.[38] So kommt der unmittelbare Erlass einer verbindlichen Auskunftsentscheidung insbesondere dann in Betracht, wenn Hinweise vorliegen, dass der Adressat ein einfaches Auskunftsverlangen nicht vollumfänglich erfüllen würde,[39] etwa weil die angefragten Informationen zivilrechtlichen Vertraulichkeitspflichten unterliegen, die einer freiwilligen Übermittlung entgegen stünden. In der Praxis ist die Auswahl des Eingriffsmittels allerdings kaum justiziabel, da die Kommission – bestätigt durch das EuG – sich unter Verweis auf den Wortlaut der Abs. 2 und 3 nicht verpflichtet sieht, zu begründen, weshalb sie sich für den Erlass eines förmlichen Beschlusses statt eines einfachen Auskunftsverlangens entschieden hat.[40] 17

4. Adressaten eines Auskunftsverlangens

Adressaten eines Auskunftsverlangens können **nur Unternehmen und Unternehmensvereinigungen** sein. Natürliche Personen, einschließlich abberufener Vorstands- bzw. Organmitglieder, sind keine geeigneten Adressaten eines Auskunftsverlangens nach Art. 18. Neben formlosen Anfragen steht gegenüber natürlichen Personen damit lediglich die Möglichkeit der Befragung nach Art. 19 zur Verfügung (die allerdings freiwillig ist). 18

Neben den Unternehmen, gegen die sich das Verfahren richtet, können auch jegliche **dritte Unternehmen** Adressaten eines Auskunftsverlangens sein. Dies betrifft in der Praxis insbesondere Wettbewerber, Kunden oder Lieferanten des Unternehmens, gegen das ermittelt wird.[41] Auch an **Beschwerdeführer,** die ein Verfahren überhaupt erst in Gang gebracht haben, können Auskunftsverlangen gesandt werden (und werden es auch in der 19

---

[36] Im Rahmen einer Nachprüfung (Wahl zwischen einfacher Nachprüfung nach Art. 20 Abs. 3 und Nachprüfung durch Entscheidung nach Art. 20 Abs. 4) betonte der *EuGH,* dass die Auswahl den *„Erfordernissen einer den Besonderheiten des Einzelfalls angemessenen Untersuchung"* genügen muss (EuGH – *National Panasonic/Kommission* a. a. O. (Fn. 10), Rn. 29); *Burrichter/Hennig* in: Immenga/Mestmäcker, Art. 18, Rn. 19; *Ortiz Blanco,* Rn. 7.27.

[37] S. – im Fall einer Nachprüfung – EuGH – *National Panasonic/Kommission* a. a. O. (Fn. 10), Rn. 12; *Burrichter/Hennig* in: Immenga/Mestmäcker, Art. 18, Rn. 19; *Ortiz Blanco,* Rn. 7.27.

[38] EuG Entsch. v. 9.11.1994, Rs. T-46/92 – *Scottish Football Association/Kommission,* Slg. 1994, II-1039, Rn. 13.

[39] Ähnlich *Schnelle/Bartosch/Hübner,* Das neue EU-Kartellverfahrensrecht, Seite 135 f.; *Schwarze/Weitbrecht* a. a. O. (Fn. 6), 2. Teil, § 4, Rn. 10; *Burrichter/Hennig* in: Immenga/Mestmäcker, Art. 18, Rn. 19; *Ortiz Blanco,* Rn. 7.27.

[40] EuG – *Holcim (Deutschland) und Holcim/Kommission,* a. a. O. (Fn. 9), Rn. 58; EuG – *HeidelbergCement/Kommission,* a. a. O. (Fn. 9), Rn. 44; kritisch hierzu *Bischke* in: NZKart 8/2014 (300).

[41] *Dealing with the Commission* a. a. O. (Fn. 8), unter 3.1, S. 21; *Best Practices-Bekanntmachung* a. a. O. (Fn. 1), Rn. 32.

Praxis).[42] Auch sonstige **Dritte,** einschließlich Wirtschaftsprüfer, Banken und Anwälte (die im Rahmen ihrer Tätigkeit als Unternehmen i. S. d. europäischen Wettbewerbsrechts gelten[43]), können grundsätzlich Adressaten von Auskunftsverlangen sein,[44] wobei zugunsten von Anwälten allerdings regelmäßig **Auskunftsverweigerungsrechte** unter dem Aspekt des *Legal Privilege* bestehen werden (vgl. hierzu nachfolgend Rn. 50).

20 Durch Art. 18 können nur Unternehmen und Unternehmensvereinigungen verpflichtet werden, die ihren **Sitz in der Gemeinschaft** haben[45] oder in Ländern ansässig sind, die mit der Europäischen Gemeinschaft Kooperationsabkommen abgeschlossen haben.[46] Dies schließt allerdings nicht aus, dass die Kommission einfache Auskunftsverlangen auch an Unternehmen und Unternehmensvereinigungen in anderen Ländern richtet.[47] Solche Anfragen sind allerdings ohne Sanktionsfolge.[48] Häufig werden Unternehmen außerhalb der Gemeinschaft sich aus *corporate policy* Gründen dafür entscheiden, mit der Kommission zu kooperieren, und Auskunftsverlangen beantworten. Freiwillig erteilte Auskünfte können ohne Einschränkung im weiteren Verlauf eines Verfahrens verwertet werden. Hat ein Unternehmen mit Sitz außerhalb der Gemeinschaft eine Tochtergesellschaft in der Gemeinschaft, so kann letztere selbstverständlich Adressat eines (verbindlichen) Auskunftsverlangens sein.[49] Zur Problematik der Einbeziehung verbundener Unternehmen mit Sitz außerhalb der Gemeinschaft, s. Rn. 36.

21 Bei Unternehmen mit Sitz in der Gemeinschaft ist es dagegen nicht relevant, ob sich die für die Erteilung und Vorlage erforderlichen Informationen und Unterlagen innerhalb oder außerhalb des Gemeinschaftsgebietes befinden. Sofern die Gemeinschaftsorgane Hoheitsgewalt über Unternehmen und Unternehmensvereinigungen mit Sitz innerhalb der Gemeinschaft haben, die Verfügungsgewalt über bestimmte Informationen und Unterlagen haben, ist der tatsächliche **Ort der Aufbewahrung** im Hinblick auf die Pflicht zur Auskunftserteilung bzw. Vorlage **unbeachtlich.**[50]

5. Auskunftspflicht von Regierungen und Wettbewerbsbehörden (Abs. 6)

22 Nach Art. 18 Abs. 6 sind auch **Regierungen und Wettbewerbsbehörden der Mitgliedstaaten** verpflichtet, der Kommission auf Verlangen alle Auskünfte zu erteilen, die sie

---

[42] EuGH – Entsch. v. 28.3.1985, Rs. 298/83 – *Comité des Industries Cinématographiques des Communautés Européennes (C. I. C. C. E.)/Kommission* Slg. 1985, 1105 Rn. 5; *Dealing with the Commission* a. a. O. (Fn. 8), unter 3.1, S. 21.

[43] EuGH – Entsch. v. 19. 2. 2002, Rs. C-309/99 – *J. C. J. Wouters u. a./Algemene Raad van de Nederlandse Orde van Advocaten* Slg. 2002, I-1577, Rn. 49; vgl. Streinz/*Eilmansberger,* EUV/AEUV, vor Art. 101 AEUV, Rn. 24.

[44] Komm. Entsch. v. 31.1.1979, Rs. A F IV/372 – *FIDES, Unione Fiduciaria, Mailand,* ABl. 1979 L 57/33; *Kerse/Khan,* Chapter 3-014, 3-017, die diese Quellen als *„secondary" sources* bezeichnen; *Burrichter/Hennig* in: Immenga/Mestmäcker, Art. 18, Rn. 14.

[45] S. Erwägungsgrund 23 der VO 1/2003; vgl. auch *Kerse/Khan,* Chapter 3-061.

[46] Für Unternehmen in Norwegen, Island und Liechtenstein bestimmt Art. 8 des Protokolls 23 über die Zusammenarbeit zwischen den Überwachungsorganen im Europäischen Wirtschaftsraum (basierend auf Art. 58 des Abkommens über den Europäischen Wirtschaftsraum), dass Auskunftsersuchen der Kommission in diesen Ländern zulässig sind (ABl. 1994 L 1/3). Im Bereich Luftverkehr besteht eine Vereinbarung mit der Schweiz, vgl. Art. 11 und Anhang Nr. 2 des Abkommens zwischen der Schweizerischen Eidgenossenschaft und der Europäischen Gemeinschaft über den Luftverkehr, abrufbar unter http://www.admin.ch/ch/d/as/2002/1705.pdf; vgl. zu den Kompetenzen der Gemeinschaftsorgane in Drittstaaten zudem *Kerse/Khan,* Chapter 3-061 und *Ortiz Blanco,* Rn. 7.34.

[47] Kommission Entsch. v. 8.12.1999, Rs. IV/E-1/35 860-B – *Nahtlose Stahlrohre* ABl. 2003 L 140/1, Rn. 4 und Art. 6 der Entscheidung; die Kommission informiert dann regelmäßig die Wettbewerbsbehörde des Empfängerstaates. Vgl. auch *Kerse/Khan,* Chapter 3-061; *Ortiz Blanco,* Rn. 7.34.

[48] *Dealing with the Commission* a. a. O. (Fn. 8), unter 3.1., S. 22; *Kerse/Khan,* Chapter 3-061; *Ortiz Blanco,* Rn. 7.34.

[49] *Kerse/Khan,* Chapter 3-062.

[50] *Kerse/Khan,* Chapter 3-063; *Burrichter/Hennig* in: Immenga/Mestmäcker, Art. 18, Rn. 15.

zur Erfüllung ihrer Befugnisse nach der VO 1/2003 benötigt.[51] Die Norm konkretisiert die Kooperationspflicht der Mitgliedstaaten (Art. 4 Abs. 3 AEUV).[52] Bei einem Auskunftsverlangen nach Abs. 6 gegenüber den mitgliedstaatlichen Instanzen handelt es sich um ein selbstständiges Instrument; verbindliche Entscheidungen nach Abs. 3 mit den darin bezeichneten Rechtsfolgen (Geldbußen, Zwangsgelder) sind nicht möglich.[53] Zur Durchsetzung kommt allenfalls ein Vertragsverletzungsverfahren nach Art. 258 AEUV in Betracht.[54] Sofern die Wettbewerbsbehörden der Mitgliedstaaten Adressaten eines Auskunftsersuchens sind und Informationen an die Kommission weiterleiten, ist Art. 12 zu beachten (s. Rn. 56).

IV. Rechtsfolgen

1. Einfaches Auskunftsverlangen (Art. 18 Abs. 2)

Es besteht **keine Pflicht zur Beantwortung** eines **einfachen Auskunftsverlangens;** 23
die vollständige oder teilweise Weigerung, ein einfaches Auskunftsverlangen zu beantworten, ist nicht zwangs- oder bußgeldbewehrt (vgl. Art. 23 Abs. 1 lit. a). Es steht dem Adressaten somit frei, nur zu einzelnen Fragen Stellung zu beziehen oder nur einen Teil der verlangten Unterlagen und Dokumente vorzulegen (sofern hierdurch kein irreführender Eindruck erzeugt wird, vgl. nachfolgend Rn. 24). Allerdings kann die Kommission eine verbindliche Auskunftsentscheidung nach Art. 18 Abs. 3 erlassen.

Sofern sich das betroffene Unternehmen entscheidet, Auskünfte auf ein Ersuchen nach 24
Abs. 2 zu erteilen, dürfen die Angaben **nicht unrichtig oder irreführend** sein (vgl. die **Bußgeldsanktion** in Art. 23 Abs. 1 lit. a). Unrichtig bzw. irreführend ist laut der Kommission *„jede Auskunft, die den wahren Sachverhalt in einem verzerrten Bild erscheinen lässt, welches von der Wirklichkeit in erheblichen Punkten stark abweicht"*. Die Auskunft darf nicht *„falsch oder derart unvollständig [sein], daß die Antwort in ihrer Gesamtheit die Kommission über den wahren Sachverhalt zu täuschen geeignet ist ...".*[55] Nach Ansicht der Kommission hat ein Unternehmen, das Adressat eines Auskunftsverlangens ist, eine **Interpretationspflicht** dergestalt, dass es bei der Beantwortung den Sachzusammenhang und den Zweck der Untersuchung sorgfältig mit berücksichtigen muss. Dies kann nach Auffassung der Kommission dazu führen, dass ein Adressat im Einzelfall verpflichtet ist, nicht nur beschränkt auf die konkret gestellten Fragen Antworten zu erteilen, sondern auch solche (ergänzenden) Informationen oder Hinweise zu geben, nach denen zwar nicht ausdrücklich gefragt wurde, die aber erforderlich sind, um die Kommission nicht auf eine falsche Fährte zu führen.[56] Diese Auffassung der Kommission ist im Hinblick auf die möglichen Sanktionen vor dem Hintergrund des gemeinschaftsrechtlich anerkannten Bestimmtheitsgebots[57] nicht unbedenklich. Wenngleich ein Unternehmen sich nicht immer streng an den Wortlaut

[51] Vgl. beispielsweise Kommission Entsch. v. 17.10.1983, Rs. IV/30 064 – *Gusseisen- und Gussstahlwalzen,* ABl. 1983 L 317/1, in der die Kommission gemäß Art. 11 Abs. 1 VO 17/62 (der Vorgängerbestimmung des Art. 18 Abs. 6) Auskünfte vom Bundeskartellamt einholte.

[52] Vgl. *de Bronett,* Art. 18, Rn. 19; *Burrichter/Hennig* in: Immenga/Mestmäcker, Art. 18, Rn. 79f. mit dem Hinweis, dass Regierungen verpflichtet sind, auch Kenntnisse nachgeordneter Behörden – gegenüber denen die Befugnis nach Art. 18 Abs. 6 nicht direkt besteht – mitzuteilen.

[53] GK/*Schütz,* Artikel 18, Rn. 1; *Burrichter/Hennig* in: Immenga/Mestmäcker, Art. 18, Rn. 79.

[54] *Burrichter/Hennig* in: Immenga/Mestmäcker, Art. 18, Rn. 79.

[55] Kommission Entsch. v. 25.11.1981, Rs. IV/29 895 – *Telos* ABl. 1982 L 58/19, Rn. 21; s. auch Entsch. v. 25.9.1986, Rs. IV/31 143 – *Peugeot* ABl. 1986 L 295/19, Rn. 30; vgl. zudem Art. 23, Rn. 12; *Kerse/Khan,* Chapter 3-025.

[56] *Dealing with the Commission* a. a. O. (Fn. 8), unter 4.5., S. 30: Dort heißt es aber auch: *„Sometimes giving too much information will mislead the Commission and consequently attract the threat of a fine."* S. auch *Kerse/Khan,* Chapter 3-026 und *Ortiz Blanco,* Rn. 7.42.

[57] *Streinz,* GR-Charta Art. 49, Rn. 3 mit Verweis auf EuGH – *Hoechst/Kommission* a. a. O. (Fn. 4), Rn. 19.

einer Frage halten darf, so kann das geforderte Gebot zum „Mitdenken"[58] allenfalls die Mitteilung solcher zusätzlichen Hinweise gebieten, die sich einem verständigen Empfänger des Auskunftsverlangens geradezu aufdrängen. Im Grundsatz müssen die gleichen Grundsätze gelten wie im Fall von Unklarheiten in einem Auskunftsverlangen (siehe hierzu bereits Rn. 10). Über den Sinngehalt der Fragen hinausgehende Auskünfte sollten jedenfalls nicht geschuldet sein.[59] Zudem begrenzt das Verbot des Zwangs zur Selbstbezichtigung (s. Rn. 41) die Kooperationspflicht des Adressaten.[60]

25 Die Auskunftserteilung wird grundsätzlich in **Schriftform** erfolgen, wobei eine Übermittlung per Telefax oder E-mail durchaus üblich ist.[61] In der Vergangenheit wurde von der Kommission – im konkreten Fall im Rahmen eines Fusionskontrollverfahrens – auch bereits eine **telefonische Auskunftserteilung** auf ein Auskunftsersuchen akzeptiert, was vom *EuG* gebilligt wurde.[62] Zudem kann in Absprache mit der Kommission auf die Zusendung eines Schriftstückes verzichtet werden und die Auskunft stattdessen in den Räumlichkeiten der Kommission von vertretungsberechtigten Personen des Adressaten mündlich zu Protokoll gegeben werden.[63]

2. Verbindliches Auskunftsverlangen (Art. 18 Abs. 3)

26 Sofern die Kommission eine verbindliche Auskunftsentscheidung nach Art. 18 Abs. 3 erlässt, besteht für den Adressaten grundsätzlich die **Pflicht zur Beantwortung der Fragen und Vorlage der verlangten Unterlagen und Dokumente** (zu Umfang und Grenzen des Inhalts eines Auskunftsverlangens, vgl. Rn. 31 ff.). Dabei dürfen die gegebenen Antworten ebenso wie beim einfachen Auskunftsverlangen nicht unrichtig oder irreführend sein (s. Rn. 24). Zusätzlich ist die Erteilung **unvollständiger Auskünfte** sowie die **verfristete Beantwortung** bußgeldbewehrt (Art. 23 Abs. 1 lit. b).

27 Die Pflicht zur vollständigen, fristgemäßen und richtigen Auskunft kann mit einem **Zwangsgeld** durchgesetzt werden, das entweder bereits in der Auskunftsentscheidung selbst für den Fall der nicht frist- und ordnungsgemäßen Auskunft[64] oder nachträglich separat auferlegt werden kann (vgl. Abs. 3 i. V. m. Art. 24 Abs. 1 lit. d). In der Vergangenheit wurden auch unbeteiligte Drittunternehmen mit Geldbuße und Zwangsgeld für unterbliebene Auskünfte belegt.[65]

3. Auskunftspflichtige Personen innerhalb der Unternehmen (Art. 18 Abs. 4)

28 Zur Auskunft verpflichtet sind nach Abs. 4 Satz 1 im Fall von juristischen Personen, Gesellschaften und nicht rechtsfähigen Vereinen ausschließlich die nach Gesetz und Satzung zur Vertretung berufenen Personen. Insbesondere ist eine rechtsgeschäftliche Vertretungsmacht nach dem Wortlaut der Norm nicht ausreichend.[66] Bei Unternehmen, die nicht in die genannten Kategorien fallen (in Deutschland in erster Linie Einzelkaufleute), ist der

---

[58] Vgl. auch *Kerse/Khan,* Chapter 3-026.

[59] So auch *Burrichter/Hennig* in: Immenga/Mestmäcker, Art. 18, Rn. 73 f. – sofern (freiwillig) überschießende Antworten geliefert werden, müssen diese allerdings richtig sein.

[60] Vgl. *Ortiz Blanco,* Rn. 7.29.

[61] Vgl. z. B. Komm. Entsch. v. 10.11.2005 Rs. COMP/37.792 – *Microsoft* Rn. 20.

[62] EuG Entsch. v. 28.4.1999, Rs. T-221/95 – *Endemol Entertainment Holding BV/Kommission* Slg. 1999, II-01299 Rn. 84; vgl. *de Bronett,* Art 18, Rn. 4.

[63] Vgl. bereits Rn. 11 für die Übermittlung des Auskunftsverlangens. Dieses Vorgehen kann sich insbesondere in Kartellverfahren anbieten, um potentiell Geschädigten den Zugang zu Beweismitteln zu erschweren.

[64] In der Praxis erfolgt dann ein Hinweis, dass ein tägliches Zwangsgeld in bestimmter Höhe fällig wird, sobald die Frist abgelaufen ist, ohne dass das Unternehmen die verlangten Auskünfte erteilt hat.

[65] Im Rahmen eines Fusionskontrollverfahrens: Komm. Entsch. v. 12.7.2000, Rs. IV/M.1634 – *Mitsubishi Heavy Industries,* ABl. 2001 L 4/31, Rn. 22 f.

[66] A. A. *Miersch* in Dalheimer/Feddersen/Miersch, Art. 18, Rn. 24.

Inhaber selbst zur Auskunftserteilung verpflichtet oder aber dessen „Vertreter". Dies ist restriktiv auszulegen. Ebenso wie im Fall juristischer Personen, Gesellschaften und nicht rechtsfähiger Vereine ist eine rechtsgeschäftliche Vertretungsmacht nicht ausreichend. Als Vertreter kommt damit neben dem Vormund eines Einzelkaufmanns regelmäßig nur eine mit der Geschäftsführung insgesamt beauftragte und nach außen über die gleichen Befugnisse wie der Inhaber verfügende Person in Betracht. Bei einem Handlungsbevollmächtigten oder Prokuristen ist das nicht der Fall.[67] In der Praxis hinterfragt die Kommission die Vertretungsbefugnis selten.[68] Handelt ein Dritter, kommt eine – auch stillschweigende – Genehmigung mit der Folge der Erfüllungswirkung in Betracht. Erfolgt eine solche nicht, darf die Unrichtigkeit der erteilten Auskunft allerdings für das Unternehmen keine Folgen nach sich ziehen.[69]

Ungeachtet der Frage der Verantwortlichkeit nach Art. 18 Abs. 4 muss das Auskunftsverlangen an das Unternehmen selbst gerichtet werden und nicht an die zur Auskunft verpflichteten Personen. Ebenso wird die Antwort im Namen des betroffenen Unternehmens gegeben, wie in Abs. 4 ausdrücklich bestimmt ist. Sanktionen wegen unzutreffender, irreführender oder unvollständiger Auskünfte treffen daher auch allein das Unternehmen, nicht die Auskunft gebenden Personen. **29**

Nach Abs. 4 Satz 2 können auch ordnungsgemäß bevollmächtigte Rechtsanwälte im Namen ihrer Mandanten auf Auskunftsverlangen antworten. **30**

4. Umfang und Grenzen von Auskunftsverlangen

Art. 18 Abs. 1 berechtigt die Kommission, zur Erfüllung der ihr unter der VO 1/2003 übertragenen Aufgaben von Unternehmen und Unternehmensvereinigungen zu verlangen, *„dass sie alle erforderlichen Auskünfte erteilen"*. Dabei ist der Umfang dessen, was die Kommission tatsächlich erfragen und verlangen kann, unter verschiedenen Aspekten begrenzt. Neben Fragen der Erforderlichkeit und Verhältnismäßigkeit ziehen insbesondere die zu den allgemeinen Grundsätzen des Gemeinschaftsrechts zählenden Verteidigungsrechte der betroffenen Unternehmen der Auskunftspflicht Grenzen.[70] **31**

a) Gegenstand (Auskünfte und Unterlagen). Obwohl der Wortlaut der Vorschrift nur von „Auskünften" spricht, hat der *EuGH* bestätigt, dass die Kommission auf der Grundlage eines Auskunftsersuchens neben Antworten auf Fragen (d.h. Auskünften im engeren Sinn) auch die **Übersendung von Dokumenten und Unterlagen** verlangen kann.[71] Zwar wird dadurch die Grenze zur Nachprüfung nach Art. 20 verwischt; es ist aber zuzugestehen, dass es unter dem Grundsatz der (größtmöglichen) praktischen Wirksamkeit (*„effet-utile"*-Prinzip) geboten ist, dass die Kommission im Rahmen ihrer Ermittlungsbefugnisse die Vorlage von Dokumenten und Unterlagen auch per Übersendung anordnen kann, ohne eine aufwendige – und regelmäßig grundrechtsintensivere – Vor-Ort-Ermittlungsmaßnahme vornehmen zu müssen. Es ist den Unternehmen allerdings zuzubilligen, **32**

---

[67] Str., vgl. *Burrichter/Hennig* in: Immenga/Mestmäcker, Art. 18, Rn. 51 m. w. N.; GK/*Schütz*, Art. 18, Rn. 6.

[68] Dies gilt vor allem, wenn die erlangten Auskünfte nicht als Beweismittel gegen Unternehmen und Unternehmensvereinigungen herangezogen werden; vgl. *Dieckmann* in: Wiedemann, § 42 Rn. 17; *Kerse/Khan*, Chapter 3-018.

[69] So auch *Burrichter/Hennig* in: Immenga/Mestmäcker, Art. 18, Rn. 52; a. A. *Miersch* in Dalheimer/Feddersen/Miersch, Art. 18, Rn. 24 der – begründet mit einem Organisationsverschulden – die Aussage dann gelten lassen will, wenn das Auskunftsersuchen dem Unternehmen ordnungsgemäß zugegangen ist und die Auskunft nicht fristgemäß richtig gestellt wird.

[70] Vgl. ausführlich Art. 20, Rn. 2–6, allgemeine Ausführungen zum Grundrechtsschutz erfolgen in Art. 20, Rn. 11 ff., zu den Verteidigungsrechten in Art. 20, Rn. 16, vgl. auch *Ortiz Blanco*, Rn. 7.29.

[71] EuGH Entsch. v. 18.10.1989, Rs. 374/87 – *Orkem/Kommission* Slg. 1989, S. 3283, Rn. 14, 34; *Kerse/Khan*, Chapter 3-020; Erwägungsgrund 23 zu VO (EG) 1/2003; kritisch GK/*Schütz*, Artikel 18, Rn. 5 und *Burrichter/Hennig* in: Immenga/Mestmäcker, Art. 18, Rn. 59 f., jeweils m. w. N.

Bestandteile der Dokumente und Unterlagen zu schwärzen, die mit dem Auskunftsverlangen nicht im Zusammenhang stehen.[72] Vor Zugang eines Auskunftsverlangens besteht aus kartellrechtlicher Sicht grundsätzlich keine **Aufbewahrungspflicht** bezüglich Dokumenten und Unterlagen, selbst wenn diese offensichtlich für den Nachweis eines Wettbewerbsverstoßes von Interesse sind.[73] Eine entsprechende Pflicht wird grundsätzlich erst mit dem Zugang eines Auskunftsverlangens (oder der Einleitung einer anderen Ermittlungsmaßnahme) begründet.[74] Eine vorherige Vernichtung von Unterlagen und Dokumenten kann jedoch dann als ein erschwerender Umstand im Sinne der Bußgeldleitlinien angesehen werden, wenn sie Teil eines systematischen Verschleierungsplans ist.[75]

33 Auch wenn aussagekräftige Rechtsprechung hierzu nicht vorliegt, fallen unter den Begriff der Auskünfte im Sinne des Art. 18 nur **Informationen tatsächlicher Art** (z.B. Absatz- oder Umsatzzahlen, Produktionsdaten, zeitliche Abläufe von Ereignissen, Termine *etc.*). Daher kann die Kommission **keine Werturteile oder Meinungen** abfragen.[76] Zulässig sind aber Fragen nach **Schätzungen,** wobei der Adressat naturgemäß Kenntnis der zur Abgabe der Schätzung notwendigen Tatsachen haben muss.[77]

34 Abgefragte Tatsachen können sich grundsätzlich sowohl auf den Adressaten beziehen als auch auf **Dritte.**[78] Eine Grenze mag hier allenfalls der Grundsatz der Verhältnismäßigkeit (Rn. 38f.) ziehen. Dementsprechend können auch **Unternehmensvereinigungen** verpflichtet werden, Informationen und Daten hinsichtlich ihrer Mitglieder mitzuteilen.[79]

35 Im Hinblick auf die Bereitstellung der verlangten Auskünfte hat der *EuGH* anerkannt, dass die Unternehmen eine **Pflicht zur aktiven Mitwirkung** haben.[80] Grundsätzlich beinhaltet diese Pflicht, in der Sphäre des Unternehmens vorhandene Informationen zu recherchieren und in der von der Kommission geforderten Form aufzubereiten.[81] Ungeklärt ist in der Rechtsprechung,[82] wie weit diese Mitwirkungspflicht geht, insbesondere,

---

[72] So auch *Burrichter/Hennig* in: Immenga/Mestmäcker, Art. 18, Rn. 60; *Bischke* in MüKo, Art. 18, Rn. 11.

[73] Schlussanträge des Generalanwalts Geelhoed v. 19.1.2006, Rs. C-308/04 – SGL *Carbon,* Rn. 83. Der EuGH ging in seiner Entscheidung auf die Frage des Bestehens einer Aufbewahrungspflicht nicht ein.

[74] Vgl. EuG Entsch. v. 16.12.2003, Rs. T-5/00 und T 6/00 – *Nederlandse Federative Vereniging voor de Groothandel op Elektrotechnisch Gebied und Technische Unie BV* Slg. 2003 II-5761, Rn. 87.

[75] So Generalanwalt Geelhoed a.a.O. (Fn. 73) mit Verweis auf EuG Entsch. v. 14.5.1998, Rs. T-334/94 – *Sarrió* Slg. 1998 II 1439, Rn. 318ff. In *Sarrió* stand zwar nicht die Vernichtung von Unterlagen und Dokumenten zur Debatte, das Gericht stellte aber klar, dass Handlungen, die auf eine bewusste Verschleierung eines bestehenden Kartells zielten, als erschwerende Umstände gewertete werden können.

[76] Angedeutet in *EuGH Orkem/Kommission* a.a.O. (Fn. 71), Rn. 34; *Burrichter/Hennig* in: Immenga/Mestmäcker, Art. 18, Rn. 54.

[77] Welche Elemente zur Abgabe einer Schätzung notwendig sind, mag im Einzelfall naturgemäß zweifelhaft sein. Normalerweise akzeptiert die Kommission allerdings, wenn ein Unternehmen in nachvollziehbarer Weise darlegt, nicht zu einer belastbaren Schätzung in der Lage zu sein.

[78] EuGH Entsch. v. 7.1.2004, verb. Rs. C-204/00 P, C-205/00 P, C-211/00 P, C-213/00 P, C-217/00 P und C-219/00 P – *Aalborg Portland A/S u.a./Kommission,* Rn. 207. Einschränkend *Burrichter/Hennig* in: Immenga/Mestmäcker, Art. 18, Rn. 55.

[79] Vgl. EuGH – *Aalborg Portland A/S u.a./Kommission* a.a.O. (Fn. 78), Rn. 208.

[80] EuGH – *Orkem/Kommission* a.a.O. (Fn. 71), Rn. 22 und 27; EuG – *Scottish Football Association/Kommission* a.a.O. (Fn. 38), Rn. 31; *Société Générale/Kommission* a.a.O. (Fn. 4), Rn. 72; EuG Entsch. v. 20.2.2001, Rs. T-112/98 – *Mannesmannröhren-Werke/Kommission* Slg. 2001, II-729, Rn. 62.

[81] *Burrichter/Hennig* in: Immenga/Mestmäcker, Art. 18, Rn. 58m.w.N. So kann die Kommission beispielsweise verlangen, dass Kontaktanschriften von und Umsätze mit Kunden und Lieferanten bestimmten Produkten und Ländern zugeordnet werden, selbst wenn der Adressat eine solche Auflistung aktuell nicht nutzt. Vgl. auch *Kerse/Khan,* Chapter 3-020.

[82] Wörtlich heißt es beispielsweise im Urteil des EuG in der Sache *Mannesmannröhren-Werke AG/Kommission* a.a.O. (Fn. 80), Rn. 62: Die Verordnung legt dem Unternehmen *„eine Verpflichtung zur aktiven Mitwirkung auf, aufgrund deren es alle den Gegenstand der Untersuchung betreffenden Informationen für*

ob die Kommission die (arbeits- und kostenintensive) Aus-, Um- oder Aufarbeitung von bei den Unternehmen vorhandenen Daten verlangen kann. Zuletzt kritisierte allerdings *GA Wahl* (in seinen Schlussanträgen vom 15.10.2015 in *HeidelbergCement/Kommission* a.a.O. (Fn. 9), Rn. 96 und *Italmobiliare SPA/Kommission* a.a.O. (Fn. 9), Rn. 100) deutlich die Kommission im Hinblick auf Formatierungs- und Umrechnungsanforderungen und schlug insoweit vor, den Klagegründen stattzugeben. Die Entscheidungen des EuGH lagen bei Redaktionsschluss noch nicht vor. Die zulässige Grenze dürfte dann überschritten sein, wenn das begehrte Arbeitsergebnis einen völlig neuen, von dem betroffenen Unternehmen nicht für die eigenen geschäftlichen Zwecke benötigten Aussagegehalt hat. Dies dürfte auch unter dem Blickwinkel der Verhältnismäßigkeit (Rn. 39) geboten sein.[83]

In Auskunftsverlangen können aber **keine Ermittlungen außerhalb des betroffenen** 36 **Unternehmens** verlangt werden.[84] Insbesondere werden durch ein Auskunftsverlangen grundsätzlich nur die Unternehmen verpflichtet, die konkret als Adressaten benannt sind. Dementsprechend sind Informationen, Unterlagen und Dokumente, die sich ausschließlich im Besitz eines **verbundenen Unternehmens** des Adressaten befinden, unmittelbar bei dem verbundenen Unternehmen anzufordern.[85] Streitig ist, ob dies auch dann gilt, wenn gegenüber dem verbundenen Unternehmen ein Weisungsrecht besteht, aufgrund dessen der Adressat des Auskunftsersuchens die betreffenden Informationen bzw. Unterlagen anfordern könnte.[86] Richtigerweise wird eine Beschaffungspflicht auch in diesem Falle abzulehnen sein, da es sich bei dem verbundenen Unternehmen aus verfahrensrechtlicher Sicht um eine selbstständige juristische Person handelt, der nach dem jeweiligen nationalen Recht oder nach Gemeinschaftsrecht eigene Verteidigungsrechte zustehen können, die andernfalls unterlaufen werden könnten.[87] Praktisch relevant dürfte die Frage ohnehin nur dann werden, wenn sich das verbundene Unternehmen außerhalb des Wirkungsbereichs der Kommission (Rn. 20) befindet, da ansonsten die Kommission umgehend ein weiteres Auskunftsverlangen erstellen kann.

b) Erforderlichkeit. Nach Art. 18 Abs. 1 sind Unternehmen und Unternehmensverei- 37 nigungen nur verpflichtet, alle *„erforderlichen"* Auskünfte zu erteilen, was am Zweck der Untersuchung zu messen ist. Die Beurteilung, ob eine Auskunft in diesem Sinne erforderlich ist, obliegt grundsätzlich der Kommission.[88] Rechtsdogmatisch handelt es sich bei dem

die Kommission bereithalten muss". In der englischen Fassung heißt es dagegen: The Regulation *„places the undertaking under a duty of active cooperation, which means that it must be prepared to make available to the Commission any information relating to the subject-matter of the investigation"* (Unterstreichung hinzugefügt), woraus auch eine Pflicht zur „Erstellung" von „neuen" Informationen abgeleitet werden könnte.

[83] Vgl. *Ortiz Blanco,* Rn. 7.26.

[84] *Burrichter/Hennig* in: Immenga/Mestmäcker, Art. 18, Rn. 15, 58; *Schriefers* WuW 1993, 98 (101), a.A. wohl *Ortiz Blanco,* Rn. 7.41.

[85] *Burrichter/Hennig* in: Immenga/Mestmäcker, Art. 18, Rn. 56; a.A. *Kerse/Khan,* Chapter 3-062, mit dem Verweis auf den EuGH in der Rs. *Imperial Chemical Industries Ltd./Commission* (Entsch. v. 14.7.1972, Rs. 48/69, Slg. 1972, S. 619, Rn. 39/43), wonach eine Zustellung an eine Gesellschaft außerhalb der Gemeinschaft durch eine Zustellung an eine 100%ige Tochtergesellschaft in der Gemeinschaft wirksam bewirkt werden könne. Der EuGH hat in der Entscheidung allerdings lediglich bestätigt, dass es im Einzelfall unerheblich sein kann, ob eine Zustellung fehlerhaft war, wenn ein Adressat unstreitig vollständige Kenntnis vom Inhalt eines Schriftstückes erlangt hat. Damit ist aber nicht gesagt, dass die Zustellung eines Auskunftsverlangens an eine juristische Person grundsätzlich wirksam über eine 100%ige Tochter bewirkt werden kann.

[86] Bejahend wohl *Burrichter/Hennig* in: Immenga/Mestmäcker, Art. 18, Rn. 15; *Kühlhorn* WuW 1986, 7 *Miersch* lässt die faktische Möglichkeit der Beschaffung ausreichen (in Dalheimer/Feddersen/Miersch, Art. 18, Rn. 11).

[87] *Kühlhorn* WuW 1986, 7 (25), führt beispielhaft sanktionsbewehrte *„blocking statutes"* in einigen Ländern an, die es Unternehmen untersagen, „fremde" Ermittlungstätigkeiten zu unterstützen; vgl. hierzu allerdings die Argumentation der Kommission im Fall einer Pflichtenkollision (Rn. 51).

[88] EuGH – *Orkem/Kommission* a.a.O. (Fn. 71), Rn. 15f.; *Roquette Frères SA* a.a.O. (Fn. 8), Rn. 78.

Merkmal der Erforderlichkeit aber um einen unbestimmten Rechtsbegriff, der in vollem Umfang von den Gerichten der Gemeinschaft überprüft werden kann.[89] Allerdings beschränkt sich die richterliche Kontrolle auf die Frage, ob aus der Sicht der Kommission zum Zeitpunkt des Auskunftsverlangens *„hinreichende Gründe für die Annahme einer Beziehung zwischen dem Verlangen und der vermuteten Zuwiderhandlung"* sprachen[90] und ob die Kommission zum Zeitpunkt des Auskunftsverlangens vernünftigerweise davon ausgehen konnte, dass der verlangte Gegenstand des Auskunftsverlangens ihr bei der Prüfung, ob die vermutete Zuwiderhandlung tatsächlich vorgelegen hat, *„nützlich"* sein würde.[91] Auskunftsverlangen, die auf der Kommission bereits bekannte Tatsachen gerichtet sind, sind regelmäßig nicht erforderlich.[92] Sofern in zuvor erteilten Auskünften nach Ansicht der Kommission einige Information unzutreffend sind, ist die Kommission gehalten, genau die Informationen zu benennen, die das betreffende Unternehmen ihres Erachtens korrigieren muss – sie darf dem Adressaten dagegen nicht aufgegeben, alle zuvor verlangten Auskünfte erneut zu erteilen.[93] Das schließt nach der Rechtsprechung des EuGH allerdings nicht aus, dass die Kommission zusätzliche Auskünfte für erforderlich erachten darf, die es ihr ermöglichen, das Ausmaß der Zuwiderhandlung, ihre Dauer oder den Kreis der daran beteiligten Unternehmen genauer zu bestimmen, selbst wenn ihr hierfür bereits Indizien oder gar Beweise vorliegen.[94]

38 **c) Verhältnismäßigkeit.** Nach Art. 18 Abs. 1 *„kann"* die Kommission (einfache oder verbindliche) Auskunftsverlangen erlassen. Das der Kommission damit eingeräumte **Ermessen** unterliegt dem gemeinschaftsrechtlich in Art. 5 EU (ex-Art. 5 EG) anerkannten **Grundsatz der Verhältnismäßigkeit,**[95] durch den zum einen der zulässige Umfang eines Auskunftsverlangens und zum anderen die Auswahl der Adressaten begrenzt sein kann.

39 **Umfang des Auskunftsverlangens.** Der über die Jahre erheblich gestiegene Umfang und die Komplexität von Auskunftsverlangen der Kommission bedeuten für die auskunftsverpflichteten Unternehmen häufig eine erhebliche Belastung, insbesondere im Hinblick auf die erforderlichen personellen (und damit auch finanziellen) Ressourcen zur Zusammenstellung und Erteilung der Auskünfte. Nicht selten erfordert eine ordnungsgemäße Beantwortung eines Auskunftsersuchens das Abstellen von mehreren Mitarbeitern für Tage, wenn nicht gar Wochen, was in Anbetracht der i. d. R. knapp gefassten Fristen auch logistische Schwierigkeiten schafft, denen die Kommission z. T. nur unzureichend durch entsprechende Fristverlängerungen begegnet. Ob die hiermit verbundene Belastung hinzunehmen ist, richtet sich danach, ob dem betroffenen Unternehmen eine **im Verhältnis zum Er-**

---

[89] *Burrichter/Hennig* in: Immenga/Mestmäcker, Art. 18, Rn. 12. m. w. N., auch mit Hinweis auf die a. A., die der Kommission einen nur eingeschränkt gerichtlich überprüfbaren Beurteilungsspielraum zubilligt (z. B. *Sura* in: Langen/Bunte, Art. 18, Rn. 11); *Ortiz Blanco,* Rn. 7.25; aufgrund der weiten Auslegung des Begriffs „erforderlich" dürfte der Streit geringe praktische Bedeutung haben.

[90] EuG – *SEP/Kommission* a. a. O. (Fn. 8), Rn. 29; EuG – *Slovak Telekom/Kommission* Slg. 2012, 145, Rn. 42.

[91] So ausdrücklich *GA Jacobs* Schlussantrag in *SEP/Kommission* a. a. O. (Fn. 9), Rn. 21, ausdrücklich bestätigt durch *EuGH* Entsch. v. 19.5.1994 in derselben Sache a. a. O. (Fn. 9), Rn. 21; EuG – *Slovak Telekom* a. a. O. (Fn. 90), Rn. 42. Kritischer dagegen *GA Wahl* in seinen Schlussanträgen in *HeidelbergCement/Kommission* a. a. O. (Fn. 9), Rn. 68 und Rs. C-267/14 *Buzzi Unicem/Kommission,* Rn. 92. Die Entscheidungen des EuGH lagen bei Redaktionsschluss noch nicht vor.

[92] EuG – *HeidelbergCement/Kommission,* a. a. O. (Fn. 9), Rn. 71; EuG U. v. 30.9.2003, Rs. T-191/98 und T-212/09 bis T-214/98 – *Atlantic Container Line u. a./Kommission,* Rn. 425.

[93] EuG – *HeidelbergCement/Kommission,* a. a. O. (Fn. 9), Rn. 73.

[94] EuGH – *Orkem/Kommission* a. a. O. (Fn. 71), Rn. 15.

[95] EuGH – *National Panasonic/Kommission* a. a. O. (Fn. 10), Rn. 28; EuG – *SEP/Kommission* a. a. O. (Fn. 8), Rn. 90; *Scottish Football Association/Kommission* a. a. O. (Fn. 38), Rn. 29–34; EuG – *Slovak Telekom* a. a. O. (Fn. 90), Rn. 81; Kommission in *Dealing with the Commission,* a. a. O. (Fn. 8), unter 1.4, 3.1. und 4.1.

mittlungszweck unverhältnismäßige Last auferlegt wird.[96] Auch wenn das System des unverfälschten Wettbewerbs – und damit der mit den Ermittlungsmaßnahmen nach der VO 1/2003 verfolgte Zweck – im Wertesystem der Gemeinschaft eine herausragende Rolle spielt, ist die Zulässigkeit jeder Ermittlungsmaßnahme unter dem Verhältnismäßigkeitsgrundsatz in jedem Einzelfall zu prüfen. Dabei zu berücksichtigende Gesichtspunkte sind die Schwere der vermuteten Zuwiderhandlung, die Natur der vermuteten Verwicklung des betroffenen Unternehmens und die vermutete Bedeutung der verlangten Auskünfte und Unterlagen für das Verfahren, insbesondere für den Nachweis einer vermuteten Zuwiderhandlung.[97] Bei Unternehmen, die einer schweren Zuwiderhandlung gegen die Wettbewerbsvorschriften verdächtigt sind, wird die Schwelle des zulässigen Umfangs verlangter Auskünfte damit höher liegen als bei am Verstoß unbeteiligten Marktteilnehmern. Konkrete Anhaltspunkte für den noch zulässigen Umfang von Auskunftsersuchen sind der Rechtsprechung der Gemeinschaftsgerichte bisher nicht zu entnehmen. Auskünfte, die direkt den vermuteten Wettbewerbsverstoß betreffen (also z.B. zur Feststellung, ob Preisabsprachen getroffen wurden), dürften in der Regel nicht als unverhältnismäßig angesehen werden. Differenzierter sind wohl aber Fragen zu den allgemeinen Marktverhältnissen (etwa hinsichtlich der Auswirkungen eines Kartells oder des Bestehens einer marktbeherrschenden Stellung) zu sehen. Die Grenze wird aber auch hier relativ weit zu ziehen sein.

Auswahlermessen. Der Grundsatz der Verhältnismäßigkeit kann schließlich auch die zulässige **Auswahl der Adressaten eines Auskunftsersuchens** beschränken. So hat der *EuGH* in der Rechtssache *Roquette Frères* anerkannt, dass *„die Natur der Verwicklung des betroffenen Unternehmens"* grundsätzlich im Rahmen der Verhältnismäßigkeitsprüfung einer Ermittlungsmaßnahme zu berücksichtigen ist.[98] Dementsprechend dürfen an einem Verstoß unbeteiligte Dritte mit einem Auskunftsersuchen nur dann belastet werden, wenn sachliche Gründe vorliegen, weshalb die betreffenden Auskünfte nicht gleichermaßen von den verfahrensbetroffenen Unternehmen eingeholt werden können (etwa weil Zweifel an der Richtigkeit der Auskünfte bestehen, oder wenn die Auskünfte nur mit unverhältnismäßigem Aufwand zu erlangen sind).[99] 40

d) Verbot des Zwangs zur Selbstbezichtigung.[100] Nach der Rechtsprechung der Gemeinschaftsgerichte besteht **kein absolutes Auskunftsverweigerungsrecht** eines verdächtigten oder beschuldigten Unternehmens, so dass auch solche Unternehmen grundsätzlich verpflichtet sind, Ermittlungsmaßnahmen der Kommission, einschließlich verbindlicher Auskunftsentscheidungen, Folge zu leisten.[101] Ebenso ist allerdings das **Verbot des** 41

[96] EuG – *SEP/Kommission* a.a.O. (Fn. 8), Rn. 51 und *Slovak Telekom* a.a.O. (Fn. 90), Rn. 81; s. auch EuGH – *National Panasonic/Kommission* a.a.O. (Fn. 10), Rn. 30 und *Hoechst/Kommission* a.a.O. (Fn. 4), Rn. 19; EuG – *Holcim (Deutschland) und Holcim/Kommission,* a.a.O. (Fn. 9), Rn. 68; EuG – *HeidelbergCement/Kommission,* a.a.O. (Fn. 9), Rn. 89; EuG – *Cemex u. a./Kommission,* a.a.O. (Fn. 9), Rn. 121; siehe hierzu auch die Schlussanträge vom 15.10.2015 von *GA Wahl* in *HeidelbergCement/Kommission* a.a.O. (Fn. 9), Rn. 68; *Buzzi Unicem/Kommission* a.a.O. (Fn. 91), Rn. 92; und *Italmobiliare SpA/Kommission* a.a.O. (Fn. 9), Rn. 96; die Entscheidungen des EuGH lagen bei Redaktionsschluss noch nicht vor.

[97] Vgl. EuGH – *Roquette Frères SA* a.a.O. (Fn. 8), Rn. 79 (zur Verhältnismäßigkeitsprüfung im Rahmen einer Nachprüfung).

[98] EuGH – *Roquette Frères SA* a.a.O. (Fn. 8), Rn. 79; a.A. wohl (zuvor) die Kommission, vgl. *Burrichter/Hennig* in: Immenga/Mestmäcker, Art. 18, Rn. 17.

[99] Vgl. *Burrichter/Hennig* in: Immenga/Mestmäcker, Art. 18, Rn. 17, der verlangt, dass grundsätzlich zunächst verdächtigte Unternehmen zu befragen sind, bevor von unbeteiligten Unternehmen Auskünfte verlangt werden. A.A. insoweit *Miersch* in Dalheimer/Feddersen/Miersch, Art. 18, Rn. 8.

[100] Vgl. auch die ausführliche Kommentierung zu Art. 20, Rn. 36–41; zudem *Ortiz Blanco,* Rn. 7.29 und 7.44ff.; *Burrichter/Hennig* in: Immenga/Mestmäcker, Vorbemerkung zu Art. 17–22, Rn. 23ff.

[101] EuGH – *Orkem/Kommission* a.a.O. (Fn. 71), Rn. 29; *Kerse/Khan,* Chapter 3-031; *Ortiz Blanco,* Rn. 7.44; Art. 20, Rn. 37.

Zwangs zur Selbstbezichtigung gemeinschaftsrechtlich anerkannt,[102] welches den Unternehmen ein Auskunftsverweigerungsrecht (hinsichtlich der betroffenen Fragen) einräumt und von der Kommission bei der Abfassung von Auskunftsverlangen zu beachten ist. In der insoweit grundlegenden Sache *Orkem/Kommission* löste der *EuGH* das Spannungsfeld zwischen Verwaltungseffektivität und Verteidigungsrechten der betroffenen Unternehmen, indem die Kommission einerseits für berechtigt gehalten wurde, *„das Unternehmen zu verpflichten, ihr alle erforderlichen Auskünfte über ihm eventuell bekannte Tatsachen zu erteilen und ihr erforderlichenfalls die in seinem Besitz befindlichen Schriftstücke, die sich hierauf beziehen, zu übermitteln, selbst wenn sie dazu verwendet werden können, den Beweis für ein wettbewerbswidriges Verhalten des betreffenden oder eines anderen Unternehmens zu erbringen".*[103] Andererseits darf die Kommission dem betroffenen Unternehmen nicht die Verpflichtung auferlegen, *„Antworten zu erteilen, durch die es das Vorliegen einer Zuwiderhandlung eingestehen müsste, für die die Kommission den Beweis zu erbringen hat".*[104] Dieser Abgrenzung liegt die – von den Gemeinschaftsgerichten wiederholt ausgesprochene – Wertung zugrunde, dass die Verpflichtung zur Beantwortung rein tatsächlicher Fragen und zur Vorlage vorhandener Unterlagen den Grundsatz der Wahrung der Verteidigungsrechte (und damit das Verbot des Zwangs zur Selbstbezichtigung) und den Anspruch auf einen fairen Prozess nicht verletzen kann. Denn der Adressat ist nicht gehindert, später im Verwaltungsverfahren oder in einem Verfahren vor dem Gemeinschaftsrichter seine Verteidigungsrechte auszuüben und zu beweisen, dass die in den Antworten mitgeteilten Tatsachen oder die übermittelten Unterlagen eine andere als die ihnen von der Kommission beigemessene Bedeutung haben.[105]

42 Allgemein ist nach der Rechtsprechung des *EuGH* das Anfordern von vorhandenen **Unterlagen** und **Dokumenten** *per se* keine Verletzung des Verbots des Zwangs zur Selbstbezichtigung und daher **zulässig,** selbst wenn diese Unterlagen und Dokumente direkt den Beweis für ein wettbewerbswidriges Verhalten des betreffenden Unternehmens erbringen.[106] So hielt der *EuGH* bereits in der Sache *Orkem/Kommission* die Übermittlung von Schriftstücken (Einladungen, Protokolle, Notizen), die sich auf Zusammenkünfte der verdächtigten Hersteller bezogen, für zulässig.[107] In der Sache *Mannesmannröhren-Werke/Kommission* bestätigte der *EuG* u.a. die Rechtmäßigkeit eines Auskunftsersuchens zur Vorlage von vorhandenen Unterlagen hinsichtlich der Zusammenkünfte zwischen den an einem Kartellverstoß verdächtigten Unternehmen.[108] Die – zwischenzeitlich umstrittene (s. Rn. 46) – uneingeschränkte Pflicht zur Vorlage vorhandener Dokumente und Unterlagen bestätigte der *EuGH* in der Sache *Kommission/SGL Carbon* im Juni 2006 nochmals ausdrücklich. Hiernach besteht – entgegen der Ansicht des *EuG*[109] in der Vorinstanz – eine

[102] EuGH – *Orkem/Kommission* a.a.O. (Fn. 71), Rn. 35; ebenso in EuG – *Mannesmannröhren-Werke/Kommission* a.a.O. (Fn. 80), Rn. 70; *Société Générale/Kommission* a.a.O. (Fn. 4), Rn. 74f.; Entsch. v. 29.4.2004 verb. Rs. T-236/01, T-239/01, T-244/01 bis T-246/01, T-251/01 u. T-252/01 – *Tokai Carbon u.a./Kommission,* Rn. 402f. (insoweit nicht durch das Urteil des EuGH in dieser Sache berührt).

[103] EuGH – *Orkem/Kommission* a.a.O. (Fn. 71), Rn. 34; ebenso EuGH Entsch. v. 18.10.1989, Rs. 27/88 *Solvay/Kommission* Slg. 1989, 3355, Leitsatz 2.

[104] EuGH – *Orkem/Kommission* a.a.O. (Fn. 71), Rn. 35; bestätigt grundsätzlich in EuG *Mannesmannröhren-Werke/Kommission* a.a.O. (Fn. 80), Rn. 70; *Société Générale/Kommission* a.a.O. (Fn. 4), Rn. 74f.; *Tokai Carbon u.a./Kommission* a.a.O. (Fn. 102), Rn. 402f. (insoweit nicht durch das Urteil des EuGH in dieser Sache berührt).

[105] EuGH U. v. 29.6.2006, Rs. C-301/04 P – *Kommission/SGL Carbon AG* Slg.2006, I-5915, Rn. 49; EuG – *Mannesmannröhren-Werke/Kommission* a.a.O. (Fn. 80), Rn. 78; *Société Générale/Kommission* a.a.O. (Fn. 4), Rn. 74f; vgl. *Ortiz Blanco,* Rn. 7.50.

[106] Vgl. Art. 20, Rn. 41 m.w.N.; *de Bronett,* Art. 18, Rn. 11f. EuGH – *Orkem/Kommission* a.a.O. (Fn. 71), Rn. 34f; *Kommission/SGL Carbon AG* a.a.O. (Fn. 105), Rn. 41; EuG – *Société Générale/Kommission* a.a.O. (Fn. 4), Rn. 74ff.; *Mannesmannröhren-Werke/Kommission* a.a.O. (Fn. 80), Rn. 65ff.

[107] EuGH – *Orkem/Kommission* a.a.O. (Fn. 71), Rn. 37, 38, 40.

[108] EuG – *Mannesmannröhren-Werke/Kommission* a.a.O. (Fn. 80), Rn. 6, 70.

[109] EuG – *Tokai Carbon u.a./Kommission* a.a.O. (Fn. 102), Rn. 407–409.

uneingeschränkte Pflicht zur *„Vorlage der Protokolle dieser Treffen und der sie betreffenden Arbeitsunterlagen und vorbereitenden Unterlagen, handschriftlichen Aufzeichnungen, Notizen und Schlussfolgerungen sowie von Planungsdokumenten, Diskussionspapieren und Entwürfen zur Durchführung von Preiserhöhungen."*[110]

Fragen der Kommission nach **Tatsachen** werden grundsätzlich ebenfalls für zulässig gehalten.[111] Allerdings kann die Abgrenzung im konkreten Einzelfall sehr schwierig sein, was eine Frage nach einer Tatsache ist und was eine Aufforderung zum Geständnis darstellt. In der Sache *Orkem/Kommission* hielt der *EuGH* u.a. Fragen zu den Zusammenkünften der verdächtigten Hersteller für **zulässig,** die auf die Erlangung von Informationen über die Zusammenkünfte, über Identität und Stellung der Teilnehmer abzielten. Auch die Frage nach Mitteilungen des betroffenen Unternehmens an andere Hersteller über die Produktion und den Verkauf des fraglichen Erzeugnisses wurde nicht beanstandet, ebenso wenig wie Fragen zu tatsächlichen Angaben über Gegenstand und Modalitäten von Initiativen, die zur Festlegung und Aufrechterhaltung eines bestimmten Preisniveaus ergriffen wurden.[112] **43**

Als **unzulässig** bewertete der *EuGH* in der Sache *Orkem/Kommission* dagegen Fragen nach dem **Zweck** der unternommenen Schritte und nach dem mit den Initiativen verfolgten **Ziel** sowie Fragen danach, welche Maßnahmen *„ins Auge gefasst oder beschlossen"* wurden, um bestimmte Preisinitiativen zu unterstützen. Beanstandet wurden auch Fragen nach *„Einzelheiten jedes Systems oder jeder Methode, wonach den Teilnehmern Verkaufsziele oder -quoten zugeteilt werden konnten"*, sowie nach zugehörigen Kontrollmechanismen. Der *EuGH* sah in diesen Fragen einen unzulässigen Zwang zum Eingeständnis der Beteiligung an einer Vereinbarung, durch die die Produktions- oder Absatzmengen beschränkt oder kontrolliert oder die Märkte aufgeteilt wurden.[113] In der Sache *Mannesmannröhren-Werke/Kommission* beanstandete das *EuG* die Forderung der Kommission, für Zusammenkünfte, hinsichtlich derer keine einschlägigen Unterlagen vorhanden waren, mitzuteilen, welche Themen besprochen und Entscheidungen angenommen wurden und welche Art von Unterlagen die Unternehmen vor und nach der Zusammenkunft ausgeteilt haben. Ebenfalls als unzulässig wurde eine Frage nach der Beziehung bestimmter Vereinbarungen (u.a. Quotenvereinbarung, Preisvereinbarung) und bestimmter regelmäßiger Treffen der verdächtigten Unternehmen eingestuft, da die Beantwortung der Frage eine Interpretation der Unterlagen erfordere, die auf die Feststellung der möglichen Kartellrechtswidrigkeit hinzielte.[114] Zudem ist ein Unternehmen nicht verpflichtet, der Kommission mitzuteilen, dass es andere Unternehmen vor bevorstehenden Nachprüfungen durch die Kommission gewarnt hatte, da eine solche Warnung die Schwere der Zuwiderhandlung des Unternehmens erhöhe und zu einer höheren Geldbuße (Abschreckung) führen könne.[115] **44**

Nach der Rechtsprechung des *EuGH* reduziert sich das Verbot des Zwangs zur Selbstbezichtigung damit auf ein relativ eng auszulegendes **Geständnisverweigerungsrecht**[116] und dies auch nur insoweit, als hiervon Auskünfte betroffen sind, die nicht in Unterlagen und Dokumenten festgehalten sind (für die der *EuGH* eine uneingeschränkte Vorlagepflicht annimmt, s. Rn. 42). **45**

Im Ergebnis lässt sich festhalten, dass der *EuGH* das Interesse an der Erhaltung funktionsfähigen Wettbewerbs grundsätzlich höher einstuft als das Interesse des einzelnen Un- **46**

---

[110] EuGH – *Kommission/SGL Carbon AG* a.a.O. (Fn. 105), Rn. 35.

[111] Vgl. Art. 20, Rn. 41 m.w.N.; *de Bronett,* Vorbemerkungen Artikel 17–22, Rn. 10 und Art. 18, Rn. 11; *Ortiz Blanco,* Rn. 7.44; *Kerse/Khan,* Chapter 3-032.

[112] EuGH – *Orkem/Kommission* a.a.O. (Fn. 71), Rn. 37, 38, 40.

[113] EuGH – *Orkem/Kommission* a.a.O. (Fn. 71), Rn. 37–40.

[114] EuG – *Mannesmannröhren-Werke/Kommission* a.a.O. (Fn. 80), Rn. 6, 71–74.

[115] EuG – *Tokai Carbon u.a./Kommission* a.a.O. (Fn. 102), Rn. 412 (insoweit nicht durch das Urteil des EuGH in dieser Sache berührt).

[116] So auch *Burrichter/Hennig* in: Immenga/Mestmäcker, Vorbemerkung zu Art. 17–22, Rn. 27, 37.

ternehmens, sich nicht selbst belasten zu müssen.[117] Insbesondere erteilte der *EuGH* mit der im Juni 2006 ergangenen Entscheidung in der Sache *Kommission/SGL Carbon*[118] Erwartungen eine **Absage,** die – gestützt auf zwischenzeitlich ergangene Entscheidungen des *EuGH*[119] und des *EuG*[120] – auf eine **mögliche Erweiterung des Verbots des Zwangs zur Selbstbezichtigung** hindeuteten. In der Tat erscheint die Beibehaltung der Rechtsprechung dem *EuGH,* und insbesondere die uneingeschränkte Vorlagepflicht von Unterlagen und Dokumenten, kritikwürdig.[121] Richtigerweise sollte sich die Zulässigkeit danach richten, ob die Beantwortung der Frage bzw. die Vorlage der angeforderten Dokumente und Unterlagen bei wertender Betrachtung ohne weiteres dem Eingeständnis einer Zuwiderhandlung gegen die Wettbewerbsvorschriften gleichkommt.[122] So auch zuletzt *GA Wahl* in seinem Schlussantrag vom 15.10.2015 in *HeidelbergCement/Kommission.*

47 Ein **Verwertungsverbot** für Auskünfte, die unter dem Grundsatz des Verbots des Zwangs zur Selbstbezichtigung nicht hätten erteilt werden müssen, besteht nur, wenn die Auskünfte im Rahmen einer sanktionsbewehrten verbindlichen Auskunftsentscheidung erteilt wurden, nicht dagegen wenn sie – auch im Rahmen eines einfachen Auskunftsersuchens nach Art. 18 Abs. 2 – freiwillig erteilt wurden.[123]

48 **e) Geschäftsgeheimnisse.** Die Vertraulichkeit von Informationen, insbesondere die Tatsache, dass es sich um Geschäftsgeheimnisse handelt, berechtigen den Verpflichteten nicht, die Auskunft oder Herausgabe an die Kommission zu verweigern. Art. 28 gewährleistet insoweit einen ausreichenden Schutz der Unternehmen.[124] Sofern die Antwort auf ein Auskunftsverlangen vertrauliche Informationen enthält und im Laufe eines Verfahrens möglicherweise Dritten zugänglich gemacht wird (z. B. im Rahmen einer Anhörung oder Akteneinsicht Dritter), empfiehlt es sich, der Kommission zusätzlich eine **nicht vertrauliche Version** der Antwort zu übersenden, in der Geschäftsgeheimnisse unkenntlich gemacht wurden. Zumeist enthält bereits das Auskunftsverlangen der Kommission einen Hinweis, dass Geschäftsgeheimnisse und sonstige vertrauliche Informationen zu kennzeichnen sind, die Gründe für die Vertraulichkeit anzugeben sind und eine nicht vertrauliche Fassung der Antwort auf das Auskunftsverlangen zusätzlich einzureichen ist.[125]

---

[117] *Burrichter/Hennig* in: Immenga/Mestmäcker, Vorbemerkung zu Art. 17–22, Rn. 47.

[118] EuGH – *Kommission/SGL Carbon AG* a. a. O. (Fn. 105), Rn. 43 f.

[119] EuGH Entsch. v. 15.10.2002, verb. Rs. C-238/99, C-244/99, C-245/99, C-247/99, C-250/99 bis C-252/99 und C-254/99 – *Limburgse Vinyl Maatschappij NV (LVM) u. a./Kommission* Slg. 2002, I-8375, Rn. 274, mit Verweis auf die drei Urteile des *Europäischen Gerichtshofes für Menschenrechte* in Sachen *Funke, Saunders/Vereinigtes Königreich* und *J. B./Schweiz;* vgl. hierzu Art. 20, Rn. 28; *Kerse/Khan,* Chapter 3-034 bis 3-037.

[120] EuG – *Tokai Carbon u. a./Kommission* a. a. O. (Fn. 102), Rn. 408.

[121] Vgl. auch *Schnelle/Bartosch/Hübner,* Das neue EU-Kartellverfahrensrecht, S. 133; *Burrichter/Hennig* in: Immenga/Mestmäcker, Vorbemerkung zu Art. 17–22, Rn. 41 ff.

[122] A. a. O. (Fn. 9), Rn. 147, 158; ebenso *GA Wahl* in seinem Schlussantrag vom 15.10.2015 in *Buzzi Unicem/Kommission* a. a. O. (Fn. 91), Rn. 73. Die Entscheidungen des EuGH lagen bei Redaktionsschluss noch nicht vor. Die Zulässigkeit einer wertenden Betrachtung legt auch die Bekanntmachung der Kommission über die Zusammenarbeit innerhalb des Netzes der Wettbewerbsbehörden (ABl. 2004 C 101/43) in Rn. 28 lit. c nahe, wenn es dort heißt, dass Unternehmen die Beantwortung von Fragen verweigern können, *„wenn sie damit eine Zuwiderhandlung zugeben würden."* Vgl. auch EuGH – *LVM u. a./Kommission* a. a. O. (Fn. 119), Rn. 273.

[123] EuGH – *LVM u. a./Kommission* a. a. O. (Fn. 119), Rn. 275 f.; Vorinstanz EuG – *LVM u. a./Kommission* a. a. O. (Fn. 21), Rn. 455 f.; *Schnelle/Bartosch/Hübner,* Das neue EU-Kartellverfahrensrecht, S. 133; *Ortiz Blanco,* Rn. 7.47f.

[124] EuG – *SEP/Kommission* a. a. O. (Fn. 8), Rn. 53, 60; insoweit bestätigt durch EuGH – *SEP/Kommission* a. a. O. (Fn. 9), Rn. 22 f. Vgl. *Burrichter/Hennig* in: Immenga/Mestmäcker, Art. 18, Rn. 66; *Ortiz Blanco,* Rn. 7.40 und *Kerse/Khan,* Chapter 3-042.

[125] Art. 16 der Verordnung (EG) Nr. 773/2004 der Kommission vom 7. April 2004 über die Durchführung von Verfahren auf der Grundlage der Artikel 81 und 82 EG-Vertrag (ABl. 2004 L 123/18) befasst sich näher mit der Kenntlichmachung und dem Schutz vertraulicher Informationen in

f) Legal Privilege. Der Pflicht zur Vorlage von Unterlagen, Dokumenten oder Schriftstücken kann ein Anspruch auf Wahrung der Vertraulichkeit des Schriftverkehrs zwischen Anwalt und Mandant entgegenstehen (auch bezeichnet als *Legal Privilege* oder *Legal Professional Privilege*). Dieser Schutz erfasst die Kommunikation zwischen einem in einem Mitgliedsstaat des Europäischen Wirtschaftsraumes zugelassen Anwalt[126] und dem Mandanten. Unternehmensinterne Schriftstücke sind ebenfalls geschützt, sofern darin der Schriftverkehr zwischen Anwalt und Mandant wiedergegeben wird.[127] Neben Dokumenten, die **nach dem Beginn eines Verfahrens** durch die Kommission zwischen Anwalt und Mandant ausgetauscht werden, kann auch Schriftverkehr, der **früher** angefertigt und ausgetauscht wurde und im **Zusammenhang mit dem Gegenstand eines späteren Verfahrens** steht, geschützt sein.[128] Der Schutz kann sich dabei neben der eigentlichen Korrespondenz auch auf von Unternehmen erstellte Arbeitsdokumente und Zusammenfassungen erstrecken, allerdings nur sofern diese Unterlagen **ausschließlich** dem Zweck dienen, Rechtsrat von einem externen Anwalt einzuholen.[129] Es ist gleichgültig, wer im Besitz eines geschützten Dokuments ist – der Anwalt, der Mandant oder – jedoch eingeschränkt (vgl. nachfolgend) – Dritte[130] –, entscheidend ist allein, ob das Dokument hinsichtlich Autor oder Adressat und Inhalt vom Anwaltsprivileg erfasst ist. Ein **Verzicht** auf das *Legal Privilege* kann nur von dem Mandanten, nicht von dem Anwalt wirksam vorgenommen werden.[131] Die Weitergabe von Unterlagen an Dritte durch den Mandanten oder mit dessen Zustimmung wird dabei allerdings regelmäßig als Verzicht auf die Vertraulichkeit zu werten sein.[132] **Korrespondenz mit Unternehmensjuristen** bzw. **Syndikusanwälten** des Unternehmens unterliegt nicht dem Anwaltsprivileg. Dies hat der *EuGH* zuletzt 2010 in *Akzo/Kommission* – in Anknüpfung an seine frühere Rechtsprechung[133] – erneut bestätigt.[134] Im einstweiligen Verfügungsverfahren *Akzo/Kommission* hatte der *Präsident des EuG* noch unter Hinweis auf zwischenzeitliche Änderungen der Rechtslage in verschiedenen Mitgliedstaaten angedeutet, dass das Anwaltsprivileg möglicherweise auch auf Anwälte, die bei einem Unternehmen angestellt sind, auszuweiten sei, sofern diese als Rechtsanwalt zugelassen seien oder – in anderen Mitgliedstaaten – Berufsgruppen angehörten, die ver-

---

Verfahren nach der VO 1/2003. Vgl. auch *Burrichter/Hennig* in: Immenga/Mestmäcker, Art. 18, Rn. 66; *Ortiz Blanco,* Rn. 7.40 und *Kerse/Khan,* Chapter 3-042.

126 EuGH U. v. 18.5.1982, Rs. 155/79 – *A.M. & S. Europe Limited/Kommission* Slg. 1982, 1575, Rn. 25; vgl. *Burrichter/Hennig* in: Immenga/Mestmäcker, Vorbemerkung zu Art. 17–22, Rn. 52; *Kerse/Khan,* Chapter 3-055.

127 EuG Entsch. v. 4.4.1990, Rs. T-30/89 – *Hilti/Kommission* Slg. 1990, II-163, Rn. 13 und 18; bestätigt durch EuGH Entsch. v. 2.3.1994, Rs. C-53/92 – *Hilti/Kommission* Slg. 1994, I-667; Präsident des EuG Entsch. v. 30.10.2003, Rs. T-125/03 und T-253/03 – *Akzo/Kommission* Rn. 102, 113, wo angedeutet wurde, ohne die Frage zu entscheiden, dass es möglicherweise genügen kann, wenn das Unternehmen Ermittlungen der Wettbewerbsbehörden bezüglich eines Sachverhalts vernünftigerweise befürchten oder vorausahnen durfte und dies als Anlass für den (schriftlichen) Entwurf einer Strategie zur Verteidigung nahm, in die ein Anwalt eingebunden werden sollte. Vgl. auch *Kerse/Khan,* Chapter 3-045.

128 EuGH – *Hoechst/Kommission* a. a. O. (Fn. 4), Rn. 16; EuGH – *A.M. & S. Europe Limited/Kommission* a. a. O. (Fn. 126), Rn. 23; *Kerse/Khan,* Chapter 3-045; zum Begriff des Zusammenhangs vgl. *Burrichter/Hennig* in: Immenga/Mestmäcker, Vorbemerkung zu Art. 17–22, Rn. 58 f.

129 EuG U. v. 17.9.2007, Rs. T-125/03 und T-253/03 – *Akzo Nobel Chemicals Ltd u. a./Kommission,* Rn. 117 ff., insbesondere 122 ff. Vgl. *Kerse/Khan,* Chapter 3-044, 3-050 ff.

130 *Kerse/Khan,* Chapter 3-047; *Burrichter/Hennig* in: Immenga/Mestmäcker, Vorbemerkung zu Art. 17–22, Rn. 56.

131 *Kerse/Khan,* Chapter 3-058.

132 *Burrichter/Hennig* in: Immenga/Mestmäcker, Vorbemerkung zu Art. 17–22, Rn. 56.

133 EuGH – *A.M. & S. Europe Limited/Kommission* a. a. O. (Fn. 126), Rn. 2. Vgl. *Kerse/Khan,* Chapter 3-044 and 3-050 ff.

134 EuGH U. v. 14.9.2010, Rs. C-550/07 P – *Akzo Nobel Chemicals Ltd u. a./Kommission,* Rn. 44-51.

gleichbaren standesrechtlichen Regeln unterliegen.[135] Der EuG und schließlich der EuGH haben diese Erwartungen in ihren Hauptsacheentscheidungen allerdings enttäuscht und die frühere Rechtsprechung des EuGH damit bestätigt, nach der nur Kommunikation mit einem externen Anwalt privilegiert ist.[136] Da Fragen zur Reichweite des *Legal Privilege* zumeist im Zusammenhang mit Nachprüfungen der Kommission (Art. 20 und 21) Bedeutung erlangen, wird hinsichtlich weiterer Einzelheiten auf die Kommentierung zu Art. 20 unter Rn. 34 und 35 verwiesen.[137] Zur Möglichkeit des sogenannten *Sealed Enevlope* Verfahrens in Zweifelsfällen, s. unten Rn. 53.

50 **g) Pflichtenkollision.** In der Rechtssache *CSV* vertrat die Kommission die Ansicht, dass der Adressat eines Auskunftsverlangens sich nicht darauf berufen kann, dass die Herausgabe der betroffenen Informationen oder Schriftstücke an die Kommission nach dem anwendbaren Recht eines Drittstaates strafrechtlich sanktioniert ist (z. B. Geheimnisverrat).[138] Die Gemeinschaftsgerichte hatten bisher noch keine Gelegenheit, zu einer solchen Pflichtenkollision Stellung zu beziehen. Es ist in jedem Fall zu fordern, dass die Zwangslage im Rahmen der Festsetzung einer Sanktion von der Kommission oder dem Drittstaat – je nachdem für welche Pflichtverletzung sich der Adressat „entscheidet" – angemessen berücksichtigt wird.[139]

5. Rechtsschutz

51 Das **einfache Auskunftsverlangen** nach Art. 18 Abs. 2 ist nicht anfechtbar, da es den Adressaten nicht zur Beantwortung verpflichtet. Die mögliche Rechtswidrigkeit eines solchen Auskunftsverlangens kann allenfalls im Rahmen einer Nichtigkeitsklage gegen die verfahrensabschließende Entscheidung der Kommission geltend gemacht werden.[140]

52 Gegen eine **verbindliche Auskunftsentscheidung** nach Art. 18 Abs. 3 kann der Adressat vor dem *EuG* Nichtigkeitsklage nach Art. 263 Abs. 4 AEUV erheben, wobei die Entscheidung des *EuG* der weiteren rechtlichen Kontrolle durch den *EuGH* unterliegt. In Anbetracht der fehlenden aufschiebenden Wirkung kann nach Art. 278 Satz 2 AEUV die Aussetzung des Vollzugs beantragt werden, wobei die europäischen Gerichte hinsichtlich der Gewähr einstweiligen Rechtsschutzes tendenziell zurückhaltend sind.[141] Allerdings lässt die Beantwortung des Auskunftsverlangens grundsätzlich nicht das Rechtsschutzinteresse für eine Klage entfallen, so dass der Adressat die Auskunftsentscheidung auch nach Beantwortung binnen der Klagefrist[142] anfechten kann. Ist die Nichtigkeitsklage gegen eine rechtswidrige Ermittlungsmaßnahme der Kommission erfolgreich, sind die Betroffenen durch ein **Beweisverwertungsverbot** geschützt. Sofern mit der Weitergabe ein unmittelbarer Rechtsverlust droht, ist zudem jedenfalls im Hinblick auf die Vorlage von Dokumen-

---

[135] Präsident des EuG – *Akzo/Kommission* a. a. O. (Fn. 127), Rn. 120–122, 129. Der Beschluss wurde zwar vom EuGH später aufgehoben – dies betraf allerdings nicht die Ausführungen des Präsidenten zu diesem Punkt, vgl. EuGH U. v. 27.9.2004, Rs. C-7/04 – *Kommission/Akzo Chemical und Akros Chemicals,* Rn. 36–40.

[136] EuG – *Akzo Nobel Chemicals Ltd u. a./Kommission* a. a.O. (Fn. 129), Rn. 165–177; EuGH – *Akzo Nobel Chemicals Ltd u. a./Kommission* a. a. O. (Fn. 134), Rn. 44-51.

[137] Vgl. auch *Mann,* Anwaltsprivileg und Zeugnisverweigerungsrecht des unternehmensinternen Syndikus, DB 2011, 978; *Kremer/Voet van Vormizeele,* Neues Rollenverständnis für Syndikusanwälte und das Anwaltsprivileg, AG 2011, 245.

[138] Kommission Entsch. v. 25.6.1976, Rs. IV/26 186 – *C. S. V.* ABl. 1976 L 192/27, S. 28. Im konkreten Fall behauptete C. S. V., dass die Weiterleitung möglicherweise gegen Schweizer Strafrechtsvorschriften verstieße; vgl. *Kerse/Khan,* Chapter 3-064-67.

[139] *Kerse/Khan,* Chapter 3-066f.

[140] EuG – *LVM u. a./Kommission* a. a. O. (Fn. 21), Rn. 412; GK/*Schütz,* Art 18, Rn. 8; *Burrichter/Hennig* in Immenga/Mestmäcker, Art. 18, Rn. 77.

[141] *Gaitanides* in: Groeben/Schwarze, Artikel 242 und 243 EG, Rn. 2; Art. 20, Rn. 100.

[142] Grds. zwei Monate (Art. 263 Abs. 6 AEUV), hinzuzurechnen ist eine pauschale Entfernungsfrist von 10 Tagen nach Art. 51 VerfO EuGH und Art. 102 § 2 VerfO EuG.

ten und Unterlagen eine Schwärzung bestimmter Abschnitte (vgl. Rn. 32) oder notfalls das im Rahmen der Nachprüfung für die Geltendmachung des *Legal Privileges* entwickelte ***„sealed envelope"* Verfahren**[143] in Betracht zu ziehen[144] – und zwar nicht nur, wenn die Reichweite des *Legal Privileges* in Frage steht, sondern u. U. auch, wenn streitig ist, ob die Vorlage von Dokumenten und Unterlagen aus anderen Gründen verweigert werden kann. Hat die Kommission bereits eine verfahrensabschließende Entscheidung unter Einbeziehung der betroffenen Beweise erlassen, muss das Gericht deren Rechtmäßigkeit ohne die rechtswidrig erlangten Beweise beurteilen.[145] Die Rechtmäßigkeit einer verbindlichen Auskunftsentscheidung kann allerdings auch nur durch eine fristgemäße Klage gegen die Entscheidung selbst angegriffen werden; im Rahmen einer Nichtigkeitsklage gegen die verfahrensabschließende Entscheidung der Kommission kann sich der Adressat grundsätzlich nicht mehr darauf berufen, dass die Ermittlungsentscheidung rechtswidrig war.[146]

6. Mitteilung an die Wettbewerbsbehörden der Mitgliedstaaten (Art. 18 Abs. 5)

Nach Art. 18 Abs. 5 hat die Kommission eine Kopie des einfachen Auskunftsverlangens 53 oder der verbindlichen Auskunftsentscheidung unverzüglich an die Wettbewerbsbehörde des Mitgliedstaats zu richten, in dem der Adressat seinen Sitz hat. Dieser Mitgliedsstaat wird zumeist auch das von dem Auskunftsverlangen betroffene Hoheitsgebiet sein. Sofern das ausnahmsweise nicht der Fall ist, das Auskunftsverlangen also neben dem Sitzstaat noch andere Mitgliedstaaten berührt, ist auch an die dortigen Wettbewerbsbehörden eine Kopie des Ersuchens zu senden.

7. Veröffentlichung von Auskunftsentscheidungen

Obgleich dies nicht vorgeschrieben ist, veröffentlicht die Kommission gelegentlich ver- 54 bindliche Auskunftsentscheidungen.[147]

V. Verhältnis zu anderen Vorschriften

1. Art. 11, Art. 12

Art. 18 Abs. 6 verpflichtet Regierungen und Wettbewerbsbehörden der Mitgliedstaaten 55 auf Verlangen der Kommission zur Mitteilung von Auskünften, die die Kommission zur Erfüllung der ihr mit der VO 1/2003 übertragenen Aufgaben, also zur Durchsetzung der gemeinschaftlichen Wettbewerbsregeln, benötigt (vgl. Rn. 22). Die Vorschrift ergänzt bzw. überschneidet sich damit – soweit die Wettbewerbsbehörden der Mitgliedstaaten betroffen sind – mit Art. 11 Abs. 4 Satz 4, der die Übermittlung von Unterlagen betrifft. Zudem normiert Art. 12 die allgemeine Befugnis (aber nicht Verpflichtung) der Wettbewerbsbe-

[143] EuG – *Akzo Nobel Chemicals and Akcros Chemicals/Commission* a. a.O. (Fn. 129), Rn. 69 und 83 ff. – hierbei werden Dokumenten und Unterlagen, hinsichtlich derer der Betroffene sich auf ein – von der Kommission bestrittenes – Vorlageverweigerungsrecht beruft, ggf. bis zur Entscheidung durch das EuG in einem verschlossenen Umschlag bei der Kommission aufbewahrt; vgl. hierzu *Kerse/Khan,* Chapter 3-057 und *Best Practices-Bekanntmachung* a. a. O. (Fn. 1), unter 2.7.

[144] A. A. wohl *Miersch* in Dalheimer/Feddersen/Miersch, Art. 18, Rn. 7, der annimmt, dass ein Unternehmen die Frage der Erforderlichkeit vor dem EuG zwar klären kann, dies das Unternehmen aber nicht berechtigt, die Auskünfte bis zur Klärung zurückzuhalten.

[145] EuGH – *Roquette Frères SA* a. a. O. (Fn. 8), Rn. 49 m. w. N.; EuGH Entsch. v. 25.10.1983, Rs. 107/82 – *AEG-Telefunken/Kommission* Slg. 1983, S. 3151, Rn. 22–25; EuG – *LVM u. a./Kommission* a. a. O. (Fn. 21), Rn. 395; Art. 20, Rn. 100.

[146] EuG – *LVM u. a./Kommission* a. a. O. (Fn. 21), Rn. 408–410 mit Verweis auf EuGH Entsch. v. 30.1.1997, Rs. C-178/95 – *Wiljo NV/Belgische Staat* Slg. 1997, I-585, Rn. 19 m. w. N.; Präsident des EuG, *Akzo/Kommission* a. a. O. (Fn. 127), Rn. 69; vgl. auch Art. 20, Rn. 99 ff.

[147] Kommission, *Dealing with the Commission,* a. a. O. (Fn. 8), unter 4.3., S. 29.

hörden zum Informationsaustausch. Die Vorschriften sind Konkretisierungen des in Art. 4 Abs. 3 AEU festgelegten Grundsatzes der **Förderungspflichten der Mitgliedstaaten** gegenüber den Organen der Gemeinschaft im Hinblick auf die effektive Anwendung des Gemeinschaftsrechts (hier Art. 101 und 102 AEUV).[148] Auch wenn dies nicht ausdrücklich in der VO 1/2003 bestimmt ist, ist zu verlangen, dass über den „Umweg" des Art. 18 Abs. 6 nicht die in Art. 12 Abs. 2 und Abs. 3 zugunsten der Unternehmen und natürlichen Personen vorgesehenen Beschränkungen umgangen werden, so dass auch nach Art. 18 Abs. 6 gegebene Auskünfte den Beschränkungen in Art. 12 unterliegen.[149]

2. Art. 17

56 Im Anwendungsbereich einer (nicht gegen individuelle Unternehmen gerichteten) **Sektoruntersuchung** (Art. 17) kann die Kommission ebenfalls Auskunftsverlangen nach Art. 18 an Unternehmen und Unternehmensvereinigungen richten. Da diesbezüglich als Anfangsverdacht lediglich eine Vermutung für das mögliche Bestehen wettbewerbswidriger Verhaltensweisen vorliegen muss, ist die Eingriffsschwelle im Fall des Art. 17 (nochmals) geringer als im Fall der unmittelbaren Anwendung des Art. 18.[150]

3. Art. 19

57 Art. 19 regelt die Möglichkeit der Befragung natürlicher und juristischer Personen, die allerdings deren Zustimmung erfordert. Da eine Befragung auch „elektronisch" erfolgen kann (Art. 3 Abs. 2 VO 773/2004, vgl. Art. 19, Rn. 7), ist der Übergang zur schriftlichen Auskunft fließend, jedenfalls sofern man unter dem Begriff „elektronisch" auch eine Kommunikation per E-mail oder Internet-Formular versteht. An natürliche Personen kann kein förmliches Auskunftsverlangen nach Art. 18 gerichtet werden (vgl. Rn. 18); neben einer nicht förmlichen schriftlichen Anfrage ist die Befragung nach Art. 19 hier die Ermittlungsbefugnis der Wahl.

4. Art. 20, Art. 21

58 Während die Ermittlungsbefugnisse nach Art. 20 und 21 (Nachprüfungen) die physische Anwesenheit von Beamten oder Bediensteten einer Wettbewerbsbehörde vor Ort voraussetzen, handelt es sich bei einem Auskunftsverlangen nach Art. 18 um ein schriftliches Verfahren. Entgegen dem Wortlaut der Vorschrift kann die Kommission auf der Grundlage von Art. 18 – ebenso wie im Rahmen von Nachprüfungen – auch die Herausgabe von Dokumenten, Unterlagen und Schriftstücken verlangen (vgl. Rn. 32). Art. 20 Abs. 1 lit. e berechtigt die Kommission, im Rahmen einer Nachprüfung von Vertretern oder Mitgliedern der Belegschaft des betroffenen Unternehmens „Erläuterungen zu Tatsachen oder Unterlagen zu verlangen, die mit Gegenstand und Zweck der Nachprüfung in Zusammenhang stehen". Die Bestimmung betrifft insofern zwar auch die Einholung von (allerdings mündlichen) Auskünften („Erläuterungen"), ist aber wesentlich enger, da die Auskünfte sich auf im Rahmen der Nachprüfung ermittelte Tatsachen oder Unterlagen beziehen müssen (vgl. im Einzelnen Art. 20, Rn. 75 und 76).

5. Art. 11 VO 139/2004

59 Art. 18 ist nahezu identisch mit der in Art. 11 VO 139/2004 für das Fusionskontrollverfahren vorgesehenen Ermittlungsbefugnis.

---

[148] Vgl. *Burrichter/Hennig* in: Immenga/Mestmäcker, Art. 18, Rn. 79; *Sura* in: Langen/Bunte, Art. 18, Rn. 8.

[149] Art. 12 ist insoweit als eine vorrangige Spezialvorschrift anzusehen, die den Informationsaustausch zwischen den Wettbewerbsbehörden als Kompromiss aus Verwaltungseffektivität und Individualschutz von Unternehmen und handelnden Personen interessengerecht bestimmt.

[150] Vgl. Rn. 5 und die Kommentierung zu Art. 17, Rn. 7 f.

6. Informelle Auskunftsverlangen

60 Neben förmlichen Auskunftsverlangen nach Art. 18 kann die Kommission Auskünfte auf nicht förmliche Art und Weise – allerdings ohne Sanktionsgewalt – anfordern.[151] Dies kann sich insbesondere anbieten bei schriftlichen Anfragen an natürliche Personen, von denen vermutet wird, dass sie zur Aufklärung einer Zuwiderhandlung etwas beitragen können, im Rahmen einer „kooperativen" Zusammenarbeit mit der Kommission oder bei Anfragen an Unternehmen und Unternehmensvereinigungen mit Sitz außerhalb der Gemeinschaft.[152]

7. Kronzeugenregelung

61 Sofern ein Unternehmen oder eine Unternehmensvereinigung auf ein unverbindliches Auskunftsverlangen nach Art. 18 Abs. 2 Auskünfte erteilt und Dokumente vorlegt, die den Nachweis einer Beteiligung des Adressaten an einer Verletzung der Wettbewerbsvorschriften der Art. 101 und 102 AEUV erbringen, kommt eine Reduzierung der Geldbuße nach der Mitteilung der Kommission über den Erlass und die Ermäßigung von Geldbußen in Kartellsachen[153] in Betracht (vgl. Rn. 48).

Art. 19. Befugnis zur Befragung

(1) **Zur Erfüllung der ihr durch diese Verordnung übertragenen Aufgaben kann die Kommission alle natürlichen und juristischen Personen befragen, die der Befragung zum Zweck der Einholung von Information, die sich auf den Gegenstand einer Untersuchung bezieht, zustimmen.**

(2) **Findet eine Befragung nach Absatz 1 in den Räumen eines Unternehmens statt, so informiert die Kommission die Wettbewerbsbehörde des Mitgliedstaats, in dessen Hoheitsgebiet die Befragung erfolgt. Auf Verlangen der Wettbewerbsbehörde dieses Mitgliedstaats können deren Bedienstete die Bediensteten der Kommission und die anderen von der Kommission ermächtigten Begleitpersonen bei der Durchführung der Befragung unterstützen.**

Übersicht

I. Sinn und Zweck der Regelung

1 Die Vorschrift schafft eine rechtliche Grundlage, auf der die Kommission im Rahmen einer Untersuchung natürliche und juristische Personen – Verfahrensbeteiligte oder nicht –

[151] *Burrichter/Hennig* in: Immenga/Mestmäcker, Art. 18, Rn. 20; *Sura* in: Langen/Bunte, Art. 18, Rn. 1.

[152] Im letzteren Fall informiert die Kommission zumeist die Wettbewerbsbehörde des Sitzstaates der betroffenen Unternehmen, insbesondere wenn es diesbezüglich ein Abkommen zwischen der Kommission und dem betroffenen Sitzstaat gibt. Ausführlicher dazu *Ortiz Blanco,* Rn. 7.34 m. w. N.

[153] ABl. 2006 C 298/17.

befragen und anhören kann. Damit können **mündliche Erklärungen** als **Beweismittel** im Verfahren verwendet werden (Zeugenaussagen).

2 Die Befragung nach Art. 19 ist allerdings abhängig von der **Zustimmung** der zu befragenden Person, also freiwillig.[1]

II. Praktische Bedeutung der Regelung

3 Aufgrund der Freiwilligkeit der Befragung sowie der Tatsache, dass unrichtige, irreführende und unvollständige Angaben nicht bußgeldbewehrt sind (vgl. nachfolgend Rn. 10), hat Art. 19 in der Praxis nur beschränkte Bedeutung. Bedeutung hat die Vorschrift vor allem für die im Rahmen der **Kronzeugenregelung**[2] entwickelte Praxis, wonach Unternehmen ihre beweiskräftigen **Geständnisse** von Kartellrechtsverstößen zur Erlangung voller oder teilweiser **Immunität** in Form von mündlichen Aussagen tätigen, die von der Kommission nur schriftlich protokolliert und i. d. R. nicht von Unternehmensvertretern unterschrieben werden.[3] Damit soll insbesondere vermieden werden, dass ein schriftliches Geständnis im Rahmen einer insbesondere in US-amerikanischen Zivilverfahren angeordneten *Document Discovery* zivilrechtlichen Klägern vorgelegt werden muss.[4] Zudem bietet sich die Zeugenvernehmung an, kurzfristig, beispielsweise auch per Telefon, mit der Kommission in Kontakt zu treten, um eine rangwahrende Stellung (sog. **Marker**) hinsichtlich der Immunität zu erlangen.[5]

III. Tatbestand

1. Voraussetzungen einer Befragung

4 Art. 19 ermöglicht die Befragung natürlicher oder juristischer Personen, von denen zu erwarten ist, dass sie über für den Untersuchungsgegenstand nützliche Informationen verfügen. Die Befragung ist freiwillig und setzt die **Zustimmung des Befragten** voraus. Im Fall der Befragung eines Unternehmens ist nicht die Zustimmung der tatsächlich befragten Person, sondern die des Unternehmens maßgeblich.[6] Fehlt es an einer Zustimmung durch das Unternehmen kommt allerdings – deren Zustimmung vorausgesetzt – eine Befragung der natürlichen Person in ihrer Eigenschaft als natürliche Person in Betracht.[7] Die Kommission hat demnach keine Möglichkeit, eine Zeugenaussage zu erzwingen. Die Zustimmung kann jederzeit **widerrufen** werden. Dies ergibt sich neben dem grundsätzlichen Freiwilligkeitserfordernis auch daraus, dass die VO 1/2003 keine Sanktionsmöglichkeit für mangelnde Mitwirkung trotz vorheriger Zustimmung vorsieht (siehe nachfolgend Rn. 10). Allerdings dürfte ein Widerruf einer zunächst erteilten Zu-

---

[1] Die Kommission forderte ursprünglich Zeugen auch gegen deren Willen laden und vernehmen zu können (Weißbuch über die Modernisierung der Vorschriften zur Anwendung der Artikel 85 und 86 EG-Vertrag – Arbeitsprogramm der Kommission Nr. 99/027, KOM(1999) 101, ABl. 1999 C 132/1, Rn. 114). Sie setzte sich damit aber nicht durch.

[2] Mitteilung der Kommission über den Erlass und die Ermäßigung von Geldbußen in Kartellsachen, ABl. 2006 C 298/17.

[3] Commission Staff Working Document – Ten Years of Antitrust Enforcement under Regulation 1/2003, COM(2014) 453, Rn. 205.

[4] Vgl. *Ortiz Blanco,* Rn. 7.52; *Niggemann* in: Streinz, KartVO nach Art. 103 AEUV, Rn. 55; *Nordlander* [2004] E. C. L. R., 646 (647) m. w. N.

[5] *Burrichter/Hennig* in: Immenga/Mestmäcker, Art. 19, Rn. 5; *Sauer* in: Schulte/Just, Art. 19, Rn. 2.

[6] *Miersch* in: Dalheimer/Feddersen/Miersch, Art. 19, Rn. 6; *Burrichter/Hennig* in: Immenga/Mestmäcker, Art. 19, Rn. 13.

[7] *Burrichter/Hennig* in: Immenga/Mestmäcker, Art. 19, Rn. 13; a. A. wohl *Bischke* in: MüKo, Art. 19, Rn. 4.

stimmung keine Rückwirkung haben, so dass bis dahin getätigte Aussagen weiter verwertbar bleiben.[8]

2. Recht auf Befragung

Sofern ein (schriftliches) Auskunftsverlangen nach Art. 18 nicht in Betracht kommt (z. B. weil eine natürliche Person über sachdienliche Hinweise verfügt), kann die Kommission **verpflichtet** sein, aussagebereite Zeugen anzuhören. Diese Pflicht ist gegenüber Unternehmen und Unternehmensvereinigungen, gegen die sich ein Verfahren richtet, aus dem Gebot einer rechtsstaatlichen Verfahrensführung, insbesondere der Wahrung der in Art. 27 Abs. 2 Satz 1 VO 1/2003 i. V. m. Art. 10 Abs. 3 Satz 4, Art. 11 und Art. 12 VO 773/2004[9] bestätigten Verteidigungsrechte von Unternehmen, abzuleiten.[10] 5

IV. Rechtsfolgen

1. Umfang der Befragung

Im Rahmen des festgelegten Untersuchungsgegenstandes können sämtliche Umstände, die geeignet sind, Verstöße gegen Art. 101 und 102 AEUV zu beweisen oder zu widerlegen, Gegenstand der Befragung sein. Fragen, die über den Untersuchungsgegenstand hinausgehen, sind dagegen unzulässig, und hinsichtlich der hierauf erteilten Auskünfte besteht ein Verwertungsverbot.[11] Wegen der Freiwilligkeit der Aussage und den fehlenden Sanktionsmitteln bei mangelnder Mitwirkung (siehe Rn. 10) kann der Zeuge die Aussage zu einzelnen Fragen oder Themengebieten ohne Angabe von Gründen verweigern. Aussageverweigerungen und deren Umstände sollten allerdings protokolliert werden, um durch die Aussage belasteten Unternehmen (sowie Kommission und Gerichten) die Möglichkeit zu geben, den Beweiswert der Zeugenaussage zu beurteilen. 6

2. Durchführung der Befragung

Art. 3 VO 773/2004 enthält nähere Regelungen zur Durchführung einer Befragung. So bestimmt Art. 3 Abs. 1 VO 773/2004, dass der Zeuge zu Beginn der Befragung über die folgenden Dinge zu **belehren** ist: Die Rechtsgrundlage (d. h. Art. 19), den Zweck,[12] die Freiwilligkeit sowie die Tatsache der Aufzeichnung der Befragung. Da nach Art. 19 nur Personen befragt werden können, *„die der Befragung zum Zweck der Einholung von Information, die sich auf den Gegenstand einer Untersuchung bezieht, zustimmen"*, muss zudem der Gegenstand der Untersuchung bezeichnet werden, um eine rechtswirksame Zustimmung zu erhalten.[13] Nach Art. 3 Abs. 2 VO 773/2004 kann die Befragung auch **telefonisch** oder 7

[8] So auch *Bechtold/Brinker/Bosch/Hirsbrunner,* Art. 19, Rn. 4; *Burrichter/Hennig* in: Immenga/Mestmäcker, Art. 19, Rn. 14, jedenfalls bei zunächst fehlerfrei erteilter Zustimmung; *Sauer* in: Schulte/Just, Art. 19, Rn. 3.

[9] Verordnung (EG) Nr. 773/2004 der Kommission vom 7.4.2004 über die Durchführung von Verfahren auf der Grundlage der Artikel 81 und 82 EG-Vertrag, ABl. 2004 L 123/18.

[10] *Schnelle/Bartosch/Hübner,* Das neue EU-Kartellverfahrensrecht, S. 137 f. (die allerdings noch auf die alte Anhörungsverordnung VO 99/63 verweisen); vorsichtiger: *Weitbrecht* EuZW 2003, 69 (71); *Schwarze/Weitbrecht,* Grundzüge des europäischen Kartellverfahrensrechtes, 2. Teil, § 4 Rn. 12; Gemeinschaftskommentar/*Schütz,* Artikel 19, Rn. 3; einschränkend *Burrichter/Hennig* in: Immenga/Mestmäcker, Art. 19, Rn. 8 f., der aus Art. 11 VO 773/2004 ableitet, dass eine Pflicht der Kommission erst nach Mitteilung der Beschwerdepunkte in Betracht kommt (ebenso *Sura* in: Langen/Bunte, Art. 19, Rn. 11).

[11] So auch *Burrichter/Hennig* in: Immenga/Mestmäcker, Art. 19, Rn. 19.

[12] Vgl. zum „Zweck" einer Ermittlungsmaßnahme die Kommentierung zu Art. 18, Rn. 8; Art. 20, Rn. 56.

[13] Vgl. zum „Gegenstand" einer Ermittlungsmaßnahme Art. 20, Rn. 56.

elektronisch[14] erfolgen. Die Frage, ob der Zeuge Anspruch auf die **Anwesenheit eines Rechtsanwalts** hat, ist kaum von praktischer Bedeutung, da die Befragung die Zustimmung des Zeugen voraussetzt und diese verweigert werden kann, wenn die Teilnahme eines Anwalts nicht gestattet wird. Im Hinblick auf das Gebot einer rechtsstaatlichen Verfahrensführung, insbesondere im Hinblick auf potentiell betroffene Verteidigungsrechte eines Zeugen, wird man die Frage allerdings grundsätzlich bejahen müssen.

3. Protokollierung, Genehmigung, Berichtigung der Aussage

8 Nach Art. 3 Abs. 3 VO 773/2004 „kann" die Kommission die Aussagen des Befragten auf einen beliebigen Träger aufzeichnen. Praktisch wird sie dies im Hinblick auf die spätere Verwendung als Beweismittel in dem vom **Schriftlichkeitsgrundsatz** bestimmten Kommissionsverfahren[15] sowie zur Vermeidung von falschen bzw. ungenauen Darstellungen des Inhalts der Befragung regelmäßig müssen. Erfolgt eine Aufzeichnung, ist dem Zeugen gemäß Art. 3 Abs. 3 VO 773/2004 eine Kopie der Aufzeichnung zur **Genehmigung** zu überlassen. Dabei kann die Kommission eine Frist bestimmen, binnen derer der Zeuge seine protokollierte Aussage berichtigen kann. Nachdem Art. 3 Abs. 3 VO 773/2004 ausdrücklich davon spricht, dass die „Aussage", und nicht nur die Aufzeichnung, berichtigt werden kann, dürfte der Zeuge auch zu **inhaltlichen Korrekturen** tatsächlich gemachter (und etwa auf Tonband aufgezeichneter) Aussagen berechtigt sein.[16] Anhaltspunkte für die Länge der Frist zur Korrektur sind in Art. 17 Abs. 1 und 3 VO 773/2004 bestimmt *(„mindestens zwei Wochen")*. Nach Art. 17 Abs. 4 VO 773/2004 kann die Frist verlängert werden. Sanktionsmöglichkeiten sind an die Verletzung der Frist nicht geknüpft. Nicht geregelt ist die Folge einer schlichten Verweigerung der Genehmigung. Dies dürfte an der grundsätzlichen Verwertbarkeit der bereits getätigten Aussagen nichts ändern (vgl. Rn. 4 a. E.).[17] Dies folgt aus dem Zweck der Genehmigung, der lediglich der Gewährleistung der Richtigkeit der dokumentierten Aussagen des Befragten dient.[18] Allerdings sind die Umstände und Hintergründe des Ausbleibens der Genehmigung im Rahmen der Beweiswürdigung zu berücksichtigen. Da die Aufzeichnung nicht verpflichtend ist, können mündliche Aussagen auch nur in internen Vermerken der Kommission festgehalten werden. Dies ist vor allem für das Verfahren im Rahmen der Kronzeugenregelung (vgl. Rn. 3) von Bedeutung.[19] Häufig werden die so überlieferten Informationen auch als Grundlage für die Einholung weiterer Beweismittel für den Nachweis der Zuwiderhandlung genutzt.[20]

---

[14] Es ist unklar, was mit „elektronischer" Befragung gemeint ist. Sollte damit neben z. B. Kommunikation per Videokonferenz der Austausch von E-mails oder die Beantwortung von Internet-Formularen gemeint sein, würde die Grenze zum schriftlichen Auskunftsverlangen nach Art. 18 verwischt und wohl überschritten. *Burrichter/Hennig* (in: Immenga/Mestmäcker, Art. 19, Rn. 20) hält i. E. eine schriftliche Befragung für zulässig, während *Miersch* (in Dalheimer/Feddersen/Miersch, Art. 19, Rn. 7) und *Bechtold/Brinker/Bosch/Hirsbrunner,* Art. 19, Rn. 2, nur mündliche Auskünfte von Art. 19 erfasst sehen.

[15] Vgl. *de Bronett,* Art. 19, Rn. 3; *Burrichter/Hennig* in: Immenga/Mestmäcker, Art. 19, Rn. 23; *Kerse/Khan,* Chapter 3–070.

[16] A. A. wohl *Kerse/Khan,* Chapter 3–070 am Ende.

[17] A. A. *Burrichter/Hennig* in: Immenga/Mestmäcker, Art. 19, Rn. 24, 26, die davon ausgehen, dass die Verwertung der Aufzeichnung bei fehlender Genehmigung ausscheidet und damit nur eine – aufgrund des Schriftlichkeitserfordernisses praktisch bedeutungslose – Wertung als Zeugenaussage vom Hörensagen in Betracht kommt.

[18] *Miersch* in: Dalheimer/Feddersen/Miersch, Art. 18, Rn. 9; *Burrichter/Hennig* in: Immenga/Mestmäcker, Art. 19, Rn. 27.

[19] In der Praxis verlangt die Kommission allerdings regelmäßig, dass auch solche internen Vermerke gegengezeichnet werden.

[20] Vgl. *EuG* Entsch. v. 29.4.2004 verb. Rs. T-236/01, T-239/01, T-244/01 bis T-246/01, T-251/01 u. T-252/01 – *Tokai Carbon u. a./Kommission,* Rn. 430ff. (insoweit nicht durch das Urteil des EuGH in dieser Sache berührt); *Bischke* in: MüKo, Art. 19, Rn. 7; *Burrichter/Hennig* in: Immenga/

4. Unterstützung durch nationale Wettbewerbsbehörden

Nach Art. 19 Abs. 2 besteht eine Informationspflicht hinsichtlich einer anstehenden Befragung gegenüber nationalen Wettbewerbsbehörden,[21] wenn die Befragung in den Räumen eines Unternehmens im Hoheitsgebiet nationaler Wettbewerbsbehörden stattfindet. Aus Abs. 2 Satz 2 ergibt sich, dass die Mitteilung rechtzeitig vor dem vereinbarten Termin der Befragung zu erfolgen hat, um es der nationalen Behörde zu ermöglichen, Bedienstete zur „Unterstützung" der Kommissionsbeamten zu entsenden. Gemeint ist wohl insbesondere eine Anwesenheit und (ggfs. auch nur passive) Teilnahme bei der eigentlichen Befragung. Die Unterstützung durch die nationalen Wettbewerbsbehörden liegt nicht im Ermessen der Kommission. Vielmehr hat die nationale Behörde ein Recht darauf. Umgekehrt fehlt der Kommission das Recht, eine Unterstützung anzufordern, da Art. 22 Abs. 2 eine Pflicht zur Amtshilfe lediglich bei Nachprüfungen nach Art. 20 statuiert. Die Mitteilungspflicht und Teilnahmeberechtigung der nationalen Behörde kann nach dem Wortlaut der Bestimmung allerdings leicht umgangen werden, indem eine Befragung außerhalb der Räumlichkeiten eines Unternehmens vereinbart wird (z.B. in einem Hotel).[22] Unter dem Aspekt der Umgehung sollte aber jedenfalls dann eine Mitteilungspflicht, und ein „Unterstützungsrecht", angenommen werden, wenn Mitarbeiter eines in dem Mitgliedsstaat ansässigen Unternehmens außerhalb der Räumlichkeiten des Unternehmens befragt werden.[23] 9

5. Keine Sanktionsmöglichkeiten

Art. 23 (Geldbußen) und Art. 24 (Zwangsgelder) nehmen nicht auf Art. 19 Bezug. Aussagen (auch zu einzelnen Fragen oder Themenkomplexen) können daher nicht zwangsweise durchgesetzt werden (was ohnehin der Freiwilligkeit widerspräche). Zudem besteht keine Möglichkeit nach der VO 1/2003, unrichtige, irreführende oder unvollständige Angaben zu sanktionieren oder eine Richtigstellung oder Vervollständigung zu verlangen (was allerdings nicht mit dem Freiwilligkeitserfordernis begründet werden kann).[24] Bei der Würdigung der Aussagen kann dieses **Sanktionsdefizit** zu beachten sein.[25] Gegebenenfalls wird die Kommission zweifelhafte Aussagen mittels anderer Ermittlungsbefugnisse zu verifizieren haben. 10

V. Verhältnis zu anderen Vorschriften

1. Art. 3 VO 773/2004

Die sich auf Art. 33 stützende Durchführungsverordnung 773/2004 bestimmt in Art. 3 Einzelheiten hinsichtlich der **Durchführung einer Befragung** nach Art. 19 (s. Rn. 7–8). 11

Mestmäcker, Art. 19, Rn. 28, der grundsätzlich von einer gegenüber genehmigten Aufzeichnungen geringeren Beweiskraft ausgeht.

[21] Nach § 50 Abs. 3 GWB ist in Deutschland das Bundeskartellamt zuständig.

[22] So i. E. *Burrichter/Hennig* in: Immenga/Mestmäcker, Art. 19, Rn. 30–33; *de Bronett,* Art. 19, Rn. 6.

[23] Vgl. *Miersch* in: Dalheimer/Feddersen/Miersch, Art. 19, Rn. 12; *Bischke* in: MüKo, Art. 19, Rn. 9, die generell eine Mitteilungspflicht und Teilnahmeberechtigung auch außerhalb der Räumlichkeiten eines Unternehmens annehmen. Diese Ansicht findet Rückhalt in der später formulierten entsprechenden Regelung in der Fusionskontrollverordnung (Art. 11 Abs. 7 VO 139/2004), wonach eine Mitteilungspflicht (und die Möglichkeit der Teilnahme) besteht, wenn die Befragung weder in den Räumen der Kommission noch telefonisch oder mit anderen elektronischen Mitteln stattfindet.

[24] Vgl. *Lampert/Niejahr/Kübler/Weidenbach,* EG-KartellVO, Art. 19, Rn. 376; *Sauer* in: Schulte/Just, Art. 19, Rn. 1; *Jaeger* in: Frankfurter Kommentar, Art. 19, Rn. 2.

[25] *Burrichter/Hennig* in: Immenga/Mestmäcker, Art. 19, Rn. 2; *de Bronnett,* Art 19, Rn. 7; *Ortiz Blanco,* Rn. 7.51 mit Hinweis auf mögliche Sanktionen nach nationalen Vorschriften (die bei der Würdigung ebenfalls Eingang finden können).

2. Art. 20 Abs. 2 lit. e

12 Im **Rahmen einer Nachprüfung** nach Art. 20 wird der Kommission eine Befugnis zur Befragung eingeräumt. Die Vorschrift ist einerseits erheblich enger insoweit sie nur die Befragung von Vertretern und Mitarbeitern der Unternehmen vorsieht, gegen die sich die Nachprüfung richtet, und nur zur Erläuterung vorgefundener Tatsachen und Unterlagen verpflichtet.[26] Anders als Art. 19 setzt die Befragung nach Art. 20 Abs. 2 lit. e andererseits keine Zustimmung der Betroffenen voraus, sondern kann erzwungen werden. Ebenso können unrichtige und irreführende Angaben mit Bußgeld geahndet werden.[27]

3. Art. 18

13 Für **schriftliche Befragungen** steht das Auskunftsverlangen nach Art. 18 zur Verfügung. Adressaten eines solchen Verlangens können allerdings nur Unternehmen und Unternehmensvereinigungen sein. Da unrichtige und irreführende Angaben auf Auskunftsverlangen nach Art. 18 bußgeldbewehrt sind, ist aus der Sicht der Kommission ein Vorgehen nach Art. 18 – sofern nicht Gründe gegen die Schriftform sprechen (vgl. Rn. 3) – regelmäßig dem Verfahren nach Art. 19 vorzuziehen und hat in der Praxis die mit Abstand größere Bedeutung.[28]

4. Art. 11 Abs. 7 VO 139/2004

14 Die **Fusionskontrollverordnung VO 139/2004** sieht in Art. 11 Abs. 7 eine Befugnis zur Befragung vor, die Art. 19 VO 1/2003 und Art. 3 VO 773/2004 nachgebildet wurde.

Art. 20. Nachprüfungsbefugnisse der Kommission

(1) **Die Kommission kann zur Erfüllung der ihr durch diese Verordnung übertragenen Aufgaben bei Unternehmen und Unternehmensvereinigungen alle erforderlichen Nachprüfungen vornehmen.**

(2) **Die mit den Nachprüfungen beauftragten Bediensteten der Kommission und die anderen von ihr ermächtigten Begleitpersonen sind befugt,**

a) alle Räumlichkeiten, Grundstücke und Transportmittel von Unternehmen und Unternehmensvereinigungen zu betreten;
b) die Bücher und sonstigen Geschäftsunterlagen, unabhängig davon, in welcher Form sie vorliegen, zu prüfen;
c) Kopien oder Auszüge gleich welcher Art aus diesen Büchern und Unterlagen anzufertigen oder zu erlangen;
d) betriebliche Räumlichkeiten und Bücher oder Unterlagen jeder Art für die Dauer und in dem Ausmaß zu versiegeln, wie es für die Nachprüfung erforderlich ist;
e) von allen Vertretern oder Mitgliedern der Belegschaft des Unternehmens oder der Unternehmensvereinigung Erläuterungen zu Tatsachen oder Unterlagen zu verlangen, die mit Gegenstand und Zweck der Nachprüfung in Zusammenhang stehen, und ihre Antworten zu Protokoll zu nehmen.

(3) **Die mit Nachprüfungen betrauten Bediensteten der Kommission und die anderen von ihr ermächtigten Begleitpersonen üben ihre Befugnisse unter Vorlage eines**

---

[26] Vgl. Art. 20, Rn. 75 f.

[27] Zu den Einzelheiten, siehe die Kommentierung zu Art. 20, Art. 23 und Art. 24.

[28] *Burrichter/Hennig* in: Immenga/Mestmäcker, Art. 19, Rn. 3. Es ist allerdings nicht ausgeschlossen, dass Auskünfte auf ein Auskunftsverlangen nach Art. 18 ausnahmsweise mündlich zu Protokoll der Kommission erteilt werden können, EuG U. v. 28.4.1999, Rs. T-221/95 – *Endemol/Kommission* Slg. 1999, II-1299, Rn. 84; vgl. *de Bronett,* Art 18, Rn. 1.

schriftlichen Auftrags aus, in dem der Gegenstand und der Zweck der Nachprüfung bezeichnet sind und auf die in Artikel 23 vorgesehenen Sanktionen für den Fall hingewiesen wird, dass die angeforderten Bücher oder sonstigen Geschäftsunterlagen nicht vollständig vorgelegt werden oder die Antworten auf die nach Maßgabe von Absatz 2 des vorliegenden Artikels gestellten Fragen unrichtig oder irreführend sind. Die Kommission unterrichtet die Wettbewerbsbehörde des Mitgliedstaats, in dessen Hoheitsgebiet die Nachprüfung vorgenommen werden soll, über die Nachprüfung rechtzeitig vor deren Beginn.

(4) **Die Unternehmen und Unternehmensvereinigungen sind verpflichtet, die Nachprüfungen zu dulden, die die Kommission durch Entscheidung angeordnet hat. Die Entscheidung bezeichnet den Gegenstand und den Zweck der Nachprüfung, bestimmt den Zeitpunkt des Beginns der Nachprüfung und weist auf die in Artikel 23 und Artikel 24 vorgesehenen Sanktionen sowie auf das Recht hin, vor dem Gerichtshof Klage gegen die Entscheidung zu erheben. Die Kommission erlässt diese Entscheidung nach Anhörung der Wettbewerbsbehörde des Mitgliedstaats, in dessen Hoheitsgebiet die Nachprüfung vorgenommen werden soll.**

(5) **Die Bediensteten der Wettbewerbsbehörde des Mitgliedstaats, in dessen Hoheitsgebiet die Nachprüfung vorgenommen werden soll, oder von dieser Behörde entsprechend ermächtigte oder benannte Personen unterstützen auf Ersuchen dieser Behörde oder der Kommission die Bediensteten der Kommission und die anderen von ihr ermächtigten Begleitpersonen aktiv. Sie verfügen hierzu über die in Absatz 2 genannten Befugnisse.**

(6) **Stellen die beauftragten Bediensteten der Kommission und die anderen von ihr ermächtigten Begleitpersonen fest, dass sich ein Unternehmen einer nach Maßgabe dieses Artikels angeordneten Nachprüfung widersetzt, so gewährt der betreffende Mitgliedstaat die erforderliche Unterstützung, gegebenenfalls unter Einsatz von Polizeikräften oder einer entsprechenden vollziehenden Behörde, damit die Bediensteten der Kommission ihren Nachprüfungsauftrag erfüllen können.**

(7) **Setzt die Unterstützung nach Absatz 6 nach einzelstaatlichem Recht eine Genehmigung eines Gerichts voraus, so ist diese zu beantragen. Die Genehmigung kann auch vorsorglich beantragt werden.**

(8) **Wird die in Absatz 7 genannte Genehmigung beantragt, so prüft das einzelstaatliche Gericht die Echtheit der Entscheidung der Kommission sowie, ob die beantragten Zwangsmaßnahmen nicht willkürlich und, gemessen am Gegenstand der Nachprüfung, nicht unverhältnismäßig sind. Bei der Prüfung der Verhältnismäßigkeit der Zwangsmaßnahmen kann das einzelstaatliche Gericht von der Kommission unmittelbar oder über die Wettbewerbsbehörde des betreffenden Mitgliedstaats ausführliche Erläuterungen anfordern, und zwar insbesondere zu den Gründen, die die Kommission veranlasst haben, das Unternehmen einer Zuwiderhandlung gegen Artikel 81 oder 82 des Vertrags zu verdächtigen, sowie zur Schwere der behaupteten Zuwiderhandlung und zur Art der Beteiligung des betreffenden Unternehmens. Das einzelstaatliche Gericht darf jedoch weder die Notwendigkeit der Nachprüfung in Frage stellen noch die Übermittlung der in den Akten der Kommission enthaltenen Informationen verlangen. Die Prüfung der Rechtmäßigkeit der Kommissionsentscheidung ist dem Gerichtshof vorbehalten.**

Übersicht

I. Sinn und Zweck der Regelung

1 Art. 20 VO 1/2003 ermächtigt die Kommission zur Vornahme aller erforderlichen Nachprüfungen bei Unternehmen und Unternehmensvereinigungen, damit sie die ihr durch die VO 1/2003[1] übertragenen Aufgaben i. R. der in Art. 4 VO 1/2003 angesprochenen „Anwendung der Artikel 81 und 82 des Vertrags" bzw. der seit dem Inkrafttreten des Lissabonner Reformvertrags[2] in den Art. 101 und 102 AEUV[3] niedergelegten Wettbewerbsregeln erfüllen kann. Zu ihren zentralen Aufgaben gehört dabei die primär im Allgemeininteresse liegende **Aufdeckung von Zuwiderhandlungen gegen die Art. 101 und 102 AEUV,**[4] die u. a. durch Art. 20 VO 1/2003 ermöglicht werden soll.[5] Dieser

[1] Verordnung (EG) Nr. 1/2003 des Rates vom 16.12.2002 zur Durchführung der in den Artikeln 81 und 82 des Vertrags niedergelegten Wettbewerbsregeln, ABl. 2003 L 1/1 ff.

[2] Vertrag von Lissabon zur Änderung des Vertrags über die Europäische Union und des Vertrags zur Gründung der Europäischen Gemeinschaft, ABl. 2007 C 306/1 ff.; in Kraft getreten am 1.12.2009. Zu den vielfältigen Änderungen, die das Unionsrecht durch diesen Reformvertrag erfahren hat, vgl. mit unterschiedlichen Überblicken und jeweils m. w. N. *Calliess,* Die neue Europäische Union nach dem Vertrag von Lissabon, 2010, S. 1 ff.; *Nowak,* Europarecht nach Lissabon, 2011, S. 51 ff.; *Streinz/Ohler/Herrmann,* Der Vertrag von Lissabon zur Reform der EU – Einführung mit Synopse, 3. Aufl. 2010, S. 1 ff.

[3] Vertrag über die Arbeitsweise der Europäischen Union (mit Art.-Angaben nachfolgend „AEUV"); die jüngste konsolidierte Fassung dieses Vertrags findet sich im ABl. 2012 C 326/47 ff.

[4] Ähnlich vgl. EuG U. v. 6.10.2005 verb. Rs. T-22/02 u. T-23/02 – *Sumitomo Chemical Co. Ltd u. a./Kommission* Slg. 2005, II-4065 Rn. 34 f.; zur auch individualschützenden Funktion dieser Aufgabe siehe unter Rn. 5.

[5] In diesem Sinne vgl. zuletzt auch EuGH U. v. 25.6.2014 Rs. C-37/13 P – *Nexans SA u. a./Kommission* EuZW 2014, 777 (779, Rn. 33), wonach Art. 20 VO 1/2003 der Kommission Nachprüfungsbefugnisse verleiht, „damit sie ihren Auftrag erfüllen kann, den Gemeinsamen Markt vor Wettbewerbsverzerrungen zu schützen und etwaige Verstöße gegen die auf diesem Markt bestehenden

Hauptzweck des Art. 20 VO 1/2003 wird v.a. im 24. Erwägungsgrund der VO 1/2003 unterstrichen, wonach die Kommission die Befugnis haben sollte, „die Nachprüfungen vorzunehmen, die notwendig sind, um gemäß Artikel 81 des Vertrags [jetzt: Art. 101 AEUV] verbotene Vereinbarungen, Beschlüsse und aufeinander abgestimmte Verhaltensweisen sowie die nach Artikel 82 des Vertrags [jetzt: Art. 102 AEUV] untersagte missbräuchliche Ausnutzung einer beherrschenden Stellung aufzudecken". Das in Art. 20 VO 1/2003 geregelte Nachprüfungsverfahren, das selbst nicht die Abstellung einer Zuwiderhandlung oder die Feststellung einer Rechtswidrigkeit betrifft,[6] soll es der Kommission, die hinsichtlich der von ihr festgestellten Zuwiderhandlungen gegen die vorgenannten Wettbewerbsregeln die Beweislast trägt,[7] ermöglichen, die Unterlagen zusammenzustellen, deren sie zur Überprüfung der Richtigkeit und der Tragweite einer bestimmten Sach- und Rechtslage bzw. zur Feststellung des Sachverhalts und seiner rechtlichen Würdigung bedarf.[8]

Im Verbund mit allen anderen in Art. 17–21 VO 1/2003 geregelten Ermittlungsbefugnissen konkretisiert Art. 20 VO 1/2003 die in **Art. 337 AEUV** [ex-Art. 284 EG] enthaltene Regelung, wonach die Kommission zur Erfüllung der ihr übertragenen Aufgaben „alle erforderlichen Auskünfte einholen und alle erforderlichen Nachprüfungen vornehmen" kann; „der Rahmen und die nähere Maßgabe hierfür werden vom Rat gemäß den Bestimmungen dieses Vertrags festgelegt". In Anwendung dieser primärrechtlichen Konkretisierungsbefugnis hat der Gemeinschaftsgesetzgeber in Art. 20 VO 1/2003 v.a. Art und Umfang der einzelnen Nachprüfungsbefugnisse vor Ort (Abs. 2), Formen und Verfahren der Nachprüfung (Abs. 3–4) sowie die nachprüfungsspezifische Aufgabenverteilung zwischen der Kommission, mitgliedstaatlichen Behörden und Gerichten (Abs. 5–8) präzisiert. Von der in Art. 337 AEUV niedergelegten Konkretisierungsbefugnis hatte der Rat bereits mit Erlass der VO Nr. 17[9] Gebrauch gemacht. Diese enthielt u.a. Vorschriften über die Einholung von Auskünften (Art. 11 VO 17), die Untersuchung von Wirtschaftszweigen (Art. 12 VO 17) und die Vornahme von Nachprüfungen (Art. 14 VO 17). Diese sekundärrechtliche Ausgestaltung kartellverfahrensrechtlicher Ermittlungsbefugnisse, die durch Kapitel V der VO 1/2003 ersetzt worden ist, hat auf Grund ihrer Regelungsdichte bereits frühzeitig das in **Art. 105 Abs. 1 Satz 2 AEUV** [ex-Art. 85 Abs. 1 Satz 2 EG] kodifizierte – heute nur noch für die wenigen von der VO 1/2003 ausgenommenen Bereiche relevante – Untersuchungsrecht der Kommission auf dem Gebiet des EU-Kartellrechts verdrängt.[10] Unter Aufrechterhaltung dieser Situation zielt Art. 20 VO 1/2003 nunmehr vor 2

Wettbewerbsregeln zu ahnden"; ferner vgl. *Seitz/Berg/Lohrberg* WuW 2007, 716 (717), wonach der Zweck der Nachprüfung die Ermittlung eines vermuteten Kartellrechtsverstoßes in einem konkreten Fall sei.

[6] So (bzgl. Art. 14 VO 17) EuGH U. v. 26.6.1980 Rs. 136/79 – *National Panasonic/Kommission* Slg. 1980, 2033 Rn. 21; EuG B. v. 9.6.1997 Rs. T-9/97 – *Elf Atochem/Kommission* Slg. 1997, II-909 Rn. 22.

[7] Vgl. nur EuG U. v. 25.10.2005 Rs. T-38/02 – *Groupe Danone/Kommission* Slg. 2005, II-4407 Rn. 215; EuG U. v. 5.4.2006 Rs. T-279/02 – *Degussa AG/Kommission* Slg. 2006, II-897 Rn. 114; EuG U. v. 16.11.2006 Rs. T-120/04 – *Peróxidos Orgánicos SA/Kommission* Slg. 2006, II-4441 Rn. 50ff.; EuG U. v. 5.12.2006 Rs. T-303/02 – *Westfalen Gassen Nederland BV/Kommission* Slg. 2006, II-4567 Rn. 74; EuG U. v. 26.4.2007 verb. Rs. T-109/02, T-118/02, T-122/02, T-125/02, T-126/02, T-128/02, T-129/02, T-132/02 u. T-136/02 – *Bolloré SA/Kommission* Slg. 2007, II-947 Rn. 256ff.

[8] Vgl. nur EuGH U. v. 26.6.1980 Rs. 136/79 – *National Panasonic/Kommission* Slg. 1980, 2033 Rn. 13 u. 21; EuGH U. v. 18.10.1989 Rs. 374/87 – *Orkem/Kommission* Slg. 1989, 3283 Rn. 21; EuG U. v. 14.11.2012 Rs. T-135/09 – *Nexans SA u. a./Kommission* NZKart 2013, 119 (120 Rn. 43).

[9] Verordnung Nr. 17 – Erste Durchführungsverordnung zu den Artikeln 85 und 86 des Vertrags [jetzt: Art. 81 u. 82 EG], ABl. P 13 vom 21.2.1962, S. 204 (nachfolgend: VO 17).

[10] Zutr. *Brinker* in: Schwarze/Becker/Hatje/Schoo (Hrsg.), EU-Kommentar, 3. Aufl. 2012, Art. 105 AEUV Rn. 1; *Eilmansberger* in: Streinz (Hrsg.), EUV/AEUV – Kommentar, 2. Aufl. 2012, Art. 105 AEUV Rn. 5; *Jung* in: Calliess/Ruffert (Hrsg.), EUV/AEUV – Kommentar, 4. Aufl. 2011,

allem auf die **Präzisierung und Erweiterung der** zuvor in Art. 14 VO 17 niedergelegten **Nachprüfungsbefugnisse**[11] ab.

3 Die ursprünglich in Art. 14 Abs. 1 VO 17 geregelten Befugnisse, „die Bücher und sonstigen Geschäftsunterlagen zu prüfen" (lit. a), „Abschriften oder Auszüge aus Büchern und Geschäftsunterlagen anzufertigen" (lit. b) und „alle Räumlichkeiten, Grundstücke und Transportmittel der Unternehmen zu betreten" (lit. d), sind – mit leicht veränderter Reihenfolge – in Art. 20 Abs. 2 VO 1/2003 übernommen worden. Eine Präzisierung dieser bewährten Nachprüfungsbefugnisse nimmt diese Vorschrift insoweit vor, als sich das Betretungsrecht nunmehr auf alle Räumlichkeiten, Grundstücke und Transportmittel von Unternehmen „und Unternehmensvereinigungen" erstreckt (Art. 20 Abs. 2 lit. a VO 1/2003). Zum anderen ist die Kommission weiterhin zur Prüfung von Büchern und Geschäftsunterlagen befugt; dies jetzt aber „unabhängig davon, in welcher Form sie vorliegen" (Art. 20 Abs. 2 lit. b VO 1/2003), d. h. unter Einschluss elektronisch gespeicherter Daten und deren Träger. Das auf Bücher und Geschäftsunterlagen bezogene Recht der Kommission, Kopien oder Auszüge nicht nur – wie einst in Art. 14 Abs. 1 lit. b VO 17 vorgesehen – „anzufertigen", sondern auch „zu erlangen", erstreckt sich gemäß Art. 20 Abs. 2 lit. c VO 1/2003 ebenfalls auf Kopien und Auszüge „gleich welcher Art". Das ursprünglich in Art. 14 Abs. 1 lit. c VO 17 geregelte Recht der Kommission, „mündliche Erklärungen an Ort und Stelle anzufordern", ist durch die in Art. 20 Abs. 2 lit. e VO 1/2003 niedergelegte Befugnis ersetzt worden, von allen Vertretern oder Mitgliedern der Belegschaft des Nachprüfungsadressaten Erläuterungen zu Tatsachen oder Unterlagen zu verlangen, die mit Gegenstand und Zweck der Nachprüfung in Zusammenhang stehen, und ihre Antworten zu Protokoll zu nehmen. Eine weitere Neuerung, die der **Effektuierung der Ermittlungsmaßnahmen** dient, stellt schließlich die in Art. 20 Abs. 2 lit. d VO 1/2003 geregelte Befugnis dar, „betriebliche Räumlichkeiten und Bücher oder Unterlagen jeder Art für die Dauer und in dem Ausmaß zu versiegeln, wie es für die Nachprüfung erforderlich ist".

4 Die mit den vorgenannten Neuerungen bezweckte Stärkung der Ermittlungsbefugnisse der Kommission im Nachprüfungsverfahren wird im 25. Erwägungsgrund der VO 1/2003 wie folgt begründet: „Da es zunehmend schwieriger wird, Verstöße gegen die Wettbewerbsregeln aufzudecken, ist es für einen wirksamen Schutz des Wettbewerbs notwendig, die Ermittlungsbefugnisse der Kommission zu ergänzen". Dieser einem wirksamen Wettbewerbsschutz dienende Zweck kartellbehördlicher Nachprüfungsbefugnisse ist auch in der Rechtsprechung der Unionsgerichte zur „Vorgängerregelung" des Art. 14 VO 17 immer wieder hervorgehoben worden. So traf der EuGH bereits in seinem Urteil in der Rs. *National Panasonic* die später vielfach bestätigte Feststellung, dass die Ausübung der der Kommission übertragenen Nachprüfungsbefugnisse der **„Aufrechterhaltung der vom Vertrag gewollten Wettbewerbsordnung"** dient, „die die Unternehmen unbedingt zu beachten haben".[12] Dementsprechend hat auch das EuG in mehreren nachfolgenden Urteilen unterstrichen, dass die der Kommission zur Verfügung stehenden Nachprüfungsbefug-

---

Art. 105 AEUV Rn. 1 ff.; *Ritter* in: Immenga/Mestmäcker (Hrsg.), Wettbewerbsrecht, Bd. 1: EU/Teil 1 – Kommentar zum Europäischen Kartellrecht, 5. Aufl. 2012, Art. 105 AEUV Rn. 2 ff.; näher zu diesem in Art. 105 Abs. 1 Satz 2 AEUV niedergelegten Untersuchungsrecht der Kommission vgl. im Übrigen *Ludwigs* in: Grabitz/Hilf/Nettesheim (Hrsg.), Das Recht der Europäischen Union (Loseblatt-Kommentar, 53 Erg. lfg. Mai 2014), Art. 105 AEUV Rn. 6 ff.; *Schröter* in: ders./Jakob/Klotz/Mederer (Hrsg.), Europäisches Wettbewerbsrecht – Großkommentar, 2. Aufl. 2014, S. 971 ff.

[11] Näher zu den ursprünglichen Nachprüfungsbefugnissen gemäß § 14 VO 17 vgl. nur *Jahn,* Das Durchsuchungsrecht der Kommission im System der Nachprüfungsbefugnisse des europäischen Wettbewerbsrechts, 2003, S. 36 ff.

[12] EuGH U. v. 26.6.1980 Rs. 136/79 – *National Panasonic/Kommission* Slg. 1980, 2033 Rn. 20; bestätigt u. a. in EuGH U. v. 21.9.1989 verb. Rs. 46/87 u. 227/88 – *Hoechst/Kommission* Slg. 1989, 2859 Rn. 25; EuGH U. v. 17.10.1989 Rs. 85/87 – *Dow Benelux/Kommission* Slg. 1989, 3137 Rn. 36; EuGH U. v. 17.10.1989 verb. Rs. 97–99/87 – *Dow Chemical Ibérica u. a./Kommission* Slg. 1989, 3165 Rn. 22.

nisse v. a. der Erreichung des früher explizit in Art. 3 Abs. 1 lit. g EG angesprochenen und nunmehr aus Art. 3 Abs. 3 UAbs. 1 Satz 1 EU i. V. m. Art. 51 EU und dem neuen (Vertrags-)Protokoll (Nr. 27) über den Binnenmarkt und den Wettbewerb ableitbaren Ziels dienen,[13] d. h. der Errichtung und Aufrechterhaltung eines Systems, „das den Wettbewerb innerhalb des Binnenmarkts vor Verfälschungen schützt".[14]

In seinem *Roquette Frères*-Urteil bestätigte der EuGH die vorgenannte Zwecksetzung, indem er ausführte, dass die der Kommission übertragenen Nachprüfungsbefugnisse „ihr die Erfüllung ihres Auftrags ermöglichen sollen, über die Beachtung der Wettbewerbsregeln im Gemeinsamen Markt[15] zu wachen, wobei diese Regeln verhindern sollen, dass der Wettbewerb entgegen dem öffentlichen Interesse sowie zum Schaden der einzelnen Unternehmen und der Verbraucher verfälscht wird".[16] Hiermit unterstreicht der EuGH zugleich, dass die der Kommission zur Verfügung stehenden Nachprüfungsbefugnisse nicht allein dem im Allgemeininteresse liegenden **Schutz der Institution Wettbewerb** und der Verwirklichung des in Art. 3 Abs. 3 UAbs. 1 Satz 1 EU niedergelegten Binnenmarktziels dienen, sondern auch eine bedeutsame Schutzfunktion im Hinblick auf die individualrechtliche – teils aus der unmittelbaren Anwendbarkeit der Art. 101 Abs. 1 und 102 AEUV, teils aus den Unionsgrundrechten der Berufsfreiheit bzw. der unternehmerischen Freiheit hergeleitete – Wirtschafts- und Wettbewerbsfreiheit[17] der sog. Drittbetroffenen übernehmen. 5

Die obigen Ausführungen erlauben einerseits die Feststellung, dass der auch im EU-Kartellverfahrensrecht bedeutsame und dort für eine weite Auslegung der in Art. 20 Abs. 2 VO 1/2003 geregelten Nachprüfungsbefugnisse sprechende Grundsatz der effektiven bzw. leistungsfähigen Verwaltung kein Selbstzweck ist, sondern auch **drittschützende Wirkung** entfaltet, die dem Erfordernis der praktischen Wirksamkeit des Art. 20 Abs. 2 VO 1/2003 eine zusätzliche Legitimation verschafft.[18] Andererseits ist der Grundsatz der Ver- 6

[13] EuG U. v. 11.12.2003 Rs. T-59/99 – *Ventouris Group Enterprises SA/Kommission* Slg. 2003, II-5257 Rn. 116; EuG U. v. 11.12.2003 Rs. T-65/99 – *Strintzis Lines Shipping SA/Kommission* Slg. 2003, II-5433 Rn. 36; EuG U. v. 11.12.2003 Rs. T-66/99 – *Minoan Lines SA/Kommission* Slg. 2003, II-5515 Rn. 46.

[14] Zur Streichung des Art. 3 Abs. 1 lit. g EG durch den Lissabonner Reformvertrag (Fn. 2) und zur damit verbundenen Lokationsänderung des unionalen Verfassungsziels in Gestalt der Errichtung und Aufrechterhaltung eines Systems unverfälschten Wettbewerbs, das seinen neuen Platz jetzt in Art. 3 Abs. 3 UAbs. 3 Satz 1 EU i. V. m. Art. 51 EU i. V. m. mit dem (Vertrags-)Protokoll (Nr. 27) über den Binnenmarkt und den Wettbewerb (ABl. 2012 C 326/309) gefunden hat, vgl. *Nowak* EuR Beih. 1/2009, 129 (188 ff.); *ders.* EuR Beih. 2/2011, 21 (30 ff.); *Weitbrecht/Mühle* EuZW 2010, 327 (327).

[15] Der in dieser Urteilspassage noch verwendete Begriff des Gemeinsamen Marktes ist durch den Lissabonner Reformvertrag (Fn. 2) vollständig aus dem primären Unionsrecht entfernt und dort durchgängig durch den jüngeren Binnenmarkt-Begriff ersetzt worden; ausführlicher dazu vgl. *Nowak* EuR Beih. 1/2009, 129 (132 ff.).

[16] EuGH U. v. 22.10.2002 Rs. C-94/00 – *Roquette Frères SA/Directeur général de la concurrence, de la consommation et de la répression des fraudes* Slg. 2002, I-9011 Rn. 42.

[17] Zu den verschiedenen Herleitungen dieser subjektivrechtlichen Wirtschafts- und Wettbewerbsfreiheit vgl. jeweils m. w. N. *Drexl,* Wettbewerbsverfassung, in: von Bogdandy/Bast (Hrsg.), Europäisches Verfassungsrecht – Theoretische und dogmatische Grundzüge, 2. Aufl. 2009, S. 905 ff.; *Frenz,* Handbuch Europarecht, Bd. 1: Europäische Grundfreiheiten, 2. Aufl. 2012, Kap. 1 § 1 Rn. 18 ff.; *Nowak,* Wirtschaftsgrundrechte und Wirtschaftsverfassung in Deutschland und Europa, in: Bruha/Nowak/Petzold (Hrsg.), Grundrechtsschutz für Unternehmen im europäischen Binnenmarkt, 2004, S. 45 (62 ff.); *ders.* in: Heselhaus/Nowak (Hrsg.), Handbuch der Europäischen Grundrechte, 2006, § 31 Rn. 1 ff.; *Schöbener,* Die unternehmerische Freiheit in der Europäischen Grundrechtecharta – ein Wirtschaftsgrundrecht zwischen Formelkompromiss und Gewährleistungseffizienz, in: Ennuschat/Geerlings/Mann/Pielow (Hrsg.), Wirtschaft und Gesellschaft im Staat der Gegenwart – Gedächtnisschrift für Peter J. Tettinger, 2007, S. 159 (165 ff.).

[18] In diesem Sinne jetzt auch *Vocke,* Die Ermittlungsbefugnisse der EG-Kommission im kartellrechtlichen Voruntersuchungsverfahren – Eine Untersuchung zur Auslegung der Ermittlungsrechte im Spannungsfeld zwischen öffentlichen und Individualinteressen, 2006, S. 24.

waltungseffektivität im EU-kartellrechtlichen Nachprüfungsverfahren mit gegenläufigen Unionsgrundrechten bzw. Verteidigungsrechten der hauptbetroffenen Unternehmen und Unternehmensvereinigungen i. S. praktischer Konkordanz zu einem möglichst optimalen Ausgleich zu bringen. Diese Problematik steht zunächst im Vordergrund der nachfolgenden Ausführungen zur praktischen Bedeutung des Art. 20 VO 1/2003, da bei dessen Anwendung und Auslegung die den Nachprüfungsadressaten zur Seite stehenden Unionsgrundrechte eine maßgebliche Rolle spielen (II.). Anschließend werden dann die einzelnen Regelungsgehalte und Tatbestandsmerkmale des Art. 20 VO 1/2003 in den Vordergrund gerückt (III.), bevor am Ende auf einige normspezifische Rechtsfolgen (IV.) sowie auf das Verhältnis des Art. 20 VO 1/2003 zu einigen anderen Bestimmungen des Unionsrechts (V.) einzugehen ist.

II. Praktische Bedeutung unter besonderer Berücksichtigung des Spannungsverhältnisses zwischen Verwaltungseffektivität und Grundrechtsschutz

1. Nachprüfungsbefugnisse „vor Ort" als grundrechtsintensive Ermittlungsbefugnisse formeller Art

7 Die in Art. 20 VO 1/2003 geregelten Nachprüfungsbefugnisse „vor Ort", die sich nach der früher zur Vorgängerbestimmung in Gestalt des Art. 14 VO 17 ergangenen Rechtsprechung des damaligen Gemeinschaftsrichters auch für die Aufdeckung wettbewerbsrechtlicher Zuwiderhandlungen nutzbar machen lassen, die vor dem Beitritt neuer Mitgliedstaaten stattgefunden haben,[19] stehen der Kommission unabhängig davon zur Verfügung, ob es um die „Feststellung und Abstellung von Zuwiderhandlungen" gemäß Art. 7 VO 1/2003 oder um die „Feststellung der Nichtanwendbarkeit" gemäß Art. 10 VO 1/2003 geht. Diese zuvor in Art. 14 VO 17 und nunmehr bereits seit über zehn Jahren in Art. 20 VO 1/2003 geregelten Nachprüfungsbefugnisse bilden insbesondere im Verfahren der Feststellung und Abstellung von Zuwiderhandlungen eine praktisch überaus bedeutsame – von der Kommission sehr häufig genutzte – **Teilgruppe besonders grundrechtsintensiver kartellverfahrensrechtlicher Ermittlungsbefugnisse** formeller Art. Sie ergänzen sowohl die sonstigen Aufklärungs- bzw. Untersuchungsmöglichkeiten der Kommission[20] als auch die in Art. 17 VO 1/2003 geregelte Befugnis der Kommission zur Untersuchung einzelner Wirtschaftszweige und einzelner Arten von Vereinbarungen, das in Art. 18 VO 1/2003 geregelte Auskunftsverlangen sowie die in Art. 19 VO 1/2003 niedergelegte Befugnis zur Befragung natürlicher oder juristischer Personen. Zusätzlich abgesichert und in räumlicher Hinsicht erweitert werden die in Art. 20 VO 1/2003 geregelten Nachprüfungsbefugnisse, die sich auf alle Räumlichkeiten, Grundstücke und Transportmittel von Unternehmen und Unternehmensvereinigungen beziehen, durch die erstmals in Art. 21 VO 1/2003 niedergelegte Befugnis der Kommission zu Nachprüfungen in anderen Räumlichkeiten, auf anderen Grundstücken oder in anderen Transportmitteln, die auch Privatwohnungen von Unternehmensleitern und sonstigen Mitarbeitern der betreffenden Unternehmen und Unternehmensvereinigungen einschließen.

8 Die vorgenannten Ermittlungsbefugnisse eröffnen der Kommission alternative, von einander unabhängige und nicht hierarchisch geordnete Handlungsmöglichkeiten, deren Auswahl

---

[19] Grdlg. EuGH U. v. 17.10.1989 verb. Rs. 97–99/87 – *Dow Chemical Iberica u. a./Kommission* Slg. 1989, 3165 Rn. 61–63.

[20] Die Kommission kann sich – teils auf informellen, teils auf formellen Wege – aus jeder nur erdenklichen Quelle ermittlungsrelevante Erkenntnisse verschaffen, so z. B. kartellrechtsrelevante Informationen von Beteiligten eines Zivilprozesses, vgl. EuGH U. v. 10.11.1993 Rs. C-60/92 – *Otto BV/Postbank* Slg. 1993, I-5683 Rn. 20; weitere wichtige Erkenntnisquellen sind Beschwerden i. S. des Art. 7 VO 1/2003, informelle Gespräche mit haupt- und drittbetroffenen Unternehmen, Presseberichte sowie formelle Anhörungen i. S. des Art. 27 VO 1/2003.

– abgesehen von dem gemäß Art. 20 Abs. 1 VO 1/2003 zu beachtenden Erforderlichkeitskriterium – in ihrem Ermessen steht.[21] Von all diesen Ermittlungsbefugnissen greifen die in Art. 20 und 21 VO 1/2003 geregelten Nachprüfungsbefugnisse „vor Ort" am unmittelbarsten und am stärksten in die **Unternehmenssphäre** bzw. in die **Sphäre der privaten Betätigung** ein. Hierbei erreichen wiederum die durch eine Entscheidung bzw. einen Beschluss[22] i. S. des Art. 20 Abs. 4 Satz 1 VO 1/2003 angeordneten Nachprüfungen eine höhere Eingriffsintensität als die unter Vorlage eines „schriftlichen Auftrags" vorgenommenen Nachprüfungen i. S. des Art. 20 Abs. 3 VO 1/2003, da die betreffenden Unternehmen und Unternehmensvereinigungen nur im erstgenannten Fall verpflichtet sind, die von der Kommission vorgenommenen Nachprüfungen zu dulden (Art. 20 Abs. 4 Satz 1).[23]

Ein zweistufiges Vorgehen der Kommission in dem Sinne, dass sie vor Erlass eines förmellen Nachprüfungsbeschlusses i. S. des Art. 20 Abs. 4 VO 1/2003 zunächst einmal auf der Grundlage eines schriftlichen Prüfungsauftrages i. S. des Art. 20 Abs. 3 VO 1/2003 ermitteln müsste, ist nach der bisherigen Rechtsprechung der Unionsgerichte – anders als ursprünglich beim Auskunftsverlangen gemäß Art. 11 VO 17[24] – trotz der **erhöhten Eingriffsintensität** eines Nachprüfungsbeschlusses grundsätzlich nicht obligatorisch.[25] Die Bindung der Kommission an den auch bei der Auswahl und Durchführung kartellverfahrensrechtlicher Ermittlungsbefugnisse und -formen prinzipiell zu beachtenden Verhältnismäßigkeitsgrundsatz,[26] der eine partielle Erwähnung in dem in Art. 20 Abs. 1 VO 1/2003 angesprochenen Erforderlichkeitskriterium findet,[27] bleibt hiervon unberührt. 9

---

[21] So in Ansehung des Verhältnisses zwischen Art. 11 VO 17 (Auskunftsverlangen) und Art. 14 VO 17 (Nachprüfungen) grdlg. EuGH U. v. 26.6.1980 Rs. 136/79 – *National Panasonic/Kommission* Slg. 1980, 2033 Rn. 8–16; diese Rspr. ist auf die in der VO 1/2003 geregelten Ermittlungsbefugnisse übertragbar.

[22] Soweit in Art. 20 VO 1/2003 sowie in zahlreichen anderen Bestimmungen dieser Verordnung noch der einst in Art. 249 EG näher erläuterte Begriff „Entscheidung" Verwendung findet, ist diese Terminologie nicht mehr zeitgemäß, da diese Handlungsform mit dem am 1.12.2009 erfolgten Inkrafttreten des Lissabonner Reformvertrags (Fn. 2) durch den neuen – in inhaltlicher Hinsicht allerdings weitgehend identischen – Rechtsakttyp in Gestalt des nunmehr in Art. 288 AEUV näher erläuterten Beschlusses ersetzt wurde; ausführlicher dazu vgl. *Nowak* (Fn. 2), S. 125 ff. Daher wird nachfolgend – entgegen dem Wortlaut des Art. 20 VO 1/2003 und anderer Bestimmungen dieser Verordnung – nicht mehr durchgängig von Nachprüfungsentscheidungen, sondern überwiegend von Nachprüfungsbeschlüssen der Kommission gesprochen.

[23] Näher zur Unterscheidung zwischen Nachprüfungsauftrag und -entscheidung s. u. Rn. 58–63.

[24] Nach der früher zu Art. 11 VO 17 ergangenen Rspr. der damaligen Gemeinschaftsgerichte konnte die Kommission die betreffenden Unternehmen erst dann durch eine Entscheidung zur Erteilung von Auskünften verpflichten, wenn sie zuvor versucht hat, die Auskünfte im Wege eines einfachen Auskunftsverlangens zu bekommen, vgl. nur EuGH U. v. 26.6.1980 Rs. 136/79 – *National Panasonic/Kommission* Slg. 1980, 2033 Rn. 10; u. a. bestätigt in EuG U. v. 9.11.1994 Rs. T-46/92 – *The Scottish Football Association/Kommission* Slg. 1994, II-1039 Rn. 30. Diese im Anwendungsbereich des Art. 11 VO 17 einst zu beachtende Pflicht zu einem zweistufigen Vorgehen ist durch die Neufassung des Auskunftsverlangens in Art. 18 VO 1/2003 entfallen.

[25] Vgl. nur EuGH U. v. 21.9.1989 verb. Rs. 46/87 u. 227/88 – *Hoechst/Kommission* Slg. 1989, 2859 Rn. 22; EuGH U. v. 17.10.1989 Rs. 85/87 – *Dow Benelux/Kommission* Slg. 1989, 3137 Rn. 33; EuGH U. v. 17.10.1989 verb. Rs. 97–99/87 – *Dow Chemical Ibérica u. a./Kommission* Slg. 1989, 3165 Rn. 19.

[26] EuGH U. v. 26.6.1980 Rs. 136/79 – *National Panasonic/Kommission* Slg. 1980, 2033 Rn. 29 f.; EuG U. v. 12.12.1991 Rs. T-39/90 – *SEP/Kommission* Slg. 1991, II-1497 Rn. 51 ff.; EuG, U. v. 6.9.2013 verb. Rs. T-289/11, T-290/11 u. T-521/11 – *Deutsche Bahn u. a./Kommission* NZKart 2013, 407 Rn. 192 f.; EuG U. v. 14.3.2014 Rs. T-293/11 – *Holzim (Deutschland) AG u. a./Kommission* Rn. 61 ff.; zur herausragenden Bedeutung des unionsverfassungsrechtlichen Verhältnismäßigkeitsgrundsatzes als Grenze EU-kartellverfahrensrechtlicher Ermittlungsmaßnahmen der Kommission vgl. auch EuG U. v. 25.11.2014 Rs. T-402/13 – *Orange/Kommission,* Rn. 18 ff., sowie mit weiteren einschlägigen Rechtsprechungsnachweisen *Kellerbauer* EuZW 2014, 407 ff.

[27] Ähnlich *Seitz/Berg/Lohrberg* WuW 2007, 716 (718), wonach das in Art. 20 Abs. 1 VO 1/2003 angesprochene Merkmal der *Erforderlichkeit* als Teilaspekt der allg. Verhältnismäßigkeitsprüfung erscheint.

10 Auf Grund ihrer hohen Eingriffsintensität bilden die in Art. 20 Abs. 2 VO 1/2003 geregelten Nachprüfungsbefugnisse einen zentralen Kristallisationspunkt für das im EU-Kartellverfahrensrecht seit jeher zu bewältigende Spannungsverhältnis zwischen der eng mit dem Ziel einer effektiven administrativen Durchsetzung des materiellen Kartellrechts (Art. 101 f. AEUV) verbundenen Effektivität der Verwaltung auf der einen Seite und dem effektiven (Grund-)Rechtsschutz der betreffenden Unternehmen und Unternehmensvereinigungen auf der anderen Seite.[28] Diesem Spannungsverhältnis tragen die Unionsgerichte in ihrer die Nachprüfungsbefugnisse der Kommission betreffenden Rechtsprechung bereits seit recht langer Zeit Rechnung. So hat etwa der EuGH mehrfach deutlich gemacht, dass sekundärrechtliche Ermächtigungsgrundlagen für die Durchführung kartellverfahrensrechtlicher Nachprüfungen – wie etwa Art. 14 VO 17 und nunmehr Art. 20 VO 1/2003 – nicht in einer Weise ausgelegt werden dürfen, „die zu Ergebnissen führen würde, die mit den allgemeinen Grundsätzen des Gemeinschaftsrechts [jetzt: des Unionsrechts] und insbesondere mit den Grundrechten unvereinbar wären".[29] Das bereits hier angesprochene und in einigen nachfolgenden Entscheidungen zusätzlich bestätigte **Gebot der unionsgrundrechtskonformen Auslegung sekundären Gemeinschaftsrechts**[30] ist in einer rechtsstaatlichen Anforderungen gerecht werdenden Rechtsgemeinschaft oder Rechtsunion, wie derjenigen der EU,[31] unverzichtbar und wirft die Frage auf, welche Unionsgrundrechte konkret bei der Auslegung des Art. 20 VO 1/2003 und bei der Rechtmäßigkeitsprüfung der auf der Grundlage dieser Vorschrift vorgenommenen Nachprüfungsmaßnahmen von Bedeutung sind. Zum besseren Verständnis der diesbezüglich zu erörternden Rechtsprechung der Unionsgerichte (Rn. 16 ff.), die bereits zu einer weitreichenden **Konstitutionalisierung des EU-Kartellverfahrensrechts** und anderer unionsrechtlicher Verfahrensordnungen geführt hat,[32] sind vorab (Rn. 11–15) die wesentlichen Grundlagen des Grundrechtsschutzes in der EU zu skizzieren.

2. Grundlagen des Grundrechtsschutzes in der EU

11 Die vor der Gründung der EU zunächst noch als Gemeinschaftsgrundrechte bezeichneten Unionsgrundrechte bilden nach ständiger Rechtsprechung des EuGH eine bedeutsame

---

[28] Ausführlicher dazu vgl. auch *Hensmann,* Die Ermittlungsrechte der Kommission im europäischen Kartellverfahren – Reichweite und Grenzen, 2009, S. 21 ff.; *Nehl,* Nachprüfungsbefugnisse der Kommission aus gemeinschaftsverfassungsrechtlicher Perspektive, in: Behrens/Braun/Nowak (Hrsg.), Europäisches Wettbewerbsrecht im Umbruch, 2004, S. 73 ff.; *Nowak,* Grundrechte im europäischen Konstitutionalisierungsprozess – zugleich ein Beitrag zum Spannungsverhältnis zwischen dem Grundsatz der Verwaltungseffektivität und effektivem Grundrechtsschutz bei kartellverfahrensrechtlichen Nachprüfungen, in: Bruha/Nowak (Hrsg.), Die Europäische Union: Innere Verfasstheit und globale Handlungsfähigkeit, 2006, S. 107 ff.; *Reinalter,* ZEuS 2009, 53 ff.; *Vocke* (Fn. 18), S. 20; *Weiß* EuZW 2006, 263 ff.; *ders.* ÖZK 2010, 12 ff.

[29] Grdlg. EuGH U. v. 21.9.1989 verb. Rs. 46/87 u. 227/88 – *Hoechst/Kommission* Slg. 1989, 2859 Rn. 12; bestätigt u. a. in EuGH U. v. 17.10.1989 Rs. 85/87 – *Dow Benelux/Kommission* Slg. 1989, 3137 Rn. 23; EuGH U. v. 17.10.1989 verb. Rs. 97–99/87 – *Dow Chemical Ibérica u. a./Kommission* Slg. 1989, 3165 Rn. 9; EuGH U. v. 18.10.1989 Rs. 374/87 – *Orkem/Kommission* Slg. 1989, 3283 Rn. 28.

[30] Exemplarisch vgl. EuG U. v. 6.10.2005 verb. Rs. T-22/02 u. T-23/02 – *Sumitomo Chemical Co. Ltd u. a./Kommission* Slg. 2005, II-4065 Rn. 77; sowie EuG U. v. 27.9.2006 Rs. T-59/02 – *Archer Daniels Midland Co./Kommission* Slg. 2006, II-3627 Rn. 262, wonach „alle gemeinschaftsrechtlichen [jetzt: unionsrechtlichen] Bestimmungen" im Lichte der zu den allgemeinen Grundsätzen des Gemeinschaftsrechts [jetzt: Unionsrechts] gehörenden Grundrechte „auszulegen sind".

[31] Zu dem auf der supranationalen Unionsrechtsebene dem Rechtsstaatsprinzip entsprechenden Konzept der Rechtsgemeinschaft bzw. der Rechtsunion vgl. m. w. N. *Nicolaysen,* Rechtsgemeinschaft, Gemeinschaftsgerichtsbarkeit und Individuum, in: Nowak/Cremer (Hrsg.), Individualrechtsschutz in der EG und der WTO, 2002, S. 17 ff.; *Nowak* (Fn. 2), S. 80 f. i. V. m. S. 142 f.; *Pache* in: Heselhaus/Nowak (Fn. 17), § 4 Rn. 93 ff.

[32] Näher dazu *Nehl,* Europäisches Verwaltungsverfahren und Gemeinschaftsverfassung, 2002, S. 223 ff.; *Oeter* ZaöRV 1999, 901 ff.

Teilgruppe der sog. „allgemeinen Rechtsgrundsätze des Gemeinschaftsrechts" bzw. des Unionsrechts, die „der Gerichtshof im Einklang mit den gemeinsamen Verfassungsüberlieferungen der Mitgliedstaaten und den völkerrechtlichen Verträgen, an deren Abschluss die Mitgliedstaaten beteiligt waren oder denen sie beigetreten sind, zu wahren hat".[33] Eine „besondere Bedeutung" attestieren die Unionsgerichte dabei immer wieder der **Europäischen Konvention zum Schutz der Menschenrechte und Grundfreiheiten** (EMRK),[34] auch wenn die Unionsorgane nicht unmittelbar an diese Konvention gebunden sind[35] und damit auch die Rechtmäßigkeit einer wettbewerbsrechtlichen Untersuchung durch die Kommission nicht direkt anhand der Bestimmungen der EMRK beurteilt werden kann,[36] solange die EU – wie von dem mit Art. I-9 Abs. 2 des Vertrags über eine Verfassung für Europa[37] übereinstimmenden Art. 6 Abs. 2 Satz 1 EU nunmehr vorgesehen und verlangt[38] – nicht der EMRK beigetreten ist. Die „besondere Bedeutung" der EMRK bei der Entwicklung des gemeinschaftsrechtlichen Grundrechtsstandards[39] hat mit Gründung der Europäischen Union ihren primärrechtlichen Niederschlag in der seinerzeit gültigen Fassung des Art. 6 Abs. 2 EU gefunden, wonach die Union die Grundrechte achtet, „wie sie in der am 4. November 1950 in Rom unterzeichneten Europäischen Konvention zum Schutze der Menschenrechte und Grundfreiheiten gewährleistet sind und wie sie sich aus den gemeinsamen Verfassungsüberlieferungen der Mitgliedstaaten als allgemeine Grundsätze des Gemeinschaftsrechts ergeben". Seit den zuletzt durch den Lissabonner Reformvertrag vorgenommenen Modifikationen des Art. 6 EU findet sich diese Regelung nunmehr im dritten Absatz dieser Bestimmungen, die mit ihrem gegenüber der Vorgängerfassung in

---

[33] Vgl. nur EuGH U. v. 22.10.2002 Rs. C-94/00 – *Roquette Frères/Directeur général de la concurrence, de la consommation et de la répression des fraudes* Slg. 2002, I-9011 Rn. 23; sowie zuletzt EuG U. v. 8.10.2008 Rs. T-69/04 – *Schunk GmbH u. a./Kommission* Slg. 2008, II-2567 Rn. 30.

[34] EuGH U. v. 15.5.1986 Rs. 222/84 – *Johnston/Chief Constable of the RUC* Slg. 1986, 1651 Rn. 18; EuGH U. v. 21.9.1989 verb. Rs. 46/87 u. 227/88 – *Hoechst/Kommission* Slg. 1989, 2859 Rn. 13; EuG U. v. 20.2.2001 Rs. T-112/98 – *Mannesmannröhren-Werke/Kommission* Slg. 2001, II-729 Rn. 60; instruktiv zur besonderen Bedeutung der EMRK auf dem Gebiet des Europäischen Wettbewerbsrechts vgl. ferner *Scheer* ZEuS 2004, 663 ff.; sowie EuG U. v. 27.9.2006 Rs. T-43/02 – *Jungbunzlauer AG/Kommission* Slg. 2006, II-3435 Rn. 74; EuG U. v. 8.7.2008 Rs. T-99/04 – *AC-Treuhand AG/Kommission* Slg. 2008, II-1501 Rn. 45.

[35] Vgl. EuG U. v. 20.2.2001 Rs. T-112/98 – *Mannesmannröhren-Werke/Kommission* Slg. 2001, II-729 Rn. 59; EuG U. v. 27.9.2006 Rs. T-43/02 – *Jungbunzlauer AG/Kommission* Slg. 2006, II-3435 Rn. 78; *Ehlers* in: ders. (Hrsg.), Europäische Grundrechte und Grundfreiheiten, 3. Aufl. 2009, § 2 Rn. 18; *Nowak* (Fn. 2), S. 140 f.

[36] Vgl. nur EuG U. v. 8.7.2008 Rs. T-99/04 – *AC-Treuhand AG/Kommission* Slg. 2008, II-1501 Rn. 45.

[37] ABl. 2004 C 310/1 ff.

[38] Zu dem im einschlägigen Schrifttum vorherrschenden Verständnis des Art. 6 Abs. 2 Satz 1 EU, das den dort angesprochenen EMRK-Beitritt der EU nicht lediglich als eine Option, sondern als eine Beitrittsverpflichtung der EU begreift, vgl. nur *Pache,* Die Rolle der EMRK und der Grundrechte-Charta in der EU, in: Fastenrath/Nowak (Hrsg.), Der Lissabonner Reformvertrag – Änderungsimpulse in einzelnen Rechts- und Politikbereichen, 2009, S. 113 (124); *ders./Rösch,* EWS 2009, 393 (398); *Schima,* Grundrechtsschutz, in: Hummer/Obwexer (Hrsg.), Der Vertrag von Lissabon, 2009, S. 325 (331); *Schulte-Herbrüggen,* ZEuS 2009, 343 (360). Der Unionsrichter hat sich dem EMRK-Beitritt der EU allerdings erst einmal entgegengestellt, vgl. EuGH Gutachten 2/13 v. 18.12.2014 (EMRK-Beitritt II), NZKart 2015, 190 ff.; überwiegend krit. dazu vgl. *Breuer* EuR 2015, 330 ff.; *Lambrecht* EHRLR 2015, 185 ff.; *Tomuschat* EuGRZ 2015, 133 ff.; *Wendel* NJW 2015, 921 ff.

[39] Näher zum starken Einfluss der EMRK auf den Grundrechtsschutz in der EU vgl. jeweils m. w. N. *Grabenwarter/Pabel,* Europäische Menschenrechtskonvention, 5. Aufl. 2012, § 4 Rn. 1 ff.; *Giegerich* in: Dörr/Grote/Marauhn (Hrsg.), EMRK/GG – Konkordanzkommentar zum europäischen und deutschen Grundrechtsschutz, 2. Aufl. 2013, Kap. 2 Rn. 27 ff.; *Mayer* in: Grabitz/Hilf/Nettesheim (Fn. 10), nach Art. 6 EUV Rn. 23 f.; *Szczekalla* in: Heselhaus/Nowak (Rn. 17), § 2 III Rn. 21 ff.; *Uerpmann-Wittzack,* Jura 2014, 916 ff.; *Weiß* ÖZK 2010, 12 ff.; *Ziegenhorn,* Der Einfluss der EMRK im Recht der EU-Grundrechtecharta – Genuin chartarechtlicher Grundrechtsschutz gemäß Art. 52 Abs. 3 GRCh, 2009, pass.

Art. 6 Abs. 2 EU i. d. F. von Nizza leicht veränderten Wortlaut klarstellt, dass die „Grundrechte, wie sie in der Europäischen Konvention zum Schutz der Menschenrechte und Grundfreiheiten gewährleistet sind und wie sie sich aus den gemeinsamen Verfassungsüberlieferungen der Mitgliedstaaten ergeben, [...] als allgemeine Grundsätze Teil des Unionsrechts [sind]".[40]

12 Seit der feierlichen Proklamation der **Charta der Grundrechte der Europäischen Union**[41] am 7. Dezember 2000 in Nizza verfügt die EU darüber hinaus über einen eigenen Grundrechtekatalog, der den Unionsbürgern und -bürgerinnen v. a. im Interesse der Transparenz die im Wege der wertenden Rechtsvergleichung vom EuGH bereits anerkannten Unionsgrundrechte sichtbarer machen soll.[42] Diese im Zuge des Inkrafttretens des Lissabonner Reformvertrags rechtsverbindlich gewordene Grundrechtecharta, die zuvor bereits als zusätzliche Rechtserkenntnisquelle in den Schlussanträgen der beim EuGH tätigen Generalanwälte,[43] in den Erwägungsgründen einzelner Sekundärrechtsakte – wie etwa im 37. Erwägungsgrund der VO 1/2003 und im 36. Erwägungsgrund der Fusionskontroll-VO 139/2004[44] – sowie in mehreren Urteilen des EuG,[45] des EuGH[46] und sogar des BVerfG[47] herangezogen worden ist, hat zwar keinen Eingang in den EU-Vertrag und in den AEU-Vertrag gefunden. Dies stellt aber weder die Rechtsverbindlichkeit dieser Charta noch ihre Zugehörigkeit zum primären Unionsrecht in Frage. Hierfür sorgt Art. 6 Abs. 1 Satz 1 EU, der zum einen bestimmt, dass die Union die Rechte, Freiheiten und Grundsätze anerkennt, die in der Charta der Grundrechte der Europäischen Union vom 7. Dezember 2000 in der am 12. Dezember 2007 in Straßburg angepassten Fassung[48] niedergelegt sind, und zum anderen klarstellt, dass die Charta der Grundrechte und die Verträge rechtlich gleichrangig sind.[49]

13 Die in der EU-Grundrechtecharta (GRC) und die in der EMRK enthaltenen Grundrechte stehen keineswegs beziehungslos nebeneinander. Dies unterstreicht v. a. Art. 52

---

[40] Näher zu dieser Neufassung vgl. statt vieler *Hatje* in: Schwarze/Becker/ders./Schoo (Fn. 10), Art. 6 EUV Rn. 15 ff.; *Schorkopf* in: Grabitz/Hilf/Nettesheim (Fn. 10), Art. 6 EUV Rn. 50 ff.; *Streinz* in: ders. (Fn. 10), Art. 6 EUV Rn. 24 ff.

[41] ABl. 2000 C 364/1 ff.; mit Erläuterungen des Konventspräsidiums abgdr. in EuGRZ 2000, 559 ff.

[42] Näher zur Entstehung und zu den Inhalten dieser Charta vgl. nur *Barriga,* Die Entstehung der Charta der Grundrechte der Europäischen Union, 2003, pass.; *Jarass,* Charta der Grundrechte der Europäischen Union – Kommentar, 2010, pass.; *Heselhaus/Nowak* (Fn. 17), pass.; *Meyer* (Hrsg.), Charta der Grundrechte der Europäischen Union, 4. Aufl. 2014, pass.; *Rengeling/Szczekalla* (Hrsg.), Grundrechte in der Europäischen Union, 2004, pass.; *Tettinger/Stern* (Hrsg.), Kölner Gemeinschafts-Kommentar: Europäische Grundrechte-Charta, 2006, pass.; *Zimmermann,* Die Charta der Grundrechte der Europäischen Union zwischen Gemeinschaftsrecht, Grundgesetz und EMRK, 2002, pass.

[43] Vgl. nur die Schlussanträge von GA *Léger* v. 10.7.2001 Rs. C-353/99 P – *Rat/Hautala* Slg. 2001, I-9567 Ziff. 51 u. 73 ff.; von GA *Jacobs* v. 21.3.2002 Rs. C-50/00 P – *Union de Pequeños Agricultores/Rat der EU* Slg. 2002, I-6681 Ziff. 39; und von GA *Colomer* v. 11.2.2003 Rs. C-217/00 P – *Buzzi Unicem/Kommission* Slg. 2004, I-267 Ziff. 30.

[44] Fusionskontroll-VO (EG) Nr. 139/2004 des Rates v. 20.1.2004, ABl. 2004 L 24/1 ff.

[45] Exempl. vgl. EuG U. v. 30.1.2002 Rs. T-54/99 – *max.mobil Telekommunikation/Kommission;* Slg. 2002, II-313 Rn. 48 u. 56 f., mit Anm. *Nowak* EuZW 2002, 191 f.; EuG U. v. 3.5.2002 Rs. T-177/01 – *Jégo-Quéré/Kommission* Slg. 2002, II-2365 Rn. 47; EuG U. v. 5.8.2003 verb. Rs. T-116 u. 118/01 – *P&Q European Ferries u. a./Kommission* Slg. 2003, II-2957 Rn. 209; EuG U. v. 12.10.2007 Rs. T-474/04 – *Pergan Hilfsstoffe für industrielle Prozesse GmbH/Kommission* Slg. 2007, II-4225 Rn. 75.

[46] Vgl. etwa EuGH, U. v. 14.2.2008 Rs. C-450/06 – *Varec SA/Belgien* Slg. 2008, I-581 Rn. 48; zuvor bereits EuGH, U. v. 27.6.2006 Rs. C-540/03 – *Europäisches Parlament/Rat der EU* Slg. 2006, I-5769 Rn. 38; mit Anm. *Szczekalla* NVwZ 2006, 1019 ff.

[47] Zu den gelegentlichen Bezugnahmen auch des BVerfG auf diese Charta vgl. etwa BVerfG, NJW 2002, 885; BVerfG, NJW 2003, 1924 (1926); BVerfG, NJW 2004, 2887.

[48] ABl. 2012 C 326/391 ff.

[49] Näher zu dieser Regelung vgl. nur *Jarass* (Fn. 42), Einl. Rn. 6 ff.; *Pache* in: Fastenrath/Nowak (Fn. 38), S. 113 (116 ff.).

Abs. 3 GRC, wonach die in dieser Charta enthaltenen Rechte, die den durch die EMRK garantierten Rechten entsprechen, sowohl auf der Schutzbereichs- als auch auf der Schrankenebene die gleiche Bedeutung und Tragweite haben, wie sie ihnen in der EMRK verliehen wird. Ein „vorauseilender Gehorsam" lässt sich hinsichtlich des auf die **Gewährleistung eines möglichst kohärenten Grundrechtsschutzes in Europa** abzielenden Regelungsgehalts des Art. 52 Abs. 3 GRC in der bisherigen Rechtsprechung der Unionsgerichte indes nicht nachweisen. Die Unionsgerichte betonen zwar immer wieder, dass sie der Rechtsprechung des EGMR bei der Auslegung von Unionsgrundrechten „Rechnung zu tragen haben".[50] Hiermit soll aber offenbar lediglich an den Regelungsgehalt des Art. 6 Abs. 3 EU (ex-Art. 6 Abs. 2 EU) erinnert werden, da sich die Unionsgerichte über die Anerkennung der besonderen Bedeutung der EMRK hinaus nicht verpflichtet sehen, den unionsrechtlichen Grundrechtsstandard allein an den grundrechtlichen Vorgaben der EMRK und des EGMR auszurichten. Dieser Befund stützt sich nicht nur auf das nachfolgend noch näher zu erörternde *Roquette Frères*-Urteil,[51] in dem es u.a. um die Frage der Existenz eines dem Art. 8 Abs. 1 EMRK entsprechenden Unionsgrundrechts der Unverletzlichkeit von Geschäftsräumen ging,[52] sondern auch auf die umfangreiche Rechtsprechung der Unionsgerichte zu den unionsverfassungsrechtlichen Verteidigungsrechten.[53] Diese Rechtsprechung nimmt zwar immer wieder Impulse der progressiven Rechtsprechung des EGMR zu den Verfahrensgarantien nach Art. 6 EMRK auf; dass sich die Unionsgerichte dabei aber nicht dem „Diktat" des EGMR unterwerfen, illustriert v.a. ihre im weiteren Verlauf anzusprechende Rechtsprechung zum unionsverfassungsrechtlichen Aussage- bzw. Auskunftsverweigerungsrecht.[54]

Besondere Erwähnung verdient im Zusammenhang mit dem in Art. 20 VO 1/2003 geregelten Nachprüfungsverfahren schließlich auch das in Art. 47 GRC niedergelegte **Grundrecht auf effektiven** (gerichtlichen) **Rechtsschutz.** Der EuGH hat dieses Unionsgrundrecht unter Rückgriff auf die gemeinsamen Verfassungstraditionen der Mitgliedstaaten und auf Art. 6 und 13 EMRK erstmals explizit in seinem *Johnston*-Urteil vom 15. Mai 1986 als einen allgemeinen – später sogar als „fundamental" bezeichneten[55] – Rechtsgrundsatz des Gemeinschaftsrechts anerkannt.[56] Dieses in zahlreichen nachfolgenden Urteilen des EuGH und des EuG bestätigte Unionsgrundrecht verleiht natürlichen und juristischen Personen im Falle der Beeinträchtigung (anderer) subjektiver Unionsrechte zunächst einmal einen – gerade auch im Zusammenhang mit formellen Nachprüfungsbeschlüssen der Kommission gemäß Art. 20 Abs. 4 VO 1/2003 relevanten – Anspruch auf Zugang zu einem Gericht i.S. einer **Rechtsweggarantie.**[57] Darüber hinaus stellt der **14**

[50] EuGH U. v. 15.10.2002 verb. Rs. C-238/99 P, C-244/99 P, C-245/99 P, C-247/99 P, C-250–252/99 P und C-254/99 P – *Limburgse Vinyl Maatschappij u.a./Kommission* Slg. 2002, I-8375 Rn. 274, ähnlich EuG U. v. 29.4.2004 verb. Rs. T-236/01, T-239/01, T-244/01 bis T-246/01, T-251/01 u. T-252/01 – *Tokai Carbon u.a./Kommission* Slg. 2004, II-1181 Rn. 405.

[51] EuGH U. v. 22.10.2002 Rs. C-94/00 – *Roquette Frères/Directeur général de la concurrence, de la consommation et de la répression des fraudes* Slg. 2002, I-9011 ff.

[52] Näher dazu unter Rn. 25 ff. und Rn. 85 ff.

[53] Näher dazu *Due* CDE 1987, 383 ff.; *Friedmann,* Die Geltung rechtsstaatlicher Grundsätze im kartellrechtlichen Bußgeldverfahren der Europäischen Gemeinschaft, 2005, S. 138 ff.; *Gumbel,* Grundrechte im EG-Kartellverfahren nach der VO 17/62, 2001; *Lenaerts/Vanhamme* CMLRev. 34 (1997), 531 ff.; *Lenz/Mölls* WuW 1991, 771 ff.; *Nowak,* Grundrechtsschutz im Europäischen Wettbewerbsrecht, in: Behrens/Braun/Nowak (Fn. 28), S. 23 ff.; *Pliakos,* Les droits de la défense et le droit communautaire de la concurrence, 1987, pass.; *Weiß,* Die Verteidigungsrechte im EG-Kartellverfahren, 1996, pass.

[54] Näher dazu unter Rn. 36 ff.

[55] EuGH U. v. 3.5.1996 Rs. C-399/95 R – *Deutschland/Kommission* Slg. 1996, I-2441 Rn. 47.

[56] EuGH U. v. 15.5.1986 Rs. 222/84 – *Johnston/Chief Constable of the RUC* Slg. 1986, 1651 Rn. 18.

[57] Vgl. nur EuGH U. v. 15.5.1986 Rs. 222/84 – *Johnston/Chief Constable of the RUC* Slg. 1986, 1651 Rn. 19; EuGH U. v. 15.10.1987 Rs. 222/86 – *Unectef/Heylens* Slg. 1987, 4097 Rn. 14; EuG U.

unionsverfassungsrechtliche Grundsatz effektiven Rechtsschutzes individualschützende Anforderungen an die Durchführung und den Abschluss von Verwaltungsverfahren mit unionsrechtlichem Bezug,[58] wobei diese Anforderungen durch weitere höchstrichterlich anerkannte Verteidigungsrechte und Verfahrensgarantien – wie etwa den **Grundsatz der angemessenen Verfahrensdauer**[59] – verstärkt werden. In diesem Kontext werfen insbesondere mehrstufige Verwaltungsverfahren die wichtige Frage auf, in welchem konkreten Verfahrensstadium der **Grundsatz effektiven verwaltungsverfahrensrechtlichen Rechtsschutzes** zu beachten und ernst zu nehmen ist.[60] Diese Frage stellt sich auch im Anwendungsbereich des EU-Kartellverfahrensrechts, in dem die Ermittlungsphase von der – gelegentlich „streitiges Verfahren" bezeichneten[61] – Phase zu unterscheiden ist, in welcher der Erlass verfahrensabschließender Entscheidungen bzw. Beschlüsse konkret vorbereitet wird und in der die Mitteilung der Beschwerdepunkte sowie die Anhörung haupt- und drittbetroffener Unternehmen oder Unternehmensvereinigungen im Vordergrund stehen.

15 Nach der insoweit einschlägigen Rechtsprechung der Unionsgerichte müssen die unionsverfassungsrechtlichen Verteidigungsrechte zwar in erster Linie in solchen Verfahren beachtet werden, die – wie etwa das mit der Mitteilung der Beschwerdepunkte beginnende Anhörungsverfahren vor Erlass verfahrensabschließender Untersagungs- und Bußgeldentscheidungen bzw. -beschlüsse – zu Sanktionen führen können;[62] gleichwohl verlangt die Beachtung bzw. **Wahrung der Verteidigungsrechte,** die der Unionsrichter bereits für sich genommen als einen fundamentalen Grundsatz des Unionsrechts einstuft,[63] dass bestimmte dieser Rechte **schon im Stadium der Voruntersuchung** beachtet werden, damit verhindert wird, dass diese Rechte in nicht wiedergutzumachender Weise in be-

---

v. 5.4.2006 Rs. T-279/02 – *Degussa AG/Kommission* Slg. 2006, II-897 Rn. 421; m. w. N. *Nowak* in: Heselhaus/Nowak (Fn. 17), § 51 Rn. 1 ff.

[58] Vgl. EuGH U. v. 15.10.1987 Rs. 222/86 – *Unectef/Heylens* Slg. 1987, 4097 Rn. 15; EuGH U. v. 7.5.1992 Rs. C-104/91 – *Collegio Oficial de API/Aguirre Borell u. a.* Slg. 1992, I-3003 Rn. 15; m. w. N. *Nowak*, Europäisches Verwaltungsrecht und Grundrechte, in: Terhechte (Hrsg.), Verwaltungsrecht der Europäischen Union, 2011, § 14 Rn. 13 ff.

[59] Zur höchstrichterlichen Anerkennung dieses gelegentlich auch als Anspruch auf „Einhaltung einer angemessenen Frist (bzw. eines angemessenen Zeitraums) bei der Abwicklung der Verwaltungsverfahren auf dem Gebiet der Wettbewerbspolitik bezeichneten" Grundsatzes und dessen Bedeutung speziell im EU-Kartellverfahrensrecht vgl. etwa EuGH U. v. 21.9.2006 Rs. C-105/04 P – *Nederlandse Federatieve Vereniging voor de Groothandel op Elektrotechnisch Gebied u. a./Kommission* Slg. 2006, I-8725 Rn. 35 ff.; EuGH U. v. 21.9.2006 Rs. C-113/04 P – *Technische Unie BV/Kommission* Slg. 2006, I-8831 Rn. 40 ff.; EuGH U. v. 21.9.2006 Rs. C-167/04 P – *JCB Service/Kommission* Slg. 2006, I-8935 Rn. 60 ff.; EuG U. v. 8.7.2008 Rs. T-52/03 – *Knauf Gips KG/Kommission* Slg. 2008, II-115 Rn. 478 ff.; EuG U. v. 27.6.2012 Rs. T-372/10 – *Bolloré/Kommission* Rn. 103; EuG U. v. 14.5.2014 Rs. T-30/10 – *Reagans SpA/Kommission* NZKart 2014, 406 Rn. 75; sowie m. w. N. *Brenner* WRP 2010, 357 ff.

[60] Näher hierzu vgl. etwa *Nehl* in: Heselhaus/Nowak (Fn. 17), § 54 Rn. 22 ff.; *Nowak,* Europäisches Kooperationsverwaltungsrecht, in: Leible/Terhechte (Hrsg.), Europäisches Rechtsschutz- und Verfahrensrecht (EnzEuR Bd. 3), 2014, § 34 Rn. 53 ff.

[61] Vgl. nur EuGH U. v. 18.10.1989 Rs. 374/87 – *Orkem/Kommission* Slg. 1989, 3283 Rn. 24.

[62] Näher dazu vgl. m. w. N. *Nowak* in: Terhechte (Fn. 58), § 14 Rn. 51.

[63] Vgl. etwa EuGH U. v. 29.6.2006 Rs. C-289/04 P – *Showa Denko KK/Kommission* Slg. 2006, I-5859 Rn. 68; EuGH U. v. 29.6.2006 Rs. C-308/04 P – *SGL Carbon AG/Kommission* Slg. 2006, I-5977 Rn. 94; EuGH U. v. 21.9.2006 Rs. C-105/04 P – *Nederlandse Federatieve Vereniging voor de Groothandel op Elektrotechnisch Gebied u. a./Kommission* Slg. 2006, I-8725 Rn. 50; EuGH U. v. 21.9.2006 Rs. C-113/04 P – *Technische Unie BV/Kommission* Slg. 2006, I-8831 Rn. 55; EuGH U. v. 8.2.2007 Rs. C-3/06 P – *Groupe Danone/Kommission* Slg. 2007, I-1331 Rn. 68; EuGH U. v. 10.5.2007 Rs. C-328/05 P – *SGL Carbon AG/Kommission* Slg. 2007, I-3921 Rn. 70; EuG U. v. 15.3.2006 Rs. T-15/02 – *BASF AG/Kommission* Slg. 2006, II-497 Rn. 44; ähnlich EuG U. v. 13 12. 2006 verb. Rs. T-217/03 u. T-245/03 – *Fédération nationale de la coopération bétail et viande u. a./Kommission* Slg. 2006, II-4987 Rn. 217; EuG U. v. 18.6.2008 Rs. T-410/03 – *Hoechst GmbH/Kommission* Slg. 2008, II-881 Rn. 420.

stimmten Voruntersuchungsverfahren beeinträchtigt werden, die – wie etwa das in Art. 20 VO 1/2003 geregelte Nachprüfungsverfahren – für die Feststellung der Rechtswidrigkeit der Verhaltensweisen von Unternehmen von entscheidender Bedeutung sein können.[64]

3. Unionsverfassungsrechtlich garantierter Grundrechtsschutz im Nachprüfungsverfahren

Besondere Bedeutung kommt bei Nachprüfungen i. S. des Art. 20 VO 1/2003 zunächst **16** einmal dem unionsgrundrechtlich fundierten Schutz vor willkürlichen oder unverhältnismäßigen Eingriffen der öffentlichen Gewalt in die Sphäre der privaten Betätigung natürlicher oder juristischer Personen (a), dem ebenfalls unionsgrundrechtlich fundierten Schutz der Unverletzlichkeit von Privatwohnungen (b) sowie der Unverletzlichkeit von Geschäftsräumen (c) zu. Eine wichtige Rolle spielen im EU-kartellrechtlichen Nachprüfungsverfahren ferner einige ebenfalls zu den Unionsgrundrechten zählende Verteidigungsrechte,[65] deren „Wahrung" nach der Rechtsprechung des EuG wiederum als ein eigenständiger gemeinschaftsrechtlicher „Grundsatz von fundamentaler Bedeutung"[66] bzw. als eine „wesentliche Formvorschrift"[67] anzusehen ist. Zu diesen im Kontext des Art. 20 VO 1/2003 bedeutsamen Verteidigungsrechten gehören sowohl der höchstrichterlich anerkannte Anspruch auf juristischen Beistand und der die englische Kurzbezeichnung „Legal (Professional) Privilege" tragende Schutz der Vertraulichkeit des Schriftverkehrs zwischen Mandant und Rechtsanwalt (d) als auch das aus den unionsverfassungsrechtlichen Verteidigungsrechten abgeleitete (beschränkte) Aussage- bzw. Auskunftsverweigerungsrecht (e). Weniger bedeutsam sind im Nachprüfungsverfahren hingegen das Unionsgrundrecht der Unschuldsvermutung sowie der unionsverfassungsrechtliche Anspruch auf rechtliches Gehör (f).

a) Schutz vor willkürlichen oder unverhältnismäßigen Eingriffen der öffentli- **17** **chen Gewalt in die Sphäre der privaten Betätigung.** Zu den allgemeinen Grundsätzen des Unionsrechts, unter deren Berücksichtigung Art und Umfang der – einst in Art. 14 VO 17 und heute in Art. 20 VO 1/2003 geregelten – Nachprüfungsbefugnisse der Kommission zu prüfen sind, gehört zunächst einmal der erstmals im vieldiskutierten *Hoechst*-Urteil anerkannte[68] und in zahlreichen Folge-Urteilen der Unionsgerichte[69] bestätigte Schutz gegen willkürliche oder unverhältnismäßige Eingriffe der öffentlichen Gewalt

---

[64] So etwa EuGH U. v. 21.9.1989 verb. Rs. 46/87 u. 227/88 – *Hoechst/Kommission* Slg. 1989, 2859 Rn. 15; EuGH U. v. 17.10.1989 verb. Rs. 97–99/87 – *Dow Chemical Ibérica u. a./Kommission* Slg. 1989, 3165 Rn. 12; EuG U. v. 8.3.1995 Rs. T-34/93 – *Société Générale/Kommission* Slg. 1995, II-545 Rn. 73; EuG U. v. 14.11.2012 Rs. T-135/09 – *Nexans SA u. a./Kommission* NZKart 2013, 119 (120 Rn. 41).

[65] Zur unions*grundrechtlichen* Einordnung dieser Verteidigungsrechte vgl. nur EuGH U. v. 7.1.2004 verb. Rs. C-204, 205, 211, 213, 217 u. 219/00 P – *Aalborg Portland u. a./Kommission* Slg. 2004, I-123 Rn. 64; EuG U. v. 8.7.2008 Rs. T-99/04 – *AC-Treuhand AG/Kommission* Slg. 2008, II-1501 Rn. 46; sowie *Nehl* in: Heselhaus/Nowak (Fn. 17), § 54 Rn. 1; *Nowak* in: Terhechte (Fn. 58), § 14 Rn. 51.

[66] EuG U. v. 14.5.1998 Rs. T-348/94 – *Enso Española/Kommission* Slg. 1998, II-1875 Rn. 80.

[67] EuG U. v. 10.5.2001 verb. Rs. T-186/97 u. a. – *Kaufring u. a./Kommission* Slg. 2001, II-1337 Rn. 134.

[68] EuGH U. v. 21.9.1989 verb. Rs. 46/87 u. 227/88 – *Hoechst/Kommission* Slg. 1989, 2859 Rn. 19; ausführlich zu diesem Urteil vgl. nur *Kamburoglou/Pirrwitz* RIW 1990, 263 ff.; *Kulka* DB 1989, 2115 ff.; *Ress/Ukrow* EuZW 1990, 499 ff.; *Scholz* WuW 1990, 99 ff.; *v. Winterfeld* RIW 1992, 524 ff.

[69] Vgl. EuGH U. v. 17.10.1989 Rs. 85/87 – *Dow Benelux/Kommission* Slg. 1989, 3137 Rn. 30; EuGH U. v. 17.10.1989 verb. Rs. 97–99/87 – *Dow Chemical Ibérica u. a./Kommission* Slg. 1989, 3165 Rn. 16; EuG U. v. 11.12.2003 Rs. T-65/99 – *Strintzis Lines Shipping SA/Kommission* Slg. 2003, II-5433 Rn. 39; EuG U. v. 11.12.2003 Rs. T-59/99 – *Ventouris Group Enterprises SA/Kommission* Slg. 2003, II-5257 Rn. 119; EuG U. v. 14.11.2012 Rs. T-135/09 – *Nexans SA u. a./Kommission* NZKart 2013, 119 (119 Rn. 40); EuG U. v. 25.11.2014 Rs. T-402/13 – *Orange/Kommission,* Rn. 83.

in die **Sphäre der privaten Betätigung jeder natürlichen oder juristischen Person.** Der EuGH hat das Erfordernis eines solchen Schutzes seinerzeit als „allgemeinen Grundsatz des Gemeinschaftsrechts" anerkannt, da bereits zur Zeit des *Hoechst*-Urteils derartige Eingriffe in allen Rechtsordnungen der Mitgliedstaaten einer Rechtsgrundlage bedurften und aus den gesetzlich vorgesehenen Gründen gerechtfertigt sein mussten.[70]

18 Mit dem vorgenannten „allgemeinen Grundsatz des Gemeinschaftsrechts", der spätestens seit den Lissabonner Vertragsreformen als allgemeiner Grundsatz des Unionsrechts zu bezeichnen ist, hat der EuGH unbestritten eine gemeinschafts- bzw. unionsverfassungsrechtliche **Garantie des Gesetzesvorbehalts** anerkannt,[71] die als ein allgemeiner Rechtsgrundsatz des Unionsrechts ganz generell bei hoheitlichen Eingriffen in Unionsgrundrechte zu beachten ist.[72] Für die in der EU-Grundrechtecharta niedergelegten Rechte und Freiheiten hat diese in demokratietheoretischer und rechtsstaatlicher Hinsicht außerordentlich bedeutsame Garantie des Gesetzesvorbehalts einen expliziten Eingang in Art. 52 Abs. 1 GRC gefunden.[73] Darüber hinaus wird der vom EuGH anerkannte Schutz gegen willkürliche oder unverhältnismäßige Eingriffe der öffentlichen Gewalt in die Sphäre der privaten Betätigung natürlicher oder juristischer Person vielfach – teils explizit, teils implizit – als höchstrichterliche Bestätigung eines Unionsgrundrechts der allgemeinen Handlungsfreiheit interpretiert,[74] weshalb der im *Hoechst*-Urteil anerkannte „allgemeine Gesetzesvorbehalt" für Grundrechtseingriffe funktional der allgemeinen Handlungsfreiheit des Art. 2 Abs. 1 GG entspreche.[75] Diese Deutung der *Hoechst*-Rechtsprechung steht aber nach wie vor auf einem unsicheren Fundament, weil die „allgemeine Handlungsfreiheit" als ein eigenständiges Grundrecht im Rahmen der damaligen Gemeinschaftsrechtsordnung explizit lediglich im *Rau*-Urteil angesprochen[76] und in der nachfolgenden Rechtsprechung nicht mehr „bemüht" worden ist; ein Umstand, der zugleich erklären könnte, warum die allgemeine Handlungsfreiheit keinen Eingang in die o. g. EU-Grundrechtecharta gefunden hat.

19 Insoweit könnte sich der im *Hoechst*-Urteil angesprochene „Eingriff" in die Sphäre der privaten Betätigung jeder natürlichen oder juristischen Person auch auf eines der vom EuGH anerkannten Wirtschaftsgrundrechte beziehen, zu denen neben der Eigentumsfreiheit[77] auch die vom EuGH anerkannte – teils als „wirtschaftliche Handlungsfreiheit" bezeichnete[78] – unternehmerische Wirtschafts- bzw. wirtschaftliche Betätigungsfreiheit[79] so-

---

[70] So EuGH U. v. 21.9.1989 verb. Rs. 46/87 u. 227/88 – *Hoechst/Kommission* Slg. 1989, 2859 Rn. 19; bestätigt u. a. in EuGH U. v. 17.10.1989 Rs. 85/87 – *Dow Benelux/Kommission* Slg. 1989, 3137 Rn. 30.

[71] In diesem Sinne vgl. statt vieler *Hilf/Hörmann* NJW 2003, 1 (6).

[72] Näher zu dieser Garantie vgl. m. w. N. *Szczekalla* in: Heselhaus/Nowak (Fn. 17), § 7 Rn. 31.

[73] Ausführlicher zu diesem nach wie vor zahlreiche Detailfragen aufwerfenden Gesetzesvorbehalt vgl. etwa *Borowsky* in: Meyer (Fn. 42), Art. 52 Rn. 20 f.; *Streinz* in: ders. (Fn. 10), GR-Charta Art. 52 Rn. 23 ff.

[74] Explizit *Bernsdorff* in: Meyer (Fn. 42), Art. 7 GRC Rn. 15; *Haratsch* in: Heselhaus/Nowak (Fn. 17), § 18 Rn. 12; *Schilling* EuGRZ 2000, 3 (14); implizit *Lecheler* ZEuS 2003, 337 (342); vorsichtiger *Mayer* in: Grabitz/Hilf/Nettesheim (Fn. 10), nach Art. 6 EUV Rn. 121; *Szczekalla* DVBl. 2005, 286 (287).

[75] So *Lecheler* ZEuS 2003, 337 (342); ähnlich *Streinz* in: ders. (Fn. 10), GR-Charta Art. 6 Rn. 5.

[76] EuGH U. v. 21.5.1987 verb. Rs. 133–136/85 – *Walter Rau Lebensmittelwerke u. a./Bundesanstalt für landwirtschaftliche Marktordnung* Slg. 1987, 2289 Rn. 15 f. u. 19.

[77] Grdlg. EuGH U. v. 14.5.1974 Rs. 4/73 – *Nold/Kommission* Slg. 1974, 491 Rn. 12 ff.; EuGH U. v. 13.10.1979 Rs. 44/79 – *Hauer/Land Rheinland Pfalz* Slg. 1979, 3727 Rn. 17 ff.; m. w. N. *Heselhaus* in: Heselhaus/Nowak (Fn. 17), § 32 Rn. 1 ff.

[78] So etwa EuGH U. v. 29.4.2004, Rs. C-418/01 – *IMS Health/NDC Health* Slg. 2004, I-5039 Rn. 48; ebenso GA *Tesauro,* Schlussanträge v. 22.1.1998, Rs. C-200/96 – *Metronome Musik GmbH/Music Point Hokamp GmbH* Slg. 1998, I-1956 Ziff. 32.

[79] EuGH U. v. 19.9.1985 verb. Rs. 63 u. 147/84 – *Finsider/Kommission* Slg. 1985, 2857 Rn. 23 f.; m. w. N. *Nowak* in: Heselhaus/Nowak (Fn. 17), § 31 Rn. 1 ff.

wie die Handels-,[80] Vertrags-[81] und Wettbewerbsfreiheit[82] gehören, die überaus eng mit dem in Art. 15 GRC niedergelegten Unionsgrundrecht der Berufsfreiheit und mit dem in Art. 16 GRC verankerten Unionsgrundrecht der unternehmerischen Freiheit verbunden sind.[83]

Unabhängig davon, welche der beiden o. g. Deutungsvarianten den Vorzug verdient, stellt sich im Zusammenhang mit Art. 20 VO 1/2003 die sowohl in der Rechtsprechung als auch im Schrifttum bislang recht „stiefmütterlich" behandelte Frage, wann kartellverfahrensrechtliche Nachprüfungsmaßnahmen konkret den Charakter eines „Eingriffs" in die allgemeine oder wirtschaftliche Handlungsfreiheit bzw. in die wirtschaftliche Betätigungsfreiheit annehmen, der geeignet wäre, den an eine Beeinträchtigung subjektiver Unionsrechte anknüpfenden **Rechtsgrundsatz effektiven Rechtsschutzes** zu aktivieren.[84] Diesbezüglich ist grundsätzlich zwischen Nachprüfungen auf Grund eines schriftlichen (einfachen) Prüfungsauftrages i. S. des Art. 20 Abs. 3 VO 1/2003 und den einschneidenderen Nachprüfungen auf Grund eines formellen Nachprüfungsbeschlusses i. S. des Art. 20 Abs. 4 VO 1/2003 zu unterscheiden, da sich die in den persönlichen Schutzbereich der vorgenannten Unionsgrundrechte fallenden Nachprüfungsadressaten den erstgenannten Nachprüfungen problemlos entziehen können, während sie bei den letztgenannten Nachprüfungen zur Duldung und zur aktiven Mitwirkung[85] verpflichtet sind.[86] 20

Für die insbesondere durch das *PVC*-Urteil des EuGH und die entsprechende Rechtsmittelentscheidung des EuGH erhärtete[87] These, dass lediglich die auf der Grundlage eines formellen Nachprüfungsbeschlusses vorgenommenen Nachprüfungen in die vorgenannten Wirtschaftsgrundrechte bzw. in die allgemeine Handlungsfreiheit, „eingreifen" können[88] und insoweit den unionsgrundrechtlich fundierten Schutz gegen willkürliche oder unverhältnismäßige Eingriffe der öffentlichen Gewalt in die Sphäre der privaten Betätigung jeder natürlichen oder juristischen Person aktivieren, spricht auch die Rechtsprechung der Unionsgerichte zur **Anfechtbarkeit formeller Nachprüfungsbeschlüsse.**[89] Da die auf der 21

---

[80] EuGH U. v. 7.2.1985 Rs. 240/83 – *Procureur de la République/ADBHU* Slg. 1985, 531 Rn. 11; m. w. N. *Nowak* in: Heselhaus/Nowak (Fn. 17), § 31 Rn. 32.

[81] EuGH U. v. 16.1.1979 Rs. 151/78 – *Sukkerfabriken Nykøbing/Landwirtschaftsministerium* Slg. 1979, 1 Rn. 20; EuGH U. v. 5.10.1999 Rs. C-240/97 – *Spanien/Kommission* Slg. 1999, I-6571 Rn. 99; m. w. N. *Nowak* in: Heselhaus/Nowak (Fn. 17), § 31 Rn. 33.

[82] EuGH U. v. 7.2.1985 Rs. 240/83 – *Procureur de la République/ADBHU* Slg. 1985, 531 Rn. 9 ff.; EuGH U. v. 21.5.1987 verb. Rs. 133–136/85 – *Rau u. a./BALM* Slg. 1987, 2289 Rn. 15 ff.; EuGH U. v. 5.10.1994 Rs. C-280/93 *Deutschland/Rat* Slg. 1994, I-4973 Rn. 58 ff.; m. w. N. *Nowak* in: Heselhaus/Nowak (Fn. 17), § 31 Rn. 34 f.

[83] Näher dazu vgl. jeweils m. w. N. *Nowak* in: Behrens/Braun/Nowak (Fn. 28), S. 23 (28 ff.); *ders.* in: Heselhaus/Nowak (Fn. 17), § 30 Rn. 43 i. V. m. § 31 Rn. 1 ff.; *F. Schmidt,* Die unternehmerische Freiheit im Unionsrecht, 2010, S. 118 ff. u. S. 183 ff.; *Schöbener* in: Ennuschat/Geerlings/Mann/Pielow (Fn. 17), S. 159 (165 ff.).

[84] Zum Rechtsgrundsatz effektiven Rechtsschutzes bzw. zur unionsgrundrechtlichen Rechtsweg- und Rechtsschutzgarantie vgl. bereits m. w. N. unter Rn. 14.

[85] Vgl. nur EuGH U. v. 18.10.1989 Rs. 374/87 – *Orkem/Kommission* Slg. 1989, 3283 Rn. 22 i. V. m. 27; EuG U. v. 9.11.1994 Rs. T-46/92 – *The Scottish Football Association/Kommission* Slg. 1994, II-1039 Rn. 31; EuG U. v. 8.3.1995 Rs. T-34/93 – *Société Générale/Kommission* Slg. 1995, II-545 Rn. 72.

[86] Ausführlicher zur Unterscheidung zwischen Nachprüfungen auf Grund eines schriftlichen (einfachen) Prüfungsauftrages i. S. des Art. 20 Abs. 3 VO 1/2003 und Nachprüfungen auf Grund einer formellen Nachprüfungsentscheidung i. S. des Art. 20 Abs. 4 VO 1/2003 s. u. Rn. 58 ff.

[87] Vgl. EuG U. v. 20.4.1999 verb. Rs. T-305–307/94, T-313–316/94, T-318/94, T-325/94, T-328/94, T-329/94 u. T-335/94 – *Limburgse Vinyl Maatschappij u. a./Kommission* Slg. 1999, II-931 Rn. 422; bestätigt durch EuGH U. v. 15.10.2002 verb. Rs. C-238/99 P, C-244/99 P, C-245/99 P, C-247/99 P, C-250–252/99 P u. C-254/99 P – *Limburgse Vinyl Maatschappij u. a./Kommission* Slg. 2002, I-8375 Rn. 252 ff.

[88] So im Ergebnis auch *Vocke* (Fn. 18), S. 66.

[89] Zu dieser Rechtsprechung vgl. m. w. N. unter Rn. 98–102.

Grundlage derartiger Beschlüsse vorgenommenen Nachprüfungen nach obigen Ausführungen geeignet sind, den im *Hoechst*-Urteil grundrechtlich fundierten Schutz gegen willkürliche oder unverhältnismäßige Eingriffe der öffentlichen Gewalt in die Sphäre der privaten Betätigung zu beeinträchtigen, ist die von den Unionsgerichten anerkannte Anfechtbarkeit formeller Nachprüfungsbeschlüsse im Lichte des unionsverfassungsrechtlichen Grundsatzes effektiven Rechtsschutzes bzw. des Unionsgrundrechts auf effektiven Rechtsschutz zwingend geboten.

22 Umgekehrt lässt sich die bisherige Rechtsprechung der Unionsgerichte zur **Unanfechtbarkeit einfacher Prüfungsaufträge**[90] im Lichte des vorgenannten Unionsgrundrechts auf effektiven Rechtsschutz dahingehend interpretieren, dass Nachprüfungen auf der Grundlage eines solchen einfachen Auftrags eingedenk der vorausgesetzten Freiwilligkeit der Mitwirkung des Nachprüfungsadressaten *per se* keine materiellen Unionsgrundrechte beeinträchtigen und damit auch nicht dieses „Annexgrundrecht" auf effektiven Rechtsschutz aktivieren können. Würde man hingegen – wozu keine Veranlassung bestehen dürfte – auch die auf der Grundlage eines schriftlichen (einfachen) Prüfungsauftrages vorgenommenen Nachprüfungen als Eingriff in den unionsgrundrechtlich fundierten Schutz gegen willkürliche oder unverhältnismäßige Eingriffe der öffentlichen Gewalt in die Sphäre der privaten Betätigung jeder natürlichen oder juristischen Person qualifizieren, so wäre die bisherige Rechtsprechung zur Unanfechtbarkeit derartiger Prüfungsaufträge im Lichte des Unionsgrundrechts auf effektiven Rechtsschutz korrekturbedürftig.

23 **b) Schutz der Unverletzlichkeit von Privaträumen.** Eindeutig anerkannt hat der EuGH in seinem *Hoechst*-Urteil das später mehrfach bestätigte Unionsgrundrecht der Unverletzlichkeit der Privatwohnung natürlicher Personen,[91] in das die unionale Hoheitsgewalt nur unter Beachtung der unionsverfassungsrechtlichen Grundsätze der Verhältnismäßigkeit,[92] der Wesensgehaltsgarantie[93] sowie des allgemeinen Gesetzesvorbehalts[94] eingreifen darf. Einen derartigen Grundrechtseingriff gestattet der Kommission in gewissen Grenzen

---

[90] Zu dieser Rechtsprechung vgl. m. w. N. unter Rn. 99.

[91] Vgl. nur EuGH U. v. 21.9.1989 verb. Rs. 46/87 u. 227/88 – *Hoechst/Kommission* Slg. 1989, 2859 Rn. 17; EuGH U. v. 17.10.1989 Rs. 85/87 – *Dow Benelux/Kommission* Slg. 1989, 3137 Rn. 28; EuGH U. v. 17.10.1989 verb. Rs. 97–99/87 – *Dow Chemical Ibérica u. a./Kommission* Slg. 1989, 3165 Rn. 14; zum Unionsgrundrecht auf Unverletzlichkeit der Wohnung vgl. auch EuGH U. v. 18.6.2015 Rs. C-583/13 P *Deutsche Bahn u. a./Kommission* NZKart 2015, 337 Rn. 19.

[92] Nach dem in Art. 5 Abs. 4 EU verankerten und zu den allgemeinen Rechtsgrundsätzen des Unionsrechts gehörenden Grundsatz der Verhältnismäßigkeit dürfen insbesondere Handlungen der Unionsorgane und anderer Einrichtungen oder Stellen der Union nicht über die Grenzen dessen hinausgehen, was zur Erreichung des verfolgten Ziels geeignet und erforderlich ist, wobei – wenn mehrere geeignete Maßnahmen zur Auswahl stehen – die am wenigsten belastende Maßnahme zu wählen ist, vgl. nur EuGH, U. v. 14.7.2005, Rs. C-180/00 – *Niederlande/Kommission* Slg. 2005, I-6603 Rn. 103; EuG, U. v. 8.3.2007, Rs. T-339/04 – *France Télécom/Kommission* Slg. 2007, II-521 Rn. 117; EuG U. v. 25.11.2004 Rs. T-402/13 – *Orange/Kommission,* Rn. 22; ausführlicher zu diesem Grundsatz vgl. statt vieler und jeweils m. w. N. *v. Danwitz,* EWS 2003, 393 ff.; *Harbo,* ELJ 16 (2010), 158 ff.; *Kischel,* EuR 2000, 380 ff.; *Pache,* NVwZ 1999, 1033 ff.; *Schwarze,* Europäisches Verwaltungsrecht – Entstehung und Entwicklung im Rahmen der Europäischen Gemeinschaft, 2. Aufl. 2005, S. 690 ff.; *Szczekalla* in: Heselhaus/Nowak (Fn. 17), § 7 Rn. 41 ff.; *Trstenjak/Beysen,* EuR 2012, 265. Speziell zur kompetenzrechtlichen Bedeutung des in Art. 5 Abs. 4 EU niedergelegten Verhältnismäßigkeitsgrundsatzes vgl. m. w. N. *Saurer,* JZ 2014, 281 ff.

[93] Zu den in der EuGH-Rspr. noch nicht vollständig beseitigten Unklarheiten im Hinblick auf Inhalt, Funktion und Wirkungsweise dieser Garantie vgl. etwa m. w. N. *Szczekalla* in: Heselhaus/Nowak (Fn. 17), § 7 Rn. 49 ff.; ausführlicher zu der in Art. 52 Abs. 1 GRC niedergelegten Wesensgehaltsgarantie als „Schranken-Schranke" der in der EU-Grundrechtecharta niedergelegten Rechte und Freiheiten vgl. etwa *Borowsky* in: Meyer (Fn. 42), Art. 52 Rn. 23 f.; *Streinz* in: ders. (Fn. 10), GR-Charta Art. 52 Rn. 26.

[94] Zur Anerkennung des unionsrechtlichen Gesetzesvorbehalts durch den EuGH und zur zusätzlichen Absicherung dieser Garantie in Art. 52 Abs. 1 GRC vgl. Rn. 18.

erstmals Art. 21 VO 1/2003, der insoweit wiederum im Lichte des Unionsgrundrechts der Unverletzlichkeit von Privaträumen auszulegen ist.[95]

Während das **Unionsgrundrecht der Unverletzlichkeit von Privaträumen** bei 24 Nachprüfungen auf der Grundlage des Art. 21 VO 1/2003 naturgemäß von herausragender Bedeutung ist, kann dieses Grundrecht bei Nachprüfungen auf der Grundlage des Art. 20 VO 1/2003 ausnahmsweise nur dann tangiert und verletzt werden, wenn die Kommission die tatbestandsmäßigen Grenzen dieser Vorschrift missachtet, indem sie sich im konkreten Einzelfall ausnahmsweise nicht auf das Betreten betrieblicher oder geschäftlich genutzter „Räumlichkeiten, Grundstücke und Transportmittel von Unternehmen und Unternehmensvereinigungen" beschränkt. Daher stellt sich im Anwendungsbereich des Art. 20 VO 1/2003 allein bzw. in erster Linie die Frage, ob sich die betroffenen Nachprüfungsadressaten i. S. des Art. 20 Abs. 1 VO 1/2003 auf ein Unionsgrundrecht der Unverletzlichkeit von Geschäftsräumen berufen können, dem ggf. erhebliche Bedeutung bei der Auslegung und Anwendung des Art. 20 VO 1/2003 zukommen würde.

c) Schutz der Unverletzlichkeit von Geschäftsräumen. Einem sowohl über die Er- 25 fordernisse des Schutzes gegen willkürliche oder unverhältnismäßige Eingriffe der öffentlichen Gewalt in die Sphäre der privaten Betätigung jeder natürlichen oder juristischen Person als auch über das vom EuGH anerkannte Unionsgrundrecht der Unverletzlichkeit der Privaträume natürlicher Personen hinaus gehenden Unionsgrundrecht der Unverletzlichkeit von Geschäftsräumen, das in etwa dem nach der Rechtsprechung des BVerfG in Art. 13 GG verankerten Grundrecht der Unverletzlichkeit der Geschäftsräume[96] entsprechen würde, hat der EuGH im *Hoechst*-Urteil – anders als GA *Mischo* in seinen einschlägigen Schlussanträgen vom 21. Februar 1989[97] – zunächst die Anerkennung verweigert, „da die Rechtsordnungen der Mitgliedstaaten in bezug auf Art und Umfang des Schutzes von Geschäftsräumen gegen behördliche Eingriffe nicht unerhebliche Unterschiede aufweisen".[98] Auch Art. 8 EMRK, nach dessen Absatz 1 „jedermann [...] Anspruch auf Achtung seines Privat- und Familienlebens, seiner Wohnung und seines Briefverkehrs" hat, konnte den EuGH seinerzeit nicht zur Anerkennung eines solchen Grundrechts bewegen, da der Schutzbereich dieses Artikels nach der im *Hoechst*-Urteil vertretenen Auffassung des EuGH ausschließlich die freie Entfaltung der Persönlichkeit betreffe und sich daher nicht auf Geschäftsräume ausdehnen lasse.[99]

Die im *Hoechst*-Urteil einst **unterbliebene Anerkennung eines Unionsgrundrechts** 26 **der Unverletzlichkeit von Geschäftsräumen,** die im Schrifttum vielfach kritisiert wurde[100] und an der in nachfolgenden Urteilen dennoch zunächst uneingeschränkt festgehalten worden ist,[101] lässt sich retrospektiv durchaus als „verfassungspolitischer Missgriff" bezeich-

---

[95] Zum Gebot der unionsgrundrechtskonformen Auslegung sekundären Unionsrechts vgl. bereits Rn. 10.

[96] Näher dazu vgl. m. w. N. *Hermes* in: Dreier (Hrsg.), GG-Kommentar, 2. Aufl. 2004, Art. 13 Rn. 28; *Jarass* in: ders./Pieroth (Hrsg.), Grundgesetz für die Bundesrepublik Deutschland – Kommentar, 12. Aufl. 2012, Art. 13 Rn. 5; *Kühne* in: Sachs (Hrsg.), Grundgesetz – Kommentar, 6. Aufl. 2011, Art. 13 Rn. 4.

[97] Vgl. die Schlussanträge von GA *Mischo* v. 21.2.1989 verb. Rs. 46/87 u. 227/88 – *Hoechst/Kommission* Slg. 1989, 2875 Ziff. 103, in denen er dem EuGH auf Grund einer „allgemeinen Tendenz" zugunsten einer Gleichstellung von Privat- und Geschäftsräumen im nationalen Recht vorschlug, „ausdrücklich die Existenz eines gemeinschaftsrechtlichen Grundrechts der Unverletzlichkeit von Geschäftsräumen anzuerkennen".

[98] EuGH U. v. 21.9.1989 verb. Rs. 46/87 u. 227/88 – *Hoechst/Kommission* Slg. 1989, 2859 Rn. 17.

[99] EuGH ebd. (Rn. 18), mit dem weiteren Hinweis, dass hierzu keine EGMR-Rechtsprechung vorliege.

[100] Kritisch *Klocker* WuW 1990, 109 ff.; *Kulka* DB 1989, 2115 ff.; *Ress/Ukrow* EuZW 1990, 499 ff.; *Scholz* WuW 1990, 99 ff.; dem EuGH diesbzgl. zustimmend *Kamburoglou/Pirrwitz* RIW 1990, 263 ff.

[101] Vgl. insb. EuG U. v. 20.4.1999 verb. Rs. T-305–307/94, T-313–316/94, T-318/94, T-325/94, T-328/94, T-329/94 u. T-335/94 – *Limburgse Vinyl Maatschappij u. a./Kommission* Slg. 1999, II-931 Rn. 419 f.

nen,[102] da der EGMR bereits wenige Monate vor dem *Hoechst*-Urteil des EuGH die Anwendbarkeit des Art. 8 Abs. 1 EMRK auf die Durchsuchung eines Hauses bejaht hatte, in dem sich sowohl Betriebs- als auch Geschäftsräume befanden.[103] In seinem *Niemitz*-Urteil aus dem Jahre 1992 unterstellte der EGMR sodann die Geschäftsräume einer Anwaltskanzlei ausdrücklich dem Schutz des Art. 8 Abs. 1 EMRK.[104] Mit dem *Colas Est*-Urteil vom 16. April 2002[105] erreichte die grundrechtsdogmatische Divergenz zwischen der *Hoechst*-Rechtsprechung des EuGH und der die Unverletzlichkeit von Geschäftsräumen anerkennenden EGMR-Rechtsprechung eine neue Dimension. In diesem Urteil hat der EGMR nämlich nicht nur entschieden, dass eine dynamische und weite Bestimmung des Schutzbereichs des Grundrechts auf Unverletzlichkeit der Wohnung erforderlich ist und insoweit auch die Geschäftsräume juristischer Personen vom Schutzbereich des Art. 8 Abs. 1 EMRK erfasst werden. Vielmehr hat der EGMR in dieser Entscheidung auch deutlich gemacht, dass eine Nachprüfung in den Geschäftsräumen eines Unternehmens selbst dann als Eingriff in Art. 8 Abs. 1 EMRK anzusehen ist, wenn sich dessen Personal der Nachprüfung nicht widersetzt bzw. darin einwilligt.[106] Angesichts dieser Fortentwicklungen, aus denen das EuG in seinem *PVC*-Urteil vom 20. April 1999 – mit recht fadenscheiniger Begründung – noch keine in die Anerkennung eines Unionsgrundrechts der Unverletzlichkeit von Geschäftsräumen einmündenden Konsequenzen ziehen zu müssen meinte,[107] stellte sich bis zum Oktober 2002 die Frage, wie der EuGH künftig unter Berücksichtigung der progressiven EGMR-Rechtsprechung über die (Nicht-)Existenz eines Unionsgrundrechts der Unverletzlichkeit von Geschäftsräumen entscheiden würde.

27 Eine erste gute Gelegenheit zur Klärung dieser Frage hat der EuGH in seiner *PVC*-Rechtsmittelentscheidung vom 15. Oktober 2002 ungenutzt verstreichen lassen.[108] Eine zweite – vermutlich ganz bewusst nicht genutzte – Gelegenheit zur Klärung dieser Frage gab dem EuGH eine Woche später das **Vorabentscheidungsurteil in der Rs. *Roquette Frères*.**[109] In dieser Rs. hatte das französische Gericht des Ausgangsverfahrens den EuGH zwar u. a. danach gefragt, ob er angesichts der neueren, oben skizzierten EGMR-Rechtsprechung an seiner bisherigen *Hoechst*-Rechtsprechung festhalten wolle. Im Hinblick auf die Frage nach der heutigen Existenz eines Unionsgrundrechts der Unverletzlichkeit von Geschäftsräumen juristischer Personen hat der EuGH in seinem *Roquette Frères*-Urteil jedoch eine klare Antwort vermissen lassen. Vielmehr erinnerte er zunächst daran, dass das im *Hoechst*-Urteil seinerzeit hervorgehobene Erfordernis eines Schutzes vor willkürlichen oder unverhältnismäßigen Eingriffen der öffentlichen Gewalt in die Sphäre der privaten Betätigung natürlicher oder juristischer Personen einen allgemeinen Grundsatz des Gemeinschafts- bzw. Unionsrechts darstellt.[110] Anknüpfend an diese **Bestätigung der *Hoechst*-Rechtsprechung** führte der EuGH sodann in mehrdeutiger Weise aus, dass bei „der Bestimmung der Tragweite dieses Grundsatzes hinsichtlich des Schutzes der Geschäftsräume von Unternehmen […] die nach dem Urteil Hoechst/Kommission

[102] Zutr. *Nehl* in: Behrens/Braun/Nowak (Fn. 28), S. 73 (84).
[103] EGMR U. v. 30.5.1989 – *Chappell* Serie A, Nr. 152-A, S. 21 ff.
[104] EGMR U. v. 16.12.1992 – *Niemitz* Serie A, Nr. 251-B, S. 34 f.
[105] EGMR U. v. 16.4.2002 – *Sociétés Colas Est/Frankreich* Serie A, Nr. 37 971/97.
[106] Zu dem hiervon abweichenden grundrechtsdogmatischen Ansatz des EuGH vgl. Rn. 20–22.
[107] Vgl. EuG U. v. 20.4.1999 verb. Rs. T-305–307/94, T-313–316/94, T-318/94, T-325/94, T-328/94, T-329/94 u. T-335/94 – *Limburgse Vinyl Maatschappij u. a./Kommission* Slg. 1999, II-931 Rn. 419.
[108] EuGH U. v. 15.10.2002 verb. Rs. C-238/99 P, C-244/99 P, C-245/99 P, C-247/99 P, C-250–252/99 P u. C-254/99 P – *Limburgse Vinyl Maatschappij u. a./Kommission* Slg. 2002, I-8375 Rn. 236 ff., insb. Rn. 251.
[109] EuGH U. v. 22.10.2002 Rs. C-94/00 *Roquette Frères/Directeur général de la concurrence, de la consommation et de la répression des fraudes* Slg. 2002, I-9011 ff.
[110] EuGH ebd. (Rn. 27 f.).

ergangene Rechtsprechung des [EGMR] zu berücksichtigen [ist], aus der sich zum einen ergibt, dass der Schutz der Wohnung, um den es in Artikel 8 EMRK geht, unter bestimmten Umständen auf Geschäftsräume ausgedehnt werden kann [...], und zum anderen, dass der Eingriffsvorbehalt nach Artikel 8 Absatz 2 EMRK bei beruflichen oder geschäftlichen Tätigkeiten oder Räumen sehr wohl weiter gehen könnte als in anderen Fällen [...]".[111]

Mit diesen – einerseits das *Hoechst*-Urteil bestätigenden, andererseits auf neuere Grundrechtsentwicklungen im EMRK-Bereich rekurrierenden – Ausführungen bestätigt der EuGH zwar seine bereits in früheren Entscheidungen angekündigte Bereitschaft, progressiven **Fortentwicklungen in der EGMR-Rechtsprechung** „Rechnung zu tragen".[112] Die im *Roquette Frères*-Urteil zur Kenntnis genommene Einbeziehung von Geschäftsräumen in den Schutzbereich des Art. 8 Abs. 1 EMRK und der ergänzende Hinweis auf den weitreichenden Eingriffsvorbehalt nach Art. 8 Abs. 2 EMRK führen in der Sache jedoch kaum weiter, da der EuGH nicht deutlich machte, ob er sich die vom EGMR vorgenommene Schutzbereichserweiterung nunmehr in Ansehung des Unionsgrundrechts der Unverletzlichkeit von Privaträumen wirklich zu eigen macht und wie sich diese EMRK-rechtlichen Fortentwicklungen konkret bei der Bestimmung der Tragweite des im *Hoechst*-Urteil anerkannten allgemeinen Gesetzesvorbehalts auswirken sollen. **28**

Ein über den bekannten bzw. herkömmlichen „*Hoechst*-Grundsatz" hinausgehendes (eigenständiges) Unionsgrundrecht der Unverletzlichkeit von Geschäftsräumen, das vor allem bei der gemäß Art. 20 Abs. 8 VO 1/2003 unter gewissen Umständen auch von mitgliedstaatlichen Gerichten zu leistenden[113] Abwägung i. R. der Verhältnismäßigkeitsprüfung zu einer Gewichtsverschiebung zugunsten der Nachprüfungsadressaten führen könnte,[114] hat der EuGH im *Roquette Frères*-Urteil weder explizit anerkannt[115] noch ausgeschlossen.[116] Vermutlich hat der EuGH die Frage nach der Existenz eines eigenständigen Unionsgrundrechts der Unverletzlichkeit von Geschäftsräumen seinerzeit sogar ganz bewusst offen gelassen,[117] wie er dies beispielsweise auch im Zusammenhang mit der umstrittenen Frage nach der Existenz eines Unionsgrundrechts auf Dokumentenzugangsfreiheit lange Zeit getan hat.[118] **29**

Mit dieser defensiven Vorgehensweise, die einen latenten Unwillen erkennen ließ, die eigene Rechtsprechung klar zu revidieren,[119] ist der EuGH seiner herausragenden verfassungsgerichtlichen Rolle i. R. des europäischen Verfassungsverbundes in diesem speziellen Bereich nur bedingt gerecht geworden. Das EuG hat das im *Roquette Frères*-Urteil im Hinblick auf die fragliche Existenz eines eigenständigen Unionsgrundrechts der Unverletzlich- **30**

---

[111] EuGH ebd. (Rn. 29).

[112] So etwa EuGH U. v. 15.10.2002 verb. Rs. C-238/99 P, C-244/99 P, C-245/99 P, C-247/99 P, C-250–252/99 P u. C-254/99 P – *Limburgse Vinyl Maatschappij u. a./Kommission* Slg. 2002, I-8375 Rn. 274; ähnlich EuG U. v. 29.4.2004 verb. Rs. T-236/01, T-239/01, T-244/01 bis T-246/01, T-251/01 u. T-252/01 – *Tokai Carbon u. a./Kommission* Slg. 2004, II-1181 Rn. 405.

[113] Näher zur Rolle mitgliedstaatlicher Gerichte im Nachprüfungsverfahren siehe Rn. 84–94.

[114] Zutr. *Schwarze/Weitbrecht,* Grundzüge des europäischen Kartellverfahrensrechts, 2004, § 5 Rn. 22.

[115] Offensichtlich a. A. vgl. *Lienemeyer/Waelbroeck* CMLRev. 2003, 1481 (1482).

[116] Ähnlich *Meyer/Kuhn* WuW 2004, 880 (881 f.), wonach der EuGH die Formulierung eines speziellen Grundrechts der Unverletzlichkeit von Geschäftsräumen juristischer Personen bislang vermieden habe; ähnlich *Vocke* (Fn. 18), S. 60. Die Existenz eines *eigenständigen* Unionsgrundrechts der Unverletzlichkeit von Geschäftsräumen vor diesem Hintergrund ebenfalls in Zweifel ziehend vgl. *Haratsch* in: Heselhaus/Nowak (Fn. 17), § 18 Rn. 15, der den Schutz der Unverletzlichkeit von Geschäftsräumen allerdings als vom Unionsgrundrecht der allgemeinen Handlungsfreiheit umfasst ansieht; zu gleichwohl bestehenden Zweifeln an der Existenz eines Unionsgrundrechts der allgemeinen Handlungsfreiheit siehe bereits oben Rn. 18.

[117] So *Nehl* in: Behrens/Braun/Nowak (Fn. 28), S. 73 (85 f.).

[118] Näher dazu mit einschlägigen Rechtsprechungsnachweisen *Nowak* DVBl. 2004, 272 (279 f.).

[119] Zutr. *Nehl* in: Behrens/Braun/Nowak (Fn. 28), S. 73 (86).

keit von Geschäftsräumen hinterlassene Vakuum später zunächst nicht gefüllt; vielmehr hat es in drei nachfolgenden Entscheidungen, in denen es um die Frage der Rechtmäßigkeit bestimmter Nachprüfungen der Kommission in Geschäftsräumen von juristischen Personen ging, maßgeblich auf die im *Roquette Frères*-Urteil bestätigte *Hoechst*-Rechtsprechung rekurriert, ohne dabei auch nur ansatzweise von einem Unionsgrundrecht der Unverletzlichkeit von Geschäftsräumen zu sprechen.[120]

31 Der Umstand, dass sich der EuGH im *Roquette Frères*-Urteil nicht in eindeutiger Weise zu einer Einbeziehung von Geschäftsräumen in den Schutzbereich des von ihm bereits anerkannten Unionsgrundrechts der Unverletzlichkeit von Privatwohnungen hat durchringen können,[121] schließt die Existenz eines über den allgemeinen Gesetzesvorbehalt i. S. der *Hoechst*-Rechtsprechung hinausgehenden (eigenständigen) Unionsgrundrechts der Unverletzlichkeit von Geschäftsräumen gleichwohl nicht aus, da die Existenz eines Unionsgrundrechts nicht dessen explizite höchstrichterliche Bestätigung bzw. Anerkennung voraussetzt. Vielmehr kommt es bei der Ermittlung der zu den allgemeinen Rechtsgrundsätzen des Unionsrechts gehörenden Unionsgrundrechte gemäß Art. 6 Abs. 3 EU und gemäß der hiermit weitgehend übereinstimmenden **Methode der wertenden Rechtsvergleichung** entscheidend darauf an, ob sich aus der EMRK und aus den mitgliedstaatlichen Verfassungstraditionen Hinweise für die Existenz eines entsprechenden „allgemeinen Rechtsgrundsatzes" entnehmen lassen und ob sich ein solcher – im Wege der rechtsvergleichenden Gesamtschau auffindbarer – Grundsatz als Unionsgrundrecht in die Ziele und Strukturen der Unionsrechtsordnung einfügt.[122]

32 Nach den oben geschilderten Fortentwicklungen in der Art. 8 EMRK betreffenden EGMR-Rechtsprechung, die sich im Hinblick auf die Einbeziehung von Geschäftsräumen in den in Art. 8 Abs. 1 EMRK enthaltenen Wohnungsbegriff später weiter konsolidiert hat,[123] spricht die EMRK heute – anders als noch zu Zeiten des *Hoechst*-Urteils – eindeutig für die Anerkennung eines eigenständigen Unionsgrundrechts der Unverletzlichkeit von Geschäftsräumen. Darüber hinaus wird die Frage nach der Ziel- und Strukturkonformität bzw. -kompatibilität eines solchen Unionsgrundrechts durch Art. 7 GRC i. V. m. Art. 52 Abs. 3 GRC im positiven Sinne beantwortet: Art. 7 GRC gewährleistet seinem Wortlaut nach zwar lediglich das jeder „Person" zustehende „Recht auf Achtung ihres Privat- und Familienlebens, ihrer Wohnung sowie ihrer Kommunikation". Die Bezugnahme auf Art. 8 EMRK in den Erläuterungen des Konventspräsidiums zu Art. 7 GRC,[124] Art. 52 Abs. 3 GRC sowie der Art. 7 GRC betreffende Diskussionsverlauf im Konvent[125] verdeutlichen jedoch, dass die oben skizzierte EGMR-Rechtsprechung zu Art. 8 EMRK in Art. 7 GRC übernommen und der Wohnungsbegriff auf Betriebs- und Geschäftsräume ausgedehnt werden sollte.[126] Im Übrigen spricht für die Ziel- und Strukturkonformität eines insoweit anerkennungsfähigen und anerkennungsbedürftigen Unionsgrundrechts der Unverletzlichkeit von Geschäftsräumen der Umstand, dass die Nachprüfungsbefugnisse der Kommission mit Ersetzung der VO 17 durch die VO 1/2003

---

[120] Vgl. EuG U. v. 11.12.2003 Rs. T-59/99 – *Ventouris Group Enterprises/Kommission* Slg. 2003 II-5257 Rn. 119 ff.; EuG U. v. 11.12.2003 Rs. T-65/99 – *Strintzis Lines Shipping/Kommission* Slg. 2003, II-5433 Rn. 39 ff.; EuG U. v. 11.12.2003 Rs. T-66/99 – *Minoan Lines/Kommission* Slg. 2003, II-5515 Rn. 49 ff.

[121] Zutr. *Hilf/Hörmann* NJW 2003, 8.

[122] In diesem Sinne vgl. auch *Ehlers* (Fn. 35), § 14 Rn. 8; *Rengeling/Szczekalla* (Fn. 42), § 1 Rn. 8.

[123] Vgl. nur EGMR U. v. 28.4.2005 – *Buck/Deutschland* NJW 2006, 1495 ff.; EGMR U. v. 9.4. 2009 – *Kolesnichenko/Russland* NJW 2010, 2109 ff.

[124] Ein Abdruck dieser Erläuterungen findet sich u. a. in EuGRZ 2000, 559 ff.

[125] Näher dazu *Bernsdorff* in: Meyer (Fn. 42), Art. 7 GRC Rn. 6 ff.

[126] Zutr. *Schwarze/Weitbrecht* (Fn. 114), § 5 Rn. 21; *Vocke* (Fn. 18), S. 64; ähnlich *Jahn* (Fn. 11), S. 312; *Lampert/Niejahr/Kübler/Weidenbach,* EG-KartellVO – Praxiskommentar, 2004, Art. 20 Rn. 393.

erheblich erweitert worden sind und dass die hiermit bewirkte Stärkung der Kommission im Interesse der auch vom Unionsrichter immer wieder eingeforderten Waffengleichheit[127] und Verfahrensfairness[128] einer umfassenderen unionsgrundrechtlichen Eingrenzung bedarf,[129] die den seinerzeit im *Hoechst*-Urteil entwickelten allgemeinen Gesetzesvorbehalt und die nachfolgend anzusprechenden Verteidigungsrechte ergänzt. Vor diesem Hintergrund ist es durchaus erfreulich, dass der Unionsrichter immer klarer zu erkennen gibt, dass er offenbar bereit ist, den oben und andernorts[130] eingeforderten **Rechtsprechungswandel** endlich vorzunehmen. Hierfür spricht zum einen das bereits im Jahre 2008 in der primär vergaberechtlichen Rs. *Varec* ergangene Urteil, in dem der EuGH unter Bezugnahme auf Art. 7 GRC sowie auf Art. 8 EMRK und die dazugehörige EGMR-Rechtsprechung immerhin schon einmal feststellte, dass „aus der Rechtsprechung des EGMR hervor[geht], dass der Begriff Privatleben nicht dahin ausgelegt werden darf, dass die beruflichen und geschäftlichen Tätigkeiten natürlicher und juristischer Personen hiervon ausgeschlossen sind".[131] Zum anderen ist in diesem Kontext auf das noch sehr viel jüngere und einschlägigere Urteil des EuG vom 6. September 2013 in der Rs. *Deutsche Bahn* hinzuweisen, in dem u. a. festgestellt wird, dass die Ausübung der der Kommission durch Art. 20 Abs. 4 VO 1/2003 übertragenen Nachprüfungsbefugnisse bei einem Unternehmen einen offensichtlichen Eingriff in dessen Recht auf Achtung seiner Privatsphäre, seiner Räumlichkeiten und seiner Korrespondenz darstellt.[132] Sehr viel deutlicher lässt sich die – aus den oben genannten Gründen gebotene – unionsgrundrechtliche Unterschutzstellung von Betriebs- oder Geschäftsräumen natürlicher und/oder juristischer Personen wohl kaum zum Ausdruck bringen.

d) Unionsgrundrecht auf juristischen Beistand und das unionsgrundrechtliche „Legal Privilege". Zu den im oben genannten *Hoechst*-Urteil anerkannten allgemeinen Grundsätzen des Gemeinschaftsrechts [jetzt: Unionsrechts], die nach der gefestigten Rechtsprechung des Unionsrichters zu den bereits im Nachprüfungsverfahren zu beachtenden „Verteidigungsrechten" gehören, zählt auch das **Recht auf Hinzuziehung eines juristi-** 33

[127] EuG U. v. 20.3.2002 Rs. T-16/99 – *Lögstör Rör (Dt.)/Kommission* Slg. 2002, II-1633 Rn. 142; EuG U. v. 27.9.2006 Rs. T-314/01 – *Coöperatieve Verkoop- en Productievereniging van Aardappelmeel en Derivaten Avebe BA/Kommission* Slg. 2006, II-3085 Rn. 66; EuG U. v. 12.9.2007 Rs. T-36/04 – *Association de la presse internationale ASBL/Kommission* Slg. 2007, II-3201 Rn. 79; EuGH U. v. 6.11.2012 Rs. C-199/11 – *EG/Otis NV u. a.* EuZW 2013, 24 ff., m. Anm. *Landbrecht* EuZW 2013, 28 f.; *Nowak* fireu-Newsletter Nr. 12, Dez. 2012 (abrufbar unter: www.fireu.de); *Paulus* ÖZK 2012, 231 ff.; *Raue* WRP 2013, 147 ff.

[128] EuG U. v. 20.3.2002 Rs. T-21/99 – *Dansk Rørindustrie/Kommission* Slg. 2002, II-1681 Rn. 155 f.; zur höchstrichterlichen Anerkennung des Unionsgrundrechts auf ein faires Verfahren vgl. ferner EuGH U. v. 25.1.2007 Rs. C-407/04 P – *Dalmine SpA/Kommission* Slg. 2007, I-829 Rn. 58; EuGH U. v. 25.1.2007 Rs. C-411/04 P – *Salzgitter Mannesmann GmbH/Kommission* Slg. 2007, I-959 Rn. 40; EuG U. v. 12.9.2007 Rs. T-36/04 – *Association de la presse internationale ASBL/Kommission* Slg. 2007, II-3201 Rn. 63; EuGH, U. v. 14.2.2008 Rs. C-450/06 – *Varec SA/Belgien* Slg. 2008, I-581 Rn. 52; m. w. N. und näher zu diesem Unionsgrundrecht und zu seiner Relevanz im speziellen Bereich des EU-Kartell(verfahrens)rechts vgl. *Einarsson,* Yearbook of European Law 25 (2006), 555 ff.; *Lenaerts,* NZKart 2013, 175 ff.; *Nowak* in: Terhechte (Fn. 58), § 14 Rn. 44; *Slater/Thomas/Waelbroeck,* The Global Competition Law Centre Working Paper 4/2008, 1 ff.

[129] Sehr ähnlich auch *Vocke* (Fn. 18), S. 65.

[130] Vgl. *Meyer/Kuhn* WuW 2004, 880 (883), die es ebenfalls „begrüßen" würden, wenn der EuGH hier den Schritt zur EMRK vollziehen und seine Rechtsprechung ausdrücklich an der EMRK orientieren würde.

[131] EuGH, U. v. 14.2.2008 Rs. C-450/06 – *Varec SA/Belgien* Slg. 2008, I-581 Rn. 48.

[132] EuG, U. v. 6.9.2013 verb. Rs. T-289/11, T-290/11 u. T-521/11 – *Deutsche Bahn u. a./Kommission* NZKart 2013, 407 Rn. 65; bestätigt in EuG U. v. 25.11.2014 Rs. T-402/13 – *Orange/Kommission,* Rn. 54; ausführlich zur erstgenannten – nachfolgend noch mehrfach anzusprechenden – Entscheidung vgl. *Bischke* NZKart 2013, 397 ff.; *Röhrig* WuW 2014, 814 ff., sowie die dazugehörigen Rechtsmittelentscheidung des EuGH U. v. 18.6.2015 Rs. C-583/13 P – *Deutsche Bahn u. a./Kommission* NZKart 2015, 337 ff.

schen Beistands.[133] Dieses Recht, das zugleich von der in Art. 48 Abs. 2 GRC angesprochenen Achtung der Verteidigungsrechte umfasst ist und auf der Ebene des verwaltungsgerichtlichen Individualrechtsschutzes vor allem durch das in Art. 47 Abs. 2 Satz 2 GRC niedergelegte „Jedermann"-Grundrecht auf Beratung, Verteidigung und Vertretung flankiert wird, ist Ausdruck der gemeinsamen Rechtstraditionen der EU-Mitgliedstaaten, nach welcher der Anwalt als ein „Mitgestalter" der Rechtspflege in völliger Unabhängigkeit dem Mandanten die rechtliche Unterstützung zu gewähren hat, die dieser benötigt.[134] Folglich kann ein Nachprüfungsadressat vor Beginn kartellverfahrensrechtlicher Nachprüfungsmaßnahmen darauf bestehen, einen Anwalt seiner Wahl zu informieren und zu konsultieren. Einen Anspruch darauf, dass die Ermittler bei unangekündigten Nachprüfungen mit deren Beginn bis zum Eintreffen des Anwalts warten, verleiht dieses Recht nach bislang vorherrschender Auffassung zwar nicht.[135] Gleichwohl gesteht die Kommission den betreffenden Unternehmen und Unternehmensvereinigungen in diesen Fällen immerhin eine – allerdings strikt – begrenzte Wartezeit zu,[136] sofern die Nachprüfung hierdurch nicht unangemessen verzögert oder behindert wird[137] und der Nachprüfungsadressat versichert bzw. verspricht, die jeweiligen Geschäftsunterlagen an dem Ort und in dem Zustand zu belassen, wo und wie sie sich bei der Ankunft der Ermittler befunden haben.[138] Die Frage, ob es sich bei der Einräumung einer solchen Wartefrist um einen bereits zweifelsfrei feststehenden Anspruch des Nachprüfungsadressaten handelt, ist momentan noch mit einer gewissen Vorsicht zu beantworten. Diesbezüglich hat das EuG in jüngerer Zeit zunächst einmal die Auffassung vertreten, dass die Anwesenheit eines auswärtigen Rechtsanwalts oder eines in der Firma tätigen Rechtsanwalts bei einer Nachprüfung der Kommission möglich ist, die Rechtmäßigkeit der Nachprüfung aber nicht davon abhängt.[139] Gleichwohl könnte es sich

---

[133] EuGH U. v. 21.9.1989 verb. Rs. 46/87 u. 227/88 – *Hoechst/Kommission* Slg. 1989, 2859 Rn. 16; bestätigt u. a. in EuGH U. v. 17.10.1989 Rs. 85/87 – *Dow Benelux/Kommission* Slg. 1989, 3137 Rn. 27; EuGH U. v. 22.10.2002 Rs. C-94/00 – *Roquette Frères/Directeur général de la concurrence, de la consommation et de la répression des fraudes* Slg. 2002, I-9011 Rn. 46; EuGH U. v. 18.6.2015 Rs. C-583/13 P – *Deutsche Bahn u. a./Kommission* NZKart 2015, 337 Rn. 31.

[134] EuGH U. v. 18.5.1982 Rs. 155/79 – *AM&S/Kommission* Slg. 1982, 1575 Rn. 24.

[135] Vgl. nur *Bischke* in: Hirsch/Montag/Säcker (Hrsg.), Münchener Kommentar zum Europäischen und Deutschen Wettbewerbsrecht (Kartellrecht), Bd. 1 (Europäisches Wettbewerbsrecht), 2007, Art. 20 VO 1/2003 Rn. 37; *Dieckmann* in: Wiedemann (Hrsg.), Handbuch des Kartellrechts, 2. Aufl. 2008, § 42 Rn. 31; *Reinalter* ZEuS 2009, 53 (75); *Schwarze/Weitbrecht* (Fn. 114), § 5 Rn. 31; *v. d. Hout* in: Mäsch (Hrsg.), Praxiskommentar zum deutschen und europäischen Kartellrecht, 2010, Art. 20 VerfVO Rn. 68; *Vocke* (Fn. 18), S. 86 f.; *v. Winterfeld* RIW 1992, 524 (527); in eine andere Richtung weisend vgl. indes *Hirsbrunner* in: Schröter/Jakob/Klotz/Mederer (Fn. 10), S. 1178, wonach die Kommissionsbediensteten dem zu untersuchenden Unternehmen ausreichend Zeit lassen müssten, damit dieses Unterstützung durch externe Rechtsanwälte anfordern kann.

[136] Vgl. dazu insb. die von der Kommission verfasste und vom 18.3.2013 stammende *Explanatory note to an authorization to conduct an inspection in execution of a Commission decision unter Article 20(4) of Council Regulation No 1/2003* (im Internet abrufbar unter: http://ec.europa.eu/competition/antitrust/legislation/explanatory_note.pdf), wo es im Hinblick auf die Hinzuziehung juristischen Beistands bei Nachprüfungen in Geschäftsräumen unter Ziff. 6 wie folgt heißt: „The inspectors will accept only a short delay pending consultation of the lawyer before starting to examine books and other records related to business, taking copies or extracts of those documents, sealing business premises and books or records if needed or asking for oral explanations. Any such delay must be kept to the strict minimum".

[137] Vgl. nur *Burrichter/Hennig* in: Immenga/Mestmäcker (Hrsg.), Wettbewerbsrecht, Bd. 1: EU/Teil 2 – Kommentar zum Europäischen Kartellrecht, 5. Aufl. 2012, Art. 20 VO 1/2003 Rn. 101 m. w. N.; sowie *Meyer/Kuhn* WuW 2004, 880 (885), wonach das Warten auf einen Anwalt in diesem Kontext nicht länger als ca. 45–60 Minuten in Anspruch nehmen sollte.

[138] Mit diesem Zusatz vgl. etwa *Sauter* in: Dauses (Hrsg.), Handbuch des EU-Wirtschaftsrechts, 35. Erg.lfg, 2014, H.I § 5 Rn. 105; ähnlich *Dieckmann* in: Wiedemann (Fn. 135), § 42 Rn. 31.

[139] Vgl. EuG U. v. 27.9.2012 Rs. T-357/06 – *Koninklijke Wegenbouw Stevin/Kommission* Rn. 232, wo es im Übrigen weiter heißt: „So kann ein Unternehmen, das nicht über einen am Ort der Nach-

bei der Einräumung einer solchen Wartefrist mittlerweile bereits um einen zumindest vom EuG anerkannten Anspruch des Nachprüfungsadressaten und um eine aus dem Unionsgrundrecht auf Hinzuziehung eines juristischen Beistands abzuleitende Verpflichtung der Kommission handeln, da dieses Gericht in einer jüngeren Entscheidung explizit festgestellt hat, dass die Kommission dem betreffenden Unternehmen bei ihrem Eintreffen in dessen Geschäftsräumen eine angemessene, wenn auch kurze Frist einräumen muss, damit es mit Hilfe seiner Anwälte den Nachprüfungsbeschluss prüfen kann.[140] Wie kurz diese Frist sein darf, um dem an den Umständen des konkreten Einzelfalls anknüpfenden Kriterium der Angemessenheit zu genügen, bedarf indes noch der gerichtlichen Konkretisierung, sofern sich der EuGH dieser vom EuG anerkannten Verpflichtung der Kommission zur Einräumung der vorgenannten Wartefrist nicht entgegenstellt.

Einen weiteren allgemeinen (subjektivrechtlichen) Grundsatz des Unionsrechts, der das Verhältnis zwischen dem Nachprüfungsadressaten und seinem Rechtsbeistand betrifft und der ebenfalls zu den bereits im Nachprüfungsverfahren zu beachtenden (unionsgrundrechtlichen) Verteidigungsrechten gehört, stellt der erstmals in der *AM&S*-Entscheidung des EuGH anerkannte Anspruch auf Wahrung der Vertraulichkeit des Schriftverkehrs zwischen Anwalt und Mandant[141] dar, der insbesondere das in Art. 20 Abs. 2 lit. b VO 1/2003 geregelte Recht der Kommission zur Prüfung von Büchern und sonstigen Geschäftsunterlagen begrenzt.[142] Dieser meist unter der Kurzbezeichnung **„Legal Privilege"** bzw. **„Legal Professional Privilege"** thematisierte Vertraulichkeitsschutz, der auch auf mitgliedstaatlicher Ebene von großer Bedeutung ist,[143] setzt nach herkömmlicher Rechtsprechung zweierlei voraus: Erstens muss der betreffende Schriftwechsel i. R. und im Interesse des Rechts 34

---

prüfung tätigen Juristen verfügt, telefonische Ratschläge eines Rechtsanwalts einholen und ihn bitten, so schnell wie möglich an diesen Ort zu kommen. Damit die Ausübung dieses Rechts auf anwaltlichen Beistand die ordnungsgemäße Durchführung der Nachprüfung nicht beeinträchtigt, muss es den damit beauftragten Personen ermöglicht werden, sofort alle Geschäftsräume zu betreten, dem Unternehmen die Nachprüfungsentscheidung zuzustellen und sich in den Büros ihrer Wahl aufzuhalten, ohne zu warten, bis das Unternehmen seinen Rechtsanwalt konsultiert hat. Den mit der Nachprüfung beauftragten Personen muss es ferner ermöglicht werden, die Telefongespräche und elektronischen Kontakte des Unternehmens zu kontrollieren, um insbesondere zu verhindern, dass dieses Kontakte mit anderen Unternehmen aufnimmt, bei denen ebenfalls eine Nachprüfung angeordnet wurde. Im Übrigen hängt die Zeit, die die Kommission einem Unternehmen für die Kontaktaufnahme mit seinem Anwalt lassen muss, bevor sie beginnt, die Bücher und sonstigen Unterlagen zu prüfen, Kopien davon anzufertigen, Räume oder Dokumente zu versiegeln oder mündliche Erklärungen von Vertretern oder Mitgliedern des Personals des Unternehmens einzuholen, von den besonderen Umständen jedes Einzelfalls ab und kann jedenfalls nur sehr kurz und auf das unbedingt Notwendige beschränkt sein"; mit kurzen Anm. dazu vgl. *Weitbrecht/Mühle* EuZW 2013, 255 (261). Das gegen diese Entscheidung eingelegte Rechtsmittel ist zurückgewiesen worden, vgl. EuGH U. v. 19.12.2013 Rs. C-586/12 P – *Koninklijke Wegenbouw Stevin/Kommission* Rn. 32 ff.

[140] EuG, U. v. 6.9.2013 verb. Rs. T-289/11, T-290/11 u. T-521/11 – *Deutsche Bahn u. a./Kommission* NZKart 2013, 407 (409 Rn. 89); zur dazugehörigen Rechtsmittelentscheidung des EuGH v. 18.6.2015 s. o. Fn. 132.

[141] Grdlg. EuGH U. v. 18.5.1982 Rs. 155/79 – *AM&S/Kommission* Slg. 1982, 1575 ff.; u. a. bestätigt in EuGH U. v. 17.10.1989 verb. Rs. 97–99/87 – *Dow Chemical Ibérica u. a./Kommission* Slg. 1989, 3165 Rn. 13; EuGH U. v. 22.10.2002 Rs. C-94/00 – *Roquette Frères/Directeur général de la concurrence, de la consommation et de la répression des fraudes* Slg. 2002, I-9011 Rn. 46; ausführlich zu dieser bedeutsamen *AM&S*-Entscheidung vgl. etwa *Beutler* RIW 1982, 820 ff.; *Fischer/Iliopoulos* NJW 1983, 1031 ff.; *Forrester* CMLRev. 20 (1983), 75 ff.; *Kerse/Khan*, EU-Antitrust Procedure, 6. Aufl. 2012, S. 128 ff.; *Seitz*, Ursprung, Geltung und Umfang des Anwaltsgeheimnisses im Europäischen Wettbewerbsrecht – Zum derzeitigen Stand des legal professional privilege im Lichte des Grundrechtsschutzes im Europäischen Kartellverfahren, in: Weiß (Hrsg.), Die Rechtsstellung Betroffener im modernisierten EU-Kartellverfahren, 2010, S. 93 ff.

[142] Zu den prozeduralen Aspekten des hier in Rede stehenden Vertraulichkeitsschutzes s. u. Rn. 72.

[143] Näher dazu, in spezieller Ansehung des rechtlichen Schutzes des Vertrauensverhältnisses zw. Rechtsanwalt und Mandant i. R. der deutschen Rechtsordnung, vgl. zuletzt *Buntscheck* WuW 2007, 229 (233 ff.); *Ignor* NJW 2007, 3403 ff.

des Mandanten auf Verteidigung geführt worden sein, wobei sich dieses Erfordernis auf den gesamten Schriftwechsel bezieht, der entweder nach Eröffnung eines kartellrechtlichen Verwaltungsverfahrens oder aber bereits früher geführt worden ist und mit dem Gegenstand dieses Verfahrens im Zusammenhang steht;[144] zweitens muss der betreffende Schriftwechsel von unabhängigen Rechtsanwälten ausgehen, d. h. von solchen Anwälten, die nicht durch einen Dienstvertrag bzw. ein Beschäftigungsverhältnis an den Mandanten gebunden sind.[145] Die letztgenannte Voraussetzung beruht nach Ansicht des EuGH auf der spezifischen Vorstellung von der „Funktion des Anwalts als eines Mitgestalters der Rechtspflege", der in völliger Unabhängigkeit und in deren vorrangigem Interesse dem Mandanten die rechtliche Unterstützung zu gewähren hat, die dieser benötigt.[146] Unabhängig davon, in welchem EU-Mitgliedstaat sich der Mandant befindet, kommt der unionsgrundrechtliche Schutz des Schriftverkehrs zwischen Anwalt und Mandant unterschiedslos allen **unabhängigen Rechtsanwälten** zu, die in einem EU-Mitgliedstaat zugelassen sind;[147] folglich ist der Schriftverkehr zwischen Mandanten und Rechtsanwälten aus Drittstaaten grundsätzlich nicht vom „Legal (Professional) Privilege" umfasst,[148] sofern es nicht um Rechtsanwälte aus EWR-Staaten geht, die den in EU-Mitgliedstaaten zugelassenen Anwälten diesbezüglich gleichgestellt sind.[149]

35 In Fortentwicklung der vorgenannten *AM&S*-Rechtsprechung des EuGH erweiterte das EuG in der Rs. *Hilti* zwar den durch das „Legal (Professional) Privilege" gewährleisteten Vertraulichkeitsschutz auf **unternehmensinterne Schriftstücke,** soweit darin der Inhalt der anwaltlichen Kommunikation zum Zwecke der unternehmensinternen Verbreitung festgehalten ist.[150] Abgesehen hiervon erwies sich jedoch die bisherige Rechtsprechung der Unionsgerichte zum „Legal (Professional) Privilege" insbesondere im Hinblick auf die vielfach kritisierte **Ausgrenzung angestellter Syndikusanwälte aus dem Schutzbereich des Anwaltsprivilegs**[151] bis zuletzt als weitgehend „veränderungsfest". So hat zwar der Präsident des EuG in seinem – ein Verfahren des einstweiligen Rechtsschutzes betreffenden – Beschluss vom 30. Oktober 2003 in den verbundenen Rs. *Akzo Nobel Chemicals* und *Akcros Chemicals* die zunächst auf einen möglichen Rechtsprechungswandel hindeutende Ansicht vertreten, dass das „Legal Privilege" auch auf die Korrespondenz zwischen dem Nachprüfungsadressaten und internen Rechtsberatern erstreckt werden könnte, sofern die jeweiligen **Unternehmensjuristen** denselben strengen Berufsstandsregeln unterliegen wie

---

[144] EuGH U. v. 18.5.1982 Rs. 155/79 – *AM&S/Kommission* Slg. 1982, 1575 Rn. 21 i. V. m. 23. Ein „direkter" Zusammenhang wird allg. nicht verlangt; demnach unterfallen auch solche Schriftstücke dem Vertraulichkeitsschutz, welche die anwaltliche Einschätzung der Vereinbarkeit bestimmter Entwürfe oder Verhaltensweisen mit dem Kartellrecht oder die Prognose hinsichtlich eines zu erwartenden Bußgeldrisikos betreffen, so *Kapp* WuW 2003, 142 ff.; *ders./Schröder* WuW 2002, 555 ff.; *ders./Roth* RIW 2003, 946 ff.; *Kerse/Khan* (Fn. 141), S. 130.

[145] EuGH U. v. 18.5.1982 Rs. 155/79 – *AM&S/Kommission* Slg. 1982, 1575 Rn. 21 i. V. m. 27.

[146] EuGH ebd. (Rn. 24).

[147] EuGH ebd. (Rn. 25).

[148] Zutr. vgl. m. w. N. *Klees,* Europäisches Kartellverfahrensrecht – mit Fusionskontrollverfahren, 2005, § 9 Rn. 88; krit. dazu vgl. *Stefanelli* ICLQ 2011, 545 ff.

[149] In diesem Sinne vgl. etwa jeweils m. w. N. *Bischke* in: Hirsch/Montag/Säcker (Fn. 135), Art. 20 VO 1/2003 Rn. 17; *Dieckmann* in: Wiedemann (Fn. 135), § 42 Rn. 45; *v. d. Hout* in: Mäsch (Fn. 135), Vorb. zu den Art. 17 ff. VerfVO Rn. 50.

[150] EuG B. v. 4.4.1990 Rs. T-30/89 – *Hilti/Kommission* Slg. 1990, II-163 Rn. 13 i. V. m. 18; bestätigt durch EuGH U. v. 2.3.1994 Rs. C-53/92 P – *Hilti/Kommission* Slg. 1994, I-667 ff.

[151] Krit. dazu vgl. nur *Brinker* Verfahrensgrundrechte für Unternehmen, in: Schwarze (Hrsg.), Wirtschaftsverfassungsrechtliche Garantien für Unternehmen im europäischen Binnenmarkt, 2002, S. 177 (197); sowie *Burrichter/Hennig* in: Immenga/Mestmäcker (Fn. 137), Art. 20 VO 1/2003 Rn. 57; die Berechtigung dieser Kritik relativierend vgl. indes *Schwarze/Weitbrecht* (Fn. 114), § 5 Rn. 30; für eine Einbeziehung der zwischen Mandanten und Syndikusanwälten geführten Korrespondenz in den Schutzbereich des *Legal (Professional) Privilege* vgl. ferner *Vocke* (Fn. 18), S. 90 f.; sowie *Buntscheck* WuW 2007, 229 (232).

externe Rechtsberater.[152] In einen echten Rechtsprechungswandel konnte der vorgenannte Beschluss jedoch nicht einmünden, da sich das EuG in seiner dazugehörigen Hauptsacheentscheidung vom 17.9.2007 auf die herkömmliche Rechtsprechungslinie zurückgezogen hat, wonach der Schutz der Vertraulichkeit der Kommunikation zwischen Anwalt und Mandant nach wie vor nur gilt, „soweit es sich um unabhängige, d.h. nicht durch ein Beschäftigungsverhältnis an ihre Mandanten gebundene Rechtsanwälte handelt".[153] Für eine Aufgabe oder Modifizierung dieses restriktiven Ansatzes sah der Gerichtshof in seiner dazugehörigen Rechtsmittelentscheidung vom 14.9.2010, die im Ergebnis weitgehend den in dieser Rechtssache von der Generalanwältin *Kokott* vorlegten Schlussanträgen[154] folgt, keine Veranlassung.[155] Insoweit vermag es nicht zu überraschen, dass das EuG in jüngerer Zeit an seinem herkömmlichen (restriktiven) Ansatz festgehalten hat.[156]

e) Beschränktes Aussage- bzw. Auskunftsverweigerungsrecht. Der 23. Erwägungsgrund der VO 1/2003, der sich auf die Befugnis der Kommission bezieht, die für die Aufdeckung der gegen Art. 101 f. AEUV verstoßenden Verhaltensweisen notwendigen Auskünfte zu verlangen, weist explizit darauf hin, dass Unternehmen zum einen nicht gezwungen werden können, eine Zuwiderhandlung einzugestehen, zum anderen aber auf jeden Fall verpflichtet sind, Fragen nach Tatsachen zu beantworten und Unterlagen vorzulegen, auch wenn die betreffenden Auskünfte dazu verwendet werden können, den Beweis einer Zuwiderhandlung durch die betreffenden Unternehmen oder andere Unternehmen zu erbringen. Diese weder in Art. 20 VO 1/2003 noch in den anderen Verordnungsvorschriften wieder explizit aufgegriffenen Erwägungen knüpfen an die bisherige Rechtsprechung der Unionsgerichte zum (beschränkten) unionsrechtlichen Aussage- bzw. Auskunftsverweigerungsrecht an,[157] das sowohl in der Rechtsprechung als auch im Schrifttum überwiegend im Zusammenhang mit dem verpflichtenden bzw. förmlichen Auskunftsverlangen i.S. des Art. 11 Abs. 5 VO 17 bzw. des Art. 18 Abs. 3 VO 1/2003 behandelt wird. 36

[152] EuG B. v. 30.10.2003 verb. Rs. T-125/03 R u. T-253/03 R – *Akzo Nobel Chemicals ua./Kommission* Slg. 2003, II-4771 Rn. 119ff.; näher hierzu vgl. etwa *Buntscheck* WuW 2007, 229 (232f.); *Rieger/Jester/Sturm,* Das Europäische Kartellverfahren: Rechte und Stellung der Beteiligten nach Inkrafttreten der VO 1/03, in: Tietje/Kraft/Sethe (Hrsg.), Beiträge zum Transnationalen Wirtschaftsrecht, Heft 35, 1/2005, S. 1 (27f.); *Seitz* EuZW 2004, 231ff.

[153] Vgl. EuG U. v. 17.9.2007 verb. Rs. T-125/03 u. T-253/03 – *Akzo Nobel Chemicals u.a./Kommission* Slg. 2007, II-3523 Rn. 166ff.; ausführlicher zu dieser Entscheidung vgl. etwa *Kilian,* IPRax 2009, 318ff.;. *Seitz* EuZW 2008, 204ff.; *Meyer* EWS 2007, 455f.; *Weiß* EuR 2008, 546ff.; *Wohlmann* GPR 2008, 293ff.

[154] Ausführlicher und jeweils sehr kritisch zu diesen Schlussanträgen vgl. *Gronemeyer/Slobodenjuk* EWS 2010, 308ff.; *Seitz* EuZW 2010, 524ff.

[155] Vgl. EuGH, U. v. 14.9.2010, Rs. C-550/07 P – *Akzo Nobel Chemicals u.a./Kommission* Slg. 2010, I-8301 Rn. 40ff.; krit. dazu vgl. etwa *Berrisch,* EuZW 2010, 786ff.; *Klees* EWS 2011, 76ff.; *Kilian* IPRax 2011, 370ff.; sich von dieser Entscheidung hingegen überzeugt zeigend vgl. *Schnichels/Resch* EuZW 2011, 47ff. Instruktiv zum Ganzen, jeweils mit rechtsvergleichender Schwerpunktsetzung, vgl. auch *Di Federico* CMLRev. 2011, 581ff.; *Gergacz* The International Lawyer 45 (2011), 817ff.; *Mann* ZVglRWiss 110 (2011), 302ff. Zu den prozeduralen Aspekten des hier in Rede stehenden Vertraulichkeitsschutzes s.u. Rn. 72.

[156] Vgl. insb. EuG, U. v. 6.9.2013 verb. Rs. T-289/11, T-290/11 u. T-521/11 – *Deutsche Bahn u.a./Kommission* NZKart 2013, 407 Rn. 81, wo erneut solche Informationen aus dem *Legal (Professional) Privilege* ausgeschlossen werden, „die zwischen einem Unternehmen und einem mit ihm in einem Beschäftigungsverhältnis stehenden Rechtsanwalt ausgetauscht werden".

[157] Zur weitgehenden Übereinstimmung zw. dem 23. Erwägungsgrund der VO 1/2003 und der diesbezüglichen EuGH-Rechtsprechung vgl. etwa EuGH U. v. 29.6.2006 Rs. C-301/04 P – *Kommission/SGL Carbon AG u.a.* Slg. 2006, I-5915 Rn. 40ff.; sowie EuGH U. v. 25.1.2007 Rs. C-407/04 P – *Dalmine SpA/Kommission* Slg. 2007, I-829 Rn. 34, wonach die Kommission einerseits berechtigt ist, ein Unternehmen ggf. durch Entscheidung zu verpflichten, ihr alle erforderlichen Auskünfte über ihm evtl. bekannte Tatsachen zu erteilen, andererseits aber beachten muss, dass sie dem Unternehmen nicht die Verpflichtung auferlegt, Antworten zu geben, durch die es die Zuwiderhandlung eingestehen müsste, für die die Kommission den Beweis zu erbringen hat.

Da jedoch zumindest die von der Kommission verlangten „Erläuterungen" i. S. des Art. 20 Abs. 2 lit. e) VO 1/2003 den aus der vorgenannten Rechtsprechung ableitbaren **Schutz vor Selbstbezichtigung** tangieren können, stellt sich nicht nur im Anwendungsbereich des Art. 18 VO 1/2003, sondern auch im Zusammenhang mit Art. 20 VO 1/2003 die unionsverfassungsrechtliche Frage, ob und ggf. inwieweit sich ein Nachprüfungsadressat zur Vermeidung einer nachteiligen Selbstbezichtigung bestimmten Nachprüfungsmaßnahmen widersetzen darf.

37 Nach der bisherigen EuGH-Rechtsprechung stellt das unionsrechtliche Aussage- bzw. Auskunftsverweigerungsrecht **kein eigenständiges Unionsgrundrecht** dar, welches sich etwa im Wege der wertenden Rechtsvergleichung aus den gemeinsamen Verfassungsüberlieferungen der Mitgliedstaaten und/oder aus der EMRK bzw. anderen völkerrechtlichen Verträgen extrahieren ließe. Dies ergibt sich insbesondere aus dem insoweit vielfach kritisierten[158] *Orkem*-Urteil, in dem der EuGH seinerzeit feststellte, dass die Rechtsordnungen der Mitgliedstaaten ein Recht zur Verweigerung der Zeugenaussage gegen sich selbst allgemein nur natürlichen Personen zuerkennen, die i. R. eines Strafverfahrens einer Straftat beschuldigt werden; insofern rechtfertige die vergleichende Untersuchung der nationalen Rechtsordnungen nicht den Schluss, dass „ein solcher dem Recht der Mitgliedstaaten gemeinsamer Grundsatz zugunsten juristischer Personen und in Bezug auf Zuwiderhandlungen wirtschaftlicher Art, insbesondere auf dem Gebiet des Wettbewerbsrechts, bestünde".[159] Darüber hinaus lasse sich weder aus dem Wortlaut der EMRK bzw. des Internationalen Paktes über bürgerliche und politische Rechte noch aus der Rechtsprechung des Straßburger EGMR ableiten, dass die EMRK ein Recht anerkenne, nicht gegen sich selbst als Zeuge auszusagen.[160]

38 Im Schrifttum ist zutreffend darauf hingewiesen worden, dass der auf der vorgenannten Argumentation des EuGH aufbauenden **Ablehnung eines generellen Auskunftsverweigerungsrechts** mit dem *Funke*-Urteil des EGMR vom 25. Februar 1992 zumindest partiell die Grundlage entzogen worden ist.[161] In diesem Urteil sah der EGMR das Verbot der Selbstbezichtigung als in Art. 6 Abs. 1 EMRK verankert an und stellte indirekt klar, dass das auf dieser Vorschrift basierende – auch juristischen Personen zustehende – Auskunftsverweigerungsrecht über den engeren strafverfahrensrechtlichen Bereich hinaus auch i. R. von Verwaltungsverfahren Geltung beanspruchen kann.[162] Die Unionsgerichte nehmen diese EMRK-rechtlichen Weiterentwicklungen zwar zur Kenntnis und beteuern, dass sie dieser Rechtsprechung des EGMR bei der Auslegung von Unionsgrundrechten „Rechnung zu tragen haben".[163] Zu einem Rechtsprechungswandel, der dem *Funke*-Urteil vollumfänglich Rechnung trägt, sahen sich die Unionsgerichte bislang jedoch nicht veranlasst. Zur Begründung führen sie an, dass die Rechtsprechung des EGMR zu dem aus Art. 6 Abs. 1 EMRK abgeleiteten Verbot der Selbstbezichtigung und diejenige der Unionsgerichte zu dem aus dem unionsrechtlichen Grundsatz der Wahrung der Verteidigungsrechte abgeleiteten Selbstbezichti-

---

[158] Statt vieler vgl. *Schohe* NJW 2002, 492 ff.; m. w. N. *Schuler* JR 2003, 265 (269).

[159] EuGH U. v. 18.10.1989 Rs. 374/87 – *Orkem/Kommission* Slg. 1989, 3283 Rn. 29; so auch EuGH U. v. 18.10.1989 Rs. 27/88 – *Solvay & Cie/Kommission* Slg. 1989, 3355 (abgekürzte Veröff., Leitsatz 2).

[160] Vgl. nur EuGH U. v. 18.10.1989 Rs. 374/87 – *Orkem/Kommission* Slg. 1989, 3283 Rn. 30; näher zu diesem Urteil vgl. statt vieler *Schorkopf* in: Heselhaus/Nowak (Fn. 17), § 53 Rn. 59 ff.

[161] So etwa *Niggemann* in: Streinz (Fn. 10), KartVO nach Art. 103 AEUV Rn. 69; *Schwarze/Weitbrecht* (Fn. 114), § 5 Rn. 33; differenzierter – d. h. diesbezüglich zwischen natürlichen und juristischen Personen unterscheidend – vgl. *Burrichter/Hennig* in: Immenga/Mestmäcker (Fn. 137), Vor Art. 17–22 VO 1/2003 Rn. 44 f.

[162] EGMR 1993 *Funke/Frankreich* Serie A, Nr. 256-A; ähnl. EGMR 2001, *J. B./Schweiz* NJW 2002, 499; näher zum *Funke*-Urt. vgl. nur *Overbeek* ECLR 1994, 127 ff.; sowie *Weiß* NJW 1999, 2236 f.

[163] Vgl. nur EuGH U. v. 15.10.2002 verb. Rs. C-238/99 P, C-244/99 P, C-245/99 P, C-247/99 P, C-250–252/99 P u. C-254/99 P – *Limburgse Vinyl Maatschappij u. a./Kommission* Slg. 2002, I-8375 Rn. 274.

gungsschutz, der dem durch Art. 6 EMRK gewährten Schutz gleichwertig sei, aus den nachfolgenden Gründen ohnehin weitgehend übereinstimmen würden.[164]

Nach der Rechtsprechung des EuGH ändert das von ihm festgestellte Fehlen eines eigenständigen unionsgrundrechtlichen Aussage- bzw. Auskunftsverweigerungsrechts juristischer Personen nichts daran, dass sich immerhin aus dem **Erfordernis der Wahrung der Verteidigungsrechte** gewisse – einen begrenzten Schutz vor Selbstbezichtigungen gewährleistende – Beschränkungen der Untersuchungsbefugnisse der Kommission während der Voruntersuchungen ergeben.[165] In seinen Urteilen in den Rs. *Orkem* und *Solvay* löste der EuGH das zwischen dem Ziel der Erhaltung der praktischen Wirksamkeit kartellverfahrensrechtlicher Ermittlungsmaßnahmen und der Wahrung der Verteidigungsrechte bestehende Spannungsverhältnis wie folgt auf: Im Interesse der Erhaltung der praktischen Wirksamkeit kartellverfahrensrechtlicher Ermittlungsmaßnahmen erklärte der EuGH die Kommission einerseits für berechtigt, „das Unternehmen zu verpflichten, ihr alle erforderlichen Auskünfte über ihm eventuell bekannte Tatsachen zu erteilen und ihr erforderlichenfalls die in seinem Besitz befindlichen Schriftstücke, die sich hierauf beziehen, zu übermitteln, selbst wenn sie dazu verwendet werden können, den Beweis für ein wettbewerbswidriges Verhalten des betreffenden oder eines anderen Unternehmens zu erbringen".[166] Andererseits begrenzt der Grundsatz der Wahrung der Verteidigungsrechte diese Befugnis insoweit, als die Kommission diesem Unternehmen nicht die Verpflichtung auferlegen darf, „Antworten zu erteilen, durch die es das Vorliegen einer Zuwiderhandlung eingestehen müsste, für die die Kommission den Beweis zu erbringen hat".[167] 39

Bei dieser vom EuGH bislang nicht revidierten und vom EuG unter Vornahme gelegentlicher Präzisierungen[168] mehrfach bestätigten[169] **Rechtsprechung zum beschränkten Auskunfts- bzw. Aussageverweigerungsrecht** handelt es sich um den Versuch des Unionsrichters, die Ermittlungsbefugnisse und die Beweislast der Kommission mit den ermittlungsspezifischen Mitwirkungspflichten der betreffenden Unternehmen und Unternehmensvereinigungen sowie mit deren Verteidigungsrechten zu einem möglichst fairen Ausgleich zu bringen. Dies stehe nach gefestigter Rechtsprechung des EuG zunächst einmal der Anerkennung eines „absoluten Auskunftsverweigerungsrechts" entgegen, da eine solche Anerkennung zu einer ungerechtfertigten Behinderung der Kommission bei der Erfüllung der ihr durch Art. 101 f. AEUV übertragenen Aufgaben führe, die Einhaltung der Wettbewerbsregeln im europäischen Binnenmarkt zu überwachen.[170] 40

Die stattdessen **von den Unionsgerichten entwickelte Lösung** ist dahin gehend zu interpretieren, dass sowohl die auf Tatsachen bzw. tatsächliche Gegebenheiten abzielenden 41

---

[164] EuGH ebd. (Rn. 275 f.); sowie EuG U. v. 29.4.2004 verb. Rs. T-236/01, T-239/01, T-244–246/01, T-251/01 u. T-252/01 – *Tokai Carbon u. a./Kommission* Slg. 2004, II-1181 Rn. 405 f.

[165] EuGH U. v. 18.10.1989 Rs. 374/87 – *Orkem/Kommission* Slg. 1989, 3283 Rn. 32 f.

[166] EuGH U. v. 18.10.1989 Rs. 374/87 – *Orkem/Kommission* Slg. 1989, 3283 Rn. 34; so auch EuGH U. v. 18.10.1989 Rs. 27/88 – *Solvay & Cie/Kommission* Slg. 1989, 3355 (abgekürzte Veröff., Leitsatz 2).

[167] EuGH U. v. 18.10.1989 Rs. 374/87 – *Orkem/Kommission* Slg. 1989, 3283 Rn. 35.

[168] Vgl. EuG U. v. 20.2.2001 Rs. T-112/98 – *Mannesmannröhren-Werke/Kommission* Slg. 2001, II-729 Rn. 71 ff., wonach sich ein Auskunftsverlangen der Kommission dann nicht mehr auf Tatsachen beziehen würde, wenn sie danach fragt, über welche „Themen" bei bestimmten Zusammenkünften gesprochen und welche „Entscheidungen" dort getroffen worden seien; ausführlich hierzu *Nehl* in: Behrens/Braun/Nowak (Fn. 28), S. 73 (80 ff.); *Pache* EuZW 2001, 351 f.; *Willis* ECLR 2001, 313 ff.

[169] Vgl. nur EuG U. v. 8.3.1995 Rs. T-34/93 – *Société Générale/Kommission* Slg. 1995, II-545 Rn. 74 ff.; EuG U. v. 29.4.2004 verb. Rs. T-236/01, T-239/01, T-244/01 bis T-246/01, T-251/01 u. T-252/01 – *Tokai Carbon u. a./Kommission* Slg. 2004, II-1181 Rn. 402 ff.; EuG U. v. 14.12.2006 verb. Rs. T-259/02 bis T-264/02 u. T-271/02 – *Raiffaisen Zentralbank Österreich AG u. a./Kommission* Slg. 2006, II-5169 Rn. 539 ff.

[170] EuG U. v. 20.2.2001 Rs. T-112/98 – *Mannesmannröhren-Werke/Kommission* Slg. 2001, II-729 Rn. 66; EuG U. v. 29.4.2004 verb. Rs. T-236/01, T-239/01, T-244/01 bis T-246/01, T-251/01 u. T-252/01 – *Tokai Carbon u. a./Kommission* Slg. 2004, II-1181 Rn. 402.

Auskunftsverlangen der Kommission als auch die Anforderung und Prüfung vorhandener Unterlagen *per se* zulässig sind,[171] d. h. von vornherein keine Verletzung des unionsrechtlichen Selbstbezichtigungsschutzes darstellen, ohne dass es in diesen Fällen noch auf die Frage ankäme, ob die jeweiligen Ermittlungsmaßnahmen zu einem Eingeständnis einer Zuwiderhandlung gegen die Wettbewerbsregeln führen und insoweit die Gefahr einer Selbstbezichtigung begründen.[172] Daher kann der etwaige Einwand eines Nachprüfungsadressaten, ein verpflichtendes Auskunftsverlangen der Kommission zwinge ihn zu einem Eingeständnis einer Zuwiderhandlung und verletze daher seinen unionsrechtlich begründeten Selbstbezichtigungsschutz, an sich nur dann durchgreifen, wenn die Kommission Auskünfte verlangt, die sich nicht auf Tatsachen bzw. auf tatsächliche Gegebenheiten beziehen. In diesem Zusammenhang deutete das *Tokai*-Urteil des EuG zwar auf eine für die Kommission durchaus nachteilige Beschränkung der unter „Tatsachen“ bzw. „tatsächliche Gegebenheiten“ subsumierbaren Informationen hin.[173] Eine Rechtsprechungsänderung dergestalt, dass künftig auch die Wahrnehmung des in Art. 20 Abs. 2 lit. b VO 1/2003 geregelten Prüfungsrechts am Maßstab des unionsrechtlichen Selbstbezichtigungsschutzes zu prüfen wäre, kann jedoch diesem Urteil nicht entnommen werden, zumal der EuGH in seiner das vorgenannte *Tokai*-Urteil betreffenden Rechtsmittelentscheidung[174] dem EuG im wesentlichen Punkten nicht gefolgt ist.[175]

42 **f) Beschränkte Bedeutung der Unschuldsvermutung und des Anspruchs auf rechtliches Gehör im Nachprüfungsverfahren.** Anders als der Schutz vor willkürlichen oder unverhältnismäßigen Eingriffen der gemeinschaftlichen bzw. unionalen Hoheitsgewalt in die Sphäre der privaten Betätigung und auch anders als das Unionsgrundrecht auf juristischen Beistand, das „Legal Privilege“ und das beschränkte Aussage- bzw. Auskunftsverweigerungsrecht kommt sowohl der unionsgrundrechtlichen Unschuldsvermutung als auch dem unionsgrundrechtlichen Anspruch auf rechtliches Gehör im Nachprüfungsverfahren nur eine begrenzte Bedeutung zu.

43 Die **unionsgrundrechtlich fundierte Unschuldsvermutung,**[176] die sich als allgemeiner Rechtsgrundsatz des Unionsrechts aus den gemeinsamen Verfassungstraditionen der

---

[171] Deutlich EuG U. v. 8.3.1995 Rs. T-34/93 – *Société Générale/Kommission* Slg. 1995, II-545 Rn. 75 f., wonach die Pflicht zur Erteilung von „Antworten rein tatsächlicher Art“ nicht mit dem Auskunftsverweigerungsrecht kollidiere bzw. keine unzulässige „Selbstbeschuldigung“ darstelle.

[172] Zutr. *Hilf/Hörmann* NJW 2003, 7; so im Ergebnis auch *de Bronett*, Europäisches Kartellverfahrensrecht – Kommentar zur VO 1/2003, 2. Aufl. 2012, S. 269 f.

[173] EuG U. v. 29.4.2004 verb. Rs. T-236/01, T-239/01, T-244/01 bis T-246/01, T-251/01 u. T-252/01 – *Tokai Carbon u. a./Kommission* Slg. 2004, II-1181 Rn. 407 f.

[174] EuGH U. v. 29.6.2006 Rs. C-301/04 P – *Kommission/SGL Carbon AG u. a.* Slg. 2006, I-5915 ff.

[175] Kritisch dazu vgl. *Böse*, in: Schwarze/Becker/Hatje/Schoo (Fn. 10), Art. 337 AEUV Rn. 4; *Soyez* EWS 2006, 389 ff.; zu den aus der vorgenannten Rechtsmittelentscheidung des EuGH folgenden Konsequenzen für die auf den unionsrechtlichen Selbstbezichtigungsschutz bezogene Rechtsprechung des Gerichts vgl. etwa EuG, U. v. 14.12.2006, verb. Rs. T-259/02 bis T-264/02 u. T-271/02 – *Raiffeisen Zentralbank Österreich u. a./Kommission* Slg. 2006, II-5169 Rn. 539 ff.; EuG, U. v. 28.4.2010, Rs. T-446/05 – *Amann & Söhne u. a./Kommission* Slg. 2010, II-1255 Rn. 325 ff.; EuG, U. v. 13.7. 2011, Rs. T-138/07 – *Schindler Holding u. a./Kommission* Slg. 2011, II-4819 Rn. 148 ff.; EuG U. v. 14.3.2014 Rs. T-297/11 – *Buzzi Unicem SpA/Kommission* Rn. 59 ff.

[176] Zur höchstrichterlichen Anerkennung und zum unumstr. Grundrechtscharakter dieses Grundsatzes der Unschuldsvermutung vgl. nur EuGH U. v. 8.7.1999 Rs. C-188/92 P – *Hüls/Kommission* Slg. 1999, I-4287 Rn. 149; EuG U. v. 6.10.2005 verb. Rs. T-22/02 u. T-23/02 – *Sumitomo Chemical Co. Ltd u. a./Kommission* Slg. 2005, II-4065 Rn. 104; EuG U. v. 25.10.2005 Rs. T-38/02 – *Groupe Danone/Kommission* Slg. 2005, II-4407 Rn. 216; EuG U. v. 5.4.2006 Rs. T-279/02 – *Degussa AG/Kommission* Slg. 2006, II-897 Rn. 115; EuG U. v. 27.9.2006 verb. Rs. T-44/02 OP, T-54/02 OP, T-56/02 OP, T-60/02 OP u. T-61/02 OP – *Dresdner Bank AG u. a./Kommission* Slg. 2006, II-3567 Rn. 61; EuGH U. v. 12.4.2013 Rs. C-421/08 – *Performing Right Society Ltd/Kommission* Rn. 94; m. w. N. *Szczekalla* in: Heselhaus/Nowak (Fn. 17), § 52 Rn. 1 ff.

EU-Mitgliedstaaten, aus Art. 6 Abs. 2 EMRK und aus Art. 48 Abs. 1 GRC speist,[177] führt im bisherigen Schrifttum zu den Verteidigungs- und Verfahrensgrundrechten im Anwendungsbereich des EU-Kartellverfahrensrechts ein Schattendasein. Regelmäßig ausgeblendet wird die Frage nach der Geltung und Bedeutung der Unschuldsvermutung im EU-kartellrechtlichen Nachprüfungsverfahren offenbar deshalb, weil die dahinter stehenden Grundfragen der Geltung grundlegender Garantien des Straf(verfahrens)rechts im EU-Wettbewerbsrecht und in anderen unionsrechtlichen Verfahrensordnungen bislang weder von der Rechtswissenschaft noch von den Unionsgerichten hinreichend klar[178] beantwortet worden sind.[179] Eine Klärung dieser Grundfragen würde an dieser Stelle zu weit führen. Hingewiesen werden soll aber zum einen immerhin auf das die kartellverfahrensrechtlichen Nachprüfungsbefugnisse der Kommission betreffende Urteil in der Rs. *Dow Chemical Ibérica,* in dem der EuGH in Ansehung des damals geltenden Art. 14 VO 17 deutlich machte, dass die Kommission jedenfalls dann nicht das Grundrecht der Unschuldsvermutung verletzt, wenn sie in ihrer Nachprüfungsentscheidung [jetzt: Nachprüfungsbeschluss] von „Vermutungen" statt von bereits vorliegenden „Beweisen" spricht.[180] Zum anderen ist darauf hinzuweisen, dass der unionsgrundrechtlich fundierten Unschuldsvermutung immerhin bei der Veröffentlichung verfahrensabschließender Beschlüsse der Kommission eine besondere Bedeutung zukommen kann.[181]

Ebenfalls an dieser Stelle kurz aufzuwerfen ist die Frage, ob der zu den Unionsgrund- **44**
rechten gehörende (unionsverfassungsrechtliche) **Anspruch auf rechtliches Gehör,**[182] der wiederum recht eng mit dem in Art. 41 GRC niedergelegten Unionsgrundrecht auf eine gute bzw. ordnungsgemäße Verwaltung[183] verbunden ist, bereits im Voruntersuchungs- bzw. Nachprüfungsverfahren mit der Folge beachtet werden muss, dass ein Nachprüfungsadressat vor der Vorlage eines schriftlichen Prüfungsauftrages bzw. vor Erlass eines formel-

---

[177] Ausführlicher dazu vgl. *Alber* in: Tettinger/Stern (Fn. 42), Art. 48 GRC Rn. 1 ff.; *Eser* in: Meyer (Fn. 42), Art. 48 GRC Rn. 2 ff.; *Jarass* (Fn. 42), Art. 48 GRC Rn. 1 ff.

[178] Exempl. vgl. EuG, U. v. 8.7.2008 Rs. T-99/04 – *AC-Treuhand/Kommission* Slg. 2008, II-1501 Rn. 113, wo in etwas nebulöser Weise darauf hingewiesen wird, dass „die allgemeinen Grundsätze des Gemeinschaftsrechts, insbesondere der Grundsatz der Gesetzlichkeit der Straftatbestände und Strafen *(nullum crimen, nulla poena sine lege),* wie er im Gemeinschaftswettbewerbsrecht Anwendung findet […], nicht unbedingt dieselbe Tragweite haben müssen wie im Fall ihrer Anwendung auf eine Situation, die dem Strafrecht im strikten Sinne unterliegt".

[179] Instruktiv zu diesem Problemkreis vgl. etwa *Schwarze* EuZW 2003, 261 ff.; *ders.* WuW 2009, 6 (9).

[180] EuGH U. v. 17.10.1989 verb. Rs. 97–99/87 – *Dow Chemical Ibérica u. a./Kommission* Slg. 1989, 3165 Rn. 55 f.

[181] Instruktiv dazu vgl. EuG U. v. 12.10.2007 Rs. T-474/04 – *Pergan Hilfsstoffe für industrielle Prozesse GmbH/Kommission* Slg. 2007, II-4225 Rn. 75 ff.

[182] Zur höchstrichterlichen Anerkennung und Einordnung des Anspruchs auf rechtliches Gehör als Unionsgrundrecht von fundamentaler Bedeutung vgl. insb. *Nehl* in: Heselhaus/Nowak (Fn. 17), § 54 Rn. 1 ff.; sowie jeweils m. w. N. *Heselhaus,* in: ders./Nowak (Fn. 17), § 57 Rn. 79 ff.; *Nowak* (Fn. 53), S. 23 (35 ff.).

[183] Ausführlich zu diesem Unionsgrundrecht vgl. jeweils m. w. N. *Classen,* Gute Verwaltung im Recht der Europäischen Union – Eine Untersuchung zu Herkunft, Entstehung und Bedeutung des Art. 41 Abs. 1 und 2 der Europäischen Grundrechtecharta, 2008, S. 28 ff.; *Wittinger* UBWV 2013, 3 ff.; sowie *Heselhaus* in: ders./Nowak (Fn. 17), § 57 Rn. 1 ff.; zur grds. Beachtung dieses Rechts bzw. Grundsatzes in der kartellverfahrensrechtlichen Rechtsprechung des Unionsrichters vgl. etwa EuG U. v. 15.3.2006 Rs. T-15/02 – *BASF AG/Kommission* Slg. 2006, II-497 Rn. 502; EuG U. v. 5.4.2006 Rs. T-279/02 – *Degussa AG/Kommission* Slg. 2006, II-897 Rn. 411; EuG U. v. 8.3.2007 Rs. T-339/04 – *France Télécom SA/Kommission* Slg. 2007, II-521 Rn. 94 ff.; EuG U. v. 26.4.2007 verb. Rs. T-109/02, T-118/02, T-122/02, T-125/02, T-126/02, T-128/02, T-129/02, T-132/02 u. T-136/02 – *Bolloré SA/Kommission* Slg. 2007, II-947 Rn. 90 ff., 108 ff. u. 117 ff.; EuG U. v. 12.12.2007 verb. Rs. T-101/05 u. T-111/05 – *BASF AG u. a./Kommission* Slg. 2007, II-4949 Rn. 96; EuG U. v. 18.6.2008 Rs. T-410/03 – *Hoechst GmbH/Kommission* Slg. 2008, II-881 Rn. 129; EuG U. v. 14.3.2014 Rs. T-297/11 – *Buzzi Unicem SpA/Kommission* Rn. 144 ff.

len Nachprüfungsbeschlusses anzuhören wäre. Dies ist im Ergebnis zu verneinen, auch wenn die diesbezügliche Rechtsprechung nicht ganz widerspruchsfrei ist: Im *National Panasonic*-Urteil hatte der EuGH die Geltung des Anspruchs auf rechtliches Gehör im Nachprüfungsverfahren zunächst mit dem Hinweis darauf in Abrede gestellt, dass dieser Anspruch im Wesentlichen in den auf die Abstellung einer Zuwiderhandlung oder auf die Feststellung einer Rechtswidrigkeit gerichteten Verwaltungs- oder Gerichtsverfahren gegeben sei und dass das Nachprüfungsverfahren gerade kein solches Verfahren darstelle.[184] Später stellte der EuGH dann aber mehrfach fest, dass der Anspruch auf rechtliches Gehör (auch) in Voruntersuchungsverfahren nicht irreversibel beeinträchtigt werden darf und dass bei der Auslegung des Art. 14 VO 17 v.a. die Erfordernisse zu berücksichtigen sind, „die sich aus der Wahrung des Anspruchs auf rechtliches Gehör ergeben".[185]

45 Ob der EuGH in den vorgenannten Urteilen – insbesondere in seinen Urteilen vom 17. Oktober 1989 in den Rs. *Dow Benelux* und *Dow Chemical Ibérica* – den Anspruch auf rechtliches Gehör i.S. eines Anhörungsrechts verstanden wissen wollte, ist zum einen mit Blick auf das nur einen Tag später erlassene *Orkem*-Urteil zweifelhaft, das sich als eine höchstrichterliche Beschränkung des kartellverfahrensrechtlichen Anhörungsrechts auf das der Voruntersuchungs- bzw. Nachprüfungsphase nachfolgende und durch die Mitteilung der Beschwerdepunkte geprägte „streitige Verfahren" interpretieren lässt.[186] Zum anderen wird der Anspruch auf rechtliches Gehör in der Rechtsprechung des Unionsrichters nicht selten mit dem **Grundsatz der Wahrung der Verteidigungsrechte** gleichgesetzt,[187] so dass der EuGH in den vorgenannten Urteilen auch den letztgenannten Grundsatz gemeint haben könnte, der den Schutz verschiedenster Verteidigungsrechte – wie etwa das unstreitig im Nachprüfungsverfahren geltende „Legal (Professional) Privilege" sowie den Anspruch auf Hinzuziehung eines juristischen Beistandes – umfasst und daher nicht notwendigerweise die Anerkennung des Anspruchs auf rechtliches Gehör bereits im Voruntersuchungs- bzw. Nachprüfungsverfahren impliziert.

46 Die im Ergebnis aus der o.g. EuGH-Rechtsprechung sowie aus einigen weiteren Urteilen des EuG[188] ableitbare Negation eines Anhörungsanspruchs des Nachprüfungsadressaten vor Aushändigung eines schriftlichen Prüfungsauftrages bzw. vor Erlass eines Nachprüfungsbeschlusses ist aus unionsverfassungsrechtlicher Perspektive nicht zu beanstanden. Denn der nicht zuletzt auch in der Ermöglichung überraschender Nachprüfungen liegende Zweck des Art. 20 VO 1/2003 wäre gefährdet, müsste die Kommission den Nachprüfungsadressaten bereits vor Erlass ihres Nachprüfungsbeschlusses anhören oder die Nachprüfung ankündigen. Insoweit dürfte sich der unionsverfassungsrechtliche Anspruch auf rechtliches Gehörs, den die Kommission primär im Rahmen der Mitteilung der Beschwerdepunkte erfüllt,[189] im Nachprüfungsverfahren in der nach Art. 20 Abs. 3 und 4 VO

---

[184] EuGH U. v. 26.6.1980 Rs. 136/79 – *National Panasonic/Kommission* Slg. 1980, 2033 Rn. 21.

[185] So etwa EuGH U. v. 21.9.1989 verb. Rs. 46/87 u. 227/88 – *Hoechst/Kommission* Slg. 1989, 2859 Rn. 14f.; EuGH U. v. 17.10.1989 Rs. 85/87 – *Dow Benelux/Kommission* Slg. 1989, 3137 Rn. 25f.; EuGH U. v. 17.10.1989 verb. Rs. 97–99/87 – *Dow Chemical Ibérica u.a./Kommission* Slg. 1989, 3165 Rn. 11f.

[186] Vgl. EuGH U. v. 18.10.1989 Rs. 374/87 – *Orkem/Kommission* Slg. 1989, 3283 Rn. 24–26.

[187] Zutr. *Nehl* (Fn. 32), S. 227ff.; *ders.*, in: Heselhaus/Nowak (Fn. 17), § 54 Rn. 39.

[188] Vgl. insb. EuG U. v. 8.7.2004 Rs. T-50/00 – *Dalmine/Kommission* Slg. 2004, II-2395 Rn. 110; EuG U. v. 8.7.2008 Rs. T-99/04 – *AC-Treuhand AG/Kommission* Slg. 2008, II-1501 Rn. 48; EuG U. v. 27.9.2012 Rs. T-357/06 – *Koninklijke Wegenbouw Stevin/Kommission* Rn. 230; EuG U. v. 25.11.2014 Rs. T-402/13 – *Orange/Kommission,* Rn. 78.

[189] Vgl. dazu etwa EuGH U. v. 10.5.2007 Rs. C-328/05 P – *SGL Carbon AG/Kommission* Slg. 2007, I-3921 (Rn. 56), wonach die Kommission ihre Verpflichtung zur Wahrung des Anhörungsrechts der Unternehmen unter der Bedingung erfüllt, dass sie in der Mitteilung der Beschwerdepunkte die für die etwaige Festsetzung einer Geldbuße wesentlichen tatsächlichen und rechtlichen Gesichtspunkte wie Schwere und Dauer der vermuteten Zuwiderhandlung anführt und darlegt, ob diese vorsätzlich oder fahrlässig begangen worden ist; ähnlich EuG U. v. 10.4.2008 Rs. T-271/03 – *Deutsche*

1/2003 vorgeschriebenen Bezeichnung des Gegenstands und Zwecks der Nachprüfung erschöpfen – ein Erfordernis, das sich für formelle Nachprüfungsbeschlüsse allerdings bereits aus der in Art. 296 Abs. 2 AEUV kodifizierten Begründungspflicht ableiten lässt, die nach ständiger Rechtsprechung der Unionsgerichte den Zweck verfolgt, dem Unionsrichter die Prüfung der Rechtmäßigkeit der Entscheidung bzw. des Beschlusses zu ermöglichen und den Betroffenen so ausreichend zu unterrichten, dass er erkennen kann, ob der Beschluss begründet oder eventuell mit einem Mangel behaftet ist, der diesen Beschluss anfechtbar macht.[190]

4. Konsequenzen für die Auslegung und Anwendung des Art. 20 VO 1/2003

Nach ständiger Rechtsprechung des EuGH dürfen sekundärrechtliche Ermächtigungsgrundlagen für die Durchführung kartellverfahrensrechtlicher Nachprüfungen nicht in einer Weise ausgelegt werden, die zu Ergebnissen führen würde, die mit den Unionsgrundrechten unvereinbar wären.[191] Zu diesen Grundrechten, die bei der **unionsgrundrechtskonformen Auslegung und Anwendung des Art. 20 VO 1/2003** ohne Zweifel von maßgeblicher Bedeutung sind, gehören nach obigen Ausführungen zum einen der Schutz des Nachprüfungsadressaten vor willkürlichen oder unverhältnismäßigen Eingriffen der unionalen Hoheitsgewalt in die Sphäre der privaten Betätigung und das Unionsgrundrecht auf juristischen Beistand im Zuge von Nachprüfungsmaßnahmen. Gleiches gilt für das insbesondere bei Nachprüfungsmaßnahmen i. S. des Art. 20 Abs. 2 lit. b VO 1/2003 zu beachtende „Legal (Professional) Privilege" sowie für das bei Nachprüfungsmaßnahmen i. S. Art. 20 Abs. 2 lit. e VO 1/2003 relevant werdende – aber hinsichtlich seiner Reichweite und Schutzintensität recht beschränkte – Aussage- bzw. Auskunftsverweigerungsrecht. 47

Während das an sich nur bei Nachprüfungen i. S. des Art. 21 VO 1/2003 relevant werdende Unionsgrundrecht der Unverletzlichkeit von Privatwohnungen frühzeitig vom Unionsrichter anerkannt wurde, war lange Zeit zweifelhaft, ob sich die Auslegung und Anwendung des Art. 20 VO 1/2003 auch am Maßstab eines eigenständigen **Unionsgrundrechts der Unverletzlichkeit von Geschäftsräumen** zu orientieren hat, das im *Roquette Frères*-Urteil des EuGH weder explizit anerkannt noch – abweichend vom *Hoechst*-Urteil – explizit abgelehnt worden ist. Da die besseren Gründe heute für die – zuletzt auch vom EuGH in seinem Urteil in der Rs. *Varec* angedeutete und vom EuG in der Rs. *Deutsche Bahn* bejahte – Anerkennung bzw. Existenz eines solchen Unionsgrundrechts sprechen[192] und dieses Grundrecht in rechtsvergleichender Perspektive auf den ersten Blick das Erfordernis einer richterlichen Genehmigung der gegen den Willen des Nachprüfungsadressaten stattfindenden Durchsuchungsmaßnahmen zu implizieren scheint,[193] ist 48

Telekom AG/Kommission Slg. 2008, II-477 Rn. 277; näher zu den vorgenannten Kriterien vgl. die Kommentierung zu Art. 23 VO 1/2003.

[190] Vgl. nur EuG U. v. 8.3.2007 Rs. T-339/04 – *France Télécom SA/Kommission* Slg. 2007, II-521 Rn. 105 m. w. N.; instruktiv zu den aus Art. 296 AEUV ableitbaren Anforderungen, die von der Kommission bei der Begründung EU-kartellverfahrensrechtlicher Nachprüfungsbeschlüsse zu beachten sind, vgl. zuletzt auch EuGH U. v. 25.6.2014 Rs. C-37/13 P – *Nexans SA u. a./Kommission* EuZW 2014, 777 (779, Rn. 31 ff.); m. w. N. siehe unten unter Rn. 56 f.

[191] Vgl. m. w. N. unter Rn. 10.

[192] Näher dazu vgl. oben unter Rn. 31 f.

[193] Zu der aus der EGMR-Rspr. unter bestimmten Umständen abzuleitenden Notwendigkeit eines Richtervorbehalts bei Eingriffen in die von Art. 8 Abs. 1 EMRK umfasste Unverletzlichkeit von Geschäftsräumen vgl. *Lienemeyer/Waelbroeck* CMLRev. 40 (2003), 1496; ferner vgl. *Grabenwarter/Pabel* (Fn. 39), § 22 Rn. 45, wonach die Anordnung der Durchsuchung durch einen Richter ein wesentliches Element der Absicherung des Verfahrens darstelle und der EGMR die Verhältnismäßigkeit der Durchsuchung dort besonders aufmerksam prüfe, wo es an einem Richtervorbehalt fehlt. Zur verfassungsrechtlichen und/oder einfachgesetzlichen Normierung entspr. Richtervorbehalte in Belgien, Dänemark, Deutschland, Frankreich, Griechenland, Großbritannien, Irland, Luxemburg, Portugal, Schweden und Spanien vgl. *Europäische Kommission*, Weißbuch über die Modernisierung der Vor-

die in Art. 20 Abs. 7 VO 1/2003 getroffene Regelung, die den Richtervorbehalt – anders als Art. 21 VO 1/2003 – als eine ausschließliche Angelegenheit des „einzelstaatlichen Rechts" erscheinen lässt, zwar nicht ganz unproblematisch.[194] Der Unionsrichter hält das Fehlen eines Richtervorbehalts in Art. 20 VO 1/2003 bislang jedoch für unionsgrundrechtskonform, da der Rat für die betroffenen Unternehmen in diesem Kontext andere Schutzgarantien vorgesehen hat, zu denen neben dem Erfordernis einer hinreichenden Begründung von Nachprüfungsbeschlüssen der Kommission und den ihr für den Ablauf von Nachprüfungen gesetzten Grenzen auch die fehlende Möglichkeit der Kommission zur gewaltsamen Durchsetzung solcher Nachprüfungen, das insoweit gegebenenfalls erforderliche Eingreifen mitgliedstaatlicher Stellen sowie die Möglichkeit nachträglichen Rechtsschutzes gehören.[195]

III. Tatbestand

1. Erforderlichkeit der Nachprüfungen und Anfangsverdacht

49 Die Kommission kann gemäß Art. 20 Abs. 1 VO 1/2003 zur Erfüllung der ihr durch diese Verordnung übertragenen Aufgaben alle „erforderlichen" Nachprüfungen vornehmen. Nicht erforderliche Nachprüfungen[196] sind insoweit rechtswidrig.[197] Im Schrifttum wird die Erforderlichkeit kartellverfahrensrechtlicher Nachprüfungen meist unter der Voraussetzung bejaht, dass die Möglichkeit eines Zusammenhangs zwischen den der Nachprüfung unterliegenden Geschäftsunterlagen und dem Verfahrensziel bzw. dem Zweck und Gegenstand der Nachprüfung im konkreten Einzelfall unter Berücksichtigung des Verfahrensstandes bei objektiver Beurteilung nicht ausgeschlossen werden kann.[198] Diese Ansicht knüpft an die nachfolgend kurz anzusprechende Rechtsprechung der Unionsgerichte an, die dem zuvor auch bereits in Art. 14 Abs. 1 VO 17 enthaltenen Erforderlichkeitskriterium bislang allerdings keine allzu klaren Konturen verliehen haben.

50 So hat das EuG in seinem – ein Auskunftsverlangen der Kommission betreffenden – *SEP*-Urteil die Ansicht vertreten, dass bei der **Auslegung des Merkmals der Erforderlichkeit** vom Zweck der Untersuchung auszugehen sei,[199] dessen Darlegung sowohl im schriftlichen Prüfungsauftrag als auch in einem formellen Nachprüfungsbeschluss zwingend vorgeschrieben ist.[200] Dem EuG scheint dabei bereits ein Zusammenhang zwischen den

---

schriften zur Anwendung der Artikel 85 und 86 [jetzt: Art. 81 u. 82 EG], ABl. 1999 C 132/1 (Rn. 110); *Schwarze/Weitbrecht* (Fn. 114), § 4 Rn. 21.

[194] Vgl. dazu auch *Seitz/Berg/Lohrberg* WuW 2007, 716 (726), wonach Nachprüfungsmaßnahmen [im Anwendungsbereich der VO 1/2007] daher dem „Gemeinschaftsrichtervorbehalt" unterliegen – also vom Gemeinschaftsrichter angeordnet werden – sollten. Das Fehlen eines Richtervorbehalts in Art. 20 VO 1/2003 aus unionsgrundrechtlicher Perspektive kritisierend vgl. ferner *Weiß* ÖZK 2010, 12 (15 f.).

[195] Vgl. EuG U. v. 6.9.2013 verb. Rs. T-289/11, T-290/11 u. T-521/11 – *Deutsche Bahn/Kommission* NZKart 2013, 407 ff.; EuGH U. v. 18.6.2015 Rs. C-583/13 P – *Deutsche Bahn u. a./Kommission* NZKart 2015, 337 ff.; ausführlicher zur erstgenannten Entscheidung vgl. *Bischke* NZKart 2013, 397 ff.; *Röhrig* WuW 2014, 814 ff.

[196] Dazu vgl. *Seitz/Berg/Lohrberg* WuW 2007, 716 (723), wonach Nachprüfungen dann nicht erforderlich seien, wenn die Kommission die geforderten Informationen auf andere, das Unternehmen weniger belastende Weise beschaffen kann, wie z. B. durch Auswertung vorhandener Unterlagen.

[197] So auch *de Bronett* in: Schröter/Jakob/Mederer (Hrsg.), Kommentar zum Europäischen Wettbewerbsrecht, 1. Aufl. 2003, S. 1079 Rn. 3; *v. d. Hout* in: Mäsch (Fn. 135), Art. 20 VerfVO Rn. 7.

[198] So *de Bronett* (Fn. 172), S. 286; *Niggemann* in: Streinz (Fn. 10), KartVO nach Art. 103AEUV Rn. 33; *Sura* in: Langen/Bunte (Hrsg.), Kommentar zum deutschen und europäischen Kartellrecht, Bd. 2: Europäisches Kartellrecht, 11. Aufl. 2010, Art. 20 VO Nr. 1/2003 Rn. 5; knapper vgl. *Weiß* (Fn. 53), S. 128: „Erforderlich ist alles, was der Kommission zur Aufklärung dient".

[199] EuG U. v. 12.12.1991 Rs. T-39/90 – *SEP/Kommission* Slg. 1991, II-1497 Rn. 25.

[200] Zu diesem Erfordernis siehe unter Rn. 56 f.

von der Kommission verlangten Auskünften und der untersuchten Zuwiderhandlung zu reichen,[201] wobei das Erfordernis eines solchen Zusammenhangs wiederum dann erfüllt sei, „wenn in diesem Stadium des Verfahrens hinreichende Gründe für die Annahme einer Beziehung zwischen dem Verlangen und der vermuteten Zuwiderhandlung sprechen".[202] Der EuGH hat sich in seiner Rechtsmittelentscheidung allerdings die in den Schlussanträgen des GA *Jacobs* vertretene Auffassung zu eigen gemacht, wonach „eine bloße Beziehung" zwischen einem Schriftstück und der vermuteten Zuwiderhandlung nicht genüge, „um ein Verlangen nach Vorlage des Schriftstücks zu rechtfertigen; die Beziehung muss vielmehr dergestalt sein, dass die Kommission zum Zeitpunkt des Verlangens vernünftigerweise davon ausgehen konnte, dass das Schriftstück ihr bei der Prüfung, ob die vermutete Zuwiderhandlung tatsächlich vorgelegen hat, nützen würde".[203]

Nach ständiger Rechtsprechung ist es grundsätzlich Sache der Kommission – und nicht 51 etwa Sache des Nachprüfungsadressaten oder eines Dritten – darüber zu entscheiden, ob die Einholung von Auskünften bzw. die Vorlage von Geschäftsunterlagen „erforderlich ist, um ermitteln zu können, ob eine Zuwiderhandlung gegen die Wettbewerbsregeln vorliegt".[204] Selbst wenn der Kommission bereits Indizien oder gar Beweise vorliegen, könne sie es nach Ansicht des Unionsrichters zu Recht für erforderlich halten, zusätzliche Nachprüfungen anzuordnen, die es ihr ermöglichen, die jeweilige Zuwiderhandlung oder deren Dauer genauer zu bestimmen.[205] Damit wird der Kommission hinsichtlich der Erforderlichkeit kartellverfahrensrechtlicher Nachprüfungen ein **weiter Ermessens- bzw. Beurteilungsspielraum** zugebilligt,[206] der sich insbesondere in einer diesbezüglich reduzierten gerichtlichen Kontrolldichte niederschlägt.[207] Die Weite dieses Spielraums zeigt sich u. a. darin, dass die Kommission bestimmte Nachprüfungen selbst dann rechtmäßiger Weise für erforderlich halten kann, wenn ihr im Hinblick auf eine Zuwiderhandlung gegen Art. 101 und/oder 102 AEUV bereits Indizien oder gar Beweise vorliegen.[208]

Der an dieser Stelle überaus weite Ermessens- bzw. Beurteilungsspielraum der Kommis- 52 sion wird zumindest ein stückweit dadurch begrenzt, dass formelle Ermittlungshandlungen – wie etwa Nachprüfungsmaßnahmen i. S. des Art. 20 VO 1/2003 –nur dann als zulässig angesehen werden können, wenn ein **Anfangsverdacht** vorliegt;[209] Ermittlungen „ins Blaue hinein" bzw. sog. „fishing expeditions" vertragen sich hingegen nicht mit dem Will-

[201] EuG U. v. 12.12.1991 Rs. T-39/90 – *SEP/Kommission* Slg. 1991, II-1497 Rn. 25.

[202] EuG ebd. (Rn. 29).

[203] Vgl. EuGH U. v. 19.5.1994 Rs. C-36/92 P – *SEP/Kommission* Slg. 1994, I-1911 Rn. 21 i. V. m. Ziff. 21 der genannten Schlussanträge von GA *Jacobs* (Slg. 1994, I-1919).

[204] Vgl. nur EuGH U. v. 18.5.1982 Rs. 155/79 – *AM&S/Kommission* Slg. 1982, 1575 Rn. 17; EuGH U. v. 18.10.1989 Rs. 374/87 – *Orkem/Kommission* Slg. 1989, 3283 Rn. 15; EuG U. v. 8.3. 2007 Rs. T-340/04 – *France Télécom SA/Kommission* Slg. 2007, II-573 Rn. 148; EuG, U. v. 6.9.2013 verb. Rs. T-289/11, T-290/11 u. T-521/11 – *Deutsche Bahn u. a./Kommission* NZKart 2013, 407 Rn. 194.

[205] Vgl. nur EuG U. v. 8.3.2007 Rs. T-339/04 – *France Télécom SA/Kommission* Slg. 2007, II-521 Rn. 119; EuG U. v. 8.3.2007 Rs. T-340/04 – *France Télécom SA/Kommission* Slg. 2007, II-573 Rn. 148; EuG U. v. 25.11.2014 Rs. T-402/13 – *Orange/Kommission,* Rn. 24.

[206] Zutr. *Lavoie* ELRev. 17 (1992), 20 (27); überzeugend aber auch *Sauter* in: Dauses (Fn. 138), § 5 Rn. 77, wonach an die Erforderlichkeit kartellverfahrensrechtlicher Nachprüfungen ein höherer Maßstab als an die Erforderlichkeit von Auskunftsersuchen anzulegen ist, da Nachprüfungen stärker in die Unternehmenssphäre eingreifen; dazu auch oben Rn. 8 f.

[207] Exempl. EuGH U. v. 18.10.1989 Rs. 374/87 – *Orkem/Kommission* Slg. 1989, 3283 Rn. 16.

[208] So im Hinblick auf die Erforderlichkeit eines kartellverfahrensrechtlichen Auskunftsersuchens EuGH U. v. 18.10.1989 Rs. 374/87 – *Orkem/Kommission* Slg. 1989, 3283 Rn. 15.

[209] Vgl. nur *Burrichter/Hennig* in: Immenga/Mestmäcker (Fn. 137), Art. 20 VO 1/2003 Rn. 7; *Dieckmann* in: Wiedemann (Fn. 135), § 42 Rn. 4; *Niggemann* in: Streinz (Fn. 10), KartVO nach Art. 103 AEUV Rn. 22; m. w. N. *Weiß* (Fn. 53), S. 128 u. 131.

kürverbot[210] und sind daher unzulässig.[211] Ob der im überwiegenden Schrifttum bei Ermittlungsmaßnahmen der Kommission – aus rechtsstaatlichen Gründen zu Recht – zwingend vorausgesetzte Anfangsverdacht einen integralen Bestandteil des in Art. 20 Abs. 1 VO 1/2003 angesprochenen Erforderlichkeitskriteriums bildet oder aber zu der auch im Bereich kartellverfahrensrechtlicher Nachprüfungen gebotenen Willkürfreiheit gehört, ist nach der bisherigen Rechtsprechung der Unionsgerichte indes unklar. Unabhängig davon herrscht weitgehende Einigkeit darin, dass die Kommission einen konkreten (Anfangs-)Verdacht haben muss,[212] wofür insbesondere die oben skizzierte Grundrechtsrelevanz kartellverfahrensrechtlicher Nachprüfungen streitet.[213] Gleichwohl werden an das Erfordernis eines bestehenden Anfangsverdachts, der beispielsweise durch eine substantiierte Beschwerde i. S. des Art. 7 VO 1/2003 oder auch durch Presse- und Branchenveröffentlichungen begründet werden kann,[214] keine allzu hohen Anforderungen gestellt;[215] vorliegen müssten insoweit lediglich hinreichende Anhaltspunkte dafür, dass ein Sachverhalt kartellrechtlich relevant ist.[216]

53 Das in Art. 20 Abs. 1 VO 1/2003 angesprochene **Erforderlichkeitskriterium** ist letztendlich ein zu den anderen Kriterien der Geeignetheit und der Proportionalität im engeren Sinne hinzutretender Teilaspekt i. R. der Prüfung des unionsverfassungsrechtlichen Verhältnismäßigkeitsgrundsatzes, der von der Kommission bei der Auswahl und Durchführung kartellverfahrensrechtlicher Ermittlungsmaßnahmen zu beachten ist.[217] Zumindest ist das Erforderlichkeitskriterium nach der früher zur Vorgängerbestimmung in Gestalt des Art. 14 VO 17 ergangenen Rechtsprechung des EuGH überaus eng mit dem unionsverfassungsrechtlichen **Verhältnismäßigkeitsgrundsatz**[218] verbunden, da beispielsweise die Frage, ob sich die Kommission für Nachprüfungen durch schlichten Auftrag oder für eine in einem formellen Beschluss angeordnete Nachprüfungen entscheidet, maßgeblich „von den Erfordernissen einer den Besonderheiten des Einzelfalls *angemessenen* Untersuchung" abhängt.[219]

---

[210] In diesem Sinne vgl. *Niggemann* in: Streinz (Fn. 10), KartVO nach Art. 103 AEUV Rn. 22; *Schwarze/Weitbrecht* (Fn. 114), § 4 Rn. 4.

[211] So auch *Bechtold/Bosch/Brinker/Hirsbrunner*, EG-Kartellrecht – Kommentar, 2. Aufl. 2009, Art. 20 VO 1/2003 Rn. 4; *Dieckmann* in: Wiedemann (Fn. 135), § 42 Rn. 4; *Hirsbrunner* in: Schröter/Jakob/Klotz/Mederer (Fn. 10), S. 1179; *Johanns* in: Mäger (Hrsg.), Europäisches Kartellrecht, 2. Aufl. 2011, Kap. 12 Rn. 9; *Sauter* in: Dauses (Fn. 138), § 5 Rn. 78; *Schriefers* WuW 1993, 102; *Seitz/Berg/Lohrberg* WuW 2007, 716 (718 f. u. 722); *v. d. Hout* in: Mäsch (Fn. 135), Art. 20 VerfVO Rn. 6; *Weiß* (Fn. 53), S. 131.

[212] So vgl. statt vieler *Weiß* (ebd.), S. 129; *Schwarze/Weitbrecht* (Fn. 114), § 4 Rn. 4; *Mestmäcker/Schweitzer*, Europäisches Wettbewerbsrecht, 3. Aufl. 2014, § 20 Rn. 38.

[213] Vgl. oben Rn. 11 ff.

[214] Dies bezweifelnd vgl. indes *Seitz/Berg/Lohrberg* WuW 2007, 716 (719).

[215] Statt vieler vgl. m. w. N. *Weiß* (Fn. 53), S. 129, wonach der Verdacht „nur sehr allgemein und nicht nach Zeit, Ort oder dergleichen umrissen sein" müsse.

[216] So *Dieckmann* in: Wiedemann (Fn. 135), § 42 Rn. 4; *Niggemann* in: Streinz (Fn. 10), KartVO nach Art. 103 AEUV Rn. 22; *Seitz/Berg/Lohrberg* WuW 2007, 716 (722); ähnlich *Schwarze/Weitbrecht* (Fn. 114), § 4 Rn. 4.

[217] EuGH U. v. 26.6.1980 Rs. 136/79 – *National Panasonic/Kommission* Slg. 1980, 2033 Rn. 29 f.; EuGH U. v. 21.9.1989 verb. Rs. 46/87 u. 227/88 – *Hoechst/Kommission* Slg. 1989, 2859 Rn. 19; EuG U. v. 12.12.1991 Rs. T-39/90 – *SEP/Kommission* Slg. 1991, II-1497 Rn. 51 ff.; EuG U. v. 8.3.2007 Rs. T-339/04 – *France Télécom SA/Kommission* Slg. 2007, II-521 Rn. 117 ff.

[218] Nach diesem zu den allgemeinen Grundsätzen des Unionsrechts gehörenden Grundsatz dürfen Handlungen der Unionsorgane nicht über die Grenzen dessen hinausgehen, was zur Erreichung des verfolgten Ziels geeignet und erforderlich ist, wobei wenn mehrere geeignete Maßnahmen zur Auswahl stehen, die am wenigsten belastende zu wählen ist; so vgl. nur EuGH U. v. 14.7.2005 Rs. C-180/00 – *Niederlande/Kommission* Slg. 2005, I-6603 Rn. 103; EuG U. v. 8.3.2007 Rs. T-339/04 – *France Télécom SA/Kommission* Slg. 2007, II-521 Rn. 117; m. w. N. siehe oben Fn. 92.

[219] EuGH U. v. 26.6.1980 Rs. 136/79 – *National Panasonic/Kommission* Slg. 1980, 2033 Rn. 29; kursive Hervorhebung von Verf. hinzugefügt; näher und m. w. N. zur Bedeutung des unionsrechtlichen Verhältnismäßigkeitsgrundsatzes im Bereich der kartellverfahrensrechtlichen Ermittlungsbefug-

Das EuG ist dieser frühzeitigen Vorgabe des EuGH gefolgt, indem es beispielsweise in seinem *SEP*-Urteil entschied, „dass die Verpflichtung zur Auskunftserteilung für das betreffende Unternehmen keine Belastung darstellt, die zu den Erfordernissen der Untersuchung außer Verhältnis steht".[220] Hinsichtlich einer geltend gemachten Verletzung des unionsverfassungsrechtlichen Verhältnismäßigkeitsgrundsatzes erreicht die gerichtliche Kontrolldichte im Falle der Anfechtung eines Nachprüfungsbeschlusses jedoch keine höhere Intensität als bei der reduzierten gerichtlichen Überprüfung der Erforderlichkeit kartellverfahrensrechtlicher Nachprüfungen.[221]

2. Adressaten und Zeitpunkt der Nachprüfungsmaßnahmen

Nach Art. 20 Abs. 1 VO 1/2003 richten sich die Nachprüfungsmaßnahmen der Kommission gegen Unternehmen und Unternehmensvereinigungen, nicht aber etwa gegen natürliche Personen, die für die betreffenden Unternehmen oder Unternehmensvereinigungen handeln. Zu den **Adressaten** kartellverfahrensrechtlicher Nachprüfungsmaßnahmen gehören insofern zunächst einmal hauptbetroffene Unternehmen und Unternehmensvereinigungen i. S. der Art. 101 Abs. 1 und 102 AEUV, gegen die sich das jeweilige Kartellverfahren richtet, d. h. gegen die „Parteien" i. S. des Art. 27 Abs. 1 u. 2 VO 1/2003. Hierbei ist anzunehmen, dass auch sämtliche Tochtergesellschaften den jeweiligen Nachprüfungshandlungen unterliegen, wenn Nachprüfungsaufträge oder -beschlüsse an die Muttergesellschaft gerichtet werden.[222] Darüber hinaus kommen als Adressaten kartellverfahrensrechtlicher Nachprüfungsmaßnahmen nach ganz überwiegender Auffassung auch Dritte bzw. Drittbetroffene, wie etwa konkurrierende Unternehmen, in Betracht,[223] sofern anzunehmen ist, dass sie im Besitz von Geschäftsunterlagen oder sonstigen verfahrensrelevanten Informationen sind, die einen Bezug zum Verfahrens- bzw. Untersuchungsgegenstand aufweisen.[224] 54

Im Hinblick auf den zulässigen **Zeitpunkt der Nachprüfung** macht Art. 20 VO 1/2003 der Kommission keine Vorgaben. In der Regel finden kartellverfahrensrechtliche Nachprüfungsmaßnahmen zu den üblichen Büro- bzw. Geschäftszeiten zwar nach der im Beschlusswege erfolgenden förmlichen Verfahrenseinleitung[225] und vor Erlass des verfahrensabschließenden Beschlusses statt. Vorausgesetzt wird eine vorangehende förmli- 55

nisse der Kommission vgl. *Vocke* (Fn. 18), S. 38 ff., sowie EuG U. v. 25.11.2014 Rs. T-402/13 – *Orange/Kommission*, Rn. 18 ff.

[220] EuG U. v. 12.12.1991 Rs. T-39/90 – *SEP/Kommission* Slg. 1991, II-1497 Rn. 51.

[221] Vgl. nur EuGH U. v. 26.6.1980 Rs. 136/79 – *National Panasonic/Kommission* Slg. 1980, 2033 Rn. 30; EuG U. v. 12.12.1991 Rs. T-39/90 – *SEP/Kommission* Slg. 1991, II-1497 Rn. 51 ff.

[222] In diesem Sinne vgl. auch *Dieckmann* in: Wiedemann (Fn. 135), § 42 Rn. 37; entspr. für die Vorgängerbestimmung des Art. 20 VO 1/2003 in Gestalt des seinerzeit geltenden Art. 14 VO 17 vgl. *de Bronett* in: Schröter/Jakob/Mederer (Fn. 197), S. 1068 Rn. 4.

[223] Vgl. nur die Kommissionsentscheidung v. 31.1.1979 in der Kartellsache *FIDES*, ABl. 1979 L 57/33; zur allg. bejahten Einbeziehung Drittbetroffener in den Kreis der Nachprüfungsadressaten vgl. nur *Bechtold/Bosch/Brinker/Hirsbrunner* (Fn. 211), Art. 20 VO 1/2003 Rn. 1; *Burrichter/Hennig* in: Immenga/Mestmäcker (Fn. 137), Art. 20 VO 1/2003 Rn. 13; *Dieckmann* in: Wiedemann (Fn. 135), § 42 Rn. 6; *Hirsbrunner* in: Schröter/Jakob/Klotz/Mederer (Fn. 10), S. 1178; *Kerse/Khan* (Fn. 141), S. 145; *Sauter* in: Dauses (Fn. 138), § 5 Rn. 75; *Ortiz Blanco*, EC Competition Procedure, 1996, S. 103 f.; *Schriefers* WuW 1993, 100.

[224] In diesem Sinne vgl. *de Bronett* in: Schröter/Jakob/Mederer (Fn. 197), S. 1069 Rn. 4; ähnlich i. E. *Burrichter/Hennig* in: Immenga/Mestmäcker (Fn. 137), Vor Art. 17–22 VO 1/2003 Rn. 20; sowie *Bischke* in: Hirsch/Montag/Säcker (Fn. 135), Art. 20 VO 1/2003 Rn. 5, mit der weiteren These, dass dem Grundsatz der Verhältnismäßigkeit in diesem Fall „gesteigerte Bedeutung" zukomme; ähnlich *Kerse/Khan* (Fn. 141), S. 145.

[225] Vgl. Art. 2 Abs. 1 VO (EG) Nr. 773/2004 der Kommission v. 7.4.2004 über die Durchführung von Verfahren auf der Grundlage der Artikel 81 und 82 EG-Vertrag durch die Kommission, ABl. 2004 L 123/18.

che Verfahrenseinleitung jedoch nicht. Dies ergibt sich insbesondere aus Art. 2 Abs. 3 VO 733/2004, wonach die Kommission von ihren Ermittlungsbefugnissen gemäß Kapitel V der VO 1/2003 auch Gebrauch machen kann, „bevor sie ein Verfahren einleitet". Dass die Kommission selbst nach Erlass eines verfahrensabschließenden Beschlusses (noch einmal) auf ihre Nachprüfungsbefugnisse zurückgreifen kann, ergibt sich aus der Rechtsprechung des EuG zur Vorgängerbestimmung in Gestalt des Art. 14 VO 17, wonach ihr diese „Befugnisse zur Untersuchung eines Sachverhalts, der dem in einer Entscheidung missbilligten Sachverhalt zeitlich nachfolgt, nicht genommen werden [können], selbst wenn dieser Sachverhalt dem in der Entscheidung behandelten Sachverhalt entspricht".[226]

3. Bezeichnung des Gegenstands und des Zwecks der Nachprüfung

56 Unabhängig davon, ob die Kommission kartellverfahrensrechtliche Nachprüfungen auf der Grundlage eines schriftlichen Prüfungsauftrags oder eines formellen Nachprüfungsbeschlusses vornimmt,[227] ist sie gemäß Art. 20 Abs. 3 und 4 VO 1/2003 verpflichtet, im schriftlichen Prüfungsauftrag oder aber in ihrem Nachprüfungsbeschluss den Gegenstand und Zweck der jeweiligen Nachprüfung zu bezeichnen. Die **Bezeichnung des Zwecks** der Nachprüfung konkretisiert die Aufgabe, für deren Erfüllung die Aufklärung des Sachverhalts i. S. des Art. 20 Abs. 1 VO 1/2003 „erforderlich" ist.[228] Nach der Rechtsprechung des EuGH reicht hierbei bereits die Angabe der Kommission, dass die Umstände nachgeprüft werden sollen, aus denen sich das Vorliegen eines vertragswidrigen Verhaltens ergeben könnte.[229] Die **Bezeichnung des Gegenstandes** der Nachprüfung könnte hingegen die Handlung beschreiben, die den (Anfangs-)Verdacht eines Verstoßes gegen Art. 101/102 AEUV begründet.[230] Für die stärker auf die Wahrung der Verteidigungsrechte der Betroffenen achtende Gegenauffassung, wonach mit der Bezeichnung des Gegenstandes in erster Linie das (körperliche) Zielobjekt der jeweiligen Nachprüfungsmaßnahme, also die konkreten Unterlagen, auf die sich die Nachprüfung beziehen soll, gemeint seien,[231] gibt es in der Rechtsprechung der Unionsgerichte einen leichten Anhaltspunkt lediglich insoweit, als der EuGH in diesem Zusammenhang bereits mehrfach deutlich gemacht hat, dass die Kommission in ihrem Nachprüfungsbeschluss im Interesse der Wahrung der Verteidigungsrechte zumindest „möglichst genau anzugehen [hat], wonach gesucht wird, und die Punkte aufzuführen hat, auf die sich die Nachprüfung beziehen soll.[232] Gleichwohl müssen Art und Inhalt der gesuchten Unterlagen und Dokumente nicht im Vorhinein konkret benannt werden,[233] da die Nachprüfungen nicht lediglich der Überprüfung eines bereits vollständig

---

[226] EuG U. v. 8.3.1995 Rs. T-34/93 – *Société Générale/Kommission* Slg. 1995, II-545 Rn. 77.

[227] Näher zu diesen beiden unterschiedlichen Vorgehensweisen unter Rn. 58–63.

[228] So auch *de Bronett* (Fn. 172), S. 285; ähnlich *Burrichter/Hennig* in: Immenga/Mestmäcker (Fn. 137), Art. 20 VO 1/2003 Rn. 25, die den Nachprüfungszweck in der Aufdeckung und im Nachweis des jeweils in Rede stehenden Verdachts erblicken.

[229] In diesem Sinne vgl. EuGH U. v. 18.10.1989 Rs. 374/87 – *Orkem/Kommission* Slg. 1989, 3283 Rn. 10.

[230] In diesem Sinne vgl. etwa *Vocke* (Fn. 18), S. 213, wonach davon auszugehen sei, dass mit dem hier angesprochenen Gegenstand der Nachprüfung „allein die Bezeichnung des relevanten Lebenssachverhalts gemeint ist, der den Verdacht der Verletzung der europäischen Wettbewerbsregeln begründet"; sowie *Burrichter/Hennig* in: Immenga/Mestmäcker (Fn. 137), Art. 20 VO 1/2003 Rn. 25, wonach unter dem Gegenstand der Nachprüfung „wohl […] der konkrete Verdacht eines Kartellrechtsverstoßes zu verstehen" sei.

[231] In diesem Sinne vgl. etwa *de Bronett* (Fn. 172), S. 285.

[232] Vgl. nur EuGH U. v. 22.10.2002 Rs. C-94/00 – *Roquette Frères/Directeur général de la concurrence, de la consommation et de la répression des fraudes* Slg. 2002, I-9011 Rn. 48; EuG U. v. 25.11.2014 Rs. T-402/13 – *Orange/Kommission,* Rn. 80.

[233] EuGH, ebd. (Rn. 84); m. w. N. und z. T. krit. dazu vgl. *Burrichter/Hennig* in: Immenga/Mestmäcker (Fn. 137), Art. 20 VO 1/2003 Rn. 26.

ermittelten Sachverhalts, sondern der Sachverhaltsermittlung und damit auch der Suche nach bislang nicht vorhandenen Beweisen dienen.[234]

Bei der nach Art. 20 Abs. 3 und 4 VO 1/2003 vorgeschriebenen Bezeichnung des Gegenstands und des Zwecks der Nachprüfung handelt es sich um eine sekundärrechtliche Ausprägung des in Art. 296 Abs. 2 AEUV kodifizierten Begründungserfordernisses,[235] dessen Beachtung den jeweiligen Nachprüfungsadressaten die Berechtigung des beabsichtigten Eingriffs aufzeigen[236] und sie ferner in die Lage versetzen soll, den Umfang ihrer **Mitwirkungspflichten** zu erkennen und zugleich ihre **Verteidigungsrechte** zu wahren.[237] Insofern gilt zunächst einmal, dass für die Nachprüfungsadressaten erkennbar sein muss, welchem vermuteten Vorwurf bzw. Anfangsverdacht die Kommission mit ihren Ermittlungen nachgeht,[238] und dass der Umfang der von der Kommission an dieser Stelle anzugebenden Informationen grundsätzlich nicht auf Grund von Erwägungen eingeschränkt sein kann, die die Wirksamkeit der Untersuchung betreffen.[239] Da aber die Wahrnehmung der Nachprüfungsbefugnisse erst zur Aufdeckung einer Zuwiderhandlung bzw. zur Aufklärung des kartellrechtlich relevanten Sachverhalts führen soll, ist die Kommission bei der Bezeichnung des Gegenstands und des Zwecks der Nachprüfung nicht dazu verpflichtet, eine strenge bzw. exakte rechtliche Qualifizierung der (vermuteten) Zuwiderhandlung vorzunehmen.[240] Gleiches gilt im Hinblick auf die Abgrenzung des relevanten Marktes sowie auf den Zeitraum, in dem die Zuwiderhandlung angeblich begangen worden ist.[241] Die Kommission muss auch nicht alle ihr bereits vorliegenden Informationen über vermutete Zuwiderhandlungen übermitteln,[242] da sonst der Ermittlungszweck gefährdet werden könnte. Vielmehr hat die Kommission in diesem Verfahrensstadium lediglich – aber immerhin – 57

---

[234] Zur daran anknüpfenden Frage, wie mit sog. Zufallsfunden im Kartellverfahren umzugehen ist, vgl. etwa *Stöcker,* BB 2012, 1172 ff.; sowie die Schlussanträge des GA *Wahl* v. 12.2.2015 in der Rs. C-583/13 P – *Deutsche Bahn u. a./Kommission* NZKart 2015, 244 Rn. 53 ff.

[235] In diesem Sinne EuGH U. v. 26.6.1980 Rs. 136/79 – *National Panasonic/Kommission* Slg. 1980, 2033 Rn. 25; EuGH U. v. 21.9.1989 verb. Rs. 46/87 u. 227/88 – *Hoechst/Kommission* Slg. 1989, 2859 Rn. 40; EuGH U. v. 25.6.2014 Rs. C-37/13 P – *Nexans SA u. a./Kommission* EuZW 2014, 777 (779, Rn. 34); anders vgl. *Seitz/Berg/Lohrberg* WuW 2007, 716 (723), wonach Art. 20 Abs. 4 Satz 2 VO 1/2003 das „Bestimmtheitsgebot als Ausprägung des Grundsatzes der Rechtssicherheit" sekundärrechtlich konkretisiere.

[236] EuGH U. v. 17.10.1989 verb. Rs. 97–99/87 – *Dow Chemical Ibérica u. a./Kommission* Slg. 1989, 3165 Rn. 26; EuG U. v. 14.11.2012 Rs. T-135/09 – *Nexans SA u. a./Kommission* NZKart 2013, 119 (119 Rn. 39), i. V. m. der dazugehörigen Rechtsmittelentscheidung EuGH U. v. 25.6.2014 Rs. C-37/13 P – *Nexans SA u. a./Kommission* EuZW 2014, 777 (779, Rn. 34).

[237] EuGH U. v. 21.9.1989 verb. Rs. 46/87 u. 227/88 – *Hoechst/Kommission* Slg. 1989, 2859 Rn. 41; EuGH U. v. 22.10.2002 Rs. C-94/00 – *Roquette Frères/Directeur général de la concurrence, de la consommation et de la répression des fraudes* Slg. 2002, I-9011 Rn. 47; EuG U. v. 11.12.2003 Rs. T-65/99 – *Strintzis Lines Shipping SA/Kommission* Slg. 2003, II-5433 Rn. 44; EuG U. v. 8.3.2007 Rs. T-339/04 – *France Télécom SA/Kommission* Slg. 2007, II-521 Rn. 57 f.; EuGH U. v. 25.6.2014 Rs. C-37/13 P – *Nexans SA u. a./Kommission* EuZW 2014, 777 (779, Rn. 34).

[238] Zutr. *Niggemann* in: Streinz (Fn. 10), KartVO nach Art. 103 AEUV Rn. 43.

[239] EuGH U. v. 17.10.1989 Rs. 85/87 – *Dow Benelux/Kommission* Slg. 1989, 3137 Rn. 8; EuGH U. v. 17.10.1989 verb. Rs. 97–99/87 – *Dow Chemical Ibérica u. a./Kommission* Slg. 1989, 3165 Rn. 45; EuG U. v. 8.3.2007 Rs. T-339/04 – *France Télécom SA/Kommission* Slg. 2007, II-521 Rn. 58.

[240] EuGH U. v. 21.9.1989 verb. Rs. 46/87 u. 227/88 – *Hoechst/Kommission* Slg. 1989, 2859 Rn. 41; EuG U. v. 8.3.1995 Rs. T-34/93 – *Société Générale/Kommission* Slg. 1995, II-547 Rn. 63; EuG, U. v. 6.9.2013 verb. Rs. T-289/11, T-290/11 u. T-521/11 – *Deutsche Bahn u. a./Kommission* NZKart 2013, 407 Rn. 76; EuGH U. v. 25.6.2014 Rs. C-37/13 P – *Nexans SA u. a./Kommission* EuZW 2014, 777 (779, Rn. 35); EuG U. v. 25.11.2014 Rs. T-402/13 – *Orange/Kommission,* Rn. 80.

[241] EuGH U. v. 17.10.1989 Rs. 85/87 – *Dow Benelux/Kommission* Slg. 1989, 3137 Rn. 10; EuGH U. v. 17.10.1989 verb. Rs. 97–99/87 – *Dow Chemical Ibérica u. a./Kommission* Slg. 1989, 3165 Rn. 46; EuGH U. v. 25.6.2014 Rs. C-37/13 P – *Nexans SA u. a./Kommission* EuZW 2014, 777 (779, Rn. 36).

[242] EuGH U. v. 21.9.1989 verb. Rs. 46/87 u. 227/88 – *Hoechst/Kommission* Slg. 1989, 2859 Rn. 41; EuG U. v. 8.3.1995 Rs. T-34/93 – *Société Générale/Kommission* Slg. 1995, II-545 Rn. 63.

anzugeben, welchen Vermutungen sie nachzugehen beabsichtigt[243] und wonach gesucht wird bzw. auf welche Punkte sich die Nachprüfung beziehen soll.[244] Ausreichend ist insoweit die Angabe der Kommission, Umstände nachprüfen zu wollen, aus denen sich eine Verletzung der Art. 101 und/oder 102 AEUV ergeben kann.[245] In diesem Kontext ist die Kommission allerdings verpflichtet, in ihrem Nachprüfungsbeschluss die wesentlichen Merkmale der vermuteten Zuwiderhandlung zu beschreiben und insbesondere den als relevant vermuteten Markt, der in diesem Verfahrensstadium noch nicht genau abgegrenzt werden muss, zu bezeichnen.[246] Dies schließt nach ständiger Rechtsprechung des Unionsrichters auch ein, dass die Kommission „möglichst genau angeben" muss, welche Verdachtsmomente sie erhärten will, wonach gesucht wird, auch welche Punkte sich die Nachprüfung beziehen soll und wie das von der Nachprüfung betroffene Unternehmen in die Zuwiderhandlung verwickelt sein soll.[247]

4. Unterscheidung zwischen Nachprüfungsauftrag und Nachprüfungsentscheidung bzw. Nachprüfungsbeschluss

58 Art. 20 VO 1/2003 hält an der zuvor in Art. 14 VO 17 getroffenen Unterscheidung zwischen schriftlichen Prüfungsaufträgen einerseits und formellen Nachprüfungsentscheidungen bzw. formellen Nachprüfungsbeschlüssen[248] andererseits fest. Insoweit ist auch weiterhin zwischen Nachprüfungen auf Grund eines einfachen „schriftlichen Auftrags" (Art. 20 Abs. 3 Satz 1 VO 1/2003) und Nachprüfungen auf Grund einer formellen Entscheidung bzw. eines formellen Beschlusses (Art. 20 Abs. 4 VO 1/2003) i. S. des Art. 288 AEUV zu differenzieren. Gemeinsam ist beiden Nachprüfungsformen zum einen, dass die Kommission sowohl in schriftlichen Prüfungsaufträgen als auch in Nachprüfungsbeschlüssen stets den Gegenstand und den Zweck der Nachprüfung „bezeichnen" muss.[249] Zum anderen sind die Nachprüfungsbefugnisse der Kommission[250] in beiden Fällen identisch. Der Hauptunterschied zwischen einem schriftlichem Prüfungsauftrag (a) und einem formellen Nachprüfungsbeschluss (b) liegt daher eher in verfahrensrechtlichen und rechtsschutzbezogenen Details sowie insbesondere darin, dass nur ein formeller Nachprüfungsbeschluss eine Verpflichtung des Nachprüfungsadressaten zur Duldung der Nachprüfung begründet:

59 **a) Nachprüfung auf Grund eines schriftlichen Prüfungsauftrags.** Die mit Nachprüfungen beauftragten Bediensteten der Kommission und andere von ihr ermächtigte

---

[243] EuGH U. v. 21.9.1989 verb. Rs. 46/87 u. 227/88 – *Hoechst/Kommission* Slg. 1989, 2859 Rn. 41; EuGH U. v. 17.10.1989 Rs. 85/87 – *Dow Benelux/Kommission* Slg. 1989, 3137 Rn. 9.

[244] So vgl. nur EuG U. v. 8.3.2007 Rs. T-339/04 – *France Télécom SA/Kommission* Slg. 2007, II-521 Rn. 58 f.; EuG U. v. 25.11.2014 Rs. T-402/13 – *Orange/Kommission,* Rn. 80.

[245] EuGH, U. v. 18.10.1989 Rs. 374/87 – *Orkem/Kommission* Slg. 1989, 3283 Rn. 11; EuG U. v. 8.3.1995 Rs. T-34/93 – *Société Générale/Kommission* Slg. 1995, II-545 Rn. 64.

[246] EuG U. v. 8.3.2007 Rs. T-340/04 – *France Télécom SA/Kommission* Slg. 2007, II-573 Rn. 52; EuG, U. v. 6.9.2013 verb. Rs. T-289/11, T-290/11 u. T-521/11 – *Deutsche Bahn u. a./Kommission* NZKart 2013, 407 Rn. 77; EuG U. v. 14.11.2012 Rs. T-135/09 – *Nexans SA u. a./Kommission* NZKart 2013, 119 (120 Rn. 44). Zum Umfang der hier in Rede stehenden Begründungspflicht der Kommission im Hinblick auf die geographische Reichweite der vermuteten Zuwiderhandlung vgl. EuG (ebd.) Rn. 95 ff. i. V. m. der dazugehörigen Rechtsmittelentscheidung EuGH U. v. 25.6.2014 Rs. C-37/13 P – *Nexans SA u. a./Kommission* EuZW 2014, 777 (778 f., Rn. 23 ff. u. 38 ff.), mit Anm. *Pichler,* EuZW 2014, 780 f.

[247] In diesem Sinne vgl. etwa m. w. N. EuG, U. v. 6.9.2013 verb. Rs. T-289/11, T-290/11 u. T-521/11 – *Deutsche Bahn u. a./Kommission* NZKart 2013, 407 Rn. 86, mit dem weiteren Hinweis, dass die Kommission in diesem Kontext schließlich auch angeben müsse, „welche Befugnisse die Prüfer der Union haben".

[248] Näher zu diesem Terminologiewechsel siehe oben Fn. 22.

[249] Näher dazu bereits unter Rn. 56 f.

[250] Ausführlich zu diesen in Art. 20 Abs. 2 VO 1/2003 geregelten Befugnissen unter Rn. 64–77.

Begleitpersonen können ihre Nachprüfungsbefugnisse unter Vorlage eines „schriftlichen Auftrags" ausüben, der in der Praxis vom Generaldirektor der Wettbewerbsdirektion unterzeichnet wird. In diesem Fall setzt die Durchführung der Nachprüfung voraus, dass ihr der Nachprüfungsadressat zustimmt. Folglich ist der Nachprüfungsadressat ohne **Zustimmung** zwar nicht zur Duldung der Nachprüfung auf der Grundlage eines einfachen Prüfungsauftrags verpflichtet. Duldet er jedoch die auf der Grundlage eines schriftlichen Auftrages vorgenommenen Nachprüfungsmaßnahmen und macht er später unvollständige oder unzutreffende Angaben, droht ihm gemäß Art. 23 Abs. 1 VO 1/2003 die Festsetzung einer Geldbuße.[251] Aus diesem Grund sieht Art. 20 Abs. 3 Satz 1 VO 1/2003 vor, dass im schriftlichen Prüfungsauftrag u. a. auf die in Art. 23 VO 1/2003 vorgesehenen Sanktionen für den Fall hinzuweisen ist, dass die angeforderten Bücher oder sonstigen Geschäftsunterlagen nicht vollständig vorgelegt werden oder die Antworten auf die nach Maßgabe von Art. 20 Abs. 2 lit. e VO 1/2003 gestellten Fragen unrichtig oder irreführend sind.

Das o. g. Zustimmungserfordernis bringt es in der Praxis mit sich, dass die Kommission ihre Nachprüfungsmaßnahmen auf Grund eines einfachen Prüfungsauftrages häufig erst nach vorheriger **Kontaktaufnahme mit den Nachprüfungsadressaten** durchführt,[252] auch wenn ihr dies nicht vorgeschrieben ist. Für eine vorherige Ankündigung spricht in dieser Konstellation zweierlei: Zum einen kann durch eine solche Ankündigung insbesondere bei kleinen und mittleren Unternehmen ein etwaiger Widerstand gegen die Nachprüfung vorsorglich vermieden und sichergestellt werden, dass bei Ankunft der Kommissionsbediensteten ein verantwortlicher und sachkundiger Unternehmensvertreter anwesend ist; zum anderen soll das Unternehmen dadurch in die Lage versetzt werden, eventuell erforderliche Vorbereitungen zu treffen, um die Effektivität und zügige Durchführung der Nachprüfung auch im eigenen Interesse zu gewährleisten.[253] Bei Nachprüfungen auf Grund eines schriftlichen Prüfungsauftrages ist die Kommission gemäß Art. 20 Abs. 3 Satz 2 VO 1/2003 allerdings verpflichtet, die Wettbewerbsbehörde des Mitgliedstaats, in dessen Hoheitsgebiet die jeweilige Nachprüfung vorgenommen werden soll, über die Nachprüfung rechtzeitig vor deren Beginn zu unterrichten. 60

b) Nachprüfung auf Grund eines formellen Beschlusses. Die Kommission nimmt ihre Nachprüfung auf Grund eines nach dem sog. Ermächtigungsverfahren[254] zu erlassenden Nachprüfungsbeschlusses i. S. des Art. 20 Abs. 4 VO 1/2003 vor, wenn die Gefahr besteht, dass bestimmte Unterlagen vom Nachprüfungsadressaten vernichtet bzw. beiseite geschafft werden (könnten), und/oder wenn zweifelhaft ist, ob dieser seine Zustimmung zu einer einfachen Nachprüfung erteilt. Eine vorherige Kontaktaufnahme mit dem Nachprüfungsadressaten, die bei Ermittlungen auf Grund eines einfachen Prüfungsauftrages in der Regel erfolgt, wird bei Nachprüfungen auf Grund einer formellen Entscheidung grundsätzlich vermieden und ist auch nicht erforderlich. Insoweit kann die Kommission auch überraschende Nachprüfungen (sog. *dawn raids*[255]) vornehmen, wobei der EuGH in dem 61

---

[251] Näher zu diesen Sanktionen vgl. Rn. 96–97 sowie die Kommentierung zu Art. 23 VO 1/2003.

[252] Exempl. EuG B. v. 9.6.1997 Rs. T-9/97 – *Elf Atochem/Kommission* Slg. 1997, II-909 Rn. 1.

[253] Näher dazu vgl. auch *Burrichter/Hennig* in: Immenga/Mestmäcker (Fn. 137), Art. 20 VO 1/2003 Rn. 24; *Kerse/Khan* (Fn. 141), S. 148 f.; *Kreis* RIW 1981, 281 (287).

[254] In diesem Verfahren können formelle Nachprüfungsbeschlüsse von dem für Wettbewerbsfragen zuständigen Kommissionsmitglied im Namen und unter Verantwortung der Kommission erlassen werden; nach EuGH U. v. 23.9.1986 Rs. 5/85 – *AKZO Chemie/Kommission* Slg. 1986, 2585 Rn. 28 ff., verletzt dieses Verfahren nicht den institutionell-gemeinschafts- bzw. unionsrechtlichen Kollegialitätsgrundsatz.

[255] Zu dieser allgemein geläufigen Begrifflichkeit und der wichtigen Rolle von Anwälten bei diesen *dawn raids* vgl. nur *Seitz/Berg/Lohrberg* WuW 2007, 716 ff.; *Weitbrecht/Weidenbach* NJW 2010, 2328 ff. Zur nunmehr zunehmenden Verwendung des sich daran anlehnenden Begriffs *E-Raids,* der sich speziell auf die weitreichenden Befugnisse der Kommission bei der anlässlich EU-kartellverfahrensrechtlicher Nachprüfungen häufig stattfindenden Durchsuchung elektronischer Daten (s. u. Rn. 69) bezieht, vgl. nur *Grave/Barth* EuZW 2014, 369 ff.; *Seeliger/Gänswein* BB 2014, 1027 ff.

Umstand, dass eine solche Nachprüfung ohne vorherige Mitteilung erfolgt, kein Grundrechtsproblem sieht.[256]

62 Nachprüfungsbeschlüsse verpflichten die Nachprüfungsadressaten – vorbehaltlich ihres vom EuG neuerdings aus Art. 20 Abs. 6 VO 1/2003 abgeleiteten „Widerspruchsrechts"[257] – gemäß Art. 20 Abs. 4 Satz 1 VO 1/2003 zur Duldung der jeweiligen Nachprüfungsmaßnahmen. Handelt der Nachprüfungsadressat dieser mit der ordnungsgemäßen Bekanntgabe des Beschlusses[258] i. S. des Art. 297 Abs. 2 UAbs. 3 AEUV beginnenden **Duldungsverpflichtung** vorsätzlich oder fahrlässig zuwider, kann die Kommission gegen ihn sowohl Geldbußen (Art. 23 Abs. 1 lit. c VO 1/2003) als auch Zwangsgelder (Art. 24 Abs. 1 lit. e VO 1/2003) festsetzen.[259] Über weitere autonome Zwangsmittel verfügt sie in diesen Fällen zwar nicht. Stellen aber die beauftragten Bediensteten der Kommission und die anderen von ihr ermächtigten Begleitpersonen fest, dass sich ein Unternehmen einer nach Maßgabe des Art. 20 VO 1/2003 angeordneten Nachprüfung widersetzt, so hat der betreffende EU-Mitgliedstaat gemäß Art. 20 Abs. 6 VO 1/2003 die erforderliche Unterstützung zu gewähren, damit die Bediensteten der Kommission ihren Nachprüfungsauftrag erfüllen können.[260]

63 Abgesehen davon, dass in einem solchen Nachprüfungsbeschluss – wie beim schriftlichen Prüfungsauftrag – der Gegenstand und der Zweck der Nachprüfung zu bezeichnen ist, muss in ihm – anders als beim schriftlichen Prüfungsauftrag – auch der Zeitpunkt des Beginns der Nachprüfung bestimmt werden (Art. 20 Abs. 4 Satz 2 VO 1/2003). Im Unterschied zur einfachen Nachprüfung i. S. Art. 20 Abs. 3 VO 1/2003 ist die Kommission bei Nachprüfungen auf Grund eines formellen Beschlusses nicht lediglich zur Unterrichtung mitgliedstaatlicher Wettbewerbsbehörden verpflichtet. Vielmehr hat die Kommission die Wettbewerbsbehörde des EU-Mitgliedstaats, in dessen Hoheitsgebiet die Nachprüfung vorgenommen werden soll, vor Erlass ihres Nachprüfungsbeschlusses anzuhören (Art. 20 Abs. 4 Satz 3 VO 1/2003), wobei selbst formlose (z. B. telefonische) Kontakte allgemein als ausreichend erachtet werden.[261]

5. Art und Umfang der einzelnen Nachprüfungsbefugnisse

64 Art. 20 Abs. 2 VO 1/2003 verleiht der Kommission zum einen ein auf alle Räumlichkeiten, Grundstücke und Transportmittel von Unternehmen und Unternehmensvereinigungen bezogenes Betretungsrecht (lit. a), damit sie ihr auf Bücher und sonstige Geschäftsunterlagen bezogenes Prüfungsrecht (lit. b) wahrnehmen kann. Zum anderen ermächtigt diese Vorschrift die Kommission zur Anfertigung und Erlangung von Kopien und Auszügen (lit. c), zur Versiegelung betrieblicher Räumlichkeiten, Bücher und Unterlagen (lit. d) sowie zur Einholung und Protokollierung mündlicher Erläuterungen (lit. e).

65 **a) Betretungsrecht (Räumlichkeiten, Grundstücke und Transportmittel).** Art. 20 Abs. 2 lit. a VO 1/2003 ermächtigt die mit den Nachprüfungen beauftragten Be-

---

[256] EuGH U. v. 26.6.1980 Rs. 136/79 – *National Panasonic/Kommission* Slg. 1980, 2033 Rn. 20.

[257] Vgl. EuG, U. v. 6.9.2013 verb. Rs. T-289/11, T-290/11 u. T-521/11 – *Deutsche Bahn u. a./Kommission* NZKart 2013, 407 Rn. 77 u. 87; ausführlich zu dieser Entscheidung vgl. *Bischke* NZKart 2013, 397 ff.; *Röhrig* WuW 2014, 814 ff.; zur dazugehörigen Rechtsmittelentscheidung des EuGH v. 18.6.2015 s. o. Fn. 132.

[258] Nach EuGH U. v. 18.10.1989 Rs. 374/87 – *Orkem/Kommission* Slg. 1989, 3283 Rn. 6, ist eine Entscheidung ordnungsgemäß bekannt gegeben, wenn sie demjenigen, für den sie bestimmt ist, übermittelt und dieser in die Lage versetzt worden ist, von ihr Kenntnis zu nehmen, hierzu vgl. auch Art. 297 Abs. 2 UAbs. 3 AEUV sowie m. w. N. *v. d. Hout* in: Mäsch (Fn. 135), Art. 20 VerfVO Rn. 47.

[259] Exemplarisch zur Verhängung einer Geldbuße i. H. v. 2,5 Mio Euro wegen eines Verstoßes eines Nachprüfungsadressaten gegen die hier angesprochene Duldungspflicht vgl. den Beschluss der Kommission v. 28.3.2012 in der Sache COMP/39.793 – EPH u. a., ABl. 2012 C 316/8 ff.; die gegen diese Entscheidung erhobene Nichtigkeitsklage ist abgewiesen worden, vgl. EuG, U. v. 26.11.2014 Rs. T-272/12 – *Energetický a průmyslový holding a.s u. a./Kommission* Rn. 32 ff.

[260] Näher zur Unterstützung der Kommission durch mitgliedstaatliche Behörden unter Rn. 78–83.

[261] Vgl. EuGH U. v. 23.9.1986 Rs. 5/85 – *AKZO Chemie/Kommission* Slg. 1986, 2585 Rn. 24.

diensteten der Kommission und die anderen von ihr ermächtigten Begleitpersonen zum Betreten aller Räumlichkeiten, Grundstücke und Transportmittel von Unternehmen und Unternehmensvereinigungen. Diesem zuvor in Art. 14 VO 17 geregelten Betretungsrecht kommt nach der Rechtsprechung des EuGH „insofern besondere Bedeutung zu, als es der Kommission damit ermöglicht werden soll, das Beweismaterial für Zuwiderhandlungen gegen die Wettbewerbsregeln an den Orten zu sammeln, an denen es sich normalerweise befindet, d.h. in den Geschäftsräumen der Unternehmen".[262] Anders als Art. 20 Abs. 2 lit. d VO 1/2003, der in Bezug auf die dort geregelte Versiegelungsbefugnis von „betrieblichen Räumlichkeiten" spricht, beschränkt sich das in Art. 20 Abs. 2 lit. a VO 1/2003 geregelte Betretungsrecht nicht explizit auf betriebliche bzw. **geschäftlich genutzte Räumlichkeiten,** Grundstücke und Transportmittel, auch wenn diese in Art. 20 Abs. 2 lit. a VO 1/2003 in erster Linie gemeint sein dürften. In Abgrenzung zu Art. 21 VO 1/2003 erstreckt sich das in Art. 20 Abs. 2 lit. a VO 1/2003 geregelte Betretungsrecht somit auf alle betrieblichen, geschäftlich genutzten und sogar stillgelegten bzw. brachliegenden Räumlichkeiten, Grundstücke und Transportmittel von Unternehmen und Unternehmensvereinigungen, soweit es sich nicht um „andere Räumlichkeiten, Grundstücke und Transportmittel" – wie etwa Wohnungen von Unternehmensleitern oder sonstigen Mitarbeitern – handelt, die abschließend von Art. 21 VO 1/2003 erfasst werden.

Bei der Beantwortung der Frage, welche Räumlichkeiten, Grundstücke und Transportmittel konkret von dem in Art. 20 Abs. 2 lit. a VO 1/2003 geregelten Betretungsrecht umfasst sind, kommt es nach überwiegender Auffassung nicht maßgeblich auf die jeweiligen Eigentums- oder Besitzverhältnisse an; für entscheidend wird vielmehr die **funktionale Zuordnung zum Unternehmen** bzw. zur Unternehmensvereinigung gehalten sowie deren tatsächliche Möglichkeit, den Prüfern bzw. Ermittlern den gewünschten Zutritt zu verschaffen.[263] Unter bestimmten Umständen ist die Kommission sogar befugt, auch die Geschäftsräume einer anderen rechtlichen Einheit als dem Adressaten der Nachprüfungsentscheidung aufzusuchen. Insoweit wäre es nach der jüngeren Rechtsprechung des EuG zwar unverhältnismäßig und verstieße gegen tragende Rechtsgrundsätze, würde der Kommission auf der Grundlage eines an eine bestimmte rechtliche Einheit gerichteten Nachprüfungsbeschlusses ein „allgemeines Recht" zuerkannt, die Räumlichkeiten einer anderen rechtlichen Einheit zu betreten und dort Nachprüfungen durchzuführen, nur weil diese angeblich mit dem Adressaten des Nachprüfungsbeschlusses eng verbunden ist oder die Kommission glaubt, sie könne dort Unterlagen des Adressaten finden.[264] Hat aber die Kommission sorgfältig und unter umfassender Beachtung ihrer Pflicht gehandelt, sich vor der Nachprüfung i. R. des Möglichen zu vergewissern, dass die Geschäftsräume, die sie durchsuchen wollte, tatsächlich die Geschäftsräume derjenigen rechtlichen Einheit waren, der ihre Ermittlungen galten, so kann die Kommission ihre irrtümlich beim Nichtadressaten begonnenen Nachprüfungen fortsetzen, ohne dabei gezwungen zu sein, zunächst einmal den Ort zu verlassen und mit einem Nachprüfungsbeschluss zurückzukehren.[265] 66

[262] Vgl. nur EuGH U. v. 21.9.1989 verb. Rs. 46/87 u. 227/88 – *Hoechst/Kommission* Slg. 1989, 2859 Rn. 26; EuG U. v. 11.12.2003 Rs. T-65/99 – *Strintzis Lines Shipping SA/Kommission* 2003, II-5433 Rn. 41.

[263] Vgl. nur die *Akzo*-Entscheidung der Kommission v. 14.10.1994, ABl. 1994 L 294/31 (insb. Ziff. 12); sowie *Bechtold/Bosch/Brinker/Hirsbrunner* (Fn. 211), Art. 20 VO 1/2003 Rn. 6; *Bischke* in: Hirsch/Montag/Säcker (Fn. 135), Art. 20 VO 1/2003 Rn. 7; *de Bronett* (Fn. 172), S. 297; *Hirsbrunner* in: Schröter/Jakob/Klotz/Mederer (Fn. 10), S. 1179; *Meyer/Kuhn* WuW 2004, 880 (881); *Sura* in: Langen/Bunte (Fn. 198), Art. 20 VO Nr. 1/2003 Rn. 11; *Vocke* (Fn. 18), S. 215 f.

[264] Vgl. nur EuG U. v. 11.12.2003 Rs. T-59/99 – *Ventouris Group Enterprises SA/Kommission* Slg. 2003, II-5257 Rn. 151; EuG U. v. 11.12.2003 Rs. T-65/99 – *Strintzis Lines Shipping SA/Kommission* Slg. 2003, II-5433 Rn. 71.

[265] Vgl. nur EuG U. v. 11.12.2003 Rs. T-65/99 – *Strintzis Lines Shipping SA/Kommission* Slg. 2003, II-5433 Rn. 72–78; EuG U. v. 11.12.2003 Rs. T-66/99 – *Minoan Lines SA/Kommission* Slg. 2003, II-5515 Rn. 84–90.

67 Das in Art. 20 Abs. 2 lit. a VO 1/2003 geregelte Betretungsrecht hat im Hinblick auf das in lit. b dieser Vorschrift vorgesehene Recht zur Prüfung von Büchern und sonstigen Geschäftsunterlagen eine bedeutsame Hilfsfunktion, da es den Ermittlern v. a. ermöglichen soll, sich über den Bestand der vorhandenen Unterlagen zu überzeugen und diese am Ort ihrer gewöhnlichen Aufbewahrung zu prüfen. Dieser enge Zusammenhang zwischen dem Betretungsrecht und dem nachfolgend zu erörternden Prüfungsrecht gemäß Art. 20 Abs. 2 lit. b VO 1/2003 ist unter umgekehrten Vorzeichen auch im *Hoechst*-Urteil des EuGH unterstrichen worden, wonach das Betretungsrecht „nutzlos" wäre, „wenn sich die Bediensteten der Kommission darauf beschränken müssten, die Vorlage von Unterlagen und Akten zu verlangen, die sie schon vorher genau bezeichnen können;[266] insoweit impliziere ein solches Betretungsrecht, sowohl „die Befugnis, nach anderen Informationsquellen zu suchen, die noch nicht bekannt oder vollständig bezeichnet sind",[267] als auch das Recht der Kommission, sich den Inhalt der von ihr angegebenen Möbel zeigen zu lassen.[268] Art. 20 VO 1/2003 verleiht der Kommission jedoch **kein** ohne Einwilligung des Nachprüfungsadressaten bzw. ohne Unterstützung mitgliedstaatlicher Behörden durchsetzbares **autonomes Durchsuchungsrecht,**[269] da sich die Ermittler die gewünschten Bücher und Geschäftsunterlagen grundsätzlich vorlegen lassen müssen[270] und sie sich weder gewaltsam Zugang zu den anvisierten Räumen oder Möbeln verschaffen[271] noch die Beschäftigten des Nachprüfungsadressaten zwingen können, ihnen den Zugang hierzu zu gewähren.[272] Handelt der Nachprüfungsadressat hierbei allerdings seiner in der Rechtsprechung der Unionsgerichte entwickelten **Pflicht zur aktiven Mitwirkung**[273] zuwider, so kommt neben der Festsetzung von Geldbußen und Zwangsgeldern eine zu den zentralen Unterstützungshandlungen mitgliedstaatlicher Behörden gehörende Durchsuchung nach den einschlägigen Regeln des nationalen Rechts in Betracht, die es den Bediensteten der Kommission dann ermöglicht, nach allen für die Nachprüfung notwendigen bzw. erforderlichen Informationsquellen zu suchen.[274]

68 **b) Prüfungsrecht (Bücher und sonstige Geschäftsunterlagen).** Nach Art. 20 Abs. 2 lit. b VO 1/2003 sind die mit den Nachprüfungen beauftragten Bediensteten der Kommissi-

---

[266] EuGH U. v. 17.10.1989 Rs. 85/87 – *Dow Benelux/Kommission* Slg. 1989, 3137 Rn. 38.

[267] So explizit EuGH U. v. 21.9.1989 verb. Rs. 46/87 u. 227/88 – *Hoechst/Kommission* Slg. 1989, 2859 Rn. 27, und EuGH U. v. 17.10.1989 verb. Rs. 97–99/87 – *Dow Chemical Ibérica u. a./Kommission* Slg. 1989, 3165 Rn. 24, jeweils mit dem weiteren Hinweis, dass es der Kommission ohne eine solche Befugnis unmöglich wäre, „die für die Nachprüfung erforderlichen Informationen einzuholen, falls die betroffenen Unternehmen die Mitwirkung verweigern oder eine obstruktive Haltung einnehmen"; u. a. bestätigt in EuG U. v. 14.11.2012 Rs. T-135/09 – *Nexans SA u. a./Kommission* Rn. 62.

[268] EuGH U. v. 21.9.1989 verb. Rs. 46/87 u. 227/88 – *Hoechst/Kommission* Slg. 1989, 2859 Rn. 31; EuGH U. v. 17.10.1989 Rs. 85/87 – *Dow Benelux/Kommission* Slg. 1989, 3137 Rn. 42; EuGH U. v. 17.10.1989 verb. Rs. 97–99/87 – *Dow Chemical Ibérica u. a./Kommission* Slg. 1989, 3165 Rn. 28.

[269] EuGH U. v. 21.9.1989 verb. Rs. 46/87 u. 227/88 – *Hoechst/Kommission* Slg. 1989, 2859 Rn. 37, und EuGH U. v. 17.10.1989 Rs. 85/87 – *Dow Benelux/Kommission* Slg. 1989, 3137 Rn. 48; EuGH U. v. 17.10.1989 verb. Rs. 97–99/87 – *Dow Chemical Ibérica u. a./Kommission* Slg. 1989, 3165 Rn. 34, wo die entgegengesetzte – von der Kommission geäußerte – Ansicht vom EuGH als „irrig" bezeichnet wurde.

[270] EuGH U. v. 21.9.1989 verb. Rs. 46/87 u. 227/88 – *Hoechst/Kommission* Slg. 1989, 2859 Rn. 31; EuG, U. v. 6.9.2013 verb. Rs. T-289/11, T-290/11 u. T-521/11 – *Deutsche Bahn u. a./Kommission* NZKart 2013, 407 Rn. 86.

[271] Vgl. nur EuGH U. v. 17.10.1989 Rs. 85/87 – *Dow Benelux/Kommission* Slg. 1989, 3137 Rn. 42.

[272] EuGH U. v. 21.9.1989 verb. Rs. 46/87 u. 227/88 – *Hoechst/Kommission* Slg. 1989, 2859 Rn. 31; EuG, U. v. 6.9.2013 verb. Rs. T-289/11, T-290/11 u. T-521/11 – *Deutsche Bahn u. a./Kommission* NZKart 2013, 407 Rn. 86.

[273] EuGH U. v. 18.10.1989 Rs. 374/87 – *Orkem/Kommission* Slg. 1989, 3283 Rn. 22 i. V. m. 27; bestätigt u. a. in EuG U. v. 9.11.1994 Rs. T-46/92 – *The Scottish Football Association/Kommission* Slg. 1994, II-1039 Rn. 31; EuG U. v. 8.3.1995 Rs. T-34/93 – *Société Générale/Kommission* Slg. 1995, II-545 Rn. 72.

[274] EuGH U. v. 17.10.1989 Rs. 85/87 – *Dow Benelux/Kommission* Slg. 1989, 3137 Rn. 43 f.

on und die anderen von ihr ermächtigten Begleitpersonen befugt, die Bücher und sonstige Geschäftsunterlagen zu prüfen. Dieses Prüfungsrecht, dessen Ausübung sich streng an dem im Prüfungsauftrag bzw. im Nachprüfungsbeschluss bezeichneten Nachprüfungsgegenstand orientieren muss,[275] hatte der Kommission bereits Art. 14 Abs. 1 lit. a VO 17 verliehen. Abweichend von dieser Vorgängerbestimmung macht Art. 20 Abs. 2 lit. b VO 1/2003 deutlich, dass der Kommission dieses Prüfungsrecht unabhängig davon zusteht, in welcher Form die Bücher und Geschäftsunterlagen vorliegen. Mit dieser Neuerung hat der Verordnungsgeber die frühere Praxis kodifiziert, in der die maßgeblichen Begriffe „Bücher" und „Geschäftsunterlagen" überaus weit in dem Sinne ausgelegt worden sind, dass sie grundsätzlich alle mit den geschäftlichen Aktivitäten von Unternehmen und Unternehmensvereinigungen zusammenhängenden Unterlagen bzw. Dokumente sowohl offizieller als auch inoffizieller Art erfassen.[276] Ausgeschlossen sind von dem Bereich, in dem die Kommission ermitteln darf, somit lediglich Privatunterlagen bzw. Unterlagen nicht geschäftlicher Art, d. h. Unterlagen, die sich nicht auf die Tätigkeit des Unternehmens auf dem Markt beziehen.[277]

Nach überwiegender Auffassung erfassen die Begriffe **Bücher und Geschäftsunterlagen** zum einen alle in Papierform vorliegenden – mit dem jeweiligen Nachprüfungsgegenstand im Zusammenhang stehenden – geschäftlichen Unterlagen bzw. Informationsquellen, wie etwa Verträge, Briefwechsel, im Geschäftsverkehr verfasste bzw. erstellte Dokumente, interne Vermerke und Notizen, Protokolle, Abrechnungsbelege, Buchführungsunterlagen und Terminkalender.[278] Zum anderen erstreckt sich dieses Prüfungsrecht auf alle weiteren mit dem jeweiligen Nachprüfungsgegenstand im Zusammenhang stehenden Informationen, die z. B. auf Mikrofiche, Cassetten, Tonbändern oder elektronischen **Datenträgern** gespeichert sind und auf Verlangen der Kommissionsbediensteten lesbar bzw. einsichtbar gemacht werden müssen.[279] Sind bestimmte Unterlagen – wie etwa der in den letzten Jahren immer bedeutsamer gewordene E-Mail-Verkehr – in elektronischer Form gespeichert, so sei auch der Zugang zu den entsprechenden Datenverarbeitungsanlagen zu gewähren,[280] was bei Computern oder Notebooks die Bekanntgabe von Passwörtern einschließe.[281] Da die Kommission ihre hier angesprochenen Befugnisse zur Durchsuchung und Überprüfung elektronischen Datenmaterials überaus weit auslegt bzw. versteht,[282] vermag es kaum zu überraschen, dass diese mehr und mehr unter der Kurzbezeichnung ***E-Raids*** diskutierten Befugnisse und vor allem deren Grenzen, die in der bisherigen Rechtsprechung des Unionsrichters zu den EU-kartellverfahrensrechtlichen Nach- 69

[275] Zutr. *Niggemann* in: Streinz (Fn. 10), KartVO nach Art. 103 AEUV Rn. 45.

[276] So etwa *Lavoie* ELRev. 17 (1992), 20 (23); ähnlich *Kreis* RIW 1981, 281 (289). Dieses seit langem vorherrschende (weite) Begriffsverständnis deckt sich weitgehend mit EuGH U. v. 18.5.1982 Rs. 155/79 – *AM&S/Kommission* Slg. 1982, 1575 Rn. 16, wonach es sich bei „Geschäftsunterlagen" um solche Unterlagen handelt „die sich auf die Tätigkeit des Unternehmens auf dem Markt, vor allem was die Beachtung der Wettbewerbsregeln anbelangt, beziehen".

[277] So explizit EuGH U. v. 22.10.2002 Rs. C-94/00 – *Roquette Frères/Directeur général de la concurrence, de la consommation et de la répression des fraudes* Slg. 2002, I-9011 Rn. 45; zu weiteren Begrenzungen des hier in Rede stehenden Prüfungsrechts, die sich im konkreten Einzelfall aus dem *Legal (Professional) Privilege* ergeben können, siehe bereits oben unter Rn. 34 f. sowie unten Rn. 72 u. 102.

[278] *Dieckmann* in: Wiedemann (Fn. 135), § 42 Rn. 38; *Niggemann* in: Streinz (Fn. 10), KartVO nach Art. 103 AEUV Rn. 46; *Weiß* (Fn. 53), S. 132.

[279] *Burrichter/Hennig* in: Immenga/Mestmäcker (Fn. 137), Art. 20 VO 1/2003 Rn. 47 f.; *Weiß* (Fn. 53), S. 131.

[280] *Niggemann,* in: Streinz (Fn. 10), KartVO nach Art. 103 AEUV Rn. 46.

[281] *Dieckmann* in: Wiedemann (Fn. 135), § 42 Rn. 39.

[282] Vgl. dazu insb. Ziff. 10 ihrer einschlägigen *Explanatory note* (Fn. 136), wo es heißt: „The Inspectors can search the IT environment and storage media (laptops, desktops, tablets, mobile phones, CD-ROM, DVD, USB-key and so on) of the undertaking. For this purpose, the Inspectors may not only use any built-in (keyword) search tool, but may also make use of their own dedicated software and/or hardware (‚Forensic IT tools'). These Forensic IT tools allow the Commission to copy, search and recover data whilst respecting the integrity of the undertakings' systems and data".

prüfungsbefugnissen der Kommission noch nicht hinreichend klar ausgelotet worden sind, immer mehr in den Fokus des Schrifttums geraten.[283] Verschlossene Schränke oder Behältnisse anderer Art seien auf Wunsch der Ermittler zu öffnen, damit sie sich vom Charakter und ggf. vom Inhalt der darin aufbewahrten Unterlagen überzeugen können.[284]

70 Gegenstand der Nachprüfung können indes nur **vorhandene Unterlagen** sein,[285] die mit dem im Prüfungsauftrag bzw. im Nachprüfungsbeschluss zu bezeichnenden Nachprüfungsgegenstand im Zusammenhang stehen; eine Pflicht des Nachprüfungsadressaten zur Erstellung von Unterlagen, etwa von Übersichten oder Statistiken, besteht insoweit nicht. Auch die Einsichtnahme in **private Unterlagen** muss nicht vom Nachprüfungsadressaten geduldet werden;[286] diesbezüglich ist es den Ermittlern jedoch zu ermöglichen, dass sie sich vom privaten Charakter dieser Unterlagen überzeugen können, zumal hinsichtlich der in Geschäftsräumen anzufindenden Bücher und Unterlagen (widerleglich) vermutet werden kann, dass es sich hierbei um geschäftliche Dokumente handelt.[287]

71 Dass es sich bei den angeforderten Unterlagen um **Betriebs- oder Geschäftsgeheimnisse** handelt bzw. handeln könnte, berechtigt den Nachprüfungsadressaten auf Grund des einst in Art. 20 VO 17 und heute in Art. 28 VO 1/2003 geregelten Schutzregimes für „Berufsgeheimnisse" grundsätzlich nicht, sich dem in Art. 20 Abs. 2 lit. b VO 1/2003 geregelten Prüfungsrecht zu widersetzen.[288] In diesem Zusammenhang ist allerdings an die sog. „*AKZO*-Doktrin" zu erinnern, nach der die Kommission vor einer Weiterleitung der nach Ansicht des jeweiligen Unternehmens Geschäftsgeheimnisse enthaltenen Unterlagen zur vorherigen Anhörung dieses Unternehmens verpflichtet ist und angesichts des außerordentlich schweren Schadens, der aus der unzulässigen Weiterleitung solcher Unterlagen an Wettbewerber entstehen kann, dem Unternehmen vor Vollzug ihrer Weiterleitungsentscheidung die Möglichkeit geben muss, den Gerichtshof anzurufen.[289]

72 Eine unionsverfassungsrechtliche Schranke findet das in Art. 20 Abs. 2 lit. b VO 1/2003 geregelte Prüfungsrecht im o. g. **Legal (Professional) Privilege.**[290] Nach dem im *AM&S*-Urteil entwickelten Schutzregime[291] kann sich der Nachprüfungsadressat dem Prüfungsrecht der Kommission zwar nicht einfach mit der bloßen Behauptung entziehen, dass einem bestimmten Dokument der Vertraulichkeitsschutz i. S. des Legal Privilege zukomme. Weigert sich der Nachprüfungsadressat unter Berufung auf den Schutz der Vertraulichkeit, Einsicht in den mit seinem Anwalt geführten Schriftverkehr zu gewähren, der sich unter den von der Kommission verlangten Geschäftsunterlagen befindet, so hat er den beauftragten Kommissionsbediensteten – ohne hierbei schon gleich zur Offenbarung des Inhalts der betreffenden Korrespondenz verpflichtet zu sein – zunächst alle zweckdienlichen Angaben zu machen, mit denen dargelegt werden kann, dass der Schriftverkehr die Voraussetzungen für den Vertraulichkeitsschutz erfüllt.[292] Hierbei ist das betreffende Unternehmen nach der

---

[283] Vgl. nur *Grave/Barth* EuZW 2014, 369 ff.; *Seeliger/Gänswein* BB 2014, 1027 ff.; *Stöcker* BB 2012, 1172 ff.

[284] *Dieckmann* in: Wiedemann (Fn. 135), § 42 Rn. 41.

[285] *Burrichter/Hennig* in: Immenga/Mestmäcker (Fn. 137), Art. 20 VO 1/2003 Rn. 51; *Dieckmann* in: Wiedemann (Fn. 135), § 42 Rn. 38.

[286] *Burrichter/Hennig* in: Immenga/Mestmäcker (Fn. 137), Art. 20 VO 1/2003 Rn. 49 ff.; *Schriefers* WuW 1993, 101.

[287] *Dieckmann* in: Wiedemann (Fn. 135), § 42 Rn. 40, *Ortiz Blanco,* EC Competition Procedure, 1996, S. 131.

[288] So (bzgl. Art. 11 u. 20 VO 17) EuG U. v. 12.12.1991 Rs. T-39/90 – *SEP/Kommission* Slg. 1991, II-1519 Rn. 53 ff.; zum Schutz der Berufsgeheimnisse vgl. die Kommentierung zu Art. 28 VO 1/2003.

[289] EuGH U. v. 24.6.1986 Rs. 53/85 – *AKZO Chemie/Kommission* Slg. 1986, 1965 Rn. 29; bestätigt u. a. in EuGH U. v. 19.5.1994 Rs. C-36/92 P – *SEP/Kommission* Slg. 1994, I-1911 Rn. 38.

[290] Zur Anerkennung und zu den Voraussetzungen dieses Schutzanspruchs s. o. unter Rn. 34 f.

[291] Ausführlicher dazu vgl. auch *v. d. Hout* in: Mäsch (Fn. 135), Vorb. zu den Art. 17 ff. VerfVO Rn. 52 ff.

[292] EuGH U. v. 18.5.1982 Rs. 155/79 – *AM&S/Kommission* Slg. 1982, 1575 Rn. 29.

jüngeren Rechtsprechung des EuG sogar berechtigt, den Kommissionsbediensteten eine auch nur summarische Durchsicht der Schriftstücke zu verweigern, für die es den Vertraulichkeitsschutz geltend macht, sofern eine solche summarische Prüfung seiner Meinung nach ohne Offenbarung des Inhalts der Schriftstücke nicht möglich wäre und sofern es dies gegenüber den Kommissionsbediensteten angemessen begründet.[293] Ist dann die Kommission der Ansicht, dass das Vorbringen des Unternehmens nicht geeignet ist, den vertraulichen Charakter der Dokumente darzustellen, so dürfen ihre Bediensteten eine Kopie des Schriftstücks in einen zu versiegelnden Umschlag legen und diesen im Hinblick auf die spätere Entscheidung über die Meinungsverschiedenheit mit sich nehmen.[294] Eingedenk des Umstands, dass der Grundsatz des Schutzes der Vertraulichkeit der Kommunikation zwischen Anwalt und Mandant bereits dadurch verletzt wird, dass die Kommission vom Inhalt eines vertraulichen Schriftstücks Kenntnis nimmt,[295] weist das EuG bei dieser Gelegenheit in einer unausgesprochen dem unionsgrundrechtlichen Anspruch auf effektiven Rechtsschutz[296] Rechnung tragenden Weise ergänzend darauf hin, dass die Kommission vom Inhalt des jeweiligen Schriftstücks nicht Kenntnis nehmen darf, bevor sie eine Entscheidung erlassen hat, die dem betroffenen Unternehmen eine sachdienliche Anrufung des Gerichts ermöglicht.[297] Insofern muss also die Kommission die Vorlage eines vom betreffenden Nachprüfungsadressaten als vertraulich eingestuften Schriftwechsels im Wege eines mit der Nichtigkeitsklage nach Art. 263 Abs. 4 AEUV anfechtbaren Beschlusses anordnen, damit die Betroffenen – in einer der sog. „AKZO-Doktrin[298] ähnelnden Weise – den Unionsrichter in die Lage versetzen können darüber zu entscheiden, ob das jeweilige Schriftstück tatsächlich dem „Legal (Professional) Privilege" unterfällt[299] und in diesem Fall dann auch einem von der Kommission strikt zu beachtenden **Verwertungsverbot** unterliegt.[300]

c) Anfertigung und Erlangung von Kopien und Auszügen. Nach Art. 20 Abs. 2 lit. c VO 1/2003 sind die mit den Nachprüfungen beauftragten Bediensteten der Kommission und die anderen von ihr ermächtigten Begleitpersonen befugt, Kopien oder Auszüge gleich welcher Art aus den o. g. Büchern und Unterlagen anzufertigen oder zu erlangen. Die von dieser Befugnis umfassten Bücher und Unterlagen sind mit denen identisch, auf die sich das in Art. 20 Abs. 2 lit. b VO 1/2003 niedergelegte Prüfungsrecht bezieht. Die Art und Weise des Anfertigens von Kopien und Auszügen ist in Art. 20 Abs. 2 lit. c VO 1/2003 offen gelassen worden. Gleichwohl besteht weitgehende Einigkeit zum einen darin, dass Informationen von der Kommission auf Papier fotokopiert, mit der Hand abgeschrieben, elektronisch gescannt oder auch fotographiert und dass elektronisch gespeicherte Informationen kopiert oder ausgedruckt werden können.[301] Zum anderen ist allgemein 73

[293] Vgl. EuG U. v. 17.9.2007 verb. Rs. T-125/03 u. T-253/03 – *Akzo Nobel Chemicals u. a./Kommission* Slg. 2007, II-3523 Rn. 82; näher dazu vgl. etwa *Seitz,* EuZW 2008, 204 ff.; sowie *Meyer* EWS 2007, 455 f.

[294] EuG, ebd. (Rn. 83).

[295] EuG, ebd. (Rn. 86).

[296] Näher zu diesem Anspruch bzw. Unionsgrundrecht siehe oben m. w. N. unter Rn. 14.

[297] Vgl. EuG U. v. 17.9.2007 verb. Rs. T-125/03 u. T-253/03 – *Akzo Nobel Chemicals u. a./Kommission* Slg. 2007, II-3523 Rn. 85 i. V. m. Rn. 88.

[298] Näher zu dieser „AKZO"-Doktrin siehe bereits oben unter Rn. 71.

[299] Näher zu den prozeduralen Aspekten des hier in Rede stehenden Vertraulichkeitsschutzes vgl. auch jeweils m. w. N. *de Bronett* (172), S. 291 ff.; *Klees* (Fn. 148), S. 324; *Reinalter* ZEuS 2009, 53 (81 ff.).

[300] In diese Richtung weisend vgl. etwa EuGH, Beschl. v. 26.3.1987, Rs. 46/87 R – *Hoechst/Kommission* Slg. 1987, 1549 Rn. 34; EuGH, U. v. 22.10.2002, Rs. C-94/00 – *Roquettes Frères/Kommission* Slg. 2002, I-9011 Rn. 49; EuGH, U. v. 27.9.2004, Rs. C-7/04 P(R) – *Kommission/Akzo u. a.* Slg. 2004, I-8739 Rn. 42; ausführlicher dazu vgl. auch *Böse* in: Schwarze/Becker/Hatje/Schoo (Fn. 10), Art. 337 AEUV Rn. 9 f.; *Jaeckel,* in: Grabitz/Hilf/Nettesheim (Fn. 10), Art. 337 AEUV Rn. 55 ff.

[301] So vgl. etwa *de Bronett* (Fn. 172), S. 301.

anerkannt, dass die Kommissionsbeamten die in Rede stehenden Kopien und Originale mitnehmen dürfen[302] und dass die Nachprüfungsadressaten die Kopierkosten auf Antrag von der Kommission ersetzt bekommen,[303] wenn sie – was in der Regel geschieht und für beide Seiten vorteilhaft ist – ihre eigenen Kopiergeräte zur Verfügung stellen.[304] Umstritten und vom Unionsrichter – soweit ersichtlich – noch nicht entschieden ist indes, ob die Unternehmen in diesem Kontext ihre Kopiergeräte der Kommission zur Verfügung stellen müssen[305] und ob die Unternehmen dabei zugleich verpflichtet sind, Kopien für die Kommission zu erstellen.[306]

74 **d) Versiegelung betrieblicher Räumlichkeiten, Bücher und Unterlagen.** Nach Art. 20 Abs. 2 lit. d VO 1/2003, dessen Regelungsgehalt in der Vorgängerbestimmung des Art. 14 VO Nr. 17 einst fehlte, sind die mit den Nachprüfungen beauftragten Bediensteten der Kommission und andere von ihr ermächtigte Begleitpersonen befugt, „betriebliche Räumlichkeiten und Bücher oder Unterlagen jeder Art für die Dauer und in dem Ausmaß zu versiegeln, wie es für die Nachprüfung erforderlich ist". Hinsichtlich dieser auch in der VO 773/2004 nicht näher präzisierten Versiegelungsbefugnis, die v. a. der effizienten Durchführung bzw. Absicherung mehrtägiger Nachprüfungen dient, wird im 25. Erwägungsgrund zur VO 1/2003 ausgeführt, dass die Versiegelung in der Regel nicht länger als 72 Stunden dauern sollte. Eine sich über mehr als drei Tage erstreckende Versiegelung ist demnach zwar nicht kategorisch ausgeschlossen, aber unter besonderer Berücksichtigung des unionsverfassungsrechtlichen Verhältnismäßigkeitsgrundsatzes in stärkerem Maße rechtfertigungsbedürftig.[307] Ein vorsätzlicher oder fahrlässiger Siegelbruch kann gemäß Art. 23 Abs. 1 lit. e VO 1/2003 mit der Festsetzung eines Bußgeldes geahndet werden.[308]

75 **e) Einholung und Protokollierung mündlicher Erläuterungen.** Nach Art. 20 Abs. 2 lit. e VO 1/2003 sind die mit den Nachprüfungen beauftragten Bediensteten der Kommission und die von ihr ermächtigten Begleitpersonen schließlich befugt, „von allen Vertretern oder Mitgliedern der Belegschaft des Unternehmens oder der Unternehmensvereinigung Erläuterungen zu Tatsachen oder Unterlagen zu verlangen, die mit dem Gegenstand und dem Zweck der Nachprüfung in Zusammenhang stehen, und ihre Antworten zu Protokoll zu nehmen". Während die Kommission natürliche und juristische Personen gemäß Art. 19 Abs. 1 VO 1/2003 zum Zwecke der Einholung von Informationen außerhalb von Nachprüfungen befragen darf, sofern diese Personen zustimmen, verleiht Art. 20 Abs. 2 lit. e VO 1/2003 der Kommission erstmals ein i. R. von Nachprüfungen durchsetzbares und sanktionsbewehrtes[309] **Frage- bzw. Befragungsrecht.** Im Vergleich zu der ursprünglich in Art. 14 Abs. 1 lit. c VO 17 geregelten Befugnis zur Anforderung mündlicher Erklärungen an Ort und Stelle, die es den Ermittlern primär ermöglichen sollte, den Ort der Aufbewahrung

---

302 So vgl. etwa *Meyer/Kuhn* WuW 2004, 880 (885).

303 So auch *Vocke* (Fn. 18), S. 222.

304 Näher dazu vgl. auch *Burrichter/Hennig* in: Immenga/Mestmäcker (Fn. 137), Art. 20 VO 1/2003 Rn. 63 f.; *Kerse/Khan* (Fn. 141), S. 168; *Vocke* (Fn. 18), S. 221.

305 So etwa *Vocke* (Fn. 18), S. 221; *Bechtold/Bosch/Brinker/Hirsbrunner* (Fn. 211), Art. 20 VO 1/2003 Rn. 6; ähnlich *Bischke* in: Hirsch/Montag/Säcker (Fn. 135), Art. 20 VO 1/2003 Rn. 13, wonach es der Mitwirkungspflicht des Unternehmens entsprechen solle, der Kommission im zumutbaren Rahmen die Möglichkeit zu geben, Kopien vor Ort anzufertigen; a. A. *Johanns* in: Mäger (Fn. 211), Kap. 12 Rn. 10; *v. d. Hout* in: Mäsch (Fn. 135), Art. 20 VerfVO Rn. 25.

306 So etwa *Hirsbrunner* in: Schröter/Jakob/Klotz/Mederer (Fn. 10), S. 1179; sowie *Vocke* (Fn. 18), S. 221; a. A. *Bischke* in: Hirsch/Montag/Säcker (Fn. 135), Art. 20 VO 1/2003 Rn. 13; *Johanns* in: Mäger (Fn. 211), Kap. 12 Rn. 10; *Kerse/Khan* (Fn. 141), S. 168; *Sura* in: Langen/Bunte (Fn. 198), Art. 20 VO Nr. 1/2003 Rn. 19.

307 So auch vgl. m. w. N. *v. d. Hout* in: Mäsch (Fn. 135), Art. 20 VerfVO Rn. 30; etwas resoluter vgl. indes *Bechtold/Bosch/Brinker/Hirsbrunner* (Fn. 211), Art. 20 VO 1/2003 Rn. 12, wonach eine Überschreitung der o. g. 27 Stunden die Unverhältnismäßigkeit der Nachprüfung indizieren könne.

308 Näher dazu s. u. unter Rn. 97.

309 Vgl. Art. 23 Abs. 1 lit. d VO 1/2003; näher hierzu unter Rn. 97.

von Geschäftsunterlagen zu erfahren bzw. zu bestimmen und bei der Prüfung von Unterlagen deren Inhalt zu verstehen,[310] ist das in Art. 20 Abs. 2 lit. e VO 1/2003 geregelte Fragerecht etwas präziser formuliert worden, da die Reichweite des ursprünglich in Art. 14 Abs. 1 lit. c VO 17 geregelten Fragerechts lange Zeit unklar und umstritten war.

Der vorgenannte Streit knüpfte seinerzeit an das Urteil in der Rs. *National Panasonic* an, **76** in dem der EuGH die Bediensteten der Kommission für befugt erklärte, bei der Nachprüfung „Auskünfte zu besonderen konkreten Fragen" zu verlangen, „die sich aus den von ihnen geprüften Büchern und Geschäftsunterlagen ergeben".[311] Umstritten geblieben ist auch nach diesem Urteil, ob sich dieses Fragerecht allein auf das Verständnis der vorgelegten Unterlagen bezog oder ob es auch Anschlussfragen gestattete, die nicht allein der Erläuterung des Materials dienten.[312] Gerade diese Frage wird jedoch auch in Art. 20 Abs. 2 lit. e VO 1/2003 nicht hinreichend klar beantwortet.[313] So spricht diese Vorschrift zwar von Erläuterungen zu Tatsachen oder Unterlagen, „die mit Gegenstand und Zweck der Nachprüfung im Zusammenhang stehen"; eine klare Grenze für das Fragerecht ergibt sich aus dem Wortlaut dieser Vorschrift jedoch nicht. Ob die Unionsgerichte der im Schrifttum zum Teil vertretenen Ansicht folgen werden, wonach Art. 20 Abs. 2 lit. e VO 1/2003 im Interesse einer klaren Abgrenzung von dem in Art. 18 VO 1/2003 geregelten Auskunftsverlangen restriktiv und zwar dahingehend ausgelegt werden sollte, dass die Kommission nur Erläuterungen zu solchen Umständen verlangen kann, die sich direkt aus den aufgefundenen Unterlagen bzw. Dokumenten ergeben oder die im unmittelbaren Zusammenhang mit der Durchführung der Nachprüfung stehen,[314] bleibt abzuwarten.

Hinsichtlich der in Art. 20 Abs. 2 lit. e VO 1/2003 ebenfalls angesprochenen **Protokollierungsbefugnis** **77** finden sich nähere Konkretisierungen allein in Art. 4 VO 773/2004. So sieht der erste Absatz dieser Vorschrift vor, dass die Erläuterungen, die Bedienstete der Kommission oder ermächtigte Begleitpersonen gemäß Art. 20 Abs. 2 lit. e VO 1/2003 von Vertretern oder Mitgliedern der Belegschaft eines Unternehmens oder einer Unternehmensvereinigung verlangt haben, „auf einem beliebigen Träger aufgezeichnet werden" können. Nach Abs. 2 dieser Vorschrift wird den betreffenden Unternehmen oder Unternehmensvereinigungen dann „nach der Nachprüfung eine Kopie der gemäß Absatz 1 angefertigten Aufzeichnung überlassen". Für den Fall, dass ein Mitglied der Belegschaft eines Unternehmens oder einer Unternehmensvereinigung um Erläuterungen gebeten wurde, das seitens des Unternehmens oder der Unternehmensvereinigung nicht ermächtigt ist oder war, Erläuterungen in seinem oder ihrem Namen abzugeben, hat die Kommission gemäß Art. 4 Abs. 3 Satz 1 VO 733/2004 eine Frist zu setzen, bis zu deren Ablauf das Unternehmen oder

---

[310] Vgl. *de Bronett* in: Schröter/Jakob/Mederer (Fn. 197), S. 1080 Rn. 6.

[311] EuGH U. v. 26.6.1980 Rs. 136/79 – *National Panasonic/Kommission* Slg. 1980, 2033 Rn. 15; so auch EuG B. v. 9.6.1997 Rs. T-9/97 – *Elf Atochem/Kommission* Slg. 1997, II-909 Rn. 23.

[312] *Europäische Kommission,* Die Untersuchungsbefugnisse der Kommission der EG auf dem Gebiet des Wettbewerbs, 1985, S. 46; m. w. N. zum damaligen Streitstand vgl. nur *Kerse/Khan* (Fn. 141), S. 171.

[313] Ausführlicher hierzu vgl. *Kerse/Khan* (Fn. 141), S. 172; *Klees* (Fn. 148), § 9 Rn. 95 ff.

[314] So *Schwarze/Weitbrecht* (Fn. 114), § 4 Rn. 14; dieser engen Auslegung der in Art. 20 Abs. 2 lit. e VO 1/2003 geregelten Kommissionsbefugnis grundsätzlich zustimmend vgl. *Bechtold/Bosch/Brinker/Hirsbrunner* (Fn. 211), Art. 20 VO 1/2003 Rn. 7; *Bischke* in: Hirsch/Montag/Säcker (Fn. 135), Art. 20 VO 1/2003 Rn. 16; *Burrichter/Hennig* in: Immenga/Mestmäcker (Fn. 137), Art. 20 VO 1/2003 Rn. 72; *Hirsbrunner* in: Schröter/Jakob/Klotz/Mederer (Fn. 10), S. 1180; *Sura* in: Langen/Bunte (Fn. 198), Art. 20 VO Nr. 1/2003 Rn. 24; *Vocke* (Fn. 18), S. 226; *v. d. Hout* in: Mäsch (Fn. 135), Art. 20 VerfVO Rn. 35. Gegen eine Beschränkung dieses Fragerechts vgl. indes *Frenz,* Handbuch Europarecht, Bd. 2 (Europäisches Kartellrecht), 2006, Rn. 1493; sowie *Dieckmann* in: Wiedemann (Fn. 135), § 42 Rn. 43, wonach sich das hier in Rede stehende Fragerecht nicht auf Erläuterungen zu den vorgefundenen Unterlagen beschränke, weshalb das Unternehmen etwa auch über interne organisatorische Abläufe, Verantwortung und Zuständigkeitsbereiche von Mitarbeitern Auskunft geben müsse.

die Unternehmensvereinigung der Kommission Richtigstellungen, Änderungen oder Zusätze zu den Erläuterungen dieses Belegschaftsmitglieds übermitteln kann. Diese Richtigstellungen, Änderungen oder Zusätze sind dann wiederum nach Art. 4 Abs. 3 Satz 2 VO 733/2004 den gemäß Absatz 1 aufgezeichneten Erläuterungen beizufügen.

6. Unterstützung der Kommission durch mitgliedstaatliche Behörden

78 Spezielle – kartellverfahrensrechtliche Nachprüfungen betreffende – Ausprägungen der allgemein in Art. 11 VO 1/2003 geregelten Zusammenarbeit zwischen der Kommission und den Wettbewerbsbehörden der Mitgliedstaaten finden sich in Art. 20 Abs. 6 und 7 VO 1/2003 sowie in Art. 22 VO 1/2003. Während sich die letztgenannte Vorschrift auf Ermittlungs- und Nachprüfungsmaßnahmen mitgliedstaatlicher Wettbewerbsbehörden bezieht und dabei die Regelungen zur Amtshilfe zwischen diesen Behörden untereinander sowie zwischen diesen Behörden und der Kommission bei der Durchsetzung des europäischen Wettbewerbsrechts zusammenfasst,[315] enthält Art. 20 VO 1/2003 mehr oder weniger detaillierte Vorgaben über Art und Ausmaß der Beteiligung und Unterstützung mitgliedstaatlicher Behörden bei Nachprüfungen der Kommission. Nicht angesprochen werden in Art. 20 VO 1/2003 hingegen nachprüfungsrelevante Beteiligungen und Unterstützungshandlungen drittstaatlicher Behörden, die stattdessen im EWR-Abkommen[316] und in einigen bilateralen Abkommen[317] geregelt sind.

79 Nach Art. 20 Abs. 3 Satz 2 VO 1/2003 hat die Kommission die Wettbewerbsbehörde des Mitgliedstaats, in dessen Hoheitsgebiet eine auf einem schriftlichen Prüfungsauftrag i. S. des Art. 20 Abs. 3 Satz 1 VO 1/2003 basierende Nachprüfung vorgenommen werden soll, über die Nachprüfung rechtzeitig vor deren Beginn zu unterrichten. Über den Umfang dieser Unterrichtung schweigt sich Art. 20 Abs. 3 Satz 2 VO 1/2003 – anders als die „Vorgängerregelung" des Art. 14 Abs. 2 Satz 2 VO 17 – allerdings aus. Im Unterschied zum vorgenannten Unterrichtungsanspruch haben mitgliedstaatliche Wettbewerbsbehörden, in deren Hoheitsgebiet eine auf einem formellen Nachprüfungsbeschluss basierende Nachprüfung vorgenommen werden soll, einen in Art. 20 Abs. 4 Satz 3 VO 1/2003 kodifizierten **Anhörungsanspruch,** mit dem der Verordnungsgeber der höheren Eingriffsintensität dieser Nachprüfungen Rechnung trägt. Eine Anhörung des in Art. 14 VO 1/2003 angesprochenen Beratenden Ausschusses ist allerdings nicht vorgesehen.

80 Art. 20 Abs. 5 VO 1/2003 gibt der Wettbewerbsbehörde, in deren Hoheitsgebiet die Nachprüfung vorgenommen werden soll, sodann die Möglichkeit, dass deren Bedienstete oder die von ihr ermächtigten bzw. ernannten Personen die Bediensteten der Kommission bzw. die von der Kommission ermächtigten Begleitpersonen aktiv unterstützen können. Eine solche **aktive Unterstützung** ist nach dieser Vorschrift sowohl auf Ersuchen der jeweiligen mitgliedstaatlichen Wettbewerbsbehörde als auch auf Ersuchen der Kommission zu gewähren. Im Unterschied zu Art. 14 Abs. 5 VO 17, der übrigens nicht von einer „aktiven" Unterstützung sprach und in dem nicht von einem „Ersuchen", sondern von einem

---

[315] Näher hierzu vgl. die Kommentierung zu Art. 22 VO 1/2003.

[316] Abkommen über den Europäischen Wirtschaftsraum (EWRA), ABl. 1994 L 1/3, insb. Art. 55 Abs. 2 u. Art. 58 i. V. m. Art. 8 des 23. Protokolls (ABl. 1994 L 1/186); ferner vgl. Art. 5 Abs. 2 VO (EG) Nr. 2894/94 des Rates v. 28.11.1994 „mit Durchführungsvorschriften zum [EWRA]", ABl. 1994 L 305/6.

[317] Vgl. insb. das Abkommen zwischen den Europäischen Gemeinschaften und der Regierung der Vereinigten Staaten von Amerika über die Anwendung ihrer Wettbewerbsregeln, ABl. 1995 L 95/47, i. V. m. deren Abkommen über die Anwendung der „Positive Comity"-Grundsätze bei der Durchsetzung ihrer Wettbewerbsregeln, ABl. 1998 L 173/28; näher zu den o. g. Abkommen vgl. etwa *Lampert* EuZW 1999, 107 ff.; des Weiteren vgl. das Abkommen zwischen den Europäischen Gemeinschaften und der Regierung von Kanada über die Anwendung ihres Wettbewerbsrechts, ABl. 1999 L 175/50, sowie Art. 39 i. V. m. Anhang XV des Beschlusses Nr. 2/2000 des gemischten Rates EG-Mexiko v. 23.3.2000, ABl. 2000 L 157/10 i. V. m. ABl. 2000 L 245/1154.

„Antrag" die Rede war, ist in Art. 20 Abs. 5 VO 1/2003 erstmals explizit klargestellt worden, dass die Bediensteten der jeweiligen mitgliedstaatlichen Wettbewerbsbehörde i. R. der aktiven Unterstützung über dieselben Befugnisse verfügen wie die Bediensteten der Kommission bzw. die von ihr ermächtigten Begleitpersonen.

Neben den vorgenannten Unterrichtungs-, Anhörungs- und Beteiligungsrechten bedarf 81
es weiterer Regelungen, die speziell die Unterstützung der Kommission durch mitgliedstaatliche Behörden bei der auf den Widerstand eines Nachprüfungsadressaten treffenden Durchsetzung formeller Nachprüfungsbeschlüsse näher ausgestalten. Derartige Regelungen, die dem Umstand Rechnung tragen, dass die Kommission nach ständiger Rechtsprechung der Unionsgerichte selbst keinen unmittelbaren Zwang anwenden bzw. ausüben darf,[318] finden sich in **Art. 20 Abs. 6 und 7 VO 1/2003.** Nach Art. 20 Abs. 6 VO 1/2003 gewährt der betreffende Mitgliedstaat dann, wenn sich ein Unternehmen oder eine Unternehmensvereinigung einer nach Maßgabe des Art. 20 VO 1/2003 angeordneten Nachprüfung widersetzt, die erforderliche Unterstützung, gegebenenfalls unter Einsatz von Polizeikräften oder einer entsprechenden Vollzugsbehörde, damit die Bediensteten der Kommission ihren Nachprüfungsauftrag erfüllen können. Diesbezüglich müssen die Mitgliedstaaten im Interesse der wirksamen Durchsetzung der Nachprüfungen durch geeignete Unterstützungsmaßnahmen gewährleisten, dass etwaige Widerstände der betreffenden Nachprüfungsadressaten **unter Beachtung innerstaatlicher Verfahrensgarantien** überwunden werden können.[319] Umgekehrt hat die Kommission, wenn sie mit Unterstützung der nationalen Behörden Nachprüfungsmaßnahmen vornehmen will, die nicht auf der Mitwirkung der betroffenen Unternehmen beruhen, die im nationalen Recht vorgesehenen Verfahrensgarantien zu beachten.[320]

Nach der früher zu Art. 14 VO 17 ergangenen EuGH-Rechtsprechung ist davon auszu- 82
gehen, dass die in Art. 20 Abs. 6 VO 1/2003 angesprochene Unterstützung mitgliedstaatlicher Behörden auch vorsorglich zu dem Zweck angefordert werden kann, sich über einen etwaigen bzw. erwarteten Widerstand des Nachprüfungsadressaten hinwegsetzen zu können.[321] Diesbezüglich hat der EuGH im *Roquette Frères*-Urteil allerdings einschränkend hinzugefügt, dass ein solches **vorsorgliches Ersuchen um Zwangsmaßnahmen** nur zulässig ist, soweit es Gründe für die Annahme gibt, dass der Nachprüfung widersprochen und versucht werden könnte, Beweise zu verbergen und dem Zugriff zu entziehen, wenn dem betroffenen Unternehmen eine im Wege eines formellen Nachprüfungsbeschlusses angeordnete Nachprüfung angekündigt wird.[322]

Setzen die vorgenannten Unterstützungsmaßnahmen i. S. des Art. 20 Abs. 6 VO 1/2003 83
nach einzelstaatlichem Recht eine **Genehmigung eines mitgliedstaatlichen Gerichts** voraus, so ist diese gemäß Art. 20 Abs. 7 Satz 1 VO 1/2003 zu beantragen. Nach Satz 2 dieser Vorschrift kann diese Genehmigung auch vorsorglich beantragt werden. Im Rahmen der in Art. 20 Abs. 6 und 7 VO 1/2003 angesprochenen Unterstützungshandlungen dürfen mitgliedstaatliche Behörden nach ständiger Rechtsprechung des EuGH nicht die Beurteilung der Notwendigkeit der angeordneten Nachprüfungen durch die Kommission, deren Sach- und Rechtserwägungen ausschließlich seiner Rechtmäßigkeitskontrolle unterliegen,

---

[318] EuGH U. v. 21.9.1989 verb. Rs. 46/87 u. 227/88 – *Hoechst/Kommission* Slg. 1989, 2859 Rn. 31; EuG, U. v. 6.9.2013 verb. Rs. T-289/11, T-290/11 u. T-521/11 – *Deutsche Bahn u. a./Kommission* NZKart 2013, 407 Rn. 86.

[319] EuGH U. v. 21.9.1989 verb. Rs. 46/87 u. 227/88 – *Hoechst/Kommission* Slg. 1989, 2859 Rn. 33; EuGH U. v. 17.10.1989 Rs. 85/87 – *Dow Benelux/Kommission* Slg. 1989, 3137 Rn. 44.

[320] EuGH U. v. 21.9.1989 verb. Rs. 46/87 u. 227/88 – *Hoechst/Kommission* Slg. 1989, 2859 Rn. 34; EuGH U. v. 17.10.1989 Rs. 85/87 – *Dow Benelux/Kommission* Slg. 1989, 3137 Rn. 45; EuGH U. v. 17.10.1989 verb. Rs. 97–99/87 – *Dow Chemical Ibérica u. a./Kommission* Slg. 1989, 3165 Rn. 31.

[321] EuGH U. v. 21.9.1989 verb. Rs. 46/87 u. 227/88 – *Hoechst/Kommission* Slg. 1989, 2859 Rn. 32.

[322] EuGH U. v. 22.10.2002 Rs. C-94/00 – *Roquette Frères/Directeur général de la concurrence, de la consommation et de la répression des fraudes* Slg. 2002, I-9011 Rn. 74.

durch ihre eigenen Beurteilungen ersetzen.[323] Vielmehr dürfen diese Behörden, die bei der Durchführung der jeweiligen Zwangsmaßnahmen für die Wahrung innerstaatlicher Verfahrensgarantien zu sorgen haben, nach Feststellung der Echtheit des Nachprüfungsbeschlusses in diesen Konstellationen lediglich prüfen, ob die beabsichtigten Zwangsmaßnahmen nicht willkürlich oder, gemessen am Gegenstand der Nachprüfung, unverhältnismäßig sind.[324] Was dies konkret bedeutet, hat der EuGH in seinem *Roquette Frères*-Urteil[325] in Ansehung des nachfolgend im Vordergrund stehenden Kooperationsverhältnisses zwischen der Kommission und mitgliedstaatlichen Gerichten näher präzisiert.

7. Rolle und Befugnisse mitgliedstaatlicher Gerichte im Nachprüfungsverfahren

84 In Konkretisierung des die Zusammenarbeit zwischen der Kommission und mitgliedstaatlichen Gerichten betreffenden Art. 15 VO 1/2003 regelt Art. 20 Abs. 8 VO 1/2003 die Rolle und die Befugnisse „einzelstaatlicher Gerichte“ der Mitgliedstaaten i. R. der gemäß Art. 20 Abs. 6 und 7 VO 1/2003 unter Einschaltung mitgliedstaatlicher Behörden erfolgenden Durchsetzung der in Art. 20 Abs. 2 VO 1/2003 kodifizierten Nachprüfungsbefugnisse. Den engen Zusammenhang zwischen Art. 15 und 20 Abs. 8 VO 1/2003 unterstreicht nicht zuletzt die erläuternde „Bekanntmachung über die Zusammenarbeit der Kommission und den Gerichten der EU-Mitgliedstaaten bei der Anwendung der Artikel 81 und 82 des Vertrags“[326] [jetzt: Art. 101 und 102 AEUV], die sich in Ziff. 38–41 mit der „Rolle einzelstaatlicher Gerichte bei einer Nachprüfung durch die Kommission“ befasst.

85 Mit Art. 20 Abs. 8 VO 1/2003 hat der Verordnungsgeber quasi „in letzter Minute“ die Vorgaben kodifiziert, die der EuGH hinsichtlich der Rolle und der Kontrollbefugnisse mitgliedstaatlicher Gerichte in seinem ***Roquette Frères*-Urteil** vom 22. Oktober 2002[327] formuliert hat. Die dort ausführlich thematisierte Frage nach der Reichweite dieser gerichtlichen Kontrollbefugnisse stellt sich dann, wenn die zuständige Behörde des betreffenden Mitgliedstaats i. R. ihrer in Art. 20 Abs. 6 VO 1/2003 geregelten Unterstützung der Kommission eine gerichtliche Genehmigung i. S. des Art. 20 Abs. 7 VO 1/2003 beantragt hat. Diesbezüglich ist der Verordnungsgeber davon ausgegangen, dass sich die Frage nach dem Erfordernis eines Richtervorbehalts in dieser Konstellation – anders als bei Nachprüfungen in Privatwohnungen bzw. -räumen gemäß Art. 21 VO 1/2003, für die eine vorherige gerichtliche Genehmigung zwingend (unionsrechtlich) vorgeschrieben ist[328] – allein nach dem einzelstaatlichen Recht des jeweiligen Mitgliedstaats beantwortet.[329]

86 Nach einer im Schrifttum vertretenen Auffassung habe der Verordnungsgeber mit der vorgenannten Regelung erkennen lassen, dass er das *Roquette Frères*-Urteil des EuGH in unionsgrundrechtlicher Hinsicht nicht richtig verstanden habe; aus diesem Urteil ließe sich nämlich die vom EuGH (angeblich) vorgenommene Einbeziehung von Geschäftsräumen in das Unionsgrundrecht der Unverletzlichkeit von Privatwohnungen ableiten, welches den Mitgliedstaaten wiederum die Einführung eines auch bei Nachprüfungen in Geschäftsräu-

---

[323] EuGH U. v. 17.10.1989 Rs. 85/87 – *Dow Benelux/Kommission* Slg. 1989, 3137 Rn. 46; EuGH U. v. 17.10.1989 verb. Rs. 97–99/87 – *Dow Chemical Ibérica u. a./Kommission* Slg. 1989, 3165 Rn. 32.

[324] EuGH U. v. 21.9.1989 verb. Rs. 46/87 u. 227/88 – *Hoechst/Kommission* Slg. 1989, 2859 Rn. 35; EuG, U. v. 6.9.2013 verb. Rs. T-289/11, T-290/11 u. T-521/11 – *Deutsche Bahn u. a./Kommission* NZKart 2013, 407 Rn. 93.

[325] EuGH U. v. 22.10.2002 Rs. C-94/00 – *Roquette Frères/Directeur général de la concurrence, de la consommation et de la répression des fraudes* Slg. 2002, I-9011 ff.

[326] ABl. 2004 C 101/54.

[327] EuGH U. v. 22.10.2002 Rs. C-94/00 – *Roquette Frères/Directeur général de la concurrence, de la consommation et de la répression des fraudes* Slg. 2002, I-9011 ff.

[328] Vgl. Art. 21 Abs. 3 Satz 1 VO 1/2003; näher hierzu vgl. die Kommentierung zu Art. 21 VO 1/2003.

[329] Vgl. Art. 20 Abs. 7 Satz 1 VO 1/2003.

men – d. h. nicht nur bei Nachprüfungen in Privatwohnungen – greifenden Richtervorbehalts zwingend vorschreibe.[330] Dieser Ansicht ist jedoch aus den nachfolgenden Gründen zu widersprechen:

Zum einen kann keine Rede davon sein, dass der EuGH den Schutz der Unverletzlichkeit von Geschäftsräumen bereits in seinen *Roquette Frères*-Urteil in eindeutiger Weise unionsgrundrechtlich fundiert hat;[331] hierfür lassen sich eher erst die späteren Entscheidungen des EuGH und des EuG in den Rs. *Varec*[332] und *Deutsche Bahn*[333] heranziehen, die auf die Anerkennung des seit dem Inkrafttreten des Lissabonner Reformvertrags ohnehin aus Art. 7 GRC i. V. m. Art. 52 Abs. 3 GRC i. V. m. Art. 8 EMRK ableitbaren Unionsgrundrechts auf Unverletzlichkeit von Geschäftsräumen hinauslaufen.[334] Zum anderen spricht die Existenz eines solchen Unionsgrundrechts nach der jüngeren Rechtsprechung des EuG nicht zwingend für die Einführung eines auch Nachprüfungen in Geschäftsräumen abdeckenden Richtervorbehalts. Vielmehr hält das EuG das Fehlen eines Richtervorbehalts in Art. 20 VO 1/2003 für unionsgrundrechtskonform, da der Rat für die betroffenen Unternehmen in diesem Kontext andere Schutzgarantien vorgesehen hat, zu denen neben dem Erfordernis einer hinreichenden Begründung von Nachprüfungsbeschlüssen der Kommission und den ihr für den Ablauf von Nachprüfungen gesetzten Grenzen auch die fehlende Möglichkeit der Kommission zur gewaltsamen Durchsetzung solcher Nachprüfungen, das insoweit gegebenenfalls erforderliche Eingreifen mitgliedstaatlicher Stellen sowie die Möglichkeit nachträglichen Rechtsschutzes gehören.[335] 87

Im Hinblick auf die Bestimmung der konkreten Reichweite der Kontrollbefugnis mitgliedstaatlicher Gerichte im Anwendungsbereich des Art. 20 Abs. 8 VO 1/2003 sind die im oben genannten *Roquette Frères*-Urteil enthaltenen Ausführungen des EuGH, die der Unionsrichter bislang nicht revidiert hat, nach wie vor von zentraler Bedeutung. Die in diesem Urteil vorgenommene Präzisierung der Rolle und der Kontrollbefugnis mitgliedstaatlicher Gerichte, die ihren Niederschlag in weitem Umfang in Art. 20 Abs. 8 VO 1/2003 gefunden hat, findet ihren Ausgangspunkt in der Feststellung des EuGH, dass die zuständigen nationalen Stellen – seien es mitgliedstaatliche Behörden[336] oder Gerichte – bei der Ausübung ihrer Kontrollbefugnis nicht die Beurteilung der Notwendigkeit der angeordneten Nachprüfungen durch die Kommission, deren Sach- und Rechtserwägungen lediglich der Rechtmäßigkeitskontrolle durch den Unionsrichter unterliegen, durch ihre eigenen Beurteilungen ersetzen dürfen.[337] Dementsprechend sieht Art. 20 Abs. 8 Satz 3 VO 1/2003 vor, dass das einzelstaatliche Gericht nicht die Notwendigkeit der von der Kommission angeordneten Nachprüfung in Frage stellen darf; zum anderen stellt Satz 4 dieser Vorschrift im Einklang mit der vorgenannten Rechtsprechung klar, dass die Prüfung der Rechtmäßigkeit des die Nachprüfung anordnenden Kommissionsbeschlusses dem Unionsrichter vorbehalten ist.[338] Insoweit erschöpft sich die **Kontrollbefugnis mitgliedstaatlicher Gerichte** in diesen Konstellationen auf die beantragten Zwangsmaßnahmen, wobei sich diese Kontrolle nach Ansicht des EuGH – in Anknüpfung an den im 88

---

[330] So *Lienemeyer/Waelbroeck* CMLRev. 40 (2003), 1493 ff.

[331] Ausführlich dazu s. o. unter Rn. 23–31.

[332] Vgl. EuGH, U. v. 14.2.2008 Rs. C-450/06 – *Varec SA/Belgien* Slg. 2008, I-581 Rn. 48.

[333] Vgl. EuG, U. v. 6.9.2013 verb. Rs. T-289/11, T-290/11 u. T-521/11 – *Deutsche Bahn u. a./Kommission* NZKart 2013, 407 Rn. 65.

[334] Ausführlich dazu s. o. unter Rn. 32 u. 48.

[335] Vgl. EuG, U. v. 6.9.2013 verb. Rs. T-289/11, T-290/11 u. T-521/11 – *Deutsche Bahn/Kommission* NZKart 2013, 407 ff.; sowie EuGH U. v. 18.6.2015 Rs. C-583/13 P – *Deutsche Bahn u.a./Kommission* NZKart 2015, 337 Rn. 18 ff.

[336] Siehe oben Rn. 83.

[337] EuGH U. v. 22.10.2002 Rs. C-94/00 – *Roquette Frères/Directeur général de la concurrence, de la consommation et de la répression des fraudes* Slg. 2002, I-9011 Rn. 39 i. V. m. Rn. 51.

[338] Zu den hier angesprochenen Rechtsschutzmöglichkeiten des Nachprüfungsadressaten s. Rn. 98–102.

Hoechst-Urteil entwickelten Schutz vor willkürlichen oder unverhältnismäßigen Eingriffen in die Sphäre der privaten Betätigung natürlicher oder juristischer Personen – wiederum allein darauf beziehen dürfe, ob die jeweilige Zwangsmaßnahme (nicht) willkürlich und/oder, gemessen am Gegenstand der Nachprüfung, (un-)verhältnismäßig ist.[339] Dementsprechend sieht Art. 20 Abs. 8 Satz 1 VO 1/2003 vor, dass das einzelstaatliche Gericht dann, wenn die in Art. 20 Abs. 7 VO 1/2003 angesprochene Genehmigung beantragt wird, neben der **Echtheit der Kommissionsentscheidung** nur prüft, ob die beantragten Zwangsmaßnahmen nicht willkürlich und, gemessen am Gegenstand der Nachprüfung, nicht unverhältnismäßig sind.

89 Die den mitgliedstaatlichen Gerichten obliegende **Kontrolle der Willkürfreiheit** der jeweils angeordneten Zwangsmaßnahme verlangt nach Auffassung des EuGH „im Wesentlichen, dass das zuständige nationale Gericht sich vergewissert, dass ernsthafte Indizien vorliegen, die für den Verdacht eines Verstoßes gegen die Wettbewerbsregeln durch das betroffene Unternehmen ausreichen".[340] Folglich hat die Kommission – was Art. 20 Abs. 8 VO 1/2003 selbst nicht hinreichend klar zum Ausdruck bringt – dem zuständigen nationalen Gericht, damit es sich von der Willkürfreiheit der beantragten Zwangsmaßnahme überzeugen kann, Erläuterungen zu geben, in denen substantiiert dargelegt wird, dass sie in ihren Akten über ernsthafte Informationen und Hinweise verfügt, die den Verdacht von Verstößen gegen die in Art. 101 und/oder 102 AEUV niedergelegten Wettbewerbsregeln durch das betroffene Unternehmen begründen.[341] Der Einhaltung dieser **Informationspflicht der Kommission** kommt i. R. der „Willkürkontrolle" größte Bedeutung zu, da das mitgliedstaatliche Gericht selbst nicht die Übermittlung der in den Akten der Kommission enthaltenen Informationen und Indizien verlangen kann, auf denen ihr Verdacht beruht;[342] einen der Informationspflicht der Kommission korrespondierenden Informationszugangsanspruch mitgliedstaatlicher Gerichte, der auch dem Grundrechtsschutz des Nachprüfungsadressaten dienlich wäre, erkennt der EuGH somit nicht an. Letzteres begründet der EuGH in erster Linie damit, dass anderenfalls sowohl die praktische Wirksamkeit des Vorgehens der Kommission als auch die Anonymität bestimmter Informationsquellen gefährdet wären.[343] Damit löst der EuGH das zwischen der administrativen Effizienz bzw. Leistungsfähigkeit und dem Informationsinteresse mitgliedstaatlicher Gerichte bestehende Spannungsverhältnis auch zu Lasten des Nachprüfungsadressaten weitgehend zugunsten der Kommission auf,[344] soweit es um die Kontrolle der Willkürfreiheit der angeordneten Zwangsmaßnahmen geht.

90 Im Hinblick auf die den mitgliedstaatlichen Gerichten ebenfalls obliegende **Verhältnismäßigkeitsprüfung** stellte der EuGH in seinem *Roquette Fréres*-Urteil fest, dass sich diese Prüfung zum einen darauf erstreckt, ob die angeordneten Zwangsmaßnahmen geeignet sind, die Durchführung der Nachprüfung sicherzustellen.[345] In diesem Zusammenhang erweiterte der EuGH die oben bereits unter dem Aspekt der Kontrolle der Willkürfreiheit angesprochene **Informationspflicht der Kommission,** indem er ausführte, dass es Sache der Kommission ist, „dem zuständigen nationalen Gericht Erläuterungen zu geben, anhand deren dieses Gericht sich davon überzeugen kann, dass der Nachweis des als Zuwiderhandlung eingestuften Sachverhalts nicht möglich oder erheblich erschwert wäre, wenn die Kommission nicht vorsorglich über die angeforderte Unterstützung verfügen könnte, um

---

[339] EuGH U. v. 22.10.2002 Rs. C-94/00 – *Roquette Frères/Directeur général de la concurrence, de la consommation et de la répression des fraudes* Slg. 2002, I-9011 Rn. 40.

[340] EuGH ebd. (Rn. 54).

[341] EuGH ebd. (Rn. 61).

[342] So explizit EuGH ebd. (Rn. 62).

[343] EuGH ebd. (Rn. 63–66).

[344] Kritisch dazu *Feddersen* EuZW 2003, 22 f.; dem EuGH im Ergebnis zustimmend *Brei* ZWeR 2004, 115; differenzierter *Lienemeyer/Waelbroeck,* CMLRev. 40 (2003), 1486 ff.

[345] EuGH U. v. 22.10.2002 Rs. C-94/00 – *Roquette Frères/Directeur général de la concurrence, de la consommation et de la répression des fraudes* Slg. 2002, I-9011 Rn. 71.

sich über einen etwaigen Widerspruch des Unternehmens hinwegsetzen zu können".[346] Diese Ausführungen, denen nicht hinreichend genau zu entnehmen ist, ob es dem EuGH hier um die gleichermaßen i. R. der unionsrechtlichen Verhältnismäßigkeitsprüfung vorzunehmende Prüfung der Geeignetheit oder Erforderlichkeit geht, beziehen sich genau genommen nur auf solche Fälle, in denen die nach Art. 20 Abs. 6 VO 1/2003 mögliche Unterstützung mitgliedstaatlicher Behörden vorsorglich angefordert worden ist.[347] In allen anderen Fällen, in denen die Unterstützung mitgliedstaatlicher Behörden erst dann angefordert wird, nachdem sich der Nachprüfungsadressat ausdrücklich den von der Kommission angeordneten Nachprüfungsmaßnahmen widersetzt hat, dürfte nach dem *Roquette Frères*-Urteil davon auszugehen sein, dass der EuGH die jeweiligen Zwangsmaßnahmen *per se* für geeignet bzw. erforderlich hält und keine allzu hohen Anforderungen an die hinsichtlich der Geeignetheit bzw. Erforderlichkeit der jeweiligen Zwangsmaßnahmen vorgetragenen Erläuterungen der Kommission stellt.

Die unionsrechtliche Verhältnismäßigkeitsprüfung lässt sich jedoch nicht auf eine bloße Geeignetheits- und/oder Erforderlichkeitsprüfung reduzieren. Vielmehr erfordert die Kontrolle der Verhältnismäßigkeit der beabsichtigten Zwangsmaßnahmen – gemessen am Gegenstand der Nachprüfung – den Nachweis, dass solche Maßnahmen nicht zu Nachteilen führen, die angesichts der mit der Nachprüfung verfolgten Ziele unverhältnismäßig und untragbar sind.[348] Um zu vermeiden, dass die dem zuständigen mitgliedstaatlichen Gericht obliegende Verhältnismäßigkeitskontrolle bedeutungslos wird und der mit dem Einsatz staatlicher Zwangsmittel verbundene **Eingriff in die Privatsphäre des Nachprüfungsadressaten** außer Acht gerät, machte der EuGH in seinem *Roquette Frères*-Urteil sodann klar, dass dieses Gericht bei der Kontrolle der Verhältnismäßigkeit einer Zwangsmaßnahme immerhin Gesichtspunkte wie die Schwere der behaupteten Zuwiderhandlung, die Natur der Verwicklung des betroffenen Unternehmens oder die Bedeutung dessen, wonach gesucht wird, „nicht unberücksichtigt lassen" darf.[349] Insoweit muss das zuständige nationale Gericht die beantragten Zwangsmaßnahmen verweigern können, wenn die behauptete Beeinträchtigung des Wettbewerbs zu gering, das wahrscheinliche Ausmaß der Verwicklung des betroffenen Unternehmens zu klein oder der Gegenstand der Suche zu nebensächlich ist, als dass der Eingriff in die Sphäre der privaten Betätigung einer juristischen Person nicht angesichts der mit der Nachprüfung verfolgten Ziele unverhältnismäßig und untragbar erschiene.[350] Konsequenterweise erinnerte der EuGH in diesem Zusammenhang erneut an die o. g. **Informationspflicht der Kommission,** in dem er ausführte, dass die Kommission das zuständige Gericht „grundsätzlich über die wesentlichen Merkmale der behaupteten Zuwiderhandlung informieren muss, um ihm zu ermöglichen, deren Schwere zu beurteilen, indem sie den ihrer Ansicht nach relevanten Markt und die Natur der behaupteten Wettbewerbsbeschränkungen sowie das Ausmaß der vermuteten Verwicklung des betroffenen Unternehmens angibt".[351] 91

Schließlich finden sich im *Roquette Frères*-Urteil einige Antworten auf die Frage, wie zu verfahren ist, wenn einem mitgliedstaatlichen Gericht die vorliegenden Informationen bzw. Erläuterungen der Kommission nicht ausreichen. Eine vorschnelle Zurückweisung des gestellten Antrags auf Erlass einer richterlichen Genehmigung untersagt der EuGH mitgliedstaatlichen Gerichten ausdrücklich;[352] stattdessen müssen diese Gerichte und die Kommission gemäß der **Pflicht zur loyalen Zusammenarbeit** zusammenwirken, um 92

[346] EuGH ebd. (Rn. 75).
[347] Zur Möglichkeit des vorsorglichen Unterstützungsersuchens siehe unter Rn. 82.
[348] EuGH U. v. 22.10.2002 Rs. C-94/00 – *Roquette Frères/Directeur général de la concurrence, de la consommation et de la répression des fraudes* Slg. 2002, I-9011 Rn. 76.
[349] EuGH ebd. (Rn. 79).
[350] EuGH ebd. (Rn. 80).
[351] EuGH ebd. (Rn. 81).
[352] EuGH ebd. (Rn. 90).

die bei der Durchführung der von der Kommission durch Entscheidung bzw. Beschluss angeordneten Nachprüfung aufgetretenen Schwierigkeiten zu überwinden.[353] Um dieser seit dem Inkrafttreten des Lissabonner Reformvertrags in Art. 4 Abs. 3 UAbs. 1 EU verankerten Pflicht nachzukommen und pflichtgemäß dazu beizutragen, die Wirksamkeit des Vorgehens der Kommission sicherzustellen, hat das zuständige mitgliedstaatliche Gericht daher zunächst einmal die Kommission oder die nationale Behörde, von der es auf das Ersuchen der Kommission hin befasst wurde, unverzüglich über die aufgetretenen Schwierigkeiten zu unterrichten und gegebenenfalls die ergänzenden Informationen anzufordern, die es ihm ermöglichen, die ihm obliegende Kontrolle auszuüben.[354] Diese höchstrichterlichen Vorgaben haben ihren Niederschlag in Art. 20 Abs. 8 Satz 2 VO 1/2003 gefunden.

93 Umgekehrt hat die Kommission im Rahmen der loyalen Zusammenarbeit dafür Sorge zu tragen, dass die vom zuständigen mitgliedstaatlichen Gericht angeforderten ergänzenden Informationen – in welcher Form auch immer[355] – unverzüglich übermittelt werden.[356] Erst dann, wenn dem zuständigen mitgliedstaatlichen Gericht solche etwaigen Klarstellungen vorliegen oder wenn seine Anfrage von der Kommission nicht sachdienlich beantwortet wurde, darf das Gericht die Gewährung der beantragten Unterstützung bzw. die Genehmigung ablehnen, sofern nicht die ihm bereits zur Verfügung stehenden Informationen den Schluss zulassen, dass die beabsichtigten Zwangsmaßnahmen nicht willkürlich und – gemessen am Gegenstand der Nachprüfung – nicht unverhältnismäßig sind.[357]

94 Die vorgenannten Vorgaben des EuGH, die weitgehenden Eingang in Art. 20 Abs. 8 VO 1/2003 gefunden haben, sind sicherlich nicht geeignet, potentielle **Konflikte zwischen einzelstaatlichen Gerichten und der Kommission** restlos auszuschließen.[358] Immerhin ist es aber dem EuGH im *Roquette Frères*-Urteil gelungen, in recht konsequenter Fortführung und Präzisierung des damaligen *Hoechst*-Urteils einen durchaus ausgewogenen Ausgleich zwischen der praktischen Wirksamkeit des Nachprüfungsverfahrens einerseits und dem Kontrollanspruch mitgliedstaatlicher Gerichte andererseits herzustellen.[359] Die Darlegungs- und Informationspflichten, denen die Kommission im Verhältnis zu den im Kontext EU-kartellverfahrensrechtlicher Nachprüfungen zuständigen mitgliedstaatlichen Gerichten gerecht werden muss, sind jedenfalls gegenüber der früheren Rechtsprechung deutlich erhöht worden. Dass die Kommission ihre Erläuterungen nicht mit unmittelbaren Beweismitteln unterlegen muss, kann zwar dazu führen, dass die nationalen Richter bei ihrer Entscheidungsfindung gewissermaßen auf *second hand*-Informationen verwiesen werden; übertrieben zu sein scheint jedoch die Befürchtung, dass mitgliedstaatliche Gerichte angesichts ihrer beschränkten Prüfungsbefugnis und ihres nur mittelbaren Zugangs zu den relevanten Informationen zu „Erfüllungsgehilfen der Kommission degradiert" werden.[360] Soweit in Teilen der Literatur durchaus mit Recht beklagt wird, dass der EuGH in diesem Urteil einen Systemfehler zementiert habe, weil effektiver Rechtsschutz in diesen Fällen letztlich nur nachträglich im Wege der Anfechtung des jeweiligen Nachprüfungsbeschlusses zu erreichen sei,[361] ist darauf hinzuweisen, dass die gelegentlich vorgeschlagene Alternativlösung, wonach im Wege einer Vertragsänderung ein **Ermittlungsrichter bei den Unionsgerichten** in Luxemburg einzurichten sei,[362] bisher keine Gefolgschaft bei den

---

[353] EuGH ebd. (Rn. 91).
[354] EuGH ebd. (Rn. 92).
[355] EuGH ebd. (Rn. 98).
[356] EuGH ebd. (Rn. 93).
[357] EuGH ebd. (Rn. 94).
[358] Zutr. *Mestmäcker/Schweitzer,* Europäisches Wettbewerbsrecht, 2. Aufl. 2004, § 19 Rn. 18.
[359] Zutr. *Brei* ZWeR 2004, 124; *Nehl* in: Behrens/Braun/Nowak (Fn. 28), S. 73 (93).
[360] So aber *Schwarze/Weitbrecht* (Fn. 114), § 4 Rn. 24.
[361] So *Feddersen* EuZW 2003, 22f.; näher zum Rechtsschutz in diesen Fällen unter Rn. 98–102.
[362] So bereits GA *Mischo,* Schlussanträge v. 21.2.1989, verb. Rs. 46/87 u. 227/88 – *Hoechst/Kommission* Slg. 1989, 2875 Rn. 147, so auch *Feddersen* EuZW 2003, 23; *Hilf/Hörmann* NJW 2003, 6.

für eine Vertragsänderung zuständigen EU-Mitgliedstaaten gefunden hat und insoweit auch nicht durch den Reformvertrag von Lissabon[363] realisiert worden ist.

IV. Rechtsfolgen

95 Bei den im Kontext des Art. 20 VO 1/2003 anzusprechenden Rechtsfolgen ist zwischen Sanktionen zulasten des Nachprüfungsadressaten (1.) und den gerichtlichen Rechtsschutzmöglichkeiten des Nachprüfungsadressaten im Falle unzulässiger Nachprüfungsbeschlüsse bzw. -maßnahmen (2.) zu unterscheiden.

1. Sanktionen in Form von Zwangsgeldern und Geldbußen

96 Gemäß Art. 24 Abs. 1 lit. e VO 1/2003 kann die Kommission gegen den jeweiligen Nachprüfungsadressaten durch Entscheidung bzw. durch Beschluss[364] **Zwangsgelder** bis zu einem Höchstbetrag von 5% des im vorausgegangenen Geschäftsjahr erzielten durchschnittlichen Tagesumsatzes für jeden Tag des Verzugs von dem in ihrer Entscheidung bestimmten Zeitpunkt an festsetzen, um ihn zu zwingen, eine Nachprüfung zu dulden, die die Kommission in einem formellen Nachprüfungsbeschluss i. S. des Art. 20 Abs. 4 VO 1/2003 angeordnet hat. Eine weitere Sanktionsmöglichkeit, die sich schwerpunktmäßig – aber nicht allein – auf durch formelle Beschlüsse angeordnete Nachprüfungen bezieht, wird der Kommission in Art. 23 Abs. 1 lit. c VO 1/2003 zur Verfügung gestellt. Nach dieser Vorschrift kann die Kommission gegen die jeweiligen Nachprüfungsadressaten durch Entscheidung bzw. durch Beschluss **Geldbußen** bis zu einem Höchstbetrag von 1% des im vorausgegangenen Geschäftsjahr erzielten Gesamtumsatzes festsetzen, wenn sie bei Nachprüfungen nach Art. 20 VO 1/2003 vorsätzlich oder fahrlässig die angeforderten Bücher oder sonstigen Geschäftsunterlagen nicht vollständig vorlegen oder in einer Entscheidung nach Art. 20 Abs. 4 VO 1/2003 angeordnete Nachprüfungen nicht dulden. Demnach kann eine unvollständige Vorlage der von der Kommission angeforderten Bücher oder Geschäftsunterlagen somit auch bei Nachprüfungen auf Grund eines einfachen Prüfungsauftrages i. S. des Art. 20 Abs. 3 VO 1/2003 mit der Festsetzung einer Geldbuße geahndet werden, sofern der Nachprüfungsadressat diesen Nachprüfungen zunächst zugestimmt hat und später zu einem obstruktiven Verhalten übergeht.

97 Zwei **spezielle Bußgeldtatbestände,** die das in Art. 20 Abs. 2 lit. e VO 1/2003 geregelte Fragerecht bzw. die in Art. 20 Abs. 2 lit. d VO 1/2003 niedergelegte Versiegelungsbefugnis betreffen, finden sich in Art. 23 Abs. 1 lit. d VO 1/2003 und für den Siegelbruch in Art. 23 Abs. 1 lit. e VO 1/2003. Nach Art. 23 Abs. 1 lit. d VO 1/2003 kann die Kommission bis zu einem Höchstbetrag von 1% des im vorausgegangenen Geschäftsjahr erzielten Gesamtumsatzes gegen den jeweiligen Nachprüfungsadressaten eine Geldbuße festsetzen, wenn er vorsätzlich oder fahrlässig eine unrichtige oder irreführende Antwort erteilt (1. Option), wenn er eine von einem Belegschaftsmitglied erteilte unrichtige, unvollständige oder irreführende Antwort nicht innerhalb einer von der Kommission gesetzten Frist berichtigt (2. Option) oder wenn er in Bezug auf Tatsachen, die mit dem Gegenstand und dem Zweck einer durch eine formelle Entscheidung bzw. durch einen formellen Beschluss angeordneten Nachprüfung in Zusammenhang stehen, keine vollständige Antwort erteilt oder eine vollständige Antwort verweigert (3. Option). Ob die vorgenannte Bußgeldandrohung für Unternehmen und Unternehmensvereinigungen wegen fehlerhafter Aussagen seiner Mitarbeiter bereits deshalb „rechtsstaatlich bedenklich" ist, weil das in Art. 19 VO 1/2003 geregelte Zeugenvernehmungsrecht unbestreitbar nicht mit Sanktionsmöglichkeiten versehen ist,[365] muss bezweifelt werden. Zuzugeben ist aber, dass die Auferlegung eines

---

[363] Zu diesem Reformvertrag siehe bereits m. w. N. Fn. 2.
[364] Zu diesem Terminologiewechsel siehe bereits oben Fn. 22.
[365] So *Schwarze/Weitbrecht* (Fn. 114), § 4 Rn. 15.

Bußgeldes zulasten des Nachprüfungsadressaten in diesen Konstellationen dann unvertretbar und zu unterlassen ist, wenn dessen Mitarbeiter – gestützt auf das unionsrechtliche Auskunfts- bzw. Aussageverweigerungsrecht[366] – berechtigterweise die Aussage verweigern, um sich nicht der Gefahr einer in manchen Mitgliedstaaten eventuell sogar zu einer strafrechtlichen Verfolgung führenden Selbstbezichtigung auszusetzen.[367] Nach Art. 23 Abs. 1 lit. e VO 1/2003 kann die Kommission ebenfalls bis zu einem Höchstbetrag von 1% des im vorausgegangenen Geschäftsjahr erzielten Gesamtumsatzes gegen die jeweiligen Nachprüfungsadressaten eine Geldbuße schließlich auch dann festsetzen, wenn sie vorsätzlich oder fahrlässig die von den Bediensteten der Kommission oder anderen von ihr ermächtigten Begleitpersonen nach Art. 20 Abs. 2 lit. d VO 1/2003 angebrachten Siegel „erbrochen" haben. Von dieser Möglichkeit hat die Kommission erstmals mit Erlass ihrer gegen die *E.ON Energie AG* adressierten Geldbußenentscheidung vom 30.1.2008 Gebrauch gemacht,[368] mit der eine vom Unionsrichter später nicht beanstandete Geldbuße i. H. v. 38 Millionen Euro wegen eines Siegelbruchs festgesetzt wurde.[369]

2. Gerichtlicher Rechtsschutz der betroffenen Unternehmen und Unternehmensvereinigungen

98 Von dem durch verschiedene Verteidigungsrechte bzw. Verfahrensgrundrechte gewährleisteten Rechtsschutz des Nachprüfungsadressaten im laufenden Nachprüfungsverfahren[370] ist der gerichtliche Rechtsschutz des Nachprüfungsadressaten gegen (angeblich) unzulässige bzw. rechtswidrige Nachprüfungsbeschlüsse bzw. -maßnahmen zu unterscheiden, der erstinstanzlich in den Zuständigkeitsbereich des EuG fällt,[371] das im Rechtsmittelverfahren wiederum der Kontrolle des EuGH unterliegt. Während die Prüfung der Rechtmäßigkeit eines Nachprüfungsbeschlusses i. S. des Art. 20 Abs. 4 VO 1/2003 ausschließlich dem Unionsrichter vorbehalten ist, ist es Aufgabe allein des mitgliedstaatlichen Gerichts, bei dem gemäß Art. 20 Abs. 7 VO 1/2003 der Antrag auf Genehmigung des Erlasses von Zwangsmaßnahmen gestellt wird, gegebenenfalls mit Unterstützung des EuGH i. R. eines Vorabentscheidungsverfahrens gemäß Art. 267 AEUV und unbeschadet eventueller nationaler Rechtsbehelfe festzustellen, ob die von der Kommission i. R. dieses Antrags übermittelten Informationen es ihm ermöglichen, die ihm nach Art. 20 Abs. 8 VO 1/2003 obliegende Kontrolle[372] auszuüben, und es somit in die Lage versetzen, sachdienlich über den ihm vorgelegten Antrag zu entscheiden.[373]

99 Beim gerichtlichen Rechtsschutz des Nachprüfungsadressaten kommt es zunächst einmal maßgeblich darauf an, ob die Kommission die in Art. 20 Abs. 2 VO 1/2003 geregelten Nachprüfungsbefugnisse auf der Grundlage eines einfachen (unanfechtbaren) Prüfungsauftrags gemäß Art. 20 Abs. 3 VO 1/2003 oder auf der Grundlage eines (anfechtbaren) Nachprüfungsbeschlusses gemäß Art. 20 Abs. 4 VO 1/2003 wahrnimmt: **Einfache**

---

366 Ausführlich zu diesem Recht vgl. Rn. 36–41.

367 Zutr. *Schwarze/Weitbrecht* (Fn. 114), § 4 Rn. 15.

368 Näher dazu vgl. statt vieler *Kerse/Khan* (Fn. 141), S. 170 f.

369 Vgl. EuG U. v. 15.12.2010 Rs. T-141/08 – *E.ON Energie AG/Kommission* Slg. 2010, II-5761 ff., mit Anm. *Soltész* EuZW 2011, 234 f.; EuGH U. v. 22.11.2012 Rs. C-89/11 P – *E.ON Energie AG/Kommission* WuW 2013, 61 ff.; näher zu diesen beiden Entscheidungen vgl. *Weitbrecht/Mühle* EuZW 2013, 255 (260 f.).

370 Vgl. dazu oben Abschnitt II.

371 Zur erstinstanzlichen Zuständigkeit des EuG für den (zentralen) Individualrechtsschutz vgl. Art. 256 Abs. 1 AEUV i. V. m. dem Beschl. des Rates v. 24.10.1988 zur Errichtung eines EuG (ABl. 1988 L 319/1) i. V. m. den späteren Zuständigkeitserweiterungen in ABl. 1993 L 144/21 u. ABl. 1994 L 66/29.

372 Zu den hier bestehenden Kontrollmöglichkeiten u. Kontrollpflichten mitgliedstaatlicher Gerichte s. o. Rn. 84 ff.

373 Vgl. nur EuG U. v. 8.3.2007 Rs. T-339/04 – *France Télécom SA/Kommission* Slg. 2007, II-521 Rn. 51.

Prüfungsaufträge i. S. des Art. 20 Abs. 3 VO 1/2003 können nicht mit der Nichtigkeitsklage gemäß Art. 263 Abs. 4 AEUV angefochten werden, sodass die (angebliche) Rechtswidrigkeit derartiger Prüfungsaufträge nur i. R. einer Nichtigkeitsklage gegen die jeweilige (verfahrensabschließende) Endentscheidung der Kommission geltend gemacht werden kann.[374] **Formelle Nachprüfungsbeschlüsse** der Kommission i. S. des Art. 20 Abs. 4 VO 1/2003 sind hingegen Rechtsakte, die von ihren Adressaten binnen einer zweimonatigen Klagefrist mit der Nichtigkeitsklage gemäß Art. 263 Abs. 4 AEUV angefochten werden können,[375] ohne dass es dabei auf die unmittelbare oder individuelle Betroffenheit des Klägers ankommt, deren Fehlen bei zahlreichen Individualklagen – insbesondere bei Nichtigkeitsklagen gegen Richtlinien und Verordnungen sowie bei Nichtigkeitsklagen drittbetroffener Nichtadressaten – zur Unzulässigkeit einer solchen Nichtigkeitsklage führt.[376]

Da die gegen einen formellen Nachprüfungsbeschluss erhobene Nichtigkeitsklage gemäß Art. 278 Satz 1 AEUV (ex-Art. 242 Satz 1 EG) **keine aufschiebende Wirkung** entfaltet und der auf eine vorläufige Aussetzung des Vollzugs abzielende einstweilige Rechtsschutz im Wege des Art. 278 Satz 2 AEUV (ex-Art. 242 Satz 2 EG) nach wie vor nur eine sehr geringe Erfolgsquote aufweist,[377] erfolgt der gerichtliche Individualrechtsschutz gegen Nachprüfungsbeschlüsse in der Praxis meist erst nach Abschluss der jeweiligen Nachprüfungsmaßnahmen.[378] Die somit in zeitlicher Hinsicht bestehenden Defizite im Bereich des gerichtlichen Individualrechtsschutzes gegen Nachprüfungsbeschlüsse sind zwar im Hinblick auf den unionsverfassungsrechtlichen Grundsatz effektiven (zeitnahen) Rechtsschutzes nicht unproblematisch.[379] Diese Defizite werden jedoch in gewisser Weise dadurch kompensiert, dass die betroffenen Unternehmen und Unternehmensvereinigungen durch ein höchstrichterlich anerkanntes – von der Kommission beim Erlass verfahrensabschließender Beschlüsse zu beachtendes – **Beweisverwertungsverbot** geschützt sind, wenn sich der Nachprüfungsbeschluss und/oder einzelne Nachprüfungsmaßnahmen als rechtswidrig erweisen.[380] Falls nämlich der Nachprüfungsbeschluss vom Unionsrichter für nichtig erklärt würde, wäre die Kommission dadurch nach ständiger Rechtsprechung gehindert, Unterla- 100

[374] So EuG U. v. 20.4.1999 verb. Rs. T-305–307/94, T-313–316/94, T-318/94, T-325/94, T-328/94, T-329/94 u. T-335/94 – *Limburgse Vinyl Maatschappij u. a./Kommission,* Slg. 1999, II-931 Rn. 412.

[375] Vgl. nur EuGH U. v. 22.10.2002 Rs. C-94/00 – *Roquette Frères/Directeur général de la concurrence, de la consommation et de la répression des fraudes* Slg. 2002, I-9011 Rn. 49; EuG U. v. 20.4.1999 verb. Rs. T-305–307/94, T-313–316/94, T-318/94, T-325/94, T-328/94, T-329/94 u. T-335/94 – *Limburgse Vinyl Maatschappij u. a./Kommission,* Slg. 1999, II-931 Rn. 408; EuG U. v. 11.12.2003 Rs. T-65/99 – *Strintzis Lines Shipping SA/Kommission* 2003, II-5433 Rn. 46; EuG U. v. 26.10.2010 Rs. T-23/09 – *Conseil national de l'Ordre des pharmaciens u. a./Kommission* Slg. 2010, II-5291 ff.; EuG U. v. 14.11.2012 Rs. T-140/09 – *Prysmian SpA u. a./Kommission* Rn. 22 ff.; EuG, U. v. 6.9.2013 verb. Rs. T-289/11, T-290/11 u. T-521/11 – *Deutsche Bahn u. a./Kommission* NZKart 2013, 407 Rn. 111; EuGH U. v. 18.6.2015 Rs. C-583/13 P – *Deutsche Bahn u.a./Kommission* NZKart 2015, 337 Rn. 44; EuG U. v. 25.11.2014 Rs. T-402/13 – *Orange/Kommission* Rn. 17 ff.

[376] Näher dazu m. w. N. *Cremer* in: Nowak/Cremer (Fn. 31), S. 27 ff.; *Nowak* EuR 35 (2000), 724 ff.; *ders.* (Fn. 2), S. 158 ff.; *Pache,* in: Heselhaus/Nowak (Fn. 17), § 8 Rn. 41 ff.

[377] Ausführlicher dazu vgl. statt vieler *Nowak* (Fn. 2), S. 171 ff.; *ders.*, Rechtsschutz im Europäischen Verwaltungsrecht, in: Terhechte (Fn. 58), § 13 Rn. 42 ff.

[378] Zutr. *Burrichter/Hennig* in: Immenga/Mestmäcker (Fn. 137), Art. 20 VO 1/2003 Rn. 103; *Dieckmann* in: Wiedemann (Fn. 135), § 42 Rn. 48; *Niggemann* in: Streinz (Fn. 10), KartVO nach Art. 103 AEUV Rn. 76; *Seitz/Berg/Lohrberg* WuW 2007, 716 (724); *v. d. Hout* in: Mäsch (Fn. 135), Art. 20 VerfVO Rn. 76; ferner vgl. *Schwarze/Weitbrecht* (Fn. 114), § 4 Rn. 23, wonach einstweiliger Rechtsschutz vor Durchführung einer Nachprüfung nicht erreichbar ist.

[379] Zum Unionsgrundrecht auf effektiven Rechtsschutz vgl. m. w. N. Rn. 14.

[380] Vgl. nur EuG, U. v. 6.9.2013 verb. Rs. T-289/11, T-290/11 u. T-521/11 – *Deutsche Bahn u. a./Kommission* NZKart 2013, 407 Rn. 113; EuGH U. v. 18.6.2015 Rs. C-583/13 P – *Deutsche Bahn u. a./Kommission* NZKart 2015, 337 Rn. 45; diesem Kompensationsgedanken zustimmend vgl. auch *Seitz/Berg/Lohrberg* WuW 2007, 716 (725).

gen oder Beweisstücke, die sie sich im Zuge der Nachprüfung verschafft hat, im Verfahren wegen eines Verstoßes gegen die Wettbewerbsregeln der Union zu verwenden; „anderenfalls liefe sie Gefahr, dass die Entscheidung über den Wettbewerbsverstoß vom Gemeinschaftsrichter [jetzt: Unionsrichter] für nichtig erklärt würde, soweit sie auf derartige Beweismittel gestützt wäre".[381] Im Übrigen kann sich der Nachprüfungsadressat – allerdings nur unter Inkaufnahme recht empfindlicher Zwangsgelder und Geldbußen[382] – einer Nachprüfung zunächst einmal widersetzen, was in einigen Mitgliedstaaten – wie etwa in der Bundesrepublik Deutschland – in der Folge eine gerichtliche Genehmigung der beantragten Zwangsmaßnahmen i. S. des Art. 20 Abs. 7 VO 1/2003 erforderlich werden lässt, die dem zuständigen mitgliedstaatlichen Gericht dann immerhin die im *Roquette Frères*-Urteil[383] präzisierte Gelegenheit gibt, neben der Echtheit des Kommissionsbeschlusses insbesondere die Verhältnismäßigkeit und die Willkürfreiheit der beantragten Zwangsmaßnahmen zu kontrollieren.[384]

101 Im Rahmen der **Begründetheitsstation** einer gegen einen formellen Nachprüfungsbeschluss der Kommission gerichteten Nichtigkeitsklage geht es ausschließlich um die allein vom EuG und in etwaigen Rechtsmittelverfahren vom EuGH zu beantwortende Frage der Rechtmäßigkeit des jeweiligen Beschlusses, wobei Fragen der Erforderlichkeit bzw. Verhältnismäßigkeit und der hinreichenden Begründung im Vordergrund stehen. In diesem Zusammenhang ist insbesondere auf die Rechtsprechung des EuGH hinzuweisen, wonach die Rechtmäßigkeit des angefochtenen Nachprüfungsbeschlusses für sich genommen nicht in Frage gestellt werden kann, wenn beispielsweise das einem solchen Beschluss nachfolgende Verhalten der Kommissionsbediensteten bzw. einzelne Nachprüfungsmaßnahmen der Kommission nicht durch ihre Nachprüfungsbefugnisse oder durch den jeweiligen Nachprüfungsbeschluss gedeckt waren.[385]

102 **Einzelne Nachprüfungshandlungen,** wie etwa die durch Art. 20 Abs. 2 lit. e VO 1/2003 ermöglichte Protokollierung mündlicher Erklärungen, können nach der bislang zu Art. 14 VO 17 und Art. 20 VO 1/2003 ergangenen Rechtsprechung der Unionsgerichte grundsätzlich nicht isoliert mit einer Nichtigkeitsklage i. S. Art. 263 Abs. 4 AEUV angefochten werden,[386] da derartige Handlungen zu den nicht anfechtbaren Zwischenmaßnahmen bzw. „vorbereitenden Maßnahmen" gezählt werden, die keine die Interessen des Klägers beeinträchtigenden Rechtswirkungen erzeugen bzw. gegen deren (angebliche) Rechtswidrigkeit eine Klage gegen die das Verfahren abschließende Entscheidung hinreichenden Schutz für die Betroffenen bieten würde;[387] demnach können die mit der Art und

---

[381] So m. w. N. EuGH U. v. 22.10.2002 Rs. C-94/00 – *Roquette Frères/Directeur général de la concurrence, de la consommation et de la répression des fraudes* Slg. 2002, I-9011 Rn. 49; EuG U. v. 11.12.2003 Rs. T-59/99 – *Ventouris Group Enterprises SA/Kommission* Slg. 2003, II-5257 Rn. 126; EuG U. v. 11.12.2003 Rs. T-65/99 – *Strintzis Lines Shipping SA/Kommission* Slg. 2003, II-5433 Rn. 46; EuG U. v. 11.12.2003 Rs. T-66/99 – *Minoan Lines SA/Kommission* Slg. 2003, II-5515 Rn. 56; näher zum Ganzen vgl. auch *Lubig,* Beweisverwertungsverbote im Kartellverfahrensrecht der Europäischen Gemeinschaft – Eine Untersuchung zu den gemeinschaftsrechtlichen Grenzen einer Beweisverwertung in behördlichen Kartellverfahren, 2008, S. 23 ff.

[382] Vgl. oben unter Rn. 96–97.

[383] EuGH U. v. 22.10.2002 Rs. C-94/00 – *Roquette Frères/Directeur général de la concurrence, de la consommation et de la répression des fraudes* Slg. 2002, I-9011 ff.

[384] Ausführlich hierzu unter Rn. 84–94.

[385] Vgl. nur EuGH U. v. 17.10.1989 Rs. 85/87 – *Dow Benelux/Kommission* Slg. 1989, 3137 Rn. 49.

[386] Instruktiv dazu vgl. nur EuG U. v. 14.11.2012 Rs. T-135/09 – *Nexans SA u. a./Kommission* NZKart 2013, 119 (121 Rn. 115 ff.).

[387] Zur grds. Nichtanfechtbarkeit vorbereitender Maßnahmen im Wege der Nichtigkeitsklage nach Art. 263 Abs. 4 AEUV vgl. etwa EuGH U. v. 11.11.1981 Rs. 60/81 – *IBM/Kommission* Slg. 1981, 2639 Rn. 10 ff.; EuG U. v. 10.7.1990 Rs. T-64/89 – *Automec/Kommission* Slg. 1990, II-367 Rn. 42; EuG U. v. 18.12.1992 verb. Rs. T-10–12/92 u. T-15/92 – *Cimenteries u. a./Kommission* Slg. 1992, II-2667 Rn. 31; eine Ausnahme stellt indes die bereits unter Rn. 71 f. angesprochene *AKZO*-Doktrin dar.

Weise der jeweiligen Nachprüfung zusammenhängenden Fragen bzw. die (angebliche) Rechtswidrigkeit des Ablaufs des Nachprüfungsverfahrens grundsätzlich erst i. R. einer Klage gegen einen verfahrensabschließenden Beschluss der Kommission gerichtlich geprüft werden.[388] Eine wichtige individualschützende Ausnahme davon stellt das oben erwähnte verfahrensrechtliche Schutzregime im Zusammenhang mit dem Legal Privilege dar,[389] das auch die Möglichkeit eines effektiven einstweiligen Rechtsschutzes i. S. der Art. 278 f. AEUV einschließt.[390]

V. Verhältnis zu anderen Vorschriften

Art. 20 VO 1/2003 weist zahlreiche Berührungspunkte mit anderen Vorschriften dieser Verordnung auf. Während beispielsweise die in Art. 20 Abs. 5 bis 7 VO 1/2003 geregelte Unterstützung mitgliedstaatlicher Behörden als eine spezielle Ausprägung der in **Art. 11 VO 1/2003** geregelten „Zusammenarbeit zwischen der Kommission und den Wettbewerbsbehörden der Mitgliedstaaten" anzusehen ist, stellt das in Art. 20 Abs. 8 VO 1/2003 am Maßstab des *Roquette Frères*-Urteils[391] näher ausgestaltete „Zusammenspiel" zwischen der Kommission und mitgliedstaatlichen Gerichten eine nachprüfungsspezifische Konkretisierung der in **Art. 15 VO 1/2003** geregelten „Zusammenarbeit mit den Gerichten der Mitgliedstaaten" dar. Ein enger Zusammenhang besteht ferner zwischen Art. 20 VO 1/2003 und Art. 28 VO 1/2003, wonach die gemäß Art. 17–22 VO 1/2003 erlangten Informationen – unbeschadet der Art. 12 und 15 VO 1/2003 – nur zu dem Zweck verwertet werden dürfen, zu dem sie eingeholt wurden. Schwierige Grundrechtsfragen wirft dabei insbesondere der durch **Art. 12 VO 1/2003** ermöglichte Informationsaustausch zwischen der Kommission und mitgliedstaatlichen Wettbewerbsbehörden auf,[392] der auch die bei Nachprüfungen i. S. Art. 20 VO 1/2003 erlangten Informationen einschließt. 103

Besonders eng ist das Verhältnis zwischen Art. 20 VO 1/2003 und den anderen in Kapitel V dieser Verordnung geregelten Ermittlungsbefugnissen, die in ihrer Gesamtheit die primärrechtlich in Art. 337 AEUV angesprochenen Ermittlungsbefugnisse der Kommission konkretisieren und darüber hinaus das in Art. 105 Abs. 1 Satz 2 AEUV geregelte Durchsuchungsrecht der Kommission verdrängen bzw. obsolet machen. Ein ganz besonders enger Zusammenhang besteht dabei vor allem zwischen Art. 20 VO 1/2003 und **Art. 21 VO 1/2003,** der die Kommission unter bestimmten Voraussetzungen zu Nachprüfungen in anderen Räumlichkeiten, auf anderen Grundstücken und in anderen Transportmitteln ermächtigt, um zu gewährleisten, dass das in Art. 20 Abs. 2 lit. b VO 1/2003 geregelte Nachprüfungsrecht fortan nicht mehr bzw. nicht mehr so leicht durch eine in „manchen Fällen" offenbar festgestellte Auslagerung von Geschäftsunterlagen etwa in Privatwohnungen von Führungskräften und sonstigen Mitarbeitern des Nachprüfungsadressaten konterkariert werden kann.[393] 104

---

[388] EuGH, U. v. 17.10.1989 Rs. 85/87 – *Dow Benelux/Kommission* Slg. 1989, 3137 Rn. 49; EuG B. v. 9.6.1997 Rs. T-9/97 – *Elf Atochem/Kommission* Slg. 1997, II-909 Rn. 25; EuG U. v. 20.4.1999 verb. Rs. T-305–307/94, T-313–316/94, T-318/94, T-325/94, T-328/94, T-329/94 u. T-335/94 – *Limburgse Vinyl Maatschappij u. a./Kommission,* Slg. 1999, II-931 Rn. 413; EuG U. v. 14.11.2012 Rs. T-135/09 – *Nexans SA u. a./Kommission* NZKart 2013, 119 (121 Rn. 132).

[389] Näher hierzu unter Rn. 72.

[390] Dies unterstreicht insb. EuG B. v. 30.10.2003 verb. Rs. T-125/03 R u. T-253/03 R – *Akzo Nobel Chemicals u. a./Kommission* Slg. 2003, II-4771 Rn. 55 ff.

[391] EuGH U. v. 22.10.2002 Rs. C-94/00 – *Roquette Frères/Directeur général de la concurrence, de la consommation et de la répression des fraudes* Slg. 2002, I-9011 ff.

[392] Näher dazu die Kommentierung zu Art. 12 VO 1/2003; zur unionsgrundrechtlichen Dimension und Brisanz dieser Vorschrift vgl. insbes. *Gussone/Michalczyk* EuZW 2011, 130 ff.; *Nehl* in: Behrens/Braun/Nowak (Fn. 28), S. 73 (99 ff.).

[393] Dieser Zweck lässt sich insbes. aus dem 26. Erwägungsgrund der VO 1/2003 ableiten; siehe hierzu die Kommentierung zu Art. 21 VO 1/2003.

Art. 21. Nachprüfungen in anderen Räumlichkeiten

(1) **Besteht ein begründeter Verdacht, dass Bücher oder sonstige Geschäftsunterlagen, die sich auf den Gegenstand der Nachprüfung beziehen und die als Beweismittel für einen schweren Verstoß gegen Artikel 81 oder 82 des Vertrags von Bedeutung sein könnten, in anderen Räumlichkeiten, auf anderen Grundstücken oder in anderen Transportmitteln – darunter auch die Wohnungen von Unternehmensleitern und Mitgliedern der Aufsichts- und Leitungsorgane sowie sonstigen Mitarbeitern der betreffenden Unternehmen und Unternehmensvereinigungen – aufbewahrt werden, so kann die Kommission durch Entscheidung eine Nachprüfung in diesen anderen Räumlichkeiten, auf diesen anderen Grundstücken oder in diesen anderen Transportmitteln anordnen.**

(2) **Die Entscheidung bezeichnet den Gegenstand und den Zweck der Nachprüfung, bestimmt den Zeitpunkt ihres Beginns und weist auf das Recht hin, vor dem Gerichtshof gegen die Entscheidung Klage zu erheben. Insbesondere werden die Gründe genannt, die die Kommission zu der Annahme veranlasst haben, dass ein Verdacht im Sinne von Absatz 1 besteht. Die Kommission trifft die Entscheidungen nach Anhörung der Wettbewerbsbehörde des Mitgliedstaats, in dessen Hoheitsgebiet die Nachprüfung durchgeführt werden soll.**

(3) **Eine gemäß Absatz 1 getroffene Entscheidung kann nur mit der vorherigen Genehmigung des einzelstaatlichen Gerichts des betreffenden Mitgliedstaats vollzogen werden. Das einzelstaatliche Gericht prüft die Echtheit der Entscheidung der Kommission und dass die beabsichtigten Zwangsmaßnahmen weder willkürlich noch unverhältnismäßig sind – insbesondere gemessen an der Schwere der zur Last gelegten Zuwiderhandlung, der Wichtigkeit des gesuchten Beweismaterials, der Beteiligung des betreffenden Unternehmens und der begründeten Wahrscheinlichkeit, dass Bücher und Geschäftsunterlagen, die sich auf den Gegenstand der Nachprüfung beziehen, in den Räumlichkeiten aufbewahrt werden, für die die Genehmigung beantragt wird. Das einzelstaatliche Gericht kann die Kommission unmittelbar oder über die Wettbewerbsbehörde des betreffenden Mitgliedstaats um ausführliche Erläuterungen zu den Punkten ersuchen, deren Kenntnis zur Prüfung der Verhältnismäßigkeit der beabsichtigten Zwangsmaßnahmen erforderlich ist.**

Das einzelstaatliche Gericht darf jedoch weder die Notwendigkeit der Nachprüfung in Frage stellen noch die Übermittlung der in den Akten der Kommission enthaltenen Informationen verlangen. Die Prüfung der Rechtmäßigkeit der Kommissionsentscheidung ist dem Gerichtshof vorbehalten.

(4) **Die von der Kommission mit der Durchführung einer gemäß Absatz 1 angeordneten Nachprüfung beauftragten Bediensteten und die anderen von ihr ermächtigten Begleitpersonen haben die in Artikel 20 Absatz 2 Buchstaben a), b) und c) aufgeführten Befugnisse. Artikel 20 Absätze 5 und 6 gilt entsprechend.**

Übersicht

I. Sinn und Zweck der Regelung

Art. 21 VO 1/2003 gibt den mit der jeweiligen Nachprüfung beauftragten Bediensteten der Kommission und den anderen von ihr ermächtigten Begleitpersonen erstmals die Möglichkeit, „andere" – d.h. nicht von Art. 20 VO 1/2003 erfasste – Räumlichkeiten, Grundstücke oder Transportmittel zu betreten und dort aufbewahrte Bücher und sonstige Geschäftsunterlagen von Unternehmen oder Unternehmensvereinigungen zu prüfen. Deutlicher als jede andere Vorschrift in der VO 1/2003 veranschaulicht die in Art. 21 VO 1/2003 vorgenommene **räumliche Erweiterung der** in Art. 20 Abs. 2 lit. a bis c VO 1/2003 geregelten **Nachprüfungsbefugnisse**[1] das auch in Art. 18 Abs. 1,[2] Art. 19[3] und Art. 20 Abs. 2 lit. d[4] und lit. e[5] VO 1/2003 erkennbar werdende Bemühen des Verordnungsgebers, die kartellverfahrensrechtlichen Ermittlungsbefugnisse der Kommission im Interesse der effektiven administrativen Durchsetzung der Art. 101 f. AEUV auszudehnen und die praktische Wirksamkeit kartellverfahrensrechtlicher Nachprüfungen zu erhöhen. In diesem Sinne ist zwar festzustellen, dass Art. 21 VO 1/2003 in erster Linie der Effizienz des Wettbewerbsschutzes geschuldet ist;[6] dies schließt aber drittschützende Zusatzfunktionen der in dieser Norm geregelten Nachprüfungsbefugnisse nicht aus.[7] 1

Zu den in Art. 21 Abs. 1 VO 1/2003 nicht abschließend aufgeführten „anderen" Räumlichkeiten, Grundstücken oder Transportmitteln gehören insbesondere Wohnungen von Unternehmensleitern, von Mitgliedern der Aufsichts- und Leitungsorgane sowie von sonstigen Mitarbeitern der betreffenden Unternehmen und Unternehmensvereinigungen, die in den sachlichen **Schutzbereich des** vom EuGH anerkannten **Unionsgrundrechts der Unverletzlichkeit von Privaträumen**[8] fallen. Wegen der insoweit unübersehbaren Grundrechtsrelevanz der auf der Grundlage des Art. 21 VO 1/2003 durchführbaren Nachprüfungsmaßnahmen[9] hat der Verordnungsgeber in Absatz 1 dieser Vorschrift einschränkend klargestellt, dass derartige Nachprüfungen nur dann erlaubt sind, wenn ein „begründeter Verdacht" besteht, dass die auf den Gegenstand der Nachprüfungen bezogenen 2

[1] Näher zu diesen Nachprüfungsbefugnissen siehe die Kommentierung zu Art. 20 VO 1/2003 Rn. 64–77.

[2] Zur dort erfolgten Preis- bzw. Aufgabe der einst in Art. 11 VO 17 festgelegten Zweistufigkeit von einfachen und den durch Entscheidung bzw. durch Beschluss angeordneten Auskunftsverlangen vgl. die Kommentierung zu Art. 18 VO 1/2003.

[3] Zur erstmaligen Kodifizierung dieses der Kommission außerhalb von Nachprüfungen zustehenden Zeugenvernehmungsrechts vgl. die Kommentierung zu Art. 19 VO 1/2003.

[4] Zu der hier geregelten Versiegelungsbefugnis vgl. die Kommentierung zu Art. 20 VO 1/2003 Rn. 74.

[5] Zu der hier geregelten Protokollierungsbefugnis vgl. die Kommentierung zu Art. 20 VO 1/2003 Rn. 77.

[6] In diesem zutr. Sinne vgl. etwa *v. d. Hout* in: Mäsch (Hrsg.), Praxiskommentar zum deutschen und europäischen Kartellrecht, 2010, Art. 21 VerfVO Rn. 2.

[7] Vgl. dazu insb. die Kommentierung zu Art. 20 VO 1/2003 Rn. 5.

[8] Vgl. insb. EuGH U. v. 21.9.1989 verb. Rs. 46/87 u. 227/88 – *Hoechst/Kommission* Slg. 1989, 2859 Rn. 17; EuGH U. v. 17.10.1989 Rs. 85/87 – *Dow Benelux/Kommission* Slg. 1989, 3137 Rn. 28; EuGH U. v. 17.10.1989 verb. Rs. 97–99/87 – *Dow Chemical Ibérica u. a./Kommission* Slg. 1989, 3165 Rn. 14; sowie *Marauhn* in: Heselhaus/Nowak (Hrsg.), Handbuch der Europäischen Grundrechte, 2006, § 19 Rn. 24 ff.; m. w. N. zur Herleitung dieses Unionsgrundrechts aus den mitgliedstaatlichen Verfassungstraditionen, der EMRK und der EU-Grundrechtecharta vgl. *Déal* CDE 2004, 157; *Schwarze/Weitbrecht,* Grundzüge des europäischen Kartellverfahrensrechts, 2004, § 4 Rn. 26; zur generellen Bedeutung der vorgenannten Erkenntnisquellen für die Entwicklung des EU-Grundrechtsstandards vgl. die Kommentierung zu Art. 20 VO 1/2003 Rn. 11–15.

[9] Zu dieser Grundrechtsrelevanz vgl. auch *Frenz,* Handbuch Europarecht, Bd. 2 (Europäisches Kartellrecht), 2. Aufl. 2015, Rn. 2599 ff.; *Mestmäcker/Schweitzer,* Europäisches Wettbewerbsrecht, 3. Aufl. 2014, § 20 Rn. 42; *Vocke,* Die Ermittlungsbefugnisse der EG-Kommission im kartellrechtlichen Voruntersuchungsverfahren – Eine Untersuchung zur Auslegung der Ermittlungsrechte im Spannungsfeld zwischen öffentlichen und Individualinteressen, 2006, S. 77 ff.

Bücher und Geschäftsunterlagen, die als Beweismittel für einen „schweren Verstoß" gegen Art. 101 oder 102 AEUV von Bedeutung sein könnten, in anderen Räumlichkeiten, auf anderen Grundstücken oder in anderen Transportmitteln aufbewahrt werden. Hieraus ergibt sich zugleich der eigentliche **Hauptzweck des Art. 21 VO 1/2003,** nämlich zu verhindern, dass die praktische Wirksamkeit der durch Art. 20 VO 1/2003 ermöglichten Nachprüfungen in bzw. auf den von Unternehmen oder Unternehmensvereinigungen genutzten Räumlichkeiten, Grundstücken und Transportmitteln durch ein Verbergen von Büchern oder Geschäftsunterlagen in Privatwohnungen oder anderswo konterkariert wird.

3 Der vorgenannte Hauptzweck des Art. 21 VO 1/2003 wird insbesondere im 26. Erwägungsgrund der VO 1/2003 unterstrichen, wonach die „Erfahrung" gezeigt habe, „dass in manchen Fällen Geschäftsunterlagen in der Wohnung von Führungskräften und Mitarbeitern der Unternehmen aufbewahrt werden. Im Interesse effizienter Nachprüfungen sollten daher die Bediensteten der Kommission und die anderen von ihr ermächtigten Personen zum Betreten aller Räumlichkeiten befugt sein, in denen sich Geschäftsunterlagen befinden können, einschließlich Privatwohnungen". Darüber hinaus dient Art. 21 VO 1/2003 selbstverständlich auch der Erreichung der bereits von Art. 20 VO 1/2003 verfolgten Ziele, wozu insbesondere die Ermöglichung der Aufdeckung von Zuwiderhandlungen gegen die Art. 101 und/oder 102 AEUV[10] sowie die Gewährleistung eines wirksamen Wettbewerbsschutzes[11] bzw. die **Aufrechterhaltung der von den Verträgen gewollten Wettbewerbsordnung** gehören, die die Unternehmen unbedingt zu beachten haben.[12]

II. Praktische Bedeutung

4 Ob und ggf. in welchem Umfang die Kommission bislang von Art. 21 VO 1/2003 Gebrauch gemacht hat, ist nicht leicht in Erfahrung zu bringen.[13] Unklar ist auch, ob diese Vorschrift in der künftigen Nachprüfungspraxis der Kommission wirklich eine bedeutsame Rolle spielen wird. Diese Unklarheiten beruhen insbesondere auf der oben erwähnten **Grundrechtsrelevanz** der durch Art. 21 VO 1/2003 ermöglichten Nachprüfungen in Privatwohnungen, die nach Maßgabe des vom EuGH anerkannten Gebots der unionsgrundrechtskonformen Auslegung sekundären Unionsrechts[14] bei der Anwendung und Auslegung dieser Vorschrift zu beachten ist und insofern zu einer über den Wortlaut des

[10] Vgl. dazu m. w. N. die Kommentierung zu Art. 20 VO 1/2003 Rn. 1.

[11] EuGH U. v. 22.10.2002 Rs. C-94/00 – *Roquette Frères/Directeur général de la concurrence, de la consommation et de la répression des fraudes* Slg. 2002, I-9011 Rn. 42; ferner vgl. den 25. Erwägungsgrund zur VO 1/2003 i. V. m. Rn. 4 der Kommentierung zu Art. 20 VO 1/2003.

[12] So u. a. (in Ansehung des damals geltenden Art. 14 VO 17) explizit EuGH U. v. 26.6.1980 Rs. 136/79 – *National Panasonic/Kommission* Slg. 1980, 2033 Rn. 20; bestätigt u. a. in EuGH U. v. 21.9.1989 verb. Rs. 46/87 u. 227/88 – *Hoechst/Kommission* Slg. 1989, 2859 Rn. 25; EuGH U. v. 17.10.1989 verb. Rs. 97–99/87 – *Dow Chemical Ibérica u. a./Kommission* Slg. 1989, 3165 Rn. 22; zur auch individual- bzw. drittschützenden Dimension der vorgenannten Ziele bzw. Zwecke siehe die Kommentierung zu Art. 20 VO 1/2003 Rn. 6.

[13] Jeweils mit nur sehr wenigen Nachweisen zur bisherigen Aktivierung des Art. 21 VO 1/2003 durch die Kommission vgl. etwa *Burrichter/Hennig* in: Immenga/Mestmäcker (Hrsg.), Wettbewerbsrecht, Bd. 1: EU/Teil 2 – Kommentar zum Europäischen Kartellrecht, 5. Aufl. 2012, Art. 21 VO 1/2003 Rn. 4 (dort Fn. 7); *v. d. Hout* in: Schröter/Jakob/Klotz/Mederer (Hrsg.), Europäisches Wettbewerbsrecht – Großkommentar, 2. Aufl. 2014, S. 1185 (dort Fn. 7); *ders.* in: Mäsch (Fn. 6), Art. 21 VerfVO Rn. 2 (dort Fn. 6).

[14] Grdlg. EuGH U. v. 21.9.1989 verb. Rs. 46/87 u. 227/88 – *Hoechst/Kommission* Slg. 1989, 2859 Rn. 12; bestätigt u. a. in EuGH U. v. 17.10.1989 Rs. 85/87 – *Dow Benelux/Kommission* Slg. 1989, 3137 Rn. 23; EuGH U. v. 18.10.1989 Rs. 374/87 – *Orkem/Kommission* Slg. 1989, 3283 Rn. 28; EuG U. v. 6.10.2005 verb. Rs. T-22/02 u. T-23/02 – *Sumitomo Chemical Co. Ltd u. a./Kommission* Slg. 2005, II-4065 Rn. 77; sowie EuG U. v. 27.9.2006 Rs. T-59/02 – *Archer Daniels Midland Co./Kommission* Slg. 2006, II-3627 Rn. 262.

Art. 21 VO 1/2003 hinaus gehenden Beschränkung des diesbezüglichen Entscheidungs- und Handlungsspielraums der Kommission führen kann.[15]

Klarheit besteht allenfalls insoweit, als Art. 21 VO 1/2003 der Kommission erstmals eine dem allgemeinen Gesetzesvorbehalt[16] Rechnung tragende unionsrechtliche Rechts- bzw. Ermächtigungsgrundlage für nachprüfungsspezifische Eingriffe der unionalen Hoheitsgewalt in das **Unionsgrundrecht der Unverletzlichkeit von Privaträumen** zur Verfügung stellt, deren Wahrnehmung nicht willkürlich sein darf und mit dem unionsverfassungsrechtlichen Verhältnismäßigkeitsgrundsatz vereinbar sein muss.[17] Insoweit dürfte sich Art. 21 VO 1/2003 – neben Art. 20 VO 1/2003 – langfristig zu einem weiteren zentralen Kristallisationspunkt des im EU-Kartellverfahrensrecht seit jeher zu bewältigenden Spannungsverhältnisses zwischen der eng mit dem Ziel der effektiven administrativen Durchsetzung des materiellen Kartellrechts (Art. 101 f. AEUV) verbundenen Effektivität der Verwaltung und dem effektiven Grundrechtsschutz insbesondere natürlicher Personen entwickeln,[18] dessen Befriedung im Falle einer tatsächlichen Aktivierung des Art. 21 VO 1/2003 durch die Kommission in erster Linie den Unionsgerichten obliegen wird.[19] Der Verordnungsgeber hat dem vorgenannten Spannungsverhältnis auf der nachfolgend zu erörternden Tatbestandsebene wie folgt Rechnung getragen: 5

III. Tatbestand

1. Gemeinsamkeiten und Unterschiede zwischen Art. 21 und 20 VO 1/2003 im Überblick

Art. 21 VO 1/2003 enthält einige dem Art. 20 VO 1/2003 entsprechende und einige von der letztgenannten Vorschrift abweichende Regelungen. Bemerkenswert ist zunächst einmal, dass Art. 21 VO 1/2003, anders als Art. 20 VO 1/2003, die jeweilige Nachprüfung nicht explizit unter den Vorbehalt der Erforderlichkeit[20] stellt, sondern vielmehr einen begründeten Verdacht im Hinblick auf die in anderen Räumlichkeiten, auf anderen Grundstücken oder in anderen Transportmitteln erfolgte Aufbewahrung solcher Bücher und Geschäftsunterlagen verlangt, die als Beweismittel für einen schweren Verstoß gegen Art. 101 oder 102 AEUV von Bedeutung sein können (dazu unter 2.). Ebenfalls anders als Art. 20 VO 1/2003 eröffnet Art. 21 VO 1/2003 der Kommission keine Wahlfreiheit hinsichtlich 6

[15] Zu der daran anknüpfenden These, dass Art. 21 VO 1/2003 auf Grund der starken Grundrechtsrelevanz der durch diese Bestimmung ermöglichten Nachprüfungen und/oder auf Grund seines Ausnahmecharakters eng auszulegen sei, vgl. *Bechtold/Bosch/Brinker/Hirsbrunner,* EG-Kartellrecht – Kommentar, 2. Aufl. 2009, Art. 21 VO 1/2003 Rn. 1; *Burrichter/Hennig* in: Immenga/Mestmäcker (Fn. 13), Art. 21 VO 1/2003 Rn. 5; *v. d. Hout* in: Schröter/Jakob/Klotz/Mederer (Fn. 13), S. 1185; *ders.* in: Mäsch (Fn. 6), Art. 21 VerfVO Rn. 4.

[16] Zur Anerkennung dieses Gesetzesvorbehalts durch den EuGH vgl. m. w. N. die Kommentierung zu Art. 20 VO 1/2003 Rn. 18; sowie *Hilf/Classen,* Der Vorbehalt des Gesetzes im Recht der Europäischen Union in: FS Selmer, 2004, S. 71 ff.; *Szczekalla* in: Heselhaus/Nowak (Fn. 8), § 7 Rn. 31 f.

[17] Zu dem vom EuGH anerkannten Schutz gegen willkürliche oder unverhältnismäßige Eingriffe der gemeinschaftlichen bzw. unionalen Hoheitsgewalt in die Sphäre der privaten Betätigung natürlicher oder juristischer Personen vgl. m. w. N. die Kommentierung zu Art. 20 VO 1/2003 Rn. 17–22. Zur herausragenden Bedeutung des unionsverfassungsrechtlichen Verhältnismäßigkeitsgrundsatzes als Grenze EU-kartellverfahrensrechtlicher Ermittlungsmaßnahmen der Kommission vgl. auch mit weiteren einschlägigen Rechtsprechungsnachweisen *Kellerbauer* EuZW 2014, 407 ff.

[18] Ausführlicher zu diesem Spannungsverhältnis vgl. m. w. N. die Kommentierung zu Art. 20 VO 1/2003 Rn. 7 ff.

[19] Zutr. *Nehl,* Nachprüfungsbefugnisse der Kommission aus gemeinschaftsverfassungsrechtlicher Perspektive, in: Behrens/Braun/Nowak (Hrsg.), Europäisches Wettbewerbsrecht im Umbruch, 2004, S. 73 (97); ähnlich *Brei* ZWeR 2004, 107 (127).

[20] Zu diesem eng mit dem Erfordernis eines Anfangsverdachts und dem Verhältnismäßigkeitsgrundsatz zusammenhängenden Erforderlichkeitskriterium vgl. die Kommentierung zu Art. 20 VO 1/2003 Rn. 49–53.

eines Vorgehens auf der Grundlage eines einfachen Prüfungsauftrags oder einer formellen Entscheidung bzw. eines formellen Beschlusses;[21] vielmehr ist sie im Anwendungsbereich des Art. 21 VO 1/2003 gezwungen, die jeweilige Nachprüfung durch einen formellen Beschluss[22] anzuordnen, wobei Art. 21 VO 1/2003 allerdings nicht deutlich werden lässt, an wen genau ein solcher Beschluss zu adressieren ist (3.). Ein weiterer Unterschied zu Art. 20 VO 1/2003 besteht in der Reduktion der der Kommission im Anwendungsbereich des Art. 21 VO 1/2003 zur Verfügung stehenden Nachprüfungsbefugnisse (4.). Die Mitwirkungsrechte und Unterstützungspflichten mitgliedstaatlicher Behörden sind in Art. 21 und 20 VO 1/2003 nahezu identisch (5.). Während der Verordnungsgeber insoweit von Art. 20 VO 1/2003 abgewichen ist, als Art. 21 Abs. 3 Satz 1 VO 1/2003 eine vorherige richterliche Genehmigung obligatorisch macht (6.), hat er sich bei der Ausgestaltung der in diesem Bereich einschlägigen Kontrollbefugnisse mitgliedstaatlicher Gerichte weitgehend an Art. 20 Abs. 8 VO 1/2003 orientiert, mit dem die im *Roquette Frères*-Urteil[23] präzisierten Vorgaben des EuGH umgesetzt worden sind (7.).

2. Begründeter Verdacht der Aufbewahrung bestimmter Unterlagen in Privatwohnungen oder anderswo

7 Eine erste Beschränkung des der Kommission im Anwendungsbereich des Art. 21 VO 1/2003 zustehenden Handlungs- und Entscheidungsspielraums, die dem unionsgrundrechtlich fundierten Schutz der Privatsphäre[24] Rechnung trägt, findet sich zugunsten der Betroffenen in Absatz 1 dieser Vorschrift. Demnach muss ein „begründeter Verdacht" bestehen, dass bestimmte Bücher oder sonstige Geschäftsunterlagen, die sich auf den Gegenstand der Nachprüfung beziehen und die als Beweismittel für einen „schweren Verstoß" gegen Art. 101 oder 102 AEUV von Bedeutung sein könnten, in „anderen", d. h. nicht bereits von Art. 20 VO 1/2003 erfassten Räumlichkeiten – wie etwa Privatwohnungen von Unternehmensleitern, von Mitgliedern der Aufsichts- und Leitungsorgane sowie von sonstigen Mitarbeitern der betreffenden Unternehmen und Unternehmensvereinigungen – aufbewahrt werden. Diese in den Nachprüfungsbeschluss bzw. in dessen Begründung einfließenden[25] qualifizierenden Voraussetzungen müssen kumulativ erfüllt sein.[26]

8 Die o. g. **Voraussetzung des Bestehens eines begründeten Verdachts** ist weder in Art. 21 VO 1/2003 noch anderswo, d. h. auch nicht in der VO 773/2004,[27] näher konkre-

---

[21] Zu dieser im Anwendungsbereich des Art. 20 VO 1/2003 bestehenden (grundsätzlichen) Wahlfreiheit vgl. die Kommentierung zu Art. 20 VO 1/2003 Rn. 9.

[22] Soweit in Art. 21 VO 1/2003 sowie in zahlreichen anderen Bestimmungen dieser Verordnung noch der einst in Art. 249 EG näher erläuterte Begriff „Entscheidung" Verwendung findet, ist diese Terminologie nicht mehr zeitgemäß, da diese Handlungsform mit dem am 1.12.2009 erfolgten Inkrafttreten des Vertrags von Lissabon zur Änderung des Vertrags über die Europäische Union und des Vertrags zur Gründung der Europäischen Gemeinschaft (ABl. 2007 C 306/1 ff.) durch den neuen – in inhaltlicher Hinsicht allerdings weitgehend identischen – Rechtsakttyp in Gestalt des nunmehr in Art. 288 AEUV näher erläuterten Beschlusses ersetzt wurde; ausführlicher dazu vgl. *Nowak,* Europarecht nach Lissabon, 2011, S. 125 ff. Daher wird nachfolgend – entgegen dem Wortlaut des Art. 21 VO 1/2003 – nicht mehr durchgängig von Nachprüfungsentscheidungen, sondern überwiegend von Nachprüfungsbeschlüssen der Kommission gesprochen. Zu den vielfältigen Änderungen, die das Unionsrecht durch den Lissabonner Reformvertrag erfahren hat, vgl. auch jeweils m. w. N. *Calliess,* Die neue Europäische Union nach dem Vertrag von Lissabon, 2010, S. 1 ff.; *Streinz/Ohler/Herrmann,* Der Vertrag von Lissabon zur Reform der EU – Einführung mit Synopse, 3. Aufl. 2010, S. 1 ff.

[23] EuGH U. v. 22.10.2002 Rs. C-94/00 – *Roquette Frères/Directeur général de la concurrence, de la consommation et de la répression des fraudes* Slg. 2002, I-9011 ff.

[24] Vgl. dazu m. w. N. Rn. 2 u. 4 f.

[25] Nach Art. 21 Abs. 2 Satz 2 VO 1/2003 sind in dem Nachprüfungsbeschluss die Gründe anzugeben, die die Kommission zu der Annahme veranlasst haben, dass ein Verdacht im o. g. Sinne besteht.

[26] Zutr. *Nehl* in: Behrens/Braun/Nowak (Fn. 19), S. 73 (97).

[27] Verordnung (EG) Nr. 773/2004 der Kommission v. 7.4.2004 über die Durchführung von Verfahren auf der Grundlage der Artikel 81 und 82 EG-Vertrag durch die Kommission, ABl. 2004 L 123/18.

tisiert worden.[28] Stattdessen hat sich der Verordnungsgeber zum Zwecke der Vermeidung einer auf der Grundlage eines unbegründeten Verdachts stattfindenden Nachprüfung für eine prozedurale Absicherung dieser Voraussetzung entschieden, indem er der Kommission in Art. 20 Abs. 3 VO 1/2003 aufgegeben hat, das für die Erteilung einer vorherigen Genehmigung zuständige mitgliedstaatliche Gericht von der begründeten Wahrscheinlichkeit zu überzeugen, dass Bücher und Geschäftsunterlagen, die sich auf den Gegenstand der Nachprüfung beziehen, in den o. g. Räumlichkeiten aufbewahrt werden. An die Annahme eines begründeten Verdachts bzw. einer begründeten Wahrscheinlichkeit sind wegen der oben erwähnten Grundrechtsrelevanz erhöhte Anforderungen zu stellen, die allerdings im Interesse der praktischen Wirksamkeit der auf der Grundlage des Art. 21 VO 1/2003 durchzuführenden Nachprüfungen nicht zur potentiellen Erfolglosigkeit dieser Nachprüfungsmaßnahmen führen dürfen. Vor diesem Hintergrund kann zwar auf der einen Seite sicherlich verlangt werden, dass sich der notwendige „begründete Verdacht" stets auf glaubhafte konkrete Hinweise zurückführen lassen muss, die sich etwa aus Zeugenaussagen oder daraus ergeben können, dass die Nachprüfungsbeamten bei vorangegangenen Nachprüfungen in Geschäftsräumen auf der Grundlage des Art. 20 VO 1/2003 konkrete Anhaltspunkte für eine Aufbewahrung bestimmter Geschäftsunterlagen außerhalb der untersuchten Geschäftsräume gefunden haben.[29] Auf der anderen Seite dürfte jedoch nicht zu verlangen sein, dass sich die beauftragten Bediensteten der Kommission oder die anderen von ihr ermächtigten Begleitpersonen stets vorab auf der Grundlage des Art. 20 VO 1/2003 davon überzeugen müssen, dass sich bestimmte Bücher oder sonstige Geschäftsunterlagen nicht (mehr) in den Räumlichkeiten, auf den Grundstücken oder in den Transportmitteln der betreffenden Unternehmen oder Unternehmensvereinigungen befinden.[30] Welche Umstände im konkreten Einzelfall für die Annahme eines begründeten Verdachts ausreichen, wird in der künftigen Entscheidungspraxis der Kommission und der Unionsgerichte unter Berücksichtigung des Spannungsverhältnisses zwischen dem Ziel der praktischen Wirksamkeit der auf Art. 21 VO 1/2003 beruhenden Nachprüfungen und dem Unionsgrundrecht der Unverletzlichkeit von Privaträumen noch näher zu konkretisieren sein.

Zu den qualifizierenden Voraussetzungen gehört ferner, dass es im konkreten Fall um Bü- 9
cher oder sonstige Geschäftsunterlagen gehen muss, die als **Beweismittel für einen schweren Verstoß gegen Art. 101 oder 102 AEUV** von Bedeutung sein könnten. Ob die genannten Unterlagen tatsächlich als Beweismittel von Bedeutung sind, ist demnach unerheblich. Hinsichtlich der allein interessierenden Frage, ob bestimmte Unterlagen als Beweismittel im o. g. Sinne „von Bedeutung sein könnten", wird man der Kommission in Anlehnung an die das Erforderlichkeitskriterium i. S. des Art. 20 Abs. 1 VO 1/2003 betreffende Rechtsprechung der Unionsgerichte einen Beurteilungsspielraum zubilligen müssen,[31] der am nachhaltigsten durch das gerichtlich voll nachprüfbare Tatbestandsmerkmal des „schweren Verstoßes" eingeschränkt wird. Bei der dem Unionsrichter bislang erspart gebliebenen Auslegung dieses be-

---

[28] Zum dadurch hervorgerufenen Streit über die zutreffende Auslegung dieses Tatbestandsmerkmals vgl. etwa *Vocke* (Fn. 9), S. 230 m. w. N.

[29] In diesem Sinne vgl. etwa *Burrichter/Hennig* in: Immenga/Mestmäcker (Fn. 13), Art. 21 VO 1/2003 Rn. 25; *Sura* in: Langen/Bunte (Hrsg.), Kommentar zum deutschen und europäischen Kartellrecht, Bd. 2: Europäisches Kartellrecht, 11. Aufl. 2010, Art. 21 VO Nr. 1/2003 Rn. 6; sowie *v. d. Hout* in: Schröter/Jakob/Klotz/Mederer (Fn. 13), S. 1186, mit dem weiteren zutr. Hinweis darauf, dass bloße Vermutungen in diesem Kontext nicht ausreichen; ähnlich *Bechtold/Bosch/Brinker/Hirsbrunner* (Fn. 15), Art. 21 VO 1/2003 Rn. 2.

[30] Gegen eine rechtliche Subsidiarität des Art. 21 VO 1/2003 gegenüber dem Art. 20 VO 1/2003 vgl. auch *Burrichter/Hennig* in: Immenga/Mestmäcker (Fn. 13), Art. 21 VO 1/2003 Rn. 16f., die allerdings unter maßgeblicher Berücksichtigung des unionsverfassungsrechtlichen Verhältnismäßigkeitsgrundsatzes von einer zumindest faktischen Subsidiarität des Art. 21 VO 1/2003 gegenüber dem Art. 20 VO 1/2003 ausgehen.

[31] Zum Beurteilungsspielraum der Kommission im Kontext des in Art. 20 Abs. 1 VO 1/2003 angesprochenen Erforderlichkeitskriteriums siehe die Kommentierung zu Art. 20 VO 1/2003 Rn. 51.

dauerlicherweise recht unklaren bzw. interpretationsoffenen Tatbestandsmerkmals[32] dürfte zum einen an die reichhaltige Entscheidungspraxis der Kommission und der Unionsgerichte zu der ursprünglich in Art. 14 Abs. 2 VO 17 und nunmehr in Art. 23 Abs. 3 VO 1/2003 angesprochenen „Schwere der Zuwiderhandlung" anzuknüpfen sein,[33] die sich ihrerseits durch die zwischenzeitlich allerdings ersetzten „Leitlinien für das Verfahren zur Festsetzung von Geldbußen, die gemäß Artikel 15 Absatz 2 der Verordnung Nr. 17 und gemäß Artikel 65 Absatz 5 EGKS-Vertrag festgesetzt werden",[34] konkretisieren lässt.[35] Nach Gliederungspunkt 1. A. (2. Spiegelstrich) dieser auch vom Unionsrichter zur näheren Bestimmung eines „schweren Verstoßes" herangezogenen Leitlinien[36] handelt es sich bei „schweren Verstößen" – in **Abgrenzung zu minder schweren Verstößen,** bei denen es sich i. d. R. um vertikale Beschränkungen des Handels mit begrenzten Auswirkungen auf den Markt handelt, „die zwar einen wesentlichen, jedoch relativ engen Teil des Gemeinschaftsmarkts betreffen"[37] – in den meisten Fällen um horizontale oder vertikale Beschränkungen der gleichen Art wie in dem vorangehenden Fall, die jedoch entschlossener angewandt werden, deren Auswirkungen auf den Markt umfassender sind und die in einem größeren Teil des Gemeinsamen Marktes zum Tragen kommen.[38] Weitere Hinweise für die Bestimmung oder Konkretisierung des in Art. 21 Abs. 1 VO 1/2003 enthaltenen Schwere-Kriteriums lassen sich im Übrigen den aktuell geltenden Leitlinien der Kommission zur Bußgeldbemessung aus dem Jahre 2006[39] entnehmen,[40] wobei allerdings mit dem Problem umzugehen ist, dass diese Leitlinien in ganz erheblicher Weise von den o. g. Bußgeldleitlinien aus dem Jahre 1998 abweichen. Angesichts dieser Problemlage, die bei passender Gelegenheit vom Unionsrichter aufzulösen ist, ist es durchaus verständlich, dass sich manche Autoren bei der Konkretisierung des hier in Rede stehenden Schwere-Kriteriums nicht allen auf die vorgenannten Bußgeldleitlinien stützen, sondern in ergänzender Weise betonen, dass in diesem Kontext letztendlich vor allem oder zumindest auch auf die Würdigung der Gesamtumstände und der Bedeutung des jeweiligen Verstoßes gegen Art. 101 Abs. 1 AEUV und/oder Art. 102 AEUV im Einzelfall abzustellen sei.[41]

---

[32] Krit. dazu vgl. auch statt vieler *Kerse/Khan,* EU-Antitrust Procedure, 6. Aufl. 2012, S. 177 f.

[33] In diesem Sinne vgl. auch *de Bronett,* Europäisches Kartellverfahrensrecht – Kommentar zur VO 1/2003, 2. Aufl. 2012, S. 316.

[34] ABl. 1998 C 9/3 ff.; zu der im Jahre 2006 erfolgten Ersetzung dieser Leitlinien durch neue Bußgeldleitlinien der Kommission siehe die Kommentierung zu Art. 23 VO 1/2003 Rn. 29 u. 36.

[35] So auch *Bischke* in: Hirsch/Montag/Säcker (Hrsg.), Münchener Kommentar zum Europäischen und Deutschen Wettbewerbsrecht (Kartellrecht), Bd. 1 (Europäisches Wettbewerbsrecht), 2007, Art. 21 VO 1/2003 Rn. 2; sowie *Vocke* (Fn. 9), S. 231; zurückhaltender vgl. indes *Klees,* Europäisches Kartellverfahrensrecht – mit Fusionskontrollverfahren, 2005, § 9 Rn. 127, wonach sowohl die o. g. Leitlinien als auch die Rechtsprechung der Unionsgerichte im Hinblick auf die Schwere einer Zuwiderhandlung bei der Überprüfung von Bußgeldentscheidungen „nur in vorsichtiger Analogie" für die Beurteilung der Schwere eines Verstoßes gegen die EU-Wettbewerbsregeln i. R. des Art. 21 VO 1/2003 herangezogen werden könnten.

[36] Exempl. dazu vgl. EuG U. v. 10.4.2008 Rs. T-271/03 – *Deutsche Telekom AG/Kommission* Slg. 2008, II-477 Rn. 310.

[37] Vgl. die Ausführungen unter Gliederungspunkt 1. A. (1. Spiegelstrich) der vorgenannten Leitlinien.

[38] Nach Gliederungspunkt 1. A. (2. Spiegelstrich, letzter Satz) dieser Leitlinien kann es sich dabei nicht nur um Zuwiderhandlungen gegen Art. 81 Abs. 1 EG [nunmehr: Art. 101 Abs. 1 AEUV] handeln, sondern auch um den Missbrauch marktbeherrschender Stellungen i. S. des Art. 82 EG [nunmehr: Art. 102 AEUV].

[39] Leitlinien der Kommission für das Verfahren zur Festsetzung von Geldbußen gemäß Art. 23 Abs. 2 lit. a VO 1/2003, ABl. 2006 C 210/2 ff.; näher zu diesen Leitlinien siehe die Kommentierung zu Art. 23 VO 1/2003 Rn. 36.

[40] So auch *Bischke* in: Hirsch/Montag/Säcker (Fn. 35), Art. 21 VO 1/2003 Rn. 2; *v. d. Hout* in: Schröter/Jakob/Klotz/Mederer (Fn. 13), S. 1188.

[41] In diesem Sinne vgl. etwa *Bechtold/Bosch/Brinker/Hirsbrunner* (Fn. 15), Art. 21 VO 1/2003 Rn. 4; *Bischke* in: Hirsch/Montag/Säcker (Fn. 35), Art. 21 VO 1/2003 Rn. 2; *Burrichter/Hennig* in: Immenga/Mestmäcker (Fn. 13), Art. 21 VO 1/2003 Rn. 13 f.

3. Nachprüfungen gemäß Art. 21 VO 1/2003 nur durch Entscheidung bzw. durch Beschluss: Adressatenfrage, Mindestanforderungen und Begründungserfordernis

Anders als Art. 20 Abs. 3 und 4 VO 1/2003, der es der Kommission freistellt, ihre Nachprüfungen bei den betreffenden Unternehmen und Unternehmensvereinigungen auf der Grundlage eines einfachen Prüfungsauftrags oder auf der Grundlage eines formellen Nachprüfungsbeschlusses durchzuführen,[42] eröffnet Art. 21 VO 1/2003 der Kommission **keine Wahlfreiheit zwischen Prüfungsauftrag und Nachprüfungsbeschluss.** Vielmehr hat die Kommission im Anwendungsbereich des Art. 21 VO 1/2003 ausschließlich auf der Grundlage formeller Nachprüfungsbeschlüsse[43] zu agieren, bei denen es sich – anders als bei einfachen Prüfungsaufträgen – um mit der Nichtigkeitsklage gemäß Art. 263 Abs. 4 AEUV anfechtbare Rechtsakte handelt.[44] Insoweit ist dem Art. 21 Abs. 1 VO 1/2003 eine dem unionsverfassungsrechtlichen Grundsatz effektiven Rechtsschutzes[45] gerecht werdende Garantie gerichtlichen Rechtsschutzes immanent, die der Grundrechtsrelevanz einer auf der Grundlage dieser Vorschrift erfolgenden Nachprüfung Rechnung trägt.[46] 10

Bedauerlicherweise hat der Verordnungsgeber jedoch darauf verzichtet, deutlich zumachen, ob die Verfügungsberechtigten der von Art. 21 VO 1/2003 erfassten Räumlichkeiten in einem gegenwärtigen Rechtsverhältnis zu dem jeweiligen Unternehmen stehen müssen[47] und vor allem wer genau **Adressat** eines auf der Grundlage des Art. 21 VO 1/2003 getroffenen Nachprüfungsbeschlusses sein soll. Stellt man auf den engen funktionalen Zusammenhang zwischen Art. 21 und 20 VO 1/2003 ab,[48] so könnten vordergründig zum einen die betreffenden Unternehmen und Unternehmensvereinigungen als Adressaten eines solchen Nachprüfungsbeschlusses in Betracht gezogen werden. In diesem Fall wären die von Nachprüfungen i. S. des Art. 21 VO 1/2003 direkt betroffenen Personen zwar als Drittbetroffene zu qualifizieren; auf Grund der in diesen Fällen zweifellos zu bejahenden „unmittelbaren und individuellen Betroffenheit" i. S. des Art. 263 Abs. 4 AEUV wäre aber deren Klagebefugnis nicht in Frage gestellt.[49] Der mit Nachprüfungen i. S. des Art. 21 VO 1/2003 verbundene zielgerichtete Eingriff in das Unionsgrundrecht der Unverletzlichkeit von Privaträumen dürfte gleichwohl dafür sprechen, diejenigen natürlichen Personen als Adressaten eines auf Art. 21 Abs. 1 VO 1/2003 beruhenden Nachprüfungsbeschlusses anzusehen, in deren Privatsphäre tatsächlich ermittelt werden soll.[50] Insoweit wären diese Per- 11

---

[42] Zu diesen beiden Vorgehensweisen vgl. die Kommentierung zu Art. 20 VO 1/2003 Rn. 58–63.

[43] Zu diesem Terminologiewechsel siehe bereits oben Fn. 22.

[44] Zur Anfechtbarkeit formeller Nachprüfungsbeschlüsse und zur Nichtanfechtbarkeit einfacher Prüfungsaufträge vgl. m. w. N. die Kommentierung zu Art. 20 VO 1/2003 Rn. 99 f.

[45] Näher zu diesem Rechtsgrundsatz, der zu den vom EuGH explizit anerkannten Unionsgrundrechten gehört, vgl. m. w. N. die Kommentierung zu Art. 20 VO 1/2003 Rn. 14 i. V. m. 20 f.

[46] Zu dieser am Unionsgrundrecht der Unverletzlichkeit von Privaträumen anknüpfenden Grundrechtsrelevanz siehe m. w. N. unter Rn. 2 u. 4 f.

[47] In diesem Sinne vgl. *Vocke* (Fn. 9), S. 229, mit der Anschlussthese auf S. 230, dass sich die in Art. 21 VO 1003 geregelte Nachprüfungsbefugnis daher nicht auf Räumlichkeiten ehemaliger Mitarbeiter des jeweiligen Unternehmens beziehe.

[48] Zu diesem engen funktionalen Zusammenhang siehe bereits Rn. 1 f.

[49] Zu der v. a. auch bei der Anfechtung von Kommissionsbeschlüssen zu beachtenden Notwendigkeit, die Tatbestandsmerkmale des Art. 263 Abs. 4 AEUV in einer mit dem Unionsgrundrecht auf effektiven Rechtsschutz konformen Weise auszulegen, vgl. nur *Cremer,* Individualrechtsschutz gegen Rechtsakte der Gemeinschaft: Grundlagen und neuere Entwicklungen, in: Nowak/Cremer (Hrsg.), Individualrechtsschutz in der EG und der WTO, 2002, S. 27 (42 f.); *Nowak* DVBl. 2000, 20 ff.; *ders.* EuR 35 (2000), 724 ff.; *ders./Behrend,* EuR 2014, 86 ff.

[50] So im Ergebnis auch *de Bronett* (Fn. 33), S. 317; sowie *Vocke* (Fn. 9), S. 232 f.; sehr ähnlich vgl. ferner *Burrichter/Hennig* in: Immenga/Mestmäcker (Fn. 13), Art. 21 VO 1/2003 Rn. 26; *Dieckmann* in: Wiedemann (Hrsg.), Handbuch des Kartellrechts, 2. Aufl. 2008, § 42 Rn. 37a; *v. d. Hout* in:

sonen als Entscheidungsadressaten unabhängig vom Vorliegen der unmittelbaren und individuellen Betroffenheit i. S. des Art. 263 Abs. 4 AEUV klagebefugt, während die ebenfalls von derartigen Nachprüfungen betroffenen Unternehmen und Unternehmensvereinigungen als Nichtadressaten eine unmittelbare und individuelle Betroffenheit i. S. des Art. 263 Abs. 4 AEUV darzulegen hätten, sofern (auch) sie einen derartigen Nachprüfungsbeschluss i. S. des Art. 21 VO 1/2003 anfechten wollen.

12 Die vorgenannte Adressatenfrage wirft die vom Verordnungsgeber ebenfalls nicht beantwortete Anschlussfrage nach den Modalitäten einer **rechtsfehlerfreien Bekanntgabe** bzw. Zustellung eines auf der Grundlage des Art. 21 Abs. 1 VO 1/2003 erlassenen Nachprüfungsbeschlusses auf. Nach Art. 297 Abs. 2 UAbs. 3 AEUV müssen derartige Beschlüsse denjenigen bekannt gegeben werden, für die sie bestimmt sind. Da hiermit die Adressaten und nicht etwa Personen gemeint sind, die möglicherweise in dem Rechtsakt erwähnt oder deren Rechts- und Interessenkreis durch ihn berührt werden,[51] zieht die vom Verordnungsgeber offen gelassene Adressatenfrage nicht nur die o. g. Rechtsschutzfragen nach sich, sondern produziert auch Zustellungs- bzw. Bekanntgabeprobleme, deren Lösung der Verordnungsgeber offenbar der Praxis überantworten wollte. Nach Art. 297 Abs. 2 UAbs. 3 AEUV werden Beschlüsse nur durch die Bekanntgabe wirksam, wobei die Form der Bekanntgabe bzw. der Zustellung dort ungeregelt geblieben ist.[52] Mit dem Begriff der „Bekanntgabe" ist nach allgemeiner Auffassung die Möglichkeit der Kenntnisnahme bzw. der **Zugang des** jeweiligen **Rechtsakts** bei dem bzw. den Adressaten gemeint.[53] Von einem erfolgten Zugang bzw. einer ordnungsgemäßen Zustellung ist nach ständiger Rechtsprechung dann auszugehen, wenn der jeweilige Rechtsakt in einer Weise in den Machtbereich des Empfängers gelangt ist, die es ihm erlaubt, von seinem Inhalt Kenntnis zu nehmen.[54] Nach der bisherigen Rechtsprechung kann sich der Adressat zwar nicht darauf berufen, dass er die Kenntnisnahme verweigert hat.[55] Wie aber zu verfahren ist, wenn der Eigentümer oder Besitzer „anderer Räumlichkeiten" i. S. des Art. 21 VO 1/2003, in dessen Privatsphäre ermittelt werden soll, etwa aus Gründen urlaubsbedingter Abwesenheit keine Kenntnis von dem Nachprüfungsbeschluss der Kommission erlangen konnte,[56] muss von den Unionsgerichten noch geklärt werden.

13 Nach Art. 21 Abs. 2 Satz 1 VO 1/2003 hat der jeweilige Nachprüfungsbeschluss den **Gegenstand und den Zweck der Nachprüfung** zu bezeichnen, den Zeitpunkt ihres Beginns zu bestimmen und im Sinne einer Rechtsbehelfsbelehrung auf das Recht hinzuweisen,

---

Schröter/Jakob/Klotz/Mederer (Fn. 13), S. 1189; sowie *Sura* in: Langen/Bunte (Fn. 29), Art. 21 VO Nr. 1/2003 Rn. 5, wonach eine Nachprüfungsentscheidungen bzw. ein Nachprüfungsbeschluss an diejenige natürliche oder juristische Person zu richten sei, in deren Machtbereich sich möglicherweise Geschäftsunterlagen befinden, die sich auf den Gegenstand der Nachprüfung beziehen.

[51] Vgl. nur *Schmidt* in: v. d. Groeben/Schwarze (Hrsg.), EUV/EGV-Kommentar, Bd. 4, 6. Aufl. 2004, Art. 254 Rn. 17.

[52] Zutr. *Ruffert* in: Calliess/Ruffert (Hrsg.), EUV/AEUV-Kommentar, 4. Aufl. 2011, Art. 297 AEUV Rn. 15; ferner vgl. EuGH U. v. 14.7.1972 Rs. 48/69 – *ICI/Kommission* Slg. 1972, 619 Rn. 39/43, wonach etwaige Unregelmäßigkeiten bei der Zustellung einer Entscheidung nicht die Entscheidung selbst berühren und daher auch nicht deren Rechtmäßigkeit (sondern nur die Klagefrist) zu beeinträchtigen vermögen.

[53] In diesem Sinne vgl., jeweils m. w. N., *Gellermann* in: Streinz (Hrsg.), EUV/AEUV-Kommentar, 2. Aufl. 2012, Art. 297 AEUV Rn. 9; *Ruffert in:* Calliess/Ruffert (Fn. 52), Art. 297 AEUV Rn. 15.

[54] Vgl. EuGH U. v. 14.7.1972 Rs. 48/69 – *ICI/Kommission* Slg. 1972, 619 Rn. 39/43; EuGH U. v. 21.2.1973 Rs. 6/72 – *Europemballage u. Continental Can/Kommission* Slg. 1973, 215 Rn. 10; EuGH U. v. 26.11.1985 Rs. 42/85 – *Cockerill-Sambre/Kommission* Slg. 1985, 3749 Rn. 11; EuG U. v. 7.7.1994 Rs. T-43/92 – *Dunlop Slazenger/Kommission* Slg. 1994, II-441 Rn. 25.

[55] Vgl. nur EuGH U. v. 21.2.1973 Rs. 6/72 – *Europemballage u. Continental Can/Kommission* Slg. 1973, 215 Rn. 10.

[56] Näher zu dieser Problematik vgl. auch *de Bronett* (Fn. 33), S. 317.

vor dem Gerichtshof gegen diesen Beschluss Klage zu erheben.[57] Anders als nach Art. 20 Abs. 4 Satz 2 VO 1/2003 ist in einem Nachprüfungsbeschluss i. S. des Art. 21 VO 1/2003 nicht auf Sanktionen in Form von Geldbußen und/oder Zwangsgeldern hinzuweisen, da sich die Art. 23 und 24 VO 1/2003 weder auf Nachprüfungen in anderen Räumlichkeiten und Transportmitteln noch auf Nachprüfungen auf anderen Grundstücken i. S. des Art. 21 VO 1/2003 beziehen. Stattdessen ist in Art. 21 Abs. 2 Satz 2 VO 1/2003 – abweichend von Art. 20 Abs. 4 VO 1/2003 und in Ergänzung des in Art. 296 Abs. 2 AEUV geregelten Begründungserfordernisses – vorgesehen, dass in einem auf der Grundlage des Art. 21 Abs. 1 VO 1/2003 erlassenen Nachprüfungsbeschlusses die Gründe genannt werden müssen, die die Kommission zu der Annahme veranlasst haben, dass ein begründeter Verdacht der Aufbewahrung von Büchern oder Geschäftsunterlagen in anderen Räumlichkeiten, auf anderen Grundstücken oder in anderen Transportmitteln besteht. Soweit in Art. 21 Abs. 2 Satz 3 VO 1/2003 ferner vorgesehen ist, dass die Kommission derartige Nachprüfungsbeschlüsse erst nach Anhörung der Wettbewerbsbehörde des Mitgliedstaats trifft, in dessen Hoheitsgebiet die Nachprüfung durchgeführt werden soll, entspricht dies wiederum voll und ganz der in Art. 20 Abs. 4 Satz 3 VO 1/2003 niedergelegten Anhörungspflicht.[58]

4. Art und Umfang der einzelnen Nachprüfungsbefugnisse

Nach Art. 21 Abs. 4 Satz 1 VO 1/2003 haben die mit der Durchführung einer gemäß Absatz 1 dieser Vorschrift angeordneten Nachprüfung beauftragten Bediensteten und die anderen von ihr ermächtigten Begleitpersonen (nur) die in Art. **20 Abs. 2 lit. a bis c VO 1/2003** aufgeführten Befugnisse.[59] Daher stehen der Kommission im Anwendungsbereich des Art. 21 VO 1/2003 weder die in Art. 20 Abs. 2 lit. d VO 1/2003 geregelte Versiegelungsbefugnis noch das in Art. 20 Abs. 2 lit. e VO 1/2003 kodifizierte Fragerecht zur Verfügung,[60] so dass die für einen etwaigen Siegelbruch und für unrichtige oder irreführende Antworten vorgesehenen Sanktionen gemäß Art. 23 Abs. 1 VO 1/2003 hier obsolet sind. 14

5. Unterstützung der Kommission durch mitgliedstaatliche Behörden

Nach Art. 21 Abs. 4 Satz 2 VO 1/2003 gelten die Absätze 5 und 6 des Art. 20 VO 1/2003 im Anwendungsbereich des Art. 21 VO 1/2003 entsprechend. Insoweit sind die Mitwirkungsrechte und Unterstützungspflichten mitgliedstaatlicher Behörden in Art. 20 und 21 VO 1/2003 identisch,[61] sofern man von dem im Anwendungsbereich des Art. 21 VO 1/2003 obsoleten Art. 20 Abs. 7 VO 1/2003 absieht, der die zuständigen mitgliedstaatlichen Behörden zur Beantragung einer – im Anwendungsbereich des Art. 21 VO 1/2003 ohnehin zwingend vorab zu beantragenden – gerichtlichen Genehmigung verpflichtet. 15

6. Erfordernis der vorherigen gerichtlichen Genehmigung

Nach Art. 21 Abs. 3 Satz 1 VO 1/2003 kann ein Nachprüfungsbeschluss i. S. des Art. 21 Abs. 1 VO 1/2003 nur mit vorheriger Genehmigung des jeweils zuständigen einzelstaatlichen Gerichts des betreffenden Mitgliedstaats vollzogen werden. Dies gilt im Unterschied zu Art. 20 Abs. 7 VO 1/2003 unabhängig davon, ob das mitgliedstaatliche Recht eine ent- 16

---

[57] Dies entspricht den in Art. 20 Abs. 4 VO 1/2003 aufgestellten Mindestanforderungen, so dass insoweit auf die Kommentierung zu Art. 20 VO 1/2003 (dort insbes. Rn. 56 f. i. V. m. 61 ff.) verwiesen werden kann.

[58] Näher zu dieser Anhörungspflicht, die sich nicht auf den Nachprüfungsadressaten erstreckt, vgl. m. w. N. die Kommentierung zu Art. 20 VO 1/2003 Rn. 63 i. V. m. 44–46.

[59] Näher zu den dort geregelten Betretungs- und Prüfungsbefugnissen vgl. die Kommentierung zu Art. 20 VO 1/2003 Rn. 65–73.

[60] Zu diesen beiden Befugnissen vgl. die Kommentierung zu Art. 20 VO 1/2003 Rn. 74–77.

[61] Näher zu diesen Rechten u. Pflichten vgl. die Kommentierung zu Art. 20 VO 1/2003 Rn. 78–83.

sprechende Entscheidungsbefugnis des Gerichts vorsieht oder nicht. Nach Art. 21 Abs. 3 Satz 1 VO 1/2003 sind die Mitgliedstaaten insoweit zur partiellen **Harmonisierung innerstaatlichen Gerichtsverfahrensrechts** verpflichtet,[62] soweit es im Interesse des unionalen Grundrechtsschutzes um die Genehmigung des Vollzugs von Nachprüfungsbeschlüssen der Kommission in Bezug auf Privatwohnungen und/oder andere der Privatsphäre zuzurechnende Örtlichkeiten geht. Kommt der mitgliedstaatliche Gesetzgeber dieser Verpflichtung nicht nach, dürfte Art. 21 Abs. 3 VO 1/2003 auf Grund seiner unmittelbaren Geltung und Anwendbarkeit das Fehlen innerstaatlicher Regelungen überwinden.[63]

7. Kontrollbefugnisse mitgliedstaatlicher Gerichte

17 Die in Art. 21 Abs. 3 Sätze 2–5 VO 1/2003 geregelten (eingeschränkten) Kontrollbefugnisse mitgliedstaatlicher Gerichte sind vom Verordnungsgeber in enger Anlehnung an die im *Roquette Frères*-Urteil[64] formulierten Vorgaben des EuGH ausgestaltet worden, die auch Eingang in Art. 20 Abs. 8 VO 1/2003 gefunden haben.[65] Insoweit sind die in Art. 21 Abs. 3 und Art. 20 Abs. 8 VO 1/2003 geregelten Kontrollbefugnisse mitgliedstaatlicher Gerichte im Kontext der Genehmigungserteilung nahezu identisch. Auch im Anwendungsbereich des Art. 21 VO 1/2003 ist die **Prüfung der Rechtmäßigkeit und Notwendigkeit des Kommissionsbeschlusses allein dem Gerichtshof vorbehalten,**[66] so dass sich die Kontrollbefugnisse einzelstaatlicher Gerichte in diesem Bereich lediglich auf die Prüfung der Echtheit des Nachprüfungsbeschlusses sowie darauf erstrecken, dass bzw. ob die beabsichtigten Zwangsmaßnahmen nicht willkürlich und nicht unverhältnismäßig sind.[67] Nach Art. 21 Abs. 3 Satz 2 VO 1/2003 hat sich die diesen Gerichten obliegende Verhältnismäßigkeitsprüfung an der Schwere der zur Last gelegten Zuwiderhandlung, an der Wichtigkeit des gesuchten Beweismaterials, an der Beteiligung des betreffenden Unternehmens sowie an der begründeten Wahrscheinlichkeit zu orientieren, dass Bücher und Geschäftsunterlagen, die sich auf den Gegenstand der Nachprüfung beziehen, in den von Art. 21 VO 1/2003 erfassten Räumlichkeiten aufbewahrt werden. Diesbezüglich kann das mitgliedstaatliche Gericht die – mit einer gegenüber Art. 20 Abs. 8 VO 1/2003 erhöhten Substantiierungspflicht[68] konfrontierten – Kommission gemäß Art. 21 Abs. 3 Satz 3 VO 1/2003 zwar um ausführliche Erläuterungen ersuchen, die sich insbesondere auf die Verdachtsgründe der Kommission, auf die Schwere der behaupteten Zuwiderhandlung und auf die Art der Beteiligung des betreffenden Unternehmens beziehen können.[69] Eine Übermittlung der in den Akten der Kommission enthaltenen Informationen kann es jedoch gemäß Art. 21 Abs. 3 Satz 4 VO 1/2003 nicht verlangen.

18 Die vorgenannten Kontrollbefugnisse ermöglichen zwar einen recht effektiven (präventiv-gerichtlichen) **Grundrechtsschutz** gegenüber Zwangsmaßnahmen in Gestalt der Durchsuchung von Privatwohnungen, sofern die jeweils zuständigen mitgliedstaatlichen Gerichte in verantwortungsvoller Weise von ihrer durch Art. 21 Abs. 3 VO 1/2003 garantierten Kontrollbefugnis Gebrauch machen.[70] Fraglich und von den Unionsgerichten bei

---

[62] Ähnlich vgl. statt vieler *Burrichter/Hennig* in: Immenga/Mestmäcker (Fn. 13), Art. 21 VO 1/2003 Rn. 36.

[63] In diesem Sinne vgl. auch *Nehl* in: Behrens/Braun/Nowak (Fn. 19), S. 73 (97).

[64] EuGH U. v. 22.10.2002 Rs. C-94/00 – *Roquette Frères/Directeur général de la concurrence, de la consommation et de la répression des fraudes* Slg. 2002, I-9011 ff.

[65] Ausführlich zu diesen Vorgaben vgl. die Kommentierung zu Art. 20 VO 1/2003 Rn. 84–94.

[66] So explizit Art. 21 Abs. 3 Satz 4 u. 5 VO 1/2003.

[67] Vgl. Art. 21 Abs. 3 Satz 2 VO 1/2003.

[68] Zutr. *Nehl* in: Behrens/Braun/Nowak (Fn. 19), S. 73 (98).

[69] Vgl. nur EuG U. v. 8.3.2007 Rs. T-339/04 – *France Télécom SA/Kommission* Slg. 2007, II-521 Rn. 52; EuG U. v. 8.3.2007 Rs. T-340/04 – *France Télécom SA/Kommission* Slg. 2007, II-573 Rn. 124.

[70] Zutr. *Nehl* in: Behrens/Braun/Nowak (Fn. 19), S. 73 (98).

nächster Gelegenheit zu klären bleibt jedoch, ob die beschränkten Kontrollbefugnisse mitgliedstaatlicher Gerichte im Anwendungsbereich des Art. 21 VO 1/2003 den besonderen Anforderungen gerecht werden, die das in diesem Bereich zu beachtende Unionsgrundrecht der Unverletzlichkeit von Privaträumen[71] i. V. m. Art. 52 Abs. 3 GRC und Art. 8 EMRK an die Auslegung und Anwendung des Art. 21 VO 1/2003 stellen.[72]

IV. Rechtsfolgen

Im Unterschied zu Nachprüfungen gemäß Art. 20 VO 1/2003 können Nachprüfungen auf der Grundlage des Art. 21 VO 1/2003 **keine Zwangsgelder** i. S. des Art. 24 VO 1/2003 und auch **keine Geldbußen** i. S. des Art. 23 VO 1/2003 nach sich ziehen.[73] 19

Der erstinstanzlich in den Zuständigkeitsbereich des EuG fallende gerichtliche Individualrechtsschutz gegen die mit der Nichtigkeitsklage gemäß Art. 263 Abs. 4 AEUV anfechtbaren Nachprüfungsbeschlüsse i. S. des Art. 21 Abs. 1 VO 1/2003 entspricht – auch was das zeitliche Defizit sowie die grundsätzlich nicht mögliche (isolierte) Anfechtung einzelner Nachprüfungshandlungen betrifft – weitgehend dem gerichtlichen **Individualrechtsschutz** gegen Nachprüfungsbeschlüsse i. S. des Art. 20 Abs. 4 VO 1/2003.[74] In der künftigen Entscheidungspraxis der Unionsgerichte wird allerdings noch zu klären sein, wer genau zu den Adressaten eines auf der Grundlage des Art. 21 Abs. 1 VO 21/2003 getroffenen Nachprüfungsbeschlusses und wer zu den Nichtadressaten gehört,[75] die einen solchen Beschluss nur unter der Voraussetzung ihrer „unmittelbaren und individuellen Betroffenheit" i. S. des Art. 263 Abs. 4 AEUV anfechten können. Im Hinblick auf **Beweisverwertungsverbote** für Informationen, die von der Kommission bei der Durchführung von Nachprüfungen auf der Grundlage des Art. 21 VO 1/2003 in einer über ihre diesbezüglichen Befugnisse hinausgehenden und insoweit rechtswidrigen Weise erlangt worden sind, bestehen gegenüber den im Anwendungsbereich des Art. 20 VO 1/2003 zu beachtenden Beweisverwertungsverboten keine Unterschiede.[76] 20

V. Verhältnis zu anderen Vorschriften

Besonders eng ist das Verhältnis zwischen Art. 21 VO 1/2003 und **Art. 20 VO 1/2003,** da Art. 21 VO 1/2003 für eine räumliche Erweiterung der in Art. 20 Abs. 2 lit. a bis c VO 1/2003 geregelten Nachprüfungsbefugnisse sorgt. Ein zwischen diesen beiden Vorschriften bestehendes Stufenverhältnis in dem Sinne, dass vor der Aktivierung des Art. 21 VO 1/2003 zunächst einmal im Wege einer Nachprüfung auf der Grundlage des Art. 20 VO 1/2003 von der Kommission festzustellen wäre, dass sich bestimmte Bücher oder sonstige Geschäftsunterlagen nicht (mehr) bei den jeweiligen Unternehmen oder Unternehmensvereinigungen befinden, ist nicht anzunehmen.[77] Hinsichtlich der zwischen Art. 21 VO 21

[71] Vgl. m. w. N. unter Rn. 2 u. 4 f. i. V. m. der Kommentierung zu Art. 20 VO 1/2003 Rn. 11 ff. u. 23 f.

[72] Zutr. *Schwarze/Weitbrecht* (Fn. 8), § 4 Rn. 27, mit der weiteren These in Rn. 29, dass Art. 21 VO 1/2003 insoweit einen „Rückschritt für den gemeinschaftsrechtlichen Grundrechtsschutzes" darstelle; mit ähnlichen – an Art. 8 EMRK anknüpfenden – Zweifeln vgl. *Lampert/Niejahr/Kübler/Weidenbach,* EG-KartellVO – Praxiskommentar, 2004, Art. 201 Rn. 415. Für eine unionsgrundrechtlich begründete Ausdehnung der den mitgliedstaatlichen Gerichten in diesem Kontext zur Verfügung stehenden Kontrollbefugnissen vgl. ferner *Burrichter/Hennig* in: Immenga/Mestmäcker (Fn. 13), Art. 21 VO 1/2003 Rn. 40 f.

[73] Vgl. dazu bereits Rn. 13 f.; zu den Zwangs- und Bußgeldrisiken im Anwendungsbereich des Art. 20 VO 1/2003 vgl. die Kommentierung zu Art. 20 VO 1/2003 Rn. 96 f.

[74] Insoweit ist diesbezüglich auf die Kommentierung zu Art. 20 VO 21/2003 Rn. 98–102 zu verweisen.

[75] Näher dazu bereits unter Rn. 11.

[76] Insoweit ist diesbezüglich auf die Kommentierung zu Art. 20 VO 21/2003 Rn. 100 zu verweisen.

[77] Siehe oben unter Rn. 8.

1/2003 einerseits und den Art. 11, 15, 17–19, 22 und 28 VO 1/2003 sowie den Art. 105 Abs. 1 Satz 2 und 337 AEUV andererseits feststellbaren Berührungspunkten bestehen keine Unterschiede zu Art. 20 VO 1/2003.[78]

Art. 22. Ermittlungen durch Wettbewerbsbehörden der Mitgliedstaaten

(1) **Die Wettbewerbsbehörde eines Mitgliedstaats darf im Hoheitsgebiet dieses Mitgliedstaats nach Maßgabe des innerstaatlichen Rechts im Namen und für Rechnung der Wettbewerbsbehörde eines anderen Mitgliedstaats alle Nachprüfungen und sonstigen Maßnahmen zur Sachverhaltsaufklärung durchführen, um festzustellen, ob eine Zuwiderhandlung gegen Artikel 81 oder 82 des Vertrags vorliegt. Der Austausch und die Verwendung der erhobenen Informationen erfolgen gemäß Artikel 12.**

(2) **Auf Ersuchen der Kommission nehmen die Wettbewerbsbehörden der Mitgliedstaaten die Nachprüfungen vor, die die Kommission gemäß Artikel 20 Absatz 1 für erforderlich hält oder die sie durch Entscheidung gemäß Artikel 20 Absatz 4 angeordnet hat. Die für die Durchführung dieser Nachprüfungen verantwortlichen Bediensteten der einzelstaatlichen Wettbewerbsbehörden sowie die von ihnen ermächtigten oder benannten Personen üben ihre Befugnisse nach Maßgabe ihrer innerstaatlichen Rechtsvorschriften aus.**

Die Bediensteten der Kommission und andere von ihr ermächtigte Begleitpersonen können auf Verlangen der Kommission oder der Wettbewerbsbehörde des Mitgliedstaats, in dessen Hoheitsgebiet die Nachprüfung vorgenommen werden soll, die Bediensteten dieser Behörde unterstützen.

Übersicht

I. Sinn und Zweck der Regelung

1 **Wirksames Eingreifen bei Wettbewerbsverstößen, Dezentralisierung.** Art. 22 regelt die Amtshilfe zwischen den Wettbewerbsbehörden in der EU und dient der mit der VO 1/2003 intendierten **dezentralen Anwendung der Wettbewerbsvorschriften** in der Gemeinschaft. Abs. 1 bildet die Grundlage für Ersuchen einer nationalen Wett-

[78] Insoweit kann diesbezüglich auf die Kommentierung zu Art. 20 VO 1/2003 Rn. 103 f. verwiesen werden.

bewerbsbehörde an die Wettbewerbsbehörden anderer Mitgliedstaaten, (sämtliche) nach Maßgabe ihres innerstaatlichen Rechts vorgesehenen Ermittlungsmaßnahmen durchzuführen (ohne dass die ersuchte Behörde hierzu verpflichtet wäre). Abs. 2 enthält die grundsätzliche Verpflichtung der Wettbewerbsbehörden der Mitgliedstaaten, in ihrem Hoheitsgebiet Nachprüfungen im Sinne von Art. 20 (aber nur diese) auf Verlangen für die Kommission durchzuführen. Abs. 2 gibt der Kommission daher die Möglichkeit, Nachprüfungen nicht selbst mittels der in VO 1/2003 gegebenen Befugnisse (und ggfs. mit Unterstützung der nationalen Behörden gemäß Art. 20 Abs. 5) durchzuführen, sondern Nachprüfungen durch die Behörden der Mitgliedstaaten nach nationalem Recht durchführen zu lassen.

Insbesondere die in Abs. 1 vorgesehene[1] Kooperationsmöglichkeit zwischen nationalen 2 Wettbewerbsbehörden zielt im Sinne der Dezentralisierung auf ein wirksames **Eingreifen** auch der **nationalen Wettbewerbsbehörden bei** – mit den mit der fortschreitenden Marktintegration zunehmenden – **grenzüberschreitenden Verstößen** gegen Art. 101 und 102 AEUV.[2] Die Befugnis, einander bei der Ermittlungstätigkeit unter Nutzung aller unter dem jeweiligen nationalen Recht verfügbaren Mittel zu unterstützen, soll es nationalen Wettbewerbsbehörden ermöglichen, die für eine vollständige Ermittlung kartellrechtsrelevanter Sachverhalte erforderlichen Auskünfte und Unterlagen zu erlangen, auch wenn diese in einem anderen Mitgliedstaat gelagert sind. Im Ergebnis wird mit der Kooperationsbefugnis des Art. 22 (insbesondere im Zusammenspiel mit dem in Art. 12 normierten Informationsaustausch zwischen den Wettbewerbsbehörden) dem in Art. 5 EUV niedergelegten Grundsatz Rechnung getragen, dass stets auf der Ebene gehandelt werden soll, auf der die größte Wirkung erreicht werden kann (Subsidiaritätsprinzip).[3]

II. Praktische Bedeutung

Hinsichtlich der in Abs. 1 geregelten **„horizontalen" Zusammenarbeit zwischen** 3 **den nationalen Wettbewerbsbehörden** besteht lediglich eine Befugnis – aber keine Pflicht – der ersuchten Wettbewerbsbehörde zur Hilfeleistung. Die ersuchte Behörde wird im Rahmen ihres Ermessensspielraums allerdings die in EUV und AEUV verankerten Förderungspflichten der Mitgliedstaaten untereinander zu beachten haben (vgl. nachfolgend Rn. 9).

Eine Kooperation nationaler Behörden nach Art. 22 Abs. 1 bietet sich deshalb insbeson- 4 dere bei Sachverhalten an, deren Schwerpunkt in einem Mitgliedstaat liegt, dessen Behörde auch tätig wird, bei denen aber zur Vervollständigung des Sachverhalts auch Ermittlungen in anderen Mitgliedstaaten erforderlich oder förderlich sind. In der Praxis hat sich die Vorschrift bewährt. In einer Ende 2013 veröffentlichten Empfehlung des ECN wird sie als wichtiger Eckpfeiler der Zusammenarbeit im ECN bezeichnet.[4] Das Bundeskartellamt

---

[1] Mitgliedstaaten war es bereits zuvor unbenommen, Amtshilfe zu leisten. Art. 22 Abs. 1 fordert die Mitgliedstaaten nunmehr auf, ihr innerstaatliches Verfahren so auszugestalten, dass Amtshilfe tatsächlich effektiv erfolgen kann, vgl. *Burrichter/Henning* in: Immenga/Mestmäcker, Art. 22, Rn. 5; *Miersch* in: Grabitz/Hilf, Art. 22, Rn. 3.

[2] 28. Erwägungsgrund zu VO 1/2003.

[3] Begründung zu KOM(2000) 582 endg., ABl. 2000 C 365 E, 284, Vorschlag für eine Verordnung des Rates zur Durchführung der in den Artikeln 81 und 82 EG-Vertrag niedergelegten Wettbewerbsregeln und zur Änderung der Verordnungen (EWG) Nr. 1017/68, (EWG) Nr. 2988/74, (EWG) Nr. 4056/86 und (EWG) Nr. 3975/87, S. 13, 29.

[4] ECN Recommendation on Assistance in Inspections conducted under Article 22(1) of Regulation (EC) No 1/2003, Rn. 2: *„Article 22(1) is an important cornerstone of the ECN"*, http://ec.europa.eu/competition/ecn/recommendation_art_22_09122013_en.pdf; im *ECN Brief* 05/2012 (S. 58) wird exemplarisch die erfolgreiche Zusammenarbeit bei Ermittlungsmaßnahmen zwischen den Wettbewerbsbehörden in Dänemark und Schweden zusammengefasst, s. http://ec.europa.eu/competition/ecn/brief/05_2012/brief_05_2012_short.pdf.

berichtet regelmäßig in seinen Tätigkeitsberichten über das Ausmaß geleisteter und in Anspruch genommener Amtshilfe.[5]

5 Die Kommission hat von der in Abs. 2 normierten Möglichkeit, nationale Wettbewerbsbehörden im Rahmen der **„vertikalen" Amtshilfe** in Anspruch zu nehmen, dagegen bisher soweit ersichtlich **in nur einem Fall Gebrauch** gemacht,[6] was angesichts ihrer begrenzten personellen Ressourcen zunächst verwundert. Als Ursache wurde schon früher darauf verwiesen, dass die Kommission in vielen Verfahren Anlass zur Einschaltung mehrerer nationaler Wettbewerbsbehörden hätte und es zur Vermeidung von Koordinationsschwierigkeiten und potentiellen Ungleichbehandlungen aufgrund unterschiedlicher nationaler Verfahrensregeln vorzieht, die erforderlichen Nachprüfungen selbst nach ihren eigenen, einheitlichen Befugnissen vorzunehmen.[7] Unter diesem Blickwinkel dürfte die Vorschrift in einer auf 28 Mitgliedsländer angewachsenen Gemeinschaft – verbunden mit eher zu- als abnehmenden Koordinationsschwierigkeiten und Gefahren von Ungleichbehandlungen – auch weiterhin ein Schattendasein führen.[8]

III. Tatbestand

1. Voraussetzungen der „horizontalen" Zusammenarbeit

6 Nach Art. 22 Abs. 1 kann auf Ersuchen der Wettbewerbsbehörde eines Mitgliedstaats die Behörde eines anderen Mitgliedstaats Ermittlungen zur Feststellung von Zuwiderhandlungen gegen Art. 101 und 102 AEUV nach Maßgabe ihres innerstaatlichen Rechts vornehmen.

7 **a) Voraussetzungen des Ersuchens.** Die VO 1/2003 selbst enthält keine Vorgaben, wann eine nationale Wettbewerbsbehörde ein solches Ersuchen stellen darf. Diesbezüglich wird das Vorliegen der **Voraussetzungen für einen entsprechenden innerstaatlichen Ermittlungsakt nach dem nationalen Recht der ersuchenden Behörde** zu fordern sein (insbesondere etwa ein Anfangsverdacht), da ansonsten die Veranlassung von Ermittlungsakten im Ausland niedrigeren Anforderungen unterliegen würde als bei Ermittlungsakten im Inland.[9]

8 **b) Form und Inhalt des Ersuchens.** Vorgaben hinsichtlich der Form und des Inhalts des Ersuchens einer nationalen Wettbewerbsbehörde um Amtshilfe enthalten weder die VO 1/2003, noch die Durchführungsverordnung VO 773/2004[10] oder die Bekanntmachung der Kommission über die Zusammenarbeit innerhalb des Netzes der Wettbewerbsbehör-

[5] Zuletzt im Tätigkeitsbericht 2011/2012, BT-Drs. 17/13675, S. 45. In den 10 Jahren seit Inkrafttreten der Verordnung hat das Bundeskartellamt als ersuchte Behörde insgesamt 31 Ermittlungsmaßnahmen für andere Behörden durchgeführt (davon sieben Nachprüfungen) und als ersuchende Behörde elf Ermittlungsmaßnahmen bei anderen Behörden angefragt (davon zwei Nachprüfungen), vgl. *Mundt,* Ten Years of ECN – Cooperation at its best, Mundi et Europae civis, Liber Amicorum J. Steenbergen, 2014, p. 503.

[6] 2005 im Fall COMP/39.165 – *Flat glass,* als die Behörden in Deutschland und Frankreich auf Ersuchen der Kommission tätig wurden, vgl. Commission Staff Working Document – Ten Years of Antitrust Enforcement under Regulation 1/2003, COM(2014) 453, Rn. 206.

[7] S. schon die 1997 erschienene Broschüre *„Dealing with the Commission"* (erhältlich unter http://bookshop.europa.eu/en/dealing-with-the-commission-pbCV9596552/); vgl. auch *Grill* in: Lenz/Borchardt, EU-Verträge, Art. 103 AEUV, Rn. 25; *Burrichter/Henning* in: Immenga/Mestmäcker, Art. 22, Rn. 6.

[8] *Miersch* in: Grabitz/Hilf, Art. 22, Rn. 8; *Sura* in: Langen/Bunte, Art. 22, Rn. 1; vgl. die Vorauflage, Art. 22, Rn. 5, zu Ansätzen der Überwindung der Koordinationsprobleme.

[9] Vgl. Österreichischer OGH, Beschl. v. 15.7.2009, 16Ok7/09 – *Feuerwehrfahrzeuge,* Rn. 4.3, WuW, 2010, 463. Vgl. auch *Dekeyser/Dalheimer,* Cooperation within the European Competition Network – taking stock after 10 months of case practice, conference paper anlässlich der „Joint EU Commission/IBA Con-ference on Antitrust Reform in Europe: a Year in Practice" am 10/11.3.2005 in Brüssel, S. 12; *Burrichter/Henning* in: Immenga/Mestmäcker, Art. 22, Rn. 10.

[10] Verordnung (EG) Nr. 773/2004 der Kommission vom 7. April 2004 über die Durchführung von Verfahren auf der Grundlage der Artikel 81 und 82 EG-Vertrag, ABl. 2004 L 123/18.

den.[11] **Formerfordernisse** sind daher grundsätzlich zu verneinen.[12] Allerdings ist im Interesse eines effektiven Rechtsschutzes eine Übermittlung in einer der dauerhaften Speicherung zugänglichen Form zu fordern.[13] Hinsichtlich des **Inhalts** wird die ersuchende Wettbewerbsbehörde Angaben zu sämtlichen Umständen zu machen haben, die nach dem nationalen Recht der ersuchten Behörde erforderlich sind, um das Vorliegen der danach benötigten Eingriffsvoraussetzungen prüfen zu können (vgl. Rn. 10). In der Praxis werden damit jedenfalls die betroffenen Unternehmen sowie Hinweise auf einen **Anfangsverdacht,** der **Gegenstand** und der **Zweck** der Untersuchung zu spezifizieren sein.[14] Es bleibt der Absprache zwischen den Behörden vorbehalten, wie diese (und ggf. welche weiteren) Angaben zu übermitteln sind.[15] Dabei gebietet die Pflicht zur loyalen Zusammenarbeit, dass die ersuchte Behörde sich nicht damit begnügen darf, das Ersuchen zurückzuweisen, wenn sie der Auffassung ist, dass die erteilten Informationen für den Nachweis des Vorliegens der nationalen Eingriffsvoraussetzungen unzureichend sind. Vielmehr hat sie der ersuchenden Behörde ihre Bedenken mitzuteilen – mit der Zielsetzung eines ergänzenden Informationsaustausches.[16]

c) Ermessen der ersuchten Behörde. Hinsichtlich der Frage des Einschreitens nach Art. 22 Abs. 1 wird der **ersuchten Behörde** ein **Ermessensspielraum** eingeräumt („darf"").[17] Bei der Ermessensabwägung wird allerdings zu fordern sein, dass der aus **Art. 4 EUV** abzuleitende Grundsatz der Förderungspflichten der Mitgliedstaaten untereinander (Pflicht zur loyalen Zusammenarbeit) im Hinblick auf die effektive Anwendung des Gemeinschaftsrechts (hier Art. 101 und 102 AEUV) angemessen berücksichtigt wird.[18] Rechtlich wird das Ermessen damit **regelmäßig reduziert** sein.[19] Bisher wurde dementsprechend noch kein formelles Ersuchen auf Amtshilfe bei Nachprüfungen – der wohl wichtigsten Ermittlungsmaßnahme – abgelehnt.[20] 9

[11] Bekanntmachung der Kommission über die Zusammenarbeit innerhalb des Netzes der Wettbewerbsbehörden (ABl. 2004 C 101/43, „Netzbekanntmachung").

[12] Zum Fehlen von Formvorgaben beim Informationsaustausch im Falle eines richterlichen Prüfungsvorbehalts bei einer Zwangsmaßnahme nach Art. 14 Abs. 6 VO 17/62 (jetzt Art. 20 Abs. 6–8), vgl. das Urteil des EuGH, U. v. 22.10.2002 Rs. C-94/00 – *Roquette Frères* SA Slg. 2002, I-9011 Rn. 98.

[13] *Burrichter/Henning* in: Immenga/Mestmäcker, Art. 22, Rn. 13.

[14] Vgl. zum Gegenstand und Zweck einer Ermittlungsmaßnahme Art. 18, Rn. 8–10, Art. 20, Rn. 56–57.

[15] *Burrichter/Henning* in: Immenga/Mestmäcker, Art. 22, Rn. 14.

[16] So die Bundeswettbewerbsbehörde Wien unter Verweis auf die Pflicht zur loyalen Zusammenarbeit in Österreichischer OGH – *Feuerwehrfahrzeuge* a. a. O. (Fn. 9). So auch *Burrichter/Henning* in: Immenga/Mestmäcker, Art. 22, Rn. 16; eine entsprechende Pflicht hat der EuGH jedenfalls im Falle eines richterlichen Prüfungsvorbehalts bei einer Zwangsmaßnahme nach Art. 14 Abs. 6 VO 17/62 (jetzt Art. 20 Abs. 6–8) angenommen (*Roquette Frères SA* a. a. O. (Fn. 12), Rn. 90 f.).

[17] Vgl. Österreichischer OGH – *Feuerwehrfahrzeuge* a. a. O. (Fn. 9), Rn. 4.4, wo i. E. offen gelassen wird, ob ein verbindlicher Anspruch der ersuchenden Behörde besteht.

[18] Vgl. EuGH, U v. 11.6.1991 Rs. C-251/89 – *Athanasopoulos/Bundesanstalt für Arbeit* Slg. 1991, I-2797 Rn. 57; *Lenz* in: Lenz/Borchardt, EU-Verträge, Art. 4 EUV, Rn. 22, wonach aus Art. 4 EUV auch Pflichten im Verhältnis der Mitgliedstaaten untereinander ableitbar sind.

[19] Ebenso *Bischke* in: MüKo, Art. 22, Rn. 3; *Lampert/Niejahr/Kübler/Weidenbach,* EU-KartellVO, Art. 22, Rn. 421; a. A. *Zwiener,* Die Auswirkungen der Verordnung Nr. 1/2003 auf das europäische und deutsche Kartellverfahren, S. 183. Aus dem Äquivalenzgebot des Art. 4 EUV (hierzu *Streinz,* Art. 4 EUV, Rn. 54) dürfte jedenfalls zu fordern sein, dass die ersuchte Behörde hinsichtlich der Ermessensfrage, ob dem Ersuchen Folge geleistet wird, keine strengeren Anforderungen als im Zusammenhang mit der Einleitung und Durchführung eines rein nationalen Ermittlungsverfahrens stellt. Vgl. auch *Burrichter/Henning* in: Immenga/Mestmäcker, Art. 22, Rn. 17–23, u. a. mit Gründen, die im Rahmen der Pflicht zur fehlerfreien Ermessensausübung zur Ablehnung des Ersuchens auf Amtshilfe herangezogen werden können.

[20] ECN Brief, Special Issue, December 2010, *A look inside the ECN. Its Members and its Work,* S. 19. Der ECN Brief sagt nichts zu der Frage, ob und inwieweit Ersuchen betreffend anderer Ermittlungsmaßnahmen abgelehnt wurden. Generell sollen laut des ECN Briefs die ECN Mitglieder Amtshilfe nach *„best effort"* gewähren.

10 **d) Eingriffsvoraussetzungen der ersuchten Behörde.** Unabhängig von der Frage der Ermessensausübung darf die ersuchte Behörde auf jeden Fall nur dann tätig werden, wenn die **Eingriffsvoraussetzungen der betreffenden Ermittlungsmaßnahme auch nach** ihrem **nationalen Recht** vorliegen, insbesondere ein dem nationalen Recht genügender Anfangsverdacht gegeben ist.[21] Der Verweis in Art. 22 Abs. 1 auf das Tätigwerden der ersuchten Behörde „nach Maßgabe des innerstaatlichen Rechts" ist nicht als reiner Rechtsfolgenverweis zu verstehen.[22] Das Ersuchen kann nicht *per se* das Vorliegen der Eingriffsvoraussetzungen ersetzen,[23] vielmehr müssen sich diese daraus ergeben. Da die Voraussetzungen für Ermittlungsmaßnahmen in den Mitgliedstaaten unterschiedlich sein können, bestünde ansonsten die Möglichkeit, dass in einem Mitgliedstaat eine in die Rechte des betroffenen Unternehmens eingreifende Ermittlungsmaßnahme durchgeführt wird, obwohl die Eingriffsvoraussetzungen nach dem dort gültigen Recht des Mitgliedstaats nicht vorliegen. Zudem ist das Vorliegen der Eingriffsvoraussetzungen nach dem Recht der ersuchenden Behörde nur eingeschränkt oder gar nicht rechtlich überprüfbar (s. Rn. 22).

11 **e) Durchsetzbarkeit.** Sofern eine ersuchte Behörde (ermessensfehlerhaft) keine Kooperationsbereitschaft zeigt und das Ersuchen ablehnt, bestehen praktisch **keine Möglichkeiten der Durchsetzung.** Allerdings kann die Kommission – nach Abstimmung mit der erfolglos ersuchenden nationalen Wettbewerbsbehörde – das Verfahren nach Art. 11 Abs. 6 an sich ziehen und dann entweder selbst Ermittlungsmaßnahmen einleiten oder nach Art. 22 Abs. 2 die nationale Wettbewerbsbehörde – in diesem Fall ohne Ermessensspielraum – zu Nachprüfungshandlungen nach Art. 20 einschalten.[24]

2. Voraussetzungen der „vertikalen" Zusammenarbeit

12 Nach Art. 22 Abs. 2 muss die Kommission **Nachprüfungen** gemäß Art. 20 Abs. 1 (Fall des für die betroffenen Unternehmen nicht bindenden Nachprüfungsauftrags) oder gemäß Art. 20 Abs. 4 (Fall der verbindlichen Nachprüfungsentscheidung) nicht selbst durch eigene Bedienstete (ggfs. mit Unterstützung durch die nationale Behörde nach Art. 20 Abs. 5) durchführen, sondern kann auch die zuständige nationale Wettbewerbsbehörde, an die die Aufgabe übertragen wird, um die Vornahme der Nachprüfung ersuchen. Durchführende Behörde ist dann die nationale Behörde, nicht die Kommission.[25]

13 **a) Ersuchen der Kommission.** Materiell ist das Ersuchen an die **Eingriffsvoraussetzungen des Art. 20 Abs. 1 i. V. m. Abs. 3 bzw. Abs. 4** geknüpft. Es steht im **Ermessen der Kommission,** ob sie von der Möglichkeit der Durchführung der Nachprüfung durch nationale Wettbewerbsbehörden Gebrauch macht. Hinsichtlich **Form und Inhalt des Ersuchens** der Kommission um Amtshilfe kann auf die Ausführungen zum Ersuchen um „horizontale" Zusammenarbeit verwiesen werden (Rn. 8).

[21] Österreichischer OGH – *Feuerwehrfahrzeuge* a. a. O. (Fn. 9), Rn. 4.3; ECN Brief a. a. O. (Fn. 20), S. 19.

[22] Netzbekanntmachung a. a. O. (Fn. 11), Rn. 29 a. E.; *Burrichter/Henning* in: Immenga/Mestmäcker, Art. 22, Rn. 15; *Miersch* in: Grabitz/Hilf, Art. 22, Rn. 4.

[23] A. A. wohl *Lampert/Niejahr/Kübler/Weidenbach,* EG-KartellVO, Art. 22, Rn. 422.

[24] Die Netzbekanntmachung (Fn. 11) bestimmt in Rn. 54, dass die Kommission ein Verfahren an sich ziehen kann, wenn (lit. c) Netzmitglieder ein Verfahren unangemessen in die Länge ziehen oder (lit. e) wenn die betroffenen nationalen Wettbewerbsbehörden keine Einwände erheben; *Burrichter/Henning* in: Immenga/Mestmäcker, Art. 22, Rn. 47 f.; *Lampert/Niejahr/Kübler/Weidenbach* (EU-KartellVO, Art. 22, Rn. 423) weisen zudem auf die Möglichkeit von Vertragsverletzungsverfahren nach Art. 258 und 259 AEUV aufgrund einer ermessensfehlerhaften Weigerung der Zusammenarbeit hin. Praktisch dürfte ein solches Verfahren kaum Bedeutung haben, allenfalls wenn eine nationale Behörde sich ohne erkennbaren Grund wiederholt weigert, Ersuchen nach Art. 22 Abs. 1 Folge zu leisten.

[25] Die Netzbekanntmachung (Fn. 11) spricht in Rn. 30 von einer „einfachen Bitte" – hiermit ist das einfache Nachprüfungsersuchen gemäß Art. 20 Abs. 3 gemeint (so auch *Burrichter/Henning* in: Immenga/Mestmäcker, Art. 22, Rn. 35).

b) Pflicht zur Amtshilfe. Geht bei einer nationalen Wettbewerbsbehörde ein Ersuchen der Kommission nach Art. 22 Abs. 2 ein, ist diese grundsätzlich verpflichtet, dem Ersuchen nachzukommen.[26] Die Pflicht zur Amtshilfe schließt ein (stark) **eingeschränktes Prüfungsrecht der ersuchten Behörde** allerdings nicht aus. Dies folgt aus dem gemeinschaftsrechtlich anerkannten Grundrechtsschutz vor **willkürlichen und unverhältnismäßigen Eingriffen** der öffentlichen Gewalt in die Sphäre der privaten Betätigung.[27] Kein (eigenes) Prüfungsrecht verbleibt dagegen der nationalen Wettbewerbsbehörde, soweit eine richterliche Genehmigung im Rahmen einer Nachprüfungsentscheidung nach Art. 20 Abs. 4 erforderlich ist und erteilt wurde (vgl. Art. 20 Abs. 6–8). In diesem Fall ist allein das nationale Gericht befugt, eine eingeschränkte Prüfung der in Art. 20 Abs. 8 bestimmten Vorgaben vorzunehmen.[28] 14

c) Durchsetzbarkeit der Pflicht. Praktisch durchsetzbar wird die Pflicht zur Amtshilfe regelmäßig nicht sein. In Betracht kommt allerdings ein Vertragsverletzungsverfahren nach Art. 258 AEUV mit dem Vorwurf einer Verletzung der in Art. 4 (insbesondere in Abs. 3 Unterabs. 3) EUV verankerten (und in Art. 22 Abs. 2 VO 1/2003 konkretisierten) Unterstützungspflichten.[29] 15

IV. Rechtsfolgen

1. „Horizontale" Zusammenarbeit (Abs. 1)

Folgt eine nationale Wettbewerbsbehörde dem Ersuchen einer anderen auf Durchführung einer Ermittlungsmaßnahme, führt sie die Ermittlungen nach Maßgabe ihres innerstaatlichen Rechts durch. 16

a) Ermittlungen nach nationalem Recht. Die ersuchte Behörde kann **sämtliche** im Hinblick auf den Zweck und den Gegenstand der Untersuchung erforderlichen **Ermittlungsmaßnahmen** vornehmen, zu denen sie **nach ihrem innerstaatlichen Recht** befugt ist.[30] Die Ermittlungsbefugnis hat sich streng an den Inhalt des Ersuchens zu richten. Weitergehende Fragestellungen oder andere Sachkomplexe dürfen nicht zum Gegenstand einer Ermittlungsmaßnahme auf der Grundlage des Art. 22 Abs. 1 gemacht werden.[31] Die Durchführung der Ermittlungen richtet sich ebenfalls nach dem nationalen Recht der ermittelnden Behörde.[32] Zu möglichen Einschränkungen der nationalen Ermittlungsbefugnisse aufgrund der allgemeinen Grundsätze des Gemeinschaftsrechts, s. Rn. 31 f. 17

---

[26] *Burrichter/Henning* in: Immenga/Mestmäcker, Art. 22, Rn. 38.

[27] Vgl. Urteil des EuGH in der Rs. *Roquette Frères SA* a. a. O. (Fn. 12), Rn. 27 sowie U. v. 21.9. 1989 verb. Rs. 46/87 und 227/88 – *Hoechst/Kommission* Slg. 1989, S. 2859, Rn. 19, 35; *Brei,* ZWeR 2004, 107 (114 f.); vgl. auch Art. 20, Rn. 16 f. Geboten ist jedenfalls eine *„Kontrolle der wirklich offensichtlichen Verstöße gegen die Rechte der betroffenen Unternehmen [...]",* eine Kontrolle des *„offenkundigen Irrtums"* (so die Wortwahl des *Generalanwalts Mischo* im Zusammenhang mit der Kontrolle einer Nachprüfungsentscheidung durch den nationalen Richter im Schlussantrag v. 20.9.2001 Rs. C-94/00 – *Roquette Frères SA* a. a. O. (Fn. 12), Rn. 85). Eine Prüfungsbefugnis anhand dieses Maßstabs ist auch nationalen Wettbewerbsbehörden im Rahmen des Art. 22 Abs. 2 zuzugestehen; ebenso *Burrichter/Henning* in: Immenga/Mestmäcker, Art. 22, Rn. 38.

[28] Vgl. hierzu Erwägungsgrund 27 und Art. 20, Rn. 84 f.; ebenso *Burrichter/Henning* in: Immenga/Mestmäcker, Art. 22, Rn. 38.

[29] Vgl. *Streinz,* Art. EUV, Rn. 4, 25 ff. m. w. N.; *Burrichter/Henning* in: Immenga/Mestmäcker, Art. 22, Rn. 49 f. mit dem zutreffenden Hinweis, dass die Kommission die Nachprüfung im Zweifel selbst durchführen wird.

[30] So klarstellend die Netzbekanntmachung (Fn. 11), Rn. 29. Der in Abs. 1 verwendete Begriff der „Nachprüfung" verweist somit nicht auf die in Art. 20 vorgesehenen „Nachprüfungsbefugnisse der Kommission", sondern auf entsprechende nach nationalem Recht zulässige Ermittlungsmaßnahmen. Vgl. Österreichischer OGH – *Feuerwehrfahrzeuge* a. a. O. (Fn. 9), Rn. 5.4.

[31] *Burrichter/Henning* in: Immenga/Mestmäcker, Art. 22, Rn. 28.

[32] Netzbekanntmachung (Fn. 11), Rn. 29; *Burrichter/Henning* in: Immenga/Mestmäcker, Art. 22, Rn. 26.

18 **b) Mitwirkung der ersuchenden Behörde.** Im Gegensatz zur „vertikalen" Amtshilfe (s. Rn. 26) ist in der VO 1/2003 nicht geregelt, ob im Fall der „horizontalen" Zusammenarbeit Bedienstete der ersuchenden Wettbewerbsbehörde an den Ermittlungsmaßnahmen der ersuchten Behörde teilnehmen können. Regeln hierzu bleiben den nationalen Vorschriften vorbehalten.[33] In einer Ende 2013 veröffentlichten Empfehlung des ECN wird empfohlen, die Anwesenheit und Unterstützung von Vertretern der ersuchenden Behörde zuzulassen, um die Effektivität der Nachprüfung zu erhöhen.[34]

19 **c) Tätigkeit im Namen und für Rechnung der ersuchenden Behörde.** Nach Art. 22 Abs. 1 erfolgen die Ermittlungen im Namen und für Rechnung der ersuchenden Behörde. Somit kann die ersuchte Behörde **Ersatz der Kosten** der Ermittlungsmaßnahmen von der ersuchenden Behörde verlangen. In der Praxis blieb die Regelung bisher ohne Bedeutung – in Erwartung einer gegenseitigen Unterstützung wurde soweit ersichtlich bisher von einer Geltendmachung von Kosten abgesehen.[35] Weniger offensichtlich ist, welche Bedeutung und Auswirkungen das Tätigwerden **„im Namen"** der ausländischen Behörde hat.[36] Auf jeden Fall wird die ermittelnde Behörde den betroffenen Unternehmen offen legen müssen, dass sie auf der Grundlage eines Ersuchens einer anderen Wettbewerbsbehörde nach Art. 22 Abs. 1 tätig wird, damit dies von dem Unternehmen bei der Erlangung möglichen Rechtsschutzes berücksichtigt werden kann.[37] Weitergehende Auswirkungen, etwa dass sich Rechtsschutzmaßnahmen auch hinsichtlich der Durchführung der Ermittlungsmaßnahme gegen die ersuchende Behörde zu richten haben, wird man wegen des Prinzips des effektiven Rechtsschutzes verneinen müssen (vgl. Rn. 22).

20 **d) Sanktionen und Zwangsmaßnahmen.** Sanktionen und Zwangsmaßnahmen im Zusammenhang mit der Durchführung der Ermittlungsmaßnahmen richten sich – ebenso wie die Ermittlungsmaßnahmen selbst – nach den nationalen Vorschriften des ermittelnden Mitgliedstaats.

21 **e) Weiterleitung der ermittelten Informationen.** Gemäß Art. 22 Abs. 1 Satz 2 richtet sich der Austausch und die Verwendung der Informationen, die eine ersuchte Behörde im Rahmen der Ermittlungen erlangt hat, nach Maßgabe des Art. 12. Dabei legt Art. 12 Abs. 1 den Wettbewerbsbehörden keine Pflicht auf, Informationen auszutauschen, sondern eröffnet nur die Möglichkeit hierzu.[38] Im Ergebnis dürfte aber aus Sinn und Zweck des Art. 22 Abs. 1 sowie der **Pflicht zur loyalen Zusammenarbeit** folgen, dass die ersuchte Behörde, die ja überhaupt erst auf Ersuchen der anderen Behörde (in deren Namen und auf deren Kosten die Ermittlungen vorgenommen werden) tätig wurde, die Ergebnisse

---

[33] Nach § 50 Abs. 4 GWB steht dies im Anwendungsbereich des GWB im Ermessen des Bundeskartellamts.

[34] ECN Recommendation on Assistance in Inspections conducted under Article 22(1) of Regulation (EC) No 1/2003, Rn. 2, http://ec.europa.eu/competition/ecn/recommendation_art_22_09122013_en.pdf.

[35] *Burrichter/Henning* in: Immenga/Mestmäcker, Art. 22, Rn. 25. *Miersch* in: Grabitz/Hilf, Art. 22, Rn. 5 schlägt vor, dass Grundsätze der Kostenerstattung im ECN erarbeitet werden sollten, was bisher allerdings nicht erfolgt ist.

[36] Bei einem Handeln einer Behörde im Namen einer anderen liegt nach deutschem Verwaltungsverständnis begrifflich ein sog. „Mandat" vor. Allerdings wird in der deutschen Fassung der Netzbekanntmachung (Fn. 11), Rn. 29, von Amtshilfe gesprochen. Da die VO 1/2003 die Voraussetzungen dieser „Amtshilfe im Wettbewerbsrecht" weitgehend vorgibt, kann die genaue Einordnung nach deutschem Verständnis letztlich dahinstehen.

[37] Ebenso *Miersch* in: Grabitz/Hilf, Art. 22, Rn. 5; *Burrichter/Henning* in: Immenga/Mestmäcker, Art. 22, Rn. 24.

[38] Art. 12, Rn. 9. Die Ergebnisse der Ermittlungen können – wie in Art. 12 Abs. 1 vorgesehen – im gesamten ECN ausgetauscht werden, vgl. *Burrichter/Henning* in: Immenga/Mestmäcker, Art. 22, Rn. 31 und *Sura* in: Langen/Bunte, Art. 22, Rn. 4 jeweils mit Verweis auf den anderslautenden Verordnungsvorschlag (Art. 21 Abs. 1 Satz 2 des Entwurfs der VO 1/2003, ABl. 2000 C 365/284), der nicht übernommen wurde; ebenso *Miersch* in: Grabitz/Hilf, Art. 22, Rn. 3.

dieser Untersuchung auch weiterzuleiten hat.[39] Der Verweis in Art. 22 Abs. 1 auf Art. 12 dürfte damit insbesondere als Verweis auf Art. 12 Abs. 2 und 3 zu verstehen sein, in denen der Umgang mit übermittelten Informationen geregelt ist. Zu möglichen weiteren (ungeschriebenen) Einschränkungen der Beweisverwertung durch die ersuchende Behörde, s. Rn. 31 f.

f) Rechtsschutz. Das Ersuchen einer nationalen Wettbewerbsbehörde an eine andere 22
um Vornahme von Ermittlungshandlungen nach Art. 22 Abs. 1 erfordert das Vorliegen der Eingriffsvoraussetzungen nach dem Recht der ersuchenden Behörde (s. oben Rn. 7). Möglicher **Rechtsschutz gegen das Ersuchen** richtet sich daher gegen die ersuchende Behörde und beurteilt sich nach dem auf sie anwendbaren Recht.[40] Mangels Außenwirkung des Ersuchens dürfte unmittelbarer Rechtsschutz gegen das Ersuchen indes regelmäßig fraglich sein. Allerdings kann die Rechtmäßigkeit des Ersuchens wohl im Rahmen der Anfechtung einer späteren Entscheidung der ersuchenden Behörde überprüft werden, in der die betroffenen Beweismittel verwendet werden.[41] **Rechtsschutz gegen die Ausführung der Ermittlungen,** insbesondere gegen die Auswahl sowie die Art und Weise der Ausführung der Ermittlungs- und Zwangsmaßnahmen, richtet sich gegen die ermittelnde Behörde. Fragen im Zusammenhang mit der Beweiserhebung sind damit ausschließlich vor den nationalen Gerichten der ersuchten Behörde zu klären.[42] Stellt das nationale Gericht die Rechtswidrigkeit der Ermittlungsmaßnahme fest, besteht ein Beweisverwertungsverbot hinsichtlich der unrechtmäßig erworbenen Beweise, gleichgültig ob diese bereits an die ersuchende Behörde weitergeleitet wurden oder nicht.

g) Unterrichtung der Kommission. Nach Art. 11 Abs. 3 haben die mitgliedstaatli- 23
chen Wettbewerbsbehörden die Kommission über die Einleitung von Ermittlungsmaßnahmen zu informieren. Dies gilt nicht nur für die ersuchende Behörde zum Zeitpunkt der Verfahrenseinleitung, sondern auch für die ersuchte Behörde, wenn diese aufgrund eines Ersuchens Ermittlungsmaßnahmen einleitet.[43]

2. „Vertikale" Zusammenarbeit (Abs. 2)

Auf Ersuchen der Kommission hat die nationale Wettbewerbsbehörde Nachprüfungen 24
gemäß Art. 22 Abs. 2 durchzuführen.

a) Durchführung der Nachprüfungen. Auch im Rahmen der „vertikalen" Amtshilfe 25
richtet sich die Durchführung der Nachprüfung nach **nationalem Recht.**[44] Auch hinsichtlich etwaiger Formerfordernisse und der Ermittlungskompetenzen ist somit (ausschließlich) das nationale Recht maßgeblich. **Unterschiede zwischen den Ermittlungsbefugnissen nach nationalem Recht und nach Art. 20**[45] sind dahin gehend zu lösen, dass die nationale Behörde einerseits die in Art. 20 vorgesehenen Kompetenzen

[39] So auch *Sura* in: Langen/Bunte, Art. 22, Rn. 5; GK/*Schütz,* Artikel 22, Rn. 5; a. A. *Burrichter/Henning* in: Immenga/Mestmäcker, Art. 22, Rn. 31 m. w. N.; nach *Woude* (Exchange of Information within the European Competition Network: Scope and Limits, unter III.2) kann der vollumfängliche Verweis in Art. 22 Abs. 1 auf Art. 12 jedenfalls als Argument gegen eine Pflicht zur Weiterleitung aufgeführt werden.

[40] ECN Brief a. a. O. (Fn. 20), S. 19.

[41] Ebenso *Burrichter/Henning* in: Immenga/Mestmäcker, Art. 22, Rn. 51.

[42] *Klocker* WuW 1990, 109 (113); *Burrichter/Henning* in: Immenga/Mestmäcker, Art. 22, Rn. 52.

[43] So auch *Schnelle/Bartosch/Hübner,* Das neue EU-Kartellverfahrensrecht, S. 149.

[44] In Deutschland also dem GWB, vgl. § 50 Abs. 3 GWB sowie insbesondere die Ermittlungsbefugnisse nach §§ 57–59 GWB.

[45] In Deutschland beispielsweise berechtigen die Ermittlungsbefugnisse nach dem GWB das Bundeskartellamt zu den meisten Ermittlungshandlungen, die in Art. 20 vorgesehen sind. Die wichtigste Einschränkung ist die fehlende Befugnis nach deutschem Recht, zwangsweise *„von allen Vertretern oder Mitgliedern der Belegschaft des Unternehmens oder der Unternehmensvereinigung Erläuterungen zu Tatsachen oder Unterlagen zu verlangen, die mit Gegenstand und Zweck der Nachprüfung in Zusammenhang stehen, […]."* (vgl. Art. 20 Abs. 2 lit. e); vgl. *Bechtold* § 50 GWB, Rn. 9.

nicht überschreiten darf (und gemeinschaftsrechtliche Einschränkungen der Ermittlungsbefugnis respektieren muss, vgl. Rn. 33),[46] andererseits weitergehende Befugnisse unter Art. 20 – die im nationalen Recht keine Entsprechung haben – nicht nutzen darf.[47]

26 **b) Mitwirkung von Kommissionsbediensteten.** Gemäß Art. 22 Abs. 2 Unterabs. 2 kann die Kommission die ersuchte nationale Wettbewerbsbehörde bei der Durchführung der Ermittlungen mit eigenen Bediensteten unterstützen. Ob eine solche Unterstützung durch die Kommission erfolgt, liegt nicht im Ermessen der ersuchten nationalen Behörde. Vielmehr hat die Kommission ein Recht, Unterstützung zu leisten. Die ersuchte nationale Behörde kann die Kommission ebenfalls um Unterstützung bitten. Strittig wegen des unklaren Wortlauts der Vorschrift ist, ob die Kommission verpflichtet oder nur berechtigt ist, der Anfrage nachzukommen, wobei ersterer Ansicht der Vorzug zu geben ist.[48] Nicht näher geregelt ist zudem, was genau die „Unterstützung" beinhaltet. Gemeint ist wohl insbesondere eine Anwesenheit und Teilnahme bei der eigentlichen Ermittlungsmaßnahme; ob die Bediensteten der Kommission dabei tatsächlich unterstützend tätig sind oder nur passive Teilnehmer, dürfte jedenfalls bei einer Unterstützung auf Verlangen der Kommission unmaßgeblich sein. Verlangt dagegen die durchführende Behörde Unterstützung von der Kommission, so werden die Bediensteten der Kommission gehalten sein, aktiv ihre Verfahrenskenntnis zum Nutzen der Nachprüfung einzubringen.[49]

27 **c) Sanktionen und Zwangsmaßnahmen.** Wegen des Verweises auf die Ausübung der Befugnisse nach den innerstaatlichen Rechtsvorschriften der durchführenden Behörde ist diese befugt, **Zwangs- und Sanktionsmittel** im Zusammenhang mit einer Nachprüfung nach Art. 22 Abs. 2 **nach** ihrem **nationalen Recht** anzuwenden. **Unklarer** erscheint, ob daneben auch noch die **Kommission Sanktionen nach Art. 23 (Geldbußen) und Art. 24 (Zwangsgelder)** verhängen darf. In Art. 23 wird nicht auf Art. 22 Abs. 2 verwiesen. Dies war in der Vorgänger-VO 17/62 anders. Dies spricht dafür, dass sich Sanktionen (ebenso wie Zwangsmaßnahmen) im Zusammenhang mit Ermittlungsmaßnahmen nach Art. 22 Abs. 2 nunmehr allein nach den nationalen Vorschriften des betroffenen Mitgliedstaats richten sollen. Allerdings knüpft die Sanktionsvorschrift des Art. 23 Abs. 1 lit. c (ebenso die neuen Sanktionsvorschriften in Art. 23 Abs. 1 lit. d und lit. e) an ein von den Modalitäten der Durchführung der Nachprüfung weitgehend unabhängiges Verhalten an, so dass nach dem Wortlaut eine Sanktion durch die Kommission ungeachtet der Frage der handelnden Behörde (unmittelbar die Kommissionsbediensteten oder per

---

[46] *Bischke* in: MüKo, Art. 22, Rn. 6; *de Bronett,* Art. 22, Rn. 4f.; a. A. *Burrichter/Henning* in: Immenga/Mestmäcker, Art. 22, Rn. 42 m. w. N., der die Ermittlungsbefugnisse der nationalen Behörde nicht einschränkt, sondern nur ein Verwertungsverbot für Informationen fordert, die die Kommission im Rahmen ihrer eigenen Ermittlungen nicht hätte erlangen können.

[47] So auch *Jaeger* in: Frankfurter Kommentar, Art. 22, Rn. 22; *Miersch* in: Grabitz/Hilf, Art. 22, Rn. 10; *Leopold,* Rechtsprobleme der Zusammenarbeit im Netzwerk der Wettbewerbsbehörden nach der Verordnung (EG) Nr. 1/2003, S. 148; a. A. *de Bronett,* Art. 22, Rn. 4f. wonach eine gemeinschaftskonforme Auslegung zu dem Ergebnis führe, dass die gemeinschaftsrechtlichen Befugnisse des Art. 20 Abs. 2 zur Verfügung stünden.

[48] Der Wortlaut der Vorschrift ist widersprüchlich, wenn es heißt, *„[d]ie Bediensteten der Kommission [...] können auf Verlangen [...] der Wettbewerbsbehörde des Mitgliedstaats, [...], die Bediensteten dieser Behörde unterstützen."* *Schütz* (in: GK, § 22, Rn. 4) hält die Rechtslage deshalb für zweifelhaft; *Burrichter/Henning* in: Immenga/Mestmäcker, Art. 22, Rn. 44 verneint unter Verweis auf den Wortlaut der Netzbekanntmachung (dort Rn. 30) und dem Wortlaut der Norm („können") eine Pflicht; nach *Miersch* in: Grabitz/Hilf, Art. 22, Rn. 13 besteht dagegen eine Pflicht – letzteres dürfte sich aus der Verwendung des Wortes „Verlangen" ergeben. Die Frage dürfte indes geringe praktische Relevanz haben. Da es sich weiterhin um ein Ermittlungsverfahren der Kommission handelt, ist davon auszugehen, dass die Kommission regelmäßig einem entsprechenden Ersuchen einer nationalen Wettbewerbsbehörde aus ureigenem Interesse Folge leisten wird.

[49] *Miersch* in: Grabitz/Hilf, Art. 22, Rn. 13 weist zudem darauf hin, dass mit dem Begriff „unterstützen" klar gestellt wird, dass die Bediensteten der Kommission ihre Befugnisse nur angepasst an die Vorgaben des nationalen Rechts ausüben dürfen.

Amtshilfe eine nationale Wettbewerbsbehörde) möglich wäre. Dennoch erscheint die Beschränkung auf nationale Sanktions- und Zwangsvorschriften systemkonformer. Art. 22 Abs. 2 stellt klar, dass die Nachprüfung nach den nationalen Vorschriften durchzuführen ist. Gleiches gilt für die horizontale Amtshilfe nach Art. 22 Abs. 1, hinsichtlich derer klar sein dürfte, dass sich auch Sanktionen und Zwangsmaßnahmen nur nach dem nationalen Recht des ermittelnden Mitgliedstaats richten können (Rn. 20).[50] Zudem würde eine Sanktionierung durch die Kommission nach Art. 23 von Verstößen im Zusammenhang mit durch nationale Behörden durchgeführten Nachprüfungen zu einer nicht wünschenswerten Aufspaltung des Verfahrens führen (so hätten etwa die europäischen Gerichte im Rahmen einer gerichtlichen Überprüfung eines nach Art. 23 verhängten Bußgelds die Rechtmäßigkeit des Vorgehens der nationalen Behörde nach nationalem Recht zu prüfen). Demnach richten sich Sanktionen und Zwangsmaßnahmen allein nach dem Recht der durchführenden Behörde.

d) Weiterleitung der ermittelten Informationen. Es besteht grundsätzlich eine Pflicht der ersuchten Behörde zur Weiterleitung sämtlicher im Rahmen der Nachprüfung erlangter Informationen an die Kommission. Die in Abs. 2 bestimmte Pflicht zur Amtshilfe liefe ansonsten ins Leere.[51] 28

e) Rechtsschutz. Das **Ersuchen der Kommission,** eine Nachprüfung nach Art. 22 Abs. 2 durchzuführen, ist mit selbstständigen Rechtsbehelfen **nicht angreifbar.**[52] Die **Nachprüfungsentscheidung** nach Art. 20 Abs. 4 (und nur diese ist verbindlich und berechtigt die nationale Behörde zur Anwendung von Sanktions- und Zwangsmaßnahmen) selbst ist beim *EuG* nach Art. 263 Abs. 4 AEUV anfechtbar. Der Rechtsschutz gegen die Art und Weise der **Durchführung** der Ermittlungsmaßnahme richtet sich gegen die durchführende Behörde und nach **nationalem Recht.**[53] 29

V. Verhältnis zu anderen Vorschriften

1. Netzbekanntmachung

Die Bekanntmachung der Kommission über die Zusammenarbeit innerhalb des Netzes der Wettbewerbsbehörden[54] enthält Konkretisierungen zur Arbeitsverteilung innerhalb des Netzes sowie hinsichtlich der verschiedenen Instrumente der Verwaltungskooperation, deren Grundnorm Art. 11 Abs. 1 bildet. Zu Art. 22 finden sich in den Rn. 29–30, 39 und 41 der Netzbekanntmachung äußerst knapp gehaltene Hinweise.[55] 30

2. Art. 12, allgemeine Grundsätze des Gemeinschaftsrechts

Art. 12 regelt die Weiterleitung und Verwendung von nach Art. 22 Abs. 1 erhobenen Beweismitteln (Art. 22 Abs. 1 Satz 2, vgl. bereits Rn. 21). In diesem Zusammenhang stellt sich die Frage nach den **Auswirkungen von Unterschieden bei den Ermittlungsbefugnissen in den beteiligten Mitgliedstaaten,** insbesondere hinsichtlich von Privilegierungen und anderen Einschränkungen aufgrund der Verteidigungsrechte der betroffenen Unternehmen. Konkret fragt sich, ob sich Ermittlungsmaßnahmen auf Beweis- 31

[50] Was sich allerdings schon aus der mangelnden Sanktionskompetenz des ausländischen Mitgliedstaats ergeben dürfte.

[51] Ebenso *Burrichter/Henning* in: Immenga/Mestmäcker, Art. 22, Rn. 43; vgl. aber nachfolgend Rn. 33 zur Beachtung gemeinschaftsrechtlicher Einschränkungen der Ermittlungs- und Verwertungsbefugnisse.

[52] *Burrichter/Henning* in: Immenga/Mestmäcker, Art. 22, Rn. 51.

[53] *Miersch* in: Grabitz/Hilf, Art. 22, Rn. 12; *Burrichter/Henning* in: Immenga/Mestmäcker, Art. 22, Rn. 51; *Klocker* WuW 1990, 109 (113). Nach dem *EuGH* kann hier auch die Echtheit der Nachprüfungsentscheidung in Frage gestellt werden (*Hoechst/Kommission* a. a. O. Fn. 27, Rn. 35).

[54] A. a. O. Fn. 11.

[55] S. auch Art. 11, Rn. 4 f.

mittel erstrecken dürfen, die zwar nach dem bei der Ermittlung anzuwendenden nationalen Recht der ersuchten Behörde rechtmäßig erhoben werden können, die aber nach dem nationalen Recht der ersuchenden Behörde, beispielsweise weil sie in den Schutzbereich eines **Anwaltsprivilegs** fallen, von der ersuchenden Behörde selbst nicht erhoben werden dürften. Auch die Rechtmäßigkeit der Weiterleitung der Beweismittel an die ersuchende Behörde und der nachfolgenden Verwertung der Beweismittel durch diese erweist sich in solchen Fällen als fraglich. Der ausdrückliche Verweis in Art. 22 Abs. 1 auf die Anwendung des Rechts der ersuchten Behörde und das Fehlen von Einschränkungen hinsichtlich der Übermittlung und Verwertung von Beweismitteln in Art. 12[56] – mit Ausnahme der zum Schutz natürlicher Personen in Art. 12 Abs. 3 enthaltenen Vorgaben (welche im Umkehrschluss die einschränkungslose Verwertbarkeit von Beweismitteln für andere Zwecke indizieren) – könnte dahin gehend interpretiert werden, dass bei einem Vorgehen nach Art. 22 Abs. 1 grundsätzlich nur Beschränkungen bzw. Privilegierungen im Recht der ersuchten/ermittelnden Behörde zu beachten sind. Die ersuchende Behörde würde dann **keinerlei Beschränkungen hinsichtlich der Verwertung der Beweismittel** unterliegen, selbst wenn diese nach ihrem eigenen Recht nicht erhebbar wären.[57]

32 Der Ansicht der einschränkungslosen Übermittlung und Verwertung von Beweismitteln nach Art. 12 ist zumindest **im Zusammenhang mit der Erhebung von Beweismitteln nach Art. 22 Abs. 1 nicht zu folgen.** Zunächst ist die der einschränkungslosen Verwertung zugrunde liegende und in Erwägungsgrund 16 geäußerte Ansicht, dass die Verteidigungsrechte, die Unternehmen in den Rechtssystemen der einzelnen Mitgliedstaaten zustehen, als „hinreichend gleichwertig" angesehen werden können, in tatsächlicher Hinsicht zu hinterfragen. Es bestehen jedenfalls aus der Sicht eines betroffenen Unternehmens **erhebliche Unterschiede in den Verteidigungsrechten** in den verschiedenen Mitgliedstaaten. Als Beispiele seien nur Auskunftsverweigerungsrechte und der Schutz des Anwaltsprivilegs genannt.[58] Aus gemeinschaftsrechtlicher Sicht erscheint die schrankenlose Übermittlung und Verwertung von Beweismitteln jedenfalls dann **unzulässig, wenn das** in dem ermittelnden Mitgliedstaat vorhandene **Schutzniveau nicht die als allgemeine Grundsätze des Gemeinschaftsrechts anerkannten Verteidigungsrechte berücksichtigt.**[59] Eine den allgemeinen Grundsätzen des Gemeinschaftsrechts entsprechende Schutzvorschrift, die in einem Verfahren im Staat der ersuchenden Behörde zu beachten ist, steht daher der Verwertung von Beweismitteln entgegen, selbst wenn die Beweismittel nach dem nationalen Recht des ersuchten Staates – aufgrund eines dortigen niedrigeren Schutzniveaus – rechtmäßig erhoben werden könnten.[60] In der Tat sind die allgemeinen

[56] Ebenso fehlen solche Einschränkungen in Rn. 28 der Netzbekanntmachung, a. a. O. Fn. 11.

[57] So auch die Kommentierung zu Art. 12, Rn. 14.

[58] Vgl. *Sauter* in: Langen/Bunte, Art. 11 VO Nr. 17/62, Rn. 16 (hinsichtlich des Umfangs von Auskunftsverweigerungsrechten); *Kapp,* Vertraulichkeit der Anwaltskorrespondenz in Kartellverfahren, WuW 2003, 142; *Bechtold/Buntscheck,* Die Entwicklung des deutschen Kartellrechts 2001 bis 2003, NJW 2003, 2866 (2873) (jeweils hinsichtlich des Umfangs von Anwaltsprivilegien). Generell ist Anwaltskorrespondenz nach deutschem Recht erheblich eingeschränkter privilegiert, als nach EU-Recht und den Rechten verschiedener anderer Mitgliedstaaten.

[59] Vgl. EuGH, U. v. 10.11.1993 Rs. C-60/92 – *Otto/Postbank* Slg. 1993, I-5683 Rn. 16, 20, dort hinsichtlich des Verbots der Verpflichtung juristischer Personen, im Verwaltungsverfahren Antworten zu erteilen, durch die das Vorliegen einer Zuwiderhandlung gegen Art. 101, 102 AEUV eingestanden werden müsste, mit Verweis auf U. v. 18.10.1989 Rs. 374/87 – *Orkem/Kommission* Slg. 1989, S. 3283 Rn. 35.

[60] So auch *Kerse/Khan,* Chapter 5–013 a. E. (auch mit Hinweis auf Erwägungsgrund 37 und den dort enthaltenen Verweis auf die Charta der Grundrechte der Europäischen Union); *Woude,* Exchange of Information within the European Competition Network: Scope and Limits, unter IV.2.1. Sowohl *Kerse/Khan* als auch *Woude* verweisen darauf, dass möglicherweise sogar generell das jeweils höchste Schutzniveau zu berücksichtigen sei. Diese Ansicht dürfte allerdings schwer mit dem Wortlaut des

Grundsätze des Gemeinschaftsrechts bei jeglicher Tätigkeit auf der Grundlage der gemeinschaftsrechtlichen Regelungen von Art. 22 Abs. 1 und Art. 12 zu beachten, also sowohl bei der Erhebung von Beweismitteln als auch bei deren Weiterleitung und Verwendung, und zwar unabhängig von dem in den beteiligten Mitgliedstaaten vorhandenen Schutzniveau. Insofern besteht ein Verwertungsverbot.[61] Zudem ist eine Verwertung (und bereits das Ersuchen selbst) unzulässig, wenn die ersuchende Behörde die Befugnis nach Art. 22 gezielt einsetzt, um das **Schutzniveau** im eigenen Land zu **umgehen.**[62]

Aus den gleichen Gründen sind die **allgemeinen Grundsätze des Gemeinschafts- rechts,** einschließlich der als solche anerkannten Verteidigungsrechte der Unternehmen (wie etwa das gemeinschaftsrechtliche *Legal Privilege*), auch **im Rahmen der „vertikalen Amtshilfe"** nach Art. 22 Abs. 2 **zu beachten,** und zwar sowohl von der nationalen Behörde bei ihren Ermittlungen[63] (vgl. Rn. 25) als auch von der Kommission hinsichtlich der Verwertung der Ermittlungsergebnisse.[64] 33

3. Andere Formen der Zusammenarbeit

Bedienstete der nationalen Wettbewerbsbehörden können (bzw. müssen) der Kommission Unterstützung im Rahmen von Ermittlungsmaßnahmen, die von der Kommission selbst durchgeführt werden, gewähren. Dies gilt gemäß Art. 20 Abs. 5 und 6 bei Nachprüfungen in Geschäfts- und Betriebsräumen, gemäß Art. 21 Abs. 4 Satz 2 bei Nachprüfungen in anderen Räumlichkeiten und gemäß Art. 19 Abs. 2 bei Befragungen. Im Unterschied zu dem Vorgehen nach Art. 22 Abs. 2 bleibt in diesen Fällen durchführende Behörde aber die Kommission. 34

4. Nationale Vorschriften

Es ist Sache der Mitgliedstaaten, im Einklang mit der VO 1/2003 die Bedingungen zu regeln, unter denen ihre nationalen Wettbewerbsbehörden der Kommission und anderen mitgliedstaatlichen Wettbewerbsbehörden Unterstützung gewähren. Dabei sind sowohl die Wirksamkeit des Vorgehens gegen die Wettbewerbsbeschränkungen als auch die Rechte der Unternehmen durch geeignete Verfahrensmodalitäten zu gewährleisten.[65] 35

Art. 12 i. V. m. Art. 22 Abs. 1 Satz 2 zu vereinbaren und auch nicht aus den allgemeinen Grundsätzen des Gemeinschaftsrechts ableitbar sein. Nach *Bischke* in: MüKo, Art. 22, Rn. 2 *„kommt eine Einschränkung der Ermittlungsbefugnisse, jedenfalls aber ein Verwertungsverbot in Betracht"*, wenn die ermittelnde Behörde über weitergehende Befugnisse als die ersuchende verfügt.

[61] Vgl. EuGH – *Otto/Postbank* a. a. O. Fn. 59, Rn. 20.

[62] *Kerse/Khan,* Chapter 5–014; *Woude,* Exchange of Information within the European Competition Network: Scope and Limits, unter IV.2.1.

[63] Vgl. EuGH – *Otto/Postbank* a. a. O. Fn. 59, Rn. 20; a. A. das Bundeskartellamt im Tätigkeitsbericht 2001/2002, S. 58, mit einem allerdings unzutreffenden Verweis auf einen Beschluss des *AG Bonn* vom 24.8.2001 (Aktenzeichen 51 Gs 673/01) im Zusammenhang mit einer richterlichen Bestätigung einer Beschlagnahmeanordnung durch das Bundeskartellamt zur Unterstützung von Verfahren der Kommission nach Art. 14 Abs. 5 und 6 der Vorgänger-VO 17/62 (nunmehr Art. 20 Abs. 6). Anders als die Ausführungen des Bundeskartellamts im Tätigkeitsbericht nahe legen, enthält der Beschluss des AG Bonn keine Aussage dahingehend, dass nur das (eingeschränkte) Verteidigerprivileg des deutschen Rechts zu beachten sei, nicht aber die Rechtsprechung des EuGH zum (weiter gehenden) *Legal Privilege* in eigenen Verfahren der Kommission. Das Gericht stellt vielmehr fest, dass es nicht befugt sei, über die Frage zu entscheiden, ob bestimmte Dokumente unter das *Legal Privilege* fielen, sondern dass diese Frage durch die Gemeinschaftsgerichte zu klären sei. Maßstab dieser Beurteilung ist dann allerdings allein die Rechtsprechung des EuGH zum *Legal Privilege.* Aus den gleichen Gründen ist der Verweis auf das Urteil des AG Bonn bei *Bechtold/Buntscheck,* NJW 2003, 2866 (2873) unzutreffend.

[64] AG Bonn, Beschluss v. 24.8.2001 a. a. O. Fn. 63.

[65] Vgl. *Miersch* in: Grabitz/Hilf, Art. 22, Rn. 3; zur „vertikalen" Amtshilfe *EuGH Hoechst/Kommission* a. a. O. Fn. 27, Rn. 19, 33; *de Bronett* in: Schröter/Jakob/Mederer, VO 17/62, Art. 13, Rn. 2. Im

Art. 23. Geldbußen

(1) Die Kommission kann gegen Unternehmen und Unternehmensvereinigungen durch Entscheidung Geldbußen bis zu einem Höchstbetrag von 1 % des im vorausgegangenen Geschäftsjahr erzielten Gesamtumsatzes festsetzen, wenn sie vorsätzlich oder fahrlässig

a) bei der Erteilung einer nach Artikel 17 oder Artikel 18 Absatz 2 verlangten Auskunft unrichtige oder irreführende Angaben machen;

b) bei der Erteilung einer durch Entscheidung gemäß Artikel 17 oder Artikel 18 Absatz 3 verlangten Auskunft unrichtige, unvollständige oder irreführende Angaben machen oder die Angaben nicht innerhalb der gesetzten Frist machen;

c) bei Nachprüfungen nach Artikel 20 die angeforderten Bücher oder sonstigen Geschäftsunterlagen nicht vollständig vorlegen oder in einer Entscheidung nach Artikel 20 Absatz 4 angeordnete Nachprüfungen nicht dulden;

d) in Beantwortung einer nach Artikel 20 Absatz 2 Buchstabe e) gestellten Frage
- **eine unrichtige oder irreführende Antwort erteilen oder**
- **eine von einem Mitglied der Belegschaft erteilte unrichtige, unvollständige oder irreführende Antwort nicht innerhalb einer von der Kommission gesetzten Frist berichtigen oder**
- **in Bezug auf Tatsachen, die mit dem Gegenstand und dem Zweck einer durch Entscheidung nach Artikel 20 Absatz 4 angeordneten Nachprüfung in Zusammenhang stehen, keine vollständige Antwort erteilen oder eine vollständige Antwort verweigern;**

e) die von Bediensteten der Kommission oder anderen von ihr ermächtigten Begleitpersonen nach Artikel 20 Absatz 2 Buchstabe d) angebrachten Siegel erbrochen haben.

(2) Die Kommission kann gegen Unternehmen und Unternehmensvereinigungen durch Entscheidung Geldbußen verhängen, wenn sie vorsätzlich oder fahrlässig

a) gegen Artikel 81 oder Artikel 82 des Vertrags verstoßen oder

b) einer nach Artikel 8 erlassenen Entscheidung zur Anordnung einstweiliger Maßnahmen zuwiderhandeln oder

c) durch Entscheidung gemäß Artikel 9 für bindend erklärte Verpflichtungszusagen nicht einhalten.

Die Geldbuße für jedes an der Zuwiderhandlung beteiligte Unternehmen oder jede beteiligte Unternehmensvereinigung darf 10 % seines bzw. ihres jeweiligen im vorausgegangenen Geschäftsjahr erzielten Gesamtumsatzes nicht übersteigen.

Steht die Zuwiderhandlung einer Unternehmensvereinigung mit der Tätigkeit ihrer Mitglieder im Zusammenhang, so darf die Geldbuße 10 % der Summe der Gesamtumsätze derjenigen Mitglieder, die auf dem Markt tätig waren, auf dem sich die Zuwiderhandlung der Vereinigung auswirkte, nicht übersteigen.

(3) Bei der Festsetzung der Höhe der Geldbuße ist sowohl die Schwere der Zuwiderhandlung als auch deren Dauer zu berücksichtigen.

(4) Wird gegen eine Unternehmensvereinigung eine Geldbuße unter Berücksichtigung des Umsatzes ihrer Mitglieder verhängt und ist die Unternehmensvereinigung selbst nicht zahlungsfähig, so ist sie verpflichtet, von ihren Mitgliedern Beiträge zur Deckung des Betrags dieser Geldbuße zu fordern.

Werden diese Beiträge innerhalb einer von der Kommission gesetzten Frist nicht geleistet, so kann die Kommission die Zahlung der Geldbuße unmittelbar von jedem Unternehmen verlangen, dessen Vertreter Mitglieder in den betreffenden Entscheidungsgremien der Vereinigung waren.

---

deutschen Recht sind Vorgaben für die Amtshilfe nach Art. 22 Abs. 2 in § 50–50c GWB vorgesehen. Hinsichtlich der Bestimmung der Wettbewerbsbehörden der Mitgliedstaaten, vgl. Art. 35.

Nachdem die Kommission die Zahlung gemäß Unterabsatz 2 verlangt hat, kann sie, soweit es zur vollständigen Zahlung der Geldbuße erforderlich ist, die Zahlung des Restbetrags von jedem Mitglied der Vereinigung verlangen, das auf dem Markt tätig war, auf dem die Zuwiderhandlung erfolgte.

Die Kommission darf jedoch Zahlungen gemäß Unterabsatz 2 oder 3 nicht von Unternehmen verlangen, die nachweisen, dass sie den die Zuwiderhandlung begründenden Beschluss der Vereinigung nicht umgesetzt haben und entweder von dessen Existenz keine Kenntnis hatten oder sich aktiv davon distanziert haben, noch ehe die Kommission mit der Untersuchung des Falls begonnen hat.

Die finanzielle Haftung eines Unternehmens für die Zahlung der Geldbuße darf 10 % seines im letzten Geschäftsjahr erzielten Gesamtumsatzes nicht übersteigen.

(5) **Die nach den Absätzen 1 und 2 getroffenen Entscheidungen haben keinen strafrechtlichen Charakter.**

Übersicht

I. Sinn und Zweck der Regelung

Art. 23 VO 1/2003 verleiht der Kommission die Befugnis, bestimmte EU-kartellrechts- **1** oder pflichtwidrige Verhaltensweisen von Unternehmen oder Unternehmensvereinigungen im Wege der **Festsetzung von Geldbußen** zu sanktionieren. Diese in rechtstechnischer Hinsicht durch den Erlass sekundärrechtlicher Geldbußenbeschlüsse[1] der Kommission auszuübende **Sanktionsbefugnis** ist im Hinblick auf die administrative Durchsetzung der in

[1] Soweit in Art. 23 VO 1/2003 sowie in zahlreichen anderen Bestimmungen dieser Verordnung noch der einst in Art. 249 EG näher erläuterte Begriff „Entscheidung" Verwendung findet, ist diese Terminologie nicht mehr zeitgemäß, da diese Handlungsform mit dem am 1.12.2009 erfolgten Inkrafttreten des Vertrags von Lissabon zur Änderung des Vertrags über die Europäische Union und des Vertrags zur Gründung der Europäischen Gemeinschaft (ABl. 2007 C 306/1 ff.) durch den neuen – in inhaltlicher Hinsicht allerdings weitgehend identischen – Rechtsakttyp in Gestalt des nunmehr in Art. 288 AEUV näher erläuterten Beschlusses ersetzt wurde; ausführlicher dazu vgl. *Nowak,* Europarecht nach Lissabon, 2011, S. 125 ff. Daher wird nachfolgend – entgegen dem Wortlaut des Art. 23 VO 1/2003 und anderer Bestimmungen dieser Verordnung – nicht mehr durchgängig von „Entscheidungen" im Allgemeinen oder von „Geldbußenentscheidungen" im Besonderen, sondern überwiegend von Beschlüssen bzw. Geldbußenbeschlüssen der Kommission gesprochen. Zu den vielfältigen Änderungen, die das Unionsrecht durch den Lissabonner Reformvertrag erfahren hat, vgl. auch jeweils m. w. N. *Calliess,* Die neue Europäische Union nach dem Vertrag von Lissabon, 2010, S. 1 ff.; *Streinz/Ohler/Herrmann,* Der Vertrag von Lissabon zur Reform der EU – Einführung mit Synopse, 3. Aufl. 2010, S. 1 ff.

Art. 101 Abs. 1 und 102 AEUV niedergelegten Verbotstatbestände unverzichtbar,[2] da die in Art. 7 VO 1/2003 geregelte Befugnis der Kommission zur Feststellung und Abstellung von Zuwiderhandlungen einzelner Unternehmen oder Unternehmensvereinigungen gegen die wettbewerbsrechtlichen Verbotstatbestände, die in Art. 101 Abs. 2 AEUV kodifizierte Nichtigkeitsfolge und die dezentralen Rechtsschutzmöglichkeiten in Gestalt zivilprozessualer Schadensersatz- und Unterlassungsklagen vor mitgliedstaatlichen Gerichten[3] allein nicht ausreichen, um die Beachtung der Art. 101 und 102 AEUV sicherzustellen. Aus genau diesem Grund ermächtigt und verpflichtet Art. 103 Abs. 1 AEUV den auf dem Gebiet des EU-Kartellrechts tätigen Unionsgesetzgeber zum Erlass „zweckdienlicher Verordnungen", deren Vorschriften gemäß **Art. 103 Abs. 2 lit. a AEUV** insbesondere bezwecken sollen, die Beachtung der in Art. 101 Abs. 1 und 102 AEUV genannten Verbote durch die Einführung von Geldbußen und Zwangsgeldern zu gewährleisten. Dieser Verpflichtung ist der Verordnungsgeber bereits mit Erlass der Art. 15 und 16 VO 17[4] nachgekommen, die durch die Art. 23 und 24 VO 1/2003 ersetzt worden sind.

2 Der **gemeinsame Zweck der Art. 23 und 24 VO 1/2003** besteht darin, zu gewährleisten, dass sowohl die Beachtung der Art. 101 und 102 AEUV als auch die Erfüllung der den Unternehmen und Unternehmensvereinigungen in Anwendung der VO 1/2003 auferlegten Pflichten durch die Festsetzung von Geldbußen und Zwangsgeldern sichergestellt werden kann.[5] Über den lediglich auf die Beachtung der Art. 101 und 102 AEUV rekurrierenden Wortlaut des vorgenannten Art. 103 Abs. 2 lit. a AEUV hinaus bedarf es insbesondere auch dann wirksamer Sanktionsmöglichkeiten, wenn Unternehmen oder Unternehmensvereinigungen einer nach Art. 8 VO 1/2003 erlassenen Entscheidung zur Anord-

---

[2] Ähnlich vgl. beispielsweise EuG U. v. 29.11.2005 Rs. T-33/02 – *Britannia Alloys & Chemicals Ltd/Kommission* Slg. 2005, II-4973 Rn. 36; EuG U. v. 29.11.2005 Rs. T-64/02 – *Dr. Hans Heubach GmbH & Co. KG/Kommission* Slg. 2005, II-5137 Rn. 179; sowie EuG U. v. 27.9.2006 Rs. T-43/02 – *Jungbunzlauer AG/Kommission* Slg. 2006, II-3435 Rn. 297, wonach die kartellverfahrensrechtliche Befugnis der Kommission zur Verhängung von Geldbußen „zu den Befugnissen gehört, die der Kommission eingeräumt worden sind, um sie in die Lage zu versetzen, die ihr durch das Gemeinschaftsrecht [jetzt: Unionsrecht] übertragene Überwachungsaufgabe zu erfüllen"; ferner vgl. EuG U. v. 8.10.2008 Rs. T-69/04 – *Schunk GmbH u. a./Kommission* Slg. 2008, II-2567 Rn. 39, wonach diese Sanktionen ein zentrales Instrument darstellen, das der Kommission zur Verfügung steht, um für die Schaffung eines Systems unverfälschten Wettbewerbs i. S. des Art. 3 I lit. g EG in der Gemeinschaft Sorge zu tragen. Zur Streichung des Art. 3 Abs. 1 lit. g EG durch den Lissaboner Reformvertrag (Fn. 1) und zur damit verbundenen Lokationsänderung des unionalen Verfassungsziels in Gestalt der Errichtung und Aufrechterhaltung eines Systems unverfälschten Wettbewerbs, das seinen neuen Platz jetzt in Art. 3 Abs. 3 UAbs. 3 Satz 1 EU i. V. m. Art. 51 EUV i. V. m. mit dem (Vertrags-)Protokoll (Nr. 27) über den Binnenmarkt und den Wettbewerb (ABl. 2012 C 326/309) gefunden hat, vgl. *Nowak* EuR Beih. 1/2009, 129 (188 ff.); *ders.* EuR Beih. 2/2011, 21 (30 ff.); *Weitbrecht/Mühle* EuZW 2010, 327 (327).

[3] Zu diesen zivilrechtlichen (dezentralen) Rechtsschutzmöglichkeiten vgl. nur EuGH U. v. 20.9.2001 Rs. C-453/99 – *Courage/Crehan* Slg. 2001, I-6297 m. Anm. *Nowak* EuZW 2001, 717 ff.; sowie jeweils m. w. N. *Baur* EuR 23 (1988), 257; *Jones,* Private Enforcement of Antitrust Law in the EU, UK and USA, 1999, pass.; *Komninos* CMLRev. 2002, 447; *Lettl* ZHR 167 (2003), 473; *Mäsch* EuR 38 (2003), 825; *Odudu/Edelman* ELRev. 27 (2003), 327; *Weyer* ZEuP 2003, 318; *Wurmnest* Private Durchsetzung des EG-Kartellrechts nach der Reform der VO Nr. 17, in: Behrens/Braun/Nowak (Hrsg.), Europäisches Wettbewerbsrecht im Umbruch, 2004, S. 213 ff. Zu den jeweiligen Stärken und Schwächen der administrativen und privaten Durchsetzung des EU-Kartellrechts vgl. *Möschel* WuW 2007, 483 ff. Zur weiteren Stärkung der privaten bzw. dezentralen Durchsetzung des EU-Kartellrechts vgl. insb. die neue Richtlinie 2014/114/EU des Europäischen Parlaments und des Rates v. 26.11.2014 über bestimmte Vorschriften für Schadensersatzklagen nach nationalem Recht wegen Zuwiderhandlungen gegen wettbewerbsrechtliche Bestimmungen der Mitgliedstaaten und der Europäischen Union, ABl. 2014 L 349/1 ff.

[4] Verordnung Nr. 17 – Erste Durchführungsverordnung zu den Artikeln 85 und 86 des Vertrags [jetzt: Art. 81 u. 82 EG], ABl. P 13 vom 21.2.1962, S. 204.

[5] In diesem Sinne vgl. den 29. Erwägungsgrund der VO 1/2003.

nung einstweiliger Maßnahmen[6] zuwiderhandeln, wenn sie durch Entscheidung gemäß Art. 9 Abs. 1 VO 1/2003 für bindend erklärte Verpflichtungszusagen[7] nicht einhalten oder wenn sie ihren kartellverfahrensrechtlichen Duldungs- oder Mitwirkungspflichten[8] zuwiderhandeln. Aus diesen Gründen verleiht Art. 23 VO 1/2003 – wie im letzten Satz des 29. Erwägungsgrundes der VO 1/2003 angekündigt – der Kommission die umfassende Befugnis, neben festgestellten Verstößen gegen die Art. 101 und 102 AEUV auch die letztgenannten Zuwiderhandlungen sowie bestimmte Zuwiderhandlungen gegen EGKS-vertragliche Wettbewerbsregeln[9] mit der Festsetzung von Geldbußen zu sanktionieren, sofern diese schuldhaft, d. h. fahrlässig oder vorsätzlich[10] begangen wurden.

Neben dem gemeinsamen Zweck der Art. 23 und 24 VO 1/2003 sind auch **normspezifische Zielsetzungen** zu beachten, die eine auf zwei Vorschriften verteilte Ausgestaltung der Befugnis zur Festsetzung von Geldbußen einerseits und von Zwangsgeldern andererseits sinnvoll erscheinen lässt. Nach ständiger Rechtsprechung gehört die Befugnis der Kommission, Geldbußen gegen Unternehmen zu verhängen, die vorsätzlich oder fahrlässig gegen Art. 101 Abs. 1 oder 102 AEUV verstoßen, zu den Befugnissen, die der Kommission eingeräumt worden sind, um sie in die Lage zu versetzen, die ihr durch das Unionsrecht übertragene Überwachungsaufgabe zu erfüllen.[11] Während die in Art. 24 VO 1/2003 geregelte Befugnis der Kommission zur Festsetzung von Zwangsgeldern primär der Durchsetzung kartellverfahrensrechtlicher Verwaltungsentscheidungen der Kommission dient,[12] besteht der umfassendere Zweck einer Geldbuße nach vorherrschender Auffassung vor allem darin, unerlaubte Handlungen materiellrechtlicher und verfahrensrechtlicher Art zu ahnden, ihrer Wiederholung vorzubeugen und abschreckend zu wirken.[13] Aus Gründen der **Abschreckung** wird z. B. die Befugnis der Kommission zur Festsetzung von Geldbußen nicht etwa dadurch in Frage gestellt, dass das die jeweilige Zuwiderhandlung begründende Unternehmensverhalten und die Möglichkeit nachteiliger Auswirkungen zur Zeit des Erlasses des Bußgeldbeschlusses nicht mehr bestehen.[14] Auch die Tatsache, dass ein Unternehmen aus der jeweiligen Zuwiderhandlung keinen Vorteil gezogen hat, steht „der Verhängung einer Geldbuße nicht entgegen, soll diese ihren abschreckenden Charakter nicht verlieren".[15] 3

Die zurückliegende Entscheidungspraxis der Unionsgerichte und der Kommission zu der ursprünglich in Art. 15 VO 17 geregelten Befugnis der Kommission zur Festsetzung von Geldbußen zwingt zu der Schlussfolgerung, dass auch die auf der Grundlage des Art. 23 VO 1/2003 festzusetzenden Geldbußen – neben dem Ziel der Gewinnabschöp- 4

---

[6] Zu dieser Befugnis der Kommission vgl. die Kommentierung zu Art. 8 VO 1/2003.

[7] Näher zu dieser Entscheidungsbefugnis vgl. die Kommentierung zu Art. 9 VO 1/2003.

[8] Näher zu diesen insbesondere i. R. von Nachprüfungen bestehenden Duldungs- und Mitwirkungspflichten der jeweiligen Nachprüfungsadressaten vgl. die Kommentierung zu Art. 20 VO 1/2003.

[9] Zur Möglichkeit der Kommission, Art. 23 VO 1/2003 auch für die Sanktionierung von Zuwiderhandlungen gegen EGKS-rechtliche Wettbewerbsregeln einzusetzen, vgl. etwa EuG U. v. 1.7.2009 Rs. T-24/07 – *ThyssenKrupp Stainless AG/Kommission* Slg. 2009, II-2309 Rn. 63 ff.

[10] Näher zu diesen beiden Anwendungsvoraussetzungen unter Rn. 20.

[11] EuG U. v. 9.7.2003 Rs. T-224/00 – *Archer Daniels Midland Company u. a./Kommission* Slg. 2003, II-2597 Rn. 105; EuG U. v. 29.4.2004 verb. Rs. T-236/01, T-239/01, T-244 bis 246/01, T-251/01 u. T-252/01 – *Tokai Carbon u. a./Kommission* Slg. 2004, II-1181 Rn. 144; EuG U. v. 27.9.2006 Rs. T-43/02 – *Jungbunzlauer AG/Kommission* Slg. 2006, II-3435 Rn. 297.

[12] Näher hierzu vgl. die Kommentierung zu Art. 24 VO 1/2003.

[13] Vgl. nur EuGH U. v. 7.6.2007 Rs. C-76/06 P – *Britannia Alloys & Chemicals Ltd/Kommission* Slg. 2007, I-4405 Rn. 22 i. V. m. Rn. 30; EuG U. v. 15.3.2006 Rs. T-15/02 – *BASF AG/Kommission* Slg. 2006, II-497 Rn. 218; EuG U. v. 12.12.2007 verb. Rs. T-101/05 u. T-111/05 – *BASF AG u. a./Kommission* Slg. 2007, II-4949 Rn. 43.

[14] Grdlg. EuGH U. v. 15.7.1970 Rs. 41/69 – *ACF Chemiefarma/Kommission* Slg. 1970, 661 Rn. 172/176; EuGH U. v. 15.7.1970 Rs. 44/69 – *Buchler/Kommission* Slg. 1970, 733 Rn. 49.

[15] EuG U. v. 19.3.2003 Rs. T-213/00 – *CMA CGM u. a./Kommission* Slg. 2003, II-913 Rn. 340.

fung[16] – insbesondere **präventive und repressive Zwecke** verfolgen.[17] Hierbei steht die negative Generalprävention i. S. der durch die Androhung hoher Geldbußen bewirkten Abschreckung im Vordergrund,[18] die durch spezialpräventive Effekte[19] sowie durch die Figur der positiven Generalprävention i. S. der Bestätigung der Unionsrechtsordnung bzw. der Aufrechterhaltung eines Systems unverfälschten Wettbewerbs ergänzt wird.[20]

5 Der in der Ahndung bzw. Sanktionierung festgestellter Zuwiderhandlungen erkennbar werdende repressive Zweck verleiht den auf der Grundlage des Art. 23 VO 1/2003 festzusetzenden Geldbußen zumindest ab einer gewissen Größenordnung zugleich einen **Strafcharakter,**[21] der zum einen zu einer strafrechtlichen bzw. strafrechtsähnlichen Einordnung der unionsrechtlichen Kartellgeldbußen und des Art. 23 VO 1/2003 veranlasst.[22] Zum anderen spricht der punitive Charakter der Geldbußen dafür, dass die Geltung grundlegender strafrechtlicher bzw. strafverfahrensrechtlicher Garantien unionsverfassungsrechtlicher Art auch im Bereich des EU-Kartellverfahrensrechts anzuerkennen ist,[23] selbst wenn der dem Art. 15 Abs. 4 VO 17 nachgebildete Art. 23 Abs. 5 VO 1/2003 in mehrdeutiger Weise bestimmt, dass die nach den Absätzen 1 und 2 getroffenen Entscheidungen bzw. Beschlüsse „keinen strafrechtlichen Charakter" hätten.[24] Zu diesen auch im EU-Kartellverfahrensrecht zu beachtenden Garantien gehören zum einen der vom EuGH anerkannte *nullum crimen sine lege*-Grundsatz[25] und der Grundsatz *nulla poena sine*

---

[16] Näher dazu jeweils m. w. N. *Dannecker/Biermann* in: Immenga/Mestmäcker(Hrsg.), Wettbewerbsrecht, Bd. 1: EU/Teil 2 – Kommentar zum Europäischen Kartellrecht, 5. Aufl. 2012, vor Art. 23 VO 1/2003 Rn. 27; *v. d. Hout* in: Mäsch (Hrsg.), Praxiskommentar zum deutschen und europäischen Kartellrecht, 2010, Art. 23 VerfVO Rn. 7; *Scholz/Haus* EuZW 2002, 682 ff.

[17] EuGH U. v. 15.7.1970 Rs. 41/69 – *ACF Chemiefarma/Kommission* Slg. 1970, 661 Rn. 172/176; EuGH U. v. 15.7.1970 Rs. 45/69 – *Boehringer/Kommission* Slg. 1970, 769 Rn. 53; so auch die allg. Auffassung im Schrifttum, vgl. nur *de Bronett* Europäisches Kartellverfahrensrecht – Kommentar zur VO 1/2003, 2. Aufl. 2012, S. 332 f.; *Dannecker/Biermann* in: Immenga/Mestmäcker (Fn. 16), vor Art. 23 VO 1/2003 Rn. 23 ff.; *Schwarze/Weitbrecht* Grundzüge des europäischen Kartellverfahrensrechts, 2004, § 7 Rn. 17.

[18] Vgl. EuGH U. v. 7.6.1983 verb. Rs. 100–103/80 – *Musique Diffusion Française u. a./Kommission* Slg. 1983, 1825 Rn. 106; EuG U. v. 30.9.2003 Rs. T-203/01 – *Manufacture française des pneumatiques Michelin/Kommission* Slg. 2003, II-4071 Rn. 254 u. 293; EuGH U. v. 26.11.2013 Rs. C-58/12 P – *Groupe Gascogne/Kommission* NZKart 2014, 139 (Rn. 49); sowie die Kommissionsentscheidungen v. 21.10.1998 *Fernwärmetechnik-Kartell* ABl. 1999 L 24/1 Ziff. 166; v. 22.11.2001 – *Vitamin-Kartell* ABl. 2003 L 6/1 Ziff. 680; v. 5.12.2001 – *Luxemburgische Brauereien* ABl. 2002 L 253/21 Ziff. 94; instruktiv vgl. ferner EuG U. v. 27.9.2006 Rs. T-59/02 – *Archer Daniels Midland Co./Kommission* Slg. 2006, II-3627 Rn. 129, wonach „die Abschreckung eine der Hauptерwägungen ist, von denen sich die Kommission bei der Bußgeldzumessung leiten lassen muss"; diesbzgl. etwas zurückhaltender vgl. EuGH U. v. 29.6.2006 Rs. C-289/04 P – *Showa Denko KK/Kommission* Slg. 2006, I-5859 Rn. 16, wonach der „Begriff der Abschreckung" einen bei der Bußgeldberechnung zu berücksichtigenden Gesichtspunkt darstellt; ähnlich EuG U. v. 25.10.2005 Rs. T-38/02 – *Groupe Danone/Kommission* Slg. 2005, II-4407 Rn. 168 u. Rn. 346; EuG U. v. 15.3.2006 Rs. T-15/02 – *BASF AG/Kommission* Slg. 2006, II-497 Rn. 219.

[19] Siehe dazu etwa die jüngsten Leitlinien der Kommission für das Verfahren zur Festsetzung von Geldbußen gemäß Art. 23 Abs. 2 lit. a VO 1/2003, ABl. 2006 C 210/2 ff.; näher dazu unter Rn. 36.

[20] In diesem Sinne vgl. etwa auch *Dannecker/Biermann* in: Immenga/Mestmäcker (Fn. 16), vor Art. 23 VO 1/2003 Rn. 26. Zu der durch den Lissabonner Reformvertrag (Fn. 1) herbeigeführten Lokationsänderung des Systems unverfälschten Wettbewerbs vgl. bereits m. w. N. Fn. 2.

[21] Zutr. m. w. N. *Schwarze/Weitbrecht* (Fn. 17), § 7 Rn. 17 f. i. V. m. Rn. 37; ähnlich *Meyer/Kuhn* WuW 2004, 880 (890).

[22] Ausführlicher dazu s. u. Rn. 50.

[23] Zutr. *Schwarze* EuZW 2003, 261 ff.; *ders./Weitbrecht* (Fn. 17), § 7 Rn. 17 f. i. V. m. Rn. 37.

[24] Näher zu dieser Bestimmung s. u. Rn. 50 f.

[25] EuGH U. v. 7.1.2004 Rs. C-60/02 *Strafverfahren gegen X* Slg. 2004, I-651 Rn. 63; zum „Grundsatz der Gesetzmäßigkeit der Strafen" vgl. ferner EuG U. v. 5.4.2006 Rs. T-279/02 – *Degussa AG/Kommission* Slg. 2006, II-897 Rn. 66 ff.; sowie EuG U. v. 8.10.2008 Rs. T-69/04 *Schunk GmbH u. a./Kommission* Slg. 2008, II-2567 Rn. 28 ff.; EuG U. v. 12.12.2012 Rs. T-400/09 – *Ecka Granulate/*

lege[26] („keine Strafe ohne Gesetz"), die allerdings nach Ansicht des EuG im EU-kartellverfahrensrechtlichen Kontext nicht unbedingt dieselbe Tragweite haben müssen wie im Fall ihrer Anwendung auf eine Situation, die dem Strafrecht im strikten Sinne unterliegt.[27] Zum anderen gehören zu den im EU-Kartellverfahrensrecht zu beachtenden Garantien das unionsverfassungsrechtliche Verbot der Rückwirkung von Strafbestimmungen oder Strafvorschriften,[28] das strafrechtliche Bestimmtheitsgebot,[29] der Grundsatz der Individualität der Strafen und Sanktionen[30] bzw. der Grundsatz der individuellen Straf- und Sanktionsfestsetzung[31] und das ebenfalls höchstrichterlich anerkannte Verbot der Doppelbestrafung,[32] die die zahlreichen anderen subjektivrechtlichen Verfahrensgrundrechte bzw. Verteidigungsrechte[33] einschließlich der ebenfalls bei der Bußgeldfestsetzung zu beachtenden Grundsätze der Gleichbehandlung[34] und der Rechtssicherheit[35] sowie des Vertrauensschutzes[36] und der Verhältnismäßigkeit[37] ergänzen.

Kommission NZKart 2013, 74 ff.; zur gelegentlichen – insbesondere an der Geltung dieses Grundsatzes anknüpfenden – Kritik an der rudimentären Ausgestaltung der Bußgeldbemessung in Art. 23 VO 1/2003 näher unter Rn. 9.

[26] Zur höchstrichterlichen Anerkennung und zur EU-kartellverfahrensrechtlichen Bedeutung dieses Grundsatzes vgl. etwa EuGH U. v. 8.2.2007 Rs. C-3/06 P – *Groupe Danone/Kommission* Slg. 2007, I-1331 Rn. 30; EuGH, U. v. 22.5.2008 Rs. C-266/06 P – *Evonik Degussa GmbH/Kommission* Slg. 2008, I-81 Rn. 38; sowie EuG U. v. 25.10.2005 Rs. T-38/02 – *Groupe Danone/Kommission* Slg. 2005, II-4407 Rn. 351; EuG U. v. 27.6.2012 Rs. T-372/10 – *Bolloré/Kommission* Rn. 33.

[27] Vgl. EuG U. v. 8.7.2008 Rs. T-99/04 – *AC-Treuhand AG/Kommission* Slg. 2008, II-1501 Rn. 113.

[28] Vgl. EuG U. v. 9.7.2003 Rs. T-220/00 *Cheil Jedang/Kommission* Slg. 2003, II-2473 Rn. 43; EuG U. v. 29.11.2005 Rs. T-64/02 – *Dr. Hans Heubach GmbH & Co. KG/Kommission* Slg. 2005, II-5137 Rn. 205; EuG U. v. 27.9.2006 Rs. T-59/02 – *Archer Daniels Midland Co./Kommission* Slg. 2006, II-3627 Rn. 41; EuGH U. v. 8.2.2007 Rs. C-3/06 P – *Groupe Danone/Kommission* Slg. 2007, I-1331 Rn. 87; EuG U. v. 16.9.2013 Rs. T-375/09 – *Hansa Metallwerke AG u. a./Kommission* Rn. 154 f.

[29] Vgl. EuG U. v. 8.7.2008 Rs. T-99/04 – *AC-Treuhand AG/Kommission* Slg. 2008, II-1501 Rn. 167; näher zu dieser Entscheidung vgl. *v. d. Bussche/Albrecht* EWS 2008, 416 ff.

[30] Vgl. EuG U. v. 25.10.2005 Rs. T-38/02 – *Groupe Danone/Kommission* Slg. 2005, II-4407 Rn. 278, wonach ein Unternehmen nach diesem Grundsatz nur für Handlungen bestraft werden darf, die ihm individuell zur Last gelegt werden und wonach dieser Grundsatz für alle Verwaltungsverfahren gilt, die zu Sanktionen nach den Wettbewerbsregeln der Gemeinschaft bzw. der Union führen können; u. a. bestätigt in EuG U. v. 14.3.2013 Rs. T-587/08 – *Fresh Del Monte Produce, Inc./Kommission* Rn. 754 f.

[31] Vgl. EuG U. v. 3.3.2011 verb. Rs. T-122/07 bis T-124/07 – *Siemens AG Österreich/Kommission* Slg. 2011, II-793 Rn. 122.

[32] Näher dazu unter Rn. 48 f.

[33] Näher zu diesen – zu den Unionsgrundrechten gehörenden – Verteidigungsrechten vgl. die Kommentierung zu Art. 20 VO 1/2003 Rn. 13 ff., 33 f., 39 f., 45, 57 u. 98.

[34] Als Beispiel für einen vom Unionsrichter bejahten Verstoß der Kommission gegen diesen unionsverfassungsrechtlichen Gleichbehandlungsgrundsatz im Rahmen der Bußgeldfestsetzung vgl. etwa EuG U. v. 19.5.2010 Rs. T-18/05 – *IMI u. a./Kommission* Slg. 2010, II-1769 Rn. 166.

[35] Zur grds. Relevanz des Gleichbehandlungsgrundsatzes u. des Grundsatzes der Rechtssicherheit bei der Bußgeldfestsetzung durch die Kommission vgl. etwa EuGH U. v. 7.6.2007 Rs. C-76/06 P – *Britannia Alloys & Chemicals Ltd/Kommission* Slg. 2007, I-4405 Rn. 40 ff. i. V. m. Rn. 79 ff.; sowie EuG U. v. 29.11.2005 Rs. T-33/02 – *Britannia Alloys & Chemicals Ltd/Kommission* Slg. 2005, II-4973 Rn. 53 ff. u. Rn. 69 ff.; EuG U. v. 5.4.2006 Rs. T-279/02 – *Degussa AG/Kommission* Slg. 2006, II-897 Rn. 66 ff. u. 323 ff.; EuGH U. v. 8.2.2007 Rs. C-3/06 P – *Groupe Danone/Kommission* Slg. 2007, I-1331 Rn. 32 ff.; EuG U. v. 12.12.2012 Rs. T-400/09 – *Ecka Granulate/Kommission* NZKart 2013, 74 ff.; EuG U. v. 23.1.2014 Rs. T-395/09 – *Gigaset AG/Kommission* NZKart 2014, 106 Rn. 168 ff.; EuGH U. v. 12.11.2014 Rs. C-580/12 P – *Guardian Industries Corp./Kommission* Rn. 62.

[36] Vgl. nur EuG U. v. 27.9.2006 Rs. T-59/02 – *Archer Daniels Midland Co./Kommission* Slg. 2006, II-3627 Rn. 384 ff.; EuG U. v. 16.6.2011 verb. Rs. T-208/08 u. T-209/08 – *Gosselin Group NV u. a./Kommission* Slg. 2011, II-3639 Rn. 109.

[37] Zur grds. Bedeutung des Verhältnismäßigkeitsgrundsatzes bei der Bußgeldfestsetzung durch die Kommission vgl. nur EuG U. v. 27.9.2006 Rs. T-43/02 – *Jungbunzlauer AG/Kommission* Slg. 2006, II-3435 Rn. 87; EuG U. v. 8.10.2008 Rs. T-68/04 – *SGL Carbon AG/Kommission* Slg. 2008, II-2511

6 Der vorgenannte ***nullum crimen (nulla poena) sine lege*-Grundsatz** streitet nicht nur für die unionsgesetzgeberische bzw. sekundärrechtliche Kodifizierung der einzelnen Bußgeldtatbestände, sondern auch dafür, dass der Unionsgesetzgeber – und nicht etwa die Exekutive allein – über die (ungefähre) Höhe der zu erwartenden Geldbuße sowie über die bei der Festsetzung der jeweiligen Geldbuße maßgeblichen Bemessungskriterien entscheidet.[38] Ob die in Art. 23 Abs. 3 VO 1/2003 vorgenommene (rudimentäre) Ausgestaltung der bei der Bemessung der Geldbuße zu berücksichtigenden Kriterien insoweit rechtsgemeinschaftlichen bzw. -unionalen[39] und/oder den unionsgrundrechtlichen Anforderungen genügt,[40] ist zwar auf Grund der permanent schärfer werdenden Bußgeldpraxis der Kommission (dazu sogleich unter Rn. 7 ff.) nach wie vor umstritten.[41] Der Unionsrichter teilt derartige Bedenken jedoch (bislang) überhaupt nicht.[42]

II. Praktische Bedeutung

7 In Anwendung des Art. 15 VO 17, der mit einigen Änderungen in Art. 23 VO 1/2003 übernommen wurde, hat sich die der Kommission obliegende Festsetzung von Geldbußen gegen materiell- und verfahrensrechtliche Zuwiderhandlungen in den letzten Jahrzehnten zu einem immer einschneidenderen **Instrument der unionalen Wettbewerbspolitik** entwickelt. Nachdem die Kommission in den Anfangsjahren der europäischen Integration nur relativ geringe kartellverfahrensrechtliche Geldbußen verhängt hatte, markierte ihre *Pioneer*-Entscheidung aus dem Jahre 1979[43] einen ersten signifikanten Anstieg der in dieser und nachfolgenden Entscheidungen festgesetzten Bußgeldhöhen; diese Trendwende ist kurze Zeit später vom EuGH ausdrücklich aus Abschreckungsgründen gebilligt wor-

---

Rn. 68 ff.; EuG U. v. 3.3.2011 verb. Rs. T-117/07 u. T-121/07 – *Areva u. a./Kommission* Slg. 2011, I-633 Rn. 235; EuG U. v. 16.9.2013 Rs. T-396/10 – *Zucchetti Rubinetteria SpA/Kommission* Rn. 143 ff.

[38] Zutr. *Schwarze/Weitbrecht* (Fn. 17), § 7 Rn. 20.

[39] Zu dem auf der supranationalen Unionsebene dem Rechtsstaatsprinzip entsprechenden Konzept der Rechtsgemeinschaft vgl. jeweils m. w. N. *Nicolaysen* Rechtsgemeinschaft, Gemeinschaftsgerichtsbarkeit und Individuum, in: Nowak/Cremer (Hrsg.), Individualrechtsschutz in der EG und der WTO, 2002, S. 17 ff.; *Pache,* Begriff, Geltungsgrund und Rang der Grundrechte in der EU, in: Heselhaus/Nowak (Hrsg.), Handbuch der Europäischen Grundrechte, 2006, § 4 Rn. 93 ff. Zu der insbesondere mit Blick auf die Rechtsnachfolgeregelung des Art. 1 Abs. 3 Satz 3 EU sachgerecht erscheinenden und auch vom Unionsrichter praktizierten Ersetzung des Begriffs „Rechtsgemeinschaft" durch den weitgehend inhaltsgleichen Begriff „Rechtsunion" vgl. m. w. N. *Nowak* (Fn. 1), S. 142 f.

[40] Zweifelnd *Schütz* in: Hootz (Hrsg.), Gesetz gegen Wettbewerbsbeschränkungen und Europäisches Kartellrecht – Gemeinschaftskommentar, 5. Aufl. 2004, Art. 23 VO 1/2003 Rn. 3 ff.; *Schwarze/Weitbrecht* (Fn. 17), § 7 Rn. 20 ff.

[41] Ausführlich zu der bereits seit geraumer Zeit recht lebhaften und durchaus kontrovers geführten Diskussion über die Frage, ob das gegenwärtige EU-kartellverfahrensrechtliche Geldbußenregime in hinreichender Weise rechtsstaatlichen bzw. unionsgrundrechtlichen Anforderungen gerecht wird oder insoweit reformbedürftig ist, vgl. etwa *Ackermann* ZWeR 2010, 329 ff.; *Bechtold/Bosch* ZWeR 2011, 160 ff.; *Brei* ZWeR 2015, 34 ff.; *de Bronett* ZWeR 2012, 157 ff.; *ders.* WuW 2012, 1163 ff.; *ders.* ZWeR 2013, 38 ff.; *Bueren* EWS 2012, 363 ff.; *Forrester* ELRev. 2011, 185 ff.; *Frenz* EWS 2013, 123 ff.; *Guski* ZWeR 2012, 243 ff.; *Hauger/Palzer* World Competition 2013, 565 ff.; *Körber,* Europäisches Kartellverfahren in der rechtspolitischen Kritik, in: ZEW (Hrsg.), Vorträge und Berichte Nr. 204, 2013, S. 1 ff.; *Lenaerts* NZKart 2013, 175 ff.; *Möschel* DB 2010, 2377 ff.; *Montag* ECLR 1996, 428 ff.; *Schwarze* EuR 2009, 171 ff.; *ders.* WuW 2009, 6 ff.; *Soltész* WuW 2012, 141 ff.; *Wils* World Competition 2010, 5 ff.

[42] Instruktiv dazu vgl. insbesondere aus jüngerer Zeit EuGH U. v. 8.12.2011 Rs. C-272/09 P – *KME Germany u. a./Kommission* Slg. 2011, I-12789 ff.; EuGH U. v. 8.12.2011 Rs. C-386/10 P – *Chalkor/Kommission* Slg. 2011, I-13085 ff.; EuG U. v. 12.12.2012 Rs. T-400/09 – *Ecka Granulate/Kommission* NZKart 2013, 74 ff.; EuGH U. v. 11.7.2013 Rs. C-439/11 P – *Ziegler/Kommission* WuW 2013, 1118 ff.; EuGH U. v. 18.7.2013 Rs. C-501/11 P – *Schindler Holding u. a./Kommission* NZKart 2013, 334 ff.; EuG U. v. 16.9.2013 Rs. T-364/10 – *Duravit/Kommission* NZKart 2013, 412 ff.

[43] Kommissionsentscheidung v. 14.12.1979 – *Pioneer Hi-Fi-Geräte* ABl. 1980 L 60/21 insbes. Rn. 104.

den.[44] Zu einem noch deutlicheren Anstieg der von der Kommission festzusetzenden Bußgeldhöhen führten sodann die Anfang 1998 von ihr veröffentlichten Leitlinien für das Verfahren zur Festsetzung von Geldbußen,[45] die einen vieldiskutierten – vom EuG u. a. in seinen *Lysin*-Urteilen vom 9. Juli 2003 explizit gebilligten[46] – Wechsel von der bis *dato* praktizierten umsatzproportionalen Bebußung hin zu einer vom individuellen Umsatz der betreffenden Unternehmen losgelösten Bebußung eingeleitet haben.[47] Diese Leitlinien sind mit Wirkung zum 1. September 2006 durch neue Bußgeldleitlinien der Kommission ersetzt worden.[48]

Auf der Grundlage der oben genannten – aus dem Jahre 1998 stammenden – **Leitlinien für das Verfahren zur Festsetzung von Geldbußen,** in denen unter Berücksichtigung erschwerender und mildernder Umstände insbesondere die einst in Art. 15 Abs. 2 VO 17 und nunmehr in Art. 23 Abs. 3 VO 1/2003 festgelegten Bemessungskriterien der Schwere und Dauer der jeweiligen Zuwiderhandlungen[49] fallgruppenspezifisch konkretisiert wurden, verhängte die Kommission beispielsweise im Jahre 2001 Bußgelder in Höhe von insgesamt rund 1,8 Mrd. EURO, wobei der höchste Anteil (rd. 855 Mio. EURO) auf das sog. *Vitamin*-Kartell entfiel.[50] Überaus hohe Geldbußen wurden in den vergangenen Jahren beispielsweise auch im sog. *Graphitelektroden*-Fall (insgesamt rd. 218 Mio. EURO),[51] im sog. *Selbstdurchschreibepapier*-Fall (insgesamt rd. 313 Mio. EURO),[52] im sog. *Reißverschlusshersteller*-Fall (insgesamt rd. 329 Mio. EURO)[53] sowie im sog. *Flachglass*-Fall (insgesamt rd. 487 Mio. EURO)[54] verhängt. Ein seinerzeit so bezeichnetes „Rekordbußgeld" in Höhe von fast 500 Mio. EURO verhängte die Kommission sodann im Jahre 2004 gegen das Unternehmen *Microsoft* wegen eines von der Kommission festgestellten Missbrauchs einer marktbeherrschenden Stellung i. S. des Art. 82 EG[55] [jetzt: Art. 102 AEUV]. Auch in zahlreichen jüngeren Fällen sind diese enormen Bußgeldsummen erreicht oder sogar noch überschritten worden.[56] Der insoweit ganz offenkundig mit den vorgenannten Leitlinien verbundene Anstieg des Bußgeldniveaus ist in der Rechtsprechung nicht beanstandet worden.[57] Vielmehr unterstreicht das EuG unter ausdrücklicher Billigung des EuGH immer wieder, dass die Kommission das Niveau der Geldbußen im Interesse der wirksamen Anwendung der Wettbewerbsregeln der Union jederzeit den Erfordernissen ihrer Wettbe- 8

---

[44] EuGH U. v. 7.6.1983 Rs. 100–103/80 – *Musique Diffusion Française u. a./Kommission* Slg. 1983, 1825 Rn. 109; in diesem Sinne vgl. auch EuG U. v. 12.7.2001 verb. Rs. T-202/98, T-204/98 u. T-207/98 – *Tate & Lyle u. a./Kommission* Slg. 2001, II-2035 Rn. 134.

[45] Leitlinien für das Verfahren zur Festsetzung von Geldbußen, die gemäß Art. 15 Absatz 2 der Verordnung Nr. 17 und gemäß Artikel 65 Absatz 5 EGKS-Vertrag festgesetzt werden, ABl. 1998 C 9/3; näher zu diesen Leitlinien unter Rn. 29–36.

[46] Vgl. EuG U. v. 9.7.2003 Rs. T-224/00 – *Archer Daniels Midland Company u. a./Kommission* Slg. 2003, II-2597 Rn. 42 u. 52; sowie EuG U. v. 27.9.2006 Rs. T-59/02 – *Archer Daniels Midland Co./Kommission* Slg. 2006, II-3627 Rn. 41 ff.

[47] Näher dazu m. w. N. unter Rn. 29–35.

[48] Näher dazu siehe unter Rn. 36.

[49] Näher zu diesen beiden Bemessungskriterien siehe unter Rn. 26–28.

[50] Entscheidung der Kommission v. 22.11.2001 – *Vitamin-Kartell* ABl. 2003 L 6/1 ff.

[51] Entscheidung der Kommission v. 18.7.2001 – *Graphitelektroden* ABl. 2002 L 100/1 ff.; vgl. dazu EuG U. v. 29.4.2004 verb. Rs. T-236/01, T-239/01, T-244–246/01, T-251/01 u. T-252/01 – *Tokai Carbon u. a./Kommission* Slg. 2004, II-1181 ff.

[52] Entscheidung der Kommission v. 20.12.2001 – *Selbstdurchschreibepapier* ABl. 2004 L 115/1 ff.

[53] Vgl. dazu nur die Mitteilung in EuZW 2007, 619.

[54] Vgl. die entspr. Pressemitteilung der Kommission v. 28.11.2007 (IP/07/1781).

[55] Entscheidung der Kommission v. 24.5.2004 – *Microsoft* ABl. 2007 L 32/23 ff.

[56] Vgl. dazu exemplarisch die Pressemitteilung der Kommission v. 5.12.2012, EuZW 2013, 4 (Geldbuße i. H. v. 1,47 Mrd. Euro betr. Kathodenstrahlröhren-Kartell); sowie jeweils m. w. N. *Lindemann* WuW 2011, 1235 ff.; *Meyring* WuW 2010, 157 ff.; *Stockmann* ZWeR 2012, 20 ff.; *Wils* World Competition 2010, 5 (10 ff.); *Weitbrecht/Mühle* EuZW 2010, 327 ff.; *dies.* EuZW 2013, 255 ff.

[57] Vgl. m. w. N. EuG U. v. 18.7.2005 Rs. T-241/01 – *SAS/Kommission* Slg. 2005, II-2917 Rn. 75.

werbspolitik anpassen kann[58] und dass die Kommission mit dem Erlass der Bußgeldleitlinien von 2006 nicht den Ermessensspielraum überschritten hat, der ihr nach Art. 23 Abs. 2 und 3 VO 1/2003 zusteht.[59] Folglich können Unternehmen, die von einem Verwaltungsverfahren betroffen sind, das zu einer Geldbuße führen kann, nicht darauf vertrauen, dass die Kommission das zuvor praktizierte Bußgeldniveau nicht überschreiten wird.[60] Dem folgt der EuGH insoweit, als er in seiner jüngeren Rechtsprechung immer wieder deutlich machte, dass sich die Unternehmen bewusst sein müssen, „dass die Kommission jederzeit beschließen kann, das Niveau der Geldbußen gegenüber dem in der in der Vergangenheit praktizierten Niveau anzuheben.[61] Vor einer solchen Anhebung ist der jeweilige Bußgeldadressat nach der jüngeren Rechtsprechung des Unionsrichters weder durch den allgemeinen Gleichbehandlungsgrundsatz und den Grundsatz *nullum crimen, nulla poena sine lege* noch durch den Grundsatz der Rechtssicherheit oder das unionsverfassungsrechtliche Rückwirkungsverbot hinreichend geschützt.[62]

9 Das permanent **ansteigende Bußgeldniveau,** dem durch die bisherigen Mitteilungen der Kommission über den Erlass und die Ermäßigung von Geldbußen in Kartellsachen[63] nur begrenzt Einhalt geboten wird, intensivierte die seit Erlass der o.g. Leitlinien im Schrifttum geführte Diskussion[64] über die von einigen Autoren immer wieder betonte Notwendigkeit einer umfassenderen bzw. präziseren Ausgestaltung der bußgeldbezogenen Bemessungskriterien durch den Unionsgesetzgeber, d.h. in der jeweiligen Kartellverfahrensverordnung selbst und nicht etwa in „untergesetzlichen" Verwaltungsrichtlinien bzw. Leitlinien.[65] Offenbar unbeeindruckt von dieser Diskussion hat sich der Verordnungsgeber mit Erlass der VO 1/2003 dafür entschieden, die mit bestimmten Höchstsätzen und mit den konkretisierungsbedürftigen Bemessungskriterien der „Dauer und Schwere der Zuwiderhandlung" operierenden Regelungen des Art. 15 VO 17 in Art. 23 VO 1/2003 zu

---

[58] Vgl. nur EuG U. v. 14.5.1998 Rs. T-352/94 – *Mo och Domsjö/Kommission* Slg. 1998, II-1989 Rn. 355; EuG U. v. 9.7.2003 Rs. T-224/00 – *Archer Daniels Midland Company u. a./Kommission* Slg. 2003, II-2597 Rn. 56; EuG U. v. 9.7.2003 Rs. T-220/00 *Cheil Jedang/Kommission* Slg. 2003, II-2473 Rn. 35; EuG U. v. 25.10.2005 Rs. T-38/02 – *Groupe Danone/Kommission* Slg. 2005, II-4407 Rn. 135; EuG U. v. 5.4.2006 Rs. T-279/02 – *Degussa AG/Kommission* Slg. 2006, II-897 Rn. 81; EuG U. v. 12.9.2007 Rs. T-30/05 – *William Prym GmbH & Co. KG/Kommission* Slg. 2007, II-107 Rn. 167; EuG U. v. 10.4.2008 Rs. T-271/03 – *Deutsche Telekom AG/Kommission* Slg. 2008, II-477 Rn. 316; dem zustimmend vgl. etwa EuGH U. v. 28.6.2005 Rs. C-189/02 P, C-202/02 P, C-205/02 P bis C-208/02 P und C-213/02 P – *Dansk Rørindustri u. a./Kommission* Slg. 2005, I-5425 Rn. 169; EuGH U. v. 18.5.2006 Rs. C-397/03 P – *Archer Daniels Midland Co. u. a./Kommission* Slg. 2006, I-4429 Rn. 21; EuG U. v. 14.4.2011 Rs. T-461/07 – *Visa Europe Ltd u. a./Kommission* Slg. 2011, II-1729 Rn. 213.

[59] Vgl. nur EuG U. v. 16.9.2013 Rs. T-375/09 – *Hansa Metallwerke AG u. a./Kommission* Rn. 62.

[60] Vgl. nur EuG U. v. 26.4.2007 verb. Rs. T-109/02, T-118/02, T-122/02, T-125/02, T-126/02, T-128/02, T-129/02, T-132/02 u. T-136/02 – *Bolloré SA/Kommission* Slg. 2007, II-947 Rn. 376 u. 407.

[61] Vgl. nur EuGH U. v. 28.6.2005 Rs. C-189/02 P, C-202/02 P, C-205/02 P bis C-208/02 P und C-213/02 P – *Dansk Rørindustri u. a./Kommission* Slg. 2005, I-5425 Rn. 228f.

[62] Vgl. EuGH U. v. 28.6.2005 Rs. C-189/02 P, C-202/02 P, C-205/02 P bis C-208/02 P und C-213/02 P – *Dansk Rørindustri u. a./Kommission* Slg. 2005, I-5425 Rn. 169ff. u. Rn. 232; EuGH U. v. 8.2.2007 Rs. C-3/06 P – *Groupe Danone/Kommission* Slg. 2007, I-1331 Rn. 23ff., 36ff. u. 87ff.; EuGH U. v. 7.6.2007 Rs. C-76/06 P – *Britannia Alloys & Chemicals Ltd/Kommission* Slg. 2007, I-4405 Rn. 40ff. i.V.m. Rn. 79ff.; sowie EuG U. v. 29.11.2005 Rs. T-64/02 – *Dr. Hans Heubach GmbH & Co. KG/Kommission* Slg. 2005, II-5137 Rn. 205ff.; EuG U. v. 26.4.2007 verb. Rs. T-109/02, T-118/02, T-122/02, T-125/02, T-126/02, T-128/02, T-129/02, T-132/02 u. T-136/02 – *Bolloré SA/Kommission* Slg. 2007, II-947 Rn. 409.

[63] ABl. 2002 C 45/3; zu den hier angesprochenen „Kronzeugenregelungen" siehe Rn. 37–47.

[64] Vgl. aus damaliger Zeit nur *Hellmann* WuW 1999, 333 (335 u. 338); *ders.* WuW 2002, 944 (947); *Kallmeyer/Haupt* EuZW 2002, 677ff.; *Weitbrecht* EuZW 1998, 677 (684).

[65] Vgl. nur *Schwarze/Weitbrecht* (Fn. 17), § 7 Rn. 1ff.; *Soltész/Steinle/Bielesz* EuZW 2003, 202ff.; kritisch ferner *Hellmann* WuW 2002, 944ff.

übernehmen.[66] Da die letztgenannte Vorschrift insoweit im Wesentlichen dem Art. 15 VO 17 entspricht und Art. 23 VO 1/2003 nur wenige Neuerungen vorsieht, entfaltet diese Vorschrift im Ergebnis keine die bisherige Bußgeldpolitik stärker disziplinierende bzw. legitimierende Wirkung.

Zu den vorgenannten „wenigen Neuerungen" gehört zum einen die in Art. 23 Abs. 1 VO 1/2003 vorgenommene **Änderung des Sanktionsrahmens,** der für Geldbußen im Falle von Zuwiderhandlungen einzelner Unternehmen oder Unternehmensvereinigungen gegen verfahrensrechtliche Mitwirkungs- und Duldungspflichten gilt.[67] Eine Neuerung stellt ferner die in Art. 23 Abs. 4 VO 1/2003 enthaltene Regelung dar, wonach die Mitglieder einer Unternehmensvereinigung für die gegen diese Vereinigung ausgesprochene Geldbuße gesamtschuldnerisch haften, wenn die betreffende Unternehmensvereinigung selbst nicht zahlungsfähig ist.[68] Schließlich ist auf den Wegfall der einst in Art. 15 Abs. 5 VO 17 geregelten Bußgeldimmunität im Kontext angemeldeter Kartellvereinbarungen hinzuweisen,[69] die durch den mit der VO 1/2003 bewerkstelligten Systemwechsel[70] von einem Kartellverbot mit Erlaubnisvorbehalt hin zu einer – das ursprünglich in Art. 4–8 VO 17 geregelte Freistellungsverfahren erübrigenden – unmittelbar anwendbaren Legalausnahme (Art. 101 Abs. 3 AEUV) obsolet geworden ist. 10

III. Tatbestand

1. Bußgeldbedrohte Zuwiderhandlungen und Bußgeldrahmen

Bei der Festsetzung von Geldbußen ist nach Art. 23 Abs. 1 und 2 VO 1/2003 – wie zuvor nach Art. 15 Abs. 1 und 2 VO 17 – zwischen Zuwiderhandlungen gegen verfahrensrechtliche Mitwirkungs- und Duldungspflichten einerseits (a) und materiellrechtlichen Zuwiderhandlungen andererseits (b) zu unterscheiden. Für die Sanktionierung der erstgenannten Zuwiderhandlungen ist in Art. 23 Abs. 1 VO 1/2003 ein **Höchstbetrag von 1%** des im vorausgegangenen Geschäftsjahr erzielten Gesamtumsatzes[71] vorgesehen, der gegenüber dem zuvor in Art. 15 VO 17 festgelegten Höchstbetrag in Höhe von „einhundert bis fünftausend Rechnungseinheiten" aus Abschreckungsgründen deutlich erhöht wurde. Un- 11

---

[66] Näher zu diesen Höchstsätzen und Bemessungskriterien siehe unter Rn. 25–28.

[67] Näher dazu unter Rn. 12–14.

[68] Näher dazu unter Rn. 21–24.

[69] Zum Sinn und Zweck dieser damaligen Regelung vgl. etwa EuG U. v. 14.12.2006 verb. Rs. T-259/02 bis T-264/02 u. T-271/02 – *Raiffaisen Zentralbank Österreich AG u. a./Kommission* Slg. 2006, II-5169 Rn. 213.

[70] Ausführlich zu diesem Systemwechsel vgl. *Bartosch* WuW 2000, 462 ff.; *Braun* Der Systemwechsel im europäischen (und deutschen) Kartellrecht (VO 1/2003) – Vorschläge für die Unternehmenspraxis, in: Behrens/dies./Nowak (Hrsg.), Europäisches Wettbewerbsrecht im Umbruch, 2004, S. 167 ff.; *Hossenfelder/Lutz* WuW 2003, 118 ff.; *Kamann/Bergmann* BB 2003, 1743 ff.; *Möschel* JZ 2000, 61 ff.; *Schmidt* BB 2003, 1237 ff.; *Weitbrecht* EuZW 2003, 69 ff.

[71] Nach Ziff. 5.a) der nachfolgend unter Rn. 29–36 näher behandelten Leitlinien für das Verfahren zur Festsetzung von Geldbußen (ABl. 1998 C 9/3) sollte das für den Gesamtumsatz zugrunde zu legende Geschäftsjahr soweit wie möglich das dem Jahr des Erlasses der Entscheidung bzw. des Beschlusses vorausgehende Geschäftsjahr oder, falls Angaben zu diesem Jahr nicht verfügbar sind, das unmittelbar vorausgehende Geschäftsjahr sein; zur Umsatzberechnung siehe EuG U. v. 23.3.1994 verb. Rs. T-39/92 u. T-40/92 – *Groupement des cartes bancaires u. Europay International/Kommission* Slg. 1994, II-49 Rn. 137–139; instruktiv zu dem ursprünglich in Art. 15 Abs. 2 Uabs. 1 VO 17 enthaltenen Begriff „letztes Geschäftsjahr" vgl. EuGH U. v. 7.6.2007 Rs. C-76/06 P – *Britannia Alloys & Chemicals Ltd/Kommission* Slg. 2007, I-4405 Rn. 19 ff. (insb. Rn. 30, wo es heißt: „Hat das betroffene Unternehmen […] im letzten Geschäftsjahr vor Erlass der Entscheidung der Kommission keinen Umsatz erzielt, ist diese […] berechtigt, ein anderes Geschäftsjahr heranzuziehen, um die finanziellen Mittel dieses Unternehmens richtig bewerten zu können und um sicherzustellen, dass die Geldbuße eine ausreichende abschreckende Wirkung entfaltet"); näher dazu vgl. auch EuG U. v. 15.7.2015 Rs. T-391/10 – *Nedri Spansdaal BV/Kommission* NZKart 2015, 400 Rn. 93 ff.

verändert geblieben ist hingegen der gemäß Art. 23 Abs. 2 VO 1/2003 für materielle Zuwiderhandlungen grundsätzlich geltende **Höchstbetrag von 10%** des im vorausgegangenen Geschäftsjahr erzielten Gesamtumsatzes;[72] diese 10%-Grenze gilt nach ständiger Rechtsprechung des Unionsrichters nur für den Endbetrag der von der Kommission verhängten Geldbuße, sodass es der Kommission nicht verboten ist, bei den verschiedenen Schritten der Berechnung der Geldbußenhöhe zu einem Zwischenbetrag zu gelangen, der über der 10%-Grenze liegt, sofern der Endbetrag der Geldbuße diese Grenze nicht überschreitet.[73] Erlaubt der Umsatz des vorangegangen Geschäftsjahres aus bestimmten Gründen keine sinnvolle Aussage über die aktuelle wirtschaftliche Situation des betroffenen Unternehmens, so ist die Kommission über den Wortlaut des Art. 23 Abs. 2 VO 1/2003 hinaus ausnahmsweise befugt, in diesem Kontext ein anderes Geschäftsjahr zu Grunde zu legen.[74] Im Übrigen ist an dieser Stelle auf die ständige Rechtsprechung des Unionsrichters hinzuweisen, wonach die in Art. 23 Abs. 2 VO 1/2003 festgelegte Obergrenze von 10% anhand des gesamten Umsatzes aller Gesellschaften zu ermitteln ist, aus denen die als Unternehmen im Sinne von Art. 101 AEUV auftretende wirtschaftliche Einheit besteht, da nur der Gesamtumsatz der ihr angehörenden Gesellschaften die Größe und Wirtschaftskraft des fraglichen Unternehmens widerspiegeln kann.[75] Die einst in Art. 15 Abs. 2 VO 17 zusätzlich vorgesehene Untergrenze in Höhe von „eintausend bis einer Million Rechnungseinheiten“, über die die Kommission in der zurückliegenden Bußgeldpraxis ohnehin regelmäßig weit hinausgegangen ist,[76] hat in Art. 23 Abs. 2 VO 1/2003 keinen Eingang gefunden.

12 **a) Zuwiderhandlungen verfahrensrechtlicher Art.** Nach Art. 23 Abs. 1 lit. a und b VO 1/2003 kann die Kommission gegen Unternehmen und Unternehmensvereinigungen durch Beschluss zum einen dann Geldbußen bis zu einem Höchstbetrag von 1% des im vorausgegangenen Geschäftsjahr erzielten Gesamtumsatzes festsetzen, wenn sie i. R. der Untersuchung einzelner Wirtschaftszweige und einzelner Arten von Vereinbarungen i. S. des Art. 17 VO 1/2003 oder im Zuge von **Auskunftsverlangen** i. S. des Art. 18 VO 1/2003 vorsätzlich oder fahrlässig bei der Erteilung einer nach Art. 17 oder 18 Abs. 2 VO 1/2003 verlangten Auskunft unrichtige oder irreführende Angaben machen (lit. a) oder wenn sie bei der Erteilung einer durch Beschluss gemäß Art. 17 oder 18 Abs. 3 VO

---

[72] Zum Sinn und Zweck einer solchen (sekundärrechtlichen) Höchstbetragsfestsetzung vgl. EuGH U. v. 7.6.2007 Rs. C-76/06 P – *Britannia Alloys & Chemicals Ltd/Kommission* Slg. 2007, I-4405 Rn. 24, wo es in Ansehung des damaligen Art. 15 Abs. 2 UAbs. 2 VO 17 heißt, „dass durch die auf den Umsatz bezogene Obergrenze [...] verhindert werden soll, dass die von der Kommission verhängten Geldbußen außer Verhältnis zur Größe des betreffenden Unternehmens stehen“; so auch bereits EuG U. v. 29.11.2005 Rs. T-33/02 – *Britannia Alloys & Chemicals Ltd/Kommission* Slg. 2005, II-4973 Rn. 35; EuG U. v. 29.11.2005 Rs. T-52/02 – *Société nouvelle des couleurs zinciques SA/Kommission* Slg. 2005, II-5005 Rn. 96; sowie erneut EuGH U. v. 26.11.2013 Rs. C-58/12 P – *Groupe Gascogne/Kommission* NZKart 2014, 139 (Rn. 48); näher zur Ausgestaltung dieser „Kappungsgrenze“ und deren *pendant* im dt. Kartellrecht vgl. *Buntscheck* EuZW 2007, 423 ff.; *Brettel/Thomas* ZWeR 2009, 25 ff.; sowie BGH Beschl. v. 26.2.2013 KRB 20/12 – Grauzementkartell NZKart 2013, 195 ff., mit Anm. *Ost* NZKart 2013, 173 f.; ausführlicher zu dieser Entscheidung vgl. *Achenbach* WuW 2013, 688 ff.; *Barth/Budde* NZKart 2013, 311 ff.

[73] Vgl. nur EuG U. v. 16.9.2013 Rs. T-364/10 – *Duravit AG/Kommission* Rn. 379 m. w. N.

[74] Vgl. EuGH U. v. 15.5.2014 Rs. C-90/13 P – *gurantanová/Kommission* NZKart 2014, 265 f.

[75] Vgl. nur EuG U. v. 13.7.2011 Rs. T-39/07 – *Eni SpA/Kommission* Slg. 2011, II-4457 Rn. 177; EuG U. v. 23.1.2014 Rs. T-384/09 – *SKW Stahl-Metallurgie Holding AG u. a./Kommission* NZKart 2014, 99 (102 Rn. 266 m. w. N.). Ferner vgl. in diesem Kontext EuGH U. v. 4.9.2014 Rs. C-408/12 P – *YKK u. a./Kommission* NZKart 2014, 455 Rn. 60, wonach die Kommission in einem Fall, in dem ein Unternehmen, das von ihr für einen Verstoß gegen Art. 101 AEUV haftbar gemacht wird, von einem anderen Unternehmen erworben wird, innerhalb dessen es als Tochtergesellschaft weiterhin eine gesonderte wirtschaftliche Einheit darstellt, den jeweiligen Umsatz jeder dieser wirtschaftlichen Einheiten zu berücksichtigen hat, um bei ihnen ggf. die Obergrenze von 10% anzuwenden.

[76] Dazu siehe bereits oben unter Rn. 8 ff.

1/2003 verlangten Auskunft unrichtige, unvollständige oder irreführende Angaben machen oder die Angaben nicht innerhalb der gesetzten Frist machen (lit. b). Diese beiden Bußgeldtatbestände erweitern den Kreis sanktionierbarer Zuwiderhandlungen in erheblicher Weise, da sich die ebenfalls auf die Untersuchung von Wirtschaftszweigen und Auskunftsersuchen zugeschnittene Vorgängerregelung des Art. 15 Abs. 1 lit. b VO 17 einst auf die Sanktionierung unrichtiger und nicht fristgerecht erteilter Auskünfte beschränkte.

Zum anderen kann die Kommission gemäß Art. 23 Abs. 1 lit. c VO 1/2003 Geldbußen 13
bis zu einem Höchstbetrag von 1% des im vorausgegangenen Geschäftsjahr erzielten Gesamtumsatzes festsetzen, wenn die betreffenden Unternehmen und Unternehmensvereinigungen bei **Nachprüfungen** i. S. des Art. 20 VO 1/2003 die angeforderten Bücher oder sonstigen Geschäftsunterlagen nicht vollständig vorlegen oder in einer Entscheidung nach Art. 20 Abs. 4 VO 1/2003 angeordnete Nachprüfungen nicht dulden (lit. c).[77] Dieser Bußgeldtatbestand stimmt weitgehend mit der Vorgängerregelung des Art. 15 Abs. 1 lit. c VO 17 überein, der sich allerdings im Unterschied zu Art. 23 Abs. 1 lit. VO 1/2003 explizit auch auf Nachprüfungen mitgliedstaatlicher Behörden bezog.

Darüber hinaus gilt der o. g. Höchstsatz von 1% des im vorausgegangenen Geschäftsjahr 14
erzielten Gesamtumsatzes gemäß Art. 23 Abs. 1 lit. d und e VO 1/2003 für Zuwiderhandlungen im Kontext des in Art. 20 Abs. 2 lit. e VO 1/2003 geregelten Befragungsrechts sowie für den Bruch eines auf der Grundlage des Art. 20 Abs. 2 lit. d VO 1/2003 angebrachten Siegels.[78] Diese beiden Bußgeldtatbestände kannte Art. 15 VO 17 noch nicht, da der Kommission sowohl das **Befragungsrecht** als auch die **Versiegelungsbefugnis** erst seit dem In-Kraft-Treten der VO 1/2003 zur Verfügung stehen. Der einst in Art. 15 Abs. 1 lit. a VO 17 enthaltene Bußgeldtatbestand, der sich auf unrichtige oder entstellte Angaben im Zusammenhang mit Anträgen auf Erteilung von Negativattesten i. S. Art. 2 VO 17 und von Einzelfreistellungsentscheidungen i. S. der Art. 4, 6 und 8 VO 17 bezog, ist auf Grund des oben bereits erwähnten Systemwechsels[79] obsolet geworden und deshalb nicht in Art. 23 Abs. 1 VO 1/2003 übernommen worden.

b) Zuwiderhandlungen materiellrechtlicher Art. Nach Art. 23 Abs. 2 UAbs. 1 lit. a 15
VO 1/2003 kann die Kommission – wie zuvor nach Art. 15 Abs. 2 lit. a VO 17 – gegen Unternehmen und Unternehmensvereinigungen durch Entscheidung zum einen dann Geldbußen bis zu einem Höchstbetrag von 10% des im vorausgegangenen Geschäftsjahr erzielten Gesamtumsatzes[80] festsetzen, wenn sie vorsätzlich der fahrlässig gegen **Art. 101 oder 102 AEUV** verstoßen. Der ursprünglich in Art. 15 Abs. 2 lit. b VO 17 enthaltene Bußgeldtatbestand, der sich auf Zuwiderhandlungen gegen eine im Zusammenhang mit dem Erlass einer Einzelfreistellungsentscheidung erteilte Auflage bezog, ist auf Grund des o. g. Systemwechsels, der mit einem Wegfall des Einzelfreistellungsverfahrens verbunden ist,

---

[77] Exemplarisch zur Verhängung einer Geldbuße i. H. v. 2,5 Mio Euro wegen eines Verstoßes eines Nachprüfungsadressaten gegen die hier angesprochene Duldungspflicht vgl. den Beschluss der Kommission v. 28.3.2012 in der Sache COMP/39.793 – EPH u. a., ABl. 2012 C 316/8 ff.; die gegen diese Entscheidung erhobene Nichtigkeitsklage ist abgewiesen worden, vgl. EuG, U. v. 26.11.2014 Rs. T-272/12 – *Energetický a průmyslový holding a.s u. a./Kommission* Rn. 32 ff.

[78] Zu den bußgeldrechtlichen Folgen eines solchen Siegelbruchs vgl. EuG U. v. 15.12.2010 Rs. T-141/08 – *E.ON Energie AG/Kommission* Slg. 2010, II-5761 ff., mit Anm. *Soltész* EuZW 2011, 234 f.; EuGH U. v. 22.11.2012 Rs. C-89/11 P – *E.ON Energie AG/Kommission* WuW 2013, 61 ff.; näher zu diesen beiden Entscheidungen vgl. *Weitbrecht/Mühle* EuZW 2013, 255 (260 f.).

[79] Siehe oben Rn. 10.

[80] Näher zum Begriff des Gesamtumsatzes vgl. *Buntscheck* EuZW 2007, 423 (424 m. w. N.); sowie EuG U. v. 12.12.2007 Rs. T-112/05 – *Akzo Nobel NV u. a./Kommission* Slg. 2007, II-5049 Rn. 90, wonach die in dieser Bestimmung festgelegte Obergrenze von 10 % anhand des gesamten Umsatzes aller Gesellschaften zu ermitteln ist, aus denen die als Unternehmen i. S. von Art. 81 EG [jetzt: Art. 101 AEUV] auftretende wirtschaftliche Einheit besteht, da nur der Gesamtumsatz der zu dieser Einheit gehörenden Gesellschaften die Größe und die Wirtschaftskraft des fraglichen Unternehmens widerspiegeln kann.

obsolet geworden. Stattdessen bestimmt Art. 23 Abs. 2 UAbs. 1 VO 1/2003, dass die Kommission auch dann gegen Unternehmen und Unternehmensvereinigungen Geldbußen bis zu einem Höchstbetrag von 10% des im vorausgegangenen Geschäftsjahr erzielten Gesamtumsatzes festsetzen kann, wenn sie einem nach Art. 8 VO 1/2003 erlassenen Beschluss zur Anordnung einstweiliger Maßnahmen zuwiderhandeln (lit. b) oder wenn sie eine durch Beschluss gemäß Art. 9 VO 1/2003 für bindend erklärte Verpflichtungszusage nicht einhalten (lit. c).

16 Für die in Art. 23 Abs. 2 UAbs. 1 lit. a–c VO 1/2003 aufgeführten Zuwiderhandlungen bestimmt UAbs. 2 dieser Vorschrift grundsätzlich, dass die Geldbuße für jedes an der Zuwiderhandlung beteiligte Unternehmen oder jede beteiligte Unternehmensvereinigung 10% seines bzw. ihres im vorausgegangenen Geschäftsjahr erzielten Gesamtumsatzes nicht übersteigen darf. Eine neuartige – dem Art. 15 VO 17 noch fremde – **Sonderregelung** enthält indes Art. 23 Abs. 2 UAbs. 3 VO 1/2003 für bestimmte Zuwiderhandlungen einer Unternehmensvereinigung, die mit der Tätigkeit ihrer Mitglieder im Zusammenhang stehen. In einer solchen Konstellation darf die von der Kommission festzusetzende Geldbuße auf keinen Fall 10% der Summe der Gesamtumsätze derjenigen Mitglieder übersteigen, die auf dem Markt tätig waren, auf dem sich die jeweilige Zuwiderhandlung der betreffenden Unternehmensvereinigung auswirkte.

2. Adressaten, Zurechnung und Verschulden

17 Die Bußgeldandrohung des Art. 23 VO 1/2003 gilt nach Abs. 1 dieser Vorschrift nur für **Unternehmen und Unternehmensvereinigungen.**[81] Insoweit stimmen die Normadressaten des Art. 23 VO 1/2003 und der Art. 101 und 102 AEUV grundsätzlich überein.[82] Diese Normadressaten handeln durch ihre Angestellten oder sonstigen Vertreter, deren Verhalten ihnen zugerechnet wird.[83] Gleiches gilt im Hinblick auf das **Verschulden**, d. h.

---

[81] Zum denkbaren Haftungsübergang auf deren Rechtsnachfolger vgl. zum einen die Kommissionsentscheidung v. 2.7.2002 – *Methionin* ABl. 2003 L 255/1 Ziff. 235; zum anderen vgl. EuGH U. v. 11.12.2007 Rs. C-280/06 *Autorità Garante della Concorrenza e del Mercato/Ente tabacchi italiani* u. a. Slg. 2007, I-10893 Rn. 43, wonach die Verhängung der Sanktion gegen den Rechtsnachfolger nicht allein deshalb ausgeschlossen sei, weil dieser in einer anderen Rechtsform und nach anderen Modalitäten tätig ist als der Vorgänger. Zur möglichen Bußgeldfestsetzung gegen Nachfolger eines Kartellbeteiligten Unternehmens vgl. auch EuGH U. v. 18.12.2014 Rs. C-434/13 P *Kommission/Parker Hannifin u. a.* EuZW 2015, 194 Rn. 40 ff.

[82] Näher zum Ganzen vgl. *Heinicken,* Unternehmensbegriff und Haftungsnachfolge im Europäischen Kartellrecht, 2011, S. 121 ff. Zu den Tatbestandsmerkmalen „Unternehmen" u. „Unternehmensvereinigungen" vgl. die Kommentierungen zu Art. 101 Abs. 1 AEUV u. Art. 102 AEUV sowie EuGH U. v. 11.12.2007 Rs. C-280/06 *Autorità Garante della Concorrenza e del Mercato/Ente tabacchi italiani u. a.* Slg. 2007, I-10893 Rn. 38, wonach „der Begriff des Unternehmens [...] jede eine wirtschaftliche Tätigkeit ausübende Einrichtung unabhängig von ihrer Rechtsform und der Art ihrer Finanzierung [umfasst]"; so auch EuGH, U. v. 1.7.2008 Rs. C-49/07 – *MOTEO/Elliniko Dimosio* Slg. 2008, I-4863 Rn. 21; EuGH U. v. 28.6.2005 verb. Rs. C-189/02 P, Rs. C-202/02 P, Rs. C-205/02 P bis Rs. C-208/02 P u. C-213/02 P – *Dansk Rørindustri u. a./Kommission* Slg. 2005, I-5425 Rn. 112; EuG U. v. 13.12.2006 verb. Rs. T-217/03 u. T-245/03 – *Fédération nationale de la coopération bétail et viande u. a./Kommission* Slg. 2006, II-4987 Rn. 52; EuG U. v. 17.5.2011 Rs. T-299/08 – *Elf Aquitaine SA/Kommission* Slg. 2011, II-2149 Rn. 45; ferner vgl. EuG U. v. 12.12.2007 Rs. T-112/05 – *Akzo Nobel NV u. a./Kommission* Slg. 2007, II-5049 Rn. 57 f., wonach der Begriff des Unternehmens i. S. von Art. 81 EG [jetzt: Art. 101 AEUV] wirtschaftliche Einheiten umfasst, die jeweils in einer einheitlichen Organisation persönlicher, materieller und immaterieller Mittel bestehen, mit der dauerhaft ein bestimmter wirtschaftlicher Zweck verfolgt wird, und wonach verschiedene Gesellschaften, die zum selben Konzern gehören, eine wirtschaftliche Einheit und somit ein Unternehmen darstellen, wenn sie ihr Marktverhalten nicht selbständig bestimmen; zur Möglichkeit, dass zwei Gesellschaften mit je eigener Rechtspersönlichkeit ein und dasselbe Unternehmen i. S. von Art. 101 Abs. 1 AEUV bilden, vgl. etwa EuG U. v. 15.9.2005 Rs. T-325/01 – *DaimlerChrysler AG/Kommission* Slg. 2005, II-3319 Rn. 85.

[83] Vgl. nur EuG U. v. 15.3.2000 verb. Rs. T-25/95 u. a. – *Cimenteries CBR u. a./Kommission* Slg. 2000, II-495 Rn. 1318, 1351 u. 1360.

hinsichtlich der in Art. 23 Abs. 1 und 2 VO 1/2003 enthaltenen subjektiven Tatbestandsmerkmale „vorsätzlich" und „fahrlässig", die sich nur auf das Verhalten natürlicher Personen beziehen bzw. nur bei diesen Personen vorliegen können.[84] Insofern verwirklicht ein Unternehmen oder eine Unternehmensvereinigung einen der o. g. Bußgeldtatbestände, wenn das rechtswidrige Verhalten zu den dienstlichen Aufgaben des jeweils handelnden Bediensteten gehört[85] bzw. wenn dieses Verhalten auf einer dienstlichen Weisung beruht[86] und die handelnde Person dabei eine oder mehrere der in Art. 23 Abs. 1 und 2 VO 1/2003 aufgeführten Zuwiderhandlungen vorsätzlich oder fahrlässig begeht. Auf eine spezielle Vertretungsbefugnis der handelnden Person kommt es dabei ebenso wenig an[87] wie auf die etwaige Kenntnis der Inhaber oder Geschäftsführer der betreffenden Normadressaten.[88]

Die soeben angesprochene Verhaltenszurechnung auf Grund von Weisungen gilt grundsätzlich auch im Verhältnis von Unternehmen zueinander. Ist beispielsweise ein Unternehmen einem anderen Unternehmen gegenüber weisungsbefugt – wie dies i. d. R. im **Verhältnis zwischen Mutter- und Tochtergesellschaften** der Fall ist – und handelt das letztgenannte Unternehmen den Weisungen entsprechend, so kann die jeweilige Zuwiderhandlung dem erstgenannten Unternehmen nach ständiger Rechtsprechung des Unionsrichters mit der Folge zugerechnet werden, dass es selbst Bußgeldadressat ist.[89] Dies gilt nach ständiger Rechtsprechung des Unionsrichters insbesondere dann, wenn die Tochtergesellschaft trotz eigener Rechtspersönlichkeit ihr Marktverhalten nicht autonom bestimmt, sondern im Wesentlichen Weisungen der Muttergesellschaft befolgt, und zwar vor allem wegen der wirtschaftlichen, organisatorischen und rechtlichen Bindungen zwischen den beiden Rechtssubjekten.[90] Eine (widerlegbare) Vermutung dafür, dass die Tochtergesellschaft tatsächlich auf Grund von Weisungen gehandelt hat bzw. dass die Muttergesellschaft einen bestimmenden Einfluss auf das Verhalten seines Tochterunternehmens ausübt und insoweit beide ein einziges Unternehmen darstellen, besteht nach ständiger Rechtsprechung der Unionsgerichte jedenfalls dann, wenn das jeweilige Gesellschaftskapital zu 100 % im Besitz der Muttergesellschaft ist bzw. wenn das Kapital der Tochtergesellschaft zu 100 % von ihrer Muttergesellschaft gehalten wird.[91] In diesem Sinne wird die Tatsache, dass 18

---

[84] Zutr. *Mestmäcker/Schweitzer,* Europäisches Wettbewerbsrecht, 3. Aufl. 2014, § 22 Rn. 30.

[85] So auch vgl. statt vieler *de Bronett* (Fn. 17), S. 346.

[86] EuGH U. v. 7.6.1983 verb. Rs. 100–103/80 – *Musique Diffusion Française u. a./Kommission* Slg. 1983, 1825 Rn. 97 f.

[87] Vgl. EuG U. v. 29.4.2004 verb. Rs. T-236/01, T-239/01, T-244–246/01, T-251/01 u. T-252/01 – *Tokai Carbon u. a./Kommission* Slg. 2004, II-1181 Rn. 277, wonach es auf die rechtswidrige Handlung einer Person ankomme, die im Allgemeinen berechtigt ist, für das Unternehmen tätig zu werden.

[88] Vgl. nur EuGH U. v. 7.6.1983 verb. Rs. 100–103/80 – *Musique Diffusion Française u. a./Kommission* Slg. 1983, 1825 Rn. 97; EuGH U. v. 18.9.2003 Rs. C-338/00 P – *Volkswagen/Kommission* Slg. 2003, I-9189 Rn. 98.

[89] EuGH U. v. 14.7.1972 Rs. 48/69 – *ICI/Kommission,* Slg. 1972, 619 Rn. 132/135; EuGH U. v. 16.11.2000 Rs. C-294/98 P – *Metsä-Serla u. a./Kommission* Slg. 2000, I-10065 Rn. 27; EuG U. v. 13.12.2001 verb. Rs. T-45 u. 47/98 – *Krupp Thyssen Stainless u. a./Kommission* Slg. 2001, II-3757 Rn. 189; EuG U. v. 4.7.2006 Rs. T-304/02 – *Hoek Loos NV/Kommission* Slg. 2006, II-1887 Rn. 117; sowie EuG U. v. 14.12.2006 verb. Rs. T-259/02 bis T-264/02 u. T-271/02 – *Raiffaisen Zentralbank Österreich AG u. a./Kommission* Slg. 2006, II-5169 Rn. 330 f., mit der weiteren Klarstellung, dass diese „Möglichkeit, der Muttergesellschaft die Sanktion für das rechtswidrige Verhalten der Tochtergesellschaft aufzuerlegen, [...] der Verhängung einer Sanktion gegen die Tochtergesellschaft selbst nicht entgegen[steht]". Zur Aufteilung gesamtschuldnerisch verhängter EU-Kartellgeldbußen im Konzern bzw. in der wirtschaftlichen Einheit vgl. BGH U. v. 18.11.2014 KZR 15/12 WuW 2015, 381 ff., mit Anm. *Bürger* WuW 2015, 348 ff.; *Schnelle* WuW 2015, 332 ff.; *Verse/Wiersch* ZWeR 2015, 21 ff.

[90] Vgl. nur EuG U. v. 27.6.2012 Rs. T-372/10 – *Bolloré/Kommission* Rn. 41; EuG U. v. 14.3.2013 Rs. T-587/08 – *Fresh Del Monte Produce, Inc./Kommission* Rn. 50 ff. m. w. N.

[91] EuGH U. v. 25.10.1983 Rs. 107/82 – *AEG*/Kommission Slg. 1983, 3151 Rn. 50; EuG, U. v. 1.4.1993 Rs. T-65/89 – *BPB Industries u. British Gypsum/Kommission* Slg. 1993, II-389 Rn. 149; bes-

die Muttergesellschaft 100% des Kapitals der Tochtergesellschaft hält, als ein „starkes Indiz" dafür angesehen, dass sie entscheidenden Einfluss auf das Marktverhalten der Tochtergesellschaft ausüben kann.[92] Als „Beleg" für einen solchen Einfluss bzw. für eine solche Kontrolle durch die Muttergesellschaft reicht das Halten von 100% des Kapitals einer Tochtergesellschaft für sich genommen allerdings nicht aus.[93] Hieraus ergibt sich in Fällen, in denen eine solche Muttergesellschaft vor den Unionsgerichten gegen einen Beschluss der Kommission vorgeht, mit der ihr für ein Verhalten ihrer Tochtergesellschaft eine Geldbuße auferlegt wird, die Konsequenz, dass es dann dieser Muttergesellschaft obliegt, die vorgenannte Vermutung durch Beweise zu entkräften, die geeignet sind, die Selbständigkeit ihrer Tochtergesellschaft zu belegen.[94] Diese Rechtsprechung hat der Unionsrichter in jüngerer Zeit weiter konkretisiert und intensiv fortentwickelt,[95] was sich nicht zuletzt auch in zahlreichen jüngeren Veröffentlichungen einschlägiger Art zu den damit verbundenen Grund- und Detailfragen widerspiegelt.[96]

19 Das oben angesprochene Konzept der „wirtschaftlichen Einheit", das die Zurechnung wettbewerbswidrigen Verhaltens im Verhältnis von Mutter- und Tochtergesellschaften ermöglicht, ist nach der Rechtsprechung des EuGH nicht „eins zu eins" auf das **Verhältnis zwischen eigenständigen Konzerngesellschaften** zu übertragen. Diesbezüglich hat der EuGH in seinem *Aristrain*-Urteil deutlich gemacht, dass das wettbewerbswidrige Verhalten eines Konzernunternehmens einem anderen Konzernunternehmen nur dann zugerechnet werden kann, wenn das erstgenannte Unternehmen sein Marktverhalten nicht selbständig bestimmt, sondern vor allem wegen der wirtschaftlichen und sozialen Bindun-

---

tätigt in EuGH U. v. 6.4.1995 Rs. C-310/93 P – *BPB Industries u. British Gypsum/Kommission* Slg. 1995, I-865 Rn. 11; EuG U. v. 27.9.2006 Rs. T-330/01 – *Akzo Nobel NV/Kommission* Slg. 2006, II-3389 Rn. 83; EuG U. v. 12.12.2007 verb. Rs. T-112/05 – *Akzo Nobel NV u. a./Kommission* Slg. 2007, II-5049 Rn. 60; EuG U. v. 17.5.2013 Rs. T-146/09 – *Parker ITR Srl u. a./Kommission* Rn. 173ff.

[92] So EuG U. v. 26.4.2007 verb. Rs. T-109/02, T-118/02, T-122/02, T-125/02, T-126/02, T-128/02, T-129/02, T-132/02 u. T-136/02 – *Bolloré SA/Kommission* Slg. 2007, II-947 Rn. 132, mit dem ergänzenden Hinweis, dass dieses starke Indiz jedoch für sich genommen nicht ausreiche, um die Muttergesellschaft für das Verhalten der Tochtergesellschaft verantwortlich machen zu können, weshalb ein „zusätzliches Element" neben dem Beteiligungsgrad erforderlich bliebe, welches wiederum in Indizien bestehen könne.

[93] Vgl. nur EuG, Urt. v. 15.9.2005 Rs. T-325/01 – *DaimlerChrysler AG/Kommission* Slg. 2005, II-3319 Rn. 218.

[94] Vgl. EuG U. v. 27.9.2006 Rs. T-314/01 – *Avebe/Kommission* Slg. 2006, II-3085 Rn. 136; EuG U. v. 27.9.2006 Rs. T-330/01 – *Akzo Nobel NV/Kommission* Slg. 2006, II-3389 Rn. 83; EuG U. v. 12.9.2007 Rs. T-30/05 – *William Prym GmbH & Co. KG/Kommission* Slg. 2007, II-107 Rn. 146; EuG U. v. 12.12.2007 verb. Rs. T-112/05 – *Akzo Nobel NV u. a./Kommission* Slg. 2007, II-5049 Rn. 60; sowie EuG U. v. 8.10.2008 Rs. T-69/04 *Schunk GmbH u. a./Kommission* Slg. 2008, II-2567 Rn. 56.

[95] Exemplarisch vgl. nur aus allerjüngster Zeit EuGH U. v. 22.1.2013 Rs. C-286/11 P *Kommission/Tomkins plc* EuZW 2013, 265ff. = NZKart 2013, 112f.; EuGH U. v. 26.9.2013 Rs. C-172/12 P *Du Pont/Dow* NZKart 2013, 504f.; EuGH U. v. 26.9.2013 Rs. C-679/11 P *Alliance One/Kommission* NZKart 2013, 501ff.; EuGH U. v. 26.11.2013 Rs. C-50/12 P – *Kendrion/Kommission* NZKart 2014, 138f.; EuGH U. v. 19.6.2014 Rs. C-243/12 P – *FLS Plast/Kommission* NZKart 2014, 321ff.; EuG U. v. 23.1.2014 Rs. T-391/09 *Evonik Degussa GmbH u. a./Kommission* NZKart 2014, 104f.; EuGH U. v. 10.4.2014 verb. Rs. C-247/11 P u. C-253/11 P *Areva u. a./Kommission* NZKart 2014, 181ff.; EuGH U. v. 30.4.2014 Rs. C-238/12 P – *FLSmidth & Co./Kommission* NZKart 2014, 226ff.; EuGH U. v. 19.6.2014 Rs. C-243/12 P – *FLS Plast/Kommission* NZKart 2014, 321ff.; EuGH U. v. 22.5. 2014 Rs. C-36/12 P – *Armando Álavarez/Kommission* WuW 7–8/2014, 779ff.; EuG U. v. 11.7.2014 Rs. T-541/08 *Sasol u. a./Kommission* NZKart 2014, 328ff.; EuG U. v. 11.7.2014 Rs. T-543/08 *RWE AG u. a./Kommission* NZKart 2014, 324ff.

[96] Vgl. etwa *Ahrens* EuZW 2013, 899ff.; *Bosch* ZWeR 2012, 368ff.; *Braun/Kellerbauer* NZKart 2015, 175ff. u. 211ff.; *Bueren* ZWeR 2011, 285ff.; *Frenz/Lülsdorf* EWS 2012, 504ff.; *Kellerbauer/Weber* EuZW 2014, 688ff.; *Kersting* WuW 2014, 1156ff.; *Köhler* WRP 2011, 277ff.; *Kokott/Dittert* WuW 2012, 670ff.; *Voet van Vormizeele* WuW 2010, 1008ff.

gen zwischen ihnen im Wesentlichen die Weisungen des letztgenannten Unternehmens befolgt hat.[97] Die bloße Tatsache jedoch, dass das Gesellschaftskapital von zwei eigenständigen Handelsgesellschaften derselben Person oder Familie gehört, reicht nach Ansicht des EuGH nicht für die Annahme aus, dass diese beiden Gesellschaften eine wirtschaftliche Einheit mit der Folge bilden, dass die Handlungen einer von ihnen der anderen zugerechnet werden können und dass die eine zur Zahlung einer Geldbuße für die andere verpflichtet werden kann.[98]

Die bereits in Art. 15 Abs. 1 und 2 VO 17 vorgenommene Unterscheidung zwischen Vorsatz und Fahrlässigkeit, die in der diese beiden Anwendungsvoraussetzungen betreffenden Rechtsprechung des Unionsrichters gelegentlich etwas nivelliert wird,[99] ist in Art. 23 Abs. 1 und 2 VO 1/2003 beibehalten worden. **Vorsatz** ist in diesem Kontext zu bejahen, wenn die für den jeweiligen Normadressaten handelnde Person die jeweilige Zuwiderhandlung erkannt hat[100] oder sich jedenfalls nicht in Unkenntnis darüber befinden konnte, dass das jeweilige Verhalten in materiell- oder verfahrensrechtlicher Hinsicht zu beanstanden ist.[101] Unerheblich ist damit also, ob sich der Bußgeldadressat der jeweiligen Zuwiderhandlung tatsächlich bewusst gewesen ist.[102] Dass ein etwaiger Verbotsirrtum den Vorwurf schuldhaften Verhaltens grundsätzlich unberührt lässt,[103] schließt nicht aus, dass nachvollziehbare Irrtümer bei der Bußgeldbemessung berücksichtigt werden.[104] **Fahrlässigkeit** i. S. des Art. 23 Abs. 1 und 2 VO 1/2003 ist dann anzunehmen, wenn die handelnde Person die jeweilige Zuwiderhandlung hätte erkennen müssen.[105] Die etwaige Berufung auf eine 20

---

[97] EuGH U. v. 2.10.2003 Rs. C-196/99 P *Siderúrgica Aristrain Madrid/Kommission* Slg. 2003, I-11005 Rn. 96; näher zu Fragen der Haftungszurechnung und -befreiung im Konzernverbund vgl. jeweils m. w. N. *Bauer/Reisner* WuW 2007, 737 ff.; *Zimmer/Paul* WuW 2007, 970 ff.

[98] EuGH U. v. 2.10.2003 Rs. C-196/99 P *Siderúrgica Aristrain Madrid/Kommission* Slg. 2003, I-11005 Rn. 99; ausführlich hierzu *Steinle* EWS 2004, 118 ff.

[99] Vgl. etwa EuG U. v. 10.4.2008 Rs. T-271/03 – *Deutsche Telekom AG/Kommission* Slg. 2008, II-477 Rn. 295, wonach die Voraussetzung einer vorsätzlichen oder fahrlässigen Begehung einer Zuwiderhandlung dann erfüllt sei, wenn sich das betroffene Unternehmen über die Wettbewerbswidrigkeit seines Verhaltens nicht im Unklaren sein kann, gleichviel, ob ihm dabei bewusst ist, dass es gegen die EU-Wettbewerbsregeln verstößt.

[100] EuGH U. v. 8.11.1983 verb. Rs. 96–102, 104, 105, 108 u. 110/82 – *IAZ u. a./Kommission* Slg. 1983, 3369 Rn. 45; EuG U. v. 6.10.1994 Rs. T-83/91 – *Tetra Pak/Kommission* Slg. 1994, II-755 Rn. 238 f.

[101] EuGH U. v. 1.2.1978 Rs. 19/77 – *Miller/Kommission* Slg. 1978, 131 Rn. 18; EuGH U. v. 11.7.1989 Rs. 246/86 – *Belasco u. a./Kommission* Slg. 1989, 2117 Rn. 41; EuG U. v. 2.7.1992 Rs. T-61/89 – *Dansk Pelsdyravlerforening/Kommission* Slg. 1992, II-1931 Rn. 157; EuG U. v. 21.2.1995 Rs. T-29/92 – *SPO u. a./Kommission* Slg. 1995, II-289 Rn. 356; EuG U. v. 29.11.2005 Rs. T-52/02 – *Société nouvelle des couleurs zinciques SA/Kommission* Slg. 2005, II-5005 Rn. 83; so auch die Kommission in ihrer Entscheidung v. 5.12.2001 – *Interbrew u. Alken-Maes* ABl. 2003 L 200/1 Rn. 332.

[102] Vgl. EuG U. v. 6.4.1995 Rs. T-143/89 – *Ferriere Nord/Kommission* Slg. 1995, II-917 Rn. 41; EuG U. v. 13.12.2001 verb. Rs. T-45/98 u. T-47/98 – *Krupp Thyssen Stainless u. a./Kommission* Slg. 2001, II-3757 Rn. 200; EuG U. v. 27.7.2005 verb. Rs. T-49/02 bis T-51/02 – *Brasserie nationale SA u. a./Kommission* Slg. 2005, II-3033 Rn. 155; EuG U. v. 14.12.2006 verb. Rs. T-259/02 bis T-264/02 u. T-271/02 – *Raiffaisen Zentralbank Österreich AG u. a./Kommission* Slg. 2006, II-5169 Rn. 205 f.

[103] Vgl. dazu etwa die Kommissionsentscheidung v. 11.6.2002 – *Österreichische Banken – „Lombard Club"* ABl. 2004 L 56/1 Ziff. 494 ff.; EuG U. v. 6.7.2000 Rs. T-62/98 – *Volkswagen/Kommission* Slg. 2000, II-2707 Rn. 334; sowie zuletzt EuGH U. v. 18.6.2013 Rs. C-681/11 – *Bundeswettbewerbsbehörde u. Bundeskartellanwalt/Schenker & Co AG u. a.* RIW 2013, 541 ff. = NZKart 2013, 332 ff.; ausführlich zu dieser Irrtumsproblematik unter der VO 1/2003 vgl. *Brettel/Thomas* ZWeR 2013, 272 ff.; *Dreher/Thomas* WuW 2004, 8 ff.; *Kersting* WuW 2013, 845 ff.; *Soltész/Wagner* BB 2014, 1923 ff.; *Völcker* CML Rev. 2014, 1497 ff.

[104] Vgl. nur die Kommissionsentscheidung v. 20.3.2001 – *Deutsche Post AG* ABl. 2001 L 125/27 Rn. 47; EuG U. v. 14.4.2011 Rs. T-461/07 – *Visa Europe Ltd u. a./Kommission* Slg. 2011, II-1729 Rn. 250 ff.

[105] Vgl. nur EuGH U. v. 14.2.1978 Rs. 27/76 – *United Brands/Kommission* Slg. 1978, 207 Rn. 299/301.

Unkenntnis der Rechtslage ist auch hier normalerweise ausgeschlossen.[106] Ausnahmsweise kann aber zu berücksichtigen sein, dass die beanstandeten Verhaltensweisen zur Tatzeit in der Entscheidungspraxis der Kommission nicht klar als solche erkennbar waren.[107] Im Übrigen ist das Verschulden zu verneinen, wenn der jeweilige Normadressat auf Grund innerstaatlicher Vorschriften gezwungen war, die jeweilige Zuwiderhandlung zu begehen.[108]

3. Spezielle Haftungsregeln für zahlungsunfähige Unternehmensvereinigungen

21 In vielen Fällen sind Unternehmen und deren Vereinigungen gemeinsam für die o.g. Zuwiderhandlungen verantwortlich. Diesbezüglich hat die Kommission bereits in ihren früheren Leitlinien für das Verfahren zur Festsetzung von Geldbußen[109] deutlich gemacht, dass die zu erlassenden Bußgeldentscheidungen bzw. -beschlüsse bei Vorgängen, an denen Unternehmensvereinigungen beteiligt sind, soweit wie möglich an die Mitgliedsunternehmen dieser Vereinigung gerichtet und die Geldbußen gegen die beteiligten Unternehmen einzeln festgesetzt werden sollten. In Fällen, in denen diese Vorgehensweise z.B. auf Grund der Existenz zu vieler Mitgliedsunternehmen nicht möglich oder unpraktikabel ist, favorisiert die Kommission jedoch die Festsetzung einer die jeweilige Unternehmensvereinigung treffenden Gesamtgeldbuße, die dem Gesamtbetrag der Einzelgeldbußen entspricht, die sonst gegenüber jedem einzelnen Mitgliedsunternehmen hätten festgesetzt werden müssen.[110] Vor diesem Hintergrund entschied sich der Verordnungsgeber nicht nur für die Einführung der in Art. 23 Abs. 2 Satz 3 VO 1/2003 enthaltenen Sonderregelung für Zuwiderhandlungen einer Unternehmensvereinigung, die mit der Tätigkeit ihrer Mitglieder im Zusammenhang stehen,[111] sondern auch für die in Art. 23 Abs. 4 VO 1/2003 geregelte **gesamtschuldnerische Haftung**[112] im Falle der Zahlungsunfähigkeit einer Unternehmensvereinigung.

22 Den Ausgangspunkt dieser recht detaillierten Neuregelung bildet Art. 23 Abs. 4 UAbs. 1 VO 1/2003. Nach dieser Vorschrift ist die jeweilige Unternehmensvereinigung dann, wenn die Kommission gegen sie eine Geldbuße unter Berücksichtigung des Umsatzes ihrer Mitglieder verhängt und wenn sie selbst zahlungsunfähig ist, zunächst einmal verpflichtet, die zur Deckung des Betrags dieser Geldbuße erforderlichen Beträge von ihren Mitgliedern einzufordern. Werden diese Beiträge daraufhin nicht innerhalb einer von der Kommission gesetzten Frist geleistet, so kann die Kommission gemäß UAbs. 2 dieser Vorschrift die Zahlung unmittelbar von jedem Unternehmen verlangen, dessen Vertreter in den betreffenden Entscheidungsgremien der Vereinigung waren. Als **primäre Ausfallschuldner** sind somit von der Kommission diejenigen Unternehmen in Anspruch zu nehmen, die in den Entscheidungsgremien der jeweiligen Vereinigung vertreten waren.

23 Reicht der Rückgriff auf die primären Ausfallschuldner nicht aus, um die vollständige Zahlung der Geldbuße zu gewährleisten, kann die Kommission nach Art. 23 Abs. 4 UAbs. 3 VO 1/2003 auf diverse **Restschuldner** zurückgreifen, zu denen nach dieser Vorschrift prinzipiell alle Mitglieder der Vereinigung gehören, die auf dem Markt tätig waren, auf dem die jeweilige Zuwiderhandlung erfolgte. Das diesbezügliche Auswahlermessen der

---

[106] Vgl. nur EuGH U. v. 9.11.1983 Rs. 322/81 – *Michelin/Kommission* Slg. 1983, 3461 Rn. 107.

[107] EuGH U. v. 3.7.1991 Rs. C-62/86 – *AKZO/Kommission* Slg. 1991, I-3359 Rn. 163; EuG U. v. 7.7.1994 Rs. T-43/92 – *Dunlop Slazenger International/Kommission* Slg. 1994, II-441 Rn. 143.

[108] Näher dazu jeweils m.w.N. *Dannecker/Biermann* in: Immenga/Mestmäcker (Fn. 16), vor Art. 23 VO 1/2003 Rn. 179; *de Bronett* (Fn. 17), S. 363f.

[109] ABl. 1998 C 9/3, Ziff. 5.b) Satz 1; näher zu diesen Leitlinien siehe unter Rn. 29ff.; zur Ersetzung dieser Leitlinien durch neue Bußgeldleitlinien siehe unter Rn. 36.

[110] Ebd., Ziff. 5.b) Satz 2.

[111] Vgl. oben Rn. 16.

[112] Zum Umgang des Unionsrichters mit diesem Haftungstyp vgl. exemplarisch EuG U. v. 3.3.2011 verb. Rs. T-122/07 bis T-124/07 – *Siemens AG Österreich/Kommission* Slg. 2011, II-793 Rn. 149ff.; EuG U. v. 23.1.2014 Rs. T-391/09 – *Evonik Degussa GmbH/Kommission* Rn. 244ff.

Kommission ist zum einen insoweit reduziert, als sie nach dem 30. Erwägungsgrund der VO 1/2003 insbesondere der Lage der kleinen und mittleren Unternehmen Rechnung tragen sollte. Zum anderen darf die Kommission gemäß Art. 23 Abs. 4 UAbs. 4 VO 1/2003 bestimmte Unternehmen weder als primäre Ausfallschuldner noch als Restschuldner in Anspruch nehmen, sofern diese den Nachweis erbringen können, dass sie den die jeweilige Zuwiderhandlung begründenden Beschluss der Vereinigung nicht umgesetzt haben und entweder von dessen Existenz keine Kenntnis hatten oder sich aktiv davon distanziert haben, noch ehe die Kommission mit der Untersuchung des Falls begonnen hat.

Da die Kommission gemäß Art. 23 Abs. 2 UAbs. 3 VO 1/2003 gegen Unternehmens- 24
vereinigungen Geldbußen in einer Höhe von bis zu 10% der Gesamtumsätze aller Mitgliedsunternehmen fordern kann, die auf dem von der Zuwiderhandlung betroffenen Markt tätig waren, bedarf es einer zusätzlichen Regelung, die verhindert, dass gegen einen der o. g. Ausfall- oder Restschuldner auf der Basis der gesamtschuldnerischen Haftung eine Geldbuße festgesetzt wird, die über die in Art. 23 Abs. 2 UAbs. 2 VO 1/2003 geregelte Höchstgrenze von 10% seines im vorausgegangenen Geschäftsjahr erzielten Gesamtumsatzes hinausgeht. Eine solche Sicherung findet sich in Art. 23 Abs. 4 UAbs. 5 VO 1/2003.

4. Bemessung der Geldbuße

Für die Festsetzung der Höhe der jeweiligen Geldbuße, die im konkreten Einzelfall 25
nicht über die in Art. 23 Abs. 1, Abs. 2 UAbs. 2 und 3 sowie Abs. 4 UAbs. 5 VO 1/2003 genannten Höchstbeträge hinausgehen darf, sieht Art. 23 Abs. 3 VO 1/2003 – wie zuvor Art. 15 Abs. 2 VO 17 – mit der „Schwere der Zuwiderhandlung" und deren „Dauer" zwei Bemessungskriterien vor, die in der zurückliegenden Entscheidungspraxis der Kommission und der Unionsgerichte hinreichend konkretisiert worden sind (a). Auf dieser Grundlage hat die Kommission im Jahre 1998 ermessenskonkretisierende und zugleich zu einer Selbstbindung der Kommission bzw. zu einer Selbstbeschränkung ihres Ermessens führende[113] Leitlinien für das Verfahren zur Festsetzung von Geldbußen veröffentlicht, die mit Wirkung zum 1. September 2006 durch neue und bislang nicht ersetzte Bußgeldleitlinien ersetzt worden sind (b). Besondere Erwähnung verdient im Kontext der Bußgeldbemessung schließlich die häufig als „Kronzeugenregelung" oder „Kronzeugenmitteilung" bezeichnete „Mitteilung der Kommission über den Erlass und die Ermäßigung von Geldbußen in Kartellsachen" (c.) sowie die bisherige Rechtsprechung zum unionsverfassungsrechtlichen Verbot der Doppelbestrafung (d).

a) Bemessungskriterien: Schwere und Dauer der Zuwiderhandlung. Unterhalb 26
der o. g. Höchstbeträge[114] liegt die Festsetzung der Höhe einer Geldbuße im pflichtgemäßen **Ermessen der Kommission,**[115] das auf unionsverfassungsrechtlicher Ebene insbe-

---

[113] Vgl. etwa EuG U. v. 9.7.2003 Rs. T-230/00 – *Daesang/Kommission* Slg. 2003, II-2733 Rn. 38; EuG U. v. 29.4.2004 verb. Rs. T-236/01, T-239/01, T-244–246/01, T-251/01 u. T-252/01 – *Tokai Carbon u. a./Kommission* Slg. 2004, II-1181 Rn. 157; EuG U. v. 8.7.2004 verb. Rs. T-67/00, T-68/00, T-71/00 u. T-78/00 – *JFE Engineering u. a./Kommission* Slg. 2004, II-2501 Rn. 538; EuG U. v. 25.10.2005 Rs. T-38/02 – *Groupe Danone/Kommission* Slg. 2005, II-4407 Rn. 138; EuG U. v. 15.3. 2006 Rs. T-15/02 – *BASF AG/Kommission* Slg. 2006, II-497 Rn. 119; EuG U. v. 15.3.2006 Rs. T-26/02 – *Daiichi Pharmaceutical Co. Ltd/Kommission* Slg. 2006, II-713 Rn. 49; EuG U. v. 27.9.2006 Rs. T-59/02 – *Archer Daniels Midland Co./Kommission* Slg. 2006, II-3627 Rn. 43; ebenso in Bezug auf die jüngeren Bußgeldleitlinien aus dem Jahre 2006 vgl. EuG U. v. 6.2.2014 Rs. T-27/10 – *AC-Treuhand AG/Kommission* Rn. 300.

[114] Vgl. oben Rn. 11.

[115] Vgl. nur EuG U. v. 11.12.1996 Rs. T-49/95 – *van Megen Sports Group/Kommission* Slg. 1996, II-1799 Rn. 53; EuG U. v. 21.10.1997 Rs. T-229/94 – *Deutsche Post AG/Kommission* Slg. 1997, II-1689 Rn. 127; EuG U. v. 9.7.2003 Rs. T-224/00 – *Archer Daniels Midland Company u. a./Kommission* Slg. 2003, II-2597 Rn. 56; EuG U. v. 4.7.2006 Rs. T-304/02 – *Hoek Loos NV/Kommission* Slg. 2006, II-1887 Rn. 68; EuG U. v. 27.6.2012 Rs. T-372/10 – *Bolloré/Kommission* Rn. 220. Das hier in Rede stehenden Ermessen der Kommission ist nach ständiger Rechtsprechung des Unionsrichters grund-

sondere durch den Verhältnismäßigkeitsgrundsatz,[116] den Grundsatz der Gleichbehandlung[117] und durch den eng mit dem allgemeinen Gleichheitsgrundsatz verbundenen Gedanken der Selbstbindung der Verwaltung[118] begrenzt wird. Auf der einfachgesetzlich-sekundärrechtlichen Ebene wird der diesbezügliche Ermessensspielraum der Kommission in erster Linie durch Art. 23 Abs. 3 VO 1/2003 eingegrenzt, da diese Vorschrift explizit bestimmt, dass bei der Festsetzung der Höhe einer Geldbuße sowohl die Schwere der Zuwiderhandlung als auch deren Dauer zu berücksichtigen ist. Eine Verpflichtung der Kommission, bei der i. R. des ihr zustehenden Ermessensspielraums erfolgenden Festsetzung der Bußgeldhöhe eine genaue mathematische Formel anzuwenden, besteht nach ständiger Rechtsprechung des Unionsrichters allerdings nicht.[119]

27 Die **Schwere der Zuwiderhandlung** ist nach ständiger Rechtsprechung des Unionsrichters anhand einer Vielzahl von Gesichtspunkten bzw. Faktoren zu ermitteln,[120] „hinsichtlich deren die Kommission über ein Ermessen verfügt".[121] Zu den maßgeblichen Gesichtspunkten und Faktoren im vorgenannten Sinne gehören zum einen die Art der Wettbewerbsbeschränkung sowie der normative und wirtschaftliche Zusammenhang, in den sich die beanstandete Verhaltensweise einfügt;[122] zum anderen gehören dazu die besonderen Umstände der (Rechts-)Sache, ihr Kontext und die Abschreckungswirkung der Geldbußen,[123] ohne dass es dabei eine zwingende oder abschließende Liste von Kriterien

---

sätzlich „weit", vgl. nur EuG U. v. 16.9.2013 Rs. T-375/09 – *Hansa Metallwerke AG u. a./Kommission* Rn. 137.

116 Zur Bedeutung des Verhältnismäßigkeitsgrundsatzes bei der Bußgeldbemessung im EU-Kartellverfahrensrecht vgl. EuG U. v. 11.12.2003 Rs. T-61/99 – *Adriatica di Navigazione/Kommission* Slg. 2003, II-5349 Rn. 191; EuG U. v. 29.4.2004 verb. Rs. T-236/01, T-239/01, T-244–246/01, T-251/01 u. T-252/01 – *Tokai Carbon u. a./Kommission* Slg. 2004, II-1181 Rn. 244 ff.; EuG U. v. 12.9.2007 Rs. T-30/05 – *William Prym GmbH & Co. KG/Kommission* Slg. 2007, II-107 Rn. 233 ff.

117 Vgl. nur EuG U. v. 12.9.2007 Rs. T-30/05 – *William Prym GmbH & Co. KG/Kommission* Slg. 2007, II-107 Rn. 205.

118 Vgl. EuG U. v. 14.5.1998 Rs. T-347/94 – *Mayr-Melnhof Kartongesellschaft/Kommission* Slg. 1998, II-1751 Rn. 352; EuG U. v. 9.7.2003 Rs. T-224/00 – *Archer Daniels Midland Company u. a./Kommission* Slg. 2003, II-2597 Rn. 182; EuG U. v. 13.1.2004 Rs. T-67/01 – *JCB Service/Kommission* Slg. 2004, II-49 Rn. 187; sowie EuG U. v. 14.12.2006 verb. Rs. T-259/02 bis T-264/02 u. T-271/02 – *Raiffaisen Zentralbank Österreich AG u. a./Kommission* Slg. 2006, II-5169 Rn. 221 ff.

119 Vgl. nur EuG U. v. 14.5.1998 Rs. T-352/94 – *Mo och Domsjö/Kommission* Slg. 1998, II-1989 Rn. 268; EuG U. v. 14.5.1998 Rs. T-308/94 – *Cascades/Kommission* Slg. 1998, II-925 Rn. 210.

120 So vgl. EuGH U. v. 28.6.2005 Rs. C-189/02 P, C-202/02 P, C-205/02 P bis C-208/02 P und C-213/02 P – *Dansk Rørindustri u. a./Kommission* Slg. 2005, I-5425 Rn. 241; EuG U. v. 15.3.2006 Rs. T-15/02 – *BASF AG/Kommission* Slg. 2006, II-497 Rn. 146; EuG U. v. 27.9.2006 Rs. T-322/01 – *Roquette Frères SA/Kommission* Slg. 2006, II-3137 Rn. 58; EuG U. v. 27.9.2006 Rs. T-43/02 – *Jungbunzlauer AG/Kommission* Slg. 2006, II-3435 Rn. 136 u. Rn. 213; EuG U. v. 27.9.2006 Rs. T-59/02 – *Archer Daniels Midland Co./Kommission* Slg. 2006, II-3627 Rn. 98; EuG U. v. 14.3.2013 Rs. T-587/08 – *Fresh Del Monte Produce, Inc./Kommission* Rn. 749; EuG U. v. 18.6.2013 Rs. T-406/08 – *Industries chimiques du fluor/Kommission* Rn. 149 ff.

121 Vgl. etwa EuGH U. v. 29.6.2006 Rs. C-289/04 P – *Showa Denko KK/Kommission* Slg. 2006, I-5859 Rn. 36; EuGH U. v. 10.5.2007 Rs. C-328/05 P – *SGL Carbon AG/Kommission* Slg. 2007, I-3921 Rn. 43; u. a. bestätigt in EuG U. v. 12.12.2007 verb. Rs. T-101/05 u. T-111/05 – *BASF AG u. a./Kommission* Slg. 2007, II-4949 Rn. 65.

122 Vgl. nur EuG U. v. 26.4.2007 verb. Rs. T-109/02, T-118/02, T-122/02, T-125/02, T-126/02, T-128/02, T-129/02, T-132/02 u. T-136/02 – *Bolloré SA/Kommission* Slg. 2007, II-947 Rn. 434 u. 446 m. w. N.

123 Zu diesen drei maßgeblichen Gesichtspunkten vgl. nur EuGH U. v. 25.1.2007 Rs. C-407/04 P – *Dalmine SpA/Kommission* Slg. 2007, I-829 Rn. 129; EuGH U. v. 8.2.2007 Rs. C-3/06 P – *Groupe Danone/Kommission* Slg. 2007, I-1331 Rn. 37; EuG U. v. 14.12.2006 verb. Rs. T-259/02 bis T-264/02 u. T-271/02 – *Raiffaisen Zentralbank Österreich AG u. a./Kommission* Slg. 2006, II-5169 Rn. 238; EuG U. v. 12.12.2007 verb. Rs. T-101/05 u. T-111/05 – *BASF AG u. a./Kommission* Slg. 2007, II-4949 Rn. 45; EuG U. v. 14.4.2011 Rs. T-461/07 – *Visa Europe Ltd u. a./Kommission* Slg. 2011, II-1729 Rn. 266.

gäbe, die auf jeden Fall berücksichtigt werden müssten.[124] Zu den in ständiger Rechtsprechung der Unionsgerichte anerkannten Faktoren, die bei der erforderlichen Beurteilung der Schwere der Zuwiderhandlung von maßgeblicher Bedeutung sind, gehören daher auch das Verhalten jedes einzelnen Unternehmens, d. h. die Anzahl und Bedeutung der Handlungen, durch die das Unternehmen an den unerlaubten Verhaltensweisen teilgenommen hat, die Rolle, die jedes Unternehmen bei der Abstimmung der Verhaltensweisen gespielt hat bzw. die Marktverhältnisse im jeweiligen Kartell, der Gewinn, den die Unternehmen aus den unerlaubten Verhaltensweisen ziehen konnten, ihre Größe und der Wert der betroffenen Waren sowie die Gefahr, die derartige Zuwiderhandlungen für die Ziele der Europäischen Union bedeuten.[125] Zu berücksichtigen sind dabei auch weitere objektive Gesichtspunkte wie etwa die Macht der Abnehmer,[126] die Marktanteile der verantwortlichen Unternehmen, deren Wirtschaftskraft sowie etwaige Wiederholungs- bzw. Rückfälle.[127] Wurde eine Zuwiderhandlung von mehreren Unternehmen begangen, so müsse nach Auffassung des Unionsrichters im Rahmen der Bußgeldbemessung geprüft werden, welches relative Gewicht der Beteiligung jedes einzelnen der Unternehmen zukommt, wofür insbesondere ihre jeweilige Rolle bei der Zuwiderhandlung während der Dauer ihrer Beteiligung daran zu ermitteln sei.[128]

Für die Berechnung der **Dauer der Zuwiderhandlung,** die eine Einschränkung des Wettbewerbs bezweckt, muss lediglich bestimmt werden, wie lange die jeweilige Vereinbarung bestanden hat, d. h. der Zeitraum von ihrem Abschluss bis zu ihrer Beendi- 28

[124] Vgl. EuG U. v. 19.3.2003 Rs. T-213/00 – *CMA CGM u. a./Kommission* Slg. 2003, II-913 Rn. 390; EuG U. v. 21.10.2003 Rs. T-368/00 – *General Motors Nederlands u. a./Kommission* Slg. 2003, II-4491 Rn. 189; EuG U. v. 25.10.2005 Rs. T-38/02 – *Groupe Danone/Kommission* Slg. 2005, II-4407 Rn. 137; EuG U. v. 27.9.2006 Rs. T-59/02 – *Archer Daniels Midland Co./Kommission* Slg. 2006, II-3627 Rn. 140; EuGH U. v. 8.2.2007 Rs. C-3/06 P – *Groupe Danone/Kommission* Slg. 2007, I-1331 Rn. 37; EuG U. v. 26.4.2007 verb. Rs. T-109/02, T-118/02, T-122/02, T-125/02, T-126/02, T-128/02, T-129/02, T-132/02 u. T-136/02 – *Bolloré SA/Kommission* Slg. 2007, II-947 Rn. 481; EuG U. v. 18.6.2008 Rs. T-410/03 – *Hoechst GmbH/Kommission* Slg. 2008, II-881 Rn. 344.

[125] Vgl. etwa EuGH U. v. 7.6.1983 verb. Rs. 100–103/80 – *Musique Diffusion Française u. a./Kommission* Slg. 1983, 1825 Rn. 129; EuG U. v. 14.5.1998 Rs. T-352/94 – *Mo och Domsjö/Kommission* Slg. 1998, II-1989 Rn. 421; EuGH U. v. 25.1.2007 Rs. C-407/04 P – *Dalmine SpA/Kommission* Slg. 2007, I-829 Rn. 130; EuGH U. v. 10.5.2007 Rs. C-328/05 P – *SGL Carbon AG/Kommission* Slg. 2007, I-3921 Rn. 44; EuG U. v. 26.4.2007 verb. Rs. T-109/02, T-118/02, T-122/02, T-125/02, T-126/02, T-128/02, T-129/02, T-132/02 u. T-136/02 – *Bolloré SA/Kommission* Slg. 2007, II-947 Rn. 468; EuG U. v. 12.12.2007 verb. Rs. T-101/05 u. T-111/05 – *BASF AG u. a./Kommission* Slg. 2007, II-4949 Rn. 47.

[126] EuG U. v. 27.9.2006 Rs. T-322/01 – *Roquette Frères SA/Kommission* Slg. 2006, II-3137 Rn. 148 ff.

[127] Vgl. nur die Entscheidungen der Kommission v. 10.12.2003 – *Organische Peroxide* ABl. 2005 L 110/44 (Ziff. 20); v. 9.12.2004 – *Cholinchlorid* ABl. 2005 L 190/22 (Ziff. 15); und v. 3.5.2006 – *Wasserstoffperoxid u. Perborat* ABl. 2006 L 353/54 (Ziff. 23); sowie EuG U. v. 19.3.2003 Rs. T-213/00 – *CMA CGM u. a./Kommission* Slg. 2003, II-913 Rn. 390; EuG U. v. 30.9.2003 Rs. T-203/01 – *Manufacture française des pneumatiques Michelin/Kommission* Slg. 2003, II-4071 Rn. 293; EuGH U. v. 7.1.2004 verb. Rs. C-204/00 P, C-205/00 P, C-211/00 P, C-213/00 P, C-217/00 P u. C-219/00 P – *Aalborg Portland u. a./Kommission* Slg. 2004, I-123 Rn. 91; EuG U. v. 25.10.2005 Rs. T-38/02 – *Groupe Danone/Kommission* Slg. 2005, II-4407 Rn. 348; EuG U. v. 12.12.2007 verb. Rs. T-101/05 u. T-111/05 – *BASF AG u. a./Kommission* Slg. 2007, II-4949 Rn. 66; EuG U. v. 18.6.2008 Rs. T-410/03 – *Hoechst GmbH/Kommission* Slg. 2008, II-881 Rn. 459; ferner vgl. in diesem Zusammenhang *Seitz* EuZW 2007, 304 f.; *Böni* WuW 2011, 360 ff.

[128] So EuG U. v. 26.4.2007 verb. Rs. T-109/02, T-118/02, T-122/02, T-125/02, T-126/02, T-128/02, T-129/02, T-132/02 u. T-136/02 – *Bolloré SA/Kommission* Slg. 2007, II-947 Rn. 561, mit der weiteren These, dass insoweit für die Berechnung des Bußgeldbetrags auch die von einem oder mehreren Unternehmen i. R. eines Kartells eingenommene Rolle als „Anführer" berücksichtigt werden muss, da Unternehmen, die eine solche Rolle spielen, im Vergleich zu den anderen Unternehmen eine besondere Verantwortung tragen.

gung.[129] Eine kurze Dauer der Zuwiderhandlung berührt zwar nach Ansicht des EuG in keiner Weise deren Schwere.[130] Umgekehrt stellen jedoch länger andauernde Marktbeeinflussungen grundsätzlich schwerere Zuwiderhandlungen als solche von kürzerer Dauer dar.[131] Die insoweit nicht beziehungslos nebeneinander stehen Bemessungskriterien der Schwere und Dauer sind auf der Grundlage einer jahrzehntelangen Entscheidungspraxis der Unionsgerichte und der Kommission näher in den nachfolgend anzusprechenden Leitlinien für das Verfahren zur Festsetzung von Geldbußen konkretisiert worden, die ausweislich ihrer Einleitung insbesondere dazu beitragen sollen, die Transparenz und Objektivität der Kommissionsentscheidungen bzw. -beschlüsse sowohl gegenüber den Bußgeldadressaten als auch gegenüber dem Gerichtshof zu erhöhen. In diesem Sinne sieht auch der Unionsrichter diese Leitlinien als ein Instrument an, mit dem sich die Unternehmen eine klarere Vorstellung von der Wettbewerbspolitik machen können, die die Kommission verfolgen will, um Transparenz und Objektivität ihrer Geldbußenbeschlüsse zu erhöhen.[132]

29 **b) Ermessenskonkretisierende Leitlinien der Kommission.** Bei der Ausübung ihrer Befugnis zur Verhängung von Geldbußen verfügt die Kommission über einen Ermessensspielraum, dessen Wahrnehmung bzw. Ausübung im Interesse der Transparenz und der Objektivität der jeweiligen Kommissionsbeschlüsse nachvollziehbar sein muss. Aus diesem Grund hat die Kommission bereits im Jahre 1998 ermessenskonkretisierende – bzw. die Anwendung des damals noch geltenden Art. 15 Abs. 2 VO 17 erläuternde – Leitlinien für das Verfahren zur Festsetzung von Geldbußen veröffentlicht,[133] die mit Wirkung zum 1. September 2006 durch neue **Leitlinien für das Verfahren zur Festsetzung von Geldbußen** gemäß Artikel 23 Absatz 2 Buchstabe a) der Verordnung (EG) Nr. 1/2003[134] ersetzt worden sind.[135] Die ursprünglichen Leitlinien aus dem Jahre 1998 hatten zunächst einen grundlegenden Wechsel von der bis *dato* praktizierten umsatzproportionalen Bebußung hin zu einer vom individuellen Umsatz der betreffenden Unternehmen losgelösten Bebußung herbeigeführt.[136] Nach diesen eine gewisse Selbstbindung der Kommission begründenden Leitlinien,[137] die nach Auffassung des EuG nicht über den in Art. 15 VO 17 bzw. Art. 23 VO 1/203 vorgegebenen rechtlichen Rahmen für Sanktionen hinausgin-

---

[129] Vgl. EuG U. v. 19.3.2003 Rs. T-213/00 – *CMA CGM u. a./Kommission* Slg. 2003, II-913 Rn. 280.

[130] EuG, ebd. (Rn. 283).

[131] Vgl. etwa EuG U. v. 14.5.1998 Rs. T-338/94 – *Finnboard/Kommission* Slg. 1998, II-1617 Rn. 341.

[132] Vgl. EuG U. v. 18.7.2005 Rs. T-241/01 – *SAS/Kommission* Slg. 2005, II-2917 Rn. 75.

[133] ABl. 1998 C 9/3 ff.; zur Erläuterungsfunktion derartiger Leitlinien vgl. EuGH U. v. 8.2.2007 Rs. C-3/06 P – *Groupe Danone/Kommission* Slg. 2007, I-1331 Rn. 28, mit dem ergänzenden Hinweis darauf, dass diese Leitlinien – anders als einst Art. 15 Abs. 2 VO 17 und heute Art. 23 Abs. 2 VO 1/2003 – selbst nicht die Rechtsgrundlage für die Festsetzung der Höhe der Geldbuße darstellen; so auch bzw. sehr ähnlich EuGH U. v. 21.9.2006 Rs. C-167/04 P – *JCB Service/Kommission* Slg. 2006, I-8935 Rn. 207; EuG U. v. 29.11.2005 Rs. T-64/02 – *Dr. Hans Heubach GmbH & Co. KG/Kommission* Slg. 2005, II-5137 Rn. 35; EuG U. v. 5.4.2006 Rs. T-279/02 – *Degussa AG/Kommission* Slg. 2006, II-897 Rn. 82; EuG U. v. 13 12. 2006 verb. Rs. T-217/03 u. T-245/03 – *Fédération nationale de la coopération bétail et viande u. a./Kommission* Slg. 2006, II-4987 Rn. 250; sowie EuG U. v. 12.9.2007 Rs. T-30/05 – *William Prym GmbH & Co. KG/Kommission* Slg. 2007, II-107 Rn. 164.

[134] ABl. 2006 C 210/2 ff.; näher zu diesen jüngsten Bußgeldleitlinien der Kommission vgl. etwa *Engelsing* WuW 2007, 470 ff.; *Soyez* EuZW 2007, 596 ff.; *Sünner* EuZW 2007, 8 ff.

[135] Zu den damit einhergehenden Neuerungen siehe unten Rn. 36.

[136] Ausführlich dazu vgl. *Arhold* EuZW 1999, 165 ff.; *Kallmayer/Haupt* EuZW 2002, 766; *Korthals/Bangard* BB 1998, 1013 ff.; *Hellmann* WuW 1999, 333 ff.; *ders.* WuW 2002, 944 (947); *Kallmeyer/Haupt* EuZW 2002, 677 ff.; *Richardson* ECLR 1999, 360 ff.; *Weitbrecht/Tepe* EWS 2001, 220 ff.

[137] Zu dieser Selbstbindung bzw. „Selbstbeschränkung des Ermessens der Kommission" vgl. nur EuG U. v. 14.12.2006 verb. Rs. T-259/02 bis T-264/02 u. T-271/02 – *Raiffaisen Zentralbank Österreich AG u. a./Kommission* Slg. 2006, II-5169 Rn. 221 ff.; EuG U. v. 14.3.2013 Rs. T-587/08 – *Fresh Del Monte Produce, Inc./Kommission* Rn. 751.

gen[138] und die trotz ihres anderslautenden Titels im Wege der Analogie auch für die Berechnung der Geldbußen im Rahmen der Verordnungen Nr. 4056/86[139] und Nr. 1017/68[140] angewendet werden konnten,[141] war zum Zwecke der Festsetzung der jeweiligen Bußgeldhöhe zunächst einmal ein **Grundbetrag** nach Maßgabe der Schwere der Zuwiderhandlung festzulegen. Das Kriterium der Dauer der Zuwiderhandlung stand demgegenüber bei der Festsetzung eines etwaigen Auf- bzw. Zuschlages im Vordergrund. Der auf diese Weise – mit oder ohne **Zuschlag** – festgesetzte Grundbetrag konnte dann in einem letzten Schritt noch einmal erhöht oder aber verringert werden, sofern im konkreten Fall erschwerende oder mildernde Umstände vorlagen.

Hinsichtlich der für die „Errechnung" des Grundbetrags erforderlichen Ermittlung der **30**
Schwere der Zuwiderhandlung orientierten sich die aus dem Jahre 1998 stammenden Leitlinien der Kommission zunächst einmal an der Art des Verstoßes und seinen konkreten Auswirkungen auf den Markt, sofern diese messbar sind; im Übrigen wurde betont, dass auch der Umfang des betreffenden räumlichen Marktes zu berücksichtigen ist. Sodann differenzierten diese Leitlinien im Kontext der Errechnung des festzusetzenden Grundbetrags zwischen minder schweren Verstößen, schweren Verstößen und besonders schweren Verstößen. Bei den **minder schweren Verstößen,** für die in diesen Leitlinien ein „voraussichtlicher (Grund-)Betrag" in Höhe von 1000 EURO bis 1 Mio. EURO vorgesehen war, handelte es sich in der Regel „um vertikale Beschränkungen des Handels mit begrenzten Auswirkungen auf den Markt, die zwar einen wesentlichen, jedoch relativ engen Teil des Gemeinschaftsmarkts betreffen".[142] Bei **schweren Verstößen,** für die in diesen Leitlinien ein „voraussichtlicher Betrag" in Höhe von 1 Mio. bis 20 Mio. EURO vorgesehen war, handelte es sich demgegenüber „in den meisten Fällen um horizontale oder vertikale Beschränkungen der gleichen Art wie in dem vorangehenden Fall, die jedoch entschlossener angewandt werden, deren Auswirkungen auf dem Markt umfassender sind und die in einem größeren Teil des Gemeinsamen Marktes zum Tragen kommen.[143] Als **besonders schwere Verstöße,** für die ein nicht weiter eingegrenzter Betrag oberhalb von 20 Mio. EURO vorgesehen war, wurden schließlich horizontale Beschränkungen wie z.B. Preiskartelle bzw. Preisabsprachen,[144] Marktaufteilungsquoten und sonstige Beschränkungen des Funktionsweise des Binnenmarktes, wie z.B. die Abschottung der nationalen Märkte oder Missbräuche marktbeherrschender Stellungen von Unternehmen in Quasi-Monopolstellung aufgeführt.[145]

---

[138] So EuG U. v. 29.4.2004 verb. Rs. T-236/01, T-239/01, T-244–246/01, T-251/01 u. T-252/01 *Tokai Carbon u. a./Kommission* Slg. 2004, II-1181 Rn. 189f.

[139] VO (EWG) Nr. 4056/86 des Rates v. 22.12.1986 über die Einzelheiten der Anwendung der Artikel [81 und 82 EG] auf den Seeverkehr, ABl. 1986 L 378/4.

[140] VO (EWG) Nr. 1017/68 des Rates v. 19.7.1968 über die Anwendung von Wettbewerbsregeln auf dem Gebiet des Eisenbahn-, Straßen- und Binnenschiffsverkehrs, ABl. 1968 L 175/1.

[141] So EuG U. v. 19.3.2003 Rs. T-213/00 – *CMA CGM u. a./Kommission* Slg. 2003, II-913 Rn. 242; EuG U. v. 11.12.2003 Rs. T-66/99 – *Minoan Lines/Kommission* Slg. 2003, II-5515 Rn. 270.

[142] So unter Ziff. 1. A. (1. Spiegelstr.), ABl. 1998 C 9/3.

[143] So unter Ziff. 1. A. (2. Spiegelstr.), ABl. 1998 C 9/3, mit dem weiteren Hinweis, dass es sich hierbei auch um den Missbrauch marktbeherrschender Stellungen (Verkaufsverweigerung, Diskriminierungen, Ausschließungen, Treuerabatte von einer beherrschenden Firma in der Absicht, Wettbewerber auszuschließen, usw.) i. S. Art. 82 EG [jetzt: Art. 102 AEUV] handeln kann.

[144] Vgl. dazu etwa EuG U. v. 8.7.2008 Rs. T-52/03 – *Knauf Gips KG/Kommission* Slg. 2008, II-115 Rn. 410, wonach horizontale Preisabsprachen zu den „schwersten Verstößen gegen das Wettbewerbsrecht der Gemeinschaft gehören".

[145] So unter Ziff. 1. A. (3. Spiegelstr.), ABl. 1998 C 9/3; dieser Einstufung weitgehend folgend vgl. EuG U. v. 27.7.2005 verb. Rs. T-49/02 bis T-51/02 – *Brasserie nationale SA u. a./Kommission* Slg. 2005, II-3033 Rn. 174; EuG U. v. 14.12.2006 verb. Rs. T-259/02 bis T-264/02 u. T-271/02 – *Raiffaisen Zentralbank Österreich AG u. a./Kommission* Slg. 2006, II-5169 Rn. 249; zur nicht selten vorkommenden Annahme eines „besonders schweren Verstoßes" durch die Kommission vgl. nur ihre Entscheidungen v. 10.12.2003 – *Organische Peroxide* ABl. 2005 L 110/44ff.; v. 20.10.2004 – *Rohtabak*

31 Innerhalb der vorgenannten Kategorien war es nach diesen früheren Leitlinien[146] ferner nötig, die tatsächliche wirtschaftliche Fähigkeit der Urheber der Verstöße, Wettbewerber und den Verbraucher wirtschaftlich in erheblichem Umfang zu schädigen, zu berücksichtigen und die Geldbuße auf einen Betrag festzusetzen, der eine hinreichend abschreckende Wirkung entfaltete. Darüber hinaus konnte auch der Tatsache Rechnung getragen werden, dass Großunternehmen in den meisten Fällen über juristischen und wirtschaftlichen Sachverstand und Ressourcen verfügen, anhand deren sie besser erkennen können, in welchem Maß ihre Vorgehensweise einen Verstoß darstellt und welche Folgen aus wettbewerbsrechtlicher Sicht zu gewärtigen sind.[147] Im Übrigen sollten bei Verstößen, an denen mehrere Unternehmen beteiligt sind, in bestimmten Fällen die innerhalb der einzelnen vorstehend beschriebenen Gruppen festgesetzten Beträge gewichtet werden, um das jeweilige Gewicht und damit die tatsächliche Auswirkung des Verstoßes jedes einzelnen Unternehmens auf den Wettbewerb zu berücksichtigen, vor allem wenn an einem Verstoß der selben Art Unternehmen von sehr unterschiedlicher Größe beteiligt waren. Insoweit konnte der hier angesprochene **Grundsatz der Strafgleichheit** für die gleiche Verhaltensweise ggf. dazu führen, dass abgestufte Beträge gegenüber den beteiligten Unternehmen festgesetzt wurden,[148] wobei dieser Abstufung wiederum keine arithmetische Formel zugrunde lag.

32 Hinsichtlich der bei der **Festsetzung eines** etwaigen **Auf- bzw. Zuschlags** maßgeblichen Dauer der Zuwiderhandlung differenzierten die Leitlinien aus dem Jahre 1998 zwischen den drei folgenden Kategorien: Verstöße von kurzer Dauer (i. d. R. weniger als ein Jahr) zogen zunächst einmal keinen Aufschlag nach sich.[149] Für Verstöße von mittlerer Dauer (i. d. R. zwischen einem und fünf Jahren) war ein Aufschlag von bis zu 50% des für die Schwere der Zuwiderhandlung ermittelten Betrags vorgesehen.[150] Bei Verstößen von langer Dauer (i. d. R. mehr als 5 Jahre) konnten schließlich für jedes Jahr des Verstoßes bis zu 10% des für die Schwere des Verstoßes ermittelten Betrags aufgeschlagen werden.[151] Hinsichtlich der letztgenannten Kategorie wurde in diesen Leitlinien ergänzend ausgeführt, dass der Aufschlag gegenüber der vor 1998 geübten Praxis spürbar erhöht werden sollte, um die Wettbewerbsbeschränkungen, die sich auf die Verbraucher dauerhaft schädlich ausgewirkt haben, wirksam zu ahnden. Dieses Vorgehen wurde in diesen Leitlinien insoweit mit der kartellverfahrensrechtlichen „Kronzeugenregelung" aus dem Jahre 1996[152] in Zusammenhang gebracht, als die Drohung eines spürbaren Aufschlags entsprechend der Dauer des Verstoßes den Anreiz erhöhen werde, diese Zuwiderhandlungen anzuzeigen oder mit der Kommission zusammenzuarbeiten.[153] Der nach Maßgabe der Schwere und Dauer der

---

ABl. 2007 L 102/14 (unter 9.1.); v. 21.12.2005 – *Kautschukchemikalien* ABl. 2006 L 353/50 (Ziff. 15); v. 3.5.2006 – *Wasserstoffperoxid u. Perborat* ABl. 2006 L 353/54 (Ziff. 17); v. 31.5.2006 – *Methacrylat* ABl. 2006 L 322/20 (Ziff. 11); v. 13.9.2006 – *Bitumen* ABl. 2007 L 196/40 (Ziff. 12); und v. 20.9. 2006 – *Fittings* ABl. 2007 L 283/63 (Ziff. 13); zur Unterscheidung zwischen schweren und besonders schweren Verstößen vgl. insb. die Kommissionsentscheidung v. 21.5.2003 – *Deutsche Telekom AG* ABl. 2003 L 263/9 Ziff. 204–206; sowie EuG U. v. 18.7.2005 Rs. T-241/01 – *SAS/Kommission* Slg. 2005, II-2917 Rn. 86 ff.

[146] Vgl. die vier letzten Absätze am Ende von Ziff. 1. A., ABl. 1998 C 9/3.

[147] Exempl. hierzu vgl. die Kommissionsentscheidung v. 5.12.2001 – *Interbrew u. Alken-Maes* ABl. 2003 L 200/1 Ziff. 306.

[148] Zu dieser Kommissionspraxis vgl. nur ihre Entscheidungen v. 21.12.1988 – *LDPE* ABl. 1989 L 74/21 Ziff. 66; und v. 23.4.1986 – *Polypropylen* ABl. 1986 L 230/1 Ziff. 83 i. V. m. 109; ferner vgl. dazu EuG U. v. 8.10.1996 verb. Rs. T-24/93, T-25/93, T-26/93 u. T-28/93 – *Compagnie maritime belge transports SA u. a./Kommission* Slg. 1996, II-1201 Rn. 234.

[149] Vgl. Ziff. 1.B. (1. Spiegelstr.), ABl. 1998 C 9/3.

[150] Vgl. Ziff. 1.B. (2. Spiegelstr.), ABl. 1998 C 9/3.

[151] Vgl. Ziff. 1.B. (3. Spiegelstr.), ABl. 1998 C 9/3; zur Anwendung dieser Regelung in der Praxis vgl. nur die Kommissionsentscheidung v. 28.1.1998 – *Volkswagen* ABl. 1998 L 124/60 Ziff. 217.

[152] ABl. 1996 C 207/4; näher dazu *Hornsby/Hunter* ECLR 1997, 38 ff.; *Weitbrecht* EuZW 1997, 555 ff.

[153] Näher zu den heute einschlägigen Kronzeugenregelungen siehe unter Rn. 37 ff.

Zuwiderhandlung festgesetzte Grundbetrag konnte schließlich unter Berücksichtigung erschwerender und/oder mildernder Umstände erhöht oder verringert werden, die nicht abschließender Art[154] waren:

Zu den **erschwerenden Umständen** zählte nicht nur die Begehung eines erneuten, gleichartigen Verstoßes desselben Unternehmens bzw. derselben Unternehmensvereinigung,[155] sondern auch die Verweigerung der Zusammenarbeit oder Behinderungsversuche während des Untersuchungsverlaufs.[156] Die Rolle als Anführer oder Anstifter des Verstoßes wurde in den aus dem Jahre 1998 stammenden Leitlinien genauso als erschwerender Umstand gewertet[157] wie Vergeltungsmaßnahmen gegenüber anderen Unternehmen, die vorgenommen wurden, um die „Einhaltung" der beschlossenen Verstöße durchzusetzen.[158] Schließlich konnte die Erhöhung des Grundbetrags von der Kommission für erforderlich gehalten werden, um den Betrag der auf Grund der jeweiligen Verstöße unrechtmäßig erzielten Gewinne zu übertreffen, sofern sich dieser Betrag objektiv ermitteln ließ.[159] 33

Zu den ebenfalls nicht abschließend aufgeführten **mildernden Umständen,**[160] die auf der Grundlage der aus dem Jahre 1998 stammenden Leitlinien zu einer Verringerung des Grundbetrags führen konnten, zählten beispielsweise die ausschließlich passive Mitwirkung oder reines Mitläufertum,[161] die tatsächliche Nichtanwendung der Vereinbarungen über Verstöße,[162] die Beendigung der Verstöße nach dem ersten Eingreifen der Kommission insbesondere im Wege von Nachprüfungen,[163] der Nachweis berechtigter Zweifel des Unternehmens an der Rechtswidrigkeit seines wettbewerbswidrigen Verhaltens,[164] der Ab- 34

---

[154] Vgl. Ziff. 2. (6. Spiegelstr.), ABl. 1998 C 9/3, wo von sonstigen (nicht näher spezifizierten) erschwerenden Umständen die Rede ist; zum nicht abschließenden Charakter dieser Umstände vgl. auch EuG U. v. 21.10.2003 Rs. T-368/00 – *General Motors Nederlands u. a./Kommission* Slg. 2003, II-4491 Rn. 186; sowie EuG U. v. 23.1.2014 Rs. T-395/09 – *Gigaset AG/Kommission* NZKart 2014, 106 Rn. 216. Zur Berücksichtigung sonstiger erschwerender Umstände – wie etwa hohe Marktanteile oder subjektive Elemente z. B. in Gestalt „nachdrücklichen Handelns" oder „größter Geheimhaltung" – vgl. nur die Kommissionsentscheidungen v. 12.12.1978 – *Kawasaki* ABl. 1979 L 16/9 Ziff. 60; v. 23.4.1986 – *Polypropylen* ABl. 1986 L 230/1 Ziff. 108; v. 27.7.1994 *PVC* ABl. 1994 L 239/14 Ziff. 52; und v. 28.1.1998 – *Volkswagen* ABl. 1998 L 124/60 Ziff. 212.

[155] Vgl. Ziff. 2. (1. Spiegelstr.), ABl. 1998 C 9/3; exempl. hierzu vgl. die Kommissionsentscheidungen v. 5.12.2001 – *Interbrew u. Alken-Maes* ABl. 2003 L 200/1 Ziff. 314, und v. 16.12.2003 – *Industrierohre* ABl. 2004 L 125/50 Ziff. 19.

[156] Vgl. Ziff. 2. (2. Spiegelstr.), ABl. 1998 C 9/3; exempl. hierzu vgl. die Kommissionsentscheidung v. 21.10.1998 – *Fernwärmetechnik* ABl. 1999 L 24/1 Ziff. 179.

[157] Vgl. Ziff. 2. (3. Spiegelstr.), ABl. 1998 C 9/3; exempl. hierzu vgl. die Kommissionsentscheidung v. 30.10.2002 – *Nintendo* ABl. 2003 L 255/33 Ziff. 406; näher zum Kriterium der Anführerrolle vgl. ferner EuG U. v. 15.3.2006 Rs. T-15/02 – *BASF AG/Kommission* Slg. 2006, II-497 Rn. 280 ff.; EuG U. v. 18.6.2008 Rs. T-410/03 – *Hoechst GmbH/Kommission* Slg. 2008, II-881 Rn. 423 ff.; EuG U. v. 3.3.2011 Rs. T-110/07 – *Siemens AG/Kommission* Slg. 2011, II-477 Rn. 333 ff.: näher zum „Anführer"-Begriff vgl. ferner EuG U. v. 3.3.2011 verb. Rs. T-117/07 u. T-121/07 – *Areva u. a./Kommission* Slg. 2011, I-633 Rn. 280 ff.

[158] Vgl. Ziff. 2. (4. Spiegelstr.), ABl. 1998 C 9/3; exempl. hierzu vgl. die Kommissionsentscheidung v. 29.6.2001 – *Volkswagen* ABl. 2001 L 262/14 Ziff. 121.

[159] Vgl. Ziff. 2. (5. Spiegelstr.), ABl. 1998 C 9/3.

[160] Zum nicht abschließenden Charakter dieser Auflistung vgl. Ziff. 3 (7. Spiegelstr.), ABl. 1998 C 9/3.

[161] Ziff. 3 (1. Spiegelstr.), ABl. 1998 C 9/3; hierzu vgl. die Kommissionsentscheidungen v. 22.11. 2001 – *Vitamin-Kartell* ABl. 2003 L 6/1 Ziff. 719 ff., und v. 30.10.2002 – *Nintendo* ABl. 2003 L 255/33 Ziff. 421; sowie EuG U. v. 14.3.2013 Rs. T-587/08 – *Fresh Del Monte Produce, Inc./Kommission* Rn. 802 ff.

[162] Ziff. 3 (2. Spiegelstr.), ABl. 1998 C 9/3; vgl. dazu etwa die Kommissionsentscheidung v. 18.7. 2001 – *Graphitelektroden* ABl. 2002 L 100/1 Ziff. 235.

[163] Ziff. 3 (3. Spiegelstr.), ABl. 1998 C 9/3; vgl. dazu nur die Kommissionsentscheidung v. 7.6.2000 – *Aminosäuren* ABl. 2001 L 152/24 Ziff. 381 ff.

[164] Ziff. 3 (4. Spiegelstr.), ABl. 1998 C 9/3; vgl. dazu etwa Kommissionsentscheidung v. 5.12.2001 – *Luxemburgische Brauereien* ABl. 2002 L 253/21 Ziff. 100.

schluss wettbewerbswidriger Vereinbarungen auf Grund von Empfehlungen oder Druck eines Ministers,[165] die Realisierung fahrlässiger bzw. unvorsätzlich begangener Verstöße[166] und schließlich die aktive Mitwirkung des Unternehmens an dem Verfahren außerhalb der o.g. Kronzeugenregelung.[167] Auf den letztgenannten Umstand konnte sich ein Unternehmen jedoch dann nicht berufen, wenn es seine wettbewerbsbeschränkenden Verhaltensweisen im Verlauf des Verwaltungsverfahrens intensivierte.[168] Gleiches galt nach Auffassung der Kommission dann, wenn ein Unternehmen nur wegen seiner Mitarbeit in einer anderen Kartellsache eine niedrige Geldbuße erhalten wollte.[169] Auch die Tatsache, dass es sich nach den Angaben des Bußgeldadressaten beim jeweiligen Wettbewerbsverstoß um die erste Zuwiderhandlung in der betreffenden Branche handelte, konnte nach ständiger Rechtsprechung des Unionsrichters nicht als ein mildernder Umstand berücksichtigt werden, da das Fehlen einer früheren Zuwiderhandlung den Normalfall darstelle[170] bzw. darstellen sollte. Eine stagnierende oder rückläufige Marktentwicklung wurde schließlich von der Kommission ebenso wenig als mildernder Umstand anerkannt wie die – von ihr durchaus gutgeheißene[171] – Einleitung bzw. Einführung eines unternehmensinternen *Compliance*-Programms zur Gewährleistung eines (zukünftigen) wettbewerbskonformen Geschäftsverhaltens.[172] Auch die Nichterzielung eines Vorteils aus einem Kartell oder das Erleiden wirtschaftlicher Schäden infolge der Beteiligung an einem Kartell konnten grundsätzlich nicht als mildernde Umstände qualifiziert werden.[173] Im Übrigen sah sich die Kommission auch nicht als verpflichtet an, bei der Bemessung der Geldbuße die schlechte Finanzlage eines betroffenen Unternehmens zu berücksichtigen, da die Anerkennung einer solchen Verpflichtung darauf hinausliefe, den am wenigsten den Marktbedingungen angepassten Unternehmen einen ungerechtfertigten Wettbewerbsvorteil zu verschaffen.[174] Diesbezüglich hat der Unionsrichter der Kommission auch in jüngerer Zeit noch einmal ausdrücklich zugestimmt.[175]

---

[165] Vgl. dazu insbes. die Kommissionsentscheidung v. 2.4.2003 – *Viandes bovines française* ABl. 2003 L 209/12 Ziff. 176.

[166] Ziff. 3 (5. Spiegelstr.), ABl. 1998 C 9/3.

[167] Ziff. 3. (6. Spiegelstr.), ABl. 1998 C 9/3; zur Berücksichtigung dieses Kriteriums vgl. etwa die Kommissionsentscheidung v. 16.12.2003 – *Industrierohre* ABl. 2004 L 125/50 Ziff. 19; sowie EuG U. v. 23.1.2014 Rs. T-395/09 – *Gigaset AG/Kommission* NZKart 2014, 106 Rn. 218, mit dem einschränkenden Hinweis darauf, dass eine Herabsetzung der Geldbuße auf Grund einer Zusammenarbeit während des Verwaltungsverfahrens nur dann gerechtfertigt sei, wenn das Verhalten des fraglichen Unternehmens es der Kommission ermöglicht hat, eine Zuwiderhandlung leichter festzustellen und diese gegebenenfalls zu beenden; so auch EuG U. v. 23.1.2014 Rs. T-384/09 – *SKW Stahl-Metallurgie Holding AG u.a./Kommission* NZKart 2014, 99 (101 f. Rn. 186 m.w.N.).

[168] Vgl. EuG U. v. 17.12.2003 Rs. T-219/99 – *British Airways/Kommission* Slg. 2003, II-5917 Rn. 315.

[169] Vgl. die Kommissionsentscheidung v. 27.11.2002 – *Methylglukamin* ABl. 2004 L 38/18 Ziff. 242.

[170] So u.a. EuG U. v. 14.5.1998 Rs. T-347/94 – *Mayr-Melnhof Kartongesellschaft/Kommission* Slg. 1998, II-1751 Rn. 370.

[171] Vgl. die Kommissionsentscheidung v. 11.12.2001 – *Zinkphosphat* ABl. 2003 L 153/1 Ziff. 332.

[172] Vgl. die Kommissionsentscheidung v. 27.11.2002 – *Methylglukamin* ABl. 2004 L 38/18 Ziff. 253 u. 260; ausführlicher zu diesem Aspekt vgl. etwa *Bosch/Colbus/Harbusch* WuW 2009, 740 ff.; *Dittrich/Linsmeier* NZKart 2014, 485 ff.; *Jungbluth* NZKart 2015, 43 ff.; sowie EuG U. v. 14.5.2014 Rs. T-406/09 – *Donau Chemie/Kommission,* Rn. 162 ff.

[173] Vgl. die Kommissionsentscheidung v. 11.12.2001 – *Zinkphosphat* ABl. 2003 L 153/1 Ziff. 329 f.

[174] Vgl. dazu nur die Kommissionsentscheidungen v. 5.12.2001 – *Interbrew u. Alken-Maes* ABl. 2003 L 200/1 Ziff. 306, und v. 11.6.2002 – *Österreichische Banken – „Lombard Club"* ABl. 2004 L 56/1 Ziff. 527; sowie EuG U. v. 20.3.2002 Rs. T-9/99 – *HFB Holding u.a./Kommission* Slg. 2002, II-1487 Rn. 596; EuG U. v. 19.3.2003 Rs. T-213/00 – *CMA CGM u.a./Kommission* Slg. 2003, II-913 Rn. 351; EuG U. v. 25.10.2005 Rs. T-38/02 – *Groupe Danone/Kommission* Slg. 2005, II-4407 Rn. 413; EuG U. v. 12.9.2007 Rs. T-30/05 – *William Prym GmbH & Co. KG/Kommission* Slg. 2007, II-107 Rn. 230.

[175] Vgl. jeweils m.w.N. EuGH U. v. 28.6.2005 Rs. C-189/02 P, C-202/02 P, C-205/02 P bis C-208/02 P und C-213/02 P – *Dansk Rørindustri u.a./Kommission* Slg. 2005, I-5425 Rn. 327; EuGH U.

Unter der Rubrik „Allgemeines" wurde in den damaligen Leitlinien von 1998 schließlich darauf hingewiesen, dass es nach Durchführung der vorstehenden Berechnungen je nach Fall angezeigt sein konnte, im Hinblick auf die entsprechende Anpassung der vorgesehenen Geldbußen einige **objektive Faktoren** zu berücksichtigen, wie z. B. ein besonderer wirtschaftlicher Zusammenhang, die von den Beteiligten an dem Verstoß eventuell erzielten wirtschaftlichen oder finanziellen Vorteile und die besonderen Merkmale der betreffenden Unternehmen wie z. B. ihre tatsächliche Steuerkraft in einem gegebenen sozialen Umfeld. Auf der Grundlage dieser Regelung hat die Kommission beispielsweise in einer Bußgeldentscheidung, welche die seinerzeit gegen Art. 81 Abs. 1 EG [jetzt: Art. 101 Abs. 1 AEUV] verstoßende Honorarordnung der belgischen Architektenkammer betrifft, eine überaus großzügige Bußgeldermäßigung vorgenommen, um dem „besonderen Zusammenhang dieses Falles" Rechnung zu tragen.[176] Darüber hinaus steht es der Kommission nach der Rechtsprechung des EuG frei, eine **Herabsetzung der Geldbuße aus Gründen der Billigkeit** vorzunehmen, wenn das Kartellverfahren von beträchtlicher Dauer war.[177] Schließlich behielt sich die Kommission am Ende dieser Leitlinien die Möglichkeit vor, in bestimmten Fällen eine symbolische Geldbuße in Höhe von 1000 EURO festzusetzen, die nicht anhand der Dauer oder der erschwerenden bzw. mildernden Umstände ermittelt worden ist und die im Text der Entscheidung näher begründet werden musste.[178] 35

Mit Wirkung zum 1. September 2006 sind die vorgenannten Leitlinien aus dem Jahre 1998 durch **neue Leitlinien für das Verfahren zur Festsetzung von Geldbußen** gemäß Art. 23 Abs. 2 lit. a VO 1/2003[179] ersetzt worden, die ihrerseits erheblichen Einfluss auf den Erlass und die Ausgestaltung jüngerer Bußgeldleitlinien mitgliedstaatlicher Wettbewerbsbehörden ausgeübt[180] und auch bereits mehrfach den Unionsrichter beschäftigt haben,[181] auch wenn diese zu einer ermessensbegrenzenden Selbstbindung der Kommission führenden Leitlinien[182] „nicht als Rechtsnorm qualifiziert werden können".[183] Bei dem im Jahre 2006 erfolgten Leitlinienaustausch ging es der Kommission um eine Weiterentwicklung und Verfeinerung ihrer Geldbußenpolitik auf der Grundlage von Erfahrungen, die sie in den acht Jahren der Anwendung der Vorgängerleitlinien aus dem Jahre 1998 in der Praxis gesammelt hatte.[184] Beibehalten wird in den neuen Leitlinien aus dem Jahre 2006 zwar 36

---

v. 29.6.2006 Rs. C-308/04 P – *SGL Carbon AG/Kommission* Slg. 2006, I-5977 Rn. 105; EuG U. v. 12.12.2012 Rs. T-400/09 – *Ecka Granulate/Kommission* NZKart 2013, 74 ff. (Rn. 97 f.).

[176] Kommissionsentscheidung v. 24.6.2004 COMP/38 549 – PO – *Honorarordnung der belgischen Architektenkammer* EuZW 2004, 561 Rn. 137.

[177] EuG U. v. 19.3.2003 Rs. T-213/00 – *CMA CGM u. a./Kommission* Slg. 2003, II-913 Rn. 325.

[178] Zur Anwendung dieser Regelung in der Entscheidungspraxis der Kommission vgl. nur ihre Entscheidung v. 10.12.2003 Comp/37 857, Pressemitteilung IP/03/1700.

[179] ABl. 2006 C 210/2 ff.; näher zu diesen jüngsten Bußgeldleitlinien der Kommission vgl. etwa *Engelsing* WuW 2007, 470 ff.; *Hirsbrunner/Schädle* WuW 2009, 12 ff.; *Soyez* EuZW 2007, 596 ff.; *Sünner* EuZW 2007, 8 ff.; *Völcker* CMLRev. 2007, 1285 (1291 ff.).

[180] Näher dazu, jeweils in spezieller Ansehung der neuen Bußgeldleitlinien des deutschen BKartA, vgl. *Mundt* WuW 2007, 458 ff.; sowie *Vollmer* ZWeR 2007, 168 ff.

[181] Zur durchaus häufigen Berücksichtigung dieser Leitlinien aus dem Jahre 2006 in der jüngeren Rechtsprechung des Unionsrichters vgl. exemplarisch EuG U. v. 18.6.2013 Rs. T-404/08 – *Fluorsid SpA u. a./Kommission* Rn. 139 ff.; EuG U. v. 16.9.2013 verb. Rs. T-373/10, T-374/10, T-382/10 u. T-402/10 – *Villeroy & Boch Austria GmbH u. a./Kommission* Rn. 336 ff.; EuG U. v. 14.5.2014 Rs. T-406/09 – *Donau Chemie/Kommission* NZKart 2014, 229 (Rn. 295 ff.); EuG U. v. 6.2.2014 Rs. T-27/10 – *AC-Treuhand AG/Kommission* Rn. 297 ff.

[182] Vgl. nur EuGH U. v. 12.11.2014 Rs. C-580/12 P – *Guardian Industries Corp./Kommission* Rn. 55.

[183] So vgl. m. w. N. EuG U. v. 6.2.2014 Rs. T-27/10 – *AC-Treuhand AG/Kommission* Rn. 299; zur damit korrespondierenden Charakterisierung dieser Leitlinien als „Verhaltensnorm" vgl. EuG U. v. 18.6.2013 Rs. T-406/08 – *Industries chimiques du fluor/Kommission* Rn. 154.

[184] Vgl. Rn. 3 bzw. die dritte Begründungserwägung zu diesen Leitlinien, ABl. 2006 C 210/2 ff.; näher zu den hier in Rede stehenden Motiven der Kommission vgl. auch *Völcker* CMLRev. 2007, 1285 (1286 ff.).

eine **zweistufige Berechnungsmethode,** in deren Rahmen auf der ersten Stufe ein Grundbetrag und auf der zweiten Stufe eine Anpassung des jeweiligen Betrags nach oben oder unten erfolgt. Hinsichtlich der Ermittlung des Grundbetrags weichen die neuen Leitlinien jedoch erheblich von den Vorgängerleitlinien insoweit ab, als sich der Grundbetrag nunmehr nach dem Wert der verkauften Waren oder Dienstleistungen richtet.[185] In diesem Sinne verwendet die Kommission für die auf der **1. Stufe** vorzunehmende Festsetzung des Grundbetrags der Geldbuße nunmehr den Wert der von dem betreffenden Unternehmen im relevanten räumlichen Markt innerhalb des EWR verkauften Waren oder Dienstleistungen, die mit dem jeweiligen Verstoß gegen die wettbewerbsrechtlichen Verbotstatbestände des primärrechtlichen Kartellrechts in einem unmittelbaren oder mittelbaren Zusammenhang stehen.[186] Zur Bestimmung dieses Grundbetrags wird dann ein bestimmter Anteil am Umsatz, der sich nach der Schwere des Verstoßes richtet, mit der Anzahl der Jahre der Zuwiderhandlung multipliziert,[187] wobei hierbei grundsätzlich ein Betrag von bis zu 30% des Umsatzes festgesetzt werden kann.[188] Auf der **2. Stufe** berücksichtigt die Kommission bei der Bestimmung der Höhe der Geldbuße sodann – soweit vorhanden – verschiedene erschwerende und/oder mildernde Umstände, die sich gleichermaßen auf den Unrechtsgehalt des individuellen Verhaltens des betreffenden Unternehmens beziehen[189] und dabei zu einer Erhöhung oder Ermäßigung des festgesetzten Grundbetrags führen können.[190] Während eine Erhöhung des Grundbetrags in Betracht kommt, wenn die Kommission erschwerende Umstände[191] feststellt,[192] hängt die Ermäßigung des Grundbetrags vom Vorliegen mildernder Umstände[193] ab, die vom Unionsrichter allerdings nicht grenzenlos akzeptiert

---

[185] Vgl. Rn. 12 dieser Leitlinien, ABl. 2006 C 210/2 ff.

[186] In diesem Sinne vgl. Rn. 13 dieser Leitlinien, ABl. 2006 C 210/2 ff.; instruktiv dazu vgl. EuGH U. v. 12.11.2014 Rs. C-580/12 P *Guardian Industries Corp. u. a./Kommission* EuZW 2015, 112 Rn. 57 ff., sowie EuGH U. v. 23.4.2015 Rs. C-227/14 P *LG Display u. a./Kommission* NZKart 2015, 269 Rn. 52 ff.; EuGH U. v. 9.7.2015 Rs. C-231/14 P – *InnoLux Corp./Kommission* EuZW 2015, 674 Rn. 49 ff., mit Anm. *v. Köckritz* EuZW 2015, 680 ff.

[187] Vgl. Rn. 19 dieser Leitlinien, ABl. 2006 C 210/2 ff.

[188] Vgl. Rn. 21 dieser Leitlinien, ABl. 2006 C 210/2 ff.

[189] In diesem Sinne vgl. auch EuG U. v. 14.12.2006 verb. Rs. T-259/02 bis T-264/02 u. T-271/02 – *Raiffaisen Zentralbank Österreich AG u. a./Kommission* Slg. 2006, II-5169 Rn. 232.

[190] Vgl. Rn. 27 dieser Leitlinien, ABl. 2006 C 210/2 ff.

[191] Vgl. Rn. 28 dieser Leitlinien, ABl. 2006 C 210/2 ff., wo die folgenden – nicht abschließenden – „erschwerenden Umstände" aufgeführt werden: „Fortsetzung einer Zuwiderhandlung oder erneutes Begehen einer gleichartigen oder ähnlichen Zuwiderhandlung, nachdem die Kommission oder eine einzelstaatliche Wettbewerbsbehörde festgestellt hat, dass das Unternehmen gegen Art. 81 oder 82 EG [jetzt: Art. 101 oder 102 AEUV] verstoßen hatte […]; Verweigerung der Zusammenarbeit mit oder Behinderung der Untersuchung durch die Kommission; Rolle als Anführer oder Anstifter des Verstoßes; die Kommission würdigt ferner insbesondere Maßnahmen, mit denen andere Unternehmen zur Beteiligung an der Zuwiderhandlung gezwungen werden sollten, und/oder Vergeltungsmaßnahmen gegenüber anderen Unternehmen, mit denen die Einhaltung des rechtswidrigen Verhaltens durchgesetzt werden sollte". Ferner vgl. EuG U. v. 25.10.2005 Rs. T-38/02 – *Groupe Danone/Kommission* Slg. 2005, II-4407 Rn. 281, wonach ein erschwerender Umstand auch dann vorliegt, wenn ein an einem Kartell beteiligtes Unternehmen einen anderen Kartellteilnehmer zwingt, das Kartell auszuweiten, indem es ihm Vergeltungsmaßnahmen für den Fall einer Verweigerung androht.

[192] Zur grds. Befugnis der Kommission, in diesem Kontext erschwerende Umstände zu berücksichtigen, vgl. EuGH U. v. 8.2.2007 Rs. C-3/06 P – *Groupe Danone/Kommission* Slg. 2007, I-1331 Rn. 25, wonach die Berücksichtigung erschwerender Umstände bei der Festsetzung der Geldbuße im Einklang steht mit der Aufgabe der Kommission, die Übereinstimmung mit den Wettbewerbsregeln zu gewährleisten. Zum „Wiederholungsfall" als ein erschwerender Umstand vgl. etwa EuG U. v. 13.7.2011 Rs. T-39/07 – *Eni SpA/Kommission* Slg. 2011, II-4457 Rn. 161 ff.; sowie EuGH U. v. 5.3.2015 vorb. Rs. C-93/13 P v. C-123/13 P *Kommission/Versalis u. a.* NZKart 2015, 231 Rn. 87 ff.; m. w. N. *de Bronett* EWS 2014, 313 ff.

[193] Vgl. Rn. 29 dieser Leitlinien, ABl. 2006 C 210/2 ff., wo die folgenden – nicht abschließenden – „mildernden Umstände" aufgeführt werden: 1.) Vom Unternehmen nachgewiesene Beendigung des Verstoßes nach dem ersten Eingreifen der Kommission […]; 2.) vom Unternehmen beigebrachte

bzw. recht eng ausgelegt werden.[194] Diesbezüglich kann exemplarisch auf seine gefestigte Rechtsprechung hingewiesen werden, wonach ein Unternehmen, das mit anderen Unternehmen an wettbewerbswidrigen Handlungen teilnimmt, nicht geltend machen könne, diese Teilnahme beruhe auf von den anderen Beteiligten ausgeführtem bzw. ausgeübtem Zwang.[195] Auch kann es nach Auffassung des Unionsrichters keinen mildernden Umstand darstellen, wenn ein Unternehmen seine Beteiligung an einer wettbewerbsrechtlichen Zuwiderhandlung „auf das erste Eingreifen der Kommission hin eingestellt" hat.[196] Arbeitet das betreffende Unternehmen im Rahmen des Kartellverfahrens mit der Kommission zusammen, so kann diese Zusammenarbeit gerade im Interesse der Aufrechterhaltung der nützlichen Wirkung der Kronzeugenregelung[197] nur in Ausnahmesituationen als ein mildernder Umstand angesehen werden.[198] Darüber hinaus sehen die hier in Rede stehenden Leitlinien vor, dass die Kommission auf Antrag „unter außergewöhnlichen Umständen" die Leistungsfähigkeit eines Unternehmens in einem gegebenen sozialen und ökonomischen Umfeld berücksichtigen kann, wobei sie jedoch keine Ermäßigung wegen der bloßen Tatsache einer nachteiligen oder defizitären Finanzlage gewährt.[199] Dies entspricht im Übrigen der ständigen Rechtsprechung des Unionsrichters, wonach die Kommission nicht verpflichtet ist, bei der Bemessung der Geldbuße die wirtschaftliche Lage bzw. finanzielle Schwierigkeiten des betroffenen Unternehmens zu berücksichtigen,[200] zumal die Anerkennung einer solchen Verpflichtung darauf hinauslaufen würde, den am wenigsten den Marktbedingungen angepassten Unternehmen einen ungerechtfertigten Wettbewerbsvor-

---

Beweise, dass die Zuwiderhandlung aus Fahrlässigkeit begangen wurde; 3.) vom Unternehmen beigebrachte Beweise, dass die eigene Beteiligung sehr geringfügig war und sich das Unternehmen der Durchführung der gegen die Wettbewerbsregeln verstoßenden Vereinbarungen in dem Zeitraum, in dem sie ihnen beigetreten war, in Wirklichkeit durch eigenes Wettbewerbsverhalten auf dem Markt entzogen hat [...]; 4.) aktive Zusammenarbeit des Unternehmens mit der Kommission außerhalb des Anwendungsbereichs der [Kronzeugenregelung; siehe dazu unten Rn. 37 ff.]; 5.) Genehmigung oder Ermutigung des wettbewerbswidrigen Verhaltens durch die Behörden oder geltende Vorschriften.

[194] Exempl. vgl. zum einen EuG U. v. 26.4.2007 verb. Rs. T-109/02, T-118/02, T-122/02, T-125/02, T-126/02, T-128/02, T-129/02, T-132/02 u. T-136/02 – *Bolloré SA/Kommission* Slg. 2007, II-947 Rn. 671, wonach die Tatsache, dass ein Unternehmen aus der jeweiligen Zuwiderhandlung keinen Vorteil gezogen hat, der Verhängung einer Geldbuße nicht entgegensteht, da diese sonst ihren abschreckenden Charakter verlieren würde; zum anderen vgl. EuG U. v. 12.12.2007 verb. Rs. T-101/05 u. T-111/05 – *BASF AG u. a./Kommission* Slg. 2007, II-4949 Rn. 129, wonach z. B. die Entlassung der leitenden Mitarbeiter, die bei der Zuwiderhandlung eine entscheidende Rolle gespielt haben, keine Handlung darstellt, die die Herabsetzung der verhängten Geldbuße rechtfertigt; ähnlich restriktiv vgl. EuG U. v. 25.10.2005 Rs. T-38/02 – *Groupe Danone/Kommission* Slg. 2005, II-4407 Rn. 382 ff.; EuG U. v. 6.12.2005 Rs. T-48/02 – *Brouwerij Haacht NV/Kommission* Slg. 2005, II-5259 Rn. 74 ff.; EuG U. v. 27.9.2006 Rs. T-59/02 – *Archer Daniels Midland Co./Kommission* Slg. 2006, II-3627 Rn. 331 ff.

[195] Vgl. nur EuG U. v. 25.10.2005 Rs. T-38/02 – *Groupe Danone/Kommission* Slg. 2005, II-4407 Rn. 164.

[196] Vgl. nur EuG U. v. 3.3.2011 verb. Rs. T-122/07 bis T-124/07 – *Siemens AG Österreich/Kommission* Slg. 2011, II-793 Rn. 211 ff.

[197] Ausführlich dazu siehe unten Rn. 37 ff.

[198] Vgl. EuG U. v. 17.5.2011 Rs. T-343/08 – *Arkema France/Kommission* Slg. 2011, II-2287 Rn. 170; ähnlich restriktiv insoweit vgl. auch EuG U. v. 16.6.2011 Rs. T-211/08 – *Putters International NV/Kommission* Slg. 2011, II-3729 Rn. 85.

[199] So Rn. 35 dieser Leitlinien, ABl. 2006 C 210/2 ff., mit dem weiteren Hinweis, dass eine solche Ermäßigung nur dann möglich ist, wenn eindeutig nachgewiesen wird, dass die Verhängung einer Geldbuße gemäß diesen Leitlinien die wirtschaftliche Überlebensfähigkeit des Unternehmens unwiderruflich gefährden und ihre Aktiva jeglichen Wertes berauben würde. Zur Handhabung dieser Regelung durch den Unionsrichter vgl. etwa EuG U. v. 16.6.2011 verb. Rs. T-204/08 u. T-212/08 – *Team Relocations NV u. a./Kommission* Slg. 2011, II-3569 Rn. 168 ff.; EuG U. v. 15.7.2015 Rs. T-393/10 – *Westfälische Drahtindustrie GmbH/Kommission* NZKart 2015, 396 Rn. 286 ff.

[200] Vgl. nur EuG U. v. 27.6.2012 Rs. T-372/10 – *Bolloré/Kommission* Rn. 234 f.

teil zu verschaffen.[201] Im Übrigen macht der Unionsrichter immer wieder deutlich, dass der Kommission letztendlich ein „gewisses Ermessen" verbleibt, um über das Ausmaß einer etwaigen Herabsetzung der Geldbußen wegen mildernder Umstände im Wege der Gesamtwürdigung zu befinden.[202]

37 **c) Kronzeugenregelung und Vergleichsverfahren.** Die für die Aufdeckung und Abstellung wettbewerbswidrigen Marktverhaltens im europäischen Binnenmarkt zuständige Kommission ist bereits seit mehr als dreißig Jahren im Interesse der effektiven Durchsetzung der in Art. 101 und 102 AEUV niedergelegten Verbotstatbestände dazu bereit, die Mitwirkung der betroffenen Unternehmen an der Aufklärung des jeweils in Rede stehenden Sachverhalts bei der Bemessung der zu verhängenden Geldbuße zu berücksichtigen.[203] Möglichkeiten hierfür eröffnet zum einen das von der Kommission im Wege des Erlasses der VO (EG) Nr. 622/2008[204] eingeführte und durch eine dazugehörige Kommissionsmitteilung[205] etwas näher konturierte **Vergleichsverfahren** *(settlement procedure)* in Kartellfällen, das vergleichsbereite Kartellmitglieder unter bestimmten Voraussetzungen mit einer Geldbußenermäßigung belohnt.[206] Weitere nachfolgend im Vordergrund stehende Möglichkeiten ähnlicher Art eröffnet die so genannte Kronzeugenpolitik, die in ihren Anfängen zunächst einmal ohne eine nennenswerte Formalisierung auskam. Eine gewisse **Formalisierung der** anfänglich rein informellen **Kronzeugenpolitik** bewirkte erstmals die im Jahre 1996 von der Kommission veröffentlichte „Mitteilung über die Nichtfestsetzung oder niedrigere Festsetzung von Geldbußen in Kartellsachen",[207] die sich in der Folge zu einem gleichermaßen bedeutsamen wie umstrittenen Instrument der Kartellbekämpfung auf europäischer Ebene entwickelte.[208] Diese vielfach als „Kronzeugenregelung" oder auch als „Kronzeugenmitteilung" bezeichnete Kommissionsmitteilung, die einen mit einer Geldbußenermäßigung honorierten Anreiz zum Ausstieg kartellbeteiligter Unternehmen aus dem

---

[201] Vgl. etwa EuG U. v. 25.10.2005 Rs. T-38/02 – *Groupe Danone/Kommission* Slg. 2005, II-4407 Rn. 413; EuG U. v. 29.11.2005 Rs. T-64/02 – *Dr. Hans Heubach GmbH & Co. KG/Kommission* Slg. 2005, II-5137 Rn. 139 u. Rn. 161; EuGH U. v. 10.5.2007 Rs. C-328/05 P – *SGL Carbon AG/Kommission* Slg. 2007, I-3921 Rn. 100; EuG U. v. 12.9.2007 Rs. T-30/05 – *William Prym GmbH & Co. KG/Kommission* Slg. 2007, II-107 Rn. 230; näher zu diesem Aspekt vgl. auch EuG U. v. 14.5.2014 Rs. T-406/09 – *Donau Chemie/Kommission* NZKart 2014, 229 (Rn. 295 ff.); sowie *Grave/Nyberg* WuW 2011, 926 ff.; *Stockmann* ZWeR 2012, 20 ff.

[202] Vgl. nur EuG U. v. 3.3.2011 verb. Rs. T-122/07 bis T-124/07 – *Siemens AG Österreich/Kommission* Slg. 2011, II-793 Rn. 208; EuG U. v. 16.6.2011 Rs. T-192/06 – *Caffaro Srl/Kommission* Slg. 2011, II-3063 Rn. 174; EuG U. v. 12.10.2011 Rs. T-41/05 – *Alliance One International, Inc./Kommission* Slg. 2011, II-7101 Rn. 190.

[203] Vgl. dazu etwa die Kommissionsentscheidungen v. 6.8.1984 – *Zinc Producer Group* ABl. 1984 L 220/27 Ziff. 104; und v. 19.12.1984 – *Zellstoff* ABl. 1985 L 85/1 Ziff. 148; m. w. N. *Albrecht* WRP 2007, 417 (418).

[204] VO (EG) Nr. 622/2008 der Kommission v. 30.6.2008 zur Änderung der Verordnung (EG) Nr. 773/2004 hinsichtlich der Durchführung von Vergleichsverfahren in Kartellfällen, ABl. 2008 L 171/3 ff.

[205] Mitteilung der Kommission „über die Durchführung von Vergleichsverfahren bei dem Erlass von Entscheidungen nach Artikel 7 und Artikel 23 der Verordnung (EG) Nr. 1/2003 des Rates in Kartellfällen, ABl. 2008 C 167/1 ff.

[206] Ausführlicher dazu sowie zu weiteren vergleichsverfahrensrechtlichen Details vgl. etwa *Brankin* ECLR (32) 2011, 165 ff.; *Bueren* ZWeR 2011, 74 ff.; *Frenz/Bresges* EWS 2012, 72 ff.; *Hederström,* The Commission's legislative package on settlement procedures in cartel cases, in: Weiß (Hrsg.), Die Rechtsstellung Betroffener im modernisierten EU-Kartellverfahren, 2010, S. 9 ff.; *Hirsbrunner* EuZW 2011, 12 ff.; *Horányi* ZEuS 2008, 663 ff.; *Polley/Heinz* WuW 2012, 14 ff.; *Richter* ZEuS 2012, 525 ff.; zum bußgeldrechtlichen Verhältnis zwischen dem Vergleichsverfahren und dem ordentlichen EU-Kartellverfahren vgl. EuG U. v. 20.5.2015 Rs. T-456/10 *Timab Industries u. a./Kommission* Rn. 45 ff.

[207] ABl. 1996 C 207/4.

[208] Zu dieser ersten EU-kartellverfahrensrechtlichen Kronzeugenregelung vgl. nur *Bechtold/Bosch/Brinker/Hirsbrunner,* EG-Kartellrecht – Kommentar, 2. Aufl. 2009, Art. 23 VO 1/2003 Rn. 76; *Hornsby/Hunter* ECLR 1997, 38 ff.; *Weitbrecht* EuZW 1997, 555 ff.

Kartell und zur Kooperation mit der Kommission schaffen sollte und zugleich eine gewisse **Selbstbindung der Kommission** begründete[209] bzw. eine „Selbstbeschränkung“ ihres Ermessens bewirkte,[210] ist nach einer etwas mehr als fünfjährigen Anwendungspraxis im Jahre 2002 durch die „Mitteilung der Kommission über den Erlass und die Ermäßigung von Geldbußen in Kartellsachen“[211] ersetzt worden, um die Bedingungen für einen Erlass oder eine Ermäßigung der Geldbuße (noch) transparenter und berechenbarer zu machen.[212] Zu diesem Zweck wurden in dieser zweiten Kronzeugenmitteilung nicht nur die Bedingungen *en detail* aufgeführt, die im Falle eines Bußgelderlasses oder einer – über die oben erwähnten Leitlinien für das Verfahren zur Festsetzung von Geldbußen[213] hinausgehenden – Bußgeldermäßigung erfüllt sein mussten, sondern auch die verfahrensrechtlichen Modalitäten, die von den betreffenden Unternehmen in diesem Kontext zu beachten waren. Die vorgenannte Kronzeugenmitteilung aus dem Jahre 2002 ist später dann durch eine neue Mitteilung der Kommission über den Erlass und die Ermäßigung von Geldbußen in Kartellsachen[214] modernisiert bzw. ersetzt worden, die natürlich ebenfalls zu einer ermessenbegrenzenden Selbstbindung der Kommission führt.[215] Mit dieser jüngsten **Kronzeugenmitteilung aus dem Jahre 2006,** die bislang noch nicht durch eine neue Kronzeugenmitteilung ersetzt worden ist, sind zum einen die nachfolgend etwas näher darzustellenden Voraussetzungen für einen vollständigen Bußgelderlass bzw. für eine Bußgeldermäßigung weiter konkretisiert und gewisse Schwächen der Vorgängerregelung behoben worden. Zum anderen bezweckt diese am 8. Dezember 2006 in Kraft getretene Kronzeugenmitteilung einen verbesserten Schutz der betroffenen Unternehmen vor einer etwaigen Offenlegung diesbezüglicher Unternehmenserklärungen in zivilrechtlichen Schadensersatzprozessen und reagiert damit zugleich auf das sog. Kronzeugenmodell des Europäischen Wettbewerbsnetzes vom 29. September 2006.[216]

Die geltende Kronzeugenregelung aus dem Jahre 2006, die von der Kommission unter Beachtung einiger zu den Vorgängerregelungen ergangener EuGH-Urteile anzuwenden ist,[217] enthält im Einklang mit den oben genannten Vorgängerregelungen aus den Jahren 38

---

[209] In diesem Sinne vgl. etwa EuG U. v. 27.9.2006 Rs. T-59/02 – *Archer Daniels Midland Co./Kommission* Slg. 2006, II-3627 Rn. 409; sowie EuG U. v. 12.12.2007 verb. Rs. T-101/05 u. T-111/05 – *BASF AG u. a./Kommission* Slg. 2007, II-4949 Rn. 89, wonach die Kommission angesichts des berechtigten Vertrauens, das die zur Zusammenarbeit mit der Kommission bereiten Unternehmen aus dieser Mitteilung ableiten konnten, verpflichtet ist, sich bei der Beurteilung der Kooperation des betreffenden Unternehmens i. R. der Bemessung der gegen dieses verhängten Geldbuße an die Mitteilung zu halten.

[210] Vgl. nur EuG U. v. 27.9.2006 Rs. T-322/01 – *Roquette Frères SA/Kommission* Slg. 2006, II-3137 Rn. 223.

[211] ABl. 2002 C 45/3; näher zu dieser Kronzeugenregelung aus dem Jahre 2002 vgl. *Bechtold/Bosch/Brinker/Hirsbrunner* (Fn. 208), Art. 23 VO 1/2003 Rn. 77 ff.; *Brokx* ECLR 2001, 35 ff.; *Häberle,* Die Kronzeugenmitteilung der Europäischen Kommission im EG-Kartellrecht, 2005, S. 59 ff.; *Hetzel,* Kronzeugenregelungen im Kartellrecht – Anwendung und Auslegung von Vorschriften über den Erlass oder die Ermäßigung von Geldbußen im Lichte elementarer Rechtsgrundsätze, 2004, S. 83 ff.; *Klees* WuW 2002, 1056 ff.; *ders.,* Europäisches Kartellverfahrensrecht – mit Fusionskontrollverfahren, 2005, § 10 Rn. 68 ff., *Polley/Seeliger* EuZW 2002, 397 ff.; *Soltész* EWS 2000, 240 ff.

[212] Vgl. Rn. 5 dieser Mitteilung, ABl. 2002 C 45/3.

[213] Näher zu diesen Leitlinien bereits unter Rn. 29–36.

[214] ABl. 2006 C 298/17 ff.; jeweils mit recht guten Überblicken über diese am 8.12.2006 in Kraft getretene Kronzeugenmitteilung der Kommission vgl. *Albrecht* WRP 2007, 417 ff.; *Bechtold/Bosch/Brinker/Hirsbrunner* (Fn. 208), Art. 23 VO 1/2003 Rn. 83 ff.; *Incardona* ELF 2007, I-39 ff. Zur ökonomischen Bewertung derartiger Instrumente vgl. *Bueren* ZWeR 2012, 310 ff.

[215] Vgl. nur EuG U. v. 3.3.2011 verb. Rs. T-122/07 bis T-124/07 – *Siemens AG Österreich/Kommission* Slg. 2011, II-793 Rn. 220.

[216] Dieses ergänzende ECN-Kronzeugenmodell vom 29.9.2006 ist im Internet abrufbar unter http://ec.europa.eu/competition/ecn/model_leniency_en. pdf (letzter Zugriff: 1.10.2015).

[217] Vgl. dazu nur EuGH U. v. 10.5.2007 Rs. C-328/05 P – *SGL Carbon AG/Kommission* Slg. 2007, I-3921 Ziff. 83, wonach die Zusammenarbeit eines Unternehmens mit der Kommission eine Herab-

1996 und 2002 zunächst einmal einige Regelungen für den **Totalerlass von Geldbußen.** In der bisherigen Praxis sind bereits einige Unternehmen tatsächlich in den Genuss eines derartigen Totalerlasses gekommen,[218] obwohl im Einzelfall doch recht anspruchsvolle Voraussetzungen erfüllt sein müssen, um einen vollständigen Bußgelderlass durch die Kommission zu rechtfertigen. Diesbezüglich lassen sich zwei alternative Grundbedingungen voneinander unterscheiden, deren Erfüllung nur dann zu einem Totalerlass der an sich zu verhängenden Geldbuße führt, wenn der jeweilige „Kronzeuge" diverse kumulativ zu beachtende Zusatzbedingungen erfüllt:

39 Die **erste Grundbedingung** ist nach Rn. 8 lit. a dieser Kronzeugenmitteilung (2006) prinzipiell dann erfüllt, wenn das betreffende Unternehmen als erstes Unternehmen Informationen und Beweismittel vorlegt, die es der Kommission ihrer Auffassung nach ermöglichen, gezielte Nachprüfungen[219] im Zusammenhang mit dem mutmaßlichen Kartell durchzuführen.[220] Auf dieser Grundlage kommt ein Geldbußenerlass gleichwohl nur dann in Betracht, wenn sich der Antragsteller an die in Rn. 9 dieser Mitteilung enthaltenen Vorgaben im Hinblick auf die grundsätzlich gebotene Vorlage einer Unternehmenserklärung und weiterer Beweismittel für das mutmaßliche Kartell hält[221] und wenn die Kommission zum Zeitpunkt der Vorlage der vorgenannten Erklärung und Beweismittel nicht bereits über ausreichende Beweismittel verfügte, um eine Nachprüfung im Zusammenhang mit dem mutmaßlichen Kartell anzuordnen oder eine solche Nachprüfung bereits durchgeführt hat.[222] Die **zweite (alternative) Grundbedingung,** deren Erfüllung für sich genommen ebenfalls noch nicht automatisch zu einem Geldbußenerlass führt, ist dann erfüllt, wenn das betreffende Unternehmen als erstes Unternehmen Informationen und Beweismittel vorlegt, die es der Kommission ihrer Auffassung nach ermöglichen, im Zusammenhang mit dem mutmaßlichen Kartell eine Zuwiderhandlung gegen Art. 101 AEUV festzustellen.[223] In diesem Fall wird ein Geldbußenerlass allerdings nur unter den zusätzlichen (kumulativen) Bedingungen gewährt, dass die Kommission zum Zeitpunkt der Vorlage der o.g. Erklärungen und Beweismittel nicht über ausreichende Beweismittel verfügte, um eine Zuwiderhandlung gegen Art. 101 AEUV bezüglich des mutmaßlichen Kartells feststellen zu

---

setzung der Geldbuße nach der jeweils geltenden Kronzeugenregelung nur rechtfertigen könne, wenn diese Zusammenarbeit der Kommission die Erfüllung ihrer Aufgabe, eine Zuwiderhandlung festzustellen und ihr ein Ende zu setzen, tatsächlich ermöglicht.

[218] So z.B. das am „Vitamin"-Kartell beteiligte Unternehmen *Aventis* per Kommissionsentscheidung v. 22.11.2001 – *Vitamin-Kartell* ABl. 2003 L 6/1 (Ziff. 742); ferner vgl. die Kommissionsentscheidungen v. 2.7.2002 – *Methionin* ABl. 2003 L 255/1 (Ziff. 340); v. 30.10.2002 – *Kunstauktionshäuser* ABl. 2005 L 200/92 (Ziff. 21 ff.); v. 27.11.2002 – *Methylglukamin* ABl. 2004 L 38/18 (Ziff. 264, 268 u. 272); v. 17.12.2002 – *Geschmacksverstärker* ABl. 2004 L 75/1 (Ziff. 287); v. 1.10.2003 – *Sorbate* ABl. 2005 L 182/20 (Ziff. 46); v. 3.12.2003 – *Elektrotechnische u. mechanische Kohlenstoff- u. Graphitprodukte* ABl. 2004 L 125/45 (Ziff. 13); v. 10.12.2003 – *Organische Peroxide* ABl. 2005 L 110/44 (Ziff. 26); v. 3.92004 – *Kupferinstallationsrohre* ABl. 2006 L 192/21 (Ziff. 39); v. 19.1.2005 – *MCE* ABl. 2006 L 353/12 (Ziff. 28); v. 30.11.2005 – *Industriesäcke* ABl. 2007 L 282/41 (Ziff. 35, unter a); v. 21.12.2005 – *Kautschukchemikalien* ABl. 2006 L 353/50 (Ziff. 23); v. 3.5.2006 – *Wasserstoffperoxid u. Perborate* ABl. 2006 L 353/54 (Ziff. 28); v. 31.5.2006 – *Methacrylat* ABl. 2006 L 322/20 (Ziff. 21); v. 13.9.2006 – *Bitumen* ABl. 2007 L 196/40 (Ziff. 22); und v. 20.9.2006 – *Fittings* ABl. 2007 L 283/63 (Ziff. 30).

[219] Näher zu diesen Nachprüfungen vgl. die Kommentierungen zu Art. 20 u. 21 VO 1/2003.

[220] Vgl. Rn. 8 lit. a) dieser Mitteilung (ABl. 2006 C 298/17 ff.), wo ferner zum einen darauf hingewiesen wird, dass die o.g. Informationen *ex ante* zu bewerten sind, d.h. unabhängig davon, ob die entsprechende Nachprüfung erfolgreich war oder nicht bzw. ob eine Nachprüfung vorgenommen wurde oder nicht; zum anderen wird hier ergänzend deutlich gemacht, dass die vorgenannte Bewertung ausschließlich auf der Grundlage der Art und der Qualität der vom Antragsteller übermittelten Informationen erfolgt.

[221] Vgl. Rn. 9 lit. a und b dieser Mitteilung, ABl. 2006 C 298/17 ff.

[222] Vgl. Rn. 10 dieser Mitteilung, ABl. 2006 C 298/17 ff.

[223] Vgl. Rn. 8 lit. b) dieser Mitteilung, ABl. 2006 C 298/17 ff.

können, und dass keinem Unternehmen in derselben Sache ein bedingter Geldbußenerlass nach Rn. 8 lit. a dieser Kronzeugenregelung gewährt worden ist.[224]

Neben einer der beiden vorgenannten Grundbedingungen muss der jeweilige Kronzeuge, der in den Genuss eines Geldbußenerlasses kommen möchte, ferner die **vier** folgenden **Zusatzbedingungen** erfüllen: Erstens muss er ab dem Zeitpunkt der Antragstellung während des gesamten Verwaltungsverfahrens ernsthaft, in vollem Umfang, kontinuierlich und zügig mit der Kommission zusammenarbeiten.[225] Zweitens muss der jeweilige Kronzeuge seine Teilnahme an dem mutmaßlichen Kartell im Grundsatz unmittelbar nach der Antragstellung beendet haben.[226] Drittens darf er weder Beweise für das mutmaßliche Kartell vernichtet, verfälscht oder unterdrückt noch etwas über die Stellung und den Inhalt des Antrags auf Geldbußenerlass offengelegt haben, sofern Letzteres nicht gegenüber einer anderen Wettbewerbsbehörde erfolgte.[227] Und viertens setzt der Erlass einer Geldbuße voraus, dass der Kronzeuge andere Unternehmen nicht zur Aufnahme oder Weiterführung der Beteiligung an dem Kartell gezwungen hat.[228] 40

Das in der Kronzeugenregelung aus dem Jahre 2006 noch detaillierter als in den o. g. Vorgängermitteilungen aus den Jahren 1996 und 2002 geregelte **Verfahren zum Erlass einer Geldbuße**[229] beginnt grundsätzlich damit, dass sich der Kronzeuge mit der Generaldirektion Wettbewerb der Kommission in Verbindung setzt.[230] Hierbei kann das betreffende Unternehmen bei der Kommission entweder zunächst einen sog. *Marker* beantragen[231] oder aber sofort einen förmlichen Antrag auf Erlass der Geldbuße stellen.[232] Im letztgenannten Fall hat der Antragsteller alle oben bereits genannten Informationen und Beweismittel vorzulegen,[233] was unter bestimmten Umständen zunächst auch „in hypothetischer Form“ geschehen kann.[234] Der Antragsteller hat nunmehr auch die Möglichkeit, von der Generaldirektion Wettbewerb der Kommission eine Empfangsbestätigung für seinen Antrag auf Erlass der Geldbuße zu erhalten.[235] Sobald die Kommission die vom Antragsteller vorzulegenden Informationen erhalten und festgestellt hat, dass die o. g. Grund- und Zusatzbedingungen[236] erfüllt sind, gewährt sie dem Unternehmen schriftlich einen bedingten Erlass der Geldbuße,[237] der erst mit der endgültigen Entscheidung der Kommission in einen unbedingten Geldbußenerlass umschlägt. Sollte sich hingegen herausstellen, dass die oben erläuterten Grund- und/oder Zusatzbedingungen nicht erfüllt sind – etwa weil dem betreffenden Unternehmen bereits ein anderer Kronzeuge zuvor gekommen ist oder weil die Kommission bereits über hinreichende Beweismittel verfügte –, wird der Antragsteller schriftlich davon in Kenntnis gesetzt, dass ein Geldbußenerlass in dem betreffenden Fall nicht möglich ist.[238] 41

Für die in der Kronzeugenregelung aus dem Jahre 2006 ebenfalls geregelte **Ermäßigung von Geldbußen**[239] müssen – im Vergleich zum oben erörterten Geldbußenerlass – 42

[224] Vgl. Rn. 11 dieser Mitteilung, ABl. 2006 C 298/17 ff.
[225] Vgl. Rn. 12 lit. a dieser Mitteilung, ABl. 2006 C 298/17 ff.; zur weiteren Konkretisierung dieser Kooperationsobliegenheit vgl. die Spiegelstriche 1–5 in der vorgenannten Rn. 12 lit. a).
[226] Vgl. Rn. 12 lit. b) dieser Mitteilung, ABl. 2006 C 298/17 ff.
[227] Vgl. Rn. 12 lit. c) dieser Mitteilung, ABl. 2006 C 298/17 ff.
[228] Vgl. Rn. 13 dieser Mitteilung, ABl. 2006 C 298/17 ff.
[229] Vgl. Rn. 14–22 dieser Mitteilung, ABl. 2006 C 298/17 ff.
[230] Vgl. Rn. 14 Satz 1 dieser Mitteilung, ABl. 2006 C 298/17 ff.
[231] Zum Sinn und Zweck eines solchen *Markers* sowie zu den für die Gewährung eines *Markers* verlangten Angaben des Antragstellers vgl. Rn. 15 dieser Mitteilung, ABl. 2006 C 298/17 ff.
[232] Vgl. Rn. 14 Satz 2 dieser Mitteilung, ABl. 2006 C 298/17 ff.
[233] Näher dazu siehe auch Rn. 16 lit. a und Rn. 17 dieser Mitteilung, ABl. 2006 C 298/17 ff.
[234] Näher dazu siehe Rn. 16 lit. b und Rn. 19 dieser Mitteilung, ABl. 2006 C 298/17 ff.
[235] Siehe Rn. 17 dieser Mitteilung. ABl. 2006 C 298/17 ff.
[236] Siehe oben Rn. 39 f.
[237] Siehe Rn. 18 dieser Mitteilung. ABl. 2006 C 298/17 ff.
[238] Siehe Rn. 20 dieser Mitteilung, ABl. 2006 C 298/17 ff.
[239] Vgl. Rn. 23–30 dieser Mitteilung, ABl. 2006 C 298/17 ff.

weniger Voraussetzungen erfüllt sein. Erforderlich ist lediglich – aber immerhin – die Vorlage von Beweismitteln, die gegenüber den bereits im Besitz der Kommission befindlichen Beweismitteln einen erheblichen Mehrwert darstellen, und dass der jeweilige Kronzeuge die ersten drei der oben in Rn. 40 erwähnten Zusatzbedingungen erfüllt.[240] Der insoweit maßgebliche Begriff „Mehrwert" bezieht sich auf das Ausmaß, in dem die vorgelegten Beweismittel auf Grund ihrer Eigenschaft und/oder ihrer Ausführlichkeit der Kommission dazu verhelfen, das mutmaßliche Kartell nachzuweisen.[241] Insofern ist die Herabsetzung einer Geldbuße, die gegen ein Unternehmen wegen Zuwiderhandlung gegen die Wettbewerbsregeln verhängt wird, in diesem Kontext nach ständiger Rechtsprechung des Unionsrichters nur dann gerechtfertigt, wenn das Verhalten des fraglichen Unternehmens es der Kommission ermöglicht hat, eine Zuwiderhandlung leichter festzustellen,[242] zu verfolgen[243] und sie gegebenenfalls zu beenden.[244] Umgekehrt kommt eine Herabsetzung der Geldbuße dann nicht in Betracht, wenn die Mitarbeit des betreffenden Unternehmens nicht über das hinausgegangen ist, wozu es nach den EU-kartellverfahrensrechtlichen Vorschriften ohnehin verpflichtet war.[245] In diesem Sinne verlangt also der Unionsrichter, dass die von dem betreffenden Unternehmen gelieferten Informationen sowie sein sonstiges Verhalten insoweit als „Zeichen einer echten Zusammenarbeit des Unternehmens" bzw. als „Zeichen eines echten Geistes der Zusammenarbeit des betreffenden Unternehmens" angesehen werden können.[246] Bei der Beurteilung der Frage, ob die von einem Unternehmen übermittelten Beweismittel einen „Mehrwert" im vorgenannten Sinne darstellen und ob diesem Unternehmen deshalb ein Bußgeldnachlass zu gewähren ist, verfügt die Kommission nach ständiger Rechtsprechung des Unionsrichters letztendlich über ein weites Ermessen,[247] das zugleich mit einer diesbezüglichen Reduktion der gerichtlichen Kontrolle einhergeht. Dies verdeutlichen insbesondere solche Entscheidungen des Unionsrichters, in denen immer

---

[240] Vgl. dazu auch Rn. 24 dieser Mitteilung, ABl. 2006 C 298/17 ff.

[241] Vgl. Rn. 25 dieser Mitteilung, ABl. 2006 C 298/17 ff.; instruktiv dazu vgl. EuGH U. v. 23.4.2015 Rs. C-227/14 P *LG Display u. a./Kommission* NZKart 2015, 269 Rn. 77 ff.; EuG U. v. 15.7.2015 Rs. T-391/10 – *Nedri Spanstaal BV/Kommission* NZKart 2015, 400 Rn. 123 ff.

[242] Vgl. EuG U. v. 14.5.1998 Rs. T-347/94 – *Mayr-Melnhof/Kommission* Slg. 1998, II-1751 Rn. 309 u. 330; EuG U. v. 6.12.2005 Rs. T-48/02 – *Brouwerij Haacht NV/Kommission* Slg. 2005, II-5259 Rn. 104; EuG U. v. 12.9.2007 Rs. T-30/05 – *William Prym GmbH & Co. KG/Kommission* Slg. 2007, II-107 Rn. 251.

[243] Vgl. nur EuG U. v. 1.7.2009 Rs. T-24/07 – *ThyssenKrupp Stainless AG/Kommission* Slg. 2009, II-2309 Rn. 309 m. w. N.

[244] Mit diesem Zusatz vgl. etwa EuG U. v. 6.12.2005 Rs. T-48/02 – *Brouwerij Haacht NV/Kommission* Slg. 2005, II-5259 Rn. 104; EuG U. v. 26.4.2007 verb. Rs. T-109/02, T-118/02, T-122/02, T-125/02, T-126/02, T-128/02, T-129/02, T-132/02 u. T-136/02 – *Bolloré SA/Kommission* Slg. 2007, II-947 Rn. 677 u. 716.

[245] So vgl. nur m. w. N. EuG U. v. 25.10.2005 Rs. T-38/02 – *Groupe Danone/Kommission* Slg. 2005, II-4407 Rn. 451; ähnlich EuG U. v. 6.12.2005 Rs. T-48/02 – *Brouwerij Haacht NV/Kommission* Slg. 2005, II-5259 Rn. 106.

[246] Vgl. EuGH U. v. 28.6.2005 Rs. C-189/02 P, C-202/02 P, C-205/02 P bis C-208/02 P und C-213/02 P – *Dansk Rørindustri u. a./Kommission* Slg. 2005, I-5425 Rn. 395; EuGH U. v. 29.6.2006 Rs. C-301/04 P – *Kommission/SGL Carbon AG u. a.* Slg. 2006, I-5915 Rn. 68; EuG U. v. 14.12.2006 verb. Rs. T-259/02 bis T-264/02 u. T-271/02 – *Raiffaisen Zentralbank Österreich AG u. a./Kommission* Slg. 2006, II-5169 Rn. 530; EuG U. v. 27.6.2012 Rs. T-372/10 – *Bolloré/Kommission* Rn. 254; EuG U. v. 14.3.2013 Rs. T-587/08 – *Fresh Del Monte Produce, Inc./Kommission* Rn. 842; sowie EuG U. v. 12.12.2007 verb. Rs. T-101/05 u. T-111/05 – *BASF AG u. a./Kommission* Slg. 2007, II-4949 Rn. 92, mit dem weiteren Hinweis, dass es nicht als „Ausdruck eines solchen Geistes der Zusammenarbeit" angesehen werden könne, wenn das betreffende Unternehmen auf eine Frage der Kommission in unvollständiger und irreführender Weise geantwortet hat, auch wenn es zu deren Beantwortung nicht verpflichtet war.

[247] Vgl. nur EuG U. v. 3.3.2011 Rs. T-110/07 – *Siemens AG/Kommission* Slg. 2011, II-477 Rn. 376 m. w. N.; EuG U. v. 3.3.2011 verb. Rs. T-117/07 u. T-121/07 – *Areva u. a./Kommission* Slg. 2011, I-633 Rn. 329.

wieder darauf hingewiesen wird, dass im Rahmen der Beurteilung der Zusammenarbeit der an einer Vereinbarung Beteiligten nur ein offensichtlicher Beurteilungsfehler der Kommission beanstandet werden kann, da diese bei der Beurteilung der Qualität und der Nützlichkeit des Kooperationsbeitrags eines Unternehmens, insbesondere im Vergleich zu den Beiträgen anderer Unternehmen, über einen weiten Beurteilungsspielraum verfügt.[248]

Das in dieser Kronzeugenregelung ebenfalls näher geregelte **Verfahren zur Ermäßigung von Geldbußen**[249] beginnt mit der Stellung eines förmlichen Antrags und der damit einhergehenden Vorlage der vorgenannten Beweismittel.[250] Auf Verlangen stellt die Generaldirektion Wettbewerb dem Antragsteller eine Empfangsbestätigung aus.[251] Gelangt die Kommission im Laufe dieses Verfahrens zu dem vorläufigen Ergebnis, dass die Beweismittel des Unternehmens tatsächlich einen „erheblichen Mehrwert" im o. g. Sinne darstellen und dass dieses Unternehmen die für eine Bußgeldermäßigung erforderlichen Voraussetzungen[252] erfüllt, teilt sie dem Unternehmen spätestens zum Zeitpunkt der Zustellung der Mitteilung der Beschwerdepunkte i. S. des Art. 27 Abs. 1 VO 1/2003 schriftlich ihre Absicht mit, die Geldbuße innerhalb einer bestimmten Bandbreite[253] zu ermäßigen;[254] über die endgültige Ermäßigung der Geldbuße bestimmt die Kommission indes erst in ihrem verfahrensabschließenden Beschluss.[255] In diesem Beschluss ist von der Kommission nicht nur darüber zu befinden, ob die vorgelegten Beweismittel einen Mehrwert im o. g. Sinne aufweisen, sondern auch, ob die o. g. Ermäßigungsvoraussetzungen[256] erfüllt sind und in welchem Umfang die Geldbuße ermäßigt wird.[257] **43**

Im Zusammenhang mit dem **Umfang der** im vorgenannten Verfahren in Betracht zu ziehenden **Geldbußenermäßigung** sind drei verschiedene Konstellationen zu unterscheiden: Für das erste Unternehmen, das Beweismittel mit einem erheblichen Mehrwert im o. g. Sinne vorlegt, ist eine Ermäßigung zwischen 30% und 50% vorgesehen. Für das zweite Unternehmen, das diese vorgenannte Voraussetzung erfüllt, kommt eine Ermäßigung zwischen 20% und 30% in Betracht. Alle anderen Kronzeugen müssen sich hingegen mit einer Ermäßigung von maximal 20% zufrieden geben. Innerhalb der vorgenannten Bandbreiten verfügt die Kommission über einen recht weiten Ermessensspielraum, der ansatzweise in Rn. 26 dieser Kronzeugenregelung eingegrenzt wird. Demnach hat die Kommission bei der i. R. der vorgenannten Bandbreiten erfolgenden Bestimmung des Umfangs der Geldbußenermäßigung in erster Linie den Umfang des mit dem vorgelegten Beweismittel verbundenen Mehrwerts und zum anderen den Zeitpunkt zu berücksichtigen, zu dem das jeweilige Beweismittel vorgelegt wurde. **44**

Das **Geheimhaltungsinteresse der Unternehmen,** die der Kommission auf der Grundlage der Kronzeugenregelung belastende Beweismittel vorlegen, ist in den o. g. Vorgängermitteilungen aus den Jahren 1996 und 2002[258] zunächst nur ansatzweise berücksichtigt worden. Nach der ursprünglich in der Kronzeugenregelung aus dem Jahre 2002 zum Ausdruck gebrachten Auffassung der Kommission steht zwar die Offenlegung von Unterlagen, die sie auf der Grundlage dieser Mitteilung erhalten hat, im Allgemeinen dem Schutz des Zwecks von Inspektions- und Untersuchungstätigkeiten i. S. von Art. 4 Abs. 2 **45**

[248] Vgl. nur EuGH U. v. 10.5.2007 Rs. C-328/05 P – *SGL Carbon/Kommission* Slg. 2007, I-3921 Rn. 88; EuG U. v. 19.5.2010 Rs. T-19/05 – *Boliden AB u. a./Kommission* Slg. 2010, II-1843 Rn. 105.
[249] Vgl. Rn. 27 ff. dieser Mitteilung, ABl. 2006 C 298/17 ff.
[250] Vgl. Rn. 27 dieser Mitteilung, ABl. 2006 C 298/17 ff.
[251] Vgl. Rn. 28 dieser Mitteilung, ABl. 2006 C 298/17 ff.
[252] Siehe dazu oben unter Rn. 42.
[253] Siehe dazu unten unter Rn. 44.
[254] Vgl. Rn. 29 dieser Mitteilung, ABl. 2006 C 298/17 ff.
[255] Vgl. Rn. 26 i. V. m. Rn. 30 dieser Mitteilung, ABl. 2006 C 298/17 ff.
[256] Zu diesen Voraussetzungen siehe oben Rn. 42.
[257] Vgl. Rn. 30 dieser Mitteilung, ABl. 2006 C 298/17 ff.
[258] Siehe dazu oben unter Rn. 37.

VO 1049/2001[259] entgegen,[260] so dass andere natürliche oder juristische Personen grundsätzlich keinen Zugang zu diesen Unterlagen bekommen können. Die insbesondere durch den in Art. 12 VO 1/2003 vorgesehenen Informationsaustausch aufgeworfene Frage, ob die Kronzeugen der Kommission auch vor einer Weitergabe der auf der Grundlage der Kronzeugenregelung vorgelegten Unterlagen an mitgliedstaatliche Wettbewerbsbehörden geschützt sind,[261] wurde jedoch weder in Art. 12 und 23 VO 1/2003 noch in der Kronzeugenregelung aus dem Jahre 2002 klar beantwortet. Vor diesem Hintergrund ist es grundsätzlich zu begrüßen, dass sich die Kommission mit der vorgenannten Frage zunächst einmal in ihrer **Bekanntmachung über die Zusammenarbeit innerhalb des Netzes der Wettbewerbsbehörden**[262] näher befasste. Nach Ziff. 40 dieser Bekanntmachung werden die i. R. eines Antrags auf Kronzeugenbehandlung vom Antragsteller freiwillig vorgelegten Informationen grundsätzlich nur mit dessen Einverständnis einem anderen Netzmitglied nach Art. 12 VO 1/2003 übermittelt. Ausnahmsweise wird eine derartige Informationsübermittlung jedoch von der Kommission auch ohne Einverständnis des Antragstellers für möglich gehalten. So sei zum einen dann kein Einverständnis erforderlich, wenn bei der empfangenden Behörde von demselben Antragsteller ebenfalls ein Antrag auf Kronzeugenbehandlung wie bei der übermittelnden Behörde eingegangen ist und dieser sich auf ein und dieselbe Zuwiderhandlung bezieht, sofern es dem Antragsteller zu dem Zeitpunkt, zu dem die Information weitergeleitet wird, nicht freisteht, die der empfangenen Behörde vorgelegten Informationen zurückzuziehen.[263] Zum anderen hält die Kommission ein solches Einverständnis dann für nicht erforderlich, wenn die empfangene Behörde eine schriftliche Verpflichtungszusage abgegeben hat, dass weder die ihr übermittelten Informationen noch sonstige Informationen, die sie möglicherweise nach dem von der übermittelnden Behörde angegebenen Datum und Zeitpunkt der Übermittlung erlangt, von ihr oder einer anderen Behörde, an die Informationen nachfolgend weitergegeben werden, dazu verwendet werden, um gegen bestimmte Personen[264] Sanktionen zu verhängen.

46 In Ergänzung der vorgenannten Regelungen sieht die modernisierte Kronzeugenmitteilung aus dem Jahre 2006 einen besonderen **Schutzmechanismus** vor, der auch im Interesse der effektiven administrativen Durchsetzung des in Art. 101 Abs. 1 AEUV niedergelegten Kartellverbots gewährleisten soll, dass der jeweilige Antragsteller, der an der Untersuchung der Kommission mitarbeitet, im Rahmen zivilprozessualer Verfahren nicht schlechter dasteht als solche Unternehmen, die nicht auf diese Weise mit der Kommission kooperiert haben.[265] Im Mittelpunkt steht dabei das Instrument der sog. **Unternehmens-**

---

[259] Verordnung (EG) Nr. 1049/2001 über den Zugang der Öffentlichkeit zu Dokumenten des Europäischen Parlaments, des Rates und der Kommission, ABl. 2001 L 145/43; näher zu dieser sog. „Transparenz"-VO und ihrer Anwendung im Europäischen Wettbewerbs- bzw. Kartellverfahrensrecht vgl. jeweils m. w. N. *Kleine* ZWeR 2007, 303 ff.; *Nowak* DVBl. 2004, 272 ff.; *Tietje/Nowrot* EWS 2006, 486 ff.

[260] Vgl. Rn. 32 dieser Mitteilung, ABl. 2002 C 45/3.

[261] Ausführlich hierzu *Blake/Schnichels* EuZW 2004, 551 ff.; *Klusmann* WuW 2001, 820 ff.; instruktiv zu den im *European Competition Network* bestehenden Rechtsschutz- und Grundrechtsproblemen vgl. ferner *Reichelt* CMLRev. 2005, 745 ff.

[262] ABl. 2004 C 101/43.

[263] Vgl. Ziff. 41 dieser Bekanntmachung, ABl. 2004 C 101/43.

[264] Zu diesen Personen gehören nach Ziff. 41 der vorgenannten Bekanntmachung nicht nur der Antragsteller (lit. a), sondern auch jede andere juristische oder natürliche Person, die durch die begünstigende Behandlung abgedeckt ist, welche die übermittelnde Behörde aufgrund der Beantragung einer Kronzeugenbehandlung gewährt (lit. b). Gleiches gilt nach Ziff. 41 lit. c) für jeden Mitarbeiter oder ehemaligen Mitarbeiter der unter lit. a) und b) fallenden Personen.

[265] Instruktiv zu dem bereits seit geraumer Zeit intensiv diskutierten Problem der drohenden Verwertung von Kronzeugenerklärungen in Zivilprozessen vgl. *Jüntgen* WuW 2007, 128 ff.; zur neuen „Problemlösungsstrategie" des Unionsgesetzgebers in genau diesem Zusammenhang siehe unten m. w. N. Fn. 275–278.

erklärung, bei der es sich um eine freiwillige Darlegung seitens oder im Namen des Unternehmens gegenüber der Kommission bezüglich seines Wissens über ein Kartell und seine Beteiligung daran handelt, die speziell für die Zwecke dieser Kronzeugenmitteilung erfolgt.[266] Einsicht in solche Unternehmenserklärungen, die unter bestimmten Umständen auch in mündlicher Form zugelassen sind,[267] wird nur den Adressaten der Mitteilung der Beschwerdepunkte gewährt, sofern sie – und der Rechtsbeistand, dem in ihrem Namen Einsicht gewährt wird – sich verpflichten, Informationen aus der Unternehmenserklärung, in die ihnen Einsicht gewährt wird, nicht mit mechanischen oder elektronischen Mitteln zu kopieren[268] und sicherzustellen, dass die Informationen aus dieser Erklärung ausschließlich für Zwecke der Rechts- und Verwaltungsverfahren i. R. der Wettbewerbsregeln der Gemeinschaft bzw. Union verwendet werden.[269] Desweiteren wird in der Kronzeugenmitteilung aus dem Jahre 2006 deutlich gemacht, dass die auf der Grundlage dieser Mitteilung abgegebenen Unternehmenserklärungen nur noch dann den mitgliedstaatlichen Wettbewerbsbehörden gemäß Art. 12 VO 1/2003 übermittelt werden, wenn die in der o. g. Bekanntmachung über die Zusammenarbeit im *European Competition Network* festgelegten Bedingungen erfüllt sind und das von der empfangenden Wettbewerbsbehörde gewährte Schutzniveau vor Offenlegung jenem der Kommission entspricht.[270]

Unter der Rubrik „Allgemeines" finden sich in der modernisierten Kronzeugenregelung 47
aus dem Jahre 2006 schließlich noch einige Schlussbestimmungen. Besondere Erwähnung verdient dabei zum einen das eine **Selbstbindung der Kommission** akzeptierende Bekenntnis, wonach diese Mitteilung über den Erlass und die Ermäßigung von Geldbußen in Kartellsachen berechtigte Erwartungen begründet, auf die sich die Unternehmen, die der Kommission das Bestehen eines Kartells darlegen, berufen können.[271] Zum anderen wird aus Klarstellungsgründen u. a. darauf hingewiesen, dass die Gewährung eines Geldbußenerlasses oder einer Geldbußenermäßigung die zivilrechtlichen Folgen für ein Unternehmen wegen seiner Beteiligung an einer Zuwiderhandlung gegen Art. 101 AEUV unberührt lässt.[272] Abschließend weist die Kommission in dieser Mitteilung schließlich darauf hin, dass ihrer Ansicht nach die öffentliche Bekanntmachung von Unterlagen sowie schriftlichen und aufgezeichneten Erklärungen, die die Kommission auf der Grundlage dieser Mitteilung erhalten hat, nicht nur vor, sondern auch nach Fällung einer verfahrensabschließenden Entscheidung gewissen öffentlichen und privaten Interessen – wie etwa dem Schutz des Zwecks von Inspektions- und Untersuchungstätigkeiten – im Sinne von Art. 4 VO 1049/2001[273] entgegensteht.[274] Eine wichtige Ergänzung erfährt der vorangehend skizzierte Schutzmechanismus, der sowohl den Geheimhaltungsinteressen eines Kronzeugen als auch dem Unionsinteresse an einer effektiven administrativen Durchsetzung des EU-Kartellrechts zu dienen bestimmt ist, nunmehr in der neuen **Richtlinie 2014/114/EU** des Europäischen Parlaments und des Rates v. 26.11.2014 über bestimmte Vorschriften für Schadensersatzklagen nach nationalem Recht wegen Zuwiderhandlungen gegen wettbewerbsrechtliche Bestimmungen der Mitgliedstaaten und der Europäischen Union.[275] Diese Richtlinie ist gerade auch unter Berücksichtigung der zuletzt vieldiskutierten EuGH-

---

[266] Vgl. Rn. 31 dieser Mitteilung, ABl. 2006 C 298/17 ff.; näher zu dieser Neuerung vgl. auch *Albrecht* WRP 2007, 417 (425); sowie *Incardona* ELF 2007, I-39 (I-41).
[267] Vgl. Rn. 32 dieser Mitteilung, ABl. 2006 C 298/17 ff.
[268] Vgl. Rn. 33 dieser Mitteilung, ABl. 2006 C 298/17 ff.
[269] Vgl. Rn. 34 dieser Mitteilung, ABl. 2006 C 298/17 ff.
[270] Vgl. Rn. 35 dieser Mitteilung, ABl. 2006 C 298/17 ff.
[271] Vgl. Rn. 38 dieser Mitteilung, ABl. 2006 C 298/17 ff.
[272] Vgl. Rn. 39 dieser Mitteilung, ABl. 2006 C 298/17 ff.
[273] M. w. N. dazu siehe bereits Fußn. 259.
[274] Vgl. Rn. 40 dieser Mitteilung, ABl. 2006 C 298/17 ff.
[275] ABl. 2014 L 349/1 ff.

Urteile in den Rechtssachen *Pfleiderer*[276] und *Donau Chemie*[277] unter anderem auf eine **Optimierung der Interaktion zwischen der behördlichen und der privaten Durchsetzung des EU-Kartellrechts** ausgerichtet,[278] weshalb die Mitgliedstaaten beispielsweise in Art. 6 Abs. 6 lit a) und b) dieser Richtlinie beispielsweise dazu verpflichtet werden zu gewährleisten, dass die nationalen Gerichte für die Zwecke von Schadensersatzklagen zu keinem Zeitpunkt die Offenlegung von Kronzeugenerklärungen und Vergleichsausführungen durch eine Verfahrenspartei oder einen Dritten anordnen können.

48 **d) Verbot der Doppelbestrafung und Anrechnungsprinzip.** Im Gegensatz zu den o. g. Leitlinien und Kronzeugenregelungen sorgt das Verbot der Doppelbestrafung, das der Unionsrichter als einen allgemeinen und sogar „tragenden" bzw. „fundamentalen" Grundsatz des Unionsrechts anerkennt,[279] dessen Wahrung der Unionsrichter zu beachten und zu sichern hat,[280] für eine partielle *unionsverfassungsrechtliche* Eingrenzung des der Kommission im Bereich der Bußgeldfestsetzung zustehenden Ermessensspielraums.[281] Die **Anwendung dieses *ne bis in idem*-Grundsatzes,** der mittlerweile auch Eingang in Art. 50 GRC gefunden hat,[282] hängt von der dreifachen – kumulativ geltenden – Voraussetzung der Identität des Sachverhalts, des Zuwiderhandelnden und des geschützten Rechtsguts ab.[283] Inso-

---

[276] EuGH, U. v. 14.6.2011, Rs. C-360/09 – *Pfleiderer* Slg. 2011, I-5161 ff.; ausführlicher dazu vgl. statt vieler *Busch/Sellin* BB 2012, 1167 ff.; *Dück/Eufinger/Schultes* EuZW 2012, 418 ff.; *Mäger/Zimmer/Milde* WuW 2011, 935 ff.; *Palzer/Preisendanz* EWS 2011, 365 ff.; *Völcker* CMLRev. 2012, 695 ff.

[277] EuGH, U. v. 6.6.2013, Rs. C-536/11 – *Donau Chemie* EuZW 2013, 586 ff., mit Anm. *Gussone/Maritzen* EWS 2013, 292 ff.; *Hempel* EuZW 2013, 589 f.; *Kersting* JZ 2013, 737 ff.; *Pauer* ÖZK 2013, 151 ff.; ausführlicher dazu vgl. ferner *Dworschak/Maritzen* WuW 2013, 829 ff.; *Hummer/Leitner* ÖZK 2013, 147 ff.; *Maritzen/Pauer* WRP 2013, 1151 ff.; *Palzer* NZKart 2013, 324 ff.; *Polster/Hammerschmid* ÖZK 2013, 140 ff.; *Richter* ZfRV 2013, 196 ff.; *Thalhammer/Wartinger* ÖZK 2013, 143 ff.; *Urlesberger/Ditz* ÖZK 2013, 135 ff.

[278] Ausführlicher dazu vgl. jeweils unter besonderer Berücksichtigung des von der Kommission im Jahre 2013 vorgelegten Richtlinienvorschlags *Frenz,* EuZW 2013, 778 ff.; *Koch,* JZ 2013, 390 ff.; *Nowak* ZVertriebsR 2013, S. 376 ff.; *Raue,* WRP, 2012, 1478 ff.; zur RL 2014/114/EU selbst vgl. *Böni* EwS 2014, 324 ff.; *Kersting* WuW 2014, 564 ff.; *Lettl* WRP 2015, 537 ff.; *Makatsch/Mir* EuZW 2015, 7 ff.; *Schweitzer* NZKart 2014, 335 ff.; *Stauber/Schaper* NZKart 2014, 346 ff.

[279] EuGH U. v. 5.5.1966 verb. Rs. 18 u. 35/65 – *Gutmann/Kommission* Slg. 1966, 153 Rn. 178; EuGH U. v. 15.10.2002 verb. Rs. C-238/99 P, C-244/99 P, C-245/99 P, C-247/99 P, C-250–252/99 P und C-254/99 P – *Limburgse Vinyl Maatschappij u. a./Kommission* Slg. 2002, I-8375 Rn. 59; EuG B. v. 25.2.2003 Rs. T-15/02 – *BASF/Kommission* Slg. 2003, II-213 Rn. 35; EuGH U. v. 9.3.2006 Rs. C-436/04 – *Leopold Henri Van Esbroeck* Slg. 2006, I-2333 Rn. 40; EuGH U. v. 29.6.2006 Rs. C-289/04 P – *Showa Denko KK/Kommission* Slg. 2006, I-5859 Rn. 50; EuGH U. v. 29.6.2006 Rs. C-308/04 P – *SGL Carbon AG/Kommission* Slg. 2006, I-5977 Rn. 26; EuGH U. v. 18.7.2007 Rs. C-367/05 – *Strafverfahren gg. N. Kraaijenbrink* Slg. 2007, I-6619 Rn. 22; EuG U. v. 18.6.2008 Rs. T-410/03 – *Hoechst GmbH/Kommission* Slg. 2008, II-881 Rn. 598.

[280] EuGH U. v. 29.6.2006 Rs. C-289/04 P – *Showa Denko KK/Kommission* Slg. 2006, I-5859 Rn. 50; EuG U. v. 29.4.2004 verb. Rs. T-236/01, T-239/01, T-244–246/01, T-251/01 u. T-252/01 – *Tokai Carbon u. a./Kommission* Slg. 2004, II-1181 Rn. 130; EuG U. v. 27.9.2006 Rs. T-322/01 – *Roquette Frères SA/Kommission* Slg. 2006, II-3137 Rn. 278; EuG U. v. 13.12.2006 verb. Rs. T-217/03 u. T-245/03 – *Fédération nationale de la coopération bétail et viande u. a./Kommission* Slg. 2006, II-4987 Rn. 340.

[281] Näher zur Geltung und zu den Grenzen des *ne bis in idem*-Grundsatzes im europäischen Kartellrecht vgl. statt vieler *Frenz* EWS 2014, 129 ff.; *Immenga/Jüttner* ZWeR 2006, 400 ff.; *Klees* WuW 2006, 1222 ff.; *Nehl,* Ne bis in idem (Doppelbestrafungsverbot), in: Heselhaus/Nowak (Fn. 39), § 58 Rn. 1 ff. m. w. N.; *Soltész/Marquier* EuZW 2006, 102 ff.; *Streinz* Jura 2009, 412 ff.

[282] Instruktiv dazu vgl. insb. EuGH U. v. 26.2.2013 Rs. C-617/10 – *Åklagare/Åkerberg Fransson* EuZW 2013, 302 ff., mit Anm. *Gaede* NJW 2014, 2990 ff.

[283] EuGH U. v. 7.1.2004 verb. Rs. C-204/00 P, C-205/00 P, C-211/00 P, C-213/00 P, C-217/00 P u. C-219/00 P – *Aalborg Portland u. a./Kommission* Slg. 2004, I-123 Rn. 338; EuG U. v. 29.4.2004 verb. Rs. T-236/01, T-239/01, T-244–246/01, T-251/01 u. T-252/01 – *Tokai Carbon u. a./Kommission* Slg. 2004, II-1181 Rn. 133; EuG U. v. 27.9.2006 Rs. T-43/02 – *Jungbunzlauer AG/Kommission* Slg. 2006, II-3435 Rn. 285; EuG U. v. 27.9.2006 Rs. T-59/02 – *Archer Daniels Midland Co./Kommission* Slg. 2006, II-3627 Rn. 61.

weit verbietet dieser Grundsatz zwar in Bezug auf kartellrechtliche Sanktionen der Kommission, dass ein Unternehmen wegen eines wettbewerbswidrigen Verhaltens, für das es in einem früheren, nicht mehr anfechtbaren Beschluss sanktioniert oder für nicht verantwortlich erklärt wurde, erneut verurteilt oder verfolgt wird.[284] Im Verhältnis zwischen dem europäischen Kartellrecht und den mitgliedstaatlichen Kartellrechtsordnungen gilt dieser Grundsatz jedoch nach der bisherigen Rechtsprechung der Unionsgerichte nicht, weil das europäische Kartellrecht und dasjenige der Mitgliedstaaten die jeweils auf dem Prüfstand stehenden Kartelle „nicht nach den gleichen Grundsätzen" beurteilen.[285] Gleiches gilt nach der bisherigen Rechtsprechung des Unionsrichters im Übrigen auch für das Verhältnis von europäischen und internationalen – etwa U.S.-amerikanischen und/oder kanadischen – Kartellsanktionen.[286] In diesem Sinne hat der EuGH explizit festgestellt, dass der Grundsatz *ne bis in idem* nicht für Sachverhalte gilt, in denen die Rechtsordnungen und die Wettbewerbsbehörden von Drittstaaten i. R. ihrer eigenen Zuständigkeiten eine Rolle gespielt haben und die Kommission ihre Befugnisse auf Grund des Unionsrechts ausübt.[287]

In Ansehung des Verhältnisses von europäischen und mitgliedstaatlichen Kartellsanktionen hat der EuGH jedoch aus Billigkeitsgründen immerhin das sog. **Anrechungsprinzip** anerkannt,[288] das als Ausprägung eines auch vom EuG anerkannten „allgemeinen Billigkeitsgedankens" bzw. „Billigkeitsgrundsatzes",[289] welcher nach der bisherigen Rechtsprechung des Unionsrichters nicht zwingend auch im Verhältnis von europäischen und amerikanischen bzw. kanadischen Kartellsanktionen gelten müsse,[290] immerhin eine wechselseiti- 49

---

[284] Vgl. nur EuGH U. v. 15.10.2002 verb. Rs. C-238/99 P, C-244/99 P, C-245/99 P, C-247/99 P, C-250–252/99 P und C-254/99 P – *Limburgse Vinyl Maatschappij u. a./Kommission* Slg. 2002, I-8375 (Rn. 61); EuG U. v. 25.10.2005 Rs. T-38/02 – *Groupe Danone/Kommission* Slg. 2005, II-4407 Rn. 185; EuG U. v. 27.9.2006 Rs. T-322/01 – *Roquette Frères SA/Kommission* Slg. 2006, II-3137 Rn. 278; EuG U. v. 13 12. 2006 verb. Rs. T-217/03 u. T-245/03 – *Fédération nationale de la coopération bétail et viande u. a./Kommission* Slg. 2006, II-4987 Rn. 340.

[285] Grdlg. EuGH U. v. 13.2.1969 Rs. 14/68 – *Walt Wilhelm u. a./BKartA* Slg. 1969, 1 Rn. 11; kritisch dazu vgl. jeweils m. w. N. *Kuck* WuW 2002, 689 ff.; *Brammer* EuZW 2013, 617 ff.

[286] Zur bisherigen Ablehnung der Geltung des *ne bis in idem*-Grundsatzes auch im Verhältnis von europäischen und U.S.-amerikanischen bzw. kanadischen Kartellsanktionen vgl. nur EuG U. v. 9.7.2003 Rs. T-224/00 – *Archer Daniels Midland Company/Kommission* Slg. 2003, II-2597 Rn. 87 ff.; EuG U. v. 29.4.2004 verb. Rs. T-236/01, T-239/01, T-244–246/01, T-251/01 u. T-252/01 – *Tokai Carbon u. a./Kommission* Slg. 2004, II-1181 Rn. 133 f.; EuG U. v. 27.9.2006 Rs. T-322/01 – *Roquette Frères SA/Kommission* Slg. 2006, II-3137 Rn. 281; EuG U. v. 27.9.2006 Rs. T-43/02 – *Jungbunzlauer AG/Kommission* Slg. 2006, II-3435 Rn. 136 u. Rn. 287; EuG U. v. 27.9.2006 Rs. T-59/02 – *Archer Daniels Midland Co./Kommission* Slg. 2006, II-3627 Rn. 63; ferner vgl. EuGH U. v. 10.5.2007 Rs. C-328/05 P – *SGL Carbon AG/Kommission* Slg. 2007, I-3921 Rn. 29, wonach „der Grundsatz *ne bis in idem* nicht zur Anwendung kommen" könne, „wenn die Kommission ihre Befugnisse aufgrund des Gemeinschaftsrechts ausübt, auch wenn gegen das betreffende Unternehmen von den Behörden eines Drittstaats bereits Sanktionen wegen Verstoßes gegen die dort geltenden Wettbewerbsregeln verhängt worden sind".

[287] EuGH U. v. 29.6.2006 Rs. C-289/04 P – *Showa Denko KK/Kommission* Slg. 2006, I-5859 Rn. 56; EuGH U. v. 29.6.2006 Rs. C-308/04 P – *SGL Carbon AG/Kommission* Slg. 2006, I-5977 Rn. 32; EuGH U. v. 10.5.2007 Rs. C-328/05 P – *SGL Carbon AG/Kommission* Slg. 2007, I-3921 Rn. 27 f.

[288] Näher dazu vgl. statt vieler *v. d. Hout* in: Mäsch (Fn. 16), Art. 23 VerfVO Rn. 30; *Kienapfel* in: Schröter/Jakob/Klotz/Mederer (Hrsg.), Europäisches Wettbewerbsrecht – Großkommentar, 2. Aufl. 2014, S. 1203 f.; *Streinz* Jura 2009, 412 ff.

[289] Vgl. nur EuG U. v. 27.9.2006 Rs. T-322/01 – *Roquette Frères SA/Kommission* Slg. 2006, II-3137 Rn. 279; EuG U. v. 27.9.2006 Rs. T-43/02 – *Jungbunzlauer AG/Kommission* Slg. 2006, II-3435 Rn. 289 f.

[290] Diese Frage offen lassend vgl. EuG U. v. 27.9.2006 Rs. T-43/02 – *Jungbunzlauer AG/Kommission* Slg. 2006, II-3435 Rn. 291 ff.; EuG U. v. 27.9.2006 Rs. T-322/01 – *Roquette Frères SA/Kommission* Slg. 2006, II-3137 Rn. 286 ff.; EuG U. v. 27.9.2006 Rs. T-59/02 – *Archer Daniels Midland Co./Kommission* Slg. 2006, II-3627 Rn. 66; zur ausdrücklichen Zurückweisung von Billigkeitserwägungen in diesem Kontext vgl. nunmehr indes EuG U. v. 18.6.2008 Rs. T-410/03 – *Hoechst GmbH/Kommission* Slg. 2008, II-881 Rn. 605.

ge Anrechnung derartiger Kartellsanktionen verlangt.[291] Wenden hingegen mehrere mitgliedstaatliche Wettbewerbsbehörden parallel Art. 101 und/oder 102 AEUV an, so wird man in dieser Konstellation wiederum von der Geltung des *ne bis in idem*-Grundsatzes ausgehen dürfen.[292]

5. Geldbußen als Sanktionen „nicht strafrechtlicher Art"

50 Nach Art. 23 Abs. 5 VO 1/2003 haben die nach den Absätzen 1 und 2 getroffenen Bußgeldentscheidungen bzw. -beschlüsse[293] „keinen strafrechtlichen Charakter". Diese in ähnlicher Form bereits in Art. 15 Abs. 4 VO 17 enthaltene Formulierung beruht nach allgemeiner Auffassung insbesondere auf der Einschätzung, dass die Mitgliedstaaten in den Verträgen keine strafrechtlichen Kompetenzen auf die Union übertragen haben, d. h. dass sich die Mitgliedstaaten ihrer Souveränität auf dem besonders grundrechtssensiblen Gebiet des Kriminalstrafrechts nicht entäußern wollten.[294] Vor diesem Hintergrund besteht heute zwar weitgehende Einigkeit darin, dass EU-kartellverfahrensrechtliche **Geldbußen nicht kriminalstrafrechtlicher Art** oder Natur sind,[295] zumal es sich bei dem Kartellverfahren vor der Kommission um „ein reines Verwaltungsverfahren" handeln soll.[296] Die präventiven und repressiven Zwecke dieser Geldbußen,[297] die gegen ihre rein verwaltungsrechtliche Einordnung sprechen, lassen es aber zu, die auf der Grundlage des Art. 23 VO 1/2003 festzusetzenden Geldbußen, die teilweise auch als „quasi-kriminelle Sanktionsmaßnahmen" bzw. als „Sanktionsinstrumente *sui generis*" bezeichnet werden,[298] dem (Verwaltungs-)Strafrecht im weiteren Sinne zuzurechnen.[299] An dem zumindest strafrechtsähnlichen Charakter der auf der Grundlage des Art. 23 VO 1/2003 festzusetzenden Geldbußen ist jedenfalls nicht zu zweifeln.[300]

---

[291] EuGH U. v. 14.12.1972 Rs. 7/72 – *Boehringer/Kommission* Slg. 1972, 1281 Rn. 3; EuG U. v. 6.4.1995 Rs. T-149/89 – *Sotralentz/Kommission* Slg. 1995, II-1127 Rn. 29; EuG U. v. 9.7.2003 Rs. T-224/00 – *Archer Daniels Midland Company u. a./Kommission* Slg. 2003, II-2597 Rn. 87.

[292] Näher dazu *Schwarze/Weitbrecht* (Fn. 17), § 7 Rn. 26 ff.

[293] Näher zu diesem Terminologiewechsel siehe oben Fn. 1.

[294] In diesem Sinne vgl. m. w. N. *Schwarze/Weitbrecht* (Fn. 17), § 7 Rn. 16.

[295] Vgl. dazu nur *Biermann* ZweR 2007, 1 (11); *Dannecker/Biermann* in: Immenga/Mestmäcker (Fn. 16), Art. 23 VO 1/2003 Rn. 328 ff.; *Lampert/Niejahr/Kübler/Weidenbach,* EG-KartellVO – Praxiskommentar, 2004, Art. 23 Rn. 478.

[296] So jedenfalls EuG U. v. 8.7.2008 Rs. T-99/04 – *AC-Treuhand AG/Kommission* Slg. 2008, II-1501 Rn. 113.

[297] Näher zu diesen beiden Zwecken siehe bereits unter Rn. 4 f.

[298] So etwa von *Engelsing/Schneider* in: Hirsch/Montag/Säcker (Hrsg.), Münchener Kommentar zum Europäischen und Deutschen Wettbewerbsrecht (Kartellrecht), Bd. 1 (Europäisches Wettbewerbsrecht), 2007, Art. 23 VO 1/2003 Rn. 14 f.

[299] Ausführlicher dazu vgl. m. w. N. *Dannecker/Biermann* in: Immenga/Mestmäcker (Fn. 16), Art. 23 VO 1/2003 Rn. 334 ff.; ähnlich *Friedmann,* Die Geltung rechtsstaatlicher Grundsätze im kartellrechtlichen Bußgeldverfahren der Europäischen Gemeinschaft, 2005, S. 44 ff.; *Schwarze/Weitbrecht* (Fn. 17), § 7 Rn. 16 ff.; vgl. auch GA *Colomer,* Schlussanträge v. 11.2.2003 Rs. C-217/00 P – *Buzzi Unicem/Kommission* Ziff. 29, wonach das Verfahren zur Ermittlung von Zuwiderhandlungen gegen die Art. 81 und 82 EG [jetzt: Art. 101 u. 102 AEUV] „strafrechtlichen Charakter" habe; ähnlich *Vocke,* Die Ermittlungsbefugnisse der EG-Kommission im kartellrechtlichen Voruntersuchungsverfahren – Eine Untersuchung zur Auslegung der Ermittlungsrechte im Spannungsfeld zwischen öffentlichen und Individualinteressen, 2006, S. 100 ff.; sowie *Meyer/Kuhn* WuW 2004, 880 (890), wonach „die Bußgeldrechtsfolge des Kartellverfahrens im Kern Straffunktionen" erfülle; anders *Dieckmann* in: Wiedemann (Hrsg.), Handbuch des Kartellrechts, 2. Aufl. 2008, § 46 Rn. 1; zu aktuellen (kontroversen) Diskussionen und Reformüberlegungen im Hinblick auf eine stärkere Kriminalisierung von Kartellrechtsverstößen vgl. *Biermann* ZWeR 2007, 1 ff.; *Dannecker/Biermann* in: Immenga/Mestmäcker (Fn. 16), vor Art. 23 VO 1/2003 Rn. 18 ff.; *Frenz* WRP 2014, 367 ff.

[300] In eine ähnliche Richtung weisend vgl. auch statt vieler *Sura* in: Langen/Bunte (Hrsg.), Kommentar zum deutschen und europäischen Kartellrecht, Bd. 2: Europäisches Kartellrecht, 11. Aufl. 2010, Art. 23 VO Nr. 1/2003 Rn. 6.

Für die Beantwortung der durch Art. 23 Abs. 5 VO 1/2003 aufgeworfenen Frage der Geltung grundlegender strafrechtlicher bzw. strafverfahrensrechtlicher Garantien unionsverfassungsrechtlicher Art im EU-Kartellverfahrensrecht scheint eine Festlegung auf den strafrechtlichen, strafrechtsähnlichen oder aber verwaltungsrechtlichen Charakter der nach Art. 23 Abs. 1 und 2 VO 1/2003 festzusetzenden Geldbußen heute nicht mehr zwingend erforderlich zu sein, da der EuGH bereits in seinen das *Polypropylen*-Kartell betreffenden Urteilen vom 8. Juli 1999 unter Berücksichtigung der einschlägigen EGMR-Rechtsprechung hinreichend deutlich gemacht hat, dass auch im Verfahren zur Verhängung von Sanktionen im EU-Wettbewerbsrecht die **strafrechtlichen Garantien** beachtet werden müssen, die sich aus der EMRK ergeben.[301] Diese in der EMRK enthaltenen Garantien haben ihrerseits Eingang in die durch den Lissabonner Reformvertrag rechtsverbindlich gewordene EU-Grundrechtecharta gefunden, der wiederum im 37. Erwägungsgrund der VO 1/2003 eine besondere Bedeutung für das EU-Kartellverfahrensrecht bzw. für die Auslegung der in dieser Verordnung enthaltenen Vorschriften zugesprochen wird.[302] 51

IV. Rechtsfolgen

Bei Bußgeldbeschlüssen der Kommission, die zu den gemäß Art. 30 Abs. 1 VO 1/2003 veröffentlichungsbedürftigen Kommissionsbeschlüssen gehören[303] und die eine entsprechende Zahlungsverpflichtung des Adressaten auslösen (1.), handelt es sich um mit der Nichtigkeitsklage gemäß Art. 263 Abs. 4 AEUV anfechtbare Rechtsakte (2.), die trotz des weiten Ermessensspielraums der Kommission einer unbeschränkten Kontrolle durch den Unionsrichter unterliegen (3.). 52

1. Zahlungsverpflichtung und Zahlungsmodalitäten

Bußgeldbeschlüsse der Kommission sind vollstreckbare Titel i. S. des Art. 299 Abs. 1 AEUV[304] und lösen eine entsprechende Zahlungsverpflichtung des Bußgeldadressaten aus. Dabei umfasst die Befugnis der Kommission zum Erlass von Bußgeldbeschlüssen gemäß Art. 23 Abs. 1 und 2 VO 1/2003 nach ständiger Rechtsprechung der Unionsgerichte das ungeschriebene Recht, den **Fälligkeitstermin** für Geldbußen und den Beginn der Laufzeit der **Verzugszinsen** zu bestimmen sowie den Zinssatz für diese Zinsen und die Einzelheiten der Durchführung ihres Beschlusses festzulegen,[305] wobei die Kommission gegebe- 53

---

[301] Vgl. EuGH U. v. 8.7.1999 Rs. C-199/92 P – *Hüls/Kommission* Slg. 1999, I-4287 Rn. 149 f.; EuGH, U. v. 8.7.1999 Rs. C-235/92 P – *Montecatini/Kommission* Slg. 1999, I-4539 Rn. 175 f.; ähnlich EuG U. v. 9.7.2003 Rs. T-220/00 – *Cheil Jedang/Kommission* Slg. 2003, II-2473 Rn. 44; näher zu dieser EuGH-Rechtsprechung vgl. m. w. N. *Vocke* (Fn. 299), S. 115 ff.; zu diesen aus der EMRK ableitbaren Garantien, zu denen u. a. der *ne bis in idem*-Grundsatz und der Grundsatz *nullum crimen sine lege* gehören, siehe m. w. N. oben Rn. 5 f. und Rn. 48 f.; zur Ansicht des EuG, wonach diese Garantien im EU-kartellverfahrensrechtlichen Kontext nicht unbedingt dieselbe Tragweite haben müssen wie im Fall ihrer Anwendung auf eine Situation, die dem Strafrecht im strikten Sinne unterliegt, vgl. etwa EuG U. v. 8.7.2008 Rs. T-99/04 – *AC-Treuhand AG/Kommission* Slg. 2008, II-1501 Rn. 113.

[302] Näher zur Bedeutung der EU-Grundrechtecharta und der EMRK im EU-Kartellverfahrensrecht vgl. m. w. N. die Kommentierung zu Art. 20 VO 1/2003 Rn. 11 ff.

[303] Zu der i. R. einer solchen Veröffentlichung gebotenen Beachtung der unionsgrundrechtlichen Unschuldsvermutung einschließlich des Rufs und der Würde des Betroffenen vgl. etwa EuG U. v. 12.10.2007 Rs. T-474/04 – *Pergan Hilfsstoffe für industrielle Prozesse GmbH/Kommission* Slg. 2007, II-4225 Rn. 75 ff.; näher zu dieser unionsgrundrechtlichen Unschuldsvermutung siehe m. w. N. die Kommentierung zu Art. 20 VO 1/2003 Rn. 43.

[304] Näher dazu vgl. m. w. N. die Kommentierung zu Art. 26 VO 1/2003; zur mangelnden steuerlichen Abzugsfähigkeit von EU-Geldbußen, soweit es um den sog. „Grundbetrag" i. S. d. Bußgeldleitlinien (s. o. Rn. 36) geht, vgl. BFH U. v. 7.11.2013 IV R 4/12, m. Anm. *Hans* DB 2014, 2066 ff.

[305] Vgl. nur EuGH U. v. 10.5.2007 Rs. C-328/05 P – *SGL Carbon AG/Kommission* Slg. 2007, I-3921 Rn. 109; diese auf die Vorgängerregelung des Art. 15 Abs. 2 VO 17 bezogene Feststellung ist „eins zu eins" auf Art. 23 VO 1/2003 zu übertragen; stünden nämlich der Kommission solche ergän-

nenfalls die Stellung einer Bankbürgschaft verlangen kann, die die Hauptforderung und die Zinsen für die festgesetzten Geldbußen abdeckt.[306] Die Anerkennung dieser Befugnis ist überzeugend, da die Unternehmen anderenfalls aus der verspäteten Zahlung der Geldbußen einen Vorteil ziehen könnten, wodurch wiederum die Sanktionen abgeschwächt würden, die die Kommission i. R. ihrer Aufgabe, über die Anwendung der Wettbewerbsregeln zu wachen, verhängt hat.[307] Im Übrigen wird die der Kommission zugestandene Berechnung von Verzugszinsen, die nach der Rechtsprechung des Unionsrichters grundsätzlich in Höhe des Marktzinses zuzüglich 3,5 % und im Falle der Stellung einer Bankbürgschaft in Höhe des Markzinses zuzüglich 1,5 % angesetzt werden dürfen,[308] als gerechtfertigt angesehen, da auf diese Weise verhindert werden kann, dass die praktische Wirksamkeit der Verträge durch einseitiges Verhalten von Unternehmen unterlaufen wird, die die Zahlung der Geldbußen hinauszögern, zu denen sie „verurteilt" worden sind, und um auszuschließen, dass diese Unternehmen gegenüber den Unternehmen einen Vorteil erlangen, die ihre Geldbußen zum festgesetzten Fälligkeitstermin zahlen.[309]

54 Die von der Kommission festgesetzten Bußgeldbeträge sind grundsätzlich sofort auf eines der gewöhnlichen Geschäftskonten der Kommission zu überweisen.[310] Legt der Bußgeldadressat gegen den Beschluss der Kommission eine Nichtigkeitsklage gemäß Art. 263 Abs. 4 AEUV ein, so kann er – statt den Betrag sofort zu überweisen – zunächst eine **Bankbürgschaft** stellen, sofern die Kommission ihm dies ermöglicht.[311] Entscheidet sich der klagende Bußgeldadressat hingegen für eine sofortige Zahlung, so überweist die Kommission den gezahlten Betrag auf ein verzinstes Bankkonto, das die Kommission zu diesem Zweck eröffnet hat.[312]

2. Gerichtlicher Individualrechtsschutz des Bußgeldadressaten

55 Von dem durch verschiedene Verteidigungsrechte bzw. Verfahrensgrundrechte und strafverfahrensrechtliche Garantien gewährleisteten Rechtsschutz des Bußgeldadressaten im Kartellverfahren[313] ist der *gerichtliche* Rechtsschutz des Bußgeldadressaten gegen Bußgeldbe-

---

zenden Befugnisse nicht zu, könnten die Unternehmen aus verspäteten Zahlungen Vorteile ziehen, was die Wirkung der Sanktionen schwächen würde.

[306] Vgl. nur EuGH U. v. 25.10.1983 Rs. 107/82 – *AEG/Kommission* Slg. 1983, 3151 Rn. 141–143; EuG U. v. 14.7.1995 Rs. T-275/94 – *Groupement des cartes bancaire/Kommission* Slg. 1995, II-2169 Rn. 46–49; EuG U. v. 20.3.2002 Rs. T-23/99 – *LR AF 1998/Kommission* Slg. 2002, II-1705 Rn. 395 f.; instruktiv zur recht restriktiv ausgestalteten Möglichkeit der Erhebung von Schadensersatzklagen im Kontext der außervertraglichen Haftung der Union in solchen Fällen, in denen ein Unternehmen die Erstattung von Bankbürgschaftskosten begehrt, die ihm auf Grund einer gerichtlich aufgehobenen Geldbuße entstanden sind, vgl. EuG U. v. 21.4.2005 Rs. T-28/03 – *Holcim (Deutschland) AG/Kommission* Slg. 2005, II-1357 Rn. 86 ff.

[307] So auch EuGH U. v. 29.6.2006 Rs. C-308/04 P – *SGL Carbon AG/Kommission* Slg. 2006, I-5977 Rn. 114; EuG U. v. 8.7.2008 Rs. T-52/03 – *Knauf Gips KG/Kommission* Slg. 2008, II-115 Rn. 495.

[308] Vgl. nur EuG U. v. 14.7.1995 Rs. T-275/94 – *Groupement des cartes bancaire/Kommission* Slg. 1995, II-2169 Rn. 54; EuG U. v. 20.3.2002 Rs. T-23/99 – *LR AF 1998/Kommission* Slg. 2002, II-1705 Rn. 397; sowie EuG U. v. 8.10.2008 Rs. T-68/04 – *SGL Carbon AG/Kommission* Slg. 2008, II-2511 Rn. 144 f., mit dem weiteren Hinweis, dass dies nunmehr auch eine normative Grundlage in der VO (EG, Euratom) Nr. 2342/2002 der Kommission vom 23.12.2002 (ABl. 2002 L 357/1 ff.) findet.

[309] So EuG U. v. 29.4.2004 verb. Rs. T-236/01, T-239/01, T-244–246/01, T-251/01 u. T-252/01 – *Tokai Carbon u. a./Kommission* Slg. 2004, II-1181 Rn. 475.

[310] Näher dazu vgl. *de Bronett* (Fn. 17), S. 364 f.; *Semrau* EWS 1999, 43 ff.

[311] EuG U. v. 14.7.1995 Rs. T-275/94 – *Groupement des cartes bancaire/Kommission* Slg. 1995, II-2169 Rn. 54.

[312] Vgl. *de Bronett* (Fn. 17), S. 367.

[313] Näher zum verwaltungsverfahrensrechtlichen Individualrechtsschutz im EU-Kartellverfahren vgl. *Nowak* Grundrechtsschutz im Europäischen Wettbewerbsrecht, in: Behrens/Braun/ders. (Hrsg.), Eu-

schlüsse zu unterscheiden, der erstinstanzlich in den Zuständigkeitsbereich des EuG fällt,[314] das im Rechtsmittelverfahren wiederum der Kontrolle des EuGH unterliegt. Zweifel daran, dass Bußgeldbeschlüsse der Kommission vom jeweiligen Bußgeldadressaten im Einklang mit dem **Unionsgrundrecht auf effektiven Rechtsschutz**[315] mit der Nichtigkeitsklage i. S. des Art. 263 Abs. 4 AEUV angefochten werden können, lässt die Rechtsprechungspraxis nicht zu. Vielmehr gilt der allgemeine Grundsatz des Unionsrechts, dass jedermann **Anspruch auf einen fairen Prozess** und insbesondere auf einen Prozess innerhalb einer angemessenen Frist hat, unstreitig auch für eine Klage gegen einen Beschluss der Kommission, mit der diese gegen ein Unternehmen wegen Verstoßes gegen das EU-Wettbewerbsrecht Geldbußen verhängt.[316] Die schriftliche Aufforderung der Kommission, die in einem gesonderten (vollziehbaren) Bußgeldbeschluss festgesetzte Geldbuße zu bezahlen, ist allerdings keine mit der Nichtigkeitsklage nach Art. 263 AEUV anfechtbare Handlung, selbst wenn in dieser Aufforderung der zu zahlende Betrag und die Zinsen berechnet sind und der Empfänger der Auffassung ist, dass diese Berechnung fehlerhaft sei.[317]

Die Ausübung des Rechts, gemäß **Art. 263 Abs. 4 AEUV** vor dem Unionsrichter eine **56**
Nichtigkeitsklage gegen einen Bußgeldbeschluss zu erheben, wird durch ein etwaiges ausdrückliches oder stillschweigendes Eingeständnis tatsächlicher oder rechtlicher Gesichtspunkte durch eine Unternehmen während des Verwaltungsverfahrens vor der Kommission nach ständiger Rechtsprechung der Unionsgerichte nicht eingeschränkt.[318] Diese vor allem im Hinblick auf die verfahrensrechtliche Mitwirkung des Bußgeldadressaten auf der Grundlage der oben erwähnten Kronzeugenregelung[319] relevante Rechtsprechung trägt in überzeugender Weise den unionsverfassungsrechtlichen Grundsätzen effektiven Rechtsschutzes und der Wahrung der Verteidigungsrechte Rechnung.[320]

Im Falle eines Nichtigkeitsurteils hat die Kommission gemäß Art. 266 AEUV die sich **57**
aus diesem Urteil ergebenden Maßnahmen zu ergreifen. Zu diesen Maßnahmen gehört im Falle eines Urteils, mit dem die gegen ein Unternehmen wegen Zuwiderhandlung gegen die in den Art. 101 f. AEUV niedergelegten Wettbewerbsregeln verhängte Geldbuße für nichtig erklärt oder herabgesetzt wird,[321] dass dem betroffenen Unternehmen die gezahlte Geldbuße ganz oder teilweise insoweit zurückzuerstatten ist, wie diese Zahlung wegen der Nichtigkeitsentscheidung als rechtsgrundlos anzusehen ist; diese Verpflichtung umfasst

---

ropäisches Wettbewerbsrecht im Umbruch, 2004, S. 23 ff.; *ders.*, Rechtsschutz im Europäischen Verwaltungsrecht, in: Terhechte (Hrsg.), Verwaltungsrecht der Europäischen Union, 2011, § 13 Rn. 1 ff.; sowie die Kommentierung zu Art. 20 VO 1/2003 (dort insbes. Abschnitt II.).

[314] Zur erstinstanzlichen Zuständigkeit des EuG für den (zentralen) Individualrechtsschutz im EU-Rechtsschutzsystem vgl. Art. 256 Abs. 1 AEUV i. V. m. dem Beschl. des Rates v. 24.10.1988 zur Errichtung eines EuG (ABl. 1988 L 319/1) i. V. m. den späteren Zuständigkeitserweiterungen in ABl. 1993 L 144/21 u. ABl. 1994 L 66/29.

[315] Zu diesem Unionsgrundrecht siehe m. w. N. die Kommentierung zu Art. 20 VO 1/2003 Rn. 14.

[316] Vgl. nur EuGH U. v. 2.10.2003 Rs. C-194/99 P – *Thyssen Stahl/Kommission* Slg. 2003, I-10 821 Rn. 154; EuGH U. v. 2.10.2003 Rs. C-195/99 P – *Krupp Hoesch Stahl/Kommission* Slg. 2003, I-10 937 Rn. 121; EuGH U. v. 2.10.2003 Rs. C-199/99 P – *Corus UK/Kommission* Slg. 2003, I-11 177 Rn. 41; sowie EuG U. v. 3.3.2011 verb. Rs. T-117/07 u. T-121/07 – *Areva u. a./Kommission* Slg. 2011, I-633 Rn. 224 f., wo in erneuter Weise deutlich betont wird, dass das aus dem in Art. 47 GRC niedergelegten Unionsgrundrecht auf effektiven Rechtsschutz abzuleitende Erfordernis einer effektiven gerichtlichen Kontrolle „insbesondere" für jede Entscheidung der Kommission gilt, mit der ein Verstoß gegen das Wettbewerbsrecht festgestellt und geahndet wird.

[317] Vgl. EuG Beschl. v. 19.11.2013 Rs. T-42/13 – *garantovaná a. s./Kommission* NZKart 2014, 102 ff.

[318] Vgl. nur EuG U. v. 14.5.1998 Rs. T-354/94 – *Stora Kopparsbergs Bergslags/Kommission* Slg. 1998, II-2111 Rn. 50.

[319] Näher dazu unter Rn. 37–47.

[320] Näher zu diesen beiden Grundsätzen bzw. Unionsgrundrechten vgl. die Kommentierung zu Art. 20 VO 1/2003 dort insbes. Rn. 14 f., 20 u. 45.

[321] Näher zu dieser Herabsetzungsmöglichkeit unter Rn. 59.

nicht nur den Hauptbetrag der rechtsgrundlos geleisteten Geldbuße, sondern auch die Verzugszinsen auf diesen Betrag.[322]

3. Unbeschränkte Nachprüfung durch den Gerichtshof

58 Im Zusammenhang mit der vorgenannten Möglichkeit der Erhebung einer Nichtigkeitsklage gemäß Art. 263 Abs. 4 AEUV ist vor allem auf die in Art. 31 Satz 1 VO 1/2003 geregelte Besonderheit hinzuweisen, wonach der Gerichtshof bei Klagen gegen Bußgeld- und/oder Zwangsgeldbeschlüsse i. S. der Art. 23 und 24 VO 1/2003 die Befugnis zu unbeschränkter Nachprüfung des jeweiligen Beschlusses hat.[323] Diese durch Art. 261 AEUV ermöglichte und durch das in Art. 47 GRC niedergelegte Unionsgrundrecht auf effektiven Rechtsschutz[324] gewissermaßen eingeforderte **Befugnis zu unbeschränkter Ermessensnachprüfung**[325] bedeutet zunächst einmal, dass der Gerichtshof bzw. das Gericht erster Instanz bei der Abänderung des angefochtenen Rechtsakts durch eine Neubezifferung der von der Kommission verhängten Geldbußen alle relevanten Umstände des Sachverhalts berücksichtigen müssen.[326] Dabei greifen weder das Ermessen der Kommission noch die der Kommission durch die oben erörterten Leitlinien gezogenen Ermessensgrenzen[327] der Ausübung dieser dem Unionsrichter zustehenden Befugnis vor.[328] Die gerichtliche Befugnis zur unbeschränkten Ermessensnachprüfung erstreckt sich v. a. auf die Beurteilung der Verhältnismäßigkeit einer nach Maßgabe der Schwere und Dauer der Zuwiderhandlung festgesetzten Geldbuße[329] und der ordnungsgemäßen Begründung der jeweiligen Bußgeldentscheidung.[330] Diese Beurteilungen können auch die Vorlage und Heranziehung zusätzlicher In-

---

[322] EuG U. v. 10.10.2001 Rs. T-171/99 – *Corus UK/Kommission* Slg. 2001, II-2967 Rn. 53; EuG U. v. 8.7.2004 Rs. T-48/00 – *Corus UK/Kommission* Slg. 2004, II-2325 Rn. 223.

[323] Ausführlicher zu den durch Art. 31 VO 1/2003 aufgeworfenen Rechtsfragen und zur enormen Bedeutung dieser Bestimmung in der Rechtsprechungspraxis des Unionsrichters vgl. etwa *v. Alemann* EuZW 2006, 487 ff.; *de Bronett* EWS 2013, 449 ff.; *ders.* EWS 2014, 5 ff.; *Frenz* EWS 2013, 123 ff.; *Hauger/Palzer* World Competition 2013, 565 (575 ff.); *Nehl,* Kontrolle kartellrechtlicher Sanktionsentscheidungen der Kommission durch die Unionsgerichte, in: Immenga/Körber (Hrsg.), Die Kommission zwischen Gestaltungsmacht und Rechtsbindung, 2012, S. 113 ff.; *Polzin* WuW 2011, 454 ff.; sowie die instruktiven Schlussanträge des Generalanwalts *Wathelet* vom 26.9.2013 in der Rs. C-295/12 P – *Telefónica u. a./Kommission* NZKart 2013, 512 (Rn. 107 ff.).

[324] Zu diesem Unionsgrundrecht siehe m. w. N. die Kommentierung zu Art. 20 VO 1/2003 Rn. 14.

[325] Näher hierzu vgl. die Kommentierung zu Art. 31 VO 1/2003 sowie EuGH U. v. 10.7.2014 Rs. C-295/12 P – *Telefónica SA u. a./Kommission u. a.* NZKart 2014, 403 Rn. 39 ff., mit Anm. *Seitz* EuZW 2014, 774 ff.; sowie *Schmidt,* Die Befugnis des Gemeinschaftsrichters zu unbeschränkter Ermessensnachprüfung, 2004, pass.; *v. Alemann* EuZW 2006, S. 487 ff.; EuG U. v. 4.7.2006 Rs. T-304/02 – *Hoek Loos NV/Kommission* Slg. 2006, II-1887 Rn. 69 ff.

[326] Vgl. nur EuG U. v. 8.7.2004 Rs. T-48/00 – *Corus UK/Kommission* Slg. 2004, II-2325 Rn. 131.

[327] Zu diesen Grenzen vgl. Rn. 29–36.

[328] Vgl. nur EuG U. v. 8.7.2004 verb. Rs. T-67/00, T-68/00, T-71/00 u. T-78/00 – *JFE Engineering u. a./Kommission* Slg. 2004, II-2501 Rn. 539; EuG U. v. 12.12.2007 verb. Rs. T-101/05 u. T-111/05 – *BASF AG u. a./Kommission* Slg. 2007, II-4949 Rn. 213; EuG U. v. 16.9.2013 Rs. T-364/10 – *Duravit AG/Kommission* Rn. 359; EuG U. v. 14.5.2014 Rs. T-406/09 – *Donau Chemie/Kommission* NZKart 2014, 229 ff.

[329] EuGH U. v. 7.1.2004 verb. Rs. C-204/00 P, C-205/00 P, C-211/00 P, C-213/00 P, C-217/00 P u. C-219/00 P – *Aalborg Portland u. a./Kommission* Slg. 2004, I-123 Rn. 364; EuG U. v. 9.7.2003 Rs. T-230/00 – *Daesang/Kommission* Slg. 2003, II-2733 Rn. 54; sowie EuG U. v. 29.11.2005 Rs. T-52/02 – *Société nouvelle des couleurs zinciques SA/Kommission* Slg. 2005, II-5005 Rn. 58 ff.

[330] Zur gerichtlichen Überprüfung von Bußgeldbeschlüssen der Kommission am Maßstab des in Art. 296 Abs. 2 AEUV geregelten Begründungserfordernisses vgl. etwa EuG U. v. 19.3.2003 Rs. T-213/00 – *CMA CGM u. a./Kommission* Slg. 2003, II-913 Rn. 268 ff.; EuG U. v. 16.12.2003 verb. Rs. T-5/00 u. T-6/00 – *FEG u. a./Kommission* Slg. 2003, II-5761 Rn. 421 ff.; EuG U. v. 25.10.2005 Rs. T-38/02 – *Groupe Danone/Kommission* Slg. 2005, II-4407 Rn. 95 ff.; EuG U. v. 6.12.2005 Rs. T-48/02 – *Brouwerij Haacht NV/Kommission* Slg. 2005, II-5259 Rn. 44 ff.; EuG U. v. 15.3.2006 Rs. T-15/02 – *BASF AG/Kommission* Slg. 2006, II-497 Rn. 205 ff.; EuG U. v. 5.4.2006 Rs. T-279/02 – *Degus-*

formationen erfordern, die an sich nicht in dem Beschluss erwähnt zu werden brauchen, damit dieser dem in Art. 296 Abs. 2 AEUV niedergelegten Begründungserfordernis genügt.[331] Hervorzuheben ist in diesem Zusammenhang vor allem auch, dass die in Art. 31 VO (EG) Nr. 1/2003 geregelten Befugnisse zu unbeschränkter Nachprüfung den Unionsrichter dazu ermächtigt, die bußgeldbezogene Beurteilung der Kommission durch seine eigene Beurteilung zu ersetzen.[332] Dies ist insbesondere deshalb bemerkenswert, weil der Unionsrichter der Kommission hinsichtlich der Beurteilung und Bewertung komplexer wirtschaftlicher Zusammenhänge normalerweise ein recht weites Ermessen zugesteht und daraus zugleich ableitet, dass sich die unionsgerichtliche Überprüfung der Beurteilung komplexer wirtschaftlicher Sachverhalte oder Gegebenheiten durch die Kommission grundsätzlich darauf beschränken muss, ob die Verfahrensregeln und die Vorschriften über die nach Art. 296 Abs. 2 AEUV erforderliche Begründung eingehalten wurden, ob der Sachverhalt zutreffend festgestellt wurde, ob der Kommission kein offensichtlicher Beurteilungsfehler unterlaufen ist und ob kein Ermessensmissbrauch vorliegt.[333] Diese generelle Rechtsprechungslinie des Unionsrichters wird in Art. 31 VO (EG) Nr. 1/2003 partiell durchbrochen bzw. eingeschränkt, um den Individualrechtsschutz gegen EU-kartellverfahrensrechtliche Geldbußen und Zwangsgelder so gut wie möglich mit dem in Art. 47 GRC niedergelegten Unionsgrundrecht auf effektiven Rechtsschutz[334] in Einklang bringen zu können.

Darüber hinaus kann der Gerichtshof gemäß Art. 31 Satz 2 VO 1/2003 die von der **59** Kommission festgesetzte Geldbuße oder das von ihr festgesetzte Zwangsgeld aufheben, herabsetzen oder erhöhen.[335] Die Ausübung dieser Befugnis, von der das EuG und der EuGH – mit Ausnahme der möglichen Erhöhung[336] – nicht selten zu Gunsten der betroffenen Unternehmen Gebrauch machen,[337] darf unter keinen Umständen dazu führen, dass

---

sa AG/Kommission Slg. 2006, II-897 Rn. 192 ff.; EuG U. v. 4.7.2006 Rs. T-304/02 – *Hoek Loos NV/ Kommission* Slg. 2006, II-1887 Rn. 54 ff.; EuG U. v. 14.12.2006 verb. Rs. T-259/02 bis T-264/02 u. T-271/02 – *Raiffaisen Zentralbank Österreich AG u. a./Kommission* Slg. 2006, II-5169 Rn. 413 ff.; EuG U. v. 18.6.2008 Rs. T-410/03 – *Hoechst GmbH/Kommission* Slg. 2008, II-881 Rn. 253 ff.; EuG U. v. 8.7.2008 Rs. T-52/03 – *Knauf Gips KG/Kommission* Slg. 2008, II-115 Rn. 369 ff.; EuG U. v. 12.12.2014 Rs. T-551/08 – *HdR ChemPharm/Kommission*, WuW 2015, 312 Rn. 39 ff.; EuG U. v. 12.12.2014 Rs. T-550/08 – *Tudapetrol Mineralölerzeugnisse Nils HansenKG/Kommission* Rn. 31 ff.

[331] So vgl. nur EuG U. v. 9.7.2003 Rs. T-220/00 – *Cheil Jedang/Kommission* Slg. 2003, II-2473 Rn. 215.

[332] Vgl. nur EuG U. v. 16.9.2013 Rs. T-364/10 – *Duravit/Kommission* NZKart 2013, 412 (Rn. 42); EuGH U. v. 24.10.2013 Rs. C-510/11 P – *Kone u. a./Kommission* NZKart 2013, 503 (Rn. 26 ff.); näher dazu vgl. etwa m. w. N. *Bornkamm* ZWeR 2010, 34 ff.

[333] Zu dieser gerade auch im EU-Kartellrecht maßgeblichen Rechtsprechungslinie vgl. nur EuGH U. v. 28.5.1998 Rs. C-7/95 P – *Deere/Kommission* Slg. 1998, I-3111 Rn. 34; EuG U. v. 14.4.2011 Rs. T-461/07 – *Visa Europe u. a./Kommission* Slg. 2011, II-1729 Rn. 70; EuGH U. v. 24.10.2013 Rs. C-510/11 P – *Kone u. a./Kommission* NZKart 2013, 503 (Rn 26 f.).

[334] Zu diesem Unionsgrundrecht siehe m. w. N. die Kommentierung zu Art. 20 VO 1/2003 Rn. 14.

[335] Vgl. nur EuG U. v. 12.9.2007 Rs. T-30/05 – *William Prym GmbH & Co.KG/Kommission* Slg. 2007, II-107 Rn. 259; EuG U. v. 12.12.2007 verb. Rs. T-101/05 u. T-111/05 – *BASF AG u. a./ Kommission* Slg. 2007, II-4949 Rn. 213.

[336] Als Beispiel der eher seltenen gerichtlichen Bußgelderhöhung vgl. EuG U. v. 29.4.2004 verb. Rs. T-236/01, T-239/01, T-244–246/01, T-251/01 u. T-252/01 *Tokai Carbon u. a./Kommission* Slg. 2004, II-1181 Rn. 122; EuG U. v. 27.9.2006 Rs. T-322/01 – *Roquette Frères SA/Kommission* Slg. 2006, II-3137 Rn. 315; m. w. N. vgl. *Polzin* WuW 2011, 454 ff.; zur Möglichkeit der Kommission, vor dem Unionsrichter eine Erhöhung der Geldbuße zu beantragen, vgl. EuG U. v. 8.10.2008 Rs. T-69/04 – *Schunk GmbH u. a./Kommission* Slg. 2008, II-2567 Rn. 244.

[337] Exempl. EuG U. v. 9.7.2003 Rs. T-230/00 – *Daesang/Kommission* Slg. 2003, II-2733 Rn. 155; EuG U. v. 13.1.2004 Rs. T-67/01 – *JCB Service/Kommission* Slg. 2004, II-49 Rn. 194; EuG U. v. 8.7.2004 Rs. T-48/00 – *Corus UK/Kommission* Slg. 2004, II-2325 Rn. 219; EuG U. v. 8.7.2004 Rs. T-50/00 – *Dalmine/Kommission* Slg. 2004, II-2395 Rn. 347; EuG U. v. 8.7.2004 verb. Rs. T-67/00, T-68/00, T-71/00 u. T-78/00 – *JFE Engineering u. a./Kommission* Slg. 2004, II-2501 Rn. 589; EuG U. v.

Unternehmen, die an einer gegen Art. 101 Abs. 1 AEUV verstoßenden Vereinbarung beteiligt waren, bei der Ermittlung der Höhe ihrer Geldbußen ungleich behandelt werden.[338] Darüber hinaus muss das Gericht, wenn es speziell gegenüber einem dieser Unternehmen von der Berechnungsmethode abweichen will, der die Kommission gefolgt ist, dies in seinem Urteil erläutern.[339] Die bloße Tatsache, dass ein Unternehmen, das im vorangehenden Kartellverfahren mit der Kommission zusammengearbeitet hat und dessen Geldbuße deshalb herabgesetzt wurde, mit einer Klage Erfolg hat, kann im Übrigen keine Neubewertung des Umfangs der bei ihm vorgenommenen Herabsetzung rechtfertigen.[340]

V. Verhältnis zu anderen Vorschriften

60 In sanktionsrechtlicher Hinsicht ergänzt Art. 23 VO 1/2003 die in **Art. 24 VO 1/2003** geregelte Befugnis zur Festsetzung von Zwangsgeldern.[341] Ein Konkurrenzverhältnis besteht zwischen den beiden vorgenannten – unterschiedlichen Zwecken dienenden[342] – Vorschriften nicht. Die auf der unmittelbaren Anwendbarkeit der Art. 101 Abs. 1 und 102 AEUV beruhende private Durchsetzung der in den vorgenannten Wettbewerbsvorschriften niedergelegten Verbotstatbestände z. B. im Wege von Schadensersatzklagen Dritter vor mitgliedstaatlichen Gerichten[343] bleibt von der (Nicht-)Festsetzung einer Geldbuße durch die Kommission unberührt.

61 Eine besonders enge Verbindung besteht darüber hinaus zwischen Art. 23 VO 1/2003 einerseits sowie zwischen den die Vollstreckung und die Vollstreckungsverjährung betreffenden **Art. 299 AEUV** und **Art. 26 VO 1/2003** andererseits.[344] Zwischen Art. 23 VO 1/2003 und der in Art. 27 Abs. 1 VO 1/2003 i. V. m. Art. 10 VO 773/2004[345] geregelten Mitteilung der Beschwerdepunkte besteht schließlich insoweit ein enger Zusammenhang, als die Kommission im Stadium dieser Mitteilung im Interesse der Wahrung der Verteidigungsrechte des Bußgeldadressaten verpflichtet ist, auf der Grundlage der ihr zur Verfügung stehenden Unterlagen hinreichende Angaben zur Dauer und Schwere der behaupteten Zuwiderhandlung[346] sowie zur Frage der Vorsätzlichkeit oder Fahrlässigkeit[347] zu ma-

---

13 12. 2006 verb. Rs. T-217/03 u. T-245/03 – *Fédération nationale de la coopération bétail et viande u. a./Kommission* Slg. 2006, II-4987 Rn. 364; EuG U. v. 12.9.2007 Rs. T-36/05 – *Coats Holdings Ltd u. a./Kommission* Slg. 2007, II-110 Rn. 215; EuG U. v. 27.2.2014 Rs. T-91/11 – *InnoLux Corp./Kommission* EWS 2014, 117. Zur möglichen – aber von gewissen Voraussetzungen abhängigen – Herabsetzung von Geldbußen auch in Fällen überlanger Verfahrensdauer vgl. EuG U. v. 16.6.2011 Rs. T-235/07 – *Bavaria NV/Kommission* Slg. 2011, II-3229 Rn. 316 ff.; EuGH U. v. 26.11.2013 Rs. C-40/12 P – *Gascogne Sack Deutschland/Kommission* WuW 4/2014, 428 ff.; EuGH U. v. 26.11.2013 Rs. C-50/12 P – *Kendrion/Kommission* WuW 2/2014, 193 ff. = NZKart 2014, 138 f.; diesbzgl. restriktiver vgl. EuGH U. v. 30.4.2014 Rs. C-238/12 P – *FLSmidth & Co./Kommission* NZKart 2014, 226 ff. Zur Herabsetzung einer Geldbuße wegen eines Verstoßes der Kommission gegen ein bestimmtes Verteidigungsrecht vgl. EuGH U. v. 27.3.2014 Rs. C-612/12 P – *Ballast Nedam/Kommission* WuW 6/2014, 657 ff.

[338] So vgl. etwa EuGH U. v. 25.1.2007 Rs. C-407/04 P – *Dalmine SpA/Kommission* Slg. 2007, I-829 Rn. 152; EuGH U. v. 25.1.2007 Rs. C-411/04 P – *Salzgitter Mannesmann GmbH/Kommission* Slg. 2007, I-959 Rn. 68; EuGH U. v. 12.11.2014 Rs. C-580/12 P – *Guardian Industries Corp./Kommission* Rn. 75.

[339] EuGH U. v. 18.9.2003 Rs. C-338/00 P – *Volkswagen/Kommission* Slg. 2003, I-9189 Rn. 146.

[340] Vgl. EuG U. v. 11.12.2003 Rs. T-61/99 – *Adriatica di Navigazione/Kommission* Slg. 2003, II-5349 Rn. 209; EuG U. v. 11.12.2003 Rs. T-66/99 – *Minoan Lines/Kommission* Slg. 2003, II-5515 Rn. 358.

[341] Näher zu dieser Befugnis vgl. die nachfolgende Kommentierung zu Art. 24 VO 1/2003.

[342] Vgl. oben Rn. 3.

[343] M. w. N. zu diesem „private enforcement" vgl. oben Fn. 3.

[344] Näher hierzu vgl. die Kommentierung zu Art. 26 VO 1/2003.

[345] VO (EG) Nr. 773/2004 der Kommission v. 7.4.2004 über die Durchführung von Verfahren auf der Grundlage der Artikel 81 und 82 EG-Vertrag durch die Kommission, ABl. 2004 L 123/18.

[346] Zu diesen zentralen Bemessungskriterien vgl. Rn. 26–28.

[347] Zu diesen beiden Tatbestandsmerkmalen vgl. Rn. 20.

chen.[348] Abschließend ist ergänzend darauf hinzuweisen, dass Art. 23 VO 1/2003 mit **Art. 30 Abs. 1 VO 1/2003** insoweit in Verbindung steht, als die Kommission nach Art. 30 VO 1/2003 auch zur Veröffentlichung der auf der Grundlage des Art. 23 VO 1/2003 ergangenen Beschlüsse verpflichtet ist.[349]

Art. 24. Zwangsgelder

(1) **Die Kommission kann gegen Unternehmen und Unternehmensvereinigungen durch Entscheidung Zwangsgelder bis zu einem Höchstbetrag von 5 % des im vorausgegangenen Geschäftsjahr erzielten durchschnittlichen Tagesumsatzes für jeden Tag des Verzugs von dem in ihrer Entscheidung bestimmten Zeitpunkt an festsetzen, um sie zu zwingen,**

a) eine Zuwiderhandlung gegen Art. 81 oder Art. 82 EG gemäß einer nach Art. 7 getroffenen Entscheidung abzustellen;

b) einer gemäß Art. 8 erlassenen Entscheidung zur Anordnung einstweiliger Maßnahmen nachzukommen;

c) durch Entscheidung gemäß Art. 9 für bindend erklärte Verpflichtungszusagen einzuhalten;

d) eine Auskunft vollständig und genau zu erteilen, die die Kommission durch Entscheidung gemäß Art. 17 oder 18 III angefordert hat;

e) eine Nachprüfung zu dulden, die die Kommission in einer Entscheidung nach Art. 20 IV angeordnet hat.

(2) **Sind die Unternehmen oder Unternehmensvereinigungen der Verpflichtung nachgekommen, zu deren Erfüllung das Zwangsgeld festgesetzt worden war, so kann die Kommission die endgültige Höhe des Zwangsgelds auf einen Betrag festsetzen, der unter dem Betrag liegt, der sich aus der ursprünglichen Entscheidung ergeben würde. Art. 23 IV gilt entsprechend.**

Übersicht

I. Einleitung

1 Art. 24 ermöglicht wie bisher Art. 16 VO 17/62, die Nichtbefolgung von Sach- oder Verfahrensentscheidungen der Kommission mit Zwangsgeldern zu ahnden, um Unternehmen oder Unternehmensvereinigung zum gebotenen Verhalten zu bewegen. Das Zwangsgeld kann für jeden Tag der Nichtbefolgung verhängt werden.

2 Die Novellierung der Zwangsgeldbestimmung in der VO 1/2003 bringt **drei Neuerungen:** Zum ersten wird der **Sanktionsrahmen** von bisher 50 bis 1000 € **angehoben** auf bis zu 5% des täglichen Umsatzes für jeden Tag der Verzögerung. Damit wird die Sanktionshöhe nach Art. 47 EGKSV übernommen. Diese Neuregelung bringt eine drasti-

---

[348] Vgl. nur EuG U. v. 8.7.2004 Rs. T-48/00 – *Corus UK/Kommission* Slg. 2004, II-2325 Rn. 144; EuG U. v. 10.4.2008 Rs. T-271/03 – *Deutsche Telekom AG/Kommission* Slg. 2008, II-477 Rn. 277.

[349] Instruktiv zur dabei u. a. gebotenen Beachtung der unionsgrundrechtlich fundierten Unschuldsvermutung einschließlich des Rufs und der Würde des Betroffenen vgl. etwa EuG U. v. 12.10.2007 Rs. T-474/04 – *Pergan Hilfsstoffe für industrielle Prozesse GmbH/Kommission* Slg. 2007, II-4225 Rn. 75 ff.

sche Verschärfung der Sanktionsmöglichkeiten und erfolgt in der Absicht, den Entscheidungen der Kommission eine höhere Beachtung zu sichern.

3 Zum zweiten werden die **Sanktionstatbestände erweitert.** Das Zwangsgeld kann nunmehr auch für die Nichteinhaltung von verbindlichen Verpflichtungszusagen nach Art. 9 und die Nichtbefolgung von einstweiligen Maßnahmen der Kommission nach Art. 8 verhängt werden.

4 Zum dritten führt Art. 24 eine neue Regel ein hinsichtlich der Zuwiderhandlungen, die von **Unternehmensvereinigungen** begangen werden. Durch den Verweis auf Art. 23 Abs. 4 stellt Art. 24 Abs. 2 a. E. sicher, dass die **Mitgliedsunternehmen** für die Sanktionszahlung **subsidiär haften** (näher Rn. 24). Damit wird sichergestellt, dass die Sanktionen, die gegen Unternehmensvereinigungen für von diesen begangene Zuwiderhandlungen verhängt wurden, nicht ins Leere laufen. Bisher war das regelmäßig der Fall, da die Vereinigungen selbst nicht über hinreichende finanzielle Mittel verfügten, eine Möglichkeit zum Durchgriff auf die Mitgliedsunternehmen und deren Vermögen aber rechtlich nicht zur Verfügung gestanden hatte.

II. Zum Sanktionscharakter des Zwangsgelds

5 Zwangsgeldfestsetzungen stellen eine Sanktion dar, die die Nichtbefolgung von Entscheidungen der Kommission ahndet. Anders als bei Geldbußen geht es nicht darum, vergangenes Fehlverhalten zu sanktionieren, sondern den Adressaten zu einem bestimmten Verhalten für die Zukunft zu veranlassen, vgl. Art. 24 Abs. 1. Während Geldbußen nach Art. 23 repressive Sanktionen für bereits begangene Rechtsverstöße darstellen und ein Verschulden voraussetzen, dienen Zwangsgelder präventiv dazu, gegenwärtige oder künftige Rechtsverletzungen, sei es in bezug auf materielles oder in bezug auf formelles Recht, zu unterbinden, indem die Unternehmen durch die Vermeidung von weiteren Nachteilen zur Rechtstreue angehalten werden.[1] Zwangsgelder haben daher anders als Geldbußen auch keinen punitiven Charakter, sondern sind ein **Instrument des Verwaltungszwangs.** Die Kommission hat keine andere Möglichkeit, die Befolgung von Beschlüssen, mit denen sie Unternehmen ein Verhalten aufgibt, durchzusetzen. Die Anordnung von Zwangsgeld ist insoweit das einzige Mittel der Verwaltungsvollstreckung, da Ersatzvornahme und unmittelbarer Zwang aufgrund der Nichtvertretbarkeit der von den Unternehmen vorzunehmenden Handlungen und infolge der fehlenden unmittelbaren Zwangsgewalt der EU-Kommission ausscheiden. Auch wenn sich Unternehmen einer durch Beschluss angeordneten Nachprüfung widersetzen, etwa sich den Beamten der Kommission in den Weg stellen, kann die Kommission nicht im Wege unmittelbaren Zwangs den Widerstand brechen und ihren Nachprüfungsbeschluss durchsetzen. Vielmehr bedarf sie insoweit der Hilfeleistung durch nationale Stellen (Art. 20 Abs. 6).

6 Da es sich bei Zwangsgeld um bloß wirtschaftliche Sanktionen für die Nichtbefolgung von Kommissionsbeschlüssen handelt, wird es dementsprechend für jeden Tag fällig, mit dem der Adressat mit der Befolgung des Beschlusses in Verzug bleibt. Das gilt, bis der Adressat den Beschluss befolgt und das gewünschte Verhalten zeigt. Dafür besteht keine zeitliche Obergrenze.

7 Aufgrund der unterschiedlichen Zwecke können **Geldbußen und Zwangsgelder nebeneinander und unabhängig voneinander** verhängt werden. So kann etwa eine unrichtig erteilte Auskunft mit Geldbuße bestraft werden und das Ausbleiben der richtigen Auskunft zusätzlich für jeden Tag des Verzugs mit Zwangsgeld belegt werden. Bisher hat die Kommission aber auf Bußgelder verzichtet, wenn Zwangsgelder festgesetzt wurden.[2]

---

[1] *Dannecker/Biermann,* in: Immenga/Mestmäcker (Hrsg.), Wettbewerbsrecht, Band 1 EU/Teil 2, 5. Aufl. 2012, Art. 24 VO 1/2003, Rn. 6 ff.; *Reidlinger* in: Streinz (Hrsg.), EUV/AEUV, 2. Aufl 2012, Art. 103, Rn. 20.

[2] *De Bronett,* Europäisches Kartellverfahrensrecht, 2. Aufl. 2012, Art. 24, Rn. 2.

III. Die Zwangsgeldtatbestände

Art. 24 ermöglicht Zwangsgeldsanktionen zum einen bei der Nichtbefolgung von materiell-rechtlichen Entscheidungen der Kommission (vgl. Art. 24 Abs. 1 lit. a) bis c), zum anderen bei der Nichtbeachtung von durch Beschluss förmlich angeordneten Ermittlungsmaßnahmen, also von Verfahrensentscheidungen (vgl. Art. 24 Abs. 1 lit. d), e)). 8

1. Zuwiderhandlung gegen Entscheidungen in der Sache

Nach Art. 24 Abs. 1 lit. a) können Zwangsgelder dazu benutzt werden, die Beendigung von Zuwiderhandlungen gegen Art. 101 und 102 AEUV durchzusetzen, deren **Abstellung** die Kommission durch Beschluss nach Art. 7 angeordnet hat. Diese Möglichkeit schließt die in der bisherigen VO 17/62 geregelten Tatbestände der Zwangsgeldbewehrung zum Teil mit ein. Nach Art. 16 Abs. 1 lit. a) und b) VO 17/62 konnte die Kommission mit Zwangsgeldern nicht nur die Beendigung von Kartellrechtsverstößen durchsetzen, sondern auch die **Befolgung von Nebenbestimmungen** ihrer Entscheidungen und die Abgabe korrekter Angaben in Anmeldungen erzwingen. Ersteres ist jetzt von Art. 24 Abs. 1 lit. a) Verordnung 1/2003 erfasst, da bei Nichteinhaltung der **Feststellungs- oder Abstellungsentscheidung** der Kommission nach Art. 7 der Kartellrechtsverstoß fortbesteht. Letzteres musste nach dem Systemwechsel im Vollzug des Art. 101 Abs. 3 AEUV (s. Art. 1, Rn. 2) entfallen; da es die Möglichkeit zur Freistellung von Vereinbarungen nicht mehr gibt, können die Unternehmen insoweit auch keine falschen Angaben machen. 9

Art. 24 Abs. 1 lit. b) ermöglicht eine Zwangsgeldanordnung im Interesse der Durchsetzung von der Kommission erlassenen **einstweiligen Maßnahmen** nach Art. 8. 10

Art. 24 Abs. 1 lit. c) schließlich sieht vor, dass die Kommission die Einhaltung von durch Entscheidung für verbindlich erklärten **Verpflichtungszusagen** (Art. 9) durch Zwangsgeldanordnungen erzwingen kann. 11

Nicht zwangsgeld- und auch nicht bußgeldbewehrt ist es, wenn ein Unternehmen falsche Angaben macht, um eine **Nichtanwendbarkeitsfeststellung** nach Art. 10 zu erschleichen. In diesem Fall kann die Kommission – abgesehen von Sanktionen infolge von Ermittlungsmaßnahmen – erst dann Sanktionen ergreifen, wenn die Behörde zuvor formal eine Zuwiderhandlung gegen das Kartellrecht durch Entscheidung nach Art. 7 festgestellt hat oder einstweilige Maßnahmen nach Art. 8 erlassen hat (s. Art. 24 Abs. 1 lit. b). Die fehlende Sanktionierung mag sich teilweise durch den Umstand erklären, dass Positiventscheidungen nach Art. 10 nur von Amts wegen ergehen, nicht auf Antrag. Dennoch kann sich auch bei einer Entscheidung von Amts wegen ein sanktionsbedürftiges Verhalten einstellen, da die Kommission bei ihrer Entscheidung auf Angaben der jeweils betroffenen Unternehmen zurückgreift und auch das Tätigwerden von Amts wegen nicht ausschließt, dass die Kommission erst auf Anstoß durch ein Unternehmen hin tätig geworden ist. 12

2. Zuwiderhandlung gegen Verfahrensentscheidungen

Die Kommission kann gemäß Art. 24 Abs. 1 lit. d) die **vollständige und genaue Auskunftserteilung** durch Zwangsgeldanordnungen durchsetzen. Entscheidungen, mit denen die Kommission im Rahmen von Sektoruntersuchungen oder von bestimmten Arten von Vereinbarungen nach Art. 17 Auskünfte verlangt oder mit denen sie gemäß Art. 18 Abs. 3 förmliche Auskünfte in Ermittlungsverfahren gegen einzelne Unternehmen fordert, können mit Zwangsgeldandrohungen versehen werden. Zwangsgelder werden dann im Falle der unvollständigen oder ungenauen Auskunftserteilung fällig. Eine unrichtige Auskunft ist als ungenau, eine völlig fehlende als unvollständig anzusehen. **Nicht zwangsgeldbewehrt** sind bloße **einfache Auskunftsersuchen** nach Art. 18 Abs. 1 und 2, die der Kommission üblicherweise aber infolge der regelmäßig kooperativen Haltung der Unternehmen genügen. Die Kommission muss den formalen Weg beschritten haben, um Zwangsmittel zur Verfügung zu haben. 13

14 Widersetzt sich ein Unternehmen einer **Nachprüfung,** die die Kommission durch Beschluss nach Art. 20 Abs. 4 formal angeordnet hat, kann die Kommission auch hiergegen mit Zwangsgeld vorgehen, Art. 24 Abs. 1 lit. e). Sie kann physischen Widerstand gegen eine angeordnete Nachprüfung nicht durch unmittelbaren Zwang brechen. Insoweit bleiben die nationalen Behörden zuständig, Art. 20 Abs. 6.

15 Art. 24 Abs. 1 lit. d) und e) sind identisch zu der einschlägigen Vorgängerregel des Art. 16 Abs. 1 lit. c) und d) der VO 17/62. Was die Zwangsgeldbewehrung von **Ermittlungsmaßnahmen** angeht, brachte die Neuregelung des Verfahrensrechts durch Verordnung 1/2003 nichts Neues. Die neuen Ermittlungsbefugnisse nach Art. 19 zur Zeugenbefragung sind weder zwangsgeld- noch bußgeldbewehrt. Gleiches gilt für die erweiterte Möglichkeit, im Rahmen von Nachprüfungen Zeugenaussagen einzuholen gemäß Art. 20 Abs. 2 lit. e). Die Kommission hat daher keine Möglichkeit, **Zeugenbefragungen** zwangsweise durchzusetzen. Dies erscheint trotz der Freiwilligkeit von Aussagen nach Art. 19 Verordnung 1/2003 systemwidrig, da die ungenaue oder gar falsche freiwillige Aussage eines Zeugen die Ermittlungen der Kommission ebenso behindern kann wie die eines beschuldigten Unternehmens, die aber zumindest mit Geldbuße sanktioniert ist (Art. 23 Abs. 1 lit. d).[3] Hintergrund für die fehlende Sanktionierung der Ermittlungskompetenz nach Art. 19 dürften aber zum einen **Kompetenzprobleme** sein. Die Kommission hat nur die Kompetenz, durch Zwangsgelder und Geldbußen die Beachtung des materiellen Kartellrechts nach Art. 101 f. AEUV zu gewährleisten (vgl. Art. 103 Abs. 2 lit. a) AEUV). Von dieser Kompetenz mag die Zwangsgeld- und Geldbußbewehrung von Ermittlungsmaßnahmen gegen Unternehmen und -vereinigungen noch umfasst sein. Die Anordnung von Zwangsmaßnahmen gegen Einzelpersonen ginge aber darüber hinaus. Die EU hat keine Kompetenz zur zwangsweisen Durchsetzung von Entscheidungen, die an einzelne gerichtet sind. Zum anderen trägt die fehlende Durchsetzbarkeit einer Zeugenvernehmung dazu bei, die Spannung, die die Novellierung der Kartellverfahrensverordnung nach wie vor zu den Verteidigungsrechten zeigt (dazu Art. 27, Rn. 4), zu mildern: Da im Kartellverfahrensrecht bislang ein Recht, selbstbelastende Auskünfte zu verweigern, fehlt, würde eine Durchsetzbarkeit der Vollständigkeit und Richtigkeit von Auskünften die Notwendigkeit eines solchen Rechtes steigern. Da die Durchsetzbarkeit fehlt, bedarf es insoweit keines anerkannten Auskunftsverweigerungsrechts.

IV. Die Verhängung des Zwangsgeldes

1. Zweistufiges Sanktionsverfahren

16 Die Verhängung des Zwangsgeldes erfolgt in **zwei Schritten.** Zunächst ordnet die Kommission in dem Beschluss, dessen Nichtbefolgung sie bewehren will, die Sanktion an und gibt dabei die Höhe des im Falle der Nichtbefolgung des Beschlusses für jeden einzelnen Tag des Verzugs fällig werdenden Zwangsgeldes an. Ferner gibt die Anordnung den Zeitpunkt an, ab dem der Tagessatz anfallen kann. Eine Zwangsgeldanordnung setzt somit den Erlass eines Beschlusses voraus, die das vom Adressaten zu prästierende Verhalten möglichst konkret und bestimmt angibt, zu dem die Zwangsgeldandrohung den Adressaten bewegen will. Insbesondere bedarf es der Benennung eines Zeitpunkts, ab dem der Adressat das geforderte Verhalten zu zeigen hat. Der Beschluss muss einen bestimmten Zeitpunkt festsetzen, von dem an das tägliche Zwangsgeld fällig wird. Die Anforderungen an die Bestimmtheit des vom bewehrten Unternehmen geforderten Verhaltens sind nicht besonders hoch anzusetzen; es genügt, dass der Beschluss mithilfe unbestimmter Rechtsbegriffe das Verhalten anordnet, sofern der Rechtsunterworfene anhand des Wort-

[3] Umgekehrt will *Niggemann* in: Streinz (Hg.), EUV/AEUV, 2. Aufl. 2012, KartVO nach Art. 103 AEUV, Rn. 51 aber aus der fehlenden Sanktion für Aussagen nach Art. 19 VO 1/2003 ein Argument gegen die Sanktionierung von unvollständigen Aussagen in Art. 23 Abs. 1 lit. d) ziehen.

lauts des verfügenden Teils, der Begründung des Beschlusses, und nötigenfalls mit Hilfe von Auslegung durch die Gerichte erkennen kann, welche Handlungen und Unterlassungen seine Haftung begründen.[4] Die **Zwangsgeldanordnung** ist üblicherweise Bestandteil des Kommissionsbeschlusses, kann aber auch zunächst unterbleiben und nachträglich separat ergehen. Die Zwangsgeldanordnung selbst ist in jedem Falle kein eigenständiger Beschluss; sie kann nicht selbständig angefochten werden, weil sie nur einen Verfahrensschritt darstellt und – mangels Festlegung einer konkreten Sanktion – nicht vollstreckbar ist.[5]

In einem zweiten Schritt erfolgt dann, wenn der Adressat die Entscheidung nicht befolgt hat, die exakte **Festsetzung der Sanktionshöhe** durch die Kommission in einem weiteren förmlichen Beschluss, der, da er (anders als die Androhung des Zwangsgeldes) eine konkrete Summe benennt, nach Art. 299 AEUV vollstreckbar und daher auch anfechtbar ist. Die Anfechtung führt aber nicht zu einer vorläufigen Außervollzugsetzung. Diese muss gemäß Art. 278 AEUV eigens beantragt werden. Die Kommission setzt anders als bei Geldbußen die Vollstreckung des Zwangsgeldes nicht von sich aus aus.[6] 17

In dieser zweiten Phase muss der **Beratende Ausschuss angehört** werden (Art. 14, Rn. 6), und zwar bevor die endgültige Zwangsgeldsumme bestimmt wird. Die Rechtsprechung fordert auch eine Anhörung des betroffenen Unternehmens erst vor Ergehen der endgültigen Festsetzungsentscheidung, um es – ebenso wie den Beratenden Ausschuss – in die Lage zu versetzen, zu allen Erwägungen, die die Kommission bei der Festlegung der Zwangsgeldhöhe leiten, Stellung zu nehmen.[7] Die Anhörung der Unternehmen erst auf der zweiten Stufe wurde nunmehr in Art. 27 Abs. 1 verankert. Eine Anhörung des Beratenden Ausschusses oder des betroffenen Unternehmens bereits bei der ersten Stufe ist nicht notwendig, weil damit die Effektivität der Ermittlungsmaßnahme verzögert würde und ohnehin über die endgültige Höhe des Zwangsgeldes noch nicht entschieden ist.[8] Dies gilt umso mehr, als die Kommission gemäß Art. 24 Abs. 2 über die Möglichkeit verfügt, die Summe niedriger festzusetzen. Unterbleiben die Anhörungen, ist die Festsetzungsentscheidung rechtswidrig. 18

2. Sanktionshöhe

Die auf der ersten Stufe (oben Rn. 16) angeordnete Höhe des täglichen Zwangsgelds wird von der Kommission in Ausübung ihres Ermessens und unter Beachtung der maximalen Obergrenze von 5% des täglichen Umsatzes festgelegt. Aufgrund der unterschiedlichen Zwecke zieht die Kommission bei der Bestimmung der Zwangsgeldhöhe nicht dieselben Kriterien heran wie bei der Bestimmung von Geldbußen. Schließlich geht es nicht um die Ahndung der Dauer oder der Schwere einer erfolgten Zuwiderhandlung, sondern es geht darum, die Rechtbefolgung zu erreichen. Das ermöglicht es, die Zwangsgeldhöhe ansteigen zu lassen. Außerdem muss sich auch die wirtschaftliche Bedeutung der unterlassenen Rechtsbefolgung in der Zwangsgeldhöhe wiederfinden. 19

Hinsichtlich der endgültigen Festlegung der Zwangsgeldsumme (2. Stufe, oben Rn. 17) ermöglicht Art. 24 Abs. 2, dass die Kommission die endgültig Summe niedriger festlegt als sich an sich rechnerisch aus der Multiplikation der Androhung mit der Anzahl der Verzugstage ergeben würde. Die Kommission kann die **endgültige Sanktion geringer** ausfallen lassen als zunächst angedroht. Eine Erhöhung ist indes wegen des durch die Androhung 20

---

[4] EuG, Rs. T-167/08 – *Microsoft,* U. v. 27.6.2012, Rn. 84 ff.
[5] EuG Rs. T-596/97 – *Dalmine SpA* Slg. 1998, II-2383.
[6] *Dannecker/Biermann,* in: Immenga/Mestmäcker (Hg.), Wettbewerbsrecht, Band 1 EU/Teil 2, 5. Aufl 2012, Art. 24 VO 1/2003, Rn. 10 mit Fn. 12.
[7] *Dannecker/Biermann,* in: Immenga/Mestmäcker (Hg.), Wettbewerbsrecht, Band 1 EU/Teil 2, 5. Aufl 2012, Art. 24 VO 1/2003, Rn. 36.
[8] EuGH Rs. 46/87 und 227/88 – *Hoechst* Slg. 1989, 2859, Rn. 49 ff.

gesetzten Rahmens nicht möglich. In der Praxis setzt die Kommission häufig aus verschiedensten Gründen die Zwangsgeldsumme niedriger an als den rein rechnerisch möglichen Betrag. Sie nimmt dabei etwa Rücksicht auf unübersichtliche Verfahrensgestaltungen, auf das Verschulden oder beachtet, dass der Adressat ein kleines oder mittleres Unternehmen ist oder dass er sich den Ermittlungen der Kommission nicht grundsätzlich entgegenstellt.[9]

21 Die Kommission verfügt sowohl hinsichtlich der Frage, ob die Befolgung einer Entscheidung mit Zwangsgeld bewehrt wird, als auch für die Höhe des angedrohten und des festgesetzten Zwangsgelds über ein **Ermessen,** das durch die gesetzlich festgelegte **Maximalhöhe** des täglichen Zwangsgeld begrenzt wird und das dem **Verhältnismäßigkeitsgrundsatz** unterliegt. Die angeordnete Sanktion muss in einem angemessenen Verhältnis zur Bedeutung der von der Entscheidung dem Unternehmen auferlegten Pflicht für die Beachtung des materiellen Kartellrechts stehen. Andererseits muss die Zwangsgeldanordnung auch hinreichend **effektiv** sein, um die Unternehmen zum Rechtsgehorsam zu motivieren. Infolge dessen hat die Kommission die angeordneten Zwangsgeldbeträge zunehmend erhöht. Die frühere Höchstsumme von 1000 € war für ein Großunternehmen ohnehin vernachlässigbar.

22 Insoweit lässt sich überlegen, ob die Kommission für den Fall, dass sie von der Auferlegung einer Geldbuße absieht – etwa weil das Unternehmen als **Kronzeuge** dient und mit der Kommission kooperiert – noch ermessengerecht agiert, wenn sie dann Zwangsgelder festlegt. Zumindest dürfte das ab dem Zeitpunkt nicht mehr möglich sein, zu dem die Kooperation des Unternehmens deutlich wird. In der Praxis dürfte in solchen Fällen aber dann ohnehin kein Anlass für Zwangsgeldfestsetzungen mehr bestehen.

V. Die Beitreibung des Zwangsgeldes

23 Die Festsetzungsentscheidung der Kommission ist eine vollstreckbare Urkunde nach Art. 299 AEUV. Die Kommission kann damit die Zwangsvollstreckung in das Vermögen der betreffenden Unternehmen betreiben, gemäß den Regeln des jeweils einschlägigen nationalen Rechts.

24 Wird einer **Unternehmensvereinigung** eine Zuwiderhandlung gegen eine Kommissionsentscheidung vorgeworfen, ermöglicht Art. 24 Abs. 2 Satz 2 durch den Verweis auf Art. 23 Abs. 4, dass für das gegen die Unternehmensvereinigung festgesetzte Zwangsgeld diejenigen Unternehmen, die Mitglieder der Vereinigung sind, in Anspruch genommen werden. Dabei ist dort anders als noch im Entwurf der Verordnung, der pauschal die Haftung aller Mitgliedsunternehmen vorgesehen hatte, genau festgelegt, in welcher Reihenfolge sich die Kommission an die Mitgliedsunternehmen wenden kann. Die Kommission kann im Falle der Zahlungsunfähigkeit der Unternehmensvereinigung das Zwangsgeld unmittelbar von den Unternehmen fordern, die Vertreter in die Entscheidungsgremien der Vereinigung entsenden. Subsidiär haften die übrigen Mitglieder der Vereinigung, die auf dem Markt tätig sind, auf dem die Zuwiderhandlung erfolgte. Unternehmen sind von der Haftung für ihre Vereinigung nur dann ausgenommen, wenn sie nachweisen, dass sie den die Zuwiderhandlung begründenden Beschluss nicht umgesetzt haben, weil sie davon nichts wussten oder aber sich bereits vor Einleitung der Untersuchung durch die Kommission aktiv von ihm distanziert hatten. Für die Details dieser Regelung wird auf die einschlägige Kommentierung des Art. 23 Abs. 4 verwiesen. Da Art. 23 Abs. 4 nur entsprechend gilt, ist die Haftungshöchstsumme, mit der Unternehmen für ihre Vereinigung einstehen, in analoger Weise wie bei Art. 23 Abs. 4 auf die maximale Sanktionshöhe, die

[9] *Dannecker/Biermann,* in: Immenga/Mestmäcker (Hg.), Wettbewerbsrecht, Band 1 EU/Teil 2, 5. Aufl 2012, Art. 24 VO 1/2003, Rn. 54ff. Siehe etwa die Kommissionsentscheidung 91/213/EWG (IV/33300), ABl. 1991, Nr. L 97/16 – *Baccarat.*

das Unternehmen selbst treffen könnte, zu begrenzen, also auf 5% des Tagesumsatzes für jeden Tag des Verzugs der Vereinigung.

Art. 25. Verfolgungsverjährung

(1) **Die Befugnis der Kommission nach den Artikeln 23 und 24 verjährt**

a) in drei Jahren bei Zuwiderhandlungen gegen Vorschriften über die Einholung von Auskünften oder die Vornahme von Nachprüfungen;
b) in fünf Jahren bei den übrigen Zuwiderhandlungen.

(2) **Die Verjährungsfrist beginnt mit dem Tag, an dem die Zuwiderhandlung begangen worden ist. Bei dauernden oder fortgesetzten Zuwiderhandlungen beginnt die Verjährung jedoch erst mit dem Tag, an dem die Zuwiderhandlung beendet ist.**

(3) **Die Verjährung der Befugnis zur Festsetzung von Geldbußen oder Zwangsgeldern wird durch jede auf Ermittlung oder Verfolgung der Zuwiderhandlung gerichtete Handlung der Kommission oder der Wettbewerbsbehörde eines Mitgliedstaats unterbrochen. Die Unterbrechung tritt mit dem Tag ein, an dem die Handlung mindestens einem an der Zuwiderhandlung beteiligten Unternehmen oder einer beteiligten Unternehmensvereinigung bekannt gegeben wird. Die Verjährung wird unter anderem durch folgende Handlungen unterbrochen:**

a) schriftliche Auskunftsverlangen der Kommission oder der Wettbewerbsbehörde eines Mitgliedstaats,
b) schriftliche Nachprüfungsaufträge, die die Kommission oder die Wettbewerbsbehörde eines Mitgliedstaats ihren Bediensteten erteilen,
c) die Einleitung eines Verfahrens durch die Kommission oder durch die Wettbewerbsbehörde eines Mitgliedstaats,
d) die Mitteilung der von der Kommission oder der Wettbewerbsbehörde eines Mitgliedstaats in Betracht gezogenen Beschwerdepunkte.

(4) **Die Unterbrechung wirkt gegenüber allen an der Zuwiderhandlung beteiligten Unternehmen und Unternehmensvereinigungen.**

(5) **Nach jeder Unterbrechung beginnt die Verjährung von neuem. Die Verjährung tritt jedoch spätestens mit dem Tag ein, an dem die doppelte Verjährungsfrist verstrichen ist, ohne dass die Kommission eine Geldbuße oder ein Zwangsgeld festgesetzt hat. Diese Frist verlängert sich um den Zeitraum, in dem die Verjährung gemäß Absatz 6 ruht.**

(6) **Die Verfolgungsverjährung ruht, solange wegen der Entscheidung der Kommission ein Verfahren vor dem Gerichtshof anhängig ist.**

Übersicht

I. Sinn und Zweck der Regelung

1 In Bezug auf die in Art. 23 und 24 VO 1/2003 geregelten Befugnisse der Kommission zur Festsetzung von Geldbußen und Zwangsgeldern wegen Zuwiderhandlungen einzelner Unternehmen oder Unternehmensvereinigungen gegen verfahrensrechtliche Vorschriften sowie gegen die in Art. 101 Abs. 1 und 102 AEUV niedergelegten materiellrechtlichen Verbotstatbestände enthält die VO 1/2003 zwei verschiedene Verjährungsregelungen: Während Art. 26 VO 1/2003 die Verjährung der Befugnis regelt, die in An-

wendung der Art. 23 und 24 VO 1/2003 erlassenen Entscheidungen bzw. Beschlüsse[1] zu vollstrecken (Vollstreckungsverjährung), regelt Art. 25 VO 1/2003 die Einzelheiten, die mit der **Verfolgungsverjährung** verbunden sind. Hierbei geht es nicht um die Verjährung der o. g. Zuwiderhandlungen, sondern um die Verjährung der Befugnis der Kommission zur Festsetzung von Geldbußen und Zwangsgeldern i. S. der Art. 23 und 24 VO 1/2003.

2 Die durch die VO 1/2003 ersetzte Durchführungs-VO Nr. 17[2] enthielt selbst keine die Verfolgungsverjährung betreffenden Vorschriften. Nachdem der EuGH jedoch in seinem aus dem Jahre 1970 stammenden Urteil in der Rs. *ACF Chemiefarma* deutlich gemacht hatte, dass das Fehlen derartiger Regelungen nicht durch einen allgemeinen Rechtsgrundsatz der Verjährung kompensiert wird, sondern dass es vielmehr Sache des Gemeinschaftsgesetzgebers ist, die Dauer etwaiger Verjährungsfristen sowie die Einzelheiten ihrer Anwendung zu regeln,[3] erließ der Rat die Verordnung (EWG) Nr. 2988/74 vom 26. November 1974 „über die Verfolgungs- und Vollstreckungsverjährung im Verkehrs- und Wettbewerbsrecht der Europäischen Wirtschaftsgemeinschaft",[4] die sodann auch im Anwendungsbereich der VO 17 zu beachten war. Die in der VO 2988/74 enthaltenen Verjährungsregelungen,[5] die in leicht modifizierter Form nunmehr Eingang in Art. 25 und 26 VO 1/2003 gefunden haben, sollen nach dem 2. Erwägungsgrund der VO 2988/74 in erster Linie der **Herstellung von Rechtssicherheit** dienen.[6] Diesen in ständiger Rechtsprechung des Unionsrichters bestätigten Hauptzweck unions- bzw. kartellverfahrensrechtlicher Verjährungsregeln[7] erfüllt für den speziellen Aspekt der Verfolgungsverjährung nunmehr Art. 25 VO 1/2003. Dementsprechend geht der Unionsrichter in ständiger Rechtsprechung zugleich davon aus, dass die „Unverjährtheit der Verfolgung durch die

---

[1] Soweit in Art. 25 VO 1/2003 sowie in zahlreichen anderen Bestimmungen dieser Verordnung noch der einst in Art. 249 EG näher erläuterte Begriff „Entscheidung" Verwendung findet, ist diese Terminologie nicht mehr zeitgemäß, da diese Handlungsform mit dem am 1.12.2009 erfolgten Inkrafttreten des Vertrags von Lissabon zur Änderung des Vertrags über die Europäische Union und des Vertrags zur Gründung der Europäischen Gemeinschaft (ABl. 2007 C 306/1 ff.) durch den neuen – in inhaltlicher Hinsicht allerdings weitgehend identischen – Rechtsakttyp in Gestalt des nunmehr in Art. 288 AEUV näher erläuterten Beschlusses ersetzt wurde; ausführlicher dazu vgl. *Nowak,* Europarecht nach Lissabon, 2011, S. 125 ff. Daher wird nachfolgend – entgegen dem Wortlaut des Art. 25 VO 1/2003 und anderer Bestimmungen dieser Verordnung – nicht mehr durchgängig von „Entscheidungen", sondern überwiegend von Beschlüssen der Kommission gesprochen. Zu den vielfältigen Änderungen, die das Unionsrecht durch den Lissabonner Reformvertrag erfahren hat, vgl. auch jeweils m. w. N. *Calliess,* Die neue Europäische Union nach dem Vertrag von Lissabon, 2010, S. 1 ff.; *Streinz/Ohler/Herrmann,* Der Vertrag von Lissabon zur Reform der EU – Einführung mit Synopse, 3. Aufl. 2010, S. 1 ff.

[2] Verordnung Nr. 17 – Erste Durchführungsverordnung zu den Artikeln 85 und 86 des Vertrags [jetzt: Art. 81 u. 82 EG], ABl. P 13 vom 21.2.1962, S. 204.

[3] EuGH U. v. 15.7.1970 Rs. 41/69 – *ACF Chemiefarma/Kommission* Slg. 1970, 661 Rn. 18/20; bestätigt u. a. in EuGH U. v. 14.7.1972 Rs. 48/69 – *ICI/Kommission* Slg. 1972, 619 Rn. 46/49.

[4] ABl. 1974 L 319/1 ff.

[5] Zu diesen im EU-Kartellverfahrensrecht durch Art. 25 f. VO 1/2003 verdrängten (sekundärrechtlichen) Vorgängerregelungen und deren Anwendung in der Praxis vgl. nur EuG U. v. 16.11.2006 Rs. T-120/04 – *Peróxidos Orgánicos SA/Kommission* Slg. 2006, II-4441 Rn. 46 ff.

[6] Dort heißt es: „Im Interesse der Rechtssicherheit ist es geboten, den Grundsatz der Verjährung einzuführen und die Einzelheiten seiner Anwendung zu regeln. Eine solche Regelung muß, um vollständig zu sein, sowohl die Befugnis zur Festsetzung von Geldbußen und Sanktionen als auch die Befugnis zur Vollstreckung der Entscheidung erfassen, durch die Geldbußen, Sanktionen und Zwangsgelder festgesetzt werden. In ihr sind die Dauer der Verjährungsfrist, der Zeitpunkt, an dem die Verjährung beginnt, sowie die Handlungen zu bestimmen, welche zur Unterbrechung oder zum Ruhen der Verjährung führen. Dabei ist einerseits den Interessen der Unternehmen und Unternehmensvereinigungen, andererseits den Bedürfnissen der Verwaltungspraxis Rechnung zu tragen".

[7] Vgl. nur EuG U. v. 25.10.2005 Rs. T-38/02 – *Groupe Danone/Kommission* Slg. 2005, II-4407 Rn. 352; EuG U. v. 3.3.2011 Rs. T-110/07 – *Siemens AG/Kommission* Slg. 2011, II-477 Rn. 175.

Kommission nach Art. 25 der Verordnung Nr. 1/2003 ein sich aus dem Grundsatz der Rechtssicherheit ergebendes objektives rechtliches Kriterium bildet".[8]

3 Mit der Überführung bzw. Einfügung der ursprünglich in der VO 2988/74 enthaltenen Verjährungsregelungen in die VO 1/2003 wird ferner der Zweck verfolgt, den Rechtsrahmen der Vollstreckungs- und Verfolgungsverjährung klarer, d. h. einfacher und übersichtlicher zu machen. Dieser zusätzliche Zweck des Art. 25 VO 1/2003 ergibt sich insbesondere aus dem 31. Erwägungsgrund der VO 1/2003, wonach es sich **im Interesse einer klareren Gestaltung des Rechtsrahmens** empfehle, die VO 2988/74 nunmehr „so zu ändern, dass sie im Anwendungsbereich der vorliegenden Verordnung [hier: VO 1/2003] keine Anwendung findet, und die Verjährung in der vorgenannten Verordnung zu regeln". Aus genau diesem Grund ist mit Art. 37 VO 1/2003 der Art. 7a in die VO 2988/74 eingefügt worden, der explizit bestimmt, dass die VO 2988/74 nicht für Maßnahmen gilt, die nach Maßgabe der VO 1/2003 getroffen werden.[9]

II. Praktische Bedeutung

4 Die in Art. 25 VO 1/2003 vorgenommene Ausgestaltung der Verfolgungsverjährung entspricht im Wesentlichen den Art. 1–3 VO 2988/74.[10] Insofern ist bei der Klärung etwaiger Fragen im Zusammenhang mit der Anwendung und Auslegung des Art. 25 VO 1/2003, die sich in der Praxis insbesondere dann stellen, wenn sich die Adressaten EU-kartellverfahrensrechtlicher Geldbußen- und/oder Zwangsgeldbeschlüsse der Kommission im Wege der Erhebung der in Art. 263 AEUV geregelten Nichtigkeitsklage gegen diese Sanktionen zur Wehr setzen und sich dabei vor allem oder u. a. auch auf den **Klagegrund der Verfolgungsverjährung** berufen,[11] stets auch die bislang zu den Art. 1–3 VO 2988/74 ergangene Rechtsprechung des Unionsrichters[12] im Auge zu behalten bzw. zu beachten.[13] In praktischer Hinsicht dürfte sich im Bereich der Verfolgungsverjährung somit kaum

---

[8] So vgl. etwa EuG U. v. 6.10.2005 verb. Rs. T-22/02 u. T-23/02 – *Sumitomo Chemical u. a./Kommission* Slg. 2005, II-4065 Rn. 80 ff.; EuG U. v. 3.3.2011 Rs. T-110/07 – *Siemens AG/Kommission* Slg. 2011, II-477 Rn. 175.

[9] Zur praktischen Relevanz dieser Regelung vgl. exemplarisch EuG U. v. 1.7.2009 Rs. T-24/07 – *ThyssenKrupp Stainless AG/Kommission* Slg. 2009, II-2309 Rn. 209.

[10] Zutr. *Dannecker/Biermann* in: Immenga/Mestmäcker (Hrsg.), Wettbewerbsrecht, Bd. 1: EU/Teil 2 – Kommentar zum Europäischen Kartellrecht, 5. Aufl. 2012, Art. 25 VO 1/2003 Rn. 1; *Dieckmann* in: Wiedemann (Hrsg.), Handbuch des Kartellrechts, 2. Aufl. 2008, § 46 Rn. 34.

[11] Zur durchaus hohen praktischen Relevanz dieses Klagegrundes vgl. exemplarisch aus jüngerer Zeit EuG U. v. 1.7.2009 Rs. T-24/07 – *ThyssenKrupp Stainless AG/Kommission* Slg. 2009, II-2309 Rn. 193 ff.; EuG U. v. 3.3.2011 Rs. T-110/07 – *Siemens AG/Kommission* Slg. 2011, II-477 Rn. 168 ff.; EuG U. v. 3.3.2011 verb. Rs. T-122/07 bis T-124/07 – *Siemens AG Österreich/Kommission* Slg. 2011, II-793 Rn. 83 ff.; EuG U. v. 24.3.2011 Rs. T-377/06 – *Comap SA/Kommission* Slg. 2011, II-1115 Rn. 27 u. 94 ff.; EuG U. v. 16.6.2011 Rs. T-192/06 – *Caffaro Srl/Kommission* Slg. 2011, II-3063 Rn. 138 ff.; EuGH U. v. 29.3.2011 verb. Rs. C-201/09 P u. C-216/09 P – *ArcelorMittal Luxenburg SA/Kommission* Slg. 2011, I-2239 Rn. 141 ff.; EuG U. v. 27.6.2012 Rs. T-372/10 – *Bolloré/Kommission* Rn. 186 ff.; EuG U. v. 17.5.2013 Rs. T-154/09 – *Manuli Rubber Industries SpA/Kommission* Rn. 78 i. V. m. Rn. 190 ff.; EuG U. v. 6.2.2014 Rs. T-27/10 – *AC-Treuhand AG/Kommission* Rn. 48 ff.; EuG U. v. 12.12.2014 Rs. T-550/08 – *Tudapetrol Mineralölerzeugnisse Nils Hansen KG/Kommission* Rn. 219 ff.

[12] Exemplarisch vgl. EuGH U. v. 15.10.2002 verb. Rs. C-238/99 P, C-244/99 P, C-245/99 P, C-247/99 P, C-250/99 P bis C-252/99 P u. C-254/99 P – *Limburgse Vinyl Maatschappij NV u. a./Kommission* Slg. 2002, I-8375 ff.; EuG U. v. 6.10.2005 verb. Rs. T-22/02 u. T-23/02 – *Sumitomo Chemical u. a./Kommission* Slg. 2005, II-4065 Rn. 40 ff.; EuG U. v. 18.6.2008 Rs. T-410/03 – *Hoechst GmbH/Kommission* Slg. 2008, II-881 Rn. 219 ff.

[13] In diesem Sinne vgl. auch EuG U. v. 14.4.2011 Rs. T-461/07 – *Visa Europe Ltd u. a./Kommission* Slg. 2011, II-1729 Rn. 237; sowie *Kienapfel* in: Schröter/Jakob/Klotz/Mederer (Hrsg.), Europäisches Wettbewerbsrecht – Großkommentar, 2. Aufl. 2014, S. 1275; *v. d. Hout* in: Mäsch (Hrsg.), Praxiskommentar zum deutschen und europäischen Kartellrecht, 2010, Art. 25 VerfVO Rn. 1.

etwas durch Art. 25 VO 1/2003 geändert haben,[14] zumal gerade die nachfolgend anzusprechenden Verjährungsfristen[15] und die zur Unterbrechung der Verfolgungsverjährung führenden Handlungen der Kommission und mitgliedstaatlicher Wettbewerbsbehörden[16] nicht modifiziert worden sind.

5 Hinzuweisen ist an dieser Stelle jedoch auf eine die **Verjährungsunterbrechung betreffende Neuerung,** die im Verbund mit zahlreichen anderen Vorschriften der VO 1/2003[17] die Aufwertung mitgliedstaatlicher Wettbewerbsbehörden i. R. des durch die VO 1/2003 geschaffenen „Europäischen Wettbewerbsnetzes" widerspiegelt und unterstreicht:[18] Bereits nach Art. 2 Abs. 1 VO 2988/74 konnte die Verfolgungsverjährung nicht nur durch „jede auf die Ermittlung oder Verfolgung der Zuwiderhandlung gerichtete Handlung der Kommission" unterbrochen werden, sondern auch durch entsprechende Handlungen mitgliedstaatlicher Behörden; Letzteres galt allerdings nur dann, wenn die Kommission derartige Handlungen mitgliedstaatlicher Behörden beantragt hatte. Im Unterschied dazu bestimmt Art. 25 Abs. 3 Satz 1 VO 1/2003 explizit, dass die Verjährung der Befugnis zur Festsetzung von Geldbußen oder Zwangsgeldern durch jede auf Ermittlung oder Verfolgung der Zuwiderhandlung gerichtete Handlung der Kommission „oder der Wettbewerbsbehörde eines Mitgliedstaats unterbrochen" wird; auf ein vorheriges „Ersuchen" der Kommission i. S. der Art. 20 Abs. 5 und 22 Abs. 2 VO 1/2003 kommt es bei der Unterbrechung der Verfolgungsverjährung also nicht (mehr) an.

III. Tatbestand

1. Zwei unterschiedliche Verjährungsfristen, Beginn und maximale Dauer

6 Nach Art. 25 Abs. 1 lit. a VO 1/2003 verjährt die Befugnis der Kommission zur Festsetzung von Geldbußen und Zwangsgeldern i. S. der Art. 23 und 24 VO 1/2003 **in drei Jahren,** sofern es um die in Art. 23 Abs. 1 und Art. 24 Abs. 1 lit. d und e VO 1/2003 angesprochenen Zuwiderhandlungen gegen Vorschriften über die Einholung von Auskünften oder die Vornahme von Nachprüfungen geht. Bei allen anderen Zuwiderhandlungen, insbesondere bei Verstößen gegen Art. 101 Abs. 1 und 102 AEUV, verjährt diese Befugnis gemäß Art. 25 Abs. 1 lit. b VO 1/2003 erst **in fünf Jahren.** Diese unterschiedlichen Verjährungsfristen spiegeln den unterschiedlich hohen Unrechtsgehalt der vorgenannten Zuwiderhandlungen wider und tragen dem weiteren Umstand Rechnung, dass bei materiellrechtlichen Zuwiderhandlungen, die häufig lange Zeit unbemerkt bleiben, regelmäßig ein Bedürfnis nach einer längeren Verjährungsfrist besteht.[19]

7 Nach Art. 25 Abs. 2 Satz 1 VO 1/2003 beginnen die o. g. Verjährungsfristen in der Regel mit dem Tag, an dem die jeweilige Zuwiderhandlung begangen worden ist. Eine dem Art. 1 Abs. 2 VO 2988/74 entsprechende Sonderregelung enthält Art. 25 Abs. 2 Satz 2 VO 1/2003 für **dauernde oder fortgesetzte Zuwiderhandlungen** insoweit, als die

---

[14] Ähnlich *Engelsing/Schneider* in: Hirsch/Montag/Säcker (Hrsg.), Münchener Kommentar zum Europäischen und Deutschen Wettbewerbsrecht (Kartellrecht), Bd. 1 (Europäisches Wettbewerbsrecht), 2007, Art. 25 VO 1/2003 Rn. 3.

[15] Zu diesen zwischen verschiedenen Zuwiderhandlungen differenzierenden Fristen siehe Rn. 6–8.

[16] Näher zu diesen Handlungen siehe Rn. 9–11.

[17] Damit sind insbesondere die Art. 5, 11, 12, 14, 20 Abs. 5–7, 21 Abs. 4 und 22 VO 1/2003 gemeint.

[18] Ganz in diesem Sinne vgl. auch den 31. Erwägungsgrund zur VO 1/2003 (Satz 2), wo es heißt: „In einem System paralleler Zuständigkeiten müssen zu den Handlungen, die die Verjährung unterbrechen können, auch eigenständige Verfahrenshandlungen der Wettbewerbsbehörden der Mitgliedstaaten gerechnet werden".

[19] So auch vgl. statt vieler *Dannecker/Biermann* in: Immenga/Mestmäcker (Fn. 10), Art. 25 VO 1/2003 Rn. 1; *Kienapfel* in: Schröter/Jakob/Klotz/Mederer (Fn. 13), 1276; *Sura* in: Langen/Bunte (Hrsg.), Kommentar zum deutschen und europäischen Kartellrecht, Bd. 2: Europäisches Kartellrecht, 11. Aufl. 2010, Art. 25 VO Nr. 1/2003 Rn. 1.

Verjährung bei diesen Zuwiderhandlungen[20] erst mit dem Tag beginnt, an dem die jeweilige Zuwiderhandlung beendet ist.[21] Weitere Einzelheiten der Fristberechnung sind (nach wie vor) in der VO Nr. 1182/71[22] geregelt.

Nach jeder Unterbrechung der Verfolgungsverjährung[23] beginnen die Verjährungsfristen 8 gemäß Art. 25 Abs. 5 Satz 1 VO 1/2003 von neuem. Folglich kann die Verfolgungsverjährung im Interesse der Kommission und mitgliedstaatlicher Wettbewerbsbehörden in manchen Fällen tatsächlich erst sehr viel später als nach drei bzw. fünf Jahren eintreten. Im gegenläufigen Interesse der Rechtssicherheit hat aber der Verordnungsgeber – dem Vorbild des Art. 2 Abs. 3 Satz 2 VO 2988/74 entsprechend – in Art. 25 Abs. 5 Satz 2 VO 1/2003 eine **maximale Dauer der Verjährungsfrist** vorgesehen; demnach tritt die Verjährung spätestens mit dem Tag ein, an dem die doppelte – ggf. noch um den Zeitraum des Ruhens der Verfolgungsverjährung verlängerbare[24] – Verjährungsfrist verstrichen ist, ohne dass die Kommission eine Geldbuße oder ein Zwangsgeld i. S. der Art. 23 und 24 VO 1/2003 festgesetzt hat.

2. Unterbrechung der Verfolgungsverjährung

Wie auch bereits in Art. 2 Abs. 1 VO 2988/74 vorgesehen, wird die Verfolgungsver- 9 jährung gemäß Art. 25 Abs. 3 Satz 1 VO 1/2003[25] durch jede auf Ermittlung oder Verfolgung der Zuwiderhandlung gerichtete Handlung der Kommission oder der Wettbewerbsbehörde eines Mitgliedstaats unterbrochen.[26] Als nicht abschließende **Regelbeispiele** derartiger Handlungen werden in Satz 3 dieser Vorschrift schriftliche Auskunftsverlangen i. S. des Art. 18 VO 1/2003, schriftliche Nachprüfungsaufträge i. S. des Art. 20 Abs. 3 VO 1/2003, die Einleitung eines Verfahrens i. S. des Art. 2 VO 774/2004[27] sowie die Mitteilung der Beschwerdepunkte i. S. des Art. 27 Abs. 1 VO 1/2003 i. V. m. Art. 10 VO 774/2004 aufgeführt. Wesentliche Folge einer durch derartige Handlungen bewirkten Unter-

---

[20] Zur Einstufung bestimmter Wettbewerbsverstöße als „einzige und fortgesetzte Zuwiderhandlung" vgl. etwa EuG U. v. 5.4.2006 Rs. T-279/02 – *Degussa AG/Kommission* Slg. 2006, II-897 Rn. 155 ff.; EuG U. v. 12.12.2007 verb. Rs. T-101/05 u. T-111/05 – *BASF AG u. a./Kommission* Slg. 2007, II-4949 Rn. 158 ff.; sowie EuG U. v. 17.12.2014 Rs. T-72/09 *Pilkington Group u. a./Kommission* NZKart 2015, 236 Rn. 79 ff.

[21] Exempl. zur Einstufung einer Honorarordnung der belgischen Architektenkammer aus dem Jahre 1967 (!) als „dauernde Zuwiderhandlung" i. S. des Art. 25 Abs. 2 Satz 2 VO 1/2003 vgl. die Kommissionsentscheidung v. 24.6.2004 COMP/38549 – PO *Honorarordnung der belgischen Architektenkammer* EuZW 2004, 561; näher zu dieser bereits in Art. 1 Abs. 2 VO 2988/74 vorgesehenen Sonderregelung sowie zu den damit verbundenen Fragen des Fortsetzungszusammenhangs und der Unterscheidung von Zustands- und Dauerdelikten vgl. jeweils m. w. N. EuG U. v. 17.5.2013 verb. Rs. T-147/09 u. T-148/09 – *Trelleborg Industrie SAS u. a./Kommission* Rn. 57 ff.; EuG U. v. 17.5.2013 Rs. T-154/09 – *Manuli Rubber Industries SpA/Kommission* Rn. 190 ff.; EuG U. v. 18.6.2013 Rs. T-406/08 – *Industries chimiques du fluor/Kommission* Rn. 96 ff.; *Arhold* in: Hirsch/Montag/Säcker (Fn. 14), Art. 25 VO 1/2003 Rn. 9 ff.; *de Bronett*, Europäisches Kartellverfahrensrecht – Kommentar zur VO 1/2003, 2. Aufl. 2012, S. 441 f.; *Dannecker/Biermann* in: Immenga/Mestmäcker (Fn. 10), Art. 25 VO 1/2003 Rn. 8 ff.; *Dieckmann* in: Wiedemann (Fn. 10), § 46 Rn. 35; *Kienapfel* in: Schröter/Jakob/Klotz/Mederer (Fn. 13), S. 1277 ff.; *v. d. Hout* in: Mäsch (Fn. 13), Art. 25 VerfVO Rn. 4 ff.

[22] ABl. 1971 L 124/1 ff.

[23] Näher zur Verjährungsunterbrechung unter Rn. 9–11.

[24] Vgl. Art. 25 Abs. 5 Satz 3 VO 1/2003; zum „Ruhen der Verfolgungsverjährung" siehe Rn. 12.

[25] Zur praktischen Relevanz und Handhabung dieser Regelung vgl. exemplarisch EuG U. v. 3.3.2011 verb. Rs. T-122/07 bis T-124/07 – *Siemens AG Österreich/Kommission* Slg. 2011, II-793 Rn. 86 ff.; EuG U. v. 16.6.2011 Rs. T-192/06 – *Caffaro Srl/Kommission* Slg. 2011, II-3063 Rn. 149 ff.; EuG U. v. 27.6.2012 Rs. T-372/10 – *Bolloré/Kommission* Rn. 197 ff.

[26] Bei entsprechenden Handlungen mitgliedstaatlicher Wettbewerbsbehörden ist es für die Unterbrechung der Verfolgungsverjährung nunmehr unerheblich, ob diese Handlungen auf Antrag oder auf Ersuchen der Kommission vorgenommen worden sind; dazu siehe bereits Rn. 5.

[27] VO (EG) Nr. 773/2004 der Kommission v. 7.4.2004 über die Durchführung von Verfahren auf der Grundlage der Artikel 81 und 82 EG-Vertrag durch die Kommission, ABl. 2004 L 123/18.

brechung der Verfolgungsverjährung ist, dass die o. g. Verjährungsfristen von neuem beginnen.[28]

10 Nach Art. 25 Abs. 3 Satz 2 VO 1/2003 tritt die durch eine der vorgenannten Handlungen bewirkte Unterbrechung, die nach Absatz 4 dieser Vorschrift gegenüber allen an der jeweiligen Zuwiderhandlung beteiligten Unternehmen und Unternehmensvereinigungen wirkt,[29] mit dem Tag ein, an dem die Handlung – d. h. das die Unterbrechung der Verfolgungsverjährung bewirkende Ereignis – mindestens einem an dieser Zuwiderhandlung beteiligten Unternehmen oder einer beteiligten Unternehmensvereinigung bekannt gegeben wird.[30] Dabei setzt eine ordnungsgemäße Bekanntgabe nach ständiger Rechtsprechung der Unionsgerichte lediglich voraus, dass der Adressat in die Lage versetzt worden ist, von der zur Unterbrechung der Verfolgungsverjährung führenden Handlung Kenntnis zu nehmen.[31]

11 Nach der bislang zur VO 2988/74 ergangenen Rechtsprechung stellt eine Unterbrechung der Verfolgungsverjährung gemäß Art. 2 dieser Verordnung eine **Ausnahme** vom Grundsatz der fünfjährigen Verjährung nach Art. 1 Abs. 1 lit. b dieser Verordnung dar und ist daher grundsätzlich **eng auszulegen.**[32] Aus dieser auf Art. 25 VO 1/2003 übertragbaren Rechtsprechung ergibt sich, dass die einschlägigen Verjährungsfristen[33] nur dann durch die oben genannten Unterbrechungshandlungen[34] unterbrochen werden können, wenn diese für die Ermittlung oder die Verfolgung der Zuwiderhandlung erforderlich sind. Unzulässig ist aus diesem Grund beispielsweise die Übermittlung von Auskunftsverlangen i. S. des Art. 18 VO 1/2003, die allein dazu dienen, die Verjährungsfrist künstlich zu verlängern, um sich die Befugnis zur Verhängung von Geldbußen zu erhalten.[35]

3. Ruhen der Verfolgungsverjährung

12 Nach Art. 25 Abs. 6 VO 1/2003, der Art. 3 VO 2988/74 entspricht, ruht die Verfolgungsverjährung, solange wegen der „Entscheidung" bzw. des Beschlusses[36] der Kommission ein **Verfahren vor dem Gerichtshof** – d. h. vor dem EuGH oder dem EuG – anhängig ist.[37] Diesbezüglich hat der EuGH in seiner *PVC*-Rechtsmittelentscheidung vom

---

[28] Dazu vgl. bereits Rn. 8.

[29] Zur Relevanz dieser Regelung etwa in Fällen, in denen ein Unternehmen i. R. der Kronzeugenregelung der Kommission bestimmte Beweise über ein Kartell vorlegt, vgl. *Lampert/Niejahr/Kübler/Weidenbach,* EG-KartellVO – Praxiskommentar, 2004, Art. 25 Rn. 488, wonach die Verjährung in diesen Fällen dann auch für die anderen Kartellmitglieder unterbrochen werde, wenn die Kommission entsprechende Ermittlungen aufnimmt. Näher zu dieser *erga omnes*-Wirkung vgl. auch EuG U. v. 27.6.2012 Rs. T-372/10 – *Bolloré/Kommission* Rn. 202 ff.; sowie *Arhold* in: Hirsch/Montag/Säcker (Fn. 14), Art. 25 VO 1/2003 Rn. 25; *Bechtold/Bosch/Brinker/Hirsbrunner,* EG-Kartellrecht – Kommentar, 2. Aufl. 2009, Art. 25 VO 1/2003 Rn. 7; *Dannecker/Biermann* in: Immenga/Mestmäcker (Fn. 10), Art. 25 VO 1/2003 Rn. 22; *v. d. Hout* in: Mäsch (Fn. 13), Art. 25 VerfVO Rn. 13

[30] Vgl. nur EuG U. v. 27.6.2012 Rs. T-372/10 – *Bolloré/Kommission* Rn. 199.

[31] In diesem Sinne vgl. EuGH U. v. 18.10.1989 Rs. 374/87 – *Orkem/Kommission* Slg. 1989, 3283 Rn. 6.

[32] EuG U. v. 19.3.2003 Rs. T-213/00 – *CMA CGM u. a./Kommission* Slg. 2003, II-913 Rn. 484.

[33] Siehe oben Rn. 6.

[34] Siehe oben Rn. 9.

[35] In diesem Sinne vgl. m. w. N. EuG U. v. 19.3.2003 Rs. T-213/00 *CMA CGM u. a./Kommission* Slg. 2003, II-913 Rn. 488; sowie EuG U. v. 16.6.2011 Rs. T-192/06 – *Caffaro Srl/Kommission* Slg. 2011, II-3063 Rn. 157 ff.

[36] Näher zu diesem Terminologiewechsel siehe oben Fn. 1.

[37] Zur ganz vorherrschenden Meinung, wonach das Ruhen der Verfolgungsverjährung nur gegenüber der Partei oder den Parteien des jeweiligen Gerichtsverfahrens eintrete, vgl. nur EuGH U. v. 29.3.2011 verb. Rs. C-201/09 P u. C-216/09 P – *ArcelorMittal Luxemburg SA/Kommission* Slg. 2011, I-2239 Rn. 141 ff.; *Arhold* in: Hirsch/Montag/Säcker (Fn. 14), Art. 25 VO 1/2003 Rn. 31; *Sura* in: Langen/Bunte (Fn. 19), Art. 25 VO Nr. 1/2003 Rn. 6; sowie jeweils m. w. N. *Dannecker/Biermann* in: Immenga/Mestmäcker (Fn. 10), Art. 25 VO 1/2003 Rn. 25. Diesbezüglich zwischen verfahrensab-

15. Oktober 2002 klargestellt, dass zu den in den vorgenannten Vorschriften angesprochenen „Entscheidungen" nicht nur die zur Verjährungsunterbrechung führenden Handlungen i. S. des Art. 25 Abs. 3 VO 1/2003 gehören, soweit diese überhaupt anfechtbar sind,[38] sondern auch – mit Sanktionen verbundene – verfahrensabschließende Entscheidungen bzw. Beschlüsse, in denen die Kommission eine Zuwiderhandlungen gegen Art. 101 Abs. 1 und/oder 102 AEUV feststellt.[39] Folglich ruht bei einer Klage gegen einen mit Sanktionen verbundenen abschließenden Beschluss die Verfolgungsverjährung, bis der Unionsrichter endgültig über die jeweilige Klage entschieden hat.[40] Im Übrigen hat der EuGH in der o. g. Entscheidung deutlich gemacht, dass allein die Anhängigkeit einer Klage vor dem EuG oder dem EuGH und nicht das Ergebnis, zu dem diese in ihrem Urteil kommen, das Ruhen der Verjährung rechtfertigt.[41]

IV. Rechtsfolgen

Mit Eintritt der Verfolgungsverjährung ist die Kommission nach Art. 25 VO 1/2003 **13**
(nur) daran gehindert, von ihren in Art. 23 und 24 VO 1/2003 geregelten Befugnissen zur Festsetzung von Geldbußen und/oder Zwangsgeldern Gebrauch zu machen. Ein nach Eintritt der Verfolgungsverjährung erlassener Geldbußenbeschluss wäre rechtswidrig.[42] Die in Art. 7 VO 1/2003 geregelte Befugnis der Kommission zur Feststellung von Zuwiderhandlungen gegen die Art. 101 und/oder 102 AEUV bleibt davon unberührt, sofern die Kommission ein berechtigtes Interesse an einer solchen Feststellung hat.[43]

V. Verhältnis zu anderen Vorschriften

Im Hinblick auf das EU-Kartellverfahrensrecht ersetzt Art. 25 VO 1/2003 die in Art. 1– **14**
3 VO 2988/74 enthaltenen Regelungen über die Verfolgungsverjährung, die im Verkehrsbereich und auf dem Gebiet der Fusionskontrolle weiterhin Anwendung finden.[44] Abzugrenzen ist die in Art. 25 VO 1/2003 geregelte Verfolgungsverjährung insbesondere von der Vollstreckungsverjährung, die – in Ersetzung der Art. 4–6 VO 2988/74 – nunmehr in Art. 26 VO 1/2003 geregelt ist.[45]

---

schließenden Entscheidungen bzw. Beschlüssen einerseits sowie anfechtbaren Ermittlungs- und Verfahrenshandlungen differenzierend vgl. *Kienapfel* in: Schröter/Jakob/Klotz/Mederer (Fn. 13), S. 1282; *v. d. Hout* in: Mäsch (Fn. 13), Art. 25 VerfVO Rn. 13.

[38] Zur Nichtanfechtbarkeit einfacher schriftlicher Nachprüfungsaufträge vgl. die Kommentierung zu Art. 20 VO 1/2003 Rn. 99.

[39] EuGH U. v. 15.10.2002 verb. Rs. C-238/99 P, C-244/99 P, C-245/99 P, C-247/99 P, C-250–252/99 P und C-254/99 P – *Limburgse Vinyl Maatschappij u. a./Kommission* Slg. 2002, I-8375 Rn. 146.

[40] EuGH U. v. 15.10.2002 verb. Rs. C-238/99 P, C-244/99 P, C-245/99 P, C-247/99 P, C-250–252/99 P und C-254/99 P – *Limburgse Vinyl Maatschappij u. a./Kommission* Slg. 2002, I-8375 Rn. 147; zu der in diesem Zusammenhang zu beachtenden Befugnis des Gerichtshofs zur unbeschränkten Nachprüfung dieser Kommissionsbeschlüsse siehe die Kommentierung zu Art. 31 VO 1/2003 Rn. 1 ff. sowie die Kommentierung zu Art. 23 VO 1/2003 Rn. 58 f.

[41] EuGH U. v. 15.10.2002 verb. Rs. C-238/99 P, C-244/99 P, C-245/99 P, C-247/99 P, C-250–252/99 P und C-254/99 P – *Limburgse Vinyl Maatschappij u. a./Kommission* Slg. 2002, I-8375 Rn. 153; EuGH U. v. 29.3.2011 verb. Rs. C-201/09 P u. C-216/09 P – *ArcelorMittal Luxenburg SA/Kommission* Slg. 2011, I-2239 Rn. 141.

[42] Vgl. nur EuG U. v. 19.3.2003 Rs. T-213/00 – *CMA CGM u. a./Kommission* Slg. 2003, II-913 Rn. 482 i. V. m. 517.

[43] Vgl. nur EuG U. v. 6.10.2005 verb. Rs. T-22/02 u. T-23/02 – *Sumitomo Chemical u. a./Kommission* Slg. 2005, II-4065 Rn. 61; *Arhold* in: Hirsch/Montag/Säcker (Fn. 14), Art. 25 VO 1/2003 Rn. 5 f.; *de Bronett* (Fn. 21), S. 441.

[44] Dazu vgl. auch *Arhold* in: Hirsch/Montag/Säcker (Fn. 14), Art. 25 VO 1/2003 Rn. 1; *Bechtold/Bosch/Brinker/Hirsbrunner* (Fn. 29), Art. 25 VO 1/2003 Rn. 2.

[45] Näher hierzu vgl. die nachfolgende Kommentierung zu Art. 26 VO 1/2003.

Art. 26. Vollstreckungsverjährung

(1) **Die Befugnis der Kommission zur Vollstreckung von in Anwendung der Artikel 23 und 24 erlassenen Entscheidungen verjährt in fünf Jahren.**

(2) **Die Verjährung beginnt mit dem Tag, an dem die Entscheidung bestandskräftig geworden ist.**

(3) **Die Vollstreckungsverjährung wird unterbrochen**

a) **durch die Bekanntgabe einer Entscheidung, durch die der ursprüngliche Betrag der Geldbuße oder des Zwangsgelds geändert oder ein Antrag auf eine solche Änderung abgelehnt wird,**

b) **durch jede auf zwangsweise Beitreibung der Geldbuße oder des Zwangsgelds gerichtete Handlung der Kommission oder eines Mitgliedstaats auf Antrag der Kommission.**

(4) **Nach jeder Unterbrechung beginnt die Verjährung von neuem.**

(5) **Die Vollstreckungsverjährung ruht,**

a) **solange eine Zahlungserleichterung bewilligt ist,**

b) **solange die Zwangsvollstreckung durch eine Entscheidung des Gerichtshofs ausgesetzt ist.**

Übersicht

I. Sinn und Zweck der Regelung

1 In Ergänzung der in Art. 25 VO 1/2003 geregelten Verfolgungsverjährung[1] regelt Art. 26 VO 1/2003 die mit der **Vollstreckungsverjährung** verbundenen Einzelheiten. Hierbei geht es um die Verjährung der Befugnis der Kommission, die in Anwendung der Art. 23 und 24 VO 1/2003 erlassenen Bußgeld- und Zwangsgeldentscheidungen bzw. Bußgeld- und Zwangsgeldbeschlüsse[2] zu vollstrecken. Bei diesen Beschlüssen handelt es sich um vollstreckbare Titel i. S. des Art. 299 AEUV,[3] der im Übrigen die weiteren Einzel-

---

[1] Näher hierzu vgl. die Kommentierung zu Art. 25 VO 1/2003.

[2] Soweit in Art. 26 VO 1/2003 sowie in zahlreichen anderen Bestimmungen dieser Verordnung noch der einst in Art. 249 EG näher erläuterte Begriff „Entscheidung" Verwendung findet, ist diese Terminologie nicht mehr zeitgemäß, da diese Handlungsform mit dem am 1.12.2009 erfolgten Inkrafttreten des Vertrags von Lissabon zur Änderung des Vertrags über die Europäische Union und des Vertrags zur Gründung der Europäischen Gemeinschaft (ABl. 2007 C 306/1 ff.) durch den neuen – in inhaltlicher Hinsicht allerdings weitgehend identischen – Rechtsakttyp in Gestalt des nunmehr in Art. 288 AEUV näher erläuterten Beschlusses ersetzt wurde; ausführlicher dazu vgl. *Nowak,* Europarecht nach Lissabon, 2011, S. 125 ff. Daher wird nachfolgend – entgegen dem Wortlaut des Art. 26 VO 1/2003 und anderer Bestimmungen dieser Verordnung – nicht mehr durchgängig von „Entscheidungen", sondern überwiegend von Beschlüssen der Kommission gesprochen. Zu den vielfältigen Änderungen, die das Unionsrecht durch den Lissabonner Reformvertrag erfahren hat, vgl. auch jeweils m. w. N. *Calliess,* Die neue Europäische Union nach dem Vertrag von Lissabon, 2010, S. 1 ff.; *Streinz/Ohler/Herrmann,* Der Vertrag von Lissabon zur Reform der EU – Einführung mit Synopse, 3. Aufl. 2010, S. 1 ff.

[3] Zutr. *de Bronett,* Europäisches Kartellverfahrensrecht – Kommentar zur VO 1/2003, 2. Aufl. 2012, S. 451; *Dannecker/Biermann* in: Immenga/Mestmäcker (Hrsg.), Wettbewerbsrecht, Bd. 1: EU/Teil 2 – Kommentar zum Europäischen Kartellrecht, 5. Aufl. 2012, Art. 26 VO 1/2003 Rn. 1; *Mestmäcker/Schweitzer,* Europäisches Wettbewerbsrecht, 3. Aufl. 2014, § 22 Rn. 21; *Schütz* in: Hootz (Hrsg.), Gesetz gegen Wettbewerbsbeschränkungen und Europäisches Kartellrecht – Gemeinschaftskommentar, 5. Aufl. 2004, Art. 26 VO 1/2003 Rn. 2; *v. d. Hout* in: Mäsch (Hrsg.), Praxiskommentar zum deutschen und europäischen Kartellrecht, 2010, Art. 26 VerfVO Rn. 1.

heiten der nach den mitgliedstaatlichen Vorschriften des Zivilprozessrechts erfolgenden Zwangsvollstreckung regelt.[4]

2 Die durch die VO 1/2003 ersetzte VO Nr. 17[5] enthielt selbst keine die Vollstreckungsverjährung betreffenden Vorschriften. Nachdem der EuGH jedoch in seinem *ACF Chemiefarma*-Urteil deutlich gemacht hatte, dass das Fehlen derartiger Regelungen nicht durch einen allgemeinen Rechtsgrundsatz der Verjährung kompensiert wird, sondern dass es vielmehr Sache des Gemeinschaftsgesetzgebers ist, die Dauer etwaiger Verjährungsfristen sowie die Einzelheiten ihrer Anwendung zu regeln,[6] erließ der Rat die Verordnung (EWG) Nr. 2988/74 vom 26. November 1974 „über die Verfolgungs- und Vollstreckungsverjährung im Verkehrs- und Wettbewerbsrecht der Europäischen Wirtschaftsgemeinschaft",[7] die sodann auch im Anwendungsbereich der VO 17 zu beachten war. Die in der VO 2988/74 enthaltenen Verjährungsregelungen, die im Interesse einer klareren Gestaltung des Rechtsrahmens[8] – in leicht modifizierter Form – nunmehr in Art. 25 und 26 VO 1/2003 untergebracht worden sind, sollen nach dem 2. Erwägungsgrund der VO 2988/74 in erster Linie der **Herstellung von Rechtssicherheit** dienen.[9] Diesen Zweck erfüllt für den Einzelaspekt der Vollstreckungsverjährung nunmehr Art. 26 VO 1/2003. Dies ergibt sich insbesondere auch aus dem 31. Erwägungsgrund der VO 1/2003, wonach es sich im Interesse einer klareren Gestaltung des Rechtsrahmens empfehle, die VO 2988/74 nunmehr „so zu ändern, dass sie im Anwendungsbereich der vorliegenden Verordnung [hier: VO 1/2003] keine Anwendung findet, und die Verjährung in der vorgenannten Verordnung zu regeln". Aus diesem Grund ist mit Art. 37 VO 1/2003 der Art. 7a in die VO 2988/74 eingefügt worden, der explizit bestimmt, dass die VO 2988/74 nicht für Maßnahmen gilt, die nach Maßgabe der VO 1/2003 getroffen werden.[10]

II. Praktische Bedeutung

3 Die in Art. 26 VO 1/2003 erfolgte Ausgestaltung der **Vollstreckungsverjährung,** die im einschlägigen Schrifttum nur sehr vereinzelt für überflüssig gehalten wird,[11] entspricht im Wesentlichen den Art. 4–6 VO 2988/74. Insofern ist bei der Klärung etwaiger Fragen im Zusammenhang mit der Anwendung und Auslegung des Art. 26 VO 1/2003 stets auch die bislang zu den Art. 4–6 VO 2988/74 ergangene Rechtsprechung des Unionsrich-

---

[4] Näher hierzu *Epping* in: Vedder/Heintschel v. Heinegg (Hrsg.), Europäisches Unionsrecht – EUV/AEUV/Grundrechte-Charta (Handkommentar), 2012, Art. 299 AEUV Rn. 1 ff.; *Gellermann* in: Streinz (Hrsg.), EUV/AEUV – Kommentar, 2. Aufl. 2012, Art. 299 AEUV Rn. 1 ff.; *Hetmeier* in: Lenz/Borchardt (Hrsg.), EU-Verträge – Kommentar nach dem Vertrag von Lissabon, 5. Aufl. 2010, Art. 299 AEUV Rn. 1 ff.; *Kotzur* in: Geiger/Khan/Kotzur (Hrsg.), EUV/AEUV – Kommentar, 5. Aufl. 2010, Art. 299 AEUV Rn. 1 ff.; *Krajewski/Rösslein* in: Grabitz/Hilf/Nettesheim (Hrsg.), Das Recht der Europäischen Union (Loseblatt-Kommentar, 53 Erg. lfg. Mai 2014), Art. 299 AEUV Rn. 11 ff.; *Pernice* RIW 1986, 353 ff.; *Ruffert* in: Calliess/Ruffert (Hrsg.), EUV/AEUV – Kommentar, 4. Aufl. 2011, Art. 299 AEUV Rn. 1 ff.; *Schoo* in: Schwarze/Becker/Hatje/Schoo (Hrsg.), EU-Kommentar, 3. Aufl. 2012, Art. 299 AEUV Rn. 1 ff.; *Terhechte* EuZW 2004, 235 ff.

[5] Verordnung Nr. 17 – Erste Durchführungsverordnung zu den Artikeln 85 und 86 des Vertrags [jetzt: Art. 81 u. 82 EG], ABl. P 13 vom 21.2.1962, S. 204.

[6] EuGH U. v. 15.7.1970 Rs. 41/69 – *ACF Chemiefarma/Kommission* Slg. 1970, 661 Rn. 18/20; bestätigt u. a. in EuGH U. v. 14.7.1972 Rs. 48/69 – *ICI/Kommission* Slg. 1972, 619 Rn. 46/49.

[7] ABl. 1974 L 319/1.

[8] Zu diesem hinter der Integration der in der VO 2988/74 enthaltenen Verjährungsregelungen in Art. 25 u. 26 VO 1/2003 stehenden Interesse vgl. auch die Kommentierung zu Art. 25 VO 1/2003 Rn. 3.

[9] Näher zu dieser Zielsetzung vgl. die Kommentierung zu Art. 25 VO 1/2003 Rn. 2; sowie EuG U. v. 6.10.2005 verb. Rs. T-22/02 u. T-23/02 – *Sumitomo Chemical Co. Ltd u. a./Kommission* Slg. 2005, II-4065 Rn. 81; EuG U. v. 25.10.2005 Rs. T-38/02 – *Groupe Danone/Kommission* Slg. 2005, II-4407 Rn. 352.

[10] Zur praktischen Relevanz dieser Regelung vgl. exemplarisch EuG U. v. 1.7.2009 Rs. T-24/07 – *ThyssenKrupp Stainless AG/Kommission* Slg. 2009, II-2309 Rn. 209.

[11] Vgl. *de Bronett* (Fn. 3), S. 452, der Art. 26 VO 1/2003 für eine „überflüssige Norm" hält.

ters[12] zu beachten.[13] In praktischer Hinsicht dürfte sich im Bereich der Vollstreckungsverjährung somit kaum etwas durch Art. 26 VO 1/2003 geändert haben, zumal der Verordnungsgeber sowohl die nachfolgend anzusprechende Verjährungsfrist[14] und die zur Unterbrechung der Vollstreckungsverjährung führenden Handlungen[15] als auch die das Ruhen der Vollstreckungsverjährung betreffenden Regelungen[16] gegenüber den Art. 4–6 VO 2988/74 nur marginal modifiziert hat.

III. Tatbestand

1. Verjährungsfrist und deren Beginn

4 Nach Art. 26 Abs. 1 VO 1/2003 verjährt die Befugnis der Kommission zur Vollstreckung der in Anwendung der Art. 23 und 24 VO 1/2003 erlassenen Buß- und Zwangsgeldbeschlüsse – wie auch bereits in Art. 4 Abs. 1 VO 2988/74 vorgesehen – **in fünf Jahren.** Dies gilt – abweichend von Art. 25 Abs. 1 VO 1/2003[17] – unabhängig davon, ob der jeweilige Bußgeld- oder Zwangsgeldbeschluss an eine Zuwiderhandlungen gegen verfahrensrechtliche oder an eine Zuwiderhandlung gegen materiellrechtliche Vorschriften anknüpft.

5 Die Vollstreckungsverjährung beginnt gemäß Art. 26 Abs. 2 VO 1/2003 mit dem Tag, an dem der jeweilige – in Anwendung der Art. 23 oder 24 VO 1/2003 erlassene – Beschluss **bestandskräftig** geworden ist. Hiermit hat sich der Verordnungsgeber ausnahmsweise von den die Vollstreckungsverjährung betreffenden „Vorgängerregelungen" der VO 2988/74 gelöst, die den Beginn der Vollstreckungsverjährung in ihrem Art. 4 Abs. 2 an den Tag koppelt, an dem der jeweilige Kommissionsbeschluss unanfechtbar geworden ist. Die formelle Bestandskraft i. S. des Art. 26 Abs. 2 VO 1/2003 tritt entweder dann ein, wenn die in Anwendung der Art. 23 und 24 VO 1/2003 erlassenen Beschlüsse der Kommission mit Ablauf der zweimonatigen Klagefrist gemäß Art. 263 Abs. 6 AEUV unanfechtbar geworden sind oder wenn das EuG im erstinstanzlichen Verfahren oder aber der EuGH im etwaigen Rechtsmittelverfahren die Rechtmäßigkeit des jeweiligen Kommissionsbeschlusses festgestellt hat.[18] Im Übrigen gilt für die Fristberechnung, die für jeden Beschlussadressaten auf Grund eines nicht notwendigerweise einheitlichen Verjährungsbeginns individuell vorzunehmen ist[19] und deren weitere Einzelheiten sich nach wie vor aus der VO Nr. 1182/71[20] ergeben,[21] dasselbe wie zu § 25 VO 1/2003.[22]

2. Unterbrechung der Vollstreckungsverjährung

6 Wie auch bereits in Art. 5 Abs. 1 VO 2988/74 vorgesehen, wird die Vollstreckungsverjährung gemäß Art. 26 Abs. 3 VO 1/2003 durch **zwei alternativ mögliche Ereignisse** unter-

[12] Exemplarisch vgl. EuG U. v. 6.10.2005 verb. Rs. T-22/02 u- T-23/02 – *Sumitomo Chemical Co. Ltd u. a./Kommission* Slg. 2005, II-4065 Rn. 55 f.; EuG U. v. 27.9.2006 Rs. T-153/04 – *Ferriere Nord SpA/Kommission* Slg. 2006, II-3889 Rn. 37 ff.; EuGH U. v. 6.12.2007 Rs. C-516/06 P – *Kommission/Ferriere Nord* Slg. 2007, I-10685 ff.

[13] Zutr. *Kienapfel* in: Schröter/Jakob/Klotz/Mederer (Hrsg.), Europäisches Wettbewerbsrecht – Großkommentar, 2. Aufl. 2014, S. 1284 u. 1337; in diesem Sinne vgl. ferner EuG U. v. 14.4.2011 Rs. T-461/07 – *Visa Europe Ltd u. a./Kommission* Slg. 2011, II-1729 Rn. 237.

[14] Näher dazu siehe unter Rn. 4.

[15] Näher dazu siehe unter Rn. 6.

[16] Näher dazu siehe unter Rn. 9.

[17] Zu den unterschiedlichen Verjährungsfristen i. R. der Verfolgungsverjährung gemäß Art. 25 Abs. 1 VO 1/2003 vgl. die Kommentierung zu Art. 25 VO 1/2003 Rn. 6.

[18] In diesem Sinne vgl. auch *Dannecker/Biermann* in: Immenga/Mestmäcker (Fn. 3), Art. 26 VO 1/2003 Rn. 2.

[19] In diesem Sinne vgl. auch statt vieler *Kienapfel* in: Schröter/Jakob/Klotz/Mederer (Fn. 13), S. 1284; *v. d. Hout* in: Mäsch (Fn. 3), Art. 26 VerfVO Rn. 2.

[20] ABl. 1971 L 124/1 ff.

[21] In diesem zutr. Sinne vgl. auch *Kienapfel* in: Schröter/Jakob/Klotz/Mederer (Fn. 13), S. 1284.

[22] Vgl. dazu die Kommentierung zu Art. 25 VO 1/2003 Rn. 7.

brochen: Nach Art. 26 Abs. 3 lit. a VO 1/2003 wird die Vollstreckungsverjährung zum einen durch die Bekanntgabe einer Entscheidung bzw. eines Beschlusses[23] unterbrochen, durch die der ursprüngliche Betrag der Geldbuße oder des Zwangsgelds geändert oder ein Antrag auf eine solche Änderung abgelehnt wird.[24] Zum anderen führt gemäß Art. 26 Abs. 3 lit. b VO 1/2003 jede auf zwangsweise Beitreibung der Geldbuße oder des Zwangsgelds gerichtete Handlung der Kommission oder eines Mitgliedstaats zur Unterbrechung der Vollstreckungsverjährung. Diesbezüglich besteht im einschlägigen Schrifttum zwar weitgehende Einigkeit darin, dass es sich hierbei um eine förmliche Vollstreckungshandlung handeln muss[25] und dass bloße Zahlungsaufforderungen oder Mahnungen insoweit nicht zur Unterbrechung der Vollstreckungsverjährung führen.[26] Nach wie vor umstritten ist jedoch, ob diese Unterbrechungswirkung darüber hinaus auch die Rechtmäßigkeit der jeweiligen Vollstreckungshandlung voraussetzt.[27] Anders als bei der in Art. 25 VO 1/2003 geregelten Verfolgungsverjährung führen die auf eine zwangsweise Beitreibung der Geldbuße oder des Zwangsgelds gerichteten Handlungen der Mitgliedstaaten bzw. mitgliedstaatlicher Stellen jedoch in systemgerechter Weise[28] nur dann zur Verjährungsunterbrechung i. S. des Art. 26 Abs. 3 lit. b VO 1/2003, wenn Letztere auf Antrag der Kommission tätig geworden sind.[29]

Die **wesentliche Folge einer** jeden **Unterbrechung** im o. g. Sinne ist gemäß Art. 26 Abs. 4 VO 1/2003, dass die Verjährung – mit einer Frist von fünf Jahren[30] – von neuem beginnt.[31] Folglich kann die Vollstreckungsverjährung insbesondere im Interesse der Kommission in manchen Fällen tatsächlich erst sehr viel später als nach fünf Jahren eintreten. Auf die Regelung einer dem gegenläufigen Interesse der Rechtssicherheit Rechnung tragenden Maximaldauer der Verjährungsfrist hat der Verordnungsgeber in Art. 26 VO 1/2003 – wie auch in der VO 2988/74 – verzichtet.[32] Insoweit ist auch eine dem Art. 25 Abs. 5 Satz 3 VO 1/2003 entsprechende Regelung, die im Zusammenhang mit der Verfolgungsverjährung explizit bestimmt, dass sich die im Anwendungsbereich des Art. 25 VO 1/2003 maximal mögliche Verjährungsfrist von 6 bzw. 10 Jahren jeweils um den Zeitraum verlängert, in dem die Verjährung ruht,[33] in Art. 26 VO 1/2003 nicht erforderlich und daher sinnvoller Weise unterblieben. **7**

---

[23] Näher zu diesem Terminologiewechsel siehe oben Fn. 2.

[24] In diesem Kontext vgl. insb. EuG U. v. 27.9.2006 Rs. T-153/04 – *Ferriere Nord/Kommission* Slg. 2006, II-3889 Rn. 10 u. 48, woraus zu entnehmen ist, dass eine solche Antragsablehnung auch dann zu einer Verjährungsunterbrechung im vorliegenden Sinne führt, wenn sie nicht durch eine förmliche Entscheidung bzw. nicht durch einen förmlichen Beschluss (s. o. Fn. 2) ergeht; sowie EuGH U. v. 6.12.2007 Rs. C-516/06 P – *Kommission/Ferriere Nord* Slg. 2007, I-10685 Rn. 27 ff.

[25] Vgl. *Bechtold/Bosch/Brinker/Hirsbrunner,* EG-Kartellrecht – Kommentar, 2. Aufl. 2009, Art. 26 VO 1/2003 Rn. 5; *Dannecker/Biermann* in: Immenga/Mestmäcker (Fn. 3), Art. 26 VO 1/2003 Rn. 3.

[26] Vgl. *de Bronett* (Fn. 3), S. 453; *Kienapfel* in: Schröter/Jakob/Klotz/Mederer (Fn. 13), S. 1285; *Sura* in: Langen/Bunte (Hrsg.), Kommentar zum deutschen und europäischen Kartellrecht, Bd. 2: Europäisches Kartellrecht, 11. Aufl. 2010, Art. 26 VO Nr. 1/2003 Rn. 3.

[27] Zur wohl überwiegend vertretenen Literaturmeinung, wonach nur eine rechtmäßige Vollstreckungsmaßnahme eine Unterbrechung der Vollstreckungsverjährung nach Art. 26 Abs. 3 VO 1/2003 bewirken könne, vgl. etwa *Dannecker/Biermann* in: Immenga/Mestmäcker (Fn. 3), Art. 26 VO 1/2003 Rn. 3; *Sura* in: Langen/Bunte (Fn. 26), Art. 26 VO Nr. 1/2003 Rn. 3; a. A. *Kienapfel* in: Schröter/Jakob/Klotz/Mederer (Fn. 13), S. 1285.

[28] Vgl. dazu auch *Arhold* in: Hirsch/Montag/Säcker (Hrsg.), Münchener Kommentar zum Europäischen und Deutschen Wettbewerbsrecht (Kartellrecht), Bd. 1 (Europäisches Wettbewerbsrecht), 2007, Art. 26 VO 1/2003 Rn. 4.

[29] Zum davon abweichenden Wegfall des Antragserfordernisses i. R. der Verfolgungsverjährung vgl. die Kommentierung zu Art. 25 VO 1/2003 Rn. 5 i. V. m. Rn. 9.

[30] Siehe oben unter Rn. 4.

[31] So auch bereits Art. 5 Abs. 2 VO 2988/74.

[32] Zur davon abweichenden Maximalfrist im Kontext der Verfolgungsverjährung (Art. 25 Abs. 5 Satz 2 VO 1/2003) vgl. die Kommentierung zu Art. 25 VO 1/2003 Rn. 8.

[33] Siehe dazu die Kommentierung zu Art. 25 VO 1/2003 Rn. 8 i. V. m. Rn. 12.

8 Im Umkehrschluss zu Art. 25 Abs. 4 VO 1/2003, der explizit bestimmt, dass die Unterbrechung der Verfolgungsverjährung gegenüber allen an der jeweiligen Zuwiderhandlung beteiligten Unternehmen und Unternehmensvereinigungen wirkt, ist mangels einer entsprechenden Regelung in Art. 26 VO 1/2003 davon auszugehen, dass die Unterbrechung der Vollstreckungsverjährung nur gegenüber demjenigen wirkt, gegen den die Vollstreckung i. S. des Art. 299 AEUV betrieben wird.[34]

3. Ruhen der Vollstreckungsverjährung

9 Nach Art. 26 Abs. 5 VO 1/2003, der Art. 6 VO 2988/74 entspricht, ruht die Vollstreckungsverjährung, solange eine Zahlungserleichterung bewilligt ist (lit. a)[35] oder solange die Zwangsvollstreckung durch eine Entscheidung des Gerichtshofs ausgesetzt ist (lit. b). Die letztgenannte Befugnis des Gerichtshofs ergibt sich aus Art. 299 Abs. 4 AEUV.[36] Bei dieser ausschließlich dem Unionsrichter vorbehaltenen **Aussetzung der Zwangsvollstreckung,** die sowohl im Rahmen eines beim EuGH oder beim EuG anhängigen Verfahrens als auch nach der Unanfechtbarkeit des jeweiligen Kommissionsbeschlusses möglich ist, handelt es sich um einen vorläufigen – bislang nur selten von Erfolg gekrönten – Rechtsbehelf, der immer dann in Betracht kommt, wenn nachträglich entstandene Einwände gegen den Inhalt des Titels erhoben werden.[37]

IV. Rechtsfolgen

10 Mit Eintritt der Vollstreckungsverjährung ist die Kommission nach Art. 26 Abs. 1 VO 1/2003 daran gehindert, die in Anwendung von Art. 23 und 24 VO 1/2003 erlassenen Buß- und Zwangsgeldbeschlüsse auf der Grundlage des Art. 299 AEUV i. V. m. den einschlägigen zivilprozessualen Vorschriften des jeweiligen Mitgliedstaats zu vollstrecken. Hinsichtlich einer erst nach Verjährungseintritt erfolgenden Vollstreckung derartiger Kommissionsbeschlüsse sehen die Unionsverträge zwar keine speziellen Rechtsschutzmöglichkeiten natürlicher oder juristischer Personen vor. Existiert jedoch für die Verjährung des Titels im innerstaatlichen Recht des betreffenden Mitgliedstaats ein **zivilprozessualer Rechtsbehelf,** so dürfte dieser auch im Falle einer eingetretenen Vollstreckungsverjährung i. S. des Art. 26 VO 1/2003 geltend gemacht werden können.[38]

V. Verhältnis zu anderen Bestimmungen

11 Im Hinblick auf das EU-Kartellverfahrensrecht ersetzt Art. 26 VO 1/2003 die in Art. 4–6 VO 2988/74 enthaltenen Regelungen über die Vollstreckungsverjährung, die im Verkehrsbereich weiterhin Anwendung finden. Abzugrenzen ist die in Art. 26 VO 1/2003 geregelte Vollstreckungsverjährung insbesondere von der Verfolgungsverjährung, die – in Ersetzung der Art. 1–3 VO 2988/74 – in Art. 25 VO 1/2003 geregelt ist.

---

[34] So auch vgl. statt vieler *Arhold* in: Hirsch/Montag/Säcker (Fn. 28), Art. 26 VO 1/2003 Rn. 5; *Dannecker/Biermann* in: Immenga/Mestmäcker (Fn. 3), Art. 26 VO 1/2003 Rn. 5; *Bechtold/Bosch/Brinker/Hirsbrunner* (Fn. 25), Art. 26 VO 1/2003 Rn. 7; *Kienapfel* in: Schröter/Jakob/Klotz/Mederer (Fn. 13), S. 1284 f.

[35] Ausführlicher zu dieser Variante vgl. *Arhold* in: Hirsch/Montag/Säcker (Fn. 28), Art. 26 VO 1/2003 Rn. 6; *Kienapfel* in: Schröter/Jakob/Klotz/Mederer (Fn. 13), S. 1285 f.

[36] Näher hierzu vgl. m. w. N. *Gellermann* in: Streinz (Fn. 4), Art. 299 AEUV Rn. 11 f.; *Krajewski/Rösslein* in: Grabitz/Hilf/Nettesheim (Fn. 4), Art. 299 AEUV Rn. 15 ff.; *Ruffert* in: Calliess/Ruffert (Fn. 4), Art. 299 AEUV Rn. 5.

[37] Näher dazu vgl. etwa *Gellermann* in: Streinz (Fn. 4), Art. 299 AEUV Rn. 12; *Kienapfel* in: Schröter/Jakob/Klotz/Mederer (Fn. 13), S. 1286; *Schoo* in: Schwarze/Becker/Hatje/Schoo (Fn. 4), Art. 299 AEUV Rn. 14 f.; instruktiv zum Verhältnis zwischen den in Art. 256 Abs. 4 EG [jetzt: Art. 299 AEUV] und Art. 230 Abs. 4 EG [jetzt: Art. 263 Abs. 4 AEUV] niedergelegten Rechtsschutzmöglichkeiten vgl. EuGH U. v. 6.12.2007 Rs. C-516/06 P – *Ferriere Nord/Kommission* Slg. 2007, I-10685 Rn. 23 ff.

[38] Näher hierzu vgl. *Terhechte* EuZW 2004, 235 ff. (insbes. S. 239 f.).

Art. 27. Anhörung der Parteien, der Beschwerdeführer und sonstiger Dritter

(1) **Vor einer Entscheidung gemäß den Art. 7, 8, 23 oder 24 II gibt die Kommission den Unternehmen und Unternehmensvereinigungen, gegen die sich das von ihr betriebene Verfahren richtet, Gelegenheit, sich zu den Beschwerdepunkten zu äußern, die sie in Betracht gezogen hat. Die Kommission stützt ihre Entscheidung nur auf die Beschwerdepunkte, zu denen sich die Parteien äußern konnten. Die Beschwerdeführer werden eng in das Verfahren einbezogen.**

(2) **Die Verteidigungsrechte der Parteien müssen während des Verfahrens in vollem Umfang gewahrt werden. Die Parteien haben Recht auf Einsicht in die Akten der Kommission, vorbehaltlich des berechtigten Interesses von Unternehmen an der Wahrung ihrer Geschäftsgeheimnisse. Von der Akteneinsicht ausgenommen sind vertrauliche Informationen sowie interne Schriftstücke der Kommission und der Wettbewerbsbehörden der Mitgliedstaaten. Insbesondere ist die Korrespondenz zwischen der Kommission und den Wettbewerbsbehörden der Mitgliedstaaten oder zwischen den Letztgenannten, einschließlich der gemäß Art. 11 und Art. 14 erstellten Schriftstücke, von der Akteneinsicht ausgenommen. Die Regelung dieses Absatzes steht der Offenlegung und Nutzung der für den Nachweis einer Zuwiderhandlung notwendigen Informationen durch die Kommission in keiner Weise entgegen.**

(3) **Soweit die Kommission es für erforderlich hält, kann sie auch andere natürliche oder juristische Personen anhören. Dem Antrag natürlicher oder juristischer Personen angehört zu werden, ist stattzugeben, wenn sie ein ausreichendes Interesse nachweisen. Außerdem können die Wettbewerbsbehörden der Mitgliedstaaten bei der Kommission die Anhörung anderer natürlicher oder juristischer Personen beantragen.**

(4) **Beabsichtigt die Kommission eine Entscheidung gemäß Art. 9 oder 10 zu erlassen, so veröffentlicht sie zuvor eine kurze Zusammenfassung des Falls und den wesentlichen Inhalt der betreffenden Verpflichtungszusagen oder der geplanten Vorgehensweise. Interessierte Dritte können ihre Bemerkungen hierzu binnen einer Frist abgeben, die von der Kommission in ihrer Veröffentlichung festgelegt wird und die mindestens einen Monat betragen muss. Bei der Veröffentlichung ist dem berechtigten Interesse der Unternehmen an der Wahrung ihrer Geschäftsgeheimnisse Rechnung zu tragen.**

Übersicht

I. Die Bedeutung der Verteidigungsrechte

Art. 27 im Kapitel VIII über Anhörungen und Berufsgeheimnis regelt nicht nur die notwendigen Anhörungen, die vor Erlass eines Beschlusses der Kommission vorzunehmen sind, sondern enthält erstmals im Kartellverfahrensrecht eine positivierte ausdrückliche Anerkennung der Notwendigkeit, die Verteidigungsrechte, also die Rechte der beschuldigten Unternehmen, gegen die die Kommission ermittelt, und die anderer Verfahrensbeteiligter, zu respektieren. Die Verteidigungsrechte sind gemäß Art. 27 Abs. 2 in vollem Umfang zu wahren. 1

Die Wahrung der Verteidigungsrechte in allen Verfahren, die zu Sanktionen führen können, namentlich zu Zwangsgeldern und Geldbußen, ist ein fundamentaler Grundsatz des Gemeinschaftsrechts, der auch in Verwaltungsverfahren beachtet werden muss.[1] Diese richterrechtlich entwickelte Bedeutung des Respekts vor den Verteidigungsrechten wurde durch die Neufassung der VO 1/2003 explizit verankert, allerdings nur im Kontext des rechtlichen Gehörs, was zu kurz greift. Die Verankerung der Verteidigungsrechte ist **primärrechtlich** gestützt, da das Unionsrecht die Grundrechte des einzelnen schützt und in der seit 1.12.2009 mit Primärrang verbindlichen **Grundrechtecharta** der EU ausdrücklich Verfahrensrechte in Art. 41 (im Kontext des Rechts auf gute Verwaltung) und Art. 47–50 verankert, allerdings in letzteren vor allem im Hinblick auf Strafrecht und gerichtliche Verfahrensgarantien; dennoch müssen sie auch im Kartellverfahren Beachtung finden.[2] Zu den in der Rechtsprechung anerkannten Grundrechten gemäß Art. 6 Abs. 3 EUV zählen allerdings auch die Verfahrensrechte im Rahmen von Verwaltungsverfahren, die zu belastenden Entscheidungen und gar zu Sanktionen führen können, wie es beim Vollzug des Kartellrechts der Fall ist. Art. 48 Abs. 2 der Grundrechtecharta schützt ausdrücklich die Verteidigungsrechte.

2 Die in Art. 27 VO 1/2003 explizit geregelten Fragen der Anhörung betreffen nur einen Teilaspekt der Verteidigungsrechte, nämlich die Wahrung des rechtlichen Gehörs. Zu letzterem gehört auch das in Art. 27 Abs. 2 Satz 2 ausdrücklich anerkannte Recht auf Akteneinsicht. Das Akteneinsichtsrecht musste sich gleichfalls erst durch richterrechtliche Annäherungen im System der Verfahrensrechte im EU-Kartellverfahren etablieren,[3] ehe es durch die Neufassung der Kartellverfahrensverordnung nunmehr ausdrückliche *lex lata* geworden und in Art. 41 Abs. 2 Grundrechtecharta aufgenommen worden ist. Zunächst hatte der EuGH einem umfassenden Akteneinsichtsrecht ablehnend gegenüber gestanden und es für genügend befunden, dem Unternehmen diejenigen Beschwerdepunkte mitzuteilen, auf die die Kommission ihren Vorwurf einer Zuwiderhandlung stützte; die Rechtsprechung des EuG wandte sich indes zunehmend einem umfassenden Akteneinsichtsrecht zu.[4]

3 Ausweislich der Regelungsgegenstände des Art. 27 zählt ferner noch der Schutz der **Geschäftsgeheimnisse** zu den Verteidigungsrechten. Darüber hinaus sind das Recht auf **Rechtsbehelfsbelehrung** (vgl. etwa Art. 18 Abs. 3 a. E. VO 1/2003),[5] die **Unschuldsvermutung**[6] (vgl. Art. 48 I Grundrechtecharta[7]), das **Rückwirkungsverbot,** das **Aussageverweigerungsrecht** und die **Vertraulichkeit des Verkehrs mit dem Anwalt**[8] dazu zu rechnen, ferner die **Begründungspflicht,** die nach der Rechtsprechung erfordert, dass die Begründung die Überlegungen der Kommission so klar und deutlich zum Ausdruck bringen muss, dass ihr der Betroffene die Gründe für die Maßnahme entnehmen und das EuG seine Kontrollaufgabe wahrnehmen kann[9] (vgl nunmehr auch Art. 41 Abs. 2 Grundrechtecharta) Auch der Grundsatz des **ne bis in idem** (Art. 50 Grundrechtecharta) ist in diesem Kontext zu nennen, den der EuGH auch für das EU-Kartellrecht schon lange festgeschrieben hat.[10] Ferner zählen hierzu das generelle Recht auf ein faires Verfahren, der

---

[1] Vgl. bzgl. des rechtlichen Gehörs EuGH – *Hoffmann LaRoche* Slg. 1979, 461, Rn. 9.

[2] Dazu *Lenaerts,* NZKart 2013, 175 (176 ff.).

[3] Vgl. zu diesem Prozess *Weiß,* Die Verteidigungsrechte im EG-Kartellverfahren, 1996, S. 198 ff.

[4] Beginnend mit EuG – *Hercules Chemicals* Slg. 1991, II-1711, Rn. 53f.

[5] Das Unionsrecht kennt grundsätzlich kein solches Recht auf eine Rechtsbehelfsbelehrung, EuGH Rs. C-153/98 P – *Guérin* Slg. 1999, I-1451.

[6] EuG Rs. T-279/02 – *Degussa* Slg. 2006, II-897, Rn. 411.

[7] *Lenaerts,* NZKart 2013, 175 (177).

[8] EuGH Rs. 155/79 – *AM&S* Slg. 1982, 1575, Rn. 21; C-550/07 P, Slg. 2010, I-8301, Rn. 40 ff. – *Akzo.* Dazu *Rauber,* Verteidigungsrechte von Unternehmen im kartellrechtlichen Verwaltungsverfahren, insbesondere unter Berücksichtigung des „legal privilege", 2010, 263 ff.; *Seitz,* in: Weiß (Hg.), Die Rechtsstellung Betroffener im modernisierten EU-Kartellverfahren, 2010, 93 ff.; *Weiß,* ebda., 43 (62 ff.).

[9] EuG verb. Rs. T-25/95 – *Cimenteries CBR SA u. a.* Slg. 2000, II-491, Rn. 4725.

[10] EuGH Rs. C-238/99 P u. a. – *Limburgse Vinyl Maatschappij* Slg. 2002, I-8375, Rn. 59 ff.; Rs. C-17/10 – *Toshiba,* Urt. vom 14.2.2012, Rn. 68 ff., 94 ff.; EuG, Rs. T-322/01 – *Roquette Frères,* Slg.

Schutz vor unverhältnismäßigen Maßnahmen und Durchsuchungen und das Gebot angemessner Verfahrensdauer.[11]

Das ausdrückliche Bekenntnis zu den Verteidigungsrechten führt dazu, die Bestimmungen der VO 1/2003 über die Befugnisse der Kommission im Zweifel im Lichte der Verteidigungsrechte entgegen der Tendenz in der Kommissionspraxis nicht weit,[12] sondern **eher eng auszulegen;**[13] die Kommission muss bei den kartellrechtlichen Sanktionsverfahren die verfahrensrechtlichen Rechtsgrundsätze der EU beachten, was Ausdruck des Rechts auf ordentliche Verwaltung nach Art. 41 Grundrechtecharta ist.[14] Art. 27 Abs. 2 ordnet an, dass die Verteidigungsrechte in vollem Umfang gewahrt werden sollen. Das verbietet eine extensive Auslegung der Ermittlungsbefugnisse und eine einseitige Betonung der Effizienz der Ermittlungsbefugnisse der Kommission. Das sollte Konsequenzen haben in Bezug auf das bisher auch von der Rechtsprechung verweigerte Aussageverweigerungsrecht, das nur als Verbot eines Geständniszwangs anerkannt wird (dazu noch unten Rn. 35; Art. 4, Rn. 29). 4

II. Das rechtliche Gehör

1. Anhörung vor belastenden Entscheidungen in der Sache

a) Bedeutung der Anhörung. Das rechtliche Gehör gebietet, vor belastenden verfahrensabschließenden Beschlüssen die davon Betroffenen zu den gegen sie erhobenen Vorwürfen anzuhören. Demgemäß muss die Kommission nach Art. 27 Abs. 1 vor Entscheidungen nach Art. 7, 8, 23, 24 Abs. 2 die beschuldigten Unternehmen und -vereinigungen zu den Beschwerdepunkten anhören. Die Bestimmung nennt dabei nur die Beschlüsse nach Art. 7 (Feststellung und Abstellung von Zuwiderhandlungen), Art. 8 (einstweilige Maßnahmen), Art. 23 (Verhängung von Geldbußen) und Art. 24 Abs. 2 (Festsetzung von Zwangsgeldern). Die Entscheidungen nach Art. 9 und 10 der Verordnung (Verbindlicherklärung von Verpflichtungszusagen, Nichtanwendbarkeitsfeststellung) erfolgen nur nach deren Mitwirkung oder entfalten keine belastenden Wirkungen für die beteiligten Unternehmen, so dass eine formale Anhörung nicht nötig ist; allerdings stellt sich insoweit die Frage nach der Anhörung interessierter Dritter, die in Art. 27 Abs. 4 geregelt ist (dazu unten Rn. 33f.). Eine Anhörung vor Ermittlungsmaßnahmen ist mit Rücksicht auf die **Effizienz der Verfahrensbefugnisse** der Kommission nicht vorgesehen. Das ruft keine rechtsstaatlichen Bedenken hervor, da die Verteidigungsrechte in vollem Umfang hinsichtlich der belastenden Sachentscheidung zur Verfügung stehen. In ihrer best practice Mitteilung sieht die Kommission darüber hinaus bereits in der Untersuchungsphase bilaterale Treffen zwischen Bediensteten der GD Wett- 5

2006, II-3137, Rn. 277ff. Dazu näher *Dannecker/Biermann,* in Immenga/Mestmächer (Hg.), Wettbewerbsrecht, Band 1, EU/Teil 2, 5. Aufl. 2012, Vor Art. 23 VO 1/2003, Rn. 242ff.

[11] S. *Roth/Rose* (Hg.), Bellamy&Child: European Community Law of Competition, 6. Auflage 2008, Rn. 13.028. Der Schutz vor unverhältnismäßigen Maßnahmen ist bei Verpflichtungszusagenbeschlüssen der Kommission nach der Rechtsprechung nur eingeschränkt wirksam, vgl. EuGH, Rs. C-441/07 P – *Alrosa,* Slg. 2010, I-5949, Rn. 120, der Rechtsfehler wohl nur bei einer offensichtlichen Unverhältnismäßigkeit der Zusage erkennen will.

[12] Zur weiten Auslegung durch die Kommissionspraxis vgl. *Völcker,* Allmacht der Kommission?, in Immenga/Körber (Hrsg.), Die Kommission zwischen Gestaltungsmacht und Rechtsbindung, 2012, 153, 158ff.

[13] Dazu *Weiß,* European Constitutional Law Review 2011, 64 (84ff.); *ders.,* European Competition Law Review 2011, 186 (190). Das EuG, Rs T-170/06, Slg. 2007, II – *Alrosa,* Rn. 188ff., hatte das rechtliche Gehör auch jenseits der expliziten Regelung in Art. 27 hochgehalten, u. a. unter Hinweis auf die im 37. Erwägungsgrund der VO 1/2003 einbezogene Grundrechtecharta. Der EuGH hat die weite Ausdehnung des Anhörungsrechts aber zurückgewiesen und das EuG aufgehoben, EuGH, Rs. C-441/07 P – *Alrosa,* Slg. 2010, I-5949, Rn. 90.

[14] EuG, Rs T-138/07 – *Schindler,* Slg. 2011, II-4819, Rn. 54; Rs. T-343/06 – *Shell,* Urt. vom 27.9. 2012, Rn. 82.

bewerb und den Parteien über den Verfahrensstand vor, in denen Gelegenheit für offene und freimütige Gespräche und zur Darlegung ihres Standpunkts geboten wird.[15]

6 Die Anhörung der Kommission hat zu den **Beschwerdepunkten** zu erfolgen, die die Kommission den Betroffenen zuvor mitgeteilt hat. Die Kommission ist im Verfahren auf die mitgeteilten Beschwerdepunkte dann auch beschränkt; sie darf ihre Sachentscheidung nicht auf andere stützen, zu denen die Unternehmen nicht angehört wurden; das ist in Art. 11 Abs. 2 der auf Art. 33 VO 1/2003 gestützten Durchführungsverordnung 773/2004 der Kommission für das Verfahren (nachfolgend: Verfahrensverordnung)[16] klargestellt. Denn andernfalls hätte das Unternehmen keine sachgerechte Möglichkeit, sich gegen Vorwürfe zur Wehr zu setzen. Diese Beschränkung auf die mitgeteilten Beschwerdepunkte bedeutet konkret, dass die Kommission kein anderes als das darin gerügte Verhalten zum Gegenstand ihrer Entscheidung machen darf und dass sie ihre Entscheidung nicht auf andere als die in den Beschwerdepunkten mitgeteilten Umstände und Tatsachen stützen darf. Die Beschwerdepunkte müssen sowohl vollständig als auch hinreichend präzise mitgeteilt werden und in ihrem Zusammenhang bewertet werden.[17] Ferner muss die Kommission ihre Absicht, eventuell Zwangs- oder Bußgelder zu verhängen, bereits hier mitteilen, damit sich das Unternehmen auch hierzu äußern kann.[18] Dazu muss die Kommission auch die für die etwaige Festsetzung einer Geldbuße wesentlichen tatsächlichen und rechtlichen Gesichtspunkte wie Schwere und Dauer der vermuteten Zuwiderhandlung sowie den Umstand anführt, ob diese vorsätzlich oder fahrlässig begangen worden sei. Denn diese Angaben benötigen die Unternehmen für ihre Verteidigung nicht nur gegen die Feststellung einer Zuwiderhandlung, sondern auch gegen die Festsetzung einer Geldbuße. Eine Erläuterung der bei der Berechnung der Geldbußen angewandten Methode ist nicht erforderlich, ebenso wenig dass sie neue Methoden anwenden werde, die uU. zu höheren Geldbußen als bisher führen würden. Auf die Möglichkeit einer Änderung ihrer Politik bezüglich des Niveaus der Geldbußen muss die Kommission nicht hinzuweisen, da diese Möglichkeit von allgemeinen wettbewerbspolitischen Erwägungen abhängt, die mit den Besonderheiten der konkreten Fälle nicht in unmittelbarem Zusammenhang stehen.[19] Die Bestimmung des Art. 27 Abs. 1 VO 1/2003 lässt es ferner durchaus zu, dass die Kommission im Laufe des Verfahrens noch neue Umstände in einer Ergänzung der Beschwerdepunkte nachführt und auch insoweit dann eine ergänzende Anhörung durchführt.[20]

7 Die **Verfahrensverordnung 773/2004** gibt den Unternehmen ausdrücklich einen Anspruch auf rechtliches Gehör und auch ein Recht auf eine mündliche Anhörung, wenn sie diese beantragen, vgl. Art. 11 und 12. Das **rechtliche Gehör** wird damit tendenziell **aufgewertet,** auch wenn die Unterschiede im Vergleich zur früheren Rechtslage eher geringfügig sind. Auch wird weiterhin gemäß der Rechtsprechung des EuGH **nicht jede unterbliebene Anhörung oder verweigerte Akteneinsicht** zur **Aufhebung** eines **Kommissionsbeschlusses** führen, sondern nur wenn im Ergebnis die Verteidigungsrechte nicht gewahrt wurden, weil die unterlassene Offenlegung den Verfahrensablauf, die Möglichkeit zur Vertei-

---

[15] Bekanntmachung der Kommission über bewährte Vorgehensweisen in Verfahren nach Art. 101 und 102 des AEUV, sog. Best Practice Mitteilung, ABl. 2011, Nr. C 308, S. 6, Rn. 60ff.

[16] Verordnung 773/2004 der Kommission über die Durchführung von Verfahren auf der Grundlage der Art. 81 und 82 EGV durch die Kommission, ABl. 2004, Nr. L 123, S. 18.

[17] EuG, Rs. T-410/03 – *Hoechst,* Slg. 2008, II-881, Rn. 424, 436.

[18] EuG Rs. T-25/95 u. a. – *Cementeries CBR SA u. a.* Slg. 2000, II-491, Rn. 480; Rs. T-343/06 – *Microsoft,* Urt. vom 27.6.2012, Rn. 182ff. Angaben zur voraussichtlichen Höhe der Geldbußen oder Zwangsgelder sind aber in diesem frühen Verfahrensstadium noch nicht erforderlich, weil dies die Entscheidung der Kommission vorwegnehmen würde, EuGH Rs. 322/81, Slg. 1983, 3461 Rn. 19 – *Michelin.* Außerdem verfügen die Unternehmen hier über die zusätzliche Garantie der unbeschränkten Nachprüfung der Sanktionen durch den EuGH gemäß Art. 31 VO 1/2003.

[19] EuG, Rs. T-15/99 – *Brugg Rohrsysteme GmbH* Slg. 2002, II-1613, Rn. 83ff.

[20] Vgl. nur EuG Rs. T-25/95 u. a. – *Cementeries CBR SA u. a.* Slg. 2000, II-491, Rn. 480.

digung oder den Inhalt der Entscheidung nachteilig beeinflusst hat.[21] Es kommt auf die Umstände des Einzelfalles an. Eine Entscheidung ist aufzuheben, wenn sie auf belastende Dokumente gestützt ist, die den Beschuldigten nicht zugänglich gemacht wurden und das Unternehmen nachweist, dass der Vorwurf nur dadurch belegt werden konnte.[22] Unterbleibt die Vorlage eines potentiell entlastenden Dokuments, ist der Beschluss aufzuheben, wenn die auch nur geringe Möglichkeit besteht, dass das Verfahren zu einem anderen Ergebnis gekommen wäre, hätte der Beschuldigte ein nicht vorgelegtes Schriftstück heranziehen können.[23] Das Gericht fordert dafür aber von seiten des Beschuldigten einen prima facie Beweis dafür, dass die nicht offen gelegten Unterlagen bedeutsam sein könnten und lässt eine bloße Unsicherheit insoweit nicht zugunsten des Beschuldigten ausgehen.[24] Diese Anforderungen sind zu hoch und verletzten die Unschuldvermutung und Verfahrensfairness, weil nicht beachtet wird, dass dieser Beweis bei nicht vorliegenden Unterlagen kaum geführt werden kann.[25] Andererseits hat der EuGH entschieden, dass falls ganze Dokumentensätze und Teilakten nicht mehr auffindbar sind, die offen gelegt werden müssten, der Kommissionsbeschluss aufgehoben wird, wenn darin auch entlastendes Material hätte sein können.[26]

b) Durchführung der Anhörung Beschuldigter. Die Anhörung der Beschuldigten **8** erfolgt grundsätzlich in einem **zweistufigen Verfahren** nach der Übermittlung der Beschwerdepunkte. Zuerst können die Unternehmen ihre Gegenvorstellungen schriftlich vorlegen. Sodann wird ihnen Gelegenheit gegeben, ihre Angaben mündlich zu erörtern. Der Schwerpunkt liegt auf dem schriftlichen Verfahren. Die mündliche Anhörung ist regelmäßig auf die Erörterung streitiger Fragen beschränkt und gibt den Beteiligten zugleich nochmals Gelegenheit, die für sie wesentlichen Aspekte herauszustellen. Die mündliche Anhörung ist keine mündliche Verhandlung der Sache. Sie wird vom Anhörungsbeauftragten vorbereitet, der Termin und Ablauf bestimmt;[27] dazu sogleich Rn. 13ff.

Die schriftliche Anhörung erfolgt nach Übermittlung der Beschwerdepunkte an die be- **9** schuldigten Unternehmen. Darin teilt die Kommission den Unternehmen im einzelnen die Vorwürfe hinsichtlich der Verletzung von Art. 101/102 AEUV so **präzise** mit, dass die Unternehmen sich dagegen verteidigen können.[28] Die Mitteilungen enthalten üblicherweise nach einer Darstellung der Tatsachen eine rechtliche Würdigung und eventuell Erwägungen zur Bemessung eines Buß- oder Zwangsgelds. Teilweise werden auch belastende Dokumente in Kopie übermittelt. Anders als früher besteht die Möglichkeit, die Mitteilung durch öffentliche Bekanntmachung im Amtsblatt der EU vorzunehmen, nicht mehr.[29]

In der Mitteilung der Beschwerdepunkte setzt die Kommission den Unternehmen eine **10** **Frist** (regelmäßig mindestens vier Wochen; bei einstweiligen Maßnahmen nach Art. 8 eine Woche, vgl. Art. 17 Verfahrensverordnung 773/2004, der auch bestimmt, dass die Fristbemessung sich nach dem für die Ausarbeitung erforderlichen Aufwand, der sich wiederum nach der Komplexität des Einzelfalles bemisst, und der Dringlichkeit des Falles richten

---

[21] Vgl. allgemein zu den Folgen der Verletzung von Verfahrensrechten durch Verfahrensunregelmäßigkeiten EuG, Rs. T-210/01 – *General Electric*, Slg. 2005, II-5575, Rn. 632; Rs. T-279/02 – *Degussa* Slg. 2006, II-897, Rn. 416f.

[22] EuG, Rs. T-161/05 – *Hoechst,* Slg. 2009, II-3555, Rn. 165.

[23] Vgl. EuGH, Rs. C-204/00 P u.a. – *Aalborg Portland A/S u.a.,* Slg. 2004, I-123, Rn. 74–77, 100ff., insb. 117, 131ff.; EuG, Rs. T-24/07 – *ThyssenKrupp,* Slg. 2009, II-2309, Rn. 274; *Kellerbauer,* in: Schröter/Jakob/Klotz/Mederer, Europäisches Wettbewerbsrecht, 2. Aufl. 2014, Art. 27 VO 1/2003, Rn. 40; *Lenaerts,* NZKart 2013, 175 (177).

[24] EuG, Rs. T-286/09 – *Intel,* Urt. vom 12.6.2014, Rn. 627–629, 654.

[25] Kritisch auch *Vandenborre/Goetz,* Journal of European Competition Law and Practice 2014, 648, 652.

[26] EuGH, Rs. C-110/10 P – *Solvay,* Slg. 2011, I-10439, Rn. 59ff.

[27] Näher Art. 10–12 des Mandats des Anhörungsbeauftragten, ABl. 2011 Nr. C 275, S. 29.

[28] EuG, Rs. T-410/03 – *Hoechst,* Slg. 2008, II-881, Rn. 421, 436.

[29] Art. 10 Verfahrensverordnung 773/2004 enthält die früher in Art. 3 II der VO 2842/98 bestehende Möglichkeit zur Publikation nicht mehr.

muss)[30] zur **schriftlichen Stellungnahme;** nur fristgemäß eingegangene Stellungnahmen muss die Kommission beachten, Art. 10 Abs. 2 VO 773/2004. Die Unternehmen müssen nach Art. 10 Abs. 3 VO 773/2004 ihre Angaben und die zweckdienlichen Unterlagen sowohl in schriftlicher als auch in elektronischer Form einreichen. Falls eine elektronische Form nicht möglich ist, sind die schriftlichen Unterlagen in 31-facher Ausfertigung vorzulegen.

11 Ferner dürfen die Unternehmen die Anhörung von Personen durch die Kommission vorschlagen, die die in ihren Ausführungen vorgetragenen Tatsachen bestätigen können. Diese Möglichkeit zur **Benennung von Entlastungszeugen** gehört zwingend zum rechtlichen Gehör, da sie für die Wahrung der Rechte der Verteidigung essentiell ist. Dies muss die Kommission bei der Behandlung solcher Anträge beachten. Solchen Anträgen darf daher nur bei Vorliegen qualifizierter sachlicher Gründe nicht stattgegeben werden, also etwa bei offenkundig fehlender Sachdienlichkeit oder fehlender Entscheidungserheblichkeit. Die Ablehnung darf nicht in das Ermessen der Kommission gestellt sein, zumal die Kommission ihrerseits nahezu beliebig Personen anhören kann. Die prozessuale Waffengleichheit – dieser Grundsatz wurde vom EuGH schon verschiedentlich im Rahmen des rechtlichen Gehörs, insbesondere zur Bestimmung der Reichweite der Akteneinsicht herangezogen[31] – gebietet daher ein grundsätzlich positives Eingehen auf den Antrag der Beschuldigten auf Vernehmung von Entlastungszeugen (s. auch Barthelmeß, Art. 19, Rn. 5).[32]

12 Schließlich können die Beschuldigten auch eine mündliche Anhörung beantragen, die ihnen auf ihren Antrag hin auch gewährt wird, Art. 12 Abs. 1 VO 773/2004. Die Beschuldigten haben ein Recht auf mündliche Anhörung. Das Nähere zum Ablauf der mündlichen Anhörung regelt Art. 14 VO 773/2004 und das Mandat des Anhörungsbeauftragten.

13 Danach wird die mündliche Anhörung in voller Unabhängigkeit und in eigener Verantwortung von einem Bediensteten der Kommission, der hierzu eigens ernannt wurde, nämlich dem **Anhörungsbeauftragen** in nicht öffentlicher Sitzung durchgeführt. Geladen werden zur mündlichen Anhörung neben den Kommissionsdienststellen und nationalen Behörden nicht nur die Beschuldigten selbst, sondern auch eventuelle Beschwerdeführer und Dritte. Der Anhörungsbeauftragte kann die Anhörung durch ein Schema (etwa Anhörung zu den einzelnen Beschwerdepunkten in ihrer Reihenfolge) näher strukturieren; dies verletzt nicht die Verteidigungsrechte, auch wenn dadurch die Gestaltung der Äußerungen der Beteiligten eingeschränkt wird.[33] Bei der Bestimmung von Termin und Dauer durch den Anhörungsbeauftragten ist zu beachten, dass die Beteiligten hinreichend Zeit zur Vorbereitung ihrer Stellungnahmen haben.[34] Alle Anwesenden können Fragen stellen; ihre Ausführungen werden aufgezeichnet und den Teilnehmern gemäß Art. 14 Abs. 8 VO 773/2004 zur Verfügung gestellt. Üblicherweise erfolgen die Erörterungen in Gegenwart aller Geladenen; nur sofern Geschäftsgeheimnisse offen gelegt werden, geschieht die mündliche Anhörung unter Ausschluss der übrigen Beteiligten, vgl. Art. 14 Abs. 6 VO 773/2004. Die ständige Anwesenheit und Beteiligungsmöglichkeit insbesondere der Beschuldigten ist sicherzustellen im Interesse ihrer Rechte auf Verteidigung.[35]

---

[30] Vgl. auch EuG, Rs. T-25/95 u. a. – *Cementeries CBR SA u. a.* Slg. 2000, II-491, Rn. 653. Für umfangreiche und rechtlich schwierige Fälle dürften zwei Monate genügen, vgl. EuGH, Rs. 40/73 u. a. – *Suiker Unie* Slg. 1975, 1663, Rn. 96 ff. EuGH Rs. 27/76 – *United Brands* Slg. 1978, 207 Rn. 270/273.

[31] Vgl. EuG Rs. T-30/91 – *Solvay* Slg. 1995, II-1775, Rn. 83, EuG Rs. T-25/95 u. a. – *Cimenteries CBR SA u. a.* Slg. 2000, II-495, Rn. 143.

[32] Dazu näher *Weiß,* Verteidigungsrechte im EG-Kartellverfahren, 1996, 317 ff., 332 f.

[33] Vgl. EuG, Rs. T-25/95 – *Cementeries CBR SA u. a.* Slg. 2000, II-491, Rn. 663, wonach eine Verletzung nur dann vorliegt, wenn die Betroffenen durch die Organisation der Anhörungen gehindert waren, an diesen teilzunehmen, soweit sie an sie gerichtete Beschwerdepunkte betreffen, oder sich zu diesen Beschwerdepunkten mündlich zu äußern.

[34] Vgl. EuG Rs. T-86/95 – *Compagnie Générale Maritime* Slg. 2002, II-1011, Rn. 464 f.

[35] Vgl. für kontradiktorische Verfahren im Beamtenrecht, EuGH Rs. 141/85 – *Henri de Compte* Slg. 1985, 151, Rn. 16 f.

14 Um die Anhörung gut vorzubereiten und insbesondere den Sachverhalt soweit wie möglich zu klären, kann der Anhörungsbeauftragte gemäß Art. 11 seines Mandats[36] nach Rücksprache mit dem zuständigen Direktor der GD Wettbewerb den zu der Anhörung Geladenen vorher eine Liste der Fragen übermitteln, zu denen eine ausführliche Stellungnahme gewünscht wird. Der Anhörungsbeauftragte kann nach Rücksprache mit dem zuständigen Kommissionsdirektor eine Sitzung zwecks Vorbereitung der Anhörung einberufen, an der die zu der Anhörung Geladenen und gegebenenfalls auch die zuständigen Kommissionsbediensteten teilnehmen. Der Anhörungsbeauftragte kann außerdem von den zu der Anhörung Geladenen verlangen, dass ihm der wesentliche Inhalt der Erklärungen von Personen, deren Anhörung sie vorschlagen, zuvor schriftlich übermittelt wird.

15 Der Anhörungsbeauftragte erstattet dem zuständigen Kommissionsmitglied gemäß Art. 14 seines Mandats **Bericht** über den Ablauf der Anhörung und seine Schlussfolgerungen in Bezug auf die Ausübung nicht nur des Anhörungsrechts, sondern über die Einhaltung der Verfahrensrechts überhaupt. Ferner erstellt der Anhörungsbeauftragte gemäß Art. 16 seines Mandats anhand des Entscheidungsentwurfs, der dem beratenden Ausschuss vorzulegen ist, einen schriftlichen Abschlussbericht über die Wahrung der Verfahrensrechte in jeder Phase des Verfahrens, wobei er auch darauf einzugehen hat, ob der Entscheidungsentwurf ausschließlich Beschwerdepunkte behandelt, zu denen sich die Parteien haben äußern können. Der Abschlussbericht wird dem der Kommission vorgelegten Entscheidungsentwurf beigefügt, damit diese ihre Entscheidung in voller Kenntnis aller sachdienlichen Informationen über den Ablauf des Verfahrens und die Beachtung der Verfahrensrechte treffen kann. Der Abschlussbericht kann von dem Anhörungsbeauftragten im Lichte von Änderungen des Entscheidungsentwurfs bis zum Erlass der Entscheidung durch die Kommission geändert werden. Die Kommission übermittelt dann den Abschlussbericht zusammen mit ihrem Beschluss an die Adressaten. Sie veröffentlicht den Abschlussbericht im Amtsblatt der EU gemeinsam mit dem Beschluss.

16 **c) Beschwerdeführer und Anhörung.** Eventuelle Beschwerdeführer sind nach Art. 27 Abs. 1 Satz 3 der VO 1/2003 **eng** in das Verfahren **einbezogen.** Sie nehmen daher an dem Ermittlungsverfahren, das auf ihre Beschwerde hin zustande kommt teil. Der EuGH hat ihr Recht auf Beteiligung an dem Verfahren festgestellt.[37] Ihnen werden daher die Beschwerdepunkte, die den beschuldigten Unternehmen übersandt wurden, ebenfalls übermittelt, indes in nicht-vertraulicher Fassung. Sie haben dazu binnen einer Frist von grundsätzlich mindestens vier Wochen Stellung zu beziehen. Auf seinen Antrag hin kann der Beschwerdeführer an der mündlichen Anhörung teilnehmen, s. Art. 6 VO 773/2004.

17 Führt die Beschwerde nicht zur Einleitung eines Untersuchungsverfahrens, so teilt die Kommission dem Beschwerdeführer die Gründe hierfür mit und gewährt ihm eine Frist zur Stellungnahme. Diese Mitteilung ist der Mitteilung von Beschwerdepunkten an Beschuldigte vergleichbar.[38] Zur Akteneinsicht in solchen Fällen s. unten Rn. 22. Nach einer Würdigung der Einwände weist die Kommission die Beschwerde durch förmlichen Beschluss zurück, Art. 7 Abs. 2 VO 773/2004. Die Ablehnung seiner Beschwerde löst somit ein Anhörungsrecht für den Beschwerdeführer aus, das aber nur ausnahmsweise sich auch auf eine mündliche Anhörung bezieht. Die verfahrensmäßigen Rechte der Beschwerdeführer gehen nicht so weit wie der Anspruch beschuldigter Unternehmen auf rechtliches Gehör.[39]

---

[36] Vgl. den Beschluss des Präsidenten der Kommission, ABl. 2011 Nr. C 275, S. 29.

[37] Vgl. EuGH, Rs. C-282/95 P – *Guérin,* Slg. 1997, I-1503, Rn. 35 ff. Zur Rechtsstellung des Beschwerdeführers näher *Weiß,* in Terhechte (Hg.), Internationales Kartell- und Fusionskontrollverfahrensrecht, 2008, Rn. 72.175 ff.; *Ritter,* in: Immenga/Mestmäcker (Hg), Wettbewerbsrecht, Band 1. EU/Teil 2, 5. Aufl 2012, Art. 27 VO 1/2003, Rn. 30 ff.

[38] EuG, Rs. T-64/89, Slg. 1990, II-367, Rn. 46 – *Automec.*

[39] EuG a. a. O.

2. Akteneinsicht

18 **a) Bedeutung und Umfang der Akteneinsicht.** Das rechtliche Gehör fordert nicht nur eine Anhörung zu den erhobenen Vorwürfen, sondern **im Interesse einer effektiven Verteidigung** auch die Möglichkeit zur Akteneinsicht. Art. 27 Abs. 2 VO 1/2003 verankert dies in Übereinstimmung mit Art. 41 Grundrechtecharta als Recht der Parteien. Dabei muss sich gemäß dem Wortlaut die Einsicht auf die Akten der Kommission, also auf alle in der zum Verfahren gehörenden Akte enthaltenen Schriftstücke beziehen, nicht nur auf die belastenden, von der Kommission zum Beleg ihres Vorwurfs verwendeten Dokumente, sondern auch auf die in der Akte der Kommission aufzufindenden entlastenden Unterlagen. Sinn der Akteneinsicht ist es auch, den Beschuldigten zu ermöglichen, entlastende Schriftstücke in der Kommissionsakte zu finden.[40] Die Akteneinsicht ist umfassend zu gewähren. Art. 27 Abs. 2 Satz 2 schränkt die Akteneinsicht nicht ein.[41] Diese Regelung wird ergänzt durch Art. 8 und 15 VO 773/2004. Allerdings zählen zur Akte in diesem Sinne nicht unbedingt Schriftstücke, die in Akten zu anderen Kartellverfahren enthalten sind oder über die die Kommission in anderen Bereichen ihrer Tätigkeit verfügt. Auch die Erwiderung Dritter, etwa des Beschwerdeführers oder anderer Beschuldigter auf die Beschwerdepunkte zählt nicht sogleich zur Akte. Maßgeblich dafür ist aber weniger, dass die Akteneinsicht sich auf den Zustand der Akte zum Zeitpunkt der Mitteilung der Beschwerdepunkte bezieht,[42] sondern vielmehr, dass die konkreten Schriftstücke wegen fehlenden Zusammenhangs mit der angefochtenen Entscheidung gegen den betreffenden Kläger nicht für die Verteidigung nützlich sein können. Das bedeutet andererseits, dass wenn die Kommission sich etwa im weiteren Verfahren auf in solchen Erwiderungen enthaltene Angaben stützen will, sie ebenso zugänglich zu machen sind. Das gleiche gilt bei konkreten Hinweisen auf entlastende Angaben.[43] Zu den Folgen einer verweigerten Akteneinsicht s. bereits oben Rn. 7.

19 Die Akteneinsicht gilt vorbehaltlich der **berechtigten Geheimnisschutzinteressen** anderer Unternehmen. Demgemäß nimmt Art. 27 Abs. 2 Satz 3 vertrauliche Informationen von der Akteneinsicht aus. Darüber hinaus werden aber auch noch **interne Schriftstücke** der Kommission[44] und nationaler Behörden (also Entwürfe, Stellungnahmen, Bearbeitungsvermerke, Vorschläge und Anweisungen des bearbeitenden Beamten, aber auch Protokolle über mündlich zugetragene Informationen[45]), insbesondere im Rahmen des Netzwerks der Kartellbehörden erstellte Schreiben von der Akteneinsicht ausgenommen. Das mag zweifelhaft erscheinen, weil dann nicht sichergestellt sein könnte, dass dem Beschuldigten alle belastenden Unterlagen, auf die die Vorwürfe gestützt werden, zugänglich

---

[40] *Kellerbauer,* in: Schröter/Jakob/Klotz/Mederer (Hg.), Europäisches Wettbewerbsrecht, 2. Aufl. 2014, Art. 27 VO 1/2003, Rn. 18. EuG Rs. T-210/01 *General Electric* Slg. 2005, II-5575, Rn. 649 wollte – für ein Verfahren vor Inkrafttreten der VO 1/2003 – bezüglich belastender Unterlagen die Einsicht noch auf die wirklich verwerteten beschränken.

[41] EuGH, Rs. C-204/00 P u. a. – *Aalborg Portland,* Slg. 2004, I-123, Rn. 68. Zur Gebotenheit umfassender Akteneinsicht näher *Weiß,* Verteidigungsrechte im EG-Kartellverfahren, 192 ff., 246 ff., 304 ff. So auch mit Blick auf die Waffengleichheit EuG Rs. T-25/95 – *Cementeries CBR SA u. a.* Slg. 2000, II-491, Rn. 144.

[42] Vgl. *de Bronett,* Europäisches Kartellverfahrensrecht, 2. Aufl 2012, Art. 27, Rn. 26.

[43] Vgl. dazu insgesamt EuG Rs. T-255 u. a. – *Cementeries CBR SA u. a.* Slg. 2000, II-491, Rn. 404 ff.; T-343/06 – *Shell,* Urt. vom 27.9.2012, Rn. 83–86.

[44] Näher zu dieser Kategorie Ziffer 3.1., Rn. 12 ff. der Kommissionsmitteilung zur Akteneinsicht, ABl. 2005 Nr. C 325, S. 9.

[45] *de Bronett,* Europäisches Kartellverfahrensrecht, 2. Aufl 2012, Art. 27, Rn. 26, der sich insoweit im Hinblick auf die Gebote der Verfahrensfairness kritisch zu dieser Einordnung als interne Schriftstücke äußert. *Kellerbauer,* in: Schröter/Jakob/Klotz/Mederer (Hg.), Europäisches Wettbewerbsrecht, 2. Aufl 2014, Art. 27 VO 1/2003, Rn. 22 mit Fn. 125 berichtet unter Hinweis auf den Entwurf der Best Practices Mitteilung von der Absicht der Kommission, eine nicht-vertrauliche Fassung des Protokolls mündlicher Auskünfte offen zu legen. Die Best Practice Mitteilung erwähnt das nunmehr aber nur im Kontext von Kontakten mit Parteien und Dritten, ebda. Rn. 44.

gemacht werden können. Da Art. 27 Abs. 2 Satz 4 jedoch klarstellt, dass alle Informationen, die für den Nachweis einer Kartellrechtsverletzung benötigt werden, dennoch genutzt und offengelegt werden können, sind diese Bedenken im Ergebnis nicht berechtigt.[46] Denn dadurch wird deutlich gemacht, dass ein Schriftstück nur dann gegen ein Unternehmen verwendet werden kann, wenn es diesem offengelegt wurde. Zumindest muss im Interesse der Wahrung der Verteidigungsrechte Art. 27 Abs. 2 Satz 5 dahingehend ausgelegt werden (s. oben Rn. 4). Bezüglich der Dokumente, die aus einem Kronzeugenantrag stammen, beschränkt sich die Kommission auf Aktenzugang nur in den Räumlichkeiten der Kommission und unter der Bedingung, dass die Informationen nicht kopiert und nur für Zwecke der Wettbewerbsverfahren genutzt werden.[47]

Die apodiktische Formulierung von Art. 27 Abs. 2 Satz 5 weckt nur Zweifel hinsichtlich **20** des Schutzes der Geschäftgeheimnisse von Unternehmen; denn auch insoweit ordnet Art. 27 Abs. 2 Satz 5 an, dass dieser der Nutzung und Offenlegung für den Nachweis notwendiger Informationen nicht entgegensteht. Das kann indes auch angesichts des herausgestellten Bekenntnisses zu den Verteidigungsrechten – wozu auch der Schutz der Geschäftsgeheimnisse zählt – in dieser Weise nicht ohne weiteres gelten. Müsste die Kommission zum Nachweis einer Zuwiderhandlung die Geschäftgeheimnisse anderer Unternehmen einem Beschuldigten offen legen, so steht grundsätzlich der **Schutz der Geschäftsgeheimnisse der Offenlegung und damit der Nutzung als Beweismittel** vor. Somit sind Schriftstücke nur dann als Beweismittel verwertbar, wenn diese auch offengelegt werden können. Widerspräche dies dem Schutz der Vertraulichkeit oder der Geschäftsgeheimnisse, darf der Vorwurf nicht auf diese Schriftstücke gestützt werden; sie dürften im Verfahren keine weitere Verwendung finden (s. näher unten Rn. 24).

b) Durchführung der Akteneinsicht. Die Akteneinsicht durch beschuldigte Un- **21** ternehmen ist in Art. 15 der Verfahrensverordnung 773/2004 geregelt. Danach erhalten die Beschuldigten nach der Mitteilung der Beschwerdepunkte Akteneinsicht. Die Kommission ist gemäß ihrer **Best Practice Mitteilung** aber dazu übergegangen, schon in der Untersuchungsphase, und damit vor Mitteilung der Beschwerdepunkte Schlüsseldokumente wie etwa eine Beschwerde den Parteien zugänglich zu machen.[48] Im Falle von Vergleichsverhandlungen nach Art. 10a VO 773/2004 legt die Kommission die Beweise und Unterlagen nach Art. 10a Abs. 2 VO 773/2004 auf Antrag offen; die Unternehmen verpflichten sich dann, auf Akteneinsicht zu verzichten, wenn die Vergleichsausführungen in der Mitteilung der Beschwerdepunkte wiedergegeben sind, Art. 15 Abs. 1a VO 773/2004.

Interne Unterlagen, Geschäftsgeheimnisse und Korrespondenz mit nationalen Wettbe- **22** werbsbehörden sind von der Akteneinsicht **ausgenommen,** es sei denn sie sind zum Nachweise einer Zuwiderhandlung erforderlich. Denn Beweismaterial darf Beschuldigten nicht vorenthalten werden (s. oben Rn. 19f.).[49] In der Praxis stellt sich das Problem, dass bei komplexen Verfahren die Frist zur schriftlichen Stellungnahme auf die Beschwerdepunkte (Rn. 10), in der auch die Sichtung der Kommissionsakte erfolgen muss, nicht genügt.

Akteneinsicht steht nach Art. 8 VO 773/2004 der Kommission auch **Beschwerdefüh- 23 rern** offen, also solchen Unternehmen, die in einer Beschwerde Kartellrechtsverstöße anderer Unternehmen angezeigt hatten. Die Beschwerdeführer können nach der Mitteilung

---

[46] In außergewöhnlichen Fällen war schon nach alter Rechtslage die Einsicht in Interna möglich, EuG Rs. T-236/01 – *Tokai Carbon* Slg. 2004, II-1181, Rn. 40f.

[47] Rn. 6, 33, 34 der Mitteilung der Kommission über den Erlaß und die Ermäßigung von Geldbußen in Kartellsachen, ABl. 2006 Nr C 298, S. 17. S. auch *Kellerbauer,* in Schröter/Jakob/Klotz/Mederer (Hg.), Europäisches Wettbewerbsrecht, 2. Aufl 2014, Art. 27 VO 1/2003, Rn. 19.

[48] *Lübking/von Koppenfels,* Effektive Durchsetzung des EU-Wettbewerbsrechts und Verfahrensgarantien, in: Immenga/Körber (Hrsg.), Die Kommission zwischen Gestaltungsmacht und Rechtsbindung, 2012, 59 (74).

[49] EuG Rs. T-255 u. a. – *Cementeries CBR SA u. a.* Slg. 2000, II-491, Rn. 143f. Vgl. für weitere Details auch die Mitteilung der Kommission über die Akteneinsicht, ABl. 2005, Nr. C 325, S. 3.

durch die Kommission, dass ihre Beschwerde abgewiesen wird, Einsicht in die Unterlagen, und zwar wohl in alle, fordern, wiederum mit Ausnahme vertraulicher Unterlagen und von Geschäftsgeheimnissen. Nicht unproblematisch ist aber die Gefahr, dass die Beschwerdeführer auf diese Weise Informationen erhalten, die sie auch für andere Zwecke nutzen. Das will Art. 8 Abs. 2 Verfahrensverordnung zwar verbieten, doch ist das bloße Verbot wenig durchsetzungsfähig. Es fehlt an effektiven Sanktionen eines Missbrauchs erlangter Information. Hier wäre eine Nachbesserung wünschenswert, etwa durch eine Verpflichtung der Mitgliedstaaten, einen Missbrauch unter Strafe zu stellen. Wird die Beschwerde aufgegriffen und eine Mitteilung der Beschwerdepunkte versandt, kommt den Beschwerdeführern ein Akteneinsichtsrecht nicht zu; sie erhalten nur eine nicht-vertrauliche Fassung der Beschwerdepunkte, Art. 6 VO 773/2004.

III. Schutz der Geschäftsgeheimnisse

1. Die Bedeutung des Schutzes von Geschäftsgeheimnissen

24 Der Mitteilung von Beweismitteln an beteiligte Unternehmen und der Publikation von Verfahrensunterlagen und abschließenden Entscheidungen können die berechtigten Interessen von beteiligten oder dritten Unternehmen an der Wahrung ihrer Geschäftsgeheimnisse entgegenstehen. Die VO 1/2003 will diese Interessen gewahrt sehen. Sie enthält Bestimmungen zum Schutz von Geschäftsgeheimnissen bei der Akteneinsicht (Art. 27 Abs. 2), bei der Veröffentlichung von beabsichtigten Verpflichtungszusagen nach Art. 9 VO 1/2003 und Nichtanwendbarkeitsfeststellungen nach Art. 10 VO 1/2003 (Art. 27 Abs. 4) als auch bei der Veröffentlichung abschließender Entscheidungen (Art. 30 Abs. 2) und bei der Publizierung der Stellungnahme des beratenden Ausschusses (Art. 14 Abs. 6) und der Übermittlung des Anhörungsprotokolls (Art. 14 Abs. 8 VO 773/2004). Dasselbe gilt für die weiteren Durchführungsbestimmungen, vgl. etwa Art. 17 Abs. 3 Mandat des Anhörungsbeauftragten.

25 Diese Bestimmungen sind von großer Bedeutung, da nur so sichergestellt werden kann, dass Unternehmen nicht ihre Konkurrenten anschwärzen, um im Laufe der Ermittlungsverfahren Kenntnisse über deren Geschäftsgeheimnisse zu erhalten. Es besteht die Gefahr, dass der Zweck der kartellrechtlichen Verfahren, Verletzungen des Wettbewerbsrechts zu ahnden, bei einem nicht **streng gehandhabten Schutz von Geschäftsgeheimnissen** geradezu in sein Gegenteil verkehrt würde: Die Ermittlungen würden dazu führen, den Wettbewerb durch Offenlegung von Geschäftsgeheimnissen zu schwächen und dadurch rechtmäßig erlangte Wettbewerbsvorteile entwerten. Dennoch vertrat die Kommission bereits früher die Auffassung, zum Zwecke des Nachweises eines Kartellverstoßes könnten Geschäftsgeheimnisse offen gelegt werden.[50] Der EuGH bekannte sich bereits in seiner Rechtsprechung zur alten VO 17/62 zu einem absoluten Schutz der Geschäftsgeheimnisse (nicht aber anderer vertraulicher Informationen) vor Offenlegung, auch wenn die Geschäftsgeheimnisse als Beweismittel notwendig waren und daher dem beschuldigten Unternehmen offen zu legen waren, weil anders der Nachweis eines Kartellverstoßes nicht geführt werden kann.[51] Dennoch besteht Raum für eine Abwägung des öffentlichen Interesses an Abstellung der Zuwiderhandlung gegenüber dem privaten Interesse an Wahrung der Geschäftsgeheimnisse, da beide Interessen Primärrang haben und Verfahren denkbar

---

[50] So etwa im 18. Wettbewerbsbericht der Kommission, Tz. 43. Vgl. jetzt die 14. Begründungserwägung zur VO 773/2004 wo die Kommission die Ansicht äußert, dass falls Geschäftsgeheimnisse zum Nachweis einer Zuwiderhandlung erforderlich seien, die Kommission das Interesse am Schutz gegen das Interesse an der Beendigung der Zuwiderhandlung abzuwägen habe.

[51] EuGH Rs. 53/85 – *Akzo* Slg. 1986, 1965 Rn. 28. Vgl. auch EuGH Rs. 85/76 – *Hoffmann LaRoche* Slg. 1979, 461 Rn. 14; zum Antidumpingrecht EuGH Rs. 264/82 – *Timex* Slg. 1985, 849 Rn. 30. Zum absoluten Schutz der Geschäftsgeheimnisse näher auch *Weiß,* Verteidigungsrechte im EG-Kartellverfahren, 1996, S. 304 ff.

sind, die beiden Interessen dienen, etwa eine Offenlegung im Wege einer nicht-vertraulichen Zusammenfassung oder eine Einsichtgewährung nur an die Anwälte.[52] Die strikte Geheimhaltung der Geschäftsgeheimnisse, die der EuGH fordert, wird flexibleren Ansätzen nicht gerecht und lässt sich weder mit Sekundär- noch mit Primärrecht rechtfertigen. Man könnte allenfalls erwägen, ob sich die Rechtslage nunmehr geändert hat wegen der neuen und erstmaligen Betonung der vollen Achtung der Verteidigungsrechte, die (vgl. oben Rn. 4) dahin gewertet werden muss, dass die Verteidigungsrechte nicht gegen die Effizienz der Kartellrechtsdurchsetzung ausgespielt werden dürfen. Doch kann man hier dieses Argument nicht heranziehen wegen des relativ klaren Wortlauts des Art. 27 Abs. 2 a.E. VO 1/2003, der eine Durchbrechung des Geheimnisschutzes – allerdings nicht auf Kosten der Verteidigungsrechte – ermöglicht. Hier stellt sich kein Widerspruch zwischen den Verteidigungsrechten und dem Schutz der Geschäftsgeheimnisse ein, da die Durchbrechung gerade in Offenlegung der Geschäftsgeheimnisse an die Beschuldigten zur Wahrung ihrer Verteidigungsrechte erfolgt. Anders ist es allerdings, wenn der Beschwerdeführer durch Akteneinsicht Kenntnis von den Geschäftsgeheimnissen des angeschwärzten Konkurrenten nehmen will. Dies ist in der Tat strikt zu unterbinden. Die flexiblere Auffassung der Kommission ist daher der strengen Auffassung des EuGH vorzuziehen.

Als Geschäftsgeheimnisse müssen daher alle Angaben und Daten gesehen werden, die von **wirtschaftlichem Wert** und nicht allgemein bekannt sind. **26**

2. Insbesondere: Akteneinsicht und Geschäftsgeheimnisse

Aus Art. 27 Abs. 2 folgt, dass die **berechtigten Interessen** von Unternehmen an der Wahrung ihrer Geschäftsgeheimnisse bei der Gewährung der Akteneinsicht beachtet werden müssen. Das Akteneinsichtsrecht findet hier seine Grenze; die dadurch herbeigeführte Nichtverwertbarkeit beschränkt dann die Nutzbarkeit der schutzwürdigen Informationen zum Zwecke des Nachweises eines Kartellverstoßes (s. aber Rn. 24). Der Schutz der Geschäftsgeheimnisse und sonst vertraulicher Angaben gelangt auch in anderen Regelungen der VO 1/2003 zum Ausdruck. So ist bei der Veröffentlichung der Stellungnahme des Beratenden Ausschusses ebenfalls den Geschäftsgeheimnissen Rechnung zu tragen, Art. 14 Abs. 6. **27**

Die näheren Details des Schutzes der Geschäftsgeheimnisse regelt Art. 16 VO 773/2004. Danach werden Unterlagen, insoweit sie Geschäftsgeheimnisse und vertrauliche Angaben enthalten, von der Kommission nicht mitgeteilt oder zugänglich gemacht. Machen Unternehmen Erklärungen, so kann die Kommission verlangen, dass die Unternehmen die Geschäftsgeheimnisse kenntlich machen. Die Unternehmen sind dazu und zur Abgabe nichtvertraulicher Zusammenfassungen ohnehin **verpflichtet** nach Art. 16 Abs. 2 und werden dies schon aus eigenem Interesse tun. Die Kommission kann den Unternehmen auch eine Frist (von mindestens zwei Wochen, so Art. 17 Abs. 3 VO 773/2004) setzen, binnen der die Unternehmen die Gründe für das Vorliegen eines Geschäftsgeheimnisses angeben müssen oder nicht vertrauliche Zusammenfassungen vorlegen müssen. Halten die Unternehmen sich nicht an ihre Verpflichtungen, darf die Kommission davon ausgehen, dass keine Geschäftsgeheimnisse vorliegen, so Art. 16 Abs. 4 VO 773/2004. Allerdings besteht unabhängig von einer durch den Fristablauf ermöglichten Offenlegung mitgeteilter Angaben eine Pflicht der Kommission von Amts wegen, Geschäftsgeheimnisse nicht zu verletzen (Art 16 Abs. 1 VO 773/2004). Kann die Kommission somit von sich aus erkennen, dass sensible Daten mitgeteilt wurden, kann sie sich nicht auf den Fristablauf berufen, um sich aus einer denkbaren Haftung zu befreien. **28**

---

[52] Vgl. etwa EuG Rs. T-210/01 *General Electric* Slg. 2005, II-5575, Rn. 631, 650 ff. Näher dazu *Kellerbauer,* in Schröter/Jakob/Klotz/Mederer, Europäisches Wettbewerbsrecht, 2. Aufl 2014, Art. 27 VO 1/2003, Rn. 24; *Weiß,* Die Verteidigungsrechte im EG-Kartellverfahren, 1996, S. 272, 315. Für Abwägung auch *de Bronett,* Europäisches Kartellverfahrensrecht, 2. Aufl. 2012, Art. 27, Rn. 28 f.; *Kerse/Khan,* EC Antitrust Procedure, Rn. 4–036 f.

29 Kommt es über die Frage des Vorliegens von Geschäftsgeheimnissen zu Meinungsverschiedenheiten zwischen den Unternehmen und der Kommission, so findet das bewährte Verfahren Anwendung, das den von einer Offenlegung betroffenen Unternehmen ein Anhörungsrecht gewährt. Beabsichtigt die Kommission, Informationen offen zu legen, die von dem Unternehmen, das sie vorgelegt hat, als vertraulich angesehen werden, unterrichtet die Kommission zunächst das Unternehmen davon schriftlich unter Angabe von Gründen, wobei sie eine Frist von mindestens zwei Wochen setzt, innerhalb deren das Unternehmen sich schriftlich dazu äußern kann. Hält das Unternehmen seinen Einwand gegen die Offenlegung der Informationen aufrecht, entscheidet der Anhörungsbeauftragte. Erkennt er keine Gründe für das Vorliegen von Geschäftsgeheimnissen, erlässt die Kommission einen dem betreffenden Unternehmen **zuzustellenden Beschluss über die Offenlegung der betreffenden Informationen.**[53] Es liegt dann an dem Unternehmen, gegen diesen Beschluss im Klagewege vorzugehen, unter Umständen im Wege einstweiligen Rechtsschutzes (Aussetzung des Vollzugs nach Art. 278 AEUV). Dieses Verfahren war ausdrücklich in Art. 17 des Entwurfs von VO 773/2004[54] geregelt worden; diese Regelung wurde aber nicht Bestandteil der inkraftgetretenen Fassung.

IV. Beteiligung Dritter

1. Anhörungen nach Art. 27 Abs. 3

30 Art. 27 Abs. 3 ermöglicht der Kommission die Anhörung von Dritten, also von Zeugen und Sachverständigen, im Verfahren. Dies können natürliche oder juristische Personen sein. Damit führt die VO 1/2003 die schon nach Art. 19 Abs. 2 der VO 17/62 bestehende Möglichkeit weiter.

31 Anregungen und Vorschläge zur Anhörung Dritter können ferner von den **nationalen Wettbewerbsbehörden** kommen (Art. 27 Abs. 3 Satz 3), darüber hinaus von den beschuldigten Unternehmen oder -vereinigungen (das ist Bestandteil ihres Rechts auf rechtliches Gehör, s. oben Rn. 5) und von interessierten Dritten, die sich selbst äußern möchten und ein ausreichendes Interesse nachweisen (Art. 27 Abs. 3 Satz 2).

32 Die Anhörung interessierter Dritter ist in Art. 13 VO 773/2004 näher geregelt, der insoweit der früheren Rechtslage nach Art 9 VO 2842/98[55] weitgehend nachgebildet ist. Allerdings ist in VO 773/2004 explizit vorgesehen, dass die Kommission die Dritten bei der mündlichen Anhörung laden kann. Die Anhörung ist also nicht immer auf eine schriftliche Stellungnahme beschränkt. Damit ist auch bezüglich interessierter Dritter ein zweistufiger Anhörungsprozess (erst schriftliche Stellungnahme, dann mündliche Anhörung) möglich. Hinsichtlich der Frist, die die Kommission interessierten Dritten für ihre Stellungnahme setzt, enthält die VO 773/2004 weder in Art. 13 noch in Art. 17 eine nähere Festlegung.

33 Das von den interessierten Dritten nachzuweisende ausreichende Interesse liegt vor, wenn ein **wirtschaftliches oder rechtliches Interesse von dem Kartellrechtsverstoß** oder zumindest dem Ergebnis des Verfahrens betroffen sein kann. Das bloße Interesse an der Klarstellung der Rechtslage und an der Durchsetzung des Rechts genügt nicht.[56] Ein Beschwerdeführer hat stets dieses ausreichende Interesse.[57] Ob das ausreichende Interesse vorliegt, wird vom Anhörungsbeauftragen zusammen mit dem zuständigen Direktor der GD Wettbewerb entschieden, vgl. Art. 5 des Mandats des Anhörungsbeauftragten. Falls der Antragsteller nach ihrer Ansicht kein ausreichendes Interesse an einer Anhörung dargetan

---

[53] Vgl. Art. 8 des Mandats des Anhörungsbeauftragten.
[54] ABl. 2003, Nr. C 243, S. 3.
[55] ABl. 1998, Nr. L 354, S. 18.
[56] *Kerse/Khan,* EC Antitrust Procedure, Rn. 4–007.
[57] *Kerse/Khan,* EC Antitrust Procedure, Rn. 4–006.

hat, werden ihm die Gründe hierfür schriftlich mitgeteilt. Gleichzeitig wird ihm eine Frist zur Mitteilung etwaiger weiterer schriftlicher Bemerkungen gesetzt.

2. Stellungnahmen nach Art. 27 Abs. 4

Art. 27 Abs. 4 der VO 1/2003 regelt die Anhörung interessierter Dritter in den Fällen, in denen die Kommission beabsichtigt, einen Beschluss nach Art. 9 oder 10 VO 1/2003, also eine Verbindlicherklärung einer Verpflichtungszusage oder eine Nichtanwendungsfeststellung zu erlassen. Diese beiden Fälle betreffen für die Betroffenen **positive Entscheidungen,** so dass in besonderer Weise **Transparenz herzustellen** ist. Dafür ist vorgesehen, dass die Kommission zuvor den Fall und den wesentlichen Inhalt der Zusagen und Bewertungen im Amtsblatt, Teil C, publiziert und dadurch interessierten Dritten ermöglicht, Erklärungen binnen einer Frist von mindestens einem Monat abzugeben. Bei der Veröffentlichung sind wiederum die Geschäftsgeheimnisse zu wahren, so dass die Kommission insoweit betroffenen Unternehmen vor der Veröffentlichung den Entwurf der Mitteilung zusendet, um sie dazu anzuhören (dazu oben Rn. 28). Die Regelung des Art. 27 Abs. 4 entspricht dem früheren Art. 19 Abs. 3 VO 17/62. **34**

Wer in solchen Fällen als interessierter Dritter anzusehen ist, ist weder in Art. 27 Abs. 4 geregelt noch in der Durchführungsordnung spezifiziert. In Art. 13 VO 773/2004 ist für die Anhörung Dritter allgemein vorgesehen, dass diese ein ausreichendes Interesse darlegen müssen; das bezieht sich auf die Anhörung nach Art. 27 Abs. 3 Satz 2 VO 1/2003. Die Anhörung nach Art. 27 Abs. 3 Satz 2 VO 1/2003 ist von der nach Art. 27 Abs. 4 indes zu unterscheiden. Denn durch die Stellungnahmen, die die Kommission nach Art. 27 Abs. 4 erhält, werden die interessierten Dritten **nicht** zu am Verfahren Beteiligten; sie erhalten zu ihrer Eingabe keinen Bescheid und erwerben keine verfahrensrechtliche Stellung.[58] Zweck jener Stellungnahmemöglichkeit ist, die Kommission von Umständen, die ihr eventuell entgangen waren, die aber für die kartellrechtliche Bewertung wesentlich sein können, in Kenntnis zu setzen und insbesondere Verpflichtungszusagen zuvor am Markt zu testen, die dann gegebenenfalls im Lichte der Eingaben geändert werden.[59] Will ein interessierter Dritter darüber hinausgehend nicht nur eine Stellungnahme zu den publizierten Angaben abgeben, sondern zum Fall angehört werden, muss er gemäß Art. 27 Abs. 3 Satz 2 seine Anhörung beantragen und ein ausreichendes Interesse belegen. Daher ist der Begriff des interessierten Dritten im Sinne von Art. 27 Abs. 4 nicht so zu verstehen, dass er ein ausreichendes Interesse forderte. Interessierter Dritter ist vielmehr jeder, der eine Stellungnahme, aus welchen Gründen auch immer, abgibt. **35**

Die Nutzung der Beteiligungsmöglichkeit nach Art. 27 Abs. 4 VO 1/2003 ist wichtig für den späteren gerichtlichen Rechtsschutz gegen die abschließende Kommissionsentscheidung, da eine Nichtigkeitsklage gemäß Art. 263 Abs. 4 AEUV nur **unmittelbar** und **individuell Betroffenen** zusteht. Durch die Nutzung der Möglichkeit des Art. 27 Abs. 4 kann ein Unternehmen eine Stellung als individuell Betroffener erlangen.[60] **36**

V. Bewertung

Trotz der ausdrücklichen Regelung des **Respekts vor den Verteidigungsrechten in Art. 27 Abs. 2** und einiger erfreulicher Klarstellungen in der Verfahrensverordnung der Kommission bleibt die Bestimmung des Art. 27 wie die gesamte VO 1/2003 im Hinblick auf die Gewährleistung von Verteidigungsrechten insgesamt gesehen insoweit hinter dem rechtsstaatlich Wünschenswerten zurück, auch wenn die Kommission versucht, im Wege des soft **37**

---

[58] *de Bronett,* Europäisches Kartellverfahrensrecht, 2. Aufl 2012, Art. 27, Rn. 43.

[59] *Ritter,* in: Immenga/Mestmäcker (Hg.), Wettbewerbsrecht, Band 1. EU/Teil 2, 5. Aufl 2014, Art. 27 VO 1/2003, Rn. 59.

[60] Vgl. EuGH, Rs. C-70/97, Slg. 1998, I-7183, Rn. 43; *Pechstein,* EU-Prozessrecht, 4. Aufl 2011, Rn. 501.

law, durch Aufwertung der Stellung des Anhörungsbeauftragten und Modifikationen im Verfahren gemäß der Best Practice Mitteilung den Verfahrensrechten mehr Respekt entgegenzubringen. Die textuellen Fortschritte der Verordnungen können nicht verbergen, dass der Rat im verbindlichen Regelwerk der VO 1/2003 die Rechtsstellung der Betroffenen im Verfahren nur insoweit verankert hat, wie es die Rechtsprechung des EuGH fordert. Eine Verbesserung ist nicht erfolgt. Der Erlass der VO 1/2003 wurde genutzt, um die Ermittlungsbefugnisse der Kommission auszuweiten und neue Befugnisse einzuführen (Art. 19), ohne aber die Verteidigungsrechte konkret zu verbessern. Schmerzlich zu vermissen ist insbesondere ein Aussageverweigerungsrecht für die Beschuldigten und ein Recht, Selbstbelastungen zu verweigern, das auch von der Rechtsprechung bisher verweigert wird.[61]

Art. 28. Berufsgeheimnis

(1) **Unbeschadet der Artikel 12 und 15 dürfen die gemäß den Artikeln 17 bis 22 erlangten Informationen nur zu dem Zweck verwertet werden, zu dem sie eingeholt wurden.**

(2) [1]**Unbeschadet des Austauschs und der Verwendung der Informationen gemäß den Artikeln 11, 12, 14, 15 und 27 sind die Kommission und die Wettbewerbsbehörden der Mitgliedstaaten und ihre Beamten, ihre Bediensteten und andere unter ihrer Aufsicht tätigen Personen sowie die Beamten und sonstigen Bediensteten anderer Behörden der Mitgliedstaaten verpflichtet, keine Informationen preiszugeben, die sie bei der Anwendung dieser Verordnung erlangt oder ausgetauscht haben und die ihrem Wesen nach unter das Berufsgeheimnis fallen.** [2]**Diese Verpflichtung gilt auch für alle Vertreter und Experten der Mitgliedstaaten, die an Sitzungen des Beratenden Ausschusses nach Artikel 14 teilnehmen.**

Übersicht

Einleitung

1 Art. 28 befasst sich in seinen beiden Absätzen mit unterschiedlichen, aber zusammenhängenden Regelungsgegenständen, die beide durch die Artikelüberschrift „Berufsge-

[61] Dazu näher Art. 4, Rn. 29.

heimnis" schlecht umschrieben werden (vgl. Rn. 2 und 17). Art. 28 Abs. 1 beschränkt die Verwertungsmöglichkeiten von mittels der VO 1/2003 eingeholten Informationen. Abs. 2 befasst sich mit der Pflicht zur Amtsverschwiegenheit, also der Behandlung vertraulicher Informationen – insbesondere von Geschäftsgeheimnissen – im kartellrechtlichen Verfahren. Die beiden Regelungen überschneiden sich zum Teil, u.a. insofern, als sich aus dem Verbot der Offenlegung vertraulicher Informationen auch Einschränkungen hinsichtlich deren Verwertung ergeben.

A. Art. 28 Abs. 1 (Verwertungsbeschränkung)

I. Sinn und Zweck der Regelung

Art. 28 Abs. 1 beschränkt die **Verwertungsmöglichkeiten** der im Rahmen von Er- 2
mittlungsmaßnahmen nach dem fünften Kapitel der VO 1/2003 (Art. 17–22) erzielten Informationen. Die Norm ist eine **Ausprägung des** zu den allgemeinen Grundsätzen des Gemeinschaftsrechts[1] zählenden **Gebots der Wahrung der Verteidigungsrechte**[2] der betroffenen Unternehmen und Unternehmensvereinigungen im Hinblick auf den jeder Ermittlungsmaßnahme (jedenfalls potentiell) anhaftenden Eingriffscharakter. Die Einschränkung hinsichtlich der spezielleren Vorschriften der Art. 12 und 15 lässt im Interesse des Funktionierens der Zusammenarbeit im Netz der Europäischen Wettbewerbsbehörden (*European Competition Network* – ECN) und zur Stärkung der dezentralen Anwendung der Wettbewerbsvorschriften einen Informationsaustausch zwischen den Wettbewerbsbehörden untereinander (Art. 12) und zwischen den Wettbewerbsbehörden und den nationalen Gerichten (Art. 15) zu.[3] Die Artikelüberschrift **„Berufsgeheimnis"** ist im Hinblick auf den Anwendungsbereich des Abs. 1 unpassend. Passender wäre die Bezeichnung „Verwertungsbeschränkung" oder „Zweckbindung erlangter Informationen".

II. Praktische Bedeutung

Die praktische Bedeutung der Vorschrift des Art. 28 Abs. 1 liegt zum einen im Bereich 3
der Behandlung von **Zufallsfunden,** d.h. der Behandlung von Informationen, die im Rahmen von Ermittlungshandlungen, insbesondere von Nachprüfungen, erlangt wurden, aber nicht von dem Gegenstand und Zweck der Ermittlungsmaßnahme erfasst werden (s. Rn. 10). Daneben ist die Bestimmung von Bedeutung in Fällen, in denen kartellrechtlich relevante Sachverhalte auch Anlass für anderweitige zivilrechtliche oder behördliche Verfahren (etwa Steuer- oder Strafverfahren) geben, und die Frage entschieden werden muss, inwieweit die von der Wettbewerbsbehörde ermittelten Informationen diesbezüglich einem **Weiterleitungsverbot** unterliegen (s. Rn. 11f.). Schließlich ist die Vorschrift, zumeist im Zusammenspiel mit dem Abs. 2, für die Frage von Bedeutung, unter welchen Voraussetzungen Dritte **Zugang zu Dokumenten** der Kommissionakte haben. Für die private Durchsetzung von Schadensersatzansprüchen wegen einer Verletzung der Art. 101 und 102 AEUV, insbesondere in sog. *Follow-on* Verfahren (d.h. dem Erlass einer behördlichen Entscheidung folgenden privaten Schadensersatzklagen), hat dies regelmäßig Bedeutung, wenn Dritte auf der Grundlage der Verordnung über den Zugang der Öffentlichkeit zu Dokumenten der Organe der EU[4] Zugang zu Informationen in der Kommissionsakte begehren (s. Rn. 16 und 31).

---

[1] S. die Erläuterungen hierzu in Art. 20, Rn. 11.
[2] S. hierzu allg. Art. 20, Rn. 13 und dort Fn. 53.
[3] Vgl. die Kommentierungen zu Art. 12 und Art. 15 sowie nachfolgend Rn. 7 f.
[4] VO (EG) Nr. 1049/2001 des Europäischen Parlaments und des Rates vom 30. Mai 2001 über den Zugang der Öffentlichkeit zu Dokumenten des Europäischen Parlaments, des Rates und der Kommis-

III. Tatbestand

1. Betroffene Informationen

4 Art. 28 Abs. 1 verweist hinsichtlich der Verwertungsbeschränkung auf Informationen, die durch Ermittlungsmaßnahmen nach Art. 17–22 erlangt wurden. In den Schutzbereich des Art. 28 Abs. 1 fallen damit neben im Rahmen von Nachprüfungen und Auskunftsersuchen erhaltenen Informationen insbesondere auch **im Rahmen eines Antrags auf Kronzeugenbehandlung** abgegebene mündliche Erklärungen nach Art. 19 (*leniency statements,* vgl. hierzu Art. 19, Rn. 3 und nachfolgend Rn. 7). Darüber hinaus können auch im Rahmen eines Ermittlungsverfahrens anderweitig eingeholte Informationen einer Verwertungsbeschränkung unterfallen, insbesondere **freiwillig übermittelte vertrauliche Informationen.**[5] Dies ergibt sich zum einen daraus, dass Art. 28 Abs. 1 eine Ausprägung des allgemeinen Gebots der Wahrung der Verteidigungsrechte ist (vgl. Rn. 2), zum anderen aus dem Gebot der Amtsverschwiegenheit (Art. 28 Abs. 2). Hinsichtlich **unrechtmäßig erworbener Informationen** besteht hingegen nicht nur eine Verwertungsbeschränkung nach Art. 28 Abs. 1; der EuGH hat vielmehr wiederholt klargestellt, dass die Kommission überhaupt daran gehindert ist, unrechtmäßig erworbene Informationen zu Lasten eines Unternehmens zu verwerten.[6]

5 Nicht erfasst werden Informationen, die mitgliedstaatliche Wettbewerbsbehörden in rein nationalen Verfahren erlangen, selbst wenn diese Verfahren (vermutete) Wettbewerbsverstöße nach Art. 101 und 102 AEUV zum Gegenstand haben.[7]

6 Der Schutz des Abs. 1 steht zur **Disposition** der betroffenen Unternehmen, die damit generell oder hinsichtlich bestimmter Informationen auf die Geltung des Verwertungsverbotes verzichten können. Dies folgt aus den geschützten Rechtsgütern, dem Schutz von vertraulichen Informationen und der Wahrung der Verteidigungsrechte.[8]

2. Adressatenkreis

7 Art. 28 Abs. 1 benennt keine konkreten Adressaten der darin enthaltenen Verwendungsbeschränkung. Nachdem er aber ausdrücklich auf die gemäß Art. 17–22 erlangten Informationen Bezug nimmt, richtet er sich in erster Linie an die gemäß diesen Vorschriften ermittelnden Behörden, also die Kommission und im Fall des Art. 22 die mitgliedstaatlichen Wettbewerbsbehörden.[9] Mit Blick auf die **dezentrale Anwendung der Art. 101 und 102 AEUV** ist der **Kreis der (potenziellen) Empfänger** der erlangten Informationen durch die spezielleren und Art. 28 Abs. 1 vorgehenden Vorschriften der Art. 12 und Art. 15 jedoch **erweitert.** Dementsprechend enthält zumindest Art. 12 in Abs. 2 eine eigene, allerdings weniger eng gefasste Verwendungsbeschränkung. Im Ergebnis lässt Art. 28 Abs. 1 i. V. m. Art. 12 die Verwertung der betroffenen Informationen durch sämtliche Mitglieder des Netzes der Wettbewerbsbehörden zu – allerdings nur zu den in Art. 12 Abs. 2 genannten Zwecken (Verfolgung von Verstößen gegen Art. 101 und 102 AEUV oder

---

sion, ABl. 2001 L 145/43. Die Verordnung basiert auf dem in Art. 255 EG (jetzt Art. 15 Abs. 3 AEUV) vorgesehen Recht von Unionsbürgern auf Zugang zu Dokumenten der Organe der EU.

[5] Ebenso *de Bronett,* Art. 28, Rn. 3; *Sura* in: Langen/Bunte, Art. 28, Rn. 3; *Ritter* in: Immenga/Mestmäcker, Art. 28, Rn. 3; differenziert *Miersch* in: Dalheimer/Feddersen/Miersch, Art. 28, Rn. 3.

[6] Beschlüsse des Präsidenten des EuGH vom 26.3.1987, Rs. 46/87 – *Hoechst/Kommission* Slg. 1987, S. 1549 Rn. 34; vom 28.10.1987, Rs. 85/87 – *DOW Chemical Nederland/Kommission* Slg. 1987, S. 4367, Rn. 17.

[7] Zur Situation nach deutschem Recht, vgl. *Werner* in: Wiedemann, Handbuch des Kartellrechts, § 52, Rn. 43 f.

[8] Vgl. EuGH U. v. 17.10.1989, Rs. 85/87 – *DOW Benelux NV/Kommission* Slg. 1989, S. 3137, Rn. 19; so i. E. auch *Lampert/Niejahr/Kübler/Weidenbach,* EG-KartellVO, Art. 28, Rn. 564; *Sura* in: Langen/Bunte, Art. 28, Rn. 2.

[9] *Gussone/Michalczyk,* EuZW 2011, 130, 133.

nationale Parallelvorschriften).[10] Entgegen dem Wortlaut des Art. 12, auf den Abs. 1 ohne Einschränkung verweist, werden nach der Netzbekanntmachung der Kommission[11] bei einem Antrag auf **Kronzeugenbehandlung** freiwillig nach Art. 19 gemachte Aussagen einem anderen Netzmitglied allerdings grundsätzlich nur mit dem Einverständnis des Antragstellers übermittelt (Rn. 40 der Netzbekanntmachung).[12]

Weiterhin vom Verwertungsverbot des Art. 28 Abs. 1 ausgenommen ist die **Weiterleitung** von Informationen **an nationale Gerichte** zur Verwendung im Rahmen von Verfahren nach Art. 101 oder 102 AEUV (vgl. Art. 15 Abs. 1). Neben diesem Hinweis auf den Verfahrensgegenstand enthält Art. 15 allerdings keine konkretere Regelung hinsichtlich der möglichen Verwertung der an ein Gericht übermittelten Informationen, was unter dem Aspekt des Vertraulichkeitsschutzes nach Art. 28 Abs. 2 nicht unbedenklich ist. Die Kommission hat sich deshalb eine Selbstbeschränkung auferlegt, wonach sie vor der Übermittlung Erkundigungen hinsichtlich des Schutzes und der Verwertung vertraulicher Informationen einholt und von einer Übermittlung absieht, wenn adäquater Schutz nicht gewährleistet ist.[13] 8

IV. Rechtsfolge

1. Verwertungsbeschränkung

Informationen, die in den Anwendungsbereich des Abs. 1 fallen, unterliegen einer engen **Zweckbindung.** Diese wird nicht durch den allgemeinen mit der VO 1/2003 verfolgten Zweck der Durchsetzung von Art. 101 und 102 AEUV umschrieben, sondern ist enger und bestimmt sich nach dem **Zweck der konkreten Ermittlungsmaßnahme,** welcher wiederum **im Zusammenhang mit dem Gegenstand** der Ermittlungsmaßnahme steht.[14] Die einer Ermittlungsmaßnahme zugrunde liegende (förmliche oder formlose) Entscheidung der Kommission (bzw. im Fall des Art. 22 Abs. 1 der nationalen Wettbewerbsbehörde) legt somit – durch die Bezeichnung des Gegenstands und des Zwecks – die Verwertungsmöglichkeiten der erlangten Informationen fest.[15] Insbesondere dürfen die erlangten Informationen nicht in einem anderen, parallel oder zeitlich versetzt anhängigen Verfahren als Beweismittel gegen die betroffenen Unternehmen verwendet werden.[16] Um 9

---

[10] Vgl. hierzu Art. 12, Rn. 10f.

[11] Bekanntmachung der Kommission über die Zusammenarbeit innerhalb des Netzes der Wettbewerbsbehörden („Netzbekanntmachung"), ABl. 2004 C 101/43.

[12] Ausnahmen vom Erfordernis des Einverständnisses sind in Rn. 41 der Netzbekanntmachung bestimmt; vgl. hierzu Art. 12, Rn. 17.

[13] Rn. 25 der Bekanntmachung der Kommission über die Zusammenarbeit zwischen der Kommission und den Gerichten der EU-Mitgliedstaaten bei der Anwendung der Artikel 81 und 82 des Vertrags, ABl. 2004 C 101/54. Vgl. auch EuGH, U. v. 6.12.1990, Rs. 2/88 – *Zwartveld* Slg. 1990, 4405 Rn. 10f., wo darauf hingewiesen wird, dass die Gemeinschaftsorgane zur loyalen Zusammenarbeit mit den Gerichten der Mitgliedstaaten verpflichtet seien, und dass die Weigerung, einem nationalen Gericht bestimmte Schriftstücke zu übermitteln, durch sachliche Gründe gerechtfertigt sein muss. Die fehlende Gewähr eines Schutzes von vertraulichen Informationen ist als ein solcher Grund einzustufen. Nach *Lampert/Niejahr/Kübler/Weidenbach,* EG-KartellVO, Art. 15, Rn. 302 ist die Selbstbeschränkung der Kommission primärrechtlich geboten (Art. 339 AEUV); vgl. *Miersch* in: Dalheimer/Feddersen/Miersch, Art. 28, Rn. 9; *Sura* in: Langen/Bunte, Art. 28, Rn. 7; vgl. die Kommentierung zu Art. 15, Rn. 12f., 28.

[14] *Bischke* in: MüKo, Art. 28, Rn. 3; vgl. die Bezugnahme auf Gegenstand und Zweck in Art. 18 Abs. 2 (der Gegenstand ist zwangsläufig durch die verlangten Auskünfte bestimmt); Art. 19 Abs. 1 i. V. m. Art. 3 Abs. 3 VO 773/2004; Art. 20 Abs. 3 Satz 1; Art. 20 Abs. 4 Satz 2; Art. 21 Abs. 2 Satz 1; vgl. zum Begriff des Gegenstands und Zwecks einer Ermittlungsmaßnahme die Kommentierung zu Art. 18, Rn. 8, 10; Art. 20, Rn. 56f.

[15] EuGH – *DOW Benelux NV/Kommission* a. a. O. (Fn. 8), Rn. 17f.; *Woude,* Exchange of Information within the European Competition Network: Scope and Limits, unter III.3.

[16] EuGH, U. v. 6.11.2012, Rs. C-199/11 – *Europese Gemeenschap/Otis NV u. a.,* Slg. 2012, I-0000, Rn. 74.

diese enge Zweckbindung im Hinblick auf die abverlangten Mitwirkungspflichten der Unternehmen und Unternehmensvereinigungen sowie deren Verteidigungsrechte nicht auszuhöhlen, **müssen Gegenstand und Zweck** der Ermittlungsmaßnahme in den betreffenden Beschlüssen oder Entscheidungen **hinreichend klar bestimmt sein.**[17] Die EU-kartellrechtliche Qualifizierung einer vermuteten Zuwiderhandlung ist allerdings nach Ansicht des EuG nicht entscheidend. So ist es unschädlich, wenn der in der Ermittlungsentscheidung beschriebene Lebenssachverhalt zunächst als vermuteter Verstoß gegen Art. 101 AEUV untersucht, später aber als Verstoß gegen Art. 102 AEUV sanktioniert wurde (und umgekehrt).[18] Im Fall der freiwilligen Übermittlung von Informationen (vgl. Rn. 4), beispielsweise im Rahmen einer Beschwerde oder als Antwort auf eine informelle Anfrage der Kommission, ergibt sich die Zweckbindung entsprechend aus dem intendierten Untersuchungsgegenstand.[19]

2. Zufallsfunde

10 Eine Behörde ist allerdings nicht verpflichtet, außerhalb des Untersuchungszwecks liegende Informationen, die sie durch eine Ermittlungsmaßnahme erhalten hat („Zufallsfunde"), völlig aus dem Gedächtnis zu verbannen. Ungeachtet der praktischen Unmöglichkeit der Durchsetzung einer solchen Pflicht zur „akuten Amnesie"[20] ist vom *EuGH* anerkannt, dass die Kommission diese Informationen zum **Anlass** nehmen darf, um sie im Rahmen **eines neuen Untersuchungsverfahrens** auf ihre Richtigkeit zu überprüfen oder zu vervollständigen, wenn sie einen Hinweis auf einen Verstoß gegen Wettbewerbsvorschriften liefern.[21] Nach Ansicht des *EuGH* ginge ein dem entgegenstehendes Verbot über das hinaus, was zum Schutz der **Geheimhaltungsinteressen** und der **Verteidigungsrechte** der betroffenen Unternehmen notwendig ist, und würde die Kommission (ebenso eine nationale Wettbewerbsbehörde) in unzulässiger Weise bei der Erfüllung ihrer Aufgabe behindern, über die Einhaltung der Wettbewerbsregeln im Gemeinsamen Markt zu wachen.[22] Der gleiche Grundsatz gilt nach Ansicht des *EuGH,* wenn es sich um übermittelte Informationen und nicht um von der Wettbewerbsbehörde selbst ermittelte Informationen handelt.[23]

3. Weiterleitungsverbot

11 Allerdings stellte der *EuGH* auch klar, dass die zuständigen nationalen Wettbewerbsbehörden (gleiches gilt für die Kommission) gemäß Art. 339 AEUV (und in seinem Anwendungsbereich auch gemäß Art. 28) *„darauf zu achten [haben], daß sie unter das Berufsgeheimnis fallende Informationen nicht an andere nationale Behörden oder Dritte weitergeben."*[24] Danach sind die Wettbewerbsbehörden grundsätzlich nicht befugt, unter den Vertraulichkeitsschutz nach Art. 28 Abs. 2 fallende Informationen (s. Rn. 20) an **andere Behörden** (beispielswei-

---

[17] Vgl. hierzu Art. 18, Rn. 8, 10; Art. 20, Rn. 56f.; zur Zweckbindung siehe *Sura* in: Langen/Bunte, Art. 28, Rn. 4f.; *Miersch* in: Dalheimer/Feddersen/Miersch, Art. 28, Rn. 6f.

[18] *EuG* U. v. 17.12.2009, Rs. T-57/01 – *Solvay/Kommission* Slg. 2009, II-4621, Rn. 218.

[19] *Sura* in: Langen/Bunte, Art. 28, Rn. 4.

[20] EuGH U. v. 16.7.1992, Rs. C-67/91 – *Dirección General de Defensa de la Competencia/Asociación Española de Banca Privada* Slg. 1992, I-4785 (nachfolgend *Spanische Banken*), Rn. 39 mit Verweis auf die Wortwahl der *Kommission* und des vorlegenden *Tribunal de Defensa de la Competencia.*

[21] EuGH – *DOW Benelux NV/Kommission* a.a.O. (Fn. 8), Rn. 19; *Spanische Banken* a.a.O. (Fn. 20), Rn. 39; EuG U. v. 18.9.1996, Rs. T-353/94 – *Postbank* Slg. 1996, II-921, Rn. 70; GK/*Schütz,* Art. 28, Rn. 3; *Ritter* in: Immenga/Mestmäcker, Art. 28, Rn. 9.

[22] EuGH – *DOW Benelux NV/Kommission* a.a.O. (Fn. 8), Rn. 19; vgl. *Bischke* in: MüKo, Art. 28, Rn. 3.

[23] EuGH – *Spanische Banken* a.a.O. (Fn. 20), Rn. 39; EuG, U. v. 18.9.1996, Rs. T-353/94 – *Postbank NV/Kommission* Slg. 1996, II-921 Rn. 70.

[24] EuGH – *Spanische Banken* a.a.O., Rn. 41f.

se Finanz-, Strafverfolgungs- und Zollbehörden) weiterzuleiten, selbst wenn diese Informationen einen Anfangsverdacht zur Einleitung eines Verfahrens durch diese Behörden stützen (vgl. aber nachfolgend Rn. 12).[25] Im Verhältnis zu den Wettbewerbsbehörden der USA hat das Verbot der Weiterleitung von nach Art. 28 (vormals Art. 20 VO 17/62) geschützten Informationen Eingang in einen „Interpretativen Schriftwechsel" gefunden, wonach eine Weiterleitung an die US-Behörden nur mit der Zustimmung der betroffenen Unternehmen gestattet ist.[26]

Das Weiterleitungsverbot an andere Behörden besteht selbst in Fällen, in denen Informa- 12
tionen gleichzeitig auf einen Verstoß gegen nationale **kartellrechtlichen Strafvorschriften** hindeuten, sofern in solchen Fällen eine von den nationalen Wettbewerbsbehörden unabhängige Behörde (z.B. die Staatsanwaltschaft) für die Strafverfolgung zuständig ist.[27]

4. Einschränkung des Weiterleitungsverbots

Da das Verbot der Weiterleitung sich auch aus der Pflicht zur Amtsverschwiegenheit 13
nach Art. 28 Abs. 2 ergibt, fallen darunter nur nach dieser Vorschrift geschützte Informationen, also Geschäftsgeheimnisse und sonstige vertrauliche Informationen (s. Rn. 20, 23 ff.). Andere Informationen (z.B. Zufallsfunde auf einem Computer, die auf Kapitalverbrechen oder Sexualdelikte eines Angestellten hindeuten), dürfen dagegen an die zuständigen Stellen weitergeleitet werden (vgl. hierzu nachfolgend Rn. 21).

V. Verhältnis zu anderen Vorschriften

1. Art. 12 und 15 – Informationsaustausch

Art. 28 Abs. 1 steht unter dem Vorbehalt der Art. 12 und 15. Danach ist der in Art. 12 14
geregelte **Austausch von Informationen zwischen den nationalen Wettbewerbsbehörden und der Kommission** zulässig. Allerdings enthält Art. 12 Abs. 2 und 3 ebenfalls eine **enge Zweckbindung,** nach der die Verwertung der übermittelten Informationen auf die Durchsetzung von Art. 101 und 102 AEUV sowie von nationalen Parallelvorschriften durch die nationalen Wettbewerbsbehörden beschränkt ist.[28] Art. 15 regelt die **Weitergabe von Informationen an mitgliedstaatliche Gerichte,** die mit Verfahren nach Art. 101 oder 102 AEUV befasst sind. Die Möglichkeiten und Grenzen der Verwertung übermittelter Informationen durch die Gerichte sind in Art. 15 nicht konkret geregelt, was nicht unbedenklich ist (vgl. die Kommentierung zu Art. 15, Rn. 12f., 28 und oben Rn. 8).

2. Parallelvorschriften

Entsprechende Verwertungsbeschränkungen enthalten Art. 9 des Protokolls 23 über die 15
Zusammenarbeit zwischen den Überwachungsorganen im **Europäischen Wirtschaftsraum** (basierend auf Art. 58 des Abkommens über den Europäischen Wirtschaftsraum),[29] Art. 9 des Protokolls 24 über die Zusammenarbeit im Bereich der **Kontrolle von Unter-**

---

[25] Ebenso *Grützner/Reimann/Wissel,* Richtiges Verhalten bei Kartellamtsermittlungen in Unternehmen, S. 153 (Rn. 231); *Miersch* in: Dalheimer/Feddersen/Miersch, Art. 28, Rn. 8 – der allerdings eine Weiterleitung an andere Dienststellen der Kommission zwecks Einleitung neuer Ermittlungen für legitim hält und nur die unmittelbare Verwendung als Beweismittel für unzulässig hält (vgl. auch Rn. 30).

[26] Abkommen zwischen den Europäischen Gemeinschaften und der Regierung der Vereinigten Staaten von Amerika über die Anwendung ihrer Wettbewerbsregeln – Interpretativer Briefwechsel, ABl. 1995 L 95/47.

[27] So kann ein Kartell nach Art. 101 AEUV Handlungen umfassen, die in Deutschland zugleich den Tatbestand des Submissionsbetrugs nach § 298 StGB erfüllen.

[28] Vgl. bereits Rn. 7 und die Kommentierung zu Art. 12, Rn. 5.

[29] ABl. 1994 L 1/186.

nehmenszusammenschlüssen im Europäischen Wirtschaftsraum (ebenfalls basierend auf Art. 58 des Abkommens über den Europäischen Wirtschaftsraum),[30] Art. 24 VO 4056/86[31] und Art. 17 VO 139/2004.[32]

3. Verordnung über den Zugang der Öffentlichkeit zu Dokumenten der EU Organe

16 Die Verwertungsbeschränkung des Abs. 1, zumeist im Zusammenspiel mit der Amtsverschwiegenheit nach Abs. 2, steht in einem Spannungsverhältnis zu der VO (EG) Nr. 1049/2001,[33] die der Öffentlichkeit grundsätzlich einen Zugang zu Dokumenten der Organe der EU gewährt. Diese Verordnung hat den Umfang des Berufsgeheimnisses nach Art. 339 AEUV i. V. m. Art. 28 erheblich eingeschränkt.[34] Für Zugangsbegehren zur Vorbereitung privater Schadensersatzklagen wegen einer Verletzung der Art. 101 und 102 AEUV, insbesondere in sog. *Follow-on* Verfahren (d. h. dem Erlass einer behördlichen Entscheidung folgenden privaten Schadensersatzklagen), hat dies regelmäßig Bedeutung (s. weiter Rn. 31).

B. Art. 28 Abs. 2 (Amtsverschwiegenheit)

I. Sinn und Zweck der Regelung

17 Art. 28 Abs. 2 zielt auf den **Schutz vertraulicher Informationen** und stellt, jedenfalls soweit Bedienstete der Gemeinschaftsorgane betroffen sind, eine Konkretisierung der in Art. 339 AEUV primärrechtlich bestimmten **Geheimhaltungspflicht bzw. Pflicht zur Amtsverschwiegenheit** für Verfahren zur Anwendung von Art. 101 und 102 AEUV dar.[35] Allerdings zeigt der Verweis auf den Vorrang der Art. 11, 14, 15, 27 und insbesondere des Art. 12, dass die Weiterleitung auch von vertraulichen Informationen (insbesondere innerhalb des Netzes der Wettbewerbsbehörden[36]) im System der dezentralen Anwendung der Wettbewerbsregeln eine zentrale Rolle spielen soll. Dem trägt Art. 28 Abs. 2 zum einen dadurch Rechnung, dass die nationalen Wettbewerbsbehörden ausdrücklich als Adressaten der Verschwiegenheitspflicht genannt und hervorgehoben werden, zum anderen dadurch, dass auch alle (nach Art. 12) ausgetauschten Informationen geschützt sind (selbst wenn die Kommission nicht am Austausch beteiligt war und die betroffene Information nach nationalen Vorschriften eingeholt wurde). Wenngleich damit der Schutz vertraulicher Informationen zwar regelungstechnisch gewährleistet bleibt, stellt sich die Frage, ob Vertraulichkeit aus praktischer Sicht tatsächlich gewährleistet werden kann, wenn Informationen an Wettbewerbsbehörden in 28 Mitgliedstaaten verteilt werden. Sowohl die (aus Art. 339 AEUV stammende) Artikelüberschrift **„Berufsgeheimnis"** als auch die Verwendung dieses Begriffes in Art. 28 Abs. 2 sind irreführend und spiegeln – jedenfalls nach deutschem Verständnis – nur höchst unvollständig die aufgezeigte Zielrichtung und Bedeutung der Vorschrift wider. Passender wäre die Bezeichnung Pflicht zur „Amtsverschwiegenheit".[37]

---

[30] ABl. 1994 L 1/188.

[31] Verordnung (EWG) Nr. 4056/86 des Rates vom 22.12.1986 über die Einzelheiten der Anwendung der Artikel 8[1] und 8[2] des Vertrages auf den Seeverkehr, ABl. 1986 L 378/4.

[32] Verordnung (EG) Nr. 139/2004 des Rates vom 20.1.2004 über die Kontrolle von Unternehmenszusammenschlüssen („EU-Fusionskontrollverordnung"), ABl. 2004 L 24/1.

[33] S. Fn. 4.

[34] *de Bronett,* Europ. KartellverfahrensR, Art. 28, Rn. 7.

[35] EuGH U. v. 24.6.1986 Rs. 53/85 – *AKZO Chemie/Kommission* Slg. 1986, 1985 Rn. 26; GK/*Schütz,* Art. 28, Rn. 1 m. w. N.

[36] Vgl. die Netzbekanntmachung a. a. O. (Fn. 11).

[37] In *AKZO Chemie/Kommission* a. a. O. (Fn. 35) stellte *Generalanwalt Lenz* im Schlussantrag fest (Slg. 1986, S. 1966 (1977): *„Begrifflich ist der Ausdruck ‚Berufsgeheimnis' allerdings zu eng – da er zumindest*

II. Praktische Bedeutung

Die sich aus Art. 28 Abs. 2 ergebende Verschwiegenheitspflicht hat große praktische Bedeutung. In fast allen Verfahren zum Vollzug von Art. 101 und 102 AEUV spielen vertrauliche Informationen der verschiedenen Beteiligten eine wichtige Rolle. Oft ergeben sich hinsichtlich des Schutzes solcher vertraulicher Informationen **Interessengegensätze zwischen den Beteiligten** (Behörde, Beschuldigte und Dritte), die nach Art. 28 Abs. 2 und den damit in Zusammenhang stehenden Vorschriften zu lösen sind. Für das Verständnis des Schutzes und der Behandlung vertraulicher Informationen im praktischen Verfahren ist die **Unterscheidung** wichtig zwischen dem **allgemeinen Vertraulichkeitsschutz,** der in Art. 28 Abs. 2 geregelt ist (Informationen, die ihrem „Wesen nach unter das Berufsgeheimnis fallen"), und dem **besonderen Vertraulichkeitsschutz,** der in verschiedenen anderen Bestimmungen geregelt ist – insbesondere in den Vorschriften, die in Art. 28 Abs. 2 als vorrangig vor dem allgemeinen Vertraulichkeitsschutz angeführt sind. Während der allgemeine Vertraulichkeitsschutz sehr weitreichend Informationen umfasst, aber nur ein geringes Schutzniveau gewährt, ist der besondere Vertraulichkeitsschutz im Wesentlichen auf den **Schutz von Geschäftsgeheimnissen** beschränkt, gewährt dafür aber ein hohes Schutzniveau. In der Praxis spielt der Bereich des besonderen Vertraulichkeitsschutzes die wesentlich wichtigere Rolle, insbesondere die Frage, ob bestimmte Informationen als Geschäftsgeheimnis einzustufen sind und, falls ja, ob, wann und in welcher Weise sie dennoch offen gelegt werden können. 18

III. Tatbestand

1. Dem allgemeinen Vertraulichkeitsschutz unterfallende Informationen

Nach dem Wortlaut von Art. 28 Abs. 2 werden in Konkretisierung von Art. 339 AEUV Informationen geschützt, die von der Kommission oder einer mitgliedstaatlichen Wettbewerbsbehörde bei der Anwendung der Verordnung 1/2003 erlangt oder ausgetauscht wurden und *„die ihrem Wesen nach unter das Berufsgeheimnis fallen"*. 19

a) Art der geschützten Informationen. Der zentrale Begriff des **Berufsgeheimnisses,** der darüber entscheidet, ob eine Information unter den Schutz des Abs. 2 fällt oder nicht, ist **irreführend** und zu eng. Er bezieht sich insbesondere nicht auf Verschwiegenheitspflichten, die auf bestimmte Berufsgruppen (standesrechtlich) anwendbar sind, was der deutsche Sprachgebrauch nahe legen würde.[38] Der *EuGH* hat bisher zur Reichweite des allgemeinen Vertraulichkeitsschutzes noch kaum konkret Stellung bezogen. Allerdings steht fest, dass jedenfalls Geschäftsgeheimnisse (s. Rn. 25 f.) Informationen sind, die ihrem Wesen nach unter das Berufsgeheimnis fallen.[39] Die Kommission versteht den Begriff sehr weit als alle Informationen umfassend, die nicht *„so belanglos sind, daß sie keine Vertraulichkeit verdienen."*[40] Im Ergebnis werden damit **alle Informationen geschützt, die nicht jedermann zugänglich sind.**[41] Neben Geschäftsgeheimnissen und „sonstigen vertraulichen Informationen", die zudem im Bereich des besonderen Vertraulichkeitsschutzes Schutz genießen (s. Rn. 23 f.), schützt Art. 28 Abs. 2 damit auch andere, nicht öffentlich zugängli- 20

---

im Deutschen nur die standesrechtlichen Verschwiegenheitspflichten der sogenannten freien Berufe erfassen würde. Dieser Begriff ist deswegen umfassender als ‚Amtsgeheimnis' oder als ‚Amtsverschwiegenheit' aufzufassen." Netzbekanntmachung, a. a. O. (Fn. 11), Rn. 28 lit. a: *„Der in Artikel 28 […] verwendete Ausdruck „Berufsgeheimnis" ist ein Begriff des Gemeinschaftsrechts, der insbesondere Geschäftsgeheimnisse und andere vertrauliche Informationen umfasst."* Ebenso *Sura* in: Langen/Bunte, Art. 28, vor Rn. 8; *Ritter* in: Immenga/Mestmäcker, Art. 28, vor Rn. 18.

[38] Vgl. bereits Rn. 17 und Fn. 37.

[39] S. z. B. EuGH – *AKZO Chemie/Kommission* a. a. O. (Fn. 35), Rn. 28.

[40] *Kommission* Entsch. v. 13.7.1994, IV/C/33 833, ABl. 1994 L 243/1 – *Karton* Rn. 124.

[41] Zum Begriff des Berufsgeheimnisses vgl. *Sura* in: Langen/Bunte, Art. 28, Rn. 9; GK/*Schütz,* Art. 28, Rn. 6–8; *Kerse/Khan,* Chapter 2–071 f.; *Schwarze/Weitbrecht,* Grundzüge des europäischen Kartellverfahrensrechtes, 2. Teil, § 5, Rn. 26, jeweils m. w. N.

che Informationen. Dabei kann es sich z.B. um die **Namen von Unternehmen und Unternehmensvereinigungen** handeln, gegen die sich eine Untersuchung richtet.[42] Sofern Unternehmen oder natürliche Personen einer Wettbewerbsbehörde Informationen **freiwillig** zur Verfügung stellen und dabei ausdrücklich auf den **Vorbehalt der Vertraulichkeit hinweisen,** ist die Behörde im Rahmen des Art. 28 Abs. 2 an die Vertraulichkeit gebunden, wenn sie die Informationen entgegennimmt.[43] Hinsichtlich freiwilliger Angaben von Verfahrensbetroffenen, gegen die sich ein Verfahren richtet, dürfte dies allerdings einschränkend nur für tatsächlich vertrauliche Informationen gelten.[44]

21 Nicht in den Schutzbereich des Abs. 2 fallen Informationen, die **objektiv** nicht **schutzwürdig** sind.[45] So genießen beispielsweise im Rahmen einer Nachprüfung erlangte Zufallsfunde auf einem Computer, die auf Sexualdelikte oder Kapitalverbrechen eines Angestellten hindeuten, zumindest hinsichtlich der Weiterleitung an Strafverfolgungsbehörden keinen Schutz (s. Rn. 13).

22 **b) Herkunft der Informationen.** Erfasst werden nach Art. 28 Abs. 2 nicht nur im Rahmen von Ermittlungsmaßnahmen nach den Art. 17–22 erlangte Informationen, sondern beispielsweise auch Informationen, die nach nationalen Verfahrensvorschriften erlangt und nach Art. 12 ausgetauscht wurden. Im Ergebnis fallen sämtliche Informationen in den Schutzbereich des Art. 28 Abs. 2, die der verpflichtete Personenkreis (Rn. 29) bei der Anwendung der VO 1/2003 erlangt.

2. Dem besonderen Vertraulichkeitsschutz unterfallende Informationen

23 Der allgemeine Vertraulichkeitsschutz des Art. 28 Abs. 2 steht ausdrücklich unter dem Vorbehalt des Austauschs und der Verwendung von Informationen gemäß Art. 11, 12, 14, 15 und 27. Insbesondere aus dem Verweis auf Art. 27, der Anhörungen und Akteneinsichten regelt, ergibt sich eine Einschränkung des in Art. 28 Abs. 2 normierten allgemeinen Vertraulichkeitsschutzes. So hat der *EuGH* in der Sache *AKZO Chemie/Kommission* eine **Einschränkung der allgemeinen Verschwiegenheitspflicht gegenüber Dritten, die im Rahmen des Verfahrens zu hören sind,** anerkannt, insbesondere gegenüber Beschwerdeführern. Gegenüber solchen Dritten kann die Kommission im Rahmen einer **Anhörung bzw. Akteneinsicht** bestimmte unter das Berufsgeheimnis fallende Auskünfte offen legen, soweit dies für den ordnungsgemäßen Ablauf der Untersuchung erforderlich ist.[46] Gleiches gilt im Rahmen der (zu veröffentlichenden) **schriftlichen Stellungnahmen des Beratenden Ausschusses** nach Art. 14 sowie der **Veröffentlichung von Entscheidungen** nach Art. 30 (obwohl Art. 30 in Art. 28 Abs. 2 nicht ausdrücklich genannt wird).[47] Über den Verweis auf Art. 27, der die Anhörung (im weiteren Sinn) der Parteien, der Beschwerdeführer und sonstiger Dritter bestimmt,[48] wird man zudem eine Einschränkung der Amtsverschwiegenheit in den Fällen der Art. 8 und Art. 15 VO 773/2004[49] (die Vorschriften konkretisieren die Akteneinsichtsrechte von Beschwerdeführern und Parteien)

---

[42] Vgl. z.B. Kommission Antwort v. 6.5.1980, ABl. 1980 C 140/15.

[43] EuGH, U. v. 7.11.1985, Rs. 145/83 – *Stanley Adams/Kommission* Slg. 1985, S. 3534 Rn. 34.

[44] So *Ritter* in: Immenga/Mestmäcker, 3. Auflage, EG-WbR Bd. II, S. 1885, mit Hinweis darauf, dass ansonsten beschuldigte Unternehmen durch freiwillige Übermittlung von Informationen deren Geheimhaltung bewirken könnten.

[45] *Zimmerling* in: Lenz/Borchardt, EU-Verträge, Art. 339 AEUV, Rn. 7; Streinz/*Steinle,* Art. 339 AEUV, Rn. 3.

[46] EuGH – *AKZO Chemie/Kommission* a.a.O. (Fn. 35), Rn. 27; U. v. 17.11.1987, verb. Rs. 142 und 156/84 – *BAT und Reynolds/Kommission* Slg. 1987, S. 4487 Rn. 21.

[47] Hinsichtlich des fehlenden Verweises auf Art. 30, vgl. Rn. 38.

[48] Vgl. die Kommentierung zu Art. 27, Rn. 2, 5ff., 30ff.

[49] Verordnung (EG) Nr. 773/2004 der Kommission vom 7. April 2004 über die Durchführung von Verfahren auf der Grundlage der Artikel 81 und 82 EG-Vertrag, ABl. 2004 L 123/18. Die Verordnung stützt sich insbesondere auf die Ermächtigung in Art. 33 VO 1/2003.

sowie des Art. 14 VO 773/2004 (die Vorschrift konkretisiert die Durchführung von Anhörungen) in Betracht ziehen müssen (vgl. Rn. 30–34).

Sämtliche der genannten Bestimmungen enthalten **eigene Regelungen zum Vertraulichkeitsschutz,** die dem allgemeinen Vertraulichkeitsschutz nach Art. 28 Abs. 2 vorgehen und die Geltung des Art. 339 AEUV und gegenläufige andere primärrechtliche Gebote (insbesondere Art. 3 Abs. 1 lit. b und 15 AEUV) im Rahmen der jeweiligen Verfahrenshandlungen zu einem angemessenen Ausgleich bringen sollen. Gemeinsam ist all diesen Bestimmungen,[50] dass sie an den Begriff des **Geschäftsgeheimnisses** anknüpfen, ergänzt in den meisten Fällen durch den Hinweis auf **sonstige vertrauliche Informationen,** wobei die sonstigen vertraulichen Informationen – ebenso wie Geschäftsgeheimnisse – enger zu verstehen sind als der allgemeine Begriff der unter das Berufsgeheimnis fallenden Informationen in Art. 28 Abs. 2 (Rn. 20). Wenngleich die Begriffe Geschäftsgeheimnisse und sonstige vertrauliche Informationen in Art. 28 Abs. 2 nicht erwähnt sind, stehen sie doch in einem unmittelbaren Sachzusammenhang mit der Vorschrift und sind für deren Verständnis von Bedeutung. 24

a) Geschäftsgeheimnisse. Der Begriff des Geschäftsgeheimnisses wird in Art. 28 selbst nicht erwähnt. Weder die VO 1/2003 noch die Durchführungsverordnung 773/2004 definiert oder konkretisiert den Begriff. Das *EuG* beschreibt Geschäftsgeheimnisse als *„Informationen, durch deren Preisgabe die Interessen des Auskunftgebers nicht nur dann, wenn sie an die Öffentlichkeit erfolgt, sondern auch bei bloßer Weitergabe an einen Dritten schwer beeinträchtigt werden können."*[51] Noch konkreter wird man sagen können, dass der Begriff jedenfalls **Informationen** umfasst, die ein Unternehmen einem Wettbewerber, Lieferanten, Abnehmer oder Verbraucher in der Regel nicht zugänglich macht, und **deren Kenntnis** für mögliche Empfänger **einen Vorteil im Wettbewerb oder in der Geschäftsbeziehung darstellt.** Die Mitteilung von Geschäftsgeheimnissen verringert regelmäßig eine dem Wettbewerb immanente Unsicherheit über das künftige Marktverhalten eines anderen Marktteilnehmers und beeinträchtigt damit – im Widerspruch zur Zielsetzung des Wettbewerbsrechts – die Selbstständigkeit der unternehmerischen Marktstrategie.[52] Die Mitteilung der Kommission zur Akteneinsicht enthält Beispiele von Informationen, die in der Regel als Geschäftsgeheimnisse anzusehen sind.[53] Genannt sind technische und/oder finanzielle Angaben in Bezug auf das Know-how eines Unternehmens, Kostenrechnungsmethoden, Produktionsgeheimnisse und -verfahren, Bezugsquellen, produzierte und verkaufte Mengen, Marktanteile, Kunden- und Händlerlisten, Vermarktungspläne, Kosten- und Preisstrukturen oder Absatzstrategien. 25

Die Schutzbedürftigkeit einer Information kann hinsichtlich unterschiedlicher Marktteilnehmer verschieden sein und sich zudem im Laufe der Zeit ändern. So gelten **historische Marktdaten** in der Regel nicht als Geschäftsgeheimnisse, wobei die Kommission bei umsatz-, absatz- oder marktanteilsbezogenen Angaben diesbezüglich von einem schützenswerten Zeitraum von fünf Jahren auszugehen scheint.[54] Man wird allerdings im Einzelfall zu prüfen haben, ob und inwieweit einer älteren Information nach wie vor wirtschaftliche Bedeutung zukommt, die ihren Schutz rechtfertigt.[55] 26

---

[50] Vgl. Art. 14 Abs. 6, Art. 27 Abs. 2 Satz 2 und Abs. 4 Satz 3, Art. 30 Abs. 2 VO 1/2003 sowie Art. 8 Abs. 1, Art. 14 Abs. 6 und 8, Art. 15 Abs. 2 und Art. 16 Abs. 1 VO 773/2004.

[51] EuG – *Postbank* a. a. O. (Fn. 23), Rn. 87.

[52] Vgl. *Sura* in: Langen/Bunte, Art. 28, Rn. 13–15; GK/*Schütz,* Art. 28, Rn. 10.

[53] Mitteilung der Kommission über die Regeln für die Einsicht in Kommissionsakten in Fällen einer Anwendung der Artikel 81 und 82 EG-Vertrag, Artikel 53, 54 und 57 des EWR-Abkommens und der Verordnung (EG) Nr. 139/2004, ABl. 2005 C 325/7 (nachfolgend „Mitteilung zur Akteneinsicht"), Rn. 18; weitere Nachweise bei *Kerse/Khan,* Chapter 2–072.

[54] Mitteilung zur Akteneinsicht, a. a. O. (Fn. 53), Rn. 23.

[55] EuG, U. v. 19.6.1996, verb. Rs. T-134, 136, 141, 145, 147-8, 151, 156-7/94 – *NMH Stahlwerke u. a./Kommission,* Slg. 1996, II-537, Rn. 25, 28 *(„Es kann nicht ausgeschlossen werden, daß diese Namen noch eine geschäftliche Bedeutung haben, obwohl die betreffenden Daten aus den Jahren 1987 und 1988 stammen."),* 32; *Kerse/Khan,* Chapter 2–072 m. w. N.

27 Der Begriff des Geschäftsgeheimnisses ist – ebenso wie der weiter gefasste Begriff der Informationen, die unter das Berufsgeheimnis und damit den allgemeinen Vertraulichkeitsschutz des Art. 28 Abs. 2 fallen, – ein **objektiver Begriff,** der nicht vom Willen oder der subjektiven Einschätzung der Parteien (oder der Wettbewerbsbehörden) abhängt, sondern von der Verkehrsauffassung der beteiligten Marktteilnehmer bestimmt wird.[56] In der Praxis entscheiden allerdings (vorbehaltlich gerichtlicher Kontrolle, s. Rn. 36) die Wettbewerbsbehörden über diese Frage.[57] Dabei kommt der zuvor einzuholenden Einschätzung durch die betroffenen Unternehmen aber eine wichtige Indizfunktion zu.[58]

28 **b) Sonstige vertrauliche Informationen.** Auch der Begriff der „sonstigen vertraulichen Informationen" taucht in Art. 28 nicht auf, sondern nur in den verschiedenen Bestimmungen, auf die in Art. 28 Abs. 2 verwiesen wird (Rn. 24, Fn. 50). Nach Erwägungsgrund 13 zur Durchführungsverordnung 773/2004 umfasst der Begriff *„Informationen, die keine Geschäftsgeheimnisse sind, aber insoweit als vertraulich angesehen werden können, als ein Unternehmen oder eine Person durch ihre Offenlegung erheblich geschädigt werden können"*.[59] In der Praxis sind insbesondere Angaben als „sonstige vertrauliche Informationen" einzustufen, mittels derer Beschwerdeführer oder sonstige Dritte identifiziert werden können und deren Offenlegung die Gefahr von Vergeltungsmaßnahmen (z. B. durch marktbeherrschende Unternehmen gegenüber Abnehmern oder durch Arbeitgeber gegenüber Arbeitnehmern) begründet.[60]

3. Verpflichtete

29 Von der Verschwiegenheitspflicht werden nicht nur die bereits nach Art. 339 AEUV primärrechtlich zur Geheimhaltung verpflichteten **Mitglieder der Kommission, Mitglieder des Beratenden Ausschusses sowie Beamten und sonstigen Bediensteten der Kommission** erfasst, sondern auch die **nationalen Wettbewerbsbehörden und ihre Bediensteten sowie die Bediensteten anderer nationaler Behörden** (sofern sie Zugang zu Informationen gemäß den Bestimmungen der VO 1/2003 haben). Die Verpflichtung erstreckt sich auch auf unter Aufsicht der bezeichneten Personen tätige Personen wie beispielsweise die **Begleitpersonen** im Fall von Ermittlungen nach Art. 19 Abs. 2 (Befragung), Art. 20 Abs. 2, 3, 5 und 6 (Nachprüfung) oder Art. 21 Abs. 4 (Nachprüfung in Wohnungen). Nach Art. 28 Abs. 2 Satz 2 erstreckt sich die Verpflichtung auch auf Vertreter und Experten der Mitgliedstaaten, die an Sitzungen des Beratenden Ausschusses teilnehmen. Der sehr weite zur Amtsverschwiegenheit verpflichtete Adressatenkreis korrespondiert mit dem Kreis der möglichen Empfänger geschützter Informationen unter der VO 1/2003, insbesondere nach Art. 11 und 12 (beide Vorschriften betreffen den Informationsaustausch zwischen der Kommission und den Wettbewerbsbehörden der Mitgliedstaaten) und Art. 14 (Informationsfluss im Rahmen des Beratenden Ausschusses).

IV. Rechtsfolgen

1. Allgemeiner Vertraulichkeitsschutz

30 Art. 28 Abs. 2 verbietet die Preisgabe der dem Berufsgeheimnis, also dem allgemeinen Vertraulichkeitsschutz unterfallenden Informationen. Das Verbot ist dem Schutzzweck der

---

[56] GK/*Schütz,* Art. 28, Rn. 10.

[57] EuGH, U. v. 19.5.1994, Rs. C-36/92 – *NV Samenwerkende Elektriciteits-Produktiebedrijven (SEP)/Kommission* Slg. 1994, I-1911 Rn. 38; zum Verfahren im Einzelnen, vgl. Rn. 34.

[58] GK/*Schütz,* Art. 28, Rn. 6.

[59] A. a. O. (Fn. 49); ebenso Mitteilung zur Akteneinsicht, a. a. O. (Fn. 53), Rn. 19.

[60] EuGH – *Stanley Adams/*Kommission a. a. O. (Fn. 43), Rn. 34; U. v. 6.4.1995 Rs. C-310/93 – *BPB Industries Plc und British Gypsum Ltd/Kommission* Slg. 1995, I-865, Rn. 26; EuG U. v. 25.10.2002 Rs. T-5/02 – *Tetra Laval BV/Kommission* Slg. 2002, II-4381 Rn. 98, jeweils hinsichtlich der Gefahr von Vergeltungsmaßnahmen durch marktbeherrschende Unternehmen bei Offenlegung der Namen. S. auch Mitteilung zur Akteneinsicht (Fn. 53), Rn. 19.

Norm entsprechend weit auszulegen und umfasst nicht nur die Veröffentlichung oder Mitteilung an unberechtigte Dritte, sondern auch alle anderen Handlungen, mittels derer geschützte Informationen der Öffentlichkeit oder einzelnen Dritten zugänglich gemacht werden können.[61] Neben der Bekanntgabe an Personen außerhalb des Verwaltungsbereiches, einschließlich Wettbewerbsbehörden und Gerichte außerhalb der Gemeinschaft, ist auch die Bekanntgabe an andere mitgliedstaatliche Behörden (z. B. Finanz-, Strafverfolgungs- und Zollbehörden) verboten.[62] Sogar eine behördeninterne Weiterleitung kann gegen das Gebot der Amtsverschwiegenheit nach Art. 28 Abs. 2 verstoßen.[63]

Informationen, die dem allgemeinen – aber nicht zugleich dem besonderen (vgl. nachfolgend Rn. 32) – Vertraulichkeitsschutz unterfallen, genießen allerdings nur ein **geringes Schutzniveau.** Das bedeutet allerdings nicht, dass der Schutz jedem Zugangsinteresse weicht. So besteht hinsichtlich der **Verordnung über den Zugang der Öffentlichkeit zu Dokumenten der Organe der EU,**[64] die grundsätzlich ein Zugangsrecht zu nicht vertraulichen Dokumenten in Kommissionsakten gewährt, eine allgemeine Vermutung, dass Dritte (mit Ausnahme von Beschwerdeführern) über kein Recht auf Zugang zu Dokumenten der Kommissionakte verfügen, die im Rahmen der Anwendung der VO 1/2003 erlangt wurden, da diese der Amtsverschwiegenheit des Abs. 2 sowie der Verwertungsbeschränkung des Abs. 1 unterfallen.[65] Das gilt im Hinblick auf Art. 4 Abs. 2 dritter Gedankenstrich der VO 1049/2001 (wonach der Zugang zum Schutz der Untersuchung verweigert werden kann) jedenfalls, solange die Untersuchungstätigkeit der Kommission nicht mit einer bestandskräftigen Entscheidung abgeschlossen ist.[66] Nach dem Vorliegen einer bestandskräftigen Entscheidung sollen die Dokumente der Kommissionsakte, soweit sie keine Geschäftsgeheimnisse oder sonstige vertrauliche Informationen darstellen, allerdings regelmäßig für Dritte zugänglich sein.[67] Soweit der Schutzbereich der Amtsverschwiegenheit nach Abs. 2 berührt ist, ist dies wohl richtig. Hinsichtlich des Schutzbereiches der Verwertungsbeschränkung nach Abs. 1 besteht allerdings weiterhin ein Abwägungsgebot der involvierten Interessen. Sofern beispielsweise **Zugang zu Dokumenten eines Kronzeugenprogramms** begehrt wird, verlangt der EuGH eine weitere Abwägung, bei der auch das Risiko zu berücksichtigen ist, dass eine großzügige Veröffentlichung an einem Wettbewerbsverstoß beteiligte Unternehmen künftig davon abhalten könnte, mit den Wettbewerbsbehörden zusammen zu arbeiten (was dem öffentlichen Interesse eines wirksamen Kronzeugenprogramms zuwiderläuft).[68] Im Hinblick auf private Schadensersatzklagen wegen einer Verletzung der Art. 101 und 102 AEUV, insbesondere in sog. *Follow-on* Verfahren 31

[61] Vgl. den tragischen Fall *Stanley Adams/Kommission,* a. a. O. (Fn. 43), Rn. 40 f., hinsichtlich der Übergabe von Dokumenten, aus denen die Identität eines Informanten ermittelt werden konnte. In dem Fall wurde ein Informant der Kommission nach schweizerischem Recht wegen Wirtschaftsspionage und Verrat von Geschäftsgeheimnissen in Untersuchungshaft genommen. Neun Tage nach der Verhaftung beging seine Frau, Mutter von drei Kindern, Selbstmord.

[62] Vgl. bereits Rn. 11; GK/*Schütz,* Art. 28, Rn. 2; *Miersch* in: Dalheimer/Feddersen/Miersch, Art. 28, Rn. 18.

[63] EuGH – *SEP/Kommission* a. a. O. (Fn. 57), Rn. 30 f.; vgl. hierzu *Woude,* Exchange of Information within the European Competition Network: Scope and Limits, unter III.1. und 2; *Kerse/Khan,* Chapter 5–010; *Miersch* in: Dalheimer/Feddersen/Miersch, Art. 28, Rn. 18 mit dem Hinweis, dass eine Weitergabe an andere Generaldirektionen der Kommission grundsätzlich zulässig sein sollte (a. A. insoweit *Ritter/Brown,* S. 1083).

[64] VO (EG) Nr. 1049/2001 (Fn. 4).

[65] EuGH, U. v. 27.2.2014, C-365/12 P – *EnBW Energie Baden-Württemberg,* Slg. 2014, I-0000, Rn. 86 f.

[66] EuGH – *EnBW Energie Baden-Württemberg* a. a. O. (Fn. 65); EuG, U. v. 13.9.2013, T-380/08 – *Niederlande/Kommission,* Slg. 2013, II-0000, Rn. 49f, 52, 57.

[67] *de Bronett,* Europ. KartellverfahrensR, Art. 28, Rn. 7.

[68] EuGH, U. v. 14.6.2011, C-360/09 – *Pfleiderer,* Slg. 2011, I-5161, Rn. 27 (betr. nationaler Verfahren); EuGH, U. v. 6.6.2013, C-536/11 – *Donau Chemie,* Slg. 2013, I-0000, Rn. 29 (betr. nationaler Verfahren); EuG – *Niederlande/Kommission* a. a. O. (Fn. 66), Rn. 49f, 52, 56.

(d.h. dem Erlass einer behördlichen Entscheidung folgenden privaten Schadensersatzklagen), dürfte dies regelmäßig Bedeutung haben.[69]

2. Besonderer Vertraulichkeitsschutz

32 Der besondere Vertraulichkeitsschutz (s. Rn. 23f.) richtet sich nach den in Art. 28 Abs. 2 genannten – und Vorrang beanspruchenden – Spezialbestimmungen (s. Fn. 50). Die Vorschriften konkretisieren den vom *EuGH* anerkannten **Grundsatz, dass Geschäftsgeheimnisse auch im Rahmen von Verfahren zur Durchsetzung von Art. 101 und 102 AEUV besonders weitgehend geschützt werden** müssen.[70] Dieser Schutz besteht im Grundsatz darin, dass Geschäftsgeheimnisse (und sonstige vertrauliche Informationen) auch im Rahmen des Verwaltungsverfahrens nicht Dritten (oder gar der Öffentlichkeit) gegenüber offen gelegt werden dürfen.[71] In Erwägungsgrund 32 der VO 1/2003 wird der Schutz der Geschäftsgeheimnisse als *„unerlässlich"* bezeichnet.

33 **Relativierung des Schutzes von Geschäftsgeheimnissen?** Die den besonderen Vertraulichkeitsschutz konkretisierenden Vorschriften sprechen regelmäßig davon, dass (nur) die **„berechtigten Interessen"** an der Wahrung der Geschäftsgeheimnisse zu berücksichtigen sind.[72] Zudem scheint Art. 27 Abs. 2 Satz 5 ebenso wie Art. 15 Abs. 3 der Durchführungsverordnung 773/2004 die Kommission dazu zu berechtigen, **zum Nachweis einer Zuwiderhandlung gegen die Wettbewerbsvorschriften notwendige Informationen** offen legen und nutzen zu dürfen, selbst wenn diese als Geschäftsgeheimnis einzustufen sind.[73] In Erwägungsgrund 14 zu VO 773/2004 weist die Kommission diesbezüglich auf die Notwendigkeit hin, das Bedürfnis an der Offenlegung eines Geschäftsgeheimnisses zum Nachweis eines Kartellverstoßes und den mit einer Offenlegung verbundenen Schaden gegeneinander abzuwägen.[74] Diese Bestimmungen weisen auf eine **Relativierung des strikten Schutzes von Geschäftsgeheimnissen zu Gunsten des Verfolgungsinteresses der Wettbewerbsbehörden** hin. Diese in verschiedenen Verordnungen und Mitteilungen der Kommission zugrunde gelegte Relativierung steht möglicherweise aber im Widerspruch zu dem in Artikel 339 AEUV, und damit höherrangig, unqualifiziert niedergelegten Verschwiegenheitsgebot. Eine Relativierung findet denn auch in der Rechtsprechung der europäischen Gerichte keine Grundlage. Vielmehr finden sich Belege, dass die Notwendigkeit zum Nachweis eines kartellrechtlichen Verstoßes jedenfalls *per se* nicht zur Offenlegung von Geschäftsgeheimnissen berechtigt. So hat der *EuGH* in allerdings älteren Entscheidungen mehrfach festgestellt, dass Geschäftsgeheimnisse von Beschwerdeführern oder Dritten einem beschuldigten Unternehmen gegenüber nicht offen gelegt werden dürfen, und ausdrücklich auf die damit verbundene Konsequenz hingewiesen, dass die betroffenen Geschäftsgeheimnisse nicht als Beweismittel verwandt werden dürfen,[75] wenn sich

[69] vgl. *Miersch* in: Dalheimer/Feddersen/Miersch, Art. 28, Rn. 20 m. w. N.; *Sura* in: Langen/Bunte, Art. 28, Rn. 10; *Bueren*, ZWeR 2011, 74, 83, 90.

[70] EuGH – *AKZO Chemie/Kommission* a. a. O. (Fn. 35), Rn. 28; *SEP/Kommission* a. a. O. (Fn. 57), Rn. 36; EuG – *Postbank* a. a. O. (Fn. 23), Rn. 87.

[71] So ausdrücklich zur Frage der Offenlegung gegenüber einem Beschwerdeführer EuGH – *AKZO Chemie/Kommission* a. a. O. (Fn. 35), Rn. 28.

[72] Vgl. Art. 14 Abs. 6, Art. 27 Abs. 2 Satz 2 und Art. 27 Abs. 4 Satz 3 sowie Art. 30 Abs. 2 VO 1/2003.

[73] Vgl. hierzu die Kommentierung zu Art. 27, Rn. 24 ff.

[74] VO 773/2004 a. a. O. (Fn. 49), Erwägungsgrund 14: *„Sind Geschäftsgeheimnisse oder vertrauliche Informationen zum Nachweis einer Zuwiderhandlung erforderlich, sollte die Kommission bei jedem einzelnen Schriftstück prüfen, ob das Bedürfnis, es offen zu legen, größer ist als der Schaden, der aus dieser Offenlegung entstehen könnte."* Ähnlich Mitteilung zur Akteneinsicht, a. a. O. (Fn. 53), Rn. 24. Vgl. auch *Durnade/Kellerbauer,* Der Anhörungsbeauftragte in EG-Wettbewerbsverfahren, WuW 2007, 865, 877.

[75] Vgl. Art. 27 Abs. 1 Satz 2, wonach die Kommission eine belastende Entscheidung nur auf Beweise stützen darf, zu denen das Unternehmen, gegen das sich die Entscheidung richtet, Stellung beziehen konnte (Anspruch auf rechtliches Gehör).

das beschuldigte Unternehmen wegen der Geheimhaltung nicht ordnungsgemäß verteidigen kann.[76] Ähnlich wurde zur umgekehrten Situation in *AKZO Chemie/Kommission* von der Kommission geltend gemacht, dass die Offenlegung der betroffenen Geschäftsgeheimnisse des beschuldigten Unternehmens gegenüber einem Beschwerdeführer zum Nachweis des Verstoßes notwendig gewesen sei. Dennoch entschied der *EuGH,* ohne auf das Vorbringen der Kommission einzugehen und unter Anführung der *„berechtigten Interessen der Unternehmen an der Wahrung ihrer Geschäftsgeheimnisse“,* dass *„an einen Beschwerdeführer in keinem Fall Unterlagen weitergeleitet werden [dürfen], die Geschäftsgeheimnisse enthalten“.*[77] Der Entscheidung des *EuGH* in der Sache *Leeuwarder Papierwarenfabriek BV/Kommission* lässt sich ein Hinweis auf eine mögliche Relativierung entnehmen, allerdings eher bezüglich der Frage der Einordnung bestimmter Informationen als Geschäftsgeheimnis als hinsichtlich der Offenlegung eindeutiger Geschäftsgeheimnisse.[78] In einigen Entscheidungen des EuG aus den neunziger Jahren findet sich zwar eine allgemeine Aussage, dass der Schutz von Geschäftsgeheimnissen Dritter mit den Verteidigungsrechten der beschuldigten Unternehmen abzuwägen ist.[79] Allerdings schlussfolgert das EuG hieraus nicht, dass echte Geschäftsgeheimnisse ggfs. preisgegeben werden können, sondern nur, dass die Kommission nicht einfach ganze Dokumente zurückhalten kann, sondern verpflichtet ist, nicht-vertrauliche Fassungen solcher Dokumente zu erstellen, in denen nur wirkliche Geschäftsgeheimnisse vorenthalten werden.

34 Es ist daher zweifelhaft, ob die Kommission den Konflikt zwischen öffentlichem Interesse an der Beendigung und Sanktionierung von Wettbewerbsverstößen und dem Interesse der Betroffenen oder von Dritten an der Wahrung von Geschäftsgeheimnissen überhaupt zu Lasten letzterer lösen darf.[80] Dies wird – wenn überhaupt – nur **ausnahmsweise** zuzulassen sein.[81] Im Konfliktfall mit Geschäftsgeheimnissen hat das öffentliche Interesse jedenfalls an einer **Sanktionierung eines Wettbewerbsverstoßes** stets zurückzustehen. Die Interessenabwägung muss hier angesichts des primärrechtlich durch Art. 339 AEUV abgesicherten Schutzes von Geschäftsgeheimnissen im Regelfall zugunsten des Schutzes der Geschäftsgeheimnisse ausfallen.[82] Allenfalls in einem Konfliktfall zwischen Geschäftsgeheimnissen und dem öffentlichen Interesse an der **Beendigung eines Wettbewerbsverstoßes,** der zu erheblichen Schäden bei Unternehmen oder Verbrauchern führt, kann an eine Offenlegung von Geschäftsgeheimnissen gedacht werden, wenn andernfalls eine Fortsetzung des Wettbewerbsverstoßes nicht unterbunden werden kann und der durch die Offenlegung des Geschäftsgeheimnisses verursachte Schaden vergleichsweise geringfügig ist.[83] Im Rah-

---

[76] Vgl. EuGH U. v. 9.11.1983 Rs. 322/81 – *N. V. Nederlandsche Banden Industrie Michelin/Kommission* Slg. 1983, S. 3461 Rn. 8; U. v. 13.2.1979, Rs. 85/76 – *Hoffmann-La Roche/Kommission* Slg. 1979, S. 461 Rn. 14; U. v. 15.7.1970; Rs. 41/69 – *ACF Chemiefarma NV/Kommission* Slg. 1970, S. 661 Rn. 32f.

[77] EuGH – *AKZO Chemie/Kommission,* a. a. O. (Fn. 35), Rn. 25 und 28.

[78] EuGH U. v. 13.3.1985 verb. Rs. 296 und 318/82 – *Leeuwarder Papierwarenfabriek B. V./Kommission* Slg. 1985, S. 809 Rn. 27. Danach kann die Verpflichtung zur Wahrung von Geschäftsgeheimnissen *„nicht so extensiv ausgelegt werden, daß dadurch das Erfordernis der betroffenen Marktteilnehmer auf rechtliches Gehör ausgehöhlt wird“.*

[79] S. insbesondere EuG U. v. 29.6.1995, Rs. T-30/91 – *Solvay SA/Kommission* Slg. 1995 II – 1775, Rn. 88; EuG U. v. 29.6.1995, Rs. T-36/91 – *Imperial Chemical Industries plc/Kommission* Slg. 1995 II-1847, Rn. 98.

[80] So auch *de Bronett* in: v. der Groeben/Schwarze, nach Artikel 83 EG Durchführungsvorschriften, Verordnung Nr. 17, Rn. 12; vgl. auch die Kommentierung zu Art. 27, Rn. 25.

[81] Ebenso GK/*Schütz,* Art. 28, Rn. 11, der nur die „missbräuchliche Berufung“ auf Geschäftsgeheimnisse vom Schutz ausklammern will.

[82] So auch *Miersch* in: Dalheimer/Feddersen/Miersch, Art. 28, Rn. 20; a. A. *Ritter* in: Immenga/Mestmäcker, Art. 28, Rn. 22. Das Weißbuch der Kommission zu Schadenersatzklagen wegen Verletzung des EG-Wettbewerbsrechts (KOM(2008)165 v. 2.4.2008) diskutiert zwar den erleichterten Zugang zu Beweismitteln, adressiert das Thema Geschäftsgeheimnisse – anders als das Grünbuch (KOM (2005)672 v. 19.12.2005, Option 6 und 7) – dabei aber nicht.

[83] So auch *de Bronett,* Art. 28, 6; *Sura* in: Langen/Bunte, Art. 28, Rn. 16.

men einer solchen Abwägung wird den Geschäftsgeheimnissen Dritter größerer Wert und Schutz beizumessen sein als den Geschäftsgeheimnissen beschuldigter Unternehmen.

3. Verfahren

35 Beabsichtigt die Kommission die Weiterleitung oder Offenlegung von Dokumenten, die (möglicherweise) vertrauliche Informationen enthalten, hat sie zunächst dem Schutzberechtigten **Gelegenheit zur Stellungnahme** zu geben. Die Durchführungsverordnung 773/2004 enthält hierzu in Art. 16 Verfahrensvorgaben.[84] Aus der Sicht der Unternehmen ist dabei insbesondere auf die **drohende Folge des Art. 16 Abs. 4 VO 773/2004** zu achten, wonach die Kommission davon ausgehen darf, dass die betreffenden Unterlagen oder Erklärungen keine vertraulichen Informationen enthalten, wenn die Unternehmen eine von der Kommission gesetzte Frist zur Kenntlichmachung solcher Informationen verstreichen lassen. Allerdings dürfte die Kommission auch in diesem Fall gehindert sein, offensichtlich als Geschäftsgeheimnisse erkennbare Informationen preiszugeben, da der auf Art. 339 AEUV basierende Schutz von Geschäftsgeheimnissen grundsätzlich unabhängig von einer Mitwirkung der Betroffenen besteht. Besteht Streit zwischen der Kommission und dem Schutzberechtigten über die Frage, ob eine bestimmte Information als Geschäftsgeheimnis einzustufen ist, wird es häufig möglich sein, sich mit der Kommission auf eine Modifizierung der betroffenen Information zu einigen, die den Interessen des Geheimnisträgers Rechnung trägt, gleichzeitig aber die weitere Verwendung im Verfahren erlaubt.[85] Lässt sich der Konflikt nicht auf diese Weise lösen, hat die Kommission vor der Weiterleitung der betroffenen Unterlagen an Dritte eine hinreichend **begründete Entscheidung** zu erlassen,[86] gegen die (einstweiliger) Rechtsschutz gesucht werden kann (s. Rn. 35).[87] In Bezug auf Anhörungsverfahren im weiteren Sinne (einschließlich der Gewährung von Akteneinsicht) sowie Veröffentlichungen von Informationen im Amtsblatt der Europäischen Gemeinschaften entscheidet der Anhörungsbeauftragte.[88]

4. Rechtsschutz

36 Angesichts des drohenden Schadens, der aus der unzulässigen Weiterleitung von Informationen und Unterlagen an Dritte, insbesondere an andere Marktteilnehmer, entstehen kann, muss die Kommission den Betroffenen vor der Weiterleitung umstrittener Informationen oder Unterlagen die Möglichkeit geben, das *EuG* anzurufen, um die vorgenommenen Beurteilungen überprüfen zu lassen und die Weiterleitung zu verhindern.[89] Für Anhö-

[84] A. a. O. (Fn. 49). Weitere Einzelheiten hinsichtlich der Behandlung von Geschäftsgeheimnissen in Verfahren zur Akteneinsicht sind in der Mitteilung zur Akteneinsicht (a. a. O., Fn. 53), Rn. 17 ff. enthalten.

[85] So bietet sich beispielsweise bei Zahlen regelmäßig die Angabe eines Rahmens [10 %-30 %] an, ohne dass der Aussagewert darunter leiden dürfte, vgl. die 1997 erschienene Broschüre der Kommission „Dealing with the Commission" erhältlich unter http://bookshop.europa.eu/en/dealing-with-the-commission-pbCV9596552, S. 49.

[86] EuGH – *AKZO Chemie/Kommission* a. a. O. (Fn. 35), Rn. 29.

[87] Als praktische zeit- und kostensparende Alternative hat die Kommission in einzelnen Fällen auch den Abschluss eines sog. File Access Agreements vorgeschlagen. Darin erklärt sich der Schutzberechtigte damit einverstanden, dass vertrauliche Fassungen aller Dokumente und Unterlagen an den Beschuldigten weitergeleitet werden, der sich wiederum dazu verpflichtet, nur einem beschränkten Personenkreis (regelmäßig Anwälte, Ökonomen und/oder namentlich benannte Unternehmensjuristen) Zugang zu den vertraulichen Fassungen zu gewähren.

[88] Beschluss der Kommission vom 13.10.2011 über Funktion und Mandat von Anhörungsbeauftragten in bestimmten Wettbewerbsverfahren, ABl. 2011 L 275/29; vgl. auch *Sura* in: Langen/Bunte, Art. 28, Rn. 16; *Heidenreich,* Anhörungsrechte im EG-Kartell- und Fusionskontrollverfahren, S. 207 f.; *de Bronett,* Art. 28, Rn. 7.

[89] EuGH – *AKZO Chemie/Kommission* a. a. O. (Fn. 35), Rn. 29; *SEP/Kommission* a. a. O. (Fn. 57), Rn. 38, vgl. Streinz/*Niggemann,* nach Art. 83 KartVO, Rn. 64; GK/*Schütz,* Art. 28, Rn. 12. Dane-

rungen sowie die Veröffentlichung von Informationen im Amtsblatt der Europäischen Gemeinschaften ist vor diesem Hintergrund in dem Mandat des Anhörungsbeauftragten bestimmt, dass die Weiterleitung frühestens eine Woche nach der Mitteilung der begründeten Entscheidung erfolgen darf.[90] Räumt die Kommission diese **Rechtsschutzmöglichkeit** nicht ein, ist die Entscheidung der Kommission zur Weiterleitung nichtig und aufzuheben, ohne dass zu prüfen wäre, ob die weitergeleiteten Unterlagen tatsächlich Geschäftsgeheimnisse enthalten.[91]

5. Schadensersatzpflicht

Verstoßen Organe der Gemeinschaft oder deren Bedienstete gegen die Pflicht zur Amtsverschwiegenheit nach Art. 28 Abs. 2 oder gegen die dieser Norm vorgehenden spezielleren Vorschriften (Fn. 47), kann dies eine Schadensersatzpflicht der Europäischen Gemeinschaft nach Art. 340 Abs. 2 AEUV auslösen.[92] Sofern Organe oder Bedienstete der Mitgliedstaaten gegen die in Art. 28 Abs. 2 verankerte Pflicht verstoßen, bestimmt sich ein Schadensersatzanspruch nach nationalem Recht.[93] 37

V. Verhältnis zu anderen Vorschriften

1. Art. 30 – Veröffentlichung von Entscheidungen

Nach Art. 20 Abs. 2 VO 17/62 (die Vorläuferbestimmung zu Art. 28 Abs. 2) blieb die Vorschrift des Art. 21 VO 17/62 (die Vorläuferbestimmung zu Art. 30) über die Veröffentlichung von Entscheidungen unberührt. Es war damit ausdrücklich klargestellt, dass die allgemeine Pflicht zur Amtsverschwiegenheit hinsichtlich der **Veröffentlichung von Entscheidungen** eingeschränkt und die zulässige Grenze des Inhalts veröffentlichter Entscheidungen (nur) durch die berechtigten Interessen der Unternehmen an der Wahrung ihrer **Geschäftsgeheimnisse** bestimmt war. Ein ausdrücklicher Vorbehalt zu Gunsten von Art. 30 wurde in Art. 28 Abs. 2 nicht aufgenommen. Art. 30 enthält jedoch eine eigene Geheimhaltungsregel in Abs. 2, nach der die Veröffentlichung dem berechtigten Interesse der Unternehmen an der Wahrung ihrer Geschäftsgeheimnisse Rechnung tragen muss. Da Art. 28 Abs. 2 auf zahlreiche andere Vorschriften verweist, die „unbeschadet" gelten, ist das Fehlen eines Verweises auf Art. 30 zwar unglücklich, bedeutet aber aufgrund der eigenen Geheimhaltungsregel in Abs. 2 der Sache nach keine Änderung des Schutzniveaus gegenüber der VO 17/62. 38

2. Art. 11, 12, 14, 15 und 27 – besonderer Vertraulichkeitsschutz

Art. 28 Abs. 2 bestimmt ausdrücklich, dass die in ihm statuierte Verschwiegenheitspflicht vorbehaltlich der Art. 11, 12, 14, 15 und 27 gilt. Die Bestimmungen schränken den allgemeinen Vertraulichkeitsschutz des Art. 28 Abs. 2 ein, enthalten jedoch eigene Geheimhaltungsregelungen in Bezug auf Geschäftsgeheimnisse und sonstige vertrauliche Informationen, die einen besonderen Schutz der Vertraulichkeit genießen; vgl. ausführlicher Rn. 23–28 und 31–33. 39

---

ben ist auch vorläufiger Rechtsschutz möglich, EuG, Beschluss des Präsidenten v. 11.3.2013, T-462/12 R – *Autoglas,* Slg. 2013, II-0000.

[90] A. a. O. (Fn. 88), Art. 8 Abs. 2 Satz 3.

[91] EuGH – *AKZO Chemie/Kommission* a. a. O. (Fn. 35), Rn. 31; vgl. *Sura* in: Langen/Bunte, Art. 28, Rn. 17, zum Zusammenhang zwischen einer Verletzung der in Art. 28 Abs. 1 und 2 vorgesehen Pflichten und der Rechtmäßigkeit der behördlichen Entscheidung.

[92] EuGH – *Stanley Adams/Kommission* a. a. O. (Fn. 43), Rn. 53; *Kerse/Khan,* Chapter 2–069; *Sura* in: Langen/Bunte, Art. 28, Rn. 17.

[93] GK/*Schütz,* Art. 28, Rn. 8; *Sura* in: Langen/Bunte, Art. 28, Rn. 17; *Bischke* in: MüKo, Art. 28, Rn. 11; in Deutschland kommt in erster Linie die Amtshaftung nach § 839 BGB i. V. m. Art. 34 GG in Betracht.

3. Parallelvorschriften

40 Hinsichtlich entsprechender Vorschriften zum Schutz von Informationen, die unter das „Berufsgeheimnis" fallen, vgl. bereits Rn. 15.

4. Verordnung über den Zugang der Öffentlichkeit zu Dokumenten der EU Organe

41 Die Amtsverschwiegenheit nach Abs. 2, zumeist im Zusammenspiel mit der Verwertungsbeschränkung des Abs. 1, steht in einem Spannungsverhältnis zu der Verordnung über den Zugang der Öffentlichkeit zu Dokumenten der Organe der EU, vgl. bereits Rn. 16 und 31.

Art. 29. Entzug des Rechtsvorteils in Einzelfällen

(1) **Hat die Kommission aufgrund der ihr durch eine Verordnung des Rates wie z. B. den Verordnungen Nr. 19/65/EWG, (EWG) Nr. 2821/71, (EWG) Nr. 3976/87, (EWG) Nr. 1534/91 oder (EWG) Nr. 479/92 eingeräumten Befugnis, Artikel 81 Absatz 3 des Vertrags durch Verordnung anzuwenden, Artikel 81 Absatz 1 des Vertrags für nicht anwendbar auf bestimmte Gruppen von Vereinbarungen, Beschlüssen von Unternehmensvereinigungen oder aufeinander abgestimmten Verhaltensweisen erklärt, so kann sie von Amts wegen oder auf eine Beschwerde hin den Rechtsvorteil einer entsprechenden Gruppenfreistellungsverordnung entziehen, wenn sie in einem bestimmten Fall feststellt, dass eine Vereinbarung, ein Beschluss oder eine abgestimmte Verhaltensweise, für die die Gruppenfreistellungsverordnung gilt, Wirkungen hat, die mit Artikel 81 Absatz 3 des Vertrags unvereinbar sind.**

(2) **Wenn Vereinbarungen, Beschlüsse von Unternehmensvereinigungen oder aufeinander abgestimmte Verhaltensweisen, die unter eine Verordnung der Kommission im Sinne des Absatzes 1 fallen, in einem bestimmten Fall Wirkungen haben, die mit Artikel 81 Absatz 3 des Vertrags unvereinbar sind und im Gebiet eines Mitgliedstaats oder in einem Teilgebiet dieses Mitgliedstaats, das alle Merkmale eines gesondertenräumlichen Marktes aufweist, auftreten, so kann die Wettbewerbsbehörde dieses Mitgliedstaats den Rechtsvorteil der Gruppenfreistellungsverordnung in diesem Gebiet entziehen.**

Übersicht

I. Entstehungsgeschichte

1 Der Vorschlag der Kommission für eine neue Durchführungsverordnung vom 27. September 2000[1] sah eine umfassende Rechtsgrundlage für den Erlass von Gruppenfreistellungsverordnungen durch die Kommission vor (Artikel 28 des Vorschlags). Diese Bestim-

[1] Vorschlag für eine Verordnung des Rates zur Durchführung der in den Artikeln 81 und 82 EG-Vertrag niedergelegten Wettbewerbsregeln und zur Änderung der Verordnungen (EWG) Nr. 1017/68, (EWG) Nr. 2988/74, (EWG) Nr. 4056/86 und (EWG) Nr. 3975/87 („Durchführungsverordnung zu den Artikeln 81 und 82 EG-Vertrag"), ABl. Nr. C 365 E vom 19. Dezember 2000, S. 284.

mung fand im Rat keine Mehrheit und wurde daher zu Ende des Gesetzgebungsverfahrens gestrichen. Lediglich eine einheitliche Bestimmung zum Entzug von Gruppenfreistellungen in Einzelfällen wurde beibehalten (Artikel 29 des Vorschlags).

II. Anwendungsbereich

1. Gruppenfreistellungen nach der Reform

Der Übergang zu einem System der Legalausnahme schließt den Erlass von Gruppenfreistellungsverordnungen durch die Kommission nicht aus, soweit der Rat die Kommission hierzu ermächtigt hat.[2] Derzeit ist die Kommission vom Rat ermächtigt, Gruppenfreistellungsverordnungen in den Bereichen Vertikalvereinbarungen, Vereinbarungen über Rechte an geistigem Eigentum, Spezialisierungsvereinbarungen, Forschungs- und Entwicklungsvereinbarungen sowie Vereinbarungen in der Versicherungswirtschaft und in bestimmten Sparten der Verkehrswirtschaft zu erlassen.[3] Artikel 101 AEUV (insbesondere des Absatz 2, Buchstabe b) stellt auch weiterhin die primärrechtliche Grundlage für derartige Ermächtigungen dar. Die Zuweisung dieser Aufgabe an die Kommission ist insbesondere deshalb zulässig, weil der Erlass von Gruppenfreistellungsverordnungen ein Teil der Rechtsanwendung ist. Artikel 101 ist selbst die maßgebliche Rechtsregel, die Kommission kann in keinem Falle etwas freistellen, das nach dem Vertrag verboten ist. 2

Gruppenfreistellungsverordnungen der Kommission schaffen verbindliches und unmittelbar in den Mitgliedstaaten geltendes Recht (Art. 288, Abs. 2 des Vertrags). 3

2. Anwendung auf bestehende Gruppenfreistellungsverordnungen

Art. 29 ist insbesondere auf die folgenden Gruppenfreistellungsverordnungen anwendbar: 4

- Verordnung (EU) Nr. 330/2010 der Kommission vom 20. April 2010 über die Anwendung von Artikel 101 Absatz 3 des Vertrags über die Arbeitsweise der Europäischen Union auf Gruppen von vertikalen Vereinbarungen und abgestimmten Verhaltensweisen[4]
- Verordnung (EU) Nr. 461/2010 der Kommission vom 27. Mai 2010 über die Anwendung von Artikel 101 Absatz 3 des Vertrags über die Arbeitsweise der Europäischen Union auf Gruppen von vertikalen Vereinbarungen und abgestimmten Verhaltensweisen im Kraftfahrzeugsektor[5]
- Verordnung (EU) Nr. 316/2014 der Kommission vom 21. März 2014 über die Anwendung von Artikel 101 Absatz 3 des Vertrags über die Arbeitsweise der Europäischen Union auf Gruppen von Technologietransfer-Vereinbarungen[6]
- Verordnung (EU) Nr. 1218/2010 der Kommission vom 14. Dezember 2010 über die Anwendung von Artikel 101 Absatz 3 des Vertrags über die Arbeitsweise der Europäischen Union auf bestimmte Gruppen von Spezialisierungsvereinbarungen[7]

---

[2] *Fuchs,* ZWeR 2005, 1. Dies war in der Reformdiskussion allerdings umstritten. Kritiker hielten konstitutive Gruppenfreistellungen für nicht mehr denkbar, da die Kommission auch keine Einzelfreistellungen nach Artikel 81, Absatz 3 mehr treffen könne. Gruppenfreistellungen seien daher rein deklaratorisch und ohne bindende Wirkung. Siehe etwa *Deringer* EUZW 2000, S. 7.

[3] Verordnungen des Rats Nr. 19/65/EWG, ABl. 36, 6.3.1965, S. 533; Verordnung (EG) Nr. 1215/1999 des Rates vom 10. Juni 1999 zur Änderung der Verordnung Nr. 19/65/EWG über die Anwendung von Artikel 81 Absatz 3 des Vertrages auf Gruppen von Vereinbarungen und aufeinander abgestimmten Verhaltensweisen ABl. Nr. L 148 vom 15.6.1999, S. 1; (EWG) Nr. 2821/71 ABl. Nr. L 285, 29.12.1971 p. 46–48.

[4] ABl. Nr. L 102, 23.4.2010, S. 1.

[5] ABl. Nr. L 129, vom 28.5.2010, S. 52.

[6] ABl. Nr. L 93, vom 28.3.2014 S. 17.

[7] ABl. Nr. L 335 vom 18.12.2010 S. 43.

– Verordnung (EU) Nr. 1217/2010 der Kommission vom 14. Dezember 2010 über die Anwendung von Artikel 101 Absatz 3 des Vertrags über die Arbeitsweise der Europäischen Union auf bestimmte Gruppen von Vereinbarungen über Forschung und Entwicklung[8]
– Verordnung (EU) Nr. 267/2010 der Kommissionvom 24. März 2010 über die Anwendung von Artikel 101 Absatz 3 des Vertrags über die Arbeitsweise der Europäischen Union auf Gruppen von Vereinbarungen, Beschlüssen und abgestimmten Verhaltensweisen im Versicherungssektor.[9]

III. Voraussetzungen und Rechtsfolgen

1. Einheitliche Rechtsgrundlage

5 Artikel 29 schafft eine einheitliche Rechtsgrundlage für den Entzug des Rechtsvorteils einer Gruppenfreistellungsverordnung, die entsprechende Bestimmungen in den einzelnen Verordnungen des Rates ersetzt (vergleiche Art. 40).

2. Feststellung von mit Art. 101 Abs. 3 unvereinbaren Wirkungen

6 Der Entzug setzt die Prüfung und Feststellung voraus, dass in einem bestimmten Einzelfall Wirkungen bestehen, die mit Art. 101, Abs. 3 nicht (mehr) vereinbar sind. Zuständig für diese Feststellung sind die Kommission und die Wettbewerbsbehörden der Mitgliedstaaten, letztere allerdings nur, soweit sich die mit Artikel 101, Absatz 3 unvereinbaren Wirkungen auf das Gebiet oder Teilgebiet eines Mitgliedstaats beschränken, das alle Merkmale eines gesonderte räumlichen Marktes aufweist.

7 Bei der Bestimmung eines **gesonderten räumlichen Marktes** sind die allgemeinen Kriterien der Marktabgrenzung heranzuziehen.[10] Der Begriff des gesonderten Marktes sollte dabei als gleichbedeutend mit dem des Referenzmarktes oder relevanten Marktes verstanden werden. Der relevante Markt darf somit nicht größer als das Gebiet eines Mitgliedstaates sein.

3. Verfahren

8 Der Entzug kann von Amts wegen oder aufgrund einer **Beschwerde** erfolgen. Auf Beschwerden bei der Kommission (Art. 29 Abs. 1) dürften die Voraussetzungen des Art. 7 Abs. 2 und das in den Durchführungsbestimmungen vorgesehen Beschwerdeverfahren anzuwenden sein. Beschwerden vor nationalen Wettbewerbsbehörden richten sich nach dem Verfahrensrecht des jeweiligen Mitgliedstaats.[11]

4. Entzug der Rechtsvorteils der Freistellung

9 Der Entzug der Freistellung beruht auf der Feststellung der Unvereinbarkeit einer Vereinbarung, eines Beschlusses einer Unternehmensvereinigung oder einer abgestimmten Verhaltensweise mit Art. 101, Abs. 3 und kann (und wird) mit der entsprechenden Abstellverfügung gemeinsam erlassen werden. Der Entzug gilt ex nunc. Der Entzug kann angesichts der sich überlappenden Tatbestandsvoraussetzungen auch hilfsweise ausgesprochen werden. Ist etwa aufgrund rechtlicher oder faktischer Unsicherheiten unklar bzw. streitig, ob die Gruppenfreistellungsverordnung zu einer Freistellung führt, kann eine Untersagung mit einem Entzug der Freistellung verbunden werden, soweit diese eingreift.

---

[8] ABl. Nr. L 335 vom 18.12.2010 S. 36.
[9] ABl. Nr. L 83, vom 30.3.2010, S. 1.
[10] Vergleiche die Bekanntmachung der Kommission über die Definition des relevanten Marktes im Sinne des Wettbewerbsrechts der Gemeinschaft, ABl. C 372 vom 9. Dezember 1997 S. 5.
[11] Ausführlich auch Langen/Bunte/Sura VO 1/2003 Art. 29 Rn. 1.

Art. 30. Veröffentlichung von Entscheidungen

(1) **Die Kommission veröffentlicht die Entscheidungen, die sie nach den Art. 7 bis 10 sowie den Art. 23 und 24 erlässt.**

(2) **Die Veröffentlichung erfolgt unter Angabe der Beteiligten und des wesentlichen Inhalts der Entscheidung einschließlich der verhängten Sanktionen. Sie muss dem berechtigten Interesse der Unternehmen an der Wahrung ihrer Geschäftsgeheimnisse Rechnung tragen.**

Übersicht

I. Veröffentlichung von verfahrensabschließenden Entscheidungen

1. Veröffentlichungsbefugnisse der Kommission

1 Art. 30 übernimmt die Regelung des Art. 21 VO 17/62 über die Publizierung verfahrensabschließender Entscheidungen. Allerdings wurde der Kreis **zu veröffentlichender Entscheidungen erweitert.** Sanktionsentscheidungen sind nunmehr zwingend zu veröffentlichen. Bereits unter der VO 17/62 wurden Sanktionsentscheidungen publiziert, obgleich sie nicht in Art. 21 VO 17/62 genannt waren, da ein Verweis auf Art. 15 und 16 VO 17/62 fehlte.[1] Dass diese vom EuGH abgesegnete Praxis durch Art. 30 der VO 1/2003 eine rechtliche Grundlage gefunden hat, ist zu begrüßen. Die Publikationsverpflichtung erstreckt sich nunmehr infolge der Veränderung der Entscheidungsbefugnisse auf Verpflichtungsentscheidungen nach Art. 9 und auf einstweilige Maßnahmen nach Art. 8. Verfahrensentscheidungen im Ermittlungsverfahren müssen nach wie vor nicht publiziert werden.

2 Sinn und Zweck der Veröffentlichung der Entscheidungen insbesondere bei Sanktionsverhängung ist der abschreckende, **generalpräventive Effekt.** Den Unternehmen soll auf diese Weise die Effizienz des europäischen Kartellrechts vor Augen geführt werden. Dadurch wird zweifelsohne ein wichtiger Beitrag zur Einhaltung und Beachtung des EU-Kartellrechts geleistet. Ferner dient die Veröffentlichung der Information der Öffentlichkeit, der Transparenz und der Unterrichtung Dritter, deren Interessen berührt wurden und die erst infolge der Veröffentlichung sie rechtlich wahren können.[2]

3 Der EuGH hatte zum alten Art. 21 VO 17/62 entschieden, dass auch andere, in der Bestimmung nicht genannte Entscheidungen der Kommission veröffentlicht werden dürften, solange dadurch keine Geschäftsgeheimnisse verbreitet würden und zumindest solange durch die Publizität die Einhaltung der Wettbewerbsregeln gewährleistet würde.[3] Der EuGH schien damit nur Geschäftsgeheimnisse als Schranke der Veröffentlichung anzusehen. Das EuG geht hier mit Recht weiter (dazu Rn. 7).

4 Mit der Ausweitung wird indes verkannt, dass die Veröffentlichung von belastenden Entscheidungen, insbesondere bei der Verhängung von Sanktionen, die **Interessen der betroffenen Unternehmen** erheblich beeinträchtigt. Die Offenlegung von Vergehen und Rechtsverstößen unter voller Namensnennung (s. unten Rn. 6) ist kein vernachlässigbarer Eingriff in deren Persönlichkeitsrechte und insbesondere der **Rechte auf informationelle**

---

[1] Vgl. EuGH Rs. 41/69 – *ACF Chemiefarma NV* Slg. 1970, 661 Rn. 101, 104.

[2] *Ritter,* in: Immenga/Mestmäcker (Hg.) Wettbewerbsrecht, Band 1. EU/Teil 2, 5. Aufl 2012, Art. 30 VO 1/2003, Rn. 1.

[3] Vgl. EuGH, a. a. O. (Fn. 1).

Selbstbestimmung,[4] sondern stellt eine Nebensanktion für die Verletzung des Kartellrechts dar. Die zu beachtende (s. Art. 27, Rn. 1) Grundrechtecharta schützt die Kommunikation in Art. 7 (wozu auch das Recht zählen dürfte, über die eigene Außenwahrnehmung selbst zu bestimmen) und die personenbezogenen Daten in Art. 8;[5] vgl. auch Art. 16 AEUV. Solche Grundrechtseingriffe bedürfen daher der gesetzlichen Grundlage. Der Vorbehalt des Gesetzes für Grundrechtseingriffe gilt auch im Unionsrecht (Art. 52 Grundrechtecharta). Soweit daher eine spezielle rechtliche Regelung über den Umfang der **individualisierbaren** Veröffentlichung von Entscheidungen fehlt, hat diese zu unterbleiben. Dem trägt die Rechtsprechung bislang nicht Rechnung.[6] Der Durchsetzung des Kartellrechts, der Transparenz und der Information der Öffentlichkeit wird auch durch eine anonymisierte Veröffentlichung gedient. Kritisch sind daher auch Pressemitteilungen und andere Veröffentlichungen mit Namensnennung zu sehen.[7]

5 Die Publikation der Beschlüsse erfolgte früher stets in allen Amtssprachen im **Amtblatt** der EU, Abteilung L, heute wegen der Notwendigkeit zur Entlastung des Übersetzungsdienstes regelmäßig nur mehr in Form von kurzen Zusammenfassungen in Abteilung C. Die Entscheidungen sind im Volltext in ihren Originalsprachen und den Arbeitssprachen der Kommission nur mehr über die Website der Generaldirektion Wettbewerb zugänglich (http://ec.europa.eu/competition/antitrust/cases/index.html).[8]

2. Umfang der Veröffentlichungspflicht

6 Gemäß Art. 30 sind die Beteiligten zu nennen und der wesentliche Inhalt der Entscheidungen wiederzugeben. Als Beteiligte sind die Adressaten der betreffenden Entscheidung anzusehen, nicht die sonst daran Beteiligten.[9] Üblicherweise publiziert die Kommission ihre Beschlüsse zum Schutz von Geschäftsgeheimnissen (Rn. 7) aber in nicht-vertraulicher, gekürzter Fassung. Hinzu gefügt wurde infolge der Erweiterung der Publikationsverpflichtung auf Sanktionsentscheide die Angabe der verhängten Sanktionen.

II. Schutz der Geschäftsgeheimnisse und Wahrung des Berufsgeheimnisses

7 Bei der Veröffentlichung von Entscheidungen sind die Interessen der Unternehmen an der Wahrung ihrer **Geschäftsgeheimnisse** umfassend zu wahren. Daher müssen die Betroffenen vor der Veröffentlichung konsultiert werden, was zu der erheblichen Verzögerung der Veröffentlichung führt.[10] Der Schutz der Geschäftsgeheimnisse ist ein so hochstehendes Gut, dass die Publikationsinteressen hier zurückzustehen haben. Infolge Art. 339 AEUV

---

[4] Dieses Konzept ist auch auf EU-Ebene bekannt, vgl. GA Cruz Villalon, Schlußanträge in Rs. C-293/12 vom 12.12.2013, Rn. 57.

[5] Dieser Schutz gilt nicht nur für natürliche Personen, sondern auch für juristische. Schließlich kann ein Unternehmen im Sinne des EG-Kartellrechts auch eine natürliche Person als Unternehmer sein. Außerdem ist nicht auszuschließen, dass bei der Publizierung von an eine juristische Person gerichteten Entscheidungen auch Namen und Handlungen natürlicher Personen, insbesondere solcher, die ihren Organen angehörten oder für sie gehandelt haben, offengelegt werden.

[6] EuG, Rs. T-198/03 – *Bank Austria,* Slg. 2006, II-1429, Rn. 68f., 87f.

[7] Die vorherrschende Sichtweise fordert demgegenüber nur eine vorherige Unterrichtung der Betroffenen, vor allem wegen der Möglichkeit zur Geltendmachung des Schutzes von Geschäftsgeheimnissen, s. etwa *Ritter,* in Immenga/Mestmäcker (Hg.), Wettbewerbsrecht, Band 1. EU/Teil 2, 5. Aufl 2012, Art. 30 VO 1/2003, Rn. 9.

[8] Mit Recht kritisch hierzu wegen der mangelnden Kenntnisnahmemöglichkeit der Entscheidungstätigkeit der Kommission in den anderen Sprachen *de Bronett,* Europäisches Kartellverfahrensrecht, 2. Aufl 2012, Art. 30, Rn. 2.

[9] *de Bronett,* Europäisches Kartellverfahrensrecht, 2. Aufl 2012, Art. 30, Rn. 1.

[10] *Ritter,* in Immenga/Mestmäcker (Hg.), Wettbewerbsrecht, Band 1. EU/Teil 2, 5. Aufl 2012, Art. 30 VO 1/2003, Rn. 9.

stellen ferner die **Berufsgeheimnisse** eine Schranke für die Veröffentlichung dar.[11] Als Berufsgeheimnis wird die Identität der Beschuldigten und die Art und Höhe verhängter Sanktionen angesehen, solange sie noch nicht rechtskräftig ist. Somit fließen hier Aspekte der Unschuldvermutung ein.[11] Näher zum Schutz der Geschäftsgeheimnisse Art. 27, Rn. 23ff., zum Schutz des Berufsgeheimnisses Art. 28.

Art. 31. Nachprüfung durch den EuGH

Bei Klagen gegen Entscheidungen, mit denen die Kommission eine Geldbuße oder ein Zwangsgeld festgesetzt hat, hat der EuGH die Befugnis zu unbeschränkter Nachprüfung der Entscheidung. Er kann die festgesetzte Geldbuße oder das festgesetzte Zwangsgeld aufheben, herabsetzen oder erhöhen.

Übersicht

I. Einleitung

1 Art. 31 der VO 1/2003 entspricht Art. 17 der VO 17/62. Die Befugnis zur umfassenden Kontrolle der Bußgelder durch den EuGH hatte sich bewährt und wurde daher beibehalten.

2 Als EuGH zählt dabei der **EuGH** selbst als auch das allgemeine Gericht **(EuG),** das gemäß (nunmehr) Art. 256 AEUV durch einen Ratsbeschluss vom 24.10.1988[1] errichtet worden war und bei Klagen gegen Beschlüsse der Kommission in **Kartellsachen** die **erste Instanz** darstellt. Der EuGH fungiert als Rechtsmittelgericht gegen Entscheidungen des EuG, die binnen zwei Monaten beim EuGH angefochten werden können, und ist weiterhin für Vorlagen nationaler Gerichte in Kartellsachen gemäß Art. 267 AEUV zuständig. Die Möglichkeit, insoweit die Zuständigkeit dem EuG zu übertragen (Art. 256 Abs. 3 AEUV) wurde bislang nicht aktualisiert, was angesichts der Expertise des EuG in Kartellsachen bedauerlich ist.[2] Allerdings besteht auch weiterhin die Möglichkeit nach Art. 257 AEUV, ein **Fachgericht für Wettbewerbssachen** einzurichten, für das dann das EuG als Rechtsmittelgericht fungieren würde.

II. Befugnis zur unbeschränkten Nachprüfung

1. Grundlage und Bedeutung

3 Grundlage für die Befugnis des EuG/EuGH zur unbeschränkten Nachprüfung von Beschlüssen ist Art. 261 AEUV, wonach dem Gerichtshof in vom Rat oder von EP und Rat gemeinsam erlassenen Verordnungen hinsichtlich der darin vorgesehenen Zwangsmaßnahmen eine Zuständigkeit übertragen werden kann, welche die **Befugnis zu unbeschränkter Ermessensnachprüfung** und zur **Änderung oder Verhängung solcher Maßnahmen** umfasst. Von dieser Möglichkeit hat der Rat in Art. 31 VO 1/2003 Gebrauch gemacht.

---

[11] EuG, Rs. T-474/04 – *Pergan,* Slg. 2007, II-4225, Rn. 62.
[12] EuG, Rs. T-15/02 – *BASF,* Slg. 2006, II-497, Rn. 604; Rs. T-474/04 – *Pergan,* Slg. 2007, II-4225, Rn. 76, 78. S. auch EuG, Rs. T-198/03 – *Bank Austria,* Slg. 2006, II-1429, Rn. 74f.
[1] Entscheidung des Rats 88/591/EWG/EAG/EGKS, ABl. 1988, Nr. L 319, S. 1.
[2] *Ehlermann/Atanasiu* ECLR 2002, 79.

4 Unbeschränkte Nachprüfung bedeutet, dass der EuGH/das EuG bei der Kontrolle der Wahrnehmung von Ermessens- oder Beurteilungsspielräumen durch die Kommission **nicht auf die bloße rechtliche Nachprüfung der originären Ermessensausübung der Kommission beschränkt** sind (so dass sie nur die Schlüssigkeit der Begründung, die Richtigkeit der Sachverhaltsermittlung, die Beachtung von Verfahrensnormen und das Fehlen offensichtlicher Beurteilungsfehler und von Ermessensmissbrauch nachprüfen könnten),[3] sondern ihre **eigene Einschätzung** an die Stelle der der Kommission setzen können.[4] Dafür bedarf es aber eines Antrags. EuGH und EuG können die Festsetzung von Zwangsgeld und Geldbußen durch die Kommission nicht nur aufheben, sondern sie in Ausübung **eigenen Sanktionsermessens** herabsetzen oder erhöhen. Allerdings ist es ihnen ausweislich des klaren Wortlauts des Art. 31 VO 1/2003 (insoweit enger als Art. 261 AEUV) verwehrt, erstmals solche Sanktionen anzuordnen.[5] Das Gericht kann bei seiner Nachprüfung zwar neue Informationen und Umstände beiziehen, beschränkt dies aber aus Gründen der Wahrung des institutionellen Gleichgewichts auf solche, die vor dem Erlass der angefochtenen Entscheidung eingetreten sind und die die Kommission daher hätte kennen können.[6] Das ist wenig überzeugend, da die Befugnis zu unbeschränkter Nachprüfung den Gerichten gerade zusteht.

5 Art. 31 zieht den Rechtsschutz gegen Entscheidungen der Kommission gemäß Art. 263 AEUV über den dort vorgesehenen Rahmen der Nachprüfung der Rechtmäßigkeit der Entscheidung hinaus. Art. 263 AEUV ermöglicht es Adressaten von Beschlüssen der Kommission oder solchen Personen, die selbst und unmittelbar davon betroffen sind, diese durch Nichtigkeitsklage anzufechten, wobei die Anfechtung allerdings keine aufschiebende Wirkung entfaltet.[7] Der Rechtsschutz erfasst infolge Art. 31 VO 1/2003 auch die Angemessenheit und Zweckmäßigkeit der Sanktionen. EuGH und EuG sind an die Berechnungsmethode der Kommission nicht gebunden, sondern können eine eigene Sanktionspolitik verfolgen.

2. Ausübung der unbeschränkten Nachprüfungsbefugnis

6 Allerdings haben beide Gerichte bisher noch **keine eigene Sanktionspolitik** verfolgt, sondern grundsätzlich die Sanktionsentscheidungen der Kommission anerkannt, wenn die Entscheidungen hinsichtlich ihrer Rechtmäßigkeit unbeanstandet geblieben waren.[8] Gelang

---

[3] Die früher eher eingeschränkte Kontrolldichte durch den EuGH hat in jüngster Zeit eine Verstärkung im Hinblick auf die Nachprüfung von Rechts- und Tatsachenfragen erfahren, vgl. EuGH, Rs. C-386/10 P – *Chalkor/Kommission* Slg. 2011, I-13085, Rn. 62; Rs. C-389/10 P – *KME Germany u. a./Kommission* Slg. 2011, I-13125, Rn. 129; Rs. C-272/09 P – *KME Germany u. a./Kommission,* Slg. 2011, I-12789, Rn. 102; Urteil vom 11.9.2014, Rs. C-382/12 P – *Mastercard,* Rn. 155f; s. dazu *Jaeger,* Journal of European Competition Law and Practice 2011, 295; *Nehl,* in Immenga/Körber (Hrsg.), Die Kommission zwischen Gestaltungsmacht und Rechtsbindung, 2012, 113ff.; *Schweitzer,* in Lianos/Geradin, Handbook on European Competition Law. Enforcement and Procedure, 2013, 491, 504ff.; *Völcker,* in: Immenga/Körber (Hg.), Die Kommission zwischen Gestaltungsmacht und Rechtsbindung, 2012, 164ff. Unklar ist, ob diese Intensivierung der Kontrolldichte auch die Kontrolle der Anwendung der Kronzeugenregelung erfasst, s. *Nehl,* ebda. 140. Zu den bisher insoweit widersprüchlichen Tendenzen in der Rechtsprechung vgl. *Völcker,* ebda. 169.

[4] EuGH, Rs. C-389/10 P – *KME Germany u. a./Kommission* Slg. 2011, I-13125, Rn. 130.

[5] So auch *Dannecker/Biermann,* in: Immenga/Mestmäcker (Hg.), Wettbewerbsrecht, Band 1. EU/Teil 2, 5. Aufl 2012, Art. 31 VO 1/2003, Rn. 29. Anders *de Bronett,* Europäisches Kartellverfahrensrecht, 2. Aufl 2012, Art. 31, Rn. 12.

[6] EuG, Rs. T-322/01 – *Roquette Frères,* Slg. 2006, II-3137, Rn. 327.

[7] Diese kann nur infolge eines eigenständigen Antrags bei Gericht nach Art. 278 AEUV hergestellt werden. Allerdings ist die Kommission in der Praxis bereit, bei Anfechtung von sich aus auf die Vollstreckung einstweilen zu verzichten, sofern eine Bankgarantie über die Geldbuße vorgelegt wird und das Unternehmen sich zu Zinszahlungen im Falle des Unterliegens bereit erklärt.

[8] Vgl. EuG, Rs. T-77/08 – *Dow Chemical,* Urt. vom 2.2.2012, Rn. 148; *de Bronett,* Europäisches Kartellverfahrensrecht, 2. Aufl 2012, Art. 31, Rn. 14. S. auch *Dannecker/Biermann,* in: Immenga/Mestmäcker (Hg.), Wettbewerbsrecht, Band 1. EU/Teil 2, Art. 31 VO 1/2003, Rn. 16.

der Kommission nicht für die volle Dauer der vorgeworfenen Zuwiderhandlung der Nachweis, so setzte das EuG die Sanktion in Anwendung der Berechnungsmethode der Kommission herab.[9] Desweiteren korrigieren EuGH und EuG den Sanktionsausspruch bei diskriminierender Sanktionsverhängung unter dem Aspekt der Gleichbehandlung[10] oder reduzieren die Geldbuße bei bestimmten Verfahrensfehlern wie etwa bei Verletzung der Grundsätze ordnungsgemäßer Verwaltung oder des rechtlichen Gehörs oder bei abweichender tatsächlicher Bewertung, wobei sie jedoch die Berechnungsmethode der Kommission zum Ausgangspunkt nehmen.[11] Eine vollständige Aufhebung der Sanktionsverhängung erfolgt, wenn sich die zugrundeliegende Feststellung eines Kartellrechtsverstoßes als unzutreffend oder als nicht hinreichend bewiesen erweist.

Bei der Überprüfung der Geldbußen ist klar zu unterscheiden zwischen der **Rechtmäßigkeitskontrolle** und der darüber hinausgehenden Ausübung der **Befugnis zu unbeschränkter Nachprüfung** nach Art. 31 im Sinne einer Angemessenheitskontrolle.[12] Die jüngere Rechtsprechung deutet darauf hin, dass die Angemessenheitskontrolle nur Platz greift, wenn die Kommissionsentscheidung mit einem Rechtsfehler behaftet ist, der nicht notwendig sich gerade auf die Geldbußenfestsetzung beziehen muss.[13] Bei der Rechtmäßigkeitskontrolle der Bebußung geht es um Prüfung der Anforderung nach Art. 23 Abs. 3 VO 1/2003, dass die Bußen nach Schwere und Dauer zu bemessen sind. Das EuG darf sich aber nicht nur auf die Prüfung der von der Kommission verhängten Geldbußen anhand der Kommissionsleitlinien und der dort genannten Kriterien und Gesichtspunkte beschränken und für ihre Bewertung auf das Ermessen der Kommission verweisen; es muss vielmehr die Rechtmäßigkeit der Bebußung in rechtlicher wie tatsächlicher Hinsicht gründlich kontrollieren.[14] Die Befugnis zur unbeschränkten Ermessensnachprüfung beschränkt sich nicht auf eine bloße Rechtmäßigkeitsprüfung der Kommissionserwägungen, schon gar nicht auf eine bloße Prüfung der Rechtmäßigkeit der Anwendung der Leitlinien durch die Kommission und der Leitlinienkonformität ihrer Praxis beschränken.[15] Die Kommissionsleitlinien dürfen nicht als quasi ein auch den Richter bindendes Regelwerk angesehen werden. 7

Bei ihrer unbeschränkten Nachprüfung von der Berechnungsmethode der Kommission auszugehen, liegt aber im Rahmen des **Ermessens** der Gerichte[16] und ist insoweit vorzugswürdig, als dadurch die Gleichbehandlung aller Fälle im abstrakten Ansatz gewahrt bleibt.[17] 8

Da Art. 31 das EuG bzw den EuGH berechtigt, die Sanktionen anzuheben, ist eine **reformatio in peius** möglich, zu der jedoch die Parteien zuvor anzuhören wären.[18] Bislang 9

---

[9] EuG Rs. T-25/95 u. a. – *Cementeries CBR* Slg. 2000, II-491, Rn. 4815.

[10] EuG Rs. T-45/98 und T-475/98 – *Krupp Thyssen u. a.* Slg. 2001, II-3757, Rn. 281; EuG Rs. T-308/94 – *Cascades* Slg. 2002, II-813, Rn. 65; Rs. T-67/00 u. a. – *JFE Engeneering,* Slg. 2004, II-2508, Rn. 579; Rs. T-395/09 – *Gigaset,* Urt. vom 23.1.2014, Rn. 182ff. Insoweit kann es zu einer Gleichbehandlung im Unrecht kommen.

[11] Vgl. EuG Rs. T-134/94 – *NMH Stahlwerke GmbH* Slg. 1999, II-239, Rn. 53ff.; Rs. T-136/94 – *ARBED SA* Slg. 1999, II-303, Rn. 40ff.; Rs. T-325/01 Slg. 2005, I-3319 – *DaimlerChrysler,* Rn. 230ff.; EuG, Rs. T-410/03 – *Hoechst,* Slg. 2008, II-881, Rn. 137, 433, 438, 582, 607, 608.

[12] *Nehl,* in Immenga/Körber (Hrsg.), Die Kommission zwischen Gestaltungsmacht und Rechtsbindung, 2012, 113, 136f.

[13] Vgl. näher *Nehl,* in Immenga/Körber (Hrsg.), Die Kommission zwischen Gestaltungsmacht und Rechtsbindung, 2012, 113, 142ff.

[14] EuGH, Rs. C-386/10 P – *Chalkor,* Slg. 2011, I-13085, Rn. 62; C-389/10 P – *KME,* Slg. 2011, I-13125, Rn. 129.

[15] Vgl. deutlich EuGH, Rs. C-386/10 P – *Chalkor,* Slg. 2011, I-13085, Rn. 78. Mit Recht kritisch zu EuG, Rs. T-77/08 – *Dow Chemical,* Urt. vom 2.2.2012, Rn. 148 daher *Völcker,* in: Immenga/Körber (Hrsg.), 2012, 153, 166 mit Fn. 45.

[16] Vgl. EuGH, Rs. C-266/06 P – *Evonik Degussa,* Slg. 2008, I-81, Rn. 117f.

[17] Vgl. *Nehl,* in: Immenga/Körber (Hrsg.), Die Kommission zwischen Gestaltungsmacht und Rechtsbindung, 2012, 113, 146. Zu Spielräumen des EuG insoweit zu gewissen Pauschalisierungen vgl. EuGH, Rs. C-266/06 P – *Evonik Degussa,* Slg. 2008, I-81, Rn. 121–123.

[18] EuG, Rs. T-67/00 u. a. – *JFE Engeneering,* Slg. 2004, II-2501, Rn. 578.

haben EuG und EuGH die von der Kommission verhängten Sanktionen kaum je angehoben.[19] Allerdings finden sich Fälle einer indirekten Anhebung der Sanktionen, nämlich wenn die Gerichte zwar die Entscheidung der Kommission teilweise aufheben, die Sanktionshöhe aber unverändert lassen.[20]

10 Umstände, die eine Anhebung der Zwangsmaßnahmen legitimerweise erlauben, sind gegeben, wenn sich neue Tatsachen erkennen lassen, oder wenn die Anhebung zur **Umsetzung der Gleichbehandlung** nötig ist.[21] Umstritten ist, ob das auch vorliegt, wenn ein Unternehmen Tatsachen, die es bei der Kommission etwa als Kronzeuge noch eingeräumt oder zumindest nicht bestritten hat, dann im Rahmen einer Klage bei Gericht bestreitet. Der EuGH hat jedenfalls klargestellt, dass der Kläger mit dem neuen Sachvortrag bei Gericht nicht präkludiert ist.[22] Während die einen einen Antrag der Kommission auf Erhöhung der Geldbuße wegen Illoyalität für berechtigt erachten,[23] wird das von anderen abgelehnt, weil die Einforderung einer fortwirkenden Kooperationsverpflichtung eines Kronzeugen den Charakter des Gerichtsverfahrens als kontradiktorisches missachtet, und ohne rechtliche Grundlage das Recht auf effektiven Rechtsschutz verkürzt würde.[24] Das bestätigt die Notwendigkeit gesetzlicher Regelung der Kronzeugenregelung infolge ihrer Wesentlichkeit für die Grundrechte und die Sanktionierung.[25]

3. Nachprüfung bei Rechtmitteln zum EuGH

11 Ist der EuGH – wie in Kartellsachen üblicherweise der Fall – als **Rechtmittelgericht** tätig, so sieht er es nicht als seine Sache an, die Beurteilung des EuG, das in Ausübung seiner unbeschränkten Nachprüfungsbefugnis über den Betrag der gegen Unternehmen festgesetzten Geldbußen entscheidet, aus Gründen der Billigkeit durch seine eigene Beurteilung zu ersetzen, da er bei seiner Entscheidung im Rahmen eines Rechtsmittels sich nur mit Rechtsfragen befasst. Der EuGH übt hier zurecht seine Befugnis zur umfassenden Nachprüfung der Kommissionsentscheidung nicht aus, weil er als Rechtsmittelinstanz nur zur Kontrolle der Entscheidung des EuG auf Rechtfragen berufen ist.[26] Allerdings kann er bei Rechtverletzungen eingreifen. So darf die Ausübung einer Befugnis zu unbeschränkter Nachprüfung durch das EuG nicht dazu führen, dass Unternehmen, die an einer Vereinbarung oder abgestimmten Verhaltensweise beteiligt waren, bei der Ermittlung der Höhe ihrer Geldbußen ungleich behandelt werden. Das erfordert, dass das EuG in seinem Urteil, wenn es eine von der Kommission in einem Verfahren angewandte Berechnungsmethode nicht in Frage stellt, eine Abweichung von der Berechnungsmethode gegenüber einem Unternehmen erläutern muss. Sonst ist der Grundsatz der Gleichbehandlung verletzt. In Korrektur dieses Rechtfehlers setzt der EuGH dann die Geldbuße herab. Wenn die Rechtssache zur Entscheidung reif ist, kann der EuGH über die Höhe der gegen die Rechtsmittelführerin festzusetzenden Geldbuße endgültig entscheiden.[27]

---

[19] Beispiel für Erhöhung EuG, Rs. T-236/01 u.a. – *Tokai Carbon,* Slg. 2004, II-1181, Rn. 112; Rs. T-112/05 – *Akzo Nobel,* Slg. 2007, II-5049.

[20] S. etwa EuG Rs. T-138/94 – *COCKERILL-SAMBRE SA* Slg. 1999, II-333.

[21] *Dannecker/Biermann,* in Immenga/Mestmäcker (Hrsg.), Wettbewerbsrecht Band 1. EU/Teil 2, 5. Aufl. 2012, Art. 31 VO 1/2003, Rn. 23 ff.

[22] EuGH, Rs. C-407/08 P – *Knauf,* Slg. 2010, I-6375, Rn. 89 ff.

[23] So *Nehl,* in: Immenga/Körber (Hg.), Die Kommission zwischen Gestaltungsmacht und Rechtsbindung, 2012, 113, 150 f.

[24] Vgl. *Völcker,* in: Immenga/Körber (Hg.), Die Kommission zwischen Gestaltungsmacht und Rechtsbindung, 2012, 153, 180 f.

[25] Dazu *Weiß,* Journal of European Competition Law and Practice 2011, 441, 449 ff.

[26] EuGH, Rs. C-89/11 P – E.ON, Urt. vom 22.11.2012, Rn. 129–131.

[27] EuGH, Rs. C-291/98 P – *Sarrio SA* Slg. 2000, I-9991, Rn. 96 ff.; Rs. C-204/00 P u. a. – *Aalborg Portland,* Slg. 2004, I-123, Rn. 384 f.

Art. 32 *(aufgehoben)*

Art. 33. Erlass von Durchführungsvorschriften

(1) **Die Kommission ist befugt, alle sachdienlichen Vorschriften zur Durchführung dieser Verordnung zu erlassen. Diese können unter anderem Folgendes zum Gegenstand haben:**

a) Form, Inhalt und sonstige Modalitäten der Beschwerden gem. Art. 7 sowie das Verfahren zur Abweisung einer Beschwerde,

b) die praktische Durchführung des Informationsaustauschs und der Konsultation nach Art. 11,

c) die praktische Durchführung der Anhörungen gem. Art. 27.

(2) **Vor dem Erlass von Maßnahmen nach Abs. 1 veröffentlicht die Kommission einen Entwurf dieser Maßnahmen und fordert alle Beteiligten auf, innerhalb einer von ihr gesetzten Frist, die einen Monat nicht unterschreiten darf, zu dem Entwurf Stellung zu nehmen. Vor der Veröffentlichung des Entwurfs einer Maßnahme und vor ihrem Erlass hört die Kommission den Beratenden Ausschuss für Kartell- und Monopolfragen.**

Übersicht

I. Befugnisse der Kommission

1 Wie Art. 24 der VO 17/62, so enthält auch die VO 1/2003 mit ihrem Art. 33 eine **Ermächtigung** an die Kommission, Durchführungsvorschriften zu erlassen. Dabei entsprechen Art. 33 Abs. 1 lit. a) und c) dem bislang geltenden Art. 24 VO 17/62, da auch dort der Erlass von Durchführungsbestimmungen über Form, Inhalt und sonstige Modalitäten der Beschwerden (allerdings ohne das Verfahren für ihre Abweisung einzubeziehen) und über die Anhörungen vorgesehen war.

2 Entsprechend der Novellierung des Verfahrensrechts hat die VO 1/2003 den Erlass von Durchführungsbestimmungen über die praktische Durchführung des Informationsaustauschs und der Konsultation nach Art. 11 neu aufgenommen, vgl. Art. 33 Abs. 1 lit. b). Andererseits konnte infolge des Wegfalls der Einzelfreistellung die Ermächtigung zum Erlass von Ausführungsbestimmungen zu den diesbezüglichen Anmeldungen entfallen.

3 Entfallen ist ferner die Befugnis der Kommission zum Erlass von Durchführungsbestimmungen zu **Negativattesten** und zu **Verbotsentscheidungen.** Während sich der Wegfall ersterer aus der Novellierung des Kartellverfahrensrechts erklärt (das frühere Negativattest wurde durch die Möglichkeit zur Nichtanwendbarkeitsfeststellung nach Art. 10 ersetzt, die aber nicht auf Antrag, sondern nur von Amts wegen ergeht, vgl. Art. 4, Rn. 22), bliebe eine Befugnis der Kommission zum Erlass von Durchführungsbestimmungen zu Verbotsentscheidungen durchaus sinnvoll. Allerdings regelt die VO 1/2003 die diesbezüglichen Fragen schon recht detailliert. Die fehlende Benennung dieses Aspekts im Katalog des Art. 33 Abs. 1 ist kein Hinderungsgrund für Durchführungsvorschriften insoweit, da der Katalog nicht abschließend ist („unter anderem").

4 **Neu** aufgenommen wurde eine Ermächtigung zur näheren rechtlichen Regelung des **Informationsaustausches und der Konsultationen zwischen der Kommission und den nationalen Wettbewerbsbehörden** nach Art. 11 VO 1/2003, der die Zusammenarbeit dieser Stellen näher regelt und insoweit eine gegenseitige Unterrichtung vorsieht. Eine weitergehende, allgemeine Regelung des Informationsaustausches enthält Art. 12 VO

1/2003, der indes in Art. 33 nicht in bezug genommen ist. Allerdings befasst sich Art. 12 vor allem mit der Offenlegung und Verwertung vertraulicher Angaben, die die Behörden untereinander austauschen. Die Kommission hat die Fragen der Zusammenarbeit zwischen den nationalen Behörden und der Kommission im Rahmen des Vollzugs des EU-Kartellrechts bislang in einer Mitteilung erläutert, die keinen verbindlichen Rechtscharakter hat, aber für die Praxis nicht weniger bedeutsam ist.[1] Nunmehr ist die Kommission sogar zum Erlass diesbezüglicher Rechtnormen befugt.

II. Durchführungsbestimmungen

5 Auf Art. 33 gestützt wurde die Verordnung 773/2004 der Kommission über Verfahren der Kommission auf der Grundlage der Art. 81 und 82 EG (Verfahrensverordnung).[2] Sie regelt gemäß lit. a) Näheres zur Erhebung von Beschwerden und gibt diesbezüglich ein Formblatt C zur **Einreichung der Beschwerden** vor (Art. 5–9 Verfahrensverordnung). Ferner enthält sie in ihren Art. 10–16 Bestimmungen über die praktische **Durchführung der Anhörungen** gemäß Art. 27 VO 1/2003. Damit machte die Kommission von ihren Befugnissen gemäß lit. c) Gebrauch.[3] Damit wird die bisherige Verordnung zu Anhörungsfragen (VO 2842/98) aufgehoben. Gleichfalls aufgehoben wird die Verordnung über Anmeldungen 3385/94, die nach dem Wegfall der Einzelfreistellungen überflüssig geworden ist. Seit kurzem enthält die VO 773/2004 auch Regelungen über **Vergleichsverfahren.**[4]

6 Hinsichtlich des **Informationsaustausches und der Konsultationen** zwischen Kommission und nationalen Behörden nach lit. b) plant die Kommission soweit ersichtlich derzeit nicht den Erlass eines Rechtsaktes. Vielmehr wurden die näheren Details in der in Rn. 4 schon erwähnten Bekanntmachung geklärt.

III. Verfahrensfragen

7 Gemäß Art. 33 Abs. 2 VO 1/2003 hat die Kommission, bevor sie von ihren Befugnissen zum Erlass von Durchführungsbestimmungen nach Abs. 1 Gebrauch macht, zunächst den Entwurf dem **Beratenden Ausschuss** vorzulegen. Erst dann darf sie den Entwurf bekanntmachen. In der **Bekanntmachung des Entwurfs** setzt die Kommission dann eine Frist von mindestens einem Monat, damit interessierte Kreise sich dazu äußern können. Nach Eingang der Äußerungen kann die Kommission die beabsichtigten Bestimmungen erlassen, hat zuvor aber erneut den Beratenden Ausschuss anzuhören. Dieses Verfahren ermöglicht eine **breite Öffentlichkeitsbeteiligung** und sichert die umfassende Beteiligung des Beratenden Ausschusses bei der Annahme von Durchführungsbestimmungen durch die Kommission. Die Kommission wird dadurch von den Mitgliedstaaten bei ihrer Durchführungsrechtsetzung überwacht (zur Rolle des Beratenden Ausschusses als eine Art spezielle Komitologie, s. Art. 14, Rn. 3).

8 In der Praxis hat die Kommission vor Erlass ihrer Verfahrensverordnung 773/2004 (s. oben Rn. 5) den Beteiligten eine **Anhörungsfrist** von acht Wochen gegeben. Die Kommission veröffentlicht auch die Beiträge, die sie im Rahmen von Konsultationen erhält,

---

[1] S. die Bekanntmachung der Kommission über die Zusammenarbeit innerhalb des Netzes der Wettbewerbsbehörden, ABl. 2004, Nr. C 101, S. 43. Näher zu dieser verwaltungsrechtlichen Regelsetzung *Hofmann,* CMLRev 2006, 153; kritisch *Weiß,* Journal of European Competition Law and Practice, 2011, 441.

[2] ABl. 2004, Nr. L 123, S. 18; Entwurf: ABl. 2003, Nr. C 243, S. 3. Nachfolgende Änderungen durch VO 622/2008 zur Durchführung von Vergleichsverfahren, ABl. 2008 Nr. L 171/3.

[3] In diesen Kontext gehört auch die Mitteilung der Kommission über die Akteneinsicht, ABl. 2005, Nr. C 325/7.

[4] Dazu auch die Mitteilung der Kommission über die Durchführung von Vergleichsverfahren, ABl. 2008, Nr. C 167/1. Dazu *Hederström* und *Schütze,* in: Weiß (Hg.), Die Rechtsstellung Betroffener im modernisierten EU-Kartellverfahren, 2010, S. 9 ff. bzw. 23 ff.

wobei sie die Vertraulichkeit von Angaben wahrt. Die Beteiligten haben dazu auf ihren Eingaben deutlich zu vermerken, dass sie einer Veröffentlichung nicht zustimmen und sollen dann eine nichtvertrauliche Angabe zu Zwecken der Veröffentlichung beilegen.[5]

Art. 34. Übergangsbestimmungen

(1) **Bei der Kommission nach Art. 2 Verordnung (EWG) Nr. 17/62 gestellte Anträge, Anmeldungen gem. den Art. 4 und 5 Verordnung (EWG) Nr. 17/62 sowie entsprechende Anträge und Anmeldungen gem. den Verordnungen (EWG) Nr. 1017/68, (EWG) Nr. 4056/86 und (EWG) Nr. 3975/87 werden mit der Anwendbarkeit der vorliegenden Verordnung unwirksam.**

(2) **Die Wirksamkeit von nach Maßgabe der Verordnung (EWG) Nr. 17/62 und der Verordnungen (EWG) Nr. 1017/68, (EWG) Nr. 4056/87 und (EWG) Nr. 3975/87 vorgenommenen Verfahrensschritten bleibt für die Anwendung der vorliegenden Verordnung unberührt.**

Übersicht

I. Unwirksamwerden von Anträgen und Anmeldungen

1 Art. 34 Abs. 1 führt dazu, dass noch unter den alten Verfahrensregelungen wie etwa der VO 17/62 gemachte Anträge und Anmeldungen, etwa auf Erteilung einer Freistellung oder eines Negativattestes, mit Wirkung ab dem 1.5.2004, dem Datum des Inkrafttretens der Verordnung 1/2003 **unwirksam** werden. Die diesbezüglichen Verfahren werden dann **von Amts wegen eingestellt.** Weiterhin wirksam bleiben aber infolge der fehlenden Nennung von Art. 3 VO 17/62 die Beschwerden von Unternehmen, die an der Aufnahme von Ermittlungen ein berechtigtes Interesse haben. Mit dem Inkrafttreten der VO 1/2003 erlischt auch die Bebußungssperre, die infolge einer Anmeldung bei der Kommission gemäß früherem Recht eingetreten war, mit der Folge, dass für Zeiträume ab dem 1.5.2004 für Verletzungen des EU-Kartellrechts Bußgeld verhängt werden kann.[1]

2 Insbesondere für beantragte Einzelfreistellungen ergibt sich als Folge des **Systemwechsels** infolge des Inkrafttretens der VO 1/2003, dass diese nicht mehr erlassen werden. Die durch die sekundärrechtliche Novelle herbeigeführte unmittelbare Anwendbarkeit von Art. 101 Abs. 3 AEUV (vgl. Art. 1) hat zur Folge, dass eine Freistellungswirkung unmittelbar von Gesetzes wegen eintritt, so dass es einer Entscheidung durch die Kommission nicht mehr bedarf.

II. Fortgeltung von Verfahrensschritten

3 Art. 34 Abs. 2 ordnet die Fortgeltung von gemäß den alten Verfahrensverordnungen vorgenommenen Verfahrensschritten an. Die Kommission kann daher unter den alten Bestimmungen begonnene Ermittlungsverfahren **unbeeinträchtigt** weiterführen; allerdings sind ab dem 1.5.2004 die neuen Vorschriften anzuwenden. Vorgenommene Ermittlungsmaßnahmen gelten fort.[2]

---

[5] Vgl. die Bekanntmachung der Kommission über die Zusammenarbeit innerhalb des Netzes der Wettbewerbsbehörden, ABl. 2004, Nr. C 101, S. 43.

[1] Kommissionsentscheidung vom 3.10.2007, COMP/37.680 Morgan Stanley/Visa, Rn. 341; EuG, Rs. T-461/07 – *Visa,* Slg. 2011, II-1729, Rn. 211.

[2] Zum Grundsatz der Kontinuität der Rechtsstrukturen (im Verhältnis EGV zu EGKSV) vgl. EuGH, Rs. C-201/09 – *ArcelorMittal,* Slg. 2011, I-2239, Rn. 61 ff.

III. Zur Fortgeltung von Einzelfreistellungen

4 Nicht eindeutig geklärt ist die Frage, welche rechtliche Bedeutung die **bereits erteilten Einzelfreistellungen** ab dem 1.5.2004 haben. Die unmittelbare Anwendbarkeit von Art. 101 Abs. 3 AEUV könnte die Konsequenz entfalten, dass deren Rechtswirkungen ab dem 1.5.2004 entfallen. Der Wegfall der rechtlichen Wirkungen von Einzelfreistellungsentscheidungen könnte mit dem normhierarchischen Vorrang der VO 1/2003 vor einer Einzelfreistellungsentscheidung begründet werden. Denn gemäß Art. 1 der VO 1/2003 sind Vereinbarungen im Sinne des Art. 101 Abs. 1 AEUV, die nicht die Voraussetzungen des Art. 101 Abs. 3 AEUV erfüllen, verboten. Bei dieser Beurteilung fließt eine bislang bestehende Einzelfreistellung nicht ein. Dementsprechend war in Art. 35 Abs. 1 UAbs. 2 des Entwurfs der Verordnung 1/2003 noch eindeutig geregelt, dass die Einzelfreistellungen mit Inkrafttreten der VO 1/2003 außer Kraft treten. Diese Regelung fehlt nun.

5 Allerdings ordnet Art. 43 der VO 1/2003 an, dass Art. 8 Abs. 3 VO 17/62 weiter gilt. Art. 8 Abs. 3 VO 17/62 bestimmte die Voraussetzungen, unter denen Einzelfreistellungsentscheidungen zurückgenommen oder abgeändert werden können. Aus der Weitergeltung dieser Bestimmung (zusammen mit dem Unterbleiben der beabsichtigten expliziten Regelung über die Beendigung der Entscheidungswirkungen) wird gefolgert, dass alte Einzelfreistellungsentscheidungen ihre **Gültigkeit behalten,** allerdings beschränkt auf den in der Entscheidung angegebenen Zeitraum[3] (s. auch Ost, Art. 43, Rn. 2). Indes erscheint dies, wenn auch von der Kommission so wohl beabsichtigt, nicht eindeutig in der angeführten Bestimmung der VO 1/2003 geregelt. Dass die beabsichtigte eindeutige Klärung der Frage in die eine Richtung unterblieb, ist kein Argument dafür, die Problematik nun als in die andere Richtung geregelt anzusehen, jedenfalls solange die VO 1/2003 dazu keine Aussage trifft. Die angeordnete Fortgeltung von Art. 8 Abs. 3 VO 17/62 klärt die Problematik nicht wirklich, da Art. 8 Abs. 3 VO 17/62 nicht die Fortgeltung der Einzelfreistellungen regelt, sondern Befugnisse der Kommission zur Änderung und Rücknahme von Entscheidungen vorsieht. Art. 8 Abs. 3 VO 17/62 spricht allgemein von Entscheidungen (in der Terminologie seit Lissabon: Beschlüssen) der Kommission. Dass Art. 8 Abs. 3 VO 17/62 sich auf die Einzelfreistellung bezieht, ergibt sich abgesehen von lit. d) erst aus dem Zusammenhang mit Art. 8 Abs. 1 und 2 und aus der Überschrift des Art. 8 VO 17/62. Deren Weitergeltung ist in Art. 43 VO 1/2003 indes nicht angeordnet. Der Weitergeltung des Art. 8 Abs. 3 VO 17/62 kann man auch einen anderen Sinn geben, denn sie ist von allgemeinem Interesse für den Vollzug des Kartellrechts auch nach der VO 1/2003, weil sie keine Bestimmung zur Rücknahme oder Änderung von Kommissionsentscheidungen enthält.

6 Die Problematik der Weitergeltung der früheren Einzelfreistellungen hat in der vorliegenden Verordnung somit keine wirklich zweifelsfreie Regelung erfahren. Dass der Verordnungsgeber dort, wo eine Einzelfreistellung besteht, will, dass insoweit Art. 1 VO 1/2003 als die zentrale Norm der VO 1/2003 nicht gilt, hätte deutlicher zum Ausdruck kommen müssen. Im Interesse der Rechtssicherheit wäre es zu begrüßen, wenn der Rat die Frage eindeutig regeln würde.

7 Falls eine Vereinbarung trotz früher erfolgter Freistellung als mit Art. 101 AEUV unvereinbar behandelt würde, müsste aber jedenfalls von **Sanktionsfolgen abgesehen** werden. Das fordert der **Vertrauensschutz** der beteiligten Unternehmen.

---

[3] So *Böge/Bardong,* in Münchner Kommentar, Europäisches und Deutsches Wettbewerbsrecht, Band 1, 2007, Art. 1 VO 1/2003, Rn. 30; *Bischke,* ebda., Art. 43 VO 1/2003, Rn. 1; *Hossenfelder/Lutz* WuW 2003, 128; *Klees,* Europäisches Kartellverfahrensrecht, 2005, § 1, Rn. 33 m. w. N.; *Ritter,* in: Immenga/Mestmäcker (Hg.), Wettbewerbsrecht, Band 1. EU/Teil 2, 5. Aufl 2012, Art. 34 VO 1/2003, Rn. 2.

Art. 35. Bestimmung der Wettbewerbsbehörden der Mitgliedstaaten

(1) **Die Mitgliedstaaten bestimmen die für die Anwendung der Art. 81 und 82 EG zuständige(n) Wettbewerbsbehörde(n) so, dass die Bestimmungen dieser Verordnung wirksam angewandt werden. Sie ergreifen vor dem 1.5.2004 die notwendigen Maßnahmen, um diesen Behörden die Befugnis zur Anwendung der genannten Artikel zu übertragen. Zu den bestimmten Behörden können auch Gerichte gehören.**

(2) **Werden einzelstaatliche Verwaltungsbehörden und Gerichte mit der Durchsetzung des Wettbewerbsrechts der Gemeinschaft betraut, so können die Mitgliedstaaten diesen unterschiedliche Befugnisse und Aufgaben zuweisen.**

(3) **Die Wirkung von Art. 11 VI erstreckt sich auf die von den Mitgliedstaaten bestimmten Wettbewerbsbehörden, einschließlich der Gerichte, die Aufgaben in bezug auf die Vorbereitung und den Erlass der in Art. 5 vorgesehenen Arten von Entscheidungen wahrnehmen. Die Wirkung von Art. 11 VI erstreckt sich nicht auf Gerichte, insoweit diese als Rechtsmittelinstanzen in bezug auf die in Art. 5 vorgesehenen Arten von Entscheidungen tätig werden.**

(4) **Unbeschadet des Abs. 3 ist in den Mitgliedstaaten, in denen im Hinblick auf den Erlass bestimmter Arten von Entscheidungen nach Art. 5 eine Behörde Fälle vor ein separates und von der verfolgenden Behörde verschiedenes Gericht bringt, bei Einhaltung der Bestimmungen dieses Absatzes die Wirkung von Art. 11 VI auf die mit der Verfolgung des betreffenden Falles betraute Behörde begrenzt, die ihren Antrag bei dem Gericht zurückzieht, wenn die Kommission ein Verfahren eröffnet; mit der Zurücknahme des Antrags wird das nationale Verfahren vollständig beendet.**

Übersicht

I. Bestimmung der nationalen Kartellbehörden

Art. 35 trifft einige Regelungen, die infolge der Novellierung der Vollziehung des EU-Kartellrechts durch die VO 1/2003 notwendig wurden. Die Einführung eines dezentralen Durchführungssystems wertet die **Bedeutung der nationalen Stellen** (Behörden oder Gerichte) beim Vollzug der Art. 101 und 102 AEUV auf; denn sie sind nunmehr zum umfassenden Vollzug der Art. 101f. AEUV berufen (Art. 5 VO 1/2003 schließt nur eine Nichtanwendbarkeitsfeststellung aus). Aus der grundsätzlichen institutionellen Autonomie der Mitgliedstaaten, die selbst entscheiden, welche nationalen Stellen nach welchem Verfahrensrecht das Unionsrecht vollziehen,[1] ergibt sich die Notwendigkeit für die Mitgliedstaaten, diese **Behörden zu bestimmen** und deren Zuordnung und damit das System der Kartellrechtsanwendung festzulegen. Andernfalls könnten Fälle nicht wie vorgesehen verteilt werden, so dass die Kommission gezwungen wäre, eine überproportional große Zahl von Fällen zu übernehmen, die inländische Märkte betreffen.[2] Art. 35 Abs. 1 verpflichtet demzufolge die Mitgliedstaaten, ihre nationalen Wettbewerbsbehörden zu bestimmen, denen die Anwendung der Art. 101f zukommen soll. 1

[1] Dazu etwa *Krönke,* Die Verfahrensautonomie der Mitgliedstaaten, 2013; *Schroeder,* in Niedobitek (Hrsg.), Europarecht – Grundlagen der Union, 2014, § 8, Rn. 61ff.

[2] S. die Begründung zu Art. 36 des Vorschlags zur VO 1/2003, Dok. KOM (2000) 582 endg.; *Eilmansberger* JZ 2001, 371.

2 Ständiger Rechtsprechung entspricht, dass auch **nationale Gerichte** zu den einzelstaatlichen Wettbewerbsbehörden zählen können;[3] deren Befugnis zur integralen Anwendung von Art. 101f AEUV ergibt sich auch aus Art. 6 VO 1/2003 (siehe hierzu Art. 6 Rn. 7). Anders als die nationalen Behörden oder die EU-Kommission, die im öffentlichen Interesse handeln, haben die nationalen Gerichte die Aufgabe, die Rechte des Einzelnen zu schützen. Die jüngere Wettbewerbspolitik der Kommission zielt gerade auch darauf ab, die dezentrale, private Durchsetzung der Wettbewerbsregeln über Klagen Einzelner bei den nationalen Gerichten zu verstärken.[4] Infolge der durch die Novelle herbeigeführten unmittelbaren Anwendbarkeit von Art. 101 Abs. 1 als auch Art. 101 Abs. 3 AEUV entstehen dem Einzelnen Rechte, die von den nationalen Gerichten geschützt werden müssen. Sie müssen bei der Verletzung des EU-Kartellrechts Schadenersatz zusprechen[5] und haben die Durchführung oder Nichtdurchführung von Verträgen anzuordnen. Ihre Tätigkeit ist eine notwendige Ergänzung zum Vorgehen der Behörden.[6]

3 Art. 35 Abs. 1 VO 1/2003 verpflichtet damit alle Mitgliedstaaten **im Interesse der Effizienz** der Durchsetzung des EU-Kartellrechts, Wettbewerbsbehörden einzurichten und diesen die uneingeschränkte Anwendung des EU-Kartellrechts zu übertragen, vgl. Art. 35 Abs. 1 Satz 2. Für Deutschland ist das in § 50 GWB umgesetzt. Das Netz an Wettbewerbsbehörden ECN wäre andernfalls lückenhaft. Das ist eine entscheidende Abkehr von der früheren Rechtslage. Nach 9 Abs. 3 VO 17/62 waren zwar die einzelstaatlichen Wettbewerbsbehörden zur Anwendung von ex-Art. 81 Abs. 1 und Art. 82 EG auch schon zuständig, solange die Kommission kein Verfahren eingeleitet hatte. Diese Anwendungskompetenz hing allerdings von einer entsprechenden Ermächtigung durch die einschlägigen nationalen Rechtsvorschriften ab.[7]

4 Nur zehn der früher, vor 2004, fünfzehn Mitgliedstaaten der EU hatten ihren nationalen Wettbewerbsbehörden früher eine entsprechende **Anwendungsermächtigung** erteilt (Belgien, Dänemark, Deutschland, Frankreich, Griechenland, Italien, die Niederlande, Portugal, Schweden und Spanien).[8] In den übrigen Mitgliedstaaten ist die Schaffung einer nationalen Wettbewerbsbehörde mit ausdrücklicher Kompetenz zur Anwendung des EU-Wettbewerbsrechts mittlerweile erfolgt. Der unterschiedliche Befund in den EU-Mitgliedstaaten erleichterte eine gleichmäßige, dezentralisierte Anwendung des EU-Wettbewerbsrechts nicht.[9] Verschärft wurde die Situation noch durch die neuen Mitgliedstaaten, die 2004 beitraten und die teilweise erst kurz zuvor effiziente Wettbewerbsbehörden errichtet hatten. Besondere Probleme bereitete der Umstand, dass es in den zehn im Jahre 2004 beigetretenen EU-Mitgliedstaaten an einer entsprechenden Anwendungstradition fehlte.[10] Aus politischer Warte lässt sich eine unterschiedliche Behandlung dieser Staaten nicht rechtfertigen; andererseits ist einzugestehen, dass die Vorstellungen über eine „richtige" Kartellaufsicht selbst in den alten Mitgliedstaaten divergieren.[11]

---

[3] EuGH Rs. 12/73 – *BRT/SABAM I* Slg. 1974, 313 Rn. 19; verb. Rs. 209–213/84 – *Nouvelles frontieres* Slg. 1986, 4125, Rn. 55f.

[4] S. dazu die jüngsten Richtlinie zur Durchsetzung privater Kartellschadensersatzansprüche, Dok KOM (2013) 404.

[5] EuGH Rs. C-453/99 – *Courage v. Crehan* Slg. 2001, I-6297 Rn. 25f.

[6] So die Kommission, Dok KOM (2000) 582 endg. unter C. 1. a).

[7] Zur alten Rechtslage: *Kommission,* Bekanntmachung über die Zusammenarbeit zwischen der Kommission und den Wettbewerbsbehörden der Mitgliedstaaten bei der Bearbeitung von Fällen im Anwendungsbereich der Artikel 85 und 86 EG-Vertrag, ABl. 1997, Nr. C 313, S. 3, Rn. 5; *Zinsmeister* WuW 1999, 119.

[8] *Zinsmeister/Lienemeyer* WuW 2002, 333; *Kingston* ECLR 2001, 342.

[9] *Zinsmeister/Lienemeyer* WuW 2002, 334; hierzu eingehend *Jones* ECLR 2001, 406ff.

[10] *Geiger* EuZW 2000, 168; *Schütz,* WuW 2000, 692.

[11] *Schütz* WuW 2000, 692.

II. Befugnisse von nationalen Behörden und Gerichten

Wenn das Unionsrecht von nationalen Stellen vollzogen wird, genießen die EU-Mitgliedstaaten grundsätzlich **Vollzugsautonomie.** Das bedeutet, dass die Regelung der behördlichen Zuständigkeiten, Befugnisse, Verfahren und der Entscheidungen, durch die die nationalen Stellen das EU-Recht vollziehen, grundsätzlich allein in den Händen der Mitgliedstaaten liegt (institutionelle Autonomie, vgl. oben Rn. 1).[12] Die Regelung der behördlichen Ermittlungsbefugnisse durch die nationalen Rechtsordnungen der Mitgliedstaaten ist in der Regel vom EU-Recht nur insoweit determiniert, als die Mitgliedstaaten aus Art. 4 Abs. 3 EUV (Grundsatz der loyalen Zusammenarbeit) verpflichtet sind, für eine effiziente, wirksame Anwendung des EU-Rechts Sorge zu tragen. Das wird in Art. 35 Abs. 1 Satz 2 bestätigt. Es ist Pflicht der Mitgliedstaaten, ihren jeweiligen nationalen Wettbewerbsstellen die Befugnisse zu verleihen, die sie für eine uneingeschränkte Anwendung der Art. 101 und 102 AEUV benötigen. Insbesondere sind die Mitgliedstaaten verpflichtet, diejenigen nationalen Maßnahmen zu ergreifen, die zusätzlich zur grundsätzlichen Anwendungszuständigkeit der Wettbewerbsbehörden und Gerichte der Mitgliedstaaten, wie sie in Art. 5 und Art. 6 statuiert ist, notwendig sind. Das musste bis zum 1.5.2004 sichergestellt sein, damit die nationalen Stellen zugleich mit der Kommission ihre Tätigkeit gemäß dem neuen parallelen, dezentralisierten Kartellrechtsvollzugssystem nach der VO 1/2003 aufnehmen konnten. Dazu gehört etwa, dass die nationale Wettbewerbsbehörde in Verfahren bei Gerichten, die über ihre Entscheidungen urteilen, in der Regel einzubeziehen ist. Auch wenn Art. 35 Abs. 1 es der internen Rechtsordnung der Mitgliedstaaten überlässt, die Verfahrensmodalitäten für Rechtsbehelfe gegen die Entscheidungen der Wettbewerbsbehörden zu regeln, dürfen die Modalitäten den Zweck der Verordnung, die wirksame Anwendung der Art. 101 AEUV und 102 AEUV durch diese Behörden sicherzustellen, nicht beeinträchtigen.[13] Ein systematischer Ausschluss der Wettbewerbsbehörde oder zumindest eines öffentlichen Vertreters des Wettbewerbs vor nationalen Gerichten ist mit der Vollzugseffizienz nicht vereinbar. **5**

Außerhalb dieser Bindungen aus den Anforderungen an die Effizienz des nationalen Kartellrechtsvollzugs ist es den Mitgliedstaaten unbenommen, die Befugnisse ihrer Stellen unterschiedlich zu regeln. Dieser Verfahrens-/Vollzugsautonomie der Mitgliedstaaten trägt Art. 35 Abs. 2 Rechnung, wonach die Mitgliedstaaten ihren Behörden und ihren Gerichten, wenn sie letztere mit der Durchsetzung der Art. 101 f. AEUV betrauen, **unterschiedliche Befugnisse** gewähren können. Art. 35 Abs. 2 lässt es dementsprechend zu, dass die Mitgliedstaaten den nationalen Verwaltungsstellen andere Befugnisse und Aufgaben zuweisen als ihren Gerichten. Damit wird auch dem Umstand Rechnung getragen, dass Verwaltungsstellen und Gerichte funktionell für unterschiedliche Aufgaben ausgestattet sind; die Aufgabe der Gerichte liegt regelmäßig stärker in der Kontrolle von Verwaltungsentscheidungen als in der Anordnung von Verboten und Verwaltungssanktionen. Dadurch, dass auch die Gerichte in Art. 6 VO 1/2003 als Vollzugsinstanzen des EU-Kartellrechts vorgesehen sind (ohne dass das EU-Recht allerdings – wie in Art. 5 für die Verwaltungsstellen – die ihnen zustehenden Entscheidungsbefugnisse vorgibt), soll diese grundsätzlich unterschiedliche Aufgabenzuteilung zwischen Gerichten und Behörden nicht aufgehoben werden. Sie bleibt nach Maßgabe des nationalen Rechts weiterhin möglich und gegebenenfalls sinnvoll. **6**

So ist es einem Mitgliedstaat überlassen, für bestimmte Entscheidungen im Sinne des Art. 5 VO 1/2003, wie die Verhängung von Geldbußen, nicht die nationalen Verwaltungs- **7**

---

[12] Allerdings nimmt vorliegend Art. 5 durch die klare Regelung, welche Entscheidungsbefugnisse die nationalen Verwaltungsbehörden haben, den Mitgliedstaaten zulässigerweise etwas von ihrer Vollzugsautonomie.

[13] So wörtlich EuGH, Rs. C-439/08 – *VEBIC,* Slg. 2010, I-12471, Rn. 57.

stellen für zuständig zu erklären, sondern (etwa wegen des quasi-strafrechtlichen Charakters der Geldbußen) die nationalen Strafgerichte, denen die Kartellbehörden etwa im Wege einer Anklage die betreffenden Sachverhalte zur Kenntnis bringen müssen.

III. Kompetenzen der Gerichte und Vollzugsübernahme durch die Kommission

8 Die **parallele Zuständigkeit der nationalen Stellen** und der **EU-Kommission** bedingt klare Regelungen, wie die Zuständigkeiten für den Fall paralleler Ermittlungstätigkeit abgegrenzt werden können. Insoweit ordnet Art. 11 Abs. 6 VO 1/2003 an, dass die nationalen Verwaltungsstellen ihre Zuständigkeit verlieren, sowie die Kommission ein Verfahren an sich zieht.[14] In Art. 11 Abs. 6 ist nicht geregelt, wie sich diese Zuständigkeitsüberleitung auf nationale Gerichte auswirkt, die Vollzugsaufgaben wahrnehmen oder bei denen ein gerichtliches Verfahren gegen bereits erlassene Entscheidungen der nationalen Kartellbehörde anhängig ist.

9 Insofern gibt Art. 35 Abs. 3 vor, dass die Überleitung auch die Gerichte trifft, soweit sie in die Vorbereitung oder den Erlass der in Art. 5 genannten Entscheidungen einbezogen oder dafür zuständig sind. Allerdings gilt das nicht, sofern die Gerichte als Rechtsmittelinstanzen tätig sind. Ein bei einem nationalen Gericht anhängiges Verfahren gegen die Entscheidung einer nationalen Kartellbehörde kommt somit mit der **Zuständigkeitsübernahme** durch die Kommission nicht schon per se zum Erliegen. Damit wird dem Umstand Rechnung getragen, dass die Entscheidung der Behörde existiert; Rechtsschutz gegen sie muss möglich bleiben. Allerdings erscheint er nicht mehr sonderlich sinnvoll, nachdem die Zuständigkeit an die Kommission überging, sofern dies die Nichtigkeit der nationalen Entscheidung herbeiführt. Es müsste daher zulässig sein, wenn nationale Gerichte einen anhängigen Rechtsbehelf für erledigt erklären. Die Zuständigkeitsüberleitung auf die Kommission hat von Unionsrechts wegen aber auf die gerichtliche Zuständigkeit und Funktion als Rechtsmittelinstanz keine unmittelbare Auswirkung. Inhaltlich unterliegen die Gerichte der Bindung nach Art. 16 Abs. 1 VO 1/2003, wonach die Gerichte keine Entscheidungen erlassen dürfen, die beabsichtigten Entscheidungen der Kommission widersprechen.[15] Das steht unter dem Vorbehalt eines Vorabentscheidungsersuchens nach Art. 267 AEUV an den EuGH.[16]

10 Art. 35 Abs. 4 schließlich regelt den Fall, dass der Erlass von Entscheidungen im Sinne des Art. 5 (Verbot und Abstellung, einstweilige Maßnahme, Sanktionsverhängung, Annahme von Verpflichtungszusagen) durch Gerichte erfolgt, denen nationale Kartellbehörden den entsprechenden Fall vorlegen. Damit werden **nationale Vollzugsmodelle** erfasst, die den Ausspruch bestimmter Entscheidungen (etwa die Festsetzung von Sanktionen) den Gerichten zuweisen (s. zur Zuweisung unterschiedlicher Aufgaben oben Rn. 6). Das gilt für Mitgliedstaaten, die eine Trennung zwischen einer Wettbewerbsbehörde mit Anklagefunktion und einem Gericht vorsehen, dass für die abstellenden Entscheidungen zuständig ist.[17] Für diesen Fall beschränkt der Zuständigkeitsübergang auf die Kommission seine Wirkung gleichfalls auf die Verwaltungsstelle. Diese wird in Art. 35 Abs. 4 verpflichtet, ihren

---

[14] Zur Zuständigkeitsabgrenzung der nationalen Behörden untereinander vgl. Art. 13. Nähere Festlegungen zur Zuständigkeitsabgrenzung zwischen den nationalen Kartellbehörden und den nationalen Behörden und der Kommission trifft die Gemeinsame Erklärung von Rat und Kommission zur Arbeitsweise des Netzes der Wettbewerbsbehörden, Ratsdokument 15 432/02 ADD 1 und die einschlägige Bekanntmachung, ABl. 2004, Nr. C 101, S. 43.

[15] Dazu näher *Divivier,* Die Reichweite der Befugnis mitgliedstaatlicher Gerichte und Wettbewerbsbehörden zur Anwendung des EU-Kartellrechts, 2014, 491 ff.

[16] Vgl. *Durner,* EuR 2004, 547 (550).

[17] *Kienapfel,* in: Schröter/Jakob/Klotz/Mederer (Hg.), Europäisches Wettbewerbsrecht, 2. Aufl 2014, Art. 35 VO 1/2003, Rn. 7.

verfahrenseinleitenden Antrag beim nationalen Gericht zurückzuziehen. Art. 35 Abs. 4 a. E. ordnet dann an, dass mit der Zurücknahme eines Antrags das nationale Verfahren vollständig beendet ist. Die Zurücknahme des Antrags muss sich somit auf das Gerichtsverfahren auswirken. Art. 35 Abs. 4 beeinträchtigt insoweit die Verfahrensautonomie der Mitgliedstaaten in der Ausgestaltung ihrer Prozessordnung. Dies gilt indes unbeschadet des Art. 35 Abs. 3. Letzteres bedeutet, dass soweit bereits Rechtsmittelinstanzen mit den getroffenen Entscheidungen befasst worden sind, für diese die verfahrensbeendigende Wirkung nicht gilt.

Art. 36 bis 42 *(Änderungen und Aufhebungen anderer Verordnungen)*

Art. 43. Aufhebung der Verordnungen Nrn. 17 und 141

(1) **Die Verordnung Nr. 17 wird mit Ausnahme von Artikel 8 Absatz 3 aufgehoben, der für Entscheidungen, die nach Artikel 81 Absatz 3 des Vertrags vor dem Beginn der Anwendbarkeit der vorliegenden Verordnung angenommen wurden, bis zum Ende der Gültigkeitsdauer dieser Entscheidungen weiterhin gilt.**

(2) **Die Verordnung Nr. 141 wird aufgehoben.**

(3) **Bezugnahmen auf die aufgehobenen Verordnungen gelten als Bezugnahmen auf die vorliegende Verordnung.**

Die Vorschrift betrifft die Aufhebung der bisherigen Durchführungsverordnung Nr. 17 **1** zu den Art. 81 und 82 des Vertrags[1] sowie der Verordnung des Rats über die Nichtanwendung der Verordnung Nr. 17 des Rats auf den Verkehr.[2]

Da unter der bisherigen Durchführungsverordnung Nr. 17 erlassene Freistellungsent- **2** scheidungen (Art. 81, Abs. 3 des Vertrags) für die in ihnen bestimmte Gültigkeitsdauer wirksam bleiben, erklärt Absatz 1 die Aufhebungs- und Änderungsbefugnis des Artikel 8, Absatz 3 der Verordnung Nr. 17 weiterhin für anwendbar.

Art. 44. Berichterstattung über die Anwendung der vorliegenden Verordnung

Die Kommission erstattet dem Europäischen Parlament und dem Rat fünf Jahre nach Inkrafttreten dieser Verordnung Bericht über das Funktionieren der Verordnung, insbesondere über die Anwendung von Artikel 11 Absatz 6 und Artikel 17.

Auf der Grundlage dieses Berichts schätzt die Kommission ein, ob es zweckmäßig ist, dem Rat eine Überarbeitung dieser Verordnung vorzuschlagen.

Die Kommission ist ihrer Berichtspflicht mit der Mitteilung „Bericht über das Funktio- **1** nieren der Verordnung (EG) Nr. 1/2003 des Rates am 29. April 2009[1] nachgekommen. Weitere fünf Jahre später hat die Kommission mit der Mitteilung „Zehn Jahre Kartellrechtsdurchsetzung unter VO 1/2003“[2] die Diskussion um die Ergänzung der VO 1/2003

---

[1] Erste Durchführungsverordnung zu den Artikeln 85 und 86 des Vertrages, ABl. Nr. P 013 vom 21. Februar 1962, S. 204.

[2] ABl. Nr. B 124 vom 28. November 1962 S. 2751.

[1] KOM (2009) 206 endg.; vgl. auch Commission Staff Working Paper accompanying the Report on the functioning of Regulation 1/2003 (SEC(2009) 574 final, 29.4.2009).

[2] „Ten Years of Antitrust Enforcement under Regulation 1/2003: Achievements and Future Perspectives“ (COM(2014) 453, 9.7.2014); vgl. auch Commission Staff Working Document SWD (2014) 230 – Ten Years of Antitrust Enforcement under Regulation 1/2003 (SWD(2014) 230/2, 9.7.2014) sowie Commission Staff Working Document SWD (2014) 231 – Enhancing competition enforcement by the Member States' competition authorities: institutional and procedural issues (SWD(2014) 231/2, 9.7.2014).

eröffnet. In der Diskussion sind insbesondere eine Vereinheitlichung der grundlegenden Konzepte der Sanktionsnorm im ECN (insbes. des Sanktionsadressaten „Unternehmen" einschließlich Fragen der Konzernhaftung und der Rechtsnachfolge),[3] Fragen der Unabhängigkeit und Ausstattung der nationalen Wettbewerbsbehörden sowie weitere verfahrensrechtliche Konvergenzmöglichkeiten.

Art. 45. Inkrafttreten

Diese Verordnung tritt am zwanzigsten Tag nach ihrer Veröffentlichung im Amtsblatt der Europäischen Gemeinschaften in Kraft.
Sie gilt ab dem 1. Mai 2004.

1 Die Verordnung wurde am 4. Januar 2003 im Amtsblatt der Europäischen Gemeinschaften veröffentlicht.[1]

---

[3] Ost, From Regulation 1 to Regulation 2: National Enforcement of EU Cartel Prohibition and the Need for Further Convergence Journal of European Competition Law & Practice first published online February 3, 2014 doi:10.1093/jeclap/lpt083.

[1] ABl. Nr. L 1 vom 4. Januar 2003, S. 1.

9. Teil. Fusionskontrollverordnung

Einführung

Übersicht

Schrifttum: *Albers,* Auslegungsfragen und praktische Anwendung der europäischen Fusionskontrolle, Schwerpunkte 1990/91, 99; *Alfter,* Untersagungskriterien in der Fusionskontrolle, WuW 2003, 20; *Axter,* Gemeinschaftsunternehmen als Kooperations- oder Konzentrationstatbestand im EG-Recht, in: FS Gaeddertz, 1992, S. 1 ff.; *Baccaro,* Failing Firm Defence and Lack of Causality: Doctrine and Practice in Europe of Two Closely Related Concepts, ECLR 2004, 11; *Bach,* Der Marktbeherrschungsbegriff in der EG-Fusionskontrolle auch im Vergleich zum deutschen Kartellrecht, WuW 1993, 805; *Bartosch,* Welche Dimension hat das „Neue" im Airtours-Urteil des EuG? EuZW 2002, 645; *Bechtold,* Die Grundzüge der neuen EWG Fusionskontrolle, RIW 1990, 251; *ders.,* Zwischenbilanz zum EG-Fusionskontrollrecht, EuZW 1994, 653; *ders.,* Abwägung zwischen wettbewerblichen Vor- und Nachteilen eines Zusammenschlusses in der europäischen Fusionskontrolle, EuZW 1996, 389; *Berg,* The New EC Merger Regulation: A First Assessment of its Pracitcal Impact, Northwestern Journal of International Law & Business 2004, 683; *Biro/Parker/Etten/Riechmann,* Die Berücksichtigung von Asymmetrien bei der Analyse kollektiver Marktbeherrschung, WuW 2004, 1269; *Bishop/Lofaro,* Assessing Unilateral Effekts in Practice, ECLR 2005, 203; *Böge,* Reform der Europäischen Fusionskontrolle, WuW 2004, 138; *ders./Müller,* From the Market Dominance Test to the SLC Test: Are There Any Reasons for a Change, ECLR 2002, 495; *von Bevern,* Die Gründung eines Gemeinschaftsunternehmens nach Art. 3 Abs. 4 der Fusionskontrollverordnung, WuW 2012, 225; *Canenbly,* Die Abgrenzung des geographisch relevanten Marktes in der EWG-Fusionskontrolle, in: FS Deringer, 1993, S. 226; *Christiansen,* Der „More Economic Approach" in der EU-Fusionskontrolle: Entwicklung, konzeptionelle Grundlagen und kritische Analyse, 2010; *Dirksen/Barber,* Kontrollpflichtige Zusammenschlüsse durch Anteilserwerb, EWS 1992, 98; *Dittert,* Die Reform des Verfahrens in der neuen EG-Fusionskontrollverordnung, WuW 2004, 148; *Drauz/Schröder,* Praxis der Europäischen Fusionskontrolle, 3. Aufl. 1995; *Ebenroth/Rösler,* Die Anwendbarkeit des Zusammenschlußbegriffs nach Art. 3 FKVO auf Lean Production Strukturen, RIW 1994, 533; *Ehlermann,* Die Europäische Fusionskontrolle – erste Erfahrungen, WuW 1991, 534; *Einsele,* Auswirkungen der europäischen Fusionskontrollverordnung auf Gemeinschaftsunternehmen, RIW Beilage 2 zu Heft 8/1992; *Fountoukakos/Ryan,* A New Substantive Test for EU Merger Control, ECLR 2005, 277; *Gerwing,* Kooperative Gemeinschaftsunternehmen im EWG-Kartellrecht unter besonderer Berücksichtigung der Abgrenzungsfrage, 1994; *Gonzalez Diaz,* The Reform of European Merger Control: Quid Novi Sub Sole? Word Competition 27 (2), 177, 1994; *Gotts/Goldman,* The Role of Efficiencies in M & A Global Antitrust Review: Still in Flux? Fordham Corporate Law Institute, 2002, S. 201; *von Graevenitz,* Zuständigkeitsbestimmung leicht gemacht? WuW 2011, 122; *Hahn,* Oligopolistische Marktbeherrschung in der Europäischen Fusionskontrolle, Diss. Berlin 2001; *Haupt,* Kollektive Marktbeherrschung in der europäischen Mißbrauchs- und Fusionskontrolle nach dem Airtours-Urteil des Gerichts erster Instanz, EWS 2002, 361; *Hawk,* Joint Ventures under EC Law, Fordham Corporate Law Institute, 1993, 557; *ders.,* A Brigth Line Shareholding Test to End the Nightmare Under the EEC Merger Regulation, (1993) 30 CMLR 1155; *Heidenhain,* Europäische Fusionskontrolle für Zusammenschlüsse ohne gemeinschaftsweite Bedeutung, EuZW 1990, 84; *Hirsbrunner,* Verweisung von Unternehmenszusammenschlüssen nach Artikel 9 der EG-Fusionskontrollverordnung, EWG 1998, 233; *ders.,* Referral of Mergers in E.C. Merger Control, E.C.L.R. 1999, 372; *Immenga/Fuchs,* Art. 85 EWG-Vertrag als Grenze für Unternehmensbeteiligungen, NJW 1988, 3052; *Jaeger,* Mitregierungsvarianten an Gemeinschaftsunternehmen, EuZW 1995, 203; *Jaenicke,* EG-Fusionskontrolle auf dem Weg zur praktischen Umsetzung, WuW 1990, 196; *Janicki,* Inhalt und Praxis der Rückverweisungsvorschriften in Art. 9 EG-Fusionskontrollverordnung, in: Schwerpunkte des Kartellrechts, 1992/93 (1994), S. 63; *Jickeli,* Marktzutrittsschranken im EG-Kartellrecht, WuW 1992, 101, 195; *Johnson,* The EEC Merger Control Regulation. Referral to Member States under Article 9, World Competition 1993, Vol. 17 No. 2, 108; *Jones/Gonzalez Diaz,* The EEC Merger Regulation, London 1992; *Joshua,* Requests for Information in EEC Factfinding Procedures, ECLR 1982, 173; *ders.,* The element of surprise: EEC Competition Investigations under Article 14 (3) of Regulation 17, ELR 1983, 3; *Karl,* Der Zusammenschlußbegriff in der Europäischen Fusionskontrollverordnung, 1996; *ders.,* Der Zusammenschlußbegriff in der Europäischen Fusionskontrollverordnung. Eine Untersuchung unter Berücksichtigung der Entscheidungspraxis der Kommission der Europäischen Gemeinschaften, 1996; *Kerber,* Die Europäische Fusionskontrollpraxis und die Wettbewerbskonzeption der EG; *Kleemann,* Enthält Art. 2 der EG-Fusionskontrollverordnung eine wettbewerbliche Abwägungsklausel?, in: FS Lieberknecht, 1997, S. 379; *Kleinmann,* Die Anwendbarkeit der EG-Fusionskontrollverordnung auf Gemeinschaftsunternehmen, RIW 1990, 605: *Köhler,* „Gemeinsame Kontrolle" von Unternehmen aufgrund von Minderheitsbeteiligungen im Europäischen Kartellrecht, EuZW 1992, 634; *Körber,* Gerichtlicher Rechtschutz in der europäischen Fusionskontrolle, RIW 1998, 910; *Krimphove,* Europäische Fusionskontrolle, 1992; *Lampert,* Die Anwendbarkeit der EG-Fusionskontrollverordnung im Verhältnis zum Fusionskontrollrecht der Mitgliedstaaten, FIW-Schriftenreihe Bd. 161, Diss. 1995; *ders.,* Kompetenzabgrenzung zwischen nationaler und europäischer Fusionskontrolle, WuW 2002, 449; *Langeheine/von Koppenfels,* Aktuelle Probleme der EU-Fusionskontrolle, ZWeR 2013, 299; *Lindemann,* Freistellungspraxis von Unternehmenskooperationen nach deutschem und europäischen Wettbewerbsrecht, in: Umbruch der Wettbewerbsordnung in Europa, FIW-Schriftenreihe Heft 165 (1995), 87; *Lohse,* Gemeinschaftsunternehmen nach Inkrafttreten der Fusionskontrollverordnung, ZHR 159 (1995), 164; *Maier-Rigaud/Parplies,* EU Merger Control Five Years After The Introduction Of The SIEC Test: What Explains the Drop in Enforcement Activity? ECLR 2009, 565; *Mälzer,* Die Stellung des Gemeinschaftsunternehmens im europäischen Wettbewerbsrecht, WuW 1992, 705; *Mano,* For the costumers sake: The competitive effects of efficiencies in European merger control, Enterprise Papers No. 11 2002; *Maudhuit/Soames,* Changes in EU Merger Control, ECLR 2005, 75; *Meessen,* Gemeinschaftsunternehmen im EG-Wettbewerbsrecht, WuW 1993, 901; *Mische,* Nicht-wettbewerbliche Faktoren in der europäischen Fusionskontrolle, 2002; *Monopolkommission,* Hauptgutachten 1998/99, Wettbewerbspolitik in Netzstrukturen, Kooperationen im Rahmen von Gemeinschaftsunternehmen, S 266 ff.; *Monopolkommission,* Konzeption einer europäischen Fusionskontrolle, Sondergutachten 17, 1989; *Montag,* Strukturelle kooperative Gemeinschaftsunternehmen, RIW 1994, 918; *Montag/Dohms,* Minderheitsbeteiligungen im deutschen und EG-Kartellrecht, WuW 1993, 13; *Montag/Kaessner,* Neuere Entwicklungen in der Fallpraxis der europäischen Fusionskontrolle, WuW 1997, 781; *Niederleithinger,* Das Verhältnis nationaler und europäischer Kontrolle von Zusammenschlüssen WuW 1990, 721; *Niewiarra,* Rechtsfragen der sog. Holländischen Klausel, in: FS Lieberknecht, 1997, S. 431; *Nordemann,* Gegenmacht und Fusionskontrolle; *O'Keefe,* Merger Regulation Thresholds: An Analysis of the Communitydimension Threshold in Regulation 4046/89, ECLR 1994, 21; *Pitofsky,* EU and U.S approaches to international mergers – Views from the U.S. Federal Trade Commission, in: EC Merger Control: The Years On, IBA 2001, 47; *Quack,* Vermögenserwerb als Zusammenschlußtatbestand in der Fusionskontrollverordnung des Rates der Europäischen Gemeinschaften vom 21.12.1989, in: FS Traub, 1994, S. 321; *Rehmann,* Zur Vollstreckung einer Nachprüfungsentscheidung der Kommission der EG, NJW 1987, 3061; *Riesenkampff,* Perspektiven und Probleme der europäischen Fusionskontrolle, in: FS Rittner, 1991, S. 491; *ders.,* The New E.C. Merger Control Test under Article 2 of the Merger Control Regulation, Northwestern Journal of International Law & Business 2004, 715; *Röller/Stennek/Verboven,* Efficiency Gains form Mergers. Diskussionspapier des Wissenschaftszentrums Berlin Nr. FS IV 00–09, WZB, 2000; *Rösler,* Der relevante Markt in der europäischen Fusionskontrolle, NZG 2000, 761; *ders.,* Der Begriff der marktbeherrschenden Stellung in der europäischen Fusionskontrolle, NZG 2000, 855; *Sauter,* Ein Nachwort zur europäischen Fusionskontrolle, in: FS Quack, 1991, S. 656; *Schmidt,* Europäische Fusionskontrolle im System des Rechts gegen Wettbewerbsbeschränkungen, BB 1990, 719; *ders.,* Die Entwicklung des technischen und wirtschaftlichen Fortschritts, Diss. Göttingen 1991; *Scherf,* Konzentrative und kooperative Gemeinschaftsunternehmen im europäischen Kartellrecht, AG 1992, 245; *Schroth,* Sanktionsbewehrte Pflichtenstellungen in der geplanten EWG-Fusionskontrollverordnung, WuW 1989, 103; *Schwarze,* Die extraterritoriale Anwendbarkeit des EG-Wettbewerbsrechts – Vom Durchführungsprinzip zum Prinzip der qualifizierten

Auswirkung, WuW 2001, 1190; *Semrau,* Bezahlung und Erstattung von Bußgeldern im EG-Kartellrecht, EWS 1999, 43; *Simon,* Wird SLC marktbeherrschend? Die materiellrechtliche Reform der europäischen Fusionskontrolle, FIW-Schriftenreihe Bd. 201, 2005; *Staebe/Denzel,* Die neue Europäische Fusionskontrollverordnung, EWS 2004, 194; *Staudenmeyer,* Der Zusammenschlußbegriff, in Art. 3 der EG-FusionskontrollVO, FIW-Schriftenreihe 189, 2002; *Steindorff,* Kooperativer Unternehmenszusammenschluß und Kartellverbot – Erste Bemerkungen zum Rothmann-Morris-Urteil des EuGH, ZHR 152 (1988), 57; *Temple Lang,* International Joint Ventures under Community Law, Fordham Corporate Law Institute, 1999, S. 381; *Veelken/Karl/Richter,* Die Europäische Fusionskontrolle. Grundzüge und Einzelfragen der Verordnung (EWG) Nr. 4064/89, 1992; *Venit,* The Treatment of Joint Ventures under the EC Merger Regulation – Almost Through the Thicket, Fordham Corporate Law Institute, 1999, S. 465; *Weitbrecht,* EU Merger Control in 2004, ECLR 2005, 67; *Wiedemann,* Drittstaaten-Zusammenschlüsse und EG-Fusionskontrollverordnung, in: FS Lieberknecht, 1997, S. 625; *Wirz,* Der Mitteilungsentwurf der Kommission zur Beurteilung horizontaler Zusammenschlüsse, EWS 2003, 146.

Erwägungsgründe:

DER RAT DER EUROPÄISCHEN UNION –

gestützt auf den Vertrag zur Gründung der Europäischen Gemeinschaft, insbesondere auf die Artikel 83 und 308, auf Vorschlag der Kommission,[1]
nach Stellungnahme des Europäischen Parlaments,[2]
nach Stellungnahme des Europäischen Wirtschafts- und Sozialausschusses,[3]
in Erwägung nachstehender Gründe:

(1) Die Verordnung (EWG) Nr. 4064/89 des Rates vom 21. Dezember 1989 über die Kontrolle von Unternehmenszusammenschlüssen[4] ist in wesentlichen Punkten geändert worden. Es empfiehlt sich daher aus Gründen der Klarheit, im Rahmen der jetzt anstehenden Änderungen eine Neufassung dieser Verordnung vorzunehmen.

(2) Zur Verwirklichung der allgemeinen Ziele des Vertrags ist der Gemeinschaft in Artikel 3 Absatz 1 Buchstabe g) die Aufgabe übertragen worden, ein System zu errichten, das den Wettbewerb innerhalb des Binnenmarkts vor Verfälschungen schützt. Nach Artikel 4 Absatz 1 des Vertrags ist die Tätigkeit der Mitgliedstaaten und der Gemeinschaft dem Grundsatz einer offenen Marktwirtschaft mit freiem Wettbewerb verpflichtet. Diese Grundsätze sind für die Fortentwicklung des Binnenmarkts wesentlich.

(3) Die Vollendung des Binnenmarkts und der Wirtschafts- und Währungsunion, die Erweiterung der Europäischen Union und die Reduzierung der internationalen Handels- und Investitionshemmnisse werden auch weiterhin erhebliche Strukturveränderungen bei den Unternehmen, insbesondere durch Zusammenschlüsse, bewirken.

(4) Diese Strukturveränderungen sind zu begrüßen, soweit sie den Erfordernissen eines dynamischen Wettbewerbs entsprechen und geeignet sind, zu einer Steigerung der Wettbewerbsfähigkeit der europäischen Industrie, zu einer Verbesserung der Wachstumsbedingungen sowie zur Anhebung des Lebensstandards in der Gemeinschaft zu führen.

(5) Allerdings ist zu gewährleisten, dass der Umstrukturierungsprozess nicht eine dauerhafte Schädigung des Wettbewerbs verursacht. Das Gemeinschaftsrecht muss deshalb Vorschriften für solche Zusammenschlüsse enthalten, die geeignet sind, wirksamen Wettbewerb im Gemeinsamen Markt oder in einem wesentlichen Teil desselben erheblich zu beeinträchtigen.

---

[1] **Amtl. Anm.:** ABl. C 20 vom 28.1.2003, S. 4.
[2] **Amtl. Anm.:** Stellungnahme vom 9. Oktober 2003 (noch nicht im Amtsblatt veröffentlicht).
[3] **Amtl. Anm.:** Stellungnahme vom 24. Oktober 2003 (noch nicht im Amtsblatt veröffentlicht).
[4] **Amtl. Anm.:** ABl. L 395 vom 30.12.1989, S. 1. Berichtigte Fassung im ABl. L 257 vom 21.9. 1990, S. 13. Verordnung zuletzt geändert durch die Verordnung (EG) Nr. 1310/97 (ABl. L 180 vom 9.7.1997, S. 1), Berichtigung im ABl. L 40 vom 13.2.1998, S. 17.

(6) Daher ist ein besonderes Rechtsinstrument erforderlich, das eine wirksame Kontrolle sämtlicher Zusammenschlüsse im Hinblick auf ihre Auswirkungen auf die Wettbewerbsstruktur in der Gemeinschaft ermöglicht und das zugleich das einzige auf derartige Zusammenschlüsse anwendbare Instrument ist. Mit der Verordnung (EWG) Nr. 4064/89 konnte eine Gemeinschaftspolitik in diesem Bereich entwickelt werden. Es ist jedoch nunmehr an der Zeit, vor dem Hintergrund der gewonnenen Erfahrung die genannte Verordnung neu zu fassen, um den Herausforderungen eines stärker integrierten Markts und der künftigen Erweiterung der Europäischen Union besser gerecht werden. Im Einklang mit dem Subsidiaritätsprinzip und dem Grundsatz der Verhältnismäßigkeit nach Artikel 5 des Vertrags geht die vorliegende Verordnung nicht über das zur Erreichung ihres Ziels, der Gewährleistung eines unverfälschten Wettbewerbs im Gemeinsamen Markt entsprechend dem Grundsatz einer offenen Marktwirtschaft mit freiem Wettbewerb, erforderliche Maß hinaus.

(7) Die Artikel 81 und 82 des Vertrags sind zwar nach der Rechtsprechung des Gerichtshofs auf bestimmte Zusammenschlüsse anwendbar, reichen jedoch nicht aus, um alle Zusammenschlüsse zu erfassen, die sich als unvereinbar mit dem vom Vertrag geforderten System des unverfälschten Wettbewerbs erweisen könnten. Diese Verordnung ist daher nicht nur auf Artikel 83, sondern vor allem auf Artikel 308 des Vertrags zu stützen, wonach sich die Gemeinschaft für die Verwirklichung ihrer Ziele zusätzliche Befugnisse geben kann; dies gilt auch für Zusammenschlüsse auf den Märkten für landwirtschaftliche Erzeugnisse im Sinne des Anhangs I des Vertrags.

(8) Die Vorschriften dieser Verordnung sollten für bedeutsame Strukturveränderungen gelten, deren Auswirkungen auf den Markt die Grenzen eines Mitgliedstaats überschreiten. Solche Zusammenschlüsse sollten grundsätzlich nach dem Prinzip der einzigen Anlaufstelle und im Einklang mit dem Subsidiaritätsprinzip ausschließlich auf Gemeinschaftsebene geprüft werden. Unternehmenszusammenschlüsse, die nicht im Anwendungsbereich dieser Verordnung liegen, fallen grundsätzlich in die Zuständigkeit der Mitgliedstaaten.

(9) Der Anwendungsbereich dieser Verordnung sollte anhand des geografischen Tätigkeitsbereichs der beteiligten Unternehmen bestimmt und durch Schwellenwerte eingegrenzt werden, damit Zusammenschlüsse von gemeinschaftsweiter Bedeutung erfasst werden können. Die Kommission sollte dem Rat über die Anwendung der Schwellenwerte und Kriterien Bericht erstatten, damit dieser sie ebenso wie die Vorschriften für Verweisungen vor einer Anmeldung gemäß Artikel 202 des Vertrags regelmäßig anhand der gewonnenen Erfahrungen überprüfen kann. Hierzu ist es erforderlich, dass die Mitgliedstaaten der Kommission statistische Angaben übermitteln, auf deren Grundlage die Kommission ihre Berichte erstellen und etwaige Änderungen vorschlagen kann. Die Berichte und Vorschläge der Kommission sollten sich auf die von den Mitgliedstaaten regelmäßig übermittelten Angaben stützen.

(10) Ein Zusammenschluss von gemeinschaftsweiter Bedeutung sollte dann als gegeben gelten, wenn der Gesamtumsatz der beteiligten Unternehmen die festgelegten Schwellenwerte überschreitet und sie in erheblichem Umfang in der Gemeinschaft tätig sind, unabhängig davon, ob der Sitz der beteiligten Unternehmen sich in der Gemeinschaft befindet oder diese dort ihr Hauptgeschäft ausüben.

(11) Die Regeln für die Verweisung von Zusammenschlüssen von der Kommission an die Mitgliedstaaten und von den Mitgliedstaaten an die Kommission sollten angesichts des Subsidiaritätsprinzips als wirksames Korrektiv wirken. Diese Regeln wahren in angemessener Weise die Wettbewerbsinteressen der Mitgliedstaaten und tragen dem Bedürfnis nach Rechtssicherheit sowie dem Grundsatz einer einzigen Anlaufstelle Rechnung.

(12) Zusammenschlüsse können in den Zuständigkeitsbereich mehrerer nationaler Fusionskontrollregelungen fallen, wenn sie die in dieser Verordnung genannten Schwellen-

werte n… ldung desselben Vorhabens erhöht die Rechtsunsiche… Kosten der beteiligten Unternehmen und kann zu widersprüchlichen Beurteilungen führen. Das System, nach dem die betreffenden Mitgliedstaaten Zusammenschlüsse an die Kommission verweisen können, sollte daher weiterentwickelt werden.

(13) Die Kommission sollte in enger und stetiger Verbindung mit den zuständigen Behörden der Mitgliedstaaten handeln und deren Bemerkungen und Mitteilungen entgegennehmen.

(14) Die Kommission sollte gemeinsam mit den zuständigen Behörden der Mitgliedstaaten ein Netz von Behörden bilden, die ihre jeweiligen Zuständigkeiten in enger Zusammenarbeit durch effiziente Regelungen für Informationsaustausch und Konsultation wahrnehmen, um sicherzustellen, dass jeder Fall unter Beachtung des Subsidiaritätsprinzips von der für ihn am besten geeigneten Behörde behandelt wird und um Mehrfachanmeldungen weitestgehend auszuschließen. Verweisungen von Zusammenschlüssen von der Kommission an die Mitgliedstaaten und von den Mitgliedstaaten an die Kommission sollten in einer effizienten Weise erfolgen, die weitestgehend ausschließt, dass ein Zusammenschluss sowohl vor als auch nach seiner Anmeldung von einer Stelle an eine andere verwiesen wird.

(15) Die Kommission sollte einen angemeldeten Zusammenschluss mit gemeinschaftsweiter Bedeutung an einen Mitgliedstaat verweisen können, wenn er den Wettbewerb in einem Markt innerhalb dieses Mitgliedstaats, der alle Merkmale eines gesonderten Marktes aufweist, erheblich zu beeinträchtigen droht. Beeinträchtigt der Zusammenschluss den Wettbewerb auf einem solchen Markt und stellt dieser keinen wesentlichen Teil des gemeinsamen Marktes dar, sollte die Kommission verpflichtet sein, den Fall ganz oder teilweise auf Antrag an den betroffenen Mitgliedstaat zu verweisen. Ein Mitgliedstaat sollte einen Zusammenschluss ohne gemeinschaftsweite Bedeutung an die Kommission verweisen können, wenn er den Handel zwischen den Mitgliedstaaten beeinträchtigt und den Wettbewerb in seinem Hoheitsgebiet erheblich zu beeinträchtigen droht. Weitere Mitgliedstaaten, die für die Prüfung des Zusammenschlusses ebenfalls zuständig sind, sollten die Möglichkeit haben, dem Antrag beizutreten. In diesem Fall sollten nationale Fristen ausgesetzt werden, bis eine Entscheidung über die Verweisung des Falles getroffen wurde, um die Effizienz und Berechenbarkeit des Systems sicherzustellen. Die Kommission sollte befugt sein, einen Zusammenschluss für einen antragstellenden Mitgliedstaat oder mehrere antragstellende Mitgliedstaaten zu prüfen und zu behandeln.

(16) Um das System der Fusionskontrolle innerhalb der Gemeinschaft noch effizienter zu gestalten, sollten die beteiligten Unternehmen die Möglichkeit erhalten, vor Anmeldung eines Zusammenschlusses die Verweisung an die Kommission oder an einen Mitgliedstaat zu beantragen. Um die Effizienz des Systems sicherzustellen, sollten die Kommission und die einzelstaatlichen Wettbewerbsbehörden in einem solchen Fall innerhalb einer kurzen, genau festgelegten Frist entscheiden, ob der Fall an die Kommission oder an den betreffenden Mitgliedstaat verwiesen werden sollte. Auf Antrag der beteiligten Unternehmen sollte die Kommission einen Zusammenschluss mit gemeinschaftsweiter Bedeutung an einen Mitgliedstaat verweisen können, wenn der Zusammenschluss den Wettbewerb auf einem Markt innerhalb dieses Mitgliedstaats, der alle Merkmale eines gesonderten Marktes aufweist, erheblich beeinträchtigen könnte, ohne dass dazu von den beteiligten Unternehmen der Nachweis verlangt werden sollte, dass die Auswirkungen des Zusammenschlusses wettbewerbsschädlich sein würden. Die Kommission sollte einen Zusammenschluss nicht an einen Mitgliedstaat verweisen dürfen, wenn dieser eine solche Verweisung abgelehnt hat. Die beteiligten Unternehmen sollten ferner vor der Anmeldung bei einer einzelstaatlichen Behörde beantragen dürfen, dass ein Zusammenschluss ohne gemeinschaftsweite Bedeutung, der nach dem innerstaatlichen Wettbewerbsrecht mindestens dreier Mitgliedstaaten geprüft werden könnte, an die Kommission verwiesen wird. Solche Anträge auf eine Ver-

weisung vor der Anmeldung an die Kommission wären insbesondere dann angebracht, wenn der betreffende Zusammenschluss den Wettbewerb über das Hoheitsgebiet eines Mitgliedstaats hinaus beeinträchtigen würde. Wird ein Zusammenschluss, der nach dem Wettbewerbsrecht mindestens dreier Mitgliedstaaten geprüft werden könnte, vor seiner Anmeldung bei einer einzelstaatlichen Behörde an die Kommission verwiesen, so sollte die ausschließliche Zuständigkeit für die Prüfung dieses Zusammenschlusses auf die Kommission übergehen, wenn keiner der für die Prüfung des betreffenden Falls zuständigen Mitgliedstaaten sich dagegen ausspricht; für diesen Zusammenschluss sollte dann die Vermutung der gemeinschaftsweiten Bedeutung gelten. Ein Zusammenschluss sollte jedoch nicht vor seiner Anmeldung von den Mitgliedstaaten an die Kommission verwiesen werden, wenn mindestens einer der für die Prüfung des Falles zuständigen Mitgliedstaaten eine solche Verweisung abgelehnt hat.

(17) Der Kommission ist vorbehaltlich der Nachprüfung ihrer Entscheidungen durch den Gerichtshof die ausschließliche Zuständigkeit für die Anwendung dieser Verordnung zu übertragen.

(18) Die Mitgliedstaaten dürfen auf Zusammenschlüsse von gemeinschaftsweiter Bedeutung ihr innerstaatliches Wettbewerbsrecht nur anwenden, soweit es in dieser Verordnung vorgesehen ist. Die entsprechenden Befugnisse der einzelstaatlichen Behörden sind auf die Fälle zu beschränken, in denen ohne ein Tätigwerden der Kommission wirksamer Wettbewerb im Gebiet eines Mitgliedstaats erheblich behindert werden könnte und die Wettbewerbsinteressen dieses Mitgliedstaats sonst durch diese Verordnung nicht hinreichend geschützt würden. Die betroffenen Mitgliedstaaten müssen in derartigen Fällen so schnell wie möglich handeln. Diese Verordnung kann jedoch wegen der Unterschiede zwischen den innerstaatlichen Rechtsvorschriften keine einheitliche Frist für den Erlass endgültiger Entscheidungen nach innerstaatlichem Recht vorschreiben.

(19) Im Übrigen hindert die ausschließliche Anwendung dieser Verordnung auf Zusammenschlüsse von gemeinschaftsweiter Bedeutung die Mitgliedstaaten unbeschadet des Artikels 296 des Vertrags nicht daran, geeignete Maßnahmen zum Schutz anderer berechtigter Interessen als derjenigen zu ergreifen, die in dieser Verordnung berücksichtigt werden, sofern diese Maßnahmen mit den allgemeinen Grundsätzen und den sonstigen Bestimmungen des Gemeinschaftsrechts vereinbar sind.

(20) Der Begriff des Zusammenschlusses ist so zu definieren, dass er Vorgänge erfasst, die zu einer dauerhaften Veränderung der Kontrolle an den beteiligten Unternehmen und damit an der Marktstruktur führen. In den Anwendungsbereich dieser Verordnung sollten daher auch alle Gemeinschaftsunternehmen einbezogen werden, die auf Dauer alle Funktionen einer selbstständigen wirtschaftlichen Einheit erfüllen. Ferner sollten Erwerbsvorgänge, die eng miteinander verknüpft sind, weil sie durch eine Bedingung miteinander verbunden sind oder in Form einer Reihe von innerhalb eines gebührend kurzen Zeitraums getätigten Rechtsgeschäften mit Wertpapieren stattfinden, als ein einziger Zusammenschluss behandelt werden.

(21) Diese Verordnung ist auch dann anwendbar, wenn die beteiligten Unternehmen sich Einschränkungen unterwerfen, die mit der Durchführung des Zusammenschlusses unmittelbar verbunden und dafür notwendig sind. Eine Entscheidung der Kommission, mit der ein Zusammenschluss in Anwendung dieser Verordnung für mit dem Gemeinsamen Markt vereinbar erklärt wird, sollte automatisch auch alle derartigen Einschränkungen abdecken, ohne dass die Kommission diese im Einzelfall zu prüfen hätte. Auf Antrag der beteiligten Unternehmen sollte die Kommission allerdings im Fall neuer oder ungelöster Fragen, die zu ernsthafter Rechtsunsicherheit führen können, gesondert prüfen, ob eine Einschränkung mit der Durchführung des Zusammenschlusses unmittelbar verbunden und dafür notwendig ist. Ein Fall wirft dann eine neue oder ungelöste Frage auf, die zu ernsthafter Rechtsunsicherheit führen kann, wenn sie nicht durch die entsprechende Bekannt-

machung der Kommission oder eine veröffentlichte Entscheidung der Kommission geregelt ist.

(22) Bei der Regelung der Kontrolle von Unternehmenszusammenschlüssen ist unbeschadet des Artikels 86 Absatz 2 des Vertrags der Grundsatz der Nichtdiskriminierung zwischen dem öffentlichen und dem privaten Sektor zu beachten. Daher sind im öffentlichen Sektor bei der Berechnung des Umsatzes eines am Zusammenschluss beteiligten Unternehmens unabhängig von den Eigentumsverhältnissen oder von den für sie geltenden Regeln der verwaltungsmäßigen Zuordnung die Unternehmen zu berücksichtigen, die eine mit einer autonomen Entscheidungsbefugnis ausgestattete wirtschaftliche Einheit bilden.

(23) Es ist festzustellen, ob die Zusammenschlüsse von gemeinschaftsweiter Bedeutung mit dem Gemeinsamen Markt vereinbar sind; dabei ist von dem Erfordernis auszugehen, im Gemeinsamen Markt wirksamen Wettbewerb aufrechtzuerhalten und zu entwickeln. Die Kommission muss sich bei ihrer Beurteilung an dem allgemeinen Rahmen der Verwirklichung der grundlegenden Ziele der Gemeinschaft gemäß Artikel 2 des Vertrags zur Gründung der Europäischen Gemeinschaft und Artikel 2 des Vertrags über die Europäische Union orientieren.

(24) Zur Gewährleistung eines unverfälschten Wettbewerbs im Gemeinsamen Markt im Rahmen der Fortführung einer Politik, die auf dem Grundsatz einer offenen Marktwirtschaft mit freiem Wettbewerb beruht, muss diese Verordnung eine wirksame Kontrolle sämtlicher Zusammenschlüsse entsprechend ihren Auswirkungen auf den Wettbewerb in der Gemeinschaft ermöglichen. Entsprechend wurde in der Verordnung (EWG) Nr. 4064/89 der Grundsatz aufgestellt, dass Zusammenschlüsse von gemeinschaftsweiter Bedeutung, die eine beherrschende Stellung begründen oder verstärken, durch welche ein wirksamer Wettbewerb im Gemeinsamen Markt oder in einem wesentlichen Teil desselben in erheblichem Ausmaß behindert wird, für mit dem Gemeinsamen Markt unvereinbar zu erklären sind.

(25) In Anbetracht der Auswirkungen, die Zusammenschlüsse in oligopolistischen Marktstrukturen haben können, ist die Aufrechterhaltung wirksamen Wettbewerbs in solchen Märkten umso mehr geboten. Viele oligopolistische Märkte lassen ein gesundes Maß an Wettbewerb erkennen. Unter bestimmten Umständen können Zusammenschlüsse, in deren Folge der beträchtliche Wettbewerbsdruck beseitigt wird, den die fusionierenden Unternehmen aufeinander ausgeübt haben, sowie der Wettbewerbsdruck auf die verbleibenden Wettbewerber gemindert wird, zu einer erheblichen Behinderung wirksamen Wettbewerbs führen, auch wenn eine Koordinierung zwischen Oligopolmitgliedern unwahrscheinlich ist. Die Gerichte der Gemeinschaft haben jedoch bisher die Verordnung (EWG) Nr. 4064/89 nicht ausdrücklich dahingehend ausgelegt, dass Zusammenschlüsse, die solche nicht koordinierten Auswirkungen haben, für mit dem Gemeinsamen Markt unvereinbar zu erklären sind. Daher sollte im Interesse der Rechtssicherheit klargestellt werden, dass diese Verordnung eine wirksame Kontrolle solcher Zusammenschlüsse dadurch vorsieht, dass grundsätzlich jeder Zusammenschluss, der einen wirksamen Wettbewerb im Gemeinsamen Markt oder einem wesentlichen Teil desselben erheblich behindern würde, für mit dem Gemeinsamen Markt unvereinbar zu erklären ist. Für die Anwendung der Bestimmungen des Artikels 2 Absätze 2 und 3 wird beabsichtigt, den Begriff „erhebliche Behinderung wirksamen Wettbewerbs" dahin gehend auszulegen, dass er sich über das Konzept der Marktbeherrschung hinaus ausschließlich auf diejenigen wettbewerbsschädigenden Auswirkungen eines Zusammenschlusses erstreckt, die sich aus nicht koordiniertem Verhalten von Unternehmen ergeben, die auf dem jeweiligen Markt keine beherrschende Stellung haben würden.

(26) Eine erhebliche Behinderung wirksamen Wettbewerbs resultiert im Allgemeinen aus der Begründung oder Stärkung einer beherrschenden Stellung. Im Hinblick darauf, dass frühere Urteile der europäischen Gerichte und die Entscheidungen der Kommission gemäß der Verordnung (EWG) Nr. 4064/89 weiterhin als Orientierung dienen sollten und

gleichzeitig die Übereinstimmung mit den Kriterien für einen Wettbewerbsschaden, die die Kommission und die Gerichte der Gemeinschaft bei der Prüfung der Vereinbarkeit eines Zusammenschlusses mit dem Gemeinsamen Markt angewendet haben, gewahrt werden sollte, sollte diese Verordnung dementsprechend den Grundsatz aufstellen, dass Zusammenschlüsse von gemeinschaftsweiter Bedeutung, die wirksamen Wettbewerb im Gemeinsamen Markt oder in einem wesentlichen Teil desselben erheblich behindern würden, insbesondere infolge der Begründung oder Stärkung einer beherrschenden Stellung, für mit dem Gemeinsamen Markt unvereinbar zu erklären sind.

(27) Außerdem sollten die Kriterien in Artikel 81 Absätze 1 und 3 des Vertrags auf Gemeinschaftsunternehmen, die auf Dauer alle Funktionen einer selbstständigen wirtschaftlichen Einheit erfüllen, insoweit angewandt werden, als ihre Gründung eine spürbare Einschränkung des Wettbewerbs zwischen unabhängig bleibenden Unternehmen zur Folge hat.

(28) Um deutlich zu machen und zu erläutern, wie die Kommission Zusammenschlüsse nach dieser Verordnung beurteilt, sollte sie Leitlinien veröffentlichen, die einen soliden wirtschaftlichen Rahmen für die Beurteilung der Vereinbarkeit von Zusammenschlüssen mit dem Gemeinsamen Markt bieten sollten.

(29) Um die Auswirkungen eines Zusammenschlusses auf den Wettbewerb im Gemeinsamen Markt bestimmen zu können, sollte begründeten und wahrscheinlichen Effizienzvorteilen Rechnung getragen werden, die von den beteiligten Unternehmen dargelegt werden. Es ist möglich, dass die durch einen Zusammenschluss bewirkten Effizienzvorteile die Auswirkungen des Zusammenschlusses auf den Wettbewerb, insbesondere den möglichen Schaden für die Verbraucher, ausgleichen, so dass durch den Zusammenschluss wirksamer Wettbewerb im Gemeinsamen Markt oder in einem wesentlichen Teil desselben, insbesondere durch Begründung oder Stärkung einer beherrschenden Stellung, nicht erheblich behindert würde. Die Kommission sollte Leitlinien veröffentlichen, in denen sie die Bedingungen darlegt, unter denen sie Effizienzvorteile bei der Prüfung eines Zusammenschlusses berücksichtigen kann.

(30) Ändern die beteiligten Unternehmen einen angemeldeten Zusammenschluss, indem sie insbesondere anbieten, Verpflichtungen einzugehen, die den Zusammenschluss mit dem Gemeinsamen Markt vereinbar machen, sollte die Kommission den Zusammenschluss in seiner geänderten Form für mit dem Gemeinsamen Markt vereinbar erklären können. Diese Verpflichtungen müssen in angemessenem Verhältnis zu dem Wettbewerbsproblem stehen und dieses vollständig beseitigen. Es ist ebenfalls zweckmäßig, Verpflichtungen vor der Einleitung des Verfahrens zu akzeptieren, wenn das Wettbewerbsproblem klar umrissen ist und leicht gelöst werden kann. Es sollte ausdrücklich vorgesehen werden, dass die Kommission ihre Entscheidung an Bedingungen und Auflagen knüpfen kann, um sicherzustellen, dass die beteiligten Unternehmen ihren Verpflichtungen so effektiv und rechtzeitig nachkommen, dass der Zusammenschluss mit dem Gemeinsamen Markt vereinbar wird. Während des gesamten Verfahrens sollte für Transparenz und eine wirksame Konsultation der Mitgliedstaaten und betroffener Dritter gesorgt werden.

(31) Die Kommission sollte über geeignete Instrumente verfügen, damit sie die Durchsetzung der Verpflichtungen sicherstellen und auf Situationen reagieren kann, in denen die Verpflichtungen nicht eingehalten werden. Wird eine Bedingung nicht erfüllt, unter der die Entscheidung über die Vereinbarkeit des Zusammenschlusses mit dem Gemeinsamen Markt ergangen ist, so tritt der Zustand der Vereinbarkeit des Zusammenschlusses mit dem Gemeinsamen Markt nicht ein, so dass der Zusammenschluss damit in der vollzogenen Form von der Kommission nicht genehmigt ist. Wird der Zusammenschluss vollzogen, sollte er folglich ebenso behandelt werden wie ein nicht angemeldeter und ohne Genehmigung vollzogener Zusammenschluss. Außerdem sollte die Kommission die Auflösung eines Zusammenschlusses direkt anordnen dürfen, um den vor dem Vollzug des Zusammenschlusses bestehenden Zustand wieder herzustellen, wenn sie bereits zu dem Ergebnis

gekommen ist, dass der Zusammenschluss ohne die Bedingung mit dem Gemeinsamen Markt unvereinbar wäre. Wird eine Auflage nicht erfüllt, mit der die Entscheidung über die Vereinbarkeit eines Zusammenschlusses mit dem Gemeinsamen Markt ergangen ist, sollte die Kommission ihre Entscheidung widerrufen können. Ferner sollte die Kommission angemessene finanzielle Sanktionen verhängen können, wenn Bedingungen oder Auflagen nicht eingehalten werden.

(32) Bei Zusammenschlüssen, die wegen des begrenzten Marktanteils der beteiligten Unternehmen nicht geeignet sind, wirksamen Wettbewerb zu behindern, kann davon ausgegangen werden, dass sie mit dem Gemeinsamen Markt vereinbar sind. Unbeschadet der Artikel 81 und 82 des Vertrags besteht ein solches Indiz insbesondere dann, wenn der Marktanteil der beteiligten Unternehmen im Gemeinsamen Markt oder in einem wesentlichen Teil desselben 25% nicht überschreitet.

(33) Der Kommission ist die Aufgabe zu übertragen, alle Entscheidungen über die Vereinbarkeit oder Unvereinbarkeit der Zusammenschlüsse von gemeinschaftsweiter Bedeutung mit dem Gemeinsamen Markt sowie Entscheidungen, die der Wiederherstellung des Zustands vor dem Vollzug eines für mit dem Gemeinsamen Markt unvereinbar erklärten Zusammenschlusses dienen, zu treffen.

(34) Um eine wirksame Überwachung zu gewährleisten, sind die Unternehmen zu verpflichten, Zusammenschlüsse von gemeinschaftsweiter Bedeutung nach Vertragsabschluss, Veröffentlichung des Übernahmeangebots oder des Erwerbs einer die Kontrolle begründenden Beteiligung und vor ihrem Vollzug anzumelden. Eine Anmeldung sollte auch dann möglich sein, wenn die beteiligten Unternehmen der Kommission gegenüber ihre Absicht glaubhaft machen, einen Vertrag über einen beabsichtigten Zusammenschluss zu schließen und ihr beispielsweise anhand einer von allen beteiligten Unternehmen unterzeichneten Grundsatzvereinbarung, Übereinkunft oder Absichtserklärung darlegen, dass der Plan für den beabsichtigten Zusammenschluss ausreichend konkret ist, oder im Fall eines Übernahmeangebots öffentlich ihre Absicht zur Abgabe eines solchen Angebots bekundet haben, sofern der beabsichtigte Vertrag oder das beabsichtigte Angebot zu einem Zusammenschluss von gemeinschaftsweiter Bedeutung führen würde. Der Vollzug eines Zusammenschlusses sollte bis zum Erlass der abschließenden Entscheidung der Kommission ausgesetzt werden. Auf Antrag der beteiligten Unternehmen sollte es jedoch gegebenenfalls möglich sein, hiervon abzuweichen. Bei der Entscheidung hierüber sollte die Kommission alle relevanten Faktoren, wie die Art und die Schwere des Schadens für die beteiligten Unternehmen oder Dritte sowie die Bedrohung des Wettbewerbs durch den Zusammenschluss, berücksichtigen. Im Interesse der Rechtssicherheit ist die Wirksamkeit von Rechtsgeschäften zu schützen, soweit dies erforderlich ist.

(35) Es ist eine Frist festzulegen, innerhalb derer die Kommission wegen eines angemeldeten Zusammenschlusses das Verfahren einzuleiten hat; ferner sind Fristen vorzusehen, innerhalb derer die Kommission abschließend zu entscheiden hat, ob ein Zusammenschluss mit dem Gemeinsamen Markt vereinbar oder unvereinbar ist. Wenn die beteiligten Unternehmen anbieten, Verpflichtungen einzugehen, um den Zusammenschluss mit dem Gemeinsamen Markt vereinbar zu machen, sollten diese Fristen verlängert werden, damit ausreichend Zeit für die Prüfung dieser Angebote, den Markttest und für die Konsultation der Mitgliedstaaten und interessierter Dritter bleibt. Darüber hinaus sollte in begrenztem Umfang eine Verlängerung der Frist, innerhalb derer die Kommission abschließend entscheiden muss, möglich sein, damit ausreichend Zeit für die Untersuchung des Falls und für die Überprüfung der gegenüber der Kommission vorgetragenen Tatsachen und Argumente zur Verfügung steht.

(36) Die Gemeinschaft achtet die Grundrechte und Grundsätze, die insbesondere mit der Charta der Grundrechte der Europäischen Union[5] anerkannt wurden. Diese Verord-

[5] **Amtl. Anm.:** ABl. C 364 vom 18.12.2000, S. 1.

nung sollte daher im Einklang mit diesen Rechten und Grundsätzen ausgelegt und angewandt werden.

(37) Die beteiligten Unternehmen müssen das Recht erhalten, von der Kommission gehört zu werden, sobald das Verfahren eingeleitet worden ist. Auch den Mitgliedern der geschäftsführenden und aufsichtsführenden Organe sowie den anerkannten Vertretern der Arbeitnehmer der beteiligten Unternehmen und betroffenen Dritten ist Gelegenheit zur Äußerung zu geben.

(38) Um Zusammenschlüsse ordnungsgemäß beurteilen zu können, sollte die Kommission alle erforderlichen Auskünfte einholen und alle erforderlichen Nachprüfungen in der Gemeinschaft vornehmen können. Zu diesem Zweck und im Interesse eines wirksamen Wettbewerbsschutzes müssen die Untersuchungsbefugnisse der Kommission ausgeweitet werden. Die Kommission sollte insbesondere alle Personen, die eventuell über sachdienliche Informationen verfügen, befragen und deren Aussagen zu Protokoll nehmen können.

(39) Wenn beauftragte Bedienstete der Kommission Nachprüfungen vornehmen, sollten sie alle Auskünfte im Zusammenhang mit Gegenstand und Zweck der Nachprüfung einholen dürfen. Sie sollten ferner bei Nachprüfungen Versiegelungen vornehmen dürfen, insbesondere wenn triftige Gründe für die Annahme vorliegen, dass ein Zusammenschluss ohne vorherige Anmeldung vollzogen wurde, dass der Kommission unrichtige, unvollständige oder irreführende Angaben gemacht wurden oder dass die betreffenden Unternehmen oder Personen Bedingungen oder Auflagen einer Entscheidung der Kommission nicht eingehalten haben. Eine Versiegelung sollte in jedem Fall nur unter außergewöhnlichen Umständen und nur während der für die Nachprüfung unbedingt erforderlichen Dauer, d. h. normalerweise nicht länger als 48 Stunden, vorgenommen werden.

(40) Unbeschadet der Rechtsprechung des Gerichtshofs ist es auch zweckmäßig, den Umfang der Kontrolle zu bestimmen, die ein einzelstaatliches Gericht ausüben kann, wenn es nach Maßgabe des einzelstaatlichen Rechts vorsorglich die Unterstützung durch die Vollzugsorgane für den Fall genehmigt, dass ein Unternehmen sich weigern sollte, eine durch Entscheidung der Kommission angeordnete Nachprüfung oder Versiegelung zu dulden. Nach ständiger Rechtsprechung kann das einzelstaatliche Gericht die Kommission insbesondere um weitere Auskünfte bitten, die für die Ausübung seiner Kontrolle erforderlich sind und in Ermangelung dieser Auskünfte die Genehmigung verweigern. Des weiteren sind die einzelstaatlichen Gerichte nach ständiger Rechtsprechung für die Kontrolle der Anwendung der einzelstaatlichen Vorschriften für die Vollstreckung von Zwangsmaßnahmen zuständig. Die zuständigen Behörden der Mitgliedstaaten sollten bei der Ausübung der Untersuchungsbefugnisse der Kommission aktiv mitwirken.

(41) Wenn Unternehmen oder natürliche Personen Entscheidungen der Kommission nachkommen, können sie nicht gezwungen werden, Zuwiderhandlungen einzugestehen; sie sind jedoch in jedem Fall verpflichtet, Sachfragen zu beantworten und Unterlagen beizubringen, auch wenn diese Informationen gegen sie oder gegen andere als Beweis für eine begangene Zuwiderhandlung verwendet werden können.

(42) Im Interesse der Transparenz sollten alle Entscheidungen der Kommission, die nicht rein verfahrensrechtlicher Art sind, auf breiter Ebene bekannt gemacht werden. Ebenso unerlässlich wie die Wahrung der Verteidigungsrechte der beteiligten Unternehmen, insbesondere des Rechts auf Akteneinsicht, ist der Schutz von Geschäftsgeheimnissen. Die Vertraulichkeit der innerhalb des Netzes sowie mit den zuständigen Behörden von Drittländern ausgetauschten Informationen sollte gleichfalls gewahrt werden.

(43) Die Einhaltung dieser Verordnung sollte, soweit erforderlich, durch Geldbußen und Zwangsgelder sichergestellt werden. Dabei sollte dem Gerichtshof nach Artikel 229 des Vertrags die Befugnis zu unbeschränkter Ermessensnachprüfung übertragen werden.

(44) Die Bedingungen, unter denen Zusammenschlüsse in Drittländern durchgeführt werden, an denen Unternehmen beteiligt sind, die ihren Sitz oder ihr Hauptgeschäft in der Gemeinschaft haben, sollten aufmerksam verfolgt werden; es sollte die Möglichkeit vorgesehen werden, dass die Kommission vom Rat ein Verhandlungsmandat mit dem Ziel erhalten kann, eine nichtdiskriminierende Behandlung für solche Unternehmen zu erreichen.

(45) Diese Verordnung berührt in keiner Weise die in den beteiligten Unternehmen anerkannten kollektiven Rechte der Arbeitnehmer, insbesondere im Hinblick auf die nach Gemeinschaftsrecht oder nach innerstaatlichem Recht bestehende Pflicht, die anerkannten Arbeitnehmervertreter zu unterrichten oder anzuhören.

(46) Die Kommission sollte ausführliche Vorschriften für die Durchführung dieser Verordnung entsprechend den Modalitäten für die Ausübung der der Kommission übertragenen Durchführungsbefugnisse festlegen können. Beim Erlass solcher Durchführungsbestimmungen sollte sie durch einen Beratenden Ausschuss unterstützt werden, der gemäß Artikel 23 aus Vertretern der Mitgliedstaaten besteht –

HAT FOLGENDE VERORDNUNG ERLASSEN:

I. Entstehungsgeschichte

1. Die Verordnung von 1989

Die Fusionskontrollverordnung (FKVO)[6] wurde am 21. Dezember 1989 vom Rat verabschiedet und trat am 21. September 1990 in Kraft. Ähnlich wie das deutsche GWB von 1957 enthielt der EWG-Vertrag – im Gegensatz zu Artikel 66 EGKS-Vertrag von 1951 – keine explizite Fusionskontrolle. Zum Zeitpunkt des Inkrafttretens des EWG-Vertrags gab es aber in keinem der damals sechs Mitgliedsstaaten eine Fusionskontrolle. Deutschland führte sie erst mit der 2. Novelle des GWB im Jahre 1973 ein. Heute haben alle 28 Mitgliedsstaaten der EU außer Luxemburg eine eigenständige Fusionskontrolle eingeführt.[7] 1

Die Diskussion um die Einführung einer eigenständigen Fusionskontrolle auf europäischer Ebene begann 1965 in der EG-Kommission mit einer Denkschrift über „Das Problem der Unternehmenskonzentration im Gemeinsamen Markt."[8] In dieser Denkschrift wird zwar konstatiert, dass der entstehende Binnenmarkt größere Unternehmen hervorbringen müsse, dass aber andererseits keine Zusammenschlüsse wünschenswert seien, die zu engen Oligopolen oder gar Monopolen führten. Daher wurde bereits in diesem Memorandum ein Wettbewerbsrecht gefordert, in dem auch Zusammenschlüsse auf ihre Vereinbarkeit mit dem Binnenmarkt geprüft werden können. 1971 befasste sich auch das Europäische Parlament in einer Entschließung mit diesem Thema, in der es die Mitgliedsstaaten zur Einführung einer Europäischen Fusionskontrolle aufrief.[9] 2

In dasselbe Jahr 1971 fällt auch die ***Continental-Can***-Entscheidung der Kommission, in der zum ersten Mal ein Zusammenschluss untersagt wurde. Die Untersagung erfolgte in einem Missbrauchsverfahren nach Art. 102 AEUV. Die Kommission stellte fest, dass eine mit Art. 102 AEUV des EG-Vertrages unvereinbare Verhaltensweise vorliege, wenn ein marktbeherrschendes Unternehmen seine Stellung durch einen Zusammenschluss mit einem anderen Unternehmen derart verstärke, dass der Rest-Wettbewerb, der trotz der anfänglichen beherrschenden Stellung tatsächlich oder potentiell fortbestanden hat, für die 3

[6] Verordnung (EG) Nr. 139/2004 des Rates über die Kontrolle von Unternehmenszusammenschlüssen.

[7] Luxemburg verfügt über ein Gesetz betreffend den Wettbewerb aus dem Jahre 2011, das keine explizite Fusionskontrolle enthält (http://www.concurrence.public.lu). Die Artikel 3 bis 5 des Gesetzes entsprechen Artikel 101 und 102 AEUV und könnten wohl ähnlich der Continental- und der Philip-Morris-Entscheidung eine nachträgliche Fusionskontrolle ermöglichen.

[8] Denkschrift vom 1.12.1965, SEC (1965) 3500, abgedruckt in der WuW 4/1966, S. 330–347.

[9] ABl. C 66/1971, S. 11–13.

betreffenden Waren in einem wesentlichen Teil des Gemeinsamen Marktes praktisch ausgeschaltet wird.[10]

4 Diese Entscheidung wurde vom EuGH 1973 zwar wegen fehlerhafter Marktabgrenzungen aufgehoben, die Anwendbarkeit des Art. 102 AEUV auf Unternehmenszusammenschlüsse jedoch bestätigt.[11] Der EuGH führte zur Begründung aus, dass Art. 102 AEUV Teil der Wettbewerbspolitik der Gemeinschaft sei, die auf Art. 3 Abs. 1 lit. g EG (jetzt Protokoll Nr. 27 zum EUV und AEUV) basiere. Art. 3 Abs. 1 lit. g EG erklärte es als ein Ziel der Gemeinschaft, ein System zu errichten, das den Wettbewerb im Binnenmarkt vor Verfälschungen schützt. Daher könne es nicht sein, dass es Art. 102 AEUV Unternehmen erlaube, durch eine Fusion eine derartige Stufe von Marktmacht zu erreichen, dass jeder ernsthafte Wettbewerb unmöglich wird. Der EuGH machte somit durch sein *Continental-Can*-Urteil den Weg frei, auch ohne ein klares Mandat zur Prüfung von Fusionen zumindest solche Zusammenschlüsse zu prüfen, die eine bereits bestehende marktbeherrschende Stellung noch zu verstärken drohen. Eine solche Fusion konnte demnach einen Missbrauch einer marktbeherrschenden Stellung im Sinne von Art. 102 AEUV darstellen.

5 Auch wenn das *Continental-Can*-Urteil die Auffassung der Kommission hinsichtlich der Anwendbarkeit von Art. 102 AEUV auf Fusionen bestätigte, so war es doch zu wenig, um daraus ein wirksames Instrument zur Kontrolle von Zusammenschlüssen abzuleiten. Insbesondere bestand keine Möglichkeit, die Entstehung einer marktbeherrschenden Stellung zu unterbinden. Die Kommission versuchte daher in der Folge, durch Vorschläge für eine Ratsverordnung ein echtes Mandat für die Fusionskontrolle zu erhalten. Zwischen dem ersten Vorschlag der Kommission im Jahre 1973[12] und dem Erlass der FKVO 1989 sollten aber 16 Jahren vergehen. Nach Jahren ohne erkennbare Fortschritte gewann das Vorhaben der Kommission erst ab Mitte der achtziger Jahre wieder an Schwung. Dafür gab es im Wesentlichen drei Gründe. Zum einem sah der durch die Einheitliche Europäische Akte von 1985 in den Vertrag eingefügte Art. 8a die Schaffung eines einheitlichen Binnenmarktes bis 1992 vor, zu dem auch einheitliche Rahmenbedingungen für Unternehmen gehörten. Zum anderen nahmen Fusionen sprunghaft zu. Allein zwischen 1987 und 1989 verdreifachte sich die Zahl der Zusammenschlüsse, bei denen mindestens ein Unternehmen mit Sitz in der Gemeinschaft das Übernahmeziel war.[13] Und drittens stellte das Urteil des EuGH in der Sache *Philip-Morris*[14] aus dem Jahre 1987 einen weiteren Meilenstein auf dem Weg zu einer eigenständigen europäischen Fusionskontrolle dar.

6 Die Kommission hatte 1984 den Erwerb einer 30%igen Beteiligung verbunden mit 24,9% der Stimmrechte am Konkurrenten *Rothmans* durch ***Philip Morris*** in einem Verfahren nach Art. 101 AEUV akzeptiert. Dagegen klagten zwei Konkurrenten vor dem EuGH. Der EuGH wies die Klage ab, gelangte aber zur Auffassung, dass Art. 101 Abs. 1 AEUV auch auf Verträge anwendbar sei, die eine Kapitalbeteiligung an einem Konkurrenzunternehmen zum Inhalt haben. Der Erwerb einer Kapitalbeteiligung sei zwar für sich genommen noch kein wettbewerbsschädliches Verhalten; der Erwerb einer Beteiligung könne aber durchaus geeignet sein, das geschäftliche Verhalten des Konkurrenten zu beeinflussen und damit den Wettbewerb zu beschränken.[15] Dies sei insbesondere der Fall, wenn das investierende Unternehmen durch den Erwerb der Beteiligung oder durch Nebenklauseln der Vereinbarung rechtlich oder faktisch die Kontrolle über das geschäftliche Verhalten des anderen Unternehmens erlange.[16]

---

[10] Komm. E. v. 9.12.1971 Rs. IV/26 811 – *Continental Can Company,* ABl. L 7/1992, 25–39, Para 23.

[11] EuGH Rs. 6/72 – *Europemballage Corporation and Continental Can Company* v. Kommission Slg. 1973, 215.

[12] Vorschlag der Kommission vom 20. Juli 1973, ABl. C 92 vom 31.10.1973, 1–7.

[13] Europäische Wirtschaft, Beiheft A Wirtschaftsanalysen, Nr. 7/1996, S. 4.

[14] EuGH Rs. C 142 und 156/84 – *BAT und RJ Reynolds v. Kommission* Slg. 1987, 4487.

[15] EuGH Rs. C 142 und 156/84 – *BAT und RJ Reynolds v. Kommission* Slg. 1987, 4487.

[16] EuGH Rs. C 142 und 156/84 – *BAT und RJ Reynolds v. Kommission* Slg. 1987, 4487.

Mit diesem Urteil im Rücken war es der Kommission nun möglich, auch das Entstehen einer marktbeherrschenden Stellung zu prüfen und gegebenenfalls zu untersagen. Ob mit diesem Urteil aber bereits die Voraussetzungen für eine generelle Fusionskontrolle auf Basis des Art. 101 AEUV geschaffen war, war umstritten.[17] Nach verbreiteter Meinung hatte das *Philip-Morris*-Urteil keine echte Fusionskontrolle geschaffen.[18] Das *Philip-Morris*-Urteil zeigte aber, dass auch der EuGH das Fehlen einer Fusionskontrolle bemängelte und bereit war, diese Lücke durch Auslegung der Art. 101 und 102 AEUV zu schließen. **7**

Allerdings hätte eine Fusionskontrolle auf Basis der Art. 101 und 102 entscheidende Mängel gehabt. So fehlte es an der präventiven Kontrolle durch Anmeldepflicht und Suspensivwirkung. Dazu gab es kein klares Verfahren im Hinblick auf Entscheidungsfristen der Kommission oder mögliche Abänderungen eines geplanten Zusammenschlusses, um eine Genehmigung durch die Kommission zu erhalten. **8**

Die Kommission legte daher im Anschluss an das *Philip-Morris*-Urteil im April 1988 einen neuen Entwurf einer Ratsverordnung vor,[19] der bereits die grundlegenden Elemente der späteren FKVO hinsichtlich der formellen und materiellen Kriterien enthielt. Dieser wurde ebenso wie ein zweiter, im November 1988 vorgelegter Entwurf[20] vom Rat zunächst verworfen, bevor auf der Ratsitzung am 21. Dezember 1989 ein Kompromißvorschlag hinsichtlich der Schwellenwerte und des Beurteilungskriteriums einstimmig angenommen werden konnte. **9**

Dieser Kompromiss bestand in einer präventiven Fusionskontrolle, bei der die Umsatzschwellen mit mindestens 5 Mrd. EUR addiertem Weltumsatz aller beteiligten Unternehmen und mindestens 250 Mio. EUR Umsatz im EWR von jeweils mindestens zwei beteiligten Unternehmen dem deutschen Wunsch entsprechend relativ hoch waren. Als Korrektiv bestand die Möglichkeit, Fälle nach Anmeldung bei der Kommission an einen oder mehrere Mitgliedsstaaten zu verweisen, sofern sie ihren Schwerpunkt eindeutig dort hatten, und Fälle, die in den Bereich der nationalen Fusionskontrolle fielen, an die Kommission zu verweisen. Als Beurteilungskriterium einigte man sich auf das rein wettbewerbliche Kriterium der Marktbeherrschung, während andere Kriterien, die insbesondere Frankreich wünschte, lediglich zu „berücksichtigen" waren. Die weiterhin rechtlich mögliche Anwendung der Artikel 101 und 102 AEUV wurde für die Kommission praktisch dadurch ausgeschlossen, dass Art. 22 Abs. 2 bestimmte, dass die Durchführungsverordnung zu den Artikeln 101 und 102 auf Fusionen nicht anwendbar ist.[21] Gemäß des 1997 eingefügten Abs. 4 des Art. 2 FKVO wird jedoch Art. 101 AEUV im Rahmen der Fusionskontrolle angewendet, wenn es um Gemeinschaftsunternehmen geht, bei denen die Mutterunternehmen im selben Markt wie das Gemeinschaftsunternehmen oder in einem diesem vor- oder nachgelagerten Markt tätig sind. **10**

2. Die Novelle von 1997

Der 1989 angenommene Text der FKVO sah in zwei Artikeln eine Überprüfung der Verordnung vor Ablauf des vierten Jahres nach Erlass vor. Art. 1 Abs. 3 bestimmte, dass der Rat die Schwellenwerte auf Vorschlag der Kommission überprüft. Nach Art. 9 Abs. 10 war **11**

[17] Der damalige Wettbewerbskommissar Peter Sutherland äußerte sich unmittelbar nach dem Urteil dahingehend, dass die Kommission nun notfalls auch ohne explizite Fusionskontrollbefugnis auf Basis von Art. 81 und 82 Zusammenschlüsse kontrollieren könne. WuW 11/1987, 876.

[18] *Immenga/Fuchs* NJW 1988, 3059; *Steindorff* ZHR 152 (1988), 60.

[19] ABl. C 130, 19.5.1988, 4–11.

[20] ABl. C 22, 28.1.1989, 14–22; In diesem Entwurf wurde das quantitative Kriterium eines gemeinschaftsweiten Gesamtumsatzes von mindestens zwei beteiligten Unternehmen eingeführt (jeweils mehr als 100 Mio. EUR).

[21] Art. 21 in der neugefassten FKVO 139/2004 mit Bezug auf die neue Durchführungsverordnung 1/2003. Jenseits dieser Selbstbindung besteht rein rechtlich jedoch für die Kommission weiterhin die Möglichkeit, auf Basis von Art. 105 AEUV die Art. 101 und 102 auf Fusionen anzuwenden.

eine Überprüfung der Verweisungsklausel vorgesehen. Die Revisionsklauseln waren das Ergebnis des Kompromisses hinsichtlich der Schwellenwerte und der Möglichkeit, in Brüssel anmeldepflichtige Zusammenschlüsse an einen Mitgliedsstaat zu verweisen.

12 Während die meisten Änderungsvorschläge der Kommission auf Akzeptanz stießen, wurden die Schwellenwerte bis ins Jahr 1997 hinein diskutiert. Die schließlich am 30. Juni 1997 vom Rat angenommene Änderungsverordnung 1310/97[22] enthielt eine komplizierte zweite Aufgreifschwelle, die nur auf Umsatzschwellen, nicht aber auf die Anmeldepflicht in mindestens drei Mitgliedsstaaten abstellt, wie von der Kommission zunächst vorgeschlagen.[23] Art. 9 wurde durch die Novelle nur leicht modifiziert (u.a. Kodifizierung der teilweisen Verweisung). Weitere Änderungen betrafen die Anwendung der FKVO auf alle Vollfunktionsgemeinschaftsunternehmen[24] sowie eine einfachere Befreiung vom Vollzugsverbot. Die Änderungsverordnung trat am 1. März 1998 in Kraft.

3. Die Neufassung von 2004

13 Die bisher bedeutendste Novellierung der FKVO erfolgte 2004. In der Novelle von 1997 war festgelegt, dass die Anwendung der Schwellen des Art. 1 sowie die Verweisungspraxis nach Art. 9 vor dem 1. Juli 2000 erneut überprüft werden sollten. Dieser Bericht der Kommission an den Rat[25] diente als Grundlage für das am 11. Dezember 2001 veröffentlichte Grünbuch der Kommission über eine Revision der FKVO,[26] dem ein Jahr später, am 11. Dezember 2002, ein Vorschlag für eine neugefasste FKVO folgte.[27] Der Schwerpunkt der Änderungsvorschläge des Grünbuchs lag daher bei einer Neuordnung der **Zuständigkeiten** bei der Prüfung von Zusammenschlüssen. So sollte der bei der letzten Revision eingefügte Abs. 3 des Art. 1 revidiert werden, da er sein eigentliches Ziel, die Vermeidung von Mehrfachanmeldungen, nicht erreicht hatte. Anstelle der komplizierten fünfstufigen Umsatzschwellenprüfung sollten alle Zusammenschlüsse, die in mehr als drei Mitgliedsstaaten anmeldepflichtig sind, unabhängig von ihrem gemeinschaftsweiten Umsatz nach der FKVO geprüft werden (sog. verbindliches 3+-System). Sowohl dem verbindlichen als auch dem später diskutierten fakultativen 3+-System war wie schon 1997 kein Erfolg beschieden. Beide wurden von der Kommission bereits im Entwurf vom Dezember 2002 verworfen. Stattdessen wurde das alte Verweisungssystem zwischen der Kommission und den Mitgliedsstaaten nach Art. 9 und Art. 22 gestrafft, vereinheitlicht und um die Möglichkeit, beide Verweisungswege bereits vor einer Anmeldung zu beschreiten, erweitert.

14 Der neu eingefügte Art. 4 Abs. 4 sieht vor, dass ein Zusammenschluss auf Antrag der Parteien bereits vor Anmeldung an einen Mitgliedsstaat (oder mehrere) verwiesen werden kann, was bisher gemäß Art. 9 nur nach der Anmeldung möglich war. Gemäß Art. 4 Abs. 5 kann ein Zusammenschluss, der keine gemeinschaftsweite Bedeutung hat und in mindestens drei Mitgliedsstaaten anmeldefähig ist, auf Antrag der Parteien in Brüssel geprüft werden, sofern nicht ein an sich zuständiger Mitgliedsstaat ein Veto einlegt.

15 Neben Fragen der Zuständigkeit enthielt das Grünbuch von 2001 auch ein Kapitel über materiellrechtliche Fragen, in dem es in erster Linie um das **Beurteilungskriterium** ging. Die EU prüfte, ebenso wie die meisten Mitgliedsstaaten, in materiell-rechtlicher Hinsicht die Entstehung oder Verstärkung einer marktbeherrschenden Stellung. In den Vereinigten

---

[22] Verordnung Nr. 1310/97 EG des Rates vom 30. Juni 1997 zur Änderung der Verordnung Nr. 4046/89 EWG des Rates über die Kontrolle von Unternehmenszusammenschlüssen; ABl. L 180 vom 9.7.1997; Berichtigung im ABl. L 40 vom 13.2.1998, 17.

[23] Mitteilung der Kommission an den Rat und das Europäische Parlament betreffend die Änderung der Fusionskontrollverordnung vom 12.9.1996. ABl. C 350, 21.11.1996, 8–13.

[24] Der neu eingefügte Artikel 2(4) sah als Beurteilungsmaßstab für Gemeinschaftsunternehmen mit möglichen kooperativen Wirkungen Art. 101 AEUV vor.

[25] COM (2000) 399 end. vom 28. Juni 2000.

[26] COM (2001) 745/6 endg. vom 11. Dezember 2001.

[27] COM (2002) 711 endg.; ABl. C 20 vom 28.1.2003.

Staaten, in Kanada und seit 2002 auch in Großbritannien und Irland werden dagegen Zusammenschlüsse nach dem Kriterium der wesentlichen Verminderung des Wettbewerbs, englisch „substantial lessening of competition (SLC)", beurteilt. Dieses Kriterium gilt als flexibler und weniger auf die Strukturkontrolle ausgerichtet als das Kriterium der Marktbeherrschung. War zunächst überhaupt nicht daran gedacht worden, das Beurteilungskriterium im Grünbuch zur Diskussion zu stellen, so war später zumindest klar, dass eine Umstellung der FKVO auf den SLC-Test, wie von Großbritannien und Irland favorisiert, nicht die beste Lösung sein konnte, zumal damit die in Jahrzehnten durch Gerichtsurteile gewachsene Rechtssicherheit darüber, was unter Marktbeherrschung zu verstehen ist, aufgegeben worden wäre. Das schließlich in die revidierte FKVO aufgenommene neuformulierte Kriterium einer *„erheblichen Behinderung wirksamen Wettbewerbs, insbesondere durch Begründung oder Verstärkung einer marktbeherrschenden Stellung"* behält denn auch Marktbeherrschung als Hauptkriterium bei, wie die Erwägungsgründe 25 und 26 klarstellen.

Das dritte große Kapitel des Grünbuchs betraf **verfahrenstechnische Fragen.** Die wichtigsten Änderungen, die später in der revidierten FKVO berücksichtigt wurden, betreffen die vereinfachte Anmeldefähigkeit und den Wegfall der Wochenfrist für die Anmeldung, die Festlegung der Fristen, insbesondere für die Vorlage und Bewertung von Verpflichtungszusagen, die Möglichkeit, einen Zusammenschluss bereits auf der Grundlage einer Absichtserklärung und damit wesentlich früher anzumelden, verschärfte Sanktionsmöglichkeiten durch umsatzgebundene Buß- und Zwangsgelder sowie die weitgehende Aufgabe der Einzelfallprüfung von Nebenabreden. **16**

Die am 27.11.2003 vom Rat angenommene revidierte und neugefasste FKVO 139/2004[28] trat am 1.5.2004 in Kraft. **17**

4. Das Weißbuch von 2014

Die Kommission strebt als Fernziel einen echten „Europäischen Raum der Fusionskontrolle" an, in dem für die von der Kommission und den nationalen Wettbewerbsbehörden geprüften Zusammenschlüsse dieselben Vorschriften gelten.[29] Sie hat dazu als nächsten Schritt in einem Weißbuch Vorschläge zur Kontrolle von Minderheitsbeteiligungen und zur Verbesserung des Verweisungssystems nach Art. 4 gemacht. Danach sollten Unternehmen bei einer wettbewerbsrelevanten Beteiligung von rund 20% oder bei Vorliegen bestimmter Faktoren schon ab einer Minderheitsbeteiligung von 5% der Kommission eine Informationsmitteilung machen, aufgrund derer die Kommission eine Prüfung einleitet oder nicht.[30] Bei Verweisungsanträgen sollte das zweistufige Verfahren abgekürzt und es den Fusionsbeteiligten erlaubt werden, im Falle des Vorliegens der Voraussetzungen nach Art. 4(5) direkt bei der Kommission anzumelden. Mitgliedsstaaten hätten dann die Möglichkeit, der Verweisung zu wiedersprechen. Im März 2015 kündigte die zuständige Kommissarin jedoch an, aufgrund der Eingaben aus der Praxis zum Weißbuch aus diesem vorerst keinen konkreten Vorschlag zur Änderung der FKVO abzuleiten, sondern noch einmal genau zu prüfen, ob die zusätzlichen Meldepflichten bei Minderheitsbeteiligungen im Verhältnis zu dem damit erreichbaren Schutz des Wettbewerbs stehen.[31] **18**

---

[28] Verordnung (EG) Nr. 139/2004 des Rates vom 20. Januar 2004 über die Kontrolle von Unternehmenszusammenschlüssen; ABl. L 24 vom 29.1.2004, 1–22.

[29] Weißbuch „Eine wirksamere EU-Fusionskontrolle", COM(2014) 449 endg., 9. Juli 2014. Siehe zu den Hintergründen dieses Reformvorschlags auch *Langeheine/von Koppenfels,* ZWeR 2013, 299.

[30] Weißbuch, S. 15/16.

[31] *M. Vestager,* Thoughts on merger reform and market definition Keynote address at Studienvereinigung Kartellrecht, Brussels 12.3.2015.

II. Rechtsgrundlage

19 Als Rechtsgrundlage für den Erlass der FKVO kommt zunächst Art. 103 AEUV in Betracht. Dieser ermöglicht es dem Rat, auf Vorschlag der Kommission und nach Anhörung des Parlaments Verordnungen oder Richtlinien zur Verwirklichung der in Art. 101 und 102 AEUV niedergelegten Grundsätze zu beschließen. Wäre die FKVO vollständig aus den Grundsätzen der Art. 101 und 102 AEUV ableitbar, reichte Art. 103 AEUV in der Tat als Rechtsgrundlage aus. Die FKVO geht aber in ihren Grundsätzen über den vom EuGH in seinen Entscheidungen *Continental Can* und *Philip Morris* weitgesteckten Rahmen hinaus. Art. 103 AEUV ist daher für sich allein genommen für den Erlass der FKVO nicht ausreichend.[32] Als weitere Rechtsgrundlage kommen Art. 352 AEUV und Art. 48 EUV (ex-236 EG) in Betracht. Art. 48 EUV sieht die Änderung des EG-Vertrages auf Antrag eines Mitgliedsstaates oder der Kommission vor. Es wäre aber nur dann nötig, sich auf Art. 48 EUV zu stützen, wenn die FKVO über die inhaltlichen Ziele des bestehenden Vertrages hinausginge. Da aber Art. 3 Abs. 1 lit. g EG (jetzt Protokoll Nr. 27 zum EUV und AEUV) den Rahmen für eine Wettbewerbspolitik inklusive Fusionskontrolle darstellt, wie der EuGH in seiner Entscheidung *Continental Can* feststellte,[33] ist dies nicht der Fall. Art. 352 AEUV erlaubt es dem Rat nach Zustimmung des europäischen Parlaments, geeignete Vorschriften zur Verwirklichung der Ziele im Rahmen des Gemeinsamen Marktes zu erlassen, sofern es im Vertrag keine dafür erforderlichen Befugnisse gibt. Dementsprechend stützt sich die FKVO neben Art. 103 EG auf Art. 352 AEUV.

III. Geltungsbereich

20 Die FKVO kommt grundsätzlich bei allen Zusammenschlüssen von gemeinschaftsweiter Bedeutung zur Anwendung. Gemeinschaftsweite Bedeutung haben alle Zusammenschlüsse im Sinne von Art. 3, die die in Art. 1 vorgesehenen Schwellenwerte überschreiten. Die Sonderregelungen des EGKS für Zusammenschlüsse im Bereich Kohle und Stahl sind 2002 durch das Auslaufen des EGKS-Vertrages obsolet geworden. Lediglich im Rüstungssektor hat die Kommission gemäß Art. 346 AEUV in früheren Fällen unter bestimmten Voraussetzungen die Nichtanwendbarkeit der FKVO akzeptiert. Die Kommission ist jedoch inzwischen zu der Auffassung gelangt, dass ein Zusammenschluss im Rüstungssektor dem Geltungsbereich der FKVO nicht entzogen werden kann.[34]

21 Die FKVO kann auch dann zur Anwendung gelangen, wenn die Schwellenwerte des Art. 1 nicht erreicht werden und somit kein Zusammenschluss von gemeinschaftsweiter Bedeutung vorliegt. Voraussetzung ist, dass entweder die beteiligten Unternehmen oder einer oder mehrere Mitgliedsstaaten eine Verweisung gemäß Art. 4 Abs. 5 bzw. Art. 22 beantragen.

1. Gemeinschaftsweite Bedeutung/Schwellenwerte

22 Durch die Umsatz-Schwellenwerte wird die Zuständigkeit zwischen den Mitgliedsstaaten und der EU für die Fusionskontrolle abgegrenzt. Zusammenschlüsse, die die in Art. 1 niedergelegten Umsatzwerte erreichen und damit eine gemeinschaftsweite Bedeutung haben, fallen in die **ausschließliche Zuständigkeit der Kommission.** Diese Ausschließlichkeit wird allerdings **in drei Fällen durchbrochen.** Gemäß Art. 9 können Zusammenschlüsse oder auch Teilaspekte eines in Brüssel anmeldepflichtigen Zusammenschlusses innerhalb

[32] Siehe Erwägungsgrund 7 der FKVO.

[33] EuGH Rs. 6/72 – *Europemballage Corporation and Continental Can Company* v. Kommission Slg. 1973, 215 Rn. 25.

[34] Siehe hierzu Komm. E. v. 10.12.2004 Rs. COMP/M.3596 – *ThyssenKrupp/HDW.* Skeptisch *Koch,* in: *Hirsch/Montag/Säcker* Art. 1 FKVO Rn. 49.

von 15 Arbeitstagen nach Anmeldung an Mitgliedsstaaten zurückverwiesen werden. Eine solche Verweisung kann gemäß Art. 4 Abs. 4 bereits vor der Anmeldung erfolgen. Schließlich können Mitgliedsstaaten gemäß Art. 21 Abs. 3 über die Beurteilung durch die Kommission hinausgehende geeignete Maßnahmen zum Schutz öffentlicher Güter wie Sicherheit und Medienvielfalt ergreifen.

Die gemeinschaftsweite Bedeutung wird gemäß **Art. 1 Abs. 2** anhand von drei kumulativ geltenden Kriterien ermittelt. Der addierte weltweite Gesamtumsatz aller beteiligter Unternehmen muss mehr als 5 Mrd. EUR betragen. Damit soll sichergestellt werden, dass nur Großfusionen von der FKVO erfasst werden. Darüber hinaus müssen mindestens zwei der beteiligten Unternehmen für sich allein einen gemeinschaftsweiten Umsatz von mehr als 250 Mio. EUR erreichen. Durch diese Bestimmung werden Zusammenschlüsse von der Anwendung der FKVO ausgenommen, bei denen sich bis auf ein beteiligtes Unternehmen nur mittelgroße Unternehmen oder Unternehmen mit geringem EU-Umsatz zusammenschließen. 23

Durch die Revision von 1997 wurde in **Art. 1 Abs. 3** eine alternative Umsatz-Schwelle eingefügt. Die komplizierte Regelung mit fünf kumulativ geltenden Kriterien war das Ergebnis eines Kompromisses zwischen dem Interesse der Mitgliedsstaaten, nicht zu viel Kompetenz an Brüssel abzugeben, und dem Wunsch der Unternehmen, möglichst eine EU-weit gültige Genehmigung zu erreichen. Der neue Abs. 3 versucht, Mehrfachanmeldungen zu reduzieren, indem neben abgesenkten Mindest-Welt- und Gemeinschaftsumsätzen auch auf die Umsätze in mindestens drei Mitgliedsstaaten abgestellt wird. Setzen nämlich mindestens zwei der beteiligten Unternehmen in mindestens drei Mitgliedsstaaten mehr als 25 Mio. EUR um und addiert sich der Umsatz aller beteiligten Unternehmen in diesen drei Mitgliedsstaaten auf mehr als 100 Mio. EUR, dann hat der Zusammenschluss bereits eine gemeinschaftsweite Bedeutung, wenn alle beteiligten Unternehmen zusammen nur 2 Mrd. EUR Welt- und mindestens zwei beteiligte Unternehmen mindestens 100 Mio. EUR Gemeinschaftsumsatz erzielen. 24

Für beide Berechnungen der gemeinschaftsweiten Bedeutung nach Abs. 2 und Abs. 3 gilt die **Einschränkung,** dass alle beteiligten Unternehmen nicht mehr als zwei Drittel ihres gemeinschaftsweiten Umsatzes in ein und demselben Mitgliedsstaat erzielen dürfen. Dadurch sollen Zusammenschlüsse, die ihren Schwerpunkt so eindeutig in einem Mitgliedsstaat haben, auch dort beurteilt werden. 25

2. Zusammenschlusstatbestand

Gemäß Art. 3 Abs. 1 gibt es zwei grundsätzliche Arten, einen Zusammenschluss im Sinne der FKVO herbeizuführen: Entweder fusionieren zwei oder mehr bisher voneinander unabhängige Unternehmen (lit. a), oder eine oder mehrere Personen bzw. Unternehmen erwerben dauerhaft die Kontrolle über eines oder mehrere Unternehmen (lit. b). 26

Der Begriff der **Fusion** gemäß Art. 3 Abs. 1 lit. a ist nicht auf die rechtliche Figur der Verschmelzung der beteiligten Unternehmen auf ein bestehendes oder neuzugründendes Unternehmen (vgl. § 2 des deutschen Umwandlungsgesetzes) beschränkt. Beispiele für Zusammenschlüsse im Sinne des Art. 3 Abs. 1 lit. a durch Verschmelzung auf ein bestehendes oder neuzugründendes Unternehmen in der Praxis der Kommission sind die Fälle *Repola/Kymmene (UPM-Kymmene)*[35] und *Ciba Geigy/Sandoz (Novartis).*[36] 27

Der Begriff der Fusion gemäß Art. 3 Abs. 1 lit. a. umfasst auch die Idee der Gleichordnung. Diese entsteht, wenn sich zwei oder mehr Unternehmen einer einheitlichen wirt- 28

[35] Komm. E. v. 30.10.1995 Rs. IV/M.646 – *Repola/Kymmene (UPM – Kymmene).*

[36] Komm. E. v. 17.7.1996 Rs. IV/M.737 – *Ciba Geigy/Sandoz (Novartis),* ABl. L 201 v. 29.7.1997, 1–47.

schaftlichen Leitung unterstellen, ohne ihre Rechtspersönlichkeit aufzugeben (Gleichordnungskonzern).[37] Ähnlich gelagert ist der Fall, bei dem keine neue Dachgesellschaft gegründet wird, sondern wie im Fall *Renault/Volvo* die Gesellschaften weiterbestehen, jedoch unter eine einheitliche Leitung kommen und, als weiteres Kriterium, durch eine Überkreuzbeteiligung verbunden werden.[38]

29 In der ganz überwiegenden Zahl der Fälle geht es jedoch nicht um Gleichordnung, sondern Unterordnung. Ein oder mehrere Unternehmen erwerben dauerhaft **Kontrolle** über ein anderes Unternehmen gemäß Art. 3 Abs. 1 lit. b. Erwirbt nur ein Unternehmen Kontrolle, handelt es sich um alleinige Kontrolle. Üben mehrere Unternehmen Kontrolle aus, handelt es sich um gemeinsame Kontrolle, und das kontrollierte Unternehmen ist ein Gemeinschaftsunternehmen. Unter Kontrolle im Sinne der FKVO wird die Möglichkeit verstanden, einen „bestimmenden Einfluss" auf die Tätigkeit eines Unternehmens auszuüben (Art. 3 Abs. 2).

3. Extraterritorialität

30 Die FKVO gilt für alle Zusammenschlüsse mit gemeinschaftsweiter Bedeutung (Art. 1 Abs. 1). Die gemeinschaftsweite Bedeutung wird im Erwägungsgrund 10 der FKVO als Tätigkeit in der Gemeinschaft in erheblichem Umfang beschrieben und knüpft an die Umsatzschwellen des Art. 1 Abs. 2 und Abs. 3 an. Es ist unerheblich, ob die beteiligten Unternehmen über einen juristischen Sitz oder Betriebsstätten innerhalb der Europäischen Union verfügen. Dies hat das EuG in seiner Entscheidung *Gencor/Lonrho* festgestellt.[39] Das Gericht führte aus, dass eine Tätigkeit in erheblichem Umfang, wie in Erwägungsgrund 10 festgehalten, nicht, wie vom Kläger *Gencor* eingewandt, auf die Produktion innerhalb der Gemeinschaft abstellt, sondern vielmehr auf den in der Gemeinschaft erzielten Umsatz.[40] Damit wurde die Kommission bestätigt, die schon sehr früh in ihrer Entscheidungspraxis für die Anwendbarkeit der FKVO auf das Auswirkungsprinzip abstellte.[41]

31 Die Anwendbarkeit der FKVO ist allerdings in Situationen zweifelhaft, bei denen ein Zusammenschluss zwar gemeinschaftsweite Bedeutung gemäß Art. 1 hat, es aber dennoch an einer nennenswerten Auswirkung des beabsichtigten Zusammenschlusses in der Gemeinschaft mangelt. Zu denken ist hier vor allem an die Gründung von Gemeinschaftsunternehmen außerhalb der EU, die keinerlei oder nur sehr geringe wirtschaftliche Aktivität in der EU entfalten.[42] Die Kommission ist in ihrer Praxis dennoch von der Anwendbarkeit der FKVO ausgegangen. Die Betätigung der Muttergesellschaften in der Gemeinschaft wurde in diesen Fällen als völkerrechtlich hinreichender Anknüpfungspunkt für die Zuständigkeit angesehen. In der Literatur wurde demgegenüber diskutiert, ob nicht ein zusätzliches Aufgreifkriterium der sofortigen und spürbaren Wirkung in der Gemeinschaft in

---

[37] Rn. 10 der konsolidierten Mitteilung der Kommission zu Zuständigkeitsfragen gemäß der FKVO.

[38] Dies galt im betreffenden Fall jedoch nur für die Bus-Sparte und LKW-Sparte. Siehe Komm. E. v. 7.11.1990 Rs. IV/M.004 – *Renault/Volvo* Rn. 5.

[39] Allerdings steht eine Bestätigung durch den EuGH noch aus. Vgl. *Schwarze* WuW 2001, 1200.

[40] EuG U. v. 25.3.1999 Rs. T-102/86 – *Gencor Ltd. gegen Europäische Kommission* Slg. 1999, II-753 Rn. 85.

[41] Die Reihe reiner Auslandszusammenschlüsse, bei denen alle beteiligten Unternehmen ihren Hauptsitz und ihre Hauptaktivitäten außerhalb des EU hatten, begann mit Komm. E. v. 4.1.1991 Rs. IV/M.024 – *Mitsubishi/Ucar.* Bekannt geworden ist vor allem der Fall Rs. IV/M.877 – *Boeing/McDonell – Douglas,* ABl. L 336 v. 8.12.1997, 16–47.

[42] Der erste Fall dieser Art war Komm. E. v. 4.2.1991 Rs. IV/M.021 – *BNP/Dresdner Bank,* bei der es um die gemeinsame Gründung einer Bank in Ungarn ging. Derartige Fälle werden regelmäßig im vereinfachten Verfahren entschieden, siehe Rs. COMP/M.2527 – *Telenor East Invest/Eco Telecom/OJS C Vimpel Communications* (Gründung einer Telefongesellschaft in Russland), Entscheidung gemäß vereinfachtem Verfahren vom 21.9.2001.

Art. 1 aufgenommen werden müsse.[43] 1999 hat das EuG in der *Gencor*-Entscheidung festgestellt, dass die Anwendung der FKVO völkerrechtlich (nur) dann gerechtfertigt ist, wenn der geplante Zusammenschluss eine sofortige und spürbare Auswirkung auf die Gemeinschaft hat.[44] Hat also ein Zusammenschluss wie im Fall *JCSAT/SAJAC* keine sofortigen Auswirkungen,[45] müsste die Kommission nach diesem Prinzip eine Art. 6 Abs. 1 lit. a-Entscheidung erlassen. Im Ergebnis ist aber für die beteiligten Unternehmen nicht viel gewonnen, denn die Kommission ist, wie das Gericht im selben Urteil feststellt, berechtigt, zur Feststellung der Nichtanwendbarkeit eines Zusammenschlusses von den Parteien einen Anmeldung zu verlangen.[46] Diese Anmeldung kann dann zwar in aller Regel in Kurzform eingereicht werden, zieht aber ein Vollzugsverbot gemäß Art. 7 Abs. 1 nach sich.

IV. Prinzip der präventiven Fusionskontrolle

Zusammenschlüsse, die in den Geltungsbereich der FKVO fallen, müssen bei der Kommission angemeldet werden und unterliegen dem grundsätzlichen Vollzugsverbot des Art. 7 Abs. 1. Das Prinzip der präventiven Fusionskontrolle war bei den Vorarbeiten zur FKVO nicht unumstritten. Insbesondere Frankreich, Spanien und Italien vertraten die Auffassung, dass Fusionen im Anwendungsbereich der FKVO grundsätzlich vollziehbar sein sollten.[47] **32**

Das Vollzugsverbot ist durch die Revision der FKVO 1997 verschärft worden und besteht solange, bis die Kommission eine abschließende Entscheidung gemäß Art. 6 oder Art. 8 gefällt oder auf Antrag eine Befreiung gemäß Art. 7 Abs. 3 ausgesprochen hat.[48] Das Vollzugsverbot ist auch dann aufgehoben, wenn die Kommission gemäß Art. 10 Abs. 6 die Frist für die entsprechende abschließende Entscheidung hat verstreichen lassen. **33**

Die Nichtbeachtung des Vollzugsverbots hat zweierlei Rechtsfolgen: Zum einen kann die Kommission gemäß Art. 14 Abs. 2 Bußgelder in Höhe von bis zu 10% des Gesamtumsatzes der beteiligten Unternehmen verhängen. Zum anderen sind der Fusionsvertrag und alle damit zusammenhängenden Vollzugsgeschäfte schwebend unwirksam. **34**

V. Beurteilungskriterium

Während der Verhandlungen über eine FKVO waren einige Mitgliedsstaaten der Auffassung, daß auch außerwettbewerbliche Kriterien zur Beurteilung eines Zusammenschlusses herangezogen werden können sollten. Neben dem wettbewerbspolitischen Ziel wirksamen Wettbewerbs bzw. der Verhinderung von Marktbeherrschung enthielt bereits der erste Entwurf von 1973 außerwettbewerbliche Kriterien. Nach Art. 1 Abs. 3 des Entwurfs sollten Zusammenschlüsse, die aus wettbewerblicher Sicht zu untersagen gewesen wären, dennoch vollzogen werden können, sofern sie „für die Verwirklichung eines in allgemeinen Interesse der Gemeinschaft liegenden vorangingen Zieles unerlässlich sind." Solche Ziele waren bestimmte Erfordernisse der Industrie-, Technologie-, Sozial- oder Regionalpolitik der Gemeinschaft.[49] **35**

---

[43] *Bechtold* EuZW 1994, 658; *Wiedemann* in: FS Lieberknecht, S. 635; *Montag/Kaessner* WuW 1997, S. 785 f.
[44] EuG U. v. 25.3.1999 Rs. T-102/96 – *Gencor Ltd. gegen Europäische Kommission* Slg. 1999, II-753 Rn. 90.
[45] So die Kommission wörtlich in Komm. E. v. 30.4.1993 Rs. IV/M.346 – *JCSAT/SAJAC* Rn. 11.
[46] EuG U. v. 25.3.1999 Rs. T-102/96 – *Gencor Ltd. gegen Europäische Kommission* Slg. 1999, II-753 Rn. 76.
[47] Monopolkommission, Sondergutachten 17, Rn. 60.
[48] Früher bestand ein Vollzugsverbot nach dem Gesetzeswortlaut lediglich bis zu drei Wochen nach Einreichen der vollständigen Anmeldung, sofern die Kommission nicht die Fortgeltung des Vollzugsverbots anordnete. Dies geschah allerdings regelmäßig.
[49] 3. Bericht über die Wettbewerbspolitik, Brüssel-Luxemburg 1974, Rn. 29.

36 In der endgültigen Formulierung des Art. 2 in der Fassung von 1989 dominiert jedoch ein rein wettbewerbliches Beurteilungskriterium. Andere Gesichtspunkte wie den technischen oder wirtschaftlichen Fortschritt, der normalerweise Effizienzsteigerungen möglich macht, muss die Kommission lediglich berücksichtigen. Sie hat dies beispielsweise in der Entscheidung *Kali+Salz* getan, in der sie unter Hinweis auf den damaligen Erwägungsgrund 13 (heute 23) zu dem Ergebnis kam, dass die Freigabe unter Auflagen auch mit dem grundlegenden Ziel der Stärkung des wirtschaftlichen und sozialen Zusammenhalts der Gemeinschaft in Einklang stehe.[50]

37 Die Frage, ob auch andere als rein wettbewerbliche Kriterien berücksichtigt werden sollten, wird immer wieder einmal gestellt, so zuletzt bei der Konsolidierungswelle in der europäischen Telekommunikationsbranche. Um die Entstehung europäischer Champions nicht zu verhindern, die die nötigen Investitionen stemmen und auf dem Weltmarkt mitspielen könnten, solle Brüssel wettbewerbliche Bedenken hintenanstellen, auch wenn dies zu höheren Preisen für die Kunden führte.[51] Die Kommission hat jedoch in ihrer nunmehr 25-jährigen Fallpraxis solchen politischen Einflüsterungen widerstanden und sich in ihren Entscheidungen strikt am wettbewerblichen Kriterium orientiert.[52]

38 Die Ausgestaltung dieses wettbewerblichen Beurteilungskriteriums für die Prüfung der Genehmigungsfähigkeit eines Zusammenschlusses war in der Entstehungsphase der FKVO lange umstritten und hat 2004 eine größere Reform erfahren. Der erste Vorschlag der Kommission für eine Fusionskontrollverordnung aus dem Jahre 1973 nannte als Beurteilungskriterium das Verhindern eines wirksamen Wettbewerbs.[53] Das Kriterium der **„Verhinderung wirksamen Wettbewerbs"** war kurz zuvor vom EuGH in seiner *Continental-Can*-Entscheidung verwendet worden.[54] Diese Formulierung ist mit der des EGKS-Vertrags vergleichbar. Dieser bestimmte in Art. 66, dass eine Fusion dann nicht zu genehmigen ist, wenn das fusionierte Unternehmen in der Lage wäre, die Preise zu bestimmen, die Verteilung zu kontrollieren oder zu beschränken oder einen wirklichen Wettbewerb zu verhindern.

39 Die Verhinderung wirksamen oder wirklichen Wettbewerbs als Beurteilungskriterium hielt sich bis 1988. Erst im Aprilentwurf von 1988[55] wurde das Beurteilungskriterium entscheidend geändert. Nunmehr sollten gemäß Art. 2 Abs. 2 dieses Entwurfs Zusammenschlüsse darauf geprüft werden, ob sie eine beherrschende Stellung im Gemeinsame Markt oder einem wesentlichen Teil desselben begründen oder verstärken.

40 Der Novemberentwurf[56] kombinierte in Art. 2 Abs. 2 schließlich beide Kriterien zur Begründung oder Verstärkung einer **marktbeherrschenden Stellung,** durch die wirksamer Wettbewerb behindert wird. Diese Formulierung wurde in den endgültigen Text der FKVO übernommen. Das Kriterium der Marktbeherrschung ist auch auf Fälle einer oligopolistischen Marktbeherrschung anwendbar.[57]

41 Das Kriterium der Marktbeherrschung ist im Gegensatz zur Forderung, dass wirksamer Wettbewerb bestehen bleibt, wesentlich struktureller. Marktbeherrschung setzt voraus, dass

---

[50] *Komm.* E. vom 14.12.1993 Rs. IV/M.308 – *Kali + Salz/MdK/Treuhand,* ABl. L 186 vom 21.7. 1994, 38–56.

[51] *Thomas/Barker:* „Telecoms: Europe's scrambled signal". Financial Times vom 30. Juni 2014.

[52] Einzige Ausnahme mag die Entscheidung in der Rs. IV/M.315 – Mannesmann/Vallourec/Ilva sein. In diesem Fall war das Kollegium der Kommissare nicht bereit, dem Vorschlag des Wettbewerbskommissars zu folgen, das geplante GU im Stahlsektor zu verbieten.

[53] Art. 1 des Vorschlags der Kommission vom 20. Juli 1973, ABl. C 92 vom 31.10.1973, 1–7.

[54] EuGH Rs. 6/72 – *Europemballage Corporation and Continental Can Company gegen Kommission* Slg. 1973, 215 Rn. 26.

[55] ABl. C 130, 19.5.1988, 4–11.

[56] ABl. C 22, 28.1.1989, 14–22.

[57] Verbundene Sachen Rs. C-68/94 und C-30/95 – *Frankreich und andere gegen Europäische Kommission (Kali und Salz)* Slg. 1998, I-1453 Rn. 178.

das fragliche Unternehmen Marktführer ist, also den größten Marktanteil hat, bzw. dass im Oligopolfall die fraglichen Unternehmen gemeinsam den größten Marktanteil haben. Das Kriterium der Verhinderung eines wirksamen Wettbewerbes ist weniger strukturbezogen und daher wesentlich flexibler. Bei diesem Beurteilungskriterium könnte beispielweise auch eine Fusion zur Nummer 2 im Markt untersagt werden, ohne dass ein marktbeherrschendes Oligopol bemüht werden muss.[58] In solchen Fällen handelt es sich in aller Regel um oligopolistische Märkte mit differenzierten Produkten. Die sich zusammenschließenden Unternehmen sind einander die härtesten Konkurrenten, werden aber nicht neuer Marktführer und erhöhen auch nicht das Risiko einer oligopolistischen Marktbeherrschung. Mit einem Kriterium der Verhinderung wirksamen Wettbewerbs, das dem US-amerikanischen Test der substanziellen Reduzierung des Wettbewerbs („**Substantial Lessening of Competition,** SLC") verwandt ist, lassen sich diese Fälle besser beurteilen als mit dem Kriterium der Marktbeherrschung.

Daher wurde im Grünbuch von 2001 angeregt, darüber nachzudenken, ob nicht ein Wechsel vom bisherigen Marktbeherrschungstest zum amerikanischen S LC-Test mit gleichzeitiger Einführung eines expliziten Effizienzkriteriums die mögliche Lücke bei der Beurteilung unkoordinierter Effekte in einem Oligopol schließen könnte.[59] Zudem sollte geprüft werden, ob dem generellen Bestreben, die europäische Wettbewerbspolitik mehr nach ökonomischen Kriterien auszurichten, mit der Einführung des SLC-Tests besser gedient wäre. **42**

Die Neufassung des Entscheidungskriteriums sollte sich als der schwierigste Teil der Verhandlungen erweisen, um den bis zur letzten Minute gerungen wurde. In ihrem Vorschlag vom Dezember 2002 nahm die Kommission Bezug auf die Formulierung des Art. 66 EGKS.[60] Das Kriterium sollte wirtschaftliche Macht sein, die Preise und andere Wettbewerbsparameter spürbar zu beeinflussen oder den Wettbewerb spürbar zu beschränken. Die letztlich gefundene Formulierung kehrt den bisherigen Text um. Demnach sind *„Zusammenschlüsse, durch die wirksamer Wettbewerb im Gemeinsamen Markt oder in einem wesentlichen Teil desselben erheblich behindert würde, insbesondere als Ergebnis der Begründung oder Verstärkung einer beherrschenden Stellung, […] für mit dem Gemeinsamen Markt unvereinbar zu erklären."* Dieser nach seiner englischen Wortwahl auch als **SIEC (Significant Impediment of Effective Competition)** bezeichnete Test kann als Rückkehr zu den Ursprüngen gesehen werden, bei denen die (erhebliche) Behinderung wirksamen Wettbewerbs im Vordergrund stand und Marktbeherrschung erst später dazu kam. Zu beachten ist aber, dass die Erwägungsgründe 25 und 26 klarstellen, dass Marktbeherrschung nicht nur ein Beispiel der erheblichen Behinderung wirksamen Wettbewerbs darstellt, sondern mit ihr, bis auf die Ausnahme unkoordinierter Effekte im Oligopol, gleichzusetzen ist. **43**

Untrennbar verbunden mit der Diskussion über die Einführung eines neuen Tests waren die Überlegungen, ein explizites **Effizienzkriterium** einzuführen.[61] Ein solches Effizienzkriterium, das es in den US-amerikanischen Fusionsrichtlinien gibt, sollte es ermöglichen, Zusammenschlüsse freizugeben, die, insbesondere durch eine marktbeherrschende Stellung, wirksamen Wettbewerb erheblich zu behindern drohen, sofern die zu erwartenden Effizienzgewinne den voraussichtlichen Verlust an Wettbewerb übertreffen. **44**

Die Kommission war in ihrem Vorschlag vom Dezember 2002 für eine revidierte FKVO der Ansicht, dass der bisherige Art. 2 Abs. 1 lit. b bereits als Rechtsgrundlage für die Be- **45**

---

[58] Diese Konstellation lag dem sogenannten Babyfood-Fall zugrunde. Die Nummer zwei und drei im amerikanischen Markt für Säuglingsnahrung wollten sich zur neuen, größeren Nummer zwei zusammenschließen, um den unbestrittenen Marktführer angreifen zu können. Vgl. *FTC v H J Heinz & Co and Milnot Holding Corp.,* DC Circuit Civil Action Nr. 00–1688. 14. Juli 2000. Para. 12(e) www.ftc.gov/os/2000/07/heinz.htm.

[59] Grünbuch KOM(2001) 745 endg., Rn. 159–172.

[60] Vgl. *Simon,* Wird SLC marktbeherrschend?, 160.

[61] COM (2001) 745/6 end. vom 11. Dezember 2001, Rn. 170–172.

rücksichtigung von Effizienzvorteilen im Rahmen der materiellrechtlichen Prüfung eines Zusammenschlusses ausreicht.[62] Die neugefasste FKVO wurde daher auch nicht geändert. Neu ist jedoch der Erwägungsgrund 29, der besagt, dass begründeten Effizienzargumenten der beteiligten Unternehmen Rechnung getragen werden soll. Dabei wird ein integrierter Ansatz verfolgt, das heißt, Effizienzvorteile werden nur dann berücksichtigt, wenn sie dazu führen, dass ein Zusammenschluss nicht zu einer erheblichen Behinderung wirksamen Wettbewerbs führt. Für die Details wird auf Leitlinien der Kommission verwiesen. In den Leitlinien für die Beurteilung horizontaler Zusammenschlüsse werden drei Bedingungen genannt, die kumulativ erfüllt sein müssen, um Effizienzgewinne im Rahmen der Gesamtwürdigung berücksichtigen zu können:[63] sie müssen dem Verbraucher zugute kommen, fusionsspezifisch, d.h. nicht auch ohne Fusion erreichbar, und überprüfbar sein. Die amerikanische Praxis zeigt aber, dass auch nach Überarbeitung des entsprechenden Passus in den US-Fusionsrichtlinien 1997 das Effizienzkriterium bislang keine entscheidende Rolle gespielt hat.[64] So ist es nicht überraschend, daß auch in der EU bis heute keine Fusion aufgrund von Effizienzgewinnen freigegeben wurde, die sonst verboten worden wäre. Allerdings zeigt die jüngere Fallpraxis, daß es durchaus dazu kommen könnte. Im Fall UPS/TNT wurden in 14 nationalen Märkten nicht zuletzt wegen Effizienzvorteilen Wettbewerbsbedenken ausgeräumt.[65]

VI. Die Abgrenzung der Entscheidungsbefugnisse zwischen der Kommission und den Mitgliedsstaaten

46 Um für die betroffenen Unternehmen Rechtssicherheit zu schaffen, folgt die FKVO gemäß Art. 21 Abs. 2 dem Prinzip der ausschließlichen Entscheidungsbefugnis der Kommission für Zusammenschlüsse mit gemeinschaftsweiter Bedeutung. Diese **ausschließliche Kompetenz der Kommission** gemäß Art. 21 Abs. 2 verhindert, dass die Mitgliedsstaaten ihr innerstaatliches Wettbewerbsrecht auf Zusammenschlüsse mit gemeinschaftsweiter Bedeutung anwenden. Die Mitgliedsstaaten sind aber in das Prüfungsverfahren der Kommission eingebunden. Dieses Prinzip der Kooperation ist in Art. 19 verankert. Dieser sieht vor, dass die Mitgliedsstaaten eine Kopie der Anmeldung erhalten, während des Verfahrens auf dem laufenden gehalten und bei einem Hauptprüfverfahren im Wege des Beratenden Ausschusses angehört werden müssen. Darüber hinaus gibt es drei als Optionen ausgestaltete Durchbrechungen der sonst klaren Abgrenzung der Kompetenzen.

47 Die erste Ausnahme ist die Verweisung eines Zusammenschlusses, der gemeinschaftsweite Bedeutung hätte, an einen oder mehrere Mitgliedstaaten **vor Anmeldung** bei der Kommission. Unternehmen haben gemäß **Art. 4 Abs. 4** diese Möglichkeit der Verweisung, wenn sie vor der eigentlichen Anmeldung einen Antrag bei der Kommission stellen.

48 Die zweite, hauptsächlich auf deutsche Initiative in die FKVO aufgenommene Ausnahme ist die Verweisung eines Zusammenschlusses an einen Mitgliedstaat **nach Anmeldung** bei der Kommission. Der als **„deutsche Klausel"** bekannt gewordene **Art. 9** erlaubt es der Kommission, auf Antrag eines Mitgliedsstaates Zusammenschlüsse, die eigentlich der europäischen Fusionskontrolle unterfallen, an die zuständigen Behörden des betreffenden Mitgliedsstaates zu verweisen.

---

[62] Rn. 60 der Begründung des Vorschlags für eine Verordnung des Rates über die Kontrolle von Unternehmenszusammenschlüssen (EG-Fusionskontrollverordnung) vom 11.12.2002, ABl. C 20 vom 28.1.2003, S. 4ff.

[63] Leitlinien der Kommission zur Bewertung horizontaler Zusammenschlüsse gemäß der Ratsverordnung über die Kontrolle von Unternehmenszusammenschlüssen vom 16.12.2003, ABl. C 31 vom 5.2.2004, S. 5ff., Rn. 78.

[64] *Pitofsky,* EU and U.S. approaches to international mergers, 52f.

[65] Komm. E. v. 30.1.2013 Rs M.6570 UPS/TNT.

Voraussetzung für die Verweisungen nach Art. 4 Abs. 4 und Art. 9 ist, dass der angemeldete Zusammenschluss den Wettbewerb auf einem Markt in einem Mitgliedsstaat, der alle Merkmale eines gesonderten Markts aufweist, erheblich beeinträchtigen könnte. Für ein Antrag nach Art. 4 Abs. 4 reicht jedoch der Nachweis eines betroffenen Marktes.[66] Das Unternehmen muss nicht nachweisen, dass der geplante Zusammenschluss zu einer erheblichen Beeinträchtigung des Wettbewerbs führen könnte. Gelangt die Kommission zu der Auffassung, dass ein Zusammenschluss zu verweisen ist, darf der Mitgliedsstaat gemäß Art. 9 Abs. 8 nur solche Maßnahmen ergreifen, die der Aufrechterhaltung oder Wiederherstellung wirksamen Wettbewerbs dienen. Art. 9 Abs. 8 beschränkt somit die materiellrechtliche Prüfung der Mitgliedsstaaten auf wettbewerbliche Kriterien.[67] Die Mitgliedsstaaten dürfen Beurteilungskriterien wie zum Beispiel Arbeitsmarktsituation oder Versorgungssicherheit nicht zu einer Verbotsentscheidung bzw. zur Rechtfertigung von Auflagen heranziehen und sind zudem zur Regelung des Falls auf ihr Territorium beschränkt. 49

Die dritte Durchbrechung des Prinzips der ausschließlichen Beurteilungskompetenz der Kommission ist in **Art. 21 Abs. 4** enthalten, wonach die Mitgliedstaaten geeignete Maßnahmen zum Schutz anderer berechtigter Interessen als derjenigen treffen dürfen, die in der FKVO berücksichtigt werden. Als berechtigte Interessen gelten die öffentliche Sicherheit insbesondere bei Zusammenschlüssen im Rüstungssektor, die Medienvielfalt und die (Banken- und Versicherungs-)Aufsichtsregeln. 50

Demgegenüber enthalten Art. 4 Abs. 5 und Art. 22 Abs. 3 keine Ausnahme von der ausschließlichen Zuständigkeit der Kommission im Bereich der Fusionskontrolle, sondern ermöglicht es den am Zusammenschluss beteiligten Unternehmen bzw. den Mitgliedsstaaten, die Zuständigkeit der Kommission für Zusammenschlüsse herbeizuführen, die an sich nicht in den Zuständigkeitsbereich der Kommission fallen würden. Gemäß **Art. 4 Abs. 5** kann ein Zusammenschluss, der keine gemeinschaftsweite Bedeutung hat, aber in mindestens drei Mitgliedsstaaten anmeldefähig ist, auf Antrag der Parteien in Brüssel geprüft werden, sofern nicht ein an sich zuständiger Mitgliedsstaat ein Veto einlegt. 51

Die Vorschrift des **Art. 22** ist bei Erlass der FKVO 1989 auf die Initiative von Mitgliedsstaaten ohne eigene Fusionskontrolle, insbesondere den Niederlanden, zustande gekommen (daher sog. **„niederländische Klausel"**). Verweisungen waren in der bisherigen Praxis der FKVO sehr selten. Bekannt wurde die Verbotsentscheidung im Fall *Kesko/Tuko,*[68] der von Finnland an die Kommission verwiesen wurde. Im Zuge der Revision von 1997 ist Art. 22 dahingehend geändert worden, dass nun auch mehrere Mitgliedstaaten gemeinsam einen Fall an die Kommission verweisen können. Davon ist – nicht zuletzt wegen der damit verbundenen Verfahrensschwierigkeiten – erst in 18 Fällen Gebrauch gemacht worden.[69] Dagegen wird Art. 4 Abs. 5 häufig genutzt. Bereits ein halbes Jahr nach Inkrafttreten der neugefassten FKVO sind mehr Zusammenschlüsse gemäß Art. 4 Abs. 5 nach Brüssel verwiesen worden als in den 14 Jahren davor, als es nur Art. 22 gab. 52

VII. Das Verfahren

Zusammenschlüsse von gemeinschaftsweiter Bedeutung sind gemäß Art. 4 vor ihrem Vollzug bei der Kommission anzumelden. **Anmeldefähig** sind Zusammenschlüsse grundsätzlich 53

[66] Mitteilung „Verweisungssystem", ABl. C 56 vom 5.3.2005, 2–23, Rn. 17.

[67] *Körber* in: Immenga/Mestmäcker, EU-WbR Bd. I, 5.A. 2014, FKVO Art. 9, Rn. 84; *Jones/Gonzalez Diaz,* The EEC Merger Regulation, 1992 S. 40f.

[68] Rs. IV/M.784 – *Kesko/Tuko,* ABl. L 100 vom 26.4.1997, 53–76; Eine Klage beim EuG wg. u. a. der fehlenden Zuständigkeit der Kommission blieb erfolglos, Rs. T-22/97 Slg. 1999, II-3775. Andere derartige Verbotsfälle waren Rs. IV/M.533 – *Veronica/RTL/Endemol (HMG)* und Rs. IV/M.890 – *Blokker/Toys „R" Us,* die von Holland an die Kommission verwiesen wurden. Die erste gemeinsame Verweisung wurde von sieben Mitgliedstaaten in der Rs. COMP/M.2698 – *Promateck/Sulzer* beantragt.

[69] Rs. COMP/M.2698 – *Promatech/Sulzer.*

nach Vertragsabschluss, der Veröffentlichung eines Kauf- oder Tauschangebots oder dem Erwerb von Rechten, die eine Kontrolle eines Unternehmens begründen. Die Kommission akzeptiert jedoch seit der Revision 2004 gemäß Art. 4 Abs. 1 Unterabsatz 2 auch Anmeldungen auf der Basis einer Absichtserklärung, eines Vorvertrages, einer Grundsatzvereinbarung oder ähnlichem, sofern die Unternehmen der Kommission gegenüber glaubhaft machen, dass sie gewillt sind, einen Vertrag abzuschließen oder ein Angebot zu veröffentlichen.

54 Für die Anmeldung gibt es gemäß Art. 2 Abs. 1 der Durchführungsverordnung (DVO)[70] zwei Formblätter, das Formblatt CO (COncentration) und das Vereinfachte Formblatt. In der Praxis ist es empfehlenswert, vor der Anmeldung mit der zuständigen Generaldirektion Wettbewerb in Kontakt zu treten und zunächst einen Entwurf der Anmeldung zu besprechen, selbst wenn die wettbewerblichen Auswirkungen unbestritten vernachlässigbar sind.[71] Durch diese Vorbesprechung kann vor allem bei GU vermieden werden, daß die Kommission nach Anmeldung zu dem Schluß kommt, daß die Fusion gar nicht anmeldepflichtig ist, weil kein Zusammenschluß im Sinne der FKVO vorliegt, oder daß wesentliche Teile fehlen, die zu einer Unvollständigkeitserklärung führen. Ist die Anmeldung vollständig, wird die Anmeldung gemäß Art. 5 DVO am Tag ihres Eingangs bei der Kommission wirksam und im Amtsblatt veröffentlicht.

55 Die Kommission beginnt unmittelbar nach Eingang der vollständigen Anmeldung mit der Vorprüfung. Grundsätzlich werden alle Fristen nach (Kommissions-)Arbeitstagen (AT) bemessen. Die **Vorprüfung bzw. erste Prüfungsphase** dauert grundsätzlich 25 AT ab dem Tag, der dem Tag der Anmeldung folgt, und kann zu vier möglichen Entscheidungen führen. Zunächst wird geprüft, ob die formalen Voraussetzungen gegeben sind. Sind die Schwellenwerte nicht erreicht oder handelt es sich nicht um einen Zusammenschluss im Sinne des Art. 3, stellt die Kommission durch eine Entscheidung nach **Art. 6 Abs. 1 lit. a** fest, dass der angemeldete Zusammenschluss nicht unter die Verordnung fällt.

56 Sind die formalen Voraussetzungen erfüllt und ergibt die Vorprüfung, dass der angemeldete Zusammenschluss keinen Anlass zu ernsthaften Bedenken hinsichtlich seiner Vereinbarkeit mit dem Gemeinsamen Markt gibt, wird der Zusammenschluss durch eine Entscheidung nach **Art. 6 Abs. 1 lit. b** freigegeben.

57 Bestehen jedoch ernsthafte Bedenken hinsichtlich der Vereinbarkeit des Zusammenschlusses mit dem Gemeinsamen Markt, stellt die Kommission das durch eine Entscheidung nach **Art. 6 Abs. 1 lit. c** fest, die den Übergang in die sog. zweite Phase, das Hauptprüfverfahren, bewirkt. Die anmeldenden Parteien haben jedoch zuvor die Möglichkeit, das Hauptprüfverfahren zu vermeiden, in dem sie durch Änderungen des zunächst angemeldeten Zusammenschlusses die Bedenken der Kommission ausräumen. Die Kommission hat in diesem Fall statt der ursprünglichen Frist von 25 AT insgesamt 35 AT Zeit, um diese Änderungen zu prüfen. Die Frist verlängert sich auch dann auf 35 AT, wenn bei der Kommission ein Verweisungsantrag eines Mitgliedstaats nach Art. 9 eingeht.

58 Im Falle von Zusagen genehmigt die Kommission den Zusammenschluss durch Entscheidung nach Art. 6 Abs. 1 lit. b in Verbindung mit Art. 6 Abs. 2, wenn die Zusagen geeignet sind, die wettbewerblichen Bedenken der Kommission auszuräumen.

59 Reichen die vorgeschlagenen Änderungen nicht aus, um die ernsthaften Bedenken der Kommission auszuräumen, beginnt das **Hauptprüfverfahren.** Die Kommission hat nun weitere 90 AT Zeit, um zu einer abschließenden Entscheidung zu kommen. Gemäß Art. 8 sind drei Entscheidungen möglich, um das Verfahren zu beenden: Freigabe ohne Abänderungen des Vorhabens, Freigabe mit Zusagen über Abänderungen und Untersagung.

---

[70] Verordnung (EG) Nr. 802/2004 der Kommission von 7. April 2004 zur Durchführung der Verordnung (EG) Nr. 139/2004 des Rates über die Kontrolle von Unternehmenszusammenschlüssen, ABl. L 133 vom 30.4.2004, 1–39.

[71] Siehe hierzu die Leitlinien für Vorgespräche mit der Kommission unter http://ec.europa.eu/competition/mergers/legislation/proceedings.pdf.

In der zweiten, 90-tägigen Prüfungsphase besteht zweimal die Möglichkeit einer **Fristverlängerung.** Eine Verlängerung um 15 AT erfolgt gemäß Art. 10 Abs. 3 Unterabsatz 1 automatisch, wenn Verpflichtungszusagen später als 54 AT nach Einleitung der vertieften Prüfung gemacht werden. Die Frist verlängert sich gemäß Art. 10 Abs. 3 Unterabsatz 2 um bis zu weitere 20 AT, wenn die Parteien innerhalb von 15 Tagen nach Einleitung der zweiten Prüfungsphase dies beantragen bzw. einem entsprechenden Vorschlag der Kommission zustimmen. Damit dauert die zweite Prüfungsphase insgesamt bis zu 125 AT. Zusammen mit den maximal 35 AT der ersten Prüfungsphase entspricht dies ungefähr acht Monaten. Da aber auch noch gemäß Art. 9 DVO die Frist durch nicht oder nicht vollständig beantwortete Auskunftsersuchen bzw. durch Kommissionsentscheidungen, Auskünfte anzufordern, gehemmt werden können, kann eine Prüfung in seltenen Fällen auch länger dauern.[72] 60

Die europäische Fusionskontrolle ist ein **Verwaltungsverfahren.** Gegen Entscheidungen der Europäischen Kommission kann beim Europäischen Gericht geklagt werden. 61

VIII. Weitere relevante Rechtstexte

1. Durchführungsverordnung

Art. 23 ermächtigt die Kommission, Durchführungsbestimmungen über Form, Inhalt und andere Einzelheiten hinsichtlich der Anmeldung, der Fristen und der Anhörung zu erlassen. Die Kommission hat auf dieser Rechtsgrundlage seit 1990 Durchführungsverordnungen erlassen, die die wesentlichen verfahrensrechtlichen Vorschriften zur FKVO konkretisieren. Die zur Zeit gültige DVO trat 2004 in Kraft und wurde bereits zweimal novelliert.[73] 62

Die DVO regelt die Anmeldung eines Zusammenschlusses: wer befugt ist, anzumelden, in welcher Form (drei Formblätter im Anhang zur DVO), wie viele Exemplare eingereicht werden müssen, wann die Anmeldung wirksam wird sowie die Folgen unvollständiger, unrichtiger oder irreführender Angaben. Darüber hinaus enthält sie Regelungen zur Berechnung der in der FKVO vorgesehenen Fristen und der Fristhemmung durch beispielsweise verspätet beantwortete Auskunftsverlangen. Von besonderer Bedeutung sind auch die Rechte der Parteien auf rechtliches Gehör sowie Akteneinsicht und Schutz vertraulicher Angaben. 63

2. Die Mitteilungen der Kommission

Die Kommission hat seit dem Inkrafttreten der FKVO eine Reihe von Mitteilungen zu Einzelfragen der FKVO veröffentlicht. Mitteilungen, Bekanntmachungen oder auch Leitlinien der Kommission gehören nicht zu den verbindlichen Rechtsakten, wie sie der AEU-Vertrag in Art. 288 vorsieht. Zweck der Mitteilungen ist es, die Auslegung und Anwendung der Vorschriften der FKVO durch die Kommission darzustellen. Diese Mitteilungen sind daher eher im Sinne der Stellungnahmen und Empfehlungen gemäß Art. 288 Abs. 4 zu sehen und binden die Kommission bei der Auslegung der FKVO. Zurzeit gibt es sieben **Mitteilungen,** die speziell im Bereich der Fusionskontrolle Anwendung finden. Darüber hinaus sind die Mitteilungen zur Marktabgrenzung[74] und zur Akteneinsicht[75] sowie der Beschluß über 64

---

[72] Im bisher langwierigsten Fall Rs. COMP/M.3216 – *Oracle/Peoplesoft* lag zwischen der Anmeldung am 14.10.2003 und der Entscheidung am 26.10.2004 mehr als ein Jahr.

[73] Verordnung (EG) Nr. 802/2004 der Kommission von 7. April 2004 zur Durchführung der Verordnung (EG) Nr. 139/2004 des Rates über die Kontrolle von Unternehmenszusammenschlüssen. ABl. L 133 vom 30.4.2004, 1–39, zuletzt geändert durch die Durchführungsverordnung (EU) Nr. 1269/2013 der Kommission vom 5. Dezember 2013.

[74] ABl. C 372 vom 9.12.1997, 5–13.

[75] ABl. C 325 vom 22.12.2005, 7–15.

Funktion und Mandat des Anhörungsbeauftragten[76] von Belang, die auch für andere Bereiche des Kartellrechts gelten. Neben diesen Mitteilungen gibt es auch noch Kodifizierungen bewährter Verfahrenspraxis im täglichen Umgang mit den Dienststellen der GD Wettbewerb[77] und eine Informationsnotiz zur Aufgabe von Zusammenschlussvorhaben.[78]

65 **a) Mitteilungen zu Zuständigkeitsfragen.** Im Jahr 2007 hat die Kommission die bisherigen vier Mitteilungen über die Begriffe des Vollfunktionsgemeinschaftsunternehmens, des Zusammenschlusses und des beteiligten Unternehmens sowie die Berechnung des Umsatzes in einer **Mitteilung zu Zuständigkeitsfragen** zusammengefasst.[79] Sogenannte VollfunktionsGU unterfallen immer der FKVO. Sollte es bei einem VollfunktionsGU auch noch kooperative Aspekte geben, werden diese nach Art. 2 Abs. 4 anhand der Kriterien des Art. 101 Abs. 3 AEUV geprüft.

66 Der Abschnitt über den Begriff des Zusammenschlusses dient der Auslegung des Zusammenschlusstatbestands des Art. 3. Die Mitteilung erläutert insbesondere, unter welchen Umständen Kontrolle erlangt wird, die zu einer dauerhaften Änderung der Marktstruktur führt, sowie die Ausnahmen, bei denen der Erwerb einer Kontrollmöglichkeit nicht zu einem Zusammenschluss im Sinne der FKVO führt.

67 Der Begriff des „beteiligten Unternehmens" spielt in den Art. 1 und 5 eine zentrale Rolle. In der Mitteilung wird erläutert, welches die an einer Fusion oder an einem Kontrollerwerb beteiligten Unternehmen sind.

68 Sobald die beteiligten Unternehmen ermittelt sind, erfolgt die Berechnung des Umsatzes, von der die gemeinschaftsweite Bedeutung eines Zusammenschlusses abhängt.

69 Eine weitere Mitteilung zu Zuständigkeitsfragen betrifft das neugestaltete **Verweisungssystem.**[80] Die Mitteilung erläutert die Voraussetzungen und das Verfahren für Verweisungen sowohl vor der eigentlichen Anmeldung gemäß Art. 4 Abs. 4 und 5 als auch nach einer Anmeldung gemäß Art. 9 an einen oder mehrere Mitgliedsstaaten oder gemäß Art. 22 an die Kommission.

70 **b) Mitteilungen zu Verfahrensfragen.** Die erste Mitteilung zu Verfahrensfragen betrifft das **vereinfachte Verfahren** für bestimmte Zusammenschlüsse,[81] bei denen keine Wettbewerbsprobleme zu erwarten sind. Dies wird vermutet, wenn gemeinsame Kontrolle über ein Unternehmen mit weniger als 100 Mio. EUR Umsatz und weniger als 100 Mio. EUR Aktiven erworben wird, keine oder nur geringfügige Überschneidungen entstehen, aus gemeinsamer Kontrolle alleinige Kontrolle wird oder der gemeinsame Marktanteil unter 50% und die Änderung des Herfindahl-Hirschman-Indexes (HHI) unter 150 Punkten liegt. Ist eine dieser fünf Voraussetzungen erfüllt, kann ein vereinfachtes Formblatt[82] zur Anmeldung verwendet werden. Das vereinfachte Verfahren wurde im Jahre 2000 eingeführt[83] und führt im Normalfall zu einer Freigabe gemäß Art. 6 Abs. 1 lit. b in Kurzform, die keine eigentliche Bewertung des Zusammenschlusses enthält.

71 Die zweite Mitteilung betrifft die **Akteneinsicht.** Die Kommission ist verpflichtet, vor Erlass einer Entscheidung gemäß Artikel 6 Absatz 3, Artikel 7 Absatz 3, Artikel 8 Absätze 2

---

[76] Beschluss des Präsidenten der Europäischen Kommission vom 13. Oktober 2011 über Funktion und Mandat des Anhörungsbeauftragten in bestimmten Wettbewerbsverfahren, ABl. L 275 vom 20.10.2011, 29–37.

[77] Best practices on the conduct of EC merger control proceedings, abrufbar unter http://ec.europa.eu/comm/competition/mergers/legislation/proceedings.pdf.

[78] DG Competition note on Art. 6(1)c 2nd sentence of Regulation 139/2004 (Abandonment of concentrations), abrufbar unter http://ec.europa.eu/comm/competition/mergers/legislation/abandonment.pdf.

[79] ABl. C 95 vom 16.4.2008, 1–48.

[80] ABl. C 56 vom 5.3.2005, 2–23.

[81] ABl. C 366/2013 vom 16.12.2013, 5–9.

[82] Anhang II zur DVO.

[83] ABl. C 217 vom 29.7.2000, 32–34.

bis 6, Artikel 14 und Artikel 15 der Fusionskontrollverordnung den jeweiligen Parteien Gelegenheit zu geben, zu den gegen sie vorgebrachten Beschwerdepunkten Stellung zu nehmen und Einsicht in die Akten der Kommission zu nehmen, damit ihre Verteidigungsrechte während des Verfahrens vollständig gewahrt werden. Mit dieser Mitteilung wird der Rahmen für die Ausübung der in diesen Bestimmungen genannten Rechte festgelegt.

c) Mitteilungen zu inhaltlichen Fragen. In inhaltlicher Sicht sind zunächst die 72 „Leitlinien für die **Beurteilung horizontaler Zusammenschlüsse**“[84] zu nennen, die sich auf den neuen Erwägungsgrund 28 stützt. Diese Leitlinien erläutern das materiellrechtliche Kriterium der erheblichen Behinderung wirksamen Wettbewerbs, die entweder durch nicht-koordinierte oder durch koordinierte Effekte bewirkt werden kann. Sie enthalten mittels Herfindahl-Hirschman-Index (HHI) gemessene Schwellenwerte, unterhalb derer Wettbewerbsprobleme unwahrscheinlich sind, und erläutern, unter welchen Umständen die Geltendmachung von Effizienzgewinnen Aussicht auf Erfolg haben kann.

Eine weitere Mitteilung betrifft **konglomerate und vertikale Fusionen.**[85] In der 73 Regel führen vertikale und konglomerate Fusionen seltener zu Wettbewerbsbedenken als horizontale Zusammenschlüsse. Außerdem können die Unternehmen im Falle der vertikalen und der konglomeraten Fusion durch bessere Koordinierung der einzelnen Produktionsstufen ihre Effizienz steigern. Die Leitlinien erläutern, wann derartige Fusionen dennoch insbesondere durch Marktabschottung oder Koordinierung zu einer erheblichen Behinderung wirksamen Wettbewerbs führen können.

Eine weitere Mitteilung betrifft die **Definition des relevanten Marktes.**[86] In der 74 FKVO selbst wird nur der räumlich relevante Markt in Art. 9 definiert, nicht aber der sachliche. Die Kommission stellt für die Definition des sachlich relevanten Marktes auf die Substituierbarkeit der fraglichen Produkte sowohl auf der Nachfrage- als auch der Anbieterseite ab. Darüber hinaus berücksichtigt sie den amerikanischen sogenannten SSNIP-Test (Small but Significant Non-transitory Increase in Price) und akzeptiert potentiellen Wettbewerb nur als Element der wettbewerblichen Beurteilung, nicht aber hinsichtlich der Marktdefinition.

Grundlegend überarbeitet wurde die Mitteilung über **Nebenabreden.**[87] Waren in der 75 aus dem Jahre 1990 stammenden ersten Bekanntmachung zu diesem Thema noch recht detaillierte Erläuterungen über die Zulässigkeit und Dauer verschiedener mit einem Zusammenschluss unmittelbar verbundener und für diesen notwendige Einschränkungen des Wettbewerbs enthalten, so erklärte eine neue Mitteilung aus dem Jahre 2001,[88] dass die Kommission bei ihren fusionskontrollrechtlichen Entscheidungen von der expliziten Beurteilung der Nebenabreden in Zukunft absieht. Zur Begründung hieß es, dass eine solche Beurteilung von Nebenabreden lediglich deklaratorischen Charakter habe und diese durch eine Entscheidung nach Art. 6 Abs. 1 lit. b oder Art. 8 Abs. 2 bereits von Rechts wegen genehmigt seien. Dieser Ansatz wurde aber durch das *Lagardère*-Urteil[89] zunächst verworfen, in dem das EuG der Kommission auftrug, auch weiterhin Nebenabreden explizit zu prüfen. Erst die neugefassten Art. 6 und 8 der FKVO ermöglichten 2004, wieder zur Politik von 2001 zurückzukehren. Allerdings lässt Erwägungsgrund 21 eine Möglichkeit für eine Einzelfallprüfung offen, sofern eine geplante Nebenabrede neue oder ungelöste Fragen aufwirft, die zu ernsthafter Rechtsunsicherheit führen könnten.

---

[84] Leitlinien der Kommission zur Bewertung horizontaler Zusammenschlüsse gemäß der Ratsverordnung über die Kontrolle von Unternehmenszusammenschlüssen vom 16.12.2003, ABl. C 31 vom 5.2.2004, 5–18.

[85] Leitlinien zur Bewertung nichthorizontaler Zusammenschlüsse, ABl. C 265 vom 18. 10 2008, 6–25.

[86] ABl. C 372 vom 9.12.1997, 5–13.

[87] ABl. C 56 vom 5.3.2005, 24–31.

[88] ABl. C 188 vom 4.7.2001, S. 5–11.

[89] EuGH Rs. T-251/00 – *Lagardère und Canal + gegen Kommission* Slg. 2002, II-4825 Rn. 90.

76 Schließlich ist die Mitteilung über **zulässige Abhilfemaßnahmen** aus dem Jahre 2008 zu nennen.[90] Die FKVO sieht ausdrücklich vor, dass die Kommission einen angemeldeten Zusammenschluss nach Abänderung durch die Parteien genehmigen kann. Die Mitteilung erläutert, welche Änderungen bzw. Abhilfemaßnahmen die Kommission akzeptiert, um wettbewerbliche Bedenken auszuräumen. Die Mitteilung wird noch durch eine Kodifizierung bewährter Praktiken (Best practices) ergänzt, die vor allem Formularverträge für Verkaufszusagen und Treuhandmandate enthält.[91]

IX. Statistik (Stand 31.12.2014)

77 Seit Inkrafttreten der FKVO wurden 5726 Zusammenschlüsse angemeldet und 5517 abschließende Entscheidungen nach Art. 6 oder 8 erlassen. 1991, im ersten vollen Jahr der FKVO, wurden 63 Zusammenschlüsse angemeldet und 60 Entscheidungen erlassen. Bis 1993 schwankten diese Zahlen um 60, stiegen aber ab 1994 kontinuierlich an und erreichten mit 335 Anmeldungen und 330 Entscheidungen im Jahre 2001 einen ersten Höhepunkt. Nach einem kurzzeitigen Rückgang der Anmeldungen wurde 2007 der bisherige Höchststand mit 402 Anmeldungen und 398 Entscheidungen erreicht. Diese Schwankungen spiegeln zumeist gut den Konjunkturverlauf.

78 In 53 Fällen wurde festgestellt, dass der angemeldete Zusammenschluss nicht unter die Verordnung fiel. In 5035 Fällen wurde der angemeldete Zusammenschluss bereits im Vorprüfungsverfahren ohne Auflagen freigegeben. Das entspricht mehr als 90% aller Entscheidungen gemäß Art. 6 und Art. 8. Weitere 242 Zusammenschlüsse wurden im Vorprüfungsverfahren unter Auflagen freigegeben.

79 In 227 Fällen eröffnete die Kommission im Anschluss an die erste Prüfungsphase das Hauptprüfverfahren. In 56 Fällen wurden nach Abschluss des Hauptprüfverfahrens ohne Auflagen, in 107 mit Auflagen freigegeben. Nur in 24 Fällen erging eine Verbotsentscheidung, d. h. in weit weniger als 1% aller Entscheidungen. Unter Einbezug der im Hauptprüfverfahren aufgegebenen 37 Vorhaben sowie der unter Auflagen in der ersten Phase freigegebenen Fusionen hat die Kommission in rund 8% der Anmeldungen das ursprüngliche Fusionsvorhaben nicht gebilligt. Diese sogenannte **Interventionsrate** liegt seit ihrem Höchstwert zu Beginn des Jahrtausends stabil zwischen 6% und 8%. Die Umstellung auf den SIEC-Test 2004 hat daher nicht dazu geführt, daß die Kommission interventionistischer geworden ist.[92]

80 83 Zusammenschlüsse wurden gemäß Art. 9 an Mitgliedsstaaten verwiesen. Davon waren 42 teilweise Verweisungen, 41 Verweisungen betrafen den gesamten Fall, Umgekehrt gab es nur 28 Fälle, in denen Zusammenschlüsse von Mitgliedsstaaten gemäß Art. 22 an die Kommission verwiesen wurden. Die meisten Verweisungen gab es auf Basis der Artikel 4(4) und 4(5). So wurden 100 Fälle ganz oder teilweise an Mitgliedsstaaten und 271 Fälle von den Mitgliedsstaaten an die Kommission verwiesen.

Art. 1. Anwendungsbereich

(1) **Unbeschadet des Artikels 4 Absatz 5 und des Artikel 22 gilt diese Verordnung für alle Zusammenschlüsse von gemeinschaftsweiter Bedeutung im Sinne dieses Artikels.**

(2) **Ein Zusammenschluss hat gemeinschaftsweite Bedeutung, wenn folgende Umsätze erzielt werden:**

---

[90] ABl. C 267 vom 22.10.2008, 1–27.

[91] Abrufbar unter http://ec.europa.eu/comm/competition/mergers/legislation/note.pdf.

[92] *Maier-Rigaud/Parplies* kommen sogar zu dem Ergebnis, daß die Interventionsrate seit 2004 gegenüber den 10 Jahren vor Einführung des SIEC-Testes gesunken sei. *Maier-Rigaud/Parplies,* EU Merger Control Five Years After The Introduction Of The SIEC Test: What Explains the Drop in Enforcement Activity? ECLR 2009, 577.

a) ein weltweiter Gesamtumsatz aller beteiligten Unternehmen zusammen von mehr als 5 Mrd. EUR und

b) ein gemeinschaftsweiter Gesamtumsatz von mindestens zwei beteiligten Unternehmen von jeweils mehr als 250 Mio. EUR;

dies gilt nicht, wenn die am Zusammenschluß beteiligten Unternehmen jeweils mehr als zwei Drittel ihres gemeinschaftsweiten Gesamtumsatzes in ein und demselben Mitgliedstaat erzielen.

(3) **Ein Zusammenschluß, der die in Absatz 2 vorgesehenen Schwellen nicht erreicht, hat im Sinne dieser Verordnung gemeinschaftsweite Bedeutung, wenn**

a) der weltweite Gesamtumsatz aller beteiligten Unternehmen zusammen mehr als 2,5 Mrd. EUR beträgt,

b) der Gesamtumsatz aller beteiligten Unternehmen in mindestens drei Mitgliedstaaten jeweils 100 Mio. EUR übersteigt,

c) in jedem von mindestens drei von Buchstabe b) erfaßten Mitgliedstaaten der Gesamtumsatz von mindestens zwei beteiligten Unternehmen jeweils mehr als 25 Mio. EUR beträgt und

d) der gemeinschaftsweite Gesamtumsatz von mindestens zwei beteiligten Unternehmen jeweils 100 Mio. EUR übersteigt;

dies gilt nicht, wenn die beteiligten Unternehmen jeweils mehr als zwei Drittel ihres gemeinschaftsweiten Gesamtumsatzes in ein und demselben Mitgliedstaat erzielen.

(4) **Vor dem 1. Juli 2009 erstattet die Kommission dem Rat auf der Grundlage statistischer Angaben, die die Mitgliedstaaten regelmäßig übermitteln können, über die Anwendung der in den Absätzen 2 und 3 vorgesehenen Schwellen und Kriterien Bericht, wobei sie Vorschläge gemäß Absatz 5 unterbreiten kann.**

(5) **Der Rat kann im Anschluß an den in Absatz 4 genannten Bericht auf Vorschlag der Kommission mit qualifizierter Mehrheit die in Absatz 3 aufgeführten Schwellen und Kriterien ändern.**

Übersicht

I. Sinn und Zweck

Art. 1 legt zusammen mit Art. 3 den Anwendungsbereich der FKVO fest. Nach Art. 1 Abs. 1 der FKVO findet die Verordnung auf alle Zusammenschlüsse von gemeinschaftsweiter (seit 2009 unionsweiter) Bedeutung Anwendung. Durch den in Artikel 3 definierten Zusammenschlusstatbestand wird bestimmt, welche Unternehmen am Zusammenschluss beteiligt sind. Nur deren Umsätze sind für die Ermittlung der gemeinschaftsweiten Bedeutung zu berücksichtigen. Die **gemeinschaftsweite Bedeutung** bestimmt sich anhand der in Art. 1 Abs. 2 und Art. 1 Abs. 3 festgelegten Umsatzkriterien. Daher ist auch noch Art. 5, der die Berechnung der Umsätze festlegt, von Bedeutung. 1

Art. 1 grenzt die EU-Fusionskontrolle von den Fusionskontrollen der Mitgliedsstaaten ab und trägt dem völkerrechtlichen Auswirkungsprinzip Rechnung. Für die Beurteilung von Zusammenschlüssen, die die Umsatzschwellen des Art. 1 erreichen, gilt der in Art. 21 Abs. 1 und 2 niedergelegte Grundsatz der ausschließlichen Zuständigkeit der europäischen Kommission. Es gibt jedoch **drei Ausnahmen** von diesem Grundsatz. Zum einen kann ein Mitgliedsstaat gemäß Art. 21 Abs. 4 geeignete Maßnahmen zum Schutz anderer berechtigter Interessen treffen, z.B. im Hinblick auf die Medienvielfalt und das nationale 2

Sicherheitsinteresse. Zum anderen kann die Kommission gemäß Art. 9 einen Zusammenschluss ganz oder teilweise an Mitgliedsstaaten verweisen. Und schließlich können die Fusionsparteien gemäß Art. 4 Abs. 4 eine Verweisung eines Fusionsfalles mit gemeinschaftsweiter Bedeutung an einen oder mehrere Mitgliedsstaaten vor der Anmeldung beantragen. Keine Ausnahme von dem Grundsatz der ausschließlichen Zuständigkeit, sondern im Gegenteil eine Erweiterung des Zuständigkeitsbereiches der Kommission ist darin zu sehen, dass die Kommission gemäß Art. 22 Abs. 1 auf Antrag eines oder mehrerer Mitgliedsstaaten bzw. gemäß Art. 4 Abs. 5 auf Antrag der Fusionsparteien einen Zusammenschluss prüfen kann, der über keine gemeinschaftsweite Bedeutung verfügt.

3 Die FKVO gilt grundsätzlich für alle Branchen. Die **Sonderregelung** für Waffen, Munition und anderes Kriegsmaterial des **Art. 346 AEUV** jedoch erlaubt es den Mitgliedsstaaten, geeignete Maßnahmen zu ergreifen, um ihre Sicherheitsinteressen zu wahren. Eine solche Maßnahme besteht zum Beispiel darin, die betroffenen Rüstungsunternehmen anzuweisen, die militärischen Aspekte eines Zusammenschlusses nicht anzumelden.[1] Haben derartige Zusammenschlüsse aber auch zivile Produkte oder sogenannte Janusgüter, die sowohl zivilen als auch militärischen Zwecken dienen, zum Gegenstand, müssen diese Bereiche angemeldet werden. Die Kommission ist jedoch inzwischen zu der Auffassung gelangt, dass Art. 346 AEUV eine Ausnahme im Vertrag darstellt, die eng auszulegen ist.[2] Daher ist der gesamte Zusammenschluss anzumelden und von der Kommission zu prüfen. Dies berührt nicht die Möglichkeit, Maßnahmen gemäß Art. 346 AEUV im Anschluss an die Prüfung durch die Kommission zu ergreifen. Dementsprechend wurde in der Sache *MMS/DASA/Astrium* sowohl der militärische als auch der zivile Teil des Zusammenschlusses angemeldet und von der Kommission erst freigegeben, nachdem die anmeldenden Parteien Zusagen gemacht hatten, von denen eine den militärischen Teil betraf.[3]

II. Beteiligte Unternehmen

4 Art. 1 stellt zur Ermittlung der gemeinschaftsweiten Bedeutung auf das Erreichen der Schwellenwerte durch die beteiligten Unternehmen[4] ab. Die Frage, wer beteiligtes Unternehmen ist, ist daher für die Berechnung des Umsatzes und damit für die gemeinschaftsweite Bedeutung eines Zusammenschlusses entscheidend. Da der zentrale Begriff des beteiligten Unternehmens in der FKVO selbst nicht definiert wird, hat die Kommission ihn in einer Mitteilung näher erläutert.[5] Diese Mitteilung befasst sich nur mit den beteiligten Unternehmen zum Zwecke der Ermittlung der gemeinschaftsweiten Bedeutung in Art. 1 und 5. Davon zu unterscheiden sind die Verfahrensbeteiligten gemäß Art. 18 FKVO.

5 In der Mitteilung werden zunächst generell die direkten Teilnehmer an einer Fusion oder an einem Kontrollerwerb[6] als beteiligte Unternehmen bezeichnet. Bei einer **Fusion** nach Art. 3 Abs. 1 lit. a sind die beteiligten Unternehmen die fusionierenden Unternehmen.[7] Darüber hinaus sind gemäß Art. 5 Abs. 4 auch die Umsätze der mit diesen Unternehmen verbundenen Unternehmen, d. h. der gesamte Konzernumsatz, einzubeziehen (sog. Verbundklausel).

---

[1] Zu den Voraussetzungen siehe Komm. E. v. 24.11.1994 Rs. IV/M.528 – *British Aerospace/VSEL* Rn. 10.

[2] Siehe hierzu Komm. E. v. 10.12.2004 Rs. COMP/M.3596 – *ThyssenKrupp/HDW.*

[3] Komm. E. v. 21.3.2000 Rs. COMP/M.1636 – *MMS/DASA/Astrium.*

[4] Unternehmen können auch Privatpersonen sein. Siehe Komm. E. v. 25.10.2000 Rs. COMP/M.2155 – *France Telecom/Schmid/Mobilcom.* Zum Unternehmensbegriff vgl. die Ausführungen zu Art. 101.

[5] Konsolidierte Mitteilung der Kommission zu Zuständigkeitsfragen gemäß der Verordnung (EG) Nr. 139/2004 des Rates über die Kontrolle von Unternehmenszusammenschlüssen vom 10. Juli 2007, ABl. C 95 vom 16.4.2008, 1–48, Rn. 129–153.

[6] Mitteilung der Kommission (Fn. 5) Rn. 129.

[7] Mitteilung der Kommission (Fn. 5) Rn. 132.

Beim Erwerb der Kontrolle nach Art. 3 Abs. 1 lit. b wird grundsätzlich jedes Unternehmen, das Kontrolle erwirbt, und jedes Unternehmen, über das Kontrolle erworben wird, als am Zusammenschluss beteiligt angesehen. Beim Erwerb der **alleinigen Kontrolle** sind die beteiligten Unternehmen der Käufer und das zu übernehmende Unternehmen bzw. diejenigen Teile eines Unternehmens, die erworben werden. Nach Art. 5 Abs. 4 FKVO sind auch hier neben den unmittelbar beteiligten Unternehmen jeweils die Umsätze der gesamten Unternehmensgruppen, denen die beteiligten Unternehmen angehören, einzubeziehen. 6

Beim Erwerb der **gemeinsamen Kontrolle** sind für die Feststellung, wer beteiligtes Unternehmen ist, mehrere Konstellationen zu unterscheiden. Beim Erwerb der gemeinsamen Kontrolle über ein neugegründetes Unternehmen sind diejenigen Unternehmen, die die gemeinsame Kontrolle erwerben, die beteiligten Unternehmen. Das neugegründete Unternehmen selbst ist kein beteiligtes Unternehmen, da es noch nicht besteht und noch keinen eigenen Umsatz erzielt.[8] Besteht das Unternehmen oder der Geschäftsbereich, über das zwei oder mehr Unternehmen gemeinsame Kontrolle erwerben wollen, jedoch bereits, ist es ebenfalls beteiligtes Unternehmen.[9] Dies gilt auch für Fälle, in denen ein Wechsel unter den Gesellschaftern, die Kontrolle ausüben, stattfindet, sei es, dass neue Unternehmen hinzukommen, die gemeinsame Kontrolle ausüben, oder eine mitkontrollierendes Unternehmen durch ein anderes ersetzt wird.[10] In diesen Fallkonstellationen ist darauf zu achten, dass Doppelzählungen vermieden werden, wenn gemäß Art. 5 Abs. 4 die Gruppenumsätze einbezogen werden. 7

Ein bereits bestehendes Unternehmen, das der alleinigen Kontrolle eines anderen Unternehmens untersteht, kann durch den Einstieg eines oder mehrerer Unternehmen, die Mitkontrolle erwerben, zu einem Gemeinschaftsunternehmen (GU) werden. In diesem Fall sind die ursprüngliche Muttergesellschaft und die neu eingestiegenen Unternehmen, die gemeinsame Kontrolle erwerben, beteiligte Unternehmen, nicht aber das GU selbst.[11] Andernfalls würden Unternehmen, die derselben Gruppe angehören, als zwei beteiligte Unternehmen und die Umsätze doppelt gezählt.[12] Umgekehrt verhält es sich beim Übergang von gemeinsamer zu alleiniger Kontrolle. In diesem Fall ist, neben der verbleibenden Muttergesellschaft, auch das GU beteiligtes Unternehmen.[13] 8

Die dritte wichtige Fallgruppe bei Gemeinschaftsunternehmen betrifft das Auftreten des GU als Erwerber. Beim **Erwerb der Kontrolle durch ein Gemeinschaftsunternehmen** ist grundsätzlich das GU selbst als Käufer beteiligtes Unternehmen. Anders sieht es jedoch aus, wenn das als Erwerber auftretende GU einzig zu dem Zweck gegründet wurde, ein anderes Unternehmen zu kaufen (Vehikel), oder es sich beim erwerbenden GU um ein Unternehmen handelt, das zwar bereits besteht, aber nur minimale Umsätze aufweist und in einer völlig anderen Branche tätig ist als das zu übernehmende. Andernfalls ließe sich erreichen, dass das übernehmende GU unter 250 Mio. Euro Umsatz gemäß Abs. 2 bzw. unter 100 Mio. Euro Umsatz gemäß Abs. 3 aufweist und der Zusammenschluss keine gemeinschaftsweite Bedeutung hat, da es an zwei Unternehmen fehlt, die jeweils mindestens 250 Mio. Euro bzw. 100 Mio. Euro in der Gemeinschaft umsetzen. In diesen Fällen betrachtet die Kommission das GU lediglich als Transaktionsvehikel und an Stelle des erwerbenden GU die Mutterunternehmen als beteiligte Unternehmen.[14] 9

Kein beteiligtes Unternehmen ist der **Verkäufer.** Er gibt seine Kontrolle auf, ist wirtschaftlich nicht mehr beteiligt und daher lediglich Verfahrensbeteiligter mit zum Beispiel 10

---

[8] Mitteilung der Kommission (Fn. 5) Rn. 139.
[9] Mitteilung der Kommission (Fn. 5) Rn. 140.
[10] Mitteilung der Kommission (Fn. 5) Rn. 143.
[11] Mitteilung der Kommission (Fn. 5) Rn. 139.
[12] 26. Wettbewerbsbericht 1996, Europäische Kommission, Brüssel-Luxemburg: 1997, S. 185.
[13] Mitteilung der Kommission (Fn. 5) Rn. 138.
[14] Mitteilung der Kommission (Fn. 5) Rn. 26.

dem Recht auf Anhörung gemäß Art. 11 DVO. Dies kann dazu führen, dass ein Zusammenschluss nicht mehr der FKVO unterfällt. Der angemeldete Verkauf der Anteile von *VRT* (Gemeinschaftsunternehmen von *Veba* und *RWE*) an dem deutschen Mobilfunkbetreiber *E-Plus* an *Bell South* hatte keine gemeinschaftsweite Bedeutung, da von den beiden beteiligten Unternehmen *Bell South* und *E-Plus* nur das letztere die Kriterien des Art. 1 erfüllte.[15]

III. Gemeinschaftsweite Bedeutung

11 Ist die Frage der beteiligten Unternehmen geklärt, errechnet sich aus deren Umsätzen die gemeinschaftsweite Bedeutung. Die gemeinschaftsweite Bedeutung knüpft ausschließlich an den Umsatz der beteiligten Unternehmen und damit an **quantitative Kriterien** an. Auf andere Kriterien wie Marktanteile oder die Beeinträchtigung des Handels zwischen den Mitgliedsstaaten wie in Art. 101 und 102 AEUV wurde verzichtet. Die quantitativen Kriterien des Art. 1 sollen drei Dinge sicherstellen: Zum einen sollen nur wirtschaftlich bedeutsame Strukturveränderungen erfasst werden. Zum anderen sollen sie einen Bezug zum Gemeinsamen Markt herstellen und darüber hinaus solche Zusammenschlüsse herausfiltern, die vorwiegend nationale Bedeutung haben. Dies lässt sich mit umsatzbezogenen Kriterien wie den Schwellenwerten des Art. 1 relativ eindeutig und einfach bestimmen. Sowohl Abs. 2 als auch Abs. 3 sehen vor, daß die beteiligten Unternehmen zusammen einen weltweiten Mindestumsatz und einzeln hinreichende EU-Umsätze sowie nicht mehr als $^2/_3$ ihres EU-Umsatzes in ein und demselben Mitgliedsstaat erzielen. Diese eher schematische Prüfung der gemeinschaftsweiten Bedeutung ermöglicht auch, zwischen dem Anwendungsbereich der FKVO und der materiellen Beurteilung des Zusammenschlusses klar zu trennen, was bei Marktanteilen als Kriterium nicht möglich wäre.

12 Darüber hinaus ist die am Umsatz gemessene gemeinschaftsweite Bedeutung auch noch relevant für das **völkerrechtliche Auswirkungsprinzip.** Es ist unerheblich, ob die beteiligten Unternehmen über einen juristischen Sitz oder Betriebsstätten innerhalb der Europäischen Union verfügen. Das EuG hat in seiner Entscheidung *Gencor/Lonrho* festgestellt, dass eine Tätigkeit in erheblichem Umfang, wie in Erwägungsgrund 10 der FKVO festgehalten, nicht, wie vom Kläger *Gencor* eingewandt, auf die Produktion innerhalb der Gemeinschaft abstellt, sondern viel mehr auf den in der Gemeinschaft erzielten Umsatz, durch den der Zusammenschluß eine unmittelbare und wesentliche Wirkung in der EU entfaltet.[16] Demnach ist bei Vorliegen der Gemeinschaftsumsätze gemäß Art. 1 dem völkerrechtlichen Auswirkungsprinzip grundsätzlich Genüge getan. Fraglich sind jedoch solche Fälle, bei denen die Gemeinschaftsumsätze nur dadurch erreicht werden, daß die Umsätze der kontrollierenden Muttergesellschaften eines GU in die Berechnung einfließen, das GU selbst jedoch keinerlei Umsätze in der EU erzielt. In solchen Fällen ist eine unmittelbare und wesentliche Auswirkung in der EU zumeist nicht gegeben.[17] Da solche Zusammenschlüsse aber im vereinfachten Verfahren oder sogar im „super simplified" Verfahren ohne Vorgespräche zumeist in deutlich weniger als 25 Arbeitstagen freigegeben werden, ist die klare Regelung der Anwendbarkeit der FKVO mittels Umsatzschwellen in solchen Fällen zumindest nicht unverhältnismäßig.[18]

---

[15] Komm. E. v. 31.1.2000 Rs. COMP/M.1821 – *Bell South/VRT (E-Plus)*.

[16] EuG U. v. 25.3.1999 Rs. T-102/96 – *Gencor Ltd. gegen Europäische Kommission* Slg. 1999, II-753 Rn. 85 und 90.

[17] Möglich ist eine solche Auswirkung aber durchaus, zB aufgrund einer vertikalen Beziehung zwischen den Tätigkeiten einer oder mehrere Muttergesellschaften und des GU, das nur außerhalb der EU tätig ist. Siehe COMP/M.6346 – APMT/Bolloré/Congo Terminal, in dem Maersk Mitkontrolle über ein Container-Terminal an der westafrikanischen Küste erwarb und Marktanteile jenseits der 30% auf Routen von der EU an diese Küste hatte.

[18] Siehe dazu auch Loewenheim/Meessen/Riesenkampf/*Meesen* 1. Teil Rn. 95.

Es gab jedoch auch zwei Versuche der Kommission, die Anwendbarkeit der FKVO durch ein nicht umsatzbezogenes Aufgreifkriterium zu eröffnen. Ausgangspunkt der Überlegungen der Kommission war, dass bei Fusionsfällen, die in mehreren Mitgliedsstaaten anzumelden sind, die Vermutung besteht, dass es sich um Fälle mit gemeinschaftsweiter Bedeutung handelt. In ihrem Grünbuch zur Revision der FKVO aus dem Jahre 2001[19] hatte die Kommission daher vorgeschlagen, das **Problem der Mehrfachanmeldungen** dadurch zu beheben, daß die Umsatzschwellen des Abs. 3 durch die Anmeldepflicht in mindestens drei Mitgliedsstaaten ersetz wird. Diesem Vorschlag lag der Bericht der Kommission an den Rat gemäß Art. 1 Abs. 4 über die Anwendung der Schwellenwerte zugrunde, demzufolge im Berichtszeitraum eine weitaus höhere Zahl an Fällen (70) bei drei und mehr nationalen Wettbewerbsbehörden angemeldet worden war, als Fälle gemäß Art. 1 Abs. 3 bei der Kommission (45).[20] Die neue Schwelle des Abs. 3 hatte also das Problem der Mehrfachanmeldungen für eine bedeutende Anzahl Fälle nicht gelöst. Die Zahl der Anmeldungen nach Abs. 3 lag zwar im Rahmen der ursprünglichen Erwartungen, die zwischen acht und 63 lagen.[21] Im Jahre 1999 waren es 34, im Jahre 2000 nur 20. Auf der anderen Seite gab es im Jahre 2000 75 Zusammenschlüsse, die Anmeldungen in drei oder mehr Mitgliedsstaaten nötig machten und nicht von der FKVO erfasst wurden. Im Hinblick auf die Osterweiterung gelangte die Kommission daher in ihrem Grünbuch 2001 zu der Auffassung, dass die 1998 eingeführten Schwellen des Abs. 3 ihren Zweck nicht erfüllt haben. Sie schlug folglich in ihrem Grünbuch vor, Abs. 3 neu zu fassen. Anstelle der umsatzbezogenen Kriterien sollte ein Zusammenschluss gemeinschaftsweite Bedeutung haben, wenn er in mindestens drei Mitgliedsstaaten anmeldepflichtig wäre. 13

Anstelle der komplizierten fünfstufigen Umsatzschwellenprüfung sollten alle Zusammenschlüsse, die in mehr als drei Mitgliedsstaaten anmeldepflichtig sind, unabhängig von ihrem gemeinschaftsweiten Umsatz nach der FKVO geprüft werden (sog. verbindliches 3+-System). Dies wäre die bisher konsequenteste Umsetzung des Prinzips der Einmalanmeldung in der EU und eine Abkehr von der bislang ausschließlich an die Höhe der Umsätze der beteiligten Unternehmen gekoppelten Zuständigkeit Brüssels gewesen. Die Kommission griff mit diesem Vorschlag auf eine Idee zurück, die sie bereits in ihrem Grünbuch 1996 vorgetragen hatte.[22] Damals sollte das Aufgreifkriterium eine Mischung aus Umsatzschwellen und mehr als drei nationalen Anmeldungen sein. 14

Letztlich konnte sich der Vorschlag im Grünbuch 2001, Abs. 3 von Umsatzschwellen auf die Anmeldepflicht in mehr als drei Mitgliedsstaaten umzustellen, wie schon 1997 nicht durchsetzen. Bereits im Verordnungsvorschlag der Kommission vom Dezember 2002 wurde diese Idee wie auch die modifizierte Version eines fakultativen 3+-Systems verworfen. Die Gründe lagen im Wesentlichen darin, dass der Nachweis des Gemeinschaftsinteresses mit einem solchen System nicht unbedingt erbracht ist, da in einigen Mitgliedsstaaten sehr niedrige Anmeldeschwellen gelten. 15

Marktanteilsschwellen als Aufgreifkriterien führen zu Rechtsunsicherheiten über die Zuständigkeiten, und im Falle des fakultativen Systems besteht die Gefahr des „forum shoppings". 16

1. Die Umsatzschwellen des Abs. 2

Abs. 2 enthält drei Kriterien, die kumulativ erfüllt sein müssen. Eine wirtschaftlich bedeutsame Strukturveränderung wird angenommen, wenn der **weltweite Umsatz** aller am Zusammenschluss beteiligten Unternehmen zusammengerechnet **5 Mrd. Euro** übersteigt. 17

[19] Grünbuch über die Revision der Verordnung (EWG) Nr. 4046/89 des Rates COM (2001) 745/6 end. vom 11. Dezember 2001, Rn. 57.
[20] Bericht KOM (2000) 399 endg. vom 28.6.2000, Rn. 38.
[21] *Baron* WuW 1997, 584 f.
[22] Grünbuch der Kommission über die Revision der FKVO vom 31.1.1996, KOM(96) 19 endg.

Bei der Berechnung dieses Gesamtumsatzes aller beteiligten Unternehmen ist, wie bei allen anderen Umsatzberechnungen des Art. 1 auch, die Verbundklausel des Art. 5 Abs. 4 zu berücksichtigen. Gehört ein beteiligtes Unternehmen zu einem Konzern, werden auch die Umsätze des gesamten Konzerns addiert. Durch die Gesamtumsatzschwelle von 5 Mrd. Euro wird de facto erreicht, dass mindestens ein beteiligtes Unternehmen ein Großkonzern ist.

18 Das zweite Kriterium stellt den Bezug zum Gemeinsamen Markt her. Danach muss der gemeinschaftsweite Umsatz von mindestens zwei beteiligten Unternehmen jeweils mehr als **250 Mio. Euro** betragen. Es wird also ein Mindestumsatz der am Zusammenschluss beteiligten Unternehmen von 500 Mio. Euro **im Gemeinsamen Markt** verlangt, um hinreichende Auswirkungen für eine Kontrolle auf Gemeinschaftsebene zu rechtfertigen. Gleichzeitig soll das Kriterium der Gemeinschaftsumsätze bewirken, dass beim häufigsten Fall, dem Zusammenschluss zweier Unternehmen, das eine nicht ein Kleinunternehmen ist.

19 Das dritte Kriterium dient dazu, Zusammenschlüsse mit eindeutig nationalem Schwerpunkt in der Zuständigkeit der Mitgliedsstaaten zu belassen. Selbst wenn die beiden ersten Kriterien erfüllt sind, hat ein Zusammenschluss keine gemeinschaftsweite Dimension, wenn jedes der am Zusammenschluss beteiligten Unternehmen mehr als **zwei Drittel** seines Umsatzes in ein und demselben Mitgliedsstaat erzielt. In diesem Fall wird angenommen, dass der Schwerpunkt des Zusammenschlusses in dem betreffenden Mitgliedsstaat liegt. Diese Regelung kann daher als Umsetzung des Subsidiaritätsgedankens gemäß Art. 5 EUV gesehen werden.

20 Die Umsatzschwellen des Abs. 1 führen jedoch nicht immer zu einer sachgerechten Erfassung von Zusammenschlüssen mit gemeinschaftsweiter Bedeutung. Trotz des Erfordernisses, dass mindestens zwei Beteiligte einen Umsatz von jeweils mindestens 250 Mio. Euro in der Gemeinschaft erzielen, kommt es immer wieder dazu, dass Zusammenschlüsse in den Anwendungsbereich der FKVO fallen, die keine spürbare Auswirkung in der Gemeinschaft haben. Wenn zwei europäische Unternehmen ein Unternehmen in einem Drittstaat kaufen oder ein GU außerhalb der Gemeinschaft gründen, hat dieser Vorgang gemeinschaftsweite Bedeutung, wenn die Erwerber bzw. die Mütter des GU die Umsatzschwellen erfüllen, obwohl es keine oder keine spürbaren Auswirkungen auf die EU geben dürfte.

21 Eine andere Ungereimtheit kann bei Anwendung der Zwei-Drittel-Klausel entstehen: Schließen sich Großkonzerne zusammen, kann die Zwei-Drittel-Regel dazu führen, dass der Zusammenschluss auf nationaler Ebene geprüft wird, obwohl die in der Gemeinschaft erzielten jeweiligen Umsatzdrittel für sich genommen höher sind als bei vielen Zusammenschlüssen, die von der Kommission geprüft werden.[23]

2. Die Umsatzschwellen des Abs. 3

22 Die Umsatzschwellen des Abs. 3 wurden 1997 durch die Änderung der FKVO in Art. 1 eingefügt und traten am 1. März 1998 in Kraft.[24] Die Kommission hatte sich ursprünglich in ihrem Grünbuch von 1996 dafür ausgesprochen, die Schwellenwerte generell abzusenken, um die beträchtliche Anzahl Fälle, die die hohen Schwellenwerte des Abs. 2 nicht erreichen, aber dennoch eine gemeinschaftsweite Bedeutung haben, der Kontrolle auf Ge-

[23] Anläßlich des Falles Endesa/Gas Natural, der auf Grund der 2/3-Regel nicht in den Anwendungsbereich der FKVO fiel (siehe IP/05/1425), kündigte Kommissarin Kroes eine Überarbeitung dieser Regel an (siehe, Rede vom 31.1.2006 vor dem Wirtschafts- und Währungsausschuß der Europäischen Parlaments SPEECH/06/60). In ihrem Bericht über das Funktionieren der Verordnung Nr. 139/2004 des Rates vom 18. Juni 2009 regte die Kommission eine Überprüfung der 2/3-Regel an (KOM(2009) 281 endg., Rdnr. 16). Eine solche Reform bedarf jedoch der Einstimmigkeit der Mitgliedsstaaten und ist daher auf absehbare Zeit ohne Aussicht auf Erfolg.

[24] Verordnung Nr. 1310/97 EG des Rates vom 30. Juni 1997 zur Änderung der Verordnung Nr. 4046/89 EWG des Rates über die Kontrolle von Unternehmenszusammenschlüssen; ABl. L 180 vom 9.7.1997; Berichtigung im ABl. L 40 vom 13.2.1998, 17.

meinschaftsebene zu unterwerfen.[25] Dies war auch der Wunsch der Industrie gewesen, die die höheren Kosten und die höhere Rechtsunsicherheit der Mehrfachanmeldungen in einzelnen Mitgliedsstaaten vermeiden wollten. Eine generelle Absenkung der Schwellenwerte von 5 Mrd. Euro auf 2 Mrd. Euro für den Weltumsatz und von 250 Mio. Euro auf 100 Mio. Euro für den gemeinschaftsweiten Umsatz war jedoch nicht durchsetzbar. Abs. 2 blieb unverändert und kann nun auch nicht mehr – wie noch in der Fassung der FKVO von 1989 – mit qualifizierter Mehrheit des Rates geändert werden.

Als Alternative zur allgemeinen Absenkung hatte die Kommission in ihrem Grünbuch 23
von 1996 vorgeschlagen, solche Zusammenschlüsse auf Gemeinschaftsebene zu prüfen, bei denen der Weltumsatz aller beteiligten Unternehmen 2 Mrd. Euro und der gemeinschaftsweite Umsatz mindesten zweier beteiligter Unternehmen 100 Mio. Euro erreicht, wenn sie in mindestens zwei Mitgliedsstaaten anmeldepflichtig sind.[26] Zusammenschlüsse, die in mehreren Mitgliedsstaaten anmeldepflichtig sind, haben in aller Regel erhebliche grenzüberschreitende Auswirkungen. Der schließlich gefundene Kompromiss griff diese alternative Lösung der Kommission auf, ersetzte das Kriterium der Anmeldepflicht in Mitgliedsstaaten allerdings durch zwei neue umsatzbezogene Kriterien.

Der neu eingefügte Abs. 3 enthält **fünf Kriterien,** die kumulativ erfüllt sein müssen. 24
Das Ziel, Mehrfachanmeldungen zu vermeiden, wird dabei durch zwei Kriterien konkretisiert, die sich auf die Umsätze in mindestens drei Mitgliedsstaaten beziehen. Danach müssen mindestens zwei der beteiligten Unternehmen in drei Mitgliedsstaaten einen Gesamtumsatz von **25 Mio. Euro** erzielen und der Gesamtumsatz aller beteiligten Unternehmen in diesen drei Mitgliedsstaaten zusammengenommen mindestens **100 Mio. Euro** betragen. Ist dies der Fall, gelten gegenüber Abs. 2 abgesenkte Schwellenwerte für den weltweiten bzw. gemeinschaftsweiten Umsatz. Statt 5 Mrd. Euro reichen dann bereits **2,5 Mrd. Euro** als weltweiter Gesamtumsatz aller beteiligten Unternehmen und **100 Mio. Euro** statt 250 Mio. Euro von mindestens zwei beteiligten Unternehmen für den gemeinschaftsweiten Umsatz, damit der geplante Zusammenschluss eine gemeinschaftsweite Bedeutung hat. Das fünfte Kriterium ist wie in Abs. 2 die **Zwei-Drittel-Klausel,** wonach ein Zusammenschluss trotz Erfüllung der ersten vier Kriterien keine gemeinschaftsweite Bedeutung hat, wenn alle beteiligten Unternehmen zwei Drittel ihres Umsatzes in ein und demselben Mitgliedsstaat erzielen.

3. Erneute Überprüfung 2009

Abs. 4 der geltenden, revidierten FKVO sieht vor, dass die Kommission bis zum 1. Juli 25
2009 an den Rat Bericht über die Anwendung der Schwellen der Abs. 2 und 3 erstattet. Auf Grundlage dieses Absatzes sowie des Art. 4 Abs. 6 erstellte die Kommission am 18. Juni 2009 einen Bericht, in dem sie feststellte, daß die Umsatzschwellen in Kombination mit den Verweisungsmechanismen der Art. 4, 9 und 22 einen geeigneten rechtlichen Rahmen für eine wirksame Unterscheidung zwischen Zusammenschlüssen von EU-weiter Bedeutung und eher nationalen Zusammenschlüssen ermöglichen.[27] Sie hat daher vorerst darauf verzichtet, dem Rat einen Vorschlag zur Änderung der Schwellen des Art. 3, den dieser mit qualifizierter Mehrheit annehmen kann, oder der Schwellen nach Abs. 2, den der Rat nur einstimmig beschließen kann, zu unterbreiten. Auf absehbare Zeit ist daher nicht damit zu rechnen, daß die Umsatzschwellen verändert werden. Da sie aber seit 25 Jahren (Abs. 2) bzw. 18 Jahren (Abs. 3) nicht verändert wurden, haben sie sich real, d. h. inflationsbereinigt, doch verändert.

---

[25] Grünbuch der Kommission über die Revision der FKVO vom 31.1.1996, KOM(96) 19 endg., Rn. 58.

[26] Grünbuch 1996, Rn. 77–80.

[27] Mitteilung der Kommission an den Rat. Bericht über das Funktionieren der Verordnung Nr. 139/2004 des Rates. KOM(2009) 281 endgültig, Rn. 23.

Art. 2. Beurteilung von Zusammenschlüssen

(1) **Zusammenschlüsse im Sinne dieser Verordnung sind nach Maßgabe der Ziele dieser Verordnung und der folgenden Bestimmungen auf ihre Vereinbarkeit mit dem Gemeinsamen Markt zu prüfen.**

Bei dieser Prüfung berücksichtigt die Kommission:

a) die Notwendigkeit, im Gemeinsamen Markt wirksamen Wettbewerb aufrechtzuerhalten und zu entwickeln, insbesondere im Hinblick auf die Struktur aller betroffenen Märkte und den tatsächlichen oder potenziellen Wettbewerb durch innerhalb oder außerhalb der Gemeinschaft ansässige Unternehmen;

b) die Marktstellung sowie die wirtschaftliche Macht und die Finanzkraft der beteiligten Unternehmen, die Wahlmöglichkeiten der Lieferanten und Abnehmer, ihren Zugang zu den Beschaffungs- und Absatzmärkten, rechtliche oder tatsächliche Marktzutrittsschranken, die Entwicklung des Angebots und der Nachfrage bei den jeweiligen Erzeugnissen und Dienstleistungen, die Interessen der Zwischen- und Endverbraucher sowie die Entwicklung des technischen und wirtschaftlichen Fortschritts, sofern diese dem Verbraucher dient und den Wettbewerb nicht behindert.

(2) **Zusammenschlüsse, durch die wirksamer Wettbewerb im Gemeinsamen Markt oder in einem wesentlichen Teil desselben nicht erheblich behindert würde, insbesondere durch Begründung oder Verstärkung einer beherrschenden Stellung, sind für mit dem Gemeinsamen Markt vereinbar zu erklären.**

(3) **Zusammenschlüsse, durch die wirksamer Wettbewerb im Gemeinsamen Markt oder in einem wesentlichen Teil desselben erheblich behindert würde, insbesondere durch Begründung oder Verstärkung einer beherrschenden Stellung, sind für mit dem Gemeinsamen Markt unvereinbar zu erklären.**

(4) **Soweit die Gründung eines Gemeinschaftsunternehmens, das einen Zusammenschluss gemäß Artikel 3 darstellt, die Koordinierung des Wettbewerbsverhaltens unabhängig bleibender Unternehmen bezweckt oder bewirkt, wird eine solche Koordinierung nach den Kriterien des Artikels 81 Absätze 1 und 3 des Vertrags beurteilt, um festzustellen, ob das Vorhaben mit dem Gemeinsamen Markt vereinbar ist.**

(5) **Bei dieser Beurteilung berücksichtigt die Kommission insbesondere, ob**

– es auf dem Markt des Gemeinschaftsunternehmens oder auf einem diesem vor- oder nachgelagerten Markt oder auf einem benachbarten oder eng mit ihm verknüpften Markt eine nennenswerte und gleichzeitige Präsenz von zwei oder mehr Gründerunternehmen gibt;

– die unmittelbar aus der Gründung des Gemeinschaftsunternehmens erwachsende Koordinierung den beteiligten Unternehmen die Möglichkeit eröffnet, für einen wesentlichen Teil der betreffenden Waren und Dienstleistungen den Wettbewerb auszuschalten.

Übersicht

I. Einführung

1. Allgemeines

Art. 2 der Fusionskontrollverordnung enthält den **materiellen Beurteilungsmaßstab für Zusammenschlüsse mit EU-weiter Bedeutung.** Ein Zusammenschluss ist nach der in Art. 2 Abs. 3 getroffenen zentralen Regelung der Fusionskontrollverordnung für unvereinbar mit dem Gemeinsamen Markt zu erklären, d.h. zu untersagen, wenn dieser wirksamen Wettbewerb im Gemeinsamen Markt oder in einem wesentlichem Teil desselben erheblich behindern würde, insbesondere durch die Begründung oder Verstärkung einer beherrschenden Stellung. Alleiniges Untersagungskriterium der neuen Fusionskontrollverordnung Nr. 139/2004 ist somit die erhebliche Behinderung wirksamen Wettbewerbs. Die englische Fassung des Art. 2 Abs. 3 „**S**ignificant **I**mpediment to **E**ffective **C**ompetition" hat dem Untersagungskriterium die Abkürzung „SIEC-Test" gegeben. Die Begründung oder Verstärkung einer beherrschenden Stellung wird nunmehr – im Gegensatz zur Verordnung Nr. 4064/89[1] – nur noch als Regelbeispiel genannt. 1

[1] Die Begründung oder Verstärkung einer beherrschenden Stellung war unter der Fusionskontrollverordnung Nr. 4064/89 notwendige Voraussetzung für eine Untersagungsentscheidung. Dem – in seiner Bedeutung umstrittenen – Merkmal der erheblichen Behinderung wirksamen Wettbewerbs

2 Mit der Neufassung des Untersagungstatbestandes wurden vor allem drei Ziele verfolgt:[2] Erstens sollte eine vermeintliche Lücke des Marktbeherrschungstests bei bestimmten Zusammenschlüssen im Oligopol geschlossen werden.[3] Zweitens sollte der Untersagungstatbestand dem US-amerikanischen Substantial Lessening of Competition Test (SLC-Test) angeglichen werden, um divergierende Entscheidungen beiderseits des Atlantiks zu vermeiden. Schließlich sollte drittens mit der Nennung der Begründung oder Verstärkung einer beherrschenden Stellung als Regelbeispiel die Rechtssicherheit dadurch gewährleistet werden, dass die bisherige umfangreiche Praxis unter der Verordnung Nr. 4064/89 weiterhin als Orientierung zur Beurteilung von Zusammenschlüssen dienen kann.[4] Der SIEC-Test ist im übrigen Ausdruck der Verfolgung eines „more economic approach" und damit der verstärkten Anwendung industrieökonomischer Modelle und quantitativer Analysen im Rahmen der Fusionskontrolle durch die EU.[5]

2. Sinn und Zweck

3 Die Fusionskontrolle dient nach ihrem Erwägungsgrund Nr. 2 dem **Zweck,** das ursprünglich in Art. 3 lit. g EG und seit dem Vertrag von Lissabon im 27. Protokoll zum AEUV formulierte Ziel, „ein System zu errichten, das den Wettbewerb innerhalb des Gemeinsamen Marktes vor Verfälschungen schützt", zu verwirklichen.[6] Zweck der präventiven Fusionskontrolle ist es, ausgewogene Marktstrukturen zu erhalten. Es soll verhindert werden, dass externes Wachstum der Unternehmen zu einer Vermachtung der Märkte führt.[7] Durch die Sicherung kompetitiver Marktstrukturen soll gewährleistet werden, dass der Wettbewerb seine Funktionen erfüllt und Vorteile für die Verbraucher – zum Beispiel in Form von niedrigen Preisen, hochwertigen Produkten, einer großen Auswahl an Waren und Dienstleistungen und Innovationen – erbringt.[8] Die Fusionskontrolle ist neben dem Kartellverbot (Art. 101 AEUV) und dem Verbot der missbräuchlichen Ausnutzung einer marktbeherrschenden Stellung (Art. 102 AEUV) die dritte Säule, auf die sich der gemeinschaftliche Schutz des Wettbewerbs stützt.

4 Ob die Fusionskontrolle neben den wettbewerbspolitischen Zielen auch noch **soziale und industriepolitische Ziele** verfolgen sollte, war bei den Verhandlungen zur alten Fusionskontrollverordnung Nr. 4064/89 heftig umstritten.[9] Die neue Fusionskontrollverordnung Nr. 139/2004 gibt dieser Diskussion insoweit neuen Auftrieb, als es nach dem Wortlaut des Art. 2 Abs. 1 Satz 1 nunmehr explizit heißt, dass ein Zusammenschlussvorhaben **„nach Maßgabe der Ziele dieser Verordnung – und – der folgenden Bestimmungen auf ihre Vereinbarkeit mit dem Gemeinsamen Markt zu prüfen"** ist. Diese, dem Wortlaut des 23. Erwägungsgrund entsprechende Formulierung impliziert, dass die Ziele der FKVO im Rahmen der Prüfung des Art. 2 Abs. 2 bzw. Art. 3 als immanentes

---

kam indes nach der Praxis der Kommission nur in Ausnahmefällen eine eigenständige Bedeutung zu; Komm. E. v. 2.10.1991 Az. IV/M. 35 – *Aerospatiale/de Havilland* = WUW/E EV 1644; Komm. E. v. 12.11.1992 Az. IV/M. 222 – *Mannesmann/Hoesch,* Tz. 113 ff.

[2] Vgl. hierzu *Riesenkampff,* Northwestern Journal of International Law & Business 2004, 718 ff.; ausführlich *Fountoukakos/Ryan,* ECLR 2005, 277.

[3] Erwägungsgrund Nr. 25 der Verordnung Nr. 139/2004.

[4] Erwägungsgrund Nr. 26 der Verordnung Nr. 139/2004.

[5] Vgl. *Wrase,* Europäische Fusionskontrolle, S. 157 ff.; instruktiv hierzu auch *Baron,* in: FS Bechtold, S. 6 ff.

[6] Zur Entstehungsgeschichte der europäischen Zusammenschlusskontrolle siehe *Bechthold/Bosch/Brinker,* EU-KartellR, Einf. FKVO Rn. 1 ff.

[7] *Wagemann* in: Wiedemann § 16 Rn. 4.

[8] Bekanntmachung der Kommission, Leitlinien zur Bewertung horizontaler Zusammenschlüsse gemäß der Ratsverordnung über die Kontrolle von Unternehmenszusammenschlüssen, vom 28.1. 2004, ABl. 2004 Nr. C 31/5 (im folgenden Horizontal-Leitlinien), Tz. 8.

[9] *Janicki* WuW 1990, 195; *Sauter* in: FS Quack, S. 657.

Tatbestandsmerkmal mitzuprüfen sind.[10] Ziele der FKVO sind die Vertragsziele des Art. 2 EGV (jetzt Art. 3 EUV).[11] Allerdings lässt sich dem 4. Erwägungsgrund eine Beschränkung des Prüfungsumfangs auf die wesentlichen Ziele des Art. 2 EGV (jetzt Art. 3 EUV) entnehmen; namentlich die Steigerung der Wettbewerbsfähigkeit der europäischen Industrie, die Verbesserung der Wachstumsbedingungen sowie die Anhebung des Lebensstandards in der Gemeinschaft.[12] Die immanente Prüfungspflicht der wesentlichen Vertragsziele verhindert mithin auch in Zukunft, dass Vorhaben, durch die Unternehmen die Möglichkeit erlangen oder verstärken, einen wirksamen Wettbewerb zu verhindern, ausnahmsweise für vereinbar mit dem Gemeinsamen Markt erklärt werden, weil etwa der Zusammenschluss für die Steigerung der Wettbewerbsfähigkeit oder die Anhebung des Lebensstandards in der Gemeinschaft unerlässlich ist.[13]

3. Regelungsstruktur

Die zentrale **Regelungsstruktur** des Art. 2 wird in seinem **Abs. 3** zum Ausdruck gebracht; danach ist ein Zusammenschluss dann zu untersagen, wenn er wirksamen Wettbewerb im Gemeinsamen Markt oder in einem wesentlichen Teil desselben erheblich behindern würde, insbesondere durch die Begründung oder Verstärkung einer beherrschenden Stellung. In **Abs. 2** wird spiegelbildlich zu Abs. 3 klargestellt, dass Zusammenschlüsse, die den wirksamen Wettbewerb im Gemeinsamen Markt oder in einem wesentlichen Teil desselben nicht erheblich behindern würden, insbesondere durch Begründung oder Verstärkung einer beherrschenden Stellung, für vereinbar mit dem Gemeinsamen Markt zu erklären sind. **5**

Nach Abs. 1 hat die Kommission bei der Prüfung von Zusammenschlüssen die Ziele der Verordnung und die Bestimmungen des Art. 2 zu berücksichtigen. **Abs. 1 lit. a** enthält im ersten Halbsatz den Prüfungsmaßstab der Aufrechterhaltung und Entwicklung eines wirksamen Wettbewerbs im Gemeinsamen Markt. Im 2. Halbsatz wird beispielhaft aufgezählt, dass zur Verwirklichung dieses Ziels die Struktur aller betroffenen Märkte geprüft werden soll. Hierdurch wird hervorgehoben, dass die Prüfung markt- und strukturbezogen zu erfolgen hat; prüfungsrelevant sind indes nur die Märkte innerhalb der Union, während Märkte in Drittstaaten nicht Schutzgegenstand der FKVO sind.[14] Mit der Erwähnung der Wettbewerbsbeziehungen zwischen den sich zusammenschließenden Unternehmen und ihren Konkurrenten wird die Gleichrangigkeit von potentiellem und aktuellem Wettbewerb sowie von Importwettbewerb und dem Wettbewerb von in der Union ansässigen Unternehmen bei der Beurteilung von Zusammenschlüssen betont. **6**

---

[10] *Althoff,* Die europäische Fusionskontrolle als Instrument zur Realisierung nichtwettbewerblicher Ziele, Baden-Baden 2007, S. 227 f.; *Rittner/Kulka,* Wettbewerbs- und Kartellrecht, 7. Aufl. 2008, § 13 Rn. 50.

[11] Erwägungsgrund 23 der Verordnung Nr. 139/2004. Allgemeine Ziele des EU-Vertrages gem. Art. 2 EUV finden demgegenüber keine Berücksichtigung; dem für die Auslegung zuständigen Gerichtshof fehlt hierfür gem. Art. 46 lit. d) EUV die Kompetenz.

[12] Erwägungsgrund 4 der Verordnung Nr. 139/2004.

[13] Anders noch der erste Verordnungsentwurf aus dem Jahr 1973; danach konnte ein Zusammenschluss, durch den die Unternehmen die Möglichkeit erlangen oder verstärken, einen wirksamen Wettbewerb zu verhindern, für vereinbar mit dem Gemeinsamen Markt erklärt werden, wenn er für die Verwirklichung eines im allgemeinen Interesse der Gemeinschaft liegenden vorrangigen Ziels unerlässlich ist. Auch der Entwurf vom April 1988 sah in seinem Artikel 2 Abs. 3 eine weitgehende Ausnahmeregelung vor. In der schließlich verabschiedeten Fassung der Verordnung Nr. 4064/89 war eine solche Ausnahmeregelung nicht mehr enthalten.

[14] Vgl. Komm. E. v. 26.8.1991 Az. M. 124 – *BNP/Dresdner Bank (CS),* Tz. 6; *Körber* in: Immenga/Mestmäcker EU-WbR Teil I/2, Art. 2 FKVO Rn. 129; *Hacker* in: Schröter/Jakob/Klotz/Mederer, Kommentar zum Europäischen Wettbewerbsrecht, Art. 2 FKVO Rn. 78 ff. A. A. noch die Kommission in ihrer Protokollerklärung zur alten Verordnung Nr. 4064/89 (WuW 1990, 241), wonach mit dem Begriff „Struktur aller betroffenen Märkte" sowohl Märkte innerhalb als auch außerhalb der Gemeinschaft gemeint sein sollten.

7 **In Abs. 1 lit. b** werden einige Beurteilungskriterien für die Prüfung der Vereinbarkeit mit dem Gemeinsamen Markt aufgezählt. Bei den Kriterien handelt es sich sowohl um unternehmensbezogene (z. B. wirtschaftliche Macht und Finanzkraft) als auch um marktbezogene Kriterien (z. B. rechtliche und tatsächliche Marktzutrittsschranken). Die beispielhafte Aufzählung macht deutlich, dass die Beurteilung von Zusammenschlüssen immer in einer Gesamtschau aller Beurteilungskriterien vorzunehmen ist.[15]

8 Der durch die Änderungsverordnung Nr. 1310/97 in die Verordnung Nr. 4064/89 eingeführte **Abs. 4** bestimmt, dass Gemeinschaftsunternehmen, die der Fusionskontrolle unterliegen, soweit sie kooperative Elemente enthalten, zusätzlich nach Art. 101 Abs. 1 und Abs. 3 AEUV zu beurteilen sind. Hinsichtlich ihrer konzentrativen Elemente bemisst sich die Vereinbarkeit mit dem Gemeinsamen Markt nach Abs. 1 bis 3 des Art. 2.[16]

4. Vorgehensweise bei der Prüfung

9 Die materielle Prüfung von Zusammenschlüssen mit EU-weiter Bedeutung nach Art. 2 erfolgt nach allgemeiner Meinung in zwei Schritten.[17] Zunächst wird der **relevante Markt** in sachlicher und räumlicher Hinsicht bestimmt, um zu ermitteln, welchen Wettbewerbskräften die beteiligten Unternehmen ausgesetzt sind. In einem zweiten Schritt wird dann geprüft, ob der Zusammenschluss auf den zuvor bestimmten relevanten Märkten **wirksamen Wettbewerb erheblich behindern würde.** Bei kooperativen Vollfunktionsgemeinschaftsunternehmen, die unter die Fusionskontrolle fallen, sind anschließend etwaige Koordinierungseffekte nach Art. 101 Abs. 1 und 3 AEUV zu prüfen.

II. Marktabgrenzung

1. Allgemeines

10 **Zweck der Marktabgrenzung** ist es, den Markt zu bestimmen, auf dem Unternehmen miteinander im Wettbewerb stehen, um auf dieser Grundlage die Wettbewerbskräfte zu ermitteln, denen sich die am Zusammenschluss beteiligten Unternehmen zu stellen haben.[18] Die Bestimmung der relevanten Märkte ist des Weiteren Voraussetzung für die Prüfung der Marktmacht.[19] So können erst auf der Grundlage des relevanten Marktes die Marktanteile und der Konzentrationsgrad von Angebot und Nachfrage ermittelt werden. Die Marktabgrenzung ist häufig ausschlaggebend für die materielle Beurteilung des Zusammenschlusses.[20] Je enger der relevante Markt abgegrenzt wird, desto höher sind tendenziell die Marktanteile der am Zusammenschluss beteiligten Unternehmen. Die Kommission neigt zu engen Marktabgrenzungen.[21]

11 Die Marktabgrenzung der Fusionskontrolle knüpft an die Praxis zur **Marktabgrenzung des Art. 102 AEUV** an. Fusionskontrolle und Art. 102 AEUV dienen jedoch unterschiedlichen Zwecken. Im Unterschied zu Art. 102 AEUV ist die Fusionskontrolle eine Strukturkontrolle; sie ist im Wesentlichen zukunftsbezogen und berücksichtigt auch dynamische Elemente.[22] So kann es für ein gleiches Produkt durch den unterschiedlichen Zeit-

---

[15] *Zeise* in: Schulte Handbuch Fusionskontrolle Rn. 1303.

[16] Siehe dazu Rn. 186.

[17] EuGH U. v. 31.3.1998 verb. Rs. C-68/94 und C-30/95 – *Frankreich/Komm.* Slg 1998 I-1375, Tz. 143; *Hacker* in: Schröter/Jakob/Klotz/Mederer (Fn. 14) Art. 2 FKVO Rn. 25.

[18] Bekanntmachung der Kommission zur Definition des relevanten Marktes im Wettbewerbsrecht, ABl. 1997 C 372 Tz. 2.

[19] EuGH U. v. 31.3.1998 Rs. C-68/94 und C-30/95 Slg. 1998, I-1375 – *Kali + Salz,* Tz. 143.

[20] Bekanntmachung der Kommission zur Definition des relevanten Marktes im Wettbewerbsrecht, ABl. 1997 C 372 Tz. 4; *Körber* in: Immenga/Mestmäcker EU-WbR Teil I/2, Art. 2 FKVO Rn. 17; *Schütz* in: Kölner Kommentar, Art. 2 FKVO Rn. 7.

[21] *Kerber,* S. 28.

[22] *Ehricke* in: FK Art. 2 FKVO Rn. 10.

horizont der Fusionskontrolle zu einer anderen Marktabgrenzung kommen als bei einer Marktabgrenzung nach Art. 102 AEUV.[23]

Der Markt kann nach sachlichen und räumlichen Kriterien abgegrenzt werden;[24] eine theoretisch denkbare Abgrenzung in zeitlicher Hinsicht ist in der Fusionskontrolle nicht von Relevanz.[25] Die sachliche Marktabgrenzung erfolgt notwendig vor der räumlichen Marktabgrenzung, da zuerst festgestellt werden muss, welche Produkte zu einem Markt gehören, bevor die räumliche Ausdehnung des Marktes bestimmt werden kann. 12

2. Sachlicher Markt

a) Allgemeines. Die Fusionskontrollverordnung enthält keine ausdrückliche **Definition** des relevanten Marktes, eine solche hat sich jedoch in der Verwaltungspraxis der Kommission herausgebildet. Danach gehören all diejenigen Produkte oder Leistungen zum sachlich relevanten Markt, die von den Abnehmern hinsichtlich ihrer Eigenschaften, Preise und ihres vorgesehenen Verwendungszwecks als austauschbar angesehen werden.[26] Diese Definition folgt dem **Bedarfsmarktkonzept.** Entscheidendes Kriterium ist die Austauschbarkeit der Produkte/Leistungen aus Sicht der Marktgegenseite. 13

Um die **Austauschbarkeit** eines Produktes aus Sicht der Marktgegenseite zu bestimmen, muss zunächst geklärt werden, welche Erzeugnisse oder Leistungen die an dem Zusammenschluss beteiligten Unternehmen anbieten. In den meisten Fällen ist dies unproblematisch. Bei komplexeren Leistungen oder Produkten, zu denen zusätzlich auch Dienstleistungen (Service-, Vertriebsleistungen etc.) angeboten werden, ist deren detaillierte Erfassung notwendig, um einen korrekten Ausgangspunkt für die eigentliche Prüfung der Austauschbarkeit zu erhalten.[27] 14

Im Rahmen dieser Prüfung ist zu untersuchen, ob die Produkte, welche die am Zusammenschluss beteiligten Unternehmen anbieten, auf der Nachfrageseite durch andere Produkte austauschbar sind, sog. **Nachfragesubstituierbarkeit.** Damit zwei Produkte austauschbar sind, muss es für die Nachfrager eine realistische und rationale Möglichkeit geben, sich innerhalb relativ kurzer Zeit von einem Produkt auf ein anderes Produkt umzustellen.[28] Hierfür müssen kumulativ mehrere Kriterien wie Verwendungszweck, Preis, Eigenschaften des Produkts und Verbraucherpräferenzen herangezogen werden.[29] Die Kommission räumt den Produkteigenschaften,[30] dem Verwendungszweck[31] und dem Preis[32] bei der Beurteilung eine entscheidende Bedeutung ein. 15

Bei der Prüfung, ob zwei Produkte/Leistungen miteinander austauschbar sind, sind auch Verbrauchergewohnheiten zu berücksichtigen.[33] Die Abgrenzung der Märkte darf aber nicht von rein subjektiven Vorstellungen einzelner Abnehmer beeinflusst werden. Es ist 16

[23] Bekanntmachung der Kommission zur Definition des relevanten Marktes im Wettbewerbsrecht, ABl. 1997 C 372 Tz. 12.

[24] EuGH U. v. 14.12.1978 Rs. 27/76 – *United Brands/Komm.* Slg. 1978, 207, Tz. 10, 11.

[25] *Körber* in: Immenga/Mestmäcker EU-WbR Teil I/2, Art. 2 FKVO Rn. 18.

[26] Formblatt CO Abschnitt 6 Anhang zur Verordnung Nr. 802/2004 ABl. EG 2004 Nr. L 133/9; Bekanntmachung der Kommission zur Definition des relevanten Marktes im Wettbewerbsrecht, ABl. 1997 C 372 Tz. 7; Komm. E. v. 2.10.1991 Az. IV/M. 35 – *Aerospatiale/de Havilland* Tz. 10 = WUW/E EV 1644.

[27] *Körber* in: Immenga/Mestmäcker EU-WbR Teil I/2, Art. 2 FKVO Rn. 34 ff.

[28] Komm. E. v. 30.9.1992 Az. IV/M. 214 – *Du Pont/ICI* Tz. 23.

[29] EuG U. v. 30.1.2007, T-340/03 – *France Télécom/Kommission* = WuW/E EU-R 1225.

[30] Komm. E. v. 17.10.1998 Az. M. 222 – *Mannesmann/Boge,* Tz. 9–11.

[31] Komm. E. v. 12.11.1992 Az. M. 222 – *Mannesmann/Hoesch.*

[32] Bekanntmachung der Kommission zur Definition des relevanten Marktes im Wettbewerbsrecht, ABl. 1997 C 372 Tz. 15.

[33] Bekanntmachung der Kommission zur Definition des relevanten Marktes im Wettbewerbsrecht, ABl. 1997 C 372 Tz. 41.

daher auf die Sicht eines vernünftigen und typischen **Durchschnittsnachfragers** abzustellen.[34]

17 Eine eindeutige Entscheidung über die Austauschbarkeit aus Sicht der Nachfrager lässt sich nur dann fällen, wenn die Nachfrager eine hinreichend homogene Gruppe bilden.[35] Bestehen zwei oder mehrere gesonderte Nachfragergruppen, so unterscheidet die Kommission sog. **Teilmärkte,** die dann die sachlich relevanten Märkte bilden.[36] Voraussetzung hierfür ist, dass sich die Abnehmerseite in unterscheidbare Gruppen unterteilen lässt, die dauerhaft differenzierenden Angebotsstrategien ausgesetzt werden können.[37] So hat die Kommission bei Zusammenschlüssen von Automobilzulieferern den Markt für Starterbatterien für Automobilhersteller und für den unabhängigen Handel als zwei voneinander getrennte Teilmärkte angesehen.[38]

18 Umgekehrt fasst die Kommission im Einzelfall aber auch Produkte, die aufgrund ihrer unterschiedlichen Eigenschaften, Preise oder Verwendungszwecke eigenständige Märkte bilden würden, zu einer **Produktgruppe** zusammen, um so alle Wettbewerbsbedingungen berücksichtigen zu können. Die Produkte dieser Gruppe bilden dann den relevanten Markt. Die Kommission fasste demgemäß im Fall *McCormick/CPC/Rabobank/Ostman* die einzelnen Gewürze zu den Produktgruppen für frische, luftgetrocknete, gefriergetrocknete und tiefgekühlte Gewürze zusammen, da nur so eine vernünftige Marktanalyse vorgenommen werden konnte. In dieselbe Richtung weist der sog. **Sortimentsgedanke.** Danach gehören unterschiedliche Waren zum selben sachlich relevanten Markt, wenn der Abnehmer – wie etwa im Lebensmitteleinzelhandel[39] – das Vorhandensein eines Produktsortiments beim Anbieter erwartet.

19 Ergänzend zur Nachfragesubstituierbarkeit wird die **Substituierbarkeit auf der Angebotsseite** geprüft.[40] Letztere ist gegeben, wenn die Anbieter in der Lage sind, kurzfristig und ohne erheblichen Aufwand und Kosten ein mit den Erzeugnissen der sich zusammenschließenden Unternehmen identisches oder austauschbares Produkt auf dem Markt anzubieten.[41] Trotz fehlender Austauschbarkeit aus Verbrauchersicht – etwa Druckerpapier einerseits und hochwertiges Schreibpapier andererseits – ist demnach von einem sachlich relevanten Markt auszugehen, wenn aus Sicht der Anbieter eine Angebotsumstellung ohne weiteres möglich ist.[42] Hierbei bleibt der Aspekt der Umstellungsrentabilität im Hinblick auf künftigen Wettbewerb durch andere Unternehmen unberücksichtigt; der potentielle Wettbewerb wird erst bei der Beurteilung der Auswirkungen des Zusammenschlusses berücksichtigt.[43] Der sachlich relevante Markt umfasst mithin alle Produkte, die von der Nachfrage oder vom Angebot her substituierbar sind.[44] Die Kommission ermittelt den Ge-

---

[34] Formblatt CO Abschnitt 8.6 Anhang zur Verordnung Nr. 802/2004 ABl. EG 2004 Nr. L 133/9, wonach Beschreibung des „typischen Kunden"; *Schütz* in: Kölner Kommentar, Art. 2 Rn. 21.

[35] Vgl. Bekanntmachung der Kommission zur Definition des relevanten Marktes im Wettbewerbsrecht, ABl. 1997 C 372 Tz. 43.

[36] Formblatt CO Tz. 8.7, Anhang zur Verordnung Nr. 802/2004 ABl. EG 2004 Nr. L 133/9.

[37] Bekanntmachung der Kommission zur Definition des relevanten Marktes im Wettbewerbsrecht, ABl. 1997 C 372 Tz. 43.

[38] Komm. E. v. 31.7.1991 Az. IV/M. 12 – *Varta/Bosch* ABl. 1991 L 320/26, Tz. 12ff.

[39] Komm. E. v. 27.8.1996 Az. IV/M. 803 – *Rewe/Billa,* Tz. 11 ff.

[40] Bekanntmachung der Kommission zur Definition des relevanten Marktes im Wettbewerbsrecht, ABl. 1997 C 372 Tz. 20ff.

[41] Bekanntmachung der Kommission zur Definition des relevanten Marktes im Wettbewerbsrecht, ABl. 1997 C 372 Tz. 20; Komm. E. v. 22.7.1992 Az. IV/M. 190 – *Nestlé/Perrier* Tz. 20 = WUW E EV 1903.

[42] Komm. E. v. 24.2.1992 Az. IV/M. 166 – *Torras/Sarrio,* Tz. 18ff.

[43] Bekanntmachung der Kommission zur Definition des relevanten Marktes im Wettbewerbsrecht, ABl. 1997 C 372 Tz. 33. Siehe zum potentiellen Wettbewerb Rn. 91ff.

[44] Bekanntmachung der Kommission zur Definition des relevanten Marktes im Wettbewerbsrecht, ABl. 1997 C 372 Tz. 21.

samtabsatz dieser Produkte, um den Gesamtwert oder den Gesamtumfang des Markts zu errechnen.

Die Kommission nimmt im ersten Schritt eine **grobe Eingrenzung** des Marktes anhand bereits vorliegender sowie bei der Anmeldung durch die Zusammenschlussbeteiligten übermittelter Informationen vor.[45] Genauere **Nachweise** erhebt die Kommission dann durch die Befragung wichtiger Kunden und Unternehmen des betreffenden Wirtschaftszweiges.[46] Ferner befragt sie betroffene Berufs- und Wirtschaftsverbände und Unternehmen in vor- und nachgelagerten Märkten.[47] Hat die Kommission auf diese Weise alle Informationen erhoben, nimmt sie eine Gesamtbetrachtung vor, um den relevanten Markt zu ermitteln. 20

b) Kriterien und Vorgehensweise. Nachfolgend werden Kriterien erläutert, die die Kommission im Rahmen der Marktabgrenzung heranzieht. Die Erörterung beschränkt sich auf die wichtigsten **Kriterien,** um einen schnellen Überblick über die maßgeblichen Gesichtspunkte für die Marktabgrenzung zu geben. 21

Entscheidend ist zunächst der **Verwendungszweck;** können unterschiedliche Produkte oder Leistungen zum gleichen Zweck verwendet werden, werden diese von den Nachfragern in der Regel als austauschbar angesehen. Allein die objektiv funktionale Austauschbarkeit führt indes nicht automatisch zur Annahme eines gemeinsamen sachlichen Marktes, da bei der Wahl eines Produktes weitere Kriterien, wie etwa das Image eines Produktes, Umrüstkosten oder staatliche bzw. regulatorische Hindernisse, ausschlaggebend sein können.[48] Die Kommission legt einen eng umgrenzten Verwendungszweck zu Grunde.[49] 22

Im Fall *Nestlé/Perrier* nahm die Kommission getrennte Märkte für Brunnenwasser und Erfrischungsgetränke an. Brunnenwasser diene der Deckung des Grundbedarfs an Getränken, wohingegen Erfrischungsgetränke nur sporadisch zum Durstlöschen eingesetzt würden.[50] Im Fall *Du Pont/ICI* ging die Kommission unter anderem von zwei getrennten Märkten für Nylonfasern und Polypropylenfasern aus, da die Teppichhersteller mit Teppichen aus Nylonfasern eine höhere Wertschöpfung erreichen konnten als mit Teppichen aus Polypropylenfasern.[51] Der Verwendungszweck war auch entscheidend für die Marktabgrenzung bei Kabeln. Hier bestehen nach Ansicht der Kommission jeweils eigene Märkte für Telekommunikationskabel, Starkstromkabel, Installationskabel sowie für Lack- und Wickeldraht unabhängig davon, aus welchem Material die Kabel hergestellt wurden.[52] Einen weiteren Markt bilden Freileitungen.[53] Den Markt für Omnibusse über 8t zulässiges Gesamtgewicht teilte die Kommission nach dem Verwendungszweck in unterschiedliche sachliche Märkte für Stadtbusse, Überlandbusse und Reisebusse auf.[54] Schließlich nahm die Kommission für direkte Passagierlinienflüge je Direktstrecke getrennte Märkte an, da die Kunden verschiedene Flüge nur dann als austauschbar betrachten, wenn Abflug- und Ziel- 23

---

[45] Bekanntmachung der Kommission zur Definition des relevanten Marktes im Wettbewerbsrecht, ABl. 1997 C 372 Tz. 24.

[46] Komm. E. v. 19.7.1991 Az. IV/M. 68 – *Tetra Pak/Alfa-Laval,* Tz. 2. = WUW/E EV 1644.

[47] Bekanntmachung der Kommission zur Definition des relevanten Marktes im Wettbewerbsrecht, ABl. 1997 C 372 Tz. 33.

[48] Bekanntmachung der Kommission zur Definition des relevanten Marktes im Wettbewerbsrecht, ABl. 1997 C 372 Tz. 36 und 42.

[49] Vgl. Komm. E. v. 19.7.1991 Az. IV/M 068 – *Tetra Pak/Alfa-Lava,* Tz. 2.2. = WUW/E EV 1644; Komm. E. v. 2.10.1991 Az. IV/M 053 – *Aerospatiale – Alenia/de Havilland,* Tz. 17 f. = WUW/E EV 1675.

[50] Komm. E. v. 22.7.1992 Az. IV/M. 190 – *Nestlé/Perrier* Tz. 11 f. Vgl. auch Komm. E. v. 12.4. 2006 Az. COMP/M.4174 – *Coca Cola/Coca-Cola Hellenic Bottling/Fonti del Vulture.*

[51] Komm. E. v. 30.9.1992 Az. IV/M. 214 – *Du Pont/ICI* Tz. 22.

[52] Komm. E. v. 18.12.1991 Az. IV/M. 165 – *Alcatel/AEG Kabel,* Tz. 11 = WuW/E EV 1740.

[53] Komm. E. v. 18.12.1991 Az. IV/M. 165 – *Alcatel/AEG Kabel,* Tz. 11 = WuW/E EV 1740.

[54] Komm. E. v. 14.2.1995 Az. IV/M. 1672 – *Mercedes/Kässborer,* Tz. 9 ff.; Komm. E. v. 20.6.2001 Az. COMP/M. 2201 – *MAN/Auwärter,* Tz. 13 ff.

ort in ihrem Einzugsgebiet liegen, wobei Abflug- und/oder Zielort jeweils zwei oder mehr Flughäfen sein können.[55]

24 Ein weiteres Kriterium zur Bestimmung des sachlich relevanten Marktes bilden die **Produkteigenschaften.** Bei Waren sind in erster Linie die technisch-physikalischen Eigenschaften oder die chemische Zusammensetzung des Produkts maßgeblich.[56] So bilden Glasflaschen und Kartonverpackungen für Flüssigkeiten getrennte Märkte. Kartonverpackungen sind leichter als Glasflaschen und können aufgrund ihrer eckigen Form platzschonender gestapelt werden; sie weisen daher im Vergleich zu Glasflaschen wesentlich niedrigere Transportkosten auf.[57] Aufgrund unterschiedlicher chemischer Eigenschaften nahm die Kommission im Fall *Nestlé/Novartis* für Mittel zur künstlichen Ernährung, die über den Magen-Darm-Trakt und solche, die über die Blutbahn zugeführt werden jeweils getrennte Märkte an. Aufgrund der unterschiedlichen chemischen Eigenschaften der Produkte können Patienten, die von einer Nahrungsaufnahme über die Blutbahn abhängig sind, nicht zu Nahrungsmitteln wechseln, die über den Magen-Darm-Trakt zugeführt werden.[58] Demgegenüber sind Produkte verschiedener Hersteller, die eine weitgehend identische Beschaffenheit aufweisen, sogenannte homogene Produkte, in der Regel ohne weiteres gegeneinander austauschbar und daher grundsätzlich zu ein und demselben sachlichen Markt zu zählen. Als homogene Produkte hat die Kommission unter anderem Kalisalze[59] angesehen; auch Strom ist nach Auffassung der Kommission ein homogenes Produkt.[60]

25 Im Einzelfall kann jedoch eine Vielzahl weiterer Kriterien eine Rolle spielen. So nahm die Kommission im Fall *Bayer/Schering* unter Hinweis auf die unterschiedlichen **Vertriebswege** und **Zulassungsvorschriften** für rezeptpflichtige und nicht rezeptpflichtige Pharmazeutika jeweils getrennte Produktmärkte an.[61]

26 Der **Preis** kann auf verschiedene Weise zur Marktabgrenzung herangezogen werden. Zum einen beeinflusst der Preis einer Ware deren Austauschbarkeit aus der Sicht der Nachfrager. Ein hoher **absoluter Preisunterschied** zwischen zwei Produkten spricht somit für die Annahme getrennter Märkte. So nahm die Kommission jeweils eigene Märkte für Turboprop Maschinen und Düsenflugzeuge an, da letztere sehr viel höhere Aufwendungen sowohl beim Kauf als auch beim Unterhalt verursachen.[62] Aus demselben Grund nahm die Kommission getrennte Märkte für herkömmliches lineares Fernsehen und nicht-lineare Dienste, wie Video on Demand (VoD) und Pay Per View an.[63] Ebenso kann die frühere **Preisentwicklung** verschiedener Produkte oder Leistungen Aufschluss über deren Austauschbarkeit geben.[64] Zum anderen können die Auswirkungen von Preisänderungen auf

---

[55] Komm. E. v. 27.6.2007 Az. COMP/M. 4439 – *Ryanair/Aer Lingus,* Tz. 22.

[56] *Ehricke* in: FK Art. 2 FKVO Rn. 20f.; vgl. Komm. E. v. 29.3.2006 Az. COMP/M. 3975 – *Cargill/Degussa,* Tz. 29, 73.

[57] Komm. E. v. 19.7.1991 Az. IV/M. 068 – *Tetra Pak/Alfa-Laval,* Tz. 2.2. = WuW/E EV 1644.

[58] Komm. E. v. 4.6.2007 Az. COMP/M.4540 – *Nestlé/Novartis.*

[59] Komm. E. v. 14.12.1993 Az. IV/M. 308 – *Kali und Salz/MDK/Treuhand,* ABl. 1994 L 186, Tz. 12.

[60] Komm. E. v. 13.6.2000 Az. COMP/M. 1673 – *Veba/Viag,* ABl. 2001 L 188, Tz. 10ff.

[61] Komm. E. v. 24.5.2006 Az. COMP/M. 4198 – *Bayer/Schering,* Tz. 7.

[62] Komm. E. v. 2.10.1991 Az. IV/M. 053 – *Aerospatiale – Alenia/de Havilland* Tz. 8 = WUW/E EV 1675.

[63] Komm. E. v. 18.7.2007 Az. COMP/M. 4505 – *SRF/Télé 2 France.*

[64] Komm. E. v. 30.9.1992 Az. IV/M. 214 – *Du Pont/ICI* Tz. 25ff. Demgegenüber ist eine Prüfung der Nachfragesubstituierbarkeit allein anhand hypothetischer Preiserhöhungen, unter Zuhilfenahme des hypothetischen Monopol- oder SSNIP-Tests („Small but Significant Non-transitory Increase in Price"), abzulehnen; er führt in den seltensten Fällen zu verlässlichen Ergebnissen. Im Rahmen des SSNIP-Tests wird untersucht, wie die Nachfrager reagieren würden, wenn alle Anbieter im relevanten Markt ihre Preise um einen bestimmten Prozentsatz erhöhen würden. Wechseln die Nachfrager zu vergleichbaren Produkten oder anderen Anbietern, gehören diese zum gleichen Markt. Berücksichtigung fand der SSNIP-Test bspw. in Komm. E. v. 22.11.2002 COMP/M. 2854 – *RAG/Degussa,* Tz. 20; Komm. E. v. 2.7.2007 COMP/M. 38.784 – *Wanadoo España/Telefónica,* Tz. 163ff.; ausführ-

die Nachfrage Hinweise auf die Austauschbarkeit eines Produkts geben. Hierzu wird das Verhältnis zwischen der Nachfrage nach einem Produkt und einer Veränderung des Preises für dieses Produkt, die sogenannte **Preiselastizität,** ermittelt. Die Preiselastizität ist definiert als die prozentuale Veränderung der nachgefragten Menge eines Produkts im Verhältnis zur prozentualen Veränderung des Preises dieses Produkts. Die **Kreuzpreiselastizität** drückt den voraussichtlichen Nachfragezuwachs eines dritten Unternehmens als Reaktion auf eine Erhöhung der Preise durch die Zusammenschlussbeteiligten aus.[65] Zur Ermittlung der Preiselastizitäten sind jedoch genaue Marktinformationen nötig, die typischerweise nur bei Massenprodukten vorhanden sind.[66] Die Kommission nahm bei einem zwei- bis dreimal so hohen Preis für Erfrischungsgetränke im Vergleich zu Brunnenwasser zwei voneinander getrennte Märkte an, da eine spürbare Preiserhöhung bei Brunnenwasser nicht zu einer Nachfrageverlagerung auf Erfrischungsgetränke führen würde.[67] Ist trotz steigender Preise für ein Produkt und sinkender Preise für das mögliche Substitut keine Nachfrageverschiebung zu verzeichnen, so ist dies ein Hinweis auf zwei voneinander getrennte Märkte.[68]

Auch **Verbraucherpräferenzen** können die Marktabgrenzung beeinflussen. So nahm die Kommission im Fall *Adidas/Reebok* das Image von Sportschuhen als trendige Freizeitbekleidung zum Anlass, eine Abgrenzung der sachlich relevanten Märkte nach Sportarten ernsthaft in Frage zu stellen.[69] Nationale Besonderheiten, die ihre Ursache zum Beispiel in einem unterschiedlichen ästhetischen Empfinden haben, können zu abweichenden Marktabgrenzungen in den einzelnen Mitgliedstaaten führen[70] ebenso wie die unterschiedliche Art der Beschaffung. So hat die Kommission im Fall *Danone/Numico* getrennte Märkte für Markenprodukte und Handelsmarken bei Babynahrung angenommen, da unterschiedliche Fütterungsgewohnheiten in den einzelnen Mitgliedstaaten bestehen, die einzelnen Vertriebskanäle (Apotheken, Einzelhandel) unterschiedliche Bedeutung haben und die Marktpräsenz und Marken in den Mitgliedstaaten unterschiedlich sind.[71] 27

Bei der Ermittlung der **Angebotsumstellungsflexibilität** wird untersucht, ob die Produktionsanlagen eines Herstellers schnell und ohne erhebliche Kosten von einem Produkt auf ein anderes umgestellt werden können. Die Fähigkeit zur Umstellung der Produktion innerhalb eines Jahres wurde von der Kommission als ausreichend schnell erachtet.[72] So wurde im Fall *Sea-Invest/EMO-EKOM* der Markt für Umschlagleistungen in die drei Hauptgüterarten nämlich Packgut, trockene und nasse Massengüter geteilt, weil ein Wechsel zwischen den Gütern beträchtliche Investitionen erfordere und zudem die Gefahr der Produktverunreinigung berge. Unterschiedliche gesetzliche Anforderungen an Produktion und Vertrieb sprechen gegen eine ausreichende Angebotsumstellungsflexibilität.[73] In ihrer Entscheidung *Torras/Sarrio* stellte die Kommission zunächst fest, dass für den Abnehmer hochwertiges Papier und normales Schreibpapier nicht austauschbar sind. Die Papierfabriken seien aber in der Lage, unterschiedliche Qualitäten herzustellen und ihre Produktion 28

---

lich zum SSNIP-Test in Theorie und Anwendungspraxis *Schwalbe/Zimmer,* Kartellrecht und Ökonomie, S. 104ff.

[65] Bekanntmachung der Kommission zur Definition des relevanten Marktes im Wettbewerbsrecht, ABl. 1997 C 372 Tz. 39 Fn. 5.

[66] Als weitere quantitative Tests zur Marktabgrenzung kommt die Preiskorrelationsanalyse in Betracht, welche teilweise mit weiteren ökonomischen Tests, wie dem sog. Granger-Kausaltitätstest oder der Kointegrationsanalyse kombiniert werden; vgl. hierzu Komm. E. v. 13.7.2005 Az. COMP/M. 3625 – *Blackstone/Acetex,* Tz. 35.

[67] Komm. E. v. 22.7.1992 Az. IV/M. 190 – *Nestlé/Perrier* Tz. 13 = WuW/E EV 1903.

[68] Komm. E. v. 22.7.1992 Az. IV/M. 190 – *Nestlé/Perrier* Tz. 13 = WuW/E EV 1903; Komm. E. v. 30.9.1992 Az. IV/M. 214 – *Du Pont/ICI* Tz. 28.

[69] Komm. E. v. 24.1.2006 Az. COMP/M. 3942 – *Adidas/Reebok* Tz. 19.

[70] Komm. E. v. 26.6.2002 Az. IV/M. 2650 – *Haniel/Cementbouw* Tz. 46ff.

[71] Komm. E. v. 31.10.2007 Az. COMP/M. 4842 – *Danone/Numico.*

[72] Komm. E. v. 9.12.1991 Az. IV/M. 149 – *Lucas/Eaton* Tz. 21 = WUW/E EV 1783.

[73] Komm. E. v. 22.7.1992 Az.IV/M. 190 – *Nestlé/Perrier* Tz. 15 = WuW/E EV 1903.

mit vernachlässigbar geringen Kosten und in kürzester Frist umzustellen. Sie nahm daher einen gemeinsamen Markt für holzfreies Papier an.[74] Die Kommission wendet in der Praxis das Kriterium der Angebotsumstellungsflexibilität nur sehr zurückhaltend an. In ihrer Entscheidung *Valeo/ITT* nahm die Kommission getrennte Märkte für Elektromotoren für Front- und Heckscheibenwischer für leichte Kraftfahrzeuge an.[75] Hier wäre unter dem Gesichtspunkt der Angebotsumstellungsflexibilität auch die Annahme eines einheitlichen Marktes vertretbar gewesen.[76]

29 Ferner kann die Produktklassifizierung der Anbieter zur Marktabgrenzung herangezogen werden. So hat die Kommission den Umstand, dass ein Flugzeughersteller zwei Regionalflugzeugtypen mit unterschiedlicher Anzahl von Sitzen herstellte, als Hinweis auf das Bestehen getrennter Märkte für Regionalflugzeuge mit 20–39 Sitzen, Regionalflugzeuge mit 40–59 Sitzen und Regionalflugzeuge mit über 59 Sitzen betrachtet. Es sei unwahrscheinlich, dass ein Hersteller sich selbst Konkurrenz mache, indem er zwei Flugzeugtypen herstelle, die direkt miteinander im Wettbewerb stünden.[77]

30 Bei der Beurteilung einer möglichen marktbeherrschenden Stellung auf **Nachfragemärkten** ist maßgeblich auf die Angebotsumstellungsflexibilität abzustellen.[78] Sind die Anbieter in der Lage, ihre Produktion schnell und ohne große Kosten von einem Produkt auf ein anderes umzustellen, so können sie der Nachfragemacht ausweichen.

3. Räumlicher Markt

31 **a) Allgemeines.** Der räumlich relevante Markt ist der geographische Bereich, auf den sich die Nachfrage für ein bestimmtes Produkt erstreckt. Art. 2 enthält selbst keine **Definition** des räumlich relevanten Marktes. In Art. 9 Abs. 7 wird jedoch der räumliche Referenzmarkt als das Gebiet definiert, „auf dem die betroffenen Unternehmen als Anbieter oder Nachfrager von Waren oder Dienstleistungen auftreten, in dem die Wettbewerbsbedingungen hinreichend homogen sind und das sich von den benachbarten Gebieten unterscheidet; dies trifft insbesondere dann zu, wenn die darin herrschenden Wettbewerbsbedingungen sich von denen in den letztgenannten Gebieten deutlich unterscheiden". Dieser Definition folgt die Kommission in ständiger Praxis;[79] sie ist von der Rechtsprechung bestätigt worden.[80]

32 Die Kommission nimmt die Abgrenzung des räumlich relevanten Marktes in zwei Schritten vor. In einem ersten Schritt prüft die Kommission, ob in dem **Absatzgebiet** der sich zusammenschließenden Unternehmen homogene Wettbewerbsbedingungen herrschen. Ist dies der Fall, so bildet das gesamte Absatzgebiet den räumlich relevanten Markt. Ergibt die Untersuchung in Teilen des Absatzgebiets erhebliche Unterschiede, so bilden diejenigen Teile des Absatzgebiets, in denen hinreichend homogene Wettbewerbsbedingungen herrschen, den räumlich relevanten Markt. In einem zweiten Schritt prüft die Kommission, ob die Wettbewerbsbedingungen in den vorläufig abgegrenzten Gebieten erhebliche Unterschiede zu den an sie **angrenzenden Nachbargebieten** aufweisen. Ist

---

[74] Komm. E. v. 24.2.1992 Az. IV/M. 166 – *Torras/Sarrio* Tz. 18 ff.; vgl. auch Bekanntmachung der Kommission zur Definition des relevanten Marktes im Wettbewerbsrecht ABl. 1997 C 372 Tz. 22.

[75] Komm. E. v. 30.7.1998 Az. IV/M. 1245 – *Valeo/ITT* = WuW/E EU-V 119.

[76] Kritisch auch *Schütz* in: Kölner Kommentar, Art. 2 Rn. 34.

[77] Komm. E. v. 2.10.1991 Az. IV/M. 53 – *Aerospatiale – Alenia/de Havilland,* Tz. 13 = WUW/E EV 1675.

[78] *Schütz* in: Kölner Kommentar, Art. 2 Rn. 52.

[79] Vgl. Bekanntmachung der Kommission zur Definition des relevanten Marktes im Wettbewerbsrecht ABl. 1997 C 372 Rn. 8; Komm. E. v. 31.1.2001 Az. IV/M. 2097 – *SCA/Metsä Tissue,* Tz. 47; Komm. E. v. 11.6.2003 Az. COMP/M 2947 – *Verbund/Energie Allianz,* Tz. 55; Komm. E. v. 19.7. 2006 Az. COMP/M. 3796 – *Omya/Huber,* Tz. 236.

[80] EuGH U. v. 31.3.1998 verb RS C-68/94 und C-30/95 *Frankreich/Komm.* Slg 1998, I-1375; EuG U. v. 22.10.2002 Rs. T-310/01 – *Schneider Electric/Komm.* Tz. 154 = WuW/E EU-R 627.

dies der Fall, so bleibt es bei dem im ersten Schritt gewonnenen Ergebnis. Weisen die Nachbargebiete keine erheblichen Unterschiede in den Wettbewerbsbedingungen auf, so sind diese auch zum räumlich relevanten Markt hinzuzuzählen.

Die Schaffung eines **einheitlichen Binnenmarktes** führt zu einer Angleichung der Wettbewerbsbedingungen in Europa. Die fortschreitende Integration nationaler Märkte zu einem unionsweiten Markt kann daher auch in die Abgrenzung des räumlich relevanten Marktes einfließen.[81] 33

b) Kriterien. Im Rahmen der Bestimmung des räumlich relevanten Marktes kann zwischen einem Marktergebnis- und Marktstrukturtest unterschieden werden. Zunächst ermittelt die Kommission anhand von Marktdaten wie unterschiedlichen Preisen, Marktanteilen und Handelsströmen ein Gebiet, in dem homogene Wettbewerbsbedingungen herrschen. Anschließend ist diese Arbeitshypothese anhand von Strukturkriterien wie Transportkosten, nationalen Besonderheiten, Verbraucherpräferenzen oder unterschiedlichen Vertriebssystemen zu überprüfen, um zu ermitteln, in welchem Umfang den Abnehmern tatsächlich ortsfremde Anbieter als alternative Lieferquelle zur Verfügung stehen. Dabei kommt es maßgeblich darauf an, inwieweit die Abnehmer in der Lage sind, ihre Nachfrage kurzfristig und zu wirtschaftlichen Bedingungen auf Anbieter an anderen Standorten umzustellen.[82] 34

Erhebliche **Preisunterschiede** zwischen den einzelnen Mitgliedstaaten deuten auf das Bestehen nationaler Märkte hin.[83] In der Kommissionspraxis spielt dieses Kriterium eine erhebliche Rolle.[84] Da Preisunterschiede auch auf die unterschiedliche Kaufkraft in den einzelnen Mitgliedstaaten zurückzuführen sein können, sollte ihnen jedoch nur eine bedingte Indizwirkung beigelegt werden.[85] Unterschiedliche Entwicklungen historischer Preise in den abzugrenzenden Gebieten können ebenfalls als Indiz für räumlich getrennte Märkte gewertet werden.[86] 35

Auch starke Abweichungen der **Marktanteile** der Unternehmen in den einzelnen Mitgliedstaaten sprechen nach Meinung der Kommission für das Bestehen nationaler Märkte.[87] Allerdings müssen diese nicht zwangsläufig durch unterschiedliche Wettbewerbsbedingungen verursacht sein; sie sollten daher höchstens als Anhaltspunkt für eine Marktabgrenzung herangezogen werden.[88] 36

Ein weiteres Abgrenzungskriterium ist der **grenzüberschreitende Handel.** Herrscht ein reger Handel zwischen zwei Gebieten, so liegt die Vermutung nahe, dass diese beiden Gebiete einen einheitlichen Markt bilden. Findet dagegen kein Austausch statt, so ist dies ein Indiz für zwei getrennte Märkte.[89] Im Fall *Kali und Salz* verzeichneten alle Mitgliedstaaten bei Kali eine Importquote zwischen 16 und 76 Prozent. Allein der deutsche 37

---

[81] Bekanntmachung der Kommission zur Definition des relevanten Marktes im Wettbewerbsrecht, ABl. 1997 C 372 Rn. 32; siehe auch unten Rn. 51 f.

[82] Bekanntmachung der Kommission zur Definition des relevanten Marktes im Wettbewerbsrecht, ABl. 1997 C 372 Rn. 29.

[83] Komm. E. v. 29.5.1991 Az. IV/M. 43 – *CEAC/Magneti Marelli,* Tz. 16; Komm. E. v. 23.9.1991 Az. IV/M. 134 – *Mannesmann/Boge,* Tz. 16.

[84] Komm. E. v. 23.2.1992 Az. IV/M. 186 – *Henkel/Nobel,* Tz. 12; Komm. E. v. 23.9.1991 Az. IV/M. 134 – *Mannesmann/Boge,* Tz. 16; Komm. E. 15.3.2000 Az. IV/M. 1672 – *Volvo/Scania,* Tz. 38 ff.

[85] Vgl. zur Kritik *Canenbley* in: FS Deringer, S. 243; *Kerber,* S. 46 ff.

[86] Komm. E. v. 11.7.2001 Az. COMP/M. 2314 – *BASF/Eurodiol/Pantochim,* Tz. 57.

[87] Komm. E. v. 29.5.1991 Az. IV/M. 43 – *CEAC/Magneti Marelli,* Tz. 18; Komm. E. v. 2.12.1991 Az. IV/M. 102 *TNT/GD NET,* Tz. 31; Komm E. v. 30.4.2003 Az. COMP/M 2861 – *Siemens/Drägerwerk/JV,* Tz. 36 ff.

[88] Vgl. zur Kritik *Körber* in: Immenga/Mestmäcker EU-WbR Teil I/2, Art. 2 FKVO Rn. 169; *Kerber,* S. 46 ff.

[89] Bekanntmachung der Kommission zur Definition des relevanten Marktes im Wettbewerbsrecht ABl. 1997 C 372 Rn. 13 und 29. Vgl. auch Komm. E. v. 18.7.2007 Az. COMP/M. 4504 – *SFR/Télé 2 France,* Tz. 48.

Markt wies keine nennenswerte Importquote auf. Die Kommission hat dementsprechend einen Markt für Deutschland und einen Markt für den Rest der Union angenommen.[90]

38 **Marktzutrittsschranken** verwehren, erschweren oder verzögern Anbietern den Marktzutritt und können dadurch räumliche Märkte begrenzen.[91] Art. 2 Abs. 1 lit. b FKVO unterscheidet zwischen rechtlichen Marktzutrittsschranken einerseits, zu denen alle staatlichen und administrativen Schranken gehören, und tatsächlichen Marktzutrittsschranken, d. h. allen ökonomischen und technischen Hindernissen, andererseits.[92] Einzelne Marktzutrittsschranken sind im Folgenden wegen ihrer hohen praktischen Bedeutung beispielhaft dargestellt.

39 **Nationale rechtliche Regelungen und nationale Standards** können zu national unterschiedlichen Wettbewerbsbedingungen und somit zu unterschiedlichen räumlichen Märkten führen. So nahm die Kommission im Bereich der Pauschalreisevermittlung nationale Märkte an, da für die Verbraucher das Risiko bestehe, bei Mängeln gegen einen Veranstalter in einem anderen Mitgliedstaat mit einer anderen Rechtsordnung und Sprache vorgehen zu müssen.[93] Auch die freiwillige Verwendung technischer Standards in den Industrien der Mitgliedstaaten kann zu erheblichen Anpassungskosten führen, so dass eine Abgrenzung des räumlich relevanten Marktes entlang der nationalen Grenzen vorzunehmen ist.[94] Andererseits können etablierte internationale Standards die Annahme unionsweiter oder weltweiter Märkte begründen.[95] Als ein gewichtiges Indiz für einen einheitlichen Markt betrachtet die Kommission das Fehlen von Handelsbeschränkungen.[96]

40 Die Bedeutung von **Transportkosten** ist oft ein ausschlaggebendes Kriterium für die Abgrenzung der räumlich relevanten Märkte.[97] Im Verhältnis zum Wert des betroffenen Gutes hohe Transportkosten haben eine regionale Begrenzung des Marktes zur Folge.[98] Auch eine beschränkte Transportfähigkeit eines Gutes, etwa wegen kurzer Haltbarkeit oder besonderer Gefährlichkeit, kann zu einer engen räumlichen Marktabgrenzung führen.[99] Daher handelt es sich bei den Märkten für Fernwärme wegen der geringen Transportfähigkeit der Wärme um lokale Märkte.[100]

41 Unterschiedliche **Verbraucherpräferenzen** können eine Unterscheidung verschiedener räumlich relevanter Märkte rechtfertigen. Im Bereich der Lebensversicherungen hat die Kommission aufgrund der unterschiedlichen Gewohnheiten der Verbraucher in Frankreich und im Vereinigten Königreich zwei voneinander getrennte Märkte angenommen.[101] Bei Marken-Papiertüchern hat die Kommission aufgrund unterschiedlicher Verbraucherpräferenzen und **Sprachunterschieden** ebenfalls getrennte nationale Märkte angenommen.[102] Unterschiedliche länderspezifische Ansätze bei der Anästhesie und der künstlichen Beatmung wertete die Kommission als Anhaltspunkt für nationale räumliche Märkte bei medi-

---

[90] Komm. E. v. 14.12.1993 Az. IV/M 308 – *Kali und Salz/MDK/Treuhand* ABl. 1994 L 186, Tz. 32.

[91] *Hacker* in: Schröter/Jakob/Klotz/Mederer, Kommentar zum Europäischen Wettbewerbsrecht, Art. 2 FKVO Rn. 101.

[92] *Hacker* in: Schröter/Jakob/Klotz/Mederer a. a. O. Art. 2 FKVO Rn. 104.

[93] Komm. E. v. 14.7.1992 Az. IV/M. 229 – *Thomas Cook/LTU/WestLB,* Tz. 14 f.

[94] Komm. E. v. 12.4.1991 Az. IV/M. 24 – *Alcatell/Telettra* ABl. 1991 L 122, Tz. 30 = WuW/E EV 1616.

[95] Komm. E. v. 18.12.1991 Az. IV/M. 165 – *Alcatel/AEG Kabel,* Tz. 15 ff.

[96] Komm. E. v. 29.7.1991 Az. IV/M. 111 – *BP/PETROMED,* Tz. 9 ff.

[97] *Körber* in: Immenga/Mestmäcker EU-WbR Teil I/2, Art. 2 FKVO Rn. 158 ff.; Komm. E. v. 19.7.2006 Az. COMP/M 3796 – *Omya/Huber,* Tz. 237.

[98] Komm. E. v. 22.7.1992 Az. IV/M. 190 – *Nestlé/Perrier,* Tz. 25 ff. = WuW/E EV 1903.

[99] Komm E. v. 19.7.2006 Az. COMP/M. 3796 – *Omya/Huber,* Tz. 241.

[100] Komm. E. v. 20.1.1999 Az. IV/M. 1402 – *Gaz de France/BEWAG/GASAG,* Tz. 21 = WUE/E EU-V 368.

[101] Komm. E. v. 11.11.1991 Az. IV/M. 141 – *UAP/Transantlantic/Sun Life,* Tz. 21.

[102] Komm. E. v. 5.9.2007 Az. COMP/M. 4533 – *SCA/P & G.*

zinischen Therapiegeräten.[103] Auch unterschiedliche Nachfragestrukturen können zu getrennten räumlichen Märkten führen.[104]

42 Unterschiedliche nationale **Vertriebsstrukturen** können Marktzutrittsschranken bilden, die getrennte räumliche Märkte zur Folge haben.[105] Insbesondere bei Versicherungen[106] und in den sogenannten Batteriefällen[107] hat die Kommission sich bei ihrer Argumentation für getrennte räumliche Märkte auf die verschiedenen Vertriebssysteme gestützt.

43 **c) Einzelne Märkte.** Die Kommission hat in ihrer Praxis weltweite, europaweite, nationale und regionale Märkte angenommen. Die Bestimmung des räumlich relevanten Marktes erfolgt nach dem Maßstab der ökonomischen Realität.[108] Oft steht die Abgrenzung zwischen einem nationalen Markt und einem unionsweiten Markt im Mittelpunkt.[109] Dieser Schwerpunkt ist bedingt durch die Verwirklichung des Binnenmarktes, die in vielen Fällen den Übergang von einem nationalen Markt zu einem unionsweiten Markt zur Folge hat.

44 Die Kommission hat der ökonomischen Abgrenzung folgend Märkte angenommen, die in ihrer räumlichen Ausdehnung über das Gebiet der Union hinausgehen.[110] Diese Vorgehensweise hat das EuG inzidenter in einer Entscheidung bestätigt.[111] In Deutschland nimmt nunmehr auch der BGH unter Aufgabe seiner früheren Rechtsprechung Märkte an, die über den Geltungsbereich des GWB hinausreichen.[112] Die Kommission geht vom größten denkbaren räumlichen Markt, dem **Weltmarkt,** aus, wenn weltweit keine geographischen Marktzutrittsschranken bestehen und eine weltweite Marktdurchdringung zu erkennen ist.[113] Einen Weltmarkt hat die Kommission unter anderem für an der Börse notierte Rohstoffe,[114] Zivilhubschrauber[115] oder Rückversicherungen[116] angenommen.

45 Nach Inkrafttreten des Abkommens über den **Europäischen Wirtschaftsraum** hat die Kommission bei vielen Dienstleistungen und Produkten den EWR als den räumlich relevanten Markt definiert. Der EWR umfasst neben den EU-Staaten auch Norwegen, Liechtenstein und Island. Den EWR als räumlich relevanten Markt hat die Kommission unter anderem bei Kfz-Zuliefermärkten[117] und Nylonfasern[118] angenommen.

46 Die Kommission legt üblicherweise einen **unionsweiten Markt** zugrunde, wenn nicht besondere Umstände eine andere Marktabgrenzung rechtfertigen. Die Kommission zieht vor allem Kriterien wie die Gleichheit der Preise innerhalb der Europäischen Union, das Bestehen einheitlicher technischer Standards, die Präsenz der wesentlichen Anbieter in allen Mitgliedstaaten oder die internationale Einkaufspolitik der Nachfrager zur Begrün-

---

[103] Komm E. v. 30.4.2003 Az. COMP/M 2861 – *Siemens/Drägerwerk/JV,* Tz. 59 ff.

[104] Komm. E. v. 12.11.1992 Az. IV/M. 222 – *Mannesmann/Hoesch,* Tz. 77 = WuW 1993, 35 (Kurzfassung).

[105] Komm. E. v. 30.4.2003 Az. COMP/M 2861 – *Siemens/Drägerwerk/JV,* Tz. 41 ff.; Komm E. v. 4.6.2007 Az. COMP/M. 4600 – *TUI/First Choice,* Tz. 49.

[106] Komm. E, 11.11.1991 Az. IV/M. 141 – *UAP/Transatlantic/Sun Life,* Tz. 21; Komm. E. v. 14.1. 1992 Az. IV/M 183 – *Schweizer Rück/Elvia,* Tz. 10.

[107] Komm. E. v. 29.5.1991 Az. IV/M. 43 – *CEAC/Magneti Marelli,* Tz. 16.

[108] *Ehlermann* WuW 1991, 534, 541.

[109] *Kerber,* S. 36; *Ehricke* in: FK Art. 2 FKVO Rn. 103.

[110] Komm. E. v. 2.10.1991 Az. IV/M. 053 – *Aerospatiale – Alenia/de Havilland* = WUW/E EV 1675.

[111] EuG U. v. 25.3.1999 Rs. T-102/96 – *Gencor/Kom. Slg.* 1999 II 753, Tz. 98.

[112] BGH, Beschluß vom 5.10.2004 = WuW/E DR-R 1355 unter Aufgabe von BGHZ 131, 107 = WuW/E BGH 3026.

[113] Komm. E. v. 25.2.1991 Az. IV/M. 17 – *MBB/Aerospatiale,* Tz. 18.

[114] Komm. E. v. 24.4.1996 Az. IV/M 619 – *Gencor/Lonrho,* Tz. 68 ff.; Komm. E. 6.8.1997 Az. IV/ M. 723 – *Norsk Alcoa/Elkem,* Tz. 16.

[115] Komm. E. v. 25.2.1991 Az. IV/M. 17 – *MBB/Aerospatiale,* Tz. 18, nationale Märkte aber für Militärhubschrauber, Tz. 12.

[116] Komm. E. v. 14.1.1992 Az. IV/M. 183 – *Schweizer Rück/Elvia* Tz. 9.

[117] Komm. E. v. 22.7.1997 Az. IV/M. 937 – *Lear/Keiper* = WuW 1997, 807 (Kurzfassung).

[118] Komm. E. v. 8.9.1993 Az. IV/M. 355 – *Rhône-Poulenc/SNIA,* Tz. 19.

dung eines unionsweiten Marktes heran. Die Kommission hat unionsweite Märkte unter anderem bei Zellstoffen/Papier[119] und Latex[120] angenommen.

47 Nationale Gesetzgebung[121] und nationale Verbraucherpräferenzen[122] können als Gründe für einen **nationalen Markt** herangezogen werden. Die Kommission stellt vor allem auf unterschiedliche Marktanteile und unterschiedliche Preise in den einzelnen Mitgliedstaaten zur Begründung nationaler Märkte ab.[123] Aber auch die Begrenzung der faktischen Geschäftstätigkeit der beteiligten Unternehmen auf nur ein Staatsgebiet wird von der Kommission als Indiz für einen nationalen Markt angesehen.[124] Die Kommission hat nationale Märkte unter anderem bei Arzneimitteln[125] und Getränken[126] angenommen.

48 **Regionale** oder **lokale Märkte** nimmt die Kommission bei transportkostenintensiven Gütern wie Baustoffen[127] und Produkten mit begrenzter Haltbarkeit wie Lebensmitteln[128] oder begrenzter Transportfähigkeit wie Fernwärme[129] an.

49 **d) Wesentlicher Teil des Gemeinsamen Marktes.** Nach Art. 2 Abs. 3 FKVO kann die Kommission einen Zusammenschluss nur dann für unvereinbar mit dem Gemeinsamen Markt erklären, wenn wirksamer Wettbewerb im Gemeinsamen Markt oder in einem wesentlichen Teil desselben erheblich behindert wird. Die wettbewerblichen Folgen eines Zusammenschlusses entfalten ihre Wirkung auf den jeweils relevanten Märkten. Der räumlich relevante Markt muss daher zumindest einen wesentlichen Teil des Gemeinsamen Marktes umfassen. Andernfalls kann die Kommission den Zusammenschluss nicht untersagen. Mit dem Erfordernis des wesentlichen Teils des Gemeinsamen Marktes wird auf **Art. 102 AEUV** Bezug genommen. Es können daher die anhand des Art. 102 AEUV entwickelten Grundsätze übernommen werden.[130]

50 Der Gemeinsame Markt besteht aus dem in Art. 52 EUV und Art. 355 AEUV bezeichneten Gebiet der Mitgliedstaaten. Ein Gebiet stellt dann einen wesentlichen Teil des Gemeinsamen Marktes dar, wenn es für die Verwirklichung der Ziele von EUV und AEUV von hinreichender Bedeutung ist. Hierbei sind vor allem die Struktur sowie die Größe und der Umfang der Produktion und der Nachfrage zu berücksichtigen.[131] Die Anforderungen an die wirtschaftliche Bedeutung eines Teilmarktes sind eher gering. Auf die räumliche Größe des Teilmarktes kommt es nicht entscheidend an. So sind als wesentlicher Teil des Gemeinsamen Marktes nicht nur Teile einzelner Mitgliedstaaten angesehen worden, sondern sogar auch einzelne Städte.[132]

4. Zeitliche Perspektive

51 Eine zeitliche Begrenzung temporärer Märkte wie z. B. im Falle von Sportveranstaltungen, Messen oder Ausstellungen ist für die Fusionskontrolle – anders als bei der Anwen-

---

[119] Komm. E. v. 24.2.1992 Az. IV/M 166 – *Torras/Sarrio,* Tz. 27 und 34.

[120] Komm. E. v. 8.11.1991 Az. IV/M. 146 – *Metallgesellschaft/Safic Alcan,* Tz. 20 f.

[121] Komm. E. v. 14.1.1992 Az. IV/M. 183 – *Schweizer Rück/ELVIA,* Tz. 10 f.

[122] Komm. E. v. 18.4.1994 Az. IV/M. 426 – *Rhône Poulenc/Cooper,* Tz. 18.

[123] Komm. E. v. 29.10.1993 Az. IV/M. – *McCormick/CPC/Rabobank/Ostmann,* Tz. 41 ff.

[124] Komm. E. v. 18.7.2007 Az. COMP/M. 4504 – *SFR/Télé 2,* Tz. 48.

[125] Komm. E. v. 21.11.2006 Az. COMP/M. 4402 – *UCB/Schwarz,* Tz. 12; Komm. E. V. 24.5.2006 Az. COMP/M. 4198 – *Bayer/Schering,* Tz. 23.

[126] Komm. E. v. 11.9.1997 Az. IV/M. 833 – *Coca Cola Company/Carlsberg* ABl. EG 1998 L 145/41, Tz. 44.

[127] Komm. E. v. 6.9.2006 Az. COMP/M. 4298 – *Aggregate Industries/Foster Yeoman,* wonach ein Lieferradius von rund 50 km angenommen wird.

[128] Komm. E. v. 19.4.1993 Az. IV/M. 320 – *Ahold/Jeronimo/Martins/Inovacao,* Tz. 17.

[129] Komm. E. v. 20.1.1999 Az. IV/M. 1402 – *Gaz de France/BEWAG/GASAG,* Tz. 21.

[130] Vgl. hierzu Art. 102 Rn. 142 f.

[131] *Körber* in: Immenga/Mestmäcker EU-WbR Teil I/2, Art. 2 FKVO Rn. 138.

[132] EuGH U. v. 10.12.1991 Rs. C-179/90 *Merci Conventionali Porto di Genova/Siderurgica Gabrielli* Slg. 1991 I, 5923, Tz. 15.

dung von Art. 102 AEUV – auch nicht in Einzelfällen relevant, da die Fusionskontrolle im Unterschied zu dem Verbot der missbräuchlichen Ausnutzung einer marktbeherrschenden Stellung nach Art. 102 AEUV nicht ein gegenwärtiges Verhalten von Unternehmen, sondern die Entwicklung der Marktstrukturen während eines relevanten Prognosezeitraumes zum Gegenstand hat.[133]

Trotz der zukunftsgerichteten Perspektive der Fusionskontrolle berücksichtigt die Kom- **52**
mission dynamische Veränderungen der Marktbedingungen grundsätzlich erst im Rahmen der Beurteilung der Marktmacht und geht bei der Marktabgrenzung von einer eher statischen Betrachtung aus.[134] Bei der Diskussion unionsweiter Märkte bietet die fortschreitende Verwirklichung des Binnenmarkts in gewissem Umfang gleichwohl Raum für eine zukunftsgerichtete Betrachtung.[135]

III. Erhebliche Behinderung wirksamen Wettbewerbs

1. Definition und Bedeutung

Die erhebliche Behinderung wirksamen Wettbewerbs ist seit der Neufassung der Fu- **53**
sionskontrollverordnung Nr. 139/2004 im Mai 2004 alleiniges Untersagungskriterium. Eine Legaldefinition der erheblichen Behinderung findet sich in der FKVO indes nicht. Auch fehlt es derzeit noch an Gerichts- oder aussagekräftigen Kommissionsentscheidungen. Allerdings kann eine Definition anhand des Ziels der Fusionskontrollverordnung sowie anhand der Leitlinien zur Bewertung horizontaler Zusammenschlüsse[136] (im Folgenden: Horizontal-Leitlinien) sowie anhand der Leitlinien zur Bewertung nicht-horizontaler Zusammenschlüsse[137] (im Folgenden: Nicht-Horizontal-Leitlinien) gewonnen werden. Ziel der Fusionskontrollverordnung ist es, wettbewerbliche Marktstrukturen zu erhalten und so zur Förderung der allgemeinen Wohlfahrt im Gemeinsamen Markt beizutragen.[138] Dementsprechend stellt die Kommission in ihren Horizontal-[139] und Nicht-Horizontal-Leitlinien[140] fest, dass wirksamer Wettbewerb zu Vorteilen für die Verbraucher zum Beispiel in Form niedriger Preise, hochwertiger Produkte, einer gossen Auswahl an Waren und Dienstleistungen und Innovationen führe. Mit der Fusionskontrolle seien Zusammenschlüsse zu verhindern, die geeignet wären, den Verbrauchern diese Vorteile vorzuenthalten, indem die Marktmacht der Unternehmen spürbar erhöht würde.

Erhöhte **Marktmacht** definiert die Kommission ähnlich wie die US-amerikanischen **54**
Wettbewerbsbehörden[141] als die Fähigkeit eines oder mehrerer Unternehmen, gewinnbringend Preise zu erhöhen, den Absatz, die Auswahl oder Qualität der Waren oder Dienstleistungen zu verringern, die Innovation einzuschränken oder die Wettbewerbsparameter auf andere Weise negativ zu beeinflussen.[142] Wann ein Unternehmen über einen entsprechen-

[133] Vgl. Bekanntmachung der Kommission zur Definition des relevanten Marktes im Wettbewerbsrecht, ABl. 1997 C 372 Rn. 12.

[134] *Hacker* in: Schröter/Jakob/Klotz/Mederer (Fn. 91) Art. 2 FKVO Rn. 67.

[135] Bekanntmachung der Kommission zur Definition des relevanten Marktes im Wettbewerbsrecht, ABl. 1997 C 372 Rn. 32; *Ehricke* in: FK Art. 2 FKVO Rn. 103.

[136] Bekanntmachung der Kommission, Leitlinien zur Bewertung horizontaler Zusammenschlüsse gemäß Ratsverordnung über die Kontrolle von Unternehmenszusammenschlüssen vom 28.1.2004, ABl. 2004 Nr. C 31/5.

[137] Bekanntmachung der Kommission, Leitlinien zur Bewertung nichthorizontaler Zusammenschlüsse gemäß der Ratsverordnung über die Kontrolle von Unternehmenszusammenschlüssen vom 28.11.2007, ABl. 2008 Nr. C 265/6; eine übersichtliche Darstellung der Leitlinien und eine dezidierte Kritik finden sich bei *Körber,* Nicht-horizontale Zusammenschlüsse, WuW 5/2008, S. 522 ff.

[138] Vgl. Rn. 3.

[139] *Kommission,* Horizontal-Leitlinien Tz. 8.

[140] *Kommission,* Nicht-Horizontal-Leitlinien Tz. 10.

[141] US Department of Justice and Federal Trade Commission, Horizontal Merger Guidelines Tz. 0.1.

[142] *Kommission,* Horizontal-Leitlinien Tz. 8; *Kommission,* Nicht-Horizontal-Leitlinien Tz. 10.

den Verhaltensspielraum verfügt, lässt sich nicht pauschal beantworten. Allerdings hat die Kommission für nicht-horizontale Fusionen, seien sie koordiniert oder nicht koordiniert, festgestellt, dass eine Marktmacht sich zumindest dann kaum einstellen wird, wenn der Marktanteil der neuen Einheit nach der Fusion in jedem der betroffenen Märkte unterhalb von 30% und der HH-Index unterhalb von 2000 liegt.[143]

55 Eine **erhebliche** Behinderung wirksamen Wettbewerbs liegt nicht schon bei jeder Möglichkeit zur einseitigen Preiserhöhung oder der bloßen Erleichterung koordinierten Verhaltens vor.[144] Vielmehr muss es durch den Zusammenschluss zu einer spürbaren Schlechterstellung der übrigen Marktteilnehmer kommen. Speziell bei konglomeraten Fusionen ist eine Behinderung beispielsweise nur dann erheblich, wenn ein ausreichend großer Teil des Marktausstoßes von der Abschottung betroffen ist. Wenn demgegenüber in beiden Märkten wirksame Einproduktanbieter verbleiben, ist es unwahrscheinlich, dass der Wettbewerb nach einer konglomeraten Fusion beeinträchtigt wird. Das Gleiche gilt, wenn nur wenige Einproduktwettbewerber fortbestehen, diese jedoch die Fähigkeit und den Anreiz haben, ihre Produktion zu erweitern.[145]

Zusammenfassend lässt sich festhalten, dass nach den Leitlinien eine erhebliche Behinderung wirksamen Wettbewerbs vorliegt, wenn vor dem Zusammenschluss wirksamer Wettbewerb bestand, welcher durch die Fusion zum Nachteil der Verbraucher gestört wird, weil der Zusammenschluss die Marktmacht der beteiligten Unternehmen spürbar erhöht.

56 Mit Einführung des vorstehend definierten Kriteriums der erheblichen Behinderung wirksamen Wettbewerbs[146] wurde der nach der alten Verordnung Nr. 4064/89 allein gültige Marktbeherrschungstest zugleich zum Regelbeispiel herabgestuft.[147] Der SIEC-Test ist insoweit eine Kombination aus Marktbeherrschungskriterium und der US-amerikanischen Regelung in Sec. 7 Clayton Act,[148] wonach Zusammenschlüsse zu untersagen sind, wenn sie zu einer wesentlichen Verringerung des Wettbewerbs führen (sog. „SLC-Test"). Rein faktisch hat die Implementierung des SIEC-Tests zur Folge, dass der amerikanische SLC-Standard nunmehr auch im EU-Recht existiert.[149] Ziel des Systemwechsels war es, die ökonomische Funktion des Wettbewerbs zum Wohle der Verbraucher (sog. „more economic approach") in den Vordergrund zu stellen. Zugleich sollte dem Vorwurf begegnet werden, der Marktbeherrschungstest sei zu eng, weil er die Konstellationen nicht erfassen könne, in denen zwar keine Marktbeherrschung gegeben sei, der Zusammenschluss aber gleichwohl in der Lage sei, die Wettbewerbsbedingungen zu verschlechtern, ohne dass dieses Verhalten durch die Wettbewerber noch hinreichend kontrolliert würde.

57 Mit Blick auf den Wortlaut des Art. 2 Abs. 3, wonach Zusammenschlüsse zu untersagen sind, durch die wirksamer Wettbewerb erheblich behindert wird, insbesondere durch Begründung einer marktbeherrschenden Stellung,[150] sowie die Entstehungsgeschichte wird deutlich, dass es nicht um die Abschaffung des Marktbeherrschungskriteriums, sondern um dessen Ergänzung ging. Liegt, was der Regelfall sein dürfte,[151] eine Einzelmarktbeherr-

---

[143] *Kommission,* Nicht-Horizontal-Leitlinien Tz. 25.

[144] *Montag/v. Bonin* in: Münchener Kommentar, EU-Kartellrecht Band 1, FKVO Art. 2 Rn. 42.

[145] *Kommission,* Nicht-Horizontal-Leitlinien Tz. 113.

[146] Engl. „Significant Impediment to Effective Competition"; kurz: „SIEC-Test".

[147] *Rittner/Kulka,* Wettbewerbs- und Kartellrecht, 7. Aufl. 2008, § 13 Rn. 54; *Schulte/Zeise,* Handbuch der Fusionskontrolle, C. III., Rn. 1292.

[148] 15 U.S.C. § 18.

[149] *Rittner/Dreher,* Europäisches und deutsches Wirtschaftsrecht, 3. Aufl., § 22 Rn. 19.

[150] Mit einer beherrschenden Stellung im Sinne von Art. 2 FKVO ist die wirtschaftliche Machtstellung eines oder mehrerer Unternehmen gemeint, die diese in die Lage versetzt, die Aufrechterhaltung eines wirksamen Wettbewerbs auf dem relevanten Markt zu verhindern, indem sie ihnen die Möglichkeit verschafft, sich ihren Konkurrenten, ihren Kunden und letztlich den Verbrauchern gegenüber in nennenswertem Umfang unabhängig zu verhalten; vgl. *Kommission,* Horizontal-Leitlinien Tz. 2; EuG U. v. 23.2.2006 Rs. T-282/02 – *Cementbouw Handel & Industrie BV/Kommission.*

[151] *Kommission,* Horizontal-Leitlinien Tz. 4.

schung oder kollektive Marktbeherrschung vor, ist die erhebliche Behinderung indiziert. Das SIEC-Kriterium erlangt grundsätzlich nur dann eigenständige Bedeutung, wenn ein Sonderfall vorliegt, in dem eine Marktbeherrschung ausnahmsweise nicht nachweisbar ist, der Zusammenschluss aber dennoch zu einer erheblichen Behinderung führt. Bislang dürfte es aufgrund des geänderten Prüfungsmaßstabs in der Entscheidungspraxis der Kommission nur im Fall *UPS/TNT Express* zu einer Untersagung gekommen sein.[152] Die übrigen Untersagungen beruhen demgegenüber auf der Feststellung der Begründung oder Verstärkung einer marktbeherrschenden Stellung.[153] Die Kommission ist nicht gezwungen, das Vorliegen einer marktbeherrschenden Stellung zu prüfen. Es reicht vielmehr aus, wenn der Zusammenschluss durch die Erhöhung der Marktmacht der Unternehmen zu einer Verschlechterung der ökonomischen Funktionen des Wettbewerbs führt, so dass den Verbrauchern Nachteile, zum Beispiel durch höhere Preise oder durch eine Verringerung des Angebots, entstehen.[154]

Letzteres wurde in der Kommissions-Entscheidung *Siemens/VA Tech*[155] deutlich. Der Fall betraf die Übernahme des österreichischen Technologiekonzerns VA Tech durch Siemens. Die Marktuntersuchung der Kommission hatte ergeben, dass der Zusammenschluss angesichts der Minderheitsbeteiligung von Siemens an dem bedeutendsten Konkurrenten von VA Tech zu einer erheblichen Verminderung des Wettbewerbsdrucks auf die fusionierte Einheit geführt hätte. Die Möglichkeit, das wettbewerbliche Verhalten des bedeutendsten Wettbewerbers antizipieren zu können und die Tatsache, dass von dritten Unternehmen kein hinreichender Wettbewerbsdruck ausgegangen wäre, hätten eine erhebliche Beeinträchtigung wirksamen Wettbewerbs zur Folge gehabt. Ob der entsprechende Marktvorsprung zu einer marktbeherrschenden Stellung geführt hätte, ließ die Kommission indes offen.[156] **58**

Entscheidungserheblich wurde das Tatbestandsmerkmal der Behinderung wirksamen Wettbewerbs erstmals im Fall *T-Mobile Austria/Tele.ring.*[157] Der Zusammenschluss beinhaltete die Übernahme sämtlicher Anteile der alleinigen Gesellschafterin der tele.ring-Unternehmensgruppe durch T-Mobile. T-Mobile und tele.ring betreiben Mobilfunknetze in Österreich. Das Ausscheiden von tele.ring als unabhängigem Netzbetreiber hätte eine Marktstruktur mit zwei ähnlich großen Wettbewerbern, einem erheblich kleineren und einem sehr kleinen Wettbewerber zur Folge gehabt. Die Kommission führte aus, dass der Zusammenschluss auch dann zu nicht-koordinierten Effekten führen würde, „wenn T-Mobile nach der Transaktion nicht das Unternehmen mit dem größten Marktanteil wird".[158] Aus ähnlichen Erwägungen hat die Kommission den ebenfalls den österreichischen Mobilfunkmarkt betreffenden Zusammenschluss *Hutchinson 3G Austria/Orange Austria* nur unter Zusagen freigegeben.[159] Dies zeigt, dass eine erhebliche Behinderung des Wettbewerbs auch ohne Entstehung oder Verstärkung einer marktbeherrschenden Stellung bejaht werden kann. **59**

---

[152] Komm. B. v. 30.7.2013 COMP/M. 6570 – *UPS/TNT Express; Bechthold/Bosch/Brinker,* EU-Kartellrecht, Art. 2 FKVO Rn. 6.

[153] Komm. B. v. 27.2.2013 COMP/M. 6663 – *Ryanair/Aer Lingus III;* Komm. B. v. 1.2.2012 COMP/M 6166 – *Deutsche Börse/Nyse Euronext;* Komm. B. v. 26.1.2011 COMP/M. 5830 – *Olympic/Aegean Airlines;* Komm. E. v. 11.10.2007 COMP/M 4439 – *Ryanair/Aer Lingus; Bechthold/Bosch/Brinker,* EU-Kartellrecht, Art. 2 FKVO Rn. 6.

[154] In diesem Zusammenhang finden, aufgrund des rechtlichen Spielraumes, den der SIEC-Test diesbezüglich eröffnet, verstärkt empirische Analysemethoden Anwendung, die ursprünglich lediglich im Rahmen der Marktabgrenzung eingesetzt wurden; vgl. hierzu und mit einer Darstellung der Anwendungspraxis in diesem Zusammenhang *Schwalbe/Zimmer,* Kartellrecht und Ökonomie, S. 221 ff.; ferner Komm. E. v. 26.10.2004 COMP/M.3216 – *Oracle/Peoplesoft,* Tz. 136 und 191 ff.

[155] Komm. E. v. 13.7.2005 COMP/M. 3653 – *Siemens/VA Tech.*

[156] Komm. E. v. 13.7.2005 COMP/M. 3653 – *Siemens/VA Tech,* Tz. 334 ff.

[157] Komm. E. v. 26.4.2006 COMP/M. 3916 – *T-Mobile Austria/Tele.ring.*

[158] Komm. E. v. 26.4.2006 COMP/M. 3916 – *T-Mobile Austria/Tele.ring,* Tz. 40.

[159] Komm. B. v. 12.12.2012 COMP/M. 6497 – *Hutchinson 3G Austria/Orange Austria.*

60 Auch im Fall *Toshiba/Westinghouse*[160] hat die Kommission trotz Fehlens einer marktbeherrschenden Stellung der neuen Einheit auf den verschiedenen Märkten für Reaktortechnologie eine erhebliche Behinderung wirksamen Wettbewerbs bejaht. Der Zusammenschluss beinhaltete den Erwerb der alleinigen Kontrolle über Westinghouse durch Toshiba. Westinghouse war, im Gegensatz zu Toshiba, auf einem bestimmten Markt für Reaktortechnologie tätig. Toshiba war bereits an GNF, einem Gemeinschaftsunternehmen mit GE als Hauptanteilseigner, minderheitsbeteiligt. GE und GNF waren u. a. auf demselben Markt für Reaktortechnologie tätig wie Westinghouse. Durch Zusammenschluss mit Westinghouse wäre Toshiba zum direkten Wettbewerber von GE auf dem relevanten Markt geworden. Über die mit der Minderheitsbeteiligung an GNF verbundenen Veto- und Informationsrechte hätte Toshiba ihren Wettbewerber GE in seiner Geschäftstätigkeit behindern können. Nach dem Zusammenschluss hätte Toshiba als Wettbewerber von GE auch einen Anreiz gehabt, von dieser Möglichkeit Gebrauch zu machen. In dieser Konstellation sah die Kommission die Gefahr einer künftigen Verbraucherbenachteiligung.

2. Fallgruppen

61 Die Kommission unterscheidet sowohl in ihren Leitlinien zur Bewertung horizontaler Zusammenschlüsse als auch in ihren Leitlinien zur Bewertung nicht-horizontaler Zusammenschlüsse zwischen **koordinierten Wirkungen** und **nicht koordinierten Wirkungen** von Zusammenschlüssen, durch die der Wettbewerb erheblich behindert werden kann.[161] Dem liegt die Überlegung zugrunde, dass Zusammenschlüsse zwischen Wettbewerbern entweder zu einer Erhöhung der individuellen Marktmacht führen, die Unternehmen unabhängig voneinander ausüben können, oder es den Unternehmen ermöglichen, ihr Verhalten zu koordinieren. Bei Zusammenschlüssen zwischen Nicht-Wettbewerbern besteht die Gefahr, dass es entweder zu einer Abschottung des Marktzugangs kommt oder ebenfalls ein Anreiz zur Koordinierung des Wettbewerbsverhaltens geschaffen oder verstärkt wird.

62 Der Begriff der koordinierten Wirkungen im Sinne der Leitlinien der Kommission bezieht sich jedoch nicht auf abgestimmte Verhaltensweisen im Sinne des Art. 101 AEUV.[162] Als koordiniertes Verhalten wird autonomes Parallelverhalten von Unternehmen bezeichnet, das kein abgestimmtes Verhalten im Sinne des Art. 101 AEUV darstellt. Dieses Parallelverhalten wird im Rahmen der Fusionskontrolle und in den Wirtschaftswissenschaften auch als „tacit collusion" bezeichnet. Ein Zusammenschluss kann die Wettbewerbsbedingungen derart verändern, dass Unternehmen, die zuvor ihr Verhalten nicht koordiniert haben, nach dem Zusammenschluss geneigt sind, in einem koordinierten Vorgehen ihre Preise zu erhöhen oder auf andere Weise den Wettbewerb zu schädigen. Haben die Unternehmen ihr Verhalten bereits vor dem Zusammenschluss koordiniert, so kann der Zusammenschluss den Wettbewerb dadurch erheblich behindern, dass er die Koordinierung erleichtert, stabilisiert oder sie erfolgreicher macht **(koordinierte Wirkungen/koordinierte Effekte).**[163]

63 Ein Zusammenschluss kann zu einer Verringerung des Wettbewerbsdrucks und damit zu einer Erhöhung der Marktmacht eines oder mehrerer Unternehmen führen, ohne dass die Unternehmen auf ein koordiniertes Verhalten zurückgreifen müssen **(nicht koordinierte**

---

[160] Komm. E. v. 19.6.2006 COMP/M. 4153 – *Toshiba/Westinghouse,* Tz. 72.

[161] *Kommission,* Horizontal-Leitlinien Tz. 22; *Kommission,* Nicht-Horizontal-Leitlinien Tz. 17–19; Komm. E. v. 4.5.2007 Az. COMP/M. 4601 – *KarstadtQuelle/MyTravel,* Tz. 51 ff.; vgl. auch US Department of Justice und Federal Trade Commission, Horizontal Merger Guidelines Tz. 2.1 und 2.2.

[162] *Kommission,* Nicht-Horizontal-Leitlinien Tz. 81.

[163] *Kommission,* Horizontal-Leitlinien Tz. 22; *Kommission,* Nicht-Horizontal-Leitlinien Tz. 79. Die koordinierten Wirkungen von Zusammenschlüssen wurden von der Entscheidungspraxis der Kommission und der europäischen Gerichte unter der alten Verordnung Nr. 4064/89 als „Fälle kollektiver Marktbeherrschung" erfasst; vgl. Rn. 121 ff.

Wirkungen/unilaterale Effekte).[164] In den meisten Fällen werden nicht koordinierte Wirkungen eines Zusammenschlusses darauf zurückzuführen sein, dass ein Unternehmen nach dem Zusammenschluss über eine so große Marktmacht verfügt, dass es sich unabhängig gegenüber seinen Wettbewerbern, Abnehmern und letztlich den Verbrauchern verhalten kann. Das Unternehmen verfügt in diesem Fall über eine **marktbeherrschende Stellung.**

In einem **oligopolistischen Markt** können nicht koordinierte Wirkungen von Zusammenschlüssen aber wirksamen Wettbewerb auch erheblich behindern, indem die Marktmacht der verbliebenen Wettbewerber, zum Beispiel zur Erhöhung von Preisen oder einer Beschränkung des Produktangebots, verstärkt wird, ohne dass ein einzelnes Unternehmen über eine marktbeherrschende Stellung verfügt.[165] Unter der alten Verordnung Nr. 4064/89 bestand Unsicherheit darüber, ob solche Zusammenschlüsse untersagt werden konnten, da sie weder eine Einzelmarktbeherrschung noch eine kollektive Marktbeherrschung begründen oder verstärken.[166] Wie Erwägungsgrund Nr. 25 der Verordnung Nr. 139/2004 klarstellt, erfasst der neue Test des Art. 2 nunmehr diese Zusammenschlüsse, da sie zu einer schlechteren Erfüllung der Wettbewerbsfunktionen führen und daher den wirksamen Wettbewerb erheblich behindern. Hierin liegt die eigentliche Neuerung des neuen materiellen Tests der Verordnung Nr. 139/2004 gegenüber dem alten Marktbeherrschungstest der Verordnung Nr. 4064/89. Die Begründung oder Verstärkung einer beherrschenden Stellung ist in Art. 2 der neuen Fusionskontrollverordnung demgegenüber nur noch als Regelbeispiel aufgezählt. Es sind daher nach dem Wortlaut des Artikels Zusammenschlüsse möglich, die den Wettbewerb erheblich behindern, aber keine marktbeherrschende Stellung begründen oder verstärken. Der erst kurz vor Verabschiedung der Verordnung Nr. 139/2004 eingefügte letzte Satz des Erwägungsgrunds Nr. 25 begrenzt jedoch den Anwendungsbereich des neuen Untersagungstatbestands außerhalb der Fälle der Marktbeherrschung auf unilaterale Effekte in oligopolistischen Märkten. Er lautet: „Für die Anwendung der Bestimmungen des Artikels 2 Absätze 2 und 3 wird beabsichtigt, den Begriff „erhebliche Behinderung wirksamen Wettbewerbs" dahin gehend auszulegen, dass er sich über das Konzept der Marktbeherrschung hinaus *ausschließlich* auf diejenigen wettbewerbsschädigenden Auswirkungen eines Zusammenschlusses erstreckt, die sich aus nicht koordiniertem Verhalten von Unternehmen ergeben, die auf dem jeweiligen Markt keine beherrschende Stellung haben würden." 64

Die Wirkungen von Zusammenschlüssen können somit hinsichtlich einer von ihnen ausgehenden erheblichen Behinderung wirksamen Wettbewerbs in drei Fallgruppen gegliedert werden. Erstens kann ein Zusammenschluss eine **Einzelmarktbeherrschung** begründen oder verstärken. Zweitens kann eine **gemeinsame marktbeherrschende Stellung** durch **koordinierte Wirkungen** eines Zusammenschlusses begründet oder verstärkt werden. Drittens kann ein Zusammenschluss durch **nicht koordinierte Wirkungen im Oligopol** wirksamen Wettbewerb erheblich behindern. 65

Die Gliederung der Kommentierung folgt diesen drei Fallgruppen. Die Reihenfolge ihrer Erörterung entspricht nicht nur ihrer Bedeutung in der Praxis, sondern sie sollte auch bei der Prüfung eines Zusammenschlusses eingehalten werden. Artikel 2 nennt die Begründung oder Verstärkung einer beherrschenden Stellung – sei es in Form einer Einzelmarktbeherrschung oder einer kollektiven Marktbeherrschung – als Regelbeispiel für eine erhebliche Behinderung wirksamen Wettbewerbs. Ist das Regelbeispiel erfüllt, so ist grundsätzlich auch eine erhebliche Behinderung wirksamen Wettbewerbs indiziert. Nur im Ausnahmefall, wenn besondere Rechtfertigungsgründe vorliegen,[167] wird es trotz Erfüllung des 66

[164] *Kommission,* Horizontal-Leitlinien Tz. 22.
[165] *Kommission,* Horizontal-Leitlinien Tz. 25.
[166] Siehe hierzu im einzelnen Rn. 159 ff.
[167] Vgl. hierzu unter Rn. 165 ff.

Regelbeispiels an einer erheblichen Behinderung wirksamen Wettbewerbs fehlen können. Fehlt es an einer Marktbeherrschung, so wird das Tatbestandsmerkmal der erheblichen Behinderung bedeutsam.

3. Einzelmarktbeherrschung

67 **a) Allgemeines.** Wann ein Unternehmen über eine marktbeherrschende Stellung im Sinne des Art. 2 Abs. 3 verfügt, ist in der Fusionskontrollverordnung nicht definiert. Nach ständiger Praxis der Kommission und der Rechtsprechung verfügt ein einzelnes Unternehmen dann über eine marktbeherrschende Stellung, wenn es die Entfaltung wirksamen Wettbewerbs auf dem betroffenen Markt verhindern kann, weil es in der Lage ist, sich seinen Wettbewerbern, Abnehmern und letztlich den Verbrauchern gegenüber in einem nennenswerten Umfang unabhängig zu verhalten.[168] Das Unternehmen muss nicht in der Lage sein, den Wettbewerb gänzlich zu verhindern. Ein gewisser Restwettbewerb steht der Annahme einer marktbeherrschenden Stellung nicht entgegen.[169] Das Wesen der Marktbeherrschung besteht in einem unabhängigen Verhaltensspielraum des marktbeherrschenden Unternehmens. Diese Definition ist aus dem, an die wirtschaftswissenschaftlichen Grundsätze anknüpfenden, Begriff der Einzelmarktbeherrschung des Art. 102 AEUV abgeleitet worden.[170] Die Fusionskontrolle ist als Strukturkontrolle jedoch im Gegensatz zu Art. 102 AEUV in die Zukunft gerichtet. Daher schließt die Feststellung einer marktbeherrschenden Stellung eine Prognoseentscheidung darüber ein, dass die durch den Zusammenschluss bewirkte Änderung der Marktstruktur auf Dauer angelegt ist und nicht nur vorübergehenden Charakter hat. So hat die Kommission im Fall *Mannesmann/Hoesch* zwar angenommen, dass die an dem Zusammenschluss beteiligten Unternehmen zum Zeitpunkt ihrer Entscheidung über eine marktbeherrschende Stellung verfügen würden, den Zusammenschluss jedoch freigegeben, da durch den Eintritt potentieller Wettbewerber in den Markt zukünftig kein unabhängiger Verhaltensspielraum mehr bestehen werde.[171]

68 Der Zusammenschluss muss eine beherrschende Stellung **begründen oder verstärken.** Entsteht erst durch den Zusammenschluss eine marktbeherrschende Stellung, ist die Alternative der „Begründung" erfüllt. Besteht bereits eine marktbeherrschende Stellung, soll durch die Alternative der „Verstärkung" der Restwettbewerb geschützt werden. Der Zusammenschluss der beteiligten Unternehmen muss kausal für die Begründung oder Verstärkung der marktbeherrschenden Stellung sein. Die Kausalität ist in aller Regel gegeben. Lediglich im Fall der Sanierungsfusion kann es an der Kausalität fehlen.[172]

69 Nach Ansicht der Kommission muss der Zusammenschluss nicht unbedingt zu einer marktbeherrschenden Stellung der beteiligten Unternehmen selbst führen. Es reiche vielmehr aus, wenn eine marktbeherrschende Stellung **bei Dritten begründet** wird.[173] Es müssten keine strukturellen Verbindungen zwischen den am Zusammenschluss beteiligten und den dritten Unternehmen bestehen. Die Kommission begründet diese Anwendung mit dem Wortlaut des Art. 2 Abs. 3 der Verordnung Nr. 4064/89, der nur eine Kausalität zwi-

---

[168] *Kommission,* Horizontal-Leitlinien Tz. 2; EuG U. v. 23.2.2006 Rs. T-282/02 – Cementbouw Handel & Industrie BV/Kommission; EuG U. v. 21.9.2005, T-87/05, Rn. 48 – *EDP-Energias de Portugal SA/Kommission;* Komm. E. v. 6.10.2004, ABl. 2006 Nr. 61/11, S. 13f. Tz. 14ff. – *Areva/Urenco;* Komm. E. v. 7.11.1990 Az. IV/M. 4 – *Renault/Volvo,* Tz. 14; Komm. E. v. 12.4.1991 Az. IV/M. 42 – *Alcatel/Telettra* ABl. 1991 L 122, Tz. 48 = WuW/E EV 1616; zu Art. 86 EGV (jetzt 102 AEUV) EuGH U. v. 14.2.1978 Rs. 27/76 – *United Brands/Kom.* Slg. 1978, 207.

[169] Vgl. EuGH U. v. 14.2.1978 Rs. 27/76 – *United Brands/Komm.* Slg. 1978, 207; Komm. E. v. 11.6.2003 Az. COMP/M 2947 – *Verbund/Energie Allianz,* Tz. 105.

[170] Vgl. dazu *Hacker* in: Schröter/Jakob/Klotz/Mederer Art. 2 FKVO Rn. 269.

[171] Komm. E. v. 12.11.1992 Az. IV/M. 222 – *Mannesmann/Hoesch,* Tz. 91 = WuW 1993, 35 (Kurzfassung).

[172] Siehe dazu unter Rn. 166ff.

[173] Komm. E. v. 29.9.1999 Az. IV/M. 1383 – *Exxon/Mobile,* Tz. 225.

schen dem Zusammenschluss und der Begründung bzw. Verstärkung einer marktbeherrschenden Stellung fordert, unabhängig davon, bei welchem Unternehmen die marktbeherrschende Stellung begründet oder verstärkt wird. Die Kommission stützt sich ferner auf das Urteil *Frankreich/Kommission*[174] des EuGH, in dem dieser zur Frage der Anwendbarkeit der Fusionskontrolle auf kollektive Marktbeherrschung feststellt, dass eine Lücke im Schutz des Wettbewerbs entstünde, wenn die Fusionskontrolle nur die Begründung oder Verstärkung einer marktbeherrschenden Stellung bei den beteiligten Unternehmen erfassen würde.

Die Begründung oder Verstärkung einer marktbeherrschenden Stellung in einem bestimmten räumlich relevanten Markt darf grundsätzlich nur anhand von Indizien für wirtschaftliche Macht festgestellt werden, die in Bezug auf diesen räumlichen Markt vorliegen. Nur wenn der Nachweis einer grenzüberschreitenden Wirkung gelingt, kann die Begründung bzw. Verstärkung der marktbeherrschenden Stellung auf anderen räumlichen Märkten angenommen werden.[175] An einen solchen Nachweis grenzüberschreitender Wirkungen sind jedoch hohe Anforderungen zu stellen. **70**

b) Kriterien. Die Begriffsbestimmung der Marktbeherrschung als eines wettbewerblich nicht kontrollierten Verhaltensspielraums ist für sich allein genommen nicht ausreichend, um eine Prognose der voraussichtlichen Veränderungen der Marktstruktur infolge des Zusammenschlusses zu ermöglichen. Es bedarf mithin weiterer Beurteilungsmaßstäbe.[176] Art. 2 Abs. 1 enthält eine nicht abschließende Aufzählung maßgeblicher Kriterien. Die Beurteilung ist anhand einer Gesamtschau der relevanten Gesichtspunkte vorzunehmen, die im Einzelfall unterschiedlich gewichtet werden können.[177] Die Prüfung der Marktbeherrschung durch die Kommission umfasst zumeist vier Hauptbestandteile. Als erstes wird die Marktstellung der sich zusammenschließenden Unternehmen untersucht, dann die Angebotsstruktur, des Weiteren die Nachfragestruktur und schließlich der potentielle Wettbewerb und die Marktzutrittsschranken.[178] **71**

aa) Marktanteil und Marktkonzentration. Als erstes Kriterium zur Beurteilung von Zusammenschlüssen nennt Art. 2 Abs. 1 lit. b die **Marktstellung** der beteiligten Unternehmen. Zur Beurteilung der Markstellung ist vor allem auf die Anteile der Unternehmen am Markt abzustellen.[179] Im Marktanteil spiegeln sich im Allgemeinen der Gesamterfolg der Absatzbemühungen eines Unternehmens und seine Bewertung durch die Abnehmer wider.[180] Der Marktanteil ist in der Praxis der Kommission der Ausgangspunkt jeder Marktmachtprüfung. Er bildet zusammen mit dem Gesichtspunkt des potentiellen Wettbewerbs das wichtigste Beurteilungskriterium für das Vorliegen einer marktbeherrschenden Stellung.[181] So stellt der EuGH in seinem Urteil *Hoffmann-La Roche/Kommission* fest: „Ein Unternehmen, das während langer Zeit einen besonders hohen Marktanteil innehat, befindet sich allein durch den Umfang seiner Produktion und seines Angebots in einer Position der Stärke, die es zu einem nicht zu übergehenden Geschäftspartner macht und ihm bereits deswegen, jedenfalls während relativ langer Zeit, die Unabhängigkeit des Verhaltens sichert, die für eine beherrschende Stellung kennzeichnend ist."[182] **72**

---

[174] EuGH U. v. 31.3.1998 verb RS C-68/94 und C-30/95 – *Frankreich/Komm.* Slg 1998, I-1375, Tz. 171.

[175] EuG U. v. 22.10.2002 Rs. T-310/01 – *Schneider Electric/Komm.* Tz. 171 ff. = WuW/E EU-R 627.

[176] *Bach,* WuW 1993 805, 808.

[177] EuGH U. v. 14.2.1978 Rs. 27/76 – *United Brands/Komm.* Slg. 1978, 207, Tz. 58.

[178] Kommission 22. Wettbewerbsbericht Tz. 246; *Wagemann* in: Wiedemann § 16 Rn. 7.

[179] Vgl. Horizontal-Leitlinien, Rn. 14 ff.; Nicht-Horizontal-Leitlinien, Rn. 24; *Körber* in: Immenga/Mestmäcker EU-WbR Teil I/2, Art. 2 FKVO Rn. 221.

[180] Komm. E. v. 12.11.1992 Az. IV/M. 222 – *Mannesmann/Hoesch,* Tz. 91 = WuW 1993, 35 (Kurzfassung); *Bach* WuW 1993, 805, 809.

[181] *Hacker* in: Schröter/Jakob/Klotz/Mederer (Fn. 91) Art. 2 FKVO Rn. 141.

[182] EuGH U. v. 13.2.1979 Rs. 85/76 – *Hoffmann-La Roche/Komm.* Slg 1979, 461 Tz. 41.

73 **(1) Berechnung von Marktanteilen.** Unter einem Marktanteil wird der Teil des Absatzes einer bestimmten Ware oder Dienstleistung verstanden, den ein Anbieter in einem bestimmten Zeitraum zum wertmäßigen Gesamtumsatz oder mengenmäßigen Volumen des betroffenen Marktes beisteuert.[183] Zur Berechnung ist zunächst die Größe des betroffenen Marktes festzustellen, danach ist der Anteil der betroffenen Unternehmen an diesem Markt zu bestimmen.

74 Der Umsatzwert oder das **Volumen eines Marktes** errechnet sich aus der Gesamterzeugung aller Anbieter vermindert um ihre Ausfuhr in andere räumliche Märkte und erhöht um die Einfuhr in den betreffenden räumlichen Markt.[184] Grundlage der Berechnung bilden in der Regel nur die tatsächlich verbrauchten oder gelieferten Waren, bloße Bestellungen oder Optionen werden nicht in das Marktvolumen mit einbezogen. In einem Markt mit niedrigen Absatzzahlen können auch konkrete Bestellungen in das Marktvolumen einzubeziehen sein, um die Schwankungen auszugleichen, die sich aus dem ungleichmäßigen Rhythmus von Aufträgen ergeben können.[185] **Konzerninterne Produktion** und Lieferungen, die der Deckung des **eigenen Bedarfs** dienen (sog. captive use), sind bei der Berechnung des Marktvolumens grundsätzlich nicht zu berücksichtigen, da die entsprechenden Mengen nicht auf dem freien Markt verfügbar sind.[186]

75 Die Berechnung des Marktanteils kann entweder anhand der **Menge der Produkte** oder anhand des **Gesamtwerts der Produkte** erfolgen. Im Fall *T-Mobile/Austria/telering* hat die Kommission den Marktanteil zusätzlich anhand der Kundenzahl ermittelt.[187] Die Kommission stellt in ihrer Praxis oft einen Vergleich beider Bezugsgrößen an.[188] In aller Regel erfolgt die Berechnung nach dem Wert der Produkte. Insbesondere wenn Produkte wesentliche Differenzierungen in Preis und Qualität aufweisen, ist die Berechnung nach dem Wert der Produkte der Berechnung nach der Menge vorzuziehen, um die Bedeutung teurerer Produkte gegenüber billigeren Produkten angemessen berücksichtigen zu können.[189]

76 Als **Berechnungszeitraum** wird grundsätzlich das letzte Geschäftsjahr zugrunde gelegt.[190] Je nach Produkt und Marktgegebenheiten werden auch längere Zeiträume berücksichtigt. Insbesondere bei Produkten, die jährlich nur in geringer Anzahl hergestellt werden oder deren Herstellung länger als ein Jahr dauert, werden längerfristige Zeiträume in die Berechnung mit einbezogen.[191]

77 Die Marktanteile der mit den beteiligten Unternehmen **verbundenen Unternehmen** sind diesen zuzurechnen. Zwar fehlt der FKVO eine dem § 36 Abs. 2 GWB entsprechende Regelung, insbesondere gilt Art. 5 Abs. 4 nur für die Umsatzberechnung im Zusammenhang mit der Prüfung der Schwellenwerte.[192] Gleichwohl wendet die Praxis als Zurechnungsmaßstab den Kontrollerwerbstatbestand des Art. 3 FKVO an. Danach sind verbun-

---

[183] *Hacker* in: Schröter/Jakob/Klotz/Mederer a. a. O. Art. 2 FKVO Rn. 149.

[184] Formblatt CO Abschnitt 7 Fn. 2. Anhang zur Verordnung Nr. 802/2004 ABl. EG 2004 Nr. L 133/9.

[185] Komm. E. v. 2.10.1991 Az. IV/M. 053 – *Aerospatiale – Alenia/de Havilland,* Tz. 21 = WUW/E EV 1675; Komm. E. v. 1.12.1999 Az. COMP/M. 1601 *Allied Signal/Honeywell,* Tz. 62.

[186] Komm. E. v. 30.9.1992 Az. IV/M. 214 – *Du Pont/ICI,* Tz. 31; EuG v. 28.4.1999 Rs. T 221/95 *Endemol/Komm.* Tz. 109; EuG U. v. 22.10.2002, Rs. T-310/01, Slg. 2002, II-4071, Tz. 282 – *Schneider Electric.*

[187] Komm. E. v. 26.4.2006 Az. COMP/M.3916 – *T-Mobile/Austria/telering* = WuW/E EU-V 1153, 1154.

[188] Komm. E. v. 22.7.1992 Az. IV/M. 190 – *Nestlé/Perrier,* Tz. 35 ff. = WuW/E EV 1903.

[189] Komm. E. v. 30.9.1992 Az. IV/M. 214 – *Du Pont/ICI,* Tz. 31; Komm. E. v. 22.7.1992 Rs. IV/M 190 – *Nestlé/Perrier,* Tz. 40 = WuW/E EV 1903.

[190] Abschnitt 7 Formblatt CO, ABl. EU 2004 Nr. L 133, S. 9.

[191] Komm. E. v. 29.7.1994 Az. IV/M. 478 – *Voith/Sulzer II,* Tz. 28; Komm. E. v. 30.7.1997 Az. IV/M. 877, ABl. EG 1997 Nr. L 336, S. 18 Tz. 28 ff. – *Boeing/McDonnell Douglas.*

[192] Vgl. *Körber* in: Immenga/Mestmäcker EU-WbR Teil I/2, Art. 2 FKVO Rn. 229.

dene Unternehmen solche, die zum gleichen Konzern oder zur gleichen Gruppe gehören. Darüber hinaus sind die Marktanteile aller im Sinne von Art. 3 Abs. 3 direkt oder indirekt kontrollierten Unternehmen zu je 100% hinzuzurechnen. Handelt es sich um Minderheitsbeteiligungen, so kommt es nur dann zu einer Zurechnung von Marktanteilen, wenn eine faktische Beherrschung, etwa durch Vetorechte, gegeben ist. Die Marktanteile des Gemeinschaftsunternehmens werden der Muttergesellschaft nur zugerechnet, wenn eine gemeinsame Beherrschung gegeben ist.[193]

(2) Marktanteilshöhen. Ausgangspunkt der Marktbeherrschungsprüfung sind regel- 78
mäßig die gegenwärtigen Marktanteile der beteiligten Unternehmen. Im Einzelfall können jedoch für die Prüfung der Marktbeherrschung Anpassungen erforderlich sein, um zu erwartenden Marktein- oder -austritten oder zukünftigem Wachstum angemessen Rechnung zu tragen.[194] Die Marktanteile der Unternehmen werden, wenn sie auf demselben Markt tätig sind, grundsätzlich einfach addiert.[195] Ein hoher Marktanteil lässt im allgemeinen auf einen unabhängigen Verhaltensspielraum der Unternehmen schließen, da ein Anbieter mit einem hohen Marktanteil bei einer Erhöhung seiner Preise mit gemessen am Gesamtabsatz relativ geringeren Absatzeinbußen rechnen muss als kleinere Anbieter.[196] Zugleich ist ein Anbieter, der über einen hohen Marktanteil verfügt, in der Regel unempfindlicher gegenüber Absatzausweitungen kleinerer Anbieter.[197]

Im deutschen GWB besteht nach § 18 Abs. 4 bei einem Marktanteil von mindestens 79
40% eine Einzelmarktbeherrschungsvermutung. Die amerikanischen Merger Guidelines vermuten eine marktbeherrschende Stellung ab einem Marktanteil von 35%. Solche Vermutungen kennt die europäische Fusionskontrollverordnung nicht. Es lassen sich jedoch auch in der europäischen Fusionskontrolle für bestimmte Marktanteile einige generelle Aussagen treffen.

Bei einem sehr hohen **Marktanteil von über 70%** ist tendenziell eine marktbeherr- 80
schende Stellung zu bejahen.[198] Die Kommission nimmt sehr hohe Marktanteile als klaren Hinweis für das Vorliegen einer marktbeherrschenden Stellung.[199] Sie betont jedoch regelmäßig in ihren Entscheidungen, dass kein Automatismus zwischen hohen Marktanteilen und der Annahme einer marktbeherrschenden Stellung besteht, sondern dass die Berücksichtigung weiterer relevanter Faktoren wie etwa der Marktmacht der Nachfrager oder des potentiellen Wettbewerbs zu einer Verneinung der marktbeherrschenden Stellung führen können.[200]

Bei **Marktanteilen von 25–70%** lässt sich aus der Entscheidungspraxis der Kommis- 81
sion keine eindeutige Tendenz ableiten. Marktanteile in dieser Höhe können eine marktbeherrschende Stellung begründen. In der Regel werden zur Feststellung der Marktbeherrschung jedoch zusätzliche Umstände herangezogen. Die Kommission hat in einigen Fällen festgestellt, dass Marktanteile von 45% bis 60% für das Vorliegen von Marktbeherrschung sprechen.[201] In ihren Leitlinien weist sie darauf hin, dass Marktanteile von 50%

---

[193] Komm. E. v. 3.6.1991 Az. M. 92, Tz. 4f. – *RVI/VBC/Heuliez.*

[194] *Kommission,* Horizontal-Leitlinien, Tz. 15.

[195] *Kommission,* Horizontal-Leitlinien, Tz. 15.

[196] *Hacker* in: Schröter/Jakob/Klotz/Mederer, Kommentar zum Europäischen Wettbewerbsrecht, Art. 2 FKVO Rn. 193.

[197] *Hacker* in: Schröter/Jakob/Klotz/Mederer a. a. O. Art. 2 FKVO Rn. 193.

[198] *Körber* in: Immenga/Mestmäcker EU-WbR Teil I/2, Art. 2 FKVO Rn. 236.

[199] Komm. E. v. 19.7.1991 Az. IV/M. 68 – *Tetra Pak/Alfa-Laval,* Tz. 3.3 = WUW/E EV 1644; Komm. E. v. 12.11.1992 Az. IV/M. 222 – *Mannesmann/Hoesch,* Tz. 112 = WuW 1993, 35 (Kurzfassung); Komm. E. v. 15.3.2000, COMP/M. 1672, Tz. 105 ff. – *Volvo/Scania;* Komm. E. v. 20.9.2001, COMP/M. 2187, Tz. 140 ff. – *CVC/Lenzing.*

[200] Komm. E. v. 12.4.1991 Az. IV/M. 42 – *Alcatel/Telettra,* Tz. 38 = WuW/E EV 1616; Komm. E. v. 28.4.1992 Az. IV/M. 126 – *ACCOR/Waggons-Lits,* Tz. 25 = WUW/E EV 1961.

[201] Komm. E. v. 12.11.1992 Az. IV/M. 222 – *Mannesmann/Hoesch,* Tz. 112 = WuW 1993, 35 (Kurzfassung).

oder mehr auch für sich alleine als Nachweis einer marktbeherrschenden Stellung ausreichen können.[202]

82 Das Formblatt CO[203] sieht einen Markt nur dann als einen betroffenen Markt an, zu dem detaillierte Angaben zu unterbreiten sind, wenn bei einem horizontalen Zusammenschluss die Unternehmen zusammen auf einen **Marktanteil von mindestens 20%** oder bei einem vertikalen Zusammenschluss auf einen Marktanteil von mindestens 30% kommen. Ferner ist im Erwägungsgrund Nr. 32 zur Fusionskontrollverordnung festgehalten, dass bei Zusammenschlüssen, die wegen des begrenzten Marktanteils der beteiligten Unternehmen nicht geeignet sind, wirksamen Wettbewerb zu behindern, von der Vereinbarkeit mit dem Gemeinsamen Markt ausgegangen werden kann. Ein solches Indiz bestehe dann, wenn der gemeinsame **Marktanteil** der beteiligten Unternehmen **25%** nicht überschreitet.[204] Die Kommission hat in ihrer bisherigen Praxis noch nie eine beherrschende Stellung angenommen, bei der die sich zusammenschließenden Unternehmen nur über einen gemeinsamen Marktanteil von unter 25% verfügten. Der Grundsatz, dass unterhalb dieser Marktanteilsgrenze in der Regel keine Marktbeherrschung vorliegt, bezieht sich nur auf die Feststellung einer Einzelmarktbeherrschung durch die am Zusammenschluss beteiligten Unternehmen. Er gilt nicht für die Entstehung oder Verstärkung einer gemeinsamen marktbeherrschenden Stellung der zusammengeschlossenen Unternehmen zusammen mit einem oder mehreren dritten Unternehmen.[205]

83 **(3) Marktanteilsabstand.** Bei der Betrachtung der Marktanteile der an einem Zusammenschluss beteiligten Unternehmen müssen auch die Abstände zu den Marktanteilen der Wettbewerber mit berücksichtigt werden.[206] Der Marktanteilsabstand ist ein Indiz für die Möglichkeiten der Wettbewerber, auf Absatzeinschränkungen des Marktführers zum Zwecke der Preiserhöhung mit einer Ausweitung ihrer Produktion zu reagieren und damit sein Verhalten wettbewerblich kontrollieren zu können.[207] Ein großer Abstand zwischen den Marktanteilen der beteiligten Unternehmen und den übrigen Wettbewerbern unterstützt die Annahme einer Marktbeherrschung; ein geringer Abstand spricht gegen eine Einzelmarktbeherrschung.[208] In diesem Fall kann jedoch eine gemeinsame marktbeherrschende Stellung mehrerer Wettbewerber mit ähnlich hohen Marktanteilen vorliegen.

84 **(4) Marktanteilsentwicklung.** Die Aussagekraft des jeweiligen Marktanteils kann erhöht werden, wenn die Marktanteilsentwicklung in die Beurteilung einbezogen wird.[209] Schwankende Marktanteile sind Ausdruck wirksamen Wettbewerbs und sprechen gegen eine marktbeherrschende Stellung.[210] Starke Marktanteilsschwankungen relativieren daher die Indizwirkung hoher Marktanteile. Stabile Marktanteile auf hohem Niveau unterstützen dagegen die Vermutung der Marktbeherrschung. Auf stark wachsenden, innovativen Märkten, wie z.B. bei neuartigen Technologien, haben hohe Marktanteile eine geringere Aus-

---

202 *Kommission,* Horizontal-Leitlinien, Tz. 17. Vgl. auch Komm. E. v. 23.5.2006 Az. CMOP/M. 4151, Tz. 49 – *Orica/Dyno.* Vgl. auch *Rittner/Kulka,* Wettbewerbs- und Kartellrecht, 7. Aufl. 2008, § 13 Rn. 55.

203 Formblatt CO 6. Abschnitt Ziff. III, Anhang zur Verordnung Nr. 802/2004 ABl. EG 2004 Nr. L 133/9.

204 Vgl. auch *Kommission,* Horizontal-Leitlinien Tz. 18.

205 *Kommission,* Horizontal-Leitlinien Tz. 18, Fn. 24.

206 Komm. E. v. 4.6.2007 Az. COMP/M. 4600 – *TUI/First Choice.*

207 EuGH U. v. 14.12.1978 Rs. 27/76 – *United Brands/Komm.* Slg. 1978, 207, Tz. 10.

208 Komm. E. v. 29.5.1991 Az. IV/M. 43 – *Magneti Marelli/CEAC,* Tz. 16; Komm. E. v. 31.7.1991 Az. IV/M. 12 – *Varta/Bosch* ABl. 1991 L 320/26, Tz. 62; Komm. B. v. 1.2.2012 COMP/M 6166 – *Deutsche Börse/Nyse Euronext,* Rn. 543 ff.; Komm. E. v. 11.10.2007 COMP/M 4439 – *Ryanair/Aer Lingus,* Rn. 353 ff.

209 Vgl. Kommission 22. Wettbewerbsbericht Tz. 249.

210 Komm. E. v. 20.6.2001 Az. COMP/M. 2201 – *MAN/Auwärter,* Tz. 24.

sagekraft als bei bereits gesättigten Märkten.[211] Jedoch kann auch auf Märkten in ihrer Entstehungsphase eine marktbeherrschende Stellung begründet werden, wenn die am Zusammenschluss beteiligten Unternehmen über eine so starke Stellung verfügten, dass sie in der Lage wären, den Markt auch in Zukunft gegenüber anderen Konkurrenten abzuschotten.[212]

(5) Relative Aussagekraft des Marktanteils. Der Marktanteil ist zwar ein bedeutendes Kriterium bei der Beurteilung einer Marktbeherrschung, er ist jedoch immer nur ein Teil innerhalb einer vorzunehmenden Gesamtschau.[213] So hat die Kommission im Fall *SCA/Procter & Gamble* trotz eines addierten Marktanteils von über 70% bei Haushaltstüchern und über 60% bei Toilettenpapier eine Marktbeherrschung mit der Begründung verneint, dass bei diesen Produkten ein Wechsel der Verbraucher von den Marken- zu den Handelsmarkenprodukten und damit ein steigender Wettbewerbsdruck durch Handelsmarken zu beobachten sei, ein hoher Marktanteil spiegele hier die reale Marktstellung nicht wider.[214] Gerade der potentielle Wettbewerb kann die Bedeutung des Marktanteils einschränken. Der zu erwartende Eintritt neuer, starker Wettbewerber in den relevanten Markt relativiert die Marktmacht, die in den aktuellen Marktanteilen der an dem Zusammenschluss beteiligten Unternehmen zum Ausdruck kommt.[215] Nach Auffassung der Kommission kann auch eine starke Marktgegenseite dazu führen, dass trotz hoher Marktanteile keine beherrschende Stellung angenommen werden kann, da die Macht der Nachfrager den Verhaltensspielraum der Anbieter hinreichend beschränkt.[216] **85**

Auf differenzierten Produktmärkten kommt dem Marktanteil im Allgemeinen eine geringere Aussagekraft zu als bei homogenen Produktmärkten.[217] Auch wenn Produkte zu demselben Markt gehören, können sie unterschiedlich gut miteinander substituierbar sein. Schließen sich zwei Unternehmen zusammen, ist darauf zu achten, in welchem Maße ihre Produkte untereinander austauschbar sind. Bilden ihre Produkte die engsten Substitute auf dem Markt, so fällt für die Abnehmer mit dem Zusammenschluss die beste Ausweichmöglichkeit weg. Ein solcher Zusammenschluss erhöht daher den Verhaltensspielraum der beteiligten Unternehmen in einem größeren Umfang als eine entsprechende Addition von Marktanteilen bei einem Zusammenschluss von Unternehmen, die nur relativ weite Substitute herstellen. Im Fall *Siemens/Drägerwerke* bildeten nach der Marktuntersuchung der Kommission die Beatmungsgeräte von Dräger für die Abnehmer die beste Alternative zu den Beatmungsgeräten von Siemens. Die Kommission folgerte aus diesem Umstand, dass das neue Gemeinschaftsunternehmen von Siemens und Dräger in der Lage sein werde, höhere Preise am Markt durchzusetzen, da der bei weitem bedeutendste Wettbewerber der jeweiligen Partei durch den Zusammenschluss eliminiert werde.[218] **86**

Auf **Ausschreibungsmärkten** sind Marktanteile nur von bedingter Bedeutung, da bei Ausschreibungsmärkten Marktanteilsangaben nur die Wettbewerbsaktivität der Unternehmen widerspiegeln, die den Zuschlag für einen bestimmten Auftrag erhalten haben, aber nichts darüber aussagen, wie viele ernsthafte Konkurrenten ebenfalls ein Angebot eingereicht haben und damit Wettbewerbsdruck ausgeübt haben.[219] Aussagekräftiger sind in **87**

---

[211] Komm. E. v. 22.2.1991 Az. IV/M. 57 – *Digital/Kienzle,* Tz. 20; Komm. E. v. 2.9.1991 Az. IV/M. 129 – *Digital/Philips,* Tz. 18.

[212] Vgl. Komm. E. v. 9.11.1994 Az. IV/M. 469 – *MSG-Media Service,* Tz. 55 = WuW/E EV 2231.

[213] *Rittner/Kulka,* Wettbewerbs- und Kartellrecht, § 13 Rn. 55.

[214] Komm. E. v. 5.9.2007 Az. COMP/M. 4533 – *SCA/P & G,* ABl. EG 2007 C 154, S. 24.

[215] *Körber* in: Immenga/Mestmäcker EU-WbR Teil I/2, Art. 2 FKVO Rn. 245.

[216] Komm. E. v. 12.4.1991 – *Alcatel/Telettra* 12.4.1991 Az. IV/M. 42, Tz. 38 = WuW/E EV 1616.

[217] Vgl. dazu *Alfter* WuW 2003, 23f.

[218] Komm. E. v. 30.4.2003 Az. COMP/M 2861 – *Siemens/Drägerwerk/JV,* Tz. 103.

[219] Komm. E. v. 3.4.2001 Az. COMP/M. 2139 – *Bombardier/Altranz,* Tz. 39.

solchen Fällen daher Informationen über die Rolle der Marktteilnehmer im Vergabeverfahren, z.B. durch Erfolgsstatistiken. Trotzdem kommt auch bei Ausschreibungsmärkten den Marktanteilen eine gewisse Indizwirkung zu.[220]

88 **(6) Marktkonzentration** Neben der absoluten Höhe der Marktanteile der Zusammenschlussbeteiligten und ihrer Wettbewerber berücksichtigt die Kommission auch den **Konzentrationsgrad eines Marktes.**[221] Zur Feststellung der Marktkonzentration hat die Kommission – der Praxis der amerikanischen Kartellbehörden folgend[222] – in jüngerer Zeit verstärkt den Herfindahl-Hirschmann Index (HHI) herangezogen.[223] Der HHI ergibt sich aus der Summe der mit sich selbst multiplizierten einzelnen Marktanteile sämtlicher Marktteilnehmer. Durch diese Berechnungsart werden höhere Marktanteile proportional stärker gewichtet als niedrige Marktanteile. Der HHI kann von 0 bei einem völlig atomisierten Markt bis zu 10000 im Falle eines reinen Monopols reichen. Anhand der absoluten Höhe des HHI kann eine erste Aussage über den Wettbewerbsdruck auf dem Markt getroffen werden. Die Veränderung des HHI durch den Zusammenschluss (auch als Deltawert bezeichnet) gibt einen Hinweis auf die durch den Zusammenschluss unmittelbar verursachte Änderung der Marktkonzentration.[224]

89 Nach den Leitlinien der Kommission zur Bewertung horizontaler Zusammenschlüsse deutet ein HHI von weniger als 1000 nach dem Zusammenschluss darauf hin, dass keine horizontalen Wettbewerbsbedenken bestehen.[225] Gleiches gilt für Märkte, bei denen der HHI nach dem Zusammenschluss zwischen 1000 und 2000 und der Delta-Wert unterhalb von 250 liegt, oder wenn der HHI oberhalb von 2000 und der Deltawert unter 150 liegt, sofern nicht besondere Umstände bestehen.[226] Solche Umstände können beispielsweise vorliegen, wenn an dem Zusammenschluss ein Unternehmen mit einem Marktanteil von mindestens 50%, ein potentieller Wettbewerber oder ein Unternehmen mit einem kleinen Marktanteil, das vor kurzem in den Markt eingetreten ist, beteiligt sind. Als ein besonderer Umstand kann auch das Innovationspotential der beteiligten Unternehmen gesehen werden, wenn sich dieses nicht in den Marktanteilen niederschlägt.[227]

90 **bb) Wirtschaftliche Macht und Finanzkraft.** Dieses Kriterium umfasst die Gesamtheit der finanziellen Mittel und Möglichkeiten eines Unternehmens einschließlich seiner Möglichkeiten zur Eigen- und Fremdfinanzierung, insbesondere des Zugangs zu den internationalen Kapitalmärkten.[228] Das Merkmal der wirtschaftlichen Macht und der Finanzkraft spielt in der Praxis der Kommission eine eher untergeordnete Rolle. Im Falle **konglomerater Zusammenschlüsse** kann dem Umfang der verfügbaren wirtschaftlichen Ressourcen jedoch gerade im Zusammenhang mit der Feststellung der Verstärkung einer marktbeherrschenden Stellung entscheidende Bedeutung zukommen.[229]

91 Bei der Finanzkraft kommt es aus wettbewerblicher Sicht auf die **Ressourcen** an, die kurzfristig im Wettbewerb eingesetzt werden können.[230] Der Umsatz eines Unternehmens kann zwar als Ausgangspunkt für die Bestimmung der Finanzkraft dienen, er hat jedoch

---

[220] Komm. E. v. 20.6.2001 Az. COMP/M. 2201 – *MAN/Auwärter,* Tz. 32.

[221] *Kommission,* Horizontal-Leitlinien, Tz. 16. Vgl. auch *Rittner/Kulka,* Wettbewerbs- und Kartellrecht, 7. Aufl. 2008, § 13 Rn. 55.

[222] US Department of Justice and Federal Trade Commission, Horizontal Merger Guidelines Tz. 1.5.

[223] Vgl. Komm. E. v. 13.6.2007, COMP/M. 4596, Tz. 23f. – *Wärtsilä/Hyundä/JV;* Komm. E. v. 4.5.2007, COMP/M. 4601 – *Karstadt/Quelle/MyTravel;* Komm. E. v. 26.4.2006, COMP/M. 3916, Tz. 44f. – *T-Mobile Austria/telering.*

[224] Vgl. hierzu auch *Kommission,* Horizontal-Leitlinien Tz. 16.

[225] *Kommission,* Horizontal-Leitlinien Tz. 19, 21.

[226] *Kommission,* Horizontal-Leitlinien Tz. 20.

[227] *Kommission,* Horizontal-Leitlinien Tz. 21.

[228] *Rösler* NZG 2000, 861.

[229] Siehe auch *Hacker* in: Schröter/Jakob/Klotz/Mederer, a.a.O., Art. 2 Rn. 420.

[230] *Körber* in: Immenga/Mestmäcker EU-WbR Teil I/2, Art. 2 FKVO Rn. 258.

nur eine geringe Aussagekraft für die dem Unternehmen kurzfristig zur Verfügung stehenden tatsächlichen Mittel. Die Kommission stützt sich daher vor allem auf den Cash-flow als Kennziffer für die Finanzkraft eines Unternehmens.[231] Daneben können Kriterien wie Umsatzrendite, Gewinn, Dividende, Abschreibungsvolumen, Bilanzsumme, Eigenkapital und Bankverbindungen herangezogen werden.[232]

Aus einer überlegenen Finanzkraft können sich **wettbewerbliche Vorteile** gegenüber 92
anderen Wettbewerbern ergeben, soweit die Ressourcen ungleich verteilt sind. Die Kommission hat sich bisher vor allem im Urteil *Boeing/McDonnell Douglas*[233] ausführlich mit den wettbewerblichen Auswirkungen überlegener Finanzressourcen beschäftigt. In dieser Entscheidung war die Finanzkraft jedoch nur eines von mehreren Kriterien, die zur Feststellung einer marktbeherrschenden Stellung führten. Große finanzielle und personelle Ressourcen ermöglichen es einem Unternehmen, bei rasch ansteigender Nachfrage schnell zu reagieren, um die Nachfrage befriedigen zu können.[234] Eine überlegene Finanzkraft verbessert auch die Möglichkeiten zum Abschluss langfristiger Exklusivverträge, da der Anbieter über bessere Möglichkeiten verfügt, um unerwarteten Lieferbedarf kurzfristig zu befriedigen.[235] Gerade im Bereich von Forschung und Entwicklung können größere finanzielle Ressourcen einem Unternehmen zu einem Vorsprung gegenüber seinen Wettbewerbern verhelfen. Darüber hinaus können überlegene finanzielle Ressourcen auch eine generell abschreckende Wirkung auf Wettbewerber erzeugen. Gleichwohl ist dieses Kriterium nicht über zu bewerten. So fand die „deep pocket"-Theorie in den jüngsten Leitlinien der Kommission für nicht-horizontale Zusammenschlüsse gerade keine Erwähnung.

cc) Wahlmöglichkeiten für Lieferanten und Abnehmer. Dieses Kriterium bezieht 93
die vertikalen Beziehungen der Unternehmen zu vor- und nachgelagerten Wirtschaftsstufen in die Prüfung mit ein.[236] Erst die tatsächliche Möglichkeit, auf alternative Lieferanten oder Abnehmer auszuweichen, versetzt die Unternehmen der Marktgegenseite in die Lage, wettbewerblichen Druck auf die sich zusammenschließenden Unternehmen auszuüben, indem sie z.B. Lieferanten gegeneinander ausspielen oder ihre Nachfragemacht auf andere Weise – etwa durch eine unionsweite Einkaufspolitik – zur Geltung bringen.[237] Solche Möglichkeiten können jedoch bestimmten Unternehmen – z.B. Großabnehmern – in stärkerem Maße zur Verfügung stehen als anderen oder durch Umstände beschränkt sein, die einen Wechsel des Marktpartners erschweren wie etwa Investitionen in bestimmte Technologien, die im Falle einer Umstellung auf einen anderen Lieferanten nicht weiter genutzt werden können.

dd) Zugang zu den Beschaffungs- und Absatzmärkten. Dieses Kriterium bezieht 94
den Zugang der Unternehmen zu dem relevanten Markt vorgelagerten Märkten (Lieferanten) und nachgelagerten Märkten (Abnehmer) in die Marktbeherrschungsprüfung ein. Grundsätzlich hat ein Unternehmen, welches den Einkauf und Verkauf seiner Produkte besser steuern kann als seine Konkurrenten, diesen gegenüber einen Wettbewerbsvorteil. Die Verbindung von Unternehmen auf vor- bzw. nachgelagerten Märkten kann zu erheblichen Effizienzvorteilen führen.[238] Das Entstehen solcher Vorteile kann zur Feststellung

---

[231] Komm. E. v. 30.7.1997 Az. IV/M. 877 – *Boeing/McDonnell Douglas,* Tz. 73 ff. = WuW/E EU-V 7.

[232] *Rösler* NZG 2000, 861.

[233] Komm. E. v. 30.7.1997 Az. IV/M. 877 – *Boeing/McDonnell Douglas* = WuW/E EU-V 7.

[234] Komm. E. v. 30.7.1997 Az. IV/M. 877 – *Boeing/McDonnell Douglas,* Tz. 67 = WuW/E EU-V 7.

[235] Komm. E. v. 30.7.1997 Az. IV/M. 877 – *Boeing/McDonnell Douglas,* Tz. 70 = WuW/E EU-V 7.

[236] *Bechtold* RIW 1990, 257.

[237] *Ehricke* FK Art. 2 FKVO Rn. 159.

[238] Vgl. dazu Monopolkommission 5. Hauptgutachten Tz. 720 ff. Vgl. auch *Kommission,* Nicht-Horizontal-Leitlinien Tz. 13.

einer marktbeherrschenden Stellung herangezogen werden. Effizienzvorteile können jedoch auch als Verteidigungseinwand geltend gemacht werden.[239]

95 Den Möglichkeiten des Zugangs zu Beschaffungs- und Absatzmärkten kommt bei der Beurteilung vertikaler Zusammenschlüsse eine entscheidende Bedeutung zu.[240] Eine vertikale Integration hat vor allem dann erhebliche wettbewerbliche Auswirkungen, wenn sich zwei auf ihrer jeweiligen Marktstufe marktstarke Unternehmen zusammenschließen. Dadurch können Marktschließungseffekte entstehen, wenn das integrierte Unternehmen in der Lage ist, den Zugang seiner Wettbewerber zu Beschaffungs- oder Absatzmärkten zu erschweren oder zu verteuern, weil nicht in ausreichendem Maße unabhängige Lieferanten oder Abnehmer zur Verfügung stehen.

96 **ee) Verflechtungen.** Verflechtungen von Unternehmen sind in Art. 2 nicht ausdrücklich erwähnt. Die Kommission hat sie jedoch in einigen Fällen bei der Prüfung von Zusammenschlüssen berücksichtigt.[241] Verflechtungen können auf vertraglichen, personellen und vor allem aus kapitalmäßigen Verbindungen der Unternehmen, insbesondere in Form von Minderheitsbeteiligungen, Gemeinschaftsunternehmen oder Kooperationen, beruhen. Horizontale Verflechtungen zwischen Wettbewerbern führen regelmäßig zu einer gegenseitigen Rücksichtnahme der verflochtenen Unternehmen. Dadurch wird die Intensität des Wettbewerbs verringert.[242] Vertikale Verflechtungen zwischen Unternehmen und ihren Lieferanten oder Abnehmern können vor allem Marktabschottungseffekte zur Folge haben. Unternehmensverbindungen, die die Intensität eines Zusammenschlusses gemäß Art. 3 erreichen, führen anders als die hier betrachteten Verflechtungen zu einer wirtschaftlichen Einheit der Unternehmen mit der Folge, dass ihre Marktstellung zusammen betrachtet wird und ihre Marktanteile zusammengerechnet werden.

97 **ff) Entwicklung von Angebot und Nachfrage.** Angebot und Nachfrage stehen sich in einem Markt nicht statisch gegenüber. Märkte befinden sich vielmehr in einem dynamischen Entwicklungsprozess. Die Entwicklung von Angebot und Nachfrage kann in groben Zügen in einem Marktphasenschema erfasst werden. Das Formblatt CO unterscheidet zwischen der Anlauf-, Wachstums-, Reifungs- und Rückbildungsphase eines Marktes.[243] Allgemein ist davon auszugehen, dass ein rückläufiges Marktvolumen den Wettbewerb zwischen den Unternehmen des Sektors grundsätzlich fördert.[244] Die Marktphase, die der Markt gerade durchläuft, kann in verschiedener Weise die einzelnen Kriterien zur Feststellung der Marktbeherrschung beeinflussen.[245]

98 **gg) Potentieller Wettbewerb und Marktzutrittsschranken.** Das Ausmaß potentiellen Wettbewerbs und das Bestehen von Marktzutrittsschranken prüft die Kommission in fast jeder ihrer Entscheidungen.[246] Marktzutrittsschranken sind sowohl bei der räumlichen Marktabgrenzung[247] als auch bei der Prüfung der Marktmacht zu berücksichtigen. In der Praxis der Kommission kommt den Marktzutrittsschranken und dem potentiellen Wettbewerb neben den Marktanteilen die entscheidende Bedeutung zu.[248]

---

[239] Siehe dazu Rn. 176 ff.

[240] Vgl. dazu Rn. 122 f.

[241] Vgl. Komm. E. v. 31.7.1991 Az. IV/M. 12 – *Varta/Bosch* ABl. 1991 L 320/26, Tz. 53; Komm. E. v. 2.10.1991 Az. IV/M. 53 – *Aerospatiale – Alenia/de Havilland,* Tz. 41 = WUW/E EV 1675; Komm. 21. Wettbewerbsbericht, 409.

[242] Komm. E. v. 31.7.1991 Az. IV/M. 12 – *Varta/Bosch* ABl. 1991 L 320/26, Tz. 53.

[243] Formblatt CO Tz. 8.7, Anhang zur Verordnung Nr. 802/2004 ABl. EG 2004 Nr. L 133/9.

[244] EuGH U. v. 31.3.1998 verb. Rs. C-68/94 und C-30/95 – *Frankreich/Komm.* Slg 1998, I-1375, Tz 238.

[245] Siehe hierzu für Marktanteile Rn. 84, für potentiellen Wettbewerb/Marktzutrittsschranken Rn. 102, 107.

[246] Siehe beispielsweise Komm. E. v. 20.2.2007 Az. COMP/M.44 494 – *Evraz/Highveld;* Komm. E. v. 27.6.2007 Az. COMP/M. 4439 – *Ryanair/Aer Lingus.*

[247] Siehe dazu unter Rn. 38.

[248] *Kommission,* 21. Wettbewerbsbericht S. 414, 416.

Potentieller Wettbewerb und Marktzutrittsschranken stehen in einer engen wechselseitigen Beziehung. Marktzutrittsschranken sind objektive Kriterien bei der Beurteilung eines möglichen Markteintritts potentieller Wettbewerber. Auf besonders leicht zugänglichen Märkten reicht schon das bloße Risiko eines Markteintritts aus, um die fusionierenden Unternehmen von der Ausübung von Marktmacht abzuhalten.[249] Bei der Bewertung von Marktzutrittsschranken ist zu berücksichtigen, dass die Marktzutrittsschranken nicht gegenüber allen Unternehmen die gleiche Wirkung entfalten; Marktzutrittsschranken wirken vielmehr **unternehmensspezifisch.** Zur Bestimmung des potentiellen Wettbewerbs ist neben den Marktzutrittsschranken auch die subjektive Bereitschaft der Unternehmen zu einem Markteintritt zu berücksichtigen.[250] Die Kommission prüft den potentiellen Wettbewerb und die Marktzutrittsschranken zusammen in einem einzigen Prüfungspunkt. Hier sollen, dem Text des Art. 2 folgend, zuerst der potentielle Wettbewerb und dann die Marktzutrittsschranken erörtert werden. **99**

(1) Potentieller Wettbewerb. Die Kommission hat in ihrer Entscheidung *Nestlé/Perrier* festgestellt, dass für die Beurteilung potentiellen Wettbewerbs zu prüfen ist, ob ein Markteintritt möglich und wahrscheinlich ist, ob er wettbewerbsrelevant und wirksam wäre und ob er kurzfristig genug erfolgen könnte, um die verbliebenen Wettbewerber davon abzuhalten, ihre Marktmacht auszunutzen.[251] **100**

Der Markteintritt, durch welchen die Marktmacht der verbliebenen Wettbewerber beschränkt werden könnte, ist dann **erheblich,** wenn Preise und Mengen des Angebots den Verhaltensspielraum der Unternehmen im betroffenen Markt wirksam begrenzen können.[252] Der Markteintritt muss sich auf den gesamten Markt auswirken und darf nicht nur eine Marktnische betreffen.[253] Die **Möglichkeit eines erheblichen Markteintritts** wird bestimmt durch die dem potentiellen Wettbewerber hierbei im Wege stehenden Marktzutrittsschranken. Wettbewerbsdruck kann daher vor allem von Unternehmen ausgehen, die bereits auf räumlich benachbarten Märkten aktiv sind.[254] Ebenso wird Unternehmen, die auf sachlich benachbarten Märkten tätig sind, ein Markteintritt grundsätzlich eher möglich sein als Unternehmen, die in keiner Beziehung zu dem betroffenen Markt stehen.[255] Einen erheblichen Markteintritt absoluter Newcomer betrachtet die Kommission daher als relativ unwahrscheinlich. Eine nur vage Hoffnung auf mögliche neue Wettbewerber ist nicht zu berücksichtigen.[256] **101**

Die **Wahrscheinlichkeit des Markteintritts** hängt von der subjektiven Bereitschaft der Unternehmen ab, in den betroffenen Markt einzusteigen.[257] Die Kommission berücksichtigt zur Einschätzung der Wahrscheinlichkeit sowohl Äußerungen der Unternehmen über einen möglichen Markteintritt[258] als auch frühere Versuche, in dem betroffenen Markt Fuß zu fassen.[259] Ferner sind die Rentabilitätsaussichten eines Markteintritts zu berücksichti- **102**

---

[249] Vgl. *Kommission,* Horizontal-Leitlinien, Tz. 68.

[250] *Körber* in: Immenga/Mestmäcker EU-WbR Teil I/2, Art. 2 FKVO Rn. 289; Kommission 24. Wettbewerbsbericht Tz. 311.

[251] Komm. E. v. 22.7.1992 Az. IV/M. 190 – *Nestlé/Perrier,* Tz. 91 = WUW/E EV 1903. Vgl. auch *Kommission,* Leitlinien Tz. 68 ff.

[252] Komm. E. v. 22.7.1992 Az. IV/M. 190 – *Nestlé/Perrier,* Tz. 91 = WUW/E EV 1903.

[253] *Hacker* in: Schröter/Jakob/Klotz/Mederer (Fn. 196) Art. 2 FKVO Rn. 205.

[254] Komm. E. v. 12.4.1991 Az. IV/M. 42 – *Alcatel/Telettra,* Tz. 25 = WuW/E EV 1616; Komm. E. v. 22.1.1992 Az. IV/M. 133 – *Ericsson/Kolbe,* Tz. 24; Komm. E. v. 3.5.2005 Az. COMP/M. 3178 – *Bertelsmann/Springer/JV.*

[255] Komm. E. v. 9.12.1991 Az. IV/M. 149 – *Lucas/Eaton,* Tz. 37 = WUW/E EV 1783.

[256] Komm. E. v. 2.10.1991 Az. IV/M. 53 – *Aerospatiale – Alenia/de Havilland,* Tz. 57 = WUW/E EV 1675; *Körber* in: Immenga/Mestmäcker EU-WbR Teil I/2, Art. 2 FKVO Rn. 287.

[257] *Körber* in: Immenga/Mestmäcker EU-WbR Teil I/2, Art. 2 FKVO Rn. 289.

[258] Komm. E. v. 2.10.1991 Az. IV/M. 53 – *Aerospatiale – Alenia/de Havilland,* Tz. 57 = WUW/E EV 1675; Komm. E. v. 22.7.1992 Az. IV/M. 190 – *Nestlé/Perrier,* Tz. 100 = WUW/E EV 1903.

[259] Komm. E. v. 22.7.1992 Az. IV/M. 190 – *Nestlé/Perrier,* Tz. 103 = WUW/E EV 1903; Komm. E. v. 10.1.1994 Az. IV/M. 390 – *AKZO/Nobel Industries,* Tz. 31.

gen.[260] So hat die Kommission im Fall *Omya/Huber* die Wahrscheinlichkeit eines Markteintritts danach beurteilt, ob der potentielle Wettbewerber bereits eine Technologie entwickelt hat, die Technologie kommerziell nutzbar ist, ausreichende Kapazitäten zum Markteintritt verfügbar gemacht werden können und die verlorenen Kosten relativ gering sein werden.[261] Grundsätzlich sind in Märkten mit hohen Wachstumsraten Markteintritte wahrscheinlicher als in voraussichtlich rückläufigen Märkten.[262] Strukturelle oder familiäre Verbindungen zwischen dem durch den Zusammenschluss entstehenden Unternehmen und potentiellen Wettbewerbern können gegen einen Markteintritt sprechen.[263]

103 Der Markteintritt muss auch innerhalb einer ausreichend **kurzen Zeit** zu erwarten sein, um die dauerhafte Ausübung von Marktmacht verhindern zu können. Welchen Zeitraum die Kommission als ausreichend ansieht, hängt von den Merkmalen und der Dynamik des betroffenen Marktes und den einschlägigen Fähigkeiten der potentiellen Wettbewerber ab.[264] Ein Markteintritt wird in der Regel nur rechtzeitig sein, wenn er innerhalb von zwei Jahren zu erwarten ist.[265]

104 **(2) Marktzutrittsschranken.** Marktzutrittsschranken verhindern, erschweren oder verzögern den Markteintritt potentieller Wettbewerber.[266] Zur Systematik der Marktzutrittsschranken werden verschiedene Ansätze vertreten.[267] Bei der folgenden Erläuterung einiger wichtiger Marktzutrittsschranken soll der Unterscheidung des Art. 2 Abs. 1 lit. b zwischen rechtlichen und tatsächlichen Marktzutrittsschranken gefolgt werden.

105 Zu den **rechtlichen Marktzutrittsschranken** gehören alle staatlichen Regulierungen, die den Markteintritt neuer Wettbewerber verhindern, verteuern oder auf sonstige Weise beschränken. Hierzu gehören insbesondere Einfuhrabgaben und andere Handelshemmnisse.[268] Auch nationale DIN Normen erschweren den Markteintritt.[269] Speziell im Flugverkehr wird der Marktzutritt durch die Vergabe der streng limitierten Slots begrenzt.[270] Ferner kann die Anzahl der Marktteilnehmer durch Konzessionsbeschränkungen begrenzt sein.[271] Rechtliche Marktzutrittsschranken können auch zu einer gänzlichen Marktabschottung führen. So ist zum Beispiel der Markt für Autobahnverpflegung durch hohe rechtliche Marktzutrittsschranken wie fehlende Niederlassungsfreiheit, lange Laufzeiten der Konzessionen und umfangreiche behördliche Auflagen für Newcomer weitgehend abgeschottet.[272]

106 Zu den **tatsächlichen Marktzutrittsschranken** können alle Formen ökonomischer Hindernisse für einen Markteintritt gerechnet werden, seien sie kommerzieller, technischer oder strategischer Art.[273]

107 So können **Entwicklungs- und Investitionskosten** potentielle Wettbewerber von einem Marktzutritt abhalten.[274] Forschungs- und Entwicklungstätigkeiten können sowohl

---

[260] Komm. E. v. 25.11.1998 Az. IV/M. 1225 – *Enso/Stora* ABl. 1999 L 254/9 = WuW/E EU-V 339.

[261] Komm. E. v. 19.7.2996 Az. COMP/M.3796 – *Omya/Huber* = WuW/E EU-V 1177, 1181 f.

[262] *Kommission,* Leitlinien Tz. 72.

[263] Komm. E. v. 9.11.1994 Az. IV/M. 469 – *MSG- Media Service,* Tz. 65= WuW/E EV 2231.

[264] *Kommission,* Leitlinien Tz. 74.

[265] *Kommission,* Leitlinien Tz. 74.

[266] *Hacker* in: Schröter/Jakob/Klotz/Mederer (Fn. 196) Art. 2 FKVO Rn. 208.

[267] Vgl. dazu *Jickeli* WuW 1992, 101 ff.

[268] Komm. E. v. 30.9.1992 Az. IV/M. 214 – *Du Pont/ICI,* Tz. 29.

[269] Komm. E. v. 12.11.1992 Az. IV/M. 222 – *Mannesmann/Hoesch,* Tz. 79 ff. = WuW 1993, 35 (Kurzfassung).

[270] Komm. E. v. 7.4.2004 Az. COMP/38.284/D2 – *Air France/Alitalia.*

[271] Komm. E. v. 21.5.1999 Az. IV/M. 1430 – *Vodafone/Airtouch,* Tz. 27; Komm. E. v. 11.8.2000 Az. IV/M. – 2016 *Airtours Telecom/Orange* Tz. 33.

[272] Komm. E. v. 28.4.1992 Az. IV/M. 126 – *ACCOR/Wagons-Lits,* Tz. 25 = WuW/E EV 1961.

[273] *Hacker* in: Schröter/Jakob/Klotz/Mederer (Fn. 196) Art. 2 FKVO Rn. 212; vgl. *Kommission,* Leitlinien Tz. 71.

[274] Vgl. Komm. E. v. 4.12.1996 Az. IV/M. 774 – *Saint Gobain/Wacker-Chemie/NOM,* Tz. 184 ff.

einen hohen Kapitaleinsatz als auch einen gewissen Zeitaufwand erfordern und dadurch den Markteintritt erschweren.[275] Hierbei kommt es nicht in erster Linie auf die Höhe der aufzuwendenden Investitionen an, sondern vor allem auf den Anteil der irreversiblen Kosten (sog. **versunkene Kosten**). Unter versunkenen Kosten werden Ausgaben verstanden, die nach einem fehlgeschlagenen Markteintritt abgeschrieben werden müssen, weil die getätigte Investition von den Unternehmen für keinen anderen Markt verwendet werden kann.[276] Im Fall von reifen Märkten oder Märkten mit Überkapazitäten ist der Kapitalbedarf bei der Marktbeherrschungsprüfung besonders zu beachten.[277] Des Weiteren kann der Schutz von Produkten oder Verfahren durch **Patente** den Markteintritt potentieller Wettbewerber verzögern oder vereiteln.[278]

Die **Betriebsgröße** der auf dem betroffenen Markt bereits aktiven Unternehmen kann **108** den Markteintritt erschweren. Betriebsgrößenvorteile können sich ergeben, wenn die durchschnittlichen Kosten mit ansteigender Gütermenge sinken. Je größer die Gütermenge ist, von der ab der ein Newcomer über die gleichen Betriebsvorteile verfügt wie etablierte Wettbewerber, desto schwieriger und risikoreicher wird der Markteintritt.[279] Aus der Möglichkeit eines Unternehmens, infolge seiner Größe ein breiteres Produktsortiment anzubieten, können sich für die Kunden Kostenvorteile ergeben, die eine Bindung an den Lieferanten bewirken, aufgrund derer die Absatzchancen neuer Wettbewerber verringert werden.[280]

Die Kontrolle etablierter Anbieter über **wesentliche Infrastruktureinrichtungen** be- **109** schränkt die Möglichkeiten des Markteintritts potentieller Wettbewerber.[281] So hat das EuG im Fall *easyJet/Kommission* bestätigt, dass der fehlende Zugang zu Zeitnischen (sog. Slots) eine eindeutige physische Marktzutrittsschranke für die Fluggesellschaften darstellt.[282] Ebenso können langfristige Liefer- oder Vertriebsverträge den Absatz für Newcomer erschweren.[283] Auch der **Goodwill** etablierter Marktteilnehmer kann eine Marktzutrittsschranke bilden.[284] Kunden ziehen Produkte, die sie durch Werbung oder andere Verkaufsförderungsmaßnahmen der Unternehmen kennen, unbekannten Produkten grundsätzlich vor. Ein bereits bekanntes und marktstarkes Unternehmen muss im Verhältnis weniger Mittel für Werbung aufwenden als ein Newcomer.[285] Werbungskosten können bei einem Fehlschlag nur bedingt für andere Produkte verwendet werden. Sie bilden daher zum Großteil versunkene Kosten.[286] Goodwill kann sich aus den bisherigen guten Erfahrungen mit den Produkten etablierter Unternehmen ergeben. Gerade bei technisch anspruchsvollen Produkten, bei denen eine Fehlfunktion einen hohen Schaden zur Folge hat, setzen Kunden auf bereits ausgereifte und bewährte Produkte.[287]

hh) Marktmacht der Marktgegenseite/Nachfragemacht.[288] Die Marktstellung des **110** fusionierten Unternehmens wird maßgeblich von der Marktstruktur der Marktgegenseite

---

[275] Vgl. etwa Komm. E. v. 2.10.1991 Az. IV/M. 53 – *Aerospatiale – Alenia/de Havilland,* Tz. 54 ff. = WUW/E EV 1675; Komm. E. v. 27.6.2007 Az. COMP/M. 4439 – *Ryanair/Aer Lingus.*

[276] *Hacker* in: Schröter/Jakob/Klotz/Mederer (Fn. 196) Art. 2 FKVO Rn. 217.

[277] *Jickeli* WuW 1992, 195, 202.

[278] Komm. E. v. 24.4.1996 Az. IV/M 269 – *Shell/Montecatini* Tz. 32.

[279] *Hacker* in: Schröter/Jakob/Klotz/Mederer (Fn. 196) Art. 2 FKVO Rn. 218.

[280] Komm. E. v. 2.10.1991 Az. IV/M. 53 – *Aerospatiale – Alenia/de Havilland,* Tz. 54 ff. = WUW/E EV 1675; *Jickeli* WuW 1992, 195, 197.

[281] Komm. E v. 9.12.2004 Az. COMP/M. 3440 *EDP/ENI/GDP.*

[282] EuG U. v. 4.7.2006, T-177/04 – *easyJet/Kommission* = WuW/E EU-R 1079, 1089.

[283] *Kommission,* Horizontal-Leitlinien Tz. 71.

[284] Komm. E. v. 1.12.1999 Az. COMP/M. 1601 *AlliedSignal/Honeywell* Tz. 99; *Hacker* in: Schröter/Jakob/Klotz/Mederer (Fn. 196) Art. 2 FKVO Rn. 221.

[285] *Kommission,* Horizontal-Leitlinien Tz. 71.

[286] Vgl. Komm. E. v. 22.7.1992 Az. IV/M. 190 – *Nestlé/Perrier,* Tz. 33 = WUW/E EV 1903.

[287] Komm. E. v. 19.7.1991 Az. IV/M. 68 – *Tetra Pak/Alfa-Laval,* Tz. 3.4 = WUW/E EV 1644.

[288] Die Kommission spricht in ihren Entscheidungen lediglich von Nachfragemacht anstatt von Marktmacht der Marktgegenseite, da in den zu entscheidenden Fällen jeweils die Begründung oder

beeinflusst. Unter bestimmten Voraussetzungen kann eine starke Nachfragemacht einen marktmächtigen Anbieter daran hindern, sich unabhängig von seinen Abnehmern zu verhalten. Die Kommission versteht unter Nachfragemacht die Verhandlungsmacht, die ein Käufer gegenüber seinem Lieferanten angesichts seiner Größe, seiner wirtschaftlichen Bedeutung für den Verkäufer und seiner Fähigkeit ausspielen kann, zu anderen Lieferanten überzuwechseln.[289] Die Nachfragemacht wird in Art. 2 nicht ausdrücklich erwähnt. Man kann dieses Prüfungskriterium jedoch als Element der in Art. 2 Abs. 1 lit. b genannten Marktstellung betrachten.[290]

111 **Voraussetzung** für die Berücksichtigung von Nachfragemacht ist zunächst, dass den Anbietern ein Nachfrageoligopol oder ein Nachfragemonopol gegenübersteht, das einen unabhängigen Verhaltensspielraum der an dem Zusammenschluss beteiligten Anbieter ausschließt. Hierfür ist es jedoch erforderlich, dass die Nachfragemacht nicht nur die wettbewerblichen Verhaltensspielräume der Anbieter im Verhältnis zu den Mitgliedern des Oligopols bzw. zu dem Monopolisten, sondern auch gegenüber den Nachfragern begrenzt, die nicht dem Oligopol bzw. Monopol angehören.[291] So hat die Kommission im Fall *Glatfelter/Crompton* die Nachfragemacht der Abnehmer für unzureichend erachtet, um Druck auf die Anbieterin auszuüben.[292] Obwohl in den relevanten Bereichen für Teefiltervliese und nassgelegte Vliese jeweils 50–60% des Absatzes von Glatfelter auf die fünf bzw. drei größten Kunden des Unternehmens entfielen, wurde eine hinreichend starke Nachfragemacht unter Hinweis auf die kleinen Marktanteile der übrigen Abnehmer verneint. Letzteren könne keine Nachfragermacht zuerkannt werden. Die Nachfragermacht sei daher insgesamt verhältnismäßig gering, weshalb diese allein *Glatfelter/Crompton* nicht daran hindern könne, die Produktion zu beschränken und die Preise zu erhöhen.

112 Weitere Voraussetzung für die Annahme von Nachfragemacht ist die tatsächliche **Ausweichmöglichkeit** der Nachfrager auf andere Anbieter. Nur wenn die Abnehmer in der Lage sind, auf andere Lieferanten auszuweichen, können sie ihre Nachfragemacht auch zur Geltung bringen. Eine Ausweichmöglichkeit besteht vor allem dann nicht, wenn die anderen Anbieter keine ausreichenden Kapazitäten haben und keine potentiellen Wettbewerber in Sicht sind. Einem Ausweichen auf alternative Anbieter kann ferner eine starke Kundenbindung infolge der mit einem Anbieterwechsel verbundenen Kosten oder der Ersparnisse des Bezugs mehrerer Produkte aus einer Hand entgegenstehen.[293] Eine Abhängigkeit kann auch durch Präferenzen von Endverbrauchern entstehen, aufgrund derer Unternehmen auf der Einzelhandelsstufe bei der Entfernung eines Produktes aus dem Sortiment Kunden verlieren und dadurch Umsatzeinbußen auch bei anderen Produkten erleiden.[294]

113 Die **wettbewerbliche Wirkung** der Nachfragemacht besteht darin, wettbewerbliche Verhaltensspielräume marktmächtiger Anbieter zu begrenzen. Die Nachfragemacht spielt typischerweise eine wesentliche Rolle bei Beschaffungsmärkten z. B. im Bereich der Automobilindustrie, der Getränkeindustrie oder der Telekommunikation.[295] Die Kommission hat die Nachfragemacht in einer Vielzahl von Fällen berücksichtigt, bislang jedoch ledig-

---

Verstärkung einer marktbeherrschenden Stellung auf Angebotsseite drohte. Diese Begriffsbestimmung hat sich weitgehend durchgesetzt; ihr soll daher im Folgenden gefolgt werden.

[289] *Kommission,* Horizontal-Leitlinien Tz. 64; vgl. auch Komm. E. v. 9.3.1999 Az. IV/M. 1313 – *Danish/Crown/Vestjyske Slagterier,* ABl. 2000 L 20/1 Tz. 171 ff.

[290] *Körber* in: Immenga/Mestmäcker EU-WbR Teil I/2, Art. 2 Rn. 314 ff.

[291] Komm. E. v. 22.7.1992 Az. IV/M. 190 – *Nestlé/Perrier,* Tz. 78 = WUW/E EV 1903; Komm. E. v. 25.11.1998 Az. IV/M. 1225 – *Enso/Stora* ABl. 1999 L 254/9, Tz. 93 = WuW/E EU-V 339.

[292] Komm. E. v. 20.12.2006 Az. COMP/M. 4215 – *Glatfelter/Crompton* = WuW/E EU-V 1221, 1223.

[293] Komm. E. v. 2.10.1991 Az. IV/M. 53 – *Aerospatiale – Alenia/de Havilland,* Tz. 45 = WUW/E EV 1675.

[294] Komm. E. v. 22.7.1992 Az. IV/M. 190 – *Nestlé/Perrier,* Tz. 81 = WUW/E EV 1903.

[295] *Hacker* in: Schröter/Jakob/Klotz/Mederer (Fn. 196) Art. 2 FKVO Rn. 229.

lich in zwei Entscheidungen auf eine starke Nachfragemacht als den maßgeblichen Grund für die Genehmigung eines Zusammenschlusses abgestellt. Im Fall *Alcatel/Telettra* wurde die diversifizierte Beschaffungspolitik des Nachfragers Telefonica zur Begründung einer ausreichenden Nachfragemacht herangezogen.[296] Im Fall *Enso/Stora* stellte die Kommission darauf ab, dass es dem marktmächtigen Nachfrager Tetra Pak bereits in der Vergangenheit gelungen war, andere Unternehmen zu Anbietern von Tetra Pak nachgefragter Produkte zu entwickeln.[297] Ferner standen den Nachfragern in beiden Fällen andere Anbieter mit freien Kapazitäten als Ausweichmöglichkeit zur Verfügung.

ii) Interessen der Zwischen- und Endverbraucher. Durch die Erwähnung der Verbraucherinteressen in Art. 2 wird klargestellt, dass der Schutz der Verbraucher unmittelbares Ziel der Fusionskontrolle ist und nicht nur mittelbar durch die Freiheit des Wettbewerbs verfolgt werden soll. Die Interessen der Zwischen- und Endverbraucher sind nicht nur ein Fernziel der Fusionskontrolle, sondern sie sind zugleich auch ein Gesichtspunkt, der bei der Entscheidung über die Freigabe oder Untersagung eines Zusammenschlusses zu berücksichtigen ist. Ein Zusammenschluss ist zu untersagen, wenn er die Marktmacht der Unternehmen spürbar erhöht und es ihnen dadurch ermöglicht, den Verbrauchern die Vorteile des Wettbewerbs vorzuenthalten, zum Beispiel durch Preiserhöhungen, durch eine Verringerung des Absatzes, der Qualität oder Auswahl von Waren oder Dienstleistungen, sowie durch eine Beschränkung der Innovationen.[298] **114**

jj) Entwicklung des technischen und wirtschaftlichen Fortschritts. Die Kommission hat nach Art. 2 Abs. 1 lit. b auch die Entwicklung des technischen und wirtschaftlichen Fortschritts zu berücksichtigen, sofern diese dem Verbraucher dient und den Wettbewerb nicht behindert. In ihrer Erklärung zur Auslegung der Fusionskontrolle hat die Kommission mitgeteilt, dass sie dieses Merkmal im Sinne des Art. 85 Abs. 3 EGV (jetzt Art. 101 Abs. 3 AEUV) als **Rechtfertigungsgrund** auslegen werde.[299] Für diese Auslegung spricht auch die Einschränkung in Art. 2 Abs. 1 lit. b, dass der wirtschaftliche und technische Fortschritt nur berücksichtigt werden darf, wenn er den Verbrauchern dient und den Wettbewerb nicht behindert. Die Kommission hat dementsprechend in ihren bisherigen Entscheidungen das Kriterium der Entwicklung des technischen und wirtschaftlichen Fortschritts niemals zur Begründung einer marktbeherrschenden Stellung herangezogen. **115**

Bereits mit dem Erwägungsgrund Nr. 29 der Verordnung Nr. 139/2004 war klargestellt worden, dass **Effizienzgewinne** bei der Beurteilung von Zusammenschlüssen zu berücksichtigen sind und diese mögliche Nachteile für die Verbraucher ausgleichen können.[300] Die Leitlinien zur Bewertung nicht-horizontaler Zusammenschlüsse stellen nochmals klar, dass die Integration komplementärer Tätigkeiten und Produkte in einem Unternehmen erhebliche Effizienzgewinne mit sich bringen kann, was es bei der Beurteilung von Zusammenschlüssen zu berücksichtigen gilt.[301] **116**

c) Begründung oder Verstärkung. Bei der Prüfung des Zusammenschlusses ist eine Prognoseentscheidung darüber zu treffen, ob durch den Zusammenschluss eine marktbeherrschende Stellung **begründet** oder **verstärkt** wird. Hierfür sind die voraussichtlichen Wettbewerbsbedingungen nach dem Zusammenschluss mit denen zu vergleichen, die auf dem Markt herrschen würden, wenn der Zusammenschluss nicht zustande käme.[302] Der **117**

[296] Komm. E. v. 12.4.1991 Az. IV/M. 24 – *Alcatel/Telettra.*
[297] Komm. E. v. 25.11.1998 Az. IV/M. 1225 – *Enso/Stora* Tz. 89.
[298] *Kommission,* Horizontal-Leitlinien Tz. 8.
[299] Kommission, Erklärung für das Ratsprotokoll vom 19.12.1989 Tz. 3. lit. a = WuW 1990, 241.
[300] Erwägungsgrund Nr. 29 der Verordnung Nr. 139/2004. Zum früheren Streit zur Berücksichtigungsfähigkeit der Entwicklung des technischen und wirtschaftlichen Fortschritts siehe *Hacker* in: Schröter/Jakob/Klotz/Mederer, Kommentar zum Europäischen Wettbewerbsrecht, Art. 2 FKVO Rn. 248 ff.
[301] Vgl. *Kommission,* Nicht-Horizontal-Leitlinien Tz. 13.
[302] Vgl. *Kommission,* Horizontal-Leitlinien Tz. 9.

bei dieser Prognose zu berücksichtigende Zeitraum bemisst sich danach, inwieweit zum Zeitpunkt der Entscheidung künftige Entwicklungen der Wettbewerbsverhältnisse des relevanten Marktes erkennbar sind. In der Regel wird auf kurz- bis mittelfristige Zeiträume abgestellt.[303] Eine marktbeherrschende Stellung wird dann begründet, wenn durch den Zusammenschluss anstelle einer Marktstruktur, die wirksamen Wettbewerb gewährleistet, eine Struktur geschaffen wird, die es den zusammengeschlossenen Unternehmen dauerhaft ermöglicht, sich gegenüber Wettbewerbern, Abnehmern und letztlich den Verbrauchern in einem wesentlichen Umfang unabhängig zu verhalten. Eine marktbeherrschende Stellung wird verstärkt, wenn durch den Zusammenschluss ein bereits bestehender unabhängiger Verhaltensspielraum ausgebaut würde.

118 **Zusammenschlüsse** können ihrer Art nach in **horizontale, vertikale und konglomerate** Zusammenschlüsse unterschieden werden. In der Praxis weist ein Zusammenschluss oft nicht nur horizontale oder vertikale Wirkungen auf, sondern beinhaltet sowohl horizontale als auch vertikale und konglomerate Elemente. Die verschiedenen Kriterien für die Feststellung einer marktbeherrschenden Stellung sind für die verschiedenen **Arten von Zusammenschlüssen** von unterschiedlicher Bedeutung. Nach den Leitlinien zur Beurteilung horizontaler Zusammenschlüsse hat die Kommission nun auch Leitlinien zur Beurteilung nichthorizontaler Zusammenschlüsse[304] veröffentlicht. Im Folgenden sollen einige Beispiele aus der Fallpraxis erläutert werden.

119 **aa) Horizontale Zusammenschlüsse.** Horizontale Zusammenschlüssen sind Zusammenschlüsse, bei denen die beteiligten Unternehmen auf demselben relevanten Markt Waren oder Dienstleistungen verkaufen oder dort potentielle Wettbewerber sind.[305] Bei einem Zusammenschluss aktueller Wettbewerber ist die Zusammenfassung der Marktanteile und des gemeinsamen Wettbewerbspotentials der wesentliche Faktor bei der Beurteilung des Zusammenschlusses. Bei einem Zusammenschluss mit einem potentiellen Wettbewerber ist meist der Wegfall des Wettbewerbsdrucks, der durch den potentiellen Wettbewerber ausgeübt wurde, der ausschlaggebende Gesichtspunkt.

120 Die erste Untersagungsentscheidung der Kommission im Fall *Aerospatiale – Alenia/de Havilland*[306] betraf einen horizontalen Zusammenschluss. In dieser Entscheidung stützte die Kommission ihre Untersagung im Wesentlichen auf vier Begründungselemente: Zunächst stellte die Kommission fest, dass das Vorhaben die Marktstellung der beteiligten Unternehmen erheblich verstärken würde, da (i) eine Erhöhung von Marktanteilen eintreten würde, (ii) de Havilland als potentieller Wettbewerber auf dem relevanten Markt ausgeschaltet würde, (iii) die beteiligten Unternehmen eine umfassende Produktpalette von Regionalflugzeugen würden anbieten können und (iv) der Kundenstamm beträchtlich erweitert würde. Des Weiteren gelangte sie zu der Feststellung, dass weder die übrigen Wettbewerber noch die Nachfrager über ausreichend Marktmacht verfügten, um die Entstehung wettbewerblich nicht kontrollierter Verhaltensspielräume der Zusammenschlussbeteiligten zu verhindern. Schließlich berücksichtigte die Kommission, dass ein Markteintritt neuer Wettbewerber erheblichen Zeitaufwand erfordern würde und mit extrem hohen Kosten, insbesondere hohen versunkenen Entwicklungskosten verbunden wäre und daher nicht wahrscheinlich sei.

121 Im Fall *Glatfelter/Crompton*[307] wurde deutlich, dass potentieller Wettbewerbsdruck, als Aspekt, den es im Rahmen der Beurteilung horizontaler Zusammenschlüsse zu berücksichtigen gilt, an Bedeutung gewonnen hat. So hat die Kommission trotz eines addierten

---

[303] Komm. E. v. 8.6.1994 Az. IV/M. 269 – *Shell/Montecatini,* Tz. 85; *Hacker* in: Schröter/Jakob/Klotz/Mederer (Fn. 297) Art. 2 FKVO Rn. 254.

[304] Vgl. oben Rn. 53.

[305] *Kommission,* Horizontal-Leitlinien Tz. 5.

[306] Komm. E. v. 2.10.1991 Az. IV/M. 53 – *Aerospatiale – Alenia/de Havilland* = WUW/E EV 1675.

[307] Komm. E. v. 20.12.2006 Az. COMP/M. 4215 – *Glatfelter/Crompton* = WuW/E EU-V 1221, 1223.

Weltmarkanteils der fusionierten Einheit von 60–70% eine Behinderung wirksamen Wettbewerbs i. S. d. Art. 2 Abs. 2 FKVO abgelehnt. Die Kommission hielt es für wahrscheinlich, dass ein Wettbewerber mit einem derzeitigen Weltmarktanteil von 20–30% bei einer Preiserhöhung von 10–30% versuchen würde, sein Produktionsvolumen und/oder seine Kapazität zu erhöhen. Auch von einem Wettbewerber, der derzeit über 12% Marktanteil verfügt und bereits Investitionen in Produktion und Vertrieb getätigt hatte, ginge erheblicher Wettbewerbsdruck aus. Andere kleinere bzw. potentielle Hersteller verfügten zudem über Produktionskapazitäten, die ohne erhebliche Investitionen auf die Produktion des sachlich relevanten Produktes umgestellt werden könnten. Branchenkundige Großkunden, hätten damit die Möglichkeit, zu vergleichbaren Produkten und anderen Herstellern zu wechseln.

bb) Vertikale Zusammenschlüsse. Ein vertikaler Zusammenschluss liegt nach den Nicht-Horizontal-Leitlinien vor, wenn zwei Unternehmen sich zusammenschließen, die auf einander vor- oder nachgelagerten Ebenen des Produktionsprozesses tätig sind. Vertikale Zusammenschlüsse dienen in der Regel dazu, Bezugs- und Absatzwege zu sichern. Das ist beispielsweise der Fall, wenn sich ein Stahlhersteller mit einem Eisenerzlieferant oder ein Glashersteller mit einem Vertriebshändler seines Produkts zusammenschließt. Vertikale Zusammenschlüsse geben grundsätzlich weniger Anlass zu Wettbewerbsbedenken als horizontale Fusionen.[308] Ein Grund hierfür ist, dass sich bei rein vertikalen Zusammenschlüssen die Tätigkeitsgebiete der beteiligten Unternehmen nicht überschneiden und es mithin nicht zur Marktanteilsaddition kommt; ein Verlust an direktem Wettbewerb zwischen den fusionierenden Unternehmen steht insofern nicht zu befürchten. Etwas anderes gilt nur, wenn eines der fusionierenden Unternehmen ein potentieller Wettbewerber in dem relevanten Markt ist, in dem das andere fusionierende Unternehmen tätig ist.[309] Als weiteren Grund für die Besserstellung nicht-horizontaler Fusionen nennt die Kommission den hier vorhandenen Spielraum für Effizienzgewinne, welcher für die Verbraucher vorteilhaft sein könne, da die beteiligten Unternehmen typischerweise komplementäre Funktionen zusammenlegen.[310] 122

Allerdings können von solchen Zusammenschlüssen auch nachteilige Wirkungen ausgehen. Die hauptsächliche Gefahr besteht im drohenden Verdrängungswettbewerb auf den vor- und nachgelagerten Märkten, sog. Marktschließungseffekte. Durch einen vertikalen Zusammenschluss werden die Absatz- bzw. Bezugsmöglichkeiten der beteiligten Unternehmen intensiviert, während gleichzeitig die Absatz- und Bezugsmöglichkeiten der Wettbewerber dementsprechend gemindert werden.[311] Potentiellen Wettbewerbern kann der Eintritt in Märkte mit vertikal integrierten Anbietern erschwert werden, wenn zur Wettbewerbsfähigkeit in dem betroffenen Markt der Eintritt in vor- oder nachgelagerte Märkte erforderlich ist.[312] Erhebliche Marktschließungseffekte können jedoch nur dann eintreten, wenn die beteiligten Unternehmen über eine zumindest marktstarke Stellung in dem Absatz- bzw. Beschaffungsmarkt verfügen und der Zugang zu diesem Markt wesentlich für die Wettbewerbsfähigkeit in dem betroffenen Markt ist. Keine wettbewerblichen Bedenken sollen nach den Nicht-Horizontal-Leitlinien bestehen, wenn sich der Marktanteil der neuen Einheit auf allen betroffenen Märkten auf weniger als 30% beläuft und wenn der HH-Index unterhalb von 2000 liegt.[313] Wird die Schwelle nicht erreicht, dann wird die Kommission nur unter besonderen Umständen Untersuchungen anstellen, etwa dann, wenn ein Unternehmen am Zusammenschluss beteiligt ist, das seine Geschäftstätigkeit wegen Neu- 123

---

[308] *Kommission,* Nicht-Horizontal-Leitlinien, Tz. 11.
[309] *Kommission,* Nicht-Horizontal-Leitlinien, Tz. 12.
[310] *Kommission,* Nicht-Horizontal-Leitlinien, Tz. 13.
[311] Monopolkommission 5. Hauptgutachten Tz. 725.
[312] Monopolkommission 5. Hauptgutachten Tz. 727.
[313] *Kommission,* Nicht-Horizontal-Leitlinien, Tz. 25.

entwicklungen in Zukunft ausweiten wird, oder wenn zwischen den Beteiligten beträchtliche Überkreuzlieferungen erfolgen.[314]

124 Bei der Frage, ob ein Wettbewerbsverstoß vorliegt, nimmt die Kommission eine 3-stufige Prüfung vor: erstens wird geprüft, ob für das zusammengeschlossene Unternehmen die Möglichkeit besteht, Wettbewerber zu verdrängen; zweitens, welche Anreize für eine solche Verdrängung bestehen, und drittens, welche sonstigen Auswirkungen auf den Wettbewerb zu erwarten sind.[315]

125 So hat die Kommission im Fall *SFR/Télé2 France*[316] die Behinderung wirksamen Wettbewerbs angenommen. Bei dem Zusammenschlussvorhaben ging es um den Erwerb der alleinigen Kontrolle (durch Aktienkauf) über das Internetzugangs- und Festnetztelefonie-Geschäft des Unternehmens Télé2 France durch das Unternehmen SFR S.A., das gemeinsam von Vivendi S.A. und der Vodafone Group kontrolliert wird. Vivendi hat eine starke Stellung innerhalb des Pay-TV-Marktes in Frankreich inne. Da Pay-TV-Programme auch über DSL angeboten werden, Vivendi selbst jedoch nicht über eine DSL-Infrastruktur verfügte, war das Unternehmen darauf angewiesen, auch auf DSL-Anbieter zurückzugreifen. Als DSL-Anbieter stand Télé2 France dabei mit anderen Anbietern beim Pay-TV-Vertrieb im Wettbewerb. Durch den Zusammenschluss mit Télé2 France wäre Vivendi an einem Wettbewerber der DSL-Anbieter auf dem nachgelagerten Markt für den Pay-TV-Vertrieb beteiligt. Dies begründe einen Anreiz für Vivendi, seine starke Stellung auf dem Pay-TV-Markt dazu einzusetzen, Télé2 France beim Zugang zu den Senderechten gegenüber anderen DSL-Anbietern zu bevorzugen. Hierdurch würde der von den DSL-Anbietern auf aktuellen oder potentiellen Pay-TV-Vertriebsmärkten ausgeübte Wettbewerbsdruck erheblich geschwächt, so dass höhere Preise und ein schlechteres Angebot zu erwarten seien.

126 Im Fall *De Beers/LVMH*[317] plante De Beers zusammen mit LVMH die Gründung eines Gemeinschaftsunternehmens zum Vertrieb u.a. von Schmuckdiamanten unter den Marken von De Beers auf der Einzelhandelsstufe. Hier verneinte die Kommission eine Verstärkung der beherrschenden Stellung von De Beers als Anbieter von Rohdiamanten, da die Gründung des Gemeinschaftsunternehmens auf der Stufe des Einzelhandels mit Schmuckdiamanten nicht geeignet sei, die Struktur des vorgelagerten Marktes für den Verkauf von Rohdiamanten erheblich zu beeinflussen. Im Übrigen fehle es auch an einem ursächlichen Zusammenhang zwischen der Verbindung von De Beers und LVMH auf der Einzelhandelsebene und der Marktstellung von De Beers, da De Beers auch aus eigener Kraft in der Lage sei, Schmuckdiamanten unter eigenen Marken im Markt zu positionieren.

127 **cc) Konglomerate Zusammenschlüsse.** Konglomerate Zusammenschlüsse sind nach der Definition der Nicht-Horizontal-Leitlinien[318] Fusionen zwischen Unternehmen, deren Beziehung zueinander weder rein horizontal (als Wettbewerber auf demselben relevanten Markt) noch rein vertikal (als Lieferant oder Kunde) ist. Hauptsächlich handelt es sich hierbei um Zusammenschlüsse von Unternehmen, die in eng benachbarten Märkten tätig sind. Das Fehlen von Überschneidungen der Tätigkeitsbereiche führt dazu, dass konglomerate Zusammenschlüsse nur selten wettbewerbswidrige Auswirkungen haben.[319] Sie lassen vielmehr sogar Raum für Effizienzgewinne, etwa durch die bessere Koordinierung des Herstellungs- und Vertriebsprozesses. Unter bestimmen Voraussetzungen können konglomerate Zusammenschlüsse allerdings wettbewerbswidrige Auswirkungen haben.[320] Dies ist dann

[314] *Kommission,* Nicht-Horizontal-Leitlinien, Tz. 26.
[315] *Kommission,* Nicht-Horizontal-Leitlinien, Tz. 32.
[316] Komm. E. v. 18.7.2007 Az. COMP/M. 4504 – *SFR/Télé2 France.*
[317] Komm. E. v. 25.7.2002 Az. COMP/M. – 2333 *De Beers/LVMH.*
[318] Nicht-Horizontal-Leitlinien, Tz. 5 und 91.
[319] Nicht-Horizontal-Leitlinien, Tz. 11 und 92.
[320] EuG U. v. 25.10.2002 Rs. T-5/02 und T-80/02 *Tetra Laval BV/Komm.* Tz. 142 = WuW/E EU-R 585. Vgl. auch Nicht-Horizontal-Leitlinien, Tz. 92; vgl. *Körber* in: Immenga/Mestmäcker EU-WbR Teil I/2, Art. 2 FKVO Rn. 580ff.

denkbar, wenn die beteiligten Unternehmen auf benachbarten Märkten tätig sind und ähnliche oder vergleichbare Produkte herstellen. Die Gefahr einer Behinderung des Wettbewerbs besteht insbesondere dann, wenn die beteiligten Unternehmen die Möglichkeit haben, ihr Angebot oder ihre Nachfrage zu bündeln. Auch die Beteiligung eines marktmächtigen Unternehmens an einem konglomeraten Zusammenschluss erhöht die Wahrscheinlichkeit wettbewerbsbehindernder Auswirkungen. Seit der Entscheidung des EuG in Sachen *Schneider/Legrand*[321] ist bestätigt, dass die geografische Ausdehnung, die eine fusionierte Einheit durch den Zusammenschluss erlangt, kartellrechtlich relevant sein kann.

In den Leitlinien zur Bewertung nicht-horizontaler Zusammenschlüsse führt die Kom- **128**
mission aus, dass die Hauptbedenken bei konglomeraten Fusionen in möglichen **Marktschließungseffekten** (sog. **foreclosure**) bestehen.[322] Durch die Kombination von Produkten benachbarter Märkte erlangt die fusionierte Einheit die Fähigkeit und den Anreiz, unter Ausnutzung ihrer starken Marktstellung in einem Markt durch Koppelungs- oder Bündelungsstrategien den Absatz eines Produkts auf einem anderen Markt zu erhöhen, sog. **Hebelwirkung** oder **leverage effects.**

In Abweichung von ihrer früheren Verwaltungspraxis[323] stellt die Kommission in den **129**
Nicht-Horizontal-Leitlinien nunmehr klar, dass sog. **Portfolioeffekte** keine eigenständige Rolle spielen. Allein die Größe der Produktpalette kann als solche nicht für die Begründung der Wettbewerbswidrigkeit ausreichen. Vielmehr hebt die Kommission sogar die effizienzsteigernden und wettbewerbsfördernden Möglichkeiten eines verbreiterten Produktportfolios hervor.[324] Gänzlich irrelevant ist der Portfolioeffekt dennoch nicht. Soweit durch das erweiterte Portfolio Praktiken möglich werden, die tatsächlich zu einer Erhöhung der Kosten für die Wettbewerber führen, können diese auch unter den neuen Nicht-Horizontal-Leitlinien als Behinderungsmissbrauch erfasst werden. Voraussetzung ist danach, dass das fusionierte Unternehmen über ein deutliches Maß an Marktmacht verfügt[325] und ein breiteres Produkt- und Markenportfolio für den wettbewerblichen Erfolg überhaupt von entscheidender Bedeutung ist.[326] Letzteres ist ausgeschlossen, wenn ein breites Portfolio überhaupt nicht geeignet ist, Dritte vom Markt auszuschließen.[327]

Nach Art. 2 Abs. 1 lit. b FKVO sind die wirtschaftliche Macht und Finanzkraft der Zu- **130**
sammenschlussbeteiligten bei der Beurteilung der Begründung oder Verstärkung einer marktbeherrschenden Stellung zu berücksichtigen (sog. deep pocket doctrine). In den Nicht-Horizontal-Leitlinien wird der Aspekt der Ressourcenverstärkung indes nicht erwähnt. Ob die Finanzkraft überhaupt Einfluss auf den Markterfolg eines Unternehmens haben kann, hängt unter anderem von der Finanzkraft der aktuellen und potentiellen Wettbewerber ab.[328] Schließlich können auch sog. **Spill over-Effekte** mit zu berücksichtigen sein; dies setzt allerdings voraus, dass genügend Gemeinsamkeiten zwischen den Geschäftstätigkeiten der fusionierten Unternehmen vorliegen, die ein Profitieren vom Know-how und von Infrastrukturen des anderen Unternehmens überhaupt erst ermöglichen.[329]

---

[321] EuG U. v. 22.10.2002 Rs. T-310/01 – *Schneider/Legrand,* Tz. 170f., 178. Das Rechtsmittel gegen die Entscheidung des EuG ist durch Beschluss des EuGH vom 9. März 2007 (Rs. C-188/06 P) als unzulässig abgewiesen worden, Slg. 2007, I-0035.

[322] *Kommission,* Nicht-Horizontal-Leitlinien, Tz. 93.

[323] Vgl. Komm. E. v. 11.9.1997, ABl. EG 1998 Nr. L 145/41 – *Coca-Cola/Carlsberg;* Komm. E. v. 15.10.1997 Az. IV/M 938, ABl. EG 1998 Nr. L 228/24 – *Guiness/Grand Metropolitan;* Komm. E. v. 8.5.2001, ABl. EG 2002 Nr. C 16/13 – *Pernod Ricard/Diageo/Seagram Spirits.*

[324] *Kommission,* Nicht-Horizontal-Leitlinien, Tz. 104. Siehe auch bereits Komm. E. v. 18.10.2001 Az. COMP/M.2608, Tz. 34 – *INA/FAG.*

[325] *Kommission,* Nicht-Horizontal-Leitlinien, Tz. 23, 25.

[326] Vgl. EuG U. v. 22.10.2002 Rs. T-310/01, Slg. 2002, II-4071 ff., Tz. 248 – *Schneider Electric.*

[327] Dies verneinend EuG U. v. 22.10.2002 Rs. T-310/01, Az. COMP/M. 3799 – *Pernod Ricard/Allied Domecq.*

[328] Vgl. Monopolkommission, Hauptgutachten VI, Tz. 460.

[329] Komm. E. v. 30.7.1997 Az. IV/M. 877 – *Boeing/McDonnell Douglas.*

131 Für die Prüfung von Marktschließungseffekten und Hebelwirkungen hat die Kommission in ihren Nicht-Horizontal-Leitlinien einen 3-stufigen Test vorgesehen. Danach ist zu prüfen, ob die fusionierte Einheit die Fähigkeit hätte, ihre Wettbewerber vom Markt abzuschotten, ob sie hierfür einen wirtschaftlichen Anreiz hätte und drittens, ob eine Abschottungsstrategie spürbare schädigende Auswirkungen auf den Wettbewerb hätte und damit den Verbrauchern Schaden zufügen würde.[330] Die Abschottung erfolgt dabei durch Bündelung von Produkten verschiedener Märkte, wobei zwischen reiner Koppelung, bei welcher die Produkte ausschließlich gemeinsam in einem festgelegten Verhältnis zueinander verkauft werden, und gemischter Koppelung, bei der einander ergänzende Produkte gemeinsam zu einem reduzierten Preis, aber auch einzeln zum Normalpreis verkauft werden, zu unterscheiden ist.[331]

132 Die **Fähigkeit zur Abschottung** des Marktes durch Verknüpfung von Produkten verschiedener Märkte zum Zwecke des Absatzes setzt nach Auffassung der Kommission ein deutliches Maß an Marktmacht der fusionierten Einheit voraus, denn nur dann ist eine Übertragung von Marktmacht auf einen anderen Markt denkbar. Hierbei ist indes Marktmacht nicht mit Marktbeherrschung gleichzusetzen.[332] Marktmacht ist vielmehr grundsätzlich nur dann ausgeschlossen, wenn die neue Einheit einen Marktanteil von unter 30% hat und kumulativ der HH-Index unter 2000 liegt, sog. safe harbour.[333] Weiterhin ist Voraussetzung, dass wenigsten eines der verknüpften Produkte für die Kunden besonders wichtig ist. Besonders wahrscheinlich sind Auswirkungen auf das Kaufverhalten, wenn die Produkte komplementär oder substituierbar sind.[334]

133 Der **Anreiz** zur Marktabschottung hängt von der Profitabilität ab. Es sind die Kosten für die Koppelung sowie mögliche Umsatzverluste den möglichen Gewinnen aus Marktanteilssteigerungen und/oder Preiserhöhungen gegenüberzustellen.[335] Zusätzlich zu berücksichtigen sind den Anreiz fördernde und verringernde Faktoren; letzteres gilt etwa für solche, die möglicherweise einen Verstoß gegen das Wettbewerbs- oder Kartellrecht darstellen.[336]

134 Das Vorliegen spürbar **schädigender Auswirkungen** auf den Wettbewerb zum Nachteil der Verbraucher kann nicht allein mit einem etwaigen Absatz- oder Umsatzrückgang begründet werden.[337] Durch diese Klarstellung distanziert sich die Kommission von ihrer früheren Entscheidung in Sachen *General Electric/Honeywell.*[338] Die Kommission hatte darin eine Verstärkung der marktbeherrschenden Stellung von General Electric bei der Herstellung und dem Verkauf von Triebwerken angenommen, da das neu fusionierte Unternehmen in der Lage sein würde, ihre komplementären Produkte, d. h. die Triebwerke von General Electric und die Avionikprodukte von Honeywell, zu Paketangeboten zu bündeln.[339] Dadurch entstünden Preisvorteile, die die Abnehmer dazu veranlassen könnten, künftig nur noch bei der *General Electric/Honeywell* zu kaufen.[340] Das EuG[341] bestätigte die Entscheidung zwar im Ergebnis, allerdings wurde das Verbot ausschließlich mit den klassischen horizontalen Wirkungen des Zusammenschlusses begründet.[342] Die Gefahr einer Koppe-

---

330 *Kommission,* Nicht-Horizontal-Leitlinien, Tz. 94.
331 *Kommission,* Nicht-Horizontal-Leitlinien, Tz. 96.
332 *Kommission,* Nicht-Horizontal-Leitlinien, Tz. 99.
333 *Kommission,* Nicht-Horizontal-Leitlinien, Tz. 25.
334 *Kommission,* Nicht-Horizontal-Leitlinien, Tz. 100.
335 *Kommission,* Nicht-Horizontal-Leitlinien, Tz. 105 f.
336 *Kommission,* Nicht-Horizontal-Leitlinien, Tz. 109 f.
337 *Kommission,* Nicht-Horizontal-Leitlinien, Tz. 111.
338 Komm. E. v. 3.7.2001 Az. COMP/M. 2220 – *General Electric/Honeywell;* eine anschauliche Besprechung des Urteils findet sich bei *Montag,* in: FS Bechtold, S. 339 ff.
339 Komm. E. v. 3.7.2001 Az. COMP/M. 2220 – *General Electric/Honeywell* Tz. 412.
340 Komm. E. v. 3.7.2001 Az. COMP/M. 2220 – *General Electric/Honeywell* Tz. 376.
341 EuG U. v. 14.12.2005, Rs. T-210/01, WuW/E EU-R 977 – *General Electric/Kommission.*
342 Vgl. auch Nicht-Horizontal-Leitlinien, Tz. 119.

lung von Triebwerken (GE) mit elektronischen Startern (Honeywell) sah das EuG als nicht erwiesen an, da Triebwerke sehr teuer und elektronische Starter demgegenüber vergleichsweise geringwertig seien.[343] Damit erkannte das EuG die Gefahr von Bündeleffekten zwar generell an, stellte an den Tatsachennachweis solcher Effekte indes hohe Anforderungen.

Die Kommission hat klargestellt, dass im Rahmen der Beurteilung der Auswirkung von Produktkoppelungen auf den Wettbewerb auch Gegenkräfte, wie etwa das Vorhandensein von Nachfragemacht, die Möglichkeit des Marktzutritts potentieller Wettbewerber und das Vorliegen von Effizienzvorteilen, zu berücksichtigen sind. Insbesondere ist bei konglomeraten Zusammenschlüssen zu prüfen, ob sich die Preissenkung des einen Produkts auch positiv auf die Nachfrage bezüglich des anderen Produkts auswirkt. Eine gegenüber Wettbewerbern breitere Produktpalette bietet Unternehmen zudem die Möglichkeit, über Preisnachlässe auf gebündelte Produkte größere Mengen aller geführten Produkte abzusetzen, sog. Cournot-Effekt der Produktbündelung.[344] Die Nachteile geringerer Gewinnspannen je Produkt werden durch die Vorteile höherer Marktanteile kompensiert. 135

An die Annahme, eine fusionierte Einheit werde die Fähigkeit realisieren, eine Hebelwirkung (sog. leverage effect) auszuüben, werden hohe **Begründungsanforderungen** gestellt.[345] So hatte das EuG in Sachen *Tetra Laval/Sidel*[346] die Untersagung des Zusammenschlusses durch die Kommission[347] aufgehoben, weil ein überzeugender Beweis („convincing evidence") dafür, dass die befürchteten zukünftigen leverage-Effekte eintreten würden, nicht geführt worden sei. Der EuGH hat das EuG in dieser Ansicht bestätigt.[348] Erforderlich ist danach, dass die Ausübung einer Hebelwirkung wahrscheinlich ist und dass plausibel gemacht wird, dass die Ausübung zur Entstehung oder Verstärkung einer beherrschenden Stellung bzw. erheblichen Behinderung des wirksamen Wettbewerbs führen kann. Auch nach Erlass der Leitlinien für nicht-horizontale Zusammenschlüsse scheint sich an den strengen Beweisanforderungen nichts zu ändern. So wird in den Schlussanträgen in Sachen *Bertelsmann/Impala* vom 13. Dezember 2007 klargestellt, dass schon deshalb hohe Anforderungen an die Begründung zu stellen seien, weil der Kommission bei der Beurteilung komplexer wirtschaftlicher Zusammenhänge ein beträchtlicher Beurteilungsspielraum zusteht.[349] 136

4. Kollektive Marktbeherrschung

a) Allgemeines. Art. 2 erfasst auch Fälle, in denen eine kollektive Marktbeherrschung vorliegt.[350] Mit der Figur der kollektiven Marktbeherrschung werden die **koordinierten Wirkungen**[351] eines Zusammenschlusses erfasst. Kollektive Marktbeherrschung liegt vor, wenn die zusammengeschlossenen Unternehmen zusammen mit einem oder mehreren dritten Unternehmen – insbesondere aufgrund der zwischen ihnen bestehenden verbindenden Faktoren – die Macht haben, ihr Marktverhalten zu koordinieren (Innenverhältnis) und dadurch die Möglichkeit haben, sich unabhängig von anderen Wettbewer- 137

[343] EuG U. v. 14.12.2005, Rs. T-210/01, WuW/E EU-R 977, Tz. 439 ff. – *General Electric/Kommission.*

[344] *Kommission,* Nicht-Horizontal-Leitlinien, Tz. 114, 117.

[345] Zum leverage effect siehe oben Rn. 128.

[346] EuG U. v. 25.10.2002 Rs. T-5/02 und T-80/02 – *Tetra Laval BV/Komm.* Tz. 336 = WuW/E EU-R 585.

[347] Komm. E. v. 30.10.2001 Az. COMP/M. 2416 – *Tetra Laval/Sidel.*

[348] EuGH U. v. 15.2.2005 Rs. C-12/03 P, Slg. 2005, I-987 Tz. 19 ff. – *Tetra Laval/Sidel.*

[349] EuGH, Schlussanträge der Generalanwältin Juliane Kokott vom 13.12.2007 Rs. C-413/06, BeckRS 2007, 71066.

[350] *Rittner/Kulka,* Wettbewerbs- und Kartellrecht, 7. Aufl. 2008, § 13 Rn. 55.

[351] Vgl. zum Begriff der koordinierten Wirkungen Rn. 55.

bern, von ihrer Kundschaft und letztlich von den Verbrauchern zu verhalten (Außenverhältnis).[352] Die Begriffe kollektive Marktbeherrschung, gemeinsame Marktbeherrschung, oligopolistische Marktbeherrschung oder kollektive Effekte werden synonym füreinander gebraucht.[353]

138 Unter **oligopolistischen Märkten** versteht man Märkte mit einem hohen Konzentrationsgrad, auf denen nur eine begrenzte Anzahl bedeutender Wettbewerber tätig ist, so dass Änderungen des Verhaltens jedes einzelnen oligopolistischen Unternehmens sich spürbar auf die Bedingungen des Gesamtmarkts auswirken.[354] Preis- oder Mengenänderungen eines Oligopolmitglieds erzeugen daher Rückwirkungen auf die Absatzsituation der anderen Mitglieder, die sich den geänderten Bedingungen anpassen. Oligopolistische Märkte zeichnen sich somit durch die **Reaktionsverbundenheit** der Mitglieder des Oligopols aus, die ihr Verhalten an dem wahrscheinlichen Verhalten der anderen Oligopolmitglieder in der Überzeugung ausrichten, damit auch deren Verhalten beeinflussen zu können. Bei entsprechender Transparenz der wettbewerblichen Verhaltensparameter muss jedes Mitglied des Oligopols damit rechnen, dass Preissenkungen oder sonstige Wettbewerbsvorstöße von den anderen Oligopolisten mit entsprechenden Maßnahmen beantwortet werden, mit der Folge einer allgemeinen Absenkung des Preisniveaus, ohne dass der Vorstoß zu einem spürbaren Marktanteilsgewinn führt. Unter derartigen Marktbedingungen kann die Reaktionsverbundenheit des Oligopols daher dazu führen, dass es für die Mitglieder erkennbar wirtschaftlich vernünftig ist, unter Verzicht auf wettbewerbliche Aktionen einheitlich im Markt vorzugehen, um durch parallele Festsetzung höherer Preise oder Produktionseinschränkungen ihre Gewinnsituation zu verbessern. Oligopolistische Strukturen können daher zu überhöhten Preisen, zu vermindertem Qualitäts- und Innovationswettbewerb und zur Entwicklung ineffizienter Unternehmensstrukturen führen.[355] Da sich jedoch bei Ungewissheit über das Marktverhalten und die Reaktionen der anderen Anbieter eine Gewinnmaximierung nicht durch stillschweigendes Parallelverhalten der Oligopolmitglieder verwirklichen lässt, kann in einem Oligopol ebenso gut intensiver Wettbewerb herrschen. Ausschlaggebend für die Beurteilung oligopolistischer Märkte ist daher, ob unter den strukturellen Gegebenheiten des relevanten Marktes eine stillschweigende Verhaltenskoordinierung oder Wettbewerb unter den Oligopolisten zu erwarten ist.[356] Die Koordinierung kann sich dabei auf die Aufrechterhaltung von Preisen oberhalb des Wettbewerbsniveaus, die Beschränkung der Produktion, die Aufteilung von Märkten oder andere Wettbewerbsparameter beziehen.[357]

139 **b) Voraussetzungen.** Ebenso wie bei der Einzelmarktbeherrschung wird auch für die kollektive Marktbeherrschung auf das Vorliegen eines wettbewerblich nicht kontrollierten Verhaltensspielraums abgestellt. Hierfür ist zum einen erforderlich, dass zwischen den am Oligopol beteiligten Unternehmen kein wirksamer **Innenwettbewerb** besteht. Zum anderen müssen sie gemeinsam die Macht haben, ihr Verhalten unabhängig von anderen Wettbewerbern und der Marktgegenseite durchzusetzen. Sie dürfen also keinem wesentlichen **Außenwettbewerb** ausgesetzt sein.[358] Diese beiden Elemente kollektiver Marktbeherrschung stehen zueinander in einem Abhängigkeitsverhältnis: Starker Außenwettbewerb erschwert die Beschränkung des Wettbewerbs innerhalb des Oligopols. Bei nur schwach ausgeprägtem Wettbewerb dritter Unternehmen sind die Mitglieder des Oligopols hingegen eher in der Lage, den Wettbewerb untereinander auszuschließen.

---

[352] EuG U. v. 6.6.2002 Rs. T-342/1999 *Airtours/Komm.* Slg 2002 – II 2585, Tz. 59; Komm. E. v. 13.6.2007 Az. COMP/M 4596 – *Wärtsilä/Hyundai/JV,* Tz. 20 ff.
[353] *Haupt* EWS 2002, 362.
[354] Vgl. *Kommission,* Horizontal-Leitlinien Tz. 25, Fn. 29.
[355] Vgl. *Hacker* in: Schröter/Jakob/Klotz/Mederer (Fn. 300) Art. 2 FKVO Rn. 294.
[356] *Haupt* EWS 2002, 362.
[357] *Kommission,* Horizontal-Leitlinien Tz. 40.
[358] Komm. E. v. 4.6.2007 Az. COMP/M. 4600 – *TUI/First Choice.*

Für die Prüfung, ob das Oligopol einem wirksamen **Außenwettbewerb** ausgesetzt ist, ist auf die allgemeinen Marktbeherrschungskriterien zurückzugreifen, d. h. es ist festzustellen, ob die Oligopolmitglieder zusammen in der Lage sind, sich in nennenswertem Umfang unabhängig von den Wettbewerbern, der Marktgegenseite und den Verbrauchern zu verhalten. Das Maß der Unabhängigkeit hängt entscheidend von der Reaktionssensibilität der Oligopol-Außenseiter ab. So hat die Kommission im Fall *TUI/First Choice* festgestellt, dass die verbleibenden Wettbewerber ausführliche Preisvergleiche durchführten und sehr preissensibel seien, so dass diese einen beträchtlichen Wettbewerbsdruck ausübten und insofern koordinierte Wirkungen nicht zu erwarten seien.[359] Der **Innenwettbewerb** zwischen den Oligopolmitgliedern kann zum einen durch Vereinbarungen oder ein abgestimmtes Verhalten der Oligopolisten im Sinne des Art. 101 AEUV ausgeschlossen sein. Wirksamer Innenwettbewerb fehlt aber auch dann, wenn es aufgrund der Merkmale des relevanten Marktes, insbesondere im Hinblick auf die Konzentration, die Transparenz und die Homogenität der Produkte, für jedes Mitglied des Oligopols in Wahrnehmung der gemeinsamen Interessen möglich, wirtschaftlich vernünftig und daher ratsam erscheint, dauerhaft einheitlich auf dem Markt vorzugehen, um seine Produkte zu höheren als den Wettbewerbspreisen zu verkaufen, ohne eine Vereinbarung im Sinne des Art. 101 AEUV zu treffen.[360] **140**

Das EuG hat in seinen Urteilen *Gencor/Kommission,*[361] *Airtours/Kommission*[362] und *Impala/Kommission*[363] drei Voraussetzungen für das Vorliegen von kollektiver Marktbeherrschung aufgestellt. Diese Voraussetzungen hat die Kommission in ihren Leitlinien über die Bewertung horizontaler Zusammenschlüsse aufgegriffen und erläutert.[364] **141**

Als erstes muss jedes Mitglied des beherrschenden Oligopols in der Lage sein, das Marktverhalten der anderen Mitglieder in Erfahrung zu bringen, um festzustellen, ob sie einheitlich vorgehen oder nicht. Diese Voraussetzung wird in aller Regel nur dann erfüllt sein, wenn der Markt ein hinreichendes Maß an **Transparenz** aufweist, das es jedem Mitglied des beherrschenden Oligopols ermöglicht, mit der erforderlichen Genauigkeit und Schnelligkeit die Entwicklung des Verhaltens aller anderen Mitglieder auf dem Markt in Erfahrung zu bringen und das eigene Verhalten entsprechend anzupassen.[365] **142**

Zweitens muss die stillschweigende Koordinierung **auf Dauer** erfolgen können. Hierfür muss es einen Anreiz geben, nicht von dem gemeinsamen Vorgehen auf dem Markt abzuweichen. Eine kollektive beherrschende Stellung hat nur dann Bestand, wenn genügend **Abschreckungsmittel** langfristig für einen Anreiz sorgen, nicht vom gemeinsamen Vorgehen abzuweichen. Dieses setzt voraus, dass jedes Mitglied des beherrschenden Oligopols sich bewusst ist, dass jede auf Vergrößerung seines Marktanteils gerichtete, stark wettbewerbsorientierte Maßnahme entsprechende Maßnahmen seitens der anderen Mitglieder auslösen würde, so dass es keinerlei Vorteil aus seiner Initiative ziehen könnte. Nicht erforderlich ist, dass bereits entsprechende Sanktionen der Oligopolisten gegeneinander verhängt worden sind. Ausreichend ist – wie das EuG im Fall *Impala/Kommission*[366] klargestellt hat – die bloß konkrete Möglichkeit solcher Sanktionen in der Zukunft. Eine Abschreckung kann insbesondere dadurch erreicht werden, dass es für jedes Mitglied des Oligopols klar auf der Hand liegt, dass eine eigene Preissenkung unmittelbar eine Preissenkung der anderen Mitglieder zur Folge hätte, so dass das Abweichen von dem gemeinsamen wettbewerblichen Vorgehen keinen Vorteil verspricht.[367] Die Vergeltungsmaßnahmen müssen **143**

[359] Komm. E. v. 4.6.2007 Az. COMP/M. 4600 – *TUI/First Choice.*
[360] EuG U v. 6.6.2002 Rs. T-342/1999 – *Airtours/Komm.* Tz. 61.
[361] EuG U. v. 25.3.1999 Rs. T-102/96 – *Gencor/Komm.* Slg. 1999, II-753 Tz. 276 ff.
[362] EuG U. v. 6.6.2002 Rs. T-342/1999 – *Airtours/Komm.* Tz. 62.
[363] EuG U. v. 13.7.2006 Rs. T-464/04 – *Impala/Komm.* = WuW/E EU-R 1091 f.
[364] *Kommission,* Horizontal-Leitlinien Tz. 39 ff.
[365] EuG U. v. 9.7.2007 Rs. T-282/06 – *Sun Chemical/Kommission.*
[366] EuG U. v. 13.7.2006 Rs. T-464/04 – *Impala/Komm.* = WuW/E EU-R 1091 f.
[367] In diesem Sinne auch *Bartosch* EuZW 2002, 645, 647 f.

innerhalb eines überschaubaren Zeitraums umsetzbar sein, damit sie eine disziplinierende Wirkung auf die Oligopolmitglieder entfalten können. Insoweit besteht ein Zusammenhang mit der Transparenz des Marktes, da zeitnahe Vergeltungsmaßnahmen nur möglich sind, wenn das Vorgehen eines Marktteilnehmers von seinen Wettbewerbern ohne wesentliche Verzögerung erkennbar ist. Die Vergeltungsmaßnahmen können in einem anderen Markt erfolgen als das abweichende Verhalten.[368] Sie müssen aber im Verhältnis zu den Vorteilen eines abweichenden Verhaltens hinreichend gewiss und schwerwiegend sein, um eine ausreichende Abschreckungswirkung zu entfalten.

144 Schließlich dürfen die voraussichtlichen Reaktionen der tatsächlichen und potentiellen Konkurrenten sowie der Verbraucher die erwarteten Ergebnisse des gemeinsamen Vorgehens nicht in Frage stellen. Dritte Voraussetzung ist also der fehlende **Außenwettbewerb.**

145 **c) Kriterien.** Die Kommission muss in einer Prognoseentscheidung feststellen, ob der Zusammenschluss in Zukunft eine kollektive Marktbeherrschung begründet oder verstärkt. Die einzelnen Kriterien hierfür sind nicht für sich allein zu betrachten, sondern stehen in einer Wechselwirkung. Bei der Beurteilung ist daher immer eine Gesamtschau vorzunehmen. Die Kommission untersucht zuerst die Marktkonzentration und prüft dann anhand von markt- und unternehmensbezogenen Merkmalen, ob durch den Zusammenschluss ein koordiniertes Verhalten der Mitglieder des Oligopols gefördert wird. Hierbei berücksichtigt sie insbesondere Markttransparenz, Produkthomogenität, Marktphasen, strukturelle und wirtschaftliche Verbindungen, Kostenstrukturen, Nachfrageelastizität, Marktzutrittsschranken und Marktmacht der Marktgegenseite. Diese Kriterien überschneiden sich weitgehend mit den Kriterien, die zur Beurteilung einer Einzelmarktbeherrschung herangezogen werden.[369] Im Folgenden werden nur die spezifischen Gesichtspunkte für das Vorliegen einer kollektiven Marktbeherrschung gesondert erörtert.

146 **aa) Marktkonzentration.** Ausgangspunkt und primäres Beurteilungskriterium ist der Konzentrationsgrad des relevanten Marktes. Je enger ein Oligopol ist, also je geringer die Anzahl der Oligopolisten ist, desto stärker ist die Reaktionsverbundenheit zwischen den Oligopolmitgliedern. Erst in einem engen Oligopol werden die Unternehmen in einem Maße in die Lage versetzt, gegenseitig ihr Verhalten zu überwachen und wirksame Vergeltungsmaßnahmen für Wettbewerbsvorstöße einzelner Oligopolmitglieder zu ergreifen, das eine dauerhafte stillschweigende Verhaltensabstimmung erwarten lässt.[370] In einem weiten Oligopol hingegen ist eine gemeinsame Marktbeherrschung aufgrund des komplexen Beziehungsgeflechts zwischen den Mitgliedern und der damit verbundenen Anreize zu abweichendem Verhalten unwahrscheinlich.[371] Die Kommission prüfte das Vorliegen kollektiver Marktmacht auch bei Oligopolen mit vier oder fünf Teilnehmern, die zusammen über einen Marktanteil von über 70% verfügten. Sie kam jedoch in allen Fällen aufgrund fehlender Markttransparenz oder starkem potentiellem Wettbewerb zu der Entscheidung, dass keine kollektive Marktbeherrschung vorlag.[372] Im Fall *Airtours/First Choice* untersagte die Kommission zwar erstmals die Entstehung eines marktbeherrschenden Oligopols aus drei Unternehmen, die einen Marktanteil von über 60% auf sich vereinigten.[373] Das EuG sah die strukturellen Merkmale einer kollektiven Marktbeherrschung jedoch als nicht ausreichend

---

[368] *Kommission,* Horizontal-Leitlinien Tz. 53 ff.

[369] Vgl. Rn. 71 ff.; für eine ausführliche Darstellung von der Kommission und den Gerichten für relevant erachteter Marktstrukturkriterien siehe *Schürnbrand,* Kollektive Marktbeherrschung in der Europäischen Fusionskontrolle, S. 193 ff.

[370] Vgl. auch *Hacker* in: Schröter/Jakob/Klotz/Mederer (Fn. 300) Art. 2 FKVO Rn. 307.

[371] Komm. E. v. 20.5.1998 Az. IV/M. 1016 – *Price Waterhouse/Coopers & Lybrand,* Tz. 103.

[372] Komm. E. v. 25.9.1992 Az. IV/M. 258 *CCIE/GTE,* Tz. 23; Komm. E. v. 27.4.1992 Az. IV/M. 202 – *Thorn EMI/Virgin,* Tz. 23; Komm. E. v. 25.11.1998 Az. IV/M. 1225 – *Enso/Stora* ABl. 1999 L 254/9, Tz. 68.

[373] Komm. E. v. 22.9.1999 Az. IV/M. 1524 – *Airtours/First Choice* ABl. 2000 L 93/1, Tz. 32.

nachgewiesen an und hob die Entscheidung daher wieder auf.[374] Zusammenschlüsse, die zu einem Duopol geführt hätten, sind von der Kommission in mehreren Fällen untersagt worden.[375] Es ist davon auszugehen, dass die Kommission Zusammenschlüssen, die zu einem Duopol mit über 50% Marktanteil führen oder ein solches verstärken, in aller Regel kritisch gegenüberstehen wird.[376] Dies gilt auch dann, wenn der gemeinsame Marktanteil der am Zusammenschluss beteiligten Unternehmen 25% nicht übersteigt, da der für die Einzelmarktbeherrschung geltende Grundsatz, dass unterhalb dieser Grenze wirksamer Wettbewerb nicht erheblich behindert wird, auf die Begründung oder Verstärkung einer gemeinsamen marktbeherrschenden Stellung nicht anwendbar ist.[377] Bei Zusammenschlüssen, die zu einem Oligopol aus drei oder mehr Mitgliedern führen, prüft die Kommission die Begründung oder Verstärkung einer kollektiven Marktbeherrschung im Allgemeinen erst, wenn das Oligopol einen Marktanteil von mindestens 60% auf sich vereint.

Neben den Marktanteilshöhen berücksichtigt die Kommission zur Beurteilung der 147
Marktkonzentration den Herfindahl-Hirschmann Index (HHI).[378] Nach den Leitlinien der Kommission zur Beurteilung von horizontalen Zusammenschlüssen sind Zusammenschlüsse, die zu einer Erhöhung des HHI um höchstens 250 Punkte auf bis zu 2000 Punkte oder zu einer Erhöhung um nicht mehr als 150 Punkte führen, in der Regel mit dem Gemeinsamen Markt vereinbar.[379] Dieser Grundsatz soll jedoch nicht gelten, wenn bestimmte Faktoren vorliegen. Hierzu gehören neben dem Bestehen von Überkreuzbeteiligungen zwischen den Marktteilnehmern und Anzeichen einer Koordinierung im Markt insbesondere Marktanteile von mindestens 50% oder ein überproportionales Innovationspotential eines Zusammenschlussbeteiligten und die Beteiligung potentieller oder neu in den Markt eingetretener Wettbewerber sowie die Zusammenschlussbeteiligung von Außenseitern, die ein koordiniertes Verhalten der Wettbewerber voraussichtlich verhindert hätten.[380]

bb) Marktanteilsentwicklung. Des Weiteren kann die **Entwicklung der Marktanteile** in der Vergangenheit Aufschluss über die Wettbewerbsintensität des Oligopols geben. **Stabile Marktanteile** der Oligopolisten sind ein Indiz für eine gemeinsame Marktbeherrschung. Die Stabilität der historischen Marktanteile begünstigt die Entwicklung einer stillschweigenden Kollusion, da sie es den Unternehmen erleichtert, den Markt untereinander aufzuteilen, indem jedes Unternehmen seine Produktionsmengen entsprechend des in der Vergangenheit gehaltenen Marktanteils festlegt.[381] Insbesondere deutet es auf eine gemeinsame Marktbeherrschung hin, wenn die Marktanteile bei erheblichen Veränderungen der äußeren Marktumstände, wie zum Beispiel einem starken Nachfragerückgang, konstant geblieben sind.[382] Schwankende Marktanteile sind dagegen ein Anzeichen für das Bestehen von Wettbewerb zwischen den Mitgliedern des Oligopols.[383] Das EuG hat im Fall *Airtours/First Choice* entgegen der von der Kommission in ihrer Untersagungsentscheidung vertretenen Auffassung auch Veränderungen der Marktanteile, die sich aus externem Wachstum der Unternehmen ergaben, als Zeichen für intensiven Wettbewerb gewertet.[384] 148

---

[374] EuG U. v. 6.6.2002 Rs. T-342/1999 – *Airtours/Komm.* Slg. 1999 II 753.

[375] Komm. E. v. 22.7.1992 Az. IV/M. 190 – *Nestlé/Perrier,* Tz. 20 = WUW/E EV 1903; Komm. E. v. 24.4.1996 Az. IV/M. 619 – *Gencor/Lonrho;* verneinend: Komm. E. v. 20.6.2001 Az. COMP/M. 2201 – *MAN*/Auwärter ABl. 2002 L 93/1.

[376] So hat die Kommission im Fall *TUI/First Choice* (E. v. 4.6.2007 Az. COMP/M. 4600) ein Duopol mit einem addierten Marktanteil von 60% als kritisch angesehen.

[377] *Kommission,* Horizontal-Leitlinien Tz. 18 Fußnote 24.

[378] Vgl. zum Herfindahl-Hirschmann Index Rn. 81.

[379] *Kommission,* Horizontal-Leitlinien Tz. 20.

[380] *Kommission,* Horizontal-Leitlinien Tz. 20.

[381] EuG U. v. 6.6.2002 Rs. T-342/1999 – *Airtours/Kom.* Tz. 111.

[382] Komm. E. v. 14.12.1993 Az. IV/M. 308 – *Kali und Salz/MDK/Treuhand* ABl. 1994 L 186.

[383] Komm. E. v. 21.12.1993 – *Pilkington-Techint/S IV,* Tz. 28.

[384] EuG U. v. 6.6.2002 Az. T-342/1999 – *Airtours/Kom,* Tz. 111 ff.

149 **cc) Markttransparenz.** Die Transparenz des Marktes ist ein wichtiges Kriterium bei der Beurteilung einer kollektiven Marktbeherrschung.[385] Nur bei hinreichender Vorhersehbarkeit des Verhaltens ihrer Wettbewerber können die Mitglieder des Oligopols ihr Verhalten gegenseitig anpassen und kann ein etwaiges Abweichen eines Unternehmens von der gemeinsamen Linie entdeckt und sanktioniert werden. Je komplexer die Marktverhältnisse sind, desto mehr Transparenz der für das Marktverhalten relevanten Informationen ist erforderlich, um ein gemeinsames Vorgehen auf dem Markt zu ermöglichen.[386] Eine besondere Rolle spielt hierbei die Verfügbarkeit von Informationen über Preise und Mengen, Absatzstrategien, Produktionskapazitäten und Bezugsquellen.[387] Um ein koordiniertes Verhalten zu fördern, müssen die Marktinformationen auch aktuell sein. Markttransparenz kann auf unterschiedliche Weise entstehen. Sie kann so z.B. durch die Veröffentlichung von Durchschnittspreisen in der Fachpresse,[388] durch den Handel mit den relevanten Produkten an der Börse oder aus Veröffentlichungen von Produktions- oder Absatzstatistiken der entsprechenden Branche entstehen.[389] In einem engen Oligopol herrscht im Allgemeinen eine höhere Markttransparenz, da die Marktbeziehungen mit der Verringerung der Zahl der Wettbewerber leichter überschaubar werden. Auch die Homogenität der Produkte und eine hohe Marktkonzentration können zu einer Transparenz des Marktes beitragen.[390]

150 **dd) Produkthomogenität.** Unter homogenen Produkten versteht man Produkte mit weitgehend gleichen physischen und subjektiven Eigenschaften.[391] Die weitgehend identische Beschaffenheit homogener Produkte beschränkt die Anzahl der den Anbietern zur Verfügung stehenden Wettbewerbsparameter und erleichtert dadurch die stillschweigende Verhaltenskoordination im Oligopol. So müssen sich die Oligopolmitglieder bei einem homogenen Produkt wie Benzin grundsätzlich nur über den Preis verständigen.[392] Zwar kann der Preis als der wesentliche Wettbewerbsparameter auf konzentrierten Märkten zunächst zu einer hohen Wettbewerbsintensität führen. Da die Marktteilnehmer durch jede Preisunterbietung Gewinneinbußen erleiden, steigt jedoch ihr Interesse an einer Vermeidung des Preiswettbewerbs.[393] Heterogene Produkte mit hoher Produktdifferenzierung erschweren hingegen die Koordinierung, da sie die Vorhersehbarkeit des Marktverhaltens der Wettbewerber erschweren. So hat die Kommission im Fall *TUI/First Choice* die Produktpalette bei Kurzstrecken- und Langstrecken-Pauschalreisen für zu groß erachtet, um eine Koordinierung zu ermöglichen.[394] Ein hoher Grad an **Produkthomogenität** spricht im Allgemeinen für eine eher geringe Wettbewerbsintensität im Oligopol.[395] Für sich betrachtet kann jedoch die Homogenität oder Heterogenität der betroffenen Produkte alleine die Möglichkeit eines stillschweigenden Parallelverhaltens der Oligopolisten weder begründen noch ausschließen.

151 **ee) Strukturelle Verbindungen.** Strukturelle Verbindungen zwischen den Mitgliedern des Oligopols erhöhen die Wahrscheinlichkeit einer Koordinierung.[396] Strukturelle Verbin-

---

[385] EuG U. v. 6.6.2002 Rs. T-342/1999 – *Airtours/Kom* Tz. 62; vgl. auch Komm. E. v. 4.12.2000 Rs. COMP/ECS C 1342 – *Outokumpu/Avesta Sheffield,* Tz. 31; Komm. E. v. 4.6.2007 Az. COMP/M. 4600 – *TUI/First Choice.*

[386] *Kommission,* Horizontal-Leitlinien Tz. 47.

[387] Vgl. *Hacker* in: Schröter/Jakob/Klotz/Mederer, Kommentar zum Europäischen Wettbewerbsrecht, Art. 2 FKVO Rn. 321 f.

[388] Komm. E. v. 22.7.1992 Az. IV/M. 190 – *Nestlé/Perrier,* Tz. 20 = WUW/E EV 1903.

[389] Komm. E. v. 24.4.1996 Az. IV/M. 619 – *Gerncor/Lonrho,* Tz. 144 ff. ABl. 1997 L 11/30; Komm. E. v. 9.3.1999 Az. COMP/M. 1313 – *Crown/Vestjyske Slagterier,* Tz. 176 ff.

[390] EuG U. v. 13.7.2006 Rs. T-464/04 – *Impala/Komm.* = WuW/E EU-R 1091 f.

[391] Komm. E. v. 13.6.2000 Az. COMP/M. 1673 – *Veba/Viag* ABl. 2001 L 188, Tz. 71.

[392] Komm. E. v. 29.9.1999 Az. IV/M. 1383 – *Exxon/Mobile,* Tz. 462.

[393] Komm. E. v. 13.6.2000 Az. COMP/M. 1673 – *Veba/Viag* ABl. 2001 L 188, Tz. 73.

[394] Komm. E. v. 4.6.2007 Az. COMP/M. 4600 – *TUI/First Choice.*

[395] Komm. E. v. 21.12.1993 Az. IV/M. 358 – *Pilinkton/Techint/SIV* ABl. 1994 L 158/24, Tz. 42.

[396] Vgl. zum Beispiel Komm. E. v. 13.6.2000 Az. COMP/M. 1673 – *VEBA/VIAG,* Tz. 78 f.; Komm. E. v. 8.11.2001 Az. COMP/M. 2567 – *Nordbanken/Postgiro,* Tz. 54 f.; Komm. E. v. 21.12.

dungen können personeller, kapitalmäßiger oder auch vertraglicher Art sein. Sie können beispielsweise durch Kooperationsvereinbarungen in Forschung und Entwicklung oder anderen Bereichen, durch Lizenzverträge, Gemeinschaftsunternehmen oder die Vertretung in Branchenorganen begründet sein. Die Förderung koordinierten Verhaltens resultiert daraus, dass strukturelle Verbindungen von Marktteilnehmern deren Interesse am gegenseitigen Erfolg erhöhen und ihnen den Zugang zu Informationen über die anderen Marktteilnehmer ermöglichen.[397] Voraussetzung ist allerdings, dass sich die Tätigkeiten der von der Verbindung betroffenen Unternehmen überlappen. So sah es die Kommission im Fall *Wärtsilä/Hyundai/JV* als unwahrscheinlich an, dass die Gesellschafter eines Gemeinschaftsunternehmens für Zwei-Treibstoff-Schiffsantriebe, das ausschließlich den koreanischen, chinesischen und taiwanesischen Schiffsbaumarkt beliefern soll, ihr Verhalten in dem Markt für Vier-Takt-Schiffsantriebe, in dem sie zusammen weltweit einen Marktanteil von 50–60% halten, koordinieren werden.[398] Seit dem Urteil des EuG in Fall *Gencor/Kommission* ist für die Fusionskontrolle geklärt, dass strukturelle Verbindungen zwar wichtige Hinweise auf das Vorliegen einer kollektiven Marktbeherrschung geben können, jedoch keine notwendige Bedingung zur Bejahung einer kollektiven Marktbeherrschung sind.[399] Die Kommission hat die Feststellung oligopolistischer Marktbeherrschung ungeachtet dessen auch weiterhin maßgeblich mit strukturellen Verflechtungen der Oligopolteilnehmer begründet.[400] Es ist daher davon auszugehen, dass dieses Kriterium auch künftig seine Bedeutung behalten wird.

ff) Wettbewerbsverhalten in der Vergangenheit. Ferner berücksichtigt die Kom- **152**
mission bei ihrer Prognoseentscheidung die Entwicklung des Wettbewerbsverhaltens der Marktteilnehmer in der Vergangenheit bis zum Untersuchungszeitpunkt.[401] In ihrem Entwurf einer Mitteilung über die Kontrolle von horizontalen Zusammenschlüssen erklärte die Kommission noch, die Genehmigung eines Zusammenschlusses sei unwahrscheinlich, wenn die Anbieter schon vorher ihr Verhalten koordinierten, es sei denn die Koordinierung würde durch den Zusammenschluss voraussichtlich beendet.[402] In den veröffentlichten Leitlinien heißt es nunmehr, dass Nachweise für ein koordiniertes Verhalten in der Vergangenheit von Bedeutung sind, wenn sich die Merkmale des relevanten Marktes nicht spürbar verändert haben und sich in naher Zukunft auch voraussichtlich nicht ändern werden.[403] Trotz dieser abgeschwächten Formulierung ist davon auszugehen, dass die Kommission aus einer Verhaltenskoordinierung der Oligopolmitglieder in der Vergangenheit in aller Regel auf das Fehlen wirksamen Wettbewerbs im Oligopol auch für die Zukunft schließen wird.

gg) Weitere Kriterien. Ein wichtiges Kriterium ist ferner, ob sich die Oligopolteil- **153**
nehmer in Größe und Struktur so ähnlich sind, dass eine Koordinierung erleichtert wird.[404] Insbesondere **gleiche oder ähnliche Kostenstrukturen** begünstigen ein zukünftiges koordiniertes Verhalten.[405] Von Unternehmen mit unterschiedlichen Kostenstrukturen ist anzunehmen, dass sie unterschiedliche Vorstellungen von den Preisen haben, die sie auf

---

1993 Az. IV/M. 358 – *Pilinkton/Techint/SIV* ABl. 1994 L 158/24, Tz. 37 ff.; Komm. E. v. 12.1.2001 Az. COMP/M 2060 – *Bosch/Rexroth,* Tz. 78 ff.

[397] Komm. E. v. 29.9.1999 Az. IV/M. 1383 – *Exxon/Mobile,* Tz. 480.

[398] Komm. E. v. 13.6.2007 Az. COMP/M. 4596 – *Wärtsilä/Hyundai/JV,* Tz. 26.

[399] EuG U. v. 25.3.1999 Rs. T-102/96 – *Gencor/Komm. Slg.* 1999 II 753, Tz. 273 ff.

[400] Komm. E. v. 29.9.1999 Az. IV/M. 1383 – *Exxon/Mobile,* Tz. 480.

[401] Komm. E. v. 22.7.1992 Az. IV/M. 190 – *Nestlé/Perrier,* Tz. 117 f. = WUW/E EV 1903.

[402] Komm. Entwurf einer Mitteilung der Kommission über die Kontrolle horizontaler Zusammenschlüsse gemäß der Fusionskontrollverordnung 11.12.2002 Tz. 41.

[403] *Kommission,* Horizontal-Leitlinien Tz. 43.

[404] Komm. E. v. 20.6.2001 Az. COMP/M. 2201 – *MAN/Auwärter* ABl. 2002 L 93/1.

[405] EuG U. v. 25.3.1999 Rs. T-102/96 – *Gencor/Kom. Slg.* 1999 II 753, Tz. 222; Komm. E. v. 13.6. 2000 Az. COMP/M. 1673 *Veba/Viag* ABl. 2001 L 188, Tz. 75; vgl. *Biro/Parker/Etten/Riechmann,* WuW 2004, 1269.

dem Markt durchsetzen wollen und in unterschiedlichem Maße in der Lage und geneigt sind, eine aggressive Preispolitik zu praktizieren; dies erschwert ein kollusives Parallelverhalten.[406] Auch eine weitgehend gleiche **vertikale Integration** der Oligopolmitglieder fördert kollusives Parallelverhalten. Vertikale Zusammenschlüsse, durch die der Grad der vertikalen Integration der einzelnen Mitglieder im Oligopol angeglichen wird, können daher die Reaktionsverbundenheit verstärken und so zu einer kollektiven Marktbeherrschung führen.[407] Auch die **Marktphase** beeinflusst den Anreiz zu einer Koordinierung des Verhaltens im Oligopol. Bei ausgereiften Märkten mit niedrigen Wachstumsraten ist es einfacher, das Wettbewerbsverhalten abzustimmen als in Märkten mit hohen Wachstumsraten, die auf einen starken Strukturwandel hindeuten, der ein einheitliches Vorgehen erschwert.[408] Hohe **Marktzutrittschranken** – insbesondere irreversible Kosten – erleichtern ein gemeinsames Vorgehen der Oligopolmitglieder. Aggressive Wettbewerbsstrategien haben geringere Aussicht auf Erfolg, da die auf dem Markt bereits aktiven Unternehmen wegen ihrer hohen Aufwendungen für den Markteintritt nicht ohne weiteres wieder vom Markt weichen werden.[409]

154 **d) Begründung oder Verstärkung.** Bei der zu treffenden Prognoseentscheidung vergleicht die Kommission die Marktstruktur, wie sie in Zukunft ohne den Zusammenschluss bestehen würde, mit der Marktstruktur, wie sie sich nach dem Vollzug des Zusammenschlusses darstellen würde. Ein Zusammenschluss **begründet** eine kollektive marktbeherrschende Stellung, wenn durch den Zusammenschluss an Stelle einer Wettbewerbsstruktur, die wirksamen Wettbewerb gewährleistet, eine Wettbewerbsstruktur geschaffen wird, die es den Mitgliedern des Oligopols erlaubt, gemeinsam sich gegenüber Wettbewerbern, Abnehmern und letztlich den Verbrauchern in einem wesentlichen Umfang unabhängig zu verhalten. Eine marktbeherrschende Stellung wird dann **verstärkt,** wenn eine bereits bestehende kollektive marktbeherrschende Stellung durch den Zusammenschluss ausgebaut würde, indem die Bedingungen für die stillschweigende Koordinierung der Mitglieder des marktbeherrschenden Oligopols verbessert oder der Außenwettbewerb weiter geschwächt wird. Mit der Alternative des Verstärkens soll der verbleibende Restwettbewerb auf dem Markt geschützt werden. Dementsprechend erfordert diese Tatbestandsalternative eine geringere Verschlechterung der Marktstruktur infolge des Zusammenschlusses als die Begründung einer kollektiven Marktbeherrschung. Tendenziell gilt dies auch für oligopolistische Märkte mit bloß geschwächter Wettbewerbsstruktur, in denen die Kommission die verbliebenen Wettbewerbselemente als besonders schutzwürdig gegenüber möglichen weiteren Beeinträchtigungen als Folge eines Zusammenschlusses betrachtet.[410]

155 Die wettbewerbliche Wirkung einer sogenannten **Aufholfusion** ist ambivalent. Unter einer Aufholfusion versteht man eine Fusion, bei der zwei Marktteilnehmer fusionieren und dadurch ihre Marktstellung der des bisherigen Marktführers annähern. Diese Fusion kann die Marktmacht des bisherigen Marktführers beschränken, sie kann aber auch zur Begründung oder Verstärkung einer kollektiven Marktmacht führen.[411]

156 Größte praktische Relevanz hat das Entstehen oder Verstärken einer kollektiven marktbeherrschenden Stellung durch **horizontale Zusammenschlüsse.**[412] Eine kollektive Marktbeherrschung kann vor allem dadurch begründet oder verstärkt werden, dass in einem bereits konzentrierten Markt die Zahl der Anbieter verringert wird. Die Kommission hat dies vor allem bei einer Reduzierung von drei auf zwei Anbieter angenom-

---

[406] Komm. E. v. 22.7.1992 Az. IV/M. 190 – *Nestlé/Perrier,* Tz. 125 = WUW/E EV 1903.
[407] *Körber* in: Immenga/Mestmäcker EU-WbR Teil I/2, Art. 2 FKVO Rn. 492.
[408] Komm. E. v. 9.3.1999 Az. IV/M. 1313 – *Danish/Crown/Vestjyske Slagterier,* ABl. 2000 L 20/1.
[409] *Hacker* in: Schröter/Jakob/Klotz/Mederer (Fn. 387) Art. 2 FKVO Rn. 343.
[410] Komm. E. v. 22.7.1992 Az. IV/M. 190 – *Nestlé/Perrier,* Tz. 118 = WUW/E EV 1903.
[411] Vgl. zur Aufholfusion *Kerber* S. 121 f.
[412] Vgl. zum Begriff des horizontalen Zusammenschlusses Rn. 111.

men.[413] Eine Koordinierung des Verhaltens der Oligopolmitglieder kann auch dadurch erleichtert werden, dass an der Fusion ein Unternehmen beteiligt ist, das zuvor regelmäßig zu niedrigeren Preisen angeboten hat als seine Konkurrenten. Durch den fusionsbedingten Wegfall eines solchen Außenseiters kann den übrigen Unternehmen eine Koordinierung im Hinblick auf ein wünschenswertes Preisniveau leichter fallen.[414]

Bei der Begründung oder Verstärkung von kollektiver Marktmacht spielen **vertikale** 157
und konglomerate Zusammenschlüsse nur eine untergeordnete Rolle. Diese Zusammenschlüsse können vor allem die Größe und Struktur der Oligopolmitglieder untereinander angleichen, indem sie zu einer ähnlichen vertikalen Integration, Kostenstruktur oder Auslastung der Oligopolmitglieder führen und dadurch die Koordinierung zwischen den Oligopolmitgliedern vereinfachen.[415]

e) Verteilung der Beweislast. Bereits in der Entscheidung *Kali + Salz*[416] hat der 158
EuGH klargestellt, dass bei Zusammenschlüssen, die möglicherweise zu einer kollektiven Marktbeherrschung führen können, erhöhte Beweisanforderungen für die Kommission gelten. In der Rechtssache *Tetra Laval* forderte das EuG sodann auch für den Fall konglomerater Zusammenschlüsse „eindeutige Beweise" seitens der Kommission, um eine Untersagung zu rechtfertigen.[417] Der EuGH hat die hohen Beweisanforderungen für beide Fälle bestätigt.[418] Eine Beweiserleichterung hat das Gericht erster Instanz im Fall *Impala/Kommission* erstmals für den Nachweis des Vorliegens einer marktbeherrschenden Stellung eingeräumt.[419] Der Entscheidung lag das Vorhaben der Medienhäuser Bertelsmann AG und Sony zugrunde, das weltweite Schallplatten- bzw. CD-Musikgeschäft zusammenzulegen. Gegen die Freigabe dieses Zusammenschlusses durch die Kommission hatte sich der unabhängige Musikproduzent Impala unter Verweis auf die starke Marktstellung beider Unternehmen gewandt. Das EuG urteilte in diesem Kontext erstmals, dass eine kollektive Marktbeherrschung auch indirekt mit Hilfe von Indizien nachgewiesen werden kann.[420] Dies gilt aber nur bei einer bereits vorhandenen marktbeherrschenden Stellung, die nur verstärkt wird, nicht für den Nachweis der Begründung einer marktbeherrschenden Stellung. Hinzu kommt, dass die Kommission auch in Zukunft die vom Gericht geforderten Indizien, die auf eine marktbeherrschende Stellung hindeuten, konkret nachweisen muss. Nur bei Gelingen dieses Nachweises hilft die EuG-Rechtsprechung in Sachen Impala mit einer Vermutung zu Gunsten des Vorliegens einer kollektiven Marktbeherrschung.[421] Die Rechtsprechung des EuG ist vom EuGH bestätigt worden.[422] Damit sind auch weiterhin hohe Anforderungen an den Nachweis kollektiver Marktbeherrschung zu stellen.

5. Unilaterale Effekte im Oligopol

a) Allgemeines. Ein Zusammenschluss zwischen Wettbewerbern kann dazu führen, 159
dass Wettbewerbsdruck, den diese bislang gegeneinander und auf die übrigen Wettbewerber ausgeübt haben, ganz oder teilweise beseitigt und dadurch die Marktmacht der verbleibenden Wettbewerber erhöht wird, ohne dass hierzu eine Verhaltenskoordinierung erfor-

---

[413] Komm. E. v. 22.7.1992 Az. IV/M. 190 – *Nestlé/Perrier* Tz. 20 = WUW/E EV 1903; Komm. E. v. 24.4.1996 Az. IV/M. 619 – *Gencor/Lonrho;* Komm. E. v. 4.6.2007 Az. COMP/M: 4600 – *TUI/First Choice.*
[414] *Kommission,* Horizontal-Leitlinien Tz. 42.
[415] *Kommission,* Horizontal-Leitlinien Tz. 48.
[416] EuGH U. v. 31.3.1998 Rs. C-68/94, Slg. 1998, I-1375 – *Kali + Salz.*
[417] EuG U. v. 25.10.2002 Rs. T-5/02, Slg. 2002, II-4381 Tz. 155 – *Tetra Laval/Kommission.*
[418] EuGH U. v. 15.2.2005 R. C-12/03, Slg. 2005, I-987 – *Kommission/Tetra Laval.*
[419] EuG U. v. 13.7.2006 Ts. T-464/04 – *Impala/Kommission* = WuW/E EU-R 1091 f.
[420] EuG U. v. 13.7.2006 Ts. T-464/04 – *Impala/Kommission* Tz. 251, 252 f.
[421] Siehe auch *Frenz* EuZW 2006, 545.
[422] EuGH U. v. 10.7.2008 Rs. C-413/06 P – *Bertelsmann und Sony/Impala* Tz. 104 ff.

derlich wäre.[423] Solche, auch als unilaterale Effekte bezeichneten, nicht koordinierten Wirkungen eines Zusammenschlusses können wirksamen Wettbewerb einerseits erheblich behindern, indem eine beherrschende Stellung der zusammengeschlossenen Unternehmen begründet oder verstärkt wird.[424] Darüber hinaus kann in oligopolistischen Märkten die Verringerung des Wettbewerbsdrucks es den verbleibenden Wettbewerbern ermöglichen, individuell und unabhängig voneinander eine verstärkte Marktmacht, beispielsweise in Gestalt von Preiserhöhungen oder Verringerungen des Angebots auszuüben, ohne zu diesem Zweck ihr Verhalten stillschweigend koordinieren zu müssen.[425] Die Fälle dieser sogenannten **unilateralen Effekte im Oligopol** betreffen somit Zusammenschlüsse, die wirksamen Wettbewerb erheblich behindern, aber keine marktbeherrschende Stellung eines oder mehrerer Unternehmen begründen oder verstärken. Die Kommission hat in ihrer Entscheidungspraxis unilaterale Effekte bereits unter der alten Verordnung 4064/89 im Rahmen des Marktbeherrschungstests berücksichtigt.[426] Nach der Rechtsprechung des EuGH und des EuG, wonach die Annahme kollektiver Marktbeherrschung ein einheitliches Vorgehen der Oligopolmitglieder – also das Vorliegen von koordinierten Effekten – voraussetzt,[427] war es jedoch zumindest zweifelhaft, ob unter der alten Verordnung Zusammenschlüsse alleine aufgrund unilateraler Effekte unterhalb der Schwelle der gemeinsamen Marktbeherrschung untersagt werden konnten.[428] Ob insoweit tatsächlich eine Gesetzeslücke vorlag, die eine Änderung des Untersagungskriteriums erforderlich machte, war im Zuge der Reform der Fusionskontrollverordnung allerdings heftig umstritten. Insbesondere das Bundeskartellamt vertrat die Ansicht, dass mit dem Marktbeherrschungstest alle wettbewerbswidrigen Zusammenschlüsse untersagt werden könnten.[429] Dagegen wurde vor allem in Irland und Großbritannien darauf hingewiesen, dass mit dem Marktbeherrschungstest Zusammenschlüsse in Oligopolen nicht angemessen beurteilt werden könnten.

160 In Erwägungsgrund 25 der Verordnung 139/2004 und den Horizontal-Leitlinien wird nunmehr die Anwendbarkeit der Fusionskontrollverordnung auf unilaterale Effekte im Oligopol klargestellt. Danach können Zusammenschlüsse in oligopolistischen Märkten, durch die der Wettbewerbsdruck, den die fusionierenden Unternehmen aufeinander oder auf Wettbewerber ausgeübt haben, beseitigt wird, zu einer erheblichen Behinderung wirksamen Wettbewerbs führen, auch wenn eine Koordinierung des Verhaltens zwischen Oligopolmitgliedern unwahrscheinlich ist und damit eine gemeinsame Marktbeherrschung ausscheidet.

161 Die Herausarbeitung der tatbestandlichen Voraussetzungen dieser Fallgruppe gestaltet sich gleichwohl schwierig, da es bislang an aussagekräftiger Fallpraxis fehlt und auch die Leitlinien der Kommission die für die Beurteilung relevanten Gesichtspunkte nicht erschöpfend darstellen.[430] Eine Untersagung eines Zusammenschlusses, der keine beherrschende Stellung begründet oder verstärkt, wird jedoch nur unter folgenden zwei Voraussetzungen möglich sein: Erstens muss der relevante Markt durch eine oligopolistische Struktur gekennzeichnet sein oder es muss eine solche Struktur durch den Zusammen-

---

[423] *Kommission,* Horizontal-Leitlinien Tz. 22.

[424] *Kommission,* Horizontal-Leitlinien Tz. 24.

[425] *Kommission,* Horizontal-Leitlinien Tz. 25.

[426] Komm. E. v. 2.9.2003 Az. COMP/M. 3083 – *GE/Instrumentarium,* Tz. 217. *Bishop/Lofaro* ECLR 2005, 203–206.

[427] EuGH U. v. 31.3.1998 verb. Rs. C-68/94 und C-30/95 – *Frankreich/Kom.* Slg 1998, I-1375, Tz. 221; EuG U. v. 6.6.2002 Rs. T-342/1999 – *Airtours/Komm.* Slg 2002 – II 2585, Tz. 59, 61; EuG U. v. 25.3.1999 Rs. T-102/96 *Gencor/Komm.* Slg. 1999, II-753 Tz. 163, 277.

[428] *Weitbrecht* ECLR 2005, 67, 68; *Fountoukakos/Ryan* ECLR 2005, 277; *Staebe/Denzel* EWS 2004, 194, 199.

[429] *Böge/Müller* ECLR 2002, 495 mit weiteren Nachweisen.

[430] Vgl. *Kommission,* Horizontal-Leitlinien Tz. 26. So auch *Böge* WuW 2004, 144.

schluss entstehen. Zweitens muss der Zusammenschluss nicht koordinierte Auswirkungen im Verhältnis zwischen den zusammengeschlossenen Unternehmen und den anderen Oligopolmitgliedern haben, durch die ein wirksamer Wettbewerb erheblich behindert wird.

b) Oligopolistische Marktstruktur. Voraussetzung für eine Untersagung ist somit zunächst eine bereits bestehende oligopolistische Struktur des relevanten Markts oder die Entstehung einer solchen Marktstruktur infolge des Zusammenschlusses. Eine oligopolistische Marktstruktur ist nach den Leitlinien der Kommission gekennzeichnet durch eine begrenzte Zahl bedeutender Wettbewerber, die in ihrem Marktverhalten voneinander abhängen, da ihr Verhalten spürbare Auswirkungen auf den Gesamtmarkt und damit indirekt auf alle Mitglieder des Oligopols hat.[431] Die Leitlinien enthalten keine weitere Konkretisierung dieser Merkmale. Insoweit ergeben sich aber Anhaltspunkte aus der Entscheidungspraxis zur kollektiven Marktbeherrschung und den zur Feststellung einer gemeinsamen marktbeherrschenden Stellung herangezogenen Kriterien.[432] Dabei sind an die oligopolistische Prägung des Marktes geringere Anforderungen zu stellen als bei der Feststellung gemeinsamer Marktbeherrschung, da eine oligopolistische Marktstruktur weder den Ausschluss wirksamen Binnenwettbewerbs im Oligopol noch das Fehlen von Außenwettbewerb voraussetzt. 162

c) Unilaterale Effekte. Des Weiteren muss der Zusammenschluss **spürbare nicht koordinierte Wirkungen** erwarten lassen.[433] Die Kommission behandelt in ihren Leitlinien einige unternehmens- und marktbezogene Faktoren, die das Eintreten nicht koordinierter Wirkungen beeinflussen können. Danach bietet der Umfang der durch den Zusammenschluss bewirkten **Marktanteilsaddition** einen ersten Anhaltspunkt, da die Wahrscheinlichkeit der Ausübung von Marktmacht, beispielsweise durch die Erhöhung von Preisen, mit der Erhöhung des Marktanteils steige.[434] Ebenso steigt die Wahrscheinlichkeit spürbarer Preiserhöhungen in Märkten mit differenzierten Produkten mit **zunehmender Substituierbarkeit** zwischen den Produkten der sich zusammenschließenden Unternehmen. Dagegen ist eine erhebliche Behinderung des Wettbewerbs weniger wahrscheinlich, wenn Wettbewerber **nahe Substitute** zu den Produkten der zusammengeschlossenen Unternehmen anbieten und dadurch den Anreiz zu Preiserhöhungen einschränken.[435] Eine erhebliche Behinderung des Wettbewerbs ist auch dann unwahrscheinlich, wenn die konkurrierenden Unternehmen über genügend **freie Kapazitäten** verfügen und in der Lage sind, bei einer Reduzierung der Angebotsmenge durch das fusionierte Unternehmen die freiwerdende Nachfrage zu befriedigen. Wenn hingegen die anderen Anbieter ihre Produktion nicht oder nur unter hohen Kosten ausweiten können, bietet sich für die zusammengeschlossenen Unternehmen ein Anreiz, ihre Preise zu erhöhen, da den Abnehmern keine **Ausweichmöglichkeiten** auf Produkte anderer Anbieter zur Verfügung stehen.[436] Die Möglichkeit, zu anderen Anbietern zu wechseln, kann auch durch erhebliche **Umstellungskosten** beschränkt sein.[437] Eine spürbare Behinderung des Wettbewerbs ist auch zu erwarten, wenn der Zusammenschluss es dem fusionierten Unternehmen ermöglicht, den Markteintritt oder die Wettbewerbsfähigkeit von Wettbewerbern zu beschränken, insbesondere durch die Kontrolle über die Bezugspolitik von Abnehmern, über Vertriebsmöglichkeiten, wichtige Schutzrechte oder Infrastrukturen.[438] Schließlich kann auch der Zusammenschluss zwischen Unternehmen mit einem Innovationsvorsprung gegenüber ihren 163

---

[431] *Kommission,* Horizontal-Leitlinien Tz. 25, Fn. 29; im einzelnen dazu Rn. 122.
[432] Vgl. Rn. 129 ff. Komm. E. v. 9.8.2004 Az. COMP/M. 619 – *Gencor/Lonrho,* Tz. 141 f.
[433] *Kommission,* Horizontal-Leitlinien Tz. 26.
[434] *Kommission,* Horizontal-Leitlinien Tz. 27.
[435] *Kommission,* Horizontal-Leitlinien Tz. 28.
[436] *Kommission,* Horizontal-Leitlinien Tz. 33, 34.
[437] *Kommission,* Horizontal-Leitlinien Tz. 31.
[438] *Kommission,* Horizontal-Leitlinien Tz. 36.

Wettbewerbern oder unter Beteiligung eines überproportional wettbewerbsaktiven Unternehmens die Wettbewerbsdynamik in einem konzentrierten Markt spürbar beschränken.[439]

164 Maßgeblich für die Beurteilung, ob ein Zusammenschluss spürbare nicht koordinierte Wirkungen hat, ist eine Gesamtbetrachtung der gegebenen Marktbedingungen, bei der neben oder anstelle der in den Leitlinien der Kommission erörterten Faktoren weitere Umstände eine Rolle spielen können.[440] Anhaltspunkte zur Konkretisierung der Spürbarkeitsschwelle lassen sich den Leitlinien nicht entnehmen. Insoweit wird man sich an dem allgemeinen Untersagungskriterium des Art. 2 Abs. 3 der Verordnung Nr. 139/2004 orientieren müssen. Eine erhebliche Behinderung wirksamen Wettbewerbs im Sinne dieser Bestimmung ist dann zu erwarten, wenn die Wettbewerbsfunktionen bei einer Untersagung des Zusammenschlusses besser erfüllt wären als im Falle einer Genehmigung.[441] Eine Untersagung aufgrund spürbarer nicht koordinierter Wirkungen setzt daher voraus, dass die nicht koordinierten Wirkungen des Zusammenschlusses zu einer Verschlechterung der ökonomischen Wettbewerbsfunktionen und damit zu Nachteilen für die Verbraucher führen.[442]

IV. Rechtfertigungsgründe

1. Allgemeines

165 Unter dem Begriff der Rechtfertigungsgründe werden besondere Umstände zusammengefasst, die von den Unternehmen im Einzelfall gegenüber der Feststellung der Untersagungsvoraussetzungen gemäß Art. 2 Abs. 3 eingewandt werden können. Der Begriff der Rechtfertigungsgründe ist daher nicht in einem rechtstechnischen Sinn zu verstehen, sondern als Oberbegriff für verschiedene Fallgestaltungen, die im Einzelfall die Freigabe eines Zusammenschlusses ermöglichen können, der ansonsten zu untersagen wäre. Dogmatisch können diese Ausnahmefälle auf das Fehlen der Kausalität zwischen Zusammenschluss und einer Verschlechterung der Marktstruktur (Sanierungsfusion), auf positive Auswirkungen in anderen Märkten (Abwägungsklausel) oder auf eine Entwicklung des technischen oder wirtschaftlichen Fortschritts (Effizienz) gestützt werden. Der Einwand der Sanierungsfusion und der Effizienzeinwand können dazu führen, dass ein Zusammenschluss den wirksamen Wettbewerb nicht erheblich behindert, obwohl er eine beherrschende Stellung begründet oder verstärkt. Ungeachtet dieser unterschiedlichen Ansatzpunkte haben alle diese Fälle gemeinsam, dass sie eine Ausnahme bilden, deren Voraussetzungen die Unternehmen nachweisen müssen.

2. Sanierungsfusion

166 Als Sanierungsfusionen bezeichnet man Zusammenschlüsse unter Beteiligung mindestens eines Unternehmens, das ohne den Zusammenschluss aus dem Markt ausscheiden würde, so dass die Marktstruktur unabhängig von der Durchführung des Zusammenschlusses verschlechtert würde.[443] Bei Sanierungsfusionen fehlt somit die Kausalität zwischen der

---

[439] *Kommission,* Horizontal-Leitlinien Tz. 37.

[440] *Kommission,* Horizontal-Leitlinien Tz. 26.

[441] Vgl. Rn. 53.

[442] Vgl. Rn. 54.

[443] *Kommission,* Horizontal-Leitlinien Tz. 89. Keine Sanierungsfusion liegt dagegen vor, wenn es bereits an einer möglichen Behinderung des Wettbewerbs i. S. d. Art. 2 Abs. 2 FKVO fehlt; in diesem Fall kommt es auf den etwaigen Rechtfertigungsgrund der Sanierungsfusion nicht mehr an. So hat die Kommission im Fall der Insolvenz des Spezialpapierherstellers Crompton, die Freigabe der Übernahme wesentlicher Aktiva des Unternehmens durch Glatfelter mangels einer Behinderung wirksamen Wettbewerbs erteilt. Durch den Zusammenschluss blieb die Zahl der Wettbewerber unverändert, die Gesamtkapazität des Marktes stieg und das Ungleichgewicht zwischen den Marktanteilen, den ungenutzten Kapazitäten und den Kostenstrukturen der Wettbewerber verstärkte sich; *Glatfelter/Crompton,* E. v. 20.12.2006 Az. COMP/M. 4215.

Verschlechterung der Wettbewerbsstruktur und dem Zusammenschluss, der deswegen freizugeben ist, wenn bestimmte Voraussetzungen erfüllt sind. Die Figur der Sanierungsfusion ist von der Kommission in der Entscheidung *Kali + Salz*[444] in die Fusionskontrolle eingeführt worden. Die Entscheidung der Kommission ist vom EuGH bestätigt worden.[445] Bisher hat die Kommission nur wenige Zusammenschlüsse aufgrund des Einwands der Sanierungsfusion für vereinbar mit dem Gemeinsamen Markt erklärt.[446] Sowohl die Kommission als auch der EuGH stützen die Anwendung des Konzepts der Sanierungsfusion auf die **fehlende Kausalität** zwischen dem Zusammenschluss und der Verschlechterung der Marktstruktur. Die **Beweislast** für den fehlenden Kausalzusammenhang tragen die Unternehmen.[447] Ausweislich der Leitlinien über horizontale Zusammenschlüsse mangelt es dann an einem Kausalzusammenhang, wenn sich die Wettbewerbsstruktur des Marktes auch ohne den Zusammenschluss zumindest in gleichem Ausmaß verschlechtern würde.[448] Als besonders wichtige Kriterien in diesem Zusammenhang nennt die Kommission die in der *BASF/Eurodiol/Pantochim Entscheidung* als Kriterien für das Vorliegen einer Sanierungsfusion herangezogenen Voraussetzungen: 1. das sanierungsbedürftige Unternehmen würde in naher Zukunft aus dem Markt ausscheiden, wenn es nicht durch ein anderes Unternehmen übernommen wird; 2. zu dem angemeldeten Zusammenschluss gibt es keine weniger wettbewerbswidrige Verkaufsalternative; 3. die Vermögenswerte des gescheiterten Unternehmens würden ohne den Zusammenschluss zwangsläufig aus dem Markt genommen.[449] Diese Voraussetzungen können, wie die Formulierung in den Leitlinien unterstreicht, jedoch nicht als abschließend betrachtet werden. Maßgeblich für die Berücksichtigungsfähigkeit des Sanierungseinwands ist vielmehr, ob die voraussichtliche Entwicklung der Marktstruktur bei Durchführung des Zusammenschlusses keine schlechteren Wettbewerbsbedingungen erwarten lässt als im Falle einer Untersagung.[450] Seinen Ursprung hat das Konzept der Sanierungsfusion im amerikanischen Wettbewerbsrecht.[451] Dort wird zwischen der Situation eines konkursbedrohten Unternehmens (failing firm defence) und eines unrentablen Geschäftsbereichs (failing division defence) unterschieden.[452]

a) failing firm defence. In seinem Urteil *Kali + Salz*[453] hat der EuGH die von der **167**
Kommission in der vorausgegangenen Entscheidung aufgestellten Voraussetzungen bestätigt, bei deren Vorliegen die Verschlechterung der Wettbewerbsstruktur infolge des Zusammenschlusses auch ohne diesen in gleicher Weise eintreten würde. Die Kommission hat in einigen weiteren Fällen diese Voraussetzungen angewandt und teilweise weiterentwickelt.[454]

---

[444] Komm. E. v. 14.12.1993 Az. IV/M. 308 – *Kali+Salz/MdK/Treuhand* ABl. 1994 Nr. L 186/38.
[445] EuGH U. v. 31.3.1998 Rs. C-68/94 – *Frankreich/Komm.* Slg 1998 I-1375, Tz. 90 ff.
[446] Komm. E. v. 14.12.1993 Az. IV/M. 308 – *Kali+Salz/MdK/Treuhand* ABl. 1994 Nr. L 186/38; Komm. E. v. 11.7.2001 Az. COMP/M. 2314 – *BASF/Eurodiol/Pantochim;* Komm. E. v. 1.7.2002 Az. IV/M. 2810 – *Deloitte & Touche/Andersen (UK);* Komm. E. v. 5.9.2002 Az. IV/M. 2816 – *Ernst & Young France/Andersen France;* Komm. E. v. 2.9.2013 Az. COMP/M.6360 – *Nynas/Shell/Harburg Refinery;* Komm. E. v. 9.10.2013 Az. COMP/M.6796 – *Aegean/Olympic II;* ablehnend Komm. E. v. 30.3.2012 Az. COMP/M.6447 – *IAG/BMI.*
[447] Komm. E. v. 3.2.1999 Az. IV/M 1221 – *Rewe/Meinl* Tz. 64.
[448] *Kommission,* Horizontal-Leitlinien Tz. 89.
[449] *Kommission,* Horizontal-Leitlinien Tz. 90.
[450] Vgl. dazu ausführlich *Baccaro* ECLR 2004, 11 ff.
[451] Vgl. Supreme Court E. v. 6.1.1930, 208 US *International Shoe Company/FTC.*
[452] US Department of Justice und Federal Trade Commission, Horizontal Merger Guidelines Tz. 5.
[453] EuGH U. v. 31.3.1998 Rs. C-68/94 – *Frankreich/Komm* Slg 1998 I-1375, Tz. 90 ff.
[454] Komm. E. v. 4.12.1996 Az. IV/M. 774 – *Saint Gobain/Wacker-Chemie/NOM;* Komm. E. v. 26.6.1997 Az. IV/M. 890 – *Blokker/Toys „R" Us; Rewe/Meinl,* Tz. 65; Komm. E. v. 27.5.1998 Az. IV/M 993 – *Bertelsmann/Kirch/Premiere,* Tz. 71. = WuW/E EU-V 223; Komm. E. v. 3.2.1999 Az. IV/M. 1221 – *Rewe/Meinl;* Komm. E. v. 11.7.2001 Az. COMP/M. 2314 – *BASF/Eurodiol/Pantochim;* Komm. E. v. 1.7.2002 Az. IV/M. 2810 – *Deloitte & Touche/Andersen (UK);* Komm. E. v. 5.9.2002 Az. IV/M. 2816 – *Ernst & Young France/Andersen France.*

168 Erste Voraussetzung ist, dass das zu übernehmende Unternehmen ohne Übernahme durch ein anderes Unternehmen **kurzfristig aus dem Markt ausscheiden** würde.[455] Dies kann immer dann angenommen werden, wenn das Unternehmen bereits Konkurs anmelden musste. Auch eine konkrete Konkursgefahr kann schon für die Annahme eines kurzfristigen Ausscheidens aus dem Markt ausreichen.[456]

169 Zweitens darf es **keine weniger wettbewerbschädliche Erwerbsalternative** geben. Diese Voraussetzung ist aus dem Verhältnismäßigkeitsgrundsatz abgeleitet. Danach können sich die am Zusammenschluss beteiligten Unternehmen nicht auf den Sanierungseinwand berufen, wenn die Übernahme des konkursbedrohten Unternehmens durch einen alternativen Erwerber möglich ist und dieser Zusammenschluss geringere wettbewerbsschädliche Auswirkungen hätte.[457] Die Zusammenschlussbeteiligten können jedoch Abänderungen ihres Zusammenschlussvorhabens vorschlagen, um das Ausmaß der zu erwartenden Wettbewerbsbeschränkungen zu verringern und so einer Untersagung aufgrund des Verhältnismäßigkeitsgrundsatzes zu entgehen.

170 Dritte Bedingung ist nach der *Kali + Salz* Entscheidung der Kommission, dass die **Marktanteile** des zu erwerbenden Unternehmens im Falle seines Ausscheidens aus dem Markt dem erwerbenden Unternehmen hätten **zuwachsen** müssen. Dies kann beispielsweise dann der Fall sein, wenn der Erwerber eine monopolartige Stellung besitzt, so dass eine Übernahme der Marktanteile des ausscheidenden Unternehmens durch einen anderen Wettbewerber nicht in Frage kommt.[458]

171 In ihrer Entscheidung *BASF/Eurodiol/Pantochim* hat die Kommission festgestellt, dass es auf das Erfordernis eines automatischen Zuwachsens der Marktanteile des konkursbedrohten Unternehmens dann nicht ankomme, wenn dessen Produktions- und Vertriebsanlagen ohne den Zusammenschluss unvermeidlich stillgelegt würden und damit aus dem Markt ausschieden, da in diesem Falle ein Erwerb der Anlagen durch andere Wettbewerber als weniger wettbewerbsschädliche Alternative ausgeschlossen werden könne.[459] In Anbetracht der bei einem Verlust der Produktionskapazitäten zu erwartenden erheblichen Kapazitätsengpässe und deren negativer Auswirkungen auf die Marktverhältnisse kam die Kommission zu dem Schluss, dass die voraussichtlichen Marktbedingungen nach dem Zusammenschluss günstiger sein würden als bei einem Ausscheiden der zu übernehmenden Produktionsmittel im Falle einer Untersagung.[460]

172 In ihren beiden Entscheidungen zu den *Andersen-Fällen* musste sich die Kommission mit dem Einwand der Sanierungsfusion bei drohender kollektiver Marktbeherrschung auseinandersetzen.[461] Die Kommission stellte zwei Voraussetzungen auf, unter denen ein Zusammenschluss nicht kausal für eine kollektive Marktbeherrschung ist. Erstens müsse die Verringerung der Anzahl der Oligopolmitglieder unausweichlich sein und zweitens dürfe es kein weniger wettbewerbsschädliches Szenario geben, als das Szenario, welches sich bei dem geplanten Zusammenschluss ergeben würde. Im Fall *Andersen UK* stellte sich die Frage, ob der Erwerb von Andersen (UK) durch Deloitte & Touche zu einer kollektiven Marktbeherrschung auf dem Markt für Abschlussprüfungs- und Buchführungsdienste für große Unternehmen durch die großen Prüfungsgesellschaften Deloitte & Touche/Andersen UK, PWC, KPMG und Ernst & Young) führen würde. Die Kommission sah in diesem Fall die erste Voraussetzung, dass die Reduzierung der Oligopolmitglieder unausweichlich

---

[455] EuGH U. v. 31.3.1998 Rs. C-68/94 – *Frankreich/Komm.* Tz. 111.

[456] Komm. E. v. 11.7.2001 Az. COMP/M. 2314 – *BASF/Eurodiol/Pantochim,* Tz. 144.

[457] Komm. E. v. 14.12.1993 Az. IV/M. 308 – *Kali+Salz/MdK/Treuhand* ABl. 1994 Nr. L 186/38, Tz. 71.

[458] Komm. E. v. 14.12.1993 Az. IV/M. 308 – *Kali+Salz/MdK/Treuhand,* Tz. 71.

[459] Komm. E. v. 11.7.2001 Az. COMP/M. 2314 – *BASF/Eurodiol/Pantochim,* Tz. 151.

[460] Komm. E. v. 11.7.2001 Az. COMP/M. 2314 – *BASF/Eurodiol/Pantochim,* Tz. 163.

[461] Komm. E. v. 1.7.2002 Az. IV/M. 2810 – *Deloitte & Touche/Andersen (UK);* Komm. E. v. 5.9. 2002 Az. IV/M. 2816 – *Ernst & Young France/Andersen France.*

ist, als gegeben an, da Andersen (UK) ohne das weltweite Netzwerk von Andersen Worldwide nicht mehr in der Lage sei, Abschlusspüfungs- und Buchführungsdienste für große Unternehmen anzubieten.[462] Des Weiteren kam die Kommission zu dem Ergebnis, dass es auch kein weniger wettbewerbschädliches Szenario gebe, da im Falle einer Auflösung von Andersen (UK) und der zu erwartenden Übernahme ihrer Mitarbeiter durch die vier verbleibenden großen Prüfungsgesellschaften personelle Verflechtungen entstehen würden, die eher ein kollusives Verhalten der Oligopolmitglieder fördern würden als eine Fusion von Andersen (UK) und Deloitte & Touche.[463] Die Kommission gab daher den Zusammenschluss frei.

b) failing division defence. Ähnlich wie bei der Übernahme eines konkursbedrohten Unternehmens kann auch beim Ausscheiden eines einzelnen Geschäftsbereichs argumentiert werden. Man spricht dann, der Unterscheidung der amerikanischen Horizontal Merger Guidelines[464] folgend, nicht von einer failing firm defence, sondern von einer failing division defence. Die Kommission stellt hier besonders hohe Anforderungen an den Nachweis der fehlenden Kausalität, da andernfalls jeder Zusammenschluss, bei dem es um die Veräußerung eines angeblich unrentablen Geschäftsbereichs geht, mit der Behauptung des Veräußerers gerechtfertigt werden könne, diesen Bereich seiner geschäftlichen Aktivitäten einstellen zu müssen, wenn der Zusammenschluss mit dem Erwerber untersagt werde.[465] 173

c) Prüfung und Beweislast. Wie bei der Prüfung eines jeden Zusammenschlussvorhabens sind auch im Fall einer Sanierungsfusion die voraussichtlichen Wettbewerbsbedingungen im Falle einer Freigabe des Zusammenschlusses mit denen zu vergleichen, die bei einer Untersagung zu erwarten wären.[466] Die Besonderheit der Sanierungsfusion besteht jedoch darin, dass sich die zukünftigen Wettbewerbsbedingungen aufgrund der Insolvenz eines der beteiligten Unternehmen auch im Fall einer Untersagung des Zusammenschlusses erheblich von den zum Zeitpunkt des Zusammenschlusses herrschenden Bedingungen unterscheiden. Daher können – anders als im Normalfall[467] – für den Vergleich nicht die Wettbewerbsbedingungen zum Zeitpunkt des Zusammenschlusses als Maßstab herangezogen werden, sondern es muss die voraussichtliche Marktstruktur unter Berücksichtigung des insolvenzbedingten Ausscheidens des beteiligten Unternehmens ermittelt werden. 174

Nach dem Urteil des EuGH im Fall *Kali + Salz* und nach den Leitlinien der Kommission müssen die Unternehmen beweisen, dass sich die Wettbewerbsbedingungen auch im Fall einer Untersagung des Zusammenschlusses verschlechtern würden. Dieser Beweislastverteilung ist im Ergebnis zuzustimmen, da die relevanten Daten, anhand derer die Kommission das Nichtvorliegen der Voraussetzungen einer Sanierungsfusion beweisen müsste, sich im Besitz der Unternehmen befinden. 175

3. Effizienzen

a) Allgemeines. Ziel jeder Wettbewerbsordnung ist es, die effiziente Verteilung von Ressourcen in einer freien Marktwirtschaft zu gewährleisten. Dadurch sollen niedrigere Preise, höhere Qualität und eine bessere Produktauswahl für die Verbraucher sichergestellt werden.[468] Bereits diese Zielsetzung legt es nahe, durch eine Fusion erzielte Effizienzvor- 176

---

[462] Komm. E. v. 1.7.2002 Az. IV/M. 2810 – *Deloitte & Touche/Andersen (UK),* Tz. 47f.
[463] Komm. E. v. 1.7.2002 Az. IV/M. 2810 – *Deloitte & Touche/Andersen (UK),* Tz. 55f.
[464] US Department of Justice und Federal Trade Commission, Horizontal Merger Guidelines Tz. 5.
[465] Komm. E. v. 3.2.1999 Az. IV/M. 1221 – *Rewe/Meinl,* Tz. 65. *Rewe/Meinl,* Tz. 65; Komm. E. v. 27.5.1998 Az. IV/M 993 – *Bertelsmann/Kirch/Premiere,* Tz. 71. = WuW/E EU-V 223.
[466] *Kommission,* Horizontal-Leitlinien Tz. 9 und 89.
[467] *Kommission,* Horizontal-Leitlinien Tz. 9.
[468] OCDE, General Distribution 1996 (56) Competition Policy and Efficienty Claims in Horizontal Agreements S. 5.

teile bei der materiellen Prüfung eines Zusammenschlusses zu berücksichtigen. Spätestens aber mit Erlass der Nicht-Horizontal-Leitlinien[469] am 28. November 2007 kann das Ziel der Verbraucherwohlfahrt nicht mehr ernsthaft bestritten werden. So hat die Kommission hierin ausdrücklich festgestellt, dass vertikale und konglomerate Zusammenschlüsse – anders als horizontale Fusionen – erheblichen Spielraum für Effizienzgewinne bieten, da sich die Tätigkeiten/Produkte der beteiligten Unternehmen typischerweise ergänzen.[470]

177 Gleichwohl sind auch bei der Bewertung horizontaler Zusammenschlüsse die Effizienzvorteile gem. Art. 2 Abs. 1 lit. b FKVO zu berücksichtigen. Dies ergibt sich aus dem durch die Neufassung der Fusionskontrollverordnung eingeführten Erwägungsgrund Nr. 29. Danach soll bei der Beurteilung der Auswirkungen eines Zusammenschlusses auf den Wettbewerb den begründeten und wahrscheinlichen Effizienzvorteilen Rechnung getragen werden, da Effizienzvorteile die wettbewerbsschädlichen Auswirkungen des Zusammenschlusses ausgleichen können, so dass im Ergebnis der wirksame Wettbewerb nicht erheblich behindert würde.[471] In ihren Horizontal-Leitlinien erklärt die Kommission, dass die mit einem Zusammenschluss bewirkten Effizienzgewinne dazu führen können, dass ein Vorhaben für mit dem Gemeinsamen Markt vereinbar erklärt werden kann, wenn sie geeignet sind, die Fähigkeit und den Anreiz des fusionierten Unternehmens zu verstärken, den Wettbewerb zum Vorteil für die Verbraucher zu beleben. Berücksichtigungsfähig seien dabei solche Effizienzvorteile, die den Verbrauchern zugutekommen, fusionsspezifisch und überprüfbar sind.[472] Im Weiteren geben die Leitlinien Anhaltspunkte dafür, unter welchen Umständen diese Voraussetzungen vorliegen.

178 **b) Vorteile für die Verbraucher.** Zentrale Voraussetzung für die Genehmigung eines Zusammenschlusses aufgrund von Effizienzvorteilen ist, dass diese zu Vorteilen für die Verbraucher führen oder zumindest die durch den Zusammenschluss befürchteten Nachteile für die Verbraucher ausgleichen.[473] Diese Bedingung ergibt sich bereits aus dem Wortlaut des Art. 2 Abs. 1 lit. b, nach dem die Entwicklung des technischen und wirtschaftlichen Fortschritts nur berücksichtigt werden darf, wenn sie auch dem **Verbraucher dient.** Die möglichen Effizienzvorteile, die sich aus einem Zusammenschluss ergeben können, divergieren ihrer Art nach sehr stark, je nachdem, welcher Zusammenschlusstatbestand erfüllt wird. So können bei horizontalen Zusammenschlüssen beispielsweise Kosteneinsparungen bei der Produktion oder dem Vertrieb der fusionierten Einheit den Anreiz verschaffen, diese Vorteile in Form niedrigerer Preise an die Kunden weiterzugeben.[474] Als Beispiel für Effizienzvorteile von vertikalen Zusammenschlüssen nennt die Kommission die bessere Koordinierung von Produktion und Vertriebsprozessen und dadurch bedingte Einsparungen bei den Lagerhaltungskosten.[475] Konglomerate Zusammenschlüsse können Kosteneinsparungen in Form von Verbundvorteilen bewirken. Für die beteiligten Unternehmen kann es effizient sein, Produkte gekoppelt auf den Markt zu bringen. Verbraucher profitieren dabei von einer besseren Kompatibilität und einer Qualitätssicherung bei den sich ergänzenden Produktbestandteilen.[476]

---

[469] Leitlinien zur Bewertung nichthorizontaler Zusammenschlüsse gemäß der Ratsverordnung über die Kontrolle von Unternehmenszusammenschlüssen, abrufbar unter http://ec.europa.eu/comm/competition/mergers/legislation/nonhorizontalguidelines_de.pdf.

[470] *Kommission,* Nicht-Horizontal-Leitlinien Tz. 13.

[471] Erwägungsgrund Nr. 29; ausgehend von der Überlegung, dass Effizienzvorteile geeignet sein könnten, die Freigabe eines Zusammenschlussvorhabens zu rechtfertigen, wird der Nachweis von Effizienzen als efficiency defence bezeichnet.

[472] *Kommission,* Horizontal-Leitlinien Tz. 77.

[473] *Kommission,* Horizontal-Leitlinien Tz. 79 ff.; *Hacker* in: Schröter/Jakob/Klotz/Mederer, Kommentar zum Europäischen Wettbewerbsrecht, Art. 2 FKVO Rn. 482.

[474] *Kommission,* Horizontal-Leitlinien Tz. 80.

[475] *Kommission,* Nicht-Horizontal-Leitlinien Tz. 56.

[476] *Kommission,* Nicht-Horizontal-Leitlinien Tz. 117 f.

Die Effizienzgewinne müssen **umfangreich** sein und **ohne größere Verzögerung** eintreten, damit die Verbraucher an ihnen partizipieren können.[477] Kostenreduzierungen bei variablen und Grenzkosten haben stärkeres Gewicht als eine Senkung der Fixkosten, da erstere grundsätzlich eher zu einem niedrigeren Preisniveau auf dem Markt führen.[478] Ferner sind nur solche Effizienzen erheblich, die auf dem Markt eintreten, auf dem ohne die Effizienzgewinne Wettbewerbsbedenken bestünden.[479] **179**

Eine Weitergabe der Effizienzvorteile an die Verbraucher ist jedoch grundsätzlich nur dann zu erwarten, wenn noch ein gewisser Wettbewerbsdruck die Unternehmen zwingt, die Abnehmer an den Effizienzvorteilen teilhaben zu lassen. Es ist daher unwahrscheinlich, dass die Kommission einen Zusammenschluss aufgrund von Effizienzgewinnen für mit dem Gemeinsamen Markt vereinbar erklärt, der zu einer nahezu monopolistischen Stellung führen würde.[480] Es ist jedoch nicht ausgeschlossen, dass ein Zusammenschluss, der eine beherrschende Stellung begründet oder verstärkt, im Einzelfall durch sehr umfangreiche Effizienzgewinne zu Vorteilen für die Verbraucher führt und daher für mit dem Gemeinsamen Markt vereinbar zu erklären ist, obwohl er das Regelbeispiel des Art. 2 Abs. 3 erfüllt.[481] **180**

c) Kausalität. Effizienzvorteile sind nur dann zu berücksichtigen, wenn sie fusionsspezifisch sind. Der Zusammenschluss der beteiligten Unternehmen muss für die Erzielung der Effizienzvorteile kausal sein. Davon ist auszugehen, wenn die Effizienzvorteile sich unmittelbar aus der Fusion ergeben und es keine weniger wettbewerbswidrigen, realistischen und erreichbaren Alternativen gibt, die behaupteten Effizienzvorteile in einem gleichen Umfang zu erzielen.[482] Dies dürfte nur selten der Fall sein. So hat die Kommission beispielsweise im Fall *Ryanair/Aer Lingus* die Kausalität zwischen dem Zusammenschluss und der Reduktion von Treibstoff- und Personalkosten negiert.[483] Die Kommission will bei dieser Beurteilung die gängige Branchenpraxis sowie die jeweiligen Fähigkeiten der fusionierenden Unternehmen berücksichtigen.[484] **181**

d) Nachprüfbarkeit. Die Effizienzgewinne müssen für die Kommission nachprüfbar sein.[485] Die Effizienzgewinne und die daraus resultierenden Vorteile für die Verbraucher sollten daher nach Auffassung der Kommission nach Möglichkeit mit genauen Daten und Zahlenangaben untermauert werden.[486] Die **Beweislast** für die Berücksichtigungsfähigkeit der geltend gemachten Effizienzvorteile und für ihre Eignung, den nachteiligen Wirkungen des Zusammenschlusses entgegenzuwirken, tragen die Unternehmen, da nur sie im Besitz der erforderlichen Informationen sind.[487] Dem Strengbeweis unterliegt dieser Nachweis freilich nicht. Dementsprechend soll es nach den Nicht-Horizontal-Leitlinien ausreichen, wenn hinreichende **Indizien** vorliegen, dass die mit der Fusion bewirkten Effizienzgewinne die Fähigkeit und den Anreiz für die fusionierte Einheit verstärken können, wettbewerbsfördernd zum Vorteil der Verbraucher zu handeln, wodurch den ansonsten nachteiligen Auswirkungen der Fusion auf den Wettbewerb entgegengewirkt würde.[488] Fraglich bleibt **182**

---

[477] *Kommission,* Horizontal-Leitlinien Tz. 79 und 83.
[478] *Kommission,* Horizontal-Leitlinien Tz. 80.
[479] *Kommission,* Horizontal-Leitlinien Tz. 79.
[480] *Kommission,* Horizontal-Leitlinien Tz. 84.
[481] Vgl. *Mano,* S. 19 ff.; *Bechthold/Bosch/Brinker,* EU-Kartellrecht, Art. 2 FKVO Rn. 24.
[482] *Kommission,* Horizontal-Leitlinien Tz. 85.
[483] Komm. E. v. 27.6.2007 Az. COMP/M. 4439 – *Ryanair/Aer Lingus.*
[484] *Kommission,* Horizontal-Leitlinien Tz. 85.
[485] Kommission, Horizontal-Leitlinien Tz. 86; *Kommission,* Nicht-Horizontal-Leitlinien Tz. 92.
[486] *Kommission,* Horizontal-Leitlinien Tz. 86.
[487] Erwägungsgrund Nr. 29 der Verordnung Nr. 139/2004; *Kommission,* Horizontal-Leitlinien Tz. 85. A. A.: *Bechthold/Bosch/Brinker,* EU-Kartellrecht, Art. 2 FKVO Rn. 66; *Kling/Thomas,* Kartellrecht, 2007, § 9 Rn. 299. Danach soll es wegen des Amtsermittlungsgrundsatzes der Kommission obliegen, Ermittlungen anzustellen und Informationen einzuholen.
[488] *Kommission,* Nicht-Horizontal-Leitlinien Tz. 52.

jedoch, wie hoch die Anforderungen an den Indizienbeweis in der Praxis tatsächlich sein werden und ob dieser Nachweis überhaupt gelingen kann.[489] In der Vergangenheit jedenfalls wurde in keinem Fall ein Zusammenschluss, der ansonsten die Untersagungsvoraussetzungen erfüllte, unter Rückgriff auf die von den beteiligten Unternehmen vorgetragenen Effizienzgesichtspunkte freigegeben.[490] Dennoch deuten die Entscheidungen *GE/Honeywell* und *BASF/Eurodiol/Pantochim* darauf hin, dass sich die zukünftige Entscheidungspraxis stärker auch an Effizienzgesichtspunkten orientieren wird. Das Urteil *GE/Honeywell* stellt klar, dass jedenfalls die bloß abstrakte Möglichkeit, Effizienzgewinne zum Nachteil der Wettbewerber ausnutzen zu können, nicht genügt, um einen Zusammenschluss zu untersagen. Vielmehr hat die Kommission aussagekräftige Beweise dafür zu erbringen, dass das entstehende Unternehmen mit hoher Wahrscheinlichkeit z.B. durch entsprechende Paketangebote Wettbewerber vom Markt verdrängen wird.[491] Auch im Rahmen der Freigabe *BASF/Eurodiol/Pantochim* berücksichtigte die Kommission trotz der Entstehung einer marktbeherrschenden Stellung die Vorteile, die sich für die Marktgegenseite aus einem entsprechenden Zusammenschluss ergeben würden.[492]

4. Internationale Wettbewerbsfähigkeit und Kohäsionseinwand

183 Ausgehend von Erwägungsgrund Nr. 13 der alten Fusionskontrollverordnung Nr. 4064/89 und den in Art. 3 EUV normierten Zielen der Union ist eine mögliche Rechtfertigung von Zusammenschlüssen, die eine marktbeherrschende Stellung begründen oder verstärken, unter dem Gesichtspunkt der Wettbewerbsfähigkeit der europäischen Wirtschaft und der Angleichung der Wettbewerbsfähigkeit der einzelnen Regionen im Gemeinsamen Markt diskutiert worden.[493] Nach dem Erwägungsgrund Nr. 13 der Fusionskontrollverordnung muss die Kommission sich bei der Beurteilung eines Zusammenschlusses an den grundlegenden **Zielen der Union** orientieren. Die Förderung der Wettbewerbsfähigkeit der Industrie in der Union gehört seit dem Vertrag von Amsterdam nach Art. 2 und Art. 3 lit. m EG zu den Zielen der Gemeinschaft. Nach Art. 3 Abs. 3 Satz 2 EUV wirkt die Union hin auf die nachhaltige Entwicklung Europas auf der Grundlage eines ausgewogenen Wirtschaftswachstums und von Preisstabilität, eine in hohem Maße wettbewerbsfähige soziale Marktwirtschaft, die auf Vollbeschäftigung und sozialen Fortschritt abzielt, sowie ein hohes Maß an Umweltschutz und Verbesserung der Umweltqualität. In Art. 174 AEUV wird die Stärkung des wirtschaftlichen und sozialen Zusammenhalts in der Union sowie die Angleichung des Entwicklungsstadiums der einzelnen Regionen zum Ziel erklärt (Kohäsion). Das EuG stellte in seinem Urteil v. 27.4.1995 unter Hinweis auf die Ziele des EG-Vertrages fest, dass die Kommission bei der Beurteilung eines Zusammenschlusses berücksichtigen kann, ob der Zusammenschluss unmittelbare oder mittelbare Auswirkungen auf die Lage der Arbeitnehmer in den beteiligten Unternehmen haben kann, die den Beschäftigungs-

[489] *Staebe/Denzel* EWS 2004, 194, 200f.; *Langen/Bunte/Baron,* FKVO, Art. 2 Rn. 203; *Kling/Thomas,* Kartellrecht, 2007, § 9 Rn. 299.

[490] Komm. E. v. 2.10.1991 Az. IV/M. 53 – *Aerospatiale – Alenia/de Havilland,* Tz. 65ff. = WUW/E EV 1675; Komm. E. v. 9.11.1994 Az. IV/M. 469 – *MSG- Media Service,* Tz. 100 = WuW/E EV 2231; Komm. E. v. 19.7.1995 Az. IV/M 490 – *Nordic Satellite Distribution* = WuW 1995, 814 (Kurzfassung); Komm. E. v. 24.4.1996 Az. IV/M 619 – *Gencor/Lonrho,* Tz. 213f.; Komm. E. v. 4.12.1996 Az. IV/M 774 – *Saint-Gobain/Wacker-Chemie/NOM,* Tz. 244ff.; Komm. E. v. 27.5.1998 Az. IV/M 993 – *Bertelsmann/Kirch/Premiere* Tz. 119ff. = WuW/E EU-V 223: Komm. E. v. 27.6.2007 Az. COMP/M. 4439 – *Ryanair/Aer Lingus;* die efficiency defence ist daher weitgehend totes Recht, *Rittner/Dreher,* Europäisches und deutsches Wirtschaftsrecht, 3. Aufl., § 22 Rn. 19.

[491] EuG U. v. 14.12.2005, T-210/01 – GE/Kommission, T-210/01, Tz. 469ff.

[492] Komm. E. v. 11.7.2001 COMP/M.2314 – *BASF/Eurodiol/Pantochim,* Tz. 134 zur marktbeherrschenden Stellung und Tz. 160 zur Berücksichtigung wirtschaftlicher Interessen der Marktgegenseite; so auch *Klumpp,* Die „Efficiency Defense" in der Fusionskontrolle, S. 228.

[493] *Hacker* in: Schröter/Jakob/Klotz/Mederer (Fn. 473) Art. 2 FKVO Rn. 505ff.

grad und die Beschäftigungsbedingungen in der Union beeinflussen.[494] In der übrigen Praxis finden soziale oder industriepolitische Gesichtspunkte keine Berücksichtigung bei der materiellen Beurteilung eines Zusammenschlusses. Die Förderung der Wettbewerbsfähigkeit erfolgt, wie in Art. 173 AEUV festgelegt ist, in einem System offener und wettbewerbsorientierter Märkte. Die wettbewerbsrechtliche Ausrichtung der Fusionskontrolle wird daher nicht durch die Ziele des AEUV modifiziert.[495] Eine Rechtfertigung eines Zusammenschlusses aufgrund von nichtwettbewerblichen Gesichtspunkten wie der internationalen Wettbewerbsfähigkeit der europäischen Unternehmen oder der Angleichung der sozialen Standards innerhalb der Union ist daher abzulehnen.

5. Abwägungsklausel

Ein Zusammenschluss ist nach Art. 2 Abs. 3 zu untersagen, wenn er den wirksamen Wett- 184
bewerb im Gemeinsamen Markt oder in einem wesentlichen Teil desselben erheblich behindert, insbesondere durch Begründung oder Verstärkung einer beherrschenden Stellung. Diese Voraussetzung scheint erfüllt zu sein, sobald der wirksame Wettbewerb auf einem relevanten Markt, der zumindest einen wesentlichen Teil des Gemeinsamen Marktes darstellt, erheblich behindert würde. Ein Zusammenschluss kann aber, obwohl er auf einem Markt den Wettbewerb behindert, auf einem anderen Markt wettbewerbsfördernd wirken, etwa indem dort dem bisher marktbeherrschenden Unternehmen aufgrund des Zusammenschlusses ein ernsthafter Konkurrent erwächst.[496] Das deutsche GWB enthält daher in § 36 Abs. 1 Satz 2 Nr. 1 eine Abwägungsklausel, nach der ein Zusammenschluss nicht untersagt werden kann, wenn die Unternehmen nachweisen, dass durch den Zusammenschluss Verbesserungen der Wettbewerbsbedingungen auf einem anderen Markt eintreten und dass diese Verbesserungen die Nachteile der Marktbeherrschung überwiegen. Die Fusionskontrollverordnung enthält keine solche ausdrückliche Abwägungsklausel. Nach Art. 2 Abs. 1 lit. a hat aber die Kommission die Notwendigkeit zu berücksichtigen, im Gemeinsamen Markt wirksamen Wettbewerb aufrechtzuerhalten und zu entwickeln, insbesondere im Hinblick auf die **Struktur aller betroffenen Märkte.** Hieraus folgern die Befürworter einer Abwägungsklausel, dass die Kommission die möglichen positiven Auswirkungen eines Zusammenschlusses auf einen relevanten Markt gegen die Verschlechterung der Wettbewerbsstruktur eines anderen relevanten Marktes abzuwägen hat.[497] Hierbei sollen ausschließlich wettbewerbliche Gesichtspunkte und nicht etwaige sonstige Vorteile einzubeziehen sein.

In der Praxis haben jedoch weder der EuGH und das EuG noch die Kommission eine 185
wettbewerbliche Abwägung der Auswirkungen eines Zusammenschlusses auf verschiedenen Märkten vorgenommen. Die Kommission hat in ihren Leitlinien zur Beurteilung horizontaler Zusammenschlüsse erklärt, dass sie Effizienzvorteile nur berücksichtigen will, wenn sie sich auf dem Markt auswirken, auf dem ansonsten Wettbewerbsbedenken bestünden.[498] Wenn die Kommission Effizienzen auf anderen Märkten ausdrücklich nicht berücksichtigen will, erscheint es ebenso unwahrscheinlich, dass sie wettbewerbliche Vorteile eines Zusammenschlusses gegen nachteilige Auswirkungen auf anderen Märkten abwägen wird. Erkennt man trotzdem eine Abwägungsklausel an, so sind dieser zumindest **enge**

[494] EuG U. v. 27.4.1995 Rs. T-12/93 *Comité Central d'Entreprise de la Société Anonyme Vittel und Comité d' Etablissement de Pierval und Fédération Générale Agroalimentaire/Komm.* Slg. 1995 II 1247.
[495] *Körber* in: Immenga/Mestmäcker EU-WbR Teil I/2, Art. 2 FKVO, Rn. 210 ff.; *Schmidt*, S. 128.
[496] *Bechtold* EuZW 1996, S. 391.
[497] *Schütz* in: Kölner Kommentar, Art. 2 FKVO Rn. 158 ff.; *Körber* in: Immenga/Mestmäcker EU-WbR Teil I/2, Art. 2 FKVO Rn. 394 ff.; *Bechtold* EuZW 1996, 389 ff.; *Kleemann* in: FS Lieberknecht, S. 381 ff.; *Rösler* NZG 2000, 859.
[498] *Kommission,* Horizontal-Leitlinien Tz. 79.

Grenzen zu ziehen. Die wettbewerblichen Vorteile müssen dann die wettbewerblichen Nachteile eindeutig überwiegen und nicht ohne die Verschlechterung der Wettbewerbsstruktur in dem anderen Markt erzielbar sein. Die Beweislast für diese Voraussetzungen müssen die beteiligten Unternehmen tragen.[499]

V. Koordinierungseffekte bei Vollfunktionsgemeinschaftsunternehmen (Abs. 4 und 5)[500]

Schrifttum: *Ahlborn/Turner,* Expending Success? Reform of the E. C. Merger Regulation, 19 ECLR (1998), 249, 258; *van Bael/Bellis,* Competition Law of the European Community, 5th Ed. 2010, § 7.19(2) (S. 733 ff.); *Bien,* Kartellrechtskontrolle von Gemeinschaftsunternehmen ex ante und ex post – Teil 1: Das Verfahren der Doppelkontrolle de lege late und de lege ferenda, NZKart 2014, 214 ff.; *Faull/Nikpay,* The EU Law of Competition, Rn. 4.78; *Pohlmann,* Doppelkontrolle von Gemeinschaftsunternehmen im europäischen Kartellrecht, WuW 2003, 473 ff.; *Schroeder,* Schnittstellen der Kooperations- und Oligopolanalyse im Fusionskartellrecht, WuW 2004, 893 ff.

1. Einführung

186 Die Regelungen der FKVO finden auf alle Vollfunktionsgemeinschaftsunternehmen, d. h. auf alle Unternehmen, die auf Dauer alle Funktionen einer selbstständigen wirtschaftlichen Einheit erfüllen (Art. 3 Abs. 4 FKVO, dazu die Erläuterungen dort Rn. 45 ff.), Anwendung. Dies gilt auch dann, wenn die Gründung des Gemeinschaftsunternehmens die Koordinierung des Wettbewerbsverhaltens unabhängig bleibender Unternehmen bezweckt oder bewirkt, es sich also um ein kooperatives Vollfunktionsgemeinschaftsunternehmen handelt (Art. 2 Abs. 4 FKVO).[501] Die Prüfung nach der FKVO erfolgt dann in zwei Schritten. Gemäß Art. 2 Abs. 1 bis 3 FKVO werden zunächst nach den Verfahrensregeln der FKVO die **konzentrativen Aspekte** geprüft. Materiellrechtlich geht es dabei um die Frage, ob durch die Gründung des Gemeinschaftsunternehmens wirksamer Wettbewerb erheblich behindert würde (Art. 2 Abs. 2, 3 FKVO). Sofern dies nicht der Fall ist, wird im zweiten Schritt geprüft, ob das Vorhaben unter dem Gesichtspunkt **kooperativer Aspekte** mit Art. 101 AEUV vereinbar ist.[502] Materiellrechtlich ist die Frage zu klären, ob mit der Gründung des Gemeinschaftsunternehmens die Koordinierung des Wettbewerbsverhaltens unabhängig bleibender Unternehmen, d. h. der Mütter, bezweckt oder bewirkt wird (Art. 101 Abs. 1 AEUV, Art. 2 Abs. 4 FKVO).[503] Selbst wenn dies zu bejahen ist, ist noch

---

[499] So auch *Kleemann* in: FS Lieberknecht, S. 383 ff.; *Hacker* in: Schröter/Jakob/Klotz/Mederer (Fn. 473) Art. 2 FKVO Rn. 480; *Rösler* NZG 2000, 859 a. A. *Bechtold* EuZW 1996, 391; *Schütz* in: Kölner Kommentar, Art. 2 FKVO Rn. 159.

[500] Die Kommentierung beruht auf der Vorauflage von *Lindemann.* Der Bearbeiter dankt Herrn *Lindemann* für die freundliche Überlassung des Textes.

[501] Vgl. dazu und zur begrifflichen Unterscheidung zwischen verschiedenen Formen von Gemeinschaftsunternehmen auch die Kommentierung zu GU Rn. 10 ff.

[502] *Käseberg,* in: Langen/Bunte, Europäisches Kartellrecht[12] (2014), Art. 2 FKVO Rn. 339; *Körber,* in: Immenga/Mestmäcker, EU-Wettbewerbsrecht[5] (2012), Bd. I/2, Art. 2 FKVO Rn. 617; *Mestmäcker/Schweitzer,* Europäisches Wettbewerbsrecht[3] (2014), § 27 Rn. 30 ff. Siehe auch die Nachweise in Fn. 503.

[503] Vgl. *Henschen,* in: Schulte, Handbuch Fusionskontrolle[2] (2010), Rn. 1694 ff.; *Hirsbrunner,* in: Schröter/Jakob/Klotz/Mederer, Europäisches Wettbewerbsrecht[2] (2014) (4C), Art. 2 FKVO Rn. 514, 516 ff.; *Käseberg,* in: Langen/Bunte, Europäisches Kartellrecht[12] (2014), Art. 2 FKVO Rn. 341, 344 ff.; *Mestmäcker/Schweitzer,* Europäisches Wettbewerbsrecht, § 27 Rn. 33; *Montag/v. Bonin,* in: MünchKomm, Europäisches Wettbewerbsrecht I[2] (2015), Art. 2 FKVO Rn. 508; *Pohlmann,* WuW 2003, 473 f.; *Schroeder,* WuW 2004, 893 ff.; *van Bael/Bellis,* Competition Law of the European Community, 5th Ed. 2010, § 7.19 (2) (S. 733 ff.); vgl. als Beispiele hierfür: Komm. E., 15.9.2004, Comp/M. 3512, *VNU/WPP/JV,* Rn. 30; Komm. E., 27.5.1998, IV/JV.1, *Telia/Telenor/Schibsted,* ABl. C 220/28, 31.7.1999, Rn. 28 ff.; Komm. E., 10.5.1999, IV/M.1506, *Singapore Airlines/Rolls Royce,* Rn. 21 ff.; Komm. E., 30.9.1999, IV/JV.22, *Fujitsu/Siemens,* ABl. C 318/15, 5.11.1999, Rn. 35 ff.; Komm. E., 11.8.1999, M/JV-19, *KLM/Alitalia,* Rn. 47; Komm. E., 3.5.2000, COMP/JV.44, *Hitachi/NEC* –

gemäß Art. 101 Abs. 3 AEUV zu prüfen, ob eine Freistellung in Betracht kommt. Auch die Prüfung der kooperativen Aspekte erfolgt im Verfahren der Fusionskontrolle; insbesondere gelten dafür auch die Fristen des Art. 10 FKVO.

Bei der Prüfung der kooperativen Aspekte nach Art. 101 AEUV werden nur die mit der Gründung des Gemeinschaftsunternehmens (bzw. der gemeinsamen Beteiligung an einem bereits bestehenden Unternehmen) verbundenen **Gruppeneffekte** („spill-over-effects"), also eine Verhaltenskoordinierung zwischen den Muttergesellschaften des Gemeinschaftsunternehmens geprüft. Eine Prüfung einer möglicherweise ebenfalls erfolgenden Koordinierung des Wettbewerbsverhaltens zwischen den Muttergesellschaften und dem Gemeinschaftsunternehmen erfolgt in diesem Zusammenhang und in dem Verfahren der FKVO nicht. Diese werden nach Art. 101 AEUV über die Verfahrensvorschriften der VO 1/2003 beurteilt.[504] Das Formblatt CO zur Anmeldung eines Zusammenschlusses bei der Kommission[505] enthält in Abschnitt 10 entsprechende Fragen zu den kooperativen Wirkungen eines Gemeinschaftsunternehmens. 187

2. Gegenstand der Prüfung und Überblick

Die Prüfung nach Art. 2 Abs. 4 und 5 FKVO hat die Koordinierung des Wettbewerbsverhaltens unabhängig bleibender Unternehmen durch den Zusammenschluss in dem Gemeinschaftsunternehmen zum Gegenstand. Diese Prüfung betrifft nur den Wettbewerb zwischen den Muttergesellschaften, d.h. den Gründerunternehmen, nicht dagegen jenen zwischen den Muttergesellschaften und dem (gemeinsam beherrschten) Gemeinschaftsunternehmen; denn dieses ist insoweit kein unabhängiges Unternehmen.[506] Eine solche Koordinierungswirkung kommt nach Art. 2 Abs. 5 FKVO dann in Betracht, wenn mindestens zwei Muttergesellschaften auf dem Markt des Gemeinschaftsunternehmens (unten Rn. 189) oder aber auf einem diesem vor- bzw. nachgelagerten oder benachbarten oder eng mit ihm verknüpften Markt (unten Rn. 190) präsent sind. Art. 2 Abs. 5 FKVO setzt dabei eine **nennenswerte Präsenz** auf diesen sogenannten **„Candidate Markets"** (dazu sogleich Rn. 189ff., 192) voraus. Hinsichtlich der Koordinierungswirkungen ist eine Prognose zu stellen: Eine Koordinierung der Muttergesellschaften muss **wahrscheinlich** (siehe unten Rn. 193ff.) und **spürbar** (unten Rn. 197) sein, und das Gemeinschaftsunternehmen muss für die Koordinierung **kausal** (unten Rn. 198) sein.[507] Es besteht **keine Vermutung** für eine Koordinierung.[508] Auch wenn eine Koordinierung vorliegt, ist damit noch nicht die Wettbewerbswidrigkeit zu bejahen. Vielmehr sind noch die Voraussetzungen einer Freistellung gemäß Art. 101 Abs. 3 AEUV zu prüfen (unten Rn. 200ff.). 188

DRAM/JV, Rn. 30ff.; Komm. E., 21.3.2000, COMP/JV.37, *BSkyB/Kirch Pay TV,* ABl. C 110/45, 15.4.2000, Rn. 90ff.; Komm. E., 22.12.2000, COMP/M.2243, *Stora Enso/Assidomän/JV,* ABl. C 49/5, 15.2.2001, Rn. 30ff.; Komm. E., 13.9.2004, COMP/M.3522, *Danish Crown/HK Ruokatalo/Sokolow,* Rn. 8, 26, 29, 35, 38, 40; Komm. E., 28.4.2005, COMP/M.3680, *Alcatel/Finmeccanica/Alcatel Alenia Space & Telespacio,* Rn. 114f.; Komm. E., 3.5.2005, COMP/M.3178, *Bertelsmann/Springer/JV,* Rn. 164ff.

504 *Käseberg,* in: Langen/Bunte, Europäisches Kartellrecht[12] (2014), Art. 2 FKVO Rn. 341; *Mestmäcker/Schweitzer,* Europäisches Wettbewerbsrecht[3] (2014), § 27 Rn. 41ff., 44; *Schröer* in: FK, EG-Kartellrecht (76. Lfg. 2012), Art. 2 FKVO Rn. 277.

505 ABl. L 336/1, 14.12.2013, S. 4ff.

506 *Käseberg,* in: Langen/Bunte, Europäisches Kartellrecht[12] (2014), Art. 2 FKVO Rn. 341; *Mestmäcker/Schweitzer,* Europäisches Wettbewerbsrecht[3] (2014), § 27 Rn. 42; *Schröer* in: FK, EG-Kartellrecht (76. Lfg. 2012), Art. 2 FKVO Rn. 277.

507 *Käseberg,* in: Langen/Bunte, Europäisches Kartellrecht[12] (2014), Art. 2 FKVO Rn. 347ff.; *Mestmäcker/Schweitzer,* Europäisches Wettbewerbsrecht[3] (2014), § 27 Rn. 45f.; Komm. E., 27.5.1998, IV/JV.1, *Telia/Telenor/Schibsted,* ABl. C 220/28, 31.7.1999, Rn. 28ff.

508 *Käseberg,* in: Langen/Bunte, Europäisches Kartellrecht[12] (2014), Art. 2 FKVO Rn. 347.

3. Zu prüfende Märkte – „Candidate Markets"

189 Die Kommission prüft gemäß Art. 2 Abs. 4 und 5 FKVO, ob die Muttergesellschaften des Gemeinschaftsunternehmens auf dem Markt des Gemeinschaftsunternehmens bzw. auf vor- oder nachgelagerten bzw. benachbarten oder eng verknüpften Märkten tätig sind. Der **Markt des Gemeinschaftsunternehmens** ist dabei nach den allgemeinen Regeln nach räumlichen und sachlichen Kriterien abzugrenzen. Dies gilt auch für die übrigen in Art. 2 Abs. 5 FKVO genannten und von der Kommission als „candidate markets" bezeichneten[509] Märkte.[510]

190 Unter **vor- und nachgelagerten Märkten** sind Märkte zu verstehen, die dem Markt des Gemeinschaftsunternehmens in der Wertschöpfungskette entweder vor- oder nachgelagert sind. Zu denken ist hier etwa an Märkte für Vorprodukte oder an Absatzmärkte.[511] **Benachbart** sind **Märkte,** wenn sie entweder sachlich oder räumlich an den Markt des Gemeinschaftsunternehmens angrenzen.[512] Die Kommission stellt in sachlicher Hinsicht darauf ab, dass der benachbarte Markt „ähnliche Merkmale hinsichtlich Technik, Kunden, Lieferanten und Wettbewerber aufweist".[513] Dabei lässt sich eine sachliche Nachbarschaft häufig nicht sinnvoll von einer **engen Verknüpfung** trennen.[514] Die Kommission spricht daher von benachbarten eng verbundenen Märkten („neighbouring markets closely related").[515] Letztlich ist die enge Verknüpfung das entscheidende Merkmal für die Annahme eines „candidate market". Fehlt es an einer engen Verknüpfung, so liegt ein „candidate market" auch dann nicht vor, wenn die Märkte als benachbart angesehen werden können.[516]

---

[509] Komm. E., 3.12.1998, COMP/M.1327, *NC/Canal+/CDPQ/Bank America,* Rn. 18 ff.; Komm. E., 10.5.1999, IV/M.1506, *Singapore Airlines/Rolls Royce,* Rn. 22; Komm. E., 27.5.1998, IV/JV.1, *Telia/Telenor/Schibsted,* ABl. C 220/28, 31.7.1999, Rn. 29; Komm. E., 30.9.1999, IV/JV.22, *Fujitsu/Siemens,* ABl. C 318/15, 5.11.1999, Rn. 35 ff.; Komm. E., 22.12.2000, COMP/M.2243, *Stora Enso/Assidomän/JV,* ABl. C 49/5, 15.2.2001, Rn. 31; Komm. E., 21.3.2000, COMP/JV.37, *BSkyB/Kirch Pay TV,* ABl. C 110/45, 15.4.2000, Rn. 90; Komm. E., 3.5.2000, COMP/JV.44, *Hitachi/NEC – DRAM/JV,* Rn. 31 ff.; siehe hierzu *Körber,* in: Immenga/Mestmäcker, EU-Wettbewerbsrecht[5] (2012), Bd. I/2, Art. 2 FKVO Rn. 619 ff.

[510] *Henschen,* in: Schulte, Handbuch Fusionskontrolle[2] (2010), Rn. 1709; *Käseberg,* in: Langen/Bunte, Europäisches Kartellrecht[12] (2014), Art. 2 FKVO Rn. 344; *Körber,* in: Immenga/Mestmäcker, EU-Wettbewerbsrecht[5] (2012), Bd. I/2, Art. 2 FKVO Rn. 618.

[511] *Henschen,* in: Schulte, Handbuch Fusionskontrolle[2] (2010), Rn. 1710; *Körber,* in: Immenga/Mestmäcker, EU-Wettbewerbsrecht[5] (2012), Bd. I/2, Art. 2 FKVO Rn. 620.

[512] Komm. E., 3.5.2000, COMP/JV.44, *Hitachi/NEC – DRAM/JV,* Rn. 32 ff. [sachlich]; Komm. E., 11.8.1998, IV/JV.4, *VIAG/Orange UK,* Rn. 29 f. [räumlich]; *Käseberg,* in: Langen/Bunte, Europäisches Kartellrecht[12] (2014), Art. 2 FKVO Rn. 344. Für eine Beschränkung des Begriffs „benachbart" auf eine räumliche Nähebeziehung und eine Einbeziehung der sachlichen Nachbarschaft in die „enge Verknüpfung" mit beachtlichen Argumenten *Zimmer,* in: Immenga/Mestmäcker, EU-Wettbewerbsrecht[5] (2012), Bd. I/1, Art. 101 Abs. 1 AEUV Rn. 318 mwN.

[513] Siehe die Bekanntmachung der Kommission über die Unterscheidung zwischen konzentrativen und kooperativen Gemeinschaftsunternehmen nach der Verordnung (EWG) Nr. 4064/89 des Rates vom 21.12.1989 über die Kontrolle von Unternehmenszusammenschlüssen, 94/C 385/01, Rn. 18, Spiegelstrich 7 S. 2. Hierzu *Körber,* in: Immenga/Mestmäcker, EU-Wettbewerbsrecht[5] (2012), Bd. I/2, Art. 2 FKVO Rn. 620.

[514] *Körber,* in: Immenga/Mestmäcker, EU-Wettbewerbsrecht[5] (2012), Bd. I/2, Art. 2 FKVO Rn. 620. Siehe auch *Henschen,* in: Schulte, Handbuch Fusionskontrolle[2] (2010), Rn. 1713; *Käseberg,* in: Langen/Bunte, Europäisches Kartellrecht[12] (2014), Art. 2 FKVO Rn. 345.

[515] Komm E., 21.12.1999, COMP/JV.25, *Sony/Time Warner/CDnow;* hierzu *Körber,* in: Immenga/Mestmäcker, EU-Wettbewerbsrecht[5] (2012), Bd. I/2, Art. 2 FKVO Rn. 620.

[516] Komm. E., 12.9.2007, COMP/M.4760, *Amadeus/Sabre/JV,* Rn. 24; hierzu *Pohlmann,* in: MünchKomm, Europäisches Wettbewerbsrecht I[2] (2015), Art. 101 AEUV Rn. 346 mwN. Die deutsche Fassung der FKVO, die „benachbart" und „eng verknüpft" mit „oder" verknüpft, ist insofern fehlerhaft, vgl. hierzu *Pohlmann,* aaO, Fn. 1076.

Obwohl diese Märkte in Art. 2 Abs. 5 FKVO nur als Regelbeispiele („insbesondere") genannt sind, beschränkt die Kommission ihre Prüfung auf diese „candidate markets".[517] Das Formblatt CO zur Anmeldung eines Zusammenschlusses bei der Kommission[518] enthält in Abschnitt 10 dem Wortlaut des Art. 2 Abs. 5 FKVO entsprechende Fragen zu den „candidate markets". Anzugeben sind die Umsätze der Muttergesellschaften auf ihnen, die wirtschaftliche Bedeutung der Tätigkeiten des Gemeinschaftsunternehmens zu diesem Umsatz und die Marktanteile der einzelnen Muttergesellschaften. Anhand dieser Angaben prüft die Kommission dann die **Koordinierungsauswirkungen auf den „candidate markets".** Ist nur eine Muttergesellschaft auf den Märkten des Gemeinschaftsunternehmens oder auf vor- oder nachgelagerten Märkten tätig, so fehlt es in der Regel an „candidate markets"[519] und die Kommission beendet die Prüfung mit einer entsprechenden Feststellung.[520] Etwas anderes gilt dann, wenn durch die Gründung des Gemeinschaftsunternehmens der potentielle Wettbewerb der anderen Muttergesellschaft ausgeschaltet werden soll.[521] Eine Koordinierung kommt auch auf Märkten in Betracht, auf denen nur eine Mutter aktiv ist, wenn eine andere Mutter auf vor- oder nachgelagerten Märkten tätig ist.[522] 191

Erforderlich ist nach Art. 2 Abs. 5 FKVO schließlich eine nennenswerte und gleichzeitige Präsenz von mindestens zwei Mutterunternehmen. Das Merkmal der **gleichzeitigen Präsenz** bezieht sich auf die soeben (Rn. 191) erörterte Notwendigkeit der Tätigkeit von mindestens zwei Mutterunternehmen auf den fraglichen Märkten. Fehlt es an der Gleichzeitigkeit sind Koordinierungswirkungen nicht denkbar, etwa wenn sich eine Mutter vollständig von einem Markt zurückgezogen hat und auch keine potentielle Wettbewerberin mehr ist.[523] Das Merkmal der **nennenswerten Präsenz** ist ein Hinweis auf die Bedeutung der Marktanteile der Mütter auf den jeweiligen Märkten[524] und insofern im Rahmen der Beurteilung von Wahrscheinlichkeit (Rn. 193 ff.) und Spürbarkeit (Rn. 197) von Bedeutung. 192

4. Wahrscheinlichkeit der Koordination

a) Allgemeines. Die Beurteilung der Wahrscheinlichkeit einer Verhaltenskoordinierung erfordert eine zukunftsgerichtete Prognose.[525] Zentral ist die Frage, ob die Unternehmen ein Interesse an einer Koordinierung haben. Ein solches Interesse besteht in erster Linie dann, wenn die Marktstruktur eine erfolgreiche Koordinierung erlaubt. Die Kommission stellt daher maßgeblich auf die Marktstruktur ab.[526] Ein geringes Interesse an einer 193

---

517 *Käseberg,* in: Langen/Bunte, Europäisches Kartellrecht[12] (2014), Art. 2 FKVO Rn. 344; *Körber,* in: Immenga/Mestmäcker, EU-Wettbewerbsrecht[5] (2012), Bd. I/2, Art. 2 FKVO Rn. 619.

518 ABl. L 336/1, 14.12.2013, S. 4 ff.

519 *Hirsbrunner,* in: Schröter/Jakob/Klotz/Mederer, Europäisches Wettbewerbsrecht[2] (2014), Art. 2 FKVO (4C) Rn. 517; *Pohlmann,* in: MünchKomm, Europäisches Wettbewerbsrecht I[2] (2015), Art. 101 AEUV Rn. 346.

520 *Körber,* in: Immenga/Mestmäcker, EU-Wettbewerbsrecht[5] (2012), Bd. I/2, Art. 2 FKVO Rn. 619; *Schroeder,* WuW 2004, 893, 898. Beispiel für das Fehlen von „candidate markets": Komm. E., 1.12.1999, COMP/JV.26, *Freecom/Dangaard,* Rn. 27 f.

521 *Hirsbrunner,* in: Schröter/Jakob/Klotz/Mederer, Europäisches Wettbewerbsrecht[2] (2014), Art. 2 FKVO (4C) Rn. 517; *Pohlmann,* in: MünchKomm, Europäisches Wettbewerbsrecht I[2] (2015), Art. 101 AEUV Rn. 347; siehe auch *Henschen,* in: Schulte, Handbuch Fusionskontrolle[2] (2010), Rn. 1716.

522 *Pohlmann,* in: MünchKomm, Europäisches Wettbewerbsrecht I[2] (2015), Art. 101 AEUV Rn. 348.

523 Vgl. *Käseberg,* in: Langen/Bunte, Europäisches Kartellrecht[12] (2014), Art. 2 FKVO Rn. 346; *Zimmer,* in: Immenga/Mestmäcker, EU-Wettbewerbsrecht[5] (2012), Bd. I/1, Art. 101 Abs. 1 AEUV Rn. 319.

524 *Pohlmann,* in: MünchKomm, Europäisches Wettbewerbsrecht I[2] (2015), Art. 101 AEUV Rn. 349; *Zimmer,* in: Immenga/Mestmäcker, EU-Wettbewerbsrecht[5] (2012), Bd. I/1, Art. 101 Abs. 1 AEUV Rn. 320, ordnet das Kriterium dogmatisch dem Spürbarkeitsvorbehalt zu.

525 *Käseberg,* in: Langen/Bunte, Europäisches Kartellrecht[12] (2014), Art. 2 FKVO Rn. 349.

526 *Käseberg,* in: Langen/Bunte, Europäisches Kartellrecht[12] (2014), Art. 2 FKVO Rn. 349.

Koordinierung und damit nur ein geringes Risiko koordinierten Verhaltens besteht, wenn der Markt sehr wettbewerblich strukturiert ist (z. B. wegen niedriger Marktzutrittsschranken, hoher Wachstumsraten). Haben die Mutterunternehmen dagegen auf dem betreffenden Markt eine starke Stellung, also eine nennenswerte Präsenz (oben Rn. 192), so ist ein Koordinierungsrisiko eher anzunehmen.[527] Dabei spielt insbesondere auch die wirtschaftliche Bedeutung der Aktivitäten des Gemeinschaftsunternehmens für die Mutterunternehmen eine Rolle. Je größer diese Bedeutung ist, desto eher ist ein Koordinierungsinteresse anzunehmen.[528]

194 **b) Tätigkeit auf den gleichen räumlichen und sachlichen Märkten.** Bei **paralleler Tätigkeit** der Muttergesellschaften auf dem Markt des Gemeinschaftsunternehmens wird eine spürbare Koordinierungswirkung umso eher angenommen, je höher der Marktanteil der Muttergesellschaften und des Gemeinschaftsunternehmens insgesamt ist und je größere Bedeutung dabei das Gemeinschaftsunternehmen hat.[529] Haben die Mutterunternehmen zusammen nicht mehr als 40% Marktanteil, so wird ein Koordinierungseffekt nicht sehr wahrscheinlich sein.[530]

195 **c) Tätigkeit auf vor- oder nachgelagerten Märkten.** Bei **vor- oder nachgelagerten Märkten**[531] kommt eine Koordinierungswirkung insbesondere dann in Betracht, wenn der Umsatz mit dem Gemeinschaftsunternehmen einen erheblichen Anteil am Umsatz der Muttergesellschaften hat. Bei vom Gemeinschaftsunternehmen bezogenen Vorprodukten kommt es zum einen darauf an, welchen Anteil die Kosten dieses Vorprodukts an den Gesamtkosten des Endprodukts haben, zum anderen, welchen Anteil ihres Bedarfs die Muttergesellschaften bei dem Gemeinschaftsunternehmen decken. Insofern spielen auch etwaige Bezugspflichten eine Rolle. Bei geringen Marktanteilen der Muttergesellschaften auf den Folgemärkten ist nach Auffassung der Kommission eine Koordinierungswirkung ausgeschlossen.[532] Und selbst bei einem Kostenanteil von 50% hat die Kommission eine koordinierende Wirkung verneint, wenn die Gründerunternehmen ihren Bedarf nur zu 15–40% bei dem Gemeinschaftsunternehmen decken.[533]

196 **d) Tätigkeit auf benachbarten oder eng verknüpften Märkten.** Bei **benachbarten oder eng verknüpften Märkten** ist ebenfalls zu prüfen, welche Bedeutung der Markt des Gemeinschaftsunternehmens für die verwandten Märkte der Muttergesellschaften hat und welche Marktanteile die Muttergesellschaften auf diesen verwandten Märkten haben. Sind die Marktanteile nur gering, so ist der Koordinierungseffekt ebenfalls zu verneinen.[534]

---

[527] *Käseberg,* in: Langen/Bunte, Europäisches Kartellrecht[12] (2014), Art. 2 FKVO Rn. 349 f.; ausführlich *Zimmer,* in: Immenga/Mestmäcker, EU-Wettbewerbsrecht[5] (2012), Bd. I/1, Art. 101 Abs. 1 AEUV Rn. 321 ff. Vgl. aber Komm. E., 27.5.1998, IV/JV.1, *Telia/Telenor/Schibsted,* ABl. C 220/28, 31.7.1999, Rn. 28 ff.

[528] Vgl. *Henschen,* in: Schulte, Handbuch Fusionskontrolle[2] (2010), Rn. 1728; *Schröer,* in: FK, EG-Kartellrecht (76. Lfg. 2012), Art. 2 FKVO Rn. 287.

[529] Vgl. Komm. E., 30.9.1999, IV/JV.22, *Fujitsu/Siemens,* ABl. C 318/15, 5.11.1999, Rn. 35 ff. Siehe auch *Mestmäcker/Schweitzer,* Europäisches Wettbewerbsrecht[3] (2014), § 27 Rn. 49 f., 51.

[530] Vgl. Komm. E., 30.9.1999, IV/JV.22, *Fujitsu/Siemens,* ABl. C 318/15, 5.11.1999, Rn. 35 ff.; Komm. E., 11.8.1999, COMP/JV.19, *KLM/Alitalia,* Rn. 36; Komm. E., 28.4.2005, COMP/M.3680, *Alcatel/Finmeccanica/Alcatel Alenia Space & Telespazio;* Komm. E., 3.5.2005, M. 3178, *Bertelsmann/Springer/JV; Körber,* in: Immenga/Mestmäcker, EU-Wettbewerbsrecht[5] (2012), Bd. I/2, Art. 2 FKVO Rn. 647; *Mestmäcker/Schweitzer,* Europäisches Wettbewerbsrecht[3] (2014), § 27 Rn. 51.

[531] Vgl. hierzu *Körber,* in: Immenga/Mestmäcker, EU-Wettbewerbsrecht[5] (2012), Bd. I/2, Art. 2 FKVO Rn. 642 f.; *Mestmäcker/Schweitzer,* Europäisches Wettbewerbsrecht[3] (2014), § 27 Rn. 52.

[532] Komm. E., 3.5.2000, COMP/JV.44, *Hitachi/NEC – DRAM/JV,* Rn. 33, 38.

[533] Komm. E., 22.12.2000, COMP/M.2243, *Stora Enso/Assidomän/JV,* ABl. C 49/5, 15.2.2001, Rn. 43.

[534] *Mestmäcker/Schweitzer,* Europäisches Wettbewerbsrecht[3] (2014), § 27 Rn. 53; Komm. E., 28.2.2000, COMP/JV.39, *Bertelsmann/Planeta/NEB,* ABl. C 125/10, 4.5.2000, Rn. 24 ff.

5. Spürbarkeit

Weitere Voraussetzung ist, dass die Verhaltenskoordinierung spürbare Wirkungen hat, und zwar sowohl auf den Handel zwischen den Mitgliedstaaten als auch als eine Beschränkung des Wettbewerbs.[535] Die Spürbarkeit der Wettbewerbsbeschränkung ist dabei nach den Kriterien der ***De-minimis*-Bekanntmachung**[536] zu beurteilen,[537] so dass es im Wesentlichen auf bestimmte Marktanteilsschwellen (10% für horizontale Beziehungen, 15% für vertikale) ankommt.[538] Die Bedeutung der Marktanteilsschwellen wird durch das Merkmal der nennenswerten Präsenz in Art. 2 Abs. 5 FKVO unterstrichen.[539] Die Kommission hat die Spürbarkeit bei einem Marktanteil von nicht mehr als 10% verneint[540] und bei einem Marktanteil zwischen 20% und 40% bejaht.[541] Die Überschreitung der Schwellen aus der *De-minimis*-Bekanntmachung führt indes nicht zwangsläufig zur Annahme von Spürbarkeit.[542] 197

6. Kausalität

Der Zusammenschluss im Gemeinschaftsunternehmen muss für die Koordinierung **kausal** sein, da es ansonsten an dem Merkmal des Bewirkens einer Verhaltenskoordinierung fehlt. Eine bereits bestehende Koordinierung zwischen den Muttergesellschaften reicht für die Anwendung von Art. 2 Abs. 4 FKVO daher nicht aus.[543] Dementsprechend hat die Kommission die Kausalität verneint, wenn unabhängig von dem Zusammenschluss in dem Gemeinschaftsunternehmen bereits vorher Anreize zur Koordinierung bestanden.[544] Auch wenn auf Grund einer Kooperationsvereinbarung schon vor dem Zusammenschluss kein intensiver Wettbewerb zwischen den Muttergesellschaften stattfand, fehlt es an der Kausalität des Zusammenschlusses für eine Koordinierung der Muttergesellschaften.[545] Die Beweislast obliegt der Kommission.[546] Diese prüft dieses Merkmal zwar explizit nur dann, wenn es Anhaltspunkte gibt, die gegen das Vorliegen von Kausalität sprechen.[547] Sie verlangt dann in Anlehnung an den zweiten Spiegelstrich des Art. 2 Abs. 5 FKVO, dass die Gründung des Gemeinschaftsunternehmens unmittelbar und erstmals eine Verhaltenskoordinierung bewirkt.[548] 198

---

[535] Vgl. *Käseberg,* in: Langen/Bunte, Europäisches Kartellrecht[12] (2014), Art. 2 FKVO Rn. 354.
[536] ABl. C 368/13 vom 22.12.2001.
[537] *Käseberg,* in: Langen/Bunte, Europäisches Kartellrecht[12] (2014), Art. 2 FKVO Rn. 354; *Schröer,* in: FK, EG-Kartellrecht (76. Lfg. 2012), Art. 2 FKVO Rn. 294 f.
[538] De minimis Bekanntmachung, ABl. C 368/13 vom 22.12.2001, Rn. 7.
[539] *Pohlmann,* in: MünchKomm, Europäisches Wettbewerbsrecht I[2] (2015), Art. 101 AEUV Rn. 349.
[540] Komm. E., 4.8.1998, IV/JV.5, *Cegetel/Canal+/AOL/Bertelsmann,* Rn. 35 ff.
[541] Komm. E., 30.9.1999, IV/JV.22, *Fujitsu/Siemens,* ABl. C 318/15, 5.11.1999, Rn. 64.
[542] *Körber,* in: Immenga/Mestmäcker, EU-Wettbewerbsrecht[5] (2012), Bd. I/2, Art. 2 FKVO Rn. 647; *Schroeder,* WuW 2004, 893, 901; *Schröer,* in: FK, EG-Kartellrecht (76. Lfg. 2012), Art. 2 FKVO Rn. 295.
[543] *Henschen,* in: Schulte, Handbuch Fusionskontrolle[2] (2010), Rn. 1755; *Käseberg,* in: Langen/Bunte, Europäisches Kartellrecht[12] (2014), Art. 2 FKVO Rn. 356; *Körber,* in: Immenga/Mestmäcker, EU-Wettbewerbsrecht[5] (2012), Bd. I/2, Art. 2 FKVO Rn. 648 f.
[544] Komm. E., 21.3.2000, COMP/JV.37, *BSkyB/Kirch Pay TV,* ABl. C 110/45, 15.4.2000, Rn. 91.
[545] Komm. E., 17.12.1999, COMP/JV.23, *Telefonica/Portugal Telecom/Medi Telecom,* ABl. C 22/11, 26.1.2000, Rn. 29; kritisch dazu *Pohlmann,* WuW 2003, 473 (489, Fn. 142); weitere Fälle bei *Henschen,* in: Schulte, Handbuch Fusionskontrolle[2] (2010), Rn. 1756 ff.
[546] Siehe die Nachweis in Fn. 543.
[547] *Körber,* in: Immenga/Mestmäcker, EU-Wettbewerbsrecht[5] (2012), Bd. I/2, Art. 2 FKVO Rn. 648.
[548] *Henschen,* in: Schulte, Handbuch Fusionskontrolle[2] (2010), Rn. 1755; *Körber,* in: Immenga/Mestmäcker, EU-Wettbewerbsrecht[5] (2012), Bd. I/2, Art. 2 FKVO Rn. 649; *Schröer,* in: FK, EG-Kartellrecht (76. Lfg. 2012), Art. 2 FKVO Rn. 296 f.

7. Ausschaltung des Wettbewerbs

199 Nach Art. 2 Abs. 5 2. Spiegelstrich FKVO hat die Kommission bei ihrer wettbewerbsrechtlichen Beurteilung der Koordinierungseffekte noch zu berücksichtigen, ob „die unmittelbar aus der Gründung des Gemeinschaftsunternehmens erwachsende Koordinierung den beteiligten Unternehmen die Möglichkeit eröffnet, für einen wesentlichen Teil der betreffenden Waren und Dienstleistungen den **Wettbewerb auszuschalten**." Diese Aussage unterstreicht lediglich die Bedeutung der entsprechenden negativen Voraussetzung für eine Freistellung nach Art. 101 Abs. 3 AEUV (dazu sogleich Rn. 200 ff.).[549] Ihr lässt sich schon aufgrund des Vorrangs des Primärrechts nicht entnehmen, dass den anderen Freistellungsvoraussetzungen des Art. 101 Abs. 3 AEUV eine geringere Bedeutung zukommen soll und deren Vorliegen ohne nähere Prüfung unterstellt werden kann.[550] Auch kann sie nicht so verstanden werden, dass eine Verhaltenskoordinierung nur in den Fällen in Betracht kommt, in denen die Voraussetzungen sowohl des ersten als auch des zweiten Spiegelstrichs erfüllt sind.[551]

8. Anwendung von Art. 101 Abs. 3 AEUV

200 Im Fusionskontrollverfahren ist nach Art. 2 Abs. 4 FKVO auch über die Freistellungsvoraussetzungen **nach Art. 101 Abs. 3** AEUV zu entscheiden. Da die VO 1/2003 den Übergang zu einem System der Legalausnahme bewirkt hat, wird nun keine ausdrückliche Freistellungsentscheidung mehr getroffen. Vielmehr wird zusammen mit dem Ergebnis der Prüfung nach Art. 2 Abs. 1 bis 3 FKVO eine einheitliche Entscheidung darüber getroffen, ob der Zusammenschluss mit dem gemeinsamen Markt vereinbar ist oder nicht.

201 Allerdings können sich bei der Prüfung der Voraussetzungen des Art. 101 Abs. 3 AEUV im Hinblick auf einen Zusammenschluss **bei einzelnen Kriterien Schwierigkeiten** ergeben. Dies ist insbesondere hinsichtlich der angemessenen Verbraucherbeteiligung der Fall. Wenn die Muttergesellschaften auf vor- oder nachgelagerten bzw. benachbarten Märkten tätig sind, kommen die Vorteile des Zusammenschlusses möglicherweise anderen Verbrauchern zugute als denjenigen, auf deren Märkten die Beschränkung durch die Koordinierungswirkung eintritt.[552] Die marktübergreifende Abwägung von Vor- und Nachteilen ist nur unter der einschränkenden Voraussetzungen zulässig, dass die betroffenen Märkte miteinander verknüpft sind.[553] Hiervon wird man zwar bei „candidate markets" ausgehen können, da hier regelmäßig eine entsprechende Verknüpfung vorliegen wird. Allerdings dürfte die weitere Voraussetzung, dass im Wesentlichen gleiche Verbrauchergruppen von den Einschränkungen betroffen ist, die auch von den Effizienzgewinnen profitiert, nicht in jedem Fall erfüllt sein.[554] Zu Problemen kann schließlich auch die Prüfung der Unerlässlichkeit führen, da die mit einem Gemeinschaftsunternehmen verfolgten Zwecke regelmäßig über das Erzielen von Effizienzgewinnen durch Wettbewerbsbeschränkungen hinausgehen.[555]

---

549 *Körber,* in: Immenga/Mestmäcker, EU-Wettbewerbsrecht⁵ (2012), Bd. I/2, Art. 2 FKVO Rn. 651.

550 *Mestmäcker/Schweitzer,* Europäisches Wettbewerbsrecht³ (2014), § 27 Rn. 59; *Pohlmann,* in: MünchKomm, Europäisches Wettbewerbsrecht I² (2015), Art. 101 AEUV Rn. 396. AA *Ahlborn/Turner,* 19 ECLR (1998), 249, 258.

551 So auch *Hirsbrunner,* in: Schröter/Jakob/Klotz/Mederer, Europäisches Wettbewerbsrecht² (2014), Art. 2 FKVO (4C) Rn. 523.

552 Vgl. *Faull/Nikpay* Rn. 4.78; *Mestmäcker/Schweitzer,* Europäisches Wettbewerbsrecht³ (2014), § 27 Rn. 58.

553 Kommission, Leitlinien zur Anwendung von Art. 81 Abs. 3 EG-Vertrag, ABl. C 101/97, 27.4.2004, Rn. 43.

554 Kommission, Leitlinien zur Anwendung von Art. 81 Abs. 3 EG-Vertrag, ABl. C 101/97, 27.4.2004, Rn. 43.

555 *Mestmäcker/Schweitzer,* Europäisches Wettbewerbsrecht³ (2014), § 27 Rn. 58.

202 Bislang hat die Kommission in ihrer Praxis bei der Prüfung der Koordinierungswirkungen nach Art 2 Abs. 4 und 5 FKVO iVm Art. 101 Abs. 1 und 3 AEUV keine ausdrückliche Prüfung nach Art 101 Abs. 3 AEUV vorgenommen. In kritischen Fällen sind mögliche Probleme der Verhaltenskoordinierung durch **Zusagen** der Unternehmen ausgeräumt worden.[556]

203 Fraglich ist, welche **Bestandskraft** eine Entscheidung im Fusionskontrollverfahren nach Art. 2 Abs. 4 FKVO iVm Art. 101 Abs. 1 und 3 AEUV hat. Erweist sich im Rahmen der Fusionskontrolle eine Entscheidung nachträglich als falsch, weil entgegen der Prognose durch den Zusammenschluss eine erhebliche Behinderung wesentlichen Wettbewerbs eintritt, so kann die Kommission diese dennoch nur unter den engen Voraussetzungen des Art. 6 Abs. 3 bzw. Art. 8 Abs. 6 FKVO widerrufen. Stellt sich nachträglich heraus, dass entgegen der Prognose eine spürbare Koordinierungswirkung eintritt und die Voraussetzungen des Art. 101 Abs. 3 AEUV nicht erfüllt werden, so fragt sich, ob hierfür die gleichen Regelungen gelten und eine ex-post-Kontrolle der Koordinierungswirkungen ausgeschlossen ist. Die herrschende Ansicht bejaht dies und hält einen Widerruf nur noch unter den Voraussetzungen der Art. 6 Abs. 3, 8 Abs. 6 FKVO für möglich.[557] Demgegenüber hält die Kommission einen Widerruf grundsätzlich für möglich, will von dieser Möglichkeit im Normalfall jedoch keinen Gebrauch machen.[558] Es ergibt jedoch wenig Sinn, die Beurteilung der Koordinierungswirkungen einerseits in das Fusionskontrollverfahren einzubeziehen, andererseits diese hinsichtlich der Bestandskraft anders zu behandeln.

Art. 3. Definition des Zusammenschlusses

(1) **Ein Zusammenschluss wird dadurch bewirkt, dass eine dauerhafte Veränderung der Kontrolle in der Weise stattfindet, dass**

a) zwei oder mehr bisher voneinander unabhängige Unternehmen oder Unternehmensteile fusionieren oder dass

b) eine oder mehrere Personen, die bereits mindestens ein Unternehmen kontrollieren, oder ein oder mehrere Unternehmen durch den Erwerb von Anteilsrechten oder Vermögenswerten, durch Vertrag oder in sonstiger Weise die unmittelbare oder mittelbare Kontrolle über die Gesamtheit oder über Teile eines oder mehrerer anderer Unternehmen erwerben.

(2) **Die Kontrolle wird durch Rechte, Verträge oder andere Mittel begründet, die einzeln oder zusammen unter Berücksichtigung aller tatsächlichen oder rechtlichen Umstände die Möglichkeit gewähren, einen bestimmenden Einfluss auf die Tätigkeit eines Unternehmens auszuüben, insbesondere durch:**

a) Eigentums- oder Nutzungsrechte an der Gesamtheit oder an Teilen des Vermögens des Unternehmens;

b) Rechte oder Verträge, die einen bestimmenden Einfluss auf die Zusammensetzung, die Beratungen oder Beschlüsse der Organe des Unternehmens gewähren.

(3) **Die Kontrolle wird für die Personen oder Unternehmen begründet,**

a) die aus diesen Rechten oder Verträgen selbst berechtigt sind, oder

---

[556] *Henschen,* in: Schulte, Handbuch Fusionskontrolle² (2010), Rn. 1765; *Käseberg,* in: Langen/Bunte, Europäisches Kartellrecht¹² (2014), Art. 2 FKVO Rn. 358; *Mestmäcker/Schweitzer,* Europäisches Wettbewerbsrecht³ (2014), § 27 Rn. 57.

[557] *Bien,* NZKart 2014, 214, 219; *Körber,* in: Immenga/Mestmäcker, EU-Wettbewerbsrecht⁵ (2012), Bd. I/2, Art. 2 FKVO Rn. 653f.; *Schroeder,* in Wiedemann, Handbuch des Kartellrechts² (2008), § 8 Rn. 78; *Zimmer,* in: Immenga/Mestmäcker, EU-Wettbewerbsrecht⁵ (2012), Teil 1, Art. 101 Abs. 1 AEUV Rn. 321 (dort Fn. 295).

[558] Erklärung für das Ratsprotokoll zur VO 1310/97 vom 20.6.1997; näher hierzu *Körber,* in: Immenga/Mestmäcker, EU-Wettbewerbsrecht⁵ (2012), Bd. I/2, Art. 2 FKVO Rn. 653f. mwN; *Mestmäcker/Schweitzer,* Europäisches Wettbewerbsrecht³ (2014), § 27 Rn. 60f. mwN.

b) die, obwohl sie aus diesen Rechten oder Verträgen nicht selbst berechtigt sind, die Befugnis haben, die sich daraus ergebenden Rechte auszuüben.

(4) **Die Gründung eines Gemeinschaftsunternehmens, das auf Dauer alle Funktionen einer selbständigen wirtschaftlichen Einheit erfüllt, stellt einen Zusammenschluss im Sinne von Absatz 1 Buchstabe b) dar.**

(5) **Ein Zusammenschluss wird nicht bewirkt,**

a) wenn Kreditinstitute, sonstige Finanzinstitute oder Versicherungsgesellschaften, deren normale Tätigkeit Geschäfte und den Handel mit Wertpapieren für eigene oder fremde Rechnung einschließt, vorübergehend Anteile an einem Unternehmen zum Zweck der Veräußerung erwerben, sofern sie die mit den Anteilen verbundenen Stimmrechte nicht ausüben, um das Wettbewerbsverhalten des Unternehmens zu bestimmen oder sofern sie die Stimmrechte nur ausüben, um die Veräußerung der Gesamtheit oder von Teilen des Unternehmens oder seiner Vermögenswerte oder die Veräußerung der Anteile vorzubereiten, und sofern die Veräußerung innerhalb eines Jahres nach dem Zeitpunkt des Erwerbs erfolgt; diese Frist kann von der Kommission auf Antrag verlängert werden, wenn die genannten Institute oder Gesellschaften nachweisen, dass die Veräußerung innerhalb der vorgeschriebenen Frist unzumutbar war;

b) wenn der Träger eines öffentlichen Mandats aufgrund der Gesetzgebung eines Mitgliedstaats über die Auflösung von Unternehmen, die Insolvenz, die Zahlungseinstellung, den Vergleich oder ähnliche Verfahren die Kontrolle erwirbt;

c) wenn die in Absatz 1 Buchstabe b) bezeichneten Handlungen von Beteiligungsgesellschaften im Sinne von Artikel 5 Absatz 3 der Vierten Richtlinie 78/660/EWG des Rates vom 25. Juli 1978 aufgrund von Artikel 54 Absatz 3 Buchstabe g) des Vertrages über den Jahresabschluss von Gesellschaften bestimmter Rechtsformen vorgenommen werden, jedoch mit der Einschränkung, dass die mit den erworbenen Anteilen verbundenen Stimmrechte, insbesondere wenn sie zur Ernennung der Mitglieder der geschäftsführenden oder aufsichtsführenden Organe der Unternehmen ausgeübt werden, an denen die Beteiligungsgesellschaften Anteile halten, nur zur Erhaltung des vollen Wertes der Investitionen und nicht dazu benutzt werden, unmittelbar oder mittelbar das Wettbewerbsverhalten dieser Unternehmen zu bestimmen.

Übersicht

I. Überblick

Art. 3 ist seit Inkrafttreten der FKVO am 21.9.1990 im Wesentlichen unverändert geblieben. Allerdings wurde mit ihrer Novellierung, die am 1.3.1998 in Kraft getreten ist, in Art. 3 Abs. 2 (jetzt Abs. 4) auch die Gründung von kooperativen Gemeinschaftsunternehmen, sofern sie nur eine selbständige wirtschaftliche Einheit bilden, der Zusammenschlusskontrolle durch die Kommission unterworfen.[1] Die neue Verordnung Nr. 139/2004 hat den Text des Art. 3 der alten Verordnung Nr. 4064/1998 bis auf marginale Änderungen übernommen. So wurde im Abs. 1 S. 1 klargestellt, dass ein Zusammenschluss im Sinne der FKVO stets eine dauerhafte Veränderung der Kontrolle voraussetzt. 1

Das Vorliegen eines Zusammenschlusses ist eine der tatbestandlichen Voraussetzungen für die Anwendbarkeit der Fusionskontrolle. Danach ist zunächst zu prüfen, ob ein Vorhaben einen Zusammenschlusstatbestand gemäß Art. 3 Abs. 1a) oder b) erfüllt. Ist dies der Fall, kann sodann geprüft werden, welche Unternehmen an dem Zusammenschluss beteiligt sind, so dass anschließend festgestellt werden kann, ob die Umsatzerlöse der beteiligten Unternehmen die Schwellenwerte von Art. 1 erreichen. Die FKVO findet nur Anwendung auf Zusammenschlüsse im Sinne des Art. 3 Abs. 1, die eine gemeinschaftsweite Bedeutung im Sinne von Art. 1 haben oder nach Art. 4 Abs. 5 oder Art. 22 an die Kommission verwiesen werden. 2

Der Aufgabe der Zusammenschlusskontrolle entsprechend, Veränderungen der Marktstruktur einer präventiven Kontrolle durch die Kommission zu unterwerfen, ist gemäß Abs. 1 S. 1 allgemeine Voraussetzung für das Vorliegen eines Zusammenschlusses – gleich ob in Form der Fusion nach Abs. 1 lit. a[2] oder des Kontrollerwerbs nach Abs. 1 lit. b –, dass das Vorhaben zu einer **dauerhaften Veränderung der Kontrolle an den beteiligten Unternehmen und damit der Marktstruktur** führt.[3] An einer dauerhaften Strukturveränderung wird es häufig in den Fällen tatsächlicher Einflussmöglichkeiten aufgrund rein wirtschaftlicher Beziehungen zwischen Unternehmen fehlen, vgl. unten Rn. 28. Auch der Einfluss, der über ein Geschäftsführungsmandat ausgeübt wird, ist für das Bejahen eines Zusammenschlusses nicht ausreichend, wenn der Einfluss nicht hinreichend dauerhaft und abgesichert ist.[4] In den übrigen Fällen wie Vermögens- und Anteilserwerb oder bei Unternehmensverträgen besteht regelmäßig keine zeitliche Begrenzung des Zusammenschlusses, so dass an der Dauerhaftigkeit der Strukturveränderung selten Zweifel bestehen werden. An einer dauerhaften Veränderung der Marktstruktur fehlt es hingegen bei Transaktionen, die lediglich einen Schritt zur Verwirklichung eines aus mehreren, aufeinander folgenden Transaktionen bestehenden Gesamtvorgangs darstellen. Der gemeinsame Erwerb eines Unternehmens durch mehrere Unternehmen zum Zwecke der Aufteilung unter den Erwerbern stellt daher nach der Ansicht der Kommission keinen eigenständigen Zusammenschluss, sondern einen Erwerb der Kontrolle an den einzelnen Teilen des Zielunternehmens durch den endgültigen Erwerber dar, wenn die spätere Aufteilung zwischen den Erwerbern rechtsverbindlich vereinbart ist und die Aufteilung des erworbenen Vermögens innerhalb kurzer Zeit nach dem ersten Erwerbsvorgang erfolgt.[5] Gleichermaßen soll es an einer dauerhaften Veränderung der Kontrolle fehlen, wenn gemeinsame Kontrolle lediglich für eine Anlaufzeit erworben wird und danach einer der Anteilseigner auf der Grundlage 3

---

[1] Vgl. bereits *Riesenkampff* in: FS Rittner, 1991, S. 499 ff.

[2] Der Begriff Fusion ist anders als im deutschen Recht kein Synonym für den Begriff Zusammenschluss.

[3] S. Erwägungsgrund 20.

[4] *Schröer* in: FK Art. 3 FKVO Rn. 70 f.

[5] Konsolidierte Mitteilung, Rn. 31; danach soll die Vermögensaufteilung in der Regel innerhalb eines Jahres abgeschlossen sein, vgl. Komm. E. v. 24.6.2005, Az. COMP/M. 3779 – *Pernaud Ricard/Allied Domecq;* E. v. 10.6.2005, Az. COMP/M. 3813 – *Fortune Brands/Allied Domecq* (Aufteilung innerhalb von 6 Monaten).

rechtsverbindlicher Vereinbarungen, die alleinige Kontrolle übernimmt. Während nach früherer Praxis generell eine Anlaufzeit von bis zu drei Jahren akzeptiert wurde,[6] ist nach der Konsolidierten Mitteilung nunmehr eine Höchstdauer von einem Jahr zugrunde zu legen.[7] Wird ein Unternehmen durch einen zwischengeschalteten Käufer zum Weiterverkauf an einen Dritten erworben, der den größten Teil des wirtschaftlichen Risikos des Zwischenerwerbs trägt, betrachtet die Kommission den Zwischenerwerb als (unselbständigen) ersten Schritt des Erwerbs der dauerhaften Kontrolle durch den endgültigen Erwerber.[8]

4 Mit dem Begriff der Kontrolle knüpft Art. 3 nicht an formelle Kriterien, sondern an materielle bzw. qualitative[9] Gesichtspunkte an, die auf die Wirkung des Zusammenschlusses auf die Unabhängigkeit der beteiligten Unternehmen abstellen. Dadurch wird der Zusammenschlussbegriff von gesellschaftsrechtlichen Konstruktionen und Rechtsformen unabhängig. Die erforderliche Auslegung des Zusammenschlussbegriffs ist durch die langjährige Entscheidungspraxis der Kommission nunmehr in den wesentlichen Punkten gefestigt. Wichtige Auslegungsfragen werden in der konsolidierten Mitteilung der Kommission zu Zuständigkeitsfragen (konsolidierte Mitteilung) ausführlich behandelt.[10]

5 Art. 3 erfasst nur Zusammenschlüsse zwischen voneinander unabhängigen Unternehmen. Interne Reorganisationsmaßnahmen innerhalb einer Unternehmensgruppe wie Zusammenschlüsse oder Fusionen zwischen verschiedenen Tochtergesellschaften begründen daher keinen Zusammenschluss im Sinne von Art. 3 Abs. 1. Gleiches gilt für die Erhöhung bestehender Beteiligungen, wenn dadurch keine Änderung der Kontrolle über das Beteiligungsunternehmen herbeigeführt wird.[11] Dagegen liegt ein Zusammenschluss vor, wenn die Transaktion zu einer Änderung der Art der Kontrolle an einem Unternehmen führt. Dies ist insbesondere beim Erwerb der alleinigen Kontrolle über ein bislang gemeinsam kontrolliertes Unternehmen der Fall.[12] Ein gemeinsam kontrolliertes Unternehmen ist insoweit als von der einzelnen Muttergesellschaft unabhängig anzusehen.[13]

6 Inwieweit Zusammenschlussvorgänge zwischen **staatlichen Unternehmen** oder Unternehmen einer **öffentlich-rechtlichen Körperschaft** einen Zusammenschluss im Sinne von Art. 3 Abs. 1 begründen, bestimmt sich danach, ob die beteiligten Unternehmen vor der Transaktion unterschiedliche wirtschaftliche Einheiten mit autonomen Entscheidungsbefugnissen bilden.[14] Ist dies nicht der Fall, liegt lediglich eine interne Reorganisation vor. Das gleiche gilt, wenn die einzelnen wirtschaftlichen Einheiten auch nach dem Vorgang weiterhin eine autonome Entscheidungsbefugnis besitzen, selbst wenn die Anteile von der gleichen Holdinggesellschaft gehalten werden.[15] Auch soweit der Staat in Ausübung hoheitsrechtlicher Befugnisse handelt und die Ausübung eines bestimmenden Einflusses weder bezweckt noch bewirkt wird, liegt kein Zusammenschluss im Sinne von Art. 3 vor.[16]

---

[6] Vgl. Komm. E. v. 28.3.1994 Az. IV/M. 425 – *British Telecom/Banco Santander.*

[7] Konsolidierte Mitteilung, Rz. 34.

[8] Konsolidierte Mitteilung, Rz. 35.

[9] *Körber* in: Immenga/Mestmäcker EU-WbR Teil I/2, Art. 3 FKVO Rn. 27.

[10] Konsolidierte Mitteilung der Kommission zu Zuständigkeitsfragen gemäß der Verordnung (EG) Nr. 139/2004 des Rates über die Kontrolle von Unternehmenszusammenschlüssen vom 10.7.2007; zuvor Bekanntmachung der Kommission über den Begriff des Zusammenschlusses der Verordnung (EWG) Nr. 4064/89 des Rates über die Kontrolle von Unternehmenszusammenschlüssen, ABl. EG 1998 Nr. C 66/5; Bekanntmachung der Kommission über den Begriff des Vollfunktions-Gemeinschaftsunternehmens nach der Verordnung (EWG) Nr. 4064/89 des Rates über die Kontrolle von Unternehmenszusammenschlüssen, Amtsblatt EG Nr. C 66/01.

[11] Konsolidierte Mitteilung, Rz. 51.

[12] Siehe unten Rn. 38.

[13] *Bruhn* in: Schröter/Jakob/Klotz/Mederer, Kommentar zum Europäischen Wettbewerbsrecht, FKVO Art. 3, Rn. 12.

[14] Vgl. Erwägungsgrund 22.

[15] Konsolidierte Mitteilung, Rz. 52.

[16] Konsolidierte Mitteilung, Rz. 53; Komm. E. v. 1.9.1994, Az. IV/M. 493 – *Tractebel/Distragaz II.*

Mehrere zeitlich, sachlich und personell eng zusammenhängende Transaktionen können einen einzigen Zusammenschluss begründen, wenn sie Teile eines einheitlichen Vorgangs sind. Voraussetzung hierfür ist, dass zwischen den Transaktionen ein **Abhängigkeitsverhältnis** dergestalt besteht, dass die eine Transaktion nicht ohne die andere durchgeführt würde und dass letztlich die Kontrolle von dem bzw. denselben Unternehmen übernommen wird.[17] Bei der Aufspaltung von Gemeinschaftsunternehmen oder dem Tausch von Vermögenswerten begründet dagegen, auch wenn die Transaktionen voneinander abhängig sind, jeder Erwerbsvorgang einen eigenen Zusammenschlusstatbestand, da verschiedene Unternehmen die Kontrolle über unterschiedliche Vermögenswerte erwerben. Auch der Erwerb verschiedener Arten von Kontrolle – z. B. der Erwerb gemeinsamer Kontrolle über einen Unternehmensteil und alleiniger Kontrolle über einen anderen – führt grundsätzlich zu separaten Zusammenschlüssen. Ein einheitlicher Zusammenschluss liegt in diesem Fall nur dann vor, wenn die Transaktionen sich gegenseitig bedingen und dasselbe Unternehmen sowohl die alleinige Kontrolle als auch die gemeinsame Kontrolle erwirbt.[18] Mehrere Transaktionen werden in der Regel als voneinander abhängig betrachtet, wenn sie rechtlich miteinander verbunden sind oder wenn jede einzelne Transaktion wirtschaftlich notwendigerweise vom Abschluss der anderen abhängt.[19] Werden die Transaktionen nicht weitgehend gleichzeitig durchgeführt, spricht dies nach Auffassung der Kommission gegen eine gegenseitige Abhängigkeit.[20] Der Erwerb der Kontrolle über ein anderes Unternehmen durch eine Reihe von Wertpapierkäufen innerhalb eines kurzen Zeitraums kann ebenfalls einen einzigen Zusammenschluss darstellen, der nach Auffassung der Kommission sämtliche Käufe innerhalb des fraglichen Zeitraums umfasst.[21] **7**

Ein entsprechender Hinweis findet sich nun im Erwägungsgrund 20. Die noch in dem Kommissionsentwurf zur Neuregelung der Fusionskontrolle vom 11.12.2002 vorgesehene Aufnahme einer Regelung in Art. 3 Abs. 4 FKVO, wonach zwei oder mehrere Erwerbsvorgänge, die in einem Bedingungszusammenhang zueinander stehen oder wirtschaftlich eng miteinander verknüpft sind, generell zu einem Zusammenschluss zusammengefasst werden sollten, wurde im Gesetzgebungsverfahren wieder verworfen. **8**

Mehrere Erwerbsvorgänge, die jedoch keinen einheitlichen Zusammenschlusstatbestand im Sinne von Art. 3 darstellen, können nach Art. 5 Abs. 2 S. 2 gleichwohl zum Zwecke der Ermittlung des Umsatzes der beteiligten Unternehmen als ein Zusammenschluss behandelt werden, wenn sie innerhalb von zwei Jahren zwischen denselben Personen oder Unternehmen – bezogen auf die jeweiligen Konzerne – durchgeführt werden.[22] Damit sollen Umgehungen der Fusionskontrolle durch die künstliche Aufteilung wirtschaftlich zusammengehöriger Erwerbsvorgänge verhindert werden.[23] **9**

Bei einer Zusammenfassung mehrerer Transaktionen nach Art. 3 oder Art. 5 Abs. 2 S. 2 stellt sich die Frage, ob das Vollzugsverbot des Art. 7 jeweils den gesamten Vorgang oder aber nur den zur Verwirklichung des (endgültigen) Kontrollerwerbs führenden, letzten Teilschritt erfasst. Da bei einem einheitlichen Vorgang nur ein einziger Zusammenschlusstatbestand im Sinne von Art. 3 vorliegt, dürfte dieser insgesamt – d. h. einschließlich aller Teiltransaktionen – vom Vollzugsverbot erfasst werden. Dem widerspricht aber, dass bis zur Grenze des Kontrollerwerbs kein Zusammenschlusstatbestand verwirklicht und daher ein fusionskontrollfreier Erwerb möglich ist. Im Gegensatz hierzu liegt bei einer Zusammenfas- **10**

---

[17] Konsolidierte Mitteilung, Rz. 38 ff.; EuG, Rechtssache T-282/02 – *Cementbouw,* Sammlung 2006, S. II-319, Rn. 107. Komm. E. v. 3.2.2000, Az. IV/MJ. 825 – *Suzuki Motor/Suzuki FG/Fafin;* Komm. E. v. 5.1.2000, Az. IV/M. 1720 – *Fortum/Elektrizitätswerk Wesertal.*

[18] Konsolidierte Mitteilung, Rz. 41 f.

[19] EuG, Rechtssache T-282/02 – *Cementbouw,* a. a. O., Rn. 131 ff.

[20] Konsolidierte Mitteilung, Rz. 43.

[21] Konsolidierte Mitteilung, Rz. 48.

[22] Konsolidierte Mitteilung, Rz. 49.

[23] EuG, Rechtssache T-282/02 – *Cementbouw,* Rn. 118.

sung nach Art. 5 Abs. 2 kein einheitlicher Zusammenschluss vor, so dass die ersten Teilschritte nicht unter das Vollzugsverbot fallen.[24]

II. Die Zusammenschlusstatbestände

11 Das europäische Recht kennt nur zwei Zusammenschlusstatbestände. In Art. 3 Abs. 1 lit. a ist der Fall einer Fusion im rechtlichen wie im wirtschaftlichen Sinne geregelt, in lit. b der Fall des Kontrollerwerbs. Die Kontrolle über ein Unternehmen kann durch ein einzelnes Unternehmen (alleinige Kontrolle) oder durch eine Mehrheit von Unternehmen (gemeinsame Kontrolle) erworben werden. Praktische Bedeutung hat vor allem der Kontrollerwerb erlangt. Die Tatbestandsalternative der Fusion ist hingegen nur in relativ wenigen Fällen zur Anwendung gekommen.[25]

1. Fusion

12 Nach Art. 3 Abs. 1a) wird ein Zusammenschluss dadurch bewirkt, dass zwei oder mehr unabhängige Unternehmen miteinander fusionieren. Das Vorliegen einer Fusion im Sinne des Abs. 1 lit. a setzt also stets voraus, dass die sich zusammenschließenden Unternehmen zuvor unabhängig gewesen sind.[26]

13 Der Tatbestand der Fusion ist nicht auf Fusionen im gesellschaftsrechtlichen Sinn beschränkt. In der Praxis haben sich zwei relevante Arten von Fusionen herauskristallisiert. Sie werden als „rechtliche" und „wirtschaftliche" Fusion bezeichnet.[27]

14 Unter einer **rechtlichen Fusion** ist der Fall zu verstehen, dass zwei oder mehr bisher voneinander unabhängige Unternehmen zu einem neuen Unternehmen verschmelzen und nach der Verschmelzung keine eigene Rechtspersönlichkeit mehr bilden (vgl. im deutschen Recht die Verschmelzung durch Neugründung, §§ 2, 36 f. UmwG). Zu einer rechtlichen Fusion kommt es auch, wenn ein Unternehmen in einem anderen Unternehmen aufgeht, wobei das letztere seine Rechtspersönlichkeit behält, während das erstere als juristische Person untergeht (vgl. im deutschen Recht die Verschmelzung durch Aufnahme, §§ 2, 4 ff. UmwG).[28] Dagegen liegt keine Fusion im Sinne von Abs. 1a) vor, wenn das Zielunternehmen mit einer Tochtergesellschaft des Erwerbers fusioniert und der Erwerber auf diese Weise die Kontrolle über das Zielunternehmen gemäß Abs. 1b) erwirbt. Ebenfalls eine rechtliche Fusion ist daher auch die Anwachsung einer Personengesellschaft auf eine andere Gesellschaft.[29]

15 Ein Zusammenschluss durch **wirtschaftliche Fusion** liegt demgegenüber vor, wenn zuvor unabhängige Unternehmen ihre Aktivitäten so zusammenlegen, dass eine wirtschaftliche Einheit entsteht, ohne dass rechtlich von einer Fusion gesprochen werden kann.[30] Dies ist der Fall, wenn die Unternehmen vertraglich vereinbaren, sich einer gemeinsamen Leitung zu unterstellen, ohne ihre Rechtspersönlichkeit aufzugeben. Nach deutschem Recht wird dies etwa beim Gleichordnungskonzern gemäß § 18 Abs. 2 AktG der Fall sein. Aber nur dann, wenn die Bildung eines Gleichordnungskonzerns tatsächlich zur Entstehung einer echten wirtschaftlichen Einheit führt, ist der Vorgang als Fusion an-

---

[24] *Wessely/Wegner* in MünchKomm., FKVO Art. 3 Rn. 98.

[25] Vgl. u. a. Komm. E. v. 21.11.1990, Az. IV/M.018 – *AG/Amov,* WuW/E EV 1547; Komm. E. v. 18.12.1991, Az. IV/M.147 – *Eurocom/RSCG;* Komm. E. v. 7.3.1991, Az. IV/M.069 – *Kyowa/Saitama Banks,* WuW/E EV 1591; Komm. E. v. 24.10.1991, Az. IV/M.137 – *Bank America/Security Pacific,* WuW/E EV 1772; Komm. E. v. 6.7.1998, Az. IV/M.1140 – *Halliburton/Dresser,* WuW/E EU-V 71; Komm. E. v. 8.7.1998, ABl. EG 1999 Nr. L 116/1 – *WorldCom/MCI.*

[26] S. o. Rn. 5.

[27] Vgl. *Schröer* in: FK, Art. 3 FKVO, Rn. 12 ff.; *Körber* (Fn. 9), Art. 3 FKVO Rn. 15.

[28] Konsolidierte Mitteilung, Rz. 9; Komm. E. v. 24.9.2001, Az. COMP/M. 2510 – *Cendant/Gatile.*

[29] *Schröer* in: FK, Art. 3 FKVO Rn. 12.

[30] Konsolidierte Mitteilung, Rz. 10.

zusehen.[31] Im Einzelfall kann es an einer solchen wirtschaftlichen Einheit fehlen, wenn keine ausreichende strukturelle Verfestigung des Gleichordnungskonzerns besteht.[32]

Eine **wirtschaftliche Einheit** liegt vor, wenn eine dauerhafte einheitliche Leitung be- 16
steht. Im Falle einer einheitlichen Leitung auf vertraglicher Basis setzt dies voraus, dass der zugrunde liegende Vertrag nicht kurzfristig kündbar ist. Die Möglichkeit zur Kündigung aus wichtigem Grund ist insoweit jedoch unschädlich.[33] Weitere Kriterien können interner Gewinn- und Verlustausgleich zwischen Konzernunternehmen und ihre gesamtschuldnerische Haftung nach außen sowie gegebenenfalls eine zusätzliche Kapitalverflechtung der beteiligten Unternehmen sein. Die Kommission hat die Entstehung einer wirtschaftlichen Einheit aufgrund der Vereinheitlichung der Managementstruktur durch Bildung gemeinsamer Verwaltungsräte bei den beteiligten Unternehmen sowie der Angleichung der wirtschaftlichen Interessen der Gesellschafter durch Harmonisierung der Dividenden- und Kapitalausschüttungen angenommen.[34]

2. Kontrollerwerb

a) Kontrolle. Nach Abs. 1 lit. b liegt ein Zusammenschluss im Falle des Erwerbs der 17
Kontrolle über die Gesamtheit oder Teile eines oder mehrerer anderer Unternehmen vor. In Abs. 2 wird Kontrolle definiert als die Möglichkeit, einen bestimmenden Einfluss auf die Tätigkeit eines Unternehmens auszuüben. Hierbei sind alle tatsächlichen oder rechtlichen Umstände zu berücksichtigen. Die Kontrolle kann durch Rechte, Verträge oder andere Mittel begründet werden. Dazu gehören nach Abs. 2 lit. a Eigentums- oder Nutzungsrechte an dem Vermögen des Unternehmens oder Teilen davon und nach Abs. 2 lit. b Rechte oder Verträge, die einen bestimmenden Einfluss auf die Organe des Unternehmens gewähren. Zur Erlangung der Kontrolle genügt ein bestimmender Einfluss auf die wesentlichen unternehmerischen, strategischen und personellen Entscheidungen. Dabei muss dieser Einfluss nicht tatsächlich ausgeübt werden. Es reicht bereits die **Möglichkeit** seiner Geltendmachung.[35] Wie auch bei der Fusion setzt der Kontrollerwerb voraus, dass die sich zusammenschließenden Unternehmen zuvor unabhängig gewesen sind. Die Kontrolle muss deshalb in andere Hände übergehen. Eine bloß **interne Reorganisation** in einer Unternehmensgruppe begründet daher keinen Erwerb der Kontrolle im Sinne von Abs. 1b).[36]

b) Erwerber der Kontrolle. Nach Abs. 1b) liegt ein Zusammenschluss vor beim Er- 18
werb der Kontrolle durch ein oder mehrere Unternehmen oder durch eine oder mehrere Personen, die bereits mindestens ein Unternehmen kontrollieren. Ein Unternehmen ist nach der Rechtsprechung des EuGH jede eine wirtschaftliche Tätigkeit ausübende Einheit unabhängig von ihrer Rechtsform und der Art ihrer Finanzierung.[37] Auch natürliche Personen sind daher Unternehmen im Sinne von Art. 3, wenn sie selbst wirtschaftliche Tätigkeiten ausüben.[38] Der Kontrollerwerb durch juristische oder natürliche Personen, denen nicht selbst Unternehmenseigenschaft zukommt, bewirkt nur dann einen Zusammenschluss im Sinne von Abs. 1, wenn diese Personen bereits mindestens ein anderes Unternehmen kontrollieren.[39]

---

[31] Konsolidierte Mitteilung, Rz. 10.

[32] *Körber* (Fn. 9), Art. 3 FKVO Rn. 21.

[33] Komm. E. v. 27.8.2002 Az. COMP/M. 2824 – *Ernst & Young/Andersen Germany, Schröer* in: FK, Art. 3 FKVO Rn. 17; a. A. *Immenga* a. a. O., Rn. 24.

[34] Komm. E. v. 7.12.1995 – *RTZ/CRA.*

[35] Konsolidierte Mitteilung, Rz. 16.

[36] Konsolidierte Mitteilung, Rz. 5; s. o. Rn. 5.

[37] EuGH, Urteil vom 19.1.1994, Rs. C-364/92 – *Eurocontrol,* Slg. 1994, I-43 ff., Tz. 18.

[38] Konsolidierte Mitteilung, Rz. 151.

[39] Komm. E. v. 16. Mai 1991, Az. IV/M. 82 – *Asko/Jakobs/Adia;* Komm. E. v. 16. Juli 2005, Az. COMP/M. 3762 – *Apax/Travelex;* Konsolidierte Mitteilung, Rz. 12.

19 Ein Kontrollerwerb durch Personen liegt vor, wenn im Rahmen eines **Management Buy-Out** das Management die Kontrolle über ein Unternehmen erwirbt. Wird die Managementbeteiligung durch ein zwischengeschaltetes Erwerbsvehikel übernommen, kann dieses beteiligtes Unternehmen sein. Es liegt dann gegebenenfalls ein Erwerb indirekter Kontrolle durch die Mitglieder des Managements vor.[40] Soweit sich neben den Mitgliedern des Managements auch Unternehmen – z. B. Beteiligungsgesellschaften – als Investoren beteiligen, ist zu prüfen, ob diese Unternehmen aufgrund ihrer Stimmrechte oder ihnen im Zusammenhang mit ihrer Beteiligung eingeräumter zusätzlicher Rechte Kontrolle erwerben und demzufolge ebenfalls an dem Zusammenschluss beteiligt sind.[41]

20 Bei einem Kontrollerwerb durch einen **Investmentfonds** übt häufig nicht der Investmentfonds die Kontrolle aus, sondern die den Fonds über die organisatorische Struktur – bei als Kommanditgesellschaften organisierten Fonds als dessen Komplementärin oder im Wege vertraglicher Vereinbarungen (z. B. Beratungs- oder Verwaltungsverträge) – beherrschende Investmentgesellschaft. Dies gilt insbesondere, wenn der Fonds nicht über die zur Führung der Beteiligungsunternehmen erforderlichen Ressourcen verfügt. Die Kontrollverhältnisse sind jedoch anhand der Umstände des Einzelfalls festzustellen.[42]

21 Inhaber der Kontrolle kann auch ein **staatliches Unternehmen** sein. Ein Kontrollerwerb zwischen zwei Unternehmen, die dem Staat oder derselben öffentlich-rechtlichen Körperschaft angehören, kann einen Zusammenschluss zwischen den beteiligten Unternehmen darstellen, wenn diese zu verschiedenen, mit autonomen Entscheidungsbefugnissen ausgestatteten, wirtschaftlichen Einheiten gehören.[43]

22 **c) Mittelbare Kontrolle.** Ein Kontrollerwerb liegt nach dem Wortlaut von Abs. 1 lit. b auch vor, wenn ein Unternehmen über ein anderes nur die **mittelbare Kontrolle** erwirbt. Einen mittelbaren Erwerb stellt insbesondere der Kontrollerwerb durch eine eigens zu diesem Zweck gegründete Beteiligungsgesellschaft oder Zwischenholding dar. Wenn sie durch eine Muttergesellschaft im Sinne von Abs. 1 lit. b kontrolliert wird, liegt ein mittelbarer Kontrollerwerb der Muttergesellschaft an dem von ihrer (Tochter-)Beteiligungsgesellschaft erworbenen Unternehmen vor.[44] Der Tatbestand des mittelbaren Erwerbs überschneidet sich mit dem in Abs. 3 lit. b genannten Fall, dass eine Person oder ein Unternehmen auch dann die Kontrolle erwirbt, wenn sie nicht aus den die Kontrolle begründenden Verträgen oder Rechten selbst berechtigt ist, aber die Befugnis hat, die sich daraus ergebenden Rechte auszuüben.[45]

23 Die Kontrolle wird gemäß Abs. 3 lit. a für die Personen oder Unternehmen begründet, die aus den die Kontrolle vermittelnden Rechten oder Verträgen selbst berechtigt sind, gemäß Abs. 3 lit. b aber auch für diejenigen, die nicht selbst aus Verträgen oder Rechten berechtigt sind, sondern nur die **Befugnis zur Ausübung der Rechte** haben. Dementsprechend werden Kontrolle begründende Rechtspositionen von Konzernunternehmen normalerweise dem oder den Unternehmen zugeordnet, die die formellen Rechteinhaber kontrollieren.[46] Daneben erfasst Abs. 3 lit. b Fälle, in denen ein Unternehmen ein anderes Unternehmen oder eine Person vorschiebt, um eine Beteiligung zu erwerben und die Kontrolle über das formal beteiligte Unternehmen bzw. die formal beteiligte Person ausübt. Hier liege in Wirklichkeit eine faktische Kontrolle durch das Unternehmen im Hintergrund vor.[47] Dies ist u. a. von Bedeutung für Fälle einer dauerhaften Bevollmächtigung

---

40 S. u. Rn. 22.

41 Bekanntmachung beteiligte Unternehmen, Rn. 53 f.

42 Konsolidierte Mitteilung, Rz. 15.

43 Komm. E. v. 22.2.1993, Az. IV/M.216 – *CEA Industrie/France Telekom/Finmeccanica/SGS-Thomson;* Konsolidierte Mitteilung, Rz. 52; s. o. Rn. 6.

44 *Krimphove,* S. 295; *Schröer* in: FK, Art. 3 FKVO Rn. 46.

45 S. nachstehend Rn. 23.

46 EuG I, Rs. T-282/02 – *Cementbouw,* Slg. 2006, S. II-319, Rn. 72; Konsolidierte Mitteilung, Rn. 13.

47 Konsolidierte Mitteilung, Rz. 13.

oder Treuhandkonstruktionen. Hier kommt es entscheidend darauf an, wer tatsächlich dauerhaft und ausschließlich die Kontrollrechte wahrnimmt. Das Bestehen von Weisungsrechten des Vollmacht- bzw. Treugebers wird dabei in der Regel einem Kontrollerwerb des Bevollmächtigten bzw. Treuhänders entgegenstehen.

d) Gegenstand der Kontrolle. Ein Zusammenschluss wird bewirkt durch den Erwerb der Kontrolle über die Gesamtheit oder über Teile eines oder mehrerer anderer Unternehmen, Abs. 1 lit b). Der Begriff des Unternehmens erfordert lediglich das Vorliegen einer wirtschaftlichen Tätigkeit.[48] Die Rechtsfähigkeit wird nicht vorausgesetzt. Darüber hinaus können auch Teile eines Unternehmens, d. h. einzelne Vermögensgüter Gegenstand eines Kontrollerwerbs sein, wenn sie einen Geschäftsbereich mit eigener Marktpräsenz bilden, dem eindeutig ein Marktumsatz zugeordnet werden kann.[49] Unter diesen Voraussetzungen können die Übertragung der Kundenbeziehungen oder gewerblicher Schutzrechte Gegenstand eines Kontrollerwerbs sein. Nach den gleichen Grundsätzen kann das Auslagern zuvor unternehmensintern durchgeführter Dienstleistungen oder Fertigungstätigkeiten (Outsourcing) einen Zusammenschluss begründen, wenn der Outsourcing-Dienstleister durch die Übernahme der mit der übertragenen Tätigkeit verbundenen Vermögenswerte oder personellen Ressourcen in die Lage versetzt wird, die übernommenen Leistungen kurzfristig auch an Dritte zu erbringen und eine Marktpräsenz aufzubauen.[50] 24

e) Formen des Kontrollerwerbs. Gemäß Abs. 1 lit. b kann die Kontrolle durch den Erwerb von Anteilsrechten oder Vermögenswerten, durch Vertrag oder in sonstiger Weise erworben werden. Eine auf den Erwerb der Kontrolle gerichtete Absicht der Parteien ist dabei ebenso wenig erforderlich wie ein aktives Handeln des Erwerbers.[51] Die in der Praxis bei weitem häufigsten Formen des Kontrollerwerbs sind der **Anteilserwerb** und der **Vermögenserwerb.** Die rechtliche Grundlage des Erwerbs ist dabei ohne Belang. Maßgeblich dafür, ob ein Erwerb von Anteilen an einem Unternehmen Kontrolle begründet, sind regelmäßig die durch die Anteile gewährten Stimmrechte. 25

Wie sich aus Abs. 2 lit. a ergibt, setzt der Tatbestand des Vermögenserwerbs nicht den Erwerb des Eigentums an dem Vermögen des anderen Unternehmens voraus. Ausreichend ist auch die Einräumung von Nutzungsrechten, z. B. im Wege der Unternehmenspacht.[52] 26

Voraussetzung für einen Erwerb der Kontrolle **auf vertraglicher Grundlage** ist, dass der Vertrag die Kontrolle über die Leitung und die Ressourcen des anderen Unternehmens in ähnlicher Weise vermittelt wie der Erwerb von Anteilsrechten oder Vermögenswerten. Darüber hinaus muss der Vertrag sehr langfristig abgeschlossen sein und darf der, die vertraglichen Rechte einräumenden Partei keine Kündigungsmöglichkeit einräumen.[53] Nach Auffassung der Kommission können diese Voraussetzungen erfüllt sein bei langfristigen Managementvereinbarungen,[54] gesellschaftsrechtlichen Beherrschungsverträgen, Betriebspachtverträgen oder anderen Verträgen, die dem Erwerber die Kontrolle über Unternehmensleitung und Ressourcen übertragen.[55] In Frage kommen auch öffentlich-rechtliche Verträge.[56] Der bestimmende Einfluss kann auch vertraglich auf Teilbereiche eines Unter- 27

---

[48] Siehe vorstehend Rn. 18.

[49] Konsolidierte Mitteilung, Rz. 24; nach Ansicht *Wessely/Wegner* in MünchKomm, FKVO Art. 3, Rn. 69, die auf die Eignung der erworbenen Vermögensgegenstände zur Stärkung der Marktposition des Erwerbers abstellen.

[50] Konsolidierte Mitteilung, Rz. 26.

[51] Konsolidierte Mitteilung, Rz. 21.

[52] *Quack* in: FS Traub, S. 325.

[53] Konsolidierte Mitteilung, Rz. 18.

[54] Komm. E. v. 20.7.2005, Az. COMP/M. 3858 – *Lehman Brothers/SCG Starwood/Le Meridien.*

[55] Komm. E. v. 12.1.2001, Az. COMP/M. 2060 – *Busch/Rexrodt;* Komm. E. v. 5.12.2003, Az. COMP/M. 3136 – *GE/Agfa NDT;* Komm. E. v. 11.2.2002, Az. COMP/M. 2632 – *Deutsche Bahn/ICT International/United Depots/JV.*

[56] *Krimphove,* S. 243.

nehmens begrenzt sein. Dies reicht dann für die Annahme eines Zusammenschlusses aus, wenn die Marktstruktur nicht nur unwesentlich beeinflusst wird. Ein Zusammenschluss liegt jedoch nur dann vor, wenn die Verträge die Kontrolle begründen und nicht lediglich eine bereits bestehende Kontrolle verstärken. Der Abschluss eines Beherrschungsvertrages mit einem Unternehmen, an dem bereits eine Stimmrechtsmehrheit erworben wurde, bewirkt daher keinen erneuten Zusammenschluss. Gewinnverwendungs- und Gewinnabführungsverträge führen ohne einen gleichzeitig bestehenden Beherrschungsvertrag nicht ohne weiteres zum Erwerb einer Kontrolle im Sinne des Abs. 1 lit. b. Allerdings wird allein durch die Gewinnabführung ein erheblicher Einfluss des begünstigten Unternehmens auf Investitionsentscheidungen gegeben sein. Dies kann für einen Kontrollerwerb ausreichend sein.[57] Demgegenüber vermitteln Franchiseverträge in der Regel keine Kontrolle.[58] Auch Sale and Lease Back Transaktionen mit vereinbartem Rückkauf nach Vertragsablauf bewirken normalerweise keinen Zusammenschluss, da die Kontrolle über die Unternehmensleitung und Ressourcen beim Veräußerer verbleibt.[59]

28 Unter bestimmten Voraussetzungen kann eine Kontrolle auch durch rein **wirtschaftliche Beziehungen** entstehen. Die Kommission nimmt eine solche faktische Erlangung der Kontrolle ausnahmsweise an, wenn beispielsweise langfristige Lieferverträge oder Lieferantenkredite in Verbindung mit strukturellen Verflechtungen einen bestimmenden Einfluss gewähren.[60] Neben einer langen Vertragslaufzeit muss die Intensität der Geschäftsverbindung einen bestimmenden Einfluss auf das Marktverhalten des Geschäftspartners eröffnen. Dies setzt in der Regel voraus, dass ein Abbruch der Geschäftsbeziehungen den Vertragspartner vor ernsthafte wirtschaftliche Probleme stellen würde.

29 **f) Alleinige Kontrolle.** Die Kontrolle kann von einem Inhaber alleine oder mehreren Inhabern gemeinsam ausgeübt werden. Alleinige Kontrolle liegt vor, wenn ein Unternehmen alleine einen bestimmenden Einfluss auf ein anderes Unternehmen ausüben kann. Der bestimmende Einfluss kann rechtliche oder faktische Grundlagen haben. Alleinige Kontrolle kann insbesondere durch den Erwerb einer Mehrheit der Stimmrechte an einem anderen Unternehmen begründet werden. Dabei ist es grundsätzlich ohne Bedeutung, ob die Stimmrechtsmehrheit nur knapp über 50% oder bei 100% liegt, soweit nur die gesetzlichen oder gesellschaftsvertraglich festgelegten Mehrheitserfordernisse erreicht werden. Der Erwerb einer Mehrheit der Kapitalanteile führt hingegen alleine nicht zur Erlangung der Kontrolle, da die Anteile ohne Stimmrechte keinen rechtlichen Einfluss auf die Willensbildung des Unternehmens ermöglichen. Auch eine Minderheitsbeteiligung kann aber alleinige Kontrolle vermitteln, wenn damit – z. B. aufgrund stimmrechtsloser Vorzugsaktien anderer Aktionäre – die Mehrheit der Stimmrechte erworben wird.

30 Eine Beteiligung mit einer Minderheit der Stimmrechte begründet alleinige Kontrolle, wenn zusätzliche vertragliche Vereinbarungen bestehen, die einen bestimmenden Einfluss auf die Willensbildung eines anderen Unternehmens sichern, etwa durch die Befugnis zur Bestimmung der Mehrheit der Mitglieder der Entscheidungs- oder Aufsichtsgremien. Umgekehrt führt aber auch der Erwerb einer Stimmrechtsmehrheit nicht zu alleiniger Kontrolle, wenn aufgrund von Vereinbarungen der Gesellschafter oder qualifizierter Mehrheitserfordernisse wesentliche unternehmerische Entscheidungen der Zustimmung von Minderheitsgesellschaftern bedürfen.[61]

31 Ein Minderheitsgesellschafter kann auch **faktisch** alleinige Kontrolle innehaben, wenn er mit einer Mehrheit in der Hauptversammlung rechnen kann, weil sich die restlichen

---

[57] Vgl. im einzelnen *Stockenhuber,* S. 129 ff.

[58] Komm. E. v. 6.6.2006, Az. COMP/M. 4220 – *Food Service Project/Tele Pizza;* Konsolidierte Mitteilung, Rz. 19.

[59] Konsolidierte Mitteilung, Rz. 18.

[60] Konsolidierte Mitteilung, Rz. 20.

[61] S. hierzu unten Rn. 35.

Anteile in Streubesitz befinden und es daher unwahrscheinlich ist, dass alle Kleinaktionäre in der Hauptversammlung vertreten sind.[62] Wenn ein Minderheitsgesellschafter auf der Grundlage der Hauptversammlungspräsenz in der Vergangenheit eine gesicherte Stimmenmehrheit hat, dann ist anzunehmen, dass er das Unternehmen allein kontrolliert.[63] Ausschlaggebend ist, ob der Minderheitsgesellschafter angesichts seiner Beteiligung, des früheren Stimmverhaltens und der Position anderer Gesellschafter in der Hauptversammlung bei einer zukunftsgerichteten Analyse unter Berücksichtigung der Auswirkungen der Transaktion voraussichtlich weiterhin über eine stabile Stimmrechtsmehrheit verfügen wird.[64] Die Kommission hat in der Vergangenheit regelmäßig auf die Verhältnisse in den letzten drei Jahren abgestellt.[65]

Alleinige Kontrolle liegt auch dann vor, wenn ein Gesellschafter zwar nicht in der Lage **32**
ist, strategische Entscheidungen in einem Unternehmen alleine durchzusetzen, sie jedoch durch sein Veto verhindern kann. Diese Form so genannter **negativer alleiniger Kontrolle**[66] ist vergleichbar mit der gemeinsamen Kontrolle,[67] mit dem Unterschied, dass im Falle der alleinigen negativen Kontrolle nur ein einzelner Gesellschafter strategische Entscheidungen blockieren kann. Da es sich um eine Form der alleinigen Kontrolle handelt, führt ein Wechsel von negativer zu „positiver" alleiniger Kontrolle, etwa durch eine Erhöhung der Beteiligung, nach Auffassung der Kommission zu keiner Änderung der Art der Kontrolle und daher auch zu keinem Zusammenschlusstatbestand.[68] Bei einem Einstimmigkeitserfordernis für strategische Entscheidungen liegt entgegen der von der Kommission in ihrer konsolidierten Mitteilung vertretenen Auffassung[69] keine negative alleinige Kontrolle, sondern gemeinsame Kontrolle vor, da dann jeder Gesellschafter ein Vetorecht ausüben kann.

g) Gemeinsame Kontrolle. Gemäß Abs. 1 lit. b liegt gemeinsame Kontrolle vor, wenn **33**
zwei oder mehr Personen oder Unternehmen die Möglichkeit haben, einen bestimmenden Einfluss auf ein anderes Unternehmen auszuüben. Anders als bei der alleinigen Kontrolle ist im Falle der gemeinsamen Kontrolle kein Gesellschafter in der Lage, die strategischen Entscheidungen im Unternehmen alleine zu bestimmen. Die gemeinsame Kontrolle zeichnet sich vielmehr dadurch aus, dass zwei oder mehrere Anteilseigner in der Lage sind, Maßnahmen, durch die das strategische Wirtschaftsverhalten eines Unternehmens bestimmt wird, zu blockieren, so dass die Anteilseigner gezwungen sind, hinsichtlich solcher Maßnahmen Einvernehmen untereinander zu erzielen.[70]

Anhand der Entscheidungspraxis der Kommission lassen sich verschiedene Fallkonstella- **34**
tionen gemeinsamer Kontrolle herausarbeiten. Im Falle einer **paritätischen Beteiligung** zweier Unternehmen an einem dritten ist eine gemeinsame Kontrolle immer anzunehmen, wenn keine entgegenstehenden Vereinbarungen bestehen, aufgrund derer eine Muttergesellschaft alleine einen bestimmenden Einfluss auf das Gemeinschaftsunternehmen ausüben kann.[71] Gemeinsame Kontrolle kann auch durch eine paritätische **Besetzung der Entscheidungsgremien** dergestalt entstehen, dass jede Muttergesellschaft die gleiche Zahl

[62] Komm. E. v. 10.12.1990, Az. IV/M.025 – *Arjomari/Wiggins Teape.*
[63] Komm. E. v. 3.8.1993, Az. IV/M.343 – *Societé Générale de Belgique/Générale de Banque;* Komm. E. v. 23.4.1997 – *Anglo American Corp./Lonrho,* ABl. EG 1998 Nr. L 149/21; Bekanntmachung Zusammenschlussbegriff, ABl. EG 1998 Nr. C 66, Rn. 14.
[64] Konsolidierte Mitteilung, Rz. 59.
[65] Komm. E. v. 19.5.2006, Az. COMP/M. 3998 – *Axalto/Gemplus,* Rn. 5.
[66] Konsolidierte Mitteilung, Rz. 54; Komm. E. v. 25.9.1992, Az. IV/M 258 – *CCIE/GTT.*
[67] Siehe dazu unten Rn. 35.
[68] Konsolidierte Mitteilung, Rz. 83; *Lübking,* Competition Policy Newsletter 3/2007, S. 3.
[69] Konsolidierte Mitteilung, Rz. 58.
[70] Bekanntmachung Zusammenschlussbegriff, ABl. EG 1998 Nr. C 66, Rn. 18 f.; konsolidierte Mitteilung, Rn. 62.
[71] Bekanntmachung Zusammenschlussbegriff, Rn. 20.

von Vertretern in die Unternehmensleitung oder die Entscheidungsorgane des Unternehmens entsendet, ohne dass eines der Mitglieder des Leitungsorgans mit seiner Stimme den Ausschlag geben kann.[72] Die ausschlaggebende Stimme einer Muttergesellschaft in den Entscheidungsgremien schließt in der Regel das Bestehen gemeinsamer Kontrolle aus. Dies soll jedoch nicht gelten, wenn der Einsatz der ausschlaggebenden Stimme unter den gegebenen Umständen z. B. infolge vorgeschalteter Einigungs- oder Schlichtungsverfahren, erheblicher finanzieller Auswirkungen oder gegenseitiger Abhängigkeiten unwahrscheinlich ist oder aus anderen Gründen praktisch keine Bedeutung hat.[73] Haben die herrschenden Unternehmen dagegen keine paritätische Beteiligung, so kann dennoch eine gemeinsame Kontrolle bestehen, wenn **Vereinbarungen** zwischen den Gesellschaftern einen gleichgewichtigen Einfluss herbeiführen.[74]

35 Besteht keine Stimmrechtsgleichheit oder gleich starke Vertretung in den Entscheidungsorganen oder sind mehr als zwei Muttergesellschafter an den Unternehmen beteiligt, kann gleichwohl gemeinsame Kontrolle bestehen, wenn Minderheitsgesellschafter über **Vetorechte** verfügen, die es ihnen ermöglichen, Entscheidungen, die für das strategische Wirtschaftsverhalten des Gemeinschaftsunternehmens wesentlich sind, zu blockieren.[75] Diese Vetorechte können in der Satzung des Gemeinschaftsunternehmens verankert sein oder auf Vereinbarungen der Muttergesellschaften beruhen. Sie können sich z. B. aus Regelungen ergeben, wonach Beschlüsse der Gesellschaftsorgane über strategische Entscheidungen einer qualifizierten Mehrheit oder der Zustimmung der gemeinsam kontrollierenden Gesellschafter oder der von ihnen entsandten Vertreter bedürfen. Sie müssen jedoch über die gewöhnlich einem Minderheitsgesellschafter zum Schutz seiner finanziellen Interessen eingeräumten Vetorechte in Bezug auf Satzungsänderungen, Kapitalerhöhungen und -herabsetzungen oder Liquidation des Gemeinschaftsunternehmens hinausgehen. Dagegen kann gemeinsame Kontrolle insbesondere begründet werden durch Vetorechte, die die Besetzung der Unternehmensleitung, das Budget, die Finanz- und Geschäftsplanung oder größere Investitionen des Gemeinschaftsunternehmens betreffen. Darüber hinaus können marktspezifische Rechte, z. B. hinsichtlich der Entwicklung oder Nutzung neuer Technologien oder Produkte, eine Rolle spielen. Ein bestimmender Einfluss auf die Alltagsgeschäfte ist aber nicht erforderlich. Es müssen auch nicht alle o. g. Vetorechte vorliegen. Abhängig von den Umständen des Einzelfalls kann bereits ein einzelnes dieser Rechte ausreichend sein. Maßgeblich ist eine Gesamtbetrachtung.[76] Auch hier genügt die bloße Möglichkeit, das strategische Wirtschaftsverhalten zu bestimmen, so dass bereits das Bestehen der Vetorechte ausreicht, ohne dass es auf die tatsächliche Ausübung ankommt.

36 Gemeinsame Kontrolle kann auch entstehen, wenn mehrere Minderheitsgesellschafter zusammen über eine Stimmenmehrheit oder die Möglichkeit verfügen, strategische Entscheidungen zu blockieren und bei der **Ausübung der Stimmrechte gemeinsam** handeln.[77] Grundlage hierfür können entsprechende Vereinbarungen unter den Minderheitsgesellschaftern sein, die sie zur gemeinsamen Ausübung der Stimmrechte verpflichten. Typische Beispiele sind die Übertragung der Beteiligungen der Minderheitsgesellschafter auf eine Holdinggesellschaft oder Poolvereinbarungen, die die Minderheitsgesellschafter zu einheitlicher Stimmrechtsausübung verpflichten. In Ausnahmefällen kann gemeinsame Kontrolle auch ohne vertragliche Bindungen entstehen, wenn aufgrund starker gemeinsamer Interessen nach den tatsächlichen Umständen erwartet werden muss, dass die Minder-

---

[72] Komm. E. v. 17.3.1993, Az. IV/M.272 – *Matra/CAP Gemini Sogeti,* WuW/E EV 2041; Bekanntmachung Zusammenschlussbegriff, ABl. EG 1998 Nr. C 66, Rn. 20.

[73] Konsolidierte Mitteilung, Rz. 82.

[74] Komm. E. v. 5.4.1993, Az. IV/M.317 – *Degussa/Ciba-Geigy;* Komm. E. v. 18.1.1993, Az. IV/M.293 – *Philips/Thomson.*

[75] Konsolidierte Mitteilung, Rz. 65.

[76] Konsolidierte Mitteilung, Rz. 67 f.

[77] *Wessely/Wegner* in MünchKomm., Art. 3 FKVO Rn. 123.

heitsgesellschafter ihre Stimmrechte nicht gegeneinander ausüben.[78] Die gegenseitige Abhängigkeit mehrerer Muttergesellschaften, von denen jede einen lebenswichtigen Beitrag für die Verwirklichung der Ziele des Gemeinschaftsunternehmens leistet, oder die Abhängigkeit eines Mehrheitsgesellschafters von dem für den Betrieb des Gemeinschaftsunternehmens erforderlichen Know-how eines Minderheitsgesellschafters können die Muttergesellschaften auch ohne ausdrückliche Vetorechte zu einer dauerhaften Zusammenarbeit zwingen, die zu einer faktisch gemeinsamen Kontrolle führt.[79] Soweit weder verbindliche Vereinbarungen noch eine starke Interessengemeinschaft zwischen den Minderheitsgesellschaftern bestehen, ist jedoch regelmäßig davon auszugehen, dass die Möglichkeit wechselnder Mehrheiten unter den Minderheitsgesellschaftern die Entstehung gemeinsamer Kontrolle verhindert.[80]

h) Änderungen der Struktur der Kontrolle. Art. 3 Abs. 1 umfasst – anders als § 37 Abs. 1 GWB im deutschen Recht – nicht mehrere Zusammenschlusstatbestände, die zueinander in einem Stufenverhältnis stehen. Da eine Verstärkung bereits bestehender Kontrolle somit keinen weiteren Zusammenschlusstatbestand erfüllen kann,[81] sind mehrfache Zusammenschlüsse zwischen denselben Unternehmen an sich nicht möglich. Ein Zusammenschluss im Sinne des Abs. 1 lit b liegt jedoch vor, wenn die bestehende Unternehmensverbindung derart modifiziert wird, dass sich die **Struktur der Kontrolle** ändert. 37

Dies ist der Fall beim **Wechsel zwischen alleiniger und gemeinsamer Kontrolle,** 38
z.B. wenn nach dem Ausscheiden einer oder mehrerer kontrollierender Muttergesellschaften nur noch ein kontrollierender Gesellschafter verbleibt oder im Falle der Auflösung eines Gemeinschaftsunternehmens, bei der an die Stelle der gemeinsamen Kontrolle über das Gemeinschaftsunternehmen die alleinige Kontrolle über dessen aufgeteilte Vermögenswerte durch die ehemaligen Muttergesellschaften tritt[82] (Übergang von gemeinsamer zu alleiniger Kontrolle). Umgekehrt kann ein fusionskontrollpflichtiger Übergang von alleiniger zu gemeinsamer Kontrolle durch das Hinzutreten neuer kontrollierender Gesellschafter bewirkt werden. Bei bereits bestehender gemeinsamer Kontrolle bewirkt der Erwerb der gemeinsamen Kontrolle durch bislang nicht an der Kontrolle beteiligte Anteilseigner – z.B. im Falle des Zugangs oder des Wechsels kontrollierender Anteilseigner – eine Änderung des Kreises der kontrollierenden Gesellschafter. Da die Beschaffenheit der Kontrolle auch durch die Zusammensetzung der Gruppe der gemeinsam kontrollierenden Gesellschafter bestimmt wird, wird hierdurch ebenfalls ein Zusammenschlusstatbestand begründet.[83]

Der Übergang von negativer alleiniger Kontrolle auf der Grundlage von Vetorechten zu 39
positiver alleiniger Kontrolle, z.B. durch Erlangen einer Stimmrechtsmehrheit, führt nach der Konsolidierten Mitteilung nicht zu einer Änderung der Art der Kontrolle, da auch eine negative Kontrolle ausübender Gesellschafter nicht unbedingt mit anderen Gesellschaftern zusammenarbeiten müsse, so dass der Wechsel zu positiver Kontrolle sich weder auf die Interessenlage des kontrollierenden Gesellschafters noch auf die Art der Kontrollstruktur auswirke.[84]

---

[78] Komm. E. v. 13.2.2006, COMP/M. 4085 – *Arcelor/Oyek/Erdemir.*

[79] Konsolidierte Mitteilung, Rz. 77f.

[80] Konsolidierte Mitteilung, Rz. 80.

[81] *Krimphove,* S. 271f.; *Dirksen/Barber,* EWS 1992, 98,103; *Kirchhoff,* BB 1990, Beil. 14, 2; *Koch,* EWS 1990, 65, 67.

[82] Bekanntmachung beteiligte Unternehmen, ABl. EG 1998, Nr. C 66/14, Rn. 46.

[83] Für eine Änderung der Anzahl: Komm. E. v. 27.5.1998, Az. IV/M. 993 – *Bertelsmann/Kirch/Premiere,* WuW/E EU-V 222; Komm. E. v. 21.3.2000 – *CLT-UFA/Canal+/Vox* ABI. EG 2000 Nr. C 134/13; für die Auswechslung: Komm. E. v. 22.10.1993, Az. IV/M. 376 – *Synthomer/Yule Catto;* vgl. auch Konsolidierte Mitteilung, Rn. 87.

[84] Konsolidierte Mitteilung, Rz. 83; in den Fällen COMP/M. 3198 – *VW-Audi/VW-Audivertriebszentren* (29.7.2003) und COMP/M. 3768 – *BBVA/BNL* (27.4.2005) hat die Kommission jedoch den Übergang von negativer alleiniger Kontrolle zu positiver alleiniger Kontrolle als Zusammenschlusstatbestand betrachtet.

3. Gemeinschaftsunternehmen (Art. 3 Abs. 4 FKVO)[85]

Schrifttum: *v. Graevenitz,* Erweiterte Gemeinschaftsunternehmen in der fusionskontrollrechtlichen Unwirksamkeitsfalle?, BB 2010, 1172ff.; *Hawk/Huser,* A Bright Line Shareholding Test to End the Nightmare under the EEC Merger Regulation, CMLR 1993 (30), 1155ff.; *Huerkamp,* Änderung der Tätigkeit des Gemeinschaftsunternehmens, WuW 2010, 1118ff.; *Riesenkampff,* Perspektiven und Probleme der europäischen Fusionskontrolle, FS Rittner (1991), S. 491; *Rudolf/Leupold,* Joint Ventures – The Relevance oft he Full Functionality Criterion under EU Merger Regulation, JECLP 2012, 439ff.; *Scherf,* Konzentrative und kooperative Gemeinschaftsunternehmen im Europäischen Kartellrecht, AG 1992, 245.

40 **a) Überblick.** Gemeinschaftsunternehmen (GU) können eine **Vielzahl von Formen** annehmen. Einige übernehmen nur begrenzte Funktionen für die Mütter und organisieren etwa den gemeinsamen Einkauf. Andere treten selbst am Markt auf und stellen eine eigenständige wirtschaftliche Einheit dar. Aus wettbewerbsrechtlicher Sicht muss diesen unterschiedlichen Ausgestaltungen und Funktionen von Gemeinschaftsunternehmen Rechnung getragen werden:

41 Gemeinschaftsunternehmen, die auf Dauer alle Funktionen einer selbstständigen wirtschaftlichen Einheit erfüllen (Art. 3 Abs. 4 FKVO), haben konzentrative Wirkung und bewirken eine Veränderung der Marktstruktur. Solche Gemeinschaftsunternehmen werden nach den Regeln der FKVO beurteilt. Man spricht von Vollfunktionsgemeinschaftsunternehmen. **Konzentrative Vollfunktionsgemeinschaftsunternehmen** sind solche Gemeinschaftsunternehmen, die auf Dauer alle Funktionen einer selbstständigen wirtschaftlichen Einheit erfüllen und darüber hinaus keine Koordinierung des Wettbewerbsverhaltens der Mütter bezwecken oder bewirken. Auf sie finden ausschließlich die Vorschriften der FKVO Anwendung. Bewirkt ein Vollfunktionsgemeinschaftsunternehmen hingegen auch eine Koordinierung des Wettbewerbsverhaltens der Mütter, so spricht man von einem **kooperativen** Vollfunktionsgemeinschaftsunternehmen. Auch auf dieses finden mittlerweile[86] die Vorschriften der FKVO Anwendung, da bei solchen Unternehmen die Strukturveränderung im Vordergrund steht. Seine koordinativen Wirkungen werden dann im Verfahren der FKVO nach Art. 101 Abs. 1 AEUV beurteilt.[87]

42 Gemeinschaftsunternehmen, die nicht auf Dauer alle Funktionen einer selbständigen wirtschaftlichen Einheit erfüllen, sind (kooperative) **Teilfunktionsgemeinschaftsunternehmen.** Diese bewirken allein oder überwiegend eine Verhaltenskoordinierung und stellen keinen strukturverändernden Zusammenschluss dar.[88] Auf sie findet die FKVO keine Anwendung,[89] sondern sie werden ausschließlich nach Art. 101 Abs. 1 AEUV beurteilt.[90]

---

[85] Die Kommentierung beruht auf der Vorauflage von *Lindemann.* Der Bearbeiter dankt Herrn *Lindemann* für die freundliche Überlassung des Textes.

[86] Früher fielen auch Vollfunktionsgemeinschaftsunternehmen immer dann nicht unter die Fusionskontrolle, wenn sie zu einer Verhaltenskoordinierung der Muttergesellschaften führten (vgl. Art. 3 Abs. 2 FKVO (VO 4064/89) a.F.).

[87] Siehe dazu GU Rn. 12ff.

[88] *Körber,* in: Immenga/Mestmäcker, EU-Wettbewerbsrecht[5] (2012), Bd. I/2, Art. 3 Rn. 170f.

[89] Kommission, Konsolidierte Mitteilung der Kommission zu Zuständigkeitsfragen gemäß der Verordnung (EG) Nr. 139/2004 des Rates über die Kontrolle von Unternehmenszusammenschlüssen, ABl. C 95/1 v. 16.4.2008 und deren Berichtigung, ABl. C/3, 10 v. 21.2.2009 (im Folgenden: Konsolidierte Mitteilung zu Zuständigkeitsfragen), Rn. 92; *Körber,* in: Immenga/Mestmäcker, EU-Wettbewerbsrecht[5] (2012), Bd. I/2, Art. 3 Rn. 170f. AA *Rudolf/Leupold,* JECLP 2012, 439 (440f.), denen zufolge auch Teilfunktionsgemeinschaftsunternehmen, denen Vermögenswerte der Mütter übertragen werden, der Fusionskontrolle unterfallen. Diese wären zwar nicht nach Art. 3 Abs. 4 FKVO zu beurteilen, sondern allein nach Art. 3 Abs. 1 lit. b) FKVO. Art. 3 Abs. 4 FKVO begrenze nicht die Anwendung von Art. 3 Abs. 1 lit. b) FKVO, sondern schaffe nur einen zusätzlichen Anmeldetatbestand.

[90] Siehe dazu GU Rn. 11, 16ff.

Art. 3 Abs. 4 FKVO hat damit eine wichtige **Schaltstellenfunktion.** Liegt ein Vollfunktionsgemeinschaftsunternehmen im Sinne dieser Vorschrift vor, so findet die FKVO Anwendung. Die wettbewerbsrechtliche Zulässigkeit des Gemeinschaftsunternehmens wird dann unter konzentrativen Aspekten materiellrechtlich nach der FKVO beurteilt (vgl. Art. 2 Abs. 1 bis 3 FKVO), unter kooperativen Aspekten erfolgt die materiellrechtliche Beurteilung zwar nach Art. 101 Abs. 1 AEUV, aber auch dies erfolgt im Verfahren nach der FKVO (vgl. Art. 2 Abs. 4, 5 und Art. 8 FKVO). Die Einstufung als Vollfunktionsgemeinschaftsunternehmen ist für die Gründerunternehmen vor diesem Hintergrund attraktiv (zum sogenannten **Konzentrationsprivileg** siehe Rn. 70, 75 ff.). Liegt hingegen kein Vollfunktionsgemeinschaftsunternehmen im Sinne dieser Vorschrift vor, so findet die FKVO keine Anwendung. In dem Fall ergeht eine Entscheidung nach Art. 6 Abs. 1 lit. a) FKVO.[91] Eine Beurteilung nach nationalem Fusionskontrollrecht wird hierdurch nicht ausgeschlossen. Das **deutsche Recht** trennt weniger streng und wendet auf kooperative Teilfunktionsgemeinschaftsunternehmen nicht nur § 1 GWB bzw. Art. 101 Abs. 1 AEUV, sondern auch die Vorschriften über die Fusionskontrolle an.[92] 43

b) Definition. Als Gemeinschaftsunternehmen (GU) werden im EU-Kartellrecht Unternehmen bezeichnet, die unter der **gemeinsamen Kontrolle** (Beherrschung) durch mehrere andere Unternehmen (so genannte Mutter- oder Gründergesellschaften) stehen.[93] Wesensmerkmal ist also zum einen die gemeinsame (nicht: alleinige) Kontrolle[94] durch mindestens zwei andere Unternehmen. Zum anderen ist die Unternehmenseigenschaft sowohl der herrschenden Unternehmen als auch des gemeinsamen Unternehmens erforderlich.[95] Allgemein zur **Definition und Bedeutung** von Gemeinschaftsunternehmen siehe die Erläuterungen GU Rn. 6 ff. 44

c) Vollfunktionsgemeinschaftsunternehmen. Für die Anwendung der FKVO ist entscheidend, ob es sich bei dem fraglichen Gemeinschaftsunternehmen um ein Vollfunktionsgemeinschaftsunternehmen oder ein Teilfunktionsgemeinschaftsunternehmen handelt (siehe bereits oben Rn. 41 ff.). Anders als die deutsche Fusionskontrolle erfasst die FKVO nämlich nur Vollfunktionsgemeinschaftsunternehmen. Die Unterscheidung zwischen konzentrativen und kooperativen Vollfunktionsgemeinschaftsunternehmen ist dabei nur relevant für die Frage, ob zusätzlich gemäß Art. 2 Abs. 4 FKVO eine Beurteilung nach Art. 101 AEUV erforderlich ist. Dies ist nur bei kooperativen Vollfunktionsgemeinschaftsunternehmen der Fall. 45

Gemäß Art. 3 Abs. 4 FKVO liegt ein Vollfunktionsgemeinschaftsunternehmen dann vor, wenn das Gemeinschaftsunternehmen auf Dauer alle Funktionen einer selbstständigen wirtschaftlichen Einheit erfüllt. Die Kommission hatte die Kriterien, die ihrer Auffassung nach für die Abgrenzung im Rahmen des Art. 3 Abs. 4 FKVO maßgeblich sind, in der Mitteilung über den Begriff des Vollfunktionsgemeinschaftsunternehmens[96] bekannt gemacht. An deren Stelle ist die **Konsolidierte Mitteilung der Kommission zu Zuständigkeitsfragen**[97] getreten. In dieser Mitteilung konkretisiert die Kommission die Voraussetzungen des Art. 3 Abs. 4 FKVO und diskutiert dabei verschiedene Aspekte, unter anderem das Vorhandensein ausreichender Ressourcen für eine eigenständige Marktpräsenz, die Übernahme von mehr als nur einer spezifischen Funktion für die Muttergesellschaften, Verkaufs-/Kaufbeziehungen zu den Muttergesellschaften, die Frage der Dauerhaf- 46

---

[91] Siehe Erläuterungen zu Art. 6 FKVO.

[92] Siehe dazu unten Anhang 1 zu § 1 GWB Rn. 4 ff.

[93] Zur Definition des Gemeinschaftsunternehmens vgl. Art. 3 Abs. 1 lit. b) und Abs. 4 der FKVO.

[94] Zur gemeinsamen Kontrolle siehe auch die Erläuterungen zu Art. 3 FKVO, oben Rn. 33 ff.

[95] *Rating,* in: Schröter/Jakob/Klotz/Mederer, Europäisches Wettbewerbsrecht^2 (2014), Art. 101 AEUV (2B) Rn. 627.

[96] ABl. C 66 v. 2.3.1998, 1 ff.

[97] Konsolidierte Mitteilung zu Zuständigkeitsfragen (Fn. 89).

tigkeit der Wirtschaftstätigkeit sowie Änderungen der Tätigkeit des Gemeinschaftsunternehmens.[98]

47 Im Einzelnen sind im Rahmen des Art. 3 Abs. 4 FKVO folgende Voraussetzungen zu prüfen, anhand derer die Abgrenzung zwischen Vollfunktions- und Teilfunktionsgemeinschaftsunternehmen erfolgt:

1) Liegt **gemeinsame Kontrolle** vor?
2) Erfüllt das Gemeinschaftsunternehmen **alle Funktionen einer selbständigen wirtschaftlichen Einheit?**
   a) Hat das Gemeinschaftsunternehmen **ausreichende Ressourcen für eine eigenständige Marktpräsenz?**
   b) Erfüllt das Gemeinschaftsunternehmen **mehr als nur spezifische Funktionen für die Muttergesellschaften?**
3) Verfolgt das Gemeinschaftsunternehmen eine **auf Dauer** angelegte Wirtschaftstätigkeit?

48 **aa) Gemeinsame Kontrolle.** Die gemeinsame Kontrolle (hierzu ausführlich GU Rn. 2 sowie oben Rn. 33ff.) ist Voraussetzung dafür, dass es sich um ein Gemeinschaftsunternehmen iSd Art. 3 Abs. 4 FKVO handelt. Gemeinsame Kontrolle erfordert einen Zwang zur Zusammenarbeit bei strategischen Entscheidungen, wobei bereits eine beidseitige Blockademöglichkeit ausreichen kann. Daher fällt etwa ein Gemeinschaftsunternehmen, an dem die Muttergesellschaften nur mit je 25% beteiligt sind und bei dem nicht mindestens zwei der Muttergesellschaften über wesentliche Kontrollrechte verfügen, nicht unter die EU-Fusionskontrolle. Im deutschen Recht ist die gemeinsame Kontrolle demgegenüber keine zwingende Voraussetzung für den Zusammenschlussbegriff,[99] so dass möglicherweise in Deutschland eine Anmeldepflicht im Rahmen der Fusionskontrolle besteht.

49 **bb) Erfüllung aller Funktionen einer selbständigen wirtschaftlichen Einheit.** Die Gründung des Gemeinschaftsunternehmens muss zu einer wesentlichen Änderung der **Marktstruktur** führen.[100] Das ist nach Art. 3 Abs. 4 FKVO nur dann der Fall, wenn das Gemeinschaftsunternehmen **alle Funktionen** erfüllt, die auch andere Unternehmen als selbständige wirtschaftliche Einheiten auf dem betreffenden Markt erfüllen.[101] Für die **Selbständigkeit** des Unternehmens ist es dabei nicht erforderlich, dass das Gemeinschaftsunternehmen seine strategischen Entscheidungen unabhängig treffen kann. Dies wird aufgrund der gemeinsamen Kontrolle durch die Mütter niemals der Fall sein. Ausreichend ist daher eine operative Selbständigkeit.[102]

50 Die Beurteilung ist sehr stark von der Art des betroffenen Unternehmens und des betreffenden Marktes abhängig; es ist also auf die **Branchenüblichkeit** abzustellen. Maßgeblich ist, ob auf dem betreffenden Markt ein ähnlicher Leistungsumfang auch von anderen Unternehmen angeboten wird.[103] So werden zu einem **Produktionsunternehmen** in der Regel auch die Entwicklung und der Vertrieb gehören. Es gibt aber auch Märkte, auf denen sich Unternehmen auf die **Entwicklung** beschränken und ihre Entwicklungsergebnisse

---

[98] Konsolidierte Mitteilung zu Zuständigkeitsfragen (Fn. 89), Rn. 94ff.

[99] Vgl. dazu die Kommentierung zu § 37 GWB (Rn. 46ff.).

[100] Vgl. Erwägungsgrund Nr. 20 zur FKVO.

[101] *Käseberg,* in: Langen/Bunte, Europäisches Kartellrecht[12] (2014), Art. 3 FKVO Rn. 100, 103ff.; *Mestmäcker/Schweitzer,* Europäisches Wettbewerbsrecht[3] (2014), § 27 Rn. 34; *Riesenkampff,* in: FS Rittner (1991), S. 491 (500); Komm. E., 30.4.2003, COMP/M.2861, *Siemens/Drägerwerk/JV,* ABl. L 291/24, 8.11.2003, Rn. 8.

[102] EuG, 23.2.2006, Rs. T-282/02, ECLI:EU:T:2006:64, Slg. II-331 – *Cementbouw,* Rn. 62; Konsolidierte Mitteilung zu Zuständigkeitsfragen (Fn. 89), Rn. 93; *Mestmäcker/Schweitzer,* Europäisches Wettbewerbsrecht[3] (2014), § 27 Rn. 34.

[103] *Hirsbrunner/Rating* in: Schröter/Jakob/Klotz/Mederer, Europäisches Wettbewerbsrecht[2] (2014), Art. 3 FKVO (4C) Rn. 62; *Körber,* in: Immenga/Mestmäcker, EU-Wettbewerbsrecht[5] (2012), Bd. I/2, Art. 3 FKVO Rn. 141f.; *Mestmäcker/Schweitzer,* Europäisches Wettbewerbsrecht[3] (2014), § 27 Rn. 34.

anderen Unternehmen gegen Entgelt für die Verwertung zur Verfügung stellen. Auch die bloße **Fertigung** (ohne eigene Entwicklung und Vertrieb) gehört auf bestimmten Märkten zum Tätigkeitsgebiet selbständiger Unternehmen (Produktionsservices). Ebenso gibt es Märkte, auf denen Unternehmen die **Planung und Ausschreibung** von Projekten anbieten, ohne selbst mit der Lieferung oder Durchführung im Einzelnen befasst zu sein. Gleiches gilt auch für den **Vertrieb von Waren,** insbesondere für Handelsunternehmen.

(1) Vorhandensein ausreichender Ressourcen für eine eigenständige Marktpräsenz. Das Gemeinschaftsunternehmen muss über die für eine selbstständige und langfristige Betätigung notwendigen **Ressourcen** verfügen, also über die für seine Tätigkeit erforderliche **finanzielle, sachliche und personelle** Ausstattung.[104] Dazu gehören i. d. R. ein eigenes sich dem Tagesgeschäft widmendes **Management** und das erforderliche **Personal.**[105] Fehlt es an eigenem Personal, so kann das dafür sprechen, dass das Gemeinschaftsunternehmen nur Hilfsfunktionen für die Muttergesellschaften erfüllt.[106] Wenn es allerdings in dem Wirtschaftszweig, in dem das Gemeinschaftsunternehmen tätig ist, üblich ist, kann es ausreichen, wenn Dritte das Personal im Rahmen einer Vereinbarung bereitstellen oder wenn das Personal von einer Zeitarbeitsagentur vermittelt wird.[107] Es ist auch möglich, dass die Muttergesellschaften Personal abstellen, solange dies nur während der Anlaufphase geschieht. Dies gilt auch, wenn das Gemeinschaftsunternehmen zu seinen Muttergesellschaften marktübliche Beziehungen unterhält und frei ist, eigenes Personal einzustellen oder von Dritten zu erhalten.[108] Werden dagegen die wesentlichen **technischen und administrativen Aufgaben** von den Muttergesellschaften wahrgenommen, so wird es meist an der notwendigen Substanz für ein Vollfunktionsgemeinschaftsunternehmen fehlen.[109] 51

Wesentlich ist auch die **Kapitalausstattung** des Gemeinschaftsunternehmens, insbesondere die für eine selbständige Tätigkeit notwendige Kapitaldecke.[110] Garantien der Muttergesellschaften reichen nicht immer aus.[111] 52

---

[104] Vgl. Konsolidierte Mitteilung zu Zuständigkeitsfragen (Fn. 89), Rn. 94; *Hirsbrunner,* in: Bechtold/Bosch/Brinker, EU-Kartellrecht^3 (2014), Art. 3 FKVO Rn. 29; Komm. E., 2.12.1995, IV/M.527, *Thomson CSF/Deutsche Aerospace,* ABl. C 65/4, 16.3.1995, Rn. 10; Komm. E., 11.5.1995, IV/M.560, *EDS/Lufthansa,* ABl. C 163/8, 29.6.1995, Rn. 9 ff.; Komm. E., 7.7.1995, IV/M.585, *VAI/Davy International,* ABl. C 246/2, 22.9.1995, Rn. 8; Komm. E., 5.2.1996, IV/M.686, *Nokia/Autoliv,* ABl. C 69/3, 7.3.1996, Rn. 6; Komm. E., 7.10.1996, IV/M.791, *British Gas Trading/Group 4 Utility Services,* ABl. C 374/8, 11.12.1996, Rn. 9; Komm. E., 14.10.1999, IV/M.1597, *Castrol/Carless/JV,* ABl. C 16/5, 20.1.2000, Rn. 8 f.; Komm. E., 21.10.1999, COMP/M.1679, *France Telecom/STI/SRD,* ABl. C 335/3, 23.11.1999, Rn. 7; Komm. E., 4.11.1999, COMP/M.1587, *Dana/GKN,* ABl. C 9/10, 13.1.2000, Rn. 8; Komm. E., 20.12.2002, COMP/M.2992, *Brenntag/Biesterfeld/JV,* Rn. 7; Komm. E., 14.10.2005, COMP/M.3884, *ADM Poland/CEFETRA/BTZ,* Rn. 7 ff.; Komm. E., 24.11.2005, COMP/M.3944, *Behr/Hella/JV,* Rn. 9 ff.; Komm. E., 22.12.2005, COMP/M.4042, *Toepfer/Invivo/Soulès,* Rn. 7 ff. Beispiel für nicht genügend Ressourcen: Komm. E., 15.10.1998, COMP/M.1315, *ENW/Eastern,* Rn. 7 ff.

[105] Konsolidierte Mitteilung zu Zuständigkeitsfragen (Fn. 89), Rn. 94; Komm. E., 2.2.2000, COMP/M.1786, *General Electric/Thomson CSF/JV,* ABl. C 61/6, 3.3.2000, Rn. 7.

[106] Komm. E., 15.10.1998, COMP/M.1315, *ENW/Eastern,* Rn. 7 ff.; Komm. E., 2.4.1997, IV/M.904, *RSB/Tenex/Fuel Logistic,* WuW 1997, 502, Rn. 5 ff.; vgl. auch Komm. E., 15.4.1996, IV/M.722, *Teneo/Meryll Lynch/Bankers Trust,* WuW 1996, 994, Rn. 13 ff.

[107] Konsolidierte Mitteilung zu Zuständigkeitsfragen (Fn. 89), Rn. 94.

[108] Konsolidierte Mitteilung zu Zuständigkeitsfragen (Fn. 89), Rn. 94.

[109] Komm. E., 25.3.1996, IV/M.711, *Generali/Unicredito,* WuW 1996, 993 f., Rn. 11 ff.

[110] Vgl. *Wessely/Wegner,* in: MünchKomm, Europäisches Wettbewerbsrecht I^2 (2015), Art. 3 FKVO Rn. 144; Komm. E., 13.4.1992, IV/M.168, *Flachglas/Vegla,* WuW/E EV 1832, Rn. 10 ff., 17 ff.; Komm. E., 15.10.1998, COMP/M.1315 – *ENV/Eastern,* Rn. 7 ff. [kein Vollfunktionsgemeinschaftsunternehmen bei nur begrenzter sachlicher oder finanzieller Ausstattung]; Komm. E., 12.11.1992, IV/M.222, *Mannesmann/Hoesch,* ABl. 1993 L 114/34, 8.5.1993, Rn. 8 [Nachschusspflicht ausreichend]; Komm. E., 1.8.2000, COMP/JV.50, *Blackstone/CDPQ/Kabel Baden-Württemberg,* ABl. C 323/4, 14.11.2000, Rn. 17 f. [ausreichendes Investment].

[111] Komm. E., 15.10.1998, COMP/M.1315, *ENV/Eastern,* Rn. 7 ff.

53 Um als Vollfunktionsgemeinschaftsunternehmen eingestuft zu werden, muss das Gemeinschaftsunternehmen einen **gesicherten Zugriff auf die erforderlichen Vermögensgegenstände** erhalten.[112] Die Überlassung von Betriebsmitteln durch die Muttergesellschaften im Wege des Leasing genügt, wenn diese Betriebsmittel dem Gemeinschaftsunternehmen dauerhaft und zu marktüblichen Konditionen zur Verfügung stehen.[113] Oft ist es nicht möglich, die von dem Gemeinschaftsunternehmen benutzten Anlagen auf das Gemeinschaftsunternehmen zu übertragen. Insbesondere wenn diese auch von den Muttergesellschaften zur Produktion benötigt werden, kann es auch ausreichen, dass anstelle einer Übertragung Verträge über die Lohnfertigung oder Zulieferung geschlossen werden.[114]

54 **Marken, Patente und Know-how** müssen dem Gemeinschaftsunternehmen zumindest durch langfristige **Lizenzverträge** dauerhaft zur Verfügung stehen,[115] nach Auffassung der Kommission wohl meist auch unbegrenzt, unwiderruflich und ausschließlich.[116] Allerdings ist auch hier entscheidend, ob das Gemeinschaftsunternehmen in die Lage versetzt wird, seine Funktionen wie andere Unternehmen am Markt auszufüllen;[117] dazu kann es auch genügen, wenn weniger umfassende Lizenzen erteilt werden. Ist das Gemeinschaftsunternehmen allerdings in besonderem Maße auf den Zugang zur Technologie der Muttergesellschaften angewiesen und sind ihm die Lizenzen für Patente nur widerruflich und für einen kürzeren Zeitraum als möglich eingeräumt, so spricht das gegen die Selbständigkeit des Gemeinschaftsunternehmens.[118] Es ist ausreichend, wenn die Übertragung der Ressourcen auf das Gemeinschaftsunternehmen stufenweise erfolgt, sofern dies hinreichend konkretisiert ist und in engem zeitlichen Zusammenhang mit der Gründung des Gemeinschaftsunternehmens erfolgen soll, oder wenn das Gemeinschaftsunternehmen diese Ressourcen nur für eine Übergangszeit nutzt.[119] Dabei muss das **Tätigkeitsgebiet** des Gemeinschaftsunternehmen über eine gewisse Substanz verfügen; ist dieses zu vage, so verneint die Kommission das Vorliegen eines Vollfunktionsgemeinschaftsunternehmens.[120]

55 Die Feststellung, dass das Gemeinschaftsunternehmen mit hinreichenden materiellen und immateriellen Ressourcen ausgestattet ist, kann in der Regel einfacher getroffen werden,

---

[112] *Wessely/Wegner,* in: MünchKomm, Europäisches Wettbewerbsrecht I[2] (2015), Art. 3 FKVO Rn. 148.

[113] Komm. E., 7.10.1996, IV/M.791, *British Gas Trading/Group 4 Utility Services,* ABl. C 374/8, 11.12.1996, Rn. 9; Komm. E., 19.7.1995, IV/M.490, *Nordic Satellite Distribution,* WuW/E EV 2343, 2346, ABl. L 53/20, 2.3.1996, Rn. 31 ff.; Komm. E., 22.12.1994, COMP/M.475, *Elf Atochem/Shell Chimie,* Rn. 9 ff.; Komm. E., 7.8.1996, COMP/M.727, *BP/Mobil,* Rn. 13.

[114] *Hirsbrunner/Rating* in: Schröter/Jakob/Klotz/Mederer, Europäisches Wettbewerbsrecht[2] (2014), Art. 3 FKVO (4C) Rn. 64; *Körber,* in: Immenga/Mestmäcker, EU-Wettbewerbsrecht[5] (2012), Bd. I/2, Art. 3 FKVO Rn. 137; Komm. E., 29.4.1993, IV/M.310, *Harrisons & Crosfield/AKZO,* ABl. C 128/5, 8.5.1993, Rn. 10; Komm. E., 19.12.1991, IV/M.113, *Courtaulds/SNIA,* ABl. C 333, 24.12.1991, Rn. 6 ff.; Komm. E., 8.9.1993, IV/M.355, *Rhône-Poulenc/SNIA,* ABl. C 272/16, 8.10.1993, Rn. 9 f.; Komm. E., 21.2.1996, COMP/M.663, *Dow/DuPont,* Rn. 11.

[115] *Wagemenn/Wiedemann,* in: Wiedemann (Hrsg.), Handbuch des Kartellrechts[2] (2008), § 15 Rn. 61; *Käseberg,* in: Langen/Bunte, Europäisches Kartellrecht[12] (2014), Art. 3 FKVO Rn. 101, 106. Vgl. Komm. E., 2.12.1995, IV/M.527, *Thomson CSF/Deutsche Aerospace,* ABl. C 65/4, 16.3.1995, Rn. 10.

[116] Komm. E., 9.12.1991, IV/M.419, *Lucas/Eaton,* WuW/E EV 1783 f., Rn. 12; Komm. E., 28.7. 1992, M.160, *Elf Atochem/Rohm & Haas,* ABl. C 201, 8.8.1992, Rn. 9; Komm. E., 29.10.1993, IV/M.330, *McCormick/CPC/Radobank/Ostmann,* WuW/E EV 2157, Rn. 19; vgl. auch Komm. E., 8.7. 1992, IV/M.236, *Ericsson/Ascom,* Rn. 11; Komm. E., 2.12.1995, IV/M.527, *Thomson CSF/Deutsche Aerospace,* ABl. C 65/4, 16.3.1995, Rn. 10; Komm. E., 2.2.2000, COMP/M.1786, *General Electric/Thomson CSF/JV,* ABl. C 61/6, 3.3.2000, Rn. 7.

[117] *Hirsbrunner/Rating* in: Schröter/Jakob/Klotz/Mederer, Europäisches Wettbewerbsrecht[2] (2014), Art. 3 FKVO (4C) Rn. 65.

[118] Komm. E., 6.2.1991, IV/M.058, *Baxter/Nestlé/Salvia,* WuW/E EV 1579 ff., Rn. 5 f.

[119] Komm. E., 24.10.1997, COMP/M.994, *DuPont/Hitachi,* Rn. 9 f.

[120] Komm. E., 25.7.1995, IV/M.551, *ATR/BAe,* WuW 1996, 215, Rn. 13 ff.; *Hirsbrunner/Rating* in: Schröter/Jakob/Klotz/Mederer, Europäisches Wettbewerbsrecht[2] (2014), Art. 3 FKVO (4C) Rn. 66; *Käseberg,* in: Langen/Bunte, Europäisches Kartellrecht[12] (2014), Art. 3 FKVO Rn. 117.

wenn **bestehende Aktivitäten** der Muttergesellschaften auf das Gemeinschaftsunternehmen übertragen werden. Insofern wird es auf die selbständige Lebensfähigkeit des Unternehmens ankommen.[121] Schwieriger gestaltet sich die Feststellung, wenn das Gemeinschaftsunternehmen auf einem **neuen Tätigkeitsgebiet** aktiv werden soll, in dem die Muttergesellschaften noch keine Aktivitäten entfaltet haben. Hier wird die Kapitalausstattung des Gemeinschaftsunternehmens eine wesentliche Rolle spielen, insbesondere auch eine etwaige Nachschusspflicht der Muttergesellschaften.[122] Hinweise können sich vor allem aus dem **Geschäftsplan** des Gemeinschaftsunternehmens ergeben, der meist Aussagen zum Kapitalbedarf und der geplanten Umsatz- und Ergebnisentwicklung enthalten wird.[123] Zudem ist hinsichtlich der Ausstattung mit hinreichenden materiellen und immateriellen Ressourcen ein Vergleich mit den Gesellschaften auf dem neuen Tätigkeitsgebiet durchzuführen.[124]

(2) Erfüllung von mehr als nur spezifischen Funktionen für die Muttergesellschaften. Voraussetzung für ein Vollfunktionsgemeinschaftsunternehmen ist weiter, dass das Unternehmen einen **eigenen Zugang zum Markt** hat und nicht nur im Wesentlichen **Hilfsfunktionen** für die Muttergesellschaften erbringt.[125] So ist ein Gemeinschaftsunternehmen, das hauptsächlich **Entwicklungsarbeiten** für die **Muttergesellschaften** erbringt, kein Vollfunktionsgemeinschaftsunternehmen. Auch ist ein Gemeinschaftsunternehmen für die Fertigung von Produkten dann kein Vollfunktionsgemeinschaftsunternehmen, wenn der Vertrieb ausschließlich durch die Muttergesellschaften unter deren Marke erfolgt und das Gemeinschaftsunternehmen selbst nicht über den Vertrieb entscheiden kann.[126] Etwas anderes gilt, wenn sich das Gemeinschaftsunternehmen lediglich der **Vertriebsorganisation** der Muttergesellschaften bedient, die unternehmerische Entscheidung über den Vertrieb aber bei dem Gemeinschaftsunternehmen liegt.[127] Das gilt insbesondere dann, wenn der Vertrieb im Namen und für Rechnung des Gemeinschaftsunternehmens erfolgt.[128] Es spricht für die Eigenständigkeit des Gemeinschaftsunternehmens, wenn dieses mit seinen Kunden selbst verhandelt und kontrahiert.[129] 56

---

[121] *Hirsbrunner/Rating* in: Schröter/Jakob/Klotz/Mederer, Europäisches Wettbewerbsrecht[2] (2014), Art. 3 FKVO (4C) Rn. 64; *Körber,* in: Immenga/Mestmäcker, EU-Wettbewerbsrecht[5] (2012), Bd. I/2, Art. 3 FKVO Rn. 134 f.

[122] S. oben Rn. 52.

[123] Komm. E., 9.11.1994, IV/M.469, *MSG Media Service,* ABl. L 364/1, 31.12.1994, Rn. 10; Komm. E., 25.7.1995, IV/M.551, *ATR/BAe,* WuW 1996, 215, Rn. 13 ff.; vgl. *Hirsbrunner/Rating* in: Schröter/Jakob/Klotz/Mederer, Europäisches Wettbewerbsrecht[2] (2014), Art. 3 FKVO (4C) Rn. 61.

[124] *Hirsbrunner/Rating* in: Schröter/Jakob/Klotz/Mederer, Europäisches Wettbewerbsrecht[2] (2014), Art. 3 FKVO (4C) Rn. 67.

[125] Konsolidierte Mitteilung zu Zuständigkeitsfragen (Fn. 89), Rn. 95 f.; Komm. E., 13.4.1992, IV/M.168, *Flachglas/Vegla,* WuW/E EV 1832, Rn. 10 ff. [Bezug des Vormaterials zur Hälfte von den Muttergesellschaften – kein Vollfunktionsunternehmen]; Komm. E., 23.12.1997, IV/M.1041, *BASF/Shell II,* WuW 1998/157, Rn. 18 ff. [Freiheit beim Bezug des Vormaterials – als Vollfunktionsgemeinschaftsunternehmen anerkannt]; Komm. E., 28.8.1995, IV/M.581, *Frantschach/Bischof-Klein,* WuW 1995, 1009, Rn. 8 ff.; ähnlich auch Komm. E., 12.11.1992, IV/M.222, *Mannesmann/Hoesch,* ABl. 1993 L 114/34, 8.5.1993, Rn. 8 ff.

[126] Vgl. Komm. E., 13.9.1993, IV/M.353, *British Telekom/MCI,* WuW 1994, 39, Rn. 4 ff.; Konsolidierte Mitteilung zu Zuständigkeitsfragen (Fn. 89), Rn. 95.

[127] Komm. E., 2.12.1991, IV/M.102, *TNT/Canada Post/DBP Postdienst/La Poste/PTT Post/Sweden Post,* ABl. C 322, 13.12.1991, Rn. 13 ff.; Komm. E., 9.12.1991, IV/M.419, *Lucas/Eaton,* WuW/E EV 1783 f., Rn. 12; Komm. E., 20.6.1994, IV/M.441, *Daimler-Benz/RWE,* WuW/E EV 2148 f., Rn. 17; Komm. E., 17.5.1995, IV/M.566, *CLT/Disney/Super RTL,* WuW 1996, 27, Rn. 9; Komm. E., 10.2.1995, IV/M.533, *Akzo Nobel-Kuagtextil/TWD,* WuW 1995, 584, Rn. 7 ff.; Komm. E., 19.7.1995, IV/M.490, *Nordic Satellite Distribution,* WuW/E EV 2343, 2346, ABl. L 053/20, 2.3.1996, Rn. 38; Komm. E., 19.2.1996, IV/M.694, *SKF/INA/WPB,* WuW 1997, 38, Rn. 7.

[128] *Wessely/Wegner,* in: MünchKomm, Europäisches Wettbewerbsrecht I[2] (2015), Art. 3 FKVO Rn. 161; Komm. E., 11.2.2000, COMP/M.1801, *Neusiedler/American Israeli Paper Mills/JV,* ABl. C 89/3, 28.3.2000.

[129] Komm. E., 20.12.1999, COMP/M.1781, *Electrolux/Ericsson,* ABl. C 37/10, 9.2.2002, Rn. 6.

57 Schwierig abzugrenzen sind die Fälle, in denen das Gemeinschaftsunternehmen sowohl Funktionen für die Muttergesellschaften erfüllt, als auch selbständig am Markt auftritt (z. B. ein Rechenzentrum, das sowohl für die Muttergesellschaft als auch für Dritte Leistungen erbringt oder eine Produktionsgesellschaft, die sowohl für die Muttergesellschaft als auch für Dritte Vorprodukte herstellt). Hier wird man es darauf abstellen müssen, **welcher Anteil** der Leistungen für Dritte erbracht wird und ob das Gemeinschaftsunternehmen die Leistungen an seine Muttergesellschaften zu **marktüblichen Konditionen** erbringt.[130]

58 Ist das Gemeinschaftsunternehmen überwiegend als **Vorlieferant** oder **Dienstleister** für die Muttergesellschaften tätig oder bezieht es überwiegend von den Muttergesellschaften, so ist es in der Regel kein Vollfunktionsgemeinschaftsunternehmen.[131] Ist es dagegen überwiegend für Dritte tätig, dann erfüllt es die Voraussetzung für ein Vollfunktionsgemeinschaftsunternehmen.

59 Bei Ausgründung bestimmter Tätigkeiten aus einem oder mehreren Unternehmen in ein Gemeinschaftsunternehmen wird das Gemeinschaftsunternehmen häufig vorübergehend noch überwiegend von den Muttergesellschaften beziehen oder an diese liefern oder leisten. Ist dies nur für eine **Übergangszeit** geplant und ist damit zu rechnen, dass nach Ablauf der Übergangszeit das Gemeinschaftsunternehmen überwiegend von Dritten bezieht oder an diese liefert oder leistet, so spricht dies für das Vorliegen eines Vollfunktionsgemeinschaftsunternehmens. Als Übergangsfrist wird meist ein Zeitraum von bis zu drei Jahren als unschädlich für die Einstufung als Vollfunktionsgemeinschaftsunternehmen angesehen,[132] in besonderen Fällen aber auch ein längerer Zeitraum.[133] Trotz zunächst fehlender Selbständigkeit zum Zeitpunkt der Gründung des Gemeinschaftsunternehmens gilt es – auch während der **Anlaufphase** – für den gesamten Zeitraum als Vollfunktionsgemeinschaftsunternehmen.[134]

60 Bei **Bezügen** des Gemeinschaftsunternehmens von den Muttergesellschaften ist es nach Ansicht der Kommission auch relevant, wie hoch die eigene **Wertschöpfung** des Gemeinschaftsunternehmens ist.[135] Eine sehr geringe Wertschöpfung spricht dafür, dass das Gemeinschaftsunternehmen eher als eine gemeinsame Verkaufsagentur und damit nicht als Vollfunktionsgemeinschaftsunternehmen anzusehen ist. Umgekehrt kann eine hohe Wertschöpfung ein Vollfunktionsgemeinschaftsunternehmen begründen, selbst wenn in erheblichem Umfang Bezüge von den Muttergesellschaften erfolgen.[136] Sollen die **Verkäufe** des Gemeinschaftsunternehmens an die Muttergesellschaften auf dauerhafter Grundlage erfolgen, ist die entscheidende Frage, ob das Gemeinschaftsunternehmen trotz dieser Verkäufe dazu bestimmt ist, eine aktive Rolle am Markt zu spielen, und in operativer Hinsicht als

130 *Körber,* in: Immenga/Mestmäcker, EU-Wettbewerbsrecht[5] (2012), Bd. I/2, Art. 3 FKVO Rn. 156.

131 Komm. E., 1.10.1997, IV/M.979, *Preussag/Voest-Alpine,* WuW/E EU-V 6, Rn. 9 f.; Komm. E., 6.11.1995, IV/M.544, *Unisource/Telefonica,* Rn. 14 ff.; siehe aber auch unten Rn. 60.

132 Konsolidierte Mitteilung zu Zuständigkeitsfragen (Fn. 89), Rn. 97; siehe auch Komm. E., 11.5.1995, IV/M.560, *EDS/Lufthansa,* ABl. C 163/8, 29.6.1995, Rn. 11; Komm. E., 5.2.1996, IV/M.686, *Nokia/Autoliv,* ABl. C 69/3, 7.3.1996, Rn. 6; Komm. E., 2.4.1997, IV/M.904, *RSB/Tenex/Fuel Logistic,* WuW 1997, 502, Rn. 15 ff.

133 Komm. E., 22.12.1993, IV/M.394, *Mannesmann/RWE/Deutsche Bank,* ABl. C 9, 13.1.1994, Rn. 9. Vgl. auch Komm. E., 24.11.2005, COMP/M.3944, *Behr/Hella/JV,* Rn. 11.

134 *Käseberg,* in: Langen/Bunte, Europäisches Kartellrecht[12] (2014), Art. 3 Rn. 112.

135 Konsolidierte Mitteilung zu Zuständigkeitsfragen (Fn. 89), Rn. 101; Komm. E., 11.4.1995, IV/M.578, *Hoogovens/Klöckner & Co.,* Rn. 8 ff.; Komm. E., 17.4.2000, COMP/M.1875, *Reuters/Equant Project Proton,* Rn. 13.

136 Vgl. *Körber,* in: Immenga/Mestmäcker, EU-Wettbewerbsrecht[5] (2012), Bd. I/2, Art. 3 FKVO Rn. 157; *Hirsbrunner/Rating* in: Schröter/Jakob/Klotz/Mederer, Europäisches Wettbewerbsrecht[2] (2014), Art. 3 FKVO Rn. 71 f.; Komm. E., 22.12.1994, COMP/M.475, *Elf Atochem/Shell Chimie,* Rn. 9 ff.; Komm. E., 23.5.1995, IV/M.574, *Saudi Aramco/MOH,* ABl. C 158/4, 24.6.1995, Rn. 9; Komm. E., 28.8.1995, IV/M.581, *Frantschach/Bischof-Klein,* WuW 1995, 1009, Rn. 9; vgl. auch Komm. E., 12.11.1992, IV/M.222, *Mannesmann/Hoesch,* ABl. 1993 L 114/34, 8.5.1993, Rn. 8 ff.

wirtschaftlich selbstständig angesehen werden kann. Erzielt das Gemeinschaftsunternehmen mehr als die Hälfte seines Umsatzes mit Dritten, so ist dies typischerweise ein Indiz für Vollfunktion. Unterhalb dieser Schwelle muss jeweils im Einzelfall untersucht werden, ob die Beziehungen zwischen dem Gemeinschaftsunternehmen und seinen Muttergesellschaften echten geschäftlichen Charakter haben und das Gemeinschaftsunternehmen in operativer Hinsicht selbstständig ist.[137] Wichtig ist dabei, ob das Unternehmen auch mit seinen Muttergesellschaften marktübliche Beziehungen auf der Grundlage der normalen Geschäftsbedingungen unterhält. Dann kann es nach Ansicht der Kommission ausreichen, wenn mindestens 20% des voraussichtlichen Umsatzes mit Dritten erzielt werden.[138]

Bei Gemeinschaftsunternehmen im **Handelsbereich** kommt es ebenfalls darauf an, ob **61** das Gemeinschaftsunternehmen einen wesentlichen Teil seiner Waren von Dritten beziehen kann.[139] Auch bei **Outsourcing-Vereinbarungen,** bei denen ein Unternehmen bestimmte Funktionen (z.B. den IT-Service) ausgründet und in ein Gemeinschaftsunternehmen mit einem Dienstleister einbringt, kommt es darauf an, in welchem Umfang das Gemeinschaftsunternehmen auch für Dritte tätig werden soll. Wird der Umsatz mit Dritten im Vergleich zu der Haupttätigkeit des Gemeinschaftsunternehmens für die ausgründende Muttergesellschaft voraussichtlich von untergeordneter Bedeutung sein und die Beziehungen zu den Muttergesellschaften nicht auf der Grundlage normaler Marktbedingungen erfolgen, so wird es sich in der Regel nicht um ein Vollfunktionsgemeinschaftsunternehmen handeln.[140]

Ebenso gilt für den **Transport-** und **Dienstleistungssektor,** dass das Gemeinschaftsun- **62** ternehmen selbständig als Anbieter gegenüber Dritten auftreten muss,[141] um als Vollfunktionsgemeinschaftsunternehmen anerkannt zu werden. Hat das Gemeinschaftsunternehmen nur die Funktion einer **Auftragssammelstelle** der Muttergesellschaften zur Erzielung höherer Rabatte,[142] erfüllt es im Wesentlichen nur die Funktion einer **Vertriebsstelle**[143] oder handelt es sich um eine **geographisch begrenzte Zusammenfassung** von Aktivitäten der Muttergesellschaften,[144] so fehlt es an dem Vollfunktionscharakter.

Sowohl bei den Bezügen des Gemeinschaftsunternehmen von den Muttergesellschaften **63** als auch bei den Lieferungen des Gemeinschaftsunternehmen an die Muttergesellschaften kommt es jeweils darauf an, ob diese zu **marktüblichen Bedingungen** („at arm's length") erfolgen: Dies spricht eher für ein Vollfunktionsgemeinschaftsunternehmen,[145] anderenfalls fehlt es wahrscheinlich an der Eigenständigkeit.[146] Schwierig kann die Beurtei-

---

[137] Konsolidierte Mitteilung zu Zuständigkeitsfragen (Fn. 89), Rn. 98.

[138] Konsolidierte Mitteilung zu Zuständigkeitsfragen (Fn. 89), Rn. 98.

[139] Konsolidierte Mitteilung zu Zuständigkeitsfragen (Fn. 89), Rn. 102; Komm. E., 3.2.1992, IV M.179, *Spar/Dansk.Supermarket,* WuW/E EV 1810, Rn. 8; Komm. E., 9.1.1995, IV/M.511, *Texaco/Norsk Hydro,* 486, Rn. 10; Komm. E., 3.9.1996, IV/M. 788, *AgrEvo/Marubeni,* Rn. 10; vgl. auch Komm. E., 7.11.1994, V/M.503, *British Steel/Svenskt Stal/NSD,* Rn. 12; Komm. E., 20.9.1999, COMP/M.1623, *Allied Signal/MTU,* Rn. 8.

[140] Konsolidierte Mitteilung zu Zuständigkeitsfragen (Fn. 89), Rn. 100.

[141] Vgl. Komm. E., 19.12.1996, IV/M.831, *P&O/Nedlloyd,* ABl. C 110/7, 9.4.1997, Rn. 11; Komm. E., 5.3.1996, IV/M.683, *GTS-Hermes Inc./HIT Rail BV,* WuW 1996, 40, Rn. 11; Komm. E., 19.5.1998, IV/M.1177, *Belgacom/Tele Danmark/Tulip,* ABl. C 213/3, 9.7.1998, Rn. 11; Komm. E., 26.5.1998, IV/M.1160, *GKN/Brambles/SKP,* Rn. 7.

[142] Komm. E., 12.10.1992, IV/M.265, *VTG/BPTL,* WuW 1992, 1014, Rn. 4 ff.

[143] Komm. E., 25.7.1995, IV/M.551, *ATR/BAe,* WuW 1996, 215, Rn. 13 ff.

[144] Komm. E., 5.7.1993, IV/M.285, *Pasteur-Mérieux/Merck,* WuW 1994, 83, Rn. 13 ff.

[145] Vgl. *Hirsbrunner/Rating* in: Schröter/Jakob/Klotz/Mederer, Europäisches Wettbewerbsrecht[2] (2014), Art. 3 FKVO (4C) Rn. 70; *Körber,* in: Immenga/Mestmäcker, EU-Wettbewerbsrecht[5] (2012), Bd. I/2, Art. 3 Rn. 158; Komm. E., 20.6.1994, IV/M.441, *Daimler-Benz/RWE,* WuW/E EV 2148 f., Rn. 17; Komm. E., 9.4.1996, IV/M.556, *Zeneca/Vanderhave,* ABl. C 188/10, 28.6.1996, Rn. 8.

[146] Komm. E., 3.7.1996, IV/M.751, *Bayer/Hüls,* ABl. C 271/16, 17.9.1996, Rn. 10; Komm. E., 18.1.1993, IV/M.293, *Philips/Thomson/Sagem,* ABl. C 22, 26.1.1993, Rn. 14.

lung bei Gemeinschaftsunternehmen sein, für deren Leistungen noch kein eigener Markt besteht; hier ist eine Prognose über die Entwicklung von Zukunftsmärkten anzustellen.[147]

64 **cc) Dauerhaftigkeit.** Nach Art. 3 Abs. 4 FKVO muss das Gemeinschaftsunternehmen **auf Dauer** alle Funktionen einer selbständigen wirtschaftlichen Einheit erfüllen. Oft spricht die Übertragung von **erheblichen Ressourcen,** die für eine eigenständige Marktpräsenz erforderlich sind, bereits dafür, dass das Gemeinschaftsunternehmen auf Dauer angelegt ist.[148] Bei einem unbefristeten Gesellschaftsvertrag geht die Kommission in der Regel von einem auf Dauer angelegten Gemeinschaftsunternehmen aus.[149] **Befristungen** der Dauer in der Satzung oder in den Gründungsverträgen des Gemeinschaftsunternehmens sind dann unschädlich, wenn sie entweder der Auflösung einer Pattsituation dienen oder wenn sie ausreichend lang sind, um eine dauerhafte Veränderung in der Struktur der betroffenen Unternehmen herbeizuführen.[150] Wie lang die Mindestfrist ist, auf die der Bestand des Gemeinschaftsunternehmens ausgelegt sein muss, lässt sich nicht allgemein beantworten. Für die Dauerhaftigkeit des Gemeinschaftsunternehmens kommt es insbesondere auch darauf an, was im Falle einer Kündigung durch einen Gesellschafter geschieht: Ist eine Fortsetzung durch die anderen Gesellschafter vorgesehen, so wird auch eine kürzere Frist nicht schaden. Die Kommission hat Fristen zwischen sieben Jahren und fünfzehn Jahren für ausreichend erachtet, insbesondere wenn anschließend eine Neustrukturierung vorgesehen ist.[151] Auch fünf Jahre reichen nach Ansicht der Kommission aus, wenn eine automatische Verlängerung bei Nichtkündigung vorgesehen ist.[152]

65 Eine Dauer von **weniger als fünf Jahren** dürfte allerdings selbst dann problematisch sein, wenn eine automatische Verlängerung vorgesehen ist.[153] Regelungen, die für den Fall einer Insolvenz, Überfremdung oder von Meinungsverschiedenheiten zwischen den Muttergesellschaften oder den Nichteintritt bestimmter Voraussetzungen eine Kündigungsmöglichkeit, die Auflösung des Gemeinschaftsunternehmen oder das Ausscheiden von Muttergesellschaften vorsehen, schließen für sich alleine genommen noch nicht aus, dass es sich um ein auf Dauer angelegtes Gemeinschaftsunternehmen handelt.[154]

66 An einer ausreichend dauerhaften Tätigkeit des Gemeinschaftsunternehmens fehlt es nach Auffassung der Kommission allerdings, wenn die Aufnahme der Tätigkeit wesentlich

---

[147] Vgl. Komm. E., 9.11.1994, IV/M.469, *MSG Media Service,* ABl. L 364/1, 31.12.1994, Rn. 10.

[148] Konsolidierte Mitteilung zu Zuständigkeitsfragen (Fn. 89), Rn. 103.

[149] *Hirsbrunner/Rating* in: Schröter/Jakob/Klotz/Mederer, Europäisches Wettbewerbsrecht[2] (2014), Art. 3 FKVO (4C) Rn. 76; Komm. E., 28.7.1992, IV/M.160, *Elf/Atochem/Röhm & Haas,* WuW/E EV 2001; Komm. E., 4.1.1991, IV/M.002, *Mitsubishi/Ucar,* Rn. 5; Komm. E., 8.9.1993, IV/M.355, *Rhône Poulenc/SNIA,* ABl. C 272, 8.10.1993; Komm. E., 20.6.1994, IV/M.441, *Daimler-Benz/RWE,* WuW/E EV 2148f., Rn. 16.

[150] Konsolidierte Mitteilung zu Zuständigkeitsfragen (Fn. 89), Rn. 103; Komm. E., 7.10.1996, IV/M.791, *British Gas Trading/Group 4 Utility Services,* ABl. C 374/8, 11.12.1996, Rn. 9f.

[151] Komm. E., 17.2.1992, IV/M.090, *BSN-Nestlé/Cokoladovni,* WuW 1992, 497, Rn. 10; vgl. auch Komm. E., 27.11.1992, IV/M.259, *British Airways/TAT,* WuW 1993, 37, Rn. 10; Komm. E., 30.4. 2003, COMP/M.2903, *Daimler-Chrysler/Deutsche Telekom/JV,* Rn. 12 [12 Jahre]; Komm. E., 20.7. 2005, COMP/M.3858, *Lehman Brothers/SCG/Starwood/Le Meridien,* Rn. 8f. [10 bis 15 Jahre, nicht ausreichend: 3 Jahre].

[152] Komm. E., 14.1.1992, IV/M.152, *Volvo/Atlas,* WuW/E EV 1775, Rn. 8 [zusätzlicher Gesichtspunkt: GU würde auch bei Kündigung einer Partei fortbestehen]; vgl. auch Komm. E., 6.5.1998, IV/M.970, *TKS/ITW Signode/Titan,* ABl. L 316/33, 25.11.1998, Rn. 10.

[153] Komm. E., 15.4.1996, IV/M.722, *Teneo/Meryll Lynch/Bankers Trust,* WuW 1996, 994, Rn. 15 [nur dreijährige Dauer vorgesehen].

[154] Komm. E., 14.1.1992, IV/M.152, *Volvo/Atlas,* WuW/E EV 1775, Rn. 8; Komm. E., 28.2.1994, IV/M.408, *RWE/Mannesmann,* ABl. C 68, 5.3.1994, Rn. 6 [Auflösung bei Nichterteilung einer Funklizenz, die für den Geschäftsbetrieb des Gemeinschaftsunternehmen Voraussetzung war]; vgl. auch Komm. E., 23.4.1997, IV/M.891, *Deutsche Bank/Commerzbank/J. M. Voith,* ABl. C 247/3, 13.8. 1997, Rn. 4, 7. Siehe auch *Hirsbrunner/Rating* in: Schröter/Jakob/Klotz/Mederer, Europäisches Wettbewerbsrecht[2] (2014), Art. 3 FKVO (4C) Rn. 77.

von noch **ausstehenden Entscheidungen** Dritter abhängt, sofern diese Entscheidungen über reine Formalitäten hinausgehen und deren Ausgang normalerweise unsicher ist.[155] Das soll z. B. für die noch offene Auftragsvergabe bei Ausschreibungen, die Lizenzvergabe (z. B. im Mobilfunksektor) oder die Gewährung von Rechten (z. B. zur Exploration von Erdöl- oder Erdgasvorkommen) gelten. Solange diese Voraussetzungen nicht vorliegen, bleibt nach Auffassung der Kommission unklar, ob das Gemeinschaftsunternehmen eine dauerhafte Tätigkeit aufnehmen wird. Sobald jedoch eine Entscheidung gefallen ist, sei dieses Kriterium erfüllt und es liege ein Zusammenschluss vor. Unklar bleibt, wie bei dieser Behandlung das Vollzugsverbot zu handhaben ist, denn für die Teilnahme an der Ausschreibung muss das Gemeinschaftsunternehmen meist bereits existieren, und mit der Auftragserteilung wird es zu einem Vollfunktionsunternehmen, dessen Gründung bereits vollzogen ist. An der erforderlichen Dauerhaftigkeit fehlt es auch dann, wenn das Gemeinschaftsunternehmen nur für ein bestimmtes, **zeitlich befristetes Projekt** (z. B. die Errichtung eines Bauwerks oder einer Anlage, ohne diese später auch zu betreiben) gegründet wurde.[156]

Auch die **Gestaltung als Gemeinschaftsunternehmen** muss auf Dauer angelegt sein. **67** Ist die Beherrschung durch mehrere Unternehmen nur für einen kurzen Zeitraum vorgesehen, so fehlt es an dieser Voraussetzung.[157]

Ob die Einräumung von Optionsrechten **(Call- oder Put-Optionen)** gegen die Dau- **68** erhaftigkeit des Gemeinschaftsunternehmens spricht, ist von der Ausgestaltung im Einzelnen abhängig. Einerseits kann trotz einer solchen Gestaltung durchaus eine dauerhafte Strukturänderung vorliegen, vor allem wenn die Optionsrechte erst nach einem längeren Zeitraum ausgeübt werden können.[158] Andererseits können zu kurzfristige Call- oder Put-Optionen bedeuten, dass es sich in Wirklichkeit nicht um ein auf Dauer gemeinsam beherrschtes Unternehmen handelt, sondern um eine Übernahme der alleinigen Kontrolle in Raten.[159] Richtig ist allerdings auch, dass die Dauerhaftigkeit des Gemeinschaftsunternehmens nicht voraussetzt, dass jeder der ursprünglichen Gesellschafter dauerhaft beteiligt ist.[160]

d) Änderung des Tätigkeitsbereichs eines Gemeinschaftsunternehmens. Ändert **69** sich der Tätigkeitsbereich eines Gemeinschaftsunternehmens, so kann hierin ein **erneuter Zusammenschluss** liegen. Dies ist nicht schon dann der Fall, wenn die Tätigkeit eines bestehenden Gemeinschaftsunternehmens lediglich ausgeweitet wird. **Internes Wachstum** ist kontrollfrei. Die Behandlung als erneuter Zusammenschluss kommt daher nur dann in Betracht, wenn sich die Ausweitung des Tätigkeitsbereichs **von den Müttern ableitet.** Aus der Übertragung von Vermögenswerten oder Rechten auf das Gemeinschaftsunternehmen durch die Mütter kann gefolgert werden, dass die Muttergesellschaften die eigentlichen Akteure im Hinblick auf die Ausweitung der Tätigkeit sind.[161] Als problematisch kann sich erweisen, dass sich eine Tätigkeitsausweitung schleichend vollziehen und daher unbemerkt bleiben kann. Unterbleibt vor diesem Hintergrund eine erforderliche Anmeldung des Zusammenschlusses, so ist dieser gemäß Art. 7 Abs. 4 FKVO schwebend unwirk-

---

[155] Konsolidierte Mitteilung zu Zuständigkeitsfragen (Fn. 89), Rn. 105.

[156] Konsolidierte Mitteilung zu Zuständigkeitsfragen (Fn. 89), Rn. 104.

[157] *Hirsbrunner/Rating* in: Schröter/Jakob/Klotz/Mederer, Europäisches Wettbewerbsrecht[2] (2014), Art. 3 FKVO (4C) Rn. 80; *Körber,* in: Immenga/Mestmäcker, EU-Wettbewerbsrecht[5] (2012), Bd. I/2, Art. 3 Rn. 162; Komm. E., 28.3.1994, IV/M.425, *Banco Santander/British Telecommunications,* Rn. 16 ff.; Komm. E., 15.9.1995, IV/M.604, *Albacom,* ABl. C 278/8, 24.10.1995, Rn. 15 ff.

[158] *Schröer,* in: FK, EG-Kartellrecht (76. Lfg. 2012), Art. 3 FKVO Rn. 162; Komm. E., 13.9.1996, IV/M.781, *Schering/Gehe-Jenapharm,* ABl. C 306/3, 15.10.1996, Rn. 7. Vgl. auch Komm. E., 14.1. 1992, IV/M.152, *Volvo/Atlas,* WuW/E EV 1775, Rn. 8; Komm. E., 27.11.1992, IV/M.259, *British Airways/TAT,* WuW 1993, 37, Rn. 5, 10.

[159] Vgl. *Körber,* in: Immenga/Mestmäcker, EU-Wettbewerbsrecht[5] (2012), Bd. I/2, Art. 3 Rn. 163.

[160] *Hirsbrunner/Rating* in: Schröter/Jakob/Klotz/Mederer, Europäisches Wettbewerbsrecht[2] (2014), Art. 3 FKVO (4C) Rn. 78.

[161] Konsolidierte Mitteilung zu Zuständigkeitsfragen (Fn. 89), Rn. 106 ff.

sam und es droht ein Bußgeld.[162] Vergleiche zu den Fragen der Ausweitung der Tätigkeit des Gemeinschaftsunternehmens GU Rn. 4.

70 **e) Prüfungsmaßstab und -umfang bei Vollfunktionsgemeinschaftsunternehmen.** Die Gründung von Gemeinschaftsunternehmen kann sich auch dann als wettbewerbsbeschränkende Vereinbarung im Sinne des Art. 101 Abs. 1 AEUV darstellen, wenn es sich um ein Vollfunktionsgemeinschaftsunternehmen handelt. Dennoch müssen Vollfunktionsgemeinschaftsunternehmen nicht zwingend die Voraussetzungen des Art. 101 Abs. 3 AEUV erfüllen, um zulässig zu sein. Diese werden vielmehr im Rahmen der Fusionskontrolle nach Art. 2 Abs. 2 und 3 FKVO geprüft. Dementsprechend kommt es nur darauf an, ob durch die Gründung des Gemeinschaftsunternehmens wirksamer Wettbewerb im Gemeinsamen Markt oder einem wesentlichen Teil desselben behindert würde. Nur wenn dies der Fall ist, ist der Zusammenschluss für mit dem Gemeinsamen Markt unvereinbar zu erklären. Im Hinblick auf diese nur beschränkte Prüfung spricht man vom **Konzentrationsprivileg** (vgl. auch unten Rn. 75 ff.):[163] Die Gründung eines Vollfunktionsgemeinschaftsunternehmens wird in Bezug auf ihre konzentrativen Effekte nur nach den Kriterien des Art. 2 Abs. 2, 3 FKVO beurteilt.[164] Es findet insoweit – anders als im deutschen Recht – keine Doppelkontrolle nach Art. 101 AEUV und Art. 2 Abs. 2, 3 FKVO statt.[165] Allerdings sieht Art. 2 Abs. 4 und 5 FKVO vor, dass zusätzlich nach Art. 101 Abs. 1 und 3 AEUV geprüft wird, ob die Gründung des Gemeinschaftsunternehmens die Koordinierung des Wettbewerbsverhaltens unabhängiger Unternehmen (nämlich der Muttergesellschaften) bezweckt oder bewirkt. Damit unterfällt erst eine hinzutretende bezweckte oder bewirkte **Koordinierung** zwischen den Gründerunternehmen (also die kooperativen Aspekte der Gründung eines Vollfunktionsgemeinschaftsunternehmens) der Prüfung nach Art. 101 Abs. 1 und 3 AEUV.[166] Nach Art. 6 Abs. 1 lit. b) Satz 2 und Art. 8 Abs. 1 Satz 2 FKVO umfasst die Entscheidung, dass der Zusammenschluss mit dem Gemeinsamen Markt (bzw. nunmehr dem Binnenmarkt) vereinbar ist, auch die Freistellung der unerlässlichen Nebenabreden („ancillary restraints")[167] sowie der Koordinierungseffekte.[168]

71 Die Kommission hat in ihrer **Bekanntmachung über wettbewerbsbeschränkende Nebenabreden**[169] dargelegt, nach welchen Maßstäben sie beurteilt, ob wettbewerbsbeschränkende Nebenabreden als unmittelbar mit einem Zusammenschluss verbunden und für diesen notwendig anzusehen sind. Darin legt sie auch die Beurteilungsgrundsätze für gängige Klauseln im Zusammenhang mit der Gründung eines Vollfunktionsgemeinschaftsunternehmens im Sinne von Art. 3 Abs. 4 FKVO dar. **Wettbewerbsverbote** der Gründerunternehmen im Verhältnis zu dem Gemeinschaftsunternehmen werden in der Regel für die Dauer des Gemeinschaftsunternehmens als notwendig und zulässig angesehen, soweit sie sich auf die vereinbarten oder satzungsmäßig festgelegten sachlichen und räumlichen Tätigkeitsgebiete des Gemeinschaftsunternehmens beziehen.[170] Gleiches soll für

---

[162] *von Graevenitz,* BB 2010, 1172 ff.; *Huerkamp,* WuW 2010, 1118 (1119).

[163] *Zimmer,* in: Immenga/Mestmäcker, EU-Wettbewerbsrecht[5] (2012), Bd. I/1, Art. 101 Abs. 1 AEUV Rn. 312.

[164] *Hirsbrunner/Rating* in: Schröter/Jakob/Klotz/Mederer, Europäisches Wettbewerbsrecht[2] (2014), Art. 3 FKVO Rn. 51; *Pohlmann,* in: MünchKomm, Europäisches Wettbewerbsrecht I[2] (2015), Art. 101 AEUV Rn. 340.

[165] *Mestmäcker/Schweitzer,* Europäisches Wettbewerbsrecht[3] (2014), § 27 Rn. 42 f.

[166] *Körber,* in: Immenga/Mestmäcker, EU-Wettbewerbsrecht[5] (2012), Bd. I/2, Art. 3 FKVO Rn. 165 f.; *Mestmäcker/Schweitzer,* Europäisches Wettbewerbsrecht[3] (2014), § 27 Rn. 42; siehe dazu im Einzelnen Rn. 187 zu Art. 2 FKVO.

[167] Siehe dazu GU Rn. 38 ff.

[168] Siehe dazu im Einzelnen Art. 2 FKVO Rn. 186 f.

[169] Bekanntmachung der Kommission über Einschränkungen des Wettbewerbs, die mit der Durchführung von Unternehmenszusammenschlüssen unmittelbar verbunden und für diese notwendig sind, ABl. C 56 v. 5.3.2005, 24 ff., 2005/C 56/03 **(„Bekanntmachung Nebenabreden").**

[170] Bekanntmachung Nebenabreden (Fn. 169), Rn. 36 ff.

Abwerbeverbote und Vertraulichkeitsklauseln gelten. Allerdings dürfen nur diejenigen Muttergesellschaften solche Wettbewerbsbeschränkungen zugunsten des Gemeinschaftsunternehmens eingehen, die das Gemeinschaftsunternehmen mit kontrollieren.

Ähnliche Grundsätze gelten für **Lizenzvereinbarungen** zwischen Muttergesellschaften und dem Gemeinschaftsunternehmen.[171] Eine Beschränkung des Anwendungsbereichs der Lizenzen auf das Tätigkeitsgebiet des Gemeinschaftsunternehmens gilt als unmittelbar mit dem Zusammenschluss verbunden und notwendig. Auch Lizenzen des Gemeinschaftsunternehmens an die Muttergesellschaften oder wechselseitige Lizenzen zwischen dem Gemeinschaftsunternehmen und Muttergesellschaften werden ähnlich behandelt. Dagegen gelten diese Grundsätze nicht für Wettbewerbsverbote und Lizenzen der Muttergesellschaften untereinander. **72**

Für **Bezugs- und Lieferverpflichtungen** zwischen den Muttergesellschaften und dem Gemeinschaftsunternehmen sollen die gleichen Grundsätze gelten wie bei der Übertragung (Veräußerung) von Unternehmen.[172] Sie werden also je nach Fallgestaltung als für eine Übergangszeit notwendig und gerechtfertigt angesehen. **73**

Nebenabreden, die für die Gründung des Gemeinschaftsunternehmens **nicht unerlässlich** sind, sind nach Art. 101 AEUV zu beurteilen. Allerdings werden diese nicht im Fusionskontrollverfahren geprüft, so dass insbesondere auch nicht über die Anwendbarkeit der Legalausnahme des Art. 101 Abs. 3 AEUV entschieden wird. Aus diesen Regelungen ergibt sich auch eine Jurisdiktionsabgrenzung: Bei einem Gemeinschaftsunternehmen, das unter die FKVO fällt, dürfen die nationalen Kartellbehörden und Gerichte eine Prüfung nach Art. 101 AEUV nur insoweit vornehmen, als es sich nicht um unerlässliche Nebenabreden handelt.[173] **74**

f) Konsequenzen für die Praxis. Die **bisherige Praxis der Kommission** zeigt, dass die Kommission bei der Prüfung, ob es sich um ein Vollfunktionsgemeinschaftsunternehmen handelt, einen verhältnismäßig großzügigen Maßstab anlegt. Dies mag auch damit zu tun haben, dass die damit verbundene Anwendbarkeit der FKVO verschiedene Vorteile hat (vgl. dazu GU Rn. 13): **75**

Handelt es sich um **konzentrative** (Vollfunktions-)Gemeinschaftsunternehmen, so sind diese nach EU-Kartellrecht deutlich günstiger gestellt als **kooperative** Gemeinschaftsunternehmen. Das betrifft sowohl die **materielle** Behandlung als auch das **Verfahren.** Maßstab für die Beurteilung von konzentrativen (Vollfunktions-)Gemeinschaftsunternehmen ist nur, ob durch den Zusammenschluss wirksamer Wettbewerb im Gemeinsamen Markt (bzw. nunmehr dem Binnenmarkt) oder einem wesentlichen Teil desselben erheblich behindert würde (Art. 2 Abs. 2, 3 FKVO). Dagegen unterliegen kooperative (Teilfunktions-)Gemeinschaftsunternehmen dem strengeren Maßstab des Art. 101 Abs. 1 und 3 AEUV:[174] Soweit sie den Wettbewerb beschränken, sind sie nur zulässig, wenn alle Kriterien des Art. 101 Abs. 3 AEUV erfüllt werden. Bei kooperativen Vollfunktionsgemeinschaftsunternehmen findet über Art. 2 Abs. 4 und 5 FKVO allerdings auch Art. 101 AEUV Anwendung. **76**

Auch hinsichtlich des Verfahrens sind kooperative Gemeinschaftsunternehmen benachteiligt. Denn außerhalb des Verfahrens der FKVO, welches jedoch nur den kooperativen Vollfunktionsgemeinschaftsunternehmen offensteht, besteht für sie keine Möglichkeit, durch **Anmeldung** eine Entscheidung über die Erfüllung der Voraussetzungen für eine Freistellung nach Art. 101 Abs. 3 AEUV herbeizuführen.[175] Dies bedeutet eine erhebliche Rechtsunsi- **77**

---

[171] Bekanntmachung Nebenabreden (Fn. 169), Rn. 42, 43.

[172] Bekanntmachung Nebenabreden (Fn. 169), Rn. 44, 32–35.

[173] Vgl. *Hirsbrunner/Rating* in: Schröter/Jakob/Klotz/Mederer, Europäisches Wettbewerbsrecht^2 (2014), Art. 3 FKVO (4C) Rn. 55.

[174] Siehe dazu GU Rn. 13 ff.

[175] Früher bestand diese Möglichkeit aufgrund der VO 17/62; da allerdings in der VO 17/62 keinerlei Frist für die Entscheidung vorgesehen war und die Freistellung erst aufgrund einer förmlichen

cherheit für die Beteiligten, da die Voraussetzungen des Art. 101 Abs. 3 AEUV für eine Freistellung oft nur schwer festzustellen sind und sowohl nationale Gerichte als auch nationale Kartellbehörden zu einer anderen Beurteilung gelangen können, und zwar unbefristet. Dies kann gerade für Gemeinschaftsunternehmen, die, wie z. B. ein gemeinsames Produktionsunternehmen, mit erheblichen Investitionen verbunden sind, ein großer Nachteil sein.

78 Eine weitere Erschwerung besteht darin, dass auf kooperative Teilfunktionsgemeinschaftsunternehmen sowohl das Kartellverbot des Art. 101 AEUV als daneben u. U. auch die nationale Fusionskontrolle Anwendung finden (sofern diese, wie z. B. die deutsche Fusionskontrolle, auch Teilfunktionsgemeinschaftsunternehmen erfasst). Im Gegensatz dazu finden auf Vollfunktionsgemeinschaftsunternehmen nur die Vorschriften der Fusionskontrolle Anwendung.[176]

79 Daraus folgt, dass es oft günstiger sein kann, für ein Vorhaben die Gestaltung als konzentratives Gemeinschaftsunternehmen oder zumindest als kooperatives Vollfunktionsgemeinschaftsunternehmen zu wählen. Zwar setzt dieses meist eine weitergehende Konzentration von unternehmerischen Funktionen (und damit zugleich eine weitergehende Beschränkung des Wettbewerbs) voraus als bei einem kooperativen Teilfunktionsgemeinschaftsunternehmen. Aber das Kartellrecht belohnt hier die stärkere Wettbewerbsbeschränkung, selbst wenn dies nicht logisch erscheinen mag. Gerechtfertigt wird dieses **„Konzentrationsprivileg“** oft mit den größeren Synergieeffekten, die durch eine stärkere Konzentration entstehen.[177] Ob dies in der Praxis wirklich die Regel ist, erscheint allerdings durchaus fraglich.

III. Ausnahmen

80 Abs. 5 nennt drei Ausnahmen, in denen der Erwerb einer Beteiligung, die eine Kontrolle ermöglicht, keinen Zusammenschluss im Sinne der Fusionskontrollverordnung darstellt und daher nicht der Fusionskontrolle unterliegt. Lit. a und c erfassen dabei ausschließlich Fälle des Anteilserwerbs, während lit. b Fälle betrifft, bei denen die Kontrolle durch Träger eines öffentlichen Mandats aufgrund Gesetzes erworben wird. Die Ausnahmetatbestände des Abs. 5 werden von der Kommission eng ausgelegt.[178] Da Vorhaben, die unter Abs. 5 fallen, keiner Anmeldung bedürfen, existiert kaum einschlägige Entscheidungspraxis.

1. Bankenklausel (Abs. 5 lit. a)

81 Nach Abs. 5 lit. a bewirkt der Erwerb von Wertpapieren durch Kreditinstitute, Finanzinstitute oder Versicherungsunternehmen, deren normale Tätigkeit Geschäfte und den Handel mit Wertpapieren für eigene und fremde Rechnung einschließt, unter den dort beschriebenen Voraussetzungen keinen Zusammenschluss. Die Kommission legt die Begriffe Kredit- und Finanzinstitut im Sinne der Richtlinie über die Aufnahme und Ausübung der Tätigkeit der Kreditinstitute aus.[179] Danach sind **Kreditinstitute** Unternehmen, deren Tätigkeit darin besteht, Einlagen oder andere rückzahlbare Gelder des Publikums entgegenzunehmen und Kredite auf eigene Rechnung zu gewähren.[180] Ein Unternehmen ist dage-

---

Entscheidung der Kommission wirkte, blieb die Wirksamkeit der Vereinbarungen meist für lange Zeit in der Schwebe.

[176] Bei kooperativen Vollfunktionsgemeinschaftsunternehmen findet über Art. 2 Abs. 4 und 5 FKVO allerdings auch Art. 101 AEUV Anwendung.

[177] Vgl. dazu *Hirsbrunner/Rating* in: Schröter/Jakob/Klotz/Mederer, Europäisches Wettbewerbsrecht² (2014), Art. 3 FKVO (4C) Rn. 48 f.; *Scherf*, AG 1992, 245; kritisch: *Hawk/Huser*, CMLR 1993 (30) 1155.

[178] Vgl. Konsolidierte Mitteilung, Rz. 114.

[179] Konsolidierte Mitteilung, Rz. 207.

[180] Art. 4 Nr. 1 der Richtlinie 2006/48/EG des Europäischen Parlaments und des Rates vom 14.6.2006 über die Aufnahme und Ausübung der Tätigkeit der Kreditinstitute (Neufassung), ABl. EU 2006 Nr. L 177.

gen als **Finanzinstitut** zu qualifizieren, wenn es als Haupttätigkeit Beteiligungen erwirbt oder eines oder mehrere der Geschäfte betreibt, die im Anhang zur Richtlinie aufgeführt sind (z. B. Ausleihungen, Finanzierungsleasing, Bürgschaften etc.).[181] Für eine Definition von **Versicherungsgesellschaften** kann auf die entsprechende Legaldefinition des § 1 Abs. 1 VAG im deutschen Recht zurückgegriffen werden. Danach ist für Versicherungsunternehmen der Betrieb von Versicherungsgeschäften charakteristisch. Sinn und Zweck der Ausnahme ist es, die genannten Unternehmen im Emissionsgeschäft und Wertpapierhandel nicht zu behindern.[182] Diese Zielsetzung und der Wortlaut der Konsolidierten Mitteilung, in der vom Erwerb von „Wertpapieren" die Rede ist, legen es nahe, den Anwendungsbereich von Abs. 5 lit. a. auf den Erwerb gehandelter Wertpapiere zu beschränken.[183] Allerdings scheint die Kommission in der Vergangenheit die Anwendung der Regelung auch auf den Erwerb von GmbH-Anteilen in Betracht gezogen zu haben.[184]

Voraussetzung für das Eingreifen der Bankenklausel als Ausnahme zum Zusammenschlussbegriff ist, dass 82

- der Erwerb im Rahmen der gewöhnlichen Tätigkeit der oben bezeichneten Unternehmen erfolgt,
- die Wertpapiere vorübergehend zum Zwecke der Veräußerung erworben werden,
- die Stimmrechte aus der Beteiligung nicht ausgeübt werden, es sei denn zur Vorbereitung der Veräußerung der Gesamtheit oder von Teilen des Unternehmens oder seiner Vermögenswerte und
- die Beteiligung innerhalb eines Jahres insoweit weiterveräußert wird, dass zumindest keine Kontrolle mehr gegeben ist.[185] Es besteht aber die Möglichkeit, die Frist auf Antrag durch die Kommission verlängern zu lassen.

Die **Veräußerungsabsicht** muss bereits zum Zeitpunkt des Erwerbs vorliegen. Dies ergibt sich aus dem Wortlaut der Bestimmung („zum Zwecke der Veräußerung"). Beim Erwerb von Anteilen im Rahmen des geschäftsmäßigen Wertpapierhandels wird die Veräußerungsabsicht in der Regel unterstellt.[186] Abs. 5 lit. a. gilt auch für einen Erwerb zum Zwecke der Weiterveräußerung eines bestimmten Dritten. Trägt dieser jedoch bereits die wesentlichen wirtschaftlichen Risiken, dann ist der Zwischenerwerb durch die Bank lediglich Teil des Kontrollerwerbs durch den endgültigen Käufer,[187] der nicht unter Abs. 5 lit. a. fällt. 83

Die Voraussetzungen einer zur Vorbereitung einer Anteilsveräußerung ausnahmsweise zulässigen **Stimmrechtsausübung** sind restriktiv auszulegen.[188] Der Erwerb der gemeinsamen Kontrolle an einem Unternehmen durch ein Bankenkonsortium im Rahmen einer Rettungsaktion zur Abwendung der Insolvenz fällt nach Auffassung der Kommission normalerweise nicht unter Abs. 5 lit. a., da die kontrollierenden Banken im Rahmen des Umstrukturierungsprogrammes regelmäßig Einfluss auf das strategische Wirtschaftsverhalten des Unternehmens nehmen werden.[189] 84

In der Praxis wird die Abgrenzung zu einer unzulässigen Ausübung der Stimmrechte im Hinblick auf das Wettbewerbsverhalten oft schwierig sein.[190] 85

---

[181] Art. 4 Nr. 5 der Richtlinie 2006/48/EG des Europäischen Parlaments und des Rates vom 14.6.2006 über die Aufnahme und Ausübung der Tätigkeit der Kreditinstitute (Fn. 180).
[182] *Monopolkommission,* Sondergutachten 17, Rn. 75; *Krimphove,* S. 265.
[183] Vgl. FKVO Art. 3 Rn. 140; a. A. *Lettl,* WM 2006, 256.
[184] Vgl. Komm. E. v. 23.4.1997, Az. IV/M. 891.
[185] Bekanntmachung Zusammenschlussbegriff, ABl. EG 1998 Nr. C 66, Rn. 42.
[186] *Wessely/Wegner* in MünchKomm., FKVO Art. 3 Rn. 175.
[187] S. o. Rn. 23; *Bechtold/Bosch/Brinker* FKVO Art. 3 Rn. 33; vgl. Konsolidierte Mitteilung, Rz. 114.
[188] *Krimphove,* S. 266; zu weit *Schröer* in: FK, Art. 3 FKVO Rn. 187, der auch Entscheidungen, in einen bestimmten Markt einzusteigen oder aufzugeben, vom Stimmverbot ausgenommen wissen will, wenn sie ein potentieller Erwerber zur Voraussetzung des Kaufs macht.
[189] Konsolidierte Mitteilung, Rz. 116.
[190] So auch *Bos/Stuyck/Wytinck,* S. 201.

86 Es muss eine **überwiegende Wahrscheinlichkeit** für die Veräußerung der Beteiligung binnen eines Jahres bestehen.[191] Hieran kann es im Einzelfall schon dann fehlen, wenn der beabsichtigte Weiterverkauf nicht vertraglich abgesichert ist.[192]

87 **Rechtsfolge.** Liegen die Voraussetzungen der Bankenklausel vor, wird der Erwerb nicht als Zusammenschluss im Sinne der FKVO angesehen und unterliegt daher nicht der materiellen Zusammenschlusskontrolle. Damit entfallen die Anmeldepflicht nach Art. 4 Abs. 1 und das präventive Zusammenschlussverbot nach Art. 7 Abs. 1, auch wenn eine gemeinschaftsweite Bedeutung nach Art. 1 zu bejahen wäre, weil es am Merkmal des Zusammenschlusses fehlt.

88 Fällt eine der Voraussetzungen der Bankenklausel nachträglich weg, so liegt ex nunc ein Zusammenschluss vor, der vollständig der Fusionskontrolle unterliegt.[193] Vor einer beabsichtigten Ausübung der Stimmrechte muss der Erwerb daher angemeldet und durch die Kommission freigegeben werden. Gleiches gilt, wenn die Weiterveräußerung nicht innerhalb eines Jahres erfolgt.

2. Insolvenzklausel (Abs. 5 lit. b)

89 Abs. 5 lit. b behandelt den Fall, dass ein Träger eines öffentlichen Mandats, also nach deutschem Recht der Insolvenzverwalter, aufgrund gesetzlicher Vorschriften über die Liquidation von Unternehmen, die Insolvenz, Zahlungseinstellung oder ähnliche Verfahren die Kontrolle über ein Unternehmen übernimmt. Die Insolvenzklausel findet jedoch keine Anwendung auf die Veräußerung des Unternehmens durch den Mandatsträger an Dritte.[194]

3. Beteiligungsgesellschaften nach Abs. 5 lit. c („Luxemburgische Klausel")

90 Nach Abs. 5 lit. c unterfällt auch der Anteilserwerb durch Beteiligungsgesellschaften nicht dem Zusammenschlussbegriff, wenn die mit den erworbenen Anteilen verbundenen Stimmrechte nur zur Erhaltung des vollen Wertes der Investitionen benutzt werden. Nach dem Gesetzeswortlaut dürfen die Stimmrechte insbesondere nicht dazu benutzt werden, unmittelbar oder mittelbar das Wettbewerbsverhalten der Unternehmen zu bestimmen, deren Anteile Gegenstand des Erwerbs sind. Bei den Beteiligungsgesellschaften im Sinne von Abs. 5 lit. c muss es sich um Beteiligungsgesellschaften nach Art. 5 Abs. 3 der Vierten Richtlinie des Rates über den Jahresabschluss von Gesellschaften handeln.[195] Dies ist nur dann der Fall, wenn Gegenstand der Gesellschaft ausschließlich der Erwerb und die Verwaltung von Beteiligungen ist.[196] Wird beabsichtigt, das Stimmrecht zu weiter gehenden als den nach Abs. 5 lit. c zulässigen Zwecken auszuüben, so ist vor der Ausübung der Stimmrechte die Anmeldung des Beteiligungserwerbs und dessen Freigabe durch die Kommission erforderlich, sofern die übrigen Aufgreifkriterien in Art. 1 und 3 erfüllt sind. Typische Investmentfondsstrukturen erfüllen nach Auffassung der Kommission nicht die Voraussetzungen des Abs. 5 lit. c, da Investmentfonds in aller Regel in die Zusammensetzung der Unternehmensleitung und der Aufsichtsorgane eingreifen.[197]

---

[191] Komm. E. v. 20.8.1991 Az. IV/M.116 – *Kelt/American Express,* WuW/E EU-V 1719.

[192] Komm. E. v. 23.4.1997 Az. IV/M.891 – *Deutsche Bank/Commerzbank/J. M. Voith,* WuW 1997, 595.

[193] *Krimphove,* S. 267.

[194] Komm. E. v. 11.4.1995 *ING/Barings,* ABl. EG 1995 Nr. C 114/6 Rn. 8.

[195] Vierte Richtlinie des Rates vom 25.7.1978 auf Grund von Art. 54 Abs. 3g des Vertrages über den Jahresabschluss von Gesellschaften bestimmter Rechtsformen ABl. EG 1978 Nr. L 202/11.

[196] Komm. E. v. 11.12.1995, Az. IV/M.669, ABl. EG 1996 Nr. C 350/18.

[197] Konsolidierte Mitteilung, Rz. 115.

4. Militärische Klausel (Art. 346 Abs. 1 lit. b AEUV[198])

Eine vierte Ausnahme findet sich nicht unmittelbar in der FKVO, sondern im AEUV selbst. Danach können Maßnahmen, die die Produktion von Kriegsmaterial betreffen, von der Anwendung sämtlicher Bestimmungen des AEUV und damit auch der Bestimmungen der FKVO, die auf Art. 83 EG (jetzt Art. 103 AEUV) und v. a. auf Art. 308 EG (jetzt Art. 352 AEUV) beruht,[199] ausgenommen werden. Allerdings haben nicht die Unternehmen, sondern nur die Regierungen der Mitgliedsstaaten das Recht, eine gesonderte Behandlung des Rüstungssektors zu reklamieren. Die deutsche Bundesregierung hat bisher eine solche Sonderbehandlung nicht in Anspruch genommen, da aus ihrer Sicht die Wettbewerbsregeln auch im Rüstungsbereich voll zur Anwendung gelangen müssten.[200] Die Ausnahmeregelung ist in der Praxis bereits viermal zur Anwendung gekommen bei Zusammenschlüssen britischer und französischer Waffenproduzenten.[201] Hier wurde jeweils nur der zivile Teil der Akquisition von den Unternehmen angemeldet. 91

Art. 4. Vorherige Anmeldung von Zusammenschlüssen und Verweisung vor der Anmeldung auf Antrag der Anmelder

(1) Zusammenschlüsse von gemeinschaftsweiter Bedeutung im Sinne dieser Verordnung sind nach Vertragsabschluss, Veröffentlichung des Übernahmeangebots oder Erwerb einer die Kontrolle begründenden Beteiligung und vor ihrem Vollzug bei der Kommission anzumelden.

Eine Anmeldung ist auch dann möglich, wenn die beteiligten Unternehmen der Kommission gegenüber glaubhaft machen, dass sie gewillt sind, einen Vertrag zu schließen, oder im Fall eines Übernahmeangebots öffentlich ihre Absicht zur Abgabe eines solchen Angebots bekundet haben, sofern der beabsichtigte Vertrag oder das beabsichtigte Angebot zu einem Zusammenschluss von gemeinschaftsweiter Bedeutung führen würde.

[1]Im Sinne dieser Verordnung bezeichnet der Ausdruck „angemeldeter Zusammenschluss" auch beabsichtigte Zusammenschlüsse, die nach Unterabsatz 2 angemeldet werden. [2]Für die Zwecke der Absätze 4 und 5 bezeichnet der Ausdruck „Zusammenschluss" auch beabsichtigte Zusammenschlüsse im Sinne von Unterabsatz 2.

(2) [1]Zusammenschlüsse in Form einer Fusion im Sinne des Artikels 3 Absatz 1 Buchstabe a) oder in Form der Begründung einer gemeinsamen Kontrolle im Sinne des Artikels 3 Absatz 1 Buchstabe b) sind von den an der Fusion oder der Begründung der gemeinsamen Kontrolle Beteiligten gemeinsam anzumelden. [2]In allen anderen Fällen ist die Anmeldung von der Person oder dem Unternehmen vorzuneh-

---

[198] **Art. 346 [Vorbehalt nationaler Bestimmungen]** (1) Die Vorschriften der Verträge stehen folgenden Bestimmungen nicht entgegen:
a) …
b) jeder Mitgliedsstaat kann die Maßnahmen ergreifen, die seines Erachtens für die Wahrung seiner wesentlichen Sicherheitsinteressen erforderlich sind, soweit sie die Erzeugung von Waffen, Munition und Kriegsmaterial oder den Handel damit betreffen; diese Maßnahmen dürfen auf dem Gemeinsamen Markt die Wettbewerbsbedingungen hinsichtlich der nicht eigens für militärische Zwecke bestimmten Waren nicht beeinträchtigen.

[199] Vgl. Erwägungsgrund 8 zur FKVO.

[200] Vgl. Komm. E. v. 2.12.1994 – *Thomson CSF/Deutsche Aerospace,* ABl. EG 1995 Nr. C 65/4; Komm E. v. 10.12.2004, COMP/M.3596 – *ThyssenKrupp/HDW,* ABl. EU 2006 Nr. C 103/30; Komm. E. v. 10.6.2006, Fall Nr. COMP/M.4160 – *ThyssenKrupp/EADS/Atlas,* ABl. EU 2006 Nr. C 177/35.

[201] Komm. E. v. 24.11.1994 Az. IV/M.528 – *British Aerospace/VSEL,* ABl. EG 1994 Nr. C 348/6; WuW 1995, 391; Komm. E. v. 7.12.1994 Az. IV/M.529 – *GEC/VSEL;* Komm. E. v. 15.5.1996 Az. IV/M.724 – *GEC/Thomson-CSF,* ABl. EG 1996 Nr. C 186/2, WuW 1997; Komm. E. v. 23.9.1996 Az. IV/M.820 – *British Aerospace/Lagardère SCA,* WuW 1996, 908.

men, die oder das die Kontrolle über die Gesamtheit oder über Teile eines oder mehrerer Unternehmen erwirbt.

(3) [1] Stellt die Kommission fest, dass ein Zusammenschluss unter diese Verordnung fällt, so veröffentlicht sie die Tatsache der Anmeldung unter Angabe der Namen der beteiligten Unternehmen, ihres Herkunftslands, der Art des Zusammenschlusses sowie der betroffenen Wirtschaftszweige. [2] Die Kommission trägt den berechtigten Interessen der Unternehmen an der Wahrung ihrer Geschäftsgeheimnisse Rechnung.

(4) Vor der Anmeldung eines Zusammenschlusses gemäß Absatz 1 können die Personen oder Unternehmen im Sinne des Absatzes 2 der Kommission in einem begründeten Antrag mitteilen, dass der Zusammenschluss den Wettbewerb in einem Markt innerhalb eines Mitgliedstaats, der alle Merkmale eines gesonderten Marktes aufweist, erheblich beeinträchtigen könnte und deshalb ganz oder teilweise von diesem Mitgliedstaat geprüft werden sollte.

[1] Die Kommission leitet diesen Antrag unverzüglich an alle Mitgliedstaaten weiter. [2] Der in dem begründeten Antrag genannte Mitgliedstaat teilt innerhalb von 15 Arbeitstagen nach Erhalt dieses Antrags mit, ob er der Verweisung des Falles zustimmt oder nicht. [3] Trifft der betreffende Mitgliedstaat eine Entscheidung nicht innerhalb dieser Frist, so gilt dies als Zustimmung.

Soweit dieser Mitgliedstaat der Verweisung nicht widerspricht, kann die Kommission, wenn sie der Auffassung ist, dass ein gesonderter Markt besteht und der Wettbewerb in diesem Markt durch den Zusammenschluss erheblich beeinträchtigt werden könnte, den gesamten Fall oder einen Teil des Falles an die zuständigen Behörden des betreffenden Mitgliedstaats verweisen, damit das Wettbewerbsrecht dieses Mitgliedstaats angewandt wird.

[1] Die Entscheidung über die Verweisung oder Nichtverweisung des Falls gemäß Unterabsatz 3 ergeht innerhalb von 25 Arbeitstagen nach Eingang des begründeten Antrags bei der Kommission. [2] Die Kommission teilt ihre Entscheidung den übrigen Mitgliedstaaten und den beteiligten Personen oder Unternehmen mit. [3] Trifft die Kommission innerhalb dieser Frist keine Entscheidung, so gilt der Fall entsprechend dem von den beteiligten Personen oder Unternehmen gestellten Antrag als verwiesen.

[1] Beschließt die Kommission die Verweisung des gesamten Falles oder gilt der Fall gemäß den Unterabsätzen 3 und 4 als verwiesen, erfolgt keine Anmeldung gemäß Absatz 1, und das Wettbewerbsrecht des betreffenden Mitgliedstaats findet Anwendung. [2] Artikel 9 Absätze 6 bis 9 finden entsprechend Anwendung.

(5) Im Fall eines Zusammenschlusses im Sinne des Artikels 3, der keine gemeinschaftsweite Bedeutung im Sinne von Artikel 1 hat und nach dem Wettbewerbsrecht mindestens dreier Mitgliedstaaten geprüft werden könnte, können die in Absatz 2 genannten Personen oder Unternehmen vor einer Anmeldung bei den zuständigen Behörden der Kommission in einem begründeten Antrag mitteilen, dass der Zusammenschluss von der Kommission geprüft werden sollte.

Die Kommission leitet diesen Antrag unverzüglich an alle Mitgliedstaaten weiter.

Jeder Mitgliedstaat, der nach seinem Wettbewerbsrecht für die Prüfung des Zusammenschlusses zuständig ist, kann innerhalb von 15 Arbeitstagen nach Erhalt dieses Antrags die beantragte Verweisung ablehnen.

[1] Lehnt mindestens ein Mitgliedstaat gemäß Unterabsatz 3 innerhalb der Frist von 15 Arbeitstagen die beantragte Verweisung ab, so wird der Fall nicht verwiesen. [2] Die Kommission unterrichtet unverzüglich alle Mitgliedstaaten und die beteiligten Personen oder Unternehmen von einer solchen Ablehnung.

[1] Hat kein Mitgliedstaat gemäß Unterabsatz 3 innerhalb von 15 Arbeitstagen die beantragte Verweisung abgelehnt, so wird die gemeinschaftsweite Bedeutung des Zusammenschlusses vermutet und er ist bei der Kommission gemäß den Absätzen 1 und 2 anzumelden. [2] In diesem Fall wendet kein Mitgliedstaat sein innerstaatliches Wettbewerbsrecht auf den Zusammenschluss an.

(6) [1]**Die Kommission erstattet dem Rat spätestens bis 1. Juli 2009 Bericht über das Funktionieren der Absätze 4 und 5.** [2]**Der Rat kann im Anschluss an diesen Bericht auf Vorschlag der Kommission die Absätze 4 und 5 mit qualifizierter Mehrheit ändern.**

Übersicht

I. Anmeldung bei der Kommission

1. Anmeldepflicht und Anmeldefähigkeit

a) Anmeldepflicht/Folgen der Nichtanmeldung. Art. 4 Abs. 1 normiert den **Grundsatz der präventiven Fusionskontrolle,** wonach Zusammenschlüsse, die in den Anwendungsbereich der FKVO fallen, bei der Kommission anzumelden sind, bevor sie vollzogen werden. Durch die Anmeldepflicht soll eine wirksame Überwachung durch die Kommission gewährlistet werden.[1] Ergänzt wird sie durch das Vollzugsverbot des Art. 7 Abs. 1. Danach darf ein anmeldepflichtiger Zusammenschluss erst dann vollzogen werden, wenn er von der Kommission freigegeben worden ist. 1

Eine Pflicht, ein Zusammenschlussvorhaben innerhalb eines bestimmten Zeitraums nach dem die Anmeldung auslösenden Ereignis – etwa dem Abschluss eines Unternehmenskaufvertrags, der Bekanntgabe eines öffentlichen Übernahmeangebots oder der Vereinbarung über den Erwerb einer die Kontrolle begründenden Beteiligung – bei der Kommission anzumelden, besteht nicht.[2] Die vormals bestehende Wochenfrist ist mit der Revision der FKVO im Jahre 2004 entfallen.[3] Maßgeblich ist allein, dass die Anmeldung **vor dem Vollzug des anmeldepflichtigen Vorhabens** stattfindet. Ein Verstoß gegen die Anmeldepflicht kann sich mithin nur bei einem gleichzeitigen Verstoß gegen das Vollzugsverbot ergeben.[4] 2

---

[1] Erwägungsgrund 34 zur FKVO.

[2] Konsolidierte Mitteilung der Kommission zu Zuständigkeitsfragen gemäß der Verordnung (EG) Nr. 139/2004 des Rates über die Kontrolle von Unternehmenszusammenschlüssen („Konsolidierte Mitteilung zu Zuständigkeitsfragen“), ABl. 2008 C 95/1, berichtigt in ABl. 2009 C 43/10, Rn. 155.

[3] *Bardong/Maass* in: Langen/Bunte, EU-Kartellrecht, Art. 4 FKVO Rn. 5.

[4] *Schroeder* in: Münchener Kommentar, EU-WettbR, Art. 4 FKVO Rn. 7.

3 **Ausnahmen von der Pflicht zur Anmeldung** in den Anwendungsbereich der FKVO fallender Zusammenschlussvorhaben bei der Kommission vor Vollzug ergeben sich bei einem erfolgreichen Antrag der Beteiligten auf Verweisung des gesamten Falls an einen Mitgliedstaat gem. Art. 4 Abs. 4[5] sowie gem. Art. 7 Abs. 2 bei einem Kontrollerwerb im Wege eines öffentlichen Übernahmeangebots und im Wege „schleichender Übernahmen" aufgrund einer Reihe von Rechtsgeschäften mit Wertpapieren.[6] Art. 7 Abs. 2 ermöglicht den Vollzug der einschlägigen Börsentransaktionen bereits vor der Anmeldung, vorausgesetzt, dass eine Anmeldung unverzüglich erfolgt und der Erwerber die mit den Anteilen verbundenen Stimmrechte nicht oder nur zur Erhaltung des vollen Werts seiner Investition aufgrund einer von der Kommission erteilten Freistellung ausübt (Art. 7 Abs. 2 lit a u. b). Eine grundsätzlich gegebene Anmeldepflicht kann zudem entfallen, wenn ein Mitgliedstaat Sicherheitsinteressen gem. Art. 346 AEUV geltend macht und die Kommission entsprechend informiert.

4 Geht die Kommission davon aus, dass die Anmeldung eines in den Anwendungsbereich der FKVO fallenden Zusammenschlusses unterblieben ist, fordert sie die beteiligten Unternehmen in der Regel zunächst zu einer Stellungnahme auf.[7] Erachtet sie dies nicht für ausreichend, so kann sie von den ihr gem. Art. 13 zustehenden **Nachprüfungsbefugnissen** Gebrauch machen.[8] Bei einer Beschwerde eines Wettbewerbers hinsichtlich einer nicht erfolgten Anmeldung eines Zusammenschlusses ist die Kommission zu einer Prüfung sowie zu einer anschließenden förmlichen Stellungnahme verpflichtet.[9]

5 Verstöße gegen die Anmeldepflicht sind **bußgeldbewährt.** Die Kommission kann bei einem Verstoß gem. Art. 14 abs. 1 lit. a Bußgelder in Höhe von jeweils bis zu 10% des von den beteiligten Unternehmen erzielten Gesamtumsatzes verhängen. Die FKVO enthält hingegen keine Regelung zu den zivilrechtlichen Folgen eines Verstoßes gegen die Anmeldepflicht.[10] Insoweit führt der Vollzug eines anmeldepflichtigen Zusammenschlusses ohne vorherige Anmeldung nicht unmittelbar zur Unwirksamkeit des zugrundeliegenden Vertrages.[11]

6 **b) Anmeldefähigkeit.** Aus Art. 4 Abs. 1 S. 2 ergibt sich, dass ein Zusammenschlussvorhaben bereits vor Abschluss eines Vertrages bzw. Veröffentlichung eines Übernahmeangebots bei der Kommission angemeldet werden kann.[12] Die sich daraus für die Zusammenschlussbeteiligten ergebende **Flexibilität bei der Auswahl des Anmeldezeitpunkts** soll u. a. die Koordinierung der Anmeldung bei der Kommission mit Anmeldungen in anderen Jurisdiktionen erleichtern.[13] Ein Vorhaben gilt bereits dann als anmeldefähig, wenn die beteiligten Unternehmen eine ausreichend konkretisierte Absicht zur Durchführung des Zusammenschlusses zum Ausdruck gebracht haben. Die Beteiligten trifft eine entsprechende Darlegungslast gegenüber der Kommission.[14] Bei einem beabsichtigen Vertragsschluss

---

[5] Siehe hierzu Rn. 43 ff.

[6] Siehe *Ablasser-Neuhuber* in: L/M/R, Kartellrecht, Art. 7 FKVO Rn. 11 ff.

[7] *Levy* European Merger Control Law, 17-11.

[8] Vgl. Komm., E. v. 11.11.1998, Rs. IV/M.1157 – *Skanska/Scancem,* Rn. 8; E. v. 3.7.2001, Rs. COMP/JV.55 – *Hutchison/RCPM/ECT,* Rn. 1 ff.

[9] Vgl. EuGH, Urt. v. 25.9.2003, Rs. C-170/02 P – *Schlüsselverlag J. S. Moser GmbH,* Slg. 2003 I-9889, Rn. 28; EuG, Urt. v. 14.7.2006, Rs. T-417/05 – *Endesa,* Slg. 2006, II-2533 Rn. 100.

[10] Vgl. aber Erwägungsgrund 4 zur VO (EG) Nr. 802/2004 der Kommission zur Durchführung der VO (EG) Nr. 139/2004 des Rates für die Kontrolle von Unternehmenszusammenschlüssen, ABl. Nr. L 133, v. 30.4.2004, S. 1 („DVO"), zuletzt geändert durch die Durchführungsverordnung (EU) Nr. 1269/2013 der Kommission v. 5.12.2013, ABl. L 336/1.

[11] So auch *Wiedemann* in: Hdb. Kartellrecht, Kap. 5, § 17 Rn. 9; *Körber* in: Immenga/Mestmäcker, EU-WettbR, Art. 4 FKVO Rn. 48.

[12] Siehe auch Konsolidierte Mitteilung zu Zuständigkeitsfragen, Rn. 155 sowie Erwägungsgrund 34 zur FKVO.

[13] Vgl. Grünbuch über die Revision der Verordnung (EWG) Nr. 4064/89 des Rates („Grünbuch"), KOM (2001) 745 endg. v. 11.12.2001, Rn. 184.

[14] *Levy* European Merger Control Law, § 17–19.

kommt insoweit insbesondere die Vorlage einer unterzeichneten Grundsatzvereinbarung *(agreement in principle)*, Übereinkunft *(memorandum of understanding)* oder Absichtserklärung *(letter of intent)* in Betracht.[15] Im Falle eines öffentlichen Übernahmeangebots ist die öffentliche Bekundung der Abgabe eines solchen Angebots ausreichend.[16]

Um einen effizienten Ressourceneinsatz zu gewährleisten[17] und bloße Vorratsprüfungen nicht ausreichend konkreter Vorhaben zu vermeiden, verlangt die Kommission bei einer Anmeldung vor Vertragsschluss in der Regel, dass sämtliche Parteien den Willen zum Abschluss des gegenständlichen Vertrages haben. **Nicht ausreichend** ist grundsätzlich die **bloße Erwerbsaussicht** des potenziellen Erwerbers,[18] etwa wenn sich der Veräußerer noch nicht zwischen mehreren Bietern entschieden hat. In mehreren Verfahren hat die Kommission jedoch hiervon Ausnahmen gemacht. Hierzu zählt der Fall *Iesy Repository/Ish,* in dem die Kommission strategischen Bietern in einem Stadium die Anmeldung erlaubte, in dem noch nicht feststand, für wen sich der Veräußerer entscheiden würde, um sie aufgrund des zu erwartenden längeren Fusionskontrollverfahrens nicht gegenüber ebenfalls bietenden Finanzinvestoren zu benachteiligen.[19] Im Fall des Verkaufs des spanischen Elektrizitäts- und Gasversorgers Hidrocántabrio wurden Anmeldungen konkurrierender Bieterkonsortien zugelassen.[20] Im Fall *Deutsche Börse/Euronext* schließlich erlaubte die Kommission dem Erwerbsinteressenten Deutsche Börse die Anmeldung, obgleich weder ein Vertrag noch eine schriftliche Absichtserklärung vorlagen, und Euronext sogar bereits einen Vertrag mit einem anderen Bieter unterzeichnet hatte.[21] 7

Des Weiteren wird verlangt, dass der Vollzug des angemeldeten Zusammenschlusses **zeitlich absehbar** ist. So soll viermieden werden, dass die wettbewerblichen Verhältnisse zum Zeitpunkt des Vollzuges wesentlich von denjenigen zum Zeitpunkt der Prüfung durch die Kommission abweichen.[22] Aufschiebende Bedingungen wie die Zustimmung von Gesellschaftsgremien oder behördliche Genehmigungen haben regelmäßig keine Auswirkungen auf die Anmeldefähigkeit eines Vorhabens.[23] Soweit die wesentlichen Rahmenbedingungen des Zusammenschlusses feststehen, steht der Anmeldefähigkeit auch nicht entgegen, dass bestimmte Aspekte der geplanten Transaktion, wie etwa die Art der Finanzierung oder Bewertungsfragen noch nicht determiniert wurden.[24] 8

In der Praxis sind bislang nur relativ wenige Zusammenschlüsse vor Vertragsabschluss bzw. vor Bekanntgabe eines öffentlichen Übernahmeangebots bei der Kommission angemeldet worden.[25] Ein Grund dafür dürfte darin liegen, dass von den Unternehmen in der Anmeldung äußerst umfangreiche Angaben und eine Vielzahl von Unterlagen verlangt werden,[26] die sie in einer frühen Phase vor Vertragsschluss häufig noch nicht beibringen können oder beibringen wollen.[27] 9

---

[15] Erwägungsgrund 34 zur FKVO.

[16] Vgl. Erwägungsgrund 34 zur FKVO.

[17] Vgl. Grünbuch Rn. 185.

[18] Vgl. *Bardong/Maass* in: Langen/Bunte, EU-Kartellrecht, Art. 4 FKVO Rn. 10.

[19] Komm. E. v. 14.2.2005, Rs. COMP/M.3674 – *Iesy Repository/Ish,* WuW 2005, 409.

[20] Komm. E. v. 19.3.2001, Rs. COMP/M.2353 – *RWE/Hidrocántabrio;* Komm. E. v. 5.3.2002, Rs. COMP/M.2340 – *EDP/Cajastur/Caser/Hidrocántabrio;* E. v. 26.9.2001, Rs. COMP/M.2434 – *Villar Mir/EnBW/RWE/Hidrocántabrio.*

[21] *Levy* European Merger Control Law, 17–20.

[22] Vgl. *Schroeder* in: Münchener Kommentar, EU-WettbR, Art. 4 FKVO Rn. 13.

[23] Siehe dazu die Nachweise bei *Hellmann/Birmanns* in: FK-Kartellrecht, Art. 4 FKVO Rn. 23; *Körber* in: Immenga/Mestmäcker, EU-WettbR, Art. 4 FKVO Rn. 22.

[24] Komm. E. v. 25.4.1994, Rs. IV/M.403 – *AGF/La Unión y el Fénix.*

[25] Vgl. *v. Kloppenfels* in: Drauz/Jones, EU Competition Law, Vol. 2, Mergers and Acquisitions, Rn. 6.63.

[26] Siehe dazu unter Rn. 21 ff.

[27] Vgl. *Körber* in: Immenga/Mestmäcker, EU-WettbR, Art. 4 FKVO Rn. 21 zum „Stadium unverbindlicher Planungen".

2. Anmeldung mehrerer Zusammenschlüsse/Auswirkungen des Anmeldezeitpunkts

10 Mehrere rechtlich eigenständige Zusammenschlüsse zwischen denselben Unternehmen können gemeinsam angemeldet werden.[28] In diesen Fällen müssen die angemeldeten Vorgänge **jeweils einzeln** in den **Anwendungsbereich der FKVO** fallen. Fällt eine der angemeldeten Transaktionen nicht unter die FKVO, so erlässt die Kommission eine teilweise auf Art. 6 lit. a) und teilweise auf Art. 6 lit. b) gestützte Entscheidung.[29]

11 Bei zeitlich in geringem Abstand aufeinander folgenden Anmeldungen verschiedener Zusammenschlüsse, die denselben Markt betreffen, ging die Kommission zunächst in einigen Entscheidungen von einem „kombinierten Ansatz" aus, wonach jede Transaktion im Lichte der jeweils anderen zu bewerten war.[30] In ihrer neueren Fallpraxis legte sie hingegen im Sinne einer **„first mover advantage"**[31] bei der Prüfung des später angemeldeten Zusammenschlusses die Marktstruktur zugrunde, die bei Vollzug des früher angemeldeten Zusammenschlusses zu erwarten war.[32] Es ist also denkbar, dass der Zeitpunkt der Anmeldung über Freigabe bzw. Untersagung eines Zusammenschlusses entscheidet, etwa wenn sich die Marktstruktur durch den zuerst angemeldeten Zusammenschluss dergestalt verändert, dass der später angemeldete Zusammenschluss zu einer erheblichen Behinderung wirksamen Wettbewerbs führen würde.[33]

3. Anmeldepflichtige (Art. 4 Abs. 2)

12 Welche(s) der an einem Zusammenschluss beteiligten Unternehmen anmeldepflichtig ist, richtet sich gem. Art. 4 Abs. 2 nach der **Art des Zusammenschlusses.** Im Falle einer Fusion (Art. 3 Abs. 1 lit. a) sind alle beteiligten Unternehmen anmeldepflichtig. Im Falle der Begründung gemeinsamer Kontrolle (Art. 3 Abs. 1 lit. b) trifft die Anmeldepflicht die beteiligten Unternehmen, die die gemeinsame Kontrolle erwerben. Somit sind sowohl im Falle der Neugründung eines Gemeinschaftsunternehmens als auch im Falle des Erwerbs gemeinsamer Kontrolle über ein bestehendes Unternehmen jeweils nur die (mitkontrollierenden) Mutterunternehmen anmeldepflichtig, nicht aber das Gemeinschaftsunternehmen. Dasselbe gilt, wenn der Eintritt eines weiteren Anteilseigners in ein bestehendes Gemeinschaftsunternehmen erfolgt oder andere Anteilseigner ersetzt werden. Anmeldepflichtig sind hier die vorhandenen und die neu hinzukommenden Anteilseigner gemeinsam.[34]

13 Im Falle des **Erwerbs der alleinigen Kontrolle** trifft die Anmeldepflicht ausschließlich den Erwerber. Der Veräußerer und das Zielunternehmen sind weder zur Anmeldung ver-

---

[28] Komm. E. v. 30.4.1992, Rs. IV/M.197 – *Solvay-Laporte/Interox,* WuW/E EV 1847 ff.; v. 18.6. 1998, Rs. IV/M.1188 – *Kingfisher/Wegert/ProMarkt,* WuW 1998, 1230 ff.; E. v. 4.11.1999, Rs. COMP/M.1587 – *Dana/GKN,* WuW 1999, 1194.

[29] Komm. E. v. 4.11.1999 Rs. COMP/M.1587 – *Dana/GKN,* WuW 1999, 1194.

[30] *Levy* European Merger Control Law, 10–31 f.

[31] *Levy* European Merger Control Law, 10–32 ff. mit Verweis auf Komm. E. v. 4.2.1998, Rs. COMP/M.1044 – *KPMG/Ernst & Young;* E. v. 20.5.1998, Rs. IV/M.1016 – *PriceWaterhouse/Coopers & Lybrand;* E. v. 20.12.2001, Rs. COMP/M.2389 – *Shell/Dea;* E. v. 20.12.2001, Rs. COMP/M.2533 – *BP/E.ON.*

[32] *Bardong/Maass* in: Langen/Bunte, EU-Kartellrecht, Art. 4 FKVO Rn. 18 f. mit Verweis auf Komm. E. v.19.10.2011, Rs. COMP/M.6214 – *Seagate/HDD Business of Samsung;* E. v. 23.11.2011, Rs. COMP/M.6203 – *Western Digital Ireland/Viviti Technologies;* E. v. 4.5.2007, Rs. COMP/M.4601 – *Karstadtquelle/My Travel;* E. v. 4.6.2007, Rs. COMP/M.4600 – *TUI/First Choice;* E. v. 2.7.2008, Rs. COMP/M.4942 – *Nokia/Navteq;* E. v. 14.5.2008, Rs. COMP/M.4854 – *TomTom/Tele Atlas.*

[33] *Bardong/Maass* in: Langen/Bunte, EU-Kartellrecht, Art. 4 FKVO Rn. 19.

[34] Vgl. Konsolidierte Mitteilung zu Zuständigkeitsfragen Rn. 143 f. Auch wenn das Zielunternehmen in den genannten Fällen keine Anmeldepflicht trifft, hat dies keine Auswirkung auf seine Eigenschaft als materiell beteiligtes Unternehmen i. S. der Konsolidierten Mitteilung zu Zuständigkeitsfragen (Rn. 129 ff.).

pflichtet noch berechtigt.[35] In den Fällen, in denen ein Konzern die Kontrolle über das Zielunternehmen über eine seiner Tochtergesellschaften erwirbt, kann die Anmeldung von der betroffenen Tochtergesellschaft oder von ihrer Muttergesellschaft vorgenommen werden.[36] Wird die alleinige Kontrolle an einem Unternehmen auf Käuferseite durch ein Gemeinschaftsunternehmen erworben, ist darauf abzustellen, ob das Gemeinschaftsunternehmen „beteiligtes Unternehmen" i. S. der FKVO ist.[37] Ist dies zu verneinen, trifft die Anmeldepflicht die Muttergesellschaften des Gemeinschaftsunternehmens.[38]

Gem. Art. 2 Abs. 2 der DVO müssen bevollmächtigte externe Vertreter eines oder mehrerer Unternehmen, die eine Anmeldung unterzeichnen, ihre **Vertretungsbefugnis** schriftlich nachweisen. Gemeinsame Anmeldungen mehrerer Unternehmen müssen gem. Art 2. Abs. 3 der DVO von einem gemeinsamen Vertreter eingereicht werden, der ermächtigt ist, im Namen aller Anmelder Schriftstücke zu übermitteln und zu empfangen. Im Falle einer gemeinsamen Anmeldung kann die Kommission jedoch getrennte Auskunftsverlangen an die einzelnen beteiligten Unternehmen richten.[39] 14

4. Informelles Vorverfahren

In der DVO sowie den Best Practice Guidelines der Kommission[40] wird an verschiedenen Stellen[41] darauf hingewiesen, dass die Kommission den Beteiligten vor Anmeldung eines Zusammenschlusses die „Möglichkeit" einräume, das förmliche Fusionskontrollverfahren im Rahmen **freiwilliger bilateraler Vorabkontakte** mit der Kommission vorzubereiten. Kontakte im Rahmen eines solchen informellen Vorverfahrens werden von der Kommission streng vertraulich behandelt.[42] Zwar sind die Beteiligten gesetzlich nicht zur Durchführung eines informellen Vorverfahrens verpflichtet, doch werden Vorabkontakte in der Praxis von der Kommission auch in von den Beteiligten als unproblematisch erachteten Fällen erwartet.[43] Setzen sich die Beteiligten darüber hinweg und melden einen Zusammenschluss ohne vorherige Kontakte mit der Kommission an, so besteht ein erhebliches Risiko, dass die Kommission die Anmeldung für unvollständig erklärt und somit die Fristen des förmlichen Fusionskontrollverfahrens nicht zu laufen beginnen.[44] 15

Die Durchführung eines **informellen Vorverfahrens** soll es der Kommission und den Beteiligten ermöglichen, außerhalb der strengen Fristen der FKVO Fragen der Zuständigkeit und des einschlägigen Verfahrens (vollständige Anmeldung oder Anmeldung in Kurzform) sowie den Umfang der erforderlichen Angaben und Unterlagen zu klären.[45] Die Zusammen- 16

---

[35] Vgl. Komm. E. v. 13.10.2000, Rs. COMP/M.2050 – *Vivendi/Canal +/Seagram*. Die Kommission hat in diesem Fall die Anmeldung für unvollständig erklärt, weil sie von Veräußerer und Zielunternehmen unterzeichnet war.

[36] Vgl. Konsolidierte Mitteilung zu Zuständigkeitsfragen Rn. 135.

[37] Dies ist i. d. R. zu bejahen, wenn das Gemeinschaftsunternehmen nicht bloß als Erwerbsvehikel der Muttergesellschaften für die betreffende Transaktion fungiert, vgl. Konsolidierte Mitteilung zu Zuständigkeitsfragen Rn. 145 ff.

[38] Andernfalls würde die Anmeldepflicht ein nicht i. S. d. FKVO beteiligtes Unternehmen treffen. Siehe dazu auch *Schroeder* in: Münchner Kommentar, EU-WettbR, Art. 4 FKVO Rn. 17.

[39] *Levy* European Merger Control Law, 17–23.

[40] Best Practices on the conduct of EC merger control proceedings v. 20.1.2004 („Best Practices"). In englischer Sprache abrufbar unter http://ec.europa.eu/competition/mergers/legislation/proceedings.pdf.

[41] Best Practices Rn. 5; Erwägungsgrund 11 zur DVO; Anhang I zur DVO, Einl. Rn 1.2, Anhang II zur DVO, Einl. Rn. 1.3.

[42] Best Practices Rn. 8.

[43] Vgl. Best Practices Rn. 5.

[44] Vgl. Best Practices Rn. 6; Komm., Memorandum v. 5.12.2013, MEMO/13/1098 („FAQ-Memorandum zum Simplification Package"): *„Less emphasis on the pre-notification phase increases the risk that a notification lacks important information and has to be declared incomplete."*

[45] Vgl. Best Practices Rn. 6.

schlussbeteiligten können im Rahmen der Vorgespräche etwa Befreiungen (sog. „waiver") hinsichtlich bestimmter Informationen beantragen, die in den Formblättern verlangt werden.[46] Darüber hinaus sollen die entscheidenden materiellen Fragen sowie mögliche wettbewerbliche Bedenken schon zu einem frühen Zeitpunkt identifiziert werden, um nach erfolgter Anmeldung eine zielgerichtete Prüfung durch die Kommission zu gewährleisten.[47]

17 Die Kommission empfiehlt, das informelle Vorverfahren **spätestens zwei Wochen vor dem anvisierten Anmeldedatum** zu beginnen.[48] Ein so kurzer Zeitraum hat sich in den vergangenen Jahren jedoch nur in sehr einfach gelagerten Fällen als ausreichend erwiesen. Vorabkontakte werden in der Praxis daher häufig schon zu einem deutlich früheren Zeitpunkt aufgenommen. Sie können in komplexen Fällen mehrere Monate in Anspruch nehmen.[49] Im Rahmen der regelmäßig zu erstellenden „timeline" einer Transaktion sollte vor diesem Hintergrund – in Abhängigkeit von der erwarteten Anzahl und Komplexität der vor der Anmeldung mit der Kommission zu klärenden Fragen – ein ausreichendes Zeitpolster für das informelle Vorverfahren vorgesehen werden.

18 Das informelle Vorverfahren beginnt regelmäßig mit dem Antrag der Zusammenschlussbeteiligten auf Zuweisung eines **case teams** (sog. „case team allocation request"). Ein entsprechendes Formular findet sich auf der Internetseite der Kommission.[50] Der Antrag sollte u.a. eine kurze Beschreibung des Zusammenschlussvorhabens, der beteiligten Unternehmen und der einschlägigen Produkte bzw. Dienstleistungen enthalten. Ferner werden Angaben zum erwarteten Anmeldedatum und zur gewählten Verfahrenssprache erwartet. Der „case team allocation request" kann per Email oder Fax an die Registratur Fusionskontrolle („merger registry") gesandt werden und sollte dort bis freitags um 12 Uhr eingehen, um in dem am Montag der folgenden Woche stattfindenden Management Meeting Berücksichtigung zu finden.

19 Die Ausgestaltung des informellen Vorverfahrens richtet sich nach der zu erwartenden **Komplexität der fusionskontrollrechtlichen Prüfung.** In unproblematischen Fällen wird in der Regel die Einreichung eines Anmeldeentwurfs für ausreichend erachtet, auf dessen Grundlage das case team fernmündlich oder schriftlich Anmerkungen und Fragen an die Zusammenschlussbeteiligten richtet.[51] In prozessual oder materiell komplexeren Fällen können Meetings mit dem case team notwendig werden, die regelmäßig nach Einreichung eines ersten Anmeldeentwurfs oder briefing papers[52] erfolgen. Das case team hat grundsätzlich fünf Arbeitstage Zeit, um auf einen Anmeldeentwurf zu reagieren.[53] Bei besonders umfangreichen Eingaben kann dieser Zeitraum jedoch verlängert werden.[54] Nicht selten müssen von den Zusammenschlussbeteiligten mehrere, jeweils entsprechend der Anmerkungen des case teams ergänzte Anmeldeentwürfe eingereicht werden, bis das case team „grünes Licht" für die Einreichung der Anmeldung gibt.

20 Die Kommission rechnet damit, dass die im Rahmen des seit dem 1. Januar 2014 geltenden Pakets zur Vereinfachung des Fusionskontrollverfahrens („Simplification Package") erfolgten Änderungen der DVO insgesamt zu einer **erheblichen Vereinfachung des informellen Vorverfahrens** sowie zu einer Verringerung des dafür erforderlichen Zeit-

---

[46] Best Practices Rn. 19.

[47] Vgl. Best Practices Rn. 6.

[48] Best Practices Rn. 10.

[49] Vgl. Komm. E. v. 11.3.2008, Rs. COMP/M.4731 – *Google/Doubleclick* (über 5 Monate); E. v. 8.1.2009, Rs. COMP/M. 5424 – *Dow/Rohm and Haas* (über 4 Monate); E. v. 21.12.2010, Rs. COMP/M.5932 – *News Corp/BSkyB* (5 Monate); E. v. 18.4.2012, Rs. COMP/M.6266 – *Johnson & Johnson/Synthes* (5 Monate); E. v. 1.7.2013, Rs. COMP/M.6844 – *General Electric/Avio* (5 Monate).

[50] Abrufbar unter http://ec.europa.eu/competition/contacts/mergers_mail.html.

[51] Best Practices Rn. 12.

[52] Best Practices Rn. 12.

[53] Best Practices Rn. 15.

[54] Best Practices Rn. 15.

aufwands führen werden.[55] In einigen „sehr klaren Fällen", in denen zwischen den Tätigkeitsbereichen der beteiligten Unternehmen weder horizontale Überschneidungen noch vertikale Beziehungen bestehen, erscheint es der Kommission zudem nunmehr als angemessen, ganz auf das informelle Vorverfahren zu verzichten.[56] Die beteiligten Unternehmen können einen Zusammenschluss in solchen Fällen direkt anmelden, ohne zuvor einen Anmeldeentwurf eingereicht zu haben. Sie werden von der Kommission jedoch dazu angehalten, zuvor einen Antrag auf Zuweisung eines case teams zu stellen.[57]

5. Inhalt der Anmeldung

Der Inhalt der Anmeldung bestimmt sich nach der DVO. Für die Anmeldung sind die in den Anhängen enthaltenen **Formblätter** zu verwenden (Art. 3 Abs. 1 DVO). Diese erläutern im Einzelnen, welche Angaben und Unterlagen die Anmelder der Kommission im Rahmen der Anmeldung zu übermitteln haben.[58] Grundsätzlich ist für die Anmeldung das in Anhang I zur DVO abgedruckte Formblatt CO vorgesehen. Unter den unter 6.b) näher dargestellten Voraussetzungen kann jedoch das in Anhang II zur DVO abgedruckte vereinfachte Formblatt verwendet werden. 21

Gem. Art. 4 Abs. 1 der DVO muss die Anmeldung sämtliche in dem verwendeten Formblatt verlangten Angaben und Unterlagen enthalten. Die Kommission kann die Anmelder jedoch von der Pflicht zur Vorlage einzelner verlangter Angaben und Unterlagen befreien (Art. 4 Abs. 2 DVO). Eine Befreiung kommt etwa in Betracht, wenn die Beschaffung der gegenständlichen Informationen den Anmeldern nicht oder nur unter unzumutbaren Schwierigkeiten möglich ist.[59] Beispielhaft werden in der DVO Angaben zur Zielgesellschaft im Falle einer feindlichen Übernahme genannt.[60] Des Weiteren ist eine Befreiung möglich, wenn die Kommission der Ansicht ist, dass bestimmte Angaben bzw. Unterlagen für die Prüfung des Falles **nicht notwendig** sind (Art. 4 Abs. 2 DVO).[61] Seit Überarbeitung der DVO im Rahmen der „Simplification Package" sind im Formblatt CO bestimmte Arten von Angaben durch Fußnoten besonders gekennzeichnet, die nach der Erfahrung der Kommission in einer „beträchtlichen Anzahl von Fällen" für ihre Prüfung nicht erforderlich sind.[62] Ein Befreiung sollte von den Anmeldern bei der Übermittlung des Entwurfs des einschlägigen Formblatts schriftlich beantragt und hinreichend begründet werden.[63] Die Kommission behält sich vor, auch nach Erteilung einer Befreiung im Hinblick auf bestimmte Informationen diese bei Bedarf im weiteren Verlauf des Verfahrens, etwa im Wege eines Auskunftsverlangens i. S. v. Art. Art. 11, von den Beteiligten zu verlangen.[64] 22

a) Inhalt des Formblatts CO. Im Rahmen einer Anmeldung auf Formblatt CO sind von den beteiligten Unternehmen äußerst **umfangreiche Angaben** zu machen und zahlreiche Unterlagen vorzulegen.[65] Das Erstellen einer Anmeldung auf Formblatt CO ist dementsprechend sehr aufwendig und erfordert erheblichen zeitlichen und personellen Einsatz auf Seiten der Berater und der beteiligten Unternehmen. 23

---

[55] Siehe Komm. Pressemitteilung v. 5.12.2013, IP/13/1214 sowie FAQ-Memorandum zum Simplification Package vom selben Tag.

[56] Anhang II zur DVO, Einl. Rn. 1.3; Bekanntmachung der Kommission über ein vereinfachtes Verfahren für bestimmte Zusammenschlüsse gemäß der Verordnung (EG) Nr. 139/2004 des Rates („Bekanntmachung Vereinfachtes Verfahren"), ABl. 2013 C 366/5, Rn. 23.

[57] Anhang II zur DVO, Einl. Rn. 1.3.

[58] Anhang I zur DVO, Einl. Rn. 1.1.

[59] Anhang I zur DVO, Einl. Rn. 1.4f); Anhang II zur DVO, Einl. Rn. 1.6f).

[60] Anhang I zur DVO, Einl. Rn. 1.4f); Anhang II zur DVO, Einl. Rn. 1.6f).

[61] Anhang I zur DVO, Einl. Rn. 1.4g); Anhang II zur DVO, Einl. Rn. 1.6g).

[62] Vgl. Anhang I zur DVO, Einl. Rn. 1.4.

[63] Anhang I zur DVO, Einl. Rn. 1.4; Anhang II zur DVO, Einl. Rn. 1.6.

[64] Anhang I zur DVO, Einl. Rn. 1.4; Anhang II zur DVO, Einl. Rn. 1.6

[65] *Hellmann/Birmanns* in: FK-Kartellrecht, Art. 4 FKVO Rn. 47.

24 Das Formblatt CO ist in eine Einleitung und 11 Abschnitte aufgeteilt. Es beginnt mit der in Abschnitt 1 verlangten Kurzübersicht über den gegenständlichen Zusammenschluss. In Abschnitt 2 sind die Kontaktdaten der beteiligten Unternehmen und ihrer Vertreter zu nennen sowie die Art der Geschäftstätigkeit der beteiligten Unternehmen zu beschreiben. Abschnitt 3 verlangt eine **detaillierte Beschreibung des geplanten Zusammenschlusses** und der dafür ausschlaggebenden wirtschaftlichen Beweggründe sowie u. a. eine Erläuterung der Eigentumsstruktur und der Ausgestaltung der Kontrolle hinsichtlich der beteiligten Unternehmen. Ferner sind Informationen zu Minderheitsbeteiligungen und personellen Verflechtungen sowie kürzlich erfolgten Akquisitionen zu machen. Abschnitt 4 betrifft den Umsatz der beteiligten Unternehmen in den EWR-Mitgliedstaaten.

25 In Abschnitt 5 werden die mit der Anmeldung einzureichenden Unterlagen näher bezeichnet. Gefordert werden u. a. aktuelle Fassungen der Verträge, die dem gegenständlichen Zusammenschluss zugrunde liegen und, soweit nicht im Internet abrufbar, Kopien der jüngsten Geschäftsberichte und Jahresabschlüsse der beteiligten Unternehmen (Abschnitt 5.1-Abschnitt 5.3). Hinsichtlich der gem. Abschnitt 5.4 des Formblatts beizubringenden unternehmensinternen Unterlagen haben sich mit der **„Simplification Package"** Änderungen ergeben. Vor der Überarbeitung des Formblatts CO waren bereits Unterlagen vorzulegen, die für Mitglieder der Leitungs- oder Aufsichtsorgane (oder von diesen) bzw. für die Hauptversammlung mit dem Ziel erstellt worden waren, den geplanten Zusammenschluss unter bestimmten wettbewerblichen Gesichtspunkten zu analysieren und zu bewerten.[66] Seit dem 1. Januar 2014 sind auch Sitzungsprotokolle der Leitungs- und Aufsichtsorgane und der Hauptversammlung, in denen der Transaktion erörtert wurde (Abschnitt 5.4i), sowie bestimmte Unterlagen, in denen die betroffenen Märkte unabhängig vom gegenständlichen Zusammenschluss bewertet wurden (Abschnitt 5.4 iii), erfasst. Mit der Erweiterung des Umfangs der sog. „5.4-Dokumente" wird der zunehmenden Bedeutung von internen Unterlagen im Rahmen der fusionskontrollrechtlichen Prüfung Rechnung getragen und eine weitere Annäherung an die im HSR-Verfahren in den USA übliche Vorgehensweise bewirkt.[67]

26 Abschnitt 6 betrifft die **Definition der sachlich und räumlich relevanten Märkte.** Im Rahmen der „Simplification Package" wurde von der Kommission klargestellt, dass von den Anmeldern neben der für zutreffend erachteten Abgrenzung auch „alle plausiblen alternativen" Marktabgrenzungen darzustellen sind. Diese ergeben sich nach Erläuterungen der Kommission[68] insbesondere aus ihrer Fallpraxis und der Rechtsprechung der EU Gerichte. Fehlen relevante Präzedenzfälle, so kann u. a. auf einschlägige Marktstudien und Industrieberichte sowie interne Geschäftsunterlagen abgestellt werden.[69] Für den Umfang der Anmeldung ist von entscheidender Bedeutung, bei welchen der relevanten Märkte es sich um „betroffene Märkte" im Sinne des Abschnitts 6.3 handelt. Die Schwellen für betroffene Märkte wurden im Rahmen der „Simplification Package" erhöht. Als betroffen gelten nunmehr (i) Märkte, auf denen mindestens zwei der beteiligten Unternehmen tätig sind und einen gemeinsamen Marktanteil von 20% oder mehr erreichen und (ii) Märkte auf aufeinanderfolgenden Marktstufen, soweit eines oder mehrere beteiligte Unternehmen auf einem dieser Märkte einen Marktanteil von mindestens 30% erreichen und mindestens ein anderes beteiligtes Unternehmen auf einem vor- oder nachgelagerten Markt tätig ist.

27 In den Abschnitten 7 und 8 sind umfangreiche **Angaben zu den Wettbewerbsverhältnissen** auf den betroffenen Märkten zu machen.[70] Hierzu zählen u. a. Schätzungen zur

---

[66] Siehe Anhang I zur DVO v. 21.4.2004, ABl. 133/1, Abschnitt 5.4.

[67] *Bardong/Maass* in: Langen/Bunte, EU-Kartellrecht, Art. 4 FKVO Rn. 23; *Hellmann/Birmanns* in: FK-Kartellrecht, Art. 4 FKVO Rn. 49; siehe auch *Schroeder* in: Münchener Kommentar, EU-WettbR, Art. 4 FKVO Rn. 35.

[68] FAQ-Memorandum zum Simplification Package.

[69] FAQ-Memorandum zum Simplification Package; Anhang I zur DVO, Einl. zu Abschnitt 6.

[70] Vgl. *Hellmann/Birmanns* in: FK-Kartellrecht, Art. 4 FKVO Rn. 50.

Gesamtgröße des Markts sowie zu den Marktanteilen der beteiligten Unternehmen und ihrer Wettbewerber, Informationen zur Angebots- und Nachfragestruktur, zur Produktdifferenzierung und Wettbewerbsintensität, zu Markteintritt- und Marktaustritt, zu Forschung- und Entwicklung, zu Kooperationsvereinbarungen, zu Ein- und Ausfuhren sowie zu einschlägigen Verbänden. Ferner sind u. a. Kontaktdaten von Wettbewerbern und Kunden zu übermitteln. In Abschnitt 9 können Effizienzvorteile geltend gemacht werden. Diese sind möglichst umfassend zu substantiieren und durch einschlägige Unterlagen zu belegen. Abschnitt 10 wird nur im Falle eines Gemeinschaftsunternehmens relevant. Verlangt werden dort (umfangreiche) Angaben zu möglichen kooperativen Wirkungen des Gemeinschaftsunternehmens.[71] Abschnitt 11 erfordert schließlich eine Erklärung der Anmelder zur Richtigkeit und Vollständigkeit der in der Anmeldung gemachten Angaben.

b) Inhalt und Anwendbarkeit des vereinfachten Formblatts/vereinfachtes Verfahren. In bestimmten Konstellationen, die von der Kommission als **wettbewerblich unbedenklich** erachtet werden, kann gem. Art. 3 Abs. 1 S. 2 DVO anstelle des Formblatts CO das als Anhang II zur DVO abgedruckte vereinfachte Formblatt für die Anmeldung verwendet werden.[72] Der Umfang der in einer Anmeldung auf vereinfachtem Formblatt verlangten Angaben ist deutlich geringer als bei einer Anmeldung auf Formblatt CO und wurde von der Kommission im Rahmen der „Simplification Package" noch einmal reduziert. So sind etwa die in Abschnitt 6 geforderte(n) Marktabgrenzung(en) sowie entsprechende Angaben zu den Wettbewerbsverhältnissen in Abschnitt 7 nur für sog. „anzeigepflichtige Märkte" zu machen, auf denen horizontale oder vertikale Beziehungen zwischen mindesten zwei der beteiligten Unternehmen bestehen.[73] 28

Die Erweiterung des Anwendungsbereichs des vereinfachten Formblatts gehörte zu den zentralen Anliegen der Kommission bei der im Zuge der „Simplification Package" erfolgten Überarbeitung der DVO. Das **vereinfachte Formblatt** ist nach der seit 1.1.2014 geltenden Fassung der DVO in der Regel anwendbar, wenn der Zusammenschluss unter eine von fünf Fallgruppen fällt, die in Abschnitt 1.1. der Einleitung zu Anhang II der DVO näher erläutert werden: (i) Gemeinschaftsunternehmen, die keine oder nur geringe gegenwärtige oder zukünftige Geschäftstätigkeiten im Gebiet des EWR aufweisen,[74] (ii) Zusammenschlüsse, bei denen weder horizontale Überschneidungen noch vertikale Beziehungen zwischen den Tätigkeiten der beteiligten Unternehmen bestehen, (iii) Zusammenschlüsse, die nicht zu betroffenen Märkten im Sinne des Formblatts CO führen (Marktanteil von weniger als 20% bei horizontalen Überschneidungen bzw. weniger als 30% bei vertikalen Beziehungen – diese Schwellen wurden, wie vorstehend erläutert, im Rahmen der „Simplification Package" heraufgesetzt), (iv) Erwerb der alleinigen Kontrolle über ein zuvor bereits mitkontrolliertes Unternehmen und (v) die durch die „Simplification Package" neu eingeführte Konstellation, wonach die beteiligten Unternehmen auf (mindestens) einem Markt einen gemeinsamen Marktanteil zwischen 20% und 50% erreichen, die durch den Zusammenschluss bewirkte Marktanteilsaddition jedoch nur gering ist.[75] 29

Ein Rechtsanspruch der Anmelder gegenüber der Kommission auf Verwendung des vereinfachten Formblatts besteht nicht.[76] Auch wenn die Voraussetzungen für eine Anmeldung auf vereinfachtem Formblatt vorliegen, kann die Kommission eine vollständige An- 30

---

[71] Siehe hierzu *Riesenkampff/Steinbarth* in: L/M/R, Kartellrecht, Art. 2 FKVO, Rn. 186 ff.

[72] Anhang II zur DVO, Einl. Rn. 1.1.

[73] Anhang II zur DVO, Abschnitt 6.2, 7.

[74] Betrifft die Anmeldung ein Gemeinschaftsunternehmen, dass (fast) ausschließlich außerhalb des EWR tätig sein wird, ermöglicht die Kommission den Anmeldern nunmehr eine sog. „super-simplified" Anmeldung, in der lediglich eine Beschreibung des Tätigkeitsbereichs des Gemeinschaftsunternehmens, nicht aber die Vorlage weiterer Wettbewerbsdaten erforderlich ist (vgl. FAQ-Memorandum zum Simplification Package).

[75] Vgl. FAQ-Memorandum zum Simplification Package.

[76] *Körber* in: Immenga/Mestmäcker, EU-WettbR, Art. 4 FKVO Rn. 37.

meldung auf Formblatt CO verlangen, etwa wenn sie zu der Auffassung gelangt, dass die im vereinfachten Formblatt verlangten Angaben für eine **sachgerechte Prüfung** des Zusammenschlusses nicht ausreichend sind.[77]

31 In der Regel wird ein auf vereinfachtem Formblatt angemeldeter Zusammenschlusses von der Kommission in einem **vereinfachten Verfahren** geprüft.[78] Dieses führt zu einer deutlichen Reduzierung des Arbeitsaufwands der Kommission. So entfällt im vereinfachten Verfahren etwa das umfassende Begründungserfordernis hinsichtlich der Kommissionsentscheidung. Die in der Bekanntmachung Vereinfachtes Verfahren näher erläuterten Voraussetzungen für das vereinfachte Verfahren entsprechen denjenigen für die Anmeldung auf vereinfachtem Formblatt.[79] Die Kommission kann jedoch auch in Fällen, in denen eine Anmeldung auf vereinfachtem Formblatt erfolgt ist, in das reguläre Verfahren übergehen. Situationen, in denen aus Sicht der Kommission trotz Vorliegens der Voraussetzungen für ein vereinfachtes Verfahren eine eingehendere Prüfung und/oder ein ausführlicher Beschluss angezeigt sein kann, sind in Rn. 10ff. der Bekanntmachung Vereinfachtes Verfahren beispielhaft aufgezeigt. Umgekehrt kann die Kommission auch bei einer Anmeldung auf Formblatt CO in das vereinfachte Verfahren übergehen.[80]

6. Form der Anmeldung/Anmeldeverfahren/Verfahrenssprache

32 Gem. Art. 3 Abs. 2 der DVO richten sich das Format und die Anzahl der Exemplare des einzureichenden Formblatts nach der **jeweils aktuellen Festlegung** der Kommission im Amtsblatt der EU. Diese lässt sich auch der Internetseite der GD Wettbewerb entnehmen. Nach derzeitigem Stand sind ein unterzeichnetes Original auf Papier, drei Papierkopien sowie zwei Kopien im CD- oder DVD-ROM-Format einzureichen. Die Anmeldung ist an die im Amtsblatt der EU veröffentlichte aktuelle Anschrift der GD Wettbewerb zu richten (Art. 23 Abs. 1 DVO), die auch auf der Internetseite der GD Wettbewerb angegeben ist. Die Anmeldung muss der Kommission an einem Arbeitstag i. S. v. Art. 24 der DVO während der auf der Internetseite der GD Wettbewerb angegebenen Bürozeiten zugehen.[81] Bei der Einreichung sind die „Sicherheitsanweisungen" auf der Internetseite der GD Wettbewerb zu beachten.[82] Danach sind u. a. der Zeitpunkt der Einreichung und der Umfang der Eingabe telefonisch bei der Registratur Fusionskontrolle der GD Wettbewerb anzukündigen.

33 Die Anmeldung ist in einer der **Amtssprachen der EU** vorzunehmen (Art. 3 Abs. 4 DVO).[83] In der Praxis wird die weit überwiegende Zahl der Anmeldungen in englischer Sprache eingereicht. Die in der Anmeldung gewählte Sprache wird zugleich zur Verfahrenssprache (Art. 3 Abs. 4 DVO). Beigefügte Schriftstücke sind in der jeweiligen Originalsprache einzureichen (Art. 3 Abs. 4 DVO).

7. Wirksamwerden der Anmeldung

34 Gem. Art. 5 Abs. 1 DVO wird eine Anmeldung am Tag ihres Eingangs bei der Kommission wirksam. Sind die in der Anmeldung enthaltenen Angaben oder Unterlagen in einem wesentlichen Punkt unvollständig, so weist die Kommission die Anmelder schriftlich darauf hin (Art. 5 Abs. 2 DVO). Die Anmeldung wird dann erst **am Tag des Eingangs der vollständigen Angaben** oder **Unterlagen wirksam** (Art. 5 Abs. 2 DVO). Unrichtige

---

[77] Anhang II zur DVO, Einl. Rn. 1.2.
[78] Vgl. Bekanntmachung Vereinfachtes Verfahren.
[79] Vgl. Bekanntmachung Vereinfachtes Verfahren Rn. 5 f.
[80] *Bardong/Maass* in: Langen/Bunte, EU-Kartellrecht, Art. 4 FKVO Rn. 30; *Mäger* in: Mäger, Europ. Kartellrecht, 8. Kap., Rn. 317.
[81] Anhang I zur DVO, Einl. Rn. 1.5.
[82] Vgl. Anhang I zur DVO, Einl. Rn. 1.5.
[83] Anhang I zur DVO, Einl. Rn. 1.5.

oder irreführende Angaben oder Unterlagen führen ebenfalls dazu, dass die Anmeldung als unvollständig angesehen wird (Art. 5 Abs. 4 DVO) und erst nach ihrer Berichtigung wirksam wird. Die Kommission kann eine Anmeldung jederzeit während ihrer Prüfung in Phase I für unvollständig erklären. Die Verfahrensfrist beginnt am Tag nach Einreichung der vollständigen Anmeldung zu laufen.

8. Veröffentlichung/Wahrung von Geschäftsgeheimnissen

Die Tatsache der Anmeldung wird unter Angabe der Namen der beteiligten Unternehmen, ihres Herkunftslands, der Art des Zusammenschlusses sowie der betroffenen Wirtschaftszweige im Amtsblatt der EU sowie auf der Internetseite der GD Wettbewerb veröffentlicht (vgl. Art. 4 Abs. 3 FKVO; Art. 5 Abs. 5 DVO). In Abschnitt 1.2 des Formblatts CO bzw. des vereinfachten Formblatts wird zu diesem Zweck von den Anmeldern eine **Zusammenfassung des geplanten Zusammenschlusses** verlangt. Die Veröffentlichung erfolgt in der Regel innerhalb von 10 Tagen nach Eingang der Anmeldung.[84] In ihr ist keine Bestätigung der Vollständigkeit der Anmeldung zu sehen.[85] Vielmehr dient Sie dazu, allen „interessierten Unternehmen und Personen" von der Anmeldung Kenntnis zu verschaffen. Diese haben die Möglichkeit, innerhalb von 10 Tagen nach Veröffentlichung der Anmeldung eine Stellungnahme zu dem Zusammenschlussvorhaben abzugeben. 35

Bei der Veröffentlichung der Tatsache der Anmeldung hat die Kommission, ebenso wie etwa bei der späteren Veröffentlichung ihrer Entscheidung, die **berechtigten Interessen der Unternehmen** an der Wahrung ihrer Geschäftsgeheimnisse zu berücksichtigen (vgl. Art. 4 Abs. 3 S. 2). In der Praxis müssen die Anmelder Geschäftsgeheimnisse in der Anmeldung als solche kennzeichnen und begründen, warum diese Angaben nicht weitergegeben oder veröffentlicht werden dürfen.[86] 36

9. Rücknahme der Anmeldung/Neuanmeldung nach Rücknahme

Eine Anmeldung kann **jederzeit** zurückgenommen werden. Erfolgt eine Rücknahme in Phase I, so gilt das Verfahren auch dann als beendet, wenn die Beteiligten an ihrem Zusammenschlussvorhaben festhalten. Eine Rücknahme der Anmeldung in Phase I und spätere Neuanmeldung kann beispielsweise dann sinnvoll sein, wenn in dem ursprünglichen Verfahren die Einleitung einer Phase II drohte, etwa weil eine als notwendig erkannte Modifizierung der Transaktion oder Überarbeitung von Verpflichtungszusagen nicht mehr rechtzeitig vor Ablauf der Phase I hätte geprüft werden können.[87] 37

Eine Rücknahme in Phase II beendet das Verfahren hingegen nur, wenn die Unternehmen das **Zusammenschlussvorhaben endgültig aufgeben** und dies der Kommission glaubhaft machen (vgl. Art. 6 Abs. 1c) S. 2). Damit soll verhindert werden, dass Unternehmen eine absehbare Untersagungsentscheidung dadurch abwenden, dass sie zu einem sehr späten Verfahrenszeitpunkt die Anmeldung zurückziehen. Aus Sicht der Kommission muss der Nachweis, dass der geplante Zusammenschluss aufgegeben wurde, u. a. formal und inhaltlich dem Akt entsprechen, der als hinreichend angesehen wurde, um die ursprüngliche Anmeldepflicht zu begründen (z. B. eine von den Beteiligten unterzeichnete Aufhebung einer rechtsverbindlichen Vereinbarung).[88] Als nicht ausreichend wurde in der 38

---

[84] *Levy* European Merger Control Law, 17–38.

[85] *Levy* European Merger Control Law, 17–38.

[86] Vgl. Anhang I zur DVO, Einl. Rn. 1.6, Anhang II zur DVO, Einl. Rn. 1.8.

[87] Vgl. *Schröer* in: FK-Kartellrecht, Art. 6 FKVO Rn. 49 f.; *Levy* European Merger Control Law 17–38 m. w. N. zur Entscheidungspraxis.

[88] Eine Übersicht über die jeweiligen Anforderungen findet sich in der Konsolidierten Mitteilung zu Zuständigkeitsfragen, Rn. 119 ff. Siehe zu dieser Frage auch Komm. E. v. 28.6.2000, Rs. COMP/M.1741 – *MCI/Worldcom/Sprint;* aufgehoben durch EuG Urt. v. 28.9.2004, Rs. T-310/00 – *MCI/Kommission,* Slg. 2004 II-3253.

Vergangenheit die Aufgabe eines Vorhabens durch eines der beteiligten Unternehmens erachtet, solange das andere beteiligte Unternehmen weiterhin an der ursprünglichen Vereinbarung festhält.[89]

39 Die Neuanmeldung eines (etwa durch Verpflichtungszusagen) **modifizierten Vorhabens** nach erfolgter Rücknahme ist jederzeit möglich. In der Vergangenheit wurde von der Kommission in mehreren Fällen auch die Neuanmeldung eines unveränderten Zusammenschlussvorhabens zugelassen.[90]

II. Verweisung auf Antrag der Zusammenschlussbeteiligten

40 In der FKVO ist hinsichtlich der Durchführung von Fusionskontrollverfahren eine **klare Kompetenzabgrenzung** zwischen der Kommission und den Wettbewerbsbehörden der einzelnen Mitgliedstaaten vorgesehen. Zusammenschlüsse mit „gemeinschaftsweiter Bedeutung", bei denen also die Umsätze der beteiligten Unternehmen die in Art. 1 enthaltenen Schwellenwerte überschreiten, fallen in die ausschließliche Zuständigkeit der Kommission. Die Zuständigkeit der Wettbewerbsbehörden der einzelnen Mitgliedstaaten für eine fusionskontrollrechtliche Prüfung ist in solchen Fällen auch dann nicht eröffnet, wenn die Umsätze der beteiligten Unternehmen die jeweiligen nationalen Aufgreifschwellen überschreiten. Umgekehrt fallen Zusammenschlüsse ohne gemeinschaftsweite Bedeutung nicht in die Zuständigkeit der Kommission, können aber bei Überschreiten der jeweiligen nationalen Aufgreifschwellen von den Wettbewerbsbehörden der Mitgliedstaaten geprüft werden.

41 Als Ausnahme von dieser **gegenseitigen ausschließlichen Zuständigkeit**[91] ermöglichen Art. 4 Abs. 4 und Abs. 5 eine Verweisung eines Zusammenschlussvorhabens vor Anmeldung auf Antrag der beteiligten Unternehmen. Möglich ist sowohl eine Verweisung von der Kommission an die Mitgliedstaaten (Art. 4 Abs. 4) als auch eine Verweisung von den Mitgliedstaaten an die Kommission (Art. 4 Abs. 5). Die Verweisungsmöglichkeit vor der Anmeldung in Art. 4 ergänzen die Verweisungsmöglichkeiten nach erfolgter Anmeldung in Art. 9 und Art. 22, bei denen das Initiativrecht allerdings nicht den Zusammenschlussbeteiligten, sondern den Wettbewerbsbehörden der Mitgliedstaaten zusteht.

42 Mit den in der FKVO vorgesehenen Verweisungsmöglichkeiten wird dem Interesse an einer möglichst **effizienten und flexiblen Gestaltung des Systems der Kompetenzzuweisung** Rechnung getragen.[92] In der Mitteilung der Kommission über Verweisungen von Fusionssachen („Verweisungsmitteilung") wird jedoch betont, dass trotz der durch das Verweisungssystem begründeten Flexibilisierung die Kompetenzzuweisung mittels objektiver Umsatzschwellen die Regel und die Verweisung die Ausnahme bleiben soll.[93]

1. Verweisung von der Kommission an die Mitgliedstaaten (Art. 4 Abs. 4)

43 Art. 4 Abs. 4 sieht eine Verweisungsmöglichkeit von Zusammenschlüssen mit gemeinschaftsweiter Bedeutung von der Kommission an einen oder mehrere Mitgliedstaaten vor Anmeldung auf Antrag der Zusammenschlussbeteiligten vor. In Betracht kommt ein solcher Antrag insbesondere, wenn aus Sicht der Beteiligten die Durchführung von Fusionskontrollverfahren auf nationaler Ebene gegenüber einer Prüfung durch die Kommission

---

[89] Komm. E. v. 10.5.2007 – Rs. COMP/M.4381 – *JCI/VB/FIAMM.*

[90] So etwa in Komm. E. v. 23.12.1997, Rs. IV/M.1041 (zuvor: IV/M.852) – *BASF/Shell (II);* E. v. 10.9.1999, Rs. IV/M.1621 (zuvor: IV/M.1145) – *Pakhoed/Van Ommeren;* E. v. 7.4.2010, Rs. COMP/M.5792 (zuvor: COMP/M.5746) – *Robert Bosch/Deutz/Eberspächer/JV.* Vgl. hierzu auch *Hellmann/Birmanns* in: FK-Kartellrecht, Art. 4 FKVO Rn. 43 m. w. N.

[91] *Bardong/Maass* in: Langen/Bunte, EU-Kartellrecht, Art. 4 FKVO Rn. 38.

[92] Mitteilung der Kommission über Verweisung von Fusionssachen, ABl. EU 2005 Nr. C 56/2 („Verweisungsmitteilung") Rn. 7.

[93] Verweisungsmitteilung Rn. 7.

einen **geringeren Zeit- oder Kostenaufwand** verspricht. In materiell relativ unproblematischen Fällen kann dies etwa bei einer Prüfung durch das Bundeskartellamt und/oder die österreichische Bundeswettbewerbsbehörde der Fall sein. Auch kann sich ein Antrag gem. Art. 4 Abs. 4 anbieten, wenn ohnehin eine spätere Verweisung aufgrund eines Antrags eines Mitgliedstaats gem. Art. 9 zu erwarten ist.[94]

a) Materielle Verweisungsvoraussetzungen. Die materiellen Voraussetzungen des Art. 4 Abs. 4 sind in der Verweisungsmitteilung näher erläutert. Es muss zunächst ein **Zusammenschluss von gemeinschaftsweiter Bedeutung** (Art. 1) vorliegen, der ohne Verweisung bei der Kommission anzumelden wäre. Verwiesen werden können nur Zusammenschlüsse, die vom nationalen Fusionskontrollrecht des Mitgliedstaats, an den verwiesen werden soll, erfasst werden.[95] Andernfalls bestünde die Gefahr, dass eine Verweisung „ins Leere läuft", da der Verweisungsantrag als solcher nicht die Zuständigkeit einer nationalen Wettbewerbsbehörde begründet.[96] 44

Des Weiteren müssen Anhaltspunkte dafür vorliegen, dass der gegenständliche Zusammenschluss den Wettbewerb in einem oder mehreren Märkten „erheblich beeinträchtigen" kann. Diese Voraussetzung hat in der Praxis zu erheblicher Verunsicherung geführt, steht sie doch scheinbar in einem Spannungsverhältnis zu Art. 2 Abs. 3, wonach ein Zusammenschluss, der zu einer „erheblichen Behinderung" wirksamen Wettbewerbs führt, von der Kommission zu untersagen ist. Der Wortlaut der Norm gilt insoweit als verunglückt. Sie lässt sich nur anhand der Erläuterungen in der Verweisungsmitteilung[97] und der Einleitung zur FKVO[98] zutreffend auslegen. Darin wird klargestellt, dass von den beteiligten Unternehmen nicht der Nachweis verlangt wird, dass der Zusammenschluss wettbewerbsschädlich sei.[99] Das **Tatbestandsmerkmal der „erheblichen Beeinträchtigung"** ist mithin neutral im Sinne von „Auswirkung" zu verstehen. Anzeichen für wettbewerbliche Auswirkungen müssen lediglich „vorläufiger Natur" sein. Zu den Indikatoren, die auf wettbewerbliche Auswirkungen schließen lassen, zählt aus Sicht der Kommission etwa das Vorliegen „betroffener Märkte" i. S. d. Formblatts CO.[100] 45

Der in Rede stehende Markt muss sich in einem Mitgliedstaat befinden und alle Merkmale eines gesonderten Marktes aufweisen. Die Voraussetzung gilt als erfüllt, wenn die Antragsteller nachweisen, dass der gegenständliche Markt einen nationalen oder kleineren Umfang hat.[101] Bei der Beurteilung werden von der Kommission die Kriterien herangezogen, die im Rahmen der **räumlichen Marktabgrenzung** typischerweise auf nationale oder noch enger abgegrenzte Märkte hindeuten.[102] Das Vorliegen mehrerer einschlägiger national oder enger abgegrenzter Märkte schließt eine Verweisung nicht aus. 46

b) Form und Inhalt des Verweisungsantrags. Gem. Art. 6 Abs. 1 DVO ist für den Verweisungsantrag das in Anhang III der DVO abgedruckte Formblatt RS („Reasoned Submission") zu verwenden. Das Formblatt RS enthält 6 Abschnitte. Hervorzuheben ist Abschnitt 5.2, in dem der Verweisungsantrag näher zu beschreiben und zu begründen ist. Die **Informationsanforderungen** in den übrigen Abschnitten orientieren sich an denjenigen des Formblatts CO, bleiben jedoch hinter diesen zurück. Anders als im Formblatt CO werden etwa keine Kontaktdaten von Wettbewerbern, Lieferanten und Abnehmern abgefragt. 47

---

[94] *Lübking/Dittert* in: Drauz/Jones, EU Competition Law, Vol. 2, Mergers and Acquisitions, Rn. 2.276.
[95] Verweisungsmitteilung Rn. 65.
[96] Vgl. (zu Art. 9) EuG Urt. v. 3.4.2003, Rs. T-119/02 – *Royal Philips Electronics,* Slg. 2003 II-1433.
[97] Verweisungsmitteilung Rn. 17.
[98] Erwägungsgrund 16 zur FKVO.
[99] Erwägungsgrund 16 zur FKVO; Verweisungsmitteilung Rn. 17.
[100] Siehe zu den „betroffenen Märkten" die Kommentierung zur Form CO, Rn. 26; Verweisungsmitteilung Rn. 17, Fn. 21.
[101] Verweisungsmitteilung Rn. 18.
[102] Verweisungsmitteilung Rn. 18, Fn. 22; Kommission, Bekanntmachung über die Definition des relevanten Marktes im Sinne des Wettbewerbsrechts der Gemeinschaft, ABl. C 372 v. 9.12.1997, S. 5 ff.

Marktdaten werden nur für das letzte abgeschlossene Geschäftsjahr verlangt. Die in Abschnitt 5.4 des Formblatts CO bezeichneten Unterlagen müssen nicht vorgelegt werden.

48 Das Formblatt RS wurde im Rahmen der „Simplification Package" von der Kommission überarbeitet. Die Änderungen sind im Wesentlichen mit denjenigen der anderen Formblätter[103] konsistent und führen insgesamt zu einer **Reduzierung des mit dem Verweisungsantrag verbundenen Aufwands.** So wurden etwa die Marktanteilsschwellen für betroffene Märkte entsprechend der im Formblatt CO und im vereinfachten Formblatt vorgenommenen Änderungen erhöht und bestimmte Informationspflichten gestrichen. Auf die Möglichkeit der Befreiung von der Pflicht zur Bereitstellung einzelner Informationen wird in der Einleitung zum Formblatt RS[104] sowie in einer Fußnote zu Abschnitt 4 explizit hingewiesen.

49 Die bei einem Verweisungsantrag zu beachtenden Formerfordernisse entsprechen weitgehend denjenigen einer Anmeldung. Gem. Art. 6 Abs. 2 DVO finden die Vorschriften für die Anmeldung auf Formblatt CO etwa hinsichtlich der Anmelde- bzw. Antragsbefugnis, der Einreichung und Vollständigkeit des Antrags und des Wirksamwerdens **entsprechende Anwendung.** Zwar kann der Antrag grds. in jeder Amtssprache der EU gestellt werden. Die Kommission legt den beteiligten Unternehmen jedoch nahe, eine Übersetzung in eine oder mehrere Sprachen beizufügen, die von allen Empfängern des Antrags verstanden wird (in der Praxis Englisch).[105] Anträge auf Verweisung an einen oder mehrere Mitgliedstaaten sollten eine Übersetzung in die Sprache dieser Mitgliedstaaten enthalten.[106]

50 **c) Verweisungsverfahren.** In der Praxis wird von der Kommission erwartet, dass die beteiligten Unternehmen einen Verweisungsantrag im Rahmen eines **informellen Vorverfahrens** vorbereiten.[107] Die informellen Vorgespräche mit der Kommission finden in der Regel auf der Grundlage eines oder mehrerer Entwürfe des Formblatts RS statt. In die freiwilligen Vorabkontakte sollten möglichst auch die betroffenen Behörden der Mitgliedstaaten miteinbezogen werden. Ähnlich wie bei der Vorbereitung einer Anmeldung liegt das mit dem informellen Vorverfahren verfolgte Ziel u. a. darin, den Umfang der im Formblatt RS beizubringenden Informationen zu klären und somit das Risiko der Unvollständigkeit zu minimieren. Darüber hinaus können die beteiligten Unternehmen so schon im Vorfeld ein Gefühl dafür bekommen, wie Kommission und betroffene nationale Behörden die Erfolgsaussichten eines Verweisungsantrags einschätzen.

51 Wird eine Verweisung gem. Art. 4 Abs. 4 beantragt, leitet die Kommission diesen Antrag **unverzüglich** an alle Mitgliedstaaten weiter.[108] In der Regel fügt sie einen Vermerk bei, in dem Sie ihre Auffassung hinsichtlich der Geeignetheit des Falles für eine Verweisung zum Ausdruck bringt. Der oder die Mitgliedstaaten, an die eine Verweisung beantragt wird, müssen innerhalb einer Frist von 15 Arbeitstagen nach Erhalt des Antrags mitteilen, ob sie der Verweisung zustimmen (Art. 4 Abs. 4 UA 2). Dabei handelt es sich um eine Ermessensentscheidung.[109] Erfolgt innerhalb von 15 Tagen keine Mitteilung, so gilt dies als Zustimmung (Art. 4 Abs. 4 UA. 2). Widerspricht ein Mitgliedstaat der beantragten Verweisung, so ist eine Verweisung an diesen Mitgliedstaat nicht möglich.[110] Eine vollständige

---

[103] Siehe dazu Rn. 23 ff.

[104] Anhang III zur DVO, Einl. Rn. 1.1., 1.3e).

[105] Anhang III zur DVO, Einl. Rn. 1.4.

[106] Anhang III zur DVO, Einl. Rn. 1.4.

[107] Vgl. Verweisungsmitteilung Rn. 64; Anhang III zur DVO, Einl. Rn. 1.1.

[108] Die Kommission wird versuchen, dies innerhalb eines Arbeitstages zu bewerkstelligen, vgl. Verweisungsmitteilung Rn. 56.

[109] *Körber* in: Immenga/Mestmäcker, EU-WettbR, Art. 4 FKVO Rn. 89, *Schroeder* in: Münchener Kommentar, EU-WettbR, Art. 4 Rn. 108; vgl. Verweisungsmitteilung Rn. 8.

[110] So hat die Kommission beispielsweise im Fall Komm. E. v. 1.8.2007, Rs. COMP/M.4611 – *Bonnier/Egmont/Company* die Prüfung des Zusammenschlusses für die Norwegische Transaktion an die Norwegische Behörde verwiesen, die Prüfung für Dänemark jedoch selber durchgeführt, nach-

oder teilweise Verweisung an andere im Antrag genannte Mitgliedstaaten wird dadurch jedoch nicht ausgeschlossen. Stimmt (mindestens) ein Mitgliedstaat der Verweisung zu, hat die Kommission innerhalb von 25 Arbeitstagen nach Eingang des Formblatts RS über die Verweisung des gesamten Falles oder eines Teils des Falles zu entscheiden (Art. 4 Abs. 4 UA 4). Trifft die Kommission innerhalb dieser Frist keine Entscheidung, so gilt der Fall entsprechend dem Antrag als verwiesen (Art. 4 Abs. 4 UA 4).

Liegen die Voraussetzungen für eine Verweisung vor, so liegt es im **Ermessen der Kommission,** ob sie den Fall verweist. Dabei ist sie jedoch an den Umfang des Verweisungsantrags gebunden. Sie darf den Antrag nur annehmen oder ablehnen, nicht aber abändern indem sie etwa bei beantragter vollständiger Verweisung nur eine Teilverweisung vornimmt oder bei beantragter Teilverweisung den gesamten Fall verweist.[111] Bei ihrer Entscheidung orientiert sich die Kommission insbesondere an **drei Ausprägungen des Subsidiaritätsgrundsatzes:** dem Prinzip der geeigneteren Behörde, dem Grundsatz der einzigen Anlaufstelle („one-stop-shop") und dem Bedürfnis nach Rechtssicherheit.[112] Entsprechende Erläuterungen finden sich in Rn. 8 ff. der Verweisungsmitteilung. Ausschlaggebend für eine Verweisung an nationale Wettbewerbsbehörden unter dem Gesichtspunkt der geeigneteren Behörde war in der Vergangenheit häufig, dass diese über besondere Expertise und Erfahrung hinsichtlich der betreffenden Industrie verfügten oder kürzlich die Prüfung eines anderen Zusammenschlusses auf dem einschlägigen Markt abgeschlossen hatten bzw. eine solche zeitgleich durchführten.[113] Die mit einer einzigen Anlaufstelle verbundenen Vorteile sind insbesondere bei einer beantragten Teilvereisung zu bedenken. Grundsätzlich kommt bei entsprechendem Antrag sowohl eine Aufspaltung der Prüfung zwischen Kommission und nationaler Wettbewerbsbehörde als auch zwischen mehreren nationalen Wettbewerbsbehörden in Betracht. 52

Eine solche Aufspaltung ist jedoch nur in Ausnahmefällen mit dem Ziel einer effizienten Prüfung in Einklang zu bringen und wird dementsprechend in der Fallpraxis von der Kommission so weit wie möglich vermieden.[114] Dem **Prinzip der Rechtssicherheit** wird bei der Entscheidung über einen Verweisungsantrag insoweit Rechnung getragen, als es grundsätzlich bei der „ursprünglichen Zuständigkeit" verbleiben soll und eine Verweisung nur bei Vorliegen besonderer, für eine Prüfung durch eine nationale Wettbewerbsbehörde sprechender Gründe in Betracht kommt.[115] 53

Wird der gesamte Fall verwiesen, so prüft die betreffende Behörde den Fall nach ihrem **nationalen Wettbewerbsrecht** (Art. 4 Abs. 4 UA 4). Eine Anmeldung bei der Kommission ist nicht mehr erforderlich. Hinsichtlich des weiteren Verfahrens in dem jeweiligen Mitgliedstaat finden Art. 9 Abs. 6–9 entsprechende Anwendung. In Deutschland richtet sich das Vorgehen in Verweisungsfällen nach § 39 Abs. 4 GWB. Danach ist eine Anmeldung nicht erforderlich, wenn die Kommission einen Zusammenschluss an das Bundeskartellamt verwiesen hat und dem Bundeskartellamt die nach § 39 Abs. 3 GWB erforderlichen Angaben in deutscher Sprache vorliegen. Inwieweit dies der Fall ist, teilt das Bundeskartellamt 54

---

dem die dänische Behörde der Verweisung an sie nicht zustimmte. Vgl. auch *Böge,* Reform der Europäischen Fusionskontrolle, WuW 2004, 138, 142.

[111] Vgl. Verweisungsmitteilung Rn. 49, Fn. 40.

[112] Vgl. Verweisungsmitteilung Rn. 8 ff.

[113] Vgl. *Levy* European Merger Control Law, 7–27 Entscheidungen in Fn. 151; *Bardong/Maass* in: Langen/Bunte, EU-Kartellrecht, Art. 4 FKVO Rn. 47 m. w. N. zur Entscheidungspraxis.

[114] Verweisungsmitteilung Rn. 11 f.; EuG Urt. v. 3.4.2003, Rs. T-119/02 – *Royal Philips Electronics/Kommission,* Slg. 2003 II-1433; siehe auch Komm. E. v. 23.8.2001, Rs. COMP/M.2389 – *Shell/Dea;* v. 23.8.2001, Rs. COMP/M.2533 – *BP/E.ON;* COMP/M.2706 – *Carnival Corporation/P&O Princess,* Pressemitteilung der Kommission v. 11.4.2002, IP/02/552; vgl. ferner *Körber* in: Immenga/Mestmäcker, EU-WettbR, Art. 4 FKVO Rn. 91, *Hellmann/Birmanns* in: FK-Kartellrecht, Art. 4 FKVO Rn. 84 ff.

[115] Vgl. Verweisungsmitteilung Rn. 13 f.

den beteiligten Unternehmen unverzüglich nach Eingang der Verweisungsentscheidung mit.

55 Im Falle einer **Teilverweisung,** bei der eine (Teil-)Zuständigkeit bei der Kommission verbleiben soll, ist parallel eine Anmeldung bei der Kommission einzureichen. Inwieweit der Anmeldung bei der Kommission in einem solchen Fall Angaben zu den nationalen Märkten, deren Prüfung an die nationale Behörde verwiesen wurde, unterbleiben können, lässt sich weder der FKVO noch der DVO entnehmen. Sachgerecht wäre ein Verzicht auf diese Angaben, wobei die Kommission von der Möglichkeit nach Art. 4 Abs. 2 DVO Gebrauch machen und die Anmelder von der Pflicht zur Vorlage dieser Angaben befreien kann. Kommt eine Verweisung an den oder die Mitgliedstaaten nicht zustande, gelten die üblichen Bestimmungen für eine Anmeldung bei der Kommission.

56 Anders als bei einer Anmeldung ist eine Veröffentlichung der Tatsache, dass ein Verweisungsantrag gestellt wurde, in der FKVO nicht vorgesehen und findet in der Praxis auch nicht statt.[116] Auch eine Veröffentlichung von Verweisungsentscheidungen ist in der FKVO nicht vorgeschrieben. Die Kommission veröffentlicht jedoch sämtliche Verweisungsentscheidungen nach Art. 4 Abs. 4 auf ihrer Internetseite.[117]

57 **d) Rechtsmittel.** Gegen die Ablehnung einer Verweisung gem. Art. 4 Abs. 4 können nach umstrittener Auffassung sowohl der Mitgliedstaat, an den die Verweisung erfolgen sollte (gem. Art. 263 Abs. 2 AEUV), als auch der Antragsteller (gem. Art. 263 Abs. 4 AEUV) vor dem **Gerichtshof der Europäischen Union** klagen.[118] Gegen eine positive Verweisungsentscheidung der Kommission gem. Art. 4 Abs. 4 kann wiederum dritten Unternehmen eine Klagerecht gem. Art. 263 Abs. 4 AEUV zustehen.[119]

58 **e) Rechtsfolgen bei Verweisung aufgrund fehlerhaften Antrags.** Beruht eine Verweisungsentscheidung nach Art. 4 Abs. 4 auf unrichtigen oder unvollständigen Angaben im Formblatt RS, kann die Kommission ein **Bußgeld** gem. Art. 14 Abs. 1 lit. a) verhängen. In der Verweisungsmitteilung geht die Kommission ferner davon aus, dass sie in einem solchen Fall eine vollständige Anmeldung gem. Art. 4 Abs. 1 verlangen kann.[120] Um die auf unrichtigen oder unvollständigen Angaben beruhende Verweisung zu „korrigieren", sei nach erfolgter Anmeldung bei einem entsprechenden Antrag des betreffenden Mitgliedstaats eine Verweisung an diesen gem. Art. 9 möglich.[121]

59 In der Literatur ist dieser Ansatz auf Kritik gestoßen, die darauf beruht, dass eine Verweisungsentscheidung der Kommission zwar **rechtsfehlerhaft aber wirksam** sei, solange sie nicht widerrufen werde.[122] Uneinigkeit besteht darüber, ob ein Widerruf angesichts des Fehlens einer ausdrücklichen Rechtsgrundlage in der FKVO ausgeschlossen ist[123] oder dennoch, etwa aufgrund einer analogen Anwendung der Art. 6 Abs. 3, 8 Abs. 6, erfolgen kann.[124] Teilweise wird vertreten, dass schon in der Aufforderung der Kommission zur

---

[116] Verweisungsmitteilung Rn. 61.

[117] Verweisungsmitteilung Rn. 80.

[118] *Schroeder* in: Münchener Kommentar, EU-WettbR, Art. 4 FKVO Rn. 127 f., a. A. *Bardong/Maass* in: Langen/Bunte, EU-Kartellrecht, Art. 4 FKVO Rn. 64, die davon ausgehen, dass es sich um eine Maßnahme in einem laufenden Verwaltungsverfahren handelt.

[119] *Schroeder* in: Münchener Kommentar, EU-WettbR, Art. 4 FKVO Rn. 128a; *Bardong/Maass* in: Langen/Bunte, EU-Kartellrecht, Art. 4 FKVO Rn. 64.

[120] Verweisungsmitteilung Rn. 60.

[121] Verweisungsmitteilung Rn. 60.

[122] *Bardong/Maass* in: Langen/Bunte, EU-Kartellrecht, Art. 4 FKVO Rn. 62; *Schroeder* in: Münchener Kommentar, EU-WettbR, Art. 4 FKVO Rn. 98; *Körber* in: Immenga/Mestmäcker, EU-WettbR, Art. 4 FKVO Rn. 95; *Hirsbrunner* EuZW 2005, 519, 521; vgl. auch *Bechtold/Bosch/Brinker* EU-Kartellrecht, Art. 4 FKVO Rn. 19.

[123] *Schroeder* in: Münchener Kommentar, EU-WettbR, Art. 4 FKVO Rn. 98.

[124] *Körber* in: Immenga/Mestmäcker, EU-WettbR, Art. 4 FKVO Rn. 95; vgl. auch *Bardong/Maass* in: Langen/Bunte, EU-Kartellrecht, Art. 4 FKVO Rn. 62.

Anmeldung eines Zusammenschlusses nach fehlerhafter Verweisung unter bestimmten Umständen ein konkludenter Widerruf zu sehen sei.[125]

f) Spätere Verweisung gem. Art. 9 oder Art. 22. Theoretisch bleibt auch nach einem Antrag der beteiligten Unternehmen auf Verweisung eines Zusammenschlussvorhabens vor Anmeldung bei der Kommission gem. Art. 4 Abs. 4 die Möglichkeit der Verweisung nach Anmeldung gem. Art. 9 oder Art. 22 bestehen. Eine Rückverweisung an die Kommission gem. Art. 22 nach erfolgter Verweisung an einen Mitgliedstaat gem. Art. 4 Abs. 4 begegnet jedoch unter **Vertrauensschutzgesichtspunkten** erheblichen Bedenken. Eine solche Rückverweisung wäre zudem kaum mit dem an Effizienzgesichtspunkten ausgerichteten Grundgedanken des Verweisungssystems zu vereinbaren.[126] In ihrer Verweisungsmitteilung äußert sich die Kommission dementsprechend dahingehend, dass Rückverweisungen „unbedingt vermieden werden" sollten.[127] Eine Ausnahme ist aus Sicht der Kommission nur dann dankbar, wenn die ursprüngliche Verweisung auf unrichtigen oder unvollständigen Angaben beruhte.[128] 60

Ähnlichen Bedenken begegnet ein Verweisungsantrag eines Mitgliedstaats gem. Art. 9, wenn dieser Mitgliedstaat zuvor einem Verweisungsantrag nach Art. 4 Abs. 4 nicht zugestimmt hat[129] sowie im Falle einer vorherigen Ablehnung eines Verweisungsantrags durch die Kommission.[130] Anders zu bewerten wäre unter Umständen ein auf Art. 9 basierender Verweisungsantrag eines Mitgliedstaats, nachdem zuvor ein Antrag gem. Art. 4 Abs. 4 auf Verweisung an einen anderen Mitgliedstaat an dessen Veto gescheitert ist.[131] 61

2. Verweisung von den Mitgliedstaaten an die Kommission (Art. 4 Abs. 5)

Art. 4 Abs. 5 sieht eine Verweisungsmöglichkeit von Zusammenschlüssen ohne gemeinschaftsweite Bedeutung von mehreren Mitgliedstaaten an die Kommission vor Anmeldung auf Antrag der Beteiligten vor. Für einen solchen Antrag spricht aus Sicht der Beteiligten häufig die mit der Prüfung durch eine zentrale Stelle im Sinne des **„one-stop shops"** verbundene Vereinfachung des Verfahrens.[132] Zudem kann eine Prüfung durch die Kommission für die Beteiligten berechenbarer sein als eine Prüfung durch mehrere nationale Behörden, etwa wenn zum Umgang der nationalen Behörden mit für den einschlägigen Fall entscheidenden Fragen noch keine Erfahrungswerte vorliegen. 62

a) Materielle Verweisungsvoraussetzungen. In materieller Hinsicht setzt Art. 4 Abs. 5 voraus, dass ein Zusammenschluss i. S. v. Art. 3 ohne gemeinschaftsweite Bedeutung i. S. v. Art 1 vorliegt, der nach dem nationalen Wettbewerbsrecht von mindestens drei Mitgliedstaaten geprüft werden könnte. Nicht erforderlich ist, dass der Zusammenschluss in den einschlägigen Mitgliedstaaten anmeldepflichtig ist.[133] Es kommt allein auf die **Anmeldefähigkeit** an. Relevant ist dies etwa bei Vorliegen der Voraussetzungen für eine Anmeldung im Vereinigten Königreich, da das dortige Wettbewerbsrecht keine präventive Fusionskontrolle vorsieht. 63

Eine Verweisung an die Kommission gem. Art. 4 Abs. 5 ist nur möglich, wenn der betreffende Zusammenschluss zuvor bei keiner Wettbewerbsbehörde eines Mitgliedstaats an- 64

---

[125] *Körber* in: Immenga/Mestmäcker, EU-WettbR, Art. 4 FKVO Rn. 95.
[126] Vgl. *Schroeder* in: Münchener Kommentar, EU-WettbR, Art. 4 FKVO Rn. 119; Erwägungsgrund 14 zur FKVO.
[127] Verweisungsmitteilung Rn. 13.
[128] Verweisungsmitteilung Fn. 19.
[129] Vgl. *Schroeder* in: Münchener Kommentar, EU-WettbR, Art. 4 FKVO Rn. 109.
[130] *Hellmann/Birmanns* in: FK-Kartellrecht, Art. 4 FKVO Rn. 82 f.
[131] *Bardong/Maass* in: Langen/Bunte, EU-Kartellrecht, Art. 4 FKVO Rn. 93.
[132] *Lübking/Dittert* in: Drauz/Jones, EU Competition Law, Vol. 2, Mergers and Acquisitions, Rn. 2.276; *Schroeder* in: Münchener Kommentar, EU-WettbR, Art. 4 FKVO Rn. 78.
[133] Verweisungsmitteilung Rn. 71.

gemeldet wurde.[134] Ergibt sich aus dem Wettbewerbsrecht eines Mitgliedstaats die Pflicht, ein Zusammenschlussvorhaben innerhalb eines bestimmten Zeitraums nach dem die Anmeldung auslösenden Ereignis bei der dortigen Wettbewerbsbehörde anzumelden, so sollte nach Auffassung der Kommission bei Überschreiten dieser Frist während der Bearbeitung eines Verweisungsantrags **keine Geldbuße** seitens der nationalen Wettbewerbsbehörde erhoben werden.[135]

65 **b) Form und Inhalt des Verweisungsantrags.** Ebenso wie bei einem Antrag nach Art. 4 Abs. 4 ist auch für einen Antrag auf Verweisung von den Mitgliedstaaten an die Kommission gem. Art. 4 Abs. 5 gem. Art. 6 Abs. 1 DVO das in Anhang III der DVO abgedruckte Formblatt RS zu verwenden. Hervorzuheben ist Abschnitt 5.3, in dem der Verweisungsantrag näher zu beschreiben und zu begründen ist. Dort ist für jeden Mitgliedstaat einzeln anzugeben, ob der Zusammenschluss nach dessen **einzelstaatlichem Wettbewerbsrecht** geprüft werden kann oder nicht.[136] Eine entsprechende Mustertabelle befindet sich auf der Internetseite der GD Wettbewerb. Die jeweiligen Angaben sind für jeden Mitgliedstaat mit ausreichenden Finanz- oder sonstigen Daten zu belegen.[137] Es reicht nicht aus, dies lediglich für die (mindestens) drei Mitgliedstaaten nachzuweisen, in denen der Zusammenschluss nach Ansicht der Antragsteller anmeldefähig ist. Hintergrund ist, dass jeder Mitgliedstaat in die Lage versetzt werden soll, zu prüfen, ob er nach seinem nationalen Wettbewerbsrecht für eine Prüfung des Vorhabens zuständig ist.[138] Des Weiteren ist zu begründen und zu erläutern, warum der Fall von der Kommission geprüft werden soll.[139]

66 Hinsichtlich der bei einem Verweisungsantrag zu beachtenden **Formerfordernisse** wird auf die vorstehenden Angaben zu Art. 4 Abs. 4 verwiesen. Gem. Art. 6 Abs. 2 DVO finden die Vorschriften für die Anmeldung auf Formblatt CO etwa hinsichtlich der Anmelde- bzw. Antragsbefugnis, der Einreichung und Vollständigkeit des Antrags und des Wirksamwerdens entsprechende Anwendung. Der Antrag ist in einer der Amtssprachen der EU zu stellen.[140] Die Kommission legt den beteiligten Unternehmen nahe, eine Übersetzung in eine oder mehrere Sprachen beizufügen, die von allen Empfängern des Antrags verstanden wird (in der Praxis Englisch).[141]

67 **c) Verweisungsverfahren.** Die Kommission erwartet in der Praxis, dass vor Einreichung des Verweisungsantrags ein **informelles Vorverfahren** durchgeführt wird.[142] Informelle Vorgespräche sollten auch mit den Wettbewerbsbehörden der Mitgliedstaaten geführt werden, in denen das gegenständliche Zusammenschlussvorhaben anmeldefähig ist. Erläuterungen zur Kontaktaufnahme mit nationalen Wettbewerbsbehörden vor der Verweisung finden sich in den unverbindlichen Grundsätzen der European Competition Authorities („ECA") für die Anwendung von Art. 4 Abs. 5 und 22 („ECA-Grundsätze").[143] Danach sind Vorabkontakte mit nationalen Wettbewerbsbehörden insbesondere sinnvoll bei Klärungsbedarf hinsichtlich der Anmeldefähigkeit in einem bestimmten Mitgliedstaat, der räumlichen und sachlichen Marktabgrenzung sowie der Sprache, in der der Verweisungsantrag zu stellen ist.[144] Vor allem dienen Vorabkontakte mit den nationalen Wettbewerbsbehörden für die beteiligten Unternehmen jedoch dazu, die Erfolgsaussichten ihres Verwei-

---

[134] Verweisungsmitteilung Rn. 69.
[135] Verweisungsmitteilung Rn. 71.
[136] Anhang III zur DVO, Rn. 5.3.1.
[137] Anhang III zur DVO, Rn. 5.3.2.
[138] Verweisungsmitteilung Rn. 74.
[139] Anhang III zur DVO, Rn. 5.3.3.
[140] Anhang III zur DVO, Einl. Rn. 1.4.
[141] Anhang III zur DVO, Einl. Rn. 1.4.
[142] Siehe bereits unter Rn. 50. Vgl. Verweisungsmitteilung Rn. 64; Anhang III zur DVO, Einl. Rn. 1.1.
[143] Abrufbar unter www.bundeskartellamt.de.
[144] ECA-Grundsätze Rn. 10.

sungsantrags besser einzuschätzen, da sie so bereits in einer frühen Phase in Erfahrung bringen können, ob hinsichtlich der zu beantragenden Verweisung grundlegende Bedenken seitens der betreffenden Mitgliedstaaten bestehen.

Nach Eingang eines vollständigen Verweisungsantrags gem. Art. 4 Abs. 5 leitet die Kommission diesen zunächst **unverzüglich** (d. h. häufig bereits innerhalb eines Arbeitstages) an alle Mitgliedstaaten weiter (Art. 4 Abs. 5 UA. 2). In der Regel fügt sie einen Vermerk bei, in dem Sie ihre Auffassung hinsichtlich der Geeignetheit des Falles für eine Verweisung zum Ausdruck bringt. **68**

Jeder Mitgliedstaat, der nach seinem Wettbewerbsrecht für die Prüfung des Zusammenschlusses zuständig ist, kann innerhalb von 15 Arbeitstagen nach Erhalt dieses Antrags die beantragte Verweisung ablehnen (Art. 4 Abs. 5 UA 3). Bei der Entscheidung der Mitgliedstaaten handelt es sich um eine **Ermessensentscheidung.**[145] Die dafür maßgeblichen Gesichtspunkte lassen sich der FKVO, der Verweisungsmitteilung und den ECA-Grundsätzen entnehmen.[146] Zu fragen ist grundsätzlich, ob der Zusammenschluss „nach seinem Wesen" im Hinblick auf die erwartenden Wettbewerbsfolgen und die für eine sachgerechte Bearbeitung erforderlichen Ermittlungs- und Vollstreckungsbefugnisse eine „grenzüberschreitende Qualität" aufweist.[147] Am ehesten für eine Verweisung geeignet sind Vorhaben, die Märkte betreffen, die räumlich weiter als national abzugrenzen sind.[148] Ebenso spricht in der Regel vieles für eine Prüfung durch die Kommission, wenn aufgrund des Zusammenschlusses wettbewerbliche Bedenken in mehreren Mitgliedstaaten zu erwarten sind. Dies gilt insbesondere dann, wenn in mehreren Mitgliedstaaten erforderliche Abhilfemaßnahmen miteinander in Einklag gebracht werden müssen.[149] Ungeachtet dessen orientieren sich nationale Wettbewerbsbehörden bei ihrer Entscheidung in der Praxis häufig an rein praktischen Aspekten. So wird es oft schon als ausreichend erachtet, wenn die Beteiligten vortragen, dass eine Prüfung des Zusammenschlusses durch die Kommission zur einer spürbaren Reduzierung des zu erwartenden Kosten- und Zeitaufwands führen würde.[150] **69**

Lehnt mindestens ein Mitgliedstaat innerhalb der Frist die beantragte Verweisung ab, so wird der Fall nicht verwiesen (Art. 4 Abs. 5 Unterabs. 4). Eine Teilverweisung wie nach Art. 4 Abs. 4 ist in diesem Fall nicht vorgesehen. Ist eine Ablehnung erfolgt, so unterrichtet die Kommission unverzüglich alle Mitgliedstaaten und die beteiligten Unternehmen (Art. 4 Abs. 5 Unterabs. 4). Es bleibt in einem solchen Fall bei den **ursprünglichen Anmeldeerfordernissen** auf Ebene der Mitgliedstaaten. **70**

Hat kein Mitgliedstaat innerhalb von 15 Arbeitstagen die beantragte Verweisung abgelehnt, so wird die **gemeinschaftsweite Bedeutung** des Zusammenschlusses **vermutet** (Art. 4 Abs. 5 Unterabs. 5). Bei der somit erfolgten Verweisung handelt sich um eine **gesetzliche Fiktion.** Der Kommission kommt kein Ermessensspielraum zu.[151] Ihr obliegt es lediglich, die Behörden der Mitgliedstaaten nach Ablauf der Frist über die Verweisung zu informieren. Das weitere Verfahren richtet sich nach der FKVO. So ist der Zusammenschluss von den beteiligten Unternehmen gem. Art. 4 Abs. 1 u. 2 bei der Kommission anzumelden. Die Zuständigkeit der Kommission erstreckt sich auf die gesamte Gemeinschaft und umfasst somit das Gebiet sämtlicher Mitgliedstaaten. Kein Mitgliedstaat darf nach einer Verweisung an die Kommission gem. Art. 4 Abs. 5 UA 5 sein innerstaatliches Wettbewerbsrecht auf den Zusammenschluss anwenden. **71**

---

[145] *Schroeder* in: Münchener Kommentar, EU-WettbR, Art. 4 FKVO Rn. 144; vgl. Verweisungsmitteilung Rn. 8.
[146] Erwägungsgrund 16 zur FKVO, Verweisungsmitteilung Rn. 25 ff., ECA-Grundsätze Rn. 8 f.
[147] Vgl. Verweisungsmitteilung Rn. 27.
[148] Verweisungsmitteilung Rn. 28, vgl. auch ECA-Grundsätze Rn. 8.
[149] Vgl. Verweisungsmitteilung Rn. 29.
[150] Vgl. Verweisungsmitteilung Rn. 32.
[151] Verweisungsmitteilung Rn. 7, Fn. 10.

72 Eine Veröffentlichung der Tatsache, dass ein Verweisungsantrag gestellt wurde, im Amtsblatt der Europäischen Union ist in der FKVO nicht vorgesehen.[152] Ebenso wenig erfolgt eine Bekanntgabe der Information, dass eine Verweisung erfolgt ist. Veröffentlicht wird erst die Tatsache der Anmeldung des Zusammenschlusses. Nähere Angaben zur Verweisung lassen sich der verfahrensabschließenden Entscheidung entnehmen.

73 **d) Rechtsmittel.** Der Antragssteller kann nach umstrittener Auffassung gem. Art. 263 Abs. 4 AEUV gegen die Mitteilung der Kommission, dass sein Antrag abgelehnt wurde, vor dem Gerichtshof der Europäischen Union klagen.[153] Dies wird damit begründet, dass die Kommission die **Ermessensentscheidung** der Mitgliedstaaten auf ihre **Rechtmäßigkeit zu überprüfen** habe.[154] Dritten steht bei einer erfolgten Verweisung kein Klagerecht zu, da es sich bei der Verweisung um eine gesetzliche Fiktion handelt und somit keine angreifbare Entscheidung vorliegt.

74 **e) Rechtsfolgen bei Verweisung aufgrund eines fehlerhaften Antrags.** Die Kommission geht in ihrer Verweisungsmitteilung davon aus, dass sie im Falle einer zu unrecht aufgrund unrichtiger oder unvollständiger Angaben in einem Verweisungsantrag erfolgten Verweisung eine Unzuständigkeitsentscheidung nach Art. 6 Abs. 1 lit. a) erlassen kann, wenn sie während des Fusionskontrollverfahrens erkennt, dass die Voraussetzungen von Art. 4 Abs. 5 nicht erfüllt sind.[155] Ist bereits eine verfahrensabschließende Entscheidung nach Art. 6 oder 8 ergangen, die auf unrichtigen oder unvollständigen Angaben im Verweisungsantrag beruht, kann diese aus Sicht der Kommission gem. Art. 6 Abs. 3 lit. a) oder Art. 8 Abs. 6 lit. a) **widerrufen** werden.[156] Nach einer Unzuständigkeits-Entscheidung gem. Art. 6 Abs. 1 lit. a) oder einem Widerruf gilt aus Sicht der Kommission für das Vorhaben dann erneut innerstaatliches Wettbewerbsrecht.[157]

75 In der Literatur wird dieser Ansatz kritisiert. Dort wird teilweise vertreten, dass **während des Verfahrens keine Unzuständigkeitsentscheidung** erlassen werden könne, da die Verweisung bereits ergangen sei und die Voraussetzungen des Art. 6 Abs. 1 lit a) nicht vorlägen.[158] Entsprechend könne eine Freigabeentscheidung nach Art. 6 Abs. 1 lit. b) zwar widerrufen werden, nicht aber die Verweisung, sodass letztere auch dann Bestand habe, wenn sie auf unrichtigen Angaben beruht.[159] Teilweise wird nach dem **Verfahrensstadium** unterschieden:[160] Vor Erlass einer verfahrensabschließenden Entscheidung in der ersten Phase (also nach Art. 6) komme es allein darauf an, ob die Voraussetzungen des Art. 4 Abs. 5 UA 5 vorliegen. Wenn dies nicht der Fall sei, gelte innerstaatliches Recht. Nach Erlass einer verfahrensabschließenden Entscheidung in der ersten Phase sei ein Widerruf gem. Art. 6 Abs. 3 möglich. Ein Widerruf einer Entscheidung in der zweiten Phase sei zwar gem. Art. 8 Abs. 6 möglich, dieser versetze das Verfahren aber nicht in die erste Phase zurück sondern ziehe lediglich eine erneute zweite Phase nach sich, sodass es der Kommission an einer Rechtsgrundlage für die Feststellung der eigenen Unzuständigkeit fehle.

76 **f) Spätere Verweisung gem. Art. 9 oder Art. 22.** Wie nach einem Antrag auf Verweisung an die Mitgliedstaaten nach Art. 4 Abs. 4[161] ist auch nach einem Antrag auf Verweisung an die Kommission gem. Art. 4 Abs. 5 eine spätere Verweisung gem. Art. 9 oder

---

[152] Verweisungsmitteilung Rn. 61.
[153] *Schroeder* in: Münchener Kommentar, EU-WettbR, Art. 4 FKVO Rn. 154; a. A. *Bardong/Maass* in: Langen/Bunte, EU-Kartellrecht, Art. 4 Rn. 89.
[154] *Schroeder* in: Münchener Kommentar, EU-WettbR, Art. 4 FKVO Rn. 154.
[155] Verweisungsmitteilung Rn. 60.
[156] Verweisungsmitteilung Rn. 60.
[157] Verweisungsmitteilung Rn. 60.
[158] *Schroeder* in: Münchener Kommentar, EU-WettbR, Art. 4 FKVO Rn. 139.
[159] *Schroeder* in: Münchener Kommentar, EU-WettbR, Art. 4 FKVO Rn. 139.
[160] *Körber* in: Immenga/Mestmäcker, EU-WettbR, Art. 4 FKVO Rn. 107 f.
[161] Vgl. dazu bereits Rn. 60.

Art. 22 nach dem Gesetz nicht ausgeschlossen. Ist eine Verweisung gem. Art. 4 Abs. 5 erfolgt, so sollte eine Rückverweisung an die Mitgliedstaaten gem. Art 9 aus Sicht der der Kommission allerdings insbesondere aufgrund der damit verbundenen **Rechtsunsicherheit** unbedingt vermieden werden.[162] Wurde eine Verweisung an die Kommission gem. Art. 4 Abs. 5 von einem Mitgliedstaat abgelehnt, so dürfte ein späterer Antrag desselben Mitgliedstaats auf Verweisung an die Kommission gem. Art. 22 in der Regel ebenfalls erheblichen Bedenken begegnen.

Anders können unter Umständen Fälle zu bewerten sein, in denen eine Verweisung gem. Art. 4 Abs. 5 am **Veto eines Mitgliedstaats** gescheitert ist, und ein anderer Mitgliedstaat anschließend einen Antrag gem. Art. 22 stellt. Im Fall *London Stock Exchange/LCH Clearnet* hat die Kommission allerdings einen Verweisungsantrag der portugiesischen Wettbewerbsbehörde nach Art. 22 abgelehnt, nachdem die Wettbewerbsbehörde des Vereinigten Königreichs („OFT") zuvor einen Antrag der Beteiligten gem. Art 4 Abs. 5 blockiert hatte.[163] Das OFT hatte sich – im Gegensatz zur französischen und spanischen Behörde – auch dem Antrag nach Art. 22 nicht angeschlossen. Begründet wurde die Ablehnung der Kommission insbesondere damit, dass im Falle einer Verweisung eine parallele Prüfung durch die Kommission und das OFT stattgefunden hätte und somit die Vorteile des „one-stop-shops" nicht zum Tragen gekommen wären.[164] 77

3. Weißbuch der Kommission „Towards more effective EU merger control"

In ihrem Weißbuch „Towards more effective EU merger control"[165] vom 9. Juli 2014 hat die Kommission u. a. **Vorschläge zur Vereinfachung und Beschleunigung der Verweisungsverfahren** vorgelegt und um Stellungnahmen gebeten. Im Hinblick auf Art. 4 Abs. 5 schlägt die Kommission vor, das derzeitige zweistufige Verfahren (begründeter Antrag mit anschließender Anmeldung) abzuschaffen.[166] Anstelle eines begründeten Antrags könnten die Beteiligten den gegenständlichen Zusammenschluss direkt bei der Kommission anmelden. Diese würde die Anmeldung unverzüglich an die Mitgliedstaaten weiterleiten.[167] Die Mitgliedstaaten, die nach ihrem Wettbewerbsrecht für die Prüfung des Zusammenschlusses zuständig wären, hätten dann die Gelegenheit, die beantragte Verweisung innerhalb von 15 Arbeitstagen abzulehnen.[168] Bei einem Veto würde die Kommission ihre Unzuständigkeit in einem Beschluss feststellen.[169] Der Zusammenschluss müsste dann bei den zuständigen Mitgliedstaaten angemeldet werden. 78

Das Weißbuch enthält auch einen Vorschlag zur **Klarstellung der materiellen Voraussetzungen** einer Verweisung gem. Artikel 4 Abs. 4. Der Wortlaut der Vorschrift soll dahingehend angepasst werden, dass der missverständliche Ausdruck „erheblich beeinträchtigen" in Abs. 1 durch „auswirken" ersetzt wird.[170] Da die bisherige Formulierung von Unternehmen als „Selbstbezichtigung" empfunden worden sei, könne eine entsprechende Änderung aus Sicht der Kommission dazu führen, dass mehr Verweisungsanträge gestellt werden.[171] 79

---

[162] Vgl. Erwägungsgrund 14 zur FKVO, Verweisungsmitteilung Rn. 13.
[163] Komm. E. v. 4.7.2012, Rs. COMP/M.6502 – *London Stock Exchange/LHC Clearnet.*
[164] Komm. E. v. 4.7.2012, Rs. COMP/M.6502 – *London Stock Exchange/LCH Clearnet,* Rn. 20.
[165] Komm., Weißbuch „Towards more effective EU merger control" v. 9.7.2014, KOM(2014) 449 endg. („Weißbuch").
[166] Weißbuch, Rn. 65.
[167] Weißbuch, Rn. 65.
[168] Weißbuch, Rn. 65.
[169] Weißbuch, Rn. 67.
[170] Weißbuch, Rn. 75.
[171] Weißbuch, Rn. 75.

Art. 5. Berechnung des Umsatzes

(1) [1]Für die Berechnung des Gesamtumsatzes im Sinne dieser Verordnung sind die Umsätze zusammenzuzählen, welche die beteiligten Unternehmen im letzten Geschäftsjahr mit Waren und Dienstleistungen erzielt haben und die dem normalen geschäftlichen Tätigkeitsbereich der Unternehmen zuzuordnen sind, unter Abzug von Erlösschmälerungen, der Mehrwertsteuer und anderer unmittelbar auf den Umsatz bezogener Steuern. [2]Bei der Berechnung des Gesamtumsatzes eines beteiligten Unternehmens werden Umsätze zwischen den in Absatz 4 genannten Unternehmen nicht berücksichtigt.

[3]Der in der Gemeinschaft oder in einem Mitgliedstaat erzielte Umsatz umfasst den Umsatz, der mit Waren und Dienstleistungen für Unternehmen oder Verbraucher in der Gemeinschaft oder in diesem Mitgliedstaat erzielt wird.

(2) Wird der Zusammenschluss durch den Erwerb von Teilen eines oder mehrerer Unternehmen bewirkt, so ist unabhängig davon, ob diese Teile eigene Rechtspersönlichkeit besitzen, abweichend von Absatz 1 aufseiten des Veräußerers nur der Umsatz zu berücksichtigen, der auf die veräußerten Teile entfällt.

Zwei oder mehr Erwerbsvorgänge im Sinne von Unterabsatz 1, die innerhalb von zwei Jahren zwischen denselben Personen oder Unternehmen getätigt werden, werden hingegen als ein einziger Zusammenschluss behandelt, der zum Zeitpunkt des letzten Erwerbsvorgangs stattfindet.

(3) An die Stelle des Umsatzes tritt

a) bei Kredit- und sonstigen Finanzinstituten die Summe der folgenden in der Richtlinie 86/635/EWG des Rates[1] definierten Ertragsposten gegebenenfalls nach Abzug der Mehrwertsteuer und sonstiger direkt auf diese Erträge erhobener Steuern:
  - **i) Zinserträge und ähnliche Erträge,**
  - **ii) Erträge aus Wertpapieren:**
    - **– Erträge aus Aktien, anderen Anteilsrechten und nicht festverzinslichen Wertpapieren,**
    - **– Erträge aus Beteiligungen,**
    - **– Erträge aus Anteilen an verbundenen Unternehmen,**
  - **iii) Provisionserträge,**
  - **iv) Nettoerträge aus Finanzgeschäften,**
  - **v) sonstige betriebliche Erträge.**

Der Umsatz eines Kredit- oder Finanzinstituts in der Gemeinschaft oder in einem Mitgliedstaat besteht aus den vorerwähnten Ertragsposten, die die in der Gemeinschaft oder dem betreffenden Mitgliedstaat errichtete Zweig- oder Geschäftsstelle des Instituts verbucht;

b) bei Versicherungsunternehmen die Summe der Bruttoprämien; diese Summe umfasst alle vereinnahmten sowie alle noch zu vereinnahmenden Prämien aufgrund von Versicherungsverträgen, die von diesen Unternehmen oder für ihre Rechnung abgeschlossen worden sind, einschließlich etwaiger Rückversicherungsprämien und abzüglich der aufgrund des Betrags der Prämie oder des gesamten Prämienvolumens berechneten Steuern und sonstigen Abgaben. Bei der Anwendung von Artikel 1 Absatz 2 Buchstabe b) und Absatz 3 Buchstaben b), c) und d) sowie den letzten Satzteilen der genannten beiden Absätze ist auf die Bruttoprämien abzustellen, die von in der Gemeinschaft bzw. in einem Mitgliedstaat ansässigen Personen gezahlt werden.

---

[1] **Amtl. Anm.:** ABl. L 372 vom 31.12.1986, S. 1. Richtlinie zuletzt geändert durch die Richtlinie 2006/46/EG des Europäischen Parlaments und des Rates.

(4) **Der Umsatz eines beteiligten Unternehmens im Sinne dieser Verordnung setzt sich unbeschadet des Absatzes 2 zusammen aus den Umsätzen**

a) des beteiligten Unternehmens;

b) der Unternehmen, in denen das beteiligte Unternehmen unmittelbar oder mittelbar entweder

i) mehr als die Hälfte des Kapitals oder des Betriebsvermögens besitzt oder

ii) über mehr als die Hälfte der Stimmrechte verfügt oder

iii) mehr als die Hälfte der Mitglieder des Aufsichtsrats, des Verwaltungsrats oder der zur gesetzlichen Vertretung berufenen Organe bestellen kann oder

iv) das Recht hat, die Geschäfte des Unternehmens zu führen;

c) der Unternehmen, die in dem beteiligten Unternehmen die unter Buchstabe b) bezeichneten Rechte oder Einflussmöglichkeiten haben;

d) der Unternehmen, in denen ein unter Buchstabe c) genanntes Unternehmen die unter Buchstabe b) bezeichneten Rechte oder Einflussmöglichkeiten hat;

e) der Unternehmen, in denen mehrere der unter den Buchstaben a) bis d) genannten Unternehmen jeweils gemeinsam die in Buchstabe b) bezeichneten Rechte oder Einflussmöglichkeiten haben.

(5) **Haben an dem Zusammenschluss beteiligte Unternehmen gemeinsam die in Absatz 4 Buchstabe b) bezeichneten Rechte oder Einflussmöglichkeiten, so gilt für die Berechnung des Umsatzes der beteiligten Unternehmen im Sinne dieser Verordnung folgende Regelung:**

a) Nicht zu berücksichtigen sind die Umsätze mit Waren und Dienstleistungen zwischen dem Gemeinschaftsunternehmen und jedem der beteiligten Unternehmen oder mit einem Unternehmen, das mit diesen im Sinne von Absatz 4 Buchstaben b) bis e) verbunden ist.

b) Zu berücksichtigen sind die Umsätze mit Waren und Dienstleistungen zwischen dem Gemeinschaftsunternehmen und jedem dritten Unternehmen. Diese Umsätze sind den beteiligten Unternehmen zu gleichen Teilen zuzurechnen.

Übersicht

I. Grundlagen

1 Die FKVO legt in Art. 1 **umsatzbezogene** Schwellenwerte fest, die neben dem Zusammenschlussbegriff nach Art. 3 als Aufgriffskriterien für die Prüfung von Zusammenschlüssen in der Union dienen. Die Regeln für die Berechnung des Umsatzes sollen dabei sicherstellen, dass diejenigen wirtschaftlichen und finanziellen Ressourcen ermittelt wer-

den, die durch den Zusammenschluss kombiniert werden und so ein getreues Bild der wirtschaftlichen Realität durch die Umsatzzahlen dargestellt wird.[1] Art. 5 ist somit von entscheidender Bedeutung für die **Anwendbarkeit** der FKVO und die Zuständigkeit der Europäischen Kommission überhaupt. Die Umsatzberechnung nach Art. 5 ist allerdings von jener zur Berechnung von Bußgeldern zu unterscheiden.[2]

2 Ausschlaggebend für Handhabung und Auslegung von Art. 5 ist, dass letztendlich der Umsatz ermittelt wird, der die wirtschaftliche Stärke der an dem Vorhaben beteiligten Unternehmen möglichst genau widerspiegelt. Aus diesem Grund müssen Doppelzählungen vermieden werden.[3] Es wird zudem der gesamte Konzernumsatz der im Sinne von Art. 5 Abs. 4 verbundenen Unternehmen einbezogen, ebenso wie die Umsätze aus allen Tätigkeitsbereichen der beteiligten Unternehmen, unabhängig davon, ob diese Umsätze bei dem Zusammenschluss eine Rolle spielen oder welcher Wirtschaftszweig betroffen ist. Konzerninterne Umsätze sind aus demselben Grund abzuziehen.

3 Aus praktischer Sicht erfolgt daher zunächst die Ermittlung der am Zusammenschluss beteiligten Unternehmen (vgl. unten Rn. 30 ff. sowie Kommentierung zu Art. 1 Rn. 4 ff.), und im zweiten Schritt die Definition der relevanten Umsätze in sachlicher, zeitlicher und geografischer Hinsicht (vgl. unten Rn. 5 ff). Im Hinblick auf die Frage der beteiligten Unternehmen kann weitgehend auf die Kommentierung zu Art. 1 verwiesen werden.

4 Detaillierte Erläuterungen und Beispiele zur Umsatzberechnung nach Art. 5 finden sich in der **„Konsolidierten Mitteilung zu Zuständigkeitsfragen“.**[4]

II. Relevante Umsätze (Art. 5 Abs. 1)

1. Umsätze mit Waren und Dienstleistungen

5 Nach Art. 5 Abs. 1 Unterabsatz 1 sind für die Umsatzberechnung die im letzten Geschäftsjahr mit „Waren und Dienstleistungen“ erzielten Umsätze soweit sie „dem normalen Geschäftsbereich der Unternehmen zuzuordnen sind“ heranzuziehen. Bei **Waren** sind dies die Verkaufserlöse sämtlicher Handelsgeschäfte, die eine Eigentumsübertragung implizieren. Bei **Dienstleistungen** kommt es i. d. R. auf den Gesamtbetrag der mit dem Verkauf der Dienstleistungen erzielten Verkaufserlöse an. Sowohl bei dem Verkauf von Waren als auch bei Dienstleistungen ist der gesamte Erlös und nicht etwa nur die Handelsspanne relevant.[5] Besonderheiten sind ferner zu beachten, wenn nicht die gesamte Dienstleistung direkt vom Unternehmen an seine Kunden erbracht wird, also beispielsweise, wenn Leistun-

---

[1] Vgl. Berichtigung der Konsolidierten Mitteilung der Kommission zu Zuständigkeitsfragen gemäß der Verordnung (EG) Nr. 139/2004 des Rates über die Kontrolle von Unternehmenszusammenschlüssen, ABl. 2009/C 43/09, mit der die Mitteilung über den Begriff des Zusammenschlusses (ABl. 1998 C 66/5), die Mitteilung über den Begriff des Vollfunktionsgemeinschaftsunternehmens (ABl. 1998 C 66/1), die Mitteilung über den Begriff der beteiligten Unternehmen (ABl. 1998 C 66/14) und die Mitteilung über die Berechnung des Umsatzes (ABl. 1998 C 66/25) ersetzt wurden, im Folgenden „Konsolidierte Mitteilung zu Zuständigkeitsfragen“.

[2] So hat das Gericht erster Instanz erst kürzlich Folgendes klargestellt: „[D]ie Beurteilung der Auswirkungen eines Zusammenschlusses auf den Markt ist nämlich nicht mit der Bestimmung des Betrags der gegen ein Unternehmen wegen einer Zuwiderhandlung gegen Art. 81 EG zu verhängenden Geldbuße vergleichbar, mag auch das Marktvolumen in der Mitteilung über die Zusammenschlüsse und in den Leitlinien auf die gleiche Weise bestimmt werden.“ EuG U. v. 17.3.2013, Rs. T-146/09 – *Parker ITR und Parker-Hannifin/Kommission,* Rn. 213.

[3] Mitteilung der Kommission über die Berechnung des Umsatzes i. S. d. Verordnung (EWG) Nr. 4064/89 des Rates über die Kontrolle von Unternehmenszusammenschlüssen, ABl. 1998 C 66/25; vgl. auch Konsolidierte Mitteilung zu Zuständigkeitsfragen, Rn. 168 und 188; Komm. E. v. 26.8.1996 Rs. IV/M.806 – *British Airways/TAT(II),* WuW 1997, 134.

[4] ABl. 2009/C 43/09, insbesondere Kapitel C. *Gemeinschaftsweite Bedeutung,* Abschnitt IV. UMSATZ, Rn. 157 ff.

[5] Vgl. Konsolidierte Mitteilung zu Zuständigkeitsfragen, Rn. 157 f.

gen unter Heranziehung eines Handelsvertreters oder sonstigen Vermittlers erbracht werden.[6] In diesen Fällen sind auf Seiten des Vermittlers als Umsatz i. d. R. nur die erzielte **Provision** oder andere **Kommissionszahlungen**[7] heranzuziehen, auch wenn dieser dem Endkunden den gesamten Betrag in Rechnung stellt. Der Begriff des Vermittlers ist eng auszulegen.[8] Daher liegt keine Vermittlungstätigkeit vor, wenn ein Vertriebsunternehmen die Kosten für den **Bezug von Energie** vom Hersteller an seine Kunden insofern unverändert weitergibt, als die Vergütung für die Vertriebstätigkeit amtlich geregelt ist. Ausschlaggebend ist der Eigentumsübergang, während der Umstand, dass die Vergütung der Vertriebstätigkeit der Regulierung unterliegt, nicht von Relevanz ist.[9] Auch die bloße Weiterverrechnung von **Speditionsleistungen** anderer (oftmals ausländischer) Spediteure durch ein Speditionsunternehmen, etwa im Bahnfrachtgeschäft, führt nicht dazu, dass das Unternehmen als reiner Vermittler angesehen wird und etwa nur seine eigene Speditionsleistung als Umsatz berücksichtigt wird.[10] Auf Seiten des eigentlichen Dienstleisters scheint die Kommission danach zu unterscheiden, ob der Vermittler Teil des Vertriebssystems desselben ist oder umgekehrt vom Kunden eingesetzt wird.[11] Bei **Pauschalreisen** wird nach Kommissionspraxis daher der gesamte vom Endkunden gezahlte Betrag dem Reiseveranstalter zugerechnet, da dieser i. d. R. das Reisebüro als Vertriebsnetz einsetzt. Bei **Medienagenturen** wiederum sollen dem Fernsehsender oder einer Zeitung lediglich die tatsächlich für die Werbung eingenommenen Beträge zugerechnet werden, nicht jedoch die von der Medienagentur erzielte Provision (obwohl beides dem Werbe(end)kunden in Rechnung gestellt wird), da Medienagenturen nicht als Vertriebskanal der Fernsehsender fungieren, sondern vom Werbekunden ausgewählt werden.[12] Franchiseumsätze sind idR nur dem Franchisenehmer und nicht dem Franchisegeber zuzurechnen.[13]

Besonderheiten ergeben sich bei **Kreditinstituten und Versicherungen** (Art. 5. Abs. 3).[14] Im Unterschied zu anderen Rechtsordnungen sind jedoch keine Sonderregeln für Medienunternehmen vorgesehen;[15] ebensowenig gibt es eine mit § 38 Abs. 2 GWB vergleichbare $^3/_4$-Regel für Handelsumsätze. 6

---

[6] In der konsolidierten Mitteilung zu Zuständigkeitsfragen werden hier in Rn. 159 Pauschalreisen und Werbung genannt.

[7] Vgl. ibid. Rn. 159; Komm. E. v. 20.7.1994 Rs. IV/M.473 – *Pechiney World Trade/Minemet,* WuW 1994, 922, Rn. 10; siehe auch 24. WB 1994 Rn. 268.

[8] EuG U. v. 14.7.2006, Rs. T-417/05 – *Endesa/Kommission,* Rn. 211.

[9] Ibid. Rn. 211 ff.

[10] Der Fall betraf das Zusammenschlussverfahren COMP/M.5096 *Cargo Austria/MÁV Cargo,* das zunächst am 15.1.2008 bei den österreichischen und ungarischen Wettbewerbsbehörden angemeldet wurde. Nachdem die österreichische Bundeswettbewerbsbehörde die Phase II in Österreich eröffnet hatte, erfolgte ein Rückzug der nationalen Anmeldungen und eine Anmeldung auf Form CO bei der Europäischen Kommission (vgl. Pressemitteilung der österreichischen Bundeswettbewerbsbehörde („BWB") vom 15.1.2008 sowie vom 5.3.2008, abzurufen auf der Homepage der BWB unter www. bwb. gv. at.). Diese gab den Fall schließlich mit Auflagen am 25.11.2008 in Phase I frei (vgl. Kommission, Press Release IP/08/1769 vom 25.11.2008). Neben anderen Punkten wurde die Frage behandelt, ob die im Bahnfrachtgeschäft übliche Vorgangsweise der Weiterverrechnung von Speditionsleistungen vor allem ausländischer Spediteure (im vorliegenden Fall beispielsweise Speditionsleistungen der französischen oder deutschen Bahn) als Umsatz des inländischen (hier österreichischen) Spediteurs (RCA) anzusehen sind oder nur dessen eigene Speditionsleistung als Umsatz i. S. v. Art. 5 einzubeziehen ist. Im vorliegenden Fall wurde der gesamte Umsatz, also inkl. der im Ausland zugekauften Speditionsleistungen als Umsatz des österreichischen Spediteurs angesehen, was mit dazu geführt hat, dass die Umsatzgrenze von € 5 Mrd. durch das Vorhaben erreicht wurde.

[11] So auch *Körber* in Immenga/Mestmäcker, EG-WbR Teil 2, Art. 5, Rn. 9, Fn 67.

[12] Für beides vgl. Konsolidierte Mitteilung zu Zuständigkeitsfragen, Rn. 159 letzter Satz.

[13] Komm. E. v. 9.7.1997 Rs. IV/M.940 – *UBS/Mister Minit,* WuW 1997, 805.

[14] Siehe dazu unten Rn. 45 ff., 49 ff.

[15] Vgl. etwa § 38 Abs. 3 GWB; § 9 Abs. 3 KartG 2005.

2. Der normale geschäftliche Tätigkeitsbereich

7 Art. 5 Abs. 1 Satz 1 bestimmt, dass nur Umsätze aus dem normalen geschäftlichen Tätigkeitsbereich der Unternehmen heranzuziehen sind. Der Begriff wird in der FKVO nicht näher ausgeführt. Im Wesentlichen geht es darum, außergewöhnliche Erlöse wie beispielsweise den Verkauf von Geschäftsbereichen oder Anlagevermögen, Miet- und Pachteinnahmen (mit Ausnahme von auf dieses Geschäftsfeld spezialisierten Unternehmen) oder andere Posten wie Finanzerträge von der eigentlichen Tätigkeit des Unternehmens abzugrenzen.[16] Dennoch ist grundsätzlich von einer weiten Auslegung des Begriffs auszugehen. Der formale **Unternehmensgegenstand** kann hier wichtige Hinweise liefern, ist jedoch nicht allein ausschlaggebend. So hat die Kommission im Fall *Accor/Wagons-Lits*[17] und offenbar nunmehr auch im Fall *RCA/MÁV Cargo*[18] auch die Position „sonstige Betriebsergebnisse" (Erlöse aus Gebrauchtwagenverkäufen sowie Herstellermengenrabatte beim Kauf von Neufahrzeugen)[19] mitberücksichtigt. Ausdrücklich wird in der Konsolidierten Mitteilung zu Zuständigkeitsfragen demgegenüber erwähnt, dass die Posten „Finanzerträge" oder „außerordentliche Erträge" (insbesondere wenn sie aus dem Verkauf von Geschäftsbereichen oder Anlagevermögen stammen) i. d. R. nicht in die Umsatzberechnung miteinzubeziehen sind.[20] In diesem Sinne entsprechen auch Erträge aus **Miete und Pacht** i. d. R. nicht dem normalen geschäftlichen Tätigkeitsbereich und können außer Acht bleiben, wenn sie nicht vom Unternehmensgegenstand mitumfasst sind (wie z. B. bei Betreibern von Einkaufszentren oder anderen Immobiliengesellschaften) oder ihnen in Verbindung mit anderen Vermögenswerten (Arbeitsverhältnisse, Warenbestand) marktrelevanter Umsatz zugeordnet werden kann.[21] Welche Position außer Acht gelassen werden kann, ist jeweils nur im Einzelfall zu beurteilen und kann bei verschiedenen Unternehmen zu unterschiedlichen Ergebnissen führen. So sind beispielsweise Mieteinnahmen von Bahnunternehmen, die durch die Vermietung von Gebäuden an Bahnhöfen entstehen, dem normalen Geschäftsbereich zuzuordnen.[22] In der Praxis wird in den meisten Fällen auf den **Jahresabschluss** abgestellt, wobei häufig (aber nicht nur wie der Fall *RCA/MÁV Cargo* zeigt) bei Unternehmen mit Sitz außerhalb der Gemeinschaft oftmals Anpassungen notwendig sind. Bei Unternehmen aus der Gemeinschaft ist durch die Richtlinie über den Jahresabschluss[23] eine weitgehende Harmonisierung eingetreten.

---

[16] Vgl. auch *Wessely* in: MünchKomm EuWettbR, Art. 5 FKVO, Rn. 7.

[17] Komm. E. v. 28.4.1992 Rs. IV/M.126 – *ACCOR/Wagons-Lits,* ABl. L 204/1 = WuW 1992, 224.

[18] Vgl. Kommission, Press Release IP/08/1769 vom 25.11.2008; Pressemitteilung der österreichischen Bundeswettbewerbsbehörde vom 15.1.2008 sowie vom 5.3.2008.

[19] Vgl. dazu offenbar andere Meinung *Drauz/Schröder,* Praxis der Europäischen Fusionskontrolle, 2002, S. 8.

[20] Vgl. Konsolidierte Mitteilung zu Zuständigkeitsfragen, Rn. 161; zu Besonderheiten in Fällen, in denen eine Unternehmenseinheit veräußert wird (etwa im Rahmen eines Outsourcings), die bisher nur konzerninterne Erträge hatte – siehe unten unter *5. Innenumsätze.*

[21] Vgl. Komm. E. v. 26.6.1997 Rs. IV/M.890 – *Blokker/Toys „R" US,* ABl. 1998 L 316/1 = WuW 1999, 81.

[22] Vgl. auch Komm. E. v. 25.11.2008 Rs. COMP/M.5096 *RCA/MÁV Cargo*). Auch dort spielte die Frage, welche Tätigkeiten, die gemäß Jahresabschluss in der Position „sonstige Betriebsergebnisse" enthalten waren, dem normalen geschäftlichen Tätigkeitsbereich zugerechnet werden mussten, eine wesentliche Rolle, da sich letztendlich nur durch die Hinzurechnung einiger Positionen der sonstigen Betriebsergebnisse knapp ein Umsatz von mehr als € 5 Mrd. ergab. Welche Positionen konkret strittig waren, ist leider nicht veröffentlicht.

[23] Richtlinie 2013/34/EU des Europäischen Parlaments und des Rates vom 26. Juni 2013 über den Jahresabschluss, den konsolidierten Abschluss und damit verbundene Berichte von Unternehmen bestimmter Rechtsformen und zur Änderung der Richtlinie 2006/43/EG des Europäischen Parlaments und des Rates zur Aufhebung der Richtlinien 78/660/EWG und 83/349/EWG des Rates, ABl. 2013 L 182/19.

In Einzelfällen kann sich die Frage der Einbeziehung von **Beihilfen** stellen. Auch hier muss die Beihilfe auf die normale geschäftliche Tätigkeit des betreffenden Unternehmens bezogen sein, sodass sie sich letztlich auf den Preis auswirkt (z. B. Verbrauchsbeihilfe). Eine Voraussetzung ist auch, dass das Unternehmen die Beihilfe selbst empfängt.[24] 8

3. Relevanter Zeitraum

Heranzuziehen sind die Umsätze der beteiligten Unternehmen im **letzten abgeschlossenen Geschäftsjahr** vor dem Zusammenschluss.[25] Die Konsolidierte Mitteilung zu Zuständigkeitsfragen präzisiert hier als **Stichtag** für die Feststellung der Zuständigkeit das Datum des zuerst eintretenden der folgenden Ereignisse: Abschluss des rechtsverbindlichen Vertrages, Veröffentlichung des Übernahmeangebots, Erwerb einer Kontrollbeteiligung oder erste Anmeldung.[26] Diese Grundregel ist insbesondere auch dann von Bedeutung, wenn ein Zusammenschluss etwa knapp nach Ablauf eines Kalenderjahres vollzogen wird und sich die Frage stellt, ob zwischen Vertragsabschluss und Vollzug eine Änderung der Zuständigkeit eintreten kann, wenn im dann gerade erst abgelaufenem Geschäftsjahr deutlich höhere oder deutlich verminderte Umsätze erzielt wurden. 9

Nach der Konsolidierten Mitteilung zu Zuständigkeitsfragen ist[27] in der Regel auf den letzten **geprüften** Jahresabschluss abzustellen. Davon kann nur bei Vorliegen von außergewöhnlichen Umständen (für die die beteiligten Unternehmen die Beweislast tragen) abgewichen werden.[28] Solche außergewöhnlichen Umstände sind „bedeutende und anhaltende Änderungen" der wirtschaftlichen Lage wie Kauf und Verkauf von Unternehmensteilen[29] oder Stilllegungen, nicht jedoch vorübergehende Beeinflussungen des Umsatzes wie zB Geschäftsrückgänge, Verlangsamung des Produktionsprozesses, Zugewinnung oder Verlust von Kunden, etc.[30] Ebenso wenig ist etwa eine Änderung des Rechnungslegungsstandards relevant. Anpassungen von einmal geprüften Abschlüssen sind zudem auf das „strikt Unerlässliche" zu beschränken.[31] Liegt zum Zeitpunkt der Anmeldung noch kein geprüfter Jahresabschluss für das **vorangegangene Geschäftsjahr** vor, so wird i. d. R. auf das vorhergehende Jahr zurückgegriffen. In Einzelfällen, insbesondere wenn größere Abweichungen zwischen den Abschlüssen beider Jahre bestehen, können auch die **vorläufigen Zahlen** des letzten Jahres berücksichtigt werden.[32] In einigen Ausnahmefällen hat die Kommission auch Schätzungen akzeptiert.[33] Dies gilt insbesondere für die geographische Zuordnung, über die die Jahresabschlüsse im Allgemeinen keinen Aufschluss geben.[34] In Sonderfällen wie Großprojekte mit sehr langer Laufzeit wurde auch erwogen, auf den Durchschnitt der letzten drei Jahre abzustellen.[35] 10

Anpassungen sind im Hinblick auf Übernahmen und Veräußerungen vorzunehmen, die erst nach Prüfung des Jahresabschlusses stattgefunden haben oder nicht in diese eingeflossen sind, um dauerhafte Änderungen der wirtschaftlichen Realität, aber nicht etwa eine 11

---

[24] Vgl. Komm. E. v. 27.11.1991 Rs. IV/M.156 – *Cereol/Continentale Italiana,* ABl. 1992 L 204/1 = WuW 1992, 320; Konsolidierte Mitteilung zu Zuständigkeitsfragen, Rn. 162.
[25] Art. 5 Abs. 1 FKVO.
[26] Vgl. Konsolidierte Mitteilung zu Zuständigkeitsfragen, Rn. 156.
[27] Vgl. Konsolidierte Mitteilung zu Zuständigkeitsfragen, Rn. 154 ff.
[28] Vgl. EuG U. v. 14.7.2006 Rs T-417/05 *Endesa/Kommission,* Rn. 101 ff.
[29] Vgl nachstehende Rn. 8.
[30] Vgl. Konsolidierte Mitteilung zu Zuständigkeitsfragen, Rn. 174.
[31] Ibid. Rn. 179f.
[32] Vgl. Konsolidierte Mitteilung zu Zuständigkeitsfragen, Rn. 170.
[33] *Drauz/Schröder,* S. 16.
[34] Vgl. Konsolidierte Mitteilung zu Zuständigkeitsfragen, Rn. 195.
[35] Zusammenschluss wurde aus nicht in der Fusionskontrolle liegenden Gründen nicht veröffentlicht.

Änderung der Rechnungslegungsvorschriften entsprechend zu berücksichtigen.[36] In diesem Sinn sind Umsätze von Unternehmensteilen oder Tochtergesellschaften, die zwischen Abschlussprüfung und Anmeldung veräußert wurden, abzuziehen, während Umsätze von neu erworbenen Gesellschaften hinzugezählt werden müssen. Grundsätzlich muss der betreffende Vorgang zum Zeitpunkt der Anmeldung bereits abgeschlossen sein. Sollen Unternehmensteile erst nach Abschluss der (angemeldeten) Fusionsvereinbarung veräußert werden, so ist der auf diesen Unternehmensteil fallende Umsatz auch dann für die Anmeldung zu berücksichtigen, wenn die Veräußerung unmittelbar bevorsteht.[37] Daran ändert sich auch nichts, wenn der Verkauf des entsprechenden Unternehmensteiles wie im Fall *MCI World Com/Sprint* oder andere Änderungen, wie im Fall *Cementbouw Handel & Industrie B. V.*[38] als Zusage im laufenden Fusionskontrollverfahren angeboten wird, da jeweils auf den Zeitpunkt der Fusionsvereinbarung abgestellt wird.[39] Ist die Veräußerung oder Stilllegung eine Voraussetzung für die Transaktion,[40] oder besteht z.B. aufgrund einer vorangegangenen Genehmigungsentscheidung kein Zweifel daran, dass der Zusammenschluss alsbald vollzogen wird,[41] so muss der Umsatz jedoch abgezogen werden.

4. Geographische Zurechnung

12 Die Schwellenwerte des Art. 1 unterscheiden zwischen weltweiten, gemeinschaftsweiten Umsätzen und zwischen Umsätzen, die innerhalb eines bestimmten Mitgliedstaates erzielt werden. Der Umsatz muss daher – auch zur Anwendung der Zweidrittelregel – einem bestimmten Gebiet zugerechnet werden. Dabei kommt es nach Art. 5 Abs. 1 Unterabsatz 2 auf den Ort an, an dem sich der Kunde bzw. der Käufer der Waren bzw. der Bezieher der Dienstleistungen befindet. Ausschlaggebend ist somit grundsätzlich der Standort des Kunden. Dieser Grundsatz ergibt sich daraus, dass der Umsatz dem Ort, an dem der Wettbewerb um den Kunden stattfindet, zugerechnet werden soll.[42] Fallen beim Verkauf von Waren der Ort der Rechnungsanschrift, der Lieferung und der Ort, an dem sich der Kunde zum Zeitpunkt des Vertragsabschlusses befindet, auseinander, so gehen der Ort des Vertragsabschlusses und der Lieferung dem der Rechnungsanschrift vor. Im Verhältnis zwischen Ort des Vertragsabschlusses und Lieferung geht jener Ort vor, an dem der Wettbewerb beim Verkauf der Waren stattfindet.[43] Die soeben dargestellten allgemeinen Regeln gelten auch für multinationale Unternehmen, die im Rahmen einer gemeinschaftsweiten Einkaufsstrategie ihren gesamten Bedarf an Waren oder Dienstleistungen von einem Stand-

---

[36] Vgl. Konsolidierte Mitteilung zu Zuständigkeitsfragen, Rn. 172 ff.; vgl. Komm. E. v. 16.6.1997 Rs. IV/M.936 – *SIEBE/APV,* ABl. 1997 C 274/7 und Komm. E. v. 13.1.1999 Rs. IV/M.1380 – *SIEBE/BTR,* ABl. 1999 C 068/10.

[37] Vgl. dazu *Wessely* in: MünchKomm EuWettbR, Art. 5 FKVO, Rn. 25, der sich auch mit der Entscheidung in Sachen *Rhône Poulenc Rorer/Fisons,* Komm. E. v. 21.9.1995 Rs. IV/M.632 auseinandersetzt.

[38] EuGH U. v. 26.4.2007, Rs. C-202/06P *Cementbouw/Kommission,* Rn. 31 ff.

[39] Vgl. Konsolidierte Mitteilung zu Zuständigkeitsfragen, Rn. 172; sowie EuG U. v. 24.3.1994, Rs. T-3/93 – *Air France/Kom.* Slg. 1994, II-121, Rn. 100; Komm. E. v. 21.9.1995 Rs. IV/M.632 – *Rhône Poulenc Rorer/Fisons;* Komm. E. v. 28.6.2000 Rs. COMP/M.1741 – *MCI WorldCom/Sprint,* ABl. 2003 L 300/1 = WuW 2000, 989; siehe auch EuG U. v. 28.9.2004 Rs. T-310/00 – *MCI/Kommission;* vgl. im Unterschied dazu Komm. E. v. 21.4.2009, Rs. COMP/M.5152 – *Posten AB/Post Danmark A/S,* Rn. 10, in der eine Berücksichtigung des Verkaufs von Anteilen an einer Tochtergesellschaft nicht berücksichtigt wurde, da diese Veräußerung keine Bedingung für den angemeldeten Zusammenschluss darstellte.

[40] EuG U. v. 24.3.1994 Rs T-3/93 – *Air France/Kom.* Slg. 1994, II-121; Komm. E. v. 11.11.1996 Rs. IV/M.812 – *Allianz/Vereinte,* WuW 1997, 136; Komm. E. v. 28.6.2000 Rs. Comp/M.1741 – *MCI WorldCom/Sprint,* ABl. 2003 L 300/1 = WuW 2000, 989; siehe auch EuG U. v. 28.9.2004 Rs. T-310/00 – *MCI/Kommission.*

[41] Komm. E. v. 31.1.2000 Rs. COMP/M.1821 – *BellSouth/VRT (E-Plus),* WuW 2000, 264.

[42] Vgl. Konsolidierte Mitteilung zu Zuständigkeitsfragen, Rn. 196.

[43] Vgl. Konsolidierte Mitteilung zu Zuständigkeitsfragen, Rn. 197.

ort aus decken. Auch wenn diese dann anschließend in verschiedenen Mitgliedstaaten eingesetzt werden, wird der Umsatz lediglich dort zugerechnet, wo der Gesamteinkauf vorgenommen wird. Gibt es jedoch direkte Beziehungen zwischen Tochtergesellschaften und dem Verkäufer, d. h. die Waren werden direkt an die Tochtergesellschaften geliefert, ist der Umsatz den Mitgliedsstaaten zuzurechnen, in denen sich die Tochtergesellschaften befinden, auch wenn der Vertrag zentral geschlossen wird.[44]

Hinsichtlich der Erbringung von Dienstleistungen hat die Kommission in ihrer Konsolidierten Mitteilung zu Zuständigkeitsfragen eine Einteilung in **drei Kategorien** vorgenommen. Der ersten Kategorie werden jene Fälle zugeordnet, in denen der Dienstleister seinen Ort verändert, der zweiten Kategorie jene Fälle, in denen der Kunde seinen Ort verändert. Im Ergebnis wird für beide Kategorien der Umsatz jenem Ort zugerechnet, an dem die Dienstleistung dann tatsächlich an den Kunden erbracht wird. Von der dritten Kategorie sind jene Fälle umfasst, in denen schließlich weder Dienstleister noch Kunde ihren Ort ändern müssen. Der Umsatz wird hier im Allgemeinen dem Ort des Kunden zugerechnet.[45] **13**

Im Ergebnis bedeutet dies, dass mit dieser Regelung die „gemeinschaftsweite Bedeutung" und damit die Zuständigkeit nach der FKVO ausschließlich **absatzseitig** begründet wird. Nicht erfasst wird eine gemeinschaftsweite Bedeutung aufgrund der Einkaufsmacht bzw. aufgrund von Umsätzen am Beschaffungsmarkt. Schließen sich daher zwei Unternehmen zusammen, die ihre Waren ausschließlich in Deutschland verkaufen, ihre Produktionsmittel oder Waren jedoch in fünf verschiedenen Mitgliedstaaten einkaufen, werden die getätigten Umsätze ausschließlich in Deutschland und damit nur einem einzigen Mitgliedstaat zugerechnet. Die FKVO ist in diesem Fall nicht anwendbar, obwohl mehrere Mitgliedstaaten von dem Zusammenschluss betroffen sind. **14**

Sonderfälle bilden etwa **Kurier- und Eilzustellungen,**[46] dort wird i. d. R. auf das Land des Absenders, der zumeist den Transport bezahlt, abgestellt. Bei **Pauschalreisen** ist ebenfalls der Ort des Kunden ausschlaggebend. Dies gilt auch für **Softwarelieferungen oder Filmvertrieb,** bei denen außerhalb der Gemeinschaft produziert, aber in die Gemeinschaft geliefert wird.[47] Im Bereich **Luftverkehr** hingegen wird nicht immer automatisch der Umsatz dem Standort des Kunden zugerechnet. Als mögliche Anknüpfungspunkte hat die Kommission bis dato den Zielort des Fluges, eine Aufteilung zwischen Herkunftsland und Bestimmungsland sowie den Ort des Ticketverkaufs in Erwägung gezogen.[48] Angesichts der Billigfluglinien, deren Verkäufe hauptsächlich über das Internet erfolgen, wurde die Methode des Ticketverkaufs allerdings verworfen, weil der Ort des Verbrauchers zum Zeitpunkt des Kaufs nicht nachvollziehbar ist.[49] Außerdem kam die Kommission zum Schluss, dass mangels „traditioneller" Rückflugtickets, „wobei ein ‚gebündelter Rückflug vorteilhafter wäre als zwei einfache Flugticktes," von zwei getrennten Dienstleistungen ausgegangen werden müsste.[50] Als geeignetste Methoden wurden daher die 50/50-Methode sowie die Methode des Abflugortes mit Aufteilung der beiden einfachen Flüge bezeichnet, wobei die endgültige Entscheidung mangels Relevanz nicht getroffen wird.[51] **15**

---

[44] Konsolidierte Mitteilung zu Zuständigkeitsfragen, Rn. 198.

[45] Vgl. Konsolidierte Mitteilung zu Zuständigkeitsfragen, Rn. 199.

[46] Komm. E. v. 2.12.1991 Rs. IV/M.102 – *TNT/GD NET,* WuW 1992, 320.

[47] Vgl. Konsolidierte Mitteilung zu Zuständigkeitsfragen, Rn 200.

[48] Komm. E. v. 13.9.1991 Rs. IV/M.130 – *Delta Airlines/Pan Am,* WuW 1991, 892; Komm. E. v. 5.10.1992 Rs. IV/M.157 – *Air France/Sabena,* WuW 1992, 1015; Komm. E. v. 27.11.1992 Rs. IV/M.259 – *British Airways/TAT,* WuW 1993, 37; Komm. E. v. 17.2.1993 Rs. IV/M.111 – *British Airways/Dan Air,* WuW 1993, 286; zuletzt Komm. E. v. 23.3.2000 Rs. IV/M.1855 – *Singapore Airlines/Virgin Atlantic* ABl. 2002 C 110/8; *Körber* in: Immenga/Mestmäcker EG-WbR Teil 2, Art. 5 Rn. 39f. und *Drauz/Schröder,* S. 17 für die Zugrundelegung des Orts des Ticketverkaufs.

[49] Komm. E. v. 27.6.2007 Rs. COMP/M.4439 – *Ryanair/Aer Lingus* ABl. 2008 C 47/9, Rz. 22.

[50] Ibid. Rz. 28f.

[51] Ibid. 30f.

16 Bei **Internetgeschäften,** bei denen die Ware oder Dienstleistung nicht über das Internet geliefert wird, ist der Ort der Durchführung der charakteristischen Handlung im Rahmen des Vertrags maßgeblich.[52] Die Allokation nach dem Standort des Kunden gilt grundsätzlich auch bei **Telekommunikationsdienstleistungen.** Dort wird i. d. R. auf den Ort abzustellen sein, an dem die Verbindung angewählt wurde.[53] Bei den Anrufzustelldiensten sei laut Kommission in Fällen, in denen ein Anruf von einem europäischen Betreiber stammt und in die Vereinigten Staaten zugestellt wird, die Dienstleistung vom Betreiber des amerikanischen Netzes an den europäischen Betreiber in den Vereinigten Staaten erbracht. Das sei dann auch der Ort, an dem der Wettbewerb stattfindet.[54]

17 In der Vergangenheit wurde bei Fakturierung **außerhalb der Europäischen Union** (z. B. aus steuerlichen Gründen) der Umsatz im Gebiet der Europäischen Union zugerechnet, wenn das tatsächliche Management des Unternehmens innerhalb der Europäischen Union erfolgt.[55] Umgekehrt kann bei einer Fakturierung z. B. über einen in der Europäischen Union ansässigen Generalunternehmer für in Afrika realisierte Großbauprojekte der Umsatz bei wirtschaftlicher Betrachtung außerhalb der Europäischen Union zuzurechnen sein. Besondere Regeln gelten bei der Berechnung der Umsätze von Finanzdienstleistungen und Versicherungen.[56]

5. Innenumsätze und fehlende Außenumsätze

18 Nach Art. 5 Abs. 1 Satz 2 wird der Umsatz zwischen im Sinne von Abs. 4 verbundenen Unternehmen als Innenumsatz abgezogen. Für die Ermittlung der Umsätze nach Art. 1 soll nämlich nur der marktwirksame Umsatz herangezogen werden.[57]

19 Besonderheiten sind hier zunächst im Falle von **Gemeinschaftsunternehmen** zu beachten. Nach Art. 5 Abs. 5 Buchstabe a) werden die Umsätze der Unternehmen, die sie mit einem von ihnen gemeinsam kontrollierten Gemeinschaftsunternehmen tätigen, bzw. Umsätze aus Lieferungen und Leistungen zwischen dem Gemeinschaftsunternehmen und Konzernunternehmen der beteiligten Unternehmen nicht eingerechnet. [58] Diese Grundsätze wendet die Kommission auch auf Gemeinschaftsunternehmen zwischen beteiligten Unternehmen und Dritten an (sofern der Umsatz Berücksichtigung gem. Art. 5, Abs. 4 Buchstabe b) findet),[59] sodass auch der Umsatz zwischen einem beteiligten Unternehmen und einem mit einem Dritten gemeinsam kontrollierten Gemeinschaftsunternehmen als Innenumsatz i. S. von Art. 5 definiert wird und daher nicht zu berücksichtigen ist. Im Ergebnis bedeutet dies, dass Umsätze mit Gemeinschaftsunternehmen immer als Innenumsätze gelten und abgezogen werden können.[60] Im Zuge ihrer Initiative für eine wirksamere EU-Fusionskontrolle[61] wurde vorgeschlagen, dies nunmehr auch im Text von Art. 5 Abs. 4 klarzustellen.[62]

---

[52] Vgl. Konsolidierte Mitteilung zu Zuständigkeitsfragen, Rn. 196.

[53] Komm. E. v. 17.11.1997 Rs. IV/M.1037 – *Nomura/Blueslate,* Rn. 15, ABl. 1998 C 118/4; vgl. auch *Wagemann* in: Wiedemann, Handbuch des Kartellrechts², 2008, § 15, Rn. 108.

[54] Vgl. Konsolidierte Mitteilung zu Zuständigkeitsfragen, Rn. 202.

[55] Komm. E. v. 29.9.2000 Rs. COMP/M.1879 – *Boing/Hughes,* ABl. 2004 L 63/53 = WuW 2000, 1088.

[56] Vgl. Rn. 45 ff.

[57] Vgl. Konsolidierte Mitteilung zu Zuständigkeitsfragen, Rn. 167.

[58] Nach Art. 5 Abs. 5 Buchstabe b) sind aber die Außenumsätze zwischen solchen Gemeinschaftsunternehmen und Dritten sehr wohl zu berücksichtigen und auf die beteiligten Unternehmen zu gleichen Teilen aufzuteilen.

[59] Vgl. Konsolidierte Mitteilung zu Zuständigkeitsfragen, Rn. 186.

[60] Siehe dazu unten ab Rn. 43 f. sowie Konsolidierte Mitteilung zu Zuständigkeitsfragen, Rn. 168.

[61] Vgl. Weissbuch eine wirksame EU-Fusionskontrolle vom 9.7.2014, COMP (2014) 449 final.

[62] Vgl. Commission Staff Working Document, Impact Assessment accompanying the Document Whitepaper towards more effective EU merger control vom 9.7.2014, SWD (2014) 217 final, S. 53 Rn. 8.

Eine Besonderheit ergibt sich auch in den Fällen, in denen eine Unternehmenseinheit verkauft wird, die bisher nur konzerninterne Erträge erzielt hat (beispielsweise im Falle eines **Outsourcings**). In diesen Fällen wird die Kommission den Umsatz auf der Grundlage des vorherigen konzerninternen Umsatzes oder öffentlich notierter Preise oder aber im Falle, dass keine solche Marktbewertung möglich ist, einen voraussichtlich (in der Zukunft) zu erzielenden Umsatz heranziehen.[63] 20

Besonderheiten sind schließlich in bestimmten Fällen des Übergangs von gemeinsamer zu alleiniger Kontrolle zu berücksichtigen. Hier müssen zum einen die Umsätze des Käufers ohne diejenigen des Gemeinschaftsunternehmens und umgekehrt die Umsätze des Gemeinschaftsunternehmens ohne die des Käufers berechnet werden. Die Umsätze zwischen den an dieser Transaktion beteiligten Unternehmen sind aber in diesem Fall wie Außenumsätze zu behandeln. Diese Art der Berechnung folgt dem gleichen Grundsatz wie im Falle eines Outsourcings.[64] Ungelöst ist demgegenüber die Frage, ob dies auch dann gilt, wenn das Gemeinschaftsunternehmen einen Geschäftsbereich (Assets) oder Tochtergesellschaften von einer der Muttergesellschaften erwirbt und diese quasi „insourced". Die Frage besteht hier, ob die zuvor zwischen der Muttergesellschaft und der Tochtergesellschaft des Joint Ventures oder zwischen der Muttergesellschaft und dem betreffenden Geschäftsbereich des Gemeinschaftsunternehmens erzielten Umsätze als Konzernumsatz abgezogen werden können. Also etwa, wenn eine Vertriebstochter Teile der Produktion einer der Muttergesellschaften übernimmt. Nach der hier vertretenen Auffassung sind diese Umsätze ebenfalls wie Außenumsätze zu betrachten, wenn man dem Grundsatz folgt, bei Transaktionen zwischen Gemeinschaftsunternehmen und Mutterunternehmen diese jeweils als selbständige Unternehmen zu behandeln. 21

6. Abzug von Rabatten, Steuern und Abgaben

Bei der Umsatzberechnung werden nach Art. 5 Abs. 1 Satz 1 sämtliche Erlösschmälerungen, die Mehrwertsteuer und andere „unmittelbar auf den Umsatz bezogene Steuern" abgezogen. Unter **Erlösschmälerungen** versteht die Kommission absatzbezogene „Abschläge, Rabatte und Vergütungen", die den Kunden gewährt werden und die „den Verkaufserlös direkt beeinflussen".[65] Darunter fallen insbesondere verschiedene Preisnachlässe, aber auch Abfindungsbeiträge und Gutschriften.[66] Zu den **umsatzbezogenen Steuern** gehören insbesondere auch indirekte Steuern wie Alkohol- und Getränkesteuer, Tabak- und Mineralölsteuern.[67] 22

7. Umrechnung in EURO

Die entsprechenden Umsatzzahlen sind in Euro anzugeben. Die Kommission weist in ihrer Mitteilung ausdrücklich darauf hin, dass die Umrechnung von Fremdwährungen **zum Durchschnittskurs**[68] der heranzuziehenden **zwölf Monate** zu erfolgen hat und nicht etwa Quartals-, Monats- oder Wochenkomponenten herangezogen werden dürfen. Als Basis für die Umrechnung dient jeweils der geprüfte konsolidierte Abschluss des betreffenden Unternehmens und nicht direkt die in den verschiedenen Währungen erzielten Umsätze.[69] 23

---

[63] Vgl. Konsolidierte Mitteilung zu Zuständigkeitsfragen, Rn. 163.

[64] *Körber* in: Immenga/Mestmäcker, EG-WbR Teil 2, Art. 5 II Rn. 22 mwN.

[65] Konsolidierte Mitteilung zu Zuständigkeitsfragen, Rn. 165.

[66] *Käseberg* in: Langen/Bunte, FKVO, Art. 5 Rn. 18; *Körber* in: Immenga/Mestmäcker, EG-WbR Teil 2, Art. 5 Rn. 17.

[67] Vgl. Konsolidierte Mitteilung zu Zuständigkeitsfragen, Rn. 166; zur Frage der Abzugsfähigkeit von Mengensteuern und zum Steuerabzug auf allen Handelsstufen siehe insbesondere *Körber* in: Immenga/Mestmäcker EG-WbR Teil 2, Art. 5 Rn. 19f.

[68] Erhältlich auf den Internetseiten der Generaldirektion Wettbewerb.

[69] Vgl. Konsolidierte Mitteilung zu Zuständigkeitsfragen, Rn. 204f.

III. Erwerb von Unternehmensteilen (Art. 5 Abs. 2)

1. Unternehmensteile

24 Art. 5 Abs. 2 bestimmt, dass im Falle einer Veräußerung von Unternehmensteilen nur der Umsatz zu berücksichtigen ist, der auf die veräußerten Teile entfällt.[70] Dies gilt unabhängig davon, ob der betreffende Teil eigene Rechtspersönlichkeit besitzt oder nicht. Damit werden **sowohl *asset* als auch *share deals*** erfasst.[71] Voraussetzung ist, dass dem veräußerten Unternehmensteil ein **marktrelevanter Umsatz** zugeordnet werden kann.

25 Außer Acht bleiben hingegen die verbleibenden **Umsätze des Veräußerers,** es sei denn, ihm kommt weiterhin Mitkontrolle im Sinne der gemeinsamen Kontrolle nach Art. 3 Abs. 2 zu. Behält der Veräußerer hingegen nur eine Minderheitsbeteiligung ohne Kontrollrechte, so werden seine Umsätze nicht einbezogen.[72]

2. Gestaffelte Transaktionen

26 Art. 5 Abs. 2 Unterabsatz 2 bestimmt, dass *„zwei oder mehr Erwerbsvorgänge im Sinne des Unterabsatzes 1, die innerhalb von zwei Jahren zwischen denselben Personen oder Unternehmen getätigt werden, als ein einziger Zusammenschluss anzusehen sind"*. Damit soll verhindert werden, dass es durch die gestaffelte Umsetzung einer Transaktion („Salamitaktik"), bei der die einzelnen veräußerten Teile die Umsatzschwellen nicht erreichen, zu einer Nichtanwendung der FKVO, gegebenenfalls auch zu einer Umgehung kommt.[73] Grundsätzlich ist daher davon auszugehen, dass Erwerbe – auch wenn sie zeitlich auseinanderliegen – anzumelden sind, wenn sie zwischen denselben Personen oder Unternehmen einschließlich verbundener Unternehmen stattfinden, die Schwellenwerte insgesamt überschritten werden und die genannten Vorgänge innerhalb von zwei Jahren liegen und auch dieselbe Art von Kontrolle erworben wird (also entweder alleinige oder gemeinsame Kontrolle).[74] Dabei ist es unerheblich, ob alle Erwerbsvorgänge gemeinsam zum Erreichen der Umsatzschwelle führen oder bereits der erste, zweite oder auch letzte Erwerb für sich genommen oder die einzelnen Vorgänge jeweils einzeln die Schwellenwerte erreichen. Keine Voraussetzung dafür ist, dass die Transaktion ein und denselben Geschäftsbereich oder auch nur denselben Wirtschaftszweig betrifft.[75] Dies ist im Grunde genommen nicht sachgerecht, da – sollten die aufeinanderfolgenden Transaktionen andere Bereiche betreffen – davon auszugehen ist,

---

[70] Vgl. dazu auch Konsolidierte Mitteilung zu Zuständigkeitsfragen, Rn. 136.

[71] Vgl. etwa Komm. E. v. 9.3.1994 Rs. IV/M.409 – *ABB/Renault Automation,* WuW 1994, 648; Komm. E. v. 14.10.1994 Rs. IV/M.497 – *Matra Marconi Space/Satcomms,* WuW 1995, 209.

[72] Komm. E. v. 17.12.1990 Rs. IV/M.27 – *Promodes/DIRSA,* WuW 1991, 196; Komm. E. v. 2.9. 1991 Rs. IV/M.129 – *Digital/Philips,* WuW 1991, 891; Komm. E. v. 17.8.1992 Rs. IV/M.253 – *BTR/Pirelli,* WuW 1992, 921; Komm. E. v. 3.4.1995 Rs. IV/M.539 – *Allianz/Elvia/Lloyd Adriatico,* WuW 1995, 818.

[73] Vgl. dazu insbesondere Konsolidierte Mitteilung zu Zuständigkeitsfragen, Rn. 49 f., Rn. 136 f.; EuG U. v. 23.2.2006 Rs. T-282/02-*Cementbouw/Kommission,* Rn. 102 ff.

[74] Vgl. Konsolidierte Mitteilung zu Zuständigkeitsfragen, Rn. 49 f.; Komm. E. v. 24.8.1998 Rs. IV/ M.1283 – *Volkswagen/Rolls-Royce/Cosworth,* WuW 1998, 962; Komm. E. v. 13.9.1993 Rs. IV/M.366 – *Alcatel/STC,* WuW 1994, 38; Komm. E. v. 30.5.1994 Rs. IV/M.429 – *Winter-thur/DBV,* WuW 1994, 843; Komm. E. v. 22.10.1991 Rs. IV/M.137 – *Bank America/Security pacific,* WuW/E Ev 1772; Komm. E. v. 28.11.1994 Rs. IV/M.522 – *Skandinavian Project,* WuW 1995, 390; Komm. E. v. 9.3. 1994 Rs. IV/M.409 – *ABB/Renault Automation,* WuW 1994, 648; Komm. E. v. 28.7.1994 Rs. IV/ M.479 – *Ingersoll-Rand/MAN,* WuW 1994, 923; Komm. E. v. 3.9.1992 Rs. IV/M.261 – *Volvo/Lex (2),* WuW 1992, 921; Komm. E. v. 26.2.2002 Rs. COMP/M.2639 – *Compass/Restorama/Rail Gourmet/Gourmet NOVA,* WuW 2002, 486; Komm. E. v. 13.12.2002 Rs. COMP/M.3004 – *Bravida/Semco/Prenad/Totalinstallatören/Backlunds,* ABl. 2003 C 015/12.

[75] Vgl. *Wessely* in: MünchKomm EuWettbR, Art. 5 FKVO, Rn. 35. Vorschlag für eine Verordnung des Rates für die Kontrolle von Unternehmenszusammenschlüssen ABl. C 20/4 v. 28.1.2003, Art. 5; und ausdrücklich ausgeschlossen in der Konsolidierten Mitteilung zu Zuständigkeitsfragen, Rn. 50.

dass voneinander unabhängige Zusammenschlüsse vorliegen. Eine „Salamitaktik“ muss in solchen Fällen nicht verhindert werden. Dennoch greift nach derzeitiger Rechtslage Art. 5 Unterabsatz 2 auch hier. Im Zuge der Reform der FKVO[76] soll dies nunmehr jedoch angepasst werden.[77]

27 Davon zu unterscheiden sind Vorgänge, die ohnehin einen **„einheitlichen Zusammenschluss“** darstellen.[78] Ein einheitlicher Zusammenschluss kann auch dann vorliegen, wenn die Voraussetzungen des Art. 5 Abs. 2 Unterabsatz 2 nicht gegeben sind. Eine einheitliche Anmeldung ist dann vorzunehmen, wenn die betreffenden Vorgänge etwa durch eine Bedingung miteinander verknüpft sind, zwischen denselben Unternehmen stattfinden oder zumindest auf Erwerberseite dieselben Unternehmen beteiligt sind und dieselbe Art von Kontrolle (alleinige oder gemeinsame) erwerben wird.[79] In diesem Sinne wird bei Kontrollerwerb durch Anteilstausch oder bei der Trennung von Gemeinschaftsunternehmen i. d. R. kein einheitlicher Zusammenschluss angenommen.

28 Die **Anmeldepflicht entsteht mit der letzten Teiltransaktion,** die zu einem Überschreiten der Schwellenwerte führt.[80] Mit der letzten Transaktion sind frühere Zusammenschlüsse (erneut) anzumelden, wenn ein Zusammenschluss die Folge ist und die Schwellenwerte bei einzelnen Transaktionen oder zusammengenommen erreicht werden.[81] Die Prüfung der Kommission erstreckt sich in diesen Fällen nicht nur auf das letzte Teilgeschäft sondern auch auf den ersten Teil der Transaktion. Dies soll auch dann gelten, wenn der frühere Erwerbsvorgang bei nationalen Behörden[82] oder sogar bei der Europäischen Kommission selbst angemeldet wurde[83] und auch in den Fällen, in denen kein einheitlicher Zusammenschluss vorliegt.[84] Dabei kommt es jeweils zu einer Doppelkontrolle. Wie oben erwähnt, soll dies im Zuge der Reform der FKVO aber dahingehend geändert werden, dass Art. 5 Abs. 2 Unterabsatz 2 so umformuliert wird, dass nur mehr wirklich Umgehungen erfasst sind.[85]

29 Im Hinblick auf das Vollzugsverbot ist mit *Wessely*[86] davon auszugehen, dass bei jenen vorigen Transaktionsschritten, die entweder für sich genommen keinen anmeldepflichtigen Zusammenschlusstatbestand darstellten oder ohnehin von einer Wettbewerbsbehörde ge-

---

[76] Vgl. Weissbuch eine wirksame EU-Fusionskontrolle vom 9.7.2014, COMP (2014) 449 final.

[77] Vgl. dazu auch Commission Staff Working Document, Impact Assessment accompanying the Document Whitepaper towards more effective EU merger control vom 9.7.2014, SWD (2014) 217 final, S. 53 Rn. 8.

[78] Vgl. dazu v. a. *Rudo,* Die Behandlung mehrerer Erwerbsvorgänge als einheitlicher Zusammenschluss im Rahmen der Umsatzberechnung nach Art. 5 Abs. 2 Fusionskontrollverordnung, RIW 1997, 641 ff.

[79] Vgl. Konsolidierte Mitteilung zu Zuständigkeitsfragen, Rn. 38 ff., insbes. Rn. 43 f. (Erfordernis der gegenseitigen Bedingtheit der Transaktion) sowie Rn. 46 (auch von unterschiedlichen Verkäufern) sowie Erwägungsgrund 20, der hier ausdrücklich die Verknüpfung durch eine Bedingung anführt. Eine einheitliche Anmeldung oder auch ein einheitliches Vertragswerk reichen aber regelmäßig nicht aus, eine Zusammenrechnung zu begründen. Komm. E. v. 9.3.1994 Rs. IV/M.409 – *ABB/Renault Automation,* WuW 1994, 648; Komm. E. v. 28.7.1994 Rs. IV/M.479 – *Ingersoll-Rand/MAN,* WuW 1994, 923.

[80] Komm. E. v. 21.5.1992 Rs. IV/M.224 – *Volvo/Lex,* WuW 1992, 610; Komm. E. v. 3.9.1992 Rs. IV/M.261 – *Volvo/Lex (2),* WuW 1992, 921; Komm. E. v. 28.11.1994 Rs. IV/M.522 – *Skandinavian Project,* WuW, 95390.

[81] Vgl. Konsolidierte Mitteilung zu Zuständigkeitsfragen, Rn. 137.

[82] Vgl. Komm. E. v. 10.1.1994 Rs. IV/M.390 – *Akzo/Nobel Industries,* Rn. 6.

[83] Vgl. Komm. E. v. 12.4.1999 Rs. IV/M.1482 – *Kingfisher/Grosslabor. Wessely* macht in: MünchKomm EuWettbR, Art. 5 FKVO, Rn. 35 hier zu Recht darauf aufmerksam, dass es gerade im letzteren Fall wohl einer teleologischen Reduktion des Geltungsbereiches des Art. 5 Abs. 2 Unterabsatz 2 bedarf.

[84] Vgl. *Körber* in: Immenga/Mestmäcker, EG-WbR Teil 2, Art. 5 Rn. 47; *Wessely* in: MünchKomm EuWettbR, Art. 5 FKVO, Rn. 37.

[85] Vgl. Rn. 17 oben FN 87 und 88.

[86] Vgl. *Wessely* in: MünchKomm EuWettbR, Art. 5 FKVO, Rn. 38;

nehmigt wurden, das Vollzugsverbot nicht greift. Dies bedeutet allerdings nicht, dass diese Transaktionen nach derzeitigem Stand nicht nachträglich untersagt und damit einer Entflechtungsentscheidung unterliegen können. Anders zu beurteilen ist dies, wenn ein einheitlicher Zusammenschluss vorliegt, bei dem also etwa Schritt 1 und Schritt 2 durch eine Bedingung verknüpft sind. Im Falle einer klaren einheitlichen Transaktion kann der Vollzug des ersten Teilschrittes als Verstoß gegen das Vollzugsverbot gewertet werden.

IV. Umsatzberechnung bei verbundenen Unternehmen (Konzernumsätze)

1. Beteiligte Unternehmen (lit. a)

30 Ausgangspunkt für die Umsatzberechnung nach Art. 5 Abs. 1 sind die Umsätze der „beteiligten Unternehmen". Die Umsätze der mit ihnen **verbundenen Unternehmen** sind nach Art. 5 Abs. 4 hinzuzurechnen. Dies bedeutet zusammengefasst, dass immer dann, wenn das direkt an dem Zusammenschluss beteiligte Unternehmen zu einem Konzern gehört, jeweils der gesamte Konzernumsatz zur Berechnung der Aufgriffsschwellen der FKVO heranzuziehen ist. Der Begriff des beteiligten Unternehmens entspricht dem Beteiligtenbegriff des Art. 1; welches Unternehmen als beteiligtes Unternehmen anzusehen ist, kann dennoch im Einzelfall zweifelhaft sein. Die Kommission hat den Begriff des beteiligten Unternehmens in ihrer Konsolidierten Mitteilung zu Zuständigkeitsfragen auch unter Heranziehung zahlreicher Beispiele näher erläutert.[87] An die Definition des beteiligten Unternehmens knüpfen sich insbesondere im Rahmen der Umsatzberechnung verschiedene Folgen:

31 Zum Ersten werden jeweils nur die Umsätze (einschließlich verbundener Unternehmen) der am Zusammenschluss beteiligten Unternehmen berücksichtigt. Das sind diejenigen Unternehmen, die Teilnehmer am Zusammenschluss sind, d. h. am Erwerb alleiniger bzw. gemeinsamer Kontrolle im Sinne von Art. 3 Abs. 1 FKVO.[88] Die Umsätze des **Veräußerers** bleiben daher grundsätzlich außer Betracht, da der Veräußerer kein beteiligtes Unternehmen ist. Berücksichtigt werden hingegen die Umsätze, die auf die veräußerten Teile (mit oder ohne eigene Rechtspersönlichkeit) entfallen (Art. 5 Abs. 2). Der Umsatz des Veräußerers ist nur einzurechnen, wenn er im Rahmen eines Gemeinschaftsunternehmens die gemeinsame Kontrolle behält.[89]

32 Zum Zweiten kann es bei einem Erwerb durch ein **Gemeinschaftsunternehmen,** bei dem das Zielunternehmen die Schwelle von € 250 Mio. nicht erreicht, für die Anwendung der FKVO von entscheidender Bedeutung sein, ob das Gemeinschaftsunternehmen selbst oder seine Muttergesellschaften als beteiligte Unternehmen angesehen werden. In diesem Zusammenhang wurde von der Kommission die Figur des **transparenten Vehikels** entwickelt. Danach ist jede der Muttergesellschaften selbst als beteiligtes Unternehmen anzusehen, wenn das Gemeinschaftsunternehmen lediglich als Werkzeug bzw. „Akquisitionsvehikel" für den Erwerb des Zielunternehmens durch die Muttergesellschaften dient;[90] liegt hingegen ein bereits länger am Markt tätiges Vollfunktionsgemeinschaftsunternehmen vor,

---

[87] Vgl. zum Begriff des beteiligten Unternehmens insbesondere Rn. 135 (zum Erwerb des Zielunternehmens durch eine Tochtergesellschaft), 139 (zum Erwerb der gemeinsamen Kontrolle über ein neu gegründetes Unternehmen), 143 (zum Erwerb gemeinsamer Kontrolle über ein vorhandenes Unternehmen), 145 ff. zum Erwerb der Kontrolle durch ein Gemeinschaftsunternehmen), 153 (zum Kontrollerwerb durch ein staatliches Unternehmen) der Konsolidierten Mitteilung zu Zuständigkeitsfragen.

[88] Vgl. Konsolidierte Mitteilung zu Zuständigkeitsfragen, Rz. 129.

[89] Vgl. Konsolidierte Mitteilung zu Zuständigkeitsfragen, Rz. 139 zweiter Fall.

[90] Komm. E. v. 2.12.1991 Rs. IV/M.102 – *TNT/GD NET,* WuW 1992, 320; Komm. E. v. 16.5. 1991 Rs. IV/M.82 – *ASKO/Jacobs/ADIA,* ABl. C 132/13, WuW 1991, 576.

das auch über entsprechende finanzielle Ressourcen verfügt, wird für gewöhnlich das Gemeinschaftsunternehmen selbst als beteiligtes Unternehmen angesehen.[91] Davon zu trennen ist die Frage, ob dem Gemeinschaftsunternehmen die Umsätze der Mutterunternehmen als verbundene Unternehmen zuzurechnen sind. Dies ist zu bejahen, wenn die beiden Muttergesellschaften auch nach der Transaktion weiterhin zumindest Mitkontrolle an dem Gemeinschaftsunternehmen halten.[92]

Ist das Gemeinschaftsunternehmen das Zielunternehmen, so ist die bisherige Praxis zur Frage der beteiligten Unternehmen nicht ganz einheitlich. Bei einer Neugründung sind selbstverständlich nur die Mutterunternehmen beteiligte Unternehmen. Im Falle, dass die Kontrolle über ein bereits bestehendes Unternehmen erworben wird, werden idR die beiden Muttergesellschaften sowie das Gemeinschaftsunternehmen als beteiligte Unternehmen angesehen. Differenzierter ist die Lage, wenn ein zuvor von einer Mutter allein kontrolliertes Konzernunternehmen erworben wird und im Zuge der Transaktion zu einem Gemeinschaftsunternehmen wird. IdR wurden hier nur zwei beteiligte Unternehmen angenommen, nämlich der Erwerber und die bisherige allein kontrollierende Muttergesellschaft. Es existieren aber auch gegenteilige Entscheidungen.[93] **33**

2. Tochtergesellschaften (lit. b)

Nach Art. 5 Abs. 4 sind die Umsätze von Unternehmen mit einzubeziehen, in denen das beteiligte Unternehmen unmittelbar oder mittelbar entweder **34**
- mehr als die Hälfte des Kapitals oder des Betriebsvermögens besitzt (Kapitalbeteiligung); oder
- über mehr als die Hälfte der Stimmrechte verfügt (Stimmrechtsmehrheit); oder
- mehr als die Hälfte der Mitglieder des Aufsichtsrates, des Verwaltungsrats oder der zur gesetzlichen Vertretung berufenen Organe bestellen kann (Organbestellung); oder
- das Recht hat, die Geschäfte des betreffenden Unternehmens zu führen (Recht zur Geschäftsführung). Während die Kommission hier in der Vergangenheit zumindest dogmatisch uneinheitlich agiert hat,[94] wurde im Ergebnis idR in solchen Fällen eine Zurechnung vorgenommen.

Mit dieser sog. **„Verbundklausel"** werden eine Reihe von Kriterien festgelegt, die üblicherweise auch zur Prüfung des Vorliegens von **Kontrolle** im Sinne von Art. 3 herangezogen werden. Daran schließt sich die Frage, ob der Kontroll- bzw. Konzernbegriff[95] in Art. 5 Abs. 4 mit dem Kontrollbegriff von Art. 3 übereinstimmt. Dies ist insbesondere für die Einbeziehung von Minderheitsbeteiligungen, die z. B. aufgrund von Vetorechten Kont- **35**

---

[91] Zur Abgrenzung zwischen transparentem Vehikel und eigenständigem Gemeinschaftsunternehmen siehe Konsolidierte Mitteilung zu Zuständigkeitsfragen, Rn. 145 ff.; Komm. E. v. 21.10.1994 Rs. IV/M.484 – *Krupp/Thyssen/Riva/Falck/Tadfin/AST,* WuW 1995, 388; Komm. E. v. 29.2.1996 Rs. IV/M.689 – *ADSB/Belgacom,* WuW 1997, 39.

[92] Siehe dazu unten Rn. 39.

[93] Vgl. *von Brevern,* Die Gründung eines Gemeinschaftsunternehmens nach Art. 3 Abs. 4 der Fusionskontrollverordnung, in: WuW 2012, 225 ff., insb. S. 228 ff.

[94] So hat die Kommission bereits in Fällen, in denen bloß Minderheitsbeteiligung vorlag, früher eine Zurechnung der Umsätze vorgenommen, wenn sich die übrigen Anteile im Streubesitz befanden. Komm. E. v. 12.2.1996 Rs. IV/M.692 – *Elektrowatt/Landis & GYR,* WuW 1997, 37; Komm. E. v. 30.7.1991 Rs. IV/M.62 – *Eridania/IS I,* WuW 1991, 799; Komm. E. v. 18.12.1991 Rs. IV/M.147 – *Eurocom/RSCG,* WuW 1992, 411; Komm. E. v. 2.3.1992 Rs. IV/M.187 – *INFINT/EXOR,* WuW 1992, 411. Vgl. auch die Darstellung bei *Körber* in: Immenga/Mestmäcker, EG-WbR Teil 2, Art. 5 Rn. 68 (Beispiele für Geschäftsführung können Unternehmenspachtverträge, aber auch Beherrschungs- oder Direktgeschäftsführungsverträge sein).

[95] Beachte *Käseberg* in: Langen/Bunte, FKVO, Art. 5, Rn. 51, der auf die Ähnlichkeit, aber auch leichte Unterschiede zwischen dem Konzernbegriff des Gesellschaftsrechts und jenem der Zusammenschlusskontrolle hinweist.

rolle im Sinne von Art. 3 vermitteln, von Relevanz. In den Vorgängermitteilungen zur Konsolidierten Mitteilung zu Zuständigkeitsfragen hat die Kommission in diesem Zusammenhang sowohl den Begriff des **beherrschenden Einflusses**[96] als auch wiederholt den Begriff der Kontrolle verwendet[97] und zu dieser Frage darauf hingewiesen, dass sich die Kriterien nach Art. 5 Abs. 4 *„in gewisser Hinsicht"* von den Kriterien für die Kontrolle nach Art. 3 Abs. 3 unterscheiden. Nunmehr weist die Kommission in der Konsolidierten Mitteilung zu Zuständigkeitsfragen ausdrücklich darauf hin, dass die Kriterien der Art. 5 Abs. 4 und Art. 3 Abs. 2 *„nicht völlig deckungsgleich"* sind, weil die Artikel *„verschiedene Funktionen erfüllen"*.[98] Als Beispiel erwähnt die Kommission die faktische Kontrolle, die gemäß Art. 5 Abs. 4 Buchstabe b) bei allein kontrollierten Tochtergesellschaften nur dann berücksichtigt wird, *„wenn eindeutig nachgewiesen wird, dass das beteiligte Unternehmen das Recht hat, über die Hälfte der Stimmrechte auszuüben oder mehr als die Hälfte der zur gesetzlichen Vertretung berufenen Organe einzusetzen"*.[99] Von praktischer Relevanz sind hier jene Fälle, in denen sich lediglich aufgrund einer geringen Hauptversammlungspräsenz eine effektive Mehrheit in der Hauptversammlung ergibt. Die Kommission lässt hier regelmäßig die faktische Mehrheit für eine Zurechnung ausreichen. Im Falle gemeinsam kontrollierter Unternehmen zeige sich der Unterschied darin, dass nach Art. 5 Abs. 4 Buchstabe b) iv auf das „Recht, Geschäfte zu führen" abzustellen ist und nicht auf eine bloße Einflussmöglichkeit. Nicht darunter fallen somit Gemeinschaftsunternehmen, die bloß aufgrund eines **gemeinsamen Interesses** als gemeinsam kontrolliert angesehen werden.[100] Auch Fälle von bloßer alleiniger negativer Kontrolle fallen i. d. R. nicht darunter, außer in dem speziellen Fall, in dem die Bedingungen von Art. 5 Abs. 4 lit. b i) bis ii) erfüllt sind.[101]

36 Ungeklärt bleibt allerdings noch, ob auch Unternehmen nicht zugerechnet werden sollen, an denen lediglich faktische Kontrolle besteht, wobei der Erwerb der faktischen Kontrolle jedoch bei einer nationalen Behörde oder bei der Europäischen Kommission angemeldet wurde. Da hier kein Zweifel über die Kontrolle besteht, wäre es sachgerecht, diese Umsätze in die Berechnung mit einzubeziehen.

37 In der Konsolidierten Mitteilung zu Zuständigkeitsfragen behandelt die Kommission schließlich auch Fragen im Zusammenhang mit **Investmentgesellschaften.** Dabei stellt sie klar, dass der Umsatz von Portfoliogesellschaften verschiedener Investmentfonds, die von der Investmentfondgesellschaft häufig mit unterschiedlichen Investoren aufgelegt werden, i. d. R. der Fondsgesellschaft zugerechnet werden müssen, da typischerweise eine gemeinsame Organisationsstruktur (z. B. in Form von Beratungsverträgen) vorliegt, die der Investmentgesellschaft häufig direkt die Befugnis einräumen, Stimmrechte auszuüben, sodass es letztlich zu einem gemeinsamen *„Betrieb mehrerer Fonds"* durch eine Investmentgesellschaft kommt. Daher sind den Investmentgesellschaften häufig sämtliche Portfoliogesellschaften mit deren Umsatz zuzurechnen.[102]

---

[96] Vgl. Mitteilung über die Berechnung des Umsatzes, Rn. 38/1.

[97] Insbesondere in Rn. 38 vorletzter Absatz, wo die in Abs. 4 aufgestellten Kriterien als Kontrolle zusammengefasst werden; Rn. 38 2. für Schwestergesellschaften; bei Gemeinschaftsunternehmen wird offenbar ebenfalls von gemeinsamer Kontrolle im Sinn von Art. 3 ausgegangen.

[98] Vgl. Konsolidierte Mitteilung zu Zuständigkeitsfragen, Rn. 184.

[99] Siehe auch Komm. E. v. 16.10.2000 Rs. COMP/M.2072 – *Phillip Morris/Nabisko,* WuW 2000, 1211; *Wagemann* in: Wiedemann, Handbuch des Kartellrechts^2, 2008, § 15, Rn. 95 f.

[100] Ibid.

[101] Abschließend macht die Kommission in ihrer Konsolidierten Mitteilung zu Zuständigkeitsfragen (Rz 184 letzter Satz) allerdings darauf aufmerksam, dass unter Umständen auch der umgekehrte Fall eintreten kann, nämlich dass Unternehmen in die Umsatzberechnung einbezogen werden müssen, an denen keine Kontrolle im Sinne von Art. 3 Abs. 2 vorliegt.

[102] Vgl. Konsolidierte Mitteilung zu Zuständigkeitsfragen, Rn. 189 ff.

3. Muttergesellschaften (lit. c)

In die Umsatzberechnung nach Art. 5 sind auch die Umsätze der Mutterunternehmen der beteiligten Unternehmen einzurechnen. Als Mutterunternehmen sind Gesellschaften anzusehen, die im Sinne der Verbundklausel des Abs. 4 Buchstabe b) die dort genannten Beherrschungsrechte bzw. Kontrollrechte haben. Hinsichtlich des Kontrollbegriffs gilt das zu Buchstabe b) Erörterte. Einzubeziehen sind auch diejenigen Unternehmen, die ihrerseits die Muttergesellschaften des beteiligten Unternehmens kontrollieren (Groß- und Urgroßmuttergesellschaften).[103] 38

Ist das beteiligte Unternehmen ein **Gemeinschaftsunternehmen,** so wird ihm der Umsatz der Muttergesellschaften zugerechnet, wenn diese aufgrund der Figur des transparenten Vehikels[104] nicht bereits selbst als beteiligte Unternehmen anzusehen sind. Dies geht nach mittlerweile herrschender Auffassung aus der in Buchstabe c) verwendeten Pluralform hervor.[105] 39

4. Schwestergesellschaften (lit. d)

Halten die Muttergesellschaften der beteiligten Unternehmen weitere Beteiligungen (Schwestergesellschaften der beteiligten Unternehmen) und haben sie in diesen ebenfalls im Sinne der Verbundklausel die in Buchstabe b) bezeichneten Beherrschungsrechte oder Einflussmöglichkeiten, so ist auch der Umsatz dieser Gesellschaften einzubeziehen. Dies gilt unabhängig davon, ob die Konzernspitze eine reine **Holdinggesellschaft** ist oder nicht.[106] Sollten die Mutterunternehmen von weiteren Gesellschaften (Großmutterunternehmen) kontrolliert werden, so sind auch deren Tochtergesellschaften in die Berechnung einzubeziehen. Auch „Schwesterunternehmen" ohne gemeinsame Konzernholding können als eine wirtschaftliche Einheit angesehen werden. Ihre Umsätze sind dann zusammenzurechnen. So wurden zahlreiche Fälle, in denen Partnergesellschaften wie z. B. Arthur Anderson, Deloitte & Touch, Ernst & Young beteiligt waren, für die Zwecke der Umsatzberechnung als ein Unternehmen angesehen, da sie aufgrund ihres internationalen Netzwerks in ausreichendem Maße gemeinsam geführt werden und auch ein starkes gemeinsames finanzielles Interesse haben.[107] 40

5. Gemeinschaftsunternehmen im Konzern (lit. e)

Nach Art. 5 Abs. 4 Buchstabe e) müssen auch Außenumsätze von **„konzerninternen"** Gemeinschaftsunternehmen berücksichtigt werden. Das sind Unternehmen, in denen mehrere der in Buchstabe a) bis d) genannten beteiligten oder verbundenen Unternehmen gemeinsam die in Buchstabe b) genannten Rechte haben. 41

Vom Wortlaut in Buchstabe e) nicht erfasst sind **Gemeinschaftsunternehmen von Konzerngesellschaften mit Dritten.** In Analogie zu Art. 5 Abs. 5 werden jedoch nach ständiger Praxis auch Gemeinschaftsunternehmen mit Dritten **anteilig** und zwar unabhängig von der prozentuellen Beteiligung am Kapital einbezogen. Ausschlaggebend ist allein, wie viele Unternehmen Kontrolle ausüben (Beispiel: bei zwei kontrollierenden Müttern 42

---

[103] Vgl. Konsolidierte Mitteilung zu Zuständigkeitsfragen, Rn. 182.

[104] Siehe oben Rn. 32.

[105] *Körber* in: Immenga/Mestmäcker, EG-WbR Teil 2, Art. 5 Rn. 71 mwN.; *Jones/Gonzales-DÌAZ* S. 21; *Drauz/Schröder,* S. 21; Mitteilung über die Berechnung des Umsatzes, Rn. 38/3a; vgl. auch in Komm. E. v. 21.2.1994 Rs. IV/M.395 – *CWB/Goldmann Sachs/Tarkett,* WuW 1994, 437.

[106] Vgl. *Körber* in: Immenga/Mestmäcker EG-WbR Teil 2, Art. 5 Rn. 72 unter Hinweis auf Komm. E. v. 12.5.1992 Rs. IV/M.210 – *Mondi/Frantschach,* WuW 1992, 610.

[107] Komm. E. v. 1.7.2002 Rs. COMP/M.2810 – *Deloitte & Touchee/Anderson (UK),* WuW 2002, 970; Komm. E. v. 27.8.2002 Rs. COMP/M.2824 – *Ernst & Young/Anderson Germany,* ABl. 2002 C 246/21, WuW 2002, 1080; Komm. E. v. 5.9.2002 Rs. COMP/M.2816 – *Ernst & Young/Anderson France,* WuW 2002, 1080.

unabhängig von der Kapitalbeteiligung: jeweils der halbe Umsatz, bei drei Unternehmen jeweils ein Drittel, usw.).[108] Innenumsätze mit diesen Gemeinschaftsunternehmen müssen in einem solchen Fall konsequenterweise abgezogen werden.[109]

V. Umsätze zwischen den beteiligten Unternehmen und ihren Gemeinschaftsunternehmen (Art. 5 Abs. 5)

43 Art. 5 Abs. 5 betrifft Gemeinschaftsunternehmen zwischen den jeweils am Zusammenschluss beteiligten Unternehmen. In diesem Fall bestimmt Buchstabe a), dass die Umsätze zwischen dem Gemeinschaftsunternehmen und jedem der beteiligten Unternehmen als Innenumsätze von der Berechnung abgezogen werden müssen. Die „Außenumsätze" werden nach Buchstabe b) **paritätisch** auf die kontrollierenden Unternehmen **aufgeteilt.**[110]

44 Eine Ausnahme davon hat die Kommission jedoch bei Auflösung eines Gemeinschaftsunternehmens durch Erwerb der alleinigen Kontrolle durch eine der Muttergesellschaften angenommen. In diesem Fall werden die zwischen den bisherigen Gemeinschaftsunternehmen und seinen Muttergesellschaften erzielten Umsätze als Umsätze des Gemeinschaftsunternehmens berücksichtigt, nicht jedoch die Innenumsätze mit dem übernehmenden Unternehmen.[111] Eine Zurechnung der Umsätze der Muttergesellschaften erfolgt hier nicht, da dies das wirtschaftliche Gewicht des Gemeinschaftsunternehmens falsch widerspiegeln würde.[112]

VI. Branchenspezifische Regelungen

1. Kredit- und sonstige Finanzinstitute (Art. 5 Abs. 3 lit. a)

45 Bei der Berechnung von Umsätzen von Kredit- und sonstigen Finanzinstituten wird seit der Revision der FKVO als Grundlage nicht mehr die Bilanzsumme herangezogen, sondern bestimmte, ausdrücklich angeführte **Ertragsposten** (Zinserträge und ähnliche Erträge; bestimmte Erträge aus Wertpapieren; Provisionserträge; Nettoerträge aus Finanzgeschäften und sonstige betriebliche Erträge). Die genannten Posten sind in der Richtlinie 86/635/EWG über den Jahresabschluss von Banken und anderen Finanzinstituten[113] definiert.

46 Die Begriffe „Kreditinstitut" und „Finanzinstitut" definiert die Kommission in der Konsolidierten Mitteilung zu Zuständigkeitsfragen in Anlehnung an die (mittlerweile aufgehobene) Richtlinie über die Aufnahme und Ausübung der Tätigkeit der Kreditinstitute.[114] Danach ist ein Unternehmen als **Kreditinstitut** zu qualifizieren, wenn seine Tätigkeit darin besteht, Einlagen oder andere rückzahlbare Gelder des Publikums entgegenzunehmen und Kredite auf eigene Rechnung zu gewähren[115] oder es ein E-Geld-Institut i. S. d. Richt-

---

[108] Gegen eine Einbeziehung von Gemeinschaftsunternehmen zwischen Konzernunternehmen und einem Dritten *Wagemann* in: Wiedemann, Handbuch des Kartellrechts², 2008, § 15 Rn. 98.

[109] Vgl. oben Rn. 19 f.; vgl. auch Konsolidierte Mitteilung zu Zuständigkeitsfragen, Rn. 168.

[110] Vgl. auch Konsolidierte Mitteilung zu Zuständigkeitsfragen, Rn. 186 f.; Leitfaden II., B. II. D. und III., ABl. 1998 C-61/25; Komm. E. v. 27.11.1995 Rs. IV/M.648 – *Mc Dermott/ETBM,* WuW 1996, 380.

[111] Vgl. Konsolidierte Mitteilung zu Zuständigkeitsfrage, Rn. 188.

[112] Vgl. Komm. E. v. 26.8.1996 Rs. IV/M.806 – *British Airways/TAT (II),* Rn. 10 ff.

[113] Richtlinie des Rates vom 8.12.1986 über den Jahresabschluss und den konsolidierten Abschluss von Banken und anderen Finanzinstituten ABl. 1986 L 372/1, zuletzt geändert durch die Richtlinie 2003/51/EG des Europäischen Parlaments und des Rates.

[114] Vgl. Konsolidierte Mitteilung zu Zuständigkeitsfragen, Rz. 207 unter Verweis auf Richtlinie 2000/12/EG des Europäischen Parlaments und des Rates vom 20. März 2000 über die Aufnahme und Ausübung der Tätigkeit der Kreditinstitute, ABl. L 126 vom 26.5.2000, S 1; aufgehoben durch Richtlinie 2006/48/EG des Europäischen Parlaments und des Rates vom 14. Juni 2006 über die Aufnahme und Ausübung der Tätigkeit der Kreditinstitute (Neufassung), Abl. L 177 vom 30.6.2006, S. 1.

[115] Art. 1 Abs. 1 RL 2000/12/EG, entspricht Art. 4 Abs. 1 Buchstabe a) der RL 2006/48/EG.

die Umsatzberechnung miteinbezogen werden mussten.[133] In einem spanischen Fall wurden beispielsweise alle Unternehmen, die in der Generaldirektion des Nationalvermögens zusammengefasst waren, einberechnet.[134]

Art. 6. Prüfung der Anmeldung und Einleitung des Verfahrens

(1) **Die Kommission beginnt unmittelbar nach dem Eingang der Anmeldung mit deren Prüfung.**

a) Gelangt sie zu dem Schluss, dass der angemeldete Zusammenschluss nicht unter diese Verordnung fällt, so stellt sie dies durch Entscheidung fest.

b) Stellt sie fest, dass der angemeldete Zusammenschluss zwar unter diese Verordnung fällt, jedoch keinen Anlass zu ernsthaften Bedenken hinsichtlich seiner Vereinbarkeit mit dem Gemeinsamen Markt gibt, so trifft sie die Entscheidung, keine Einwände zu erheben und erklärt den Zusammenschluss für vereinbar mit dem Gemeinsamen Markt.
Durch eine Entscheidung, mit der der Zusammenschluss für vereinbar erklärt wird, gelten auch die mit seiner Durchführung unmittelbar verbundenen und für sie notwendigen Einschränkungen als genehmigt.

c) Stellt die Kommission unbeschadet des Absatzes 2 fest, dass der angemeldete Zusammenschluss unter diese Verordnung fällt und Anlass zu ernsthaften Bedenken hinsichtlich seiner Vereinbarkeit mit dem Gemeinsamen Markt gibt, so trifft sie die Entscheidung, das Verfahren einzuleiten. Diese Verfahren werden unbeschadet des Artikels 9 durch eine Entscheidung nach Artikel 8 Absätze 1 bis 4 abgeschlossen, es sei denn, die beteiligten Unternehmen haben der Kommission gegenüber glaubhaft gemacht, dass sie den Zusammenschluss aufgegeben haben.

(2) **Stellt die Kommission fest, dass der angemeldete Zusammenschluss nach Änderungen durch die beteiligten Unternehmen keinen Anlass mehr zu ernsthaften Bedenken im Sinne des Absatzes 1 Buchstabe c) gibt, so erklärt sie gemäß Absatz 1 Buchstabe b) den Zusammenschluss für vereinbar mit dem Gemeinsamen Markt.**

Die Kommission kann ihre Entscheidung gemäß Absatz 1 Buchstabe b) mit Bedingungen und Auflagen verbinden, um sicherzustellen, dass die beteiligten Unternehmen den Verpflichtungen nachkommen, die sie gegenüber der Kommission hinsichtlich einer mit dem Gemeinsamen Markt zu vereinbarenden Gestaltung des Zusammenschlusses eingegangen sind.

(3) **Die Kommission kann ihre Entscheidung gemäß Absatz 1 Buchstabe a) oder b) widerrufen, wenn**

a) die Entscheidung auf unrichtigen Angaben, die von einem beteiligten Unternehmen zu vertreten sind, beruht oder arglistig herbeigeführt worden ist oder

b) die beteiligten Unternehmen einer in der Entscheidung vorgesehenen Auflage zuwiderhandeln.

(4) **In den in Absatz 3 genannten Fällen kann die Kommission eine Entscheidung gemäß Absatz 1 treffen, ohne an die in Artikel 10 Absatz 1 genannten Fristen gebunden zu sein.**

(5) **Die Kommission teilt ihre Entscheidung den beteiligten Unternehmen und den zuständigen Behörden der Mitgliedstaaten unverzüglich mit.**

---

[133] Komm. E. v. 9.7.1998 Rs. IV/M.308 – *Kali + Salz/MDK/Treuhand,* ABl. 98/C 275/3.
[134] Komm. E. v. 14.4.1993 Rs. IV/M.322 – *Alcan/Inespal/Palco,* WuW 1993, 489.

Übersicht

I. Einleitung

1 Sinn und Zweck des Verfahrens der ersten Phase ist es, festzustellen, ob ein Zusammenschlussvorhaben zu **ernsthaften wettbewerblichen Bedenken** Anlass gibt oder nicht. Unproblematische Zusammenschlussvorhaben werden im Sinne der Verfahrensökonomie (Beschleunigungsgrundsatz) und der Rechtssicherheit relativ zügig, d. h. innerhalb von 25 Arbeitstagen (AT) – bzw. im Fall von Zusagen oder eines Verweisungsantrags eines Mitgliedstaates innerhalb von längstens 35 Arbeitstagen nach Anmeldung – freigegeben.[1] Die Freigabe schließt jede weitere Prüfung des Vorhabens nach nationalem Recht der Mitgliedstaaten und den Bestimmungen der Art. 101 und 102 AEUV aus (sog. „one-stop-shop"-Prinzip).

2 Entscheidungen nach Art. 6 trifft der Wettbewerbskommissar alleine. Alle endgültigen inhaltlichen Entscheidungen sind dem Kollegium vorbehalten.[2] Alle Entscheidungen in der

[1] Siehe Art. 10 Abs. 1.

[2] Siehe Art. 21 Abs. 2 FKVO vom 20.1.2004, ABl. 2014 L 24/1. Siehe auch Geschäftsordnung der Kommission vom 29.11.2000 ABl. L 308/26; Art. 13.

ersten Phase (mit Ausnahme der Entscheidung, mit der das Hauptverfahren eingeleitet wird) werden anschließend – bereinigt um Geschäftsgeheimnisse – im Amtsblatt in der Originalsprache (Fallsprache) veröffentlicht. Die Entscheidungen werden zwei Monate nach Zustellung an die Anmelder rechtskräftig. Innerhalb dieser Frist können sie von den beteiligten Unternehmen, von betroffenen Dritten oder einem Mitgliedstaat gem. Art. 263 (ex-230) AEUV angefochten werden. Ob die Entscheidung zur Verfahrenseinleitung gemäß Art. 6 Abs. 1 lit. c) anfechtbar ist, ist fraglich. Dagegen spricht, dass diese ähnlich der Übermittlung der Beschwerdepunkte (sog. „statement of objections") **keine endgültige Verfügung** in der Sache trifft, sondern lediglich einen Zwischenschritt im Verfahren darstellt. Andererseits wird damit aber das Vollzugsverbot verlängert, was erhebliche Auswirkungen auf die rechtliche Position der Zusammenschlussparteien hat.

Bei (bedingten und unbedingten) Genehmigungsentscheidungen muss die Kommission nachweisen, dass der Zusammenschluss (gegebenenfalls nach Abgabe von Zusagen durch die Parteien) keinen Anlass mehr zu ernsthaften Bedenken gibt. Sie muss darlegen, dass die Wahrscheinlichkeit der Abwesenheit ernsthafter Bedenken überwiegt. Zur Einleitung des **vertieften Prüfverfahrens** muss sie umgekehrt die überwiegende Wahrscheinlichkeit ernsthafter Bedenken darlegen. 3

Exkurs: „Best Practices." Die auf der Webseite der Kommission veröffentlichen Best Practices on the conduct of EC Merger Proceedings[3] enthalten Empfehlungen bzw. unverbindliche Verhaltensregeln, die darauf abzielen, das Fusionskontrollverfahren so effizient wie möglich zu gestalten. Diese **praktischen Verhaltensgrundsätze** sind unverbindlich und können nicht als Veränderung oder Erweiterung der Verfahrensrechte der Parteien oder der Kommission verstanden werden, wie sie die FKVO und die Fristenverordnung vorsehen. 4

Die wichtigsten in den Best Practices enthaltenen Grundsätze betreffen unter anderem die Kontakte zwischen Kommission und den Zusammenschlussparteien vor der Anmeldung („pre-notification contacts"), denen große Bedeutung zukommt, sowie die Vollständigkeit der Anmeldung, die Abhaltung von Treffen mit den Anmeldern und dem Seniormanagment der Generaldirektion (GD) Wettbewerb („state of play-meetings"). Die zuletzt genannten Treffen stehen den Parteien an verschiedenen Punkten des Verfahrens in erster und zweiter Phase zur Verfügung (genaueres siehe Rn. 33 der Best Practices). Daneben soll es auch sogenannte „triangular meetings" geben. Das sind Treffen der Kommission mit den Zusammenschlussparteien sowie interessierten Dritten z. B. mit den nationalen Kartell- und/oder Regulierungsbehörden. Die Kommission kann solche Treffen einberufen, wenn es der **Bereinigung der Faktenlage** dienlich ist (z. B. bei stark divergierenden Auskünften über wesentliche Fakten). Die genannten Treffen ersetzen nicht die in der Fristenverordnung vorgesehene mündliche Anhörung („oral hearing", siehe Art. 14 der Verordnung 802/2004). Sie findet auf freiwilliger Basis statt. 5

Insgesamt ist das Fusionskontrollverfahren in schwierigen Fällen trotz der Best Practices immer noch verbesserungsfähig. Durch die **relativ engen Fristen** (die dem Interesse an einer baldigen Entscheidung entgegenkommen) und den mittlerweile **hohen Ermittlungsaufwand** besteht nicht selten die Notwendigkeit, Fristverlängerungen zu beantragen oder gar informelle Einigungen über einen Stopp des Fristablaufs zu erzielen. Der hohe Zeitdruck entsteht in der Praxis zumeist im Zeitraum nach einem oral hearing, der eigentlich genutzt werden sollte, um diverse Ergebnisse aufzuarbeiten. Nur dann erfüllt das oral hearing seinen rechtlichen Zweck, der auch darin besteht, den Parteien Gehör zu verschaffen. Es wäre daher sinnvoll, das Verfahren und die Best Practises gerade an diesem Punkt zu verbessern. 6

Weitere wichtige Grundsätze betreffen die Stellung und Anhörungs- bzw. Auskunftsrechte von interessierten Dritten (z. B. Kunden, Lieferanten oder Wettbewerber der Zusammenschlussbeteiligten, Verbraucherverbände etc.). Schließlich gehen die Best Practices noch auf Besonderheiten bei der Akteneinsicht in Fusionsfällen ein. Neben der regulären 7

[3] http://ec.europa.eu/comm/competition/mergers/legislation/regulation/best_practices.pdf.

Akteneinsicht, die den Anmeldern auf Antrag nach Zusendung der Beschwerdepunkte zusteht,[4] haben diese auch die Gelegenheit, Dokumente einzusehen, die die Kommission zwischen den Beschwerdepunkten und der Konsultation des Beratenden Ausschusses erhalten hat. Die Kommission kann die Akteneinsicht auch durch Einräumung eines Zugangs zu einem Datenraum gewähren und hat hierzu vor kurzem Best Practices veröffentlicht.[5] Bereits nach Einleitung des Verfahrens mit Entscheidung gem. Art. 6 Abs. 1 bemüht sich die Kommission, den Anmeldern auf Antrag bestimmte wichtige **entscheidungsrelevante Dokumente** („key documents") zugänglich zu machen. Typischerweise handelt es sich dabei um belastende Schriftsätze oder sonstige Dokumente (z. B. nicht veröffentlichte Studien, Artikel, etc.) von Beschwerdeführern, die der Ansicht der Anmelder entgegentreten und auf die sich die Kommission in ihrer Entscheidung zur Verfahrenseinleitung bezieht.

II. Art. 6 Abs. 1 lit. a): Kein Zusammenschluss im Sinne der Verordnung

1. Norminhalt

8 Mit einer Entscheidung gem. Art. 6 Abs. 1 lit. a) stellt die Kommission fest, dass der angemeldete Zusammenschluss nicht unter die FKVO fällt, wobei die Kommission ihre diesbezügliche Auffassung begründet.

2. Anwendungsvoraussetzungen

9 Ist weder die Definition des Zusammenschlusses gem. Art. 3 Abs. 1 lit. a) (Fusion) noch jene gem. Art. 3 Abs. 1 lit. b) (Kontrollübernahme, die zu einer dauerhaften Änderung der Kontrollstruktur) erfüllt, fehlt es an einem **Zusammenschlusstatbestand** im Sinne der Verordnung.[6] Dies ist z. B. der Fall, wenn Vetorechte dem Minderheitsgesellschafter eines Gemeinschaftsunternehmens (GU) keinen entscheidenden Einfluss auf das strategische Wirtschaftsverhalten des betroffenen Unternehmens geben;[7] wenn ein GU keinen Zugang zu ausreichenden finanziellen Ressourcen erhält, um auf Dauer alle Funktionen einer selbstständigen Wirtschaftseinheit zu erfüllen;[8] oder wenn das beabsichtigte GU in seinen Beschaffungsentscheidungen an die Mütter gebunden ist.[9] Die Verordnung ist ferner nicht anwendbar, wenn weder die in Art. 1 Abs. 2 noch die in Art. 1 Abs. 3 vorgesehenen Umsatzschwellenwerte erreicht werden. Es fehlt dann die gemeinschaftsweite Bedeutung.[10]

3. Verhältnis zu anderen Vorschriften

10 Fällt ein bestimmter Zusammenschluss nicht unter die Verordnung, können u. U. **nationale Fusionskontrollregime** anwendbar sein. Daneben können Art. 101 und/oder Art. 102 AEUV bzw. Verordnung Nr. 1/2003[11] anwendbar sein.

---

[4] Bekanntmachung der Kommission über interne Verfahrensvorschriften für die Behandlung von Anträgen auf Akteneinsicht (ABl. C 325/7 vom 22. Dezember 2005), http://eur-lex.europa.eu/LexUriServ/LexUriServ.do?uri=OJ:C:2005:325:0007:0015:DE:PDF.

[5] Bekanntmachung der Kommission zu Best Practices bzgl. der Offenlegung von Informationen in Datenräumen in Verfahren nach Artikel 101 und 102 AEUV sowie nach der FKVO, http://ec.europa.eu/competition/mergers/legislation/disclosure_information_data_rooms_en. pdf.

[6] Siehe auch die Mitteilung der Kommission zum Begriff des Zusammenschlusses, ABl. C 66 vom 2.3.1998.

[7] Siehe z. B. Komm. E. v. 11.8.1997 – *Stinnes/Haniel Reederei,* ABl. 1997 C 289.

[8] Siehe Komm. E. 25.7.2014 – *Groupe Lagardere/SNCF Participations/JV,* Abl. 2014 C 203; Komm. E. v. 15.11.2005 – *Gas Natural/Endesa,* IP/05/1425; Komm. E. v. 23.12.2002 – *Electrabel/Energia Italiana/Interpower,* ABl. 2003 C 25/2; Komm. E. v. 15.10.1998 – *ENW/Eastern,* ABl. 1998 C 344.

[9] Siehe Komm. E. v. 1.10.1997 – *Preussag/Voest Alpine,* ABl. 1997 C 314.

[10] Siehe u. a. Komm. E. v. 13.7.1992 – *Eurocard/Eurocheque/Europay,* ABl. 1992 C 182 oder Komm. E. v. 9.7.1997 – *UBS/Mister Minit,* ABl. 1997 C 232.

[11] Verordnung (EG) Nr. 1/2003 vom 16.12.2002; ABl. L 1, 4.1.2003.

sagen müssen als geeignet angesehen werden, den Zusammenschluss mit dem Gemeinsamen Markt vereinbar zu machen und damit eine erhebliche Behinderung wirksamen Wettbewerbs zu verhindern.[36] Schließlich dürfen Zusagen – zumindest prima facie – keine neuerlichen wettbewerblichen Probleme aufwerfen, d. h. sie müssen **wettbewerblich neutral** sein.[37] Diese Voraussetzung wird i. d. R. als erfüllt betrachtet, wenn **ex ante** davon auszugehen ist, dass die Unternehmen die für die Transaktion vorgeschriebenen fusionskontrollrechtlichen Genehmigungen erlangen werden. Durch die Abgabe von Zusagen begeben sich die Parteien grundsätzlich nicht ihres Rechts, gegen die Entscheidung Rechtsmittel einzulegen. Weiterhin können die Unternehmen bereits angebotene Zusagen zurücknehmen, wenn die Kommission im Rahmen ihrer Prüfung zum Ergebnis kommt, dass der Zusammenschluss auch ohne die angebotenen Zusagen freigegeben werden kann.[38]

b) Verbesserung von Zusagen. Wenn Zusagen die grundlegenden Voraussetzungen 29
bei Einreichung nicht erfüllen, ist eine nachträgliche Verbesserung in erster Phase zwar nicht von vornherein ausgeschlossen, jedoch nur sehr eingeschränkt möglich.[39] Geringfügigere Anpassungen (Klarstellungen, verfahrensrelevante Details, Fristen, etc.) können auch nach Einreichung noch vorgenommen werden. Aufgrund der im Erste-Phase-Prüfverfahren nur begrenzt zur Verfügung stehenden Zeit ist allerdings eine erneute Marktuntersuchung in der Regel nicht möglich. Es ist daher erforderlich, dass die verbesserten Zusagen unter Berücksichtigung der im ersten Markttest gewonnenen Erkenntnisse die Wettbewerbsprobleme **eindeutig** und **vollständig** beseitigen.

c) Alternative Zusagen. Ist anzunehmen, dass sich die Umsetzung einer Zusage 30
schwierig gestalten wird und mit Risiken verbunden ist, wird die Kommission diese im Allgemeinen ablehnen. Um dies abzuwenden, können die Unternehmen u. U. **neben der Primärzusage eine gleichwertige alternative Verpflichtung** eingehen, die zum Tragen kommt, wenn erstere nicht eingehalten werden kann.[40] Eine weitere Möglichkeit besteht in der sogenannten „Kronjuwelen-Klausel", wonach die Parteien sich verpflichten, im Fall des Scheiterns des ursprünglich geplanten Verkaufs weitere, besonders attraktive Vermögenswerte in das Verkaufspaket aufzunehmen.[41]

d) Änderung von Zusagen. Die nachträgliche Änderung bzw. Aufhebung von Zu- 31
sagen kam in der Praxis bisher äußerst selten vor. Es ist aber nicht ausgeschlossen, dass sich bei der Umsetzung besondere Umstände ergeben, die eine Anpassung, Änderung oder gar Aufhebung mancher Zusagen nötig machen. Die Kommission ist daher dazu übergegangen, in den Zusagentext eine sog. **„Revisionsklausel"** aufzunehmen, welche im Wesentlichen drei Situationen abdeckt: Erstens eine möglicherweise erforderliche Verlängerung der Fristen; zweitens die Ausnahme bestimmter Teile des Verkaufsobjektes vom Verkauf und drittens die Aufhebung oder materielle Änderung einer oder mehrerer Bedingungen oder Auflagen unter außergewöhnlichen Umständen.[42]

Eine materielle Änderung der Zusagen wird von der Kommission jedoch äußerst 32
restriktiv gehandhabt. Eine solche Situation wäre denkbar, wenn sich die Marktsituation im Anschluss an die Entscheidung substantiell verändert, z. B. durch neue technologische

---

[36] Siehe Rn. 9 der Bekanntmachung; siehe auch EuG U. v. 25.3.1999 Rs. T-102/96 – *Gencor/Kommission,* Slg. 1999, II-753.

[37] Siehe Rn. 48 der Bekanntmachung.

[38] Siehe Komm. E. v. 19.7.2006 – *LSG/Gate Gourmet,* WuW/E EU-V 1167–1170.

[39] Siehe Rn. 83 der Bekanntmachung über Zusagen.

[40] Siehe z. B. Komm. E. v. 11.3.1997 – *Bank Austria/CA* (Anhang I zur Entscheidung, Ziffer 4), ABl. 1997 C 160 oder auch Komm. E. v. 30.6.1998 – *Akzo Nobel/Courtaulds,* ABl. 1998 C 265; Komm. E. v. 8.4.1999 – *AXA/GRE,* ABl. 2000 C 30; Komm. E. v. 28.4.2005 – *Alcatel/Finmeccanica/Alcatel Alenia Space & Telespazio,* ABl. 2005 C 139.

[41] Siehe z. B. Komm. E. v. 12.7.2000 – *Industri Kapital/Dyno,* ABl. 2001 L 154; siehe Komm. E vom 27.7.2001 – *Nestel/Ralston Purina,* ABl. 2001 L 239.

[42] Siehe Rn. 71–76 der Bekanntmachung über Zusagen.

Entwicklungen oder Markteintritte. Es kann ferner vorkommen, dass der Zusammenschluss auch ohne Durchführung der vereinbarten Zusage keine wettbewerblichen Probleme mehr aufwirft, da die Parteien eine einschneidende Umstrukturierung ihres Geschäfts vorgenommen haben, vor deren Hintergrund die Zusage nicht mehr erforderlich ist.[43] Materielle Voraussetzung dafür ist, dass die Kommission eine so weitgehende Veränderung der Marktstruktur festgestellt hat, dass die fehlende Einflussnahme auf das veräußerte Geschäft für die Vereinbarkeit des Zusammenschlusses mit dem Gemeinsamen Markt nicht länger notwendig ist.[44]

33 Die Revision von Zusagen kann nur auf Grund eines begründeten Antrags der Parteien bzw. des Treuhänders erfolgen. Die **Beweislast** für die Änderung der entscheidungsrelevanten Umstände trägt der Antragsteller.

34 In immer mehr Fällen geht die Kommission dazu über, Verhaltenszusagen zu akzeptieren. Diese sind ihrer Natur nach darauf angelegt, über lange Zeiträume wirksam zu sein, häufig über den üblichen Beurteilungszeitraum des Zusammenschlusses hinaus. Zumindest in diesen Fällen führt die **restriktive Anwendung der Revisionsklausel** zu einer Verkürzung der Rechte der Parteien. Es wäre zu wünschen, dass die Kommission deshalb zumindest eine Ergänzung der **Musterrevisionsklausel** um konkrete bereits denkbare Revisionsgründe akzeptiert. Teilweise wird diesem Wunsch bereits Rechnung getragen.[45]

35 **e) Fristen für die Abgabe.** Zusagen werden mitunter bereits vor der Anmeldung, mit Anmeldung oder kurz danach eingereicht, was die Kommission allerdings nicht von ihrer Verpflichtung entbindet, selbstständig zu untersuchen, ob bzw. zu welchen wettbewerbsrechtlichen Bedenken ein Vorhaben Anlass gibt. Spätestens sind Zusagen jedoch 20 AT nach erfolgter Anmeldung einzureichen.[46] Im Gegensatz zu Zusagen im Zweite-Phase-Verfahren existiert in der ersten Phase **keine Möglichkeit einer Fristverlängerung.** Verspätet eingereichte Zusagen führen dazu, dass diese von der Kommission nicht berücksichtigt werden müssen.[47] Nach Einreichung von Zusagen verlängert sich die Frist, innerhalb derer die Kommission zu entscheiden hat, automatisch von 25 auf 35 AT.[48]

36 **f) Formerfordernisse.** Zusagen müssen schriftlich eingereicht werden, von den Parteien oder ihren bevollmächtigten Vertretern unterzeichnet sein und alle wesentliche Aspekte für ihre Beurteilung enthalten (Beschreibung des Wettbewerbsproblems, Art und Weise und Zeitraum innerhalb dessen die Zusagen das Problem lösen sollen, die verschiedenen Etappen der Umsetzung, usw.). Ein **Standarddokument** für die Übermittlung von Zusagen, sog. „Form RM“,[49] soll den Parteien die Abgabe von Zusagen und deren Vorbereitung erleichtern. Der Mustertext für Veräußerungszusagen gibt Aufschluss über die Formulierung von Veräußerungszusagen.[50] Durch die Standardisierung können Zusagen nicht nur leichter und schneller verfasst werden, es wird auch ihre Überprüfbarkeit erleichtert.

37 Rechtlich sehr fragwürdig ist allerdings die Eingangsformulierung im Modelltext für Zusagen, wonach der Text der Zusagen nach Maßgabe der (bedingten) Freigabeentscheidung der Kommission auszulegen ist. Zum Zeitpunkt der Einreichung der Zusagen ist diese Entscheidung weder bereits formuliert noch gar den Parteien bekannt. Mithin ver-

---

[43] Siehe z. B. Komm. E. v. 24.4.1986 – *Shell/Montecatini,* ABl. 1986 L 294.

[44] Siehe zu Veräußerungszusagen Rn. 43 der Bekanntmachung über Zusagen; siehe z. B. Komm. E vom 30.1.2004 – *Hoechst/Rhône Poulenc;* Komm. E. v. 26.7.2002 – *Vodafone/Mannesmann.*

[45] Siehe Komm. E. v. 2.7.2014 – *Telefónica/E-Plus,* ABl. 2015/C 86/07.

[46] Siehe Art. 19 (1) der Durchführungsverordnung (EG) Nr. 139/2004 des Rates über die Kontrolle von Unternehmenszusammenschlüssen v. 21.4.2004, ABl. 2004 L 133.

[47] Siehe *Immenga/Körber,* in: Immenga/Mestmäcker, Wettbewerbsrecht EG/Teil 2, FKVO, Art. 6 Rn. 44.

[48] Siehe Art. 10 (1), zweiter Untersabsatz FKVO.

[49] http://eur-lex.europa.eu/legal-content/EN/TXT/HTML/?uri=CELEX:02004R0802–20140101&from=EN.

[50] http://ec.europa.eu/competition/mergers/legislation/template_commitments_de.pdf.

langt der Modelltext eine dynamische Verweisung „ins Blaue hinein". Dies eröffnet der Kommission die Möglichkeit, Zusagentexte nachträglich in ihrem Sinne zu interpretieren. Die Verweisung im Modelltext muss daher schon aus Gründen eines fairen Verfahrens **einschränkend ausgelegt** werden. Der Entscheidungstext kann daher allenfalls insoweit zur Auslegung herangezogen werden, als er die wettbewerblichen Bedenken grundsätzlich beschreibt keineswegs aber in Bezug auf konkrete Feststellungen.

4. Ablehnung von Zusagen in erster Phase

Zusagen sind abzulehnen, sofern sie inhaltlich unzulänglich und daher ungeeignet sind, 38
die identifizierten ernsthaften Bedenken an der Vereinbarkeit des Zusammenschlusses vollständig auszuräumen.[51] Ein weiterer Grund für die Ablehnung kann eine **übermäßige Komplexität** sein, die der wirksamen Durchführung der Zusagen entgegensteht.[52] Auch die Unfähigkeit der Parteien, die Risiken der Durchführbarkeit einer Zusage glaubhaft einzugrenzen, kann zu deren Ablehnung führen.[53] Stellt die Kommission fest, dass Zusagen im konkreten Fall nicht akzeptiert werden können, *muss* sie das vertiefte Prüfverfahren einleiten. In Phase 2 können die Zusagen sofern notwendig weiter detailliert oder gänzlich neu strukturiert werden.

5. Unterscheidung von Zusagen nach ihrem Inhalt

a) Strukturelle Zusagen. Diese verpflichten die Parteien zu einem bestimmten Er- 39
gebnis (i. d. R. eine Strukturveränderung im Markt). Durch strukturelle Zusagen findet ein **direkter Eingriff in bestehende Marktstrukturen** statt. Es handelt sich zumeist um die Veräußerung von Tochterunternehmen, Geschäftsbereichen, Anlagen oder Beteiligungen.

Dem EuG[54] zufolge gebührt strukturellen Zusagen der Vorrang gegenüber Verhaltenszu- 40
sagen,[55] da sie der **Zielsetzung der Verordnung** am ehesten gerecht werden. Dies gehe vor allem aus Erwägungsgrund (6) der FKVO hervor, in dem es heißt „… Daher ist ein besonderes Rechtsinstrument erforderlich, das eine wirksame Kontrolle sämtlicher Zusammenschlüsse im Hinblick auf ihre Auswirkungen auf die Wettbewerbsstruktur in der Gemeinschaft ermöglicht …". In Erwägungsgrund (8) heißt es ferner: „… die Vorschriften dieser Verordnung sollten für die bedeutsamen Strukturveränderungen gelten, …". Strukturelle Zusagen haben zudem den Vorteil, dass sie – im Vergleich zu Verhaltenszusagen – relativ leicht zu kontrollieren sind und nach Durchführung normalerweise keine (anhaltende) Überwachung erfordern.

b) Verhaltenszusagen. Sind strukturelle Abhilfemaßnahmen im konkreten Fall nicht 41
möglich oder für sich allein genommen nicht ausreichend, können auch Verhaltenszusagen akzeptiert werden,[56] wie z. B. die Zusage, Wettbewerbern zu Marktkonditionen Zugang zu

---

[51] Urteil des EUG v. 3.4.2003 in der Rs. T-114/02 – *Babyliss SA/Kommission* Slg. 2003 II-01279 Rn. 169; EuG Urteil v. 3.4.2003 in der Rs. T-119/02 – *Royal Philips Electronics NV/Commission* Slg. 2003 II-01433, Rn. 49.

[52] Urteil des EuG v. 4.7.2006 in der Rs. T-177/04 – *easyjet* Slg. 2006 II-01931, Rn. 189; Komm. E. v. 8.5.2001 – *T-Online/TUI/C & N,* E gem. Art. 6 Abs. 1 lit. c) der FKVO, Vorhaben zurückgezogen.

[53] Komm. E. v. 10.11.1999 – *Alcan/Pechiney,* E gem. Art. 6 Abs. 1 lit. c) der FKVO, Vorhaben zurückgezogen.

[54] Siehe z. B. Urteil des EuG in der Rs. T-102/96 – *Gencor/Kommission* Slg. 1999, II-753, Rn. 319; Urteil des EuG v. 14.12.2005 in der Rs. T-210/01 – *General Electric/Kommission* Slg. 2005 II-5575, Rn. 555.

[55] Nach Meinung des EuGH (siehe Urteil in der Rs. *Tetra-Laval*) müssen jedoch Verhaltenszusagen (etwa unter Art. 82 EG) bei der Bewertung der Auswirkungen eines Zusammenschlusses mitberücksichtigt werden, s. EUGH U. v. 15.2.2005 Rs. C 12/03, C 13/03 – *Kommission vs. Tetra Lawal BV.*

[56] EuG Urteil v. 4.7.2006 in der Rs. T-177/04 – *easyjet/Kommission* Slg. 2006 II-1931, Rn. 197 ff.

wesentlichen Einrichtungen zu geben.[57] Besondere Bedeutung haben solche Verhaltenszusagen u. a. in Fällen aus der Telekommunikationsindustrie erlangt.[58] Oder die Unternehmen verpflichten sich, bei der Erteilung des Zugangs zu Infrastruktureinrichtungen nicht zu diskriminieren[59] bzw. die Voraussetzungen für **Parallelverhalten** im Markt zu beseitigen.[60]

42 Werden Verhaltenszusagen anstatt oder zusätzlich zu strukturellen Zusagen akzeptiert, so setzt dies voraus, dass diese eindeutig auf die Verhinderung des von der Kommission erkannten wettbewerblichen Problems ausgerichtet sind. Unzureichend wäre daher z. B. die Zusage eines Unternehmens, seine marktbeherrschende Stellung nicht auszunutzen.[61] Das bedeutet, dass auch Verhaltenszusagen letztlich einen **strukturellen Effekt** haben und im Ergebnis zu einer strukturellen Veränderung im Markt führen müssen.[62]

42a So wünschenswert Verhaltenszusagen aus Sicht der Unternehmen sind, so fragwürdig ist es, dass damit häufig eine **Verhaltenskontrolle** zumindest weit über den Prognosezeitraum der Fusionskontrolle hinaus eingeführt wird. Im Zusammenspiel mit der in solchen Fällen leider nur sehr beschränkten Möglichkeit, bei einer Änderung der Marktverhältnisse zu einer Abänderung der Zusagen kommen zu können,[63] kann dies zu einer rechtsstaatlich fragwürdigen Regulierung einzelner Unternehmen führen.

43 **c) Zusagenpakete.** In vielen Fällen werden **Kombinationen** bestehend aus strukturellen und/oder Verhaltenszusagen akzeptiert, z. B. die Einräumung exklusiver Lizenzen zusammen mit der Veräußerung einer Beteiligung[64] oder die Veräußerung von Unternehmensteilen gemeinsam mit dem Eintritt in Lieferabkommen.[65]

6. Beispiele gängiger Zusagen

44 Der überwiegende Anteil der Zusagen ist struktureller Natur, allen voran Veräußerungen von Tochterunternehmen,[66] Geschäftsteilen,[67] Produktionsanlagen,[68] Immaterialgüterrechten,[69] Marken,[70] Mobilfunkfrequenzen[71] oder kontrollierten Beteiligungen,[72] bei denen

---

[57] Siehe z. B. Komm. E. v. 4.9.1992 – *Elf Aquitaine Thyssen/Minol AG,* ABl. 1992 C 232 oder Komm. E. v. 13.10.2000 – *Vivendi/Canal+/Seagram,* ABl. 2000 C 311; Komm. E. v. 14.3.2006 – *DONG/Elsam/Energii E2,* ABl. 2007 L 133/24, Rn. 706.

[58] Siehe Komm. E. v. 2.7.2014 – *Telefónica/E-Plus,* ABl. 2015/C 86/07.

[59] Siehe z. B. Komm. E. v. 4.6.1998 – *Alcatel/Thomson/SCS,* ABl. 1992 C 272.

[60] Siehe Komm. E. v. 22.7.1992 – *Nestlé/Perrier,* ABl. 1992 C 356.

[61] Siehe auch EuG Urteil v. 25.3.1999 Rs. T-102/96 – *Gencor/Kommission,* Slg. 1999, II-753.

[62] S. Komm. E v. 20.7.2000 – *Vodafone/Vivendi/Kanal+,* ABl. 2003 C 118.

[63] Siehe Komm. E. v. 2.7.2014 – *Telefónica/E-Plus,* ABl. 2015/C 86/07.

[64] Siehe z. B. Komm. E. v. 26.2.1999 – *Astra/Zeneca,* ABl. 1999 C 335.

[65] Siehe z. B. Komm. E. v, 28.11.2014 – *Medtronic/Covidien,* ABl. 2014 C 371 oder Komm. E. v. 26.3.1999 – *Total/Petrofina (II),* ABl. 2001 C 325.

[66] Siehe z. B. Komm. E. v. 3.12.2008 – *BNP Paribas/Fortis,* ABl. 2009 C 7; Komm. E. v. 4.6.2012 – *La Poste/Swiss Post/JV,* ABl. 2013 C 94; Komm. E. v. 11.4.2001 – *Burhmann/Samas Office Supplies,* ABl. 2003 L 117.

[67] Siehe z. B. Komm. E. v. 15.12.2014 – *Lafarge/Holcim,* IP/14/2683; Komm. E. v. 18.12.2013 – *Swissport/Servisair,* ABl. 2013 C 28; Komm. E. v. 12.3.2009 – *BASF/Ciba,* ABl. 2009 C 122.

Komm. E. v. 4.8.2000 – *Metsä-Serla/Modo,* ABl. 2000 C 256 oder Komm. E. v. 19.11.2004 – *Bayer/Roche (OTC).*

[68] Siehe z. B. Komm. E. v. 29.4.2014 – *Kuraray/GLSV Business,* ABl. 2014 C 222; Komm. E. v. 14.3.2014 – *Crown Holdings/Mivisa,* ABl. 2014 C 116; Komm. E. v. 29.9.2009 – *Panasonic/Sanyo,* ABl. 2009 C 322.

[69] Siehe z. B. Komm. E. v. 19.4.2012 – *Sony/Mubdala Development/EMI Music Publishing,* ABl. 2012 C 196; Komm. E. v, 28.11.2014 – *Medtronic/Covidien,* ABl. 2014 C 371; Komm. E. v. 22.7.2013, *Baxter International/Gambrio,* ABl. 2013 C 355; Komm. E. v. 29.3.2010 – *Cisco/Tandberg,* IP/10/377.

[70] Siehe Komm. E. v. 16.2.2010 – *Otto/Primondo Assests,* ABl. 2010 C 82.

[71] Siehe Komm. E. v. 1.3.2010 – *T-Mobile/Orange,* ABl. 20102010 C 108.

[72] Vgl. Komm. E. v. 23.9.2009 – *RWE/Essent,* Abl. 2009 C 222; Komm. E. v. 11.8.2000 – *FT/Orange,* ABl. 2000 C 261.

jeweils eine bestimmte Marktposition übertragen wird. Diese Art von Zusagen ermöglicht bzw. erleichtert den Marktzutritt anderer Wettbewerber. Eine andere große Gruppe von strukturellen Zusagen zielt auf die Entflechtung zwischen den beteiligten Unternehmen und ihren Wettbewerbern ab, zumeist durch die Veräußerung von Minderheitsbeteiligungen.[73] Gebräuchliche Entflechtungszusagen bestehen z. B. in der Beendigung exklusiver Vereinbarungen zur Beseitigung von Marktabschottungseffekten[74] bzw. von vertikalen Effekten.[75]

Zusagen können zudem in Form der Reduzierung der Dauer/des Anwendungsbereichs von exklusiven Zugangsrechten,[76] der Gewährung des angemessenen und fairen Zugangs Dritter zu bestimmten Infrastruktureinrichtungen,[77] der Freigabe von „slots" auf bestimmten Flugstrecken,[78] der Einstellung bestimmter Aktivitäten,[79] der Lizenzierung immaterieller Vermögenswerte,[80] des Zugangs für Wettbewerber zu notwendigen Informationen für die Herstellung komplementärer Produkte,[81] sowie in der Beseitigung von Konkurrenzverbotsklauseln bestehen.[82] Die hier genannten Zusagen werden mitunter von **zusätzlichen Verpflichtungen** begleitet, die den Käufer schützen und ihm den vollen Wert des erworbenen Vermögens sichern sollen, allen voran Wettbewerbsverbote, Abwerbeverbote aber u. U. auch begrenzte Liefer- und Abnahmeverpflichtungen.[83] 45

7. Besondere Anforderungen bei Veräußerungszusagen

a) Das Verkaufsobjekt.[84] Dieses muss ein **lebensfähiges, funktionierendes und selbstständiges Geschäft** („viable stand-alone business") sein. Wesentlich ist, dass dieses auch nach Ausgliederung aus dem bestehenden Verbund mit den Zusammenschlussparteien als unabhängiges Unternehmen wettbewerbsfähig ist.[85] Das Geschäft wird als „going concern", d. h. mit dem dazugehörigen Personal, allen materiellen und immateriellen Vermögenswerten sowie den dazugehörigen Kundenkontakten/-verträgen veräußert. 46

Um ein lebensfähiges Geschäft zu erhalten, ist es mitunter sogar erforderlich, zusätzliche Produkte/Geschäftsteile zu veräußern, bei denen keine Wettbewerbsprobleme identifiziert 47

[73] Siehe Komm. E. v. 22.11.2012 – *Glencore/Xstrata,* Abl. 2014 C 109; Komm. E. v. 13.3.2009 – *IPIC/MAN Ferrostaal AG,* ABl. 2009 C 114; Komm. E. v. 2.6.1998 – *Thyssen/Krupp,* ABl. 1998 C 252 oder Komm. E. v. 8.5.1998 – *Allianz/AGF,* ABl. 2000 C 246.

[74] Siehe z. B. Komm. E. v. 3.10.2014 – *Chicita Brands International/Fyffes,* ABl. 2014 C 274; Komm. E. v. 12.4.2014 – *Frieslandcampina/Zijerveld & Veldhuyzen and den Hollander,* ABl. 2014, C 130 oder Komm. E. v. 8.2.1991 – *Fiat Geotech*/Ford, ABl. 1991 C 118.

[75] Siehe Komm. E. v. 2.6.1998 – *Neste/Ivo,* ABl. 1998 C 218.

[76] Siehe Komm. E. v. 2.12.1991 – *TNT/Canada Post,* ABl. 191 C 322 oder Komm. E. v. 20.7.1995 – *Swissair/Sabena,* ABl. 1995 C 200.

[77] Siehe z. B. Komm. E. v. 17.6.2010 – *SNCF/LCR/EUROSTAR,* ABl. 2010 C 272; Komm. E. v. 8.10.2004 – *Total/Gaz de France (GDF).*

[78] Siehe z. B. Komm. E. v. 5.8.2013 – *US Airways/American Airways,* Abl. 2013 C 180; Komm. E. v. 30.3.2012 – *IAG/BMI,* ABl. 2012 C 161; Komm. E. v. 9.1.2009, Iberia/Vueling/Clickair, ABl. 2009 C 72.

[79] Siehe Komm. E. v. 30.10.1995 – *Repola/Kymene,* ABl. 1995 C 318 oder Komm. E. v. 11.3.1997 – *Bank Austria/CA,* ABl. 1997 C 160; Komm. E. v. 11.2.2004 – *KLM/Air France,* ABl. 2004 C 60.

[80] Siehe Komm. E. v. 30.11.2010 – *BASF/Cognis,* ABl. 2011 C 123; Komm. E. v. 28.2.1995 – *Glaxo/Welcome* oder Komm. E. v. 8.7.1998 – *Exxon/Shell,* ABl. 1998 C 252.

[81] Siehe z. B. Komm. E. v. 7.11.2012 – *ARM/Giesecke & Devrient/Gemalto/JV,* ABl. 2012 C 368; Komm. E- v. 26.1.2011 – *Intel/McAffee,* ABl. 2011, C 98.

[82] Siehe Komm. E. v. 2.6.1998 – *Thyssen/Krupp,* ABl. 1998 C 252.

[83] Siehe Komm. E. v. 26.11.2014 – *Airbus/Safran/JV,* IP/14/2164; Komm. E. v. 22.7.2013, *Baxter International/Gambrio,* ABl. 2013 C 355.

Komm. E. v. 15.3.1994 – *Unilever France/Ortiz Miko II,* ABl. 1994 C 109.

[84] Siehe unter anderem Ziffer 23–34 der Bekanntmachung über Zusagen.

[85] Komm. E. v. 20.9.1999 – *Exxon/Mobil,* ABl. 2004 L 103.

wurden.[86] Das Verkaufsobjekt muss hinreichend attraktiv sein, um Käufer anzuziehen.[87] **Veräußerungszusagen** können sich nicht immer exakt auf die Beseitigung des Marktanteilszuwachses beschränken. Mitunter kann es erforderlich sein, zusätzliche Veräußerungen in Märkten einzubeziehen, auf denen die Kommission keine Wettbewerbsbedenken festgestellt hat, um ein lebensfähiges Geschäft zu erhalten.[88]

48 **b) Der Käufer.** Der Erwerber sollte nach Möglichkeit ein **bereits existierender, von den beteiligten Unternehmen unabhängiger Wettbewerber** sein. Unabhängigkeit bedeutet, dass keine direkten oder indirekten Beteiligungen oder sonstige Beziehungen zwischen dem Erwerber und den beteiligten Unternehmen bestehen. Der Erwerber muss darüber hinaus das nötige Know-how sowie die nötigen finanziellen Ressourcen besitzen, um durch den Erwerb auf den betroffenen Märkten in aktiven Wettbewerb zu den Zusammenschlussparteien treten zu können.[89] Eine diesbezügliche Absicht muss ferner aus der den Kauf begründenden Motivation hervorgehen (z. B. durch Vorlage des Geschäftsplans oder anderer strategischer Dokumente). Idealerweise ist der Erwerber bereits in dem betreffenden oder zumindest in einem benachbarten Markt tätig oder erweitert seinen geographischen Tätigkeitsbereich. Vereinzelt hat die Kommission auch finanzielle Investoren wie z. B. Investmentbanken als Käufer akzeptiert,[90] dies zumeist im Verbund mit direkten Wettbewerbern, z. B. im Fall von Gemeinschaftsunternehmen.

49 Die Ablehnung eines oder mehrerer vorgeschlagener Käufer erfolgt durch Entscheidung der Kommission. Bei der Beurteilung der Käuferkriterien (z. B. Fähigkeiten des Käufers, wirksamen Wettbewerb vor allem gegenüber den Zusammenschlussparteien auszuüben oder seine Unabhängigkeit von den letzteren) ist der Kommission ein **begrenztes Ermessen** eingeräumt, welches für die Beurteilung der zukünftigen Entwicklung der Wettbewerbssituation im Einzelfall erforderlich ist.[91]

8. Durchführung von Zusagen

50 **a) Aufbau des Verfahrens.** Das **Durchführungsverfahren** schließt i. d. R. direkt an die bedingte Freigabe des Vorhabens an und wird zunächst von den Parteien bestimmt, welche etwa das Recht haben, Käufer vorzuschlagen oder Lizenznehmer auszusuchen. Die Kommission überwacht indessen die Durchführung der Zusagen mit Hilfe eines Treuhänders („trustee"). Dieser berichtet in regelmäßigen Abständen über die von den Parteien gesetzten Schritte, informiert die Kommission rechtzeitig über mögliche Umsetzungsdefizite oder Unzulänglichkeiten und berät mit der Kommission das weitere Vorgehen.

51 Das Durchführungsverfahren endet mit Abberufung des Treuhänders durch die Kommission, die normalerweise im Anschluss an die **wirksame Erfüllung der Zusage** erfolgt, d. h. z. B. mit dem Verkauf der abzutretenden Vermögenswerte an den/die von der Kommission zuvor genehmigten Erwerber. Verhaltenszusagen müssen mitunter über sehr lange Zeiträume hindurch überwacht werden.

---

[86] Komm. E. v. 1.12.1999 – *Sanitec/Sphinx,* ABl. 2000 L 294; Komm. E. v. 8.3.2000 – *Unilever/Amora Maille* oder Komm. E. v. 12.3.2001 – *Degussa/Laporte,* ABl. 2001 L 140.

[87] Auch aus diesem Grund kann die Veräußerung zusätzlicher Vermögensteile erforderlich sein, wie z. B. im Fall *BP/Amoco,* in dem sich BP zur Veräußerung bestimmter Beteiligungen an Gasleitungen in der Nordsee verpflichtet hatte. Um diese für den Käufer attraktiver zu machen entschied BP nachträglich auch *off-shore* Produktionsstätten anzubieten; Komm. E v. 11.12.1998, ABl. 1998 L 112.

[88] Siehe Rn. 23 der Bekanntmachung über Zusagen.

[89] Siehe z. B. Komm. E. v. 27.2.2013 – *Ryanair/Air Lingus III,* Abl. 2013 C 216. Die Kommission hat den potentiellen Erwerber des operativen Geschäfts von Air Lingus auf 43 Strecken, Flybe, für als nicht geeignet anerkannt.

[90] Siehe Komm. E. v. 3.8.2004 – *Lagardère/Natexis/VUP,* IP/04/1013; Komm. E. v. 8.3.2000 – *Unilever/Amora Maille,* ABl. 2000 L 33 oder Komm. E. v. 25.1.2000 – *Carrefour/Promodes,* ABl. 2000 L 164.

[91] Siehe vor allem EuG U. v. 3.4.2003 Rs. T-342/00 – *Petrolessence SA v Kommission.*

b) Der Treuhänder. Der Treuhänder wird von den Parteien vorgeschlagen und entlohnt. Die Kommission hat einen **Mustertext eines Treuhändermandats** veröffentlicht.[92] Die Kommission muss seine Person ebenso wie das ihm erteilte Mandat zuvor genehmigen. Dabei nimmt sich die Kommission in der Praxis die Freiheit heraus, selbst Entlohnungsmodelle zu prüfen. Treuhänder müssen von den Parteien hinreichend unabhängig sein. Anderwärtige Geschäftsverhältnisse mit den Parteien dürfen keinen Interessenskonflikt auslösen.[93] Deshalb kommt z. B. das übliche Rechnungsprüfungsunternehmen der beteiligten Unternehmen nicht als Treuhänder in Frage. 52

Der Treuhänder operiert funktionell als „Auge und Ohr" der Kommission. Ihm kommen dabei je nach Verfahrensphase unterschiedliche Aufgaben zu. Typischerweise betreiben die Parteien innerhalb einer gewissen Frist selbst die Veräußerung, während ein **„Überwachungstreuhänder"** (sog. „monitoring trustee") die Unabhängigkeit, Verkäuflichkeit und Rentabilität des Verkaufsobjektes überwacht bzw. die Weitergabe sensibler Geschäftsinformationen zwischen den beteiligten Unternehmen und dem zu veräußernden Geschäft verhindert. Der Überwachungstreuhänder darf den beteiligten Unternehmen konkrete Maßnahmen zur Erreichung der oben genannten Ziele vorschlagen bzw. nach Rücksprache mit der Kommission und nach Ablauf einer Umsetzungsfrist solche Maßnahmen auch zwingend anordnen, falls die Parteien seine Ratschläge missachten. 53

Der Überwachungstreuhänder verwaltet nicht selbst die Geschäfte des Verkaufsobjektes; dies wird von einem **„Trennungstreuhänder"** („hold separate manager") erledigt, der allerdings unter der Aufsicht des Überwachungstreuhänders arbeitet. Nach ergebnislosem Ablauf der den Parteien für den Verkauf zuerkannten Frist wird ein Verkaufstreuhänder („divestment trustee") von den Parteien unwiderruflich zum Verkauf der betreffenden Vermögenswerte ermächtigt. Der Verkaufstreuhänder sucht aktiv nach potentiell geeigneten Käufern und verhandelt mit diesen mit dem Ziel, für Rechnung und im Namen der Parteien in verbindliche Verkaufsverträge einzutreten. 54

Die Parteien sind **verpflichtet,** mit dem Treuhänder zusammenzuarbeiten (Kooperationsgebot) und ihm alle notwendigen Informationen zur Verfügung zu stellen. Die Zusage soll nicht in einer Benachteiligung der Parteien resultieren, diese z. B. nicht zwingen, ihr Geschäft für einen unverhältnismäßig niedrigen Preis abzustoßen. Daher werden z. B. die für einen Verkauf in der Zusage vorgesehenen Fristen von der Veröffentlichung ausgenommen, um einer ungebührlichen Beeinträchtigung der Verhandlungsposition der Parteien vorzubeugen. Bei seinen Verhandlungen mit potentiellen Käufern hat der Treuhänder die Interessen der beteiligten Unternehmen zu berücksichtigen, soweit dies mit seiner vorrangigen Aufgabe (Umsetzung der Zusage und Erreichung des damit beabsichtigten Zieles) vereinbar ist. In diesem Sinn ist der Treuhänder nicht an einen Mindestpreis gebunden, unter dem nicht verkauft werden darf; es ist daher nicht auszuschließen, dass es zu einem sog. „firesale at no minimum price"[94] kommen kann. 55

Von besonderer Bedeutung ist die Rolle des Treuhänders auch im Falle von Verhaltenszusagen. Hier operiert der Treuhänder zumeist über viele Jahre als Überwachungstreuhänder, der nicht nur turnusmäßig Bericht an die Kommission zu erstatten hat, sondern auch als **Ansprechpartner für Dritte** (die z. B. Zugang begehren) dient. 56

c) Fristen für die Durchführung. Die Durchführung der Zusagen erfolgt in der Regel nach Freigabeentscheidung bzw. nach Vollzug des genehmigten Zusammenschlusses. Die Zusagen sind ab Freigabeentscheidung **wirksam** und **verbindlich.** Dennoch gibt es (seltene) Fälle in denen zum Zeitpunkt der Entscheidung noch nicht absehbar ist, inwieweit 57

---

[92] http://ec.europa.eu/competition/mergers/legislation/trustee_mandate_de.pdf.

[93] Siehe die Nichtigerklärung der Entscheidung über die Zulassung eines Erwerbers aufgrund des Fehlens der Unabhängigkeit des Trustees, EuGH U. v. 6.11.2012, Rs. C-553/10 P und C-554/10 P – *Europäische Kommission, Lagardère und Wendel/Odile Jacob,* ECLI:EU:C:2012:682.

[94] Komm. E. v. 16.12.1998 – *ABB/Elsag Bailey,* ABl. 2001 L 273.

Zusagen erforderlich sind (weil etwa die Notwendigkeit von Zusagen von der Entscheidung in einem noch nicht entscheidungsreifen Parallelfall abhängig ist). In diesem Fall wird die Zusage u. U. erst wirksam, falls ein bestimmtes Ereignis eintritt.

58 Zusagen müssen innerhalb der in der Entscheidung festgelegten Fristen umgesetzt werden. In bestimmten Fällen ist nach dem Ermessen der Kommission eine Erstreckung der Fristen möglich, sofern ein rechtzeitiger und begründeter Antrag der Parteien bzw. des Treuhänders vorliegt und die Verzögerung nicht deren Einflussbereich entspringt. Die Kommission übt diese Möglichkeit allerdings eher **restriktiv** aus. Ist es im Zeitpunkt der Abgabe der Zusagen unsicher, ob ein geeigneter Käufer für die abzustoßenden Vermögenswerte gefunden werden kann, macht die Kommission die Erlaubnis zum Vollzug des Vorhabens von der erfolgreichen Durchführung der Zusagen (oder eines Teils hiervon) abhängig. Die Parteien dürfen daher das Vorhaben erst ausführen, sobald sie mit einem von der Kommission genehmigten Käufer einen verbindlichen Vertrag geschlossen haben, dessen Inhalt ebenfalls von der Kommission genehmigt worden ist (sog. „upfront-buyer").[95] Dabei kann ein solcher Vertrag auch bereits vor der endgültigen Entscheidung geschlossen werden.

59 Daneben gibt es Fälle, in denen die Identität des Erwerbers für die Wirksamkeit der vorgeschlagenen Abhilfemaßnahmen entscheidende Bedeutung zukommt. Die beteiligten Unternehmen ermitteln bereits während des Verfahrens bei der Kommission einen Erwerber und schließen mit diesem eine rechtlich bindende Vereinbarung, in der die **wesentlichen Punkte der Veräußerung** festgelegt sind (sog. „fix-it-first").[96] Die Kommission kann dann in der endgültigen Entscheidung feststellen, ob die Übertragung des zu veräußernden Geschäfts an den ermittelten Erwerber die wettbewerblichen Bedenken beseitigt. Genehmigt die Kommission den angemeldeten Zusammenschluss, so ist eine weitere Entscheidung der Kommission zur Genehmigung des Erwerbers entbehrlich und kann die Übertragung des zu veräußernden Geschäfts stattfinden.

9. Streitbeilegungsmechanismen

60 Aufgrund ihrer langen Dauer und Komplexität erfordern Zusagen, die keine Veräußerungszusagen sind, häufig einen **hohen Überwachungsaufwand** und **besondere Überwachungsinstrumente,** damit die Kommission davon ausgehen kann, dass sie wirksam umgesetzt werden.[97] Daher verlangt die Kommission in vielen dieser Fälle neben der Einschaltung eines Treuhänders, dass ein beschleunigtes Schiedsverfahren vorgesehen wird, damit ein Streitbeilegungsverfahren vorhanden ist, mit dessen Hilfe die Marktteilnehmer selbst die Verpflichtungen durchsetzen können.[98] Dieser Streitbeilegungsmechanismus, sog. „Fast Track Dispute Resolution", wird bereits im Zusagentext berücksichtigt. Er kann vorsehen, dass sich die Parteien zunächst im Rahmen einer sog. Konsultationsphase bemühen, den Streit beizulegen, bevor ein Schiedsgericht über den Streit entscheidet.[99] Die Kommission hat bisher häufig sowohl die Bestellung eines Treuhänders als auch eine Schiedsklausel verlangt.[100] In diesen Fällen überwacht der Treuhänder die Umsetzung der Verpflichtun-

---

[95] Siehe Rn. 53 – 55 in der Bekanntmachung sowie z. B. Komm. E. v. 2.7.2014 – *Telefónica Deutschland/E-Plus,* IP/14/771; Komm. E. v. 27.7.2001, Zusage Abschnitt C Ziffer 15 – *Nestlé/Ralston Purina,* ABl. 2001 L 239 oder Komm. E. v. 8.7.1998, Ziffer 36 der Entscheidung; – *Exxon/Shell,* ABl. 1998 C 252 oder Komm. E. v. 15.2.2002 – *Masterfoods/Royal Canin,* ABl. 2002 L 79.

[96] Siehe Rn. 56, 57 der Bekanntmachung und siehe z. B. Komm. E. v. 26.4.2006 – *T-Mobile Austria/telering,* ABl. 2007 L 88; Komm. E. v. 4.4.2006 – *Icon/Falconbridge,* ABl. 2007 L 72.

[97] Mitteilung der Kommission über nach der Verordnung (EG) Nr. 139/2004 des Rates und der Verordnung (EG) Nr. 802/2004 der Kommission zulässige Abhilfemaßnahmen, Abl. 2008/C 267/01, Rn. 130.

[98] Siehe Fn. 104, Rn. 66, 130.

[99] Siehe Komm. E. v. 2.7.2014 – *Telefónica/E-Plus,* ABl. 2015/C 86/07.

[100] Siehe Komm. E. v. 10.7.2002 – *Telia/Sonera,* ABl. 2002/C 201/09; Komm. E. v. 2.9.2003 - *GE/Instrumentarium,* ABl. 2004/L109/01; Komm. v. 29. September 2003 – *Alcan/Pechiney II,* ABl. C2003/204/04, Komm. E. v. 2.7.2014 – *Telefónica/E-Plus,* ABl. 2015/C 86/07.

gen, kann aber auch bei Schiedsverfahren helfen, damit diese so zügig wie möglich abgeschlossen werden können.

10. Dauer von Zusagen

61 Veräußerungen enthalten ihrer Natur nach zeitliche Bestimmungen insbesondere im Hinblick auf die Veräußerungsfristen. Darüber hinaus finden sich zeitliche Bestimmungen insbesondere im Hinblick auf Rückkaufverbote. Frühere Entscheidungen sahen vereinzelt Rückkaufsmöglichkeiten nach Ablauf einer bestimmten Zeitspanne – ohne vorherige Genehmigung der Kommission – vor.[101] Nach der derzeitigen Praxis der Kommission im Hinblick auf den strukturellen Effekt, den die Zusagen erzielen sollen, ist den Parteien ein Rückkauf bzw. Wiedererwerb der Kontrolle über die veräußerten Vermögensteile grundsätzlich nicht gestattet, es sei denn die Kommission stellt zuvor fest, dass sich die Marktsituation grundlegend verändert hat und die Zusage daher nicht mehr erforderlich ist, um die Vereinbarkeit des Zusammenschlusses mit dem Gemeinsamen Markt abzusichern.[102] Die Parteien dürfen – selbst bei Fehlen eines ausdrücklichen Rückkaufsverbots in den Zusagen – in der Folge keinen Einfluss auf Teile oder Gesamtheit des veräußerten Geschäfts ausüben.[103] Dadurch soll die strukturelle Wirkung von Zusagen aufrechterhalten werden. Vereinzelt wird dem Erwerber[104] vorgeschrieben, das übernommene Geschäft eine Zeit lang nicht zu veräußern (insbesondere wenn es sich um finanzielle Investoren handelt). In der neueren Praxis der Kommission wird grundsätzlich ein **zehnjähriges Rückkaufsverbot** angewendet.[105] Vor Ablauf dieser Frist dürfen die im Rahmen einer Zusage veräußerten Unternehmen(steile) nur mit ausdrücklicher Genehmigung durch die Kommission zurückgekauft werden. Es ist aber nicht auszuschließen, dass es nach einer gewissen Zeit zu Veränderungen in einem Markt kommen kann, die die Einhaltung des Rückkaufverbots nicht mehr erforderlich erscheinen lassen.

62 Die Kommission kann auf Antrag der Parteien Änderungen der Zusagen genehmigen. Dies erfolgt durch eine Entscheidung zur Änderung der ursprünglichen Genehmigungsentscheidung. Die Genehmigung zur Änderung der Zusagen ist Bedingung für den rechtmäßigen Erwerb der zuvor veräußerten Vermögenswerte. Auch wenn der **Rückkauf als eigenständige Transaktion** von den Wettbewerbsbehörden der Mitgliedstaaten zu beurteilen ist, müssen die Parteien eine Änderung der Zusagen zunächst bei der Kommission beantragen und genehmigen lassen.

63 Verhaltenszusagen müssen **zeitliche Befristungen** enthalten, da sie ansonsten zu einer unzulässigen Dauerkontrolle führen würden.[106] Wie bereits ausgeführt, ist die mitunter sehr lange Dauer von Verhaltenszusagen rechtlich problematisch, da die Kommission zugleich eine Abänderung bei veränderten Marktbedingungen nur in Ausnahmefällen zulassen will.[107]

11. Rechtsfolgen

64 Grundsätzlich gilt, dass Veräußerungs- und Verhaltenszusagen durch die Entscheidung der Kommission für die Zusammenschlussparteien **bindend** werden. Die Entscheidung kann jedoch **durch Nichtigkeitsklage** gemäß Art. 263 AEUV **angefochten** werden.[108] Hin-

---

[101] Siehe Komm. E. v. 22.7.1992 – *Nestlé/Perrier,* ABl. 1992 L 356.
[102] Siehe Komm. E. v. 9.3.1999 – *Danish Crown/Vestjyske Slagterier,* ABl. 2000 L 20.
[103] Siehe Rn. 43 der Bekanntmachung über Zusagen.
[104] Durch Aufnahme eine entsprechenden Klausel in den Kaufvertrag.
[105] Siehe Rn. 5 des Standardformulars für Zusagen.
[106] Siehe Komm. E. v. 2.7.2014 – *Telefónica/E-Plus,* ABl. 2015/C 86/07.
[107] Siehe Komm. E. v. 2.7.2014 – *Telefónica/E-Plus,* ABl. 2015/C 86/07.
[108] EuG E. v. 7.6.2013 in der Rs. T-405/08 – *SPAR Österreichische Warenhandels AG/Kommission,* ECLI:EU:T:2013:306; EuG E. v. 12.10.2011 in der Rs. T-224/10 – *Association belge des consommateurs*

sichtlich der Rechtsfolgen der Nichteinhaltung von Zusagen ist zwischen Bedingungen („conditions") und Auflagen („obligations") zu unterscheiden. Zur Vermeidung von Rechtsunsicherheit muss nach der Bekanntmachung über zulässige Abhilfemaßnahmen[109] in der Entscheidung jeweils genau spezifiziert werden, um welche Art von Zusagen es sich handelt.[110]

65 **a) Bedingungen** im Sinne der Europäischen Fusionskontrolle sind jene Zusagen, deren fristgerechte Erfüllung unverzichtbare Genehmigungsvoraussetzung ist. Es handelt sich typischerweise um **substantielle Änderungen des angemeldeten Vorhabens,** durch die sich die Struktur des Marktes so verändert, dass z.B. keine marktbeherrschende Stellung mehr entsteht oder verstärkt wird. Bei vollständiger oder teilweiser Nichteinhaltung von auflösenden Bedingungen fällt die Genehmigungsentscheidung nachträglich weg, und zwar mit dem Ablauf der für die Umsetzung der Zusage gesetzten Frist, ohne dass es hierzu einer gesonderten Entscheidung durch die Kommission bedarf.[111] Bei aufschiebenden Bedingungen tritt die Freigabewirkung erst gar nicht ein. Im Fall der Nichteinhaltung auflösender Bedingungen kann die Kommission zudem (wie im Fall des Vollzugs ohne Anmeldung) Geldbußen verhängen (Art. 14 Abs. 2 lit. d). Die Kommission war bisher, soweit ersichtlich, noch nicht mit einer solchen Situation konfrontiert. Es ist jedoch zu erwarten, dass sie in einem solchen Fall aus Gründen der Rechtssicherheit eine Widerrufsentscheidung gem. Art. 6 Abs. 3 lit. b) der FKVO treffen würde. In weiterer Folge wäre (erneut) das Prüfverfahren einzuleiten. Der Wegfall der Genehmigungsgrundlage bedeutet dabei nicht, dass der betreffende Zusammenschluss automatisch gegen Gemeinschaftsrecht verstößt und daher rechtswidrig ist. Eine solche Rechtsfolge kann nur mit Verbotsentscheidung gem. Art. 8 Abs. 3 der FKVO angeordnet werden.

66 **b) Auflagen.** Bei Auflagen („obligations") handelt es sich inhaltlich zumeist um **begleitende Verpflichtungen,** die zur Umsetzung der Hauptzusage notwendig sind, wie z. B. die Bestellung eines Treuhänders, die Erteilung eines Mandates, die Veröffentlichung von Kontaktdetails um Zugangsinteressanten die Kontaktaufnahme zu erleichtern, usw. Diese hängen zumeist untrennbar mit den Hauptzusagen zusammen. Im Fall der Nicht-Einhaltung einer Auflage ist die Genehmigung für den Zusammenschluss nicht automatisch hinfällig. Ein Verstoß gegen Auflagen berechtigt die Kommission jedoch zum Widerruf der Entscheidung (siehe Art. 6 Abs. 3 lit. b) FKVO). Davor muss sie allerdings nach dem Grundsatz der Verhältnismäßigkeit abwägen, ob dies im konkreten Fall angemessen ist oder ob eventuell – wovon in der Regel auszugehen sein wird – weniger einschneidende Mittel ausreichen, um die Parteien zur Einhaltung ihrer Verpflichtung zu bewegen, wie z.B. Geldbußen gem. Art. 14 Abs. 2 lit. d) oder Zwangsgelder gem. Art. 15 Abs. 1 lit. c). Insoweit kann ein Widerruf nur ultima ratio sei. Bei der Wahl der Mittel der Durchsetzung muss die Kommission insbesondere berücksichtigen, in wieweit die Nichteinhaltung der Auflage im konkreten Fall die Durchsetzung der Hauptzusage tatsächlich gefährdet bzw. verzögert.

67 **c) Unverbindliche Erklärungen.** Schließlich haben Parteien in verschiedenen Fällen Erklärungen abgegeben, welche die Kommission ihrer Genehmigungsentscheidung nicht zu Grunde legte, sondern lediglich zur Kenntnis nahm.[112] Dieses Vorgehen wird u. a. gewählt, wenn die angebotenen Verpflichtungen bereits nach anderen (nationalen oder ge-

---

test-achats/Kommission, ECLI:EU:T:2011:588; Klage, eingereicht am 13.4.2010 in der Rs. T-162/10 – *Niki Luftfahrt/Kommission;* Urteil des EuG v. 4.7.2006 in der Rs. T-177/04 – *easyjet* Slg. 2006 II-01931.

[109] Siehe Rn. 11 der Bekanntmachung über Zusagen.

[110] Siehe beispielhaft E.R. – *The Post Office/TPG/SPPL,* Ziffer 165–167; Komm. E v. 13.3.2001, ABl. 2004 L 82.

[111] Siehe Rn. 20 der Bekanntmachung über Zusagen.

[112] Siehe Komm. E. v. 13.2.2012 – *Google/Motorola Mobility,* ABl. 2012 C 75, Rn. 120–121 und 134–137. Komm. E. v. 25.1.2000 – *Carrefour/Promodes,* ABl. 2000 L 164.

meinschaftlichen) Rechtsvorschriften bestehen.[113] Die erwähnten Erklärungen entfalten **keine rechtliche Wirkung.** In einer Entscheidung aus dem Jahr 2010 hat die Kommission jedoch die Ansicht vertreten, dass sie sich das Recht vorbehalten kann, eine Freigabeentscheidung zu widerrufen, wenn die Parteien eines Zusammenschlusses die unverbindlichen Erklärungen, die die Kommission als faktischen Elemente in ihre wettbewerbliche Beurteilung miteinbezogen hat, nicht einhalten.[114]

12. Praktische Bedeutung

Schon vor der Einführung des Art. 6 Abs. 2 durch die Verordnung (EG) Nr. 1310/97[115] hatte die Kommission (unter analoger Anwendung des Art. 8 Abs. 2) zahlreiche Zusammenschlüsse nach Abgabe von Zusagen in der ersten Phase genehmigt.[116] Die Schaffung einer soliden rechtlichen Grundlage für die Annahme von Zusagen in der ersten Phase führte zu einem deutlichen Anstieg der Fälle, in denen von der Einleitung des vertieften Prüfverfahrens der zweiten Phase abgesehen werden konnte. Dies hat entscheidende Vorteile sowohl für die beteiligten Unternehmen, die ihr Vorhaben bereits 35 AT nach erfolgter Anmeldung durchführen können, als auch für die Kommission, die von einer aufwändigen und langwierigen Untersuchung absehen kann. Es ist jedoch nicht ausgeschlossen, dass Zusagen in der zweiten Phase im Ergebnis ihrem Umfang nach **geringere Belastungen** für die Parteien enthalten, als dies bei Zusagen in der ersten Phase der Fall gewesen wäre, wenn es den Unternehmen gelingt, im Verlauf des vertieften Prüfverfahrens bestimmte wettbewerbliche Bedenken der Kommission auszuräumen. 68

V. Art. 6 Abs. 1 lit. b), 2. Unterabsatz: Nebenabreden

1. Norminhalt

Entscheidungen gem. Art. 6 Abs. 1 lit. b) und Abs. 2 erstrecken sich gem. Art. 6 Abs. 1 2. Unterabsatz nicht nur auf den Zusammenschluss selbst, sondern auch auf gewisse **Nebenabreden,** welche im Zusammenhang mit seinem Zustandekommen zwischen den beteiligten Unternehmen vereinbart werden. 69

2. Definition

Nebenabreden (oder „ancillary restraints") im Sinne der FKVO sind bestimmte Arten von zwischen den beteiligten Unternehmen getroffene, den **Wettbewerb einschränkende Vereinbarungen,** die mit der Durchführung des Zusammenschlusses unmittelbar verbunden und für diese notwendig sind. Sie werden daher wie der Zusammenschluss selbst behandelt, auf den gem. Art. 21 Abs. 1 FKVO lediglich die FKVO nicht aber die allgemeinen Kartellbestimmungen (Art. 101 AEUV) Anwendung finden. Nebenabreden werden daher – unter gewissen Voraussetzungen und mit gewissen Einschränkungen – von der Freigabeentscheidung selbst mitumfasst, die den Zusammenschluss für gemeinschaftskonform erklärt.[117] Dabei gilt der Grundsatz der Verhältnismäßigkeit: die Parteien haben das 70

[113] Siehe z.B. Komm. E. v. 8.11.1996 – *PTT Post/TNT/GD Express Worldwide,* ABl. 1997 C 19 oder Komm. E. v. 26.6.1998 – *Deutsche Pot/DHL,* ABl. 1998 C 307.

[114] Komm. E. v. 21.1.2010 – *Oracle/Microsystems,* ABl. 2010 C 91, Rn. 182 FN 156.

[115] Verordnung (EG) Nr. 1310/97 v. 30.6.1997 zur Änderung der Verordnung (EWG) Nr. 4064/89 (ABl. L 180 v. 9.7.1997, S. 1).

[116] Siehe z.B. Komm. E. v. 5.6.1997 – *Lyonnaise des Eaux/Suez,* ABl. 1997 C 207; Komm. E. v. 11.3.1997 – *Bank Austria/Creditanstalt,* ABl. 1997 C 160 oder Komm. E. v. 30.10.1995 – *Repola/Kymmene,* ABl. 1995 C 318 und viele andere.

[117] Vgl. Erwägungsgrund 21 der Verordnung (EWG) Nr. 139/2004 über die Kontrolle von Unternehmenszusammenschlüssen (ABl. 2004 L 24).

Mittel zu wählen, welches den Wettbewerb am wenigsten einschränkt und dennoch zielführend ist.

71 Der Umstand, dass eine wettbewerbsbeschränkende Vereinbarung nicht als von der Genehmigungsentscheidung erfasste Nebenabrede zu qualifizieren ist, bedeutet jedoch nicht, dass solche Vereinbarungen automatisch kartellrechtswidrig wären. Vielmehr greifen dann die allgemeinen Bestimmungen. Soweit – was die Regel ist – Nebenabreden bzw. sonstige wettbewerbsbeschränkende Vereinbarungen, um wirksam zu sein, zeitlichen oder inhaltlichen Beschränkungen unterliegen, treten die allgemeinen Legalisierungsmöglichkeiten **additiv** hinzu. Ist z. B. ein Wettbewerbsverbot nur für drei Jahre als zulässige Nebenabrede zu qualifizieren, jedoch ein solches unter Wettbewerbern nach allgemeinen Bestimmungen ebenfalls möglich, tritt der Zeitraum der Legalisierung nach allgemeinen Bestimmungen zum Dreijahreszeitraum nach den Bestimmungen zu Nebenabreden hinzu. Würde man eine Anrechnung vornehmen, würde der Umstand unberücksichtigt bleiben, dass die Unternehmen durch den Unternehmenskauf eine besondere Rechtfertigung haben, ein Wettbewerbsverbot zu vereinbaren.

72 Die **Bekanntmachung der Kommission über Nebenabreden vom 5.3.2005**[118] fasst anhand praktischer Beispiele die wichtigsten Anwendungsregeln zusammen. Bei den inhaltlichen Kriterien sowie der zeitlichen und räumlichen Begrenzung von Nebenabreden wird zwischen Nebenabreden im Zusammenhang mit der Übernahme eines Unternehmens(teils) und Nebenabreden in Vereinbarungen über die Gründung eines Gemeinschaftsunternehmens unterschieden. Des Weiteren wird nach Wettbewerbsverboten, Lizenzvereinbarungen und Abnahme- bzw. Lieferverpflichtungen differenziert.

73 Wie bei allen potentiell beschränkenden Vereinbarungen ist dabei stets zu betrachten, ob die fragliche Klausel überhaupt als wettbewerbsbeschränkende Vereinbarung i. S. d. Art. 101 AEUV zu qualifizieren ist. Dies kann z. B. im Hinblick auf das dort notwendige **Spürbarkeitskriterium** fraglich sein. Nebenabreden, die diese Kriterien nicht erfüllen, müssen daher nicht auf das in der Bekanntmachung vorgesehene zeitliche Maß beschränkt sein. Bezüglich Nebenabreden im Zusammenhang mit der Gründung eines Gemeinschaftsunternehmens ist zudem zu beachten, dass es sich insoweit um dem Kartellrecht grundsätzlich entzogene konzerninterne Vereinbarungen handeln kann. Die Bewertung konzerninterner Vereinbarungen hat sich dabei seit Erlass der Bekanntmachung zu Nebenabreden weiterentwickelt und wird hierin daher noch nicht hinreichend reflektiert. Vereinbarungen zwischen einer mitkontrollierenden Mutter und dem Gemeinschaftsunternehmen können nach aktuellem Stand als konzerninterne Vereinbarungen gelten.[119] Dies ergibt sich nicht zuletzt durch einen Vergleich zum Bußgeldverfahren, bei dem das Gemeinschaftsunternehmen und dessen kontrollierende Mutter als wirtschaftliche Einheit betrachtet werden können.[120]

3. Anwendungsvoraussetzungen

74 **a) Inhaltliche Kriterien.** Zunächst kommen nur solche Vereinbarungen als Nebenabreden in Frage, die mit dem Zusammenschluss **unmittelbar verbunden** sind.[121] Der Abschluss dieser Vereinbarungen im Kontext der den Zusammenschluss begründenden Verträge ist ein Indiz für die Erfüllung dieses Kriteriums. Dies ist jedoch weder ausreichend

---

[118] Die Bekanntmachung der Kommission über Nebenabreden vom 5.3.2005 ersetzt die Bekanntmachung (ABl. C 188 v. 4.7.2001).

[119] Bekanntmachung der Kommission über Nebenabreden ABl. 2005/C 56/03.

[120] EuG Urteil v. 2.2.2012 T-76/08, ECLI:EU:T:2012:46, Rn. 66 ff. – *El du Pont de Nemours/Kommission;* bestätigt durch EuGH Urteil v. 26.9.2013 C-172/12 P, ECLI:EU:C:2013:601, Rn. 46, 47.

[121] Vgl. Komm. E. v. 4.8.1998 – *Cegetel/Canal+/AOL/Bertelsmann,* ABl. 2000 C 24.

noch erforderlich. Vertragliche Vereinbarungen vor Unterzeichnung der eigentlichen Transaktionsverträge können ebenfalls als Nebenabreden gelten.[122]

Die Vereinbarungen müssen ferner **für die Durchführung des Vorhabens notwendig** sein, was bedeutet, dass in ihrer Abwesenheit der Zusammenschluss entweder gar nicht oder nur unter großer Ungewissheit bzw. mit wesentlich höheren Kosten oder mit wesentlich schlechteren Erfolgsaussichten durchgeführt werden könnte.[123] Dabei kommt den Unternehmen aber eine Einschätzungsprärogative zu. 75

Nebenabreden können den Verkäufer und/oder Käufer belasten. Ihrem Zweck nach dienen sie jedoch i. d. R. in erster Linie dem **Schutz des dem Erwerber übertragenen Vermögens.**[124] Es wird z. B. sichergestellt, dass das übertragene Geschäft weiterhin mit Rohstoffen und anderen nötigen Leistungen versorgt wird,[125] oder die Anlaufphase der neuen Einheit erfolgreich ist.[126] Vereinbarungen zum Schutz des Veräußerers werden für gewöhnlich nicht als von der Freigabe mitumfasste Nebenabreden betrachtet.[127] Sind sie jedoch ausnahmsweise vonnöten, werden ihr Anwendungsbereich und ihre Dauer stärker eingegrenzt.[128] 76

b) Sachliche und räumliche Grenzen. Nebenabreden unterliegen i. d. R. sachlichen und räumlichen Einschränkungen. Schutz gebührt dem Erwerber nur in Bezug auf räumliche und sachliche Märkte, in denen der Verkäufer mit dem Transaktionsobjekt **vor der Transaktion** tätig war[129] oder in denen dieser bereits konkrete Schritte zum Markteintritt unternommen hatte (z. B. Produkte im fortgeschrittenen Entwicklungsstadium vor der Markteinführung oder Investitionen zur Aufnahme geschäftlicher Tätigkeiten in einem neuen geographischen Gebiet). Dasselbe gilt im Verhältnis zwischen einem GU und seinen Gründern.[130] Ein Wettbewerbsverbot ist hier auf die räumlichen bzw. sachlichen Märkte zu beschränken, in denen das GU tätig ist oder werden soll.[131] Wie bereits ausgeführt, ist hierbei vorrangig zu prüfen, ob eine konzerninterne Vereinbarung vorliegt, die dem Kartellrecht grundsätzlich entzogen wäre. 77

c) Zeitliche Grenzen. Nebenabreden werden durch eine Freigabeentscheidung nur für **bestimmte Zeiträume** erfasst, die dem Erwerber die Eingliederung des erworbenen Geschäfts in sein Unternehmen ermöglichen soll. Die dafür von den Zusammenschlussparteien vorgesehene Dauer ist im Einzelfall zu begründen.[132] So ist z. B. die Dauer von Liefer- oder Bezugsverpflichtungen im Hinblick auf die zum Übergang auf alternative Bezugs- bzw. Absatzquellen benötigte Zeit und die Bedürfnisse dritter Marktteilnehmer zu 78

---

[122] Z. B. Vereinbarung, die die Bieter an ein gemeinsames Angebot bindet oder Stillhaltevereinbarungen bis zum Abschluss der Transaktion; andere Beispiele siehe Rn. 14–16 der Bekanntmachung über Nebenabreden.

[123] Vgl. Komm. E. v. 18.12.2000 – *Vodafone/BT/Airtel JV,* ABl. 2001 C 42; Komm. E. v. 27.7. 1995 – *RWE-Dea/Augusta,* ABl. 1995 C 207 oder Komm. E. v. 21.6.1999 – *Lucchini/Ascometal,* ABl. 1999 C 236.

[124] Komm. E. v. 20.3.2001 – *Goldman Sachs/Messer Griesheim,* ABl. 2001 C 127; Komm. E. v. 9.3. 2001 – *Cargill/Banks,* ABl. 2001 C 104; Komm. E. v. 30.4.1992 – *Solvay/Laporte,* ABl. 1992 C 165.

[125] Komm. E. v. 26.4.2001 – *BP/Erdölchemie,* ABl. 2001 C 174; Komm. E. v. 25.2.2000 – *Celestica/IBM,* ABl. 2000 C 341.

[126] Komm. E. v. 1.9.2000 – *Bertelsmann/Mondadori/BOl Italia,* ABl. 2000 C 232; Komm. E. v. 22.12.2000 – *Stora Enso/Assidoman/JV,* ABl. 2001 C 49; Komm. E. v. 30.3.1999 – *BT/AT&T,* IV/JV.15.

[127] Komm. E. v. 27.7.1998 – *GEC/GPTH,* ABl. 1998 C 252 oder Komm. E. v. 24.3.2000 – *FT/Global One,* ABl. 2001 L 43.

[128] Komm. E. v. 29.4.1998 – *ICI/Williams,* ABl. 1998 C 218.

[129] Komm. E. v. 2.3.2001 – *Philips/Agilent,* ABl. 2001 C 292; oder Komm. E. v. 6.4.2001 – *Dow Chemicals/Enichem Polyurethanes,* ABl. 2001 138.

[130] Komm. E. v. 13.6.1996 – *Exxon/DAS,* ABl. 1996 C 306.

[131] Komm. E. v. 30.1.2001 – *Smith & Nephew/Beiersdorf/JV,* ABl. 2000 C 357, Komm. E. v. 6.4.2001 – *Dow Chemicals/Enichem Polyurethanes,* ABl. 2001 138.

[132] Komm. E. v, 27.7.1998 – *GEC/GPTH,* ABl. 1998 C 252; Komm. E. v. 7.8.1996 – *Thomas Cook/Sunworld,* ABl. 1996 C 279.

rechtfertigen.[133] Bei einem Wettbewerbsverbot werden drei Jahre als angemessen erachtet, wenn Goodwill und Know-how übergeht, ansonsten nur zwei Jahre.[134] In Ausnahmefällen sind aber auch längere Zeiträume möglich. Bei Liefer- bzw. Bezugsverpflichtungen werden nach der neuen Kommissionspraxis i. d. R. fünf Jahre für angemessen erachtet.[135]

79 **d) Verhältnismäßigkeitsgrundsatz.** Dieser besagt, dass die beteiligten Unternehmen bei mehreren zur Wahl stehenden Nebenabreden jeweils diejenige **Option** wählen müssen, **welche den Wettbewerb am wenigsten einschränkt.**[136] Fehlt es hieran (wie z. B. im Fall von überlangen Wettbewerbsverboten oder von Alleinbezugs- oder Alleinbelieferungspflichten)[137] hat dies zur Folge, dass die betreffenden Nebenabreden nicht (vollständig) von der Freigabeentscheidung gedeckt sind. Im Hinblick auf ihre zivilrechtliche Wirksamkeit stellt sich dann die Frage einer geltungserhaltenden Reduktion. Eine solche wird nach der Rechtsprechung in Deutschland[138] allerdings nur bei zeitlich überlangen Bindungen in Betracht kommen, nicht aber wenn sich die Unwirksamkeit aus einem räumlichen oder sachlichen Übermaß ergibt.

4. Arten von Nebenabreden

80 Die gängigsten Nebenabreden sind **Wettbewerbsverbote,**[139] wodurch sich der Veräußerer gegenüber dem Erwerber bzw. die Gründerunternehmen gegenüber dem GU verpflichten, mit dem übertragenen Geschäft weder direkt noch indirekt in Wettbewerb zu treten. Bei Gemeinschaftsunternehmen fallen darunter alle Vereinbarungen zwischen den Muttergesellschaften, die z. B. die Interessen der Mütter am GU gegen Missbräuche schützen, die sich aus dem privilegierten Zugang zu Know-how und Goodwill ergeben. Bei reinen Veräußerungen können solche Wettbewerbsverbote i. d.R nur für 2–3 Jahre als Nebenabreden qualifiziert werden. Bei Gemeinschaftsunternehmen können sie für die gesamte Lebensdauer des GUs geschlossen werden.[140] In beiden Fällen darf sich das Wettbewerbsverbot nur auf die Märkte erstrecken, auf denen das erworbene Unternehmen bzw. das Gemeinschaftsunternehmen tätig sind. Das Wettbewerbsverbot kann auch Beteiligungen an dritten Unternehmen umfassen, sofern diese Beteiligungen materiellen Einfluss auf die Unternehmensgeschäfte vermitteln, z. B. durch Vertretung in Aufsichtsrat oder anderen Leitungsorganen. Ein Verbot reiner Finanzbeteiligungen fällt hingegen nicht unter den Begriff der Nebenabrede, da es über das notwendige Maß an Käuferschutz hinausgeht.[141] Abwerbeverbote und Vertraulichkeitsklauseln[142] werden nach denselben Grundsätzen behandelt wie Wettbewerbsverbote.

---

[133] Siehe z. B. Komm. E. v. 13.3.1995 – *Union Carbide/Enichem,* ABl. 1995 C 123; Komm. E. v. 30.8.1993 – *BHF/CCF/Charterhouse,* ABl. 1993 C 247.

[134] Siehe Rn. 20 der Bekanntmachung über Nebenabreden mit weiteren Nachweisen.

[135] Siehe Rn. 33 der Bekanntmachung über Nebenabreden; Komm. E. v. 30.3.1999 – BT/AT&T, IV/JV.15.

[136] Siehe z. B. Komm. E. v. 19.6.2000 – *Callahan Invest/Kabel Nordrhein-Westfalen,* ABl. 2000 C 262.

[137] Komm. E v. 30.7.1998 – Valeo/*ITT Industries,* ABl. 1998 C 288.

[138] BGHZ 90, 69, 81 f.; BGH 89, 316, 320 f.

[139] Siehe z. B. Komm. E. v. 18.12.2000 – *Vodafone/BT/Airtel JV,* ABL. 2001 C 42; Komm. E. v. 19.5.1999 – *UBS/Groupe Valfond,* ABl. 1999 L 155 oder Komm. E. v. 30.4.1997 – *Tenneco/KNP BT,* ABl. 1997 C 207.

[140] Siehe Rn. 36 der Bekanntmachung über Nebenabreden; Komm. E. v. 10.7.2000 – *Planet Internet/Fortis Bank/Mine JV,* ABl. 2000 C 374; Komm. E. v. 29.8.2000 – *Lufthansa/Menzies/LGS/JV,* ABl. 2001 C 127.

[141] Zur Proportionalität von Nebenabreden siehe auch Ziffer 25 der Mitteilung über Nebenabreden; zur Frage von Beteiligungen siehe auch Komm. E. v. 26.2.1999 – *La Poste/Denkhaus,* ABl. 1999 C 208 oder Komm. E. v. 4.8.1998 – *Wacker/Air Products,* ABl. 1998 C 324 oder Komm. E. v. 4.2. 1993 – *Tesco/Catteau,* ABl. 1993 C 45.

[142] Siehe z. B. Komm. E. v. 5.3.1996 – *Hermes Europe/Railtel,* ABl. 1996 C 157 oder Komm. E. v. 22.12.2000 – *Stora Enso/Assidomän,* ABl. 2001 L 49.

Gebräuchlich sind ferner Bezugs- oder Lieferpflichten,[143] Dienstleistungsvereinbarungen[144] und Vertriebsvereinbarungen.[145] Diese dienen der **Kontinuität des Geschäftebetriebs** beim Käufer und/oder Verkäufer und ermöglichen dessen Umstellung ohne große Reibungsverluste in der Übergangszeit.[146] Auch für Liefer- und Bezugsvereinbarungen gibt es jedoch gewisse Grenzen. Verpflichtungen, wonach unbeschränkte Mengen zu liefern sind oder bevorzugter Lieferanten- bzw. Kundenstatus eingeräumt werden soll bzw. exklusive Verpflichtungen werden grundsätzlich nicht als notwendige Einschränkungen angesehen.[147] **81**

Eine weitere häufige Art von Nebenabreden sind **Lizenzvereinbarungen,**[148] bei denen der Veräußerer das Eigentum am Know-how behält und dem Erwerber eine (zumeist ausschließliche) Lizenz einräumt, damit dieser die übertragenen Vermögenswerte oder andere geistige Rechte (z.B. Marken, Geschäftsbezeichnungen, Patente aber auch Muster- und Urheberrechte)[149] nutzen kann (das Gleiche gilt für Lizenzabkommen zwischen den Müttern eines GUs als Lizenzgeber und dem GU als Lizenznehmer, zumeist beschränkt auf die Tätigkeitsbereiche des GUs, oder umgekehrt).[150] Solche Verträge können auch integraler Bestandteil des Zusammenschlusses sein, können exklusiv oder nicht-exklusiv sein und müssen – im Gegensatz zu anderen Arten von Nebenabreden – zeitlich nicht eingegrenzt werden. Mitunter erteilt der Erwerber dem Veräußerer eine eingeschränkte Nutzungslizenz in Bezug auf bestimmte Rechte an geistigem Eigentum, die letzterer weiterhin für andere Geschäftsbereiche nutzen kann (sog. „license-back agreement").[151] **82**

5. Rechtsfolgen

Nebenabreden, welche die oben beschriebenen Voraussetzungen erfüllen, sind mit der Genehmigungsentscheidung abgedeckt und damit zulässig.[152] Es bedarf dazu **keiner gesonderten Freistellung** (über Art. 101 Abs. 3 AEUV oder eine Gruppenfreistellung) oder Begründung durch die Kommission in der Freigabeentscheidung. Dabei gilt der gleiche Grundsatz wie in der Verordnung 1/2003: die Unternehmen bzw. ihre Rechtsvertreter beurteilen selbst die Frage, ob es sich bei den vereinbarten Beschränkungen um Nebenabreden im Sinne der FKVO handelt oder nicht. Handelt es sich bei den vereinbarten Beschränkungen nicht um Nebenabreden, bleiben die Art. 101, 102 AEUV samt den entsprechenden Verordnungen und/oder aber auch nationales Wettbewerbsrecht anwendbar. **83**

---

[143] Vgl. Komm. E. v. 10.8.1992 – *Rhône-Poulenc/SNIA,* ABl. 1993 C 212 oder Komm. E. v. 30.1. 2001 – *Sasol/Condea,* ABl. 2001 L 107.

[144] Z.B. Komm. E. v. 30.10.1998 – *Texaco/Chevron,* ABl. 1999 C 130.

[145] Siehe z.B. Komm. E. v. 11.12.1998 – *DANA/Galcier Vandervell,* ABl. 1999 C 25.

[146] Siehe Rn. 32–35 der Bekanntmachung über Nebenabreden.

[147] Bekanntmachung der Kommission über Einschränkungen des Wettbewerbs, die mit der Durchführung von Unternehmenszusammenschlüssen unmittelbar verbunden und für diese notwendig sind, ABl. 2005/C 56/03, Rn. 34; vgl. Komm. E. v. 30.7.1998 – *Valeo/ITT Industries,* ABl. 1998 C 288.

[148] Vgl. Komm. E. v. 23.12.1997 – *BASF/Shell,* ABl. 1998 C 81 oder Komm. E. v. 24.11.1998 – *Elenac/Hoechst,* ABl. 1998 C 405.

[149] Siehe Rn. 27 – 31 der Bekanntmachung über Nebenabreden.

[150] Lizenzabkommen zwischen Müttern eines GUs gelten nicht als unmittelbar verbunden und notwendig für die Durchführung eines Zusammenschlusses.

[151] Siehe z.B. Komm. E. v. 8.7.1998 – *Exxon/Shell,* ABl. 1998 C 252 oder Komm. E. v. 22.7.1997 – *Lear/Keiper,* ABl. 1997 C 275.

[152] Die Kommission war der Ansicht, das sei bereits unter der alten Verordnung der Fall gewesen. Das EuG stellte jedoch im Fall *Largadère* fest, dass die Kommission, soweit sie sich zu Beschränkungen zwischen den Zusammenschlussbeteiligten äußert, nicht lediglich ihre Meinung abgibt, sondern eine rechtlich maßgebliche Prüfung durchführt, welche vom operativen Teil der Kommissionsentscheidung (Umfang der genehmigten Transaktionen) umfasst ist; siehe Urteil des EuG vom 20.11.2002 in der Rs T-251/00; par. 109.

Es ist sodann zu prüfen, ob die betreffenden Bestimmungen aus anderen Gründen (z.B. über eine Gruppenfreistellung) kartellrechtlich zulässig sind.

6. Verfahren

84 Wie bereits erwähnt, müssen die Unternehmen selbst einschätzen, ob und in welchem Umfang bestimmte Vereinbarungen Nebenabreden darstellen. Die Bekanntmachung der Kommission dient dabei als **Auslegungshilfe.** Nach der FKVO ist die Kommission nicht verpflichtet, die Nebenabreden in der Entscheidung gesondert abzuhandeln. Dieser Grundsatz wird nur im Falle neuer oder ungelöster Fragen durchbrochen, sofern diese zu ernsthafter Rechtsunsicherheit führen können.[153] Ist eine bestimmte Problematik bisher noch nicht von der Kommission (etwa in öffentlich zugänglichen Entscheidungen oder Bekanntmachungen), den nationalen Gerichten oder dem Gerichtshof entschieden worden und führt dies zu bedeutender Rechtsunsicherheit der betroffenen Unternehmen, so führt die Kommission auf Antrag eine gesonderte Prüfung durch und legt in ihrer Entscheidung dar, ob sie die Beschränkung als unmittelbar mit dem Zusammenschluss verbunden und notwendig erachtet oder nicht. Die Interpretation des Begriffes „neue oder ungelöste Fragen" lehnt sich an den Begriff der „neuen Rechtsfragen" der Verordnung 1/2003 an. Die Kommission will dabei für angemessene Publizität dieser Bewertungen sorgen (z.B. gesonderte Erwähnung in der Pressemitteilung), durch die die Prinzipien der Bekanntmachung vom 5.3.2005 weiterentwickelt und ergänzt werden.

VI. Art. 6 Abs. 1 lit. c) Satz 1: Einleitung des Verfahrens der zweiten Phase

1. Norminhalt

85 Stellt die Kommission nach dem Verfahren der ersten Phase fest, dass ein geplanter Zusammenschluss ernsthafte Bedenken im Hinblick auf seine wettbewerbliche Vereinbar-keit aufwirft, so muss sie das **Hauptprüfverfahren** (zweite Phase) einleiten.

86 Um feststellen zu können, dass ein Zusammenschluss erhebliche Bedenken im Hinblick auf seine wettbewerbliche Vereinbarkeit aufwirft, muss die Kommission anhand der dafür geltenden Grundsätze, die ihr im zeitlichen Rahmen der ersten Phase **objektiv mögliche Überprüfung** durchführen. Die Überprüfung des Vorhabens in Bezug auf die insoweit geltenden Kriterien (gemeinsame Marktanteile der beteiligten Unternehmen, ihre wirtschaftliche und Finanzmacht, Wahlmöglichkeiten von Lieferanten/Kunden, Zugang zu Beschaffungs- und Absatzmärkten, Marktzutrittsschranken, Interessen der Verbraucher und Entwicklung des technischen und wirtschaftlichen Fortschritts etc.) muss die Kommission zur Annahme führen, dass ein bestimmtes Vorhaben zu unilateralen oder koordinierten Effekten führen könnte (näheres über die hier genannten Kriterien siehe Ausführungen zu Art. 2 FKVO und zur Mitteilung der Kommission über die Bewertung horizontaler Zusammenschlüsse).

2. Rechtsfolgen

87 Mit der Einleitung des Verfahrens der zweiten Phase werden die Parteien automatisch einem weiteren – auch bußgeldbewehrten – **Vollzugsverbot** unterworfen. Die Entscheidung enthält alle zum Zeitpunkt der Verfahrenseröffnung bekannten Informationen, die Anlass zu ernsthaften Bedenken geben. Die Kommission kann im Verlauf des Zweite-Phase-Verfahrens (bis zu den Beschwerdepunkten) weitere Punkte aufnehmen bzw. andere fallen lassen, da sie an ihre Bewertung in der Entscheidung zur Einleitung des Zweite-

[153] Siehe Erwägungsgrund 21 der FKVO.

Phase-Verfahrens nicht gebunden ist.[154] Zur Anfechtbarkeit einer Entscheidung zur Eröffnung der zweiten Phase siehe oben Rn 2.

3. Praktische Bedeutung

Entscheidungen zur Verfahrenseinleitung ergehen im Schnitt bei weniger als 3% aller angemeldeten Vorhaben. Die Fälle, die im Verfahren der zweiten Phase entschieden werden, werfen jedoch zunehmend **komplexere wettbewerbliche Probleme** und Fragestellungen auf. Es handelt sich z.B. immer öfter um kollektive Marktbeherrschung,[155] konglomerate Aspekte[156] oder die Koordinierung des Wettbewerbsverhaltens bei GU[157] oder unilaterale Effekte ohne Marktbeherrschung.[158] 88

VII. Art. 6 Abs. 1 lit. c) Satz 2: Zurückziehen der Anmeldung

1. Norminhalt

Die Bestimmung besagt, dass Fusionsverfahren – unbeschadet des Art. 9 – durch eine Entscheidung nach Art. 8 Abs. 1 bis 4 abgeschlossen werden, es sei denn, die beteiligten Unternehmen haben der Kommission gegenüber glaubhaft gemacht, dass sie den **Zusammenschluss aufgegeben** haben. Hintergrund ist das Anliegen der Korrektur des Urteils des EuG im Fall *MCI/Worldcom,*[159] in dem das Gericht zu dem Schluss gekommen war, dass alle von der Kommission bisher der Öffentlichkeit zugänglich gemachten Informationen den Schluss nahe gelegt hätten, dass ein Zurückziehen der Anmeldung ausreiche, um das Einstellen des Verfahrens zu bewirken. Mit der hierauf eingeführten Bestimmung wird klargestellt, dass das Zurückziehen der Anmeldung allein nicht ausreicht, um die Annahme einer endgültigen Entscheidung zu verhindern. Die Parteien müssen vielmehr die tatsächliche Aufgabe der zuvor geplanten Transaktion nachweisen. 89

2. Anwendungsvoraussetzungen

Die Bestimmung nennt nicht die genauen Anforderungen bzw. Informationen, die der Kommission vorgelegt werden müssen, um die Aufgabe des Vorhabens nachzuweisen und somit die Einstellung des Verfahrens zu erreichen. Aus Rn. 119ff. der konsolidierten Mitteilung der Kommission ergibt sich, dass sich der Beweisstandard hinsichtlich Rechtsform und Intensität **grundsätzlich an dem ursprünglichen Rechtsakt orientiert,** aufgrund dessen der Zusammenschluss als anmeldepflichtig beurteilt wurde. Mit anderen Worten, wurde ein bereits fertig verhandeltes von den Parteien unterschriebenes Abkommen vorgelegt, so werden die Parteien die rechtsverbindliche Aufgabe ebenfalls durch eine unterschriebene Vereinbarung nachweisen müssen. Bei Vorhaben, die in einem früheren Stadium eingereicht wurden, wird ein von den beteiligten Unternehmen unterfertigter Brief bzw. eine schriftliche Erklärung genügen, dass diese nicht beabsichtigen, ihre Verhandlungen im Hinblick auf ein verbindliches Abkommen fortzusetzen. Bei einem öffentlichen Übernahmeangebot könnte eine öffentliche Verlautbarung der beteiligten Unternehmen, wonach das Übernahmeangebot nicht verfolgt werden soll, genügen. Die Kommission hat jedenfalls die Pflicht, die Unternehmen entsprechend anzuleiten und unverzüglich zusätzliche Informationen (z.B. mittels eines förmlichen Auskunftsverlangens gem. Art. 11 der 90

---

[154] EuGH U. v. 10.7.2008 in Rs. C-413/06 – *Impala,* Slg. 2008 I-04951, Rn. 63 und 64.

[155] Vgl. Komm. E. v. 18.1.2000 – *Air Liquide/BOC,* ABl. 2004 C 92 oder Komm. E. v. 22.9.1999 – *Airtours/First Choice.*

[156] Vgl. Komm. E. v. 3.7.2001 – *GE/Honeywell,* ABl. 2004 L 48.

[157] Vgl. Komm. E. v. 30.3.1999 – *BT/AT&T.*

[158] So insbesondere die jüngsten Fälle aus der Telekommunikationsbranche, z.B. Komm. E. v. 2.7.2014 – *Telefónica/E-Plus,* ABl. 2015/C 86/07.

[159] Siehe EuG Rs. T-310/00.

FKVO) einzuholen, wenn die Auskünfte der Parteien widersprüchlich sind oder keinen eindeutigen Schluss zulassen.

VIII. Art. 6 Abs. 3: Widerruf von Entscheidungen gem. Art. 6 Abs. 1 und Abs. 2

1. Norminhalt

91 Durch Entscheidung gem. Art. 6 Abs. 3 wird festgestellt, dass die zuvor ergangene Genehmigungsentscheidung gem. Art. 6 Abs. 1 lit. b), Art. 6 Abs. 2 oder eine Entscheidung gem. Art. 6 Abs. 1 lit. a) bestimmte Mängel aufweist und daher aufgehoben wird. **Rechtsfolge** ist nicht die Untersagung des Zusammenschlusses, sondern die **nochmalige Prüfung** gemäß Art. 6 Abs. 1.[160]

2. Anwendungsvoraussetzungen

92 **a) Art. 6 Abs. 3 lit. a) Unrichtige Angaben.** Hat sich die Kommission in ihrer Entscheidung auf unrichtige, d. h. objektiv falsche Angaben gestützt, so hat sie die **Möglichkeit** (nicht jedoch die Verpflichtung), diese **zu widerrufen,** sofern diese Angaben von einem Zusammenschlussbeteiligten zu vertreten sind. Dies schließt z. B. einen Widerruf aus, wenn Dritte fehlerhafte Angaben machen. Relevant sind nicht nur Angaben schriftlicher Natur wie z. B. im Formblatt CO oder in der Beantwortung von Auskunftsersuchen, sondern auch mündliche Angaben und um irreführende Angaben, die sich z. B. auf eine bestimmte Quelle stützen ohne Hinweis, dass andere Quellen substantiell unterschiedliche Ergebnisse liefern.

93 Art. 6 Abs. 3 erfasst nach Ansicht der Kommission auch **unvollständige Angaben,** d. h. von den beteiligten Unternehmen bewusst zurückgehaltene entscheidungsrelevante Informationen. Voraussetzung muss allerdings sein, dass die Kommission die fraglichen Informationen abgefragt hat. Die unrichtigen Angaben müssen zumindest von einem der beteiligten Unternehmen – nicht von Dritten – zu vertreten sein. Beteiligt sind nur die unmittelbaren Zusammenschlussparteien, wobei aber zu berücksichtigen ist, dass zum Zeitpunkt des Verfahrens das Zielunternehmen noch zum Konzern des Veräußerers gehört. Vertretenmüssen setzt schuldhaftes Handeln voraus. Dafür gelten die allgemeinen Maßstäbe.

94 Ein **arglistiges Herbeiführen** liegt vor, wenn die konkrete Entscheidung durch **bewusste Täuschung der Zusammenschlussbeteiligten** herbeigeführt wird. Der konkrete Anwendungsbereich hierfür ist unklar. Arglistiges Verhalten der beteiligten Unternehmen dürfte in aller Regel bereits durch die erste Tatbestandsalternative erfüllt sein.

95 Erstaunlicherweise enthält die FKVO keine Regelung für den Fall, dass eine Entscheidung mit Bedingungen und Auflagen verbunden wurde, die auf unrichtigen Angaben Dritter beruhte und zulasten der Zusammenschlussbeteiligten wirken. Dieser Fall muss keinesfalls nur theoretisch sein. Wettbewerber und andere Marktteilnehmer erhalten gerade im Rahmen des Markttests von angebotenen Zusagen erhebliche Mitwirkungsmöglichkeiten. Werden in diesem Kontext falsche Angaben gemacht, kann dies weitreichende Folgen haben für die Entscheidung haben.

96 **b) Art. 6 Abs. 3 lit. b) Zuwiderhandlung gegen eine Auflage.** Ferner kann die Kommission Entscheidungen auf Grund der **Zuwiderhandlung gegen Auflagen** widerrufen. Dabei kann es sich dem klaren Wortlaut nach nur um Auflagen handeln. Dabei kann nicht jede noch so geringfügige Zuwiderhandlung gegen eine Auflage einen Widerruf rechtfertigen. Dies ergibt sich bereits aus allgemeinen Verhältnismäßigkeitsgründen, hier

[160] Siehe hierzu etwa die Entscheidungen der Kommission im Fall *Sanofi/Synthelabo:* Erstmalige Freigabeentscheidung gemäß Art. 6 Abs. 1 lit. b) v. 15.3.1999, Widerruf dieser ersten Freigabeentscheidung v. 21.4.1999 und zweite Freigabeentscheidung gemäß Art. 6 Abs. 1 lit. b) v. 27.5.1999, näheres unter Rn. 78.

jedoch auch aus einer Analogie zur Alternative lit. a). Der Gedanke, dass unrichtige Angaben, nur dann zu einem Widerruf ermächtigen, wenn die Entscheidung hierauf „beruht" ist auf der Alternative des lit. b) insoweit zu übertragen, dass nicht jeder Verstoß gegen eine Auflage zum Widerruf führen kann. Vielmehr muss dieser so erheblich sein, dass er die Entscheidung quasi in ihrem Kern in Frage stellt.

3. Fristen

Bei Widerrufsentscheidungen ist die Kommission nicht an die ansonsten für Entschei- 97
dungen in erster Phase geltenden Fristen gem. Art. 10 Abs. 1 der FKVO gebunden. Dies ist verständlich, da es am fristauslösenden Moment der Anmeldung fehlt und die Kommission **ex officio** tätig wird. Mit Rücksicht auf die Systematik der Bestimmungen des Art. 6 wäre ein solches Verfahren jedoch unmittelbar nach Kenntnisnahme des Vorliegens der Anwendungsvoraussetzungen seitens der Kommission (falsche Angaben; Verstoß gegen Auflagen) einzuleiten.

4. Ermessen

Art. 6 Abs. 3 ist eine „Kann-Bestimmung", es besteht **keine rechtliche Verpflichtung** 98
der Kommission, sie anzuwenden. Vielmehr steht der Erlass einer Widerrufsentscheidung im pflichtgemäßen Ermessen der Kommission. Im Hinblick auf die weitreichenden Folgen eines Widerrufs hat die Kommission hier insbesondere den Verhältnismäßigkeitsgrundsatz zu beachten. Danach kann ein Widerruf immer nur ultima ratio sein. Dies gilt besonders dort, wo der Kommission ein milderes Mittel, z. B. Zwangsmittel, zur Verfügung stehen. Insbesondere wird deshalb ein Widerruf wegen Zuwiderhandlung gegen eine Auflage in aller Regel nicht zulässig sein.

5. Rechtsfolgen

Durch die Widerrufsentscheidung wird die ursprüngliche Entscheidung der Kommission 99
ex nunc beseitigt und das Vorhaben neu geprüft. Mit der Widerrufsentscheidung wird dem Zusammenschluss seine rechtliche Grundlage entzogen, seine Durchführung ist – wenn auch nicht rückwirkend (deshalb kein Verstoß gegen das Vollzugsverbot) – mit Zustellung des Widerrufs unzulässig. Die Kommission kann jedoch einem Antrag auf Suspendierung vom vorläufigen Vollzugsverbot gem. Art. 7 Abs. 3 stattgeben, sofern die dort vorgesehenen Bedingungen erfüllt sind. Die Entflechtung bereits verbundener Unternehmen kann mit Entscheidung gem. Art. 8 Abs. 4 unter den dort genannten Bedingungen angeordnet werden. Die Parteien dürfen ab Widerruf der Genehmigung jedoch keine Schritte vornehmen, die die Umsetzung der neuen Kommissionsentscheidung vereiteln könnte. Die Widerrufsentscheidung beseitigt die zuvor ergangene Genehmigungsentscheidung; sie ist keine Verbotsentscheidung und bedeutet daher nicht die Unvereinbarkeit des Zusammenschlusses mit dem Gemeinsamen Markt.

Durch den Widerruf wird das Verfahren wieder **in die erste Phase zurückversetzt.** 100
Art. 6 Abs. 4 sieht vor, dass sie Kommission eine neue Entscheidung trifft, ohne an die Fristen des Art. 10 Abs. 1 gebunden zu sein. Dies ist unverständlich und widerspricht dem Beschleunigungsgrundsatz wie er z. B. in Erwägungsgrund 35 zum Ausdruck kommt. Die Kommission ist deshalb gehalten, ein Verfahren der ersten Phase durchzuführen, das sich an den zeitlichen Vorgaben des Art. 10 Abs. 1 orientiert. Ab Eröffnung einer zweiten Phase gelten dann die üblichen Fristbestimmungen.

6. Verfahren

Vor Zustellung der Widerrufsentscheidung muss den Parteien **Gelegenheit zur Stel-** 101
lungnahme gegeben werden (Art. 18 Abs. 1). Das weitere Verfahren richtet sich nach dem

Grund des Widerrufs. Im Fall unrichtiger Angaben werden die Parteien gemäß Art. 11 aufgefordert, die Angaben zu berichtigen bzw. die Anmeldung umgehend zu vervollständigen. Danach wird das Vorhaben erneut überprüft, wobei dies u. U. (aber nicht zwingend) zu einem unterschiedlichen Ergebnis führen kann (z. B. Genehmigung gemäß Art. 6 Abs. 2 mit Zusagen anstatt unbedingter Genehmigung gem. Art. 6 Abs. 1 lit. b) usw.).

7. Praktische Bedeutung

102 Bisher hat die Kommission soweit ersichtlich lediglich in einem einzigen Fall, nämlich im Fall *Sanofi/Synthelabo,*[161] ihre Entscheidung gemäß Art. 6 Abs. 3 lit. a) widerrufen. Dabei ging es um ein Vorhaben, wonach das französische Pharmaunternehmen Sanofi, kontrolliert von Elf-Aquitaine und Synthelabo, kontrolliert von L'Oréal, sich zu einer neuen Gruppe Sanofi/Synthelabo zusammenschlossen. In diesem Fall musste die Kommission ihre ursprünglich unbedingte Genehmigungsentscheidung widerrufen, da die Parteien es unterlassen hatten, Angaben über einen der betroffenen Märkte (im konkreten Fall handelte es sich um bestimmte Betäubungsmittel) zu machen. Die Kommission hatte nach Genehmigung des Vorhabens durch Beschwerden von Drittparteien von diesem Markt Kenntnis erhalten und festgestellt, dass die Parteien eine marktbeherrschende Stellung in Frankreich innehaben würden. Die Parteien erklärten sich jedoch umgehend bereit, jede Überschneidung der Aktivitäten in dem betreffenden Markt zu beseitigen, worauf die Kommission bereits zwei Monate später eine neuerliche Genehmigungsentscheidung, diesmal mit Zusagen, erlassen konnte. Da sich die Bedenken der Kommission auf den Markt für Morphiumpräparate konzentrierten, konnte einem Antrag auf vorläufige Suspendierung vom Vollzugsverbot hinsichtlich der übrigen vom Zusammenschluss betroffenen Geschäftsteile gem. Art. 7 Abs. 4 stattgegeben werden.

Art. 7. Aufschub des Vollzugs von Zusammenschlüssen

(1) **Ein Zusammenschluss von gemeinschaftsweiter Bedeutung im Sinne des Artikels 1 oder ein Zusammenschluss, der von der Kommission gemäß Artikel 4 Absatz 5 geprüft werden soll, darf weder vor der Anmeldung noch so lange vollzogen werden, bis er aufgrund einer Entscheidung gemäß Artikel 6 Absatz 1 Buchstabe b) oder Artikel 8 Absätze 1 oder 2 oder einer Vermutung gemäß Artikel 10 Absatz 6 für vereinbar mit dem Gemeinsamen Markt erklärt worden ist.**

(2) **Absatz 1 steht der Verwirklichung von Vorgängen nicht entgegen, bei denen die Kontrolle im Sinne von Artikel 3 von mehreren Veräußerern entweder im Wege eines öffentlichen Übernahmeangebots oder im Wege einer Reihe von Rechtsgeschäften mit Wertpapieren, einschließlich solchen, die in andere zum Handel an einer Börse oder an einem ähnlichen Markt zugelassene Wertpapiere konvertierbar sind, erworben wird, sofern**

a) der Zusammenschluss gemäß Artikel 4 unverzüglich bei der Kommission angemeldet wird und

b) der Erwerber die mit den Anteilen verbundenen Stimmrechte nicht ausübt oder nur zur Erhaltung des vollen Wertes seiner Investition aufgrund einer von der Kommission nach Absatz 3 erteilten Freistellung ausübt.

(3) **[1]Die Kommission kann auf Antrag eine Freistellung von den in Absatz 1 oder Absatz 2 bezeichneten Pflichten erteilen. [2]Der Antrag auf Freistellung muss mit Gründen versehen sein. [3]Die Kommission beschließt über den Antrag unter besonderer Berücksichtigung der möglichen Auswirkungen des Aufschubs des Vollzugs auf ein oder mehrere an dem Zusammenschluss beteiligte Unternehmen oder auf Dritte sowie der möglichen Gefährdung des Wettbewerbs durch den Zusammenschluss.**

---

[161] Vgl. Komm. E. v. 17.5.1999 – *Sanofi/Synthelabo,* ABl. 2000 C 23.

[4] Die Freistellung kann mit Bedingungen und Auflagen verbunden werden, um die Voraussetzungen für einen wirksamen Wettbewerb zu sichern. [5] Sie kann jederzeit, auch vor der Anmeldung oder nach Abschluss des Rechtsgeschäfts, beantragt und erteilt werden.

(4) **Die Wirksamkeit eines unter Missachtung des Absatzes 1 abgeschlossenen Rechtsgeschäfts ist von einer nach Artikel 6 Absatz 1 Buchstabe b) oder nach Artikel 8 Absätze 1, 2 oder 3 erlassenen Entscheidung oder von dem Eintritt der in Artikel 10 Absatz 6 vorgesehenen Vermutung abhängig.**

Dieser Artikel berührt jedoch nicht die Wirksamkeit von Rechtsgeschäften mit Wertpapieren, einschließlich solcher, die in andere Wertpapiere konvertierbar sind, wenn diese Wertpapiere zum Handel an einer Börse oder an einem ähnlichen Markt zugelassen sind, es sei denn, dass die Käufer und die Verkäufer wussten oder hätten wissen müssen, dass das betreffende Rechtsgeschäft unter Missachtung des Absatzes 1 geschlossen wurde.

Übersicht

I. Automatisches Vollzugsverbot

1. Geltungsbereich

Das in Art. 7 Abs. 1 normierte Vollzugsverbot betrifft „den Kern des gemeinschaftlichen Fusionskontrollsystems, das verhindern soll, dass die in seinen Geltungsbereich fallenden strukturverändernden Transaktionen bleibende Wettbewerbsschäden hinterlassen.“[1] Das Vollzugsverbot gilt außer im Fall einer Ausnahme nach Art. 7 Abs. 2 bis zur Freigabe des Zusammenschlusses durch die Europäische Kommission. Es dient somit ebenso wie die Anmeldepflicht nach Art. 4 dazu, die Wirksamkeit des **präventiv konzipierten Kontrollsystems** zu gewährleisten, da bereits vollzogene Zusammenschlüsse nachträglich nur sehr schwer wieder entflochten werden können („scrambled eggs-Effekt“).[2] 1

Das Vollzugsverbot gilt für all jene Transaktionen, die ohnehin in den Anwendungsbereich der FKVO fallen sowie auch für Transaktionen, die nach Art. 4 Abs. 5 aufgrund eines Antrags der Parteien an die Kommission verwiesen wurden sowie für Verweisungen nach Art. 22 durch die Mitgliedstaaten, dort allerdings nur soweit der Zusammenschluss zu dem Zeitpunkt, zu dem die Kommission den beteiligten Unternehmen mitteilt, dass ein Antrag eingegangen ist, noch nicht vollzogen worden ist.[3] Umgekehrt gilt das gemeinschaftsrechtliche Vollzugsverbot für Fälle, die an die nationale Behörde verwiesen werden nur so lange, bis diese Verweisung erfolgt ist.[4] 2

[1] Komm. E. v. 18.2.1998 Rs. IV/M.920 – *Samsung/AST,* ABl. 1998 L 225/12 ff., WuW 1998, 576.

[2] Vgl auch *„unscrambling the eggs“* in *Maass* in: Langen/Bunte FKVO, Art. 7,Rn. 1; *Gugerbauer,* Fusionskontrollverordnung, Art. 7 Rn. 1.

[3] Vgl. Art. 22 Abs. 4 Unterabsatz 1.

[4] Vgl. ausführlich zu Zeitpunkt ex-nunc und ex-tunc Wirkung bei Verweisungen *Wessely* in: MünchKomm EuWettbR, Art. 7 FKVO Rn. 14 ff.

2. Durchführungshandlung

3 Art. 7 Abs. 1 definiert nicht näher, was unter dem „Vollzug" eines Zusammenschlusses zu verstehen ist. Nicht als Vollzug qualifiziert werden kann naturgemäß jene Handlung, die erst die Anmeldepflicht bewirkt. Das ist i. d. R. der Vertragsabschluss oder die Veröffentlichung eines Übernahmeangebotes. Diese lösen zwar die Anmeldepflicht aus, stellen i. d. R. jedoch noch keine nach Art. 7 verbotenen Durchführungshandlungen dar. In diesem Sinn kann auch zwischen der **gesellschaftsrechtlichen Gründung** eines Gemeinschaftsunternehmens und dessen **operativem Tätigwerden** unterschieden werden.[5]

4 Im Sinne einer teleologischen Auslegung fallen aber sämtliche Durchführungshandlungen unter das Vollzugsverbot, die in irgendeiner Weise die **Marktstruktur**[6] oder das **strategische Wirtschaftsverhalten** der neuen Einheit betreffen. Als typische Beispiele können die Umsetzung gemeinsamer Geschäftspläne, die Wahrnehmung von Kontrollrechten, eine frühzeitige Einflussnahme auf die Unternehmensführung, organisatorische Maßnahmen, personelle Veränderungen oder andere faktische Handlungen aufgeführt werden.[7] So wurden in einigen Fällen aus dem Medienbereich beispielsweise die Vermarktung – wie Werbung und Verkauf von Decodern für eine erst neu zu gründende Pay-TV-Plattform – als Durchführungshandlung angesehen.[8]

5 Darüber hinaus, kann auch eine **faktische Veränderung der Kontrollsituation** etwa durch den Erwerb einer Minderheitsbeteiligung, die aufgrund von Streubesitz der übrigen Aktionäre und einer geringen Hauptversammlungspräsenz zu einer de facto-Kontrolle führt, unter das Vollzugsverbot fallen.[9] Schon die Erlangung der bloßen Möglichkeit zur Kontrollausübung reicht dafür aus. Ein Verstoß gegen das Vollzugsverbot kann in diesem Fall auch nicht etwa durch einen freiwilligen Verzicht auf die Ausübung der Stimmrechte verhindert werden.[10] Gleichzeitig bedeutet dies auch, dass in solchen Fällen zwischen dem Erwerb der Kontrolle und der Ausübung der Kontrolle kein wesentlicher Unterschied im Hinblick auf das Vollzugsverbot besteht, da die Kommission ja schon die Erlangung der bloßen Möglichkeit der Ausübung der Kontrolle als Vollzugshandlung qualifiziert. Ob ein vertraglich vereinbarter und damit nicht bloß freiwilliger Verzicht bzw. Aufschub (nämlich bis zur fusionskontrollrechtlichen Freigabe) der Ausübung der Stimmrechte einen Verstoß gegen das Vollzugsverbot auch dann verhindert, wenn der Transfer der Aktien bereits stattgefunden hat,[11] ist fraglich.[12] Aufgrund fehlender Präzedenzfälle sollten entsprechende

---

[5] Komm. E. v. 15.1.1998 Rs. IV/M.1009 – *Georg Fischer/DISA,* ABl. 1998 C 125/7. Vgl. dazu auch *Wessely* in: MünchKomm EuWettbR, Art. 7 FKVO Rn. 38.

[6] Vgl. Rz 182 der Entscheidung KOMM *Electrabel/Compagnie Nationale du Rhone,* ABl. 2008 C 85/11, wo von einer „strukturellen Veränderung der Wettbewerbsbedingungen" die Rede ist. Mittlerweile bestätigt durch EuG U. v. 12.12.2012, Rs. T-332/09 – *Electrabel/Kommission* sowie durch EuGH U. v. 3.7.2014, Rs. C-84/13 P – *Electrabel/Kommission.*

[7] Vgl. *Körber* in: Immenga/Mestmäcker, EG-WbR Teil 2, Art. 7 Rn. 7 m. w. N.; sowie *Bechtold/Bosch/Brinker,* EU-Kartellrecht, 2014, Art 7 FKVO, Rn 5; *Maass* (Fn. 2) Art. 7 FKVO Rn. 10.

[8] Komm. E. v. 27.5.1998 Rs. IV/M.993 – *Bertelsmann/Kirch/Premiere* und Rs. IV/M.1027 – *Deutsche Telekom/BetaResearch,* ABl. 1999 L 53/1 und 31 = WuW 1998, 694.

[9] Vgl. Komm. E. v. 10.6.2009 Rs. COMP/M.4994 – *Electrabel/Compagnie Nationale du Rhone,* ABl. 2008 C 85/11; bestätigt durch EuG U. v. 12.12.2012 Rs. T-332/09 – *Electrabel/Kommission* noch nicht veröffentlicht.

[10] Vgl. Komm. E. v. 23.7.2014 Rs. IV/M.7184 *Marine Harvest/Morpol,* Art. 14.2, ABl. 2014 C 455/5 ff., Rz 80.

[11] Vgl. *Körber* in: Immenga/Mestmäcker EG-WbR Teil 2, Art. 7 Rn. 10, der offenbar davon ausgeht, dass die dingliche Übertragung jedenfalls einen Vollzug darstellt (dies wohl vor dem Hintergrund der deutschen Rechtslage nach dem GWB). Vorsichtiger *Bechtold/Bosch/Brinker,* EU-Kartellrecht, 2014, Art. 5 FKVO, Rn 5., die hier nur davon ausgehen, dass der dingliche Erwerb auf einen Vollzug „hindeutet", somit ein bloßes Indiz darstellt. Letzteres erscheint insgesamt sachgerecht.

[12] Vgl Komm. E. v. 23.7.2014 Rs. IV/M.7184 *Marine Harvest/Morpol,* Art. 14.2, ABl. 2014 C 455/5 ff., dort wurde in Rz 71 v. d. Kommission eben das Fehlen eines solchen vertraglichen Verbots der Ausübung der Stimmrechte betont.

Transaktionsschritte jedenfalls nicht ohne vorherige Konsultation der Kommission erfolgen.[13]

Erlaubt sind i. d. R. bloße Vorbereitungshandlungen, die für die Durchführung der Transaktion notwendig sind. Dies kann die **notwendige Vorbereitung** des zukünftigen Geschäftsgebarens betreffen wie Integrationsplanung, Erarbeitung eines Business Plans, zukünftige Personalplanung, Information an die betroffenen Mitarbeiter, etc.[14] Ebenso wenig erscheint die Zahlung des Kaufpreises eine Vollzugshandlung, da sie wohl i. d. R. nicht geeignet ist, die strukturellen Wettbewerbsbedingungen zu verändern. Zulässig sind i. d. R. auch sogenannte „conduct of business" Klauseln, die sicherstellen sollen, dass zwischen dem Vertragsabschluss und dem Vollzug keine wesentlichen Veränderungen am Zielunternehmen vorgenommen werden, die den Wert des gekauften Unternehmens beeinträchtigen können.[15] Vorbereitungshandlungen und conduct of business Klauseln sind allerdings auf das zur Zweckerreichung Notwendige zu beschränken. Zu weit gefasste *„conduct of business Klauseln"* können dem Verbot des Art. 7 widersprechen und werden auch als *gun jumping,* also eine Art „Frühstart"[16] eines Zusammenschlusses bezeichnet. Die Kommission hat im Zusammenhang mit einem solchen *gun jumping* auch bereits Hausdurchsuchungen nach Art. 13 durchgeführt, um neben dem Verdacht eines Verstoßes gegen das Vollzugsverbot auch wegen des Verdachts eines unzulässigen Informationsaustausches i. S. v. Art. 101 AEUV zu ermitteln [17] 6

Nicht abschließend geklärt ist die Frage, ob Maßnahmen, die in diesem Kontext allein den **Schutz** des übertragenen Eigentums und den **Erhalt der Investition** betreffen, unter das Vollzugsverbot fallen und Abs. 2 auch analog auf andere Fälle angewandt werden kann. Der Wortlaut des Abs. 2 Buchstabe b) spricht zunächst dafür, dass auch die Ausübung von Stimmrechten zur bloßen Erhaltung des vollen Wertes des Eigentums grundsätzlich vom Vollzugsverbot erfasst sind, da die Freistellung ansonsten nicht notwendig wäre. In diesem Fall stellt sich allerdings die Frage, worin dann die Privilegierung für die in Abs. 2 genannten Rechtsgeschäfte liegen soll, wenn eine Freistellung – noch dazu für eine sehr eingeschränkte Ausübung der Stimmrechte – ohnehin wiederum an die Bedingungen und Kriterien des Abs. 3 gebunden sein soll.[18] Dazu kommt, dass die FKVO selbst in Art. 5 Abs. 5 Buchstabe c) im Rahmen der sog. *„Luxemburgischen Klausel"* davon ausgeht, dass eine Ausübung der Stimmrechte zum bloßen Erhalt der Investition keinen Zusammenschluss bewirkt.[19] 7

Schließlich könnte auch die Auffassung vertreten werden, dass eine eingeschränkte Ausübung von Stimmrechten bloß über Beschlussgegenstände, die nicht das strategische Wirt- 8

---

[13] Vgl. aber beispielsweise die österreichische Rechtsprechung, wonach zwischen dem Erwerb der Kontrolle und dem erstmaligen Gebrauch dieser Kontrolle in einer die Wettbewerbsverhältnisse berührenden Weise unterschieden wird, vgl. KartG 13.12.1999, 25 Kt 257, 367/99, S. 14.

[14] Vgl. *Bechtold/Bosch/Brinker,* EU-Kartellrecht, 2014, Art. 5 FKVO, Rn 7.

[15] Das sind Klauseln, die häufig in Unternehmenskaufverträgen vereinbart werden und die (für den Käufer, der bereits an den Kauf gebunden ist) sicherstellen sollen, dass zwischen dem Vertragsabschluss *(signing)* und dem Vollzug *(closing)* am Unternehmen keine wesentlichen Veränderungen vorgenommen wenden, die letztendlich den Wert des gekauften Unternehmens beeinträchtigen können.

[16] Vgl. *Linsmeier,* BB 2008, 741–748; sowie *Maass* in: Langen/Bunte, FKVO, Art. 7, Rn. 11.

[17] Der Fall betraf die geplante Übernahme von Kerling, einer Tochtergesellschaft der norwegischen Norsk Hydro ASA, durch Ineos, einem Hersteller von Chemie- und Ölprodukten. Laut einer Pressemitteilung, die noch vor der Zusammenschlussanmeldung erfolgte, war ein Vollzug noch im Jahr 2007 geplant, aufgrund der Einleitung der Phase II verzögerte sich jedoch das Verfahren. Die Kommission führte die Hausdurchsuchung während offener Phase II überraschend durch. Letztendlich wurde der Fall ohne Auflagen freigegeben und auch das Verfahren wegen Verdachts des Verstoßes gegen das Vollzugsverbot sowie des Verdachts des wettbewerbswidrigen Austausches von Informationen eingestellt. Vgl. Kommission, Mitteilung vom 13.12.2007, MEMO/07/573, Mergers: Commission has carried out inspections in the SPVC sector; sowie MLEX, Mitteilung vom 30.1.2008. Fall gut dokumentiert bei *Linsmeier,* BB 2008, 741–748.

[18] Zur Interessensabwägung siehe unten III.

[19] Kritisch *Körber* in: Immenga/Mestmäcker EG-WbR Teil 2, Art. 7 Rn. 12.

schaftsverhalten des betreffenden Unternehmens und damit nicht die Kontrolle betreffen, sondern sich lediglich auf der Ebene typischer Minderheitsschutzrechte bewegen (z. B. Kapitalerhöhung, -herabsetzung usw.) entweder überhaupt nicht gegen das Vollzugsverbot verstößt, da die unterhalb der Schwelle der Kontrolle im Sinne von Art. 3 liegen oder aber jedenfalls eine Maßnahme zum bloßen Erhalt der Investition darstellt. Für diese Annahme könnte der im Fall *Aerlingus Group plc/Kommission* ergangene Beschluss des Gerichts sprechen, wonach die vor und im Rahmen eines Übernahmeangebotes erworbenen Stimmrechte von ca. 29% eines letztlich auf den Erwerb von 100% gerichteten, aber von der Kommission verbotenen Übernahmeangebotes, ohne Verstoß gegen das Vollzugsverbot des Art. 7 ausgeübt werden dürfen.[20]

9 Beachtenswert sind insgesamt auch die Ausführungen der Kommission in demselben Fall, wonach sie im Zusammenhang mit anhängigen Verfahren die Parteien bittet, von der Ausübung von Stimmrechten auch dann Abstand zu nehmen, wenn lediglich die Ausübung von Stimmrechten aus einer Minderheitsbeteiligung betroffen ist. Dies habe, so die Kommission, aber nichts mit einem formalen Standpunkt zur Frage, ob in der Ausübung eines solchen Minderheitsrechtes bereits ein Verstoß gegen Art. 7 vorliege, zu tun. Zu prüfen ist in diesem Zusammenhang jedenfalls, ob unter Umständen nationale Fusionskontrollvorschriften, die eine Zusammenschlusskontrolle und damit auch ein Vollzugsverbot auch für Mandatsbeteiligungen vorsehen, eingreifen könnten.

10 Bei Zusammenschlüssen, die **außerhalb der Union** realisiert werden, stellt sich die Frage, ob Durchführungshandlungen außerhalb der Union zulässig sein können. Im Fall *Kimberly-Clark/Scott*[21] wurde es den Parteien gestattet, den die USA betreffenden Teil des Zusammenschlusses vor Genehmigung durch die Europäische Kommission durchzuführen. Eine klare Entscheidung zu dieser Frage liegt bislang jedoch nicht vor. Zu überlegen wäre, die Frage (in Anwendung der *effects doctrine*[22]) danach zu beurteilen, ob sich die betreffende Durchführungshandlung in irgendeiner Weise in der Union auswirkt. Dies könnte beispielsweise dann nicht der Fall sein, wenn die Umsätze in der Union aus anderen als den von der Transaktion betroffenen Geschäftsfeldern stammen. Denkbar wäre u. U. auch der Abschluss sogenannter *hold-separate agreements,* mit denen in Bezug auf bestimmte Teile der Transaktion oder in Bezug auf bestimmte Durchführungshandlungen (z. B. Warenlieferungen in die oder Ausfuhren aus der Gemeinschaft, Auftreten unter einer gemeinsamen Marke) sichergestellt wird, dass die wettbewerbliche Situation in der Gemeinschaft nicht berührt wird. Dies setzt allerdings voraus, dass dies tatsächlich gewährleistet werden kann, was z. B. schon bei Vorliegen weltweiter Märkte regelmäßig nicht der Fall sein wird.

II. Öffentliche Übernahmeangebote/Rechtsgeschäfte mit Wertpapieren

11 Für öffentliche Übernahmeangebote oder Rechtsgeschäfte mit Wertpapieren, einschließlich dem Erwerb über die Börse sieht Art. 7 Abs. 2 Ausnahmen vom Vollzugsverbot vor.

12 Art. 7 Abs. 2 unterscheidet hier zwei Fälle, nämlich eine **automatische Ausnahme** sowie eine, die auf die Ausübung der Stimmrechte zum bloßen Erhalt der Investitionen beschränkt ist **(über Antrag gewährte Ausnahme).**

13 Die automatische Ausnahme kann in Anspruch genommen werden, sofern der Erwerber den Zusammenschluss „unverzüglich" anmeldet und die mit den Anteilen verbundenen Stimmrechte **nicht** ausübt. In diesem Sinne ist es dem Erwerber auch grundsätzlich nicht erlaubt, Mitglieder in die Entscheidungsorgane zu entsenden oder an den Sitzungen von

[20] Vgl. EuG B. v. 6.7.2010, Rs. T-411/07, Slg. 2010 II-03691, Rn. 83f. EuG B. v. 18.3.2008, Rs. T-411/07, Slg. 2010 II-03691, Rn. 94, 97 und 98.

[21] Komm. E. v. 16.1.1996 Rs. IV/M.623 – *Kimberly-Clark/Scott Paper,* ABl. 1996 L 183/1 = WuW 1996, 581.

[22] EuG U. v. 25.3.1999 Rs. T-102/96 – *Gencor/Kom.* Slg. 1999 II-753.

Organen teilzunehmen.[23] Soll jedoch die Ausnahme nach Art. 7 Abs. 2 zweiter Fall in Anspruch genommen werden und möchte der Erwerber seine Stimmrechte zumindest zur Erhaltung des *vollen Wertes seiner Investition* ausüben, so muss er dem Wortlaut der Bestimmung zufolge **zusätzlich eine Freistellung** vom Vollzugsverbot gemäß Art. 7 Abs. 3 beantragen.[24] Die **Ausübung der Stimmrechte zum bloßen Erhalt der Investition** bedeutet, dass keine nachhaltigen Eingriffe in Struktur und Aufbau des Unternehmens, wie z.B. Aufgabe von Geschäftszweigen, Schließung von Betriebsstätten oder Verkauf von Tochterunternehmen gesetzt werden dürfen. Demgegenüber sind Maßnahmen erlaubt, die dazu dienen, dass die Weiterführung des normalen Geschäftsablaufes sichergestellt wird (wie beispielsweise Entlastung des Vorstandes, Billigung der Bilanz, Ausschüttung von Dividenden).[25] Die geschilderte Stimmrechtsbeschränkung bezieht sich im Regelfall nur auf die neu zu erwerbenden Anteile.[26]

Voraussetzung für die Inanspruchnahme der Ausnahme in beiden Fällen ist, dass der Zu- 14
sammenschluss unverzüglich bei der Kommission angemeldet wird.[27] Das Kriterium der **„unverzüglichen"** Anmeldung als Voraussetzung für die Anwendbarkeit der Ausnahme wurde mit der Novelle der FKVO im Jahr 2004 eingeführt. Hintergrund der Regelung ist, dass im Falle einer automatischen Freistellung vom Vollzugsverbot der Fall möglichst rasch einer Prüfung durch die Wettbewerbsbehörde unterzogen werden soll. Daher ist der Begriff „unverzüglich" eher eng auszulegen und in jedem Fall sehr rasch die Kommission über das geplante Vorhaben zu informieren bzw. die Pränotifikationsphase zu beginnen.[28] Wird der Zusammenschluss später untersagt, muss der Erwerb rückabgewickelt werden. In diesem Fall ergeht eine Trennungsanordnung nach Art. 8 Abs. 4 FKVO.[29]

Besonders darauf hinzuweisen ist, dass der Anwendungsbereich von Art. 7 Abs. 2 seit 14a
seiner Neuformulierung im Zuge der Novelle 2004 erheblich ausgeweitet erscheint. So werden vom reinen Wortlaut nicht **nur Vorgänge über die Börse,** sondern sämtliche Rechtsgeschäfte mit börsenotierten Aktien oder in solche wandelbare Wertpapiere erfasst, wenn nur auf der Verkäuferseite mehrere Veräußerer beteiligt sind. Dass dieser Vorgang über die Börse erfolgt, ist dem Wortlaut nach keine Voraussetzung. Dies würde bedeuten, dass auch der Erwerb von verschiedenen Aktienpaketen von mehreren Veräußerern im Wege eines Kaufvertrages von Art. 7 Abs. 2 erfasst wäre. Die Kommission scheint aber bis dato keine entsprechende Praxis zugelassen zu haben. Auch ein Großteil der Kommentatoren[30] geht davon aus, dass die Regelung nur für Geschäfte über die Börse gelten soll. Da

---

[23] Vgl. beispielsweise Komm. E. v. 20.12.1999 Rs. COMP/M.1712 – *Generall/INA,* ABl. 1999 C 332/06, = WuW 2000, 148.

[24] Siehe dazu jedoch auch Rn. 4; sowie kritisch zur Reichweite der Verweisung auf Art. 7 Abs. 3: *Körber* in: Immenga/Mestmäcker, EG-WbR Teil 2, Art. 7 Rn. 24.

[25] Vgl. dazu *Drauz/Schröder,* Praxis der Europäischen Fusionskontrolle, S. 201.

[26] *Jones/Gonzáles* verweisen jedoch darauf, dass in Fällen, in denen der Bieter bereits eine Minderheitsbeteiligung an einem Unternehmen hält, die ihm aufgrund der Suspendierung der erworbenen Stimmrechte dazu dienen kann, die Gesellschaft zu kontrollieren, das Verbot der Stimmrechtsausübung oder der eingeschränkten Ausübung zum Erhalt der Investitionen auch auf die vor dem geplanten Zusammenschluss erworbene Minderheitsbeteiligung ausgedehnt werden kann, um dem Sinn und Zweck von Art. 7 Abs. 2 gerecht zu werden. So auch *Wessely* in: MünchKomm EuWettbR, Art. 7 FKVO Rn. 75.

[27] Vgl. dazu die Regelung der FKVO vor der Revision 2004, wonach die Ausnahme nach Abs. 2 lediglich auf bereits angemeldete Zusammenschlüsse zum Tragen kam.

[28] Siehe dazu auch die Kommentierung zu Art. 4 Rn. 3; vgl. auch *Wessely* in: MünchKomm EuWettbR, Art. 7 FKVO, Rn. 75, die davon ausgeht, dass eine Anmeldung „unverzüglich" ist, wenn sie ohne schuldhaftes Verzögern erfolgt.

[29] Vgl. beispielsweise Komm. E. v. 19.2.1997 Rs. IV/M.784 – *Kesko/Tuko,* ABl. 1997 L 174/47 = WuW 1997, 32, 327; Komm. E. v. 30.1.2001 Rs. COMP/M.2283 – *Schneider/Legrand,* ABl. 2004 L 101/134 = WuW 2002, 254.

[30] Siehe statt vieler *König* in: Schröter/Jakob/Mederer, Kommentar zum Kartellrecht, Art. 7 Rn. 6. *Körber* in: Immenga/Mestmäcker EG-WbR Teil 2, Art. 7 Rn. 20.

dies klar dem Wortlaut widerspricht, wäre allerdings eine Klarstellung im Zuge der nächsten Novelle angebracht.

15 Besonderheiten ergeben sich im Zusammenhang mit dem sogenannten schleichenden Erwerb über die Börse (**„creeping takeovers"**). Darunter sind Erwerbsvorgänge zu verstehen, die unter einer Beteiligung einer Vielzahl von Veräußerern erfolgen. Insbesondere stellt sich die Frage, ab welchem Zeitpunkt hier das Vollzugsverbot gilt und, ob im Falle eines öffentlichen Übernahmeangebots das Verbot der Ausübung der Stimmrechte auch für die Anteile gilt, mit denen noch kein Kontrollerwerb bewirkt wurde. Mit der überwiegenden Meinung in der Literatur ist davon auszugehen, dass das Vollzugsverbot bei Vorliegen eines einheitlichen Zusammenschlusses zwar grundsätzlich für sämtliche Transaktionsschritte gilt, allerdings erst zu dem Zeitpunkt eingreift, zu dem tatsächlich die Möglichkeit der Kontrollausübung bewirkt wird. Für die Stimmrechte bedeutet dies, dass diese für jene Anteile, die noch keine Kontrolle bewirken, jedenfalls bis zum Zeitpunkt des Kontrollerwerbs ausgeübt werden können.[31] Etwas anderes gilt für echte „Altanteile",[32] also Anteile, die ein Unternehmen bereits vor einer geplanten Übernahme gehalten hat und die somit nicht als Teil eines einheitlichen Zusammenschlusses zu qualifizieren sind. Es besteht kein Grund, ein Stimmrechtsverbot auch auf diese Anteile anzuwenden, außer in dem Sonderfall, dass sich aufgrund der geänderten Situation eine de facto Kontrolle ergibt.

III. Befreiung vom Vollzugsverbot

16 Nach Art. 7 Abs. 3 kann die Kommission auf Antrag **Befreiungen vom Vollzugsverbot** nach Abs. 1 und auch von den Pflichten nach Abs. 2 (Verbot bzw. eingeschränkte Ausübung der Stimmrechte) erteilen. Seit der Revision der Fusionskontrollverordnung im Jahre 1998 ist die Voraussetzung eines drohenden schweren Schadens für eines der beteiligten Unternehmen oder eines Dritten weggefallen. Stattdessen normiert Abs. 3 eine **Interessensabwägung** zwischen möglichen **Auswirkungen des Aufschubs des Vollzugs** auf ein oder mehrere beteiligte Unternehmen oder Dritte einerseits und einer möglichen **Gefährdung des Wettbewerbs** andererseits. Auch weiterhin bedarf die Befreiung vom Vollzugsverbot einer besonderen Begründung („der *Antrag auf Befreiung muss mit Gründen versehen sein*"[33]). So wurde beispielsweise im Fall *SC Johnson/Sara Lee* eine Freistellung abgelehnt: mangels außergewöhnlicher Benachteiligung aufgrund des Vollzugsverbots, die über die üblicherweise mit einem solchen Aufschub verbundene Unsicherheit hinausgeht.[34]

17 Die vor 1998 zur alten Fassung des Art. 7 Abs. 4 (heute Abs. 3) verfolgte Politik der Kommission kann als **restriktiv** bezeichnet werden. Die Erteilung einer Befreiung war jedenfalls bereits dann ausgeschlossen, wenn die Wahrscheinlichkeit bestand, dass der Zusammenschluss nur unter Auflagen oder Bedingungen genehmigt würde.[35]

18 Die seit der Revision angewendete Praxis ermöglicht im Sinne der vorgenannten Interessensabwägung eine größere Flexibilität. So wurde im Fall eines feindlichen Übernahmeangebotes eines Kanadischen Konzerns zum Erwerb der Air Canada eine teilweise Befreiung vom Vollzugsverbot, die die Abberufung des feindlichen Managements und die Aufhebung einer Stimmrechtsbeschränkung ermöglichte, **trotz** wettbewerblicher Bedenken (Einleitung der Phase II) erteilt.[36] Wettbewerbliche Bedenken lagen auch im Fall *SBM/Moulinex* vor, wo einem Verweisungsantrag der französischen Wettbewerbsbehörde auf Er-

[31] Vgl. *Körber* in: Immenga/Mestmäcker EG-WbR Teil 2, Art. 7 Rn. 26.

[32] Der von *Körber* in: Immenga/Mestmäcker EG-WbR Teil 2, Art. 7 Rn. 27 verwendete Begriff „Altanteile" erscheint hier am Zielführendsten.

[33] Siehe Art. 7 Abs. 3 Satz 2.

[34] Komm. E. v. 11.2.2011 Rs. COMP/M.5969 – *SC Johnson/Sara Lee,* ABl. 2010 C304/11.

[35] *Wagemann* in: Wiedemann, Handbuch des Kartellrechts, § 17 Rn. 43 unter Berufung auf die Komm. E. v. 7.11.1990 Rs. IV/M.4 – *Renault/Volvo,* ABl. 1990 C 281/0.

[36] Komm. E. v. 15.10.1999 Rs. COMP/M.1696 *Onex/Air Canada/Canadian Airlines,* ABl. 1999 C 272/09 = WuW 1999, 1195.

teilung der Befreiung nach Art. 7 Abs. 3 stattgegeben wurde.[37] Weitere Befreiungen wurden wegen drohender **klarer Nachteile**[38] z. B. ernsthafter finanzieller Risiken,[39] drohender Insolvenz,[40] schwerer steuerlicher Nachteile[41] oder Ausschluss von einer Auktion für die Unternehmen und bedeutendem Schaden für die **Aktionäre,**[42] Schaden für Arbeitnehmer,[43] jüngst wegen eines Schadens für die Gläubiger und die Stabilität der Finanzmärkte,[44] Wettbewerbsnachteilen auf Grund nicht rechtzeitigen Markteintritts,[45] Rücksichtnahme auf Erfordernisse nationaler Insolvenz- bzw. Ausgleichsverfahren, die unbedingte Angebote vorsehen um vom Bieterprozess nicht ausgeschlossen zu werden,[46] aber auch wegen ihrer **positiven Effekte** auf den Wettbewerb[47] erteilt. In den genannten Fällen lagen keine wettbewerblichen Bedenken vor. Anders im Fall *Rhodia/Donau Chemie/Albright & Wilson,* in dem wettbewerbliche Bedenken bestanden und wo mangels erfolgreicher Darlegung eines schweren Schadens im Sinne der Interessensabwägung keine Befreiung vom Vollzugsverbot erteilt wurde.[48] Interessant ist der Fall *EDF/London Electricity,* (der Fall wurde nicht veröffentlicht) in dem jedoch offenbar eine Ausnahme vom Vollzugsverbot gewährt wurde, um einen Wettbewerbsnachteil von EDF, die London Electricity in einer privaten Auktion erwerben wollte, gegenüber denjenigen Bietern, die keiner Anmeldepflicht nach der FKVO unterlagen, zu verhindern.[49] Wenig Glück hatte demgegenüber France Telekom,[50]

---

[37] Komm. E. v. 8.1.2001 Rs. COMP/M.2621 SBM/Moulinex, ABl. 2003 C 88/06 = WuW 2001, 371.

[38] Komm. E. v. 15.1.1999 Rs. IV/M.1419 – *Groupe Cofinga/BNP,* ABl. 1999 C 80/7, Competition policy newsletter 1999 Nr. 2, 28; Komm. E. v. 23.9.1999 Rs. IV/M.1667 – *BBL/BT/ISP,* ABl. 2002 C 147/20, Competition policy newsletter 2000 Nr. 1, 27; Komm. E. v. 25.7.2003 Rs. COMP/M.3209 – *WPP/Cordiant,* ABl. 2003 C 212/9; Komm. E. v. 27.7.2000 Rs. COMP/M.2008 – *AOM Air liberté/Air littoral,* ABl. 2000 C 238/9; Komm. E. v. 8.5.2002 Rs. COMP/M.2777 – *CINVEN Ltd./Angel Street Holdings Ltd.,* ABl. 2002 C 147/20; Komm. E. v. 8.1.2001 Rs. COMP/M.2621 – *SBM/Moulinex,* ABl. 2003 C 88/06 = WuW 2001, 371; Komm. E. v. 19.12.2013 Rs. COMP/M.7120 – *Ecom Agroindustrial Corporation/Armajaro Trading,* ABl. 2014 C 119/05.

[39] Vgl. Komm. E. v. 18.12.2002, COMP/M.3007 – *E.ON/TXV Europe.* Komm. E. v. 15.4.2011 Rs. COMP/M.6215 – *Sun Capital/Polestar UK Print, ABl. 2011 C 133/06.*

[40] Vgl. etwa Komm. E. v. 2.3.2005 Rs. COMP/M.3754 – *Strabag/Dywidag,* ABl. 2005 C 111/1; Komm. E. v. 1.2.2011 Rs. COMP/M.6137 – *Citigroup/Maltby Acquisitions Limited,* ABl. 2011 C 040/15.

[41] Vgl. Komm. E. v. 30.4.2003, COMP/M.2903 – *Daimler/Deutsche Telekom/JV,* ABl. 2003 C 288/02.

[42] Komm. E. v. 17.5.1999 Rs. IV/M.1397 – *Sanofi/Synthélabo;* ABl. 1999 C 22/03, Competition policy newsletter 1999 Nr. 2.

[43] Komm. E. v. 16.6.2007 Rs. COMP/M.4712 IPM/ERG Nuove Centrali/ISAB Energy Services, ABl. 2007 C 150/08, sowie im Fall Komm. E. v. 28.9.2008 Rs. COMP/M.5363 Santander/Bradford & Bingley Assets, ABl. 2008 C 298/05.

[44] Vgl. Komm. E. v. 17.12.2012 Rs. COMP/M.6812 – *SFPI/Dexia,* ABl. 2013 C 28/07. Komm. E. v. 19.12.2013 Rs. COMP/M.7120 *Ecom Agroindustrial Corporation/Armajaro Trading,* ABl. 2014 C 119/05 das immerhin, obwohl mit dem Zusammenschluss der größte Trader im Bereich Kaffee und Kakao Produkten entstanden ist.

[45] Vgl, Komm. E. v. 8.2.2010 Rs. COMP/M.5760 – *Lotte Group/Artenius UK,* ABl. 2010 C 042/02.

[46] Komm. E. v. 13.5.2014 Rs. COMP/M.7273 Gerdau Europe/Ascometal, nicht veröffentlicht in ABl. Ebenso Bezugnahme auf französisches Insolvenzrecht in der Entscheidung Komm. E. v. 25.7. 2012 Rs. COMP/M.6696 Sofiproteol/Actifs Doux, nicht veröffentlicht in ABl.

[47] Komm. E. v. 22.12.1999 Rs. IV/M.1820 – *BP/JV dissolution, ABl.* C 9/08 und Rs. IV/M.1822 – *Mobil/JV dissolution;* ABl. 2000 C 16/03, Competition policy newsletter 2000 Nr. 1, 26, WuW 2000, 266; Komm. E. v. 27.3.1995 Rs. IV/M.538 – *Omnitel,* ABl. 1995 C 53/09.

[48] Komm. E. v. 15.6.1999 Rs. IV/M.1517 – *Rhodia/Donau Chemie/Albright & Wilson,* ABl. 1999 C 122/11, Competition policy newsletter 1999 Nr. 3, 44, WuW 1999, 983.

[49] Komm. E. v. 27.1.1999 Rs. IV/M.1346 – *EDF/London Electricity* (Art. 6 Abs. 1 Buchstabe b), ABl. 1998 C 387/09; vgl. Competition Manual, PLC Publications, Section Transactions and Practices, 2231, WuW 1999, 365, 371 f.

[50] Komm. E. v. 24.3.2000 Rs. COMP/M.1865 – *France Telekom/Global One,* ABl. 2001 C 043/3.

die eine beschränkte Ausnahme vom Vollzugsverbot für einige personelle Maßnahmen (Austausch des ehemaligen Managements der Deutschen Telekom durch Manager der France Telekom) mit dem Argument beantragte, eine dringend notwendige Reorganisation von Global One könne ansonsten nicht durchgeführt werden. Die Erteilung der Freistellung wurde mit der Begründung abgelehnt, dass keine Umstände dargelegt wurden, die nicht auch bei jedem anderen Zusammenschluss vorliegen. Auch im Fall *SC Johnson/Sara Lee* wurde eine Freistellung vom Vollzugsverbot mit der Begründung abgelehnt, dass sich die Beeinträchtigung der Transaktion auch außerhalb des EWR durch das Vollzugsverbot durchaus bei jedem normalen Fall ergeben. Die oben angeführten Fälle können eine erste Orientierung geben. Die Kommission hat 2012 begonnen, Entscheidungen zu Art. 7 Abs. 3 auf ihrer Website zu veröffentlichen und hat seither auch einige frühere Entscheidungen veröffentlicht. Dies ist im Hinblick auf die hierdurch entstanden Transparenz stark zu befürworten.

19 Die Befreiung vom Vollzugsverbot kann auch **vor der Anmeldung** beantragt und erteilt werden,[51] etwa gemeinsam mit einem Verweisungsantrag nach Art. 4 Abs. 5. Die Befreiung kann **teilweise**[52] **oder vollständig** erfolgen und mit **Auflagen und Bedingungen** verbunden werden. Im Falle eines Verweisungsantrags kann die Befreiung erst erteilt werden, wenn feststeht, dass der Verweisungsantrag erfolgreich war.

IV. Rechtsfolgen eines Verstoßes gegen das Vollzugsverbot

1. Zivilrechtliche Unwirksamkeit

20 **Als Vollzug zu qualifizierende Rechtsgeschäfte sind schwebend unwirksam.** Faktische Vollzugshandlungen werden in Abs. 4 nicht genannt, im Sinne einer teleologischen Auslegung sind jedenfalls sämtliche Rechtsgeschäfte, die eine Auswirkung auf den Wettbewerb haben, von Abs. 4 erfasst. Das schwebend unwirksame Rechtsgeschäft wird mit Freigabe des Zusammenschlusses ex tunc wirksam bzw. ist bei Untersagung des Zusammenschlusses als von Anfang an unwirksam zu beurteilen.

Die Rechtsfolgen bestimmen sich nach dem jeweiligen nationalen Recht.[53]

21 Für **Börsentransaktionen** ist die Sonderbestimmung in Abs. 4 Unterabsatz 2 zu beachten. So wird die Wirksamkeit von Rechtsgeschäften über Wertpapiere durch einen Verstoß gegen das Vollzugsverbot dann nicht berührt, wenn Käufer und Verkäufer nicht wussten oder wissen mussten, dass das betreffende Rechtsgeschäft unter Missachtung des Art. 7 Abs. 1 abgeschlossen wurde. Dass hier eine beiderseitige Kenntnis oder grob fahrlässige Unkenntnis vorliegt, ist durch die Kommission nachzuweisen.[54]

2. Bußgelder

22 Gemäß Art. 14 Abs. 2 lit. b) wird der Verstoß gegen das automatische Vollzugsverbot mit einem Bußgeld gegen die beteiligten Unternehmen von bis zu 10% ihres Gesamtumsatzes besichert. Bei der Verhängung des Bußgeldes berücksichtigt die Kommission mildernde und erschwerende Umstände, wobei bislang in Bezug auf die **Dauer** das Bußgeld jeweils **pro Monat** festgesetzt wurde.[55] Das EuG qualifizierte den Verstoß gegen das Vollzugsverbot als andauernde Zuwiderhandlung, welche mit dem Erlangen von bestimmendem Ein-

---

[51] Komm. E. v. 11.4.1995 Rs. IV/M.573 – *ING/Barings,* ABl. 1995 C 70/04 = WuW 1995, 587.

[52] Vgl. Komm. E. v. 22.12.2009 Rs. COMP/M.5721– *Otto/Primondo Assets,* ABl. 2010 C 006/05.

[53] Vgl. *Wagemann* in: Wiedemann, Handbuch des Kartellrechts, § 17 Rn. 10; *Maass* in: Langen/Bunte, FKVO, Art. 7, Rn. 34; *Körber* in: Immenga/Mestmäcker, Wettbewerbsrecht Band 1. EU, Art. 7 FKVO, VI., Rn. 47.

[54] *Körber* in: Immenga/Mestmäcker EG-WbR Teil 2, Art. 7 Rn. 49 m. w. N.

[55] Komm. E. v. 10.2.1999 Rs. IV/M.969 – *A. P. Moeller,* ABl. 1999 L 183/29 = WuW 1999, 372 und Komm. E. v. 18.2.1998 Rs. IV/M.920 – *Samsung/AST,* ABl. 1998 L 225/12 = WuW 1998, 576.

fluss beginnt und folglich erst mit der Freigabeentscheidung oder der Aufgabe eben dieses Einflusses endet.[56]

Die Durchsetzung von gegebenenfalls erteilten Auflagen kann darüber hinaus mittels **Zwangsgeldern** gemäß Art. 15 Abs. 1 lit. c) erfolgen. Von dieser Möglichkeit hat die Kommission jedoch bisher noch nie Gebrauch gemacht. So wurde beispielswiese von der Verhängung eines Bußgeldes im Fall *Hutchison/PCPM/ECT* abgesehen, der von den Parteien ursprünglich als wettbewerbsbeschränkende Vereinbarung nach Art. 81 EG statt als Zusammenschluss angemeldet und durchgeführt worden war. Aufgrund der komplizierten rechtlichen und sachlichen Analyse im Hinblick auf das Vorliegen eines Zusammenschlusses und aufgrund der Kooperation der beteiligten Unternehmen mit der Kommission wurde kein Bußgeld verhängt.[57]

3. Entflechtung

Art. 8 Abs. 4 sieht die Entflechtung eines **vorzeitig vollzogenen Zusammenschlusses,** 23
der von der Kommission rechtskräftig untersagt wurde, vor.

Art. 8. Entscheidungsbefugnisse der Kommission

(1) **Stellt die Kommission fest, dass ein angemeldeter Zusammenschluss dem in Artikel 2 Absatz 2 festgelegten Kriterium und – in den in Artikel 2 Absatz 4 genannten Fällen – den Kriterien des Artikels 81 Absatz 3 des Vertrags entspricht, so erlässt sie eine Entscheidung, mit der der Zusammenschluss für vereinbar mit dem Gemeinsamen Markt erklärt wird.**

Durch eine Entscheidung, mit der ein Zusammenschluss für vereinbar erklärt wird, gelten auch die mit seiner Durchführung unmittelbar verbundenen und für sie notwendigen Einschränkungen als genehmigt.

(2) **Stellt die Kommission fest, dass ein angemeldeter Zusammenschluss nach entsprechenden Änderungen durch die beteiligten Unternehmen dem in Artikel 2 Absatz 2 festgelegten Kriterium und – in den in Artikel 2 Absatz 4 genannten Fällen – den Kriterien des Artikels 81 Absatz 3 des Vertrags entspricht, so erlässt sie eine Entscheidung, mit der der Zusammenschluss für vereinbar mit dem Gemeinsamen Markt erklärt wird.**

Die Kommission kann ihre Entscheidung mit Bedingungen und Auflagen verbinden, um sicherzustellen, dass die beteiligten Unternehmen den Verpflichtungen nachkommen, die sie gegenüber der Kommission hinsichtlich einer mit dem Gemeinsamen Markt zu vereinbarenden Gestaltung des Zusammenschlusses eingegangen sind.

Durch eine Entscheidung, mit der ein Zusammenschluss für vereinbar erklärt wird, gelten auch die mit seiner Durchführung unmittelbar verbundenen und für sie notwendigen Einschränkungen als genehmigt.

(3) **Stellt die Kommission fest, dass ein Zusammenschluss dem in Artikel 2 Absatz 3 festgelegten Kriterium entspricht oder – in den in Artikel 2 Absatz 4 genannten Fällen – den Kriterien des Artikels 81 Absatz 3 des Vertrags nicht entspricht, so erlässt sie eine Entscheidung, mit der der Zusammenschluss für unvereinbar mit dem Gemeinsamen Markt erklärt wird.**

(4) **Stellt die Kommission fest, dass ein Zusammenschluss**

a) bereits vollzogen wurde und dieser Zusammenschluss für unvereinbar mit dem Gemeinsamen Markt erklärt worden ist oder

---

[56] Vgl. EuG U. v. 12.12.2012 Rs. T-332/09 – *Electrabel/Komm,* noch nicht veröffentlicht, Rn. 212.
[57] Komm. E. v. 3.7.2001 Rs. COMP/JV.55 – *Hutchison/PCPM/ECT,* WuW 2001, 844 f.

b) unter Verstoß gegen eine Bedingung vollzogen wurde, unter der eine Entscheidung gemäß Absatz 2 ergangen ist, in der festgestellt wird, dass der Zusammenschluss bei Nichteinhaltung der Bedingung das Kriterium des Artikels 2 Absatz 3 erfüllen würde oder – in den in Artikel 2 Absatz 4 genannten Fällen – die Kriterien des Artikels 81 Absatz 3 des Vertrags nicht erfüllen würde, kann sie die folgenden Maßnahmen ergreifen:

– Sie kann den beteiligten Unternehmen aufgeben, den Zusammenschluss rückgängig zu machen, insbesondere durch die Auflösung der Fusion oder die Veräußerung aller erworbenen Anteile oder Vermögensgegenstände, um den Zustand vor dem Vollzug des Zusammenschlusses wiederherzustellen. Ist es nicht möglich, den Zustand vor dem Vollzug des Zusammenschlusses dadurch wiederherzustellen, dass der Zusammenschluss rückgängig gemacht wird, so kann die Kommission jede andere geeignete Maßnahme treffen, um diesen Zustand soweit wie möglich wiederherzustellen.

– Sie kann jede andere geeignete Maßnahme anordnen, um sicherzustellen, dass die beteiligten Unternehmen den Zusammenschluss rückgängig machen oder andere Maßnahmen zur Wiederherstellung des früheren Zustands nach Maßgabe ihrer Entscheidung ergreifen.

In den in Unterabsatz 1 Buchstabe a) genannten Fällen können die dort genannten Maßnahmen entweder durch eine Entscheidung nach Absatz 3 oder durch eine gesonderte Entscheidung auferlegt werden.

(5) **Die Kommission kann geeignete einstweilige Maßnahmen anordnen, um wirksamen Wettbewerb wiederherzustellen oder aufrecht zu erhalten, wenn ein Zusammenschluss**

a) unter Verstoß gegen Artikel 7 vollzogen wurde und noch keine Entscheidung über die Vereinbarkeit des Zusammenschlusses mit dem Gemeinsamen Markt ergangen ist;

b) unter Verstoß gegen eine Bedingung vollzogen wurde, unter der eine Entscheidung gemäß Artikel 6 Absatz 1 Buchstabe b) oder Absatz 2 des vorliegenden Artikels ergangen ist;

c) bereits vollzogen wurde und für mit dem Gemeinsamen Markt unvereinbar erklärt wird.

(6) **Die Kommission kann eine Entscheidung gemäß Absatz 1 oder Absatz 2 widerrufen, wenn**

a) die Vereinbarkeitserklärung auf unrichtigen Angaben beruht, die von einem der beteiligten Unternehmen zu vertreten sind, oder arglistig herbeigeführt worden ist oder

b) die beteiligten Unternehmen einer in der Entscheidung vorgesehenen Auflage zuwiderhandeln.

(7) **Die Kommission kann eine Entscheidung gemäß den Absätzen 1 bis 3 treffen, ohne an die in Artikel 10 Absatz 3 genannten Fristen gebunden zu sein, wenn**

a) sie feststellt, dass ein Zusammenschluss vollzogen wurde

i) unter Verstoß gegen eine Bedingung, unter der eine Entscheidung gemäß Artikel 6 Absatz 1 Buchstabe b) ergangen ist oder

ii) unter Verstoß gegen eine Bedingung, unter der eine Entscheidung gemäß Absatz 2 ergangen ist, mit der in Einklang mit Artikel 10 Absatz 2 festgestellt wird, dass der Zusammenschluss bei Nichterfüllung der Bedingung Anlass zu ernsthaften Bedenken hinsichtlich seiner Vereinbarkeit mit dem Gemeinsamen Markt geben würde oder

b) eine Entscheidung gemäß Absatz 6 widerrufen wurde.

(8) **Die Kommission teilt ihre Entscheidung den beteiligten Unternehmen und den zuständigen Behörden der Mitgliedstaaten unverzüglich mit.**

Übersicht

I. Einleitung

Im Rahmen ihrer Befugnisse nach Art. 8 trifft die Kommission eine abschließende Entscheidung über die Vereinbarkeit jener Vorhaben, deren Prüfung im Vorverfahren[1] ernsthafte wettbewerbliche Bedenken ergeben haben. Sinn und Zweck dieser Intensivprüfung („Zweite-Phase-Prüfung") ist es festzustellen, ob und wie ein Zusammenschluss mit dem Gemeinsamen Markt vereinbar ist. Je nach dem Ergebnis dieser Prüfung trifft die Kommission entweder eine (un)bedingte Freigabeentscheidung oder aber eine Verbotsentscheidung. Die abschließende Entscheidung der Kommission schließt jede weitere Prüfung des Vorhabens nach Artt. 101, 102 AEUV und der in Umsetzung dieser Bestimmungen ergangenen Verordnungen oder nationalem Recht der Mitgliedstaaten aus (sog. „one-stop-shop"-Prinzip). Entscheidungen der Kommission (mit Ausnahme der Widerrufsentscheidung) ergehen grundsätzlich spätestens 90 AT nach Einleitung des Verfahrens.[2] Im Falle von Zusagen kann sich die Frist auf 105 AT erhöhen. Abweichungen von der typischen Dauer können sich auch im Falle von Fristverlängerungen sowie aufgrund von „stop-the-clock"-Entscheidungen der Kommission ergeben. 1

Die Kommission kann – wie auch in der ersten Phase – Genehmigungsentscheidungen unter gewissen Voraussetzungen widerrufen. Wurde ein nicht genehmigter Zusammenschluss vollzogen, kann die Kommission außerdem eine Entflechtungsanordnung treffen. Diese letztere Befugnis ergänzt die Kompetenzen der Kommission im Rahmen der (ansonsten) präventiven Fusionskontrolle und ist darauf ausgerichtet, wirksamen Wettbewerb wieder herzustellen. 2

[1] Erste-Phase-Prüfverfahren, siehe Art. 6 Rn. 1 ff.
[2] Siehe Art. 10 Abs. 3.

3 Das Zweite-Phase-Verfahren ist im Gegensatz zum Vorverfahren (siehe Art. 6 Rn. 1 ff.) von umfassenden Verfahrensgarantien[3] geprägt.

4 Gegen Entscheidungen nach Art. 8 können gemäß Art. 263 AEUV (ex-230) innerhalb von zwei Monaten ab Zustellung der Entscheidung an die beteiligten Unternehmen von diesen selbst, den Mitgliedstaaten oder von betroffenen Dritten Rechtsmittel beim Gericht der Europäischen Union („Gericht“, früher: EuG) eingelegt werden. Seit Inkrafttreten der Fusionskontrollverordnung 1990 wurden ca. 4% aller Zweite-Phase-Entscheidungen der Kommission angefochten. Die relativ niedrige Zahl der Rechtsmittelverfahren erklärt sich aus der vergleichsweise langen Dauer der Gerichtsverfahren (20 Monate im Schnitt) und der nicht aufschiebenden Wirkung der Klage. Mit Einführung des beschleunigten Verfahrens im Jahre 2002 hat das Gericht die Möglichkeit, bestimmte Fälle mit Vorrang (innerhalb von weniger als 12 Monaten in einem abgekürzten Verfahren) zu entscheiden.[4]

5 Die Prüfung von Zusammenschlussvorhaben in der zweiten Phase führt in der Regel zu einer sehr intensiven Prüfung des Falles. Die Kommission ermittelt dabei in der Regel anhand von zumeist sehr umfangreichen Fragebögen, die an die Parteien und andere Marktteilnehmer versandt werden und die unter engen Zeitvorgaben beantwortet werden müssen. Zudem ist die Kommission dazu übergegangen, sich interne Dokumente der Parteien vorlegen zu lassen, insbesondere E-Mail-Korrespondenz einzelner Mitarbeiter bzw. Entscheidungsträger. Die Prüfung in der zweiten Phase umfasst in besonderer Weise auch wettbewerbsökonomische Gesichtspunkte. Dazu bedient sich die Kommission eines eigens eingerichteten Ökonomenteams („chief economist team“).

6 Die Praxis zeigt, dass diese quantifizierten Prüfungen häufig parallel zur qualitativen Analyse des Falles laufen. Rechtliche Grundlagen dieser Prüfungen sind u. a. die Leitlinien der Kommission zur Beurteilung horizontaler und nichthorizontaler (vertikaler oder konglomerater) Zusammenschlüsse.[5] Diese – in ihrem Inhalt nicht immer eindeutigen – Leitlinien sehen insbesondere das von der Kommission anzuwendende Prüfkonzept vor.

7 In jüngster Zeit wird die Kommission zunehmend dafür kritisiert, dass Effizienzargumenten der Parteien zu wenig Beachtung geschenkt wird. In der Tat hat die Kommission bis dato in keinem Fall einen Zusammenschluss aufgrund des Effizienzeinwands genehmigt. Dies verwundert deshalb nicht, weil nach den Leitlinien z. B. zur Beurteilung horizontaler Zusammenschlüsse die Anerkennung des Effizienzeinwandes voraussetzt, dass der Zusammenschluss das mildere Mittel darstellt. Da die Kommission gleichzeitig als milderes Mittel eine vertragliche Kooperation unter den Parteien einbezieht, lässt sich mit dieser Interpretation in nahezu jedem Fall ein Effizienzargument der Parteien entkräften.

8 Neben einer intensiven materiellen Prüfung des Vorhabens ist die Zweite-Phase-Prüfung durch ein relativ enges Fristenkorsett geprägt, das dem Bedürfnis der Parteien nicht immer gerecht wird. Die Best Practices der Kommission bzgl. Fusionskontrollverfahren[6] sehen dazu sogar sog. „State-of-play-meetings“ zu bestimmten Zeitpunkten des Prüfungsprozes-

---

[3] Einzelheiten siehe Verordnung (EG) Nr. 802/2004 vom 7.4.2004; ABl. L 133, 30.4.2004. Siehe auch die „Best Practices on conduct of merger control proceedings“; http://ec.europa.eu/comm/competition/mergers/legislation/proceedings.pdf; vgl. Art. 6 Rn. 1 ff., 15 ff.

[4] Gem. Art. 76a der Verfahrensordnung des Gerichts kann das Gericht bei Vorliegen von besonderer Dringlichkeit und nach den Umständen der Rechtssache auf Antrag des Klägers oder des Beklagten – sofern es die Komplexität des Falles erlaubt – einen Fall im sog. Beschleunigten Verfahren (Urteil vor Ablauf von 12 Monaten) entscheiden. Der Schwerpunkt des Verfahrens liegt auf der mündlichen Verhandlung, der ein stark verkürztes schriftliches Verfahren vorangeht (siehe Verfahrensordnung des EuG v. 2.5.1991 inkl. ändernden Rechtsakten http://curia.europa.eu/jcms/upload/docs/application/pdf/2008-09/txt7_2008-09-25_11-11-3_598.pdf).

[5] Leitlinien zur Bewertung horizontaler Zusammenschlüsse gemäß der Ratsverordnung über die Kontrolle von Unternehmenszusammenschlüssen, ABl. 2004/C 31/03; Leitlinien zur Bewertung nichthorizontaler Zusammenschlüsse gemäß der Ratsverordnung über die Kontrolle von Unternehmenszusammenschlüssen, ABl. 2008/C 265/07.

[6] http://ec.europa.eu/competition/mergers/legislation/proceedings.pdf.

ses vor. Des Weiteren besteht die Möglichkeit einer nicht öffentlichen Anhörung („oral hearing") unter Teilnahme aller Beteiligten, einschließlich Beigeladener, der relevanten Dienststellen der Kommission und der Vertreter nationaler Behörden.

II. Art. 8 Abs. 1: Freigabe ohne Änderungen

1. Norminhalt

Die Kommission gibt den Zusammenschluss in unveränderter Form frei, sobald sie festgestellt, dass keine ernsthaften Bedenken im Sinne von Art. 6 Abs. 1 lit. c) bestehen (bevor sie den Parteien die Beschwerdepunkte übermittelt hat), das Vorhaben nicht zu einer Behinderung wirksamen Wettbewerbs führt (die Voraussetzungen des Art. 2 Abs. 2 erfüllt) oder dass es durch ein Gemeinschaftsunternehmen nicht zur Koordinierung des Wettbewerbsverhaltens unabhängig bleibender Unternehmen kommt.[7] Sobald die Kommission dies festgestellt hat, muss sie gemäß Unterabsatz 3 den Zusammenschluss freigeben. Die Entscheidung der Kommission erstreckt sich auch auf die mit der Durchführung des Zusammenschlusses unmittelbar verbundenen und für sie notwendigen Einschränkungen (Nebenabreden).[8] 9

2. Anwendungsvoraussetzungen

Die Freigabe des unveränderten Zusammenschlusses setzt voraus, dass der Zusammenschluss die Kriterien des Art. 2 Abs. 2 erfüllt (bzw. die Kriterien des Art. 6 Abs. 1 lit. c) nicht vorliegen) und wirksamen Wettbewerb nicht behindert, insbesondere durch Begründung oder Verstärkung einer beherrschenden Stellung der Zusammenschlussparteien. Die Umstände, die zu einer Freigabe führen nachdem die Kommission zuvor im Vorverfahren ernsthafte Bedenken geäußert hat, sind von Fall zu Fall verschieden. Es kann sich z. B. herausstellen, dass der Zusammenschluss tatsächlich keine Verstärkung einer bereits bestehenden Marktdominanz bewirkt,[9] z. B. weil der erworbene Wettbewerber wegen finanzieller Schwierigkeiten gezwungen wäre, aus dem Markt auszuscheiden[10] oder es wird von den Parteien nachgewiesen, dass wirksamer Wettbewerb auf den betroffenen Märkten bestehen wird.[11] In mehreren Fällen meldete die Kommission zunächst Bedenken im Hinblick auf kollektive Marktbeherrschung an, stellte jedoch später das Fehlen dazu notwendiger Elemente fest.[12] Auch die Revidierung einer auf Grundlage des Vorverfahrens angenommenen Produktmarktabgrenzung oder geographischen Marktabgrenzung kann zur Genehmigung eines unveränderten Vorhabens in der zweiten Phase führen.[13] 10

---

[7] Auf diesen Norminhalt wird hier nicht weiter eingegangen, siehe Art. 2 Rn. 121 ff.; Art. 6 Rn. 12 ff.

[8] Zum Thema der Nebenabreden siehe ausführlich Kommentar zu Art. 6 Rn. 50 ff. Die dortigen Ausführungen gelten in gleicher Weise für das Verfahren unter Art. 8.

[9] Siehe Komm. E. v. 25.7.2001 – *De Beers/LVMH/JV,* ABl. 2003 L 29 oder Komm. E. v. 22.1.1997 – *Coca Cola Enterprises/Amalgamated Beverages GB,* ABl. 1997 L 218.

[10] Siehe Komm. E. v. 9.10.2013 – *Aegean/Olympic II,* IP/13/927; Komm. E. v. 2.9.2013 – *Nynas/Shell/Hamburg Refinery,* ABl. 2014 C 368.

[11] Vgl. jüngst Komm. E. v. 9.9.2014 – *Cemex/Holcim Assets,* ABl. 2014 C 438; Komm. E. v. 5.6. 2014 – Holcim/Cemex West, IP/14/639; Komm. E. v. 16.10.2011 – *Seagate Technology/The HDD Business of Samsung Electronics,* ABl. 2012 C 154; Komm. E. v. 20.6.2001 – *MAN/Auwärter,* ABl. 2002 L 116.

[12] Vgl. z. B. Komm. E. v. 31.1.1994 – *Mannesmann/Valourec/Iva,* ABl. 1994 L 102 oder Komm E. v. 21.12.1993 – *Pilkington/S IV,* ABl. 1994 L 158; oder Komm. E. v. 21.11.2001 – *UPM-Kymmene/Haindl* und *Norske Skog/Parenco/Walsum,* ABl. 2002 C 284.

[13] Vgl. Komm. E. v. 30.1.2008 – *Ineos/Kerling,* ABl. 2008 C 219; Komm. E. v. 13.7.2005 – *Blackstone/Acetex,* ABl. 2005 L 312; Komm. E. v. 6.5.1998 – *ITS/Signode/Titan,* ABl. 1998 L 316; Komm. E. v. 19.7.2000 – *Pirelli/BICC,* ABl. 2003 L 70.

3. Rechtsfolgen

11 Die Freigabeentscheidung ermächtigt die Parteien zur Durchführung des Vorhabens. Die mit seiner Durchführung unmittelbar verbundenen und für sie notwendigen Einschränkungen (Nebenabreden) gelten mit der Freigabeentscheidung als mit genehmigt.[14] Die Entscheidung, durch die die Vereinbarkeit des Zusammenschlusses festgestellt wird, ist – wie alle Entscheidungen gemäß Art. 8 Abs. 1 bis 4 – unter bestimmten Voraussetzungen durch Dritte anfechtbar. Die bisher einzige Freigabeentscheidung, die im Wege der Konkurrentenklage erfolgreich angefochten wurde, war der Fall *Sony/BMG,* der aufgrund offensichtlicher Beurteilungsfehler der Kommission vom EuG aufgehoben wurde.[15]

4. Praktische Bedeutung

12 Freigabeentscheidungen machen fast 25% der gesamten Entscheidungen in der zweiten Phase und damit einen relativ geringen Anteil aus. Wesentlich häufiger sind Genehmigungsentscheidungen mit Zusagen.

III. Art. 8 Abs. 2: Freigabe nach Änderung

1. Norminhalt

13 Die Kommission erlässt eine Genehmigungsentscheidung sobald sie festgestellt hat, dass das Zusammenschlussvorhaben nach Änderung durch die beteiligten Unternehmen die Kriterien des Art. 2 Abs. 2 erfüllt bzw. keine Koordinierung des Wettbewerbsverhaltens im Sinne des Art. 2 Abs. 4 vorliegt. Die Änderung des Vorhabens kann entweder durch eine reine Reduzierung des Transaktionsumfanges (z.B. durch Aufgabe der Übernahme bestimmter Betriebsstätten) oder Zusagen erfolgen. Dies setzt voraus, dass das Vorhaben insgesamt verbindlich (teil-)aufgegeben wird, was entsprechend nachzuweisen ist. Häufiger ist der Fall, dass das Vorhaben eine Änderung durch Zusagen erfährt, die die Kommission gemäß Art. 8 Abs. 2 Unterabsatz 2 als Auflagen oder Bedingungen auferlegen kann.

14 Die Entscheidung der Kommission erstreckt sich auch im Fall von Art. 8 Abs. 2 auf die mit seiner Durchführung unmittelbar verbundenen und für sie notwendigen Einschränkungen (Nebenabreden).[16]

2. Anwendungsvoraussetzungen[17]

15 **a) Inhaltliche Kriterien.** Siehe dazu entsprechend die Ausführungen zu Art. 6 Rn. 21f. Im Gegensatz zur ersten Phase werden Zusagen in der zweiten Phase nicht nur bei einfachen, klar abgrenzbaren Wettbewerbsproblemen, sondern auch zur Lösung komplexerer Sachverhalte eingesetzt.

16 **b) Verbesserung von Zusagen.** Im Gegensatz zur ersten Phase, können in der zweiten Phase mitunter auch weitergehende Verbesserungen von Zusagen akzeptiert werden, vorausgesetzt jedoch, dass der Kommission eine angemessene Zeit für die Konsultation der Mitgliedstaaten sowie einem Markttest verbleibt.[18] Zur Möglichkeit der Fristenverlänge-

---

[14] Siehe zu Nebenabreden ausführlich Kommentar zu Art. 6 Rn. 50ff. Die dortigen Ausführungen gelten ebenfalls für das Verfahren unter Art. 8.

[15] EuG, U. v. 13.7.2006 in der Rs. T-464/04 – Impala; siehe weitere Informationen zu diesem Verfahren bei *Käseberg* in Langen/Bunte, Kartellrecht Bd. 2, Art. 8 Rn. 11.

[16] Siehe zu Nebenabreden ausführlich Kommentar zu Art. 6 Rn. 50ff. Die dortigen Ausführungen gelten ebenfalls für das Verfahren unter Art. 8.

[17] Zu den im Zusagenverfahren geltenden Grundsätzen und zur praktischen Anwendung von Zusagen siehe die Bekanntmachung der Kommission über zulässige Abhilfemaßnahmen; ABl. C 267, 22.10.2008.

[18] Siehe z.B. Komm. E. v. 9.2.2000 – *TotalFina/Elf,* ABl. 2001 L 143.

rung zur Verhandlung von Zusagen vgl. Art. 6 Rn. 26. Siehe dazu entsprechend Ausführungen zu Art. 6 Rn. 23.

c) Alternative Zusagen. Siehe dazu entsprechend Ausführungen zu Art. 6 Rn. 24. 17

d) Änderung von Zusagen. Siehe dazu entsprechend Ausführungen zu Art. 6 Rn. 25 ff. 18

e) Fristen für die Abgabe. Zusagen in der zweiten Phase müssen gem. Art. 10 Abs. 3 innerhalb von 55 AT nach Verfahrenseinleitung (durch Entscheidung gem. Art. 6 Abs. 1 lit. c) von den beteiligten Unternehmen abgegeben werden. Dadurch verlängert sich automatisch die Entscheidungsfrist der Kommission von 90 auf 105 AT. In der Praxis führen selbst diese Fristen jedoch oft zu Komplikationen, da die Parteien Zusagen knapp nach der mündlichen Anhörung einreichen müssen (manchmal parallel zum Verfassen einer Antwort auf die Beschwerdepunkte). Unter der alten Fristenverordnung (Art. 18 Abs. 2) hatte die Kommission lediglich die Möglichkeit, diese Frist unter außergewöhnlichen Umständen zu verlängern.[19] Diese Situation führte in der Vergangenheit oft dazu, dass Zusagen am letzten Tag der Frist vorgelegt wurden und der Kommission auf Grund ihrer umfangreichen Konsultationsverpflichtungen in der zweiten Phase nicht genügend Zeit zu deren sorgfältiger Prüfung hatte bzw. Verbesserungen aus Zeitgründen nur eingeschränkt möglich waren. Daher gibt der neue Art. 10 Abs. 3 2. Unterabsatz den Anmeldern nunmehr die Möglichkeit, innerhalb von 15 AT nach Einleitung des Hauptprüfverfahrens eine Verlängerung der Beurteilungsfrist von maximal 20 AT zu beantragen. 19

Die Praxis zeigt allerdings, dass selbst dies nicht immer ausreicht, insbesondere in komplizierten Fällen bzw. wenn ein Markttest negativ verlief. Die Kommission greift dann ab und an im Einverständnis mit den Parteien zum Mittel von sog. „Stop-the-clock"-Entscheidungen. Hierauf besteht jedoch naturgemäß kein Anspruch. Gleichzeitig führt das relativ enge Fristenkorsett dazu, dass insbesondere im Zeitraum nach dem oral hearing kaum mehr die Möglichkeit zu einem Austausch über die wettbewerblichen Bedenken der Kommission verbleibt. Hier wären Verbesserungen sinnvoll und im Hinblick auf die Wahrung der Rechte der Unternehmen (rechtliches Gehör, faires Verfahren) wünschenswert. Ein bestimmter Zeitdruck wird im Übrigen auch dadurch verursacht, dass die Fachabteilung der GD Wettbewerb (case team) aufgrund der innerhalb der Kommission bestehenden Konsultations- und Entscheidungsmechanismen sowie der Notwendigkeit der Einbeziehung des Beratenden Ausschusses ihren Entscheidungsvorschlag bereits zu einem Zeitpunkt fertigstellen muss, der erheblich vor dem Ende der gesetzlich vorgesehenen Prüffrist liegt. 20

f) Formerfordernisse. Es gelten dazu entsprechend die Ausführungen zu Art. 6 Rn. 27. Zusagen in der zweiten Phase müssen sich außerdem auf sämtliche in der Mitteilung der Beschwerdepunkte gem. Art. 18 enthaltenen Punkte beziehen, die nicht von der Kommission aufgegeben worden sind. 21

3. Ablehnung von Zusagen

Zu den Grundsätzen siehe entsprechend die Ausführungen zu Art. 6 Rn. 21 ff. Stellt die Kommission fest, dass Zusagen in der zweiten Phase ungenügend oder unvollständig sind oder nicht alle aufgezeigten Wettbewerbsprobleme beseitigen,[20] muss sie den angemeldeten Zusammenschluss untersagen. Dasselbe gilt z. B., wenn die übertragenen Vermögenswerte den Käufer bzw. Lizenznehmer nicht in die Lage versetzen, wirksamen Wettbewerb gegenüber den Zusammenschlussparteien auszuüben.[21] 22

[19] Siehe z. B. Komm. E. v. 22.9.1999 – *Airtours/Firstchoice,* ABl. 2000 L 93, in der es der Kommission nicht möglich war die Frist zu verlängern (par.).

[20] Siehe z. B. Komm. E. v. 27.3.2013 – *Ryanair/Aer Lingus III,* ABl. 2013 C 216; Komm. E. v. 27.6. 2007 – *Ryanair/Aer Lingus,* ABl. 2008 C47; Komm. E. v. 31.1.2001 – *Metsä/Tissue,* par. 250–255, ABl. 2002 L 57.

[21] Siehe z. B. Komm. E. v. 27.3.2013 – *Ryanair/Aer Lingus III,* ABl. 2013 C 216; Komm. E. v. 30.1. 2013 – *UPS/TNT Express,* ABl. 2014 C137; Komm. E. v. 17.10.2001 – *CVC/Lenzing,* par. 264-68, ABl. 2004 L 82.

23 In der zweiten Phase wurden Zusammenschlüsse mitunter auch deshalb verboten, weil trotz der Bereitschaft der beteiligten Unternehmen geeignete Zusagen unmöglich waren.[22] Dies geschah u. a. in Fällen, in denen die Zusammenschlussparteien bedeutend größer waren als jeder andere Wettbewerber[23] und es keine selbstständige Unternehmenseinheit gab, die Gegenstand eines Verkaufs hätte sein können.[24] In anderen Fällen waren Zusagen auf Grund starker vertikaler Verbindungen nicht möglich.[25] Auch in einem oligopolistischen Marktgefüge kann die Beseitigung von horizontalen Überschneidungen mitunter problematisch sein, wenn die einzigen in Frage kommenden Erwerber selbst Mitglieder des Oligopols sind. In anderen Fällen sind Zusagen zu spät angeboten bzw. zu spät verbessert worden, um von der Kommission berücksichtigt werden zu können.[26] Die Möglichkeit der Fristverlängerung auf Antrag (siehe Rn. 13 oben) trägt mittlerweile in einem gewissen Umfang dazu bei, dass dieses Problem weniger auftritt.

4. Unterscheidung von Zusagen nach ihrem Inhalt

24 Für die Unterscheidung von strukturellen und Verhaltenszusagen bzw. Zusagenpaketen siehe entsprechend die Ausführungen zu Art. 6 Rn. 29 ff.

5. Beispiele gängiger Zusagen

25 Siehe dazu entsprechend die Ausführungen zu Art. 6 Rn. 33. Auch im Zweite-Phase-Verfahren ist die Veräußerung von Geschäftsteilen, Mehrheitsbeteiligungen oder Produktionsanlagen,[27] die auf Grund ihrer einfachen Überwachung und klaren strukturellen Ausrichtung am häufigsten akzeptierte Zusage.[28] Auch die Einschränkung des Übernahmevorhabens auf bestimmte Teile ist möglich.[29] An zweiter Stelle stehen sog. „Entflechtungszusagen", wie z. B. die Abgabe einer Minderheitsbeteiligung,[30] die Beseitigung von Vetorechten,[31] der Beteiligung an einem Gemeinschaftsunternehmen,[32] oder die Beseitigung personeller Verbindungen zu (potentiellen) Wettbewerbern.[33] Der Entflechtung dienen mitunter auch die Beendigung oder Lockerung von Exklusivvereinbarungen[34] oder von besonders engen Kooperationsvereinbarungen oder die Einräumung der Kündigungsmög-

---

[22] Komm. E. v. 26.1.2011 – *Olympic/Aegean Airlines,* ABl. 2012 C195.

[23] Komm. E. v. 1.1.2012 – *Deutsche Börse/NYSE Euronext,* ABl. 2014 C254/8.

[24] Siehe z. B. Komm. E. v. 2.10.1991 – *Aérospatiale/Alenia/de Havilland,* ABl. 1991 L 334 oder auch Fall *Wolters Kluwer/Reed Elsevier* (Vorhaben wurde zurückgezogen).

[25] Siehe z. B. Komm. E. v. 9.11.1994 – *MSG Media Service,* ABl. 1994 L 364 oder Komm. E v. 27.5.1998 – *Bertelsmann/Kirch/Premiere,* ABl. 1999 L 53.

[26] In den Fällen Komm. E v. 27.5.1998 – *Bertelsmann Kirch/Premiere,* ABl. 1999 L 53 und Komm. E v. 10.10.2001 – *Schneider/Legrand,* ABl. 2004 L 101.

[27] Siehe z. B. Komm. E. 8.5.2014 – *INEOS/SOLVAY/JV,* ABl. 2014 C407; Komm. E. v. 24.5.2013 – *Munksjö/Ahlstrom,* IP/13/461; Komm. E. v. 7.11.2012 – *Outokumpu/Inoxum,* ABl. 2013 C312; Komm. E. 21.9.2012 – *Universal Music Group/EMI Music,* ABl. 2013 C220; Komm. E. v. 26.10.2004– *Phoenix/Continental,* ABl. 2006 L353.

[28] Siehe Komm. E. v. 30.4.2003 – *Siemens/Drägerwerk,* ABl. 2003 L 291 (weltweite Veräußerung von Geschäftsteilen des Erwerbers; Komm. E. v. 11.6.2003 – *Verbund/Energieallianz,* ABl. 2004 L92 (Veräußerung von Mehrheitsanteil an Großkundengesellschaft; upfront-buyer – Auflage und Versteigerung von Stromlieferverträgen mit Kleinkunden).

[29] Siehe z. B. Komm. E. v. 3.2.1999 – *Rewe/Meinl,* ABl. 2001 C 91.

[30] Komm. E v. 11.12.1998 – *BP Amoco/Atlantic Richfield,* ABl. 1999 L 112.

[31] Komm. E v. 6.10.2004 – *Urenco/Areva.*

[32] Komm. E. v. 24.5.2013 – *Munksjö/Ahlstrom,* IP/13/461; Komm. E v. 3.12.1997 – *Veba/Degussa,* ABl. 1998 C 201.

[33] Z. B. Rückzug aus dem Vorstand bzw. Aufsichtsrat vgl. Komm. E v. 31.7.1991 – *Varta/Bosch,* ABl. 1991 L 320 oder Komm. E v. 26.10.2000 – *Magneti Marelli/CEAC,* ABl. 2001 C 174.

[34] So z. B. Komm. E v. 9.3.1999 – *Danish Crown/Vestjyske Slagterier,* ABl. 2000 L 20.

lichkeit für Kunden.[35] Marktöffnungszusagen in der zweiten Phase bestanden z. B. in der Gewährung von Zugang zu Schlüsseltechnologien,[36] wichtigen technischen Daten[37] oder Infrastrukturnetzen, in der Zurverfügungstellung von Produktionskapazitäten durch offene Ausschreibung,[38] durch Abgabe von Funkfrequenzen[39] oder durch Zugang zu Netzwerkkapazität,[40] der Einräumung exklusiver Lizenzen sowie von Nutzungsrechten[41] oder die gemeinsame Nutzung von Netzen, sog. Networksharing.[42] Häufig ist eine Kombination verschiedener Abhilfemaßnahmen notwendig.

6. Besondere Anforderungen bei Veräußerungszusagen

Zu den Anforderungen an Verkaufsobjekt und Käufer siehe entsprechend die Ausführungen zu Art. 6 Rn. 34 ff. **26**

7. Durchführung von Zusagen

Siehe dazu entsprechend die Ausführungen zu Art. 6 Rn. 37 ff. **27**

8. Dauer von Zusagen

Siehe dazu entsprechend die Ausführungen zu Art. 6 Rn. 44. **28**

9. Rechtsfolgen

Die bedingte Freigabeentscheidung ermächtigt die Parteien zur Durchführung des Vorhabens. Die Kommission kann jedoch mittels Auflage in ihrer Genehmigungsentscheidung die Durchführung von der vorangehenden Umsetzung der Zusagen abhängig machen.[43] Bezüglich der bedingten Genehmigungsentscheidungen in der zweiten Phase gelten dieselben Grundsätze wie in der ersten Phase. Hinsichtlich der Rechtsfolgen (Unterscheidung von Bedingungen, Auflagen und unverbindlichen Erklärungen, Nebenabreden und Rechtsmittel) siehe entsprechend die Ausführungen zu Art. 6 Rn. 45 ff. **29**

10. Praktische Bedeutung

Bedingte Genehmigungen machten 107 von insgesamt 191 der seit 30.9.1990 in der zweiten Phase von der Kommission genehmigten Zusammenschlüsse aus (Stand 30 November 2014). Die Bedeutung der Bestimmung wird noch klarer, wenn man bedenkt, dass die Kommission ohne diese Möglichkeit diese Zusammenschlüsse hätte verbieten müssen. Es ist anzunehmen, dass die Bedeutung von bedingten Genehmigungen weiter zunehmen **30**

---

[35] Siehe Komm. E v. 17.12.2002 – *EnBW/GVS/ENI,* ABl. 2003 L 248.

[36] Vgl. Komm. E v. 11.2.1998 – *Agfa Gevaert/Dupont,* ABl. 1998 L 211.

[37] Siehe Komm. E. v. 30.4.2003 – *Siemens/Drägerwerk,* ABl. 2003 L291 (Offenlegung der Daten für Wettbewerber, um ihre Geräte mit den Geräten der Zusammenschlussparteien kompatibel zu machen).

[38] Vgl. Komm. E v. 7.2.2001 – *EdF/EnBW,* ABl. 2002 L 59.

[39] Vgl. Komm. E. 2.7.2014 – *Telefónica Deutschland/E-Plus,* IP/14/771; Komm. E. 12.12.2012 – *Hutchison 3G Austria/Orange Austria,* ABl. 2013 C224.

[40] Vgl. Komm. E. 2.7.2014 – *Telefónica Deutschland/E-Plus,* IP/14/771; Komm. E. v. 28.5.2014 – *Hutchison 3G UK/Telefónica Ireland,* ABl. 2014 C264; Komm. E. 12.12.2012 – *Hutchison 3G Austria/Orange Austria,* ABl. 2013 C 224.

[41] E v. 16.1.1996 – *Kimberly-Clark/Scott Paper,* ABl. 1996 L 183.

[42] Komm. E. v. 28.5.2014 – *Hutchison 3G UK/Telefónica Ireland,* ABl. 2014 C 264.

[43] „Fix-it-first" oder „Upfront buyer" – Klauseln gab es z-B. im Fall Komm. E. v. 10.9.2014 – *Huntsman Corporation/Equity Interests held by Rockwood Holdings, IP/14/991;* Komm. E. 2.7.2014 – *Telefónica Deutschland/E-Plus,* IP/14/771; Komm. E v. 11.6.2003 – *Verbund/Energie Allianz,* ABl. 2004 L 92; siehe par. 143a); Komm. E v. 12.1.2001 – *Bosch/Rexroth,* ABl. 2004 L 43; Komm. E v. 13.3. 2001 – *The Post Office/TPG/SPPL,* ABl. 2004 L 82.

wird, da die Konzentrationsprozesse in vielen Industrien anhalten und gleichzeitig die Kommission aus berechtigten, industriepolitischen Erwägungen bereit ist, zusammen mit den Unternehmen geeignete Zusagen zu entwickeln.

IV. Art. 8 Abs. 3: Verbot

1. Norminhalt

31 Die Kommission hat einen Zusammenschluss zu untersagen, wenn sie feststellt, dass dieser wirksamen Wettbewerb behindern würde und zwar insbesondere durch die Entstehung oder Verstärkung einer beherrschenden Stellung auf den betroffenen Märkten oder wenn sie feststellt, dass es durch die Gründung eines Gemeinschaftsunternehmens zur Koordinierung des Wettbewerbsverhaltens unabhängig bleibender Unternehmen kommt (dem Zweck oder der Wirkung nach).

2. Anwendungsvoraussetzungen

32 Um einen Zusammenschluss zu verbieten muss die Kommission nachweisen, dass der Zusammenschluss wirksamen Wettbewerb im Gemeinsamen Markt oder in einem wesentlichen Teil desselben erheblich behindern würde, d. h., dass der Zusammenschluss die Kriterien des Art. 2 Abs. 3 erfüllt oder die Koordinierung des Wettbewerbsverhaltens unabhängiger Unternehmen zur Folge hätte (siehe Art. 2 Abs. 4).[44]

33 Materiell richtet sich dabei die Bewertung nach den dazu von der Kommission erlassenen Leitlinien.[45] Noch nicht hinreichend geklärt ist der dabei anzunehmende Beweisstandard. Die Beweislast für das Vorliegen der Voraussetzungen für eine Untersagung liegt jedenfalls bei der Kommission. Diese muss darlegen, weshalb sie der Überzeugung ist, dass die Untersagung gerechtfertigt ist.

34 Eine Sonderfrage bilden dabei nach Ansicht der Kommission Effizienzargumente der Unternehmen. Hier sollen die Unternehmen die volle Beweislast tragen.[46] Dies ist fragwürdig, denn letztlich bildet die Prüfung der Effizienzen eines Zusammenschlusses einen integralen Bestandteil der wettbewerblichen Gesamtanalyse. Richtigerweise liegt deshalb zwar die Darlegungslast bei den Unternehmen; die Kommission trägt aber die volle Beweislast, wenn sie die Effizienzargumente zurückweisen will.

35 Die Fusionskontrollverordnung enthält keine allgemeine Vermutung der Vereinbarkeit oder Unvereinbarkeit eines angemeldeten Zusammenschlusses mit dem Gemeinsamen Markt.[47] Fraglich ist deshalb, was zu geschehen hat, wenn die Prüfung des Zusammenschlusses zu keinem eindeutigen Ergebnis führt (non-liquet). Die Gemeinschaftsgerichte haben zu dieser Frage erstmals im Zusammenhang mit dem Zusammenschlussfall *Tetra-Laval/Sidel*[48] ausführlich Stellung genommen. Der EuGH hat die Auffassung des EuG bestätigt, wonach *„es zum Nachweis der wettbewerbswidrigen Konglomeratwirkungen eines Zusammenschlusses … einer genauen, durch eindeutige Beweise („convincing evidence") untermauerten Prü-*

---

[44] Die Kommission ist bei der Untersagung (im Gegensatz zur Freigabeentscheidung) *nicht* an die vorherige Anmeldung des Zusammenschlusses gebunden ist. In der Praxis ist dies jedoch bisher nicht relevant geworden.

[45] Leitlinien zur Bewertung horizontaler Zusammenschlüsse gemäß der Ratsverordnung über die Kontrolle von Unternehmenszusammenschlüssen, ABl. Nr. C 031 vom 05/02/2004; Leitlinien zur Bewertung nichthorizontaler Zusammenschlüsse gemäß der Ratsverordnung über die Kontrolle von Unternehmenszusammenschlüssen ABl. 2008/C 265/07.

[46] Siehe z. B. Rz. 87, 77 der Leitlinien zur Bewertung horizontaler Zusammenschlüsse gemäß der Ratsverordnung über die Kontrolle von Unternehmenszusammenschlüssen, ABl. Nr. C 031 vom 05/02/2004.

[47] EuGH U. v. 10.7.2008, C-413/06 P – *Bertelsmann und Sony (Impala)*, Slg. 2008 I-04951, Rz. 48.

[48] Komm. E. v. 30.10.2001, M.2416 – *TetraLaval/Sidel*, ABl. 2004 L 43, S. 13.

fung der Umstände bedarf, aus denen sich die Wirkungen ergeben sollen."[49] Zwar hat der EuGH nicht ausdrücklich festgestellt, dass damit für eine negative Entscheidung höhere Beweisanforderungen gelten, als für eine positive Entscheidung, und sich auch nicht zur Frage der Entscheidung im Falle eines non-liquets, geäußert. Gleichwohl scheint der EuGH die Begründungslinie des GA Tizziano, wonach es trotz des Wortlauts des Art. 2 Abs. 2 und 3 (bzw. des Art. 8 Abs. 1–3) keine absolute Symmetrie der Freigabe- und der Untersagungsvoraussetzungen geben kann, mitzutragen.[50] Nach Auffassung des GA Tiziano müsse in Fällen in denen es besonders schwierig ist, die Auswirkungen des angemeldeten Vorhabens vorauszusehen, der Zusammenschluss mit dem gemeinsamen Markt für vereinbar erklärt werden.[51]

Auch die Entscheidung des EuG in Sachen *GE/Honeywell*[52] scheint dies zu bestätigen. **36** Das EuG hat hier ausgeführt, dass der Kommission bei der Beurteilung der vertikalen und konglomeralen Wirkungen des Zusammenschlusses dadurch offensichtliche Beurteilungsfehler unterlaufen seien, dass sie die von ihr festgestellten Auswirkungen nicht *„auf der Grundlage überzeugender Beweise und mit einem hinreichenden Grad der Wahrscheinlichkeit"* nachgewiesen hat.[53] Da die Kommission in jedem Fall eine Entscheidung im einen oder anderen Sinne treffen muss, kann dies nur bedeuten, dass sie in Ermangelung der vom EuG geforderten Beweise den Zusammenschluss (ggf. mit Auflagen und Bedingungen) freigeben muss.[54]

Dieses Ergebnis entspricht auch dem Sinn und Zweck der FKVO, wonach alle Zusam- **37** menschlüsse mit gemeinschaftsweiter Bedeutung vor ihrem Vollzug auf ihre wettbewerbliche Vereinbarkeit mit dem Gemeinsamen Markt hin zu prüfen sind. Dies geschieht für die große Mehrzahl der Transaktionen in der ersten Phase im Rahmen einer summarischen Prüfung innerhalb kurzer Fristen. Art. 10 Abs. 6 sieht dabei vor, dass in Ermangelung einer fristgerechten Entscheidung der Kommission das Vorhaben als genehmigt gilt. Hieraus folgt, dass im Zweifel, das Interesse der beteiligten Unternehmen an der Durchführung ihres Vorhabens Vorrang verdient.

Auch die Kommission hat in mehreren Entscheidungen ausdrücklich festgestellt, dass der **38** erforderliche Nachweis für die Unvereinbarkeit des Zusammenschlusses mit dem Gemeinsamen Markt nicht erbracht werden konnte und das Vorhaben deshalb freigegeben werden muss.[55]

3. Verbotsbegründungen im Einzelnen

a) Fälle von Einzelmarktbeherrschung. In zahlreichen Verbotsfällen waren zunächst **39** bedeutende gemeinsame Marktanteile bzw. horizontale Marktanteilsadditionen in Verbindung mit einer Erhöhung der Markteintrittsbarrieren für die Entstehung einer marktbeherrschenden Stellung ausschlaggebend.[56] In manchen Fällen hat die Kommission hohe

---

[49] EuGH U. v. 20.5.2010, Rs. C-12/03 P – *Kommission/TetraLaval,* ECLI:EU:C:2005:87, Rz. 41.

[50] Schlussanträge GA Tiziano v. 25.5.2004, Rs. C-12/03 P – *Kommission/TetraLaval,* ECLI:EU:C:2004:318, Rz. 74–81; *V. Koppenfelds* in: MünchKomm EuWettbR, Art. 8 FKVO Rz. 7.

[51] Schlussanträge GA Tiziano v. 25.5.2004, Rs. C-12/03 P – *Kommission/TetraLaval,* ECLI:EU:C:2004:318, Rz. 76; *V. Koppenfelds* in: MünchKomm EuWettbR, Art. 8 FKVO Rz. 7.

[52] EuG U. v. 14.12.2005, Rs. T-210/01 – *General Electric/Kommission,* ECLI:EU:T:2005:456.

[53] EuG U. v. 14.12.2005, Rs. T-210/01 – *General Electric/Kommission,* ECLI:EU:T:2005:456, Rz. 340, 364, 426, 430, 443, 462, 469 ff.

[54] *V. Koppenfelds* in: MünchKomm EuWettbR, Art. 8 FKVO Rz. 7.

[55] Komm. E. v. 26.10.2004, M. 3216 – *Oracle/PeopleSoft,* ABl. 2005 L218/1, Rz. 190, 207; Komm. E. v. 19.7.2004, M.3333 – *Sony/BMG,* ABl. 2008 C94/9, Rz. 154f; Komm. E. v. 20.6.2001, M.2201 – *MAN/Auwärter,* ABl. 2002 L116/35, Rz. 37.

[56] Siehe z.B. Komm. E. v. 1.1.2012 – *Deutsche Börse/NYSE Euronext,* ABl. 2014 C254/8; Komm. E. v. 27.3.2013 – *Ryanair/Aer Lingus III,* ABl. 2013 C 216; Komm. E. v. 27.6.2007 – *Ryanair/Aer Lingus,* ABl. 2008 C47; Komm. E. v. 26.1.2011 – *Olympic/Aegean Airlines,* ABl. 2012 C195; Komm.

Marktanteile in Verbindung mit besonderen Vorteilen der Parteien als entscheidend angesehen:[57] In anderen Fällen handelte es sich bei den fusionierenden Unternehmen um die einzigen Sortimentsanbieter[58] oder die Einzigen, die eine bestimmte schlüsselfertige Technologie anbieten können.[59] In einigen Fällen kam die Kommission zu dem Schluss, dass der Zusammenschluss eine bereits vorhandene marktbeherrschende Stellung der Parteien noch weiter verfestigen bzw. ausbauen würde.[60] Zu Verboten Anlass gab außerdem die Beseitigung des engsten Substitutes in einem bestimmten Produktmarkt[61] oder die Beseitigung potentiellen Wettbewerbs.[62] In mehreren Verbotsfällen hat die Kommission zudem hohe Marktanteile der beteiligten Unternehmen in Verbindung mit deren „Pförtnerrolle" („gate keeper role") hinsichtlich des Zugangs zum relevanten Markt als verbotsbegründend angesehen.[63] Nicht nur horizontale Überschneidungen zwischen den Parteien, sondern auch vertikale Effekte bzw. Marktabschottungseffekte haben in zahlreichen Fällen (insbesondere im Telekom- und pay-TV-Sektor)[64] zu Verboten geführt.[65] Weitere Gründe waren vertikale Effekte in Verbindung mit konglomeraten Aspekten, insbesondere die Übertragung einer marktbeherrschenden Stellung auf einem Produktmarkt in einen anderen benachbarten Markt[66] bzw. die Kombination von Komplementärprodukten oder die Möglichkeit von Koppelungsverkäufen („tying").

40 **b) Fälle von kollektiver Marktbeherrschung.** Die Kommission hat Zusammenschlussvorhaben auch bereits auf Grund von kollektiver Marktbeherrschung verboten. Der erste Fall war der Zusammenschluss zwischen der südafrikanischen Bergbaugruppe GencorImplats und der britischen Gesellschaft Lonhro/LPD.[67] Das Vorhaben hätte nach Meinung der Kommission zur Entstehung eines weltmarktbeherrschenden Duopols auf dem Markt für Platin und Rhodium geführt. Im zweiten Fall, dem Zusammenschlussvorhaben *Airtours/FirstChoice,*[68] stellte die Kommission fest, dass die Verbindung zwischen Airtours und FirstChoice zur Entstehung einer kollektiven Marktdominanz durch die drei führenden Anbieter Airtours, Thomson und Thomas Cook und damit zur Behinderung des effektiven Wettbewerbs auf dem Markt im Vereinigten Königreich geführt hätte.

41 Das EuG hob indessen mit Urteil vom 6.6.2002[69] die Entscheidung der Kommission in Sachen *Airtours/First Choice* auf. Die Kommission hatte nicht hinreichend nachgewiesen, dass alle Mitglieder des Oligopols es für möglich und wirtschaftlich sinnvoll halten würden, auf andauernder Basis eine gemeinsame Marktstrategie zu verfolgen mit dem Ziel, zu höheren als den Marktpreisen zu verkaufen, und zwar ohne Einschränkungen durch den Wettbewerb anderer Anbieter. Drei wesentliche Voraussetzungen sah das EuG für das Vorliegen einer kollektiven Marktbeherrschung als entscheidend an: erstens eine hinreichende

---

E. v. 31.1.2001 – *SCA/Metsä Tissue,* ABl. 2002 L 57 oder Komm. E. v. 10.10.2001; *Schneider/Legrand,* ABl. 2004 L 101; Komm. E v. 17.10.2001 – *CVC/Lenzing,* ABl. 2004 L 182.

[57] Siehe z. B. Komm. E. v. 20.11.1996 – *Kesko/Tuko,* ABl. 1997 L 110.

[58] Siehe z. B. Komm. E. v. 4.12.1996 – *Saint Gobain/Wacker Chemie,* ABl. 1997 L 247.

[59] Siehe z. B. Komm. E. v. 17.10.2001 – *CVC/Lenzing,* ABl. 2004 L 182.

[60] Siehe Komm. E v. 9.12.2004 – *GDP/EDP/ENI,* ABl. 2005 L 302; Komm. E. v. 27.6.2007 – *Ryanair/Air Lingus,* ABl. 2013 C 216.

[61] Siehe z. B. Komm. E. v. 14.3.2000 – *Volvo/Scania,* ABl. 2001 L 143.

[62] Siehe Komm. E v. 9.12.2004 – *GDP/EDP/ENI,* ABl. 2005 L302.

[63] Siehe z. B. Komm. E. v. 26.6.1997 – *Blokker/Toys R US,* ABl. 1998 L 318.

[64] Siehe z. B. Komm. E. v. 19.7.1995 – *Nordic Satellite Distribution (NSD),* ABl. 1996 L 53.

[65] Siehe z. B. Komm. E v. 16.12.2002 – *RTL/Veronica/Endemol,* ABl. 2002 C 320; Komm. E v. 27.5.1998 – *Bertelsmann/Kirch/Premiere,* ABl. 1999 L 53 und Komm. E v. 27.5.1998 – *Deutsche Telekom/Betaresearch,* ABl. 1999 L 35.

[66] Siehe z. B. Komm. E v. 3.7.2001 – *GE/Honeywell,* ABl. 2004 L 48.

[67] Komm. E. v. 24.4.1996 – *Gencor/Lonhro.* ABl. 1997 L 11. Die Parteien legten Berufung ein. Das EuG bestätigte die Entscheidung der Kommission (EuG U. v. 25.3.1999 Rs. T-102/96 – *Gencor/Lonhro,* Slg. 1999 II-00753).

[68] Komm. E v. 22.9.1999 – *Airtours/Firstchoice,* ABl. 2000 L 93.

[69] EuG U. v. 25.3.1999 Rs. T-342/99 – *Airtours/Kommission,* Slg. 2002 II-02585.

Transparenz im Markt, die es den Marktteilnehmern ermöglicht, rasch von neuen Entwicklungen im Markt Kenntnis zu erlangen; zweitens müsse die stillschweigende Koordinierung des Marktverhaltens nachhaltig sein; drittens dürfe auch keine Störung des Oligopols durch Dritte (Kunden oder Wettbewerber außerhalb des Oligopols) zu erwarten sein. Der EuGH hat die Airtours-Kriterien des EuG im Grundsatz gebilligt.[70] Er lehnt aber eine „mechanische" Anwendung, bei der jedes Kriterium einzeln für sich allein geprüft wird, ohne den wirtschaftlichen Gesamtmechanismus einer unterstellten stillschweigenden Koordinierung zu beachten, ab.[71]

Seit der Entscheidung in Sachen *Airtours/First Choice* ist die Kommission mit der Prüfung kollektiver Marktbeherrschung sehr zurückhaltend. In der Praxis wird heute versucht, die Möglichkeiten des SIEC-Tests zu nutzen, der die Entstehung oder die Verstärkung einer marktbeherrschenden Stellung nur noch als Regelbeispiel kennt. 42

4. Rechtsfolgen

Die Verbotsentscheidung der Kommission hat zur Folge, dass der untersagte Zusammenschluss als unvereinbar mit dem Gemeinsamen Markt gilt und daher nicht durchgeführt werden darf. Das Verbot gebietet den beteiligten Unternehmen, von ihrem Vorhaben in seiner Gesamtheit[72] Abstand zunehmen. Haben die Parteien noch keine Schritte zur Umsetzung unternommen, so müssen sie i. d. R. lediglich die zugrundeliegenden Verträge rechtswirksam beenden. Wird der Zusammenschluss nach Verbotsentscheidung von den beteiligten Unternehmen vollzogen, so ist er zivilrechtlich nichtig.[73] Die Kommission hat die Möglichkeit, Geldbußen gem. Art. 14 Abs. 2 lit. c) zu verhängen. 43

Wollen die Parteien einzelne Teile des Vorhabens dennoch durchführen, so müssen sie dieses neue Vorhaben – sofern es gemeinschaftsweite Bedeutung hat – bei der Kommission oder ansonsten u. U. bei den zuständigen nationalen Behörden anmelden. Darüber entscheiden die beteiligten Unternehmen, welche nach wie vor unabhängige Wettbewerber sind, selbstständig und nach ihren jeweiligen Interessen. Wurde der Zusammenschluss bereits vor der Verbotsentscheidung vollzogen, kann es erforderlich sein, dass die Kommission die Trennung der Vermögenswerte anordnet (sog. Entflechtungsanordnung; Näheres siehe unten Rn. 32 ff.). 44

Die Verbotsentscheidung kann durch Nichtigkeitsklage gemäß Art. 263 AEUV vor dem Gericht angefochten werden.[74] Die Kommission muss dann den Zusammenschluss unter Beachtung der Urteilsgründe erneut prüfen und hat hierüber in der kurzen Frist des Art. 6 einen zweiten Beschluss zu treffen (Art. 10 Abs. 5). Die Kommission kann im Falle einer Untersagung, die vom Gericht wegen offensichtlicher Rechtsfehler aufgehoben wird, den betreffenden Unternehmen zum Schadensersatz verpflichtet sein. Das EuG hat dies in zwei Fällen bei Vorliegen enger Voraussetzungen (insbesondere der Verletzung einer Norm, die zum Schutz individueller Rechte bestimmt ist) bestätigt.[75] 45

5. Praktische Bedeutung

Verbotsentscheidungen machen ca. 13% der insgesamt im vertieften Prüfverfahren entschiedenen Fälle aus, jedoch weniger als 1% aller bei der Kommission angemeldeten Vor- 46

---

[70] EuGH U. v. 10.7.2008 C-413/06 P – *Bertelsmann und Sony,* Slg. 2008 I-04951, Rz. 124.
[71] EuGH U. v. 10.7.2008 C-413/06 P – *Bertelsmann und Sony,* Slg. 2008 I-04951, Rz. 125.
[72] Siehe hierzu auch EuG U. v. 18.3.2008, T-411/07 R – *Aer Lingus/Kommission,* insb. Rz. 90 bis 97 mit weiterem Verweis auf die Entscheidungen in Sachen *Tetra Laval/Sidel* und *Schneider/Legrand.*
[73] Siehe Art. 7 Abs. 4.
[74] Durch das EuG aufgehoben wurden z. B. die Entscheidungen *Airtours/Firstchoice,* Rs. T-342/99 Slg. 2004 II-01785; *Schneider/Legrand* Rs. T-310/01 und *Tetra Laval/Sidel,* Rs. T-05/02, bestätigt durch EuGH Rs. C-12/03, ECLI:EU:C:2005:87.
[75] EuG U. v. 11.7.2003, Rs. T-351/03 – *Schneider,* Slg. 2007 II-02237; EuG U. v. 9.9.2008, Rs. T-212/03 – *My Travel,* Slg. 2008 II-01967.

haben. In den meisten Fällen war Einzelmarktbeherrschung verbotsbegründend. Nur in wenigen Fällen stützte die Kommission ihr Verbot auf kollektive Marktbeherrschung.[76]

V. Art. 8 Abs. 4: Entflechtungsanordnung

1. Norminhalt

47 In Fällen, in denen ein zuvor von der Kommission für unvereinbar erklärter Zusammenschluss bereits vollzogen wurde und in Fällen, in denen die Parteien gegen die Bedingungen in einer Genehmigungsentscheidung verstoßen haben, kann die Kommission anordnen, dass der Zusammenschluss rückgängig zu machen ist. Dazu kann sie z.B. die Auflösung anordnen oder dem Erwerber auftragen, die bereits erworbenen Anteile am Zielunternehmen wieder zu veräußern. Zudem kann die Kommission jede andere geeignete Maßnahme treffen. Das Ziel der angeordneten Maßnahmen soll die Wiederherstellung des Zustandes sein, wie er vor dem Vollzug des Zusammenschlusses bestanden hat.

48 Im Gegensatz zum früheren vor der Neufassung der FKVO im Jahre 2004 geltenden Wortlaut des Art. 8 Abs. 4, der auf die Wiederherstellung „wirksamen Wettbewerbs" abzielte, ist in der neuen Formulierung von der Wiederherstellung des „Zustandes vor dem Vollzug des Zusammenschlusses" die Rede. Ziel der Entscheidungen nach Art. 8 Abs. 4 soll es also dem Wortlaut nach sein, den „status quo ante" wie er vor Durchführung der Transaktion bestand herzustellen.

49 Fraglich ist, was dabei konkret unter „Zustand" vor der Transaktion zu verstehen ist. Als Bezugspunkt kommt dabei prinzipiell sowohl die wettbewerbliche Situation wie auch die rechtliche Lage vor dem Zusammenschluss in Betracht. In jedem Fall ist aber zu beachten, dass die Parteien auch eine alternative Form der Kooperation oder Konzentration wählen könnten, die gar nicht der Kontrolle durch die Kommission unterliegt, z.B. eine reine Minderheitsbeteiligung, die Bildung eines nicht-kooperativen Gemeinschaftsunternehmens o.ä. Würde die Kommission eine Komplettentflechtung verlangen, wären die Parteien nicht gehindert, sogleich eine entsprechende Alternativlösung umzusetzen. Dieser Aspekt ist zumindest unter dem Gesichtspunkt der Verhältnismäßigkeit bei jeder Entflechtungsentscheidung zu berücksichtigen und engt den Entscheidungsspielraum der Kommission entsprechend ein, vorausgesetzt, die Parteien streben eine entsprechende Alternativlösung an.

50 Ob eine Entflechtungsanordnung erfolgt, obliegt dem Ermessen der Kommission. Nach dem Wortlaut des Art. 8 Abs. 4 ist diese – auch bei Vorliegen der Anwendungsvoraussetzungen – zum Erlass von Entflechtungsmaßnahmen nicht verpflichtet. Die beteiligten Unternehmen können ferner selbst Maßnahmen vornehmen, um diese abzuwenden. Die Möglichkeit einer Entflechtungsanordnung hat die Kommission ferner nur in der zweiten Phase und nur dann, wenn sie zuvor festgestellt hat, dass die Umsetzung des Zusammenschlusses den Wettbewerb wesentlich behindern würde. Bei allen Entscheidungen hat die Kommission den Verhältnismäßigkeitsgrundsatz zu beachten. Dies bedeutet auch, dass eine Entflechtung nur ultima ratio sein kann.

2. Entscheidungsinhalt

51 **a) Entflechtungsanordnungen.** Inhalt von Entflechtungsanordnungen kann zunächst die Trennung von Vermögenswerten (z.B. durch Veräußerung bzw. Wiederherstellung von Vermögenswerten immaterieller oder materieller Natur) sein. Jene Vermögenswerte, die nicht mehr rückübereignet werden können, müssen auf Kosten des übernehmenden Unternehmens ersetzt werden. Inhalt der Anordnung kann ferner je nach den Erfordernissen des konkreten Falles die Beendigung bzw. Rückabwicklung aller im Namen des übernommenen Unternehmens eingegangenen Verträge (z.B. mit Kunden oder Lieferanten)

[76] S. Komm. E in den Fällen *Gencor/Lonhro* und *Airtours/FirstChoice.*

sein. Der Käufer muss sich aus diesen zurückziehen damit die Ausgangsbasis des Zielunternehmens wie vor der Übernahme wiederhergestellt wird. Bei jenen Verträgen, bei denen die Rückabwicklung nicht rechtlich durchgesetzt werden kann, muss der Erwerber sich um eine freiwillig stattfindende Rückabwicklung bemühen. Die Entflechtungsentscheidung kann ferner die Beendigung der gemeinsamen Kontrolle über ein Gemeinschaftsunternehmen (durch Aufgabe der zugrundeliegenden Verträge und Auflösung aller im Hinblick darauf erfolgter Umsetzungsschritte) beinhalten.

b) Verpflichtungsadressaten. Verpflichtungsadressaten sind die beteiligten Unternehmen (Anmelder und andere Beteiligte gem. Art. 11 Ziffer 1 lit. a)–b) der Verordnung (EU) Nr. 802/2004).[77] 52

c) Andere geeignete Maßnahmen. Um dem Grundsatz der Verhältnismäßigkeit Rechnung zu tragen, ist es mitunter erforderlich, andere geeignete Lösungen zu prüfen, die der Wiederherstellung des Zustandes vor dem Zusammenschluss dienen und gleichzeitig den beteiligten Unternehmen nicht unzumutbare und unnötige Belastungen auferlegen. Unter diesem Gesichtspunkt ist es nicht ausgeschlossen, gewisse Teile der Transaktion von der Rückabwicklung auszunehmen. 53

3. Verfahren

Das Verfahren folgt den in Verordnung (EU) Nr. 802/2004[78] festgelegten Prinzipien. Insbesondere ist den betroffenen Unternehmen ausreichend rechtliches Gehör zu gewähren. Die Kommission kann die Trennung der Vermögenswerte oder andere Maßnahmen gem. Art. 8 Abs. 4 entweder direkt in der Verbotsentscheidung nach Art. 8 Abs. 3 oder mittels separater Entscheidung gem. Art. 8 Abs. 4 anordnen. 54

4. Rechtsfolgen

Die Adressaten einer Entscheidung gem. Art. 8 Abs. 4 sind verpflichtet, den darin getroffenen Anordnungen (etwa Beendigung der das Vorhaben begründenden Verträge, Beendigung eines Gemeinschaftsunternehmens, etc.) innerhalb der in der Entscheidung vorgesehenen Frist nachzukommen. Bei Verstoß gegen solche Anordnungen kann die Kommission gem. Art. 14 Abs. 2 lit. c) Geldbußen oder gem. Art. 15 Abs. 2 lit. b) Zwangsgelder verhängen. 55

5. Praktische Bedeutung

Die Kommission hat seit Inkrafttreten der neuen Bestimmung des Art. 8 Abs. 4 noch keine Entflechtungsanordnungen getroffen. Um die praktischen Aspekte der Entflechtungsanordnung zu veranschaulichen, seien jedoch die vier Fälle kurz beschrieben, welche die Kommission unter dem alten Art. 8 Abs. 4 erlassen hat.[79] In einem weiteren Fall *(RTL/Veronica Endemol)* hat die Kommission statt einer Entflechtungsanordnung eine Genehmigungsentscheidung mit Zusagen getroffen. 56

Im Fall *Kesko/Tuko*[80] hatte Kesko bereits die Mehrheit der Anteile und Stimmrechte Tukos erhalten, so dass das Unternehmen bereits Kontrolle ausübte als die Kommission eine 57

---

[77] ABl. 2004 L 133 geändert durch Verordnung (EU) No 1033/2008 (ABl. L 279, 22.10.2008, p.3–12) und Durchführungsverordnung (EU) No 1269/2013 v. 5.12.2013 (ABl. L 336, 14.12.2013, p. 1–36).

[78] ABl. 2004 L 133 geändert durch Verordnung (EU) No 1033/2008 (ABl. L 279, 22.10.2008, p.3–12) und Durchführungsverordnung (EU) No 1269/2013 v. 5.12.2013 (ABl. L 336, 14.12.2013, p. 1–36).

[79] Vgl. Komm. E v. 26.2.1997 – *Blokker/ToysRUs,* ABl. 1998 L136; Komm. E v. 19.2.1997 – *Kesko/Tuko,* ABl. 1997 L 174; Komm. E v. 30.1.2002 – *Schneider/Legrand,* ABl. 2004 L 101; Komm. E v. 30.1.2002 – *Tetra/Laval,* ABl. 2004 L 38.

[80] Komm. E v. 19.2.1997 – *Kesko/Tuko,* ABl. 1997 L 174.

Verbotsentscheidung erließ. In ihrer Entscheidung gem. Art. 8 Abs. 4 ordnete die Kommission die Rückveräußerung der Anteile an Tuko an. Die Entscheidung ordnete ferner an, dass Kesko vor dem Verkauf sicherstellen müsste, dass die verkauften Vermögenswerte das gesamte Geschäft von Tuko betreffend den Verkauf von Gebrauchsgütern des täglichen Bedarfs umfassten. Ferner verfügte die Entscheidung, dass dieses Geschäft im gleichen Umfang und in der gleichen Wettbewerbsfähigkeit wie vor der Übernahme durch Kesko erhalten werden sollte.

58 Im zweiten Fall (*Blokker/Toys* R Us[81]) hatten die Unternehmen bereits Vollzugsschritte ergriffen und hatte die Kommission daher ursprünglich eine Anordnung geplant, die Transaktion sofort rückgängig zu machen. Blokker hatte jedoch in der Folge angeboten, einige wesentliche Beteiligungen an einen unabhängigen Wettbewerber zu veräußern. Nach Ansicht der Kommission wurden auf Grund des von den Parteien vereinbarten Maßnahmenpakets die Voraussetzungen für einen wirksamen Wettbewerb am Markt wiederhergestellt. Deswegen konnte das Maßnahmenpaket als eine alternative Entflechtungsanordnung gemäß Art. 8 Abs. 4 akzeptiert werden (dies geschah gemeinsam mit der Verbotsentscheidung). Dieser Fall ist ein Beispiel für die Möglichkeit der Kommission, „andere Maßnahmen" als die Entflechtung vorzusehen bzw. in einer Entscheidung gem. Art. 8 Abs. 4 zu akzeptieren.

59 Die geplante Übernahme von Legrand durch Schneider Electric war von der Kommission mit Entscheidung gem. Art. 8 Abs. 3 verboten worden.[82] Schneider hatte jedoch bereits im Rahmen eines öffentlichen Tauschangebots 98% der Aktien an Legrand erworben.[83] Die Kommission trug Schneider auf, keine Beteiligung von mehr als 5% am Kapital von Legrand zu halten. Dabei überließ die Kommission dem Anmelder die Einzelheiten der Entflechtung (z. B. ob die Beteiligung an einen Dritten verkauft oder an der Börse platziert wird).[84] Die Entflechtungsentscheidung wurde wegen der Rechtswidrigkeit der Entscheidung, mit der der Zusammenschluss untersagt wurde, vom EuG aufgehoben.[85]

60 Im Fall *Tetra/Laval*[86] erging ebenfalls eine Verbotsentscheidung. Der Erwerber hatte zu dieser Zeit, ähnlich wie im Fall Schneider, ebenfalls bereits ein öffentliches Übernahmeangebot abgegeben und war im Besitz von 95% der Aktien. Ähnlich wie im Fall Schneider ordnete die Kommission die Entflechtung an,[87] wobei sie jedoch auf Tetras wirtschaftliche Interessen Rücksicht nahm und Tetra erlaubte, die Investition soweit möglich zu rentabilisieren. Die Kommission stellte Tetra daher frei, die Form der Veräußerung (Verkauf der Anteile oder Neubegebung der Aktien) zu wählen. Auch diese Entflechtungsentscheidung wurde wegen Rechtswidrigkeit der Entscheidung, mit der der Zusammenschluss untersagt wurde, vom EuG aufgehoben.[88]

61 Im Fall *RTL/Veronica/Endemol*[89] haben die Parteien auf freiwilliger Basis entscheidende Veränderungen des Zusammenschlusses vorgenommen, allen voran durch den Rückzug Endemols aus dem Gemeinschaftsunternehmen mit RTL, worauf die Kommission entschied, von einer Entflechtungsanordnung Abstand zu nehmen. Nach Prüfung des (stark modifizierten) Vorhabens traf die Kommission eine bedingte Genehmigungsentscheidung, in die sie gleichzeitig die von den Parteien teilweise bereits freiwillig vollzogenen Zusagen in rechtlich verbindlicher Form aufnahm.

---

[81] Komm. E v. 26.2.1997 – *Blokker/ToysRUs,* ABl. 1998 L136.
[82] Komm. E v. 30.1.2002 – *Schneider/Legrand,* ABl. 2004 L 101.
[83] Dies ist gem. FKVO zulässig, sofern die mit den Aktien erworbenen Stimmrechte nicht ausgeübt werden.
[84] Komm. E. v. 30.1.2001 – *Schneider/Legrand,* ABl. 2004 L 101.
[85] EuG U. v. 22.10.2002 Rs. T-77/02 – *Schneider Electric/Kommission,* Slg. 2002 II-04201.
[86] Komm. E v. 30.1.2002 – *Tetra/Laval,* ABl. 2004 L 38.
[87] Komm. E. v. 30.1.2001 – *Tetra Laval/Sidel,* ABl. 2004 L 38.
[88] EuG U. v. 25.10.2002, Rs. T-80/02 – *Tetra Laval/Kommission,* Slg. 2002 II-04519; bestätigt durch EuGH v. 15.2.2005, Rs. C-13/03, Slg. 2005 I-01113.
[89] Komm. E. v. 17.7.1996 – *RTL/Veronica/Endemol,* ABl. 1996 L 294.

Erwähnenswert in diesem Zusammenhang ist auch der Fall *Ryanair/Aer Lingus*[90] aus der jüngeren Entscheidungspraxis. Aer Lingus hatte u.a. beantragt, dass die Kommission ein Verfahren nach Art. 8 Abs. 4 lit. a) bzgl. der bestehenden Minderheitsbeteiligung von Ryanair an Aer Lingus einleitet, um zu verhindern, dass Ryanair seine Stimmrechte in Aer Lingus weiter ausübt. Da jedoch Ryanair durch den Erwerb der Minderheitsbeteiligung keine Kontrolle über Aer Lingus erlangt hatte, sah die Kommission die Voraussetzung im Sinne des Art. 8 Abs. 4 lit. a), nach welcher der Zusammenschluss bereits vollzogen sein muss, als nicht erfüllt an und wies den Antrag auf Einleitung eines Verfahrens nach Art. 8 Abs. 4 lit. a) zurück. Das EuG hat die Entscheidung der Kommission bestätigt und wies darauf hin, dass der Erwerb einer Beteiligung, die als solche keine Kontrolle im Sinne des Art. 3 verleiht, keinen vollzogenen, von der FKVO erfassten Zusammenschluss darstellt und die Kommission somit nicht befugt ist, Maßnahmen nach Art. 8 Abs. 4 zu erlassen.[91] 62

VI. Art. 8 Abs. 5: Einstweilige Maßnahmen

1. Norminhalt

Art. 8 Abs. 5 eröffnet der Kommission die Möglichkeit bereits vor einer endgültigen Entscheidung einstweilige Maßnahmen anzuordnen. 63

2. Sinn und Zweck

Diese Bestimmung soll der Kommission die Möglichkeit geben, entsprechend zu reagieren, wenn Gefahr im Verzug ist und die Parteien z.B. durch bestimmte nicht genehmigte Umsetzungshandlungen Strukturen verändern, die sich nicht oder schwer wieder rückgängig machen lassen. Sinn und Zweck ist die Bewahrung einer effektiven Fusionskontrolle, die sicherstellt, dass die Wirksamkeit der Entscheidungen nicht von den Zusammenschlussbeteiligten unterlaufen werden kann. 64

3. Anwendungsvoraussetzungen

Die Kommission kann einstweilige Verfügungen in jenen Fällen treffen, in denen der Zusammenschluss unter Missachtung des Vollzugsverbotes in Art. 7 durchgeführt wurde, obwohl noch keine endgültige Entscheidung über die Vereinbarkeit des Zusammenschlusses ergangen ist. Einstweilige Maßnahmen kann die Kommission auch anordnen, wenn sie beabsichtigt bzw. gerade im Begriff ist, einen – wenn auch rechtmäßig – vollzogenen Zusammenschluss mit Entscheidung gem. Art. 8 Abs. 3 zu verbieten. Schließlich kann die Kommission einstweilige Maßnahmen treffen wenn die Zusammenschlussbeteiligten gegen eine Bedingung verstoßen, die die rechtliche Grundlage für die Genehmigung des Vorhabens unter Art. 6 Abs. 2 oder 8 Abs. 2 bildete. Unter „geeignete einstweilige Maßnahmen" gem. Art. 8 Abs. 5 sind u.a. alle jene Maßnahmen zu verstehen, die im vertieften Prüfverfahren als Zusagen verbotsabwendend gewirkt hätten. 65

4. Praktische Bedeutung

Die bisherige praktische Bedeutung ist gering. Im Rahmen der praktischen Auswirkungen des Art. 8 Abs. 5 erwähnenswert, ist der bereits bei Rn. 50 beschriebene Fall *Ryanair/Aer Lingus.*[92] Aer Lingus hatte hier u.a. auch beantragt, dass die Kommission Ryanair durch Anordnung einstweiliger Maßnahmen gemäß Art. 8 Abs. 5 lit. c) auferlegt, seine Anteile an Aer Lingus getrennt zu halten und diese nicht ohne vorherige Zustimmung der Kommission 66

---

[90] Komm. E. v. 11.10.2007 – *Ryanair/Aer Lingus,* ABl. C2008/047/05.
[91] EuG v. 18.3.2008, Rs. T-411/07 – *Aer Lingus/Kommission,* Slg. 2008 II-00411.
[92] Komm. E. v. 11.10.2007 – *Ryanair/Aer Lingus,* ABl. C2008/047/05.

zu veräußern. Da jedoch Ryanair durch Erwerb der Minderheitsbeteiligung keine Kontrolle über Aer Lingus erlangt hatte, sah die Kommission die Voraussetzung im Sinne des Art. 8 Abs. 5 lit. c) nach welcher der Zusammenschluss bereits vollzogen sein muss, als nicht erfüllt an und wies den Antrag auf Anordnung einstweiliger Maßnahmen nach Art. 8 Abs. 5 lit. c) zurück. Das EuG hat die Entscheidung der Kommission bestätigt und wies darauf hin, dass der Erwerb einer Beteiligung, die als solche keine Kontrolle im Sinne des Art. 3 verleiht, keinen vollzogenen, von der FKVO erfassten Zusammenschluss darstellt und die Kommission somit nicht befugt ist Maßnahmen nach Art. 8 Abs. 5 zu erlassen.[93]

VII. Art. 8 Abs. 6: Widerruf von Entscheidungen gem. Art. 8 Abs. 1 und Abs. 2

1. Norminhalt

67 Die Kommission kann (bedingte und unbedingte) Entscheidungen zur Genehmigung von Zusammenschlüssen in der zweiten Phase unter bestimmten Voraussetzungen widerrufen, wenn diese auf unrichtigen Angaben beruhen, welche die beteiligten Unternehmen zu vertreten haben, oder ein Verstoß gegen Auflagen[94] vorliegt. Der Widerruf beschränkt sich auf (bedingte oder unbedingte) Freigabeentscheidungen. Dies erklärt sich aus dem Sinn der Bestimmung, die nicht die Parteien vor falscher Selbstdarstellung schützen, sondern es der Kommission ermöglichen soll, Fehlentscheidungen, welche die Parteien zu verantworten haben, zu korrigieren. Die Befugnisse der Kommission lassen die den beteiligten Unternehmen und Dritten zur Verfügung stehenden Möglichkeiten einer Anfechtung von Kommissionsentscheidungen vor dem EuG und EuGH unberührt.

2. Anwendungsvoraussetzungen

68 Art. 8 Abs. 6 lit. a). Siehe dazu entsprechend die Ausführungen zu Art. 6 Rn. 70 ff.

69 Art. 8 Abs. 6 lit. b) Verstoß gegen Auflagen. Siehe dazu entsprechend die Ausführungen zu Art. 6 Rn. 72.

70 Entscheidungsermessen. Siehe dazu entsprechend die Ausführungen zu Art. 6 Rn. 75.

3. Verfahren

71 Bei ihrer Entscheidung ist die Kommission gem. Art. 8 Abs. 7 nicht an die sonst für Zweite-Phase-Entscheidungen geltende Frist von grundsätzlich 90 AT gebunden. Dies bedeutet aber nicht, dass die Kommission hinsichtlich der Zeitabläufe völlig frei wäre. Der Fusionskontrollverordnung liegt der Grundsatz zugrunde, dass Entscheidungen ohne Zeitverzögerung zu treffen sind (Vgl. Erwägungsgrund 35). Die Widerrufsentscheidung muss deshalb unmittelbar nach Kenntnisnahme der Kommission von der Unrichtigkeit der Angaben, Anwendung der Arglist bzw. dem Verstoß der Parteien gegen Auflagen getroffen werden. Vor der Widerrufsentscheidung ist sowohl den beteiligten Unternehmen als auch Dritten bzw. den Mitgliedstaaten nach dem Verfahren gem. Art. 13–16 der Fristenverordnung[95] Gelegenheit zur Stellungnahme zu geben.

4. Rechtsfolgen

72 Siehe dazu entsprechend die Ausführungen zu Art. 6 Rn. 76.

---

[93] EuG v. 18.3.2008, Rs. T-411/07 – *Aer Lingus/Kommission,* Slg. 2008 II-00411.

[94] Zum Unterschied zwischen Bedingungen und Auflagen siehe entsprechend die Ausführungen zu Art. 6 Rn. 69 ff.

[95] Verordnung (EU) Nr. 802/2004, ABl. L 133, 30.4.2004 geändert durch Verordnung (EU) No 1033/2008 (ABl. L 279, 22.10.2008, p.3–12) und Durchführungsverordnung (EU) No 1269/2013 v. 5.12.2013 (ABl. L 336, 14.12.2013, p. 1–36).

5. Praktische Bedeutung

Die Kommission hat bislang zwar in einzelnen Fällen einen Widerruf angedroht, weil die beteiligten Unternehmen gegen Auflagen verstoßen hatten,[96] bisher jedoch keine Entscheidungen zum Widerruf von Genehmigungen getroffen. 73

Art. 9. Verweisung an die zuständigen Behörden der Mitgliedstaaten

(1) **Die Kommission kann einen angemeldeten Zusammenschluss durch Entscheidung unter den folgenden Voraussetzungen an die zuständigen Behörden des betreffenden Mitgliedstaats verweisen; sie unterrichtet die beteiligten Unternehmen und die zuständigen Behörden der übrigen Mitgliedstaaten unverzüglich von dieser Entscheidung.**

(2) **Ein Mitgliedstaat kann der Kommission, die die beteiligten Unternehmen entsprechend unterrichtet, von Amts wegen oder auf Aufforderung durch die Kommission binnen 15 Arbeitstagen nach Erhalt der Kopie der Anmeldung mitteilen, dass**

a) ein Zusammenschluss den Wettbewerb auf einem Markt in diesem Mitgliedstaat, der alle Merkmale eines gesonderten Marktes aufweist, erheblich zu beeinträchtigen droht oder

b) ein Zusammenschluss den Wettbewerb auf einem Markt in diesem Mitgliedstaat beeinträchtigen würde, der alle Merkmale eines gesonderten Marktes aufweist und keinen wesentlichen Teil des Gemeinsamen Marktes darstellt.

(3) **Ist die Kommission der Auffassung, dass unter Berücksichtigung des Marktes der betreffenden Waren oder Dienstleistungen und des räumlichen Referenzmarktes im Sinne des Absatzes 7 ein solcher gesonderter Markt und eine solche Gefahr bestehen,**

a) so behandelt sie entweder den Fall nach Maßgabe dieser Verordnung selbst oder

b) verweist die Gesamtheit oder einen Teil des Falls an die zuständigen Behörden des betreffenden Mitgliedstaats, damit das Wettbewerbsrecht dieses Mitgliedstaats angewandt wird.

Ist die Kommission dagegen der Auffassung, dass ein solcher gesonderter Markt oder eine solche Gefahr nicht besteht, so stellt sie dies durch Entscheidung fest, die sie an den betreffenden Mitgliedstaat richtet, und behandelt den Fall nach Maßgabe dieser Verordnung selbst.

In Fällen, in denen ein Mitgliedstaat der Kommission gemäß Absatz 2 Buchstabe b) mitteilt, dass ein Zusammenschluss in seinem Gebiet einen gesonderten Markt beeinträchtigt, der keinen wesentlichen Teil des Gemeinsamen Marktes darstellt, verweist die Kommission den gesamten Fall oder den Teil des Falls, der den gesonderten Markt betrifft, an die zuständigen Behörden des betreffenden Mitgliedstaats, wenn sie der Auffassung ist, dass ein gesonderter Markt betroffen ist.

(4) **Die Entscheidung über die Verweisung oder Nichtverweisung nach Absatz 3 ergeht**

a) in der Regel innerhalb der in Artikel 10 Absatz 1 Unterabsatz 2 genannten Frist, falls die Kommission das Verfahren nach Artikel 6 Absatz 1 Buchstabe b) nicht eingeleitet hat; oder

b) spätestens 65 Arbeitstage nach der Anmeldung des Zusammenschlusses, wenn die Kommission das Verfahren nach Artikel 6 Absatz 1 Buchstabe c) eingeleitet, aber keine vorbereitenden Schritte zum Erlass der nach Artikel 8 Absätze 2, 3 oder 4

[96] Z. B. im Verfahren COMP/M.2574 – *Pirelli/Edizione/Olivetti/Telecom Italia* bezgl. der zugesagten Veräußerung einer Beteiligung an dem Gemeinschaftsunternehmen „Blu".

erforderlichen Maßnahmen unternommen hat, um wirksamen Wettbewerb auf dem betroffenen Markt aufrechtzuerhalten oder wiederherzustellen.

(5) **Hat die Kommission trotz Erinnerung durch den betreffenden Mitgliedstaat innerhalb der in Absatz 4 Buchstabe b) bezeichneten Frist von 65 Arbeitstagen weder eine Entscheidung gemäß Absatz 3 über die Verweisung oder Nichtverweisung erlassen noch die in Absatz 4 Buchstabe b) bezeichneten vorbereitenden Schritte unternommen, so gilt die unwiderlegbare Vermutung, dass sie den Fall nach Absatz 3 Buchstabe b) an den betreffenden Mitgliedstaat verwiesen hat.**

(6) **Die zuständigen Behörden des betreffenden Mitgliedstaats entscheiden ohne unangemessene Verzögerung über den Fall.**

[1]Innerhalb von 45 Arbeitstagen nach der Verweisung von der Kommission teilt die zuständige Behörde des betreffenden Mitgliedstaats den beteiligten Unternehmen das Ergebnis einer vorläufigen wettbewerbsrechtlichen Prüfung sowie die gegebenenfalls von ihr beabsichtigten Maßnahmen mit. [2]Der betreffende Mitgliedstaat kann diese Frist ausnahmsweise hemmen, wenn die beteiligten Unternehmen die nach seinem innerstaatlichen Wettbewerbsrecht zu übermittelnden erforderlichen Angaben nicht gemacht haben.

Schreibt das einzelstaatliche Recht eine Anmeldung vor, so beginnt die Frist von 45 Arbeitstagen an dem Arbeitstag, der auf den Eingang der vollständigen Anmeldung bei der zuständigen Behörde des betreffenden Mitgliedstaats folgt.

(7) **[1]Der räumliche Referenzmarkt besteht aus einem Gebiet, auf dem die beteiligten Unternehmen als Anbieter oder Nachfrager von Waren oder Dienstleistungen auftreten, in dem die Wettbewerbsbedingungen hinreichend homogen sind und das sich von den benachbarten Gebieten unterscheidet; dies trifft insbesondere dann zu, wenn die in ihm herrschenden Wettbewerbsbedingungen sich von denen in den letztgenannten Gebieten deutlich unterscheiden. [2]Bei dieser Beurteilung ist insbesondere auf die Art und die Eigenschaften der betreffenden Waren und Dienstleistungen abzustellen, ferner auf das Vorhandensein von Zutrittsschranken, auf Verbrauchergewohnheiten sowie auf das Bestehen erheblicher Unterschiede bei den Marktanteilen der Unternehmen oder auf nennenswerte Preisunterschiede zwischen dem betreffenden Gebiet und den benachbarten Gebieten.**

(8) **In Anwendung dieses Artikels kann der betreffende Mitgliedstaat nur die Maßnahmen ergreifen, die zur Aufrechterhaltung oder Wiederherstellung wirksamen Wettbewerbs auf dem betreffenden Markt unbedingt erforderlich sind.**

(9) **Zwecks Anwendung seines innerstaatlichen Wettbewerbsrechts kann jeder Mitgliedstaat nach Maßgabe der einschlägigen Vorschriften des Vertrags beim Gerichtshof Klage erheben und insbesondere die Anwendung des Artikels 243 des Vertrags beantragen.**

Übersicht

I. Entstehungsgeschichte und Zweck der Vorschrift

Art. 9 ist das Ergebnis eines politischen Kompromisses bei Einführung der FKVO und geht auf eine Anregung der deutschen Bundesregierung zurück. Mit der Regelung sollte insbesondere den Bedenken einiger Mitgliedstaaten gegen eine industriepolitisch geprägte Ausrichtung der Fusionskontrolle seitens der Kommission Rechnung getragen werden.[1] Die Vorschrift stellt eine Durchbrechung des Grundsatzes der ausschließlichen Zuständigkeit der Kommission für Zusammenschlüsse mit gemeinschaftsweiter Bedeutung (sog. „one stop shop-Prinzip") dar und ist damit auch Ausfluss des **Subsidiaritätsprinzips.** Andererseits schließt die Vorschrift die Kontrolllücke der FKVO für Zusammenschlüsse, in denen zwar die Umsatzschwellen des Art. 1 Abs. 2 und 3 erreicht sind, der betroffene Markt jedoch keinen wesentlichen Teil des Gemeinsamen Marktes ausmacht. Während der Kommission in diesen Fällen nach Art. 2 Abs. 2 und 3 die Entscheidungskompetenz fehlt, da sie danach nur über Zusammenschlüsse mit Bedeutung für den Wettbewerb im Gemeinsamen Markt oder einem wesentlichen Teil desselben entscheiden kann, sind die Mitgliedstaaten gemäß Art. 21 Abs. 3 nicht befugt, über Zusammenschlüsse mit gemeinschaftsweiter Bedeutung zu entscheiden. Im Interesse eines effektiven Wettbewerbsschutzes ermöglicht die Verweisung an die zuständigen Behörden der Mitgliedstaaten daher auch eine Überprüfung dieser Zusammenschlüsse.[2] Mit der Revision der FKVO zum 1. März 1998 wurde die Stellung der Mitgliedstaaten für solche Zusammenschlussfälle durch die neue Regelung des Art. 9 Abs. 3 Unterabs. 3 noch gestärkt.[3] Die Reform der FKVO vom November 2003, die zum 1. Mai 2004 in Kraft getreten ist, hat auch das System der Verweisung von Zusammenschlüssen maßgeblich modifiziert. Die Änderungen betreffen jedoch im Wesentlichen die neue Möglichkeit der Unternehmen, die Verweisung eines Zusammenschlussvorhabens an die zuständigen Behörden eines Mitgliedstaates oder an die Kommission bereits vor Anmeldung des Zusammenschlusses zu beantragen (Art. 4 Abs. 4 und 5) sowie die Verweisung eines Zusammenschlussvorhabens durch einen oder mehrere Mitgliedstaaten an die Kommission (Art. 22). Das Verweisungsregime in Art. 9 wurde dagegen lediglich hinsichtlich des materiellen Verweisungskriteriums sowie hinsichtlich der Fristen vergleichsweise geringfügig geändert. Insgesamt sollten bei Verweisungsentscheidungen jedoch nach wie vor auch die Vorteile des Grundsatzes der einzigen Anlaufstelle bedacht werden.[4] 1

In der Verwaltungspraxis entspricht die Kommission den Verweisungsanträgen der Mitgliedstaaten überwiegend zumindest teilweise.[5] Wird der Zusammenschluss nur teilweise 2

[1] Zur Entstehungsgeschichte vgl. *Janicki,* Schwerpunkte des Kartellrechts 1992/93, 63f.

[2] *Kamburoglou* WuW 1993, 279; *Niederleithinger* WuW 1990, 721/725; *Immenga/Körber* in: Immenga/Mestmäcker, EG-WbR Teil 2, Art. 9, Rn. 3; *Hirsbrunner* in: Schröter/Jakob/Mederer, Kommentar zum europäischen Wettbewerbsrecht, Art. 9 FKVO Rn. 2.

[3] Vgl. *Baron* WuW 1997, 579/589.

[4] Mitteilung der Kommission über die Verweisung von Fusionssachen, ABl. 2005 C 56/02, Rn. 11.

[5] Vgl. beispielhaft Komm. E. v. 12.2.1992 Rs. IV/M.180 – *Steetley/Tarmac;* E. v. 29.10.1993 Rs. IV/M.330 – *McCormick/CPC/Rabobank/Ostmann,* WuW/E EV 2157ff.; E. v. 6.7.1994 Rs. IV/M.460 – *Holderim/Cedest;* E. v. 24.4.1997 Rs. IV/M.894 – *Rheinmetall/British Aerospace/STN Atlas;* E. v. 10.11.1997 Rs. IV/M.1001 – *Preussag/Hapag Lloyd* und Rs. IV/M.1019 – *Preussag/TUI;* E. v. 10.3.1998 Rs. IV/M.1086 – *Promodes/S 21/Gruppo GS;* E. v. 19.6.1998 Rs. IV/M.1153 – *Krauss-Maffei/Wegmann;* E. v. 6.4.1999 Rs. IV/M.1461 – *Rabobank-Beeck/Homann;* E. v. 13.1.2000 Rs. COMP/M.1779 – *Anglo American/Tarmac;* E. v. 22.8.2000 Rs. COMP/M.2044 – *Interbrew/Bass;* E. v. 20.7.2001 COMP/M.2446 – *Govia/Connex South Central;* E. v. 23.8.2001 Rs. COMP/M.2389 – *Shell/DEA;* E. v. 30.11.2001 Rs. COMP/M.2568 – *Haniel/Ytong;* E. v. 14.2.2002 Rs. COMP/M.2662 – *Danish Crown/Steff-Houlberg;* E. v. 14.8.2002 Rs. COMP/M.2845 – *Sogecable/Canalsatelite Digital/Via Digital;* E. v. 30.9.2002 Rs. COMP/M.2881 – *Koninklijke BAM NBM/HBG;* E. v. 10.6.2003 Rs. COMP/M.3130 – *Arla Foods/Express Dairies;* E. v. 7.6.2004 M.3271 – *Kabel Deutschland/ISH,* E. v. 8.8.2005, Rs. COMP/3823 – MAG/*Ferriovial Aeropuertos/Exeter Airports;* E. v. 6.9.2006,

verwiesen, entscheidet die Kommission über den Rest des Falles im üblichen Verfahren; in der Regel wird der bei der Kommission verbliebene Teil nach Art. 6 Abs. 1 lit. b abgeschlossen, wonach Zusammenschlüsse, die keinen Anlass zu ernsthaften Bedenken hinsichtlich ihrer Vereinbarkeit mit dem Gemeinsamen Markt geben, innerhalb der ersten Prüfungsphase freizugeben sind. In bisher nur vier Fällen lehnte die Kommission nach Art. 9 Abs. 3 Unterabs. 2 eine Verweisung ausdrücklich ab.[6] In den übrigen Fällen, in denen sie dem Verweisungsantrag weder stattgab noch denselben ausdrücklich ablehnte, traf sie eine Entscheidung nach Art. 6 Abs. 1 lit. a,[7] nach Art. 6 Abs. 1 lit. b[8] oder leitete gemäß Art. 6 Abs. 1 lit. c selbst die zweite Prüfungsphase ein.[9] In einem Verfahren nahmen die beteiligten Unternehmen die Anmeldung zurück, nachdem die Kommission ihre Verweisungsabsicht hatte erkennen lassen.[10]

II. Voraussetzungen der Verweisung

3 Die Verweisung eines bei der Kommission angemeldeten Zusammenschlusses an die zuständigen Behörden eines Mitgliedstaats setzt in **formeller Hinsicht** eine Mitteilung (Antrag) des betreffenden Mitgliedstaats an die Kommission und in **materieller Hinsicht** voraus, dass der Zusammenschluss den Wettbewerb in einem gesonderten Markt des Mitgliedstaats entweder erheblich zu beeinträchtigen droht oder – sofern es sich bei dem betroffenen Markt nicht um einen wesentlichen Teil des Gemeinsamen Marktes handelt – den Wettbewerb auf diesem Markt zumindest beeinträchtigt.

1. Mitteilung

4 Die in Art. 9 Abs. 2 genannte „Mitteilung" (engl.: ‚request'; franz.: ‚demande') wird häufig auch als Antrag bezeichnet.[11] Art. 9 stellt **keine besonderen Formerfordernisse** für die Mitteilung auf, jedenfalls muss sie aber begründet werden und die Tatsachen darlegen, aufgrund derer eine Verweisung nach Art. 9 Abs. 3 ergehen kann. Da den Mitgliedstaaten für die Mitteilung gemäß Abs. 2 S. 1 nur eine Frist von 15 Arbeitstagen seit Erhalt der Kopie der Anmeldung zusteht (zur Fristberechnung vgl. Art. 7 bis 10, zur Definition

Rs. COMP/M.4298 – *Aggregate Industries/Foster Yeoman;* E. v. 6.2.2007, Rs. COMP/M.4495 – *Alfa Acciai/Cronimet/Remondis/TSR;* E. v. 3.7.2008, Rs. COMP/M.5512 – *Rewe/Plus Discount.*

[6] Komm. E. v. 17.12.1991 Rs. IV/M.165 – *Alcatel/AEG Kabel,* WuW/E EV 1740 ff.; vgl. dazu *Wagemann* WuW 1992, 730; E. v. 27.1.1999 Rs. IV/M.1346 – *EDF/London Electricity;* E. v. 23.7. 2003, Rs. COMP/M.2978 – *Lagardère/Natexis/VUP;* E. v. 25.7.2007, Rs. COMP/M.4721 – *AIG Capital Partners/Bulgarian Telecommunications Company;* vgl. www./ec.europa.eu/comm/competition/mergers/statistics/pdf.

[7] Komm. E. v. 15.1.1996 Rs. IV/M.661 – *STRABAG/Bank Austria/Stuag,* WuW/E EV 2399 ff.; E. v. 25.3.1996 Rs. IV/M.711 – *Generali/Unicredito.*

[8] E. v. 5.5.2000 Rs. COMP/M.1920 – *Nabisco/United Biscuits;* E. v. 4.6.2004 Rs. COMP/M.3373 – *Accor/Colony/Desseigne-Barrière.*

[9] Vgl. beispielhaft Komm. E. v. 31.7.1991 Rs. IV/M.012 – *Varta/Bosch,* ABl. 1991 L 320/26; E. v. 12.11.1992 Rs. IV/M.222 – *Mannesmann/Hoesch,* ABl. 1993 L 114/34; E. v. 9.11.1994 Rs. IV/M.469 – *MSG Media Service,* ABl. 1994 L 364/1; E. v. 18.10.1995 Rs. IV/M.580 – *ABB/Daimler Benz,* ABl. 1997 L 11/1; E. v. 27.5.1998 Rs. IV/M.993 – *Bertelsmann/Kirch/Premiere,* ABl. 1999 L 53/1; E. v. 27.5.1998 Rs. IV/M.1027 – *Deutsche Telekom/Beta Research,* ABl. 1999 L 53/31; E. v. 13.6.2000 Rs. COMP/M.1673 – *VEBA/VIAG,* ABl. 2001 L 188/1; E. v. 26.9.2001 Rs. COMP/M.2434 – *Grupo Villar Mir/EnBW/Hidroelektrika del Cantabrica;* E. v. 24.7.2002 Rs. COMP/M.2706 – *Carnival Corporation/P&O Princess;* E. v. 5.6.2003 Rs. M. 2978 – *Lagardère/Natexis/VUP,* vgl. Presseerklärung d. Komm. v. 6.6.2003 IP/03/808, abrufbar im Internet unter www.europa. eu. int.

[10] Komm., E. v. 2.6.1997 Rs. IV/M.892 – *Hochtief/Deutsche Bank/Holzmann.*

[11] *Baron* in: Langen/Bunte, Kommentar zum deutschen und europäischen Kartellrecht, Art. 9 FKVO Rn. 8; *Lampert* S. 110; *Wagemann* in: Wiedemann, Handbuch des Kartellrechts, § 17 Rn. 145; *Hirsbrunner* in: Groeben/Thiesing/Ehlermann, Kommentar zum EU-/EG-Vertrag, Art. 9 FKVO Rn. 14.

der Arbeitstage vgl. Art. 24 der Durchführungsverordnung zur FKVO, VO (EG) Nr. 802/2004, ABl. 2004 L 133/1), dürfen an die Begründungsdichte keine allzu hohen Anforderungen gestellt werden. Eigene Ermittlungen der Mitgliedstaaten sind auch vor einer Verweisung nach Art. 21 Abs. 3 Unterabs. 2 ausdrücklich zulässig. Sobald ein Verweisungsantrag gestellt worden ist, unterrichtet die Kommission gemäß Art. 9 Abs. 2 die beteiligten Unternehmen und übersendet ihnen eine Abschrift des Verweisungsantrages zur Stellungnahme.

Berechtigt zur Mitteilung im Sinne des Art. 9 Abs. 2 sind die Mitgliedstaaten als solche. **5** In Deutschland steht diese Kompetenz an sich dem Bundeswirtschaftsministerium zu, das diese jedoch auf das Bundeskartellamt delegiert hat. Gleichzeitig hat es das Bundeskartellamt angewiesen, vor einer entsprechenden Antragstellung Einvernehmen mit dem Bundeswirtschaftsministerium herzustellen.[12] Möglich sind auch **parallele Verweisungsanträge** verschiedener Mitgliedstaaten.[13]

Sofern kein Verweisungsantrag gestellt wird, kann die Kommission den Zusammen- **6** schluss auch dann nicht an den Mitgliedstaat verweisen, in dessen Gebiet der betroffene Markt liegt, wenn dieser keinen wesentlichen Teil des Gemeinsamen Marktes umfasst.[14] Aufgrund der zum 1. Mai 2004 wirksam gewordenen Reform der FKVO kann die Kommission den betroffenen Mitgliedstaat jedoch auffordern, einen Verweisungsantrag zu stellen. Es muss allerdings im **Ermessen des Mitgliedstaates** stehen, ob er dieser Aufforderung nachkommt oder nicht.[15]

2. Materielle Verweisungsvoraussetzungen

a) Gesonderter Markt. Der vom Zusammenschluss betroffene räumliche Markt muss **7** alle **Merkmale eines gesonderten Marktes** aufweisen. Abs. 7 nennt unter dem Begriff des räumlichen Referenzmarktes – nicht abschließende – Kriterien für die Bestimmung eines gesonderten Marktes. Entscheidend ist dabei, dass der betroffene Markt hinreichend homogene Wettbewerbsverhältnisse aufweist, sich von den benachbarten Gebieten unterscheidet und national oder regional geprägt ist. Ob eine Verweisung auch bei grenzüberschreitenden regionalen Märkten möglich ist, wurde in der Praxis bisher noch nicht relevant, dürfte nach dem Zweck des Art. 9, den Mitgliedstaaten unter bestimmten Umständen die Kontrolle von Zusammenschlüssen zu ermöglichen, die ihren Schwerpunkt in einem Mitgliedstaat haben, jedoch zu bejahen sein.[16] Die bisherigen Verweisungsentscheidungen betrafen in erster Linie regionale Märkte; zuletzt hat die Kommission jedoch häufiger auch solche Fälle verwiesen, die jedenfalls auch das gesamte Gebiet eines Mitgliedstaats betrafen.[17] Erfasst der räumliche Markt allerdings das gesamte Gebiet mehrerer

---

[12] Zu Einzelheiten vgl. *Baron* in: Langen/Bunte, Kommentar zum deutschen und europäischen Kartellrecht, Art. 9 FKVO Rn. 9.

[13] Komm. E. v. 16.12.1997 Rs. IV/M.1030 – *Lafarge/Redland;* E. v. 25.1.2000 Rs. COMP/M.1684 – *Carrefour/Promodès;* E. v. 11.12.2002 Rs. COMP/M.2898 – *Leroy Merlin/Brico,* in der die Kommission zum ersten Mal die Prüfung der auf ein Land bezogenen Wettbewerbsprobleme an mehr als zwei Mitgliedstaaten auf deren Antrag verwiesen hat, vgl. Presseerklärung d. Komm. v. 13.12.2002 IP/02/1881, abrufbar im Internet unter www.europa. eu. int.

[14] S. dazu *Johnson* World Competition 1993, 105/119f.

[15] Mitteilung der Kommission über die Verweisung von Fusionssachen, ABl. 2005 C 56/02, Rn. 50.

[16] Ebenso *Janicki,* Schwerpunkte des Kartellrechts 1992/93, 63/73; *Veelken* in: Veelken/Karl/Richter, Die Europäische Fusionskontrolle, 1992, S. 27f.; differenzierend *Hirsbrunner* in: Groeben/Thiesing/Ehlermann, Kommentar zum EU-/EG-Vertrag, Art. 9 FKVO Rn. 27; *Hirsbrunner* in: Schröter/Jakob/Mederer, Kommentar zum Europäischen Wettbewerbsrecht, Art. 9 FKVO Rn. 20; a. A. *Jones/Gonzalez-Diaz,* The EEC Merger Regulation, 1992, p. 39; *Schild* in: MünchKomm EuWettbR, Art. 9 FKVO Rn. 43.

[17] Komm., E. v. 24.4.1997 Rs. IV/M.894 – *Rheinmetall/British Aerospace/STN Atlas;* E. v. 10.11.1997 Rs. IV/M.1001 – *Preussag/Hapag Lloyd* und Rs. IV/M.1019 – *Preussag/TUI;* E. v. 19.6.1998

Mitgliedstaaten, ist nach Auffassung der Kommission eine Verweisung an nur einen Mitgliedstaat nicht zu rechtfertigen.[18] Im Übrigen deckt sich die Definition in Abs. 7 weitgehend mit der Definition des räumlichen Marktes im Formblatt CO (Abschnitt 6 II), so dass auf die entsprechende Erläuterung zu Art. 2 verwiesen wird.

8 **b) Drohen erheblicher Wettbewerbsbeeinträchtigung.** Stellt der gesonderte Markt einen wesentlichen Teil des Gemeinsamen Marktes dar, kann die Kommission den Zusammenschluss nur verweisen, wenn die Gefahr besteht, dass dadurch der Wettbewerb auf dem gesonderten Markt erheblich beeinträchtigt wird (Art. 9 Abs. 2 lit. a). In der bis zum 30. April 2004 geltenden Fassung der FKVO kam es dagegen darauf an, ob mit dem Zusammenschluss die Gefahr der Begründung oder der Verstärkung einer marktbeherrschenden Stellung verbunden war.

9 Ob der betroffene Markt einen **wesentlichen Teil des Gemeinsamen Marktes** ausmacht, richtet sich nach den gleichen Kriterien, die bei Anwendung des Art. 82 EG gelten.[19] Danach werden nur solche Märkte erfasst, deren Entwicklung für den Wettbewerb in der gesamten Gemeinschaft wichtig ist, wobei in erster Linie auf die Struktur des betreffenden Marktes, auf den Umfang der Produktion und den Verbrauch sowie auf die Verbrauchsgewohnheiten der Abnehmer abgestellt wird.[20] Grundsätzlich stellt das Gebiet jedes Mitgliedstaats ebenso wie bedeutende Teile größerer Mitgliedstaaten einen wesentlichen Teil des Gemeinsamen Marktes dar.[21] Selbst wenn bestimmte Produktmärkte regional strukturiert sind, fasst die Kommission in der Praxis gelegentlich mehrere regionale, sich örtlich überschneidende (Handels-) Märkte zusammen und kommt auf diese Weise zu einem einen wesentlichen Teil des Gemeinsamen Marktes umfassenden Markt.[22]

10 Die Kommission lässt die Frage, ob es sich bei dem betroffenen Markt um einen wesentlichen Teil des Gemeinsamen Marktes handelt, zumeist offen und verweist in ihren Entscheidungen lediglich auf die **wettbewerblich problematischen Auswirkungen** des Zusammenschlusses.[23]

11 Der Begriff der **erheblichen Beeinträchtigung des Wettbewerbs** entspricht im Wesentlichen der erheblichen Behinderung des Wettbewerbs im Sinne des Art. 2 Abs. 2 und 3, wobei an eine Wettbewerbsbeeinträchtigung im Sinne von Art. 9 geringere Anforderungen zu stellen sind als an eine Wettbewerbsbehinderung im Sinne von Art. 2.[24] Art. 9

Rs. IV/M.1153 – *Krauss-Maffei/Wegmann;* E. v. 22.8.2000 Rs. COMP/M.2044 – *Interbrew/Bass;* E. v. 14.2.2002 Rs. COMP/M.2662 – *Danish Crown/Steff-Houlberg;* E. v. 14.8.2002 Rs. COMP/M.2845 – *Sogecable Canalsatelite Digital/Via Digital;* E. v. 7.6.2004, Rs. COMP/M.3271 – *Kabel Deutschland/ISH;* E v. 3.4.2008, COMP/M. 4999 – *Heineken/Scottish & Newcastle Assets.*

[18] Komm., E. v. 23.7.2003 Rs. COMP/M.2978 – *Lagardère/Natexis/VUP.*

[19] *Hirsbrunner* in: Groeben/Thiesing/Ehlermann (Fn. 16) Art. 9 FKVO Rn. 22; *Hirsbrunner* in: Schröter/Jakob/Mederer (Fn. 16) Art. 9 FKVO Rn. 15; vgl. dazu die Erläuterungen zu Art. 82 EG.

[20] EuGH U. v. 16.12.1975, verb. Rs. 40–48, 50, 54–56, 111, 113, 114/73 – *Suiker Unie* Slg. 1975, 1663/1995 f., Rn. 370 ff., 1663/2011 ff., Rn. 441 ff.; U. v. 13.2.1979 Rs. 85/76 – *Hoffmann-La Roche,* Slg. 1979, 461/514 ff., Rn. 21 ff.; *Jung* in: Grabitz/Hilf, Das Recht der Europäischen Union, Art. 82 Rn. 51f; *Hellmann* in: FK Art. 9 FKVO Rn. 29.

[21] EuGH U. v. 16.12.1975 verb. Rs. 40–48, 50, 54–56, 111, 113, 114/73 – *Suiker Unie,* Slg. 1975, 1663/1995 f., Rn. 370 ff., 1663/2011 ff., Rn. 441 ff.; Mitteilung der Kommission über die Verweisung von Fusionssachen, ABl. 2005 C 56/02, Rn. 40.

[22] Komm. E. v. 20.11.1996 Rs. IV/M.784 Ziff. 21 – *Kesko/Tuko,* ABl. 1997 L 110/53; E. v. 27.8. 1996 Rs. IV/M.803 Ziff. 9 – *Rewe/Billa;* E. v. 26.6.1997 Rs. IV/M.890 Ziff. 38 – *Blokker/Toys „R" Us,* ABl. 1998 L 316/1.

[23] Vgl. etwa Komm. E. v. 26.11.1999 Rs. COMP/M.1628 – *Totalfina/Elf;* E. v. 20.10.2000 Rs. COMP/M.2154 – *C 3 D/Rhône/Go-Ahead;* E. v. 6.2.2007 Rs. COMP/M.4495 – *Alfa Acciai/Cronimet/Remondis/TSR-Gruppe;* E. v. 3.7.2008 Rs COMP/M.5112 – *REWE/Plus Discount.*

[24] *Schild* in MünchKomm EUWettbR, Art. 9 FKVO Rn. 32 ff.; *Baron* in: Langen/Bunte, Kommentar zum deutschen und europäischen Kartellrecht, Art. 9 FKVO Rn. 13; *Hellmann* in: FK Art. 9 Rn. 33; Mitteilung der Kommission über die Verweisung in Fusionssachen, ABl. 2005 C 56/02 Rn. 35.

Abs. 2 lit. a erwähnt im Gegensatz zu Art. 2 die Begründung oder Verstärkung von Marktbeherrschung auch nicht als Regelbeispiel der erheblichen Wettbewerbsbeeinträchtigung. Dennoch dürfte die Verweisungsvoraussetzung des Art. 9 Abs. 2 lit. a jedenfalls dann erfüllt sein, wenn sich feststellen lässt, dass eine marktbeherrschende Stellung zu entstehen oder verstärkt zu werden droht.[25] Dabei wurde in der bisherigen Praxis auf die Rechtsprechung des Europäischen Gerichtshofs zu Art. 82 EG zurückgegriffen und eine marktbeherrschende Stellung angenommen, wenn sich das betroffene Unternehmen in nennenswertem Umfang unabhängig von seinen Wettbewerbern, Abnehmern und letztlich den Verbrauchern verhalten kann.[26] Erfasst werden sowohl die Einzelmarktbeherrschung als auch die oligopolistische Marktbeherrschung.[27] Die Anforderungen an den Nachweis der Marktbeherrschung richten sich nicht nach nationalem, sondern nach Gemeinschaftsrecht. Die Kommission prüft in ihrer Praxis die Wettbewerbsverhältnisse auf dem gesonderten Markt nach den gleichen Kriterien wie im Rahmen von Entscheidungen nach Art. 6 FKVO.

Eine Verweisung nach Art. 9 Abs. 3 Unterabs. 1 lit. b setzt nicht voraus, dass die erheb- 12
liche Wettbewerbsbeeinträchtigung bereits feststeht, sondern es ist ausreichend, wenn diese nach den bisherigen Ermittlungen droht. Das Drohen der erheblichen Wettbewerbsbeeinträchtigung erfordert danach eine **materielle Prüfung** seitens der Kommission, wobei insofern die Anforderungen zugrunde zu legen sein dürften, die an das Merkmal der „ernsthaften Bedenken" i. S. d. Art. 6 Abs. 1 lit. c gestellt werden.[28]

c) Wettbewerbsbeeinträchtigung. Umfasst der betroffene Markt keinen wesentlichen 13
Teil des Gemeinsamen Marktes, muss die Kommission den Zusammenschluss bereits dann verweisen, wenn dieser den Wettbewerb auf dem relevanten Markt beeinträchtigen würde (Art. 9 Abs. 2 lit. b). In der bisherigen Praxis wurde nur in wenigen Fällen ausdrücklich festgestellt, dass der betroffene Markt keinen wesentlichen Teil des Gemeinsamen Marktes umfasst.[29]

Der Begriff der Wettbewerbsbeeinträchtigung hat in der bisherigen Praxis noch keine 14
festen Konturen gewonnen. In Ansehung der englischen und französischen Textfassung der FKVO (‚affected', ‚affecté') ist aber wohl keine echte „Beeinträchtigung", sondern eher eine **„Betroffenheit" des Wettbewerbs** erforderlich.[30] Sofern ein Zusammenschluss – etwa durch Marktanteilsadditionen oder durch vertikale Integration – nachweisbare Aus-

---

[25] *Immenga/Körber* in: Immenga/Mestmäcker EG-WbR Teil 2, Art. 9 FKVO Rn. 23.

[26] EuGH U. v. 14.2.1978, Rs. 27/76 – *United Brands* Slg. 1978, 207/286, Rn. 63/66 ff.; U. v. 13.2.1979, Rs. 85/76 – *Hoffmann-La Roche* Slg. 1979, 461/520, Rn. 38 ff.; U. v. 9.11.1983, Rs. 322/81 – *NBI Michelin/Kommission* Slg. 1983, 3461/3505, Rn. 37 ff.; Komm. E. v. 7.11.1990 Rs. IV/M.004 Ziff. 14 – *Renault/Volvo,* WuW/E EV 1542/1545 f.; E. v. 2.10.1991 Rs. IV/M.053 Ziff. 72 – *Aerospitale/Alenia/de Havilland,* WuW/E EV 1675/1698; wegen der Einzelheiten vgl. die Erläuterungen zu Art. 2.

[27] EuGH U. v. 31.3.1998, verb. Rs. 68/94 u. 30/95 – *Frankreich und SCPA/Kommission,* Slg. 1998, I-1375/1501, Rn. 172 ff. = WuW EU-R 31/36; Komm. E. v. 22.7.1992 Rs. IV/M.190 – *Nestlé/Perrier,* WuW/E EV 1903/1934, Ziff. 108 ff.; E. v. 22.3.1996 Rs. IV/M.716 – *Gehe/Lloyds;* E. v. 22.8.2000 Rs. COMP/M.2044 – *Interbrew/Bass;* E. v. 3.4.2008, Rs. COMP/M.4999 – *Heineken/Scottish & Newcastle Assets,* Rn. 47.

[28] *Wagemann* in: Wiedemann, Handbuch des Kartellrechts, § 17 Rn. 153 (noch zum früheren Kriterium des Drohens einer Marktbeherrschung); vgl. zum Kriterium der ernsthaften Bedenken die Erläuterungen zu Art. 6.

[29] Vgl. z. B. Komm., E. v. 1.2.2005 Rs. COMP/M.3669 – *Blackstone (TBG CareCo)/NHP,* Rn. 35 für lokale Märkte für häusliche Pflegeleistungen im Vereinigten Königreich; E. v. 23.6.2005 Rs. COMP/M.3754 – *Strabag/Dywidag,* Rn. 20 u. E. v. 14.10.2005 Rs. COMP/M.3864 – *FIMAG/Züblin,* Rn. 21, jeweils für lokale Asphaltmärkte in Deutschland; E. v. 22.12.2005 Rs. COMP/M.3905 – *TESCO/Carrefour* für Einzelhandelsmärkte in der Slowakei; siehe zur Kasuistik *Schild* in: MünchKomm EuWettbR, Art. 9 FKVO, Rn. 57.

[30] *Wagemann* in: Wiedemann, Handbuch des Kartellrechts, § 17 Rn. 152, Fn. 309; *Immenga/Körber* in: Immenga/Mestmäcker, EG-WbR Teil 2, Art. 9 FKVO Rn. 29.

wirkungen auf die Wettbewerbsverhältnisse im relevanten Markt hat, kann daher von einer Wettbewerbsbeeinträchtigung i. S. d. Abs. 2 lit. b ausgegangen werden.[31]

III. Entscheidungsermessen der Kommission

15 Nach Art. 9 Abs. 1 kann die Kommission einen Zusammenschluss auf Antrag eines Mitgliedstaats an dessen zuständige Behörden verweisen. Daraus ergibt sich ein **Entscheidungsermessen zugunsten der Kommission** für die Fälle, in denen der betroffene Markt einen wesentlichen Teil des Gemeinsamen Marktes darstellt.[32]

1. Ermessensausübung und -begrenzung

16 Der in Art. 9 Abs. 1 normierte Ermessensspielraum der Kommission hinsichtlich der Verweisungsentscheidung wird einerseits durch die in Abs. 2 geregelten Verweisungsvoraussetzungen und andererseits durch die Entscheidungsvarianten nach Abs. 3 näher ausgestaltet. Liegen die Verweisungsvoraussetzungen daher nicht vor – sei es, weil nach Auffassung der Kommission kein gesonderter Markt oder keine Gefahr der (erheblichen) Wettbewerbsbeeinträchtigung gegeben ist – steht der Kommission kein Ermessen zu, sondern sie muss den Verweisungsantrag durch **förmliche Entscheidung** abweisen.[33] Dies gilt nicht nur für Zusammenschlüsse, die einen wesentlichen Teil des Gemeinsamen Marktes betreffen, sondern auch dann, wenn der Zusammenschluss lediglich in Märkten zu wettbewerblichen Problemen führt, die keinen wesentlichen Teil des Gemeinsamen Markts ausmachen.[34] Liegen die Verweisungsvoraussetzungen dagegen vor, muss unterschieden werden, ob der vom Zusammenschluss betroffene Markt einen wesentlichen Teil des Gemeinsamen Marktes ausmacht oder nicht.

17 **a) Wesentlicher Teil des Gemeinsamen Marktes.** Umfasst der betroffene Markt einen wesentlichen Teil des Gemeinsamen Marktes, ist die Zuständigkeit der Kommission für die Prüfung des Zusammenschlusses unproblematisch. Abs. 3 überlässt es der Ermessensausübung der Kommission, eine (Teil-)Verweisung auszusprechen oder den Fall selbst zu behandeln. Spricht die Kommission – bei Trennbarkeit des Zusammenschlusses – eine Teilverweisung aus, entscheidet sie über den restlichen Teil des Zusammenschlusses im üblichen Verfahren.

18 Der Rat und die Kommission haben in einer gemeinsamen Protokollerklärung festgestellt, dass in Fällen, in denen ein gesonderter Markt einen erheblichen Teil des Gemeinsamen Marktes darstellt, das Verweisungsverfahren nur in Ausnahmefällen angewandt werden sollte, in denen die Wettbewerbsinteressen des betreffenden Mitgliedstaats **nicht auf andere Weise hinreichend geschützt** werden können.[35] Diese Ermessensbegrenzung ist unter Berufung auf das Subsidiaritätsprinzip auf Bedenken gestoßen.[36] Das Gericht erster

---

[31] *Hirsbrunner* in: Groeben/Thiesing/Ehlermann, Kommentar zum EU-/EG-Vertrag, Art. 9 FKVO Rn. 24; *Schild* in: MünchKomm EuWettbR, Art. 9 FKVO, Rn. 55; *Bechtold/Brinker/Bosch/Hirsbrunner*, EG-Kartellrecht, Art. 9 Rn. 7.

[32] A. A. wohl nur *Niederleithinger* WuW 1990, 721/726, der wegen der Regelung von Verweisungsvoraussetzungen in Art. 9 bei deren Vorliegen eine Pflicht der Kommission zur Verweisung annimmt; vgl. zur Ermessensausübung und -begrenzung Rn. 14 ff.

[33] *Hirsbrunner* E. C. L. R. 1999, 372/376; *Hirsbrunner* in: Schröter/Jakob/Mederer, Art. 9 FKVO Rn. 25, 26.

[34] Ebenso *Schild* in: MünchKomm EuWettbR, Art. 9 FKVO Rn. 76.

[35] Protokollerklärung des Rates und der Kommission zu Art. 9 Ziff. 5, WuW 1990, 240/241 f.; ebenso; *Hirsbrunner,* in: Groeben/Thiesing/Ehlermann, Kommentar zum EU-/EG-Vertrag, Art. 9 FKVO Rn. 22, 28.

[36] *Immenga/Körber* in: Immenga/Mestmäcker, EG-WbR Teil 2, Art. 9 FKVO Rn 44 ff., der davon ausgeht, dass ein Zusammenschluss grundsätzlich verwiesen werden sollte, wenn dessen Auswirkungen nicht über die Grenzen eines Mitgliedstaates hinausreichen; *Immenga,* Die europäische Fusionskontrolle im wettbewerbspolitischen Kräftefeld S. 13; *Wolf* EuZW 1994, 233/235 f.; *Bartosch,* BB

Instanz geht zwar nach wie vor von der Gültigkeit des in der Protokollerklärung genannten Ausnahmecharakters von Verweisungsentscheidungen aus; dies gelte jedoch nicht, wenn alle betroffenen Märkte von nationaler Bedeutung seien.[37] Die Kommission hat ein solches Regel-/Ausnahmeverhältnis allerdings weder in ihre Mitteilung zur Verweisung von Fusionsfällen aufgenommen noch sind Verweisungen in Fällen, die einen wesentlichen Teil des gemeinsamen Marktes betreffen, die Ausnahme. Vielmehr gibt sie der Mehrheit der Verweisungsanträge auch dann statt, wenn ein wesentlicher Teil des Gemeinsamen Marktes betroffen ist. Maßgeblich ist, ob die nationale Behörde aufgrund der Besonderheiten des Falles und mit Berücksichtigung der ihr zur Verfügung stehenden Instrumente und Expertise zur Bearbeitung des Falles besser geeignet ist. Die wettbewerblichen Folgen eines Zusammenschlusses sind ebenso zu berücksichtigen wie der aus einer Verweisung resultierende Verwaltungsaufwand.[38] Gründe für eine Verweisung sind etwa, dass der bei der Kommission angemeldete Zusammenschluss in einem sachlichen Zusammenhang mit einem anderen Zusammenschluss steht, der von den zuständigen Behörden des betreffenden Mitgliedstaats gerade geprüft wird oder wurde,[39] oder dass ein anderer Zusammenschluss von Wettbewerbern der beteiligten Unternehmen zuvor an den betreffenden Mitgliedstaat verwiesen wurde.[40] Das gleiche gilt, wenn das Zusammenschlussvorhaben in anderer rechtlicher Form von einer zuständigen nationalen Behörde bereits untersagt wurde[41] oder wenn der betroffene nationale Markt traditionell ausländischem Wettbewerb nur sehr eingeschränkt zugänglich ist[42] bzw. wenn bei der wettbewerblichen Beurteilung regionale Aspekte eine besondere Rolle spielen.[43] Auch die Nähe der nationalen Behörde zu den betroffenen Märkten, auf denen möglicherweise strukturelle Maßnahmen zur Beseitigung der Wettbewerbsbedenken ergriffen werden müssen, wurde als Begründung zur Verweisung genannt.[44]

b) Kein wesentlicher Teil des Gemeinsamen Marktes. Macht der betroffene Markt dagegen keinen wesentlichen Teil des Gemeinsamen Marktes aus, bestimmt Art. 9 Abs. 3 Unterabs. 3, dass die Kommission den Teil des Falles an die zuständigen Behörden des be- 19

2003 (Beilage 3), 4; *Schmidt,* CML Rev. 2004, 1555/1560; a. A. *Jung,* Subsidiarität im Recht der Wettbewerbsbeschränkungen, 1995, S. 180 f.

[37] EuG U. v. 3.4.2003, Rs. T-119/02 – *Royal Phillips Electronics NV/Kommission,* Slg. 2003 II-1433 Rn. 351 ff.; EuG U. v. 30.9.2003, verb. Rs. T-346 und 347/02 – *Cableuropa,* Slg. 2003 II-4251 Rn. 182 ff.

[38] Mitteilung der Kommission über die Verweisung in Fusionsfällen, ABl. 2005 C 56/02, Rn. 9.

[39] Komm. E. v. 22.8.2000 Rs. COMP/M.2044 – *Interbrew/Brass;* E. v. 22.3.1996 Rs. IV/M.716 – *Gehe/Lloyds;* E. v. 10.11.1997 Rs. IV/M.1001 – *Preussag/Hapag Lloyd* und Rs. IV/M.1019 – *Preussag/TUI;* E. v. 23.12.2002 Rs. COMP/M.2857 – *ECS/IEH;* E. v. 7.6.2004, Rs. COMP/M.3271 – *Kabel Deutschland/Ish,* Rn. 31; E. v. 8.8.2005 Rs. COMP/M.3823 – *MAG/Ferrovial Aeropuertos/Exeter Airport;* anders allerdings E. v. 4.2.2000 Rs. COMP/M.1673 – *VEBA/VIAG,* in der die Kommission ein Verfahren nach Art. 6 Abs. 1 lit. c einleitete, obwohl das Bundeskartellamt in einem Parallelverfahren den Zusammenschluss zwischen RWE und VEW prüfte. Eine förmliche Entscheidung über die Ablehnung des Verweisungsantrages der Bundesrepublik Deutschland erging auch hier nicht.

[40] Komm. E. v. 19.6.1998 Rs. IV/M.1153 – *Krauss-Maffei/Wegmann;* Komm., E. v. 13.2.2003 Rs. COMP/M.3075 – *ECS/Intercommunale Iveka* sowie die fünf weiteren insoweit gleich gelagerten Entscheidungen der Komm. vom 13.2.2003 COMP/M.3076, COMP/M.3077 COMP/M.3078, COMP/M.3079, COMP/M.3080.

[41] Komm. E. v. 2.6.1997 Rs. IV/M.894 – *Hochtief/Deutsche Bank/Holzmann.*

[42] Komm. E. v. 24.4.1997 Rs. IV/M.894 – *Rheinmetall/British Aerospace/STN Atlas;* E. v. 19.6.1998 Rs. IV/M.1153 – *Krauss-Maffei/Wegmann.*

[43] Komm. E. v. 6.4.1999 Rs. IV/M.1461 – *Rabobank-Beeck/Homann;* E. v. 13.1.2000 Rs. COMP/M.1779 – *Anglo American/Tarmac;* E. v. 24.3.2000 Rs. COMP/M.1827 – *Hanson/Pioneer;* E. v. 17.10.2001 Rs. COMP/M.2495 – *Haniel/Fels;* E. v. 3.4.2008, Rs. COMP/M.4999 – *Heineke/Scottisch & Newcastle Assets,* Rn. 59; vgl. *Schild* in: MünchKomm EuWettbR, Art. 9 FKVO, Rn. 52.

[44] Komm., E. v. 7.6.2004, Rs. COMP/M.3271 – *Kabel Deutschland/ISH,* Rn. 30; E. v. 14.2.2005, Rs. COMP/M.3674 – *Iesy Repository/ISH,* Rn. 47; E. v. 3.4.2008, Rs. COMP/M.4999 – *Heineken/Scottish & Newcastle Assets,* Rn. 59; E. v. 6.2.2007, Rs. COMP/M.4495 – *Alfa Acciaci/Cronimet/Remondis/TSR,* Rn. 42, 45.

treffenden Mitgliedstaats verweist, der den gesonderten Markt betrifft. Nach dem Wortlaut des Unterabs. 3 („die Kommission verweist") steht der Kommission in dieser Fallgruppe kein Ermessen zu, sondern sie muss auf die entsprechende Mitteilung des betreffenden Mitgliedstaats hin eine **Verweisungsentscheidung zwingend** erlassen.[45] Auch vor Einfügung dieser Sonderregelung ging der überwiegende Teil der Literatur von einer Ermessensreduzierung für Fälle aus, die keinen wesentlichen Teil des Gemeinsamen Marktes betrafen, da Art. 2 Abs. 3 der Kommission eine Untersagungsbefugnis nur dann einräumt, wenn ein wesentlicher Teil des Gemeinsamen Marktes betroffen ist.[46] Dieser Auffassung hat sich der Rat bei der Novellierung der FKVO zum 1. März 1998 angeschlossen,[47] so dass in der Fallgruppe des Abs. 3 Unterabs. 3 von einer gebundenen Entscheidung der Kommission auszugehen ist.[48] Die Verweisung ist jedoch nur für den Markt zwingend, der keinen wesentlichen Teil des Gemeinsamen Marktes umfasst. Sollte der Zusammenschluss daneben auch Auswirkungen auf einen Markt haben, der einen wesentlichen Teil des Gemeinsamen Marktes darstellt, steht es weiterhin im Ermessen der Kommission, über diesen Teil des Zusammenschlusses selbst zu entscheiden oder ihn ebenfalls an den betreffenden Mitgliedstaat zu verweisen. Unter Praktikabilitätsgesichtspunkten dürfte eine Verweisung des gesamten Zusammenschlusses jedoch sinnvoller sein, wenn er sich nur in einem Mitgliedstaat auswirkt.[49] Auch das Gericht erster Instanz[50] und die Kommission[51] sind der Auffassung, dass eine Aufspaltung eines Falles auf mehrere Behörden soweit wie möglich vermieden werden sollte.

2. Entscheidung der Kommission

20 Entscheidet sich die Kommission, den Fall an den antragstellenden Mitgliedstaat zu verweisen, ergeht die Verweisung grundsätzlich als **förmliche, ausdrückliche Entscheidung.**[52] Ausnahmsweise ist jedoch auch eine stillschweigende oder fingierte Verweisung

---

[45] Ebenso *Niewiarra* EWS 1998, 113/117; GK-*Schütz,* Art. 9 FKVO Rn. 15; Mitteilung der Kommission über die Verweisung von Fusionssachen, ABl. 2005 C 56/02, Rn. 41.

[46] *Bechtold* RIW 1990, 253/262; *Niederleithinger* WuW 1990, 721/725; *Janicki* WuW 1990, 195/203; *K. Westermann,* Die Einwirkungen der europäischen auf die deutsche Fusionskontrolle, S. 21; *Hirsbrunner* EWS 1989, 233/236; *Lampert* S. 117f.; a.A. *Röhling* ZIP 1990, 1179/1184; *Kirchhoff* BB 1990 Beil. 14, S. 10f.; *Miersch* FKVO-Komm., S. 139.

[47] Vgl. Erwägungsgrund Nr. 11 der Präambel der VO (EG) Nr. 1310/97 des Rates v. 30.6.1997 zur Änderung der VO (EWG) Nr. 4064/89, ABl. 1997 L 180/1, ber. ABl. 1998 L 3/16.

[48] Ebenso *Wagemann* in: Wiedemann, Handbuch des Kartellrechts, § 17 Rn. 146; *Immenga/Körber* in: Immenga/Mestmäcker, EG-WbR Teil 2, Art. 9 FKVO Rn. 52; *Schild* in: MünchKomm EuWettbR, Art. 9 FKVO Rn. 75; *Bechtold/Brinker/Bosch/Hirsbrunner,* EG-Kartellrecht, Art. 9 Rn. 3; *Hellmann* in: FK, Art. 9 FKVO Rn. 38; vgl. wohl bereits ebenso Komm., E. v. 24.4.2002 Rs. COMP/M.2730 – *Connex/DNVBVG;* E. v. 30.5.2002 Rs. COMP/M.2760 – *Nehlsen/Rethmann/BEG,* WuW/EU-V 819; so mittlerweile ausdrücklich auch Komm., E. v. 1.2.2005, Rs. COMP/M.3669 – *Blackstone (TBG CareCo)/NHP,* Rn. 12, 36; Mitteilung der Kommission über die Verweisung von Fusionssachen, ABl. 2005 C 56/02 Rn. 12; differenzierend aber *Hirsbrunner* in: Groeben/Thiesing/Ehlermann, Kommentar zum EU-/EG-Vertrag, Art. 9 FKVO Rn. 32, 33; *Hirsbrunner* in: Schröter/Jakob/Mederer, Art. 9 FKVO Rn. 25, 26.

[49] Ausf. hierzu *Hirsbrunner* in: Groeben/Thiesing/Ehlermann, a.a.O. Art. 9 FKVO Rn. 30; *Hirsbrunner* in: Schröter/Jakob/Mederer, a.a.O. Art. 9 FKVO Rn. 23; in diesem Sinne etwa Kommission, E. v. 1.2.2005, Rs. COMP/M.3669 – *Blackstone (TBG Carelo)/NHP,* Rn. 36; E. v. 10.4.2007 Rs. COMP/M.4522 – *Carrefour/Ahold Polska;* E. v. 3.7.2008 Rs. COMP/M.5112 – *REWE/Plus Discount;* vgl. aber Komm. E. v. 25.1.2000 Rs. COMP/M.1684 – *Carrefour/Promodès,* mit der der Zusammenschluss nur hinsichtlich bestimmter örtlicher Einzelhandelsmärkte in Frankreich und Spanien an die zuständigen nationalen Behörden verwiesen wurde.

[50] EuG U. v. 3.4.2003, Rs. T-119/02 – *Royal Phillips Electronics NV/Kommission,* Slg. 2003 II-1433 Rn. 350.

[51] Mitteilung der Kommission über die Verweisung von Fusionssachen, ABl. 2005 C 56/02 Rn. 12.

[52] Vgl. beispielhaft E. v. 7.6.2004 Rs. M. 3271 – *Kabel Deutschland/ISH,* (Verweisung an das Bundeskartellamt); E. v. 19.12.2003 Rs. COMP/M.3318 – *ECS/Sibelga* (Verweisung an Belgien); E. v. 23.10.2003 Rs. COMP/M.3248 – *BAT/ETI* (Verweisung an Italien).

denkbar, wenn die Kommission die in Art. 9 Abs. 4 lit. b genannte Frist von 65 Arbeitstagen versäumt hat (Abs. 5). Stellt sie gemäß Art. 6 Abs. 1 lit. a fest, dass der Zusammenschluss nicht unter die FKVO fällt, ist automatisch der betreffende Mitgliedstaat zuständig, ohne dass es einer ausdrücklichen Verweisungsentscheidung bedarf.[53]

Wenn die Kommission den Fall trotz Vorliegens der Verweisungsvoraussetzungen selbst 21
behandelt, wird sie gemäß Art. 6 Abs. 1 lit. c die zweite Prüfungsphase des Kontrollverfahrens einleiten. Grundsätzlich ist es auch denkbar, dass die Kommission einen Fall, in dem sie zunächst gemäß Art. 6 Abs. 1 lit. c das Verfahren eingeleitet hat, später (nach Art. 9 Abs. 4 lit. b innerhalb von 65 Arbeitstagen nach der Anmeldung) an den betreffenden Mitgliedstaat verweist, weil sich herausstellt, dass derselbe besser durch die nationale Behörde behandelt wird. Eine förmliche – an den betreffenden Mitgliedstaat gerichtete – **Entscheidung über die Nichtverweisung** ist gemäß Art. 9 Abs. 3 Unterabs. 2 nur dann erforderlich, wenn nach Auffassung der Kommission nicht sämtliche Verweisungsvoraussetzungen vorliegen. In diesem Fall kann sie den Zusammenschluss nach Art. 6 Abs. 1 lit. b freigeben, da er keinen Anlass zu ernsthaften Bedenken gibt[54] oder ebenfalls die zweite Prüfungsphase gemäß Art. 6 Abs. 1 lit. c einleiten. Unter Transparenzgesichtspunkten wäre es zwar wünschenswert, wenn die Kommission ihre Gründe für das Absehen von einer Verweisung in sämtlichen Fällen offen legte,[55] im Interesse der Verfahrensökonomie ist dies jedoch meist nicht möglich.

IV. Fristen

Art. 9 Abs. 4 unterscheidet bei den Fristen für die Verweisungsentscheidung ebenfalls 22
zwischen der ersten und der zweiten Prüfungsphase. Die Vorprüfungsphase (Entscheidungen i. S. d. Art. 6 Abs. 1 lit. a–c) verlängert sich im Falle eines Verweisungsantrages gemäß Art. 10 Abs. 1 Unterabs. 2 auf 35 Arbeitstage nach Eingang der Anmeldung; innerhalb dieser Zeit soll nach Art. 9 Abs. 4 lit. a in der Regel auch über den Verweisungsantrag entschieden werden. Leitet die Kommission dagegen nach Art. 6 Abs. 1 lit. c das Hauptprüfungsverfahren ein, läuft die Frist für die Verweisungsentscheidung seit der Anmeldung des Zusammenschlusses 65 Arbeitstage (Art. 9 Abs. 4 lit. b).[56] Die genannten Fristen können nach Art. 10 Abs. 4 Unterabs. 2 gehemmt werden, wenn die Kommission nach Art. 11 Abs. 3 von den am Zusammenschluss Beteiligten oder von Dritten Auskünfte mittels einer ausdrücklichen Entscheidung anfordern oder sogar nach Art. 13 eine Nachprüfung durchführen muss.[57] Verweist die Kommission den Zusammenschluss nicht, bleibt es für ihre eigene Prüfung bei der in Art. 10 Abs. 3 Unterabs. 1 genannten Frist von grundsätzlich höchstens 90 Arbeitstagen.

Eine **Verweisungsfiktion** enthält Art. 9 Abs. 5. Danach gilt der Zusammenschluss als 23
verwiesen, wenn die Kommission innerhalb der Frist von 65 Arbeitstagen trotz Erinnerung des betreffenden Mitgliedstaats weder über den Verweisungsantrag entschieden noch vorbereitende Schritte zum Erlass der nach Art. 8 Abs. 2 Unterabs. 2 oder Art. 8 Abs. 3 oder 4 erforderlichen Maßnahmen getroffen hat. Darunter ist in erster Linie die Versendung der

[53] Komm. E. v. 15.1.1996 Rs. IV/M.661 – *STRABAG/Bank Austria/Stuag,* WuW/E EV 2399 ff.; E. v. 25.3.1996 Rs. IV/M.711 – *Generali/Unicredito.*

[54] Komm. E. v. 17.12.1991 Rs. IV/M.165 – *Alcatel/AEG Kabel,* WuW/E EV 1713, 1719 Rn. 9 f., 32; E. v. 27.11.1999 Rs. IV/M.1346 – *EDF/London Electricity.*

[55] Ähnl. *Hirsbrunner* EWS 1998, 233/238.

[56] Zur Fristberechnung vgl. Art. 7 bis 10, zur Definition der Arbeitstage vgl. Art. 24 der Durchführungsverordnung zur FKVO, VO (EG) Nr. 802/2004, ABl. 2004 L 133/1.

[57] Art. 9 und Art. 11 DVO FKVO 802/2004, ABl. 2004 L 133/1; vgl. zur Fristhemmung Kommentierung zu Art. 10 Rn. 13 und ausführlich *Schild* in: MünchKomm EuWettbR, Art. 9 FKVO Rn. 92 ff.

Beschwerdepunkte i. S. d. Art. 18 Abs. 1 zu verstehen.[58] Nach Fristablauf ist die Kommission für den Zusammenschluss nicht (mehr) zuständig, so dass später auch die Freigabefiktion des Art. 10 Abs. 6 nicht mehr eingreift. In der bisherigen Praxis hat die Verweisungsfiktion noch keine Bedeutung erlangt.

24 Versäumt die Kommission in der Vorprüfungsphase die Frist des Art. 10 Abs. 1 Unterabs. 2 von 35 Arbeitstagen zur Einleitung des Hauptprüfverfahrens, greift die Freigabefiktion des Art. 10 Abs. 6 ein. Gilt der Zusammenschluss danach als freigegeben, kann die Kommission ihn an sich auch nicht mehr an den antragstellenden Mitgliedstaat verweisen.[59] Möglich wäre dies nur dann, wenn man die Formulierung in Art. 10 Abs. 6, die **Freigabefiktion** gelte unbeschadet des Art. 9, dahingehend versteht, dass eine Verweisung auch nach Ablauf der in Art. 10 normierten Fristen möglich sein soll[60] oder wenn man Art. 9 Abs. 5 analog auf Fälle anwendet, in denen die Kommission die 35-Arbeitstage-Frist verstreichen lässt.[61] Die Systematik des Art. 9 und Art. 10 Abs. 6 spricht jedoch eher dafür, dass die Verweisung eines Zusammenschlusses nur innerhalb der dafür ausdrücklich normierten Fristen möglich sein soll und der Geltungsvorrang von Verweisungsentscheidungen gegenüber der Genehmigungsfiktion nur nach einer ausdrücklichen Verweisung gilt.[62]

25 Ist ein Zusammenschluss von der Kommission verwiesen worden, hat der betreffende Mitgliedstaat nach Art. 9 Abs. 6 **ohne unangemessene Verzögerung** über den Fall zu entscheiden und den beteiligten Unternehmen innerhalb von 45 Arbeitstagen nach der Verweisung das Ergebnis der vorläufigen wettbewerbsrechtlichen Prüfung sowie die gegebenenfalls ins Auge gefassten Maßnahmen mitzuteilen. An eine Fristversäumung knüpfen sich keine Rechtsfolgen. Die Frist von 45 Arbeitstagen bezieht sich zudem nicht auf die abschließende Entscheidung des Falles durch die zuständigen Behörden des Mitgliedstaats. Dafür gelten vielmehr die jeweiligen nationalen Verfahrensregeln.[63]

V. Entscheidung des Mitgliedstaats

1. Materielle Einschränkungen nationalen Rechts

26 Die Verweisung eines Zusammenschlusses ergeht gemäß Art. 9 Abs. 3 lit. b, damit das **Wettbewerbsrecht des betreffenden Mitgliedstaats** angewendet wird.[64] Art. 9 Abs. 8 schränkt die Anwendung der nationalen Wettbewerbsvorschriften jedoch dahingehend ein, dass nur die Maßnahmen ergriffen werden können, die zur Aufrechterhaltung oder Wie-

---

[58] Protokollerklärung der Kommission zu Art. 9 Ziff. 6, WuW 1990, 240/242; *Immenga/Körber* in: Immenga/Mestmäcker, EG-WbR Teil 2, Art. 9, Rn. 61.

[59] *Immenga/Körber* in: Immenga/Mestmäcker, EG-WbR Teil 2, Art. 9, Rn. 64–66; *Hirsbrunner* in: Groeben/Thiesing/Ehlermann (Fn. 48) Art. 9 FKVO Rn. 46; *Hirsbrunner* in: Schröter/Jakob/Mederer (Fn. 48) Art. 9 FKVO Rn. 38, 40.

[60] So wohl die Kommission, E. v. 29.10.1993 *McCormick/CPC/Rabobank/Ostmann* IV/M.330 WuW/E EV 2157 Ziff. 79, mit der der Zusammenschluss nach Ablauf der (damaligen) Sechswochenfrist an die Bundesrepublik verwiesen wurde, nachdem die Kommission die Frist irrtümlich falsch berechnet hatte; ähnl. *Miersch* FKVO-Kommentar, S. 141.

[61] *Kirchhoff* BB 1990 Beil. 14 S. 10; *Lampert* S. 121 f.; *Baron* in: Langen/Bunte, Kommentar zum deutschen und europäischen Kartellrecht, Art. 9 FKVO Rn. 7; *Koch* EWS 1990, 65/71.

[62] Ebenso *Immenga/Körber* in: Immenga/Mestmäcker, EG-WbR Teil 2, Art. 9, Rn. 64–66; *Schild* in: MünchKomm EuWettbR, Art. 9 FKVO Rn. 84.

[63] Vgl. 27. Erwägungsgrund der bis zum 30. April 2004 geltenden FKVO; *Hirsbrunner* in: Groeben/Thiesing/Ehlermann, Kommentar zum EU-/EG-Vertrag, Art. 9 FKVO Rn. 47; *Immenga/Körber* in: Immenga/Mestmäcker, EG-WbR Teil 2, Art. 9 FKVO Rn. 70; *Wagemann* in: Wiedemann, Handbuch des Kartellrechts, § 17 Rn. 154; Schild in MünchKomm EuWettbR, Art. 9 FKVO Rn. 109; a. A. *Bechtold* Kartellgesetz, § 35 Rn. 16; *Johnson* World Competition 1993; 105/108.

[64] Zum Vorschlag, in Zukunft die Anwendung europäischen Rechts durch die Mitgliedstaaten vorzuschreiben vgl. *Baron* in: Langen/Bunte, Kommentar zum deutschen und europäischen Kartellrecht, Art. 9 FKVO Rn. 18; *Hirsbrunner* in: Schröter/Jakob/Mederer, Kommentar zum Europäischen Wettbewerbsrecht, Art. 9 FKVO Rn. 44.

derherstellung wirksamen Wettbewerbs auf dem betreffenden Markt unbedingt erforderlich sind. Diese Vorschrift bringt in erster Linie das Verhältnismäßigkeitsprinzip zum Ausdruck, an welches im deutschen Recht das Bundeskartellamt bei Anwendung der §§ 35 ff. GWB ohnehin gebunden ist.[65] Darüber hinaus dürfte die Regelung zur Folge haben, dass der Zusammenschluss von den nationalen Behörden ausschließlich nach wettbewerblichen Maßstäben zu beurteilen ist, nicht jedoch nach anderen öffentlichen Interessen.[66] Für die Anwendung der §§ 35 ff. GWB bedeutet dies insbesondere, dass eine Ministererlaubnis nach § 42 GWB ausgeschlossen ist, da diese nicht auf die Aufrechterhaltung oder Wiederherstellung wirksamen Wettbewerbs gerichtet ist, sondern aus gesamtwirtschaftlichen Gründen eine Wettbewerbsbeschränkung gerade bestehen lässt.[67] Das Gleiche gilt für die Anwendung der Abwägungsklausel des § 36 Abs. 1 GWB, sofern dabei Zusammenschlusswirkungen auf anderen Märkten als dem gesonderten Markt einbezogen würden. Für diese Märkte besteht eine Entscheidungskompetenz des Bundeskartellamtes nämlich gerade nicht.[68] Positive Auswirkungen des Zusammenschlusses auf dem gesonderten Markt dagegen müssen vom Bundeskartellamt nach § 36 Abs. 1 GWB berücksichtigt werden.[69]

2. Nationale Verfahrensregeln

Nach der Verweisung eines Zusammenschlusses prüft die nationale Behörde den Zusammenschluss nach den nationalen Verfahrensregeln. Eine erneute Pflicht zur Anzeige oder Anmeldung des Zusammenschlusses bei den nationalen Behörden dürfte in der Regel ausscheiden, wenn die benötigten Angaben aufgrund der Anmeldung bei der Kommission bereits vorliegen.[70] Entsprechend ist eine erneute Anmeldung beim Bundeskartellamt gemäß § 39 Abs. 4 GWB nur dann erforderlich, wenn die notwendigen Angaben nicht in deutscher Sprache vorliegen. Art. 9 schließt eine anders lautende nationale Regelung allerdings nicht aus. Die nationalen Verfahrensfristen beginnen mit dem Tag des Eingangs der Verweisungsentscheidung zu laufen, wenn die maßgeblichen Unterlagen in *deutscher* Sprache vorliegen (vgl. § 23 Abs. 3 VwVfG).[71] Damit gilt auch das Vollzugsverbot des § 41 GWB. Bei der Prüfung des Zusammenschlusses nach nationalem Recht sind die zuständigen Behörden verpflichtet, das in Art. 17 geregelte **Berufsgeheimnis** zu beachten. Da danach die Ermittlungserkenntnisse der Kommission nur zu dem mit der Ermittlung verfolgten Zweck verwertet werden dürfen, können die nationalen Behörden die Ermittlungen der Kommission nicht ungeprüft übernehmen, sondern müssen eigene Ermittlungen anstellen.[72] 27

[65] *Miersch* FKVO-Kommentar, S. 142; *Wagemann* in: Wiedemann, Handbuch des Kartellrechts, § 17 Rn. 154; *Immenga/Körber* in: Immenga/Mestmäcker, EG-WbR Teil 2, Art. 9 FKVO Rn. 73.

[66] *Wagemann* in: Wiedemann, Handbuch des Kartellrechts, § 17 Rn. 154; *Hirsbrunner* in: Groeben/Thiesing/Ehlermann (Fn. 63) Art. 9 FKVO Rn. 50.

[67] *Immenga/Körber* in: Immenga/Mestmäcker, EG-WbR Teil 2, Art. 9 FKVO Rn. 71; *Mestmäcker* in: Immenga/Mestmäcker, GWB 2. Aufl. 2002, Vor § 23 Rn. 105; *Hellmann* in: FK, Art. 9 FKVO Rn. 59; *K. Westermann,* Die Einwirkungen der europäischen auf die deutsche Fusionskontrolle, S. 42; a. A. *Baron* in: Langen/Bunte, Kommentar zum deutschen und europäischen Kartellrecht, Art. 9 FKVO Rn. 20; wohl auch *Hirsbrunner* in: Groeben/Thiesing/Ehlermann Art. 9 FKVO Rn. 50.

[68] *Mestmäcker* a. a. O. Vor § 23 Rn. 105; *Bach* WuW 1992, 571/577; *K. Westermann,* Die Einwirkungen der europäischen auf die deutsche Fusionskontrolle, S. 42; *Bechtold* RIW 1990, 253/262; *Immenga/Körber* in: Immenga/Mestmäcker, EG-WbR Teil 2, Art. 9 FKVO Rn. 72.

[69] Vgl. z. B. ausdr. die Komm. E. v. 25.7.1997 Rs. IV/M.932 – *SEHB/VIAG/PE-BEWAG.*

[70] *Wagemann* in: Wiedemann, Handbuch des Kartellrechts, § 17 Rn. 154; *Bechtold* RIW 1990, 253/262; *Janicki,* Schwerpunkte d. KartellR 1991/92, 63/75; *Hirsbrunner* in: Groeben/Thiesing/Ehlermann Art. 9 FKVO Rn. 51; *Hirsbrunner* in: Schröter/Jakob/Mederer, Kommentar zum Europäischen Wettbewerbsrecht, Art. 9 FKVO Rn. 45.

[71] *Wagemann* in: Wiedemann, Handbuch des Kartellrechts, § 17 Rn. 154; *Immenga/Körber* in: Immenga/Mestmäcker, EG-WbR Teil 2, Art. 9 FKVO Rn. 70.

[72] *Hirsbrunner* EuZW 1997, 748/755; *Hacker* in: Groeben/Thiesing/Ehlermann, Kommentar zum EU-/EG-Vertrag, Art. 19 FKVO Rn. 13.

VI. Rechtsmittel

28 Art. 9 Abs. 9 stellt klar, dass der betreffende Mitgliedstaat gegen eine ablehnende Verweisungsentscheidung der Kommission Nichtigkeitsklage beim EuGH nach Art. 230 Abs. 2 EG (Art. 173 EGV a. F.) erheben sowie eine **einstweilige Anordnung** nach Art. 243 EG (Art. 186 EGV a. F.) beantragen kann. Klageberechtigt sind danach die Mitgliedstaaten selbst, nicht jedoch deren zuständige Wettbewerbsbehörden.[73] Sofern die Kommission – wie in der Regel – keine förmliche Entscheidung über die Ablehnung des Verweisungsantrages trifft,[74] muss die stillschweigende Ablehnung des Verweisungsantrages angefochten werden. Nach der Rechtsprechung des Gerichts erster Instanz können auch konkludente Entscheidungen mit der Nichtigkeitsklage angegriffen werden, wenn es sich dabei um eine verfahrensbeendende Maßnahme handelt.[75] Bei Verfahrensbeendigung durch eine Entscheidung nach Art. 6 Abs. 1 lit. b, kann diese mit der Nichtigkeitsklage angegriffen werden. Leitet die Kommission dagegen die zweite Prüfungsphase ein, kann eine Nichtigkeitsklage frühestens nach Ablauf der Frist von 65 Tagen (Art. 9 Abs. 4 lit. b) erhoben werden, da erst zu diesem Zeitpunkt sicher feststeht, dass die Kommission den Zusammenschluss selbst entscheiden und daher nicht mehr an den Mitgliedstaat verweisen wird.[76]

29 Art. 230 Abs. 4 EG eröffnet auch natürlichen und juristischen Personen eine Klagebefugnis gegen Entscheidungen der Kommission. Voraussetzung dafür ist deren **unmittelbare und individuelle Betroffenheit.** Zwar wird durch eine Verweisungsentscheidung die Entscheidung der nationalen Behörde nicht präjudiziert. Die Verweisungsentscheidung bewirkt jedoch wie diejenige nach Art. 6 Abs. 1 lit. a, dass die FKVO (zumindest teilweise) nicht auf den angemeldeten Zusammenschluss angewendet wird und hat insofern verfahrensbeendenden Charakter. Sie führt dazu, dass auf den angemeldeten Zusammenschluss (teilweise) die materiellen Kriterien und das Verfahren mitgliedstaatlicher Rechtsordnungen anwendbar sind und berührt insofern die rechtliche Situation der Zusammenschlussbeteiligten und von ihren Wettbewerbern. Zudem wird insbesondere Wettbewerbern der Zusammenschlussbeteiligten durch eine Verweisungsentscheidung die Möglichkeit genommen, sich an dem Fusionskontrollverfahren der Kommission zu beteiligen. Daher sind sowohl Zusammenschlussbeteiligte als auch deren Wettbewerber im Fall einer Verweisungsentscheidung nach Art. 230 Abs. 4 EG klagebefugt.[77] Wird der Verweisungsantrag eines Mitgliedstaates hingegen abgelehnt, können Private mangels unmittelbarer und individueller Betroffenheit die Kommissionsentscheidung nicht anfechten.[78]

---

[73] Im Fall *Alcatel/AEG Kabel* entschied sich das Bundeswirtschaftsministerium z. B. gegen die vom BKartA gewünschte Klageerhebung, vgl. dazu *Wagemann* WuW 1992, 730.

[74] Vgl. oben Rn. 16.

[75] EuG U. v. 24.3.1994, Rs. T-3/93 Slg. 1994 II-0121 – *Air France/Kommission* Rn. 51, 55–59.

[76] Vgl. *Hirsbrunner* in: Groeben/Thiesing/Ehlermann Art. 9 FKVO Rn. 56; *ders.* in: Schröter/Jakob/Mederer, Kommentar zum Europäischen Wettbewerbsrecht, Art. 9 FKVO Rn. 49; *Immenga/Körber* in: Immenga/Mestmäcker, EG-WbR Teil 2, Art. 9 FKVO Rn. 75 halten dagegen erst die Hauptsacheentscheidung der Kommission nach Art. 8 für angreifbar.

[77] EuG U. v. 3.4.2003, Rs. T-119/02 – *SEB/Moulinex* Slg. 2003 II-1433 = WuW/E EU-R 647, Rn. 267 ff. für Wettbewerber der Zusammenschlussbeteiligten; vgl. auch *Hirsbrunner* in: Groeben/Thiesing/Ehlermann, Kommentar zum EU-/EG-Vertrag, Art. 9 FKVO Rn. 55; *ders.* E. C. L. R. 1999, 372/377 f.; *Wagemann* in: Wiedemann, Handbuch des Kartellrechts, § 17 Rn. 208; *Schild* in: MünchKomm EuWettbR, Art. 9 FKVO Rn. 118, 123.

[78] Vgl. *Hirsbrunner* in: Schröter/Jakob/Mederer, Kommentar zum Europäischen Wettbewerbsrecht, Art. 9 FKVO Rn. 48.

Art. 10. Fristen für die Einleitung des Verfahrens und für Entscheidungen

(1) [1]**Unbeschadet von Artikel 6 Absatz 4 ergehen die Entscheidungen nach Artikel 6 Absatz 1 innerhalb von höchstens 25 Arbeitstagen.** [2]**Die Frist beginnt mit dem Arbeitstag, der auf den Tag des Eingangs der Anmeldung folgt, oder, wenn die bei der Anmeldung zu erteilenden Auskünfte unvollständig sind, mit dem Arbeitstag, der auf den Tag des Eingangs der vollständigen Auskünfte folgt.**

Diese Frist beträgt 35 Arbeitstage, wenn der Kommission ein Antrag eines Mitgliedstaats gemäß Artikel 9 Absatz 2 zugeht oder wenn die beteiligten Unternehmen gemäß Artikel 6 Absatz 2 anbieten, Verpflichtungen einzugehen, um den Zusammenschluss in einer mit dem Gemeinsamen Markt zu vereinbarenden Weise zu gestalten.

(2) **Entscheidungen nach Artikel 8 Absatz 1 oder 2 über angemeldete Zusammenschlüsse sind zu erlassen, sobald offenkundig ist, dass die ernsthaften Bedenken im Sinne des Artikels 6 Absatz 1 Buchstabe c) – insbesondere durch von den beteiligten Unternehmen vorgenommene Änderungen – ausgeräumt sind, spätestens jedoch vor Ablauf der nach Absatz 3 festgesetzten Frist.**

(3) [1]**Unbeschadet des Artikels 8 Absatz 7 müssen die in Artikel 8 Absätze 1 bis 3 bezeichneten Entscheidungen über angemeldete Zusammenschlüsse innerhalb einer Frist von höchstens 90 Arbeitstagen nach der Einleitung des Verfahrens erlassen werden.** [2]**Diese Frist erhöht sich auf 105 Arbeitstage, wenn die beteiligten Unternehmen gemäß Artikel 8 Absatz 2 Unterabsatz 2 anbieten, Verpflichtungen einzugehen, um den Zusammenschluss in einer mit dem Gemeinsamen Markt zu vereinbarenden Weise zu gestalten, es sei denn, dieses Angebot wurde weniger als 55 Arbeitstage nach Einleitung des Verfahrens unterbreitet.**

[1]**Die Fristen gemäß Unterabsatz 1 werden ebenfalls verlängert, wenn die Anmelder dies spätestens 15 Arbeitstage nach Einleitung des Verfahrens gemäß Artikel 6 Absatz 1 Buchstabe c) beantragen.** [2]**Die Anmelder dürfen eine solche Fristverlängerung nur einmal beantragen.** [3]**Ebenso kann die Kommission die Fristen gemäß Unterabsatz 1 jederzeit nach Einleitung des Verfahrens mit Zustimmung der Anmelder verlängern.** [4]**Die Gesamtdauer aller etwaigen Fristverlängerungen nach diesem Unterabsatz darf 20 Arbeitstage nicht übersteigen.**

(4) **Die in den Absätzen 1 und 3 genannten Fristen werden ausnahmsweise gehemmt, wenn die Kommission durch Umstände, die von einem an dem Zusammenschluss beteiligten Unternehmen zu vertreten sind, eine Auskunft im Wege einer Entscheidung nach Artikel 11 anfordern oder im Wege einer Entscheidung nach Artikel 13 eine Nachprüfung anordnen musste.**

Unterabsatz 1 findet auch auf die Frist gemäß Artikel 9 Absatz 4 Buchstabe b) Anwendung.

(5) **Wird eine Entscheidung der Kommission, die einer in diesem Artikel festgesetzten Frist unterliegt, durch Urteil des Gerichtshofs ganz oder teilweise für nichtig erklärt, so wird der Zusammenschluss erneut von der Kommission geprüft; die Prüfung wird mit einer Entscheidung nach Artikel 6 Absatz 1 abgeschlossen.**

Der Zusammenschluss wird unter Berücksichtigung der aktuellen Marktverhältnisse erneut geprüft.

[1]**Ist die ursprüngliche Anmeldung nicht mehr vollständig, weil sich die Marktverhältnisse oder die in der Anmeldung enthaltenen Angaben geändert haben, so legen die Anmelder unverzüglich eine neue Anmeldung vor oder ergänzen ihre ursprüngliche Anmeldung.** [2]**Sind keine Änderungen eingetreten, so bestätigen die Anmelder dies unverzüglich.**

Die in Absatz 1 festgelegten Fristen beginnen mit dem Arbeitstag, der auf den Tag des Eingangs der vollständigen neuen Anmeldung, der Anmeldungsergänzung oder der Bestätigung im Sinne von Unterabsatz 3 folgt.

Die Unterabsätze 2 und 3 finden auch in den in Artikel 6 Absatz 4 und Artikel 8 Absatz 7 bezeichneten Fällen Anwendung.

(6) **Hat die Kommission innerhalb der in Absatz 1 beziehungsweise Absatz 3 genannten Fristen keine Entscheidung nach Artikel 6 Absatz 1 Buchstabe b) oder c) oder nach Artikel 8 Absätze 1, 2 oder 3 erlassen, so gilt der Zusammenschluss unbeschadet des Artikels 9 als für mit dem Gemeinsamen Markt vereinbar erklärt.**

Übersicht

I. Vorprüfungsphase – (Phase I)

1. 25-Tage-Frist

1 In der Fristenregelung des Art. 10 spiegelt sich der im Fusionskontrollverfahren geltende **Beschleunigungsgrundsatz**[1] wider, weshalb sämtliche Verfahrensschritte fristgebunden und i. d. R. nicht verlängerbar sind. Die Regeln über die Fristen und deren Berechnung sind weiters in der VO Nr. 802/2004[2] der Durchführungsverordnung zur FKVO (nachfolgend „DVO") geregelt. Darüber hinaus ist auch die allgemeine Fristenordnung der Europäischen Union, VO Nr. 1182/71[3] beachtlich.

2 Die sogenannte Vorprüfungsphase (Phase I) dauert grundsätzlich **25 Arbeitstage.**[4] Während dieser Phase hat die Kommission darüber zu entscheiden, ob sie das Hauptverfahren eröffnet (vgl. Art. 6 Abs. 1 lit. c), den Zusammenschluss freigibt (vgl. Art. 6 Abs. 1 lit. b) oder der angemeldete Zusammenschluss nicht unter die FKVO fällt (vgl. Art. 6 Abs. 1 lit. a). Eine Untersagung des Zusammenschlusses ist in der Vorprüfungsphase nicht möglich.

3 Die Frist beginnt erst mit dem Arbeitstag, der auf den Tag der Einbringung einer **vollständigen** Anmeldung bzw. des Eingangs der noch fehlenden Informationen folgt. Erge-

---

[1] Vgl. dazu etwa EuG U. v. 12.10.2011, Rs. T- 224/10 *Association belge des consommateurs test-achats ASBL/Kommission,* Slg. 2011, II-07177, Rn. 56; EuG U. v. 7.5.2009, RS T-151/05 *Nederlandse Vakbond Varkenshouders (NVV) u. a./Kommission,* Slg. 2009, II-01219, Rn 166,184 und 192; EuGH U. v. 10.7.2008, Rs. C-413/06 P *Bertelsmann AG u. a./Kommission,* Slg. 2008 I-04951, Rn. 49; EuGH U. v. 18.12.2007, Rs. C-202/06 P, *Cementbouw Handel & Industrie/Kommission,* Slg. 2007, I-0000, Rn. 39; EuG U. v. 14.12.2005 Rs. T-210/01, *General Electric Company/Kommission,* Slg.2005 II-05575, Rn. 700 f.

[2] VO (EG) Nr. 802/2004 der Kommission vom 7.4.2004 zur Durchführung der VO (EG) Nr. 139/2004 des Rates über die Kontrolle von Unternehmenszusammenschlüssen, ABl. 2004 L 133/1 (nachfolgend „DVO") geändert durch die VO (EG) Nr. 1033/2008 vom 20.10.2008 (nachfolgend „ÄnderungsVO zur DVO") sowie zuletzt durch die DVO (EU) Nr. 1269/2013 der Kommission vom 5.12.2013 zur Änderung der VO (EG) Nr. 802/2004 vom 7.4.2004 zur Durchführung der VO (EG) Nr. 139/2004 des Rates für die Kontrolle von Unternehmenszusammenschlüssen ABl. 2013 L 336/1 (nachfolgend „ÄnderungsDVO zur DVO").

[3] VO (EWG/Euratom) Nr. 1182/71 des Rates vom 3.6.1971 zur Festlegung der Regeln für die Fristen, Daten und Termine ABl. 1971 L 124/1. Diese Verordnung gilt aber wohl nur subsidär. Siehe auch *Ohlhoff* in: MünchKomm EuWettbR Art. 10 FKVO, Rn. 5 für eine „ergänzende" Geltung.

[4] Vgl. zur Definition von Arbeitstagen unten Rn. 12.

ben sich nach Einbringung noch **wesentliche Änderungen** des Zusammenschlussvorhabens, so müssen diese der Kommission mitgeteilt werden. In solchen Fällen kann die Kommission sogar beschließen, dass die Anmeldung erst am Tag des Eingangs der Mitteilung der wesentlichen Änderung wirksam wird (vgl. Art. 5 Abs. 3 DVO). Es kommt diesfalls zu einer nachträglichen Erklärung der Unvollständigkeit. Die Kommission hat die Anmelder hiervon schriftlich in Kenntnis zu setzen. Denkbar ist allerdings auch die Möglichkeit einer bloßen Fristhemmung.[5]

2. 35-Tage-Frist

Eine **Verlängerung** der Entscheidungsfrist von 25 Arbeitstagen auf insgesamt 35 Arbeitstage ist nach Art. 10 Abs. 1 Unterabs 2 für zwei Fälle vorgesehen: bei Vorliegen eines Verweisungsantrages gemäß Art. 9 Abs. 2. und im Falle von Verpflichtungszusagen der Anmelder in Phase I. Letztere Regelung wurde eingeführt, um eine größere Flexibilität für die Prüfung von Zusagen bereits in Phase I zu ermöglichen.[6] Die angebotenen **Zusagen** müssen binnen 20 Arbeitstagen ab dem Datum des Eingangs der Anmeldung vorgelegt werden (vgl. Art. 19 Abs. 1 DVO). Diese Frist ist für die Parteien, nicht aber für die Kommission bindend. Diese kann begrenzte Änderungen zu bereits vorgeschlagenen Verpflichtungszusagen auch noch zu einem späteren Zeitpunkt berücksichtigen.[7] 4

II. Hauptprüfungsverfahren (Phase II)

1. 90-Tage-Frist

Das Hauptprüfungsverfahren dauert **90 Arbeitstage** (vgl. Art. 10 Abs. 3). Die Frist für die Entscheidung in der Hauptsache beginnt nicht etwa mit dem Datum des Zugangs der Entscheidung nach Art. 6 sondern mit dem Arbeitstag, der auf die Entscheidung über die Einleitung des Verfahrens folgt. 5

Die 90-Tage-Frist muss nicht immer ausgeschöpft werden. In den Fällen, in denen eine Freigabe (z.B. aufgrund von Zusagen) **bereits früher** möglich ist, besteht nach Art 10 Abs. 2 sogar eine Verpflichtung der Kommission, eine Entscheidung nach Art 8 Abs. 2 oder Abs. 3 zu erlassen.[8] In der Regel wird die Frist aufgrund des Verwaltungsaufwandes (Abfassung der Beschwerdepunkte, Anhörung, interne Verfahrensabläufe innerhalb der Kommission usw.) jedoch fast immer ausgeschöpft. Da die Mitwirkungsrechte der Mitgliedstaaten (Anhörung des Beratenden Ausschusses) sowie Anhörungsrechte Dritter immer zu wahren sind, kann das Verfahren auch dann, wenn Verpflichtungszusagen zu einem sehr 6

---

[5] Siehe dazu unten Rn. 14.

[6] Vgl. Komm. E. v. 21.4.1998 Rs. COMP/M.1109 – *Owens Illenoy/BTR Packaging,* ABl. 1998 C 78/03 = WuW 98, 573.

[7] Die Kommission muss dabei jedoch die Grundsätze beachten, die sie in ihrer Mitteilung über im Rahmen der Verordnung (EG) Nr. 139/2004 des Rates und der Verordnung (EG) Nr. 802/2004 der Kommission zulässige Abhilfemaßnahmen, ABl. 2008 C 267/1(im Folgenden „Mitteilung über Abhilfemaßnahmen"), dargelegt hat. Danach sind nach Rn. 83 begrenzte Änderungen von Verpflichtungsmaßnahmen unter bestimmten Voraussetzungen möglich, vgl. EuG U. v. 3.4.2003, Rs.T-119/02 – *Royal Phillips Electronics NV/Kommission,* Slg. 2003 II-1433 Rn. 238ff.; vgl. auch *Ohlhoff,* der sich unter Berufung auf das EuG dafür ausspricht, dass auch verspätete Verpflichtungszusagen eine Fristverlängerung auslösen sollten, *Ohlhoff* in: MünchKommentar Eu WettbR Art. 10 FKVO, Rn. 11.

[8] Im Fall der Prüfung von koordinativen Joint Ventures kann dies allerdings dazu führen, dass eine Anwendung von Art. 101 Abs. 3 (Freistellungsfähigkeit) gar nicht mehr geprüft wird; vgl. dazu kritisch *Hirsbrunner* EuZW/2001, 200f. In *Liberty Global/Corelio/W&W/De Vijver Media* wurde die Verpflichtung der Kommission, den Zusammenschluss freizugeben, sobald die Zweifel ausgeräumt sind, sogar nochmals angeführt (vgl. Rn. 621) und auch betont, dass dies in Fällen gilt, bevor ein Statement of objections verschickt wurde. Das Verfahren dauerte von Anmeldung bis Freigabe dennoch etwas mehr als 6 Monate.

frühen Zeitpunkt vorgelegt wurden – selbst dann nicht, wenn keine Beschwerdepunkte erlassen werden – i. d. R. nicht erheblich verkürzt werden.

2. Frist für die Vorlage von Zusagen (55-Tage bzw 65-Tage)

7 Sollen Verpflichtungszusagen zur Ausräumung wettbewerblicher Bedenken der Kommission angeboten werden, so können diese binnen **55 Arbeitstagen** vorgelegt werden, ohne dass sich die Fristen im Hauptverfahren verlängern. Allerdings existiert umgekehrt auch eine absolute Frist binnen derer Verpflichtungszusagen vorzulegen sind, nämlich binnen **65 Arbeitstagen** ab dem Datum der Einleitung des Verfahrens (Art. 19 Abs. 2 DVO).[9] Im Falle einer optionalen Verlängerung[10] nach Art. 10 Abs. 3 Unterabsatz 1 Satz 2 verlängert sich auch die Frist für die Vorlage der Zusagen um max 20 Arbeitstage.[11] Schließlich sieht Art. 19 Abs. 2 letzter Satz DVO noch eine zusätzliche Verlängerung der Frist für die Vorlage von Zusagen in außergewöhnlichen Umständen vor.[12] In diesen Fällen müssen die angebotenen Zusagen jedoch *„unverzüglich und über jeden Zweifel erhaben ... die Wiederherstellung der Wettbewerbsbedingungen ... gewährleisten"*.[13]

3. Automatische Verlängerung (105-Tage)

8 Haben die beteiligten Unternehmen Zusagen angeboten, sieht Art. 10 Abs. 3 Unterabsatz 1 Satz 2 eine automatische Verlängerung der Entscheidungsfrist im Hauptverfahren von 90 Arbeitstagen auf **105 Arbeitstage** vor,[14] es sei denn, das Angebot wurde **weniger als 55 Arbeitstage** nach Einleitung des Verfahrens unterbreitet. Werden Verpflichtungszusagen zunächst binnen 55 Arbeitstagen ab der Einleitung des Verfahrens vorgeschlagen, dann aber nach Ablauf der 55 Arbeitstage geändert, so erfolgt dennoch eine automatische Verlängerung.[15] Dies soll als *„Motivation"* für die Unternehmen dienen, Verpflichtungszusagen zu einem möglichst frühen Zeitpunkt im Verfahren vorzulegen.[16]

---

[9] Beachte den durch die ÄnderungsVO sowie die ÄnderungsDVO zur DVO geänderten Art. 20 DVO, dessen Abs. 1a nunmehr bestimmt, dass das Verpflichtungsangebot in dem Format und mit der Anzahl der Kopien übermittelt werden muss, wie die Kommission im Amtsblatt der Europäischen Union festgelegt hat. Nach dem neu eingeführten Abs 1a müssen gleichzeitig mit dem Verpflichtungsangebot nach Art. 6 Abs. 2 oder Art. 8 Abs. 2 ein Original und so viele weitere Ausfertigungen, wie die Kommission im Amtsblatt der Europäischen Union festlegt, der im Formblatt RM betreffend Abhilfen vorgeschriebenen Information und Unterlagen vorgelegt werden.

[10] Siehe dazu Pkt 4.

[11] Vgl. Art. 19 Abs. 2 Unterabsatz 3 DVO.

[12] Vgl. auch Komm. E. v. 27.6.2007 Rs. COMP/M.4439 *Ryanair/Aer Lingus,* ABl. 2008. C 47, Rn 1237; Komm. E. v. 23.4.1997 Rs. IV/M.754 – *Anglo American Corp/Lonrho,* ABl. 1998, L 149/21 = WuW 1997, 597.

[13] Komm. E. v. 10.10.2001 Rs. COMP/M.2283 – *Schneider/Le Grand,* WuW 2002, 254; vgl. dazu auch EuG U. v. 3.4.2003 Rs. T-119/02 – *Royal Phillips Electonics/Kommission* Slg. 2003 II-1433, Rn. 239; EuG U. v. 3.4.2003 Rs T-114/02 – *BaByliss,* Slg. 2003 II-1279 Rn. 133 (EuZW 2003, 796); EuG U. v. 6.7.2010, Rs T-342/07 *Ryanair Holdings plc/Kommission,* Slg. 2010 II-03457, Rn. 455.

[14] *Ohlhoff* vertritt wie bei der Fristverlängerung in Phase I die Auffassung, dass auch verspätete Angebote zu einer Fristverlängerung führen, vgl. *Ohlhoff* in: MünchKomm Eu WettbR Art. 10 FKVO, Rn. 11. Tendenziell anderer Auffassung *Körber* in: Immenga/Mestmäcker EG-WbR Teil 2, Art. 10 Rn. 34.

[15] Diese Bestimmung wurde durch die ÄnderungsDVO zur DVO in Art. 19 Abs 2 Unterabsatz 1 DVO eingefügt.

[16] *Dittert* sieht darin nicht nur eine Stärkung der Verteidigungsrechte der beteiligten Unternehmen, sondern auch die Sicherstellung einer fristgerechten Konsultation des beratenden Ausschusses nach Art. 19 Abs. 5; *Dittert,* Die Reform des Verfahrens in der neuen EG-Fusionskontrollverordnung, WuW 2/2004, 148 ff.

4. Optionale Fristverlängerung (max. 125 Tage)

Zusätzlich zur automatischen Fristverlängerung bei der Vorlage von Verpflichtungszusagen wurde mit der Reform der FKVO ein völlig neues aber mittlerweile doch häufig genutztes[17] Instrument ins Fristenregime eingeführt. So sieht Art. 10 Abs. 3 Unterabsatz 2 eine Fristverlängerung um **bis zu 20 Arbeitstage** vor, die an keinerlei Anlass (wie etwa Vorlage von Verpflichtungszusagen) geknüpft ist. Eine solche Verlängerung tritt jedenfalls ein, wenn die **Anmelder** diese selbst innerhalb von 15 Arbeitstagen nach Einleitung des Hauptverfahrens **beantragen.** Weiters kann die **Kommission** eine solche Fristverlängerung **jederzeit** nach Einleitung des Verfahrens **anregen,** wobei die Verlängerung nur mit Zustimmung der Anmelder eintritt. *Dittert* macht darauf aufmerksam, dass das Interesse an einer solchen späteren Fristverlängerung nicht nur auf Seiten der Kommission, sondern insbesondere auch auf Seiten der beteiligten Unternehmen liegen kann (z.B. zur Vorbereitung eigener Gutachten usw.).[18] Andere Stimmen gehen wiederum davon aus, dass die beteiligten Unternehmen jedenfalls unter Druck geraten, die Frist zu verlängern.[19] Erfolgt sowohl eine automatische als auch eine optionale Fristverlängerung, kann die Entscheidungsfrist der Kommission in Phase II bis zu 125 Arbeitstage und somit insgesamt (d.h. vom Tag der Anmeldung) bis zu 160 Arbeitstage betragen. 9

5. Durch die Kommission festzusetzende Fristen

Die FKVO sieht für die Beantwortung von Auskunftsersuchen oder auch für die Stellungnahme zu den Beschwerdepunkten keine konkreten Fristen vor. Diese Fristen können durch die Kommission gesetzt werden, wobei diese zum einen an den Beschleunigungsgrundsatz gebunden ist, zum anderen die ordnungsgemäße Überprüfung des Zusammenschlusses gewährleisten muss. Zu beachten ist hierbei Art. 22 DVO, der festschreibt, dass in folgenden Fällen der Ablauf der Frist auf einen bestimmten Kalendertag festzusetzen ist. Dabei handelt es sich um die Stellungnahme zu den Beschwerdepunkten, Stellungnahme zu den Einwänden gegen eine Befreiung vom Vollzugsverbot sowie um schriftliche Äußerungen von Dritten. Für die Beantwortung von Auskunftsverlangen gilt Art. 22 DVO nicht. Generell kommt es beim Fristende auf das rechtzeitige **Einlangen** des Schriftstückes bei der Kommission an. Zu erwähnen ist, dass das EuG auch sehr kurze Fristen, die de facto sogar objektiv nicht machbar schienen, als zulässig angesehen hat.[20] 10

III. Berechnung der Fristen

1. Fristbeginn

Art. 10 Abs. 1 bestimmt, dass die Frist für eine Entscheidung nach Art. 6 Abs. 1 mit dem Arbeitstag beginnt, der auf den Tag des Eingangs der Anmeldung an der Adresse der Generaldirektion Wettbewerb[21] folgt bzw. in Fällen einer unvollständigen Anmeldung mit dem Arbeitstag, der auf den Tag des Eingangs der vollständigen Auskünfte folgt (vgl. auch 11

[17] Vgl. etwa Komm. E. v. 24.2.2015 Rs. COMP/M.7194 – *Liberty Global/Corelio/W&W/De Vijver Media* Rz. 4; Komm. E. v. 9.9.2014 Rs. COMP/M.7054 – *Cemex/Holcim.* Assets Rn. 20 (Verlängerung um 5 Arbeitstage).

[18] *Dittert,* Die Reform des Verfahrens in der neuen EG-Fusionskontrollverordnung, WuW 2/2004, 148 ff.

[19] *Berg,* Die neue EG-Fusionskontrollverordnung, Praktische Auswirkungen der Reform, BB 2004, 561.

[20] Vgl. EuG U. v. 14.12.2005, Rs 210/01 *General Electric/Kommission,* Slg. 2005 II-05575, Rn. 701 bis 703.

[21] Die Adresse wird im Amtblatt veröffentlicht, zuletzt ABl. 2004 C 139/2, sowie auf der website der GD Wettbewerb, abzurufen unter http://ec.europa.eu/comm/competition/contacts/mergers_mail.html.

Art. 7 DVO). Auch der Eingang selbst kann fristwirksam nur an einem Arbeitstag erfolgen. Damit eine Registrierung der Anmeldung erfolgen kann, muss diese vor 17.00 Uhr, an Feiertagen und vor Feiertagen der Kommission vor 16.00 Uhr eintreffen. Die Anmeldung ist im Original, 3 Kopien im Printformat sowie 2 Kopien im CD- oder DVD-Format einzubringen.[22] Dies gilt auch für die Vorlage von Zusagen oder Stellungnahme zu den Beschwerdepunkten und das Formblatt RN. Gemäß Art. 19 Abs. 1 DVO wird den Mitgliedstaaten eine Kopie der Anmeldung binnen 3 Arbeitstagen nach Eingang übermittelt.

12 Eine Definition der **Arbeitstage** findet sich in Art. 24 DVO, wonach „alle Tage mit Ausnahme der Samstage, der Sonntage und der Feiertage der Kommission" Arbeitstage sind. Die **Feiertage der Kommission** werden für jedes Jahr im Amtsblatt veröffentlicht und sind auch auf der Website der Kommission abrufbar.[23] Beispiel: Eingang der Anmeldung: Donnerstag – gesetzlicher Feiertag: Freitag – Fristbeginn: Montag.

2. Fristende

13 Das Fristende wird nach Art. 8 DVO berechnet. Art. 8 DVO bestimmt, dass eine in Arbeitstagen bemessene Frist mit Ablauf des letzten Arbeitstages dieser Frist endet. Es ist ausreichend, wenn die Entscheidung innerhalb der Frist ergeht; eine Zustellung an die Parteien innerhalb der Frist ist nicht erforderlich (siehe Art 10 Abs 1 DVO). Fristen, die von der Kommission gesetzt werden (z. B. im Falle von Auskunftsverlangen nach Art. 11) und die auf einen bestimmten Kalendertag festgesetzt werden, enden mit Ablauf dieses Kalendertages.

3. Fristhemmung

14 Eine Hemmung des Fristenlaufs ist in Art. 9 Abs. 1 und Abs 2 vorgesehen, wenn (i) die Unternehmen von der Kommission verlangte Auskünfte zur Aufklärung des Sachverhalts nicht fristgerecht oder nur unvollständig erteilen *und* die Kommission die betreffenden Auskünfte mittels **förmlicher Entscheidung** nach Art. 11 Abs. 3 anfordern muss.[24] Eine Hemmung tritt weiters auch ein, wenn (ii) eine Nachprüfung mittels förmlicher Entscheidung (Art. 13 Abs. 4) durchgeführt werden muss, weil die Unternehmen sich weigern, diese zu dulden und wenn es (iii) die Anmelder unterlassen haben, Änderungen an den in der Anmeldung angegeben Tatsachen oder neue Informationen i. S. v. Art. 5 Abs. 3 DVO mitzuteilen und die Kommission deshalb eine förmliche Entscheidung nach Art. 11 treffen musste.

15 Eine Fristhemmung **(„stop-the-clock")** tritt im unter (i) dargestelltem Fall nicht nur dann ein, wenn die Anmelder selbst Auskünfte nur verzögert erteilen, sondern auch, wenn **andere Beteiligte** im Sinne der DVO (d. h. z. B. der Veräußerer oder das Zielunternehmen) Auskünfte nicht zeitgerecht oder nicht vollständig erteilen. Dies kann vor allem in jenen Fällen problematisch sein, in denen das Zielunternehmen und der Käufer nicht dieselben Interessen haben, etwa im Falle einer feindlichen Übernahme. Es gibt hier zwar die Möglichkeit für die Anmelder bereits im Formblatt einen Waiver für bestimmte Informa-

[22] Vgl. Mitteilung der Kommission ABl. 2014 C 270/9; vgl. Vorbemerkung zu 1.5., Form CO, Anhang I zur DVO, geändert durch die ÄnderungsDVO zur DVO, wonach die auf der website der GD Wettbewerb veröffentlichten Öffnungszeiten zu beachten sind.

[23] Vgl. für 2015 ABl. 2014 C 44/5, dabei ist zu beachten, dass die im Amtsblatt bekanntgegebenen Feiertage nicht nur die Feiertage der Kommission, sondern auch andere Feiertage in der EG enthalten. Für die Fristberechnung sind jedoch nur die **Feiertage der Kommission** selbst heranzuziehen.

[24] Art. 9 Abs. 1 regelt den Fall, dass infolge eines nicht fristgerecht oder unvollständig beantworteten einfachen Auskunftsverlangens ein förmliches Auskunftsverlangen ergeht. Abs 2 betrifft den Fall der Übersendung eines förmlichen Auskunftsverlangens ohne vorausgehendes einfaches Auskunftsverlangen, wenn die Kommission durch die Umstände dazu veranlasst war (etwa wenn frühere Auskunftsverlangen unbegründet nicht ordnungsgemäß beantwortet wurden).

tionen (eben etwa Informationen betreffend das Zielunternehmen) zu beantragen und stattdessen Schätzungen anzubieten.[25] Nach der derzeitigen Rechtslage tragen hier jedoch die Anmelder letztendlich das Risiko fehlender Informationen des Zielunternehmens.[26] Ob eine telelogische Reduktion wie von *Ohlhoff*[27] vorgeschlagen, möglich ist, erscheint angesichts der Formulierung des Art. 9 DVO fraglich, auch wenn einer solchen Reduktion aus dem Argument der sonstigen Verhinderbarkeit von Übernahmen durch das Zielunternehmen viel abzugewinnen ist.

Eine Fristhemmung tritt weiters ein, wenn **Dritte** (Kunden, Lieferanten, Wettbewerber, Mitglieder der Leitungsorgane der beteiligten Unternehmen oder sogar Verbraucherverbände) Auskünfte nicht erteilen und dies auf Umstände zurückzuführen ist, die die Anmelder oder ein anderer Beteiligter „zu verantworten" haben.[28] Letzteres wird von der Kommission grundsätzlich weit ausgelegt, sodass die Nichtübermittlung von Informationen durch Dritte zulasten der Anmelder gehen kann. Denkbar (und zumindest in der Vergangenheit auch praktiziert) ist aber auch, dass die Bestimmung von den Anmeldern und der Kommission einvernehmlich genutzt wird, um beispielsweise in Phase I mehr Zeit für die Vorlage von Verpflichtungszusagen zu gewinnen. 16

Die Hemmung der Frist **beginnt** mit dem Arbeitstag, der auf den Tag der Entstehung des Hemmnisses folgt. Die Entstehung des Hemmnisses ist i. d. R. der Tag, an dem die im Auskunftsverlangen[29] gesetzte Frist endet bzw. der Tag des gescheiterten Nachprüfungsversuches. Werden Änderungen i. S. v. Art. 5 Abs. 3 DVO nicht rechtzeitig mitgeteilt, beginnt die Hemmung der Fristen jedoch am Tag der Tatsachenänderung. Sie **endet** mit dem Ablauf des Tages der Beseitigung des Hemmnisses, das ist i. d. R. der Eingang der von der Kommission eingeforderten Informationen (Art. 9 Abs. 4 DVO). 17

Durch die DVO wird klargestellt, dass eine Fristhemmung auch bei Entscheidung über die Verweisung gemäß Art. 9 erfolgt, wenn entsprechende Auskunftsverlangen nach Art. 11 nicht fristgerecht beantwortet werden. Demgegenüber ist keine Fristhemmung vorgesehen bei Entscheidungen über eine **Verweisung vor Anmeldung** gemäß Art. 4 Abs. 4 und 5. 18

4. Fristenlauf bei Wiederaufnahme

Wurde eine **Entscheidung** der Kommission durch Urteil des Gerichtshofs ganz oder teilweise **für nichtig erklärt**, wird der Fall unter Berücksichtigung der aktuellen Marktverhältnisse von der Kommission erneut geprüft. (Art. 10 Abs. 5). 19

Die Anmelder haben sicherzustellen, dass ihre ursprüngliche Anmeldung im Hinblick auf die **aktuellen Marktverhältnisse** vollständig ist. Die Zuständigkeit der Kommission selbst wird jedoch nicht mehr geprüft, man spricht daher auch von einem „gespaltenen Beurteilungszeitpunkt".[30] Haben sich die Marktverhältnisse oder auch andere in der Anmeldung enthaltene Angaben geändert, so müssen die Anmelder *„unverzüglich"* eine neue Anmeldung vorlegen oder ihre ursprüngliche Anmeldung ergänzen. Liegen nach Meinung der Anmelder keine solchen Änderungen vor, ist das seitens der Anmelder unverzüglich zu

---

[25] Vgl. Rn. 1.4 lit f Form CO.

[26] Vgl. auch *Körber* in: Immenga/Mestmäcker EG-WbR Teil 2, Art. 10 Rn. 22.

[27] *Ohlhoff* in: MünchKomm Eu WettbR Art. 10 FKVO, Rn. 28.

[28] Die Hemmung der Fristen kann u. U. zu einer sehr langen Verfahrensdauer führen, siehe etwa Komm E. v. 19.6.2006 Rs. COMP/M.3796 – *Omya/Huber PCC,* ABl. 2005 C 199/5, Rn 5, hier erfolgte eine Aussetzung des Verfahrens um ca. 4 Monate bestätigt durch EuG v. 4.2.2009, Rs. T-145/06 Slg. 2009, II-145.; Komm. E. v. 26.10.2004 Rs. COMP/M.3216, *Oracle/Peoplesoft,* ABl. 2003 C 252/03, Rn 3, 6 (Unterbrechung des Verfahrens dauerte insgesamt fast 7 Monate); siehe zu diesem Fall auch *Weitbrecht* ECLR 2005, 67, 69 u. 72.

[29] Im Fall des Abs. 1 die im einfachen, im Fall des Abs. 2 die im förmlichen Auskunftsverlangen genannte Frist.

[30] *Maas* in Langen/Bunte FKVO, Art. 10, Rn. 12.

bestätigen. Der Fristenlauf gemäß Art. 10 Abs. 1 beginnt dann wie im Falle einer Erstanmeldung mit dem Arbeitstag, der auf den Tag des Eingangs der vollständigen neuen Anmeldung, der Ergänzung der Anmeldung oder der Bestätigung, dass keine neuen Angaben notwendig sind, folgt. Der Nichtigerklärung einer Entscheidung der Kommission durch das Urteil des Gerichtshofs gleichgestellt sind auch die Fälle, in denen eine Entscheidung nach Art. 6 Abs. 3 oder Art. 8 Abs. 6 widerrufen wird. Auch in diesen Fällen wird das gesamte Fusionskontrollverfahren neu durchgeführt.[31]

IV. Freigabe aufgrund Fristablauf

20 Art. 10 Abs. 6 bestimmt, dass der Zusammenschluss als freigegeben gilt, wenn die Kommission innerhalb der vorgegebenen Fristen keine Entscheidung erlässt. Die Regelung in Abs. 6 wurde daher häufig als „Vereinbarkeitsfiktion" bezeichnet. Aus dem Urteil des Gerichtshofes in Sachen *Bertelsmann AG u. a./Kommission*[32] geht jedoch hervor, dass aus Art. 10 Abs. 6. ebenso wenig wie aus den anderen Bestimmungen der FKVO eine allgemeine Vermutung der Vereinbarkeit oder Unvereinbarkeit eines angemeldeten Zusammenschlusses mit dem Gemeinsamen Markt abgeleitet werden kann. Art. 10 Abs. 6. stelle nämlich lediglich eine spezifische Ausprägung des Beschleunigungsgebots dar.[33]

21 Aus Art. 10 Abs. 6 ergeben sich daher auch keine unterschiedlichen Beweismaßstäbe für Untersagung und Freigabe eines Zusammenschlusses, ebenso wenig, dass eine Freigabeentscheidung der Kommission nicht wegen mangelnder Begründung angefochten werden kann (etwa weil Art. 10 Abs. 6 bedeutet, dass ein Zusammenschluss jedenfalls zu genehmigen sei, wenn die Kommission im vorgegebenen Zeitrahmen keine ausreichenden Beweise für eine Untersagung findet). Gegen die Freigabe eines Zusammenschlusses aufgrund Fristablauf kann daher (etwa von einem Wettbewerber) Klage gem. Art. 263 AEUV an das EuG erhoben werden.[34]

22 Zu beachten ist, dass Art. 10 Abs. 6 nur unbeschadet des Art. 9 gilt. Greift die Verweisungsfiktion nach Art. 9 Abs. 5 aufgrund Untätigbleibens der Kommission,[35] geht diese Art. 10. Abs. 6 vor, dh der dann zuständige Mitgliedstaat ist an die Fristen der FKVO nicht gebunden.

23 Ist weder zum Zusammenschluss noch zum Verweisungsantrag eine Entscheidung der Kommission erfolgt, gilt der Zusammenschluss als an den Mitgliedsstaat verwiesen. Strittig ist, ob auch nach Ablauf der Fristen des Art. 10 eine Verweisung an einen Mitgliedsstaat noch möglich ist. Dies ist aus Gründen der Rechtssicherheit nach der hier vertretenen Auffassung abzulehnen. Ein Präzedenzfall existiert bis dato allerdings noch nicht.[36]

---

[31] Vgl. EuGH U. v. 31.3.1998 Rs. C-68/94 u. C-30/95 – *Kali und Salz/MdK/Treuhand* Slg. 1998 I-1375. Hier hatte der EuGH die Entscheidung der Kommission (Komm. E. v. 14.12.1993, ABl. 1994 L 186/38) am 31.3.1998 aufgehoben. Die Kommission bestand hier auf einer *„Vervollständigung"* bzw. aktualisierten Anmeldung. Da die zusätzlichen Informationen erst am 8.6.1998 einlangten, begann die Frist erst gut zwei Monate nach Aufhebung der Entscheidung durch den Gerichtshof zu laufen, vgl. dazu kritisch *Wagemann* in: Wiedemann, Handbuch des Kartellrechts, § 17 Rn. 56.

[32] Vgl. EuGH U. v. 10.7.2008, Rs. C-413/06 P *Bertelsmann AG u. a./Kommission,* Slg. 2008 I-04951, Rn. 39 f., 49 ff., 170 ff.

[33] Siehe oben Rn 1.

[34] Vgl. EuGH v. 10.7.2008, Rs. C-413/06 P *Bertelsmann AG u. a./Kommission,* Slg. 2008 I-04951, Rn. 39 f., 49 ff., 170 ff.

[35] Vgl. dazu die Kommentierung in Artikel 9.

[36] Ebenso ablehnend *Ohlhoff* in: MünchKomm Eu WettbR Art. 10 FKVO, Rn. 32; offen gelassen *Körber* in: Immenga/Mestmäcker EG-WbR Teil 2, Art. 10 Rn. 43.

Art. 11. Auskunftsverlangen

(1) **Die Kommission kann zur Erfüllung der ihr durch diese Verordnung übertragenen Aufgaben von den in Artikel 3 Absatz 1 Buchstabe b) bezeichneten Personen sowie von Unternehmen und Unternehmensvereinigungen durch einfaches Auskunftsverlangen oder durch Entscheidung verlangen, dass sie alle erforderlichen Auskünfte erteilen.**

(2) **Richtet die Kommission ein einfaches Auskunftsverlangen an eine Person, ein Unternehmen oder eine Unternehmensvereinigung, so gibt sie darin die Rechtsgrundlagen und den Zweck des Auskunftsverlangens, die Art der benötigten Auskünfte und die Frist für die Erteilung der Auskünfte an und weist auf die in Artikel 14 für den Fall der Erteilung einer unrichtigen oder irreführenden Auskunft vorgesehenen Sanktionen hin.**

(3) **[1] Verpflichtet die Kommission eine Person, ein Unternehmen oder eine Unternehmensvereinigung durch Entscheidung zur Erteilung von Auskünften, so gibt sie darin die Rechtsgrundlage, den Zweck des Auskunftsverlangens, die Art der benötigten Auskünfte und die Frist für die Erteilung der Auskünfte an. [2] In der Entscheidung ist ferner auf die in Artikel 14 beziehungsweise Artikel 15 vorgesehenen Sanktionen hinzuweisen; gegebenenfalls kann auch ein Zwangsgeld gemäß Artikel 15 festgesetzt werden. [3] Außerdem enthält die Entscheidung einen Hinweis auf das Recht, vor dem Gerichtshof gegen die Entscheidung Klage zu erheben.**

(4) **[1] Zur Erteilung der Auskünfte sind die Inhaber der Unternehmen oder deren Vertreter, bei juristischen Personen, Gesellschaften und nicht rechtsfähigen Vereinen die nach Gesetz oder Satzung zur Vertretung berufenen Personen verpflichtet. [2] Ordnungsgemäß bevollmächtigte Personen können die Auskünfte im Namen ihrer Mandanten erteilen. [3] Letztere bleiben in vollem Umfang dafür verantwortlich, dass die erteilten Auskünfte vollständig, sachlich richtig und nicht irreführend sind.**

(5) **[1] Die Kommission übermittelt den zuständigen Behörden des Mitgliedstaats, in dessen Hoheitsgebiet sich der Wohnsitz der Person oder der Sitz des Unternehmens oder der Unternehmensvereinigung befindet, sowie der zuständigen Behörde des Mitgliedstaats, dessen Hoheitsgebiet betroffen ist, unverzüglich eine Kopie der nach Absatz 3 erlassenen Entscheidung. [2] Die Kommission übermittelt der zuständigen Behörde eines Mitgliedstaats auch die Kopien einfacher Auskunftsverlangen in Bezug auf einen angemeldeten Zusammenschluss, wenn die betreffende Behörde diese ausdrücklich anfordert.**

(6) **Die Regierungen und zuständigen Behörden der Mitgliedstaaten erteilen der Kommission auf Verlangen alle Auskünfte, die sie zur Erfüllung der ihr durch diese Verordnung übertragenen Aufgaben benötigt.**

(7) **[1] Zur Erfüllung der ihr durch diese Verordnung übertragenen Aufgaben kann die Kommission alle natürlichen und juristischen Personen befragen, die dieser Befragung zum Zweck der Einholung von Informationen über einen Untersuchungsgegenstand zustimmen. [2] Zu Beginn der Befragung, die telefonisch oder mit anderen elektronischen Mitteln erfolgen kann, gibt die Kommission die Rechtsgrundlage und den Zweck der Befragung an.**

[1] Findet eine Befragung weder in den Räumen der Kommission noch telefonisch oder mit anderen elektronischen Mitteln statt, so informiert die Kommission zuvor die zuständige Behörde des Mitgliedstaats, in dessen Hoheitsgebiet die Befragung erfolgt. [2] Auf Verlangen der zuständigen Behörde dieses Mitgliedstaats können deren Bedienstete die Bediensteten der Kommission und die anderen von der Kommission zur Durchführung der Befragung ermächtigten Personen unterstützen.

Übersicht

I. Einleitung

1 Mit dem Auskunftsverlangen gibt Art. 11 der Kommission Instrumente an die Hand, sich die für die rechtliche Beurteilung von Zusammenschlüssen benötigten Informationen zu beschaffen (vgl. Erwägungsgrund 38). Die Vorschrift entspricht in weiten Teilen Art. 18 VO 1/2003. In der Praxis verwendet die Kommission für Auskunftsverlangen zunehmend elektronische Fragebögen, da diese bei einer Vielzahl von Adressaten eine schnellere Auswertung ermöglichen.[1] Auskunftsverlangen werden im Fusionskontrollverfahren unter Setzung **deutlich kürzerer Fristen** als im allgemeinen Kartellverfahren gestellt. Sie sind (jedenfalls in der ersten Prüfungsphase) meist innerhalb von 10 Tagen zu beantworten.[2] Die knappen Fristsetzungen erklären sich aus der Kürze der Zeit, die der Kommission nach Art. 10 für die Prüfung von Zusammenschlussvorhaben zur Verfügung steht. Sofern die Kommission zur Erhebung eines Auskunftsverlangens im Wege der förmlichen Entscheidung gemäß Abs. 3 durch Umstände gezwungen ist, die ein Zusammenschlussbeteiligter zu vertreten hat, werden die in Art. 10 festgelegten Prüfungsfristen gehemmt (Art. 10 Abs. 4; siehe auch Art. 9 VO 802/2004). Hierdurch kann verhindert werden, dass Zusammenschlussbeteiligte durch obstruktives Informationsgebaren den Zeitdruck auf die Kommission zusätzlich erhöhen.

2 Auskunftsverlangen nach Art. 11 Abs. 1–3 (unten Rn. 3 ff.) sind **abzugrenzen von schlichten Befragungen,** welche die Kommission im Rahmen eines Fusionskontrollverfahrens auf Grundlage von Abs. 7 an Zusammenschlussbeteiligte oder an Dritte richtet (Parallelvorschrift hierzu ist Art. 19 VO 1/2003). Diese setzen lediglich voraus, dass die Kommission den Befragungszweck und die Rechtsgrundlage der Befragung angibt. Antworten können zu Protokoll genommen werden (vgl. Erwägungsgrund 38 a. E.) und erfolgen freiwillig. Der Kommission stehen im Rahmen von Abs. 7 anders als bei Auskunftsverlangen i. S. v. Abs. 1–3 nicht die in Art. 14 bzw. Art. 15 normierten Sanktionsbefugnisse für den Fall unrichtiger, unvollständiger oder ausbleibender Antworten zu.[3] Neben die Auskunftsverlangen bzw. Befragungen i. S. v. Art. 11 treten in der Praxis „informelle Nachfragen", die von Beamten der GD Wettbewerb unabhängig von Art. 11 (i. d. R. per E-Mail) verschickt werden.[4]

3 Da die Kommission sowohl bei Auskunftsverlangen i. S. v. Abs. 1–3 als auch bei Befragungen nach Abs. 7 die **Rechtsgrundlage ihres Vorgehens** benennen muss, kann der Adressat jeweils klar ersehen, unter welchem rechtlichen Regime die Kommission handelt und ob er rechtliche Konsequenzen zu gegenwärtigen hat. Auskünfte i. S. v. Art. 11 sind

[1] *Maass* in: Langen/Bunte, Kommentar zum deutschen und europäischen Kartellrecht, Bd. 2, Art. 11, Rn. 6.

[2] *Maass* in: Langen/Bunte, Kommentar zum deutschen und europäischen Kartellrecht, Bd. 2, Art. 11, Rn. 3. In EuG U v. 22.10.2002, Rs. T-310/01 – *Schneider Electric,* Slg. 2002, II-4071 Tz. 79 und 94 ff. ist eine Frist von fünf Arbeitstagen für die Beantwortung von 322 Fragen nicht beanstandet worden.

[3] Ein anderslautender Vorschlag der Kommission wurde vom Rat bei Erlass der FKVO nicht aufgegriffen; siehe den ursprünglichen Kommissionsentwurf in ABl. 2003 C 20/4, S. 46.

[4] *Körber* in: Immenga/Mestmäcker, EU-WbR, Art. 11, Rn. 1.

ferner von denjenigen Angaben zu unterscheiden, die von Zusammenschlussbeteiligten im Rahmen der Anmeldung zu machen sind (VO 802/2004 i. V. m. Formblatt CO). Sind diese Angaben unvollständig, beginnt die Frist nach Art. 10 Abs. 1 nicht zu laufen (Art. 5 Abs. 2 Satz 2 VO 802/2004).

II. Verfahren

Die Kommission kann das Auskunftsverlangen *entweder* in einfacher Form (Abs. 2) *oder* (was in der Praxis weit seltener geschieht) durch Erlass einer förmlichen Entscheidung stellen (Abs. 3). Das Eine ist im Gegensatz zur früheren Rechtslage nicht mehr Voraussetzung des Anderen (vgl. Abs. 1). Die Kommission trifft ihre Entscheidung zwischen **einfachem** und **förmlichem Auskunftsverlangen** nach **pflichtgemäßem Ermessen** unter **Berücksichtigung des Verhältnismäßigkeitsgrundsatzes.**[5] Entscheidet sie sich für ein einfaches Auskunftsverlangen und bleibt dieses erfolglos, so hat sie jedoch immer noch die Möglichkeit, mit dem Erlass einer förmlichen Auskunftsentscheidung i. S. v. Abs. 3 zu reagieren. Darin kann sie, falls sie dies für erforderlich hält, auch zusätzliche Fragen einführen. 4

Die rechtlichen Konsequenzen des durch förmliche Entscheidung gestellten Auskunftsverlangens sind für den Adressaten einschneidender. Er kann nicht nur (wie beim einfachen Auskunftsverlangen) wegen unrichtiger oder irreführender Angaben, sondern darüber hinaus auch wegen Nichtbeantwortung bzw. nicht fristgerechter Beantwortung sowie wegen unvollständiger Antworten mit einem **Bußgeld** belegt werden (siehe Art. 14 Abs. 1b, c). Ferner ist gegen ihn gemäß Art. 15 eine Zwangsgeldfestsetzung möglich. 5

1. Einfaches Auskunftsverlangen (Abs. 2)

Die Kommission muss in dem Auskunftsverlangen dessen Rechtsgrundlage und Zweck benennen. Zur Benennung der Rechtsgrundlage genügt ein pauschaler Verweis auf Art. 11 Abs. 2. Hingegen ist der Zweck **sachlich zu spezifizieren** (z. B. Prüfung der Freigabefähigkeit eines Zusammenschlusses; Prüfung, ob ein anmeldepflichtiger Zusammenschluss bereits vollzogen wurde),[6] da andernfalls die Verwertungsbindung des Art. 17 Abs. 1 leer liefe. Ferner muss die Kommission die Art der benötigten Auskünfte angeben sowie eine Frist für die Beantwortung setzen. Der Adressat des Auskunftsverlangens muss präzise ersehen können, welche Informationen er aus welchem Anlass innerhalb welchen Zeitrahmens der Kommission zu übermitteln hat. Angefordert werden können auch Unterlagen[7] (z. B. Kopien von Vertragsurkunden). Die Länge der Beantwortungsfrist muss in einem angemessenen Verhältnis zum Umfang der geforderten Auskünfte stehen und bei unverschuldeten Schwierigkeiten der Informationsbeschaffung verlängert werden. Schließlich muss die Kommission einen Hinweis auf die Bußgeldandrohung des Art. 14 für unrichtige oder irreführende Auskünfte geben. Auskunftsverlangen bedürfen der **Schriftform** (Umkehrschluss aus Abs. 7). Zur vorgeschriebenen Sprache des Auskunftsverlangens siehe Art. 3 VO 1/1958 (Sprache des „Empfängerstaates“; bei Abweichung entfallen die Sanktionsbefugnisse nach Art. 14, 15[8]). 6

---

[5] *Körber* in: Immenga/Mestmäcker, EU-WbR, Art. 11, Rn. 13 f., *Ohlhoff* in MünchKomm EU-WettbR, Art. 11 Rn. 4.

[6] Siehe EuG U v. 8.3.1995 Rs. T-34/93 – *Sté. Génerale* Slg. 1995 II, 545 Rn. 63 f.

[7] EuGH U. v. 18.10.1989 Rs. 374/87 – *Orkem* Slg. 1989, 3343 Rn. 34; EuGH U. v. 7.1.2004 Rs. C-204/00 – *Aalborg Portland* Slg. 2004 I, 303 Rn. 61. Kritisch GK-*Schütz,* Art. 11 Rn. 10.

[8] So auch *Maas* in: Langen/Bunte, Kommentar zum deutschen und europäischen Kartellrecht, Bd. 2, Art. 11, Rn. 4; dort auch zur Sprachenpraxis der GD Wettbewerb (i. d. R. Versendung der Fragebögen in der Verfahrenssprache).

2. Auskunftsverlangen durch förmliche Entscheidung (Abs. 3)

7 Zusätzlich zu den Angaben und Hinweisen, die auch beim einfachen Auskunftsverlangen gefordert sind, muss die Kommission eine **Rechtsbehelfsbelehrung** vornehmen (da die förmliche Auskunftsentscheidung eine selbständige Belastung des Adressaten darstellt, kann sie anders als ein einfaches Auskunftsverlangen unabhängig von der Hauptsacheentscheidung mit der Nichtigkeitsklage gem. 263. Abs. 4 AEUV angegriffen werden).[9] Unterlässt sie dies, beginnt die Klagefrist nicht zu laufen. Die Entscheidung ist jedoch nicht unwirksam. Ferner muss die Kommission einen Hinweis auf die Möglichkeit der Zwangsgeldfestsetzung gemäß Art. 15 geben. Sie kann das Auskunftsverlangen auch bereits mit einer Zwangsgeldfestsetzung verbinden (Abs. 3 Satz 2, 2. HS).

3. Mitwirkung der Mitgliedstaaten

8 Die Mitgliedstaaten erhalten nach Maßgabe von Abs. 5 Kopien von Auskunftsverlangen der Kommission gegenüber Unternehmen bzw. Personen. Auch für den Fall von Fragen an Unternehmen im Rahmen von Abs. 7 ist eine **Beteiligung von Mitgliedstaaten** vorgesehen (Abs. 7 UA 2).

9 Abs. 6 erlegt den Mitgliedstaaten eine **umfassende eigene Auskunftspflicht** auf, sofern die Kommission ihnen gegenüber ein Auskunftsverlangen erhebt. Eine förmliche Auskunftsentscheidung nach Art. 11 Abs. 3 oder gar Zwangsmaßnahmen darf die Kommission in diesem Fall aber nicht erlassen.[10] Verletzen Mitgliedstaaten ihre Auskunftspflicht, kann die Kommission das Vertragsverletzungsverfahren beschreiten. Entgegenstehendes nationales Recht berechtigt nur dann zur Auskunftsverweigerung, wenn eine Vorschrift des europäischen Rechts dies rechtfertigt.

III. Materielle Voraussetzungen des Auskunftsverlangens

1. Auskunftsbegriff, Erforderlichkeit der Auskunft

10 Der Begriff „Auskünfte" umfasst **Mitteilungen über tatsächliche Umstände** wie etwa Preise, Produkte oder Umsätze des Befragten.[11] Als tatsächliche Umstände im vorgenannten Sinne anzusehen sind auch ein bestimmter unternehmensinterner Planungsstand oder intern vorhandene Einschätzungen konkreter wirtschaftlicher Verhältnisse (v. a. eigener Marktanteile). In der Praxis verlangt die Kommission von den Adressaten darüber hinaus häufig Werturteile, Meinungen oder Prognosen etwa zur Definition des Markts oder erwarteten Marktentwicklungen.[12] Diese Praxis wird in der Literatur kritisch gesehen.[13] Die von der Kommission für sich in Anspruch genommene grundsätzliche Befugnis, sich im Besitz der Adressaten befindliche Unterlagen vorlegen zu lassen, hat der EuGH bestätigt.[14] Nicht verlangt werden dürfen Informationen bzw. Unterlagen, die sich der Adressat erst von Dritten beschaffen muss.[15]

11 **Erforderlich** i. S. v. Abs. 1 ist ein Auskunftsverlangen, wenn die abgefragten Informationen für die Prüfung durch die Kommission unerlässlich sind. Maßgeblich ist dabei der Zweck des jeweiligen Auskunftsverlangens. Grundsätzlich kommt der Kommission ein

---

[9] *Körber* in: Immenga/Mestmäcker, EU-WbR, Art. 11, Rn. 25.

[10] *Körber* in: Immenga/Mestmäcker, EU-WbR, Art. 11, Rn. 12 (dort zu Recht unter Hinweis darauf, dass anderes in Bezug auf Auskunftsverlangen gegenüber staatlichen Unternehmen gilt).

[11] *Körber* in: Immenga/Mestmäcker, EU-WbR, Art. 11, Rn. 4. Siehe auch EuG U. v. 20.2.2001 RS T-112/98 – *Mannesmannröhren-Werke* Slg. 2001, II-729.

[12] *Körber* in: Immenga/Mestmäcker, EU-WbR, Art. 11, Rn. 4; *Ohlhoff* in MünchKomm EU-WettbR, Art. 11 Rn. 26.

[13] *Ohlhoff* in MünchKomm EUWettbR, Art. 11 Rn. 26.

[14] EuGH, Urteil vom 18.10.1989, Rs. 374/87, Slg. 1989, 3283 – *Orkem,* Rn. 34.

[15] *Körber* in: Immenga/Mestmäcker, EU-WbR, Art. 11, Rn. 4.

weiter Beurteilungsspielraum zu.[16] Es muss jedoch zumindest eine Beziehung zwischen der verlangten Auskunft und dem Prüfungsgegenstand bestehen. Dies ist etwa dann nicht mehr der Fall, wenn ein förmliches Auskunftsverlangen nur aus dem Grund erlassen wird, eine Fristhemmung zu bewirken.[17] Aus dem allgemeinen, auch im Gemeinschaftsrecht geltenden Grundsatz der Verhältnismäßigkeit[18] lässt sich ferner folgern, dass die abgefragten Informationen nicht ohne weiteres von der Kommission selbst ermittelbar sein dürfen und dass der Umfang des Auskunftsverlangens der wettbewerblichen Bedeutung des Falls angemessen sein muss.[19] Da die Relevanz der Umstände für die Prüfung des Falles aber häufig erst zu einem späteren Zeitpunkt abschließend beurteilt werden kann, wird man bezüglich der Erforderlichkeit der Kommission eine gewisse Einschätzungsprärogative zugestehen müssen.[20]

Sofern die Prüfung im konkreten Fall sich nicht auf ein angemeldetes Zusammen- 12
schlussvorhaben, sondern auf mögliche Verstöße gegen sanktionsbewehrte Pflichten aus der FKVO (etwa Beachtung des Vollzugsverbots) richtet, folgt aus dem **Erforderlichkeitsgrundsatz** weiter, dass ein **auf konkreten Anhaltspunkten beruhender Anfangsverdacht** der Kommission gegeben sein muss. Liegt ein solcher Verdacht vor, wird die Kommission allerdings aus taktischen Gründen (Überraschungseffekt) in der Regel zum Instrument der Nachprüfung greifen.

2. Adressaten

Auskunftsverlangen können nicht nur an die Zusammenschlussbeteiligten, sondern auch 13
an Wettbewerber, Lieferanten, Abnehmer oder Unternehmen, die auf anderen Märkten tätig sind, gerichtet werden.[21] Hinweise zu möglichen Adressaten und entsprechende Kontaktdaten kann die Kommission etwa der Anmeldung eines Zusammenschlusses auf Formblatt CO oder Vereinfachtem Formblatt entnehmen.[22] In der Praxis richtet sich die weit überwiegende Zahl von Auskunftsverlangen an Unternehmen bzw. Unternehmensvereinigungen. Haben diese ihren Hauptsitz in einem Drittstaat, so wendet sich die Kommission regelmäßig an eine Vertretung bzw. Tochtergesellschaft in der EU.[23] Ist eine solche nicht vorhanden, versendet sie ihr Auskunftsverlangen direkt an den außerhalb der EU liegenden Hauptsitz, ohne dabei aber einen Hinweis auf Buß- und Zwangsgelder gem. Art. 14 und 15 beizufügen.[24]

Natürliche Personen können, wie sich aus dem Verweis auf Art. 3 Abs. 1 lit. b ergibt, 14
nur dann *als solche* auskunftspflichtig sein, wenn sie ein Unternehmen kontrollieren und damit dem funktionalen Unternehmensbegriff unterfallen; *als Privatpersonen* sind sie und andere natürliche Personen auch dann **nicht zur Auskunft verpflichtet,** wenn sie über zusammenschlussrelevante Informationen verfügen.[25] Hiervon zu unterscheiden ist die Verpflichtung natürlicher Personen als Inhaber oder Vertreter von Unternehmen nach Maßgabe von Abs. 4. Buß- und Zwangsgelder können sich allerdings nur gegen Unternehmen und nicht gegen deren Funktionsträger richten. Erteilen ordnungsgemäß bevollmächtigte Vertreter (z. B. Rechtsanwälte) Auskünfte im Namen ihrer Mandanten, bleiben

[16] *Ohlhoff* in MünchKomm EUWettbR, Art. 11 Rn. 27.
[17] EuG, t-145/06, Slg. 2009, II-145 – *Omya AG,* Rn. 99 ff.
[18] EuGH U. v. 20.2.1978 Rs. 122/78 – *Buitoni/FORMA* Slg. 1979, 677 ff. Rn. 14.
[19] *Körber* in: Immenga/Mestmäcker, EU-WbR, Art. 11, Rn. 5.
[20] GK-*Schütz,* Art. 11 Rn. 10 unter Berufung auf EuGH U. v. 21.9.1989 verb. Rs. 46/87, 227/88 – *Höchst* Slg. 1989, 2928 Rn. 25 f.
[21] Beispiel in Komm. E. v. 12.7.2000 Rs. IV/M.1634 – *Mitsubishi,* WuW/E EU-V 543.
[22] *Ohlhoff* in MünchKomm EUWettbR, Art. 11 Rn. 7.
[23] Vgl. Komm. E. v. 12.7.2000 Rs. IV/M.1634 – *Mitsubishi,* WuW/E EU-V 543.
[24] *Ohlhoff* in MünchKomm EUWettbR, Art. 11 Rn. 11; *Körber* in: Immenga/Mestmäcker, EU-WbR, Art. 11, Rn. 9.
[25] *Körber* in: Immenga/Mestmäcker, EU-WbR, Art. 11, Rn. 10.

letztere dafür verantwortlich, dass die Auskünfte vollständig, sachlich richtig und nicht irreführend sind (siehe Abs. 4 Sätze 2 und 3).

3. Auskunftsverweigerungsrecht/Geschäftsgeheimnisse

15 Ein Auskunftsverweigerungsrecht als **Schutz vor Selbstbelastung** ist weder in der FKVO noch in der VO 1/2003 explizit geregelt. Aus Erwägungsgrund 41 zur FKVO und der daran anknüpfenden Rechtsprechung der Gemeinschaftsgerichte ergibt sich, dass die betroffenen Unternehmen und natürlichen Personen nicht gezwungen werden können, auf ihre Verteidigungsrechte zu verzichten und Zuwiderhandlungen einzugestehen, für die die Kommission beweispflichtig ist.[26] Sie sind jedoch verpflichtet, Sachfragen zu beantworten und Unterlagen beizubringen, auch wenn diese Informationen gegen sie oder gegen andere als Beweis für eine begangene Zuwiderhandlung verwendet werden können.[27] Diese Differenzierung wird im Sinne einer **engen Auslegung** seitens der Rechtsprechung dahingehend präzisiert, dass lediglich Wertungen, Interpretationen oder Auskünfte über verfolgte Zwecke und Ziele von einem Auskunftsverweigerungsrecht umfasst sein sollen.[28] Dessen Anwendungsbereich ist insoweit deutlich eingeschränkter als etwa im deutschen Recht.[29] Angesichts der relativ geringen praktischen Bedeutung des Auskunftsverweigerungsrechts in der Fusionskontrolle wird im Übrigen auf die Kommentierung zu Art. 18 VO 1/2003 verwiesen.

16 Geschäftsgeheimnisse begründen kein Auskunftsverweigerungsrecht. Den berechtigten Geheimhaltungsinteressen der zur Auskunft verpflichteten Unternehmen trägt die FKVO durch **spezielle Regeln zum Schutz von Geschäftsgeheimnissen** und **anderen vertraulichen Angaben** Rechnung (siehe Art. 17, 18 Abs. 3 S. 3, 20 Abs. 2). In der Praxis bittet die Kommission bei Auskunftsverlangen die Adressaten um die Kenntlichmachung von Geschäftsgeheimnissen und vertraulichen Angaben sowie um die Vorlage einer nichtvertraulichen Fassung ihrer Eingabe (siehe hierzu Art. 18 DVO zur FKVO).

Art. 12. Nachprüfungen durch Behörden der Mitgliedstaaten

(1) [1] **Auf Ersuchen der Kommission nehmen die zuständigen Behörden der Mitgliedstaaten diejenigen Nachprüfungen vor, die die Kommission gemäß Artikel 13 Absatz 1 für angezeigt hält oder die sie in einer Entscheidung gemäß Artikel 13 Absatz 4 angeordnet hat.** [2] **Die mit der Durchführung der Nachprüfungen beauftragten Bediensteten der zuständigen Behörden der Mitgliedstaaten sowie die von ihnen ermächtigten oder benannten Personen üben ihre Befugnisse nach Maßgabe ihres innerstaatlichen Rechts aus.**

(2) **Die Bediensteten der Kommission und andere von ihr ermächtigte Begleitpersonen können auf Anweisung der Kommission oder auf Ersuchen der zuständigen Behörde des Mitgliedstaats, in dessen Hoheitsgebiet die Nachprüfung vorgenommen werden soll, die Bediensteten dieser Behörde unterstützen.**

---

[26] *Körber* in: Immenga/Mestmäcker, EU-WbR, Art. 11, Rn. 7; EuGH U. v. 18.10.1989, Rs. 374/87 – *Orkem* Slg. 1989, 3343 Rn. 33–35; U. v. 8.3.1995, Rs. T-34/93 – Societé Generale, Slg. 1995, II-545, Rn. 73 f.; EuG U. v. 20.2.2001, Rs. T-112/98 – *Mannesmannröhren-Werke AG,* Slg. 2001, II-729, Rn. 67.

[27] EuGH U. v. 18.10.1989, Rs. 374/87 – *Orkem* Slg. 1989, 3343 Rn. 34; U. v. 8.3.1995, Rs. T-34/93 – Societé Generale, Slg. 1995, II-545, Rn. 74.; EuG U. v. 20.2.2001, Rs. T-112/98 – *Mannesmannröhren-Werke AG,* Slg. 2001, II-729, Rn. 65.

[28] *Ohlhoff* in MünchKomm EUWettbR, Art. 11 Rn. 30; EuGH U. v. 18.10.1989, Rs. 374/87 – *Orkem* Slg. 1989, 3343 Rn. 38; EuGH U. v. 18.10.1989, Rs. 374/87 – *Orkem* Slg. 1989, 3343 Rn. 38; EuG U. v. 20.2.2001, Rs. T-112/98 – *Mannesmannröhren-Werke AG,* Slg. 2001, II-729, Rn. 78.

[29] *Maas* in: Langen/Bunte, Kommentar zum deutschen und europäischen Kartellrecht, Bd. 2, Art. 11, Rn. 5.

1 Art. 13 verleiht der Kommission die Befugnis, Nachprüfungen bei Unternehmen oder Unternehmensvereinigungen vornehmen. Gem. Art. 13 Abs. 5 kann sie dabei Bedienstete der Behörde des Mitgliedstaats, in dessen Hoheitsgebiet die Nachprüfung stattfindet, zur Unterstützung hinzuziehen. Art. 12 (der weitgehend mit Art. 22 Abs. 2 VO 1/2003 übereinstimmt) ermöglicht es ihr darüber hinausgehend, Bedienstete der zuständigen Behörde des betroffenen Mitgliedstaates mit der Durchführung von Nachprüfungen zu betrauen. Diese führen dann die **Nachprüfung im Auftrag der Kommission** durch. Dabei kann die Kommission sich entweder ganz auf die Bediensteten der mitgliedstaatlichen Behörde stützen, oder gem. Art. 12 Abs. 2 zur Unterstützung eigene Beamte an der Nachprüfung teilnehmen lassen. Zwischen den verschiedenen Formen der Amtshilfe kann sich die Kommission je nach Zweckmäßigkeit frei entscheiden.[1] In der Praxis ist Art. 12 bislang bedeutungslos geblieben.

2 Ein Ersuchen der Kommission gem. Art. 12 ist für den Mitgliedstaat **verbindlich.** Die rechtlichen Voraussetzungen der Nachprüfung ergeben sich auch im Fall der Einschaltung mitgliedstaatlicher Bediensteter aus Art. 13, auf dessen Kommentierung insoweit verwiesen wird. Neben eigenen Bediensteten der Kommission bzw. der ersuchten mitgliedstaatlichen Behörde können jeweils auch Hilfspersonen (z. B. Wirtschaftsprüfer, IT-Experten) eingeschaltet werden.

3 In Deutschland ist die zuständige Behörde nach § 50 GWB das Bundeskartellamt, dessen Befugnisse sich bei einem Tätigwerden im Rahmen von Art. 12 **nach nationalem Recht bestimmen** (ausdrücklich klargestellt durch Abs. 1 Satz 2), wobei zu Recht gefordert wird, dass sich die Ausübung dieser Befugnisse im Rahmen der gemeinschaftsrechtlichen, insbesondere durch Art. 13 gesetzten Grenzen halten muss.[2] Ob die Voraussetzungen für eine Nachprüfung nach Art. 13 vorliegen, ist vom Bundeskartellamt nicht zu überprüfen, sondern wird allein durch die Kommission nach Maßgabe des Gemeinschaftsrechts entschieden.[3] Die Entscheidung der Kommission bindet auch nationale Gerichte, die gegen Maßnahmen nationaler Behörden i. S. v. Art. 12 Abs. 1 angerufen werden.

Art. 13. Nachprüfungsbefugnisse der Kommission

(1) **Die Kommission kann zur Erfüllung der ihr durch diese Verordnung übertragenen Aufgaben bei Unternehmen und Unternehmensvereinigungen alle erforderlichen Nachprüfungen vornehmen.**

(2) **Die mit den Nachprüfungen beauftragten Bediensteten der Kommission und die anderen von ihr ermächtigten Begleitpersonen sind befugt,**

a) alle Räumlichkeiten, Grundstücke und Transportmittel der Unternehmen und Unternehmensvereinigungen zu betreten,

b) die Bücher und sonstigen Geschäftsunterlagen, unabhängig davon, in welcher Form sie vorliegen, zu prüfen,

c) Kopien oder Auszüge gleich in welcher Form aus diesen Büchern und Geschäftsunterlagen anzufertigen oder zu verlangen,

d) alle Geschäftsräume und Bücher oder Unterlagen für die Dauer der Nachprüfung in dem hierfür erforderlichen Ausmaß zu versiegeln,

e) von allen Vertretern oder Beschäftigten des Unternehmens oder der Unternehmensvereinigung Erläuterungen zu Sachverhalten oder Unterlagen zu verlangen, die mit Gegenstand und Zweck der Nachprüfung in Zusammenhang stehen, und ihre Antworten aufzuzeichnen.

---

[1] *Bardong* in: Langen/Bunte, Kommentar zum deutschen und europäischen Kartellrecht, Bd. 2, Art. 12, Rn. 1; *Körber* in: Immenga/Mestmäcker, EG-WbR, Art. 12, Rn. 3.

[2] Siehe näher *Körber* in: Immenga/Mestmäcker, EU-WbR, Art. 12, Rn. 7.

[3] *Körber* in: Immenga/Mestmäcker, EU-WbR, Art. 12, Rn. 6.

(3) [1]Die mit der Nachprüfung beauftragten Bediensteten der Kommission und die anderen von ihr ermächtigten Begleitpersonen üben ihre Befugnisse unter Vorlage eines schriftlichen Auftrags aus, in dem der Gegenstand und der Zweck der Nachprüfung bezeichnet sind und in dem auf die in Artikel 14 vorgesehenen Sanktionen für den Fall hingewiesen wird, dass die angeforderten Bücher oder sonstigen Geschäftsunterlagen nicht vollständig vorgelegt werden oder die Antworten auf die nach Absatz 2 gestellten Fragen unrichtig oder irreführend sind. [2]Die Kommission unterrichtet die zuständige Behörde des Mitgliedstaats, in dessen Hoheitsgebiet die Nachprüfung vorgenommen werden soll, rechtzeitig vor deren Beginn über den Prüfungsauftrag.

(4) [1]Unternehmen und Unternehmensvereinigungen sind verpflichtet, die Nachprüfungen zu dulden, die die Kommission durch Entscheidung angeordnet hat. [2]Die Entscheidung bezeichnet den Gegenstand und den Zweck der Nachprüfung, bestimmt den Zeitpunkt des Beginns der Nachprüfung und weist auf die in Artikel 14 und Artikel 15 vorgesehenen Sanktionen sowie auf das Recht hin, vor dem Gerichtshof Klage gegen die Entscheidung zu erheben. [3]Die Kommission erlässt diese Entscheidung nach Anhörung der zuständigen Behörde des Mitgliedstaats, in dessen Hoheitsgebiet die Nachprüfung vorgenommen werden soll.

(5) [1]Die Bediensteten der zuständigen Behörde des Mitgliedstaats, in dessen Hoheitsgebiet die Nachprüfung vorgenommen werden soll, sowie die von dieser Behörde ermächtigten oder benannten Personen unterstützen auf Anweisung dieser Behörde oder auf Ersuchen der Kommission die Bediensteten der Kommission und die anderen von ihr ermächtigten Begleitpersonen aktiv. [2]Sie verfügen hierzu über die in Absatz 2 genannten Befugnisse.

(6) Stellen die Bediensteten der Kommission oder die anderen von ihr ermächtigten Begleitpersonen fest, dass sich ein Unternehmen einer aufgrund dieses Artikels angeordneten Nachprüfung, einschließlich der Versiegelung der Geschäftsräume, Bücher oder Geschäftsunterlagen, widersetzt, so leistet der betreffende Mitgliedstaat die erforderliche Amtshilfe, gegebenenfalls unter Einsatz der Polizei oder anderer gleichwertiger Vollzugsorgane, damit die Bediensteten der Kommission und die anderen von ihr ermächtigten Begleitpersonen ihren Nachprüfungsauftrag erfüllen können.

(7) [1]Setzt die Amtshilfe nach Absatz 6 nach einzelstaatlichem Recht eine gerichtliche Genehmigung voraus, so ist diese zu beantragen. [2]Die Genehmigung kann auch vorsorglich beantragt werden.

(8) [1]Wurde eine gerichtliche Genehmigung gemäß Absatz 7 beantragt, prüft das einzelstaatliche Gericht die Echtheit der Kommissionsentscheidung und vergewissert sich, dass die beabsichtigten Zwangsmaßnahmen weder willkürlich noch – gemessen am Gegenstand der Nachprüfung – unverhältnismäßig sind. [2]Bei der Prüfung der Verhältnismäßigkeit der Zwangsmaßnahmen kann das einzelstaatliche Gericht die Kommission unmittelbar oder über die zuständige Behörde des betreffenden Mitgliedstaats um ausführliche Erläuterungen zum Gegenstand der Nachprüfung ersuchen. [3]Das einzelstaatliche Gericht darf jedoch weder die Notwendigkeit der Nachprüfung in Frage stellen noch Auskünfte aus den Akten der Kommission verlangen. [4]Die Prüfung der Rechtmäßigkeit der Kommissionsentscheidung ist dem Gerichtshof vorbehalten.

Übersicht

I. Einleitung

1 Neben dem Auskunftsverlangen nach Art. 11 hat die Kommission auch die Möglichkeit, gem. Art. 13 selbst Nachprüfungen bei Unternehmen und Unternehmensvereinigungen durchzuführen. Art. 13 entspricht fast wörtlich dem sich auf das kartellrechtliche Ermittlungsverfahren beziehenden Art. 20 VO 1/2003. Anders als im allgemeinen Kartellverfahren, indem sie ein wichtiges Mittel zur Aufdeckung wettbewerbswidriger Praktiken, insbesondere von wettbewerbsbeschränkenden Absprachen, bildet, hat die Nachprüfungsbefugnis im Rahmen der Fusionskontrolle bislang jedoch **kaum praktische Bedeutung** erlangt.[1] Zu nennen sind lediglich die Fälle *Skaska/Skancem*[2] (aufgrund des Verdachts eines Verstoßes gegen die Anmeldepflicht), *Ineos/Kerling*[3] (aufgrund des Verdachts eines Verstoßes gegen das Vollzugsverbot) und *Caterpillar/MWN*[4] (u. a. zur Überprüfung zweifelhafter Angaben in einer Anmeldung). In Deutschland hat bislang keine Nachprüfung der Kommission gem. Art. 13 stattgefunden.[5]

2 Die geringe praktische Relevanz von Art. 13 lässt sich insbesondere damit erklären, dass die Kommission im Fusionskontrollverfahren die meisten relevanten Informationen bereits durch die Anmeldung und durch Auskunftsersuchen nach Art. 11 erlangt.[6] Zudem haben die Unternehmen ein Interesse daran, durch kooperatives Verhalten eine möglichst **zügige Freigabe** des Zusammenschlusses zu erreichen.[7] Vor diesem Hintergrund dürfte die praktische Bedeutung von Art. 13 auch in Zukunft eher in der Ermittlung von Verfahrensverstößen als in der materiell-rechtlichen Beurteilung von Zusammenschlussvorhaben liegen.[8]

3 Im Verhältnis zu Art. 11 lässt sich eine grobe **Funktionsverteilung** dahingehend ausmachen, dass die Nachprüfung die Verifizierung der Kommission bereits vorliegender Informationen bzw. der Erhärtung eines entsprechenden Verdachts (v. a. durch Auffinden von Beweismitteln) bezweckt, während das Auskunftsverlangen meist dazu dient, eine – noch fehlende – Erkenntnislage überhaupt erst zu schaffen.[9] Wie bei Art. 11 tritt eine Hemmung der Verfahrensfristen ein, wenn die Kommission durch schuldhaftes Verhalten des Unternehmens zum Erlass einer förmlichen Nachprüfungsentscheidung gezwungen wird (Art. 10 Abs. 4; siehe auch Art. 9 VO 802/2004).

4 Art. 13 sieht die Durchführung von Nachprüfungen durch **eigene** Bedienstete der Kommission bzw. von ihr eingeschaltete Hilfspersonen (z. B. Wirtschaftsprüfer, IT-Experten) vor, die nach Maßgabe von Abs. 5 durch Bedienstete der zuständigen nationalen Kartellbehörde (in Deutschland gem. § 50 GWB das Bundeskartellamt) unterstützt werden können. Alternativ eröffnet Art. 12 der Kommission die Möglichkeit, die Nachprüfung durch nationale Behörden durchführen zu lassen (siehe Art. 12 Rn. 1).

---

[1] *Bechtold/Bosch/Brinker,* EU-Kartellrecht, Art. 13. Rn. 2.

[2] Komm. E. v. 11.11.1998 Rs. IV/M.1157 – *Skanska/Scancem,* Rn. 11.

[3] Komm. Presseerklärung vom 13.12.2007, MEMO/07/573.

[4] Komm. E. v. 19.10.2011 Rs. COMP/M.6106 – *Caterpillar/MWM,* Rn. 14.

[5] *Käseberg/Maas* in: Langen/Bunte, Kommentar zum deutschen und europäischen Kartellrecht, Bd. 2, Art. 11, Rn. 2.

[6] *Käseberg/Maas* in: Langen/Bunte, Kommentar zum deutschen und europäischen Kartellrecht, Bd. 2, Art. 11, Rn. 2.

[7] *Völcker* in: FK Art. 13 FKVO, Rn. 2.

[8] *Körber* in: Immenga/Mestmäcker, EU-WbR, Art. 13, Rn. 5; *Völcker* in: FK Art. 13 FKVO, Rn. 2.

[9] Vgl. EuGH U. v. 26.6.1980 Rs. 136/79 – *National Panasonic* Slg. 1980, 2055 Rn. 13 (zur VO 17/62); *Körber* in: Immenga/Mestmäcker, EG-WbR, Art. 13, Rn. 1.

II. Rechtliche Voraussetzungen

1. Einzelne Nachprüfungsbefugnisse

5 Die einzelnen Nachprüfungsbefugnisse der Kommission sind in Abs. 2 **abschließend**[10] aufgezählt und werden im Folgenden erläutert. Für weitere Einzelheiten wird auf die Kommentierung zu Art. 20 VO 1/2003 verwiesen.

6 Lit. a (Recht zum Betreten von Räumlichkeiten, Grundstücken und Transportmitteln, hingegen nicht von Privaträumen) ist **weit auszulegen.** Umfasst ist auch die Befugnis, in Schränke, Schreibtische und andere Behältnisse, einschließlich Datenverarbeitungsanlagen, Einblick zu nehmen. Einer genauen Bezeichnung des Ortes im Prüfungsauftrag oder in der Kommissionsentscheidung bedarf es nicht.[11]

7 Die Befugnis zur Nachprüfung von Büchern und sonstigen Geschäftsunterlagen (lit. b) erstreckt sich u. a. auf interne und externe Korrespondenz, Vermerke, Sitzungsprotokolle, Terminkalender und Reisekostenabrechnungen, unabhängig davon ob sie in Papierform oder elektronischer Form vorliegen. Ausgenommen sind Dokumente, die unter das Anwaltsprivileg fallen. Dieses umfasst vertrauliche Korrespondenz mit einem in der EU zugelassenen Rechtsanwalt, nicht aber mit unternehmensinternen Syndikusanwälten.[12] **Entscheidend** ist in der heutigen Zeit in der Regel der Zugriff auf die IT-Systeme des Unternehmens (Emails, sonstige Outlook-Daten, Serverlaufwerke) und lokal gespeicherte Dateien auf den Computern einzelner Mitarbeiter.[13]

8 Die Kommission fertigt Kopien der relevanten Unterlagen an und speichert die einschlägigen elektronischen Daten auf entsprechenden Datenträgern. In der Praxis wird der Zugriff auf IT-Systeme den an der Nachprüfung teilnehmenden IT-Spezialisten der Kommission in der Regel durch die IT-Verantwortlichen des Unternehmens ermöglicht.[14] Aus lit. c wird im Umkehrschluss deutlich, dass sie – anders als etwa das Bundeskartellamt aufgrund von § 58 GWB – **kein Beschlagnahmerecht** im Hinblick auf **Originalunterlagen** besitzt.[15]

9 Der Kommission steht auch die Befugnis zur Versiegelung von Geschäftsräumen (nicht von Transportmitteln), Büchern und Unterlagen zu (lit. d), wobei diese Befugnis nach Vorstellung des Verordnungsgebers restriktiv zu handhaben ist (siehe Erwägungsgrund 39, wonach eine Versiegelung nur unter außergewöhnlichen Umständen vorgenommen werden und regelmäßig nicht länger als 48 Stunden dauern soll). Der Siegelbruch ist gleichfalls bußgeldbewehrt (siehe Art. 14 Abs. 1 lit. f). Die **Siegelpraxis der Kommission** wurde vom EuG in dem Verfahren *E.ON/Kommission,* in dem ein vermeintlicher Siegelbruch in Rede stand, weitgehend **gebilligt.**[16]

10 Die Kommission darf während der Nachprüfung gem. lit. e) Erläuterungen zu allen Sachverhalten und Unterlagen verlangen und protokollieren, die mit Zweck und Gegenstand der Nachprüfung im Zusammenhang stehen. Die protokollierten Erläuterungen stehen ihr im weiteren Verfahren als **Beweismittel** zur Verfügung.[17] Die Erläuterungspflicht der Unternehmensmitarbeiter ist nach dem Wortlaut der Norm nicht auf Angaben zu den

---

[10] *Körber* in: Immenga/Mestmäcker, EG-WbR, Art. 13, Rn. 10.

[11] *Völcker* in: FK Art. 13 FKVO, Rn. 4.

[12] Siehe hierzu insbesondere EuGH U. v. 18.5.1982 Rs. C-155/79 – *AM&S,* Slg. 1982, 1575, Rn 21 ff.; U. v. 14.9.2010 Rs. C-550/07 P – *Akzo,* Slg 2010 I-8301, Rn. 48 f.

[13] *Bechtold/Bosch/Brinker,* EU-Kartellrecht, 3. Aufl. 2014, Rn. 8.

[14] *Bechtold/Bosch/Brinker,* EU-Kartellrecht, 3. Aufl. 2014, Rn. 8.

[15] So auch *Körber* in: Immenga/Mestmäcker, EU-WbR, Art. 13, Rn. 11; *Ohlhoff* in MünchKomm EUWettbR, Art. 11 Rn. 9.

[16] *Völcker* in: FK Art. 13 FKVO, Rn. 7; EuG U. v. 15.12.2010 Rs. T-141/08, *E.ON/Kommission,* Slg. 2010, II-5761.

[17] *Ohlhoff* in MünchKomm EUWettbR, Art. 11 Rn. 10.

gesuchten oder vorgefundenen Unterlagen beschränkt, sondern umfasst auch allgemeine Angaben, die mit dem Gegenstand der Nachprüfung im Zusammenhang stehen. Keine Erläuterungspflicht besteht jedoch bei reinen Ausforschungen, die keinen erkennbaren Zusammenhang mit dem Nachprüfungszweck aufweisen.[18]

2. Durchsetzung der Nachprüfung

Art. 13 spricht der Kommission **keine eigenständige Befugnis** zur Durchsetzung von Nachprüfungen unter Anwendung **unmittelbaren Zwangs** zu. Widersetzt sich ein Unternehmen einer durch förmliche Entscheidung angeordneten Nachprüfung, bleiben der Kommission selbst nur Möglichkeiten der Zwangsgeldfestsetzung bzw. Bußgeldverhängung. Im Übrigen ist die Kommission auf die Unterstützung durch mitgliedstaatliche Behörden angewiesen (Abs. 6). Im Falle eines entsprechenden Ersuchens der Kommission sind diese aus Abs. 6 verpflichtet, ihre nach innerstaatlichem Recht existierenden Zwangsbefugnisse einzusetzen,[19] also etwa eine zwangsweise Durchsuchung von Geschäftsräumen eines Unternehmens zu ermöglichen. Abs. 6 verdeutlicht, dass die Amtshilfepflicht auch den Einsatz der Polizei oder anderer vergleichbarer Vollzugsorgane umfassen kann. In Deutschland ist zuständige Behörde das Bundeskartellamt (§ 50 GWB). Setzt die Amtshilfe einen Gerichtsbeschluss voraus (z.B. im Falle der Durchsuchung), so muss dieser (u.U. auch vorsorglich) beantragt werden (Abs. 7). In Abs. 8 wird klargestellt, dass das nationale Gericht im Antragsverfahren die Rechtmäßigkeit der Kommissionsentscheidung nicht vollumfänglich überprüfen darf. Die Prüfung darf sich nur auf die Echtheit der Kommissionsentscheidung sowie auf die Verhältnismäßigkeit der in Aussicht genommenen Zwangsmaßnahmen erstrecken, wobei das Gericht zur Vornahme dieser Prüfung die Kommission zwar um ausführliche Erläuterungen bitten, jedoch keinen Zugang zu den Kommissionsakten verlangen darf. Die Prüfung der Rechtmäßigkeit der Kommissionsentscheidung ist dem Gerichtshof vorbehalten.[20] 11

3. Zweckrichtung, Erforderlichkeit

Die Nachprüfung darf nur zur Erfüllung der Aufgaben vorgenommen werden, die der Kommission durch die FKVO übertragen sind (Abs. 1). Zu diesen Aufgaben gehören neben der Prüfung angemeldeter Zusammenschlussvorhaben etwa auch Kontrollen dahingehend, ob Unternehmen ihrer Anmeldepflicht gemäß Art. 4 genügen oder Untersagungsentscheidungen bzw. einschränkende Bedingungen und Auflagen gem. Art. 8 Abs. 2 beachten (vgl. Erwägungsgrund 39). Rein ausforschende Nachprüfungen („fishing expeditions") sind unzulässig.[21] Die Nachprüfungsbefugnis wird allgemein durch das **Merkmal der Erforderlichkeit** begrenzt. Wie bei Art. 20 VO 1/2003 folgt hieraus, dass ein auf konkrete tatsächliche Anhaltspunkte gestützter Anfangsverdacht der Kommission gegeben sein muss (im Anwendungsbereich des Art. 13 etwa hinsichtlich unzutreffender Angaben in einer Anmeldung oder hinsichtlich eines Verstoßes gegen das Vollzugsverbot). 12

Bei der Auswahl zwischen einem Auskunftsersuchen nach Art. 11 und einer Nachprüfung gem. Art. 13 hat die Kommission im Rahmen ihrer Ermessensentscheidung den **Grundsatz der Verhältnismäßigkeit** zu beachten. Bei Nachprüfungen sind grundrechtliche Positionen von Unternehmen zumeist stärker betroffen als dies bei Auskunftsersuchen der Fall ist. In der Regel wird die Kommission im Fusionskontrollverfahren daher zum Auskunftsersuchen nach Art. 11 statt zur Nachprüfung nach Art. 13 greifen. Anderes kann 13

---

[18] *Körber* in: Immenga/Mestmäcker, EU-WbR, Art. 13, Rn. 11.

[19] Vgl. EuGH U. v. 21.9.1989 verb. Rs. 46/87, 227/88 – *Höchst* Slg. 1989, 2928ff. Rn. 33 (zu Art. 14 VO 17/62).

[20] *Körber* in: Immenga/Mestmäcker, EU-WbR, Art. 13, Rn. 17 unter Verweis auf die einschlägige Rechtsprechung zur VO 17/62.

[21] *Körber* in: Immenga/Mestmäcker, EG-WbR, Art. 13, Rn. 7.

gelten, wenn Unternehmen im Falle eines Auskunftsersuchens veranlasst sein könnten, belastendes Material zu beseitigen.[22] Die Kommission hat im Einklang mit dieser Linie in einer nach wie vor aktuellen Protokollerklärung vom 19.12.1989[23] die Absicht kundgetan, Nachprüfungen nur dann vorzunehmen, „wenn besondere Umstände dies erfordern".

4. Verfahren

14 Ähnlich wie beim Auskunftsverlangen gem. Art. 11 ist zwischen der Nachprüfung aufgrund einfachen schriftlichen Prüfungsauftrags i. S. v. Art. 13 Abs. 3 und der Nachprüfung aufgrund einer förmlichen Entscheidung der Kommission i. S. v. Art. 13 Abs. 4 zu unterscheiden. In der ersten Variante erfolgt die Nachprüfung unter **freiwilliger Mitwirkung** des Unternehmens, in der zweiten ist das Unternehmen zur **Duldung der Nachprüfung** verpflichtet. Wie bei Art. 11 steht die Wahl zwischen beiden Varianten im Ermessen der Kommission: eine Rangfolge sieht der Wortlaut von Art. 13 nicht vor. Die Kommission kann demnach eine förmliche Nachprüfungsentscheidung nach Abs. 4 erlassen, ohne zuvor den Versuch einer Nachprüfung auf Basis eines Nachprüfungsauftrags unternommen zu haben.[24] Dies bietet sich etwa in solchen Fällen an, in denen der Zweck der Nachprüfung ohne den nur bei einer Nachprüfung auf der Basis von Abs. 4 zu erreichenden Überraschungseffekt nicht zu erreichen wäre (insbesondere bei Nachprüfungen zur Aufdeckung von Bußgeldtatbeständen).[25]

15 Im Falle eines Nachprüfungsauftrags kann die Kommission ein Bußgeld verhängen, wenn ein Unternehmen die angeforderten Bücher oder Unterlagen nicht vollständig vorlegt oder auf Fragen falsche oder irreführende Auskünfte gibt bzw. solche Auskünfte nicht korrigiert (siehe Art. 14 Abs. 1 lit. d, e). Im Falle einer durch förmliche Entscheidung angeordneten Nachprüfung kann ein Bußgeld darüber hinaus auch verhängt werden, wenn die Nachprüfung nicht geduldet wird (Art. 14 Abs. 1 lit. d) oder auf Fragen keine bzw. nur unvollständige Auskünfte erteilt werden (Art. 14 Abs. 1 lit. e a. E.). Die Möglichkeit der Zwangsgeldfestsetzung besteht nur im Falle einer förmlichen Nachprüfungsentscheidung gem. Abs. 4 (siehe Art. 15 Abs. 1 lit. b). Bei beiden Varianten ist die schriftliche Angabe des Nachprüfungsgegenstands und -zwecks[26] sowie die Belehrung über die möglichen Sanktionsfolgen nach Art. 14 bzw. Art. 15 vorgeschrieben. Im Falle von Abs. 4 tritt die Rechtsbehelfsbelehrung hinzu. Unterschiedlich ist jeweils die Beteiligung der nationalen Behörden ausgestaltet. Bei der Nachprüfung gem. Abs. 4 ist die Entscheidung erst nach Anhörung der nationalen Behörde zu treffen, ansonsten genügt die vorherige Unterrichtung (Abs. 3 Satz 2). Eine **vorherige Anmeldung** der Kommission beim Nachprüfungsadressaten bzw. dessen vorherige Anhörung ist generell **nicht erforderlich.**[27] Eine Nachprüfungsentscheidung i. S. v. Abs. 4 kann mittels Nichtigkeitsklage selbständig angegriffen werden.

5. Adressaten

16 **Zulässige Nachprüfungsadressaten** sind alle Unternehmen oder Unternehmensvereinigungen, die durch Bereitstellung von Informationen dazu beitragen können, dass die

[22] Ebenso *Körber* in: Immenga/Mestmäcker, EG-WbR, Art. 13, Rn. 4.

[23] Abgedruckt in WuW 1990, 240 ff., Nr. 8. Die Erklärung ist über die Website der GD Wettbewerb abzurufen.

[24] Vgl. EuGH U. v. 26.6.1980 Rs. 136/79 – *National Panasonic* Slg. 1980, 2033 Rn. 11 f. (zu Art. 14 VO 17/62).

[25] Vgl. GK-*Schütz,* Art. 13 Rn. 5.

[26] Vgl. EuGH U. v. 21.9.1989 verb. Rs. 46/87, 227/88 – *Polyathylen* Slg. 1989, 2927 ff. Rn. 29 (zu Art. 14 VO 17/62).

[27] Vgl. EuGH U. v. 26.6.1980 Rs. 136/79 – *National* Panasonic Slg. 1980, 2033 Rn. 21 (zu Art. 14 VO 17/62).

Kommission eine ihr nach der FKVO übertragene Aufgabe erfüllt. Es findet keine Beschränkung auf Zusammenschlussbeteiligte bzw. auf mutmaßliche Beteiligte an Zuwiderhandlungen statt.[28] Eine Nachprüfung bei natürlichen Personen ist nur dann zulässig, wenn diese unter den funktionalen Unternehmensbegriff fallen.[29]

Art. 14. Geldbußen

(1) **Die Kommission kann gegen die in Artikel 3 Absatz 1 Buchstabe b) bezeichneten Personen, gegen Unternehmen und Unternehmensvereinigungen durch Entscheidung Geldbußen bis zu einem Höchstbetrag von 1 % des von dem beteiligten Unternehmen oder der beteiligten Unternehmensvereinigung erzielten Gesamtumsatzes im Sinne von Artikel 5 festsetzen, wenn sie vorsätzlich oder fahrlässig**

a) in einem Antrag, einer Bestätigung, einer Anmeldung oder Anmeldungsergänzung nach Artikel 4, Artikel 10 Absatz 5 oder Artikel 22 Absatz 3 unrichtige oder irreführende Angaben machen,

b) bei der Erteilung einer nach Artikel 11 Absatz 2 verlangten Auskunft unrichtige oder irreführende Angaben machen,

c) bei der Erteilung einer durch Entscheidung gemäß Artikel 11 Absatz 3 verlangten Auskunft unrichtige, unvollständige oder irreführende Angaben machen oder die Auskunft nicht innerhalb der gesetzten Frist erteilen,

d) bei Nachprüfungen nach Artikel 13 die angeforderten Bücher oder sonstigen Geschäftsunterlagen nicht vollständig vorlegen oder die in einer Entscheidung nach Artikel 13 Absatz 4 angeordneten Nachprüfungen nicht dulden,

e) in Beantwortung einer nach Artikel 13 Absatz 2 Buchstabe e) gestellten Frage
- **eine unrichtige oder irreführende Antwort erteilen,**
- **eine von einem Beschäftigten erteilte unrichtige, unvollständige oder irreführende Antwort nicht innerhalb einer von der Kommission gesetzten Frist berichtigen oder**
- **in Bezug auf Fakten im Zusammenhang mit dem Gegenstand und dem Zweck einer durch Entscheidung nach Artikel 13 Absatz 4 angeordneten Nachprüfung keine vollständige Antwort erteilen oder eine vollständige Antwort verweigern,**

f) die von den Bediensteten der Kommission oder den anderen von ihr ermächtigten Begleitpersonen nach Artikel 13 Absatz 2 Buchstabe d) angebrachten Siegel gebrochen haben.

(2) **Die Kommission kann gegen die in Artikel 3 Absatz 1 Buchstabe b) bezeichneten Personen oder die beteiligten Unternehmen durch Entscheidung Geldbußen in Höhe von bis zu 10 % des von den beteiligten Unternehmen erzielten Gesamtumsatzes im Sinne von Artikel 5 festsetzen, wenn sie vorsätzlich oder fahrlässig**

a) einen Zusammenschluss vor seinem Vollzug nicht gemäß Artikel 4 oder gemäß Artikel 22 Absatz 3 anmelden, es sei denn, dies ist ausdrücklich gemäß Artikel 7 Absatz 2 oder aufgrund einer Entscheidung gemäß Artikel 7 Absatz 3 zulässig,

b) einen Zusammenschluss unter Verstoß gegen Artikel 7 vollziehen,

c) einen durch Entscheidung nach Artikel 8 Absatz 3 für unvereinbar mit dem Gemeinsamen Markt erklärten Zusammenschluss vollziehen oder den in einer Entscheidung nach Artikel 8 Absatz 4 oder 5 angeordneten Maßnahmen nicht nachkommen,

d) einer durch Entscheidung nach Artikel 6 Absatz 1 Buchstabe b), Artikel 7 Absatz 3 oder Artikel 8 Absatz 2 Unterabsatz 2 auferlegten Bedingung oder Auflage zuwiderhandeln.

---

[28] *Körber* in: Immenga/Mestmäcker, EU-WbR, Art. 13, Rn. 8.
[29] *Körber* in: Immenga/Mestmäcker, EU-WbR, Art. 13, Rn. 8.

(3) **Bei der Festsetzung der Höhe der Geldbuße ist die Art, die Schwere und die Dauer der Zuwiderhandlung zu berücksichtigen.**

(4) **Die Entscheidungen aufgrund der Absätze 1, 2 und 3 sind nicht strafrechtlicher Art.**

Übersicht

I. Einleitung

1 Art. 14 ermächtigt die Kommission, Bußgelder bei Verfahrensverstößen und Zuwiderhandlungen gegen **zwingende Vorgaben** der FKVO zu verhängen.[1] Erfasst sind Verstöße gegen Informationspflichten in Anmeldungen und Auskunftsverlangen (Abs. 1 lit. a–c), Verstöße im Rahmen von Nachprüfungen (Abs. 1 lit. d–f) sowie Zuwiderhandlungen gegen Anmeldepflicht, Vollzugsverbot bzw. von der Kommission auferlegte Bedingungen oder Auflagen (Abs. 2).[2]

2 Die Vorschrift entspricht im Kern Art. 23 VO 1/2003, ist in ihrer praktischen Bedeutung jedoch aufgrund des stärker **auf Kooperation und Konsens ausgerichteten Charakters** des Fusionskontrollverfahrens deutlich hinter dieser Regelung zurückgeblieben. So übte die Kommission in den ersten Jahren nach Inkrafttreten der FKVO angesichts anfänglicher Anwendungsprobleme seitens der Unternehmen das ihr im Rahmen von Art. 14 zustehende Entschließungsermessen mehrfach dahingehend aus, dass sie ganz auf die Festsetzung von Geldbußen verzichtete, obwohl Verstöße gegen das Vollzugsverbot vorlagen.[3] Eine, allerdings sehr moderate Geldbuße für einen Verstoß gegen das Vollzugsverbot wurde erstmals Ende der neunziger Jahre in dem Verfahren *Samsung/AST* verhängt.[4]

3 Inzwischen hat die Kommission, wie sich ihrer unter http://ec.europa.eu/competition/mergers/statistics.pdf abrufbaren Statistik entnehmen lässt, in insgesamt zehn Fällen Bußgelder auf der Grundlage von Artikel 14 verhängt: wegen Nichtanmeldung von Zusammenschlüssen und Verstößen gegen das Vollzugsverbot,[5] wegen unrichtiger oder irreführ-

---

[1] *Bechtold/Bosch/Brinker,* EU-Kartellrecht, Art. 14 Rn. 1.

[2] Vgl. *Fleischmann* in MünchKomm EUWettbR, Art. 14 Rn. 8 ff.

[3] Vgl. Komm. E. v. 24.2.1992 Rs. IV/M.166, Rn. 3 – *Torras/Sarrio* (Absehen von Sanktionierung eines Verstoßes gegen Art. 7 Abs. 1 wegen Schwierigkeiten der Umsatzberechnung im Hinblick auf die Anwendbarkeit der FKVO); Komm. E. v. 5.10.1992, Rs. IV/M.157, Rn. 21 – *Air France/Sabena* (Bewertung des Zusammenschlusses kompliziert und Vorhaben in gutem Glauben der Kommission auf Grundlage von Art. 85 EG a. F. vorgelegt). Im (unveröffentlichten) Fall *Téléphonique/Sté. Canal+/Cablevision* leitete die Kommission zunächst ein Verfahren wegen Verstoßes gegen Art. 4 Abs. 1, Art. 7 Abs. 1 ein, verfolgte dieses aber nicht weiter, nachdem die Beteiligten ihr Vorhaben endgültig aufgaben; GK-*Schütz,* Art. 14 Rn. 7; *Maass* in: Langen/Bunte, Kommentar zum deutschen und europäischen Kartellrecht, Bd. 2, Art. 14, Rn. 2.

[4] Komm. E. v. 18.2.1998 Rs. IV/M.920 – *Samsung/AST* (Höhe der Geldbuße: ECU 33.000).

[5] Komm. E. v. 18.2.1998 Rs. IV/M.920 – *Samsung/AST;* Komm. E. v. 10.2.1999 Rs. IV/M.969 – *A. P. Moeller;* Komm. E. v. 10.6.2009, Rs. COMP/M.4994 – *Electrabel/Compagnie Nationale du Rhône;* Komm. E. v. 23.7.2014, Rs. COMP/M.7184 – *Marine Harvest/Morpol.* Ausdrücklich erwogen wurde eine Bußgeldverhängung auch in den Fällen *MAERSK/DFDS Travel* (Komm. E. v. 4.1.1997 Rs. IV/M.988 Rn. 7), *Georg Fischer/DISA* (Komm. E. v. 10.3.1998 Rs. IV/M.1009 Rn. 5), *Compa-*

render Angaben in Anmeldungen[6] sowie wegen Nichterteilung bzw. unrichtiger Erteilung einer nach Art. 11 verlangten Auskunft.[7] Mit der Verhängung von Bußgeldern von jeweils € 20 Mio. in den Fällen *Electrabel/Compagnie Nationale du Rhône*[8] und *Marine Harvest/Morpol*[9] hat die Kommission ihre Zurückhaltung im Hinblick auf Verstöße gegen das Vollzugsverbot endgültig aufgegeben und verdeutlicht, dass den Unternehmen auch bei Zuwiderhandlungen gegen Vorschriften der FKVO **empfindliche Strafen** drohen. Ihre Entscheidung in Sachen *Electrabel/Compagnie Nationale du Rhône* wurde kürzlich höchstrichterlich bestätigt.[10]

Bußgelder gem. Art. 14 haben sowohl **präventiven** als auch **repressiven Charakter.**[11] 4
Entscheidungen nach Art. 14 sind trotz der beträchtlichen Sanktionsandrohungen der Vorschrift jedoch nicht strafrechtlicher Art (siehe Abs. 4), sondern rechtsdogmatisch dem Ordnungswidrigkeitenrecht zuzurechnen.

Adressaten der Bußgelder sind in der europäischen Fusionskontrolle Unternehmen und 5
Unternehmensvereinigungen. Anders als das deutsche Kartellordnungswidrigkeitenrecht sieht die FKVO nicht die Verhängung von Bußgeldern gegen natürliche Personen vor, es sei denn, diese kontrollieren mindestens ein Unternehmen oder gehen selbst einer eigenen Wirtschaftstätigkeit nach und erfüllen damit die Anforderungen des funktionalen Unternehmensbegriffs (Art. 3 Abs. 1 lit.b).[12] Die Kommission kann nicht nur gegen die Zusammenschlussbeteiligten, sondern auch gegen an dem gegenständlichen Zusammenschluss unbeteiligte Dritte, an die ein Auskunftsverlangen gerichtet wird, Bußgelder auf Grundlage von Art. 14 verhängen.[13]

II. Bußgeldtatbestände

1. Objektive Bußgeldtatbestände

Die Bußgeldtatbestände sind in Art. 14 Abs. 1 und 2 **enumerativ** und **abschließend** 6
geregelt.[14] Dabei sind zwei Tatbestandsgruppen zu unterscheiden: nach Maßgabe von Abs. 1 können bestimmte Falschangaben bei der Anmeldung sowie Verstöße gegen Informations-, Mitwirkungs- und Duldungspflichten im Verfahren mit Bußgeldern bis zu einem Höchstbetrag von 1% des Gesamtumsatzes belegt werden. Als noch gravierender stuft die FKVO Verletzungen der Anmeldepflicht und des Vollzugsverbots sowie Zuwiderhandlungen gegen fusionskontrollrechtliche Kommissionsentscheidungen ein, die nach Abs. 2 zu

---

gnie Nationale de Navigation/Sogelfa – CIM (Komm. E. v. 1.12). Siehe auch den 27. Wettbewerbsbericht der Kommission, Ziff. 193.

[6] Komm. E. v. 28.7.1999 Rs. IV/M.1543 – *Sanofi/Synthélabo*; Komm. E. v. 14.12.1999 Rs. IV/M.1608 – *KLM/Martinair;* Komm. E. v. 14.12.1999 Rs. IV/M.1610 – *Deutsche Post/trans-o-flex;* Komm. E. v. 19.6.2002 Rs. IV/M.2624 – *BP/Erdölchemie;* Komm. E. v. 7.7.2004 Rs. IV/M.3255 – *TETRA LAVAL/SIDEL* (dort zugleich auch Verstoß gegen Art. 11). Das Verfahren in der Rs. COMP/M.7191 – *Munksjö/Ahlstrom* wurde eingestellt, nachdem die Zusammenschlussbeteiligten in ihrer Antwort auf Beschwerdepunkte der Kommission Diskrepanzen zwischen in ihrer Anmeldung angegebenen Marktanteilsschätzungen und als Anlagen zur Anmeldung eingereichten internen Unterlagen zufriedenstellend erklärt hatten (siehe Pressemitteilung der Kommission vom 29.10.2014, IP/14/1222).

[7] Komm. E. v. 12.7.2000 Rs. IV/M.1634 – *Mitsubishi;* Komm. E. v. 14.12.1999 *Deutsche Post/trans-o-flex* (Fn. 4).

[8] Komm. E. v. 10.6.2009, Rs. COMP/M.4994 – *Electrabel/Compagnie Nationale du Rhône.*

[9] Komm. E. v. 23.7.2014, Rs. COMP/M.7184 – *Marine Harvest/Morpol.*

[10] EuGH, U. v. 3.6.2014 – *Electrabel/Kommission,* Rs. C-84/13; zuvor EuG, U. v. 12.12.2012, Rs. T-332/09 – *Electrabel/Kommission.*

[11] *Kindhäuser/Meyer* in: FK Art. 14 FKVO, Rn. 4.

[12] *Körber* in: Immenga/Mestmäcker, EU-WbR, Art. 14, Rn. 5.

[13] Komm. E. v. 12.7.2000 Rs. IV/M.1634 – *Mitsubishi.*

[14] *Fleischmann* in MünchKomm EUWettbR, Art. 14 Rn. 7; *Körber* in: Immenga/Mestmäcker, EU-WbR, Art. 14, Rn. 6.

Geldbußen bis zur Höhe von 10% des Gesamtumsatzes sämtlicher[15] beteiligter Unternehmen führen können.

7 Im Fall *Samsung/AST* hat die Kommission ausdrücklich den Einwand zurückgewiesen, bei einem kumulativem Verstoß gegen Art. 4 Abs. 1 (Anmeldepflicht) *und* Art. 7 Abs. 1 (Vollzugsverbot) dürfe nur einer der Verstöße nach Art. 14 geahndet werden.[16] Die verschiedenen Bußgeldtatbestände können also **nebeneinander** zur Anwendung gelangen, wobei die Kommission jedem Verstoß einen eigenen Anteil an der Geldbuße zuordnet.[17]

8 **a) Abs. 1: Verstöße gegen Informations-, Mitwirkungs- und Duldungspflichten.** Lit. a–c betreffen Verstöße gegen Informationspflichten in Anmeldungen und Auskunftsverlangen. Sanktioniert werden können **unrichtige** und **irreführende Angaben** in Anmeldungen und Antworten auf einfache Auskunftsverlangen (lit. a und b), in Antworten auf förmliche Auskunftsverlangen darüber hinaus auch **unvollständige Angaben** (lit. c). Die Kommission neigt zu einer **weiten Auslegung** dieser Tatbestände. So geht sie entgegen dem Wortlaut der Norm davon aus, dass auch unvollständige Angaben in Anmeldungen und Antworten auf einfache Auskunftsverlangen sanktionsfähig sind, wenn durch sie ein unrichtiges oder zumindest irreführendes Bild erzeugt wird.[18] Bei unvollständigen Angaben in Anmeldungen hat sie jedoch in der Vergangenheit in mehreren Fällen von der Verhängung von Bußgeldern abgesehen.[19]

9 Es kommt aus Sicht der Kommission für die Verhängung eines Bußgeldes nicht darauf an, ob die Verletzung der Informationspflichten eine falsche Beurteilung durch sie zur Folge haben kann.[20] **Maßgeblich** ist im Anwendungsbereich von lit. a der Text der Anmeldung.[21] Ein Anmelder kann sich zur Erfüllung seiner Informationspflicht nicht darauf berufen, dass Tatsachen, die er in der Anmeldung völlig unerwähnt lässt, in den Anlagen zu finden sind.[22] Ebenso wenig sieht die Kommission es als ausreichend an, dass ihr bestimmte Angaben bereits in einem früheren Verfahren zur Verfügung gestellt wurden, wenn darauf im einschlägigen Verfahren nicht ausdrücklich verwiesen wird.[23]

10 Lit. d–f betreffen Verstöße gegen Pflichten der Unternehmen im Rahmen von Nachprüfungen durch die Kommission. Diese unterscheiden sich in wesentlichen Punkten danach, ob eine Nachprüfung aufgrund einfachen schriftlichen Prüfungsauftrags i. S. v. Art. 13 Abs. 3 oder aufgrund einer förmlichen Entscheidung der Kommission i. S. v. Art. 13 Abs. 4 erfolgt. Die **praktische Bedeutung** dieser Vorschriften ist **bislang gering.** Für Einzelheiten wird auf die Kommentierung zu Art. 13 verwiesen.

11 **b) Abs. 2: Verstöße Anmeldepflicht, Vollzugsverbot bzw. von der Kommission auferlegte Bedingungen oder Auflagen.** Die Sanktionierung der in Art. 14 Abs. 2 genannten Verhaltensweisen gilt dem Schutz des Wettbewerbs und der Sicherung der ordnungspolitischen Prinzipien des Gemeinsamen Markts.[24]

12 Der gegenüber Abs. 1 **erhöhte Bußgeldrahmen** lässt sich damit erklären, dass die in Abs. 2 bezeichneten Verstöße in besonderer Weise dazu geeignet sind, den Wettbewerb auf

---

[15] *Wagemann* in: Wiedemann, Handbuch des Kartellrechts, § 17 H 1. Rn. 181.
[16] Komm. E. v. 18.2.1998 Rs. IV/M.920 – *Samsung/AST,* Rn. 14f.
[17] *Körber* in: Immenga/Mestmäcker, EU-WbR, Art. 14 Rn. 6.
[18] *Fleischmann* in MünchKomm EUWettbR, Art. 14 Rn. 11 ff.; Komm. E. v. 14.12.1999 Rs. IV/M.1608 – *KLM/Martinair* Rn. 35 ff.; vgl. Komm. E. v. 14.12.1999 Rs. IV/M.1610 – *Deutsche Post/trans-o-flex* Rn. 155.
[19] Z. B. in E. v. 4.2.2009 Rs. COMP/M.5253 – *Sanofi-Aventis/Zentiva* Rs. COMP/M.5253; E. v. 21.9.2010 Rs. COMP/M.5944 – *Osaka/UFG/Infrastructure/Arzak/Saggas.*
[20] Komm. E. v. 14.12.1999 Rs. IV/M.1610 – *Deutsche Post/trans-o-flex* Rn. 93.
[21] *Fleischmann* in MünchKomm EUWettbR, Art. 14 Rn. 10.
[22] Komm. E. v. 14.12.1999 Rs. IV/M.1610 – *Deutsche Post/trans-o-flex* Rn. 115; vgl. auch Verfahren in der Rs. COMP/M.7191 – *Munksjö/Ahlstrom* (Pressemitteilung der Kommission vom 29.10.2014, IP/14/1222).
[23] Komm. E. v. 19.6.2002 Rs. IV/M.2624 – *BP/Erdölchemie,* Rn. 36.
[24] *Kindhäuser/Meyer* in: FK Art. 14 FKVO, Rn. 25.

dem Gemeinsamen Markt zu beeinträchtigen.[25] In der Praxis der Kommission stehen insbesondere Verstöße gegen die Anmeldepflicht und das Vollzugsverbot im Fokus. Hinsichtlich der Einzelheiten zu Anmeldepflicht und Vollzugsverbot wird auf die Kommentierung zu Art. 4 und 7 verwiesen.

2. Subjektiver Tatbestand

13 Die Bußgeldverhängung setzt nach Art. 14 eine **schuldhafte,** d.h. vorsätzliche oder fahrlässige **Verwirklichung des objektiven Bußgeldtatbestandes** voraus. Vorsatz setzt voraus, dass den Handelnden „bewusst ist", dass ihr Verhalten geeignet ist, gegen Wettbewerbsvorschriften zu verstoßen.[26] Fahrlässigkeit liegt vor, wenn sie davon hätten wissen müssen.[27] Eine genaue Abgrenzung ist nach der Rechtsprechung der EU Gerichte nicht erforderlich,[28] sodass die Kommission häufig auf „zumindest fahrlässiges Verhalten" abstellt. Wegen der Unternehmensgröße und der geschäftlichen Vertrautheit mit der europäischen Fusionskontrolle, die bei Zusammenschlussbeteiligten, die die Schwellenwerte des Art. 1 erreichen, beinahe zwangsläufig vorhanden sind, wird sich bei Verstößen gegen die Anmeldepflicht und das Vollzugsverbot nur ganz ausnahmsweise der Vorwurf der Fahrlässigkeit entkräften lassen.[29]

14 Von den Zusammenschlussbeteiligten wird in komplexen Fällen erwartet, dass sie sich hinsichtlich der Frage der Anmeldepflicht **rechtzeitig** mit der Kommission ins Benehmen setzen.[30] In jüngerer Vergangenheit hat die Kommission in zwei Fällen Bußgelder von jeweils € 20 Mio. verhängt, in denen eine Anmeldepflicht durch einen nicht auf den ersten Blick erkennbaren faktischen Kontrollerwerb ausgelöst wurde und die Beteiligung an den jeweiligen Zielgesellschaften unter der 50%-Schwelle verblieb.[31] Die Kommission erkennt an, dass kleinere Fehler aufgrund der Komplexität multinationaler Unternehmen unvermeidbar sein können.[32] Die Zusammenschlussbeteiligten können jedoch nicht darauf vertrauen, dass sich interne Kommunikationsschwierigkeiten, die zu fehlenden oder fehlerhaften Angaben in einer Anmeldung führen, entlastend auswirken.[33]

3. Bußgeldrahmen und Kriterien der Bußgeldbemessung

15 Die Bußgeldrahmen der in Abs. 1 und Abs. normierten Tatbestände unterscheiden sich erheblich. Während für Verstöße gegen die in Abs. 1 genannten Verfahrenspflichten Bußgelder bis zu einem Höchstbetrag von 1% des Unternehmensumsatzes vorgesehen sind, liegt die Höchstgrenze bei Verstößen gegen die in Abs. 2 aufgezählten Tatbestände bei 10% des Unternehmensumsatzes. Hinsichtlich der Berechnung des Gesamtumsatzes der beteiligten Unternehmen wird auf die Vorgaben des Art. 5 verwiesen. Eine absolute Obergrenze für die Höhe des Bußgeldes besteht nicht.

16 Die Kommission verfügt neben ihrem **Entschließungsermessen** auch über ein **Ermessen hinsichtlich der konkreten Bemessung des Bußgeldes.** Dieses ist durch

---

[25] Vgl. *Fleischmann* in MünchKomm EUWettbR, Art. 14 Rn. 20.
[26] *Fleischmann* in MünchKomm EUWettbR, Art. 14 Rn. 23.
[27] *Körber* in: Immenga/Mestmäcker, EU-WbR, Art. 14 Rn. 7.
[28] *Fleischmann* in MünchKomm EUWettbR, Art. 14 Rn. 23; EuG, U. v. 10.4.2008, Rs. T-271/03 – *Deutsche Telekom,* Rn. 295.
[29] Komm. E. v. 18.2.1998 Rs. IV/M.920 – *Samsung/AST* Rn. 12; E. v. 28.7.1999 Rs. IV/M.1543 – *Sanofi/Synthélabo,* Rn. 21; E. v. 14.12.1999 Rs. COMP/M.1608 – *KLM/Martinair;* E. v. 7.7.2004 Rs. IV/M.3255 – *TETRA LAVAL/SIDEL* Rn. 104.
[30] Komm. E. v. 10.6.2009, Rs. COMP/M.4994 – *Electrabel/Compagnie Nationale du Rhône,* Rn. 204.
[31] Komm. E. v. 23.7.2014, Rs. COMP/M.7184 – *Marine Harvest/Morpol;* Komm. E. v. 10.6.2009, Rs. COMP/M.4994 – *Electrabel/Compagnie Nationale du Rhône.*
[32] Komm. E. v. 19.6.2002, Rs. IV/M.2624 – *BP/Erdölchemie,* Rn. 40.
[33] Komm. E. v. 19.6.2002, Rs. IV/M.2624 – *BP/Erdölchemie,* Rn. 39.

Abs. 3 begrenzt, wonach Art, Schwere und Dauer des Verstoßes bei der Festsetzung der Bußgeldhöhe zu berücksichtigen sind. Anders als im Anwendungsbereich der VO 1/2003 hat die Kommission keine Leitlinien für die Berechnung von Bußgeldern nach Art. 14 veröffentlicht. Die Regeln aus der Mitteilung der Kommission über den Erlass und die Ermäßigung von Geldbußen in Kartellfällen von 2002[34] kommen ebenso wenig (auch nicht analog) zur Anwendung wie die von der Kommission 2006 neugefassten[35] Leitlinien für das Verfahren zur Festsetzung von Geldbußen.[36] Insoweit ist die Bemessung von Bußgeldern gem. Art. 14 an den Umständen des Einzelfalls orientiert.[37] Anhaltspunkte für die Bemessung lassen sich der bisherigen Entscheidungspraxis der Kommission entnehmen.

17 Als Kriterien für Art und Schwere des Verstoßes sieht die Kommission bislang insbesondere: Vorsätzlichkeit oder Fahrlässigkeit des Verstoßes; Ausmaß der materiellen Wettbewerbsverletzung; wettbewerbliche Bedeutung des Falls; Maß der Eindeutigkeit, mit der das Vorhaben als anmeldepflichtiger Zusammenschluss nach der FKVO eingestuft werden konnte. Gibt ein unter Verletzung des Vollzugsverbots vollzogener Zusammenschluss Anlass zu wettbewerblichen Bedenken, so wird dies von der Kommission bei der Bewertung der Zuwiderhandlung erschwerend berücksichtigt.[38] Das ändert jedoch aus ihrer Sicht nichts daran, dass jeder Verstoß gegen das Vollzugsverbot seinem Wesen nach eine schwere Zuwiderhandlung darstellt.[39] Bei Verstößen gegen Informationspflichten in Anmeldungen kommt es nach der Praxis der Kommission im Rahmen der Bußgeldbemessung entscheidend darauf an, welche Bedeutung die in Rede stehenden Informationen für ihre fusionskontrollrechtliche Beurteilung haben.[40] Die freiwillige Aufdeckung des Verstoßes sowie die kooperative Haltung des Unternehmens im Verfahren werden zwar von der Kommission als **mildernde Umstände** anerkannt,[41] führen jedoch regelmäßig nicht zum vollständigen Verzicht auf eine Bußgeldverhängung.

III. Verfahren

18 Art. 18 Abs. 1 gewährt den Betroffenen ein **Recht auf Anhörung** vor Erlass der Bußgeldentscheidung (hierzu präzisierend Art. 11 ff. VO 802/2004). Die Bußgeldentscheidung darf nach Art. 18 Abs. 3 nur auf solche Einwände gestützt werden, zu denen die Betroffenen sich äußern konnte. Die Anhörung wird eingeleitet durch die Übermittlung der Beschwerdepunkte („statement of objections"). Danach erfolgt eine mündliche Anhörung. Nach Art. 19 Abs. 3 ist auch der Beratende Ausschuss zu hören. Die Betroffenen haben nach Art. 18 Abs. 3 S. 3 auch ein Recht auf Akteneinsicht.

19 Anders als nach früherer Rechtslage wird die **Veröffentlichungspflicht** nach Art. 20 auch auf Bußgeldentscheidungen erstreckt. Bußgeldentscheidungen der Kommission unterliegen nach Art. 16 voller gerichtlicher Nachprüfung. EuG und EuGH können das von der Kommission verhängte Bußgeld aufheben, herabsetzen oder erhöhen.

IV. Verjährung

20 Die Verjährung richtet sich nach der VO 2988/74. Verstöße gegen Informationspflichten verjähren in drei Jahren. Bei einem Verstoß gegen das Vollzugsverbot handelt es sich nach

[34] ABl. 2002 L 45/3.
[35] ABl. 2006 C 210/2.
[36] *Körber* in: Immenga/Mestmäcker, EU-WbR, Art. 14 Rn. 8.
[37] *Bechtold/Bosch/Brinker,* EU-Kartellrecht, Art. 14 Rn. 16.
[38] Komm. E. v. 10.6.2009, Rs. COMP/M.4994 – *Electrabel/Compagnie Nationale du Rhône,* Rn. 194.
[39] Komm. E. v. 10.6.2009, Rs. COMP/M.4994 – *Electrabel/Compagnie Nationale du Rhône,* Rn. 194.
[40] Komm. E. v. 19.6.2002, Rs. IV/M.2624 – *BP/Erdölchemie,* Rn. 51.
[41] Sofern die Aufdeckung nicht erst auf wiederholte Aufforderung der Kommission hin erfolgt; Komm. E. v. 14.12.1999 Rs. IV/M.1610 – *Deutsche Post/trans-o-flex,* Rn. D. I. 6; siehe auch Komm. E. v. 10.6.2009, Rs. COMP/M.4994 – *Electrabel/Compagnie Nationale du Rhône,* Rn. 218 f.

Auffassung von Kommission und EuG dagegen um eine Zuwiderhandlung, die wesentliche Veränderungen der Wettbewerbsbedingungen bewirken kann, und somit der fünfjährigen Verjährungsfrist unterliegt.[42] Das EuG qualifiziert Verstöße gegen das Vollzugsverbot als **fortgesetzte Zuwiderhandlungen,** sodass die Verjährungsfrist erst am Tag der Freigabeentscheidung oder der Aufgabe des Vorhabens zu laufen beginnt.[43] Die Vollstreckung einer Bußgeldentscheidung muss innerhalb von fünf Jahren ab Unanfechtbarkeit der Entscheidung erfolgen.

Art. 15. Zwangsgelder

(1) **Die Kommission kann gegen die in Artikel 3 Absatz 1 Buchstabe b) bezeichneten Personen, gegen Unternehmen oder Unternehmensvereinigungen durch Entscheidung ein Zwangsgeld bis zu einem Höchstbetrag von 5 % des durchschnittlichen täglichen Gesamtumsatzes des beteiligten Unternehmens oder der beteiligten Unternehmensvereinigung im Sinne von Artikel 5 für jeden Arbeitstag des Verzugs von dem in ihrer Entscheidung bestimmten Zeitpunkt an festsetzen, um sie zu zwingen,**

a) eine Auskunft, die sie in einer Entscheidung nach Artikel 11 Absatz 3 angefordert hat, vollständig und sachlich richtig zu erteilen,

b) eine Nachprüfung zu dulden, die sie in einer Entscheidung nach Artikel 13 Absatz 4 angeordnet hat,

c) einer durch Entscheidung nach Artikel 6 Absatz 1 Buchstabe b), Artikel 7 Absatz 3 oder Artikel 8 Absatz 2 Unterabsatz 2 auferlegten Auflage nachzukommen oder

d) den in einer Entscheidung nach Artikel 8 Absatz 4 oder 5 angeordneten Maßnahmen nachzukommen.

(2) **Sind die in Artikel 3 Absatz 1 Buchstabe b) bezeichneten Personen, Unternehmen oder Unternehmensvereinigungen der Verpflichtung nachgekommen, zu deren Erfüllung das Zwangsgeld festgesetzt worden war, so kann die Kommission die endgültige Höhe des Zwangsgeldes auf einen Betrag festsetzen, der unter dem Betrag liegt, der sich aus der ursprünglichen Entscheidung ergeben würde.**

Art. 15 ermächtigt die Kommission zur Verhängung von Zwangsgeldern, um die Befol- 1
gung bestimmter Handlungs-, Duldungs- oder Unterlassungspflichten zu erzwingen. Im Gegensatz zu Bußgeldern gem. Art 14, die schuldhafte Verstöße aus der Vergangenheit sanktionieren, dient Art. 15 dazu, ein bestimmtes zukünftiges Verhalten durchzusetzen.[1] Zwangsgelder gem. Art. 15 und Bußgelder gem. Art. 14 können daher **kumulativ** verhängt werden.[2] Art. 15 ist in der Praxis bislang kaum relevant geworden. Die Kommission hat erst in einem Verfahren eine Zwangsgeldentscheidung gemäß Art. 15 erlassen.[3] Die untergeordnete Bedeutung der Vorschrift im Vergleich zu Art. Art. 24 VO 1/2003, dem sie im Wesentlichen entspricht, lässt sich mit dem an Konsens und Kooperation orientierten Charakter der europäischen Fusionskontrolle und der kurzen Bemessung der Fristen im Fusionskontrollverfahren erklären.[4]

---

[42] Vgl. EuG, U. v. 12.12.2012, Rs. T-332/09 – *Electrabel/Kommission,* Rn. 206.

[43] EuG, U. v. 12.12.2012, Rs. T-332/09 – *Electrabel/Kommission,* Rn. 211 f.; der EuGH hat in seinem U. v. 3.6.2014 – *Electrabel/Kommission,* Rs. C-84/13 zu dieser Frage nicht ausdrücklich Stellung genommen.

[1] *Käseberg* in: Langen/Bunte, Kommentar zum deutschen und europäischen Kartellrecht, Art. 15, Rn. 1.

[2] *Körber* in: Immenga/Mestmäcker, EU-WbR, Art. 15 Rn. 2; *Käseberg* in: Langen/Bunte, Kommentar zum deutschen und europäischen Kartellrecht, Art. 15, Rn. 1; vgl. auch EuG U. v. 27.6.2012, Rs. T-167/08 – *Microsoft,* Rn. 94.

[3] Komm. E. v. 12.7.2000, M.1634 – *Mitsubishi Heavy Industries.*

[4] Vgl. auch GK-*Schütz,* Art. 15 Rn. 1.

2 Die Pflichten, deren Befolgung die Kommission mit einem Zwangsgeld erzwingen kann, sind in Art. 15 Abs. 1 lit. a–d **abschließend** aufgezählt.[5] Gem lit. a und b sind Zwangsgeldfestsetzungen möglich, um eine durch förmliche Entscheidung der Kommission gem. Art. 11 Abs. 3 angeordnete Auskunftserteilung zu erzwingen sowie eine durch förmliche Entscheidung der Kommission gem. Art. 13 Abs. 4 angeordnete Nachprüfung durchzusetzen. Im letztgenannten Fall kann die Kommission auch dann ein Zwangsgeld festsetzen, wenn ihre Entscheidung die Vornahme der Nachprüfung durch nationale Behörden nach Art. 12 vorsieht. Einfache Auskunftsverlangen i. S. v. Art 11 Abs. 2 und einfache Prüfaufträge i. S. v. Art. 13 Abs. 3 können nicht mit Zwangsgeldern durchgesetzt werden.[6] Zwangsgeldfestsetzungen sind gem. lit. c und d möglich zur Durchsetzung von Auflagen in Kommissionsentscheidungen, Entflechtungsanordnungen gem. Art. 8 Abs. 4 oder einstweiligen Maßnahmen gem. Art. 8 Abs. 5. Die Befolgung sonstiger sich aus Vorschriften der FKVO ergebender Pflichten kann nicht durch ein Zwangsgeld erzwungen werden.[7]

3 Die Zwangsgeldfestsetzung steht im **Ermessen der Kommission.**[8] **Verschulden ist nicht vorausgesetzt,** kann aber bei der Bemessung der Höhe des Zwangsgelds Berücksichtigung finden.[9] Der Adressatenkreis entspricht demjenigen des Art. 14: Zwangsgelder können gegen Unternehmen und Unternehmensvereinigungen verhängt werden. Zwangsgelder gegen natürliche Personen sind nur dann möglich, wenn diese mindestens ein Unternehmen kontrollieren oder einer eigenen Wirtschaftstätigkeit nachgehen und somit die Anforderungen des funktionalen Unternehmensbegriffs (Art. 3 Abs. 1 lit. b) erfüllen. Die Kommission kann Zwangsgelder nicht nur gegen die Zusammenschlussbeteiligten, sondern auch gegen an dem gegenständlichen Zusammenschluss unbeteiligte Dritte verhängen.[10]

4 Die Zwangsgeldfestsetzung wird in einem **zweistufigen Verfahren** vorgenommen.[11] Im ersten Schritt erfolgt ein Beschluss der Kommission auf Grundlage von Abs. 1, mit dem die Höhe des Tagessatzes und der früheste Zeitpunkt bestimmt wird, ab dem dieser anfällt. Die maximale Tagessatzhöhe beträgt 5 % des durchschnittlichen Tagesumsatzes der beteiligten Unternehmen. Die Verhängung des Zwangsgeldes wird mit diesem Beschluss für den Fall angedroht, dass der Adressat der Grundentscheidung nicht nachkommt.[12] Nach Art. 11 Abs. 3 kann die Zwangsgeldfestsetzung mit förmlichen Auskunftsentscheidungen verbunden werden.[13] Für sonstige Fälle trifft die FKVO keine ausdrückliche Regelung, woraus aber nicht zu schließen ist, dass die Verbindung der Zwangsgeldfestsetzung mit der Grundentscheidung bei ihnen unzulässig wäre. In der Praxis weist die Kommission häufig schon in einfachen Auskunftsverlangen auf die Möglichkeit der späteren Durchsetzung durch Zwangsgeld hin.[14]

5 Kommt der Adressat der Grundentscheidung rechtzeitig nach, wird die Zwangsgeldfestsetzung hinfällig. Tut er dies hingegen nicht, erfolgt in einer zweiten Stufe (nach Anhörung des Betroffenen und des Beratenden Ausschusses;[15] ggfs. nach Akteneinsicht durch den Betroffenen[16]) die Festsetzung der endgültigen Höhe des Zwangsgeldes durch das Mul-

---

[5] *Körber* in: Immenga/Mestmäcker, EU-WbR, Art. 15 Rn. 1; *Fleischmann* in: MünchKomm EU-WettbR, Art. 15 Rn. 4.
[6] *Fleischmann* in: MünchKomm EUWettbR, Art. 15 Rn. 6.
[7] *Fleischmann* in: MünchKomm EUWettbR, Art. 15 Rn. 4.
[8] *Käseberg* in: Langen/Bunte, Kommentar zum deutschen und europäischen Kartellrecht, Art. 15, Rn. 2; *Körber* in: Immenga/Mestmäcker, EU-WbR, Art. 15 Rn. 3.
[9] GK-*Schütz*, Art. 15 Rn. 6; *Fleischmann* in: MünchKomm EUWettbR, Art. 15 Rn. 5.
[10] Komm. E. v. 12.7.2000 Rs. IV/M.1634 – *Mitsubishi.*
[11] *Körber* in: Immenga/Mestmäcker, EU-WbR, Art. 15 Rn. 5.
[12] *Körber* in: Immenga/Mestmäcker, EU-WbR, Art. 15 Rn. 5.
[13] So geschehen im Fall Komm. E. v. 12.7.2000, M.1634 – *Mitsubishi Heavy Industries.*
[14] *Fleischmann* in: MünchKomm EUWettbR, Art. 15 Rn. 11.
[15] Art. 18 Abs. 1, 19 Abs. 3; Art. 11 ff. VO 802/2004.
[16] Art. 18 Abs. Satz 3.

tiplizieren des Zwangsgeldbetrags mit der Zahl der Tage des Verstoßes.[17] Ist der Adressat der Grundentscheidung dieser später doch nachgekommen, so kann die Kommission dies nach Abs. 2 mildernd berücksichtigen. Die endgültige Festsetzung ist ein **vollstreckbarer Titel**[18] (Verjährung gemäß VO 2988/74 fünf Jahre nach Unanfechtbarkeit). Entscheidungen nach Art. 15 sind zu veröffentlichen (Art. 20 Abs. 1). Sie unterliegen voller gerichtlicher Nachprüfung (Art. 16).

Art. 16. Kontrolle durch den Gerichtshof

Bei Klagen gegen Entscheidungen der Kommission, in denen eine Geldbuße oder ein Zwangsgeld festgesetzt ist, hat der Gerichtshof die Befugnis zu unbeschränkter Ermessensnachprüfung der Entscheidung im Sinne von Artikel 229 des Vertrags; er kann die Geldbuße oder das Zwangsgeld aufheben, herabsetzen oder erhöhen.

Art. 16 erweitert die gerichtlichen Kontroll- und Entscheidungskompetenzen für den 1
speziellen Fall von Klagen gegen die Festsetzung von Geldbußen (Art. 14) oder Zwangsgeldern (Art. 15). Die Vorschrift trifft keine Aussage zu Rechtschutzmöglichkeiten gegen sonstige Maßnahmen der Kommission im Fusionskontrollverfahren.[1] Parallelvorschrift für das Kartellverfahren ist Art. 31 VO 1/2003, dem in der bisherigen Praxis eine deutlich höhere Bedeutung zukam.

Rechtsgrundlage für Klagen nach Art. 16 (wie auch für Klagen gegen andere Entschei- 2
dungen im Fusionskontrollverfahren) bildet Art. 263 AEUV (Nichtigkeitsklage). Nach allgemeinen Grundsätzen wäre das Gericht bei Nichtigkeitsklagen auf die Prüfung der Einhaltung der gesetzlichen Ermessensgrenzen beschränkt (vgl. Art. 263 Abs. 2 AEUV) und könnte in seinem Urteil die angefochtene Entscheidung nur für nichtig erklären oder aufrecht erhalten (vgl. Art. 264 AEUV). Die in Art. 16 normierte Abweichung von diesen Grundsätzen hat ihre primärrechtliche Grundlage in Art. 261 AEUV, wonach vom Rat erlassene Verordnungen hinsichtlich der darin vorgesehenen Zwangsmaßnahmen dem Gericht die Befugnis zu unbeschränkter Ermessensüberprüfung und zur Änderung oder Verhängung solcher Maßnahmen einräumen dürfen. Es handelt sich um einen **Fall des Übergangs der Sanktionsgewalt** von der Kommission auf das Gericht[2] (vgl. auch Art. 103 Abs. 2d AEUV). Im Übrigen bleibt es bei den in Art. 263 AEUV festgelegten Maßgaben, insbesondere was die Klagebefugnis natürlicher oder juristischer Personen betrifft (stets gegeben bei Adressaten der Bußgeld- bzw. Zwangsgeldentscheidung). Zuständig für Klagen i. S. v. Art. 16, soweit sie von natürlichen oder juristischen Personen erhoben werden, ist wie bei Klagen gegen andere fusionskontrollrechtliche Entscheidungen das EuG.

Die **Befugnis zu unbeschränkter Ermessensnachprüfung** bedeutet, dass das Ge- 3
richt nicht auf die Rechtmäßigkeitskontrolle der Kommissionsentscheidung beschränkt ist, sondern darüber hinaus die der Bußgeld- bzw. Zwangsgeldfestsetzung zugrundeliegenden Zumessungsgesichtspunkte durch eine eigene Wertung ersetzen kann. Es kann in diesem Rahmen etwa die Zweckmäßigkeit und Angemessenheit, die Schlüssigkeit wirtschaftlicher Prognosen oder auch Gesichtspunkte der allgemeinen Billigkeit abweichend beurteilen[3] und auf dieser Grundlage die Bußgeld- bzw. Zwangsgeldfestsetzung der Höhe nach korrigieren.[4] Auch eine Korrektur nach oben ist möglich (kein Verbot der reformatio in peius), aller-

[17] *Käseberg* in: Langen/Bunte, Kommentar zum deutschen und europäischen Kartellrecht, Art. 15, Rn. 3.

[18] *Bechthold/Bosch/Brinker,* EU-Kartellrecht, Art. 15 Rn. 11; *Körber* in: Immenga/Mestmäcker, EU-WbR, Art. 15 Rn. 6.

[1] *Ohlhoff/Fleischmann* in: MünchKomm EUWettbR, Art. 16 Rn. 1.

[2] *Körber* in: Immenga/Mestmäcker, EU-WbR, Art. 16 Rn. 10.

[3] Vgl. GK-*Schütz,* Art. 16 Rn. 3.

[4] *Körber* in: Immenga/Mestmäcker, EU-WbR, Art. 16 Rn. 11.

dings ist es dem Gericht verwehrt, aufgrund von Art. 16 eine Sanktion festzusetzen, wenn die Kommission in der Sachentscheidung davon abgesehen hat, ein Buß- oder Zwangsgeld zu verhängen.[5] Die spezielle Befugnis nach Art. 16 ist auf den Sanktionsausspruch begrenzt. Hinsichtlich der Entscheidung im Übrigen verbleibt es zur Wahrung des institutionellen Gleichgewichts zwischen den Gemeinschaftsorganen beim Umfang der gerichtlichen Kontroll- und Entscheidungskompetenzen, wie sie von Art. 263 EG vorgegeben sind.[6] In der Rechtsmittelinstanz hat sich der EuGH in Kartellsachen versagt, seine eigene Bewertung des Sanktionsausspruchs an die Stelle der Bewertung des Gerichts erster Instanz zu setzen.[7] Er blieb hier demnach bei einer Rechtmäßigkeitskontrolle nach allgemeinen Maßstäben.

Art. 17. Berufsgeheimnis

(1) **Die bei Anwendung dieser Verordnung erlangten Kenntnisse dürfen nur zu dem mit der Auskunft, Ermittlung oder Anhörung verfolgten Zweck verwertet werden.**

(2) **Unbeschadet des Artikels 4 Absatz 3 sowie der Artikel 18 und 20 sind die Kommission und die zuständigen Behörden der Mitgliedstaaten sowie ihre Beamten und sonstigen Bediensteten, alle sonstigen, unter Aufsicht dieser Behörden handelnden Personen und die Beamten und Bediensteten anderer Behörden der Mitgliedstaaten verpflichtet, Kenntnisse nicht preiszugeben, die sie bei Anwendung dieser Verordnung erlangt haben und die ihrem Wesen nach unter das Berufsgeheimnis fallen.**

(3) **Die Absätze 1 und 2 stehen der Veröffentlichung von Übersichten oder Zusammenfassungen, die keine Angaben über einzelne Unternehmen oder Unternehmensvereinigungen enthalten, nicht entgegen.**

Übersicht

1 Kommission und mitgliedsstaatliche Behörden erhalten im Rahmen des EU-Fusionskontrollverfahrens von den Beteiligten und Dritten regelmäßig vertrauliche Informationen, zu deren besonderem Schutz Art. 17 sie verpflichtet. Die Vorschrift enthält zum einen eine Verwertungsbeschränkung[1] hinsichtlich der im Rahmen des Verfahrens gewonnenen Informationen (Abs. 1). Diese dürfen von Kommission und mitgliedstaatlichen Behörden nur zu dem Zweck verwertet werden, der mit der Erlangung verfolgt wurde, und somit nicht in Verfahren mit einem anderen Untersuchungsgegenstand. Zum anderen normiert sie eine **Geheimhaltungspflicht,** indem sie die Kommission und die mitgliedstaatlichen Behörden bzw. ihre Bediensteten und Hilfspersonen verpflichtet, keine Informationen preiszugeben, die sie im Zuge des Verfahrens erlangt haben und die ihrem Wesen nach unter das Berufsverbot fallen (Abs. 2). Art. 17 gilt für das gesamte Verfahren, einschließlich der Anhörung Beteiligter oder Dritter.[2]

---

[5] *Böse* in: FK Art. 16 FKVO, Rn. 2.

[6] Siehe EuG U. v. 10.3.1992, verb. Rs. T-68, 77, 78/89 – *Vetro* Slg. 1992 II, 1403 ff. Rn. 318 ff. (zur VO 17/62); GK-*Schütz,* Art. 16, Rn. 3.

[7] EuGH U. v. 15.12.1994 Rs. C-320/92 P – *Finsider* Slg. 1994 I, 5697 ff. Rn. 46; EuGH U. v. 6.4.1995, Rs. C-310/93 P – *BPB* Slg. 1995 I, 865 ff. Rn. 34 (beide zur VO 17/62).

[1] *Bechtold/Bosch/Brinker,* EU-Kartellrecht, Art. 17 Rn. 3.

[2] *Körber* in: Immenga/Mestmäcker, EU-WbR, Art. 17 Rn. 1.

I. Verwertungsbeschränkung (Abs. 1)

2 Die in Art. 17 Abs. 1 enthaltene **Zweckbindung** soll insbesondere sicherstellen, dass für die Unternehmen im Rahmen des Fusionskontrollverfahrens nicht das Risiko besteht, der Kommission und den mitgliedstaatlichen Behörden belastende Beweismittel im Hinblick auf andere Verfahren zu liefern.[3] In den Schutzbereich von Art. 17 Abs. 1 fallen nicht nur Geschäftsgeheimnisse, sondern sämtliche von den Unternehmen übermittelte vertrauliche Informationen.[4] Nicht erfasst sind lediglich solche Informationen, die ohnehin öffentlich zugänglich sind, auch wenn sie im Rahmen des Verfahrens gesondert mitgeteilt wurden. Geschützt sind nach dem Wortlaut der Norm Informationen, die bei Anwendung der FKVO erlangt wurden. Darunter fallen neben den von der Kommission etwa durch Auskunftsverlangen gem. Art. 11 oder Nachprüfungen gem. Art. 13 erlangten Informationen insbesondere auch Angaben, die die Unternehmen der Kommission in Anmeldungen oder Anträgen nach Art. 4, 7 oder 9 aus eigener Initiative zur Verfügung gestellt haben.[5] Auch die von den Beteiligten im Rahmen des informellen Vorverfahrens bereitgestellten Informationen sind von Art. 17 Abs. 1 umfasst.[6]

3 Die durch Abs. 1 statuierte Zweckbindung verlangt, dass die mitgeteilten Informationen weder in anderen Fusionskontrollverfahren noch in sonstigen Verfahren verwertet werden. Sie dürfen als Beweismittel ausschließlich für die **Zwecke des gegenständlichen Fusionskontrollverfahrens** eingesetzt werden. Dies hat in der Praxis etwa zur Folge, dass andere Referate innerhalb der GD Wettbewerb für ihre Verfahren nicht auf Beweismittel zurückgreifen können, die einem mit einem Fusionskontrollverfahren befassten Referat zur Verfügung gestellt wurden. Die Rechtsprechung neigt allerdings dazu, den Begriff der Verwertung einschränkend dahingehend auszulegen, dass Art. 17 Abs. 1 mitgliedstaatliche Behörden und Kommission nicht daran hindert, die ihnen im Fusionskontrollverfahren übermittelten Informationen als Indizien zu behandeln, die gegebenenfalls berücksichtigt werden können, um die Einleitung eines neuen Verfahrens zu begründen.[7] Darin wird in der Literatur eine Aushöhlung des weitreichenden Prinzips der Zweckbindung gesehen.[8] Unternehmen können letztlich also nicht uneingeschränkt darauf vertrauen, dass ihnen aus Angaben, die sie im Fusionskontrollverfahren tätigen, keine Nachteile im Hinblick auf andere Verfahren erwachsen.[9]

4 Adressaten von Art. 17 Abs. 1 sind neben der Kommission v. a. auch die mitgliedstaatlichen Kartellbehörden mitsamt ihrer jeweiligen Bediensteten und Beauftragten, einschließlich eingeschalteter externer Experten.[10] Für die Gerichte der Mitgliedstaaten gilt die Vorschrift nicht.[11]

---

[3] Vgl. *Ohlhoff* in: MünchKomm EUWettbR, Art. 17 Rn. 1.

[4] GK-*Schütz,* Art 17 Rn. 3.

[5] So schon für den früheren, enger gefassten Wortlaut der Vorschrift EuGH U. v. 16.7.1992 Rs. C-67/91 – *AEB* Slg. 1992 I, 4785 Rn. 48.

[6] *Bardong* in: Langen/Bunte, Kommentar zum deutschen und europäischen Kartellrecht, Bd. 2, Art. 17, Rn. 2.

[7] EuGH U. v. 17.10.1989, Rs. 85/87 – *Dow Benelux,* Slg. 1989, 3137, Rn. 18 f.; U. v. 16.7.1992, Rs. C-67/91 – *Direccion General de la Defesa de la Competencia,* Slg. 1992, I-4785, Rn. 38 f.

[8] Siehe hierzu *Bechtold/Bosch/Brinker,* EU-Kartellrecht, Art. 17 Rn. 5; *Heithecker/Schneider* in: FK Art. 17 FKVO, Rn. 4.

[9] *Bardong* in: Langen/Bunte, Kommentar zum deutschen und europäischen Kartellrecht, Bd. 2, Art. 11, Rn. 2.

[10] Vgl. EuGH U. v. 16.7.1992 Rs. C-67/91 – *AEB* Slg. 1992 I, 4785 Rn. 38; EuGH U. v. 10.11. 1993 Rs. C-60/92 – *Otto* Slg. 1993 I, 5683 Rn. 20; *Körber* in: Immenga/Mestmäcker, EU-WbR, Art. 17 Rn. 4.

[11] EuG U. v. 18.9.1996, Rs. T-353/94 – *Postbank NV,* Slg. 1996, II-921 Rn. 65 ff.

II. Geheimhaltungspflicht (Abs. 2)

5 Art. 17 Abs. 2 knüpft an den in Art. 339 AEUV **primärrechtlich normierten Begriff des Berufsgeheimnisses** an.[12] Dieser umschließt zunächst Geschäfts- und Betriebsgeheimnisse, d. h. nicht öffentlich zugängliche Informationen, die ein Unternehmen üblicherweise vertraulich behandelt und deren Bekanntgabe – bei objektiver Betrachtung – dem Unternehmen schädlich sein kann[13] (z. B. Umsatzzahlen, Marktanteile, Geschäftsbeziehungen, Kostenstruktur). Erfasst vom Begriff des Berufsgeheimnisses in Art. 17 Abs. 2 sind darüber hinaus alle vertraulichen Angaben, die nicht allgemein bekannt sind und als objektiv schützenswert gelten.[14] Nicht erfasst sind in der Regel Daten, die älter als fünf Jahre sind.

6 Aus den Verweisen auf Art. 4 Abs. 3 sowie 18 und 20 wird deutlich, dass die Vorschrift **keinen absoluten Schutz** des Berufsgeheimnisses normiert, sondern diesen **gegen das Erfordernis der Verfahrenstransparenz und -effektivität ausbalanciert.**[15] Hinsichtlich des Umfangs des von Art. 17 Abs. 2 gewährten Schutzes ist zwischen verschiedenen Konstellationen zu unterscheiden. Im Rahmen der Kooperation nach Art. 19 kann die Kommission vertrauliche Verfahrensunterlagen an die Behörden der Mitgliedstaaten weitergeben, da diese selbst durch Art. 17 Abs. 2 gebunden sind. Eine Weitergabe kann jedoch aufgrund höher einzustufender Geheimhaltungsinteressen unzulässig sein, wenn etwa ein staatseigenes Unternehmen des Mitgliedstaats als Wettbewerber des betreffenden Unternehmens tätig ist.[16] Eine Weitergabe vertraulicher Informationen an die Gerichte der Mitgliedstaaten ist – insbesondere mit Blick auf den Grundsatz der loyalen Zusammenarbeit[17] – zulässig, solange von diesen der Schutz der berechtigten Geheimhaltungsinteressen der betroffenen Unternehmen sichergestellt werden kann.[18] Hinsichtlich der Akteneinsicht Dritter wird auf die Kommentierung zu Art. 18 verwiesen. Bei der Art und Weise der Veröffentlichung einer Entscheidung (Art. 20) sowie der Tatsache der Anmeldung (Art. 4 Abs. 3) ist auf die berechtigten Interessen der betroffenen Unternehmen angemessen Rücksicht zu nehmen, etwa indem Geschäftsgeheimnisse unkenntlich gemacht werden. Im Verhältnis zu Drittstaaten gilt die sich aus Art. 17 Abs. 2 ergebende Geheimhaltungspflicht grds. uneingeschränkt.[19] In der Praxis bitten Kommission und US-Behörden die Unternehmen hinsichtlich des Austauschs sensibler Daten regelmäßig um einen „confidentiality waiver".

7 Beim Schutz vertraulicher Informationen treffen die Unternehmen bestimmte **Mitwirkungspflichten.**[20] Sie haben vertrauliche Angaben zu kennzeichnen (siehe Art. 18 Abs. 2 VO 802/2004) und jeweils eine entsprechende Begründung beizufügen. Auf letzteres wird jedoch in der Praxis regelmäßig verzichtet. Darüber hinaus wird von der Kommission erwartet, dass die Unternehmen zusammen mit ihren jeweiligen Eingaben auch nichtvertrauliche Fassungen einreichen.

8 Adressaten von Art. 17 Abs. 2 sind nach dem Wortlaut die Kommission und die zuständigen Behörden der Mitgliedstaaten sowie ihre Beamten und sonstigen Bediensteten, alle sonstigen, unter Aufsicht dieser Behörden handelnden Personen und die Beamten und Bediensteten anderer Behörden der Mitgliedstaaten. Im Ergebnis gilt die sich aus Art. 17

---

[12] *Ohlhoff/Fleischmann* in: MünchKomm EUWettbR, Art. 16 Rn. 1.

[13] Vgl. EuG U. v. 27.10.1994 Rs. T-35/92 – *John Deere* Slg. 1994 II, 957 Rn. 81; EuG U. v. 18.9. 1996 Rs. T-353/94 – *Postbank II* Slg. 1996 II, 921 Rn. 87. Nach GK-*Schütz,* Art. 17 Rn. 9 kommt es auf die „Verkehrsauffassung einschlägiger Unternehmenskreise" an.

[14] *Bardong* in: Langen/Bunte, Kommentar zum deutschen und europäischen Kartellrecht, Bd. 2, Art. 17, Rn. 8.

[15] Vgl. *Körber* in: Immenga/Mestmäcker, EU-WbR, Art. 17 Rn. 12.

[16] Vgl. EuGH U. v. 19.5.1994, Rs. C-36/92 – *SEP,* Slg. 1994, I-1911, Rn. 30 ff.

[17] *Körber* in: Immenga/Mestmäcker, EU-WbR, Art. 17 Rn. 16.

[18] Vgl. EuG U. v. 18.9.1996, Rs. T-353/94 – *Postbank,* Slg. 1996, II-921 Rn. 93.

[19] *Ohlhoff/Fleischmann* in: MünchKomm EUWettbR, Art. 16 Rn. 24.

[20] Vgl. *Ohlhoff/Fleischmann* in: MünchKomm EUWettbR, Art. 16 Rn. 27.

Abs. 2 ergebende Geheimhaltungspflicht somit für alle Personen, die von Amts wegen Kenntnis über Umstände des Fusionskontrollverfahrens erlangt haben.[21]

III. Rechtsschutz (Abs. 3)

Abs. 3 stellt klar, dass Übersichten oder Zusammenfassungen ohne spezifischen Bezug zu 9
einem einzelnen Unternehmen nicht unter die Schutzbereiche von Abs. 1, 2 fallen. Spezielle Sanktionen für Verstöße gegen Art. 17 sieht die FKVO nicht vor. Anerkannt ist jedoch, dass Verstöße durch Disziplinarmaßnahmen der Kommission bzw. der Mitgliedstaaten geahndet werden können.[22] Betroffene haben im gegebenen Fall die Möglichkeit, **Amtshaftungsverfahren** einzuleiten und Schadensersatz geltend zu machen.

Art. 18. Anhörung Beteiligter und Dritter

(1) **Vor Entscheidungen nach Artikel 6 Absatz 3, Artikel 7 Absatz 3, Artikel 8 Absätze 2 bis 6, Artikel 14 und Artikel 15 gibt die Kommission den betroffenen Personen, Unternehmen und Unternehmensvereinigungen Gelegenheit, sich zu den ihnen gegenüber geltend gemachten Einwänden in allen Abschnitten des Verfahrens bis zur Anhörung des Beratenden Ausschusses zu äußern.**

(2) **Abweichend von Absatz 1 können Entscheidungen nach Artikel 7 Absatz 3 und Artikel 8 Absatz 5 vorläufig erlassen werden, ohne den betroffenen Personen, Unternehmen oder Unternehmensvereinigungen zuvor Gelegenheit zur Äußerung zu geben, sofern die Kommission dies unverzüglich nach dem Erlass ihrer Entscheidung nachholt.**

(3) [1] **Die Kommission stützt ihre Entscheidungen nur auf die Einwände, zu denen die Betroffenen Stellung nehmen konnten.** [2] **Das Recht der Betroffenen auf Verteidigung während des Verfahrens wird in vollem Umfang gewährleistet.** [3] **Zumindest die unmittelbar Betroffenen haben das Recht der Akteneinsicht, wobei die berechtigten Interessen der Unternehmen an der Wahrung ihrer Geschäftsgeheimnisse zu berücksichtigen sind.**

(4) [1] **Sofern die Kommission oder die zuständigen Behörden der Mitgliedstaaten es für erforderlich halten, können sie auch andere natürliche oder juristische Personen anhören.** [2] **Wenn natürliche oder juristische Personen, die ein hinreichendes Interesse darlegen, und insbesondere Mitglieder der Leitungsorgane der beteiligten Unternehmen oder rechtlich anerkannte Vertreter der Arbeitnehmer dieser Unternehmen einen Antrag auf Anhörung stellen, so ist ihrem Antrag stattzugeben.**

Übersicht

[21] *Bardong* in: Langen/Bunte, Kommentar zum deutschen und europäischen Kartellrecht, Bd. 2, Art. 11, Rn. 6.

[22] *Bechtold/Bosch/Brinker,* EU-Kartellrecht, Art. 17 Rn. 6.

I. Rechtliches Gehör

1. Grundlagen

1 Die Gewährleistung des rechtlichen Gehörs gehört zu den *„fundamentalen Grundsätzen"* des Unionsrechts[1] (siehe auch Art. 41 Abs. 2 Charta der Grundrechte der Europäischen Union). Ebenso wie in der VO Nr. 1/2003[2] wurden daher auch im Rahmen der FKVO Anhörungs- und Verteidigungsrechte für betroffene Unternehmen vorgesehen. Die eigentliche Ausgestaltung des rechtlichen Gehörs erfolgt in den Art. 11 bis 18 VO Nr. 802/2004,[3] der **Durchführungsverordnung** zur FKVO (nachfolgend *„DVO"*). Darüber hinaus enthalten die von der Kommission auf ihrer Homepage lediglich in englischer Sprache veröffentlichten ***best practice guidelines***[4] eine Reihe von Verfahrensvorkehrungen, die ebenfalls eine weitere Ausgestaltung des rechtlichen Gehörs darstellen (z. B. Einsicht in sogenannte Schlüsseldokumente; gemeinsame Besprechungen mit dem Case Team, usw.). Bei den *best practice guidelines* handelt es sich um keinen verbindlichen Rechtsakt; es ist jedoch die Selbstbindung der Kommission an ihre Mitteilungen zu berücksichtigen.[5] Weitere im Zusammenhang mit dem Anhörungsrecht zu beachtende Rechtsakte sind das Mandat des Anhörungsbeauftragten[6] sowie die Mitteilung der Kommission zur Akteneinsicht in Wettbewerbssachen.[7]

2. Berechtigte

2 Die DVO definiert vier Gruppen von Berechtigten: die Anmelder, andere Beteiligte, Dritte und Adressaten von Buß- oder Zwangsgeldentscheidungen.[8]

3 Als **Anmelder** werden jene Personen und Unternehmen bezeichnet, die die Anmeldung nach Art. 4 Abs. 2 einbringen.

4 Unter dem Begriff **andere Beteiligte** werden die übrigen Beteiligten, die nicht Anmelder sind, insbesondere auch der **Veräußerer** und das **zu übernehmende Unternehmen** in die weitreichenden Anhörungs- und Verteidigungsrechte nach Art. 18 Abs. 1 einbezogen. Auch **Muttergesellschaften,** die über das anmeldende Tochterunternehmen mit-

---

[1] EuGH U. v. 13.2.1979 Rs. 85/76 – *Hoffmann-LaRoche/Kommission,* Slg. 1979, I-511, Rn. 9; EuGH U. v. 21.9.1989 Verb. Rs. 46/87 und 227/88 – *Hoechst/Kommission,* Slg. 1989, I-2923, Rn. 14f.; EuG U. v. 19.6.1997 Rs. T-260/94 – *Air Inter/Kommission,* Slg. 1997, II-997, Rn. 59; EuG U. v. 4.3.1999 Rs. T-87/96 – *Generali/Unicredito* Slg. 1999, II-203, Rn. 88; EuG U. v. 15.3.2000 Rs. T-25/95 – *Cimenteries CBR/Kommission,* Slg. 2000, II-491, Rn. 106.

[2] VO (EG) Nr. 1/2003 des Rates vom 16.12.2003 zur Durchführung der in den Art. 81 und 82 des Vertrags niedergelegten Wettbewerbsregeln, ABl. 2003 L 1/1.

[3] VO (EG) Nr. 802/2004 der Kommission vom 7.4.2004 zur Durchführung der VO (EG) Nr. 139/2004 des Rates über die Kontrolle von Unternehmenszusammenschlüssen, ABl. 2004 L 133/1; zuletzt geändert durch die Durchführungsverordnung (EU) Nr. 1269/2013 der Kommission vom 5.12.2013 ABl. 2013 L 336/1.

[4] Best practice on the conduct of EC merger control proceedings, abrufbar unter: http://ec.europa.eu/competition/mergers/legislation/proceedings.pdf.

[5] Vgl. dazu *Dittert,* Die Reform des Verfahrens in der neuen EG-Fusionskontrollverordnung, WuW 2/2004, 161 unter Berufung auf die Urteile in Sachen *Royal Phillips Electronics* Rs. T-119/02, Slg. 2003, II-1433, Rn. 143 und EuG U. v. 3.4.2003, Rs T-114/02 – *BaByliss,* Slg. 2003, II-1279, Rn. 242 = EuZW 2003, 796.

[6] Beschluss des Präsidenten der Europäischen Kommission v. 13.10.2011 über Funktion und Mandat von Anhörungsbeauftragten in bestimmten Wettbewerbsverfahren, ABl. 2011 L 275/29 (im Folgenden „Mandat Anhörungsbeauftragter).

[7] Mitteilung der Kommission v. 15.12.2005 über die Regeln für die Einsicht in Kommissionsakten in Fällen einer Anwendung der Art. 81 und 82 EG-Vertrag, Art. 53, 54 und 57 des EWR-Abkommens und der VO (EG) Nr. 139/204, ABl. EG 2005 C 325/7 (im Folgenden „Mitteilung Akteneinsicht").

[8] Art. 11 Buchstaben a) bis d) der DVO.

telbare Kontrolle erwerben, kommen hier in Frage.[9] Aber auch andere Konstellationen sind denkbar. Im Fall des gemeinsamen Übernahmeangebots von Air Products und Air Liquide für BOC, in dem vereinbart wurde, die Vermögenswerte von BOC unmittelbar nach Verwirklichung weltweit aufzuteilen, wurde das amerikanische Unternehmen Air Products als anderes beteiligtes Unternehmen anerkannt, obwohl es von der Untersuchung der Kommission weitgehend ausgenommen war.[10] Strittig scheint, ob auch Unternehmen, die Gegenstand einer Veräußerungszusage sind, selbständig als „andere Beteiligte" anerkannt werden können.[11] Dies ist nach der hier vertretenen Auffassung im Hinblick auf den Beschleunigungsgrundsatz nicht der Fall, da zu veräußernde Tochtergesellschaften regelmäßig durch die Muttergesellschaften oder das Zielunternehmen mit abgedeckt sein sollten.

Die den Anmeldern und „anderen Beteiligten" gewährten Rechte im Zusammenhang mit dem rechtlichen Gehör unterscheiden sich nur im Rahmen der zu gewährenden **Akteneinsicht.** Während den Anmeldern auf Antrag Einsicht in die Verfahrensakte gewährleistet werden muss, um ihre Verteidigungsrechte zu wahren, bestimmt Art. 17 Abs. 2 DVO eine Akteneinsicht für die anderen Beteiligten nur, **soweit** dies zur Vorbereitung ihrer Äußerung erforderlich ist. Art 18 Abs. 1 gewährt schließlich auch den **Adressaten von Buß- und Zwangsgeldentscheidungen** ein Recht auf rechtliches Gehör. Art. 11 Buchstabe d) DVO nennt diese ebenfalls *„Beteiligte"*. 5

Dritte sind Personen oder Unternehmen, die ein hinreichendes Interesse an dem Ausgang des Zusammenschlussverfahrens geltend machen können. Dies sind neben **Kunden, Wettbewerbern** und **Lieferanten** insbesondere auch **Individualpersonen** wie Mitglieder der Aufsichts- oder Leitungsorgane oder **Arbeitnehmervertreter** der beteiligten Unternehmen.[12] Auch ausdrücklich genannt sind **Verbraucherverbände.** Ihnen kommen Anhörungsrechte zu, wenn das Zusammenschlussvorhaben von Endverbrauchern genutzte Waren oder Dienstleistungen betrifft.[13] 6

3. Ausgestaltung

Die DVO sieht verschiedene Formen der Anhörung vor, die den in der DVO definierten Gruppen in unterschiedlichem Umfang zustehen. Dazu zählen insbesondere die schriftliche und mündliche **Anhörung,** die sowohl formell als auch informell erfolgen kann und ein Informationsrecht,[14] das insbesondere in der Mitteilung der **Beschwerdepunkte,** der schriftlichen Unterrichtung über Art und Gegenstand des Verfahrens sowie im Recht auf 7

---

[9] Zum Begriff der Beteiligten in der DVO und in der FKVO im vorliegenden Zusammenhang siehe *Maass* in: Langen/Bunte, Kartellrecht Kommentar, Band 2, Art. 18 FKVO, Rn. 15; sowie *Wagemann* in: Wiedemann, Handbuch des Kartellrechts, § 17 Rn. 111 ff.

[10] Komm. E. v. 18.1.2000 Rs. IV/M.1630 – *Air Liquide/BOC,* ABl. 2004 L 192/1 = WuW 2000, 266, vgl. auch die Pressemeldung vom 18.1.2000, IP/00/46.

[11] Vgl. hier bejahend *Körber* in: Immenga/Mestmäcker, Wettbewerbsrecht Band 1. EU, Art. 18 FKVO, Rn. 14; einschränkend *Ohlhoff* in: MünchKomm Eu WettbR, Art. 18 FKVO, Rn. 10.

[12] Vgl. Komm. E. v. 9.9.2014 Rs. COMP/M.7054 – *Cemex/Holcim Assets,* Endbericht des Anhörungsbeauftragten, Rn. 8 Anerkennung des Works Council of Holcim als interessierte Dritte; wird auch vermehrt von Kunden genutzt. Jüngere Beispiele sind COMP/M.6576 *Munksjö/Ahlstrom,* vgl. Endbericht des Anhörungsbeauftragten, Rn. 8: Papierfarbrik August Koehler AG und Ikea of Sweden als Kunden oder COMP/M.6690 *Syniverse/MACH,* vgl. Endbericht des Anhörungsbeauftragten, Rn. 8; Transaction Network Service Inc. als Wettbewerber und Deutsche Telekom AG und Belgacom als Kunden. Vgl. auch Komm. E. v. 8.10.1995 Rs. IV/M.580 – *ABB/Daimler-Benz,* ABl. 1997 L 11/1, Rn. 148 f. – WuW 1996, 25.

[13] Das verstärkte Engagement von Verbraucherverbänden war Gegenstand eines Verfahrens, vgl. EuG. U. v. 13.4.2005 Rs. T-2/03 – *Verein für Konsumenteninformation/Komm.* Slg. 2005 II-1121; vgl. auch EuG U. v. 12.10.2011 Rs. T-224/10 – *Association belge des consommateurs test-achats ASBL/Kommission.* Slg 2011 II-7177, Rn. 43. Siehe zu den Anhörungsrechten Dritter unten Rn. 29 ff.

[14] *Wagemann* in: Wiedemann, Handbuch des Kartellrechts, § 17 Rn. 116.

Akteneinsicht besteht.[15] Auch die Möglichkeit der **Anrufung des Anhörungsbeauftragten** ist hier zu erwähnen. Ihm kommt die Aufgabe zu, für die Wahrung der Verfahrensrechte Sorge zu tragen. Dies betrifft vor allem die Durchführung der Anhörung, Sicherstellung der ordnungsgemäßen Akteneinsicht, Schutz vertraulicher Informationen und Geschäftsgeheimnisse und Anrufung im Zusammenhang mit Verlängerung von Fristen. Formell kommt ihm auch die Aufgabe zu, einen Zwischenbericht zu verfassen und einen Abschlussbericht zu erstellen, der dem Entscheidungsentwurf beigelegt wird und der letztendlich auch veröffentlicht wird.

4. Rechte im Vorprüfungsverfahren

8 Art. 18 Abs. 1 bestimmt, dass den betroffenen Unternehmen (also den potenziellen Adressaten einer Entscheidung), nicht jedoch Dritten[16] vor Entscheidungen über die Befreiung vom Vollzugsverbot nach Art. 7 Abs. 3, vor Entscheidungen in der Hauptsache nach Art. 8, vor Entscheidungen über die Verhängung von Buß- und Zwangsgeldern nach Art. 14 und 15 sowie vor Entscheidungen nach Art. 6 Abs. 3 (Widerruf von Freigabeentscheidungen mit oder ohne Auflagen in Phase I) rechtliches Gehör gewährt werden muss. Art. 18 Abs. 1 betrifft somit bis auf Art. 6 Abs. 3 das Verfahren nach Einleitung des Hauptprüfungsverfahrens (Phase II).[17]

9 Bereits in der Entscheidung im Fall *Generali/Unicredito*[18] hat das EuG jedoch festgestellt, dass den Betroffenen auch bereits im Vorprüfungsverfahren (Phase I) vor Erlass jeder Entscheidung, die die betroffenen Unternehmen **beschweren** kann, Anspruch auf rechtliches Gehör zukommt.[19] Eine solche Entscheidung kann nicht nur die **Einleitung des Hauptprüfungsverfahrens** gemäß Art. 6 Abs. 1 Buchstabe c) sein, sondern auch eine Entscheidung der Kommission, durch die die **Unanwendbarkeit der FKVO** ausgesprochen wird (Art. 6 Abs. 1 Buchstabe a). Insbesondere im ersteren Fall setzt eine Anhörung notwendigerweise die Möglichkeit des Vorschlags von Auflagen und Bedingungen voraus.[20] Die Frage, in welchem Umfang das Anhörungsrecht in Phase I besteht, ist jedoch noch nicht abschließend geklärt. In oben zitierter Entscheidung geht das EuG – gestützt auf den Erwägungsgrund Nr. 8 zur Verordnung Nr. 3384/94 – jedenfalls davon aus, dass eine *„enge Verbindung"* zu den Beteiligten aufrechtzuerhalten ist, *„um etwaige tatsächliche oder rechtliche Probleme ... mit ihnen zu erörtern und wenn möglich ... auszuräumen"*. Hat die Kommission jedoch bereits einmal (z. B. in einem Auskunftsverlangen) auf das bestehende Problem aufmerksam gemacht, muss sie dies vor Erlass der Entscheidung nicht nochmals tun.[21]

10 Für die **Anmelder** wird das Problem gegenwärtig durch die gängige Praxis von **informellen Gesprächen** der am Zusammenschluss Beteiligten mit der Kommission weitge-

---

[15] Siehe dazu im Folgenden.

[16] Vgl. EuG U. v. 7.6.2013 Rs. T-405/08 – *Spar/Kommission,* noch nicht veröffentlicht, Rn. 260 ff. Das EuG verneinte das Bestehen eines Anhörungsrechts nach Art. 18 Abs. 1 FKVO für die Konkurrentin im Zuge von Entscheidungen nach Art. 6 Abs. 1 Buchstabe b) und 2 FKVO. Hinsichtlich des Bestehens eines Anhörungsrechtes nach den allgemeinen Rechtsgrundsätzen äußerte sich das EuG in diesem Fall allerdings nicht.

[17] *Maass* in: Langen/Bunte FKVO, Art. 18 Rn. 3.

[18] EuG U. v. 4.3.1999 Rs. T-87/96 – *Generali/Unicredito* Slg. 1999 II-203, Rn. 87 ff.

[19] Vgl. weiters EuG U. v. 20.11.2002 Rs. T-251/00 – *Lagardère SCA/Canal Plus/Kommission* Slg. 2002 II-4825, Rn. 93 f.; EuG U. v. 10.5.2001 Rs. T-186/97 und andere – *Kaufring u. a./Kommission* Slg. 2001 II-1337, Rn. 151; siehe auch die Rs., wonach es ein fundamentaler Grundsatz des Gemeinschaftsrechts ist, Adressaten eines beschwerenden Aktes vor dem Erlass rechtliches Gehör zu gewähren, EuGH U. v. 31.3.1998 verb. Rs. C-68/94 und C-30/95 – *Kali & Salz* Slg. 1998, I-1375; EuGH U. v. 31.3.1998 Rs. C-68/94 und C-30/95 – *Frankreich u. a./Kommission* Slg. 1998, I-1375, Rn. 174 (m. w. N.); hierzu *Körber* in: Immenga/Mestmäcker, Wettbewerbsrecht Band 1. EU, Art. 18 FKVO, Rn. 2.

[20] Vgl. auch *Ohlhoff* in: MünchKomm Eu WettbR, Art. 18 FKVO, Rn. 8.

[21] EuG U. v. 4.3.1999 Rs. T-87/96 – *Generali/Unicredito,* Slg. 1999 II-203, Rn. 88 ff.

hend gelöst. Von besonderer Bedeutung sind hier die so genannten ***„state of play-meetings"*** zwischen dem Case Team und den Anmeldern. Die *state of play-meetings* wurden mit den überarbeiteten *best practice guidelines*[22] zu bestimmten für das Verfahren wichtigen Zeitpunkten sowohl in Phase I als auch in Phase II eingeführt.[23] In Phase I soll das erste *state of play-meeting* bis spätestens 15 Arbeitstage nach Beginn der Phase I in den Fällen anberaumt werden, in denen wettbewerbliche Bedenken der Kommission bestehen und daher die Absicht besteht, das Hauptprüfungsverfahren einzuleiten. Die Unternehmen sollen hierbei über die vorläufigen Ergebnisse der ersten Untersuchungen informiert werden und insbesondere die Gelegenheit erhalten, Zusagen zu formulieren, um diese noch fristgerecht[24] einzureichen. Ein Recht auf volle **Akteneinsicht** wird jedoch von der Kommission vor Zustellung der Beschwerdepunkte und damit auch in Phase I nicht gewährt.[25]

In der Lehre wird überwiegend auch ein **Anhörungsrecht für Dritte** bereits im Vorprüfungsverfahren befürwortet.[26] Dem ist zuzustimmen, schon allein aufgrund der Tatsache, dass eine Freigabeentscheidung in Phase I in gleicher Weise die Rechte von Dritten berühren kann wie in Phase II, in der ausdrücklich eine Anhörung vorgesehen ist. Dies erfolgt aus dem allgemeinen Anspruch auf Gewährung rechtlichen Gehörs. 11

5. Ausnahmen

Art. 18 Abs. 2 sieht eine Ausnahme vom vorherigen rechtlichen Gehör für Entscheidungen über die Erteilung von Befreiungen gemäß Art. 7 Abs. 3 sowie für Entscheidungen über die Anordnung einstweiliger Maßnahmen nach Art. 8 Abs. 5 vor. Solche können **vorläufig ohne Gewährung von Anhörungsrechten** erlassen werden.[27] Eine endgültige Entscheidung, mit der die vorläufige Entscheidung aufgehoben, geändert oder bestätigt werden kann, wird erst im Anschluss an eine Äußerung der Anmelder und anderer Beteiligter erlassen. Die vorläufige Entscheidung erfüllt diesfalls die Funktion der Mitteilung der Beschwerdepunkte.[28] Art. 12 Abs. 2 Unterabsatz 2 DVO sieht vor, dass die vorläufige Entscheidung der Kommission zu einer endgültigen wird, wenn sich die Anmelder und anderen Beteiligten nicht innerhalb der ihnen gesetzten Frist schriftlich äußern. 12

6. Rechte im Hauptprüfungsverfahren

Die wesentlichsten Instrumente des rechtlichen Gehörs in Phase II sind die Mitteilung der Beschwerdepunkte (Art. 13 DVO), die förmliche mündliche Anhörung (Art. 14 DVO) sowie die Akteneinsicht (Art. 17 DVO). 13

Über diese gesondert geregelten Instrumente hinaus bestimmt jedoch Art. 18 Abs. 1 ausdrücklich, dass den betroffenen Unternehmen *„in allen Abschnitten des Verfahrens"* bis zur Anhörung des beratenden Ausschusses Gelegenheit zu geben ist, sich zu den vorgebrachten Einwänden zu äußern. Auch in Art. 14 der DVO heißt es, dass den Anmeldern *„auch in anderen Verfahrensstadien"* die Gelegenheit zu geben ist, ihre Argumente mündlich vorzu- 14

---

[22] Vgl. Fn. 4 oben.

[23] *Best practice guidelines,* Rn. 30 ff.

[24] Vgl. dazu insbes. die Ausführungen zu Art. 10.

[25] *Nicholas Levy,* European Merger Control Law – a guide to the merger regulation, 2004 (volumes 1 and 2), § 17.04 [5], der hier auf Basis der Entscheidung in T-251/00 – *Lagardère SCA/Canal Plus/Kommission,* davon ausgeht, dass auf einer Akteneinsicht bestanden werden könne.

[26] Vgl. *Ohlhoff* in: MünchKomm Eu WettbR, Art. 18 FKVO, Rn. 8. Vgl. auch den Fall *Liberty Global/Corelio/W&W/De Vijver Media,* Komm. E. v. 24.2.2015 und hier insbesondere den Bericht des Anhörungsbeauftragten, ABl. Nr. C-175/10, der offenbar ohne Beschwerdepunkte und ohne Akteneinsicht abgeschlossen wurde.

[27] Vgl. Komm. E. v. 15.6.1999 Rs. IV/M.1517 – *Rhodia/Donau Chemie/Albright & Wilson,* ABl. 1999 C 122/11, Competition policy newsletter 1999 Nr. 3, 44, WuW 1999, 983.

[28] *Ohlhoff* in: MünchKomm Eu WettbR, Art. 18 FKVO, Rn. 30.

bringen.[29] Dies bedeutet allerdings nicht, dass nach Artikel 18 quasi „abschnittsweise" Einsicht in den Kommissionsakt gewährt werden muss.[30] Tatsächlich finden in der Regel **zahlreiche informelle Gespräche und Treffen der Kommission** sowohl mit den Anmeldern und anderen Beteiligten als auch Dritten statt. In den *best practice guidelines* ist die Kommission nunmehr einen Schritt weitergegangen und sieht als „best practice" zum einen die **Übermittlung von so genannten Schlüsseldokumenten** („key documents"), wie insbesondere Stellungnahmen von Wettbewerbern, Lieferanten und Abnehmern in einem frühen Stadium vor (i. d. R. innerhalb von 2 Wochen nach Einleitung der Phase II);[31] zum anderen sollen die schon bis dato häufig stattfindenden informellen Besprechungen vor bestimmten Verfahrensabschnitten regelmäßig in den Ablauf des Hauptverfahrens in Phase II eingebaut werden. Es handelt sich dabei um die bereits oben erwähnten *state of play-meetings,* mit denen gewährleistet werden soll, dass die beteiligten Unternehmen über den gegenwärtigen Stand der Untersuchung informiert werden und die Möglichkeit erhalten, mit höheren Kommissionsbeamten bestehende Probleme zu erörtern.[32] Solche Besprechungen zum Stand des Verfahrens finden üblicherweise in folgenden Verfahrensabschnitten innerhalb der Phase II statt:[33]

- innerhalb der ersten zwei Wochen nach Einleitung des Hauptprüfungsverfahrens zur Besprechung der Entscheidung nach Art. 6 Abs. 1 Buchstabe c); diese Besprechung soll auch der Diskussion des Zeitplans dienen;
- vor Zustellung der Beschwerdepunkte;
- nach der Erwiderung auf die Beschwerdepunkte und der mündlichen Anhörung zur Erörterung der Erkenntnisse der Kommission und etwaigen geplanten Verpflichtungszusagen;
- vor der Sitzung des Beratenden Ausschusses zur Erörterung etwaiger Verpflichtungszusagen.

15 Sowohl die Akteneinsicht in sogenannte Schlüsseldokumente, als auch die *state of play-meetings* sollen der Stärkung der Effizienz des Verfahrens dienen, aber auch zur Erhöhung der Transparenz beitragen. Die genannten Instrumente wurden allerdings nicht in die FKVO und auch nicht in die DVO aufgenommen, sondern lediglich in die *best practice guidelines* der Kommission.[34] Die Nichtgewährung einer weitergehenden Akteneinsicht vor Übermittlung der Beschwerdepunkte stellt keine Beeinträchtigung der Anhörungsrechte dar, wenn die Unternehmen nach Mitteilung der Beschwerdepunkte ausreichend Gelegenheit haben, sich nach Einsicht in die Verwaltungsakte der Kommission schriftlich und mündlich dazu zu äußern.[35]

16 Neben den *state of play-meetings* sehen die *best practice guidelines* auch die Möglichkeit so genannter *triangular meetings* vor, zu denen die Kommission Anmelder und Dritte (z. B. Wettbewerber, Abnehmer, Lieferanten) gemeinsam einlädt. ***Triangular meetings*** sollen insbesondere zur Klärung unterschiedlicher Kerndaten bei betroffenen Märkten dienen und zu einem möglichst frühen Zeitpunkt stattfinden.[36]

---

[29] Art. 16 DVO bestimmt dies auch ausdrücklich für Dritte.

[30] Vgl. EuG U. v. 12.12.2005, Rs. T-210/01 – *General Electric Company/Kommission,* Slg. 2005 II-05575, Rn. 693 f.

[31] *Best practice guidelines,* Rn. 45 f.

[32] *Best practice guidelines,* Rn. 30 ff.

[33] *Best practice guidelines,* Rn. 33.

[34] Siehe hierzu kritisch *Rosenthal,* Neue Ordnung der Zuständigkeiten des Verfahrens in der Europäischen Fusionskontrolle, EuZW 2004/327.

[35] Vgl. auch den Fall *Liberty Global/Corelio/W&W/De Vijver Media,* Komm. E. v. 24.2.2015 und hier insbesondere den Bericht des Anhörungsbeauftragten, ABl. Nr. C-175/10, der offenbar ohne Beschwerdepunkte und ohne Akteneinsicht abgeschlossen wurde.

[36] *Best practice guidelines,* Rn. 38 f.

II. Mitteilung der Beschwerdepunkte

Nach Abschluss ihrer Ermittlungen im Hauptprüfungsverfahren erlässt die Kommission entweder eine Entscheidung nach Art. 8 Abs. 1 und 2,[37] oder sie **fasst ihre wettbewerblichen Bedenken schriftlich zusammen** und übersendet diese als „Beschwerdepunkte" an die Anmelder und an die anderen Beteiligten (Art. 13 Abs. 2 DVO). Die Beschwerdepunkte werden darüber hinaus an die zuständigen Behörden der Mitgliedstaaten in Kopie versandt. Eine bestimmte Frist, innerhalb derer die Beschwerdepunkte übermittelt werden müssten, ist weder in der FKVO noch in der DVO vorgesehen. In der Regel wird seitens der Kommission eine Versendung der Beschwerdepunkte in einem Zeitraum von **ca. zwei Monaten nach Einleitung des Hauptverfahrens** angestrebt. In aufwändigen Fällen kann dieser Zeitraum jedoch auch erheblich überschritten werden. 17

Die Mitteilung der Beschwerdepunkte ist ein wesentliches Element der Verteidigungsrechte, da die Kommission ihre Entscheidung **nur auf Einwände stützen kann,** zu denen die beteiligten Unternehmen **gehört wurden.**[38] Dies bedeutet aber nicht, dass die Endentscheidung ein genaues „Abbild"[39] der Beschwerdepunkte sein muss. Ganz generell müssen die Beschwerdepunkte aber klar erkennen lassen, welche Bedenken die Kommission gegen das Zusammenschlussvorhaben einwenden möchte. Zudem muss es für die Parteien möglich sein, aufgrund der Beschwerdepunkte entsprechende Abhilfemaßnahmen (Auflagen und Bedingungen) zu identifizieren.[40] Die Beschwerdepunkte haben auch die relevanten Beweismittel und die wesentlichen rechtlichen Schlussfolgerungen zu nennen, auf die sich die Kommission stützen möchte. Schriftstücke, die den Betroffenen nicht zur Kenntnis gebracht wurden, können in der Entscheidung nicht als Beweismittel verwendet werden. Der EuGH hat allerdings im Fall *Impala* den „vorbereitenden Charakter" der Beschwerdepunkte hervor gehoben und bekräftigt, dass Änderungen anlässlich einer späteren Beurteilung möglich sind, die die Kommission auf der Grundlage der von den Beteiligten vorgelegten Stellungnahmen und weiterer Tatsachenfeststellungen vornimmt.[41] Umgekehrt können die Beschwerdepunkte aber von den Gerichten bei der Überprüfung der Tatsachenbasis herangezogen werden, sie stellen jedoch keine entscheidungstaugliche nachgewiesene Feststellung dar.[42] Die Kommission hat bei Änderung der rechtlichen Argumentationslinie oder bei Heranziehen neuer Tatsachen **ergänzende Beschwerdepunkte** zu versenden.[43] 18

Gemäß Art. 13 Abs. 3 DVO haben sich die Anmelder und die anderen Beteiligten innerhalb der von der Kommission festzusetzenden **Frist** zu den Einwänden der Kommission **schriftlich zu äußern.** Die Frist, die i. d. R. ca. zwei Wochen beträgt, muss im Hinblick 19

---

[37] Vgl. Komm. E. v. 17.12.2002 Rs. COMP/M.2822 – *ENBW/ENI/GVS,* ABl. 2003 L 248/51 = WuW 2003, 157.

[38] Vgl. insbesondere EuGH B. v. 18.6.1986, *British American Tobacco und Reynolds Industries/Komm,* 142/84 und 156/84, Slg. 1986, 1899, Rn. 13.

[39] Vgl. *Dittert* in: Schröter/Jakob/Mederer, Kommentar zum Europäischen Wettbewerbsrecht, Art. 18, Rn. 17; sowie *Maas* in: Langen/Bunte, FKVO, Art. 18, Rn. 11; und Körber in Immenga/Mestmäcker, Wettbewerbsrecht Band 1. EU, Art. 18 FKVO, Rn 29.

[40] Vgl. *Ohlhoff* in: MünchKomm Eu WettbR, Art. 18 FKVO, Rn. 19 mit zahlreichen weiteren Nachweisen.

[41] Die Kommission hat dabei die Ergebnisse des gesamten Verwaltungsverfahrens zum Entscheidungszeitpunkt zu berücksichtigen und ist auch nicht verpflichtet, in der Endentscheidung eventuelle Unterschiede gegenüber ihrer vorläufigen Beurteilung zu erklären. EuGH U. v. 10.7.2008, C-413/06 P – *Bertelsmann AG/Sony Corporation of America,* Slg. 2008 I-04951, Rn. 66 ff. Insofern ist den Ausführungen *Ohhoffs,* der sich noch (zeitlich bedingt) auf die erstinstanzliche Entscheidung des EuG stützt, zu widersprechen, siehe *Ohlhoff* in: MünchKomm Eu WettbR Art. 18 FKVO, Rn. 17.

[42] Siehe EuGH U. v. 10.7.2008, C-413/06 P – *Bertelsmann AG/Sony Corporation of America,* Slg. 2008 I-04951, Rn. 73.

[43] Vgl. dazu auch *Dittert* in: Schröter/Jakob/Mederer, Kommentar zum Europäischen Wettbewerbsrecht, Art. 18, Rn. 18.

auf den erforderlichen Zeitaufwand, die Dringlichkeit des Falles und unter Berücksichtigung von Arbeitstagen und Feiertagen in dem betreffenden Empfangsland festgesetzt werden.[44] Gemäß Art. 13 Abs. 2 letzter Satz DVO ist die Kommission nicht verpflichtet, nach Ablauf dieser Frist erhaltene Stellungnahmen noch zu berücksichtigen.[45] Verlängerungen der gesetzten Frist sind auf Antrag der Unternehmen möglich, werden jedoch, wenn überhaupt, nur sehr einschränkend gewährt.[46] Den Unternehmen ist es aber im Zusammenhang mit dieser Fristsetzung möglich, den Anhörungsbeauftragten anzurufen, der auch eine längere Frist verfügen kann. Im Gegensatz zu den Anmeldern und anderen Beteiligten können die Behörden der Mitgliedstaaten gemäß Art. 19 Abs. 3 Stellungnahmen noch bis zum Erlass einer endgültigen Entscheidung nach Art. 8 Abs. 1 bis 6 abgeben.

20 Der schriftlichen Äußerung können *„zweckdienliche"* Unterlagen (z. B. Gutachten) beigefügt werden. Vorgeschlagen werden kann darüber hinaus auch die Anhörung von Personen, die die vorgetragenen Tatsachen bestätigen können. Soll eine **förmliche mündliche Anhörung** nach Art. 14 DVO beantragt werden, so hat dies ebenfalls in der schriftlichen Äußerung zu geschehen.

III. Mündliche Anhörung

21 Die Kommission gibt den **Anmeldern und anderen Beteiligten** Gelegenheit, ihre Argumente in einer förmlichen mündlichen Anhörung vorzutragen, wenn sie dies in ihrer schriftlichen Äußerung auf die Beschwerdepunkte beantragt (Art. 14 Abs. 1 DVO) haben. Die Anmelder und auch die anderen Beteiligten (also insbes. übernommenes Unternehmen, Veräußerer oder von Zwangs- oder Bußgeldverfahren Betroffene) haben die Möglichkeit, eine mündliche Anhörung zu beantragen (Art. 14 DVO). Die Anhörung dient dazu, den Genannten die Gelegenheit zu geben, ihre Argumente in einer förmlichen mündlichen Anhörung vorzutragen, und zwar vor sämtlichen Entscheidungen in Phase II, ausgenommen Freigabeentscheidungen sowie auch vor einer Entscheidung über einen Widerruf einer Freigabeentscheidung im Falle der Verhängung von Zwangs- und Bußgeldverfahren vor einer entsprechenden Entscheidung. Der Antrag hat in der schriftlichen Stellungnahme zur Mitteilung der Beschwerdepunkte zu erfolgen. Im Unterschied zur alten DVO (Nr. 447/98) ist keine zusätzliche Voraussetzung für die Abhaltung einer Anhörung notwendig. Die Kommission hat dem Antrag daher, wenn er gestellt wird, stattzugeben. Dasselbe gilt für **andere Beteiligte** (insbes. übernommenes Unternehmen, Veräußerer).

22 Im Gegensatz dazu kommt für **Dritte** eine Teilnahme an einer mündlichen Anhörung nur bei dem Nachweis eines hinreichenden Interesses in Betracht. Von einem durchsetzbaren Recht auf Teilnahme ist dabei jedoch nicht auszugehen. Die Teilnahme auch von Dritten setzt regelmäßig voraus, dass die Anmelder oder andere Beteiligte einen entsprechenden Antrag gestellt haben. Der Kommission kommt hier Ermessen zu.[47] Die **Behörden der Mitgliedstaaten,** aber auch die EFTA-Überwachungsbehörde und die EWR-Mitgliedstaaten können ebenfalls einen Vertreter zur Anhörung entsenden.

23 Weder die Kommission noch die Mitgliedstaaten können eine förmliche mündliche Anhörung erzwingen. Tatsächlich werden immer seltener Anhörungen seitens der beteiligten Unternehmen beantragt, da der praktische Nutzen im Verhältnis zum Aufwand als eher

---

[44] Art. 21 DVO.

[45] *Maass* vertritt jedoch in Langen/Bunte: FKVO, Art 18, Rn. 13 die Ansicht, dass es sich hierbei um keine Ausschlussfrist handelt. Nach Art. 18 Abs. 1 seien Unternehmen berechtigt bis zur Anhörung des Beratenden Ausschusses Stellung zu nehmen. Angesichts der Normenhierarchie stellt *Maass* daher die Gültigkeit des Art. 13 Abs. 2 in Frage.

[46] Vgl. *Ohlhoff* in: MünchKomm Eu WettbR, Art. 18 FKVO, Rn. 22.

[47] Vgl. dazu unten Rz. 36 ff.

geringfügig eingestuft wird. Kritisiert wird in diesem Zusammenhang der dadurch entstehende Mangel an Transparenz.[48]

Die Anhörung ist **nicht öffentlich.** Damit wird den Interessen der Unternehmen an der Geheimhaltung ihrer Geschäftsgeheimnisse Rechnung getragen. Die DVO sieht u.a. auch vor, dass Personen auch einzeln gehört werden können.[49] **24**

Die förmliche Anhörung wird vom **Anhörungsbeauftragten** durchgeführt. Der Anhörungsbeauftragte kann zur Erhöhung der Effizienz und Organisation zudem eine vorbereitende Besprechung mit den Parteien und den teilnehmenden Kommissionsbeamten abhalten und auch vorab eine (nicht bindende) Liste mit Fragen übermitteln. Die Aufgaben des Anhörungsbeauftragten bei der Anhörung im Zusammenschlussverfahren entsprechen im Wesentlichen denen im Rahmen des Verfahrens nach der VO Nr. 1/2003.[50] **25**

IV. Akteneinsicht

1. Berechtigte

Nach Erhalt der Beschwerdepunkte wird den ***„unmittelbar Betroffenen"*** das Recht auf Akteneinsicht gewährt. Dies betrifft zum einen naturgemäß die Anmelder, denen nach Art. 17 Abs. 1 DVO Akteneinsicht auf deren Antrag hin zu gewähren ist. In Art. 17 Abs. 2 DVO wird allerdings auch klargestellt, dass auch anderen Beteiligten, denen die Einwände mitgeteilt wurden, ein Akteneinsichtrecht auf Antrag zu gewähren ist, allerdings mit der Einschränkungen *„soweit dies zur Vorbereitung ihrer Stellungnahme erforderlich ist"*. Die Formulierung ermöglicht einen gewissen Spielraum, der beispielsweise bei abweichenden Interessen eine Rolle spielen kann.[51] Wie oben erwähnt, werden den Unternehmen auch schon zu einem frühen Zeitpunkt so genannte Schlüsseldokumente *(key documents),* das sind in den meisten Fällen Stellungnahmen von Wettbewerbern, Abnehmern oder Lieferanten zur Verfügung gestellt. **26**

Dritten wird hingegen weder in der FKVO, noch in der DVO ausdrücklich ein Recht auf Akteneinsicht eingeräumt.[52] In der Literatur wird hier allerdings die Auffassung vertreten, dass sich eine Akteneinsicht ausnahmsweise dann ergeben kann, wenn einem Antrag auf Anhörung stattgegeben wurde und das Anhörungsrecht effektiv nicht ohne eine Akteneinsicht ausgeübt werden kann.[53] Nach der hier vertretenen Ansicht ist eine Akteneinsicht Dritter wohl nur in ganz speziellen Ausnahmesituationen denkbar, in denen zum einen eine deutliche Betroffenheit vorliegen muss, zum anderen tatsächlich ein Input Dritter ohne Akteneinsicht nicht möglich ist. Dies kann allenfalls bei äußerst komplexen Fragestellungen technischer Natur der Fall sein, bei denen eine allgemeine Zusammenfassung etwa für einen Markttest bei Zusagen nicht ausreichend ist. Ansonsten dient die Akteneinsicht der Vorbereitung der Stellungnahme auf die Beschwerdepunkte. Da diese nicht gegen Dritte gerichtet sind, erscheint auch aus dem Grundsatz des Beschleunigungsgrundsatzes heraus ein Akteneinsichtsrecht nicht geboten.

---

48 *Maass* in: Langen/Bunte FKVO, Art. 18 Rn. 16; *Körber* in: Immenga/Mestmäcker, Wettbewerbsrecht Band 1. EU, Art. 18 FKVO, Rn. 34.

49 Art. 15 Abs. 6 DVO; siehe auch Komm. E. v. 14.2.1995 Rs. IV/M.477 – *Mercedes-Benz/Kässbohrer,* ABl. 1995 L 211/1 = WuW 1995, 385.

50 Vgl. auchB. d. Präs. d. Komm. v. 13.10.2011 Funktion und Mandat des Anhörungsbeauftragten in bestimmten Wettbewerbsverfahren ABl. 2011/L 275/29 (im Folgenden *„Mandat des Anhörungsbeauftragten"*), der Beschluss ersetzt Komm. B. v. 23.5.2011 ABl. 2001 L 162/21.

51 Vgl. auch *Ohlhoff* in: MünchKomm EU WettbR, Art. 18 FKVO, Rn. 42.

52 Vgl. zum Recht auf Akteneinsicht *Montag/Kaessner* WuW 1997, 781, 789f; zum Akteneinsichtsrecht für Dritte vgl. *Ohlhoff* in: MünchKomm Eu WettbR, Art. 18 FKVO, Rn. 43f.

53 Vgl. *Körber* in: Immenga/Mestmäcker, EU-Wettbewerbsrecht, Art. 18 FKVO, Rn 41 und *Ohlhoff* in: MünchKomm Eu WettbR, Art. 18 FKVO, Rn. 44.

27 Grundsätzlich besteht auch die Frage, inwiefern Akteneinsicht (sowohl für Verfahrensbeteiligte als auch Dritte) aufgrund der so genannten ***„Transparenz-Verordnung"***[54] durchgesetzt werden kann. Der EuGH hatte in mehreren Entscheidungen Gelegenheit, sich hierzu zu äußern. Demnach gilt die Transparenz-Verordnung auch im Fusionskontrollverfahren. Mangels einer Bestimmung, welche den Vorrang einer der Verordnungen über die andere regelt, ist auf eine kohärente Anwendung zu achten.[55] Nach der Rechtsprechung gilt im Hinblick auf die Ausnahmeregelung in Art. 4 Abs. 2 der Transparenz-Verordnung die allgemeine Vermutung, dass die Verbreitung des Schriftverkehrs zwischen der Kommission und den Unternehmen in einem Fusionskontrollverfahren grundsätzlich den Schutz des Zwecks von Untersuchungstätigkeiten sowie den Schutz der geschäftlichen Interessen der am Verfahren beteiligten Unternehmen beeinträchtigt.[56] Diese gilt für noch laufende sowie für bereits abgeschlossene Kontrollverfahren.[57] Dies bedeutet, dass die Kommission bei einer Verweigerung des Zugangs zwar zu erläutern hat, inwiefern ein solcher das geschützte Interesse konkret und tatsächlich beeinträchtigen könnte, sie kann sich hierfür aber auf die allgemeinen Vermutungen stützen, die für bestimmte Kategorien von Dokumenten aufgrund vergleichbarer Erwägungen gelten.[58] Anderes gilt für interne Dokumente der Kommission. Deren Herausgabe kann während eines laufenden oder noch anhängigen Verfahrens aufgrund der Ausnahme von Art. 4 Abs. 2 und 3 abgelehnt werden; nach Abschluss des Verfahrens müssen die Dokumente aber grundsätzlich offengelegt werden und muss die Kommission bei jedem einzelnen Dokument begründen, warum die Voraussetzungen von Art. 4 Abs. 2 und/oder Abs. 3 Transparenz-Verordnung nicht vorliegen.[59] Ein Unionsorgan kann im Übrigen auch mehrere der in der Transparenz-Verordnung genannten Ablehnungsgründe berücksichtigen.[60]

2. Gegenstand

28 Gegenstand der Akteneinsicht nach Art. 18 sind grundsätzlich alle Unterlagen und Schriftstücke der Ermittlungsakte mit Ausnahme von Geschäftsgeheimnissen, internen Dokumenten und Schriftstücken der Kommission, anderen internen Unterlagen von Behörden oder sonstigen vertraulichen Angaben. Ausgenommen ist die Korrespondenz zwischen Kommission und den zuständigen Behörden der Mitgliedstaaten sowie die Korrespondenz

---

[54] Verordnung (EG) Nr. 1049/2001 des Europäischen Parlaments und des Rates vom 30.5.2001 über den Zugang der Öffentlichkeit zu Dokumenten des Europäischen Parlaments, des Rates und der Kommission, ABl. 2001 L 145/43 (im Folgenden *„Transparenz-Verordnung"*).

[55] EuGH U. v. 28.6.2012 Rs. C-404/10 P – *Kommission/Éditions Odile Jacob SAS,* veröffentlicht in der digitalen Sammlung (Allgemeine Sammlung), Rn. 108 ff.

[56] EuGH U. v. 28.6.2012 Rs. C-404/10 P – *Kommission/Éditions Odile Jacob SAS,* veröffentlicht in der digitalen Sammlung (Allgemeine Sammlung), Rn. 123 ff., EuGH U. v. 28.6.2012 Rs. C-477/10 P – *Kommission/Agrofert Holding,* veröffentlicht in der digitalen Sammlung (Allgemeine Sammlung), Rn. 49 ff. und 64 ff.

[57] EuGH U. v. 28.6.2012 Rs. C-404/10 P – *Kommission/Éditions Odile Jacob SAS,* veröffentlicht in der digitalen Sammlung (Allgemeine Sammlung), Rn. 124; EuGH U. v. 21.7.2011 Rs. C-506/08 P *Schweden/MyTravel und Kommission,* Slg. 2011 I-06237.

[58] Vgl. EuG U. v. 28.6.2012 Rs. C-404/10 P – *Komm./Editions Odile Jacob SAS,* veröffentlicht in der digitalen Sammlung (Allgemeine Sammlung), Rn. 116.

[59] EuGH U. v. 28.6.2012 Rs. C-477/10 P – *Kommission/Agrofert Holding,* veröffentlicht in der digitalen Sammlung (Allgemeine Sammlung), Rn. 71 ff.; EuGH U. v. 21.7.2011 Rs. C-506/08 P, Slg. 2011, I, 6237, My travel Rn. 72 ff., 109 ff.; EuGH U. v. 28.6.2012 Rs. C-404/10 P – *Kommission/Éditions Odile Jacob SAS,* veröffentlicht in der digitalen Sammlung (Allgemeine Sammlung), Rn. 127 ff.

[60] EuGH U. v. 28.6.2012 Rs. C-477/10 P – *Kommission/Agrofert Holding,* veröffentlicht in der digitalen Sammlung (Allgemeine Sammlung), Rn. 55; EuGH U. v. 28.6.2012 Rs. C-404/10 P – *Kommission/Éditions Odile Jacob SAS,* veröffentlicht in der digitalen Sammlung (Allgemeine Sammlung), Rn. 133.

unter diesen[61] sowie die Korrespondenz zwischen der Kommission und Wettbewerbsbehörden außerhalb des EWR.[62] Wesentlich ist, dass die Kommission sowohl in be- als auch entlastende Dokumente Akteneinsicht zu gewähren hat[63] und nicht darüber entscheiden kann, ob und inwieweit ein Schriftstück der Verteidigung eines betroffenen Unternehmens dienen kann oder nicht.[64]

Von besonderer Bedeutung im Rahmen der Akteneinsicht sind **Angaben von Wettbewerbern, Lieferanten und Abnehmern,** die entweder im Rahmen ihres rechtlichen Gehörs bei der Kommission eingebracht wurden oder die Antworten zu einem Auskunftsverlangen der Kommission nach Art. 11 darstellen. Im Fall *Endemol Entertainment Holding BT* entschied das EuG, dass auch Informationen, die es erlauben würden, Beschwerdeführer zu identifizieren, die ihre Identität nicht preisgeben möchten, von der Akteneinsicht ausgenommen werden können. Stattdessen ist es möglich, **einsehbare Zusammenfassungen** zu erstellen, die jedenfalls diejenigen Informationen enthalten müssen, auf die die Kommission ihre Einwände stützen will.[65] Im Fall *GI/Instrumentarium*[66] wurde darüber hinaus zur Überprüfung der umfangreichen ökonomischen Daten, auf die die Kommission ihre Bedenken stützte, die jedoch aus Gründen der Vertraulichkeit (ein Großteil der Daten stammte von Wettbewerbern) nicht an die Anmelder übermittelt werden durften, ein pragmatischer Zugang gewählt. Den von den Anmeldern beauftragten ökonomischen Gutachtern wurde, nach Unterzeichnung einer Geheimhaltungsverpflichtung, in den Räumen der Kommission Einsicht in die verwendeten Daten gewährt, die Möglichkeit, die Daten zu kopieren oder zu versenden, wurde technisch ausgeschlossen.[67] **29**

Kann Akteneinsicht nicht gewährt werden, weil die entsprechenden Teilakten nicht mehr existieren und kann deren Inhalt nicht mehr rekonstruiert werden, so ist dies zu Lasten der Kommission auszulegen. Folglich können die Berechtigten in diesen Fällen die Verletzung ihrer Verteidigungsrechte geltend machen, *ohne* Argumente auszuführen, die sie hätten vorbringen können, wenn sie über diese Unterlagen verfügt hätten, die sie jedoch tatsächlich nicht kennen konnten.[68] **30**

3. Geschäftsgeheimnisse

Die Kommission unterscheidet zwischen Geschäftsgeheimnissen und sonstigen vertraulichen Informationen, die jedoch beide ganz oder teilweise von der Akteneinsicht ausgenommen werden können. Grundsätzlich hat die Kommission Einsicht in die Originale oder zumindest deren nicht-vertrauliche Fassungen zu geben. Nur wenn die Vertraulich- **31**

---

[61] Kritisch hierzu *Dittert* in: Schröter/Klotz/Mederer, Kommentar zum Europäischen Wettbewerbsrecht, Art. 18 Rn. 34. Er vertritt die Ansicht, dass den Parteien ein Recht auf Einsicht in die Korrespondenz zwischen Kommission und den zuständigen Behörden der Mitgliedstaaten zukommen sollte.

[62] Vgl. Art. 17 Abs. 3 DVO, sowie Mitteilung der Kommission über die Regeln für die Einsicht in Kommissionsakten in Fällen einer Anwendung der Artikel 81 und 82 EG-Vertrag, Artikel 53, 54 und 57 des EWR-Abkommens und der Verordnung (EG) Nr. 139/42, ABl. 2005 C 325/7, (im Folgenden kurz: Mitteilung Akteneinsicht), Rn. 10 und 12ff.; zur Einsicht in vertrauliche Informationen siehe unten Punkt 3.

[63] Vgl. EuGH U. v. 25.10.2011 Rs. C-109/10 P – *Solvay/Kommission,* Slg. 2011 I-10329, Rn. 54; sowie EuGH U. v. 25.10.2011 Rs. C-110/10 P – *Solvay/Kommission,* Slg. 2011 I-10439, Rn. 49.

[64] Grundlegend EuGH U. v. 25.10.1983 Rs. C-107/82 – *AEG/Kommission,* Slg. 1983 3151, Rn. 24ff.

[65] EuG U. v. 28.4.1999 Rs. T-211/95 – *Endemol Entertainment Holding BT/Kom.* Slg. 1999 II-1299.

[66] Komm. E. v. 2.9.2003 Rs. COMP/M.3083 – *GE/Instrumentarium* ABl. 2004 L 109/1 = WuW 2003, 1046.

[67] *Loriot/Rouxel/Durant, GE/Instrumentarium:* A Practical Example of the Use of Quantitative Analysis in Merger Control, Competition Policy Newsletter No. 1, 2004, 58ff.

[68] EuGH U. v. 25.10.2011 Rs. C-109/10 P – *Solvay/Kommission,* Slg. 2011 I-10329, Rn. 63, vgl. auch Schlussanträge der Generalanwältin Kokott vom 14.4.2011 zu Rs. EuGH C-109/10 P – *Solvay/Kommission,* Rn. 194 und zu EuGH Rs. C-110/10 P – *Solvay/Kommission,* Rn. 38.

keit dadurch nicht gewährleistet ist, steht eine Zusammenfassung zur Einsichtnahme offen.[69]

32 Grundsätzlich obliegt es jeder Partei, **vertrauliche Informationen zu kennzeichnen** und der Kommission innerhalb einer festgesetzten Frist eine gesonderte, nicht-vertrauliche Fassung ihrer schriftlichen Äußerung vorzulegen.[70] Werden keine Informationen als vertraulich gekennzeichnet, darf die Kommission davon ausgehen, dass die betreffenden Unterlagen und Erklärungen keine vertraulichen Informationen enthalten.[71] Gegebenenfalls kann jedoch auch die Kommission selbst schriftliche Zusammenfassungen erstellen.[72]

33 Kriterien zur Beurteilung, was unter das Geschäftsgeheimnis fällt, finden sich in der Mitteilung der Kommission vom 22.12.2005 über die Regeln für die Einsicht in Kommissionsakten in Fällen einer Anwendung der Artikel 81 und 82 EG-Vertrag, Artikel 53, 54 und 57 des EWR-Abkommens und der Verordnung (EG) Nr. 139/2004[73] sowie in der Rechtsprechung des Gerichtshofes und des Gerichts erster Instanz.[74] Im Wesentlichen handelt es sich dabei um **wettbewerblich sensible Informationen** über das strategische Wirtschaftsverhalten wie Produktions- und Verkaufsmengen, Kunden- und Lieferantendaten, Kosten, aber auch die interne Organisation bzw. interne Entscheidungsabläufe des Unternehmens.[75]

34 Bei Unstimmigkeiten über den Umfang der Vertraulichkeit wird das betreffende Unternehmen nochmals aufgefordert, seinen Standpunkt zu überprüfen und gegebenenfalls eine weitere **nicht-vertrauliche** Fassung der Schriftstücke zu übermitteln. Kann keine Einigung erzielt werden, so wird der **Anhörungsbeauftragte** damit befasst. Dasselbe gilt auch für den umgekehrten Fall, in dem die zu Akteneinsicht berechtigten Unternehmen der Auffassung sind, dass ihnen als Geschäftsgeheimnis bezeichnete Informationen der Ermittlungsakte zugänglich gemacht werden müssen.[76]

35 Wesentlich zur Wahrung der Verteidigungsrechte im Rahmen der Akteneinsicht ist in der Praxis das von der Kommission zu erstellende **Inhaltsverzeichnis** der Ermittlungsakte, das die Betroffenen erhalten.[77] Das Inhaltsverzeichnis enthält eine **Dokumentenbezeichnung,** die so gestaltet sein muss, dass die Unternehmen beurteilen können, ob ihre Rechte im vollen Umfang gewahrt wurden. Gegebenenfalls können sie aufgrund der Beschreibung des Dokumentes eine Prüfung des Vorliegens von Geschäftsgeheimnissen verlangen und wiederum den **Anhörungsbeauftragten** anrufen.[78] Letzterer kann eine förmliche Entscheidung treffen, die gerichtlich angefochten werden kann.

V. Anhörungsrechte Dritter

1. Grundlagen

36 Art. 18 Abs. 4 in Verbindung mit Art. 16 DVO gewährt **Dritten** einen **Anspruch auf rechtliches Gehör.** Der Umfang dieses Rechtes wird durch die Interessen der beteiligten

---

[69] Vgl. Mitteilung Akteneinsicht, Rn. 17.
[70] Mitteilung Akteneinsicht, Rn. 21ff.
[71] Art. 18 Abs. 4 DVO.
[72] *Loriot/Rouxel/Durant, GE/Instrumentarium:* A Practical Example of the Use of Quantitative Analysis in Merger Control, Competition Policy Newsletter No. 1, 2004, 58ff.; vgl. auch *Drauz/Schröder,* Praxis der europäischen Fusionskontrolle, S. 208.
[73] ABl. 2005 C 325/7.
[74] Grundlegend dazu: EuGH U. v. 24.6.1986 Rs. C-53/85 – *Akzo Chemie/Kommission* Slg. 1986 1965 Rn. 24–28; EuGH U. v. 17.11.1987 verb. Rs. C-142/84 und C-156/84 – *BAT & Rynolds/Kommission,* Slg. 1987 I-4487; EuG U. v. 28.4.1999 Rs. T-211/95 – *Endemol Entertainment Holding BT/Kommission,* Slg. 1999 II-1299.
[75] Vgl. Mitteilung Akteneinsicht, Rn. 18 und 23; *Maass* in: Langen/Bunte, FKVO, Art. 18 Rn. 27.
[76] Mandat des Anhörungsbeauftragten, Art. 8.
[77] Vgl. Mitteilung Akteneinsicht, Rn. 45.
[78] Vgl. dazu auch *Ohlhoff* in: MünchKomm Eu WettbR, Art. 18 FKVO, Rn. 58ff.

Unternehmen (v.a. an einer raschen Durchführung des Verfahrens) eingeschränkt[79] und entspricht daher im Zusammenschlussverfahren auch nicht dem vollen Ausmaß der Rechte Dritter im Rahmen der VO Nr. 1/2003. Insbesondere können Dritte keine Anmeldung und damit Prüfung des Zusammenschlussvorhabens erzwingen. Allerdings haben sie ein Recht darauf, dass eine diesbezügliche Beschwerde sorgfältig untersucht wird und auch Anspruch auf eine begründete Antwort.[80] Wird eine Beschwerde über die Nichtanmeldung eines Zusammenschlusses eingereicht, muss diese innerhalb einer angemessenen Frist an die Kommission gerichtet werden. Diese angemessene Frist ist an den kurzen Verfahrensfristen der FKVO selbst zu messen. In diesem Sinn wurde im Fall *Schlüsselverlag J. S. Moser GmbH* ein Zeitraum von fast vier Monaten nach Abschluss der nationalen Entscheidung jedenfalls nicht als angemessen erachtet.[81]

2. Berechtigte

Dritte im Sinne von Art. 18 Abs. 4 sind zunächst alle natürlichen oder juristischen Personen, die ein **hinreichendes Interesse** am Ausgang des Zusammenschlussverfahrens geltend machen können. Art. 11 Buchstabe c) DVO nennt hier beispielhaft **Kunden**, **Lieferanten** und **Wettbewerber.** Ausreichend ist die Geltendmachung eines wirtschaftlichen Interesses. Nachzuweisen ist, dass die Zusammenschluss-Entscheidung für den Dritten einen rechtlichen oder tatsächlichen Nachteil mit sich bringen kann.[82] Eine gesonderte Bedeutung des „hinreichenden" Interesses im Gegensatz zu dem Begriff des „ausreichenden" Interesses in Art. 19 Abs. 2 wurde durch die bisherige Praxis nicht bestätigt. 37

Art. 18 Abs. 4 räumt insbesondere den **Mitgliedern der Aufsichts- und Leitungsorgane** der beteiligten Unternehmen und rechtlich anerkannten **Vertretern der Arbeitnehmer** das Recht auf rechtliches Gehör ein, ein hinreichendes Interesse wird bei ihnen unwiderleglich vermutet.[83] Zur Frage, wer als Mitglied eines Leitungsorgans in Frage kommt, kann zunächst auf die Entscheidungspraxis im Rahmen des Kontrollerwerbs verwiesen werden. Dort wird darauf abgestellt, wer die strategischen Entscheidungen fällt. Dies sind i.d.R. Vorstand und Geschäftsführer. Keine Anerkennung als Dritte im Zusammenschlussverfahren wurde hingegen **Aktionären** eines am Zusammenschluss beteiligten Unternehmens gewährt.[84] Bei Arbeitnehmervertretern wurde ebenfalls ein strenger Maßstab angelegt. So werden Mitglieder der **Gewerkschaften** im Unterschied zu den **gewählten Betriebsräten** nicht als Dritte im Sinne von Art. 18 Abs. 4 anerkannt.[85] 38

Art. 18 Abs. 4 sieht Anhörungsrechte nur für Vertreter von beteiligten Unternehmen vor. Es stellt sich die Frage, ob folglich nur **Mitglieder der Leitungsorgane und Vertreter der Arbeitnehmer** der unmittelbar am Zusammenschluss beteiligten Unternehmen einen Antrag stellen können oder ob dieses Recht auch den Leitungsorganen und Arbeitnehmervertretern von Mutter- oder Tochtergesellschaften oder des zu übernehmenden Unternehmens und des Veräußerers zusteht. Für eine weite Auslegung spricht die im Hinblick auf das Recht auf Anhörung vorgenommene Definition der anderen Beteiligten im Sinne von Art. 11 DVO. Für eine enge Interpretation spricht jedoch der im Fusionskon- 39

---

[79] EuG U. v. 27.4.1995 Rs. T-96/92 – *Société Générale des Grandes Sources,* Slg. 1995 II-1213; EuG U. v. 27.11.1997 Rs. T-290/94 – *Kaysersberg S. A./Kommission,* Slg. 1997 II-2137, Rn. 109f.; EuG U. v. 7.9.2009 Rs. T-151/05 – *NVV u. a./Kommission,* Slg. 2009 II-1219, Rn. 202.

[80] Siehe EuGH U. v. 25.9.2003 Rs. C-170/02p – *Schlüsselverlag J. S. Moser GmbH und andere/Komm.,* Slg. 2002, II-1473, Rn. 29ff.

[81] Ibid. Rn. 31ff.

[82] *Körber* in: Immenga/Mestmäcker, Wettbewerbsrecht Band 1. EU, Art 18, Rn. 58.

[83] *Van Bael/Bellis,* Competition Law of the European Community, 2010, 767; sowie *Ohlhoff* in: MünchKomm Eu WettbR, Art. 18 FKVO, Rn. 12.

[84] EuG U. v. 28.10.1993 Rs. T-83/92 – *Zunis o. a./Kommission,* Slg. 1993 II-1169.

[85] EuG U. v. 27.4.1995 Rs. T-12/93 – *SA Vitell/Kommission,* Slg. 1992 II-1247; Komm. E. v. 18.10.1995 Rs. IV/M.580 – *ABB/Daimler-Benz,* ABl. 1997 L-11/1, Rn. 148 = WuW 1996, 25, siehe auch *Drauz/Schröder,* Praxis der europäischen Fusionskontrolle, S. 216.

trollverfahren herrschende Grundsatz der Verfahrensbeschleunigung und Verfahrensökonomie. Als Maßstab kann daher die Darlegung eines hinreichenden Interesses seitens der Inhaber des Mutter- oder Zielunternehmens herangezogen werden.

40 Verbraucherverbänden kommen Anhörungsrechte zu, wenn das Zusammenschlussvorhaben von Endverbrauchern genutzte Waren oder Dienstleistungen betrifft. Nach der Rechtsprechung des EuG ist diese Bestimmung weit auszulegen, so dass auch mittelbare Auswirkungen auf die Endverbrauchermärkte ein Anhörungsrecht von Verbraucherverbänden begründen.[86] Voraussetzung ist auch, dass tatsächlich ein **schriftlicher Antrag auf Anhörung** durch die Kommission im Prüfverfahren eingereicht wurde.[87]

41 Art. 18 Abs. 4 bestimmt im Satz 1 darüber hinaus die Anhörung von anderen natürlichen oder juristischen Personen, sofern die Kommission oder die **zuständigen Behörden der Mitgliedstaaten** dies für erforderlich halten. Die Anhörung solcher Personen steht im Ermessen der Kommission und dient insbesondere auch ihrem eigenen Informationsinteresse. Da die genannten Personen i. d. R. kein hinreichendes Interesse am Ausgang des Zusammenschlussvorhabens haben, können ihnen auch im Fall einer Anhörung nicht dieselben Rechte wie *„echten Dritten"* eingeräumt werden.

3. Umfang

42 Während Art. 18 Abs. 4 nur generell von einem Recht auf Anhörung spricht, ist in Art. 16 Abs. 2 Satz 1 DVO zunächst von einer **schriftlichen** Äußerung die Rede, die innerhalb einer von der Kommission gesetzten Frist vorzulegen ist. Bereits der Antrag zur Geltendmachung der Anhörung ist schriftlich zu stellen (Art. 16 Abs. 1 DVO).

43 Hinsichtlich der Gewährung von **mündlichem** Gehör bestimmt die DVO in Art. 16 Abs. 2, dass die Kommission Dritten auf ihren Antrag hin gegebenenfalls Gelegenheit zur Teilnahme an einer förmlichen mündlichen Anhörung geben kann. Art. 18 Abs. 4 Satz 2 hingegen sieht vor, dass bei Vorliegen eines hinreichenden Interesses dem Antrag stattzugeben ist. Es stellt sich daher die Frage, ob Dritten ein durchsetzbares **Recht auf eine förmliche mündliche** Anhörung zusteht oder ob dies nur im Ermessen der Kommission liegt.[88] Sowohl *Körber*[89] als auch *Ohlhoff*[90] und *Maass*[91] gehen von einer Ermessensentscheidung der Kommission aus. *Wagemann* geht davon aus, dass Art und Umfang der Anhörung Dritter von den Umständen des Einzelfalles, insbesondere auch vom Verfahrensstadium abhängen.[92] Dem ist grundsätzlich zuzustimmen. Als Maßstab für die Gewährung eines Rechts auf mündliche Anhörung muss jedenfalls die Möglichkeit Dritter, ihre Auffassung in zweckdienlicher Weise vortragen zu können, herangezogen werden.[93] Fraglich ist, ob dieses Kriterium bereits mit der Möglichkeit der schriftlichen Äußerung erfüllt ist.[94]

---

[86] EuG U. v. 12.10.2011 Rs. T-224/10 – *Association belge des consommateurs test-achats ASBL/Kommission.* Slg 2011 II-7177, Rn. 43.

[87] EuG U. v. 12.10.2011 Rs. T-224/10 – *Association belge des consommateurs test-achats ASBL/Kommission.* Slg 1011 II-7177, Rn 37.

[88] Letzteres entspricht naturgemäß der Auffassung der Kommission, Komm. E. v. 24.7.2002 Rs. COMP/M.2706 – *Carnival Corporation/P & O Princess,* ABl. 2003 L 248/1 = WuW 2002, 1080; siehe auch den Abschlussbericht des Anhörungsbeauftragten vom 23.7.2002.

[89] *Körber* in: Immenga/Mestmäcker EG-WbR Teil 2, Art. 18 Rn. 36, 53 und 71 letzter Spiegelstrich.

[90] *Ohlhoff* in: MünchKomm Eu WettbR, Art. 18 FKVO, Rn. 35.

[91] *Maass* in: Langen/Bunte, FKVOArt. 18, Rn. 35.

[92] *Wagemann* in: Wiedemann, Handbuch des Kartellrechts, Art. 18 FKVO § 17 Rn. 118; so auch *Lange,* Beteiligungsrechte Dritter im europäischen Fusionskontrollverfahren, in: FS Bou-jong, S. 894 f.; vgl. auch EuG U. v. 27.11.1997 Rs. T-290/94 – *Kaysersberg S. A./Kommission,* Slg. 1997II-2137.

[93] EuG U. v. 27.4.1995 Rs. T-96/92 – CCE de la *Société Génerale des Grandes Sources u. a./Kommission,* Slg. 1995 II-1213, Rn. 46; EuG U. v. 27.4.1995 Rs. T-12/93 – *Vitell u. A./Kommission,* Slg. 1995 II-1276, Rn. 59.

[94] Bejahend *Ohlhoff* in: MünchKomm Eu WettbR, Art. 18 FKVO, Rn. 35; kritisch dazu *Körber* in: Immenga/Mestmäcker EG-WbR Teil 2, Art. 18 Rn. 67.

In eingeschränktem Ausmaß wird Dritten in Ergänzung zum Anhörungsrecht auch ein **Informationsrecht**[95] gewährt. So wird in Art. 16 Abs. 1 DVO bestimmt, dass Dritte, die einen Antrag auf Anhörung stellen, von der Kommission **schriftlich** über Art und Gegenstand des Verfahrens unterrichtet werden. Der Umfang dieses Rechtes wird weder in Art. 18 noch in der DVO näher geregelt. In Frage kommt die Übersendung der Beschwerdepunkte unter Herausnahme der Geschäftsgeheimnisse, dies oftmals in gekürzter Fassung.[96] Dies entspricht auch der Praxis im Rahmen des Verfahrens nach der Verordnung Nr. 1/2003.[97] Zur Frage eines echten Akteneinsichtsrechts siehe schon oben unter Rn. 22 ff. 44

Eine Besonderheit des FKVO-Verfahrens ist die Übermittlung von **Informationen über Zusagenangebote an Dritte.**[98] Da Zusagen im Allgemeinen eine Änderung des Zusammenschlussvorhabens bedeuten, ist hier von einem echten Informationsanspruch Dritter auszugehen, da diese ansonsten ihr Anhörungsrecht nicht in vollem Umfang ausüben können.[99] Das Informationsrecht Dritter ist jedoch beschränkt. Insbesondere wird weder durch Art. 18 Abs. 4 noch durch die Bestimmungen der DVO ein Recht zur **Akteneinsicht** gewährt. Bei Zugang zum Verfahrensakt auf Basis der Transparenz-Verordnung ist auf eine kohärente Anwendung mit der FKVO zu achten.[100] 45

4. Rechte Dritter im Vorverfahren

Nach übereinstimmender Lehrmeinung bestehen Anhörungsrechte Dritter bereits im Vorverfahren.[101] Dies wurde auch vom EuG bestätigt.[102] Darüber hinaus entspricht dies auch der praktischen Verfahrensgestaltung, insbesondere der Veröffentlichung des Zusammenschlussvorhabens im Amtsblatt der Gemeinschaft, die mit der ausdrücklichen Aufforderung an Dritte, **innerhalb von 10 Tagen eine Stellungnahme** abzugeben, verbunden ist. Auch hier zeigt die Praxis, dass Dritte insbesondere im Wege von Auskunftsverlangen häufig sehr stark in das Verfahren in Phase I einbezogen werden. Von besonderer Bedeutung ist hier auch die Praxis der Kommission, im Falle von Zusagen in Phase I diese einem **Markttest** zu unterwerfen, bei dem oftmals in sehr ausführlicher Form die angedachten Zusagen betroffenen Dritten zur Stellungnahme übermittelt werden.[103] Anhörungsrechte im Vorverfahren sind schon deshalb wichtig, um Dritten die Möglichkeit zu eröffnen, durch (wenn auch nur beschränkte) Teilnahme am Zusammenschlussverfahren ihre berechtigten Interessen zu schützen. Würden nämlich Rechte Dritter im Vorverfahren verneint, so wird unter Umständen nicht einmal ein Prüfungsverfahren eingeleitet. 46

---

[95] *Wagemann* in: Wiedemann, Handbuch des Kartellrechts, Art. 18 FKVO § 17 Rn. 116.

[96] Vgl. dazu *Wagemann* in: Wiedemann, Handbuch des Kartellrechts, § 17 Rn. 116; vgl. auch die Praxis im Rahmen der Art. 81 und 82 EGV.

[97] *Maass* in: Langen/Bunte, FKVO, Art. 18, Rn. 35.

[98] *Wagemann* in: Wiedemann, Handbuch des Kartellrechts, § 17 Rn. 116; vgl. auch EuG U. v. 27.11.1997 Rs. T-290/94 – *Kaysersberg S.A./Kommission,* Slg. 1997 II-2137.

[99] *Dittert* geht in Anlehnung an die Vorgehensweise bei Verpflichtungszusagen nach Art. 9 VO 1/2003 sogar von einem *Anhörungs*recht aus, wenn die Dritten durch diese betroffen sind; in: Schröter/Jakob/Mederer, Kommentar zum Europäischen Wettbewerbsrecht, Art. 18, Rn. 8 und 39.

[100] Vgl. dazu oben Rn. 22; EuGH U. v. 28.6.2012 Rs. C-404/10 P – *Kommission/Éditions Odile Jacob SAS,* veröffentlicht in der digitalen Sammlung (Allgemeine Sammlung), Rn. 108 ff.

[101] *Körber* in: Immenga/Mestmäcker EG-WbR Teil 2, Art. 18, Rn. 55; *Maass* in: Langen/Bunte, FKVO, Art. 18, Rn. 7; *Wagemann* in: Wiedemann, Handbuch des Kartellrechts, § 17 Rn. 120; *Drauz/Schröder,* Praxis der europäischen Fusionskontrolle, 216.

[102] EuG U. v. 12.10.2011 Rs. T-224/10 – *Association belge des consommateurs test-achats ABSL/Kommission,* Slg. 2011 II-7177, Rn. 39.

[103] Vgl. EuGH U. v. 3.4.2003 Rs. T-119/02 – *Royal Phillips Electronics NV/Kommission* Slg. 2003II-1433, Rn. 236 ff.; vgl. auch *Dittert* in: Schröter/Jakob/Mederer, Kommentar zum Europäischen Wettbewerbsrecht, Art. 18, Rn. 8, 27.

47 Anhörungsrechte Dritter im **informellen Vorverfahren** (Pränotifikationsphase) werden hingegen von Literatur und auch Rechtsprechung abgelehnt.[104] Dem ist zu folgen, da abgesehen vom Bedürfnis nach Vertraulichkeit für die Anmelder auch der konkrete Gegenstand der Anmeldung, oftmals sogar die Durchführung des Vorhabens überhaupt noch nicht sicher ist. Das EuG verneint aus diesen Gründen derartige Anhörungsrechte Dritter, um eine unnötige Erschwernis der Fusionskontrolle durch die Kommission zu verhindern und um dem Verfahrensgrundsatz des Beschleunigungsgebots zu entsprechen.[105]

5. Klagebefugnis nach Art. 263 Abs. 4 AEUV

48 Die Anhörungsrechte Dritter sind auch im Rahmen des gerichtlichen Rechtschutzes gemäß Art. 263 Abs. 4 AEUV relevant. Nach ständiger Rechtsprechung des EuGH sind **Nichtadressaten** einer Entscheidung jedenfalls dann individuell durch diese betroffen, wenn sie sich aufgrund ihrer Anhörungsrechte an dem Verfahren beteiligt haben.[106] Somit dient die Beteiligung am Verfahren auch der im Rahmen von Art. 263 notwendigen **Individualisierung.**[107] Die Nichtteilnahme am Fusionskontrollverfahren führt jedenfalls nicht dazu, dass die Rechte nach Art. 263 AUEV nicht mehr geltend gemacht werden können.[108]

Art. 19. Verbindung mit den Behörden der Mitgliedstaaten

(1) [1]**Die Kommission übermittelt den zuständigen Behörden der Mitgliedstaaten binnen dreier Arbeitstage eine Kopie der Anmeldungen und sobald wie möglich die wichtigsten Schriftstücke, die in Anwendung dieser Verordnung bei ihr eingereicht oder von ihr erstellt werden.** [2]**Zu diesen Schriftstücken gehören auch die Verpflichtungszusagen, die die beteiligten Unternehmen der Kommission angeboten haben, um den Zusammenschluss gemäß Artikel 6 Absatz 2 oder Artikel 8 Absatz 2 Unterabsatz 2 in einer mit dem Gemeinsamen Markt zu vereinbarenden Weise zu gestalten.**

(2) [1]**Die Kommission führt die in dieser Verordnung vorgesehenen Verfahren in enger und stetiger Verbindung mit den zuständigen Behörden der Mitgliedstaaten durch; diese sind berechtigt, zu diesen Verfahren Stellung zu nehmen.** [2]**Im Hinblick auf die Anwendung des Artikels 9 nimmt sie die in Artikel 9 Absatz 2 bezeichneten Mitteilungen der zuständigen Behörden der Mitgliedstaaten entgegen; sie gibt ihnen Gelegenheit, sich in allen Abschnitten des Verfahrens bis zum Erlass einer Entscheidung nach Artikel 9 Absatz 3 zu äußern und gewährt ihnen zu diesem Zweck Akteneinsicht.**

(3) **Ein Beratender Ausschuss für die Kontrolle von Unternehmenszusammenschlüssen ist vor jeder Entscheidung nach Artikel 8 Absätze 1 bis 6 und Artikel 14 oder 15, ausgenommen vorläufige Entscheidungen nach Artikel 18 Absatz 2, zu hören.**

---

[104] *Körber* in: Immenga/Mestmäcker EG-WbR Teil 2, Art. 18 Rn. 57 m. w. N; *Wagemann* in: Wiedemann, Handbuch des Kartellrechts, § 17, Rn. 121 m. w. N.; EuG U. v. 12.10.2011 Rs. T-224/10 – *Association belge des consommateurs test-achats ABSL/Kommission,* Slg. 2011 II-7177, Rn. 55 f.

[105] EuG U. v. 12.10.2011 Rs. T-224/10 – *Association belge des consommateurs test-achats ABSL/Kommission,* Slg. 2011 II-7177, Rn 55 f.

[106] EuGH U. v. 31.10.1998 Rs. C-68/94 und C-30/95 – *Frankreich u. a./Komm.* Slg. 1998 I-1375 Rn. 48 ff.; EuG U. v. 19.5.1994 Rs. T-2/93 – *Air France/Kommission,* Slg. 1994 II-323; EuGH U. v. 25.10.1977 Rs. 26/76 – *Metro I,* Slg. 1977 1875 Rn. 13.

[107] Vgl. dazu anstatt vieler *Körber,* Gerichtlicher Rechtsschutz in der europäischen Fusionskontrolle, RIW 1998, 910 ff., sowie *ders.* Konkurrentenklage in der Europäischen Fusionskontrolle, EuZW 1996, 267 f.

[108] EuG B. v. 6.7.1993 Rs. T-12/93 – *CCE Vittel und CE Pierval/Kommission,* Slg. 1993 II-785; vgl. EuG U. v. 11.7.1996 verb. Rs. T-528/93, T-542–543/93, T-546/93 – *Métropole Télévison/Kommission,* Slg. 1996 II-649, EuGH U. v. 12.10.2011 Rs. T-224/10 – *ASBL/Kommission,* Slg. 2011 II-7177, Rn. 29; EuG U. v. 24.3.1994 Rs T-3/93 – *Air France/Kommission,* Slg. 1994 II-121, zur unmittelbaren Betroffenheit des Betriebsrates.

(4) [1] **Der Beratende Ausschuss setzt sich aus Vertretern der zuständigen Behörden der Mitgliedstaaten zusammen. [2] Jeder Mitgliedstaat bestimmt einen oder zwei Vertreter, die im Fall der Verhinderung durch jeweils einen anderen Vertreter ersetzt werden können. [3] Mindestens einer dieser Vertreter muss für Kartell- und Monopolfragen zuständig sein.**

(5) [1] **Die Anhörung erfolgt in einer gemeinsamen Sitzung, die die Kommission anberaumt und in der sie den Vorsitz führt. [2] Der Einladung zur Sitzung sind eine Darstellung des Sachverhalts unter Angabe der wichtigsten Schriftstücke sowie ein Entscheidungsentwurf für jeden zu behandelnden Fall beizufügen. [3] Die Sitzung findet frühestens zehn Arbeitstage nach Versendung der Einladung statt. [4] Die Kommission kann diese Frist in Ausnahmefällen entsprechend verkürzen, um schweren Schaden von einem oder mehreren an dem Zusammenschluss beteiligten Unternehmen abzuwenden.**

(6) [1] **Der Beratende Ausschuss gibt seine Stellungnahme zu dem Entscheidungsentwurf der Kommission – erforderlichenfalls durch Abstimmung – ab. [2] Der Beratende Ausschuss kann seine Stellungnahme abgeben, auch wenn Mitglieder des Ausschusses und ihre Vertreter nicht anwesend sind. [3] Diese Stellungnahme ist schriftlich niederzulegen und dem Entscheidungsentwurf beizufügen. [4] Die Kommission berücksichtigt soweit wie möglich die Stellungnahme des Ausschusses. [5] Sie unterrichtet den Ausschuss darüber, inwieweit sie seine Stellungnahme berücksichtigt hat.**

(7) [1] **Die Kommission übermittelt den Adressaten der Entscheidung die Stellungnahme des Beratenden Ausschusses zusammen mit der Entscheidung. [2] Sie veröffentlicht die Stellungnahme zusammen mit der Entscheidung unter Berücksichtigung der berechtigten Interessen der Unternehmen an der Wahrung ihrer Geschäftsgeheimnisse.**

Übersicht

I. Übermittlung von Schriftstücken

1 Art. 19 entspricht im Wesentlichen Art. 11 und Art. 14 VO 1/2003 und regelt in Abs. 1 die Pflicht der Kommission, den Behörden der Mitgliedstaaten die Anmeldung von Zusammenschlussvorhaben sowie die wichtigsten bei ihr eingereichten und von ihr erstellten Schriftstücke zu übermitteln. Die Anmeldung einschließlich der Anlagen muss – anders als nach Art. 11 VO 1/2003 – innerhalb von 3 Arbeitstagen übermittelt werden und löst die Frist von 15 Arbeitstagen des Art. 9 Abs. 2 für einen Verweisungsantrag der Mitgliedstaaten aus. Die Unterlagen werden in der Regel über private Kurierpost versandt.

2 Unter den **wichtigsten Schriftstücken** i. S. d. Art. 19 Abs. 1 sind solche Unterlagen zu verstehen, die für die Stellungnahme der Mitgliedstaaten im Beratenden Ausschuss erforderlich sind.[1] Darunter fallen die Entscheidungen der Kommission nach Art. 6 Abs. 1, über die Befreiung vom Vollzugsverbot nach Art. 7 Abs. 3, über die Verweisung oder Nichtverweisung eines Zusammenschlusses an die Mitgliedstaaten nach Art. 9 Abs. 3, die Beschwerdepunkte nach Art. 18 Abs. 3 sowie die Erwiderung der Parteien auf die Beschwerdepunkte.[2] Mit der Revision der FKVO zum 1. März 1998 wurden ausdrücklich auch die

---

[1] EuGH U. v. 31.3.1998, verb. Rs. C-68/94 und C-30/95 – *Frankreich u. a./Kommission* Slg. 1998, I-1375/1481 Rn. 87.

[2] *Wagemann* in: Wiedemann, Handbuch des Kartellrechts, § 17 Rn. 187; *Hacker* in: von der Groeben/Schwarze/Hatje, Europäisches Unionsrecht, Art. 19 FKVO Rn. 6; *Hacker* in: Schröter/Jakob/

Zusagenangebote der Parteien als wichtigste Schriftstücke definiert (Art. 19 Abs. 1 S. 2). Die wichtigsten Schriftstücke müssen von der Kommission „so bald wie möglich", also unverzüglich,[3] übermittelt werden.

3 Nicht unter den Begriff der wichtigsten Schriftstücke fallen Unterlagen, die den Entscheidungsentwurf der Kommission lediglich stützen, Einzelheiten der von der Kommission durchgeführten Ermittlungen wie z. B. Antworten auf Auskunftsverlangen oder Stellungnahmen Dritter zu den von den Parteien angebotenen Zusagen oder zu den Beschwerdepunkten. Diese werden von der Kommission in ihrem Entscheidungsentwurf gewürdigt und stehen den Mitgliedstaaten zudem im Rahmen des Akteneinsichtsrechts nach Abs. 2 im Zusammenhang mit Verweisungsanträgen zur Verfügung.[4] Versäumt es die Kommission, den Mitgliedstaaten die wichtigsten Schriftstücke zu übermitteln, können die am Zusammenschluss beteiligten Unternehmen oder andere am Zusammenschluss interessierte Unternehmen sich darauf im Rahmen einer **Nichtigkeitsklage** gegen die Entscheidung der Kommission nicht berufen, da sie nicht in den Adressatenkreis von Art. 19 fallen.[5] Etwas anderes gilt für die Mitgliedstaaten, die durch eine Verletzung ihrer Beteiligungsrechte unmittelbar betroffen sind und daher in diesem Fall nach Art. 263 AEUV beim EuGH eine Nichtigkeitsklage wegen Verletzung wesentlicher Formvorschriften gegen die Entscheidung der Kommission erheben können.[6] Allerdings ist die Kommissionsentscheidung nach der Rechtsprechung der Unionsgerichte nur dann rechtsfehlerhaft, wenn sich die Verletzung der Beteiligungsrechte der Mitgliedstaaten auf die Entscheidung der Kommission tatsächlich ausgewirkt hat.[7]

II. Zusammenarbeit mit den Behörden der Mitgliedstaaten

4 Ebenso wie Art. 11 Abs. 1 VO 1/2003 bestimmt Art. 19 Abs. 2, dass die Kommission die Prüfung von Zusammenschlussvorhaben in enger und stetiger Verbindung mit den Mitgliedstaaten durchführt. Dieser Grundsatz beeinflusst die Auslegung des Art. 19 im Rahmen sämtlicher dort vorgesehener Beteiligungsrechte der Mitgliedstaaten. Daraus wird deutlich, welcher Stellenwert der Transparenz und Nachvollziehbarkeit von Kommissionsentscheidungen im Rahmen der Zusammenschlusskontrolle[8] sowie der effektiven und ein-

---

Klotz/Mederer, Europäisches Wettbewerbsrecht, Art. 19 FKVO Rn. 6; *Ohlhoff/Fleischmann* in: Münch-Komm EuWettbR, Art. 19 FKVO Rn. 9.

[3] *Körber* in: Immenga/Mestmäcker, EU WbR Teil 2, Art. 19, Rn. 7.

[4] *Hacker* in: von der Groeben/Schwarze/Hatje, Europäisches Unionsrecht, Art. 19 FKVO Rn. 7; *dies.* in: Schröter/Jakob/Klotz/Mederer, Europäisches Unionsrecht, Art. 19 FKVO Rn. 7; vgl. dazu unten Rn. 6; *Bardong* in Langen/Bunte, Kommentar zum deutschen und europäischen Kartellrecht, Art. 19 FKVO Rn. 4; *Ohlhoff/Fleischmann* in: MünchKomm EuWettbR, Art. 19 FKVO Rn. 9; vgl. auch EuGH, U. v. 31.3.1998, verb. Rs. C-68/94 und C-30/95 – *Frankreich u. a./Kommission* Slg. 1998 I-1375, Rn. 87.

[5] EuG, U. v. 7.6.2013, Rs. T-405/08 – *SPAR/Kommission,* Rn. 265 (für die fehlende Übermittlung eines abgeänderten Zusagenangebotes der Parteien); a. A. *Ohlhoff/Fleischmann* in: MünchKomm EuWettbR, Art. 19 FKVO Rn. 39; *Körber* in: Immenga/Mestmäcker, EU WbR Teil 2, Art. 19, Rn. 23 unter Berufung auf ein früheres Urteil des EuG v. 27.11.1997 (Rs. T-290/94 – *Kaysersberg SA/Kommission*), in dem das EuG die Zulässigkeit des Klagegrundes allerdings ausdrücklich nicht geprüft hatte.

[6] EuGH, U. v. 31.3.1998, verb. Rs. C-68/94 und C-30/95 – *Frankreich u. a./Kommission* Slg. 1998 I-1375; EuG, U. v. 27.11.1997, Rs. T-290/94 – *Kaysersberg SA/Kommission,* Slg. 1997 II-2137 = WuW/E EU-R 43/45 Rn. 84 ff.

[7] EuG, U. v. 27.11.1997, Rs. T-290/94 – *Kaysersberg SA/Kommission,* Slg. 1997 II-2137 = WuW/E EU-R 43/45 Rn. 88; EuG, U. v. 15.3.2000 Rs. T-25/95 – *SA Cimenteries CBR u. a.,* Slg. 1999 II-495 Rn. 742 zur Beteiligung des Beratenden Ausschusses im Kartellverfahren; s. auch EuGH, U. v. 21.3.1990 Rs. C-142/87 – *Belgien/Kommission,* Slg. 1990, 959 Rn. 48 zur Verletzung des Anspruchs der Mitgliedstaaten auf rechtliches Gehör im Beihilfeverfahren; vgl. zu den Rechtsschutzmöglichkeiten bei Verletzung der Beteiligungsrechte des Art. 19 *Ohlhoff/Fleischmann* in: MünchKomm EuWettbR, Art. 19 FKVO Rn. 39; *Bardong* in: Langen/Bunte, Kommentar zum deutschen und europäischen Kartellrecht, Art. 19 FKVO Rn. 22; *Hacker* in: Schröter/Jakob/Klotz/Mederer, Europäisches Wettbewerbsrecht, Art. 19 FKVO Rn. 2.

[8] Vgl. dazu *Monopolkommission,* IX. Hauptgutachten 1990/91 Ziff. 617 ff.

heitlichen Anwendung der Wettbewerbsvorschriften im Gemeinsamen Markt zugemessen wird. Um diese Ziele zu gewährleisten, räumt Art. 19 Abs. 2 den Mitgliedstaaten ein Stellungnahmerecht zu den Verfahren sowie ein Mitwirkungsrecht im Rahmen des Beratenden Ausschusses ein. Neben den in Art. 19 geregelten förmlichen Mitwirkungsrechten der Mitgliedstaaten sollen die Kommission und die zuständigen Behörden der Mitgliedstaaten nach dem 14. Erwägungsgrund der FKVO ein **Netzwerk von Behörden** bilden. In der Praxis stehen die Kommission und die mitgliedstaatlichen Behörden über dieses Netzwerk (ECN) in engem Kontakt, um Informationen und Einschätzungen zu den angemeldeten Zusammenschlüssen auszutauschen.[9] Zudem wurde im Jahr 2010 die Arbeitsgruppe Fusionskontrolle **(Merger Working Group)** gegründet, die dem Erfahrungsaustausch zwischen den Kartellbehörden dient.[10] Ergebnis dieser Arbeitsgruppe sind u. a. die im November 2011 verabschiedeten „Best Practices on cooperation between EU National Competition Authorities In Merger Review".

1. Stellungnahme zum Verfahren

Die Mitgliedstaaten können im Rahmen der von der Kommission geführten Fusionskontrollverfahren jederzeit aus eigener Initiative Stellungnahmen abgeben, die sich auf sämtliche Auslegungsfragen der FKVO beziehen können. Denkbar ist jedoch auch die Anregung einer Verfahrenseinleitung nach Art. 6 Abs. 1 lit. c[11] oder der Verfahrensbeendigung nach Art. 6 Abs. 1 lit. a.[12] Die Stellungnahmen der Mitgliedstaaten sind für die Kommission unverbindlich. Anders als bei den Stellungnahmen des Beratenden Ausschusses (Abs. 6 S. 4) ist die Kommission auch nicht ausdrücklich verpflichtet, die Stellungnahmen nach Abs. 2 bei ihrer Entscheidung zu berücksichtigen. Aufgrund der Verpflichtung zur engen und stetigen Zusammenarbeit mit den Mitgliedstaaten muss sie sich mit deren Stellungnahmen jedoch zumindest auseinandersetzen.[13] 5

In Deutschland ist gemäß § 50 GWB für die Stellungnahmen nach Abs. 2 das Bundeskartellamt zuständig, ohne dass es dafür der Zustimmung seitens des Bundeswirtschaftsministeriums bedarf.[14] 6

2. Verfahren nach Art. 9

Für das Verfahren nach Art. 9 enthält Art. 19 Abs. 2 S. 2 eine Sonderregelung, nach der die Mitgliedstaaten zur Stellungnahme in allen Verfahrensabschnitten bis zu einer Entscheidung über die Verweisung nach Art. 9 Abs. 3 berechtigt sind. Die Kommission nimmt die Verweisungsanträge der Mitgliedstaaten entgegen und gibt diesen Gelegenheit zur Stellungnahme. 7

Neben dem Recht auf Stellungnahme enthält Art. 19 Abs. 2 S. 2 auch ein Recht der Mitgliedstaaten auf **Akteneinsicht** in allen Verfahrensabschnitten, also auch vor der Stellung eines Verweisungsantrages. Dadurch wird sichergestellt, dass die Mitgliedstaaten in allen Verfahrensabschnitten über den gleichen Kenntnisstand wie die Kommission verfügen 8

---

[9] Vgl. dazu *Koch* in: MünchKomm Eu WettbR, Einleitung FKVO Rn. 108; *Bardong* in: Langen/Bunte, Kommentar zum deutschen und europäischen Kartellrecht, Art. 19 FKVO Rn. 6.

[10] http://ec.europa.eu/competition/ecn/mergers.html; vgl. hierzu näher *Hirsbrunner,* EWS 2011, 328 ff.; *Bardong* in: Langen/Bunte, Kommentar zum deutschen und europäischen Kartellrecht, Art. 19 FKVO Rn. 20.

[11] Komm. E. v. 14.12.1993 Rs. IV/M.308 – *Kali+Salz/MdK/Treuhand,* ABl. 1994 L 186/38.

[12] *Körber* in: Immenga/Mestmäcker, EU WbR Teil 2, Art. 19, Rn. 11.

[13] *Körber* in: Immenga/Mestmäcker, EU WbR Teil 2, Art. 19, Rn. 12; *Bardong* in: Langen/Bunte, Kommentar zum deutschen und europäischen Kartellrecht, Art. 19 FKVO Rn. 8; *Hacker* in: von der Groeben/Schwarze/Hatje, Europäisches Wettbewerbsrecht, Art. 19 FKVO Rn. 11; *Ohlhoff/Fleischmann* in: MünchKomm EuWettbR, Art. 19 FKVO Rn. 13.

[14] *Bardong* in: Langen/Bunte, Kommentar zum deutschen und europäischen Kartellrecht, Art. 19 FKVO Rn. 9; *Körber* in: Immenga/Mestmäcker, EU WbR Teil 2, Art. 19 Rn. 11.

können. Das Einsichtsrecht besteht nur 35 bzw. 65 Arbeitstage bis zu einer Entscheidung der Kommission nach Art. 9 Abs. 3; die Mitgliedstaaten haben für einen Verweisungsantrag zuvor jedoch die Frist von 15 Arbeitstagen des Art. 9 Abs. 2 zu beachten. Schöpft der Mitgliedstaat die Frist für einen Verweisungsantrag voll aus, können sich im Hinblick auf Akteneinsicht und Stellungnahme vor Ablauf der die Kommission bindenden 35-Arbeitstage-Frist zeitliche Probleme ergeben. Solche Probleme sollten sowohl von der Kommission als auch von den betreffenden Mitgliedstaaten durch eine Verfahrensstraffung vermieden werden.[15]

9 Das Einsichtsrecht bezieht sich auf den gesamten Akteninhalt der Verfahrensakten der Kommission. Die Geheimhaltungsinteressen der Parteien werden durch die in Art. 17 auch für die nationalen Behörden geregelte Pflicht zur Wahrung von Geschäftsgeheimnissen ausreichend berücksichtigt, so dass die Kommission keine Geschäftsgeheimnisse „schwärzen" muss.[16] In Einzelfällen soll es allerdings möglich sein, auch gegenüber den Behörden der Mitgliedstaaten Geschäftsgeheimnisse zu schützen.[17]

Da das Recht auf Akteneinsicht ausdrücklich nur für das Verfahren nach Art. 9 geregelt ist, dürfte in den sonstigen Verfahren weder im Vor- noch im Hauptprüfungsverfahren der Kommission ein Akteneinsichtsrecht der Mitgliedstaaten bestehen.[18] In diesen Verfahren sind die Mitgliedstaaten daher auf die Übersendung der wichtigsten Schriftstücke i. S. d. Abs. 1 beschränkt. Andererseits ist die Kommission wegen des Grundsatzes der engen und stetigen Verbindung mit den Behörden der Mitgliedstaaten nicht gehindert, auch in anderen Verfahren Akteneinsicht zu gewähren.

III. Der Beratende Ausschuss

1. Aufgaben und Bedeutung

10 Art. 19 Abs. 3 bis 7 regeln die Zusammensetzung und Befugnisse des Beratenden Ausschusses. Dieser ist gemäß Art. 19 Abs. 3 vor allen Entscheidungen der Kommission zur Beendigung des Hauptverfahrens (Art. 8 Abs. 1 bis 6) sowie vor Bußgeld- und Zwangsentscheidungen (Art. 14, Art. 15) anzuhören. Ausgenommen sind vorläufige Entscheidungen nach Art. 18 Abs. 2. Auch für den Erlass von Durchführungsbestimmungen nach Art. 23 muss die Kommission gemäß Art. 23 Abs. 2 den Beratenden Ausschuss beteiligen. Im Rahmen des Vorprüfungsverfahrens (Art. 6) – und damit in der weit überwiegenden Zahl der Fälle – ist die Beteiligung des Beratenden Ausschusses dagegen nicht vorgesehen. Obwohl dies angesichts der kurzen Fristen des Vorprüfungsverfahrens sinnvoll erscheint, kann die fehlende Beteiligung des Beratenden Ausschusses einen Anreiz für die Kommission bieten, auch wettbewerblich bedenkliche Zusammenschlussfälle bereits im Vorprüfungsverfahren zu klären, um das langfristige Hauptprüfungsverfahren zu vermeiden.[19] Die Kom-

---

[15] Zu den Problemen der kurzen Fristen für die Akteneinsicht und Stellungnahmen vgl. den Fall *Alcatel/AEG Kabel*, E. v. 17.12.1991 Rs. IV/M.165, WuW/E EV 1713/1714; dazu *Wagemann* WuW 1992, 730/732 f.; *Monopolkommission*, IX. Hauptgutachten 1990/91 Ziff. 618 ff.; *Heithecker/Schneider* in: FK, Art. 19 FKVO Rn. 14.

[16] *Heithecker/Schneider* in: FK Art. 19 FKVO Rn. 13; *Körber* in: Immenga/Mestmäcker, EU WbR Teil 2, Art. 19 Rn. 14.

[17] *Ohlhoff/Fleischmann* in: MünchKomm EuWettbR, Art. 19 FKVO Rn. 18, 10 unter Berufung auf eine Entscheidung des EuGH in einem Verfahren nach der VO 17/62.

[18] *Hacker* in: von der Groeben/Schwarze/Hatje, Europäisches Unionsrecht, Art. 19 FKVO Rn. 13; *Bardong* in: Langen/Bunte, Kommentar zum deutschen und europäischen Kartellrecht, Art. 19 FKVO Rn. 11; *Körber* in: Immenga/Mestmäcker, EU WbR Teil 2, Art. 19 Rn. 7; Ohlhoff/Fleischmann in: MünchKomm EuWettbR, Art. 19 FKVO Rn. 13; *Heithecker/Schneider* in: FK, Art. 19 FKVO Rn. 15; a. A. *Wagemann* in: Wiedemann, Handbuch des Kartellrechts, § 17 Rn. 190.

[19] Vgl. Komm. E. v. 4.9.1992 Rs. IV/M.235 – *Elf Aquitaine-Thyssen/Minol*, WuW/E EV 1878/1881, Ziff. 13, 15; E. v. 27.11.1992 Rs. IV/M.259 Ziff. 25 – *British Airways/TAT;* E. v. 20.7.1995 Rs. IV/M.616, Ziff. 45–49 – *Swissair/Sabena;* E. v. 5.5.2000 Rs. COMP/M.1920 – *Nabisco/United Biscuits;* E. v. 17.12.2004 Rs. COMP/M.3558 – *Cytec/UCB-Surface Specialties,* Ziff. 38; wie hier *Körber* in: Immenga/Mestmäcker, EU-WbR Teil 2, Art. 19 Rn. 17; *Heidenhain* EuZW 1994, 135/137.

mission übermittelt den Behörden der Mitgliedstaaten allerdings regelmäßig Zusagenangebote, welche die am Zusammenschluss beteiligten Unternehmen im Vorprüfungsverfahren einreichen mit der Möglichkeit, hierzu kurzfristig Stellung zu nehmen.[20]

2. Zusammensetzung

Mitglieder des Beratenden Ausschusses sind jeweils ein oder zwei Vertreter der Behörden der Mitgliedstaaten, von denen mindestens einer für Kartell- und Monopolfragen zuständig sein muss (Abs. 4 S. 3). Deutschland hat als Vertreter den Präsidenten des Bundeskartellamtes und den Leiter des Referates Fusionskontrolle des Bundeswirtschaftsministeriums bestimmt. Diese Vertreter können in den Sitzungen des Beratenden Ausschusses gemäß Abs. 4 S. 1 von anderen Vertretern ersetzt werden, was auch regelmäßig geschieht. Kleinere Mitgliedstaaten entsenden dagegen häufig nur einen Vertreter. Die gänzliche Abwesenheit eines Mitgliedstaats in einer Sitzung des Beratenden Ausschusses hindert letzteren nicht, eine Stellungnahme abzugeben (Abs. 6 S. 2). **11**

3. Sitzung

Zur Vorbereitung der Sitzung des Beratenden Ausschusses, die von der Kommission anberaumt wird, muss die Kommission den Mitgliedstaaten gemäß Art. 19 Abs. 5 für jeden zu behandelnden Fall den vorläufigen Entscheidungsentwurf der Kommission und eine Sachverhaltsdarstellung übermitteln. Letztere wird üblicherweise mit einer Zusammenfassung der wettbewerblichen Würdigung des Falles in einem zusätzlichen Dokument zusammengefasst und muss weiterhin mit einer Liste der wichtigsten Schriftstücke versehen werden. Der Sitzungstermin soll nach Art. 19 Abs. 5 S. 3 nicht früher als 10 Arbeitstage nach der Versendung der Einladung stattfinden, wovon in Ausnahmefällen jedoch abgewichen werden kann. In der Praxis wird diese Frist wegen der kurzen Fristen des Fusionskontrollverfahrens inzwischen häufig nicht eingehalten. Eine derartige Fristunterschreitung führt jedenfalls dann nicht zur Rechtswidrigkeit der späteren Kommissionsentscheidung, wenn der Beratende Ausschuss tatsächlich genügend Zeit hatte, von den wesentlichen Einzelheiten der Sache Kenntnis zu nehmen und in voller Kenntnis dieser Umstände zu entscheiden.[21] **12**

Verhandelt die Kommission nach der Sitzung des Beratenden Ausschusses weiterhin mit den beteiligten Unternehmen und werden dabei z. B. Zusagenangebote gemacht, sollte eine weitere Sitzung des Beratenden Ausschusses einberufen werden. Denn der Beratende Ausschuss kann seine in Art. 19 garantierten Mitwirkungsrechte nicht wahrnehmen, wenn ihm in der Sitzung ein Entscheidungsentwurf zur Beratung vorgelegt wird, der aufgrund (weiterer) Zusagen der Unternehmen von der späteren Entscheidung unter Umständen erheblich abweicht.[22] Notfalls müsste der Beratende Ausschuss in solchen Fällen die Abgabe einer Stellungnahme ablehnen. **13**

Den Vorsitz der Sitzung des Beratenden Ausschusses führt gemäß Art. 19 Abs. 5 S. 1 die Kommission. Dabei führt zunächst der zuständige Berichterstatter, der in alphabetischer Reihenfolge von einem Mitgliedstaat gestellt wird, in den Fall ein und stellt die wesentlichen Punkte des vorläufigen Entscheidungsentwurfs der Kommission dar. Im weiteren Sitzungsverlauf können die Vertreter der Mitgliedstaaten Fragen an die Kommission richten sowie zum Entscheidungsentwurf der Kommission Stellung nehmen. **14**

---

[20] *Bardong* in: Langen/Bunte, Kommentar zum deutschen und europäischen Kartellrecht, Art. 19 FKVO Rn. 13.

[21] EuG U. v. 27.11.1997, Rs. T-290/94 – *Kaysersberg SA/Kommission* Slg. 1997 II-2137 = WuW/E EU-R 43/45 Rn. 88.

[22] *Hacker* in: Schröter/Jakob/Klotz/Mederer, Europäisches Wettbewerbsrecht, Art. 19 FKVO Rn. 25; *Ohlhoff/Fleischmann* in: MünchKomm EuWettbR, Art. 19 FKVO Rn. 26; *Heithecker/Schneider* in: FK, Art. 19 FKVO Rn. 23.

4. Stellungnahme

15 Die abschließende Stellungnahme des Beratenden Ausschusses, mit welcher der Entscheidungsentwurf der Kommission entweder unterstützt oder abgelehnt wird, wird vom zuständigen Berichterstatter vorbereitet und muss von den Vertretern der Mitgliedstaaten unterzeichnet werden. Sind die Vertreter der Mitgliedstaaten nicht darüber einig, ob sie dem Entscheidungsentwurf der Kommission zustimmen oder bestehen Meinungsunterschiede zu einzelnen Punkten, wird gemäß Abs. 6 S. 1 über die Stellungnahme abgestimmt und sowohl die Mehrheits- als auch die Minderheitsauffassung festgehalten, allerdings ohne die einzelnen Mitgliedstaaten dabei zu nennen. Nach Art. 19 Abs. 6 S. 3 ist die Stellungnahme zwingend schriftlich niederzulegen und dem Entscheidungsvorschlag der Kommission beizufügen.

16 Finden im Rahmen der Prüfung eines Zusammenschlussvorhabens – etwa wegen der Abgabe von (weiteren) Zusagenangeboten – mehrere Sitzungen des Beratenden Ausschusses statt, gibt die Kommission dem Beratenden Ausschuss ebenfalls mehrfach Gelegenheit zur Stellungnahme.[23] In eng begrenzten Ausnahmefällen kann ein zweites Votum des Beratenden Ausschusses auch schriftlich eingeholt werden.[24]

17 Abs. 7 in der seit 1. Mai 2004 geltenden Fassung stellt die Veröffentlichung der Stellungnahme des Beratenden Ausschusses nicht mehr in das Ermessen der Kommission. Die Kommission ist vielmehr nun zur Veröffentlichung verpflichtet. Die Stellungnahme wird im Amtsblatt der EU, Serie C, veröffentlicht. Weiterhin sieht Abs. 7 vor, dass die Kommission den Adressaten der Entscheidung die Stellungnahme zusammen mit der Kommissionsentscheidung übermittelt.

18 Die Stellungnahme des Beratenden Ausschusses muss von der Kommission gemäß Art. 19 Abs. 6 S. 4 „soweit wie möglich berücksichtigt" werden. Daraus folgt zwar keine Bindungswirkung der Stellungnahme des Beratenden Ausschusses, da nach Art. 21 Abs. 2 allein die Kommission für Entscheidungen im Rahmen der Fusionskontrolle zuständig ist.[25] Jedenfalls dürfte die Kommission aber verpflichtet sein, den Anregungen des Beratenden Ausschusses nachzugehen und dies in ihrer Entscheidung deutlich zu machen. In einer der folgenden Sitzungen informiert die Kommission den Beratenden Ausschuss darüber, wie weit seine Stellungnahme berücksichtigt wurde (Abs. 6 S. 5). In der Praxis hat es noch keine Auseinandersetzungen zwischen der Kommission und den Mitgliedstaaten darüber gegeben, ob die Stellungnahme des Beratenden Ausschusses hinreichend berücksichtigt wurde. Dies hängt auch damit zusammen, dass die Kommission bei einer zunächst ablehnenden Haltung des Beratenden Ausschusses gelegentlich weitere Ermittlungen und Verhandlungen mit den Unternehmen durchführt, um in einer erneuten Sitzung des Beratenden Ausschusses zu einer einvernehmlichen Lösung zu kommen.[26] Bisher hat die Kommission nur sehr selten entgegen der Stellungnahme des Beratenden Ausschusses entschieden.[27]

---

[23] Komm. E. v. 22.7.1992 Rs. IV/M.190 – *Nestlé/Perrier,* ABl. 1992 L 356/1, Votum des Ausschusses in ABl. 1992 C 319/3; E. v. 30.9.1992 Rs. IV/M.214 – *Du Pont/ICI,* ABl. 1993 L 7/13, Votum des Ausschusses in ABl. 1993 C 8/2; E. v. 8.6.1994 Rs. IV/M.269 – *Shell/Montecatini,* ABl. 1994 L 332/48, Votum des Ausschusses ABl. 1994 C 366/3; E. v. 30.7.1997 Rs. IV/M.877 – *Boeing/McDonnell/Douglas,* ABl. 1997 L 336/16, Votum des Ausschusses ABl. 1997 C 372/17 f., wobei der Beratende Ausschuss sogar zu drei Sitzungen einberufen wurde.

[24] So bei der E. v. 23.4.1997 Rs. IV/M.754 – *Anglo-American Corp./Lonrho,* ABl. 1998 L 149/21; Votum des Ausschusses ABl. 1998 C 155/27 f.

[25] Allg. Meinung, vgl. nur *Bardong* in: Langen/Bunte, Kommentar zum deutschen und europäischen Kartellrecht, Art. 19 FKVO Rn. 18.

[26] So etwa E. v. 22.7.1992 Rs. IV/M.190 – *Nestlé/Perrier,* ABl. 1992 L 356/1, Votum des Ausschusses in ABl. 1992 C 319/3; E. v. 31.1.1994 Rs. IV/M.315 – *Mannesmann/Vallourec/Ilva,* ABl. 1994 L 102/15, Votum des Ausschusses ABl. 1994 C 111/6; E. v. 14.2.1995 Rs. IV/M.477 – *Mercedes-Benz/Kässbohrer,* ABl. 1995 L 211/1, Votum des Ausschusses ABl. 1995 C 232/2; vgl. dazu *Löffler* WuW 1995, 385.

[27] So in den E. v. 31.1.1994 Rs. IV/M.315 – *Mannesmann/Vallourec/Ilva,* ABl. 1994 L 102/15, Votum des Ausschusses ABl. 1994 C 111/6; E. v. 31.7.1991 Rs. IV/M.012 – *Varta/Bosch,* ABl. 1991 L 320/26, 31, Votum des Ausschusses ABl. 1991 C 302/6.

Art. 20. Veröffentlichung von Entscheidungen

(1) **Die Kommission veröffentlicht die nach Artikel 8 Absätze 1 bis 6 sowie Artikel 14 und 15 erlassenen Entscheidungen, ausgenommen vorläufige Entscheidungen nach Artikel 18 Absatz 2, zusammen mit der Stellungnahme des Beratenden Ausschusses im Amtsblatt der Europäischen Union.**

(2) **Die Veröffentlichung erfolgt unter Angabe der Beteiligten und des wesentlichen Inhalts der Entscheidung; sie muss den berechtigten Interessen der Unternehmen an der Wahrung ihrer Geschäftsgeheimnisse Rechnung tragen.**

Übersicht

I. Zwingende Veröffentlichung

1 Entscheidungen der Kommission, die zum Abschluss des Hauptverfahrens getroffen werden (Art. 8 Abs. 1 bis 6), sowie Bußgeld- und Zwangsentscheidungen (Art. 14 und 15), nicht jedoch vorläufige Entscheidungen nach Art. 18 Abs. 2, müssen zwingend im Amtsblatt der Europäischen Union veröffentlicht werden. Die Veröffentlichungspflicht umfasst seit der zum 1. Mai 2004 in Kraft getretenen Reform der FKVO auch die Stellungnahme des Beratenden Ausschusses. Eine zwingende Veröffentlichung ist weiterhin für Entscheidungen der Kommission nach Art. 22 Abs. 4 vorgesehen, mit denen auf Antrag eines Mitgliedstaats Zusammenschlussvorhaben behandelt werden, die keine gemeinschaftsweite Bedeutung haben (Art. 22 Abs. 1) sowie für den Eingang der Anmeldung (Art. 4 Abs. 3). Die Entscheidungen im Hauptprüfungsverfahren sowie Bußgeld- und Zwangsentscheidungen werden in allen Amtssprachen in der Serie L des Amtsblattes veröffentlicht. Zweck der Veröffentlichungspflicht ist die Transparenz von Fusionskontrollentscheidungen sowie die Information interessierter Wirtschaftskreise.[1]

2 Die Veröffentlichung muss die Beteiligten sowie den wesentlichen Inhalt der Entscheidung umfassen. In der Praxis wurden die Kommissionsentscheidungen nach Art. 8 bis 2004 jedoch meist im vollen Wortlaut im Amtsblatt abgedruckt. Seither wird im Amtsblatt (Serie L) in der Regel nur noch eine Zusammenfassung des wesentlichen Entscheidungsinhalts wiedergegeben. Daneben werden die meisten Entscheidungen im Wortlaut in der jeweiligen Verfahrenssprache und teilweise auch in den Arbeitssprachen der Kommission (deutsch, englisch, französisch) auf der Internetseite der GD Wettbewerb veröffentlicht.[2] Bei der Veröffentlichung sind insbesondere die **Geschäftsgeheimnisse** der beteiligten Unternehmen zu wahren.[3] Als Geschäftsgeheimnis sind sämtliche Angaben zu verstehen, an deren Geheimhaltung die betroffenen Unternehmen ein berechtigtes Interesse haben und durch deren Preisgabe die Interessen der Unternehmen schwer beeinträchtigt werden.[4] Dies können sowohl Marktanteile als auch Produktions- und Liefermengen oder Kostenrechnungsmethoden sein.[5] Sofern solche Angaben Geschäftsgeheimnisse darstellen, werden

---

[1] *Dittert* in: von der Groeben/Schwarze/Hatje, Europäisches Unionsrecht, Art. 20 FKVO Rn. 1; *Körber* in: Immenga/Mestmäcker, EU-WbR Teil 2, Art. 20, Rn. 1.

[2] Internet-Adresse: http://europa.eu.int/comm/competition/mergers/cases.

[3] Vgl. hierzu auch die Erläuterungen zu Art. 17 FKVO.

[4] EuG U. v. 18.9.1996 Rs. T-353/94 – *Postbank/Kommission,* Slg. 1996, II-921/954 f. Rn. 87.

[5] Weitere Beispiele bei *Maass* in: Langen/Bunte, Kommentar zum deutschen und europäischen Kartellrecht, Art. 18 FKVO Rn. 27.

sie entweder durch Annäherungswerte ersetzt oder gänzlich weggelassen.[6] Die Beurteilung, ob bestimmte von den Unternehmen als Geschäftsgeheimnisse bezeichnete Informationen als solche zu qualifizieren sind, obliegt der Kommission. Kommt zwischen der Kommission und den beteiligten Unternehmen keine Einigung über die Qualifizierung von Angaben als Geschäftsgeheimnisse zustande, kann der Anhörungsbeauftragte darüber entscheiden.[7] Dessen Entscheidung unterliegt einer Überprüfung durch die Rechtsprechung, wobei insbesondere ein Antrag auf einstweilige Anordnung an das EuG nach Art. 279 AEUV i. V. m. Art. 104 der VerfO EuG in Betracht kommt.[8] Grundlage für die Beurteilung der Kommission bilden die Angaben der am Zusammenschluss beteiligten Unternehmen. Diese werden nach Erhalt der Entscheidung regelmäßig aufgefordert, der Kommission die aus ihrer Sicht als Geschäftsgeheimnis zu qualifizierenden Informationen mitzuteilen.[9]

II. Fakultative Veröffentlichung

3 Keine Veröffentlichungspflicht gilt für Entscheidungen der Kommission im Vorprüfungsverfahren nach Art. 6. Lediglich der Eingang einer unter die FKVO fallenden Anmeldung eines Zusammenschlussvorhabens ist gemäß Art. 4 Abs. 3 im Amtsblatt (Serie C) zu veröffentlichen. Da fast 90% aller Zusammenschlussfälle in der ersten Prüfungsphase abgeschlossen werden, wird die von Art. 20 bezweckte Transparenz des Fusionskontrollverfahrens durch die Vorschrift selbst nur sehr eingeschränkt erreicht.[10]

4 Im Amtsblatt (Serie C) wird jedoch in der Praxis eine kurze Mitteilung darüber veröffentlicht, dass die Kommission eine Entscheidung nach Art. 6 Abs. 1 lit. a bis lit. c erlassen hat. Schließlich erstellt die Kommission von Entscheidungen nach Art. 6 Abs. 1 lit. a und lit. b veröffentlichungsfähige, das heißt um Geschäftsgeheimnisse bereinigte Fassungen in der jeweiligen Verfahrenssprache, die von interessierten Dritten angefordert werden können und teilweise auch in Fachzeitschriften[11] abgedruckt werden. Außerdem werden diese Entscheidungen häufig in die EUR-Lex-Datenbank der Kommission eingestellt und sind damit auch über das Internet zugänglich.[12] Sofern sie nicht im vereinfachten Verfahren ergangen sind, werden auch die Entscheidungsgründe im Internet veröffentlicht. Kurzfassungen der Entscheidungen erscheinen im monatlichen Bulletin und im jährlichen Wettbewerbsbericht der Kommission sowie in Fachzeitschriften.[13]

5 Ebenfalls in Kurzfassung werden Entscheidungen der Kommission nach Art. 21 Abs. 4 Unterabs. 3 im Amtsblatt (Serie C) veröffentlicht. Aus diesen Kurzfassungen ergibt sich, dass die Kommission ein bestimmtes öffentliches Interesse eines Mitgliedstaats anerkannt hat, das dieser besonders schützen möchte.[14] Schließlich werden Verweisungsentscheidungen nach Art. 9 mittlerweile im Internet veröffentlicht.

6 Die Veröffentlichung einer Entscheidung hat zur Folge, dass für Dritte, die keine Adressaten der Kommissionsentscheidung sind, die **Frist des Art. 263 Abs. 6 AEUV für Klagen gegen Entscheidungen der Kommission ausgelöst** wird. Diese Frist beginnt nach Art. 102 § 1 VerfO EuG mit Ablauf des vierzehnten Tages nach der Veröffentlichung

---

[6] Vgl. z. B. Komm. E. v. 22.7.1992 Rs. IV/M.190 Ziff. 39, 46 – *Nestlé/Perrier,* ABl. 1992 L 356/1; E. v. 20.7.1995 Rs. IV/M.616 – *Swissair/Sabena* Rn. 27.

[7] Vgl. Art. 8 des Mandats des Anhörungsbeauftragten (Beschluss des Präsidenten der Europäischen Kommission v. 31.10.2011, ABl. 2011 L 275, S. 29).

[8] *Körber in:* Immenga/Mestmäcker, EU-WbR Teil 2, Art. 20, Rn. 22; *Ohlhoff/Fleischmann* in: MünchKomm EuWettbR, Art. 20 FKVO Rn. 8.

[9] Vgl. Art. 18 Abs. 3 DVO FKVO 802/2004.

[10] *Körber in:* Immenga/Mestmäcker, EU-WbR Teil 2, Art. 20 FKVO, Rn. 11; *Maas* in: Langen/Bunte, Kommentar zum deutschen und europäischen Kartellrecht Art. 20 FKVO Rn. 2.

[11] In Deutschland z. B. in der WuW/E EU-V (früher WuW/E-EV).

[12] Internet-Adresse: http://europa.eu.int/comm/competition/mergers/cases.

[13] Kurzzusammenfassungen monatlich z. B. in WuW.

[14] Vgl. z. B. Komm. E. v. 29.3.1995 – *Water Industry Act,* ABl. 1995 C 94/2 = WuW/E EV 2309 ff.

im Amtsblatt. Dies gilt auch dann, wenn die Kommission die Entscheidung zuvor an Dritte übermittelt oder im Internet veröffentlicht hat, da es nach Art. 263 Abs. 6 AEUV auf eine Kenntnis des Dritten von der Entscheidung nur dann ankommt, wenn diese weder veröffentlicht noch ihm als Adressaten bekannt gegeben wird.[15] Für die Adressaten der Kommissionentscheidung beginnt die Klagefrist nach Art. 263 Abs. 6 AEUV dagegen bereits mit der Bekanntgabe (förmliche Zustellung) der Entscheidung zu laufen, so dass die Veröffentlichung im Amtsblatt für die Entscheidungsadressaten keine Bedeutung für die Berechnung der Frist zur Erhebung einer Nichtigkeitsklage hat.

III. Unveröffentlichte Entscheidungen

Gänzlich unveröffentlicht bleiben Entscheidungen nach Art. 6 Abs. 1 lit. c über die Er- 7
öffnung des Hauptprüfverfahrens, verfahrensinterne Entwürfe der Kommission wie die Beschwerdepunkte nach Art. 18 Abs. 1 sowie Entscheidungen zur Verlängerung des bzw. zur Befreiung vom Vollzugsverbot nach Art. 7. Über die Eröffnung des Hauptprüfverfahrens wird allerdings regelmäßig durch eine Pressemitteilung unterrichtet. Entscheidungen nach Art. 9 wurden früher ebenfalls nicht veröffentlicht. Mittlerweile sind sie jedoch auf der Internetseite der GD Wettbewerb abrufbar. Zudem werden sie gelegentlich in Fachzeitschriften veröffentlicht.[16]

Art. 21. Anwendung dieser Verordnung und Zuständigkeit

(1) **Diese Verordnung gilt allein für Zusammenschlüsse im Sinne des Artikel 3; die Verordnungen (EG) Nr. 1/2003, (EWG) Nr. 1017/68, (EWG) Nr. 4056/86 und (EWG) Nr. 3975/87 des Rates gelten nicht, außer für Gemeinschaftsunternehmen, die keine gemeinschaftsweite Bedeutung haben und die Koordinierung des Wettbewerbsverhaltens unabhängig bleibender Unternehmen bezwecken oder bewirken.**

(2) **Vorbehaltlich der Nachprüfung durch den Gerichtshof ist die Kommission ausschließlich dafür zuständig, die in dieser Verordnung vorgesehenen Entscheidungen zu erlassen.**

(3) **Die Mitgliedstaaten wenden ihr innerstaatliches Wettbewerbsrecht nicht auf Zusammenschlüsse von gemeinschaftsweiter Bedeutung an.**

Unterabsatz 1 berührt nicht die Befugnis der Mitgliedstaaten, die zur Anwendung des Artikels 4 Absatz 4 oder des Artikels 9 Absatz 2 erforderlichen Ermittlungen vorzunehmen und nach einer Verweisung gemäß Artikel 9 Absatz 3 Unterabsatz 1 Buchstabe b) oder Artikel 9 Absatz 5 die in Anwendung des Artikels 9 Absatz 8 unbedingt erforderlichen Maßnahmen zu ergreifen.

(4) **Unbeschadet der Absätze 2 und 3 können die Mitgliedstaaten geeignete Maßnahmen zum Schutz anderer berechtigter Interessen als derjenigen treffen, welche in dieser Verordnung berücksichtigt werden, sofern diese Interessen mit den allgemeinen Grundsätzen und den übrigen Bestimmungen des Gemeinschaftsrechts vereinbar sind.**

Im Sinne des Unterabsatzes 1 gelten als berechtigte Interessen die öffentliche Sicherheit, die Medienvielfalt und die Aufsichtsregeln.

[1]Jedes andere öffentliche Interesse muss der betreffende Mitgliedstaat der Kommission mitteilen; diese muss es nach Prüfung seiner Vereinbarkeit mit den allgemeinen Grundsätzen und den sonstigen Bestimmungen des Gemeinschaftsrechts vor Anwendung der genannten Maßnahmen anerkennen. [2]Die Kommission gibt dem betreffenden Mitgliedstaat ihre Entscheidung binnen 25 Arbeitstagen nach der entsprechenden Mitteilung bekannt.

---

[15] EuG U. v. 19.6.2009 Rs. T-48/04 – *Qualcomm/Kommission* Slg 2009 II-2029 Rn. 43 ff.; *Dittert* in: von der Groeben/Schwarze/Hatje, Europäisches Unionsrecht, Art. 20 FKVO Rn. 12; *Körber* in: Immenga/Mestmäcker, EU-WbR Teil 2, Art. 20 Rn. 20.

[16] Vgl. Komm. E. v. 17.12.1991 Rs. IV/M.165 – *Alcatel/AEG Kabel,* WuW/E EV 1740 ff.; Komm. E. v. 30.5.2002 Rs. COMP/M.2760 – *Nehlsen/Rethmann/BEG,* WuW/E EU-V 817 ff.

Übersicht

I. Ausschließlicher Prüfungsmaßstab für Zusammenschlüsse (Abs. 1)

1. Regelungsgehalt

1 Während Art. 21 Abs. 2ff. die Zuständigkeitsverteilung zwischen der Kommission und den Mitgliedstaaten betreffen, regelt Art. 21 Abs. 1 das Verhältnis der FKVO zu den Wettbewerbsregeln des AEUV (Art. 101, 102 AEUV, ex. Art. 81, 82 EG). Auf Zusammenschlüsse im Sinne des Art. 3 findet gemäß Art. 21 Abs. 1 1. Halbsatz ausschließlich die FKVO Anwendung. Damit soll eine Doppelkontrolle von Zusammenschlüssen nach den Regeln der Fusionskontrolle und der sonstigen Wettbewerbsregeln vermieden werden. Da jedoch der Verordnungsgeber nicht die Geltung des primären Gemeinschaftsrechts ausschließen konnte und Art. Art. 101, 102 AEUV (ex 81, 82 EG) unter bestimmten Voraussetzungen auch auf Zusammenschlüsse anwendbar sind,[1] schließt Art. 21 Abs. 1 2. Halbsatz lediglich die Geltung der zu Art. Art. 101, 102 AEUV ergangenen Durchführungsverordnungen (insbesondere die VO 1/2003) aus. Zwar können sich Dritte danach grundsätzlich immer noch auf Art. 102 AEUV berufen, da diese Vorschrift auch ohne Geltung von Durchführungsverordnungen eingreift.[2] Auch eine Berufung auf Art. 101 AEUV durch Dritte vor den Zivilgerichten dürfte möglich sein, da diese Art. 101 AEUV mittlerweile unmittelbar selbst anwenden können, ohne dass es dafür einer Durchführungsverordnung bedürfte.[3] Der Kommission dagegen ist die Anwendung von Art. 101, 102 AEUV auf Zusammenschlüsse verwehrt. Möglich bleibt dies nur noch im Rahmen der Art. 104 und 105 AEUV (ex Art. 84 und 85 EG), wobei dabei an sich die Mitgliedstaaten für die Anwendung der Wettbewerbsregeln zuständig sind. Die Kommission hat daher im Rahmen ihrer Protokollerklärung bei Erlass der FKVO zum Ausdruck gebracht, dass sie „normalerweise nicht beabsichtigt", Art. 85 und 86 EGV a. F. (jetzt Art. 101 und Art. 102 AEUV) auf Zusammenschlüsse im Sinne des Art. 3 anzuwenden.[4]

2. Ausnahme für Vollfunktionsgemeinschaftsunternehmen

2 Nach Art. 21 Abs. 1 1. Halbsatz ist die Geltung der Durchführungsverordnungen zu den Wettbewerbsregeln des AEUV grundsätzlich unabhängig davon ausgeschlossen, ob der Zusammenschluss die Umsatzschwellen des Art. 1 erreicht oder nicht. Auch auf Zusammenschlüsse ohne gemeinschaftsweite Bedeutung kann die Kommission daher Art. 101, 102 AEUV nicht anwenden.[5] Nachdem der Zusammenschlussbegriff des Art. 3 nach der Revision der FKVO im Jahre 1997 nunmehr auch Vollfunktionsgemeinschaftsunternehmen erfasst,

---

[1] EuGH U. v. 21.2.1973 Rs. 6/72 – *Continental Can* Slg. 1973, 215/243ff., Rn. 18ff.; EuGH U. v. 17.11.1987, verb. Rs. 142 u. 156/84 – *Philipp Morris* Slg. 1987, 4487/4575ff., Rn. 32ff.

[2] EuGH U. v. 11.4.1989 Rs. 66/86 – *Ahmed Saeed* Slg. 1989, 803/848, Rn. 31ff.

[3] *Schild* in: MünchKomm EuWettbR, Art. 21 FKVO Rn. 13.

[4] Protokollerklärung der Kommission zu Art. 22, Ziff. a), WuW 1990, 240/243.

[5] *Körber* in: Immenga/Mestmäcker, EU-WbR, Art. 21, Rn. 6; *Schild* in: MünchKomm EuWettbR, Art. 21 FKVO Rn. 15; *Käseberg* in: Langen/Bunte, Kommentar zum deutschen und europäischen Kartellrecht, Art. 21 FKVO Rn. 2.

die eine Koordinierung des Wettbewerbsverhaltens unabhängiger Unternehmer bezwecken oder bewirken, wurde von diesem Grundsatz eine Ausnahme erforderlich. Denn nach der Änderung des Zusammenschlussbegriffs hätten solche Gemeinschaftsunternehmen auch dann nicht nach den Regelungen der Durchführungsverordnungen behandelt werden können, wenn sie mangels gemeinschaftsweiter Bedeutung nicht in den Anwendungsbereich der FKVO gefallen wären. Daher ordnet Art. 21 Abs. 1 2. Halbsatz nun ausdrücklich an, dass auf Vollfunktionsgemeinschaftsunternehmen, die zu einer Verhaltenskoordinierung unabhängiger Unternehmen führen, die Durchführungsverordnungen zum europäischen Wettbewerbsrecht anwendbar bleiben. Erreichen solche Gemeinschaftsunternehmen die Umsatzschwellen des Art. 1, werden sie gemäß Art. 2 Abs. 4 ohnehin nach den Kriterien des Art. 101 Abs. 1 und 3 AEUV beurteilt. Auch dabei sind die Durchführungsverordnungen dann anwendbar.

II. Ausschließlichkeitsprinzip im Rahmen der Zuständigkeit

Art. 21 Abs. 2ff. regeln für den Bereich der Fusionskontrolle ausdrücklich das Verhältnis 3
zwischen Gemeinschaftsrecht und nationalem Recht und damit auch die Zuständigkeitsverteilung zwischen Kommission und Mitgliedstaaten. Danach ist allein die Kommission für Zusammenschlüsse von gemeinschaftsweiter Bedeutung (Art. 1) zuständig, während die Mitgliedstaaten weder die Vorschriften der FKVO noch ihr innerstaatliches Wettbewerbsrecht auf solche Zusammenschlüsse anwenden dürfen. Anders als im Regelungsbereich der Art. 101, 102 AEUV kommt es im Rahmen der Fusionskontrolle für die Anwendung nationalen Rechts also nicht auf einen Konflikt zwischen beiden Rechtsordnungen, d. h. darauf an, ob die Rechtsfolgen nationaler Vorschriften mit der einheitlichen Anwendung des Gemeinschaftsrechts und der zu seinem Vollzug ergangenen Maßnahmen vereinbar sind.[6] Für Zusammenschlüsse im Gemeinsamen Markt sind vielmehr immer nur entweder die nationalen Kartellbehörden oder die Kommission zuständig (sog. one-stop-shop-Prinzip). Das Ausschließlichkeitsprinzip ist damit einerseits Ausdruck des Vorrangs des Gemeinschaftsrechts und soll andererseits die Doppelkontrolle von Zusammenschlüssen nach nationalem und Gemeinschaftsrecht verhindern und damit ein „level-playing-field" für die beteiligten Unternehmen im Gemeinsamen Markt schaffen.[7] Eine Ausnahme vom One-stop-shop-Prinzip gilt für Fälle, in denen nach Art. 4 oder nach Art. 9 FKVO[8] ein Teil des Zusammenschlusses an den betreffenden Mitgliedstaat verwiesen wird und der verbleibende Teil des Zusammenschlusses durch die Kommission selbst entschieden wird. Darüber hinaus ist es denkbar, dass bei fehlender gemeinschaftsweiter Bedeutung eines Zusammenschlusses mehrere Mitgliedstaaten zuständig sind.

1. Voraussetzungen

Voraussetzung für die ausschließliche Zuständigkeit der Kommission ist das Erreichen 4
der in Art. 1 Abs. 2 und 3 geregelten Umsatzschwellen[9] sowie das Vorliegen eines Zusammenschlusses im Sinne des Art. 3. Sind entweder die Umsatzschwellen nicht erreicht oder erfüllt das Vorhaben nicht die Zusammenschlussvoraussetzungen des Art. 3 – etwa weil der Erwerb einer Minderheitsbeteiligung oder eines wettbewerblich erheblichen Einflusses im Sinne des § 37 Abs. 1 Nr. 3b), § 37 Abs. 1 Nr. 4 GWB nicht zum Kontrollerwerb im Sin-

[6] Allgemein EuGH U. v. 15.7.1964, Rs. 6/64 – *Costa Enel* Slg. 1964, 1251/1269ff. Rn. 8ff.; für die Wettbewerbsregeln EuGH U. v. 13.2.1969, Rs. 14/68 – *Walt Wilhelm* Slg. 1968, 1/13f., Rn. 2ff.; vgl. zum Verhältnis zwischen Gemeinschaftsrecht und nationalem Recht auch die Erläuterungen zu Art. 3 VO 1/2003.

[7] *Veelken/Karl/Richter-Veelken,* Europ. Fusionskontrolle, 1/22; *Weitbrecht* EuZW 1990, 18/20; krit. zu diesem Prinzip *Krimphove,* Europ. Fusionskontrolle, 382/389.

[8] Vgl. die Kommentierung zu Art. 9, dort insbes. Rn. 15 und zu Art. 4.

[9] Vgl. die Erläuterungen zu Art. 1.

ne des Art. 3 FKVO führen –, ist das nationale Wettbewerbsrecht anwendbar. Eine verbindliche Aussage zur Anwendbarkeit des mitgliedstaatlichen Rechts eines oder mehrerer Mitgliedstaaten muss die Kommission allerdings nicht treffen.[10] Die vorrangige Zuständigkeit der Kommission müssen auch die nationalen Wettbewerbsbehörden prüfen, wenn bei ihnen ein Zusammenschluss angemeldet wird, der eventuell gemeinschaftsweite Bedeutung hat.[11] Wurde ein Zusammenschluss ohne gemeinschaftsweite Bedeutung bei der Kommission angemeldet, stellt diese innerhalb eines Monats durch eine Entscheidung nach Art. 6 Abs. 1 lit. a fest, dass die FKVO nicht anwendbar ist. Mit dieser Entscheidung lebt die nationale Entscheidungskompetenz wieder auf.

5 Bei der Gründung von Gemeinschaftsunternehmen ist nach Art. 3 Abs. 4 für die ausschließliche Zuständigkeit der Kommission Voraussetzung, dass das Gemeinschaftsunternehmen auf Dauer alle Funktionen einer selbständigen wirtschaftlichen Einheit erfüllt, also als Vollfunktionsunternehmen zu qualifizieren ist. Darunter fallen nach der Revision der FKVO auch sog. kooperative Gemeinschaftsunternehmen, die im Rahmen des Fusionskontrollverfahrens gemäß Art. 2 Abs. 4 nach Art. 101 Abs. 1 und 3 AEUV beurteilt werden.[12]

2. Reichweite

6 **Räumlich** gilt die FKVO auch für Zusammenschlüsse von Unternehmen, die ihren Sitz außerhalb der Gemeinschaft haben[13] sowie für Zusammenschlüsse, die sich ganz überwiegend oder ausschließlich in Drittstaaten auswirken.[14] Entscheidend ist allein, dass die beteiligten Unternehmen die in Art. 1 geregelten Umsatzschwellen erreichen. Demgegenüber wird es aus völkerrechtlichen Gründen teilweise für erforderlich gehalten, für die Zuständigkeit der Kommission neben dem Erreichen der Umsatzschwellen zusätzlich festzustellen, dass der Zusammenschluss wesentliche oder spürbare Auswirkungen in der Gemeinschaft entfaltet.[15] Allerdings kann Art. 21 FKVO selbstverständlich nur die Anwendung des nationalen Rechts der Mitgliedstaaten ausschließen. Zusammenschlüsse mit Drittstaatenbezug unterfallen daher gegebenenfalls auch dem innerstaatlichen Recht von Drittstatten, in denen sie sich auswirken.

7 Die ausschließliche Zuständigkeit der Kommission hindert die Mitgliedstaaten nach Abs. 3 Unterabs. 1 an der **Anwendung ihres innerstaatlichen Wettbewerbsrechts.** Unter diesem Begriff sind nicht nur die nationalen Regeln zur Fusionskontrolle, sondern auch die sonstigen wettbewerbsrechtlichen Vorschriften wie das Kartellverbot und die Missbrauchskontrolle zu verstehen.[16] Gegen das dagegen vorgebrachte Argument, die FKVO diene lediglich dem Schutz einer wettbewerblichen Marktstruktur, erfasse jedoch nicht die

---

[10] Komm., E. v. 11.10.2007 Rs. COMP/M.4439 – Ryanair/Aer Lingus; bestätigt durch EuG, U. v. 6.7.2010 Rs. T-411/07 – Aer Lingus/Kommission, Slg. 2010 II-3691 Rn. 89f.

[11] Ebenso *Käseberg* in: Langen/Bunte, Kommentar zum deutschen und europäischen Kartellrecht, Art. 21 FKVO Rn. 7.

[12] *Wagemann* in: Wiedemann, Handbuch des Kartellrechts, § 15 Rn. 47; *Käseberg* in: Langen/Bunte, Kommentar zum deutschen und europäischen Kartellrecht, Art. 21 FKVO Rn. 10.

[13] Vgl. z.B. Komm. E. v. 18.1.1991 Rs. IV/M.050 – *AT&T/NCR;* E. v. 30.6.1993 Rs. IV/M.346 – JCSAT/SAJAC; E. v. 30.7.1997 Rs. IV/M.877 – *Boeing/McDonnell-Douglas,* ABl. 1997 L 336/16 = WuW/E EU-V 7ff.

[14] Vgl. z.B. Komm. E. v. 26.8.1991 Rs. IV/M.124 – *BNP/Dresdner Bank,* WuW/E EV 1671; E. v. 22.10.1991 Rs. IV/M.137 – *Bank Austria/Security Pacific,* WuW/E EV 1772; E. v. 14.12.1997 Rs. IV/M.878 – *RTL7.*

[15] So *Bechtold* EuZW 1994, 653/658; *Montag/Kaessner* WuW 1997, 781/785f.; *Wiedemann* in: FS Lieberknecht, S. 625/635f.; vgl. hierzu auch *Hirsbrunner* in: Schröter/Jakob/Klotz/Mederer, Europäisches Wettbewerbsrecht, Art. 1 FKVO Rn. 44ff.

[16] Ebenso *Körber* in: Immenga/Mestmäcker, EU-WbR, Art. 21, Rn. 20; *Wagemann* in: Wiedemann, Handbuch des Kartellrechts, § 15 Rn. 4; *Schild* in: MünchKomm EuWettbR, Art. 21 FKVO Rn. 22f.; *Bechtold/Bosch/Brinker,* EU-Kartellrecht, Art. 21 FKVO Rn. 9.

Kontrolle wettbewerbsbeschränkenden Verhaltens,[17] spricht einerseits der eindeutige Wortlaut des Art. 21 Abs. 3, der auf das Wettbewerbsrecht insgesamt verweist, und andererseits der mit dem Ausschließlichkeitsprinzip verfolgte Zweck, die Doppelkontrolle von Zusammenschlüssen mit gemeinschaftsweiter Bedeutung durch nationale und europäische Behörden zu verhindern. Dabei kann es nicht maßgeblich sein, ob die zusätzliche nationale Kontrolle anhand der fusionskontrollrechtlichen oder sonstiger wettbewerbsrechtlicher Vorschriften stattfindet. Dagegen sind **andere nationale Regelungskomplexe** wie das Steuer- oder Gesellschaftsrecht auch neben der FKVO anwendbar.[18]

III. Ausnahmen vom Ausschließlichkeitsprinzip

Art. 21 nennt zwei Ausnahmen vom Ausschließlichkeitsprinzip, nämlich die Verweisung eines Zusammenschlusses an die zuständigen Behörden eines betroffenen Mitgliedstaats nach Art. 4 Abs. 4 oder Art. 9 (Art. 21 Abs. 3 Unterabs. 2) sowie die Geltendmachung berechtigter Interessen seitens der Mitgliedstaaten (Art. 21 Abs. 4). Eine weitere – allerdings „umgekehrte" – Ausnahme vom Ausschließlichkeitsprinzip regelt Art. 22. Danach kann die Kommission auf Antrag eines oder mehrerer Mitgliedstaaten auch über Zusammenschlüsse ohne gemeinschaftsweite Bedeutung entscheiden, wenn der Zusammenschluss den Handel zwischen Mitgliedstaaten beeinträchtigt.[19] **8**

1. Verfahren nach Art. 4 Abs. 4 und Art. 9

Diese Vorschriften ermöglichen es der Kommission, einen Zusammenschluss auf Antrag der Unternehmen oder des betroffenen Mitgliedstaats an diesen zu verweisen. Voraussetzung eines Antrages von Seiten der Unternehmen gemäß Art. 4 Abs. 4 ist hierbei, dass der Zusammenschluss den Wettbewerb auf einem Markt in diesem Mitgliedstaat, der alle Merkmale eines gesonderten Marktes aufweist, erheblich zu beeinträchtigen droht. Ein Antrag eines Mitgliedstaates ist nach Art. 9 Abs. 2 unter den gleichen Voraussetzungen und zusätzlich dann möglich, wenn der Zusammenschluss den Wettbewerb auf einem Markt in diesem Mitgliedstaat, der alle Merkmale eines gesonderten Marktes aufweist und keinen wesentlichen Teil des Gemeinsamen Marktes darstellt, „nur" beeinträchtigen würde. Nach einer Verweisung des Zusammenschlusses können die Mitgliedstaaten ihr innerstaatliches Wettbewerbsrecht anwenden. Sie sind dabei gemäß Art. 9 Abs. 8 jedoch auf die unbedingt erforderlichen Maßnahmen beschränkt, die notwendig sind, um wirksamen Wettbewerb auf dem betreffenden Markt aufrechtzuerhalten oder wiederherzustellen. Damit ist für das GWB die Anwendung der Ministererlaubnis (§ 42 GWB) sowie der Abwägungsklausel (§ 36 Abs. 1) ausgeschlossen, sofern bei letzterer Zusammenschlusswirkungen auf anderen Märkten als dem gesonderten Markt einbezogen würden.[20] **9**

Art. 21 Abs. 3 Unterabs. 2 stellt die Befugnis der Mitgliedstaaten klar, auch vor der Verweisung eines Zusammenschlusses die zur Anwendung des Art. 4 Abs. 4 oder des Art. 9 erforderlichen Ermittlungen durchzuführen. Zudem können sie die nach nationalem Recht zur Aufrechterhaltung oder Wiederherstellung des Wettbewerbs erforderlichen Maßnahmen ergreifen. Zuständig in Deutschland ist hierfür nach § 50 GWB das Bundeskartellamt. **10**

2. Schutz berechtigter Interessen

Art. 21 Abs. 4 erlaubt den Mitgliedstaaten in Durchbrechung des Ausschließlichkeitsprinzips, bei Zusammenschlüssen mit gemeinschaftsweiter Bedeutung geeignete Maßnah- **11**

---

[17] *Lampert,* S. 107 ff.; *Schmidt* BB 1990, 719/723 f.; *Koch* EWS 1990, 65/71.
[18] *Dittert* in: Schröter/Jakob/Klotz/Mederer, Europäisches Wettbewerbsrecht, Art. 21 FKVO Rn. 13, 45; *Körber* in: Immenga/Mestmäcker, EU-WbR, Art. 21, Rn. 21.
[19] Vgl. dazu die Erläuterungen zu Art. 22.
[20] Vgl. dazu die Erläuterungen zu Art. 9, insbes. Rn. 24.

men zum Schutz anderer berechtigter (außerwettbewerblicher) Interessen der Mitgliedstaaten zu treffen. Voraussetzung dafür ist allerdings, dass diese Interessen entweder in Art. 21 Abs. 4 Unterabs. 2 ausdrücklich genannt oder von der Kommission auf Mitteilung des betroffenen Mitgliedstaats anerkannt worden sind; ferner müssen sie mit den allgemeinen Grundsätzen und den übrigen Bestimmungen des Gemeinschaftsrechts vereinbar sein. In der Protokollerklärung der Kommission zur Auslegung des Art. 21 wird klargestellt, dass die Vorschrift keine neuen Rechte der Mitgliedstaaten begründet, sondern lediglich Ausdruck der den Mitgliedstaaten bereits zustehenden Befugnisse ist.[21] Die Mitgliedstaaten sollen daher weder solche Gesichtspunkte geltend machen dürfen, die von der Kommission bei der Prüfung eines Zusammenschlusses selbst berücksichtigt werden, noch sind sie in Anwendung des Art. 21 Abs. 4 befugt, einen von der Kommission bereits untersagten Zusammenschluss ihrerseits zu genehmigen; sie sind vielmehr darauf beschränkt, einen von der Kommission freigegebenen Zusammenschluss zu untersagen oder den Vollzug von zusätzlichen Auflagen oder Bedingungen abhängig zu machen.[22]

12 **a) Anerkannte öffentliche Interessen.** Art. 21 Abs. 4 Unterabs. 2 nennt als anerkannte berechtigte öffentliche Interessen die öffentliche Sicherheit, die Medienvielfalt sowie die Aufsichtsregeln.

13 Unter dem Begriff der **öffentlichen Sicherheit** ist die innere und äußere Sicherheit eines Staates zu verstehen.[23] Dazu gehören nicht nur militärische Belange, die gemäß Art. 346 Abs. 1 AEUV (ex Art. 296 EG) ohnehin Ausnahmen von den allgemeinen Regeln des Gemeinschaftsrechts zulassen, sondern nach Auffassung der Kommission auch die in Art. 36 und Art. 347 AEUV (ex. Art. 30, 297 EG) genannten Kriterien wie die öffentliche Ordnung, der Gesundheits- oder Kulturgüterschutz.[24] Um sich auf die öffentliche Sicherheit berufen zu können, müssen indes erhebliche Gefahren für grundlegende gesellschaftliche öffentliche Interessen bestehen, die nur durch eine Untersagung des Zusammenschlusses verwirklicht werden können.[25]

14 Beruft sich ein Mitgliedstaat auf Art. 346 Abs. 1 lit. b AEUV, ist die FKVO als sekundäres Gemeinschaftsrecht nicht anwendbar, so dass die Kommission die weiteren Voraussetzungen des Art. 346 Abs. 1 lit. b AEUV (keine Beeinträchtigung der Wettbewerbsbedingungen hinsichtlich der nicht eigens für militärische Zwecke bestimmten Waren) im Rahmen des dafür vorgesehenen Verfahrens nach Art. 348 AEUV (ex Art. 298 EG) prüfen muss. Wegen einer Berufung auf Art. 346 Abs. 1 lit. b AEUV kann der betroffene Mitgliedstaat die beteiligten Unternehmen anweisen, den Zusammenschluss nicht bei der Kommission anzumelden, soweit er sich auf die von Art. 346 Abs. 1 AEUV erfassten Güter bezieht. Für den restlichen (zivilen) Teil des Zusammenschlusses verbleibt es bei der Anmeldepflicht nach der FKVO.[26]

---

[21] Daraus wird teilweise abgeleitet, Art. 21 Abs. 4 habe lediglich deklaratorischen Charakter, da sich der Geltungsbereich der FKVO ohnehin nur auf die Vereinbarkeit von Zusammenschlüssen mit dem Gemeinsamen Markt in wettbewerbsrechtlicher Hinsicht beziehe; so *Wagemann* in: Wiedemann, Handbuch des Kartellrechts, § 15 Rn. 27.

[22] Protokollerklärung der Kommission zu Art. 21 Ziff. 1, WuW 1990, 240/242; s. auch *Käseberg* in: Langen/Bunte, Kommentar zum deutschen und europäischen Kartellrecht, Art. 21 FKVO Rn. 17; ebenso *Bechtold/Bosch/Brinker*, EU-Kartellrecht, Art. 21 FKVO Rn. 12; *Dittert* in: Schröter/Jakob/Klotz/Mederer, Europäisches Wettbewerbsrecht, Art. 21 FKVO Rn. 48.

[23] EuGH Urt. v. 11.3.2003, Rs. C-186/01 – *„Dory/Bundesrepublik Deutschland"*, Slg. 2003 I-2479, Rn. 32; *Körber* in: Immenga/Mestmäcker, EU-WbR, Art. 21, Rn. 28.

[24] Protokollerklärung der Kommission zu Art. 21 Ziff. 2, WuW 1990, 240/243.

[25] Komm. E. v. 20.12.2006 Rs. COMP/M.4197, Ziff. 61 – *E. ON/Endesa;* E. v. 5.12.2007 Rs. COMP/M.4685 – *Enel/Acciona/Endesa.*

[26] Vgl. Komm. E. v. 24.11.1994 Rs. IV/M.528 – *British Aerospace/VSEL;* E. v. 15.5.1996 Rs. IV/M.724 – *GEC/Thomson II;* E. v. 7.12.1994 Rs. IV/M.529 – *GEC/VSEL;* ausf. hierzu *Dittert* in: Schröter/Jakob/Klotz/Mederer, Europäisches Unionsrecht, Art. 21 FKVO Rn. 54 ff.

Die Anerkennung der **Medienvielfalt** als berechtigtes Interesse dient der Sicherung des Meinungs- und Ausdruckspluralismus durch Aufrechterhaltung diversifizierter Informationsquellen.[27] Da es in Deutschland an einer Gesetzgebungskompetenz des Bundes in diesem Bereich fehlt, können durch Art. 21 Abs. 4 FKVO nur landesgesetzliche Regelungen zur Geltung gebracht und damit eventuelle Freigabeentscheidungen der Kommission modifiziert werden. Dies gilt insbesondere für die Regeln der Konzentrationskontrolle im Rundfunkstaatsvertrag der Länder, in dem in § 26 eigenständige Kriterien zur Konzentrationskontrolle durch die Kommission zur Ermittlung der Konzentration im Medienbereich (KEK) geregelt sind.[28] In der bisherigen Praxis wurde das Interesse der Medienvielfalt einmal von Großbritannien geltend gemacht.[29] 15

Unter die **Aufsichtsregeln** fallen insbesondere Regelungen im Bereich der Kredit- und Versicherungswirtschaft, die die Kreditwürdigkeit von Personen, die Regelmäßigkeit von Transaktionen und die Solvenzkriterien berühren.[30] Anerkannt hat die Kommission die zusätzliche Kontrolle eines unter die FKVO fallenden Zusammenschlusses durch mitgliedstaatliche Behörden etwa in dem – ebenfalls Großbritannien betreffenden – Zusammenschluss *Sun Alliance/Royal Insurance.*[31] Hingegen hat sie das von den portugiesischen Behörden für das Verbot der Ausübung von Stimmrechten beim Zusammenschluss *BSCH/A. Champalimaud* unter anderem geltend gemachte Interesse der Versicherungsaufsicht nicht als ausreichend anerkannt, da dieses grundsätzlich anzuerkennende Interesse durch den Zusammenschluss nicht gefährdet gewesen sei.[32] 16

b) Andere öffentliche Interessen. Neben den in Art. 21 Abs. 4 Unterabs. 2 genannten können die Mitgliedstaaten auch andere öffentliche Interessen geltend machen; diese müssen nach Art. 21 Abs. 4 Unterabs. 3 von der Kommission jedoch binnen 25 Arbeitstagen nach der entsprechenden Mitteilung des Mitgliedstaats anerkannt werden, bevor die Mitgliedstaaten den Zusammenschluss beschränkende Maßnahmen ergreifen dürfen.[33] Dabei hat die Kommission insbesondere zu prüfen, ob die nationale Regelung eines an sich der FKVO unterliegenden Bereichs mit den allgemeinen Grundsätzen und den sonstigen Bestimmungen des Gemeinschaftsrechts vereinbar ist. In der bisherigen Praxis wurde insbesondere untersucht, ob die bei der Durchführung von Zusammenschlüssen geplanten nationalen Beschränkungen eine willkürliche diskriminierende Maßnahme oder eine versteckte Beschränkung des Handels zwischen den Mitgliedstaaten darstellen. Zudem hat sie darauf abgestellt, ob die von den Mitgliedstaaten geltend gemachten Interessen tatsächlich nur durch den Zusammenschluss gefährdet wurden oder ob es ausreicht, wenn die nationalen Behörden das Verhalten der neuen Unternehmenseinheit aufgrund regulatorischer Vorschriften kontrollieren.[34] Sofern dies nicht der Fall ist und die nationale Regelung zudem die ausschließliche Zuständigkeit der Kommission für Zusammenschlüsse mit gemeinschaftsweiter Bedeutung nicht in Frage stellt, hat die Kommission beispielsweise das von Großbritannien geltend gemachte Interesse der gesicherten Wasserversorgung anerkannt. Allerdings hat sie die betroffenen britischen Behörden verpflichtet, sämtliche weiteren 17

---

[27] Protokollerklärung der Kommission zu Art. 21 Ziff. 2, WuW 1990, 240/243.

[28] Vgl. dazu Monopolkommission, Hauptgutachten XI 1994/95, Tz. 829; *Lampert,* S. 126f.

[29] Komm., E. v. 14.3.1994 Rs. IV/M.423 – *Newspaper Publishing.*

[30] Protokollerklärung der Kommission zu Art. 21 Ziff. 2, WuW 1990, 240/243.

[31] Komm. E. v. 18.6.1996 Rs. IV/M.759, Ziff. 16ff. – *Sun Alliance/Royal Insurance.*

[32] Komm., E. v. 20.7.1999 Rs. IV/M.1616, Ziff. 34ff. – *BSCH/A. Champalimaud;* vgl. hierzu *Montag/Leibenath,* WuW 2000, 852/854.

[33] Komm., E. v. 20.7.1999 Rs. IV/M.1616, Ziff. 25 – *BSCH/A. Champalimaud; Bechtold/Bosch/Brinker,* EU-Kartellrecht, Art. 21 FKVO Rn. 12; *Schild* in: MünchKomm EuWettbR, Art. 21 FKVO Rn. 61; *Dittert* in: Schröter/Jakob/Klotz/Mederer, Europäisches Wettbewerbsrecht, Art. 21 FKVO Rn. 67.

[34] Vgl. etwa Komm., E. v. 5.12.2007 Rs. COMP/M.4685, Ziff. 72f. – *Enel/Acciona/Endesa.*

Maßnahmen mitzuteilen, damit diese auf ihre Angemessenheit, Verhältnismäßigkeit und fehlende Diskriminierungswirkung geprüft werden können.[35]

18 Als **nicht schützenswert** hat die Kommission dagegen das von Portugal geltend gemachte Interesse am Schutz der Entwicklungen der Eigentumsstrukturen ehemals staatseigener Betriebe eingestuft, die privatisiert werden sollen. In diesem Fall hatte die portugiesische Regierung die nach nationalen Vorschriften erforderliche Genehmigung zum Mehrheitserwerb einer börsennotierten Gesellschaft verweigert und damit den geplanten und bei der Kommission angemeldeten Zusammenschluss blockiert, ohne dies gemäß Art. 21 Abs. 4 Unterabs. 3 der Kommission anzuzeigen. Nach der Kommissionsentscheidung ist diese Entscheidung der portugiesischen Regierung mit dem Gemeinschaftsrecht nicht vereinbar.[36] Auch das – ebenfalls von Portugal geltend gemachte – Interesse an strategischen Wirtschaftsbereichen für die nationale Volkswirtschaft sowie die Verletzung nationalen Verfahrensrechts wurde nicht als berechtigtes Interesse anerkannt.[37] Dies gilt erst Recht für das von Spanien erhobene Interesse an der Wahrung „genereller wirtschaftspolitischer Kriterien", mit dem unter anderem die Auflagen gegenüber E.ON gerechtfertigt wurden, nach der Übernahme von Endesa für fünf Jahre die Marke weiter zu führen, Tochtergesellschaften mit Vermögenswerten außerhalb Spaniens nicht zu veräußern und weiterhin in Spanien geförderte Kohle als Energieträger zu nutzen.[38]

19 **c) Sanktionen bei Verstoß gegen Art. 21.** Untersagt ein Mitgliedstaat trotz ausschließlicher Zuständigkeit der Kommission einen Zusammenschluss oder macht er dessen Vollzug von Auflagen abhängig, ohne dass die Kommission konsultiert wurde und ein berechtigtes Interesse des Mitgliedstaates anerkannt hat, kann die Kommission einen Verstoß gegen Art. 21 feststellen.[39] Zudem kann sie Maßnahmen anordnen, um den Verstoß gegen Art. 21 rückgängig zu machen, etwa, indem sie dem Mitgliedstaat aufgibt, die erlassene Entscheidung aufzuheben.[40] Zudem kann die Kommission ein Vertragsverletzungsverfahren nach Art. 258 AEUV (ex Art. 226 EG) einleiten. Von diesen – vom Gerichtshof anerkannten[41] – Möglichkeiten hat die Kommission bereits in einigen Fällen Gebrauch gemacht.[42]

---

[35] Komm. E. v. 29.3.1995 Rs. COMP/M.205 – *UK Water Industry Act*, WuW/E EV 2309/2310f.

[36] Komm. E. v. 22.11.2000 Rs. COMP/M.2054 – *SECIL/HOLDERBANK/CIMPOR*, vgl. Presseerklärung der Kommission v. 22.11.2000 IP/00/1338, abrufbar im Internet unter www.europa.eu. int; bestätigt vom EuGH, U. v. 22.6.2004, Rs. C-42/01 – *Portugal/Kommission*, Slg. 2004 I-6079.

[37] Komm., E. v. 20.7.1999 Rs. IV/M.1616, Ziff. 26ff. – *BSCH/A. Champalimaud*.

[38] Komm. E. v. 20.12.2006 Rs. COMP/M.4197 – *E.ON/Endesa;* E. v. 5.12.2007 Rs. COMP/M.4685 – *Enel/Acciona/Endesa*.

[39] Vgl. zur Befugnis der Kommission, die Vereinbarkeit von Maßnahmen der Mitgliedstaaten auch dann nach Art. 21 Abs. 4 zu prüfen, wenn der betroffene Mitgliedstaat die Kommission davon nicht informiert hat EuGH, U. v. 22.6.2004, Rs. C-42/01 – *Portugal/Kommission*, Slg. 2004 I-6079 Rn. 55; EuG, U. v. 2.9.2010, Rs. T-58/09 – *Schemaventotto/Europäische Kommission*, Slg. 2010 II-2863, Rn. 113; *Dittert* in: Schröter/Jakob/Klotz/Mederer, Europäisches Wettbewerbsrecht, Art. 21 FKVO Rn. 74.

[40] Vgl. z.B. Komm., E. v. 20.10.1999, Rs. IV/M.1724 – BSCH/Champalimaud; Komm., E. v. 26.9.2006 Rs. COMP/M.4197 – *E.ON/Endesa*.

[41] EuGH, U. v. 22.6.2004 Rs. C-42/01 – *Portugiesische Republik/Kommission*, Slg. 2004 I-6079, Rn. 42ff.

[42] Komm., E. v. 20.7.1999 Rs. IV/M.1616 – *BSCH/A. Champalimaud;* Komm. E. v. 22.11.2000 Rs. COMP/M.2054 – *SECIL/HOLDERBANK/CIMPOR;* Komm. E. v. 20.12.2006 Rs. COMP/M.4197 – *E.ON/Endesa;* vgl. auch *Körber* in: Immenga/Mestmäcker, EU WbR Teil 2, Art. 21, Rn. 38f.; *Dittert* in: Schröter/Jakob/Klotz/Mederer, Europäisches Wettbewerbsrecht, Art. 21 FKVO Rn. 73f.

Art. 22. Verweisung an die Kommission

(1) **Auf Antrag eines oder mehrerer Mitgliedstaaten kann die Kommission jeden Zusammenschluss im Sinne von Artikel 3 prüfen, der keine gemeinschaftsweite Bedeutung im Sinne von Artikel 1 hat, aber den Handel zwischen Mitgliedstaaten beeinträchtigt und den Wettbewerb im Hoheitsgebiet des beziehungsweise der antragstellenden Mitgliedstaaten erheblich zu beeinträchtigen droht.**

Der Antrag muss innerhalb von 15 Arbeitstagen, nachdem der Zusammenschluss bei dem betreffenden Mitgliedstaat angemeldet oder, falls eine Anmeldung nicht erforderlich ist, ihm anderweitig zur Kenntnis gebracht worden ist, gestellt werden.

(2) **Die Kommission unterrichtet die zuständigen Behörden der Mitgliedstaaten und die beteiligten Unternehmen unverzüglich von einem nach Absatz 1 gestellten Antrag.**

Jeder andere Mitgliedstaat kann sich dem ersten Antrag innerhalb von 15 Arbeitstagen, nachdem er von der Kommission über diesen informiert wurde, anschließen.

[1]**Alle einzelstaatlichen Fristen, die den Zusammenschluss betreffen, werden gehemmt, bis nach dem Verfahren dieses Artikels entschieden worden ist, durch wen der Zusammenschluss geprüft wird.** [2]**Die Hemmung der einzelstaatlichen Fristen endet, sobald der betreffende Mitgliedstaat der Kommission und den beteiligten Unternehmen mitteilt, dass er sich dem Antrag nicht anschließt.**

(3) [1]**Die Kommission kann spätestens zehn Arbeitstage nach Ablauf der Frist gemäß Absatz 2 beschließen, den Zusammenschluss zu prüfen, wenn dieser ihrer Ansicht nach den Handel zwischen Mitgliedstaaten beeinträchtigt und den Wettbewerb im Hoheitsgebiet des bzw. der Antrag stellenden Mitgliedstaaten erheblich zu beeinträchtigen droht.** [2]**Trifft die Kommission innerhalb der genannten Frist keine Entscheidung, so gilt dies als Entscheidung, den Zusammenschluss gemäß dem Antrag zu prüfen.**

[1]**Die Kommission unterrichtet alle Mitgliedstaaten und die beteiligten Unternehmen von ihrer Entscheidung.** [2]**Sie kann eine Anmeldung gemäß Artikel 4 verlangen.**

Das innerstaatliche Wettbewerbsrecht des bzw. der Mitgliedstaaten, die den Antrag gestellt haben, findet auf den Zusammenschluss nicht mehr Anwendung.

(4) [1]**Wenn die Kommission einen Zusammenschluss gemäß Absatz 3 prüft, finden Artikel 2, Artikel 4 Absätze 2 und 3, die Artikel 5 und 6 sowie die Artikel 8 bis 21 Anwendung.** [2]**Artikel 7 findet Anwendung, soweit der Zusammenschluss zu dem Zeitpunkt, zu dem die Kommission den beteiligten Unternehmen mitteilt, dass ein Antrag eingegangen ist, noch nicht vollzogen worden ist.**

Ist eine Anmeldung nach Artikel 4 nicht erforderlich, beginnt die Frist für die Einleitung des Verfahrens nach Artikel 10 Absatz 1 an dem Arbeitstag, der auf den Arbeitstag folgt, an dem die Kommission den beteiligten Unternehmen ihre Entscheidung mitteilt, den Zusammenschluss gemäß Absatz 3 zu prüfen.

(5) [1]**Die Kommission kann einem oder mehreren Mitgliedstaaten mitteilen, dass ein Zusammenschluss nach ihrem Dafürhalten die Kriterien des Absatzes 1 erfüllt.** [2]**In diesem Fall kann die Kommission diesen Mitgliedstaaten bzw. diese Mitgliedstaaten auffordern, einen Antrag nach Absatz 1 zu stellen.**

Übersicht

I. Verweisung an die Kommission auf Antrag der Mitgliedstaaten

1 Art. 22 regelt das Verfahren der Verweisung eines Zusammenschlusses von den Mitgliedstaaten an die Kommission. Die Vorschrift wurde auf Wunsch der Niederlande in die FKVO aufgenommen und wird daher auch als „holländische Klausel" bezeichnet. Indem die Vorschrift damit die Anwendung der FKVO auf Zusammenschlüsse ohne gemeinschaftsweite Bedeutung ermöglicht, stellt sie eine **umgekehrte Durchbrechung des Ausschließlichkeitsprinzips** dar. Der Normzweck besteht darin, auch solche Zusammenschlüsse der gemeinschaftsrechtlichen Fusionskontrolle unterwerfen zu können, die zwar die Umsatzschwellen des Art. 1 nicht erreichen, aber dennoch von der Kommission geprüft werden sollen, sei es, weil die davon betroffenen Mitgliedstaaten selbst nicht über nationale Regeln zur Fusionskontrolle verfügen, sei es, weil sie sich außerhalb ihres Staatsgebietes auswirken.[1] Denkbar ist ein Antrag schließlich auch, um die Inlandswirkungen eines im Ausland stattfindenden Zusammenschlusses durch die Kommission prüfen und entsprechend untersagen zu lassen.

2 Seit Inkrafttreten der FKVO sind insgesamt 31 Verweisungsanträge nach Art. 22 gestellt worden, von denen die Kommission nur vier abgelehnt hat.[2] Auf Antrag eines einzelnen Mitgliedstaats ist die Kommission bis zur Novelle 1997 in nur vier Fällen tätig geworden.[3] Seit der Reform zum 1. März 1998 ist ein Tätigwerden der Kommission auch auf den gemeinsamen Antrag mehrerer Mitgliedstaaten hin möglich, etwa um die parallele Prüfung eines Zusammenschlusses durch verschiedene Mitgliedstaaten mit möglicherweise unterschiedlichen Prüfungsergebnissen zu vermeiden. Von dieser Möglichkeit wurde allerdings erstmalig im Jahre 2002[4] und auch später nur sporadisch Gebrauch gemacht.[5] Erstmals seit der Revision 2004 haben sich im Fall *Omya/JM Huber* Österreich, Schweden und Frankreich dem Antrag der finnischen Wettbewerbsbehörde angeschlossen.[6] Seit 2004 wurde ein Verweisungsantrag nach Art. 22 Abs. 1 in sieben Fällen von nur einem Mitgliedsstaat gestellt,[7] wobei lediglich der o. g. Verweisungsantrag Zyperns abgelehnt wurde. Die Kommission hat bisher einmal einem Verweisungsantrag mehrerer Mitgliedsstaaten nur teilweise stattgegeben.[8] Zudem hat sie hat einen Verweisungsantrag der ungarischen Wettbewerbsbehörde abgelehnt, da diese nicht hinreichend dargelegt habe, dass der geplante Zusammenschluss zu einer Beeinträchtigung des Wettbewerbs in Ungarn führe.[9] Indes gelang es den fünf anderen Mitgliedsstaaten, eine erhebliche Beeinträchtigung des Wettbewerbs nachzuweisen, weshalb die Kommission deren Ersuchen auf Prüfung durch die Kommission stattgab.

---

[1] Zur Entstehungsgeschichte vgl. *Niewiarra* in: FS Lieberknecht, S. 431 ff.

[2] Vgl. www./ec.europa.eu/comm/competition/mergers/statistics/pdf.

[3] Komm. E. v. 17.2.1993 Rs. IV/M.278 – *British Airways/DanAir;* E. v. 20.9.1995 Rs. IV/M.553 – *RTL/Veronica/Endemol,* ABl. 1996 L 134/32; E. v. 20.11.1996 Rs. IV/M.784 – *Kesko/Tuko,* ABl. L 1997 110/53 und E. v. 19.2.1997 ABl. L 1997 174/47; E. v. 26.6.1997 Rs. IV/M.890 – *Blokker/Toys-R-Us,* ABl. L 1998, 316/1.

[4] Komm. E. v. 17.4.2002 Rs. COMP/M.2738 – *GEES/Unison;* E. v. 24.7.2002 Rs. COMP/M.2698 – *Promatech/Sulzer Textil.*

[5] Vgl. etwa Komm. E. v. 5.12.2003 Rs. COMP/M.3136 – *GE/AGFA NDT;* E. v. 14.5.2004 Rs. COMP/M.3099 – *Areva/Urenco/ETC JV;* zuletzt E. v. 4.8.2005 Rs. COMP/M.3796 – *Omya/J. M. Huber;* vgl. Presseerklärung der Komm. v. 27.10.2005 IP/05/1356.

[6] Komm., E. v. 4.8.2005 Rs. COMP/M.3796 – *Omya/J. M. Huber.*

[7] Komm. E. v. 24.2.2006 Rs. COMP/M.4124 – *Coca Cola Hellenic Bottling Company/Lanitis Bros;* Komm. E. v. 11.12.2006 Rs COMP/M.4465 – *Thrane&Thrane/Nera;* Komm. E. v. 20.6.2007 Rs. COMP/M.4709 – *Apax Partners/Telenor Satellite Services;* Komm. E. v. 13.12.2007 Rs. M. 4980 – *ABF/activos GBI;* Komm. E. v. 4.2.2008 Rs. M. 5020 – *Lesaffre/GBI;* Komm. E. v. 17.4.2008 Rs. COMP/M.5109 – *Danisco/Abitec;* Komm. E. v. 18.10.2013 Rs. COMP/M.7054 – *Cemex/Holcim Assets.*

[8] Komm. E. v. 31.3.2010 Rs. COMP/M.5828 – *Procter & Gamble/Sara Lee Air Care.*

[9] Komm. E. v. 31.3.2010 Rs. COMP/M.5828 – *Procter & Gamble/Sara Lee Air Care.* Rn. 19.

Im Zuge der **Reform der FKVO mit Wirkung zum 1. Mai 2004** wurde Art. 22 nicht unerheblich geändert. Sein bisheriger Abs. 1, der das Verhältnis zwischen der FKVO und den sonstigen Wettbewerbsregeln des EG regelte, findet sich nun in Art. 21 Abs. 1 wieder. Die Verweisung eines Zusammenschlusses ohne gemeinschaftsweite Bedeutung an die Kommission kann zudem seit der Reform der FKVO nicht mehr nur von den betroffenen Mitgliedstaaten beantragt werden. Vielmehr besteht gem. Art. 4 Abs. 5 auch für die beteiligten Unternehmen die Möglichkeit, bereits vor der Anmeldung die Prüfung des Zusammenschlusses durch die Kommission zu beantragen, wenn der Zusammenschluss in mindestens drei Mitgliedstaaten unter die Fusionskontrolle fällt.[10] Zudem kann die Kommission einen oder mehrere Mitgliedstaaten nach Abs. 5 von sich aus auffordern, einen Verweisungsantrag zu stellen, wenn die Voraussetzungen des Abs. 1 aus Sicht der Kommission vorliegen.[11] Um auch in Zukunft das Prinzip des „One-Stop-Shops" zu gewährleisten und Art. 22 FKVO näher an die Regelung des Art. 4 Abs. 5 FKVO anzunähern, schlägt die Kommission in ihrem **Weißbuch für die Überarbeitung der FKVO** eine weitreichende Änderung der Norm vor. Anders als bisher soll danach die Möglichkeit, sich einem Verweisungsantrag anzuschließen, in ein Vetorecht seitens der Mitgliedsstaaten umgewandelt werden. Im Fall eines Vetos nur eines Mitgliedstaates würde die Kommission dann auch die Verweisungsanträge der anderen Mitgliedstaaten ablehnen. Weiterhin würden nach dem Kommissionsvorschlag lediglich solche Mitgliedsstaaten einen Verweisungsantrag stellen können, die zur Überprüfung des Zusammenschlusses zuständig sind, wodurch der ursprüngliche Zweck des Art. 22 gänzlich entfallen würde. Die Kriterien für eine Entscheidung über den Verweisungsantrag sowie die dafür geltenden Fristen schlägt die Kommission dagegen vor, unverändert beizubehalten.[12] 3

1. Voraussetzungen für ein Tätigwerden der Kommission

Das Tätigwerden der Kommission bei Zusammenschlüssen ohne gemeinschaftsweite Bedeutung gemäß Art. 22 setzt formell zunächst den Antrag eines oder mehrerer Mitgliedstaaten voraus.[13] Nach Abs. 5 kann die Kommission den Mitgliedstaat bzw. die Mitgliedstaaten zur Stellung eines solchen Antrages auch auffordern. Wie bei der Verweisungsmöglichkeit des Art. 9 muss es aber auch hier im Ermessen des Mitgliedstaates stehen, ob er dieser Aufforderung nachkommt oder nicht.[14] Der Antrag kann nur innerhalb von 15 Arbeitstagen gestellt werden, nachdem der Mitgliedstaat von dem Zusammenschluss durch Anmeldung oder auf sonstige Weise Kenntnis erlangt hat. Für die Kenntniserlangung dürfte ebenso wie im Rahmen des früheren Abs. 4 S. 4 ein zielgerichtetes Handeln der Parteien oder eines Dritten erforderlich sein, da der Verordnungstext von „zur Kenntnis bringen" (bzw. „was made known"; „portée à la connaissance") spricht.[15] Die Übersendung einer Pressemitteilung an den betreffenden Mitgliedstaat reicht dabei grundsätzlich aus.[16] Aller- 4

---

[10] Vgl. hierzu Art. 4 Rn. 26 ff.

[11] Komm. E. v. 3.12.2012 Rs. COMP/M.6796 – *Aegean/Olympic II.*

[12] Weißbuch der Europäischen Kommission v. 9.7.2014 „Eine wirksamere EU-Fusionskontrolle" COM (2014) 449 final, Rn. 69 ff.; Konsultationspapier der Europäischen Kommission v. 9.7.2014, Commission Staff Working Document accompanying the White Paper Towards more effective EU merger control, SWD(2014) 221 final, S. 41 Rn. 148.

[13] In Deutschland würde ein derartiger Antrag ebenso wie bei Art. 9 FKVO durch das Bundeskartellamt im Einvernehmen mit dem Bundesministerium für Wirtschaft gestellt.

[14] Ebenso *Körber* in: Immenga/Mestmäcker, EU WbR Teil 2, Art. 22, Rn. 17; *Schild* in: MünchKomm EuWettbR, Art. 22 FKVO Rn. 39; *Dittert* in: Schröter/Jakob/Klotz/Mederer, Europäisches Wettbewerbsrecht, Art. 22 FKVO Rn. 16.

[15] *Dittert* in: Schröter/Jakob/Klotz/Mederer, Europäisches Wettbewerbsrecht, Art. 22 FKVO Rn. 14; s. dazu auch *Heidenhain* EuZW 1990, 84/85.

[16] Vgl. die Fälle *RTL/Veronica/Endemol,* ABl. 1996 L 134/32, und *Kesko/Tuko,* ABl. 1997 L 110/53, in denen die zuständige niederländische bzw. finnische Behörde von den Parteien durch Presseveröffentlichung unterrichtet wurde.

dings muss der Mitgliedstaat über ausreichende Informationen verfügen, um die Auswirkungen des Zusammenschlusses und damit beurteilen zu können, ob die Kommission zur Entscheidung des Falles besser geeignet ist.[17] Die missglückte Regelung des früheren Abs. 4 S. 4, wonach ein Antrag nicht mehr zulässig sein sollte, wenn der Vollzug des Zusammenschlusses bereits mehr als einen Monat zurück lag, ist entfallen. **Jeder weitere Mitgliedstaat** kann sich **dem Antrag** gemäß Abs. 2 innerhalb von 15 Arbeitstagen nach einer entsprechenden Information durch die Kommission **anschließen.** Anders als im Verweisungsverfahren auf Antrag der Unternehmen nach Art. 4 Abs. 5 wird das Schweigen eines Mitgliedstaates jedoch nicht als Zustimmung zur Verweisung an die Kommission gewertet.[18]

5 Materiell erfordert Art. 22 Abs. 1 zum einen das Vorliegen eines Zusammenschlusses im Sinne des Art. 3, der die Schwellenwerte des Art. 1 nicht erreicht. Zum anderen ist die **Beeinträchtigung des Handels zwischen Mitgliedstaaten** erforderlich. Dieses Kriterium entspricht dem in Art. 101, 102 AEUV (ex. Art. 81, 82 EG) genannten,[19] so dass auf die Anmerkungen zu diesen Vorschriften verwiesen wird. Zusammenschlüsse unterhalb bestimmter Umsatzschwellen[20] hat die Kommission zwar als normalerweise nicht gemeinschaftsrelevant qualifiziert.[21] In der bisherigen Praxis haben diese Umsatzschwellen jedoch noch keine Rolle gespielt.[22] Schließlich muss der Zusammenschluss **den Wettbewerb** im Hoheitsgebiet des bzw. der Antrag stellenden Mitgliedstaaten **erheblich zu beeinträchtigen drohen.** Dieses Kriterium ist an die Stelle des Begründens oder Verstärkens einer marktbeherrschenden Stellung i. S. d. Art. 22 Abs. 3 a. F. getreten. Es gelten die gleichen Kriterien wie bei einer Verweisung an die Behörden der Mitgliedstaaten nach Art. 9 Abs. 2 lit. a).[23] Ausreichend ist daher der Nachweis durch den Antrag stellenden Mitgliedstaat, dass mit dem Vorhaben ein wirkliches Risiko von erheblichen Nachteilen für den Wettbewerb verbunden ist, wobei Anscheinsbeweise ausreichen sollen.[24] Beide Voraussetzungen müssen kumulativ vorliegen; stellt die Kommission also zwar die drohende erhebliche Beeinträchtigung des Wettbewerbs im Gebiet des Antrag stellenden Mitgliedstaats, jedoch keine Beeinträchtigung des zwischenstaatlichen Handels fest, darf sie den Zusammenschluss nicht untersagen. Das gleiche gilt selbstverständlich im umgekehrten Fall.[25]

6 Im Gegensatz zu Art. 9 stellt Art. 22 nicht auf einen „gesonderten Markt" ab, woraus geschlossen werden kann, dass der räumlich relevante Markt auch europaweit sein kann, solange er jedenfalls das Gebiet des antragstellenden Mitgliedstaats betrifft.[26]

2. Entscheidung über die Übernahme der Prüfung

7 Nach Ablauf der für die Mitgliedstaaten geltenden Antragsfrist hat die Kommission nach pflichtgemäßem Ermessen innerhalb von 10 Arbeitstagen zu entscheiden, ob sie den Zu-

---

[17] Mitteilung der Kommission über die Verweisung von Fusionssachen, ABl. 2005 C 56/02, Rn. 50, Fn. 43.

[18] Anders noch im Verordnungsentwurf der Kommission vom 11.12.2002, KOM (2002) 711 endg., vgl. hierzu *Böge* WuW 2004, 138/141.

[19] So ausdr. Komm. E. v. 20.9.1995 Rs. IV/M.553 Ziff. 107 – *RTL/Veronica/Endemol,* ABl. 1996 L 134/32; ebenso *Körber* in: Immenga/Mestmäcker, EU WbR Teil 2, Art. 22, Rn. 35.

[20] Weltweiter Gesamtumsatz der beteiligten Unternehmen von weniger als 2 Mrd. EUR bzw. gemeinschaftsweiter Umsatz von weniger als 100 Mio. EUR (vgl. Art. 1 Abs. 3 FKVO).

[21] Protokollerklärung der Kommission zu Art. 22 Ziff. a, WuW 1990, 240/243.

[22] Vgl. z. B. Komm. E. v. 20.9.1995 Rs. IV/M.553 Ziff. 16, 106 f., – *RTL/Veronica/Endemol,* ABl. 1996 L 134/32; Komm. E. v. 16.5.2008 COMP/M.5153 – *Arsenal/DSP.*

[23] Vgl. dazu die Erläuterungen zu Art. 9 Rn. 9.

[24] Mitteilung der Kommission über die Verweisung von Fusionssachen, ABl. 2005 C 56/02, Rn. 44.

[25] Ausf. noch zu Art. 22 Abs. 3 a. F. *Niewiarra* in: FS Lieberknecht, S. 431/440 f.; vgl. zur aktuellen Vorschrift *Schild* in: MünchKomm EuWettbR, Art. 22 FKVO Rn. 66 f.

[26] *Wagemann* in: Wiedemann, Handbuch des Kartellrechts, § 17 Rn. 167; *Schild* in: MünchKomm EuWettbR, Art. 22 FKVO Rn. 62.

sammenschluss prüfen möchte. Die Kommission wird ihr Ermessen nur dann im Sinne einer Übernahme der Prüfung ausüben, wenn der Zusammenschluss eine wirkliche Gefahr für den Wettbewerb und den zwischenstaatlichen Handel darstellt, der am besten auf Gemeinschaftsebene begegnet werden kann.[27] **Von der Kommission abgelehnt** wurden beispielsweise die Anträge Portugals und Italiens bezüglich der geplanten Fusion *Endesa/Gas Natural.* Zum einen hatte die Kommission Zweifel an der drohenden Wettbewerbsbeeinträchtigung in Portugal und Italien. Zum anderen meinte sie, nicht besser als die italienischen und portugiesischen Behörden zur Prüfung der Auswirkungen des Zusammenschlusses in diesen Ländern in der Lage zu sein.[28] Auch einen Verweisungsantrag der ungarischen Wettbewerbsbehörde hat die Kommission abgelehnt, da nach Auffassung der Kommission die Beeinträchtigung des Wettbewerbs in Ungarn durch den Zusammenschluss nicht hinreichend dargelegt worden war.[29] Im Fall von *Coca-Cola Hellenic Bottling Company/Lanitis Bros*[30] wurde der Verweisungsantrag Zyperns abgelehnt, da nachteilige Auswirkungen auf den Wettbewerb lediglich innerhalb Zyperns zu erwarten waren. In der jüngsten abweisenden Entscheidung der Kommission[31] hatten Portugal, Spanien und Frankreich einen Verweisungsantrag gestellt. Dieser scheiterte nach Auffassung der Kommission jedoch bereits daran, dass das Vereinigte Königreich keinen Verweisungsantrag gestellt hatte und der Zusammenschluss voraussichtlich dort die stärksten Auswirkungen haben würde. Als **Gründe für die Prüfung eines Zusammenschlusses ohne gemeinschaftsweite Bedeutung durch die Kommission** kommen insbesondere wettbewerbliche Bedenken in Märkten in Betracht, die über das Gebiet eines Mitgliedstaates hinausgehen oder ähnliche wettbewerbliche Bedenken in nationalen oder lokalen Märkten verschiedener Mitgliedstaaten.[32] In der Praxis berücksichtigt die Kommission auch die Notwendigkeit, von außerhalb des betroffenen Mitgliedstaates ansässigen Zusammenschlussbeteiligten oder anderen Marktteilnehmern Informationen einholen zu müssen[33] oder das andernfalls von mehreren Mitgliedstaaten zu prüfende Vorhaben im Hinblick auf Abhilfemaßnahmen einheitlich zu behandeln.[34] Auch die frühere oder parallele Befassung der Kommission mit den vom Zusammenschluss betroffenen Märkten oder den Zusammenschlussbeteiligten wurde als Grund für die Prüfung der Transaktion durch die Kommission herangezogen.[35]

Bis maximal zum Ablauf der 10-Tages Frist gemäß Art. 22 Abs. 3 Unterabs. 1werden nach Abs. 2 Unterabs. 3 alle den Zusammenschluss betreffenden einzelstaatlichen Fristen gehemmt. Dies gilt auch für die Fristen derjenigen Mitgliedstaaten, die keinen Verweisungsantrag gestellt haben. Die Fristhemmung wird jedoch beendet, sobald ein Mitgliedstaat der Kommission und den beteiligten Unternehmen mitteilt, dass er sich dem 8

[27] Mitteilung der Kommission über die Verweisung von Fusionssachen, ABl. 2005 C 56/02, Rn. 45; *Körber* in: Immenga/Mestmäcker, EU WbR Teil 2, Art. 22, Rn. 40 leitet daraus ab, dass die Zuständigkeitsverteilung nach Art. 22 nur in Ausnahmefällen korrigiert werden sollte.

[28] Komm., E. v. 27.10.2005 Rs. COMP/M.3986 – *Gas Natural/Endesa;* vgl. dazu Presseerklärung der Komm. v. 27.10.2005 IP/05/1356.

[29] Komm. E. v. 31.3.2010 Rs. COMP/M.5828 – *Procter & Gamble/Sara Lee Air Care.* Rn. 19.

[30] Komm. E. v. 24.2.2006 Rs. COMP/M.4124 – *Coca Cola Hellenic Bottling Company/Lanitis Bros.*

[31] Komm. E. v. 4.7.2012 Rs. COMP/M.6502 – *London Stock Exchange/LCH Clearnet.*

[32] Mitteilung der Kommission über die Verweisung von Fusionssachen, ABl. 2005 C 56/02, Rn. 45; vgl. dazu etwa Komm., E. v. 26.11.2011 Rs. COMP/M.6106 – *Caterpillar/MWM,* Rn. 16f.

[33] Komm., E. v. 16.5.2008 Rs. COMP/M.5153 – *Arsenal/DSP,* Rn. 43; E. v. 21.11.2009 Rs. COMP/M.5675 – *Syngenta/Negocio Semillas Girasol Monsanto,* Rn. 22; E. v. 8.4.2011 Rs. COMP/M.6191 – *Birla/Columbian Chemicals,* Rn. 26.

[34] Komm., E. v. 31.3.2010 Rs. COMP/M.5828 – *Procter&Gamble/Sara Lee Air Care,* Rn. 16; E. v. 7.9.2010 Rs. COMP/M.5969 – *SC Johnson/Sara Lee,* Rn. 18.

[35] Komm., E. v. 4.2.2008, Rs. COMP/M.5020 – *Lesaffre/GBI UK,* Rn. 25ff.; E. v. 3.12.2012 Rs. COMP/M.6796 – *Aegean/Olympics,* Rn. 26; E. v. 18.10.2013 Rs. COMP/M.7054 – *Cemex/Holcim Assets,* Rn. 33ff.

Verweisungsantrag nicht anschließt. Die Kommission kann den Antrag des oder der Mitgliedstaaten ablehnen, wenn beispielsweise wegen Fristablaufs oder Fehlens eines Zusammenschlusstatbestandes die Voraussetzungen des Art. 22 nicht erfüllt sind. Trifft die Kommission hingegen innerhalb der genannten Frist überhaupt keine Entscheidung, so gilt dies als Entscheidung für die antragsgemäße Übernahme der Prüfung. Diese Fiktion ist dem Wortlaut nach selbst dann anzunehmen, wenn die materiellen Voraussetzungen gar nicht erfüllt sind. Hat die Kommission den Antrag des oder der Mitgliedstaaten ausdrücklich oder infolge der Fiktion angenommen, prüft sie den Zusammenschluss im üblichen Verfahren der ersten und zweiten Phase mit sämtlichen Ermittlungsbefugnissen. Gemäß Abs. 3 Unterabs. 2 S. 2 kann die Kommission eine Anmeldung nach Art. 4 verlangen. Das Vollzugsverbot des Art. 7 gilt nach Abs. 4 S. 2 nur dann, wenn der Zusammenschluss zu dem Zeitpunkt, in dem die Kommission die Parteien vom Antragseingang unterrichtet, noch nicht vollzogen ist.

3. Entscheidung der Kommission über den Zusammenschluss

9 Hat die Kommission i. S. d. Abs. 3 entschieden, den Zusammenschluss gemäß dem Antrag des bzw. der Mitgliedstaaten zu prüfen, hat sie nach Abs. 4 Unterabs. 1 die Frist des Art. 10 Abs. 1 (25 Arbeitstage nach Eingang der Anmeldung) für die Einleitung des Verfahrens zu beachten. Für den in der Praxis unbedeutenden Fall, dass die Kommission eine Anmeldung des Zusammenschlusses nach Art. 4 nicht verlangt hat, regelt Art. 22 Abs. 4 Unterabs. 2 den Fristbeginn. Die Kommission geht in entsprechender Anwendung des Art. 10 Abs. 1 S. 2 erst bei Vorliegen aller erforderlichen Auskünfte vom Fristbeginn aus.[36] Dennoch sollte der Antrag möglichst alle relevanten Informationen enthalten, über die der Mitgliedstaat verfügt.

10 Die Kommission kann im Rahmen ihrer Prüfung nach Art. 22 Abs. 4 Unterabs. 1 sämtliche Entscheidungen treffen, die in Art. 6 und Art. 8 vorgesehen sind. Maßstab für ihre Prüfung ist also allein die FKVO und nicht etwa das Recht des oder der Antrag stellenden Mitgliedstaaten. Die Mitgliedstaaten haben insbesondere keinen Anspruch darauf, dass die Kommission ausschließlich diejenigen Gesichtspunkte untersucht, die Gegenstand des Verweisungsantrages waren oder das Kommissionsverfahren zu überwachen.[37] Allerdings kann die Kommission die Auswirkungen des Zusammenschlusses grundsätzlich nur im Gebiet derjenigen Mitgliedstaaten prüfen, auf deren Antrag ihre Zuständigkeit zurückgeht.[38] Nach der vor dem 1. Mai 2004 geltenden Fassung eröffnete Art. 22 Abs. 3 a. F. der Kommission im Gegensatz zu Entscheidungen nach Art. 8 ein umfassendes Ermessen, ob der Zusammenschluss mit oder ohne Auflagen freigegeben oder untersagt werden sollte. Sie war also nicht verpflichtet, einen Zusammenschluss zu untersagen, auch wenn nach ihren Feststellungen die Voraussetzungen des Art. 22 Abs. 3 a. F. vorlagen. Der Wortlaut des Art. 22 Abs. 4 Unter abs. 1 n. F. gibt hingegen keinen Anhaltspunkt mehr für ein derartiges zusätzliches Ermessen.

11 Zusammenschlüsse, die vor der Unterrichtung der Parteien vom Antragseingang bei der Kommission vollzogen worden sind, kann die Kommission nach Art. 8 Abs. 4 entflechten.[39] Für bis dahin noch nicht vollzogene Zusammenschlüsse gilt das Vollzugsverbot des Art. 7.

---

[36] Komm. E. v. 17.2.1993 Rs. IV/M.278 – *British Airways/DanAir;* zust. *Dittert* in: Schröter/Jakob/Klotz/Mederer, Europäisches Wettbewerbsrecht, Art. 22 FKVO Rn. 13.

[37] EuG, U. v. 28.4.1999, Rs. T-221/95 – *Endemol Entertainment/Kommission,* Slg. 1999, II-1299 Rn. 40 ff.

[38] *Schild* in: MünchKomm EuWettbR, Art. 22 FKVO Rn. 79; *Körber* in: Immenga/Mestmäcker, EU WbR Teil 2, Art. 22, Rn. 62; *Bechtold/Bosch/Brinker,* EU-Kartellrecht, Art. 22 FKVO Rn. 16.

[39] Vgl. Komm. E. v. 26.6.1997 Rs. IV/M.890 – *Blokker/Toys-R-Us,* ABl. L 1998, 316/1; E. v. 19.12.1997 Rs. IV/M.784 – *Kesko/Tuko,* ABl. L 1997 174/47, Ziff. 173; in der Entsch. v. 20.9.1995 Rs. IV/M.553 – *RTL/Veronica/Endemol,* ABl. 1996 L 134/32, hat die Kommission die Parteien dagegen zunächst in der Untersagungsentscheidung aufgefordert, geeignete Maßnahmen vorzuschlagen,

Die Kommission kann auch nach der Neufassung des Art. 22 keine ausschließliche Zuständigkeit zur Prüfung des Zusammenschlusses gegen den Willen eines Mitgliedstaates erhalten. Sie wird auf den Wettbewerbsschutz im Gebiet des oder der Antrag stellenden Mitgliedstaaten beschränkt. Nur diejenigen Mitgliedstaaten, die die Kommission um Prüfung ersucht haben, dürfen ihr nationales Recht gemäß Abs. 3 Unterabs. 3 nicht mehr auf den Zusammenschluss anwenden.[40] Dementsprechend wird die Kommission in der Regel eine Teiluntersagung aussprechen bzw. die mit einer Freigabe verbundenen Auflagen auf das Gebiet des oder der Antrag stellenden Mitgliedstaaten beschränken. Sollte dies – etwa mangels Trennbarkeit des Zusammenschlussvorhabens – nicht möglich sein, muss jedoch auch eine Untersagung des gesamten Zusammenschlusses durch die Kommission zulässig sein.[41] 12

Die Beschränkung der Kommission auf den Wettbewerbsschutz im Antrag stellenden Mitgliedstaat kann dazu führen, dass für einen Zusammenschluss die Kommission und die Kartellbehörde eines anderen Mitgliedstaats parallel zuständig sind, in dessen Gebiet sich der Zusammenschluss ebenfalls auswirkt, der jedoch keinen Verweisungsantrag gestellt hat.[42] Die kartellbehördlichen Kompetenzen der Mitgliedstaaten, die keinen Verweisungsantrag gestellt haben, sind auch durch die Neufassung des Art. 22 nicht beschränkt worden.[43] Ob diese Mitgliedstaaten nach einer Freigabe oder Untersagung des (gesamten) Zusammenschlusses durch die Kommission weiterhin befugt sind, widersprechende Entscheidungen für ihr Staatsgebiet zu treffen, ist angesichts des grundsätzlichen Vorrangs des Gemeinschaftsrechts dennoch offen. Da die Kommission nach dem Zweck der Vorschrift jedoch lediglich im Interesse und damit praktisch als Sachwalter des Antrag stellenden Mitgliedstaats tätig wird, dürfte eine aufgrund von Art. 22 Abs. 4 getroffene Entscheidung der Kommission keine weitergehende Wirkung haben als die Untersagungs- bzw. Freigabeentscheidung einer mitgliedstaatlichen Kartellbehörde. Damit dürften Entscheidungen der Mitgliedstaaten, die im Widerspruch zur Entscheidung der Kommission stehen, im Rahmen von Art. 22 zulässig sein.[44] 13

Unabhängig von ihrer Untersagungsbefugnis steht der Kommission jedenfalls ein umfassendes Prüfungsrecht hinsichtlich der Auswirkungen des Zusammenschlusses in anderen Mitgliedstaaten zu. Anders ist es der Kommission nämlich nicht möglich, die in Art. 22 Abs. 3 vorausgesetzte Feststellung zu treffen, dass der Zusammenschluss den Handel zwischen Mitgliedstaaten beeinträchtigt.[45] Bei grenzüberschreitenden Märkten können die Auswirkungen des Zusammenschlusses in anderen Mitgliedstaaten auch für die Würdigung der Folgen des Zusammenschlusses im antragstellenden Mitgliedstaat relevant sein.[46] 14

---

um wirksamen Wettbewerb wiederherzustellen. Die geplante spätere Entflechtungsentscheidung ist nach Zusagen der Parteien nicht ergangen, sondern der Zusammenschluss wurde unter der Bedingung freigegeben, dass die Zusagen eingehalten werden, E. v. 17.7.1996 Rs. IV/M.553 – *RTL/Veronica/Endemol,* ABl. 1996 L 294/14.

[40] Anders noch der Verordnungsentwurf der Kommission vom 11.12.2002, KOM (2002) 711 endg., der eine ausschließliche Zuständigkeit der Kommission innerhalb des gesamten EWR annahm, wenn zumindest drei Mitgliedstaaten einen gemeinsamen Verweisungsantrag stellten, wobei das Schweigen der Mitgliedstaaten auf eine Aufforderung der Kommission als Zustimmung zur Verweisung gelten sollte, vgl. hierzu *Böge* WuW 2004, 138/141.

[41] Ebenso *Körber* in: Immenga/Mestmäcker, EU WbR Teil 2, Art. 22, Rn. 62.

[42] Vgl. dazu *Heidenhain* EuZW 1990, 84/85 f.

[43] Vgl. auch Erwägungsgrund Nr. 15 zur neuen FKVO, ABl. 2004 L 24/2; vgl. zu Art. 22 a. F. die Gemeinsame Erklärung des Rates und der Kommission zu Art. 22 Ziff. c), WuW 1990, 240/244.

[44] Ebenso *Körber* in: Immenga/Mestmäcker, EU WbR Teil 2, Art. 22, Rn. 53; *Schild* in: MünchKomm EuWettbR, Art. 22 FKVO Rn. 75; a. A. *Niewiarra* in: FS Lieberknecht, S. 431/444.

[45] Ebenso *Niewiarra* a. a. O. S. 431/438 ff.

[46] Mitteilung der Kommission über die Verweisung von Fusionssachen, ABl. 2005 C 56/02, Rn. 50 Fn. 45; *Schild* in: MünchKomm EuWettbR, Art. 22 FKVO Rn. 79; *Körber* in: Immenga/Mestmäcker, EU WbR Teil 2, Art. 22, Rn. 55.

Art. 23. Durchführungsbestimmungen

(1) **Die Kommission ist ermächtigt, nach dem Verfahren des Absatzes 2 Folgendes festzulegen:**

a) Durchführungsbestimmungen über Form, Inhalt und andere Einzelheiten der Anmeldungen und Anträge nach Artikel 4,

b) Durchführungsbestimmungen zu den in Artikel 4 Absätze 4 und 5 und den Artikeln 7, 9, 10 und 22 bezeichneten Fristen,

c) das Verfahren und die Fristen für das Angebot und die Umsetzung von Verpflichtungszusagen gemäß Artikel 6 Absatz 2 und Artikel 8 Absatz 2,

d) Durchführungsbestimmungen für Anhörungen nach Artikel 18.

(2) **Die Kommission wird von einem Beratenden Ausschuss unterstützt, der sich aus Vertretern der Mitgliedstaaten zusammensetzt.**

a) Die Kommission hört den Beratenden Ausschuss, bevor sie einen Entwurf von Durchführungsvorschriften veröffentlicht oder solche Vorschriften erlässt.

b) Die Anhörung erfolgt in einer Sitzung, die die Kommission anberaumt und in der sie den Vorsitz führt. Der Einladung zur Sitzung ist ein Entwurf der Durchführungsbestimmungen beizufügen. Die Sitzung findet frühestens zehn Arbeitstage nach Versendung der Einladung statt.

c) Der Beratende Ausschuss gibt seine Stellungnahme zu dem Entwurf der Durchführungsbestimmungen – erforderlichenfalls durch Abstimmung – ab. Die Kommission berücksichtigt die Stellungnahme des Ausschusses in größtmöglichem Umfang.

1 Art. 23 enthält eine Ermächtigung der Kommission zum Erlass verschiedener Durchführungsbestimmungen. Diese Ermächtigung wurde seit Inkrafttreten der FKVO im Jahre 1990 sukzessive ausgedehnt. So ist die Kommission mittlerweile nicht nur zum Erlass von Durchführungsbestimmungen betreffend **Form und Inhalt der Anmeldungen** nach Art. 4 **(Form CO, Short Form CO)** und Verweisungsanträgen nach Art. 4 und 5 **(Formblatt RS)** sowie der Berechnung der in der FKVO vorgesehen **gesetzlichen Fristen** nach den Art. 4 Abs. 4 und 5, 6, 7, 9 und 10 sowie nach Art. 22, berechtigt. Vielmehr ist die Kommission auch ermächtigt, das Verfahren für die Vorlage der **Verpflichtungszusagen** nach Art 6 Abs. 2 und Art. 8 Abs. 2 festzulegen. Ferner kann die Kommission auch Bestimmungen über die **Anhörung** Beteiligter und Dritter erlassen.

2 Davon hat sie mit Erlass einer sog. **Durchführungsverordnung** Gebrauch gemacht. Diese wurde mehrfach geändert. Die Kommission hat zunächst im Jahre 2004 in der Neufassung der Durchführungsverordnung Nr. 802/2004[1] von der Ermächtigung des Art. 23 Abs. 1 umfassend Gebrauch gemacht. Es folgte eine weitere Änderung der Durchführungsverordnung im Jahr 2008,[2] die die Frage der verfahrensrechtlichen Handhabung von vertraulichen Informationen und Geschäftsgeheimnissen, die Einführung eines eigenen Formblattes **(Form RM)**[3] für Informationen, die im Zusammenhang mit Abhilfemaß-

[1] VO (EG) Nr. 802/2004 vom 7.4.2004 zur Durchführung der VO (EG) Nr. 139/2004 des Rates für die Kontrolle von Unternehmenszusammenschlüssen, ABl. 2004 L 133/1 (nachfolgend „DVO"); die VO 802/2004 ersetzt die VO (EG) Nr. 447/98 vom 1.3.1998 über die Anmeldung, über die Fristen sowie über die Anhörung nach der Verordnung (EWG) Nr. 4064/89 des Rates über die Kontrolle von Unternehmenszusammenschlüssen, ABl. 1998 L 61/1; die VO Nr. 447/98 ersetzt die VO (EG) Nr. 338/94 vom 21.12.1994.

[2] VO (EG) Nr. 1033/2008 vom 20.10.2008 zur Änderung der VO (EG) Nr. 802/2004 vom 7.4.2004 zur Durchführung der VO (EG) Nr. 139/2004 des Rates für die Kontrolle von Unternehmenszusammenschlüssen, ABl. 2008 L 279/3.

[3] Anhang IV zur Durchführungsverordnung, Formblatt RM Informationen zu nach Artikel 6 Absatz 2 und Artikel 8 Absatz 2 der Verordnung (EG) Nr. 139/2004 angebotenen Verpflichtungen

nahmen vorgelegt werden müssen, sowie Anpassungen der bestehenden Formblätter v. a. auch vor dem Hintergrund der Beitritte von Rumänien und Bulgarien zum Inhalt hatte. Mit Wirkung vom 1.1.2014 hat die Kommission mittels **DVO (EU) Nr. 1269/2013**[4] die Durchführungsverordnung nun zudem dahingehend abgeändert, dass es zu einer Aktualisierung, Straffung und Verringerung der Informationsanforderungen bei gleichzeitigem Augenmerk auf die Sicherstellung ausreichender Angaben über die Struktur des Zusammenschlusses und der Vorlage der wichtigsten relevanten internen Unterlagen der Unternehmen kam. Ferner ist es der Kommission nunmehr möglich, das Format und die Zahl der verlangten Kopien der entsprechenden Schriftsätze festzulegen und nach Bedarf zu ändern. Es erfolgte zudem eine Klarstellung, dass sowohl ein schriftlicher Nachweis der Vertretungsbefugnis eines externen Vertreters als auch alle der im Anhang enthaltenen Vorlageblätter verlangten Informationen vorhanden sein müssen. Weiters wurde zur Verbesserung des Meinungsaustauschs der Kommission mit Wettbewerbsbehörden außerhalb des EWR eben jener Schriftwechsel vom Recht auf Akteneinsicht ausgeschlossen.

Art. 23 Abs. 2 regelt, dass die entsprechenden Durchführungsbestimmungen mit Unter- **3**
stützung des **Beratenden Ausschusses** für die Kontrolle von Unternehmenszusammenschlüssen erlassen werden. Dies war in der Praxis auch bis dato schon der Fall. Näher geregelt werden die Modalitäten der Einbeziehung des beratenden Ausschusses wie beispielsweise die Versendung eines Entwurfes mindestens 10 Tage vor der Sitzung. Ausdrücklich festgehalten wird, dass die Stellungnahmen des Ausschusses im größtmöglichen Umfang berücksichtigt werden müssen.

Art. 24. Beziehungen zu Drittländern

(1) **Die Mitgliedstaaten unterrichten die Kommission über die allgemeinen Schwierigkeiten, auf die ihre Unternehmen bei Zusammenschlüssen gemäß Artikel 3 in einem Drittland stoßen.**

(2) [1]**Die Kommission erstellt erstmals spätestens ein Jahr nach Inkrafttreten dieser Verordnung und in der Folge regelmäßig einen Bericht, in dem die Behandlung von Unternehmen, die ihren Sitz oder ihr Hauptgeschäft in der Gemeinschaft haben, im Sinne der Absätze 3 und 4 bei Zusammenschlüssen in Drittländern untersucht wird.** [2]**Die Kommission übermittelt diese Berichte dem Rat und fügt ihnen gegebenenfalls Empfehlungen bei.**

(3) **Stellt die Kommission anhand der in Absatz 2 genannten Berichte oder aufgrund anderer Informationen fest, dass ein Drittland Unternehmen, die ihren Sitz oder ihr Hauptgeschäft in der Gemeinschaft haben, nicht eine Behandlung zugesteht, die derjenigen vergleichbar ist, die die Gemeinschaft den Unternehmen dieses Drittlands zugesteht, so kann sie dem Rat Vorschläge unterbreiten, um ein geeignetes Mandat für Verhandlungen mit dem Ziel zu erhalten, für Unternehmen, die ihren Sitz oder ihr Hauptgeschäft in der Gemeinschaft haben, eine vergleichbare Behandlung zu erreichen.**

(4) **Die nach diesem Artikel getroffenen Maßnahmen müssen mit den Verpflichtungen der Gemeinschaft oder der Mitgliedstaaten vereinbar sein, die sich – unbeschadet des Artikels 307 des Vertrags – aus internationalen bilateralen oder multilateralen Vereinbarungen ergeben.**

(„Formblatt RM über Abhilfen"), abgeändert durch die DVO (EU) Nr. 1269/2013 vom 5.12.2013 zur Änderung der VO (EG) Nr. 802/2004 vom 7.4.2004 zur Durchführung der VO (EG) Nr. 139/2004 des Rates für die Kontrolle von Unternehmenszusammenschlüssen, ABl. 2008 L 279/3.

[4] DVO (EU) Nr. 1269/2013 vom 5.12.2013 zur Änderung der VO (EG) Nr. 802/2004 vom 7.4.2004 zur Durchführung der VO (EG) Nr. 139/2004 des Rates für die Kontrolle von Unternehmenszusammenschlüssen, ABl. 2013 L 336/1.

1 Nach Erwägungsgrund 44 sollen die Bedingungen, unter denen Zusammenschlüsse von Unternehmen der Gemeinschaft (das sind Unternehmen mit Sitz in der EU oder die ihr „Hauptgeschäft" in der Gemeinschaft haben) in Drittländern stattfinden, im Hinblick auf eine **diskriminierende Behandlung** „aufmerksam verfolgt werden". Wann ein Unternehmen sein „Hauptgeschäft" in der Gemeinschaft hat, ist nicht definiert, kommt aber nach der hier vertretenen Auffassung dann in Frage, wenn mehr als die Hälfte des Umsatzes in der Gemeinschaft erzielt wird.[1] Zu diesem Zweck sieht Art 24 Abs. 1 und 2 ein gestaffeltes Informations- bzw. Berichtssystem durch die Mitgliedsstaaten und die Kommission vor. Ziel ist es, aufgrund der genannten Berichte oder anderer Informationen vom Rat ein **Verhandlungsmandat** für die Kommission zu erlangen, das zur Erreichung einer nichtdiskriminierenden Behandlung von Unternehmen der Gemeinschaft in Drittstaaten eingesetzt werden soll.

2 Auch wenn die vorliegende Vorschrift eindeutig Elemente einer reziproken Rechtsanwendung enthält, stellt sie doch **kein autonomes Instrument** für ein Vorgehen gegen diskriminierende Behandlung in Drittstaaten dar. Abgesehen davon sind mögliche Reaktionen bzw. Maßnahmen durch die übrigen Verpflichtungen der Gemeinschaft oder der Mitgliedsstaaten aus internationalen Vereinbarungen begrenzt. Bis dato hat die Vorschrift keine praktische Bedeutung erlangt.[2]

3 Von Bedeutung ist demgegenüber die mittlerweile stark verstärkte **Kooperation der Kommission mit anderen Wettbewerbsbehörden.** Die Kooperation mit den USA wurde auf ein eigenes Abkommen[3] gestützt und hat insbesondere im Fall *General Electrics/ Honeywell*[4] eine Rolle gespielt. Ebenfalls zu erwähnen ist das Abkommen mit der Regierung von Kanada,[5] jener von Japan[6] sowie mit Südkorea.[7] Auch mit der Schweiz wurde ein Abkommen geschlossen, das am 1.12.2014 in Kraft getreten ist.[8]

Ferner existieren einige Übereinkommen in Wettbewerbssachen (Memorandum of Understanding). Diese werden zwischen der Kommission und den jeweiligen nationalen Wettbewerbsbehörden von Drittstaaten abgeschlossen. Unter anderem wurden derartige Übereinkommen mit Russland (2011) und China (2012) geschlossen.[9]

---

[1] Die von *Hahn* in MünchKomm, EuWettbR, Art. 24 FKVO Rn. 1 vertretene Auffassung, wonach es genügt, wenn mehr als 2/3 des weltweiten Gesamtumsatzes in der Gemeinschaft erzielt werden, ist unter Umständen zu kurz gegriffen, da beispielsweise auch dann vom Hauptschwerpunkt in der EU ausgegangen werden muss, wenn mehr als 50% des Umsatzes in der Gemeinschaft erzielt werden, der Rest sich aber beispielsweise auf 10 verschiedene Länder aufteilt.

[2] Vgl. *Körber* in: Immenga/Mestmäcker EG-WbR Teil 2. Art 24 Rn 3; *Briones/Folguera/Font/ Navarro* el control, de concentraciones, 14.2.2; *Hahn* in MünchKomm EuWettbR, Art. 24 FKVO, Rn. 3.

[3] Vgl. Agreement between the Government of the United States of America and the Commission of the European Communities regarding the application of their competition laws, ABl. 1995 L 95/47.

[4] Komm. E. v. 3.7.2001 Rs. Comp/M.2220 – *General Electric/Honeywell,* ABl. 2001 C 46/03.

[5] Vgl. Abkommen zwischen den Europäischen Gemeinschaften und der Regierung von Kanada über die Anwendung ihres Wettbewerbsrechts – Erklärung der Kommission – Briefwechsel, ABl. 1999 L 175/50.

[6] Abkommen zwischen der Europäischen Gemeinschaft und der Regierung von Japan über die Zusammenarbeit bei wettbewerbswidrigen Verhaltensweisen – vereinbarte Niederschrift – ABl. 2003 L 183/12.

[7] Abkommen zwischen der Europäischen Gemeinschaft und der Regierung der Republik Korea über die Zusammenarbeit bei wettbewerbswidrigen Verhaltensweisen, ABl. 2009 L 202.

[8] Abkommen zwischen der Schweizerischen Eidgenossenschaft und der Europäischen Union über die Zusammenarbeit bei der Anwendung ihres Wettbewerbsrechts, ABl. L 347/3 f.

[9] Näher dazu unter http://ec.europa.eu/competition/international/overview/index_en.html; vgl. auch *Bardong/Maass* in Langen/Bunte, FKVO, Art 24, Rn. 7.

Art. 25. Aufhebung

(1) **Die Verordnungen (EWG) Nr. 4064/89 und (EG) Nr. 1310/97 werden unbeschadet des Artikels 26 Absatz 2 mit Wirkung vom 1. Mai 2004 aufgehoben.**

(2) **Bezugnahmen auf die aufgehobenen Verordnungen gelten als Bezugnahmen auf die vorliegende Verordnung und sind nach Maßgabe der Entsprechungstabelle im Anhang zu lesen.**

Art. 25 bestimmt die Aufhebung der VO Nr. 4064/89 (FKVO a. F.)[1] sowie der Verordnung, mit der die FKVO alt novelliert wurde (VO Nr. 1310/97), mit 1.5.2004.[2] Allerdings wurden Übergangsbestimmungen in Art. 26 vorgesehen, wonach die FKVO a. F. jedenfalls noch bei Zusammenschlüssen Anwendung findet, die vor dem Zeitpunkt der Anwendbarkeit der vorliegenden Verordnung Gegenstand eines Vertragsabschlusses, eines Übernahmeangebotes oder sonst Gegenstand eines Kontrollübergangs im Sinne von Art. 4 Abs. 1 FKVO a. F. waren.[3] 1

Art. 25 Abs. 2 enthält lediglich eine Regelung für Verweisungen auf Artikel der FKVO a. F., die entsprechend der im Anhang zur FKVO abgedruckten Entsprechungstabelle zu lesen sind. 2

Art. 26. Inkrafttreten und Übergangsbestimmungen

(1) **Diese Verordnung tritt am zwanzigsten Tag nach ihrer Veröffentlichung im *Amtsblatt der Europäischen Union* in Kraft.**

Sie gilt ab dem 1. Mai 2004.

(2) **Die Verordnung (EWG) Nr. 4064/89 findet vorbehaltlich insbesondere der Vorschriften über ihre Anwendbarkeit gemäß ihrem Artikel 25 Absätze 2 und 3 sowie vorbehaltlich des Artikels 2 der Verordnung (EWG) Nr. 1310/97 weiterhin Anwendung auf Zusammenschlüsse, die vor dem Zeitpunkt der Anwendbarkeit der vorliegenden Verordnung Gegenstand eines Vertragsabschlusses oder einer Veröffentlichung im Sinne von Artikel 4 Absatz 1 der Verordnung (EWG) Nr. 4064/89 gewesen oder durch einen Kontrollerwerb im Sinne derselben Vorschrift zustande gekommen sind.**

(3) **Für Zusammenschlüsse, auf die diese Verordnung infolge des Beitritts eines neuen Mitgliedstaats anwendbar ist, wird das Datum der Geltung dieser Verordnung durch das Beitrittsdatum ersetzt.**

Die vorliegende Verordnung wurde am 20.1.2004 vom Rat verabschiedet und am 29.1.2004 im Amtsblatt[1*] veröffentlicht. Sie ist mit 1.5.2004 in Kraft getreten und ersetzt die „altgediente" VO Nr. 4064/89 aus dem Jahre 1989 (FKVO a. F.).[2*] 1

Art. 26 Abs. 2 sieht **Übergangsbestimmungen** vor, wonach die FKVO alt jedenfalls noch bei Zusammenschlüssen Anwendung findet, die vor dem Zeitpunkt der Anwendbarkeit der vorliegenden Verordnung Gegenstand eines Vertragsabschlusses, eines Übernahme 2

---

[1] VO (EWG) Nr. 4064/89 des Rates über die Kontrolle von Unternehmenszusammenschlüssen, ABl. 1989 Nr. L 395/1.

[2] VO Nr. 1310/97, ABl. 1997 Nr. L 180/1, zuletzt berichtigt in ABl. Nr. 1998 L 3/16.

[3] In der Sache zum Urteil des EuGH vom 3.7.2014 Rs. C-84/13 P – *Electrabel/Kommission,* noch nicht veröffentlicht in amtlicher Slg. wurde die Frage nach einer Rückwirkung der VO 139/2004 zwar thematisiert, der EuGH wies dieses Vorbringen jedoch als neues Angriffsmittel als unzulässige zurück, ohne sich inhaltlich dazu zu äußern.

[1*] Vgl. ABl. 2004 Nr. L 24/1.

[2*] VO (EWG) Nr. 4064/89 des Rates über die Kontrolle von Unternehmenszusammenschlüssen, ABl. 1989 Nr. L 395/1, zuletzt geändert durch die VO Nr. 1310/97, ABl. 1997 Nr. L 180/1, zuletzt berichtigt in ABl. Nr. 1998 L 3/16.

angebotes oder sonst Gegenstand eines Kontrollübergangs im Sinne von Art. 4 Abs. 1 FKVO a. F. waren. Die Übergangsregelung hat heute nahezu keine praktische Bedeutung mehr.[3] Sie kann nur noch für nicht angemeldete Zusammenschlüsse vor dem 1.5.2004 Bedeutung erlangen.[4]

3 Abs. 3, der in die FKVO a. F. aufgrund der Akte über die Bedingungen des Beitritts des Königreichs Norwegen, der Republik Österreich, der Republik Finnland und des Königreichs Schweden sowie die Anpassungen der die Europäische Union begründenden Verträge eingefügt und in die geltende Fassung der FKVO übernommen wurde, trifft **Regeln über die Anwendung der Verordnung im Falle eines Beitritts.** Danach tritt für Zusammenschlüsse, die erst aufgrund des Beitritts gemeinschaftsweite Bedeutung erlangen, die FKVO mit dem Zeitpunkt des Beitritts in Kraft. Dies bedeutet, dass der oder die Märkte des neuen Mitgliedstaates sowie die von den beteiligten Unternehmen in dem betreffenden Staatsgebiet erzielten Umsätze (wobei wie auch sonst gemäß Art. 5 auf das letzte Geschäftsjahr abzustellen ist) ab diesem Zeitpunkt in die Umsatzberechnungsbeurteilung nach der FKVO einbezogen werden.

4 Art. 26 enthält aber keine Regelung darüber, welches **Ereignis** bzw. welcher Stichtag für die Bestimmung der Zuständigkeit ausschlaggebend ist. In Frage kommt insbesondere der Zeitpunkt des Vertragsabschlusses, aber auch der Vollzug des Vorhabens. Analog der Bestimmung in Art. 25, sowie in Einklang mit der konsolidierten Mittelung zu Zuständigkeitsfragen[5] ist davon auszugehen, dass auf den Zeitpunkt des Vertragsabschlusses, eines Übernahmeangebotes oder den Zeitpunkt eines sonstigen Kontrollübergangs und hier auf den Zeitpunkt des zuerst eintretenden Ereignisses, nicht aber auf den Vollzug abzustellen ist.

5 Zusammenschlüsse, die unmittelbar vor dem Beitritt auch ohne Hinzurechnung der Umsätze des neuen Mitgliedstaates die Voraussetzungen für die Anmeldepflicht nach Art. 4 erfüllen, müssen daher sowohl nach der FKVO als auch nach den Bestimmungen des betreffenden Beitrittswerberlandes angemeldet werden. Dies gilt auch in Fällen, in denen eine Verweisung nach Art. 4 Abs. 5 mittels Form RS beantragt wird. Liegt das die Anmeldepflicht auslösende Ereignis vor dem Beitritt des betreffenden neuen Mitgliedstaates kann sich ein (auch erst nach dem Beitritt) eingebrachtes Form RS nur auf die alten Mitgliedstaaten beziehen.[6]

---

[3] Vgl. *Berchtold/Bosch/Brinker,* EU-Kartellrecht, 2014, Art 26 Rn. 1.

[4] So geschehen in Komm. E. v. 10.6.2009 Rs. COMP/M.4994 – *Electrabel/Compagnie Nationale du Rhone,* Rn. 7 sowie Komm. E. v. 6.10.2009 Rs. COMP/M.5365 IPO/EnBW/PRAHA/PT, ABl. 2009 C 216/09. Mittlerweile bestätigt durch EuG U. v. 12.12.2012, Rs. T-332/09 – *Electrabel/Kommission,* Slg. 2012-00000; sowie EuGH U. v. 3.7.2014 – *Electrabel/Kommission* (noch nicht in der amtlichen Sammlung veröffentlicht) ABl. C-129 v. 4.5.2013, Rn. 30 ff., wobei im Ergebnis die Frage der richtigen Anwendung der Übergangsbestimmung aber aus formalen Gründen nicht behandelt wurde.

[5] ABl. 2008 C 95/1, Rn. 154 ff.

[6] Siehe auch die entsprechende Kommissionspraxis im Fall COMP/M.4525, *Kronospan/Constantia,* ABl. 2007 C 112/11, in dem der Vertragsabschluss (kurz) vor dem Beitritt Rumäniens zur Europäischen Union erfolgte und das Vorhaben, das mittels Form RS an die Kommission verwiesen wurde, daher sowohl bei der Europäischen Kommission als auch der nationalen Behörde in Rumänien angemeldet werden musste.

Deutsches Recht

10. Teil. Gesetz gegen Wettbewerbsbeschränkungen (GWB)

Erster Teil. Wettbewerbsbeschränkungen

Erster Abschnitt. Wettbewerbsbeschränkende Vereinbarungen, Beschlüsse und abgestimmte Verhaltensweisen

Vorbemerkung §§ 1 bis 3 GWB

Übersicht

Schrifttum: *Bahr,* Die Behandlung von Vertikalvereinbarungen nach der 7. GWB-Novelle, WuW 2004, 259 ff.; *Bechtold,* EU-rechtliche Beschränkungen in der Ausgestaltung und Anwendung des GWB, NZKart 2015, 331; *ders.,* 8. GWB-Novelle, NZKart 2013, 263; *ders.,* Grundlegende Umgestaltung des Kartellrechts: Zum Referentenentwurf der 7. GWB-Novelle, DB 2004, 235 ff.; *Bosch/Fritzsche,* Die 8. GWB-Novelle – Konvergenz und eigene wettbewerbspolitische Akzente, NJW 2013, 2225; *Fikentscher,* Das Unrecht einer Wettbewerbsbeschränkung – Kritik an Weißbuch und VO-Entwurf zu Art 81, 82 EG-Vertrag, WuW 2001, 446 ff.; *Fuchs,* Die 7. GWB-Novelle – Grundkonzeption und praktische Konsequenzen, WRP 2005, 1384 ff.; *Gronemeyer/Slobodenjuk,* Die 8. GWB-Novelle – Ein Überblick, WRP 2013, 1279; *Hartog/Noack,* Die 7. GWB-Novelle, WRP 2005, 1396 ff.; *Hausmann,* Das deutsche Kartellrecht – die 8. GWB-Novelle, GewArch 2014, 101; *Immenga,* Gefordertes Kartellrecht, 50 Jahre GWB, ZWeR 2008, 1 ff.; *Kahlenberg*/Haellmigk, Referentenentwurf der 7. GWB-Novelle: Tief greifende Änderungen des deutschen Kartellrechts, BB 2004, 389 ff.; *Keßler,* Was lange währt, wird endlich gut? – Annotationen zur 8. GWB-Novelle, WRP 2013, 1116; *Podszun,* 8. GWB-Novelle: Neuerungen im deutschen Kartellrecht, GWR 2013, 329; *Meessen,* Die 7. GWB-Novelle – verfassungsrechtlich gesehen, WuW 2004, 733.

I. Entstehungsgeschichte

Noch in der Fassung der 6. GWB-Novelle 1999 wiesen das GWB einerseits und das EU-Kartellrecht andererseits bedeutende Unterschiede bei der Regelung wettbewerbsbeschränkender Vereinbarungen, Beschlüsse und abgestimmter Verhaltensweisen auf. Im ersten Teil (Wettbewerbsbeschränkungen) trennte das GWB damals den ersten Abschnitt „Kartellvereinbarungen, Kartellbeschlüsse und abgestimmtes Verhalten" (§§ 1 bis 13 GWB a. F.) vom zweiten Abschnitt **„Vertikalvereinbarungen"** (§§ 14 bis 18 GWB a. F.). **Horizontalvereinbarungen** waren grundsätzlich nach § 1 GWB verboten; als Ausnahmetatbestände enthielt das GWB a. F. – im Gegensatz zur Generalklausel des Art. 101 Abs. 3 AEUV – eine Kombination zwischen Kasuistik (§§ 2 bis 6 GWB a. F.) und Generalklausel (§§ 7 und 8 GWB a. F.). Für Vertikalvereinbarungen bestand nach deutschem Recht nur eine Missbrauchsaufsicht der KartB (§ 16 GWB a. F.); lediglich Preis- und Konditionenbindungen waren mit einem grundsätzlichen Verbot bewehrt (§ 14 GWB). Für vertikale Li- 1 zenzverträge galten Sonderregelungen (§§ 17 bis 18 GWB a. F.). Art. 101 AEUV war diese Unterscheidung zwischen horizontalen Kartellvereinbarungen und Vertikalvereinbarungen jedoch schon immer fremd. Genauso wenig kannte das EU-Kartellrecht ein allgemeines (auch einseitiges) **Empfehlungsverbot** (§§ 22, 23 GWB a. F.) oder die Sonderregelungen für **Wettbewerbsregeln** (§ 24 bis 27 GWB a. F.). Schließlich waren ganze Branchen, sog. **Ausnahmebereiche,** von den Regelungen des GWB ausgenommen (§§ 28 bis 31 GWB a. F.), obwohl für solche Ausnahmebereiche – von der Landwirtschaft abgesehen – auf europäischer Ebene keine entsprechenden Regelungen existieren.

II. Systematik nach der 7. GWB-Novelle 2005 bis heute

2 Mit in Kraft Treten des **Art. 3 VO 1/2003** wurde der grundsätzliche **Vorrang des Art. 101 AEUV** (damals noch Art. 81 EG) **gegenüber den deutschen Regeln** für zwischenstaatliche Sachverhalte festgeschrieben: Auch wenn GWB und Art. 101 AEUV noch parallel nebeneinander angewendet werden können, darf die Beurteilung nach GWB nicht von der Beurteilung nach Art. 101 AEUV abweichen. Das ist jetzt auch in § 22 Abs. 1 und Abs. 2 GWB festgehalten und erscheint als sachgerechte Lösung. Im Konfliktfall setzt die gemeinschaftsrechtliche Regelung durch. In Fällen ohne eine Beeinträchtigung des zwischenstaatlichen Handels und damit unterhalb der Anwendungsschwelle des Art. 101 AEUV ist hingegen allein nationales Recht einschlägig. Das könnte – insbesondere bei strengeren nationalen Regeln – zu einer Benachteiligung von ausschließlich im Inland tätigen kleinen und mittleren Unternehmen gegenüber gemeinschaftsweit tätigen Großunternehmen führen und erschien als Sonderregelung für Vereinbarungen mit ausschließlich regionaler Auswirkung nicht mehr sachgerecht.[1] Zudem hängt die Frage der Anwendung verschiedener Regelungskomplexe allein von der Berührung des zwischenstaatlichen Handels ab. Ein solcher gleitender Statutenwechsel erscheint wegen der begrifflichen Unschärfe[2] und weiten Auslegung[3] der Zwischenstaatlichkeitsklausel sowie der Möglichkeit, durch geschickte räumliche „Positionierung" der Vereinbarung leicht einen Zwischenstaatlichkeitsbezug herzustellen,[4] als unbefriedigend. Schließlich ermöglicht eine einheitliche Rechtsanwendung auf deutscher und europäischer Ebene eine Senkung der Unternehmenskosten bei der Rechtsanwendung und verschafft ihnen ein „level playing field".[5] Nichts lag deshalb näher, als die **Regelungen des deutschen Rechts** für wettbewerbsbeschränkende Vereinbarungen, Beschlüsse und abgestimmte Verhaltensweisen **mit Art. 101 AEUV zu harmonisieren,** und zwar unabhängig davon, ob ein zwischenstaatlicher Sachverhalt vorliegt. Das leistete die **7. GWB-Novelle 2005.** Die **8. GWB-Novelle 2013** änderte daran nichts, sondern ließ die Regelungen in den §§ 1 bis 3 GWB völlig unverändert. Auch in nicht zwischenstaatlichen Sachverhalten hat das GWB damit seine „Selbstbehauptung" weitgehend aufgegeben.[6] Vor allem die langjährige und umfassende Rechtsprechung und Verwaltungspraxis zum GWB gewährt dem nationalen Recht aber faktisch weiterhin eine gewisse Eigenständigkeit gegenüber dem EU-Recht.

1. Überblick über den Regelungsgehalt der §§ 1 bis 3 GWB

3 Die Regelungen des GWB zu wettbewerbsbeschränkenden Vereinbarungen, Beschlüssen und abgestimmten Verhaltensweisen im GWB beschränken sich seit der 7. GWB-Novelle 2005 auf die §§ 1 bis 3 GWB, nachdem sie früher noch die §§ 1 bis 18 GWB a. F. umfasst

---

[1] Begr. RegE 7. GWB-Novelle, BT Drucks. 15/3640, S. 21.
[2] Begr. RegE 7. GWB-Novelle, BT Drucks. 15/3640, S. 22.
[3] *Kahlenberg/Haellmigk* BB 2004, 389, 390.
[4] Monopolkommission, Das allgemeine Wettbewerbsrecht in der 7. GWB-Novelle, S. 9.
[5] Begr. RegE 7. GWB-Novelle, BT Drucks. 15/3640, S. 23; *Ehricke/Blask* JZ 2004, 722, 723.
[6] *Immenga* ZWeR 2008, 1, 13, der allerdings betont, dass nicht jegliche Eigenständigkeit aufgegeben sei.

hatten. Den Bestimmungen ist eine generelle Verbotsklausel vorangestellt, die ihrem Vorbild Art. 101 Abs. 1 AEUV nachgebildet ist. Die Anordnung der Nichtigkeit nach Art. 101 Abs. 2 AEUV findet ihre Entsprechung in § 134 BGB. Es folgt dann eine weitere Generalklausel in § 2 Abs. 1 GWB, die ihr praktisch wortgleiches Vorbild in Art. 101 Abs. 3 AEUV findet. Daran schließt § 2 Abs. 2 GWB an; er soll sicherstellen, dass die europäischen Gruppenfreistellungsverordnungen, die den Anwendungsbereich des Art. 101 Abs. 3 AEUV konkretisieren, selbst dann im deutschen Recht berücksichtigt werden, wenn europäisches Recht mangels Zwischenstaatlichkeit gar nicht angewendet werden kann. Eine Sonderregelung findet sich dann noch in § 3 GWB: § 3 GWB definiert speziell für Mittelstandskartelle, wann diese unter die Freistellung des § 2 Abs. 1 GWB fallen. Branchenspezifische Ausnahmen zum Verbot des § 1 GWB enthalten § 28 GWB (Landwirtschaft), § 30 GWB (Zeitungen und Zeitschriften) und §§ 31 bis 31b GWB (Wasserwirtschaft).

2. Änderungen im materiellen Recht seit der 7. GWB-Novelle 2005

Seit der **7. GWB-Novelle 2005** ist die Unterscheidung von **(horizontalen) Kartellvereinbarungen und Vertikalvereinbarungen** aufgehoben. Jetzt fallen grundsätzlich auch sämtliche nur vertikal veranlassten Wettbewerbsbeschränkungen unter das Verbot des **§ 1 GWB.** Ausnahmen von diesem Verbot können sich entweder aus der Generalklausel des § 2 Abs. 1 GWB oder nach § 2 Abs. 2 GWB in Verbindung mit EU-Gruppenfreistellungsverordnungen ergeben. Das GWB mag mit der Aufgabe der Zulässigkeit von großen Teilen der Vertikalvereinbarungen seine Überlegenheit gegenüber dem EU-Kartellrecht eingebüßt haben.[7] Nach In-Kraft-Treten von Art. 3 VO 1/2003 war es jedoch wichtig, ein einheitliches System nach deutschem und europäischem Recht für alle Fälle mit und ohne Zwischenstaatlichkeitsbezug zu schaffen.[8] Die ganze Generationen von deutschen Kartellrechtlern beschäftigende Abgrenzung von horizontal und vertikal veranlassten Wettbewerbsbeschränkungen hat damit viel von ihrer Bedeutung eingebüßt. Die Abgrenzung spielt nur noch für **§ 3 GWB,** der lediglich **horizontale Abreden** erfasst, und für die branchenspezifischen Ausnahmen vom Verbot der **vertikalen Preisbindungen** gemäß § 1 GWB in **§ 28 Abs. 2 GWB** (Landwirtschaft) und **§ 30 GWB** (Zeitungen und Zeitschriften) eine Rolle. Ob zumindest im Hinblick auf die Definition der Vertikalvereinbarungen die frühere Abgrenzung nach GWB beibehalten werden kann, erscheint fraglich. Auch das EU-Recht kennt in verschiedenen Gruppenfreistellungsverordnungen die Abgrenzung zwischen horizontal und vertikal veranlassten Wettbewerbsbeschränkungen. Das gilt insbesondere für Art. 1 Abs. 1 lit. a) GVO Vertikalvereinbarungen 330/2010. Es spricht deshalb viel dafür, auch für die Definition einer Vertikalvereinbarung auf die Gruppenfreistellungsverordnung und nicht auf das bisherige nationale deutsche Verständnis für die Abgrenzung zurückzugreifen.[9] Auch insoweit hat es also eine Europäisierung des deutschen Rechts gegeben. Für die Definition von „horizontalen" Sachverhalten, wie sie für § 3 GWB relevant ist, gilt etwas anderes. Denn eine Legaldefinition von Horizontalvereinbarungen findet sich im EU-Recht nicht, so dass hier auf die bisherige Definition nach deutschen Recht zurückgegriffen werden kann, die im Übrigen auch regelmäßig parallel mit dem Verständnis nach EU-Recht läuft.[10] 4

Das nach früherem deutschen Kartellrecht bestehende (einseitige) **Empfehlungsverbot** (§ 22 Abs. 1 GWB a. F.) ist einschließlich seiner Ausnahmen (§§ 22 Abs. 2, 23 GWB a. F.) durch die 7. GWB-Novelle 2005 gestrichen worden, ebenfalls um deutsches mit EU- 5

[7] So Monopolkommission, Das allgemeine Wettbewerbsrecht in der 7. GWB-Novelle, Tz. 12; ferner *Möschel* WuW 2003, 571.

[8] *Karsten Schmidt* BB 2003, 1243; *Kahlenberg/Haellmigk* BB 2004, 389, 390; *Bechtold* DB 2004, 235, 237; *ders.* NZKart 2015, 331, 332.

[9] Vgl. im Einzelnen die Kommentierung zu § 30 Rn. 19 f.

[10] Vgl. im Einzelnen die Kommentierung zu § 3 Rn. 25 ff.

Kartellrecht zu harmonisieren.[11] Denn das EU-Kartellrecht, insbesondere Art. 101 AEUV, kennt kein Verbot einseitiger Empfehlungen wettbewerbsbeschränkender Handlungen. Das löst in Teilen eine nicht unerhebliche Liberalisierung im deutschen Kartellrecht aus.[12]

6 **Entfallen** sind im Zuge der Harmonisierung des deutschen mit EU-Kartellrecht durch die 7. GWB-Novelle 2005 Sonderregelungen für bestimmte Branchen (sog. **Ausnahmebereiche**). Für diese Ausnahmebereiche gab es im EU-Kartellrecht keine Grundlage. Gestrichen wurden mit der 7. GWB-Novelle die Sonderregeln für Verwertungsgesellschaften (§ 30 GWB a. F.)[13] und für die zentrale Vermarktung von Fernsehrechten an Sportveranstaltungen durch Sportverbände (§ 31 GWB a. F.).[14] Die Sonderregeln für die (vertikale) **Preisbindung bei Zeitschriften und Zeitungen** konnte hingegen in § 30 GWB (§ 15 GWB a. F.) **beibehalten** werden, weil die Preisbindung für Zeitungen und Zeitschriften oft nicht zwischenstaatlich ist. Ferner ist die Zulässigkeit der Preisbindung im Grundsatz auch im EU-Recht anerkannt; im Detail ergeben sich aber durchaus einige Unterschiede; in zwischenstaatlichen Sachverhalten setzt sich hier EU-Recht durch.[15] Die 8. GWB-Novelle 2013 hat mit § 30 Abs. 2a GWB für (horizontale) Abreden im Bereich des Pressegroßhandels diesen Ausnahmebereich vergrößert, wobei allerdings fraglich bleibt, ob dies im Einklang mit dem Europarecht steht.[16] Für die **Landwirtschaft** konnte in § 28 GWB der nationale Ausnahmebereich sogar weitgehend erhalten bleiben, weil die europäischen Verträge AEUV in Verbindung mit den einschlägigen Verordnungen für den landwirtschaftlichen Sektor eine Ausnahme vom Wettbewerbsprinzip vorsehen.[17] Durch die 8. GWB-Novelle 2013 wurde in den §§ 31 bis 31b GWB den Ausnahmebereich für die **Wasserwirtschaft** geregelt, der vorher als Übergangsvorschrift gem. § 131 Abs. 6 GWB a. F. galt.

7 Seit der 7. GWB-Novelle 2005 sind die **speziellen Freistellungstatbestände für Horizontalverträge abgeschafft.** Früher kannte das GWB ein grundsätzliches Verbot von Kartellen in § 1 GWB a. F. Die §§ 2 bis 8 GWB a. F. enthielten einige Ausnahmen von diesem Kartellverbot, und zwar in einer Kombination zwischen Kasuistik (§§ 2 bis 6 GWB a. F.) und Generalklausel (§§ 7 und 8 GWB a. F.). Das frühere GWB wollte damit dem Vorteil der Generalklausel, nämlich deren Flexibilität im Hinblick auf komplexe volkswirtschaftliche Zusammenhänge, ebenso Rechnung tragen wie den Vorteilen der kasuistischen Lösung, die in der größeren Rechtssicherheit und in einem an der Schwere der jeweiligen Wettbewerbsbeschränkung orientierten Zulassungsverfahren gesehen werden können.[18] Die §§ 2 bis 7 GWB a. F. sahen kasuistisch Ausnahmen vom Kartellverbot für Normen- und Typenkartelle (§ 2 Abs. 1 GWB a. F.), Konditionenkartelle (§ 2 Abs. 2 GWB a. F.), Spezialisierungskartelle (§ 3 GWB a. F.), Mittelstandskartelle (§ 4 Abs. 1 GWB a. F.), mittelständische Einkaufsgemeinschaften (§ 4 Abs. 2 GWB a. F.), Rationalisierungskartelle (§ 5 GWB a. F.) und Strukturkrisenkartelle (§ 6 GWB a. F.) vor. Eine generalklauselartige Ausnahme in Anlehnung an Art. 101 Abs. 3 AEUV fand sich in § 7 GWB a. F. („Sonstige Kartelle"). Eine Sonderstellung nahm die Generalklausel des § 8 GWB ein, weil es sich hier um eine Ausnahme vom Kartellverbot handelte, die nicht in die Zuständigkeit der KartB, sondern in die des Bundesministers für Wirtschaft fiel. Seit der 7. GWB-Novelle arbeitet das GWB

---

[11] Begr. RegE 7. GWB-Novelle, BT DS 15/3640, S. 46.

[12] Im Einzelnen sei auf die Kommentierung in der Vorauf1./*Jan Bernd Nordemann* zu § 1 GWB Rn. 60 verwiesen.

[13] Dazu oben GRUR Rn. 96 ff.

[14] Dazu GRUR Rn. 108 ff.

[15] Siehe hierzu § 30 GWB Rn. 146.

[16] Dazu § 30 GWB Rn. 129 ff.

[17] Begr. RegE 7. GWB-Novelle, BT DS 15/3640, S. 33; zu § 28 GWB siehe die Kommentierung hierzu unten.

[18] Begr. RegE 6. GWB-Novelle BT DS 13/9720 = *Jüttner-Kramny,* GWB, WuW-Sonderheft, S. 65 f.

nur noch mit einer **Generalklausel (§ 2 Abs. 1 GWB),** die Art. 101 Abs. 3 AEUV fast wortgleich nachgebildet ist. Die bisherige Kasuistik zu den Ausnahmen vom (horizontalen) Kartellverbot lebt allerdings in der Auslegung dieser Generalklausel weiter.

3. Prinzip der Legalausnahme (kein Freistellungsverfahren)

Seit der 7. GWB-Novelle 2005 kennt das GWB – genauso wie das EU-Kartellrecht seit der Verordnung 1/2003 – das Prinzip der Legalausnahme.[19] Das bedeutet, dass ein nach § 1 GWB eigentlich verbotenes Verhalten bereits dann automatisch von Gesetzes wegen freigestellt ist, wenn es die Voraussetzungen des § 2 GWB oder des § 3 GWB erfüllt. Es besteht noch nicht einmal eine Notifizierungspflicht gegenüber der KartB. Früher bedurfte es für eine ausnahmsweise Freistellung vom Verbot des § 1 GWB grundsätzlich einer Administrativentscheidung.[20] **8**

An der deutschen Besonderheit der **Wettbewerbsregeln** (§§ 24 bis 27 GWB) hat der Gesetzgeber bis heute festhalten. Die §§ 24 bis 27 GWB eröffnen für Berufs- und Wirtschaftsvereinigungen ein besonderes Verfahren, das Verhalten von Unternehmen im Wettbewerb durch die KartB rechtlich prüfen zu lassen; die Prüfungskompetenz der KartB geht dabei über das Kartellrecht hinaus und erfasst auch das UWG und verbraucherschützende Vorschriften. Das ändert aber nichts daran, dass die §§ 24 bis 27 GWB materiell-rechtlich keinen eigenständigen Freistellungstatbestand bilden. Von daher bestand auch kein materiell-rechtlicher Harmonisierungsdruck im Hinblick auf die §§ 24 bis 27 GWB. Verfahrensmäßig hat die 7. GWB-Novelle die erforderlichen Anpassungen an das System der Legalausnahme vorgenommen (vgl. § 26 Abs. 1 und Abs. 2 GWB). **9**

4. Übergangsrecht

§ 131 GWB a. F. enthielt bis zur 8. GWB-Novelle 2013 zu den früheren Ausnahmekartellen der §§ 2 bis 8 GWB a. F. detaillierte Übergangsregelungen, die allerdings am 31. Dezember 2007 ausgelaufen sind. **10**

§ 1 Verbot wettbewerbsbeschränkender Vereinbarungen

Vereinbarungen zwischen Unternehmen, Beschlüsse von Unternehmensvereinigungen und aufeinander abgestimmte Verhaltensweisen, die eine Verhinderung, Einschränkung oder Verfälschung des Wettbewerbs bezwecken oder bewirken, sind verboten.

Übersicht

[19] Eingehend § 2 Rn. 46 ff.
[20] Siehe eingehend Voraufl./*Jan Bernd Nordemann* Rn. 8.

Schrifttum: *Bahr,* Die Behandlung von Vertikalvereinbarungen nach der 7. GWB-Novelle, WuW 2004, 259 ff.; *Basedow,* Kartellrecht im Land der Kartelle, WuW 2008, 270 ff.; *Baums,* GWB-Novelle und Kartellverbot, ZIP 1998, 233 ff.; *Bartling,* Schlußfolgerungen aus Entwicklungstendenzen der Wettbewerbstheorie für die Wettbewerbspolitik, WuW 1993, 16 ff.; *Bechtold,* EU-rechtliche Beschränkungen in der Ausgestaltung und Anwendung des GWB, NZKart. 2015, 331 ff.; *ders.,* Grundlegende Umgestaltung des Kartellrechts: Zum Referentenentwurf der 7. GWB-Novelle, DB 2004, 235 ff.; *Bechtold/Uhlig,* Die Entwicklung des deutschen Kartellrechts 1997 bis 1999, NJW 1999, 3526 ff.; *Bechtold/Buntscheck,* Die 7. GWB-Novelle und die Entwicklung des deutschen Kartellrechts 2003 bis 2005, NJW 2005, 2966 ff.; *Bornkamm,* Der Unternehmensbegriff im europäischen und deutschen Kartellrecht – „FENIN" revisited, in: FS Blaurock, 2013, 41 ff.; *Bunte,* Die 6. GWB-Novelle – Das neue Gesetz gegen Wettbewerbsbeschränkungen, DB 1998, 1748 ff.; *ders.,* Abschied vom „gemeinsamen Zweck" und den „gleichgerichteten Interessen?" WuW 1997, 857 ff.; *Fuchs,* Die 7. GWB-Novelle – Grundkonzeption und praktische Konsequenzen, WRP 2005, 1384 ff.; *Hartog/Noack,* Die 7. GWB-Novelle, WRP 2005, 1396 ff.; *Immenga,* Politische Instrumentalisierung des Kartellrechts?, Tübingen 1976; *ders.,* Vertikale Verflechtungen – strategische Allianzen auf deutschen Energiemärkten – Konsequenzen für die Fusionskontrolle, ZNER 2002, 152; *ders.,* Gefordertes Kartellrecht, 50 Jahre GWB, in ZWeR 2008, 1 ff.; *Kahlenberg/Haellmigk,* Referentenentwurf der 7. GWB-Novelle: Tief greifende Änderungen des deutschen Kartellrechts, BB 2004, 389 ff.; *Kahlenberg,* Novelliertes deutsches Kartellrecht, BB 1998, 1593 ff.; *Kersting/Faust,* Krankenkassen im Anwendungsbereich des Europäischen Kartellrechts, WuW 2011, 6 ff.; *Lettl,* Kartellrecht, 3. Aufl. 2013; *Meessen,* Die 7. GWB-Novelle – verfassungsrechtlich gesehen, WuW 2004, 733; *Mestmäcker,* 50 Jahre GWB: Die Erfolgsgeschichte eines unvollkommenen Gesetzes, WuW 2008, 6 ff.; *Möschel,* Das Wirtschaftsrecht der Banken, 1972; *J. B. Nordemann,* Gegenmacht und Fusionskontrolle, 1996; *Rittner,* Keine Doppelkontrolle von Vertikalvereinbarungen!, WuW 2000, 696 ff.; *Röhling,* Die Zukunft des Kartellverbotes in Deutschland nach In-Kraft-Treten der neuen EU-Verfahrensrechtsordnung, GRUR 2003, 1019 ff.; *Ingo Schmidt,* Wettbewerbspolitik und Kartellrecht, 8. Aufl. 2005; *Karsten Schmidt,* Ausschließlichkeitsbindung, Kartellverbot und Immanenztheorie – Zum Verhältnis zwischen § 16 GWB und § 1 GWB, in: FS Sandrock, Heidelberg 2000, S. 833 ff.; *ders.,* „Altes" und „Neues" Kartellverbot – Kontinuität statt Umbruch durch die Neufassung des § 1 GWB, AG 1998, 551 ff.; *ders.,* Doppelkontrolle von Vertikalvereinbarungen nach dem GWB?, WuW 2000, 1199 ff.; *Wagner-von Papp,* Empfiehlt sich das Empfehlungsverbot?, WuW 2005, 379 ff.; *v. Weizsäcker,* Kosumentenwohlfahrt und Wettbewerbsfreiheit, WuW 2007, 1078 ff.; *Wellenhofer-Klein,* Das neue Kartellverbot und seine Abgrenzung zu den Vertikalvereinbarungen, WuW 1999, 557 ff.; *Zimmer,* Der rechtliche Rahmen für die Implementierung moderner ökonomischer Ansätze, WuW 2007, 1198 ff.

A. Allgemeines

I. Entstehungsgeschichte

1 Spezielles Kartellrecht für wettbewerbsbeschränkende Vereinbarungen, Beschlüsse oder abgestimmte Verhaltensweisen existiert in Deutschland erst seit In-Kraft-Treten der **KartellVO im Jahre 1923.**[1] Kartelle zwischen Wettbewerbern waren danach grundsätzlich erlaubt; die KartellVO war insoweit nur dem Missbrauchsprinzip verhaftet. Darüber hinaus beschrieb die KartellVO – ausgehend von dem Verständnis des Kartells als Gesellschaftsvertrag – einige formelle Voraussetzungen für die Wirksamkeit von Kartellen.[2] Ergänzt wurde die KartellVO später durch Regelungen für auf verschiedenen Wirtschaftsstufen bewirkte Wettbewerbsbeschränkungen, z. B. durch die **KartellnotVO vom 3. August 1930,**[3] mit der Preisbindungen von Lieferanten gegegenüber Abnehmern aufgehoben und untersagt wurden. Nach dem Zweiten Weltkrieg brachten die alliierten Dekartellierungsgesetze eine grundlegende Wende: alle wettbewerbsbeschränkenden Abreden zwischen Wettbewerbern, aber auch zwischen verschiedenen Wirtschaftsstufen, wurden grundsätzlich verboten.[4]

---

[1] RGBl. I S. 1067.

[2] Vgl. eingehend *Emmerich,* Kartellrecht, § 2 Rn. 5 ff.; *Rittner/Kulka* § 5 Rn. 5 ff.; *Kling/Thomas* § 10 Rn. 1 ff.; *Karsten Schmidt,* Kartellverfahrensrecht, S. 21 ff.; *Bechtold,* GWB, Einf. Rn. 1 ff.

[3] RGBl. I S. 328 in Verbindung mit der dazu gehörenden AusführungsO, RAnz vom 30. August 1930.

[4] Vgl. weiterführend *Mestmäcker* WuW 2008, 6; *Basedow* WuW 2008, 270; *Immenga* ZWeR 2008, 1, 5 ff.; *Rittner/Kulka* § 5 Rn. 14 ff., jeweils mwN.

Das **GWB 1958** wählte einen dritten Weg, auch wenn es sich noch nicht ganz vom Verständnis der KartellVO und der KartellnotVO lösen konnte. Das GWB 1958 unterschied zwischen **horizontal** (zwischen Wettbewerbern) und **vertikal** (zwischen verschiedenen Wirtschaftsstufen) **veranlassten Wettbewerbsbeschränkungen.** 2

Vertikal veranlasste Wettbewerbsbeschränkungen unterlagen dabei nur einer Missbrauchsaufsicht (§ 18 GWB a. F., später § 16 GWB a. F.). Nur Preis- und Konditionenbindungen zwischen verschiedenen Wirtschaftsstufen waren verboten (§ 16 GWB a. F., später § 14 GWB a. F.); dieses Verbot galt zunächst nicht für Markenartikel, wurde aber 1973 durch die 2. GWB-Novelle auch darauf ausgedehnt. Für Wettbewerbsbeschränkungen in einigen vertikalen Lizenzverträgen gab es Sonderreglungen (§§ 20, 21 GWB a. F., später §§ 17, 18 GWB a. F.). 3

Für **horizontal veranlasste Wettbewerbsbeschränkungen** ging das GWB 1958 von einem grundsätzlichen Kartellverbot in § 1 GWB a. F. aus. Dieses Kartellverbot konnte sich von seinem gesellschaftsrechtlichen Ansatz, der schon die Regelung in der KartellVO bestimmt hatte, zunächst nur schwer lösen. Seinen Ausdruck fand dies vor allem in der sogenannten Gegenstandstheorie, die für ein Kartell stets einen Vertrag „zu einem gemeinsamen Zweck" im Sinne des § 705 BGB forderte.[5] Reste des kartellrechtlichen Verständnisses der KartellVO fanden sich im GWB auch insoweit wieder, als ein „Hinwegsetzen" über die Nichtigkeit eines Kartells Voraussetzung für seine Ahndung durch die KartB war und nicht lediglich dessen Vereinbarung. Obwohl das GWB in den darauf folgenden Jahren mehrmals geändert wurde, blieb der Wortlaut des § 1 GWB von der **1. bis 5. GWB-Novelle** unverändert. Dennoch verschob sich die Anwendungspraxis des § 1 GWB entscheidend. Die Grundsätze einer **funktionalen Auslegung** des GWB brachen auch in das Kartellverbot ein und lösten es von seiner Kopplung an gesellschaftsrechtliche Vorgaben. Das führte zur **Aufgabe der Gegenstandstheorie** und zur eigenständigen Anwendung des Kartellverbotes orientiert an seinem kartellrechtlichen Schutzzweck unabhängig von der für das Kartell gewählten bürgerlich-rechtlichen Form.[6] Erst mit der **6. GWB-Novelle 1999** erfolgte eine Anpassung des Wortlautes des § 1 GWB an diese Anwendungspraxis. Das ursprünglich gesellschaftsrechtliche Merkmal von Verträgen „zu einem gemeinsamen Zweck" verschwand, und es wurde nunmehr auf „Vereinbarungen zwischen miteinander im Wettbewerb stehenden Unternehmen" abgestellt. Grundsätzlich bedingte dies nach dem Vorstehenden keine inhaltliche Änderung der Praxis. Allerdings konnte jetzt die Beschränkung von Drittwettbewerb nicht mehr erfasst werden.[7] Daneben wurde der Wortlaut des § 1 GWB a. F. verändert, um die Formulierung an Art. 101 Abs. 1 AEUV anzupassen. Auch damit sollte eine inhaltliche Änderung nicht verbunden sein.[8] Lediglich die Einführung des schon aus Art. 101 Abs. 1 AEUV bekannten Verbotsprinzips zeigte eine gewisse praktische Bedeutung, weil die Ahndung von Kartellverstößen durch die KartB damit schon bei deren Verabredung und nicht erst bei einem Hinwegsetzen über das Kartellverbot einsetzen konnte.[9] 4

Mit der **7. GWB-Novelle 2005** (in Kraft Treten 1.7.2005) baute der Gesetzgeber die Regelung der wettbewerbsbeschränkenden Vereinbarungen, Beschlüsse und abgestimmten Verhaltensweisen vollständig um und **harmonisierte § 1 GWB mit Art. 101 Abs. 1** 5

---

[5] Vgl. zur Gegenstandstheorie Voraufl./*Jan Bernd Nordemann* § 1 GWB Rn. 129.

[6] Vgl. zur Aufgabe der Gegenstandstheorie Voraufl./Jan Bernd Nordemann § 1 GWB Rn. 129 sowie zur funktionalen Auslegung des GWB unten Rn. 9.

[7] Siehe dazu Voraufl./*Jan Bernd Nordemann* § 1 GWB Rn. 122.

[8] Begr. zum RegE 6. GWB-Novelle, BT DS 13/9720 = *Jüttner-Kramny,* GWB, WuW-Sonderheft, S. 65 ff.

[9] Vgl. zur 6. GWB-Novelle eingehend *Baums* ZIP 1998, 233 ff.; *Bechtold* NJW 1998, 2769 ff.; *Bechtold/Uhlig* NJW 1999, 3526 ff.; *Bunte* DB 1998, 1748; *ders.* WuW 1997, 857 ff.; *Kahlenberg* BB 1998, 1593 ff.; *Rittner* WuW 2000, 696 ff.; *Karsten Schmidt* in: FS Sandrock, S. 833 ff.; *ders.* AG 1998, 551 ff.; *ders.* WuW 2000, 1199 ff.; *Wellenhofer-Klein* WuW 1999, 557 ff.

AEUV. Art. 3 (EU-)Verordnung 1/2003 schreibt seit Mai 2004 den **grundsätzlichen Vorrang des Art. 101 AEUV** gegenüber den deutschen Regeln für zwischenstaatliche Sachverhalte fest: Auch wenn § 1 GWB und Art. 101 AEUV noch parallel nebeneinander angewendet werden können, darf die Beurteilung nach GWB nicht von der Beurteilung nach Art. 101 AEUV abweichen, wie jetzt auch in § 22 Abs. 1 und Abs. 2 GWB festgehalten ist. Mit der 7. GWB-Novelle 2005 wollte der Gesetzgeber deshalb die Bestimmungen des deutschen Rechts für wettbewerbsbeschränkende Vereinbarungen, Beschlüsse und abgestimmte Verhaltensweisen mit Art. 101 AEUV harmonisieren. Während im deutschen GWB die §§ 1 bis 13 GWB a. F. die Horizontalvereinbarungen und die §§ 14 bis 18 GWB a. F. die Vertikalvereinbarungen regelten, erfasst Art. 101 AEUV beide Arten von wettbewerbsbeschränkenden Vereinbarungen. Nur das frühere deutsche Recht musste daher eine Abgrenzung vornehmen, auch weil an vertikal veranlasste Wettbewerbsbeschränkungen teilweise andere Rechtsfolgen (§ 16 GWB a. F.: nur Missbrauchsaufsicht; siehe auch §§ 17, 18 GWB a. F.) gekoppelt waren als an das (horizontale) Kartellverbot (§ 1 GWB a. F. und die Ausnahmen §§ 2 bis 8 GWB a. F.). Die Abgrenzung erfolgte über das Merkmal „miteinander im Wettbewerb stehende" (Unternehmen), das sich konsequenterweise in Art. 101 AEUV nicht findet und in § 1 GWB mit der 7. GWB-Novelle 2005 **gestrichen** wurde. – **Zum Übergangsrecht** vgl. unten.[10] Die **8. GWB-Novelle 2013** ließ § 1 GWB unverändert.

II. Sinn und Zweck; Grundsatz der europäischen Auslegung

6 Der Sinn- und Zweck des § 1 GWB ist zunächst auf den **Schutz der Institution Wettbewerb** gerichtet, der vor „Verhinderung, Einschränkung oder Verfälschung" geschützt werden muss. Dem Wettbewerb werden vom deutschen Gesetzgeber zunächst **gesamtwirtschaftliche Vorteile** zugeschrieben.[11] Zu nennen sind **die statischen Wettbewerbsfunktionen** Gewährleistung eines Gleichgewichts von Angebot und Nachfrage, eines wirtschaftlichen Einsatzes der Produktionsmittel und gerechte Einkommensverteilung durch Belohnung der besten Leistung mit dem größten Gewinn sowie **die dynamischen Wettbewerbsfunktionen** ständige Anpassung an die Präferenzen der Marktgegenseite sowie Gewährleistung möglichst schnellen technischen Fortschrittes.[12]

7 Jedoch ist § 1 GWB nicht nur auf den Schutz der Institution Wettbewerb gerichtet, sondern bezweckt auch einen damit parallel laufenden **Individualschutz.**[13] Der Wettbewerb als Institution ist nichts weiter als die Summe der wettbewerblichen Handlungsfreiheiten der Marktbeteiligten. Der Schutzzweck des GWB hat damit auch eine **gesellschaftspolitische Funktion.** Da es zur Einreichung der gesamtwirtschaftlichen Vorteile grundsätzlich genügt, die gesellschaftspolitische Funktion zu gewährleisten und es ohnehin als schwierig erscheint, gesamtwirtschaftlich ideale Marktstrukturen zu beschreiben, stellte das GWB von Beginn an auf den Schutz der **Handlungsfreiheiten der Marktbeteiligten,** also auf die gesellschaftspolitische Komponente, ab.[14] Deshalb genügt es für die Anwendung des § 1

[10] Rn. 10ff.

[11] Vgl. Begr. zum RegE eines GWB BT DS II/1158, S. 21; Begr. zum RegE 2. GWB-Novelle, BT DS VI/2520, S. 15f.; Begr. zum RegE 4. GWB-Novelle, BT DS 8/2136, S. 12; *Schwalbe/Zimmer,* Kartellrecht und Ökonomie, S. 3ff.; *Ingo Schmidt,* Wettbewerbspolitik und Kartellrecht, S. 11f.; *Emmerich,* Kartellrecht, § 1 Rn. 7f.; *Immenga,* Politische Instrumentalisierung des Kartellrechts, S. 8; *Haucap/Stühmeier* WuW 2008, 413ff.; *Bartling* WuW 1993, 16ff.

[12] *Bartling* WuW 1993, 16, 17; *Schwalbe/Zimmer,* Kartellrecht und Ökonomie, S. 10ff.; *Ingo Schmidt,* Wettbewerbspolitik und Kartellrecht, S. 11f.; *J. B. Nordemann,* Gegenmacht und Fusionskontrolle, S. 65 mwN.

[13] *Bunte* in Langen/Bunte, Einleitung zum GWB, Rn. 77; *Zimmer* in Immenga/Mestmäcker, GWB, § 1 GWB Rn. 12.

[14] Vgl. die umfangreichen Nachweise bei *Möschel,* Wirtschaftsrecht der Banken, S. 346ff.; *Immenga,* Politische Instrumentalisierung des Kartellrechts, S. 9ff. mwN.

GWB, wenn nur die **Handlungsfreiheit eines Beteiligten,** z.B. eines Kartellbeteiligten, beschränkt ist. Es ist aber nicht zwingend, dass die Handlungsfreiheit eines der beteiligten Unternehmen begrenzt ist, weil auch Beschränkungen der wettbewerblichen Freiheit sonstiger Marktbeteiligter, also auch der **Handlungsfreiheit an der Abrede unbeteiligter Dritter,** tatbestandsmäßig sein können, etwa bei Errichtung von Marktzutrittsschranken durch Kartelle.[15]

Neben diesem auf den Schutz der Institution Wettbewerb und die individuellen wettbewerblichen Handlungsfreiheiten ausgerichteten Schutzzweck ist erst einmal **für andere Wohlfahrtsziele (z.B. Konsumentenwohlfahrt, Umweltschutz) kein Raum.** Sie sind für § 1 GWB grundsätzlich irrelevant. Kommt es zum Konflikt zwischen Institutionen- und Individualschutz einerseits und der Gesamtwohlfahrt andererseits, kann dieser Konflikt nur über eine Freistellung gemäß § 2 GWB gelöst werden.[16] Die Freistellungsvoraussetzungen des § 2 Abs. 1 GWB erlauben beispielsweise eine Berücksichtigung von **Verbraucherinteressen,** dort sind sie in § 2 Abs. 1 GWB („unter angemessener Beteiligung der Verbraucher") sogar ausdrücklich erwähnt. Problematisch ist, inwieweit daneben andere Wohlfahrtsziele in § 2 GWB berücksichtigt werden können.[17] 8

Der beschriebene Schutzzweck des § 1 GWB bestimmt seine Auslegung. Es findet eine an diesem Schutzzweck orientierte **funktionale Auslegung** der Tatbestandsmerkmale statt, die keine grundsätzliche Privilegierung bestimmter bürgerlich-rechtlicher Kooperationsformen mehr kennt.[18] 9

Für die **Auslegung des § 1 GWB** hat die **europäische Auslegungspraxis** zu **Art. 101 Abs. 1 AEUV überragende Bedeutung.** Zunächst ist zu beachten, dass bei zwischenstaatlichen Sachverhalten[19] wegen § 22 GWB Art. 101 Abs. 1 AEUV der Vorrang gebührt. Aber auch bei nicht-zwischenstaatlichen Sachverhalten muss die Auslegungspraxis im Grundsatz parallel laufen. Mit der 7. GWB-Novelle 2005 wollte der Gesetzgeber die Bestimmungen des deutschen Rechts für wettbewerbsbeschränkende Vereinbarungen, Beschlüsse und abgestimmte Verhaltensweisen mit Art. 101 AEUV harmonisieren.[20] Eine grundsätzlich parallele Auslegung von § 1 GWB und Art. 101 Abs. 1 AEUV macht auch deshalb keine Probleme, weil der Schutzzweck des GWB mit dem Schutzzweck des Art. 101 Abs. 1 AEUV im Wesentlichen deckungsgleich ist. Auch die Wettbewerbsregeln des AEUV sind auf Institutionen- und Individualschutz gerichtet. Allerdings tritt bei Art. 101 AEUV noch der Aspekt der Marktintegration hinzu.[21] Letztere ist für den Schutzzweck des § 1 GWB auszublenden, weil das GWB auf Grund der vollständigen Integration des deutschen Marktes keine solchen Zwecke verfolgt.[22] 10

Damit bleibt **für eine autonome Anwendung** des § 1 GWB nur in nicht zwischenstaatlichen Sachverhalten und nur dann **ausnahmsweise Raum,** wenn die EU-rechtliche Beurteilung von Kriterien getragen wird, die dem deutschen Recht trotz der erfolgten kartellrechtlichen Harmonisierung fremd sind. Beispielsweise im Hinblick auf die Verwirklichung des Binnenmarktziels oder anderer originärer Gemeinschaftspolitiken ist ein vollständiger Nachvollzug durch deutsches Recht nicht angezeigt.[23] Bislang wird jedoch nur 11

---

[15] BGH WuW/E DE-R 115, 120 – *Carpartner* = NJW 1998, 2825 = GRUR 1998, 739; KG WuW/E OLG 2961, 2963 – *Rewe;* BKartA WuW/E 2192, 2201 – *S+T; Immenga* ZHR 148 (1984), 268; *Emmerich* ZHR 139 (1975), 476, 494; *Hoppmann* Betr. 1970, 93.

[16] *Zimmer* in Immenga/Mestmäcker, GWB, § 1 GWB Rn. 15.

[17] Dazu § 2 Rn. 20 und Art. 101 Abs. 3 AEUV Rn. 59ff.

[18] Zur Aufgabe der Gegenstandstheorie oben Rn. 4.

[19] Zur Zwischenstaatlichkeit unten Rn. 13, 23 und Art. 101 Abs. 1 AEUV Rn. 54, 324ff.

[20] Begr. RegE 7. GWB-Novelle, BT DS 15/3640, S. 21. Siehe auch oben Rn. 8.

[21] Vgl. Kommentierung zu Art. 101 Abs. 1 AEUV Rn. 15, 26ff., 76.

[22] Gl. A. *Zimmer* in Immenga/Mestmäcker, GWB, § 1 GWB Rn. 17.

[23] *Bornkamm,* FS Blaurock, 2013, 41, 50ff.; *Immenga* ZWeR 2008, 1, 12f.; *Zimmer* in Immenga/Mestmäcker, GWB, § 1 GWB Rn. 18f.; *Fuchs* in: Immenga/Mestmäcker, GWB, § 2 Rn. 36; *Bunte*

beim **Unternehmensbegriff** über eine abweichende Auslegung deutschen Rechts diskutiert; dort kann deutsches Recht sogar in zwischenstaatlichen Sachverhalten autonom angewendet werden, wenn die fehlende Unternehmenseigenschaft Ausdruck des EU-rechtlichen Bestrebens ist, den Mitgliedsstaaten Freiraum bei der nationalen Gestaltung zu gewähren.[24]

III. Systematik

12 § 1 GWB enthält ein grundsätzliches Verbot von wettbewerbsbeschränkenden Vereinbarungen, Beschlüssen und abgestimmten Verhaltensweisen, die schon mit ihrem Abschluss geahndet werden können.[25] **Eine Differenzierung zwischen horizontal und vertikal veranlassten Wettbewerbsbeschränkungen findet seit der 7. GWB-Novelle 2005 nicht mehr statt.**[26] Damit hat sich das GWB die Möglichkeit genommen, nach dem Grad der Gefährlichkeit von Wettbewerbsbeschränkungen zu differenzieren. Es entsprach nämlich deren unterschiedlicher wettbewerblicher Gefährlichkeit, dass das GWB Horizontalvereinbarungen (zwischen aktuellen oder potentiellen Wettbewerbern) generell in **§ 1 GWB a. F.**, Vertikalvereinbarungen (zwischen Unternehmen auf verschiedenen Wirtschaftsstufen) jedoch gemäß **§§ 14 ff. GWB a. F.** nur in bestimmten Fällen mit einem Verbot belegte. Ein generelles Verbot galt nur für Inhaltsbindungen in Zweitverträgen, also Abreden, mit denen einem Vertragspartner Vorschriften gemacht wurden, wie er seine Verträge mit Dritten gestalten soll, § 14 GWB a. F. Demgegenüber waren vertikale Abschlussbindungen nur einer Missbrauchsaufsicht unterstellt; Abschlussbindungen sind Abreden, durch die ein Vertragspartner beschränkt wird, überhaupt mit einem Dritten einen Vertrag zu schließen. Solche Abreden wirken regelmäßig positiv, weil sie ein Unternehmen motivieren können, sich besonders für das Produkt oder die Leistung des Vertragspartners einzusetzen und so den Wettbewerb zu beleben oder überhaupt erst zu ermöglichen. Ein Beispiel sind räumliche Exklusivitätsabreden zu Gunsten eines Händlers, die für den Händler sicherstellen, dass grundsätzlich seine gesamten Vertriebsanstrengungen in einem bestimmten Gebiet ihm zugutekommen. Art. 101 AEUV war bei Abschlussbindungen stets zurückhaltender; in dem vorgenannten Beispiel der räumlichen Exklusivität besteht aus europäischer Sicht das Problem, dass dadurch einer Abschottung nationaler Märkte Vorschub geleistet werden kann.

13 Das GWB mag mit der Aufgabe der grundsätzlichen Zulässigkeit von vertikalen Abschlussbindungen seine Überlegenheit – jedenfalls für nicht zwischenstaatliche Sachverhalte – gegenüber dem EU-Kartellrecht aufgegeben haben.[27] Nach In-Kraft-Treten von Art. 3 VO 1/2003 war es jedoch wichtig, mit der 7. GWB-Novelle 2005 **ein einheitliches System nach deutschem und europäischem Recht für alle Fälle mit und ohne Zwischenstaatlichkeitsbezug** zu schaffen.[28] Art. 3 Abs. 1 (EU-)**VO 1/2003** schreibt die **parallele Anwendung von Art. 101 Abs. 3 AEUV** neben dem nationalen Verbot des § 1 GWB in zwischenstaatlichen Sachverhalten vor. Auch räumt Art. 3 Abs. 2 VO 1/2003 dem gesamten **Art. 101 AEUV** in zwischenstaatlichen Sachverhalten **Vorrang** ein. Im GWB ergibt sich der Vorrang des Art. 101 AEUV für zwischenstaatliche Sachverhalte aus **§ 22 Abs. 1 und Abs. 2 GWB.** Da die Zwischenstaatlichkeitsklausel vom **EuGH** seit

---

in: Langen/Bunte Einleitung zum GWB Rn. 91. A. A. *Bechtold* § 1 GWB Rn. 4 f. Offen: BGH WuW/E DE-R 4037 Rn. 59 – VBL-Gegenwert, wo eine stets europäische Auslegung ohne Ausnahme für „nicht zwingend" gehalten wird.

[24] Dazu unten Rn. 24 f.

[25] Vgl. oben Rn. 4.

[26] Dazu oben Rn. 2 ff.

[27] So *Monopolkommission,* Das allgemeine Wettbewerbsrecht in der 7. GWB-Novelle, Tz. 12; ferner *Möschel* WuW 2003, 571.

[28] *Karsten Schmidt* BB 2003, 1243; *Kahlenberg/Haellmigk* BB 2004, 389, 390; *Bechtold* DB 2004, 235, 237.

jeher sehr großzügig ausgelegt wird und durchaus sogar Abreden erfassen kann, die sich nur auf das Gebiet eines Mitgliedsstaates oder eines wesentlichen Teils davon erstrecken,[29] wäre die eigenständige Anwendung des § 1 GWB dann wohl nur noch auf wettbewerbsbeschränkende Abreden von begrenzter regionaler Bedeutung möglich. Der Gesetzgeber der 7. GWB-Novelle hat deshalb richtigerweise den verbliebenen kleinen eigenständigen Anwendungsbereich des § 1 GWB mit Art. 101 AEUV harmonisiert. Insbesondere die langjährige und umfassende Rechtsprechung und Verwaltungspraxis zum GWB gewährt dem nationalen Recht aber weiterhin eine gewisse Eigenständigkeit gegenüber dem EU-Recht.[30] Nur ausnahmsweise kommt darüber hinaus eine autonome Anwendung des § 1 GWB in Betracht.[31]

§ 2 Abs. 1 GWB regelt die **Freistellung vom Verbot des § 1 GWB,** die wettbe- 14
werblich positive Effekte von Wettbewerbsbeschränkungen erfassen kann. § 2 Abs. 1 GWB ist dabei Art. 101 Abs. 3 AEUV nachgebildet.[32] Diese Freistellung wirkt daher wie Art. 101 Abs. 3 AEUV in Verbindung mit der VO 1/2003 als **Legalausnahme,** d. h. es bedarf keines administrativen Freistellungsverfahrens, um die Freistellungswirkung zu erreichen.[33] Im Zusammenhang mit § 2 Abs. 1 GWB steht **§ 3 GWB,** der den Anwendungsbereich des § 2 Abs. 1 GWB weiter konkretisiert: § 3 GWB definiert speziell für **Mittelstandskartelle,** wann diese unter die Freistellung des § 2 Abs. 1 GWB fallen. An § 2 Abs. 1 GWB schließt auch **§ 2 Abs. 2 GWB** an. § 2 Abs. 2 GWB soll sicherstellen, dass die europäischen **Gruppenfreistellungsverordnungen** zur Konkretisierung des Anwendungsbereiches des Art. 101 Abs. 3 AEUV auch zur Auslegung des deutschen Rechts herangezogen werden. Das gilt selbst dann, wenn europäisches Recht und damit auch eine Gruppenfreistellungsverordnung mangels Zwischenstaatlichkeit gar keine Anwendung findet. Insbesondere Vertikalvereinbarungen sind nach EU-Gruppenfreistellungsverordnungen ganz umfassend freigestellt. Insgesamt ist das **Verhältnis** der Verbotsnorm des **§ 1 GWB** und der dazugehörigen Freistellung des **§ 2 GWB** aber weit weniger klar, als dies auf den ersten Blick erscheint. Der Verbotstatbestand des § 1 GWB unterliegt bereits zahlreichen **ungeschriebenen Tatbestandseinschränkungen,** die eine Anwendung des § 2 GWB überflüssig machen.[34]

Auslegungshilfen ergeben sich aus **Leitlinien und Bekanntmachungen** der Europäi- 15
schen Kommission zu Art. 101 Abs. 1 und Abs. 3 AEUV sowie zu den Gruppenfreistellungsverordnungen. Leitlinien und Bekanntmachungen entfalten jedoch nach der zutreffenden herrschenden Auffassung grundsätzlich **keine rechtliche Bindungswirkung** für nationale Kartellbehörden und Gerichte;[35] das wird dadurch unterstrichen, dass der deutsche Gesetzgeber der 7. GWB-Novelle 2005 den ursprünglich im Regierungsentwurf (§ 23 GWB-RegE) vorgesehenen Grundsatz des europafreundlichen Verhaltens u. a. von Gerichten, der eine gewisse Bindungswirkung an Auffassungen der Europäischen Kommission ausgelöst hätte, ersatzlos gestrichen hat. Jedoch ist die Gutgläubigkeit von Unternehmen im Hinblick auf Leitlinien und Bekanntmachungen selbstverständlich bei der Buß-

---

[29] Vgl. die Kommentierung zu Art. 101 Abs. 1 AEUV Rn. 193 ff.

[30] Siehe eingehend, auch zu Ausnahmen von der europäischen Auslegung, Rn. 6.

[31] Siehe hierzu oben Rn. 10 f. und unten Rn. 24 ff.

[32] Im Einzelnen unten § 2 Rn. 2 f.

[33] Im Einzelnen unten § 2 Rn. 5.

[34] Vgl. dazu die Kommentierung von Art. 101 Abs. 1 AEUV Rn. 307 ff.

[35] EuGH GRUR 2013, 285 Tz. 24 ff. – *Expedia;* Europäische Kommission, Bagatellbekanntmachung, 2014, ABl. C 291 vom 30.8.2014, S. 1 ff. Tz. 5; OLG Düsseldorf WuW/E DE-R 2146, 2151 f. – *Nord-KS/Xella:* „Orientierungshilfe"; OLG München WuW/E DE-R 991, 992 – *Tankstelle Gemering* für die Bagatellbekanntmachung; *Pohlmann* WuW 2005, 1005; *Hartmann-Rüppel/Wagner* ZWeR 2004, 128, 132; *Jestaedt/Bergau* WuW 1998, 119, 131; *Bauer/de Bronett,* Die EG-Gruppenfreistellungsverordnung für vertikale Wettbewerbsbeschränkungen, Rn. 245; a. A. (für eine Bindungswirkung für nationale Behörden und Gerichte) *Schweda* WuW 2004, 1133, 1139; *Hirsch* ZWeR 2003, 233, 247.

geldbemessung zu berücksichtigen.[36] Ohnehin existiert eine faktische Bindungswirkung, weil die Praxis der deutschen Kartellbehörden und Gerichte kaum ohne Not von den Vorgaben aus Leitlinien und Bekanntmachungen der Kommission abweichen wird;[37] es entsteht wohl auch spätestens beim BGH die Pflicht, die Frage dem EuGH vorzulegen (Art. 267 AEUV).

16 Zu beachten sind außerdem die **branchenspezifischen Ausnahmen** zu § 1 GWB: § 28 Abs. 1 und Abs. 2 GWB **(Landwirtschaft),** § 30 GWB **(Zeitungen und Zeitschriften)** sowie §§ 31 bis 31b GWB **(Wasserwirtschaft).**

17 Kartellrecht kann auch schon im **Vorfeld** der wettbewerbsbeschränkenden Vereinbarungen eingreifen. **§ 21 Abs. 2 GWB** verbietet Unternehmen die Androhung oder das Zufügen von Nachteilen, um ein anderes Unternehmen zu einem Verhalten zu veranlassen, das gegen § 1 GWB verstößt. Eine gewisse Vorfeldwirkung erzeugt auch **§ 21 Abs. 1 GWB,** der **Boykottaufforderungen** verbietet. Kommt es zur Umsetzung des Boykottaufrufes, kann § 1 GWB auf die Abstimmung zwischen Verrufer und Adressat angewendet werden. Das gilt auch bei fehlendem Wettbewerbsverhältnis zwischen beiden, weil § 1 GWB auch vertikal veranlasste Wettbewerbsbeschränkungen erfasst.[38] Für horizontal zwischen Wettbewerbern abgesprochene Boykotte gilt § 1 GWB ohnehin. Wird der Boykott zwischen mindestens zwei Beteiligten verabredet, fällt er indessen auch ohne Umsetzung unter § 1 GWB.

18 Früher wurde § 1 GWB in § 22 Abs. 1 GWB a. F. von dem Verbot ergänzt, ein nach § 1 GWB verbotenes Verhalten zu empfehlen. Dieses **Empfehlungsverbot** kam dann zum Tragen, wenn nur eine einseitige Handlung und noch keine Vereinbarung oder kein abgestimmtes Verhalten vorlag. Die 7. GWB-Novelle 2005 hat § 22 Abs. 1 GWB a. F. beseitigt, weil sein Regelungsgehalt dem EU-Kartellrecht fremd ist. Einseitige Empfehlungen kartellrechtswidriger Absprachen lassen sich jetzt nicht mehr vom GWB erfassen.[39]

IV. Praktische Bedeutung

19 Allein für Horizontalvereinbarungen existierte bis zur 7. GWB-Novelle 2005 ein grundsätzliches Verbot (§ 1 GWB a. F.); für Vertikalvereinbarungen galt teilweise eine Missbrauchsaufsicht (§ 16 GWB a. F.), teilweise ein Verbot (§ 14 GWB a. F.).[40] § 1 GWB n. F. spricht zwar auch für Vertikalvereinbarungen ein grundsätzliches Verbot aus. Da wettbewerbsbeschränkende Vertikalvereinbarungen jedoch gemäß § 2 Abs. 1 und Abs. 2 GWB in Verbindung mit der EU-Gruppenfreistellungsvereinbarung für Vertikalvereinbarungen in großen Teilen vom Kartellverbot des § 1 GWB ausgenommen sind, wird auch in Zukunft der Schwerpunkt der praktischen Relevanz von § 1 GWB auf Horizontalvereinbarungen liegen.

20 Die eigenständige Bedeutung der deutschen Regelungen hat sich allerdings mit Inkrafttreten der EU **VO 1/2003** zum **1. Mai 2004** drastisch reduziert. Seitdem verpflichtet Art. 3 Abs. 1 VO 1/2003 zur **parallelen Anwendung von Art. 101 AEUV** neben dem nationalen Verbot des § 1 GWB in zwischenstaatlichen Sachverhalten, vgl. § 22 Abs. 1 und 2 GWB. Auch räumt Art. 3 Abs. 2 VO 1/2003 dem gesamten **Art. 101 AEUV** in zwi-

---

[36] *Dreher/Thomas* WuW 2004, 8; *Schweda* WuW 2004, 1133, 1138; ferner die Kommentierung von § 81 GWB.

[37] Vgl. nur die Berücksichtigung der „Leitlinien über die Anwendbarkeit von Art. 81 AEUV-Vertrag auf Vereinbarungen über horizontale Zusammenarbeit" der Europäischen Kommission durch das BKartA im Rahmen seines Aufgreif- und Verfolgungsermessens im Fall der Einkaufskooperation öffentlicher Hände für Dienstbekleidung, TB 2003/2004, S. 91.

[38] *Schröter* in: Schröter/Jacob/Mederer, Kommentar zum Europäischen Wettbewerbsrecht, Art. 81 Abs. 1 Rn. 190.

[39] Vgl. Voraufl./*Jan Bernd Nordemann* § 1 GWB Rn. 60. Eingehend *Wagner-von Papp* WuW 2005, 379, 382 ff.

[40] Eingehend oben Rn. 2 ff.

schenstaatlichen Sachverhalten **Vorrang** ein. Wirklich eigenständig kann § 1 GWB damit nur noch auf wettbewerbsbeschränkende Abreden von begrenzter regionaler Bedeutung[41] angewendet werden. Auch hier läuft § 1 GWB aber nach dem Willen des deutschen Gesetzgebers parallel mit Art. 101 Abs. 1 AEUV,[42] so dass die praktische Bedeutung von § 1 GWB sehr begrenzt bleibt[43] und eine autonome Anwendung nur ausnahmsweise in Betracht kommt.[44] Die Missbrauchsvorschriften für marktstarke und marktbeherrschende Unternehmen haben demgegenüber ihre eigenständige Bedeutung grundsätzlich behalten.[45]

B. Tatbestand (Verweis auf Art. 101 Abs. 1 AEUV)

Seit der 7. GWB-Novelle 2005 läuft § 1 GWB inhaltlich grundsätzlich mit Art. 101 Abs. 1 AEUV parallel.[46] Nach § 1 GWB darf die Beurteilung im Grundsatz nicht anders ausfallen als nach Art. 101 Abs. 1 AEUV. Das gilt auch dann, wenn kein zwischenstaatlicher Sachverhalt vorliegt. Allerdings gewährt die langjährige und umfassende Rechtsprechung und Verwaltungspraxis zum GWB[47] dem nationalen deutschen Recht faktisch weiterhin eine gewisse Eigenständigkeit gegenüber dem EU-Recht. Ferner kommt ausnahmsweise eine autonome Auslegung deutschen Rechts in Frage, wenn die Regelungsziele des Art. 101 AEUV nicht mit denen des GWB kompatibel sind oder die Auslegung von Art. 101 AEUV darauf gerichtet ist, nationale Spielräume zu erhalten.[48] **21**

Dementsprechend kann im Hinblick auf die Kommentierung des Tatbestands des § 1 GWB inhaltlich erst einmal in vollem Umfang auf die Kommentierung zu Art. 101 Abs. 1 AEUV verweisen werden: **22**

- **Unternehmen** Art. 101 Abs. 1 AEUV Rn. 131 ff.; **Unternehmensvereinigungen** Art. 101 Abs. 1 AEUV Rn. 208 ff.; siehe aber unten Rn. 24 ff.
- **Vereinbarungen** Art. 101 Abs. 1 AEUV Rn. 218 ff., **Beschlüsse von Unternehmensvereinigungen** Art. 101 Abs. 1 AEUV Rn. 249 ff.; **abgestimmte Verhaltensweisen** Art. 101 Abs. 1 AEUV Rn. 229 ff.
- **Wettbewerbsbeschränkungen** Art. 101 Abs. 1 AEUV Rn. 256 ff.;
- **Spürbarkeit** Art. 101 Abs. 1 AEUV Rn. 288 ff.;
- **Tatbestandsrestriktionen** Art. 101 Abs. 1 AEUV Rn. 307 ff.

Lediglich das Tatbestandsmerkmal der **Zwischenstaatlichkeit** („welche den Handel zwischen den Mitgliedsstaaten zu beeinträchtigen geeignet sind") in Art. 101 Abs. 1 AEUV findet keine Entsprechung in § 1 GWB, weil es im Tatbestand des § 1 GWB nicht enthalten ist. § 1 GWB findet unabhängig von einer Zwischenstaatlichkeit der Vereinbarung, des Beschlusses oder der abgestimmten Verhaltensweise innerhalb der EU Anwendung. Jedoch hat bei Zwischenstaatlichkeit Art. 101 Abs. 1 AEUV grundsätzlich Vorrang vor § 1 GWB (Art. 3 VO 1/2003).[49] **23**

Für den **Unternehmensbegriff** des § 1 GWB ist umstritten, ob dieser **auch autonom von Art. 101 Abs. 1 AEUV ausgelegt** werden kann.[50] Über dieses Tatbestandsmerkmal **24**

---

[41] Vgl. zur Zwischenstaatlichkeit Art. 101 Abs. 1 AEUV Rn. 178 ff. und § 3 GWB Rn. 67.
[42] Siehe oben Rn. 6.
[43] Zur früheren großen praktischen Bedeutung des § 1 GWB für Horizontalabreden in Deutschland Voraufl./*Jan Bernd Nordemann* § 1 GWB Rn. 15; zur praktischen Bedeutung für Vertikalabreden aaO. Rn. 16.
[44] Dazu unten Rn. 24 ff.
[45] Siehe die Kommentierung zu §§ 18–20 GWB.
[46] Siehe oben Rn. 10 f.
[47] Siehe hierzu eingehend Voraufl./*Jan Bernd Nordemann* § 1 GWB Rn. 18 ff.
[48] Siehe dazu Rn. 11 und unten Rn. 24 zum Unternehmensbegriff.
[49] Siehe die Kommentierung zu Art. 3 VO 1/2003 sowie unten Rn. 20.
[50] Dafür: *Bornkamm,* FS Blaurock, 2013, 41, 50 ff.; *Säcker,* WuW 2014, 3; *Zimmer* in Immenga/Mestmäcker, GWB, § 1 GWB Rn. 18 f. Dagegen: *Roth*/Ackermann, in Frankfurter Kommentar, § 1

werden bestimmte Sachverhalte von einer Anwendung des Kartellverbotes ausgeschlossen, insbesondere privates Handeln, abhängige Arbeit und hoheitliches Handeln (siehe auch § 130 GWB). Das Kartellverbot gem. Art. 101 Abs. 1 AEUV, § 1 GWB will grundsätzlich nur geschäftliche bzw. wirtschaftliche Handlungen erfassen. Damit erfüllt das Tatbestandsmerkmal „Unternehmen" in beiden Normen die gleiche Funktion. Jedoch ergeben sich im Detail Unterschiede. Für eine autonome Anwendung des § 1 GWB mit einem eigenständigen deutschen Unternehmensbegriff sprechen die besseren Gründe, wenn die Auslegung des Unternehmensbegriffs auf EU-Ebene von Zwecken getragen werden, die dem Institutionen- und Individualschutz des GWB[51] fremd sind, z. B. vom Zweck der Marktintegration. Das schließt Sachverhalte ein, in denen Art. 101 AEUV mangels Unternehmenseigenschaft keine Anwendung findet, um der fehlenden Marktintegration innerhalb der EU Rechnung zu tragen. So basiert beispielsweise das Fehlen der Unternehmenseigenschaft der nachfragenden öffentlich-rechtlichen Krankenkassen[52] auf dem Bestreben des EU-Rechts, den Mitgliedsstaaten bei der Ausgestaltung ihrer Sozialversicherungssystems größtmögliche Freiräume zu gewähren und diese nicht durch Art. 101 AEUV einzuschränken.[53] Eine abweichende Beurteilung nach § 1 GWB kann in solchen Fällen aus europarechtlichen Gründen nicht gesperrt sein. Etwas anderes ergibt sich auch nicht aus der Verweisung des § 2 Abs. 2 GWB auf die EU-GVOen,[54] weil insoweit nur ein Verweis auf EU-Sekundärrecht der GVOen und nicht auf das Primärrecht des Art. 101 Abs. 1 AEUV erfolgt.[55] Über dies muss noch nicht einmal für § 2 Abs. 2 GWB der Unternehmensbegriff zwingend identisch mit dem Unternehmensbegriff aus den GVOen ausgelegt werden.

25 Allerdings ist unklar, ob diese Möglichkeit, den Unternehmensbegriff des § 1 GWB autonom auszulegen, **auch in zwischenstaatlichen Sachverhalten** gilt. Dafür spricht, dass die Vorrangregel des Art. 3 Abs. 2 VO 1/2003 keine Geltung für Sachverhalte beansprucht, in denen es an einem „Unternehmen" (bzw. einer „Unternehmensvereinigung") im engeren Sinne fehlt.[56] Dagegen wird angeführt, das sei eine zu formale Argumentation, die nicht dem Willen des EU-Verordnungsgebers entspreche, im zwischenstaatlichen Bereich das europäische und die nationalen Kartellverbote gleichzuschalten.[57] Das überzeugt nicht. Art. 101 AEUV reguliert nur die Unternehmen bzw. Unternehmensvereinigungen. Insbesondere der gesamte Bereich der nicht als Unternehmen handelnden öffentlichen Hand ist europarechtlich außerhalb von Art. 101 AEUV geregelt und kann deshalb – soweit keine anderen EU-rechtlichen Vorgaben z. B. aus Art. 106 AEUV bestehen – auch national abweichend behandelt werden.

26 **Praktische Bedeutung** hat das Auseinanderfallen der Auslegung beim Unternehmensbegriff für die **Nachfragetätigkeit der öffentlichen Hand,** sofern sie Waren oder Dienstleistungen zu nicht wirtschaftlichen Zwecken erwirbt. Das sind Fälle, in denen die

---

GWB 2005, Rn. 57 f.; Bechtold § 1 GWB Rn. 8 ff. Offen: BGH WuW/E DE-R 4037 Rn. 59 – *VBL-Gegenwert,* wo eine stets europäische Auslegung ohne Ausnahme für „nicht zwingend" gehalten wird.

[51] Oben Rn. 6 ff.

[52] EuGH WuW/E EU-R 1213 – *FENIN;* bestätigend: EuGH v. 26.3.2009, C-113/07 Tz. 102 – *SELEX.* Siehe auch unten Rn. 26 f.

[53] *Kersting/Faust* WuW 2011, 6, 15.

[54] So aber: *Roth,* FS Loewenheim, 2009, 545, 555; *Roth*/Ackermann, in Frankfurter Kommentar, § 1 GWB 2005, Rn. 57 f.

[55] *Zimmer* in Immenga/Mestmäcker, GWB, § 1 GWB Rn. 18. *Bornkamm,* FS Blaurock, 2013, 41, 53.

[56] *Böge/Bardonk* in: Münchener Kommentar EU-Wettbewerbsrecht Art. 3 VO 1/2003 Rn. 54 ff.; *Zimmer* in Immenga/Mestmäcker, GWB, § 1 GWB Rn. 19, 29; *Roth/Ackermann,* in Frankfurter Kommentar, § 1 GWB 2005 Rn. 56; für öffentlich-rechtliche Krankenkassen auch *Kersting/Faust* WuW 2011, 6, 15.

[57] *Bechtold* NZKart 2015, 331, 332; *ders.* NJW 2007, 3761, 3762; *ders.* § 1 GWB Rn. 9; *Bornkamm,* FS Blaurock, 2013, 41, 56.

die Nachfragetätigkeit der öffentlichen Hand nicht auf eine unternehmerische Teilnahme am Angebotswettbewerb gerichtet ist. Nach der *FENIN*-Rechtsprechung des EuGH handelt die öffentliche Hand dann auch als eigentlich wirtschaftlich tätiger Nachfrager nicht als Unternehmen.[58] In dem Fall ging es um die Einkaufstätigkeit eines spanischen Verbandes, der nach dem Solidaritätsprinzip funktionierte und der medizinische Erzeugnisse für Krankenhäuser einkaufte. Demgegenüber hat das deutsche Recht solche wirtschaftliche Nachfragetätigkeit als unternehmerisch eingeordnet.[59] Nach Veröffentlichung der anderen Auffassung des EuGH hat der BGH bislang offen gelassen, ob er § 1 GWB autonom weiter wie bisher auslegen will.[60] Das BKartA hat sich für eine einheitliche Anwendung ausgesprochen,[61] die Literatur ist bislang gespalten.[62] Ein Auseinanderfallen des Unternehmensbegriffs sollte wegen des erklärten Ziels des deutschen Gesetzgebers, Art. 101 Abs. 1 AEUV und § 1 GWB zu harmonisieren,[63] nur zugelassen werden, wenn das EU-Recht aufgrund von Regelungszwecken abweicht, die dem deutschen Recht fremd sind.[64] Die deshalb erforderliche Gegenüberstellung der *FENIN*-Rechtsprechung des EuGH mit den Regelungszwecken des deutschen Rechts ergibt ein komplexes Bild. Zunächst ist festzuhalten, dass die *FENIN*-Rechtsprechung nicht auf dem Zweck der Marktintegration fußt; es ist sogar zweifelhaft, ob überhaupt ein zwischenstaatlicher Sachverhalt vorlag.[65] Insoweit basiert das Fehlen der Unternehmenseigenschaft der nachfragenden öffentlich-rechtlichen Krankenkassen[66] auf dem Bestreben des EU-Rechts, den Mitgliedsstaaten bei der Ausgestaltung ihrer Sozialversicherungssystems größtmögliche Freiräume zu gewähren.[67] Das ist ein Regelungszweck im Sinne der (fehlenden) Marktintegration, der es nationalem Kartellrecht gerade ermöglichen sollte, autonom über die Unternehmenseigenschaft von nachfragenden öffentlich-rechtlichen Krankenkassen zu entscheiden.

Damit kann und sollte die bisherige **deutsche Auslegung des Unternehmensbegriffs „vor-*FENIN*" für die Nachfragetätigkeit der öffentlichen Hand fortgeführt** werden.[68] Nach der überzeugenden[69] BGH-Rechtsprechung erfüllt jede Nachfragetätigkeit im Gleichordnungsverhältnis mit anderen Nachfragern die Unternehmenseigenschaft unabhängig davon, ob die öffentliche Hand auch auf dem Angebotsmarkt als Unternehmen auftritt.[70] Der funktionale Unternehmensbegriff des GWB knüpft ausschließlich an 27

[58] EuGH WuW/E EU-R 1213; bestätigend: EuGH v. 26.3.2009, C-113/07 Tz. 102 – *SELEX*. Siehe dazu eingehend die Kommentierung zu Art. 101 Abs. 1 AEUV Rn. 146f.

[59] Siehe ausführlich unten Rn. 27. Vgl. ferner die Kommentierung zu § 130 GWB.

[60] BGH WuW/E DE-R 2161, 2162f. – *Tariftreueerklärung III;* offen auch BGH WuW/E DE-R 4037 Rn. 59 – *VBL-Gegenwert,* wo eine stets europäische Auslegung ohne Ausnahme für „nicht zwingend" gehalten wird. Für eine einheitliche Auslegung allerdings OLG München, Urteil vom 11. November 2010 – U (K) 2872/10 –, juris Rn. 27ff.

[61] BKartA TB 2007/2008, S. 8, zum damaligen SGB V.

[62] Für eine einheitliche Auslegung: *Roth*/Ackermann, in Frankfurter Kommentar, § 1 GWB 2005, Rn. 57f.; *Bechtold* § 1 GWB Rn. 8ff. Für eine eigenständige Auslegung des § 1 GWB: *Bornkamm,* FS Blaurock, 2013, 41, 50ff.; *Zimmer* in Immenga/Mestmäcker, GWB, § 1 GWB Rn. 18f.

[63] Rn. 10.

[64] Rn. 11.

[65] So auch *Bornkamm,* FS Blaurock, 2013, 41, 47, der allerdings dennoch eine autonome Anwendung des § 1 GWB fordert.

[66] EuGH WuW/E EU-R 1213 – *FENIN*; bestätigend: EuGH v. 26.3.2009, C-113/07 Tz. 102 – *SELEX*. Siehe auch unten Rn. 28.

[67] *Kersting/Faust* WuW 2011, 6, 15.

[68] A. A. noch Vorauflage/*Jan Bernd Nordemann* § 1 GWB Rn. 35.

[69] So auch *Kersting/Faust* WuW 2011, 6, 8ff.; *Zimmer* in Immenga/Mestmäcker, GWB, § 1 GWB Rn. 29; auch Roth/Ackermann, Frankfurter Kommentar, § 1 GWB 2005 Rn. 62, allerdings aus anderen Gründen eine Angleichung an EU-Recht fordernd.

[70] BGH WuW/E DE-R 1087, 1090 – *Ausrüstungsgegenstände für Feuerlöschzüge* = GRUR 2003, 633; OLG Düsseldorf WuW/E DE-R 150, 151– *Löschfahrzeuge;* BKartA, TB 1999/2000, 45f.; *Lutz* WRP 2002, 47, 53; *Bunte* WuW 1998, 1037, 1045f.

die Teilnahme am geschäftlichen Verkehr an, ungeachtet der rechtlichen Form des Tätigwerdens. Grundsätzlich scheidet eine Anwendbarkeit des GWB erst dann aus, wenn der Träger hoheitlicher Gewalt ausschließlich hoheitlich tätig wird.[71] Dafür ist auf die **Rechtsnatur der Wettbewerbsbeziehung** zu den Konkurrenten abzustellen: Kommt der öffentlichen Hand mangels entsprechender öffentlich-rechtlicher Vorschriften keine Alleinstellung auf dem Markt zu, sondern hat die Marktgegenseite eine **Wahlfreiheit** zwischen privaten Unternehmen und der öffentlichen Hand, so handelt die öffentiche Hand als Unternehmen, und § 1 GWB ist anwendbar.[72] Es genügt dann auch nicht, wenn die Teilnahme am Geschäftsverkehr unter anderem öffentlichen Interessen zu dienen bestimmt ist, um den Hoheitsträger von den Bindungen des GWB zu befreien.[73] Das GWB ist auf die Wettbewerbsbeziehungen zwischen Hoheitsträger und privaten Wettbewerbern selbst dann anwendbar, wenn dadurch ihr öffentlich-rechtlicher Tätigkeitsbereich berührt ist.[74] Denn das GWB hat sich zum Ziel gesetzt, den Wettbewerb durch möglichst umfassende Regulierung geschäftlicher Tätigkeiten durch das Kartellrecht zu schützen.[75]

28 Außerdem ist dem deutschen Gesetzgeber nicht durch Art. 101 AEUV, Art. 3 VO 1/2003 verwehrt, im Hinblick auf bestimmte – auch zwischenstaatliche[76] – Sachverhalte die Geltung dieses weitergehenden „deutschen" Unternehmensbegriffs des GWB auch in anderen nationalen Gesetzen gelten zu lassen, um die Nachfragetätigkeit der öffentlichen Hand kartellrechtlich zu regulieren. Ein Beispiel ist die Regelung in **§ 69 Abs. 2 S. 1 SGB V,** die – mit bestimmten Ausnahmen in S. 2 – eine entsprechende Geltung u. a. von §§ 1, 2 GWB auf das **Beschaffungsverhalten der öffentlich-rechtlichen Krankenkassen** anordnet. Insoweit ist also die ***FENIN*-Rechtsprechung des EuGH korrigiert.**[77]

29 Ansonsten gilt im deutschen Recht – genauso wie im EU-Recht – für § 1 GWB der **funktionale Unternehmensbegriff.**[78] Bei der Bestimmung des Begriffs des „Unternehmens" wird nicht an das Unternehmen als Institution angeknüpft. Vielmehr ist der Unternehmensbegriff ein Zweckbegriff, der unter Berücksichtigung des spezifischen Gesetzeszwecks definiert werden kann und daher je nach Zielrichtung des Regelungswerks variiert.[79] Ziel und Zweck des GWB ist es in Einklang mit Art. 101 Abs. 1 AEUV, die Freiheit des Wettbewerbs auf allen Wirtschaftsstufen und in sämtlichen Wirtschaftsbereichen sicherzustellen.[80] Eine weitere Frage ist, inwieweit dem funktionalen Unternehmensbegriff im Fall eines Verstoßes gegen § 1 GWB, Art. 101 Abs. 1 GWB auch bei den ver-

---

[71] BGH WuW/E DE-R 289, 291 f. – *Lottospielgemeinschaft* = GRUR 1999, 771, 773 f.

[72] GmS OGB BGHZ 102, 280, 285; BGHZ 66, 229, 233 f. – *Studentenversicherung;* BGHZ 67, 81, 86 – *Auto-Analyzer;* BGHZ 82, 375, 383 – *Brillen-Selbstabgabestellen;* BGHZ 110, 278, 284 f. – *Werbung im Programm;* vgl. zum Ganzen auch die parallele Problematik zur Anwendbarkeit des UWG, z. B. *Nordemann,* Wettbewerbsrecht – Markenrecht, Rn. 59.

[73] BGH WuW/E DE-R 289, 291, 293 – *Lottospielgemeinschaft* = GRUR 1999, 771, 774.

[74] WuW/E BGH 2584, 2586 – *Lotterievertrieb* = BGH NJW 1989, 3010, 3011; WuW/E BGH 2603, 2605 – *Neugeborenentransporte* = BGH NJW 1990, 1531, 1531 f.; WuW/E BGH 2627, 2633 – *Sportübertragungen* = BGH NJW 1990, 2815, 2817; BGH WuW/E DE-R 289, 291, 293 – *Lottospielgemeinschaft* = GRUR 1999, 771, 774.

[75] BGH WuW/E DE-R 289, 291 – *Lottospielgemeinschaft* = GRUR 1999, 771, 773.

[76] Siehe oben Rn. 25.

[77] *Kersting/Faust* WuW 2011, 6, 15; *Zimmer* in Immenga/Mestmäcker, GWB, § 1 GWB Rn. 30, 57; *Roth/Ackermann* in Frankfurter Kommentar § 1 GWB 2005 Rn. 59 ff. **A. A.** *Bechtold* NZKart 2015, 331, 332, der allerdings unzutreffend davon ausgeht, dass das deutsche Recht bei Fehlen der Unternehmenseigenschaft keinen Regelungsspielraum gegenüber dem EU-Recht habe; dazu Rn. 24 ff.

[78] Art. 101 Abs. 1 AEUV Rn. 131 ff.

[79] Eingehend zur deutschen Rechtsprechung zum funktionalen Unternehmensbegriff Voraufl./*Jan Bernd Nordemann* § 1 GWB Rn. 18 ff.

[80] Dazu oben Rn. 6 ff.

schiedenen zivil-, verwaltungs-, straf- und bußgeldrechtlichen Rechtsfolgen im deutschen Recht Bedeutung zukommt.[81]

Für **die übrigen Tatbestandsmerkmale des Art. 101 Abs. 1 AEUV** – vom Merkmal der Zwischenstaatlichkeit einmal abgesehen – ist derzeit nicht ersichtlich, dass ihre Auslegung maßgeblich von anderen Schutzzwecken des EU-Rechts als dem Institutionen- und Individualschutz bestimmt wäre, dem auch § 1 GWB verpflichtet ist. Nur dann kommt eine autonome Auslegung des § 1 GWB in Betracht.[82] Damit wird für diese übrigen Tatbestandsmerkmale auch bislang nicht ernsthaft erwogen, sie für § 1 GWB autonom und unabhängig von Art. 101 Abs. 1 AEUV auszulegen. Beispielsweise die **Behandlung von Handelsvertreterverhältnissen,** für noch bis vor der 7. GWB-Novelle 2005 EU- und deutsches Recht auseinander fielen,[83] hat sich inzwischen angeglichen. Auch das EU-Recht stellt jetzt – wie das deutsche Recht schon länger – auf Aspekte der Risikoverteilung ab.[84] Der **Vereinbarungsbegriff** des § 1 GWB[85] läuft inzwischen ebenfalls mit der Auslegung zu Art. 101 Abs. 1 AEUV[86] parallel. 30

C. Rechtsfolgen

I. Übersicht

31 Zur Stärkung des Wettbewerbsprinzips und zur weiteren Harmonisierung mit dem europäischen Kartellverbot in Art. 101 AEUVV wurde § 1 GWB durch die 6. GWB-Novelle 1999 als **echtes Verbot** ausgestaltet. Verträge und Beschlüsse sind nicht mehr nur unwirksam wie nach § 1 GWB a. F., sondern verboten und gemäß § 134 BGB nichtig. Es ist daher bereits der Abschluss eines solchen Vertrages verboten, nicht erst seine Praktizierung durch Hinwegsetzen über seine Unwirksamkeit, wie dies § 38 Abs. 1 Nr. 1 GWB a. F. bis vor der 6. GWB-Novelle 1999 voraussetzte.[87] Daran hat sich durch die 7. GWB-Novelle 2005 und die 7. GWB. Novelle 2013 nichts geändert. Die Rechtsfolgen eines Verstoßes gegen § 1 GWB lassen sich in **drei Kategorien** einteilen. Die zivilrechtlichen Rechtsfolgen betreffen neben der Nichtigkeit des wettbewerbsbeschränkenden Vertrages vor allem die Frage nach dem Bestand von Folge- und Ausführungsverträgen bei Nichtigkeit des Vertrags; außerdem sind verwaltungsrechtliche sowie bußgeld- und strafrechtliche Rechtsfolgen zu nennen.

II. Zivilrechtlich

1. Nichtigkeit (Verweis auf Art. 101 Abs. 2 AEUV)

32 Vereinbarungen, Beschlüsse und aufeinander abgestimmte Verhaltensweisen, die gegen § 1 GWB verstoßen, sind verboten und damit kraft Gesetzes gemäß § 1 GWB i. V. m. **§ 134 BGB** nichtig. Damit gilt nichts anderes als für Art. 101 Abs. 2 AEUV, der auch eine

[81] Dazu *Kersting* WuW 2015, 1156, 1158; *ders.,* Der Konzern 2011, 445 ff. Siehe ferner zu den Rechtfolgen den Überblick unten Rn. 32 ff. sowie die separaten Kommentierungen zu den einzelnen bestimmungen.

[82] Rn. 11.

[83] Dazu Vorauf1./*Jan Bernd Nordemann* § 1 GWB Rn. 25; *Zimmer* in Immenga/Mestmäcker, GWB, § 1 GWB Rn. 323 ff.

[84] EuGH WuW/E EU-R 1215 Tz. 62 – *Confederación/CESPA;* EuGH WuW/E 1475 Tz. 40 – *CESPA/Tobar.* Siehe zum Ganzen ausführlich die Kommentierung zu Art. 101 Abs. 1 AEUV Rn. 378.

[85] Siehe zur früheren deutschen Praxis zu § 1 GWB eingehend Voraufl./*Jan Bernd Nordemann* § 1 GWB Rn. 40 ff.

[86] Dazu Art. 101 Abs. 1 AEUV Rn. 218 ff.

[87] Siehe auch Rn. 12.

Nichtigkeit anordnet. Siehe deshalb die Kommentierung zu Art. 101 Abs. 2 AEUV.[88] Eine besondere Problematik stellt die Nichtigkeit bei Gesellschaftsverträgen dar (fehlerhafte Gesellschaft).[89]

2. Schwebende Unwirksamkeit

33 Eine schwebende Unwirksamkeit von Abreden im Sinne des § 1 GWB kennt das GWB nicht mehr, seitdem die 7. GWB-Novelle 2005 in § 2 Abs. 1 GWB die Legalausnahme eingeführt hat. Eine Legalisierungsmöglichkeit über ein Administrativverfahren vor der KartB oder dem Wirtschaftsminister gibt es nicht mehr. Existierten früher **Anmeldekartelle** (§§ 2 bis 4 Abs. 1 GWB a. F., vgl. § 9 Abs. 1 bis 3 GWB a. F.) und **Freistellungskartelle** (§§ 5 bis 8 GWB a. F.; vgl. § 10 GWB a. F.), so hat das heutige GWB jede Form der Administrativfreistellung bewusst vermieden. Weder über § 32c GWB[90] noch über §§ 3 Abs. 2, 32c GWB noch über § 32b GWB[91] kann eine materielle Freistellungswirkung erreicht werden. Eine schwebende Unwirksamkeit von Abreden, die gegen § 1 GWB verstoßen, scheidet deshalb grundsätzlich aus. Eine gewisse Ausnahme gilt nur für Verwertungsgesellschaften, die nach § 18 Abs. 3 UrhWahrnG die Erlaubnis auch des BKartA benötigen.[92]

3. Beseitigungs- und Unterlassungsanprüche, Schadensersatzansprüche

34 Aus **§ 33 Abs. 1 GWB** können sich **Unterlassungsansprüche,** aber auch Beseitigungs- sowie diese vorbereitende Auskunftsansprüche ergeben. Der Schutzbereich des § 1 GWB umfasst nicht jedermann, sondern nur einen bestimmten Personenkreis.[93] **§ 33 Abs. 2 GWB** ordnet gesondert die **Aktivlegitimation der** eigentlich nicht berechtigten **Wirtschafts- und Verbraucherschutzverbände** an. **Schadensersatzansprüche** regelt **§ 33 Abs. 3 GWB.**

35 Daneben kommen zivilrechtliche Ansprüche auch auf der Grundlage des **§§ 3, 4 Nr. 11 UWG** in Verbindung mit §§ 8 ff. UWG in Betracht. Dem hat der **BGH** allerdings in ***Probeabonnement*** eine grundsätzliche **Absage** erteilt.[94] Insbesondere die Berufung auf eine abschließende Spezialregelung der Sanktionen im GWB überzeugt nicht ganz.[95] Als etwas inkonsequent erscheint, dass der BGH das UKlaG nicht auch als abschließende Spezialregelung ansieht,[96] obwohl es im Hinblick auf die Anspruchsberechtigung eine genauso hohe Regelungsdichte wie das GWB aufweist. Eine parallele Anwendung des UWG neben dem GWB wäre wünschenswert: der Gesetzgeber der 7. GWB-Novelle 2005 begreift die Regelung der Aktivlegitimation in § 33 Abs. 2 GWB ähnlich § 8 Abs. 3 Nr. 2 und Nr. 3 UWG als Gewährleistung umfassenden zivilen Rechtsschutz „mit Abschreckungswirkung"

---

[88] Dort Rn. 1 ff.

[89] Dazu eingehend unten bei der Kommentierung zu Gemeinschaftsunternehmen im Anhang zu § 1 GWB Rn. 1 ff. und die separate Kommentierung zu Gemeinschaftsunternehmen.

[90] Vgl. die Kommentierung zu § 32c.

[91] Vgl. die Kommentierung zu § 32b.

[92] Siehe GRUR Rn. 101.

[93] Vgl. dazu unten die Kommentierung zu § 33 GWB.

[94] BGH WuW/E DE-R 1779 = GRUR 2006, 773, 774 Tz. 13 ff. – *Probeabonnement;* bestätigend: BGH GRUR 2008, 810 Rn. 11 – *Kommunalversicherer;* siehe auch *Emmerich* in Augenhofer, Die Europäisierung des Kartell- und Lauterkeitsrechts, 2009, S. 82 f.; *Gröning* jurisPR-WettbR 10/2006, Anm. 5; *Alexander* ZWeR 2007, 239; *Gaertner* AfP 2006, 413; *Bechtold* WRP 2006, 1162. A. A. OLG Frankfurt GRUR-RR 2003, 59, 60; *Weber* GRUR 2002, 485, 488 f.; *Nordemann,* Wettbewerbsrecht – Markenrecht[11], Rn. 789; vgl. auch BGH GRUR 1978, 445 – *4 zum Preis von 3;* siehe auch die Kommentierung zu § 33 GWB.

[95] Eingehend § 30 GWB Rn. 96.

[96] Siehe mwN. BGH GRUR 2010, 1117 Rn. 31 – *Gewährleistungsausschluss im Internet;* ferner *Köhler* NJW 2008, 177 mwN.

bei Kartellverstößen.[97] Gerade um diese Wirkung zu erzielen, darf das GWB die Anwendung anderer effektiver Sanktionsmechanismen nicht ausschließen. Im Hinblick auf Unterlassungsansprüche hat das UWG insbesondere den Vorteil, dass die Dringlichkeitsvermutung des § 12 Abs. 2 UWG zur Verfügung steht. Nach allgemeiner Auffassung ist eine Anwendung des UWG nicht ausgeschlossen, wenn die nach § 1 GWB unzulässige Handlung zugleich auch **eigenständig** (also nicht bloß über § 4 Nr. 11 UWG) **unlauter gem. § 3 UWG** ist.[98] In Betracht kommt vor allem eine Unlauterkeit nach §§ 3, **4 Nr. 10 UWG.**

III. Verwaltungsrechtlich

Die Verbotsverfügung durch die Kartellbehörden ergeht auf Grundlage der **§§ 32 ff. GWB.** Seit Neufassung des GWB durch die 6. GWB-Novelle 1999 kann eine Untersagungsverfügung wegen Verstoßes gegen § 1 GWB schon bei Abschluss der Kartellvereinbarung erlassen werden, nicht erst im Falle der Praktizierung.[99] Auch abgestimmtes Verhalten verletzt nicht erst bei seiner Umsetzung, sondern schon mit Abstimmung § 1 GWB.[100] 36

IV. Straf- und bußgeldrechtlich

Bei schuldhaftem Verstoß gegen das Kartellverbot des § 1 GWB liegt eine Ordnungswidrigkeit vor, und die zuständige KartB kann ein Bußgeld verhängen, **§ 81 Abs. 2 Nr. 1 GWB.**[101] Submissionsabsprachen[102] können, sofern vorsätzlich, zusätzlich strafbar gemäß **§ 298 StGB** sein.[103] Im Übrigen kommt aber auch der Tatbestand des Betruges nach **§ 263 StGB** in Betracht.[104] 37

D. Darlegungs- und Beweislast

Für **Zivil- und Verwaltungsverfahren** findet sich – anders als in Art. 2 VO 1/2003 – **im deutschen Kartellrecht keine ausdrückliche Beweislastregel.** In zwischenstaatlichen Sachverhalten bricht jedoch über EU-Recht die Regel des **Art. 2 VO 1/2003** direkt in das deutsche Kartellrecht ein, § 22 Abs. 1 und Abs. 2 GWB. Allerdings gilt die europarechtliche Beweislastverteilung grundsätzlich ohnehin im deutschen Zivilprozess nach den allgemeinen Regeln.[105] Die Darlegungs- und Beweislast für eine Zuwiderhandlung gegen § 1 GWB trägt **die Partei, die diesen Vorwurf erhebt.** Zu den insoweit darzulegenden und ggf. zu beweisenden Tatbestandsmerkmalen gehört auch das (ungeschriebene) Tatbestandsmerkmal der **Spürbarkeit** in § 1 GWB. Siehe hierzu im Einzelnen die Kommentierung zu Art. 2 VO 1/2003.[106] Für **Tatbestandsrestriktionen** des § 1 GWB, insbesondere den Tatbestand der Anwendung des Immanenzgedankens, Gesetzeskonkurrenz durch anderweitige staatliche Regulierung oder eine Tatbestandsreduktion im Bereich Immaterialgüterrechte bzw. Sport, ist jedoch die Darlegungs- und Beweislast anders verteilt. Aufgrund des Ausnahmecharakters erscheint es als gerechtfertigt, die Darlegungs- und Beweis- 38

[97] Begr. RegE 7. GWB-Novelle, BT DS 15/3640, S. 35.
[98] BGH GRUR 2009, 876 Rn. 10 – *Änderung der Voreinstellung I; Köhler* in Köhler/Bornkamm, UWG[32], Rn. § 4 UWG Rn. 11.12 mwN.
[99] Vgl. im Einzelnen unten bei § 32 Rn. 1 ff.
[100] Siehe oben Rn. 12.
[101] Vgl. weiterführend die Kommentierung zu § 81 GWB Rn. 1 ff.
[102] Dazu Rn. 48.
[103] Vgl. hierzu die Kommentierung zu § 81 GWB.
[104] BGH WuW/E DE-R 699 – *Flughafen München* = NJW 2001, 3718; dazu *Lampert/Götting* WuW 2002, 1069 und *Lange* ZWeR 2003, 352 ff.
[105] *Hempel* WuW 2004, 362, 364.
[106] Siehe Art. 2 VO 1/2003 Rn. 7.

last für das Vorliegen solcher Ausnahmetatbestände demjenigen aufzuerlegen, der sich darauf beruft.[107] Denn auch die Beweislast dafür, dass die Freistellungsvoraussetzungen nach § 2 GWB vorliegen, obliegt den Unternehmen oder Unternehmensvereinigungen, die sich auf diese Bestimmung berufen.[108]

39 Von dieser Verteilung der Darlegungs- und Beweislast unberührt bleiben der **Untersuchungsgrundsatz** in kartellrechtlichen **Bußgeld- und Untersagungsverfahren** sowie die **Unschuldsvermutung** im Bußgeldverfahren.[109]

E. Verhältnis zu anderen Vorschriften

40 Seit der 7. GWB-Novelle 2005 findet § 1 GWB sowohl auf **horizontal** als auch auf **vertikal veranlasste Wettbewerbsbeschränkungen** Anwendung.[110] Einer Abgrenzung – wie früher zwischen § 1 GWB a. F. und §§ 14 ff. GWB a. F. – bedarf es daher insoweit nicht mehr.

41 **§ 2 GWB** regelt die **Freistellung** vom Verbot des § 1 GWB. Danach kommen sowohl eine Freistellung nach EU-GVOen gem. § 2 Abs. 2 GWB als auch eine Einzelfreistellung nach § 2 Abs. 1 GWB in Betracht.[111] Ergänzend ist auch an eine **Freistellung nach § 3 GWB** zu denken. Eine komplexe Frage ist, wann im Fall von für den Wettbewerb vorteilhaften Wettbewerbsbeschränkungen eine **Tatbestandsreduktion des § 1 GWB** vorzunehmen und wann **§ 2 Abs. 1 GWB** anzuwenden ist. Diese Frage ist für § 1 GWB genauso zu beantworten wie für Art. 101 Abs. 1 AEUV.[112]

42 Im Vorfeld ergänzt **§ 21 GWB** mit seinem Boykottverbot und dem Verbot, Nachteile anzudrohen bzw. Vorteile zu versprechen, § 1 GWB. Kommt es zur Umsetzung des Boykottaufrufes, kann § 1 GWB auf die Abstimmung zwischen Verrufer und Adressat angewendet werden. Der Tatbestand des § 21 GWB ist insoweit neben § 1 GWB anwendbar.

43 Das Kartellverbot als Verhaltenskontrolle und die **Zusammenschlusskontrolle** (§§ 35 ff. GWB, EU-FKVO) als Strukturkontrolle sind zwar verschiedene Instrumentarien, überschneiden sich aber in einigen Bereichen. Vor allem bei **Gemeinschaftsunternehmen** ergibt sich hier ein viel diskutiertes Spannungsfeld.[113] Außerhalb von Gemeinschaftsunternehmen gilt folgendes: Im Hinblick auf die **deutsche Zusammenschlusskontrolle** kann eine sog. **Doppelkontrolle** nicht von vornherein ausscheiden.[114] § 1 GWB findet jedoch nicht auf Wettbewerbsbeschränkungen Anwendung, die sich wegen eines Verlustes der wirtschaftlichen Selbständigkeit des übernommenen Unternehmens ergeben, wenn insoweit das Konzernprivileg nach dem Zusammenschluss im Hinblick auf § 1 GWB greift.[115] Damit sind bei Mehrheitsbeteiligungen oder anderen Kontrollübernahmen grundsätzlich die Beschränkungen des übernommen Unternehmens nicht nach § 1 GWB erfassbar, wohl aber Beschränkungen des weiterhin wirtschaftlich selbständigen Veräußerers, sei es durch Nebenabreden oder auf andere Weise.[116] Bei Minderheitsbeteiligungen bleibt § 1

---

[107] Siehe auch Art. 2 VO 1/2003 Rn. 7.

[108] § 2 GWB Rn. 54 ff.

[109] RegE 7. GWB-Novelle, BT DS 15/3640, S. 23. Vgl. für das Verwaltungsverfahren die Kommentierung zu § 54 GWB, für das Straf- und Bußgeldverfahren die Kommentierung zu § 81 GWB. Ferner § 2 Rn. 57.

[110] Dazu oben Rn. 12.

[111] Siehe die Kommentierung zu § 2 GWB.

[112] Siehe deshalb die Kommentierung zu Art. 101 Abs. 1 AEUV Rn. 307 ff.

[113] Vgl. eingehend die Kommentierung zu Gemeinschaftsunternehmen im Anhang 1 zu § 1 GWB.

[114] BGH WuW/E DE-R 711 – *Ost-Fleisch;* BGH WuW/E 2169 – *Mischwerke; Krauß* in: Langen/Bunte § 1 GWB Rn. 288 mwN. A. A. *Ebel* NJW 1973, 1577.

[115] Zum Konzernprivileg, bzw. zur wirtschaftlichen Einheit Art. 101 Abs. 1 AEUV Rn. 153 ff.

[116] *Krauß* in: Langen/Bunte § 1 GWB Rn. 302.

GWB generell anwendbar, weil auch das übernommene Unternehmen wirtschaftlich selbständig bleibt; § 1 GWB kann einschlägig sein, wenn die Minderheitsbeteiligung – durch Nebenabreden oder faktisch – zu einer relevanten Wettbewerbsbeschränkung der beteiligten Unternehmen führt. Anders liegt es in der **EU-Zusammenschlusskontrolle:** Im Rahmen der FKVO teilen Nebenabreden, die Teil des Zusammenschlussvorhaben sind, dessen zusammenschlussrechtliche Beurteilung (Art. 6 Abs. 1 lit. b), Art. 8 Abs. 2 Unterabs. 2 S. 2 FKVO). Bei Vollfunktions-Gemeinschaftsunternehmen mit gemeinschaftsweiter Bedeutung sind aber gem. Art. 2 Abs. 4, Art. 3 Abs. 4 FKVO zusätzlich die Voraussetzungen des Art. 101 AEUV zu prüfen. Ist der Zusammenschlussbegriff des § 37 GWB oder der FKVO schon gar nicht erfüllt, etwa bei **Beteiligungen unterhalb der Schwelle des § 37 Abs. 1 Nr. 4 GWB,** so kann das Kartellverbot ohne Konkurrenzproblematik greifen.[117] Das kann etwa praktisch werden bei Kleinstbeteiligungen von Energieversorgern an zahlreichen Stadtwerken, um Gesamtbedarfsdeckungsklauseln oder Kundenschutz abzusichern.[118] Das Konzernprivileg gilt allerdings auch ohne Anwendbarkeit der Zusammenschlusskontrolle.

Die Missbrauchstatbestände der **§§ 19, 20 GWB** sind neben § 1 GWB anwendbar.[119] Es sind jeweils unterschiedliche Sachverhalte betroffen. Während § 1 GWB Verhalten von mindestens zwei Unternehmen oder einer Unternehmensvereinigung in Vereinbarungen, Beschlüssen oder Verhaltensabstimmungen regelt, greifen §§ 19, 20 GWB einseitiges machtbedingtes Verhalten auf. § 1 GWB und §§ 19, 20 GWB können sich danach insbesondere dann ergänzen, wenn Missbräuche nach §§ 19, 20 GWB auf verbotenen Verhaltensabstimmungen nach § 1 GWB beruhen.[120] Das gilt ebenfalls für Fälle des **§ 20 Abs. 5 GWB.** Auch wenn die Wirtschafts- oder Berufsvereinigung selbst nicht unternehmerisch handelt, ist sie als Unternehmensvereinigung Adressat des § 1 GWB.[121] **44**

Genauso schließt der **Oligopolfall des Diskriminierungsverbotes des § 18 Abs. 5 GWB** eine Anwendung des § 1 GWB bei Kartellabstimmung der Oligopolisten nicht aus. Insoweit tritt § 1 GWB dann neben § 18 GWB.[122] Das Gleiche gilt für das Verbot des äußeren **Kartellzwanges** nach **§ 21 Abs. 2 GWB,** weil auch hier das Verbot des § 21 Abs. 2 GWB das Kartellverbot ergänzt.[123] **45**

Ein Vorrangproblem kann nach der „Harmonisierung" des deutschen mit dem EU-Kartellrecht durch die 7. GWB-Novelle 2005 im Hinblick auf **EU-Kartellrecht** nur noch ausnahmsweise auftreten. EU-Kartellrecht, vor allem Art. 101 Abs. 1 AEUV, ist dann in zwischenstaatlichen Sachverhalten gegenüber § 1 GWB grundsätzlich vorrangig.[124] **46**

Außerhalb des eigentlichen Kartellrechts kann es zu einem Spannungsverhältnis des § 1 GWB mit anerkannten **Instituten des Vertragsrechts** oder sonstiger **staatlicher Regulierung** sowie mit den Regelungen zu **Immaterialgüterrechten** kommen. Siehe hierzu de Kommentierung zu den Tatbestandsrestriktionen des Art. 101 Abs. 1 AEUV.[125] **47**

---

[117] *Immenga* ZNER 2002, 152, 157; *ders.* in: FS Benisch, S. 327 ff.; zustimmend *Schwintowski* WM 1990, 872.

[118] Eingehend für den Energiebereich *Immenga* ZNER 2002, 152, 157.

[119] BGH WuW/E 2195, 2201 – *Abwehrblatt II* = BGHZ 96, 337; OLG Düsseldorf WuW/E OLG 1523, 1529 – *Krankenzusatzversicherung II; Fuchs* in: Immenga/Mestmäcker, GWB, § 19 Rn. 42.

[120] Beispielsweise wenn Mitglieder einer Kreditkartenorganisation wettbewerbsbeschränkende Regeln über die Aufnahme weiterer Mitglieder vereinbaren, vgl. Europäische Kommission WuW/E EU-V 1307 – *Morgan Stanley/Visa.*

[121] A. A. für Gütezeichengemeinschaften ohne eigene Unternehmenseigenschaft LG Köln WuW/E DE-R 2388, 2394 – *Pressfitting.*

[122] *Fuchs* in: Immenga/Mestmäcker, GWB, § 19 Rn. 42; *Fuchs/Möschel* in: Immenga/Mestmäcker, GWB, § 18 Rn. 149.

[123] *Markert* in: Immenga/Mestmäcker, GWB, § 21 Rn. 81 für § 21 Abs. 2 GWB.

[124] Vgl. oben Rn. 5, 10, 13, 20, 23.

[125] Art. 101 Abs. 1 AEUV Rn. 307 ff. und die separate Kommentierung zum Gewerblichen Rechtsschutz und Urheberrecht.

48 **Submissionsabsprachen** können, sofern vorsätzlich, zusätzlich strafbar gemäß **§ 298 StGB** und **§ 263 StGB** sein.

49 Zum Verhältnis zum **UWG,** siehe oben.[126]

50 **§ 138 Abs. 1 BGB** bleibt neben § 1 GWB anwendbar.[127] Die Beurteilung nach § 1 GWB und nach § 138 Abs. 1 BGB laufen parallel, wobei es aber einer Spürbarkeitsprüfung für § 138 Abs. 1 BGB nicht bedarf.[128] Die Freistellungstatbestände (wie z. B. §§ 2, 3, 30 GWB) sind im Rahmen der Beurteilung nach § 138 Abs. 1 BGB allerdings zu berücksichtigen,[129] ansonsten droht, dass das deutsches Recht – entgegen Art. 3 Abs. 2 VO 1/2003 und dem Willen des Gesetzgebers zu § 1 GWB[130] – doch grundsätzlich eigenständig vom europäischen Recht agiert. Insbesondere bei Wettbewerbsverboten in Unternehmensveräußerungsverträgen hat die Rechtsprechung immer wieder auf § 138 BGB zurückgegriffen;[131] diese Praxis kann deshalb auch für § 1 GWB fruchtbar gemacht werden.

F. Übergangsrecht

51 § 1 GWB n. F. trat mit der 7. GWB-Novelle 2005 zum 1.7.2005 in Kraft. **§ 131 GWB a. F.** enthielt bis vor der 8. GWB-Novelle 2013 für bestimmte Kartelle nach früherem Recht Übergangsvorschriften bis **31.12.2007,**[132] so dass § 1 GWB n. F. schon länger uneingeschränkt gilt. Die 8. GWB-Novelle 2013 ließ § 1 GWB unverändert, Übergangsregelungen waren also nicht veranlasst.

Anhang zu § 1 GWB. Gemeinschaftsunternehmen

Übersicht

---

[126] Rn. 35.

[127] BGH WuW/E DE-R 2554 Tz. 24 – *Subunternehmervertrag II* = GRUR 2009, 698; *Thomas* WuW 2010, 177, 180 ff.; *Säcker* in: Münchener Kommentar, GWB, § 1 Rn. 6 ff. mwN.; *ders.* ZWeR 2008, 348, 355 ff.

[128] BGH WuW/E DE-R 2554 Tz. 24 – *Subunternehmervertrag II* = GRUR 2009, 698.

[129] A.A *Thomas* WuW 2010, 177, 182. Unklar: BGH WuW/E DE-R 2554 Tz. 24 – *Subunternehmervertrag II* = GRUR 2009, 698.

[130] Dazu oben Rn. 5, 10, 13, 20, 23.

[131] BGH WuW/E DE-R 2554 Tz. 23 ff. – *Subunternehmervertrag II* = GRUR 2009, 698; BGH AnwBl 2005, 715, 716 – *Sittenwidriges Wettbewerbsverbot im Sozietätsvertrag;* BGH NJW 2004, 66 – *Steuerberater und Wirtschaftsprüfer.*

[132] Siehe die Kommentierung in der Voraufl. zu § 131 GWB.

Schrifttum: *Axster,* Gemeinschaftsunternehmen als Kooperations- oder Konzentrationstatbestand im EG-Recht, in: FS Gaedertz, 1992, S. 1 ff.; *Bach,* Gemeinschaftsunternehmen nach dem Ost-Fleisch"-Beschluss des BGH, ZweR 2003, 187 ff.; *Benisch,* Verhältnis von Kartellverbot und Fusionskontrolle, in: FS Rittner, 1991, S. 17 ff.; *Bien,* Kartellrechtskontrolle von Gemeinschaftsunternehmen ex ante und ex post – Teil 1: Das Verfahren der Doppelkontrolle de lege lata und de lege ferenda, NZKart 2014, 214 ff.; *Feldkamp,* Gemeinschaftsunternehmen – als Kartelle verboten? Zu den Grenzen der Anwendbarkeit des § 1 GWB neben den §§ 23 ff. GWB, Köln 1991; *Fischer, K.,* Gruppeneffekt und Fusionskontrolle über Gemeinschaftsunternehmen, in: Gemeinschaftsunternehmen – Deutsches und EG-Kartellrecht. 1987, S. 57 ff.; *v. Gamm,* Das Gemeinschaftsunternehmen im Kartell- und Fusionskontrollrecht unter Berücksichtigung kartellbehördlicher Unbedenklichkeitsbescheinigungen und allgemeiner Verwaltungsgrundsätze, AG 1987, 329 ff.; *v. Hahn,* Gemeinschaftsunternehmen zwischen Zusammenschlusskontrolle und Wettbewerbsverbot, in: Schwerpunkte des Kartellrechts 1974/75, 1976, S. 57 ff.; *Harms/König,* Gemeinschaftsunternehmen 1977–1979, in: Schwerpunkte des Kartellrechts 1978/79, 1980, S. 121 ff.; *Hawk,* A bright line shareholding test to end the nightmare under the EEC Merger Regulation, CMLR 1993 (30), S. 1155 ff.; *Huber,* Gemeinschaftsunternehmen im deutschen Wettbewerbsrecht, in: Huber/Börner, Gemeinschaftsunternehmen im deutschen und europäischen Wettbewerbsrecht, 1978, S. 1 ff.; *ders.,* Gemeinschaftsunternehmen im Kartellrecht, in: Kontrolle von Marktmacht nach deutschem, europäischem und amerikanischem Kartellrecht, 1981, S. 79 ff.; *ders.,* Der Mischwerke-Beschluss des BGH und die Verwaltungsgrundsätze des BKartA zur kartellrechtlichen Beurteilung von Gemeinschaftsunternehmen, in: Gemeinschaftsunternehmen – Deutsches und EG-Kartellrecht, 1987, S. 1 ff.; *Immenga,* Gemeinschaftsunternehmen als Kartell und Zusammenschluß – ein Grundsatzurteil des BGH, ZHR 150 (1986), 366 ff.; *Kahlenberg/Neuhaus,* Reform des deutschen Kartellrechts, BB 2013, 131; *Kilian,* Kartellrechtliche Beurteilung von Gemeinschaftsunternehmen – Das gemeinsame Reservierungssystem der großen Reiseveranstalter, DB 1981, 1965 ff.; *Klaue,* Einige Bemerkungen über die Zukunft der Zweischrankentheorie, in: FS Steindorff, 1990, 979; *Knöpfle,* Zur Unterscheidung zwischen konzentrativem und kooperativem Gemeinschaftsunternehmen bei der kartellrechtlichen Beurteilung von Gemeinschaftsgründungen, BB 1980, 654 ff.; *Köhler,* Gemeinschaftsunternehmen und Kartellverbot – Besprechung der Entscheidung BGHZ 96, 69 „Mischwerke", ZGR 1987, 271 ff.; *Körber,* Der SIEC-Test im GWB – Verhältnis zum Unionsrecht und Auswirkungen auf die Praxis, WuW 2014, 250 ff.; *Leube,* Zur Anwendbarkeit der §§ 1 und 23 ff. GWB auf Gemeinschaftsunternehmen, ZHR 141 (1977), 313 ff.; *Mestmäcker,* Gemeinschaftsunternehmen im deutschen und europäischen Konzern- und Kartellrecht, in: Recht und ökonomisches Gesetz, 2. Aufl., 1984; *Lohse,* Zivilrechtliche Probleme der „Entflechtung" kartellrechtswidriger Personenaußengesellschaften, FS Wank (2014), S. 299 ff.; *Müller-Feldhammer,* Das Gemeinschaftsunternehmen auf dem Prüfstand, WuW 2015, 133 ff.; *Pohlmann,* Doppelkontrolle von Gemeinschaftsunternehmen im europäischen Kartellrecht, WuW 2003, 473 ff.; *Polley,* Preisdämpfende Maßnahmen im Rahmen eines Gemeinschaftsunternehmens als Verstoß gegen § 1 GWB, WuW 1998, 939; *Roth,* Nichtigkeit von Gesellschaftsverträgen bei Verstoß gegen das europäische Kartellverbot, FS Hopt (2010), S. 2881 ff.; *Schmidt, K.,* Gemeinschaftsunternehmen im Recht der Wettbewerbsbeschränkungen, AG 1987, 333 ff.; *ders.,* Gemeinschaftsunternehmen, Wettbewerbsverbote und Immanenztheorie, FS Säcker (2011), S. 949 ff.; *ders.,* Nichtigkeit oder Abwicklung kartellrechtswidriger Gemeinschaftsunternehmen, BB 2014, 515 ff.; *ders.,* Nochmals: Fehlerhafte Gemeinschaftsunternehmen – Theorie für die Praxis, ZIP 2014, 863 ff.; *Schroeder,* Schnittstellen der Kooperations- und Oligopolanalyse im Fusionskontrollrecht, WuW 2004, 893 ff.; *Stockmann,* Verwaltungsgrundsätze und Gemeinschaftsunternehmen, WuW 1988, 269 ff.; *Ulmer,* Gemeinsame Tochtergesellschaften im deutschen Konzern- und Wettbewerbsrecht, ZHR 141 (1977), 466 ff.; *Theurer,* Zur Nichtigkeit von kartellrechtswidrigen Personengesellschaften, BB 2013, 137 ff.; *Ulshöfer,* Die Auflösung von Gemeinschaftsunternehmen im Lichter der Nord-KS-Entscheidung des BGH, WuW 2011, 820 ff.; *Wertenbruch,* Die Rechtsfolge der Doppelkontrolle von Gemeinschaftsunternehmen nach dem GWB, 1990; *Wessels,* Entflechtung kartellrechtswidriger Personengesellschaften, ZIP 2014, 101 ff.; *ders.,* Nochmals: Entflechtung kartellrechtswidriger Personengesellschaften, ZIP 2014, 857 ff.; *Wiedemann,* Gemeinschaftsunternehmen im deutschen Kartellrecht, 1981; *ders.,* Aktuelle Entwicklungen bei der kartellrechtlichen Beurteilung von Gemeinschaftsunternehmen, BB 1984, 285 ff.

I. Begriff und Bedeutung[1]

1 Ein Gemeinschaftsunternehmen ist ein Unternehmen, in dem zwei oder mehr an ihm beteiligte Unternehmen die Verfolgung **gemeinsamer Zwecke** betreiben.[2] Bis zur sechsten GWB Novelle im Jahr 1998 war das Gemeinschaftsunternehmen in § 23 Abs. 2 Nr. 2 S. 3 GWB legaldefiniert: „Erwerben mehrere Unternehmen gleichzeitig oder nacheinander im vorbezeichneten Umfang Anteile an einem anderen Unternehmen, so gilt dies hinsichtlich der Märkte, auf denen das andere Unternehmen tätig ist, auch als Zusammenschluß der sich beteiligenden Unternehmen untereinander (Gemeinschaftsunternehmen)." Der geltende § 37 Abs. 1 Nr. 3 Satz 3 GWB enthält den Klammerzusatz nicht mehr, ist aber ansonsten inhaltlich unverändert. Damit liegt ein Gemeinschaftsunternehmen auch weiterhin vor, wenn die Voraussetzungen des § 37 Abs. 1 Nr. 3 Satz 3 GWB erfüllt sind. Die Beteiligung mehrerer Unternehmen an einem Gemeinschaftsunternehmen kann daher sowohl durch die gemeinsame Gründung eines neuen Unternehmens oder durch den gleichzeitigen oder sukzessiven Erwerb von Anteilen an einem bestehenden Unternehmen entstehen.[3] Der Wegfall des Klammerzusatzes hatte lediglich den Zweck, zukünftig auch einen weiteren Fall unter den Begriff des Gemeinschaftsunternehmens zu fassen. Erfasst werden sollte auch der Fall einer gemeinsamen Beherrschung **unterhalb der Schwelle einer 25%-Beteiligung.**[4] Im deutschen Recht liegt damit ein Gemeinschaftsunternehmen vor, wenn entweder zwei oder mehr Unternehmen an einem weiteren Unternehmen mit jeweils mindestens 25% beteiligt sind oder wenn zwei oder mehr Unternehmen dieses Unternehmen beherrschen. Demgegenüber erfasst das **europäische Recht** nur solche Unternehmen als Gemeinschaftsunternehmen, die von mehreren Unternehmen gemeinsam beherrscht werden. Minderheitsbeteiligungen, die nicht zu einer gemeinsamen Beherrschung führen, werden derzeit nicht erfasst (siehe hierzu und zu Reformüberlegungen GU Rn. 2f.)

2 Gemeinschaftsunternehmen haben in der Praxis eine **große Bedeutung:** Sie dienen sowohl der Kooperation bei bestimmten Unternehmensfunktionen als auch der Schaffung neuer oder der Ausgründung bestehender unternehmerischer Betätigungsfelder (siehe hierzu GU Rn. 6.)

II. Auswirkungen auf den Wettbewerb

3 Gemeinschaftsunternehmen können vielfältige Auswirkungen auf den Wettbewerb haben. Sie können konzentrativ wirken und die Marktstruktur verändern. Dies ist der Fall, wenn ein Gemeinschaftsunternehmen alle Funktionen einer selbständigen wirtschaftlichen Einheit übernimmt **(Vollfunktionsgemeinschaftsunternehmen)** und sich die Mütter von dem Markt des Gemeinschaftsunternehmens vollständig zurückziehen. Daneben sind auch kooperative Wirkungen denkbar, also eine Verhaltenskoordination der Mütter. Ein Beispiel hierfür sind **Teilfunktionsgemeinschaftsunternehmen,** die nicht alle Funktionen einer selbständigen wirtschaftlichen Einheit erfüllen, sondern im Wesentlichen Hilfstätigkeiten für die Mütter übernehmen. Denkbar sind allerdings auch Mischformen, etwa Vollfunktionsgemeinschaftsunternehmen, die nicht rein konzentrativ wirken, sondern über die Marktstrukturveränderung hinaus auch eine Verhaltenskoordinierung der Mütter bewirken **(kooperative Vollfunktionsgemeinschaftsunternehmen).** Dies ist etwa dann der Fall, wenn sich die Mütter nicht (vollständig) von dem Markt des Gemeinschaftsunternehmens zurückziehen. Insgesamt gilt: Gemeinschaftsunternehmen können das Wettbe-

---

[1] Die Kommentierung beruht auf der Vorauflage von *Lindemann.* Der Bearbeiter dankt Herrn *Lindemann* für die freundliche Überlassung des Textes.

[2] *Krauß,* in: Langen/Bunte, Deutsches Kartellrecht[12] (2014), § 1 GWB Rn. 291.

[3] *Krauß,* in: Langen/Bunte, Deutsches Kartellrecht[12] (2014), § 1 GWB Rn. 291.

[4] Regierungsentwurf 6. GWB-Novelle, BT-Drs. 13/9720, S. 57.

werbsverhalten der Muttergesellschaften untereinander beeinflussen, sie können zu einer dauerhaften Änderung der Marktstruktur führen, und schließlich kann auch das Wettbewerbsverhältnis zwischen dem Gemeinschaftsunternehmen einerseits und den Muttergesellschaften andererseits kartellrechtlich von Bedeutung sein.

Für das Kartellrecht ergibt sich daraus die Frage, ob Gemeinschaftsunternehmen wegen der ihnen innewohnenden Verhaltenskoordinierung unter die Vorschriften über Kartelle (§§ 1 ff. GWB) oder wegen der mit ihrer Entstehung verbundenen Strukturveränderungen unter die Fusionskontrolle (§§ 35 ff. GWB) oder in beide Regelungsbereiche fallen. Eine denkbare Lösung wäre, entweder nur die Vorschriften über Kartelle oder nur die Vorschriften über Fusionen anzuwenden **(„Trennungsprinzip")**, je nachdem ob das Gemeinschaftsunternehmen überwiegend eine Verhaltenskoordinierung der Muttergesellschaften oder aber eine Strukturveränderung bewirkt. Die andere Möglichkeit besteht darin, dass sowohl die Vorschriften über Kartelle als auch die der Fusionskontrolle nebeneinander auf Gemeinschaftsunternehmen angewendet werden **(„Zweischrankenprinzip")**. Während sich das europäische Recht im Wesentlichen für das Trennungsprinzip entschieden hat (GU Rn. 9 f.), gilt im deutschen Recht das Zweischrankenprinzip, es erfolgt also eine Doppelkontrolle (sogleich Rn. 5 ff.). 4

III. Behandlung im deutschen Recht

1. Prinzip der Doppelkontrolle

Nach zutreffender Auffassung der Rechtsprechung handelt es sich beim Kartellverbot einerseits und bei der Fusionskontrolle andererseits um zwei unterschiedliche Regelungsfelder, die sich bei einigen Sachverhalten überschneiden können.[5] Vor diesem Hintergrund hat der BGH im Mischwerke-Beschluss ausgesprochen, dass auf Gemeinschaftsunternehmen die Vorschriften der Zusammenschlusskontrolle (§§ 35 ff. GWB, früher § 23 ff. GWB) und das Kartellverbot (§ 1 GWB) nebeneinander Anwendung finden.[6] Herrschende Lehre[7] und Praxis haben sich der vom BGH entwickelten und in der Folge mehrfach bestätigten[8] Auffassung angeschlossen, so dass im deutschen Kartellrecht von einer Geltung des **Zweischrankenprinzips** auszugehen ist. 5

Die Anwendung der Vorschriften über die Fusionskontrolle bestimmt sich dabei ausschließlich nach den §§ 35 ff. GWB. Entscheidend ist damit das Erreichen der Schwellenwerte des § 35 GWB sowie das Vorliegen eines Zusammenschlusstatbestands im Sinne von § 37 GWB. Liegen die Voraussetzungen für die Anwendbarkeit der Fusionskontrolle vor, so **sperrt dies nicht die Anwendbarkeit des Kartellverbots** gemäß § 1 GWB. Dieser findet neben den Vorschriften über die Zusammenschlusskontrolle Anwendung, wenn die Gründung des Gemeinschaftsunternehmens eine spürbare Wettbewerbsbeschränkung bezweckt oder bewirkt. Hieran fehlt es bei konzentrativen Gemeinschaftsunternehmen, da 6

---

[5] BGH, 1.10.1985, KVR 6/84, *Mischwerke,* WuW/E BGH 2169 = BGHZ 96, 69 (77 f.); vgl. auch BGH, 22.6.1981, KVR 7/80, *Transportbeton Sauerland,* WuW/E BGH 1810 = BGHZ 81, 56 (65 f.).

[6] BGH, 1.10.1985, KVR 6/84, *Mischwerke,* WuW/E BGH 2169 = BGHZ 96, 69 (77 ff.).

[7] Vgl. *Krauß,* in: Langen/Bunte, Deutsches Kartellrecht[12] (2014), § 1 GWB Rn. 293; *Roth/Ackermann* in: FK, GWB-Kartellrecht (73. Lfg., 2011), § 1 Rn. 129 f.; *Stockmann,* WuW 1988, 269 f.; *Zimmer,* in: Immenga/Mestmäcker, Wettbewerbsrecht[5] (2014), Bd. II/1, § 1 GWB Rn. 286 ff.; abweichend *Wertenbruch,* Die Rechtsfolge der Doppelkontrolle von Gemeinschaftsunternehmen nach dem GWB (1990), S. 42 f., 62, der (ähnlich der heutigen europäischen Rechtslage bei Vollfunktionsgemeinschaftsunternehmen) bei einer Doppelkontrolle eine Anwendbarkeit der Fusionskontrollfristen auch auf die Prüfung nach § 1 GWB befürwortet.

[8] Z.B. BGH, 13.1.1998, KVR 40/96, *Carpartner,* WuW/E DE-R 115 f. = NJW 1998, 2825 (2826); BGH, 8.5.2001, KVR 12/99, *Ost-Fleisch,* WuW/E DE-R 711 ff. = BGHZ 147, 325 (336 f.); BGH, 4.3.2008, KVZ 55/07, *Nord-KS/Xella,* WuW/E DE-R 2361, Rn. 14; BGH, 23.6.2009, KZR 58/07, *Gratiszeitung Hallo,* NJW-RR 2010, 615 (616, Rn. 14); OLG Düsseldorf, 2.11.2005, VI-Kart 30/04, *Rethmann/GfA Köthen,* WuW/E DE-R 1625 ff., Rn. 79.

diese definitionsgemäß keine Koordinierung des Wettbewerbsverhaltens der Mütter bezwecken oder bewirken (siehe unten Rn. 8ff.).[9] Handelt es sich demgegenüber um kooperative Gemeinschaftsunternehmen, so kommt eine Anwendung des § 1 GWB in Betracht, und zwar unabhängig davon, ob es sich um ein (stets) kooperatives Teilfunktionsgemeinschaftsunternehmen oder um ein kooperatives Vollfunktionsgemeinschaftsunternehmen handelt. Entscheidend ist allein, ob in der bezweckten oder bewirkten Koordinierung des Wettbewerbsverhaltens der Mütter eine spürbare Wettbewerbsbeschränkung liegt. Ist dies der Fall, so greift § 1 GWB ein, und es ist zu prüfen, ob eine Freistellung gemäß § 2 GWB in Betracht kommt. Im Einzelnen:

2. Anwendung der Zusammenschlusskontrolle auf Gemeinschaftsunternehmen

7 Die Zusammenschlusskontrolle gemäß §§ 35ff. GWB findet immer dann Anwendung, wenn die **Aufgreifschwellen** des § 35 GWB erreicht werden und ein **Zusammenschlusstatbestand** im Sinne des § 37 GWB vorliegt. Dies gilt auch in Bezug auf Gemeinschaftsunternehmen. Anders als das europäische Recht differenziert das deutsche Recht insofern nicht zwischen Vollfunktionsgemeinschaftsunternehmen, die der Fusionskontrolle unterliegen (Art. 3 Abs. 4 FKVO), und Teilfunktionsgemeinschaftsunternehmen, die ausschließlich gemäß Art. 101 AEUV beurteilt werden (zum europäischen Recht vergleiche GU Rn. 9ff., Art. 3 FKVO Rn. 41ff.). Da sowohl kooperative als auch konzentrative Gemeinschaftsunternehmen der deutschen Fusionskontrolle unterliegen, hat diese Unterscheidung nach dem Mischwerke-Beschluss des BGH[10] in Bezug auf die Fusionskontrolle erheblich an Bedeutung verloren.

3. Keine Anwendung von § 1 GWB auf konzentrative Gemeinschaftsunternehmen

8 Die **Unterscheidung** zwischen konzentrativen und kooperativen Gemeinschaftsunternehmen ist im deutschen Kartellrecht insbesondere dafür bedeutsam, ob neben der Fusionskontrolle auch das Kartellverbot Anwendung findet. Handelt es sich um ein Vollfunktionsgemeinschaftsunternehmen, das nicht zu einer Koordinierung des Wettbewerbsverhaltens der Muttergesellschaften führt (sogenanntes konzentratives Vollfunktionsgemeinschaftsunternehmen), so finden ausschließlich die Vorschriften der Zusammenschlusskontrolle, nicht dagegen § 1 GWB Anwendung.[11]

9 Die Rechtsprechung des Bundesgerichtshofs erscheint demgegenüber weniger eindeutig. Er betont, dass die Anwendbarkeit der Fusionskontrolle die Anwendung des § 1 GWB jedenfalls bei kooperativen Gemeinschaftsunternehmen nicht ausschließe. Die Unterscheidung zwischen kooperativen und konzentrativen Gemeinschaftsunternehmen stelle eine **Abgrenzungshilfe** dar, wobei die Einstufung als kooperatives Gemeinschaftsunternehmen noch nicht bedeute, dass der Tatbestand des § 1 GWB stets erfüllt sei.[12] Dem könnte man entnehmen, dass der BGH eine Anwendbarkeit des § 1 GWB auch bei konzentrativen Gemeinschaftsunternehmen für möglich hält. Letztlich ist dies jedoch eine **Definitionsfrage.** Wer im Einklang mit dem europäischen Recht als konzentrativ nur solche Gemeinschaftsunternehmen bezeichnet, die Vollfunktionsgemeinschaftsunternehmen sind und zudem keine Koordinierung des Wettbewerbsverhaltens der Mütter bezwecken oder be-

---

[9] *K. Schmidt,* FS Säcker (2011), S. 949 (952), weist zu Recht darauf hin, dass dies kein prinzipieller Ausschluss von § 1 GWB ist, sondern dass nur dessen Tatbestandsmerkmale nicht erfüllt sind.

[10] BGH, 1.10.1985, KVR 6/84, *Mischwerke,* WuW/E BGH 2169 = BGHZ 96, 69.

[11] *Krauß,* in: Langen/Bunte, Deutsches Kartellrecht[12] (2014), § 1 GWB Rn. 295; *Zimmer,* in: Immenga/Mestmäcker, Wettbewerbsrecht[5] (2014), Bd. II/1, § 1 GWB Rn. 296ff.

[12] BGH, 8.5.2001, KVR 12/99, *Ost-Fleisch,* WuW/E DE-R 711ff. = BGHZ 147, 325 (331, 336).

wirken, kommt zwangsläufig zu einer Ablehnung des § 1 GWB. Wer konzentrative Gemeinschaftsunternehmen weiter definiert und hierzu auch solche Gemeinschaftsunternehmen zählt, bei denen eine Koordinierungswirkung unter den Müttern stattfindet, wird auch zu einer Anwendbarkeit des § 1 GWB gelangen. Nachfolgend wird der engeren Definition des europäischen Rechts der Vorzug gegeben.[13] Dementsprechend scheidet eine Anwendbarkeit des § 1 GWB auf konzentrative Vollfunktionsgemeinschaftsunternehmen aus. Präziser gesprochen bietet sich daher nicht die Unterscheidung zwischen kooperativen und konzentrativen Gemeinschaftsunternehmen als Abgrenzungshilfe an, da eine Einstufung als konzentrativ zum Ausschluss der Anwendbarkeit des § 1 GWB und damit bereits zum Abgrenzungsergebnis führt (siehe sogleich Rn. 10ff.). Eine Hilfe bei der Abgrenzung ist daher vielmehr die Unterscheidung zwischen Vollfunktionsgemeinschaftsunternehmen, die eher konzentrativ sind, und Teilfunktionsgemeinschaftsunternehmen, die immer kooperativ sind. Dennoch kann sich auch ein Vollfunktionsgemeinschaftsunternehmen als kooperativ darstellen. Auch wenn feststeht, dass es sich um ein kooperatives Gemeinschaftsunternehmen handelt, ist der Tatbestand des § 1 GWB nicht automatisch erfüllt, sondern im Einzelfall zu prüfen.[14]

§ 1 GWB findet demnach auf konzentrative Vollfunktionsgemeinschaftsunternehmen 10
keine Anwendung. Der BGH stellt insofern darauf ab, dass eine **neue, selbstständige Planungseinheit** entsteht,[15] was dann der Fall sei, wenn das Gemeinschaftsunternehmen selbstständig plant, entscheidet und handelt. Es muss also als selbstständige Wirtschaftseinheit in Erscheinung treten und die Gesellschafter des Gemeinschaftsunternehmens müssen auf die bloße Wahrnehmung ihrer Beteiligungsinteressen beschränkt sein. Das Gemeinschaftsunternehmen muss sämtliche Funktionen eines selbstständigen Unternehmens wahrnehmen und marktbezogene Leistungen erbringen.[16] Zudem darf es nicht ausschließlich oder überwiegend auf einer vor- oder nachgelagerten Stufe für die Muttergesellschaften sowie **nicht auf demselben Markt** wie diese tätig sein.[17] Mit diesem zusätzlichen Erfordernis stellt der BGH sicher, dass es sich nicht nur um ein Vollfunktionsgemeinschaftsunternehmen handelt, sondern dass dieses Vollfunktionsgemeinschaftsunternehmen ein konzentratives ist. Hierzu bedient er sich zwar nicht explizit des Merkmals einer Koordinierung des Wettbewerbsverhaltens der Mütter, benennt aber einen klassischen Beispielsfall. Wesentliche Merkmale eines konzentrativen Gemeinschaftsunternehmens sind danach, dass zwischen den beteiligten Gesellschaftern **keine wettbewerbsbeschränkende Koordinierung** in Betracht kommt[18] und dass das Gemeinschaftsunternehmen **alle wesentlichen Funktionen** eines **selbstständigen** Unternehmens erfüllt.

Erfüllt das Gemeinschaftsunternehmen alle Funktionen einer selbständigen wirtschaftli- 11
chen Planungseinheit und liegt damit ein **Vollfunktionsgemeinschaftsunternehmen** vor, so kann sich dies dennoch als kooperatives Gemeinschaftsunternehmen darstellen. Dies ist insbesondere dann häufig der Fall, wenn die Muttergesellschaften auf dem Tätigkeitsgebiet des Gemeinschaftsunternehmens verbleiben und damit Wettbewerber des Gemeinschaftsunternehmens sind. In einem solchen Fall ist regelmäßig zu erwarten, dass über das Gemeinschaftsunternehmen eine Koordinierung des Wettbewerbsverhaltens der Muttergesellschaften erfolgt.[19] Aus dem Grund findet dann neben der Fusionskontrolle auch § 1

---

[13] Vgl. auch BGH, 8.5.2001, KVR 12/99, *Ost-Fleisch,* WuW/E DE-R 711ff. = BGHZ 147, 325 (337).

[14] BGH, 8.5.2001, KVR 12/99, *Ost-Fleisch,* WuW/E DE-R 711ff. = BGHZ 147, 325 (336).

[15] BGH, 1.10.1985, KVR 6/84, *Mischwerke,* WuW/E BGH 2169 = BGHZ 96, 69 (82).

[16] BGH, 8.5.2001, KVR 12/99, *Ost-Fleisch,* WuW/E DE-R 711ff. = BGHZ 147, 325 (337).

[17] BGH, 8.5.2001, KVR 12/99, *Ost-Fleisch,* WuW/E DE-R 711ff. = BGHZ 147, 325 (337).

[18] Ausdrücklich OLG Düsseldorf, 2.11.2005, VI-Kart 30/04, *Rethmann/GfA Köthen,* WuW/E DE-R 1625ff., Rn. 79.

[19] Vgl. BGH, 8.5.2001, KVR 12/99, *Ost-Fleisch,* WuW/E DE-R 711ff. = BGHZ 147, 325 (338); OLG Düsseldorf, 20.6.2007, VI-Kart 14/06 (V), *Nord-KS/Xella,* WuW/E DE-R 2146ff., Rn. 28ff.

GWB Anwendung. Eine **Gesamtbetrachtung** der wirtschaftlichen Zusammenhänge und Auswirkungen, bei der von einem wirtschaftlich zweckmäßigen und kaufmännisch vernünftigen Verhalten der Unternehmen auszugehen ist, ist dabei Beurteilungsgrundlage.[20] Ist nur eine Muttergesellschaft Wettbewerber des Gemeinschaftsunternehmens, so ist zweifelhaft, ob es zu einer Koordinierung des Wettbewerbsverhaltens zwischen den Muttergesellschaften kommt. Gänzlich ausgeschlossen erscheint es jedoch nicht.

12 Gemeinschaftsunternehmen, die nur Hilfsfunktionen für die Muttergesellschaften erfüllen, sind **Teilfunktionsgemeinschaftsunternehmen.** Diese stellen sich stets als kooperativ und nicht als konzentrativ dar.[21] Ebenfalls kooperativ sind Gemeinschaftsunternehmen, die ausschließlich oder überwiegend an die Muttergesellschaften liefern oder von diesen beziehen; diese treten dann nicht oder nur in geringem Umfang als selbstständige Marktteilnehmer auf.[22] In diesen Fällen erfolgt zusätzlich eine Prüfung nach § 1 GWB.

4. Bedeutung des „Konzentrationsprivilegs“

13 Bei einem konzentrativen Vollfunktionsgemeinschaftsunternehmen erfolgt die Prüfung nur im Rahmen der Fusionskontrolle (§§ 35 ff. GWB), nicht aber nach § 1 GWB (siehe soeben Rn. 8 ff.). Deshalb wird insoweit teilweise von einem **„Konzentrationsprivileg“** gesprochen, da kooperative Gemeinschaftsunternehmen, und zwar sowohl kooperative Vollfunktionsgemeinschaftsunternehmen als auch kooperative Teilfunktionsgemeinschaftsunternehmen, sowohl nach § 1 GWB (und evtl. Art. 101 AEUV) als auch nach §§ 35 ff. GWB beurteilt werden. Dies bedeutet insbesondere eine mildere materielle Beurteilung konzentrativer Vollfunktionsgemeinschaftsunternehmen: Bei der Fusionskontrolle kann nur die erhebliche Behinderung wirksamen Wettbewerbs, insbesondere durch Begründung oder Verstärkung einer marktbeherrschenden Stellung (vgl. § 36 Abs. 1 S. 1 GWB), zur Untersagung führen. Demgegenüber gilt nach § 1 GWB zunächst ein generelles Verbot bei spürbaren Wettbewerbsbeschränkungen. Nur wenn die insgesamt vier Voraussetzungen des § 2 GWB erfüllt sind (bzw. die des § 3 GWB bei Mittelstandskartellen), findet das Kartellverbot des § 1 GWB keine Anwendung. Wegen dieser unterschiedlichen materiellen Anforderungen kann es auch vorkommen, dass ein kooperatives Gemeinschaftsunternehmen im Rahmen der Fusionskontrolle zwar unbeanstandet bleibt, aber nach § 1 GWB später für unzulässig erklärt wird. Zudem gelten für die Prüfung konzentrativer Vollfunktionsgemeinschaftsunternehmen im Rahmen der Fusionskontrolle verhältnismäßig kurze Fristen (vgl. § 40 GWB), während die Anwendung des § 1 GWB auf kooperative Vollfunktions- oder Teilfunktionsgemeinschaftsunternehmen zeitlich nicht begrenzt ist und jederzeit sowohl von der zuständigen Kartellbehörde als auch von Gerichten im Rahmen eines Rechtsstreits erfolgen kann.[23]

14 Ob hier wirklich von einem Privileg gesprochen werden kann, kann mit Fug und Recht bezweifelt werden. Konzentrativen Vollfunktionsgemeinschaftsunternehmen wird nämlich kein Privileg eingeräumt, sondern die Anwendung des Kartellverbots scheidet deswegen aus, weil seine Voraussetzungen mangels Vorliegens einer Verhaltenskoordinierung der Mütter nicht vorliegen.[24] Richtig ist aber, dass die Vollfusion eine stärkere Wettbewerbs-

---

[bestätigt durch BGH, 4.3.2008, KVZ 55/07, *Nord-KS/Xella,* WuW/E DE-R 2361, Rn. 14]; *Krauß,* in: Langen/Bunte, Deutsches Kartellrecht[12] (2014), § 1 GWB Rn. 296.

[20] BGH, 8.5.2001, KVR 12/99, *Ost-Fleisch,* WuW/E DE-R 711 ff. = BGHZ 147, 325 (336); BGH, 4.3.2008, KVZ 55/07, *Nord-KS/Xella,* WuW/E DE-R 2361, Rn. 14; *Krauß,* in: Langen/Bunte, Deutsches Kartellrecht[12] (2014), § 1 GWB Rn. 295.

[21] Vgl. *Krauß,* in: Langen/Bunte, Deutsches Kartellrecht[12] (2014), § 1 GWB Rn. 294.

[22] Vgl. *Krauß,* in: Langen/Bunte, Deutsches Kartellrecht[12] (2014), § 1 GWB Rn. 299.

[23] Z.B. BKartA, 19.6.2002, B4–37/02, *Eurohypo,* WuW 2002, 1114 ff.; BKartA, 2.12.2003, B 9 – 60211-Fa-91/03, *ÖPNV Hannover,* WuW DE-V 891–904.

[24] BGH, 1.10.1985, KVR 6/84, *Mischwerke,* WuW/E BGH 2169 = BGHZ 96, 69 (79). Vgl. auch *Zimmer,* in: Immenga/Mestmäcker, Wettbewerbsrecht[5] (2014), Bd. II/1, § 1 GWB Rn. 296.

beschränkung bewirkt als die punktuelle Kooperation. Das so verstandene Konzentrationsprivileg wird damit gerechtfertigt, dass bei einer Konzentration in der Regel größere **Synergieeffekte** entstehen als bei einer bloßen Kooperation.[25] Ob das aber tatsächlich regelmäßig der Fall ist, erscheint angesichts der praktischen Erfahrungen mit Konzentrationstatbeständen zweifelhaft. Eine Kooperation auf Teilgebieten bringt oft größere Synergieeffekte bei gleichzeitig geringerer Wettbewerbsbeschränkung als eine Vollfusion. Trotzdem wird eine solche Kooperation in einem Gemeinschaftsunternehmen durch die Doppelkontrolle wesentlich ungünstiger behandelt als ein umfassender Zusammenschluss in einem konzentrativen Gemeinschaftsunternehmen. Dies kann dazu führen, dass im Einzelfall aus kartellrechtlichen Überlegungen eine Gestaltung als konzentratives Vollfunktionsgemeinschaftsunternehmen zu bevorzugen ist, obwohl ein kooperatives Teilfunktionsgemeinschaftsunternehmen ausreichen und den Wettbewerb weniger beschränken würde.[26]

Die hier beschriebene Form des **Konzentrationsprivilegs existiert auch im europäischen Recht.** Auch dort werden konzentrative Vollfunktionsgemeinschaftsunternehmen ausschließlich im Verfahren und nach den materiellen Regeln der Fusionskontrolle geprüft. Weitergehend als im deutschen Recht gibt es im europäischen Recht aber auch noch ein verfahrensrechtliches Konzentrationsprivileg. Vollfunktionsgemeinschaftsunternehmen werden immer im Verfahren nach der FKVO geprüft. Dies gilt gerade auch für kooperative Vollfunktionsgemeinschaftsunternehmen, deren koordinierende Wirkungen zwar materiellrechtlich nach Art. 101 Abs. 1 AEUV beurteilt werden, für die jedoch das Verfahrensrecht der FKVO gilt. Vergleiche insgesamt hierzu GU Rn. 13 ff. 15

5. Doppelkontrolle kooperativer Gemeinschaftsunternehmen

Kooperative Gemeinschaftsunternehmen sind solche, die eine Koordinierung des Wettbewerbsverhaltens der Mütter bezwecken oder bewirken. Dabei kann es sich sowohl um Vollfunktionsgemeinschaftsunternehmen als auch um Teilfunktionsgemeinschaftsunternehmen handeln. Kooperative Gemeinschaftsunternehmen werden aufgrund ihrer Koordinationswirkung im deutschen Recht in jedem Fall nach § 1 GWB beurteilt, ohne dass die Einstufung als kooperativ zwangsläufig zur Bejahung des Tatbestands des § 1 GWB führen würde.[27] Das europäische Recht sieht insofern eine Beurteilung gemäß Art. 101 Abs. 1 AEUV vor. Daneben kommt auch eine Anwendbarkeit der Vorschriften über die Fusionskontrolle in Betracht. Hier unterscheiden sich das deutsche und das europäische Recht. Das europäische Recht wendet nur im Falle von kooperativen Vollfunktionsgemeinschaftsunternehmen neben Art. 101 Abs. 1 AEUV auch die Vorschriften über die Fusionskontrolle an und gelangt so zu einer (materiellen) **Doppelkontrolle** (Art. 3 Abs. 4 FKVO). Teilfunktionsgemeinschaftsunternehmen unterfallen der Fusionskontrolle nicht und werden ausschließlich nach Art. 101 Abs. 1 AEUV beurteilt; konzentrative Vollfunktionsgemeinschaftsunternehmen hingegen ausschließlich nach den Vorschriften über die Fusionskontrolle (zum europäischen Recht siehe GU Rn. 13 ff., Art. 3 FKVO Rn. 41 ff.). Demgegenüber können nach deutschem Recht alle kooperativen Gemeinschaftsunternehmen neben § 1 GWB der Zusammenschlusskontrolle unterfallen und zwar unabhängig davon, ob es sich um ein kooperatives Vollfunktionsgemeinschaftsunternehmen oder ein Teilfunktions- 16

---

[25] Vgl. dazu *Hirsbrunner/Rating* in: Schröter/Jakob/Klotz/Mederer, Europäisches Wettbewerbsrecht[2] (2014), Art. 3 FKVO (4C) Rn. 48 f.; *Scherf,* AG 1992, 245; kritisch: *Hawk/Huser,* CMLR 1993 (30), 1155.

[26] Vgl. OLG Düsseldorf, 20.6.2007, VI-Kart 14/06 (V), *Nord-KS/Xella,* WuW/E DE-R 2146 ff., Rn. 36, welches in der Umstellung von einem kooperativen auf ein konzentratives Gemeinschaftsunternehmen eine Abhilfemöglichkeit bei einem Verstoß gegen § 1 GWB sieht.

[27] BGH, 8.5.2001, KVR 12/99, *Ost-Fleisch,* WuW/E DE-R 711 ff. = BGHZ 147, 325 (336); *Krauß,* in: Langen/Bunte, Deutsches Kartellrecht[12] (2014), § 1 GWB Rn. 295; *Roth/Ackermann,* in: FK, GWB-Kartellrecht (73. Lfg., 2011), § 1 Rn. 129 f.

gemeinschaftsunternehmen handelt. Entscheidend ist insofern nur, dass die Aufgreifkriterien der Zusammenschlusskontrolle erfüllt sind.

17 Die Doppelkontrolle bei kooperativen Gemeinschaftsunternehmen kann dazu führen, dass trotz Abschluss des Fusionskontrollverfahrens für das Gemeinschaftsunternehmen eine erhebliche **Rechtsunsicherheit** verbleibt. Zwar wird das Bundeskartellamt im Fusionskontrollverfahren auch die Anwendbarkeit des Kartellverbots prüfen. Es wird sich nach Möglichkeit auch innerhalb der für die Fusionskontrolle geltenden Frist eine Meinung darüber bilden, ob Wettbewerbsbeschränkungen im Sinne von § 1 GWB vorliegen bzw. die Ausnahmen der §§ 2, 3 GWB zur Abwendung kommen.[28] Liegen die Voraussetzungen für eine Untersagung nach § 36 GWB vor und verstößt außerdem die Zusammenarbeit in dem Gemeinschaftsunternehmen gegen § 1 GWB,[29] so wird das Amt seine Untersagung sowohl auf § 36 GWB als auch auf § 1 GWB stützen.[30] Nach Auffassung des BGH handelt es sich dabei um nur eine Untersagung, so dass es ausreicht, wenn die Untersagung entweder nach § 36 Abs. 1 GWB oder nach § 1 GWB gerechtfertigt ist.[31] Liegen hingegen die Voraussetzungen für eine Untersagung nach § 36 GWB nicht vor, verstößt aber die Kooperation gegen § 1 GWB, so wird das Amt eine Verfügung nach § 32 GWB erlassen.[32] Problematisch und eine Quelle von Rechtsunsicherheit ist jedoch, dass die Prüfung der Voraussetzungen von § 36 GWB und § 1 GWB nicht in einem einheitlichen Verfahren erfolgen.[33] Die Fristen der Fusionskontrolle gelten daher anders als im europäischen Recht nicht auch für die Prüfung nach den §§ 1 bis 3 GWB und Art. 101 AEUV durch das Bundeskartellamt.[34] Ein Untersagungsverfahren gemäß § 32 GWB ist somit auch noch nach Abschluss des Fusionskontrollverfahrens möglich,[35] und zwar selbst dann, wenn sich das Bundeskartellamt dies nicht ausdrücklich vorbehalten hat. Im Gegensatz zum europäischen Recht (vgl. Art. 6 Abs. 1 lit. b) Satz 2, Art. 8 Abs. 1 Satz 2 FKVO) erfasst die Freigabe im Verfahren der Zusammenschlusskontrolle nach §§ 35 ff. GWB nicht auch zugleich die Freistellung notwendiger Nebenabreden.[36] Schließlich kann es aufgrund der Zweigleisigkeit des Verfahrens vorkommen, dass für die Fusionskontrolle und für ein Verfahren nach § 32 GWB unterschiedliche Kartellbehörden zuständig sind. So kann etwa für das Verfahren nach § 32 GWB eine Landeskartellbehörde zuständig sein (vgl. § 48 Abs. 2 GWB), wäh-

---

[28] So z. B. BKartA, 21.8.1997, B2–15111-U-13/97, *Ost-Fleisch,* WuW/E DE-V 9–18 = WuW 1998, 79; BKartA, 19.6.2002, B4–37/02, *Eurohypo,* WuW 2002, 1114 ff.; BKartA, 2.12.2003, B 9 – 60211-Fa-91/03, *ÖPNV Hannover,* WuW DE-V 891–904.

[29] Zu prüfen sind insofern auch die Voraussetzungen für eine Freistellung nach §§ 2, 3 GWB.

[30] Vgl. BKartA, 17.12.2002, B10–104/02, *Nehlsen/Rethmann/BEG,* WuW/E DE-V 759 ff.; OLG Düsseldorf, 2.11.2005, VI-Kart 30/04, *Rethmann/GfA Köthen,* WuW/E DE-R 1625 ff.

[31] BGH, 8.5.2001, KVR 12/99, *Ost-Fleisch,* WuW/E DE-R 711 ff. = BGHZ 147, 325 (331 ff.).

[32] Schon bisher sind bei Gemeinschaftsunternehmen unterschiedliche Entscheidungen im Fusionskontrollverfahren und im Verfahren über § 1 GWB vorgekommen. So hat das BKartA im Fall eines Gemeinschaftsunternehmens für ein Vorprodukt das Fusionskontrollverfahren mit der Freigabemitteilung nach § 24a Abs. 4 a. F. GWB beendet, gleichzeitig aber eine Untersagung nach § 1 GWB angedroht. Erst eine Entscheidung der EU-Kommission nach Art. 101 Abs. 3 AEUV (damals Art. 85 Abs. 3 EGV) hat dann die Gründung des Gemeinschaftsunternehmen möglich gemacht, vgl. Komm. E., 21.12.1994, IV/34.252, *Philips/Osram,* ABl. L 378/37, 31.12.1994, Rn. 14. Ähnlich war die Situation offenbar auch bei anderen Gemeinschaftsunternehmen wie z. B. dem von Ford und VW für die gemeinsame Produktion einer Großraumlimousine, siehe BKartA, Tätigkeitsbericht 1991/92, BT-Drs. 12/5200, S. 86 f., Komm. E., 23.12.1992, IV/33.814, *Ford/Volkswagen,* ABl. L 020/14, 28.1.1993.

[33] Vgl. dazu auch *Thomas,* in Immenga/Mestmäcker, Wettbewerbsrecht[5] (2014), Bd. II/1, § 36 GWB Rn. 702.

[34] Vgl. BKartA, 19.6.2002, B4–37/02, *Eurohypo,* WuW 2002, 1114 ff.; *Thomas,* in Immenga/Mestmäcker, Wettbewerbsrecht[5] (2014), Bd. II/1, § 36 GWB Rn. 702.

[35] Vgl. BKartA, 26.1.1999, B6–22121-U-74/98, *Stellenmarkt für Deutschland GmbH,* WuW/E DE-V 100 (102); BKartA, 2.12.2003, B 9 – 60211-Fa-91/03, *ÖPNV Hannover,* WuW DE-V 891–904.

[36] Vgl. dazu FKVO Art. 6 Rn. 69 ff.

rend für die Zusammenschlusskontrolle das Bundeskartellamt zuständig ist.[37] Daneben kann auch in einem Gerichtsverfahren, z. B. in einem Zivilprozess über Ansprüche aus einer Vereinbarung, jederzeit ein Verstoß gegen § 1 GWB und damit die Unwirksamkeit der betreffenden Vereinbarung geltend gemacht werden.

An dieser Rechtslage hat sich durch die **Einführung des SIEC-Tests im Rahmen der 8. GWB-Novelle** nichts geändert. Es ist zwar richtig, dass im Rahmen der Beurteilung eines Zusammenschlussvorhabens gemäß § 36 GWB nun auf die erhebliche Behinderung wirksamen Wettbewerbs abzustellen ist. Hieraus lässt sich jedoch nicht ableiten, dass eine Freigabe, d. h. eine Feststellung, dass keine erhebliche Wettbewerbsbehinderung vorliege, mit der Annahme einer spürbaren Wettbewerbsbehinderung im Sinne des § 1 GWB unvereinbar sei.[38] Die Begriffe „erhebliche Wettbewerbsbehinderung" und „spürbare Wettbewerbsbehinderung" sind nicht gleichbedeutend. Dies zeigt sich bereits an dem Kriterium der Begründung oder Stärkung einer marktbeherrschenden Stellung, welches als Regelbeispiel für eine erhebliche Behinderung wirksamen Wettbewerbs erhalten geblieben ist.[39] Es lässt sich auch nicht argumentieren, dass § 36 GWB anders als Art. 2 Abs. 4, 5 FKVO keinen Hinweis darauf enthalte, dass Koordinierungseffekte nach § 1 GWB zu beurteilen sind.[40] Für die Einfügung eines solchen Hinweises bestand angesichts der im deutschen Recht praktizierten Doppelkontrolle kein Anlass. Auch den Gesetzesmaterialien lässt sich nicht entnehmen, dass hier eine Änderung beabsichtigt war.[41] 18

6. Wettbewerbsbeschränkungen bei kooperativen Gemeinschaftsunternehmen

Bei kooperativen Gemeinschaftsunternehmen, die eine Koordinierungswirkung haben (siehe oben Rn. 16 ff.), ist § 1 GWB grundsätzlich anwendbar. Dies gilt auch dann, wenn die Gründung des Gemeinschaftsunternehmens oder der Beteiligungserwerb an dem Gemeinschaftsunternehmen unter die Fusionskontrolle fällt oder es sich bei dem Gemeinschaftsunternehmen um ein Vollfunktionsgemeinschaftsunternehmen handelt. Allerdings bedeutet die Einstufung als **kooperatives Gemeinschaftsunternehmen** nicht, dass der Tatbestand des § 1 GWB zwangsläufig erfüllt ist.[42] Vielmehr muss im Einzelfall geprüft werden, ob die getroffenen Vereinbarungen unter § 1 GWB fallen. Falls die Gründung des Gemeinschaftsunternehmens oder die Beteiligung daran zu keiner spürbaren Beschränkung des Wettbewerbs führt oder die Freistellungsvoraussetzungen vorliegen (§§ 2, 3 GWB), verstößt die Kooperation in dem Gemeinschaftsunternehmen als solche nicht gegen § 1 GWB. 19

Die Beteiligung an einem kooperativen Gemeinschaftsunternehmen kann insbesondere zu einer Beschränkung des **Wettbewerbs zwischen den Muttergesellschaften** (sogenannter „Gruppeneffekt") führen. Dieses wird nach der Rechtsprechung des BGH regelmäßig dann zu erwarten sein, wenn die Muttergesellschaften auf dem Tätigkeitsgebiet des 20

---

[37] Vgl. BGH, 22.6.1981, KVR 7/80, *Transportbeton Sauerland,* WuW/E BGH 1810 = BGHZ 81, 56 (65 f.).

[38] *Kahlenberg/Neuhaus,* BB 2013, 131 (133).

[39] Vgl. aber *Körber,* WuW 2014, 250, 254 f. zu der Frage, ob, insbesondere bei der Verstärkung einer marktbeherrschenden Stellung, stets eine erhebliche oder auch nur eine spürbare Wettbewerbsbeschränkung vorliegt, und damit letztlich zum Verhältnis von SIEC-Test als Grundtatbestand und Marktbeherrschungstest als Regelbeispiel.

[40] Vgl. *Bien,* NZKart 2014, 214 (217), der sich letztlich gegen die Annahme einer Änderung ausspricht.

[41] Regierungsentwurf 8. GWB-Novelle, 31.5.2012, BT-Drs. 17/9852, S. 28 f.; siehe auch *Bien,* NZKart 2014, 214 (218).

[42] BGH, 8.5.2001, KVR 12/99, *Ost-Fleisch,* WuW/E DE-R 711 ff. = BGHZ 147, 325 (336); BGH, 4.3.2008, KVZ 55/07, *Nord-KS/Xella,* WuW/E DE-R 2361, Rn. 14; *Krauß,* in: Langen/Bunte, Deutsches Kartellrecht[12] (2014), § 1 GWB Rn. 295.

Gemeinschaftsunternehmens selbst auch tätig bleiben.[43] Allerdings ist eine Gesamtbetrachtung der wirtschaftlichen Zusammenhänge und Auswirkungen erforderlich, wobei nach der Lebenserfahrung im Allgemeinen von einem wirtschaftlich zweckmäßigen und kaufmännisch vernünftigen Verhalten der Unternehmen auszugehen sei.[44] Die von der Rechtsprechung aufgestellte Regelerwartung stellt keine Vermutung („Regelvermutung"[45]) im Rechtssinne dar, welche die Beweislast umkehrt.[46]

21 Auch wenn die Muttergesellschaften auf vor- bzw. nachgelagerten Märkten miteinander in Wettbewerb stehen, wird häufig eine Wettbewerbsbeschränkung gegeben sein. So beschränkt ein Gemeinschaftsunternehmen zur **gemeinsamen Forschung und Entwicklung** möglicherweise den Innovationswettbewerb zwischen den Muttergesellschaften. Das Gleiche gilt bei einem **Produktions-Gemeinschaftsunternehmen** hinsichtlich des Wettbewerbs bei der Herstellung von Produkten. Insbesondere wird dies bei einer gemeinsamen **Vertriebsgesellschaft** für konkurrierende Produkte der Muttergesellschaften der Fall sein, denn eine solche schließt regelmäßig den Wettbewerb der Muttergesellschaften beim Absatz ihrer Produkte aus. Aber auch ein Gemeinschaftsunternehmen für **Vorprodukte,** an dem beim Endprodukt konkurrierende Unternehmen beteiligt sind, kann zu einer Beschränkung des Wettbewerbs beim Endprodukt führen, wenn dies zu einer Kostenangleichung führt, weil die Kosten des Vorprodukts einen erheblichen Anteil an den Kosten des Endprodukts ausmachen. Ebenso kann ein Gemeinschaftsunternehmen für den gemeinsamen Einkauf sowohl den Wettbewerb der Muttergesellschaften beim Endprodukt als auch den Nachfragewettbewerb gegenüber den Lieferanten beschränken.

22 In diesen Fällen ist im Einzelfall zu prüfen, ob die Voraussetzungen des § 1 GWB erfüllt sind. Allerdings können gerade auch bei Gemeinschaftsunternehmen für gemeinsame Forschung und Entwicklung oder gemeinsame Fertigung die Voraussetzungen der EU-**Gruppenfreistellungsverordnungen** Nr. 1217/2010 (Vereinbarungen über Forschung und Entwicklung)[47] und Nr. 1218/2010 (Spezialisierungsvereinbarungen)[48] erfüllt sein. Diese sind über § 2 Abs. 2 GWB auch im deutschen Recht anwendbar. Insgesamt lassen sich für die Prüfung, wann ein kooperatives Gemeinschaftsunternehmen die Voraussetzungen des § 1 GWB erfüllt, kaum allgemeine Aussagen machen, da es dazu eben einer Prüfung aller relevanten Umstände im Einzelfall bedarf. Gewisse Anhaltspunkte für die Beurteilung mag hierbei allerdings die Bekanntmachung der Kommission über horizontale Zusammenarbeit bieten.[49]

7. Fallgruppen zur Anwendung des § 1 GWB auf kooperative Gemeinschaftsunternehmen

23 § 1 GWB findet auf kooperative Gemeinschaftsunternehmen grundsätzlich Anwendung. In folgenden Fallgruppen besteht eine gewisse Wahrscheinlichkeit dafür, dass die Kriterien des § 1 GWB erfüllt sind:

---

[43] Vgl. BGH, 8.5.2001, KVR 12/99, *Ost-Fleisch,* WuW/E DE-R 711 ff. = BGHZ 147, 325 (338); OLG Düsseldorf, 20.6.2007, VI-Kart 14/06 (V), *Nord-KS/Xella,* WuW/E DE-R 2146 ff., Rn. 28 ff. [bestätigt durch BGH, 4.3.2008, KVZ 55/07, *Nord-KS/Xella,* WuW/E DE-R 2361, Rn. 14]; *Krauß,* in: Langen/Bunte, Deutsches Kartellrecht[12] (2014), § 1 GWB Rn. 296.

[44] BGH, 8.5.2001, KVR 12/99, *Ost-Fleisch,* WuW/E DE-R 711 ff. = BGHZ 147, 325 (336); BGH, 4.3.2008, KVZ 55/07, *Nord-KS/Xella,* WuW/E DE-R 2361, Rn. 14; *Krauß,* in: Langen/ Bunte, Deutsches Kartellrecht[12] (2014), § 1 GWB Rn. 295.

[45] Zum Begriff siehe BKartA, Sektoruntersuchung Walzasphalt, B1–33/10, September 2012, Rn. 165 ff.

[46] *Müller-Feldhammer,* WuW 2015, 133 ff.

[47] ABl. L 335/36 v. 14.12.2010.

[48] ABl. L 335/43 v. 14.12.2010.

[49] Mitteilung der Kommission – Leitlinien zur Anwendbarkeit von Artikel 101 des Vertrags über die Arbeitsweise der Europäischen Union auf Vereinbarungen über horizontale Zusammenarbeit, ABl. C 11/1, 14.1.2011.

a) Gemeinschaftsunternehmen mit konkurrierender Tätigkeit mindestens zweier Muttergesellschaften. Bleiben die Muttergesellschaften auf den sachlichen und räumlichen Märkten des Gemeinschaftsunternehmens als Wettbewerber tätig, so ist dies ein Indiz dafür, dass es zu einer Koordinierung des Wettbewerbsverhaltens der Muttergesellschaften kommt.[50] Ein gegenläufiges Indiz kann sein, wenn der betreffende Markt durch niedrige Marktzutrittsschranken, zahlreiche Wettbewerber und Preisempfindlichkeit gekennzeichnet ist.[51] 24

b) Gemeinschaftsunternehmen mit Tätigkeit auf einer vorgelagerten Marktstufe. Ein Gemeinschaftsunternehmen, das auf einer vorgelagerten Marktstufe ausschließlich oder überwiegend für die Muttergesellschaften tätig ist, kann zu einer Beeinträchtigung des Wettbewerbs der Muttergesellschaften führen. Das gilt vor allem dann, wenn der Anteil der von dem Gemeinschaftsunternehmen zugelieferten Produkte an den Endprodukten erheblich ist. Ganz besonders ist dies der Fall, wenn die Muttergesellschaften die vom Gemeinschaftsunternehmen hergestellten Produkte nur vertreiben.[52] Auch durch die **gemeinsame Fertigung** oder den **gemeinsamen Einkauf** von Vorprodukten kann der Wettbewerb beim Endprodukt insbesondere dadurch beeinträchtigt werden, dass eine Differenzierung in den Produkteigenschaften oder den Fertigungskosten nicht oder nur noch eingeschränkt möglich ist. Wenn allerdings der Anteil des Vorprodukts an der Wertschöpfung gering ist, wird es an einer spürbaren Beeinträchtigung des Wettbewerbs fehlen. Das Gleiche gilt, wenn keines der beteiligten Mutterunternehmen allein in der Lage wäre, das Vorprodukt herzustellen, oder wenn dies aus wirtschaftlichen Gründen ausscheidet. Zudem kommt möglicherweise eine Anwendung der EU-Gruppenfreistellungsverordnung Nr. 1218/2010 (Spezialisierungsvereinbarungen)[53] in Betracht (§ 2 Abs. 2 GWB). Falls deren Voraussetzungen nicht vorliegen, sind die Voraussetzungen für eine Einzelfreistellung gemäß § 2 Abs. 1 GWB zu prüfen. Ähnliches gilt für die **gemeinsame Forschung und Entwicklung** in einem Gemeinschaftsunternehmen. Hier wird zwar möglicherweise der Entwicklungswettbewerb zwischen den Mutterunternehmen beschränkt und damit auch der Innovationswettbewerb für das Endprodukt. Aber ein Verstoß gegen das Kartellverbot des § 1 GWB liegt umso eher nicht vor, je ferner die gemeinsame Forschung und Entwicklung von den eigentlichen Endprodukten ist. Auch kann es sein, dass die beteiligten Unternehmen aus technischen oder wirtschaftlichen Gründen allein nicht in der Lage wären, die Entwicklung getrennt durchzuführen. Zudem kommt hier ebenfalls über § 2 Abs. 2 GWB eine Freistellung auf Grund der EU-Gruppenfreistellungsverordnung Nr. 1217/2010 (Vereinbarungen über Forschung und Entwicklung)[54] oder eine Einzelfreistellung nach §§ 2 Abs. 1 oder § 3 GWB in Betracht. 25

c) Gemeinschaftsunternehmen auf nachgelagerten Marktstufen. Bei Gemeinschaftsunternehmen auf nachgelagerten Marktstufen handelt es sich häufig um **Verkaufsgemeinschaften,** über die die Muttergesellschaften ihre Produkte vertreiben. Diese werden häufig zu einer Koordinierung des Absatzes der Muttergesellschaften führen, und zwar auch soweit keine Andienungspflicht besteht. Das gilt jedenfalls dann, wenn das Gemeinschaftsunternehmen die Produkte der Muttergesellschaften im eigenen Namen und für 26

---

[50] BGH, 8.5.2001, KVR 12/99, *Ost-Fleisch,* WuW/E DE-R 711 ff. = BGHZ 147, 325 (338); OLG Düsseldorf, 20.6.2007, VI-Kart 14/06 (V), *Nord-KS/Xella,* WuW/E DE-R 2146 ff., Rn. 28 ff. [bestätigt durch BGH, 4.3.2008, KVZ 55/07, *Nord-KS/Xella,* WuW/E DE-R 2361, Rn. 14]; BKartA, 19.6.2002, B4–37/02, *Eurohypo,* WuW 2002, 1114 ff.; BKartA, 2.12.2003, B 9 – 60211-Fa-91/03, *ÖPNV Hannover,* WuW DE-V 891–904; *Krauß,* in: Langen/Bunte, Deutsches Kartellrecht[12] (2014), § 1 GWB Rn. 296 f.

[51] Komm. E., 5.5.1999, IV/JV.16, *Bertelsmann/VIAG/Game Channel,* WuW/E EU-V 350 ff. = WuW 1999, 1250 ff.

[52] Vgl. Komm. E., 23.12.1992, IV/33.814, *Ford/Volkswagen,* ABl. L 020/14, 28.1.1993.

[53] ABl. L 335/43 v. 14.12.2010.

[54] ABl. L 335/36 v. 14.12.2010.

eigene Rechnung vertreibt. Tritt es lediglich als Agent für die Muttergesellschaften auf und haben diese ein Weisungsrecht hinsichtlich der Preise und Konditionen, dürfte eine Koordinierung weniger wahrscheinlich sein. Auch ein Gemeinschaftsunternehmen zum Verkauf nicht-konkurrierender Erzeugnisse der Muttergesellschaften wird in der Regel nicht die Voraussetzungen des § 1 GWB erfüllen.[55]

27 **d) Weitere Fallgruppen.** Das Bundeskartellamt hat in seinem Abschlussbericht zur Sektoruntersuchung Walzasphalt weitere Fallgruppen benannt, die es als kartellrechtlich problematisch ansieht, welche jedoch nicht unter die so genannte Regelerwartung bzw. „Regelvermutung" (zum Begriff oben Rn. 20) fallen.[56] Problematisch seien folgende Konstellationen: mindestens zwei Gesellschafter sind neben dem Gemeinschaftsunternehmen über Beteiligungsgesellschaften auf demselben sachlich und räumlich relevanten Markt tätig, wobei nur ein Gesellschafter eine dieser Beteiligungsgesellschaften beherrscht;[57] mindestens ein Gesellschafter ist zwar nicht auf demselben räumlich relevanten Markt wie das Gemeinschaftsunternehmen und ein anderer Gesellschafter tätig, aber sehr wohl auf einem räumlich eng benachbarten Markt;[58] mindestens zwei Gesellschafter eines Gemeinschaftsunternehmens sind zwar nicht im Markt oder räumlich eng benachbarten Märkten des Gemeinschaftsunternehmens tätig, treffen aber in anderen räumlichen Märkten als Wettbewerber aufeinander;[59] es bestehen Informationsflüsse zwischen dem Gemeinschaftsunternehmen und einzelnen oder mehreren Gesellschaftern.[60]

8. Begleitende Wettbewerbsbeschränkungen

28 Beschränkungen der **Muttergesellschaften untereinander** oder zwischen diesen und dem Gemeinschaftsunternehmen über das Marktverhalten auf dem Tätigkeitsgebiet des Gemeinschaftsunternehmens fallen grundsätzlich unter § 1 GWB. Das gilt insbesondere für Wettbewerbsverbote[61] oder Markt- bzw. Kundenaufteilungen zwischen den Muttergesellschaften.[62]

29 Umgekehrt ist es jedoch zulässig, wenn die Muttergesellschaften dem Gemeinschaftsunternehmen Beschränkungen für dessen Wettbewerbsverhalten auferlegen. Hierbei handelt es sich um die **Ausübung der gesellschaftsrechtlichen Leitungsmacht** diesem gegenüber. Insbesondere können die Muttergesellschaften dem Gemeinschaftsunternehmen Beschränkungen hinsichtlich seines Tätigkeitsgebietes, etwa des Produktspektrums oder der räumlichen Ausdehnung der Tätigkeit, auferlegen.[63]

30 Auch **Wettbewerbsverbote** für die Muttergesellschaften **zugunsten** des Gemeinschaftsunternehmens werden von der EU-Kommission als mit der Durchführung des Zusammenschlusses unmittelbar verbunden und für diesen notwendig angesehen („ancillary restraints"), wenn sich das Wettbewerbsverbot auf die Waren, Dienstleistungen und Gebiete bezieht, die in der betreffenden Gründungsvereinbarung oder in der Satzung als Tätigkeits-

---

[55] Diese Maßstäbe werden im europäischen Recht für die Beurteilung der Frage herangezogen, ob ein Gemeinschaftsunternehmen Vollfunktion hat, vgl. Art. 3 FKVO Rn. 56.

[56] BKartA, Sektoruntersuchung Walzasphalt, B1–33/10, September 2012, Rn. 178ff.; kritisch dazu: *Müller-Feldhammer,* WuW 2015, 133 (137f.).

[57] BKartA, Sektoruntersuchung Walzasphalt, B1–33/10, September 2012, Rn. 180, 181ff.

[58] BKartA, Sektoruntersuchung Walzasphalt, B1–33/10, September 2012, Rn. 180, 184ff.

[59] BKartA, Sektoruntersuchung Walzasphalt, B1–33/10, September 2012, Rn. 180, 190ff.

[60] BKartA, Sektoruntersuchung Walzasphalt, B1–33/10, September 2012, Rn. 194ff.

[61] Zu Wettbewerbsverboten zugunsten des Gemeinschaftsunternehmens siehe sogleich Rn. 30.

[62] BGH, 1.12.1981, KRB 5/79, *Transportbeton-Vertrieb II,* WuW/E BGH 1901, 1903 = NJW 1982, 938 (938f.); *Zimmer,* in: Immenga/Mestmäcker, Wettbewerbsrecht[5] (2014), Bd. II/1, § 1 GWB Rn. 304.

[63] BGH, 1.12.1981, KRB 5/79, *Transportbeton-Vertrieb II,* WuW/E BGH 1901, 1903 = NJW 1982, 938 (939); differenzierend *Zimmer,* in: Immenga/Mestmäcker, Wettbewerbsrecht[5] (2014), Bd. II/1, § 1 GWB Rn. 306.

gebiet des Gemeinschaftsunternehmens vorgesehen sind. Dies gilt allerdings nur, soweit es sich um ein Vollfunktionsgemeinschaftsunternehmen handelt und soweit sich das Wettbewerbsverbot nur auf die Muttergesellschaften bezieht, die das Gemeinschaftsunternehmen (mit-)beherrschen.[64] Ähnliches gilt für Beschränkungen in **Lizenzverträgen** zwischen den Muttergesellschaften und dem Gemeinschaftsunternehmen.[65] Bei **Bezugs- und Lieferverpflichtungen** zwischen den Gründerunternehmen und dem Gemeinschaftsunternehmen sollen die gleichen Grundsätze gelten wie bei der Übertragung von Unternehmen oder Unternehmensteilen. Das bedeutet, dass solche Bindungen zumindest für eine Übergangszeit als notwendig und zulässig angesehen werden können.[66] Die entsprechende Bekanntmachung der EU-Kommission über „ancillary restraints" bindet zwar weder die deutschen Kartellbehörden noch die Gerichte bei der Anwendung des EU-Kartellrechts und erst recht nicht bei der Anwendung von § 1 GWB. Art. 3 Abs. 2 der VO 1/2003 verbietet jedoch bei Sachverhalten, die sich auf den zwischenstaatlichen Handel auswirken, die Anwendung strengeren nationalen Rechts. Deshalb kann davon ausgegangen werden, dass sich die deutschen Kartellbehörden und Gerichte auch bei der Anwendung des § 1 GWB an den Grundsätzen der EU-Kommission zu den notwendigen Wettbewerbsbeschränkungen bei Unternehmenszusammenschlüssen orientieren werden.

9. Zivilrechtliche Folgen von Verstößen gegen das Kartellverbot

Verträge, die gegen § 1 GWB oder gegen Art. 101 AEUV verstoßen, sind nichtig. Dies 31
ergibt sich für das europäische Recht aus Art. 101 Abs. 2 AEUV und für das deutsche Recht aus § 134 BGB.[67] Nichtig können daher auch Gesellschaftsverträge sein, deren Nichtigkeit sich im Übrigen auch aus einem Verstoß gegen ein Vollzugsverbot ergeben kann (vgl. § 37 Rn. 60). Es stellt sich daher die Frage, wie die **Nichtigkeit des Gesellschaftsvertrags** eines Gemeinschaftsunternehmens zivilrechtlich zu behandeln ist. Insofern muss sowohl für Personengesellschaften als auch für Kapitalgesellschaften geklärt werden, ob die Gesellschaft mit dem BGH als nichtig und inexistent[68] zu behandeln ist oder ob die **Grundsätze der fehlerhaften Gesellschaft** anzuwenden sind. Zumindest für den Anwendungsbereich des Art. 101 AEUV lässt sich diese Frage für Kapitalgesellschaften nicht mit Hinweis darauf beantworten, dass diese nur auf Klage für nichtig erklärt werden können und nicht *ipso iure* nichtig sind (§§ 275 AktG, 75 GmbHG, 94 GenG). Denn normenhierarchisch geht Art. 101 Abs. 2 AEUV dem nationalen Recht und auch der entsprechenden Vorschrift des Art. 12 Publizitätsrichtlinie vor.

Der Streitstand kann hier nicht nachgezeichnet werden. Entscheidend ist die Frage, ob 32
die Kartellverbotsnormen eine absolute Nichtigkeit verbunden mit der Behandlung der Gesellschaft als inexistent fordern oder ob es für die effektive Durchsetzung des Kartellverbots – auch vor dem Hintergrund der Probleme, die eine Behandlung als inexistent aufwirft – genügt, die Grundsätze der fehlerhaften Gesellschaft anzuwenden. Letzteres ist zu bejahen. Für die Durchsetzung des Kartellverbots reicht es – entgegen der Annahme der Rechtsprechung zum deutschen Personengesellschaftsrecht – aus, wenn die konkreten wettbewerbsbeschränkenden Vereinbarungen zivilrechtlich unwirksam sind. Dies führt

[64] Bekanntmachung der Kommission über Einschränkungen des Wettbewerbs, die mit der Durchführung von Unternehmenszusammenschlüssen unmittelbar verbunden und für diese notwendig sind, ABl. C 56 v. 5.3.2005, 24 ff., 2005/C 56/03 (im Folgenden „Bekanntmachung Nebenabreden"), Rn. 36 ff.

[65] Bekanntmachung Nebenabreden (Fn. 64), Rn. 42.

[66] Bekanntmachung Nebenabreden (Fn. 64), Rn. 44, 32 ff.

[67] Vgl. *Zimmer,* in: Immenga/Mestmäcker, Wettbewerbsrecht[5] (2014), Bd. II/1, § 1 GWB Rn. 185.

[68] Für Nichtigkeit ohne Anwendbarkeit der Regeln über die fehlerhafte Gesellschaft bei Personengesellschaften insbesondere BGH, 4.3.2008, KVZ 55/07, *Nord-KS/Xella,* WuW/E DE-R 2361, Rn. 16; hierzu *Ulshöfer,* WuW 2011, 820 ff.

zwar auch zur Nichtigkeit des Gesellschaftsvertrages, zwingt aber nicht dazu, dies mit der unnötig harschen weiteren Folge der Behandlung als inexistent, d. h. der Verweigerung der Anwendbarkeit der Regeln über die fehlerhafte Gesellschaft, zu verbinden. Als Rechtsfolge der Nichtigkeit **genügt es aus Sicht des Kartellverbots, wenn die nichtige Vereinbarung nicht durchsetzbar** ist, sich also jeder Gesellschafter jederzeit von ihr lösen kann. Eine Zerstörung der Gesellschaft, die eine Abwicklung im Innenverhältnis massiv erschwert und im Außenverhältnis erhebliche Probleme für unbeteiligte Dritte schafft, ist nicht erforderlich. Zu bedenken ist schließlich auch, dass sich die Gesellschafter den allgemeinen kartellrechtlichen Sanktionen in Form von Untersagungsverfügungen und auch Bußgeldern ausgesetzt sehen. Auch führt die Anwendung der Grundsätze der fehlerhaften Gesellschaft nicht zu einer Perpetuierung des kartellrechtswidrigen Zustands, sondern erleichtert lediglich dessen Beendigung.[69]

IV. § 37 Abs. 1 Nr. 3 S. 3 GWB

33 Gemeinschaftsunternehmen führen nicht nur zu der Gefahr einer Verhaltenskoordinierung unter den Gründern, sondern können auch die **Marktstruktur** nachteilig verändern. Ihre marktstrukturellen Wirkungen werden nach deutschem Recht im Rahmen der Zusammenschlusskontrolle beurteilt. Zu diesem Zweck ordnet § 37 Abs. 1 Nr. 3 S. 3 GWB an, dass, wenn mehrere Unternehmen gleichzeitig oder nacheinander Anteile in Höhe von 50% oder 25% an einem anderen Unternehmen erwerben, dies hinsichtlich der Märkte, auf denen das andere Unternehmen tätig ist, auch als Zusammenschluss der sich beteiligenden Unternehmen gilt. Vgl. hierzu die Erläuterungen zu § 37 Rn. 46ff.

§ 2 Freigestellte Vereinbarungen

(1) **Vom Verbot des § 1 freigestellt sind Vereinbarungen zwischen Unternehmen, Beschlüsse von Unternehmensvereinigungen oder aufeinander abgestimmte Verhaltensweisen, die unter angemessener Beteiligung der Verbraucher an dem entstehenden Gewinn zur Verbesserung der Warenerzeugung oder -verteilung oder zur Förderung des technischen oder wirtschaftlichen Fortschritts beitragen, ohne dass den beteiligten Unternehmen**

1. **Beschränkungen auferlegt werden, die für die Verwirklichung dieser Ziele nicht unerlässlich sind, oder**
2. **Möglichkeiten eröffnet werden, für einen wesentlichen Teil der betreffenden Waren den Wettbewerb auszuschalten.**

(2) [1] **Bei der Anwendung von Absatz 1 gelten die Verordnungen des Rates oder der Europäischen Kommission über die Anwendung von Artikel 101 Absatz 3 des Vertrages über die Arbeitsweise der Europäischen Union auf bestimmte Gruppen von Vereinbarungen, Beschlüsse von Unternehmensvereinigungen und aufeinander abgestimmte Verhaltensweisen (Gruppenfreistellungsverordnungen) entsprechend.** [2] **Dies gilt auch, soweit die dort genannten Vereinbarungen, Beschlüsse und Verhaltenswei-**

[69] Gegen die Anwendung der Lehre von der fehlerhaften Gesellschaft BGH, 13.11.1990, KZR 2/89, *Nassauische Landeszeitung,* NJW-RR 1991, 1002 (1003); BGH, 4.3.2008, KVZ 55/07, *Nord-KS/Xella,* WuW/E DE-R 2361, Rn. 16; OLG Düsseldorf, 20.6.2007, VI-Kart 14/06 (V), *Nord-KS/Xella,* WuW/E DE-R 2146ff., Rn. 51; *Theurer,* BB 2013, 137ff.; *Wessels,* ZIP 2014, 101ff.; *ders.,* ZIP 2014, 857ff. Zur zutreffenden Gegenansicht siehe nur *Karsten Schmidt,* BB 2014, 515ff., *ders.,* ZIP 2014, 863ff. Grundlegend zu den europarechtlichen Implikationen und zur Behandlung von Kapitalgesellschaften *Roth,* FS Hopt (2010), S. 2881ff. Zur Frage der zivilrechtlichen Probleme, die eine „Entflechtung" einer kartellrechtswidrigen Personengesellschaft aufwirft, siehe *Lohse,* FS Wank (2014), S. 299ff. Alle mwN. BGH, 27.1.2015, KZR 90/13, *Einkaufskooperation für Dentalartikel,* NZKart 2015, 240, Rn. 24 spricht sich für den Fall, dass der Zweck der Gesellschaft gegen das Kartellverbot gerichtet ist, gegen eine von Gesetzes wegen eintretender Nichtigkeit aus.

sen nicht geeignet sind, den Handel zwischen den Mitgliedstaaten der Europäischen Union zu beeinträchtigen.

Übersicht

Schrifttum: *Bahr, Die* Behandlung von Vertikalvereinbarungen nach der 7. GWB-Novelle, WuW 2004 159 ff.; *Bechtold,* Grundlegende Umgestaltung des Kartellrechts: Zum Referentenentwurf der 7. GWB-Novelle, DB 2004, 235 ff.; *Bechtold/Buntscheck,* Die 7. GWB-Novelle und die Entwicklung des deutschen Kartellrechts 2003 bis 2005, NJW 2005, 2966 ff.; *Bornkamm,* Der Unternehmensbegriff im deutschen und europäischen Kartellrecht – „FENIN" revisited, FS Blaurock, 2013, S. 41 ff.; *Bornkamm/Becker,* Die privatrechtliche Durchsetzung des Kartellverbots nach der Modernisierung des EG-Kartellrechts, ZWeR 2005, 213 ff.; *Ehricke/Blask,* Dynamischer Verweis auf Gruppenfreistellungsverordnungen im neuen GWB?, JZ 2003, 722 ff.; *Fuchs,* Die Gruppenfreistellungsverordnung als Instrument der europäischen Wettbewerbspolitik im System der Legalsausnahme, ZWeR 2005, 1 ff.; *ders.,* Die 7. GWB-Novelle – Grundkonzeption und praktische Konsequenzen, WRP 2005, 1384 ff.; *Hartog/Noack,* Die 7. GWB-Novelle, WRP 2005, 1396 ff.; *Heutz,* Legalausnahme und Gruppenfreistellungsverordnungen im System der VO (EG) Nr. 1/2003, WuW 2004, 1255 ff.; *Hirsch,* Anwendung der Kartellverfahrensordnung (EG) Nr. 1/2003 durch nationale Gerichte, ZWeR 2003, 233 ff.; *Jaeger,* Die möglichen Auswirkungen einer Reform des EG-Wettbewerbsrechts für die nationalen Gerichte, WuW 2000, 1062 ff.; *Kahlenberg/Haellmigk,* Referentenentwurf der 7. GWB-Novelle: Tief greifende Änderungen des deutschen Kartellrechts, BB 2004, 389 ff.; *Kersting,* Behandlung des unvermeidbaren Verbotsirrtums im europäischen Kartellrecht, WuW 2013, 845 ff.; *Kirchhoff,* Sachverhaltsaufklärung und Beweislage bei der Anwendung des Art. 101 AEUV-Vertrag, WuW 2004, 745 ff.; *Koch,* Beurteilungsspielräume bei der Anwendung des Art. 101 Abs. 3 AEUV, ZWeR 2005, 380 ff.; *Müller,* Neue Leitlinien zur Anwendung des Art. 81 III EG im Legalausnahmesystem der Kartellverordnung 1/2003, WRP 2004, 1472 ff.; *Quellmalz,* Die Justitiabilität des Art. 101 Abs. 3 AEUV und die nichtwettbewerblichen Ziele des EG-Vertrages, WRP 2004, 461 ff.; *Schumacher,* Sonstige Kartelle, § 7 GWB und Umweltschutzkartelle, WuW 2001, 121 ff.; *Schwintowski/Klaue,* Kartellrechtliche und gesellschaftsrechtliche Konsequenzen des Systems der Legalausnahme für die Kooperationspraxis der Unternehmen, WuW 2005, 370 ff.; *Sosnitza/Hoffmann,* Die Zukunft der vertikalen Preisbindung im Europäischen Kartellrecht, AG 2008, 107 ff.; *Wagner,* Der Systemwechsel im EG-Kartellrecht – Gruppenfreistellungen und Übergangsproblematik, WRP 2003, 1369 ff.; vgl. überdies die Literatur zu § 1 GWB und zu Art. 101 Abs. 3 AEUV.

A. Allgemeines

I. Entstehungsgeschichte

1 Die Vorschrift des § 2 GWB wurde mit der **7. GWB-Novelle 2005** zur Angleichung an die Rechtslage im europäischen Kartellrecht eingeführt. Die Neufassung des § 2 GWB erfolgte zur Harmonisierung des nationalen mit dem europäischen Kartellrecht. Nach Art. 3 (EU-)Verordnung 1/2003 kommt Art. 101 AEUV gegenüber den deutschen Regeln für zwischenstaatliche Sachverhalte der Vorrang zu, so dass nationales Kartellrecht im Anwendungsbereich des Gemeinschaftsrechtes mit diesem im Einklang stehen muss. Daher erschien es konsequent, einen vollständigen Systemwechsel und eine Angleichung der **§§ 1 bis 18 GWB a. F.** an das Gemeinschaftsrecht des Art. 101 AEUV durchzuführen, auch wenn die bisherige wettbewerbspolitisch als sachgerecht angesehen deutsche Systematik aufgegeben werden musste.[1]

2 Mit der Angleichung an Art. 101 AEUV wurde insbesondere eine Anpassung der deutschen Freistellungsregelungen an das europäische Recht erforderlich. Als Ausgleich zu dem umfassenden Verbot des Art. 101 Abs. 1 AEUV bietet das Gemeinschaftsrecht eine differenzierte Betrachtung wettbewerbsbeschränkender Verhaltensweisen: es existiert die (Einzel-)Freistellung nach der Generalklausel des Art. 101 Abs. 3 AEUV und die Freistellung durch spezifisch formulierte Gruppenfreistellungsverordnungen. Das europäische Generalklauselprinzip unter Ergänzung durch Gruppenfreistellungsverordnungen wurde mit der 7. GWB-Novelle 2005 als § 2 GWB in das deutsche Recht übernommen. § 2 GWB trat an die Stelle der **bisherigen §§ 2 bis 8 GWB a. F. sowie §§ 15 bis 18 GWB a. F.,** wobei allerdings die Regelung des **§ 15 GWB a. F. jetzt in § 30 GWB** zu finden ist. Insbesondere die eher kasuistisch geprägten Freistellungsmöglichkeiten für Horizontalvereinbarungen in §§ 2 bis 6 GWB a. F. (Normen- und Typenkartelle gemäß § 2 Abs. 1 GWB a. F.; Konditionenkartelle gemäß § 2 Abs. 2 GWB a. F.; Spezialisierungskartelle gemäß § 3 GWB a. F.; mittelständische Einkaufsgemeinschaften gemäß § 4 Abs. 2 GWB a. F.; Rationalisierungskartelle gemäß § 5 GWB a. F.; Strukturkrisenkartelle gemäß § 6 GWB a. F.), die „kleine" Generalklausel in § 7 GWB a. F. („Sonstige Kartelle") und die Ministererlaubnis nach § 8 GWB a. F. wurden zugunsten einer an Art. 101 Abs. 3 AEUV angeglichenen allgemeinen Generalklausel abgeschafft. Nur die Ausnahme für Mittelstandskartelle **aus § 4 Abs. 1 GWB a. F. besteht in § 3 GWB n. F.** weiter. – Die **8. GWB-Novelle 2013** hat an § 2 GWB nichts geändert.

II. Sinn und Zweck

3 Vereinbarungen können, auch wenn sie den Wettbewerb beschränken, durch ihre Effizienzgewinne wettbewerbsfördernde Wirkungen haben, indem beispielsweise Produktionskosten gesenkt werden, die Produktqualität verbessert, ein neues Produkt entwickelt oder der Vertrieb effizienter wird. Wenn in einem solchen Fall die wettbewerbsfördernden Wirkungen einer Vereinbarung schwerer wiegen als ihre wettbewerbsbeschränkenden Effekte, ist die Vereinbarung für den Wettbewerb insgesamt förderlich. Der Zweck des **§ 2 Abs. 1 GWB** ist es, eine Freistellung solcher Vereinbarungen im Einzelfall unter bestimmten Vor-

[1] Begr. RegE 7. GWB-Novelle, BT DS 15/3640, S. 21. Siehe dazu ausführlich oben Vorbemerkung zu §§ 1 bis 3 GWB Rn. 1 ff.

aussetzungen zu ermöglichen. § 2 Abs. 1 GWB enthält insoweit eine **Generalklausel,** die unabhängig von der Fallgestaltung eine Freistellung in allen in Betracht kommenden Fällen ermöglichen soll. Die von § 2 Abs. 1 GWB privilegierten Interessen sind grundsätzlich wettbewerblicher Natur; sie dienen dem Erhalt der volkswirtschaftlich erwünschten Institution Wettbewerb und den der damit parallel laufenden wettbewerblichen Handlungsfreiheiten der Marktbeteiligten,[2] wozu aber nicht nur Verbraucher gehören.[3] Verbraucherinteressen können allerdings im Rahmen der Beurteilungskriterien des § 2 Abs. 1 („angemessene Beteiligung der Verbraucher am Gewinn") besonders gewichtet werden. Für die Berücksichtigung darüber hinausgehender Wohlfahrtsziele (z.B. Umweltschutz, Arbeitsplätze) ist bei § 2 Abs. 1 GWB erst einmal kein Raum.[4] Sie können allerdings, wenn sie in die Form einer mindestens gleichrangigen Norm gegossen sind, in Konkurrenz zu § 2 Abs. 1 GWB treten. – § 2 Abs. 1 GWB wurde mit der 7. GWB-Novelle 2005 in das GWB eingeführt, um das deutsche Recht an die Regelung des Art. 101 Abs. 3 AEUV anzupassen;[5] das gilt auch für Sachverhalte, auf die Art. 101 Abs. 3 AEUV mangels Zwischenstaatlichkeit nicht anwendbar ist. **Deshalb sollte § 2 Abs. 1 GWB mit Art. 101 Abs. 3 AEUV parallel laufen**, und zwar **unabhängig davon, ob ein zwischenstaatlicher Sachverhalt vorliegt.**[6] Die Auslegungspraxis zu Art. 101 Abs. 3 AEUV hat deshalb besonderes Gewicht für die Auslegung des § 2 Abs. 1 GWB; nur in Ausnahmefällen wird in nicht zwischenstaatlichen Fällen eine autonome deutsche Auslegung denkbar sein.[7] Daneben kann aber im Regelfall auch die **bisherige Praxis** zu Freistellungen für bestimmte horizontale Abreden gemäß **§§ 2 bis 7 GWB a. F.** als Auslegungshilfe herangezogen werden, weil sie der Beurteilung nach Art. 101 Abs. 3 AEUV im Regelfall entspricht.[8]

Neben der Übernahme des Generalklauselprinzips aus Art. 101 Abs. 3 AEUV in § 2 **4**
Abs. 1 GWB entschied sich der deutsche Gesetzgeber auch dafür, in **§ 2 Abs. 2 S. 1 GWB** das Instrument der **EU-Gruppenfreistellung (GVO)** über eine festgeschriebene Verweisung zu übernehmen. Damit soll vor allem eine Konkretisierung des generalklauselartigen Freistellungstatbestandes des § 2 Abs. 1 GWB in der praktischen Anwendung erreicht werden.[9] Das Rechtsinstrument der GVO wurde auf Ebene des Gemeinschaftsrechtes im Anmeldesystem wegen der großen Zahl von Einzelfreistellungsgesuchen nach Art. 101 Abs. 3 AEUV erforderlich, die die Kommission bearbeiten musste. Die Formulierung von Gruppen von Freistellungstatbeständen, die die Freistellungsvoraussetzungen des Art. 101 Abs. 3 AEUV erfüllen, brachte hier Abhilfe. Gemäß **§ 2 Abs. 2 S. 2 GWB** ist klargestellt, dass EU-Gruppenfreistellungsverordnungen **auch dann** gelten sollen, **wenn kein zwischenstaatlicher Sachverhalt** vorliegt, also EU-Kartellrecht keine Anwendung findet; auch dies ist Ausdruck des Willens des Gesetzgebers, das deutsche Recht möglichst weitgehend mit dem europäischen Recht zu harmonisieren. Auf europäischer Ebene ist der Rechtscharakter der Gruppenfreistellungen als Legalausnahme allerdings nicht vollständig klar.[10] Da der Verweis in § 2 Abs. 2 GWB aber im Hinblick auf die Inkorporation der GVOen konstitutive Wirkung hat, spielen die auf europäischer Ebene hierzu diskutierten Fragen im deutschen Recht keine Rolle.

[2] Insoweit gilt nichts anderes als für § 1 GWB, siehe dort § 1 GWB Rn. 7.

[3] Zu Art. 101 AEUV: EuGH v. 6.10.2009, C- 501/06 P, C-513/6 P, C-515/06 P, C-519/06 P, Tz. 63 – *GlaxoSmithKline/Kommission* = WuW/E EU-R 1641, 1645.

[4] Gl. A. *Fuchs* in Immenga/Mestmäcker, GWB, § 2 Rn. 7.

[5] Dazu oben Rn. 1 und 2.

[6] Dazu eingehend unten Rn. 15 ff.; zu gewissen Einschränkungen vgl. aber Rn. 19.

[7] Dazu Rn. 19.

[8] Dazu eingehend 2. Aufl. § 2 GWB Rn. 14 und Rn. 44 ff.

[9] Begr. RegE 7. GWB-Novelle, BT DS 15/3640, S. 25.

[10] Vgl. dazu Kommentierung VO 1/2003 (VerfVO) Art. 1 Rn. 4 ff.; Art. 7 Rn. 1.

III. Systematik, Prüfungsreihenfolge

1. Legalausnahme, Selbsteinschätzung

5 Die Freistellung durch § 2 Abs. 1 oder Abs. 2 GWB wirkt als Legalausnahme.[11] Im Gegensatz zur alten Rechtslage vor der 7. GWB-Novelle 2005 brachte dies vor allem für Horizontalvereinbarungen eine bedeutende Neuerung. Es ist nun bei wettbewerbsbeschränkenden Horizontalvereinbarungen **kein administratives Freistellungsverfahren,** insbesondere keine Anmeldung mehr erforderlich, um die Wirksamkeit einer Vereinbarung durch fehlenden Widerspruch (§ 9 Abs. 1 und Abs. 3 GWB a. F.) bzw. durch Freistellungsverfügung als konstitutive behördliche Entscheidung (§ 10 GWB a. F.) zu erreichen.[12] Aus diesem Grund wurden auch die entsprechenden Verfahrensregelungen in §§ 9 bis 13 GWB a. F. aufgehoben. **Die getroffenen horizontalen oder vertikalen Vereinbarungen sind per se wirksam, wenn sie die Freistellungsvoraussetzungen des § 2 GWB erfüllen.** Das zu prüfen und zu bewerten ist Aufgabe der Unternehmen selbst **(„Selbsteinschätzung").**[13]

6 Der **Wortlaut** des § 2 Abs. 1 GWB („freigestellt sind") weicht von dem des Art. 101 Abs. 3 AEUV („können für nicht anwendbar erklärt werden") ab. Damit wird das **System der Legalausnahme** zumindest für das deutsche Recht **festgeschrieben.** Das vermeidet die Probleme, die der Systemwechsel im Unionsrecht mit sich bringt. Dort nämlich ist nicht geklärt, ob der vom Anmeldesystem ausgehende Wortlaut des Art. 101 Abs. 3 AEUV die in der VO 1/2003 festgeschriebene Legalausnahme überhaupt trägt oder ob die VO 1/2003 europarechtswidrig ist.[14]

2. Verhältnis zu Art. 101 AEUV

7 In zwischenstaatlichen Sachverhalten genießt gem. Art. 3 VO 1/2003, § 22 GWB die Beurteilung nach Art. 101 AEUV Vorrang vor der Bewertung nach GWB.[15] Das gilt sowohl für den Verbotstatbestand des Art. 101 Abs. 1 AEUV als auch für die Gruppen- oder Einzelfreistellung nach Art. 101 Abs. 3 AEUV. Damit tritt in diesen Fällen § 2 GWB hinter Art. 101 Abs. 3 AEUV zurück. Auch in nicht zwischenstaatlichen Fällen wird sich die Auslegung im Grundsatz nach europäischem Recht (Art. 101 Abs. 3 AEUV) richten,[16] nur ausnahmsweise kann autonom deutsch ausgelegt werden.[17]

3. Verhältnis zu § 1 GWB

8 § 2 GWB ist eine ergänzende Vorschrift zum Verbot des § 1 GWB und regelt die Freistellung von dessen Verbot. § 1 und § 2 GWB bilden insoweit einen Gesamttatbestand mit negativen Tatbestandsmerkmalen in § 2 GWB. Insoweit verbietet sich insbesondere eine enge Auslegung des § 2 GWB als bloße Ausnahme zu § 1 GWB.[18] **§ 2 Abs. 1 GWB** ist dabei **Art. 101 Abs. 3 AEUV nachgebildet.** Daran schließt § 2 Abs. 2 GWB an, der auf die europäischen **Gruppenfreistellungsverordnungen** zur Konkretisierung des Anwendungsbereiches des Art. 101 Abs. 3 AEUV verweist. Das gilt, wie § 2 Abs. 2 S. 2 GWB klarstellt, auch dann, wenn europäisches Recht und damit auch eine Gruppenfreistellungsverordnung mangels Zwischenstaatlichkeit gar keine Anwendung findet. Die Freistellung

---

[11] Eingehend zu den Rechtsfolgen der Legalausnahme unten Rn. 46 ff.
[12] Begr. RegE 7. GWB-Novelle, BT DS 15/3640, S. 44.
[13] Zur Handhabung in der Praxis vgl. unten Rn. 49 ff.
[14] Siehe im Einzelnen Art. 1 VO 1/2003 Rn. 8.
[15] Siehe im Einzelnen die Kommentierung zu § 22 GWB. Zur Zwischenstaatlichkeit Art. 101 Abs. 1 AEUV Rn. 15 ff.; zu Mittelstandskartellen § 3 GWB Rn. 11.
[16] Dazu Rn. 54, 326 ff.
[17] Dazu Rn. 19.
[18] Siehe Art. 101 Abs. 3 AEUV Rn. 17.

erfasst z. B. Vertikalvereinbarungen einschließlich Technologietransfer im Patent- und Know-how-Bereich, aber auch verschiedene Gruppen von Horizontalvereinbarungen wie Spezialisierungsvereinbarungen sowie Forschungs- und Entwicklungskooperationen.[19] Einer Freistellung gemäß § 2 GWB ist die Frage **vorgelagert,** ob überhaupt das **Verbot des § 1 GWB** eingreift. Insbesondere gilt das für das auch weiterhin geltende Kriterium der Spürbarkeit der Vereinbarung[20] sowie für ungeschriebene Tatbestandsreduktionen. Zur schwierigen Abgrenzung von nicht tatbestandsmäßigen Vereinbarungen einerseits und wettbewerbsbeschränkenden, aber freigestellten Vereinbarungen andererseits, vgl. die Kommentierung zu Art. 101 Abs. 1 AEUV.[21]

4. Verhältnis von § 2 Abs. 1 und Abs. 2 GWB

§ 2 GWB ist an Art. 101 Abs. 3 AEUV angelehnt.[22] Aus dem systematischen Zusammenhang von § 2 Abs. 1 GWB mit § 2 Abs. 2 GWB wird deutlich, dass die dem europäischen Recht innewohnende Systematik der Unterscheidung von Einzelfreistellung nach einer Generalklausel einerseits und Gruppenfreistellung andererseits nunmehr auch den deutschen Freistellungsregelungen zu § 1 GWB zugrunde liegt. Unter **§ 2 Abs. 1 GWB** fallen ausschließlich die **Einzelfreistellungen. § 2 Abs. 2 GWB** regelt die Möglichkeit der **gruppenweisen Freistellung.** Die Unterscheidung zwischen der Einzelfreistellung und Gruppenfreistellungsverordnung hat mit dem Wechsel zum System der Legalausnahme an Bedeutung verloren, weil die Unternehmen auch in dem Fall, in dem eine Gruppenfreistellung ausscheidet, keine Anmeldung durchführen. Ob eine Freistellung nach § 2 Abs. 1 GWB oder § 2 Abs. 2 GWB vorliegt, ist im Ergebnis zweitrangig. Allerdings ist zu bedenken, dass letztlich die in § 2 Abs. 2 GWB in Bezug genommenen Gruppenfreistellungsverordnungen nur spezielle Ausprägungen der Anforderungen des § 2 Abs. 1 GWB sind und die gruppenweise freigestellten Vereinbarungen grundsätzlich die Voraussetzungen des § 2 Abs. 1 GWB erfüllen werden.[23] Zudem sind Gruppenfreistellungsverordnungen auch tatbestandsmäßig konkreter gefasst und von den Unternehmen regelmäßig leichter darzulegen. Daher liegt es nahe, zumindest in der Praxis dem **§ 2 Abs. 2 GWB** einen **Anwendungsvorrang** einzuräumen und auf die allgemeineren Formulierungen des § 2 Abs. 1 GWB dann zurückzugreifen, wenn eine Gruppenfreistellung – beispielsweise auf Grund zu hoher Marktanteile – ausscheidet.[24] Das ändert nichts daran, dass beide Freistellungstatbestände nebeneinander anwendbar sind.[25] – **Im Konfliktfall** setzt sich § 2 Abs. 1 GWB durch. Geht eine GVO erkennbar über die (abstrakt-generellen) Freistellungsvoraussetzungen des § 2 Abs. 1 GWB hinaus und legalisiert nach § 2 Abs. 1 GWB nicht freistellungsfähige Abreden, geht schon wegen der Inbezugnahme und damit Rückbindung des § 2 Abs. 2 GWB auf § 2 Abs. 1 GWB („Bei Anwendung von Absatz 1 gelten…") § 2 Abs. 1 GWB vor.[26] – Zur Indizwirkung von Gruppenfreistellungsverordnungen für die Anwendung des § 2 Abs. 1 GWB siehe die Kommentierung zu Art. 101 Abs. 3 AEUV.[27] 9

---

[19] Vgl. unten Rn. 21 ff.
[20] Vgl. Art. 101 Abs. 1 AEUV Rn. 288 ff.
[21] Art. 101 Abs. 1 AEUV Rn. 274 ff.
[22] Begr. RegE 7. GWB-Novelle, BT DS 15/3640, S. 25.
[23] *Fuchs* ZWeR 2005, 1, 5.
[24] *Wagner* WRP 2003, 1369, 1378; *Jaeger* WuW 2000, 1062, 1066; *Fuchs* in: Immenga/Mestmäcker, GWB, § 2 Rn. 23; *Bechtold,* GWB, § 2 Rn. 28?. Enger wohl *Schneider* in: Langen/Bunte § 2 GWB Rn. 61: Rückgriff auf § 2 Abs. 1 GWB nur in Ausnahmefällen möglich.
[25] Begr. RegE 7. GWB-Novelle, BT DS 15/3640, S. 25.
[26] Siehe dazu auch Rn. 30.
[27] Art. 101 Abs. 3 AEUV Rn. 18.

5. Prüfungsreihenfolge

10 In der Praxis hat sich – in gewisser Abweichung von der vorstehend erläuterten Systematik – folgende **Prüfungsreihenfolge** herausgebildet:[28] **(1) Prüfung, ob Freistellung nach einer GVO** (§ 2 Abs. 2 GWB). Das erspart die eigentlich systematische vorrangige, aber oft nicht einfache Prüfung, ob der Tatbestand des § 1 GWB erfüllt ist. **(2) Falls die GVO nicht greift, Prüfung, ob der Tatbestand des § 1 GWB gegeben ist.** Das schließt auch die Prüfung der Spürbarkeit und der ungeschriebenen Tatbestandsreduktionen ein. **(3) Erst danach: Prüfung einer Einzelfreistellung nach § 2 Abs. 1 GWB.**

IV. Praktische Bedeutung

11 Die Bedeutung der deutschen Freistellungsregelungen hat sich mit Inkrafttreten der EU VO 1/2003 zum 1. Mai 2004 erheblich reduziert.[29] Seitdem verpflichtet Art. 3 Abs. 1 VO 1/2003 zur **parallelen Anwendung von Art. 101 AEUV** neben den nationalen Regelungen der §§ 1 bis 3 GWB in zwischenstaatlichen Sachverhalten, vgl. § 22 Abs. 1 und 2 GWB. Art. 3 Abs. 2 VO 1/2003 räumt der Anwendung des **Art. 101 AEUV** in zwischenstaatlichen Sachverhalten **Vorrang** ein.[30] Eigenständig kann die Freistellungsregelung in § 2 GWB damit nur noch auf nicht zwischenstaatliche wettbewerbsbeschränkende Abreden angewendet werden, also insbesondere auf **Abreden von begrenzter regionaler Reichweite.** Im nicht zwischenstaatlichen Bereich ist die praktische Bedeutung der Freistellung durch § 2 GWB aber nicht zu unterschätzen.

12 Das gilt zunächst für **§ 2 Abs. 2 GWB.** Er stellt eine Vielzahl von eigentlich wettbewerbsbeschränkenden Vereinbarungen durch Gruppenfreistellungsverordnungen frei.[31] Zu nennen sind hier **Vertikalvereinbarungen,** also Vereinbarungen zwischen Unternehmen auf verschiedenen Marktstufen, aber auch zahlreiche Wettbewerbsbeschränkungen in **Horizontalvereinbarungen,** also zwischen Konkurrenten.

13 Die praktische Relevanz des **§ 2 Abs. 1 GWB** ist für den nicht-zwischenstaatlichen Bereich ebenfalls groß. Die GVOen – schon wegen ihres teilweise sehr engen Anwendungsbereiches – decken viele Fälle nicht ab; das gilt vor allem – aber nicht nur – für Horizontalvereinbarungen, weil diese weniger durch GVOen reguliert sind.[32]

14 Trotz der großen praktischen Bedeutung von Freistellungen nach § 2 GWB **fehlt** es an einschlägigem **Zahlenmaterial.** Früher – als noch die Administrativfreistellung die Regel war – veröffentlichte z.B. das BKartA in seinen Tätigkeitsberichten detaillierte Angaben, wie viele Kartelle freigestellt wurden. Durch den Wechsel zur Legalausnahme[33] seit der 7. GWB-Novelle 2005 besteht keine hinreichende Transparenz mehr für das BKartA, um genauere Zahlenangaben zur praktischen Bedeutung der Freistellung nach § 2 GWB machen zu können.[34] Auch die Enquetebefugnis nach § 32e GWB hilft hier wenig.[35]

---

[28] *Auf'mkolk* WuW 2011, 699, 702; siehe auch *Bahr/Loest* EWS 2002, 263. I. Erg. genauso: OLG Naumburg v. 19.9.2013, 2 U 20/13 (Kart) Tz. 65 ff. (juris) – *Haftklebestoffe* = BeckRS 2013, 21552, S. 9 ff.: Zunächst Prüfung Gruppenfreistellungnach § 2 Abs. 2 GWB, dann Prüfung Tatbestand des Kartellverbots des § 1 GWB.

[29] Siehe dazu oben Rn. 1 ff.

[30] Vgl. Rn. 1, 7.

[31] Zum Ganzen unten Rn. 21 ff.

[32] *Fuchs* in: Immenga/Mestmäcker, GWB, § 2 Rn. 32.

[33] Eingehend Rn. 5 f.

[34] BKartA TB 2005/2006, S. 10.

[35] *Schneider* in: Langen/Bunte § 2 GWB Rn. 10; *Fuchs* in: Immenga/Mestmäcker, GWB, § 2 Rn. 31.

B. Tatbestand

I. Europäische Auslegung

15 Angesichts der tatbestandsmäßigen Unbestimmtheit und Weite des § 2 GWB wurden auch auf europäischer Ebene Zweifel an der hinreichenden Bestimmtheit der Regelung geäußert, die aber auch im deutschen Recht nicht durchgreifen sollten. Jedoch ist zu bedenken, dass sich die Vorschrift im System der Legalausnahme unmittelbar an die Unternehmen richtet, die ihr eigenes Verhalten zu bewerten und die Folgen von Fehleinschätzungen im Rahmen der eigenen Bewertung sowie bei der Rechtsanwendung durch die Gerichte und Behörden zu tragen haben.[36] Vor diesem Hintergrund stellt sich die Frage nach **Auslegungsmaximen** für den generalklauselartigen Freistellungstatbestand besonders dringend.

16 In der Praxis wird für die Auslegung der Freistellungstatbestände die Auslegungspraxis zu **Art. 101 AEUV überragende Bedeutung haben.** Immerhin wollte der Gesetzgeber mit der 7. GWB-Novelle 2005 die Bestimmungen des deutschen Rechts für wettbewerbsbeschränkende Vereinbarungen, Beschlüsse und abgestimmte Verhaltensweisen mit Art. 101 AEUV harmonisieren[37] und mit der europäischen Terminologie auch die zu Art. 101 Abs. 3 AEUV ergangene Rechtsprechung und Praxis weitestgehend übernehmen.[38] Insbesondere sei deshalb auf die Kommentierung des Art. 101 Abs. 3 AEUV verwiesen, der die „Mutternorm" für § 2 GWB bildet.

17 Auslegungshilfen ergeben sich aus **Leitlinien und Bekanntmachungen** der EU-Kommission zu Art. 101 Abs. 1 und Abs. 3 AEUV.[39]

18 Die **deutsche Rechtsprechung und Verwaltungspraxis** bis zur 7. GWB-Novelle 2005, namentlich zu den Freistellungstatbeständen für bestimmte horizontale Abreden gem. §§ 2 bis 7 GWB a. F.,[40] kann als **Auslegungshilfe zu § 2 Abs. 1 GWB** herangezogen werden.[41]

19 **Ausnahmsweise** kann **das deutsche Recht einen autonomen Standpunkt** zu **§ 2 Abs. 1 GWB** einnehmen, wenn die EU-rechtliche Beurteilung von Kriterien getragen wird, die dem deutschen Recht trotz der erfolgten kartellrechtlichen Harmonisierung fremd sind. Beispielsweise im Hinblick auf die Verwirklichung des Binnenmarktziels oder anderer originärer Unionspolitiken ist ein vollständiger Nachvollzug durch deutsches Recht nicht angezeigt.[42] Ein autonomer Standpunkt deutschen Kartellrechts ist wegen Art. 3 VO 1/2003, § 22 GWB aber nur bei nicht-zwischenstaatlichen Sachverhalten[43] denkbar. Auch bei nicht-zwischenstaatlichen Sachverhalten kommt jedoch eine Abweichung „nationaler Wettbewerbspolitik" nur in relativ engen Grenzen in Betracht, weil eben die kartellrechtlichen Bestimmungen und damit auch die Wettbewerbspolitiken harmonisiert werden sollten.[44] Dieser Fallgruppe einer autonomen Anwendung deutschen Rechts dürfte danach

---

[36] Vgl. oben Rn. 5.

[37] Begr. RegE 7. GWB-Novelle, BT DS 15/3640, S. 21.

[38] Begr. RegE 7. GWB-Novelle, BT DS 15/3640, S. 25; *Hartmann-Rüppel/Wagner* ZWeR 2004, 128, 132.

[39] Vgl. im Einzelnen die Kommentierung zu Art. 101 Abs. 3 AEUV Rn. 19.

[40] Zur früheren Rechtsprechung und Verwaltungspraxis eingehend 2. Aufl. Rn. 44 ff.

[41] Begr. RegE 7. GWB-Novelle BT-Drucks. 15/3640, S. 26: in aller Regel keine sachliche Änderung; *Hartog/Noack* WRP 2005, 1396, 1398; *Schneider* in: Langen/Bunte § 2 GWB Rn. 5, der jedoch betont, dass zukünftig auch die Entscheidungen der Europäischen Kommission und der Gemeinschaftsgerichte einzubeziehen sind; grundsätzlich zustimmend auch *Fuchs* in: Immenga/Mestmäcker, GWB, § 2 Rn. 37: „wichtige Auslegungshilfe". Siehe eingehend Art. 101 Abs. 3 AEUV Rn. 19a.

[42] Eingehend § 1 GWB Rn. 10.

[43] Dazu Art. 101 Abs. 1 AEUV Rn. 54, 326 ff.

[44] Rn. 4.

nur ausnahmsweise und nach sorgfältiger Bewertung der EU-rechtlichen Motive Bedeutung zukommen.[45] Bislang sind solche Abweichungen auch in der Praxis für § 2 Abs. 1 GWB nicht relevant geworden. – Auch für **§ 2 Abs. 2 GWB** sollte in diesen – relativ engen – Grenzen eine autonome Auslegung denkbar sein.[46] Das gilt trotz der dynamischen Verweisung des § 2 Abs. 2 GWB auf die EU-GVOen gerade in Fällen, in denen bei fehlender Zwischenstaatlichkeit das GWB – ausnahmsweise – eine abweichende Wettbewerbspolitik verfolgt. Ein Beispiel wäre das Ziel der Binnenmarktintegration, die für das nationale Recht wegen des vollständig integrierten deutschen Marktes keine Rolle spielen kann.[47] Auch industriepolitische Ziele auf EU-Ebene können so korrigiert werden, sofern sie nicht Eingang in konkurrierendes nationales Gesetzesrecht gefunden haben.[48] Weitere denkbare nicht nationale Ziele auf EU-Ebene sind die Querschnittklauseln des AEUV.

II. Der Tatbestand des § 2 Abs. 1 (Verweis auf Art. 101 Abs. 3 AEUV)

20 Seit der 7. GWB-Novelle 2005 läuft § 2 Abs. 1 GWB grundsätzlich inhaltlich mit Art. 101 Abs. 3 AEUV parallel.[49] Nach § 2 Abs. 1 GWB darf deshalb die Beurteilung grundsätzlich nicht anders ausfallen als nach Art. 101 Abs. 3 AEUV. Dementsprechend kann im Hinblick auf die Kommentierung des Tatbestands des § 2 Abs. 1 GWB inhaltlich in vollem Umfang **auf die Kommentierung zu Art. 101 Abs. 3 AEUV verweisen** werden:
- Verbesserung der Warenerzeugung oder -verteilung oder Beitrag zur Förderung des technischen oder wirtschaftlichen Fortschritts (Effizienzgewinne);[50]
- Unerlässlichkeit der Wettbewerbsbeschränkung;[51]
- Angemessene Beteiligung der Verbraucher am Gewinn;[52]
- Ausschaltung des Wettbewerbs;[53]
- Berücksichtigungsfähigkeit von Allgemeininteressen;[54]
- Anwendungsfälle: Horizontalvereinbarungen;[55]
- Anwendungsfälle: Vertikalvereinbarungen.[56]

III. Der Tatbestand des § 2 Abs. 2 GWB

1. Verweis auf die Gruppenfreistellungsverordnungen (GVOen)

21 Der Freistellungstatbestand des § 2 Abs. 2 enthält einen Verweis auf die Gruppenfreistellungsverordnungen (GVOen), die im nationalen Recht entsprechend gelten sollen. Damit **konkretisieren** sie den parallel anwendbaren Freistellungstatbestand des **§ 2 Abs. 1 GWB.**[57] Bedeutung erhält der Verweis vornehmlich für Sachverhalte, die den zwischenstaatlichen Handel nicht berühren und damit dem europäischen Kartellrecht entzogen sind. Nur bei diesen hatte der Gesetzgeber Gestaltungsfreiheit.[58] Für Vereinbarungen oder Ver-

---

[45] Im Erg. übereinstimmend: *Immenga* ZWeR 2008, 1, 12f.; *Fuchs* in: Immenga/Mestmäcker, GWB, § 2 Rn. 36; *Bunte* in: Langen/Bunte Einl. Zum GWB Rn. 91.
[46] Dafür: *Heyers* in: Frankfurter Kommentar § 2 GWB 2005 Rn. 41ff.; **a. A.** *Fuchs* in: Immenga/Mestmäcker, GWB, § 2 Rn. 36.
[47] *Heyers* in: Frankfurter Kommentar § 2 GWB 2005 Rn. 46.
[48] Wohl auch *Heyers* in: Frankfurter Kommentar § 2 GWB 2005 Rn. 45.
[49] Siehe oben Rn. 3ff.
[50] Siehe die Kommentierung zu Art. 101 Abs. 3 AEUV Rn. 25ff.
[51] Siehe die Kommentierung zu Art. 101 Abs. 3 AEUV Rn. 42ff.
[52] Siehe die Kommentierung zu Art. 101 Abs. 3 AEUV Rn. 48ff.
[53] Siehe die Kommentierung zu Art. 101 Abs. 3 AEUV Rn. 55ff.
[54] Siehe die Kommentierung zu Art. 101 Abs. 3 AEUV Rn. 59ff.
[55] Siehe die Kommentierung zu Art. 101 Abs. 3 AEUV Rn. 66ff.
[56] Siehe die Kommentierung zu Art. 101 Abs. 3 AEUV Rn. 187ff.
[57] Begr. RegE 7. GWB-Novelle, BT DS 15/3640 S. 44.
[58] *Bechtold* DB 2004, 235, 237.

haltensweisen hingegen, die geeignet sind, den zwischenstaatlichen Handel zu beeinträchtigen, gelten die GVOen gem. Art. 1 Abs. 2 i. V. m. Art. 3 Abs. 2 VO 1/2003 ohnehin kraft europäischen Rechts.[59] Die inhaltliche Angleichung bringt den Unternehmen einen Harmonisierungsvorteil.[60]

Es handelt sich um einen **dynamischen Verweis** auf die GVOen in **der jeweils geltenden Fassung.**[61] Auch wenn es in § 2 Abs. 2 GWB an einer Klarstellung fehlt, bestehen ausweislich der Gesetzesbegründung hieran keine Zweifel. In Bezug genommen werden durch § 2 Abs. 2 GWB **sämtliche** auf europäischer Ebene erlassene GVOen, also auch heute unbekannte, möglicherweise zukünftige GVOen in ihrer dann jeweils gültigen Fassung.[62] Die Anpassung erfolgt also „automatisch und zeitgleich".[63] 22

Zweck ist es, bestimmte Arten von Vereinbarungen **generell-abstrakt vom Kartellverbot auszunehmen,** die die vier Voraussetzungen des § 2 Abs. 1 GWB bzw. des Art. 101 Abs. 3 AEUV erfüllen würden. Vereinbarungen, die die Voraussetzungen für die Anwendung der GVO erfüllen, sind aber ohne weiteres freigestellt. Unterfällt eine Vereinbarung einer Gruppenfreistellungsverordnung, so müssen die Unternehmen **nicht gesondert darlegen und beweisen,** dass ihre individuelle Vereinbarung sämtliche **Voraussetzungen von § 2 Abs. 1 GWB** erfüllt, sondern lediglich, dass ihre Vereinbarung unter die Tatbestandsmerkmale der GVO fällt.[64] 23

Zu den wichtigsten GVOen, z. B. zu der GVO Vertikalvereinbarungen und der GVO Technologietransfer, hat die EU-Kommission **Leitlinien,** also eine Art Kommentar, veröffentlicht, die die Auslegung des Tatbestandes der GVOen sowie in ihrer Nähe gelagerter Sachverhalte weiter konkretisieren. Diese Leitlinien werden **von § 2 Abs. 2 GWB nicht erfasst,** haben jedoch eine nicht zu unterschätzende **praktische Bedeutung.**[65] 24

2. Einzelfragen bei der Übernahme der GVOen in das deutsche Recht

a) Rechtsnatur der GVOen. Die GVOen sind Verordnungen im Sinne des Art. 288 AEUV und damit Rechtsnormen, die von den Mitgliedsstaaten unmittelbar anzuwenden sind und als solche in ihrem Anwendungsbereich nationale Gerichte und Wettbewerbsbehörden binden. Bei der Anwendung europäischen Kartellrechts ist seit der Einführung des Systems der Legalausnahme ihre Rechtsnatur umstritten.[66] Für das deutsche Recht in § 2 Abs. 2 GWB kann diese Frage hingegen eindeutig beantwortet werden: Die über § 2 Abs. 2 GWB anwendbaren GVOen haben durch § 2 Abs. 2 GWB den Status eines einfachen Bundesgesetzes[67] und konkretisieren verbindlich den daneben anwendbaren § 2 Abs. 1 GWB.[68] § 2 Abs. 2 GWB ist im Gegensatz zu Art. 101 Abs. 3 AEUV nicht als Ermächtigungsnorm konzipiert. Im deutschen Recht ist der Freistellungstatbestand unmittelbar anwendbar;[69] er steht gleichrangig neben § 2 Abs. 1 GWB. 25

b) Unmittelbare Anwendbarkeit. Zur **unmittelbaren Anwendbarkeit** und den Problemen, die das System der Legalausnahme mit sich bringt, vgl. oben.[70] 26

c) Regelungstechnik der dynamischen Verweisung. Die Regelungstechnik einer dynamischen Verweisung ist auf einige Bedenken gestoßen. Diese reichen von der Be- 27

---

[59] Begr. RegE 7. GWB-Novelle, BT DS 15/3640 S. 44.
[60] *Kahlenberg/Haellmigk* BB 2004, 389, 391.
[61] Begr. RegE 7. GWB-Novelle 2004, S. 44. Vgl. auch *Bechtold* DB 2004, 235, 236.
[62] *Fuchs* in: Immenga/Mestmäcker, GWB, § 2 Rn. 233; *Lober* in: Schulte/Just § 2 GWB Rn. 26.
[63] So anschaulich *Fuchs* in: Immenga/Mestmäcker, GWB, § 2 Rn. 233.
[64] *Fuchs* in Immenga/Mestmäcker, GWB, § 2 Rn. 235.
[65] Siehe im Einzelnen dazu die Kommentierung zu Art. 101 Abs. 3 AEUV Rn. 19.
[66] Ausführlich dazu die Kommentierung GVO-Allg. Rn. 2.
[67] *Fuchs* in Immenga/Mestmäcker, GWB, § 2 Rn. 238.
[68] Begr. RegE 7. GWB-Novelle, BT DS 15/3640, S. 25.
[69] Vgl. oben Rn. 6.
[70] Rn. 5 f.

fürchtung, der Gesetzgeber könne den Anreiz zu legislativer und administrativer Innovation verlieren, bis hin zu konkreten verfassungsrechtlichen Bedenken. Primär werden ein Mangel an demokratischer Legitimation sowie die Verletzung des Bestimmtheitsgrundsatzes gerügt.[71] Das überzeugt jedoch nicht.[72] Erstens sind Inhalt, Zweck und Ausmaß durch die Kriterien des allgemeinen Freistellungstatbestandes § 2 Abs. 1 GWB hinreichend bestimmt; damit sind für den demokratisch legitimierten Gesetzgeber die Befugnisse überschaubar, die er aus der Hand gibt.[73] Zweitens sind die GVOen aus dem Sachzusammenhang relativ klar und überschaubar, auch wenn ein ganzer Vorschriftenkomplex erwähnt wird.[74] Damit macht die verweisende Regelung des § 2 Abs. 1 GWB den Normbefehl für den Adressaten erkennbar, zumal der gesamte Regelungskomplex auch ständig zum Abruf im Internet bereitgehalten wird. Gewisse Schwierigkeiten – vor allem im Randbereich „Verkehr" – für den nicht ständig damit befassten Anwender zu beurteilen, ob überhaupt eine GVO besteht, machen § 2 Abs. 2 GWB nicht verfassungswidrig. Im Grunde genommen vereinfacht die dynamische Verweisung sogar die Anwendung des § 2 Abs. 2 GWB, weil der Rechtsanwender auch in nicht zwischenstaatlichen Sachverhalten stets mit den aktuellen GVOen umgehen muss.[75]

28 **d) Grundsätze für die Auslegung der GVOen.**[76] GVOen sind als abstrakt-generelle Konkretisierungen des § 2 Abs. 1 GWB grundsätzlich einer erweiternden Auslegung im Regelfall nicht zugänglich.[77] Auch kommt auch eine Analogiebildung nicht in Betracht.[78]

29 Der Verweis auf die GVOen führt aber nicht in jedem Fall zur wortwörtlichen Anwendung, wie auch die Gesetzbegründung betont.[79] Zu beachten ist nämlich der Regelungsgegenstand der GVOen, die sich ihrer Natur nach eigentlich an die Kommission als Kartellbehörde wenden und ihr daher beispielsweise auch die Möglichkeit geben, Suspensionsverordnungen zu erlassen, die die GVO auf einem bestimmten Markt für eine Vielzahl von Unternehmen für nicht anwendbar erklären, z. B. Art. 8 GVO Vertikalvereinbarungen, Art. 7 GVO Technologietransfervereinbarungen oder Art. 7 GVO Kfz-Vertrieb. Allerdings besteht diese Möglichkeit für nationale Behörden und Gerichte weder bei der Anwendung des Unionsrechts noch aus dem Verweis in § 2 Abs. 2 GWB aus der GVO heraus. **Verwiesen wird** vielmehr in erster Linie **auf die materiellen Regelungsgegenstände, die die ökonomische Zulässigkeit oder das Verbot eines Kartells tragen.**[80] Überdies muss berücksichtigt werden, dass einige GVOen auch wettbewerbspolitische Zwecke verfolgen, die dem Regelungszweck des GWB fremd sind und deren Berücksichtigung bei rein regionalen Sachverhalten verfehlt sein würde. Zu nennen ist beispielsweise die originäre Verwirklichung des Binnenmarktziels.[81] Auch industriepolitische Zielsetzungen sind dem

---

[71] Ausführlich *Ehricke/Blask* JZ 2004, 722, 723 ff.

[72] *Ehricke/Blask* JZ 2004, 722, 725 ff.; *Schneider* in Langen/Bunte, § 2 GWB Rn. 66; *Fuchs* in Immenga/Mestmäcker, GWB, § 2 Rn. 234.

[73] *Ehricke/Blask* JZ 2004, 722, 728; *Fuchs* in Immenga/Mestmäcker, GWB, § 2 Rn. 234.

[74] *Ehricke/Blask* JZ 2004, 722, 728.

[75] So zu Recht *Fuchs* in Immenga/Mestmäcker, GWB, § 2 Rn. 234.

[76] Siehe auch die Kommentierung zur GVOen Allg. Rn. 36 ff.

[77] EuGH Slg. 1994, I-2727 Rn. 8, 15 – *Peugeot; Schneider* in: Langen/Bunte § 2 GWB Rn. 78; *Fuchs* in: Immenga/Mestmäcker, GWB, § 2 Rn. 42 mwN.; *Lettl,* Kartellrecht, § 2 Rn. 135. Wohl a. A. *Bechtold,* GWB, § 2 Rn. 29. Allerdings sollte dann eine Einzelfreistellung nach § 2 Abs. 1 GWB geprüft werden.

[78] *Fuchs* in: Immenga/Mestmäcker, GWB, § 2 Rn. 42.

[79] Begr.RegE 7. GWB-Novelle, BT-DS 15/2640, S. 25.

[80] Begr. RegE 7. GWB-Novelle, BT-DS 15/2640, S. 25. Einschränkend *Fuchs* in: Immenga/Mestmäcker, GWB, § 2 Rn. 226: Kein Spielraum für Modifikationen; *Bechtold,* GWB, § 2 Rn. 25: Geltung ohne jede Einschränkung.

[81] So auch *Immenga* ZWeR 2008, 1, 13, allerdings zu einer autonomen Auslegung von § 2 Abs. 1 GWB; er steht jedoch (aaO.) einer autonomen Auslegung von § 2 Abs. 2 GWB skeptisch gegenüber.

GWB fremd.[82] Deshalb erscheint eine modifizierende Anwendung der EU-GVOen im Rahmen des § 2 Abs. 2 GWB – in gewissen Grenzen – nicht als ausgeschlossen.[83]

Eine **einschränkende Auslegung des § 2 Abs. 2 S. 1 GWB** ist außerdem erforderlich, wenn eine GVO **erkennbar über die (abstrakt-generellen) Freistellungsvoraussetzungen des § 2 Abs. 1 GWB hinausgeht** und nach § 2 Abs. 1 GWB nicht freistellungsfähige Abreden legalisieren würde.[84] Die Zulässigkeit der einschränkenden Auslegung ergibt sich insoweit schon aus der Inbezugnahme und damit Rückbindung des § 2 Abs. 2 GWB auf § 2 Abs. 1 GWB („Bei Anwendung von Absatz 1 gelten…"). – Ein davon zu unterscheidender Fall liegt vor, wenn die GVO zwar die abstrakt-generellen Freistellungskriterien des § 2 Abs. 1 GWB einhält, jedoch **die konkrete zur Überprüfung stehende Vereinbarung nicht nach § 2 Abs. 1 GWB freigestellt** wäre, obwohl sie die Freistellungsvoraussetzungen der GVO erfüllt. Dann kommt nur der **Entzug der Freistellung** nach § 32d GWB in Betracht.[85] 30

Aus der GVO kann unter bestimmten Bedingungen eine **Indizwirkung für eine Einzelfreistellung** nach § 2 Abs. 1 GWB resultieren, selbst wenn die Voraussetzungen der GVO nicht eingehalten sind.[86] 31

3. Aktuelle Gruppenfreistellungsverordnungen

a) Auflistung. Derzeit gelten folgende GVOen: 32

- für **horizontale** Vereinbarungen: Verordnung (EU) Nr. 1218/2010 vom 14. Dezember 2010 über die Anwendung von Art. 101 Abs. 3 AEUV auf bestimmte Gruppen von **Spezialisierungsvereinbarungen** (ABl. EU L 335, vom 18. Dezember 2010, S. 43); Verordnung (EU) Nr. 1217/2010 vom 14. Dezember 2010 über die Anwendung von Art. 101 Abs. 3 AEUV auf bestimmte Gruppen von Vereinbarungen über **Forschung und Entwicklung** (ABl. EU L 335 vom 18. Dezember 2010, S. 36); sowie (teilweise) die Verordnung (EU) Nr. 316/2014 vom 21. März 2014 betreffend **Technologietransfervereinbarungen** (ABl. EU L 93 vom 28. März 2014, S. 17).
- für **vertikale** Vereinbarungen: Verordnung (EU) Nr. 330/2010 vom 20. April 2010 über die Anwendung von Art. 101 Abs. 3 AEUV auf Gruppen von **vertikalen Vereinbarungen** und aufeinander abgestimmten Verhaltensweisen (ABl. EU L 102 vom 23. April 2010, S. 1); sowie (teilweise) die Verordnung (EU) Nr. 316/2014 vom 21. März 2014 betreffend **Technologietransfervereinbarungen** (ABl. EU L 93 vom 28. März 2014, S. 17). 33
- für einzelne **Sektoren:** Verordnung (EU) Nr. 267/2010 vom 24. März 2010 über die Anwendung von Art. 101 Abs. 3 AEUV auf Gruppen von Vereinbarungen, Beschlüssen und aufeinander abgestimmten Verhaltensweisen im **Versicherungssektor** (ABl. EU L 83 vom 30. März 2010, S. 1); Verordnung (EU) Nr. 461/2010 vom 27. Mai 2010 über die Anwendung von Art. 101 Abs. 3 AEUV auf Gruppen von vertikalen Vereinbarungen und abgestimmten Verhaltensweisen im **Kraftfahrzeugsektor** (ABl. EU L 129 vom 28. Mai 2010, S. 52). Im Sektor **Verkehr:** Art. 4 Verordnung (EWG) Nr. 1017/68 vom 19. Juli 1968[87] für den Eisenbahn-, Straßen- und Binnenschifffahrtsverkehr für kleinere und mittlere Unternehmen betreffend Absprachen zur Zusammenfassung unökonomisch 34

---

[82] Vgl. *Fuchs* ZWeR 2005, 1, 26 zur GVO Kfz-Vertrieb.

[83] **A. A.** *Fuchs* in: Immenga/Mestmäcker, GWB, § 2 Rn. 239 ff., der sich gegen ein Ausfiltern solcher Aspekte und gegen jede Modifizierung der GVOen ausspricht. Vgl. auch Rn. 19.

[84] *Schneider* in: Langen/Bunte § 2 GWB Rn. 77; *Fuchs* in: Immenga/Mestmäcker, GWB, § 2 Rn. 244. Das sollte allerdings ein theoretischer Fall bleiben.

[85] Zutreffend: Fuchs in: Immenga/Mestmäcker, GWB, § 2 Rn. 237.

[86] Eingehend Art. 101 Abs. 3 AEUV Rn. 18.

[87] ABl. L 175 vom 16.7.1968, S. 1; geändert durch Verordnung (EG) Nr. 1/2003 v. 16.12.2002 zur Durchführung der in den Artikeln 81 und 82 des Vertrags niedergelegten Wettbewerbsregeln, ABl. L 1 vom 4. Januar 2003, S. 1.

arbeitender Einzelbetriebe; Art. 3 ff. der Verordnung (EWG) Nr. 4056/86 vom 22. Dezember 1986 Gruppenfreistellung für Linienschifffahrtskonferenzen, die Bestimmungen sind jedoch zum 18. Oktober 2008 aufgehoben;[88] Verordnung (EG) Nr. 906/2009 vom 28. September 2009[89] über die Anwendung von Art. 101 Abs. 3 AEUV auf bestimmte Gruppen von Vereinbarungen, Beschlüssen und aufeinander abgestimmten Verhaltensweisen zwischen Seeschifffahrtsunternehmen (Konsortien); Verordnung Nr. 1459/2006 vom 28. September 2006[90] betreffend Konsultationen über Tarife zur Beförderung von Passagieren im Personenlinienverkehr und die Zuweisung von Zeitnischen auf Flughäfen; Verordnung (EG) Nr. 487/2009 vom 25. Mai 2009[91] zur Anwendung von Art. 101 Abs. 3 AEUV auf bestimmte Gruppen von Vereinbarungen und aufeinander abgestimmten Verhaltensweisen im Luftverkehr.

35 **b) GVO 1218/2010 für Spezialisierungsvereinbarungen.**[92] Die GVO 1218/2010 für Spezialisierungsvereinbarungen stellt Abreden zwischen Unternehmen vom Kartellverbot frei, die die Bedingungen betreffen, unter denen sich die Parteien in der Produktion spezialisieren. Aus den Leitlinien Horizontalvereinbarungen ergeben sich weiterführende Hinweise der Europäischen Kommission zur Anwendung der GVO, aber auch zu weitergehenden Sachverhalten.[93]

36 **c) GVO 1217/2010 für Vereinbarungen über Forschung und Entwicklung.**[94] Die Förderung von Forschung und Entwicklung ist eines der erklärten Ziele der Gemeinschaft.[95] Dementsprechend hat die Europäische Kommission auch gegenüber der zwischenbetrieblichen Zusammenarbeit bei Forschung und Entwicklung von Beginn an eine sehr positive Haltung eingenommen. Konkret schlägt sich das in der GVO 1217/2010[96] nieder. Aus den Leitlinien Horizontalvereinbarungen ergeben sich weiterführende Hinweise der Europäischen Kommission zur Anwendung der GVO, aber auch zu weitergehenden Sachverhalten.[97]

37 **d) GVO 330/2010 für Vertikalvereinbarungen.**[98] Das deutsche Recht kannte bisvor der 7. GWB-Novelle 2005 bei vertikalen Wettbewerbsbeschränkungen die Zweiteilung in per-se-Verbote für Preis- und Konditionenbindungen (sog. Inhaltsbindungen, § 14 GWB a. F.) sowie die Missbrauchsaufsicht für Ausschließlichkeitsbindungen (sog. Abschlussbindungen, § 16 GWB a. F.). Konsequenz des Systemswechsels im Jahr 2005 ist, dass **sowohl Inhalts- als auch Abschlussbindungen unter das Verbot des § 1 GWB fallen** und dementsprechend **der Freistellung bedürfen.**[99]

38 Vertikale Vereinbarungen sind nicht generell schädlich. Sie können u. U. die wirtschaftliche Effizienz innerhalb einer Produktions- oder Vertriebskette erhöhen, weil sie eine besse-

---

[88] ABl. L 378 vom 31.12.1986, S. 4; aufgehoben durch VO (EG) Nr. 1419/2006 des Rates v. 25.9.2006 zur Aufhebung der VO (EWG) Nr. 4056/86, dazu eingehend Leitlinien für die Anwendung von Art. 101 AEUV-Vertrag auf Seeverkehrsdienstleistungen v. 1.7.2008, ABl. C 245 vom 26. September 2008, S. 2 ff.

[89] ABl. L 256 vom 29. September 2009, S. 31.

[90] ABl. L 272 vom 3. Oktober 2006, S. 3.

[91] ABl. L 148 vom 11. Juni 2009, S. 1.

[92] Vgl. dazu auch die separate Kommentierung hierzu in diesem Band 2.

[93] Vgl. Europäische Kommission, Leitlinien zur Anwendbarkeit von Art. 101 AEUV auf Vereinbarungen über horizontale Zusammenarbeit, ABl. C 11 vom 14. Januar 2011, S. 1 (35 ff.).

[94] Vgl. dazu auch die separate Kommentierung hierzu.

[95] Vgl. Art. 3 lit. n und Titel XVIII. des EU-Vertrages; ferner Erwägungsgrund 2 der Verordnung EU Nr. 1217/2010 vom 14. Dezember 2010 über die Anwendung von Art. 101 Abs. 3 AEUV auf Gruppen von Vereinbarungen über Forschung und Entwicklung, ABl. EU L 335 vom 18. Dezember 2010, S. 36.

[96] Verordnung EU Nr. 1217/2010 vom 14. Dezember 2010 über die Anwendung von Art. 101 Abs. 3 AEUV auf Gruppen von Vereinbarungen über Forschung und Entwicklung, ABl. EU L 335 vom 18. Dezember 2010, S. 36.

[97] Vgl. Europäische Kommission, Leitlinien Horizontalvereinbarungen, S. 1 (26 ff.).

[98] Vgl. dazu auch die separate Kommentierung hierzu.

[99] Vgl. § 1 GWB Rn. 12.

re Koordinierung zwischen den beteiligten Unternehmen ermöglichen sowie die Transaktions- und Distributionskosten senken.[100] Die Wahrscheinlichkeit, dass derartige effizienzsteigernde Wirkungen stärker ins Gewicht fallen als die wettbewerbsschädlichen Wirkungen, die von Beschränkungen in den vertikalen Vereinbarungen verursacht werden, hängt davon ab, in welchem Ausmaß die Unternehmen dem Wettbewerb anderer Lieferanten von Waren oder Dienstleistungen ausgesetzt sind. Dem trägt die **GVO 330/2010 für Vertikalvereinbarungen**[101] Rechnung. Ihr Anwendungsbereich ist **branchenübergreifend,**[102] so dass ihr eine **überragende Bedeutung** zukommt. Wiederum praktisch bedeutsam[103] für die Auslegung der GVO sind **die Leitlinien der Europäischen Kommission für vertikale Beschränkungen.**[104]

e) GVO 316/2014 für Technologietransfer-Vereinbarungen.[105] Bis zur 7. GWB-Novelle 2005[106] enthielten die **§§ 17 und 18 GWB a. F.** Ausnahmevorschriften für Lizenzverträge und für Verträge über andere geschützte und nicht geschützte Leistungen und Saatgut gestrichen.[107] Derartige Vereinbarungen werden nunmehr nach § 2 Abs. 2 GWB iVm. der GVO Nr. 316/2014[108] beurteilt. Eine wesentliche Änderung für das deutsche Recht ergibt sich dadurch nicht, da die praktische Bedeutung der §§ 17 und 18 GWB a. F. auf Grund der zunehmenden internationalen Verflechtung der deutschen Wirtschaft in diesem Bereich auch bisher meist wegen Zwischenstaatlichkeit zu einer Anwendung der europäischen Regelungen führte. Praktisch bedeutsam[109] für die Auslegung der GVO sind **die Leitlinien der Europäischen Kommission für Technologietransfer-Vereinbarungen.**[110] 39

f) Sektorspezifische Regelungen. Die Kommission ist beim Erlass von sektorspezifischen GVOen eher zurückhaltend, weil sie die Gefahr einer Zersplitterung und Unüberschaubarkeit des Gemeinschaftsrechtes hervorrufen. Vielmehr sollen die grundlegenden Wettbewerbsregeln für alle Bereiche im Wesentlichen die gleichen sein.[111] 40

aa) Regelungskomplex Verkehr. Zu den derzeit gültigen Gruppenfreistellungen auf dem Verkehrssektor siehe die separate Kommentierung hierzu. 41

bb) GVO Kfz-Vertrieb 461/2010.[112] Eine praxisrelevante branchenspezifische Regelung im europäischen Recht trifft die GVO Kfz-Vertrieb[113] für Vereinbarungen über den 42

---

[100] Erwägungsgrund 6 der Verordnung EU Nr. 330/2010 vom 20. April 2010 über die Anwendung von Art. 101 Abs. 3 AEUV auf Gruppen von vertikalen Vereinbarungen und aufeinander abgestimmten Verhaltensweisen, ABl. EU L 102 vom 23. April 2010, S. 1 ff.

[101] Verordnung EU Nr. 330/2010 vom 20. April 2010 über die Anwendung von Art. 101 Abs. 3 AEUV auf Gruppen von vertikalen Vereinbarungen und aufeinander abgestimmten Verhaltensweisen, ABl. EU L 102 vom 23. April 2010, S. 1 ff.

[102] Mit Ausnahme der vertikalen Vereinbarungen im Rahmen des Vertriebs von Kfz. Hierzu sogleich Rn. 42.

[103] Vgl. zur rechtlichen Einordnung von Leitlinien § 1 Rn. 15.

[104] Europäische Kommission, Leitlinien für vertikale Beschränkungen, ABl. EU C 130 vom 19. Mai 2010, S. 1 ff.

[105] Vgl. dazu auch die separate Kommentierung hierzu.

[106] Vgl. dazu § 1 Rn. 1 ff. und vor §§ 1 bis 3 GWB Rn. 1 ff.

[107] Begr. RegE 7. GWB-Novelle, BT DS 15/3640, S. 26.

[108] Verordnung EU Nr. 316/2014 vom 21. März 2014 über die Anwendung von Art. 101 Absatz 3 EG-Vertrag auf Gruppen von Technologietransfer-Vereinbarungen, ABl. EU L 93 vom 28. März 2014, S. 17 ff.

[109] Vgl. zur rechtlichen Einordnung von Leitlinien § 1 Rn. 15.

[110] Europäische Kommission, Leitlinien zur Anwendung von Art. 101 AEUV auf Technologietransfer-Vereinbarungen, ABl. EU C 89 vom 28. März 2014, S. 3 ff.

[111] Vgl. *Monti,* Pressemitteilung der Kommission vom 17.7.2002, IP/02/1073.

[112] Siehe hierzu die separate Kommentierung.

[113] Verordnung EU Nr. 461/2010 vom 27. Mai 2010 über die Anwendung von Art. 101 Absatz 3 AEUV auf Gruppen von vertikalen Vereinbarungen und aufeinander abgestimmten Verhaltensweisen im Kraftfahrzeugsektor, ABl. EU L 129 vom 28. Mai 2010, S. 52 ff.

Vertrieb von neuen Kraftfahrzeugen, Ersatzteilen und Kundendienstleistungen sowie Wartungs- und Instandsetzungsdienstleistungen für Kraftfahrzeuge.

43 **cc) GVO 267/2010 für die Versicherungswirtschaft.**[114] Während in vielen nationalen Rechtsordnungen, wie etwa mit § 29 GWB a. F. im deutschen Kartellrecht, bereichsspezifische Ausnahmen für die Versicherungswirtschaft bestanden, war auf europäischer Ebene lange Zeit umstritten, ob die wettbewerbsrechtlichen Kompetenzen des EG-Vertrages überhaupt angewendet werden können.[115] Mit der Entscheidung des EuGH in der Sache Feuerversicherung[116] wurde diese Frage zugunsten der uneingeschränkten Anwendbarkeit der Art. 101, 102 AEUV (damals: Art. 81, 82 EG) bejaht. Mit der nunmehr geltenden GVO Nr. 267/2010 werden bestimmte Formen der **Zusammenarbeit von Versicherungsunternehmen vom Kartellverbot ausgenommen.** Dabei enthält die GVO vor allem Bestimmungen hinsichtlich der gemeinsamen Erhebung und Verarbeitung von Daten sowie der gemeinsamen Durchführung von Studien.[117]

44 Mit der vollständigen Abschaffung der Bereichsausnahme des § 29 GWB a. F. müssen Versicherungsunternehmen nunmehr unabhängig vom zwischenstaatlichen Bezug ihre Kooperationen an der GVO Nr. 267/2010 messen. Da diese jedoch nur wenige Bestimmungen enthält, sind die Versicherungsunternehmen außerhalb des Regelungsbereiches der GVO darauf angewiesen, dass die Voraussetzungen des Freistellungstatbestandes des Art. 101 Abs. 3 AEUV bzw. des § 2 Abs. 1 GWB vorliegen. Hierdurch können sich zwar keine gravierenden Unterschiede zu der bisherigen Rechtslage des § 29 GWB a. F. ergeben;[118] im Einzelfall besteht aber durch den Fortfall des § 29 GWB a. F. etwas größere Rechtsunsicherheit. Im Einzelnen sei – auch für versicherungsspezifische Sachverhalte, die nicht unter die GVO fallen – auf die Kommentierung der GVO 267/2010 verwiesen.[119]

4. Geltung auch in nichtzwischenstaatlichen Sachverhalten (§ 2 Abs. 2 S. 2 GWB)

45 Der Hinweis in **§ 2 Abs. 2 S. 2 GWB** auf die Anwendung auch in den Fällen, in denen der zwischenstaatliche Handel nicht berührt ist, erklärt sich aus dem Ziel des Gesetzgebers, mit Einführung des § 2 GWB durch die 7. GWB-Novelle 2005 das deutsche Kartellrecht mit dem europäischen Kartellrecht im Hinblick auf die Anwendung des Art. 101 AEUV zu harmonisieren. In zwischenstaatlichen Sachverhalten[120] geht die Beurteilung nach Art. 101 AEUV vor, **Art. 3 VO 1/2003, § 22 GWB.** Für die Fälle mit Zwischenstaatlichkeitsbezug gelten die Gruppenfreistellungsverordnungen auf Grund des Art. 249 Abs. 2 EG unmittelbar. Der Gesetzgeber wollte jedoch auch unterhalb der Zwischenstaatlichkeitsschwelle mit Art. 101 AEUV harmonisiertes Recht, weil es oft schwierig zu bewerten ist, ob ein Sachverhalt zwischenstaatlich ist. Für Vereinbarungen ohne Zwischenstaatlichkeit, also z. B. mit lediglich regionaler Bedeutung, wird der Anwendungsbereich der Gruppenfreistellungsverordnungen mit **konstitutiver Wirkung** auf diese erstreckt.[121]

---

[114] Vgl. hierzu auch die separate Kommentierung zum Versicherungsbereich.

[115] Vgl. *Schauer* in: Liebscher/Flohr/Petsche, § 11 Rn. 1 mwN.

[116] EuGH vom 27.1.1987, Rs. C-48/85, Slg. 1987, 405 – *Verband der Sachversicherer/Kommission.*

[117] Vgl. VO (EU) Nr. 267/2010 vom 24. März 2010 über die Anwendung von Art. 101 Abs. 3 AEUV auf Gruppen von Vereinbarungen, Beschlüssen und aufeinander abgestimmten Verhaltensweisen im Versicherungssektor, ABl. EU L 83 vom 30. März 2010, S. 1 ff.

[118] Begr. RegE 7. GWB-Novelle, BT DS 15/3640, S. 49.

[119] Siehe ferner in Musterversicherungsbedingungen *Pohlmann* WuW 2010, 1106; *ders.* WuW 2011, 379; siehe ferner die Kommentierung von Vereinbarungen über Standardbedingungen (Konditionenkartelle) bei Art. 101 Abs. 3 AEUV Rn. 133 ff. In Vorversicherungsanfragen und zum Informationsaustausch vgl. *Heyers* WuW 2012, 557; siehe ferner die Kommentierung zum Informationsaustausch bei Art. 101 Abs. 3 AEUV Rn. 71 ff.).

[120] Dazu die Kommentierung zu Art. 101 Abs. 1 AEUV Rn. 54, 326 ff.

[121] Begr. RegE 7. GWB-Novelle, BT DS 15/3640, S. 25.

Allerdings kann es unterhalb der Zwischenstaatlichkeitsschwelle nach bestrittener, aber zutreffender Ansicht in gewissen Grenzen zu einer Modifikation von EU-GVOen kommen.[122]

IV. Rechtsfolgen

1. Legalausnahme

46 Vereinbarungen, die die Voraussetzungen des § 2 Abs. 1 GWB oder § 2 Abs. 2 i. V. m. einer GVO erfüllen, sind **automatisch ohne erforderliche konstitutive Entscheidung** der Kartellbehörde vom Verbot des § 1 GWB **freigestellt.**[123] Die Freistellung durch § 2 Abs. 1 oder Abs. 2 GWB wirkt wie Art. 101 Abs. 3 AEUV in Verbindung mit der VO 1/2003 bzw. wie eine EU-Gruppenfreistellungsverordnung als Legalausnahme. Im Gegensatz zur Rechtslage bis zur 7. GWB-Novelle 2005 ist nun also insbesondere für Horizontalvereinbarungen kein administratives Freistellungsverfahren, also keine Anmeldung mehr erforderlich, um die Wirksamkeit einer Vereinbarung durch fehlenden Widerspruch (§ 9 Abs. 1, 3 GWB a. F.) bzw. durch Freistellungsverfügung (§ 10 GWB a. F.) zu erreichen.[124] **Die getroffenen horizontalen und vertikalen Vereinbarungen sind per se wirksam, wenn sie die Freistellungsvoraussetzungen des § 2 Abs. 1 oder Abs. 2 GWB erfüllen.** Es bestehen über dies keine Formvorschriften für die Legalausnahme, insbesondere **kein Schriftformerfordernis.**[125] Jedoch empfiehlt sich eine Dokumentation, um nicht in Schwierigkeiten bei Darlegung und Beweis zu geraten.[126]

47 Fehlt die Freistellung, so bleibt es beim Verstoß gegen § 1 GWB mit seinen Rechtsfolgen.[127]

48 Im Hinblick auf **§ 2 Abs. 2 GWB** besteht die Möglichkeit, den **Vorteil der Gruppenfreistellung im Einzelfall zu entziehen,** wenn deren Anwendung zu Ergebnissen führt, die mit dem Kartellverbot nicht mehr vereinbar wären. Das kann zum einen Fälle betreffen, die einen zwischenstaatlichen Bezug aufweisen;[128] zum anderen wird die Kartellbehörde durch **§ 32d GWB** aber auch bei wettbewerbsbeschränkenden Absprachen mit rein innerstaatlicher Auswirkung dazu ermächtigt, den Vorteil einer GVO bei Verstoß gegen § 1 GWB zu entziehen. Dabei gilt diese Regelung nur insoweit, als die Auswirkungen auf das Gebiet der Bundesrepublik oder abspaltbare Teile davon begrenzt sind.[129]

2. Selbsteinschätzung

49 Zu prüfen und zu bewerten, ob eine Freistellung nach § 2 GWB gegeben ist, obliegt den Unternehmen selbst („Selbsteinschätzung").[130] Der Vorteil einer geringeren Belastung der Behörden, die sich auf schwerwiegende Verstöße konzentrieren können,[131] und einer Entbürokratisierung für die Unternehmen muss im Lichte etwaiger Nachteile auf Seiten der Unternehmen gesehen werden, für die der größere Freiraum mit einem höheren **Risiko von Fehlbewertungen** verbunden ist.[132] Das gilt nicht nur für die an wettbewerbsbeschränkenden Vereinbarungen Beteiligten, sondern vor dem Hintergrund der angestrebten privaten Rechtsdurchsetzung für wettbewerbsbeschränkende Vereinbarungen auch für Drit-

---

[122] Siehe Rn. 19.
[123] Vgl. zum System der Legalsausnahme Rn. 5 ff.
[124] Begr. RegE 7. GWB-Novelle, BT DS 15/3640, S. 44.
[125] Vgl. oben Rn. 5.
[126] Dazu unten Rn. 54 ff.
[127] Dazu § 1 Rn. 31 ff.
[128] Vgl. Art. 29 Abs. 2 VO Nr. 1/2003.
[129] Begr. RegE 7. GWB-Novelle, BT DS 15/3640, S. 34.
[130] Vgl. hierzu *Kahlenberg/Haellmigk* BB 2004, 389, 392; *Fuchs* ZWeR 2005, 1, 3.
[131] *Bornkamm/Becker* ZWeR 2005, 213, 215.
[132] Allg. Ansicht: *Fuchs* in Immenga/Mestmäcker, GWB, § 2 GWB Rn. 31; *Lober* in Schulte/just § 2 GWB Rn. 5; *Heyers* in Frankfurter Kommentar § 2 GWB 2005 Rn. 7.

te. Die Selbsteinschätzung – und erst recht eine Fremdeinschätzung – durch private Unternehmen ist ein durchaus komplexer Vorgang. Die Unternehmen haben im Gegensatz zu den Kartellbehörden weder eigene Ermittlungsbefugnisse, noch können sie auf einen hinreichenden ökonomischen Datenbestand zur Beurteilung der Marktverhältnisse zurückgreifen.[133] Auch die Leitlinien sind in ihrer Formulierung zu unbestimmt, um – insbesondere bei Bewertungen der Marktstruktur – zu praktisch konkreten Ergebnissen zu gelangen.[134] Allein die Bestimmung der beispielsweise für die Anwendung vieler GVOen wichtigen Marktanteile erfordert umfangreiche ökonomische Untersuchungen.[135] Selbst die Justitiabilität der Tatbestandsformulierungen wird diskutiert.[136] Vor diesem Hintergrund steht zu befürchten, dass unzulängliche Daten und Fehleinschätzungen zu Lasten der Unternehmen gehen werden. Konstitutive Freistellungsentscheidungen der Kartellbehörden gaben den Kartellbeteiligten und klageberechtigten Dritten Rechtssicherheit.[137] Das System der Administrativfreistellung, wie es insbesondere für Horizontalvereinbarungen galt, stärkte das Wettbewerbsprinzip, indem grundsätzlich alle wettbewerbsbeschränkenden Vereinbarungen und Verhaltensweisen als verboten gelten, bis sie durch administrativen Akt von diesem Verbot freigestellt wurden.[138] Überdies erhielten die Kartellbehörden so einen Überblick über das Marktgeschehen, der ihnen die Beurteilung von Auswirkungen auf die Marktstruktur erleichterte. Diese bisherigen Vorteile von Notifizierungs- und Publizitätswirkung von Freistellungsentscheidungen entfallen im System der Legalausnahme.[139] Etwas abgemildert wird das durch die Möglichkeit einer **informellen Abklärung** des Falles mit der KartB, die zudem die Möglichkeit hat, nach **§ 32c** GWB zu entscheiden bzw. sich verbindliche Verpflichtungszusagen von den Beteiligten nach **§ 32b** GWB geben zu lassen.[140]

50 **Geringere Probleme** werfen jedenfalls solche Vereinbarungen auf, die unter die etwas spezifischeren Regelungen einer **GVO** iVm. **§ 2 Abs. 2 GWB** fallen. Der Auslegungsspielraum des Rechtsanwenders wird verkleinert, indem die GVOen den allgemeinen Freistellungstatbestand des Art. 101 Abs. 3 AEUV konkretisieren. Dies gleicht bei Horizontalvereinbarungen zumindest teilweise den Verlust an Rechtssicherheit aus, der durch die Streichung der enumerativ aufgezählten Ausnahmetatbestände der §§ 2 bis 8 GWB a. F. entsteht. Aber auch hier sind die mit Selbst- oder Fremdeinschätzung verbundenen Probleme nicht vollständig beseitigt, stellt doch – wie erwähnt – insbesondere die Berechnung der Marktanteile grundsätzlich eine zentrale Voraussetzung für die Anwendbarkeit der GVOen überhaupt dar. Das Kriterium des Marktanteils stellt für die Unternehmen kein zuverlässiges und handhabbares Instrument dar, um sich über den Anwendungsbereich einer GVO Klarheit zu verschaffen. Hier vermag die Bekanntmachung der Kommission über die Bestimmung des relevanten Marktes[141] ebenso wenig wie die bisherige Entscheidungspraxis dem einzelnen Unternehmer einen verlässlichen Anhaltspunkt zu geben, wenn er vor der konkreten Aufgabe steht, den für ihn relevanten Markt abzugrenzen. Um diese für die Unternehmen bestehende Rechtsunsicherheit abzufedern, enthalten die GVOen zumindest Toleranzschwellenregelungen, die temporale Marktanteilsschwankungen abfangen sollen.[142]

---

[133] *Müller* WRP 2004, 1472, 1478; *Schwintowski/Klaue* WuW 2005, 370, 372.

[134] *Müller* WRP 2004, 1472, 1477.

[135] Europäische Kommission, Leitlinien zur Anwendung von Art. 101 Abs. 3 AEUV, Rn. 109. Vgl. hierzu auch *Nolte* BB 1998, 2429, 2431; *Polley/Seeliger* WRP 2000, 1203, 1209 f.

[136] *Quellmalz* WRP 2004, 461 ff.; *Heutz* WuW 2004, 1255 (1260); *Hirsch* ZWeR 2003, 233, 238.

[137] Begr. RegE 7. GWB-Novelle, BT DS 15/3640, S. 28.

[138] Begr. RegE 7. GWB-Novelle, BT DS 15/3640, S. 28.

[139] *Heutz* WuW 2004, 1255, 1260.

[140] Siehe hierzu die Kommentierung zu § 32b und § 32c.

[141] Bekanntmachung der Kommission über die Definition des relevanten Marktes im Sinne des Wettbewerbsrechts der Gemeinschaft, ABl. EG C 372 vom 9.12.1997, S. 5.

[142] Vgl. beispielsweise Art. 9 Abs. 2 lit. c) bis e) Vertikal-GVO.

3. Nicht justitiabler Beurteilungsspielraum bei der Selbsteinschätzung?

Verschiedentlich ist gefordert worden, wegen der Schwierigkeit einer Bewertung der Freistellungsvoraussetzungen, den beteiligten Unternehmen einen behördlich und gerichtlich nicht oder nur eingeschränkt überprüfbaren Beurteilungsspielraum einzuräumen. Die kaufmännisch vertretbare Annahme, die Freistellungsvoraussetzungen seien erfüllt, soll für eine Freistellung genügen.[143] **Das ist abzulehnen.**[144] Ein solcher Beurteilungsspielraum kann allenfalls dem Rechtsanwender, nicht jedoch dem Verbotsadressaten zu Teil werden. Auch erscheint es rechtspolitisch als zweifelhaft, nichtfreigestellte Vereinbarungen der Nichtigkeitsfolge des § 1 GWB zu entziehen oder Verbotsmöglichkeiten für die Zukunft auszuschließen. Jedoch kann das **Verschulden fehlen,** wenn die beteiligten Unternehmen nach sorgfältiger Information und fachkundiger Beratung von einer Freistellung überzeugt sind;[145] dann entfallen zumindest Schadensersatzansprüche oder Bußgelder. Im Bußgeldverfahren können außerdem vermeidbare Irrtümer im Hinblick auf die Gewährung einer Freistellung nach § 2 GWB bei der Bußgeldbemessung berücksichtigt werden.[146] 51

4. Praktische Vorgehensweise bei der Selbsteinschätzung (kartellrechtliche Compliance)

Es wird dringend angeraten, bei der Selbsteinschätzung sorgfältig vorzugehen.[147] Denn ein Verschulden und damit eine Schadensersatzhaftung bzw. eine Bußgeldpflicht besteht jedenfalls dann, wenn kein oder kein nennenswertes System der Selbsteinschätzung als Teil der kartellrechtlichen Compliance praktiziert wird.[148] Ein solches System setzt zunächst voraus, dass **Verträge vor ihrem Abschluss** – soweit erforderlich auch unter Hinzuziehung externen Sachverstandes – sorgfältig geprüft werden. Da die Freistellung nur bestehen bleibt, wenn die Voraussetzungen des § 2 GWB ständig eingehalten bleiben,[149] muss ein **kontinuierliches Vertragsmanagement** eingerichtet werden, das **für die gesamte Dauer der Kooperation** auf Sachverhaltsänderungen reagiert.[150] 52

Davon unberührt bleiben die Probleme, die vor allem in zivilrechtlichen Streitigkeiten auftreten. Bei der grundsätzlichen Verteilung der Darlegungs- und Beweislast zu Lasten desjenigen, der sich auf die Freistellung beruft,[151] ist es für die an einer wettbewerbsbeschränkenden Abrede nach § 1 GWB beteiligten Unternehmen zwingend, sich ausreichend vorzubereiten, um ggf. dieser Last nachkommen zu können. Alle **Absprachen** sind deshalb eingehend zu **dokumentieren,** die sich als kartellrechtsrelevant erweisen könnten. Außerdem sollte die sorgfältige **kartellrechtliche Prüfung** belegbar sein. Geht es um eine Einzelfreistellung nach § 2 Abs. 1 GWB, empfiehlt sich bezüglich der **Effizienzgewinne** und der insbesondere dort bestehenden hohen Substantiierungslast[152] eine detaillierte **Prognose der betriebswirtschaftlichen Vorteile;** ggf. kann hierzu ein Sachverständigengutachten eingeholt werden. Ist die **Berechnung von Marktanteilen** erforderlich 53

---

[143] Vgl. *Bechtold* WuW 2003, 343; im Hinblick auf die Verhängung von Bußgeldern auch *Dreher/Thomas* WuW 2004, 8, 16 f.

[144] Wie hier *Fuchs* ZWeR 2005, 1, 22 mwN.; *ders.* in: Immenga/Mestmäcker, GWB, § 2 Rn. 60 f.; *Bornkamm* ZWeR 2010, 34, 44 ff.; *Röhling* GRUR 2003, 1019, 1020; *Jaeger* WuW 2000, 1062, 1073 f.; *Koch* ZWeR 2005, 380, 382, 393 f.; *Schneider* in: Langen/Bunte § 2 GWB Rn. 8.

[145] Vgl. hierzu auch die Kommentierung zu § 33 GWB.

[146] *Kersting* WuW 2013, 845 ff.; *Dreher/Thomas* WuW 2004, 8; *Schweda* WuW 2004, 1133, 1138; *Fuchs* ZWeR 2005, 1, 22. Siehe die Kommentierung von §§ 81 ff. GWB zur Bußgeldbemessung.

[147] *Schwintowski/Klaue* WuW 2005, 370, 372; *Fuchs* in: Immenga/Mestmäcker, GWB, § 2 Rn. 57.

[148] *Schwintowski/Klaue* WuW 2005, 370, 377. Vgl. auch die Ausführungen zur Darlegungs- und Beweislast unten Rn. 54 ff.

[149] Vgl. Art. 101 Abs. 3 AEUV Rn. 22, dort auch zu den Ausnahmen.

[150] *Fuchs* in: Immenga/Mestmäcker, GWB, § 2 Rn. 54 f.

[151] Vgl. unten Rn. 54.

[152] Vgl. unten Rn. 55.

(z.B. wegen Marktanteilsschwellen in GVOen), sollten möglichst belastbare Zahlen von dritter Seite vorliegen; es kann auch bei der für den Bereich zuständigen Beschlussabteilung des BKartA nachgefragt werden, ob dort Zahlenmaterial vorhanden ist. Ansonsten ist an ein Sachverständigengutachten zu denken. – Bleiben nennenswerte Zweifel, sollte die Möglichkeit erwogen werden, mit der **Kartellbehörde informell abzuklären,** ob die vorgesehenen Vereinbarungen von der Behörde als freistellungsfähig angesehen werden. Die Kartellbehörde kann sogar eine Entscheidung nach **§ 32c GWB** erlassen.[153] Auch wenn die rechtlichen Wirkungen einer Entscheidung nach § 32c GWB begrenzt sind,[154] kann ihr eine erhebliche faktische Bedeutung zukommen.[155] Hat die Behörde Bedenken, kann versucht werden, diese über Verpflichtungszusagen nach § 32b GWB auszuräumen.

V. Darlegungs- und Beweislast

1. Grundsatz

54 Hat eine wettbewerbsbeschränkende Vereinbarung zwischenstaatliche Auswirkungen, so greift **Art. 2 VO Nr. 1/2003.** Danach liegt die Darlegungs- und Beweislast für die Freistellungsvoraussetzungen des Art. 101 Abs. 3 AEUV bei dem **Unternehmen, das sich auf die Freistellung beruft.**[156] Gemäss § 22 GWB bricht diese Regelung in zwischenstaatlichen Sachverhalten in das GWB ein. Außerhalb von zwischenstaatlichen Sachverhalten existiert im GWB keine Regelung zur Darlegungs- und Beweislast. Jedoch findet im **GWB** diese Beweislastverteilung auch unterhalb der Zwischenstaatlichkeitsschwelle Anwendung. Derjenige, der sich auf die Ausnahmevorschrift des § 2 Abs. 1 GWB beruft, hat auch dessen Vorliegen zu beweisen, wie schon die **Regierungsbegründung** zur 7. GWB-Novelle ausführt.[157] Dies gilt, obwohl angesichts der Streichung des § 23 GWB n.F. im Gesetzgebungsverfahren nicht aufgrund einer Geltung der Grundsätze des europäischen Wettbewerbsrechtes auf die gemeinschaftsrechtliche Beweislastverteilung rekurriert werden kann. Deshalb wird für die Herleitung dieses Ergebnisses auf die allgemeine Regel, dass jeder die Tatsachen zu beweisen hat, die für ihn günstig sind,[158] oder auf Billigkeitsgrundsätze zurückgegriffen.[159]

55 Bei **§ 2 Abs. 1 GWB** trifft die Darlegungs- und Beweislast die an der Abrede im Sinne des § 1 GWB Beteiligten im Hinblick auf **alle vier Freistellungsvoraussetzungen** (Effizienzgewinn, Unerlässlichkeit, Angemessene Beteiligung, keine Ausschaltung des Wettbewerbs), auch wenn zwei dieser Voraussetzungen negativ[160] formuliert sind.[161] Die EU-Kommission in ihren Leitlinien zur Anwendung von Art. 101 Abs. 3 AEUV im Übrigen eine **hohe Substantiierungslast** für das Vorliegen der **Effizienzgewinne** auf. Danach müssen die Art der Effizienzgewinne, ihre Verknüpfung mit der Abrede, die Wahrscheinlichkeit und das Ausmaß der Effizienzgewinne sowie außerdem wie und wann jeder geltend gemachte Effizienzgewinn erreicht wird, substantiiert dargelegt werden.[162] Das BKartA folgt dem in seiner Praxis.[163] – Bei **§ 2 Abs. 2 GWB** muss die darlegungs- und beweisbelastete Partei sämtliche Voraussetzungen der GVO darlegen und beweisen, insbe-

---

[153] Begr. RegE 7. GWB-Novelle, BT DS 15/3640, S. 29.
[154] Siehe hierzu die Kommentierung zu § 32c GWB.
[155] Zutreffend *Bechtold*, GWB, § 32c Rn. 2.
[156] Zur identischen Rechtslage im gemeinschaftsrechtlichen Kartellverbot vgl. Art. 101 Abs. 3 AEUV Rn. 209.
[157] Begr. RegE 7. GWB-Novelle, BT DS 15/3640, S. 23, 44.
[158] *Bornkamm/Becker* ZWeR 2005, 213, 230; *Fuchs* in: Immenga/Mestmäcker, GWB, § 2 Rn. 47.
[159] *Kahlenberg/Haellmigk* BB 2004, 389, 391.
[160] So Europäische Kommission, Leitlinien zur Anwendung von Art. 101 Abs. 3 AEUV, Rn. 34.
[161] Zustimmend *Fuchs* in: Immenga/Mestmäcker, GWB, § 2 Rn. 50.
[162] Europäische Kommission, Leitlinien zur Anwendung von Art. 101 Abs. 3 AEUV, Rn. 51.
[163] Vgl. eingehend Art. 101 Abs. 3 AEUV Rn. 41.

sondere auch deren Anwendbarkeit auf Grund der Einhaltung von Marktanteilsschwellen. Auch das Fehlen von Kernbeschränkungen, also das fehlende Eingreifen der darauf bezogenen „schwarzen Klauseln" aus den GVOen, muss das sich auf die Freistellung berufende Unternehmen darlegen und ggf. beweisen.[164]

Allerdings ist nicht zu verkennen, dass die **Übergänge** einer fehlenden Tatbestandsmä- **56**
ßigkeit des Kartellverbotes **(§ 1 GWB)** zu einer Freistellung **(§ 2 GWB) fließend** sein können und sich dann kaum abschließend sagen lässt, ob ein Sachverhalt schon nicht unter § 1 fällt oder freigestellt ist.[165] Das ist bei der Verteilung der Darlegungs- und Beweislast zu berücksichtigen.[166] Sofern es allerdings um eine Reduzierung des Tatbestandes des § 1 GWB wegen des Immanenzgedankens geht, liegt die Last – wie bei der Freistellung – bei demjenigen, der sich darauf beruft.[167]

Im Rahmen der Verabschiedung der VO Nr. 1/2003 hat die Bundesregierung in einer **57**
Protokollerklärung zu verstehen gegeben, dass diese Beweislastverteilung wegen der verfassungsrechtlich garantierten Unschuldsvermutung nicht im **Bußgeldverfahren** gelten könne. Daher betont die Gesetzesbegründung, dass der Untersuchungsgrundsatz in kartellrechtlichen Bußgeldverfahren sowie die Unschuldsvermutung in Bußgeldverfahren unberührt bleiben.[168] Ob dieser Frage überhaupt praktische Bedeutung zukommt, wird teilweise bezweifelt.[169] In **Verwaltungsverfahren** ist zu differenzieren: Bei zwischenstaatlichen Sachverhalten greift die Regel des Art. 2 VO 1/2003, nach der die Freistellungsvoraussetzungen von dem Unternehmen bei *non liquet* zu beweisen sind, das sich auf sie beruft.[170] Unterhalb der Zwischenstaatlichkeitsschwelle kann eine kartellbehördliche Verfügung gem. § 32 GWB nicht auf eine solche Beweislastregel gestützt werden, weil eine Regelung im nationalen Recht fehlt.[171]

2. Erleichterungen der Darlegungs- und Beweislast

Probleme wirft das System der Legalausnahme im Zivilprozess zunächst für das Unter- **58**
nehmen auf, das sich auf die Freistellung nach § 2 GWB beruft, weil es insoweit die Darlegungs- und Beweislast trägt. Das Unternehmen muss den Zivilgerichten insbesondere genügend Informationen über die Marktlage zukommen lassen.[172] Hier ist an **Erleichterungen der Darlegungs- und Beweislast** zu denken. Der Nachweis der Freistellungsvoraussetzungen kann an komplexe ökonomische Fragestellungen geknüpft sein. Während im Verwaltungs- und Bußgeldverfahren spezialisierte und sachkundige Behörden auf Grundlage des Amtsermittlungsgrundsatzes Ermittlungen anstellen können, werden Private die umfangreichen qualitativen und quantitativen Untersuchungen im Zuge einer Marktanalyse selten meistern, ganz davon zu schweigen, dass die Ansätze und zugrunde liegenden Daten ökonomischer Gutachten durchaus umstritten sein können.[173] Vielen steht über dies die Möglichkeit zur Anfertigung ökonomischer Sachverständigengutachten – schon finanziell – kaum zur Verfügung. Daher werden in der Literatur zu Recht Möglichkeiten diskutiert, als Konsequenz aus dem Prinzip der Legalausnahme den Beibringungsgrundsatz des deutschen Zivilprozessrechts an die Bedürfnisse des Kartellrechtes anzupassen. Angesichts der Tatsache, dass Fehlurteile hier nicht nur die Interessen der streitenden Parteien

---

[164] *Fuchs* in: Immenga/Mestmäcker, GWB, § 2 Rn. 51.
[165] Siehe auch § 1 GWB Rn. 14 a. E.
[166] Eingehend die Kommentierung zu Art. 2 VO 1/2003 Rn. 7.
[167] Vgl. § 1 Rn. 38.
[168] Begr. RegE 7. GWB-Novelle, BT DS 15/3640, S. 23, 44; *Hirsch* ZWeR 2003, 233, 242.
[169] *Bechtold* DB 2004, 235, 237 f.
[170] *Hirsch* ZWeR 2005, 233, 241; *Fuchs* in: Immenga/Mestmäcker, GWB, § 2 Rn. 49; *Bechtold,* GWB, § 2 Rn. 6.
[171] *Fuchs* in: Immenga/Mestmäcker, GWB, § 2 Rn. 49; *Kling/Thomas* § 17 Rn. 19.
[172] *Hirsch* ZWeR 2003, 233, 239.
[173] *Kirchhoff* WuW 2004, 745, 748.

berühren, sondern sich unter Umständen auch gravierend auf die Marktstruktur und damit Belange der Allgemeinheit auswirken, sollten die Anforderungen an den Parteivortrag schon im Lichte der Waffengleichheit im Prozess nicht überstrapaziert werden.[174] So etwa wird in der Kartellrechtspraxis bei der Analyse des Marktes und Prognose von Entwicklungen auch auf Wahrscheinlichkeitsstandards zurückgegriffen.[175] Die persönliche Gewissheit des Richters als Standard für den Parteivortrag wird man bei ökonomischen Analysen des Marktes, denen per se ein spekulatives Element innewohnt, nicht fordern können. Überdies liegt es nicht fern, ökonomische Erfahrungssätze als Anscheinsbeweis einzustufen und auf die Aufklärungs- und Hinweispflichten nach § 139 Abs. 1 ZPO zurückzugreifen.[176] Auch die Schwelle zum unzulässigen Ausforschungsbeweis wird sich hier verschieben müssen.[177] In Betracht kommt zudem eine Begutachtung durch Sachverständige nach § 144 ZPO, weil die Entscheidung im Kartellverfahren nicht nur ein Parteiinteresse erfolgt, sondern auch ein öffentliches Interesse an einem funktionsfähigen Wettbewerb besteht, das sich gegenüber dem Risiko materiell falscher Entscheidungen dann durchsetzen muss, wenn die Partei nur beschränkte Mittel der eigenen Sachverhaltsaufklärung hat.[178] Zu Darlegungs- und Beweiserleichterungen für die (anspruchstellende) Partei, die nicht an den wettbewerbsbeschränkenden Vereinbarungen beteiligt war, vgl. bei § 1 GWB.[179]

59 Gemäß § 30 Abs. 4 GWB gilt für Schadensersatzprozesse eine begrenzte Bindung an eine rechtskräftige Feststellung eines Verstoßes gegen § 1 GWB durch eine KartB oder ein sie kontrollierendes Gericht.[180] Ansonsten erstreckt sich die **Rechtskraft** eines Urteils wie üblich nur inter partes. Daher kann jeder Dritte auch nach einem rechtskräftig abgeschlossenen Prozess über die Wirksamkeit einer Kartellvereinbarung erneut Klage einreichen. Aber auch für beteiligten Parteien gelten Ausnahmen: Die Bewertung einer wettbewerbsbeschränkenden Abrede ist unter Umständen an einen bestimmten Zeitraum gebunden, so dass die Rechtskraft mangels Identität des Streitgegenstandes auch in zeitlicher Hinsicht nur beschränkt besteht. **Wird dann erneut Klage erhoben,** bietet sich eine **Änderung der Darlegungs- und Beweislast** dergestalt an, dass die klagende Partei nun wesentliche Änderungen gegenüber der Sachlage des vormals ergangenen Urteils substantiiert darlegen und ggf. beweisen muss.[181] Allerdings sollten auch hier der belasteten Partei die Darlegungs- und Beweiserleichtrungen zu Gute kommen, wie sie oben vorgeschlagen wurden.[182]

VI. Verhältnis zu anderen Vorschriften

1. § 1 GWB

60 Zum Verhältnis des § 2 GWB zu § 1 GWB siehe oben.[183]

---

[174] *Kirchhoff* WuW 2004, 745, 749; *Hirsch* ZWeR 2003, 233, 240; *Fuchs* in: Immenga/Mestmäcker, GWB, § 2 Rn. 53.

[175] Vgl. *Kirchhoff* WuW 2004, 745, 746 mwN., u. a. einem Verweis auf BGH WuW/E 1367 ff. – *Zementverkauf Niedersachsen,* wo der Wahrscheinlichkeitsmaßstab des KG („hoher Grad von Wahrscheinlichkeit") vom BGH gebilligt wurde; zustimmend auch *Fuchs* in: Immenga/Mestmäcker, GWB, § 2 Rn. 53.

[176] *Hirsch* ZWeR 2003, 233, 240; *Fuchs* in: Immenga/Mestmäcker, GWB, § 2 Rn. 53.

[177] *Hirsch* ZWeR 2003, 233, 240.

[178] *Kirchhoff* WuW 2004, 745, 751.

[179] Siehe allgemein zur Beweislast § 1 Rn. 38 ff. Ferner Monopolkommission Sondergutachten, Das allgemeine Wettbewerbsrecht in der 7. GWB-Novelle, S. 22; *Bornkamm/Becker* ZWeR 2005, 213, 231.

[180] Vgl. hierzu die Kommentierung zu § 33 GWB. Ferner die Bedenken der Monopolkommission, Sondergutachten „Das allgemeine Wettbewerbsrecht in der 7. GWB-Novelle" S. 24 ff. sowie eingehend *Bornkamm/Becker* ZWeR 2005, 213, 218 ff.

[181] *Kirchhoff* WuW 2004, 745, 753.

[182] Siehe Rn. 58.

[183] Rn. 8.

2. § 3 GWB

Zum Verhältnis des § 2 GWB zu § 3 GWB siehe unten bei § 3 GWB.[184] 61

3. §§ 19, 20 GWB, Art. 102 AEUV

§ 20 Abs. 1 und Abs. 3 GWB sind an u. a. horizontale Kartelle („Vereinigungen") adressiert, die die Freistellung des § 2 GWB für sich in Anspruch nehmen. Insoweit ergibt sich also für freigestellte Kartelle eine Missbrauchsaufsicht nach § 20 GWB. Verhaltensweisen, die einen Missbrauch einer marktbeherrschenden Stellung darstellen, sind nicht anhand von § 2 Abs. 1 GWB, sondern nach den Missbrauchstatbeständen für marktbeherrschende Unternehmen der §§ 19, 20 GWB und ggf. Art. 102 AEUV zu beurteilen.[185] Sie berühren aber nicht die Wirksamkeit der gesetzlichen Freistellung.[186] Insbesondere wenn gerade die freigestellte Vereinbarung den Missbrauch darstellt, bleibt aber auch eine Anwendung des § 1 GWB möglich.[187] 62

4. § 30 GWB

Die Regelungen des § 30 GWB (Preisbindungsprivileg für Zeitungen und Zeitschriften) gehen den Regelungen des § 2 GWB im nichtzwischenstaatlichen Bereich vor. Sind die Voraussetzungen des § 30 GWB nicht erfüllt, kann auch § 2 GWB nicht zur Anwendung kommen.[188] Im zwischenstaatlichen Bereich gehen allerdings die Regelungen des Art. 101 AEUV vor (Art. 3 Abs. 2 VO 1/2003; § 22 GWB), so dass eine Feistellung nach Art. 101 Abs. 3 AEUV zu prüfen ist. 63

§ 3 Mittelstandskartelle

Vereinbarungen zwischen miteinander im Wettbewerb stehenden Unternehmen und Beschlüsse von Unternehmensvereinigungen, die die Rationalisierung wirtschaftlicher Vorgänge durch zwischenbetriebliche Zusammenarbeit zum Gegenstand haben, erfüllen die Voraussetzungen des § 2 Abs. 1, wenn

1. dadurch der Wettbewerb auf dem Markt nicht wesentlich beeinträchtigt wird und
2. die Vereinbarung oder der Beschluss dazu dient, die Wettbewerbsfähigkeit kleiner oder mittlerer Unternehmen zu verbessern.

Übersicht

[184] § 3 Rn. 73f.
[185] Europäische Kommission, Leitlinien zur Anwendung von Art. 101 Abs. 3 AEUV (Art. 81 Abs. 3 EG), Rn. 106 für das Verhältnis von Art. 101 Abs. 3 AEUV und Art. 102 AEUV.
[186] *Fuchs* in: Immenga/Mestmäcker, GWB, § 2 Rn. 26.
[187] Siehe auch § 1 Rn. 44.
[188] Siehe § 30 Rn. 142. Gl. A. *Fuchs* in: Immenga/Mestmäcker, GWB, § 2 Rn. 27.

Schrifttum: *Benisch,* Kooperationsfibel 1973; *Bechtold,* Grundlegende Umgestaltung des Kartellrechts: Zum Referentenentwurf der 7. GWB-Novelle, BB 2004, 235; *BKartA,* Merkblatt des Bundeskartellamtes über die Kooperationsmöglichkeiten für kleinere und mittlere Unternehmen, 2007, abrufbar unter www.bundeskartellamt.de; *BKartA,* Bekanntmachung Nr. 18/2007 über die Nichtverfolgung von Kooperationsabreden mit geringer wettbewerbsbeschränkender Bedeutung („Bagatellbekanntmachung"), 2007, abrufbar unter www.bundeskartellamt.de; *Dittrich,* Horizontale Rationalisierungskooperationen kleiner und mittlerer Unternehmen, 2009; *ders.,* Relikt eines eigenständigen nationalen Kartellrechts – die Freistellung für „Mittelstandskartelle" gem. § 3 GWB, WuW 2009, 1006; *Dörinkel,* Die Kooperationserleichterungen nach der Kartellnovelle 1973, WuW 1973, 827; *Ebel,* Novellierung des Gesetzes gegen Wettbewerbsbeschränkungen, NJW 1973, 1577; *Emmerich,* Kooperationen im Wettbewerbsrecht, ZGR 1976, 167; *Görgemanns,* Der Begriff der kleinen und mittleren Unternehmen im Gesetz gegen Wettbewerbsbeschränkungen, 1998; *Herresthal,* Die Praxis der Mittelstandskooperationen nach § 5b, 1983; *Kapteina,* § 5 GWB – Mittelstandskooperationen, Diss., 1980; *Herrlinger,* Änderungen der 7. GWB-Novelle im Rahmen des Gesetzgebungsverfahrens, WRP 2005, 1136; *Kartte,* Ein neues Leitbild für die Wettbewerbspolitik, FIW-Schriftenreihe, Heft 49, 1969; *Keßler,* Einkaufskooperationen im Licht des Deutschen und Europäischen Kartellrechts, WuW 2002, 1162; *Lange,* Die kartellrechtliche Kontrolle der Gewährung von Rabatten, WuW 2002, 220; *Lettl,* Kartellrecht, 3. Aufl. 2013; *LKartB Bayern,* Kooperation und Wettbewerb, 6. Aufl. 2006; *Lutz,* Die Beurteilung von Einkaufskooperationen nach deutschem Kartellrecht, WRP 2002, 47; *Moog,* Die Bildung gegengewichtiger Marktmacht nach dem Gesetz gegen Wettbewerbsbeschränkungen, Diss., 1980; *J. B. Nordemann,* Gegenmacht und Fusionskontrolle, 1996; *Rißmann,* Kartellverbot und Kooperation zwischen kleinen und mittleren Unternehmen nach der 7. GWB-Novelle, WuW 2006, 881; *Rittner,* Thesen zur Kartellnovelle, DB 1973, 318; *Salje,* Die mittelständische Kooperation zwischen Wettbewerbspolitik und Kartellrecht, 1981; *Schnelle/Hübner,* Einkaufsgemeinschaften der öffentlichen Hand: Kartellrechtliche Zulässigkeit und Rechtsweg in das vergaberechtliche Nachprüfverfahren, WRP 2003, 1205; *Teichmann,* Die „wesentliche Beeinträchtigung des Wettbewerbs" als Schranke für Kooperationsvereinbarungen, WuW 1974, 449; *Veltins,* Die Mittelstandskooperation in Kartellrecht und Praxis, DB 1978, 239; *Werner,* Unternehmerische Kooperation zur Steigerung der Leistungsfähigkeit, 1985; *Westermann,* Einkaufskooperationen der öffentlichen Hand nach der Feuerlöschzüge-Entscheidung des BGH, ZWeR 2003, 481.

I. Entstehungsgeschichte

1 Die Einführung einer Sonderregelung für kleine und mittlere Unternehmen in **§ 5b GWB a. F.** erfolgte erst 1973 im Zuge der 2. GWB-Novelle. Der Gesetzgeber der 6. GWB-Novelle 1999 hat die Kooperationserleichterung für kleine und mittlere Unternehmen an die in § 9 GWB a. F. geregelten verfahrensrechtlichen Voraussetzungen für die Anmeldung von Widerspruchskartellen angepasst und in **§ 4 Abs. 1 GWB a. F.** verankert. Inhaltliche Änderungen waren mit dieser Neufassung durch die 6. GWB-Novelle 1999 nicht verbunden. Das gilt auch für sprachliche Änderungen wie die Einführung des Be-

griffs der „Wettbewerbsfähigkeit“ in § 4 Abs. 1 Nr. 2 GWB a. F., der den Ausdruck „Leistungsfähigkeit“ in § 5b Abs. 1 a. E. GWB a. F. ersetzte. **Die 7. GWB-Novelle 2005** wollte den Regelungsgehalt des § 4 Abs. 1 GWB a. F. ebenfalls nicht grundsätzlich ändern,[1] es folgte aber auf Grund der völligen Neustrukturierung des ersten Teils des Gesetzes im ersten Abschnitt eine Verschiebung in § 3 GWB. Ferner nahm die 7. GWB-Novelle 2005 einige Umformulierungen wegen der mit ihr einhergehenden tief greifenden Systemänderungen vor. Zunächst entfiel nach Einführung des Systems der Legalausnahme[2] der Charakter als Widerspruchskartell; auch Mittelstandskartelle sind nun ohne administrative Voraussetzungen vom Kartellverbot des § 1 GWB freigestellt. Dem System der Legalausnahme war ferner die Einführung des § 3 Abs. 2 GWB a. F. geschuldet, der zum 30. Juni 2009 außer Kraft getreten ist.[3] Da § 1 GWB seit der 7. GWB-Novelle 2005 horizontal und vertikal veranlasste Wettbewerbsbeschränkungen erfasst, § 3 GWB jedoch nur horizontale Sachverhalte regeln soll, musste der Gesetzgeber eine diesbezügliche Klarstellung in der Wortlaut aufnehmen („zwischen miteinander im Wettbewerb stehenden Unternehmen“). Nur der redaktionellen Anpassung an die Neuformulierung des § 1 GWB n. F. dient offensichtlich auch das Abstellen auf „Beschlüsse von Unternehmensvereinigungen“ (davor nur „Beschlüsse“). Außerdem konnte der Hinweis auf § 3 GWB a. F. entfallen, weil § 3 GWB a. F. (Spezialisierungskartelle) mit der 7. GWB-Novelle aufgehoben wurde. Für **frühere Mittelstandskartelle,** die noch nach § 4 Abs. 1 GWB a. F. gemäß § 9 Abs. 3 Satz 1 und 4 GWB a. F. mangels Widerspruches der KartB administrativ freigestellt waren und nicht an der Legalausnahme des § 3 GWB teilnehmen, galt eine **Übergangsfrist bis 31. Dezember 2007,** § 131 Abs. 1 GWB. – Die **8. GWB-Novelle 2013** hat § 3 GWB nicht geändert.

II. Sinn und Zweck

Die Begründung für die Privilegierung von Mittelstandskartellen im Sinne des § 3 GWB ist nicht einheitlich. Im Rahmen der wettbewerbspolitischen Diskussion der 1960er und 1970er Jahre wurde das bisherige Leitbild der vollständigen Konkurrenz zunehmend als unrealistisch angezweifelt. Um eine optimale Wettbewerbsintensität zu erreichen, müsse die Zahl selbstständiger Wirtschaftseinheiten verringert werden. Jedoch sei eine breite Schicht kleiner und mittlerer Betriebe eine der wichtigsten Voraussetzungen für einen funktionsfähigen Wettbewerb und deshalb ihr Ausscheiden aus dem Wettbewerb unerwünscht.[4] Deshalb müsse eine Kartellierung von kleinen und mittleren Unternehmen zugelassen werden. Dem ist aber entgegenzuhalten, dass dem GWB der Schutz einer bestimmten Wettbewerbsstruktur nicht entnommen werden kann.[5] Daneben wird auch der Ausgleich von Marktmacht der Marktgegenseite (Gegenmachtbildung) als Regelungszweck für die Zulassung von Mittelstandkartellen genannt. Gegenmachtbildung kann jedoch keinen anzuerkennenden Regelungszweck darstellen, weil ein solcher Ausgleich von Macht im Vertikalverhältnis die positiven Funktionen horizontalen Wettbewerbs nicht zu ersetzen vermag.[6] Letztlich liegt der Regelungszweck daher in der **Leistungssteigerung für kleine und mittlere Unternehmen im Wettbewerb,** mithin in der Steigerung ihrer Wettbewerbsfähigkeit. Es geht um einen **Ausgleich der Größennachteile** im Wettbewerb 2

[1] Begr. RegE 7. GWB-Novelle, BT DS 15/3640, S. 27, 44.

[2] Dazu Art. 101 Abs. 1 Rn. 11 f.; Art. 101 Abs. 3 AEUV Rn. 8 f.; § 33 Rn. 1.

[3] Vgl. Rn. 71.

[4] Bericht des Wirtschaftsausschusses des Bundestages zur 2. GWB-Novelle, WuW 1973, 581, 584; *Kartte,* Ein neues Leitbild für die Wettbewerbspolitik, S. 38; vgl. ferner die Darstellungen bei *Emmerich* ZGR 1976, 167, 169; *Benisch* in: Gemeinschaftskommentar § 5b a. F. Rn. 1; *Pampel* in: Münchener Kommentar, GWB, § 3 Rn. 10 ff.

[5] Ablehnend auch *Fuchs* in: Immenga/Mestmäcker, GWB, § 3 Rn. 2; *Pampel* in: Münchener Kommentar, GWB, § 3 Rn. 12.

[6] Eingehend *Moog,* S. 75 ff.; *J. B. Nordemann,* S. 73 ff.; ferner: *Fuchs* in: Immenga/Mestmäcker, GWB, § 3 Rn. 3; *Schneider* in: Langen/Bunte, § 3 GWB Rn. 2.

durch leistungssteigernde Kooperation.[7] Auch für die 7. GWB-Novelle 2005 hält die Begründung noch einmal ausdrücklich fest, dass „Kooperationen der mittelständischen Wirtschaft, auch wenn sie den Wettbewerb beschränken, nützlich und strukturell wettbewerbsfördernd sein können".[8] Im Schrifttum ist die Legalisierungsmöglichkeit für Mittelstandskartelle de lege ferenda zum Teil auf schwerwiegende wettbewerbspolitische Bedenken gestoßen.[9] Mittelstandskartelle sind danach eine **privilegierte Untergruppe der Rationalisierungskartelle.**[10] Umfasst sind insoweit seit der 7. GWB-Novelle **auch Spezialisierungskartelle,** weil die Sonderregelung für Spezialisierungskartelle in § 3 GWB a. F. gestrichen wurde.[11]

3 Allerdings enthält auch § 2 Abs. 1 GWB eine Freistellungsmöglichkeit für Rationalisierungskartelle. Damit stellt sich die **Frage nach der eigenständigen Bedeutung des § 3 GWB gegenüber § 2 Abs. 1 GWB.** Die eigenständige Bedeutung ergibt sich dabei aus den unterschiedlichen Freistellungsvoraussetzungen: **(1)** Zunächst sind für eine Freistellung nach § 3 GWB **keine Verbrauchervorteile darzulegen und nachzuweisen.** Diese sind zwar eine gängige Folge, wenn der Wettbewerb nicht wesentlich beeinträchtigt wird, weil dann hinreichender Druck zur Weitergabe an die Verbraucher besteht. Jedoch sind ein substantiierter Vortrag und der Nachweis von Verbrauchervorteilen keine obligatorische Voraussetzung der Freistellung nach § 3 GWB. **(2)** Bedeutender ist, dass eine **„Unerlässlichkeit" der Wettbewerbsbeschränkung** für den eintretenden Rationalisierungserfolg – anders als bei § 2 Abs. 1 GWB – **nicht erforderlich** ist, auch wenn im Rahmen des § 3 GWB eine Abwägung zwischen der Wettbewerbsbeschränkung und dem damit bezweckten Rationalisierungserfolg erfolgt.[12] Das Fehlen der Voraussetzung der „Unerlässlichkeit" erlaubt es, auch **Kernbeschränkungen (Preis, Menge, Gebiet)** im Rahmen von § 3 GWB freizustellen, die nach § 2 Abs. 1 GWB regelmäßig gerade nicht „unerlässlich" sind.[13] In der großzügigeren Freistellungsmöglichkeit für Kernbeschränkungen besteht demgemäß ein relevanter Unterschied zu § 2 Abs. 1 GWB.[14] **(3)** Nach dem Wortlaut des § 3 Nr. 1 GWB ist eine Freistellung bereits bei einer **wesentlichen Beeinträchtigung des Wettbewerbs** ausgeschlossen, während § 2 Abs. 1 GWB erst bei einer Ausschaltung des Wettbewerbs eine Freistellung nicht mehr zulässt. Das ist vordergründig eine strengere Freistellungsvoraussetzung nach § 3 GWB[15] und offenbar der Preis dafür, dass ansonsten die Freistellungsvoraussetzungen bei § 3 GWB weniger streng sind, insbesondere keine „Unerlässlichkeit" gefordert wird, so dass auch Kernbeschränkungen freistellbar sind. Allerdings ist zu bedenken, dass beide Freistellungstatbestände einen Marktstrukturtest für jeden Einzelfall durchführen. Im Ergebnis wird es deshalb oft zu gleichen Ergebnissen kom-

[7] Vgl. Bericht des Wirtschaftsausschusses des Bundestages zur 2. GWB-Novelle, WuW 1973, 581, 583; Begr. RegE 5. GWB-Novelle, BT-DS 11/4610 = WuW 1990, 332, 339; BKartA, Merkblatt 2007, Rn. 36; *Bunte* in: Frankfurter Kommentar § 3 Rn. 17; *Benisch* in: Gemeinschaftskommentar § 4 a. F. Rn. 2; *Fuchs* in: Immenga/Mestmäcker, GWB, § 3 Rn. 2; *Pampel* in: Münchener Kommentar, GWB, § 3 Rn. 10.

[8] Begr. RegE 7. GWB-Novelle 2005, BT DS 15/3640, S. 28.

[9] *Emmerich* ZGR 76, 167, 182; *Rittner* DB 1973, 318; *Immenga* in: Immenga/Mestmäcker, GWB (3. Aufl.), § 4 Rn. 14; a. A. *Bunte* in: Frankfurter Kommentar § 3 Rn. 17 f.; vermittelnd *Fuchs* in: Immenga/Mestmäcker, GWB, § 3 Rn. 5.

[10] *Fuchs* in: Immenga/Mestmäcker, GWB, § 3 Rn. 6; *Bechtold,* GWB, § 3 Rn. 8.

[11] Begr. RegE 7. GWB-Novelle, BT DS 15/3640, S. 28. Vgl. zum Verhältnis zwischen Spezialisierungskartellen nach § 3 GWB a. F. und Mittelstandskartellen nach § 4 Abs. 1 GWB a. F.: *Veltins* DB 1978, 239 f.; *Bunte* in: Frankfurter Kommentar § 4 a. F. (1999) Rn. 28; *Benisch* in: Gemeinschaftskommentar § 5b Rn. 30.

[12] *Dittrich,* S. 271 f.

[13] Vgl. Art. 101 Abs. 3 AEUV Rn. 44.

[14] *Dittrich,* WuW 2009, 1006, 1008; *Fuchs* in: Immenga/Mestmäcker, GWB, § 3 Rn. 6. Abweichend noch unsere Voraufl. Rn. 3.

[15] *Dittrich,* S. 273 ff.

men.[16] Das gilt vor allem bei Kernbeschränkungen. Die eigenständige Bedeutung des § 3 GWB sollte danach vor allem in der Anhebung der Spürbarkeitsschwelle für Kernbeschränkungen in den Freistellungsbereich hinein liegen. § 3 GWB ermöglicht es kleinen und mittleren Unternehmen, ungeachtet des Verbots aus § 1 GWB Rationalisierungsabreden auch im Bereich der Preis-, Produktions- und Gebietsabsprachen zu treffen, soweit der Wettbewerb dadurch nicht in unvertretbarer Weise beeinträchtigt wird. Die Privilegierung von Mittelstandskartellen reicht dabei deutlich in den Bereich der Spürbarkeit von Wettbewerbsbeschränkungen, weil nicht spürbare Wettbewerbsbeschränkungen schon nicht unter § 1 GWB fallen und damit keiner Freistellung nach § 3 GWB bedürfen. Zwar war der Gesetzgeber der 7. GWB-Novelle 2005 der Auffassung, dass bei Mittelstandskartellen im Sinne des § 3 GWB die Spürbarkeitsgrenze von für alle Beteiligten zusammen 10% Marktanteil aus der De-minimis-Bekanntmachung der Europäischen Kommission „nur selten" überschritten werde.[17] Bedenkt man jedoch, dass Kernbeschränkungen nach der De-minimis-Bekanntmachung der Kommission stets spürbar sind, kann schon die Zulassung von 10% Marktanteil privilegierende Wirkung haben. Außerhalb von Kernbeschränkungen ist auch bei Marktanteilen über 15% eine Freistellung denkbar.[18] Es handelt sich bei Mittelstandskartellen also um eine **qualifizierte Geringfügigkeitsregelung zur Privilegierung von kleinen und mittleren Unternehmen, die eine eigenständige Bedeutung vor allem im Bereich der Kernbeschränkungen hat.**[19]

Nicht zu verwechseln ist die Privilegierung von Mittelstandskartellen mit der **früheren Privilegierung von mittelständischen Einkaufskooperationen in § 4 Abs. 2 GWB a. F.,** weil bei solchen Einkaufskooperationen keine Rationalisierung Gegenstand der Zusammenarbeit sein musste. Vielmehr war für § 4 Abs. 2 GWB a. F. eine bloße Verbesserung der Wettbewerbsfähigkeit auf Grund des Machtzuwachses durch die Kartellierung genügend, z. B. wenn dadurch bessere Einkaufskonditionen erzielt werden konnten.[20] Mittelständische Einkaufsgemeinschaften gemäß § 4 Abs. 2 GWB a. F. sind ohne Regelung seit der 7. GWB-Novelle 2005; ihre Zulässigkeit richtet sich folglich nach den allgemeinen Vorschriften der §§ 1, 2 GWB.[21] Für mittelständische Einkaufsgemeinschaften mit Rationalisierungseffekt kann hingegen § 3 GWB Anwendung finden. 4

Wegen des eindeutigen Wortlauts erfasst § 3 GWB **nur Horizontalvereinbarungen**. 5
Rechtspolitisch ist die fehlende Privilegierung von Vertikalvereinbarungen kleiner und mittlerer Unternehmen **zu beklagen.**[22] Sie müssen sich vielmehr an den etwas strengeren Maßstäben des § 2 GWB messen lassen. Das erstaunt auch deshalb, weil nach kartellrechtlichem Verständnis Horizontalvereinbarungen gegenüber Vertikalvereinbarungen generell als gefährlicher für den Wettbewerb einzustufen sind.

---

[16] *Fuchs* in: Immenga/Mestmäcker, GWB, § 3 Rn. 16 m. Fn. 42, der betont, dass nur wenige Fälle eigenständig nach § 3 zu behandeln seien; ähnlich *Rißmann* WuW 2006, 881, 886.

[17] Begr. RegE 7. GWB-Novelle, BT DS 15/3640, S. 28, unter Berufung auf die De-minimis-Bekanntmachung der Europäischen Kommission (2001/C 368/07), ABl. 368/07 vom 22.12.2001. Vgl. zur Spürbarkeit und zur De-minimis-Bekanntmachung auch Art. 101 Abs. 1 AEUV Rn. 288ff.

[18] Vgl. Rn. 58.

[19] Das entspricht *Fuchs* in: Immenga/Mestmäcker, GWB, § 3 Rn. 6, der zu Recht die Privilegierungswirkung für Kernbeschränkungen in den Mittelpunkt rückt.

[20] Vgl. zu fehlenden Erfüllung des Tatbestandes des § 3 GWB durch bloßen Machtzuwachs unten Rn. 38.

[21] Gl. A. *Rißmann* WuW 2006, 881, 886; *Fuchs* in: Immenga/Mestmäcker, GWB, § 3 Rn. 9; *Bunte* in: Frankfurter Kommentar § 3 Rn. 12; a. A. (?) *Schneider* in: Langen/Bunte § 3 Rn. 8, der davon ausgeht, dass Einkaufskooperationen bei Sachverhalten ohne Zwischenstaatlichkeitsbezug unter § 3 GWB fallen können, i. Ü. nur noch unter § 2 GWB bzw. Art. 101 Abs. 3 AEUV zu subsumieren sind. Zu mittelständischen Einkaufsgemeinschaften siehe die Kommentierung zu Art. 101 Abs. 3 AEUV Rn. 89ff.

[22] *Dittrich,* S. 216ff.

6 Wegen des Vorrangs des EU-Kartellrechts hat § 3 GWB **für zwischenstaatlichen Sachverhalten keine eigenständige rechtliche Bedeutung.**[23]

III. Systematik

7 Mit der 7. GWB-Novelle 2005 wurde im GWB die Administrativfreistellung abgeschafft und das System der Legalausnahme eingeführt.[24] Das gilt auch für Mittelstandskartelle; sie waren bis zur 7. GWB-Novelle 2005 administrativ in Form eines sog. Widerspruchskartells freistellbar (§§ 4 Abs. 1, 9 Abs. 1 GWB a. F.). Nunmehr ist jedes Mittelstandskartell, das die Voraussetzungen des § 3 GWB erfüllt, **ohne Notwendigkeit administrativer Schritte durch Gesetz freigestellt.**

8 Einer Freistellung nach § 3 GWB bedarf es nur, wenn die zwischenbetriebliche Zusammenarbeit den **Tatbestand des § 1 GWB erfüllt.** Dafür muss eine Wettbewerbsbeschränkung bezweckt oder zumindest bewirkt werden.[25] Die Kartellierung muss ferner zu einer spürbaren Marktbeeinflussung führen, weil schon der Tatbestand des § 1 GWB eine gewisse Spürbarkeit der Abreden erfordert.[26]

9 Liegen die Voraussetzungen des § 3 GWB vor, so ist davon auszugehen, dass die allgemeinen Freistellungsvoraussetzungen des **§ 2 Abs. 1 GWB** erfüllt sind. Der RegE nennt das eine „gesetzliche Fiktion",[27] treffender ist indes der Begriff der **Rechtsfolgenverweisung.**[28] Weisen die Unternehmen also erfolgreich das Vorliegen der Voraussetzungen des § 3 GWB für eine Freistellung nach, entfällt jede Prüfung des § 2 Abs. 1 GWB. Das hat eine – begrenzte – praktische Bedeutung, weil § 3 GWB im Vergleich zu § 2 Abs. 1 GWB etwas großzügigere Freistellungsvoraussetzungen aufstellt.[29] Umgekehrt können Kartelle, die nicht unter den Tatbestand des § 3 GWB fallen, nach § 2 Abs. 1 GWB freigestellt sein.[30] Auch eine Freistellung nach § 2 Abs. 2 GWB kommt in Betracht.[31]

10 § 3 GWB hat nur dann eigenständige Bedeutung, wenn es sich nicht um einen zwischenstaatlichen Sachverhalt handelt.[32] Bei **zwischenstaatlichen Sachverhalten geht** die Bewertung nach **Art. 101 AEUV** der Regelung des § 3 GWB vor,[33] vgl. § 22 GWB und Art. 3 VO 1/2003.

IV. Praktische Bedeutung

11 Die praktische Bedeutung der Regelung zu Mittelstandskartellen war im Vergleich zu sonstigen Freistellungsvorschriften **nach früherem Recht (§ 4 Abs. 1 GWB a. F.)** bis zur 7. GWB-Novelle 2005 groß.[34] Heute gelten jedoch für **die aktuelle Regelung in § 3**

---

[23] Dazu unten Rn. 75.

[24] Dazu die Kommentierung Art. 101 Abs. 3 AEUV Rn. 8 f.

[25] Vgl. dazu oben Art. 101 Abs. 1 AEUV Rn. 265 ff.

[26] Vgl. dazu oben Art. 101 Abs. 1 AEUV Rn. 288 ff. und unten § 3 Rn. 55 ff. (keine wesentliche Beeinträchtigung des Wettbewerbs).

[27] Begr. RegE 7. GWB-Novelle, BT DS 15/3640, S. 44.

[28] *Schneider* in: Langen/Bunte § 3 Rn. 64; *Fuchs* in: Immenga/Mestmäcker, GWB, § 3 Rn. 17.

[29] Im Einzelnen str., Siehe dazu Rn. 3.

[30] Begr. RegE 7. GWB-Novelle, BT DS 15/3640, S. 45.

[31] *Fuchs* in: Immenga/Mestmäcker, GWB, § 3 Rn. 16, 18 mit Fn. 49; *Bunte* in: Frankfurter Kommentar § 3 Rn. 125. Siehe auch unten Rn. 74.

[32] Dann wird bei Anwendbarkeit des § 3 GWB die Freistellungsregelung gem. § 2 GWB verdrängt, vgl. unten Rn. 73 f.

[33] Ganz h. M.: Begr. RegE 7. GWB-Novelle, BT DS 15/3640, S. 45; BKartA, Merkblatt, Rn. 17; BKartA TB 2005/2006, S. 37; *Bunte* in: Frankfurter Kommentar § 3 Rn. 19 mwN., Rn. 127 ff. mwN.; *Fuchs* in: Immenga/Mestmäcker, GWB, § 3 Rn. 19 mwN.; *Schneider* in: Langen/Bunte § 3 Rn. 3, 14 f.; *Lettl*, Kartellrecht, § 8 Rn. 9.

[34] Dazu Voraufl. Rn. 9.

GWB die Vorrangregeln des § 22 GWB und Art. 3 VO 1/2003[35] für die Beurteilung nach Art. 101 AEUV. Dadurch ist die **Bedeutung** des § 3 **GWB stark eingeschränkt;** in zwischenstaatlichen Sachverhalten geht stets Art. 101 AEUV vor.[36] Da die Zwischenstaatlichkeitsklausel des Art. 101 Abs. 1 AEUV eher großzügig angewendet wird,[37] bleibt vor allem noch Platz für § 3 GWB **bei räumlich beschränkten und vor allem lokalen Kooperationen.** Kooperationen, die sich auf das gesamte Gebiet der Bundesrepublik erstrecken, sind jedoch im Regelfall zwischenstaatlich. Dennoch sollten Mittelstandskartelle gem. § 3 GWB trotz der Vorrangregeln des § 22 GWB und Art. 3 VO 1/2003[38] neben Art. 101 AEUV eine gewisse eigenständige Bedeutung behalten. Bekannt geworden sind solche Fälle bislang aber nur vereinzelt.[39] Das BKartA prüfte von 2005 bis 2015 nur zwanzig Vorgänge, vor allem aus dem Bereich Baustoffe, Steine, Erde; es ging vor allem um Vertriebsgemeinschaften.[40] Die gewisse praktische Bedeutung des § 3 zeigt sich auch darin, dass das **BKartA** 2007 ein **Merkblatt** über Kooperationsmöglichkeiten für kleine und mittlere Unternehmen veröffentlicht hat, das umfassend die Freistellungsmöglichkeiten nach § 3 beleuchtet.

V. Tatbestand des § 3 GWB

1. Beteiligte

a) Kleine und mittlere Unternehmen. Der Begriff der „kleinen und mittleren Unternehmen" ist **gesetzlich nicht definiert.** Er findet sich im GWB an verschiedenen Stellen: neben § 3 GWB auch in § 20 Abs. 2 und Abs. 4 GWB (dort: „kleine und mittlere Wettbewerber"). Auch wenn die Bestimmungen im Einzelnen sehr unterschiedliche Normzwecke verfolgen, so können doch auch für § 3 GWB aus der Auslegung des **§ 20 GWB Anhaltspunkte** gewonnen werden. Denn grundsätzlich erfolgt sowohl im Rahmen des § 3 GWB als auch im Rahmen des § 20 GWB die Feststellung, ob ein kleines oder mittleres Unternehmen vorliegt, im **Horizontalverhältnis zu den Wettbewerbern.** Für § 3 GWB[41] ergibt sich dies schon daraus, dass die Gegenmachtbildung im Vertikalverhältnis gerade keinen Regelungszweck des § 3 GWB darstellt.[42] Mit dem Begriff des kleinen und mittleren Unternehmens in § 20 Abs. 4 wollte der Gesetzgeber sogar an die Begriffsbestimmung in § 5b GWB a. F. (später § 4 Abs. 1 GWB a. F., jetzt § 3 GWB) anknüpfen.[43] Auch für den nach seinem Schutzzweck vertikal ausgerichteten Tatbestand des § 20 Abs. 2 GWB erfolgt die Feststellung, ob ein kleines oder mittleres Unternehmen vorliegt, horizontal.[44] Nur ausnahmsweise ist auch das Vertikalverhältnis einzubeziehen.[45] 12

---

[35] Vgl. Rn. 10.

[36] Siehe Rn. 6, 69.

[37] Siehe Art. 101 Abs. 1 AEUV Rn. 54, 326 ff.

[38] Vgl. Rn. 10.

[39] BKartA WuW/E DE-V 1142 – *Hintermauerziegelkartell;* Zwischenstaatlichkeit, aber auch das Vorliegen der Freistellungsvoraussetzungen des § 3 GWB ablehnend OLG Düsseldorf WuW/E DE-R 2146, 2150 – *Nord-KS/Xella;* ferner OLG Düsseldorf WuW/E DE-R 2081, 2084 – *Kalksandsteinwerk,* ebenfalls eine Freistellung ablehnend.

[40] Siehe hierzu aus dem BKartA: *Pampel* in: Münchener Kommentar, GWB, § 3 Rn. 7 f.

[41] Bericht des Wirtschaftsausschusses des Bundestages zur 2. GWB-Novelle, WuW 1973, 581, 584; *Werner,* S. 180; *Veltins* DB 1978, 239, 240; *Fuchs* in: Immenga/Mestmäcker, GWB, § 3 Rn. 40; *Bunte* in: Frankfurter Kommentar § 3 Rn. 92; *Schneider* in: Langen/Bunte, § 3 Rn. 45; *Benisch* in: Gemeinschaftskommentar § 5b Rn. 24.

[42] Vgl. auch oben Rn. 2.

[43] Begr. RegE 5. GWB-Novelle BT DS 11/4610, S. 15; KG WuW/E OLG 4753, 4760 – *VW-Leasing.*

[44] BGH WuW/E DE-R 984 – *Konditionenanpassung* = NJW 2003, 205, 206 f. = GRUR 2003, 80, 82.

[45] So ausdrücklich BGH WuW/E DE-R 984 – *Konditionenanpassung* = NJW 2003, 205, 206 f. = GRUR 2003, 80, 82, im Hinblick auf WuW/E BGH 2872, 2878 – *Herstellerleasing* = GRUR 1993,

13 Nach zutreffender Ansicht ist der **Begriff** der kleinen und mittleren Unternehmen **relativ.** Der dafür erforderliche Vergleich kann grundsätzlich nur mit **Wettbewerbern auf demselben sachlichen und räumlichen Markt** erfolgen.[46] Dass die Bestimmung der kleinen und mittleren Unternehmen relativ erfolgen muss, ergibt sich bereits aus der Zielsetzung des § 3 GWB. Sollen Nachteile strukturell benachteiligter Unternehmen, also solcher Unternehmen, die im Vergleich zu den anderen Wettbewerbern im relevanten Markt wesentlich kleiner sind, ausgeglichen werden, so kann § 3 GWB nur den Unternehmen zugutekommen, die im Verhältnis zu eben diesen Wettbewerbern als kleines oder mittleres Unternehmen einzustufen sind.[47] Darüber hinaus können auch Wettbewerber einbezogen werden, die nur auf dem gleichen sachlichen, **nicht** aber **auf dem gleichen räumlichen Markt** innerhalb Deutschlands tätig sind. Denn auch diese liefern einen Vergleichsmaßstab, z. B. kann die Größe der Blumeneinzelhändler in Berlin durchaus Aufschluss über die relative Größe eines Blumeneinzelhändlers in München geben. Außerhalb Deutschlands tätige Wettbewerber, die nicht zum selben räumlichen Markt zählen, dürfen aber nur einbezogen werden, wenn die Wettbewerbsstruktur der unterschiedlichen räumlichen Märkte vergleichbar ist.

14 Als **Maßstab** dienen **alle Marktstrukturkriterien.** Genannt werden Beschäftigtenzahl, Kundenbeziehungen, Produktionskapazität, Wertschöpfung, Eigenkapital oder Energieverbrauch.[48] In erster Linie ist aber auf den Umsatz abzustellen.[49]

15 Die **Berechnung des Umsatzes** kann analog § 38 GWB erfolgen.[50] Wegen der unterschiedlichen Regelungszwecke von Zusammenschlusskontrolle einerseits und Mittelstandskartell andererseits ist hier allerdings eine gewisse Zurückhaltung geboten, insbesondere im Hinblick auf die von § 38 GWB angeordneten Besonderheiten für Handels-, Presse- und Rundfunkunternehmen sowie für Kredit-, Finanzinstitute, Bausparkassen und Versicherungsunternehmen. Beispielsweise die Verzwanzigfachung der Umsätze für Rundfunkunternehmen gemäß § 38 Abs. 3 GWB beruht auf dem Ziel des Gesetzgebers, im regionalen und lokalen Bereich der Tendenz zu Konzentration entgegenzuwirken und viele selbstständige kleine und mittlere Unternehmen und damit Meinungsvielfalt zu erhalten;[51] wenn jedoch die Zusammenarbeit von Rundfunkunternehmen gemäß § 3 GWB nur punktuell ohne Auswirkung auf die meinungsbildende Funktion erfolgt (z. B. nicht für die redaktionelle Tätigkeit, nur beim Einkauf von Produktionsmaterialien), kann dieses Anliegen des § 38 Abs. 3 GWB für § 3 GWB kaum verfangen.

592; *Lettl,* Kartellrecht, § 8 Rn. 15; *Bechtold,* GWB, § 3 Rn. 11, der bei der Prüfung herrschende und abhängige Unternehmen miteinbeziehen will und einen Vergleich der betroffenen Unternehmen mit ihren Wettbewerbern und uU auch mit der Marktgegenseite voraussetzt; *Nothdurft* in: Langen/Bunte § 20 Rn. 74 mwN. Kritisch zur Rechtsprechung des BGH in: *Herstellerleasing* beispielsweise *Markert* in: Immenga/Mestmäcker, GWB, § 20 Rn. 43; wohl auch *Fuchs* in: Immenga/Mestmäcker § 3 Rn. 51; für § 3 GWB ein Abstellen auf das Vertikalverhältnis ablehnend *Bunte* in: Frankfurter Kommentar § 3 Rn. 92.

[46] BKartA, Merkblatt, Rn. 12; *Bunte* in: Frankfurter Kommentar § 3 Rn. 85 ff.; *Lettl,* Kartellrecht, § 8 Rn. 14; *Pampel* in: Münchener Kommentar, GWB, § 3 Rn. 62; wohl auch *Lober in:* Schulte/Just, Kartellrecht, § 3 GWB Rn. 22. Zu § 20 Abs. 3 GWB BGH WuW/E DE-R 984 – *Konditionenanpassung* = NJW 2003, 205, 206 f. = GRUR 2003, 80, 82; ferner die Kommentierung zu § 20 Rn. 127.

[47] Ebenso *Dittrich,* Horizontale Rationalisierungskooperationen kleiner und mittlerer Unternehmen, 2009, S. 136 ff.; *derselbe,* WuW 10/2009, 1006, 1007.

[48] *Veltins* DB 1978, 239, 240; *Werner* S. 180; *Fuchs* in: Immenga/Mestmäcker, GWB, § 3 Rn. 49; *Bunte* in: Frankfurter Kommentar § 3 Rn. 88; BKartA, Merkblatt, Rn. 12, nennt neben dem Umsatz lediglich die Zahl der Beschäftigten als weiteres zu berücksichtigendes Kriterium.

[49] BKartA, Merkblatt, Rn. 12; *Veltins,* DB 1978, 239, 240; *Werner,* S. 180; *Lettl,* Kartellrecht, § 8 Rn. 16; *Fuchs* in: Immenga/Mestmäcker, GWB, § 3 Rn. 49; *Bunte* in: Frankfurter Kommentar § 3 Rn. 88.

[50] *Bunte* in: Frankfurter Kommentar § 3 Rn. 88.

[51] Vgl. die Kommentierung zu § 38 GWB.

16 **Wegen der Relativität des Begriffes variiert die Einstufung** als kleines oder mittleres Unternehmen bei Betrieben mit derselben absoluten Größe je nach Wirtschaftszweig. So ist es möglich, dass ein Unternehmen mit 100 Mio. EUR Jahresumsatz in einem Markt, auf dem auch Umsatzmilliardäre tätig sind, als mittleres Unternehmen angesehen wird, während ein Unternehmen mit diesem Umsatz in einem anderen Wirtschaftszweig mit einer anderen Marktstruktur als Großunternehmen einzustufen ist.[52] Maßgeblich für die Einordnung als kleines oder mittleres Unternehmen ist der **Gesamtumsatz,** nicht nur der von der Zusammenarbeit betroffene Umsatz.[53] Dies folgt aus dem für das GWB einheitlichen Unternehmensbegriff. Zudem entspräche es nicht dem Normzweck des § 3 GWB, wenn auch Betriebe, die gemessen an ihrem Gesamtumsatz nicht unter die Kategorie der mittleren oder kleinen Betriebe fallen, von der Kooperationserleichterung Gebrauch machen könnten.[54] Als sehr grobe Regel wird man sagen können, dass ein **mittleres Unternehmen weniger als 50 % des Umsatzes des umsatzstärksten Unternehmens** aufweist. Ansonsten fehlt es an der „deutlichen" Unterlegenheit des mittleren Unternehmens, die § 3 GWB gerade ausgleichen will.[55] Als **Kleinunternehmen** können solche Wettbewerber bezeichnet werden, die **weniger als 10 % des Umsatzes des umsatzstärksten Unternehmens** erzielen.[56] Diese Regeln versagen allerdings, wenn es keine deutlichen Größenunterschiede zwischen den Wettbewerbern gibt. Dann dürfte es aber auch insgesamt schwierig sein, die Einordnung vornehmlich nach Umsatzgesichtspunkten vorzunehmen.

17 **Absolute Größenmerkmale** können wegen der Relativität des Begriffs der kleinen und mittleren Unternehmen nur in eingeschränktem Maße berücksichtigt werden.[57] Anders als noch der Wirtschaftsausschuss[58] bei der Einführung des § 5b GWB a. F. ging auch der Gesetzgeber der 5. GWB-Novelle 1989 davon aus, dass absolute Größengrenzen angesichts der äußerst weit auseinander liegenden Marktvolumina wettbewerbspolitisch nicht überzeugend zu rechtfertigen seien.[59] Sie überhaupt nicht zu berücksichtigen,[60] erscheint allerdings als nicht gerechtfertigt. Zutreffend will der Bundesgerichtshof aus Schwellenwerten dann – **widerlegliche – Vermutungen** herleiten, wenn sie **nachvollziehbar und widerspruchsfrei ermittelt** sind und nicht ohne **plausible Begründung** eine bestimmte Grenze postuliert wird.[61] Dies erfordert grundsätzlich eine gesonderte Festsetzung des Schwellenwertes für jeden Markt; allenfalls kann die Festsetzung aus Praktikabilitätsgründen für eine gesamte Branche (z. B. den Lebensmittelhandel) erfolgen.[62] Das Aufstellen von

---

[52] BKartA, Merkblatt, Rn. 12; LKartB Bayern, Kooperation und Wettbewerb, S. 54; *Benisch* in: Gemeinschaftskommentar § 5b a. F. Rn. 24.

[53] *Fuchs* in: Immenga/Mestmäcker, GWB, § 3 Rn. 49; *Werner,* S. 180; im Ergebnis auch *Bunte* in: Frankfurter Kommentar § 3 Rn. 89.

[54] *Werner,* S. 181.

[55] Vgl. oben Rn. 2 ff.; kritisch *Fuchs* in: Immenga/Mestmäcker § 3 Rn. 50, der ausschließlich auf die „konkreten Marktverhältnisse" abstellt.

[56] Vgl. auch die Rechenbeispiele bei *Bunte* in: Frankfurter Kommentar § 3 Rn. 88, der wohl schon bei 60 % ein mittleres und bei 20 % ein kleines Unternehmen annimmt.

[57] BGH WuW/E DE-R 984 – *Konditionenanpassung* = NJW 2003, 205, 207 = GRUR 2003, 80, 82, zu § 20 Abs. 3 GWB; *Lettl,* Kartellrecht, § 8 Rn. 14, 17. Offen *Emmerich* § 23 Rn. 8. Für eine grundsätzliche Berücksichtigung von absoluten Größenmerkmalen *Dörinkel* WuW 1973, 827, 828; *Ebel* NJW 1973, 1577, 1578; *Teichmann* WuW 1974, 450, 457; *Benisch* in: Gemeinschaftskommentar § 5b a. F. Rn. 25; *Bechtold,* GWB, § 3 Rn. 11. Für die Untergrenze sind absolute Größenmerkmale relevant nach Auffassung von *Bunte* in: Frankfurter Kommentar § 3 Rn. 94; *Schneider* in: Langen/Bunte, § 3 Rn. 46.

[58] Bericht des Wirtschaftsausschusses des Bundestages zur 2. GWB-Novelle, WuW 1973, 581, 584.

[59] Begr. RegE 5. GWB-Novelle BT DS 11/4610 = WuW 1990, S. 332, 339.

[60] *Fuchs* in: Immenga/Mestmäcker § 3 Rn. 47; auch BKartA, Merkblatt, Rn. 12, nennt nur relative Kriterien.

[61] BGH WuW/E DE-R 984 – *Konditionenanpassung* = NJW 2003, 205, 206 f. = GRUR 2003, 80, 82.

[62] BGH WuW/E DE-R 984 – *Konditionenanpassung* = NJW 2003, 205, 206 f. = GRUR 2003, 80, 82.

Vermutungsregelungen über Branchengrenzen hinaus ist danach **nicht möglich.** Jedoch besteht ein hohes praktisches Bedürfnis nach branchenübergreifenden Leitwerten, mag ihnen auch keine Vermutungswirkung zukommen. Hier kann zunächst – trotz gewisser Vorsicht hinsichtlich des größeren räumlichen Maßstabes – eine Orientierung an den Schwellen erfolgen, die die KMU-Empfehlung der Europäischen Kommission vorgibt: weniger als 250 Beschäftigte und entweder ein Jahresumsatz von höchstens 50 Mio. EUR oder eine Jahresbilanzsumme von 43 Mio. EUR.[63] Ferner erfüllen die sich aus § 35 GWB ergebenden absoluten Werte eine gewisse Leitbildfunktion, wiederum bei aller Vorsicht wegen der unterschiedlichen Regelungszwecke von Zusammenschlusskontrolle und Kartellverbot bzw. § 3 GWB. Das gilt vor allem für eine **Untergrenze.** Eine Einbeziehung in die Gruppe der Großunternehmen dürfte danach in jedem Fall bei Umsatzzahlen von weniger als 25 Mio. EUR[64] und regelmäßig auch bis 50 Mio. EUR abzulehnen sein. Ausnahmen kommen dann in Betracht, wenn der Vergleichsmaßstab ausschließlich kleine Unternehmen sind, beispielsweise Einzelhändler mit je einem Geschäft und einem Umsatz von je deutlich weniger als 1 Mio. EUR im Vergleich zu einem Filialunternehmen mit 15 Mio. EUR Umsatz. Im Hinblick auf eine **Obergrenze** ist hingegen schon wegen Kaufkraftschwundes die Grenze von 500 Mio. EUR nur als erster grober Richtwert zu verstehen. In bestimmten Branchen – beispielsweise bei Autoherstellern – kann ein Unternehmen bei einem solchen Umsatz noch Mittelständler sein. Überdies zeigt die große Spannweite der vorgeschlagenen festen Obergrenzen von 25 Mio. EUR,[65] 250 Mio. EUR[66] oder 500 Mio. EUR,[67] wie schwierig es ist, für alle Branchen gültige feste Grenzen aufzustellen.

18 Eine besondere Regelung, wonach sich verbundene Unternehmen die Umsätze oder andere Strukturmerkmale ihrer **Konzerngesellschaften** zurechnen lassen müssen, ist in § 3 GWB nicht enthalten. Gleichwohl ist eine eigenständige Betrachtung von Betrieben, die einem Unternehmensverbund angehören und mit diesem eine sog. wettbewerbliche Einheit bilden, in der Regel ausgeschlossen.[68] § 36 Abs. 2 GWB findet Anwendung.[69] Im Sinne von § 17 AktG herrschende und abhängige Unternehmen sind daher prinzipiell einzubeziehen. Ansonsten könnten Großunternehmen einzelne Geschäftsbereiche ausgliedern und sich so an einer Kartellbildung von kleinen und mittleren Unternehmen beteiligen.[70] Nach zutreffender Ansicht kann jedoch eine Tochtergesellschaft im Einzelfall unter

---

[63] Empfehlung 2003/361/EG vom 6.5.2003, ABl. 2003 Nr. L 124/36, gültig ab 1.1.2005. Die De-minimis-Bekanntmachung der Europäischen Kommission nimmt auf deren Vorgänger ausdrücklich Bezug, vgl. Tz. 3 mit Fn. 5 der De-minimis-Bekanntmachung (2014/C 291/01), ABl. C 291/01 vom 30.8.2014 kritisch zu ihrer Relevanz für § 3 GWB: *Schneider* in: Langen/Bunte § 3 Rn. 41 ff.; *Fuchs* in: Immenga/Mestmäcker § 3 Rn. 48.

[64] Bericht des Wirtschaftsausschusses des Bundestages zur 2. GWB-Novelle WuW 1973, 581; *Keßler* WuW 2002, 1162, 1165; *Benisch* in: Gemeinschaftskommentar § 5b a. F. Rn. 25; *Bechtold,* GWB, § 3 Rn. 11. Kritisch *Schneider* in: Langen/Bunte § 3 Rn. 46.

[65] *Teichmann* WuW 1974, 450, 457; *Salje,* S. 73.

[66] So *Lettl,* Kartellrecht, § 8 Rn. 17, der bei einem Wert von 250 Mio. EUR im Lebensmitteleinzelhandel von einer widerleglichen Vermutung ausgeht, dass das Unternehmen zu den kleinen und mittleren Unternehmen gehört, insoweit unter Berufung auf die zu § 20 Abs. 3 GWB ergangene Entscheidung des BGH *Konditionenanpassung,* WuW/E DE-R 984 = NJW 2003, 205, 206 f. = GRUR 2003, 80, 82.

[67] *Keßler* WuW 2002, 1162, 1165; *Bechtold,* GWB, § 3 Rn. 11.

[68] Allg. A., vgl. WuW/E BGH 2321, 2323 – *Mischguthersteller;* WuW/E BKartA 2384, 2389 – *German Parcel Paket-Logistik;* KG WuW/E OLG 3663, 3666 – *Mischguthersteller;* BKartA, Merkblatt, Rn. 13; vgl. *Werner* S. 180; *Kapteina,* S. 235; *Bunte* in: Frankfurter Kommentar § 3 Rn. 96; *Bechtold,* GWB, § 3 Rn. 11; *Benisch* in: Gemeinschaftskommentar § 5b Rn. 24; *Lober in:* Schulte/Just, Kartellrecht, § 3 GWB Rn. 23.

[69] BKartA, Merkblatt, Rn. 13.

[70] *Werner,* S. 181; *Bunte* in: Frankfurter Kommentar § 3 Rn. 96; vgl. dazu auch oben Art. 101 Abs. 1 AEUV Rn. 94 ff.

Berücksichtigung ihrer tatsächlichen Beziehung zur Muttergesellschaft als kleines oder mittleres Unternehmen anzusehen sein.[71] Davon ist zum Beispiel auszugehen, wenn bei der Tochtergesellschaft die Merkmale eines mittelständischen Unternehmens überwiegen.[72] Die Gegenauffassung rechnet einer abhängigen Gesellschaft die Umsätze anderer Konzerngesellschaften stets hinzu.[73] Danach würde jedoch den Kartellbehörden die notwendige Flexibilität fehlen, um den im Einzelfall bestehenden Besonderheiten bei u. U. nur sehr losen Verbindungen zwischen Tochter- und Muttergesellschaft Rechnung zu tragen. Auch ist nicht ersichtlich, weshalb der Begriff des kleinen und mittleren Unternehmens hier institutionell verstanden werden muss, während ansonsten für das GWB der funktionale Unternehmensbegriff[74] Anwendung findet, der auf die konkrete wettbewerbliche Situation abstellt. § 32 Abs. 1 GWB und ggf. § 32d GWB gewähren der KartB außerdem die Möglichkeit, nachträglich bei Intensivierung der Verbindung zwischen Mutter und Tochter das Kartell zu verbieten.

Auch **öffentlich-rechtliche Körperschaften** können kleine und mittlere Unterneh- 19
men im Sinne des § 3 GWB sein.[75] Voraussetzung ist lediglich, dass die öffentliche Hand als Unternehmen anbietet oder nachfragt.[76] Hier zeichnet sich eine unterschiedliche Auslegung nach nationalem und nach europäischem Recht zumindest für Einkaufsgemeinschaften ab.[77] Denn der für die Anwendung des Kartellrechts auf Kartelle der öffentlichen Hand entscheidende Unternehmensbegriff wird im europäischen Kartellrecht anders ausgelegt als bisher vom Bundesgerichtshof im nationalen Kartellrecht.[78] Nach der bisherigen Rechtsprechung des Bundesgerichtshofes erfüllt jede Nachfragetätigkeit die Unternehmenseigenschaft unabhängig davon, ob die öffentliche Hand auch auf dem Angebotsmarkt als Unternehmen auftritt. Der EuGH hat hingegen die Unternehmenseigenschaft verneint, wenn die öffentliche Hand auf dem Absatzmarkt nicht unternehmerisch tätig wird; in dem Fall ging es um die Einkaufstätigkeit eines spanischen Verbandes, der nach dem Solidaritätsprinzip funktionierte und der medizinische Erzeugnisse für Krankenhäuser einkaufte.[79] Gerade in solchen Fällen hat § 3 GWB eine umfassende eigenständige Bedeutung, weil die Beurteilung nach EU-Recht nicht vorrangig ist.[80] Für die Feststellung, ob eine „kleine oder mittlere" Körperschaft vorliegt, ist – wie bei anderen Unternehmen – auf ihre Relation zu anderen Marktbeteiligten abzustellen und nicht an öffentlich-rechtliche Bestimmungen wie die Gemeindeordnung anzuknüpfen;[81] wenn es nur andere öffentlich-rechtliche Körperschaften auf dem Markt gibt, ist nur das Verhältnis zu diesen relevant.[82]

b) Beteiligung von Großunternehmen. An der zwischenbetrieblichen Zusammen- 20
arbeit im Sinne des § 3 GWB können **auch Großunternehmen beteiligt sein,** sofern

[71] *Bunte* in: Frankfurter Kommentar § 3 Rn. 96; *Benisch* in: Gemeinschaftskommentar, § 5b a. F. Rn. 24.

[72] Vgl. BKartA, TB 1978, S. 48 – *bituminöses Mischgut; Benisch* in: Gemeinschaftskommentar § 5b Rn. 24.

[73] *Werner* S. 181; *Immenga* in: Immenga/Mestmäcker, GWB (3. Aufl.), § 4 Rn. 68. Offen aber *Fuchs* in: Immenga/Mestmäcker § 3 Rn. 49.

[74] Dazu Art. 101 Abs. 1 AEUV Rn. 134.

[75] BGH WuW/E DE-R 1087, 1090 – *Ausrüstungsgegenstände für Feuerlöschzüge* = GRUR 2003, 633; OLG Düsseldorf WuW/E DE-R 150, 151 – *Löschfahrzeuge;* BKartA, TB 1999/2000, S. 45 f.; *Lutz* WRP 2002, 47, 53; *Bunte* WuW 1998, 1037, 1045 f.; *Fuchs* in: Immenga/Mestmäcker § 3 Rn. 52. A. A. OLG Koblenz WuW/E OLG Verg. 184, 185 – *Feuerlöschgeräte;* früher auch BKartA TB 1995/96, S. 106.

[76] Dazu Art. 101 Abs. 1 AEUV Rn. 146.

[77] So auch BKartA TB 2003/2004, S. 40, 71.

[78] Vgl. § 1 GWB Rn. 11, 24 ff.

[79] Eingehend § 1 GWB Rn. 24.

[80] *Fuchs* in: Immenga/Mestmäcker § 3 Rn. 52.

[81] *Schnelle/Hübner* WRP 2003, 1205, 1206, zu Recht gegen OLG Düsseldorf WuW/E DE-R 150, 155; dem OLG aber folgend *Bunte* in: Frankfurter Kommentar § 3 Rn. 97.

[82] *Schnelle/Hübner* WRP 2003, 1205, 1206.

die Leistungsfähigkeit der kleinen und mittleren Unternehmen erst durch die Beteiligung ihrer großen Konkurrenten gefördert werden kann.[83] Dass diese Kartelle in aller Regel eher geeignet sind, den Wettbewerb wesentlich zu beeinträchtigen, kann einer Legalisierung nach § 3 GWB nicht schon generell entgegenstehen. Denn in vielen Fällen kann der Normzweck des § 3 GWB ohne die Kooperation mit großen Betrieben nicht oder nicht mit derselben Wirksamkeit erreicht werden; so etwa, wenn die kleinen und mittleren Unternehmen auf die Bezugs- oder Vertriebsmöglichkeiten, Kapazität, die Finanzkraft, das technische Know-how oder das Forschungspotential der Großbetriebe angewiesen sind.[84] Die Gefahr einer Wettbewerbsbeeinträchtigung wird zudem durch die **strenge Schrankenregelung des § 3 Nr. 1 GWB** abgefedert.[85] Auch der Wirtschaftsausschuss hat in seinen Beratungen zur 2. GWB-Novelle für die Beteiligung von Großunternehmen entscheidend darauf abgestellt, „dass der Wettbewerb auf dem Markt nicht wesentlich beeinträchtigt wird".[86] Unter diesen Voraussetzungen können auch die marktführenden Großunternehmen Beteiligte sein.[87]

21 Generell ausgeschlossen ist die zwischenbetriebliche Zusammenarbeit, die zwar zugunsten von Kleinbetrieben, aber **ausschließlich zwischen Großunternehmen** erfolgt.[88] In diesen Fällen fehlt es an dem Erfordernis, dass der Rationalisierungseffekt bei den beteiligten kleinen und mittleren Unternehmen des Kartells eintritt.[89] Jedoch bleibt eine Freistellung nach § 2 GWB möglich.

2. Vereinbarungen, Beschlüsse von Unternehmensvereinigungen

22 § 3 GWB ermöglicht die Legalisierung von Vereinbarungen zwischen Unternehmen und Beschlüssen von Unternehmensvereinigungen. Gemeint sind hier Vereinbarungen bzw. Beschlüsse von Unternehmensvereinigungen gemäß § 1 GWB, so dass auf die dortigen Ausführungen verwiesen werden kann.[90] Insbesondere ist auch ein **gentlemen's agreement** freistellungsbedürftig, obwohl es keine rechtlich einklagbare Bindung für die Parteien erzeugt.[91]

---

[83] BGH WuW/E DE-R 1087, 1090 – *Ausrüstungsgegenstände für Feuerlöschzüge* = GRUR 2003, 633; WuW/E BGH 2321, 2325 – *Mischguthersteller* = NJW 1987, 1639, 1641; WuW/E BGH 2384, 2388 – *German Parcel Paket-Logistik;* Bericht des Wirtschaftsausschusses des Bundestages zur 2. Gesetzesnovelle, WuW 1973, 581, 584; Begr. RegE 5. GWB-Novelle BT-DS 11/4610 = WuW 1990, S. 332, 339; BKartA, Merkblatt, Rn. 37; *Kling/Thomas* § 17 Rn. 189; *Bunte* in: Frankfurter Kommentar § 3 Rn. 101 f.; *Schneider* in: Langen/Bunte, § 3 Rn. 47; *Benisch* in: Gemeinschaftskommentar § 5b a. F. Rn. 27; *Lober in:* Schulte/Just, Kartellrecht, § 3 GWB Rn. 25; *Bechtold,* GWB, § 3 Rn. 11; *Moog,* S. 74. **A. A.** *Fuchs* in: Immenga/Mestmäcker, GWB, § 3 Rn. 54 ff., der eine Beteiligung von Großunternehmen nur bei erstens Unerlässlichkeit und zweitens eigenen Defiziten des beteiligten Großunternehmens gegenüber Konkurrenten zulassen will; genauso *Pampel* in: Münchener Kommentar, GWB, § 3 Rn. 66; kritisch auch *Herresthal,* S. 54 ff.; *Salje,* S. 82 ff. Vgl. ferner *Emmerich* § 23 Rn. 9, der im Regelfall von einer wesentlichen Wettbewerbsbeeinträchtigung ausgeht, jedoch eine Beteiligung nicht von vornherein ausschließt.

[84] BKartA, Merkblatt, Rn. 37 im Hinblick auf Bezugs- und Vertriebsmöglichkeiten; ferner *Bunte* in: Frankfurter Kommentar § 3 Rn. 102; *Benisch* in: Gemeinschaftskommentar, § 5b a. F. Rn. 26.

[85] Vgl. dazu oben Rn. 3 und unten Rn. 55 ff. (keine wesentliche Beeinträchtigung des Wettbewerbs).

[86] Bericht des Wirtschaftsausschusses des Bundestages zur 2. GWB-Novelle, WuW 1973, 581, 584.

[87] A. A. *Fuchs* in: Immenga/Mestmäcker § 3 Rn. 56 mwN., der in Fn. 204 allerdings zutreffend darauf hinweist, dass – im Gegensatz zum Merkblatt 1998 – das Merkblatt 2007 des BKartA hierzu nicht mehr Stellung nimmt.

[88] Bericht des Wirtschaftsausschusses des Bundestages zur 2. GWB-Novelle, WuW 1973, 581, 584; BKartA, Merkblatt, Rn. 37; *Bunte* in: Frankfurter Kommentar § 3 Rn. 104; *Schneider* in: Langen/Bunte, § 3 Rn. 48.

[89] Vgl. dazu unten Rn. 45 (Rationalisierungseffekt bei einigen Beteiligten).

[90] Vgl. Art. 101 Abs. 1 AEUV Rn. 218 ff., 249 ff.

[91] Str., vgl. Rn. 53.

23 Nach § 3 GWB freistellungsfähig sind nach dem eindeutigen Wortlaut des § 3 GWB nur Vereinbarungen oder Beschlüsse, **nicht** aber **abgestimmte Verhaltensweisen.**[92] Solche abgestimmten Verhaltensweisen liegen vor, wenn Unternehmen zwar auf Grund einer langjährigen Praxis, aber ohne konkrete Absprache in gewinnbringender Weise miteinander kooperieren.[93] Letztlich gaben wohl praktische Gründe den Ausschlag dafür, abgestimmte Verhaltensweisen für nicht ausreichend zu erachten. Es ist kaum denkbar, dass abgestimmte Verhaltensweisen dokumentierbar sind, ohne dass die Schwelle des Vereinbarungsbegriffs erreicht wäre. **Mittelstandsempfehlungen** nach § 22 Abs. 2 GWB a. F. fallen, selbst wenn sie befolgt werden, unter den Begriff der abgestimmten Verhaltensweise. Nach zutreffender Auffassung können sie deshalb nicht nach § 3 GWB freigestellt sein.[94] Die gegenteilige Auffassung[95] stützt sich zu Unrecht auf eine Äußerung des Gesetzgebers bei Einführung des § 3 GWB.[96] Diese Äußerung ist zu unklar, als dass sie eine Auslegung contra Wortlaut rechtfertigen würde. Damit bleibt für Mittelstandsempfehlungen nur eine Freistellung nach § 2 Abs. 1 GWB. Denn **§ 2 Abs. 1 GWB** stellt auch abgestimmte Verhaltensweisen frei. § 2 Abs. 1 GWB bleibt anwendbar, auch wenn die Voraussetzungen des § 3 GWB nicht vorliegen.[97] Überdies kommt bei mittelständischen Spezialisierungsvereinbarungen[98] auch eine Freistellung nach **§ 2 Abs. 2 GWB in Verbindung mit der GVO Spezialisierungsvereinbarungen** in Betracht, weil auch diese GVO abgestimmte Verhaltensweisen freistellt.

24 Nicht erforderlich ist eine **Schriftform** des Mittelstandskartells, weil Vereinbarungen oder Beschlüsse auch in anderer Form als der Schriftform denkbar sind.[99] Eine schriftliche Abfassung empfiehlt sich dennoch wegen der besseren Dokumentationsmöglichkeiten z. B. gegenüber den Kartellbeteiligten oder im Fall eines kartellrechtlichen Angriffs auf das Mittelstandskartell.

3. Zwischen miteinander im Wettbewerb stehende Unternehmen

25 **a) Funktion: Abgrenzung Horizontal- von Vertikalvereinbarungen.** Das Tatbestandsmerkmal „zwischen miteinander im Wettbewerb stehenden Unternehmen" erfüllt eine **Unterscheidungsfunktion.** Nur horizontal veranlasste Wettbewerbsbeschränkungen sollen von § 3 GWB erfasst und rein vertikale Sachverhalte ausgeblendet werden.[100] Diese Klarstellung wurde mit der **7. GWB-Novelle 2005** eingeführt. Davor bezog sich schon das Verbot des § 1 GWB a. F. nur auf horizontale Sachverhalte, so dass die Privilegierung für Mittelstandskartelle in § 4 Abs. 1 GWB a. F. von vornherein nur auf horizontal veran-

---

92 *Dittrich,* S. 219; *Schneider* in: Langen/Bunte § 3 Rn. 21; *Fuchs* in: Immenga/Mestmäcker § 3 Rn. 39. Siehe auch die Kommentierung zu Art. 101 Abs. 1 AEUV Rn. 229 ff.

93 Vgl. zur Abgrenzung zwischen Vereinbarung und abgestimmter Verhaltensweise Art. 101 Abs. 1 AEUV Rn. 226 ff.

94 *Schneider* in: Langen/Bunte § 3 Rn. 21; *Fuchs* in: Immenga/Mestmäcker § 3 Rn. 39; *Dittrich,* S. 220 ff.

95 *Rißmann* WuW 2006, 881, 888; *Bechtold/Buntscheck* NJW 2005, 2966, 2968; *Lober in:* Schulte/Just, Kartellrecht, § 3 GWB Rn. 6.

96 RegE 7. GWB-Novelle BT DS 15/3640, S. 30: „Für den Bereich der Mittelstandsempfehlungen … ist im Ergebnis davon auszugehen, dass … Empfehlungen … im Regelfall jedenfalls nach § 2 Abs. 1 (evtl. in Verbindung mit § 3), freigestellt sind …"; RegE aaO., S. 45: „In Zukunft ist daher zu prüfen, ob Empfehlungen … von der Verbotsnorm des § 1 erfasst sind. Soweit dies der Fall ist, gilt für die Freistellungsfähigkeit von Empfehlungen im Grundsatz die Regelung des § 2. Liegt nicht ausnahmsweise eine spezielle Regelung in einer GVO oder in diesem Gesetz (z. B. § 3) vor, ist anhand der allgemeinen Kriterien des § 2 Abs. 1 …".

97 Dazu unten Rn. 73.

98 Eingehend unten Rn. 41.

99 Dazu oben Art. 101 Abs. 3 AEUV Rn. 220, 249.

100 Vgl. zur Unterscheidung zwischen horizontal und vertikal veranlassten Wettbewerbsbeschränkungen auch Art. 101 Abs. 1 AEUV Rn. 265 ff.

lasste Wettbewerbsbeschränkungen bezogen war. Auch in **§ 1 GWB a. F.** erfolgte die Abgrenzung von den vertikal veranlassten Wettbewerbsbeschränkungen über das Tatbestandsmerkmal „zwischen miteinander im Wettbewerb stehenden Unternehmen“.[101] In § 1 GWB a. F. wurde das Tatbestandsmerkmal mit der 6. GWB-Novelle 1999 eingeführt.[102]

26 Für die **Auslegung** des Tatbestandsmerkmals „zwischen miteinander im Wettbewerb stehenden Unternehmen“ sollte auf die **Grundsätze** abgestellt werden, die **schon zu § 1 GWB a. F.** entwickelt wurden.[103] Ein Rückgriff auf eine Definition aus dem EU-Recht, wie er für die Auslegung des Begriffs „vertikale Preisbindungen“ gemäß § 30 GWB vorgeschlagen wird,[104] ist nicht möglich. Für Vertikalvereinbarungen existiert im EU-Recht (Art. 1 Abs. 1 lit. a) GVO Vertikalvereinbarungen 330/2010) eine Legaldefinition. Für Horizontalvereinbarungen versucht die Kommission in den (nicht verbindlichen) Horizontalleitlinien eine Definition,[105] die sehr weit ist,[106] nicht im Zusammenhang mit dem Schutz kleiner und mittlerer Unternehmen steht und deshalb nicht mit dem Regelungszweck des § 3 GWB konform geht.

27 **b) Aktuelles oder potenzielles Wettbewerbsverhältnis.** Die Formulierung „zwischen miteinander im Wettbewerb stehenden Unternehmen“ bezieht sich sowohl auf den **aktuellen** als auch auf den **potenziellen Wettbewerb.**[107] Aktuell ist Wettbewerb, wenn die Beteiligten auf dem einschlägigen Markt tatsächlich nebeneinander tätig sind. Potenziell ist Wettbewerb, wenn nach einem objektiven Maßstab der Marktzutritt wahrscheinlich ist, wobei auch berücksichtigt werden muss, ob die Marktteilnahme wirtschaftlich zweckmäßig und kaufmännisch vernünftig wäre.[108] Ein gewichtiges Indiz für das Bestehen von potenziellem Wettbewerb ist es, wenn die Beteiligten es für notwendig halten, die zukünftige Marktteilnahme mindestens eines Beteiligten oder sogar wechselseitig regeln zu müssen.[109]

28 **c) Geltung für Beschlüsse von Unternehmensvereinigungen.** Der Wortlaut des § 3 GWB könnte zu dem Missverständnis verleiten, dass sich das Tatbestandsmerkmal „zwischen miteinander im Wettbewerb stehenden Unternehmen“ nur auf Vereinbarungen

---

[101] Begr. zum RegE 6. GWB-Novelle, BT DS 13/9720 = *Jüttner-Kramny,* GWB, WuW-Sonderheft 1998, 64 f.

[102] Bis vor der 6. GWB-Novelle 1999 erfolgte die Abgrenzung über das Tatbestandsmerkmal „zu einem gemeinsamen Zweck“ des § 1 GWB a. F. Dieses Merkmal wurde funktional, ausgerichtet an der Zielsetzung des GWB, die Freiheit der am Wettbewerb Beteiligten zu erhalten, ausgelegt. Zunächst stellte der Bundesgerichtshof dabei auf „gleichgerichtete Interessen“ ab (WuW/E BGH 1458, 1460 – *Fertigbeton* = BGH NJW 1977, 804; Aufgabe in: BGH WuW/E 3121, 3125 – *Bedside-Testkarten* = NJWE-WettbR 1997, 211), später nur noch auf ein aktuelles oder potentielles Wettbewerbsverhältnis zwischen den Parteien des Austauschvertrages (BGH WuW/E 1871, 1878 – *Transportbeton* = NJW 1977, 1804 = BGHZ 68, 6; ferner OLG Stuttgart WuW/E OLG 2983 – *Strohgäu-Wochenjournal I;* bestätigt durch WuW/E BGH 2085 – *Strohgäu-Wochenjournal* = BB 1984, 1826; WuW/E BGH 2285 – *Spielkarten* = NJW-RR 1986, 1486 = BB 1986, 2010). Trotz des unterschiedlichen Wortlautes enthielt § 1 GWB mit der 6. GWB-Novelle 1999 damit keine sachlich andere Regelung (BGH WuW/E DE-R 289, 294 – *Lottospielgemeinschaft* = GRUR 1999, 771 = ZIP 1999, 1021). Der Gesetzgeber der 6. GWB-Novelle 1999 wollte nur eine sprachlich treffendere Formulierung finden (Begr. RegE 6. GWB-Novelle BT DS 13/9720 = *Jüttner-Kramny,* GWB, WuW-Sonderheft, S. 65).

[103] Zustimmend *Fuchs* in: Immenga/Mestmäcker, GWB, § 3 Rn. 43.

[104] Vgl. § 30 GWB Rn. 19.

[105] Europäische Kommission, Horizontalleitlinien, Tz. 1, 12.

[106] Dazu Art. 101 Abs. 3 AEUV Rn. 66.

[107] Gl. A. *Fuchs* in: Immenga/Mestmäcker, GWB, § 3 Rn. 42. Genauso zu § 1 GWB a. F. Begr. zum RegE 6. GWB-Novelle, BT DS 13/9720 = *Jüttner-Kramny,* GWB, WuW-Sonderheft 1998, 65. Ebenso Europäische Kommission, Leitlinien zur Anwendbarkeit von Art. 101 AEUV auf Vereinbarungen über horizontale Zusammenarbeit, Tz. 1, 10.

[108] Vgl. WuW/E BGH 2050 – *Bauvorhaben Schramberg* = BB 1984, 364; ausführlich zum Begriff „Wettbewerb“ sowie „aktueller und potenzieller Wettbewerb“ Art. 101 Abs. 1 AEUV Rn. 261 ff.

[109] WuW/E BGH 1732 – *Fertigbeton II;* siehe auch schon WuW/E BGH 1460 – *Glasglühkörper* = BGH NJW 1960, 145; WuW/E BKartA 1389, 1390 – *Butter-Export-Kontor.*

bezieht, nicht jedoch auf Beschlüsse. Es ist aber kein Grund ersichtlich, Vertikalbeschlüsse generell, ohne dass ein Wettbewerbsverhältnis gegeben sein muss, in den Anwendungsbereich des § 3 GWB aufzunehmen. Vielmehr dient das Tatbestandsmerkmal der Abgrenzung von horizontal und vertikal veranlassten Wettbewerbsbeschränkungen.[110] Damit ist das Tatbestandsmerkmal auch auf Beschlüsse auszudehnen.[111]

d) Fallgruppen. aa) Gemeinsamer Zweck (klassisch-horizontale Vereinbarungen). Unproblematisch gegeben ist ein Wettbewerbsverhältnis bei Verträgen, die die Parteien von vornherein „zu einem gemeinsamen Zweck" im Sinne des § 705 BGB (oder in anderen Gesellschaftsformen) schließen. Solche Verträge sind typische Horizontalverträge, weil die **Gesellschaft** die (horizontale) Kooperation der Gesellschafter festschreibt. Das Kartellverbot im Sinne des § 1 GWB a. F. (bis vor der 6. GWB-Novelle 1999), das Verträge „zu einem gemeinsamen Zweck" ausdrücklich ansprach, war ursprünglich allein auf solche bzw. später auch auf gesellschaftsähnliche Vereinbarungen zwischen Unternehmen ausgerichtet.[112] Auch eine Kartellierung durch Wettbewerber **ohne formelle Ausgründung einer eigenen Gesellschaft** ist eine klassisch-horizontale Vereinbarung nach § 3 GWB, weil als gemeinsamer Hauptzweck der Parteien die Beschränkung des Wettbewerbs betrieben wird und damit eine BGB-Gesellschaft entstanden ist. Ein **Abgrenzungsproblem** entsteht daher nur in Konstellationen, in denen **keine gesellschaftsrechtliche Kooperation** zwischen den Parteien als Hauptzweck gegeben ist. Dies betrifft primär Wettbewerbsbeschränkungen in Austauschverträgen (dazu unter bb), aber auch vertikale Vertragssysteme mit horizontaler Grundlage (dazu unter cc). 29

bb) Austauschverträge. Mit der Breite, mit der ein Wettbewerbsverhältnis angenommen wird, ist vorprogrammiert, dass nicht nur klassisch-horizontale Vereinbarungen, sondern auch eine ganze Reihe von Austauschverträgen unter § 3 GWB fallen können,[113] sofern die **Vertragsparteien mindestens potenzielle Wettbewerber** sind. In einem Wettbewerbsverhältnis stehen danach nicht nur **Hersteller und Händler,** wenn der Hersteller auch direkt vertreibt,[114] oder bei einem Subunternehmervertrag **Unternehmer und Subunternehmer.**[115] Vielmehr sind auch potentielle Wettbewerber solche Händler und Hersteller, die ohne weiteres über das erforderliche Know-How und die Mittel verfügen, um zum Eigenvertrieb überzugehen, zum Beispiel die Automobilhersteller.[116] Energieerzeuger und Weiterverteiler (z. B. kommunale Versorger) sind Wettbewerber im Hinblick auf die Versorgung,[117] Energieversorger und Großkunden, die nicht selbst Energie erzeugen oder mit ihr handeln – wie die Deutsche Bahn – aber grundsätzlich nicht.[118] Das Vorliegen eines Wettbewerbsverhältnisses wird noch untermauert, wenn die Beteiligten es für 30

---

[110] Vgl. auch oben Rn. 25.

[111] *Fuchs* WRP 2005, 1393; *Bechtold,* GWB, § 3 Rn. 6; *Schneider* in: Langen/Bunte § 3 Rn. 23. Genauso schon für den Tatbestand des § 1 GWB a. F. bis zur 7. GWB-Novelle: *Hootz* in: Gemeinschaftskommentar § 1 a. F. (1999) Rn. 59.

[112] Vgl. *Emmerich* ZHR 139 (1975), 476, 484 ff.; *Wilhelm* ZHR 150 (1986), 320, 324 ff.; ferner umfassend *Immenga* in: Immenga/Mestmäcker, GWB (2. Aufl.), § 1 a. F. Rn. 152.

[113] Vgl. auch unten Rn. 31.

[114] Zum Beispiel WuW/E BGH 3115, 3119 – *Druckgussteile* = BGH NJW 1997, 2324 = GRUR 1997, 675. WuW/E BGH 3121, 3125 – *Bedside-Testkarten* = BGH NJWE WettbR 1997, 211; WuW/E BGH 2285 – *Spielkarten* = BB 1986, 2010 = ZIP 1986, 1489; OLG München – *Fahrradhandel* (vom 15.10.98), Az. U (K) 6240/97, zit. nach *Schultz/Wagemann,* Kartellrechtspraxis und Kartellrechtsprechung, S. 23.

[115] BGH WuW/E DE-R 131, 132 f. – *Eintritt in die Gebäudereinigung* = ZIP 1998, 1159 = GRUR 1998, 1047; BGH WuW/E DE 505, 506 – *Subunternehmervertrag II.*

[116] *Seifert* in: FS Lieberknecht, S. 583, 588; *Baums* ZIP 1998, 233, 234; anderer Ansicht *Wellenhofer-Klein* WuW 1999, 557, 566.

[117] OLG Düsseldorf WuW/E DE-R 854 – *Stadtwerke Aachen;* LG Mannheim WuW/E DE-R 298, 299 – *Stromversorgung* = NJWE-WettbR 1999, 244; eingehend auch *Markert* WRP 2003, 356, 366.

[118] LG Frankfurt am Main WuW/E DE-R 959, 961 f. – *Umformerwerke.*

erforderlich halten, Wettbewerbsbeschränkungen zwischen einander zu vereinbaren. Das Gleiche gilt für **Lizenzverträge.** Insoweit ist danach zu fragen, ob der Lizenzgeber notfalls auch selbst in der Lage wäre, das Lizenzprodukt herzustellen und zu vertreiben. Das wird man insbesondere annehmen können, wenn der Lizenzgeber schon auf anderen räumlichen Märkten oder sachlich benachbarten Märkten präsent ist. In allen anderen Konstellationen ist die Wahrscheinlichkeit des Marktzutritts des Lizenzgebers sorgfältig abzuwägen. Ein Einzelerfinder oder auch ein Künstler mögen zwar theoretisch zur Verwertung in der Lage sein. Wirtschaftlich zweckmäßig oder kaufmännisch vernünftig wäre dies aber nur, wenn sie über ein vergleichbares Potential zur Vermarktung verfügen.

31 Bei einem derart weiten Verständnis der Anwendbarkeit des § 3 GWB auch auf Austauschverträge ist allerdings zu beachten, dass Austauschverträge zwischen Wettbewerbern nicht den Tatbestand des § 1 GWB erfüllen, wenn die **Wettbewerbsbeschränkungen** zwischen Konkurrenten für das Funktionieren **von Austauschverträgen „notwendig"** oder ihnen „immanent" sind. Insoweit spricht man auch von **„Immanenztheorie".**[119] Für das Funktionieren von Austauschverträgen notwendige Wettbewerbsbeschränkungen fallen schon nicht unter § 1 GWB, so dass eine Freistellung nach § 3 GWB nicht erforderlich ist.

32 **cc) Sternverträge, andere vertikale Vertragssysteme mit horizontaler Grundlage.** Eine Vereinbarung „zwischen miteinander im Wettbewerb stehender Unternehmen" kann auch bei einer Mehrzahl gebündelter Vertikalverträge vorliegen. Im Gegensatz zu den eben erwähnten Austauschverträgen ergibt sich die Anwendung des § 3 GWB aber nicht aus dem Wettbewerbsverhältnis zwischen den Parteien des Austauschverhältnisses, weil es auf diese Beziehung nicht ankommt und die Vertragsparteien des Austauschvertrages deshalb gar keine Konkurrenten sein müssen. Vielmehr ist die horizontale Abstimmung eines Vertragspartners mit (aktuellen oder potentiellen) Konkurrenten über den Abschluss von Vertikalverträgen maßgebend. Gießen die Parteien ihre Abstimmung in die Form eines Gemeinschaftsunternehmens, liegt eine klassisch-horizontale Vereinbarung in Gesellschaftsform vor. Aber auch schwächere Kooperationsformen fallen unter § 3 GWB, beispielsweise wenn mehrere vertikale Verträge wechselseitig aufeinander Bezug nehmen,[120] sie nur im Zusammenwirken sinnvoll sind,[121] zeitlich eng aufeinander folgen[122] oder der Dritte als Gemeinschaftsunternehmen sogar erst von den Konkurrenten gegründet wurde.[123]

33 Als **Sternvertrag** bezeichnet man dabei Konstellationen, in denen Wettbewerber sich über den Abschluss von Vertikalvereinbarungen mit nur einem Dritten horizontal abstimmen. Solche Konstellation können danach Gegenstand einer Freistellung nach § 3 GWB sein. Ein Beispiel wäre ein Sternvertrag, bei dem der Dritte, der als Anlaufstelle für den Abschluss der Vertikalverträge dient, von den an der horizontalen Abstimmung Beteiligten beherrscht wird.[124]

34 Unter § 3 GWB kann daneben auch eine horizontale Abrede zwischen Konkurrenten im Hinblick auf abzuschließende **Vertikalverträge** fallen, wenn dabei nicht nur ein Dritter, sondern eine **Vielzahl von Dritten Vertragspartner** werden. Hierher gehört die

---

[119] Siehe allgemein auch Art. 101 Abs. 1 AEUV Rn. 307 ff.

[120] *Biedenkopf* BB 1966, 1113, 1117; *Zimmer* in: Immenga/Mestmäcker, GWB (3. Aufl.), § 1 Rn. 187.

[121] *Krauß* in: Langen/Bunte, § 1 Rn. 82.

[122] BKartA TB 1965, S. 25.

[123] WuW/E BGH 1367, 1369 – *Zementverkaufsstelle Niedersachsen* = BGH NJW 1975, 1837 = BB 1975, 1125 = BGHZ 65, 30.

[124] WuW/E BGH 1367, 1369 – *Zementverkaufsstelle Niedersachsen* = BGH NJW 1975, 1837 = BB 1975, 1125 = BGHZ 65, 30; OLG Celle WuW/E Verg 188, 189 – *Feuerwehrbedarfsartikel* = NJWE WettbR 1999, 164; OLG Stuttgart WuW/E OLG 1083, 1087 – *Fahrschulverkauf;* KG WuW/E OLG 2259, 2262 – *Siegerländer Transportbeton;* OLG Düsseldorf WuW/E OLG 4691 – *Sternvertrag;* vgl. auch BKartA TB 1962, S. 61; TB 1974, S. 57.

Vereinbarung einer Gütezeichengemeinschaft von Produzenten, nur noch von bestimmten Lieferanten zu beziehen, oder wenn ein Verband beschließt, dass seine Mitglieder bestimmte Musterverträge verwenden, vorausgesetzt die übrigen Tatbestandsmerkmale des § 3 GWB liegen vor.

e) Fehlendes Wettbewerbsverhältnis (Drittwettbewerb). Nach dem klaren Wortlaut des § 3 GWB ist es nicht möglich, die Privilegierung auf Vereinbarungen zwischen **Nicht-Konkurrenten** anzuwenden.[125] § 3 GWB kann deshalb keine Vereinbarungen erfassen, mit denen Nicht-Konkurrenten Dritte in ihrer wettbewerblichen Betätigung beschränken, beispielsweise in folgenden Fällen: ein Lieferant verspricht dem Abnehmer gegen Entgelt, dessen Konkurrenten nicht mit Korkschrot zu beliefern,[126] der Betreiber eines Schlachthofes verspricht einer Großschlachterei, keine andere Großschlachterei zuzulassen.[127] Die Begrenzung der Anwendbarkeit auf horizontal (zwischen aktuellen oder potenziellen Wettbewerbern) veranlasste Wettbewerbsbeschränkungen ist sachgerecht, weil die Beschränkung von Drittwettbewerb durch nicht miteinander im Wettbewerb stehende Unternehmen ein typisches Phänomen der Vertikalverträge ist, die § 3 GWB gerade nicht regeln will.[128] Allerdings wird mit Recht *de lege ferenda* die Frage gestellt, warum Vertikalvereinbarungen kleiner und mittlerer Unternehmen nicht in den Genuss der Privilegierung des § 3 GWB gelangen und sich an den – etwas strengeren – Maßstäben des § 2 GWB messen lassen müssen.[129] Das Kartellrecht ist im Regelfall gegenüber Vertikalvereinbarungen großzügiger als gegenüber Horizontalvereinbarungen. 35

4. Rationalisierung wirtschaftlicher Vorgänge

Die Vereinbarung oder der Beschluss muss der „Rationalisierung wirtschaftlicher Vorgänge dienen". Damit bringt § 3 GWB zum Ausdruck, dass es sich beim Mittelstandskartell um eine **Untergruppe der Rationalisierungskartelle** handelt.[130] 36

Eine ausdrückliche Definition des Begriffs **„Rationalisierung"** lässt sich dem GWB nicht entnehmen. Nach allgemeiner Ansicht versteht man darunter die **Herbeiführung eines Zustandes, der gegenüber dem sonst bestehenden Zustand das Verhältnis von Aufwand und Ertrag – gerechnet in Produktionseinheiten – verbessert.**[131] Das kann auf verschiedenen Wegen geschehen. Es kann mit geringerem Material-, Zeit- oder Arbeitsaufwand der gleiche Ertrag,[132] mit gleich bleibendem Aufwand ein besserer Ertrag 37

---

[125] So zu § 1 GWB a. F. (bis vor der 7. GWB-Novelle 2005): *Karsten Schmidt* AG 1998, 551, 560; *Kahlenberg* BB 1998, 1593, 1594; *Wellenhofer-Klein* WuW 1999, 557, 563; *Roth/Ackermann* in: Frankfurter Kommentar § 1 GWB n. F.; *Zimmer* in: Immenga/Mestmäcker, GWB (3. Aufl.), § 1 Rn. 181; *Bunte* DB 1998, 1748, 1750, nachdem er vorher allerdings noch den Referentenentwurf kritisiert und eine Ausdehnung der Formulierung auch auf Sachverhalte gefordert hatte, in denen nur Wettbewerb zwischen einer der Vertragsparteien und Dritten bestand; vgl. *Bunte* WuW 1997, 857, 864; ebenso *Baums* ZIP 1998, 233, 235. A. A. *Kahlenberg* BB 1998, 1593, 1594; *Bahr* WuW 2000, 954, 959.

[126] WuW/E BGH 2088, 2090 – *Korkschrot.*

[127] OLG Düsseldorf WuW/E OLG 4056, 4060 – *Schlachthofbenutzung.*

[128] Vgl. zu § 1 GWB a. F.: *Karsten Schmidt* AG 1998, 551, 560; *Zimmer* in: Immenga/Mestmäcker, GWB (3. Aufl.), § 1 Rn. 180.

[129] *Dittrich,* S. 216 ff.; kritisch auch *Lober* in: Schulte/Just, Kartellrecht, § 3 GWB Rn. 5.

[130] Vgl. zu weiteren Rationalisierungskartellen Art. 101 Abs. 3 AEUV Rn. 81 ff.

[131] Vgl. ständige Verwaltungspraxis des BKartA, Merkblatt, Rn. 28; BKartA WuW/E DE-V1142, 1143 – *Hintermauerziegelkartell;* ferner *Kling/Thomas* § 17 Rn. 191; *Rittner/Kulka* § 8 Rn. 65; *Schneider* in: Langen/Bunte § 3 Rn. 35; *Bunte* in: Frankfurter Kommentar § 3 Rn. 33 ff.; *Fuchs* in: Immenga/Mestmäcker, GWB, § 3 Rn. 58. Es kann auch auf die Auslegung zum GWB a. F. zurückgegriffen werden, weil der Rationalisierungsbegriff dort nicht anders war; siehe auch die weiteren Nachweise zur Praxis für das GWB a. F. in Voraufl. Rn. 36. *Deringer/Benisch* in: Gemeinschaftskommentar § 5 a. F. Rn. 4, 29; kritisch *Eckstein,* S. 138.

[132] Vgl. WuW/E BKartA 1259, 1261 – *Fernmeldekabel II;* WuW/E BKartA 1225, 1227 – *Krawattenstoff-Submission.*

oder mit einer nur geringen Aufwandserhöhung ein überproportional hoher Ertrag erzielt werden.[133]

Die Rationalisierung muss sich **auf wirtschaftliche Vorgänge beziehen.** Hierunter versteht man im weitesten Sinne alles, was in wirtschaftlicher, technischer, organisatorischer oder sonstiger Weise den Geschäftsablauf von Unternehmen beeinflussen kann.[134] Dazu zählt das Bundeskartellamt beispielsweise die Bereiche Produktion, Forschung und Entwicklung, Finanzierung, Verwaltung, Werbung, Einkauf und Vertrieb.[135]

Weiter muss diese Rationalisierung den innerbetrieblichen Ablauf der Leistungserbringung (z. B. Produktion, Verarbeitung, Vertrieb, Beschaffung) betreffen. **Für die Rationalisierung müssen also innerbetriebliche Mittel, die von den einzelnen Unternehmen beherrscht werden, eingesetzt werden.**

38 **Nicht freigestellt** sind daher Maßnahmen, die eine Verbesserung des Aufwand-Ertrag-Verhältnisses ohne innerbetriebliche Änderungen **allein** wegen **Verringerung bzw. Ausschaltung des Wettbewerbs** durch kollektive Verbesserung der Marktverhältnisse oder der Austauschbedingungen herbeiführen.[136] § 3 GWB privilegiert nicht jede Einnahmeerhöhung durch Wettbewerbsbeschränkung. **Bloße Preisabsprachen**[137] sind genauso unzulässig wie ein **bloßer Gebietsschutz**[138] oder **bloße Mengen- oder Quotenabsprachen.**[139] Auch **Verkaufs- oder Einkaufsgemeinschaften** muss eine echte Rationalisierungswirkung zukommen. Eine alleinige Verbesserung der Einnahmen durch Erhöhung der Marktmacht und die dadurch bedingte Verbesserung der Konditionen ist nicht freigestellt;[140] insoweit kommt für Einkaufskooperationen ohne Rationalisierungseffekt (§ 4 Abs. 2 GWB a. F.) nur eine Privilegierung mangels hinreichender Spürbarkeit oder aber gemäß § 2 Abs. 1 GWB in Betracht. Auch reine Konditionenabreden sind nicht nach § 3 GWB freigestellt, weil diese keine leistungssteigernde Wirkung und somit keine Rationalisierung zum Gegenstand haben;[141] eine Freistellung kann nur nach § 2 Abs. 1 GWB erfolgen. Die Einführung von kollektiven Rabattkartellen ist aus dem gleichen Grund keine Rationalisierung.[142] Auch soweit ein Unternehmen nur auf Grund des nachlassenden Wettbewerbsdrucks Kosten einsparen kann (sog. **Wettbewerbskosten**), zum Beispiel im Bereich der Werbung, der Lagerhaltung oder der Kalkulation, fehlt es an einer unmittelbar im Betrieb eintretenden Verbesserung von Produktion, Organisation oder Vertrieb. Eine Anwendung des § 3 GWB scheidet daher aus, wenn auf Grund der Kartellbildung lediglich bestimmte Leistungen (zum Beispiel im Service) gestrichen werden.[143]

---

[133] WuW/E BKartA 1248, 1251 – *Fernmeldekabel I;* WuW/E BKartA 2267, 2268 – *System-Gut-Logistik-Service.*

[134] WuW/E BKartA 79, 84 – *Steinzeug-Syndikat;* ebenso die allg. A. im Schrifttum, vgl. *Bunte* in: Frankfurter Kommentar § 5 Rn. 39; *Fuchs* in: Immenga/Mestmäcker, GWB, § 3 Rn. 59; *Deringer/Benisch* in: Gemeinschaftskommentar § 5 a. F. Rn. 29.

[135] BKartA, Merkblatt, Rn. 29; siehe für weitere Beispiele unten Rn. 41.

[136] WuW/E BKartA 1225, 1228 – *Krawattenstoff-Submission;* WuW/E BKartA 322 – *Textillohnveredelung;* LKartB Bayern, Kooperation und Wettbewerb, S. 55; *Werner,* S. 68; *Rittner/Kulka* § 8 Rn. 65; *Fuchs* in: Immenga/Mestmäcker, GWB, § 3 Rn. 60; *Bunte* in: Frankfurter Kommentar § 3 Rn. 37.

[137] BKartA, Merkblatt, Rn. 32; *Fuchs* in: Immenga/Mestmäcker § 3 Rn. 60; *Benisch* in: Gemeinschaftskommentar § 5b a. F. Rn. 6; *Lober* in: Schulte/Just, Kartellrecht, § 3 GWB Rn. 13.

[138] BKartA, TB 1976, S. 82, 85 – *Verlage; Fuchs* in: Immenga/Mestmäcker § 3 Rn. 60;. *Lober* in: Schulte/Just, Kartellrecht, § 3 GWB Rn. 13.

[139] *Bechtold,* GWB, § 3 Rn. 9.

[140] Begr. RegE 5. GWB-Novelle, BT DS 11/4610, S. 15 (zu § 5c GWB a. F.); *Emmerich* § 23 Rn. 12.

[141] WuW/E BKartA 1616, 1623 – *Pallas; Benisch* in: Gemeinschaftskommentar § 5b a. F. Rn. 30.

[142] WuW/E BKartA 1616, 1623 – *Pallas.*

[143] WuW/E BKartA 1228 – *Krawattenstoffsubmission; Fuchs* in: Immenga/Mestmäcker, GWB, § 3 Rn. 59; *Müller/Giesler/Scholz* § 5 a. F. Rn. 40; *Deringer/Benisch* in: Gemeinschaftskommentar § 5 a. F. Rn. 5.

Hiervon zu unterscheiden ist die Verbesserung der Wettbewerbssituation, die nicht durch Ausschaltung des Wettbewerbs, sondern durch **betriebsinterne Verbesserungen** herbeigeführt wird. In solchen Fällen liegt eine Rationalisierung vor. So ist von einer Rationalisierung auszugehen, sofern ein Unternehmen beispielsweise im Wege eines effektiveren Kunden- oder Reparaturdienstes bzw. einer besseren Kundenberatung in die Lage versetzt wird, seine Produkte besser gegenüber den Wettbewerbern auf dem Markt durchzusetzen.[144] Das Gleiche gilt, wenn die Kartellierung einen Markt mit sehr vielen unterschiedlichen Sorten, Typen oder Qualitäten mit geringen Fertigungsmengen betrifft und die Kartellmitglieder in die Lage versetzt werden, durch eine Aufteilung (Spezialisierung) der Produktion untereinander die Fertigungsmengen zu erhöhen und damit die innerbetriebliche Produktion rationeller zu gestalten.[145] **39**

In der Praxis reicht aber regelmäßig die Unterscheidung zwischen (zulässigen) betriebsinternen Verbesserungen (Rationalisierungen) einerseits und (unzulässiger) bloßer Ausschaltung des Wettbewerbs nicht aus. Denn Rationalisierungen in Form von betriebsinternen Verbesserungen sind teilweise nur möglich, wenn es parallel zu einer Ausschaltung des Wettbewerbs kommt. Deshalb ist auch eine Ausschaltung des Wettbewerbs als Rationalisierungsmaßnahme denkbar, wenn dies primär der betriebsinternen Maßnahme dient.[146] Die **Ausschaltung des Wettbewerbs** muss also **in einem unmittelbaren Zusammenhang mit der Rationalisierung** stehen.[147] Insoweit können auch **Kernbeschränkungen** wie **Preisabsprachen, Gebietsaufteilungen, Quoten- und Mengenabreden** etc. Teil eines Mittelstandskartells sein. Zwar fordert § 3 GWB für eine Freistellung keine Unerlässlichkeit.[148] Ist eine Wettbewerbsbeschränkung für die Rationalisierungsmaßnahme unerlässlich, spricht das jedoch für einen unmittelbaren Zusammenhang.[149] Beispielsweise können Kernbeschränkungen erforderlich sein, um eine rationalisierende zentrale Auftragslenkung zu ermöglichen. Dazu zählt etwa der Verzicht auf die Ausführung unmittelbar erteilter Aufträge oder die Verpflichtung, die zentral weitergeleiteten Aufträge zu übernehmen.[150] Darüber hinaus kann § 3 GWB auch wettbewerbsbeschränkende Absprachen legalisieren, die zwar nicht objektiv notwendig sind, um bestimmte Rationalisierungsmaßnahmen zu vereinbaren, ohne die es den Unternehmen jedoch an der subjektiven Bereitschaft zur zwischenbetrieblichen Kooperation fehlen würde, zum Beispiel im Bereich von gemeinsamer Werbung und Vertrieb[151] oder gemeinsamer Forschung oder Kundenberatung.[152] Dies gilt aber nur, sofern zwischen der Wettbewerbsbeschränkung und der rationalisierenden Zusammenarbeit auch von der Warte eines objektiven Beobachters ein gewisser Zusammenhang besteht. Dieser fehlt, wenn eine Kooperation zwar eine Ausweitung der Produktpalette mit sich bringt, aber die gleichzeitig verabredete Preiskoordinierung nur auf Einnahmeerhöhung abzielt.[153] Auch bei bestehendem unmittelbarem Zusammenhang ist bei Kernbeschränkungen ein strengerer Maßstab bei der Beurteilung der Wesentlichkeit der Wettbewerbsbeschränkung anzulegen („Wechselwirkung").[154] **40**

---

[144] WuW/E BKartA 1695, 1697 – *Uran.*
[145] WuW/E BKartA 1227 – *Krawattenstoff-Submission.*
[146] BKartA, Merkblatt, Rn. 32; *Bunte* in: Frankfurter Kommentar § 3 Rn. 43, 46 ff.
[147] OLG Düsseldorf WuW/E DE-R 2146, 2150 – *Nord-KS/Xella;* OLG Düsseldorf WuW/E DE-R 2081, 2084 Tz. 23 (juris) – *Kalksandsteinwerk:* „enger oder sogar notweniger Zusammenhang"; BKartA, Merkblatt, Rn. 32; *Fuchs* in: Immenga/Mestmäcker § 3 Rn. 61; *Lober* in: Schulte/Just, Kartellrecht, § 3 GWB Rn. 16; *Pampel* in: Münchener Kommentar, GWB, § 3 Rn. 42.
[148] Dazu unten Rn. 47.
[149] LKartB Bayern, Kooperation und Wettbewerb, S. 66; *Rittner/Kulka* § 8 Rn. 65.
[150] *Bunte* in: Frankfurter Kommentar § 3 Rn. 43.
[151] BKartA, Merkblatt, Rn. 32.
[152] *Bunte* in: Frankfurter Kommentar § 3 Rn. 49.
[153] OLG Düsseldorf WuW/E DE-R 2146, 2151 – *Nord-KS/Xella.*
[154] Siehe Rn. 56 f.

41 **Einzelfälle:** Mittelstandskartelle im Sinne des § 3 GWB sollten vor allem folgende Fallgruppen betreffen: **Produktions- und Spezialisierungsvereinbarungen, (rationalisierende) Einkaufskooperationen, Vermarktungsvereinbarungen** sowie **Vereinbarungen über Forschung und Entwicklung.**[155] Das Merkblatt des BKartA geht davon aus, dass eine Rationalisierung gem. § 3 GWB für alle Unternehmensbereiche denkbar ist: Produktion, Forschung und Entwicklung, Finanzierung, Verwaltung, Werbung, Einkauf und Vertrieb.[156] Die Rationalisierung kann im Wege der **zentralen Auftragslenkung** herbeigeführt werden.[157] Rationalisierend ist die Vergabe von Aufträgen in Abhängigkeit von den anfallenden Frachtkosten.[158] Auftragslenkung ist ferner vor allem in Branchen von Bedeutung, die großen Nachfrageschwankungen unterliegen.[159] Eine rationalisierende Vereinbarung kann die beteiligten Unternehmen verpflichten, nur die ihnen zugewiesenen Aufträge zu übernehmen. Durch die Zusammenfassung und Umverteilung an die Mitglieder wird ein möglichst kontinuierlicher Geschäftsbetrieb gewährleistet.[160] Je nach Einzelfall werden die begrenzten Lager-, Produktions- oder Lieferkapazitäten der einzelnen Hersteller abgefedert[161] oder die Herstellung von Großserien ermöglicht.[162] Genauso stellt es eine Rationalisierung dar, wenn sich Speditionen eine **zentrale Sammel- und Verteillogistik** geben und dadurch die Transport- und Umschlagskapazitäten der Beteiligten besser auslasten.[163] Reine **Quotenregelungen** bei Überkapazitäten sind nach dem BKartA aber keine Rationalisierung, weil sie gerade einer Auftragsvergabe nach Frachtgunst, optimaler Kapazitätsauslastung, Spezialisierung etc. entgegenstünden.[164] Jedoch dient zum Beispiel die Verpflichtung von Mitgliedswerken einer **Verarbeitungsgemeinschaft** für Teererzeugnisse, ihre gesamten Rohprodukte an die Gemeinschaft abzuliefern, der Rationalisierung, wenn dadurch die Kosten sparende Gemeinschaftsverarbeitung kontinuierlich erhalten bleibt.[165] Auch die Bildung von **Vertriebsgemeinschaften**[166] für die Lösung der Absatzprobleme von Neben- bzw. Koppelprodukten hat das BKartA – mit einer Ausnahme[167] – als rationalisierende Maßnahme anerkannt.[168] Im Übrigen hat das Bundeskartellamt eine Rationalisierung bejaht für den Fall, dass mehrere Unternehmen die **bei der Durchführung von Bauvorhaben anfallenden Arbeiten zusammenfassen** und koordinieren. Entscheidendes Kriterium war, dass allen Beteiligten bei individueller Durchführung des An- und Abtransports von Bauschutt, der Zwischenlagerung und Deponierung von Baumaterialien höhere Kosten und ein erhöhter Zeit- und Arbeitsaufwand entstanden wä-

[155] Eingehend *Dittrich,* S. 276 ff., insbesondere zu Produktions- und Spezialisierungsvereinbarungen (S. 277 ff.), zu (rationalisierenden) Einkaufskooperationen (S. 284 ff.), zu Vermarktungsvereinbarungen (S. 291 ff.) sowie zu Vereinbarungen über Forschung und Entwicklung (S. 295 ff.).

[156] BKartA, Merkblatt, Rn. 29.

[157] WuW/E BKartA DE-V 127, 128 – *Fleurop II;* WuW/E BKartA 1794 – *Bimsbausteine III;* WuW/E BKartA 858 – *PVC-Abflussrohre;* WuW/E BKartA 341 – *Ruhrstickstoff; Werner,* S. 63; *Bunte* in: Frankfurter Kommentar § 3 Rn. 53; *Deringer/Benisch* in: Gemeinschaftskommentar § 5 a. F. Rn. 34. Zur zentralen Auftragslenkung siehe auch Art. 101 Abs. 3 AEUV Rn. 84.

[158] BKartA, Merkblatt, Rn. 33.

[159] *Deringer/Benisch* in: Gemeinschaftskommentar § 5 a. F. Rn. 34; *Immenga* in: Immenga/Mestmäcker, GWB (3. Aufl.), § 5 a. F. Rn. 33.

[160] WuW/E BKartA 1001, 1004 – *Zementverkaufsstelle Niedersachsen.*

[161] WuW/E BKartA 1248, 1251 – *Fernmeldekabel;* WuW/E BKartA 1794, 1795 – *Bimsbausteine III.*

[162] WuW/E BKartA 632 – *Armaturen;* WuW/E BKartA 1794, 1795 – *Bimsbausteine III.*

[163] BKartA, Beschluss vom 3. Dezember 2001, Az. B 9–63401–194/00, S. 7 – *System-Alliance.*

[164] BKartA, Merkblatt, Rn. 33.

[165] WuW/E BKartA 795, 797 – *Teerverwertung.*

[166] Vgl. dazu unten Rn. 48.

[167] WuW/E BKartA 773 – *Montanzement.*

[168] WuW/E BKartA 224, 231 – *Niedersächsische Kalkwerke;* WuW/E BKartA 341, 347 – *Ruhrstickstoff I;* WuW/E BKartA 211, 215 – *Thomasphosphat;* vgl. dazu auch *Deringer/Benisch* in: Gemeinschaftskommentar § 5 a. F. Rn. 33.

ren.[169] Im Bereich **Energiehandel** kommt eine Rationalisierungswirkung in Betracht, wenn durch die Zusammenlegung von Vertriebsstrukturen Einsparungen bei Hard- und Software des Handelssystems sowie bei den Personalkosten realisiert werden und sich außerdem gravierende Vorteile bei der gebündelten Energieeigenerzeugung ergeben.[170]

5. Durch zwischenbetriebliche Zusammenarbeit

a) Begriff der zwischenbetrieblichen Zusammenarbeit. Der Begriff „zwischenbetriebliche Zusammenarbeit" stellt klar, dass von § 3 GWB **jede denkbare Form unternehmerischer Kooperation** erfasst wird. Sie kann sich in der bloßen Koordinierung unternehmerischer Handlungen erschöpfen oder zu einer Ausgliederung und Übertragung von Unternehmensfunktionen auf gemeinschaftliche Einrichtungen bis hin zur **Abstimmung der gesamten Betriebspolitik**[171] einschließlich **Preis-, Mengen-, Quoten- und Gebietsabsprachen**[172] führen. Die Zusammenarbeit kann für alle rationalisierungsfähigen innerbetrieblichen Vorgänge verabredet werden, also insbesondere in den Bereichen **Produktion, Forschung und Entwicklung, Finanzierung, Verwaltung, Werbung, Einkauf** und **Vertrieb.**[173] 42

Ein besonderer unternehmerischer Bezug der Kooperation ist nicht erforderlich.[174] Demnach können prinzipiell auch **Produktionsverzichte oder Stilllegungsvereinbarungen** als zwischenbetriebliche Zusammenarbeit gewertet werden.[175] Dies folgt aus dem lediglich klarstellenden Charakter des Begriffs, der eine weitere Einschränkung des Tatbestandes nicht herbeiführen wollte. Allerdings sind Produktionsverzichte und Stilllegungen nur bei Rationalisierungswirkung freigestellt. 43

b) Rationalisierungserfolg („durch"). Die Rationalisierung muss „durch" zwischenbetriebliche Zusammenarbeit erfolgen. Daher werden von § 3 GWB nur **Maßnahmen** erfasst, **ohne die eine Rationalisierung nicht eintreten würde.** Dabei kann es sich um eine unmittelbare oder um eine mittelbare Kausalität handeln.[176] So sind etwa Rationalisierungsmaßnahme und -erfolg unmittelbar miteinander verbunden, wenn die Kartellpartner eine zentrale Akquisition und Lenkung von Aufträgen vereinbaren.[177] Die hier erforderliche Kausalität ist nicht mit dem unmittelbaren Zusammenhang zu verwechseln, der zwischen der betrieblichen Verbesserung einerseits und der Wettbewerbsbeschränkung andererseits bestehen muss.[178] 44

Grundsätzlich muss der **Rationalisierungserfolg** – wie bei allen Rationalisierungskartellen – **bei sämtlichen beteiligten Unternehmen** eintreten.[179] Hieran fehlt es z.B., 45

[169] WuW/E BKartA 2617, 2620 – *Baulogistik Potsdamer Platz.*
[170] BKartA, Beschluss vom 15. Juli 2002, Az. B 8–40000-Ib – 87/01, S. 22 ff. – *citiworks AG.*
[171] *Benisch* in: Kooperationsfibel 1973, S. 68.
[172] Vgl. insoweit das Beispiel in: Begr. RegE 7. GWB-Novelle, BT DS 15/3640, S. 45; noch deutlicher Stellungnahme Bundesrat zur Begr. RegE 7. GWB-Novelle, BT DS 15/3640, S. 73. Der Bundesrat scheiterte allerdings mit seinem Vorhaben, insoweit strenge Legalisierungsvoraussetzungen in § 3 GWB aufzunehmen. In solchen Fällen kann aber eine wesentliche Wettbewerbsbeeinträchtigung schon bei niedrigeren Marktanteilen angenommen werden, vgl. Rn. 56.
[173] BKartA, Merkblatt, Rn. 29; siehe auch Rn. 38.
[174] *Werner,* S. 172; *Fuchs* in: Immenga/Mestmäcker, GWB, § 3 Rn. 65; a. A. *Westrick/Loewenheim* § 5b Rn. 9.
[175] *Werner,* S. 172; a. A. Fuchs in: Immenga/Mestmäcker § 3 Rn. 65; *Westrick/Loewenheim* § 5b a. F. Rn. 9; a. A. *Schneider* in: Langen/Bunte, § 3 Rn. 31.
[176] Ausführlich zur Kausalität *Pampel* in: Münchener Kommentar, GWB, § 3 Rn. 34 ff.
[177] Vgl. BKartA, TB 1974, S. 49 – *Leichtbauplatten;* BKartA, TB 1975, 48 – *Wärmedämmstoffe.*
[178] Dazu oben Rn. 40.
[179] H. M.: WuW/E BGH 1930, 1931 – *Basalt Union* = NJW 1983, 2383, 2384; WuW/E BKartA 1259, 1260 – *Fernmeldekabel II;* WuW/E BKartA 1131 – *Westfälische Zementwerke II; Fuchs* in: Immenga/Mestmäcker, GWB, § 3 Rn. 69; *Bunte* in: Frankfurter Kommentar § 3 Rn. 99; a. A. *Schneider* in: Langen/Bunte § 3 Rn. 51.

wenn der Verzicht eines Partners auf die Herstellung bestimmter Erzeugnisse durch eine ganz andere Leistung (z. B. finanzieller Art) entgolten wird, die in keinem sachlichen Zusammenhang zu der Einschränkung steht.[180] Die Kartellmitglieder können an der Rationalisierungsabrede aber in unterschiedlicher Weise beteiligt sein.[181] Schließlich muss der Rationalisierungserfolg **nicht** bei allen Unternehmen **die gleiche Intensität** haben;[182] er muss eben nur überhaupt eintreten.

46 Von der Regel, dass der Rationalisierungserfolg bei allen Unternehmen eintreten muss, sollten bestimmte **Ausnahmen** zugelassen werden. Eine Legalisierung gem. § 3 GWB ist zunächst nicht dadurch von vornherein ausgeschlossen, dass an der Abrede auch **Unternehmen teilnehmen, die sich nicht an der Rationalisierungsmaßnahme beteiligen.**[183] Eine solche Vereinbarung kann für den Erfolg der Rationalisierung notwendig sein, wenn z. B. sich spezialisierende Vertragspartner Erzeugnisse nicht ebenso rationell herstellen können wie die Unternehmen, die ihr volles Programm beibehalten; auch das EU-Recht kennt eine Freistellung für einseitige Spezialisierungen.[184] Eine weitere Ausnahme von der Regel des Eintritts des Rationalisierungserfolges bei allen Unternehmen ist zu machen, damit sich auch **Großunternehmen** an Vereinbarungen über die zwischenbetriebliche Zusammenarbeit beteiligen können, um diese zu ermöglichen bzw. ihre Wirksamkeit zu erhöhen.[185] Mit dem Ausgleich struktureller Nachteile als Normzweck wäre es nicht vereinbar, wenn Großunternehmen sich an Kooperationen nur beteiligen könnten, sofern die Leistungssteigerung auch bei ihnen eintritt. Auch der Wortlaut des Gesetzes spricht dafür, den Eintritt der Rationalisierungseffekte nicht zwingend bei allen Beteiligten zu fordern. Danach muss nur die Wettbewerbsfähigkeit „kleiner oder mittlerer Unternehmen" verbessert werden, nicht aber die „der beteiligten Unternehmen".[186] Freilich werden sich Großunternehmen in den seltensten Fällen aus rein altruistischen Gründen an Vereinbarungen über die zwischenbetriebliche Zusammenarbeit beteiligen. Will man daher eine Zusammenarbeit zwischen mittelständischen und Großbetrieben nicht schon generell ausschließen, ist im Rahmen des § 3 GWB davon auszugehen, dass **die Leistungssteigerung bei allen kleinen und mittleren Unternehmen eintreten *muss*, bei kooperierenden Großbetrieben hingegen eintreten *darf*.** Der Gefahr eines Machtzuwachses bei den großen Unternehmen, der die Leistungssteigerung bei den Normadressaten des § 3 GWB in Frage stellen könnte, kann durch eine sorgfältige Prüfung der Legalisierungsschranken (insbesondere Nr. 1) bzw. durch eine Begrenzung der Teilnahme von Großbetrieben auf den für die Kooperation unverzichtbaren Umfang begegnet werden.

47 **c) Keine „Unerlässlichkeit":** Anders als § 2 Abs. 1 GWB fordert § 3 GWB für eine Freistellung keine „Unerlässlichkeit" der Wettbewerbsbeschränkung für den eintretenden

---

[180] Vgl. *Benisch* in: Gemeinschaftskommentar § 5a a. F. Rn. 15.

[181] *Benisch* in: Gemeinschaftskommentar § 5a a. F. Rn. 17.

[182] *Fuchs* in: Immenga/Mestmäcker, GWB, § 3 Rn. 69; *Benisch* in: Gemeinschaftskommentar § 5a a. F. Rn. 17.

[183] WuW 67, 801 – *Klöppelspitzen;* BKartA, TB 1968, S. 46 – *Saunaanlagen;* BKartA TB 1970, S. 73 – *Filterplatten und -rahmen; Bunte* in: Frankfurter Kommentar § 3 Rn. 27; *Benisch* in: Gemeinschaftskommentar § 5a a. F. Rn. 15; a. A. wohl *Fuchs* in: Immenga/Mestmäcker, GWB, § 3 Rn. 69.

[184] Art. 1 Abs. 1 lit. a) iVm. Art. 2 Abs. 1 der Verordnung (EU) Nr. 1218/2010 der Kommission über die Anwendung von Art. 101 Abs. 3 AEUV auf bestimmte Gruppen von Spezialisierungsvereinbarungen vom 14.12.2010 (GVO Spezialisierungsvereinbarungen), ABl. Nr. L 335 vom 18.12.2010, S. 43 ff.; siehe dazu auch die gesonderte Kommentierung.

[185] *Benisch* in: Gemeinschaftskommentar § 5b a. F. Rn. 27; a. A. *Bunte* in: Frankfurter Kommentar § 5b a. F. Rn. 59; *Fuchs* in: Immenga/Mestmäcker, GWB, § 4 Rn. 69, der allerdings generell die Beteiligung von Großunternehmen an Mittelstandskartellen ablehnt. Vgl. zur Beteiligung von Großunternehmen an Mittelstandskartellen oben Rn. 20 f.

[186] Vgl. *Kiecker* in: Langen/Bunte (9. Aufl.), § 4 Rn. 12; *Benisch* in: Gemeinschaftskommentar § 5b a. F. Rn. 27.

Rationalisierungserfolg.[187] Das ermöglicht es insbesondere, **Kernbeschränkungen (Preis, Menge, Gebiet)** im Rahmen von § 3 GWB freizustellen, die nach § 2 Abs. 1 GWB regelmäßig gerade nicht „unerlässlich" sind.[188] Allerdings muss es – insbesondere bei Kernbeschränkungen – eine enge Verbindung in Form eines unmittelbaren Zusammenhanges zwischen der Beschränkung und der Rationalisierungsmaßnahme geben. Insoweit spricht eine Unerlässlichkeit für den für § 3 GWB erforderlichen Ursachenzusammenhang zwischen zwischenbetrieblicher Zusammenarbeit und Rationalisierung.[189]

d) Beispiele für eine Rationalisierung durch zwischenbetriebliche Zusammen- 48
arbeit:[190] Die **zentrale Steuerung von Aufträgen** für Stahlrohre im Rahmen eines Quotensystems und die Festsetzung der Preise und Konditionen, wodurch die Transportkosten erheblich sanken und sich Rationalisierungseffekte bei Produktion und Qualität ergaben; die Kartellierung von Beton-Fertigteil-Herstellern, die vereinbarten, einander jede Lieferung und eingehende Lieferanfragen mitzuteilen, bei Lieferanfragen musste dasjenige Kartellmitglied ermittelt werden, das auf Grund seiner technischen Kenntnisse oder anderer Umstände wie Frachtkosten am besten zur Ausführung geeignet ist, soweit Spezialgebiete mehrerer Kartellmitglieder nebeneinander betroffen waren, sollten die Unternehmen gemeinsam herstellen;[191] die Bildung von **Arbeitsgemeinschaften** in der Produktion, bei der der Arbeitsgemeinschaftsgedanke[192] nicht greift, z.B. im Fall von Speditionen, die über ein Verteilsystem mit zentralen Umschlagslagern arbeitsteilig vorgehen und dadurch erhebliche Kosten sparen, obwohl sie die Transportaufträge auch allein ausführen könnten;[193] die Kooperation beim **Vertrieb,** der gemeinsame **Einkauf von Rohstoffen** und der Betrieb eines gemeinsamen **Fuhrparks** im Hinblick auf Transportbeton;[194] eine Kooperation zwischen Herstellern von Hintermauerziegeln: eine **Vertriebskonferenz mit Andienungszwang** verteilt eingehende Aufträge nach Kundenbindung und -wünschen, Transportkosten und Auslastung, ferner gemeinsames Marketing, Forschung und Entwicklung sowie Einkauf von Rohstoffen;[195] eine Vereinbarung über eine gemeinsame **Forschung und Entwicklung,** insoweit sind insbesondere Kernbeschränkungen denkbar, die nach der einschlägigen EU-GVO F&E nicht zulässig wären;[196] ein gemeinschaftlicher Kunden- und Reparaturdienst mit Verbot eines eigenen Service der einzelnen Beteiligten;[197] eine verbindliche Gleichschaltung der **Werbung,** was durch die Bündelungswirkung Kostenvorteile und aufwändige Werbeformen erst ermöglicht; Kundenbindungssysteme, Bonusprogramme oder Rabattkarten bei Beteiligung konkurrierender Unternehmen, wenn die Beteiligten entweder auf eine Mitwirkung bei anderen Programmen verzichten oder jedenfalls eine Mitwirkung nicht zu erwarten ist, genauso kann dann die Rabatthöhe gemeinsam festgelegt werden.[198] Vereinbarungen über **Ladenöffnungszeiten** und **Schlussverkäufe** können auch eine Rationalisierungswirkung haben.[199] In der

[187] *Dittrich,* S. 271 f. Siehe auch oben Rn. 3.
[188] Vgl. Art. 101 Abs. 3 AEUV Rn. 44.
[189] Siehe zur den Kausalitätsanforderungen oben Rn. 40.
[190] Vgl. BKartA, Merkblatt, Rn. 39; LKartB Bayern, Kooperation und Wettbewerb, S. 56 f. Siehe über dies zu weiteren Beispielen oben die „Einzelfälle" für Rationalisierungswirkungen Rn. 41.
[191] Vgl. Bundesanzeiger Nr. 124 vom 9. Juli 1998, 9475.
[192] Dazu oben Art. 101 Abs. 1 AEUV Rn. 321 f.
[193] BKartA TB 1999/2000, S. 151.
[194] BKartA TB 2003/2004, S. 109.
[195] BKartA WuW/E DE-V 1142 – *Hintermauerziegelkartell;* TB 2005/2006, S. 92 f.
[196] BKartA, Merkblatt, Rn. 39.
[197] BKartA, Merkblatt, Rn. 39.
[198] Der Gesetzgeber der Aufhebung des RabattG hat selbst auf die Möglichkeit der Legalisierung über § 4 Abs. 1 GWB a. F. hingewiesen, vgl. Begr. RegE Aufhebung RabattG BT DS 14/5441, S. 8 f.; ferner BKartA TB 1999/2000, S. 48; eingehend auch *Lange* WuW 2002, 220, 225; *J. B. Nordemann* NJW 2001, 2505, 2512.
[199] LKartB Bayern, Kooperation und Wettbewerb, S. 91 f.; *Rißmann* WuW 2006, 881, 889.

Praxis liegt der **Schwerpunkt** der Zusammenarbeit beim Vertrieb, beispielsweise bei **Verkaufsgemeinschaften** oder bei **Einkaufsgemeinschaften.**[200]

49 **e) Insbesondere: mittelständische Spezialisierungskartelle.**[201] Bis vor der 7. GWB-Novelle 2005 waren Spezialisierungskartelle gesondert von Mittelstandskartellen abschließend in § 3 GWB a. F. geregelt. Nach Abschaffung der allgemeinen Kartellausnahme für Spezialisierungsvereinbarungen erfasst die Regelung für Mittelstandskartelle in § 3 GWB nunmehr nach dem ausdrücklichen Willen des deutschen Gesetzgebers auch mittelständische Spezialisierungskartelle.[202] Da der Gesetzgeber Mittelstandskartelle nicht abschließend gegenüber § 2 Abs. 1 GWB regeln wollte,[203] ist auch davon auszugehen, dass eine Anwendung des § 2 Abs. 2 GWB in Verbindung mit der GVO Spezialisierungsvereinbarungen[204] möglich ist, wenn die Voraussetzungen des § 3 GWB nicht erfüllt sind. Das gilt erst recht in zwischenstaatlichen Sachverhalten wegen § 22 GWB und Art. 3 VO 1/2003: in diesen Fällen ist die Beurteilung nach Art. 101 AEUV, insbesondere auf der Grundlage der GVO Spezialisierungsvereinbarungen, sogar vorrangig.[205]

50 Spezialisierung bedeutet nach verbreiteter Ansicht die **vereinbarte Arbeitsteilung im weitesten Sinne** zwischen mehreren Unternehmen.[206] Sie kann in der Verpflichtung der Beteiligten bestehen, bestimmte Waren, die dem Kartellpartner vorbehalten bleiben sollen, nicht mehr herzustellen, oder in der Abrede, nur noch zwischen den Vereinbarungspartnern festgelegte Güter zu produzieren.[207] Dabei geht die Spezialisierung über den typischen Fall der **Aufteilung von industriellen Herstellungsprogrammen** weit hinaus. Sie kann sich auf jegliche Unternehmensfunktionen wie z. B. **Vertrieb, Handel, Forschung und Entwicklung**[208] beziehen, ferner auf den gesamten Bereich der **Beschaffung von Gütern, der Finanzierung** und **Verwaltung.**[209] Gegenstand der Spezialisierungsvereinbarung kann neben der Produktion von Waren auch die Erbringung von **Dienstleistungen** sein.[210]

51 Die Vereinbarung kann sich auf Erzeugnisse, Leistungen oder Funktionen erstrecken, die am gesamten Programm des Unternehmens einen verhältnismäßig geringen Anteil haben (sog. **Randsortenspezialisierung**)[211] oder umgekehrt den größten Umsatz des Unternehmens einbringen (sog. **Kernspezialisierung**).[212] Ferner kommt in der Praxis auch eine

---

[200] Es muss aber eine Rationalisierungswirkung eintreten, vgl. oben Rn. 4. Siehe zur Beurteilung von Einkaufgemeinschaften ohne Rationalisierungswirkung oben Art. 101 Abs. 3 AEUV Rn. 90 f.

[201] Zu nicht-mittelständischen Spezialisierungskartellen vgl. oben Art. 101 Abs. 3 AEUV Rn. 81 ff.

[202] Begr. RegE 7. GWB-Novelle, BT DS 15/3640, S. 45.

[203] Begr. RegE 7. GWB-Novelle, BT DS 15/3640, S. 44 f.; siehe auch Rn. 9; a. A. noch Voraufl. Rn. 46.

[204] Vgl. Verordnung (EU) Nr. 1218/2010 (GVO Spezialisierungsvereinbarungen), aaO., siehe auch die gesonderte Kommentierung hierzu.

[205] Begr. RegE 7. GWB-Novelle, BT DS 15/3640, S. 45.

[206] *Immenga* in: Immenga/Mestmäcker, GWB (3. Aufl.), § 3 Rn. 17; *Benisch* in: Gemeinschaftskommentar § 5a a. F. Rn. 11; *Bunte* in: Frankfurter Kommentar § 3 a. F. Rn. 19; *Kiecker* in: Langen/Bunte (9. Aufl.), § 3 a. F. Rn. 8.

[207] *Immenga* in: Immenga/Mestmäcker, GWB (3. Aufl.), § 3 a. F. Rn. 18; *Bunte* in: Frankfurter Kommentar § 3 a. F. Rn. 19.

[208] Vgl. BKartA, TB 1966, S. 63 – *Industrieöfen.*

[209] *Kartte,* BB 1965, 1037, 1039; *Benisch* in: Kooperationsfibel, S. 222; *Bunte* in: Frankfurter Kommentar § 3 a. F. Rn. 19; *Immenga* in: Immenga/Mestmäcker, GWB (3. Aufl.), § 3 a. F. Rn. 17.

[210] Vgl. WuW/E BKartA 938 – *Gesellschaftsreisen II; Benisch,* Kooperationsfibel, S. 221 ff.; *Bunte* in: Frankfurter Kommentar § 3 a. F. Rn. 22; *Kiecker* in: Langen/Bunte (9. Aufl.), § 3 a. F. Rn. 9.

[211] WuW/E BKartA 979, 980 – *Bettwäsche;* WuW/E BKartA 846, 849 – *Hydromechanik;* WuW/E BKartA 1605, 1607 – *Starkstromkabel.*

[212] *Benisch* in: Gemeinschaftskommentar § 5a a. F. Rn. 12; *Bunte* in: Frankfurter Kommentar § 3 a. F. Rn. 28.

sog. **Mengenspezialisierung** vor, bei der sich die Produktionsaufteilung auf die Herstellung oder den Vertrieb bestimmter Auftragsmengen bezieht.[213] Die Spezialisierung kann sich auf gegenwärtige, aber auch auf **künftige** bzw. **potentielle** Tätigkeitsbereiche der beteiligten Betriebe erstrecken,[214] z.B. wenn ein Kartellbeteiligter sich verpflichtet, auf die Herstellung bestimmter Waren zu verzichten, die er bisher zwar nicht produziert hat, aber jederzeit ohne nennenswerte Investitionen oder ohne besondere betriebliche Schwierigkeiten hätte herstellen können.[215] Vom Kartellrecht berührt sind Einschränkungen potentiellen Wettbewerbs jedoch nur dann, wenn für die künftige Betätigung auf dem relevanten Markt ansonsten eine gewisse Wahrscheinlichkeit bestanden hätte.[216] Auch die rechtliche **Absicherung** einer ohne Abstimmung **faktisch bereits bestehenden Arbeitsteilung** kann unter dem Gesichtspunkt der potentiellen Wettbewerbsbeschränkung ein Spezialisierungskartell darstellen.[217] Denn erst mit der vertraglichen Regelung sind die Vereinbarungspartner rechtlich gehindert, unternehmerische Tätigkeiten zu entwickeln, die sie bisher unter Umständen ohne besondere Schwierigkeiten hätten aufnehmen können. Durch Absprachen über die sog. **„Kollegenlieferung"** verpflichten sich die Beteiligten eines mittelständischen Spezialisierungskartells, die nicht oder nicht in ausreichendem Umfang hergestellten Waren einander zur Vervollständigung des eigenen Sortiments zu überlassen. Grundsätzlich wettbewerbsbeschränkend sind solche Vereinbarungen dann, wenn sie mit der Verpflichtung einhergehen, die fehlenden Sortimentsteile ausschließlich beim Vertragspartner zu beziehen.[218] Sie sollten jedoch bei Erreichen der Rationalisierungswirkung und bei Vorliegen der übrigen Voraussetzungen des § 3 GWB freigestellt sein. Auch im EU-Recht sind solche ausschließlichen Bezugs- bzw. Belieferungspflichten nach Art. 2 Abs. 3 lit. a) GVO Spezialisierungsvereinbarungen erlaubt.[219]

Beispiele für mittelständische Spezialisierungsvereinbarungen: Bei der **Produktionsspezialisierung** verpflichten sich die Kartellbeteiligten, bestimmte Warengruppen zugunsten der Vereinbarungspartner nicht herzustellen oder nur noch Erzeugnisse zu produzieren, die zwischen den Unternehmen festgelegt werden,[220] z.B. Spezialisierung auf die Herstellung bestimmter Arten von Maschinen,[221] bestimmter Größen,[222] eine bestimmte Farbe der Produkte, Spezialisierung durch Aufteilung einer Gesamtleistung in verschiedene Teilleistungen (z.B. beim Anlagenbau in Ingenieurleistungen, Fertigung der Einzelteile und Montage) oder durch Aufteilung in Massenproduktion bei einem und individuelle Anfertigung beim anderen. Die für eine Anwendung des § 3 GWB erforderlichen Rationalisierungswirkungen der Arbeitsteilung liegen regelmäßig in der Senkung der Stückkosten durch die Erhöhung der Produktionsmengen und der besseren Kapazitätsauslastung, in der Möglichkeit zu Einsparungen beim Personal und Investitionskapital sowie in der qualitativen Ver- 52

[213] BKartA TB 1966, S. 53 – *Baumwollspinner.*

[214] BKartA TB 1967, S. 66.

[215] BKartA TB 1970, 73 – *Filterplatten und -rahmen.*

[216] Vgl. zum Gegenstand potentiellen Wettbewerbs oben Art. 101 Abs. 1 AEUV Rn. 264.

[217] BKartA TB 1973, 95 – *Kalender;* BKartA, TB 1970, 73 – *Filterplatten und -rahmen; Benisch* in: Gemeinschaftskommentar § 5a a.F. Rn. 11; *Bunte* in: Frankfurter Kommentar § 3 a.F. Rn. 15; kritisch *Immenga* in: Immenga/Mestmäcker, GWB (3. Aufl.), § 3 a.F. Rn. 25; einschränkend *Kiecker* in: Langen/Bunte (9. Aufl.), § 3 a.F. Rn. 12.

[218] Vgl. WuW/E BKartA 983, 985 – *Buntspinner;* WuW/E BKartA 994, 997 – *Baumwollspinner;* WuW/E BKartA 998, 1000 – *Decken.*

[219] Siehe Art. 101 Abs. 3 AEUV Rn. 95ff. sowie die Kommentierung zur GVO.

[220] WuW/E BKartA 687, 690 – *Drehbänke;* WuW/E BKartA 846, 848 – *Hydromechanik;* WuW/E BKartA 858, 862 *PVC-Abflussrohre;* BKartA WuW 1978, 273 – *Horizontal- und Vertikalmaschinen;* BKartA WuW 1986, 371; BKartA WuW 1988, 598 – *Rechen und Gabeln;* BKartA TB 1978, S. 53 – *Krane und Hebezeuge;* BKartA TB 1993/1994, S. 87.

[221] Vgl. BKartA WuW 1978, 273 – *Horizontal- und Vertikalmaschinen;* WuW 1988, 598 – *Rechen und Gabeln.*

[222] BKartA TB 1978, S. 53 – *Krane und Hebezeuge.*

besserung der Produktion.[223] Die **Vertriebsspezialisierung auf Herstellerseite** fällt nur dann unter § 3 GWB, wenn sie sich nicht in einer bloßen wettbewerbsbeschränkenden Marktaufteilung erschöpft. Die GVO für Spezialisierungen im EU-Recht enthält eine parallele Regelung.[224] Entscheidend ist, dass die Aufteilung von Absatzgebieten und Kundenkreisen die „Rationalisierung wirtschaftlicher Vorgänge" bezweckt, d.h. zu einer tatsächlichen Leistungssteigerung führt. Dies ist nur dann der Fall, wenn die sachliche Spezialisierung ohne Marktaufteilung z.B. in Form der örtlichen Spezialisierung oder der Spezialisierung auf bestimmte Kunden nicht erreicht werden kann.[225] So kann es wegen sachlicher Rationalisierungsgewinne auf Grund der unterschiedlichen Belieferungsanforderungen vorteilhaft sein, dass ein Hersteller nur Drogistengroßhändler und der andere nur Apothekengroßhändler beliefert.[226] Ist der Vertrieb bestimmter Waren mit hohen Transportkosten verbunden, so kann es zu Rationalisierungsgewinnen führen, wenn sich die Anbieter über die Produktionsorte und damit über die räumlichen Absatzgebiete abstimmen. Umgekehrt bezweckt die Vertriebsspezialisierung keine leistungssteigernde Rationalisierung, wenn die Nachfrage in den Absatzgebieten bzw. die Anforderungen der Kundenkreise für alle Kartellbeteiligten dieselben sind. Bei der **Spezialisierung auf Handelsseite** wird das jeweils vorhandene Sortiment in seiner ganzen Breite oder spezifisch nach Schwerpunkten aufgeteilt bzw. eingeschränkt.[227] Die Leistungssteigerung kann hier u.a. dadurch erreicht werden, dass aufgrund der Sortimentsbeschränkung der Einkauf größerer Produktmengen der gleichen Gattung zu einem geringeren Stückpreis möglich wird. Zudem können die Kartellpartner durch die Spezialisierung die Kosten für die Zulieferung, die Lagerhaltung und die Verwaltung herabsetzen. Im Bereich **Dienstleistungen** kann die Aufteilung von Reisezielen zwischen zwei Reiseunternehmen freigestellt sein.[228] Ein anderes Beispiel ist die Zusammenarbeit zwischen zwei Paketdiensten: der eine Paketdienst wird Sendungen des anderen für Private in sein System einspeisen und ausliefern, umgekehrt wird der andere Paketdienst entsprechend mit den Sendungen für gewerbliche Abnehmer des Kartellpartners verfahren; ferner werden Kunden auch direkt an den Kartellpartner weitervermittelt, in der jeweiligen Werbung wird aufeinander hingewiesen.[229]

6. „zum Gegenstand"

53 Der Wortlaut des § 3 GWB stellt ausdrücklich darauf ab, dass die Vereinbarung oder der Beschluss die Rationalisierung wirtschaftlicher Vorgänge durch zwischenbetriebliche Zusammenarbeit „zum Gegenstand" haben muss. Teilweise wird deshalb die Auffassung vertreten, dass die Rationalisierungsmaßnahme zum Gegenstand oder Zweck des Kartells gemacht werden müsse; sie müsse einklagbar sein. Einer Festlegung des beabsichtigten Rationalisierungserfolges z.B. im Vertragstext bzw. in der Präambel bedürfe es hingegen nicht.[230] Insbesondere ein gentlemen's agreement[231] könne deshalb nicht nach § 3 GWB freigestellt sein. Dem ist nicht zu folgen. Mit dem Tatbestandsmerkmal „zum Gegenstand" ist nicht gemeint, dass eine Vereinbarung oder ein Beschluss **im Sinne der überholten**

---

[223] *Benisch,* Kooperationsfibel, S. 221.

[224] Vgl. Art. 4 Abs. 1 lit. c) GVO Spezialisierungsvereinbarungen und die gesonderte Kommentierung hierzu.

[225] BKartA TB 1967, S. 63; *Immenga* in: Immenga/Mestmäcker, GWB (3. Aufl.), § 3 a.F. Rn. 28; *Bunte* in: Frankfurter Kommentar § 3 a.F. Rn. 23.

[226] Beispiel von *Bunte* in: Frankfurter Kommentar § 3 a.F. Rn. 23.

[227] *Benisch* DB 1965, 1035, 1036; *Gloede* GRUR 1967, 579, 581; *Werner,* S. 134.

[228] Vgl. WuW/E BKartA 938 – *Gesellschaftsreisen II.*

[229] Vgl. LKartB Bayern, Kooperation und Wettbewerb, S. 63.

[230] *Fuchs* in: Immenga/Mestmäcker, GWB, § 3 Rn. 38. Zum früheren Recht: *Werner,* S. 174; *Benisch* in: Gemeinschaftskommentar § 5b a.F. Rn. 11.

[231] Dazu Art. 101 Abs. 1 AEUV Rn. 220.

Gegenstandstheorie[232] für eine Legalisierung vorliegen muss. Ausreichend ist nach zutreffender Ansicht, dass eine faktische Bindung vorliegt.[233] Auch § 1 GWB lässt es ohne weiteres genügen, dass die Wettbewerbsbeschränkung Zweck oder Folge des Vertrages ist,[234] so dass auch die positive Bewertung einzelner bezweckter oder bewirkter Wettbewerbsbeschränkungen freigestellt sein muss. Auch in den Gesetzesmaterialien findet sich kein Hinweis darauf, dass der Gesetzgeber mit der Formulierung „zum Gegenstand" einen Hinweis auf die seit Jahren überwundene Gegenstandstheorie geben wollte. Keine andere Bewertung ergibt sich, wenn die Freistellungsmöglichkeit nach § 3 GWB missbraucht wird, um die damit verbundenen Preisabreden bzw. Beschaffungs- oder Vertriebsabreden zu legalisieren, ohne eine Rationalisierung wirklich zu bezwecken.[235] In solchen Fällen fehlt es schon an einer „zwischenbetrieblichen Zusammenarbeit"[236] oder „Rationalisierung wirtschaftlicher Vorgänge"[237] gemäß § 3 GWB, weil es hier nur um eine Einnahmeerhöhung durch Wettbewerbsbeschränkung geht.

7. (Keine) angemessene Beteiligung der Verbraucher

Anders als § 2 Abs. 1 GWB stellt § 3 GWB nicht als Freistellungsvoraussetzung auf 54
das Vorliegen einer angemessenen Beteiligung der Verbraucher an dem entstehenden (Rationalisierungs-)Gewinn ab.[238] Solche Verbrauchervorteile sind zwar eine gängige Folge, wenn der Wettbewerb nicht wesentlich beeinträchtigt wird, weil dann hinreichender Druck zur Weitergabe an die Verbraucher besteht. Jedoch geht damit eine gewisse Privilegierung einher. Denn zumindest muss im Rahmen des § 3 GWB – anders als bei § 2 Abs. 1 GWB – kein substantiierter Vortrag oder gar ein Nachweis solcher Verbrauchervorteile erfolgen.

8. Keine wesentliche Beeinträchtigung des Wettbewerbs auf dem Markt (Nr. 1)

a) Fehlende wesentliche Beeinträchtigung des Wettbewerbs. Eine Freistellung 55
nach § 3 GWB setzt voraus, dass durch die zwischenbetriebliche Zusammenarbeit der Wettbewerb auf dem Markt nicht wesentlich beeinträchtigt wird. Entscheidend ist, dass die wettbewerbsbeschränkende Abrede eine **ausgewogene Wettbewerbsstruktur** auf den betreffenden Märkten **fördert oder bestehen lässt,** so dass die Marktstärke der entstehenden Unternehmenskooperation nicht wesentlich über derjenigen der verbleibenden Außenseiter liegt. Dann gewährleistet wirksamer Wettbewerb, also der verbleibende **Wettbewerbsdruck,** dass die durch die Kooperation erzielten **Vorteile** wenigstens zum Teil **an die Nachfrager weitergegeben** werden. Wann derart wirksamer Wettbewerb nicht mehr zu erwarten ist, kann nicht schematisch, sondern nur im Einzelfall im Wege einer **abwägenden Gesamtwürdigung** entschieden werden.[239]

Der zur Verfügung stehende **Korridor** ist allerdings vorgegeben: Die Kooperation muss 56
einerseits eine **„spürbare" Beeinflussung** der Marktverhältnisse herbeiführen, weil ansonsten schon der Tatbestand des § 1 GWB nicht erfüllt ist. Die Spürbarkeitsgrenze für Mittelstandskartelle liegt nach Auffassung der Begründung zur 7. GWB-Novelle 2005, die

---

[232] Dazu oben § 1 Rn. 5.
[233] Gl. A. *Schneider* in: Langen/Bunte, § 3 Rn. 18; *Bunte* in: Frankfurter Kommentar § 3 Rn. 32.
[234] Vgl. Art. 101 Abs. 1 AEUV Rn. 265 ff.
[235] Vgl. dazu auch oben Rn. 38.
[236] Siehe auch oben Rn. 42 ff.
[237] BKartA, Merkblatt, Rn. 31.
[238] *Dittrich,* S. 272 f.
[239] OLG Frankfurt WuW/E OLG 2771, 2774 – *Taxi-Funk-Zentrale Kassel;* KG WuW/E OLG 3663, 3666 – *Mischguthersteller;* Merkblatt, Rn. 34; *Bechtold,* GWB, § 3 Rn. 10; *Fuchs* in: Immenga/Mestmäcker, GWB, § 3 Rn. 77; *Schneider* in: Langen/Bunte, § 3 Rn. 59.

insoweit auf die damalige Bagatellbekanntmachung der Europäischen Kommission verweist,[240] bei einem kumuliertem Marktanteil aller Kartellbeteiligten von 10%.[241] Auch das BKartA geht von diesen Schwellenwerten aus.[242] Bei Kernbeschränkungen (Preis-, Gebiets-, Mengen- oder Quotenabsprachen) gelten diese Schwellen allerdings ausdrücklich nicht.[243] Vor der 7. GWB-Novelle 2005 lag die Marktanteilsgrenze durchaus niedriger; auch bei Marktanteilen „unter 10%" prüfte der Bundesgerichtshof die Voraussetzungen des Mittelstandskartells, ging also davon aus, dass der Tatbestand des § 1 GWB nicht mangels Spürbarkeit ausgeschlossen war.[244] Nach der Übernahme der 10%-Schwelle durch die Begründung zur 7. GWB-Novelle 2005 ist jedoch auf diese Grenze abzustellen, auch wenn die Bekanntmachungen der Europäischen Kommission grundsätzlich keine rechtliche Bindungswirkung entfalten.[245] Andererseits ist eine wesentliche Wettbewerbsbeeinträchtigung aber **weniger als Marktbeherrschung** (§ 19 Abs. 2 GWB),[246] weil der Gesetzgeber ganz bewusst in § 3 GWB eine niedrigere Schwelle als die „marktbeherrschende Stellung" gewählt hat. Das ergibt sich aus der Systematik der früheren Ausnahmekartelle gemäß §§ 3, 5, 7 GWB a.F., für die der Gesetzgeber der 6. GWB-Novelle 1999 bewusst die Privilegierung erst bei Marktbeherrschung enden ließ,[247] während er für die Mittelstandkartelle nach § 4 Abs. 1 GWB a.F. auf das Kriterium der wesentlichen Wettbewerbsbeeinträchtigung abstellte. Der Gesetzgeber der 7. GWB-Novelle 2005 verschob zwar die Mittelstandskartelle nach § 3 GWB, wollte jedoch am Regelungsbereich dieser Vorschrift nichts Grundsätzliches ändern.[248] Die Privilegierung eines Mittelstandskartells kann daher entfallen, auch wenn „wesentlicher Wettbewerb" im Sinne des § 19 Abs. 2 Nr. 2 GWB fortbesteht.[249] Die **Marktanteile von Konzerngesellschaften,** deren Tochterunternehmen an der Kooperation beteiligt sind, werden diesen grundsätzlich zugerechnet. Es gelten dieselben Grundsätze wie bei der Subsumtion unter den Begriff der „kleinen und mittleren Unternehmen". Danach scheidet eine Zurechnung allerdings aus, sofern die Tochtergesellschaft im Einzelfall trotz ihrer Verbindung zum Konzern als unabhängig anzusehen ist.[250]

57 Der Marktanteil ist zwar ein wichtiges, aber nicht das einzige Kriterium für die Beurteilung, ob eine wesentliche Wettbewerbsbeschränkung vorliegt. Die Auswirkungen einer Kooperationsvereinbarung auf die Wettbewerbsbedingungen des jeweiligen Marktes sind deshalb an Hand **quantitativer** und **qualitativer Kriterien** zu bestimmen.[251] Die quanti-

---

[240] Siehe zur aktuellen De-minimis-Bekanntmachung Art. 101 Abs. 1 AEUV Rn. 294ff.

[241] Begr. RegE 7. GWB-Novelle, BT DS 15/3640, S. 28. Vgl. zur Spürbarkeit auch oben Art. 101 Abs. 1 AEUV Rn. 288ff.

[242] BKartA, Bagatellbekanntmachung, Rn. 8.

[243] BKartA, Bagatellbekanntmachung, Rn. 13ff.

[244] BGH WuW/E DE-R 1087, 1093 – *Ausrüstungsgegenstände für Feuerlöschzüge* = GRUR 2003, 633.

[245] Dazu oben Art. 101 Abs. 1 AEUV Rn. 34ff.

[246] BGH WuW/E DE-R 1087, 1091 – *Ausrüstungsgegenstände für Feuerlöschzüge* = GRUR 2003, 633.

[247] Vgl. dazu die kritische Stellungnahme des Bundesrates im Rahmen der 6. GWB-Novelle, BT-Drucks. 13/9720, S. 71 = *Jüttner-Kramny,* GWB, WuW-Sonderheft, S. 120, sowie die Gegenäußerung der Bundesregierung, BT-Drucks. 13/9720, S. 79 = *Jüttner-Kramny,* GWB, WuW-Sonderheft, S. 130f.

[248] Begr. RegE 7. GWB-Novelle 2005, BT DS 15/3640, S. 27f.

[249] KG WuW/E OLG 3663, 3669 – *Mischguthersteller;* Bericht des Wirtschaftsausschusses des Bundestages zur zweiten GWB-Novelle, WuW 1973, 581, 585; vgl. auch die kritische Stellungnahme des Bundesrates, BT-Drucks. 13/9720, S. 71 sowie die Gegenäußerung der Bundesregierung, BT-Drucks. 13/9720, S. 79.

[250] Vgl. dazu oben Rn. 18.

[251] BGH WuW/E DE-R 1087, 1091 – *Ausrüstungsgegenstände für Feuerlöschzüge* = GRUR 2003, 633; OLG Frankfurt WuW/E OLG 2771, 2774 – *Taxi-Funk-Zentrale Kassel.* Eingehend *Bunte* in: Frankfurter Kommentar § 3 Rn. 105ff.

tativen Merkmale kennzeichnen die Marktstellung der Kooperationspartner, insbesondere den Umsatzanteil im Vergleich zum Rest des Marktes,[252] also der Marktanteil. In qualitativer Hinsicht ist die Art und Intensität der Wettbewerbsbeschränkung entscheidend, mithin das Gewicht der jeweils betroffenen Wettbewerbsparameter. So haben Absprachen über Kernbeschränkungen (Preise, Gebiete, Mengen, Quoten) größere Auswirkungen auf den Wettbewerb als solche über Werbung, Forschung und Entwicklung.[253] Ferner gehören zu den qualitativen Kriterien auch alle Kriterien, die die Markstruktur beschreiben, z. B. Aktivität und Stärke der Außenseiter, der Substitutionswettbewerb von benachbarten Märkten, der potentielle Wettbewerb, die Markttransparenz sowie die Marktzutrittsschranken.[254] Insoweit kommt auch etwa schon bestehenden legalen Unternehmenskooperationen Bedeutung zu.[255] Zwischen den qualitativen und quantitativen Merkmalen besteht eine **Wechselwirkung.**[256] Danach dürfen zum Beispiel Unternehmen, die Preisabsprachen treffen, tendenziell weniger Marktanteile innehaben, als solche, die nur im Bereich der Werbung zusammenarbeiten.[257] Sofern Ansprachen über Ladenöffnungszeiten und Schlussverkäufe rationalisierende Wirkung haben, sind sie auch bei Beteiligung von Großunternehmen und bei hohen Marktanteilen (bis 100%) regelmäßig freigestellt, weil die Wettbewerbsbeschränkung gering ist.[258] Wegen der Berücksichtigung aller qualitativen und quantitativen Kriterien im Einzelfall erscheint auch die pauschale Aussage, eine Einbindung von Unternehmen, die auf dem jeweiligen Markt zur Spitzengruppe gehören, stehe einer Legalisierung nach § 3 GWB regelmäßig entgegen,[259] als kaum haltbar: je nach Marktanteil, Intensität des Substitutionswettbewerbs und betroffenem Wettbewerbsparameter kann auch die Teilnahme von Unternehmen aus der Spitzengruppe zulässig sein, solange der wirksame Wettbewerb im Gleichgewicht bleibt.

Das **Bundeskartellamt** geht davon aus, dass die kritische **Grenze** für eine wesentliche Beeinträchtigung des Wettbewerbs in der **Regel bei einem kartellierten Marktanteil von 10–15 % liegt,** sofern sich die Kooperationen (auch) auf **wesentliche Wettbewerbsparameter wie Preise (einschließlich Rabatte oder Zahlungsbedingungen)** beziehen.[260] Heute müssen als **weitere Kernbeschränkungen** noch Gebiets- sowie Quoten- und Mengenabsprachen hinzugezählt werden. Für Kernbeschränkungen gilt nach den Leitlinien von Kommission und BKartA die Spürbarkeitsschwelle von 10% Marktanteil nicht,[261] so dass § 3 GWB hier eine eigenständige Privilegierungswirkung entfalten kann.[262] § 3 GWB bietet also bei Marktanteilen von unter 10% einen **„Safe Harbour"** auch **für Kernbeschränkungen,** sofern das Kartell auch die übrigen Voraussetzungen des 58

---

[252] BGH WuW/E DE-R 1087, 1091 – *Ausrüstungsgegenstände für Feuerlöschzüge* = GRUR 2003, 633.

[253] *Immenga* in: Immenga/Mestmäcker, GWB (3. Aufl.), § 4 a. F. Rn. 60.

[254] *Ebel* NJW 1973, 1577, 1578; *Fuchs* in: Immenga/Mestmäcker, GWB, § 3 Rn. 78; *Benisch* in: Gemeinschaftskommentar § 5b a. F. Rn. 19.

[255] BKartA, Merkblatt, Rn. 34.

[256] OLG Frankfurt WuW/E OLG 2771, 2774 – *Taxi-Funk-Zentrale Kassel.*

[257] Vgl. Bericht des Wirtschaftsausschusses des Bundestages zur zweiten GWB-Novelle, WuW 1973, 581, 585; *Bechtold,* GWB, § 3 Rn. 10.

[258] LKartB Bayern, Kooperation und Wettbewerb, S. 91 f.; *Rißmann* WuW 2006, 881, 889.

[259] Begr. RegE 5. GWB-Novelle BT-DS 11/4610 = WuW 1990, S. 332, 339.

[260] BKartA, Merkblatt, Rn. 35. Ferner BKartA TB 1999/2000, 110 – *zementgebundene Baustoffe;* BKartA, TB 1981/82, S. 44 – *Kies und Sand,* und S. 55 – *Optische Erzeugnisse;* BKartA, TB 1976, S. 12, 41 – *Baustoffe;* BKartA, TB 1974, S. 49 – *Leichtbauplatten;* BKartA, TB 1973, S. 8; WuW/E BKartA 1699, 1700 – *Bimsbausteine.* Genauso: Bericht des Wirtschaftsausschusses des Bundestages zur zweiten GWB-Novelle, WuW 1973, 581, 585; *Rißmann* WuW 2006, 881, 888; *Rittner/Kulka* § 8 Rn. 68; *Kling/Thomas* § 17 Rn. 193; *Fuchs* in: Immenga/Mestmäcker § 3 Rn. 82; *Schneider* in: Langen/Bunte § 3 Rn. 62; *Lober* in: Schulte/Just, Kartellrecht, § 3 GWB Rn. 16.; *Pampel* in: Münchener Kommentar, GWB, § 3 Rn. 56.

[261] Vgl. Rn. 56.

[262] Genauso *Fuchs* in: Immenga/Mestmäcker, GWB, § 3 Rn. 85.

§ 3 GWB erfüllt, also nicht zwischenstaatlich ist[263] und der erforderliche unmittelbare Zusammenhang der Kernbeschränkung mit der Rationalisierung vorliegt.[264] Geht es um **keine Kernbeschränkungen,** können die Marktanteile der Beteiligten sogar **wesentlich höher als 10–15 %** liegen,[265] damit § 3 eigenständige Bedeutung behält.

59 Die Ausfüllung des Tatbestandsmerkmals über eine Wechselwirkung aller qualitativen und quantitativen Kriterien im Einzelfall ohne feste Marktanteilsgrenzen verursacht allerdings in der Praxis **ein nicht unerhebliches Bewertungsrisiko** für die beteiligten kleinen und mittelständischen Unternehmen, ob sie sich noch im Freistellungsbereich des § 3 GWB befinden. Gerade deshalb war der am 30. Juni 2009 außer Kraft getretene § 3 Abs. 2 GWB a. F., der einen Anspruch auf Entscheidung nach § 32c GWB gewährte, sinnvoll; nach dem Außerkrafttreten des § 3 Abs. 2 GWB a. F. kann nunmehr zumindest noch eine informelle Abstimmung mit der KartB stattfinden.[266] Für **Einkaufs- und Vermarktungsvereinbarungen** können sich aus den Leitlinien der Kommission zu horizontalen Vereinbarungen („Horizontalleitlinien") Anhaltspunkte ergeben.[267] Insbesondere bei preisregelnden Vermarktungsvereinbarungen kann die Beurteilung nach § 3 GWB aber bei einem Markanteil von 10 bis 15% großzügiger ausfallen als nach den Horizontalleitlinien, weil in den Horizontalleitlinien nur für nicht preisbezogene Vermarktungsvereinbarungen ein „Safe Harbour" ausgelobt wird.[268] **Mittelständische Spezialisierungsvereinbarungen** können sich nach dem Leitbild der GVO Spezialisierungsvereinbarungen[269] richten. Art. 4 GVO Spezialisierungsvereinbarungen legt den kritischen Marktanteil für Spezialisierungsvereinbarungen auf 20% fest; bei Vorliegen der Zwischenstaatlichkeit hat die GVO ohnehin Vorrang.[270] Das Bundeskartellamt hat Spezialisierungsvereinbarungen – allerdings im Rahmen der für § 3 GWB a. F. erforderlichen Prüfung des Nicht-Vorliegens von Marktbeherrschung – sogar bei noch höheren Marktanteilen zugelassen, zum Beispiel bei 50%,[271] 67%,[272] 80%[273] oder sogar 95%,[274] jedenfalls hat das Bundeskartellamt nach altem Recht keinem Spezialisierungskartell mit einem Markanteil von weniger als 30% widersprochen.[275] Hier kann die eigenständige Bedeutung des § 3 GWB darin liegen, dass bei begleitenden Preisabreden oder sonstigen Kernbeschränkungen (Gebiets-, Mengen- oder Quotenabreden) ein Marktanteil von 10% bis 15% einer Freistellung nicht entgegensteht.

60 Eine Legalisierung von Mittelstandskartellen ist nicht schon deswegen ausgeschlossen, weil auf dem Markt kein wesentlicher Wettbewerb besteht.[276] Schon der Wortlaut des § 3

---

[263] Dazu Art. 101 Abs. 1 AEUV Rn. 54, 326 ff.

[264] Dazu Rn. 40.

[265] BKartA, Merkblatt, Rn. 35 (Marktanteil kann „auch oberhalb einer Schwelle von 15% liegen"); *Fuchs* in: Immenga/Mestmäcker, GWB, § 3 Rn. 82; *Kling/Thomas* § 17 Rn. 193; *Lober* in: Schulte/Just, Kartellrecht, § 3 GWB Rn. 17; *Pampel* in: Münchener Kommentar, GWB, § 3 Rn. 56.

[266] Vgl. hierzu auch Rn. 71.

[267] Europäische Kommission, Leitlinien zur Anwendbarkeit von Art. 101 AEUV auf Vereinbarungen über horizontale Zusammenarbeit, Tz. 194 ff. (Einkaufsvereinbarungen) und 225 ff. (Vermarktungsvereinbarungen); siehe dazu auch die Kommentierung zu Art. 101 Abs. 3 AEUV Rn. 89 ff. (Einkaufsvereinbarungen) und Rn. 106 ff. (Vermarktungsvereinbarungen).

[268] Europäische Kommission, Horizontalleitlinien, Tz. 240. Siehe auch Art. 101 Abs. 3 AEUV Rn. 108.

[269] Verordnung (EU) Nr. 1218/2010 (GVO Spezialisierungsvereinbarungen); siehe auch die gesonderte Kommentierung hierzu.

[270] Siehe zum Verhältnis EU- zum nationalen Recht unten Rn. 75.

[271] BKartA, TB 1970, S. 54 – *Container.*

[272] WuW/E BKartA 953 – *Sisalkordel.*

[273] BKartA, TB 1977, S. 73, 74 – *Verlage.*

[274] BKartA, 1967, S. 48 – *Edelmetallhalbzeug.*

[275] *Benisch* in: Gemeinschaftskommentar § 5a a. F. Rn. 21; *Bunte* in: Frankfurter Kommentar § 3 Rn. 112.

[276] *Teichmann* WuW 1974, S. 449, 460; *Fuchs* in: Immenga/Mestmäcker, GWB, § 3 Rn. 83; *Benisch* in: Gemeinschaftskommentar § 5b a. F. Rn. 21; a. A. *Werner,* S. 185.

GWB steht dem nicht entgegen.[277] Maßgeblich ist allein, dass der vorhandene Wettbewerb – unabhängig von dessen Stärke – durch die Kooperation nicht wesentlich beeinträchtigt wird. Eine Mittelstandskooperation kann daher auch zulässig sein, wenn der **Markt bereits durch ein oder mehrere Großunternehmen beherrscht** wird. Auch dann kann noch gewährleistet sein, dass die Weitergabe des Rationalisierungserfolges an die Marktgegenseite stattfindet. Denn nur die Waren oder Dienstleistungen des Marktbeherrschers sind keinem wesentlichen Wettbewerb ausgesetzt, die der Kartellmitglieder aber schon. Etwas anderes gilt nur, wenn die Kartellierung unter Ausschluss des Marktbeherrschers oligopolistische Marktstrukturen entstehen ließe und dadurch zukünftig ein kollusives Zusammenwirken zwischen Kartell einerseits und Marktbeherrscher andererseits droht. Das setzt aber das Vorliegen bestimmter, die Kollusion begünstigender Marktstrukturen voraus.[278]

Sofern **Großunternehmen** sich zulässigerweise[279] **am Mittelstandskartell beteiligen,** 61
ist nach Auffassung des BKartA die Grenze zur wesentlichen Wettbewerbsbeeinträchtigung überschritten, wenn die Großunternehmen durch die Beteiligung an der Kooperation ihre Wettbewerbsvorsprünge weiter vergrößern,[280] weil dann der mittelständische Charakter des Kartells verloren gehe.[281] Daher dürfen nach dem BKartA die Vorteile, die Großunternehmen aus der Beteiligung ziehen, gegenüber der Rationalisierungswirkung bei den kleinen und mittleren Unternehmen nur verhältnismäßig gering sein.[282] Der **Bundesgerichtshof** ist dem mit Recht entgegengetreten.[283] Es kommt allein darauf an, ob das Kartell insgesamt eine wesentliche Wettbewerbsbeeinträchtigung bewirkt, ohne dass nach dem Umfang der Zugewinne von einzelnen Kartellmitgliedern gefragt werden darf.

b) Marktabgrenzung. Die Ermittlung der wesentlichen Wettbewerbsbeeinträchtigung 62
erfordert eine Abgrenzung in sachlicher und räumlicher Hinsicht. Es gelten prinzipiell dieselben Grundsätze wie für andere Vorschriften des GWB, insbesondere für § 18 GWB.[284] Für die **sachliche Abgrenzung** ist die funktionelle Austauschbarkeit der Waren bzw. Dienstleistungen entscheidend. In den sachlich relevanten Markt sind nicht nur die von der Kartellierung betroffenen, sondern auch marktgleiche Produkte einzubeziehen. Welche Waren bzw. Leistungen als austauschbar anzusehen sind, ist aus der Sicht eines durchschnittlichen, verständigen Abnehmers zu beurteilen. Je nach Marktstufe kann die Austauschbarkeit aus Abnehmersicht unterschiedlich sein. Die Austauschmöglichkeiten für Händler und Weiterverarbeiter sind oft wesentlich geringer als für Endabnehmer.[285] Eine allzu großzügige sachliche Marktabgrenzung ist nicht erforderlich, weil bestehender Substitutionswettbewerb von benachbarten Märkten auch höhere Marktanteile auf dem einschlägigen Markt relativieren kann.[286]

Für die Ermittlung des **räumlich relevanten Marktes** kommt es auf das Gebiet an, in 63
dem die Beteiligten üblicherweise ihre Leistungen erbringen.[287] Gelegenheitslieferungen über außergewöhnliche Entfernungen sind nicht zu berücksichtigen.[288] Im Zweifel kann

---

[277] *Benisch* in: Gemeinschaftskommentar § 5b a. F. Rn. 21; a. A. *Werner,* S. 185.
[278] Vgl. eingehend Art. 101 Abs. 1 AEUV Rn. 216 ff., 240.
[279] Dazu oben Rn. 20 f.
[280] BKartA, TB 1985/86, S. 93, 94 – *Verkehrswesen.*
[281] Vgl. BKartA, TB 1983/84, S. 71 – *Bituminöses Mischgut; Pampel* in: Münchener Kommentar, GWB, § 3 Rn. 66.
[282] *Bunte* in: Frankfurter Kommentar § 3 Rn. 103.
[283] BGH WuW/E DE-R 1087, 1091 – *Ausrüstungsgegenstände für Feuerlöschzüge,* für Einkaufskooperationen nach § 4 Abs. 2 GWB.
[284] Vgl. daher die Kommentierung zu § 18 GWB.
[285] BKartA, TB 1976, 13; *Fuchs* in: Immenga/Mestmäcker, GWB, § 3 Rn. 79. Zur Praxis des BKartA vgl. zum Beispiel BKartA, TB 1978, 67 – *Betonschalungen;* BKartA, TB 1977, S. 51 – *Baustoffe.*
[286] Vgl. oben Rn. 57.
[287] HM., vgl. dazu die Kommentierung zu § 18 GWB.
[288] *Veltins,* DB 1978, 239, 241; *Werner,* S. 186; *Fuchs* in: Immenga/Mestmäcker, GWB, § 3 Rn. 80.

das Gebiet, in dem die Beteiligten werbend tätig sind, als Anhaltspunkt dienen.[289] Gerade bei der zwischenbetrieblichen Zusammenarbeit von kleinen und mittleren Unternehmen wird der Radius, in dem die Güter üblicherweise transportiert werden, vielfach regional begrenzt sein. Das kann zur Folge haben, dass die Beteiligten nach absoluten Umsätzen zwar kleine und mittlere Unternehmen sind, dass eine Kooperation aber in Bezug auf den begrenzten räumlich relevanten Markt den Wettbewerb wesentlich beeinträchtigt.[290] In solchen Fällen darf auch kein sich für das gesamte Absatzgebiet des Kartells ergebender Durchschnittsmarktanteil gebildet werden. Allerdings muss es sich um einen nicht unerheblichen räumlichen Teilmarkt handeln.[291]

9. Verbesserung der Wettbewerbsfähigkeit kleiner und mittlerer Unternehmen (Nr. 2)

64 Die Rationalisierung muss dazu dienen, die Wettbewerbsfähigkeit kleiner und mittlerer Unternehmen[292] zu verbessern. In § 5b GWB a. F. wurde bis vor der 6. GWB-Novelle 1999 noch auf die Verbesserung der „Leistungsfähigkeit" abgestellt. Aus der Änderung ergeben sich jedoch keine sachlichen Unterschiede.[293] Die neue Formulierung bringt deutlicher als bisher den mit der Freistellungsvorschrift bezweckten **Ausgleich von größenbedingten Wettbewerbsnachteilen** von kleinen und mittleren Unternehmen zum Ausdruck.[294]

65 Die Vereinbarung bzw. der Beschluss muss der Verbesserung der Wettbewerbsfähigkeit kleiner oder mittlerer Unternehmen dienen. Es geht also um die **Marktwirksamkeit der vereinbarten Rationalisierung.**[295] Dabei reicht es aus, wenn auf Grund objektiver Gesichtspunkte zum Zeitpunkt der Entscheidung mit hinreichender Wahrscheinlichkeit[296] davon auszugehen ist, dass die Vereinbarung die Wettbewerbsfähigkeit der kleinen oder mittleren Unternehmen zumindest fördern werde. Es sind die maßgeblichen wirtschaftlichen Bedingungen des spezifischen Einzelfalles mit und ohne Mittelstandskartell zu vergleichen.[297] Schwierig ist die Prognose, wenn sich die Prüfung der Freistellung auf ein neues Kartell bezieht. Die zukünftige Entwicklung der wirtschaftlichen Verhältnisse ohne Mittelstandskartell ist kaum vorhersehbar. Daher kann es hier nur darauf ankommen, ob das Kartell **geeignet ist,** den Erfolg der Verbesserung der Wettbewerbsfähigkeit herbeizuführen.[298] Dass sich die Steigerung der Wettbewerbsfähigkeit als „Folge" der Vereinbarung darstellt, reicht nicht aus, sofern nicht zugleich zwischen der wettbewerbsbeschränkenden Maßnahme und der Verbesserung der Wettbewerbsfähigkeit ein unmittelbarer Zusammenhang besteht.[299] Dagegen kann die Kartellvereinbarung der Verbesserung der Wettbewerbsfähigkeit auch dann „dienen", wenn sie diese nicht alleine bewirkt. Solange ein nicht unbedeutender Teil[300] der Verbesserung auf die Kartellvereinbarung zurückzuführen ist,

---

[289] *Werner,* S. 186.
[290] BKartA, TB 1974, S. 47 f. – *Zement; Fuchs* in: Immenga/Mestmäcker, GWB, § 3 Rn. 80.
[291] WuW/E BKartA 1699, 1670 – *Bimsbausteine;* OLG Stuttgart WuW/E OLG 2807, 2810 – *Gebrochener Muschelkalkstein.*
[292] Zum Begriff der kleinen und mittleren Unternehmen vgl. oben Rn. 12 ff. und zur Beteiligung von Großunternehmen oben Rn. 20 f.
[293] *Bunte* in: Frankfurter Kommentar § 3 Rn. 61.
[294] Siehe auch oben zur ratio legis Rn. 2.
[295] *Schneider* in: Langen/Bunte § 3 Rn. 50.
[296] Vgl. WuW/E BKartA 271, 276 – *Einheitshydraulik.*
[297] Ebenso zu § 5 GWB a. F. (Rationalisierungskartell): *Bunte* in: Frankfurter Kommentar § 5 a. F. Rn. 31; *Deringer/Benisch* in: Gemeinschaftskommentar § 5 a. F. Rn. 29.
[298] Ebenso *Bunte* in: Frankfurter Kommentar § 3 Rn. 81; *Deringer/Benisch* in: Gemeinschaftskommentar § 5 a. F. Rn. 29; vgl. WuW/E BKartA 224, 230 – *Niedersächsische Kalkwerke.*
[299] Siehe Rn. 40.
[300] Vgl. WuW/E BKartA 1225, 1229 – *Krawattenstoff-Submission.*

können auch selbstständige Bemühungen der Beteiligten hinzutreten bzw. ohnehin bestehende Rationalisierungsbestrebungen erleichtert werden.[301]

Dennoch bleibt eine wirklich **eigenständige Bedeutung** der Nr. 2 **fraglich.** Jede Rationalisierung wirtschaftlicher Vorgänge durch zwischenbetriebliche Zusammenarbeit gleicht schon per Definition größenbedingte Wettbewerbsnachteile von kleinen und mittleren Unternehmen aus.[302] Auch wenn man fordert, dass der zu erwartende Eintritt konkreter Rationalisierungseffekte objektiv nachvollziehbar belegt wird,[303] ist dadurch keine eigene Bedeutung des Nr. 2 beschrieben. **Die „Rationalisierung wirtschaftlicher Vorgänge durch zwischenbetriebliche Zusammenarbeit“**[304] **dient daher durchweg einer „Verbesserung der Wettbewerbsfähigkeit“,** sie ist dadurch indiziert. Allerdings setzt dies ein enges Verständnis des Begriffs „zwischenbetriebliche Zusammenarbeit“ voraus, unter den Preisabreden, Gebiets- oder Kundenaufteilungen, die keine Rationalisierung, sondern nur eine Ausschaltung von Wettbewerb verfolgen, nicht gefasst werden dürfen.[305] Die eigentliche Bedeutung der Nr. 2 liegt in dem Begriff „kleine und mittlere Unternehmen“.[306] 66

10. Rechtsfolge

Als Rechtsfolge ordnet § 3 GWB an, dass Mittelstandskartelle stets die Voraussetzungen 67 des allgemeinen Freistellungstatbestandes des § 2 Abs. 1 GWB in Form einer **Rechtsfolgenverweisung** erfüllen,[307] mithin vom Verbot des § 1 GWB ohne jede administrative Entscheidung freigestellt und nicht verboten sind. Weisen die Unternehmen also erfolgreich das Vorliegen der Voraussetzungen des § 3 GWB für eine Freistellung nach, entfällt jede Prüfung des § 2 Abs. 1 GWB. Kartelle, die nicht unter den Tatbestand des § 3 GWB fallen, können aber nach § 2 Abs. 1 GWB freigestellt sein. Die Rechtsfolge des § 3 GWB kann **in zwischenstaatlichen Sachverhalten** von **Art. 101 AEUV** überlagert sein.[308]

11. Organisations- und Rechtsform des Mittelstandskartells

§ 3 GWB schreibt für das Kartell keine besondere Organisations- oder gar Rechtsform 68 vor. Die Organisationsform kann aber andere kartellrechtliche Fragestellungen auslösen. So kommt bei Organisation in Form eines Gemeinschaftsunternehmens die Anwendung der Zusammenschlusskontrolle in Betracht.[309] Ein **Spannungsverhältnis zu § 1 GWB** kann sich ergeben, wenn das Kartell eine eigene Rechtspersönlichkeit hat und – beispielsweise bei Einkaufs- oder Verkaufsgemeinschaften – verbindliche Rahmenvereinbarungen mit Anbietern oder Nachfragern zur Festlegung der Preise, Rabatte und Konditionen abschließt (sog. Erstvertrag), während die individuellen Geschäfte (insbesondere im Hinblick auf die Menge) direkt von den Kartellmitgliedern nach diesen Vorgaben getätigt werden (sog. Zweitvertrag). Ein **Schriftformerfordernis** für nach § 3 GWB erlaubte Kartelle besteht nicht;[310] es wurde schon mit der 6. GWB-Novelle 1999 für § 4 Abs. 1 GWB a. F.

---

[301] Vgl. zu Rationalisierungskartellen § 5 a. F. GWB a. F. *Bunte* in: Frankfurter Kommentar § 5 a. F. Rn. 41; *Deringer/Benisch* in: Gemeinschaftskommentar § 5 a. F. Rn. 31.

[302] *Emmerich* § 23 Rn. 13; *Bechtold,* GWB, § 3 Rn. 11; *Fuchs* in: Immenga/Mestmäcker, GWB, § 3 Rn. 71; *Bunte* in: Frankfurter Kommentar § 3 Rn. 61.

[303] So *Fuchs* in: Immenga/Mestmäcker § 3 Rn. 71; ähnlich *Schneider* in: Langen/Bunte § 3 Rn. 50.

[304] Dazu im Einzelnen oben Rn. 42 ff.

[305] Vgl. oben Rn. 39.

[306] Dazu ausführlich Rn. 12 ff.

[307] Begr. RegE 7.GWB-Novelle, BT DS 15/3640, S. 44 nennt das „gesetzliche Fiktion“; siehe auch Rn. 9.

[308] Dazu sogleich Rn. 69.

[309] Vgl. zu Gemeinschaftsunternehmen und zur sog. Doppelkontrolle nach §§ 1 ff. GWB und der Zusammenschlusskontrolle oben Anhang 1 zu § 1 GWB.

[310] Vgl. auch Art. 101 Abs. 3 AEUV Rn. 23.

aufgehoben. Dennoch empfiehlt sich eine Dokumentation, schon um der Darlegungs- und Beweislast nachkommen zu können.[311]

12. EU-Kartellrecht

69 **In zwischenstaatlichen Sachverhalten**[312] tritt die Beurteilung nach § 3 GWB zurück. Die Beurteilung nach **EU-Kartellrecht** ist **vorrangig.**[313] Nach Art. 101 AEUV und den dazugehörigen Verordnungen ist die Kartellbildung von kleinen und mittleren Unternehmen nicht besonders privilegiert. Deshalb unterfallen in zwischenstaatlichen Sachverhalten Mittelstandskartelle der Regelung des Art. 101 AEUV. Insoweit stellt die sog. De-minimis-Bekanntmachung der Kommission allerdings die Regel auf, dass Vereinbarungen zwischen kleinen und mittleren Unternehmen nur „selten" geeignet sind, den Handel zwischen den Mitgliedsstaaten spürbar zu beeinträchtigen,[314] wenn sie die absoluten Schwellenwerte einhalten, die die KMU-Empfehlung der Europäischen Kommission vorgibt: weniger als 250 Beschäftigte und entweder ein Jahresumsatz von höchstens 50 Mio. EUR oder eine Jahresbilanzsumme von 43 Mio. EUR.[315] Die Aussage der Europäischen Kommission erscheint jedoch als etwas zu sorglos. Das gilt insbesondere bei einer Beurteilung nach den **Leitlinien der Europäischen Kommission zum zwischenstaatlichen Handel,**[316] denen – auch ohne formelle Bindungswirkung[317] – große praktische Bedeutung zukommt. Auch das BKartA übernimmt die Aussagen aus den Leitlinien.[318] Nach den Leitlinien ist zunächst das Vorliegen einer **„Negativvermutung"** zu prüfen. Danach wird vermutet, dass keine Zwischenstaatlichkeit gegeben ist, wenn der gemeinsame Marktanteil der Kartellbeteiligten auf keinem betroffenen Markt innerhalb der EU 5% (Korridor von plus 2% in zwei aufeinander folgenden Jahren) überschreitet und der gesamte Jahresumsatz der Kartellbeteiligten in der EU mit den von der Vereinbarung umfassten Waren oder Dienstleistungen nicht über € 40 Mio. (Korridor plus 10% in zwei aufeinander folgenden Jahren) liegt.[319] Greift die Negativvermutung nicht, muss untersucht werden, ob die **Positivvermutung** einschlägig ist. Danach liegt im Zweifel Zwischenstaatlichkeit vor, wenn die Kartellvereinbarung Ein- und Ausfuhren innerhalb der Gemeinschaft oder in Drittstaaten betrifft, sich auf mehrere Mitgliedsstaaten bezieht oder Kernbeschränkungen enthält, die sich auf einen ganzen Mitgliedsstaat erstrecken.[320] Greifen beide Vermutungen nicht, muss eine Einzelfallprüfung vorgenommen werden.[321] Gerade bei Mittelstandskartellen sind jedoch häufig

---

[311] Vgl. Art. 101 Abs. 3 AEUV Rn. 23.

[312] Dazu speziell für Mittelstandskartelle BKartA WuW/E DE-V 960, 961 f. – *Vetra/Danzer;* siehe ferner die Kommentierung zu Art. 101 Abs. 1 Rn. 54, 326 ff.

[313] Allg.A.: Begr. RegE 7. GWB-Novelle, BT DS 15/3640, S. 45; BKartA, Merkblatt, Rn. 17; *Schneider* in: Langen/Bunte § 3 Rn. 14; *Fuchs* in: Immenga/Mestmäcker, GWB, § 3 Rn. 19; *Lober in:* Schulte/Just, Kartellrecht, § 3 GWB Rn. 2; *Pampel* in: Münchener Kommentar, GWB, § 3 Rn. 13.

[314] Europäische Kommission, De-minimis-Bekanntmachung (2014/C291/01), Tz. 4 mit Fn 5. Noch großzügiger: RegE 7. GWB-Novelle BT DS 6/2520, S. 43: Vereinbarungen zwischen kleinen und mittleren Unternehmen kommt regelmäßig keine zwischenstaatliche Wirkung zu.

[315] Empfehlung 2003/361/EG vom 6.5.2003, ABl. 2003 Nr. L 124/36, gültig ab 1.1.2005. Die De-minimis-Bekanntmachung der Europäischen Kommission (2014/C291/01), aaO., nimmt auf deren Vorgänger ausdrücklich Bezug, vgl. Tz. 3 mit Fn. 5.

[316] Leitlinien über den Begriff der Beeinträchtigung des zwischenstaatlichen Handels in den Artikeln 101 und 102 AEUV, ABl. C 101 vom 27. April 2004, S. 81.

[317] Vgl. Art. 101 Abs. 1 AEUV Rn. 34 ff.

[318] BKartA, Merkblatt, Rn. 21 ff.

[319] Europäische Kommission, Leitlinien über den Begriff der Beeinträchtigung des zwischenstaatlichen Handels in den Artikeln 81 und 82 des Vertrages, ABl. C 101/81 vom 27.4.2004, Rn. 52.

[320] Europäische Kommission, Leitlinien zum Begriff der Beeinträchtigung des zwischenstaatlichen Handels, aaO., Rn. 78.

[321] Europäische Kommission, Leitlinien zum Begriff der Beeinträchtigung des zwischenstaatlichen Handels, Rn. 59.

Regional- und **Lokalmärkte** betroffen. Die Leitlinien der Kommission sehen bei Lokalmärkten keine Zwischenstaatlichkeit, auch wenn sie grenznah sind.[322] Bei Regionalmärkten scheidet eine Zwischenstaatlichkeit aus, wenn die Abrede keinen wesentlichen Teil des Mitgliedsstaates abdeckt.[323] Das BKartA hat auf dieser Grundlage die Zwischenstaatlichkeit für ein Mittelstandskartell verneint, dessen Kartellgebiet räumlich und mengenmäßig weniger als die Hälfte der BRD umfasste. Die Kartellbeteiligten hatten auf dem Regionalmarkt keine 10% Marktanteil. Außerdem war ihre Marktstellung im Ausland, die durchaus von dem Kartell betroffen war, unbedeutend und eine Marktabschottung des Regionalmarktes nicht zu befürchten.[324] Das OLG Düsseldorf fordert bei Regionalmärkten – insoweit ausdrücklich großzügiger als die Leitlinien der Kommission – stets die Prüfung der Marktabschottungswirkung.[325]

13. Darlegungs- und Beweislast

Die Darlegungs- und Beweislast dafür, dass die Freistellungsvoraussetzungen nach § 3 **70**
GWB vorliegen, obliegt den Unternehmen oder Unternehmensvereinigungen, die sich auf diese Bestimmung berufen. Insoweit kann nichts anderes als für § 2 Abs. 1 GWB gelten.[326] Eine solche Verteilung der Darlegungs- und Beweislast enthält schon **Art. 2 VO 1/2003.** Im deutschen Kartellrecht findet sich diese Beweislastregel nicht in ausdrücklicher Form; sie gilt wegen § 22 Abs. 1 und Abs. 2 GWB jedoch in zwischenstaatlichen Sachverhalten über das EU-Recht auch für das deutsche Kartellrecht.[327] Ferner existiert eine solche Beweislastverteilung grundsätzlich ohnehin im deutschen Zivilprozess nach den allgemeinen Regeln.[328] Auch das Erfüllen der negativ formulierten Tatbestandsvoraussetzung des § 3 Nr. 1 GWB muss von dem Unternehmen dargelegt und ggf. bewiesen werden, das sich auf § 3 GWB beruft.[329] Für die Substantiierung der Effizienzgewinne stellt die Europäische Kommission in ihren Leitlinien zur Anwendung von Art. 101 Abs. 3 AEUV hohe Anforderungen auf.[330] Im Regelfall sollten diese Anforderungen auch für die von § 3 GWB erfassten Effizienzgewinne durch Rationalisierung wirtschaftlicher Vorgänge gelten. Allerdings sind den Parteien gewisse Erleichterungen der Darlegungs- und Beweislast zu gewähren.[331] Von der Verteilung der Darlegungs- und Beweislast unberührt bleiben der Untersuchungsgrundsatz in kartellrechtlichen Bußgeld- und Untersagungsverfahren sowie die Unschuldsvermutung im Bußgeldverfahren.[332]

---

[322] Europäische Kommission, Leitlinien zu zum Begriff der Beeinträchtigung des zwischenstaatlichen Handels, Rn. 91.

[323] Europäische Kommission, Leitlinien zum Begriff der Beeinträchtigung des zwischenstaatlichen Handels, Rn. 90; abzustellen ist danach darauf, ob der betreffende Umsatz einen erheblichen Teil am Gesamtumsatz im Mitgliedsstaat ausmacht, mithin erfolgt eine mengenmäßige Bewertung; siehe auch *Fuchs* in: Immenga/Mestmäcker, GWB. § 3 Rn. 28.

[324] BKartA WuW/E DE-V 1142, 1145 – *Hintermauerziegelkartell;* BKartA, Merkblatt, Rn. 25.

[325] OLG Düsseldorf WuW/E DE-R 2146, 2151 f. – *Nord-KS/Xella;* eingehend *Bunte* in: Frankfurter Kommentar § 3 Rn. 128; vgl. auch OLG Düsseldorf WuW/E DE-R 1610, 1611 – *Filigranbetondecken* zur Zwischenstaatlichkeit bei Mittelstandskartellen.

[326] Vgl. zu § 2 Abs. 1 GWB RegE 7. GWB-Novelle, BT DS 15/3640, S. 23.

[327] Vgl. auch *Bechtold,* DB 2004, 235, 238.

[328] *Hempel* WuW 2004, 362, 364.

[329] Dem folgend *Fuchs* in: Immenga/Mestmäcker, GWB, § 3 Rn. 90.

[330] Europäische Kommission, Leitlinien zur Anwendung von Art. 81 Abs. 3 EG, ABl. EG Nr. C 101 vom 27.4.2004, S. 97 ff., Tz. 34. Dazu auch die Kommentierung von Art. 101 Abs. 3 Rn. 41.

[331] Dazu auch § 2 Rn. 58.

[332] RegE 7. GWB-Novelle, BT DS 15/3640, S. 23. Vgl. im Einzelnen auch § 2 Rn. 57; insbesondere zur Verteilung der Darlegungs- und Beweislast in Bußgeldverfahren vgl. Art. 2 VO 1/2003 Rn. 2 ff.

14. Kein Anspruch auf Entscheidung des Bundeskartellamtes

71 § 3 Abs. 2 GWB a. F. war durch die 7. GWB-Novelle 2005 erst im Vermittlungsverfahren zwischen Bundestag und Bundesrat in das Gesetz eingefügt worden. Er erklärte sich aus dem **System der Legalausnahme,** das seit dieser Novelle gilt. Anders als davor erfolgt die Freistellung des Mittelstandskartells nicht mehr durch ein Administrativverfahren (§ 9 Abs. 3 GWB a. F. in Verbindung mit § 4 Abs. 1 GWB a. F.), sondern automatisch von Gesetzes wegen, wenn die Freistellungsvoraussetzungen des § 3 GWB erfüllt sind. Ob die Freistellungsvoraussetzungen erfüllt sind, muss der rechtstreue Kartellbeteiligte also grundsätzlich selbst beurteilen („Selbsteinschätzung"); regelmäßig besteht für ihn ein gewisses **Beurteilungsrisiko.** Das gilt insbesondere für das Tatbestandsmerkmal des Fehlens einer wesentlichen Beeinträchtigung des Wettbewerbs auf dem Markt, das unter Berücksichtigung aller qualitativen und quantitativen Kriterien für jeden Einzelfall neu ausgefüllt wird.[333] Auch der Bundesrat beklagte in seiner Stellungnahme zur Begründung des Regierungsentwurfes zur 7. GWB Novelle 2005, dass „die Rechtsnorm selbst keine ganz eindeutige Regelung trifft".[334] Da jedoch § 3 GWB gerade seinen Sinn darin hat, kleinen und mittleren Unternehmen Rechtssicherheit zu gewähren und sie zu Kooperationen zu ermuntern,[335] erschien ein **Anspruch der Kartellbeteiligten auf Entscheidung** nach § 32c GWB als konsequent,[336] auch wenn damit nur begrenzte Rechtswirkungen verbunden waren.[337]

Ein Anspruch auf Entscheidung nach § 32c GWB war indes nicht nur während der Gewöhnungsphase an die Legalausnahme des § 3 GWB bis zum 30. Juni 2009 sinnvoll, sondern wäre auch darüber hinaus durch eine unbefristete Geltung des § 3 Abs. 2 GWB a. F. wünschenswert gewesen. Vor dem Hintergrund der Komplexität der mit § 3 GWB verbundenen Fragestellungen und dem oben erwähnten Beurteilungsrisiko, hätte ein Anspruch auf Entscheidung des Bundeskartellamtes zu mehr Rechtssicherheit führen können.[338] Da der Wortlaut des § 3 Abs. 2 S. 2 GWB a. F. keine Vorbehalte macht, sind von dem Außerkrafttreten der Regelung zum 30. Juni 2009 auch Anträge betroffen, die davor berechtigt waren. Nach Auslaufen des § 3 Abs. 2 GWB a. F. können sich die Beteiligten nunmehr zumindest noch **informell an das BKartA** wenden. Das BKartA bietet dies im Merkblatt ausdrücklich an, verlangt jedoch eine umfassende Sachverhaltsschilderung nebst kartellrechtlicher Würdigung.[339]

VI. Verhältnis zu anderen Vorschriften

72 § 3 GWB kommt nur zur Anwendung, wenn ein nach **§ 1 GWB** eigentlich verbotenes Kartell vorliegt.[340]

73 Im Verhältnis zu **§ 2 Abs. 1 GWB** enthält § 3 GWB **eine gesetzliche Fiktion** der Freistellung[341] (durch Rechtfolgenverweisung auf § 2 Abs. 1 GWB), die Prüfung des § 2 Abs. 1 GWB ist also vorrangig. Liegen die Voraussetzungen des § 3 GWB nicht vor, kommt jedoch noch eine Freistellung nach § 2 Abs. 1 GWB in Betracht.[342]

---

333 Oben Rn. 57.
334 Stellungnahme Bundesrat zur Begr. RegE 7. GWB-Novelle, BT DS 15/3640, S. 73.
335 Begr. RegE 7. GWB-Novelle, BT DS 15/3640, S. 44.
336 Kritisch aber *Schneider* in: Langen/Bunte § 3 Rn. 65 unter Verweis auf *Herrlinger* WRP 2005, 1138: „Verweis auf § 32c passt nicht in dessen ursprüngliches systematisches Konzept".
337 Siehe die Kommentierung zu § 32c GWB.
338 *Dittrich* WuW 2009, 1006.
339 Merkblatt, Rn. 46.
340 Dazu oben Rn. 8.
341 Begr. RegE 7. GWB-Novelle, BT DS 15/3640, S. 44 f.; siehe auch oben Rn. 9.
342 Begr. RegE 7. GWB-Novelle, BT DS 15/3640, S. 45; siehe auch *Pampel* in: Münchener Kommentar, GWB, § 3 Rn. 23.

Nach hiesiger Auffassung bezieht sich die Spezialität des § 3 GWB auch auf das Zurücktreten der Anwendung des **§ 2 Abs. 2 GWB** in Verbindung mit den GVOen, z. B. mit der **GVO Spezialisierungsvereinbarungen,**[343] wenn es sich um ein Spezialisierungskartell handelt, das die Voraussetzungen des § 3 GWB erfüllt.[344] Umgekehrt kann aber § 2 Abs. 2 GWB zur Anwendung kommen, wenn die Voraussetzungen des § 3 GWB nicht gegeben sind. **74**

Im zwischenstaatlichen Bereich tritt § 3 GWB hinter **Art. 101 AEUV** und diesbezügliche Verordnungen, z. B. die GVO Spezialisierungsvereinbarungen, zurück.[345] **75**

§ 20 Abs. 1 und Abs. 3 GWB sind u. a. an horizontale Kartelle („Vereinigungen") adressiert, die die Freistellung des § 3 GWB für sich in Anspruch nehmen. Insoweit ergibt sich also auch für freigestellte Kartelle eine Missbrauchsaufsicht nach § 20 GWB. Verhaltensweisen, die einen Missbrauch einer marktbeherrschenden Stellung darstellen, sind nach Auffassung der Europäischen Kommission nicht anhand von Art. 101 Abs. 3 AEUV, sondern nach den Missbrauchstatbeständen für marktbeherrschende Unternehmen der **§§ 19, 20 GWB und Art. 102 AEUV** zu beurteilen.[346] Für § 3 GWB kann nichts anderes gelten. Das bedeutet allerdings nicht, dass auch eine Anwendung des § 1 GWB gesperrt wäre. **76**

Je nach Organisationsform kann für das Mittelstandskartell auch ein Spannungsverhältnis zur Regelung von Vertikalvereinbarungen gemäß **§ 1 GWB** oder zur **Zusammenschlusskontrolle** entstehen. Das gilt insbesondere bei **Gemeinschaftsunternehmen.**[347] **77**

Für **frühere Mittelstandskartelle,** die noch nach **§ 4 Abs. 1 GWB a. F.** gemäß § 9 Abs. 3 Satz 1 und 4 GWB a. F. mangels Widerspruches der KartB administrativ freigestellt waren und nicht an der Legalausnahme des § 3 GWB teilnehmen, galt eine **Übergangsfrist** nur bis 31. Dezember 2007, **§ 131 Abs. 1 GWB.** **78**

§§ 4–17 *(weggefallen)*

Zweiter Abschnitt. Markbeherrschung, sonstiges wettbewerbliches Verhalten

§ 18 Marktbeherrschung

(1) **Ein Unternehmen ist marktbeherrschend, soweit es als Anbieter oder Nachfrager einer bestimmten Art von Waren oder gewerblichen Leistungen auf dem sachlich und räumlich relevanten Markt**
1. ohne Wettbewerber ist,
2. keinem wesentlichen Wettbewerb ausgesetzt ist oder
3. eine im Verhältnis zu seinen Wettbewerbern überragende Marktstellung hat.

(2) **Der räumlich relevante Markt im Sinne dieses Gesetzes kann weiter sein als der Geltungsbereich dieses Gesetzes.**

(3) **Bei der Bewertung der Marktstellung eines Unternehmens im Verhältnis zu seinen Wettbewerbern ist insbesondere Folgendes zu berücksichtigen:**
1. sein Marktanteil,
2. seine Finanzkraft,

---

[343] Verordnung (EU) Nr. 1218/2010 (GV= Spezialisierungsvereinbarungen); siehe auch die gesonderte Kommentierung hierzu.

[344] Vgl. *Pampel* in: Münchener Kommentar, GWB, § 3 Rn. 23. Zur mittelständischen Spezialisierungsvereinbarungen oben Rn. 46 ff.

[345] Begr. RegE 7. GWB-Novelle, BT DS 15/3640, S. 45. Vgl. zu Art. 101 AEUV auch oben Rn. 69.

[346] Leitlinien zur Anwendung von Artikel 81 Absatz 3 EG-Vertrag, aaO., Tz. 106 für das Verhältnis von Art. 101 Abs. 3 AEUV und Art. 102 AEUV.

[347] Dazu die Kommentierung zu Gemeinschaftsunternehmen, Anhang 1 zu § 1 GWB.

3. sein Zugang zu den Beschaffungs- oder Absatzmärkten,
4. Verflechtungen mit anderen Unternehmen,
5. rechtliche oder tatsächliche Schranken für den Marktzutritt anderer Unternehmen,
6. der tatsächliche oder potenzielle Wettbewerb durch Unternehmen, die innerhalb oder außerhalb des Geltungsbereichs dieses Gesetzes ansässig sind,
7. die Fähigkeit, sein Angebot oder seine Nachfrage auf andere Waren oder gewerbliche Leistungen umzustellen, sowie
8. die Möglichkeit der Marktgegenseite, auf andere Unternehmen auszuweichen.

(4) **Es wird vermutet, dass ein Unternehmen marktbeherrschend ist, wenn es einen Marktanteil von mindestens 40 Prozent hat.**

(5) **Zwei oder mehr Unternehmen sind marktbeherrschend, soweit**
1. zwischen ihnen für eine bestimmte Art von Waren oder gewerblichen Leistungen ein wesentlicher Wettbewerb nicht besteht und
2. sie in ihrer Gesamtheit die Voraussetzungen des Absatzes 1 erfüllen.

(6) **Eine Gesamtheit von Unternehmen gilt als marktbeherrschend, wenn sie**
1. aus drei oder weniger Unternehmen besteht, die zusammen einen Marktanteil von 50 Prozent erreichen, oder
2. aus fünf oder weniger Unternehmen besteht, die zusammen einen Marktanteil von zwei Dritteln erreichen.

(7) **Die Vermutung des Absatzes 6 kann widerlegt werden, wenn die Unternehmen nachweisen, dass**
1. die Wettbewerbsbedingungen zwischen ihnen wesentlichen Wettbewerb erwarten lassen oder
2. die Gesamtheit der Unternehmen im Verhältnis zu den übrigen Wettbewerbern keine überragende Marktstellung hat.

Übersicht

Schrifttum: *Albach,* Als-Ob-Konzept und zeitlicher Vergleichsmarkt, 1976; *ders.,* Finanzkraft und Marktbeherrschung, 1981; *Ballerstedt,* Zur Systematik des Mißbrauchsbegriffs im GWB, in: FS Hefermehl, 1976, S. 37; *Bartling,* Leitbilder der Wettbewerbspolitik, 1980; *Baur, J. F.,* Anwendungsprobleme der Mißbrauchsaufsicht über marktbeherrschende Unternehmen, JA 1987, 118; *ders.,* Der Mißbrauch im deutschen Kartellrecht, 1972; *Bechtold,* Kartellgesetz, 5. Aufl. 2008; *Borchardt/Fikentscher,* Wettbewerb, Wettbewerbsbeschränkung, Marktbeherrschung, 1957; *Bornkamm,* Globalisierung der Märkte und deutsche Fusionskontrolle – „Backofenmarkt" Revisited, in: Schwarze (Hrsg.), Europäisches Wettbewerbsrecht im Zeichen der Globalisierung, 2002; *Büdenbender,* Die Bedeutung der Preismissbrauchskontrolle nach § 315 BGB in der Energiewirtschaft, NJW 2007, 2945; *Bunte,* 6. GWB-Novelle und Mißbrauch wegen Verweigerung des Zugangs zu einer „wesentlichen Einrichtung", WuW 1997, 302; *Burkert,* Die Zulässigkeit von Kopplungsgeschäften aus wettbewerbsrechtlicher Sicht, 1992; *Deselaers,* Die „Essential Facilities"-Doktrin im Lichte des Magill-Urteils des EuGH, EuZW 1995, 563; *Dreher, M.,* Die Verweigerung des Zugangs zu einer wesentlichen Einrichtung als Mißbrauch der Marktbeherrschung, DB 1999, 833; *Eickhof/Kreikenbaum,* Die Liberalisierung der Märkte für leitungsgebundene Energien, WuW 1998, 666; *Emmerich,* Die höchstrichterliche Rechtsprechung zum GWB, ZHR 140 (1976), 97; *ders.,* Das Wirtschaftsrecht der öffentlichen Unternehmen, 1969; *ders.,* Der Wettbewerb der öffentlichen Hand, insbesondere das Problem der staatlichen Versorgungsmonopole, 1971; *ders.,* Stromdurchleitungen nach neuem Recht, in: FS Großfeld, 1998, S. 185; *ders.,* Kartellrecht, 11. Aufl. 2008; *Europäische Kommission,* Berichte über die Wettbewerbspolitik (WB); *Fischer, R.,* Der Mißbrauch einer marktbeherrschenden Stellung (§ 22 GWB) in der Rechtsprechung des BGH, ZGR 1978, 235; *Fleischer, H.,* Behinderungsmißbrauch durch Produktinnovation, 1997; *Gabriel,* Preiskontrolle im Rahmen der Wettbewerbspolitik, 1976; *Gröner/Köhler,* Umsatzbonus, in: Wettbewerbsbeziehungen zwischen Industrie und Handel, 1984, S. 123; *Hahn, R.,* Behinderungsmißbräuche marktbeherrschender Unternehmen, 1984; *ders.,* Die Beurteilung von Niedrigpreispolitik und Mischkalkulation marktbeherrschender Unternehmen im Rahmen der Mißbrauchsaufsicht nach § 22 Abs. 4 Satz 2 Nr. 1 GWB, WuW 1984, 285; *Hölzler/Satzky,* Wettbewerbsverzerrungen durch nachfragemächtige Handelsunternehmen, 1980; *Hoppmann,* Die Abgrenzung des relevanten Marktes im Rahmen der Mißbrauchsaufsicht, 1974; *ders.,* Marktmacht und Wettbewerb, 1977; *ders.,* Das Konzept des wirksamen Preiswettbewerbs, 1978; *ders.,* Behinderungsmißbrauch, 1980; *ders.,* Marktbeherrschung und Preismißbrauch, 1983; *ders.,* Preiskontrolle und Als-Ob-Konzept, 1974; *Jickeli,* Marktzutrittsschranken im Recht der Wettbewerbsbeschränkungen, 1990; *Jüngst,* Marktbeherrschungsbegriff, überragende Marktstellung und Diversifikation, 1980; *Kirschstein,* Marktmacht und ihre Kontrolle nach dem GWB, 1974; *Klauss,* Die Bestimmung von Marktmacht, 1975; *Kleinmann/Bechtold,* Kommentar zur Fusionskontrolle, 2. Aufl. 1989, § 22 Rn. 8 ff.; *Klimisch/Lange,* Zugang zu Netzen und anderen wesentlichen Einrichtungen als Bestandteil der kartellrechtlichen Mißbrauchsaufsicht, WuW 1998, 15; *Knöpfle,* Zulässigkeit und Eignung des Maßstabes des Als-ob-Wettbewerbs für die Mißbrauchsaufsicht über Versorgungsunternehmen, 1975; *Köhler,* Wettbewerbsbeschränkungen durch Nachfrager, 1977; *ders.,* Wettbewerbs- und kartellrechtliche Kontrolle der Nachfragemacht, 1979; *ders.,* Nachfragewettbewerb und Marktbeherrschung, 1986; *Kramm,* Preisgleichheit und kartellrechtliche Mißbrauchsaufsicht im Bereich der Energieversorgung, WRP 1998, 341; *Leo/Knöpfle,* Marktbeherrschung – § 19 GWB, in: Gesetz gegen Wettbewerbsbeschränkungen und Europäisches Kartellrecht – Gemeinschaftskommentar, 5. Aufl. 4. Lieferung 2001; *Lukes,* Stromlieferung im liberalisierten Strommarkt, BB 1999, Beil. zu Heft 21; *Lutz,* Durchleitung von Gas nach Inkrafttreten des Gesetzes zur Neuregelung des Energiewirtschaftsrechts und der Sechten GWB-Novelle, RdE 1999, 102; *Markert,* Die Wettbewerbsbehinderungen im GWB, 1982; *ders.,* Kommentierung zu § 20, in: Immenga/Mestmäcker (Hrsg.), GWB, 4. Aufl. 2007; *Martenczuk,* Regulierungsbehörde contra Bundeskartellamt?, CR 1999, 363; *Meinhold,* Diversifikation, konglomerate Unternehmen und GWB, 1977; *Mestmäcker,* Über das Verhältnis des Rechts der Wettbewerbsbeschränkungen zum Privatrecht, AcP 168 (1968), 235; *ders.,* Das marktbeherrschende Unternehmen im Recht der Wettbewerbsbeschränkungen, 1959; *ders.,* Medienkonzentration und Meinungsvielfalt, 1978; *ders.,* Der verwaltende Wettbewerb, 1984; *ders.,* Die Beurteilung von Unternehmenszusammenschlüssen nach Artikel 86 des Vertrages über die Europäische Wirtschaftsgemeinschaft, in: FS Hallstein, 1966, S. 322; *Miert, van,* Probleme der wettbewerblichen Öffnung von Märkten mit Netzstrukturen aus europäischer Sicht, WuW 1998, 7; *Möschel,* Preiskontrollen über marktbeherrschende Unternehmen, JZ 1975, 393; *ders.,* Marktmacht und Preiskontrolle, BB 1976, 49; *ders.,* Strompreis und kartellrechtliche Kontrolle, WuW 1999, 5; *ders.,* Das Wirtschaftsrecht der Banken, 1972; *ders.,* Oligopolmißbrauch, 1974; *ders.,* Rechtsordnung zwischen Plan und Markt, 1975; *ders.,* Pressekonzentration und Wettbewerbsgesetz, 1978; *ders.,* Kommentierung zu § 19, in: Immenga/Mestmäcker (Hrsg.), GWB, 4. Aufl. 2007; *Montag,* Gewerbliche Schutzrechte, wesentliche Einrichtungen und Normung im Spannungsfeld zu Art. 86 EGV, EuZW 1997, 71; *Monopolkommission,* Mißbräuche der Nachfragemacht und Möglichkeiten zu ihrer Kontrolle im Rahmen des GWB, Sonderheft 7, 1977; *Munzinger,* Mißbräuchliche Preise, Preisbildungssysteme und Preisstruktur nach § 22 GWB, 1977; *Nette,* Die kartell- und wettbewerbsrechtliche Beurteilung der Preisunterbietung, 1984; *Olshausen,* Zivil- und wirtschaftsrechtliche Instrumente gegen überhöhte Preise, ZHR 146 (1982); *Piper/Ohly,* UWG, 4. Aufl. 2006; *Raisch,* Zum Begriff des Mißbrauchs, in: Heuss (Hrsg.), Wettbewerb als Aufgabe – Nach 10 Jahren GWB, 1968, S. 357; *Rehbinder,* Kommentierung zu § 22, in: Immenga/Mestmäcker (Hrsg.), GWB, 4. Aufl. 2007; *Rittner/Kulka,* Wettbewerbs- und Kartellrecht, 7. Aufl. 2008; *Röper,* Die Mißbrauchsaufsicht vor dem Hintergrund der Entwicklungen der neueren Wettbewerbstheorie, 1982; *Ruppelt,* Kommentierung zu § 19, in: Langen/Bunte (Hrsg.), Kommentar zum deutschen und europäischen Kartellrecht, Band 1, 10. Aufl. 2006; *Sack,* Der Verkauf unter Selbstkosten im Handel und Handwerk, BB 1988, Beil. 3 zu Heft 11; *Sandrock,* Grundbegriffe des GWB, 1968; *Schellhauß,* Preismißbrauchsaufsicht, in: Neuorientierung des Wettbewerbsschutzes, Jubiläumsschrift 25 Jahre FIW, FIW-Schriftenreihe, Bd. 120, 1986, S. 157; *Schmidt, K.,* Kartellverfahrensrecht, 1977; *Schroeder, D.,* Telekommunikationsgesetz und GWB, WuW 1999, 14; *Schulte-Braucks,* Auflösung marktbeherrschender Stellungen, 1980; *Schultz,* Kommentierung zu § 19, in: Langen/Bunte (Hrsg.), Kommentar zum deutschen und europäischen Kartellrecht, Band 1, 10. Aufl. 2006; *Schwark,* Macht und Ohnmacht des Kartellrechts – Bemerkungen zur Mißbrauchsaufsicht über den Preis, BB 1980, 1350; *Sieben/Goetzke/Matschke,* Der Begriff „Finanzkraft" in § 22 GWB in betriebswirtschaftlicher Sicht, 1980; *Söhn,* Benzinpreis und Kartellgesetz, BB 1982, 589; *Ulmer, P.,* Wettbewerbs- und kartellrechtliche Grenzen der Preisunterbietung im Pressewesen, AfP 1975, 870; *ders.,* Der Begriff „Leistungswettbewerb" und seine Bedeutung für die Anwendung von GWB und UWG-Tatbeständen, GRUR 1977, 565; *ders.,* Schranken zulässigen Wettbewerbs marktbeherrschender Unternehmen, 1977; *Vorderwülbecke,* Mißbrauchsaufsicht und Pharmaunternehmen, 1979; *Weisser/Meinking,* Zugang zum digitalen Fernsehkabelnetz außerhalb von must-carry-Regelungen, WuW 1998, 831; *Westen,* Unbillige Behinderung von Wettbewerbern durch Verkauf unter Einstandspreis, 1987; *Weyer,* Neue Fragen des Mißbrauchs marktbeherrschender Stellungen, AG 2. Aufl. 2008, 257; *Wiedemann,* Bearbeitung § 23, in: Wiedemann (Hrsg.), Handbuch des Kartellrechts, 2. Aufl. 2008; *Wolf, D.,* Die Liberalisierung der europäischen Energiemärkte, BB 1998, 1433; *Zohlnhöfer,* Wettbewerbspolitik im Oligopol, 1968.

I. Allgemeines

1. Normzweck

1 §§ 18, 19 und 20 GWB gehören mit einer umfassenden Regelung des Missbrauchs einer marktbeherrschenden oder marktmächtigen Stellung nach der Konzeption des GWB zu den zentralen Vorschriften des deutschen Kartellgesetzes. Die Vorschriften bilden neben dem Verbot wettbewerbsbeschränkender Verträge, Beschlüsse und Verhaltensweisen (§ 1 GWB) sowie der Zusammenschlusskontrolle (§§ 35 ff. GWB) die „dritte Säule des Gesetzes". Ihre Bedeutung resultiert daraus, dass das deutsche Kartellrecht in Übereinstimmung mit den Wettbewerbsregeln der Europäischen Union, insbesondere Art. 102 AEUV, die Entstehung marktbeherrschender Stellungen, die auf internes Unternehmenswachstum, also auf überlegene wirtschaftliche oder technische Leistungen, zurückzuführen sind, hinnimmt. Das deutsche Kartellrecht kennt keine Entflechtungsregelung. Es beschränkt sich darauf, die Auswirkungen bestehender Marktmacht einer Missbrauchskontrolle zu unterstellen sowie Unternehmensfusionen einer bestimmten Größenordnung der vorherigen kartellbehördlichen Zusammenschlusskontrolle zu unterwerfen, um die Entstehung oder Verstärkung einer marktbeherrschenden Stellung durch externes Unternehmenswachstum zu verhindern.

2 Normadressaten der in §§ 19 und 20 GWB normierten Verbotstatbestände sind **Unternehmen.** Auch im Recht der Missbrauchskontrolle gilt der für das GWB allgemein maßgebende funktionale Unternehmensbegriff. Danach genügt – ohne Rücksicht auf die Rechtsform, die Inhaberschaft (§ 130 Abs. 2 GWB) und eine Gewinnerzielungsabsicht – „jede selbständige Tätigkeit im geschäftlichen Verkehr, die auf den Austausch von Waren oder gewerblichen Leistungen gerichtet ist und sich nicht auf die Deckung des privaten Lebensbedarfs beschränkt".[1] Von diesem weiten Unternehmensbegriff nicht erfasst werden die **abhängige Beschäftigung** und jedwedes **hoheitliche Handeln.** Sie sind der Gel-

[1] BGH, WuW/E DE-R 2327 – *Kreiskrankenhaus Bad Neustadt.*

tung des Kartellgesetzes von vornherein entzogen. Höchstrichterlich ungeklärt ist, ob eine **bloße Nachfragetätigkeit** der öffentlichen Hand, die nicht mit einer eigenen anbietenden Tätigkeit des Staates korrespondiert, sondern ausschließlich zur Erfüllung hoheitlicher Aufgaben erfolgt (z. B. der Einkauf von Polizeiuniformen oder die Nachfragetätigkeit der Sozialversicherungsträger), als eine unternehmerische Betätigung im Sinne der Marktmissbrauchsbestimmungen zu qualifizieren ist oder ob – dem europäischen Recht folgend[2] – die Unternehmenseigenschaft verneint werden muss. In der Literatur wird eine Unternehmenseigenschaft mit Recht befürwortet.[3] Indiziell bestätigt wird die Richtigkeit dieser Ansicht durch die Tatsache, dass der bundesdeutsche Gesetzgeber in § 69 Abs. 1 SGB V zwar die Rechtsbeziehungen der gesetzlichen Krankenkassen zu den Leistungserbringern dem Kartellrecht entzogen hat, in § 69 Abs. 2 SBG V aber die Verbotsnormen der §§ 19–21 GWB (und damit selbstverständlich auch den dort in Bezug genommenen Unternehmensbegriff des § 18 GWB[4]) für entsprechend anwendbar erklärt. Der Vorrang des Europäischen Kartellrechts steht mit Rücksicht auf § 22 Abs. 3 Satz 3 GWB und Art. 3 Abs. 2 Satz 2 VO 1/2003 nicht entgegen. Denn nach diesen Vorschriften gilt das Abweichungsverbot ausdrücklich nicht für die nationalen Normen der Missbrauchskontrolle nach §§ 19, 20 GWB.

Gegenstand der Missbrauchsvorschriften ist – anders als bei § 1 GWB – kein koordiniertes Marktverhalten mehrerer Wettbewerber, sondern ein **einseitiges Verhalten** von Unternehmen, die entweder über eine beherrschende (§ 19 GWB) oder über eine marktstarke (§ 20 GWB) Stellung verfügen. Den Verbotstatbeständen liegt die Erwägung zugrunde, dass marktmächtige Unternehmen aufgrund ihrer gesteigerten wirtschaftlichen Macht eine besondere Verantwortung zur Erhaltung eines möglichst freien und unverfälschten Wettbewerbs besitzen. Das Kartellgesetz schränkt aus diesem Grund ihre Privatautonomie ein und bürdet den betreffenden Unternehmen besondere Verhaltenspflichten auf. Untersagt ist ihnen eine missbräuchliche Ausnutzung ihrer Marktmacht (§§ 19 Abs. 1, 20 Abs. 1 GWB) und in diesem Zusammenhang insbesondere eine unbillige Behinderung und eine Diskriminierung anderer Unternehmen (§§ 19 Abs. 2 Nr. 1, 20 Abs. 1 Satz 1, Abs. 3 Satz 1, Abs. 5 GWB). Ziel ist es zu verhindern, dass Verhaltensspielräume, die durch den Wettbewerb nicht mehr hinreichend kontrolliert sind, zum Schaden Dritter ausgenutzt werden. Diesem Schutzzweck entsprechend erfassen die Normen der Missbrauchskontrolle sowohl einen Missbrauch von Marktmacht im **Vertikalverhältnis** (gegenüber Unternehmen auf einer vor- oder nachgelagerten Marktstufe) als auch einen solchen im **Horizontalverhältnis** (gegenüber aktuellen und potenziellen Wettbewerbern). 3

Erfasst wird ebenso die Beeinträchtigung der Wettbewerbsverhältnisse auf einem vom betreffenden Unternehmen nicht beherrschten **Drittmarkt,** sofern der erforderliche Kausalzusammenhang zwischen der Marktbeherrschung und dem missbilligten Verhalten oder seiner wettbewerbsbeeinträchtigenden Wirkung gegeben ist,[5] insbesondere das behinderte Unternehmen ebenfalls auf dem beherrschten Markt tätig ist.[6] Die Problematik einer Drittmarktbehinderung stellt sich beispielsweise, wenn das in Anspruch genommene Unternehmen als Eigentümer des Gebäudes, in dem sich auch die Kfz-Zulassungsstelle befindet, eine marktbeherrschende Stellung auf dem Angebotsmarkt für die Vermietung von 4

[2] EuGH, WuW/E EU-R 1213 – *FENIN.*

[3] *Fuchs/Möschel* in: Immenga/Mestmäcker, Band 2 GWB/Teil 1, § 18 Rn. 3; *Bechtold,* GWB, § 18 Rn. 3.

[4] *Fuchs/Möschel* in: Immenga/Mestmäcker, Band 2 GWB/Teil 1, § 18 Rn. 3; *Bechtold,* GWB, § 18 Rn. 3.

[5] BGH, WuW/E DE-R 1206, 1207 – *Strom und Telefon I;* OLG Düsseldorf (2. Kartellsenat), WuW/E DE-R 2094, 2106 – *E.ON/Stadtwerke Eschwege;* OLG Düsseldorf (1. Kartellsenat), Beschl. vom 8.8.2012 – *VI Kart 4/11 (V)* Umdruck Seite 36.

[6] BGH, WuW/E *DE*-R 1283, 1284 f. – Der Oberhammer; OLG Düsseldorf, WuW/E DE-R 3788 Rn. 31 – *Schilderprägerunternehmen.*

Gewerberaum für Schilderpräger besitzt, während die streitbefangene Beeinträchtigung, nämlich das Verschließen der mittleren Grundstückszufahrt während der Öffnungszeiten der Kfz-Zulassungsstelle, ausschließlich den nachgelagerten Schilderprägemarkt betrifft. Denn es wirkt sich nur auf den dortigen Anbieterwettbewerb aus, dass den Nachfragern eines Kfz-Kennzeichens nicht mehr die mittlere Zufahrt als der kürzeste Weg von der Zulassungsstelle zum Schilderprägebetrieb des klagenden Unternehmens zur Verfügung steht. Da das behinderte Unternehmen alleine auf dem Schilderprägemarkt und nicht auch auf dem beherrschten Vermietungsmarkt tätig ist, scheidet eine kartellrechtswidrige Drittmarktbehinderung aus.[7]

2. Entstehungsgeschichte und Systematik

5 Ursprünglich konnte der Missbrauch von Marktmacht nur mit dem Erlass einer kartellbehördlichen Gebots- oder Verbotsverfügung beantwortet werden. § 22 GWB a. F.[8] normierte keinen Verbotstatbestand, sondern war ausschließlich als Eingriffsermächtigung für die Kartellbehörde ausgestaltet. Diese Rechtslage ist durch die am 1.1.1999 in Kraft getretene **6. GWB-Novelle,**[9] die eine weitere Angleichung des nationalen Rechts an das Europäische Kartellrecht gebracht hat, grundlegend geändert worden. § 19 GWB 1998 ist Art. 82 EG (jetzt: Art. 102 AEUV) nachgebildet und zu einem **drittschützenden Verbotstatbestand** erweitert worden, der dem von einem Marktmissbrauch betroffenen Marktteilnehmer eigene Unterlassungs- und Schadensersatzrechte gewährt. Zuwiderhandlungen gegen das Missbrauchsverbot konnten nach § 81 Abs. 2 Nr. 1 GWB 1998 nunmehr kartellbehördlich durch die Verhängung von Bußgeldern geahndet werden; sie begründeten nach § 33 GWB 1998 für den vom Missbrauch einer marktbeherrschenden Stellung Betroffenen zudem zivilrechtlich durchsetzbare Ansprüche auf Unterlassung und Schadensersatz.

6 An dieser Konzeption hat der bundesdeutsche Gesetzgeber bis heute festgehalten. Die **7. GWB-Novelle**[10] aus dem Jahr 2005 hat allerdings – soweit vorliegend von Interesse – wichtige Ergänzungen und Klarstellungen der Gesetzeslage gebracht. § 33 Abs. 1 GWB 2005 hat den gesetzlichen Verbotstatbestand auf die **Artt. 81 und 82 EG** (jetzt: Artt. 101 und 102 AEUV) erweitert und neben dem Unterlassungsanspruch nunmehr auch einen zivilrechtlichen **Anspruch auf Beseitigung** des missbräuchlichen Marktverhaltens eingeführt. Die Vorschrift hat überdies die Frage geregelt, wer als **Betroffener** zur Geltendmachung der zivilrechtlichen Abwehransprüche auf Beseitigung, Unterlassung und Schadensersatz berechtigt ist. Betroffen ist danach derjenige, der als Mitbewerber oder sonstiger Marktteilnehmer durch den Kartellverstoß beeinträchtigt ist. In den Schutzbereich der kartellrechtlichen Verbote einbezogen wurden damit – der *jedermann*-Rechtsprechung des EuGH zu den Artt. 81 und 82 EG[11] folgend – auch die durch den Kartellverstoß geschädigten Endverbraucher. In § 19 Abs. 2 GWB 2005 hat der Gesetzgeber schließlich klargestellt, dass die Marktbeherrschung nach dem allgemein anerkannten Marktmachtkonzept in Bezug auf den **sachlich und räumlich relevanten Markt** festzustellen ist (Satz 1) und der räumlich relevante Markt nicht normativ auf das Bundesgebiet begrenzt, sondern **ökonomisch** zu bestimmen ist und dementsprechend über den Geltungsbereich des Kartellgesetzes hinausgehen kann (Satz 3).

7 Die **8. GWB-Novelle** des Jahres 2013 hat im Bereich der Missbrauchskontrolle inhaltlich nur geringfügige Änderungen mit sich gebracht. Die Marktanteilsschwelle für die Vermutung einer Einzelmarktbeherrschung ist von einem Drittel auf **40%** angehoben

[7] OLG Düsseldorf, WuW/E DE-R 3788 – *Schilderprägerunternehmen.*
[8] BGBl. 1957, I S. 1081.
[9] BGBl. 1998 I S. 2521.
[10] BGBl. 2005 I S. 1954.
[11] EuGH, Slg. 2001, I 6314, 6323 – *Courage.*

worden. Ferner ist das in § 20 Abs. 1 GWB 2005 beim Diskriminierungsverbot enthaltene Merkmal des *„üblicherweise zugänglichen Geschäftsverkehrs"* – dem in der Praxis ohnehin keine nennenswerte Bedeutung zukam – ersatzlos entfallen. Weitaus grundlegender sind die mit der Kartellrechtsnovelle vorgenommenen gesetzestechnischen Veränderungen ausgefallen. Während bislang der Marktbeherrschungstatbestand und die an marktbeherrschende Unternehmen gerichteten Missbrauchsverbote in § 19 GWB 2005 normiert waren und § 20 Abs. 1 und Abs. 3 Satz 1 GWB 2005 weitere Verbotstatbestände enthielt, und § 20 Abs. 2 und 4 GWB 2005 an marktstarke Unternehmen adressierte Missbrauchsverbote regelte, ist die Gesetzeslage nunmehr **neu „sortiert"** und sehr übersichtlich gestaltet worden. Der Begriff der Marktbeherrschung (Einzelmarktbeherrschung, Oligopol), die für die Feststellung einer beherrschenden Marktposition maßgeblichen Marktstrukturkriterien und die Vermutungstatbestände für eine Marktbeherrschung (Einzelmarktbeherrschung, Oligopol) finden sich nunmehr in § 18 GWB. Daran anschließend normiert § 19 GWB in Absatz 1 das Verbot an marktbeherrschende Unternehmen, ihre Marktmacht zu missbrauchen, und listet in Absatz 2 diejenigen fünf Regelbeispiele eines solchen Machtmissbrauchs auf, die bislang verstreut in §§ 19 Abs. 4, 20 Abs. 1 und 3 GWB 2005 geregelt waren. § 20 GWB schließlich befasst sich abschließend mit den Verbotstatbeständen an marktstarke und marktüberlegene Unternehmen sowie dem Diskriminierungs- und Behinderungsverbot an Wirtschafts- sowie Berufsvereinigungen und Gütezeichengemeinschaften. Dort sind die bislang in § 20 Abs. 2 bis 6 GWB 2005 enthaltenen Bestimmungen zusammengeführt worden.

II. Marktbeherrschung

1. Überblick

Der Begriff der Marktbeherrschung hat eine grundlegende Bedeutung für das gesamte Kartellrecht. Er begründet zum einen die Normadressatenschaft von Unternehmen für das kartellgesetzliche **Missbrauchsverbot** des § 19 GWB und beschreibt zum anderen den rechtstatsächlich zentralen Untersagungstatbestand im Bereich der kartellbehördlichen **Zusammenschlusskontrolle.** Zwar entscheidet sich die Beantwortung der Frage, ob eine kontrollpflichtige Unternehmensfusion behördlich zu untersagen ist, aufgrund der im Zuge der 8. Kartellrechtsnovelle erfolgten Neufassung von § 36 Abs. 1 GWB maßgeblich danach, ob der geplante Zusammenschluss eine *erhebliche Behinderung wirksamen Wettbewerbs* erwarten lässt. Andererseits begründet die Erwartung, dass der Zusammenschluss zur Entstehung oder Verstärkung einer beherrschenden Marktstellung führen wird, nach dem Willen des Gesetzgebers[12] ohne weiteres das genannte gesetzliche Untersagungskriterium. Aus diesem Grund wird die kartellrechtliche Praxis die Fusionskontrolle – wie bislang – jedenfalls in erster Linie (und überdies in den allermeisten Fällen auch ausschließlich) anhand des Marktbeherrschungskriteriums durchführen.[13] 8

Es ist zu begrüßen, dass der bundesdeutsche Gesetzgeber den Marktbeherrschungstatbestand nunmehr in einer eigenen Vorschrift (§ 18 GWB) geregelt hat. Die dort normierte Definition der Marktbeherrschung (Absätze 1 und 5), die Absage an eine normative Begrenzung des räumlich relevanten Marktes auf das Bundesgebiet (Absatz 2), die in Absatz 3 geregelten Marktstrukturkriterien zur Feststellung einer beherrschenden Marktposition und im Ausgangspunkt auch die Vermutungstatbestände in den Absätzen 4 bis 7 gelten für das gesamte Kartellgesetz, also nicht nur – wie es der Standort von § 18 GWB im Zweiten Abschnitt des GWB nahelegen könnte – für den Bereich der Missbrauchskontrolle, sondern gleichermaßen auch für die im Siebenten Abschnitt geregelte Zusammenschlusskon- 9

[12] BegrRegE 8. GWB-Novelle, BT-Drucks. 17/9852 S. 28.

[13] Vgl. zum Ganzen: *Kühnen,* WuW 2012, 458–467; vgl. auch BGH, Beschl. vom 23.9.2014 – *KVZ 82/13.*

trolle.[14] Nichts spricht dafür, dass der Gesetzgeber den Rechtsbegriff der *marktbeherrschenden Stellung* in §§ 18, 19 GWB einerseits und § 36 Abs. 1 GWB andererseits unterschiedlich verstanden wissen will. Umgekehrt kommt die Verbundklausel des **§ 36 Abs. 2 GWB** nicht nur in der Zusammenschlusskontrolle, sondern gleichermaßen auch in der Missbrauchsaufsicht zur Anwendung. Ebenso gilt, dass ein Konzern als wirtschaftliche Einheit kartellrechtlich als *ein* Unternehmen zu betrachten ist und in die Prüfung der Marktbeherrschung auch die bestehenden Konzernverflechtungen einzubeziehen sind.

10 Die Frage, ob ein bestimmtes Unternehmen eine marktbeherrschende Position besitzt, beantwortet sich nicht allgemein aus seiner Größe, seiner Wirtschaftskraft oder anderer abstrakter Unternehmenskriterien, sondern stets in Bezug auf einen **konkret abzugrenzenden Markt.** Für die Einzelmarktbeherrschung ergibt sich dies zwingend aus § 18 Abs. 1 GWB, wonach ein Unternehmen dann marktbeherrschend ist, soweit es als Anbieter oder Nachfrager einer *bestimmten* Art von Waren oder gewerblichen Leistungen auf dem *sachlich und räumlich relevanten Markt* eine überragende Marktstellung besitzt. Für die Marktbeherrschung im Oligopol gilt Gleiches, auch wenn der relevante Markt in § 18 Abs. 5 GWB nicht ausdrücklich erwähnt ist. Das kann zwanglos dem Umstand entnommen werden, dass die genannte Norm zur Definition des fehlenden Außenwettbewerbs im Oligopol auf § 18 Abs. 1 GWB verweist.[15]

11 Der Konzeption des Gesetzgebers folgend ist die Marktbeherrschung in einem **Doppelschritt** zu ermitteln. In einem ersten Schritt ist der relevante Markt in sachlicher und räumlicher (und selten zusätzlich in zeitlicher) Hinsicht abzugrenzen. Ziel dieser Marktabgrenzung ist die Ermittlung derjenigen Unternehmen, die (aktuell oder potenziell) mit dem zur Beurteilung stehenden Unternehmen in Wettbewerb stehen. In einem zweiten Schritt ist sodann die Marktmacht des zu untersuchenden Unternehmens festzustellen. Maßgeblich ist dabei auf die in § 18 Abs. 3 GWB aufgeführten Marktstrukturkriterien in ihrer Gesamtheit abzustellen. Wie sich aus der Formulierung *insbesondere* ergibt, handelt es sich nicht um eine abschließende Aufzählung der als relevant in Betracht kommenden Strukturkriterien; es sind aber die im Allgemeinen entscheidungserheblichen Kriterien. Daneben ist bei der Prüfung der Marktbeherrschung ein etwaiger Substitutionswettbewerb zu berücksichtigen.[16]

2. Abgrenzung des relevanten Marktes

12 Die marktbeherrschende Stellung eines Unternehmens ist immer bezogen auf einen konkret abzugrenzenden Markt zu prüfen. Das gilt – wie § 18 Abs. 1 GWB zu entnehmen ist – sowohl für **Angebotsmärkte** wie auch für **Nachfragemärkte**. In beiden Fällen ist der relevante Markt in **sachlicher** Hinsicht (also produkt- oder dienstleistungsbezogen) und in **räumlicher** Hinsicht (also gebietsbezogen) abzugrenzen. Ziel ist es, diejenigen Wettbewerbskräfte zu ermitteln, denen das zur Beurteilung stehende Unternehmen ausgesetzt ist. Gesucht werden die aktuellen und potenziellen Konkurrenten des Unternehmens sowie Marktteilnehmer auf eng benachbarten Märkten, von denen gleichfalls Wettbewerbsdruck (Substitutionswettbewerb) ausgeht. Selten ist darüber hinaus ein **zeitlich** relevanter Markt abzugrenzen. Typischerweise handelt es sich hierbei um Fallkonstellationen, bei denen die zu betrachtende Marktleistung an einen ganz bestimmten Zeitpunkt oder eine Zeitspanne oder an ein bestimmtes Ereignis gebunden ist. Anwendungsfälle können besondere Waren- und Dienstleistungsangebote auf einer Messe oder das Angebot von

---

[14] Besonderheiten der Fusionskontrolle sind selbstverständlich zu beachten. So wird beispielsweise die Bedeutung der Vermutungstatbestände in § 18 Abs. 4, 6 und 7 GWB durch den im Verfahren der Zusammenschlusskontrolle geltenden Grundsatz der Amtsermittlung (§§ 57 Abs. 1, 70 Abs. 1 GWB) erheblich relativiert.

[15] Ebenso: *Fuchs/Möschel* in: Immenga/Mestmäcker, Band 2 GWB/Teil 1, § 18 Rn. 22.

[16] BGH, WuW/E DE-R 1925 Rn. 18 – *National Geographic II.*

Werbezeit oder Werbedienstleistungen während eines sportlichen Großereignisses (Olympische Spiele oder Weltmeisterschaft) sein.

a) **Bedarfsmarktkonzept.** Ausgangspunkt sowohl für die **sachliche** wie für die **räumliche** Marktabgrenzung ist das **Bedarfsmarktkonzept.** Danach gehören zu einem (sachlichen oder räumlichen) Markt alle Waren oder gewerbliche Leistungen, die sich aus der Sicht der Marktgegenseite nach ihren Eigenschaften, ihrem wirtschaftlichen Verwendungszweck und ihrer Preislage so nahe stehen, dass sie als für die Deckung eines bestimmten Bedarfs gleichermaßen geeignet betrachtet und funktional als gegeneinander austauschbar angesehen werden.[17] Dabei ist ein **objektiver** Maßstab anzulegen.[18] Der **Preisheraufsetzungstest** (SSNIP-Test), der die Marktzugehörigkeit eines Alternativprodukts davon abhängig macht, ob die Nachfrager bei einer geringen, aber nicht unerheblichen und nicht nur vorübergehenden Erhöhung des Preises für das Ausgangsprodukt (von 5% bis 10%) zum Alternativprodukt wechseln, kann für die Marktabgrenzung allenfalls eine Hilfestellung geben, diese aber nicht als ausschließliches Kriterium bestimmen. Der Test ist wenig aussagekräftig, wenn – wie häufig bei der Prüfung des Missbrauchs einer marktbeherrschenden Stellung – nicht gewährleistet ist, dass der Ausgangspreis unter Wettbewerbsbedingungen zustande gekommen ist.[19] 13

Das – für die Marktabgrenzung somit maßgebliche – Bedarfsmarktkonzept ist allerdings nur ein **Hilfskriterium,** um die im Einzelfall bestehenden Wettbewerbskräfte festzustellen.[20] Es darf nicht mechanisch, sondern muss zweckbezogen angewendet werden, um die im konkreten Fall wirksamen Wettbewerbsverhältnisse möglichst vollständig und zutreffend zu ermitteln. Eine Korrektur ist insbesondere dann geboten, wenn ansonsten der Warenstrom nicht zutreffend dargestellt würde.[21] Das ist etwa der Fall, wenn Erzeuger und Weiterverkäufer auf eine Handelsstufe gestellt werden, obwohl die gesamte gehandelte Ware von den Erzeugern in den Verkehr gebracht wird.[22] Umgekehrt gilt der Grundsatz, dass die Abgrenzung regionaler Teilmärkte die Möglichkeit eigener, von der Nachbarregion unabhängiger Marktstrategien voraussetzt, dann nicht, wenn seine Anwendung zu einem mit dem Bedarfsmarktkonzept unvereinbaren Ergebnis führt, beispielsweise deshalb, weil in den relevanten Angebotsmarkt in großer Zahl Nachfrager einbezogen würden, die in dem Dienstleistungsangebot (der Krankenhäuser) tatsächlich in keinem praktisch erheblichen Umfang eine Bezugsalternative erkennen.[23] 14

In der Rechtsprechung haben sich zur Anwendung des Bedarfsmarktkonzepts die nachfolgend dargestellten Rechtsgrundsätze herausgebildet: 15

aa) Marktgegenseite. Geht es um die Abgrenzung eines **Angebotsmarktes,** ist maßgebliche Marktgegenseite, aus deren Sicht die Frage der funktionalen Austauschbarkeit zu beantworten ist, der jeweilige Nachfrager der betreffenden Leistung. Das kann der private Letztverbraucher, ein Händler (Großhändler, Einzelhändler) und ein gewerblicher Endkunde sein. Die Präferenzen und die Beurteilung der funktionalen Austauschbarkeit können jeweils verschieden sein.[24] Geht es um die Abgrenzung eines **Nachfragemarktes,** gehören zur relevanten Marktgegenseite alle Anbieter der nachgefragten Ware oder gewerblichen Leistung. Aus ihrer Sicht ist zu beurteilen, welche alternativen Absatzmöglichkeiten in bestehen. 16

---

[17] BGH, WuW/E BGH 3058, 3062 – *Pay-TV-Durchleitung;* BGH, WuW/E DE-R 4135 – *Viskosefaserm;* BGH, WuW/E DE-R 3303 – *MAN-Vertragswerkstatt.*

[18] BGH, WuW/E DE-R 1355 – *Staubsaugerbeutelmarkt.*

[19] BGH, WuW/E DE-R 2268 – *Soda Club II.*

[20] BGH, WuW/E DE-R 2538, 2539 – *Stadtwerle Uelzen;* BGH, WuW/E DE-R 2451, 2453 – *E.ON/Stadtwerke Eschwege;* BGH, WuW/E DE-R 1925 – *National Geographic II.*

[21] BGH, WuW/E DE-R 2451, 2453 – *E.ON/Stadtwerke Eschwege.*

[22] BGH, WuW/E DE-R 2451, 2453 – *E.ON/Stadtwerke Eschwege;* BGH, WuW/E DE-R 1355 – *Staubsaugerbeutelmarkt.*

[23] BGH, WuW/E DE-R 2327, 2337 – *Kreiskrankenhaus Bad Neustadt.*

[24] Vgl dazu *Ruppelt,* WuW 2012, 27, 30 ff.

17 **(1) Direkter Abnehmer.** Im Rahmen des Bedarfsmarktkonzepts ist im Allgemeinen die Sicht der *direkten* Marktgegenseite – bei der Abgrenzung eines Angebotsmarktes also die Beurteilung der **unmittelbaren Abnehmer** – maßgeblich. Das gilt auch dann, wenn – wie dies zum Beispiel im Einzelhandel nicht selten vorkommt – der unmittelbare Abnehmer (Einzelhändler) den eigenen Bedarf von der Nachfrage seiner Abnehmer (Endverbraucher) ableitet und dementsprechend auch deren Präferenzen und weitergehenden Ausweichmöglichkeiten in Betracht ziehen muss.[25] Die Tatsache einer abgeleiteten Nachfrage mag Art und Gegenstand der eigenen Nachfrage beeinflussen; sie hindert den Anbieter aber weder rechtlich noch tatsächlich daran, seine Marktmacht zum Nachteil seines unmittelbaren Abnehmers zu missbrauchen und sie ist infolge dessen auch kein Grund, bei der Marktabgrenzung nicht auf diesen, sondern auf den nächsten in der Abnehmerkette abzustellen. Im Übrigen dient die Marktabgrenzung nicht dem Zweck, Endverbraucherinteressen (mittelbar) zu berücksichtigen, sondern soll die bestehenden wirtschaftlichen Machtverhältnisse abbilden. Diese bestehen indes im Allgemeinen nicht in abgeleiteten, sondern in unmittelbaren wirtschaftlichen Beziehungen.[26]

18 Abweichendes gilt beim **Nachfragedisponenten.** Sofern – wie dies etwa bei verschreibungspflichtigen Arzneimitteln der Fall ist – der Nachfrager die Entscheidung über die Auswahl nicht selbst trifft, sondern einem Dritten – hier: dem behandelnden Arzt – überlässt, so ist im Rahmen des Bedarfsmarktkonzepts dessen Sicht maßgeblich.[27] Ähnlich verhält es sich, wenn der Endabnehmer die **Nachfrage** seines Lieferanten **festlegt,** so dass diesem *insoweit* kein eigener Entscheidungsspielraum mehr verbleibt. Ein Anwendungsbeispiel ist etwa die Vorgabe eines ganz bestimmten Straßenmarkierungsmaterials in den Ausschreibungen der Straßenbaubehörden. Marktgegenseite des Materiallieferanten ist in einem solchen Fall die Straßenbaubehörde und nicht das das Markierungsmaterial tatsächlich nachfragende Straßenbauunternehmen.[28] Kein Nachfragedisponent ist demgegenüber der Träger der gesetzlichen Krankenversicherung im Rahmen der **Krankenhausbehandlung** gesetzlich Versicherter. Trotz des in der gesetzlichen Krankenversicherung geltenden Sachleistungsprinzips und der bestehenden sozialgesetzlichen Einschränkungen des Patientenwahlrechts ist der Patient selbst Marktgegenseite der Krankenhäuser. Denn er wählt als Marktteilnehmer das Krankenhaus autonom unter den nach § 108 SGB V zur Behandlung von Kassenpatienten zugelassenen Krankenhäusern aus.[29]

19 **(2) Verständiger Durchschnittsabnehmer.** Die funktionale Austauschbarkeit ist aus der Sicht eines **verständigen Abnehmers** zu beurteilen,[30] so dass maßgebend die Beurteilung des **überwiegenden Teils** der Marktgegenseite ist. Abweichende Präferenzen Einzelner[31] oder kleiner Nachfragegruppen[32] bleiben bei der (sachlichen und räumlichen) Marktabgrenzung als Randungenauigkeit ebenso außer Betracht wie Sortimentsüberschneidungen im Randbereich;[33] sie rechtfertigen im Allgemeinen auch nicht die Bildung eines eigenständigen Teilmarktes. Zugrunde zu legen ist stets die **tatsächliche Handhabung** der Marktgegenseite. Bezugsalternativen, die zwar theoretisch bestehen, von denen

---

[25] BGH, WuWE DE-R 2267 – *Münchener Fernwärme;* OLG Düsseldorf, Beschl. vom 9.1.2015 – *VI Kart 1/14* Umdruck Seite 9.

[26] OLG Düsseldorf, Beschl. vom 9.1.2015 – *VI Kart 1/14 (V)* Umdruck Seite 9.

[27] BGH, WuW/E BGH 1435, 1440 = BGHZ 67, 104, 114 – *Vitamin B 12;* BGH, WuW/E DE-R 303, 305 – *Taxikrankentransporte;* OLG Düsseldorf, Beschl. vom 9.1.2015 – *VI Kart 1/14* Umdruck Seite 9; KG, WuW/E OLG 5549, 5556 ff. – *Fresenius/Schiwa.*

[28] BKartA, WuW/E BKartA 2820.

[29] BGH, WuW/E DE-R 2327 – *Kreiskrankenhaus Bad Neustadt.*

[30] BGH, WuW/E DE-R 2327, 2336 – *Kreiskrankenhaus Bad Neustadt.*

[31] OLG Düsseldorf, Urt. vom 30.5.2007 – *VI U(Kart) 38/06.*

[32] OLG Düsseldorf, Beschl. vom 8.8.2012 – *VI Kart 4/11 (V)* Umdruck Seite 17.

[33] BGH, WuW/E DE-R 2879, 2882 – *Kosmetikartikel;* OLG Düsseldorf, Beschl. vom 26.2.2009 – *VI Kart 7/07 (V);* OLG Düsseldorf, Beschl. vom 9.1.2015 – *VI Kart 1/14 (V)* Umdruck Seite 13.

die Marktgegenseite aber – aus welchen Gründen auch immer – keinen Gebrauch macht, gehören nicht zum Markt.[34] Das ist dem Ziel der Marktabgrenzung geschuldet, ausschließlich die realen (und nicht auch die bloß denkbaren) Wettbewerbskräfte zu ermitteln. Dieselben Grundsätze gelten bei der (sachlichen und räumlichen) Abgrenzung eines **Nachfragemarktes.** Maßgeblich sind die vorhandenen Absatzalternativen aus der Sicht eines verständigen Durchschnittsanbieters.

Die Beurteilung der funktionalen Austauschbarkeit muss nicht mit der auf objektiven und wissenschaftlichen Überlegungen beruhenden Betrachtung übereinzustimmen.[35] Die Abnehmerauffassung kann enger sein, wie etwa bei der Annahme eines eigenen Marktes für Klinkersteine, weil auf Grund einer entsprechenden Geschmackseinstellung von Käufern davon auszugehen ist, dass trotz einer objektiv bestehenden Substituierbarkeit nicht auf Zementbeton, Kalksandsteine und dergleichen ausgewichen wird.[36] Die Abnehmerauffassung kann auch weiter sein, wenn beispielsweise eine Anwendung von Arzneimitteln auf bestimmte Indikationen unterstellt wird, obwohl diese wissenschaftlich nicht begründet sind.[37] Maßgebend ist hier – wie auch allgemein – **nicht** eine **oberflächliche und flüchtige Auffassung** der Abnehmer,[38] sondern diejenige, die auf Grund einer sachlichen Abwägung tatsächlich zustande gekommen ist.[39] 20

bb) Waren und gewerbliche Leistungen. Die Begriffe „Waren“ und „gewerbliche Leistungen“ sind **weit zu verstehen,** um jedes Marktgeschehen zu erfassen und es der kartellrechtlichen Missbrauchskontrolle zu unterstellen. Deshalb wird jeder Gegenstand des Geschäftsverkehrs von einem der beiden Begriffe erfasst. Die Beantwortung der Frage, ob es sich um eine „Ware“ oder eine „gewerbliche Leistung“ handelt, mag dabei im Einzelfall schwierig sein. Praktische Relevanz hat sie indes nicht, weil die Vorschriften der Missbrauchskontrolle unterschiedlos sowohl für „Waren“ wie für „gewerbliche Leistungen“ gelten. Obschon damit eine exakte Grenzziehung entbehrlich ist, sollte von folgendem Begriffsverständnis ausgegangen werden: Unter „gewerbliche Leistungen“ fallen alle Tätigkeiten, die im Geschäftsverkehr gegen Entgelt erbracht werden. Ausgenommen sind nur Dienstleistungen aus einem Arbeitsverhältnis, weil die abhängige Beschäftigung nicht unter den kartellrechtlichen Unternehmensbegriff fällt.[40] Beispiele für „gewerbliche Leistungen“ sind etwa die Erbringung von Verkehrsdienstleistungen,[41] die Vermarktung von Fußballspielen der 1. und 2. Bundesliga,[42] die Krankenhausbehandlung[43] oder die Vermittlung von Hotelbuchungen durch Buchungsportale.[44] In die Kategorie der „Waren“ gehören alle anderen Gegenstände des geschäftlichen Verkehrs, mögen sie körperlicher (z. B. Grundstücke) oder nicht-körperlicher Art (Wertpapiere, gewerbliche Schutzrechte, Unternehmen) sein.[45] 21

(1) Entgeltlichkeit. Sowohl für „Waren“ wie für „gewerbliche Leistungen“ gilt: Eine unternehmerische Betätigung ist nur einem Markt zuzuordnen, *wenn und soweit* sie **entgeltlich** erfolgt. Wird eine Leistung nach der einen Seite entgeltlich, nach der anderen 22

---

[34] BGH, WuW/E DE-R 2327 – *Kreiskrankenhaus Bad Neustadt;* BGH, WuW/E DE-R 1206 – *Strom und Telefon I;* OLG Düsseldorf, Beschl. vom 9.1.2015 – *VI Kart 1/14 (V)* Umdruck Seite 13.

[35] BGH, WuW/E 2406, 2408 = BGHZ 101, 100 = NJW 1987, 3007 – *Inter Mailand-Spiel;* KG, WuW/E 1983, 1984 – *Rama-Mädchen.*

[36] KG, WuW/E 709, 712 – *Bockhorner Klinker.*

[37] BGH, WuW/E 1435, 1440 = BGHZ 67, 104, 114 – *Vitamin B 12.*

[38] BGH, WuW/E 1445, 1447 = NJW 1977, 675, 676 – *Valium.*

[39] KG, WuW/E 995, 996 – *Handpreisauszeichner.*

[40] *Fuchs/Möschel* in: Immenga/Mestmäcker, Band 2 GWB/Teil 1, § 18 Rn. 38.

[41] KG, WuW/E DE-R 124, 126.

[42] BGH, WuW/E DE-R 1597, 1599 f. – *Hörfunkrechte.*

[43] BGH, WuW/E DE-R 2327, 2333 ff. – *Kreiskrankenhaus Bad Neustadt;* OLG Düsseldorf, WuW/E DE-R 1958 Rn. 105 – *Rhön-Klinikum/Landkreis Rhön-Grabfeld.*

[44] OLG Düsseldorf, Beschl. vom 9.1.2015 – *VI Kart 1/14 (V).*

[45] *Fuchs/Möschel* in: Immenga/Mestmäcker, Band 2 GWB/Teil 1, § 18 Rn. 38.

Seite unentgeltlich erbracht, ist sie nur mit der entgeltlichen Seite Teil des Marktes.[46] Beispiele sind in diesem Zusammenhang etwa Anzeigenblätter, die sich aus Werbeeinnahmen finanzieren und kostenlos an die Haushalte verteilt werden, ferner das free-tv, das sich aus den Einnahmen aus der Fernsehwerbung finanziert und für den Zuschauer unentgeltlich zu empfangen ist[47] oder das Dienstleistungsangebot der Hotelbuchungsportale, die ihre Portaldienstleistungen ausschließlich von dem vertragsgebundenen Hotel vergütet erhalten.[48] Bei solchen zweiseitigen Leistungen kann die unentgeltliche Seite allerdings das Marktgeschehen auf der entgeltlichen Seite beeinflussen. In Betracht kommt dies insbesondere bei innovationsgeprägten (internetbasierten) Märkten. Dort steigt der Vorteil, den ein Verwender aus einem bestimmten Gut oder einer bestimmten Dienstleistung zieht, mit der Anzahl der Nutzer auf der unentgeltlichen Seite. Diese **Netzwerkeffekte** und die dahinter stehende Kundenerreichbarkeit können im Einzelfall für die Attraktivität eines Konkurrenzproduktes von derart großer Bedeutung sein, dass sie darüber entscheiden, ob das Produkt für den Abnehmer eine funktional austauschbare Alternative darstellt oder nicht.[49]

23 **(2) Bloße Nebenleistung.** Für die Bildung eines eigenen Marktes kommen ferner nur Waren und gewerbliche Leistungen in Betracht, die selbständig nachgefragt werden, nicht jedoch solche, bei denen dies nur in wirtschaftlicher oder technisch-funktioneller **Verbindung mit** einer **Hauptsache oder Hauptleistung** der Fall ist.[50] Dementsprechend sind die Hotelportalbetreiber auf dem Angebotsmarkt für die *Vermittlung* von Hotelbuchungen tätig und bildet die von den Portalen für eine erfolgreiche Vermittlungstätigkeit den Hotelkunden angebotene (Zusatz-)Funktion des „Suchens und Vergleichens" von Hotels keinen eigenständigen Markt.[51] Ebenso ist die Herstellergarantie für „Cartier"-Uhren weder Gegenstand eines selbständigen Angebots noch einer selbständigen Nachfrage, weshalb es auch keinen selbständigen Markt für Garantieleistungen von „Cartier"-Uhren gibt.[52]

24 **(3) Vertriebsform.** Die **Vertriebsform,** in der ein bestimmtes Produkt auf dem Markt angeboten wird, fällt im Allgemeinen nicht unter den Begriff der „gewerblichen Leistungen".[53] Denn aus Sicht der Marktgegenseite hängt die Eignung zur Bedarfsdeckung in aller Regel nicht davon ab, ob der nachgefragte Gegenstand über den Fachhandel, das Internet, in einem Selbstbedienungsladen oder über den eigenen Vertrieb des Anbieters zum Kauf angeboten wird. Dies schließt freilich nicht aus, dass im Einzelfall unter besonderen Umständen die einzelne Vertriebsform einen eigenen Markt bilden kann.[54]

25 **(4) Sortimentsmärkte.** Auf der anderen Seite existieren nicht nur Märkte für Einzelprodukte. Daneben gibt es auch **Sortimentsmärkte.** Der weit gefasste Wortlaut von § 18 Abs. 1 GWB, der von „einer bestimmten Art von Waren" spricht, lässt es ohne weiteres zu, darunter auch eine ganze Warengruppe zu subsumieren. Voraussetzung für die Annahme eines Sortimentsmarktes ist eine **dahingehende Erwartungshaltung** der Marktgegenseite. Erforderlich (aber auch ausreichend) ist, dass ein bestimmtes Waren- oder Leistungsbündel der typischen abstrakten Verbraucher*erwartung* entspricht. Maßgeblich sind die Vorstel-

---

[46] BGH, WuW/E DE-R 2327 Rn. 26 – *Kreiskrankenhaus Bad Neustadt;* OLG Düsseldorf, Beschl. vom 9.1.2015 – *VI Kart 1/14 (V)* Umdruck Seite 9; *Bechtold,* GWB, § 18 Rn. 6.

[47] OLG Düsseldorf, Beschl. vom 8.8.2012 – *VI Kart 4/11 (V).*

[48] OLG Düsseldorf, Beschl. vom 9.1.2015 – *VI Kart 1/14 (V)* Umdruck Seite 9.

[49] OLG Düsseldorf, Beschl. vom 9.1.2015 – *VI Kart 1/14 (V)* Umdruck Seite 9/10; *Fuchs/Möschel* in: Immenga/Mestmäcker, Band 2 GWB/Teil 1, § 18 Rn. 36.

[50] OLG Düsseldorf, Beschl. vom 9.1.2015 – VI Kart 1/14 (V) Umdruck Seite 8; *Paschke* in FK, GWB 2005, § 19 Rn. 78.

[51] OLG Düsseldorf, Beschl. vom 9.1.2015 – VI Kart 1/14 (V) Umdruck Seite 8.

[52] BGH, WuW/E BGH 2451, 2454 – *Cartier-Uhren.*

[53] BGH, WuW/E BGH 2231, 2235 – *Metro/Kaufhof;* OLG Düsseldorf, Beschl. vom 26.2.2009 – *VI Kart 7/07 (V);* OLG Düsseldorf, Beschl. vom 9.1.2015 – *VI Kart 1/14 (V)* Umdruck Seite 10; zweifelnd: *Bechtold,* GWB, § 18 Rn. 10.

[54] OLG Düsseldorf, Beschl. vom 9.1.2015 – *VI Kart 1/14* Umdruck Seite 10; ebenso: *Fuchs/Möschel* in: Immenga/Mestmäcker, Band 2 GWB/Teil 1, § 18 Rn. 39.

lungen, die der Verbraucher – unabhängig von einem bestimmten Bedarf – mit dem Leistungsangebot verbindet.[55] In sachlicher Hinsicht erstreckt sich ein Sortimentsmarkt auf das Angebot in seiner **sortimentstypischen** Zusammensetzung.[56] Sortimentsmärkte sind bejaht worden für den **Lebensmittelhandel** (Großhandel und Einzelhandel),[57] den Angebotsmarkt für **Tiernahrung**[58] und für **Unterhaltungselektronik,**[59] ferner für **Werkstattleistungen** für Kraftfahrzeuge,[60] für die Erbringung **akutstationären Krankenhausleistungen**[61] und für den Handelsmarkt für **Laborchemikalien.**[62] Anbieter eines Sortiments sind ebenso **Parfümerien** und Parfümeriefachabteilungen der Kaufhäuser, weil der Durchschnittskunde dort eine Auswahl an Produkten der pflegenden und dekorativen Kosmetik sowie von Parfüms der gehobenen Preisklasse erwartet.[63] Auf einem Sortimentsmarkt sind gleichermaßen **Baumärkte** tätig.[64] Sie bieten typischerweise ein ganzes Güterbündel an, nämlich ganz unterschiedliche Produkte aus zahlreichen Bereichen des Heimwerkerbedarfs (u. a. Werkzeug, Eisenwaren, Fliesen, Elektroartikel, Bodenbeläge, Farben und Lacke, Gegenstände des Sanitärbedarfs) und es besteht eine damit korrespondierende Verbrauchererwartung zum Warenangebot eines Baumarktes.

Für die Annahme eines Sortimentsmarktes ist *nicht* entscheidend, ob auch die **Nachfrage des Kunden** auf das ganze Warenbündel des Sortiments gerichtet ist oder ob sie sich in einem einzelnen Produkt oder in Produkten aus einer Warengruppe des Sortiments erschöpft. Bedeutung hat diese Frage alleine für die Reichweite des Sortimentsmarktes und die Zahl der Marktteilnehmer. Richtet sich die Kundennachfrage auf das **Sortiment als solches,** ist das Angebot des betreffenden Güterbündels eine besondere Marktleistung, die aus verständiger Nachfragersicht durch das Angebot des Spezial- oder Fachhandels, der nur einen (mehr oder weniger kleinen) Teil dieses Warenbündels anbietet, nicht funktional austauschbar ist. Für den **Lebensmittelhandel** ist dementsprechend anerkannt, dass weder der Facheinzelhandel (Drogerien, Delikatessengeschäfte, Käsegeschäfte) noch das Lebensmittelhandwerk (Bäckereien, Metzgereien) zum relevanten Markt zählen. Anders liegen die Dinge beim Sortimentsmarkt, auf dem die **Baumärkte** agieren. Der Baumarktkunde fragt kein im wesentlichen übereinstimmendes Warenbündel nach, sondern hat in der Regel einen anlassbezogenen und zweckbestimmten Bedarf, weshalb sich seine Nachfrage typischerweise nur auf Produkte aus ein bis maximal zwei Warengruppen bezieht. Der durchschnittliche Baumarktkunde kann aus diesem Grund seinen Bedarf statt im Baumarkt auch in den Spezial- und Facheinzelhandelsgeschäften sowie dem Groß- und Distanzhandel mit ihren Teilsortimenten decken, weshalb diese Anbieter zum Markt gehören.[65] Keine Anbieter auf dem Sortimentsmarkt der **Parfümerien** und Parfümeriefachabteilungen sind die Drogerien und Drogeriemärkte. Denn zwischen dem typischerweise in Parfümerien und Parfümeriefachabteilungen angebotenen Sortiment und dem Sortiment der Drogerien und Drogeriemärkte bestehen – ungeachtet der vorhandenen Produktüberschneidungen im Randbereich – bei der gebotenen generalisierenden Betrachtungsweise vor allem hinsichtlich der Preise, aber auch in Bezug auf die Sortimentsbreite und Sortimentstiefe so signifi- 26

---

[55] BGH, WuW/E DE-R 2327 Rn. 57 – *Kreiskrankenhaus Bad Neustadt.*

[56] OLG Düsseldorf, WuW/E DE-R 2798, 2799 – *Bau- und Heimwerkermarkt.*

[57] BGH, WuW/E BGH 2231, 2234 – *Metro/Kaufhof;* BGH, WuW/E DE-R 1042, 1043 – *Walmart;* OLG Düsseldorf, WuW/E DE-R 781, 786 – *Walmart.*

[58] OLG Düsseldorf, WuW/E DE-R 3421, 3427 – *Private Label.*

[59] BGH, WuW/E BGH 2771, 2773 – *Kaufhof Saturn.*

[60] BGH, WuW/E DE-R 3303 – *MAN-Vertragswerkstatt;* zweifelnd: *Fuchs/Möschel* in: Immenga/Mestmäcker, Band 2 GWB/Teil 1, § 18 Rn. 40.

[61] BGH, WuW/E DE-R 2327 – *Kreiskrankenhaus Bad Neustadt.*

[62] OLG Düsseldorf, Beschl. vom 13.11.2013 – *VI Kart 5/09 (V)* Umdruck Seite 22.

[63] OLG Düsseldorf, Beschl. vom 26.2.2009 – *VI Kart 7/07 (V).*

[64] OLG Düsseldorf, WuW/E DE-R 2798, 2799 – *Bau- und Heimwerkermarkt.*

[65] OLG Düsseldorf, WuW/E DE-R 2798, 2799 – *Bau- und Heimwerkermarkt.*

kante Unterschiede, dass beide Sortimente aus Sicht eines verständigen Verbrauchers nicht funktional austauschbar sind.[66]

27 **cc) Funktionale Austauschbarkeit.** Zu ein und demselben Markt gehören alle Waren und gewerbliche Leistungen, die aus verständiger Sicht der Marktgegenseite zur Bedarfsdeckung gleichermaßen geeignet und deshalb funktional austauschbar sind.

28 **(1) Anpassungsleistungen.** Die Austauschbarkeit muss **ohne weiteres,** d.h. ohne besondere sachliche oder psychologische Anpassungsleistungen des Abnehmers, gegeben sein. Dementsprechend sind auf dem Endkundenmarkt verschiedene **Energieträger**, die den gleichen Bedarf nach Raumwärme decken, dann nicht als austauschbar anzusehen, wenn die Umstellung des vorhandenen Heizungssystems – z.B. von Gas auf Heizöl – signifikante Kosten verursacht.[67] Im Verhältnis zum Endkunden gibt es deshalb keinen einheitlichen Markt für Wärmeenergie.[68] Aus der gleichen Erwägung gehören **Hotelportalbetreiber,** die ihren vertragsgebundenen Hotels die Vermittlung von Zimmerbuchungen anbieten, und **Metasuchmaschinen,** die dem Endkunden unentgeltlich einen Preisvergleich von Hotels ermöglichen, nicht zum selben Markt. Denn Metasuchmaschinen können Hotels nur dann unmittelbar Buchungen vermitteln, wenn diese zuvor besondere technische Anforderungen zur Einbindung ihrer Hotelwebseite erfüllen, an kostenpflichtigen Business Listings teilnehmen sowie registriert und zertifiziert sind.[69] Anders können die Dinge beim Angebotsmarkt für **Heizungssysteme** privat genutzter Gebäude liegen. Sofern – was Tatfrage ist – die Preislage der verschiedenen Heizungssysteme (Ölheizung, Gasheizung, Fernwärmeheizung, Elektroheizung, Erdwärmeheizung) vergleichbar ist, gehören sie zum selben Markt. Umgekehrt gehören die Befüllung von Gaskartuschen für ein **Besprudelungsgerät,** mit dem man aus Leitungswasser Sprudel herstellen kann, und verkaufsfertiges Sprudelwasser nicht zu einem Markt.[70] Stehen dem Nachfrager zur Deckung eines bestimmten Bedarfs unterschiedliche Systeme zur Verfügung und wird durch die Wahl eines auf eine längere Benutzung angelegten Systems (Besprudelungsgerät) ein davon abgeleiteter spezifischer Bedarf nach einem Betriebsmittel geweckt (Befüllung der Gaskartuschen), kommt es für die Marktabgrenzung in Bezug auf jenes Betriebsmittel entscheidend darauf an, welche Alternativen sich für den Nachfrager, der sich bereits für ein System entschieden hat, bei der Wahl des Betriebsmittels stellen. Wettbewerbskräfte (Anbieter von verkaufsfertigem Sprudel), die beim Nachfrager Zweifel an seiner Systementscheidung wecken können, sind als Substitutionswettbewerb erst bei der Prüfung der Marktbeherrschung zu berücksichtigen.[71] Bei Produkthomogenität kann es ferner an der funktionellen Austauschbarkeit fehlen, wenn nicht zu erwarten ist, dass der Abnehmer Anpassungsleistungen erbringt, um vorhandene Unterschiede in der Aufmachung des Angebots zu überwinden. So bestehen getrennte Märkte für **Industriemehl und Haushaltsmehl,** weil das sackweise gelieferte Industriemehl ohne eine endverbrauchergerechte Verpackung nicht an den privaten Verbraucher absetzbar ist und der Übergang zur Eigenverpackung besondere investive und organisatorische Leistungen erfordern würde.[72] Eine funktionale Austauschbarkeit ist ebenso zu verneinen, wenn nach den **Verbrauchsgewohnheiten** der Abnehmer nicht davon auszugehen ist, dass diese von einem System zum anderen wechseln.[73] Dies gilt etwa für die Trocken- und Nassrasur, weil die Entscheidung für die jeweilige Art der Rasur auf

---

[66] OLG Düsseldorf, Beschl. vom 26.2.2009 – *VI Kart 7/07 (V).*

[67] Vgl. BKartA, WuW/E BKartA 1647, 1649 – *Erdgas Schwaben;* BKartA, WuW/E BKartA 1840, 1841 – *Texaco-Zerssen;* KG, WuW/E OLG 3443, 3445 – *Energieversorgung Schwaben/Technische Werke Stuttgart.*

[68] BGH, WuW/E DE-R 2538, 2539 – *Stadtwerke Uelzen.*

[69] OLG Düsseldorf, Beschl. vom 9.1.2015 – *VI Kart 1/14 (V)* Umdruck Seite 13.

[70] BGH, WuW/E DE-R 2268 – *Soda Club II.*

[71] BGH, WuW/E DE-R 2268 – *Soda Club II.*

[72] KG, WuW/E OLG 4167, 4168 – *Kampffmeyer/Plange.*

[73] Vgl. etwa BKartA, WuW/E BKartA 1561, 1563ff. – *o. b.*

einer festen Lebensgewohnheit beruht, die einen kurzfristigen Wechsel der Kaufentscheidung ausschließt.[74]

(2) Marktstufen und Abnehmergruppen. Ein und dasselbe Produkt kann zugleich mehreren Märkten angehören. 29

Das liegt zunächst dann nahe, wenn die Anbieter des Gegenstandes **verschiedenen Marktstufen** angehören mit der Folge, dass sie jeweils auch unterschiedlichen Nachfragern gegenüber stehen.[75] Beispiel ist der Verkauf einer Ware über mehrere Handelsstufen hinweg, also vom Hersteller an den Großhändler, von dort an den Einzelhändler und von diesem schließlich an den Endverbraucher. In dem geschilderten Fall wird die Ware auf dem Herstellermarkt (Produzent/Großhändler), dem Großhandelsmarkt (Großhändler/Einzelhändler) und dem Einzelhandelsmarkt (Einzelhändler/Endkunde) angeboten. 30

Die Zugehörigkeit eines Produkts oder einer gewerblichen Leistung zu mehreren getrennten Märkten kommt darüber hinaus in Betracht, wenn ein Erzeugnis zu **unterschiedlichen Zwecken verwendet** werden kann und diese unterschiedlichen Verwendungen auch unterschiedliche wirtschaftliche Bedürfnisse befriedigen. Sie ist überdies zu erwägen, wenn derselbe Gegenstand an **unterschiedliche Abnehmergruppen** vertrieben wird. Voraussetzung ist in den beiden letztgenannten Fallkonstellationen allerdings, dass der Anbieterseite *keine* einheitlichen Marktstrategien möglich sind, sondern sie in Bezug auf die unterschiedlichen Verwendungszwecke und Abnehmergruppen differenzierte Absatzstrategien verfolgt.[76] Das gilt beispielsweise beim Absatz von Autozubehörteilen, wo zwischen dem Erstausrüstungsgeschäft (mit der Automobilindustrie) und dem Ersatzteilgeschäft (mit dem Handel und den Werkstätten) unterschieden werden muss.[77] Angesichts der verschiedenen Zielgruppen und deren unterschiedliches Buchungsverhaltens ist das Angebot für Reisevermittlung in (Teil-)Märkte für touristische Privatkunden und geschäftliche Firmenkunden aufzuteilen.[78] Anderes gilt für den Signalmarkt, auf dem die Kabelnetzbetreiber die Hörfunk- und Fernsehsignale zur Verfügung stellen. Hier existieren weder in Bezug auf Einzelnutzer und Mehrnutzer noch bezüglich Klein- und Großkunden ein unterschiedliches Nachfrageverhalten und verschiedene Marktstrategien.[79] 31

(3) Feststellung der Austauschbarkeit. Die Feststellung, ob und welche Waren und gewerbliche Leistungen funktional austauschbar sind, kann bei **Konsumgütern** in aller Regel vom Rechtsanwender selbst – konkret also von den Senatsmitglieder des Beschwerdegerichts, den Mitglieder der Beschlussabteilung des Bundeskartellamtes und den entscheidenden Mitarbeitern der Kartellbehörde – auf Grund eigener Lebenserfahrung getroffen werden. Voraussetzung ist freilich, dass der Rechtsanwender zum betroffenen Abnehmerkreis gehört.[80] Bei **Investitionsgütern** stützt sich die Beurteilung der Austauschbarkeit dagegen im Allgemeinen auf die **Befragung** des relativ kleinen Kreises (oder einer repräsentativen Anzahl) der industriellen Abnehmer.[81] 32

(4) Maßgebliche Kriterien. Nach dem Bedarfsmarktkonzept beantwortet sich Frage nach der funktionalen Austauschbarkeit von Waren und gewerblichen Leistungen in erster Linie nach den Eigenschaften und dem Verwendungszweck des Erzeugnisses bzw. der gewerblichen Leistung und nur nachrangig nach der Preislage. 33

---

[74] BKartA, AG 1992, 363 – *Gillette/Wilkinson.*

[75] BGH, WuW/E DE-R 2451, 2452 f. – *E.ON/Stadtwerke Eschwege;* BGH, WuW/E DE-R 1355, 1356 f. – *Staubsaugerbeutelmarkt;* OLG Düsseldorf, WuW/E DE-R 1112, 1113 – *Melitta/Aerflo.*

[76] BGH, WuW/E BGH 1711, 1715 – *Mannesmann/Brueninghaus.*

[77] BGH, WuW/E BGH 1502 – *Kfz-Kupplungen.*

[78] BKartA, WuW/E DE-V 113 – *HTU/First.*

[79] OLG Düsseldorf, WuW/E DE-R 4040 Rn. 55 – *Liberty Global/Kabel BW* = NZKart 2013, 465 – *Signalmarkt.*

[80] BGH, WuW/E DE-R 1925 – *National Geographic II;* BGH, WuW/E BGH 2433, 2437 – *Gruner + Jahr/Zeit II.*

[81] KG, WuW/E OLG 1921, 1922 – *Thyssen/Hüller.*

34 **(a) Verwendungszweck**. In der Regel bildet der **Verwendungszweck** bei Angebotsmärkten das entscheidende Kriterium für die Beurteilung der Austauschbarkeit.

35 **(aa) Grundsätze.** Bei einem einheitlichen Verwendungszweck kommt Unterschieden in der **Beschaffenheit** grundsätzlich keine Bedeutung zu. Unterschiedliche Waren und Dienstleistungen, die einem gemeinsamen Verwendungszweck dienen, gehören zu einem sachlich relevanten Markt, wenn sie geeignet sind, „gleich gelagerte Bedürfnisse im Wege einer einheitlichen Bedarfsdeckung zu befriedigen".[82] Deshalb sind mehrere Medikamente trotz völliger chemischer Verschiedenheit demselben Markt zuzuordnen, wenn eine therapeutische Gleichwirkung gegeben ist.[83] Entsprechendes gilt im Lebensmittelbereich für unterschiedliche Halbfertigprodukte für die Herstellung von Konditoreiwaren, die vom Backhandwerk nachgefragt werden.[84] Keinen Einfluss auf die Austauschbarkeit haben Unterschiede im **Herstellungsverfahren.** So ist Strom, der aus Steinkohle hergestellt wird, demselben Markt zuzuordnen wie Strom aus Öl, Erdgas oder Atomenergie.[85] Andererseits kann nicht ausgeschlossen werden, dass trotz gleicher oder ähnlicher Beschaffenheit, bedingt durch unterschiedliche Absatzstrategien und Nachfragestrukturen, getrennte Märkte anzunehmen sind.[86] Dies gilt insbesondere für **Ersatzteile,** die einem anderen Markt als die Hauptwaren angehören.[87] Auch durch unterschiedliche **technische Lieferbedingungen,** z.B. den Absatz von Stickstoff in Rohrleitungen oder in Tanks bzw. Flaschen, können verschiedene (Teil-)Märkte begründet werden.[88]

36 Werden die Eigenschaften von Waren, wie insbesondere hinsichtlich ihrer Größe und ihrer Abmessungen, den **speziellen Bedürfnissen einzelner Abnehmer** angepasst, fehlt es zwar an einer unmittelbaren Austauschbarkeit. Im Sinne einer potentiellen Austauschbarkeit ist aber die **Produktionsflexibilität** des Anbieters zu berücksichtigen. Für die Festlegung des relevanten Marktes ist darauf abzustellen, inwieweit der Hersteller einer Ware in der Lage ist, deren Eigenschaften auf ähnliche Bedürfnisse anderer Nachfrager umzustellen (Angebotsumstellungsflexibilität). So kann etwa ein Hersteller von Kupplungsscheiben für Pkw diese auch für Nutzfahrzeuge produzieren.[89] Einem einzigen Markt zuzuordnen ist ebenso das Angebot von Dosen für Fleisch- und Fischkonserven.[90]

37 **(bb) Presse.** Eine differenzierte Beurteilung erfordert unter dem Gesichtspunkt der funktionellen Austauschbarkeit die Marktabgrenzung im **Pressebereich.**

38 Es ist zunächst zwischen **Leser- und Anzeigemärkten** zu unterscheiden.[91] Auf den Lesermärkten begegnen sich die Zeitungsverleger als Anbieter und die Leser als Nachfrager; auf den Anzeigenmärkten stehen sich die Zeitungsverleger auf der Angebotsseite und die Werbekunden auf der Nachfrageseite gegenüber. Die Unterscheidung dieser beiden Märkte entspricht zum einen dem unterschiedlichen Bedarf, der mit der Zeitung befriedigt werden soll. Dem Leser geht es um Information und Unterhaltung, der Werbekunde fragt eine Werbemöglichkeit in dem Presseerzeugnis nach. Sie ergibt sich überdies aus der Tatsache, dass die Informations- und Werbeleistung der Zeitung jeweils nur nach einer Seite

---

[82] KG, WuW/E OLG 2120, 2122 – *Mannesmann/Brueninghaus.*

[83] KG, WuW/E OLG 1599, 1602 – *Vitamin B 12.*

[84] Vgl. BKartA, WuW/E BKartA 2421 – *Unilever/Braun;* vgl. auch KG, WuW/E OLG 3759, 3760 – *Pillsbury/Sonnen-Bassermann.*

[85] KG, WuW/E OLG 2113, 2116 – *Steinkohlenstromerzeuger.*

[86] OLG Düsseldorf, Urt. vom 30.5.2007 – *VI U(Kart) 38/06.*

[87] Vgl. BGH, WuW/E BGH 2589 = NJW-RR 1989, 1310 – *Frankiermaschinen;* BGH, WuW/E BGH 1501, 1502 – *KfZ-Kupplungen;* KG, WuW/E OLG 4951, 4964f. – *Kälteanlagen-Ersatzteile;* OLG Düsseldorf, WuW/E OLG 4901, 4904 – *Dehnfolien-Verpackungsmaschinen.*

[88] BKartA, WuW/E BKArtA 2319 – *Messer-Griesheim/Buse.*

[89] BGH, WuW/E BGH 1501, 1502f. – *Kfz-Kupplungen.*

[90] EuGH, U. v. 21.2.1973 Rs. 6/72 *Continental Can/Kom.* Slg. 1973, 215.

[91] BGH, WuW/DE-R 3695 – *Haller Tagblatt;* OLG Düsseldorf, WuW/E DE-R 3173 Rn. 51ff. – *Anzeigengemeinschaft; Bardong* in: Langen/Bunte, Kommentar zum deutschen und europäischen Kartellrecht, Band 1, § 18 Rn. 39.

entgeltlich ist, so dass sie auch nur insoweit einem Markt zugeordnet werden kann. Für den Leser ist alleine die Information der Zeitung entgeltlich, die Werbung dagegen unentgeltlich; für den Werbekunden ist lediglich die für ihn geschaltete Werbung zu vergüten, nicht aber der Informationsteil.

Für die Einteilung von **Lesermärkten** sind zeitliche, örtliche und thematische Faktoren **39**
relevant, die in einer Wechselbeziehung zueinander stehen. Breite und Tiefe der Berichterstattung, die Art der Darstellung sowie die Nachrichten- und Themenschwerpunkte unterscheiden sich bei den Presseerzeugnissen erheblich und führen infolge dessen zu getrennten Märkten.[92] **Lokale Abonnement-Tageszeitungen**, **überregionale Tageszeitungen** und **Straßenverkaufszeitungen** dienen unterschiedlichen Leserbedürfnissen und sind dementsprechend aus Sicht der Leser nicht als funktionell austauschbar anzusehen. Regionale und lokale Abonnement-Tageszeitungen befriedigen das spezifische Bedürfnis des im Verbreitungsgebiet der Zeitung lebenden Lesers, über lokal und regional bedeutsame Ereignisse und Meldungen unterrichtet zu werden. Hierdurch unterscheiden sie sich von den überregionalen Tageszeitungen. Im Vergleich zu den Straßenverkaufszeitungen weisen die regionalen Abonnement-Tageszeitungen typischerweise in der Breite und Tiefe der Berichterstattung, in der Art der Darstellung sowie in den Nachrichten- und Berichtsschwerpunkten wesentliche Unterschiede auf. Sie decken daher zumindest aus Sicht eines wesentlichen Teils der Leser einen anderen Bedarf als die Straßenverkaufszeitungen.[93] Zum Markt für Abonnement-Tageszeitungen mit lokaler und regionaler Berichterstattung gehören weder **Gemeinde- und Anzeigenblätter** noch **Stadt- und lokale Szenemagazine.** Denn diese weiteren Informationsangebote decken nur Teile des Informationsbedarfs, den eine Abonnement-Tageszeitung mit ihrem zum einen tagesaktuellen und zum anderen von Lokalem bis Überregionalem sowie Internationalem breit gefächertem Informationsangebot bedient, so dass sie aus Sicht des durchschnittlichen Verbrauchers eine lokale Tageszeitung nicht substituieren können.[94] Gleiches gilt für **lokale Online-Informationsportale.**[95] Tages- und Wochenzeitungen stellen verschiedene Teilmärkte dar.[96] Allgemeine Publikumszeitschriften sind von solchen Zeitschriften abzugrenzen, die auf spezifische Interessen zugeschnitten sind, wie zum Bespiel Programmzeitschriften[97] oder politische Wochenschriften[98] oder populäre Wissensmagazine.[99] Entsprechend der thematischen Ausrichtung und der damit verbundenen spezifischen Zielgruppen von Lesern bestehen bei Fachzeitschriften jeweils unterschiedliche Teilmärkte.[100] In räumlicher Hinsicht ist der Lesermarkt auf das **Kernverbreitungsgebiet** des jeweiligen Presseerzeugnisses begrenzt.[101]

Auch beim **Anzeigenmarkt** ist eine Differenzierung vorzunehmen, die sich nach der **40**
Erreichbarkeit der Adressaten sowie den Darstellungsmöglichkeiten der Werbung richtet.[102]

---

[92] OLG Düsseldorf, WuW/E DE-R 1361 – *Tagesspiegel/Berliner Zeitung II.*

[93] BGH, WuW/E DE-R 3695 – *Haller Tagblatt;* BGH, WuW/E BGH 1854, 1856 f. – *Zeitungsmarkt München*; BGH, WuW/E BGH 2425, 2428 – *Niederrheinische Anzeigenblätter;* OLG Düsseldorf, WuW/E DE-R 3173 Rn. 51 ff. – *Anzeigengemeinschaft;* OLG Düsseldorf, WuW DE-R 1361, 1362 – *Tagesspiegel/Berliner Zeitung II.*

[94] OLG Düsseldorf, WuW/E DE-R 3173 Rn. 51 ff. – *Anzeigengemeinschaft.*

[95] OLG Düsseldorf, WuW/E DE-R 3173 Rn. 51 ff. – *Anzeigengemeinschaft.*

[96] BGH, WuW/E BGH 2112, 2121 – *Gruner + Jahr/Zeit I;* BGH, WuW/E BGH 2433, 2436 f. – *Gruner + Jahr/Zeit II.*

[97] BKartA, WuW/E BKartA 1921, 1928 – *Burda/Springer.*

[98] BGH, WuW/E BGH 2433, 2437 – *Gruner + Jahr/Zeit II.*

[99] BGH, WuW/E DE-R 1925, 1927 – *National Geographic II.*

[100] OLG Düsseldorf, WuW/E DE-R 1501 – *G+J/RBA;* BKartA, WuW/E BKartA 1709 – *Bertelsmann/Deutscher Verkehrsverlag.*

[101] OLG Düsseldorf, WuW/E DE-R 3173 – *Anzeigengemeinschaft;* OLG Düsseldorf, WuW/E DE-R 1361, 1363 – *Tagesspiegel/Berliner Zeitung II.*

[102] *Bardong* in: Langen/Bunte, Kommentar zum deutschen und europäischen Kartellrecht, Band 1, § 18 Rn. 40.

Von einem einheitlichen Markt von Anzeigen in Abonnements- und Straßenverkaufszeitungen ist auszugehen, wenn vergleichbare Belegungsmöglichkeiten bestehen.[103] Unterschiede hinsichtlich der Verbreitungsgebiete, wie insbesondere bei lokalen und überregionalen Zeitungen, stehen der Austauschbarkeit entgegen.[104] Bei Zeitschriften wird ein einheitlicher Anzeigenmarkt für alle Publikumszeitschriften einschließlich Programmzeitschriften und spezieller Zielgruppen-Publikationen, unabhängig von der thematischen Ausrichtung des redaktionellen Teils, angenommen.[105] Demgegenüber gehören Fachzeitschriften entsprechend der von ihnen angesprochenen spezifischen Zielgruppen zu getrennten Anzeigenmärkten.[106] Ein einheitlicher Anzeigenmarkt besteht für Anzeigen in Abonnementstageszeitungen, in Straßenverkaufszeitungen und in Anzeigenblätter, sofern vergleichbare Belegungsmöglichkeiten existieren.[107] Nicht zum Anzeigenmarkt der Tageszeitungen, Straßenverkaufszeitungen und Anzeigenblätter zählen Stadtmagazine sowie Werbemöglichkeiten im Internet.[108] Räumlich relevanter Anzeigenmarkt ist das **jeweilige Erscheinungsgebiet** des Blattes.[109]

41 **(cc) Hörfunk und Fernsehen.** Weder beim Hörfunk noch beim Fernsehen gibt es – mit Ausnahme des pay-tv – einen **Zuschauermarkt.** Denn das Programm wird an den Zuhörer und Zuschauer des free-tv *unentgeltlich* ausgestrahlt. In beiden Bereichen existiert lediglich ein **Werbemarkt.** Angesichts der Unterschiede in der Darstellung und Wahrnehmung der Werbung und der damit korrespondierenden unterschiedlichen Werbemöglichkeiten sowie der erheblichen Preisunterschiede, die zwischen Hörfunkwerbung und Fernsehwerbung bestehen, sind Radiowerbung und TV-Werbung nicht funktional austauschbar.[110] Sie dienen einer komplementären Bedarfsdeckung und bilden jeweils eigene Märkte. Gleiches gilt für die Werbeangebote anderer Medien, insbesondere im Print- und Onlinebereich.[111]

42 Der **Fernsehwerbemarkt** ist wegen der – mit irrelevanten Ausnahmen im zeitlich begrenzten Bereich regionaler Berichterstattung (sog. „lokale Fenster") – bundesweiten Reichweite der Free-TV-Fernsehsender räumlich **bundesweit** abzugrenzen.[112] Auf diesem Markt begegnen sich die TV-Sender als Anbieter von Werbezeit und die Werbeagenturen und Direktwerber als Nachfrager. Dem Markt gehören alle diejenigen Fernsehsender an, die sich – zumindest teilweise – über Werbeinnahmen und nicht überwiegend durch die Entgelte der Abonnementen finanzieren (sog. Free-TV-Sender). Allerdings gibt es keinen einheitlichen Fernsehmarkt für **große und kleine Fernsehsender,** da sich die Angebote der großen und kleinen Sender hinsichtlich der aus Nachfragesicht wesentlichen Produkteigenschaft „Zuschauerreichweite" derart unterscheiden, dass eine Austauschbarkeit der Produkte nicht mehr gegeben ist.[113]

---

[103] BGH, WuW/E BGH 2443, 2449 – *Singener Wochenblatt;* BGH, WuW/E BGH 2195 ff. – *Abwehrblatt II;* OLG Düsseldorf, WuW/E DE-R 1973 Rn. 25; KG, WuW/E OLG 5907, 5914 – *Rheinpfalz/Medien Union.*

[104] Vgl. BGH, WuW/E BGH 1905, 1907 – *Münchner Anzeigenblätter.*

[105] BKartA, WuW/E BKartA 1921, 1924 – *Burda/Springer.*

[106] BKartA, WuW/E BKartA 1709, 1713 – *Bertelsmann/Deutscher Verkehrsverlag.*

[107] BGH, WuW/E BGH 2443, 2449 – *Singener Wochenblatt;* KG, WuW/E OLG 3875, 3879 – *Südkurier/Singener Wochenblatt;* BKartA, WuW/E BKartA 2251, 2252 – *Hamburger Wochenblatt/Schlei-Verlag.*

[108] OLG Düsseldorf, WuW/E DE-R 3173 Rn. 51 ff. – *Anzeigengemeinschaft;* OLG Düsseldorf, WuW/E DE-R 1973 Rn. 26 f.

[109] BGH, WuW/E BGH 2195, 2196 – *Abwehrblatt II;* OLG Düsseldorf, WuW/E DE-R 3173 Rn. 51 ff. – *Anzeigengemeinschaft;* OLG Düsseldorf, WuW/E DE-R 1973.

[110] OLG Düsseldorf, WuW/E DE-R 1413, 1414 – *Radio TON-Regional.*

[111] OLG Düsseldorf, WuW/E DE-R 2593 Rn. 27 ff. – *Springer/ProSiebenSat. 1.*

[112] OLG Düsseldorf, Beschl. vom 8.8.2012 – *VI Kart 4/11 (V);* OLG Düsseldorf, WuW/E DE-R 2593 Rn. 27 ff. – *Springer/ProSiebenSat. 1.*

[113] OLG München, NZKart 2013, 162 f. – *Fernsehvermarktung* = WuW/E DE-R 3913 – *Fernsehwerbezeiten.*

Der **Hörfunkwerbemarkt** ist entsprechend seinem jeweiligen Verbreitungsgebiet regional (Werbung in den Regionalprogrammen der Sender) oder lokal (Lokalsender) abzugrenzen. Soweit die Verbreitungsgebiete der Programme hinreichend vergleichbar sind, stehen die Hörfunksender auf dem Werbemarkt in Wettbewerb. Maßgebliches Kriterium für die funktionale Austauschbarkeit der Werbeangebote von Hörfunksendern ist das **Kernverbreitungsgebiet.** Ein lokal orientierter Radiosender beispielsweise spricht in erster Linie Hörer in seinem Kernverbreitungsgebiet an und verfügt dementsprechend auch nur dort über eine für Werbekunden interessante Reichweite.[114] 43

(b) Preis. In der höchstrichterlichen Judikatur haben sich zu der Frage, ob und unter welchen Voraussetzungen Preisunterschiede zu getrennten Märkten führen, die folgenden Rechtsgrundsätze herausgebildet: Unterschiedliche Preise zwischen benachbarten Produkten können einer Austauschbarkeit aus Nachfragesicht entgegenstehen. Allerdings lässt sich **allein** mit dem Hinweis auf **Preisunterschiede** das Vorliegen eines selbständigen Markts nicht ohne weiteres begründen. Preisunterschiede können auch Ausdruck bestehenden Wettbewerbs sein. Eine allgemeine Regel, dass ein bestimmtes Maß an Preisunterschieden zur Annahme sachlich getrennter Märkte führt, besteht nicht. Maßgeblich sind stets die **Marktverhältnisse im Einzelfall.** Entscheidende Bedeutung hat dabei der Umstand, ob die in den einzelnen Preissegmenten (z. B. für Hörgeräte) tätigen Anbieter kurzfristig und ohne spürbare Zusatzkosten ihr jeweiliges Sortiment umstellen und zusätzliche Produkte in einem bestimmten Preissegment anbieten können **(Gesichtspunkt der Angebotsumstellungsflexibilität).** Diese Möglichkeit führt zu einer disziplinierenden Wirkung gegenüber Preiserhöhungen in allen Segmenten. Insoweit gilt nichts anderes als bei aus Verbrauchersicht an sich nicht substituierbaren Produkten (etwa Schuhe der Größe 44 und solche der Größe 46). Auch sie sind bei gegebener Umstellungsflexibilität einem einheitlichen Markt zuzurechnen. Wie bei ihnen besteht auch bei Produkten aus verschiedenen Preissegmenten kein Grund, sie unterschiedlichen Märkten zuzuordnen, wenn die Hersteller ihre Produktionsmengen in den einzelnen Preissegmenten kurzfristig und ohne erhebliche Probleme anpassen können. Auch die unterschiedliche Zahlungsfähigkeit und Zahlungsbereitschaft bestimmter Verbrauchergruppen führt dann nicht zur Annahme getrennter Märkte. Die Annahme, das Preisgefüge sei so unterschiedlich, dass die Angebote aus der Sicht der maßgeblichen Abnehmer auch unter Berücksichtigung einer etwa gegebenen Umstellungsflexibilität nicht mehr als austauschbar angesehen werden können und deshalb die Annahme eines selbständigen Markts gerechtfertigt sei, muss **durch Tatsachen erhärtet** werden.[115] Zwischen dem typischerweise in **Parfümerien** und **Parfümerie-Fachabteilungen** der Kaufhäuser angebotenen Sortiment an Kosmetikprodukten und Düften auf der einen Seite und dem entsprechenden Sortiment der Drogerien und Drogeriemärkte auf der anderen Seite bestehen bei der gebotenen generalisierenden Betrachtungsweise vor allem hinsichtlich der Preise (aber auch hinsichtlich der Sortimentsbreite und -tiefe) so signifikante Unterschiede, dass die Sortimente aus Sicht des verständigen Verbrauchers nicht gegeneinander austauschbar sind.[116] Preisunterschiede können zudem auf Qualitätsunterschieden beruhen oder beim Abnehmer zumindest den Eindruck erwecken, dass die Waren trotz gleicher Eigenschaften verschiedene Verwendungszwecke erfüllen. Dies gilt insbesondere für **Luxus- und Exklusivartikel.**[117] So ist beispielsweise ein separater Markt für Luxusuhren abzugrenzen.[118] 44

---

[114] BGH, WuW/E DE-R 1890 Rn. 8 – *Radio TON;* OLG Düsseldorf, WuW/E DE-R 1413 Rn. 21 – *Radio TON-Regional;* OLG Düsseldorf, Beschl. vom 30.4.2008 – *VI Kart 14/04 (V).*

[115] Zu Allem: BGH, WuW/E DE-R 2905 Rn. 50 – *Phonak/GN ReSound.*

[116] OLG Düsseldorf, Beschl. vom 26.2.2009 Rn. 36 ff. – VI Kart 7/07 (V).

[117] *Bechtold,* GWB, § 19 Rn. 10; vgl. KG WuW/E 3577, 3584 – *Hussel/Mara;* KG WuW/E 5879 – *WMF/Auerhahn;* BGH WuW/E 2150, 2154 – *Edelstahlbestecke.*

[118] BGH, WuW/E BGH 2451 – *Cartier-Uhren.*

45 **(c) Angebotsumstellungsflexibilität.** Die Marktabgrenzung dient dem Ziel, die Wettbewerbskräfte zu ermitteln, denen die beteiligten Unternehmen ausgesetzt sind. Denn für die Frage, ob ein Unternehmen über eine marktbeherrschende Stellung verfügt, kommt es entscheidend darauf an, ob die Verhaltensspielräume dieses Unternehmens hinreichend durch den Wettbewerb kontrolliert werden. Würde ausschließlich auf das vorgefasste, am *konkreten* Bedarf orientierte Kaufinteresse der Marktgegenseite abgestellt, müssten häufig extrem kleinteilige Märkte gebildet werden, weil der konkrete Bedarf (etwa der Bedarf nach einem Straßenschuh der Größe 48) durch einen gleichartigen Straßenschuh in einer anderen Größe nicht befriedigt werden kann. Dem trägt die Praxis durch das Konzept der Angebotsumstellungsflexibilität Rechnung. Es beruht auf der Erkenntnis, dass ein die Verhaltensspielräume kontrollierender Wettbewerb auch von Anbietern ähnlicher Produkte ausgeht, die ihr Angebot kurzfristig umstellen können, um eine bestehende Nachfrage zu befriedigen. Gleiches gilt für den Angebotsmarkt für Staubsaugerbeutel. Maßgeblich ist nicht, ob ein Staubsaugerbeutelmodell durch ein anderes ersetzt werden kann; dies ist im Hinblick darauf, dass ein Beutel nach Schnitt, Volumen und Verschlussmechanismus stets nur auf einen Staubsaugertyp zugeschnitten ist, praktisch nie der Fall. Zu fragen ist vielmehr, ob ein Beutelhersteller, der bislang ein Marktsegment bedient (beispielsweise einen Gerätehersteller mit den für seine Gerätemodelle erforderlichen Beuteln beliefert), zur Erzielung eines besseren Preises bereit und in der Lage ist, seine Produktion kurzfristig umzustellen, um das andere Segment zu bedienen.[119] Im Rahmen der Marktabgrenzung kann eine mögliche Angebotsumstellungsflexibilität allerdings nur dann Berücksichtigung finden, wenn die Anbieter ähnlicher Produkte **bereit und in der Lage** sind, ihre Produktion **kurzfristig** und mit **wirtschaftlich vertretbarem Aufwand** umzustellen.[120] Das gilt beim Angebot von Waren ebenso wie beim Absatz von gewerblichen Leistungen.[121] Obschon aus der – nach dem Bedarfsmarktkonzept maßgeblichen – Nachfragesicht Rundbarren und Walzplatten im Hinblick auf ihren grundverschiedenen Weiterverarbeitungszweck (Röhren bzw. Bleche) nicht funktional austauschbar sind, gehören sie unter dem Gesichtspunkt der Angebotsumstellungsflexibilität gleichwohl zu demselben sachlichen Markt, weil die Hersteller von Kupferstranggussformaten durch einen Wechsel der Gießformen ihre Produktion kurzfristig und ohne erheblichen Aufwand und Risiken auf die Herstellung von Rundbarren oder Walzplatten umstellen können.[122] Muss vor einer Produktions- oder Angebotsumstellung **besonderes technisches Wissen** erworben oder müssen **erhebliche Investitionen** getätigt oder **behördliche Zulassungs- oder Baugenehmigungen** eingeholt werden, spricht dies in der Regel gegen eine Umstellungsflexibilität.

46 **dd) Nachfragemarkt.** Auch die (sachliche und räumliche) Abgrenzung eines **Nachfragemarktes** bestimmt sich im Ausgangspunkt nach dem **Bedarfsmarktkonzept.** Nachfragemacht ist davon abhängig, inwieweit das Waren oder gewerbliche Leistungen anbietende Unternehmen auf die Nachfrage anderer Unternehmen ausweichen kann.[123] Bei der Nachfragemacht bestimmt sich der relevante Markt mithin grundsätzlich nach der Austauschbarkeit der einzelnen Umsatzvorgänge für die Anbie-

---

[119] BGH, WuWE DE-R 1355 – *Staubsaugerbeutelmarkt.*

[120] BGH, WuW/E DE-R 2268, 2270 – *Soda Club II;* BGH, WuW/E DE-R 1925, 1927 – *National Geographic II;* OLG Düsseldorf, WuW/E DE-R 2462 Rn. 68 – *A-TEC/Norddeutsche Affinerie.*

[121] BGH, WuW/E DE-R 2732 Rn. 34 – *Versicherergemeinschaft.*

[122] OLG Düsseldorf, WuW/E DE-R 2462 Rn. 68 – *A-TEC/Norddeutsche Affinerie.*

[123] BGH, WuW/E BGH 2483 ff. Rn. 35 – *Sonderungsverfahren;* BGH, WuW/E DE-R 1087 ff. Rn. 22 – *Ausrüstungsgegenstände für Feuerlöschzüge;* BGH, WuW/E DE-R 1139 ff. Rn. 23 f. – *Wiederverwendbare Hilfsmittel;* OLG Düsseldorf, WuW/E DE-R 4342 Rn. 64 – *Einspeisung von Fernsehprogrammsignalen* = NZKart 2014, 285 – *Einspeisung von Fernsehprogrammsignalen I;* OLG Düsseldorf, WuW/E DE-R 4357 – *Einspeisung von Fernsehprogrammsignalen II;* OLG Düsseldorf WuW/E 2274, 2277 – *Errichtung von Fernmeldetürmen.*

ter.[124] Sofern bei den Nachfragern untereinander ein nur eingeschränkter Wettbewerb herrscht, begründet dies für sich genommen noch keine Abhängigkeit der Anbieter.[125] Im Ausgangspunkt bestimmt sich Nachfragemacht vielmehr nach der **Höhe des Nachfragepotentials.**[126] Nachfrageanteile von 10%, 20% oder 30% sind schon auf erste Sicht zu gering, um eine marktbeherrschende Nachfrageposition zu begründen.

Alternative Absatzwege sind zu berücksichtigen, sofern sie dem Anbieter offen stehen und ihm wirtschaftlich zumutbar sind. Dementsprechend gehören alle Nachfrager zum Markt, die als Abnehmer der Produkte in Betracht kommen, unabhängig davon, ob die betreffende Abnehmergruppe bislang bereits beliefert worden ist. Im Rahmen des Möglichen und Zumutbaren ist vom Anbieter sowohl eine **Umstellung** des eigenen **Vertriebssystems** als auch eine Umstellung seiner **Produktion** zu fordern. Die Grenze dessen, was wirtschaftlich abzuverlangen ist, hängt von den konkreten Umständen des Einzelfalles ab.[127] Der sachlich relevante Markt erstreckt sich zudem auf alle Nachfrager der betreffenden Produkte, unabhängig davon, ob diese die Produkte **einzeln oder kombiniert** mit anderen Produkten weiterveräußern, konsumieren oder weiterverarbeiten.[128] 47

Auf dem Markt für die **Nachfrage** einer **Einspeisung von Programmsignalen** in die einzelnen Breitbandkabelnetze als einer isolierten technischen Dienstleistung stehen sich die Kabelnetzbetreiber als Anbieter und die Rundfunk- und Fernsehsender als Nachfrager gegenüber. Die Nachfrage eines jeden Senders ist aus Sicht der die Einspeisung jeweils anbietenden Kabelnetzbetreiber austauschbar.[129] Als Nachfrager der Einspeisung von Programmsignalen kommen dabei alternativ alle Sender in Betracht, die bereits gegenwärtig über ein bestimmtes Kabelnetz verbreitet werden. Zum Nachfragemarkt gehören darüber hinaus als **potentielle Nachfrager** auch diejenigen Sender, die im Umfang freier Kapazitäten in das betreffende Kabelnetz eingespeist werden könnten.[130] 48

Von diesem Nachfragemarkt abzugrenzen ist der Angebotsmarkt für die **Einräumung von Kabelweitersenderechten,** auf dem sich die Sendeanstalten und Programmveranstalter als Anbieter und die Kabelnetzbetreiber, die Entgelte im Sinne des § 20b UrhG entrichten, als Nachfrager gegenüberstehen.[131] 49

---

[124] BGH, WuW/E BGH 2483 ff. Rn. 35 – *Sonderungsverfahren;* BGH, WuW/E DE-R 1087 ff. Rn. 22 – *Ausrüstungsgegenstände für Feuerlöschzüge;* BGH, WuW/E DE-R 1139 ff. Rn. 23 f. – *Wiederverwendbare Hilfsmittel;* OLG Düsseldorf, WuW/E DE-R 4342 Rn. 64 – *Einspeisung von Fernsehprogrammsignalen* = NZKart 2014, 285 – *Einspeisung von Fernsehprogrammsignalen I;* OLG Düsseldorf, WuW/E DE-R 4357 – *Einspeisung von Fernsehprogrammsignalen II.*

[125] BGH, WuW/E DE-R 1139 ff. Rn. 23 – *Wiederverwendbare Hilfsmittel;* OLG Düsseldorf, WuW/E DE-R 4342 Rn. 64 – *Einspeisung von Fernsehprogrammsignalen* = NZKart 2014, 285 – *Einspeisung von Fernsehprogrammsignalen I;* OLG Düsseldorf, WuW/E DE-R 4357 – *Einspeisung von Fernsehprogrammsignalen II.*

[126] BGH, WuW/E DE-R 1011 ff. Rn. 14 – *Wertgutscheine für Asylbewerber;* BGH, WuW/E DE-R 1139 ff. Rn. 18 – *Wiederverwendbare Hilfsmittel;* OLG Düsseldorf, WuW/E DE-R 4342 Rn. 64 – *Einspeisung von Fernsehprogrammsignalen* = NZKart 2014, 285 – *Einspeisung von Fernsehprogrammsignalen I;* OLG Düsseldorf, WuW/E DE-R 4357 – *Einspeisung von Fernsehprogrammsignalen II.*

[127] Ebenso *Bardong* in: Langen/Bunte, Kommentar zum deutschen und europäischen Kartell-recht, Band 1, § 18 Rn. 42.

[128] KG WuW/E 3917, 3927 f. – *Coop/Wandmaker.*

[129] OLG Düsseldorf, WuW/E DE-R 4342 Rn. 65 – *Einspeisung von Fernsehprogrammsignalen* = NZKart 2014, 285 – *Einspeisung von Fernsehprogrammsignalen I;* OLG Düsseldorf, WuW/E DE-R 4357 – *Einspeisung von Fernsehprogrammsignalen II.*

[130] OLG Düsseldorf, WuW/E DE-R 4342 Rn. 69 – *Einspeisung von Fernsehprogrammsignalen* = NZKart 2014, 285 – *Einspeisung von Fernsehprogrammsignalen I;* vgl. auch BGH, WuW/E BGH 3058 ff. Rn. 24/25 – *Pay-TV-Durchleitung.*

[131] OLG Düsseldorf, WuW/E DE-R 4357 – *Einspeisung von Fernsehprogrammsignalen II;* zur grundsätzlichen Unterscheidung zwischen der Signaleinspeisung als einer isolierten technischen Dienstleistung der Kabelnetzbetreiber und der Einräumung von Kabelweitersenderechten zu Gunsten der Kabelnetzbetreiber: BKartA, Beschluss v. 15.12.2011 – *B 7-66-11,* Rn. 185 Fn. 183.

50 Geht es um die *Angebots*macht auf dem **Einspeisemarkt für TV-Programmsignale,** ist der relevante Markt auf das einzelne Kabelnetz begrenzt. Denn aus der insoweit maßgeblichen Sicht der die Signaleinspeisung nachfragenden Sender (Marktgegenseite) ist von einer **Komplementarität** der Kabelnetze auszugehen. Die Netze sind aus Sicht der Sender nicht untereinander austauschbar, weil die Free-TV-Anbieter auf eine permanente Reichweite von zumindest 95% der Zuschauerhaushalte angewiesen sind, was bei den öffentlich-rechtlichen Sendeanstalten schon mit Rücksicht auf ihren Grundversorgungsauftrag gilt. Auch die Pay-TV-Anbieter sind auf eine durchgängige Erreichbarkeit für alle Kabelkunden angewiesen, weil die Einspeisung ihrer Programme ihnen das Angebot dieser Programme erst ermöglicht. Angesichts dessen, dass die an ein bestimmtes Kabelnetz angeschlossenen Kunden aktuell jeweils nur über eben dieses Netz erreicht werden können, bilden die einzelnen Breitbandkabelnetze der Kabelnetzbetreiber jeweils einen eigenen räumlich relevanten Angebotsmarkt für die Einspeisung von Programmsignalen und stehen nicht untereinander in Wettbewerb.[132]

51 **ee) Räumlich relevanter Markt.** Die räumliche Marktabgrenzung beantwortet die Frage, welche Unternehmen von ihrer örtlichen Belegenheit her miteinander in Wettbewerb stehen. Die Abgrenzung des räumlich relevanten Marktes richtet sich im Ausgangspunkt nach dem **Bedarfsmarktkonzept,** und zwar unabhängig davon, ob es um einen **Angebotsmarkt** oder einen **Nachfragemarkt** geht. Maßgebend ist die funktionelle Austauschbarkeit der in Rede stehenden Marktleistung aus der Sicht der jeweiligen Marktgegenseite. Wie § 18 Abs. 2 GWB klarstellt, ist der räumliche Markt nicht normativ auf den Geltungsbereich des GWB, mithin auf das Gebiet der Bundesrepublik Deutschland, beschränkt. Er ist vielmehr nach **ausschließlich ökonomischen Kriterien** zu bestimmen. Der relevante Markt kann danach weltweit, europaweit, bundesweit, regional oder lokal abzugrenzen sein.

52 **(1) Bedarf.** Die räumliche Reichweite des Marktes wird durch den **konkreten Bedarf** der Marktgegenseite bestimmt. **Apotheker** beispielsweise fragen die regelmäßige, pünktliche und mehrmals täglich stattfindende Belieferung mit den bestellten Waren des Vollsortiments nach, so dass zum Markt nur diejenigen Großhändler gehören, die dieser Erwartung der Apotheker entsprechen und nach vernünftigen kaufmännischen Erwägungen imstande sind, die Bestellung auszuführen.[133] Der Kreis der danach in Betracht kommenden Wettbewerber ist anhand tatsächlicher Feststellungen zum konkreten Lieferradius der betreffenden Großhändler auf der Grundlage der vorhandenen Verkehrsinfrastruktur zu bestimmen. Eine **pauschalierende Radiusbetrachtung** ist im Allgemeinen nicht ausreichend.[134] Der Markt für die Vermietung von Gewerbeflächen an **Schilderpräger** ist aufgrund der Erwartungen der Kunden, ihre Kfz-Kennzeichen in unmittelbarer Nähe und fußläufig zur Zulassungsstelle erwerben zu können, **lokal** abzugrenzen. Er umfasst das Angebot von Gewerbeflächen, die sich im Gebäude der Zulassungsstelle sowie in dessen unmittelbarer Nähe befinden.[135] Im **Pressebereich** wird der räumlich relevante Markt von Zeitungen und Zeitschriften durch deren Verbreitungsgebiet bestimmt. Das gilt sowohl für den Lesermarkt wie für den Anzeigenmarkt.[136] Der **Fernsehwerbemarkt** ist wegen der – mit irrelevanten Ausnahmen im zeitlich begrenzten Bereich regionaler Berichterstattung (sog. „lokale Fenster") – bundesweiten Reichweite der Free-TV-Fernsehsender räumlich

---

[132] OLG Düsseldorf, WuW/E DE-R 4342 Rn. 69 – *Einspeisung von Fernsehprogrammsignalen* = NZKart 2014, 285 – *Einspeisung von Fernsehprogrammsignalen I;* vgl. auch BGH, WuW/E BGH 3058 ff. Rn. 24/25 – *Pay-TV-Durchleitung.*

[133] BGH, WuW/E DE-R 1301 – *Sanacorp/ANZAG.*

[134] BGH, WuW/E DE-R 1301 – *Sanacorp/ANZAG.*

[135] BGH, WuW/E DE-R 201 – *Schilderpräger im Landratsamt.*

[136] BGH, WuW/E BGH 2195, 2196 – *Abwehrblatt II;* OLG Düsseldorf, WuW/E DE-R 3173 – *Anzeigengemeinschaft;* OLG Düsseldorf, WuW/E DE-R 1361, 1363 – *Tagesspiegel/Berliner Zeitung II.*

bundesweit abzugrenzen.[137] Der **Hörfunkwerbemarkt** ist entsprechend seinem jeweiligen Verbreitungsgebiet regional (Werbung in den Regionalprogrammen der Sender) oder lokal (Lokalsender) abzugrenzen.[138]

Auch bei der räumlichen Marktabgrenzung gilt, dass **an sich bestehende** Bezugsalternativen nicht zu berücksichtigen, wenn sie von den Nachfragern – aus welchen Gründen auch immer – tatsächlich nicht oder kaum wahrgenommen werden.[139] **53**

(2) Transportkosten. Für die räumliche Marktabgrenzung können entstehende **Transportkosten** von Bedeutung sein. Sind sie aus Sicht der Abnehmer prohibitiv, scheiden entfernte Anbieter als Bezugsalternative aus; andernfalls kann der relevante Markt sogar das Bundesgebiet (weit) überschreiten.[140] **54**

(3) Leitungsgebundene Marktleistungen. Ist die Erbringung der Marktleistung **leitungsgebunden,** beschränkt sich der räumlich relevante Markt auf das entsprechende Netzgebiet. So ist der **Einspeisemarkt für TV-Programmsignale** auf das einzelne Kabelnetz begrenzt.[141] Jedes Mobilfunkunternehmen hat in seinem eigenen Netz ein natürliches Monopol für die **Terminierungsleistung.**[142] Denn die Anrufzustellung innerhalb des Mobilfunknetzes des angerufenen Gesprächsteilnehmers kann aus technischen Gründen nur von ihm (dem Betreiber des jeweiligen Mobilfunknetzes über seine Netzinfrastruktur) erbracht werden. Der räumlich relevante Markt für die Versorgung von Kleinverbrauchern mit **elektrischer Energie** beschränkt sich auch nach der Liberalisierung des Energiemarktes auf das Versorgungsgebiet des örtlichen Netzbetreibers, solange der weit überwiegende Teil der angenommenen Energiemenge (dort: mehr als 90%) weiterhin von dem Netzbetreiber geliefert wird.[143] **55**

(4) Produkteigenschaften. Die Bildung räumlich begrenzter Märkte kann auch in produktbezogenen oder technischen Gegebenheiten liegen. So kann die zeitlich begrenzte Verarbeitungsfähigkeit (z.B. Transportbeton, Bitumen)[144] oder die zeitlich begrenzte Haltbarkeit (z.B. Lebensmittel, Blumen)[145] eines Produktes zur Annahme eines regional begrenzten Marktes führen. **56**

(5) Ortsgebundenheit. Im Handel richtet sich die Festlegung des räumlich relevanten Marktes nach der **Ortsgebundenheit des Angebots** und der Mobilität der Nachfrager, wobei davon auszugehen ist, dass diese bei höherwertigen Verbrauchsgütern stärker ausgeprägt ist als bei Verbrauchsgütern des kurzfristigen Bedarfs.[146] Ortsgebunden ist beispielsweise das Angebot von Lebensmitteln, dasjenige von Bau- und Heimwerkermärkten, das Angebot von Kraftstoffen an der Tankstelle. Gleiches gilt für den Wohnungsmarkt, weil aus Sicht des Wohnungssuchenden die zur Bedarfsdeckung in Betracht gezogene Belegenheit der Immobilie (Stadt, Stadtteil) nicht austauschbar ist. **57**

(6) Fusionskontrolle. Nach dem Bedarfsmarktkonzept ist für die **Zusammenschlusskontrolle** derjenige Markt räumlich relevant, auf den sich das Zusammenschlussvorhaben **58**

---

[137] OLG Düsseldorf, Beschl. vom 8.8.2012 – *VI Kart 4/11 (V)*; OLG Düsseldorf, WuW/E DE-R 2593 Rn. 27 ff. – *Springer/ProSiebenSat.1.*

[138] BGH, WuW/E DE-R 1890 Rn. 8 – *Radio TON;* OLG Düsseldorf, WuW/E DE-R 1413 Rn. 21 – *Radio TON*-Regional; OLG Düsseldorf, Beschl. vom 30.4.2008 – *VI Kart 14/04 (V).*

[139] BGH, WuW/E DE-R 3067 Rn. 65 – *Kreiskrankenhaus Bad Neustadt.*

[140] BGH, WuW/E DE-R 1301 – *Sanacorp/ANZAG,* wonach der Angebotsmarkt für Staubsaugerbeutel mindestens Westeuropa umfasst; KG WuW/E 5364, 5371 – *HaGE Kiel.*

[141] OLG Düsseldorf, WuW/E DE-R 4342 Rn. 69 – *Einspeisung von Fernsehprogrammsignalen* = NZKart 2014, 285 – *Einspeisung von Fernsehprogrammsignalen I;* vgl. auch BGH, WuW/E BGH 3058 ff. Rn. 24/25 – *Pay-TV-Durchleitung*).

[142] BGH, WM 2010, 1950 Rn. 26 – *GSM-Wandler.*

[143] BGH, WuW/E DE-R 1206 – *Strom und Telefon I.*

[144] KG, WuW/E OLG 2093 – *Bituminöses Mischgut.*

[145] KG, WuW/E OLG 2862, 2862 f. – *Rewe/Florimex.*

[146] BGH, WuW/E DE-R 3591 Rn. 35 – *Total/OMV;* KG, WuW/E OLG 3917, 3920 f. – *Coop/Wandmaker;* KG, WuW/E OLG 4657, 4659 – *Kaufhof/Saturn.*

auswirkt. Dieser Markt umfasst alle Nachfrager, die nach den *tatsächlichen* Verhältnissen des konkreten Falles als Abnehmer für das Angebot der am Zusammenschluss beteiligten Unternehmen in Betracht kommen und deren wettbewerbliche Handlungsmöglichkeiten durch den Zusammenschluss beschränkt werden können. Für die Marktabgrenzung können dabei die im Fusionskontrollrecht der Europäischen Gemeinschaften geltenden Grundsätze herangezogen werden.[147]

59 Bei **Krankenhausfusionen** umfasst der räumlich relevante Markt das Gebiet, in dem die an dem Zusammenschlussvorhaben beteiligten Unternehmen ihre Krankenhausdienstleistungen anbieten, in dem die Wettbewerbsbedingungen hinreichend homogen sind und das sich von benachbarten Gebieten durch spürbar unterschiedliche Wettbewerbsbedingungen unterscheidet.[148] Akutstationäre Krankenhausbehandlungen werden typischerweise relativ nah vom Wohnort angeboten, um die Bevölkerung entsprechend der staatlichen Krankenhausplanung bedarfsgerecht zu versorgen. Damit korrespondiert ein entsprechendes Nachfrageverhalten; der weit überwiegende Teil der Patienten sucht in der Regel Krankenhäuser in enger räumlicher Nähe zu ihrem Wohnort auf. Wird diese Üblichkeit im konkreten Entscheidungsfall durch einen hohen Eigenversorgungsanteil (von 65% und mehr) bestätigt, legt dies die Annahme nahe, dass entsprechende räumliche Teilmärkte um die jeweiligen Krankenhäuser bestehen; der Eigenversorgungsanteil beschreibt dabei den prozentualen Anteil derjenigen Patienten, die sich in dem Krankenhaus ihres jeweiligen Wohngebiets haben behandeln lassen. Eine Einpendlerquote von wenigen Prozentpunkten kann bei der räumlichen Marktabgrenzung als Randungenauigkeit außer Betracht bleiben. Generell gilt: Das Nachfrageverhalten wird zuverlässiger durch das *tatsächliche* Verhalten der Patienten in der Vergangenheit als durch Befragungen gesunder Personen zur Wahl des Krankenhauses im Fall einer Erkrankung abgebildet.[149]

60 Die dargestellten Grundsätze gelten auch außerhalb von Krankenhausfusionen, etwa beim Zusammenschluss von **Baustoffherstellern.** Für die räumliche Marktabgrenzung kommt es maßgeblich darauf an, in welchem räumlichen Bereich es für die Nachfrager unter wirtschaftlichen Gesichtspunkten sinnvoll ist, die betreffenden Produkte zu beziehen. Aufschluss hierüber geben neben der Art des nachgefragten Produktes auch die Verbrauchergewohnheiten und das tatsächliche Nachfrageverhalten. Das Nachfrageverhalten der Bauherren und des Baustoffhandels wird nicht durch das Liefergebiet des betreffenden Unternehmens, sondern durch die tatsächlichen Lieferströme der in der Vergangenheit abgesetzten Produkte und die Eigenversorgungsquote abgebildet. Das tatsächliche Verhalten der Nachfrager kommt typischerweise durch eine hohe Eigenversorgungsquote in einer bestimmten Region und dem damit korrespondierenden Absatzschwerpunkt der in diesem Gebiet ansässigen Marktteilnehmer und ferner dadurch zum Ausdruck, dass die angrenzenden Bereiche ebenfalls vergleichbar hohe Eigenversorgungsquoten aufweisen.[150] In einem solchen Fall weisen Eigenversorgungsquoten von 65% und mehr regelmäßig auf räumliche (Teil-)Märkte.

61 **b) Zeitlich relevanter Markt.** Beim **zeitlich relevanten Markt** geht es um die Frage, welcher Zeitraum für die Untersuchung der Wettbewerbsverhältnisse zugrunde zu legen ist. In der Praxis spielt die zeitliche Marktabgrenzung nur eine sehr geringe Rolle. Solange die Wettbewerbsverhältnisse konstant bleiben, ist es nicht erforderlich, sie in verschiedene Zeitabschnitte einzuteilen. Bedeutung erlangt die Abgrenzung des zeitlich relevanten Marktes nur, wenn es sich um Waren oder Leistungen handelt, die temporär beschränkt, also periodisch oder nur zu bestimmten Zeitpunkten, angeboten werden. Typischerweise handelt es sich um Fallkonstellationen, bei denen die zu betrachtende

---

[147] BGH, WuW/E DE-R 3067 Rn. 69 ff. – *Kreiskrankenhaus Bad Neustadt.*
[148] BGH, WuW/E DE-R 3067 Rn. 69 ff. – *Kreiskrankenhaus Bad Neustadt.*
[149] Zu Allem: BGH, WuW/E DE-R 3067 Rn. 66 – *Kreiskrankenhaus Bad Neustadt.*
[150] OLG Düsseldorf, Beschl. vom 25.9.2013 Rn. 63 – *VI Kart 4/12 (V).*

Marktleistung an einen ganz bestimmten Zeitpunkt oder eine Zeitspanne oder an ein bestimmtes Ereignis gebunden ist. Anwendungsfälle können besondere Waren- und Dienstleistungsangebote auf einer Messe[151] oder das Angebot von Werbezeit oder Werbedienstleistungen während eines sportlichen Großereignisses (Weltmeisterschaft oder Olympische Spiele)[152] sein.

3. Definition der Einzelmarktbeherrschung

In § 18 Abs. 1 GWB werden verschiedene Varianten der Einzelmarktbeherrschung legaldefiniert. Nach der genannten Vorschrift ist ein Unternehmen marktbeherrschend, soweit es als Anbieter oder Nachfrager einer bestimmten Art von Waren oder gewerblichen Leistungen entweder **ohne Wettbewerber** ist oder **keinem wesentlichen Wettbewerb** ausgesetzt ist oder es eine im Verhältnis zu seinen Wettbewerbern **überragende Marktstellung** besitzt. 62

a) Ohne Wettbewerber. Der Monopolist ist ohne Wettbewerber und unterliegt ohne weiteres dem kartellrechtlichen Missbrauchsverbot des § 19 GWB. Ob die Monopolstellung auf **rechtlichen** oder **tatsächlichen** Gründen beruht, spielt insoweit keine Rolle. Eine Bewertung der Markstellung des Monopolisten anhand der in § 18 Abs. 3 genannten Marktstrukturkriterien ist nicht erforderlich. 63

b) Fehlen wesentlichen Wettbewerbs. In die Fallgruppe derjenigen Unternehmen, die keinem wesentlichen Wettbewerb ausgesetzt sind, gehört zunächst der **„Quasi-Monopolist"**, der problemlos als *das* herausragende Unternehmen im Markt identifiziert werden kann, welches mit Marktanteilen deutlich über 90% das Marktgeschehen dominiert und lediglich einem einzigen oder ganz wenigen unbedeutenden Wettbewerbern ausgesetzt ist. 64

Liegen die Dinge nicht so eindeutig, weil eine größere Anzahl von Konkurrenten vorhanden und die Marktbedeutung der einzelnen Unternehmen nicht offensichtlich ist, kann die Feststellung eines fehlenden wesentlichen Wettbewerbs schwierig sein. Im Allgemeinen ist in diesen Fällen eine weitere Untersuchung entbehrlich und kann auf die Prüfung einer **überragenden Marktstellung** des betreffenden Unternehmens **ausgewichen** werden. Denn wer keinem wesentlichen Wettbewerb ausgesetzt ist, besitzt auf jeden Fall eine überragende Marktstellung. Daraus erklärt sich, dass die Fallgruppe des „fehlenden wesentlichen Wettbewerbs" seit vielen Jahren weder in der kartellbehördlichen noch in der kartellgerichtlichen Praxis eine Rolle spielt. 65

c) Überragende Marktstellung. Ein Unternehmen besitzt eine im Verhältnis zu seinen Konkurrenten überragende Marktstellung, wenn sein Verhaltensspielraum nicht mehr hinreichend durch den Wettbewerb kontrolliert wird. Maßgeblich ist dabei eine **horizontale Betrachtung,** nämlich der Vergleich mit seinen Wettbewerbern auf dem relevanten Markt. Erforderlich ist eine Gesamtbetrachtung aller Wettbewerbsbedingungen des relevanten Marktes.[153] Das Kartellgesetz nennt in § 18 Abs. 3 GWB die wichtigsten Marktstrukturkriterien für diesen Vergleich in einer – nicht abschließenden *(„insbesondere")* – Aufzählung. Über die dort erwähnten Gesichtspunkte hinaus kann es etwa auf eine vorhandene oder fehlende Markttransparenz oder die hohe Bekanntheit der Marke eines Marktteilnehmers ankommen. Die im Einzelfall relevanten Marktstrukturkriterien geben **in ihrer Gesamtheit** Aufschluss über den wettbewerblichen Verhaltensspielraum, der dem zur Beurteilung stehenden Unternehmen auf der einen Seite und seinen Konkurrenten auf der anderen Seite zur Verfügung steht. Im Rahmen einer anschließenden wertenden Abwä- 66

---

[151] BGHZ 52, 65, 67 f. – *Sportartikelmesse II;* OLG Frankfurt, GRUR 1989, 777 und 1992, 554, 555 = WuW/E 5027, 5028 f. – *Kunstmesse Art Frankfurt I und II.*

[152] BGH, WuW/E BGH 2406, 2408 f. – *Inter Mailand-Spiel.*

[153] Vgl. BGH WuW/E 1749, 1754 f. – *Klöckner/Becorit;* WuW/E 1435, 1439 – *Vitamin B 12.*

gung ist die Frage zu beantworten, ob ein wettbewerblich nicht mehr hinreichend kontrollierter Handlungsspielraum besteht oder nicht.

67 Die vorgenannten Grundsätze gelten nicht nur für **Angebotsmärkte,** sondern gleichermaßen auch für die Feststellung der Marktbeherrschung eines **Nachfragers.** Sofern bei den Nachfragern untereinander ein nur eingeschränkter Wettbewerb herrscht, begründet dies für sich genommen noch keine Abhängigkeit der Anbieter.[154] Im Ausgangspunkt bestimmt sich Nachfragemacht vielmehr nach der **Höhe des Nachfragepotentials.**[155] Nachfrageanteile von 10%, 20% oder 30% sind in aller Regel zu gering, um eine marktbeherrschende Nachfrageposition zu begründen. Eine marktbeherrschende Stellung als **Nachfrager** auf dem (regulierten) **Markt für Einspeisekapazitäten** ergibt sich aus den rundfunkrechtlichen Regelungen, die die Kabelnetzbetreiber gesetzlich verpflichten, einen Teil der Kapazität ihres Kabelnetzes ausschließlich für die Übertragung der gebührenfinanzierten Programme freizuhalten. Durch diese gesetzliche Regelung ist der Kabelnetzbetreiber daran gehindert, die für jene öffentlich-rechtlichen Rundfunkanstalten reservierten Kapazitäten an andere Programmanbieter zu vergeben. Die öffentlich-rechtlichen Sender müssen sich dementsprechend bei der Nachfrage nach Übertragungsleistungen hinsichtlich dieses Teils der Kapazitäten nicht dem Wettbewerb solcher Unternehmen stellen, deren Programme nicht unter die gesetzliche Übertragungspflicht fallen.[156]

4. Marktstrukturkriterien

68 § 18 Abs. 3 GWB listet in insgesamt acht Ziffern (nicht abschließend) Marktstrukturkriterien auf, anhand deren die Frage einer marktbeherrschenden Position zu prüfen und beantworten ist. Die in den Ziffern 1. bis 6. genannten Kriterien sind **horizontal ausgerichtet** und vergleichen die in Wettbewerb stehenden Unternehmen und ihre wettbewerblichen Verhaltensspielräume unmittelbar miteinander. Die in den Ziffern 7. und 8. aufgeführten Aspekte der Umstellungsflexibilität und der Ausweichmöglichkeit der Marktgegenseite sind **vertikale Elemente;** auch bei ihnen kommt es auf einen horizontalen Vergleich der Wettbewerber an.

69 Die Strukturkriterien des § 18 Abs. 3 GWB sind diejenigen, die im Allgemeinen kartellrechtlich maßgeblich sind und deshalb in ihrer Gesamtschau die Beurteilung ermöglichen, ob ein Unternehmen über eine marktbeherrschende Marktstellung verfügt. Nur im Einzelfall sind **weitere Gesichtspunkte** heranzuziehen, sofern der konkrete Streitfall aufgrund der Besonderheiten des Marktes dazu Veranlassung gibt. Zu nennen sind etwa die vorhandene oder fehlende Markttransparenz, die hohe Bekanntheit der Marke eines Marktteilnehmers[157] oder die Tatsache, dass nennenswerte Teile der Produktion in projektbezogenen Ausschreibungen abgesetzt werden.[158]

70 Verbundene Unternehmen im Sinne von **§ 36 Abs. 2 GWB** gelten als ein einziges Unternehmen, so dass sie bei der Prüfung von Marktbeherrschung gemeinsam betrachtet werden müssen.[159]

---

[154] BGH, WuW/E DE-R 1139 ff. Rn. 23 – *Wiederverwendbare Hilfsmittel;* OLG Düsseldorf, WuW/E DE-R 4342 Rn. 64 – *Einspeisung von Fernsehprogrammsignalen* = NZKart 2014, 285 – *Einspeisung von Fernsehprogrammsignalen I;* OLG Düsseldorf, WuW/E DE-R 4357 – *Einspeisung von Fernsehprogrammsignalen II.*

[155] BGH, WuW/E DE-R 1011 ff. Rn. 14 – *Wertgutscheine für Asylbewerber;* BGH, WuW/E DE-R 1139 ff. Rn. 18 – *Wiederverwendbare Hilfsmittel;* OLG Düsseldorf, WuW/E DE-R 4342 Rn. 64 – *Einspeisung von Fernsehprogrammsignalen* = NZKart 2014, 285 – *Einspeisung von Fernsehprogrammsignalen I;* OLG Düsseldorf, WuW/E DE-R 4357 – *Einspeisung von Fernsehprogrammsignalen II.*

[156] BGH, NZKart 2015, 353 Rn. 46 – *Einspeiseentgelt.*

[157] OLG Düsseldorf, Beschl. vom 25.9.2013 – *VI Kart 4/12 (V)* Umdruck Seite 24.

[158] OLG Düsseldorf, Beschl. vom 25.9.2013 – *VI Kart 4/12 (V)* Umdruck Seite 29.

[159] BGH, WuW/E DE-R 1301 Rn. 19 – *Sanacorp/ANZAG.*

a) Marktanteil. § 18 Abs. 3 GWB nennt an erster Stelle den Marktanteil. Das entspricht der Bedeutung dieses Marktstrukturkriteriums in der praktischen Rechtsanwendung. 71

aa) Bedeutung des Marktanteils. Der Marktanteil ist der **wesentliche Indikator** für den Markterfolg eines Unternehmens. Er ist aus diesem Grund ein besonders aussagekräftiges und bedeutsames Indiz, aus dem sich eine marktbeherrschende Stellung jedenfalls dann ableiten lässt, wenn nicht andere Kriterien festgestellt werden können, aus denen sich ergibt, dass das betreffende Unternehmen trotz des hohen Marktanteils nicht über einen überragenden, nicht mehr hinreichend kontrollierten Verhaltensspielraum verfügt. Das gilt umso mehr, wenn ein hoher Marktanteil **über mehrere Jahre** hinweg **unangefochten** besteht.[160] Maßgebend für die Feststellung eines unkontrollierten Handlungsspielraums ist nicht, ob die Wettbewerber des zur Beurteilung stehenden Unternehmens ihre eigenen (stabilen) Marktanteile werden verteidigen können. Entscheidend ist vielmehr, ob diese Konkurrenzunternehmen – etwa wegen ihrer überlegenen Finanzkraft oder anderer Umstände, die geeignet sind, ihre Position im Wettbewerb zu stärken – imstande sind, im **vorstoßenden Wettbewerb** ihre Marktstellung zu Lasten des zu prüfenden Unternehmens zu erweitern, oder ob abzusehen ist, dass sie in diesem Bemühen an der durch den hohen Marktanteil gekennzeichneten Position jenes Unternehmens scheitern werden.[161] Neben der **absoluten** Größe des Marktanteils kommt es entscheidend auch auf den **relativen** Marktanteil, also den Marktanteilsvorsprung zu den Konkurrenten, an.[162] Sowohl beim absoluten wie auch beim relativen Marktanteil ist selbstverständlich eine „Momentaufnahme" nicht ausreichend; entscheidend die vielmehr die **Marktanteilsentwicklung** über einen Zeitraum von mehreren Jahren. Dabei stehen **Schwankungen und Verluste** der Annahme einer Marktbeherrschung nicht notwendigerweise entgegen.[163] Hohe Marktanteile und Marktanteilsabstände fallen bei der wettbewerblichen Würdigung umso mehr ins Gewicht, wenn der zur Überprüfung stehende Markt ein im Wesentlichen **homogenes Gut** betrifft, ausgereift ist und weitgehend **stagniert** oder sogar in den letzten Jahr ein **deutlich rückläufiges Volumen** aufweist.[164] Im Einzelfall kann es geboten sein, für die Beurteilung der Marktstellung eines Unternehmens maßgeblich nicht auf den aktuellen, sondern auf den (absoluten und relativen) **Marktanteil zurückliegender Jahre** abzustellen. Die gilt insbesondere dann, wenn zwischenzeitlich eingetretene Marktanteilsverluste nicht Ausdruck eines wirksamen Wettbewerbs, sondern das Resultat eines autonomen Marktverhaltens des betreffenden Unternehmens sind, etwa wenn der Geschäftsumfang gezielt reduziert wird, um im gerichtlichen Fusionskontrollverfahren für eine Freigabe des Zusammenschlussvorhabens argumentieren zu können.[165] 72

Je höher und dauerhafter der **absolute** und der **relative Marktanteil** sind, desto eher erlaubt dies einen Rückschluss auf die Marktbeherrschung. Eine Marktanteilsgröße, ab der ohne weiteres von einer Einzelmarktbeherrschung ausgegangen werden kann, gibt es nicht. Stets kommt es auf eine Würdigung aller im konkreten Fall wirksamen Strukturkriterien an. So ist in der Rechtsprechung eine überragende Marktstellung bei einem Marktanteil von lediglich 12% wegen der zersplitterten Konkurrenz bejaht,[166] umgekehrt bei einem Marktanteil von knapp 21% trotz des großen Abstands zu den Mitbewerbern wegen des 73

---

[160] Zu Allem: BGH, WuW/E DE-R 1301 Rn. 16 – *Sanacorp/ANZAG.*

[161] BGH, WuW/E DE-R 1301 Rn. 18 – *Sanacorp/ANZAG.*

[162] BGH, WuW/E DE-R 2268 Rn. 27 – *Soda Club II;* BGH, WuW/E DE-R 1925 Rn. 21 f. – *National Geographic II.*

[163] KG, WuW/E OLG 2403, 2405 – *Fertigfutter;* KG, WuW/E OLG 5549, 5560 – *Fresenius/Schiwa.*

[164] OLG Düsseldorf, Beschl. vom 1.7.2015 – *VI Kart 8/11 (V)* Umdruck Seite 46.

[165] OLG Düsseldorf, Beschl. vom 1.7.2015 – *VI Kart 8/11 (V)* Umdruck Seite 46.

[166] KG WuW/E 2862, 2863 ff. – *Rewe/Florimex;* ähnlich OLG Düsseldorf, WuW/E DE-R 2818, 2820 – *Flüssiggas.*

Fehlens weiterer Anhaltspunkte verneint worden.[167] In jüngerer Zeit hat der Bundesgerichtshof bei einem absoluten Marktanteil von rund 70% und einem Marktanteilsabstand von etwa 50% eine Marktbeherrschung maßgeblich mit diesem Gesichtspunkt bejaht.[168]

74 Eine gewisse Orientierung gibt die **40%-Schwelle** in § 18 Abs. 4 GWB, bei deren Erreichen das Kartellgesetz eine Einzelmarktbeherrschung vermutet. Dabei handelt es sich allerdings nicht um eine echte Vermutungsregel im Sinne von § 292 ZPO, sondern nur um einen Hinweis des Gesetzgebers, dass bei einem Marktanteil ab 40% eine Marktbeherrschung nahe liegt. Ob sie tatsächlich besteht, ist anhand der im Einzelfall festzustellenden tatsächlichen Markt- und Wettbewerbsverhältnisse zu prüfen. Erst wenn – was praktisch nicht vorkommt – trotz aller Ermittlungen ein non liquet verbleibt, setzt sich die Vermutung als eine materielle Beweislastregel durch, die die Annahme einer marktbeherrschenden Stellung rechtfertigt. Die Anhebung der Vermutungsschwelle von 33% auf 40% hat der Gesetzgeber der 8. GWB-Novelle mit dem Hinweis begründet, dass nach der kartellbehördlichen Praxis eine Einzelmarktbeherrschung bei einem Marktanteil von einem Drittel heutzutage nur noch in Ausnahmefällen vorkomme.[169]

75 **Kapazitätsreserven** erhöhen den eigenen wettbewerblichen Verhaltensspielraum und sind deshalb bei der Beurteilung von Marktmacht zu berücksichtigen. Das gilt allerdings dann nicht, wenn alle (oder nahezu alle) Anbieter auf dem Markt vergleichbare oder zumindest hinreichende Überkapazitäten besitzen. In diesem Fall hebt sich das aus den Kapazitätsreserven folgende Drohpotential, jederzeit in einen vorstoßenden Preiswettbewerb zur Gewinnung neuer Kunden eintreten zu können, auf.[170]

76 Das Gewicht, das dem Marktanteil im Rahmen der erforderlichen Gesamtbetrachtung aller relevanten Marktstrukturkriterien zukommt, kann wesentlich von der **Entwicklungsstufe eines Marktes** abhängen. Auf einem jungen Markt, der durch ein großes Wachstumspotential und eine rasante technologische Entwicklung geprägt wird, eröffnet ein hoher Marktanteil einem Unternehmen kaum einen unkontrollierten Verhaltensspielraum, wenn mit einem Marktzutritt von Wettbewerbern zu rechnen ist. Handelt es sich dagegen um Märkte mit ausgereifter Technik und rückläufigem oder stagnierendem Umsatzvolumen, auf denen Wettbewerbsimpulse durch Innovation und Marktzutritt wenig wahrscheinlich sind, so legt ein großer Vorsprung des Marktanteils eher die Annahme eines nicht hinreichend kontrollierten Verhaltensspielraums nahe.[171]

77 **bb) Berechnung des Marktanteils.** Grundlage der Marktanteilsberechnung bildet der **relevante Markt.** Das Gesamtvolumen des Angebots, das die Bezugsgröße für die Ermittlung des absoluten Marktanteils darstellt, wird in der kartellbehördlichen und kartellgerichtlichen Praxis grundsätzlich nach **Umsätzen** berechnet.[172] Lediglich bei homogenen Gütern (oder homogenen gewerblichen Leistungen) kommt alternativ auch eine Marktanteilsberechnung nach **Stückzahlen** in Betracht. Die **Eigenfertigung,** also der Anteil der Produktion, der vom Hersteller selbst verbraucht wird, fließt nicht in die Berechnung des Marktanteils ein.[173] Nicht zum Markt gehören außerdem Produktionsmengen, die ein vertikal integrierter Hersteller für die Zwecke der **eigenen Weiterverarbeitung** herstellt. Die zum Eigenverbrauch produzierten Mengen gelangen nicht auf den Markt und

---

[167] BGH WuW/E 2771, 2773 f. – *Kaufhof/Saturn.*

[168] BGH, WuW/E DE-R 2268 Rn. 27 – *Soda Club II;* BGH, WuW/E DE-R 1925 Rn. 21 f. – *National Geographic II.*

[169] RegBegr., BT-Drucksache 17/9852, WuW-Sonderveröffentlichung 8. GWB-Novelle, Seite 138.

[170] OLG Düsseldorf, Beschl. vom 25.9.2013 – *VI Kart 4/12 (V)* Umdruck Seite 30/31.

[171] Vgl. KG, WuW/E OLG 1745, 1752 – *GKN/Sachs;* KG, WuW/E OLG 3051, 3058 – *Morris/Rothmans.*

[172] Vgl. BGH, WuW/E BGH 2150, 2154 – *Edelstahlbestecke;* BGH, WuW/E BGH 1501, 1503 – *Kfz-Kupplungen.*

[173] BGH, WuW/E BGH 1501, 1503 – *Kfz-Kupplungen.*

können demgemäß auch nicht Gegenstand eines Anbieterwettbewerbs sein. Die für die Eigenproduktion vorhandenen Herstellungskapazitäten sind allerdings bei der Gesamtwürdigung der wettbewerblichen Verhältnisse zu berücksichtigen, und zwar insbesondere unter dem Aspekt, ob und in welchem Ausmaß hiervon Wettbewerbsdruck auf den Markt ausgeht.[174]

b) Finanzkraft. Der Begriff der Finanzkraft umfasst die Gesamtheit der finanziellen Mittel und Möglichkeiten eines Unternehmens. Sie setzt sich aus der Eigenfinanzierungskraft eines Unternehmens (cash flow) und seiner Möglichkeit zur Fremdfinanzierung zusammen. Einzubeziehen sind demgemäß **Eigenmittel** und **Fremdmittel** sowie der **Zugang zum Kapitalmarkt.**[175] 78

aa) Bedeutung der Finanzkraft. Die Bedeutung der Finanzkraft gründet sich in der Praxis auf die Abschreckungstheorie. Überlegene Finanzkraft eröffnet einem Unternehmen Verhaltensspielräume beim Einsatz seiner Wettbewerbsparameter, die aktuelle oder potentielle Wettbewerber in ihrem Marktverhalten entmutigen und von wettbewerbsaktiven Maßnahmen abschrecken können. So wird durch eine überlegene Finanzkraft die Fähigkeit zur Abwehr nachstoßenden Wettbewerbs gesteigert.[176] 79

Die Beurteilung der Frage, ob mit einer solchen Wirkung zu rechnen ist, hängt von den konkreten Umständen des Einzelfalles ab. Erforderlich ist, dass die Finanzkraft Bedeutung für die Wettbewerbsverhältnisse auf dem betroffenen Markt besitzt. Das ist vor allem der Fall, wenn es um **homogene Produkte** geht, bei denen der Wettbewerb vornehmlich über den Preis erfolgt. Die Finanzkraft hat ferner auf **innovationsgeprägten Märkten** eine erhebliche Bedeutung. Sie kann zudem auf allen Märkten von Relevanz sein, bei denen es für den Markterfolg auf die Qualität der angebotenen Leistung ankommt. So findet beispielsweise der Wettbewerb der Krankenhäuser um den Patienten nicht über den Preis statt, weil die **Krankenhausleistungen** bundeseinheitlich abgerechnet werden. Wesentliches Wettbewerbsparameter ist vielmehr die medizinisch-technische und personelle Qualität der Krankenhausleistung, die wiederum entscheidend von der Finanzkraft und der daraus resultierenden Investitionsfähigkeit sowie der Investitionsbereitschaft des Krankenhausträgers abhängt. Einer überlegenen Finanzkraft ist auf dem Krankenhausmarkt daher ein besonders starkes Gewicht beizumessen.[177] Von Bedeutung ist die Finanzkraft überdies, wenn sich der Markt in einer **Stagnationsphase** befindet. Denn Marktanteile können dann nur durch Unternehmenszukäufe oder eine vorstoßende Preispolitik gewonnen werden, und Beides setzt entsprechendes finanzielles Potenzial voraus.[178] 80

bb) Ermittlung der Finanzkraft. Nach der Rechtsprechung wird die Finanzkraft anhand des Unternehmensumsatzes bemessen,[179] und zwar unter Einbeziehung aller **verbundenen Unternehmen.** Der **Umsatz** eines Unternehmens ist ein geeignetes Mittel zur Bemessung seiner Finanzkraft, weil es auf den Abschreckungs- und Entmutigungseffekt bei den aktuellen und potentiellen Wettbewerbern ankommt. Aus der Sicht dieser Außenstehenden bestimmt sich die finanzielle Stärke eines Unternehmens vorrangig nach seinem Umsatz, zumal die anderen Kriterien, wie z.B. die tatsächliche Verfügbarkeit von Mitteln, der Öffentlichkeit regelmäßig nicht bekannt sind.[180] 81

---

[174] OLG Düsseldorf, WuW/E DE-R 2462 Rn. 72 – *A-TEC/Norddeutsche Affinerie.*

[175] OLG Düsseldorf, Beschl. vom 25.9.2013 – *VI Kart 4/12 (V)* Umdruck Seite 26.

[176] BGH WuW/E BGH 2150, 2157 – *Edelstahlbestecke;* BGH, WuW/E BGH 1501, 1509 – *Kfz-Kupplungen;* KG, WuW/E OLG 3303, 3311 – *Süddeutscher Verlag-Donau Kurier.*

[177] OLG Düsseldorf, WuW/E DE-R 1958 Rn. 74 – *Rhön-Grabfeld.*

[178] Zu Allem: OLG Düsseldorf, Beschl. vom 25.9.2013 – *VI Kart 4/12 (V)* Umdruck Seite 27; OLG Düsseldorf, Beschl. vom 21.12.2011 Rn. 56 – *VI Kart 5/11 (V).*

[179] BGH, WuW/E BGH 2150, 2157 – *Rheinmetall/WMF;* KG, WuW/E OLG 4167, 4171 – *Kampffmeyer/Plange.*

[180] BGH, WuW/E BGH 2150, 2157 – *Edelstahlbestecke;* OLG Düsseldorf, WuW/E DE-R 1973 Rn. 72 – SZ/Lokalzeitung; KG, WuW/E OLG 3303, 3311 – *Süddeutscher Verlag-Donau Kurier.*

82 **Verluste** können auf eine geringe Finanzkraft hindeuten. Die Höhe der Schuldenlast eines Unternehmens zu einem *bestimmten Stichtag* sagt allerdings über seine Finanzkraft nichts Belastbares aus. Auch Verluste, die das Unternehmen infolge einer länger anhaltenden Konjunkturschwäche lediglich auf einem bestimmten Tätigkeitsgebiet erleidet, lassen keinen ausreichenden Schluss auf seine geringe Finanzkraft zu. Erforderlich ist vielmehr, dass das Unternehmen *insgesamt* über längere Zeit (d.h. mehrere Jahre) Verluste erwirtschaftet.[181]

83 **c) Zugang zu den Beschaffungs- und Absatzmärkten.** Aus seiner **vertikalen Integration** können einem Unternehmen erweiterte wettbewerbliche Verhaltensspielräume erwachsen. Relevant sind in diesem Zusammenhang vor allem Absatz- oder Beschaffungsvorteile, die sich daraus ergeben, dass ein Unternehmen zugleich auf einer vorgelagerten oder nachgelagerten Marktstufe tätig ist. Ob die vertikale Integration **unternehmensintern** durch eine Fertigungs- oder Betätigungstiefe des Unternehmens über mehrere Marktstufen oder durch **Beteiligungen** an Unternehmen der vor- oder nachgelagerten Marktstufe hergestellt wird,[182] ist unerheblich. Überlegene Zugangsmöglichkeiten können überdies auf (lang- oder längerfristigen) vertraglichen oder faktischen Liefer- und Absatzbeziehungen beruhen, einem umfassenden Sortiment[183] oder einem vertraglich abgesicherten Vertriebs- und Servicesystem,[184] und durch einen hohen Vertrauensvorsprung sowie eine besondere Marktgeltung verstärkt werden.[185] Ein bevorzugter Zugang zum Absatzmarkt kann sich ferner für eine **berufsständische Spitzenorganisation** (z.B. der Vertragszahnärzte) ergeben, die ihren Mitgliedern Software für die ärztliche Praxis anbietet, sofern sie aufgrund ihres überragenden Informationsstandes in Bezug auf die Marktgegenseite wie kein anderer Softwareanbieter in der Lage ist, unmittelbar an die ihr verbundenen Mitglieder (Vertragszahnärzte) heranzutreten und diesen ihre Software anzudienen.[186]

84 Die **wettbewerbliche Relevanz,** die dem Zugang zu den Absatz- und Beschaffungsmärkten im Einzelfall zukommt, kann verschieden sein und muss stets *konkret* festgestellt werden. Ein marktstrategisch orientiertes Nachfrageverhalten ist wahrscheinlich, wenn der Beschaffungsmarkt für die beziehenden Unternehmen besonders wichtig ist, z.B. weil die Kosten für das **Vorprodukt** den Abgabepreis für das weiterverarbeitete Endprodukt wesentlich bestimmen. Der Zugang zum Beschaffungsmarkt ist in diesem Fall von signifikanter Bedeutung für die Marktstellung des Unternehmens. Umgekehrt ist der Beschaffungsmarkt von nur geringer Relevanz, wenn die am Markt tätigen Unternehmen untereinander **keinem** (oder nur einem schwachen) **Preiswettbewerb** ausgesetzt sind. Das trifft etwa auf Hörgeräte-Akustiker zu. Der Endkunde erfährt den Endpreis erst nach Auswahl und Anpassung des Hörgerätes und wird in der Regel den Hörgeräte-Akustiker dann nicht mehr wechseln. Überdies stehen für den Endkunden das Leistungsvermögen und der Tragekomfort des Hörgerätes im Mittelpunkt, weil es ihm vorrangig darum geht, die Beeinträchtigung seines Gehörs durch das Tragen eines Hörgerätes zu überwinden; der Preis spielt daneben regelmäßig eine nur untergeordnete Rolle.[187] Bei einem Nachfragemarkt verschafft

---

[181] BGH, WuW/E BGH 1749, 1756 – *Klöckner/Becorit;* OLG Düsseldorf, Beschl. vom 25.9.2013 – *VI Kart 4/12 (V)* Umdruck Seite 27.

[182] OLG Düsseldorf, WuW/E DE-R 2622 Rn. 38 – *Faber/Basalt;* OLG Düsseldorf, WuW/E DE-R 2383 Rn. 24 – *Asphaltmischwerke Langenthal;* OLG Düsseldorf, WuW/E DE-R 1817 Rn. 47 – *Staubsaugerbeutelmarkt II.*

[183] OLG Düsseldorf, WuW/E DE-R 2885 Rn. 122 – *ASSA ABLOY/Simons Voss;* KG WuW/E 3759, 3762 – *Pillsbury/Sonnen-Bassermann.*

[184] OLG Düsseldorf, WuW/E DE-R 2885 Rn. 122 – *ASSA ABLOY/Simons Voss;* BKartA WuW/E 1781, 1781 – *Identteile;* WuW/E 2363, 2366 – *Linde/Lansing.*

[185] BGH, WuW/E BGH 1501, 1504 – *Kfz-Kupplungen;* BGH, WuW/E BGH 2150, 2156 – *Rheinmetall/WMF;* KG, WuW/E OLG 1599, 1604 – *Vitamin B 12.*

[186] OLG Düsseldorf, Urt. vom 28.4.2010 Rn. 85 – *VI U(Kart) 4/10.*

[187] Zu Allem: OLG Düsseldorf, WuW/E DE-R 2477 Rn. 107 – *Phonak/ReSound.*

die bundesweite gegenüber der von den Konkurrenten praktizierten regionalen Beschaffung dem betreffenden Unternehmen nicht nur einen besseren Zugang zur Lieferantenseite, sondern vermittelt überdies bei der Auswahl der Bezugsquellen eine größere Flexibilität und infolge dessen breitere Verhaltensspielräume.[188]

d) Verflechtung mit anderen Unternehmen. Gegenstand dieses Marktstrukturkriteriums sind nicht die konzernmäßigen Verflechtungen, die im Sinne von § 36 Abs. 2 GWB zu Unternehmensverbünden führen. Denn diese sind wirtschaftlich und kartellrechtlich ohnehin als *ein* Unternehmen zu behandeln. Angesprochen sind deshalb die weniger engen Verbindungen, insbesondere die **Minderheitsbeteiligungen** und bestehende **personelle Verflechtungen** zwischen den Unternehmen.[189] Sie haben vor allem dann wettbewerbliche Relevanz, wenn sie die Erwartung rechtfertigen, dass aufgrund der vorhandenen Verflechtungen beim Marktverhalten Rücksicht auf das zur Beurteilung stehende Unternehmen genommen wird.[190] In die wettbewerbliche Beurteilung einzubeziehen sind dabei nicht nur Verflechtungen mit Unternehmen, die auf dem Markt und auf **vor- oder nachgelagerten** Märkten tätig sind, sondern gleichermaßen auch Verflechtungen mit Unternehmen auf **benachbarten** Märkten.[191] Darüber hinaus sind auch gefestigte langjährige Geschäftsbeziehungen zwischen Konkurrenten auf einem vor- oder nachgelagerten Markt und einem daraus resultierenden gedämpften Wettbewerb auf dem relevanten Markt bei der wettbewerblichen Beurteilung zu berücksichtigen.[192] 85

e) Marktzutrittsschranken. Das Marktstrukturkriterium der „rechtlichen oder tatsächlichen Schranken für den Marktzutritt anderer Unternehmen" ist marktbezogen und nicht unternehmensbezogen. Es knüpft nicht unmittelbar an die individuelle Stärke eines Unternehmens an, sondern an die äußeren Wettbewerbsbedingungen des relevanten Marktes, denen sowohl die Wettbewerber als auch die Marktgegenseite unterworfen sind. Zentrale Bedeutung haben die Marktzutrittsschranken für die Möglichkeit und Wahrscheinlichkeit eines **potentiellen Wettbewerbs.** Unter potentiellem Wettbewerb ist der bereits gegenwärtige Einfluss auf den wirtschaftlichen Entscheidungs- und Verhaltensspielraum der Marktteilnehmer zu verstehen, der von einem nicht auf dem relevanten Markt tätigen Unternehmen allein schon aufgrund seiner Fähigkeit zum künftigen Markteintritt ausgeht. Für die Annahme eines in diesem Sinne wirksamen Wettbewerbsdrucks von außen genügt die **bloß theoretische** Möglichkeit des Marktzutritts von Wettbewerbern nicht. Vielmehr muss es nach der Marktsituation sowie nach den Fähigkeiten und Möglichkeiten des betreffenden Unternehmens *wahrscheinlich* sein, dass es *demnächst* aktuellen Wettbewerb aufnehmen wird. Maßgeblich hierfür ist, dass sich der künftige Markteintritt aufgrund objektiver und nachprüfbarer Anhaltspunkte unter Gesamtbetrachtung aller maßgeblichen Umstände des relevanten Marktes, vor allem der Marktzutrittsschranken, der Ressourcen des in Betracht gezogenen Unternehmens und dessen Geschäftspolitik, als realistische und nahe liegende Möglichkeit darstellt. Solange ein Unternehmen jederzeit damit rechnen muss, dass neue (potente) Wettbewerber in den Markt eintreten, ist es wenig wahrscheinlich, dass es einen nicht hinreichend kontrollierten Verhaltensspielraum besitzt. Je höher die Zutrittsschranken, desto geringer ist die Wahrscheinlichkeit und Wirksamkeit potentiellen Wettbewerbs.[193] 86

Als **Marktzutrittsschranken** kommen alle rechtlichen, wirtschaftlichen und tatsächlichen Hindernisse in Betracht, die dem Marktzutritt von Unternehmen oder der Expansion 87

---

188 OLG Düsseldorf, Beschl. vom 1.7.2015 – *VI Kart 8/11 (V)* Umdruck Seite 52f.
189 Vgl. BGH, WuW/E BGH 3037, 3041 – *Raiffeisen.*
190 OLG Düsseldorf, WuW/E DE-R 1413 Rn. 44 – *Radio TON-Regional.*
191 OLG Düsseldorf, WuW/E DE-R 3173 Rn. 91 – *Anzeigengemeinschaft.*
192 OLG Düsseldorf, Beschl. vom 1.7.2015 – *VI Kart 8/11 (V)* Umdruck Seite 51.
193 Zu Allem: OLG Düsseldorf, WuW/E DE-R 4242 Rn. 33 – *Presse-Grosso II;* OLG Düsseldorf, WuW/E DE-R 3173 Rn. 101 – *Anzeigengemeinschaft;* OLG Düsseldorf, WuW/E DE-R 2798 Rn. 92 – *Bau- und Heimwerkermarkt.*

der bereits auf dem Markt tätigen Unternehmen entgegenstehen können. **Wirtschaftliche Schranke** ist in erster Linie ein hoher Kapitalbedarf, etwa auf Grund des erforderlichen Werbeaufwandes zum Aufbau einer Marke,[194] für die aus Kostengründen betriebswirtschaftlich notwendige Erreichung von bestimmten Mindestgrößen,[195] für den Aufbau einer Produktion oder einer Vertriebsorganisation,[196] für die Einstellung und Beschäftigung des benötigten qualifizierten Personals,[197] für die Beschaffung des erforderlichen technischen oder geschäftlichen Know-hows[198] oder für den Erwerb von Vorprodukten (z. B. der Teilnehmerdaten zum Betrieb einer Telefonauskunft).[199] **Tatsächliche Schranke** für einen Zutritt auf dem Markt für Auskunftsdienste und Teilnehmerverzeichnisse ist die Schwierigkeit für potenzielle Wettbewerber, auf die vergebenen Rufnummern und die zugehörigen sonstigen Teilnehmerdaten zugreifen zu können.[200] Bei leitungsgebundenen Marktleistungen (Lieferung von Strom, Gas, TV- und Hörfunksignalen) stellt das benötigte Leitungsnetz eine tatsächliche Marktzutrittsschranke dar.[201] Auf dem Schilderprägermarkt wirkt sich fehlender Gewerbemietraum als Marktzutrittsschranke aus.[202] Im produzierenden Gewerbe wirkt sich eine mehrjährige Bauzeit der erforderlichen Produktionsanlagen als Marktzutrittsschranke aus.[203] **Rechtliche Marktzutrittsschranke** können die Bindung der Marktgegenseite durch langfristige Bedarfsdeckungsklauseln[204] oder die Geschäftsverweigerung auf einem Drittmarkt sein.[205]

88 **f) Ausländischer Wettbewerb.** Durch die gesetzliche Anordnung, dass der (tatsächliche und potentielle) Wettbewerb durch innerhalb oder außerhalb des Geltungsbereichs des Gesetzes ansässige Unternehmen in die Beurteilung der Marktmacht eines Unternehmens einfließt, hat der bundesdeutsche Kartellgesetzgeber Dreierlei klargestellt. Er hat erstens die wettbewerbliche Relevanz des **potenziellen Wettbewerbs als solchen** anerkannt. Er hat zweitens die jüngere gerichtliche Praxis bestätigt, wonach der relevante Markt nicht normativ auf das Gebiet der Bundesrepublik Deutschland begrenzt, sondern ausschließlich nach **ökonomischen Kriterien** zu bestimmen ist. Und er hat drittens geklärt, dass der ökonomisch abgegrenzte Markt Grundlage der **wettbewerblichen Beurteilung von Marktmacht** bildet. Aus alledem folgt: Ist der relevante Markt ökonomisch größer als Deutschland, so ist die Marktstellung des betroffenen Unternehmens auf diesem Markt zu ermitteln. Der tatsächliche und potenzielle Wettbewerb ausländischer Unternehmen ist dann ohne weiteres Teil des Marktgeschehens. Marktanteile sind bezogen auf den – das Bundesgebiet überschreitenden – Markt zu berechnen. Ist der relevante Markt nur bundesweit abzugrenzen, stellt der Wettbewerb ausländischer Unternehmen eine Art Substitutionswettbewerb dar, der in die Beurteilung der Marktverhältnisse auf dem bundesdeutschen Markt einfließen muss. Maßgeblich für die Berechnung des Marktanteils bleibt der bundesweit abgegrenzte Markt. Ist der räumlich relevante Markt kleiner als das Bundesgebiet, sind die Marktanteile für den so abgegrenzten (regionalen oder lokalen) Markt zu ermitteln.

---

[194] KG, WuW/E OLG 3051, 3079 – *Morris/Rothmans.*
[195] BGH, WuW/E BGH 1501, 1504 – *Kfz-Kupplungen.*
[196] BGH, WuW/E DE-R 3591 Rn. 91 – *Total/OMV.*
[197] BGH, WuW/E DE-R 1925 Rn. 20 – *National Geographic II.*
[198] OLG Düsseldorf, Beschl. vom 7.5.2008 Umdruck Seite 17 – *VI Kart 13/07 (V).*
[199] OLG Düsseldorf, Urt. vom 8.6.2011 Rn. 57 – *VI-U(Kart) 2/11.*
[200] BGH, WuW/E DE-R 2973 Rn. 24 – *Teilnehmerdaten IV.*
[201] BGH, WuW/E DE-R 1726 Rn. 18 – *Stadtwerke Dachau;* OLG Düsseldorf, WuW/E DE-R 1845 Rn. 65 – *SES/DPC.*
[202] OLG Düsseldorf, WuW/E DE-R 2522 Rn. 26 – *Schilderprägerstelle Bad Salzuflen.*
[203] OLG Düsseldorf, WuW/E DE-R 2462 Rn. 70 – *A-TEC/Norddeutsche Affinerie.*
[204] BGH, WuW/E DE-R 2679 Rn. 37, 39 – *Gaslieferverträge;* OLG Düsseldorf, WuW/E DE-R 1845 Rn. 82 – *SES/DPC.*
[205] BGH, WM 2010, 1950 Rn. 29 – *GSM-Wandler;* OLG Düsseldorf, Urt. vom 30.11.2011 Rn. 60 ff. – *VI-U(Kart) 14/11.*

Die wettbewerbliche Relevanz ausländischen Wettbewerbs gilt nicht nur im Bereich der Missbrauchsaufsicht, sondern als eine **grundsätzliche Wertung** des Gesetzgebers auch bei der Fusionskontrolle und der Beurteilung von wettbewerbsbeschränkenden Vereinbarungen, Beschlüssen und Verhaltensweisen.[206] 89

g) Umstellungsflexibilität. Die Marktmacht eines Unternehmens und seiner Wettbewerber wird auch durch die jeweils vorhandene Fähigkeit bestimmt, das eigene Angebot oder die eigene Nachfrage auf andere Waren oder gewerbliche Leistungen umzustellen. 90

aa) Angebotsumstellungsflexibilität. Praxisrelevant ist dieser Aspekt vor allem unter dem Gesichtspunkt der **Angebotsumstellungsflexibilität.** Sie beruht auf der Erkenntnis, dass ein die Verhaltensspielräume kontrollierender Wettbewerb auch von Anbietern ähnlicher Produkte ausgehen kann, die ihr Angebot kurzfristig umstellen können, um eine bestehende Nachfrage zu befriedigen. Dies setzt voraus, dass beim hypothetischen Vertrieb der Produkte durch die potentiellen Wettbewerber keine **besonderen Probleme und Risiken** zu erwarten sind. Denn eine solche Erwartung würde die Bereitschaft zur Umstellung des Angebots eindeutig negativ beeinflussen.[207] Eine mögliche Angebotsumstellungsflexibilität findet überdies nur dann Berücksichtigung, wenn die Anbieter ähnlicher Produkte bereit und in der Lage sind, ihre Produktion **kurzfristig** und mit **wirtschaftlich vertretbarem Aufwand** umzustellen.[208] Das wiederum hängt maßgeblich davon ab, ob erhebliche Marktzutrittshürden zu überwinden sind oder nicht. Eine Angebotsumstellungsflexibilität **scheidet aus,** sofern aufgrund der Besonderheiten des Marktes eine Bereitschaft zur Erweiterung des eigenen Angebots um ähnliche Waren oder gewerbliche Leistungen verneint werden muss. Dies kommt beispielsweise in Betracht, wenn der Markt (z. B. für Laborchemikalien) durch eine Spezialisierung geprägt ist.[209] Gleiches gilt, sofern die Marktgegenseite des Handels nicht bereit ist, die ähnlichen Produkte zu vertreiben. Entschieden worden ist dies für die fehlende Bereitschaft der Hörgeräte-Akustiker, Produkte solcher Hörgerätehersteller in das Sortiment aufzunehmen, die ihre Hörgeräte im verkürzten Versorgungsweg über die HNO-Ärzte absetzen.[210] 91

Die Angebotsumstellungsflexibilität kann Bedeutung auch im Zusammenhang mit **Preisunterschieden** haben. Unterschiedliche Preise zwischen benachbarten Produkten können einer Austauschbarkeit aus Nachfragesicht entgegenstehen. Allerdings lässt sich allein mit dem Hinweis auf Preisunterschiede das Vorliegen eines selbständigen Markts nicht ohne weiteres begründen, weil sie auch Ausdruck bestehenden Wettbewerbs sein können. Eine allgemeine Regel, dass ein **bestimmtes Maß** an Preisunterschieden zur Annahme sachlich getrennter Märkte führt, besteht nicht. Maßgeblich sind stets die Marktverhältnisse im Einzelfall. Entscheidende Bedeutung hat dabei der Umstand, ob die in den einzelnen Preissegmenten tätigen Anbieter (z. B. von Hörgeräten) kurzfristig und ohne spürbare Zusatzkosten ihr jeweiliges Sortiment umstellen und zusätzliche Produkte in einem bestimmten Preissegment anbieten können. Diese Möglichkeit führt zu einer disziplinierenden Wirkung gegenüber Preiserhöhungen in allen Segmenten[211] und hat zur Folge, dass die betreffenden Anbieter zum Markt gehören. 92

Die Angebotsumstellungsflexibilität kann ferner durch bestehende **gesetzliche Anforderungen** an die Marktleistung Bedeutung gewinnen. Identifizierungsdienstleistungen, die den Vorgaben des DeMail-Gesetzes (§ 3 Abs. 2 Nr. 1 und Abs. 3 Nr. 1 DeMailG) an die Ausgestaltung des Identitätsnachweises entsprechen, sind aus Nachfragesicht mit Identifizierungs-Dienstleistungen, die hinter diesen gesetzlichen Anforderungen zurückbleiben, nicht 93

[206] RegBegr., BT-Drucks. 15/3640 Seite 45 (zu Nr. 7).
[207] BGH, WuW/E DE-R 2268 Rn. 23 – *Soda Club II.*
[208] BGH, WuW/E DE-R 1925 Rn. 20 – *National Geographic II.*
[209] OLG Düsseldorf, Beschl. vom 21.12.2011 Rn. 119 – *VI Kart 5/11 (V).*
[210] OLG Düsseldorf, WuW/E DE-R 2477 Rn. 54 – *Phonak/ReSound.*
[211] BGH, WuW/E DE-R 2905 Rn. 50 – *Phonak/GN Store.*

funktionell austauschbar. Aufgrund dessen gehören zum relevanten Markt *nicht* die Identitätsprüfungen der Paket- und Logistikdienstleister, die entweder begleitend zu einer Transportleistung nur der Sicherstellung einer persönlichen Aushändigung der Transportsendung an den Empfänger oder der Einholung einer Unterschrift des identifizierten Kunden auf Dokumenten für andere rechtsgeschäftliche Zwecke dienen, die aber im Umfang der Erhebung und Dokumentation der Legitimationsdaten nicht den Anforderungen des DeMail-Gesetzes entsprechen. Hingegen können Identifizierungsdienstleistungen, mit denen über die nach § 3 DeMailG erforderlichen Daten hinaus – wie beispielsweise für Zwecke des GWG (§ 4 Abs. 3 Nr. 1 GWG: Staatsangehörigkeit) – weitere Legitimationsdaten erfasst werden, unter dem Gesichtspunkt der Angebotsumstellungsflexibilität funktionell austauschbar sein.[212]

94 Aus den vorstehenden Ausführungen folgt unmittelbar, dass die Umstellungsflexibilität nicht nur in Bezug auf Waren oder gewerbliche Leistungen anderer Märkte, sondern gleichermaßen auch in Bezug auf Waren oder gewerbliche Leistungen desselben Marktes zu berücksichtigen ist.[213]

95 **bb) Nachfrageumstellungsflexibilität.** Je größer die Fähigkeit zur Umstellung ist, desto geringer ist die Abhängigkeit des Anbieters von seinen Nachfragern. Umgekehrt kommt es für die Nachfragemarktbeherrschung auf die **Fähigkeit des Nachfragers** an, seine Nachfrage auf andere Waren oder gewerbliche Leistungen umzustellen. Je größer die Fähigkeit zur Umstellung ist, desto größer ist die Unabhängigkeit von seinen Anbietern. Relevant wird diese Stärke im Vertikalverhältnis für die überragende Marktstellung freilich nur, wenn die Umstellungsflexibilität des betreffenden Unternehmens **größer** ist als die seiner Wettbewerber.

96 **h) Ausweichmöglichkeiten der Marktgegenseite.** Der wettbewerbliche Verhaltensspielraum eines Unternehmens wird nicht nur durch seine (aktuellen und potenziellen) Wettbewerber begrenzt, sondern kann auch durch die Marktgegenseite eingeschränkt und kontrolliert werden, sofern diese Einfluss auf dessen Marktverhalten hat. Dem trägt § 18 Abs. 3 Nr. 8 GWB Rechnung, wonach in die Bewertung der Marktstellung eines Unternehmens auch die Ausweichmöglichkeiten der Marktgegenseite einzustellen sind. Für das Kräfteverhältnis der Wettbewerber untereinander spielt der Einfluss der Marktgegenseite allerdings nur dann eine Rolle, wenn er gerade den Verhaltensspielraum desjenigen Unternehmens einengt, für das eine überragende Marktstellung in Frage steht. Bleibt dagegen die relative Stellung der Wettbewerber zueinander durch das Vorhandensein der Gegenmacht unberührt, weil sie ihr **alle gleichmäßig ausgesetzt** sind, so schließt das eine überragende Marktstellung eines Unternehmens nicht aus.[214] Die starke Stellung eines Unternehmens kann von der **Marktgegenseite** überdies dann nicht relativiert werden, wenn sie **zersplittert** ist.[215] Je mehr die Gegenseite in der Lage ist, auf andere Unternehmen auszuweichen, desto eher ist eine Marktbeherrschung ausgeschlossen. Maßgeblich ist dabei eine generalisierende Betrachtungsweise. Das ist der Gesetzesbegründung zu entnehmen, die verlangt, dass „eine für den jeweiligen Markt *erhebliche Zahl von Unternehmen* keine ausreichenden und zumutbaren Absatz- oder Bezugsalternativen besitzt".[216]

5. Marktbeherrschung durch mehrere Unternehmen

97 Der Oligopoltatbestand des § 18 Abs. 5 GWB trägt dem Umstand Rechnung, dass ein Wettbewerb nicht nur durch die marktbeherrschende Stellung eines *einzelnen* Anbieters

[212] OLG Düsseldorf, Urt. vom 30.11.2011 Rn. 43 – *VI-U(Kart) 14/11.*

[213] Ebenso: *Bechtold,* GWB, § 18 Rn. 51.

[214] BGH, WuW/E BGH 2783, 2791 – *Warenzeichenerwerb;* OLG Düsseldorf, Beschl. vom 25.9. 2013 Rn. 88 – *VI Kart 4/12 (V).*

[215] KG, WuW/E OLG 4167, 4173 – *Kampffmeyer/Plange;* BGH, WuW/E BGH 2783, 2791 – *Warenzeichenerwerb.*

[216] BT-Drucks. 11/4610, S. 17.

oder Nachfragers ausgeschaltet werden kann, sondern auch durch eine Mehrzahl von Unternehmen *gemeinsam*. Einzelmarktbeherrschung und gemeinsame Marktbeherrschung schließen sich gegenseitig aus, so dass im Einzelfall geprüft werden muss, welche Art der Marktbeherrschung vorliegt.[217]

Bei der Beurteilung der Frage, ob ein marktbeherrschendes Oligopol vorliegt, hat eine **zweistufige wettbewerbliche Prüfung** zu erfolgen: In einem ersten Schritt ist festzustellen, dass zwischen mehreren Unternehmen kein wesentlicher Wettbewerb besteht (fehlender Binnenwettbewerb). Ist diese Voraussetzung erfüllt, ist in einem zweiten Schritt zu klären, ob die Gesamtheit der Oligopol-Unternehmen im Verhältnis zu ihren Wettbewerbern eine marktbeherrschende Position inne hat, also keinem wesentlichen Wettbewerb ausgesetzt ist oder eine überragende Marktstellung besitzt (fehlender Außenwettbewerb). 98

a) Fehlender Binnenwettbewerb. Nach der Rechtsprechung des Bundesgerichtshofs[218] ist der fehlende Binnenwettbewerb nach folgenden Rechtsgrundsätzen festzustellen: 99

aa) Enge Reaktionsverbundenheit. Maßgebend für die Prognose, ob die Wettbewerbsbedingungen keinen wesentlichen Binnenwettbewerb zwischen den Oligopolmitgliedern erwarten lassen, ist eine Gesamtbetrachtung aller relevanten Umstände. Dabei kommt – vor allem im Rahmen der Zusammenschlusskontrolle – den Marktstrukturmerkmalen besonderes Gewicht zu. Insbesondere ist von Bedeutung, ob aufgrund der Marktstruktur mit einem **dauerhaft einheitlichen Verhalten** der Mitglieder des Oligopols zu rechnen ist, weil ein solches Verhalten aufgrund der Merkmale des relevanten Marktes (und deren Änderung durch den Zusammenschluss) wirtschaftlich vernünftig ist, um den gemeinsamen Gewinn durch Beeinflussung von Wettbewerbsfaktoren zu maximieren.[219] Ein einheitliches Verhalten ist zu erwarten, wenn zwischen den beteiligten Unternehmen eine **enge Reaktionsverbundenheit** („implizite Kollusion") besteht. Entscheidendes Indiz dafür ist zum einen die vorhandene **Markttransparenz;** sie muss die Oligopolmitglieder in die Lage versetzen, ohne größeren Aufwand sowie ausreichend genau und zeitnah Wettbewerbsvorstöße eines anderen Mitglieds des Oligopols zu erkennen. Maßgebliches Indiz sind zum anderen **wirksame** (d. h. glaubhafte, zeitnah zur Verfügung stehende und mit einem hinreichenden Drohpotenzial verbundene) **Abschreckungs- und Sanktionsmittel** der Unternehmen gegen Wettbewerbsvorstöße eines anderen Oligopolmitglieds. Es besteht kein Anreiz, von einem einheitlichen Verhalten abzuweichen, wenn ein auf Vergrößerung des eigenen Marktanteils gerichteter Wettbewerbsvorstoß erfolglos bliebe, weil er gleiche Maßnahmen der anderen Unternehmen auslösen würde. In diesem Zusammenhang sind die **Symmetrie** der beteiligten *Unternehmen* (nicht nur ihrer Marktanteile[220]) hinsichtlich Produktpalette, verwendeter Technologie und Kostenstruktur, etwaige **Marktzutrittsschranken,** die **Nachfragemacht** der Marktgegenseite und die **Preiselastizität** der Nachfrage zu berücksichtigen. Von Bedeutung kann auch sein, ob aufgrund der **Homogenität** des vertriebenen Produkts ein Produkt- und Qualitätswettbewerb nur eingeschränkt oder gar nicht in Betracht kommt, sowie ferner, ob die Mitglieder des Oligopols **gesellschaftsrechtlich** miteinander **verflochten** oder durch langfristige Lieferbeziehungen verbunden[221] sind, so dass ein wettbewerbsbeschränkendes Parallelverhalten begünstigt 100

---

[217] Vgl. KG, WuW/E OLG 3759, 3765 – *Pillsbury/Sonnen-Bassermann;* KG, WuW/E OLG 2234, 2235 – *Blei- und Silberhütte Braubach.*

[218] BGH, WuW/E DE-R 3591 Rn. 48 ff. – *Total/OMV;* BGH, WuW/E DE-R 2905 Rn. 55 – *Phonak/GN Store.*

[219] BGH, WuW/E DE-R 3591 Rn. 48 – *Total/OMV;* BGH, WuW/E DE-R 2905 Rn. 55 – *Phonak/GN Store;* BGH, WuW/E DE-R 3067 Rn. 20 – *Springer/ProSieben II;* BGH, WuW/E DE-R 2094 – *E.ON/Stadtwerke Eschwege.*

[220] BGH, WuW/E DE-R 2905 Rn. 65 – *Phonak/GN Store.*

[221] Vgl. BKartA WuW/E 2143, 2145 – *Glasfaserkabel;* WuW/E 2247, 2249 – *Hüls/Condea.*

wird.[222] Von Bedeutung kann auch eine Zusammenarbeit auf vor- oder nachgelagerten Marktstufen sein,[223] insbesondere in Form von Gemeinschaftsunternehmen.[224] Dies alles sind Strukturmerkmale, die grundsätzlich eine Reaktion auf Wettbewerbsvorstöße ermöglichen und deshalb eine enge Reaktionsverbundenheit bewirken. Es kommt bei alledem nicht darauf an, dass die genannten Kriterien sämtlich in dem Sinne erfüllt sind, dass die Analyse jedes einzelnen Strukturmerkmals für sich genommen auf Anreize für einheitliches Verhalten hindeutet. Maßgeblich bleibt vielmehr eine **wertende Gesamtbetrachtung,** bei der die einzelnen Strukturelemente im Hinblick auf ihre Bedeutung für den konkreten Markt zu gewichten und darauf zu untersuchen sind, ob und in welchem Umfang sie tatsächlich geeignet sind, ein (zumindest stillschweigendes) einheitliches Vorgehen der beteiligten Unternehmen zu erleichtern.[225]

101 **Ähnlich große Marktanteile** sind nicht schon als solche ein Indiz für eine enge Reaktionsverbundenheit marktstarker Unternehmen, weil eine solche Verteilung der Marktanteile nicht bedeuten muss, dass damit verbundene Verhaltensspielräume im Wettbewerb ungenutzt bleiben.[226] Die Verteilung der Marktanteile und insbesondere ihre Entwicklung über einen längeren Zeitraum können jedoch im Rahmen der erforderlichen Gesamtabwägung berücksichtigt werden.[227] Weist die Entwicklung der Marktanteile der beteiligten Unternehmen eine erhebliche Verschiebung der Kräfteverhältnisse auf, die zu einer Angleichung der Marktanteile führt, spricht dies erfahrungsgemäß gegen die Entstehung eines marktbeherrschenden Oligopols. Bleiben die Marktanteile dagegen über längere Zeit unverändert, kann dies als ein im Rahmen der erforderlichen Gesamtbeurteilung für ein marktbeherrschendes Oligopol sprechender Umstand gewürdigt werden.[228]

102 **bb) Tatsächlicher Wettbewerb.** Liegen Strukturmerkmale vor, die eine enge Reaktionsverbundenheit der Unternehmen erwarten lassen, ist weiter zu prüfen, ob deren indizielle Bedeutung dadurch **entkräftet** wird, dass *tatsächlich* wesentlicher Wettbewerb zwischen ihnen stattfindet.[229] Die Bewertung des tatsächlichen Marktgeschehens muss dabei die strukturellen Bedingungen beachten, unter denen es sich vollzieht und die seine ökonomische Beurteilung beeinflussen können.[230] Ist das beobachtete Verhalten **mehrdeutig,** vermag dies die aufgrund der Strukturanalyse begründete Annahme eines einheitlichen Verhaltens unter Ausschluss wesentlichen Wettbewerbs jedenfalls im Anwendungsbereich der Oligopolvermutungen des § 18 Abs. 6 GWB nicht in Frage zu stellen.[231]

103 **cc) Tatfrage.** Die vorstehend beschriebene wertende Gesamtbetrachtung, bei der die einzelnen Strukturelemente im Hinblick auf ihre Bedeutung für den konkreten Markt zu gewichten und darauf zu untersuchen sind, ob und in welchem Umfang sie tatsächlich

---

[222] Zu Allem: BGH, WuW/E DE-R 3591 Rn. 49 – *Total/OMV;* BGH, WuW/E DE-R 2094 – *E.ON/Stadtwerke Eschwege;* BGH, WuW/E DE-R 2905 Rn. 55 – *Phonak/GN Store;* BGH, WuW/E DE-R 3067 Rn. 21 – *Springer/ProSieben II.*

[223] BGH, WuW/E DE-R 3591 Rn. 51 – *Total/OMV.*

[224] Vgl. BKartA WuW/E 2669, 2676 – *Lindner Licht GmbH.*

[225] BGH, WuW/E DE-R 3067 Rn. 21 – *Springer/ProSieben II.*

[226] BGH, WuW/E DE-R 3067 Rn. 25 – *Springer/ProSieben II;* BGH, WuW/E DE-R 2905 Rn. 65 – *Phonak/GN Store.*

[227] BGH, WuW/E DE-R 3067 Rn. 25 – *Springer/ProSieben II;* BGH, WuW/E DE-R 2905 Rn. 57 – *Phonak/GN Store.*

[228] BGH, WuW/E DE-R 3067 Rn. 25 – *Springer/ProSieben II;* BGH, WuW/E DE-R 2905 Rn. 54, 57 – *Phonak/GN Store.*

[229] BGH, WuW/E DE-R 3591 Rn. 50 – *Total/OMV;* BGH, WuW/E DE-R 2094 – *E.ON/Stadtwerke Eschwege;* BGH, WuW/E DE-R 2905 Rn. 72 – *Phonak/GN Store;* BGH, WuW/E DE-R 3067 Rn. 22 – *Springer/ProSieben II.*

[230] BGH, WuW/E DE-R 3591 Rn. 50 – *Total/OMV.*

[231] BGH, WuW/E DE-R 3591 Rn. 58 – *Total/OMV.*

geeignet sind, ein einheitliches Vorgehen der beteiligten Unternehmen zu erleichtern, ist **Tatfrage** und vom Rechtsbeschwerdegericht nur eingeschränkt überprüfbar.[232]

b) Fehlender Außenwettbewerb. Auch die Frage des fehlenden Außenwettbewerbs **104**
zwischen dem Oligopol auf der einen Seite und den übrigen (aktuellen oder potenziellen) Wettbewerbern auf der anderen Seite beantwortet sich auf der Grundlage einer **Gesamtbetrachtung** aller maßgeblichen Umstände. Der gemeinsame Marktanteil des Oligopols kann eine Rolle spielen, ebenso der Abstand zu den nächststarken Wettbewerbern, die Unternehmensstrukturen, die etwaigen Marktzutrittsschranken und unternehmerischen Verflechtungen und die tatsächlich bestehenden Wettbewerbsverhältnisse.[233] Die Bedeutung derjenigen strukturellen Merkmale, die für eine enge Reaktionsverbundenheit der Oligopol-Unternehmen und damit für eine entsprechende Marktmacht gegenüber Außenseitern sprechen, wird nicht schon durch eine unterdurchschnittliche Präsenz jeweils eines dieser Unternehmen in bestimmten Regionen beseitigt. Ein Indiz für wesentlichen Außenwettbewerb ist eine solche Marktanteilsverteilung nur, wenn angenommen werden kann, dass die Außenseiter ihre Marktanteile im Wettbewerb errungen haben und wettbewerbsneutrale Einflüsse als Ursache ausgeschlossen werden können.[234]

6. Marktbeherrschungsvermutungen

a) Allgemeines. § 18 enthält in seinem Absatz 4 einen Vermutungstatbestand für die **105**
Einzelmarktbeherrschung und in seinem Absatz 6 Vermutungstatbestände für eine gemeinsame Marktbeherrschung. Im Regierungsentwurf zur 6. GWB-Novelle war die Streichung der Marktbeherrschungsvermutungen für die Missbrauchskontrolle vorgesehen gewesen. Zur Begründung war darauf verwiesen worden, dass auch Art. 86 EGV (jetzt: Art. 102 AEUV) keine Marktbeherrschungsvermutungen kenne und dass die bisherige Vermutungsregelung in § 22 Abs. 3 GWB a. F. bei der Missbrauchsaufsicht kaum praktische Bedeutung erlangt habe, weil die Marktbeherrschung bei der Missbrauchsaufsicht in der ex-post-Betrachtung festgestellt werden müsse.[235] Deshalb sollte ausschließlich für die Fusionskontrolle in § 36 Abs. 2 des Regierungsentwurfs eine Marktbeherrschungsvermutung beibehalten werden. Der Gesetzgeber ist dieser Konzeption nicht gefolgt. Er hat in § 19 Abs. 3 GWB 1998 (jetzt: § 18 Abs. 4 und 6 GWB) vielmehr Vermutungstatbestände für eine alleinige oder gemeinsame Marktbeherrschung normiert, die sowohl bei der **Missbrauchskontrolle** als auch im Bereich der **Fusionskontrolle** gelten.[236] In der Zusammenschlusskontrolle erstreckt sich die Vermutung zwar auf das *Entstehen* einer marktbeherrschenden Stellung, nicht aber auf die Kausalität zwischen der Fusion und der Marktbeherrschung, und sie besagt auch nichts über eine *Verstärkungswirkung* des Zusammenschlusses.

b) Verhältnis der Vermutungstatbestände zueinander. Noch ungeklärt ist das Ver- **106**
hältnis der Vermutungstatbestände zueinander. Sind die **Voraussetzungen beider Vermutungen** – der Einzelmarktbeherrschung nach § 18 Abs. 4 GWB und der gemeinsamen Marktbeherrschung nach § 18 Abs. 6 GWB – **erfüllt,** so heben diese sich nicht auf,[237] sondern sind **parallel anwendbar.** Die Erkenntnis, dass ein Markt nicht zugleich durch ein Monopol und ein Oligopol beherrscht werden kann, steht dem nicht entgegen. Denn alle Vermutungstatbestände dienen dem Zweck, Anhaltspunkte für die fehlende Funktions-

---

232 BGH, WuW/E DE-R 3591 Rn. 51 – *Total/OMV.*

233 BGH, WuW/E DE-R 3591 Rn. 79 – *Total/OMV;* BGH, WuW/E DE-R 2094 Rn. 52 – *E.ON/Stadtwerke Eschwege.*

234 BGH, WuW/E DE-R 3591 Rn. 81 – *Total/OMV.*

235 RegE, BR-Drucks. 852/97, S. 37.

236 BT-Drucks. 13/10 633, S. 72.

237 So aber KG, WuW/E OLG 2234, 2235 – *Blei- und Silberhütte Braubach;* offen gelassen von BGH, WuW/E BGH 1824 f. – *Tonolli/Blei- und Silberhütte Braubach.*

fähigkeit des Marktes zu geben,[238] und die Notwendigkeit eines Schutzes vor einer gemeinsamen Marktbeherrschung entfällt nicht alleine deshalb, weil das größte Oligopolunternehmen auch die Marktanteilsschwelle für eine Einzelmarktbeherrschung erfüllt. Ob am Ende die Vermutung für eine Einzelmarktbeherrschung oder diejenige für ein Oligopol zur Anwendung kommt, kann erst entschieden werden, nachdem die **Markt- und Wettbewerbsverhältnisse ermittelt** sind. Lässt sich beispielsweise zwischen den Unternehmen, die gemeinsam die Oligopolvermutung erfüllen, ein wirksamer Binnenwettbewerb feststellen, ist die Vermutung der gemeinsamen Marktbeherrschung widerlegt und gilt alleine die Vermutung der Einzelmarktbeherrschung. Wird umgekehrt in den Ermittlungen ein fehlender Binnenwettbewerb bestätigt, scheidet eine Einzelmarktbeherrschung des an diesem Oligopol beteiligten Unternehmens aus. Lassen sich – was zumindest in Kartellverwaltungsverfahren nur in Ausnahmefällen in Betracht kommen dürfte – die Wettbewerbsverhältnisse auch nach Abschluss der Ermittlungen nicht aufklären, kommen beide Vermutungstatbestände zur Anwendung. In der Missbrauchskontrolle kann dann aber oftmals dahin stehen bleiben, ob das in die Pflicht genommene Unternehmen eine alleinige oder eine gemeinsame marktbeherrschende Stellung missbraucht hat; denn für den Einzelmarktbeherrscher und für das Oligopol gilt inhaltlich dasselbe Missbrauchsverbot.

107 **c) Einzelmarktbeherrschung.** Gemäß § 18 Abs. 4 GWB wird vermutet, dass ein[239] Unternehmen (allein) marktbeherrschend ist, wenn es einen (absoluten) Marktanteil von mindestens 40% hat.

108 **aa) Berechnung des Marktanteils.** Grundlage der Marktanteilsberechnung bildet der **relevante Markt.** Das Gesamtvolumen des Angebots, das die Bezugsgröße für die Ermittlung des absoluten Marktanteils darstellt, wird in der kartellbehördlichen und kartellgerichtlichen Praxis grundsätzlich **nach Umsätzen** berechnet.[240] Lediglich bei homogenen Gütern (oder gewerblichen Leistungen) kommt alternativ auch eine Marktanteilsberechnung nach **Stückzahlen** in Betracht. Die **Eigenfertigung,** also der Anteil der Produktion, der vom Hersteller selbst verbraucht wird, fließt nicht in die Berechnung des Marktanteils ein.[241] Nicht zum Markt gehören außerdem Produktionsmengen, die ein vertikal integrierter Hersteller für die Zwecke der **eigenen Weiterverarbeitung** herstellt. Die zum Eigenverbrauch produzierten Mengen gelangen nicht auf den Markt und können demgemäß auch nicht Gegenstand eines Anbieterwettbewerbs sein. Verbundene Unternehmen im Sinne von **§ 36 Abs. 2 GWB** sind in die Marktanteilsberechnung einzubeziehen.

109 **bb) Rechtsnatur der Vermutung.** Die **Rechtsnatur** des Vermutungstatbestands ist noch nicht abschließend geklärt. Einigkeit besteht, dass die Vermutung mehr als ein bloßer verwaltungsrechtlicher Aufgreiftatbestand, aber weniger als eine beweislastumkehrende Vermutung im Sinne von § 292 ZPO ist. Richtigerweise ist danach zu differenzieren, ob der Vermutungstatbestand in einem Kartellverwaltungsverfahren, einem Kartellzivilverfahren oder einem Kartellbußgeldverfahren zur Anwendung kommt:

110 **(1) Kartellverwaltungsverfahren**. Bei der Vermutung des § 18 Abs. 4 GWB handelt es sich lediglich um einen Hinweis des Gesetzgebers, dass bei einem Marktanteil ab 40% eine Marktbeherrschung nahe liegt. Die Vorschrift setzt die **Amtsermittlungspflicht** der Kartellbehörde (§ 57 Abs. 1 GWB) und des Beschwerdegerichts (§ 70 Abs. 1 GWB) nicht außer Kraft. Dementsprechend tragen die Kartellbehörde und das Kartellgericht die *formelle* Beweislast für die marktbeherrschende Stellung des in Rede stehenden Unternehmens. Ob

---

[238] *Bardong* in: Langen/Bunte, Kommentar zum deutschen und europäischen Kartellrecht, Band 1, § 18 Rn. 236.

[239] Der Vermutungstatbestand kommt von vornherein nicht zur Anwendung, wenn *zwei* Unternehmen die Marktanteilsschwelle von 40 % erreichen oder übersteigen.

[240] Vgl. BGH, WuW/E BGH 2150, 2154 – *Edelstahlbestecke;* BGH, WuW/E BGH 1501, 1503 – *Kfz-Kupplungen.*

[241] BGH, WuW/E BGH 1501, 1503 – *Kfz-Kupplungen.*

Marktbeherrschung vorliegt, ist anhand der im Einzelfall festzustellenden tatsächlichen Markt- und Wettbewerbsverhältnisse zu prüfen. Erst wenn – was praktisch nicht vorkommt – trotz aller behördlichen und gerichtlichen Ermittlungen ein non liquet verbleibt – d. h. eine marktbeherrschende Stellung weder auszuschließen noch festzustellen ist –, setzt sich zu Lasten des betroffenen Unternehmens die Vermutung als eine *materielle* Beweislastregel durch, die die Annahme einer marktbeherrschenden Stellung rechtfertigt.[242]

(2) Kartellzivilverfahren. Im **zivilrechtlichen Kartellverfahren** führt die Vermutung nicht zu einer Beweislastumkehr im Sinne von § 292 ZPO, sondern löst eine sekundäre Darlegungslast desjenigen Unternehmens aus, das den Vermutungstatbestand erfüllt. Ihm obliegt es im Rahmen des Möglichen und Zumutbaren darzulegen, aus welchen Gründen es trotz der Erfüllung des Vermutungstatbestands keine marktbeherrschende Marktstellung besitzt.[243] Diesen Sachvortrag hat die klagende Partei, die Ansprüche aus §§ 33 Abs. 1 und 3, 19 GWB geltend macht, zu widerlegen.[244] 111

(3) Kartellbußgeldverfahren. Im **Kartellbußgeldverfahren** findet die Vermutungsregel **keine** Anwendung. Ihr steht die im Straf- und Bußgeldrecht zu beachtende Unschuldsvermutung entgegen, die zur Folge hat, dass eine Verurteilung nur dann möglich ist, wenn der volle Tatbestand der Verbotsnorm (§ 19 GWB) von der Behörde nachgewiesen ist. 112

d) Gemeinsame Marktbeherrschung. Nach § 18 Abs. 6 GWB wird eine gemeinsame Marktbeherrschung vermutet, wenn (1) drei oder weniger Unternehmen zusammen einen Marktanteil von 50% erreichen (enges Oligopol) oder (2) fünf oder weniger Unternehmen zusammen einen Marktanteil von zwei Dritteln erreichen (weites Oligopol). 113

aa) Berechnung des Marktanteils. Die Berechnung des gemeinsamen Marktanteils erfolgt nach den vorstehend zur Einzelmarktbeherrschung dargelegten Grundsätzen. Zu beachten ist allerdings, dass die Vermutungen nur gegen die Unternehmen **in der Reihenfolge ihrer Marktanteile** angewendet werden können. Da Marktanteile ein Indiz für Marktmacht sind, müssen die Vermutungstatbestände nach dem Zweck der Regelung dahin eingeschränkt werden, dass es sich jeweils um die drei bzw. fünf nach Marktanteilen führenden Unternehmen handeln muss.[245] Die beiden Vermutungstatbestände als solche stehen alternativ nebeneinander und schließen sich nicht gegenseitig aus.[246] Jedes *einzelne* Unternehmen ist mit allen seinen **verbundenen Unternehmen** (§ 36 Abs. 2 GWB) in die Marktanteilsberechnung einzubeziehen. 114

bb) Rechtsnatur der Vermutung. Zur **Rechtsnatur** der Oligopol-Vermutung gilt Folgendes: Im Gegensatz zur Einzelmarktbeherrschung nach § 18 Abs. 4 GWB verlagert die Oligopol-Vermutung nicht nur die materielle Beweislast, sondern führt zu Lasten der unter den Vermutungstatbestand fallenden Unternehmen **auch** zu einer echten **Umkehr der formellen Beweislast.**[247] Das ist allerdings nicht bereits dem Umstand zu entnehmen, dass § 18 Abs. 6 GWB – abweichend vom Wortlaut des § 18 Abs. 4 GWB *(„vermutet")* – davon spricht, dass die Gesamtheit der Unternehmen als marktbeherrschend *„gilt"*. Denn § 18 Abs. 7 GWB bezeichnet die in § 18 Abs. 6 GWB enthaltene Regelung ausdrücklich als *„Vermutung"* und nicht als gesetzliche Fiktion. Die Umkehr der formellen 115

---

[242] Vgl. BGH, WuW/E BGH 1749, 1754 – *Klöckner/Becorit;* vgl. auch BGH, WuW/E BGH 2231, 2237 f. – *Metro/Kaufhof.*

[243] BGH, WuW/E BGH 2483, 2489 – *Sonderungsverfahren; Fuchs/Möschel* in: Immenga/Mestmäcker, Band 2 GWB/Teil 1, § 18 Rn. 173.

[244] Vgl. BGH, NZKart 2014, 459 Rn. 19 – *Stromnetznutzungsentgelt VI.*

[245] *Bechtold,* GWB, § 18 Rn. 75; *Fuchs/Möschel* in: Immenga/Mestmäcker, Band 2 GWB/Teil 1, § 18 Rn. 175.

[246] KG, WuW/E OLG 3051, 3070 f. – *Morris/Rothmans; Bardong* in: Langen/Bunte, Kommentar zum deutschen und europäischen Kartellrecht, Band 1, § 18 Rn. 239; a. A. *Bechtold,* GWB, § 18 Rn. 75.

[247] Zur alten Gesetzeslage: BGH, WuW/E BGH 1749, 1755 – *Klöckner/Becorit;* KG, WuW/E OLG 3051, 3071 – *Morris-Rothmans.*

Beweislast ergibt sich aber aus der Tatsache, dass § 18 Abs. 7 GWB die Oligopolvermutung erst dann für widerlegt erachtet, wenn die unter den Vermutungstatbestand fallenden Unternehmen entweder einen wesentlichen **Binnenwettbewerb** oder einen wirksamen **Außenwettbewerb** *„nachweisen"*. Dementsprechend gilt für die unterschiedlichen Verfahrensarten:

116 **(1) Kartellverwaltungsverfahren.** § 18 Abs. 7 GWB verlagert nicht nur die Feststellungslast (= materielle Beweislast) im Falle der Unaufklärbarkeit der Wettbewerbsverhältnisse. Die Vorschrift verschiebt außerdem auch die **formelle Beweislast** auf die Unternehmen, die unter die Oligopolvermutung des § 18 Abs. 6 GWB fallen. Im **Ausgangspunkt** hat deshalb die Kartellbehörde im Verwaltungsverfahren lediglich die Erfüllung des Vermutungstatbestands nachzuweisen. Ist dieser Beweis geführt, obliegt es den betreffenden Unternehmen, im Einzelfall vorzutragen und unter Beweis zu stellen, dass zwischen ihnen ein wesentlicher Wettbewerb herrscht (§ 18 Abs. 7 Nr. 1 GWB) oder sie im Verhältnis zu den übrigen Wettbewerbern keine überragende Marktstellung besitzen (§ 18 Abs. 7 Nr. 2 GWB). Diese Umkehr der Beweislast führt allerdings nicht dazu, dass die Kartellbehörde von ihrer **Aufklärungs- und Ermittlungspflicht** aus § 57 Abs. 1 GWB *vollständig* befreit ist. Die unter die Oligopol-Vermutung fallenden Unternehmen haben zwar alle zur Widerlegung der Vermutung geeigneten Tatsachen vorzutragen, jedoch nur, soweit sie ihnen zugänglich sind. Bei erheblichen Umständen, von denen sie keine genaue Kenntnis haben können, setzt die Aufklärungspflicht der Kartellbehörde ein. Auch muss diese anderem Tatsachenvortrag der beteiligten Unternehmen nachgehen und weitere Ermittlungen anstellen, wenn sich diese Ermittlungen aufgrund der besonderen Kenntnisse des Amtes vom Sachverhalt aufdrängen.[248]

117 **(2) Kartellzivilverfahren.** Im **zivilrechtlichen Kartellverfahren** bewirkt die Oligopolvermutung eine Umkehr der Beweislast. Das unter den Vermutungstatbestand fallende Unternehmen hat folglich nachzuweisen, dass die Voraussetzungen des § 18 Abs. 7 GWB (wirksamer Binnen- oder Außenwettbewerb) erfüllt sind. Gelingt der Beweis nicht, bleibt es bei der Vermutung des § 18 Abs. 6 GWB.

118 **(3) Kartellbußgeldverfahren.** Im **Kartellbußgeldverfahren** findet die Vermutungsregel des § 18 Abs. 6 GWB mit Rücksicht auf die im Straf- und Bußgeldrecht zu beachtende Unschuldsvermutung **keine** Anwendung. Vielmehr hat die Kartellbehörde für den Erlass eines Bußgeldbescheides den vollen Tatbestand der Verbotsnorm (§ 19 GWB) nachzuweisen und demgemäß auch eine gemeinsame Marktbeherrschung der in Anspruch genommenen Oligopolunternehmen zu belegen.

119 **cc) Widerlegung der Vermutung.** Die Vermutung der gemeinsamen Marktbeherrschung ist zum einen durch den Nachweis widerlegt, dass die Wettbewerbsbedingungen einen wesentlichen Wettbewerb zwischen den Oligopolmitgliedern *erwarten* lassen (§ 18 Abs. 7 Nr. 1 GWB). Es kommt also – anders als bei § 18 Abs. 5 GWB („wesentlicher Wettbewerb nicht *besteht*") – nicht entscheidend auf einen tatsächlich vorhandenen Binnenwettbewerb an. Ausreichend (aber auch erforderlich) ist vielmehr, dass ein solcher auf der Grundlage einer **Marktstrukturbetrachtung möglich** und mit hinreichender Wahrscheinlichkeit **zu erwarten** ist. Ein aktuell vorhandener Wettbewerb reicht deshalb zur Widerlegung der Vermutung nicht aus. Es muss vielmehr auf Grund der strukturellen Wettbewerbsvoraussetzungen auch noch für die Zukunft mit wesentlichem Wettbewerb gerechnet werden können. Ob dies der Fall ist, ist anhand einer Gesamtbetrachtung aller maßgebenden Umstände zu beurteilen.[249] Heranzuziehen sind die bereits im Zusammenhang mit dem Oligopoltatbestand des § 18 Abs. 5 Nr. 1 GWB erörterten Gesichtspunkte.

---

[248] OLG Düsseldorf, Beschl. vom 7.5.2008 Umdruck Seite 22f. – *VI Kart 13/07 (V)*; KG, WuW/E OLG 3051, 3071 – *Morris-Rothmans.*

[249] BGH, WuW/E BGH 1824, 1827 – *Tonolli/Blei- und Silberhütte Braubach.*

Die Oligopolvermutung kann zum anderen durch den Nachweis eines wirksamen Außenwettbewerbs widerlegt werden (§ 18 Abs. 7 Nr. 2 GWB). Es ist nachzuweisen, dass die unter den Vermutungstatbestand fallende Gesamtheit der Unternehmen als solche im Verhältnis zu ihren Wettbewerbern keine überragende Marktstellung besitzt. Auch dazu ist eine Gesamtbetrachtung aller maßgeblichen Umstände vorzunehmen. Wegen der Einzelheiten kann auf die diesbezüglichen Ausführungen zu § 18 Abs. 5 GWB verwiesen werden. **120**

§ 19 Verbotenes Verhalten von marktbeherrschenden Unternehmen

(1) **Die missbräuchliche Ausnutzung einer marktbeherrschenden Stellung durch ein oder mehrere Unternehmen ist verboten.**

(2) **Ein Missbrauch liegt insbesondere vor, wenn ein marktbeherrschendes Unternehmen als Anbieter oder Nachfrager einer bestimmten Art von Waren oder gewerblichen Leistungen**

1. ein anderes Unternehmen unmittelbar oder mittelbar unbillig behindert oder ohne sachlich gerechtfertigten Grund unmittelbar oder mittelbar anders behandelt als gleichartige Unternehmen;

2. Entgelte oder sonstige Geschäftsbedingungen fordert, die von denjenigen abweichen, die sich bei wirksamem Wettbewerb mit hoher Wahrscheinlichkeit ergeben würden; hierbei sind insbesondere die Verhaltensweisen von Unternehmen auf vergleichbaren Märkten mit wirksamem Wettbewerb zu berücksichtigen;

3. ungünstigere Entgelte oder sonstige Geschäftsbedingungen fordert, als sie das marktbeherrschende Unternehmen selbst auf vergleichbaren Märkten von gleichartigen Abnehmern fordert, es sei denn, dass der Unterschied sachlich gerechtfertigt ist;

4. sich weigert, einem anderen Unternehmen gegen angemessenes Entgelt Zugang zu den eigenen Netzen oder anderen Infrastruktureinrichtungen zu gewähren, wenn es dem anderen Unternehmen aus rechtlichen oder tatsächlichen Gründen ohne die Mitbenutzung nicht möglich ist, auf dem vor- oder nachgelagerten Markt als Wettbewerber des marktbeherrschenden Unternehmens tätig zu werden; dies gilt nicht, wenn das marktbeherrschende Unternehmen nachweist, dass die Mitbenutzung aus betriebsbedingten oder sonstigen Gründen nicht möglich oder nicht zumutbar ist;

5. seine Marktstellung dazu ausnutzt, andere Unternehmen dazu aufzufordern oder zu veranlassen, ihm ohne sachlich gerechtfertigten Grund Vorteile zu gewähren.

(3) **[1] Absatz 1 in Verbindung mit Absatz 2 Nummer 1 und Nummer 5 gilt auch für Vereinigungen von miteinander im Wettbewerb stehenden Unternehmen im Sinne der §§ 2, 3 und 28 Absatz 1, § 30 Absatz 2a und § 31 Absatz 1 Nummer 1, 2 und 4. [2] Absatz 1 in Verbindung mit Absatz 2 Nummer 1 gilt auch für Unternehmen, die Preise nach § 28 Absatz 2 oder § 30 Absatz 1 Satz 1 oder § 31 Absatz 1 Nummer 3 binden.**

Übersicht

Schrifttum zu § 19 Abs. 1 und Abs. 2 Nr. 1–3: *Alexander,* Die Neuordnung der kartellrechtlichen Missbrauchsaufsicht, WuW 2012, 1025; *Asbach,* Treuerabatte und Rabatte mit Treuewirkung als Missbrauch einer marktbeherrschenden Stellung gemäß Art. 102 AEUV, 2011; *Ballerstedt,* Zur Systematik des Missbrauchsbegriffs im GWB, FS Hefermehl, 1976, S. 36; *Barthelmeß,* Die Intel-Entscheidung des Europäischen Gerichts: Per se Missbräuchlichkeit von Ausschließlichkeitsrabatten unter Art. 102 AEUV und eingeschränkte Bedeutung des „as-efficient-competitor" Tests, NZKart 2014, 492; *Bauer,* Kartellrechtliche Zulässigkeit von Beschränkungen des Internetvertriebs in selektiven Vertriebssystemen, WRP 2003, 243; *Baur,* Der Mißbrauch im deutschen Kartellrecht, 1972; *Berns,* Machtmissbrauch auf Ersatzteilmärkten im deutschen, europäischen und US-amerikanischen Markt, 2013; *Bodenstein,* Kartellrechtliche Bewertung von Rabatten marktbeherrschender Unternehmen, 2013; *Dreher,* Die Verweigerung des Zugangs zu einer wesentlichen Einrichtung als Mißbrauch der Marktbeherrschung, DB 1999, 833; *Drexl,* Die Verweigerung der Offenlegung von Unternehmensgeheimnissen, FS Loewenheim (2009), S. 437; *Emmerich,* Der gleichartigen Unternehmen üblicherweise zugängliche Geschäftsverkehr, NZKart 2015, 114; *Fezer,* Vertriebsbindungssysteme als Unternehmensleistung – Zum Wettbewerbsschutz des selektiven Vertriebs im Grauen Markt, GRUR 1990, 551; *Foerster,* Marktbeherrschende Stellung und Förderung fremden Wettbewerbs, WuW 2015, 233; *v. Gamm,* Das Verbot einer unbilligen Behinderung und einer sachlich nicht gerechtfertigten Diskriminierung, NJW 1980, 2489; *Harte-Bavendamm/Kreutzman,* Neue Entwicklungen in der Beurteilung selektiver Vertriebssysteme, WRP 2003, 682; *Haus/Heitzer,* Kartellrecht gegen (Sport-)Schiedsgerichtsbarkeit – 1:0 Zum Urteil des OLG München in der Sache Claudia Pechstein, NZKart 2015, 181; *Heusch,* Missbrauch marktbeherrschender Stellungen (Art. 102 AEUV) durch Patentinhaber, GRUR 2014, 745; *Höft,* Die Kontrolle des Ausbeutungsmissbrauchs im Recht der Wettbewerbsbeschränkungen, 2013; *Hootz,* Die Durchsetzung zulässiger selektiver Vertriebssysteme nach deutschem Wettbewerbsrecht, BB 1984, 1648; *Jüttner-Kramny,* Das Phänomen „Nachfragemacht", WuW 1982, 278; *Kante/Müller,* Zur Diskussion um ein allgemeines Diskriminierungsverbot, FIW-Schriftenreihe Heft 74, 1976, S. 33; *Kilian,* Diskriminierungsverbot und Kontrahierungszwang für Markenartikelhersteller, ZHR 142 (1978) 453; *Kirchhoff,* Die aktuelle kartellrechtliche Rechtsprechung des BGH zu

Missbrauchskontrolle und Marktabgrenzung, WuW 2011, 1174; *Knöpfle,* Die Rechtsstellungen nach §§ 22 Abs. 1 Nr. 2 und 37a Abs. 3 GWB, DB 1983, 430; *Koenig/Hasenkamp,* Die Vorgaben des Diskriminierungsverbotes und des Gebotes der Vermeidung von Preis-Kosten-Scheren für die Entgeltgestaltung des Marktbeherrschers im Postsektor, WuW 2011, 601; *Köhler,* Wettbewerbsbeschränkungen durch Nachfrager, Münchener Universitätsschriften Band 37, München 1977; *ders.,* Wettbewerbs- und kartellrechtliche Kontrolle der Nachfragemacht, ZHR-Beiheft 49, 1979; *Kokhoff,* Grenzen des selektiven Vertriebs von Markenartikeln, WuW 1985, 854; *Körber,* Kartellrechtlicher Zwangslizenzeinwand und standardessentielle Patente, NZKart 2013, 87; *Kuhn,* Preishöhenmissbrauch (excessive pricing) im deutschen und europäischen Kartellrecht, WuW 2006, 578; *Kühnert/Xeniadis,* Missbrauchskontrolle auf Sekundärmärkten, WuW 2008, 1054; *Lagemann,* Die Anwendbarkeit der kartellrechtlichen Missbrauchsvorschriften auf Fälle mit Drittmarktbezug, 2013; *Lange,* Die kartellrechtliche Kontrolle der Gewährung von Rabatten, WuW 2002, 220; *Loewenheim,* Aktuelle Probleme des kartellrechtlichen Diskrimierungsverbots, WRP 1982, 190; *Lommler,* Das Verhältnis des kartellrechtlichen Verbots der Kosten-Preis-Schere zum Verbot der Kampfpreisunterbietung, WuW 2011, 244; *Meßmer,* Die „enwag"-Entscheidung des OLG Frankfurt: Eine weitere Bastion fällt?, WuW 2009, 760; *Mestmäcker,* Der verwaltete Wettbewerb, Tübingen 1984; Monopolkommission, Sondergutachten 7, Mißbräuche der Nachfragemacht und Möglichkeiten zu ihrer Kontrolle im Rahmen des Gesetzes gegen Wettbewerbsbeschränkungen, Baden-Baden 1977; *Möschel,* Marktabgrenzung bei Herstellermarken und Handelsmarken, WuW 2013, 568; *ders.,* Oligopolmißbrauch nach § 22 GWB, DB 1973, 461 und DB 1973 509; *ders.,* Mißbrauchsaufsicht über marktbeherrschende Unternehmen, NJW 1975, 753; *Munzinger,* Mißbräuchliche Preise, Preisbildungssysteme und Preisstrukturen, FIW-Schriftenreihe Heft 78, 1977; *Niederleithinger,* Die Verfolgung von Mißbräuchen von Angebots- und Nachfragemacht nach §§ 22, 26 Abs. 2 GWB, in: FIW-Schriftenreihe, Heft 77, Köln u. a. 1977, S. 65; *Pfeiffer,* Das kartellrechtliche Diskriminierungsverbot aus richterlicher Sicht, FIW-Schriftenreihe Heft 103, 1981/82, S. 73; *Pichler/Hertfelder,* Verbot des Vertriebs über Internetplattformen Dritter im Rahmen des qualitativ-selektiven Vertriebs – zugleich Anmerkungen zum Urteil des KG „Schulranzen, NZKart 2014, 47; *Rudowic,* Plattformverbote in selektiven Vertriebssystemen: Kritische Auseinandersetzung mit dem Urteil des KG in der Sternjakob, NZKart 2014, 253; *Sack,* Zum erweiterten Adressatenkreis des Diskriminierungsverbots GRUR 1975, 511; *Säcker,* Die kartellrechtliche Missbrauchskontrolle über Wasserpreise und Wassergebühren, NJW 2012, 1105; *Schmidt,* US-amerikanische und deutsche Wettbewerbspolitik gegenüber Marktmacht, Berlin 1973; *Schwenke,* Die Berücksichtigung der Marktmacht bei „Mißbrauch" und „Diskriminierung" (insbesondere nach der vierten GWB-Novelle). Münster 1995 (Juristische Schriftenreihe; Bd. 62); *Thomas,* Die verfahrensrechtliche Bedeutung der Marktbeherrschungsvermutungen des § 19 Abs. 3 GWB, WuW 2002, 470; *Ulmer,* Die Anwendung des erweiterten Diskriminierungsverbots auf Markenartikelhersteller, BB 1975, 661; *ders.,* Kartellrechtswidrige Konkurrentenbehinderung durch leistungsfremdes Verhalten marktbeherrschender Unternehmen, in FS Kummer, 1980, S. 565; *ders.,* Schranken zulässigen Wettbewerbs marktbeherrschender Unternehmen, 1977; *Wanderwitz:* Der Missbrauch von Nachfragemacht, WRP 2015, 162; *Weber,* Belieferungsanträge in der neueren Rechtsprechung, WuW 1986, 26; *Wiemer,* Der „reine" Preishöhenmissbrauch – das unbekannte Wesen, WuW 2011, 723; *Willeke,* Marktbeherrschung und Mißbrauch von Marktmacht, WuW 1975, 533; *Wolfers/Wollenschläger,* Kartellrechtliche Kontrolle von Gebühren? Zur verfassungsrechtlichen Reichweite der kartellrechtlichen Preismissbrauchsaufsicht, WuW 2013, 237; *Wurmnest,* Marktmacht und Verdrängungsmissbrauch, 2. Aufl. 2012.

Schrifttum zu § 19 Abs. 2 Nr. 4: *Bunte,* 6. GWB-Novelle und Missbrauch wegen Verweigerung des Zugangs zu einer „wesentlichen Einrichtung", WuW 1997, 302; *Bunte/Heintz,* Zugang zu Netzen und anderen Infrastruktureinrichtungen, WuW 2003, 598; *Bodenstein,* Kartellrechtliche Bewertung von Rabatten marktbeherrschender Unternehmen, Diss., 2013; *Dreher,* Die Verweigerung des Zugangs zu einer wesentlichen Einrichtung als Mißbrauch der Marktbeherrschung, DB 1999, 833; *Heise,* Der Rechtsrahmen der Netzwirtschaften: Kartellrechtliche Sicherstellung des Netzzugangs?, WuW 2009, 1024; *Klimisch/Lange,* Zugang zu Netzen und anderen wesentlichen Einrichtungen als Bestandteil der kartellrechtlichen Missbrauchsaufsicht, WuW 1998, 15; *Kriete/Werner,* Missbräuchliche Ausnutzung der Netzverfügungsgewalt auf dem Strommarkt, WuW 2003, 1173; *Kühne, G.,* Das Verhältnis zwischen allgemeinem und sektorspezifischem (Sonder-)Kartellrecht beim Zugang zu wesentlichen Einrichtungen, Festschrift für Immenga, 2004, S. 243; *Lettl,* § 19 Abs. 4 Nr. 4 GWB und Marktbeherrschung, WuW 2011, 579; *Markert,* Die Verweigerung des Zugangs zu „wesentlichen Einrichtungen" als Problem der kartellrechtlichen Mißbrauchsaufsicht, WuW 1995, 560; *Schwintowski,* Der Zugang zu wesentlichen Einrichtungen, WuW 1999, 842.

Schrifttum zu § 19 Abs. 2 Nr. 5: *Exner,* Der Mißbrauch von Nachfragemacht durch das Fordern von Sonderleistungen nach deutschem Recht, 1984; *Köhler,* zur Kontrolle der Nachfragemacht nach dem neuen GWB und dem neuen UWG, WRP 2006, 139; *ders.,* Zur Auslegung, Anwendung und Reform des § 20 Abs. 3 GWB, Festschrift für Tilmann, 2003, S. 693; *ders.*, ,Verkauf unter Einstandspreis im neuen GWB', BB 1999, 697; *ders.*, Wettbewerbs- und kartellrechtliche Kontrolle der Nachfragemacht, ZHR 1979, Beiheft 49; *Loewenheim,* „Eintrittsgelder" und Sittenwidrigkeit – Bemerkungen zum Urteil des OLG Frankfurt vom 6. Mai 1975, GRUR 1976, 224; *Lange,* Die kartellrechtliche Kontrolle der Gewährung von Rabatten, WuW 2002, 220; *Lehmann,* Schutz des Leistungswettbewerbs und Verkauf unter Einstandspreis – Anmerkung zu den BGH-Entscheidungen „Elbe-Markt", „mini-Preis", „Der Superhit" und „Verkauf unter Einstandspreis", GRUR 1979, 368; *Säcker/Mohr,* Forderung und Durchsetzung ungerechtfertigter Vorteile. Eine Analyse des § 20 Abs. 3 GWB, WRP 2010,1; *Schmidt,* Handelskonzentration, Nachfragemacht und 6. GWB-Novelle, WuW 1997, 101; *Wanderwitz,* Der Missbrauch von Nachfragemacht nach § 20 III GWB, 2013; *Westen,* Unbillige Behinderung von Wettbewerbern durch Verkäufe unter Einstandspreis, 1987.

A. Normzweck, Entstehungsgeschichte und Systematik der Vorschrift

1 §§ 18–20 verfolgen den **Zweck,** den Missbrauch von Marktmacht zu verhindern. Während § 18 regelt, wann Marktbeherrschung vorliegt, untersagt § 19 die missbräuchliche Ausnutzung einer marktbeherrschenden Stellung und § 20 die missbräuchliche Ausnutzung relativer Marktmacht, dh. Marktmacht gegenüber bestimmten Unternehmen. §§ 18–20 entsprechen in ihrer Funktion dem Art. 102 AEUV, der gleichfalls eine Generalklausel mit einer nicht abschließenden Aufzählung von Einzelfällen kombiniert. Ebenso wie im europäischen Recht ist nicht das Bestehen einer marktbeherrschenden Stellung verboten, sondern nur ihre missbräuchliche Ausnutzung. Daraus erklärt sich die große Bedeutung der §§ 19 und 20.

2 § 19 hat eine wechselvolle **Entstehungsgeschichte** hinter sich. In seiner ursprünglichen Fassung von 1958 enthielt das GWB noch kein allgemeines Missbrauchsverbot, sondern regelte nur einzelne Missbrauchsfälle in § 22 Abs. 3, nämlich Missbrauch beim Fordern und Anbieten von Preisen, bei der Gestaltung von Geschäftsbedingungen und beim Abschluss von Koppelungsverträgen. Erst die 1. GWB-Novelle von 1965 erweiterte diese Vorschrift zu all einem allgemeinen Verbot des Missbrauchs marktbeherrschende Stellungen. Die 2. GWB-Novelle von 1973 erweiterte in § 22 Abs. 1 Nr. 2 den Adressatenkreis um Unternehmen, die im Verhältnis zu ihren Wettbewerbern eine überragende Marktstellung hatten und fügte in § 22 Abs. 3 eine Marktbeherrschungsvermutung hinzu. Die 4. GWB-Novelle von 1980 konkretisierte in § 22 Abs. 4 S. 2 den Missbrauchstatbestand durch drei Fälle, nämlich erstens die Beeinträchtigung der Wettbewerbsmöglichkeiten anderer Unternehmen in einer für den Wettbewerb auf dem Markt erheblichen Weise ohne sachlich gerechtfertigten Grund, zweitens das Fordern von Entgelten oder sonstigen Geschäftsbedingungen, die von denjenigen abweichen, die sich bei wirksamem Wettbewerb mit hoher Wahrscheinlichkeit ergeben würden und drittens das Fordern ungünstigere Entgelte oder sonstiger Geschäftsbedingungen als diejenigen, die das marktbeherrschende Unternehmen selbst auf vergleichbaren Märkten von gleichartigen Abnehmern fordert. Während die 4. GWB-Novelle von 1989 eher geringfügige Änderungen bei den Merkmalen der überragenden Marktstellung mit sich brachte, führte die 6. GWB-Novelle von 1998 zu einer grundlegenden Änderung, indem aus dem Missbrauchstatbestand, der lediglich eine kartellbehördliche Kontrolle erlaubte, ein unmittelbar wirkender Verbotstatbestand wurde. Zudem wurden die Missbrauchstatbestände in (nunmehr § 19) Abs. 4 um einen vierten Fall ergänzt, der die Verweigerung des Zugangs zu Netzen oder anderen Infrastruktureinrichtungen durch marktbeherrschende Unternehmen erfasste. Kleinere Änderungen zum Begriff des relevanten Marktes brachte die 7. GWB-Novelle von 2005 mit sich. Die 8. GWB-Novelle von 2013 führte zu einer grundlegenden Umstellung der Marktbeherrschungsvorschriften. Der Marktbeherrschungstatbestand wurde in § 18 verlagert, die Tatbestände der missbräuchlichen Ausnutzung einer marktbeherrschenden Stellung werden nunmehr von § 19 erfasst und in § 20 die Ausnutzung von Marktmacht gegenüber kleinen

und mittleren Unternehmen (relativer Marktmacht) belassen. Zudem wurde die Marktanteilsschwelle bei der Marktbeherrschungsvermutung für Einzelunternehmen von einem Drittel Marktanteil (§ 19 Abs. 3 aF) auf 40% (§ 18 Abs. 4) angehoben.[1]

In seiner **Systematik** folgt § 19 folgt einem vergleichsweise einfachen Grundkonzept: 3
Absatz 1 enthält das grundsätzliche Verbot der missbräuchlichen Ausnutzung einer marktbeherrschenden Stellung in Form einer Generalklausel und nennt die Normadressaten, Absatz 2 zählt fünf wesentliche Missbrauchsfälle in beispielhafter Form auf, Absatz 3 erweitert den Anwendungsbereich des Missbrauchsverbot auf Kartelle und preisbindende Unternehmen. Trotz ihrer einfachen Struktur wirft die Vorschrift eine Vielzahl schwieriger Einzelfragen auf.

Die Anwendung des § 19 kann nicht ohne Berücksichtigung des **Rechts der Europäi-** 4
schen Union erfolgen. Grundlage ist Art. 3 der Verordnung (EG) Nr. 1/2003 des Rates vom 16. Dezember 2002, der das Verhältnis zwischen den Art. 81 und 82 EG einerseits und dem einzelstaatlichen Wettbewerbsrecht andererseits regelt, sowie der in Ausführung dieser Bestimmung erlassene § 22 GWB. Von diesen Vorschriften werden allerdings nur Fälle erfasst, die geeignet sind, den Handel zwischen den Mitgliedstaaten der Europäischen Union zu beeinträchtigen, die also vom europäischen Kartellrecht erfasst werden. Dabei sind drei Aspekte zu unterscheiden:

(1) Ist das **deutsche Kartellrecht strenger als das Unionsrecht,** so darf nach § 22 Abs. 2 S. 1 (bzw. Art. 3 Abs. 2 S. 1 der VO 1/2003) die deutsche Entscheidung nicht vom Unionsrecht abweichen. Das gilt aber gemäß Art. 3 Abs. 2 S. 2 VO 1/2003 **nicht** für **einseitige Wettbewerbsbeschränkungen.** Der deutsche Gesetzgeber hat diese Regelung in § 22 Abs. 2 S. 2 dahingehend umgesetzt, dass die Vorschriften des Zweiten Abschnitts (§§ 18–21 GWB) unberührt bleiben sollen. Soweit es sich um einseitige Wettbewerbsbeschränkungen handelt, können also Maßnahmen kartellbehördlicher oder zivilrechtlicher Art nach § 19 auch dann erfolgen, wenn das betreffende einseitige Verhalten nicht gegen das europäische Kartellrecht verstößt.[2]

(2) Ist das **deutsche Kartellrecht milder als das Unionsrecht,** so hat gemäß § 22 Abs. 2 S. 3 das europäische Recht Vorrang. Es darf also das mildere deutsche Recht nicht angewendet werden.[3]

(3) In **Fällen, die unter Art. 102 AEUV fallen,** ist nach § 22 Abs. 3 auch die Anwendung des deutschen Kartellrechts zulässig, aber nur, wenn daneben gemäß Art. 3 Abs. 1 S. 2 der VO 1/2003 auch Art. 102 AEUV angewendet wird.[4]

In materiellrechtlicher Hinsicht ist zu berücksichtigen, dass die deutsche Missbrauchsaufsicht zwar ihre Eigenständigkeit behält, sich aber in zunehmendem Maße ein **Gleichlauf mit Art. 102 AEUV** herausbildet.[5]

B. Normadressaten

Der in Abs. 1 und Abs. 3 dem Missbrauchsverbot unterliegende Adressatenkreis in 5
Abs. 1 und Abs. 3 entspricht der bisherigen Rechtslage in § 20 Abs. 1 aF. Es werden marktbeherrschende Unternehmen, legalisierte Kartelle und preisbindende Unternehmen erfasst. Auch in §§ 19 und 2 gilt der allgemeine **Unternehmensbegriff** des GWB:[6] Es

[1] S. zur Bewertung der 8. GWB-Novelle auch BKartA WuW 2012, 257/267 f. sowie die Stellungnahme der Monopolkommission, WuW 2012, 269/271.

[2] Sa. § 22 Rn. 8.

[3] Sa. § 22 Rn. 10.

[4] Sa. § 22 Rn. 6 f.

[5] Dazu eingehend *Nothdurft* in Langen/Bunte § 19 GWB Rn. 23 ff.

[6] Allgemeine Ansicht, vgl. nur *Fuchs* in Immenga/Mestmäcker, § 19 GWB Rn. 98; BKartA WuW/E DE-V 1235 (1238) – Praktiker Baumärkte.

genügt jedwede Tätigkeit im geschäftlichen Verkehr, lediglich die rein private, außerhalb des Erwerbslebens sich abspielende Tätigkeit wird nicht erfasst.[7]

I. Marktbeherrschende Unternehmen

6 Nach Abs. 1 sind Normadressaten nach Abs. 1 ein oder mehrere markbeherrschende Unternehmen. Was marktbeherrschende Unternehmen sind, bestimmt sich nach § 18 GWB. Danach ist ein Unternehmen marktbeherrschend, wenn es auf einem bestimmten Markt ohne Wettbewerber ist oder keinem wesentlichen Wettbewerb ausgesetzt ist oder wenn es eine überragende Marktstellung hat (§ 18 Abs. 1). Marktbeherrschend können auch **Oligopolunternehmen** sein (§ 18 Abs. 5). Es gelten ferner die Marktbeherrschungsvermutungen nach § 18 Abs. 4, 6 und 7. Da der Verbotstatbestand des § 19 Abs. 1 an die marktbeherrschende Stellung eines Unternehmens anknüpft und in dieser Marktposition seine Rechtfertigung findet, kann das Verbot nur dort gelten, wo die Marktmacht besteht oder sich auswirkt.[8] Der danach **relevante Markt** ist in sachlicher, örtlicher und zeitlicher Hinsicht zu bestimmen; dabei finden die Kriterien des § 18 Anwendung. Die Marktabgrenzung hat aus der Sicht der Marktgegenseite zu erfolgen.[9] Im Vordergrund steht die sachliche Marktabgrenzung, also die Feststellung, welche Waren und Leistungen aus der Sicht der jeweiligen Marktgegenseite austauschbar sind.[10] Dabei ist zu berücksichtigen, dass für ein und dieselbe Ware je nach Marktstufe die Märkte unterschiedlich sein können; die funktionelle Austauschbarkeit kann sich aus der Sicht des Endabnehmers anders darstellen als aus der Sicht einer vorgelagerten Marktstufe. Erfolgt das missbräuchliche Verhalten auf **Drittmärkten,** so ist § 19 dann anwendbar, wenn sich die marktbeherrschende Stellung über den beherrschten Markt hinaus auf einen anderen Markt (Drittmarkt) auswirkt; das missbräuchliche Verhalten also auf der marktbeherrschenden Stellung beruht.[11] Auch der Gesetzgeber ist davon ausgegangen, dass Drittmärkten Behinderungen von § 19 erfasst werden.[12] Dieser Fall kann beispielsweise bei Kopplungssachverhalten eintreten, in denen das marktbeherrschende Unternehmen den Absatz seiner Waren auf dem beherrschten Markt mit dem Absatz von Waren auf nicht beherrschten Märkten koppelt und dadurch Wettbewerber auf den nicht beherrschten Märkten behindert.

II. Freigestellte Kartelle

7 Nach § 19 Abs. 3 S. 1 gilt das Missbrauchsverbot des Abs. 1 in Verbindung mit Abs. 2 Nr. 1 und Nr. 5 auch für Vereinigungen von miteinander im Wettbewerb stehenden Un-

---

[7] Eingehend zum Unternehmensbegriff oben § 1 GWB Rn. 22; Art. 101 AEUV Rn. 131 ff.; s. a. aus neuerer Zeit BGH 6.11.2013, KVR 58/11, NZKart 2014, 31 Rn. 43 f.; OLG Düsseldorf 24.2.2014, VI-2 Kart 4/12, NZKart 2014, 235/236 – Berliner Wasser.

[8] OLG München 17.6.2010, U (K) 1607/10 – Visa-Bargeldabhebung, WuW/E DE-R 2978/2980:

[9] BGH 24.9.2002, KZR 34/01, WuW/E DE-R 1011/1012 – Wertgutscheine für Asylbewerber; BGH 12.11.2002, KZR 11/01, WuW/E DE-R 1087/1091 – Ausrüstungsgegenstände für Feuerlöschzüge; BGH 13.11.1990, KZR 25/89, WuW/E BGH 2683/2685 – Zuckerrübenanlieferungsrecht; BGH 23.2.1988, KZR 17/86, WuW/E BGH 2483/2487 f. – Sonderungsverfahren.

[10] Vgl. im Einzelnen § 18 GWB Rn. 13 ff.; sa. BGH 19.3.1996, KZR1/95, WuW/E BGH 3058/3062 – Pay-TV-Durchleitung; BGH 25.9.2007, WuW/E DE-R 2267 – Münchener Fernwärme.

[11] BGH 23.3.1982, KZR 28/80, WuW/E BGH 1911/1914 – Meierei-Zentrale; BGH 7.11.1960, KZR 1/60, WuW/E BGH 407/410 – Molkereigenossenschaft; OLG Düsseldorf 28.3.2012, VI-U (Kart) 20/11, WuW/E DE-R 3789 – Schilderprägerunternehmen; KG 20.5.1998, Kart U 6148/97, WuW/E DE-R 165 – BVS; OLG Frankfurt 30.7.1996, 11 U (Kart) 63/95, NJWE WettbR 1996, 259/261; OLG München 10.3.2005, U (K) 1672/04, WuW/E DE-R 1464/1466 – Nürnberger Hafengelände; OLG München 7.1.1996, U (K) 5870/95, NJW-RR 1997, 296/297 – Schilderpräger in der Kfz-Zulassungsstelle.

[12] Regierungsbegründung BT-Drs. 17/9852 S. 23; sa. OLG Hamburg 4.6.2009, 3 U 203/08 WuW/E DE-R 2831 – CRS-Betreiber/Lufthansa; *Nothdurft* in Langen/Bunte § 19 GWB Rn. 190 ff.; *Markert* in Immenga/Mestmäcker, § 19 GWB Rn. 99; *Bechtold* § 19 GWB Rn. 5.

ternehmen im Sinne der §§ 2, 3 und 28 Abs. 1, § 30 Abs. 2a und § 31 Abs. 1 Nummer 1, 2 und 4. Damit sollen freigestellte Kartelle erfasst werden. Ebenso wie von marktbeherrschenden Unternehmen können auch von ihnen Diskriminierungen und Behinderungen ausgehen; ihnen ist damit der Behinderungs- und Diskriminierungsmissbrauch sowie das Sich-gewähren-lassen von sachlich nicht gerechtfertigten Vorteilen untersagt. Dem Diskriminierungs- und Behinderungsverbot unterliegen daher alle Vereinigungen von Wettbewerbern, die nach der Generalklausel des § 2 Abs. 1 vom Verbot des § 1 freigestellt sind; die Gruppenfreistellungsverordnungen nach Art. 81 Abs. 3 EG sind dabei entsprechend zu berücksichtigen (§ 2 Abs. 2). Ferner werden Mittelstandskartelle nach § 3, landwirtschaftliche Erzeugerbetriebe und deren Vereinigungen nach § 28 Abs. 1, Presse-Verlage/Presse-Grossisten (§ 30 Abs. 2a) und Wasserversorgungsunternehmen (§ 31 Abs. 1 Nummer 1, 2 und 4) erfasst. Das Missbrauchsverbot richtet sich **nur an die Vereinigungen** selbst, nicht an deren Mitglieder. Diese werden jedoch dann vom Verbot erfasst, wenn sie vom Kartell veranlasste Diskriminierungs- und Behinderungsmaßnahmen unmittelbar ausführen.[13] Ebenso wie bei marktbeherrschenden Unternehmen werden nur Diskriminierungen und Behinderungen auf Märkten erfasst, auf denen die wettbewerbsbeschränkende Wirkung des Kartells besteht oder sich auswirkt. Das ist der Regelungsbereich des Kartells; Drittmärkte werden nur erfasst, wenn auch dort eine solche Auswirkung besteht.[14]

III. Preisbindende Unternehmen

Preisbindende Unternehmen fallen nach § 19 Abs. 3 S. 2 unter das **Behinderungs- und Diskriminierungsverbot.** Bis zur achten GWB-Novelle wurde die missbräuchliche Ausnutzung marktbeherrschender Stellungen durch freigestellte Kartelle und Preis bindende Unternehmen durch § 20 GWB aF erfasst; die jetzige Regelung in § 19 entspricht der bisherigen Rechtslage. Die Missbrauchsaufsicht über preisbindende Unternehmen rechtfertigt sich dadurch, dass von ihnen ähnliche Störungen des Marktgeschehens wie von marktbeherrschenden Unternehmen und Kartellen ausgehen können; der Ausschluss des Preiswettbewerbs auf den nachgelagerten Markstufen legt das Vorhandensein von Marktmacht nahe.[15] Seit der Aufhebung der Preisbindung für Markenwaren 1973 hat die Vorschrift aber nur noch geringe Bedeutung. 8

Erfasst werden preisbindende Unternehmen nach § 28 Abs. 2 **(Landwirtschaft),** § 30 Abs. 1 S. 1 **(Zeitungen und Zeitschriften)** und § 31 Abs. 1 Nr. 3 **(Wasserversorgung).** Die Buchpreisbindung nach dem Buchpreisbindungsgesetz ist nicht aufgeführt. Preisbindungen im **Buchhandel** waren bis zum 30.9.2002 in § 15 GWB geregelt und unterlagen nach dem damaligen Wortlaut des § 20 Abs. 1 gleichfalls dem Diskriminierungs- und Behinderungsverbot. Mit Gesetz vom 2.9.2002[16] wurden sie aus dem GWB herausgenommen und im Buchpreisbindungsgesetz[17] geregelt; gleichzeitig wurde die Verweisung auf § 15 in § 20 Abs. 1 gestrichen. Die unterschiedliche Erfassung von Preisbindungen bei Zeitungen und Zeitschriften einerseits und Preisbindungen im Buchhandel andererseits lässt sich damit rechtfertigen, dass es sich bei der Preisbindung im Buchhandel nunmehr um eine gesetzlich angeordnete Preisbindung handelt (§ 5 BprBindG), während § 19 Abs. 1 iVm Abs. 3 ansonsten nur vertraglich vereinbarte Preisbindungen erfasst; zudem verpflichtet § 6 BPrBindG Verlage durch das Verbot bestimmter Maßnahmen zur Rücksichtnahme auf Buch- 9

---

[13] BGH, 6.3.2007, KZR 6/06, WuW/E DE-R 1954 – Petcycle; BGH 13.7.1971, KZR 10/70, WuW/E BGH 1175/1179 – Ostmüller; KG 21.11.1991, Kart 2/91, WuW/E OLG 4907/4912f. – Offizieller Volleyball; ebenso das Schrifttum, vgl. etwa *Nothdurft* in Langen/Bunte § 19 GWB Rn. 83.

[14] BGH 13.7.1971, KZR 10/70, WuW/E BGH 1175/1179 – Ostmüller.

[15] BGH 9.11.1967, KZR 7/66, WuW/E BGH 886/889f. – Jägermeister.

[16] BGBl. I S. 3448.

[17] Verkündet als Art. 1 des Gesetzes v. 2.9.2002.

händler, insbesondere kleinere Buchhändler. Buchhandelspreise bindende Verlage können aber als marktbeherrschende Unternehmen durch § 19 Abs. 1 erfasst werden.

10 Preisbindende Unternehmen unterliegen dem Missbrauchsverbot **nur hinsichtlich der preisgebundenen Erzeugnisse;** soweit für Waren keine Preisbindung besteht, findet die Vorschrift keine Anwendung[18] Jedoch kann der Preisbinder für nicht preisgebundene Waren aus anderen Gründen, etwa als marktbeherrschendes Unternehmen, unter § 19 Abs. 1 fallen. § 19 Abs. 3 S. 2 ist **nur auf den Preisbinder selbst anwendbar,** nicht dagegen auf den Zwischenhandel, der die Preisbindung aufgrund seiner vertraglichen Verpflichtung weitergibt; dagegen kommt es nicht darauf an, welche Marktstufen der Preisbinder bindet.[19] Unternehmen, die nur die Endverkaufspreise binden, unterliegen also auch im Verkehr mit den Großhändlern dem Missbrauchsverbot. Der Grund hierfür liegt darin, dass die Preisbindung auch auf den nicht gebundenen Stufen Auswirkungen auf den Wettbewerb haben kann, indem die Großhändler in das Preisbindungssystem einbezogen sind und ihrerseits ihre Abnehmer binden müssen.[20] Darüber hinaus findet § 19 Abs. 1 iVm Abs. 2 Nr. 1 nicht nur auf die Geschäftsbeziehungen des preisbindenden Unternehmens zu den gebundenen Abnehmern Anwendung, sondern auch gegenüber nicht gebundenen **Außenseitern** auf der Marktstufe, auf der die Preisbindung besteht.[21] Auf vertikale **Preisempfehlungen** ist § 20 Abs. 1 nicht anzuwenden, auch nicht analog.

IV. Einzelfälle

11 Als marktbeherrschende Unternehmen im Sinne des § 19 (bzw. des § 20 Abs. 1 aF und des § 26 Abs. 2 aF) sind u. a. angesehen worden: **Energieversorgungsunternehmen** auf dem Markt für Stromeinspeisung in das Netz,[22] auf dem Markt der Strombelieferung für ein bestimmtes Gebiet,[23] für die Durchleitung von Energie,[24] auf den Märkten für die Bereitstellung, Verrechnung und Abrechnung von Tarifzählern;[25] öffentliche **Krankenversicherungen** auf dem Nachfragemarkt für Leistungen von Heilbädern;[26] Träger der gesetzlichen Krankenversicherung in ihrer Gesamtheit,[27] eine kassenzahnärztliche Vereinigung auf dem Markt für Praxisausrüstungen;[28] **Fußballvereine** für die Hörfunkübertragung von Bundesligaspielen,[29] die **Bundesrepublik** als Nachfrager gewerblicher Leistungen im militärtechnischen Bereich;[30] die Deutsche **Bundesbahn** für das Eisenbahnschienennetz;[31] die

---

[18] BGH WuW/E BGH 886 (889 f.) – Jägermeister; *Nothdurft* in Langen/Bunte § 19 GWB Rn. 89.

[19] BGH 9.11.1967, KZR 7/66, WuW/E BGH 886/888 ff. – Jägermeister; BGH 17.3.1998, KZR 30/96, WuW/E DE-R 134 – Bahnhofsbuchhandel; OLG Düsseldorf 20.10.1961, 2 U 113/60, WuW/E OLG 380/383 – Cash-and-Carry; BKartA 7.11.1972, B3–546 600-QX-146/72, WuW/E BKartA 1441/1442 – Bürsten; *Nothdurft* in Langen/Bunte § 19 GWB Rn. 87.

[20] BGH 9.11.1967, KZR 7/66, WuW/E BGH 886/888 ff. – Jägermeister; BGH 17.3.1998, KZR 30/96, WuW/E DE-R 134 – Bahnhofsbuchhandel.

[21] BGH 13.3.1979, KZR 4/77, WuW/E BGH 1584 – Anwaltsbücherdienst.

[22] BGH 8.12.1998, KZR 49/97, WRP 1999, 436/437 – Kraft-Wärme-Kopplung II; BGH, 22.10. 1996 – KZR 19/95, WRP 1997, 186/187 – Stromeinspeisung II; BGH 2.7.1996, KZR 31/95, WRP 1997, 1108/1109 – Kraft-Wärme-Kopplung.

[23] OLG Düsseldorf, 5.12.2001, U (Kart) 34/01, WuW/E DE-R 847 – Linzer Gaslieferant; OLG Schleswig-Holstein, 12.11.1996, 6 U Kart. 68/95, WRP 1997, 231/234 – Konzessionsabgaben; BKartA 14.2.2003, B11–45/01, WuW/E DE-V 722; s. a. OLG Naumburg 5.6.2001, 1 U (Kart) 1/01, WuW/E DE-R 805 – MEAG.

[24] BGH 15.11.1994, KVR 29/93, WRP 1995, 312/315 – Gasdurchleitung; OLG München 18.10. 2001, Kart 1/00 WuW/E DE-R 790 – Bad Tölz.

[25] BKartA, 13.2.2003, B 11 – 20/02, WuW/E DE-V 750.

[26] OLG Schleswig-Holstein, 27.2.1996, 6 U Kart 56/95, WRP 1996, 622/624.

[27] OLG Thüringen 23.2.2000, 2 U 1159/99, WuW/E DE-R 500 – Enteralernährung.

[28] BGH 22.7.1999, KZR 13/97, WuW/E DE-R 352 – Kartenlesegerät.

[29] BGH, 8.11.2005, KZR 37/03, WuW/E DE-R 1597/1599 – Hörfunkrechte.

[30] OLG Frankfurt, 26.7.1988, 6 U 53/87 – Kart, WRP 1988, 745/747.

[31] OLG Düsseldorf, 19.3.2003, U(Kart) 20/02, WuW/E DE-R 1184.

Lufthansa im innerdeutschen Linienflugverkehr;[32] die Deutsche **Bundespost** bei der Beförderung von Briefsendungen;[33] ein **Bundesland** für die Einrichtung von Lotto/Toto-Annahmestellen;[34] das Land Berlin für die Nachfrage von Straßenbauarbeiten;[35] die bayerische Staatslotterie;[36] **Landkreise** für die Zulassung von Schülerbustransporten;[37] **Stadtwerke** für die Lieferung von Wasser;[38] **Gemeinden** bezüglich der Einräumung von Wegerechten für die Energieversorgung; [39] eine **Vertriebsgesellschaft für Erdgas und Elektrizität** wegen erhöhter Preise,[40] **Kfz-Zulassungsstellen** auf dem Markt für Gewerbeflächen für Schilderpräger von Kfz-Schildern;[41] eine Bank bezüglich des Zugangs zu ihren Geldautomaten;[42] auf dem Markt für die Durchleitung von Rundfunk- und Fernsehprogrammen Inhaber von **Kabelnetzen;**[43] ein Zusammenschluss von **Hörfunksendern** auf dem Angebotsmarkt für die Vermarktung von Hörfunkwerbezeit an nationale Werbekunden;[44] Sendeunternehmen im Hinblick auf die Nutzung von Programminformationen;[45] der Betreiber eines privaten **Breitbandkommunikationsnetzes** auf dem Markt für die Durchleitung von Fernsehprogrammen zu den Empfängern mittels Kabel;[46] **Mobilfunkprovider** für die Terminierung von Telefongesprächen aus dem Festnetz in ihr eigenes Netz;[47] eine **Domain-Vergabestelle;**[48] auf dem Markt für **Originalersatzteile** deren Hersteller, wenn die Originalersatzteile allein über diese bezogen werden können;[49] Märk-

---

[32] Tätigkeitsbericht des BKartA für 2003/2004 (BT-Drucks. 15/5790) S. 155.

[33] OLG Karlsruhe, 10.1.1996, 6 U 197/95 (Kart.), WRP 1996, 451/453 – The Sisters of Mary; s. a. Tätigkeitsbericht des BKartA für 2003/2004 (BT-Drucks. 15/5790) S. 164.

[34] OLG Frankfurt/Main 5.11.2002, 11 U (Kart) 13/02, WuW/E DE-R 1081.

[35] BGH 18.1.2000, KVR 23/98, WuW/E BGH 297 – Tariftreueerklärung II.

[36] BGH 7.3.1989, KZR 15/87, WRP 1990, 32/34.

[37] BGH 24.6.2003, KZR 32/01, WuW/E DE-R 1144 – Schülertransporte.

[38] BGH 15.5.2012, KZR 51/11 WuW/E DE-R 3632 – Wasserpreise Calw; BGH 2.2.2010, KZR 66/08 WuW/E DE-R 2841 – Wasserpreise Wetzlar.

[39] BGH 6.11.2012, KVR 54/11 WuW/E DE-R 3879 Rn. 17 – Gasversorgung Ahrensburg.

[40] BGH, 7.12.2010, KZR 5/10 WuW/E DE-R 3145 – Entega II.

[41] BGH 13.11.2007, KZR 22/06, WuW/E DE-R 2163/2164 – Freihändige Vermietung an Behindertenwerkstatt; BGH, 7.11.2006, KZR 2/06 WuW/E DE-R 1951/1952 – Bevorzugung einer Behindertenwerkstatt; BGH 8.4.2003, KZR 39/99, WuW/E DE-R 1099; BGH 24.9.2002, KZR 4/01, WuW/E DE-R 1003; BGH 14.7.1998, KZR 1/97, WRP 1999, 105/106 f. – Schilderpräger im Landratsamt; ebenso die Vorinstanz OLG München, 7.11.1996, U (K) 58, WRP 1997, 218/219; s. ferner OLG Düsseldorf 17.12.2008, VI-U (Kart) 15/08 WuW/E DE-R 2522 – Schilderprägestelle Bad Salzuflen; OLG Düsseldorf, 7.2.2007, VI-U (Kart) 35/06, DE-R 1991/1992 – Schilderpräge-Café; OLG Karlsruhe 13.12.1995, 6 U 203/95, WRP 1996, 447/448; OLG Rostock, 18.10.1995, 2 U 49/95, WRP 1996, 465/466; OLG Stuttgart, 12.12.1995, 2 W (Kart) 62/95, WRP 1996, 369; aber auch OLG Dresden 18.4.1996, 7 U 2422/95 – WRP 1996, 611/914; s. ferner OLG Saarbrücken, 3.5.2007, 8 U 253/06, DE-R 2025 – Mietvertrag mit Schilderpräger.

[42] OLG München 17.6.2010, U (K) 1607/10 – Visa-Bargeldabhebung, WuW/E DE-R 2978/2980 ff.

[43] BGH 19.3.1996, KZR1/95, WuW/E BGH 3058/3062 – Pay-TV-Durchleitung; sa. OLG Hamburg 15.7.1999, 3 U 232/92, WuW/E DE-R 403 – Pay-TV-Durchleitung.

[44] OLG Düsseldorf 4.12.2002, Kart 38/01 (V), WuW/E DE-R 1058.

[45] BGH 27.3.2012, KZR 108/10, WuW/E DE-R 3657 Rn. 32 – Elektronischer Programmführer.

[46] OLG Naumburg 9.7.1999, WuW/E DE-R 388, 10 WKart 1/98 – Lokalfernsehen.

[47] OLG Düsseldorf 23.6.2004, VI-Kart 35/03 (V), WuW/E DE-R 1307 – GETECnet.

[48] LG Frankfurt am Main, 14.10.1998, 2/06 O 283/98, WRP 1999, 366/367 – ambiente.de.

[49] BGH 27.4.1999, KZR 35/97, WRP 1999, 1175/1176 – Feuerwehrgeräte; BGH 26.10.1972 – KZR 54/71, WuW/E BGH 1238, 1241 – Registrierkassen; BGH 23.2.1988, KVR 2/87, WuW/E BGH 2479, 2482 – Reparaturbetrieb; BGH 21.2.1989, KZR 3/88, WuW/E BGH 2589/2590 – Frankiermaschinen; vgl. auch BGH 26.5.1981 – KRB 1/81, WuW/E BGH 1891 – Ölbrenner II; im Ergebnis auch OLG Düsseldorf 10.12.1991, U (Kart) 12/91, WuW/E OLG 4901/4904 – Dehnfolien-Verpackungsmaschinen; OLG Frankfurt 18.1.1990, 6 U (Kart.) 197/88, WuW/E OLG 4681/4682 – Postalia-Wartung.

lin auf dem Markt für **Modelleisenbahnen;**[50] eine Herstellerin komplexer technischer Geräte auf dem Markt für die notwendige Schulung von Wartungspersonal;[51] Unternehmen wurden ferner als marktbeherrschend angesehen auf **Ersatzteilmärkten,**[52] **Zeitungsmärkten,**[53] auf den **Absatzmärkten an Tankstellen** für Endverbraucher,[54] auf dem Markt für die Personenbeförderung auf bestimmten **Flugstrecken;**[55] auf dem Markt für **EDV-Dienstleistungen** für Kfz-Vertrieb;[56] Marktbeherrschung wurde weiterhin bejaht bei Taxizentralen unter bestimmten Voraussetzungen;[57] bei Veranstaltern von Messen,[58] bei Verwertungsgesellschaften[59] sowie bei dem einzigen Anbieter von Liveübertragungen von deutschen Galopprennen.[60]

C. Missbrauch

I. Allgemeiner Missbrauchstatbestand (Abs. 1)

12 Die Kombination einer Generalklausel mit Sondertatbeständen entspricht der Struktur des Art. 102 AEUV.[61] Ebenso wie dort sind die Sondertatbestände nur beispielhaft und stellen lediglich **Ausprägungen der Generalklausel** dar.[62] Allerdings enthalten die Sondertatbestände des Abs. 2 die in der Praxis wichtigsten Fälle von Missbrauch, so dass der Generalklausel eine Auffangfunktion zukommt, sie also Anwendung findet, wenn keiner der Sondertatbestände erfüllt ist. Das kann beispielsweise bei Kopplungsangeboten der Fall sein.[63] Die Funktion der Generalklausel besteht damit vor allem darin, einen Auffangtatbestand für Fälle zu bilden, die von den Sondertatbeständen des Abs. 2 Nr. 1–5 nicht erfasst werden.[64] Die Generalklausel in Abs. 1 stimmt wörtlich mit § 19 Abs. 1 aF überein; insofern hat sich durch die 8. GWB-Novelle nichts geändert.[65] In den Sondertatbeständen des Abs. 2 Nr. 1–5 sind jetzt die Missbrauchsfälle geregelt, die vor der 8. GWB-Novelle in § 19 Abs. 4 und § 20 Abs. 1 und 4 enthalten waren.

13 Der **Missbrauchsbegriff** ist nicht im Sinne von Sittenwidrigkeit oder eines moralischen Urteils zu verstehen. Es geht vielmehr darum, die **Ordnungsprinzipien eines freien**

---

[50] OLG Hamburg 17.3.1988, 3 U 33/87, WRP 1988, 465/467.

[51] OLG Düsseldorf 20.9.2006, VI-U (Kart) 28/05 – *Primus.*

[52] BGH 27.4.1999, KZR 35/97, WuW/E DE-R 357 – Feuerwehrgeräte; BGH 21.2.1989, KZR 3/88, WRP 1989, 722/723 – Frankiermaschinen; BGH 26.10.1972, KZR 54/71, WuW/E BGH 1238/1241 – Registrierkassen; BGH 22.10.1973, KZR 22/72, WuW/E BGH 1288/1291 – EDV-Ersatzteile; BGH 23.2.1988, KVR 2/87, WuW/E BGH 2479, 2481 – Reparaturbetrieb; BGH 12.2. 1980, KRB 4/79, WuW/E BGH 1729, 1730 – Ölbrenner; OLG Frankfurt, 5.3.1987, 6 VA 1/86; WRP 1987, 635/636 – Gabelstapler.

[53] BGH 12.11.1991, KZR 18/90, WRP 1992, 237/239 – Amtsanzeiger; BGH 10.12.1985, KZR 22/85, WRP 1986, 261/262.

[54] OLG Düsseldorf 13.11.2000, Kart 16/00 (V) WuW/E DE-R 589 – Freie Tankstellen.

[55] OLG Düsseldorf 27.3.2002, Kart 7/02 (V), WuW/E DE-R 867 – Lufthansa/Germania.

[56] OLG München 17.9.1998, U (K) 2632/96, WuW/E DE/R 251 – Fahrzeugdaten.

[57] BGH, 8.5.2007, KZR 9/06, WuW/E DE-R 1983/1984 – Autoruf-Genossenschaft II; OLG Koblenz 7.10.2004, 6 W 485/04, WuW/E DE-R 1460/1461 – Taxizentrale; LG Magdeburg 9.11. 2001, 36 O 355/01 (045), WuW/E DE-R 973 – Taxivermittlung.

[58] OLG Stuttgart, 28.8.1992, 2 U 162/92, WRP 1992, 814/815 – Caravan-Messe; OLG München 13.10.1988, U (K) 3912/88, WRP 1989, 415.

[59] BGH 3.5.1988, KVR 4/87, WRP 1989, 85 – GEMA-Wertungsverfahren; BGH 29.10.1970, KZR 9/69, WuW/E BGH 1068/1970 – Tonbandgeräte.

[60] BGH 10.2.2004, KZR 14/02, WuW/E DE-R 1251/1252 – Galopprennübertragung.

[61] Zum Verhältnis von § 19 GWB und Art. 102 AEUV vgl. Rn. 4.

[62] BGH 15.5.2012, KVR 51/11, WuW/DE-R 3632 Rn. 13 – Wasserpreise Calw; BGH 28.6.2005, KVR 27/04, WuW/DE-R 1520 (1523) – Arealnetz; *Nothdurft* in Langen/Bunte § 19 GWB Rn. 94.

[63] BGH 26.5.1987, KVR 4/86, WuW/E BGH 2406 ff. – Inter-Mailand-Spiel.

[64] *Nothdurft* in Langen/Bunte § 19 GWB Rn. 94.

[65] Sa. BGH 17.12.2013, KZR 66/12, WuW/E BGH 4159/4170 – Stromnetz Berkenthin.

Wettbewerbs aufrechtzuerhalten; wettbewerbschädliches Verhalten soll verhindert werden.[66] Die Ausnutzung vom Wettbewerb nicht erfasster Handlungsspielräume soll kontrolliert werden;[67] Unternehmen der gleichen Wirtschaftsstufe sollen vor Behinderungen und Marktzugangsbeschränkungen, Unternehmen vor- und nachgelagerter Wirtschaftsstufen vor wettbewerbswidriger Machtausübung geschützt werden, zugleich soll missbräuchliches Verhalten marktbeherrschender Unternehmen auf Drittmärkten verhindert werden. Dementsprechend dürfen bei der Beurteilung nur wettbewerbliche Maßstäbe angelegt werden, die sich aber nicht notwendig aus dem GWB ergeben müssen.[68] Die nähere Konkretisierung des Missbrauchsbegriffs ergibt sich aus den Sondertatbeständen des Abs. 2; in der Praxis orientiert sich die Auslegung des Missbrauchsbegriffs des § 19 weitgehend an Art. 102 AEUV, zumal in Fällen der Beeinträchtigung des zwischenstaatlichen Handels gleichzeitig Art. 102 AEUV anzuwenden ist, soweit dessen Voraussetzungen erfüllt sind.[69]

Der Missbrauch muss in **Ausnutzung** der marktbeherrschenden Stellung erfolgen. Das bedeutet, dass ein Kausalzusammenhang zwischen der marktbeherrschenden Stellung und dem Missbrauch bestehen muss. Es wird jedoch nicht vorausgesetzt, dass die Aufforderung oder Veranlassung zur Gewährung von Vorzugsbedingungen ohne die Marktstellung nicht möglich gewesen wäre. Der – praktisch auch kaum zu führende – Nachweis, dass ohne die marktbeherrschende das missbräuchliche Verhalten nicht hätte erfolgen können, wird also nicht verlangt. Der Begriff des Ausnutzens hat eine wertende Bedeutung, es handelt sich um eine **„normative Kausalität"** im Sinne einer Ergebniskausalität.[70] 14

II. Behinderungmissbrauch (Abs. 2 Nr. 1, 1. Fall)

1. Behinderung

Das Verbot des § 19 Abs. 2 Nr. 1 enthält zwei Tatbestände: das Verbot unbilliger Behinderung und das Verbot unterschiedlicher Behandlung ohne sachlich gerechtfertigten Grund (Diskriminierung). Mit dem Verbot unbilliger Behinderung werden die früheren Tatbestände des § 19 Abs. 4 Nr. 1 aF und des § 20 Abs. 1 aF zusammengefasst; das Diskriminierungsverbot war zuvor in § 20 Abs. 1 aF enthalten. Die **beiden Tatbestände überschneiden sich** teilweise und lassen sich nicht stets scharf voneinander abgrenzen, wofür im Hinblick auf die gleichen Rechtsfolgen allerdings auch kein praktisches Bedürfnis besteht.[71] **Unterschiedliche Schwerpunkte** bestehen aber insofern, als das Behinderungsverbot in erster Linie dem Schutz der Mitbewerber des diskriminierenden Unternehmens dient, während das Verbot unterschiedlicher Behandlung insbesondere die Unternehmen der vor- und nachgeordneten Marktstufen schützen und ihnen im Verhältnis zum Normadressaten gleiche Marktchancen sichern soll.[72] Beiden Verbotstatbeständen gemeinsam ist das Prinzip der Interessenabwägung als Kriterium für die normative Bewertung der Behinderung bzw. Ungleichbehandlung. 15

Unter Behinderung im Sinne des § 20 Abs. 1 ist jede **Beeinträchtigung der Wettbewerbsmöglichkeiten** eines anderen Unternehmens zu verstehen.[73] Der Behinderungsbe- 16

---

66 Frankfurter Kommentar/*Weyer* § 19 Rn. 59; *Fuchs* in Immenga/Mestmäcker, § 19 GWB Rn. 16; *Bechtold* § 129 GWB Rn. 5; sa. *Nothdurft* in Langen/Bunte § 19 GWB Rn. 90.

67 *Fuchs* in Immenga/Mestmäcker, § 19 GWB Rn. 16.

68 Frankfurter Kommentar/*Weyer* § 19 Rn. 59.

69 Vgl. Rn. 4.

70 *Fuchs* in Immenga/Mestmäcker, § 19 GWB, Rn. 82b; *Bechtold* § 19 GWB Rn. 5.

71 BGH 3.3.1969, KVR 6/68, WuW/E BGH 1027, 1031 – Sportartikelmesse II; BGH 9.11.1967, KZR 7/66, WuW/E BGH 886/888 – Jägermeister; OLG München 17.6.2010, U (K) 1607/10, WuW/E DE-R 2978/2985 – VISA-Bargeldabhebung.

72 BGH 3.3.1969, KVR 6/68, WuW/E BGH 1027, 1031 – Sportartikelmesse II.

73 BGH 7.11.2006, KZR 2/06 WuW/E DE-R 1951/1952 – Bevorzugung einer Behindertenwerkstatt; BGH 14.7.1998, KZR 1/97, WuW/E DE-R 201 – Schilderpräger im Landratsamt; BGH 22.9.1981, KVR 8/80, WuW/E BGH 1829/1833 – Original-VW-Ersatzteile II; OLG München

griff ist weit auszulegen.[74] Er ist **wertneutral;** es wird weder ein bestimmtes Ausmaß der Beeinträchtigung noch der Einsatz wettbewerbsfremder oder wettbewerbsfeindlicher Mittel vorausgesetzt.[75] Die Bewertung des Verhaltens findet erst bei der Prüfung der Unbilligkeit statt – ebenso, wie auch der Diskriminierungstatbestand der Ungleichbehandlung eine Bewertung erst bei der Prüfung des sachlich gerechtfertigten Grundes erfährt. Das Fehlen eines negativen Bewertungselements im Behinderungsbegriff bedeutet allerdings nicht, dass bereits jeder wirtschaftliche Nachteil, der einem anderen Unternehmen zugefügt wird, eine Behinderung im Sinne des § 20 Abs. 1 darstellt. Es muss sich vielmehr um eine Beeinträchtigung der Möglichkeiten im Wettbewerb mit anderen Unternehmen handeln, die Chance zu Geschäftsabschlüssen mit Dritten muss also beeinträchtigt sein.[76] Die zu § 20 Abs. 1 aF vertretene Auffassung, dass die bloße **Eignung** einer Maßnahme zur Behinderung oder der erfolglose Versuch nicht ausreicht, sondern dass die Behinderung tatsächlich eingetreten sein muss,[77] ist nach der Ausgestaltung des Behinderungsbegriffs als Sondertatbestand der Generalklausel in § 19 Abs. 1 nicht mehr aufrechtzuerhalten;[78] nach der Rechtsprechung des BGH wird der Missbrauchsbegriff bereits durch das Bestehen besonderer Gefahren für den Wettbewerb erfüllt. Dagegen hat der Wegfall des Begriffs der **Beeinträchtigung der Wettbewerbsmöglichkeiten anderer Unternehmen** sowie der **Erheblichkeitsklausel** in § 19 Abs. 4 Nr. 1 aF nicht zu sachlichen Änderungen geführt. Im Rahmen des § 19 Abs. 4 Nr. 1 aF verwendete der BGH den Begriff der Beeinträchtigung synonym mit dem Begriff der Behinderung,[79] und nach dem Willen des Gesetzgebers sollte die Rechtsprechung zu § 20 Abs. 1 aF anwendbar bleiben;[80] eine Prüfung der Erheblichkeit der Beeinträchtigung der Wettbewerbsmöglichkeiten ist nach wie vor im Rahmen der Interessenabwägung erforderlich.[81]

17 Die Behinderung kann **unmittelbar oder mittelbar** erfolgen. Mittelbare Behinderungen erfolgen häufig in der Form, dass Lieferanten oder Abnehmer des Behinderten veranlasst werden, ihren Geschäftsverkehr mit diesem einzuschränken. Eine mittelbare Behinde-

---

14.3.2013, U 1891/12 Kart, WuW/E DE-R 3901/3905 – Münchener Residenz; OLG Düsseldorf 14.10.2009, VI-U (Kart) 7/09 WuW/E, DE-R 2806/2809 – Trassennutzungsänderung; OLG Frankfurt 18.11.2003, 11 U (Kart) 35/03, GRUR-RR 2004, 120 – Verkaufshilfe; OLG Düsseldorf 16.1. 2008, VI-Kart 11/06 (V), WuW/E DE-R 2235/2237 – Baumarkt; OLG Düsseldorf 19.3.2003, U(Kart) 20/02, WuW/E DE-R 1184/1186 – InfraCard-Tarif; OLG Düsseldorf 13.2.2002, Kart 16/ 00 (V), WuW/E DE-R 829 – Freie Tankstellen; OLG München 18.10.2001, Kart 1/00, WuW/E DE-R 790 – Bad Tölz; OLG Düsseldorf 20.7.2005, VI-U (Kart) 42/04, DE-R 1615/1616 – Das Telefonbuch; OLG Düsseldorf 13.11.2000, Kart 16/00 (V), WuW/E DE-R 589 – Freie Tankstellen; KG 28.11.1979, Kart 12/79, WuW/E OLG 2247/2250 – Parallellieferteile; BKartA 20.12.2013, B-9–66/10 WuW/E DE-V 1953/1966 – HRS; *Nothdurft* in Langen/Bunte § 19 GWB Rn. 99, 197; *Bechtold* § 19 GWB Rn. 6; *Markert* in Immenga/Mestmäcker § 19 GWB Rn. 102.

[74] OLG München 14.3.2013, U 1891/12 Kart, WuW/E DE-R 3901 (3905) – Münchener Residenz; BKartA8.5.2006, B 9–149/04, DE-V 1235/1240 – Praktiker Baumärkte; *Nothdurft* in Langen/ Bunte § 19 GWB Rn. 99, 197.

[75] OLG Düsseldorf 19.3.2003, U(Kart) 20/02, WuW/E DE-R 1184/1186 – InfraCard-Tarif; OLG Düsseldorf 13.2.2002, Kart 16/00 (V), WuW/E DE-R 829 – Freie Tankstellen; OLG Düsseldorf 13.11.2000, Kart 16/00 (V), WuW/E DE-R 589 – Freie Tankstellen; *Markert* in Immenga/Mestmäcker § 19 GWB Rn. 1026.

[76] OLG Düsseldorf 14.10.2009, VI-U (Kart) 7/09 WuW/E, DE-R 2806/2809 – Trassennutzungsänderung; OLG Celle 29.11.2001, 13 U 32/01 (Kart.), WuW/E DE-R 824 – Schülertransport; *Markert* in Immenga/Mestmäcker§ 19 GWB Rn. 103.

[77] So noch OLG Düsseldorf 14.10.2009, VI-U (Kart) 7/09 WuW/E, DE-R 2806/2809 – Trassennutzungsänderung; OLG Düsseldorf 16.1.2008, VI-Kart 11/06 (V), WuW/E DE-R 2235 (2237) – Baumarkt; OLG München 30.5.1974, Kart 1/74, WuW/E OLG 1519.

[78] *Markert* in Immenga/Mestmäcker § 19 Rn. 104; *Nothdurft* in Langen/Bunte § 19 GWB Rn. 200.

[79] BGH 30.3.2004, KZR 1/03, WuW/E DE-R 1283/1284 – Der Oberhammer.

[80] Regierungsbegründung zur 8. GWB-Novelle, BT-Drs. 17/9852 S. 23.

[81] Regierungsbegründung BT-Drs. 17/9852, S. 23; Nothdurft in Langen/Bunte § 19 GWB Rn. 200; Frankfurter Kommentar/Weyer § 19 Rn. 93.

rung kann auch darin liegen, dass ein Kartell Treuerabatte an Kunden gewährt, um diese vom Geschäftsverkehr mit Außenseitern abzuhalten,[82] ferner in der Gewährung von Rabatten durch Hersteller an den direkt beziehenden Einzelhandel in einer Höhe, die die Gesamthandelsspanne von Groß- und Einzelhandel übersteigt, so dass der Einzelhandel die Waren nicht mehr beim Großhandel bezieht.[83] Verweigert ein Krankenversicherungsverein seinen Mitgliedern die Erstattung der Rezeptgebühr, wenn diese ihre Arzneimittel bei einer bestimmten Apotheke beziehen, so liegt eine mittelbare Behinderung der Apotheke vor.[84] Eine mittelbare Behinderung kann auch durch Einwirkung eines Kartells auf seine Mitglieder erfolgen.[85]

2. Unbilligkeit

Mit der Prüfung der Unbilligkeit wird über das durch den Behinderungsbegriff noch wertneutral[86] erfasste Verhalten des Normadressaten das **Werturteil** gefällt, das letztlich über die Anwendbarkeit des § 19 Abs. 2 Nr. 1 entscheidet. Das erfordert eine Interpretation, die einerseits dem Zweck der Vorschrift gerecht wird, machtbedingte Wettbewerbsverzerrungen zu verhindern, andererseits aber nicht dazu führt, durch marktordnende Verhaltensregeln und Beseitigung wettbewerblichen Leistungsdrucks den Wettbewerb zum Erliegen zu bringen. Die Feststellung der Unbilligkeit erfolgt nach ständiger Rechtsprechung auf Grund einer umfassenden **Abwägung der Interessen der Beteiligten** unter Berücksichtigung der **auf die Freiheit des Wettbewerbs gerichteten Zielsetzung des GWB.**[87] Das Schrifttum folgt dem so gut wie einhel- 18

[82] BKartA 10.9.1971, B3–793100-NX-140/67, WuW/E BKartA 1361 – Fernost-Schifffahrtskonferenz.

[83] Vgl. z. B. BKartA Tätigkeitsberichte 1970, 67; 1971, 71; 1972, 67; 1974, 76 f.

[84] OLG Frankfurt a. M. 14.10.1969, 6 W 400/69, WuW/E OLG 1095.

[85] BGH 13.7.1971, KZR 10/70, WuW/E BGH 1175/1179 – Ostmüller.

[86] Vgl. Rn. 15.

[87] BGH 31.1.2012, KZR 65/10, WuW/E DE-R 3549 Rn. 29 – Werbeanzeigen; BGH, 24.10. 2011, KZR 7/10, WuW/E DE-R 3446/3451, Rn. 37 – Grossistenkündigung; BGH, Beschluss vom 11.11.2008, KVR 17/0,8 WuW/E DE-R 2514/2515 f. – Bau und Hobby; BGH 8.5.2007, KZR 9/06, WuW/E DE-R 1984 Rn. 13 – Autoruf-Genossenschaft II; BGH 19.3.1996, KZR 1/95, WuW/E BGH 3058/3063 – Pay-TV-Durchleitung; BGH 18.1.2000, KVR 23/98, WuW/E Verg 297 – Tariftreueerklärung II; BGH 10.11.1998, KZR 6/97 WuW/E DE-R 220 – U-Bahn-Buchhandlungen; BGH 14.7.1998, KZR 1/97, WuW/E DE-R 201 – Schilderpräger im Landratsamt; BGH 17.3.1998, KZR 30/96, WuW/E DE-R 134 – Bahnhofsbuchhandel; BGH 7.10.1980, KZR 8/80, WuW/E BGH 1783 – Neue Osnabrücker Zeitung; BGH 7.10.1980, KZR 25/79, WuW/E BGH 1740, 1743 – Rote Liste; BGH 12.2.1980, KRB 4/79, WuW/E BGH 1729, 1730 – Ölbrenner; BGH 20.11.1975, KZR 1/75, WuW/E BGH 1391/1395 – Rossignol; BGH 26.10.1972, KZR 54/71, WuW/E BGH 1238/1243 – Registrierkassen; BGH 13.7.1971, KZR 10/70, WuW/E BGH 1175/1179 – Ostmüller; BGH 3.3.1969, KVR 6/68, WuW/E BGH 1027, 1030 – Sportartikelmesse II; BGH 27.9.1962, KZR 6/61, WuW/E BGH 502 – Treuhandbüro; OLG Düsseldorf 26.2.2014, VI-U (Kart) 35/12, WuW/E DE-R 4492/4497 – Zertifizierungspraxis; OLG Düsseldorf 21.5.2014, IV-U (Kart) 16/13, WuW/E DE-R 4342 Rn. 78 – Einspeisung von Fernsehprogrammsignalen; OLG Hamburg 31.7.2014, 3 U 8/12, WuW/E DE-R 4512/4518 f. – Konzertveranstaltungen; OLG Düsseldorf 23.10.2013, VI-U (Kart) 36/13), WuW/E DE-R 4097 Rn. 18 – Frankiermaschinen II; OLG München 17.6.2010, U (K) 1607/10, WuW/E DE-R 2978/2985 – Visa-Bargeldabhebung; OLG München 14.3.2013, U 1891/12 Kart, WuW/E DE-R 3901/3905 – Münchener Residenz; OLG Düsseldorf 2.4.2013, VI-U (Kart) 9/13, WuW/E DE-R 3974/3976 – Deutsche Triathlon Union; OLG Düsseldorf 28.3.2012, VI-U (Kart) 20/11 WuW/E DE-R 3789/7392 – Schilderprägerunternehmen; OLG Düsseldorf 14.10.2009, VI-U (Kart) 7/09 WuW/E, DE-R 2806/2811 – Trassennutzungsänderung; OLG Düsseldorf 16.1.2008, VI-Kart 11/06 (V), WuW/E DE-R 2235/2239 – Baumarkt; OLG Düsseldorf, 25.5.2005, VI-U (Kart) 7/05, DE-R 1577/1579 – SIM-Karten; OLG München 22.1.2004, U (K) 3329/03, WuW/E DE-R 1260/1261 – BMW-Händlermarge; OLG Düsseldorf 29.10.2003, WuW/E DE-R 1480/1481 – R.-Uhren; OLG Stuttgart 16.6.2003, 2 U 144/02, WuW/E DE-R 1191/1193 – Telefonbuch-Inserate; OLG Düsseldorf 19.3.2003, U (Kart) 20/02, WuW/E DE-R 1184/1186 – InfraCard-Tarif; OLG Naumburg 5.6.2001, 1 U (Kart) 1/01, WuW/E

lig.[88] Diese Formel ist ihrem materiellen Inhalt nach zunächst weitgehend offen und ausfüllungsbedürftig, sie legt aber bereits die Entscheidungskriterien fest, indem sie einerseits auf die Individualinteressen der Beteiligten (und damit auf eine grundsätzlich einzelfallorientierte Betrachtung) abstellt, andererseits aber das Wertungssystem des GWB einbezieht.[89] Zugleich lässt sie eine Aussage über das methodische Vorgehen bei der Entscheidungsfindung zu. Danach sind die abwägungsfähigen Interessen der Beteiligten festzustellen, d. h. es sind der Kreis der „Beteiligten" abzugrenzen und deren nicht berücksichtigungsfähige Interessen auszuscheiden, diese Interessen sind abzuwägen, also zu gewichten und einander gegenüberzustellen, und schließlich ist dabei das normative Wertsystem des GWB zu berücksichtigen. Die Interessenabwägung kann nur einzelfallbezogen erfolgen.[90]

19 **a) Interessen der Beteiligten. Beteiligte** im Sinne der Interessenabwägung sind zunächst der behindernde Normadressat sowie die unmittelbar behinderten Unternehmen. Darüber hinaus sind auch die Interessen der in den Schutzbereich der Vorschrift einbezogenen mittelbar behinderten Unternehmen zu berücksichtigen.[91] Dazu gehören vor allem die Mitbewerber eines preisbindenden Unternehmens, die dadurch behindert werden, dass sie mit Ausschließlichkeitsbindungen unterliegenden Abnehmern des marktbeherrschenden Unternehmens auf Drittmärkten nicht in Geschäftsbeziehungen treten können, beispielsweise im Fall, dass ein Automobilhersteller seinen Vertragshändlern untersagt, Fahrzeuge seiner Marke an Leasingunternehmen zu liefern, weil er sich selbst das Leasinggeschäft vorbehalten möchte.[92] Andere Marktteilnehmer, insbesondere nicht selbst unmittelbar oder mittelbar behinderte Unternehmen oder private Endverbraucher, gehören dagegen nicht zum Kreis der Beteiligten, allerdings kann sich ihre Interessenlage auf das Interesse der Beteiligten auswirken und in diesem Rahmen Berücksichtigung finden.[93] Das Verbraucherinteresse als solches geht über die Berücksichtigung der Zielsetzungen des GWB und des europäischen Kartellrechts in die Wertung ein.[94] Gemeinwohlinteressen können berücksichtigt werden, soweit sie mit der auf die Freiheit des Wettbewerbs gerichteten Zielsetzung des GWB vereinbar sind.[95]

20 **Interessen des Normadressaten:** Auf Seiten des behindernden Normadressaten sind **grundsätzlich alle von der Rechtsordnung gebilligten Interessen** berücksichtigungs-

---

DE-R 805 – MEAG; OLG München 18.10.2001, Kart 1/00 WuW/E DE-R 790 – Bad Tölz; OLG Celle 22.7.2000, 13 U 137/98 (Kart), WuW/E DE-R 581 – VAG Vertrieb; OLG Naumburg 9.7.1999, 10 WKart 1/98, WuW/E DE-R 388 – Lokalfernsehen; KG 20.1.1999, Kart 6/98, WuW/E DE-R 333 – Aral-Shop; OLG München 11.3.1999, U (K) 5733/98, WuW/E DE-R 313 – Hörfunkwerbung; OLG Karlsruhe 27.8.1997, 6 U 4/97 (Kart), WuW/E DE-R 79 – Feuerwehr-Drehleitern; OLG Frankfurt 9.9.1997, 11 U (Kart) 58/96, WuW/E DE-R 73 – Guerlain; LG Stuttgart 20.3.2013, 11 O 215/12, WuW/E DE-R 3952/3959 – Einspeisung in Breitbandkabelnetze.

[88] Vgl. nur *Bechtold* § 19 GWB Rn 16; *Nothdurft* in Langen/Bunte § 19 GWB Rn. 215; *Markert* in Immenga/Mestmäcker § 19 GWB Rn. 124; Frankfurter Kommentar/*Weyer,* § 19 Rn. 96.

[89] *Markert* in Immenga/Mestmäcker § 20 GWB Rn. 124.

[90] BGH, 8.5.2007, KZR 9/06, WuW/E DE-R 1984 – Autoruf-Genossenschaft II; OLG München 17.6.2010, U (K) 1607/10, WuW/E DE-R 2978/2985 – Visa-Bargeldabhebung.

[91] Zur mittelbaren Behinderung vgl. oben Rn. 17.

[92] Vgl. BGH 30.9.1971, KZR 13/70, WuW/E BGH 1211 – Kraftwagen-Leasing; vgl. ferner BGH 16.10.1962, KZR 2/62, WuW/E BGH 509/514 – Original-Ersatzteile; KG 28.11.1979, Kart 12/79, WuW/E OLG 2247/2255 – Parallellieferteile; BKartA 21.3.1979, B7–333000-RTV-84/76, WuW/E BKartA 1781/1790 – Identteile.

[93] BGH 16.10.1962, KZR 2/62, WuW/E BGH 509/514 – Original-Ersatzteile; OLG München 17.6.2010, U (K) 1607/10, WuW/E DE-R 2978/2985 – Visa-Bargeldabhebung; KG 28.11.1979, Kart 12/79, WuW/E OLG 2247/2255 – Parallellieferteile; BKartA 21.3.1979, B7–333000-RTV-84/76, WuW/E BKartA 1781/1790 – Identteile.

[94] S. auch *Markert* in Immenga/Mestmäcker § 19 GWB Rn. 125.

[95] BGH 13.11.2007, KZR 22/06, WuW/E DE-R 2163/2164 – Freihändige Vermietung an Behindertenwerkstatt; BGH 7.11.2006, KZR 2/06 WuW/E DE-R 1951 – Bevorzugung einer Behindertenwerkstatt; s. a. Frankfurter Kommentar/*Weyer* § 19 Rn. 100.

fähig.[96] Dazu gehört vor allem das Interesse an unternehmerischem Freiraum.[97] § 19 Abs. 2 Nr. 1 hindert ein Unternehmen grundsätzlich nicht daran, sein **Bezugs- und Absatzsystem nach eigenem Ermessen** so **zu gestalten,** wie es dies für richtig und wirtschaftlich sinnvoll hält.[98] Es besteht keine Verpflichtung, einen Konkurrenten zum eigenen Nachteil zu fördern; insbesondere können keine Maßnahmen verlangt werden, die zu einem Verlust von Abnehmern zu Gunsten des Konkurrenten führen.[99] Das Interesse an der freien Gestaltung des Bezugs- und Absatzsystems findet seine Grenze erst durch die Abwägung mit den Interessen anderer Beteiligter und durch die Berücksichtigung der Zielsetzungen des GWB; unerheblich ist dagegen, ob das Verhalten des Normadressaten nach objektiven Maßstäben kaufmännisch vernünftig oder betriebswirtschaftlich sinnvoll ist.[100] Über die kaufmännische Vernünftigkeit entscheidet der Markt und nicht § 20 Abs. 1 GWB. Eine Einschränkung des Kreises berücksichtigungsfähiger Interessen ergibt sich allerdings daraus, dass solche Interessen keine Berücksichtigung finden können, die **gegen gesetzliche Vorschriften** und die in ihnen enthaltenen Wertungen verstoßen,[101] insbesondere sind die kartellrechtlichen Grenzen zu beachten.[102]

---

[96] OLG Frankfurt 9.9.1997, 11 U (Kart) 67/96, WuW/E DE-R 55 – Kfz-Schilderpräger; OLG München 31.7.1997, U (K) 3806/97, WuW/E OLG 5898 – Zahnersatz; OLG Frankfurt 3.12.1996, 11 U (Kart) 64/95, WuW/E OLG 5767 – Koordinierte Vergabesperre.

[97] BGH 24.6.2003, KZR 32/01, WuW/E DE-R 1144/1145 – Schülertransporte; BGH 13.11.1990, KZR 25/89, WuW/E BGH 2683/2686 – Zuckerrübenanlieferungsrecht; KG 15.1.2004, 2 U 28/03 Kart, WuW/E DE-R 1274/1278 – GSM-Gateway; OLG München 22.4.2004, U (K) 1582/04, WuW/E DE-R 1270 – GSM-Wandler; OLG Düsseldorf 19.3.2003, U (Kart) 20/02, WuW/E DE-R 1184/1485 – InfraCard-Tarif; OLG Frankfurt/Main 5.11.2002, 11 U (Kart) 13/02, WuW/E DE-R 1081/1082 – Lotterieannahmestelle.

[98] BGH 31.1.2012, KZR 65/10, WuW/E DE-R 3549 Rn. 29 – Werbeanzeigen; BGH 24.10.2011, KZR 7/10, WuW/E DE-R 3446/3451, Rn. 38 – Grossistenkündigung; BGH, 11.10.2006, KZR 45/05, WuW/E DE-R 1832/1834 – Lesezirkel; BGH 24.9.2002, KZR 38/99, WuW/E DE-R 1051/1053 – Vorleistungspflicht; BGH 27.4.1999, KZR 35/97, WuW/E DE-R 357 – Feuerwehrgeräte; BGH 17.3.1998, KZR 30/96, WuW/E DE-R 134 – Bahnhofsbuchhandel; BGH 25.10.1988, KVR 1/87, WuW/E BGH 2535/2540 – Lüsterbehangsteine; BGH 24.3.1981, KZR 2/80, WuW/E BGH 1793/1797 – SB-Verbrauchermarkt; BGH 8.5.1979, KZR 13/78, 1587/1590 WuW/E BGH – Modellbauartikel I; BGH 10.10.1978, KZR 10/77, WuW/E BGH 1527/1530 – Zeitschriften-Grossisten; BGH 30.9.1971, KZR 13/70, WuW/E BGH 1215 – Kraftwagen-Leasing; BGH 27.9.1962, KZR 6/61, WuW/E BGH 502/508 – Treuhandbüro; OLG Düsseldorf, Beschluss vom 2.4.2013, IV-U (Kart) 9/13, VI-U (Kart) 9/13 WuW/E DE-R 3974/3977 – Deutsche Triathlon Union; OLG München 17.6.2010, U (K) 1607/10, WuW/E DE-R 2978/2986 – Visa-Bargeldabhebung; OLG Düsseldorf 14.10.2009, VI-U (Kart) 7/09 WuW/E, DE-R 2806/2811 – Trassennutzungsänderung; OLG Stuttgart 16.6.2003, 2 U 144/02, WuW/E DE-R 1191/1195 – Telefonbuch-Inserate; OLG Düsseldorf 19.3.2003, U (Kart) 20/02, WuW/E DE-R 1184/1186 – InfraCard-Tarif; OLG Hamburg 19.6.2002, 5 U 28/02, WuW/E DE-R 1076/1080 – Online-Ticketshop.

[99] BGH Beschluss vom 11.11.2008, KVR 17/08 WuW/E DE-R 2514/2518 – Bau und Hobby; BGH 15.11.1994, KVR 29/93, WuW/E BGH 2953/2964 – Gasdurchleitung; BGH 12.11.1991, KZR 2/90, WuW/E BGH 2755/2759 – Aktionsbeiträge; OLG Düsseldorf 23.10.2013, VI-U (Kart) 36/13), WuW/E DE-R 4097 Rn. 18 – Frankiermaschinen II; OLG Düsseldorf, 25.5.2005, VI-U (Kart) 7/05, DE-R 1577/1579 – SIM-Karten; kritisch zu diesem Grundsatz *Foerster* WuW 2015, 233 ff.

[100] Markert in Immenga/Mestmäcker § 19 GWB Rn. 126.

[101] BGH 3.6.201, EnVR 10/13, WuW/E DE-R 4322/4325 – Stromnetz Homberg; BGH 27.4.1999, KZR 35/97, WuW/E DE-R 357 – Feuerwehrgeräte; BGH 19.3.1996, KZR 1/95, WuW/E BGH 3058/3065 f. – Pay-TV-Durchleitung; BGH 7.10.1980, KZR 8/80, WuW/E BGH 1783/1785 f. – Neue Osnabrücker Zeitung; BGH 24.9.1979, KZR 20/78, WuW/E BGH 1629/1632 – Modellbauartikel II; OLG Frankfurt 9.9.1997, 11 U (Kart) 67/96, WuW/E DE-R 55 – Kfz-Schilderpräger; OLG München 31.7.1997, U (K) 3806/97, WuW/E OLG 5898 – Zahnersatz; OLG Frankfurt 3.12.1996, 11 U (Kart) 64/95, WuW/E OLG 5767 – Koordinierte Vergabesperre; *Nothdurft* in Langen/Bunte § 19 GWB Rn. 219; *Markert* in Immenga/Mestmäcker § 19 GWB Rn. 126.

[102] BGH 31.1.2012, KZR 65/10, WuW/E DE-R 3549 Rn. 30 – Werbeanzeigen; OLG München 17.6.2010, U (K) 1607/10, WuW/E DE-R 2978/2986 – Visa-Bargeldabhebung.

21 **Interessen der behinderten Unternehmen:** Berücksichtigungsfähige Interessen der (unmittelbar oder mittelbar) behinderten Unternehmen sind grundsätzlich nur solche, die auf **freie Betätigungsmöglichkeit im Wettbewerb** zielen; insofern ist der Kreis der berücksichtigungsfähigen Interessen auf dieser Seite enger.[103] Dies folgt aus dem Schutzzweck des § 19 Abs. 2 Nr. 1, individuelle Marktteilnehmer in ihren wettbewerblichen Handlungsmöglichkeiten vor dem Einfluss marktbeherrschender Unternehmen zu schützen. Außerwettbewerbliche Interessen (wirtschaftlicher oder außerwirtschaftlicher Art) können keine Berücksichtigung finden, insbesondere ermöglicht § 19 Abs. 1 und 2 Nr. 1 keinen struktur- oder sozialpolitischen Bestandsschutz; das gilt auch, soweit es sich um kleine und mittlere Unternehmen handelt.[104] Berücksichtigungsfähig ist danach vor allem das **Interesse an freiem Marktzugang.**[105] Dazu gehört auch die Freiheit des behinderten Unternehmens in der Wahl seiner Vertriebswege.[106] Berücksichtigungsfähig ist ferner das Interesse, in der Chancengleichheit im Wettbewerb mit anderen Unternehmen nicht durch Behinderungen beeinträchtigt zu werden.[107] Ebenso wie auf der Seite des Normadressaten[108] sind auch auf Seiten der behinderten Unternehmen diejenigen Interessen nicht berücksichtigungsfähig, die **gegen gesetzliche Vorschriften** oder die in ihnen enthaltenen Wertungen verstoßen.[109]

22 **Abwägung der Interessen:** Die danach berücksichtigungsfähigen **Interessen der Beteiligten** sind abzuwägen, d. h. **einander gegenüberzustellen** und **zu gewichten.** Das hat einzelfallbezogen zu erfolgen.[110] Aus dieser Abwägung kann sich bereits das Übergewicht der Interessen einer Seite ergeben. Das Endergebnis, also die Beurteilung der Behinderung als billig oder unbillig, kann sich aber erst nach einer Einbeziehung der auf die Freiheit des Wettbewerbs gerichteten Zielsetzung des GWB einschließlich der Wertungen und Zielsetzungen des europäischen Wettbewerbsrechts[111] ergeben. Diese normative Bewertung muss häufig bereits in die Abwägung der Individualinteressen einfließen, weil sich ohne sie eine Gewichtung der Individualinteressen nicht vornehmen lässt. Bei der Interessenabwägung ist eine Gesamtwürdigung aller Gründe und Begleitumstände vorzunehmen, die zugunsten der einen oder anderen Seite sprechen. Dabei können Gründe, die für sich allein das Überwiegen der Interessen einer Seite nicht begründen, im Zusammenhang und in Verbindung mit weiteren Gründen und Begleitumständen ein solches Gewicht erhalten,

---

[103] *Markert* in Immenga/Mestmäcker § 19 GWB Rn. 127.

[104] BGH 10.11.1998, KZR 6/97 WuW/E DE-R 220 – U-Bahn-Buchhandlungen; BGH 23.2. 1988, KZR 20/86, WuW/E BGH 2491/2495 – Opel-Blitz; *Markert* in Immenga/Mestmäcker § 190 GWB Rn. 127.

[105] BGH 30.9.1971, KZR 12/70, WuW/E BGH 1200/1204 – Vermittlungsprovision für Flugpassagen; OLG Stuttgart 16.6.2003, 2 U 144/02, WuW/E DE-R 1191/1197 – Telefonbuch-Inserate; OLG Frankfurt 9.9.1997, 11 U (Kart) 67/96, WuW/E DE-R 55 – Kfz-Schilderpräger; OLG München 31.7.1997, U (K) 3806/97, WuW/E OLG 5898 – Zahnersatz; OLG Frankfurt 3.12.1996, 11 U (Kart) 64/95, WuW/E OLG 5767 – Koordinierte Vergabesperre; KG 28.11.1979, Kart 12/79, WuW/E OLG 2247/2255 – Parallellieferteile; KG 9.7.1974, Kart 25/74, WuW/E OLG 1507/1512 – Chemische Grundstoffe II; BKartA 21.3.1979, B7–333 000-RTV-84/76, WuW/E BKartA 1781/ 1785 – Identteile.

[106] BGH 3.3.1969, KVR 6/68, WuW/E BGH 1027/1032 – Sportartikelmesse II; OLG Celle 22.7.2000, 13 U 137/98 (Kart), WuW/E DE-R 581 – VAG Vertrieb; OLG Stuttgart 30.4.1999, 2 U 265/98, WuW/E DE-R 307 – Medizinische Hilfsmittel.

[107] OLG Frankfurt 3.2.1972, 6 U 68/71, WuW/E OLG 1283/1286 – Brunneneinheits-Kunststoffkasten.

[108] Vgl. Rn. 20.

[109] Etwa das Interesse an der Durchsetzung eines irreführenden Wettbewerbsverhaltens, vgl. BGH 24.5.1962, KZR 4/61, WuW/E BGH 483 – Radkappe; sa. *Nothdurft* in Langen/Bunte § 19 GWB Rn. 221.

[110] OLG München 17.6.2010, U (K) 1607/10, WuW/E DE-R 2978/29865 – Visa-Bargeldabhebung.

[111] S. oben Rn. 4.

dass sich das Überwiegen der Interessen einer Seite aus dieser Kumulation ergibt.[112] Zu berücksichtigen sind insbesondere das **Ziel** und das **Mittel** der behindernden Maßnahme.[113] Stets muss es sich um ein **angemessenes und vertretbares Mittel** der Interessenwahrung handeln.[114] Der behindernde Normadressat hat sich grundsätzlich des am wenigsten beeinträchtigenden Mittels zu bedienen, mit dem er seine Interessen noch wahren kann, und zwar sowohl hinsichtlich Art und Ausmaß als auch zeitlicher Dauer der ergriffenen Maßnahmen. Die Angemessenheit des Mittels ist aber auch im Hinblick auf den mit ihm verfolgten Zweck zu beurteilen (Zweck-Mittel-Relation), das Interesse des Normadressaten an der Behinderung kann ein so starkes Gewicht besitzen, dass demgegenüber die Bedeutung des zur Durchsetzung dieser Belange eingesetzten Mittels in den Hintergrund tritt.[115] Umgekehrt sind aber auch die Interessen des behindernden Normadressaten umso weniger schutzwürdig, je stärker seine Behinderung in die wettbewerblichen Möglichkeiten des behinderten Unternehmens eingreift.[116] Eine Behinderung ist nicht deswegen unbillig, weil sich der Normadressat nicht nur von den von ihm geltend gemachten Rechtfertigungsgründen, sondern auch noch von weiteren, zur Rechtfertigung nicht geeigneten Gesichtspunkten hat bestimmen lassen.[117] Bei der Interessenabwägung können auch Gründe berücksichtigt werden, die erst nach der behindernden Maßnahme eingetreten sind.[118]

b) Berücksichtigung der Zielsetzung des GWB und der Wertungen und Zielsetzungen des europäischen Wettbewerbsrechts. Das Ergebnis der Individualinteressenabwägung muss anhand der Zielsetzung des GWB einschließlich der Wertungen und Zielsetzungen des europäischen Wettbewerbsrechts überprüft werden, erst daraus kann sich die endgültige Beurteilung der Behinderung als billig oder unbillig ergeben. Die Berücksichtigung dieser Wertungen und Zielsetzungen ist also nicht auf die Fälle beschränkt, in denen sich die gegenseitigen Interessen aufheben. Häufig fließt allerdings die Berücksichtigung der Zielsetzung des GWB bereits in die **Abwägung der Individualinteressen** ein, weil sich anders diese oft gar nicht gewichten lassen. Die Individualinteressenabwägung und die Berücksichtigung der Zielsetzung des GWB sind in der praktischen Anwendung eng miteinander verzahnt und in einer Gesamtbetrachtung zu berücksichtigen.[119] Dass bei der Anwendung einer Rechtsnorm die Zielsetzung des Gesetzes zu berücksichtigen ist, entspricht an sich anerkannten Auslegungsgrundsätzen und hätte, wollte man die Bedeutung der Rechtsprechungsformel hierauf reduzieren, keiner besonderen Erwähnung bedurft. Die Formel geht aber darüber insofern hinaus, als sie das Gewicht deutlich macht, das die Berücksichtigung der Wertungen und Zielsetzungen des GWB und des europäischen Wettbewerbsrechts bei der Interessenabwägung als zentralem Tatbestandsmerkmal des § 20 Abs. 1 und 2 hat. 23

Bei der Berücksichtigung der auf die Freiheit des Wettbewerbs gerichteten Zielsetzung des GWB ist **das gesamte Wertungssystem des GWB,** insbesondere der Normzweck des § 19 Abs. 1 und 2, zu berücksichtigen.[120] Dagegen sind **außerhalb des GWB ste-** 24

---

[112] BGH 7.10.1980, KZR 25/79, WuW/E BGH 1740, 1742 – Rote Liste; BGH 24.9.1979, KZR 20/78, WuW/E BGH 1629/1634 – Modellbauartikel II.

[113] BGH 7.10.1980, KZR 8/80, WuW/E BGH 1783/1785 – Neue Osnabrücker Zeitung; BGH 7.10.1980, KZR 25/79, WuW/E BGH 1740, 1744 – Rote Liste.

[114] BGH 7.10.1980, KZR 8/80, WuW/E BGH 1783/1785 – Neue Osnabrücker Zeitung; BGH 13.3.1979, KZR 25/77, WuW/E BGH 1646/1647 – Vermittlungsprovision für Flugpassagen II; OLG Düsseldorf 19.3.2003, U (Kart) 20/02, WuW/E DE-R 1184/1186 – InfraCard-Tarif; *Nothdurft* in Langen/Bunte § 19 GWB Rn. 224.

[115] BGH 7.10.1980, KZR 25/79, WuW/E BGH 1740, 1743 – Rote Liste.

[116] BGH 7.10.1980, KZR 8/80, WuW/E BGH 1783/1785 – Neue Osnabrücker Zeitung.

[117] BGH 24.9.1979, KZR 16/78, WuW/E BGH 1671/1676 – robbe-Modellsport.

[118] BGH 24.9.1979, KZR 20/78, WuW/E BGH 1629/1634 – Modellbauartikel II.

[119] S. a. BGH 7.10.1980, KZR 25/79, WuW/E BGH 1740/1743 – Rote Liste.

[120] OLG München 8.2.1996, U (K) 3882/95, WuW/E OLG 5744 – Gastgeberverzeichnis.

hende wirtschaftspolitische Ziele grundsätzlich nicht zu berücksichtigen. Im Rahmen des § 19 Abs. 1 und 2 ist keine gesamtwirtschaftliche Betrachtungsweise anzustellen, auf wirtschaftspolitische Überlegungen kommt es nicht an.[121] Als nicht berücksichtigungsfähig ist daher z.B. die Überlegung angesehen worden, dass aus gesamtwirtschaftlicher Sicht der Endabnehmer die Wahlmöglichkeit zwischen Preis-Leistungs-Kombinationen mit und ohne Bedienung haben müsse.[122] Die Anwendung des „economic approach" als ein dem Wettbewerbsrecht immanentes Prinzip wird dadurch nicht ausgeschlossen.

25 Für die Frage, wie die Berücksichtigung der Zielsetzung des GWB zu erfolgen hat, ist verschiedentlich vorgeschlagen worden, auf den im Recht gegen den unlauteren Wettbewerb entwickelten Wertungsgegensatz von **Leistungswettbewerb und Nichtleistungswettbewerb** zurückzugreifen. Soweit das Wettbewerbsverhalten eines Normadressaten leistungsfremden Charakter hat, soll es grundsätzlich unbillig sein, falls es nicht durch besondere Umstände gerechtfertigt ist.[123] Für dieses Konzept wird vor allem angeführt, dass es an die Stelle der mit der Interessenabwägung notwendig verbundenen, für die Rechtssicherheit aber unerwünschten Einzelfallbetrachtung einen normativ-teleologischen, generalisierungsfähigen Orientierungsrahmen setze. Zudem habe im Zuge einer zunehmenden „Verzahnung" von GWB und UWG der Begriff des Leistungswettbewerbs an verschiedenen Stellen Eingang in das Wertungssystem des GWB gefunden. Überwiegend ist dieses Konzept aber auf Ablehnung gestoßen.[124] Es wird vor allem geltend gemacht, dass die Abgrenzung zwischen Leistungswettbewerb und Nichtleistungswettbewerb bis heute nicht gelungen sei, dass sich das Konzept nicht am unerwünschten Marktverhalten, sondern nach Art eines Ergebnistests an den Marktfolgen orientiere und dass es sich wenig zur Erfassung der Nachfragemacht eigne. Dem ist zu folgen. Die auf die Freiheit des Wettbewerbs gerichtete Zielsetzung des GWB ist im Einzelfall eigenständig zu bestimmen und kann sich auch im Rahmen des § 19 Abs. 1 und 2 nicht durch das auf die Ziele des UWG ausgerichtete und in seiner Abgrenzung höchst umstrittene Konzept von Leistungswettbewerb und Nichtleistungswettbewerb beschränken. Auch die gerichtliche Entscheidungspraxis orientiert sich nicht an diesem Konzept.[125]

26 Die Wertungen und Zielsetzungen des **europäischen Wettbewerbsrechts** decken sich weitgehend mit denen des GWB. Von Anbeginn an gehört es zu den Zielsetzungen der Europäischen Gemeinschaft, ein System unverfälschten Wettbewerbs zu errichten (jetzt Art. 3 Abs. 1 lit. g EG), dass durch die Wettbewerbsregeln des Vertrags realisiert werden soll. Das deckt sich jedenfalls im Grundsatz mit der auf die Freiheit des Wettbewerbs gerichteten Zielsetzung des GWB, die nach der deutschen Rechtsprechung bei der Interes-

---

[121] BGH 24.9.1979, KZR 20/78, WuW/E BGH 1629/1632 – Modellbauartikel II.

[122] BGH WuW/E BGH 1629/1632 – Modellbauartikel II.

[123] Eingehend Frankfurter Kommentar/*Weyer,* § 19 Rn. 107 ff. mit weiteren Nachweisen; *Wurmnest,* Marktmacht, S. 347 ff.; *Ulmer* in FS Kummer, S. 565 ff.; *ders.* WuW 1978, 341 f.; grundsätzlich zustimmend aber mit Einschränkungen *Nothdurft* in Langen/Bunte § 19 GWB Rn. 186.

[124] Vgl. Monopolkommission, Sondergutachten 7, Rn. 79; im Schrifttum vor allem *Markert* in Immenga/Mestmäcker § 19 GWB Rn. 133 ff.; MünchKommGWB/*K. Westermann,* § 20 Rn. 77, beide mit weiteren Nachweisen; *Mestmäcker,* Der verwaltete Wettbewerb, S. 148 ff.; *Köhler,* Nachfragemacht, S. 24 ff.

[125] Lediglich in wenigen Entscheidungen ist der Nichtleistungswettbewerb als zusätzliches Bewertungskriterien herangezogen worden (OLG Karlsruhe 27.8.1997, 6 U 4/97 (Kart), WuW/E DE-R 79 – Feuerwehr-Drehleitern; KG 14.4.1978, Kart. 8/78, WuW/E OLG 1983/1988 – Rama-Mädchen; nur zu § 22 Abs. 4 a.F.: KG 6.1.1977, Kart. 27/76, WuW/E OLG 1767/1772 – Kombinationstarif; nennenswerte Bedeutung hat aber dieser Begriff nie erlangt. Für § 26 Abs. 4 (jetzt § 20 Abs. 3) hat der BGH ausdrücklich festgestellt, dass die Maßstäbe für die Beurteilung der unbilligen Behinderung nicht mit den Maßstäben des UWG deckungsgleich seien, vgl. BGH 4.4.1995, KZR 34/93, WuW/E BGH 2977/2980 – Hitlisten-Platten. Dass in Einzelfällen das Fehlen einer unbilligen Behinderung auch die Anwendung von GWB Vorschriften ausschließt (vgl. etwa BGH 31.1.2012, KZR 65/10, WuW/E DE-R 3549 Rn. 37 – Werbeanzeigen), steht dem nicht entgegen.

senabwägung zu berücksichtigen ist. Diese grundsätzliche Übereinstimmung zeigt sich auch in der Parallelität der Konzentration auf drei Kernbereiche des Rechts der Wettbewerbsbeschränkungen, nämlich auf das Verbot von wettbewerbsbeschränkenden Vereinbarungen mit Freistellungsvorbehalt, das Verbot des Missbrauchs marktbeherrschender Stellungen und die präventive Fusionskontrolle. Trotz dieser grundsätzlichen Übereinstimmungen ist das Verhältnis beider Rechtsordnungen naturgemäß nicht frei Konfliktsituationen, die aber nach dem Prinzip des Vorrangs des Gemeinschaftsrechts vor dem nationalen Recht[126] zu lösen sind. Dieses Prinzip wird durch die VO 1/2003 näher konkretisiert. Es kann davon ausgegangen werden, dass sich die grundlegenden Wertungen und Zielsetzungen, wie sie bei der Interessenabwägung nach § 20 Abs. 1 und 2 zu berücksichtigen sind, sowohl aus dem GWB als auch aus dem europäischen Wettbewerbsrecht ergeben; bei Widersprüchen ist nach den Regeln der VO 1/2003 entscheiden.[127] Bei der Darstellung der Einzelfälle unbilliger Behinderung und ungerechtfertigt unterschiedlicher Behandlung wird hierauf näher einzugehen sein.

Nicht nur aus einer Abwägung der Individualinteressen,[128] sondern auch aus der auf die Freiheit des Wettbewerbs gerichteten Zielsetzung des Gesetzes und des europäischen Wettbewerbsrechts ergibt sich die Verpflichtung des Normadressaten, bei seinen Maßnahmen das **mildeste Mittel,** d.h. das die Wettbewerbsfreiheit am wenigsten beeinträchtigende Mittel zu wählen, mit dem seine (berechtigten) Interessen noch gewahrt werden können; die Beeinträchtigung der Wettbewerbsfreiheit darf nicht stärker sein als unbedingt notwendig.[129] Das gilt sowohl für Art und Ausmaß der Behinderung als auch für deren zeitliche Dauer. Unzulässig sind daher Ausschließlichkeitsbindungen, wenn legitime Interessen auch durch die Auferlegung von Hinweispflichten geschützt werden können.[130] Eine zeitlich unbegrenzte Maßnahme ist unzulässig, wenn sie in zeitlich begrenzter Form den gleichen Zweck erfüllt.[131] Auch eine Übergangsfrist kann geboten sein.[132] 27

Aus der auf die Freiheit des Wettbewerbs gerichteten Zielsetzung folgt aber auch, dass dem **Normadressaten die Freiheit wettbewerbskonformen Verhaltens gewährleistet** wird. § 19 Abs. 2 Nr. 1 zielt darauf ab, den Spielraum des Normadressaten einzuengen, nicht aber, ihn gänzlich vom Wettbewerb auszuschließen.[133] Insbesondere kann der Normadressat im Allgemeinen nicht **gezwungen werden,** seine Interessen vollständig denen eines anderen Unternehmens unterzuordnen.[134] Da im Sinne eines dynamischen Wettbewerbskonzepts Wettbewerb aus einer Abfolge von Aktionen und Reaktionen besteht, muss auch dem Normadressaten des § 20 Abs. 1 und 2 grundsätzlich die Möglichkeit gegeben sein, durch vorstoßenden Wettbewerb (etwa in Form der Einräumung günstigerer Preise oder Konditionen) Marktanteile zu erobern oder auf vorstoßenden Wettbewerb anderer Unternehmen zu reagieren.[135] Gerade dieser Gesichtspunkt trägt dazu bei, der einem über- 28

---

[126] Vgl. dazu insb. EuGH 13.2.1969, Rs. 14/68 – Walt Wilhelm, Slg. 1969, 1; BVerfG 8.4.1987, NJW 1988, 1459.

[127] S. dazu Rn. 4.

[128] Vgl. Rn. 22.

[129] BGH 7.10.1980, KZR 8/80, WuW/E BGH 1783/1785 – Neue Osnabrücker Zeitung; BGH 28.6.1977, KVR 2/77, WuW/E BGH 1495/1497 – Autoruf-Genossenschaft; BGH 24.2.1976, KVR 3/75, WuW/E BGH 1429/1431 – Asbach-Fachgroßhändlervertrag; KG 28.11.1979, Kart 12/79, WuW/E OLG 2247/2253 – Parallellieferteile; KG 21.2.1977, Kart. 151/75, WuW/E OLG 1828/1830 – Englisch-Wörterbuch; *Markert* in Immenga/Mestmäcker § 19 GWB Rn. 137; MünchKomm-GWB/*K. Westermann,* § 20 Rn. 78.

[130] KG 28.11.1979, Kart 12/79, WuW/E OLG 2247/2253 – Parallellieferteile.

[131] BGH 12.5.1976, KZR 14/75, WuW/E BGH 1423/1425 – Sehhilfen.

[132] BGH 31.1.2012, KZR 65/10, WuW/E DE-R 3549 Rn. 22ff., 31 – Werbeanzeigen; BGH 12.2.1980, KRB 4/79, WuW/E BGH 1729, 1731 – Ölbrenner.

[133] BGH 14.7.1998, KZR 1/97, WuW/E DE-R 201 – Schilderpräger im Landratsamt.

[134] BGH 14.7.1998, KZR 1/97, WuW/E DE-R 201 – Schilderpräger im Landratsamt.

[135] *Markert* in Immenga/Mestmäcker § 19 GWB Rn. 142.

zogenen Diskriminierungsverbot innewohnenden Tendenz zur Wettbewerbserstarrung entgegenzuwirken und zu einem vom Wettbewerb nicht gefährdeten Bestandsschutz von Marktpositionen zu führen. Auch unter dem Gesichtspunkt der Wettbewerbsfreiheit ist daher die unternehmerische Gestaltungsfreiheit zu beachten, insbesondere die Freiheit, das Bezugs- und Absatzsystem nach eigenem Ermessen so zu gestalten, wie der Unternehmer es für richtig und wirtschaftlich sinnvoll hält.

29 Der Marktmachtbezug des § 20 Abs. 1 gebietet es auch, bei der Interessenabwägung die **konkrete Marktstärke des Normadressaten** zu berücksichtigen. Je größer die Marktmacht des Normadressaten ist, desto geringer sind die Ausweichmöglichkeiten der betroffenen Unternehmen und desto größer ist das Maß an Rücksichtnahme, das vom Normadressaten verlangt werden muss. Daher sind im Rahmen der Interessenabwägung an die Rechtfertigung des Normadressaten umso höhere Anforderungen zu stellen, je größer seine Marktmacht ist.[136] Die Berücksichtigung der konkreten Marktstärke kann aber nur **einzelfallbezogen** erfolgen.

30 **c) Zeitpunkt der Interessenabwägung und Beweislast.** Maßgebender **Zeitpunkt** für die Interessenabwägung ist der Schluss der mündlichen Verhandlung in der Tatsacheninstanz, nicht bereits der Zeitpunkt der diskriminierenden Maßnahme.[137] Es können also auch noch Tatsachen berücksichtigt werden, die nach der diskriminierenden Maßnahme, aber vor Schluss der mündlichen Verhandlung in der Tatsacheninstanz eingetreten sind. Die **Darlegungs- und Beweislast** für die Normadressateneigenschaft, den gleichartigen Unternehmen üblicherweise zugänglichen Geschäftsverkehr und die unbillige Behinderung trägt derjenige, der daraus Ansprüche für sich herleiten will, also das behinderte Unternehmen. Er muss die Tatsachen angeben, aus denen sich die Unbilligkeit ergeben soll. Dies gilt auch für die Unbilligkeit der Behinderung.[138]

3. Einzelfälle

31 **a) Niedrigpreispolitik (Kampfpreise).** Die Unterbietung der Preise von Wettbewerbern ist im Regelfall Ausdruck eines gesunden Wettbewerbs;[139] der Preis ist einer der wichtigsten Wettbewerbsparameter. In Sonderfällen können allerdings auf Marktbeherrschung beruhende systematische Preisunterbietungen eine **unbillige Behinderung** darstellen.[140] Das bloße Bestreben eines marktbeherrschenden Unternehmens, Wettbewerber aus dem Markt zu drängen, reicht für sich genommen dafür aber noch nicht aus.[141] Maß-

---

[136] BGH 31.1.2012, KZR 65/10, WuW/E DE-R 3549 Rn. 30 – Werbeanzeigen; BGH 27.4.1999, KZR 35/97, WuW/E DE-R 357 – Feuerwehrgeräte; BGH 19.3.96, KZR 1/95, WuW/E BGH 3058 – Pay-TV-Durchleitung; OLG München 22.1.2004, U (K) 3329/03, WuW/E DE-R 1260/1291 – BMW-Händlermarge; OLG Stuttgart 16.6.2003, 2 U 144/02, WuW/E DE-R 1191/1195 – Telefonbuch-Inserate; OLG Düsseldorf 19.3.2003, U (Kart) 20/02, WuW/E DE-R 1184/1486 – InfraCard-Tarif; *Nothdurft* in Langen/Bunte § 19 GWB Rn. 232; *Markert* in Immenga/Mestmäcker § 19 GWB Rn. 138.

[137] BGH 8.5.1979, KZR 13/78, WuW/E BGH 1587/1593 – Modellbauartikel I; BGH 24.9.1979, KZR 20/78, WuW/E BGH 1629/1633 – Modellbauartikel II.

[138] BGH 22.10.1996, KZR 19/95, WuW/E BGH 3079 – Stromeinspeisung II; BGHZ 116, 47/56 – Amtsanzeiger; BGH 8.6.1967, KZR 5/66, WuW/E BGH 863/870 – Rinderbesamung II; OLG München 22.1.2004, U (K) 3329/03, WuW/E DE-R 1260/1291 – BMW-Händlermarge; OLG Karlsruhe 14.12.1977, 6 U 193/77, WuW/E OLG 1973/1974 – Billigpreisanzeige; teils anders OLG Stuttgart 24.10.1997, 2 U 45/97, WuW/E DE-R 48 – Kfz-Schilderpräger Nagold (abweichend von der BGH-Rechtsprechung, s. insb. BGHZ 116, 47/57 – Amtsanzeiger; Frankfurter Kommentar/ *Weyer* § 19 Rn. 120.

[139] BGH 31.1.1979, I ZR 21/77, GRUR 1979, 321/322 – Verkauf unter Einstandspreis I; BGH 10.12.1985, KZR 22/85, GRUR 1986, 397/399 – Abwehrblatt II.

[140] BGH 10.12.1985, KZR 22/85, GRUR 1986, 397/399 – Abwehrblatt II; eingehend dazu *Wurmnest,* Marktmacht, S. 375 ff.

[141] BGH 10.12.1985, KZR 22/85, GRUR 1986, 397/399 – Abwehrblatt II.

geblich ist vielmehr, ob unter missbräuchlicher Ausnutzung der Wettbewerbsfreiheit die Handlungsfreiheit des anderen Unternehmens unangemessen eingeschränkt werden soll, um eigene Interessen in rechtlich zu missbilligender Weise zu verwirklichen.[142] Die deutsche Rechtsprechung war in der Annahme einer solchen Situation äußerst zurückhaltend.[143] Das OLG Düsseldorf hat in einem Fall der mehrfachen Preisanpassung der Lufthansa an Flugpreise eines Wettbewerbers eine unbillige Behinderung angenommen.[144] Gründe, die bei einer Preisunterbietung die Unbilligkeit ausschließen, können etwa Einführungspreise für ein neues Produkt oder Auslastung der eigenen Produktionskapazitäten sein;[145] zum Verkauf unter Einstandspreis s. § 20 Rn. 64 ff.

b) Rabattpolitik. Auch Rabatte stellen grundsätzlich ein wettbewerbskonformes Mittel 32
der Vertriebspolitik dar. Rabattsysteme können aber auch eine starke Sogwirkung entfalten und dadurch Wettbewerbern den Zugang zu Absatzkanälen erschweren oder versperren, indem sie Abnehmern den Anreiz bieten, ihren Bezug auf einen Hersteller zu konzentrieren.[146] Die Vielzahl möglicher Rabattsysteme und ihrer Kombinationen gestaltet die Beurteilung schwierig, weil sich in vielen Fällen wettbewerbsimmanente Aspekte mit wettbewerbsfremden Aspekten verbinden. **Mengenrabatte** sind in der Regel durch die Kostenvorteile, die der Normadressat auf Grund der größeren Abnahmemengen hat, sachlich gerechtfertigt. Voraussetzung ist aber, dass die Rabattstaffelung in angemessenem Verhältnis zu den Vorteilen der Mengenabnahme steht und dass das System nicht willkürlich angewendet wird.[147] Überhöhte Rabatte können ähnliche Wirkungen wie Niedrigpreisstrategien haben. **Umsatzrabatte,** die lediglich die Funktion eines Mengenrabatts haben, sind zulässig, sofern sie nicht nach unsachgemäßen Gesichtspunkten ausgestaltet oder willkürlich angewendet werden. Maßgeblich ist vor allem die Länge der Referenzperiode. Umsatzrabattsysteme, die an kurze Referenzperioden von wenigen Wochen oder Monaten anknüpfen, hat das KG nicht beanstandet.[148] Ein an lange Bezugsperioden geknüpfter Umsatzrabatt kann dagegen eine Sogwirkung ausüben, die den Abnehmer veranlasst, nicht nur die Hauptware, sondern auch Nebenwaren beim Normadressaten zu beziehen und die damit ein Überwechseln der Nachfrager zu gleichgünstig oder günstiger anbietenden Wettbewerbern des Normadressaten verhindert.[149] Auch eine starke Spreizung der Rabattstaffel kann missbräuchlich sein.[150] Ähnliche Sogwirkungen wie Umsatzrabattsysteme mit langfristiger Referenzperiode können **Gesamtumsatzrabattsysteme** aufweisen. **Treuerabatte,** die die Bezüge der Abnehmer beim Normadressaten konzentrieren sollen, stellen in der Regel eine unbillige Behinderung der Mitbewerber dar, auch sie entfalten eine Sogwirkung, die Abnehmer des Normadressaten an diesen bindet und für Mitbewerber den Geschäftsverkehr mit ihnen zumindest erschwert.[151] Nur in Ausnahmefällen können überwiegende Interessen des Normadressaten zur sachlichen Rechtfertigung von Treuera-

---

[142] BGH 10.12.1985, KZR 22/85, GRUR 1986, 397/399 – Abwehrblatt II; *Nothdurft* in Langen/Bunte § 19 GWB Rn. 247.

[143] Zur europäischen Rechtsprechung vgl. Bulst in Langen/Bunte Art. 102 AEUV Rn. 307 ff.

[144] OLG Düsseldorf 9.6.2002, Kart 7/02 (V), WuW/E DE-R 867 – Germania.

[145] S. dazu näher *Nothdurft* in Langen/Bunte § 19 GWB Rn. 247.

[146] BGH 4.10.2013, KVR 11/12, WuW/E DE-R 3968 Rn. 21 – Rabattstaffel; eingehend dazu *Wurmnest,* Marktmacht, S. 515 ff.

[147] OLG Düsseldorf 13.2.1990, U (Kart.) 10/89, WuW/E OLG 4601/4609 f. – interlining; OLG Düsseldorf 19.3.2003, U (Kart) 20/02, WuW/E DE-R 1184/1485 – InfraCard-Tarif; OLG Hamm 11.2.1988, 4 U 128/87, WuW/E OLG 4425/4426 f. – Theaterrabatt; BKartA 19.2.1970, B3–463 450-QX-377/69, WuW/E BKartA 1311/1313 – Alleskleber.

[148] KG 12.11.1980, Kart 32/79, WuW/E OLG 2403/2410 – Fertigfutter.

[149] BKartA 22.10.1979, B4–689 100-TV-39/78, WuW/E BKartA 1817/1820 f. – Fertigfutter; KG 12.11.1980, Kart 32/79, WuW/E OLG 2403/2410 – Fertigfutter.

[150] BGH, 12.7.2013, KVR 11/12, WuW DE-R 3967 – Rabattstaffel.

[151] BKartA 22.10.1979, B4–689 100-TV-39/78, WuW/E BKartA 1817/1820 f. – Fertigfutter; KG 12.11.1980, Kart 32/79, WuW/E OLG 2403/2410 – Fertigfutter.

batten führen.[152] Auch der EuGH hatte in einer Reihe von Fällen über den Missbrauch von Rabattsystemen zu entscheiden.[153]

33 c) **Vertriebspolitik.** Auch weitere Formen der Vertriebspolitik können zur Kundenbindung führen und damit Wettbewerbern den Zugang zu Absatzkanälen erschweren oder versperren. Hierzu gehören insbesondere **Ausschließlichkeitsbindungen** und **Kopplungsbindungen.**[154]

34 Bei **Ausschließlichkeitsbindungen** verpflichten sich Abnehmer, bestimmte Produkte nur vom Normadressaten zu beziehen oder ausschließlich ihn zu beliefern. Dadurch fallen sie als potentielle Abnehmer bzw. Lieferanten der Wettbewerber des Normadressaten aus. Das ist beispielsweise der Fall, wenn ein Automobilhersteller es seinen Vertragshändlern zum Schutz eines konzerneigenen Leasingunternehmens untersagt, die von ihm gelieferten Fahrzeuge an dritte Leasingunternehmen weiterzuveräußern,[155] wenn ein Automobilhersteller seine Vertragshändler und -werkstätten veranlasst, zu Reparaturzwecken nur von ihm hergestellte Originalersatzteile zu verwenden[156] oder wenn ein Zusammenschluss von Mineralbrunnenbetrieben die ihm angeschlossenen Brunnenbetriebe verpflichtet, nur die von ihm gelieferten Kunststoffkästen zu benutzen.[157] In der Praxis stehen Bezugsbindungen im Vordergrund.[158] In vielen Fällen sind Ausschließlichkeitsbindungen ein legitimes Mittel der Absatzpolitik, etwa dann, wenn eine Markenbindung besteht (z.B. Brauereiverträge), wenn der Bindende erhebliche Aufwendungen für die Markteinführung eines Produktes oder den Aufbau eines Vertriebsnetzes hat oder wenn es technische oder qualitative Gründe dafür gibt, dass Abnehmer Produkte nicht von dritter Seite beziehen. Die wettbewerbliche Handlungsfreiheit von Wettbewerbern kann aber bei der Verwendung von Ausschließlichkeitsbindungen durch marktbeherrschende Unternehmen in einer Weise eingeschränkt sein, dass es sich um den Missbrauch einer marktbeherrschenden Stellung handelt. Beurteilungselemente dafür sind vor allem die Marktmacht des Normadressaten, die Größe des durch ihn blockierten Marktanteils und die Dauer und Intensität der Ausschließlichkeitsbindung; diese sind abzuwägen mit der absatzpolitischen Bedeutung der Bindung für den Normadressaten. Die älteren deutschen Entscheidungen, insbesondere zur Bezugspflicht bei Originalersatzteilen für Kraftfahrzeuge, sind heute durch die Entwicklung des EU-Rechts weitgehend überholt.[159] Die Marktanteilsschwellen des Art. 3 Abs. 1 der Vertikal-GVO 330/2010 schließen eine Anwendung von § 19 Abs. 2 S. 1 nicht aus, da dort der Aspekt der Marktbeherrschung unberücksichtigt bleibt.[160]

35 Bei **Kopplungsbindungen** ist der Gebundene verpflichtet, zusätzlich zu den bezogenen Produkten (Hauptprodukte) weitere Produkte (gebundene Produkte) abzunehmen, die weder sachlich noch nach Handelsbrauch in Beziehung zum Hauptprodukt stehen. Die Attraktivität des Hauptprodukts wird ausgenutzt, um den Abnehmer zur Abnahme der gebundenen Produkte zu veranlassen. Ein Beispiel bildet der Fall, dass ein Hersteller von Etikettiermaschinen seine Abnehmer verpflichtet, auch die in den Maschinen verwendeten Haftetiketten von ihm zu beziehen.[161] Solche Bindungen stellen nicht nur Behinderungen

---

[152] Vgl. etwa BGH 5.7.1973, KVR 3/72, WuW/E BGH 1269/1273 ff. – Fernost Schifffahrtskonferenz; KG 26.6.1985, Kart. 7/84, WuW/E OLG 3656/3657 – TUI-Partnerschaftsbonus; OLG Düsseldorf 19.5.1965, 20 U (Kart) 222/65, WuW/E OLG 725 – Marktordnungsfreie Milcherzeugnisse.

[153] S. aus jüngerer Zeit EuGH, 19.4.2012, Rs. C-549/10 P, WuW/E Eu-R 2323 – TOMRA; EuGH, 15.3.2007, Rs. C-95/04, Slg. I-2331 – British Airways; näher dazu Bulst in Langen/Bunte Art. 102 AEUV Rn. 240 ff.

[154] Eingehend zu Verdrängungsstrategien *Wurmnest,* Marktmacht, S. 515 ff.

[155] BGH 30.9.1971, KZR 13/70, WuW/E BGH 1211 – Kraftwagen-Leasing.

[156] KG 28.11.1979, Kart 12/79, WuW/E OLG 2247 – Parallellieferteile.

[157] OLG Frankfurt 3.2.1972, 6 U 68/71, WuW/E OLG 1283 – Brunneneinheits-Kunststoffkasten.

[158] Zu den vertikalen Aspekten von Ausschließlichkeitsbindungen su. Rn. 62 ff.

[159] S. dazu Wiedemann/Lübbert Hdb. KartellR § 27 Rn. 11.

[160] *Nothdurft* in Langen/Bunte § 19 GWB Rn. 266.

[161] KG 18.12.1969, Kart V 34/67, WuW/E OLG 995 – Handpreisauszeichner.

der gebundenen Abnehmer dar, weil diese die von ihnen nachgefragten Waren oder Leistungen nicht von anderen Lieferanten beziehen können,[162] sondern beeinträchtigen auch den Marktzugang für Wettbewerber auf dem Markt für die gebundenen Produkte. Auf diese Weise kann die Marktmacht des marktbeherrschenden Unternehmens vom Markt des Hauptproduktes auf den Markt des gebundenen Produktes ausgedehnt werden. Auch diese Ausdehnung auf einen Drittmarkt kann unter § 19 Abs. 2 fallen.[163] Im Grundsatz ist es zwar kartellrechtlich nicht zu beanstanden, wenn Waren nur gekoppelt mit anderen Waren abgegeben werden.[164] Besteht aber die Gefahr der Ausdehnung von Marktmacht auf Drittmärkte, so ist dem marktbeherrschende Unternehmen die Kopplung von Waren oder Leistungen, die weder sachlich noch aufgrund einer Branchenübung zusammengehören, stets untersagt.[165] In der deutschen Rechtsprechung wurden beispielsweise beanstandet die Kopplung von ISDN-Anschlüssen mit einem Internetzugang durch die deutsche Telekom,[166] die Kopplung von Stromlieferung und Telefondienstleistungen,[167] die Kopplung von Milch und Futtermitteln durch eine Molkerei.[168] Unionsrechtlich werden Kopplungsbindungen durch Art. 102 S. 2 lit d AEUV erfasst.[169]

d) Preis-Kosten-Schere. Eine Preis-Kosten-Schere liegt vor, wenn der Normadressat seine Produkte auf einem nachgelagerten Markt sowohl selbst **vertreibt** als auch Wettbewerber auf dem nachgelagerten Markt **beliefert** und dabei von den Wettbewerbern auf dem nachgelagerten Markt Preise in einer Höhe verlangt, die es den Wettbewerbern nicht mehr erlaubt, mit den Preisen in Wettbewerb zu treten, zu denen der Normadressat selbst die Produkte auf dem nachgelagerten Markt anbietet. Ein Beispiel bilden Mineralölgesellschaften, die Treibstoffe sowohl über eigene Tankstellen als auch über freie Tankstellen vertreiben und dabei von den freien Tankstellen Preise verlangen, die höher als die der eigenen Tankstellen sind. Auf diese Weise können bei Abhängigkeit der Unternehmen auf dem nachgelagerten Markt vom Normadressaten Marktzutrittsschranken errichtet und Wettbewerber auf dem nachgelagerten Markt verdrängt werden. Handelt es sich bei den Wettbewerbern auf dem nachgelagerten Markt und kleine oder mittlere Unternehmen, so findet § 20 Abs. 3 S. 2 Nr. 3 Anwendung, sofern die Unternehmen eine gegenüber den kleinen und mittleren Unternehmen überlegene Marktmacht besitzen.[170] Ist das nicht der Fall, so kommt eine Anwendung von § 19 Abs. 2 Nr. 1 in Betracht. 36

Ist der Normadressat sowohl auf dem vorgelagerten als auch auf dem nachgelagerten Markt marktbeherrschend **(doppelte Marktbeherrschung),** so liegt in der Regel eine sachlich nicht gerechtfertigte (unbillige) Behinderung vor.[171] ist der Normadressat nur auf dem vorgelagerten Markt marktbeherrschende **(einfache Marktbeherrschung),** so ist nach dem „as efficient competitor-Test" zu prüfen, ob ein Missbrauch vorliegt.[172] Beruht die Differenz zwischen den Preisen auf dem nachgelagerten Markt auf der gegenüber den 37

---

[162] S. dazu Bulst in Langen/Bunte Art. 102 AEUV Rn. 218 ff.

[163] BGH 30.3.2004, KZR 1/03, WuW/E DE-R 1283/1284 – Der Oberhammer; OLG Düsseldorf 3.3.2004, VI-U (Kart) 34/02, BeckRS 2004, 18466; LG Frankfurt a. M. 13.11.2013, 3–08 O 64/13, BeckRS 2014, 01017.

[164] BGH 30.3.2004, KZR 1/03, WuW/E DE-R 1283/1285 – Der Oberhammer.

[165] BGH 30.3.2004, KZR 1/03, WuW/E DE-R 1283/1285 – Der Oberhammer.

[166] BGH 30.3.2004, KZR 1/03, WuW/E DE-R 1283 – Der Oberhammer.

[167] BGH 4.11.2003, KZR 16/02, WuW/E DE-R 1206 – Strom und Telefon I; BGH 4.11.2003, KZR 38/02, WuW/E DE-R 1210 – Strom und Telefon II; OLG Düsseldorf 21.2.2001, U (Kart) 33/00, WuW/E DE-R 880 – Strom & Fon.

[168] KG 9.11.1983, Kart 85/82 – Milchaustauschfuttermittel.

[169] Vgl. dazu Bulst in Langen/Bunte Art. 102 AEUV Rn. 218 ff.

[170] Dazu § 20 Rn. 81 ff.

[171] BKartA 6.8.2009, B 7 – 11/09; WuW/E DE-V 1769 Rn. 50 – MABEZ-Dienste; *Nothdurft* in Langen/Bunte § 19 GWB Rn. 283.

[172] BKartA 6.8.2009, B 7 – 11/09; WuW/E DE-V 1769 Rn. 50 – MABEZ-Dienste; *Nothdurft* in Langen/Bunte § 19 GWB Rn. 283.

Wettbewerbern höheren Leistungsfähigkeit des Normadressaten auf dem nachgelagerten Markt, so kann dies nicht zu seinem Nachteil ausschlagen. Es ist daher die Frage zu stellen, ob der Normadressat auf dem nachgelagerten Markt noch leistungsfähig wäre, wenn er dort die Preise zu zahlen hätte, die er den Wettbewerbern in Rechnung stellt.[173] Ist das nicht der Fall, so kann davon ausgegangen werden, dass die Preispolitik des Normadressaten in Verdrängungsabsicht erfolgt und missbräuchlich ist.

III. Diskriminierung (Abs. 2 Nr. 1, 2. Fall)

38 Die Wurzeln des Diskriminierungsverbots des § 19 Abs. 2 Nr. 1 und des § 20 Abs. 1 liegen einmal in der **Monopolrechtsprechung** des Reichsgerichts zu § 826 BGB, zum anderen in der amerikanischen **Antitrust-Gesetzgebung.** Das US-Antitrustrecht[174] verbietet wettbewerbsbeschränkende Diskriminierungen in weitem Umfange und läuft eher auf ein allgemeines Diskriminierungsverbot hinaus. Das deutsche Kartellrecht enthält **kein allgemeines Diskriminierungsverbot.** Der während des Gesetzgebungsverfahrens gemachte Vorschlag, auch im GWB ein allgemeines Diskriminierungsverbot zu statuieren, hat sich nicht durchgesetzt. Man war sich bewusst, dass ein allgemeines Diskriminierungsverbot eher zu einer Wettbewerbserstarrung führen würde; zudem waren die Erfahrungen aus den USA alles andere als ermutigend. In einer Rechts- und Wirtschaftsordnung, die auf den Grundsätzen der Vertragsfreiheit und Privatautonomie basiert, müssen staatliche Regelungen, die die Aufnahme von Vertragsbeziehungen anordnen, Ausnahmen bleiben. Die bloße Behinderung und Ungleichbehandlung von Marktteilnehmern sind grundsätzlich wettbewerbsimmanente Methoden, die Durchsetzung des eigenen Angebots ist ohne sie kaum denkbar. Erst wenn Behinderung und Diskriminierung auf wettbewerbsfremden Methoden beruhen, insbesondere durch die missbräuchliche Ausnutzung von Marktmacht ermöglicht werden, kann das Kartellrecht eingreifen. Das Diskriminierungsverbot beschränkt sich daher auf die in §§ 19 und 20 genannten Normadressaten. Auch soweit durch diese eine unterschiedliche Behandlung von Marktteilnehmern praktiziert wird, können die wettbewerblichen Auswirkungen aber durchaus ambivalent zu beurteilen sein, etwa bei der Preisdifferenzierung durch Anbieter, die wettbewerbswidrig zur Bekämpfung von Mitbewerbern eingesetzt werden kann, die aber z.B. auf Oligopolmärkten als vorstoßender Preiswettbewerb Wettbewerb oft erst ermöglichen kann. Ebenso kann die Beschränkung auf bestimmte Abnehmer auf der Handelsstufe und damit der Ausschluss anderer Händler notwendige Voraussetzung eines Vertriebssystems sein, das im Wettbewerb mit Konkurrenten (interbrand competition) eine durchaus sinnvolle wettbewerbspolitische Maßnahme darstellt. §§ 19 und 20 tragen dem dadurch Rechnung, dass es für die Ungleichbehandlung keinen sachlich gerechtfertigten Grund geben darf.

39 Während das Behinderungsverbot vornehmlich dem **Schutz** der **Mitbewerber** des Normadressaten dient, soll das Verbot ungerechtfertigter unterschiedlicher Behandlung in erster Linie die **Unternehmen der vor- und nachgelagerten Marktstufen** schützen und ihnen im Verhältnis zum Normadressaten gleiche Marktchancen sichern; allerdings ist der Schutz der Wettbewerber des Normadressaten dadurch nicht ausgeschlossen.

1. Unterschiedliche Behandlung

40 Als **Behandlung** reicht jede Maßnahme aus, die unmittelbare oder mittelbare geschäftliche Beziehungen zum Normadressaten betrifft. Auch ein Unterlassen, beispielsweise die

---

[173] EuGH 14.10.2010, Rs. C-280/08 P, WuW/E Eu-R 1291 Rn. 200ff. – Deutsche Telekom; EuGH 17.2.2011, Rs. C-52/09 Rn. 40ff. – TeliaSonera Sverige; BKartA 6.8.2009, B 7 – 11/09; WuW/E DE-V 1769 Rn. 52f. – MABEZ-Dienste; *Nothdurft* in Langen/Bunte § 19 GWB Rn. 284.
[174] Sec. 2 Clayton Act 1914, Robinson-Patman Act 1936.

bloße Nichtbelieferung, kann eine Behandlung darstellen. Das Diskriminierungsverbot untersagt nicht jede unterschiedliche Behandlung als solche, sondern richtet sich nur gegen Ungleichbehandlungen, die die wettbewerbliche Chancengleichheit gleichartiger Unternehmen betreffen; die Bevorzugung einzelner Unternehmen muss sich nachteilig auf die Wettbewerbsposition gleichartiger Unternehmen auswirken.[175] In vielen Fällen handelt es sich um die Begründung bzw. Aufrechterhaltung von Lieferbeziehungen bzw. um deren inhaltliche Ausgestaltung hinsichtlich der dem Vertragspartner gewährten Preise oder Konditionen. Ob eine Behandlung **unterschiedlich** ist, beurteilt sich nach einem **formalen Gleichheitsmaßstab.**[176] Zu fragen ist, ob Leistungen ihrem äußeren Erscheinungsbild nach gleich sind, ob also etwa für die gleiche Menge einer bestimmten Ware der gleiche Preis verlangt wird. Formal ungleichartige Leistungen können zwar materiell gleich sein, z. B. dann, wenn sie auf unterschiedlichen Gegenleistungen der Leistungsempfänger beruhen. Das ist aber nicht im Rahmen der Gleichheit der Behandlung, sondern erst bei der Prüfung des sachlich gerechtfertigten Grundes zu prüfen. Die Waren oder Leistungen, die einander zum Vergleich gegenübergestellt werden, müssen **vergleichbar** sein. Dabei reicht es nicht aus, dass sie gleichartig oder aus der Sicht des Abnehmers funktionell austauschbar sind; entscheidend ist der formale Gesichtspunkt der **technisch-physikalischen Identität.**[177] Geringfügige Abweichungen, beispielsweise eine andere Kennzeichnung oder Verpackung von Waren, beseitigen allerdings die Vergleichbarkeit nicht.

Eine unterschiedliche Behandlung kann nicht nur in der Benachteiligung, sondern auch **41**
in der **Bevorzugung einzelner Unternehmen** gegenüber der Mehrheit liegen.[178] Denn die Bevorzugung einzelner Unternehmen stellt gleichzeitig eine unterschiedliche Behandlung der übrigen Unternehmen dar. Die **Gleichbehandlung ungleicher Unternehmen** stellt dagegen keine unterschiedliche Behandlung dar.[179] Das ergibt sich nicht nur aus dem Wortlaut der Vorschrift, dessen extensiver Auslegung die Ordnungswidrigkeitsandrohung nach § 81 Abs. 2 Nr. 1 entgegensteht. Vielmehr ist auch die Bewertung der Unterschiede einer objektiven Beurteilung durch Behörden oder Gerichte nicht zugänglich, sondern muss der unternehmerischen Entscheidung überlassen werden. Daher ist z. B. die Gewährung gleicher Rabatte an Groß- und Einzelhändler keine unterschiedliche Behandlung im Sinne des § 20 Abs. 1.[180] Eine unterschiedliche Behandlung im Sinne des § 20 Abs. 1 liegt auch nicht darin, dass ein Normadressat sich von seinen Lieferanten oder Abnehmern Sondervorteile gewähren lässt. § 19 Abs. 2 Nr. 1 erfasst nur die aktive, nicht die **passive Ungleichbehandlung.** Das wurde früher teilweise anders gesehen,[181] entspricht aber heute einhelliger Meinung,[182] zumal die passive Ungleichbehandlung eine Regelung in § 19 Abs. 2 Nr. 5 gefunden hat.

§ 19 Abs. 2 Nr. 1 stellt die **mittelbare unterschiedliche Behandlung** der unmittelba- **42**
ren gleich. Eine mittelbare unterschiedliche Behandlung liegt vor, wenn der Normadressat

---

[175] BGH 24.10.2011, KZR 7/10, WuW/E DE-R 3446/3450 Rn. 328 – Grossistenkündigung.

[176] *Markert* in Immenga/Mestmäcker § 19 GWB Rn. 118.

[177] *Markert* in Immenga/Mestmäcker § 19 GWB Rn. 119; MünchKommGWB/*K. Westermann,* § 20 Rn. 73.

[178] BGH 30.1.1970, KZR 3/69, WuW/E BGH 1069/1072 – Tonbandgeräte; *Nothdurft* in Langen/Bunte § 19 GWB Rn. 202.

[179] BGH 27.9.1962, KZR 6/61, WuW/E BGH 502/508 – Treuhandbüro; KG 15.12.1959, 5 Kart V 3/59, WuW/E OLG 317/320 – Tapeten; OLG München 17.6.2010, U (K) 1607/10, WuW/E DE-R 2978/298 – Visa-Bargeldabhebung; OLG Hamburg 19.1.1961, 15 O (Kart) 111/60, WuW/E OLG 378/379 – Dornkaat; *Nothdurft* in Langen/Bunte § 19 GWB Rn. 203; *Markert* in Immenga/Mestmäcker § 19 GWB Rn. 117; MünchKommGWB/*K. Westermann,* § 20 Rn. 72.

[180] BGH 27.9.1962, KZR 6/61, WuW/E BGH 502/507 ff. – Treuhandbüro.

[181] Vor allem Monopolkommission, Sondergutachten 7, Rn. 216.

[182] Vgl. etwa *Nothdurft* in Langen/Bunte § 19 GWB Rn. 204; *Markert* in Immenga/Mestmäcker § 19 GWB Rn. 122; *Lübbert* in Wiedemann, Handbuch des Kartellrechts, § 28 Rn. 2; *Köhler,* Nachfragemacht, S. 91.

sich einer Mittelsperson bedient, etwa einen Großhändler verpflichtet, bestimmte Einzelhändler nicht oder nur zu bestimmten Bedingungen zu beliefern.

2. Gleichartige Unternehmen

43 19 Abs. 2 Nr. 1 erfasst nur die unterschiedliche Behandlung gegenüber gleichartigen Unternehmen. Sind Unternehmen ungleichartig, so fällt die Differenzierung nicht unter 19 Abs. 2 Nr. 1; dem Großhandel darf ein Hersteller also beispielsweise andere Rabatte einräumen als dem Einzelhandel. Der **Begriff der Gleichartigkeit** entspricht dem früheren Tatbestandsmerkmal des „gleichartigen Unternehmen üblicherweise zugänglichen Geschäftsverkehrs" in § 20 Abs. 1 aF. Dieses Tatbestandsmerkmal wurde zwar nicht in § 19 Abs. 2 Nr. 1 übernommen; die frühere Rechtsprechung soll aber nach dem Willen des Gesetzgebers ihre Gültigkeit behalten.[183] Das Tatbestandsmerkmal der Gleichartigkeit soll zunächst nur eine **„verhältnismäßig grobe Sichtung"** ermöglichen, während die besonderen Umstände des Einzelfalls erst bei der Interessenabwägung zu berücksichtigen sind.[184] Es sind keine zu hohen Anforderungen zu stellen,[185] angesichts der vielfältigen Erscheinungsformen des modernen Wirtschaftslebens setzt der Begriff der Gleichartigkeit nicht die völlige oder nahezu völlige Identität aller in Betracht kommenden Merkmale voraus. Die Gleichartigkeit ist vielmehr bereits dann zu bejahen, wenn die Unternehmen im Hinblick auf ihre unternehmerische Tätigkeit und ihre wirtschaftliche Funktion im Verhältnis zum Normadressaten dieselben Aufgaben erfüllen.[186] Maßgebend kommt es da-

---

[183] Regierungsbegründung BT-Drs. 17/9852, S. 23.

[184] BGH 24.10.2011, KZR 7/10, WuW/E DE-R 3446/3450 Rn. 28 - Grossistenkündigung; BGH 24.9.1979, KZR 20/78, WuW/E BGH 1629/1630 – Modellbauartikel II; BGH 8.5.1979, KZR 13/78, WuW/E BGH 1587/1588 – Modellbauartikel I; BGH 7.10.1980, KZR 25/79, WuW/E BGH 1740/1742 – Rote Liste; BGH 22.9.1981, KVR 8/80, WuW/E BGH 1829/1833 – Original-VW-Ersatzteile II; BGH 17.3.1998, KZR 30/96, WuW/E DE-R 134 – Bahnhofsbuchhandel; BGH 4.11.2003, KZR 2/02, WuW/E DE-R 1203/1204 – Depotkosmetik im Internet; BGH 7.11.2006, KZR 2/06 WuW/E DE-R 1951/1952 – Bevorzugung einer Behindertenwerkstatt; BGH 8.5.2007, KZR 9/06, WuW/E DE-R 1984/1985 – Autoruf-Genossenschaft II; OLG Düsseldorf 14.10.2009, VI-U (Kart) 7/09 WuW/E, DE-R 2806/2808 – Trassennutzungsänderung; OLG München 4.3.1996, Kart. 5/94, WuW/E OLG 5713 – Gaspreis; OLG Hamburg 11.4.1996, 3 U 120/95, WuW/E OLG 5703 – fachdental nord 1994; KG 4.6.1997, Kart 14/96, WuW/E DE-R 35 – Großbildfilmprojektoren; OLG Hamburg 10.4.1997, 3 U 164/92, WuW/E DE-R 13, – Eigenanteileinzug; OLG Hamburg 22.5.1997, 3 U 188/96, WuW/E DE-R 2 – Dentalmesse; KG 22.1.1997, Kart U 2429/96, WuW/E OLG 5875 – U-Bahn-Buchhandlungen; OLG München 11.3.1999, U (K) 5733/98 WuW/E DE-R 313 – Hörfunkwerbung; OLG Stuttgart 30.4.1999, 2 U 265/98, WuW/E DE-R 307 – Medizinische Hilfsmittel; OLG Düsseldorf 4.12.2002, Kart 38/01 (V), WuW/E DE-R 1058/1062-100, eins Radio Aachen; allg. Ansicht auch im Schrifttum, vgl. etwa *Nothdurft* in Langen/Bunte § 19 GWB Rn. 206; *Bechtold* § 19 GWB Rn. 35; *Markert* in Immenga/Mestmäcker § 19 GWB Rn. 108.

[185] BGH 31.1.2012, KZR 65/10, WuW/E DE-R 3549 Rn. 12 – Werbeanzeigen; BGH 24.9.2002, KZR 38/99, WuW/E DE-R 1051/4053 – Vorleistungspflicht; BGH 27.4.1999, KZR 35/97, WuW/E DE-R 357 – Feuerwehrgeräte; BGH 13.11.1990, KZR 25/89, WuW/E BGH 2683/2686 – Zuckerrübenanlieferungsrecht; BGH 30.6.1981, KZR 19/80, WuW/E BGH 1885/1887 – adidas; OLG München 17.6.2010, U (K) 1607/10, WuW/E DE-R 2978/2984 – Visa-Bargeldabhebung; OLG Koblenz 2.3.2006, U 799/05 Kart., DE-R 1695/1696 – Petcycle; *Nothdurft* in Langen/Bunte § 19 GWB Rn. 206.

[186] BGH 31.1.2012, KZR 65/10, WuW/E DE-R 3549 Rn. 12 – Werbeanzeigen; BGH 25.6.1964, KZR 11/62, WuW/E BGH 675/678 – Uhrenoptiker; BGH 3.3.1969, KVR 6/68, WuW/E BGH 1027, 1030 – Sportartikelmesse II; BGH 1.6.1977, KZR 3/76, WuW/E BGH 1493/1494 – Medizinischer Badebetrieb; BGH 18.9.1978, KZR 17/77, WuW/E BGH 1530/1531 – Fassbierpflegekette; BGH 23.10.1979, KZR 19/78, WuW/E BGH 1635/1637 – Plaza-SB-Warenhaus; BGH 7.10.1980, KZR 25/79, WuW/E BGH 1142/1142 – Rote Liste; BGH 26.5.1981, KZR 22/80, WuW/E BGH 1805/1806 – Privatgleisanschluss; BGH 24.6.2003, KZR 32/01, WuW/E DE-R 1144/1145 – Schülertransporte; BGH 4.11.2003, KZR 2/02, WuW/E DE-R 1203/1204 – Depotkosmetik im Internet; BGH 10.2.2004, KZR 14/02, WuW/E DE-R 1251/1252 – Galopprennübertragung; BGH

bei auf das Verhältnis der zu vergleichenden Unternehmen zur Marktgegenseite des Geschäftsverkehrs an.[187] Die Beurteilung erfolgt nach objektiven Gesichtspunkten.[188] Die Ausübung der für eine bestimmte Wirtschaftsstufe (Produktion, Großhandel, Einzelhandel) typischen unternehmerischen Tätigkeit und wirtschaftlichen Funktion im Hinblick auf eine bestimmte Art von Waren oder gewerblichen Leistungen reicht regelmäßig aus.[189] Auf die Rechtsform des Unternehmens, seine Absatzstruktur und Abnahmeleistung oder die Unternehmensgröße kommt es grundsätzlich nicht an, ebenso wenig darauf, ob die Unternehmen in dem maßgeblichen Geschäftsverkehr im Verhältnis zueinander gleichen Wettbewerbsbedingungen unterliegen.[190] Im Allgemeinen sind solche Unternehmen gleichartig, die als Anbieter oder Nachfrager einer bestimmten Art von Waren oder Dienstleistungen auf **derselben Wirtschaftsstufe** (z.B. als Hersteller, Großhändler, Einzelhändler, gewerblicher Verbraucher) tätig sind.[191] Allerdings reicht es nicht aus, dass die miteinander zu vergleichenden Unternehmen lediglich die gleiche allgemeine Grundfunktion (etwa Weiterveräußerung der Ware an Verbraucher) ausüben. Vielmehr kommt es darauf an, ob die Unternehmen gerade im Hinblick auf diese übereinstimmende Aufgabenstellung auch die gleiche Tätigkeit und Funktion erfüllen oder ob sich Unterschiede ergeben, die sich auf den Vertrieb der konkreten Ware wesentlich auswirken.[192]

Aus dem Tatbestandsmerkmal des gleichartigen Unternehmens folgt ferner, dass es sich bei dem Unternehmen, dem die günstigeren Bedingungen eingeräumt werden, um ein gegenüber dem Normadressaten **anderes Unternehmen** handeln muss. § 19 Abs. 2 Nr. 1 ist nicht anwendbar, wenn die günstigeren Bedingungen lediglich konzernangehörigen Unternehmen oder unselbstständigen Betriebsabteilungen gewährt werden. **44**

Die **gesellschaftsrechtliche Struktur** der zu vergleichenden Unternehmen ist grundsätzlich unerheblich;[193] allerdings können **Konzernunternehmen** im Hinblick auf ihre **45**

13.7.2004, KZR 40/02, WuW/E DE-R 1329/1331 – Standard-Spundfass II; OLG München 17.6.2010, U (K) 1607/10, WuW/E DE-R 2978/2984 – Visa-Bargeldabhebung; OLG Düsseldorf 14.10.2009, VI-U (Kart) 7/09 WuW/E, DE-R 2806/2808 – Trassennutzungsänderung; KG 28.5. 1974, Kart 25/74, WuW/E OLG 1506 – Chemische Grundstoffe I; OLG Düsseldorf 30.3.1978, U (Kart.) 21/77, WuW/E 1925/1927 – Revell Plastics; OLG Stuttgart 15.6.1978, 2 U 163/77, WuW/E 2001 – Modellbauartikel; OLG Frankfurt/Main 5.11.2002, 11 U (Kart) 13/02, WuW/E DE-R 1081/1083 – Lotterieannahmestelle; OLG Düsseldorf 19.3.2003, U (Kart) 20/02, WuW/E DE-R 1184/1485 – InfraCard-Tarif; KG 4.6.1997, Kart 14/96, WuW/E DE-R 35 – Großbildfilmprojektoren; allgemeine Ansicht auch im Schrifttum, vgl. etwa *Nothdurft* in Langen/Bunte § 19 GWB Rn. 207; *Bechtold* § 19 GWB Rn. 37; *Markert* in Immenga/Mestmäcker § 19 GWB Rn. 108.

[187] BGH 17.3.1998, KZR 30/96, WuW/E DE-R 134/135 – Bahnhofsbuchhandel; OLG Düsseldorf 14.10.2009, VI-U (Kart) 7/09 WuW/E, DE-R 2806/2808 – Trassennutzungsänderung; OLG Düsseldorf 4.12.2002, Kart 38/01 (V), WuW/E DE-R 1058/1062 – 100, eins Radio Aachen; *Nothdurft* in Langen/Bunte § 19 GWB Rn. 207.

[188] OLG Frankfurt WuW/E OLG 1842, 1844 – Brenner-Reparaturen.

[189] OLG Düsseldorf 13.4.2005, VI-Kart 3/05 (V), WuW/E DE-R 1473/1478 – Konsolidierer; OLG Düsseldorf 4.12.2002, Kart 38/01 (V), WuW/E DE-R 1058/1062-100 – *eins Radio Aachen;* OLG München 11.3.1999, U (K) 5733/98 WuW/E DE-R 313 – Hörfunkwerbung; *Bechtold* § 19 GWB Rn. 37; *Nothdurft* in Langen/Bunte § 19 GWB Rn. 207 ff.; *Markert* in Immenga/Mestmäcker, GWB, § 19 Rn. 108; s.a. BGH 17.3.1998, KZR 30/96, WuW/E DE-R 134 – Bahnhofsbuchhandel.

[190] OLG Düsseldorf 14.10.2009, VI-U (Kart) 7/09 WuW/E, DE-R 2806/2808 – Trassennutzungsänderung; OLG Düsseldorf 13.4.2005, VI-Kart 3/05 (V), WuW/E DE-R 1473/1478 – Konsolidierer; *Bechtold* § 19 GWB Rn. 37.

[191] OLG Düsseldorf 14.10.2009, VI-U (Kart) 7/09 WuW/E, DE-R 2806/2808 – Trassennutzungsänderung; OLG Düsseldorf 13.4.2005, VI-Kart 3/05 (V), WuW/E DE-R 1473/1478 – Konsolidierer; *Bechtold* § 19 GWB Rn. 37; *Nothdurft* in Langen/Bunte § 19 GWB Rn. 208; *Markert* in Immenga/Mestmäcker, GWB, § 19 Rn. 110.

[192] BGH 8.5.1979, KZR 13/78, WuW/E BGH 1587/1588 – Modellbauartikel I; BGH 18.9.1978, KZR 17/77, WuW/E BGH 1530/1531 – Fassbierpflegekette.

[193] OLG Düsseldorf 26.4.1977, U (Kart.) 9/76 WuW/E OLG 1849 – Anwaltsbücherdienst.

wirtschaftliche Einheit nicht als gleichartige Unternehmen angesehen werden.[194] Gleichartigkeit setzt nicht notwendig ein Wettbewerbsverhältnis zwischen den zu vergleichenden Unternehmen voraus; die durch § 20 Abs. 1 geschützte Wettbewerbsfähigkeit kann auch dann beeinträchtigt sein, wenn die geschützten Unternehmen auf sachlich oder räumlich unterschiedlichen Märkten tätig sind.[195]

46 **Einzelfälle:** In der Rechtsprechung sind als gleichartig angesehen worden: **Selbstbedienungswarenhäuser** und -verbrauchermärkte mit dem Fachhandel,[196] Versandhandel mit dem Facheinzelhandel.[197] Grundsätzlich ist auch der Selbstbedienungsgroßhandel mit dem herkömmlichen Bedienungsgroßhandel als gleichartig anzusehen,[198] allerdings kommt es darauf an, ob die teilweise Funktionsverschiebung, die der Selbstbedienungsgroßhandel für den Abnehmer mit sich bringt, sich auf den Vertrieb der Ware wesentlich auswirkt.[199] Gleichartig sind auch **Lebensmittel-Einzelhändler,** die ihre Waren im „normalen" Einzelhandel und im Versandwege vertreiben.[200] Im Handwerk sind für Reparaturen **freie Reparaturbetriebe** und Vertragswerkstätten als gleichartig angesehen worden.[201] Bei der Belieferung mit Ersatzteilen ist es für die Gleichartigkeit unerheblich, ob Reparaturunternehmen in den Wartungs- und Reparaturdienst des Herstellers integriert sind und ob sie gleichzeitig im Neugeschäft tätig sind.[202] **Einkaufsgemeinschaften** von Händlern sind mit dem traditionellen Großhandel gleichartig, wenn sie im Wesentlichen die gleichen Vermittlungsfunktionen wie dieser erfüllen, wenn sie also den Absatz ihrer Waren nicht nur gelegentlich über den Kreis ihrer Mitglieder ausdehnen und mit dieser Tätigkeit selbst Gewinn erzielen.[203] Ungleichartigkeit liegt dagegen vor, wenn die Einkaufsgemeinschaften lediglich Sammelbestellungen ihrer Mitglieder aufgeben und deren unmittelbare Belieferung verlangen.[204] Ferner sind als gleichartig angesehen worden Printverlage und Betreiber elektronischer Programmführer,[205] Taxiunternehmen und Nicht-Mitglieder einer Taxi-

---

[194] BGH 24.9.2002, KZR 4/01, WuW/E DE-R 1003/1005 – Kommunaler Schilderprägebetrieb; BGH 12.11.1991, KZR 2/90, WuW/E BGH 2755/2759 – Aktionsbeträge; OLG Frankfurt am Main 25.9.2001, 11 U (Kart) 62/2000, WuW/E DE-R 826 – StAZ; *Nothdurft* in Langen/Bunte § 19 GWB Rn. 210.

[195] *Lübbert* in Wiedemann, Handbuch des Kartellrechts, § 26 Rn. 3; BKartA 21.3.1979, B7-333000-RTV-84/76, WuW/E BKartA 1781/1785 – Identteile; BGH 1.6.1977, KZR 3/7, WuW/E BGH 1493/1495 – Medizinischer Badebetrieb, diese Entscheidung wird aber eingeschränkt in BGH 23.10.1979, KZR 19/78, WuW/E BGH 1635/1637 – Plaza SB-Warenhaus; KG 28.11.1979, Kart 12/79, WuW/E OLG 2247/2250 – Parallellieferteile.

[196] BGH 23.10.1979, KZR 19/78, WuW/E BGH 1635 – Plaza SB-Warenhaus; BGH 24.3.1981, KZR 2/80, WuW/E BGH 1793/1796 – SB-Verbrauchermarkt; BGH 30.6.1981, KZR 19/80, WuW/E BGH 1885/1887 – adidas; BGH 16.12.1986, KZR 25/85, WuW/E BGH 2351/2356 – Belieferungsunwürdige Verkaufsstätten II.

[197] BGH 8.5.1979, KZR 13/78, WuW/E BGH 1587/1588ff. – Modellbauartikel I; BGH 24.9.1979, KZR 20/78, WuW/E BGH 1629/1631 – Modellbauartikel II.

[198] OLG Düsseldorf 20.10.1961, 2 U 113/60, WuW/E OLG 380/383 – Cash-and-Carry; vgl. auch BGH 24.2.1976, KVR 3/75, WuW/E BGH 1429/1431 – Asbach-Fachgroßhändlervertrag.

[199] BGH 18.9.1978, KZR 17/77, WuW/E BGH 1530/1531 – Asbach-Fachgroßhändlervertrag; OLG Frankfurt/M 8.1.1990, 6 U (Kart.) 197/88, WuW/E OLG 4681/4682 – Postalia-Wartung; OLG Düsseldorf 10.12.1991, U (Kart) 12/91, WuW/E OLG 4901/4905 – Dehnfolien-Verpackungsmaschinen.

[200] OLG München 11.3.1999, U (K) 5733/98 WuW/E DE-R 313 – Hörfunkwerbung.

[201] BGH 23.2.1988, KVR 2/87, WuW/E BGH 2479/2482 – Reparaturbetrieb; BGH 21.2.1989, KZR 3/88, WuW/E BGH 2589/2590 – Frankiermaschinen.

[202] OLG Frankfurt 17.3.1977, 6 U 159/76, WuW/E OLG 1842/1844f. – Brenner Reparaturen; BGH 26.10.1972, KZR 54/71, WuW/E BGH 1238/1242f. – Registrierkassen; vgl. auch KG 28.11.1979, Kart 12/79, WuW/E OLG 2247/2250f. – Parallellieferteile.

[203] OLG Karlsruhe 25.5.1977, 6 U 105/76, WuW/E OLG 1855/1856 – Zeitschriftenvertrieb; vgl. auch BGH 13.3.1979, KZR 4/77, WuW/E BGH 1584/1585 – Anwaltsbücherdienst.

[204] OLG Karlsruhe 25.5.1977, 6 U 105/76, WuW/E OLG 1855/1856 – Zeitschriftenvertrieb.

[205] BGH 27.3.2012, KZR 1085/10, WuW/E DE-R 3657 Rn. 33 – Elektronischer Programmführer.

zentrale;[206] Hersteller von patentierten Arzneimitteln und von Generika.[207] **Tätigkeit auf der gleichen Wirtschaftsstufe** begründet in der Regel Gleichartigkeit.[208] Ausnahmsweise können aber auch Unternehmen, die auf einer unterschiedlichen Wirtschaftsstufe tätig sind, als gleichartig angesehen werden, wenn sie im Verhältnis zum Normadressaten die gleiche Tätigkeit und wirtschaftliche Funktion entfalten. So sind Unternehmen (Hersteller und Großhändler), die lediglich den Fachhandel beliefern, in Bezug auf die Teilnahme an einer Ausstellung gleichartig mit solchen, die Direkthandel betreiben.[209]

3. Sachlich nicht gerechtfertigter Grund

Ebenso wie beim Behinderungstatbestand mit der Prüfung der Unbilligkeit wird beim Ungleichbehandlungstatbestand mit der Prüfung, ob ein sachlich gerechtfertigter Grund vorliegt, das **Werturteil** über die unterschiedliche Behandlung durch den Normadressaten gefällt. Ob es für die unterschiedliche Behandlung einen sachlich gerechtfertigten Grund gibt, entscheidet sich nach den gleichen Kriterien wie bei der Prüfung der Unbilligkeit einer Behinderung: nämlich auf Grund einer **Abwägung der Interessen der Beteiligten unter Berücksichtigung der auf die Freiheit des Wettbewerbs gerichteten Zielsetzung des GWB.**[210] Ebenso wie bei der Unbilligkeitsprüfung sind auch hier Zielsetzungen und Wertungen des europäischen Wettbewerbsrechts zu berücksichtigen.[211] Es sind also die abwägungsfähigen Interessen der Beteiligten festzustellen, d. h. es sind der Kreis der Beteiligten abzugrenzen und deren nicht berücksichtigungsfähige Interessen auszuscheiden, diese Interessen sind abzuwägen, also zu gewichten und einander gegenüberzustellen, und schließlich ist dabei das normative Wertsystem des GWB und des europäischen Wettbewerbsrechts zu berücksichtigen. Wegen der Einzelheiten vgl. Rn. 18ff.; das dort Gesagte gilt hier entsprechend. Auch hier gilt der Grundsatz, dass § 19 Abs. 2 Nr. 1 ein Unternehmen grundsätzlich nicht daran hindert, sein **Bezugs- und Absatzsystem nach eigenem Ermessen** so **zu gestalten,** wie es dies für richtig und wirtschaftlich sinnvoll hält.[212] § 19 Abs. 2 Nr. 1 begründet keine allgemeine Verpflichtung zur Meistbegünstigung; auch ein marktbeherrschendes Unternehmen braucht nicht allen Abnehmern die gleichen günstigen Bedingungen, insbesondere Preise, einzuräumen – das Streben nach möglichst günstigen Wettbewerbsbedingungen ist auch bei marktbeherrschenden Unternehmen grundsätzlich wettbewerbskonform.[213] 47

---

[206] BGH 8.5.2007, KZR 9/06, WuW/E DE-R 1983 Rn. 11 – Autoruf-Genossenschaft II.

[207] OLG Frankfurt a. M. 18.5.2012, 11 U 38/09 (Kart), BeckRS 2012, 16070.

[208] OLG Düsseldorf 19.3.2003, U(Kart) 20/02, WuW/E DE-R 1184/1486 – InfraCard-Tarif; *Nothdurft* in Langen/Bunte § 19 GWB Rn. 209; *Markert* in Immenga/Mestmäcker, GWB, § 19 Rn. 110.

[209] BGH 3.3.1969, KVR 6/68, WuW/E BGH 1027/1030 – Sportartikelmesse II; vgl. auch KG 22.7.1968, Kart 2/68, WuW/E OLG 907 – Sportartikelmesse; *Nothdurft* in Langen/Bunte § 19 GWB Rn. 208.

[210] Ständige Rechtsprechung seit BGH 27.9.1962, K 6/61, WuW/E BGH 502/508 – Treuhandbüro; vgl. aus neuerer Zeit BGH 13.7.2004, KZR 40/02, WuW/E DE-R 1329/1333 – Standard-Spundfass II; BGH 11.12.2001, KZR 5/00, WuW/E DE-R 839 – Privater Pflegedienst; OLG Karlsruhe 14.11.2007, 6 U 57/06, D-ER 2213/2214 – BGB-Kommentar; OLG Stuttgart 16.6.2003, 2 U 144/02, WuW/E DE-R 1191/1193 – Telefonbuch-Inserate; OLG Frankfurt/Main 5.11.2002, 11 U (Kart) 13/02, WuW/E DE-R 1081/1083 – Lotterieannahmestelle; OLG Celle 22.7.2000, 13 U 137/98 (Kart), WuW/E DE-R 581 – VAG Vertrieb; OLG Hamburg 15.7.1999, 3 U 232/92, WuW/E DE-R 403 – Pay-TV-Durchleitung; OLG Naumburg 9.7.1999, 10 WKart 1/98, WuW/E DE-R 388 – Lokalfernsehen. Ebenso das Schrifttum, vgl. nur *Markert* in Immenga/Mestmäcker § 20 GWB Rn. 136.

[211] Vgl. oben Rn. 4.

[212] Vgl. die Nachweise in Rn. 20.

[213] OLG Karlsruhe 23.3.2011, 6 U 66/09, WuW/E DE-R 3347/3356f. – FRAND-Grundsätze.

4. Zeitpunkt der Interessenabwägung und Beweislast

48 Ebenso wie bei der unbilligen Behinderung ist auch bei der ungerechtfertigten unterschiedlichen Behandlung maßgebender **Zeitpunkt** für die Interessenabwägung der Schluss der mündlichen Verhandlung in der Tatsacheninstanz, nicht bereits der Zeitpunkt der diskriminierenden Maßnahme.[214] Auch hier können also noch Tatsachen berücksichtigt werden, die nach der diskriminierenden Maßnahme, aber vor Schluss der mündlichen Verhandlung in der Tatsacheninstanz eingetreten sind. Teilweise Unterschiede bestehen bei der **Darlegungs- und Beweislast.** Zwar trägt auch hier der Diskriminierte die Darlegungs- und Beweislast für die Normadressateneigenschaft, die Gleichartigkeit der Unternehmen und die unterschiedliche Behandlung. Das Vorliegen eines sachlich gerechtfertigten Grundes für die unterschiedliche Behandlung ist aber vom Normadressaten darzulegen und zu beweisen.[215]

5. Einzelfälle

49 **a) Geschäftsverweigerung.** Geschäftsverweigerung ist die **Weigerung eines Anbieters, Geschäftsbeziehungen mit anderen Unternehmen anzuknüpfen oder fortzusetzen.** Gegenüber Preis- oder Konditionendifferenzierungen ist die Geschäftsverweigerung als totale Abschlussverweigerung in der Regel die schärfere Maßnahme, zumal für das diskriminierte Unternehmen häufig der Zugang zum Markt von der Belieferung abhängt. Näher zu behandeln sind hier die Lieferverweigerung in Absatzsystemen, bei Mangellagen, die Geschäftsverweigerung aus Gründen in der Person des Nichtbelieferten, der Ausschluss von Messen und Ausstellungen sowie die Nichtaufnahme in maßgebliche Hersteller- und Produktverzeichnisse bzw. die Nichtannahme von Anzeigen. Die **Verweigerung des Zugangs zu Netzen** ist unter Rn. 82 zu behandeln. Auch die **Verweigerung von Patentlizenzen** kann Missbrauch einer marktbeherrschenden Stellung sein, wenn der Patentinhaber sich weigert, einen Lizenzvertrag zu nicht diskriminierenden und nicht behindernden Bedingungen abzuschließen.[216] Ein Missbrauch liegt nach der Rechtsprechung des BGH jedoch nur dann vor, wenn zum einen der Lizenzsuchende dem Patentinhaber ein unbedingtes Angebot auf Abschluss eines Lizenzvertrages gemacht hat, an das er sich gebunden hält und das der Patentinhaber nicht ablehnen darf, und wenn ein das Patent bereits benutzender Lizenznehmer die sich aus dem abzuschließenden Lizenzvertrag ergebenden Verpflichtungen einhält.[217] Vor dem EuGH ist ein Vorabentscheidungsersuchen des LG Düsseldorf anhängig, in dem es um die Frage geht, ob und gegebenenfalls unter welchen Voraussetzungen die Patentverletzungsklage des Inhabers eines standardessentiellen Patents den Missbrauch einer marktbeherrschenden Stellung darstellt.[218]

50 **aa) Absatzsysteme.** Bei Absatzsystemen ist von dem Grundsatz auszugehen, dass ein Unternehmen durch § 20 Abs. 1 grundsätzlich nicht daran gehindert wird, **sein Absatzsystem nach eigenem Ermessen so zu gestalten,** wie es dies für richtig und wirtschaftlich sinnvoll hält.[219] Dabei muss es aber nach sachlichen Gesichtspunkten vorgehen und das System konsequent und nicht willkürlich durchführen. Die Freiheit zur Ausgestal-

[214] Vgl. oben Rn. 30.

[215] BGH 24.9.2002, KZR 38/99, WuW/E DE-R 1051/1054 – Vorleistungspflicht; BGHZ 116, 47/57 – Amtsanzeiger; BGH 24.3.1981, KZR 2/80, WuW/E BGH 1793/1797 – SB-Verbrauchermarkt; BGH 20.11.1975, KZR 1/75, WuW/E BGH 1391/1393 – Rossignol.

[216] BGH 6.5.2009, KZR 39/06, GRUR 2009, 694 – Orange-Book-Standard; BGH 13.7.2004, KZR 40/02, WuW/E DE-R 1329/1332f. – Standard-Spundfass II; OLG Karlsruhe 13.12.2006, 6 U 174/02, GRUR-RR 2007, 177 – Orange-Book-Standard.

[217] BGH 6.5.2009, KZR 39/06, GRUR 2009, 694 Rn. 22ff. – Orange-Book-Standard, dazu eingehend *Körber* NZKart 2013, 87; *Heusch* GRUR 2014, 745.

[218] Vgl. die Nachweise in Rn. 20.

[219] EuGH, Rechtssache C-170/13 – Huawei.

tung des Absatzsystems beinhaltet auch die Freiheit zur Umgestaltung des Absatzsystems, jedenfalls sofern sachliche Gründe (etwa Rationalisierung, die Ertragssituation, Anpassung an die wirtschaftliche Entwicklung oder gesteigerter Wettbewerbsdruck) dafür sprechen.[220] Eine solche Umstellung rechtfertigt auch den Abbruch bestehender Lieferbeziehungen.[221] Allerdings kann es erforderlich sein, dem bisher belieferten Abnehmern eine angemessene Umstellungsfrist einzuräumen.[222] Dabei ist auch hier die **konkrete Marktstärke des Normadressaten** zu berücksichtigen; je größer die Marktmacht des Normadressaten ist, desto größer ist das Maß an Rücksichtnahme, das vom Normadressaten verlangt werden muss.[223]

Die Gestaltungsfreiheit bezieht sich namentlich auf die unternehmerische Grundent- 51
scheidung, ob ein Hersteller oder Händler sich eines **unternehmenseigenen Absatzsystems** oder eines **Systems fremder Absatzmittler** bedienen will.[224] Zulässig ist auch der Ausschluss von Marktstufen im Absatzsystem; § 19 Abs. 2 Nr. 1 steht dem Direktvertrieb an Einzelhändler unter Ausschaltung des Großhandels oder unmittelbar an Endverbraucher nicht entgegen. Entscheidet sich ein Unternehmen für ein unternehmenseigenes Absatzsystem, so besteht grundsätzlich kein Anspruch unternehmensfremder Händler auf Belieferung. Werden unternehmensfremde Absatzmittler in das Absatzsystem eingeschaltet, so besteht eine grundsätzliche Pflicht, gleichartige Unternehmen bei der Belieferung gleich zu behandeln; eine Auswahl ist nur unter sachlichen Gesichtspunkten gerechtfertigt.[225] Der Normadressat ist aber nicht verpflichtet, seinen Vertragspartner vor Wettbewerb zu schützen und ihm die Existenz oder ein auskömmliches Einkommen zu sichern; die Zielsetzung des Kartellrechts verbietet es, bestehende Wettbewerbsstrukturen dauerhaft festzuschreiben.[226]

Bei der **Nichtbelieferung von Abnehmern** ist zwischen **qualitativen und quantita-** 52
tiven Selektionssystemen zu unterscheiden. Die **qualitative Selektion** ist dadurch gekennzeichnet, dass nur Händler beliefert werden, die bestimmte fachliche Qualifikationen erfüllen. Wichtigster Fall ist die **Fachhandelsbindung,** bei der nur Fachgeschäfte beliefert werden, die Fachkenntnisse für Kundenberatung, Reparaturservice, oft auch eine bestimmte Ausstattung des Ladenlokals o.ä. aufweisen.[227] Sind die Qualifikationsanforderungen

---

[220] BGH 10.11.1998, KZR 6/97 WuW/E DE-R 220 – U-Bahn-Buchhandlungen; BGH 17.3. 1998, KZR 30/96, WuW/E DE-R 134 – Bahnhofsbuchhandel.

[221] BGH 17.3.1998, KZR 30/96, WuW/E DE-R 134 – Bahnhofsbuchhandel; BGH 10.2.1987, KZR 6/86, WuW/E BGH 2360 – Freundschaftswerbung; BGH 8.3.1983, KZR 1/82, WuW/E BGH 1995/1996 – Modellbauartikel III.

[222] BGH 31.1.2012, KZR 65/10, WuW/E DE-R 3549 Rn. 31 – Werbeanzeigen; BGH 12.2.1980, KRB 4/79, WuW/E BGH 1729, 1730 – Ölbrenner; Tätigkeitsbericht 2003/2004, S. 166.

[223] Dazu oben Rn. 29.

[224] BGH 31.1.2012, KZR 65/10, WuW/E DE-R 3549 Rn. 29 – Werbeanzeigen; BGH 24.9.2002, KZR 38/99, WuW/E DE-R 1051/1053 – Vorleistungspflicht; *Nothdurft* in Langen/Bunte § 19 GWB Rn. 291.

[225] BGH, 24.9.2002, KZR 38/99, WuW/E DE-R 1051/1053 – Vorleistungspflicht; s.a. OLG München 20.1.2005, U (K) 2358/04, NJOZ 2005, 1796; OLG Stuttgart 16.6.2003, 2 U 144/02, WuW/E DE-R 1191/1195f. – Telefonbuch-Inserate; OLG Düsseldorf 19.3.2003, U (Kart) 20/02, WuW/E DE-R 1184/1186 – InfraCard-Tarif; OLG Dresden 31.1.2002, U 1763/01 Kart, GRUR-RR 2003, 226/228f. – Örtliches Telefonbuch.

[226] OLG Frankfurt 11.5.2004, 11 U (Kart) 27/03, GRUR-RR 2004, 276/277 – Autobahn-Raststätte.

[227] S. etwa BGH 24.3.1981, KZR 2/80, WuW/E BGH 1793/1797 – SB-Verbrauchermarkt; BGH 3.5.1988, KVZ 1–3/87, WuW/E BGH 2513 – Sportartikel-Fachgeschäft; BGH 8.3.1983, KZR 1/82, WuW/E BGH 1995/1996 – Modellbauartikel III; OLG Karlsruhe 25.11.2009, 6 U 47/08 Kart., WuW/E DE-R 2789 - Schulranzen; LG Mannheim 14.3.2008, 7 O 263/07 Kart, WuW/E DE-R 2322/2325 – Schulranzen; sa. *Nothdurft* in Langen/Bunte § 19 GWB Rn. 291; *Bechtold* § 19 GWB Rn. 25; *Markert* in: Immenga/Mestmäcker, GWB, § 20 Rn. 154; MünchKommGWB/*K. Westermann,* § 20 Rn. 83.

sachgerecht und angemessen, so steht § 19 Abs. 2 Nr. 1 einem solchen Absatzsystem nicht im Wege, vorausgesetzt, es wird seinerseits nicht diskriminierend angewandt. Das entspricht den Vorgaben des europäischen Wettbewerbsrechts, wonach qualitativ selektierende Vertriebssysteme zulässig sind und nicht unter Art. 101 Abs. 1 AEUV fallen, wenn die Beschaffenheit der Produkte diese Vertriebsform rechtfertigt, die Händler nach objektiven Kriterien ausgewählt werden und die Selektion nicht über das erforderliche Maß hinausgeht.[228] Die näheren Grenzen werden durch die Vertikal-Gruppenfreistellungsverordnung[229] bestimmt. Danach sind solche Systeme im Grundsatz zulässig, wenn nach Art. 3 Abs. 1 der Verordnung weder der Marktanteil des Lieferanten noch der Marktanteil des Abnehmers 30% übersteigt und sie keine der in Art. 4 und 5 genannten Klauseln enthalten. In diesem Rahmen können Anforderungen an Fachkunde und Serviceleistungen des Händlers vor allem bei **hochwertigen technischen Gebrauchsgütern** gestellt werden.[230] Auch die Belieferung von Wartungs- und Reparaturdiensten mit **Originalersatzteilen** kann von ihrer technischen Qualifikation und Zuverlässigkeit abhängig gemacht werden, soweit sich ein mangelhafter Wartungsdienst auf den Ruf des Produktes auswirkt.[231] Wettbewerbsvorteile im Wartungsgeschäft oder die Absicht, den Absatz seiner Waren nach eigenen Vorstellungen zu organisieren, rechtfertigen dagegen noch nicht die Nichtbelieferung mit Originalersatzteilen.[232] Ein Missbrauch kann auch darin bestehen, dass ein Hersteller sämtliche Wartungsarbeiten und Reparaturleistungen für seine Erzeugnisse selbst übernehmen will und deshalb freie Werkstätten nicht mehr mit Ersatzteilen beliefert, so das auf dem nachgelagerten Markt der Wartungsarbeiten und Reparaturleistungen für ihn ein Monopol entsteht.[233] Bei **pharmazeutischen Produkten** kann der Vertrieb auf Apotheken und Fachdrogerien beschränkt werden.[234] Bei **empfindlichen Nahrungs- und Genussmitteln** kann die Belieferung davon abhängig gemacht werden, dass der Händler die erforderliche Produktpflege treibt.[235] Bei **gehobenen Luxusgütern** kann im Interesse der Imagepflege des Produkts eine Ausstattung der Verkaufsräume für gehobene Ansprüche verlangt werden.[236] Der Nachfrager, der eine Belieferung verlangt, hat grundsätzlich zunächst die sachlichen und personellen Voraussetzungen zu schaffen, die die Eingliederung in das Vertriebssystem des Normadressaten erfordert. Erfüllen nur einzelne Verkaufsstätten des Nachfragers diese Anforderungen nicht, so kann hinsichtlich der übrigen Verkaufsstätten ein Belieferungsanspruch bestehen.[237]

53 Die Problematik des selektiven Vertriebs hat neue Bedeutung durch den Vertrieb über das **Internet** gewonnen. Es geht um die Frage, ob und wieweit Hersteller Händler, die über das Internet verkaufen, von der Belieferung ausschließen können. Die Europäische

---

[228] S. nur EuGH 25.10.1977, Rs. 26/76, Slg. 1977, 1905 Rn. 20 – Metro I; EuGH 11.12. 1980, Rs. 31/80, GRUR Int. 1981, 315 Rn. 15f. – L'Oréal; EuGH 21.2.1984, Rs. 86/82, GRUR Int. 1985, 332 Rn. 44, 51 – Hasselblad; *Hengst* in Langen/Bunte Art. 101 AEUV Rn. 442ff. mwN.

[229] Verordnung (EG) Nr. 330/2010 (ABl. Nr. L 102/1).

[230] BGH 8.3.1983, KZR 1/82, WuW/E BGH 1995 – Modellbauartikel III; OLG Frankfurt 9.9. 1997, 11 U (Kart) 58/96, WuW/E DE-R 73 – Guerlain.

[231] BGH 26.10.1972, KZR 54/71, WuW/E BGH 1238/1244 – Registrierkassen; BGH 27.4.1999, KZR 35/97 WuW/E DE-R 357/359f. – Feuerwehrgeräte; BGH 23.2.1988 KVR 2/87 GRUR 1988, 640/641 – Reparaturbetrieb; *Nothdurft* in Langen/Bunte § 19 GWB Rn. 271.

[232] BGH 27.4.1999, KZR 35/97 WuW/E DE-R 357/359 – Feuerwehrgeräte.

[233] BGH 31.1.2012, KZR 65/10, WuW/E DE-R 3549 Rn. 31 – Werbeanzeigen; BGH 24.10.2011, KZR 7/10, WuW/E DE-R 3446/3451, Rn. 39 – Grossistenkündigung.

[234] BKartA 21.8.1961, B3-433200-VR-253/60, WuW/E BKartA 383/384 – Beschränkung des Betriebs auf Fachgeschäfte.

[235] BGH 18.9.1978, KZR 17/77, WuW/E BGH 1530/1532 – Fassbierpflegekette.

[236] OLG Frankfurt 9.9.1997, 11 U (Kart) 58/96, WuW/E DE-R 73 – Guerlain; OLG München 23.5.1996, U (K) 1951/95, WuW/E OLG 5659/5669 – Versandparfümerie.

[237] BGH 6.12.1986, KZR 25/85, WuW/E BGH 2351/2356 – Belieferungsunwürdige Verkaufsstätten II.

Kommission hat in den Leitlinien für vertikale Beschränkungen[238] einige Grundsätze hierzu aufgestellt. Danach sieht es die Kommission als Kernbeschränkung iSd Art. 4 (c) der Vertikal-Gruppenfreistellungsverordnung an, wenn Vertragshändlern Kriterien für Online-Verkäufe auferlegt werden, die den Kriterien für Verkäufe in einem physischen Verkaufspunkt nicht gleichwertig sind.[239] Als zulässig wird es angesehen, Qualitätsanforderungen an die Verwendung des Internets zum Weiterverkauf der Produkte zu stellen, beispielsweise soll der Hersteller verlangen können, dass der Händler über ein oder mehrere physische Verkaufspunkte oder Ausstellungsräume verfügt.[240] Der EuGH hat entschieden, dass das Ziel, den Prestigecharakter eines Produktes zu schützen, kein legitimes Ziel ist, um Internet-Verkäufe zu verbieten.[241] In der deutschen Rechtsprechung ist entschieden worden, dass Hersteller, die ihren Händlern den Vertrieb über das Internet gestatten, verlangen können, dass die Präsentation der qualitativ hochwertigen Waren im Internet dem Niveau der gehobenen Ausstattung der Verkaufsräume entspricht.[242] So hat auch das OLG Karlsruhe das generelle Verbot eines Vertriebs hochwertiger Schulranzen über eBay als zulässiges qualitatives Merkmal für die Auswahl von Wiederverkäufern angesehen, weil die Anforderungen des Herstellers an die Präsentation im Internet durch eine Präsentation in eBay nicht erfüllt werden.[243] Unterschiedlich beurteilt wurden Fälle, in denen Hersteller mit einem selektiven Vertriebssystem Händler, die Waren über das Internet vertreiben, nicht beliefert haben, während sie selbst einen Vertrieb über das Internet duchführten. Der BGH hat 2003 entschieden, dass ein Hersteller eines Markenparfums, der seine Ware über ein selektives Vertriebssystem vertreibt, Händler von der Belieferung ausschließen kann, die ausschließlich über das Internet verkaufen, auch wenn er seinen Depositären den Verkauf über das Internet gestattet.[244] Demgegenüber hat es das OLG München für unzulässig erklärt, dass ein marktstarker Hersteller von Spitzenkosmetika reine Internethändler zu seinem selektiven Vertriebssystem nicht zulässt, während der Internetvertrieb den seinem Vertriebssystem angehörenden stationären Kosmetik-Fachhändlern erlaubt ist.[245] Letztlich ausschlaggebend dürfte in solchen Fällen der Grundsatz sein, dass der Hersteller sein Absatzsystem nach eigenem Ermessen so gestalten kann, wie er es für richtig und wirtschaftlich sinnvoll hält. Er kann deshalb auch eine angemessene Präsentation seiner Produkte im Internet verlangen. Für eine unterschiedliche Behandlung von Händlern muss es allerdings wichtige Gründe geben, zumal die Präsentation von Waren im Internet eine zunehmend wichtige Vertriebsform darstellt.[246]

Unzulässig ist es, bei der Aufstellung der fachlichen Qualifikationen bestimmte Vertriebsformen wie **Warenhäuser, Verbrauchermärkte** usw. von vornherein von der Belieferung auszuschließen. Strukturunterschiede dürfen nicht nur generalisierend berücksichtigt werden. Vielmehr muss die Belieferung im Einzelfall davon abhängig gemacht 54

---

[238] ABl. v. 19.5.2010, C 130/1, Rn. 52 ff.

[239] Leitlinien für vertikale Beschränkungen, Rn. 56.

[240] Leitlinien für vertikale Beschränkungen, Rn. 54.

[241] EuGH 13.10.2011, Rs. C-439/09,WuW/E EU-R 2163 – Pierre Fabre Dermo-Cosmétique SAS.

[242] OLG Karlsruhe 25.11.2009, 6 U 47/08 Kart., WuW/E DE-R 2789 Rn. 52 ff. – Schulranzen; LG Mannheim 14.3.2008, 7 O 263/07 Kart, WuW/E DE-R 2322/2325 – Schulranzen.

[243] OLG Karlsruhe 5.2.2010, 6 U 47/08 Kart, WuW/E DE-R 2789 Rn. 59 ff. – Schulranzen.

[244] BGH 4.11.2003, KZR 2/02, WuW/E DE-R 1203/1204 – Depotkosmetik im Internet.

[245] OLG München 6.12.2001, U (K) 3338/01 MMR 2002, 162 – Internetvertrieb.

[246] Vgl. ferner (Beschränkung nach § 1 GWB) OLG Schleswig 5.6.2014, 16 U Kart 154/13, WuW/E DE-R 4293 – Beschränkung des Internetvertriebs; KG 19.9.2013, 2 U 8/09 Kart WuW/E DE-R 4019 – Schulranzen und -rucksäcke; OLG München 2.7.2009, U (K) 4842/08, WuW/E DE-R 2698 – Internet-Auktionsplattform; LG Frankfurt a. M. 18.6.2014, 2–03 O 158/13 – Funktionsrucksäcke; LG Kiel 8.11.2013, 14 O 44/13.Kart WuW/E DE-R 4075 – Digitalkameras; BKartA 25.9.2009, B 3 – 123/08 WuW/E DE-V 1813 – Kontaktlinsen; s. dazu auch *Pichler/Hertfelder* NZKart 2014, 47; *Rudowicz* NZKart 2014, 253.

werden, ob die geforderten Qualifikationen erbracht werden, etwa durch Spezialabteilungen mit entsprechend geschultem Personal.[247] Allerdings sind Situationen möglich, in denen bestimmte Vertriebsformen von ihrer Struktur her die erforderlichen Qualifikationen nicht gewährleisten können, etwa der Versandhandel hinsichtlich der Beratung[248] oder der Selbstbedienungsgroßhandel hinsichtlich der Produktpflege.[249] Die Belieferung des Versandhandels führt noch nicht ohne weiteres zur Verpflichtung, auch SB-Verbrauchermärkte zu beliefern.[250]

55 Bei der **quantitativen Selektion** trifft der Hersteller eine zahlenmäßige Auswahl. Von den Händlern, die die geforderten qualitativen Voraussetzungen erfüllen, wird nur ein Teil beliefert. Solche Systeme finden sich vor allem in der Kosmetikbranche (sogenannte Depotsysteme), aber auch bei technischen Gebrauchsgütern und im Zeitschriftenvertrieb. Diese Vertriebsform wird im Allgemeinen deswegen gewählt, weil der Hersteller vom Händler eine intensive Befassung mit dem Absatz der Ware verlangt, andererseits ihm aber dafür einen bestimmten Mindestumsatz garantieren muss, indem er die Anzahl der Händler geringhält. Der Grundsatz, sein Absatzsystem nach eigenem Ermessen so zu gestalten, wie der Unternehmer dies für richtig und wirtschaftlich sinnvoll hält, trifft auch für quantitative Selektionssysteme zu. Auch solche Systeme sind **grundsätzlich legitim** und jedenfalls zulässig, wenn die quantitative Selektion auf sachgerechten absatzpolitischen Gründen beruht.[251] Aber auch in Fällen, in denen es für eine qualitative Selektion keine plausiblen Gründe gibt und der Hersteller auch ein qualitativ effektives System einführen könnte, ist die quantitative Selektion als zulässig angesehen worden.[252] Das europäische Wettbewerbsrecht steht dem nicht entgegen, wenn nach Art. 3 Abs. 1 der Vertikal-Gruppenfreistellungsverordnung weder der Marktanteil des Lieferanten noch der Marktanteil des Abnehmers 30% übersteigt und die nach in Art. 4 und 5 der Vertikal-Gruppenfreistellungsverordnung unzulässigen Klauseln[253] vermieden werden. Zwar sind bei der quantitativen Abnehmerselektion strengere Anforderungen zu stellen als bei der qualitativen Abnehmerselektion.[254] Gerade quantitative Auswahlkriterien können nur dann eine Abschlussverweigerung rechtfertigen, wenn diese unter Berücksichtigung der Zielsetzung des GWB als sachgerecht und angemessen sind.[255] § 19 Abs. 2 Nr. 1 zwingt aber einen Hersteller nicht, seinen Absatzweg unwirtschaftlich zu gestalten, wenn der Verkauf besonders hochwertiger Erzeugnisse durch die Belieferung einer möglichst großen Zahl von Einzelhändlern beeinträchtigt wird.[256] Erst recht braucht er seine Marktstellung nicht aufzugeben, wenn eine beschränkte Angebotskapazität nur in geringem Maße ausreicht, die Nachfrage zu decken.[257] Ist einem Hersteller daran gelegen, durch eine gewisse repräsentative Auswahl von Verkaufsstätten seinen Erzeugnissen des gehobenen Körperpflegebedarfs eine Prestige-

---

[247] BGH 17.1.1979, KZR 1/78, WuW/E BGH 1567/1569 – Nordmende; OLG München 16.11. 1979, U (K) 2869/79, WuW/E OLG 2271/2273 – Carrera.

[248] BGH 24.9.1979, KZR 16/78, WuW/E BGH 1671/1676 – robbe-Modellsport.

[249] BGH 18.9.1978, KZR 17/77, WuW/E BGH 1530/1532 – Fassbierpflegekette.

[250] BGH 24.3.1981, KZR 2/80, WuW/E BGH 1793/1798 – SB-Verbrauchermarkt.

[251] OLG Frankfurt/Main 5.11.2002, 11 U (Kart) 13/02, WuW/E DE-R 1081/1083 – Lotterieannahmestelle; OLG Stuttgart 16.6.2003, 2 U 144/02, WuW/E DE-R 1191/1195f. – Telefonbuch-Inserate; LG Nürnberg-Fürth 16.4.2010, 4 HK O 2611/09, WuW/E DE-R 3078/3084 – JPG „LeMale"; *Bechtold* § 19 GWB Rn. 25.

[252] LG Nürnberg-Fürth 16.4.2010, 4 HK O 2611/09, WuW/E DE-R 3078/3084 – JPG „LeMale".

[253] Vgl. oben Rn. 52.

[254] OLG Frankfurt 9.9.1997, 11 U (Kart) 58/96, WuW/E DE-R 73 – Guerlain; *Markert* in: Immenga/Mestmäcker, GWB, § 20 Rn. 159.

[255] S. dazu auch OLG Stuttgart 16.6.2003, 2 U 144/02, WuW/E DE-R 1191/1195f. – Telefonbuch-Inserate; OLG Düsseldorf 19.3.2003, U (Kart) 20/02, WuW/E DE-R 1184/1186 – InfraCard-Tarif.

[256] Sa BKartA Tätigkeitsbericht 1964, S. 27.

[257] KG 6.11.1996, Kart W 6990/96, WuW/E OLG 5787 – Angebot eines knappen Gutes.

geltung zu verschaffen, so ist auch eine quantitative Selektion, die zu einer ungleichen Behandlung gleichartiger Einzelhandelsunternehmen führt, nicht zu beanstanden.[258] Im Zeitungs- und Zeitschriftenvertrieb führt die dort gegebene besondere Situation zur Zulässigkeit des Systems alleiniger Gebietsgroßhändler.[259] Die örtlich-räumliche Verteilung von Lotterie-Annahmestellen kann so beschränkt werden, dass die Annahmestellen kostendeckend und rentabel arbeiten können.[260] Die Kriterien der quantitativen Selektion brauchen nicht im Voraus festgelegt zu werden; der Hersteller ist auch berechtigt, sie zu ändern.[261]

bb) Mangellagen. Ein sachlich gerechtfertigter Grund für eine ungleiche Belieferung 56
liegt nicht von vornherein darin, dass sich der Lieferant in einer Mangellage befindet und nicht alle Lieferwünsche befriedigen kann. In einem solchen Falle ist der Lieferant grundsätzlich zur **Repartierung** verpflichtet und darf grundsätzlich auch nicht ein etwaiges eigenes Vertriebsnetz vorrangig versorgen.[262] Die Abnehmer können auch in Mangelsituationen verlangen, gleich behandelt zu werden. In kritischen Marktphasen sind die Lieferanten entsprechend der eigenen Versorgungslage zur kontinuierlichen Weiterbelieferung ihrer traditionellen Abnehmer verpflichtet.[263] Traditioneller Abnehmer ist, wer im Rahmen bestehender Geschäftsverbindungen regelmäßig Ware bezogen hat; dabei genießen Vertragshändler keinen Vorrang vor Nichtvertragshändlern.[264] **Newcomer** sind von der Belieferung nicht grundsätzlich ausgeschlossen.[265] Jedoch können überproportional gestiegene Importpreise voll an sie weitergegeben werden, während den traditionellen Abnehmern Mischpreise zu berechnen sind.[266] Bei der konkreten Ausgestaltung der Repartierung ist aber dem Lieferanten ein **angemessener Handlungsspielraum** einzuräumen. Das äußert sich verfahrensmäßig darin, dass dem Lieferanten zwar eine konkrete diskriminierende Handlungsweise untersagt werden darf, er aber nicht durch eine Anordnung, bestimmte Unternehmen mit bestimmten Mengen zu bestimmten Preisen zu beliefern, zu einem konkreten positiven Handeln gezwungen werden darf.[267] Eine erhebliche Beeinträchtigung der eigenen Wettbewerbsfähigkeit braucht der Lieferant nicht auf sich zu nehmen; er kann deshalb seinen unternehmenseigenen Bedarf jedenfalls insoweit vorrangig decken, als dies zur eigenen Produktion erforderlich ist.[268] Eine Repartierung kann bei schon bisher belieferten Abnehmern nach den früheren Bezugsmengen erfolgen; Newcomer müssen in geeigneter Weise darlegen, dass die von ihnen angeforderten Mengen realistisch und nicht im Hinblick auf eine mögliche Repartierung überhöht sind, notfalls kann der Lieferant die erforderliche Menge schätzen.[269] Auch ein Rotations- oder Losverfahren kann in Betracht zu ziehen sein.[270] Ist eine Repartierung nicht möglich, so ist eine Ungleichbehandlung im

---

[258] BKartA Tätigkeitsbericht 1961, S. 35.

[259] OLG Karlsruhe 23.4.1980, 6 U 226/78, WuW/E OLG 2289 – Zeitschriftengrossisten.

[260] OLG Frankfurt/Main 5.11.2002, 11 U (Kart) 13/02, WuW/E DE-R 1081/1083 – Lotterieannahmestelle.

[261] LG Nürnberg-Fürth 16.4.2010, 4 HK O 2611/09, WuW/E DE-R 3078/3084 f. – JPG „LeMale".

[262] Bericht des Wirtschaftsausschusses zur Novelle 1973, BT-Drucks. 7/765, S. 10; KG 9.7.1974, Kart 25/74, WuW/E OLG 1507/1512 – Chemische Grundstoffe II; KG 5.12.1986, 1 Kart. 3/86, WuW/E OLG 3957/3962 f. – Straß; OLG Frankfurt am Main 9.9.1997, 11 U (Kart) 67/96, WuW/E DE-R 55 – Kfz-Schilderpräger; OLG Frankfurt 13.4.1989, 6 U (Kart) 44/89, WuW/E OLG 4455 – Kunstmesse Art Frankfurt; OLG Frankfurt 17.3.1992, 6 W (Kart) 31/92, WuW/E OLG 5027/5029 ff. – Art Frankfurt 1992.

[263] BKartA Tätigkeitsbericht 1979/80, S. 45.

[264] BKartA Tätigkeitsbericht 1979/80, S. 45.

[265] KG 9.7.1974, Kart 25/74, WuW/E OLG 1507/1513 – Chemische Grundstoffe II.

[266] BKartA Tätigkeitsbericht 1979/80, S. 45.

[267] BGH 3.4.1975, KVR 1/74, WuW/E BGH 1345 f. – Polyester-Grundstoffe.

[268] Vgl. auch KG 4.7.1974, Kart 27/74, WuW/E OLG 1499, 1504 f. – Agip II; s. a. KG 6.11.1996, Kart W 6990/96, WuW/E OLG 5787 – Angebot eines knappen Gutes.

[269] KG 9.7.1974, Kart 25/74, WuW/E OLG 1507/1513 – Chemische Grundstoffe II.

[270] OLG Düsseldorf 30.7.1987, U (Kart.) 20/86, WuW/E OLG 4173/4176 ff. – ART COLOGNE; OLG Schleswig 16.6.1987, 6 U 44/86, WuW/E OLG 4138 – Internord.

Allgemeinen sachlich gerechtfertigt, wenn die Begünstigten in einem angemessenen Auswahlverfahren ermittelt werden.[271]

57 **cc) Gründe in der Person des Nichtbelieferten.** Auch aus der Person des Nachfragers kann sich ein sachlich gerechtfertigter Grund für die Nichtbelieferung ergeben.[272] Das kann beispielsweise der Fall sein bei Zerstörung der für ein Vertragsverhältnis erforderlichen Vertrauensbasis, etwa durch Androhung geschäftsschädigender Maßnahmen,[273] durch gegen den Lieferanten gerichtete strafbare Handlungen,[274] durch massive Anschwärzung bei Kunden[275] oder durch schwerwiegende Verletzung von Vertragspflichten,[276] etwa die Nichtbezahlung von Verbindlichkeiten.[277] Auch die mangelhafte Erfüllung von Händlerfunktionen kann einen sachlich gerechtfertigten Grund für die Einstellung der Belieferung darstellen, jedenfalls wenn der Ruf des Produktes Schaden zu erleiden droht. Ein rechtswidriges und feindseliges Verhalten des Abnehmers oder ein häufiges Prozessieren mit dem marktstarken Unternehmen erlaubt dagegen nicht eine vollständige Lieferverweigerung.[278] Auch ein dem Lieferanten unerwünschtes Preisverhalten des Belieferten rechtfertigt angesichts der im Preisbindungsverbot enthaltenen Wertungen grundsätzlich nicht die Lieferverweigerung; anders aber, wenn das Preisverhalten sich als Verstoß gegen das UWG darstellt, etwa wenn es sich um Lockvogelangebote handelt.[279] Eine unterschiedliche Behandlung von Nachfragern ist dann sachlich nicht gerechtfertigt, wenn sie zugunsten der Gewinninteressen des Normadressaten darauf abzielt, die Nachfrager zu einer Verletzung ihrer vertraglichen Verpflichtungen den eigenen Kunden gegenüber zu veranlassen.[280] Bei der Lieferverweigerung aus Gründen in der Person gilt in besonderem Maß der Grundsatz der **Verhältnismäßigkeit des Mittels.** Sie ist nicht gerechtfertigt, wenn sich der vom Lieferanten verfolgte Zweck auch durch mildere Maßnahmen erreichen lässt. Ist eine Liefersperre erforderlich, so kann die sachliche Rechtfertigung sich auf einen bestimmten Zeitraum beschränken, nach Ablauf dieses Zeitraums müssen dann die Lieferbeziehungen wieder aufgenommen werden.[281]

58 **dd) Messen und Ausstellungen, Anzeigen.** Auch bei der Zulassung zu Messen und Ausstellungen ist der Veranstalter im Grundsatz frei, die Bedingungen dafür nach seinen Vorstellungen zu gestalten.[282] Handelt es sich um marktbeherrschende Messen, so müssen die Zulassungsbedingungen aber der Art und dem Charakter der Messe entsprechen und im Einzelfall gleichmäßig und willkürfrei angewendet werden.[283] Der Ausschluss ist dann in

---

[271] KG 6.11.1996, Kart W 6990/96, WuW/E OLG 5787 – Angebot eines knappen Gutes.

[272] Allg. Ansicht, vgl. z. B. BGH 20.11.1975, KZR 1/75, WuW/E BGH 1391/1396 – Rossignol; BGH 12.5.1976, KZR 14/75, WuW/E BGH 1423/1425 – Sehhilfen; *Markert* in: Immenga/Mestmäcker, GWB, § 19 Rn. 167.

[273] BGH 20.11.1975, KZR 1/75, WuW/E BGH 1391/1396 – Rossignol.

[274] BGH 12.5.1976, KZR 14/75, WuW/E BGH 1423/1425 – Sehhilfen.

[275] BGH 24.9.1979, KZR 20/78, WuW/E BGH 1629/1633 – Modellbauartikel II.

[276] BGH 13.6.1978, KZR 14/77, WuW/E BGH 1624 f. – BMW-Direkthändler III.

[277] OLG Karlsruhe 14.11.2007, 6 U 57/06, D-ER 2213/2216 – BGB-Kommentar.

[278] OLG Karlsruhe 14.11.2007, 6 U 57/06, D-ER 2213/2218 – BGB-Kommentar.

[279] BGH 20.11.1975, KZR 1/75, WuW/E BGH 1391/1396 – Rossignol.

[280] BGH 13.7.2004, KZR 17/03, WuW/E DE-R 1377 – Sparberaterin I; BGH 22.2.2005, KZR 2/04, GRUR 2005, 609/611 – Sparberaterin II.

[281] Vgl. dazu BGH 12.5.1976, KZR 14/75, WuW/E BGH 1423/1425 – Sehhilfen. Zu Anforderungen an Taxifahrer bei der Vermittlung von Taxifahrten s. OLG Koblenz 7.10.2004, 6 W 485/04, WuW/E DE-R 1460/1461 – Taxizentrale; zur Beschränkung genossenschaftlicher Leistungen auf Genossenschaftsmitglieder BGH 8.5.2007, KZR 9/06, WuW/E DE-R 1984 – Autoruf-Genossenschaft II.

[282] OLG Düsseldorf 10.3.2010, VI-U (Kart) 13/09, WuW/E DE-R 2897/2899 – Infodental Düsseldorf; OLG Düsseldorf 30.1.2008, WuW/E DE-R 2379 Rn. 39 – Dentalmesse; OLG Frankfurt a. M. 13.4.1989, WuW/E OLG 4455 – Art Frankfurt; *Nothdurft* in Langen/Bunte § 19 GWB Rn. 327.

[283] OLG Düsseldorf 10.3.2010, VI-U (Kart) 13/09, WuW/E DE-R 2897/2899 – Infodental Düsseldorf; OLG Düsseldorf 15.11.2000, U (Kart) 40/00, WuW/E DE-R 916/622; – Fetting.

Absatzkette erbringt, sind grundsätzlich sachlich gerechtfertigt, soweit sie auf das tatsächliche Erbringen bestimmter Leistungen abstellen und auch in ihrer Höhe nicht sachfremd sind.[297] **Treuerabatte,** die die Bezüge der Abnehmer beim Normadressaten konzentrieren sollen, stellen in der Regel eine unbillige Behinderung der Mitbewerber dar, auch sie entfalten eine Sogwirkung, die Abnehmer des Normadressaten an diesen bindet und für Mitbewerber den Geschäftsverkehr mit ihnen zumindest erschwert; zudem können sie auch eine sachlich nicht gerechtfertigte unterschiedliche Behandlung der Abnehmer sein.[298] Nur in Ausnahmefällen können überwiegende Interessen des Normadressaten zur sachlichen Rechtfertigung von Treuerabatten führen.[299]

c) Abnehmerbindungen. Ausschließlichkeitsbindungen verpflichten eine Partei zum ausschließlichen Geschäftsverkehr mit der anderen hinsichtlich bestimmter Waren oder gewerblicher Leistungen. Als Abnehmerbindungen kommen sie in der Form von **Bezugsbindungen** vor, die den Abnehmer beschränken, bestimmte Waren oder gewerblichen Leistungen dritter Seite zu beziehen. Bei **Kopplungsbindungen** wird der Gebundene verpflichtet, zusätzlich zu einem anderen Geschäft (Grundgeschäft) sachlich oder handelsüblich nicht zugehörige Waren oder gewerbliche Leistungen abzunehmen, etwa in dem Fall, dass ein Hersteller von Etikettiermaschinen seine Abnehmer verpflichtet, auch die in den Maschinen verwendeten Haftetiketten von ihm zu beziehen.[300] Solche Bindungen können **Behinderungen der gebundenen Abnehmer** darstellen, weil diese die von ihnen nachgefragten Waren oder Leistungen nicht von anderen Lieferanten beziehen können. Bezugsbindungen sind in aller Regel dann zulässig, wenn sie zur Einhaltung eines einheitlichen Qualitätsstandards und für ein einheitliches Erscheinungsbild im Vertrieb, insbesondere bei Franchiseunternehmen, erforderlich sind.[301] Im übrigen orientiert sich die deutsche Rechtsprechung heute am Unionsrecht,[302] und zwar auch in Fällen, in denen dieses keinen Vorrang[303] hat.[304] 62

Ähnliches gilt für **Kopplungsbindungen** in vertikalen Vertriebssystemen. Durch die Verpflichtung zum Bezug des gekoppelten Produkts werden die Abnehmer in der Freiheit der freien Wahl ihrer Bezugsquellen beeinträchtigt. Für die Beurteilung der Unbilligkeit von Kopplungsbindungen kommt es maßgeblich auf ihre Intensität und ihren Zweck an. Die Bindung kann notwendig sein, um die funktionsgerechte Benutzung und Qualität sowie den goodwill des Produkts, an das die Koppelung erfolgt, nicht zu gefährden. In solchen Fällen ist die Kopplung nicht unbillig. Dabei sind allerdings strenge Maßstäbe anzulegen. Lässt sich der mit der Kopplung verfolgte Zweck auch durch weniger einschneidende Maßnahmen erreichen, etwa durch genaue Spezifikation der zu beziehenden Produkte oder auch durch eine geringere Zeitdauer der Kopplung, ist die Unbilligkeit in der 63

---

[297] BGH 24.9.2002, KVR 8/01, WuW/E DE-R 984/991 – Konditionenanpassung; BGH 24.2. 1976, KVR 3/75, WuW/E BGH 1429 ff. – Asbach-Fachgroßhändlervertrag; OLG Stuttgart 30.12. 1985, 2 U 50/84 (Kart.), WuW/E OLG 3791/3793 ff. – Verlagsauslieferer; KG 30.1.1968, Kart V 33/67, WuW/E OLG 877 – Zigaretten-Einzelhandel; BKartA 7.11.1972, B3–546 600-QX-146/72, WuW/E BKartA 1441 – Bürsten.

[298] EuG 12.6.2014, T-268/09, NZKart 2014, 267 – Intel; BKartA 22.10.1979, B4–689 100-TV-39/78, WuW/E BKartA 1817/1820 f. – Fertigfutter; KG 12.11.1980, Kart 32/79, WuW/E OLG 2403/2410 – Fertigfutter; sa. EuGH 19.4.2012, Rs. C-549/10 P, WuW/E DE-R 2323 Rn. 70 – Tomra Systems; s. zur Intel-Entscheidung des EuG auch *Barthelmeß* NZKart 2014, 492.

[299] Vgl. etwa BGH 5.7.1973, KVR 3/72, WuW/E BGH 1269/1273 ff. – Fernost Schifffahrtskonferenz; KG 26.6.1985, Kart. 7/84, WuW/E OLG 3656/3657 – TUI-Partnerschaftsbonus; OLG Düsseldorf 19.5.1965, 20 U (Kart) 222/65, WuW/E OLG 725 – Marktordnungsfreie Milcherzeugnisse.

[300] KG 18.12.1969, Kart V 34/67, WuW/E OLG 995 – Handpreisauszeichner.

[301] BGH, Beschluss vom 11.11.2008, KVR 17/0,8 WuW/E DE-R 2514 Rn. 17 – Bau und Hobby; *Nothdurft* in Langen/Bunte § 19 GWB Rn. 308.

[302] Dazu Rn. 64.

[303] Dazu Rn. 4.

[304] Vgl etwa BGH 11.11.2008, KVR 17/0,8 WuW/E DE-R 2514 Rn. 14, 17 – Bau und Hobby.

Regel zu bejahen. Unbillig sind jedenfalls Kopplungen, die nur der Umsatzsteigerung des Bindenden dienen.[305]

64 Soweit der zwischenstaatliche Handel in der EU betroffen ist (was bei Ausschließlichkeitsbindungen in der Regel der Fall ist), ist bei der Beurteilung von Ausschließlichkeitsbindungen das **europäische Wettbewerbsrecht** zu berücksichtigen. Gemäß Art. 3 Abs. 2 VO 1/2003 und § 22 Abs. 2 S. 1 GWB können durch eine GVO freigestellte Vereinbarungen nicht durch deutsches Recht verboten werden.[306] Insoweit bestimmen sich die Grenzen des Anwendungsbereichs des § 19 Abs. 2 Nr. 1 GWB nach der Vertikal-Gruppenfreistellungsverordnung[307] und der Rechtsprechung des EuGH. Nach der Vertikal-GVO sind Ausschließlichkeitsbindungen freigestellt, wenn die Anteile des Anbieters und die des Abnehmers am relevanten Markt jeweils 30% nicht übersteigen (Art. 3 Abs. 1). Nach Art. 3 der Verordnung (EU) Nr. 461/2010 findet die Vertikal-GVO auch auf den Bezug, Verkauf oder Weiterverkauf neuer Kraftfahrzeuge Anwendung.[308]

65 **d) Behinderung und Diskriminierung durch Nachfrager.** Auch Nachfrager können ihre Lieferanten durch eine Vielzahl von Maßnahmen behindern oder diskriminieren. Der Angebotsseite entsprechend gehören dazu **Ausschließlichkeitsbindungen,** durch die ein Nachfrager Lieferanten an sich bindet und seine Mitbewerber dadurch vom Bezug wichtiger Produkte abschneidet, **Bezugssperren,** d.h. die Ungleichbehandlung von Lieferanten, indem der Nachfrager sich weigert, Produkte oder Dienstleistungen von ihm zu beziehen,[309] sowie **Preis-, Rabatt- und Konditionendifferenzierungen.** Neuralgische Bereiche sind vor allem die Nachfragemacht des Handels gegenüber seinen Lieferanten, die Nachfragemacht industrieller Großunternehmen gegenüber ihren mittelständischen Zulieferern und die Nachfragemacht der öffentlichen Hand gegenüber der Wirtschaft im Beschaffungswesen.

66 Bei der **rechtlichen Beurteilung** solcher Fälle ist prinzipiell von den gleichen Grundsätzen wie bei der Behinderung und Diskriminierung durch Anbieter auszugehen, es sind also die Interessen der Beteiligten unter Berücksichtigung der auf die Freiheit des Wettbewerbs gerichteten Zielsetzung des GWB und des europäischen Wettbewerbsrechts abzuwägen. Allerdings lässt sich die **Nachfragemacht nicht** ohne weiteres als **spiegelbildliche Erscheinung der Angebotsmacht** betrachten.[310] Auch Nachfragemacht ist zwar grundsätzlich davon abhängig, wie weit Anbieter auf andere Nachfrager ausweichen können.[311] Während ein Anbieter im Regelfall bereit ist, seine Produkte oder Dienstleistungen jedem Interessenten anzubieten, pflegen sich Nachfrager eher auf einige oder eine Reihe von Anbietern zu beschränken; sie haben dabei eine Reihe von Gesichtspunkten zu berücksichtigen, die beim Angebot keine Rolle spielen.[312] Der Warenabsatz ist also tendenziell darauf gerichtet, eine Vielzahl von Abnehmern zu versorgen, der Ausschluss bestimmter

---

305 KG 18.12.1969, Kart V 34/67, WuW/E OLG 995/1000 – Handpreisauszeichner.

306 Vgl. oben Rn. 4.

307 Verordnung (EG) Nr. 330/201 v. 20. April 2010.

308 S. 7. Teil B Vertikalvereinbarungen. Im Einzelnen zur Vertikal-GVO.

309 Vgl. aus der Rechtsprechung etwa BGH 5.7.1995, KRB 8/95, WuW/E BGH 3006 – Handelsvertretersperre; BGH 12.5.1976, KZR 14/75, WuW/E BGH 1423 – Sehhilfen; BGH 25.6.1964, KZR 11/62, WuW/E BGH 675 – Uhrenoptiker; KG 23.3.1994, Kart 19/93, WuW/E OLG 5299 – Schnäppchenführer; OLG Düsseldorf 12.2.1980, U (Kart) 8/79, WuW/E OLG 2274 – Errichtung von Fernmeldetürmen.

310 BGH 26.5.1987, KZR 13/85, WuW/E BGH 2399/2404f. – Krankentransporte; BGH 13.11. 1990, KZR 25/89, WuW/E BGH 2683/2686f. – Zuckerrübenanlieferungsrecht; BGH 21.2.1995, KVR 10/94, WuW/E BGH 2990/2995 – Importarzneimittel; OLG Frankfurt a.M. 26.7.1988, 6 U 53/87, WuW/E OLG 4354 – Betankungsventile.

311 Vgl. etwa OLG Düsseldorf 21.5.2014, VI-U (Kart) 16/13, WuW/E DE-R 4342/4348 – Einspeisung von Fernsehprogrammsignalen I; OLG Düsseldorf 30.4.2014, VI-U (Kart) 15/13, WuW/E DE-R 4425/4427 – Einspeisung von Fernsehprogrammsignalen II.

312 Sa. BGH 26.5.1987, KZR 13/85, WuW/E BGH 2399/2404f. – Krankentransporte.

Abnehmerkreise vom Warenbezug ist viel weniger typisch als beim Nachfragewettbewerb, bei dem die Konzentration auf wenige Lieferanten eher die Regel ist. Bei der Auswahl der Marktpartner sowie bei der Festlegung von Preisen und Konditionen muss also **dem Nachfrager grundsätzlich ein größerer Ermessensspielraum eingeräumt werden als dem Anbieter,** insbesondere wenn er das volle Absatzrisiko übernimmt. Dazu gehört auch das Recht der aktiven Einwirkung auf den Lieferanten, um ein günstiges Angebot zu erhalten. Es entspricht dem Prinzip des Wettbewerbs, dass auch marktbeherrschende oder marktstarke Nachfrager sich für das günstigste Angebot entscheiden, auch wenn andere Anbieter dadurch nicht zum Zuge kommen. Eine Pflicht zur anteilsmäßigen Berücksichtigung **(Quotierung)** besteht nicht.[313]

IV. Ausbeutungsmissbrauch (Abs. 2 Nr. 2)

1. Allgemeines

Abs. 2 Nr. 2 entspricht wörtlich dem Abs. 4 Nr. 2 aF. Die Vorschrift bezieht sich auf **Vertikalverhältnisse,** die Marktgegenseite soll vor Ausbeutung in Form missbräuchlicher Entgelte und Konditionen, die der Normadressat angesichts seiner markbeherrschenden Stellung fordert, geschützt werden. Ebenso dient die Vorschrift aber auch dem Schutz der Verbraucher, die vor an sie weitergegebenen überhöhten Preisen geschützt werden. Erfasst werden sowohl markbeherrschende Anbieter im Verhältnis zu ihren Abnehmern als auch marktbeherrschende Nachfrager im Verhältnis zu ihren Lieferanten. Abs. 2 Nr. 2 ermöglicht damit eine Preis- und Konditionenkontrolle;[314] Die Missbräuchlichkeit von Preisen und Konditionen soll anhand des Konzepts des Als-ob-Wettbewerbs festgestellt werden, der seinerseits durch das Vergleichsmarktkonzept zu konkretisieren ist. Die damit verbundenen Schwierigkeiten haben aber in der Praxis dazu geführt, dass in Fällen, in denen das Verhalten des Normadressaten zugleich eine Behinderung oder Diskriminierung darstellte, einer Anwendung des § 19 Abs. 2 Nr. 1 (bzw. einer seiner Vorläufervorschriften) der Vorzug gegeben wurde. 67

2. Entgelte oder sonstige Geschäftsbedingungen

Entgelt ist an sich ein Oberbegriff, der sich auf die Gegenleistung insgesamt bezieht; im Rahmen des Abs. 2 Nr. 2 sind aber primär **Preise** gemeint.[315] der Begriff der **Geschäftsbedingungen** ist weit zu verstehen; er umfasst alles, was Gegenstand vertraglicher Regelungen sein kann,[316] also nicht nur Allgemeine Geschäftsbedingungen im technischen Sinne, sondern auch Individualvereinbarungen.[317] Es kann sich um alle Vereinbarungen handeln, die Leistung und Gegenleistung betreffen. Dazu zählen beispielsweise Rabatte, Kopplungsvereinbarungen, Ausschließlichkeitsbindungen und Vertriebsbindungen. Die einzelnen Vertragsbestandteile dürfen nicht isoliert betrachtet werden, vielmehr ist eine **Gesamtschau** erforderlich.[318] Einzelne ungünstige Konditionen können durch andere Konditionen oder die Preisgestaltung kompensiert werden, ebenso können höhere Preise 68

---

[313] BGH 14.1.1997, KZR 30/95, WuW/E BGH 3104 – Zuckerrübenanlieferungsrecht II.

[314] Zur Kritik an einem solchen Konzept vgl. *Fuchs/Möschel* in Immenga/Mestmäcker, § 19 GWB Rn. 248 ff.

[315] *Fuchs/Möschel* in Immenga/Mestmäcker, § 19 GWB Rn. 253; *Bechtold* § 19 GWB Rn. 53; sa. BGH 7.9.2005, KVR 17/04, WuW/E DE-R 1513/1516 f. – Stadtwerke Mainz.

[316] OLG München 15.1.2015, U 1110/14 Kart, WuW/E DE-R 4543/4549 – Pechstein.

[317] *Fuchs/Möschel* in Immenga/Mestmäcker, § 19 GWB Rn. 253; *Bechtold* § 19 GWB Rn. 53.

[318] BGH 6.11.1984; KVR 13/83, GRUR 1985, 318/320 – Favorit; *Fuchs/Möschel* in Immenga/Mestmäcker, § 19 GWB Rn. 254; *Bechtold* § 19 GWB Rn. 53; *Nothdurft* in Langen/Bunte § 19 GWB Rn. 143.

durch günstige Konditionen ihren Ausgleich finden. Die Verwendung unzulässiger allgemeiner Geschäftsbedingungen stellt in der Regel einen Missbrauch dar.[319]

3. Das Konzept des Als-ob-Wettbewerbs

69 Primärer Prüfungsmaßstab für den Missbrauch ist nach Abs. 2 Nr. 2 eine **hypothetische Überlegung:** welche Preise und Konditionen würden sich mit hoher Wahrscheinlichkeit ergeben, wenn auf dem Markt wirksamer Wettbewerb bestünde? Besteht zwischen solcherart ermittelten hypothetischen Preisen und den tatsächlich geforderten Preisen eine Abweichung, so ist von Missbrauch auszugehen. Andere Prüfungsmaßstäbe, beispielsweise eine Kostenkontrolle, sind dadurch nicht ausgeschlossen (Abs. 2: „insbesondere"), die lassen sich im Rahmen de der allgemeinen Missbrauchsvorschrift des Abs. 1 anwenden.[320] Angesichts ihrer noch größeren Ungenauigkeit und der damit verbundenen Anwendungsprobleme werden sie aber neben dem Konzept des Als-ob-Wettbewerbs eher ergänzend anzuwenden sein.[321]

70 Für die Feststellung, welche Preise und Konditionen sich im Rahmen eines Als-ob-Wettbewerbs ergeben würden, zieht das Gesetz das **Vergleichsmarktkonzept** heran: es sind die Verhaltensweisen von Unternehmen auf vergleichbaren Märkten mit wirksamem Wettbewerb zu berücksichtigen. Die Anwendung anderer Prüfungsmaßstäbe zur Feststellung von Abweichungen vom Als-ob-Wettbewerb ist damit nicht ausgeschlossen; das Vergleichsmarktkonzept ist lediglich „insbesondere" zu berücksichtigen.[322] Bei der Anwendung des Vergleichsmarktkonzepts ist zunächst nach vergleichbaren Märkten zu fragen, sodann ist das Verhalten der Unternehmen auf den Vergleichsmärkten zu analysieren. Ob Märkte vergleichbar sind, bestimmt sich nach räumlichen, sachlichen und zeitlichen Kriterien; in der Praxis steht die Berücksichtigung räumlicher Vergleichsmärkte im Vordergrund. Voraussetzung für die Anwendung des Vergleichsmarktkonzepts ist jedoch, dass der Vergleichsmarkt „geeignetes und ausreichend sicheres Vergleichsmaterial" liefert.[323] Ist das der Fall, so kann auch der Vergleich mit einem einzigen Unternehmen ausreichen, sogar mit einem Monopolunternehmen.[324] Da es hundertprozentig vergleichbare Märkte praktisch nicht gibt, ist die Vergleichsmarktmethode notwendig mit Ungenauigkeiten behaftet. Das wird von der Rechtsprechung dadurch ausgeglichen, dass dem Normadressaten **Sicherheitszuschläge und -abschläge** zugestanden werden; je größer die Verschiedenheiten der zu vergleichenden Märkte sind, desto höher fällt der Zu- bzw. Abschläge aus.[325] Die Vergleichbarkeit kann daran scheitern, dass der zu vergleichende Markt kartelliert ist; in diesem Fall ist der hypothetischer Marktpreis im Wege einer gesamtwirtschaftlichen Analyse zu bestimmen.[326]

---

319 BGH 6.11.2013, KVR 58/11, NZKart 2014, 31 Rn. 65.

320 BGH 19.6.2007, KVR 12/07,WuW/E DE-R 2221 Rn. 19 – Papiergroßhandel; OLG Düsseldorf 9.9.2002, Kart 2/02 (V), DE-R 914/916 – Netznutzungsentgelt; *Fuchs/Möschel* in Immenga/Mestmäcker, § 19 GWB Rn. 260; *Bechtold* § 19 GWB Rn. 55.

321 Eingehend dazu *Fuchs/Möschel* in Immenga/Mestmäcker, § 19 GWB Rn. 260ff.

322 *Bechtold* § 19 GWB Rn. 57.

323 BGH 21.10.1986, KVR 7/85, GRUR 1987, 310/311 – Glockenheide.

324 BGH 28.6.2005, KVR 17/04, WuW/E DE-R 1513/1517 – Stadtwerke Mainz; BGH 21.10.1986, KVR 7/85, GRUR 1987, 310/311 – Glockenheide; BGH 16.12.1976, KVR 2/76, BGHZ 68, 23/33 – Valium I.

325 BGH 6.11.1984, KVR 13/83, GRUR 1985, 318/320 – Favorit; BGH 28.6.2005, KVR 17/04, WuW/E DE-R 1513/1517 – Stadtwerke Mainz; BGH 2.2.2010, KVR 66/08, WuW/E DE-R 2841/2846 – Wasserpreise Wetzlar; BGH 16.12.1976, KVR 2/76, BGHZ 68, 23/34ff. – Valium I; BGH 12.2.1980, KVR 3/79, GRUR 1980, 745/745 – Valium II; *Fuchs/Möschel* in Immenga/Mestmäcker, § 19 GWB Rn. 268; *Nothdurft* in Langen/Bunte § 19 GWB Rn. 117; *Bechtold* § 19 GWB Rn. 59.

326 BGH 19.6.2007, KVR 12/07,WuW/E DE-R 2221 Rn. 19 – Papiergroßhandel.

Räumliche Vergleichsmärkte sind Märkte mit denselben Waren und Leistungen in einem anderen Gebiet. Dabei kann es sich um lokale oder regionale Märkte vorzugsweise im Inland handeln, aber auch ausländische Märkte können herangezogen werden.[327] Allerdings werden ausländische Märkte meist weniger vergleichbar sein; zudem werden die tatsächlichen Feststellungen schwieriger als im Inland zu treffen sein. 71

Sachliche Vergleichsmärkte sind Märkte mit (meist ähnlichen) anderen Waren oder Leistungen. Eine Vergleichbarkeit kann sich aus Marktstrukturen produktionstechnischer Art sowie aus ähnlichen Liefer- und Absatzsystemen ergeben. Der Unsicherheitsfaktor ist hier im Allgemeinen noch größer als beim räumlichen Vergleichsmarktkonzept. In der Praxis findet daher das sachliche Vergleichsmarktkonzept nur geringe Anwendung. Das KG hatte beispielsweise im Vitamin-B-12-Verfahren den Markt für andere Vitaminpräparate herangezogen.[328] 72

Beim **zeitlichen Vergleichsmarktkonzept** wird das Verhalten des Normadressaten mit seinem früheren Verhalten auf dem relevanten Markt verglichen. Das zeitliche Vergleichsmarktkonzept hat gleichfalls einen sehr begrenzten Aussagewert, weil meist unbekannt ist, ob zu dem Zeitpunkt, auf den zurückgegriffen wird, ausreichend Wettbewerb auf dem Markt bestand. Am ehesten lässt sich noch mit dem zeitlichen Vergleichsmarktkonzept arbeiten, wenn der Normadressat erst seit kurzer zeitmarktbeherrschend ist und sich zu Zeiten, als er noch nicht marktbeherrschend war, anders verhalten hat. Das Bundeskartellamt ging früher von der sog. **Sockeltheorie** aus. Danach wurde ein bestimmter Preis aus früherer Zeit als Vergleichsmaßstab („Sockel") gewählt, der als Grundlage für die Beurteilung späteren Preisverhaltens diente.[329] Die Schwäche dieses Ansatzes bestand darin, dass sich kaum feststellen ließ, ob es sich bei dem herausgegriffenen Preis um einen Wettbewerbspreis handelte.[330] 73

Umstritten ist, ob es sich um eine **erhebliche Abweichung** vom hypothetischen Wettbewerbspreis handeln muss. Der Gesetzeswortlaut stellt eine solche Voraussetzung nicht auf; die Gesetzesmaterialien deuten indessen darauf hin, dass der Gesetzgeber davon ausging, die Abweichung müsse spürbar und erheblich sein.[331] Auch die Rechtsprechung geht davon aus, dass es sich um eine erhebliche Abweichung handeln müsse; da der Missbrauch einer marktbeherrschenden Stellung ein Unwerturteil enthalte, bedürfe es eines erheblichen Abstandes zwischen dem vom Normadressaten geforderten Preis und dem hypothetischen Wettbewerbspreis,[332] dem sei durch einen „Erheblichkeitszuschlag" zugunsten des Normadressaten Rechnung zu tragen. Die Höhe des Zuschlags soll sich am Grad der Marktbeherrschung orientieren.[333] Im Schrifttum ist diese Rechtsprechung teilweise auf Kritik gestoßen,[334] überwiegend wird ihr jedoch zugestimmt.[335] für die Voraussetzung einer erheblichen Abweichung und damit für einen Erheblichkeitszuschlag spricht neben den 74

[327] BGH 19.6.2007, KVR 12/07, WuW/E DE-R 2221 Rn. 19 – Papiergroßhandel; *Fuchs/Möschel* in Immenga/Mestmäcker, § 19 GWB Rn. 267; *Nothdurft* in Langen/Bunte § 19 GWB Rn. 111; *Bechtold* § 19 GWB Rn. 58.

[328] KG 19.3.1975, Kart 26/74, WuW/E OLG 1599/1610 ff. – Vitamin B 12.

[329] Dazu näher *Nothdurft* in Langen/Bunte § 19 GWB Rn. 111; *Bechtold* § 19 GWB Rn. 112; *Fuchs/Möschel* in Immenga/Mestmäcker, § 19 GWB Rn. 272.

[330] Sa. Monopolkommission, Sondergutachten 1: Marktbeherrschende Unternehmen seit Inkrafttreten der Kartellgesetznovelle (2. Aufl. 1977), S. 44 f.

[331] Bericht des Wirtschaftsausschusses des Bundestages zur 4. GWB-Novelle, BT-Drs. 8/3690 S. 25.

[332] BGH 28.6.2005, KVR 17/04, WuW/E DE-R 1513/1519 – Stadtwerke Mainz; BGH 7.12.2010, KVR 5/10 WuW/E DE-R 3145 Rn. 32 – Entega II; BGH 15.5.2012, KVR 51/11, WuW/E DE-R 3632 Rn. 24 – Wasserpreise Calw; BGH 16.12.1976, KVR 2/76, BGHZ 68, 23/36 – Valium I.

[333] BGH 28.6.2005, KVR 17/04, WuW/E DE-R 1513/1519 – Stadtwerke Mainz.

[334] Vgl. vor allem *Nothdurft* in Langen/Bunte § 19 GWB Rn. 122 ff.

[335] Vgl. etwa *Fuchs/Möschel* in Immenga/Mestmäcker, § 19 GWB Rn. 276 ff.; *Bechtold* § 19 GWB Rn. 61.

Gesetzesmaterialien vor allem das Argument, dass das Unwerturteil „ Missbrauch" nicht schon bei jeder geringen Abweichung vom hypothetischen Wettbewerbspreis getroffen werden kann.

4. Sachliche Rechtfertigung und Beweislastverteilung

75 Im Gegensatz zu § 19 Abs. 2 Nr. 3 enthält Abs. 2 Nr. 2 nicht das Tatbestandsmerkmal einer **sachlichen Rechtfertigung.** Gleichwohl geht die Rechtsprechung davon aus, dass ein Missbrauch nicht vorliegt, wenn das Verhalten des Normadressaten sachlich gerechtfertigt ist;[336] im Schrifttum hat diese Rechtsprechung Zustimmung gefunden.[337] Dem ist zuzustimmen. Die Missbrauchstatbestände des § 19 zeichnen sich mit Ausnahme des Abs. 2 Nr. 2 dadurch aus, dass eine sachliche Rechtfertigung möglich ist, dies sollte beim Ausbeutungstatbestand nicht anders gehandhabt werden. Auch wenn Preise oder Konditionen vom hypothetischen Verhalten bei wirksamem Wettbewerb abweichen, können sie sachlich gerechtfertigt sein und lassen sich dann nicht als missbräuchlich einstufen. Die Prüfung der sachlichen Rechtfertigung läuft auf eine Abwägung der Interessen des Normadressaten und seiner Marktpartner hinaus, bei der die gleichen Grundsätze wie Interessenabwägung beim Behinderungsmissbrauch und der Diskriminierung zu berücksichtigen sind.[338]

76 Auch die **Beweislastverteilung** ist im Gesetz nicht geregelt. Entsprechend den allgemeinen Grundsätzen ist davon auszugehen, dass die Kartellbehörde die Abweichung vom hypothetischen Verhalten des Normadressaten bei wirksamem Wettbewerb, der Normadressat die sachliche Rechtfertigung zu beweisen hat.[339]

V. Strukturmissbrauch (Abs. 2 Nr. 3)

77 Beim Strukturmissbrauch handelt es sich um einen **Sonderfall des Ausbeutungsmissbrauchs** (Abs. 2 Nr. 2),[340] der auch der Diskriminierung (Abs. 2 Nr. 1) sehr nahe steht. Der Unterschied zum Tatbestand des Abs. 2 Nr. 2 besteht darin, dass die Missbräuchlichkeit nicht durch den Vergleich mit einem hypothetischen Markt, auf dem Wettbewerb besteht, ermittelt wird, sondern dass ein Vergleich mit tatsächlich bestehenden Märkten, auf denen der Normadressat tätig ist, erfolgt. Die vom Normadressaten geforderten Preise und Konditionen weisen auf vergleichbaren Märkten mit vergleichbaren Abnehmern eine unterschiedliche Struktur auf; ein anderer Begriff dafür ist Preis- und Konditionenspaltung. Der Tatbestand wurde mit der 6. GWB-Novelle 1998 als § 19 Abs. 2 Nr. 3 eingeführt und geht auf Forderungen der Monopolkommission zurück.[341] Die Vorschrift bezieht sich, wie der Wortlaut zeigt, nur auf marktbeherrschende Anbieter, nicht auf marktbeherrschende Nachfrager.[342]

78 Der Vergleich nach Abs. 2 Nr. 3 setzt voraus, dass es sich um vergleichbare Märkte mit gleichartigen Abnehmern handelt. Nach der Rechtsprechung soll die **Vergleichbarkeit der Märkte** nur eine grobe Sichtung unter den als Vergleichsmärkten infrage kommenden Märkten ermöglichen; Vergleichbarkeit sei schon dann anzunehmen, wenn zwischen den Märkten auf den ersten Blick keine wesentlichen Unterschiede bestünden.[343] Auf dem Ver-

---

[336] BGH 9.11.1983, KVR 9/81, NJW 1984, 1116 – Gemeinsamer Anzeigenteil; BGH 16.12.1976, KVR 2/76, BGHZ 68, 23/36f. – Valium I; KG 12.3.1982, Kart. 4/82, WuW/E OLG 2617/2618f. – Regional unterschiedliche Tankstellenpreise.

[337] *Fuchs/Möschel* in Immenga/Mestmäcker, § 19 GWB Rn. 278; *Bechtold* § 19 GWB Rn. 56.

[338] Vgl. oben Rn. 19ff.

[339] *Fuchs/Möschel* in Immenga/Mestmäcker, § 19 GWB Rn. 280.

[340] Sa. BGH 22.7.1999, KVR 12/98, WuW/E DE-R 375/377 – Flugpreisspaltung.

[341] Monopolkommission, Sondergutachten 1: Marktbeherrschende Unternehmen seit Inkrafttreten der Kartellgesetznovelle (2. Aufl. 1977), S. 41ff.

[342] *Nothdurft* in Langen/Bunte § 19 GWB Rn. 135.

[343] BGH 4.2.2011, KZR 5/11, WuW/E DE-R 3145 Rn. 18 – Entega II.

gleichsmarkt braucht kein Wettbewerb zu herrschen, der Normadressat kann auch dort marktbeherrschend sein.[344] Die **Gleichartigkeit der Abnehmer** wird bei Verbrauchern meist zu bejahen sein, bei Unternehmen kommt es auf deren Tätigkeitsbereiche und Funktionen an.[345] Der BGH hat die Flugstrecken der Lufthansa Berlin – Frankfurt und Berlin – München als vergleichbare Märkte und die Passagiere als gleichartige Abnehmer angesehen.[346]

Bei der Frage, ob die geforderten Entgelte und sonstigen Geschäftsbedingungen **ungünstiger** als auf den Vergleichsmärkten sind, ist zu berücksichtigen, dass ebenso wie in den Fällen des Abs. 2 Nr. 2 der Vergleich der Märkte erhebliche Unsicherheiten in sich birgt. Dem ist auch hier dadurch Rechnung zu tragen, dass dem Normadressaten **Sicherheitszuschläge und -abschläge**[347] zugestanden werden.[348] Ob ein Erheblichkeitszuschlag zu erheben ist, hat der BGH offen gelassen.[349] 79

Bei der Auslegung des Tatbestandsmerkmals der **sachlichen Rechtfertigung** sind die gleichen Grundsätze wie bei der Preisdifferenzierung heranzuziehen.[350] § 19 Abs. 2 Nr. 3 stellt keine allgemeine Meistbegünstigungsklausel dar, nach der das marktbeherrschende Unternehmen allen seinen Kunden gleiche Preise und Konditionen einzuräumen hätte.[351] Auch marktbeherrschende Unternehmen haben das Recht, auf unterschiedliche Marktbedingungen unterschiedlich zu reagieren; solche Unterschiede sind in der Wertung zu berücksichtigen.[352] Eine Preisspaltung kann beispielsweise sachlich gerechtfertigt sein, wenn der Normadressat sein Produkt auf einem anderen Markt einführen will und ihm dies nur dadurch möglich ist, dass er die dort genannten Preise deutlich unterbietet.[353] Ein marktbeherrschendes Unternehmen kann auch nicht gezwungen werden, seine Leistung entweder zu nicht kostendeckenden Preisen anzubieten oder sich aus dem Wettbewerb gänzlich zurückzuziehen.[354] 80

Die **Beweislast** für das Vorliegen einer sachlichen Rechtfertigung trägt der Normadressat.[355] das gilt sowohl für das Zivil- als auch für das Verwaltungsverfahren, nicht jedoch für das Bußgeldverfahren; hier hat die sachliche Rechtfertigung zweifelsfrei festzustehen.[356] 81

VI. Zugangsverweigerung (Abs. 2 Nr. 4)

1. Normzweck und Bedeutung

Die Vorschrift des § 19 Abs. 2 Nr. 4 wurde durch die 6. GWB-Novelle 1998 als damaliger § 19 Abs. 4 Nr. 4 aF in das Gesetz eingefügt. Vorbild war die US-amerikanischen antitrust law entwickelte **essential facility-doctrine.** Diese Doktrin betrifft die Situation, dass 82

---

[344] *Nothdurft* in Langen/Bunte § 19 GWB Rn. 134.
[345] *Fuchs/Möschel* in Immenga/Mestmäcker, § 19 GWB Rn. 289.
[346] BGH 22.7.1999, KVR 12/98, WuW/E DE-R 375 – Flugpreisspaltung.
[347] Vgl. oben Rn. 70.
[348] BGH 22.7.1999, KVR 12/98, WuW/E DE-R 375/377 – Flugpreisspaltung; *Fuchs/Möschel* in Immenga/Mestmäcker, § 19 GWB Rn. 290; *Nothdurft* in Langen/Bunte § 19 GWB Rn. 137; *Bechtold* § 19 GWB Rn. 64.
[349] BGH 4.2.2011, KZR 5/11, WuW/E DE-R 3145 Rn. 61 – Entega II.
[350] BGH 4.2.2011, KZR 5/11, WuW/E DE-R 3145 Rn. 24 – Entega II.
[351] BGH 4.2.2011, KZR 5/11, WuW/E DE-R 3145 Rn. 25 – Entega II; *Fuchs/Möschel* in Immenga/Mestmäcker, § 19 GWB Rn. 292; *Nothdurft* in Langen/Bunte § 19 GWB Rn. 139.
[352] BGH 4.2.2011, KZR 5/11, WuW/E DE-R 3145 Rn. 25 – Entega II.
[353] BGH 4.2.2011, KZR 5/11, WuW/E DE-R 3145 Rn. 26 – Entega II; *Fuchs/Möschel* in Immenga/Mestmäcker, § 19 GWB Rn. 293; *Nothdurft* in Langen/Bunte § 19 GWB Rn. 140.
[354] BGH 22.7.1999, KVR 12/98, WuW/E DE-R 375/376 – Flugpreisspaltung.
[355] BGH 4.2.2011, KZR 5/11, WuW/E DE-R 3145 Rn. 57 – Entega II; BGH 23.6.2009, KVR 21/08, WuW/E DE-R 2739/2740 – Entega; *Fuchs/Möschel* in Immenga/Mestmäcker, § 19 GWB Rn. 294; *Bechtold* § 19 GWB Rn. 65.
[356] *Fuchs/Möschel* in Immenga/Mestmäcker, § 19 GWB Rn. 294; *Bechtold* § 19 GWB Rn. 65.

Wettbewerbern der Zugang zu bestimmten Märkten nicht möglich ist, ohne Netze oder Infrastruktureinrichtungen eines marktbeherrschenden Unternehmens zu benutzen, beispielsweise die Situation, dass eine Eisenbahngesellschaft für ihren Betrieb Gleise und Brücken eines Wettbewerbers benutzen muss.[357] Solchen Marktzutrittsbeschränkungen tritt die Vorschrift durch einen an bestimmte Voraussetzungen gebundenen Kontrahierungszwang entgegen. Geschützt wird damit der Wettbewerb auf den Märkten, zu denen der Zugang zu erfolgen hat.[358] Damit wird ein Sonderfall des Missbrauchs marktbeherrschender Stellungen in der Form des Behinderungsmissbrauchs geregelt, der aber die Anwendung des allgemeinen Missbrauchstatbestandes (§ 19 Abs. 1) nicht ausschließt. Der von der Rechtsprechung entwickelte Grundsatz, dass keine Verpflichtung besteht, einen Wettbewerber zum eigenen Nachteil zu fördern, wird durch § 19 Abs. 2 Nr. 4 eingeschränkt.[359]

83 Für die wichtigsten Fälle der Zugangsverweigerung bestehen **spezielle gesetzliche Regelungen.** Es sind dies für die **Eisenbahninfrastruktur** § 4 BEVVG, wonach die Bundesnetzagentur für Elektrizität, Gas, Telekommunikation, Post und Eisenbahnen die Einhaltung der Rechtsvorschriften über den Zugang zur Eisenbahninfrastruktur zu überwachen hat. Für die **Telekommunikationsinfrastruktur** ist es § 2 TKG, wonach aber das GWB anwendbar bleibt, soweit nicht durch das TKG ausdrücklich abschließende Regelungen getroffen werden (§ 2 Abs. 4). § 9 Abs. 3 der Verordnung über Bodenabfertigungsdienste auf **Flugplätzen** hat der BGH als spezialgesetzliche Ausprägung der essential facility-Doctrin angesehen.[360] In anderen Fällen bleibt das GWB anwendbar. Nach § 130 Abs. 3 GWB stehen die Vorschriften des **Energiewirtschaftsgesetzes** der Anwendung der §§ 19 und 20 GWB nicht entgegen, soweit nicht in § 111 Energiewirtschaftsgesetz eine andere Regelung getroffen ist. § 111 Energiewirtschaftsgesetz bestimmt, dass §§ 19 und 20 GWB nicht anzuwenden sind, wenn durch das Energiewirtschaftsgesetz ausdrücklich abschließende Regelungen getroffen worden sind. Unberührt bleibt das GWB auch nach § 2 Abs. 3 **PostG.** Das gleiche gilt für den Rundfunkbereich.[361]

84 Angesichts der Sektorenregelungen für die wichtigsten Fälle der Zugangsverweigerung hält sich die Anwendung der Vorschrift bisher in Grenzen. Das Bundeskartellamt hat die Vorschrift bei Stromversorgungsnetzen[362] angewendet, ferner bei Fähranlagen.[363] Gerichtliche Entscheidungen betreffen gleichfalls Stromversorgungsnetze[364] und Fähranlagen,[365] ferner Mobilfunknetze[366] und Auskunftssysteme der Bundesbahn,[367] um nur einige Beispiele zu nennen. Die **Bedeutung** der Vorschrift darf aber deswegen nicht unterschätzt werden. Sie liegt darin, dass sie zu den sondergesetzlichen Regelungen (Rn. 83) einen all-

---

[357] So die grundlegende amerikanische Terminal Railroad-Entscheidung des US-Supreme Court von 1912, 224 U. S. 383.

[358] *Fuchs/Möschel* in Immenga/Mestmäcker, § 19 GWB Rn. 306.

[359] BGH 28.6.2005, KVR27/04, WuW/E DE-R 1520/1527 – Arealnetz.

[360] BGH 14.7.2011, III ZR 200/10, WuW/E DE-R 3381/3388 – Flughafen Berlin-Tegel.

[361] Dazu näher *Fuchs/Möschel* in Immenga/Mestmäcker, § 19 GWB Rn. 365.

[362] BKartA 30.8.1999, B8–40100-T-99/99, WuW/E DE-V 149 – Berliner Stromdurchleitung; BKartA 14.2.2003, B11 – 45/01, WuW/E DE-V 722 – TEAG; BKartA 8.10.2003, B 11 – 12/03, WuW/E DE-V 811 – GETEC net. Sa. Tätigkeitsbericht 1999/2000, S. 135 ff.

[363] BKartA 21.12.1999, WuW/E DE-V 253 – Puttgarden; sa. Tätigkeitsbericht 1999/2000, S. 152 f.

[364] BGH 28.6.2005, KVR 27/04, WuW/DE-R 1520 – Arealnetz; BGH 10.4.2004, KZR 39/02, WuW/E DE-R 1.3.2005 – Restkaufpreis; OLG Düsseldorf 8.12.2003, VI – Kart 35/03 (V), WuW/E DE-R 1246 – GETEC net; OLG Düsseldorf 11.6.2003, Kart 7/03 (V), WuW/E DE-R 1179 – Stromcontracting.

[365] BGH 11.12.2012, KVR 7/12, WuW/E DE-R 3821 – Fährhafen Puttgarden II; OLG Düsseldorf 7.12.2011, VI Kart 1/10 (V), WuW/E DE-R 3467 – Fährhafen Puttgarden; OLG Düsseldorf 10.6.2010, VI Kart 1/10 (V), WuW/E DE-R 2941 – Fährhafen Puttgarden II.

[366] OLG München 22.4.2004, U (K) 1582/04 WuW/E DE-R 1270 – GSM-Wandler; KG 15.1. 2004, 2 U 28/03 Kart WuW/E DE-R 1374 – GSM-Gateway.

[367] KG 26.6.2003, 2 U 20/02 Kart, WuW/E DE-R 1321 – Gera-Rostock.

gemeinen Tatbestand bildet, auf den sich in Fällen zurückgreifen lässt, die von den sondergesetzlichen Regelungen nicht erfasst werden.

2. Normadressaten

Normadressaten sind, wie sich aus Abs. 2 Nr. 4 iVm Abs. 1 ergibt, marktbeherrschende Unternehmen. Das Gesetz bringt aber nicht zum Ausdruck, ob die **Marktbeherrschung auf dem Markt der Infrastruktureinrichtung oder auf dem Markt, dem der Infrastrukturmarkt vor- oder nach gelagert ist,** bestehen muss. Der BGH geht in Übereinstimmung mit dem OLG Düsseldorf davon aus, dass es „zumindest ausreichend, wenn nicht erforderlich" ist, dass die Marktbeherrschung auf dem Markt der Infrastruktureinrichtung besteht.[368] Nach dem Bundeskartellamt muss eine Marktbeherrschung auf dem Markt für die Infrastrukturleistungen, nicht aber auf dem nachgelagerten Markt vorliegen.[369] Das Schrifttum geht wohl überwiegend davon aus, dass Marktbeherrschung auf einem der beiden Märkte ausreicht,[370] ebenso wird aber auch die Auffassung vertreten, dass die Marktbeherrschung auf dem Markt für Infrastrukturleistungen vorliegen müsse.[371] Nach der Struktur des Gesetzes ist davon auszugehen, dass der Normadressat jedenfalls auf dem Markt der Infrastruktureinrichtung marktbeherrschend sein muss; ist er auf diese Markt wesentlichem Wettbewerb ausgesetzt, so dürften für Nachfrager Ausweichmöglichkeiten bestehen, so dass für die Nachfrager die Mitbenutzung nicht notwendig ist. Allerdings relativiert sich die praktische Bedeutung der Frage angesichts der Tatsache, dass sich die Fälle der Zugangsverweigerung auch dann, wenn man die Voraussetzungen des Abs. 2 Nr. 4 als nicht gegeben ansieht, auf jeden Fall über den allgemeinen Missbrauchstatbestand des Abs. 1 erfassen lassen.[372] 85

Nach dem Wortlaut des Abs. 2 Nr. 4 ist Voraussetzung, dass der **Normadressat auf dem Markt der Infrastruktureinrichtung als Wettbewerber tätig** ist. Potentieller Wettbewerb ist nicht ausreichend.[373] Ungeachtet dessen kann der Missbrauch einer marktbeherrschenden Stellung auch in Fällen vorliegen, in denen der Normadressat nicht auf dem Markt der Infrastruktureinrichtung Wettbewerber ist. Diese Fälle lassen sich nicht durch Abs. 2 Nr. 4, wohl aber durch den allgemeinen Missbrauchstatbestand des Abs. 1 erfassen.[374] 86

3. Zugang zu Netzen und Infrastruktureinrichtungen

Die Zugangsverweigerung muss zu Netzen und anderen Infrastruktureinrichtungen erfolgen. Während die Regierungsbegründung noch den Begriff der „wesentlichen Einrichtung" verwendete,[375] wurde dieser Begriff im Bundesrat durch den Begriff der Infrastruktureinrichtung ersetzt.[376] Infrastruktureinrichtungen stellen nach der Gesetzesbegründung den Oberbegriff zu Netzen dar,[377] eine Abgrenzung ist daher entbehrlich. Eine nähere Definition dieser Begriffe hat der Gesetzgeber nicht gegeben, er wollte vielmehr eine „insoweit offene, allgemein auf die Aufnahme von Wettbewerb abstellende Formulierung" ver- 87

---

[368] BGH 7.9.2005 KVR 27/04, WuW/E DE-R 1520/1524 – Arealnetz; OLG Düsseldorf 10.12.2003, Kart 7/03 (V), WuW/E DE-R 1179/1182f.

[369] BKartA 8.10.2003, B 11 – 12/03, WuW/E DE-V 811 – GETEC net.

[370] *Nothdurft* in Langen/Bunte § 19 GWB Rn. 335; *Bechtold* § 19 GWB Rn. 72; *Fuchs/Möschel* in Immenga/Mestmäcker, § 19 GWB Rn. 315: „grundsätzlich auf dem abgeleiteten Markt".

[371] Frankfurter Kommentar/*Weyer* § 19 Rn. 1041.

[372] So auch *Fuchs/Möschel* in Immenga/Mestmäcker, § 19 GWB Rn. 316.

[373] *Fuchs/Möschel* in Immenga/Mestmäcker, § 19 GWB Rn. 331.

[374] *Fuchs/Möschel* in Immenga/Mestmäcker, § 19 GWB Rn. 316, 331.

[375] Regierungsbegründung, BT-Drs. 13/9720 S. 51.

[376] Stellungnahme des Bundesrates, BT-Drs. 13/9720 S. 73.

[377] Stellungnahme des Bundesrates, BT-Drs. 13/9720 S. 73.

wenden, die es insbesondere ermöglicht, „heute noch nicht absehbare Entwicklungen auf künftigen Märkten zu erfassen".[378] In der Stellungnahme des Bundesrates wird von Einrichtungen, die den Charakter eines natürlichen Monopols haben, gesprochen; damit würden vor allem – aber nicht ausschließlich – physische Netze erfasst.[379] Die Auslegung muss sich am Gesetzeszweck orientieren, Marktzutrittsschranken zu beseitigen (Rn. 82). Es muss sich daher um **Einrichtungen** handeln, **deren Mitbenutzung notwendig ist, um auf bestimmten Märkten tätig zu werden.**[380] Dabei handelt es sich, wie die bisherige Praxis zeigt, in der Regel um Märkte, auf den Dienstleistungen erbracht werden; Produktionsstätten stellen keine Netze oder Infrastruktureinrichtungen dar.[381] In der Regel können derartige Infrastruktureinrichtungen nicht ohne weiteres reproduziert werden.[382] Gewerbliche Schutzrechte fallen nach der amtlichen Begründung nicht unter die Vorschrift,[383] das gleiche muss für Urheber- und Leistungsschutzrechte gelten.[384] Solche Rechte verfolgen gerade den Zweck, andere von der Benutzung auszuschließen. Allerdings kann nach der Rechtsprechung des EuGH die Verweigerung von Patentlizenzen einen Missbrauch nach Art. 102 AEUV darstellen, wenn es sich bei dem Gegenstand der Lizenz um essential facilities handelt;[385] solche Fälle lassen sich durch den allgemeinen Missbrauchsbegriff des § 19 Abs. 1 erfassen. Beispiele für Netze und Infrastruktureinrichtungen bilden Strom- und Erdgasnetze, Telekommunikationsnetze, Schienennetze, See- und Flughäfen, Buchungs- und Reservierungssysteme und Systeme für den bargeldlosen Zahlungsverkehr.[386]

88 Bei den Netzen und Infrastruktureinrichtungen muss es sich um **eigene** Einrichtungen des Normadressaten handeln. Das ist nicht im Sinne eines zivilrechtlichen Eigentumsbegriffs zu verstehen, es kommt vielmehr darauf an, ob der Normadressat bei einer wirtschaftlichen Betrachtungsweise die Verfügungsgewalt über die Netze und Infrastruktureinrichtung besitzt.[387] Das kann auch dann der Fall sein, wenn ihm diese Einrichtung lediglich zur freien Benutzung überlassen worden ist, etwa im Fall der Miete. In einem solchen Fall ist auch die Dauer der Gebrauchsüberlassung zu berücksichtigen. Die Netze und Infrastruktureinrichtungen müssen **bereits bestehen;** es kann nicht verlangt werden, dass sie erst eingerichtet werden;[388] ebenso wenig ist der Normadressat zu Kapazitätsanpassungen verpflichtet.[389]

4. Unmöglichkeit des Tätigwerdens auf dem vor- oder nachgelagerten Markt

89 Anderen Unternehmen muss es aus rechtlichen oder tatsächlichen Gründen ohne die Mitbenutzung nicht möglich sein, auf dem vor- oder nachgelagerten Markt als Wettbewerber des marktbeherrschenden Unternehmens tätig zu werden. Das Netz oder die Infrastruktureinrichtung muss also so **wesentlich** sein, dass ihre Mitbenutzung für die Tätigkeit auf dem vor- oder nachgelagerten Markt unerlässlich ist. Der Formulierungsvorschlag des Bundesrates hatte den Begriff der wesentlichen Einrichtung noch zur Kennzeichnung der Infrastruktureinrichtung benutzt,[390] in der Gegenäußerung der Bundesregierung war er

---

378 Regierungsbegründung, BT-Drs. 13/9720 S. 51; sa. Stellungnahme des Bundesrates, BT-Drs. 13/9720 S. 73.

379 Stellungnahme des Bundesrates, BT-Drs. 13/9720 S. 73.

380 So auch *Nothdurft* in Langen/Bunte § 19 GWB Rn. 344.

381 *Bechtold* § 19 GWB Rn. 344.

382 Frankfurter Kommentar/*Weyer* § 19 Rn. 1039.

383 Gegenäußerung der Bundesregierung, BT-Drs. 13/9720 S. 79f.

384 Sa. *Fuchs/Möschel* in Immenga/Mestmäcker, § 19 GWB Rn. 354.

385 Dazu näher 6. Teil Art. 102 AEUV Rn. 276ff.

386 Sa. *Fuchs/Möschel* in Immenga/Mestmäcker, § 19 GWB Rn. 321ff.

387 *Fuchs/Möschel* in Immenga/Mestmäcker, § 19 GWB Rn. 325.

388 *Fuchs/Möschel* in Immenga/Mestmäcker, § 19 GWB Rn. 320.

389 *Bechtold* § 19 GWB Rn. 75.

390 Stellungnahme des Bundesrates zur 6. GWB-Novelle, BT-Drs. 13/9720 S. 73.

dann weggefallen.[391] In der Sache hat sich dadurch nichts geändert; wenn ein Marktzutritt ohne Mitbenutzung der Infrastruktureinrichtung nicht möglich ist, ist sie wesentlich.[392] Dies ist nach objektiven Kriterien zu bestimmen,[393] auf Zumutbarkeitsgesichtspunkte kommt es nicht an.[394] Der **vor- oder nachgelagerte Markt** muss nach dem Gesetzeswortlaut ein vom Markt der Infrastruktureinrichtung getrennter Markt sein.[395]

Die Unmöglichkeit des Tätigwerdens auf dem vor- oder nachgelagerten Markt hat zwei **90** Voraussetzungen: zum einen darf es nicht möglich sein, eine entsprechende Infrastruktureinrichtung zu schaffen **(fehlende Duplizierbarkeit),** zum andern darf sich die Infrastruktureinrichtung nicht durch eine andere Einrichtung ersetzen lassen **(fehlende Substituierbarkeit).** Das Fehlen der Duplizierbarkeit und der Substituierbarkeit kann sich aus rechtlichen und aus tatsächlichen Gründen ergeben. **Rechtliche Gründe** für die fehlende Duplizierbarkeit ergeben sich insbesondere aus der Unzulässigkeit der Herstellung einer weiteren Infrastruktureinheit, beispielsweise aus baurechtlichen oder umweltschutzrechtlichen Gesichtspunkten oder solchen der Gefahrenabwehr.[396] Bei fehlender baurechtlicher Genehmigung ist jedoch zu prüfen, ob eine solche Genehmigung noch herbeigeführt werden kann;[397] vorübergehende Hindernisse begründen keine Unmöglichkeit.[398] Bei fehlender Substituierbarkeit können es Vorschriften sein, die die Benutzung einer andersartigen Infrastruktureinrichtung nicht zulassen. **Tatsächliche Gründe** können technische Gründe sein,[399] sie können auch darin bestehen, dass für eine weitere Infrastruktureinrichtung kein Platz vorhanden ist, dass das den Zugang anstrebende Unternehmen nicht in der Lage ist, eine weitere Struktureinheit zu erstellen oder dass der Bekanntheitsgrad einer Einrichtung so einmalig ist, dass eine weitere Einrichtung sie nicht ersetzen kann.[400] Auch **wirtschaftliche Gründe** können eine Rolle spielen.[401] Dabei reicht aber die geringere wirtschaftliche Leistungsfähigkeit des den Zugang anstrebenden Unternehmens nicht aus, vielmehr muss es unter kaufmännischen Gesichtspunkten absolut unvernünftig sein, eine weitere Infrastruktureinheit einzurichten.[402] Der Zugangsuchende kann sich auch nicht darauf berufen, dass eine von ihm aufzubauen Infrastruktureinheit weniger leistungsfähig wäre.[403]

5. Zugangsverweigerung

§ 19 Abs. 2 Nr. 4 setzt voraus, dass der Normadressat den Zugang zu den Netzen und **91** Struktureinrichtungen verweigert. Eine bloße Behinderung reicht nicht aus.[404] Allerdings kann eine Verweigerung auch darin liegen, dass der Normadressat den Zugang nur zu pro-

---

[391] Gegenäußerung der Bundesregierung zur Stellungnahme des Bundesrates zur 6. GWB-Novelle, BT-Drs. 13/9720 S. 80.

[392] Sa. *Fuchs/Möschel* in Immenga/Mestmäcker, § 19 GWB Rn. 326.

[393] Regierungsbegründung, BT-Drs. 13/9720 S. 51.

[394] *Nothdurft* in Langen/Bunte § 19 GWB Rn. 349.

[395] Kritisch dazu *Bechtold* § 19 GWB Rn. 71.

[396] BGH 11.12.2012, KVR 7/12, WuW/E DE-R 3821 Rn. 22 – Fährhafen Puttgarden II.

[397] *Nothdurft* in Langen/Bunte § 19 GWB Rn. 350; *Fuchs/Möschel* in Immenga/Mestmäcker, § 19 GWB Rn. 327.

[398] BGH 11.12.2012, KVR 7/12, WuW/E DE-R 3821 Rn. 27 – Fährhafen Puttgarden II.

[399] Regierungsbegründung, BT-Drs. 13/9720 S. 51.

[400] OLG Koblenz 13.12.2012, U 73/12 Kart, WuW/E DE-R 3727/3743 – Nürburgring-Nordschleife.

[401] Regierungsbegründung, BT-Drs. 13/9720 S. 51; OLG Düsseldorf 10.6.2010, VI Kart 1/10 (V), WuW/E DE-R 2941/2946 – Fährhafen Puttgarden II.

[402] BGH 11.12.2012, KVR 7/12, WuW/E DE-R 3821 Rn. 29 – Fährhafen Puttgarden II; *Fuchs/Möschel* in Immenga/Mestmäcker, § 19 GWB Rn. 327; *Nothdurft* in Langen/Bunte § 19 GWB Rn. 350; *Bechtold* § 19 GWB Rn. 73.

[403] OLG Hamburg 19.6.2002, 5 U 28/02; WuW/E DE-R 1076, 1078f. – Online-Ticketshop.

[404] *Nothdurft* in Langen/Bunte § 19 GWB Rn. 346.

hibitiven Bedingungen anbietet, etwa zu einem unangemessenen Entgelt.[405] Das Gesetz bringt das dadurch zum Ausdruck, dass der Zugang gegen ein angemessenes Entgelt (dazu Rn. 93) zu gewähren ist.

92 Der Zugang darf **anderen Unternehmen** nicht verweigert werden. Privatpersonen werden damit vom Schutzbereich der Norm nicht erfasst; es gilt auch hier der allgemeine Unternehmensbegriff des GWB.[406] Die anderen Unternehmen müssen, wie sich aus dem Gesetzeswortlaut ergibt, Wettbewerber des Normadressaten auf dem vor- oder nachgelagerten Markt sein. Sie können aktuelle oder potentielle Wettbewerber sein; § 19 Abs. 2 Nr. 4 will insbesondere den Marktzutritt schützen.[407]

6. Angemessenes Entgelt

93 Der Normadressat ist zur Gewährung des Zugangs zu den Infrastruktureinrichtungen nur dann verpflichtet, wenn er hierfür ein angemessenes Entgelt erhält. Das Entgelt umfasst nicht nur den Preis, sondern auch die Konditionen.[408] In der Praxis gestaltet sich die Feststellung, was angemessen ist, meist schwierig. Aufgabe der Kartellbehörde bzw. der Gerichte ist es grundsätzlich nicht, dem marktbeherrschenden Unternehmen die Zugangsbedingungen vorzuschreiben; es muss vielmehr die unternehmerische Entscheidung, den Zugang zu verweigern, korrigiert werden, dabei sind die Einzelheiten der Vertragsgestaltung den Parteien zu überlassen.[409] Der Rahmen für die Vertragsgestaltung durch die Parteien darf nicht stärker eingeschränkt werden, als es für die Beseitigung des Missbrauchs erforderlich ist.[410] Eine Festlegung konkreter Vertragsbestimmungen kommt lediglich dann in Betracht, wenn auf übliche Bedingungen zurückgegriffen werden kann, von denen abzuweichen wiederum den Missbrauchstatbestand erfüllen würde.[411] Ein solcher Rückgriff auf übliche Bedingungen läuft auf das im Rahmen von § 19 Abs. 2 und Ziffer 3 angewandte **Vergleichsmarktkonzept** hinaus, dessen Anwendung bei § 19 Abs. 2 Nr. 4 aber häufig versagt, weil es entsprechende Vergleichsmärkte nicht ausreichend gibt; selbst soweit sie vorhanden sind, bestehen auf ihnen oft keine Wettbewerbsbedingungen.[412] Zur Ergänzung des Vergleichsmarktkonzepts kann auf eine **Kostenkontrolle** beim Normadressaten zurückgegriffen werden, die auch auf die internen Verrechnungspreise des Normadressaten zurückgreifen kann.[413] In Zweifelsfällen kann eine Überprüfung der konkreten Preiskalkulation Rückschlüsse zulassen, ob das verlangte Entgelt angemessen ist.[414] Auf jeden Fall muss das Entgelt für den Normadressaten **kostendeckend** sein,[415] die Schwierigkeit liegt aber auch hier darin, dass ein Unternehmen grundsätzlich frei entscheiden kann, auf welcher Vertriebsstufe welche Gewinne anfallen. Der Bundesrat ist davon ausgegangen, dass Mitbenutzer nicht anders behandelt werden dürfen als der Inhaber der Infrastruktureinrichtung sich selbst behandelt; dabei dürfe dieser neben den Grenzkosten der Nutzung durch ein drittes

---

[405] BGH 24.9.2002, KVR 15/01, WuW/E DE-R 977/981 – Fährhafen Puttgarden.

[406] Vgl. dazu § 1 Rn. 22; Teil 6 Art. 101 AEUV Rn. 131 ff.

[407] Sa. *Nothdurft* in Langen/Bunte § 19 GWB Rn. 347.

[408] Sa. *Nothdurft* in Langen/Bunte § 19 GWB Rn. 355.

[409] BGH 24.9.2002, KVR 15/01, WuW/E DE-R 977/982 – Fährhafen Puttgarden; sa. BVerfG 9.10.2000, BvR 1627/95, WuW/E DE-R 557, 559 ff. – Importarzneimittelboykott.

[410] BGH 24.9.2002, KVR 15/01, WuW/E DE-R 977/982 – Fährhafen Puttgarden.

[411] BGH 24.9.2002, KVR 15/01, WuW/E DE-R 977/982 f. – Fährhafen Puttgarden.

[412] *Fuchs/Möschel* in Immenga/Mestmäcker, § 19 GWB Rn. 344; *Nothdurft* in Langen/Bunte § 19 GWB Rn. 354.

[413] *Fuchs/Möschel* in Immenga/Mestmäcker, § 19 GWB Rn. 344; *Nothdurft* in Langen/Bunte § 19 GWB Rn. 354; sa. die Stellungnahme des Bundesrats zur 6. GWB-Novelle, BT-Drs. 17/9720, S. 74.

[414] Vgl. zB OLG Düsseldorf 22.4.2002, Kart 2/02 (V) WuW/E DE-R 914/915 – Netznutzungsentgelt; *Nothdurft* in Langen/Bunte § 19 GWB Rn. 354; *Fuchs/Möschel* in Immenga/Mestmäcker, § 19 GWB Rn. 344; einschränkend wohl *Bechtold* § 19 GWB Rn. 74.

[415] *Bechtold* § 19 GWB Rn. 74.

Unternehmen auch weitere mit der Einrichtung in unmittelbarem Zusammenhang stehende Aufwendungen in angemessener Weise berücksichtigen.[416] Angesichts der Unsicherheiten bei der Berechnung ist dem Normadressaten eine gewisse **Bandbreite** zuzubilligen.[417]

7. Sachliche Rechtfertigung

Die Zugangsverweigerung ist sachlich gerechtfertigt, wenn das marktbeherrschende Unternehmen nachweist, dass die **Mitbenutzung** aus betriebsbedingten oder sonstigen Gründen nicht möglich oder nicht zumutbar ist. Ein missbräuchliches Verhalten nach § 19 Abs. 2 Nr. 4 liegt dann nicht vor. Für die Feststellung, ob eine Mitbenutzung nicht möglich oder nicht zumutbar ist, ist auf den Zeitpunkt der geplanten Mitbenutzung abzustellen.[418] **94**

Unmöglichkeit der Mitbenutzung besteht vor allem bei **fehlender Kapazität.** Reicht die Kapazität der Infrastruktureinrichtung nicht aus, so ist der Normadressat grundsätzlich nicht verpflichtet, seine eigene Nutzung einzuschränken; es besteht keine Pflicht zur Repartierung.[419] Auch zu Kapazitätserweiterungen ist der Normadressat grundsätzlich nicht verpflichtet;[420] gewisse bauliche Veränderungen können dem Normadressaten allerdings unter dem Gesichtspunkt der Zumutbarkeit zugemutet werden.[421] Ein Interesse des Normadressaten, Kapazitäten für eine spätere Eigennutzung freizuhalten, begründet allerdings keine Unmöglichkeit.[422] Die Unmöglichkeit kann sich auch aus rechtlichen Gründen ergeben, etwa wenn eine für die Mitbenutzung erforderliche behördliche Genehmigung von vornherein nicht genehmigungsfähig ist oder feststeht, dass die Genehmigung endgültig nicht mehr zu erlangen ist.[423] Bestehen mehrere Zugangsbegehren, für die die vorhandenen Kapazitäten nicht ausreichen, so hat der Normadressat eine Repartierung vorzunehmen.[424] **95**

Ob die Mitbenutzung **unzumutbar** ist, ist aufgrund einer Abwägung der gegenüberstehenden Interessen unter Berücksichtigung der auf die Freiheit des Wettbewerbs gerichteten Zielsetzung des GWB festzustellen.[425] Der von der Rechtsprechung entwickelte Grundsatz, dass keine Verpflichtung besteht, einen Wettbewerber zum eigenen Nachteil zu fördern, wird durch § 19 Abs. 2 Nr. 4 eingeschränkt.[426] Der Normadressat hat es auch hinzunehmen, dass Mitbenutzer ihm besonders attraktive Kunden abwerben („Rosinenpicken").[427] Unzumutbarkeitsgründe können beispielsweise in möglichen Störungen des Betriebsablaufs,[428] in fehlender Kreditwürdigkeit des Bewerbers oder in einer Vertragsverletzung liegen, die die Vertrauensbasis untergräbt.[429] **96**

---

[416] Stellungnahme des Bundesrats BT-Drs. 17/9720, S. 74.
[417] *Nothdurft* in Langen/Bunte § 19 GWB Rn. 353.
[418] BGH 11.12.2012, KVR 7/12, WuW/E DE-R 3821 Rn. 29 – Fährhafen Puttgarden II.
[419] *Bechtold* § 19 GWB Rn. 77; *Dreher* DB 1999, 833/839; aA BKartA 30.8.1999, B8–40100-T-99/99, WuW/E DE-V 149 – Berliner Stromdurchleitung (für den Energiebereich).
[420] *Nothdurft* in Langen/Bunte § 19 GWB Rn. 356; *Fuchs/Möschel* in Immenga/Mestmäcker, § 19 GWB Rn. 333.
[421] *Nothdurft* in Langen/Bunte § 19 GWB Rn. 356; sa. BGH 11.12.2012, KVR 7/12, WuW/E DE-R 3821 Rn. 31 – Fährhafen Puttgarden II.
[422] *Fuchs/Möschel* in Immenga/Mestmäcker, § 19 GWB Rn. 334.
[423] BGH 11.12.2012, KVR 7/12, WuW/E DE-R 3821 Rn. 36 – Fährhafen Puttgarden II.
[424] *Fuchs/Möschel* in Immenga/Mestmäcker, § 19 GWB Rn. 336; *Nothdurft* in Langen/Bunte § 19 GWB Rn. 356.
[425] Düsseldorf 23.6.2004, VI-Kart 35/03 (V), WuW/E DE-R 1307 – GETECnet; *Nothdurft* in Langen/Bunte § 19 GWB Rn. 357; *Bechtold* § 19 GWB Rn. 79.
[426] BGH 28.6.2005, KVR27/04, WuW/E DE-R 1520/1527 – Arealnetz.
[427] BGH 28.6.2005, KVR27/04, WuW/E DE-R 1520/1525 – Arealnetz; *Fuchs/Möschel* in Immenga/Mestmäcker, § 19 GWB Rn. 335; *Nothdurft* in Langen/Bunte § 19 GWB Rn. 357.
[428] Stellungnahme des Bundesrates zur 6. GWB-Novelle, BT-Drs. 17/9720, S. 73.
[429] *Fuchs/Möschel* in Immenga/Mestmäcker, § 19 GWB Rn. 338.

8. Beweislast

97 Die Beweislast für das Vorliegen einer sachlichen Rechtfertigung trägt der **Normadressat.** Das ergibt sich aus der gesetzlichen Formulierung „dies gilt nicht".[430] Die Beweislastumkehr betrifft nicht die anderen Voraussetzungen des § 19 Abs. 2 Nr. 4, insbesondere nicht die Angemessenheit des Entgelts.[431]

VII. Aufforderung oder Veranlassung zur Vorteilsgewährung (Abs. 2 Nr. 5)

1. Entstehungsgeschichte, Normzweck und Bedeutung

98 § 19 Abs. 2 Nr. 5 regelt einen weiteren Sondertatbestand des Missbrauchs, nämlich die **Ausnutzung** einer marktbeherrschenden Stellung, um andere Unternehmen aufzufordern oder zu veranlassen, Vorteile ohne sachlich gerechtfertigten Grund zu gewähren. Die Vorschrift ist mit der 8. GWB-Novelle an die Stelle von § 20 Abs. 3 S. 1 aF getreten. § 20 Abs. 3 aF wurde durch die 4. GWB-Novelle 1980 als damaliger § 26 Abs. 3 als Sonderregelung zur weiteren Kontrolle der Nachfragemacht eingeführt. Durch die 7. GWB-Novelle 2005 wurde sie erweitert, indem die Tathandlung des „Veranlassens" um das „Auffordern" ergänzt und der Begriff der „Vorzugsbedingungen" durch „Vorteile" ersetzt wurde. Durch das Gesetz zur Bekämpfung von Preismissbrauch im Bereich der Energieversorgung und des Lebensmittelhandels vom 18.12.2007[432] wurde die Vorschrift verschärft, die Beschränkung auf kleine und mittlere Unternehmen fiel weg.

99 Der **Normzweck** des § 19 Abs. 2 Nr. 5 geht in eine zweifache Richtung. In horizontaler Richtung sollen die Wettbewerber des Nachfragers vor einem marktstarken Nachfrager geschützt werden.[433] Das Sich-gewähren-lassen von Vorteilen durch die Marktgegenseite stellt vielfach eine unbillige Behinderung marktschwächerer Wettbewerber dar, wenn diese die Vorteile nicht erhalten.[434] In vertikaler Richtung schützt die Vorschrift Anbieter vor marktbeherrschenden Nachfragern. Diese können ihre Marktmacht dazu ausnutzen, sich von ihren Lieferanten Sondervorteile bei Preisen, Rabatten, Konditionen und dergl. einräumen zu lassen, in denen also die Diskriminierung nach außen hin durch den Anbieter erfolgt, ihm aber in Wirklichkeit nicht zugerechnet werden kann, weil sie von dem marktstarken Nachfrager erzwungen wird **(passive Diskriminierung).** Beispiele bilden das Verlangen eines Händlers, für die Aufnahme der Ware eines Lieferanten in das Sortiment ein „Eintrittsgeld" oder eine „Regalmiete" zu zahlen, bei längerer Geschäftsverbindung einen „Jubiläumsrabatt" zu gewähren oder unentgeltlich Arbeitskräfte zur Verfügung zu stellen.[435] Solche Fälle wurden von der Rechtsprechung in der Vergangenheit zwar vornehmlich unter dem Gesichtspunkt unlauteren Wettbewerbsverhaltens beurteilt, damit entfällt jedoch nicht die Notwendigkeit ihrer kartellrechtlichen Erfassung,[436] schon im Hinblick auf die im kartellamtlichen Verfahren gegebenen Aufklärungs- und Durchsetzungsmöglichkeiten.[437]

---

[430] Sa. die Stellungnahme des Bundesrates zur 6. GWB-Novelle, BT-Drs. 17/9720, S. 73 und die Gegenäußerung der Bundesregierung BT-Drs. 17/9720, S. 79.

[431] *Bechtold* § 19 GWB Rn. 76.

[432] BGBl. I S. 2966.

[433] S. etwa BGH 24.9.2002, KVR 8/01, WuW/E DE-R 984/990 – *Konditionenanpassung;* KG 23.6.1999, Kart W 4327/99, WuW/E DE-R 367 – *Schulbuchbeschaffung; Köhler,* WRP 2006, 139/140; *Köhler* FS Tilmann, S. 693/694f.

[434] Regierungsbegründung, BT-Drucks. 8/2136, S. 25.

[435] Vgl. als Anschauungsmaterial das „Sündenregister" des Bundeswirtschaftsministeriums, WRP 1975, 24ff. sowie die gemeinsame Erklärung von Organisationen der gewerblichen Wirtschaft zur Sicherung des Leistungswettbewerbs, WuW 1976, 17f.

[436] Dazu *Loewenheim* GRUR 1976, 224ff.

[437] Vgl. etwa BGH 17.12.1976, I ZR 77/75, GRUR 1977, 619 – Eintrittsgeld.

Die praktische **Bedeutung** der Vorschrift hat sich bisher in Grenzen gehalten, was nicht zuletzt daran liegen dürfte, dass die Vorschrift angesichts ihrer zahlreichen unbestimmten Rechtsbegriffe schwer anwendbar ist (sa. Rn. 105). Die Vorschrift bewirkt aber eine **Lückenfüllung** beim Diskriminierungstatbestand: veranlasst der marktbeherrschenden Nachfrager seine Anbieter, die ihm gewährten Vorteile anderen Nachfrager nicht einzuräumen, so lässt sich dieses Verhalten nicht durch § 19 Abs. 2 Nr. 1 erfassen, weil die Diskriminierung nicht durch den Nachfrager, sondern durch die Anbieter erfolgt.[438] 100

2. Normadressatenkreis

Normadressaten sind **nur Nachfrager,** nicht Anbieter. Das ergibt sich zwar nicht ausdrücklich aus dem Gesetzeswortlaut, jedoch lassen Entstehungsgeschichte und Zweck des § 19 Abs. 2 Nr. 5 bzw. 20 Abs. 3 aF keine andere Auslegung zu.[439] Normadressaten sind danach **marktbeherrschende Nachfrager** und Vereinigungen von Unternehmen im Sinne des Abs. 1, d. h. **Nachfragekartelle** (§ 19 Abs. 3 S. 1). Aus der Beschränkung des Anwendungsbereichs des § 20 Abs. 3 auf Nachfrager folgt, dass es für die Marktabgrenzung auf den **Beschaffungsmarkt** ankommt. Für die **Marktabgrenzung** und die Beurteilung der **Marktbeherrschung** sind zwar prinzipiell dieselben Grundsätze spiegelbildlich anzuwenden, die für den Angebotsmarkt entwickelt worden sind (Bedarfsmarktkonzept), es ist also auch hier die Sicht der Marktgegenseite, also die der Anbieter maßgebend.[440] Gleichwohl unterliegt die Übertragung der Kriterien für Angebotsmärkte auf Beschaffungsmärkte gewissen Einschränkungen. Jedenfalls in den Fällen, in denen § 19 Abs. 2 Nr. 5 bzw. § 20 Abs. 3 aF bisher relevant geworden ist, vornehmlich im Lebensmitteleinzelhandel,[441] gibt es auf der Nachfrageseite meist nur relativ wenige Unternehmen, so dass die Ausweichmöglichkeiten des Anbieters von vornherein beschränkt sind. Es kommt hinzu, dass Anbieter im Regelfall bestimmte auf konkrete Abnehmer geschnittene Absatzstrukturen haben, so dass die Abnehmer für sie heterogen und nicht ohne weiteres austauschbar sind. Damit sind die Ausweichmöglichkeiten für Anbieter vielfach von vornherein geringer; das Bedarfsmarktkonzept stößt auf seine Grenzen. Bei der Marktbeherrschung ergeben sich auf Beschaffungsmärkten gleichfalls zusätzliche Fragen. Neben die für Anbietermärkte geltenden Kriterien wie Marktanteil, Finanzkraft und dgl. (vgl. § 18 Abs. 3) tritt insbesondere die gegenüber dem jeweiligen Anbieter bestehende Verhandlungsmacht, die sich gerade im Lebensmittelbereich in den dort üblichen „Jahresgesprächen" über Preise und Konditionen äußert. Neben der Marktstellung des Normadressaten spielt also gerade seine bilaterale Verhandlungsmacht gegenüber dem Anbieter eine erhebliche Rolle. 101

3. Gewährung von Vorteilen ohne sachlich gerechtfertigten Grund

Das Merkmal der Gewährung von Vorteilen ohne sachlich gerechtfertigten Grund bildet den Kern des Abs. 2 Nr. 5. Ebenso wie beim Diskriminierungstatbestand des Abs. 2 Nr. 1(so. Rn. 65) muss auch hier die Auslegung der **besonderen Funktion der Nachfrage** im Wettbewerbsprozess Rechnung tragen; die Beurteilung des Nachfrageverhaltens darf also nicht rein spiegelbildlich zum Anbieterverhalten erfolgen, sondern es muss auch dem marktmächtigen Nachfrager ein tendenziell größerer Ermessensspielraum bei der 102

---

[438] *Markert* in Immenga/Mestmäcker, § 19 GWB Rn. 366; *Nothdurft* in Langen/Bunte § 19 GWB Rn. 150.

[439] Regierungsbegründung zur 4. GWB-Novelle, BT-Drucks. 8/2136, S. 24 f.; einhellige Ansicht auch im Schrifttum, vgl. etwa *Markert* in Immenga/Mestmäcker, § 19 GWB Rn. 370; *Nothdurft* in Langen/Bunte § 19 GWB Rn. 146; *Köhler* FS Tilmann, S. 693, 695.

[440] KG 5.11.1986, Kart. 15/84, WuW/E OLG 3917/3927 – Coop-Wandmaker; KG 24.4.1985, Kart. 34/81, WuW/E OLG 3577/3585 – Hussel-Mara; Monopolkommission, Hauptgutachten 1982/83, S. 117.

[441] S. dazu etwa BKartA, Beschl. v. 25.8.2005, B9 27/05, R. 35 – Edeka/Spar; BKartA, Beschl. v. 30.6.2008, B2 333/07 – Edeka/Plus.

Wahl seiner Lieferanten und der Ausgestaltung des Vertragsinhalts eingeräumt werden. § 19 Abs. 2 Nr. 5 darf keine Interpretation erfahren, die ein hartes Verhandeln zwischen Nachfrager und Anbieter ausschließt.

103 **a) Vorteile.** Der Regierungsentwurf zur 4. GWB-Novelle 1980 hat den Begriff der **Vorzugsbedingungen** (seit der 7. GWB-Novelle „Vorteile") definiert als „diejenigen besonderen Vorteile, die zusätzlich zu den leistungsbedingten Nachlässen und sonstigen Leistungsentgelten von dem Nachfrager auf Grund seiner überlegenen Marktstellung bei dem Anbieter mit der Absicht durchgesetzt werden, sich damit im Wettbewerb eine weder markt- noch leistungsbedingte Vorzugsstellung gegenüber den marktschwächeren Konkurrenten zu verschaffen".[442] Mit dieser Definition sollte Bedenken Rechnung getragen werden, die gegen die weitergehende Fassung des Referentenentwurfs vorgetragen worden waren und es sollten die Fälle ausgeschlossen werden, in denen ein Nachfrager lediglich durch „hard bargaining" zu günstigeren Bedingungen abschließt als seine Mitbewerber. Damit war ein subjektives Element verbunden, nämlich die Zielsetzung des Nachfragers, eine systematische Vorzugsstellung gegenüber den Mitbewerbern zu erlangen.[443] Im Laufe des Gesetzgebungsverfahrens zur siebten GWB-Novelle wurde der Begriff der Vorzugsbedingungen in **„Vorteile"** abgeändert. Wenn sich dazu in den Gesetzesmaterialien auch keine Begründung findet, ist doch davon auszugehen, dass den Schwierigkeiten in der Rechtsanwendung begegnet werden sollte, die sich daraus ergaben, dass mit dem Begriff der Vorzugsbedingungen eine Bezugnahme auf die Bedingungen der Mitbewerber verbunden war, die sich in Fällen hoher Konditionenintransparenz nur schwer feststellen lassen.[444] Damit entfällt das mit dem Begriff der Vorzugsbedingungen verbundene subjektive Element; der Begriff der Vorteil ist **objektiv zu bestimmen.**[445]

104 Kennzeichnend für den Begriff der Vorteile ist die **Dysfunktionalität zur Abnahmeleistung.** Der Vorteil steht nicht in Bezug zu einer konkreten Abnahmeleistung des Nachfragers;[446] er wird, jedenfalls in seiner konkreten Höhe, nicht dafür gewährt, dass der Nachfrager beispielsweise eine größere Menge abnimmt oder besondere Vertriebsfunktionen (etwa Werbung) übernimmt, sondern beruht auf der starken Marktposition des Abnehmers, die der Lieferant nicht ignorieren kann und die seine Entscheidung maßgeblich beeinflusst. Die Abgrenzung gegenüber dem lediglich niedrigeren Preis kann im Einzelfall Schwierigkeiten bereiten, vor allem deswegen, weil sich wirtschaftswissenschaftlich ein solcher Vorteil ohne weiteres als Berechnungsfaktor verstehen lässt, in dem ein niedrigerer Endpreis seinen Ausdruck findet.[447] Der Gesetzgeber wollte daran anknüpfen, dass dem Lieferanten zusätzlich zur Lieferung der Ware selbst Zahlungen für mehr oder weniger fiktive oder dem Nachfragebereich zuzuordnende „Leistungen" des Nachfragers abverlangt werden, wie „Eintrittsgelder" oder „Regalmieten". In der Regierungsbegründung heißt es zum (damaligen) Begriff der sachlich ungerechtfertigten Vorzugsbedingungen, dass dazu diejenigen Vergünstigungen gehören, „die nicht leistungsgerecht sind, d. h. ihren Grund weder in der Menge der abgenommenen Waren oder Leistungen noch in den übernommenen Funktionen oder Serviceleistungen des Nachfragers noch in anderen betriebswirtschaftlich kalkulierbaren Gegenleistungen des Nachfragers haben, sondern auf der Ausnutzung von Marktmacht beruhen und anderen gleichartigen Nachfragern nicht zugänglich sind".[448]

---

[442] BT-Drucks. 8/2136, S. 25.

[443] *Nothdurft* in Langen/Bunte § 19 GWB Rn. 158.

[444] *Nothdurft* in Langen/Bunte § 19 GWB Rn. 158.

[445] *Markert* in: Immenga/Mestmäcker, § 19 GWB Rn. 376; *Nothdurft* in Langen/Bunte § 19 GWB Rn. 159; anders wohl *Bechtold* § 19 GWB Rn. 89.

[446] Ebenso MünchKommGWB/*K. Westermann,* § 20 Rn. 127; s. Zum Begriff des Vorteils auch *Köhler,* WRP 2006, 139/141 f.

[447] Vgl. dazu *Loewenheim* GRUR 1976, 224/225 f.

[448] BT-Drucks. 8/2136, S. 25.

Die bisherige **Entscheidungspraxis** ist bisher eher spärlich. In der **Rechtsprechung** hat es der BGH als Vorzugsbedingung nach § 20 Abs. 3 a. F. angesehen, dass ein nachfragestarkes Unternehmen, ohne dass hierfür ein zivilrechtlicher Anspruch besteht, seine Lieferanten dazu bewegt, für in der Vergangenheit abgeschlossene Sachverhalte andere, ihnen ungünstigere Lieferkonditionen zu vereinbaren und Ausgleichszahlungen zu leisten.[449] Mengen- und Funktionsrabatte sind nach dem BGH keine sachlich nicht gerechtfertigten Vorzugsbedingungen.[450] Das **Bundeskartellamt** hat der Metro AG untersagt, anlässlich des Erwerbs der allkauf-Gruppe von den Lieferanten zu verlangen, abweichende Konditionen in den Verträgen mit Metro bzw. Allkauf auszugleichen.[451] Gängige **Beispiele** bilden Eintrittsgelder, Regalmieten, Listungsgebühren, Schaufenstermieten, Werbekostenzuschüsse, Sonderrabatte aus Anlass von Geschäftseröffnungen, Geschäftsjubiläen und dgl.[452] 105

b) Sachlich gerechtfertigter Grund. Gegen einen Verstoß nach § 20 Abs. 1 kann die Kartellbehörde zum einen im **Untersagungsverfahren** vorgehen und die in §§ 32–32b vorgesehenen Maßnahmen treffen. Sie kann ferner ein **Bußgeldverfahren** nach §§ 81 ff. einleiten (vgl. § 81 Abs. 2 Nr. 1). Ebenso besteht die Möglichkeit der **Vorteilsabschöpfung durch die Kartellbehörde** gemäß § 34. Nach § 33 können zivilrechtliche **Unterlassungs-, Schadensersatz- und Beseitigungsansprüche** geltend gemacht werden 106

Ob für die Gewährung der Vorzugsbedingungen ein sachlich gerechtfertigter Grund vorliegt, beurteilt sich nach den gleichen Kriterien wie bei der gleich lautenden Tatbestandsvoraussetzung in Abs. 1.[453] Danach ist auch hier eine Abwägung der **Interessen der Beteiligten** unter Berücksichtigung der auf die Freiheit des Wettbewerbs gerichteten **Zielsetzung des GWB** und der Wertungen des europäischen Wettbewerbsrechts erforderlich. Beteiligte sind dabei der marktstarke Nachfrager, die Mitbewerber des Nachfragers sowie der die Vorzugsbedingungen gewährende Lieferant. Dabei sind aber die **Besonderheiten des Nachfrageverhaltens** zu berücksichtigen.[454] Auch spielt die **konkrete Marktstärke des Normadressaten** eine Rolle; je größer die Marktmacht des Normadressaten ist, desto größer ist das Maß an Rücksichtnahme, das vom Normadressaten verlangt werden muss.[455] Andererseits erfordert es die Berücksichtigung der Zielsetzung des GWB und der Wertungen des europäischen Wettbewerbsrechts, nicht die Möglichkeit des „hard bargaining" und des individuellen Aushandelns von Lieferbedingungen zu unterbinden und damit den Nachfragewettbewerb weitgehend zum Erliegen zu bringen. In der Regierungsbegründung[456] wird auf den Begriff der **Leistungsgerechtigkeit** abgestellt. Das kann nicht bedeuten, dass ein behördliches Urteil über die Angemessenheit des Verhältnisses von Leistung und Gegenleistung an die Stelle der Entscheidung durch den Wettbewerbsprozess tritt.[457] Richtig ist aber die Frage nach Ursprung und Zustandekommen 107

---

[449] BGH 24.9.2002, KVR 8/01, WuW/E DE-R 984/990 – Konditionenanpassung; s. dazu auch Tätigkeitsbericht 2001/2002, S. 42, 178.

[450] BGH 24.9.2002, KVR 8/01, WuW/E DE-R 984/991 – Konditionenanpassung.

[451] BKartA 26.2.1999, B9-51 100-TV-133/98, WuW/E DE-V 94 – Metro MGE Einkaufs GmbH; s. a. die weitere Entwicklung des Falles, dargestellt in Tätigkeitsbericht für 2001/2002 (BT-Drucks. 15/1226) S. 42.

[452] Vgl. auch die Beispiele im „Sündenregister" des Bundeswirtschaftsministeriums, WRP 1975, 24 ff. sowie die gemeinsamen Erklärung von Organisationen der gewerblichen Wirtschaft zur Sicherung des Leistungswettbewerbs, WuW 1976, 17 f.; ferner *Markert* in Immenga/Mestmäcker, § 20 GWB Rn. 375; MünchKommGWB/K. Westermann, § 20 GWB Rn. 127; *Ulmer* WuW 1980, 474/479.

[453] Begründung zum Regierungsentwurf BT-Drucks. 8/2136, S. 25; *Markert* in Immenga/Mestmäcker, § 20 GWB Rn. 377; *Nothdurft* in Langen/Bunte § 19 GWB Rn. 160; *Bechtold* § 19 GWB Rn. 90; MünchKommGWB/K. Westermann, § 20 Rn. 133; Ulmer WuW 1980, 474/479.

[454] Vgl. oben Rn. 102.

[455] Dazu oben Rn. 29.

[456] Begründung zum Regierungsentwurf BT-Drucks. 8/2136, S. 25; sa. BGH 24.9.2002, KVR 8/01, WuW/E DE-R 984/990 – Konditionenanpassung.

[457] *Markert* in Immenga/Mestmäcker, § 20 GWB Rn. 378.

der Vergünstigungen: ob sie nämlich ihren Grund in betriebswirtschaftlich kalkulierbaren Gegenleistungen des Nachfragers (etwa Menge der abgenommenen Waren, Funktionen, Serviceleistungen) haben oder auf der Ausnutzung von Marktmacht beruhen.

108 **Sachlich nicht gerechtfertigte Vorteile** sind danach in erster Linie die im „Sündenregister“ des Bundeswirtschaftsministeriums[458] und in der Gemeinsamen Erklärung von Organisationen der gewerblichen Wirtschaft zur Sicherung des Leistungswettbewerbs[459] angeführten Fälle wie Eintrittsgelder, Regalmieten, Jubiläumsrabatte, Werbekostenzuschüsse, Zurverfügungstellung von Arbeitskräften usw. Ferner sind sachlich nicht gerechtfertigt Maßnahmen, die der Absicherung der Vorzugsstellung dienen, wie Ausschließlichkeitsbindungen des Lieferanten, Bevorzugungsklauseln oder Meistbegünstigungsklauseln. Veranlasst ein nachfragestarkes Unternehmen seine Lieferanten entgegen den üblichen zivilrechtlichen Regeln zu einer rückwirkenden Konditionenanpassung, so begründet dies die (widerlegliche) Vermutung, dass hierfür sachlich gerechtfertigte Gründe nicht bestehen, das Eingehen der Anbieter auf das Anpassungsverlangen vielmehr Ausdruck ihrer Abhängigkeit als kleine oder mittlere Unternehmen von dem Nachfrager ist.[460]

4. Aufforderung oder Veranlassung anderer Unternehmen

109 Mit dem Tatbestandsmerkmal der Veranlassung wird der Anwendungsbereich des § 19 Abs. 2 Nr. 5 auf die **passive Diskriminierung** beschränkt, also die Fälle, in denen die vom Lieferanten vorgenommene Diskriminierung vom Nachfrager initiiert wird. Gewährt der Lieferant die Vorzugsbedingungen von sich aus, so ist Abs. 2 Nr. 5 nicht anwendbar. Der Begriff des Veranlassens setzt voraus, dass der Adressat einer entsprechenden Aufforderung nachkommt. Da dies als zu eng empfunden wurde und sich häufig Schwierigkeiten bei der Feststellung der Kausalität zwischen der Gewährung von Vorteilen und der Aufforderung dazu ergaben, wurde durch die 7. GWB-Novelle der **Begriff des Veranlassens um das „Auffordern“ ergänzt.** Damit wird auch die erfolglose Aufforderung in den Verbotstatbestand einbezogen.

110 Die **Veranlassung** setzt eine Einwirkung des Nachfragers auf den Lieferanten mit dem Ziel der Gewährung von Vorteilen voraus, die erfolgreich gewesen sein muss; der bloße Versuch ist keine Veranlassung.[461] Das bedeutet, dass die Einräumung von Vorzugsbedingungen **ursächlich** auf die Einwirkung des Nachfragers zurückzuführen sein muss. An der Ursächlichkeit fehlt es, wenn der Lieferant schon von sich aus zur Gewährung der Vorzugsbedingungen bereit war. Die daraus resultierenden Schwierigkeiten haben mit der Einführung des Tatbestandsmerkmals „Auffordern“ ihre Bedeutung verloren. **Auffordern** setzt lediglich eine Einwirkung des Nachfragers auf den Lieferanten mit dem Ziel voraus, den Lieferanten zur Gewährung von Vorteilen zu veranlassen; die tatsächliche Gewährung der Vorteile ist nicht erforderlich.[462] Eine ausdrückliche Erklärung ist für das Auffordern nicht erforderlich, konkludentes Verhalten genügt, wenn aus ihm die Absicht des Nachfragers für den Lieferanten erkennbar wird.

111 Adressat der Aufforderung oder Veranlassung müssen **andere Unternehmen** sein. Nur Unternehmen erfüllen also diese Tatbestandsmerkmale; zudem müssen sie Anbieter von Waren oder gewerblichen Leistungen sein. Aus dem Begriff „andere“ folgt, dass Auffordernder (Veranlasser) und Aufgeforderter (Veranlasster) keine wirtschaftliche Einheit bilden dürfen.

---

[458] WRP 1975, 24 ff.

[459] WuW 1976, 17 f.

[460] BGH 24.9.2002, KVR 8/01, WuW/E DE-R 984/990 – Konditionenanpassung.

[461] *Markert* in Immenga/Mestmäcker, § 20 GWB Rn. 3734; MünchKommGWB/*K. Westermann*, § 20 Rn. 128; *Bechtold* § 19 GWB Rn. 87.

[462] *Markert* in Immenga/Mestmäcker § 20 GWB Rn. 373.

5. Ausnutzung der Marktstellung

Die Veranlassung muss unter Ausnutzung der marktbeherrschenden Stellung des Nachfragers erfolgen. Der Begriff der Ausnutzung ist ebenso wie in § 19 Abs. 1 zu verstehen.[463] Es muss also ein **Kausalzusammenhang** zwischen dem Auffordern bzw. Veranlassen und der Marktstellung bestehen. Es ist aber nicht erforderlich, dass die Aufforderung oder Veranlassung zur Gewährung von Vorzugsbedingungen ohne die Marktstellung nicht möglich gewesen wäre, dass also der Nachfrager ohne seine Machtposition den Vorteil nicht hätte erlangen können.[464] Der – praktisch auch kaum zu führende – Nachweis, dass ohne die marktbeherrschende Stellung des Nachfragers die Vorzugsbedingungen nicht gewährt worden wären, wird also nicht verlangt. Der Begriff des Ausnutzens hat eine wertende Bedeutung, es handelt sich um eine **„normative Kausalität"**.[465] 112

D. Rechtsfolgen

Bei einem Verstoß gegen § 19 kann die Kartellbehörde zum einen im **Untersagungsverfahren** vorgehen und die in §§ 32–32b vorgesehenen Maßnahmen treffen. Sie kann ferner ein **Bußgeldverfahren** nach §§ 81 ff. einleiten. Ebenso besteht die Möglichkeit der **Vorteilsabschöpfung durch die Kartellbehörde** gemäß § 34. Nach § 33 können **zivilrechtliche Unterlassungs-, Schadensersatz- und Beseitigungsansprüche** geltend gemacht werden. Ferner können Rechtsgeschäfte, die gegen § 19 verstoßen, nach § 134 BGB nichtig sein. 113

1. Untersagungsverfahren

§ 19 ist ein Verbotstatbestand, die Kartellbehörde kann nach § 32 Abs. 1 GWB die Normadressaten durch eine **Abstellungsverfügung** verpflichten, das missbräuchliche Verhalten abzustellen. Das frühere Missbrauchsverfahren nach § 22 Abs. 5 aF ist mit der 6. GWB-Novelle entfallen. Die Kartellbehörde kann dazu nach § 32 Abs. 2 alle erforderlichen Abhilfemaßnahmen vorschreiben, soweit sie gegenüber der festgestellten Zuwiderhandlung verhältnismäßig und für eine wirksame Abstellung der Zuwiderhandlung erforderlich sind. Diese Abhilfemaßnahmen können verhaltensorientierter oder struktureller Art sein, struktureller Art jedoch nur, wenn verhaltensorientierte Maßnahmen nicht gleichermaßen wirksam oder mit einer größeren Belastung für die beteiligten Unternehmen sind. Bestehen mehrere Möglichkeiten, den Missbrauch abzustellen, so kann mangels Erforderlichkeit nicht eine dieser Möglichkeiten als Abhilfemaßnahme vorgeschrieben werden. Nach § 32 Abs. 2a kann die Kartellbehörde in der Abstellungsverfügung eine Rückerstattung der aus dem kartellrechtswidrigen Verhalten erwirtschafteten Vorteile anordnen. In dringenden Fällen können nach § 32a einstweilige Maßnahmen angeordnet werden. Auch eine einverständliche Verfahrensbeendigung ist möglich, die Kartellbehörde kann nach § 33 Verpflichtungszusagen entgegennehmen und für bindend erklären. 114

2. Bußgeldverfahren

Da § 19 ein Verbotstatbestand ist, stellt das vorsätzliche oder fahrlässige Missbrauchsverhalten eine Ordnungswidrigkeit dar (§ 81 Abs. 2 Nr. 1), die mit einer **Geldbuße** von bis zu 1 Million Euro (§ 81 Abs. 4) geahndet werden kann. Das Verfahren bestimmt sich nach den Vorschriften des Ordnungswidrigkeitengesetzes. 115

---

[463] Vgl. § 19 Rn. 14.
[464] S. dazu OLG Düsseldorf 28.6.1985, U (Kart.) 10/84, WuW/E OLG 3613/3616 – Elternsammelbestellung von Schulbüchern.
[465] *Nothdurft* in Langen/Bunte § 19 GWB Rn. 155; *Markert* in Immenga/Mestmäcker § 20 GWB Rn. 375; *Köhler* WRP 2006, 139/141.

3. Zivilrechtliche Folgen

116 Die **Nichtigkeit** von Rechtsgeschäften, die gegen § 19 Abs. 2 Nr. 1 verstoßen, kann sich aus § 134 BGB ergeben, soweit sich der Verstoß unmittelbar auf dem betreffenden Rechtsgeschäft beruht und nicht ohne dessen Nichtigkeit beseitigt werden kann.[466] Deshalb sind Vertragsbestimmungen nichtig, durch die Dritte beim Marktzugang unbillig behindert werden, beispielsweise gegen § 19 Abs. 2 Nr. 1 verstoßende Ausschließlichkeitsbindungen.[467] Dagegen sind Rechtsgeschäfte, durch die Marktpartner unterschiedlich behandelt werden, grundsätzlich nicht nichtig, da die Gleichbehandlung in der Regel durch entsprechende Abänderung der Vereinbarungen möglich ist und die dem Beeinträchtigten zur Verfügung stehenden Schadensersatz- und Unterlassungsansprüche in der Regel zur Durchsetzung seiner Interessen ausreichen.[468]

117 **Unterlassungs-, Schadensersatz- und Beseitigungsansprüche** ergeben sich aus § 33. Der Anspruch kann sich auch **Vertragsschluss,** insbesondere auf Belieferung oder Abnahme von Waren oder Leistungen sowie auf Aufnahme in einen Verband, ergeben.[469] Die Rechtsprechung gewährt diesen Anspruch in der Regel als Schadensersatzanspruch.[470] Dafür ist Verschulden des Normadressaten Voraussetzung, das aber bereits dann anzunehmen ist, wenn der Normadressat hätte erkennen können, dass keine Gründe zur Abschlussverweigerung vorlagen.[471] Ein Abschlusszwang kann sich aber auch aus dem Unterlassungsanspruch ergeben, der ein Verschulden nicht voraussetzt.[472]

E. Verhältnis zu anderen Vorschriften

118 Ist ein missbräuchliches Verhalten Gegenstand einer unter **§ 1 GWB** fallenden Vereinbarung, eines Beschlusses oder eines abgestimmten Verhaltens, so ist § 1 neben § 19 anwendbar.[473] Das gilt sowohl für horizontale als auch vertikale Vereinbarungen nach § 1. **§ 19 Abs. 1 iVm § 19 Abs. 2 Nr. 1** gilt nach **§ 20 Abs. 1** auch in Fällen relativer Marktmacht. Stellt die Behinderung oder Diskriminierung zugleich einen Verstoß gegen **§ 21** dar, so können auch insoweit beide Vorschriften anzuwenden sein. Neben **§ 19 Abs. 2 Nr. 4** ist Abs. 2 Nr. 1 anwendbar; zum Verhältnis zu den sektorspezifischen Vorschriften vgl. oben Rn. 83. Abs. 2 Nr. 1 ist auch neben **§ 19 Abs. 2 Nr. 5** anwendbar; nach **§ 20 Abs. 2** gilt § 19 Abs. 1 iVm § 19 Abs. 2 Nr. 5 auch für Unternehmen und Vereinigungen

---

[466] *Markert* in Immenga/Mestmäcker, § 20 GWB Rn. 226; eingehend *van Venrooy* BB 1979, 555 ff.

[467] BKartA 21.3.1979, WuW/E BKartA 1781/1783 – Identteile.

[468] Vgl. aus der Rechtsprechung etwa BGH 24.6.2003, KZR 32/01, WuW/E DE-R 1144/1145 – Schülertransporte; OLG Düsseldorf 19.3.2003, U (Kart) 20/02, WuW/E DE-R 1184 – InfraCard-Tarif; OLG München 22.4.1999, U (K) 2149/98, WuW/E DE-R 461 – Oberpleiskirchen; OLG Karlsruhe 25.6.1997, 6 U 37/97 (Kart), WuW/E DE-R 59 – Kfz-Schilderpräger.

[469] BGH 24.6.2003, KZR 32/01, WuW/E DE-R 1144/1146 – Schülertransporte; BGH 24.9. 1979, KZR 20/78, WuW/E BGH 1629/1630 – Modellbauartikel II; BGH 8.5.1979, KZR 13/78, WuW/E BGH 1587/1588 – Modellbauartikel I; BGH 20.11.1975, KZR 1/75, WuW/E BGH 1391 – Rossignol; BGH 26.10.1972, KZR 54/71, WuW/E BGH 1238/1242 f. – Registrierkassen; OLG Stuttgart 16.6.2003, 2 U 144/02, WuW/E DE-R 1191/1193 – Telefonbuch-Inserate; OLG München 11.3.1999, U (K) 5733/98 WuW/E DE-R 313 – Hörfunkwerbung.

[470] Vgl. die Nachweise in Fn. 468, ferner BGH 12.5.1998, KZR 23/96, WuW/E DE-R 206 – Depotkosmetik; OLG Frankfurt a. M. 9.9.1997, 11 U (Kart) 58/96, WuW/E DE-R 73.

[471] BGH 8.5.1979, KZR 13/78, WuW/E BGH 1587 – Modellbauartikel I; BGH 20.11.1975, KZR 1/75, WuW/E BGH 1391 – Rossignol.

[472] OLG Karlsruhe 12 3.1980, 6 U 223/77, WuW/E OLG 2217 – Allkauf-Saba; KG 12.10.1979, Kart U 540/79, WuW/E OLG 2210 – Rote Liste; OLG Karlsruhe 8.11.1978, 6 U 192/77, WuW/E OLG 2085/2091 f. – Multiplex; offengelassen in BGH 8.5.1979, KZR 13/78, WuW/E BGH 1587 – Modellbauartikel I; BGH 20.11.1975, KZR 1/75, WuW/E BGH 1391/1395 – Rossignol.

[473] S. z. B. LG Frankfurt a. M. 18.6.2014, 2–03 O 158/13, MMR 2014, 777 – Verkaufsverbote in Selektivvereinbarungen.

von Unternehmen im Verhältnis zu den von ihnen abhängigen Unternehmen. Zum Verhältnis zum europäischen Wettbewerbsrecht so. Rn. 4.

§ 20 Verbotenes Verhalten von Unternehmen mit relativer oder überlegener Marktmacht

(1) [1] **§ 19 Absatz 1 in Verbindung mit Absatz 2 Nummer 1 gilt auch für Unternehmen und Vereinigungen von Unternehmen, soweit von ihnen kleine oder mittlere Unternehmen als Anbieter oder Nachfrager einer bestimmten Art von Waren oder gewerblichen Leistungen in der Weise abhängig sind, dass ausreichende und zumutbare Möglichkeiten, auf andere Unternehmen auszuweichen, nicht bestehen (relative Marktmacht).** [2] **Es wird vermutet, dass ein Anbieter einer bestimmten Art von Waren oder gewerblichen Leistungen von einem Nachfrager abhängig im Sinne des Satzes 1 ist, wenn dieser Nachfrager bei ihm zusätzlich zu den verkehrsüblichen Preisnachlässen oder sonstigen Leistungsentgelten regelmäßig besondere Vergünstigungen erlangt, die gleichartigen Nachfragern nicht gewährt werden.**

(2) **§ 19 Absatz 1 in Verbindung mit Absatz 2 Nummer 5 gilt auch für Unternehmen und Vereinigungen von Unternehmen im Verhältnis zu den von ihnen abhängigen Unternehmen.**

(3) [1] **Unternehmen mit gegenüber kleinen und mittleren Wettbewerbern überlegener Marktmacht dürfen ihre Marktmacht nicht dazu ausnutzen, solche Wettbewerber unmittelbar oder mittelbar unbillig zu behindern.** [2] **Eine unbillige Behinderung im Sinne des Satzes 1 liegt insbesondere vor, wenn ein Unternehmen**

1. **Lebensmittel im Sinne des § 2 Absatz 2 des Lebensmittel- und Futtermittelgesetzbuches unter Einstandspreis oder**
2. **andere Waren oder gewerbliche Leistungen nicht nur gelegentlich unter Einstandspreis oder**
3. **von kleinen oder mittleren Unternehmen, mit denen es auf dem nachgelagerten Markt beim Vertrieb von Waren oder gewerblichen Leistungen im Wettbewerb steht, für deren Lieferung einen höheren Preis fordert, als es selbst auf diesem Markt**

anbietet, es sei denn, dies ist jeweils sachlich gerechtfertigt. [3] **Das Anbieten von Lebensmitteln unter Einstandspreis ist sachlich gerechtfertigt, wenn es geeignet ist, den Verderb oder die drohende Unverkäuflichkeit der Waren beim Händler durch rechtzeitigen Verkauf zu verhindern sowie in vergleichbar schwerwiegenden Fällen.** [4] **Werden Lebensmittel an gemeinnützige Einrichtungen zur Verwendung im Rahmen ihrer Aufgaben abgegeben, liegt keine unbillige Behinderung vor.**

(4) **Ergibt sich auf Grund bestimmter Tatsachen nach allgemeiner Erfahrung der Anschein, dass ein Unternehmen seine Marktmacht im Sinne des Absatzes 3 ausgenutzt hat, so obliegt es diesem Unternehmen, den Anschein zu widerlegen und solche anspruchsbegründenden Umstände aus seinem Geschäftsbereich aufzuklären, deren Aufklärung dem betroffenen Wettbewerber oder einem Verband nach § 33 Absatz 2 nicht möglich, dem in Anspruch genommenen Unternehmen aber leicht möglich und zumutbar ist.**

(5) **Wirtschafts- und Berufsvereinigungen sowie Gütezeichengemeinschaften dürfen die Aufnahme eines Unternehmens nicht ablehnen, wenn die Ablehnung eine sachlich nicht gerechtfertigte ungleiche Behandlung darstellen und zu einer unbilligen Benachteiligung des Unternehmens im Wettbewerb führen würde.**

Übersicht

Schrifttum zu § 20 Abs. 1: *Baur,* Die Funktion des neuen Diskriminierungsverbots nach § 26 Abs. 2 Satz 2 GWB, BB 1974, 1589 ff.; *Billing/Lettl,* Franchising und § 20 Abs. 1 GWB, WRP 2012, 773 und 906; *Carlhoff,* Das Diskriminierungsverbot nach § 26 Abs. 2 GWB in der Rechtsprechung des BGH, 1988; *Ebenroth/Obermann,* Zweitvertretungsanspruch in Absatzmittlungsverhältnissen aus § 26 Abs. 2, DB 1981, 329; *Fischötter,* Zum erweiterten Diskriminierungsverbot nach § 26 Abs. 2 GWB, WuW 1974, 379 ff.; *Gentz,* Das Diskriminierungsverbot in § 26 Abs. 2 GWB und § 9 KartVO, WuW 1961, 587; *Hefermehl,* Zur Anwendung des § 26 Abs. 2 GWB auf selektive Vertriebssysteme, GRUR 1975, 275; *Heuchert,* Die Normadressaten des § 26 Abs. 2 Satz 2 GWB – Eine ökonomische Analyse des Rechts, Hamburger Beiträge zum Handels-, Schiffahrts- und Wirtschaftsrecht, Band 15, Heidelberg 1987; *Hölzler/Satzky,* Wettbewerbsverzerrungen durch nachfragemächtige Handelsunternehmen, FIW-Schriftenreihe Heft 90, 1980; *Knöpfle,* Zur Gleichartigkeit von Unternehmen, insbes. von Strombeziehern, nach § 26 Abs. 2 GWB, BB 1981, 1733; *Kroitzsch,* Zum Begriff der Abhängigkeit im Sinne des § 26 Abs. 2 S. 2 GWB, GRUR 1976, 182; *Köhler,* Die Abhängigkeitsvermutung des § 26 II 3 GWB – Taugliches Mittel zur Erfassung von Nachfragemacht?, DB 1982, 313; *Niederleithinger,* Die Verfolgung von Missbräuchen von Angebots- und Nachfragemacht nach §§ 22, 26 Abs. 2 GWB, in: FIW-Schriftenreihe, Heft 77, Köln 1977, S. 65; *Rheinländer,* Schadensersatz bei diskriminierender Lieferverweigerung – Klage auf Zulassung zum Vertriebssystem, WRP 2007, 501; *Schockenhoff,* Die gerichtliche Durchsetzung von Belieferungsansprüchen aus § 26 Abs. 2 GWB, NJW 1990, 152; *Taube,* Das Diskriminierungs- und Behinderungsverbot für „relativ marktstarke" Unternehmen, 2006; *Ulmer,* Die neuen Vorschriften gegen Diskriminierung und unbillige Behinderung (§ 26 Abs. 2 Satz 3 und § 37a Abs. 3 GWB), WuW 1980, 430; *Ulmer,* Kartellrechtswidrige Konkurrentenbehinderung durch leistungsfremdes Verhalten marktbeherrschender Unternehmen, in FS Kummer, 1980, S. 565; *v. Ungern-Sternberg,* Interessenabwägung nach § 26 Abs. 2 GWB, in: FS Odersky, 1996, S. 987; *Wagner-von Papp,* Brauchen wir eine Missbrauchskontrolle von Unternehmen mit nur relativer oder überlegener Marktmacht? Novellierung der allgemeinen Missbrauchskontrolle, in: Bien, Das deutsche Kartellrecht nach der 8. GWB-Novelle, 1913, S. 95; *Wirtz,* Anwendbarkeit von § 20 GWB auf selektive Vertriebssysteme nach Inkrafttreten der VO 1/2003, WuW 2003, 1039.

Sa. das Schrifttum zu § 19 Abs. 1 und Abs. 2 Nr. 1.

Schrifttum zu § 20 Abs. 2: Vgl. das Schrifttum zu § 19 Abs. 2 Nr. 5 und § 20 Abs. 1.

Schrifttum zu § 20 Abs. 3 und 4: *Alexander,* Privatrechtliche Durchsetzung des Verbots des Verkäufen unter Einstandspreis, WRP 2010, 727; *Bergmann,* Maßstäbe für die Beurteilung einer Kosten-Preis-Schere im Kartellrecht, WuW 2001, 234; *Block,* Verkauf unter Einstandspreis, Diss. 2002; *Caspary,* Der Verkauf unter Einstandspreis, 2005; *Dangelmaier,* Der Verkauf unter Einstandspreis im Spiegel des deutschen und europäischen Kartellrechts, Hamburg 2003; *Dittrich,* Die Fünfte Kartellgesetznovelle, DB 1990, 98; *Eser,* Warenverkauf unter Einstandspreis aus Wettbewerbs- und kartellrechtlicher Sicht, BB 1985, 699; *Fichert/Keßler,* Untereinstandspreisverkäufe im Lebensmitteleinzelhandel, WuW 2002, 1173; *Frenz,* Die Kosten-Preis-Schere im Licht aktueller Entwicklungen, NZKart 2013, 60; *Gassner/Dangelmaier,* Neues zur Kartellrechtswidrigkeit von Verkäufen unter Einstandspreis, WuW 2003, 491; *Gloy,* Zur Beurteilung gezielter Kampfpreise nach Kartell- und Wettbewerbsrecht, in: FS Gaedertz, 1992, 209; *Häntze,* Ist eine Definition des Einstandspreises möglich? – Zur Diskussion um die Änderung des § 37a Abs. 3 GWB, GRUR 1988, 881; *Haucap/Heimeshoff/Klein/Rickert,* Die Bestimmung von Nachfragemacht im Lebensmitteleinzelhandel: Theoretische Grundlagen und empirischer Nachweis, WuW 2014, 943; *Heitzer,* Schwerpunkte der deutschen Wettbewerbspolitik, WuW 2007, 854/861; *Henk-Merten,* Die Kosten-Preisschere im Kartellrecht, 2004; *Hoffmann,* Preisscheren durch vertikal integrierte Oligopole, WuW 2003, 1278; *Hucko,* Die neuen Beweisregeln im Behinderungstatbestand der 5. GWB-Novelle, WuW 1990, 618; *Kamlah,* Der Verkauf unter Einstandspreis nach § 20 Abs. 4 Satz 2 GWB, 2003; *Knöpfle,* Die Rechtsstellungen nach §§ 22 Abs. 1 Nr. 2 und 37a Abs. 3 GWB, DB 1983, 430; *Köhler,* Durchsetzung von Vorzugsbedingungen durch marktmächtige Nachfrager, BB 1999, 1017; *ders.,* Verkauf unter Einstandspreis im neuen GWB, BB 1990, 679; *Krause/Oppolzer,* Anwendungsprobleme des § 20 IV GWB hinsichtlich des Verkaufs unter Einstandspreis, WuW 2000, 17; *Kreutzer,* Wettbewerb um jeden Preis? Zur Problematik des Verkaufs zu Verlustpreisen im Einzelhandel, WRP 1985, 467 ff.; *Lademann,* Schutzzweck- und Rechtstatsachenprobleme bei der Untersagung von Verkäufen unter dem Einstandspreis, DB 1984, 758; *Lettl,* kartell- und wettbewerbsrechtliche Schranken für Angebote unter Einstandspreis, JZ 2003, 662; *Luber,* Verkauf unter Einstandspreis und Dumpingpreise im französischen Recht; WuW 2001, 686; *Marken,* Die Wettbewerberbehinderung im GWB nach der 4. Kartellnovelle, ZHR 1982, Beiheft 55; *Mees,* Unbillige Behinderung durch Preis- und Rabattgestaltung, FIW-Schriftenreihe Heft 133, 1988/89, S. 9 ff.; *Möschel,* Anforderungen an eine kartellbehördliche Missbrauchsverfügung bei Verkäufen unter Einstandpreis, BB 1986, 1785; *Ritter,* Regierungsentwurf zum Gesetz zur Bekämpfung von Preismissbrauch im Bereich der Energieversorgung und des Lebensmittelhandels, WuW 2008, 142; *Ritter/Lücke,* Die Bekämpfung von Preismissbrauch im Bereich der Energieversorgung und des Lebensmittelhandels, WuW 2007, 698; *Sack,* Der Verkauf unter Selbstkosten im Einzelhandel, WRP 1983, 63 ff.; *Schäfer,* § 37a Abs. 3 GWB und die Berücksichtigung marktstarker Konkurrenten des „Normdressaten", 1986; *Schmidt,* Handelskonzentration, Nachfragemacht und 6. GWB-Novelle, WuW 1997, 101; *Schmidt/Wuttke,* Leistungswettbewerb und unbillige Behinderung i. S. des § 26 Abs. 4 GWB, BB 1998, 754; *Schmitz,* Preisunterbindung als Problem des GWB, WuW 1992, 209 ff.; *Scholz,* Verkauf unter den Selbstkosten oder zurück zur Verordnung über den Wettbewerb 1934, WRP 1983, 337 ff.; *Schröder/Mennenöh,* Zur Abgrenzung von sachlich relevanten Märkten im Einzelhandel mit Lebensmitteln – Eine empirische Analyse von Drogerieartikeln und Getränken, WuW 2013, 575; *Schüller,* Verkäufe unter Einstandspreis, Pfaffenweiler 1988; *Ulmer,* Die neuen Vorschriften gegen Diskriminierung und unbillige Behinderung (§ 26 Abs. 2 Satz 3 und § 37a Abs. 3 GWB), WuW 1980, 474; *ders.,* Kartellrechtliche Schranken der Preisunterbietung nach § 26 Abs. 4 GWB, in: FS v. Gamm, 1990, S. 677; *Wackerbeck,* Verkäufe unter Einstandspreis – Gelöste und ungelöste Auslegungsprobleme des § 20 Abs. 4 S. 2 GWB, WRP 2006, 991.

Schrifttum zu § 20 Abs. 5: *Bartodziej,* Ansprüche auf Mitgliedschaft in Vereinen und Verbänden, ZGR 1991, 517; *Birk,* Der Aufnahmezwang bei Vereinen und Verbänden, JZ 1972, 343; *Bohn,* Der Zwang zur Aufnahme von Mitgliedern in Wirtschafts- und Berufsvereinigungen nach § 27 GWB, BB 1964, 788; *Grunewald,* Vereinsaufnahme und Kontrahierungszwang, AcP 1982 (Band 182), S. 181; *Scholz-Hoppe,* Das Recht auf Aufnahme in Wirtschafts- und Berufsvereinigungen, FS G. Pfeiffer (1988) S. 785 ff.; *Steinbeck,* Der Anspruch auf Aufnahme in einen Verein – dargestellt am Beispiel der Sportverbände, WuW 1996, 91: *Traub,* Verbandsautonomie und Diskriminierung, WRP 1985, 591; *Vieweg,* Normsetzung und -anwendung deutscher und internationaler Verbände, Berlin 1990; *Wiebe,* Wettbewerbs- und zivilrechtliche Rahmenbedingungen der Vergabe und Verwendung von Gütezeichen, WRP 1993, 74 und 15.

A. Normzweck, Entstehungsgeschichte und Systematik der Vorschrift

1 §§ 18–20 verfolgen den **Zweck,** den Missbrauch von Marktmacht zu verhindern. Durch die 8. GWB-Novelle wurden die bisherigen §§ 19 und 20 aF neu strukturiert. § 18 regelt, in welchen Fällen Marktbeherrschung besteht. Die Fälle der Marktmacht wurden aufgeteilt in Fälle der Marktbeherrschung (geregelt in § 19) und Fälle der relativen Marktmacht, d. h. der Marktmacht gegenüber bestimmten Unternehmen (geregelt in § 20). Zudem enthält § 20 in Abs. 5 eine Vorschrift, die sich gegen die diskriminierende Verweigerung der Aufnahme in Wirtschafts- und Berufsvereinigungen sowie in Gütezeichengemeinschaften richtet und wortgleich dem § 20 Abs. 6 aF entspricht. Zum **Verhältnis zum Wettbewerbsrecht der Europäischen Union** vgl. § 19 Rn. 4.

2 Ebenso wie § 19 hat § 20 eine wechselvolle **Entstehungsgeschichte** hinter sich. Das GWB von 1957 enthielt in § 26 Abs. 2 aF ein Verbot der unbilligen Behinderung und Diskriminierung, dass sich gegen marktbeherrschende Unternehmen, Kartelle und preisbindende Unternehmen richtete. Mit der 2. GWB-Novelle von 1973 wurde der Adressatenkreis um die relativ marktstarken Unternehmen ergänzt, da sich die bisherige Fassung bei bestimmten Fallkonstellationen als nicht ausreichend erwiesen hatte, vor allem bei dem Angewiesensein vieler Händler auf bestimmte berühmte Markenartikel zur Vervollständigung ihres Sortiments und der Praxis vertikal integrierter Unternehmen, in Knappheitssituationen in erster Linie die ihnen angeschlossenen Verarbeitungs- und Verteilerunternehmen zu versorgen. Mit der 4. GWB-Novelle von 1980 wurde die jetzt in § 19 Abs. 2 Nr. 5 enthaltene Regelung (auf die § 20 Abs. 2 verweist) eingeführt, durch die die Praxis marktstarker Nachfrager bekämpft werden sollte, den Marktpartner zur Gewährung von Sondervorteilen zu zwingen. Gleichfalls durch die GWB-Novelle 1980 wurde der jetzt in § 20 Abs. 3 und 4 enthaltene Tatbestand der Behinderung kleiner und mittlerer Wettbewerber als § 37a Abs. 3 eingeführt, der mit der 5. GWB-Novelle von 1989 in vereinfachter Form als Abs. 4 in § 26 a. F. (jetzt § 20) integriert wurde und durch die 6. GWB-Novelle mit Wirkung vom 1.1.1999 um das Regelbeispiel unbilliger Verkäufe unter Einstandspreis ergänzt wurde und seine heutige Fassung erhielt. Die 7. GWB-Novelle von 2005 hat den Adressatenkreis des § 20 an die neuen Regelungen angepasst, im Übrigen aber an den Tatbeständen der Diskriminierung und Behinderung nichts geändert. § 20 Abs. 3 und 4 aF wurden durch das Gesetz zur Bekämpfung von Preismissbrauch im Bereich der Energieversorgung und des Lebensmittelhandels vom 18.12.2007 (BGBl. I S. 2966) geändert. Das Diskriminierungsverbot des Abs. 3 aF wurde verschärft, indem es nicht mehr auf kleine und mittlere Unternehmen beschränkt war; in Abs. 4 aF wurde ein Regelkatalog eingefügt, der zusätzlich zur bisherigen Regelung im Lebensmittelhandel den Verkauf unter Einstandspreis generell untersagt (Nr. 1) und die Preisgestaltung bei der Belieferung von kleinen und mittleren Unternehmen regelt, mit denen das marktmächtige Unternehmen auf einer nachgelagerten Marktstufe in Wettbewerb steht (Nr. 3). Die 8. GWB-Novelle führte zur Neustrukturierung von §§ 19 und 20, in dem das missbräuchliche Verhalten marktbeherrschender Unternehmen in § 19 verlagert und § 20 auf die Fälle relativer Marktmacht reduziert wurde.

3 **Systematik:** In § 20 sind nunmehr diejenigen Fälle missbräuchlichen Verhaltens geregelt, die keine Marktbeherrschung voraussetzen. Abs. 1 enthält den Regelungsgehalt des bisherigen Abs. 2 (relative Marktmacht gegenüber abhängigen Unternehmen), der an die Aufteilung zwischen Marktbeherrschung und relativer Marktmacht angepasst wurde. Gleichzeitig enthält Abs. 1 in S. 1 eine Legaldefinition der relativen Marktmacht und in S. 2 eine entsprechende Vermutung. Abs. 2 enthält in Bezug auf abhängige Unternehmen das Verbot der Veranlassung zur Vorteilsgewährung, indem auf § 19 Abs. 2 Nr. 5 verwiesen wird, der dem § 20 Abs. 3 aF entspricht. Abs. 3 und 4 regeln Fälle der Behinderung kleiner und mittlerer Wettbewerber aufgrund überlegener Marktmacht und entsprechen § 20

Abs. 4 und 5 aF. Abs. 5 enthält den bisher in § 20 Abs. 6 geregelten Tatbestand der diskriminierenden Nichtaufnahme in Wirtschafts- und Berufsvereinigungen sowie in Gütezeichengemeinschaften.

B. Behinderungs- und Diskriminierungsverbot (Abs. 1)

Das Missbrauchsverbot des § 19 Abs. 1 iVm. Abs. 2 Nr. 1 gilt auch für Unternehmen 4 und Vereinigungen von Unternehmen mit **relativer Marktmacht.** Die Regelung wurde 1973 durch die 2. GWB-Novelle als § 26 Abs. 2 S. 2 eingeführt. Der Gesetzgeber wollte damit zum einen eine Schutzlücke schließen, die durch die Aufhebung der Preisbindung für Markenartikel entstanden war und zur Konsequenz hatte, dass Markenartikelhersteller nicht mehr als preisbindende Unternehmen dem Diskriminierungs- und Behinderungsverbot unterlagen. Händler sollten einen **Belieferungsanspruch** haben, wenn sie zur Erhaltung ihrer Wettbewerbsfähigkeit gezwungen waren, bestimmte Markenartikel in ihrem Sortiment zu führen; zudem sollte verhindert werden, dass Hersteller durch gezielt selektiven Vertrieb oder gezielte Rabatte den Versuch unternehmen, die Einhaltung der nach Aufhebung der Preisbindung noch zulässigen Preisempfehlungen auf wirtschaftlichem Wege zu erreichen.[1] Zum anderen wollte der Gesetzgeber angesichts der damaligen Ölkrise die Belieferung freier Tankstellen durch die Mineralölkonzerne sicherstellen. Damit sollte jedoch **kein Sozialschutz** für die abhängigen Unternehmen eingeführt werden.[2]

§ 20 Abs. 1 S. 1 definiert die relative Marktmacht als Abhängigkeit kleiner oder mittlerer 5 Unternehmen, die als Anbieter oder Nachfrager einer bestimmten Art von Waren oder gewerblichen Leistungen vom Normadressaten in der Weise abhängig sind, dass ausreichende und zumutbare Möglichkeiten, auf andere Unternehmen auszuweichen, nicht bestehen. Damit unterscheidet sich der Adressatenkreis des § 20 Abs. 1 von dem des § 19 Abs. 1 und Abs. 2 Nr. 1 dadurch, dass die Marktstärke auf einem bestimmten Markt **nicht generell zu bestimmen** ist, sondern relativ in Bezug auf einzelne Angehörige der Marktgegenseite. § 20 Abs. 1 S. 2 stellt die Vermutung auf, dass eine solche Abhängigkeit von einem Nachfrager besteht, wenn dieser zusätzlich zu den verkehrsüblichen Preisnachlässen oder sonstigen Leistungsentgelten regelmäßig besondere Vergünstigungen erlangt, die gleichartigen Nachfragern nicht gewährt werden.

I. Normadressaten

Normadressaten des § 20 Abs. 1 sind (relativ marktstarke) Unternehmen und Vereini- 6 gungen von Unternehmen. Der Begriff der **Unternehmen** und Unternehmensvereinigungen entspricht dem des § 19 Abs. 1[3] und damit dem allgemeinen Unternehmensbegriff des GWB: Jedwede Tätigkeit im geschäftlichen Verkehr begründet die Unternehmenseigenschaft, lediglich die rein private, außerhalb des Erwerbslebens sich abspielende Tätigkeit wird nicht erfasst.[4] Der Begriff der Unternehmensvereinigungen ist weit zu fassen, er ist nicht auf die in § 19 Abs. 3 genannten Fälle beschränkt.[5] Auch verbotene Kartelle werden nicht von Abs. 2 erfasst, da der Gesetzgeber sie mit der Streichung des § 1 a. F. durch die Kartellgesetznovelle 1973 gerade aus dem Anwendungsbereich der Vorschrift herausge-

---

[1] Bericht des Wirtschaftsausschusses, BT-Drucks.7/765 S. 10.

[2] OLG Celle 22.7.2000, 13 U 137/98 (Kart), WuW/E DE-R 581 – VAG Vertrieb; OLG Düsseldorf 21.2.1978, U (Kart.) 16/76, WuW/E OLG 1913/1917 – Allkauf; LG Nürnberg 31.5.1978, 4 HK O 4892/77, WuW/E LG/AG 445/446 – Carrera; eingehend *Baur* BB 1974, 1589 ff.

[3] *Markert* in Immenga/Mestmäcker § 20 GWB Rn. 13; *Nothdurft* in Langen/Bunte § 20 GWB Rn. 20.

[4] Eingehend zum Unternehmensbegriff oben § 1 GWB Rn. 22; Teil 6 Art. 101 AEUV Rn. 131 ff.

[5] *Markert* in Immenga/Mestmäcker § 20 GWB Rn. 13; *Nothdurft* in Langen/Bunte § 20 GWB Rn. 20.

nommen hat.[6] Nennenswerte Bedeutung kommt damit den Unternehmensvereinigungen im Rahmen des Abs. 2 nicht zu, zumal sie bei eigenem Tätigwerden auf dem Markt bereits als Unternehmen zu qualifizieren sind.

I. Abhängige Unternehmen

7 Die relative Marktmacht wird dadurch begründet, dass kleine und mittlere Unternehmen vom Normadressaten in der in § 20 Abs. 1 S. 1 beschriebenen Weise **abhängig** sind.

1. Kleine und mittlere Unternehmen

8 Seit der 5. GWB-Novelle von 1989 werden nur noch kleine und mittlere Unternehmen **geschützt.** Der Gesetzgeber ging davon aus, dass Großunternehmen über ausreichende Alternativen verfügten und deshalb des Schutzes nicht bedürften. Insbesondere Großunternehmen des Handels verfügten in der Regel auch ohne besondere Schutzvorschrift über ausreichende Möglichkeiten, um die Waren für ihre Sortimente zu marktgerechten Konditionen zu erhalten. Das Verbot sollte auf das Maß des Erforderlichen beschränkt werden.[7]

9 Ob ein Unternehmen **als kleines oder mittleres Unternehmen einzustufen** ist, ist nicht schematisch zu bestimmen.[8] Die Einstufung lässt sich nicht nach absoluten Zahlen vornehmen, weil die Verhältnisse auf dem jeweils relevanten Markt berücksichtigt werden müssen.[9] Zwar ist in der Rechtsprechung angenommen worden, daß ein unter 500 Mio. DM liegender Jahresumsatz eine widerlegliche Vermutung begründen mag, dass es sich um ein kleines oder mittleres Unternehmen handelt.[10] Es muss jedoch in jedem Einzelfall festgestellt werden, ob es sich um ein kleines oder mittleres Unternehmen handelt. Es hat unter funktionalen Gesichtspunkten eine Prüfung zu erfolgen, die von den Besonderheiten des jeweils relevanten Marktes ausgeht und bei der in der Regel das Horizontalverhältnis zu den Wettbewerbern auf der Anbieter- oder Nachfragerseite, unter besonderen Voraussetzungen ausnahmsweise auch das Vertikalverhältnis zu dem nachfragestarken Unternehmen einzubeziehen ist.[11] Das Horizontalverhältnis zu den Wettbewerbern auf der Nachfragerseite ist in den Fällen der **sortimentsbedingten Abhängigkeit** ausschlaggebend,[12] das Horizontalverhältnis zu den Wettbewerbern auf der Anbieterseite in den Fällen der **nachfragebedingten Abhängigkeit.**[13] In den Fällen der **unternehmensbedingten Abhängigkeit,**[14] also bei Handelsunternehmen, die nach ihrer Unternehmensstruktur und ihrem Warenangebot gerade auf das Angebot eines bestimmten Unternehmens ausgerichtet sind, wie etwa bei Vertragshändlern der Kraftfahrzeugindustrie, ist dagegen regelmäßig nicht entscheidend, wie groß das abhängige Unternehmen im Vergleich zu seinen Wettbewerbern ist, sondern sein Größenverhältnis zu dem relativ marktstarken Unternehmen.[15] Damit ist der BGH bewusst von der Regierungsbegründung abgewichen, in der der Gesetzgeber noch davon ausgegangen war, dass für den Begriff der kleinen oder mittleren

---

[6] *Markert* in Immenga/Mestmäcker § 20 GWB Rn. 13; *Nothdurft* in Langen/Bunte § 20 GWB Rn. 20.

[7] Regierungsbegründung zur 5.GWB-Novelle, BT-Drucks.11/4610, S. 11 ff.

[8] BGH 19.1.1993, KVR 25/91, WuW/E BGH 2875/2879 – Herstellerleasing.

[9] BGH 24.9 2002, KVR 8/01, WuW/E DE-R 984/987 f. – Konditionenanpassung; Frankfurter Kommentar/Rixen, § 20 GWB Rn. 50.

[10] BGH 24.9.2002, KVR 8/01, WuW/E DE-R 984/987 f.– Konditionenanpassung; LG Nürnberg-Fürth, 3.8.2005, 4 HK O 6645/04, WuW/E DE-R 1659/1661 – Schuh-Einzelhandel.

[11] BGH 24.9.2002, KVR 8/01, WuW/E DE-R 984 – Metro MGE Einkaufs GmbH.

[12] LG Nürnberg-Fürth, 3.8.2005, 4 HK O 6645/04, WuW/E DE-R 1659/1661 – Schuh-Einzelhandel.

[13] Zur nachfragebedingten Abhängigkeit vgl. Rn. 35 ff.

[14] Zur unternehmensbedingten Abhängigkeit vgl. Rn. 30 ff.

[15] BGH 19.1.1993, KVR 25/91, WuW/E BGH 2875/2879 – Herstellerleasing; bestätigt in BGH 24.9.2002, KVR 8/01, WuW/E DE-R 984 – Metro MGE Einkaufs GmbH.

Unternehmen grundsätzlich das Gleiche wie bei den Mittelstandskartellen (§ 5c aF) gelte, wonach allein der Vergleich mit den auf dem gleichen sachlichen Markt tätigen Wettbewerbern maßgeblich sein sollte.

Die vom BGH für die **unternehmensbedingte Abhängigkeit** aufgestellten Grundsätze zur Prüfung der **Größenverhältnisse** (vgl. Rn. 9) dürfen aber nicht auf andere Fälle der Abhängigkeit übertragen werden. Unter diesem Aspekt hat der BGH eine Entscheidung des BKartA[16] aufgehoben, in der die nachfragebedingte Abhängigkeit mit der unternehmensbedingten Abhängigkeit gleichgestellt und die größenmäßige Einordnung des abhängigen Unternehmens aus der Eigenart der Rechtsbeziehungen zum marktmächtigen Unternehmen begründet worden war. Unternehmensbedingte und nachfragebedingte Abhängigkeit dürften nicht mit der Folge gleichgesetzt werden, dass die unter funktionalen Gesichtspunkten notwendige Prüfung der Schutzbedürftigkeit des abhängigen Unternehmens unterbleiben könne.[17] Allerdings hat der BGH in diesem Fall für den Lebensmittelhandel die Festsetzung eines Schwellenwertes zugelassen, unterhalb dessen von der Eigenschaft als kleines oder mittleres Unternehmen ausgegangen werden kann. Dies setze aber voraus, dass dieser Schwellenwert nachvollziehbar und widerspruchsfrei ermittelt werde, und dass nicht ohne plausible Begründung eine bestimmte Grenze aufgestellt werde. Dem von der Untersagungsverfügung betroffenen Unternehmen müsse danach die Möglichkeit bleiben, die Vermutung zu widerlegen, nämlich darzutun, dass der Schwellenwert unrichtig gewählt worden sei, oder dass der an sich zutreffend ermittelte Wert im konkreten Fall keine zutreffende Aussage über die Einordnung eines Lieferanten zur Gruppe der kleinen oder mittleren Unternehmen enthalte.[18] 10

2. Anbieter oder Nachfrager bestimmter Waren oder gewerblicher Leistungen

Das Abhängigkeitsverhältnis muss in Bezug auf Anbieter oder Nachfrager bestehen. Die relative Marktmacht muss also im **Vertikalverhältnis** zwischen verschiedenen Marktstufen vorliegen; horizontale Marktmacht wird durch § 20 Abs. 1 nicht erfasst. 11

Die Abhängigkeit muss für eine **bestimmte Art von Waren oder Leistungen bestehen.** Danach ist nicht schlechthin, sondern für einen **bestimmten Markt** festzustellen, ob Abhängigkeit besteht.[19] Für die Marktabgrenzung sind die Kriterien des § 18 maßgebend.[20] Der Markt ist aus der Sicht desjenigen Unternehmens zu bestimmen, dessen Abhängigkeit geprüft werden soll.[21] Bei einer sortimentsbedingten Abhängigkeit[22] kommt es daher darauf an, welche Bezugsalternativen für dieses Unternehmen bestehen, bei einer nachfragebedingten Abhängigkeit[23] darauf, welche Absatzalternativen das Unternehmen hat.[24] Der Absatz- bzw. Beschaffungsmarkt des relativ marktstarken Unternehmens ist dagegen nicht maßgeblich.[25] Grundsätzlich sind dem sachlich relevanten Markt alle Bezugs- und Absatz- 12

[16] BKartA 26.2.1999, B9–51 100-TV-133/98, WuW/E DE-V 94 – Metro MGE Einkaufs GmbH.

[17] BGH 24.9.2002, KVR 8/01, WuW/E DE-R 984 – Metro MGE Einkaufs GmbH.

[18] BGH 24.9.2002, KVR 8/01, WuW/E DE-R 984 – Metro MGE Einkaufs GmbH.

[19] BGH 17.1.1979, KZR 1/78, WuW/E BGH 1567/1569 – Nordmende; BGH 26.6.1979, KZR 7/78, WuW/E BGH 1620/1623 – Revell Plastics; BGH 26.5.1981, KZR 22/80, WuW/E BGH 1805/1806 – Privatgleisanschluss; BGH 12.5.1998, KZR 23/96, WuW/E DE-R 206 – Depotkosmetik; OLG Düsseldorf 29.7.1998, U (Kart) 24/98, WuW/E Verg 197 – Baumpflegearbeiten.

[20] *Markert* in Immenga/Mestmäcker § 20 GWB Rn. 14.

[21] BGH 12.11.2002, KZR 11/01, WuW/E DE-R 1087/1091 – Ausrüstungsgegenstände für Feuerlöschzüge; BGH 24.9.2002, KZR 34/01, WuW/E DE-R 1011/1012 – Wertgutscheine für Asylbewerber; BGH 13.11.1990, KZR 25/89, WuW/E BGH 2683/2685 – Zuckerrübenanlieferungsrecht; BGH 24.9.2002, KZR 34/01, WuW/E DE-R 1011 – Wertgutscheine für Asylbewerber.

[22] Zur sortimentsbedingten Abhängigkeit vgl. Rn. 21 ff.

[23] Zur nachfragebedingten Abhängigkeit vgl. Rn. 35 ff.

[24] KG 10.4.1995, Kart U 7605/94, WuW/E OLG 5439/5446 f.– Kraftwerkskomponenten; KG 5.11.1986, Kart.15/84, WuW/E OLG 3917/3927 ff.– Coop-Wandmaker.

[25] Frankfurter Kommentar/*Rixen,* § 20 GWB Rn. 58.

möglichkeiten zuzurechnen, wobei es nicht auf die jeweilige Marktstufe oder deren Besonderheiten ankommt. Ob aus Bezugsmöglichkeiten auf anderen Marktstufen sich konkrete ausreichende und zumutbare Ausweichmöglichkeiten ergeben, richtet sich nach der Situation im Einzelfall.[26] Der Bezug beim Großhandel anstelle der Belieferung durch den Hersteller wird im allgemeinen nur dann als zumutbare Ausweichmöglichkeit anzusehen sein, wenn er im wesentlichen zu den gleichen Voraussetzungen und Bedingungen erfolgt, wie sie für Wettbewerber gelten.[27] Bei einem auf juristische Fachliteratur spezialisierten Versandbuchhändler wurde Abhängigkeit von einem der führenden juristischen Fachverlage angenommen, dessen Produkte am Umsatz des Versandbuchhändlers sich auf 70 bis 80% beliefen.[28] Die Abhängigkeit eines Unternehmens entfällt auch nicht deswegen, weil (bei breit gestreutem Sortiment) auf anderen Märkten keine Abhängigkeit besteht und die Wettbewerbsfähigkeit daher insgesamt nicht beeinträchtigt wird. So ist beispielsweise im Rahmen der Abhängigkeitsprüfung nicht ein Warenhaus als solches auf seine Wettbewerbsfähigkeit mit Einzelhändlern zu beurteilen, sondern seine Fachabteilung und diese wiederum nur auf dem jeweils relevanten Markt.[29] Unternehmen, die in einer Vielzahl von Branchen tätig sind, wie Warenhäuser oder Verbrauchermärkte, können daher hinsichtlich einzelner Produkte oder Produktgruppen abhängig sein.[30]

III. Abhängigkeitstatbestand

13 Der Begriff der Abhängigkeit ist durch das **Fehlen ausreichender und zumutbarer Ausweichmöglichkeiten** definiert (§ 20 Abs. 1 S. 1). Fehlt es an solchen Ausweichmöglichkeiten, so ist Abhängigkeit grundsätzlich zu bejahen. Die Abhängigkeit setzt keine bereits bestehende Lieferbeziehung mit dem marktstarken Unternehmen voraus, auch **Newcomer** auf einem Markt können abhängig sein.[31] Das folgt bereits aus der Zielsetzung des § 20 Abs. 1 und 2, den Zugang zu den Märkten offenzuhalten.

1. Nichtbestehen ausreichender und zumutbarer Ausweichmöglichkeiten

14 **Ausweichmöglichkeiten** bestehen dann, wenn das Unternehmen, dessen Abhängigkeit in Frage steht, funktionell austauschbare Bezugs- bzw. Absatzalternativen hat, d.h. die Möglichkeit besitzt, die durch den relevanten Markt definierten Wirtschaftsgüter von anderen Unternehmen der Marktgegenseite zu beziehen bzw. an sie abzusetzen. Bei der Prüfung dieses Tatbestandsmerkmals ist zunächst zu fragen, ob Ausweichmöglichkeiten überhaupt existieren; ist das der Fall, so ist zu untersuchen, ob sie ausreichend und sodann, ob sie zumutbar sind. Das Nichtexistieren von Ausweichmöglichkeiten ist beispielsweise einem Fall angenommen worden, in dem einer Werbeagentur das Inserat in Telefonbüchern verweigert wurde, zu denen es keine gleichwertige Alternative gab, um Adressen und Telefonnummern festzustellen.[32] Eine Abhängigkeit ist nicht von vornherein dann zu verneinen, wenn der Bezug des Produkts auf anderen Wegen möglich ist, es kommt immer auf die Umstände des Einzelfalls an.[33]

---

[26] BGH 21.2.1995, KVR10/94, WuW/E BGH 2990 – Importarzneimittel; OLG Karlsruhe 14.11.2007, 6 U 57/06, D-ER 2213/2214 – BGB-Kommentar.
[27] OLG Karlsruhe 14.11.2007, 6 U 57/06, D-ER 2213/2214 f. – BGB-Kommentar.
[28] OLG Karlsruhe 14.11.2007, 6 U 57/06, D-ER 2213/2214 – BGB-Kommentar.
[29] OLG Karlsruhe 12.3.1980, 6 U 223/77, WuW/E OLG 2217 – Allkauf-Saba.
[30] *Nothdurft* in Langen/Bunte § 20 GWB Rn. 24.
[31] BGH 26.6.1979, KZR 7/78, WuW/E BGH 1620/1623 – Revell Plastics; KG 9.7.1974, Kart 25/74, WuW/E OLG 1507/1514 – Chemische Grundstoffe II.
[32] BGH 22.2.2005, KZR 2/04, GRUR 2005, 609/610 – Sparberaterin II; vgl. auch OLG Dresden 31.1.2002, U 1763/01 Kart, GRUR-RR 2003, 226/227 – Örtliches Telefonbuch.
[33] BGH 12.7.2013, KVR 11/12, WuW/E DE-R 3967 Rn. 19 – Rabattstaffel.

Ob Ausweichmöglichkeiten **ausreichend** sind, beurteilt sich vor allem nach objektiven Merkmalen, nämlich danach, welche Möglichkeiten auf dem relevanten Markt vorhanden sind, von den Wirtschaftsgütern des marktstarken Unternehmens auf Wirtschaftsgüter anderer Unternehmen auszuweichen.[34] Nicht jede vorhandene Ausweichmöglichkeit ist ausreichend.[35] Maßgebend sind in erster Linie die Stellung und das Ansehen der Ware (bzw. der Dienstleistung) des Unternehmens auf dem Markt, die – neben dem Preis – vorwiegend durch die Qualität der Ware bzw. der Dienstleistung und die Werbung des Unternehmens bestimmt werden.[36] Die Kriterien für das Ausreichen von Ausweichmöglichkeiten sind im Detail unterschiedlich je nachdem, um welche Art von Abhängigkeit es sich handelt. **15**

Ausreichende Ausweichmöglichkeiten werden noch nicht dadurch begründet, dass das marktstarke Unternehmen **wesentlichem Wettbewerb** ausgesetzt ist. Die Fälle, in denen kein wesentlicher Wettbewerb besteht, werden bereits durch die Erfassung marktbeherrschender Unternehmen in § 19 Abs. 1 und Abs. 2 Nr. 1 geregelt; § 20 Abs. 1 hat gerade für Märkte mit wesentlichem Wettbewerb seine Bedeutung.[37] Auch die Zahl der Unternehmen, die gleichartige Wirtschaftsgüter vertreiben, ist für sich allein nicht entscheidend,[38] das Gleiche gilt für einen **niedrigen Marktanteil** des marktstarken Unternehmens.[39] Jedoch stehen alle diese Faktoren in einem Zusammenhang; fehlende Marktstärke in einer Hinsicht (etwa Geltung und Ruf der Ware) kann durch kann durch andere Faktoren (etwa beschränkte Zahl der Anbieter, Erwartung der Verbraucher, ein vollständiges Sortiment vorzufinden) ausgeglichen werden. **16**

Ob ausreichende Ausweichmöglichkeiten **zumutbar** sind, beurteilt sich primär nach individuell-subjektiven Kriterien,[40] und zwar insofern, als eine Wertung allein aus der Sicht der Interessenlage des abhängigen Unternehmens zu erfolgen hat. Bei der Feststellung der Zumutbarkeit findet keine Abwägung der Interessen des abhängigen und des marktstarken Unternehmens statt, diese Abwägung ist erst bei der Prüfung der Unbilligkeit der Behinderung bzw. des sachlich gerechtfertigten Grundes der Ungleichbehandlung (in § 19 Abs. 2 Nr. 1) vorzunehmen.[41] **17**

Bei der Prüfung der Zumutbarkeit kommt es vor allem auf den Umfang der **wirtschaftlichen Belastungen und Risiken** an, die für das abhängige Unternehmen mit der Ausweichmöglichkeit verbunden sind.[42] Eine Ausweichmöglichkeit ist jedenfalls dann unzumutbar, wenn sie unverhältnismäßige Belastungen mit sich bringt oder ein zu großes und nicht kalkulierbares Risiko in ihr liegt.[43] Maßstab ist die Wettbewerbsfähigkeit des abhängi- **18**

---

[34] BGH 20.11.1975, KZR 1/75, WuW/E BGH 1391/1393 – Rossignol; BGH 17.1.1979, KZR 1/78 WuW/E BGH 1567/1568 – Nordmende; BGH 24.9.1979, KZR 20/78, WuW/E BGH 1629/1630 – Modellbauartikel II; KG 13.6.1980, Kart 35/78, WuW/E OLG 2425 – Levis's-Jeans; OLG Frankfurt 9.9.1997, 11 U (Kart) 58/96, WuW/E DE-R 73 – Guerlain; *Markert* in Immenga/Mestmäcker § 20 GWB Rn. 18; Frankfurter Kommentar/Rixen, § 20 GWB Rn. 70.

[35] BGH 20.11.1975, KZR 1/75, WuW/E BGH 1391/1393 – Rossignol; BKartA 8.10.1979, B5–423 400-TV-40/78, WuW/E BKartA 1805 – International Harvester.

[36] BGH 20.11.1975, KZR 1/75, WuW/E BGH 1391/1393 – Rossignol.

[37] BGH 20.11.1975, KZR 1/75, WuW/E BGH 1391/1393 – Rossignol; BGH 17.1.1979, KZR 1/78 WuW/E BGH 1567/1568 – Nordmende; OLG Düsseldorf 21.2.1978, U (Kart.) 16/76, WuW/E OLG 1913/1915 – Allkauf; OLG Frankfurt 8.6.1978, 6 U (Kart.) 132/77, WuW/E OLG 1998/1999 – robbe-Modellsport; BKartA 8.10.1979, B5–423 400-TV-40/78, WuW/E BKartA 1805 – International Harvester.

[38] BGH 20.11.1975, KZR 1/75, WuW/E BGH 1391/1393 – Rossignol.

[39] BGH 20.11.1975, KZR 1/75, WuW/E BGH 1391/1393 f.– Rossignol; BGH 24.9.1979, KZR 16/78, WuW/E BGH 1671/1673 – robbe-Modellsport.

[40] *Markert* in Immenga/Mestmäcke, § 20 GWB Rn. 19; Frankfurter Kommentar/*Rixen,* § 20 GWB Rn. 73.

[41] BGH 23.2.1988, KZR 20/86, WuW/E BGH 2491/2494 – Opel-Blitz.

[42] BGH 23.2.1988, KZR 20/86, WuW/E BGH 2491/2494 – Opel-Blitz.

[43] Bericht des Wirtschaftsausschusses zur Novelle 1973, WuW 1973, 592.

gen Unternehmens auf dem relevanten Markt.[44] Unerhebliche Beeinträchtigungen der Wettbewerbsfähigkeit sind zumutbar, Unzumutbarkeit liegt aber nicht erst dann vor, wenn der Existenzverlust droht.[45] Im Allgemeinen wird eine Ausweichmöglichkeit nur dann als zumutbar angesehen werden können, wenn sie zu den im Wesentlichen gleichen Voraussetzungen und Bedingungen in Anspruch genommen werden kann, die den Wettbewerbern zur Verfügung stehen.[46] Ein Fachhändler ist zur Unterhaltung eines rentablen und überschaubaren Sortiments in der Regel auf zuverlässige Bezugsquellen angewiesen.[47] Werden die Mitbewerber des abhängigen Unternehmens direkt vom Hersteller beliefert, so kann **Bezug über den Großhandel** ausreichend, aber unzumutbar sein;[48] bei einem Discounter wurden allerdings um 8% höhere Einstandskosten (wegen Zoll und Fracht) als bei einer Direktbelieferung als zumutbar angesehen, weil er die importbedingten Mehrkosten wegen niedriger Einkaufspreise und geringerer Geschäftsunkosten ausgleichen konnte.[49] **Schleichhandel** ist in der Regel unzumutbar,[50] ebenso **Reimporte.**[51]

19 Im Rahmen der Zumutbarkeit kann auch das **eigene Verhalten** des abhängigen Unternehmens zu berücksichtigen sein, insbesondere dann, wenn ein Unternehmen in zurechenbarer Weise seinen Betrieb einseitig auf Geschäftsbeziehungen mit einem anderen Unternehmen ausgerichtet hat (sog. **selbstverschuldete Abhängigkeit**). Diese Situation ändert zwar nichts am Bestehen der Abhängigkeit. Bei einer möglichen Umstellung auf andere Geschäftspartner können dem abhängigen Unternehmen aber größere Opfer und Risiken zugemutet werden als einem Unternehmen, das ohne eigenes Zutun in Abhängigkeit geraten ist. Eine solche Zurechnung darf allerdings dann nicht erfolgen, wenn die einseitige Ausrichtung der Geschäftsbeziehungen marktüblich ist oder gar vom Geschäftspartner verlangt wird, wie das vor allem bei Ausschließlichkeitsbindungen, etwa Bierbezugsverträgen, der Fall ist. In derartigen Fällen wird durch die langjährige einseitige Geschäftsbeziehung die Abhängigkeit gerade erst begründet.

2. Arten der Abhängigkeit

20 In der Rechtsprechung haben sich anhand der zugrundeliegenden wirtschaftlichen Sachverhalte verschiedene Arten der Abhängigkeit herausgebildet, bei denen das Fehlen ausreichender und zumutbarer Ausweichmöglichkeiten nach **unterschiedlichen Kriterien** ermittelt wird. Es handelt sich um die sortimentsbedingte, die unternehmensbedingte, die mangelbedingte und die nachfragebedingte Abhängigkeit.

21 **a) Sortimentsbedingte Abhängigkeit.** Die Fälle der sortimentsbedingten Abhängigkeit sind dadurch gekennzeichnet, dass ein Händler, wenn er wettbewerbsfähig sein will, bestimmte Markenartikel in seinem Sortiment führen muss, weil dies vom Verbraucher erwartet wird und beim Fehlen dieser Artikel im Sortiment zu befürchten ist, dass die Abnehmer auch in Bezug auf andere Waren abwandern.[52] Ob sortimentsbedingte Abhängig-

---

[44] OLG Frankfurt 9.9.1997, 11 U (Kart) 58/96, WuW/E DE-R 73 – Guerlain.

[45] BGH 21.2.1995, KVR 10/94, WuW/E BGH 2990/2994 – Importarzneimittel.

[46] BGH 26.6.1979, KZR 7/78, WuW/E BGH 1620/1623 – Revell Plastics; KG 13.6.1980, Kart 35/78, WuW/E OLG 2425 – Levis's-Jeans.

[47] OLG Düsseldorf 4.12.1979, U (Kart) 10/79, WuW/E OLG 2167/2169 – Nordmende; vgl. aber auch OLG Koblenz 27.3.1980, 6 U 121/79, WuW/E OLG 2281/2284 – Bitburger Pils.

[48] BGH 26.6.1979, KZR 7/78, WuW/E BGH 1620/1623 – Revell Plastics; OLG Karlsruhe 14.11.2007, 6 U 57/06, D-ER 2213/2214 ff.– BGB-Kommentar; *Nothdurft* in Langen/Bunte § 20 GWB Rn. 44.

[49] OLG Frankfurt 9.9.1997, 11 U (Kart) 58/96, WuW/E DE-R 73 – Guerlain.

[50] BGH 23.2.1988, KVR 2/87, WuW/E BGH 2479/2481 – Reparaturbetrieb; KG 13.6.1980, Kart 35/78, WuW/E OLG 2425 – Levis's-Jeans.

[51] OLG Karlsruhe 12.3.1980, 6 U 223/77, WuW/E OLG 2217/2219 – Allkauf-Saba.

[52] BGH 4.11.2003, KZR 2/02, WuW/E DE-R 1203/1204 – Depotkosmetik im Internet; BGH 26.6.1979, KZR 7/78, WuW/E BGH 1620/1622 f. – Revell Plastics; OLG Frankfurt 5.11.2002, 11

keit vorliegt, bestimmt sich in erster Linie nach der **Stellung und dem Ansehen der Ware auf dem Markt.**[53] Stellung und Ansehen der Ware werden – neben dem Preis – vor allem durch die Qualität der Ware und die Werbung des Unternehmens bestimmt; sie beeinflussen wesentlich die Nachfrage.[54] Insbesondere die Werbung eines Unternehmens, der „Vorverkauf der Ware durch den Hersteller" kann ein solches Markenbewusstsein der Verbraucher erzeugen und einem Markenartikel eine solche Stellung auf dem Markt verschaffen, dass eine Umlenkung der Nachfrage kaum möglich ist und der Artikel von den Abnehmern als mit anderen nicht austauschbar angesehen wird.[55] In der Praxis haben hier vor allem Fälle der Belieferung von Händlern mit Markenartikeln eine Rolle gespielt. Die sortimentsbedingte Abhängigkeit ist für jeden Markt gesondert festzustellen.[56]

Ob diese Kriterien gegeben sind, stellt die Rechtsprechung in einer **generalisierenden** 22
Betrachtungsweise fest.[57] Diese generalisierende Betrachtungsweise bedeutet, dass bei der Prüfung der Abhängigkeit zunächst nicht von der subjektiv-individuellen Situation des am Verfahren beteiligten Händlers auszugehen ist, sondern von der Situation, wie sie sich aus dem konkreten Markenartikelvertriebssystem für den typischen an diesem System beteiligten Händler ergibt. So hat der BGH ebenso wie die Vorinstanzen im Asbach-Fall[58] aus den generellen Merkmalen des Vertriebssystems das Fehlen zumutbarer Ausweichmöglichkeiten bejaht, ohne auf die Verhältnisse der einzelnen vom Funktionsrabatt ausgeschlossenen Selbstbedienungsgroßhändler einzugehen. Gelangt man mit der generalisierenden Betrachtungsweise zu dem Ergebnis, dass Abhängigkeit besteht, so hat der Markenartikelhersteller aber die Möglichkeit, darzulegen und nachzuweisen, dass im konkreten Einzelfall der betroffene Händler auf Grund subjektiv-individueller Besonderheiten über ausreichende und zumutbare Ausweichmöglichkeiten verfügt, so dass im konkreten Fall die Abhängigkeit zu verneinen ist. Hingegen ist aus der generalisierenden Betrachtungsweise nicht zu folgern, dass schlechthin alle Hersteller von Markenartikeln ohne Rücksicht auf ihre tatsächliche Marktstellung unter § 20 Abs. 1 fallen.[59]

Innerhalb der sortimentsbedingten Abhängigkeit ist zwischen der **Spitzenstellungsab-** 23
hängigkeit und der **Spitzengruppenabhängigkeit** zu unterscheiden. Spitzenstellungsabhängigkeit liegt vor, wenn eine Marke auf dem Markt eine derartige Spitzenstellung einnimmt, dass zur Erhaltung der Wettbewerbsfähigkeit des Händlers gerade sie im Sortiment enthalten sein muss und sich nicht durch andere bedeutende Marken ersetzen lässt.[60] Dem-

---

U (Kart) 13/02, DE-R 1081/1082 – Lotterieannahmestelle; OLG Frankfurt 9.9.1997, 11 U (Kart) 58/96, WuW/E DE-R 73 – Guerlain; *Markert* in Immenga/Mestmäcker, § 20 GWB Rn. 29; *Nothdurft* in Langen/Bunte § 20 GWB Rn. 40.

[53] BGH 20.11.1975, KZR 1/75, WuW/E BGH 1391/1393 – Rossignol; BGH 9.5.2000, KZR 28/98, WuW/E DE-R 481 – Designer-Polstermöbel; OLG München 20.4.1978, U (K) 3419/77, WuW/E OLG 1931 – SABA.

[54] BGH 20.11.1975, KZR 1/75, WuW/E BGH 1391/1393 – Rossignol; BGH 24.9.1979, KZR 16/78, WuW/E BGH 1671/1673 – robbe-Modellsport; OLG München 20.4.1978, U (K) 3419/77, WuW/E OLG 1931 – SABA; *Markert* in Immenga/Mestmäcker § 20 GWB Rn. 30; *Nothdurft* in Langen/Bunte § 20 GWB Rn. 41.

[55] BGH 24.9.1979, KZR 16/78, WuW/E BGH 1671/1673 – robbe-Modellsport.

[56] BGH 12.7.2013, KVR 11/12, WuW/E DE-R 3967 Rn. 18 – Rabattstaffel; BGH 23.3.1987, KZR 39/85, WuW/E BGH 2419 – Saba.

[57] Vgl. insb. BGH 24.2.1976, KVR 3/75, WuW/E BGH 1429/1430 f. – Asbach-Fachgroßhändlervertrag; BGH 20.11.1975, KZR 1/75, WuW/E BGH 1391/1393 f. – Rossignol; BGH 24.9.1979, KZR 20/78, WuW/E BGH 1629 ff. – Modellbauartikel II; OLG Karlsruhe 8.11.1978, 6 U 192/77, WuW/E OLG 2085 – Multiplex; OLG Frankfurt 9.9.1997, 11 U (Kart) 58/96, WuW/E DE-R 73 – Guerlain; *Nothdurft* in Langen/Bunte § 20 GWB Rn. 46.

[58] BGH 24.2.1976, KVR 3/75, WuW/E BGH 1429/1430 f. – Asbach-Fachgroßhändlervertrag.

[59] BGH 24.9.1979, KZR 20/78, WuW/E BGH 1629 f. – Modellbauartikel II; unzutreffend OLG Karlsruhe 8.11.1978, 6 U 192/77, WuW/E OLG 2085/2087 – Multiplex.

[60] BGH 17.1.1979, KZR 1/78 WuW/E BGH 1567/1569 – Nordmende; BGH 20.11.1975, KZR 1/75, WuW/E BGH 1391 – Rossignol; BGH 24.2.1976, KVR 3/75, WuW/E BGH 1429/1430 f. –

gegenüber ist die Spitzengruppenabhängigkeit dadurch gekennzeichnet, dass der Händler zwar nicht eine bestimmte, aber jedenfalls mehrere allgemein anerkannte Markenartikel führen muss, um wettbewerbsfähig zu sein. Er muss also aus einer Spitzengruppe von Marken eine Anzahl führen, um die zur Wettbewerbsfähigkeit erforderliche Sortimentsbreite zu besitzen.[61]

24 Eine **Spitzenstellungsabhängigkeit** kann sich vor allem aus der hervorragenden Qualität, der einmaligen technischen Gestaltung oder der exponierten Werbung ergeben.[62] Das wird – zumindest bei einer Ware, die nicht über ein selektives Vertriebssystem abgesetzt wird – auch in einer entsprechenden Distributionsrate zum Ausdruck kommen; die Ware wird sich im Sortiment fast aller vergleichbaren Händler finden, so dass eine **hohe Distributionsrate** ein deutliches Indiz für eine Spitzenstellungsabhängigkeit darstellt.[63] Eine Distributionsrate von 80 Prozent wurde als nicht ausreichend angesehen.[64] Eine niedrige Distributionsrate kann sich allerdings daraus ergeben, dass der betreffende Artikel einer Vertriebsbindung unterliegt, in solchen Fällen hat die Distributionsrate nur eine geringe Aussagekraft.[65] Die **Zahl der Anbieter von Konkurrenzprodukten** ist demgegenüber nicht aussagekräftig, weil Konkurrenzprodukte – auch wenn sie gleichfalls eine Spitzenstellung aufweisen – vom Abnehmer nicht als substitutionsfähig angesehen werden.[66] Der Marktanteil des Spitzenstellungsprodukts kann ein Indiz für die Spitzenstellung sein; ein niedriger Marktanteil schließt eine Spitzenstellung jedoch nicht notwendig aus, weil ein bewusst niedrig gehaltener Marktanteil dazu beitragen kann, das Image einer Luxusware zu begründen.[67] Ebenso bedeutet ein hoher Marktanteil nicht notwendig eine Spitzenstellung, wird allerdings häufig ein wichtiges Indiz dafür sein.[68] Unerheblich ist der in der Vergangenheit vom Händler erzielte Umsatz.[69] Die Spitzenstellungsabhängigkeit eines Händlers kann nicht nur gegenüber einem, sondern auch gegenüber mehreren Herstellern bestehen.[70]

Asbach-Fachgroßhändlervertrag; BGH 24.3.1981, KZR 2/80, WuW/E BGH 1793/1795 – SB-Verbrauchermarkt; BGH 22.1.1985, KZR 35/83, WuW/E BGH 2125, 2127 – Technics; BGH 9.5.2000, KZR 28/98, WuW/E DE-R 481 – Designer-Polstermöbel; OLG Düsseldorf 29.10.2003, VI – U (Kart) 30/00, WuW/E DE-R 1480/1482 – R.-Uhren; LG Nürnberg-Fürth 16.4.2010, 4 HK O 2611/09, WuW/E DE-R 3078/3082 – JPG „Le Male"; *Markert* in Immenga/Mestmäcker § 20 GWB Rn. 29.

[61] BGH 9.5.2000, KZR 28/98, WuW/E DE-R 481 – Designer-Polstermöbel; BGH 17.1.1979, KZR 1/78 WuW/E BGH 1567/1569 – Nordmende; BGH 23.10.1979, KZR 19/78, WuW/E BGH 1635 – Plaza SB-Warenhaus; BGH 30.6.1981, KZR 11/80, WuW/E BGH 1814 – Belieferungsunwürdige Verkaufsstätten; OLG Düsseldorf 29.10.2003, VI – U (Kart) 30/00, WuW/E DE-R 1480/1484 – R.-Uhren; OLG Karlsruhe 12.3.1980, 6 U 223/77, WuW/E OLG 221/22197 – Allkauf-Saba; LG Nürnberg-Fürth 16.4.2010, 4 HK O 2611/09, WuW/E DE-R 3078/3082 – JPG „Le Male"; *Markert* in Immenga/Mestmäcker § 20 GWB Rn. 29; *Nothdurft* in Langen/Bunte § 20 GWB Rn. 43.

[62] BGH 9.5.2000, KZR 28/98, WuW/E DE-R 481 – Designer-Polstermöbel; OLG Düsseldorf 29.10.2003, VI – U (Kart) 30/00, WuW/E DE-R 1480/1482 – R-Uhren.

[63] BGH 9.5.2000, KZR 28/98, WuW/E DE-R 481 – Designer-Polstermöbel; *Markert* in Immenga/Mestmäcker § 20 GWB Rn. 31. Vgl. auch BGH 24.3.1981, KZR 2/80, WuW/E BGH 1793/1795 – SB-Verbrauchermarkt (Distributionsrate von nahezu 100 %); OLG Stuttgart 27.6.1980, 2 U (Kart) 130/79, WuW/E OLG 2352 (90 % ausreichend); *Markert* in Immenga/Mestmäcker § 20 GWB Rn. 31; *Nothdurft* in Langen/Bunte § 20 GWB Rn. 42.

[64] BGH 9.5.2000, KZR 28/98, WuW/E DE-R 481 – Designer-Polstermöbel; das OLG Düsseldorf hat 60 % nicht ausreichen lassen, vgl. OLG Düsseldorf 21.2.1978, U (Kart.) 16/76, WuW/E OLG 1913/1916 – Allkauf.

[65] OLG Düsseldorf 29.10.2003, VI – U (Kart) 30/00, WuW/E DE-R 1480/1483 – R-Uhren.

[66] BGH 20.11.1975, KZR 1/75, WuW/E BGH 1391/1394 – Rossignol.

[67] *Markert* in Immenga/Mestmäcker § 20 GWB Rn. 31. Im Falle Rossignol (vgl. Fn. 66) betrug der Marktanteil 8 Prozent.

[68] *Markert* in Immenga/Mestmäcker § 20 GWB Rn. 31.

[69] BGH 20.11.1975, KZR 1/75, WuW/E BGH 1391/1394 – Rossignol.

[70] *Markert* in Immenga/Mestmäcker § 20 GWB Rn. 32.

Auch für die **Feststellung der Spitzengruppenabhängigkeit** ist die Distributionsrate keineswegs unbeachtlich. Der BGH hat eine Distributionsrate von 80 Prozent als ausreichend angesehen, um eine Spitzengruppenabhängigkeit nahezulegen und dies zutreffend damit begründet, dass eine derart hohe Präsenz der Produkte eines Herstellers in Fachgeschäften darauf hindeutet, dass diese Produkte von den meisten Fachhändlern als nahezu unverzichtbarer Bestandteil eines entsprechenden Sortiments angesehen werden.[71] Größere Bedeutung kommt aber dem **Marktanteil** des Spitzengruppenprodukts und der **Sortimentsgestaltungspraxis** vergleichbarer Abnehmer auf dem relevanten Markt zu. 25

Beim **Marktanteil** ist auf den generellen Marktanteil abzustellen, d.h. auf den Anteil, den das Spitzengruppenprodukt allgemein am Markt errungen hat, nicht dagegen auf den Anteil, mit dem der diskriminierte Händler in der Vergangenheit beliefert wurde.[72] Der relevante Markt ist auch hier aus der Sicht der Nachfrager zu bestimmen.[73] In der Rechtsprechung ist auf Teilmärkten der Unterhaltungselektronik ein Marktanteil von 11 Prozent[74] bzw. von 9 bis 10 Prozent[75] als ausreichend angesehen worden, in besonders gelagerten Fällen sollen bereits 5 – 10 Prozent[76] ausreichen können, um die Zugehörigkeit zur Spitzengruppe zu begründen, nach dem OLG Düsseldorf ein Marktanteil von 5 Prozent dagegen nicht.[77] Auf dem Markt für Vollsortimenter von Modellbauartikeln wurden 7 Prozent als ausreichend betrachtet,[78] auch 5 Prozent bei erheblichen Werbeaufwendungen und entsprechendem Bekanntheitsgrad.[79] Ausschlaggebend ist jedoch stets die jeweilige Marktsituation. Gegen eine Spitzengruppenabhängigkeit spricht der Umstand, dass ein Abnehmer bei stagnierender bis rückläufiger Gesamtmarktlage auch ohne das infrage stehende Produkt erhebliche Umsatzzuwächse erzielt.[80] 26

Zur Spitzengruppe gehören wenigstens so viele der führenden Marken, wie für ein wettbewerbsfähiges Sortiment erforderlich sind. Dabei wird die Verbrauchererwartung maßgeblich durch die **Sortimentsgestaltungpraxis vergleichbarer Abnehmer** bestimmt. So geht die Rechtsprechung für das Gebiet der Unterhaltungselektronik davon aus, dass kleine Fachgeschäfte die Geräte von vier bis fünf verschiedenen Markenherstellern und größere Fachhändler neun bis zehn Marken in ihrem Angebot führen müssen, um wettbewerbsfähig zu sein.[81] Bei Modellbauartikeln wird vom Fachversandhandel anders als vom Ladenhandel ein vollständiges Sortiment aller führenden Marken erwartet.[82] Ein grundsätzlicher Unterschied zwischen Fachhandelsbetrieben und Mischbetrieben wird hinsichtlich des Umfangs des Sortiments nicht gemacht.[83] 27

Wird der Händler von mehreren der Spitzengruppe zuzurechnenden Anbieter nicht beliefert, so braucht er sich von keinem Anbieter darauf verweisen zu lassen, dass auch die Inanspruchnahme anderer Anbieter ausreichen würde, um die für Wettbewerbsfähigkeit 28

---

[71] BGH 9.5.2000, KZR 28/98, WuW/E DE-R 481 – Designer-Polstermöbel; sa. LG Nürnberg-Fürth 16.4.2010, 4 HK O 2611/09, WuW/E DE-R 3078/307983 – JPG „Le Male".

[72] BGH 24.9.1979, KZR 16/78, WuW/E BGH 1671/1674 – robbe-Modellsport.

[73] LG Mannheim 14.3.2008, 7 O 263/07 Kart, WuW/E DE-R 2322/2324 – Schulranzen.

[74] BGH 17.1.1979, KZR 1/78 WuW/E BGH 1567/1570 – Nordmende.

[75] BGH 23.10.1979, KZR 19/78, WuW/E BGH 1635/1536 – Plaza SB-Warenhaus.

[76] LG Nürnberg-Fürth 16.4.2010, 4 HK O 2611/09, WuW/E DE-R 3078/3084 – JPG „Le Male".

[77] OLG Düsseldorf 6.5.1980 – U (Kart) 23/79, WuW/E OLG 2294/2295 – Plaza.

[78] BGH 24.9.1979, KZR 20/78, WuW/E BGH 1629/1630 – Modellbauartikel II; OLG Karlsruhe 8.11.1978, 6 U 192/77, WuW/E OLG 2085 – Multiplex.

[79] BGH 24.9.1979, KZR 16/78, WuW/E BGH 1671/1674 – robbe-Modellsport.

[80] LG Nürnberg-Fürth 16.4.2010, 4 HK O 2611/09, WuW/E DE-R 3078/3083 f. – JPG „Le Male".

[81] BGH 23.10.1979, KZR 19/78, WuW/E BGH 1635 f. – Plaza SB-Warenhaus; OLG Karlsruhe 12.3.1980, 6 U 223/77, WuW/E OLG 2217/2218 – Allkauf-Saba.

[82] BGH 24.9.1979, KZR 20/78, WuW/E BGH 1629/1631 – Modellbauartikel II.

[83] BGH 23.10.1979, KZR 19/78, WuW/E BGH 1635 f. – Plaza SB-Warenhaus.

erforderliche Sortimentsbreite herzustellen. In den Fällen der Spitzengruppenabhängigkeit besteht **Abhängigkeit gegenüber jedem der Spitzengruppe angehörenden Anbieter.** Der Händler kann wählen, welchen von ihnen er in Anspruch nimmt; er ist nicht verpflichtet, gleichzeitig alle zur Spitzengruppe angehörenden Anbieter in Anspruch zu nehmen oder diese in einer bestimmten Reihenfolge zu verklagen.[84]

29 Eine sortimentsbedingte Abhängigkeit besteht nur dann, wenn ein Händler bestrebt ist, ein vollständiges bzw. wettbewerbsfähiges Sortiment zu erhalten oder zu erreichen. Diese Voraussetzung ist nicht gegeben, wenn sich ein Unternehmen darauf beschränkt, nur solche Waren aufzunehmen, die eine Spitzenstellung aufweisen, sogenannte **„Renner".**[85]

30 **b) Unternehmensbedingte Abhängigkeit.** Unternehmensbedingte Abhängigkeit liegt vor, wenn sich ein Abnehmer auf Grund **längerer, regelmäßig vertraglich abgesicherter Lieferbeziehungen auf einem Hersteller festgelegt** hat.[86] Hauptbeispiel sind Vertragshändler[87] und Franchisenehmer.[88] Die Abhängigkeit ergibt sich in diesen Fällen vor allem daraus, dass der Kundenstamm des Vertragshändlers nicht ohne weiteres auf eine andere Marke umgestellt werden kann,[89] da der Händler einen bedeutenden Teil seines Betriebskapitals durch auf die Marke spezialisierte Ersatzteillager, Spezialwerkzeuge und Spezialmaschinen gebunden hat und die Umstellung auf neue Einrichtungen dieser Art eine erhebliche finanzielle Belastung darstellen würde.[90] Die Umstellung auf eine andere Marke stellt daher in der Regel keine ausreichende und zumutbare Ausweichmöglichkeit dar.

31 Bei der Feststellung der Abhängigkeit ist von der jeweiligen individuellen Situation des abhängigen Unternehmens auszugehen, es kann hier **keine generalisierende Betrachtungsweise** wie bei der sortimentsbedingten Abhängigkeit[91] erfolgen.[92] Insbesondere kommt eine Gleichstellung von unternehmensbedingter mit nachfragebedingter Abhängigkeit nicht in Betracht.[93] Es können auch nicht bestimmte Grenzwerte herangezogen werden, bei deren Überschreiten eine Abhängigkeit des Lieferanten von dem nachfragestarken Unternehmen (widerleglich) vermutet wird.[94] Die Abhängigkeit ist aus der Sicht des dis-

---

[84] BGH 17.1.1979, KZR 1/78 WuW/E BGH 1567/1569 – Nordmende; BGH 23.10.1979, KZR 19/78, WuW/E BGH 1635/1536 – Plaza SB-Warenhaus; KG 13.6.1980, Kart 35/78, WuW/E OLG 2425/2427 – Levis's-Jeans; OLG Düsseldorf 29.10.2003, VI – U (Kart) 30/00, WuW/E DE-R 1480/1485 – R-Uhren; OLG Karlsruhe 12.3.1980, 6 U 223/77, WuW/E OLG 2217/2219 – Allkauf-Saba; *Markert* in Immenga/Mestmäcker § 20 GWB Rn. 33; *Nothdurft* in Langen/Bunte § 20 GWB Rn. 43.

[85] BGH 26.6.1979, KZR 7/78, WuW/E BGH 1620/1622 – Revell Plastics; Bericht des Wirtschaftsausschusses zur Novelle 1973, WuW 1973, 593.

[86] OLG Düsseldorf, Urteil vom 24.4.2013, VI-U (Kart) 4/12, WuW/E DE-R 3979/3990 – Konzessionärsverträge; OLG Frankfurt 8.6.1978, 6 U (Kart.) 132/77, WuW/E OLG 1998/1999 – robbe-Modellsport; *Markert* in Immenga/Mestmäcker § 20 GWB Rn. 38; *Nothdurft* in Langen/Bunte § 20 GWB Rn. 50; *Bechtold* § 20 GWB Rn. 16.

[87] Vgl. BGH 30.3.2011, KZR 6/09, WuW/E DE-R 3303/3307 – Vertragswerkstätten; BGH 1.7.1976, KZR 34/75, WuW/E BGH 1455 – BMW-Direkthändler; OLG Stuttgart 23.3.1979, 2 W (Kart.) 8/79, WuW/E OLG 2103 – Porsche-Vertragshändler; OLG Düsseldorf 16.10.1979, U (Kart) 7/79, WuW/E OLG 2133 – Premiumbier; KG 28.11.1979, Kart 12/79, WuW/E OLG 2247 – Parallellieferteile; sa. Tätigkeitsbericht des BKartA für 2003/2004 (BT-Drucks. 15/5790) S. 140f.

[88] OLG Düsseldorf 16.1.2008, VI-Kart 11/06 (V), WuW/E DE-R 2235/2237 – Baumarkt; BKartA 8.5.2006, B 9 – 149/04, DE-V 1235/1238 – Praktiker Baumärkte.

[89] OLG Stuttgart 23.3.1979, 2 W (Kart.) 8/79, WuW/E OLG 2103 – Porsche-Vertragshändler; OLG Düsseldorf 16.10.1979, U (Kart) 7/79, WuW/E OLG 2133 – Premiumbier; BKartA 8.10.1979 – B5-423 400-TV-40/78, WuW/E BKartA 1805 – International Harvester.

[90] BKartA 8.10.1979 – B5–423 400-TV-40/78, WuW/E BKartA 1805 – International Harvester.

[91] Vgl. Rn. 22.

[92] *Nothdurft* in Langen/Bunte § 20 GWB Rn. 54; aA. *Markert* in Immenga/Mestmäcker § 20 GWB Rn. 40.

[93] BGH 24.9.2002, KVR 8/01, WuW/E DE-R 984 – Metro MGE Einkaufs GmbH.

[94] BGH 24.9.2002, KVR 8/01, WuW/E DE-R 984 – Metro MGE Einkaufs GmbH; anders noch BKartA 26.2.1999, B9–51 100-TV-133/98, WuW/E DE-V 94 – Metro MGE Einkaufs GmbH.

kriminierten Unternehmens zu prüfen, eine Berücksichtigung der Interessen des diskriminierenden Unternehmens erfolgt erst beim Tatbestandsmerkmal der Unbilligkeit bzw. des sachlich gerechtfertigten Grundes.

Unternehmensbedingte Abhängigkeit führt **nicht** dazu, dass einmal bestehende Lieferbeziehungen **für die Zukunft unabänderlich** gestaltet werden.[95] Das würde dem Wesen des Wettbewerbs als einem dynamischen Prozess, der steten Veränderungen unterworfen ist, widersprechen. Der Händler kann daher gehalten sein, sich um die Vertretung einer anderen Marke zu bemühen und während einer gewissen Zeit die dafür erforderlichen Investitionen vorzunehmen sowie seinen Kundenstamm umzustellen. Ausweichmöglichkeiten können ausreichend und zumutbar sein, wenn die Umstellung nicht sofort zu erfolgen hat, sondern sich über eine längere Zeitspanne erstrecken kann.[96] Hat ein Händler diese Zeitspanne ungenutzt verstreichen lassen, obwohl Anlass für ihn bestand, sich um Ausweichmöglichkeiten zu bemühen, so kann die Abhängigkeit zu verneinen sein.[97] 32

c) Mangelbedingte Abhängigkeit. Mangelbedingte Abhängigkeit liegt vor, wenn infolge einer plötzlich aufgetretenen Mangellage einem Unternehmen seine bisherigen Bezugskanäle verschlossen sind, Ausweichmöglichkeiten nicht offen stehen und dadurch die **Wettbewerbsfähigkeit des Unternehmens gefährdet** ist. Der Gesetzgeber wollte vor allem die Praxis vertikal integrierter Unternehmen erfassen, bei einer Mangellage in erster Linie die auf den nachgeordneten Wirtschaftsstufen tätigen konzernangehörigen Unternehmen zu beliefern, die Belieferung von deren Konkurrenten aber mit der Begründung abzulehnen, dass die vorhandene Kapazität nur für die Belieferung der konzerneigenen Unternehmen ausreiche.[98] Aktuelles Beispiel war die Mineralölkrise 1973, während der Mineralölgesellschaften das konzerneigene Tankstellennetz belieferten, die Belieferung freier Tankstellen oder freie Tankstellen versorgender Händler aber ablehnten.[99] Ursache können aber auch Marktordnungsregelungen sein, die Lieferrechte zuteilen, um das Angebot zu begrenzen,[100] oder eine schon rein räumlich bestehende Begrenzung des Angebots, etwa bei der Vermietung von Räumlichkeiten für die Prägung von Kraftfahrzeugkennzeichen in einer Kfz-Zulassungsstelle.[101] 33

Eine Abhängigkeit kommt in diesen Fällen erst dann in Betracht, wenn den betroffenen Unternehmen **andere Bezugsquellen** – gegebenenfalls auch unter etwas ungünstigeren Konditionen – **nicht zur Verfügung** stehen. Damit kann sich aus § 20 bei Vorliegen der sonstigen Voraussetzungen eine **Repartierungspflicht** ergeben. Abhängigkeit kann auch bei **Newcomern** bestehen,[102] die Zulässigkeit einer Differenzierung kann sich in solchen Fällen aber aus der Interessenabwägung im Rahmen der Prüfung der Unbilligkeit bzw. des sachlich gerechtfertigten Grundes ergeben. Im Rahmen dieser Interessenabwägung ist auch zu prüfen, inwieweit eine **Belieferung zu höheren Preisen** erfolgen kann.[103] Nach der Entscheidungspraxis des BKartA entfällt die Abhängigkeit nicht dadurch, dass traditionelle 34

[95] *Bechtold* § 20 GWB Rn. 18; vgl. auch KG 3.12.1974, Kart 37/74, WuW/E OLG 1548/1550 – SABA (für die sortimentsbedingte Abhängigkeit).

[96] Vgl. auch OLG Düsseldorf 16.10.1979, U (Kart) 7/79, WuW/E OLG 2133 – Premiumbier.

[97] KG 3.12.1974, Kart 37/74, WuW/E OLG 1548/1551 – SABA; OLG Düsseldorf 21.2.1978, U (Kart.) 16/76, WuW/E OLG 1913/1918 – Allkauf.

[98] Bericht des Wirtschaftsausschusses zur Novelle 1973, BT-Drucks. 7/765, S. 10 = WuW 1973, 593.

[99] Vgl. BKartA 2.5.1974, B8–221 430-V-17/74, WuW/E BKartA 1494 – AGIP; KG 4.7.1974, Kart 27/74, WuW/E OLG 1499 – AGIP II; BKartA Tätigkeitsbericht 1973, 75; 1974, 45.

[100] BGH 13.11.1990, KZR 25/89, WuW/E BGH 2683 – Zuckerrübenanlieferungsrecht.

[101] OLG Frankfurt am Main 9.9.1997, 11 U (Kart) 67/96, WuW/E DE-R 55 – Kfz-Schilderpräger; OLG Saarbrücken, 3.5.2007, 8 U 253/06, DE-R 2025 – Mietvertrag mit Schilderpräger.

[102] *Markert* in Immenga/Mestmäcker § 20 GWB Rn. 43; einschränkend KG 4.7.1974, Kart 27/74, WuW/E OLG 1499 – AGIP II.

[103] Dazu BKartA Tätigkeitsbericht 1973, 75; 1974, 45.

Lieferanten die Geschäftsbeziehungen in einer Zeitphase abgebrochen haben, in der vorübergehend die Möglichkeit bestand, auf andere Lieferanten auszuweichen.[104]

35 **d) Nachfragebedingte Abhängigkeit.** Die Fälle der nachfragebedingten Abhängigkeit sind dadurch gekennzeichnet, dass **Lieferanten von Abnehmern abhängig** sind. Diese Fälle lassen sich zwar zum Teil auch in anderen Fallgruppen, insbesondere der unternehmensbedingten Abhängigkeit einordnen; angesichts der Bedeutung und der besonderen Problemsituation empfiehlt es sich jedoch, eine eigene Fallgruppe zu bilden.[105] Bei der nachfragebedingten Abhängigkeit lassen sich verschiedene **Fallgruppen** unterscheiden, nämlich die Abhängigkeit auf Grund von Produktspezialisierung, die Abhängigkeit auf Grund von Absatzkonditionen bzw. Absatzanteil und die goodwill-bedingte Abhängigkeit.[106]

36 Abhängigkeit auf Grund von **Produktspezialisierung** liegt vor, wenn ein Hersteller im Rahmen von Dauerlieferverhältnissen Produkte herstellt, die speziell auf die Erfordernisse des Nachfragers zugeschnitten und nicht allgemein nachgefragt sind. Hauptbeispiele sind Zulieferverhältnisse, Herstellung von Produkten für Handelsmarken oder bestimmte Lieferungen für den Bedarf der öffentlichen Hand. Es handelt sich um eine Parallelsituation zur unternehmensbedingten Abhängigkeit. In diesen Fällen kann es an ausreichenden und zumutbaren Ausweichmöglichkeiten fehlen; maßgeblich dafür sind der Grad der Spezialisierung, die Anzahl der generell in Betracht kommenden Abnehmer und die technischen und finanziellen Schwierigkeiten einer Produktionsumstellung.[107] Dagegen ergibt sich die Abhängigkeit grundsätzlich nicht schon daraus, dass der Abnehmer den Lieferanten zur Spezialisierung veranlasst hat; dieser muss Vorteile und Risiken einer solchen Spezialisierung abwägen und selbst tragen.[108] Ebenso wie bei der unternehmensbedingten Abhängigkeit kann sich aber eine zeitliche Begrenzung der Abhängigkeit daraus ergeben, dass der Abnehmer verpflichtet ist, die Abhängigkeit innerhalb einer gewissen Zeitspanne abzubauen.

37 Abhängigkeit auf Grund von **Absatzfunktionen** und **Absatzanteilen** kann vorliegen, wenn es sich beim Nachfrager um Großhändler oder Einkaufszentralen mit Schlüsselstellung für den Weitervertrieb handelt oder der Absatzanteil des Lieferanten nach einem bestimmten Nachfrager besonders hoch ist.[109] Wie hoch der Absatzanteil sein muss, lässt sich generell allenfalls ganz grob bestimmen. Der BGH hat Abhängigkeit eines Augenoptikers von der AOK angenommen, weil deren Anteil an Kassenumsatz des Optikers etwa ein Drittel betrug und der Anteil der übrigen mit der AOK zusammengeschlossenen Kassen, die sich dem Vorgehen der AOK angeschlossen hatten, etwa ein Fünftel erreichte, während der Umsatz des Optiker mit Privatkunden etwa fünf Prozent betrug.[110] Das OLG Düsseldorf hat die Abhängigkeit eines Privattheaters von einer Theaterbesucherorganisation bei einem Absatzanteil von unter 26 Prozent bejaht.[111] Das BKartA hat Reisebüros auf dem Markt für Reisevermittlungen, auf dem die Lufthansa als Nachfrager tätig wird, als von der Lufthansa abhängig angesehen.[112] Im Schrifttum wird als Faustregel ein Absatz-

[104] BKartA Tätigkeitsbericht 1974, 48.

[105] So auch *Markert* in Immenga/Mestmäcker § 20 GWB Rn. 44 ff.; *Nothdurft* in Langen/Bunte § 20 GWB Rn. 55 ff.; Frankfurter Kommentar/*Rixen,* § 20 GWB Rn. 94 ff.

[106] Dazu grundlegend *Köhler,* Nachfragemacht, S. 67 ff.

[107] S. dazu *Markert* in Immenga/Mestmäcker § 20 GWB Rn. 47; *Nothdurft* in Langen/Bunte § 20 GWB Rn. 56; *Bechtold* § 20 GWB Rn. 17; Frankfurter Kommentar/*Rixen,* § 20 GWB Rn. 97; *Köhler,* Nachfragemacht, S. 65 f.; *Loewenheim* WRP 1982, 190/193 f.

[108] *Köhler,* Nachfragemacht, S. 68; a. A. *Sack* GRUR 1975, 511/512.

[109] *Markert* in Immenga/Mestmäcker § 20 GWB Rn. 47; *Nothdurft* in Langen/Bunte § 20 GWB Rn. 57; *Köhler,* Nachfragemacht, S. 68; *Ulmer* WuW 1980, 474/481.

[110] BGH 12.5.1976, KZR 14/75, WuW/E BGH 1423/1425 – Sehhilfen.

[111] OLG Düsseldorf 16.1.1979, U (Kart.) 4/78, WuW/E OLG 2071 – Düsseldorfer Volksbühne.

[112] Tätigkeitsbericht des BKartA für 2003/2004 (BT-Drucks. 15/5790) S. 155.

anteil von 10 Prozent vorgeschlagen;[113] maßgebend sind aber immer die gesamten Umstände des Einzelfalls.[114] Ob ausreichende und zumutbare **Ausweichmöglichkeiten** bestehen, richtet sich vor allem danach, ob und zu welchen Konditionen andere Absatzmöglichkeiten vorhanden sind und ob eine Einschränkung des Absatzes in Betracht kommt. Bemüht sich das abhängige Unternehmen nicht, die Abhängigkeit innerhalb einer gewissen Zeitspanne abzubauen, so kann die Abhängigkeit nach Ablauf dieser Zeitspanne entfallen.

Goodwill-bedingte Abhängigkeit liegt vor, wenn im Hinblick auf den goodwill einer Marke die Notwendigkeit besteht, dass das Produkt in einer bestimmten Vertriebsform des Handels (etwa in einem namhaften Handelsunternehmen, das mit der Vollständigkeit seines Sortiments von Qualitätserzeugnissen eines Herstellerzweiges wirbt) vertreten ist, und zwar ohne Rücksicht auf die konkrete Absatzmenge.[115] Ob ausreichende und zumutbare **Ausweichmöglichkeiten** vorhanden sind, beurteilt sich vor allem danach, ob sich bei einem Absatz über andere Handelsunternehmen oder andere Vertriebsformen eine Beeinträchtigung des goodwills der Marke vermeiden lässt. Kleinere Beeinträchtigungen sind zumutbar. Bestehen überhaupt keine Ausweichmöglichkeiten, so ist Abhängigkeit dann nicht anzunehmen, wenn die Beeinträchtigung nur unerheblich ist. Die Abhängigkeit ist aber ausschließlich nach den Interessen des Lieferanten zu beurteilen, die Berücksichtigung der Interessen des Abnehmers (Absatzrisiko, Verzicht auf andere Produkte bei begrenzten Lager- und Vertriebskapazitäten) erfolgt erst bei der Prüfung der Unbilligkeit der Behinderung bzw. des sachlich gerechtfertigten Grundes der Ungleichbehandlung. Lehnt in den Fällen der goodwill-bedingten Abhängigkeit eine **Mehrzahl von Abnehmern** die Aufnahme des Artikels in ihr Sortiment ab, würde aber die Aufnahme in das Sortiment einiger dieser Abnehmer zur Erhaltung des goodwill ausreichen, so liegt eine der Spitzengruppenabhängigkeit entsprechende Situation vor. Ebenso wie dort braucht sich das diskriminierte Unternehmen nicht auf andere Nachfrager verweisen zu lassen, es kann jeden der in Betracht kommenden Nachfrager in Anspruch nehmen und ist nicht an eine bestimmte Reihenfolge gebunden. 38

3. Abhängigkeitsvermutung (Abs. 1 S. 2)

Die Abhängigkeitsvermutung wurde durch die 4. Novelle 1980 als § 26 Abs. 2 S. 3 eingeführt, um die **Feststellung relativer Marktmacht** eines Nachfragers gegenüber einem Anbieter durch die Einführung einer Vermutung zu erleichtern. Die Erfahrungen hatten gezeigt, dass sich die bisherigen Kriterien für die Ermittlung von Marktmacht auf der Nachfrageseite nur beschränkt eigneten.[116] Die Vermutung bezieht sich ausschließlich auf den Tatbestand der Abhängigkeit nach § 20 Abs. 1 S. 1; die Beurteilung der Merkmale „unbillig behindern" und „ohne sachlich gerechtfertigten Grund unterschiedlich behandeln" wird dadurch nicht präjudiziert.[117] Die Voraussetzungen der Vermutung konzentrieren sich trotz der Vielzahl der gesetzlichen Merkmale auf zwei Schwerpunkte: die Bevorzugung gegenüber anderen Nachfragern und deren Regelmäßigkeit. 39

a) Anwendungsbereich. Der Anwendungsbereich des Satz 2 ist auf die **Abhängigkeit von Anbietern gegenüber Nachfragern** beschränkt. Für die Abhängigkeit von Nachfragern gegenüber Anbietern gilt die Vermutung nicht, es bleibt also bei der Regelung des 40

---

[113] *Markert* in Immenga/Mestmäcker § 20 GWB Rn. 48; Frankfurter Kommentar/*Rixen,* § 20 GWB Rn. 99; *Bechtold* § 20 GWB Rn. 17 für Lebensmittelhersteller; s. dazu auch *Nothdurft* in Langen/Bunte § 20 GWB Rn. 60.

[114] *Köhler,* Nachfragemacht, S. 68.

[115] S. dazu auch *Markert* in Immenga/Mestmäcker § 20 GWB Rn. 49; Frankfurter Kommentar/*Rixen,* § 20 GWB Rn. 99; *Köhler,* Nachfragemacht, S. 69.

[116] Begründung zum Regierungsentwurf der 4. Novelle, BT-Drucks. 8/2136, S. 24.

[117] Begründung zum Regierungsentwurf der 4. Novelle, BT-Drucks. 8/2136, S. 24.

§ 20 Abs. 1 S. 1. In dieser Einschränkung kommt die Zielsetzung der Novelle 1980 zum Ausdruck, Missbräuchen der Nachfragemacht zu begegnen, außerdem schien nach den bisherigen Erfahrungen eine Erleichterung der Feststellung der Abhängigkeit von Nachfragern gegenüber Anbietern nicht erforderlich zu sein. Der Begriff des Anbieters einer bestimmten Art von Waren oder gewerblichen Leistungen bzw. des Nachfragers ist ebenso wie in Abs. 1 S. 1 zu verstehen. Die früher geltende weitere Beschränkung der Vermutung auf das Untersagungsverfahren (§ 37a a. F.) ist dagegen durch die 5. Novelle 1989 aufgehoben worden. Die Vermutung gilt jetzt also auch im **Zivilprozess** und soll dort die Beweissituation des Klägers verbessern.[118]

41 **b) Rechtsnatur.** Bei der Rechtsnatur der Vermutung ist zu unterscheiden: im kartellrechtlichen **Verwaltungsverfahren** ist sie zunächst **Aufgreiftatbestand.**[119] Sie begründet also den Anfangsverdacht des Bestehens der Abhängigkeit nach § 20 Abs. 2. Darüber hinaus hat sie eine **Beweisfunktion** in dem Sinne, dass sie zwar im Verwaltungsverfahren nicht zu einer Umkehr der Beweislast führen kann,[120] dass aber vom Bestehen einer Abhängigkeit auszugehen ist, wenn nach Ausschöpfung aller Erkenntnismöglichkeiten diese Frage von der Kartellbehörde nicht geklärt werden kann.[121] Im **Zivilverfahren** findet zwar keine Umkehr der Beweislast statt, die Beweissituation des klagenden Anbieters wird aber vereinfacht: hat er die regelmäßige Gewährung der besonderen Vergünstigungen substantiiert dargelegt und bewiesen, so kann sich der Nachfrager nicht auf ein bloßes Bestreiten der Abhängigkeit beschränken, sondern muss substantiiert darlegen und gegebenenfalls beweisen, dass trotz des Vorliegens der Voraussetzungen des § 20 Abs. 2. S. 2 eine Abhängigkeit nicht besteht.[122]

42 **c) Vermutungsvoraussetzungen.** Der Nachfrager muss vom Anbieter zusätzlich zu den verkehrsüblichen Preisnachlässen oder sonstigen Leistungsentgelten **besondere Vergünstigungen** erlangen. Es darf sich also nicht um verkehrsübliche Leistungsentgelte handeln, wobei die Preisnachlässe nur einen Sonderfall des Leistungsentgelts darstellen. Damit kommt es auf das **funktionale Verhältnis der Vergünstigung zur jeweiligen Abnahmeleistung** an. Vergünstigungen, die lediglich die Gegenleistung für eine bestimmte Abnahmeleistung, etwa für hohe Abnahmemengen oder bestimmte Nachfragefunktionen darstellen, begründen keine Abhängigkeitsvermutung.[123] Die besonderen Vergünstigungen des Abs. 2 S. 2 sind also durch ihre **Dysfunktionalität zur Abnahmeleistung** gekennzeichnet: Sie weisen keinen ersichtlichen Bezug zu der konkreten Abnahmeleistung des Nachfragers auf.[124] Das funktionale Verhältnis von Vergünstigung und Abnahmeleistung ist nicht nur qualitativ, also nicht nur im Hinblick darauf zu prüfen, ob eine Abnahmeleistung überhaupt vorliegt, sondern auch quantitativ, d. h. im Hinblick auf die Höhe der Vergünstigung im Verhältnis zum Wert der Abnahmeleistung.[125] Soweit sie überhöht sind, können daher auch Mengen- und Funktionsrabatte besondere Vergünstigungen darstellen.

43 **Beispiele** bilden „Eintrittsgelder“ als Vorbedingung für die Aufnahme der Ware in das Sortiment des Nachfragers,[126] „Listungsgebühren“, „Regalmieten“, „Inventurhilfen“, „Jubiläumsboni“, Sonderleistungen bei Neueröffnungen, Beteiligungen des Anbieters an Ge-

---

[118] Begründung zum Regierungsentwurf der 5. Novelle, BT-Drucks. 11/4610 S. 22.

[119] Begründung zum Regierungsentwurf der 4. Novelle, BT-Drucks. 8/2136, S. 16, 24.

[120] S. a. Begründung zum Regierungsentwurf der 4. Novelle, BT-Drucks. 8/2136, S. 24.

[121] *Bechtold* § 20 GWB Rn. 20; Frankfurter Kommentar/*Rixen,* § 20 GWB Rn. 104; vgl. auch BGH 2.12.1980, KVR 1/80, WuW/E BGH 1749 – *Klöckner-Becorit* zu § 22 Abs. 3 a. F.

[122] *Bechtold* § 20 GWB Rn. 20; Frankfurter Kommentar/*Rixen,* § 20 Rn. 105 *Lübbert* in: Wiedemann, Handbuch des Kartellrechts, § 25 Rn. 23.

[123] Begründung zum Regierungsentwurf der 4. Novelle, BT-Drucks. 8/2136, S. 24.

[124] Begründung zum Regierungsentwurf der 4. Novelle, BT-Drucks. 8/2136, S. 24.

[125] *Ulmer* WuW 1980, 474/483.

[126] Vgl. dazu BGH 17.12.1976, I ZR 77/75, GRUR 1977, 619 – Eintrittsgeld.

schäftsreinrichtungen des Nachfragers, besonders lange Zahlungsziele und ähnliches. Weitere Beispiele finden sich im „Sündenregister" des Bundeswirtschaftsministers aus dem Jahre 1974.[127] Entscheidend ist jedoch nicht die Bezeichnung, sondern die jeweilige Dysfunktionalität zur Abnahmeleistung.

Dass die besonderen Vergünstigungen **zusätzlich zu den verkehrsüblichen Leistungsentgelten** gewährt werden müssen, bringt nur das Merkmal der Dysfunktionalität zum Ausdruck und hat keine darüber hinausgehende eigenständige Bedeutung. Das Tatbestandsmerkmal **„zusätzlich"** bedeutet nicht, dass eine Kumulation von besonderen Vergünstigungen und verkehrsüblichen Leistungsentgelten erforderlich ist. Die Abhängigkeitsvermutung kann vielmehr auch dann eingreifen, wenn verkehrsübliche Leistungsentgelte nicht gewährt werden, sondern ausschließlich besondere Vergünstigungen. **Verkehrsüblich** heißt nicht, dass bestimmte Vergünstigungen sich bereits allgemein im Verkehr durchgesetzt haben müssten. Auch neue Formen von Vergünstigungen stellen verkehrsübliche Leistungsentgelte dar, soweit das funktionale Verhältnis zur Abnahmeleistung gewahrt ist. Umgekehrt wird eine Vergünstigung nicht dadurch verkehrsüblich, dass es einem Nachfrager auf Grund seiner besonderen Marktstärke gelingt, die Vergünstigung bei einer Vielzahl von Lieferanten durchzusetzen. 44

Es muss sich um Vergünstigungen handeln, die **gleichartigen Nachfragern nicht gewährt** werden. Der Begriff der Gleichartigkeit stellt in erster Linie auf die Vergleichbarkeit der Funktion des Nachfragers ab, z. B. als Einzelhändler, Großhändler, industrieller Abnehmer. Auf die Gleichheit der konkreten Abnahmeverhältnisse (etwa zweier Großhändler) kommt es hier dagegen nicht an, da diese Gesichtspunkte bereits bei den Merkmalen der verkehrsüblichen Leistungsentgelte und der besonderen Vergünstigungen berücksichtigt sind.[128] Unterschiedliche Bedingungen bei den Nachfragern, etwa infolge unterschiedlich hoher Abnahmemengen oder verschiedener Funktionen schließen die Gleichartigkeit aus.[129] Das Eingreifen der Abhängigkeitsvermutung wird nicht schon dadurch ausgeschlossen, dass die Vergünstigung einzelnen anderen Nachfragern gewährt wird. 45

Der Nachfrager muss die besonderen Vergünstigungen **regelmäßig** erlangen. Die Vergünstigungen müssen also über einen längeren Zeitraum in mehrmals wiederholten Fällen bei einem oder mehreren bestimmten Anbietern erzielt werden, ohne dass für die Bevorzugung Sachgründe feststellbar sind.[130] Das Aushandeln von Sonderkonditionen im Einzelfall begründet daher die Abhängigkeitsvermutung nicht. Auch soweit typisch leistungsfremde Vergünstigungen, wie „Eintrittsgelder" oder ein „Jubiläumsbonus" nur einmalig verlangt werden, findet § 20 Abs. 1 S. 2 keine Anwendung. Anders ist es aber, wenn über einen längeren Zeitraum hinweg von mehreren Anbietern eine jeweils einmalige Vergünstigung gewährt wird, z. B. jeder neue Lieferant für die Aufnahme der Geschäftsbeziehungen ein „Eintrittsgeld" zahlt. In diesem Fall liegt Regelmäßigkeit vor. 46

d) Widerlegung. Die Vermutung kann widerlegt werden. Nach der Regierungsbegründung kann die Widerlegung zunächst durch die Feststellung erfolgen, dass trotz des durch die Einräumung besonderer Vergünstigungen erzeugten äußeren Anscheins die nähere Prüfung ergibt, dass die Differenzierung in sachgerechter Weise dem Leistungsverhältnis des jeweiligen Austauschgeschäfts entspricht.[131] Da sich die Vermutung auf das Bestehen einer Abhängigkeit im Sinne des § 20 Abs. 1 bezieht, kann eine Widerlegung vor allem durch den **Nachweis** ausreichender und zumutbarer Ausweichmöglichkeiten auf andere Nachfrager erfolgen. Nach der Regierungsbegründung kann sich dieser Nachweis etwa aus den jeweiligen Marktanteilen des Anbieters und des Nachfragers, aus dem Verhältnis ihrer 47

---

[127] WRP 1975, 24 ff.
[128] Begründung zum Regierungsentwurf der 4. Novelle, BT-Drucks. 8/2136, S. 24.
[129] Begründung zum Regierungsentwurf der 4. Novelle, BT-Drucks. 8/2136, S. 24.
[130] Begründung zum Regierungsentwurf der 4. Novelle, BT-Drucks. 8/2136, S. 24.
[131] Begründung zum Regierungsentwurf der 4. Novelle, BT-Drucks. 8/2136, S. 24.

Unternehmensgrößen, aus dem Grad der Spezialisierung oder Sortimentsbreite oder aus der Knappheit bzw. dem Überangebot der infrage stehenden Waren ergeben.[132]

IV. Rechtsfolgen

48 Die Rechtsfolgen ergeben sich aus § 19 Abs. 1 iVm Abs. 2, auf die § 20 Abs. 1 verweist. Danach ist die missbräuchliche Ausnutzung einer marktbeherrschenden Stellung **verboten,** insbesondere die mittelbare oder mittelbare unbillige Behinderung und die Diskriminierung ohne sachlich gerechtfertigten Grund. Wegen der Einzelheiten vgl. § 19 Rn. 12 ff., 15 ff.

C. Aufforderung oder Veranlassung zur Vorteilsgewährung (Abs. 2)

49 § 20 Abs. 2 erweitert den Anwendungsbereich des § 19 Abs. 5 auf relativ marktstarke Unternehmen und untersagt ihnen damit unter Ausnutzung ihrer Marktstellung die von ihnen abhängigen Unternehmen dazu aufzufordern oder zu veranlassen, ihnen ohne sachlich gerechtfertigten Grund Vorteile zu gewähren. Die Vorschrift entspricht damit in ihrem Regelungsgehalt dem § 20 Abs. 3 aF, folgt aber der vom Gesetzgeber intendierten **Trennung** von Marktbeherrschung (in § 19) und relativer Marktstärke (in § 20).[133]

50 **Normadressaten** sind Vereinigungen und Unternehmensvereinigungen, von denen andere Unternehmen abhängig sind. Die Abhängigkeit ergibt sich nach § 20 Abs. 1 daraus, dass die anderen Unternehmen als Anbieter oder Nachfrager einer bestimmten Art von Waren oder gewerblichen Leistungen in der Weise abhängig sind, dass ausreichende und zumutbare Möglichkeiten, auf andere Unternehmen auszuweichen, nicht bestehen. § 20 Abs. 2 bezieht sich nur auf den Abhängigkeitstatbestand, verweist aber im Gegensatz zu § 20 Abs. 1 nicht auf kleine und mittlere Unternehmen. Der persönliche Schutzbereich dürfte daher nicht auf kleine und mittlere Unternehmen beschränkt sein.[134]

51 Bezüglich der **Abhängigkeit** kann auf Rn. 11 f., 13 ff. verwiesen werden; bezüglich der Aufforderung oder Veranlassung zur Vorteilsgewährung auf § 19 Rn. 98 ff.

D. Behinderung kleiner und mittlerer Wettbewerber (Abs. 3 und 4)

I. Enstehungsgeschichte

52 Die Absätze 3 und 4 des § 20 richten sich gegen die Behinderung kleiner und mittlerer Wettbewerber. Sie entsprechen in ihrem sachlichen Gehalt wörtlich den bisherigen Absätzen 4 und 5. Damit enthält Abs. 4 ein **Behinderungsverbot,** das nur **im Horizontalverhältnis,** also zwischen Wettbewerbern Anwendung findet.[135] Die Vorschriften des § 20 Abs. 4 S. 1 aF und Abs. 5 aF wurden durch die 5. Novelle 1989 als damaliger § 26 Abs. 4 und 5 eingeführt. Sie traten – inhaltlich vereinfacht – an die Stelle des damaligen § 37a Abs. 3, dessen Zweck darin bestanden hatte, die Schutzlücke zu schließen, die zuvor in den Fällen vorgelegen hatte, in denen eine unbillige Behinderung von Wettbewerbern nicht auf der Ausnutzung einer absoluten Übermacht eines Unternehmens gegenüber allen Wettbewerbern beruhte, sondern auf dem Missbrauch einer nur relativen Marktüberlegenheit

---

[132] Begründung zum Regierungsentwurf der 4. Novelle, BT-Drucks. 8/2136, S. 24.

[133] Vgl. dazu die Begründung zum Regierungsentwurf der 8. Novelle, BT-Drucks. 17/9852 S. 24.

[134] *Nothdurft* in Langen/Bunte § 20 GWB Rn. 82; *Bechtold* § 20 GWB Rn. 26 unter Bezugnahme auf die Enstehungsgeschichte; aA *Markert* in Immenga/Mestmäcker § 20 GWB Rn. 59, 61.

[135] BGH 9 7.2002, KZR 30/00, WuW/E DE-R 1006/1009 – Fernwärme Börnsen.

gegenüber einem Teil seiner Wettbewerber.[136] Die 6. Novelle 1999 übernahm § 26 Abs. 4 und 5 in der Sache unverändert als § 20 Abs. 4 S. 1 und Abs. 5 und fügte § 20 Abs. 4 S. 2 (Angebote unter Einstandspreis) hinzu. Das Gesetz zur Bekämpfung von Preismissbrauch im Bereich der Energieversorgung und des Lebensmittelhandels vom 18.12.2007 (BGBl. I S. 2966) hat in Abs. 4 einen Regelkatalog eingefügt, der zusätzlich zur bisherigen Regelung im Lebensmittelhandel den Verkauf unter Einstandspreis generell untersagt (Nr. 1) und die Preisgestaltung bei der Belieferung von kleinen und mittleren Unternehmen regelt, mit denen das marktmächtige Unternehmen auf einer nachgelagerten Marktstufe in Wettbewerb steht (Nr. 3). § 20 Abs. 4 Nr. 1 aF (Verkauf von Lebensmitteln unter Einstandspreis) war bis Ende 2012 befristet. Da die 8. GWB-Novelle nicht zum 1.1.2013 in Kraft trat, galt bis zum 29.6.2013 wieder die frühere Fassung; diese wurde mit der 8. GWB-Novelle ab 30.6.2013 durch die jetzige Fassung ersetzt, die jedoch gemäß Art. 2 iVm. Art. 7 des Gesetzes zur 8. GWB-Novelle bis zum 31.12.2017[137] gelten soll. Bis dahin soll festgestellt werden, wie sich die jetzige Regelung zum Verkauf unter Einstandspreis bewährt.

§ 20 Abs. 3 und 4 stellen damit im horizontalen Bereich ein Pendant zu § 20 Abs. 1 dar, **53** indem kleine und mittlere Unternehmen vor unbilliger Behinderung durch ihnen gegenüber marktmächtige Wettbewerber geschützt werden sollen. Die Vorschrift zielt damit auf die **Erhaltung (oder Schaffung)** der Vielfalt der Unternehmen auf der Anbieterseite ab und soll so dem für den Wettbewerb schädlichen Konzentrationsprozess schon in einem frühen Stadium entgegenwirken.[138] Während Abs. 3 den materiellen Verbotstatbestand enthält, stellt Abs. 4 Beweisregeln zugunsten der kleinen und mittleren Unternehmen auf. Wie der Regelkatalog des Abs. 3 S. 2 verdeutlicht, bilden Angebote unter Einstandspreis einen wesentlichen Teil des Anwendungsbereichs der Vorschrift.

II. Unternehmen mit gegenüber kleinen und mittleren Wettbewerbern überlegener Marktmacht

Normadressaten sind nur **Unternehmen.** Der Unternehmensbegriff entspricht dem **54** allgemeinen Unternehmensbegriff des GWB: Es genügt jedwede Tätigkeit im geschäftlichen Verkehr, lediglich die rein private, außerhalb des Erwerbslebens sich abspielende Tätigkeit wird nicht erfasst.[139] Die Unternehmen werden sowohl bei ihrer Angebots- als auch bei ihrer Nachfragetätigkeit erfasst.[140]

Die überlegene Marktmacht gegenüber kleinen und mittleren Wettbewerbern ist auf ei- **55** nem im konkreten Fall abgegrenzten **relevanten Markt** festzustellen; das behindernde und das behinderte Unternehmen müssen auf demselben Markt tätig sein.[141] Die Marktabgrenzung hat in sachlicher, räumlicher und zeitlicher Hinsicht zu erfolgen.[142] Dabei finden die Kriterien des § 18 Anwendung.[143] Im Vordergrund steht auch hier die sachliche Marktabgrenzung, also die Feststellung, welche Waren und Leistungen aus der Sicht der jeweiligen Marktgegenseite austauschbar sind.

---

[136] Vgl. BT-Drucks. 11/4610 S. 22 f.
[137] BGBl. 2013 S. 1738.
[138] BGH 12.11 2002, KVR 5/02, WuW/E DE-R 1042/1043 – WalMart.
[139] So. § 1 Rn. 22, Teil 6 Art. 101 AEUV Rn. 131 ff.
[140] KG 30.7.1999, Kart 27/97, WuW/E DE-R 380 – Milchlieferverträge; *Markert* in Immenga/Mestmäcker § 20 GWB Rn. 75; Frankfurter Kommentar/*Rixen,* § 20 GWB Rn. 328.
[141] BGH 9.7.2002, KZR 30/00, WuW/E DE-R 1006/1009 – Fernwärme Börnsen; OLG Düsseldorf 13.11.2000, Kart 16/00 (V), WuW/E DE-R 589 – Freie Tankstellen.
[142] BGH 4 4.1995, KZR 34/93, WuW/E BGH 2977/2980 – Hitlisten-Platten; KG 30.7.1999, Kart 27/97, WuW/E DE-R 380 – Milchlieferverträge; BKartA 9.8.2000, B 8–77/00, WuW/E DE-V 289 – Freie Tankstellen.
[143] Vgl. § 18 GWB Rn. 12 ff.

56 Die Marktabgrenzung ist auch für den Begriff der **kleinen und mittleren Wettbewerber** ausschlaggebend. Dieser Begriff bemisst sich nicht nach absoluten Größenkriterien; vielmehr ist das **relative Größenverhältnis** der durch Abs. 3 geschützten Wettbewerber zum Normadressaten auf dem relevanten Markt maßgeblich.[144] Es ist also die Größe des Normadressaten mit der Größe der im konkreten Fall behinderten Wettbewerber auf dem relevanten Markt zu vergleichen. Auf andere Märkte oder einen Vergleich mit anderen marktmächtigen Wettbewerbern kommt es nicht an,[145] anders als im Falle von Marktbeherrschung können auch mehrere Unternehmen unabhängig nebeneinander auf einem Markt eine überlegene Marktstellung nach § 20 Abs. 3 im Verhältnis zu den kleinen und mittleren Wettbewerbern haben.[146]

57 Die **überlegene Marktmacht** ist im Prinzip ähnlich wie bei § 18 Abs. 1 Nr. 3 iVm Abs. 3 zu bestimmen;[147] es ist also auf die dort genannten Kriterien abzustellen; d. h. auf Marktanteil, Finanzkraft, Zugang zu den Beschaffungs- oder Absatzmärkten, Verflechtungen mit anderen Unternehmen, rechtliche oder tatsächliche Schranken für den Marktzutritt anderer Unternehmen, auf den tatsächlichen oder potentiellen Wettbewerb durch andere Unternehmen, die Fähigkeit, Angebot oder Nachfrage umzustellen, sowie die Möglichkeit der Marktgegenseite, auf andere Unternehmen auszuweichen. In der Rechtsprechung sind beispielsweise der Marktanteil,[148] Umsatz und Gewinn[149] berücksichtigt worden, insbesondere überragende finanzielle Ressourcen, welche den Normadressaten in die Lage versetzen, über längere Zeit und systematisch Waren auch unter Preis anzubieten,[150] Anzahl und Größe der Standorte,[151] Umfang des Produktangebots,[152] die Möglichkeit, eine Verlustpreisstrategie für einzelne Produkte über einen längeren Zeitraum durchzustehen,[153] Verflechtungen mit anderen Unternehmen,[154] Zugang zu den Beschaffungsmärkten[155] sowie Vorteile beim Einkauf.[156] Diese Umstände sind in einer **Gesamtbetrachtung** zu berücksichtigen.[157] Es muss zwischen dem Normadressaten und den kleinen und mittleren Unternehmen ein Machtgefälle bestehen, das zu einem besonderen, **wettbewerblich nicht hinreichend kontrollierten Verhaltensspielraum** des Normadressaten führt.[158] Dass es auf dem Markt neben den kleinen und mittleren Unternehmen noch weitere große und größere Unternehmen gibt, schließt das Tatbestandsmerkmal der überlegenen Marktmacht nicht aus; es reicht aus, dass die Überlegenheit im Verhältnis zu den kleinen und mittleren Unternehmen besteht.

---

[144] Regierungsbegründung zur 5. GWB-Novelle, BT-Drucks. 11/4610 S. 23 iVm S. 15 f.; OLG Düsseldorf 13 2.2002, Kart 16/00 (V), WuW/E DE-R 829 – Freie Tankstellen.

[145] BGH 12.11 2002, KVR 5/02, WuW/E DE-R 1042/1043 f. – WalMart.

[146] OLG Düsseldorf 19.12.2001, Kart 21/00 (V), WuW/E DE-R 781 – Wal-Mart.

[147] OLG Düsseldorf 13.11.2000, Kart 16/00 (V), WuW/E DE-R 589 – Freie Tankstellen; *Markert* in Immenga/Mestmäcker § 20 GWB Rn. 76; *Nothdurft* in Langen/Bunte § 20 GWB Rn. 106; Frankfurter Kommentar/*Rixen,* § 20 GWB Rn. 330.

[148] OLG Düsseldorf 13.11.2000, Kart 16/00 (V), WuW/E DE-R 589 – Freie Tankstellen.

[149] OLG Düsseldorf 19.12.2001, Kart 21/00 (V), WuW/E DE-R 781 – Wal-Mart; OLG Düsseldorf 13.11.2000, Kart 16/00 (V), WuW/E DE-R 589 – Freie Tankstellen.

[150] BGH 12.11.2002, KVR 5/02, WuW/E DE-R 1042/1044 – WalMart; OLG Düsseldorf 19.12. 2001, Kart 21/00 (V), WuW/E DE-R 781 – Wal-Mart.

[151] OLG Düsseldorf 19.12.2001, Kart 21/00 (V), WuW/E DE-R 781 – Wal-Mart.

[152] BGH 12.11.2002, KVR 5/02, WuW/E DE-R 1042/1044 – WalMart; OLG Düsseldorf 19.12. 2001, Kart 21/00 (V), WuW/E DE-R 781 – Wal-Mart.

[153] BGH 12.11.2002, KVR 5/02, WuW/E DE-R 1042/1044 – WalMart.

[154] OLG Düsseldorf 13.11.2000, Kart 16/00 (V), WuW/E DE-R 589 – Freie Tankstellen.

[155] OLG Düsseldorf 13.11.2000, Kart 16/00 (V), WuW/E DE-R 589 – Freie Tankstellen.

[156] BGH 12.11.2002, KVR 5/02, WuW/E DE-R 1042/1044 – WalMart.

[157] OLG Düsseldorf 13.11.2000, Kart 16/00 (V), WuW/E DE-R 589 – Freie Tankstellen.

[158] OLG Düsseldorf 19.12.2001, Kart 21/00 (V), WuW/E DE-R 781 – Wal-Mart; OLG Düsseldorf 13.11.2000, Kart 16/00 (V), WuW/E DE-R 589 – Freie Tankstellen.

III. Ausnutzung der Marktmacht

Die Behinderung muss in Ausnutzung der Marktmacht erfolgen. Der Begriff der Ausnutzung ist hier ebenso zu verstehen wie in § 19 Abs. 2 Nr. 5. Die Marktmacht muss mit der unbilligen Behinderung in der Weise in Zusammenhang stehen, dass die besondere wettbewerbliche Gefährlichkeit des Verhaltens, das sich gegen kleine und mittlere Wettbewerber richtet, gerade aus der spezifischen Machtstellung des Unternehmens erwächst, das es praktiziert.[159] Die Behinderung muss damit kausal auf der Ausnutzung beruhen, was aber nicht bedeutet, dass ohne das Bestehen der Marktmacht die Behinderung nicht möglich gewesen wäre. Ausnutzen hat auch hier eine wertende Bedeutung, es handelt sich um eine **normative Kausalität.**[160] Eine Ausnahme bildet der Regelkatalog des Abs. 4 S. 2. Hier hat der Gesetzgeber bewusst eine Regelung geschaffen, bei der die kausale Verknüpfung von Marktmacht und Behinderung unwiderleglich vermutet wird.[161] 58

IV. Unbillige Behinderung

Der Begriff der unbilligen Behinderung in § 20 Abs. 3 entspricht dem in § 19 Abs. 2 Nr. 1. Ebenso wie dort ist zwischen dem Verhaltenstatbestand der Behinderung und seiner normativen Bewertung, der Unbilligkeit, zu **unterscheiden.**[162] Anders als in § 19 Abs. 2 Nr. 1 werden aber nach § 20 Abs. 3 nur kleine und mittlere Wettbewerber vor unbilliger Behinderung geschützt. 59

1. Behinderung

Unter Behinderung ist jede **für den betroffenen Wettbewerber objektiv nachteilige Maßnahme im (horizontalen) Wettbewerbsverhältnis zwischen dem Normadressaten und dem Wettbewerber** zu verstehen.[163] Die Beurteilung hat **wertneutral** zu erfolgen, es ist also unerheblich, ob es sich um eine wettbewerbsfremde Maßnahme handelt oder nicht. Der Begriff der Behinderung ist **weit auszulegen,** er umfasst, wie sich bereits aus dem Gesetzeswortlaut ergibt, auch **mittelbare Behinderungen.**[164] Als Behinderung kommen grundsätzlich alle Maßnahmen in Betracht, die auch im Rahmen von § 19 Abs. 2 Nr. 1 eine Behinderung in horizontalen Wettbewerbsbeziehungen darstellen.[165] So kann die Sogwirkung, die aus der Gewährung von Treuerabatten oder an lange Bezugsperioden geknüpften Umsatzrabatten an Abnehmer oder Lieferanten entsteht, eine Behinderung im Sinne des Abs. 4 S. 1 darstellen.[166] Das Gleiche gilt für Koppelungs- und Niedrigpreisstrategien, die allerdings in vielen Fällen nicht unbillig sind. Als Behinderung ist auch der Fall angesehen worden, dass ein Mineralölkonzern Kraftstoffe über eigene oder konzernverbundene Raffinerien zu höheren Preisen an mittlere Tankstellenbetreiber verkauft, als er sie gleichzeitig an seinen eigenen Tankstellen von Endverbrauchern verlangt.[167] 60

---

[159] Regierungsbegründung zur 5. Novelle 1989, BT-Drucks. 11/4610 S. 23.

[160] OLG Düsseldorf 19.12.2001, Kart 21/00 (V), WuW/E DE-R 781 – Wal-Mart; *Markert* in Immenga/Mestmäcker § 20 GWB Rn. 84; *Nothdurft* in Langen/Bunte § 20 GWB Rn. 116.

[161] Vgl. näher unten Rn. 62.

[162] *Markert* in Immenga/Mestmäcker § 20 GWB Rn. 85.

[163] OLG Düsseldorf 13.2.2002, Kart 16/00 (V), WuW/E DE-R 829 – Freie Tankstellen; OLG Düsseldorf 13.11.2000, Kart 16/00 (V), WuW/E DE-R 589 – Freie Tankstellen; *Markert* in Immenga/Mestmäcker § 20 GWB Rn. 86; *Nothdurft* in Langen/Bunte § 20 GWB Rn. 117; Frankfurter Kommentar/*Rixen,* § 20 Rn. 339; MünchKommGWB/*K. Westermann,* § 20 Rn. 148.

[164] OLG Düsseldorf 13.2.2002, Kart 16/00 (V), WuW/E DE-R 829 – Freie Tankstellen; OLG Düsseldorf 13.11.2000, Kart 16/00 (V), WuW/E DE-R 589 – Freie Tankstellen; Markert in: Immenga/Mestmäcker, GWB, § 20 Rn. 292.

[165] Vgl. § 19 Rn. 31 ff.

[166] Vgl. § 19 Rn. 32.

[167] OLG Düsseldorf 13.11.2000, Kart 16/00 (V), WuW/E DE-R 589 – Freie Tankstellen; OLG Düsseldorf 13.2.2002, Kart 16/00 (V), WuW/E DE-R 829 – Freie Tankstellen.

2. Unbilligkeit

61 Die Unbilligkeit ist ebenso wie im Rahmen des in § 19 Abs. 2 Nr. 1 zu bestimmen.[168] Es sind also die **Interessen der Beteiligten** abzuwägen unter Berücksichtigung der **auf die Freiheit des Wettbewerbs gerichteten Zielsetzung des GWB;**[169] das gilt auch für die Fälle des Regelkatalogs des Abs. 3 S. 2 Nr. 1 bis 3.[170] Dabei sind die Wertungen des europäischen Wettbewerbsrechts einzubeziehen. **Beteiligte** sind der behindernde Normadressat und die behinderten kleinen und mittleren Wettbewerber. Andere Marktteilnehmer, insbesondere Abnehmer und Lieferanten der kleinen und mittleren Wettbewerber gehören angesichts des Schutzzwecks des Abs. 3[171] nicht dazu. Bei der Interessenabwägung kommt es wesentlich auf die Beurteilung der Auswirkungen der Behinderung auf die Wettbewerbssituation der kleinen und mittleren Unternehmen an.[172] Auf den im Recht gegen den unlauteren Wettbewerb entwickelten Wertungsgegensatz von Leistungswettbewerb und Nichtleistungswettbewerb ist auch hier nicht zurückzugreifen. Wie der BGH ausdrücklich festgestellt hat, sind die Maßstäbe, nach denen zu beurteilen ist, ob eine unbillige Behinderung im Sinne des § 26 Abs. 4 aF (jetzt § 20 Abs. 3) vorliegt, ist nicht deckungsgleich mit den Maßstäben, nach denen in Anwendung des § 1 UWG (a. F.) ein unlauterer Behinderungswettbewerb anzunehmen ist. Nach dem Willen des Gesetzgebers seien unbillige Behinderungen kleiner oder mittlerer Wettbewerber durch Unternehmen mit überlegener Marktmacht nicht nur nach den Grundsätzen des Gesetzes gegen den unlauteren Wettbewerb zu beurteilen, sondern gerade auch nach kartellrechtlichen Maßstäben.[173]

3. Der Regelkatalog (Abs. 3 S. 2)

62 § 20 Abs. 3 S. 2 regelt drei Fälle, in denen die Unbilligkeit **unwiderleglich vermutet** wird. Bei Lebensmitteln ist (anders als in Abs. 3 S. 2 Nr. 2) jedes Angebot unter Einstandspreis, auch ein gelegentliches, als unbillige Behinderung anzusehen (Abs. 3 S. 2 Nr. 1), bei anderen Waren oder gewerblichen Leistungen das nicht nur gelegentliche Angebot unter Einstandspreis (Abs. 3 S. 2 Nr. 2) und Abs. 3 S. 2 Nr. 3 erfasst die Preis-Kosten-Schere, bei der das marktmächtige Unternehmen für seine Waren oder Leistungen von Wettbewerbern auf einem nachgelagerten Markt einen höheren Preis fordert als es ihn selbst von seinen Abnehmern verlangt. Die Regelung des Abs. 3 S. 2 Nr. 1 ist bis zum 31.12.2017 befristet.[174]

63 § 20 Abs. 3 S. 2 regelt damit **Sonderfälle** des § 20 Abs. 3 S. 1. Die Sonderregelung bezieht sich auf das Tatbestandsmerkmal der unbilligen Behinderung; die anderen Tatbestandsmerkmale des § 20 Abs. 3 S. 1 finden unverändert Anwendung. Anders als in den Fällen des § 20 Abs. 3 S. 1 bedarf es aber **keines Nachweises eines Kausalzusammenhangs** zwischen überlegener Marktmacht und der Behinderung. In den in Abs. 3 S. 2

---

[168] *Markert* in Immenga/Mestmäcker § 20 GWB Rn. 87.

[169] BGH 9.7.2002, KZR 30/00, WuW/E DE-R 1006/1009 – Fernwärme Börnsen; OLG Düsseldorf 13.2.2002, Kart 16/00 (V), WuW/E DE-R 829 – Freie Tankstellen; OLG Düsseldorf 13.11.2000, Kart 16/00 (V), WuW/E DE-R 589 – Freie Tankstellen; BKartA, 17.11.1997, B2-15511-T-56/97, WuW/E DE-V 24 – Milchlieferverträge; *Markert* in Immenga/Mestmäcker § 20 GWB Rn. 87; *Nothdurft* in Langen/Bunte § 20 GWB Rn. 119; s. ferner die Nachweise in § 19 Rn. 18.

[170] Entschieden für die Fälle des Angebots unter Einstandspreis nach Abs. 4 S. 2 a. F., vgl. BGH 12.11.2002, KVR 5/02, WuW/E DE-R 1042/1046 – Wal-Mart; OLG Düsseldorf 19.12.2001, Kart 21/00 (V), WuW/E DE-R 781 – Wal-Mart.

[171] S. oben Rn. 52.

[172] BGH 12.11.2002, KVR 5/02, WuW/E DE-R 1042/1046 – WalMart.

[173] BGH 4.4.1995, KZR 34/93, WuW/E BGH 2977/2980 f. – Hitlisten-Platten.

[174] Vgl. Rn. 52.

Nr. 1–3 geregelten Fällen besteht eine **unwiderlegliche Vermutung,** dass es sich um eine unbillige Behinderung handelt. Der Normadressat hat lediglich die Möglichkeit, den Nachweis zu führen, dass sein Handeln sachlich gerechtfertigt ist.[175]

a) Einstandspreis. Verkäufe von Waren oder gewerblichen Leistungen unter Einstandspreis sind ein Fall von **Niedrigpreisstrategien,** die durchaus **ambivalent zu beurteilen** sind. Einerseits ist ein Unternehmen grundsätzlich nicht daran gehindert, sein Bezugs- und Absatzsystem nach eigenem Ermessen so zu gestalten, wie es dies für richtig und wirtschaftlich sinnvoll hält.[176] Gerade die Preisgestaltung prägt grundsätzlich die eigene Leistung und ist Ausdruck wettbewerbskonformen Verhaltens. Verkäufe unter Einstandspreis können auf kaufmännischer Mischkalkulation beruhen und dürfen daher nicht von vornherein als wettbewerbswidrig eingestuft werden. Andererseits können Verkäufe unter Einstandspreis systematisch und gezielt eingesetzt werden, um Wettbewerber auszuschalten.[177] Rechtsprechung und Schrifttum haben sich seit jeher schwer getan, geeignete Abgrenzungskriterien zu finden.[178] **64**

Die **Regelung über Angebote unter Einstandspreis** wurde in § 20 Abs. 4 S. 2 aF mit der 6. Novelle 1999 eingeführt, weil die Erfassung von Angeboten unter Einstandspreis einerseits durch § 37a Abs. 3 a. F. sowie § 26 Abs. 4 a. F., andererseits durch die Vorschriften des UWG nicht zu zufriedenstellenden Ergebnissen geführt hatte und der Gesetzgeber zu der Erkenntnis gekommen war, dass eine angemessene gesetzliche Regelung nicht in einer generalklauselartigen Vorschrift wie bisher, sondern besser in einem speziellen, auf diesen Behinderungssachverhalt zugeschnittenen Tatbestand erfolgen sollte.[179] Der Grundsatz der freien Preisbildung sollte mit der Regelung nicht in Frage gestellt werden; die Grenzen zulässiger Preisgestaltung sollten vielmehr dort gezogen werden, wo vorsätzliche Verdrängungspraktiken oder systematische Untereinstandspreisverkäufe zu einer Gefährdung des funktionierenden Wettbewerbs auf den betroffenen Märkten führen.[180] Durch das Verbot auch des gelegentlichen Angebots von Lebensmitteln unter Einstandspreis (Abs. 3 S. 2 Nr. 1) sollen kleinere und mittlere Einzelhandelsunternehmen vor dem Preisdruck der großen Einzelhandelsunternehmen geschützt werden.[181] Die Neuregelung ist vielfach kritisch beurteilt worden; in der Tat wird der Grundsatz der freien Preisbildung zumindest erheblich eingeschränkt. Von Seiten des Bundeskartellamts ist zum Ausdruck gebracht worden, dass diese Regelung nicht nur ungeeignet sei, den Schutz der kleinen und mittleren Unternehmen verbessern, sondern dass sie sich auch als ausgesprochenes Wettbewerbshindernis darstelle.[182] **65**

Der Gesetzgeber hat den **Begriff des Einstandspreises** nicht definiert. Anhaltspunkte ergeben sich jedoch aus der Begründung des Wirtschaftsausschusses des Bundestages. Danach ist auszugehen vom Preis der Ware (Listenpreis). Abzuziehen sind Rabatte, Skonti, umsatzbezogene Vergütungen (z. B. Umsatzboni) und sonstige warenbezogene Zuwendungen (z. B. Verkaufsförderungsvergütungen). Als preismindernd kommen nur solche Abzugsposten in Betracht, die ihren rechtlichen Grund im konkreten Kaufvertrag zwischen Lieferant und Abnehmer haben. Allgemeine Preisvorteile, die nicht im Zusammenhang mit bestimmten Produkten stehen, scheiden als Abzugsposten aus".[183] Das **Bundeskartellamt** **66**

---

[175] BGH 12.11.2002, KVR 5/02, WuW/E DE-R 1042/1045 – WalMart zu Abs. 4 S. 2 a. F.
[176] Vgl. § 19 Rn. 20.
[177] Vgl. etwa das Beispiel in Tätigkeitsbericht des BKartA für 2001/2002 (BT-Drucks. 15/1226) S. 150.
[178] Vgl. im Schrifttum etwa Hoffmann WuW 2003, 1278; Gassner/Dangelmaier WuW 2003, 491; Fichert/Keßler WuW 2002, 1173; Krause/Oppolzer WuW 2000, 17.
[179] Regierungsbegründung zur 6. GWB-Novelle, BT-Drucks. 13/9720 S. 37.
[180] Regierungsbegründung a. a. O. (Fn. 179).
[181] So die Regierungsbegründung, vgl. WuW 2008, 305.
[182] Heitzer, WuE 2008, 854/860; s. a. Tätigkeitsbericht für 2005/2006, S. 8.
[183] BT-Drucks. 13/10633 S. 72.

hat zum Angebot unter Einstandspreis **Auslegungsgrundsätze** veröffentlicht, deren erstmals 2000 erschienene Fassung[184] 2003 überarbeitet wurde.[185] Es geht bei der Feststellung des Einstandspreises vom Listenpreis des Lieferanten (ohne Mehrwertsteuer) aus, von dem alle wirksamen Konditionen abgezogen werden, die ihren rechtlichen Grund in den zwischen dem Lieferanten und dem Abnehmer geschlossenen Beschaffungsverträgen haben. Dazu zählen sowohl die sog. Jahresvereinbarungen als auch die zusätzlichen im Laufe eines Jahres getroffenen Vereinbarungen, die im Zusammenhang mit einer konkreten Warenbestellung oder auch davon unabhängig erfolgen können.[186] Diese Konditionen sind sämtlichen vom jeweiligen Hersteller gelieferten Produkten umsatzanteilig zuzurechnen; das soll auch für Werbekostenzuschüsse gelten.[187]

67 Einstandspreis ist also **nicht der Rechnungspreis** für eine konkrete Lieferung, der nur auf diese Lieferung bezogene Abzüge wie Skonti oder Rabatt enthält, sondern es sind auch die **generell eingeräumten Konditionen** wie Jahresboni, Werbekostenzuschüsse, Verkaufsförderungsentgelte, Umsatzvergütungen usw. anteilig zu berücksichtigen; sie werden als Nachlass auf den Jahresumsatz angesehen und mit einem entsprechenden Prozentsatz vom Rechnungspreis der einzelnen Lieferung abgezogen.[188] Diese generell eingeräumten Konditionen müssen aber einen **Bezug zur Warenlieferung** bzw. zur Erbringung der Dienstleistung haben. Allgemeine vom Lieferanten gewährte Vergünstigungen, wie etwa „Jubiläumsboni", „Inventurhilfen" oder Sonderleistungen bei Neueröffnungen, die mit der Abnahme bestimmter Warenmengen nicht in Zusammenhang stehen, brauchen nur abgezogen zu werden; wenn sie einen warenbezogenen Zusammenhang aufweisen, die von den Parteien gewählte Bezeichnung ist nicht entscheidend.[189] Die Grenzziehung kann im Einzelfall, etwa bei **Werbekostenzuschüssen,** schwierig sein; es kommt dann darauf an, ob ein solcher Zuschuss in Bezug auf eine bestimmte Warenlieferung oder allgemein gewährt wurde. Nicht abzuziehen sind auch die **Gemeinkosten** eines Unternehmens.[190] Zum Einstandspreis zählen dagegen die der konkreten Warenlieferung unmittelbar zuzurechnenden **Nebenkosten der Beschaffung,** wie Verpackung, Transport, Fracht, Versicherung, sofern sie vom Abnehmer getragen werden.[191]

68 Der Einstandspreis ist auf die **einzelne angebotene Ware oder Leistung** zu beziehen und darf nicht aus dem Gesamtpreis mehrerer Waren oder Leistungen berechnet werden.[192] Der Begriff des Einstandspreises erfordert nicht, dass der Normadressat **von vornherein** seinen Verkaufspreis niedriger als den Einstandspreis festlegt. Erhöht der Lieferant seinen Abgabepreis bei gleich bleibendem Verkaufspreis des Normadressaten über diesen Verkaufspreis hinaus, so stellt auch in diesem Fall der Verkaufspreis einen unter dem Einstandspreis liegenden Preis dar.[193]

69 Es muss sich um ein **Angebot** von Lebensmitteln bzw. anderen Waren oder gewerblichen Leistungen handeln. Ein Verkauf ist nicht erforderlich. Angebot ist die Erklärung der Bereitschaft zur Veräußerung der Waren beziehungsweise zur Erbringung der Leistung.

---

184 Wiedergegeben in WuW 2000, 1221.

185 Bekanntmachung Nr. 124/2003 des BKartA zur Anwendung des § 20 Abs. 4 S. 2 GWB.

186 Bekanntmachung Nr. 124/2003 des BKartA zur Anwendung des § 20 Abs. 4 S. 2 GWB, S. 4.

187 Tätigkeitsbericht für 2005/2006, S. 140 f. Zu Werbekostenzuschüssen vgl. aber auch Rn. 67.

188 Bekanntmachung Nr. 124/2003 des BKartA zur Anwendung des § 20 Abs. 4 S. 2 GWB, S. 5; sa. *Markert* in Immenga/Mestmäcker § 20 GWB Rn. 94; *Nothdurft* in Langen/Bunte § 20 GWB Rn. 138; Frankfurter Kommentar/Rixen, § 20 Rn. 350 f.

189 *Markert* in Immenga/Mestmäcker § 20 GWB Rn. 94; *Bechtold* § 20 GWB Rn. 35.

190 Frankfurter Kommentar/*Rixen,* § 20 Rn. 366; MünchKommGWB/*K. Westermann,* § 20 Rn. 155.

191 Bekanntmachung Nr. 124/2003 des BKartA zur Anwendung des § 20 Abs. 4 S. 2 GWB, S. 6.

192 *Markert* in Immenga/Mestmäcker § 20 GWB Rn. 91.

193 BGH 12.11.2002, KVR 5/02, WuW/E DE-R 1042/1044 – WalMart.

b) Angebote unter Einstandspreis bei Lebensmitteln (Abs. 3 S. 2 Nr. 1). Bei Lebensmitteln ist den Normadressaten des § 20 Abs. 3 nicht nur das gelegentliche, sondern **jegliches Angebot unter Einstandspreis verboten,** sofern nicht eine sachliche Rechtfertigung dafür vorliegt. Anlass für die Regelung war der teilweise ruinöse Preiswettbewerb im Lebensmitteleinzelhandel, zu dem auch Verkäufe unter Einstandspreis durch große Handelsunternehmen beigetragen haben. Die Regelung soll kleinere und mittlere Betriebe gegen einen Verdrängungswettbewerb durch marktmächtige Handelsunternehmen schützen.[194] Sie ist bis zum 31.12.2017 befristet.[195] 70

Für den **Begriff der Lebensmittel** wird auf § 2 Abs. 2 des Lebensmittel- und Futtermittelgesetzbuches verwiesen; diese Vorschrift verweist auf Art. 2 der Verordnung (EG) Nr. 178/2002.[196] Danach sind Lebensmittel „alle Stoffe oder Erzeugnisse, die dazu bestimmt sind oder von denen nach vernünftigem Ermessen erwartet werden kann, dass sie in verarbeitetem, teilweise verarbeitetem oder unverarbeitetem Zustand von Menschen aufgenommen werden". Zu den Lebensmittel zählen auch „Getränke, Kaugummi sowie alle Stoffe – einschließlich Wasser – die dem Lebensmittel bei seiner Herstellung oder Ver- oder Bearbeitung absichtlich zugesetzt werden". Zu Lebensmitteln zählen nicht Futtermittel, lebende Tiere, soweit sie nicht für das Inverkehrbringen zum menschlichen Verzehr hergerichtet worden sind, Pflanzen vor dem Ernten, Arzneimittel, kosmetische Mittel, Tabak und Tabakerzeugnisse, Betäubungsmittel und psychotrope Stoffe. 71

Durch die Regelung werden **nur Einzelhandelsunternehmen** erfasst, die an Endverbraucher verkaufen, nicht dagegen Hersteller und Großhändler. Zweifelhaft ist, ob auch bei der Belieferung von Großverbrauchern wie Großküchen oder Restaurants ein Verkauf unter Einstandspreisen nicht erfolgen darf. Eine Nichtanwendung des Abs. 3 S. 2 Nr. 1 auf die Belieferung von Großverbrauchern wird zum Teil mit der Begründung bejaht, dass insoweit ein Verbot vom wettbewerbspolitischen Zweck der Vorschrift nicht gedeckt sei und dass es zu einer unterschiedlichen Behandlung von Händlern und Herstellern führen würde, da Letztere von der Vorschrift erfasst würden.[197] Dagegen lässt sich einwenden, dass kleine und mittlere Unternehmen auch dann dem Verdrängungswettbewerb großer Handelsunternehmen ausgesetzt sein können, wenn sie Restaurants oder Großküchen beliefern und dass auch bei der Lieferung an Privathaushalte die Situation besteht, dass Hersteller zu einem nicht kostendeckenden Preis ihre Produkte abgeben dürfen. Nach dem Gesetzeswortlaut ist Abs. 3 S. 2 Nr. 1 auch auf die Belieferung von Großverbrauchern anzuwenden, zudem dürfte eine Abgrenzung von Großverbrauchern und Nichtgroßverbrauchern auf erhebliche Schwierigkeiten stoßen. 72

Der Verkauf von Lebensmitteln unter Einstandspreis ist zulässig, wenn er **sachlich gerechtfertigt** ist. Das Gesetz nennt in Abs. 3 S. 3 und 4 zwei Fälle sachlicher Rechtfertigung, nämlich den Verderb oder die drohende Unverkäuflichkeit der Waren und die Abgabe an gemeinnützige Einrichtungen. Unter **Verderb** (Abs. 3 S. 3) versteht der Gesetzgeber einen „unmittelbar bevorstehenden physischen Verderb".[198] Anhaltspunkt dafür kann der auf einer Verpackung angegebene Ablauf des Haltbarkeitsdatums sein. Unmittelbar bevorstehend ist dahingehend zu interpretieren, dass ein Verkauf sinnvollerweise noch möglich sein muss; je nach Art der Lebensmittel werden das in der Regel einige Tage sein. Soweit ein Haltbarkeitsdatum auf einer Verpackung nicht angegeben ist, wie etwa bei vielen Obst- oder Gemüseangeboten, ist das Datum des Verderbs nach Erfahrungswerten zu bestimmen; auch hier wird der Verkauf zum Untereinstandspreis einige Tage vor Eintritt des Verderbs 73

---

[194] So die Regierungsbegründung, vgl. WuW 2008, 305.
[195] Vgl. oben Rn. 52.
[196] ABl. L 31 vom 1.2.2002, S. 1.
[197] *Bechtold* § 20 GWB Rn. 42.
[198] Regierungsbegründung zum Gesetz zur Bekämpfung von Preismissbrauch im Bereich der Energieversorgung und des Lebensmittelhandels, WuW 2008, 305.

zulässig sein. Bei der **Unverkäuflichkeit** dachte der Gesetzgeber an Saisonartikel bzw. speziell im Hinblick auf ein bestimmtes Ereignis hergestellte Artikel.[199] Beispiele bilden etwa Weihnachtsmänner und Osterhasen aus Schokolade.

74 Mit der **Abgabe an gemeinnützige Einrichtungen** (Abs. 3 S. 4) wollte der Gesetzgeber vom Verbot des Angebots zu Untereinstandspreisen die Praxis ausnehmen, dass Händler leicht verderbliche Lebensmittel vor Wochenenden, Feiertagen oder Schließungen zu herabgesetzten Preisen an soziale Einrichtungen abgeben, die sie im Rahmen ihrer Aufgaben verwenden. Unter der gemeinnützigen Einrichtungen sind nicht nur formell (etwa steuerlich) als gemeinnützig anerkannte Institutionen zu verstehen; entscheidend ist die Wahrnehmung gemeinnütziger Aufgaben, etwa in der Kranken-, Behinderten-, Jugend- und Altenpflege.[200] Maßgeblich ist, dass sich die Verwendung der Lebensmittel in die Aufgaben der Einrichtung einordnen lässt. Die Abgabe beispielsweise an einen als gemeinnützig anerkannten Sportverein dürfte nicht von Abs. 3 S. 4 erfasst werden. Ob die Lebensmittel tatsächlich innerhalb der gemeinnützigen Aufgabenstellung verwendet werden, bleibt unerheblich; entscheidend ist, dass der Lebensmittelhändler sie zu diesem Zweck abgegeben hat.

75 **Weitere Fälle der sachlichen Rechtfertigung** sind eng beschränkt. Es muss sich um **schwerwiegende Fälle** handeln, die dem Verderb oder der Unverkäuflichkeit von Lebensmitteln gleichzusetzen sind. Der Begriff der sachlichen Rechtfertigung ist damit enger auszulegen als in den Fällen des Abs. 3 S. 2 Nr. 2 und 3. In der Regierungsbegründung werden als Beispiele beschädigte Ware und Ausschussware genannt.[201]

76 Für die sachliche Rechtfertigung trifft den **Normadressaten** die **Darlegungs- und Beweislast.**[202] Kann der Normadressat diesen Nachweis nicht führen, so geht dies zu seinen Lasten.[203] Allerdings ist das Bundeskartellamt dadurch von seiner Amtsermittlungspflicht nicht entbunden.[204]

77 **c) Angebote unter Einstandspreis bei anderen Waren oder gewerblichen Leistungen (Abs. 3 S. 2 Nr. 2).** § 20 Abs. 3 S. 2 Nr. 2 erfasst Untereinstandspreisangebote anderer Waren und gewerblicher Leistungen nur dann, wenn sie nicht nur gelegentlich erfolgen. Die Vorschrift entspricht dem § 20 Abs. 4 S. 2 aF. Der Gesetzgeber wollte mit der Beschränkung auf das nicht nur gelegentliche Angebot den Anwendungsbereich der Vorschrift begrenzen und dem Grundsatz der freien Preisbildung Rechnung tragen.[205] Zugleich liegt dem die Erwägung zugrunde, dass eine Niedrigpreisstrategie von kleinen und mittleren Wettbewerbern typischerweise nicht über einen längeren Zeitraum verkraftet werden kann.[206] „Nicht nur gelegentlich" ist im Sinne eines **systematischen Vorgehens** zu verstehen; in der Regierungsbegründung heißt es, dass systematische Untereinstandspreisverkäufe zu einer Gefährdung des funktionierenden Wettbewerbs führen.[207] Welche

---

[199] Regierungsbegründung zum Gesetz zur Bekämpfung von Preismissbrauch im Bereich der Energieversorgung und des Lebensmittelhandels, WuW 2008, 305.

[200] *Bechtold* § 20 GWB Rn. 45.

[201] Regierungsbegründung zum Gesetz zur Bekämpfung von Preismissbrauch im Bereich der Energieversorgung und des Lebensmittelhandels, WuW 2008, 305.

[202] BGH 12.11.2002, KVR 5/02, WuW/E DE-R 1042/1043 – Wal-Mart; OLG Düsseldorf 19.12.2001, Kart 21/00 (V), WuW/E DE-R 781 – Wal-Mart; Bekanntmachung Nr. 124/2003 des BKartA zur Anwendung des § 20 Abs. 4 S. 2 GWB, S. 6.

[203] BGH 12.11.2002, KVR 5/02, WuW/E DE-R 1042/1043 – Wal-Mart.

[204] BKartA Bekanntmachung Nr. 124/2003 zur Anwendung des § 20 Abs. 4 S. 2 GWB, S. 6.

[205] Vgl. die Regierungsbegründung zur 6. GWB-Novelle, BT-Drucks. 13/9720, S. 37.

[206] BGH 12.11.2002, KVR 5/02, WuW/E DE-R 1042/1044 – WalMart, unter Hinweis auf die Beratungen des Ausschusses für Wirtschaft, BT-Drucks. 13/10633 S. 63.

[207] Regierungsbegründung zur 6. GWB-Novelle, BT-Drucks. 13/9720, S. 37; ebenso das Schrifttum, vgl. etwa *Markert* in Immenga/Mestmäcker § 20 GWB Rn. 97; Frankfurter Kommentar/*Rixen*, § 20 Rn. 379; MünchKommGWB/*K. Westermann*, § 20 Rn. 156; *Köhler* BB 1999, 677/699; ähnlich *Bechtold* § 20 GWB Rn. 36f.

Dauer die Angebote haben müssen und in welchem zeitlichen Abstand sie zu erfolgen haben, um „nicht nur gelegentlich“ zu sein, lässt sich nicht generell bestimmen, sondern hängt von den Umständen des Einzelfalls ab. Kriterien sind die Dauer des Angebots,[208] eine mehr oder weniger regelmäßige Wiederholung,[209] aber auch die Intensität der Wettbewerbsbeschränkung sowie weitere Umstände des Einzelfalls.[210] Einzelaktionen, die den Charakter kurzfristiger Werbeaktionen haben wie Einführungspreise bei Geschäftseröffnung oder sporadische Sonder- oder Lockvogelangebote, fallen nicht unter den Verbotstatbestand,[211] das gleiche gilt für Notverkäufe[212] sowie Sonderangebote bei drohender Insolvenz oder Geschäftsaufgabe. Angebote, die kontinuierlich oder diskontinuierlich (etwa als Sonderaktion jeweils zum Wochenende) über mindestens drei Wochen andauern, werden vom Bundeskartellamt als nicht nur gelegentliche Angebote eingestuft.[213] Auch das Angebot von Waren in mehr als drei Kalenderwochen innerhalb eines halben Jahres zum Untereinstandspreis sieht das Bundeskartellamt als nicht nur gelegentliches Angebot an.[214] Erst recht war ein Angebot mit einer Dauer von elf Wochen nicht mehr als nur gelegentlich anzusehen.[215]

Auf Dauer angelegte Untereinstandspreisangebote brauchen sich nicht notwendig auf **78** immer das gleiche Produkt zu beziehen; auch bei **wechselnden Artikeln** kann die wettbewerbsgefährdende Behinderung der Mitbewerber eintreten.[216] Die Angebote müssen sich aber auf den **gleichen räumlichen Markt** beziehen, weil sie sonst unterschiedliche Mitbewerber treffen, die dann gegebenenfalls nur gelegentlich behindert werden; dies kann anders sein, wenn derselbe kleine oder mittlere Anbieter selbst auf unterschiedlichen räumlich relevanten Märkten tätig ist.[217] Das Verbot des nicht nur gelegentlich vorgenommenen Untereinstandspreisverkaufs setzt nicht voraus, dass die Gefahr einer nachhaltigen Beeinträchtigung der strukturellen Voraussetzungen für einen wirksamen Wettbewerb besteht.[218] Verhaltensweisen, von denen **keine anhaltenden wettbewerblichen Auswirkungen** ausgehen, werden aber von § 20 Abs. 3 S. 2 Nr. 2 nicht erfasst.[219] Das bedeutet jedoch nicht, dass dieser Tatbestand des § 20 Abs. 3 S. 2 um ein ungeschriebenes Merkmal der Eignung zu einer spürbaren Beeinträchtigung der Wettbewerbsverhältnisse zu ergänzen wäre.[220]

Auch in den in Fällen des Abs. 3 S. 2 Nr. 2 (nicht nur gelegentliche Untereinstands- **79** preisangebote anderer Waren oder gewerblicher Leistungen) liegt ein Verstoß gegen § 20 Abs. 3 nicht vor, wenn das Untereinstandspreisangebot **sachlich gerechtfertigt** ist. Für die sachliche Rechtfertigung trifft den **Normadressaten** die **Darlegungs- und Beweis-**

---

208 Frankfurter Kommentar/*Rixen,* § 20 Rn. 380.

209 *Markert* in Immenga/Mestmäcker § 20 GWB Rn. 97; sa. Tätigkeitsbericht des BKartA für 2001/2002 S. 182.

210 Frankfurter Kommentar/*Rixen,* § 20 Rn. 380.

211 Bekanntmachung Nr. 124/2003 des BKartA zur Anwendung des § 20 Abs. 4 S. 2 GWB, S. 3.

212 Regierungsbegründung zur 6. GWB-Novelle, BT-Drucks. 13/9720, S. 37.

213 BKartA, 25.10.2007, B 9 – 77/07, WuW/E DE-V 1481 – Netto Marken-Discount; BKartA 17.12.2003, B 9–9/03, WuW/E DE-V 911 – Fotoarbeitstasche; Bekanntmachung Nr. 124/2003 des BKartA zur Anwendung des § 20 Abs. 4 S. 2 GWB, S. 4; s. a. Tätigkeitsbericht des BKartA für 2003/2004 (BT-Drucks. 15/5790) S. 146 (Anbieten von Fotoarbeiten unter Einstandspreis von mindestens vier Wochen).

214 BKartA, 25.10.2007, B 9 – 77/07, WuW/E DE-V 1481 – Netto Marken-Discount.

215 Tätigkeitsbericht des BKartA für 2005/2006 S. 140.

216 Bekanntmachung Nr. 124/2003 des BKartA zur Anwendung des § 20 Abs. 4 S. 2, S. 4.

217 Bekanntmachung des BKartA zur Anwendung des § 20 Abs. 4 S. 2 GWB, S. 4; s. a. BKartA, 25.10.2007, B 9 – 77/07, WuW/E DE-V 1481 – Netto Marken-Discount.

218 BGH 12.11.2002, KVR 5/02, WuW/E DE-R 1042/1049 – WalMart.

219 Regierungsbegründung zur 6. GWB-Novelle, BT-Drucks. 13/9720, S. 38.

220 So aber OLG Düsseldorf 19.12.2001, Kart 21/00 (V), WuW/E DE-R 781 – Wal-Mart; insoweit aufgehoben durch BGH 12.11.2002, KVR 5/02, WuW/E DE-R 1042/1049 f. – WalMart.

last.[221] Kann der Normadressat diesen Nachweis nicht führen, so geht dies zu seinen Lasten.[222] Allerdings ist das Bundeskartellamt dadurch von seiner Amtsermittlungspflicht nicht entbunden.[223] Bei der Prüfung der sachlichen Rechtfertigung ist ebenso wie bei § 19 Abs. 2 Nr. 1[224] von einer umfassenden **Abwägung der Interessen der Beteiligten unter Berücksichtigung der auf die Freiheit des Wettbewerbs gerichteten Zielsetzung des GWB unter Berücksichtigung der Wertungen des europäischen Wettbewerbsrechts** auszugehen.[225] Bei der Abwägung ist einerseits das Schutzinteresse kleiner und mittlerer Unternehmen gegen Behinderung durch überlegene Wettbewerber, andererseits das Interesse der Normadressaten zu berücksichtigen, durch geeignete Maßnahmen einschließlich der Preisgestaltung die eigenen Wettbewerbschancen zu verbessern.[226] In die Abwägung sind auch die Ziele einzubeziehen, die der Normadressat mit seinem Angebot verfolgt; eine Angriffsstrategie wird in der Rechtsprechung tendenziell negativ beurteilt.[227] Bei einem privatwirtschaftlichen Handeln der öffentlichen Hand sind auch die dabei verfolgten öffentlichen Zwecke zu berücksichtigen.[228]

80 **Eine sachliche Rechtfertigung** kann sich in erster Linie daraus ergeben, dass dem Verderb ausgesetzte, beschädigte, technisch überholte oder nicht mehr auf dem Stand der Mode befindliche Waren regelmäßig schnell abgesetzt werden sollen.[229] Für eine Einführungsphase kann auch **der Neueintritt eines Unternehmens in den Markt** Angebote unter Einstandspreis sachlich rechtfertigen; als Neueintritt zählen jedoch nicht der Inhaberwechsel, die Unternehmensübernahme oder der Unternehmenszusammenschluss;[230] zudem sind an die zeitliche Begrenzung strenge Anforderungen zu stellen.[231] Auch der **Eintritt in Preise von Wettbewerbern** kann eine sachliche Rechtfertigung darstellen,[232] wobei allerdings zu berücksichtigen ist, dass es bei der Interessenabwägung wesentlich auf die Beurteilung der Auswirkungen auf die Wettbewerbssituation der kleinen und mittleren Unternehmen ankommt und das Verhältnis des Normadressaten zu Wettbewerbern und ihrer Preisgestaltung nicht in den Vordergrund treten darf.[233] Die Absicht eines Hard-Discounters, aus Wettbewerbsgründen die Preise eines Vollsortimenters zu unterbieten, stellt jedenfalls keine Rechtfertigung dar.[234] Untereinstandspreisangebote können im Grundsatz auch zu **Abwehrzwecken** sachlich gerechtfertigt sein; dabei darf jedoch der

---

[221] BGH 12.11.2002, KVR 5/02, WuW/E DE-R 1042/1043 – WalMart; OLG Düsseldorf 19.12. 2001, Kart 21/00 (V), WuW/E DE-R 781 – Wal-Mart; Bekanntmachung Nr. 124/2003 des BKartA zur Anwendung des § 20 Abs. 4 S. 2 GWB, S. 6.

[222] BGH 12.11.2002, KVR 5/02, WuW/E DE-R 1042/1043 – WalMart.

[223] BKartA Bekanntmachung Nr. 124/2003 zur Anwendung des § 20 Abs. 4 S. 2 GWB, S. 6.

[224] Vgl. § 19 Rn. 18.

[225] Regierungsbegründung zur 6. GWB-Novelle, BT-Drucks. 13/9720, S. 37; BGH 12.11.2002, KVR 5/02, WuW/E DE-R 1042/1044 – WalMart; Bekanntmachung Nr. 124/2003 des BKartA zur Anwendung des § 20 Abs. 4 S. 2 GWB, S. 7.

[226] Bekanntmachung Nr. 124/2003 des BKartA zur Anwendung des § 20 Abs. 4 S. 2 GWB, S. 7.

[227] OLG Hamburg 31.7.2014, 3 U 8/12, WuW/E DE-R 4512/4518 – Konzertveranstaltungen.

[228] OLG Hamburg 31.7.2014, 3 U 8/12, WuW/E DE-R 4512/4518 – Konzertveranstaltungen.

[229] Bekanntmachung Nr. 124/2003 des BKartA zur Anwendung des § 20 Abs. 4 S. 2 GWB, S. 7; *Markert* in Immenga/Mestmäcker § 20 GWB Rn. 100; dazu kritisch Frankfurter Kommentar/*Rixen*, § 20 Rn. 388.

[230] Bekanntmachung Nr. 124/2003 des BKartA zur Anwendung des § 20 Abs. 4 S. 2 GWB, S. 7.

[231] Frankfurter Kommentar/*Rixen*, § 20 Rn. 398.

[232] BGH 12.11.2002, KVR 5/02, WuW/E DE-R 1042/1045 – WalMart; OLG Düsseldorf 19.12. 2001, Kart 21/00 (V), WuW/E DE-R 781 – Wal-Mart; *Markert* in Immenga/Mestmäcker § 20 GWB Rn. 103; Frankfurter Kommentar/*Rixen*, § 20 Rn. 389 ff.; einschränkend das BKartA, Bekanntmachung Nr. 124/2003 zur Anwendung des § 20 Abs. 4 S. 2 GWB, S. 8; a.A *Bechtold* § 20 GWB Rn. 38.

[233] BGH 12.11.2002, KVR 5/02, WuW/E DE-R 1042/1046 – WalMart.

[234] BKartA 1.9.2000, B 9–85/00, WuW/E DE-V 314 – Aldi-Nord.

von dem Abwehrverhalten ausgehende Verstärkungseffekt nicht außer Acht gelassen werden, der daraus resultiert, dass die kleinen und mittleren Unternehmen dann den Änderungsmaßnahmen mehrerer marktmächtiger Wettbewerber ausgesetzt sind.[235] Indes kann auch in solchen Fällen das Interesse des Normadressaten überwiegen, wenn ihm ein so großer Schaden zu entstehen droht, dass es ihm nicht zuzumuten ist, der ihm als marktmächtigen Unternehmen abverlangten Rücksichtnahme auf die kleinen und mittleren Wettbewerber den Vorzug zu geben.[236] Jedoch ist der Eintritt in Preise von Wettbewerbern in solchen Fällen unzulässig, wenn die **Preise der Wettbewerber rechtswidrig** sind.[237] Zudem bleibt zu prüfen, ob der Normadressat gegen die rechtswidrigen Preise der Wettbewerber nicht im Wege der einstweiligen Verfügung hätte vorgehen oder ein Eingreifen der Kartellbehörde hätte abwarten können.[238] Eine sachliche Rechtfertigung kann auch dann in Betracht kommen, wenn sich der Einstandspreis überraschend erhöht und den bisherigen Verkaufspreis übersteigt.[239]

d) Preis-Kosten-Schere (Abs. 3 S. 2 Nr. 3). Bei einer Preis-Kosten-Schere handelt 81
es sich um die Situation, dass vertikal integrierte Unternehmen (die Normadressaten) Waren oder gewerbliche Leistungen auf der nachgelagerten Marktstufe sowohl über **eigene Verkaufsstellen** als auch über **Wettbewerber** auf dem nachgelagerten Markt vertreiben. Fordern in solchen Fällen die Normadressaten von den Wettbewerbern auf der nachgelagerten Marktstufe höhere Preise als die, zu denen sie selbst die Waren oder gewerblichen Leistungen anbieten, so können auf diese Weise Wettbewerber auf dem nachgelagerten Markt vom Markt verdrängt werden, soweit sie über keine anderen Bezugsquellen verfügen.[240] Es handelt sich um eine Form der Behinderung von Wettbewerbern, die bei einer marktbeherrschenden Stellung des Normadressaten und § 19 Abs. 2 Nr. 1 erfasst werden (vgl. § 19 Rn. 36f.). § 20 Abs. 3 S. 2 Nr. 3 erweitert das Verbot der Preis-Kosten-Schere auf Fälle, in denen der Normadressat zwar nicht marktbeherrschend ist, aber gegenüber kleinen und Bewerber auf der nachgelagerten eine überlegene Marktmacht besitzt. Das entspricht der durch die 8. GWB-Novelle vorgenommenen Aufteilung, nach der die marktbeherrschenden Fälle in § 19, die Fälle relativer und überlegener Marktmacht in § 20 geregelt worden sind. Anlass für diese Regelung waren die seinerzeitigen Verhältnisse auf den Mineralölmarkt, auf dem die Mineralölunternehmen von freien Tankstellen teilweise einen höheren Preis verlangten als den, zu dem sie an ihren konzerneigenen Tankstellen ihre Produkte anboten.[241]

§ 20 Abs. 3 S. 2 Nr. 3 besagt lediglich, dass in den von dieser Vorschrift erfassten Fällen 82
eine **unwiderlegliche Vermutung** besteht, dass es sich um eine **unbillige Behinderung** im Sinne des Abs. 3 S. 1 handelt. Die weiteren Voraussetzungen des Abs. 3 S. 1 werden nicht ersetzt. Die Preis-Kosten-Schere muss also durch ein **Unternehmen mit gegenüber kleinen und mittleren Wettbewerbern überlegener Marktmacht** veranlasst werden, und zwar gegenüber denjenigen kleinen und mittleren Wettbewerbern, denen gegenüber es überlegene Marktmacht besitzt. Das ergibt sich aus dem Schutzzweck des § 20 Abs. 3. Diese überlegene Marktmacht muss auf dem nachgelagerten Markt im Sinne des Abs. 3 S. 2 Nr. 3 bestehen. Dagegen ist nicht der Nachweis erforderlich, dass die unbil-

---

[235] BGH 12.11.2002, KVR 5/02, WuW/E DE-R 1042/1046 – WalMart.

[236] BGH 12.11.2002, KVR 5/02, WuW/E DE-R 1042/1047 – WalMart; sa. BKartA 17.12.2003, B 9–9/03, WuW/E DE-V 911 – Fotoarbeitstasche.

[237] BGH 12.11.2002, KVR 5/02, WuW/E DE-R 1042/1047 – WalMart; Bekanntmachung Nr. 124/2003 des BKartA zur Anwendung des § 20 Abs. 4 S. 2 GWB, S. 8.

[238] BGH 12.11.2002, KVR 5/02, WuW/E DE-R 1042/1048 – WalMart.

[239] BGH 12.11.2002, KVR 5/02, WuW/E DE-R 1042/1048 – WalMart; Bekanntmachung Nr. 124/2003 des BKartA zur Anwendung des § 20 Abs. 4 S. 2 GWB (Fn. 185), S. 9.

[240] Vgl. zu Preis-Kosten-Scheren *Bergmann,* WuW 2001, 234ff.; *Hoffmann,* WuW 2003, 1278ff.; *Koenig/Hasenkamp,* WuW 2011, 601; *Lommler,* WuW 2011, 244.

[241] Dazu *Ritter,* WuW 2008, 142/143f.

lige Behinderung in Ausnutzung der Marktmacht erfolgt; der Nachweise des Kausalzusammenhangs wird durch die Regelung des Abs. 3 S. 2 Nr. 3 ersetzt.

83 **Voraussetzung** des § 20 Abs. 3 S. 2 Nr. 3 ist, dass der Normadressat mit den kleinen und mittleren Unternehmen, denen gegenüber er die überlegene Marktmacht besitzt, **auf dem nachgelagerten Markt in Wettbewerb** steht. Er muss also einerseits seine Waren oder gewerblichen Leistungen auf dem nachgelagerten Markt selbst anbieten, andererseits muss er die kleinen oder mittleren Unternehmen beliefern, die auf diesem Markt seine Wettbewerber sind. Ein Beispiel bilden die Mineralölgesellschaften, die einerseits konzerneigene Tankstellen betreiben, andererseits unabhängige (freie) Tankstellen beliefern. Ob die vom Normadressaten belieferten Händler weitere Bezugsquellen haben, ob sie also bei der Belieferung von ihm abhängig sind, spielt keine Rolle; eine derartige Voraussetzung stellt Abs. 3 S. 2 Nr. 3 nicht auf.[242] Beim **Vergleich der Preise** ist der Abgabepreis an den Händler mit dem Preis zu vergleichen, den der Normadressat auf dem nachgelagerten Markt von seinen Kunden (im allgemeinen Endverbraucher) verlangt. Es sind die geforderten Preise vergleichen; Kosten sind nicht zu berücksichtigen.[243]

84 Auch ein Vorgehen nach Abs. 3 S. 2 Nr. 3 ist nicht unzulässig, wenn eine **sachliche Rechtfertigung** dafür besteht. Der Gesetzgeber hat hierfür keine Beispiele benannt. Im Schrifttum geht man davon aus, dass strenge Anforderungen zu stellen sind,[244] In Betracht zu ziehen sind Fälle, dass der niedrigere Preis im Direktvertrieb durch niedrigere Konkurrenzpreise anderer Wettbewerber auf dem nachgelagerten Markt bedingt ist, oder dass es um die Erschließung neuer regionaler Märkte geht oder dass den betroffenen kleinen und mittleren Wettbewerbern ausreichende und zumutbare Ausweichmöglichkeiten offen stehen.[245] Auch hier kommt es aber auf eine **umfassende Interessenabwägung** unter Berücksichtigung der mit dem GWB und dem europäischen Wettbewerbsrecht verfolgten Zielsetzung der Freiheit des Wettbewerbs an. Für die sachliche Rechtfertigung trifft den Normadressaten auch hier die **Darlegungs- und Beweislast.**[246] Kann der Normadressat diesen Nachweis nicht führen, so geht dies zu seinen Lasten.[247]

V. Beweisregeln (Abs. 4)

85 Auch in den Fällen des § 20 Abs. 3 ist von dem allgemeinen zivilprozessualen Grundsatz auszugehen, dass die Darlegungs- und Beweislast für bestimmte Tatsachen derjenige trägt, der sich auf sie beruft.[248] Kleine und mittlere Unternehmen, die nach § 20 Abs. 3 gegen Bewerber mit überlegener Marktmacht zivilrechtlich vorgehen, haben also die anspruchsbegründenden Tatsachen einschließlich der Unbilligkeit darzulegen und zu beweisen; eine Ausnahme besteht nur für die Fälle des § 20 Abs. 3 S. 2, in denen die Unbilligkeit unwiderleglich vermutet wird.[249] Die dabei für kleine und mittlere Unternehmen entstehenden Schwierigkeiten sollen durch § 20 Abs. 4 gemildert und eine **Beweiserleichterung** geschaffen werden; der Gesetzgeber wollte die bestehende Rechtsprechung zu Beweiserleichterungen kodifizieren. Die Regelung kombiniert das Rechtsinstitut des ersten Anscheins mit der für Werbebehauptungen aufgestellten sog. Bärenfang-Doktrin des BGH, nach der

---

[242] Ebenso MünchKommGWB/*K. Westermann,* § 20 Rn. 166.

[243] *Bechtold* § 20 GWB Rn. 47.

[244] *Markert* in Immenga/Mestmäcker § 20 GWB Rn. 108; *Nothdurft* in Langen/Bunte § 20 GWB Rn. 148.

[245] *Markert* in Immenga/Mestmäcker § 20 GWB Rn. 108; *Nothdurft* in Langen/Bunte § 20 GWB Rn. 148; MünchKommGWB/*K. Westermann,* § 20 Rn. 167.

[246] BGH 12.11.2002, KVR 5/02, WuW/E DE-R 1042/1043 – WalMart; OLG Düsseldorf 19.12. 2001, Kart 21/00 (V), WuW/E DE-R 781 – Wal-Mart; Bekanntmachung Nr. 124/2003 des BKartA zur Anwendung des § 20 Abs. 4 S. 2 GWB (Fn. 185), *Bechtold* § 20 GWB Rn. 48.

[247] BGH 12.11.2002, KVR 5/02, WuW/E DE-R 1042/1043 – WalMart.

[248] *Markert* in Immenga/Mestmäcker § 20 GWB Rn. 120.

[249] Vgl. oben Rn. 62.

den Beklagten im Hinblick auf das Gebot einer redlichen Prozessführung dann eine Darlegungs- und Beweispflicht treffen kann, wenn der Kläger außerhalb der für die Beurteilung der Wahrheit der Behauptung entscheidenden Tatumstände steht und keine Möglichkeit hat, den Sachverhalt von sich aus zu ermitteln, der Beklagte aber die erforderliche Aufklärung ohne weiteres geben kann und ihm das nach den Umständen auch zuzumuten ist.[250] Der **Anwendungsbereich** des § 20 Abs. 4 beschränkt sich auf das Zivilverfahren; im Untersagungs- und Ordnungswidrigkeitenverfahren scheitert seine Anwendung schon am dort geltenden Amtsermittlungsgrundsatz.[251]

1. Anscheinsvoraussetzungen

Der nach § 20 Abs. 4 erforderliche Anschein erstreckt sich **nicht** auf die **Normadressatenstellung** selbst, also die gegenüber kleinen und mittleren Wettbewerbern überlegene Marktmacht.[252] Diese hat der Kläger nach den allgemeinen Grundsätzen darzulegen und zu beweisen. Der **Anschein bezieht sich** vielmehr auf die weiteren Tatbestandsvoraussetzungen des § 20 Abs. 4, also auf die **Ausnutzung der Marktmacht zur Behinderung kleiner und mittlerer Wettbewerber** und die **unbillige Behinderung**. Beweisschwierigkeiten für den Kläger bestehen weniger bei der Ausnutzung der Marktmacht zur Behinderung kleiner und mittlerer Wettbewerber, weil diese ohnehin in wertender Betrachtung (normative Kausalität)[253] festgestellt wird, sondern vor allem bei den Tatsachen, aus denen sich die unbillige Behinderung ergibt.[254] Der Kläger muss konkrete Tatsachen vortragen, die den Anschein begründen.[255] 86

Praktische Bedeutung kann der Vorschrift noch am ehesten bei **Angeboten unter Einstandspreis** zukommen. Dem Kläger ist es in der Regel kaum möglich, Aussagen zum Einstandspreis des marktmächtigen Unternehmens zu machen. Hier bietet sich der Vergleich des Abgabepreises des marktmächtigen Unternehmens mit dem auf dem betreffenden Markt üblichen Einstandspreis an. Liegt dieser Abgabepreis erheblich unterhalb des üblichen Einstandspreises, so wird der Anschein begründet sein.[256] Dagegen reicht es nicht aus, dass der Abgabepreis des Normadressaten unterhalb des Einstandspreises der kleinen und mittleren Wettbewerber liegt, weil ein marktmächtiges Unternehmen günstigere Konditionen als die kleinen und mittleren Wettbewerber haben kann.[257] Gleiches gilt für eine Sogwirkung entfaltende **Rabattsysteme.**[258] 87

2. Widerlegung des Anscheins

§ 20 Abs. 5 bewirkt **keine vollständige Beweislastumkehr,** sondern führt für den Normadressaten nur dann zu beweisrechtlichen Konsequenzen, wenn dem betroffenen Wettbewerber oder dem Verband Tatsachenaufklärung nicht möglich, dem Normadressaten aber leicht möglich und zumutbar ist. Gelingt dem Normadressaten die Widerlegung des Anscheins, so trägt der betroffene Wettbewerber bzw. Verband wieder die Darlegungs- und 88

[250] BGH GRUR 1963, 270.
[251] *Nothdurft* in Langen/Bunte § 20 GWB Rn. 151; Frankfurter Kommentar/*Rixen,* § 20 Rn. 410, 412.
[252] Allg. Ansicht, vgl. etwa *Markert* in Immenga/Mestmäcker § 20 GWB Rn. 122; Frankfurter Kommentar/*Rixen,* § 20 Rn. 412; MünchKommGWB/*K. Westermann,* § 20 Rn. 169; *Dittrich* DB 1990, 98.
[253] Vgl. oben Rn. 58.
[254] *Markert* in Immenga/Mestmäcker § 20 GWB Rn. 122; Frankfurter Kommentar/*Rixen,* § 20 Rn. 412.
[255] Frankfurter Kommentar/Rixen, § 20 Rn. 413.
[256] *Markert* in Immenga/Mestmäcker § 20 GWB Rn. 123; Frankfurter Kommentar/*Rixen,* § 20 Rn. 413; MünchKommGWB/*K. Westermann,* § 20 Rn. 169.
[257] *Markert* in Immenga/Mestmäcker § 20 GWB Rn. 123.
[258] Zu diesen Systemen vgl. § 19 Rn. 32.

Beweislast für die dem Anschein unterliegenden Tatsachen. Eine Widerlegung kann beispielsweise dadurch erfolgen, dass bei Angeboten unter Einstandspreis der Normadressat nachweist, dass es sich um dem Verderb ausgesetzte, beschädigte, technisch überholte oder nicht mehr auf dem Stand der Mode befindliche Waren gehandelt hat und das Untereinstandspreisangebot deshalb sachlich gerechtfertigt war.

89 Was dem Normadressaten **leicht möglich und zumutbar** ist, hängt vom Einzelfall ab. In Frage kommt bei Untereinstandspreisangeboten vor allem der eigene Einstandspreis, bei Rabatten der Grund für die Rabattgewährung und bei Koppelungsbindungen der Grund für die Koppelung. Der Normadressat braucht jedoch **keine Geschäftsgeheimnisse** zu offenbaren, wenn dies für ihn nicht zumutbar ist. In solchen Fällen hat er die Unzumutbarkeit glaubhaft zu machen; es hat dann eine Interessenabwägung zwischen dem Aufklärungsinteresse der Wettbewerber bzw. des Verbandes und den Geheimhaltungsinteresse des Normadressaten zu erfolgen.[259] Da dem Geheimhaltungsinteresse erhebliches Gewicht zukommt, wird die Interessenabwägung in der Regel zur Annahme von Unzumutbarkeit führen.

VI. Rechtsfolgen

90 Für die Rechtsfolgen des Verstoßes gegen § 20 Abs. 3 und 4 gilt grundsätzlich das Gleiche wie bei § 19. Die Kartellbehörde kann zum einen im **Untersagungsverfahren** vorgehen und die in §§ 32–32b vorgesehenen Maßnahmen treffen. Sie kann ferner ein **Bußgeldverfahren** nach §§ 81ff. einleiten. Ebenso besteht die Möglichkeit der **Vorteilsabschöpfung durch die Kartellbehörde** gemäß § 34. Nach § 33 können **zivilrechtliche Unterlassungs-, Schadensersatz- und Beseitigungsansprüche** geltend gemacht werden. Ferner können Rechtsgeschäfte, die gegen § 19 verstoßen, nach § 134 BGB nichtig sein. Vgl. näher § 19 Rn. 113ff.

E. Ablehnung der Aufnahme in Verbände (Abs. 5)

91 § 20 Abs. 5 entspricht dem § 20 Abs. 6 aF. Die Vorschrift stellt einen **Sonderfall des Diskriminierungsverbots** dar. Der Gesetzgeber ging bereits bei der Entstehung des GWB aus, dass es angesichts der Rolle von Wirtschafts- und Berufsvereinigungen im politischen Willensbildungsprozess für jedes Unternehmen von wesentlicher Bedeutung sei, Mitglied einer solchen Wirtschafts- oder Berufsvereinigung werden zu können.[260] § 20 Abs. 5 untersagt daher Wirtschafts- und Berufsvereinigungen sowie Gütegemeinschaften, die Aufnahme eines Unternehmens abzulehnen, wenn dies eine Diskriminierung darstellen und zu einer unbilligen Benachteiligung des Bewerbers führen würde. Dadurch wird die **Koalitionsfreiheit** nach Art. 9 GG eingeschränkt. Damit ist aber keine Einschränkung der **Satzungsautonomie** der Wirtschafts- oder Berufsvereinigungen verbunden; diese können auch während eines laufenden Aufnahmeverfahrens ihre Statuten ändern.[261] Die Vorschrift bestimmt nichts über den **Ausschluss** aus einer Wirtschafts- oder Berufsvereinigung, ist aber auch auf diesen Fall anzuwenden.[262]

I. Normadressaten

92 Normadressaten sind Wirtschafts- und Berufsvereinigungen sowie Gütezeichengemeinschaften. Unter § 20 Abs. 5 fallen nur solche **Wirtschafts- und Berufsvereinigungen**,

---

[259] Vgl. auch den Bericht des Wirtschaftsausschusses zu § 26 Abs. 5 a. F., WuW 1990, 4/5.

[260] Regierungsbegründung 1952, BT-Drs. II/1158, S. 43.

[261] OLG Düsseldorf 23.1.2013, VI-U (Kart) 5/12, WuW/E DE-R3841 Rn. 67 – Haustechnik-Großhändler.

[262] Dazu näher Rn. 96; sa. Regierungsbegründung 1952, BT-Drs. II/1158, S. 44.

die die Aufgabe haben, die gemeinsamen wirtschaftlichen, berufsständischen und sozialen Interessen ihrer Mitglieder zur fördern und sie nach außen zu vertreten.[263] Das bedeutet, dass zwei Voraussetzungen erfüllt sein müssen. Zum einen muss es sich um **privatrechtlich organisierte, auf freiwilliger Mitgliedschaft beruhende Vereinigungen** handeln;[264] öffentlich-rechtliche Berufsvereinigungen, wie Industrie- und Handelskammern, fallen nicht unter § 20 Abs. 5.[265] In diesem Rahmen kommt es auf die Rechtsform nicht an.[266] Zum Anderen muss es sich bei der Zielsetzung der Vereinigung um die **umfassende Förderung der wirtschaftlichen, berufsständischen und sozialen Interessen der Mitglieder** handeln.[267] Eine eigene unternehmerische Tätigkeit schließt die Qualifikation als Wirtschaft- oder Berufsvereinigung iSd § 20 Abs. 5 aus;[268] auch eine Genossenschaft fällt nicht unter § 20 Abs. 5.[269]

Gütezeichengemeinschaften haben keine eigene verbandspolitische Zielsetzung. Sie sind Unternehmensvereinigungen, die sich auf freiwilliger Basis zusammengeschlossen haben und als Träger von Gütezeichen für Waren und Dienstleistungen Qualitätsbedingungen (Gütebedingungen) aufgestellt haben. Ihren Mitgliedern erlauben sie, diese Gütezeichen zu führen, wobei sie die Einhaltung der Gütebedingungen überwachen. Der Gesetzgeber hat Gütezeichengemeinschaften den Wirtschafts- und Berufsvereinigungen gleichgestellt, weil die Nichtaufnahme in eine Gütezeichengemeinschaft ebenso wie die Nichtaufnahme in eine Wirtschafts- oder Berufsvereinigung eine Diskriminierung darstellen und zu einer unbilligen Benachteiligung des Bewerbers führen kann. **Gütezeichen** sind nach den vom RAL[270] aufgestellten Grundsätzen „Wort- oder Bildzeichen oder beides, die als Garantieausweis zur Kennzeichnung von Waren oder Leistungen Verwendung finden, die bestimmte an objektiven Maßstäben gemessene, nach der Verkehrsauffassung für die Güte einer Ware oder Leistung wesentliche Eigenschaften erfüllen, und deren Träger Gütezeichengemeinschaften sind, die öffentlich zugängliche Gütebedingungen aufstellen und deren Erfüllung überwachen, oder die auf gesetzlichen Maßnahmen beruhen." Der RAL selbst ist keine Gütezeichengemeinschaft. Vereinigungen, die Kollektivmarken (§ 97 MarkenG) führen, sind nur dann Gütezeichengemeinschaften, wenn ihre Marken die besonderen Bedingungen für Gütezeichen erfüllen. 93

II. Geschützte Unternehmen

Der Begriff des Unternehmens in § 20 Abs. 5 entspricht dem allgemeinen Unternehmensbegriff des GWB.[271] Jedwede Tätigkeit im geschäftlichen Verkehr begründet die **Un-** 94

[263] BGH 13.11.1979, KVR 1/79, WuW/E BGH 1725/1726 f. – Deutscher Landseer Club; BGH 1.12.1985, KVR 2/84, WuW/E BGH 2191/2193 – Schwarzbuntzüchter; *Markert* in Immenga/Mestmäcker § 20 GWB Rn. 129; *Nothdurft* in Langen/Bunte § 20 GWB Rn. 160; *Bechtold* § 20 GWB Rn. 54.

[264] *Markert* in Immenga/Mestmäcker § 20 GWB Rn. 129; *Nothdurft* in Langen/Bunte § 20 GWB Rn. 162; Frankfurter Kommentar/*Rixen* § 20 GWB Rn. 420.

[265] OLG Celle 15.5.1985, 13 W (Kart.) V 3/84, WuW/E 3535/3536 – Apothekenwerbung mit Randsortiment; *Markert* in Immenga/Mestmäcker § 20 GWB Rn. 130; *Nothdurft* in Langen/Bunte § 20 GWB Rn. 162;

[266] BGH 13.11.1979, KVR 1/79, WuW/E BGH 1725/172 – Deutscher Landseer Club; Frankfurter Kommentar/*Rixen* § 20 GWB Rn. 421.

[267] BGH 13.11.1979, KVR 1/79, WuW/E BGH 1725/1726 f. – Deutscher Landseer Club; BGH 1.12.1985, KVR 2/84, WuW/E BGH 2191/2193 – Schwarzbuntzüchter; *Markert* in Immenga/Mestmäcker § 20 GWB Rn. 131; *Nothdurft* in Langen/Bunte § 20 GWB Rn. 160; *Bechtold* § 20 GWB Rn. 54; Frankfurter Kommentar/*Rixen* § 20 GWB Rn. 423a ff.

[268] OLG Koblenz 2.3.2006, U 799/05 Kart., WuW/E DE-R 1695 – Petcycle; *Bechtold* § 20 GWB Rn. 55; Frankfurter Kommentar/*Rixen* § 20 GWB Rn. 426.

[269] BGH 7.11.1960, KZR 1/60, GRUR 1960, 142/144 – Molkereigenossenschaft.

[270] Reichsausschuss für Lieferbedingungen und Gütesicherung beim Deutschen Normenausschuss.

[271] Allg. Ansicht, vgl. etwa *Markert* in Immenga/Mestmäcker § 20 GWB Rn. 137; Frankfurter Kommentar/*Rixen* § 20 GWB Rn. 434.

ternehmenseigenschaft, lediglich die rein private, außerhalb des Erwerbslebens sich abspielende Tätigkeit wird nicht erfasst.[272] Unternehmen können beispielsweise auch Vereine privater Hundezüchter[273] oder private Hauseigentümer als Vermieter oder Verpächter[274] sein.

III. Aufnahmeverweigerung

95 Aufnahmeverweigerung ist die **Nichteinräumung der Stellung als Mitglied** (bei einem Verein) bzw. als Gesellschafter oder Genosse bei einer Gesellschaft oder Genossenschaft.[275] Voraussetzung ist, dass das aufnahmebegehrende Unternehmen die satzungsmäßigen Aufnahmevoraussetzungen erfüllt und einen satzungsgemäßen Aufnahmeantrag gestellt hat (zu unsachgemäßen Aufnahmevoraussetzungen s. Rn. 100). Aufnahme ist ein formaler Vorgang; die Zulassung zu bestimmten Leistungen oder lediglich für einen bestimmten Zeitraum ist noch keine Aufnahme;[276] eine verbandsinterne Schlechterstellung ist keine Nichtaufnahme, sondern eine vereinsrechtliche Angelegenheit.[277] Die Entscheidung über die Aufnahme hat innerhalb einer **angemessenen Frist** zu erfolgen; geschieht dies nicht, so kommt das einer Aufnahmeverweigerung gleich.[278]

96 Der **Ausschluss** aus einer Vereinigung steht der Nichtaufnahme gleich.[279] § 20 Abs. 5 hat das zwar nicht ausdrücklich geregelt, angesichts der gesetzlichen Zielsetzung, nämlich der Vermeidung einer Diskriminierung und unbilligen Benachteiligung eines Unternehmens, steht aber der Ausschluss der Aufnahmeverweigerung gleich. Zudem könnte sonst eine Aufnahmeverweigerung dadurch unterlaufen werden, dass ein Unternehmen zunächst aufgenommen, gleich aber wieder ausgeschlossen wird. Im Untersagungsverfahren kann eine Entscheidung über den Ausschluss getroffen werden, auch ohne dass ein Wiederaufnahmeantrag gestellt wird.[280]

IV. Sachlich nicht gerechtfertigte Ungleichbehandlung

97 Der Aufnahmeanspruch besteht nur, wenn die Ablehnung eine sachlich nicht gerechtfertigte Ungleichbehandlung darstellt und zu einer unbilligen Benachteiligung des Unternehmens im Wettbewerb führt. Diese beiden Voraussetzungen müssen kumulativ vorliegen, stehen aber funktionell im Zusammenhang und sind in einer Gesamtbeurteilung zu prüfen.[281]

98 Von einer **Ungleichbehandlung** ist auszugehen, wenn ein Unternehmen nicht aufgenommen wird, das in gleicher Weise die Aufnahmevoraussetzungen der Satzung erfüllt wie

---

[272] Eingehend zum Unternehmensbegriff oben § 1 GWB Rn. 22; Teil 6 Art. 101 AEUV Rn. 131 ff.

[273] BGH 13.11.1979, KVR 1/79, WuW/E BGH 1725 – Deutscher Landseer Club.

[274] BGH 11.4.1978, KZR 1/77, GRUR 1978, 489 – Gaststättenverpachtung.

[275] *Markert* in Immenga/Mestmäcker § 20 GWB Rn. 138.

[276] *Markert* in Immenga/Mestmäcker § 20 GWB Rn. 138.

[277] *Markert* in Immenga/Mestmäcker § 20 GWB Rn. 138 mwN.

[278] BGH 11.3.1986, KZR 26/84, WuW/E BGH 2269, 2270 – Verband für Deutsches Hundewesen; OLG Hamburg 14.4.1988, 3 U 145/87, WuW/E OLG 4309/4310 – Branchenseiten; *Markert* in Immenga/Mestmäcker § 20 GWB Rn. 139; *Nothdurft* in Langen/Bunte § 20 GWB Rn. 167.

[279] OLG Karlsruhe 11.5.1988, 6 U 259/86 Kart., WuW/E OLG 4313/4314 – Tankuntersuchung; allg. Ansicht auch im Schrifttum, vgl. etwa *Markert* in Immenga/Mestmäcker § 20 GWB Rn. 140; *Nothdurft* in Langen/Bunte § 20 GWB Rn. 168; Frankfurter Kommentar/*Rixen* § 20 GWB Rn. 437; sa. Regierungsbegründung 1952, BT-Drs. II/1158, S. 44.

[280] BGH 22.4.1980, KZR 4/79, WuW/E BGH 1707/1708 – Taxi-Besitzer-Vereinigung; OLG Karlsruhe 11.5.1988, 6 U 259/86 Kart., WuW/E OLG 4313/4314 – Tankuntersuchung; *Nothdurft* in Langen/Bunte § 20 GWB Rn. 168; *Markert* in Immenga/Mestmäcker § 20 GWB Rn. 140.

[281] *Markert* in Immenga/Mestmäcker § 20 GWB Rn. 141.

andere Unternehmen, die aufgenommen wurden.[282] Eine Ungleichbehandlung liegt auch darin, dass die satzungsgemäßen Aufnahmekriterien gegenüber einzelnen Aufnahmebewerbern angewendet werden, gegenüber anderen nicht.[283] Die **Darlegungs- und Beweislast** für die Ungleichbehandlung trägt der Aufnahmebewerber.[284]

Die Ungleichbehandlung muss **sachlich nicht gerechtfertigt** sein. Das ist aufgrund **99** einer **Abwägung der Interessen** der Vereinigung und des Aufnahmebewerbers festzustellen.[285] Die **Interessen der Vereinigung** gehen dahin, ihre Zwecke, ihre Aufgaben und ihren Tätigkeitsbereich selbst zu bestimmen und frei zu gestalten. Das ist ihnen durch die Vereinigungsfreiheit und die Verbandsautonomie (Art. 9 GG) grundsätzlich gestattet. Sie können daher die Aufnahmebedingungen in einer Weise ausgestalten, die diesem Rahmen entspricht.[286] Zulässig ist daher beispielsweise die Beschränkung auf einen bestimmten Wirtschaftszweig, auf eine bestimmte Wirtschaftsstufe, auf Betriebsgröße, Vertriebsform, Rechtsform der Unternehmen und dgl.[287] Auch während eines Aufnahmeverfahrens können die Aufnahmebedingungen geändert werden.[288] Die **Interessen des Unternehmens,** das die Aufnahme begehrt, gehen dahin, keine wettbewerblichen Nachteile die Nichtmitgliedschaft zu erleiden. Nach dem OLG München ist bei Nachweis eines wesentlichen Interesses ein großzügiger Maßstab zugunsten des Aufnahme begehrenden Unternehmens anzulegen.[289]

Soweit ein Bewerber die satzungsgemäßen **Aufnahmevoraussetzungen nicht erfüllt,** **100** stellt dies in aller Regel einen sachlich gerechtfertigten Grund für die Nichtaufnahme dar;[290] in Ausnahmefällen kann aber die Nichtaufnahme auch dann sachlich nicht gerechtfertigt sein, wenn sie von der Satzung gedeckt ist.[291] Sind dagegen die satzungsgemäßen **Aufnahmevoraussetzungen ihrerseits sachlich nicht gerechtfertigt,** so sind sie unbeachtlich und können die Aufnahmeverweigerung nicht rechtfertigen.[292] Auch **außerhalb der Aufnahmebedingungen** des Verbands können **Ablehnungsgründe** bestehen. Dazu gehört zum Beispiel die fehlende Zuverlässigkeit des Unternehmens, wenn es, wie etwa bei Bankenverbänden, auf diese Zuverlässigkeit gerade ankommt.[293] Das gleiche gilt

---

[282] *Nothdurft* in Langen/Bunte § 20 GWB Rn. 170.

[283] OLG Düsseldorf 23.1.2013, VI-U (Kart) 5/12, WuW/E DE-R 3841 Rn. 79 – Haustechnik-Großhändler; *Nothdurft* in Langen/Bunte § 20 GWB Rn. 170; *Bechtold* § 20 GWB Rn. 59.

[284] OLG Düsseldorf 23.1.2013, VI-U (Kart) 5/12, WuW/E DE-R 3841 Rn. 79 – Haustechnik-Großhändler; skeptisch dazu *Nothdurft* in Langen/Bunte § 20 GWB Rn. 171.

[285] BGH 2.12.1974, II ZR 78/72, BGHZ 63, 282/285 – Rad- und Kraftfahrerbund; BGH 13.11.1979, KVR 1/79, WuW/E BGH 1725/1727 – Deutscher Landseer Club; BGH 1.12.1985, KVR 2/84, WuW/E BGH 2191/2192 – Schwarzbuntzüchter; BGH 10.12.1985, KZR 2/85, WuW/E BGH 2226/2230 – Aikido-Verband; OLG Düsseldorf 3.1.2013, VI-U (Kart) 5/12, WuW/E DE-R 3841 Rn. 71; OLG Frankfurt 3.3.2009, 11 U 57/08 (Kart), WuW/E DE-R 2648 Rn. 15 ff.; *Markert* in Immenga/Mestmäcker § 20 GWB Rn. 143; *Nothdurft* in Langen/Bunte § 20 GWB Rn. 172.

[286] BGH 2.12.1974, II ZR 78/72, BGHZ 63, 282/292 f. – Rad- und Kraftfahrerbund; BGH 13.11.1979, KVR 1/79, WuW/E BGH 1725/1727 f. – Deutscher Landseer Club; BGH 1.12.1985, KVR 2/84, WuW/E BGH 2191/2194 – Schwarzbuntzüchter; OLG Düsseldorf 3.1.2013, VI-U (Kart) 5/12, WuW/E DE-R 3841 Rn. 67; *Markert* in Immenga/Mestmäcker § 20 GWB Rn. 144; *Bechtold* § 20 GWB Rn. 59.

[287] *Markert* in Immenga/Mestmäcker § 20 GWB Rn. 144.

[288] OLG Düsseldorf 3.1.2013, VI-U (Kart) 5/12, WuW/E DE-R 3841 Rn. 67; sa. BGH 11.3.1986, KZR 26/84, WuW/E BGH 2269, 2270 – Verband für Deutsches Hundewesen.

[289] OLG München 20.6.2013, U 3431/12 Kart, BeckRS 2014, 11175.

[290] OLG Frankfurt 3.3.2009, 11 U 57/08 (Kart), WuW/E DE-R 2648 Rn. 20; *Nothdurft* in Langen/Bunte § 20 GWB Rn. 179; *Markert* in Immenga/Mestmäcker § 20 GWB Rn. 143.

[291] BGH 13.11.1979, KVR 1/79, WuW/E BGH 1725/1727 f. – Deutscher Landseer Club.

[292] BGH 2.12.1974, II ZR 78/72, BGHZ 63, 282/285 – Rad- und Kraftfahrerbund; BGH 13.11.1979, KVR 1/79, WuW/E BGH 1725/1727 f. – Deutscher Landseer Club; OLG Frankfurt 3.3.2009, 11 U 57/08 (Kart), WuW/E DE-R 2648 Rn. 20; *Nothdurft* in Langen/Bunte § 20 GWB Rn. 180; *Markert* in Immenga/Mestmäcker § 20 GWB Rn. 143.

[293] *Markert* in Immenga/Mestmäcker § 20 GWB Rn. 149.

für ein systematisch rechtswidriges Geschäftsgebaren oder erhebliche Schädigung des Ansehens des Verbandes in der Öffentlichkeit.[294] Auch Interessenkollisionen können einen Ablehnungsgrund darstellen, etwa wenn ein die Aufnahme begehrendes Unternehmen einem Verband angehört, der eine gegenläufige Politik verfolgt.[295]

V. Unbillige Benachteiligung im Wettbewerb

101 § 20 Abs. 5 erfordert weiterhin, dass die Aufnahmeverweigerung zu einer unbilligen Benachteiligung des Unternehmens im Wettbewerb führt. Es muss sich um Nachteile im Wettbewerb handeln, gesellschaftliche oder politische Nachteile reichen nicht aus.[296] Von einer **Benachteiligung** ist jedenfalls dann auszugehen, wenn die Marktgegenseite die Mitgliedschaft in der Vereinigung als eine nicht unbedeutende Voraussetzung für die Aufnahme von Geschäftsbeziehungen ansieht[297] oder wenn die Mitgliedschaft branchenüblich ist. Eine solche Benachteiligung kann sich insbesondere bei Gütezeichengemeinschaften ergeben, bei denen die Nichtaufnahme dazu führt, dass das Gütezeichen nicht geführt werden kann.[298] Die Benachteiligung braucht noch nicht eingetreten zu sein, es reicht aus, dass mit ihr zu rechnen ist.

102 Die **Unbilligkeit** der Benachteiligung ist wiederum aufgrund einer Interessenabwägung festzustellen. Da die sachlich nicht gerechtfertigte Ungleichbehandlung und die unbillige Benachteiligung im Wettbewerb in einem Funktionszusammenhang stehen und in einer Gesamtbeurteilung zu prüfen sind (vgl. Rn. 97), sind die gleichen Gesichtspunkte zu berücksichtigen wie bei der Interessenabwägung im Rahmen der sachlichen Rechtfertigung (vgl. Rn. 99).

VI. Rechtsfolgen

103 Da es sich bei § 20 Abs. 5 um einen Verbotstatbestand handelt, hat ein Verstoß gegen diese Vorschrift verwaltungsrechtliche, ordnungswidrigkeitenrechtliche und zivilrechtliche Rechtsfolgen. Die Kartellbehörde kann im **Untersagungsverfahren** vorgehen und die in §§ 32–32b vorgesehenen Maßnahmen treffen, insbesondere die Aufnahme in die Vereinigung anordnen. Sie kann ferner ein **Bußgeldverfahren** nach §§ 81 ff. einleiten. Ebenso besteht die Möglichkeit der **Vorteilsabschöpfung durch die Kartellbehörde** gemäß § 34. Nach § 33 können **zivilrechtliche Unterlassungs-, Schadensersatz- und Beseitigungsansprüche** geltend gemacht werden.

F. Verhältnis zu anderen Vorschriften

104 **§ 20 Abs. 1** verweist auf § 19 Abs. 1 iVm § 19 Abs. 2 Nr. 1, **§ 20 Abs. 2** auf § 19 iVm § 19 Abs. 2 Nr. 5, insofern gilt das zu § 19 Gesagte (vgl. § 19 Rn. 117). Für das Verhältnis von **§ 20 Abs. 3** gilt grundsätzlich das Gleiche wie bei § 20 Abs. 1. Die Aufnahmeverweigerung nach **§ 20 Abs. 5** kann gleichzeitig gegen § 19 Abs. 2 Nr. 1 verstoßen.

---

[294] *Markert* in Immenga/Mestmäcker § 20 GWB Rn. 153; *Nothdurft* in Langen/Bunte § 20 GWB Rn. 176; jeweils mwN.

[295] BGH 9.12.1969, KZR 4/69, WuW/E BGH 1061/1062 ff. – Zeitungsgroßhandel II; *Nothdurft* in Langen/Bunte § 20 GWB Rn. 175; Frankfurter Kommentar/*Rixen* § 20 GWB Rn. 460.

[296] *Markert* in Immenga/Mestmäcker § 20 GWB Rn. 154.

[297] BGH 25.5.1956, VI ZR 66/55, WuW/E BGH 154/157 – Darmimporteure; *Markert* in Immenga/Mestmäcker § 20 GWB Rn. 156.

[298] Dazu näher *Markert* in Immenga/Mestmäcker § 20 GWB Rn. 159 ff.

§ 21 Boykottverbot, Verbot sonstigen wettbewerbsbeschränkenden Verhaltens

(1) **Unternehmen und Vereinigungen von Unternehmen dürfen nicht ein anderes Unternehmen oder Vereinigungen von Unternehmen in der Absicht, bestimmte Unternehmen unbillig zu beeinträchtigen, zu Liefersperren oder Bezugssperren auffordern.**

(2) **Unternehmen und Vereinigungen von Unternehmen dürfen anderen Unternehmen keine Nachteile androhen oder zufügen und keine Vorteile versprechen oder gewähren, um sie zu einem Verhalten zu veranlassen, das nach folgenden Vorschriften nicht zum Gegenstand einer vertraglichen Bindung gemacht werden darf:**

1. nach diesem Gesetz,

2. nach Artikel 101 oder 102 des Vertrages über die Arbeitsweise der Europäischen Union oder

3. nach einer Verfügung der Europäischen Kommission oder der Kartellbehörde, die auf Grund dieses Gesetzes oder auf Grund der Artikel 101 oder 102 des Vertrages über die Arbeitsweise der Europäischen Union ergangen ist.

(3) **Unternehmen und Vereinigungen von Unternehmen dürfen andere Unternehmen nicht zwingen,**

1. einer Vereinbarung oder einem Beschluss im Sinne der §§ 2, 3 oder 28 Absatz 1 beizutreten oder

2. sich mit anderen Unternehmen im Sinne des § 37 zusammenzuschließen oder

3. in der Absicht, den Wettbewerb zu beschränken, sich im Markt gleichförmig zu verhalten.

(4) **Es ist verboten, einem anderen wirtschaftlichen Nachteil zuzufügen, weil dieser ein Einschreiten der Kartellbehörde beantragt oder angeregt hat.**

Übersicht

Schrifttum: *Bauer/Wrage-Molkenthin,* Aufforderung zu Liefer- und Bezugssperren, BB 1989, 1495; *Bergerhoff,* Nötigung durch Boykott, 1998; *Immenga,* Der Vorteilsbegriff des Lockverbotes nach § 25 Abs. 2 GWB. – Dargestellt anhand des Abschlusses von Submissionsvereinbarungen, FS Werner (1984) S. 375; *Löhr,* Boykottaufruf und Recht auf freie Meinungsäußerung, WRP 1975, 581; *Markert,* Aufforderung zu Liefer- und Bezugssperren, BB 1989, 921; *ders.,* Zum Schutzcharakter des § 25 Absatz 1 GWB, WRP 1966, 330; *Möllers,* Zur Zulässigkeit des Verbraucherboykotts – Brent Spar und Muroroa, NJW 1996, 1374; *Möschel,* Zum Boykott-Tatbestand des § 26 Abs. 1 GWB, FS Benisch (1989), S. 339; *Schmiedel,* Kontrahierungszwang aus § 25 Absatz 1 GWB, WRP 1966, 41.

I. Allgemeines

1 § 21 betrifft vier Fälle **einseitigen Wettbewerbsverhaltens**. Abs. 1 verbietet den bis zur 6. GWB-Novelle (1998) in § 26 Abs. 1 geregelten Boykott. Abs. 2 enthält das Verbot, andere Unternehmen zu einem kartellrechtlich unerlaubten Verhalten zu veranlassen, Abs. 3 das Verbot, andere Unternehmen zu einem kartellrechtlich an sich erlaubten Verhalten zu veranlassen; beide Fälle waren bis zur 6. GWB-Novelle (1998) in § 25 Abs. 2 und 3 geregelt. In Abs. 4 wurde das früher in § 38 Abs. 1 Nr. 9 enthaltene Verbot übernommen, einem anderen wegen des Einschaltens der Kartellbehörde wirtschaftliche Nachteile zuzufügen.

II. Boykottverbot (§ 21 Abs. 1)

1. Begriff und Entstehungsgeschichte

2 Der **Begriff des Boykotts** ist dadurch gekennzeichnet, dass jemand einen anderen auffordert, bestimmte Beziehungen zu einem Dritten nicht anzuknüpfen oder abzubrechen. Er setzt also drei Beteiligte voraus: den **Boykottierer** (Verrufer, Veranlasser), der einen anderen zur Sperre auffordert, den **Adressaten** (Sperrer, Ausführer), der die Sperre ausführt, und den **Boykottierten** (Gesperrter, Verrufener), den die Sperre trifft.[1] Fehlt es an dieser Dreierbeziehung, erfolgt also keine Aufforderung von dritter Seite, so liegt eine einfache Liefer- oder Bezugssperre vor, die nach § 19 Abs. 2 Nr. 1 zu beurteilen ist. **Schutzzweck** des Boykottverbots ist sowohl der Schutz des Wettbewerbs als Institution wie auch der Schutz des Boykottierten in seiner wirtschaftlichen Entfaltungsfreiheit.[2] Außerhalb des GWB wird der Boykott durch §§ 823, 826 BGB und das UWG (§§ 3, 4 Nr. 10) erfasst, deren Auslegungsgrundsätze in vielen Fällen auch bei § 21 GWB Anwendung finden können.[3]

3 **Entstehungsgeschichte:** Der Boykott wurde ursprünglich nach § 826 BGB und § 1 UWG beurteilt. Das Reichsgericht hielt den Boykott nicht generell für unzulässig, sondern verlangte für die Unzulässigkeit eine besondere Verwerflichkeit.[4] Eine erste kartellrechliche Regelung enthielt die Kartellverordnung von 1923, nach ihrem § 9 war die Verhängung von Sperren und sperrähnlichen Nachteilen durch Kartelle nur mit Zustimmung des Vorsitzenden des Kartellgerichts erlaubt. Ein weitgehendes Boykottverbot brachten 1947 die alliierten Dekartellierungsgesetze, nach ihnen war Boykott zum Zwecke der Ausschaltung oder Verhinderung des Wettbewerbs verboten.[5] In das GWB wurde das Boykottverbot in 26 Abs. 1 GWB aufgenommen. Während diese Vorschrift in ihrer ursprüng-

---

[1] BGH 28.9.1999, KZR 18/98, WuW/E DE-R 395/396 – Beteiligungsverbot für Schilderpräger; BGH, 10.10.1989, KZR 22/88, WuW/E BGH 2603/2605 – Neugeborenentransporte; BGH 27.4. 1999, KZR 54/97, WuW/E DE-R 303/304 – Taxi-Krankentransporte; OLG Karlsruhe 13.5.2009, 6 U 50/08 (Kart); WuW/E DE-R 2650 Rn. 29 – Freiburger Repetitor; *Markert* in Immenga/Mestmäcker § 21 GWB Rn. 1; Frankfurter Kommentar/*Rixen* § 21 GWB Rn. 2.

[2] *Markert* in Immenga/Mestmäcker § 21 GWB Rn. 2; *Nothdurft* in Langen/Bunte § 21 GWB Rn. 4; Frankfurter Kommentar/*Rixen* § 21 GWB Rn. 2.

[3] *Nothdurft* in Langen/Bunte § 21 GWB Rn. 4; Frankfurter Kommentar/*Rixen* § 21 GWB Rn. 4.

[4] Vgl. zuletzt RGZ 140, 431.

[5] Art. V Ziff. 9c Nr. 4 Gesetz Nr. 56/78.

lichen Fassung nur den erfolgreichen Boykott von Wettbewerbern erfasste, ersetzte die 2. Novelle 1973 das Wort „veranlassen" durch das Wort „auffordern", so dass auch die erfolglose Boykottaufforderung unter § 26 Abs. 1 fiel. Mit der 4. Novelle 1980 wurde die Voraussetzung des Wettbewerbsverhältnisses zwischen Boykottierer und Boykottiertem aufgegeben. Die 6. Novelle 1998 übernahm das Boykottverbot ohne inhaltliche Änderung in § 21 Abs. 1.

2. Boykottbeteiligte

Der Boykott setzt **drei Beteiligte** voraus, nämlich den Boykottierer, der zur Liefer- oder Bezugssperre auffordert, den Adressaten, der zur Sperre aufgefordert wird, und den Boykottierten), den die Sperre trifft.[6] 4

a) Boykottierer. Beim Boykottierer (Verrufer, Veranlasser) muss es sich um ein bzw. mehrere **Unternehmen** oder Vereinigungen von Unternehmen handeln. Der Unternehmensbegriff entspricht dem des § 1.[7] Es ist also der funktionale Unternehmensbegriff zugrunde zu legen; erforderlich ist eine Teilnahme am geschäftlichen Verkehr, ein rein privates Handeln scheidet aus.[8] Adressaten des Boykottverbots sind daher u. a. auch **freie Berufe,** z. B. Ärzte.[9] Auch die **öffentliche Hand** fällt bei ihrer wirtschaftlichen Betätigung unter § 21 Abs. 1,[10] zB die AOK wegen der Aufforderung, Krankentransportaufträge ausschließlich über den Rettungsdienst zu vergeben[11] oder Universitäten, die ein mit der Vermietung von Werbeflächen in den Gebäuden der Universität betrautes Unternehmen anweisen, künftig keine Werbeflächen mehr an gewerbliche Repetitorien zu vermieten.[12] Dagegen fällt die öffentliche Hand im Rahmen ihres politischen Handelns nicht unter § 21 Abs. 1. Auch der Begriff der **Vereinigungen** von Unternehmen ist so wie in § 1 zu verstehen,[13] dazu zählen auch Wirtschaftsverbände[14] einschließlich der Dachverbände;[15] Boykottaufforderungen eines Verbandes oder Vereins an seine Mitglieder werden von § 21 Abs. 1 erfasst.[16] Gewerkschaften fallen hingegen nicht unter § 21 Abs. 1, es sei denn, sie nehmen am geschäftlichen Verkehr teil;[17] Streik stellt also keinen unzulässigen Boykott dar. 5

---

[6] BGH 28.9.1999, KZR 18/98, WuW/E DE-R 395/396 – Beteiligungsverbot für Schilderpräger; BGH, 10.10.1989, KZR 22/88, WuW/E BGH 2603/2605 – Neugeborenentransporte; BGH 27.4. 1999, KZR 54/97, WuW/E DE-R 303/304 – Taxi-Krankentransporte; OLG Karlsruhe 13.5.2009, 6 U 50/08 (Kart); WuW/E DE-R 2650 Rn. 29 – Freiburger Repetitor; *Markert* in Immenga/ Mestmäcker § 21 GWB Rn. 1; Frankfurter Kommentar/*Rixen* § 21 GWB Rn. 2.

[7] S. aus neuerer Zeit etwa OLG Karlsruhe 13.5.2009, 6 U 50/08 (Kart); WuW/E DE-R 2650 Rn. 25 – Freiburger Repetitor.

[8] Vgl. dazu § 1 GWB Rn. 22; Teil 6 Art. 101 AEUV Rn. 131 ff.

[9] BGH 22.3.1976, GSZ 2/75, WuW/E BGH 1469 f. – Autoanalyzer; KG 2.2.1976, Kart 32/74, WuW/E OLG 1687/1689 – Laboruntersuchungen; Tätigkeitsberichte des BKartA für 1974 (BT-Drucks. 7/3791), S. 78; für 2005/2006 (BT-Drucks. 16/5710), S. 24.

[10] S. z. B. Tätigkeitsbericht des BKartA für 2005/2006 (BT-Drucks. 16/5710), S. 24 (Aufforderung des Deutschen Lotto- und Totoblocks an alle Lottogesellschaften, Spielumsätze, die aus einer stationären Vermittlung gewerblicher Spielvermittler stammen, nicht anzunehmen); *Nothdurft* in Langen/ Bunte § 21 GWB Rn. 8.

[11] BGH, 10.10.1989, KZR 22/88, WuW/E BGH 2603/2605 – Neugeborenentransporte.

[12] OLG Karlsruhe 13.5.2009, 6 U 50/08 (Kart); WuW/E DE-R 2650 Rn. 24 ff. – Freiburger Repetitor.

[13] Vgl. dazu § 1 GWB Rn. 22; Teil 6 Art. 101 AEUV Rn. 208 ff.

[14] BGH 23.4.1985, KRB 7/84, WuW/E BGH 2148 – Sportartikelhandel; *Nothdurft* in Langen/ Bunte § 21 GWB Rn. 9.

[15] KG 23.3.1994, Kart 19/93, WuW/E OLG 5299/5308 – Schnäppchenführer.

[16] KG 9.3.1978, Kart 26/76, WuW/E OLG 2023/2024 – Drogisten-Fachzeitschrift.

[17] BKartA 12.11.2008, B 2 – 100/08, WuW/E DE-V 1679 Rn. 22 – Milchpreisoffensive 2008; *Markert* in Immenga/Mestmäcker § 21 GWB Rn. 10; *Nothdurft* in Langen/Bunte § 21 GWB Rn. 7; Frankfurter Kommentar/*Rixen* § 21 GWB Rn. 13.

6 **b) Adressat.** Auch der Adressat (Sperrer, Ausführer) muss Unternehmen oder Unternehmensvereinigung[18] sein, Aufforderungen an private Endverbraucher können den wettbewerbsrechtlichen, nicht aber den kartellrechtlichen Boykotttatbestand erfüllen. Die Aufforderung muss an ein **anderes Unternehmen** ergehen. Boykottierer und Adressat dürfen also nicht organisatorisch miteinander verbunden sein. Insbesondere abhängige Konzernunternehmen oder sonst weisungsgebundene Unternehmen stellen kein anderes Unternehmen im Sinn des § 21 Abs. 1 dar; es fehlt an dem für die Vorschrift wesentlichen Merkmal, dass der Adressat in seiner freien Willensbestimmung vom Boykottierer beeinflusst wird.[19] Hat sich dagegen der Adressat aufgrund vertraglicher Vereinbarung seiner Freiheit begeben, von dritten Unternehmen zu beziehen oder sie zu beliefern, etwa aufgrund einer Ausschließlichkeitsbindung, so führt dies nicht zur Identität von Auffordernden und Adressat.[20] Auch die **wechselseitige Aufforderung** zur Liefer- oder Bezugssperre stellt die Aufforderung anderer Unternehmen dar.[21]

7 Anders als beim Boykottierer braucht es sich zwar nicht um einen bestimmten Adressaten zu handeln, jedoch muss der **Adressat individualisierbar** sein.[22] Bloße Aufrufe an die Allgemeinheit (z. B. Appelle gegen Alkohol- oder Tabakgenuß) reichen nicht aus. Jedoch ist eine genaue Bezeichnung des Adressaten nicht erforderlich; es reicht beispielsweise aus, dass die Unternehmen einer bestimmten Branche oder Wirtschaftsstufe angesprochen werden. Das **Boykottverbot richtet sich an den Boykottierer,** nicht dagegen an den Adressaten; dieser handelt als notwendiger Teilnehmer am Boykott nicht ordnungswidrig.[23] Sein Verhalten kann aber den Behinderungs- oder Diskriminierungstatbestand nach § 19 Abs. 2 Nr. 1 erfüllen.

8 **c) Boykottierter.** Auch beim Boykottierten (Gesperrten, Verrufenen) muss es sich um ein **Unternehmen** handeln.[24] Dagegen braucht seit der 4. Novelle 1980 kein Wettbewerbsverhältnis mehr zwischen Boykottierer und Boykottiertem zu bestehen (das Wort „Wettbewerber" wurde durch „Unternehmen" ersetzt).[25] Die Erfahrungen mit der früheren Regelung hatten gezeigt, dass das Erfordernis des Wettbewerbsverhältnisses in zunehmendem Umfang zur Umgehung des Boykottverbots ausgenutzt wurde, indem nämlich am Boykott interessierte Unternehmen nicht direkt zur Liefer- oder Bezugssperre aufforderten, sondern eine entsprechende Aufforderung in Presseorgane oder Verbandsmitteilungen lancierten, deren Herausgeber nicht in Wettbewerb mit dem Boykottierten standen.

9 Es muss sich um ein **bestimmtes** Unternehmen handeln. Das bedeutet, dass der Boykottierte individualisierbar sein muss. Dabei ist die namentliche Angabe der Boykottierten nicht erforderlich. Die Angabe von Gruppenbezeichnungen genügt, der Adressat muss nur

---

[18] Vgl. zur Unternehmenseigenschaft Rn. 5.

[19] BGH 26.10.1972, KZR 54/71, WuW/E BGH 1238, 1240 – Registrierkassen; BGH 9.7.1999, KZR 54/97, WuW/E DE-R 303/304 – Taxi-Krankentransporte; KG 2.2.1976, Kart 32/74, WuW/E OLG 1687/1701 – Laboruntersuchungen; *Markert* in Immenga/Mestmäcker § 21 GWB Rn. 13; näher dazu Frankfurter Kommentar/*Rixen* § 21 GWB Rn. 16 ff.

[20] OLG Celle 16.10.2003, 13 U 60/03 WuW/E DE-R 1197/1198 – Vermietungsverbot; OLG Hamburg 16.10.1980, 3 U 13/80, WuW/E OLG 2361/2362 – glide window; *Markert* in Immenga/Mestmäcker § 21 GWB Rn. 14.

[21] BGH 12.3.1965, KZR 8/63, WuW/E BGH 697/699 – Milchstreik; *Markert* in Immenga/Mestmäcker § 21 GWB Rn. 15.

[22] KG 15.1.1988, 1 Kart. 16/85, WuW/E OLG 4108/4110 – Sportartikelhandel; *Markert* in Immenga/Mestmäcker § 21 GWB Rn. 15; *Nothdurft* in Langen/Bunte § 21 GWB Rn. 12; Frankfurter Kommentar/*Rixen* § 21 GWB Rn. 22.

[23] BGH 24.6.1965, KZR 7/64, WuW/E BGH 690/695 – Brotkrieg II; BGH 10.6.1966, KZR 4/65, WuW/E BGH 755/757 – Flaschenbier; OLG Karlsruhe 8.11.1978, 6 U 192/77 Kart, WuW/E OLG 2085/2086 – Multiplex.

[24] Zur Unternehmenseigenschaft vgl. Rn. 5.

[25] Sa. OLG Karlsruhe 13.5.2009, 6 U 50/08 (Kart); WuW/E DE-R 2650 Rn. 28 – Freiburger Repetitor.

erkennen können, ob ein Partner, mit dem er eine Vertragsbeziehung eingehen oder fortsetzen will, vom Boykott getroffen werden soll.[26] Der Schutzzweck des § 21 Abs. 1 erfordert hier eine weite Auslegung. In aller Regel reichen daher Bezeichnungen wie direkt verkaufende Großhändler, Kaufhäuser, ortsfremde Industrie oder ambulanter Handel aus. Dagegen genügen **allgemeine Appelle,** z.B. gegen den Bezug ausländischer oder umweltschädigender Produkte, nicht. Eine Bestimmung kann auch dadurch erfolgen, dass der Boykottierer dem Adressaten mitteilt, auf welche Lieferanten bzw. Abnehmer er sich beschränken soll.[27] An der Individualisierbarkeit fehlt es jedoch, wenn der Kreis der in der Aufforderung bezeichneten Unternehmen unüberschaubar ist.[28]

3. Aufforderung zu Liefer- oder Bezugssperren

a) Liefer- oder Bezugssperren. Sperre bedeutet Ausschluss vom Geschäftsverkehr;[29] 10
Liefer- bzw. Bezugssperre ist also Abbruch bestehender oder Nichtaufnahme neuer Liefer- bzw. Bezugsbeziehungen.[30] Gegenstand der Sperre kann jede Tätigkeit im geschäftlichen Verkehr sein, dazu zählen sowohl Waren wie gewerbliche Leistungen.[31] Unerheblich ist der **Umfang** der Geschäftsverweigerung. Eine partielle Sperre reicht aus. Die Sperre kann sich also auf einzelne Produkte oder Produktgruppen (bzw. Dienstleistungen) beschränken; es genügt auch, dass nur begrenzte Mengen geliefert werden.[32] Auch eine **zeitlich begrenzte Sperre** fällt unter § 21 Abs. 1,[33] z.B. Vorspiel- und Karenzklauseln im Filmverleih.[34] Für den Begriff der Sperre kommt es nicht darauf an, ob der Boykottierte **anderweitige Bezugs- oder Absatzmöglichkeiten** hat;[35] allerdings kann dies bei der Unbilligkeit zu berücksichtigen sein. Die bloße **Erschwerung des Geschäftsverkehrs,** etwa durch ungünstigere Preise, Rabatte oder Konditionen, stellt noch keine Sperre dar;[36] solche Fälle können jedoch eine Behinderung oder Diskriminierung nach § 19 Abs. 2 Nr. 1 sein.

---

[26] OLG Karlsruhe 13.5.2009, 6 U 50/08 (Kart); WuW/E DE-R 2650 Rn. 29 – Freiburger Repetitor; OLG Celle 16.10.2003, 13 U 60/03 WuW/E DE-R 1197/1198 – Vermietungsverbot; KG 22.3.1994, Kart 19/93, WuW/E OLG 5299/5308 – Schnäppchenführer; KG 22.3.1984, Kart a 18/83, WuW/E OLG 3199/3202 – Sportartikelhandel; LKartB Bayern, 6.12.2007, W/2 – 5551d6/22/14, WuW/E DE-V 1548/1551 – Außenwerbeflächen; *Markert* in Immenga/Mestmäcker § 21 GWB Rn. 17; *Nothdurft* in Langen/Bunte § 21 GWB Rn. 14; Frankfurter Kommentar/*Rixen* § 21 GWB Rn. 26.

[27] OLG Stuttgart 28.9.2001, 2 U 220/00 GRUR-RR 2003, 21/22 – Rohrpressverbindungen; *Nothdurft* in Langen/Bunte § 21 GWB Rn. 14.

[28] OLG München 14.12.1989, U (K) 5926/89, WuW/E OLG 4622/4623 – Einheimischen-Regelung; WuW/E OLG 3199/3202 – Sportartikelhandel; *Markert* in Immenga/Mestmäcker § 21 GWB Rn. 17; *Nothdurft* in Langen/Bunte § 21 GWB Rn. 14; Frankfurter Kommentar/*Rixen* § 21 GWB Rn. 26.

[29] OLG Schleswig 27.8.1985, 6 U (kart) 48/84, WuW/E OLG 3780/3781 – Import-Arzneimittel; Frankfurter Kommentar/*Rixen* § 21 GWB § 21 Rn. 32.

[30] BGH 5.7.1995, KRB 8/95, BGH WuW/E 3006/3008 – Handelsvertretersperre; *Markert* in Immenga/Mestmäcker § 21 GWB, Rn. 20; Kommentar/*Rixen* § 21 GWB § 21 Rn. 31.

[31] BGH 27.4.1999, KZR 54/97, WuW/E DE-R 303 – Taxi-Krankentransporte; BGH 5.7.1995, KRB 8/95, WuW/E BGH 3006/3007 f. – Handelsvertretersperre; *Markert* in Immenga/Mestmäcker § 21 GWB, Rn. 20.

[32] Frankfurter Kommentar/*Rixen,* § 21 Rn. 32; *Markert* in Immenga/Mestmäcker § 21 GWB Rn. 21.

[33] OLG Düsseldorf 17.3.1969, W (Kart) 4/68 WuW/E OLG 977 – Vororttheater; OLG Düsseldorf 25.3.1988, U (Kart) 28/87, WuW/E OLG 4247; *Markert* in Immenga/Mestmäcker § 21 GWB, Rn. 20; Frankfurter Kommentar/*Rixen* § 21 GWB Rn. 33.

[34] OLG Düsseldorf 17.3.1969, W (Kart) 4/68 WuW/E OLG 977 – Vororttheater; BKartA 12.11. 2008, B 2 – 100/08, WuW/E DE-V 1679 Rn. 32 – Milchpreisoffensive 2008; Tätigkeitsberichte des BKartA 1965, 55; 1967, 77.

[35] BKartA 12.11.2008, B 2 – 100/08, WuW/E DE-V 1679 Rn. 30 – Milchpreisoffensive 2008; Frankfurter Kommentar/*Rixen* § 21 GWB Rn. 34.

[36] *Nothdurft* in Langen/Bunte § 21 GWB Rn. 18; Frankfurter Kommentar/*Rixen,* § 21 Rn. 35.

11 **b) Aufforderung.** Seit der 2. Novelle 1973 erfasst das Boykottverbotverbot bereits das **Versuchsstadium;** der Boykott braucht vom Boykottierer nicht mehr veranlasst zu sein, es genügt die Aufforderung zum Boykott. Die Aufforderung braucht damit keinen Erfolg gehabt zu haben.

12 **Aufforderung** ist jeder Versuch, ein anderes Unternehmen dahingehend zu beeinflussen, dass es bestimmte Liefer- oder Bezugsbeziehungen nicht eingeht oder nicht aufrechterhält.[37] Es soll auf die freie Willensentscheidung des Adressaten, mit anderen Unternehmen Geschäftsbeziehungen zu haben, Einfluss genommen werden.[38] Der Begriff ist weit auszulegen.[39] Die Aufforderung muss aber geeignet sein, die Entschlussfreiheit des Adressaten der Boykotterklärung aufzuheben oder zu mindern; der Adressat muss noch einen eigenen **Entscheidungsspielraum** haben.[40] Daran fehlt es, wenn der Adressat sich bereits rechtswirksam zum Nichtbezug bzw. zur Nichtbelieferung vertraglich verpflichtet hat (etwa durch Ausschließlichkeitsvereinbarungen) und er lediglich zur Erfüllung dieser Vertragspflichten angehalten wird.[41] Ebenso ist es, wenn der Adressat durch die Aufnahme oder Aufrechterhaltung der Geschäftsbeziehungen gegen ein gesetzliches Verbot verstoßen würde.[42] Dagegen reicht es aus, dass die Erklärung des Boykottierers zur Beeinträchtigung der Entschlussfreiheit beitragen kann. Eine Anwendung von **Druckmitteln** ist nicht erforderlich.[43]

13 Die bloße **Verbreitung von Tatsachen** ohne erkennbare Sperrabsicht reicht in der Regel nicht aus.[44] Das gleiche gilt für die bloße Äußerung von **Werturteilen** ohne erkennbare Sperrabsicht.[45] Entscheidend ist jedoch immer, wie der Adressat bei objektiver Würdigung die Erklärung auffassen muss.[46] Dabei kommt es maßgeblich auf eine **Gesamtwürdigung aller Umstände** an, unter denen die Äußerungen erfolgen,[47] also beispielsweise darauf, ob mit der Tatsachenmitteilung eine suggestive Wirkung verbunden ist,[48] welchen Einfluss der Boykottierer auf den Adressaten ausübt, oder ob eine Situation

---

[37] BGH 14.3.2000, KZR 15/98, WuW/E DE-R 487 – Zahnersatz aus Manila; BGH 27.4.1999, KZR 54/97, WuW/E DE-R 303 – Taxi-Krankentransporte; BGH, 22.7.1999, KZR 13/97, WuW/E DE-R 352/354 – Kartenlesegerät; BGH 10.2.1987, KZR 1/86, WuW/E BGH 2370/2372 – Importierte Fertigarzneimittel; BGH 10.10.1989, KZR 22/88, WuW/E BGH 2603/2606 – Neugeborenentransporte; OLG Celle, 16.10.2003, 13 U 60/03 WuW/E DE-R 1197/1198 – Vermietungsverbot; Frankfurter Kommentar/*Rixen*, § 21 Rn. 36.

[38] OLG Karlsruhe 13.5.2009, 6 U 50/08 (Kart), WuW/E DE-R 2650 Rn. 30 – Freiburger Repetitor; OLG Stuttgart 18.12.1998, 2 U 207/98 (Kart) WuW/E DE-R 256 – Gerüstbau; *Markert* in Immenga/Mestmäcker § 21 GWB § 21 Rn. 25.

[39] OLG Celle, 16.10.2003, 13 U 60/03 WuW/E DE-R 1197/1198 – Vermietungsverbot; BKartA 12.11.2008, B 2 – 100/08, WuW/E DE-V 1679 Rn. 26 – Milchpreisoffensive 2008.

[40] OLG Stuttgart 15.2.1974, 2 U (Kart) 145/73, WuW/E OLG 1445/1446 – Badische Ausstellung; OLG Düsseldorf, 29.12.2004, VI-Kart 17/04 (V), WuW/E DE-R 1453/1455 – PPK-Entsorgung; *Markert* in Immenga/Mestmäcker, GWB, § 21 Rn. 26.

[41] OLG Karlsruhe 13.5.2009, 6 U 50/08 (Kart), WuW/E DE-R 2650 Rn. 30 – Freiburger Repetitor; OLG Hamburg 16.10.1980, 3 U 13/80, WuW/E OLG 2361/2362 – glide window; OLG Stuttgart 15.2.1974, 2 U (Kart) 145/73, WuW/E OLG 1445/1446 – Badische Ausstellung; OLG Stuttgart 18.12.1998, 2 U 207/98 (Kart), WuW/E DE-R 256 – Gerüstbau; OLG Düsseldorf, 29.12. 2004, VI-Kart 17/04 (V), WuW/E DE-R 1453/1455 – PPK-Entsorgung; *Markert* in Immenga/ Mestmäcker § 21 GWB Rn. 26; Frankfurter Kommentar/*Rixen* § 21 GWB Rn. 51.

[42] *Markert* in Immenga/Mestmäcker § 21 GWB Rn. 26.

[43] BGH 27.4.1999, KZR 54/97, WuW/E DE-R 303 – Taxi-Krankentransporte; BGH 22.1.1985, KZR 4/84, WuW/E BGH 2137/2139 – markt-intern/Sanitär-Installation; OLG Düsseldorf 29.12. 2004, VI-Kart 17/04 (V), WuW/E DE-R 1453/1457 – PPK-Entsorgung.

[44] BGH 7.12.1962, I ZR 71/61, WuW/E BGH 575/578 – Möbelherstellergenossenschaft (zu § 823 Abs. 1 BGB, § 1 UWG a. F.); Frankfurter Kommentar/*Rixen* § 21 GWB Rn. 41.

[45] Frankfurter Kommentar/*Rixen*, § 21 Rn. 47.

[46] BKartA 11.7.1969, B 5 – 712730 – V 40/69, WuW/E BKartA 1280/1282 – Oldtimer.

[47] *Markert* in Immenga/Mestmäcker § 21 GWB Rn. 28.

[48] Frankfurter Kommentar/*Rixen* § 21 GWB Rn. 46.

besteht, in der eine Bereitschaft zu Kampfmaßnahmen nahe liegt, zum Beispiel eine von Verärgerung und Aggression geprägte Konkurrenzsituation zwischen verschiedenen Gruppen.[49] Es ist auch zu berücksichtigen, dass besonders in Fachkreisen, etwa bei Mitteilungen in Verbandsorganen, schon sehr subtile Färbungen genügen, um eine Boykottaufforderung deutlich werden zu lassen.[50] Bloße **Anregungen** sollen zwar im Grundsatz nicht als Aufforderungen anzusehen sein.[51] Die Unterscheidung erweist sich aber als wenig sinnvoll. Die Grenzen zwischen Aufforderung und Anregung sind kaum auszumachen; entscheidend bleibt auch hier, wie der Adressat die Erklärung auffassen muss und eine Gesamtwürdigung aller Umstände. Auch eine Anregung kann bei Hinzutreten weiterer Umstände geeignet sein, die Entschlussfreiheit des Adressaten zu beeinträchtigen. Gegen eine Boykottaufforderung spricht es, wenn die Mitteilung nicht vom Mitteilenden ausgeht, sondern vom Adressaten angefordert worden ist, ebenso, wenn sie ausschließlich in dessen Interesse erfolgt ist.

Einzelfälle: Tatsachenmitteilungen oder kritische Äußerungen werden in der 14
Regel dann eine Boykottaufforderung enthalten, wenn sie gegenüber Geschäftspartnern (Abnehmern oder Lieferanten) gemacht werden und mit einer Ankündigung negativer Folgen verbunden sind, und zwar auch dann, wenn das Eintreten der negativen Folgen nicht ausdrücklich vom Verhalten des Adressaten abhängig gemacht wird. So liegt eine Aufforderung zum Boykott im Schreiben eines Inserenten an eine Fachzeitschrift, er werde vorerst keine (Werbungs)-inseratenaufträge mehr erteilen, da ihm durch Inserate eines Mitbewerbers in der Fachzeitschrift der Inseratenerfolg genommen sei.[52] Das gleiche gilt, wenn der Geschäftsführer eines Drogistenverbandes, der eine Fachzeitschrift für Drogisten herausgibt und dem durch ein neues Fachblatt Konkurrenz erwächst, gegenüber Drogeriewarenherstellern äußert, „er hoffe, daß sich die inserierende Industrie nicht mit der kritischen Tendenz des neuen Blattes identifizieren werde".[53] Eine Aufforderung zum Boykott liegt auch dann vor, wenn ein Händlerverband Herstellern mitteilt, er sei „überrascht", bei einem bestimmten Händler Erzeugnisse der Hersteller vorgefunden zu haben und damit die Frage verbindet, wie die Hersteller es „mit dem Absatzweg über den funktionserfüllenden Handel künftig halten" wollten.[54] Das gleiche gilt für das Schreiben eines Händlerverbandes an einen Hersteller, dass die Händler den Vertrieb des Produkts über ein Versandhaus „als eine für sie unannehmbare Maßnahme" empfinden und sich daraus „unabsehbare Konsequenzen ergeben" könnten.[55] Auch angeblich „persönliche Äußerungen" eines Verbandsvertreters können einen Boykottaufruf darstellen.[56] Ebenso stellt die Äußerung eines Verbandsvorsitzenden „Ich lasse ab morgen meine Milch zuhause! Und ich gehe davon aus, dass es viele Milcherzeuger genauso machen werden", verbunden mit dem Hinweis, diese Aussage habe „jubelnde Zustimmung" gefunden, eine Boykottaufforderung mit dem Ziel dar, Molkereien nicht mehr mit Milch zu beliefern.[57]

Der **Nachweis günstigerer Bezugsmöglichkeiten** kann eine Aufforderung zu einer 15
Bezugssperre sein, wenn die gegen das zu sperrende Unternehmen gerichtete Zielrichtung für den Adressaten erkennbar ist, nicht aber, wenn lediglich auf das günstige Angebot be-

---

[49] Vgl. z.B. BGH 2.2.1984, I ZR 4/82, WuW/E BGH 2069/2071 – Kundenboykott (zu § 1 UWG a.F.).

[50] Vgl. auch BGH 8.1.1960, I ZR 7/59, WuW/E BGH 391 – Schleuderpreise; BKartA 29.2.1964, Z 2 1200 00 – 43/64, WuW/E BKartA 844.

[51] Frankfurter Kommentar/*Rixen*, § 21 GWB Rn. 44 mit weiteren Nachweisen.

[52] KG 27.5.1969, Kart 22/68, WuW/E OLG 1029 – Anzeigensperre.

[53] KG 9.3.1978, Kart 26/76, WuW/E OLG 2023/2024 – Drogisten-Fachzeitschrift.

[54] LG Hamburg 10.10.1973, 15 O 393/73, WuW/E LG/AG 385 – Baustoffgroßhändler-Verband.

[55] BKartA 11.7.1969, B 5 – 712730 – V 40/69, WuW/E BKartA 1280 – Oldtimer; vgl. auch OLG Hamburg 2.3.1978, 3 U 149/77, WuW/E 2067 OLG – Werbeaktion mit Kaffeegeschirren.

[56] BKartA 12.11.2008, B 2 – 100/08, WuW/E DE-V 1679 Rn. 24 ff. – Milchpreisoffensive 2008.

[57] OLG Düsseldorf 9.9.2009, IV-Kart 13/08, NJOZ 2010, 426 – Milchlieferstopp.

stimmter Unternehmen hingewiesen wird.[58] Eine Boykottaufforderung liegt in der von der AOK geäußerten **Bitte an Ärzte, Patienten vorrangig an die mit ihr verbundenen Taxiunternehmer zu verweisen.**[59] Die Aufforderung zu einer Liefer- oder Bezugssperre kann auch in einer **vertraglichen Vereinbarung** zwischen dem Boykottierer und dem Adressaten liegen.[60]

16 **Keine Boykottaufforderung** stellt im Allgemeinen eine Werbung dar, die ohne Bezugnahme auf das Angebot eines Mitbewerbers die Vorzüge der eigenen Leistung herausstellt.[61] Ebenso ist eine bloße Warnung vor Verwechslungen und Namensmissbrauch noch keine Boykottaufforderung.[62] Ein bloßer Hinweis auf die Rechtslage, etwa auf Vertragsbestimmungen, die von der anderen Seite unterzeichnet worden sind, ist keine Boykottaufforderung.[63]

4. Absicht unbilliger Beeinträchtigung

17 **a) Beeinträchtigung.** Unter Beeinträchtigung ist jede **Zufügung eines Nachteils** im geschäftlichen Verkehr zu verstehen.[64] Der Begriff der Beeinträchtigung entspricht dem Begriff der Behinderung in § 19 Abs. 2 Nr. 1.[65] Der Nachteil ergibt sich in aller Regel bereits aus dem Ausschluss von bestimmten Liefer- oder Bezugsmöglichkeiten,[66] kann aber auch in der Beeinträchtigung von Werbemöglichkeiten liegen.[67] Er wird nicht dadurch ausgeschlossen, dass dem Boykottierten andere Liefer- oder Bezugsmöglichkeiten offenstehen. Es kommt nicht darauf an, ob die Beeinträchtigung tatsächlich eintritt, da die Absicht der Beeinträchtigung ausreicht.

18 **b) Unbilligkeit.** Mit dem Tatbestandsmerkmal der Unbilligkeit hat der Gesetzgeber ein materielles Bewertungskriterium eingeführt, das es ermöglichen soll, unter Berücksichtigung der Umstände des Einzelfalls gerechtfertigte und ungerechtfertigte Boykottmaßnahmen voneinander zu scheiden. Das geschieht aufgrund einer umfassenden **Abwägung der Interessen der Beteiligten** unter Berücksichtigung der auf die Freiheit des Wettbewerbs gerichteten Zielsetzung des GWB.[68] Abzuwägen sind die Interessen des Boykottierten und des Boykottierers entsprechend dem Schutzzweck[69] des § 21 Abs. 1. Die Interessenabwä-

---

[58] BGH 14.3.2000, KZR 15/98, WuW/E DE-R 487 – Zahnersatz aus Manila; BGH 22.7.1999, KZR 13/97, WuW/E DE-R 352/354 – Kartenlesegerät.

[59] BGH 27.4.1999, KZR 54/97, WuW/E DE-R 303 – Taxi-Krankentransporte.

[60] BGH 28.9.1999, KZR 18/98, WuW/E DE-R 395 – Beteiligungsverbot für Schilderpräger; LKartB Bayern 6.12.2007, W/2–5551d6/22/14, WuW/E DE-V1548 – Außenwerbeflächen.

[61] BGH 22.7.1999, KZR 13/97, WuW/E DE-R 352 – Kartenlesegerät.

[62] OLG Düsseldorf 1.8.1980, U (Kart) 12/80, WuW/E OLG 2401/2402 OLG – Telex-Verlage.

[63] OLG Stuttgart 15.2.1974, 2 U (Kart) 145/73, WuW/E OLG 1445/1446f. – Badische Ausstellung.

[64] *Markert* in Immenga/Mestmäcker § 21 GWB, Rn. 36; Frankfurter Kommentar/*Rixen,* § 21 GWB Rn. 61.

[65] *Markert* in Immenga/Mestmäcker § 21 GWB, Rn. 36.

[66] KG 23.3.1994, Kart 19/93, WuW/E OLG 5299/5308 – Schnäppchenführer.

[67] OLG Karlsruhe 13.5.2009, 6 U 50/08 (Kart); WuW/E DE-R 2650 Rn. 33 – Freiburger Repetitor.

[68] BGH 28.9.1999, KZR 18/98, WuW/E DE-R 395/397 – Beteiligungsverbot für Schilderpräger; BGH 27.4.1999, KZR 54/97, WuW/E DE-R 303/305f. – Taxi-Krankentransporte; BGH 2.7.1996, KZR 20/91, WuW/E BGH 3067/3071 – Fremdleasingboykott II; BGH 25.10.1988, KRB 4/88, WuW/E BGH 2562/2563 – markt-intern-Dienst; BGH 12.2.1980, KZR 4/79, WuW/E BGH 1729/1730 – Ölbrenner; OLG Karlsruhe 13.5.2009, 6 U 50/08 (Kart); WuW/E DE-R 2650 Rn. 33 – Freiburger Repetitor; OLG Düsseldorf 16.11.2004, VI-Kart 24–27/03 OWI, WuW/E DE-R 1381/1384 – DSD; KG 23.3.1994, Kart 19/93, WuW/E OLG 5299/5308 – Schnäppchenführer BKartA 12.11.2008, B 2 – 100/08, WuW/E DE-V 1679 Rn. 38 – Milchpreisoffensive 2008; *Markert* in Immenga/Mestmäcker § 21 GWB Rn. 37; *Nothdurft* in Langen/Bunte § 21 GWB Rn. 39f.; Frankfurter Kommentar/*Rixen* § 21 GWB Rn. 62; *Bechtold* § 21 GWB Rn. 7.

[69] Dazu oben Rn. 2.

gung hat davon auszugehen, dass Beeinträchtigungen aufgrund wettbewerbskonformer Handlungen anderer Marktteilnehmer natürliche Folge des Wettbewerbsprozesses sind, dass aber der Boykott als Behinderungswettbewerb grundsätzlich eine wettbewerbsfremde Maßnahme darstellt und nur aufgrund besonderer Umstände gerechtfertigt sein kann. Zu berücksichtigen sind auch Inhalt, Form und Begleitumstände der Aufforderung.[70] Anders als bei § 19 Abs. 2 Nr. 1 ist die Unbilligkeit indiziert und muss durch eine besondere Rechtfertigung ausgeschlossen werden. Es bleibt damit nur ein geringer Spielraum für eine Berücksichtigung der Interessen des Boykottierers.[71] Unbilligkeit ist grundsätzlich anzunehmen, wenn die Boykottaufforderung bereits **gegen andere Vorschriften verstößt.**[72] Das gilt insbesondere, wenn Tatbestände des UWG verwirklicht sind. **Alternativen zu Absatz- oder Bezugsmöglichkeiten** des boykottierten Unternehmens können zwar in der Interessenabwägung berücksichtigt werden, sind jedoch nur ein Faktor unter mehreren und schließen die Unbilligkeit keineswegs von vornherein aus.[73]

Gründe, die die Unbilligkeit ausschließen, können vor allem die Abwehr eines rechtswidrigen Angriffs, die Wahrnehmung berechtigter Interessen und zulässige vertragliche Bindungen sein. Das **Recht auf freie Meinungsäußerung** (Art. 5 GG) kann dagegen lediglich zur Verfolgung außerwirtschaftlicher Ziele (Umweltschutz, politische oder weltanschauliche Ziele und dgl.), nicht aber im wirtschaftlichen Wettbewerb zur Rechtfertigung einer Boykottaufforderung dienen.[74] Dem steht die auf die Freiheit des Wettbewerbs gerichtete Zielsetzung des GWB entgegen. Lediglich wenn eine Meinungsäußerung Mittel im geistigem Meinungskampf in einer die Öffentlichkeit wesentlich berührenden Frage ist, wenn es also dem Handelnden um eine argumentative Auseinandersetzung über auch wirtschaftliche Belange der interessierten Öffentlichkeit geht, kann das Grundrecht der freien Meinungsäußerung eine Rechtfertigung liefern.[75] 19

Als **Abwehr eines rechtswidrigen Angriffs** (Abwehrboykott) ist der Boykott nicht unbillig, wenn er erforderlich ist, um einen noch fortwirkenden rechtswidrigen Angriff abzuwehren.[76] Dafür lassen sich drei Voraussetzungen aufstellen: (1) der Boykottierte handelt rechtswidrig, (2) dem Boykottierten stehen andere Abwehrmaßnahmen, insbesondere behördliche oder gerichtliche Hilfe, nicht zur Verfügung, (3) der Boykott geht über das zur Abwehr unbedingt erforderliche Maß nicht hinaus.[77] Es ist also der Grundsatz der **Ver-** 20

---

[70] OLG Karlsruhe 13.5.2009, 6 U 50/08 (Kart); WuW/E DE-R 2650 Rn. 33 – Freiburger Repetitor.

[71] KG 15.1.1988, 1 Kart 16/85, WuW/E OLG 4108/4111 – Sportartikelhandel; KG 9.3.1978, Kart 26/76, WuW/E OLG 2023, 2024 – Drogisten-Fachzeitschrift; OLG Frankfurt 2.4.1996, 11 W (Kart) 2/96, Pharma Recht 1996, 410/413 – Wirksame Arzneimittel; OLG Stuttgart 15.1.1988, 2 U 257/87, WuW/E OLG 4254/4256 – AOK Ravensburg; OLG München 15.9.1988, U (K) 4657/88, WuW/E OLG 4437/4438 – Liegendtransporte; OLG Hamburg 5.1.1984, 3 U 175/83, WuW/E OLG 3233/3235 – Marktintern/Apotheke-Pharmazie; *Markert* in Immenga/Mestmäcker § 21 GWB Rn. 37; *Nothdurft* in Langen/Bunte § 21 GWB Rn. 42; Frankfurter Kommentar/*Rixen* § 21 GWB Rn. 63.

[72] BGH 2.7.1996, KZR 20/91, WuW/E BGH 3067/3071 – Fremdleasing-Boykott II.

[73] BGH 28.9.1999, KZR 18/98, WuW/E DE-R 395 – Beteiligungsverbot für Schilderpräger; *Markert* in Immenga/Mestmäcker § 21 GWB § 21 Rn. 38.

[74] *Markert* in Immenga/Mestmäcker § 21 GWB § 21 Rn. 42; *Nothdurft* in Langen/Bunte § 21 GWB Rn. 46; Frankfurter Kommentar/*Rixen* § 21 GWB Rn. 77 ff.

[75] BVerfG 15.11.1992, 1 BvR 108, 438, 437/80, BVerfGE 62, 230/244 ff.; BGH 2.2.1984, I ZR 4/82, WuW/E BGH 2069/2072 – Kundenboykott; BGH 22.1.1987, KZR 4/84, WuW/E BGH 2137/2139 – markt intern/Sanitär-Installation.

[76] KG 9.3.1978, Kart 26/76, WuW/E OLG 2023/2025 – Drogisten-Fachzeitschrift; KG 15.1.1988, 1 Kart 16/85, WuW/E OLG 4108/4111 – Sportartikelhandel; OLG Stuttgart 24.3.1978, 2 Kart 5/79, WuW/E OLG 2269 – ARA-Kollektion; *Markert* in Immenga/Mestmäcker § 21 GWB Rn. 39; *Nothdurft* in Langen/Bunte § 21 GWB Rn. 43; Frankfurter Kommentar/*Rixen* § 21 GWB Rn. 70.

[77] *Markert* in Immenga/Mestmäcker § 21 GWB § 21 Rn. 39.

hältnismäßigkeit zu beachten; Anlass, Ziel, Mittel und Wirkung des Boykotts sind gegeneinander abzuwägen. In der Mehrzahl der Fälle wird es an der Erforderlichkeit und Verhältnismäßigkeit deswegen fehlen, weil der Angegriffene gerichtliche Hilfe – gegebenenfalls im Wege der einstweiligen Verfügung – in Anspruch nehmen kann. Der Abwehrboykott findet grundsätzlich dort seine Grenze, wo **schützenswerte Belange Dritter,** die selbst nicht unmittelbar beteiligt sind, verletzt werden.[78]

21 Die Unbilligkeit kann auch durch die **Wahrnehmung berechtigter Interessen ausgeschlossen sein.** Rechtssystematisch besagt dies nichts anderes, als dass eine Interessenabwägung stattzufinden hat, die bei Prüfung der Unbilligkeit ohnehin anzustellen ist. Bei der danach erforderlichen Interessenabwägung kann insbesondere auch die Marktstellung des Boykottierers eine entscheidende Rolle spielen.[79] Der bloße Hinweis, dass die Geschäftsbeziehungen zu Dritten gegen vertragliche Verpflichtungen oder gesetzliche Verbote verstoßen, ist zwar auch geeignet, die Unbilligkeit auszuschließen. Jedoch wird es hierbei in der Regel bereits an der Einflussnahme auf die freie Willensentscheidung des Adressaten und damit an der Aufforderung fehlen.

22 Als **vertragliche Bindungen,** die einen Boykott rechtfertigen können, kommen vor allem **Ausschließlichkeitsbindungen** in Betracht. Die mit ihnen erreichte Bindung des Geschäftspartners führt zwar dazu, dass Dritte von der Belieferung des Geschäftspartners bzw. dem Bezug von ihm ausgeschlossen sind. Soweit Ausschließlichkeitsbindungen gesetzlich zulässig sind, ist aber die mit ihnen bewirkte Liefer- bzw. Bezugssperre jedenfalls grundsätzlich nicht unbillig. Die Frage der Zulässigkeit von Ausschließlichkeitsbindungen beurteilt sich nach der **Vertikal-Gruppenfreistellungsverordnung,**[80] die insofern Vorrang gegenüber dem GWB hat, als Fälle, die durch eine Gruppenfreistellungsverordnung freigestellt sind, nicht nach nationalem Recht verboten werden dürfen (Art. 3 Abs. 1 S. 2 VO 1/2003[81] und § 22 Abs. 2 S. 1 GWB). Die „regelmäßigen Wirkungen“[82] einer Ausschließlichkeitsbindung verstoßen damit nicht gegen § 21 Abs. 1; anders kann es nur sein, wenn weitere Umstände hinzutreten, etwa die Ausschließlichkeitsbindung lediglich dem Zweck dient, bestimmte Dritte vom Markt fernzuhalten oder zu verdrängen.[83]

23 **c) Absicht.** Die unbillige Beeinträchtigung des Boykottierten durch Liefer- oder Bezugssperren muss vom Boykottierer beabsichtigt sein. Die Beeinträchtigung muss **Zweck** des Handelns sein; einfacher Vorsatz reicht nicht aus, erst recht nicht bedingter Vorsatz oder Fahrlässigkeit.[84] Allerdings braucht die unbillige Beeinträchtigung **nicht alleiniges Ziel** zu sein, das Vorliegen weiterer Beweggründe, etwa die Förderung der eigenen Geschäftstätigkeit, schließt die Absicht nicht aus.[85] Die Absicht muss sich auch auf die Unbilligkeit der Beeinträchtigung beziehen. Dafür ist aber nicht erforderlich, dass der Boykottie-

---

[78] BGH 2.2.1984, I ZR 4/82, WuW/E BGH 2069/2071 – Kundenboykott (zu § 1 UWG a. F.).

[79] BGH 28.9.1999, KZR 18/98, WuW/E DE-R 395/398 – Beteiligungsverbot für Schilderpräger.

[80] Verordnung (EG) Nr. 2790/1999 (ABl. Nr. L 336/21).

[81] Verordnung (EG) Nr. 1/2003 des Rates zur Durchführung der in Artikeln 81 und 82 des Vertrags niedergelegten Wettbewerbsregeln, ABl. EG L 1/1 v. 4.1.2003.

[82] *Bechtold* § 21 GWB Rn. 8.

[83] Frankfurter Kommentar/*Rixen* § 21 GWB Rn. 65; *Markert* in Immenga/Mestmäcker § 21 GWB Rn. 43.

[84] OLG Stuttgart 221.5.1976, 2 U 136/76, WuW/E OLG 1721 – Miniaturparfümfläschchen; *Markert* in Immenga/Mestmäcker § 21 GWB Rn. 34; *Nothdurft* in Langen/Bunte § 21 GWB Rn. 33; Frankfurter Kommentar/*Rixen* § 21 GWB Rn. 57.

[85] BGH 4.11.1980, KRB 3/80, WuW/E BGH 1786/1787 – ARA; BGH 2.7.1996, KZR 20/91, WuW/E BGH 3067/3072 – Fremdleasingboykott II; BGH 27.4.1999, KZR 54/97, WuW/E DE-R 303/307 – Taxi-Krankentransporte; KG 22.3.1994, Kart 19/93, WuW/E OLG 5299/5310 – Schnäppchenführer; OLG Düsseldorf 17.3.1969, W (Kart) 4/68, WuW/E OLG 977, 980 – Vororttheater; KG 27.5.1969, Kart 22/68, WuW/E OLG 1029, 1032 – Anzeigensperre; *Markert* in Immenga/Mestmäcker § 21 GWB Rn. 34; Frankfurter Kommentar/*Rixen* § 21 GWB Rn. 58.

rer die zur Feststellung der Unbilligkeit führende Interessenabwägung zutreffend vornimmt. Es reicht aus, dass er die Umstände kennt, die die Unbilligkeit begründen.[86]

5. Rechtsfolgen

Der Verstoß gegen § 21 Abs. 1 stellt eine **Ordnungswidrigkeit** nach § 81 Abs. 3 Nr. 1 dar. Normadressat ist jedoch nur der Boykottierer; der Adressat handelt als notwendiger Teilnehmer nicht ordnungswidrig.[87] 24

Im **Verwaltungsverfahren** kann die Kartellbehörde nach §§ 32–32b vorgehen. Sie kann nach § 32 das boykottierende Unternehmen bzw. die Vereinigung von Unternehmen) verpflichten, dass gegen § 21 Abs. 1 verstoßende Verhalten abzustellen; sie kann auch nach § 32a einstweilige Maßnahmen ergreifen und nach § 32b Verpflichtungszusagen für bindend erklären. In der Praxis haben solche Maßnahmen allerdings bisher keine Rolle gespielt; Verfahren der Kartellbehörde wegen Verstoßes gegen § 21 Abs. 1 sind vielmehr als Ordnungswidrigkeitenverfahren behandelt worden. Sinnvoll erscheint ein Verwaltungsverfahren nur dann, wenn ein Verschulden des Boykottierers nicht festzustellen ist und sein Verhalten für die Zukunft untersagt werden soll.[88] 25

Zivilrechtlich kann der Boykottierte nach § 33 Abs. 1 und 3 Unterlassungs-, Beseitigungs- und Schadensersatzansprüche geltend machen. Unterlassungs- und Beseitigungsansprüche können nach § 33 Abs. 2 auch von den dort genannten Verbänden erhoben werden. 26

6. Verhältnis zu anderen Vorschriften

§ 1 GWB kann neben § 21 Abs. 1 anwendbar sein, wenn eine von mehreren Unternehmen ergangene Boykottaufforderung auf einer Vereinbarung zwischen Unternehmen, einem Beschluss von Unternehmensvereinigungen oder auf einer aufeinander abgestimmten Verhaltensweise beruht. Ebenso können **§ 21 Abs. 2 und 3 GWB** neben § 21 Abs. 1 anzuwenden sein, wenn die dort genannten Voraussetzungen vorliegen. Handelt es sich um ein marktbeherrschendes Unternehmen, können auch **§ 19 Abs. 1 iVm Abs. 2 Nr. 1 und Nr. 3** anwendbar sein; bei marktmächtigen Unternehmen nach § 20 kann eine Anwendung von **§ 20 Abs. 1 und 3** bei Vorliegen der dort genannten Voraussetzungen erfolgen. Außerhalb des GWB kann **§ 3 UWG,** insbesondere in Verbindung mit **§ 4 Nr. 10 UWG** neben § 21 Abs. 1 anwendbar sein, ebenso **§ 823** und **§ 826 BGB.** 27

III. Veranlassung zu verbotenem Verhalten (§ 21 Abs. 2)

1. Normzweck und Bedeutung

§ 21 Abs. 2 enthält das Verbot, andere Unternehmen durch Druck- oder Lockmittel zu einem kartellrechtlich unerlaubten Verhalten zu veranlassen. Die Vorschrift nannte zunächst nur nach dem GWB oder durch Verfügungen der Kartellbehörde untersagte vertragliche Bindungen, durch die 8. GWB-Novelle 2013 wurde sie auf Art. 101 und 102 AEUV sowie darauf gestützte Verfügungen erweitert, was nach der Amtl. Begr. nur eine Klarstellung sein sollte.[89] Der **Zweck** der Vorschrift besteht darin, den Wettbewerb aufrechtzuerhalten, indem die unternehmerische Entscheidungsfreiheit geschützt und der Gefahr vorgebeugt 28

[86] BGH 27.4.1999, KZR 54/97, WuW/E DE-R 303/307 – Taxi-Krankentransporte; OLG Düsseldorf 29.12.2004, VI-Kart 17/04 (V), WuW/E DE-R 1453/1457 – PPK-Entsorgung; BGH 2.7.1996, KZR 20/91, WuW/E BGH 3067/3072 – Fremdleasingboykott II; BGH 28.9.1999, KZR 18/98, WuW/E DE-R 395/398 – Beteiligungsverbot für Schilderpräger; *Markert* in Immenga/Mestmäcker § 21 GWB Rn. 35; Frankfurter Kommentar/*Rixen* § 21 GWB Rn. 59.

[87] Vgl. oben Rn. 7.

[88] *Bechtold* § 21 GWB Rn. 11.

[89] Amtl. Begr. BT-Drs. 17/9852 S. 24.

werden soll, dass kartellrechtliche Verbote durch die Anwendung von Druck- oder Lockmitteln umgangen werden.[90] Die **praktische Bedeutung** ist erheblich. Vor allem wurde von Lieferanten versucht, Abnehmer zu einem bestimmten Preisverhalten zu veranlassen; daneben aber auch, auf horizontaler Ebene Wettbewerber zu einem bestimmten Marktverhalten zu bringen.[91]

2. Die Beteiligten

29 **Normadressaten** sind Unternehmen und Vereinigungen von Unternehmen. Auch hier entspricht der Unternehmensbegriff dem des § 1. Es ist also der funktionale Unternehmensbegriff zugrunde zu legen; erforderlich ist eine Teilnahme am geschäftlichen Verkehr, ein rein privates Handeln scheidet aus.[92] Der Normadressat braucht nicht selbst an dem verbotenen Verhalten beteiligt zu sein.[93]

30 Die Druck- oder Lockmittel müssen sich gegen **andere Unternehmen** richten. Es muss sich also wiederum um Unternehmen oder Unternehmensvereinigungen handeln; maßgeblich ist auch hier der Unternehmensbegriff des § 1. Um andere Unternehmen oder Unternehmensvereinigungen handelt es sich nur, wenn zwischen ihnen und dem Normadressaten **keine organisatorische Verbindung** besteht; insoweit kann auf das in Rn. 6 Gesagte Bezug genommen werden.

3. Mittel der Beeinflussung

31 Mittel der Beeinflussung sind die **Androhung oder Zufügung** von Nachteilen und das **Versprechen oder Gewähren** von Vorteilen.

32 **a) Androhung oder Zufügung von Nachteilen.** Unter **Nachteil** ist ein Übel zu verstehen, das bei objektiver Beurteilung geeignet ist, den Willen des Adressaten zu beeinflussen und ihn zu einem wettbewerbsbeschränkenden Verhalten im Sinne des § 21 Abs. 2 zu veranlassen.[94] An einer solchen Eignung fehlt es, wenn die angedrohte oder zugefügte Maßnahme für den Adressaten ohne Konsequenzen bleibt, weil beispielsweise bei Androhung einer Liefersperre der Adressat die gesperrte Ware problemlos und zu gleich günstigen Bedingungen von einem anderen Lieferanten beziehen kann.[95] Der Nachteil kann auch, für sich genommen, **rechtmäßig** sein. Die Rechtswidrigkeit ergibt sich dann aus dem mit der Androhung oder Zufügung verfolgten Zweck, der auf eine Beschränkung des Wettbewerbs gerichtet ist; dementsprechend ordnet § 21 Abs. 2 die Rechtswidrigkeit aller diesen Zweck verfolgenden Druckmittel an.[96] Der Nachteil braucht nicht wirtschaftlicher Art zu sein, andere Unannehmlichkeiten, etwa gesellschaftlicher Art, reichen aus.[97]

---

[90] BGH 16.12.1976, KVR 5/75, WuW/E BGH 1474/1478 – Architektenkammer; BGH 24.6. 1965, KZR 7/64, WuW/E BGH 690/693 – Brotkrieg II; OLG Düsseldorf 29.12.2004, VI-Kart 17/04 (V), WuW/E DE-R 1453/1458 – PPK-Entsorgung.

[91] Dazu näher *Markert* in Immenga/Mestmäcker § 21 GWB Rn. 53.

[92] Vgl. § 1 GWB Rn. 22; Teil 6 Art. 101 AEUV Rn. 131 ff.

[93] BGH 14.7.1980, KRB 6/79, WuW/E BGH 1736/1737 – markt-intern.

[94] BGH 16.12.1976, KVR 5/75, WuW/E BGH 1474/1478 f. – Architektenkammer; BGH 19.3. 1991, KVR 4/89, WuW/E BGH 2688/2692 – Warenproben in Apotheken; KG 6.12.1979, Kart 36/78, WuW/E OLG 2205 – Jeans; KG 17.9.1972, Kart 12/91, WuW/E OLG 5053/5059 – Einflussnahme auf die Preisgestaltung; OLG Düsseldorf 29.12.2004, VI-Kart 17/04 (V), WuW/E DE-R 1453/1458 – PPK-Entsorgung; ebenso das Schrifttum, vgl. nur *Markert* in Immenga/Mestmäcker GWB § 21 GWB Rn. 58.

[95] KG 17.9.1992, Kart 12/91, WuW/E OLG 5053/5059 – Einflussnahme auf die Preisgestaltung; s. auch KG 6.12.1979, Kart 36/78, WuW/E OLG 2205 – Jeans.

[96] BGH 16.12.1976, KVR 5/75, WuW/E BGH 1474/1478 f. – Architektenkammer; OLG Düsseldorf 29.12.2004, VI-Kart 17/04 (V), WuW/E DE-R 1453/1458 – PPK-Entsorgung.

[97] *Markert* in Immenga/Mestmäcker § 21 GWB Rn. 58.

Zu den Nachteilen im Sinne des § 21 Abs. 2 zählen vor allem der **Abbruch oder die Nichtaufnahme von Liefer- oder Bezugsbeziehungen,**[98] ebenso die Verschlechterung von Konditionen innerhalb solcher Beziehungen, etwa die Herabsetzung oder Nichtgewährung von Umsatzboni oder Rabatten,[99] ferner **berufs- und verbandsrechtliche Maßnahmen**[100] wie Ausschluss oder Verhängung von Strafen[101] und **publizistische Maßnahmen** wie nachteilige Presseveröffentlichungen.[102] Dabei ist aber zu berücksichtigen, dass dem Normadressaten nicht das Recht genommen werden darf, an sich legitime Maßnahmen zu ergreifen; ihre Rechtswidrigkeit gewinnen diese Maßnahmen erst dadurch, dass sie gezielt eingesetzt werden, um den Adressaten zu einem wettbewerbswidrigen Verhalten zu veranlassen. Das gilt in besonderem Maße für die Androhung oder Durchführung von **Gerichtsverfahren.** Den Beteiligten darf nicht das Recht genommen werden, ihre unterschiedlichen Auffassungen über die Rechtslage gerichtlich klären zu lassen.[103] Werden aber gerichtliche Schritte angedroht, um den Bedrohten zu einem wettbewerbswidrigen Verhalten im Sinne des § 25 Abs. 2 zu veranlassen, so kann darin ein Nachteil im Sinne dieser Vorschrift liegen.[104] Es kommt daher darauf an, ob mit der Ankündigung eines gerichtlichen Vorgehens lediglich die Durchsetzung eines Anspruchs bezweckt wird oder ob zusätzlich – oder auch ausschließlich – der Adressat zu einem wettbewerbswidrigen Verhalten veranlasst werden soll. Die Androhung eines Nachteils liegt jedenfalls dann vor, wenn sie in dem Bewusstsein erfolgt, dass keinesfalls ein Anspruch besteht, aber ein Gerichtsverfahren für den bedrohten besonders unangenehm ist.[105] 33

Androhung ist die ernsthafte Inaussichtstellung des Nachteils.[106] Sie muss objektiv geeignet sein, die Entschlussfreiheit des Bedrohten zu beeinflussen.[107] Ob sie sie tatsächlich beeinflusst, ist unerheblich. Deswegen ist es auch nicht erforderlich, dass der Bedrohte die Androhung ernst nimmt.[108] Der Nachteil braucht mit der Androhung nicht genau bezeichnet zu werden; die Androhung unbestimmter Unannehmlichkeiten, z.B. „Einleitung unliebsamer Schritte" reicht aus,[109] ebenso kann der Hinweis eines Herstellers ausreichen, er könne den vom Händler geforderten niedrigeren Preis betriebswirtschaftlich nicht nachvollziehen.[110] Grundsätzlich keine Androhung sind die bloße **Warnung** und die bloße 34

[98] Vgl. etwa BGH 24.6.1965, KZR 7/64, WuW/E BGH 690/693 – Brotkrieg II; BGH 28.10. 1965, KRB 3/65, WuW/E BGH 704 – SABA; BGH 14.7.1980, KRB 6/79, WuW/E BGH 1736 – markt-intern; KG 19.9.2013, 2 U 8/09 Kart, MMR 2013, 774 – Schulranzenverkauf bei eBay; KG 6.12.1979, Kart 36/78, WuW/E OLG 2205 – Jeans; KG 22.9.1982, Kart. U 641/82, WuW/E OLG 2822/2823; KG 17.9.1992, Kart 12/91, WuW/E OLG 5053/5059 – Einflussnahme auf die Preisgestaltung; OLG Hamburg 14.4.1960, 3 U (Kart) 99/59, WuW/E OLG 352/353; LG Düsseldorf 16.1.2014, 14c O 226/12, BeckRS 2014, 08958; Tätigkeitsbericht des BKartA 2005/2006, S. 76.

[99] *Markert* in Immenga/Mestmäcker § 21 GWB Rn. 59.

[100] Vgl. etwa BGH 21.10.1986, KZR 28/85, WuW/E BGH 2326 – Guten Tag-Apotheke II.

[101] S. z.B. Tätigkeitsbericht 2005/2006, S. 37 und 169; ferner *Markert* in Immenga/Mestmäcker § 21 GWB Rn. 61 mwN.

[102] Frankfurter Kommentar/*Roth,* § 21 GWB Rn. 176.

[103] BGH 16.12.1976, KVR 5/75, WuW/E BGH 1474/1479 – Architektenkammer; BGH 19.3. 1991, KVR 4/89, WuW/E BGH 2688/2693 – Warenproben in Apotheken.

[104] BGH 16.12.1976, KVR 5/75, WuW/E BGH 1474/1479 – Architektenkammer; BGH 19.3. 1991, KVR 4/89, WuW/E BGH 2688/2693 – Warenproben in Apotheken; Tätigkeitsbericht des BKartA 1999/2000, S. 111; *Markert* in Immenga/Mestmäcker § 21 GWB Rn. 61; *Nothdurft* in Langen/Bunte § 21 GWB Rn. 66.

[105] KG 9.4.1963, 5 Kart B 1/62, WuW/E OLG 563 – Tischtennisbälle.

[106] *Markert* in Immenga/Mestmäcker § 21 GWB Rn. 62.

[107] KG 13.4.1973, Kart 27/72, WuW/E OLG 1394/1396 – Japanischer Fotoimport.

[108] KG 9.4.1963, 5 Kart B 1/62, WuW/E OLG 563/567 – Tischtennisbälle; *Markert* in Immenga/Mestmäcker GWB § 21 GWB Rn. 62; Frankfurter Kommentar/*Roth,* § 21 GWB Rn. 181.

[109] KG 13.4.1973, Kart 27/72, WuW/E OLG 1394/1396 – Japanischer Fotoimport; KG 28.5. 1976, Kart 165/75, WuW/E OLG 1775/1776 – Silierungsanlagen.

[110] BGH 6.11 2012, KZR 13/12, NZKart 2013, 84.

Empfehlung. Bei der Warnung wird vom Warnenden kein Nachteil in Aussicht gestellt, sondern auf Gefahren von dritter Seite hingewiesen,[111] bei der Empfehlung wird ein bestimmtes Verhalten des Adressaten als vorteilhaft bezeichnet und deswegen nahegelegt.[112] Es fehlt also an der Ankündigung eigener für den Adressaten nachteiliger Maßnahmen. Nur wenn solche Warnungen oder Empfehlungen vom Adressaten als Inaussichtstellung von Nachteilen durch den Warnenden bzw. Empfehlenden verstanden werden müssen, liegt eine Androhung vor.[113] Die Androhung muss dem Bedrohten **zur Kenntnis gelangen.** Dabei reicht es aus, dass die Erklärung an einen Dritten gerichtet ist, aber dem zu Beeinflussenden zur Kenntnis gebracht wird; Beispiel: ein Verband droht einem Mitglied verbandsrechtliche Maßnahmen an und veröffentlicht diese Androhung in der Verbandszeitschrift.

35 Die Voraussetzung des **Zufügens** ist erfüllt, wenn der Nachteil eingetreten ist. Eine vorherige Androhung ist dafür nicht erforderlich.

36 **b) Versprechen oder Gewähren von Vorteilen.** Unter **Vorteil** ist spiegelbildlich zum Nachteil jede Verbesserung der Situation des Adressaten zu verstehen, die bei objektiver Beurteilung geeignet ist, seinen Willen zu beeinflussen und ihn zu einem wettbewerbsbeschränkenden Verhalten im Sinne des § 21 Abs. 2 zu veranlassen.[114] Die Kriterien für die Bestimmung des Nachteils sind hier entsprechend anzuwenden. So braucht der Vorteil nicht wirtschaftlicher Art zu sein, andere Vergünstigungen, etwa gesellschaftlicher Art, reichen aus.

37 In der Praxis bestehen Vorteile häufig in einer **bevorzugten Behandlung im Rahmen von Bezugs- oder Absatzbeziehungen,** etwa in Form von Sonderpreisen,[115] besonderen Rabatten wie Treuerabatten, Werbekostenzuschüssen und dgl. Ebenso liegt ein Vorteil im **Anerkenntnis verjährter oder unsicherer Forderungen,** weiterhin in der Auflösung einer Konkurrenzfiliale.[116] Ein Vorteil kann auch darin bestehen, dass ein **Nachteil vermieden** wird.

38 **Versprechen** bedeutet das ernsthafte Inaussichtstellen des Vorteils.[117] Der Adressat muss davon ausgehen können, dass ihm für sein wettbewerbsbeschränkendes Verhalten der Vorteil gewährt wird. Ob der Versprechende dies ernsthaft beabsichtigt, ist unerheblich. **Gewährt** ist der Vorteil, wenn er aufgrund des Verhaltens des Gewährenden beim Adressaten tatsächlich eingetreten ist.

4. Veranlassung zu verbotenem Verhalten

39 **a) Veranlassung.** Der Einsatz der Druck- und Lockmittel muss erfolgen, um den Adressaten zu einem wettbewerbswidrigen Verhalten im Sinne des § 21 Abs. 2 zu veranlassen. Das bedeutet, dass der Einsatz der Druck- und Lockmittel ein **zweckgerichtetes Verhalten** ist; der Normadressat muss die **Absicht** haben, auf diese Weise das wettbewerbswidrige Verhalten des Adressaten zu bewirken.[118] Ein bloßes Inkaufnehmen reicht nicht aus; im Übrigen wird auch der Begriff des direkten Vorsatzes dem Begriff der Absicht in § 21 Abs. 2 nicht gerecht.[119] Dass der Normadressat neben der Absicht, den Adressaten durch

---

[111] Frankfurter Kommentar/*Roth* § 21 GWB Rn. 183.

[112] Frankfurter Kommentar/*Roth* § 21 GWB Rn. 182.

[113] *Markert* in Immenga/Mestmäcker § 21 GWB Rn. 63.

[114] *Markert* in Immenga/Mestmäcker § 21 GWB Rn. 64; Frankfurter Kommentar/*Roth* § 21 GWB Rn. 186.

[115] OLG Düsseldorf 31.7.1979, U (Kart.) 4/79, WuW/E OLG 2137/2138 f. – Öllieferung an Bundeswehr.

[116] BGH 1.12.1966, KRB 1/66, WuW/E BGH 858/862 – Konkurrenzfiliale.

[117] BGH 1.12.1966, KRB 1/66, WuW/E BGH 858/862 – Konkurrenzfiliale; *Markert* in Immenga/Mestmäcker § 21 GWB Rn. 66; Frankfurter Kommentar/*Roth,* § 21 GWB Rn. 191.

[118] *Markert* in Immenga/Mestmäcker § 21 GWB Rn. 67; Frankfurter Kommentar/*Roth,* § 21 GWB Rn. 195 ff.; MünchKommGWB/*Neef,* § 21 GWB Rn. 51.

[119] Zutreffend Frankfurter Kommentar/*Roth,* § 21 Rn. 196.

die Druck- und Lockmittel zu beeinflussen, noch weitere Zwecke verfolgt, ist unschädlich.[120] Der vom Normadressaten verfolgte Zweck braucht nicht zum Erfolg zu führen, es ist nicht erforderlich, dass der Adressat tatsächlich zu dem wettbewerbswidrigen Verhalten veranlasst wird.[121]

Am Zweck, den Adressaten zu einem wettbewerbswidrigen Verhalten zu veranlassen, fehlt es, wenn ein Nachteil als bloße **Vergeltungsmaßnahme** zugefügt wird.[122] In der Praxis wird aber zu einer Vergeltungsmaßnahme häufig die Absicht hinzutreten, den Adressaten für die Zukunft zu einem bestimmten Verhalten zu veranlassen. Soll der Adressat zu einem wettbewerbswidrigen Verhalten iSd. § 21 Abs. 2 veranlasst werden, so erfüllt das den Tatbestand dieser Vorschrift.[123] Diese Situation ist regelmäßig mit erheblichen Beweisschwierigkeiten verbunden; ein Ergebnis wird meist nur im Wege des Indizienbeweises zu finden sein.[124] 40

Der Begriff der Veranlassung setzt voraus, dass der **Zweck** des Einsatzes der Druck- und Lockmittel für den Adressaten **erkennbar** ist; die Erkennbarkeit als solche reicht aber aus, der Adressat braucht den Zweck nicht tatsächlich erkannt zu haben.[125] 41

c) Das verbotene Verhalten (Primärverbote). § 21 Abs. 2 untersagt die Veranlassung zu einem Verhalten, das nicht zum **Gegenstand einer vertraglichen Bindung** gemacht werden darf. Das Verbot eines solchen Verhaltens kann sich aus dem GWB, Art. 101 und 102 AEUV oder aus einer Verfügung der Europäischen Kommission oder der Kartellbehörde, die auf Grund des GWB oder auf Grund der Art. 101 oder 102 AEUV ergangen ist, ergeben. Bis zur 8. GWB-Novelle waren nur das GWB und darauf gestützte Verfügungen der Kartellbehörde in der Vorschrift genannt, die Erweiterung sollte aber nach der Regierungsbegründung nur eine Klarstellung sein.[126] Erfasst werden alle Verhaltensweisen, zu denen sich der Adressat der Beeinflussung nicht verpflichten darf. Das sind vor allem die durch § 1 GWB und Art. 101 und 102 AEUV erfassten horizontalen und vertikalen Vereinbarungen, wobei die Freistellungstatbestände der §§ 2 und 3 GWB und Art. 101 Abs. 3 AEUV einschließlich der Gruppenfreistellungsvereinbarungen zu berücksichtigen sind. Als kartellbehördliche Verfügungen kommen vor allem Untersagungsverfügungen nach § 32 Abs. 1 in Betracht, daneben Verbote nach § 30 Abs. 3 und, soweit sie in Form einer einstweiligen Maßnahme ergehen, nach § 32a GWB. In der Praxis haben vielfach Fälle eine Rolle gespielt, in denen Unternehmen versuchten, unverbindliche Preisempfehlungen durch Druckmittel durchzusetzen.[127] 42

5. Rechtsfolgen

Die Rechtsfolgen entsprechen denen des § 21 Abs. 1.[128] Der Verstoß gegen § 21 Abs. 2 ist eine **Ordnungswidrigkeit** nach § 81 Abs. 3 Nr. 2. Im **Verwaltungsverfahren** kann die Kartellbehörde nach §§ 32–32b vorgehen. **Zivilrechtlich** können die durch die An- 43

---

[120] BGH 10.6.1966, KZR 4/65, WuW/E BGH 755/758 – Flaschenbier; *Markert* in Immenga/Mestmäcker § 21 GWB Rn. 68; Frankfurter Kommentar/*Roth,* § 21 GWB Rn. 198.

[121] BGH 1.12.1966, KRB 1/66, WuW/E BGH 858/862 – Konkurrenzfiliale; Frankfurter Kommentar/*Roth,* § 21 Rn. 193.

[122] BGH 28.10.1965, KRB 3/65, WuW/E BGH 704/710 – SABA; MünchKommGWB/*Neef,* § 21 Rn. 52.

[123] Dazu eingehend Frankfurter Kommentar/*Roth,* § 21 Rn. 199 ff.; MünchKommGWB/*Neef,* § 21 Rn. 52 ff.

[124] Dazu eingehend Frankfurter Kommentar/*Roth,* § 21 Rn. 202 ff.; *Markert* in Immenga/Mestmäcker § 21 GWB Rn. 69.

[125] BGH 28.10.1965, KRB 3/65, WuW/E BGH 704/709 – *SABA; Markert* in Immenga/Mestmäcker § 21 GWB Rn. 68; Frankfurter Kommentar/*Roth,* § 21 Rn. 197.

[126] Amtl. Begr. BT-Drs. 17/9852 S. 24.

[127] Vgl. etwa BKartA TB 1991/92, S. 42; TB 1993/94, S. 35 f.; TB 1995/96, S. 41 f., 87; TB 1999/2000, S. 49, 90.

[128] Vgl. oben Rn. 24 ff.

wendung der Druck- und Lockmittel Beeinträchtigten nach § 33 Abs. 1 und 3 Unterlassungs-, Beseitigungs- und Schadensersatzansprüche geltend machen. Unterlassungs- und Beseitigungsansprüche können nach § 33 Abs. 2 auch von den dort genannten Verbänden erhoben werden.

6. Verhältnis zu anderen Vorschriften

44 Soweit der Einsatz von Druckmitteln **gleichzeitig** Tatbestände der §§ 19 und 20 erfüllt (z. B. Liefersperren) sind diese Tatbestände neben § 21 Abs. 2 anwendbar.

IV. Unerlaubte Zwangsausübung (§ 21 Abs. 3)

1. Normzweck und Bedeutung

45 Während Abs. 2 das Verbot enthält, andere Unternehmen zu einem kartellrechtlich unerlaubten Verhalten zu veranlassen, statuiert Abs. 3 das Verbot, andere Unternehmen zu einem kartellrechtlich an sich erlaubten Verhalten zu veranlassen. Es soll die **Entschließungsfreiheit der Unternehmen** in drei Fällen geschützt werden, nämlich sich an erlaubten Kartellen, an Zusammenschlüssen sowie an einem gleichförmigen Verhalten nicht zu beteiligen. Die Vorschrift bestand in einer der damaligen Gesetzeslage entsprechenden Form bereits im GWB von 1957, allerdings erweitert um Beitritt zu anerkannten Wettbewerbsregeln, was durch die 6. GWB-Novelle 1998 aufgehoben wurde. Die 7. Novelle 2005 hat die Vorschrift der geänderten Gesetzesstruktur angepasst. Die praktische **Bedeutung** der Vorschrift ist sehr gering geblieben, vor allem hinsichtlich der in Nr. 2 und 3 geregelten Sachverhalte.

2. Normadressaten und geschützter Personenkreis

46 Normadressaten sind ebenso wie in § 21 Abs. 1 und 2 Unternehmen und Vereinigungen von Unternehmen. Auch hier entspricht der Unternehmensbegriff dem des § 1. Es ist also der **funktionale Unternehmensbegriff** zugrunde zu legen; erforderlich ist eine Teilnahme am geschäftlichen Verkehr, ein rein privates Handeln scheidet aus.[129]

47 **Geschützter Personenkreis** sind, gleichfalls wie in § 21 Abs. 1 und 2, andere Unternehmen. Es muss sich also wiederum um Unternehmen oder Unternehmensvereinigungen handeln; maßgeblich ist auch hier der Unternehmensbegriff des § 1. Um andere Unternehmen oder Unternehmensvereinigungen handelt es sich nur, wenn zwischen ihnen und dem Normadressaten **keine organisatorische Verbindung** besteht; insoweit kann auf das in Rn. 6 Gesagte Bezug genommen werden.

3. Zwang

48 Das Gesetz bestimmt nicht näher, was unter Zwang zu verstehen ist. Der Differenzierung der zur Beeinflussung eingesetzten Mittel in § 21 Abs. 2 und 3 und der unterschiedlichen sprachlichen Bedeutung ist jedoch zu entnehmen, dass es sich beim Zwang um ein stärkeres Beeinflussungsmittel als bei der Androhung oder Zufügung von Nachteilen handelt.[130] Unter **Zwang** im Sinne des § 21 Abs. 3 ist nach dem BGH „eine intensive Beeinflussung zu verstehen, die eine Willensbetätigungen des Betroffenen zwar nicht schlechthin ausschließt, aber so stark ist, dass ihm allenfalls formell Alternativen gegenüber dem geforderten Verhalten bleiben, denen zu folgen ihm nach den Grundsätzen wirtschaftlicher Vernunft mit Rücksicht auf die Schwere der angedrohten oder zugefügten Nachteile nicht

---

[129] Vgl. § 1 GWB Rn. 22; Teil 6 Art. 101 AEUV Rn. 131 ff.

[130] BGH 7.10.1980, KZR 25/79, WuW/E BGH 1740/1745 – Rote Liste; *Markert* in Immenga/Mestmäcker § 21 GWB Rn. 86; *Nothdurft* in Langen/Bunte § 21 GWB Rn. 81; Frankfurter Kommentar/*Roth*, § 21 GWB Rn. 239.

mehr zugemutet werden kann".[131] Die zur Zwangsausübung verwendeten Mittel brauchen nicht schon für sich genommen rechtswidrig zu sein, die **Rechtswidrigkeit** ergibt sich aus dem Zweck ihrer Anwendung.[132] Ebensowenig braucht das mit dem Zwang angestrebte Verhalten tatsächlich ausgeführt zu werden, bereits die Herbeiführung der Zwangslage erfüllt den Tatbestand des § 21 Abs. 3.[133] Diese setzt aber voraus, dass die Androhung oder der Einsatz des Zwangsmittels dem Adressaten zur **Kenntnis** gelangt.[134]

4. Verbotene Zwecke

Das Verbot des Abs. 3 **beschränkt** sich auf die in Nr. 1 bis 3 aufgeführten Tatbestände, in anderen Fällen findet es keine Anwendung. 49

Nach **§ 21 Abs. 3 Nr. 1** darf der Zwang nicht eingesetzt werden, um den Beitritt zu einem nach §§ 2, 3 oder 28 Abs. 1 GWB zulässigen Kartell zu erreichen. Das Verbot umfasst sowohl die Gründungsphase als auch den späteren Beitritt zu einem Kartell.[135] Es soll bei den zulässigen Kartellen ein äußerer Organisationszwang vermieden werden und der Außenseiterwettbewerb aufrechterhalten bleiben.[136] § 2 umfasst sowohl horizontale als auch vertikale Vereinbarungen, z. B. Vertriebsvereinbarungen. Beim Freistellungsumfang nach § 2 sind auch die sich aus dem europäischen Wettbewerbsrecht ergebenden Grenzen zu beachten, und zwar unabhängig davon, ob die Zwischenstaatlichkeitsklausel des Art. 101 Abs. 1 AEUV erfüllt ist (§ 2 Abs. 2 S. 2 GWB). Für vertikale Vereinbarungen ist damit insbesondere die Vertikal-Gruppenfreistellungsverordnung[137] zu berücksichtigen. Der Zwang, einem **nicht erlaubnisfähigen Kartell** beizutreten, wird nicht durch § 21 Abs. 3 Nr. 1, sondern durch § 21 Abs. 2 erfasst. 50

Nach **§ 21 Abs. 3 Nr. 2** darf der Zwang nicht eingesetzt werden, um ein anderes Unternehmen zu einem Zusammenschluss im Sinne des § 37 GWB zu veranlassen. Abs. 3 Nr. 2 knüpft damit an die Tatbestandsvoraussetzungen des § 37 an. Diese müssen erfüllt sein, ob der Zusammenschluss in den Geltungsbereich der Fusionskontrolle (§ 35) fällt oder ob die Untersagungsvoraussetzungen (§ 36) vorliegen, ist unerheblich. 51

Nach **§ 21 Abs. 3 Nr. 3** darf der Zwang nicht eingesetzt werden, um ein anderes Unternehmen zu einem gleichförmigen Marktverhalten in Wettbewerbsbeschränkungsabsicht zu veranlassen. Unter **gleichförmigem Verhalten** ist eine im Wesentlichen übereinstimmende Handlungsweise mehrerer Unternehmen zu verstehen, die sich am Marktverhalten anderer Unternehmen (im Allgemeinen eines Marktführers) orientiert.[138] Soweit ein gleichförmiges Verhalten auf einer Absprache beruht, wird dies durch § 1 erfasst, wenn nicht die Ausnahmetatbestände der §§ 2, 3 oder 28 Abs. 1 eingreifen. Der Zwang zum Beitritt zu erlaubten Kartellen fällt bereits unter § 21 Abs. 3 Nr. 2. Für § 21 Abs. 3 Nr. 3 verbleibt damit nur ein schmaler eigenständiger Anwendungsbereich,[139] entsprechend gering ist damit die praktische Bedeutung der Vorschrift. 52

---

[131] BGH 7.10.1980, KZR 25/79, WuW/E BGH 1740/1745 – Rote Liste; OLG Celle 24.2.1999, 13 U (Kart) 162/98, WuW/E DE-R 327/333 – Unfallersatzwagen.

[132] BGH 7.10.1980, KZR 25/79, WuW/E BGH 1740/1745 – Rote Liste; *Markert* in Immenga/Mestmäcker § 21 GWB Rn. 86; Frankfurter Kommentar/*Roth* § 21 GWB Rn. 241; MünchKommGWB/*Neef,* § 21 GWB Rn. 66.

[133] *Markert* in Immenga/Mestmäcker § 21 GWB Rn. 86; Frankfurter Kommentar/*Roth* § 21 GWB Rn. 243.

[134] Frankfurter Kommentar/*Roth* § 21 GWB Rn. 240.

[135] *Markert* in Immenga/Mestmäcker § 21 GWB Rn. 88; Frankfurter Kommentar/*Roth* § 21 GWB Rn. 246.

[136] Frankfurter Kommentar/*Roth* § 21 GWB Rn. 245; MünchKommGWB/*Neef,* § 21 Rn. 68.

[137] Verordnung (EG) Nr. 2790/1999 (ABl. Nr. L 336/21).

[138] Frankfurter Kommentar/*Roth* § 21 GWB Rn. 249.

[139] *Markert* in Immenga/Mestmäcker § 21 GWB Rn. 90.

53 Das gleichförmige Verhalten muss in der **Absicht** geschehen, den Wettbewerb zu beschränken. Damit soll der Tatbestand von einem zufälligen Parallelverhalten abgegrenzt werden. Trotz der sprachlich nicht glücklichen Fassung des Abs. 3 Nr. 3 wird man davon auszugehen haben, dass die Absicht beim Zwangsausübenden vorliegen muss.[140] Der durch die Zwangsausübung Betroffene handelt unfreiwillig und wird vielfach die Absicht zur Beschränkung des Wettbewerbs gar nicht haben; würde man von ihm die Absicht verlangen, würden diese Fälle durch Abs. 3 Nr. 3 nicht erfasst.

5. Rechtsfolgen

54 Die Rechtsfolgen eines Verstoßes gegen § 21 Abs. 3 **entsprechen** denen von Verstößen gegen § 21 Abs. 1 und 2. Insoweit kann auf die dortigen Ausführungen Bezug genommen werden (Rn. 24ff., 43). Betroffene im Sinne des § 33 Abs. 1 sind die Unternehmen, gegen die Zwang angewendet wurde.[141]

6. Verhältnis zu anderen Vorschriften

55 § 21 Abs. 3 ist neben §§ 1, sowie 19 Abs. 2 Nr. 1, 20 Abs. 1 und 2 anwendbar.

V. Nachteilszufügung wegen Einschaltung der Kartellbehörden (§ 21 Abs. 4)

1. Normzweck und Bedeutung

56 § 21 Abs. 4 enthält die bis Ende 1998 in § 38 Abs. 1 Nr. 9 a. F. als Ordnungswidrigkeit geregelte Nachteilszufügung wegen Einschaltung der Kartellbehörden. Die Vorschrift will den **Weg zu den Kartellbehörden offen halten** und verhindern, dass aus der Sorge vor Repressionen Informationen gegenüber den Kartellbehörden zurückgehalten werden. Damit dient die Vorschrift sowohl der Verfolgung von Kartellverstößen als auch dem Schutz von Informanten der Kartellbehörden. Die **praktische Bedeutung** der Vorschrift ist äußerst gering geblieben; kartellrechtliche Verfahren sind, soweit ersichtlich, bisher nicht eingeleitet worden. Eine präventive Wirkung mag zwar in einem gewissen Umfang eine Rolle spielen; die Praxis zeigt allerdings, dass Unternehmen mit Sanktionen reagieren können, die sich durch Abs. 4 zumindest aus Beweisgründen nicht erfassen lassen.

2. Normadressaten und geschützter Personenkreis

57 Adressat des § 21 Abs. 4 ist im Gegensatz zu den Abs. 1 bis 3 nicht nur ein Unternehmen, sondern **jedermann,** sowohl Privatpersonen als auch juristische Personen. Der Normadressat muss durch das beantragte oder angeregte Einschreiten der Kartellbehörde nicht selbst betroffen sein; Abs. 4 sieht eine derartige Einschränkung nicht vor. Ebenso ist jedermann durch die Norm geschützt.

3. Nachteilszufügung

58 Der **Begriff des Nachteils** entspricht im Grundsatz dem in § 21 Abs. 2.[142] Anders als in Abs. 2 muss der Nachteil aber wirtschaftlicher Art sein, im Ergebnis muss also eine Verschlechterung der wirtschaftlichen Situation eintreten. Beispiele sind die Kündigung eines Arbeitnehmers, der der Kartellbehörde Informationen über ein wettbewerbswidriges Ver-

[140] Ebenso *Nothdurft* in Langen/Bunte § 21 GWB Rn. 89; *Markert* in Immenga/Mestmäcker § 21 GWB Rn. 90; Frankfurter Kommentar/*Roth,* § 21 GWB Rn. 250; MünchKommGWB/*Neef,* § 21 GWB Rn. 71.

[141] *Markert* in Immenga/Mestmäcker § 21 GWB Rn. 91.

[142] *Markert* in Immenga/Mestmäcker § 21 GWB Rn. 96; zum Nachteilsbegriff in § 21 Abs. 2 oben Rn. 32.

halten seines Arbeitgebers gegeben hat, oder Bezugs- oder Liefersperren gegenüber Unternehmen, die die Einleitung eines Kartellverfahrens angeregt haben. Der Nachteil muss **zugefügt** sein, anders als in Abs. 2 reicht die Androhung nicht aus.

4. Beantragen oder Anregen des Einschreitens der Kartellbehörde

Der Begriff des **Einschreitens** ist **weit auszulegen.** Es reicht, dass die **Behörde sich mit dem Sachverhalt befasst,** auch wenn es nur um eine informelle Prüfung geht, ob der Sachverhalt weiter aufzuklären ist oder ob gegebenenfalls formlose oder förmliche Maßnahmen zu ergreifen sind.[143] Die Einleitung eines förmlichen Verfahrens ist nicht erforderlich. Ebensowenig kommt es darauf an, ob tatsächlich gegen kartellrechtliche Vorschriften verstoßen wurde. Während das **Beantragen** ein Einschreiten der Kartellbehörde zum Ziel hat, genügt für das **Anregen** die bloße Information über einen Sachverhalt.[144] **59**

5. Vergeltungsmotiv

Die Nachteilszufügung muss erfolgen, weil der vom Nachteil Betroffene sich an die Kartellbehörde gewandt hat. Das setzt zweierlei voraus. Zum einen muss die Zufügung des Nachteils **kausal** auf der Beantragung oder Anregung bei der Kartellbehörde beruhen. Zum anderen ist es subjektive Voraussetzung, dass der Normadressat mit der Nachteilszufügung eine **Vergeltung** dafür anstrebt, dass sich der vom Nachteil Betroffene an die Kartellbehörde gewandt hat; die Vergeltung muss das Motiv für die Nachteilszufügung sein. Diese Motivation muss beim Normadressaten ausschließlich oder doch vorrangig bestehen.[145] Das ist zu verneinen, wenn sich die Reaktion eines zu Unrecht bei der Kartellbehörde Angezeigten in angemessenem Rahmen hält; etwa weil angesichts der Störung der Vertrauensbasis die Geschäftsbeziehungen abgebrochen werden.[146] **60**

6. Rechtsfolgen

Die Rechtsfolgen eines Verstoßes gegen § 21 Abs. 4 **entsprechen** denen von Verstößen gegen § 21 Abs. 1–3. Insoweit kann auf die obigen Ausführungen Bezug genommen werden (Rn. 24ff., 43). Betroffene im Sinne des § 33 Abs. 1 sind diejenigen, denen der Nachteil zugefügt wurde. **61**

Dritter Abschnitt. Anwendung des europäischen Wettbewerbsrechts

§ 22 Verhältnis dieses Gesetzes zu den Artikeln 101 und 102 des Vertrages über die Arbeitsweise der Europäischen Union

(1) [1]**Auf Vereinbarungen zwischen Unternehmen, Beschlüsse von Unternehmensvereinigungen und aufeinander abgestimmte Verhaltensweisen im Sinne des Artikels 101 Absatz 1 des Vertrages über die Arbeitsweise der Europäischen Union, die den Handel zwischen den Mitgliedstaaten der Europäischen Union im Sinne dieser Bestimmung beeinträchtigen können, können auch die Vorschriften dieses Gesetzes angewandt werden.** [2]**Ist dies der Fall, ist daneben gemäß Artikel 3 Absatz 1 Satz 1**

---

[143] *Markert* in Immenga/Mestmäcker § 21 GWB Rn. 97; MünchKommGWB/*Neef,* § 21 GWB Rn. 79.
[144] *Markert* in Immenga/Mestmäcker § 21 GWB Rn. 97; MünchKommGWB/*Neef,* § 21 GWB Rn. 79.
[145] *Markert* in Immenga/Mestmäcker § 21 GWB Rn. 98; MünchKommGWB/*Neef,* § 21 GWB Rn. 80; Frankfurter Kommentar/*Achenbach* § 21 Rn. 306.
[146] *Markert* in Immenga/Mestmäcker § 21 GWB Rn. 98; MünchKommGWB/*Neef,* § 21 GWB Rn. 80; Frankfurter Kommentar/*Achenbach* § 21 GWB Rn. 306.

der Verordnung (EG) Nr. 1/2003 des Rates vom 16. Dezember 2002 zur Durchführung der in den Artikeln 81 und 82 des Vertrages niedergelegten Wettbewerbsregeln (ABl. EG 2003 Nr. L 1 S. 1) auch Artikel 101 des Vertrages über die Arbeitsweise der Europäischen Union anzuwenden.

(2) [1]**Die Anwendung der Vorschriften dieses Gesetzes darf gemäß Artikel 3 Absatz 2 Satz 1 der Verordnung (EG) Nr. 1/2003 nicht zum Verbot von Vereinbarungen zwischen Unternehmen, Beschlüssen von Unternehmensvereinigungen und aufeinander abgestimmten Verhaltensweisen führen, welche zwar den Handel zwischen den Mitgliedstaaten der Europäischen Union zu beeinträchtigen geeignet sind, aber**

1. **den Wettbewerb im Sinne des Artikels 101 Absatz 1 des Vertrages über die Arbeitsweise der Europäischen Union nicht beschränken oder**
2. **die Bedingungen des Artikels 101 Absatz 3 des Vertrages über die Arbeitsweise der Europäischen Union erfüllen oder**
3. **durch eine Verordnung zur Anwendung des Artikels 101 Absatz 3 des Vertrages über die Arbeitsweise der Europäischen Union erfasst sind.**

[2]**Die Vorschriften des Zweiten Abschnitts bleiben unberührt.** [3]**In anderen Fällen richtet sich der Vorrang von Artikel 101 des Vertrages über die Arbeitsweise der Europäischen Union nach dem insoweit maßgeblichen Recht der Europäischen Union.**

(3) [1]**Auf Handlungen, die einen nach Artikel 102 des Vertrages über die Arbeitsweise der Europäischen Union verbotenen Missbrauch darstellen, können auch die Vorschriften dieses Gesetzes angewandt werden.** [2]**Ist dies der Fall, ist daneben gemäß Artikel 3 Absatz 1 Satz 2 der Verordnung (EG) Nr. 1/2003 auch Artikel 102 des Vertrages über die Arbeitsweise der Europäischen Union anzuwenden.** [3]**Die Anwendung weitergehender Vorschriften dieses Gesetzes bleibt unberührt.**

(4) [1]**Die Absätze 1 bis 3 gelten unbeschadet des Rechts der Europäischen Union nicht, soweit die Vorschriften über die Zusammenschlusskontrolle angewandt werden.** [2]**Vorschriften, die überwiegend ein von den Artikeln 101 und 102 des Vertrages über die Arbeitsweise der Europäischen Union abweichendes Ziel verfolgen, bleiben von den Vorschriften dieses Abschnitts unberührt.**

Übersicht

Schrifttum: *Bartosch,* Von der Freistellung zur Legalausnahme – Der Vorschlag der EG-Kommission für eine „neue Verordnung Nr. 17", EuZW 2001, 101; Bechtold, Grundlegende Umgestaltung des Kartellrechts: Zum Referentenentwurf der 7. GWB-Novelle, DB 2004, 235; *Hossenfelder/Lutz,* Die neue Durchführungsverordnung zu den Artikeln 81 und 82 EG-Vertrag, WuW 2003, 118; *Lutz,* Schwerpunkte der 7. GWB-Novelle WuW 2004, 718; *Pace,* Die Dezentralisierungspolitik im EG-Kartellrecht – Sind Art. 3 II, 6 der VO 1/2003 rechtmäßig?, EuZW 2004, 301 ff.; *Röhling,* Die Zukunft des Kartellverbots in Deutschland nach In-Kraft-Treten der neuen EU-Verfahrensrechtsordnung, GRUR 2003, 1019; *Monopolkommission,* Folgeprobleme der europäischen Kartellverfahrensreform, Sondergutachten 32, Baden-Baden 2001; *Weitbrecht,* Das neue EG-Verfahrensrecht, EuZW 2003, 69; *Wirtz,* Anwendbarkeit von § 20 GWB auf selektive Vertriebssysteme nach Inkrafttreten der VO 1/2003, WuW 2003, 1039.

A. Allgemeines

Die Vorschrift wurde durch die 7. GWB-Novelle 2005 eingeführt. Sie hat lediglich klarstellenden Charakter. Art. 3 der Verordnung (EG) Nr. 1/2003 des Rates vom 16. Dezember 2002 regelt das **Verhältnis zwischen den Art. 101 und Art. 102 AEUV** (seinerzeit Art. 81 und 82 EG) einerseits und dem **einzelstaatlichen Wettbewerbsrecht** andererseits. Die nationalen Gerichte und Wettbewerbsbehörden werden durch Art. 3 VO 1/2003 unmittelbar gebunden; einer Umsetzung in nationales Recht hätte es an sich nicht bedurft. Der deutsche Gesetzgeber hielt aber eine Klarstellung im GWB für zweckmäßig, um den Rechtsanwendern deutlich zu machen, dass in Fällen von grenzüberschreitenden Auswirkungen immer auch das europäische Recht, gegebenenfalls neben dem deutschen Recht, angewandt werden muss.[1] Die Regelung des Art. 16 VO 1/2003, der bestimmt, dass nationale Gerichte bei der Anwendung von Art. 81 (nunmehr Art. 101 AEUV) oder 82 EG (nunmehr Art. 102 AEUV) keine Entscheidungen erlassen dürfen, die bereits ergangenen Entscheidungen der Kommission zuwiderlaufen, wurde hingegen nicht in § 22 aufgenommen. Neben § 22 sollte der dritte Abschnitt des GWB ursprünglich noch einen § 23 enthalten, der die Verpflichtung zur europafreundlichen Anwendung des GWB vorsah, im weiteren Gesetzgebungsverfahren jedoch als überflüssig gestrichen wurde.[2] Durch die 8. GWB-Novelle 2013 wurden im Hinblick auf das zwischenzeitlich (1.12.2009) erfolgte Inkrafttreten des Vertrages über die Arbeitsweise der Europäischen Union die Hinweise auf Art. 81, 82 EG durch solche auf Art. 101, 102 AEUV ersetzt. Die bisherige Praxis hat gezeigt, dass Entscheidungen vielfach allein auf das europäische Wettbewerbsrecht gestützt werden. Zumindest aber bleibt das GWB für die Fälle von Bedeutung, in denen nicht eindeutig ist, ob die Zwischenstaatlichkeitsklausel erfüllt ist.[3] 1

Systematik: § 22 GWB entspricht in seiner Systematik im Wesentlichen dem Art. 3 VO 1/2003. § 22 Abs. 1 regelt die gemeinsame Anwendung deutschen und europäischen Rechts in den Fällen des Art. 101 AEUV, wobei S. 1 die Möglichkeit der Anwendung deutschen Rechts, S. 2 die Notwendigkeit der zusätzlichen Anwendung des europäischen Rechts klarstellt. § 22 Abs. 2 enthält das Verbot der Abweichung vom europäischen Recht; Abs. 3 regelt, entsprechend Abs. 1, die gemeinsame Anwendung deutschen und europäischen Rechts in den Fällen des Art. 102 AEUV. Abs. 4 schließlich erfasst (neben § 22 Abs. 2 S. 2) weitere Fälle der Nichtanwendung der Abs. 1–3, nämlich der Zusammenschlusskontrolle und von Vorschriften, die überwiegend ein von Art. 101 und 102 AEUV abweichendes Ziel verfolgen. Die Zuständigkeiten der deutschen Kartellbehörden ergeben sich aus § 50 GWB. 2

Die **Auslegung** des § 22 hat sich am europäischen Recht zu orientieren.[4] Das betrifft nicht nur die VO 1/2003 und ihre Erwägungsgründe, sondern insbesondere auch die Anwendung der Art. 101 und 102 AEUV durch die europäischen Behörden und Gerichte, weil das Verbot der Abweichung vom europäischen Recht auf der Anwendbarkeit dieser Vorschriften basiert. Ein Beispiel bildet die Frage, ob ein Verhalten als Vereinbarung im Sinne des Art. 101 Abs. 1 AEUV oder als einseitiges Verhalten einzuordnen ist.[5] 3

---

[1] Regierungsbegründung zur 7. GWB-Novelle, BT-Drucks. 15/3640, S. 31.
[2] Regierungsbegründung zur 7. GWB-Novelle, BT-Drucks. 15/3640, S. 30 f.
[3] Sa. Lutz, WuW 2005, 718/724.
[4] *Rehbinder* in Immenga/Mestmäcker § 22 GWB Rn. 4; Frankfurter Kommentar/*Jaeger* § 22 GWB Rn. 3; MünchKommGWB/*Böge/Bardong,* § 22 Rn. 7.
[5] Sa. Regierungsbegründung zur 7. GWB-Novelle, BT-Drucks. 15/3640, S. 30 f.

B. Artikel 3 Verordnung (EG) Nr. 1/2003

4 Art. 3 der europäischen Kartellverordnung 1/2003 regelt das **Verhältnis** zwischen den Art. 101 und 102 AEUV einerseits und dem **einzelstaatlichen Wettbewerbsrecht** andererseits. Die Europäische Kommission hielt unter dem System der Legalausnahme eine solche Vorschrift für notwendig. Ursprünglich wollte sie die Möglichkeit der parallelen Anwendung von europäischem und nationalem Kartellrecht ganz beseitigen; angesichts des befürchteten Bedeutungsverlustes des nationalen Kartellrechts kam es zu dem jetzigen Kompromiss.[6] Art. 3 Abs. 1 VO 1/2003 bestimmt, dass in Fällen, die von Art. 81 und 82 EG (nunmehr Art. 101 und 102 AEUV) erfasst werden, die Wettbewerbsbehörden der Mitgliedstaaten sowie einzelstaatliche Gerichte diese Vorschriften zusätzlich zu einer etwaigen Anwendung des einzelstaatlichen Kartellrechts anzuwenden haben. Damit werden zwei Aussagen getroffen, nämlich einmal die Möglichkeit der Anwendung nationalen Rechts und zum anderen die Notwendigkeit der zusätzlichen Anwendung des europäischen Rechts. Art. 3 Abs. 2 VO 1/2003 enthält in seinem S. 1 das Verbot der Abweichung vom (milderen) europäischen Recht in den Fällen des Art. 81 (nunmehr Art. 101 AEUV) und in seinem S. 2 die Nichtanwendbarkeit des Abweichungsverbots in Fällen einseitigen Verhaltens. Art. 3 Abs. 3 VO 1/2003 sieht die Nichtanwendbarkeit der Regelungen der Absätze 1 und 2 in Fällen der Zusammenschlusskontrolle und bei der Anwendung von Bestimmungen des einzelstaatlichen Rechts vor, die überwiegend ein von Art. 81 und 82 EG (nunmehr Art. 101 und 102 AEUV) abweichendes Ziel verfolgen.

C. Die Regelungen des § 22 GWB

I. Die gemeinsame Anwendung deutschen und europäischen Rechts in Fällen des Art. 101 AEUV (§ 22 Abs. 1 und 2)

5 § 22 Abs. 1 und 2 enthalten **drei Aussagen,** nämlich die Möglichkeit der Anwendung deutschen Kartellrechts auf Fälle, die von Art. 101 AEUV erfasst werden, die Notwendigkeit der zusätzlichen Anwendung des Art. 101 AEUV und das Verbot der Abweichung vom europäischen Recht.

1. Möglichkeit der Anwendung deutschen Rechts (§ 22 Abs. 1 S. 1)

6 § 22 Abs. 1 S. 1 beruht auf der Regelung des Art. 3 Abs. 1 S. 1 der VO 1/2003, wonach neben Art. 101 AEUV auch das einzelstaatliche Wettbewerbsrecht angewendet werden kann. § 22 Abs. 1 S. 1 setzt dabei voraus, dass die Tatbestandsmerkmale des Art. 101 AEUV erfüllt sind. Es muss sich also zunächst um **Vereinbarungen** zwischen Unternehmen, Beschlüsse von Unternehmensvereinigungen oder aufeinander abgestimmte Verhaltensweisen handeln. Diese müssen zweitens eine **Beschränkung** des Wettbewerbs innerhalb des gemeinsamen Marktes bezwecken oder bewirken. Drittens müssen sie **geeignet** sein, den Handel zwischen den Mitgliedstaaten zu beeinträchtigen. Durch diese Zwischenstaatlichkeitsklausel wird der Anwendungsbereich des Art. 101 AEUV von den rein nationalen Fällen abgegrenzt, die ausschließlich nach nationalem Recht zu beurteilen sind.[7] Nach der ständigen Rechtsprechung des EuGH werden Beeinträchtigungen des zwischenstaatlichen Handels nur dann von Art. 101 AEUV erfasst, wenn sie spürbar sind.[8] Dem

---

[6] S. dazu auch oben KartellverfahrensVO § 3 Rn. 1 ff.; *Sura* in Langen/Bunte, Art. 3 VO 1/2003 Rn. 6 f.

[7] Sa. KG 19.9.2013, 2 U 8/09 Kart, MMR 2013, 774 – Schulranzenverkauf bei eBay.

[8] Vgl. zu den Voraussetzungen des Art. 101 AEUV im Einzelnen oben Art. 101 AEUV Rn. 130 ff.

System der Legalausnahme[9] entsprechend ist anhand der von den europäischen Gerichten aufgestellten Kriterien[10] von den deutschen Behörden bzw. Gerichten zu beurteilen, ob diese Voraussetzungen vorliegen. Ist dies der Fall, so kann parallel und gemeinsam mit Art. 101 AEUV deutsches Kartellrecht angewendet werden. Dabei ordnet § 22 Abs. 1 S. 1 die Anwendung des deutschen Rechts nicht obligatorisch an, sondern lässt sie fakultativ.[11] Behörden und Gerichte haben also eine Wahlmöglichkeit: Sie können entweder nur das europäische Wettbewerbsrecht oder dieses gemeinsam mit den Vorschriften des GWB anwenden.[12] Die Wirkung des Art. 3 VO 1/2003 erstreckt sich nicht auf das einzelstaatliche Verfahrensrecht; Kartellverfahren sowohl behördlicher als auch zivilrechtlicher Art sind also nach deutschem Verfahrensrecht durchzuführen.

2. Zusätzliche Anwendung des europäischen Rechts (§ 22 Abs. 1 S. 2)

§ 22 Abs. 1 S. 2 enthält die durch Art. 3 Abs. 1 S. 1 VO 1/2003 vorgegebene Bestimmung, dass in Fällen des Art. 101 Abs. 1 AEUV, auf die deutsches Recht angewendet wird, parallel und gemeinsam Art. 101 AEUV anzuwenden ist. § 22 Abs. 1 S. 2 nimmt ausdrücklich auf Art. 3 Abs. 1 VO 1/2003 Bezug, so dass sich auch daraus ergibt, dass § 22 Abs. 1 S. 2 anhand dieser europäischen Vorschrift auszulegen und anzuwenden ist.[13] Mit der **gleichzeitigen Anwendung** des Art. 101 AEUV soll zum einen der Vorrang des europäischen Rechts sichergestellt werden, zum anderen soll die Einstellung in das Netzwerk der europäischen Wettbewerbsbehörden auch in den Fällen ermöglicht werden, in denen (parallel) nationales Recht angewendet wird.[14] 7

3. Verbot der Abweichung vom europäischen Recht (§ 22 Abs. 2)

a) Fälle strengeren deutschen Rechts (§ 22 Abs. 2 S. 1). § 22 Abs. 2 S. 1 beruht auf dem Abweichungsverbot des Art. 3 Abs. 2 S. 1 der VO 1/2003. Während vor Erlass des Art. 3 VO 1/2003 nur der Fall des milderen deutschen und strengeren europäischen Rechts durch den EuGH dahingehend entschieden war, dass das europäische Recht den Vorrang hatte,[15] ist nunmehr durch Art. 3 Abs. 2 S. 1 VO 1/2003 und dementsprechend durch § 22 Abs. 2 S. 1 GWB bestimmt, dass auch in Fällen strengeren deutschen und milderen europäischen Rechts eine Abweichung vom europäischen Recht nicht erfolgen darf. Aufgrund deutschen Kartellrechts dürfen also **keine Vereinbarungen, Beschlüsse oder abgestimmten Verhaltensweisen** untersagt werden, die nicht unter Art. 101 Abs. 1 AEUV fallen, namentlich weil keine Wettbewerbsbeschränkung im Sinne dieser Vorschrift oder keine bzw. keine spürbare[16] Beeinträchtigung des zwischenstaatlichen Handels vorliegt, oder die nach Art. 101 Abs. 3 AEUV oder durch eine nach Art. 101 Abs. 3 AEUV erlassene Verordnung erlaubt beziehungsweise freigestellt sind. Dem entsprechend sind auch zivilrechtliche Konsequenzen nicht möglich. 8

b) Nichtanwendung auf einseitige Wettbewerbsbeschränkungen (§ 22 Abs. 2 S. 2). Das Verbot des Art. 3 Abs. 2 S. 1 VO 1/2003 erfasst **nur zwei- oder mehrseitige,** nicht dagegen einseitige **Wettbewerbsbeschränkungen** (Art. 3 Abs. 2 S. 2 VO 1/2003). Der deutsche Gesetzgeber hat diese Regelung in § 22 Abs. 2 S. 2 dahingehend umgesetzt, dass die Vorschriften des Zweiten Abschnitts (§§ 19–21 GWB) unberührt bleiben sollen. 9

---

[9] Dazu oben KartellverfahrensVO Einf. Rn. 2.
[10] S. Erwägungsgrund 8 zur VO 1/2003.
[11] So die Regierungsbegründung zur 7. GWB-Novelle, BT-Drucks. 15/3640, S. 46.
[12] Regierungsbegründung zur 7. GWB-Novelle, BT-Drucks. 15/3640, S. 46.
[13] S. dazu auch BGH 6.11.2013, KVR 58/11, NZKart 2014, 31 Rn. 51; BGH 10.12.2008, KZR 54/08, WuW/E DE-R 2554 Rn. 17 – Subunternehmervertrag II.
[14] Regierungsbegründung zur 7. GWB-Novelle, BT-Drucks. 15/3640, S. 46.
[15] Dazu unten Rn. 10.
[16] Vgl. Regierungsbegründung zur 7. GWB-Novelle, BT-Drucks. 15/3640, S. 46.

Diese Formulierung ist missglückt. Sie beruht auf dem traditionellen Verständnis, dass §§ 19–21 nur einseitige Wettbewerbsbeschränkungen erfassen. Unter §§ 19 und 20 GWB fallen aber auch vertragliche Vereinbarungen, die marktbeherrschende und marktmächtige Unternehmen mit ihren Vertragspartnern treffen. So besteht bei der Ausbeutung eines Abnehmers ein Vertrag mit diesem; Mitbewerber können dadurch behindert werden, dass ein marktbeherrschendes oder marktmächtiges Unternehmen Abnehmer oder Lieferanten in kartellrechtswidriger Weise vertraglich an sich bindet. Angesichts des Vorrangs des europäischen Wettbewerbsrechts vor dem nationalen Wettbewerbsrecht ist Abs. 2 S. 2 dahingehend restriktiv auszulegen, dass nicht sämtliche von §§ 19–21 erfassten Fälle unberührt bleiben, sondern nur einseitige.[17] Soweit es sich um einseitige Wettbewerbsbeschränkungen handelt, können also Maßnahmen kartellbehördlicher oder zivilrechtlicher Art auch dann erfolgen, wenn das betreffende einseitige Verhalten nicht gegen das europäische Kartellrecht verstößt. Die Vereinbarung einer einheitlichen Rabattstaffel in den Händlerverträgen eines Herstellers stellt, bezogen auf den jeweiligen Händlervertrag, eine einseitige Maßnahme dar.[18]

10 **c) Fälle strengeren europäischen Rechts (§ 22 Abs. 2 S. 3).** Der Fall strengeren europäischen Rechts gegenüber milderem nationalem Recht wird durch Art. 3 VO 1/2003 nicht geregelt. Es war aber schon bisher ständige Rechtsprechung der europäischen Gerichte, dass in einem solchen Fall das europäische Recht Vorrang hat.[19] Nationale Rechtsvorschriften, die einer Gemeinschaftsvorschrift entgegenstehen, dürfen dann nicht angewendet werden. **§ 22 Abs. 2 S. 3 schreibt dies für das deutsche Recht fest,** indem er bestimmt, dass sich der Vorrang von Art. 101 AEUV nach dem insoweit maßgeblichen europäischen Gemeinschaftsrecht richtet.[20] Mit dieser Formulierung werden auch zukünftige Entwicklungen des europäischen Rechts erfasst. Verhaltensweisen, die nach europäischem Wettbewerbsrecht verboten sind, können also nicht nach deutschem Kartellrecht erlaubt werden. Das gilt nicht nur für zwei- bzw. mehrseitige, sondern auch für einseitige Verhaltensweisen. Die Regelung des § 22 Abs. 2 S. 2 findet insoweit (wie sich auch aus seiner systematischen Stellung ergibt) keine Anwendung.

II. Die gemeinsame Anwendung deutschen und europäischen Rechts in Fällen des Art. 102 AEUV (§ 22 Abs. 3)

11 § 22 Abs. 3 knüpft an die Vorschrift des Art. 3 Abs. 1 S. 2 VO 1/2003 an, die besagt, dass auch in von Art. 82 EG (nunmehr Art. 102 AEUV) erfassten Fällen die Anwendung deutschen Kartellrechts zulässig ist, aber nur parallel und gemeinsam mit einer Anwendung des Art. 82 EG (nunmehr Art. 102 AEUV) erfolgen kann. Im Gegensatz zu der für Art. 101 AEUV geltenden Regelung sieht Art. 3 VO 1/2003 für diese Fälle aber **kein Verbot der Abweichung** vom europäischen Recht vor.

12 Dementsprechend normiert § 22 Abs. 3 S. 1 die Möglichkeit der **gleichzeitigen Anwendung des deutschen Kartellrechts.** Voraussetzung ist, dass die Tatbestandsmerkmale des Art. 102 AEUV erfüllt sind, dass also im Sinne dieser Vorschrift die missbräuchliche Ausnutzung einer marktbeherrschenden Stellung vorliegt und dies zu einer Beeinträchtigung des zwischenstaatlichen Handels führen kann. Dies ist, dem System der Legalausnahme entsprechend, anhand der von den europäischen Gerichten aufgestellten Kriterien von den deutschen Behörden bzw. Gerichten zu beurteilen. Auch hier ist die Anwendung des deutschen Rechts nicht obligatorisch, sondern fakultativ. Im Übrigen gelten die Ausführungen zu Rn. 6.

---

[17] S. dazu auch *Rehbinder* in Immenga/Mestmäcker § 22 GWB Rn. 14ff.; Frankfurter Kommentar/*Jaeger* § 22 Rn. 15ff.; *Schneider* in Langen/Bunte § 22 GWB Rn. 20; *Bechtold* § 22 GWB Rn. 8.

[18] BGH 12.7.2013 – KVR 11/12, WuW/E DE-R 3967 Rn. 22 – Rabattstaffel.

[19] Anerkannt seit EuGH 13.2.1969, Rechtssache 14/68, Walt Wilhelm ./.Bundeskartellamt u.a., Slg. 1969, 1/13.

[20] Sa. Regierungsbegründung zur 7. GWB-Novelle, BT-Drucks. 15/3640, S. 31, 47.

§ 22 Abs. 3 S. 2 enthält das durch Art. 3 Abs. 1 S. 2 VO 1/2003 vorgegebene Gebot der gleichzeitigen Anwendung des Art. 102 AEUV. Die Ausführungen in Rn. 7 zu § 22 Abs. 1 S. 2 gelten hier entsprechend. § 22 Abs. 3 S. 3 stellt in Übereinstimmung mit Art. 3 Abs. 2 S. 2 VO 1/2003 klarstellend fest, dass die Anwendung gegenüber Art. 102 AEUV strengerer Vorschriften des GWB **nicht berührt** wird.[21] 13

III. Nichtanwendung in Fällen der Zusammenschlusskontrolle und bei Vorschriften, die überwiegend ein von Art. 101 und 102 AEUV abweichendes Ziel verfolgen (§ 22 Abs. 4)

Nach Art. 3 Abs. 3 VO 1/2003 gelten das Gebot der gleichzeitigen Anwendung europäischen Rechts (Art. 3 Abs. 1 VO 1/2003) und das Verbot der Abweichung vom europäischen Recht (Art. 3 Abs. 2 VO 1/2003) nicht, wenn die Wettbewerbsbehörden und Gerichte der Mitgliedstaaten einzelstaatliche **Gesetze über die Fusionskontrolle** anwenden. Daran knüpft § 22 Abs. 4 S. 1 an. Die deutschen Kartellbehörden und Gerichte können also Fusionsfälle nach §§ 35 ff. GWB beurteilen, ohne gleichzeitig die EG-Fusionskontrollverordnung anwenden zu müssen, ebenso können sie von dieser abweichende Entscheidungen treffen.[22] Dies wird auch durch die Regelung in Art. 21 FKVO bestätigt. 14

§ 22 Abs. 4 S. 2 bezieht sich auf die Regelung in Art. 3 Abs. 3 VO 1/2003, nach der das Gebot der gleichzeitigen Anwendung europäischen Rechts (Art. 3 Abs. 1 VO 1/2003) und das Verbot der Abweichung vom europäischen Recht (Art. 3 Abs. 2 VO 1/2003) gleichfalls keine Anwendung finden, wenn es um **Vorschriften des einzelstaatlichen Rechts** geht, die überwiegend ein von den Art. 101 und 102 AEUV abweichendes Ziel verfolgen. Die Regierungsbegründung nennt als Beispiel die Vorschriften des Gesetzes gegen den unlauteren Wettbewerb.[23] Weitere Beispiele bilden das Recht des geistigen Eigentums, Verbraucherschutzbestimmungen und sektorale Regelungen für Bereiche wie Telekommunikation, Post und Energie, soweit sie nicht gerade dem Schutz des Wettbewerbs dienen.[24] Nach dem 8. Erwägungsgrund zur VO 1/2003 gilt die Verordnung nicht für innerstaatliche Rechtsvorschriften, mit denen natürlichen Personen strafrechtliche Sanktionen auferlegt werden, außer wenn solche Sanktionen als Mittel dienen, um die für Unternehmen geltenden Wettbewerbsregeln durchzusetzen. Damit ist Art. 3 VO 1/2003 beispielsweise auf § 298 StGB (Submissionsabsprachen) anwendbar.[25] Fällt eine Submissionsabsprache unter Art. 101 AEUV, so müssen deutsche Strafgerichte also bei der Beurteilung, ob es sich um eine rechtswidrige Absprache im Sinne des § 298 StGB Abs. 1 handelt, Art. 101 AEUV anwenden und dürfen keine davon abweichende Entscheidung treffen. 15

D. Rechtsfolgen eines Verstoßes

Beachtet eine deutsche Behörde oder ein deutsches Gericht die Grundsätze des § 22 nicht, so ist hinsichtlich der **Rechtsfolgen zu unterscheiden:** wird eine Entscheidung getroffen, die in unzulässiger Weise vom europäischen Recht abweicht (Fälle des § 22 Abs. 2 S. 1 und 3), so liegt darin ein Verstoß sowohl gegen deutsches als auch europäisches Recht, der die Entscheidung anfechtbar macht. Wird dagegen nur deutsches, aber nicht das europäische Recht angewendet (Fälle des § 22 Abs. 1 S. 2 und Abs. 3 S. 2) und entspricht 16

---

[21] Regierungsbegründung zur 7. GWB-Novelle, BT-Drucks. 15/3640, S. 47.

[22] S. a. Regierungsbegründung zur 7. GWB-Novelle, BT-Drucks. 15/3640, S. 47.

[23] Regierungsbegründung a. a. O. (Fn. 21).

[24] KartellverfahrensVO § 3 Rn. 22; Rehbinder in Immenga/Mestmäcker § 22 GWB Rn. 21; Frankfurter Kommentar/Jaeger, § 22 Rn. 26; *Bechtold,* GWB, § 20 Rn. 19; *Schneider* in Langen/Bunte § 22 GWB Rn. 30.

[25] Ebenso *Rehbinder* in Immenga/Mestmäcker § 22 GWB Rn. 22; Frankfurter Kommentar/*Jaeger,* § 22 GWB Rn. 28.

die Entscheidung inhaltlich dem europäischen Recht, so liegt zwar formal ein Rechtsanwendungsfehler vor. Es wäre aber formalistisch, deswegen die inhaltlich richtige Entscheidung aufheben zu wollen. Im Verwaltungsverfahren sollte vielmehr von einem Verfahrensfehler nach § 46 VwVfG ausgegangen werden, der nicht zur Aufhebung führt, und eine Ergänzung der Entscheidung analog § 45 Abs. 1 Nr. 2, § 114 VwGO zugelassen werden; im Bußgeldverfahren kann ein Fehler der Kartellbehörde durch das Gericht geheilt werden, das die Tat zum Entscheidungsgegenstand hat; und im Zivilprozess kann mit den üblichen Rechtsmitteln vorgegangen werden.[26]

§ 23 *(weggefallen)*

Vierter Abschnitt. Wettbewerbsregeln

§ 24 Begriff, Antrag auf Anerkennung

(1) **Wirtschafts- und Berufsvereinigungen können für ihren Bereich Wettbewerbsregeln aufstellen.**

(2) **Wettbewerbsregeln sind Bestimmungen, die das Verhalten von Unternehmen im Wettbewerb regeln zu dem Zweck, einem den Grundsätzen des lauteren oder der Wirksamkeit eines leistungsgerechten Wettbewerbs zuwiderlaufenden Verhalten im Wettbewerb entgegenzuwirken und ein diesen Grundsätzen entsprechendes Verhalten im Wettbewerb anzuregen.**

(3) **Wirtschafts- und Berufsvereinigungen können bei der Kartellbehörde die Anerkennung von Wettbewerbsregeln beantragen.**

(4) [1]**Der Antrag auf Anerkennung von Wettbewerbsregeln hat zu enthalten:**

1. **Name, Rechtsform und Anschrift der Wirtschafts- oder Berufsvereinigung;**
2. **Name und Anschrift der Person, die sie vertritt;**
3. **die Angabe des sachlichen und örtlichen Anwendungsbereichs der Wettbewerbsregeln;**
4. **den Wortlaut der Wettbewerbsregeln.**

[2]**Dem Antrag sind beizufügen:**

1. **die Satzung der Wirtschafts- oder Berufsvereinigung;**
2. **der Nachweis, dass die Wettbewerbsregeln satzungsmäßig aufgestellt sind;**
3. **eine Aufstellung von außenstehenden Wirtschafts- oder Berufsvereinigungen und Unternehmen der gleichen Wirtschaftsstufe sowie der Lieferanten- und Abnehmervereinigungen und der Bundesorganisationen der beteiligten Wirtschaftsstufen des betreffenden Wirtschaftszweiges.**

[3]**In dem Antrag dürfen keine unrichtigen oder unvollständigen Angaben gemacht oder benutzt werden, um für den Antragsteller oder einen anderen die Anerkennung einer Wettbewerbsregel zu erschleichen.**

(5) **Änderungen und Ergänzungen anerkannter Wettbewerbsregeln sind der Kartellbehörde mitzuteilen.**

---

[26] So auch *Rehbinder* in Immenga/Mestmäcker § 22 GWB Rn. 10; Frankfurter Kommentar/*Jaeger,* § 22 GWB Rn. 10; *Schneider* in Langen/Bunte § 22 GWB Rn. 15.

Übersicht

Schrifttum: *Alexander,* Die Probeabonnement-Entscheidung des BGH – Schnittbereich kartellrechtlicher, lauterkeitsrechtlicher und medienrechtlicher Aspekte, ZWeR 2007, 239 ff.; *ders.,* Verhaltenskodizes im europäischen und deutschen Lauterkeitsrecht, GRUR Int. 2012, 965 ff.; *Ballmann,* Der Machtaspekt im UWG, 1990; *J. Baur,* Wettbewerbsregeln und Außenseiter, ZHR 141 (1977), 293 ff.; *Bechtold,* Probeabonnement – Anmerkung zum Urteil des BGH vom 7. Februar 2006, KZR 33/04, WRP 2006, 1113 –, WRP 2006, 1162; *Benisch,* Zur Problematik eines gesetzlichen Schutzes des Leistungswettbewerbs, WuW 1955, 421 ff.; *ders.,* Einkaufsmacht und Kartellbegriff, WuW 1956, 480 ff.; *ders.,* Wettbewerbsregeln der „grauen Zone", WuW 1956, 643 ff.; *ders.,* Zur Rechtspraxis des Bundeskartellamtes auf dem Gebiete der Wettbewerbsregeln, DB 1963, 953 ff.; *ders.,* Die bisherigen Vorschläge für einen verbesserten Schutz des Leistungswettbewerbs, in: BDI (Hrsg.), Schutz des Leistungswettbewerbs, 1966, S. 7 ff.; *ders.,* Kooperationsfibel, 4. Aufl. 1973; *ders.,* Wettbewerbsregeln gegen Rabattdiskriminierungen, GRUR 1976, 448 ff.; *ders.,* Wettbewerbsverzerrungen und Wettbewerbsregeln, in: FIW (Hrsg.), Schwerpunkte des Kartellrechts 1975/76, FIW-Schriftenreihe Heft 77, 1977, S. 39 ff.; *ders.,* Antidiskriminierungsvorschriften in Wettbewerbsregeln? In: FIW (Hrsg.), Für und Wider ein allgemeines Diskriminierungsverbot, FIW-Schriftenreihe Heft 74, 1976, S. 61 ff.; *Benkendorff,* Wettbewerbsregeln im Meinungsstreit, WRP 1955, 259 ff.; *ders.,* Inhalt und Eintragung von Wettbewerbsregeln, WuW 1958, 416 ff.; *Böhm,* Wettbewerb und Monopolkampf, 1933; *Böx,* Typik und Zulässigkeit von Wettbewerbsregeln (§ 28 Abs. 2 GWB), Diss. Göttingen 1974; *Bogner,* Die Praxis der Kartellbehörden und der Gerichte zu den Wettbewerbsregeln, Diss. München 1975; *Bornkamm,* Das Verhältnis von Kartellrecht und Lauterkeitsrecht: Zwei Seiten derselben Medaille?, in: FS Griss, 2011, S. 79 ff.; *ders.,* Verhaltenskodizes und Kartellverbot – Gibt es eine Renaissance der Wettbewerbsregeln? –, in: FS Canenbley, 2012, S. 67 ff.; *Breuel,* Wettbewerbsregeln und Kartellverbot, Diss. Köln 1958; *v. Brunn,* Die wettbewerbsläuternde Vereinbarung, in: FS Isay, 1956, S. 167 ff.; *Bun-*

desverband der Deutschen Industrie, Abt. Wettbewerbsordnung (Hrsg.), Schutz des Leistungswettbewerbs, Drucksache 77, 1966; *Bunte,* Anm. zu BGH v. 7.2.2006 – Probeabonnement, LMK 2006, 189 309; *Burchardi/Wolf,* Allgemeinverbindlicherklärung von Wettbewerbsregeln aus rechtlicher Sicht, WuW 1977, 743 ff.; *Bussmann,* Kundenzeitschriften und Wettbewerbsregeln, WuW 1961, 155 ff.; *Callmann,* Wettbewerbsregeln in den USA, GRUR 1965, 20 f.; *Dethloff,* Der Kartellbeschluss, Diss. Göttingen 1965; *Detmer,* Wettbewerbsregeln gegen Unterpreisverkäufe? WRP 1966, 117 ff.; *Dörinkel,* Wettbewerbsregeln in der Praxis, WuW 1960, 593 ff.; *ders.,* Leistungswettbewerb – Rechtsbegriff oder Schlagwort? DB 1967, 1883 ff.; *ders.,* Bringt die Kartellgesetznovelle Erleichterungen für die Zusammenarbeit der Unternehmen? WuW 1971, 607 ff.; *Dreher,* 8. GWB-Novelle – noch Wünsche offen?, WuW 2013, 3; *Dreyer,* Verhaltenskodizes im Referentenentwurf eines Ersten Gesetztes zur Änderung des Gesetzes gegen unlauteren Wettbewerb, WRP 2007, 1294 ff.; *Ehricke,* Kontrolldefizite der Kartellrechtsmäßigkeit von Wettbewerbsregeln gem. §§ 24 ff. GWB, in: FS Möschel, 2011, S. 169 ff.; *Ewald,* Diskriminierungsverbot und Wettbewerbsregeln, WRP 1967, 379 ff.; *Fikentscher,* Wettbewerb und gewerblicher Rechtsschutz, 1958; *ders.,* Die Preisunterbietung im Wettbewerbsrecht, 2. Aufl., 1962; *ders.,* Das Verhältnis von Kartellrecht und Recht des unlauteren Wettbewerbs, GRUR Int. 1966, 181 ff.; *ders.,* Das Verhältnis von Kartellrecht und Recht des unlauteren Wettbewerbs im deutschen und europäischen Recht, in: FS Hallstein, 1966, S. 127 ff.; *Franzen,* Auslegungsfragen im Recht der Wettbewerbsregeln, WuW 1957, 741 ff.; *ders.,* Die Aufstellung und Anmeldung von Wettbewerbsregeln, DB 1963, 527 ff.; *ders.,* Die Wettbewerbsregeln des Markenverbandes – Ergebnisse der Rechtsprechung oder mehr?, WRP 1976, 519 ff.; *Freitag,* Der Leistungswettbewerb als rechtliche Denkfigur, Diss. Göttingen 1968; *Frenz,* Hdb.Europarecht, Bd. 2: Europäisches Kartellrecht, 2. Aufl., 2015; *v. Friesen,* Probleme der Nachfragemacht und Möglichkeiten einer effektiven Kontrolle, DB 1978, Beil. 6; *Gaertner,* Zur Zulässigkeit von Prämien im Einzelverkauf und Direktvertrieb, AfP 2006, 413 ff.; *Gleiss/Deringer,* Wettbewerbs- und Ehrenordnungen von Wirtschaftsverbänden, DB 1952, 644 ff.; *Gloede,* Wirtschaftsverbände und Wettbewerbsregeln in der Sicht des neuen deutschen Kartellgesetzes, WRP 1958, 66 ff.; *Gries,* Wettbewerbsregeln – ungenutzte Chance? MA 1977, 240 ff.; *Günther,* Schutz des Leistungswettbewerbs durch Wettbewerbsregeln? MA 1954, 346 ff., 435 ff.; *ders.,* Wettbewerbsregeln – Entwicklung und Möglichkeiten, MA 1969, 170 ff.; *ders.,* Zehn Jahre Bundeskartellamt: Rückblick und Ausblick, in: Zehn Jahre Bundeskartellamt, 1968, S. 11 ff.; *Hamm,* Die Bedeutung des leistungsgerechten Wettbewerbs im Rahmen der Wettbewerbsregeln, WuW 1975, 115 ff.; *Henner,* Gegenstand und Inhalt von Wettbewerbsregeln, Diss. Würzburg 1962; *Hermanns,* Die Grundzüge des US-Antidiskriminierungsrechts, in: BDI (Hrsg.), Schutz des Leistungswettbewerbs, 1966, S. 35 ff.; *H. Herrmann,* Interessenverbände und Wettbewerbsrecht. Ein deutsch-amerikanischer Vergleich zum Recht der unberechtigten Verfahrenseinleitung, Selbstbeschränkungsabkommen und Wettbewerbsregeln, 1984; *Herschel,* Allgemeinverbindlicherklärung von Wettbewerbsregeln, DB 1978, 1017 ff.; *Hinz,* Die „Gemeinsame Erklärung" der Wirtschaftsorganisationen zur Sicherung des Leistungswettbewerbs – eine Selbsthilfeaktion, WRP 1976, 4 ff.; *Hönn,* Wettbewerbsregeln und die Wirksamkeit eines leistungsgerechten Wettbewerbs, GRUR 1977, 141 ff.; *Ph. Hoffmann,* Unlauterer Wettbewerb und Art. 81 EG, 2003; *Inderst/Schwalbe,* Effekte verschiedener Rabattformen – Überlegungen zu einem ökonomisch fundierten Ansatz, ZeWR 2009, 65 ff.; *Jäger,* Wettbewerbsregeln – ein Mittel zur Marktordnung, WRP 1959, 339 ff.; *Jakubowski,* Predatory Pricing in den USA, 1990; *Jergolla,* Die Werbeselbstkontrolle in Großbritannien, 2003; *dies.,* Die britische Werbeselbstkontrolle anhand des Advertising Code – eine Gegenüberstellung mit der Rechtslage in Deutschland, WRP 2003, 431 ff.; *dies.,* Der neue British Code of Advertising, Sales Promotion and Direct Marketing, WRP 2003, 606; *Junkerstorff,* Amerikanische Wettbewerbsregeln, WRP 1956, 5 ff.; *ders.,* Wettbewerbsregeln in den USA, MA 1976, 62 ff.; *Kartte,* Ein neues Leitbild für die Wettbewerbspolitik, FIW-Schriftenreihe Heft 49, 1969; *ders.,* Wettbewerbsregeln und Mittelstandsempfehlungen in der neuen Anwendungspraxis, in: FIW (Hrsg.), Schwerpunkte des Kartellrechts 1973/74, FIW-Schriftenreihe Heft 71, 1975, S. 65 ff.; *ders.,* Der Schutz des Leistungswettbewerbs im Kartellrecht, WRP 1976, 1 ff.; *Kartte/Kl. Müller,* Zur Ordnung des Wettbewerbs zwischen Industrie und Handel, MA 1975, 194 ff.; *Kellermann,* Wettbewerbsbeschränkung durch Wettbewerbsregeln, WuW 1965, 551 ff.; *ders.,* Fairer Wettbewerb durch Wettbewerbsregeln, in: Zehn Jahre Bundeskartellamt, 1968, S. 61 ff.; *Kisseler,* Die Auswirkungen der Gemeinsamen Erklärung zur Sicherung des Leistungswettbewerbs auf die Praxis, WRP 1979, 7 ff.; *Köhler,* Zur Konkurrenz lauterkeitsrechtlicher und kartellrechtlicher Normen, WRP 2005, 645; *ders.,* Die „Wettbewerbsrichtlinien der Versicherungswirtschaft" – heute noch zeitgemäß?, in: FS Egon Lorenz, 2014, S. 813 ff.; *v. Köhler,* Die Problematik eines Gesetzes zur Förderung des Leistungswettbewerbs und die Wettbewerbsregeln, DB 1967, 29 ff.; *Koenigs,* Das Gesetz gegen Wettbewerbsbeschränkungen und das Recht des unlauteren Wettbewerbs unter besonderer Berücksichtigung der Wettbewerbsregeln, GRUR 1958, 589 ff.; *ders.,* Preisbindungen, Diskriminierung und Wettbewerbsregeln in der Praxis des Bundeskartellamts, GRUR 1959, 578 ff.; *ders.,* Wechselwirkungen zwischen GWB und Recht des unlauteren Wettbewerbs, NJW 1961, 1041 ff.; *Koppensteiner,* Marktbezogene

Unlauterkeit und Missbrauch von Marktmacht, WRP 2007, 475 ff.; *Kreiterling,* Das Problem der Abgrenzung von Leistungs- und Nichtleistungswettbewerb in der Nachfragemacht-Diskussion, 1980; *Kroitzsch,* Die Wettbewerbsregeln in kartell- und wettbewerbsrechtlicher Sicht, GRUR 1965, 12 ff.; *ders.,* Wirtschaftspolitische Entscheidungen durch Wettbewerbsregeln oder durch die UWG-Rechtsprechung? BB 1977, 220 ff.; *Kunisch,* Eintragungsfähigkeit, rechtliche und wirtschaftliche Bedeutung von Wettbewerbsregeln gemäß §§ 28 ff. GWB, Diss. Darmstadt 1968; *Labudek,* Die Behandlung von Diskriminierung und Behinderung im französischen Kartellrecht, 1992; *Lange,* Die Preislistentreue in Wettbewerbsregeln, WuW 1959, 730 ff.; *Lessmann,* Die öffentlichen Aufgaben und Funktionen privatrechtlicher Wirtschaftsverbände, 1976; *Lettl/J. B. Nordemann,* Schützt das Kartellverbot (Art. 101 AEUV, § 1 GWB) auch rechtswidrigen Wettbewerb?, NZKart 2014, 207 ff.; *Lieberknecht,* Regeln zur Förderung des Leistungswettbewerbs als Wettbewerbsrgeln im Sinne des § 28 II GWB, in: FS Möhring, 1965, S. 67 ff.; *Lotze,* Kartellrechtliche Restriktionen der Verbandsarbeit in: FIW (Hrsg.), Enforcement – Die Durchsetzung des Wettbewerbsrechts, 2005, S. 117 ff.; *Lukes,* Der Kartellvertrag, 1959; *ders.,* Sanktions- und Gerichtsstandsbestimmungen in Wettbewerbsregeln, DB 1968, 427 ff.; *Markert,* Legalisierung von Preismeldesystemen durch Wettbewerbsregeln? DB 1964, 140 ff.; *Mees,* Die Wettbewerbsregeln des GWB: Verbindlichkeit und Bedeutung im Wettbewerbsprozess, GRUR 1981, 878 ff.; *ders.,* Normwidrigkeit und § 1 UWG, WRP 1985, 373 ff.; *ders.,* Allgemeine Geschäftsbedingungen als möglicher Inhalt von Wettbewerbsregeln i. S. d. §§ 24 ff. GWB, in: FS Loewenheim, 2009, S. 491 ff.; *G. Meier,* Die Allgemeinverbindlichkeitserklärung von Wettbewerbsregeln – ein Fortschritt? ZRP 1977, 105 ff.; *ders.,* Zur Sicherung des Leistungswettbewerbs. Zur gemeinsamen Erklärung von Organisationen der gewerblichen Wirtschaft im November 1975, BB 1977, 720 ff.; *ders.,* Wettbewerbsregeln für Bundesländer – ein Beitrag zur Erhaltung der Marktwirtschaft? ZRP 1978, 28 ff.; *ders.,* Verhaltensregeln der Wirtschaft und „Leistungswettbewerb", WRP 1978, 514 ff.; *ders.,* Zur Frage kartellrechtswidriger Wettbewerbsregeln, WRP 1979, 20 ff.; *ders.,* „Orderly marketing". Veränderung der Struktur des deutschen Wettbewerbsrechts, WRP 1979, 593 ff.; *Merkel,* Allgemeinverbindlichkeitserklärung von Wettbewerbsregeln der Wirtschaftsverbände? BB 1977, 473 ff.; *ders.,* Zum Schutz des Leistungswettbewerbs durch die Gerichte, BB 1977, 705 ff.; *ders.,* Zum Schutz des Leistungswettbewerbs: Eine Zwischenbilanz. Zivilrechtliche oder verwaltungsrechtliche Lösung? BB 1977, 1176 ff.; *Mestmäcker,* Über das Verhältnis des Rechts der Wettbewerbsbeschränkungen zum Privatrecht, AcP 168 (1968), 235 ff.; *ders.,* Wettbewerbs- und Strukturpolitik – zur Reform des Gesetzes gegen Wettbewerbsbeschränkungen, Die Aussprache Jg. 20 (1970), 60 ff.; *ders.,* Der verwaltete Wettbewerb, 1985; *Möhlenkamp,* Verbandskartellrecht – trittfeste Pfade in unsicherem Gelände, WuW 2008, 428; *Möhring,* Wettbewerbsordnung und Kartellrecht, WuW 1954, 387 ff., 493 ff.; *Monopolkommission,* Sondergutachten 7: Missbräuche der Nachfragemacht und Möglichkeiten zu ihrer Kontrolle im Rahmen des Gesetzes gegen Wettbewerbsbeschränkungen, 1977; *Nemeczek,* Anm. zu BGH v. 9.9.2010 – I ZR 157/08 – FSA-Kodex, GRUR 2011, 432; *Neumann,* Verbot des Verkaufs unter Einstandspreis – ein wirtschaftspolitischer Fehlgriff, in: FS Möschel, 2011, S. 441 ff.; *Nipperdey,* Wettbewerb und Existenzvernichtung – Eine Grundfrage des Wettbewerbsrechts, 1930; *Oehler,* Wettbewerbsregeln als Instrument der Wettbewerbspolitik, 1968; *Ohm,* Definitionen des Leistungswettbewerbs und ihre Verwendungsfähigkeit für die praktische Wirtschaftspolitik, in: H.J. Seraphim (Hrsg.), Zur Grundlegung wirtschaftspolitischer Konzeptionen, 1960, S. 239 ff.; *Peter,* Die Zulässigkeit von Nichtdiskriminierungsabsprachen in Wettbewerbsregeln, Diss. Mainz 1969; *L. Raiser,* Rechtsschutz und Institutionenschutz im Privatrecht, in: summum ius summa iniuria, 1963, S. 145 ff.; *ders.,* Marktbezogene Unlauterkeit, GRUR Int. 1973, 443 ff.; *Reimann,* Wettbewerbsregeln der Verbände, WuW 1957, 111 ff.; *ders.,* Wer darf sich zur Einhaltung eingetragener Wettbewerbsregeln verpflichten? WRP 1965, 363 ff.; *Reimers,* Die Frage der Eintragungsfähigkeit wettbewerbsbeschränkender Wettbewerbsregeln in der Verwaltungspraxis des Bundeskartellamts, Diss. Hamburg 1969; *Rheinfels,* Wettbewerbsregeln nach dem Gesetz gegen Wettbewerbsbeschränkungen, DB 1958, 301 ff.; *Rittner,* Drei Grundfragen des Wettbewerbs, in: FS Kraft, 1998, S. 519 ff.; *ders.,* Der „Leistungswettbewerb" als wirtschaftspolitisches Programmn ZWeR 2004, 305 ff.; *Röper,* Zur Verwirklichung des Leistungswettbewerbs, in: Seraphim (Hrsg.), Zur Grundlegung wirtschaftspolitischer Konzeptionen, 1960, S. 279 ff.; *Sack,* Die Wettbewerbsregeln nach §§ 28 ff. GWB und das Recht des unlauteren Wettbewerbs, Diss. Tübingen 1969; *ders.,* Gibt es einen spezifisch kartellrechtlichen Lauterkeitsbegriff? BB 1970, 1511 ff.; *ders.,* Der zulässige Inhalt von Wettbewerbsregeln, WuW 1970, 195 ff.; *ders.,* Schützt § 1 GWB nur den schützenswerten Wettbewerb? WuW 1970, 395 ff.; *ders.,* Sittenwidrigkeit, Sozialwidrigkeit und Interessenabwägung, GRUR 1970, 493 ff.; *ders.,* § 1 UWG und Wirtschaftspolitik, WRP 1974, 247 ff.; *ders.,* Lauterer und leistungsgerechter Wettbewerb durch Wettbewerbsregeln, GRUR 1975, 297 ff.; *ders.,* Zum erweiterten Adressatenkreis des Diskriminierungsverbots, GRUR 1975, 511 ff.; *ders.,* Zur sachlichen Rechtfertigung von Preis-, Rabatt- und Konditionendiskriminierungen, WRP 1975, 385 ff.; *ders.,* Wettbewerbsverzerrungen durch „Anzapfen", WRP 1975, 261 ff.; *ders.,* Die lückenfüllende Funktion der Sittenwidrigkeitsklauseln, WRP 1985, 1 ff.; *ders.,* Der Verkauf unter Selbstkosten im Handel und Handwerk, BB 1988, Beil. 3; *ders.*, Der „spezifische Gegenstand" von Immaterialgüterrechten als immanente Schranke des Art. 85 Abs. 1 EG-Vertrag bei Wettbewerbsbeschränkungen in Lizenzverträgen, RIW 1997, 449ff.; *ders.*, Die Bedeutung der EG-Richtlinien 84/450/EWG und 97/55/EG über irreführende und vergleichende Werbung für das deutsche Wettbewerbsrecht, GRUR Int. 1998, 263ff.; *ders.*, Die Auswirkungen des europäischen Rechts auf das Verbot irreführender Werbung, in: Schwarze (Hrsg.), Werbung und Werbeverbote im Lichte des europäischen Gemeinschaftsrechts, 1999, S. 102ff.; *ders.*, Zur Vereinbarkeit wettbewerbsbeschränkender Abreden in Lizenz- und Know-how-Verträgen mit europäischem und deutschem Kartellrecht, WRP 1999, 592ff.; *ders.*, Lauterer und leistungsgerechter Wettbewerb durch Wettbewerbsregeln von Verbänden, §§ 24ff. GWB, WRP 2001, 595ff.; *Scheel,* Wettbewerbsregeln über Preiswettbewerb, Diss. Kiel 1967; *Schlecht,* Sicherung des Leistungswettbewerbs – ständige Aufgabe der Wettbewerbspolitik, MA 1976, 465ff.; *Schmidhuber,* Verhaltenskodizes im neuen UWG, WRP 2010, 593ff.; *Schmiedel,* Der „leistungsgerechte Wettbewerb" in der Neufassung des § 28 GWB, WuW 1975, 743ff.; *Schneider,* Die „Internationalen Verhaltensregeln für die Werbepraxis", WRP 1967, 147ff.; *Schumacher,* Nachfragemacht und Gegengewichtsprinzip, ZHR 140 (1976), 317ff.; *Skiba,* Preisdiskriminierung und Wettbewerbsregeln des GWB, WuW 1972, 211ff.; *Söhn,* Allgemeinverbindlicherklärung von Wettbewerbsregeln. Möglichkeiten und Grenzen einer Reformierung der Vorschriften über Wettbewerbsregeln nach den §§ 28ff. GWB, 1983; *Sölter,* Nachfragefunktion, Nachfrageverhalten und Nachfragemacht, WRP 1977, 445ff.; *Sosnitza,* Wettbewerbsregeln nach §§ 24ff. GWB im Lichte der 7. GWB-Novelle und des neuen Lauterkeitsrechts, in: FS Bechtold, 2006, S. 515ff.; *ders.*, Werberichtlinien der Verbände, in: MünchKommUWG, 2. Aufl. 2014, Anh. I nach §§ 1–7 UWG, S. 1009ff.; *Spengler,* Preisschleuderei, Preisdiskriminierung und Wettbewerbsregeln, 1955; *Steffani,* Die Wettbewerbsregeln der Bauindustrie – Verfahren und Ergebnisse, in: 10 Jahre Kartellgesetz, 1968, S. 355ff.; *Tolksdorf,* Stand und Entwicklungstendenzen der Wettbewerbstheorie, WuW 1980, 785ff.; *P. Ulmer,* Der Begriff „Leistungswettbewerb" und seine Bedeutung für die Anwendung von GWB und UWG-Tatbeständen, GRUR 1977, 565ff.; *Versteyl,* Zur Vereinbarkeit von Wettbewerbsregeln zum Zwecke leistungsgerechten Wettbewerbs mit den rechtspolitischen Grundlagen des geltenden Kartellrechts, Diss. FU Berlin 1973; *Völp,* Wettbewerbsregeln und Gesetz gegen Wettbewerbsbeschränkungen, WRP 1957, 351ff.; *Walde,* Aufstellung und Eintragung der Wettbewerbsregeln in das Register für Wettbewerbsregeln und ihre Rechtsfolgen, Diss. Köln 1963; *Wels,* Wettbewerbsregeln unter besonderer Berücksichtigung der amerikanischen Fair Trade Practice Rules, Diss. Kiel 1960; *Willeke,* Leistungswettbewerb und Leistungsprinzip, in: FS Rieger, 1963, S. 158ff.; *Wirtz,* Werbung und Marktleistung. Zu einem neuen Anwendungsfeld für kartellrechtliche Wettbewerbsregeln, 1979 (identisch mit: Werberegeln nach § 28 Abs. 2 GWB zur leistungsgerechteren Erfolgsverteilung im Wettbewerbssystem, Diss. Frankfurt a. M. 1978); *ders.*, Werberegeln nach § 28 Abs. 2 GWB mit dem Zielobjekt der Markttransparenz und die Wettbewerbsfunktion der marktleistungsgesteuerten Erfolgsverteilung, WRP 1978, 854ff.; *H. Wolf,* Wettbewerbsregeln, Zweck und System nach dem Gesetz gegen Wettbewerbsbeschränkungen, 1972; *Wolter,* Über die Gestaltung von Wettbewerbsregeln, WRP 1959, 315ff.; *Würdinger,* Freiheit der persönlichen Entfaltung, Kartell- und Wettbewerbsrecht, WuW 1953, 721ff.

I. Entstehungsgeschichte der §§ 24ff.

1. Die Regelung des § 28 Abs. 2 von 1958

1 Die Vorschriften über Wettbewerbsregeln in den §§ 24ff. GWB (früher §§ 28ff. GWB) gehen zurück auf Änderungsvorschläge des Bundesrats zum Reg.-Entw. eines GWB. Dort hatte der Bundesrat Vorschriften zum Schutze des **Leistungswettbewerbs** gefordert.[1] Dazu erklärte die Bundesregierung in ihrer Stellungnahme: „Zu den Ausführungen des Bundesrats … ist die Bundesregierung der Auffassung, dass der vorliegende Entwurf eines Gesetzes gegen Wettbewerbsbeschränkungen für sich allein noch keine ausreichenden Bestimmungen zum Schutze des legitimen Leistungswettbewerbs enthält. Es ist anzuerkennen, dass in einer Wirtschaft, in der der Leistungswettbewerb durch ein Gesetz aufrechterhalten und gefördert wird, der Gesetzgeber auch Vorschriften gegen den Missbrauch der Wettbewerbsfreiheit zur Verfügung stellen sollte. Solche Vorschriften sind zwar im Gesetz gegen den unlauteren Wettbewerb enthalten und durch eine dazu ergangene umfangreiche Rechtsprechung näher entwickelt worden. Darüber hinaus ist jedoch zu erwägen, ob

[1] BT-Drucks. II/1158, Anhang 2, S. 59ff., 79 (II.).

Wirtschaftsverbänden die Möglichkeit gegeben werden sollte, Wettbewerbsregeln aufzustellen, die einen Schutz gegen den Missbrauch der Freiheit des Wettbewerbs bieten".[2]

2 Diesen Gedanken griff der BT-Ausschuss für Wirtschaftspolitik in seinem Bericht zum Reg.-Entw. auf. Er empfahl, in den Reg.-Entw. einen Abschnitt über **Wettbewerbsregeln** einzufügen. Der Ausschuss habe sich „von der Überzeugung leiten lassen, dass es für die Unternehmen der Wirtschaft gerade im Rahmen des vorliegenden Gesetzes sehr wesentlich ist und eine sehr wertvolle Hilfe nach der positiven Seite bedeutet, wenn die Vorschriften gegen die Beschränkung des Wettbewerbs durch Vorschriften über Wettbewerbsregeln ergänzt werden, die jeweils in einem konkreten Wirtschaftszweige eine positive Handhabe für die Ausschließung eines unlauteren Verhaltens im Wettbewerb und insbesondere auch für die Anregung und Förderung des Leistungswettbewerbs geben".[3]

3 Dieser Empfehlung folgend wurden in das GWB die Vorschriften der §§ 28 ff. über Wettbewerbsregeln eingefügt. Sie gaben Wirtschafts- und Berufsvereinigungen das Recht, Wettbewerbsregeln aufzustellen, die den Zweck haben, „einem den Grundsätzen des lauteren Wettbewerbs zuwiderlaufenden Verhalten im Wettbewerb entgegenzuwirken und ein diesen Grundsätzen entsprechendes Verhalten im Wettbewerb anzuregen"; so § 28 Abs. 2 GWB i. d. F. von 1958.

4 Sehr bald nach Inkrafttreten des GWB war streitig, ob Wettbewerbsregeln nur **unlauteren Wettbewerb** untersagen dürfen, oder ob sie darüber hinaus, insbesondere zur Förderung des **Leistungswettbewerbs,** auch lauteren Wettbewerb beschränken dürfen. Das BKartA nahm ursprünglich an, dass Wettbewerbsregeln i. S. v. § 28 Abs. 2 a. F. lauterkeitsbezogen sein müssen, d. h. in irgendeiner Weise geeignet sein müssen, unlauteren Wettbewerb zu bekämpfen.[4] Später verstand es § 28 Abs. 2 weiter und erklärte in seinem Tätigkeitsbericht von 1965 mit Zustimmung der Bundesregierung: „Da das GWB durch den Schutz und die Förderung des lauteren Wettbewerbs nicht nur die Lauterkeit im Geschäftsverkehr, sondern vor allem auch die Leistungsgerechtigkeit im Wettbewerb schützen und fördern soll, sind Wettbewerbsregeln auch insoweit zulässig und eintragungsfähig, als durch sie der **Leistungswettbewerb** geschützt und gefördert wird. Sie können den beteiligten Unternehmen ein Verhalten untersagen, das zwar nicht unlauter und deswegen noch nicht ohne weiteres verboten ist, aber doch außerhalb eines Leistungswettbewerbs liegt und geeignet ist, die Wirksamkeit des Wettbewerbs wesentlich zu beeinträchtigen". Deshalb hielt das BKartA auch Wettbewerbsregeln für zulässig, die auf den Schutz der wettbewerblichen Struktur durch Herstellung und Sicherung der Leistungsgerechtigkeit gerichtet sind und als Instrument zur Unterstützung **strukturpolitischer** Zielfunktionen der Wirtschaftspolitik verwendet werden.[5] Mit dem Wortlaut des § 28 Abs. 2 GWB a. F. sowie mit der Entstehungsgeschichte dieser Vorschrift war diese Ansicht durchaus vereinbar.[6] Denn wenn § 24 Abs. 2 n. F. lautet, dass Wettbewerbsregeln ein den Grundsätzen des lauteren Wettbewerbs entsprechendes Verhalten anregen dürfen, so bezieht sich nach den Regeln der deutschen Grammatik das Wort „anregen" nicht auf das Adjektiv „lauter", sondern auf das Substantiv „Verhalten von Unternehmen im Wettbewerb"; nach dem **Wortlaut** von § 28 Abs. 2 a. F.

---

[2] Stellungnahme der BReg. zu den Änderungsvorschlägen des Bundesrats, II. Nr. 33, BT-Drucks. II/1158, Anhang 3, S. 80 ff., 86 f.

[3] So der Bericht des Abg. *Dr. Elbrächter,* zu BT-Drucks. II/3644, S. 30.

[4] Vgl. BKartA WuW/E BKartA 301 ff., 305 – *Ziehereien und Kaltwalzwerke;* BKartA WuW/E BKartA 586 ff., 591 – *Bauindustrie.*

[5] BKartA Tätigkeitsbericht 1965 BT-Drucks. V/530, S. 15; zustimmend die BReg., ibid., S. 3 (III.); ebenso *Benkendorff* WuW 1958, 421 f.; *Griesbach* in: Zehn Jahre BKartA, 1968, S. 33; *Günther* MA 1969, 170 ff.; *v. Köhler* DB 1967, 29, 32 f.; *Lieberknecht* in: FS Möhring, 1965, S. 67, 69; *Oehler,* Wettbewerbsregeln, S. 51 f.; *Sack* WuW 1970, 195, 200 ff.; *ders.* GRUR 1975, 297, 302; *Versteyl,* Diss., S. 76 ff.

[6] *Benkendorff* WuW 1958, 416, 422; *Lieberknecht* in: FS Möhring, 1965, S. 67, 70 ff.; *Sack* WuW 1970, 195, 200 ff.; *Versteyl,* Diss., S. 81 ff., 83, 89; vgl. auch *Sack* GRUR 1975, 297, 302 m. w. Nachw. in den Fn. 49 ff.

durften also Wettbewerbsregeln ein Verhalten von Unternehmen im Wettbewerb anregen, soweit es den Grundsätzen des lauteren Wettbewerbs entspricht, oder kürzer: Wettbewerbsregeln dürfen **Wettbewerb anregen,** soweit er lauter ist.

5 Dagegen wendete sich jedoch der BGH. In seinem Beschluss vom 15.7.1966 über Wettbewerbsregeln der *Bauindustrie* erklärte er das dort vorgesehene Gebot der Selbstkostenermittlung, das das BKartA als Wettbewerbsregel eingetragen hatte, weil es nach seiner Ansicht dem Leistungsprinzip entsprach und der Unterstützung **strukturpolitischer** Zielfunktionen diente, für unvereinbar mit § 28 Abs. 2 GWB a. F.[7] Der BGH ließ in diesem Beschluss zwar ausdrücklich offen, ob Wettbewerbsregeln **auch** als Instrument zur Unterstützung strukturpolitischer Zielfunktionen der Wirtschaftspolitik verwendet werden dürfen.[8] Den Ausführungen des BGH ließ sich jedoch die allgemeine Regel entnehmen, dass Wettbewerbsregeln für ihre Eintragungsfähigkeit **lauterkeitsbezogen** sein müssen,[9] d. h. dem Schutz und der Förderung der Lauterkeit dienen müssen.

6 Deshalb gab das BKartA seine weite Auslegung von § 28 Abs. 2 GWB a. F. auf und forderte in Übereinstimmung mit dem BGH nunmehr einen **Lauterkeitsbezug** von Wettbewerbsregeln. Die Bezugnahme auf die Förderung des Leistungswettbewerbs oder auf strukturpolitische Ziele allein genüge nicht. Auch Wettbewerbsregeln zur Förderung des Leistungswettbewerbs müssten lauterkeitsbezogen sein.[10]

2. Die Neuregelung des § 28 Abs. 2 im Jahre 1973

7 Heftige Kritik[11] an dieser Entwicklung der Auslegung von § 28 Abs. 2 GWB a. F. veranlasste schließlich den Gesetzgeber, in der 2. GWB-Novelle von 1973 den Wortlaut dieser Vorschrift dahingehend zu erweitern, dass Wettbewerbsregeln über die bisherige Regelung hinaus auch den Zweck haben dürfen, „einem … der Wirksamkeit eines **leistungsgerechten** Wettbewerbs zuwiderlaufenden Verhalten im Wettbewerb entgegenzuwirken oder ein diesen Grundsätzen entsprechendes Verhalten im Wettbewerb anzuregen". Diese Erweiterung des § 28 Abs. 2 GWB a. F. wurde in der Begr. Reg.-Entw. damit gerechtfertigt, dass sich mit der ursprünglichen Gesetzesformulierung die Vorstellungen des Gesetzgebers nicht haben verwirklichen lassen. Zweck der Vorschriften sei es gewesen, eine positive Handhabe für die Ausschließung eines unlauteren Verhaltens im Wettbewerb **und** insbesondere auch für die Anregung und Förderung des Leistungswettbewerbs zu geben. Durch die Einfügung des neuen unbestimmten Rechtsbegriffs „leistungsgerechter Wettbewerb" in § 28 Abs. 2 GWB i. d. F. von 1973 werde nunmehr klargestellt, dass Wettbewerbsregeln auch zum Schutz des leistungsgerechten Wettbewerbs aufgestellt werden können,[12] ohne eine Lauterkeitsbezug aufweisen zu müssen.[13]

8 Damit hatte der Gesetzgeber die Möglichkeit der Aufstellung sogenannter **Leistungswettbewerbsregeln** ausdrücklich anerkannt, wie es bereits der Wirtschaftspolitische Aus-

---

[7] BGH WuW/E BGH 767 ff., 771, 776 = BGHZ 46, 168 = GRUR 1967, 43 ff. – *Bauindustrie,* mit krit. Anm. von *Schwartz;* ebenso KG WuW/E OLG 703 – *Kfz-Handel;* KG WuW/E OLG 756 – *Bauindustrie;* krit. dazu auch *Steffani* in: 10 Jahre Kartellgesetz, 1968, S. 355 ff.

[8] BGH WuW/E BGH 776.

[9] So die Deutung der *Bauindustrie*-Entscheidung des BGH durch das BKartA Tätigkeitsbericht 1966 BT-Drucks. V/1950, S. 11.

[10] BKartA Tätigkeitsbericht 1966, BT-Drucks. V/1950, S. 11; ebenso in der Folgezeit BKartA WuW/E BKartA 1233, 1236, 1238, 1240 – *Markenspirituosen;* BKartA WuW/E BKartA 1327 (Ls. 2), 1331, 1336, 1339 – *Tapetenhandel.*

[11] Vgl. *Schwartz* GRUR 1967, 43 ff., 54 ff.; *Steffani* in: 10 Jahre Kartellgesetz, 1968, S. 355 ff.; *Sack* WuW 1970, 195, 200 ff.; *ders.,* Diss., S. 75 ff.; *Oehler,* Wettbewerbsregeln, S. 51 f.

[12] Begr. Reg.-Entw., BR-Drucks. 265/71, S. 34.

[13] A. A. mit der Begründung, eine zeitgemäße Auslegung müsse die fortschreitende Liberalisierung des deutschen Lauterkeitsrechts berücksichtigen, *F. Immenga* in: Immenga/Mestmäcker, § 24 Rn. 12, 67.

schuss empfohlen hatte.[14] Ein Teil der Streitfragen zur Auslegung von § 28 Abs. 2 GWB a. F. hatte sich damit erledigt oder war zumindest entschärft worden.

Von der Kartellbehörde anerkannte Wettbewerbsregeln waren früher nach § 28 Abs. 3 i. V. m. § 33 GWB a. F. in ein **Register** für Wettbewerbsregeln einzutragen. Dieses Register ist 1985 durch das Gesetz zur Bereinigung wirtschaftsrechtlicher Vorschriften abgeschafft worden.[15] Seither genügen diverse Bekanntmachungen i. S. v. § 27 im **Bundesanzeiger.** 9

3. Änderungen durch die 6. GWB-Novelle von 1999

Durch die 6. GWB-Novelle, die am 1.1.1999 in Kraft getreten ist, wurden nicht nur die Nummern der Paragraphen geändert: Aus den §§ 28 ff. wurden die §§ 24 ff. Geändert wurden vor allem auch die verunglückten Formulierungen der §§ 29, 31 a. F., die zu einer Vielzahl unnötiger Streitfragen Anlass gegeben hatten. An ihre Stelle ist § 26 n. F. getreten. Nach § 26 Abs. 2 S. 1 a. F. konnte die Kartellbehörde Wettbewerbsregeln, die unter § 1 oder 22 Abs. 1 a. F. (Empfehlungsverbot) fielen, **nach pflichtgemäßem Ermessen** von diesen Verboten mit der Anerkennungsverfügung nach § 26 Abs. 1 a. F. **freistellen.**[16] Soweit eine Wettbewerbsregel andere Bestimmungen des GWG, des UWG oder eine andere Rechtsvorschrift verletzte, hatte die Kartellbehörde nach § 26 Abs. 2 S. 2 den Antrag auf Anerkennung abzulehnen. 10

4. Änderungen durch die 7. GWB-Novelle von 2005

Erhebliche Änderungen brachte schließlich die 7. GWB-Novelle, die am 1.7.2005 in Kraft getreten ist. Nach dem neuen § 26 Abs. 2 können Wettbewerbsregeln, die die Voraussetzungen des § 24 Abs. 2 erfüllen, nicht mehr nach pflichtgemäßem Ermessen der Kartellbehörde freigestellt werden. Vielmehr bestimmt der neue und jetzt geltende § 26 Abs. 2, dass eine Wettbewerbsregel, die gegen das Verbot des § 1 verstößt, nur unter den Voraussetzungen der §§ 2 u. 3 **freigestellt ist.** Die Freistellung erfolgt außerdem nicht mehr durch die Kartellbehörde, sondern nach dem mit der 7. GWB-Novelle eingeführten System der **Legalausnahme kraft Gesetzes.** Die Anerkennungsverfügung der Kartellbehörde hat nach § 26 Abs. 2 S. 2 nur zum Inhalt, dass die anerkennende Kartellbehörde von ihren ihr nach dem 6. Abschnitt des GWB zustehenden Befugnissen keinen Gebrauch machen wird. Außer der **Selbstbindung** der anerkennenden Kartellbehörde hat sie keine weitere **Bindungswirkung** mehr. Eine Anerkennung durch die Kartellbehörde kann nur dann erfolgen, wenn Wettbewerbsregeln nicht nur die Voraussetzungen des § 24 Abs. 2 erfüllen, sondern **außerdem** nicht gegen das deutsche und europäische Wettbewerbsbeschränkungsverbot verstoßen, d. h. wenn sie nicht den Tatbestand des § 1 bzw. des Art. 101 Abs. 1 AEUV erfüllen oder nach § 2 bzw. nach Art. 101 Abs. 3 AEUV freigestellt sind. In der Regel werden jedoch Wettbewerbsregeln, die die Voraussetzungen des § 24 Abs. 2 erfüllen, nicht gegen § 1 bzw. Art. 101 Abs. 1 AEUV verstoßen oder die Freistellungsvoraussetzungen der §§ 2 f. bzw. des Art. 101 Abs. 3 AEUV erfüllen (ausführlicher dazu unten § 26 Rn. 9 ff.). 10a

Durch das System der Legalausnahme, nach dem wettbewerbsbeschränkende Vereinbarungen nicht mehr durch kartellbehördliche Freistellung, sondern kraft Gesetzes vom Wettbewerbsbeschränkungsverbot freigestellt sind, wenn die Voraussetzung der §§ 2 f. erfüllt sind, sowie durch die Beschränkung der Wirkung der kartellbehördlichen „Anerken- 10b

---

[14] Sehr krit. zu den Leistungswettbewerbsregeln jedoch *Emmerich,* Kartellrecht, § 24 Rn. 9 ff.; *Mestmäcker,* Der verwaltete Wettbewerb, 1984, S. 19 ff.; *Möschel,* Recht der Wettbewerbsbeschränkungen, Rn. 367, 368.

[15] BGBl. 1985 I S. 457.

[16] Vgl. dazu *Sack,* WRP 2001, 595, 610 f.

nung" von Wettbewerbsregeln auf die Selbstbindung der anerkennenden Kartellbehörde haben die §§ 24ff. erheblich an Bedeutung verloren. Zum Teil ist deshalb vorgeschlagen worden, diese Vorschriften ersatzlos zu streichen.[17] In der Begr. RegE der 7. GWB-Novelle von 2005 ist dies jedoch ausdrücklich vor allem im Interesse des Verbraucherschutzes abgelehnt worden;[18] die Begr. RegE der 8. GWB-Novelle ist auf diese Anregung nicht eingegangen. Dem Vorschlag, die §§ 24ff. wegen Bedeutungslosigkeit zu streichen, ist entgegenzuhalten, dass Wettbewerbsregeln und ihre kartellbehördliche Anerkennung auch nach den Neuregelungen durch die 7. GWB-Novelle noch eine erhebliche praktische Bedeutung haben können. Dies ist zum einen nach wie vor die **Selbstbindung** der Kartellbehörde nach § 26 Abs. 1 S. 2, die Wettbewerbsregeln eines Verbandes anerkannt hat. Das Anerkennungsverfahren schafft eine **präventive kartellbehördliche Kontrolle** und bringt den betreffenden Verbänden und ihren Mitgliedern insoweit Rechtsklarheit und Rechtsicherheit.[19] Außerdem dienen Wettbewerbsregeln mit unmittelbarem Lauterkeitsbezug (unten Rn. 47) der **Branchenkonkretisierung** des Lauterkeitsrechts für die Branchen, deren Verbände die Anerkennung von Wettbewerbsregeln betrieben haben (unten Rn. 28). Wettbewerbsregeln mit mittelbarem Lauterkeitsbezug fördern die Lauterkeit in der betreffenden Branche (unten Rn. 48ff.) und Leistungswettbewerbsregeln können geeignet sein, in einer Branche den leistungsgerechten Wettbewerb zu fördern (unten Rn. 54ff.). Ein Verstoß gegen Wettbewerbsregeln kann, wenn dies die Satzung des Verbandes vorsieht, **Verbandsanktionen** auslösen, die neben eventuelle lauterkeitsrechtliche Sanktionen treten (unten Rn. 29, 91ff.). Ferner haben Wettbewerbsregeln auch **lauterkeitsrechtliche** Bedeutung.[20] § 5 Abs. 1 Nr. 6 UWG und die Nrn. 1 und 3 des Anhangs zu § 3 Abs. 3 UWG untersagen bestimmte irreführende Angaben über die Bindung des betreffenden Unternehmens an **Verhaltenskodizes** oder über die Billigung eines Verhaltenskodex von einer öffentlichen oder anderen Stelle; § 2 Nr. 5 UWG definiert den lauterkeitsrechtlichen Begriff des Verhaltenskodex. Kartellbehördlich anerkannte Wettbewerbsregeln von Verbänden, die für die Angehörigen der betreffenden Branche repräsentativ sind, können auch die anständigen **Marktgepflogenheiten** in dieser Branche und damit die lauterkeitsrechtlich relevante „berufliche Sorgfaltspflicht" von Unternehmen nach Art. 5 Abs. 2 lit. a i. V. m. Art. 2 lit. h der Richtlinie 2005/29/EG gegen unlautere Geschäftspraktiken (UGP-RL) beeinflussen. Diesen Regelungen der UGP-RL entspricht zur Zeit § 3 Abs. 2 S. 1 UWG.[21] Nach Erwägungsgrund Nr. 2 der UGP-RL ist es zweckmäßig, die Möglichkeit von Verhaltenskodizes vorzusehen, aus denen die Anforderungen an die „berufliche Sorgfalt" in einer Branche ersichtlich sind und die die Verwaltungsbehörden oder Gerichte entlasten können. Insofern können Wettbewerbsregeln die **Rechtsfortbildung** auf dem Gebiet des Lauterkeitsrechts beeinflussen.[22] Abweichend von früher begegnet jedoch der BGH in seiner neueren Rechtsprechung der Bedeutung von Wettbewerbsregeln für die Auslegung der Generalklauseln des Lauterkeitsrechts mit größter Zurückhaltung.[23]

---

[17] Vgl. BKartA zum RefE der 8. GWB-Novelle, WuW 2012, 257, 268 (vor G.); *Dreher* WuW 2013, 3; *Ehricke* in: FS Möschel, 2011, S. 169, 189; vgl. dazu auch *Bechtold* WRP 2006, 1162, 1164.

[18] Begr. Reg.-Entw., BT-Drucks. 15/3640, S. 32.

[19] Vgl. *F. Immenga* in: Immenga/Mestmäcker, GWB, § 24 Rn. 8.

[20] Ausführlich dazu *Alexander* GRUR Int. 2012, 965ff.

[21] Zurückhaltend dazu *Alexander* GRUR Int. 2012, 965, 972f.

[22] So schon BGH GRUR 1977, 257, 259 – *Schaufensteraktion;* BGH GRUR 1977, 619, 621 – *Eintrittsgeld.*

[23] BGH GRUR 2006, 773 Rn. 18ff. – *Probeabonnement;* BGH GRUR 2011, 431 Rn. 8ff., 13ff. – *FSA-Kodex;* ebenso *Bornkamm* in: FS Griss, 2011, S. 79ff., 90ff.; *ders.* in: FS Canenbley, 2012, S. 67ff., 72ff.

III. Die vier gesetzlichen Alternativen des zulässigen Inhalts von Wettbewerbsregeln

1. Lauterkeits- und Leistungswettbewerbsregeln: § 24 Abs. 2 GWB regelt den zulässigen Inhalt von Wettbewerbsregeln. Seit der 2. GWB-Novelle von 1973 unterscheidet das Gesetz zwischen Lauterkeitsregeln und Leistungswettbewerbsregeln. **Lauterkeitsregeln** haben den Zweck, einem den Grundsätzen des lauteren Wettbewerbs zuwiderlaufenden Verhalten im Wettbewerb entgegenzuwirken und ein diesen Grundsätzen entsprechendes Verhalten anzuregen. Die 1973 ins Gesetz aufgenommenen **Leistungswettbewerbsregeln** haben den Zweck, einem (den Grundsätzen) der Wirksamkeit eines **leistungsgerechten** Wettbewerbs zuwiderlaufenden Verhalten im Wettbewerb entgegenzuwirken und ein diesen Grundsätzen entsprechendes Verhalten im Wettbewerb anzuregen. Sie müssen **objektiv** diesen Zwecken dienen.[40] 20

2. „entgegenwirken" und „anregen": § 24 Abs. 2 GWB unterscheidet zwischen Wettbewerbsregeln, die einem den genannten Grundsätzen zuwiderlaufenden Verhalten „entgegenwirken", und solchen, die ein diesen Grundsätzen entsprechendes Verhalten „anregen" sollen. Damit ist gesagt, dass Wettbewerbsregeln nicht nur Verhaltensweisen verbieten, sondern auch ein bestimmtes Verhalten **gebieten** bzw. **empfehlen** dürfen, wenn es zur Lauterkeit oder zur Wirksamkeit eines leistungsgerechten Wettbewerbs beiträgt.[41] 21

Die Tatbestandsmerkmale „entgegenwirken" und „anregen" verbindet der Gesetzeswortlaut des § 24 Abs. 2 mit dem Wort **„und".** Daraus folgt jedoch nicht, dass die beiden Voraussetzungen kumulativ erfüllt sein müssen. Gemeint waren **alternative** Tatbestandsmerkmale; dies wäre im Wortlaut allerdings durch ein **„oder"** zwischen den Begriffen besser zum Ausdruck gekommen.[42] Praktisch keine Auswirkungen hat der Theorienstreit bei Wettbewerbsregeln, die die Lauterkeit bzw. den Leistungswettbewerb **anregen** sollen; denn sie werden i. d. R. zugleich geeignet sein, unlauterem bzw. nicht leistungsgerechtem Wettbewerb entgegenzuwirken. Anders ist dies bei Wettbewerbsregeln, die in erster Linie unlauterem bzw. nicht leistungsgerechtem Wettbewerb **entgegenwirken** sollen; sie werden zwar häufig, jedoch weder immer noch i. d. R. die Lauterkeit bzw. den leistungsgerechten Wettbewerb anregen.[43] Der Gesetzgeber wollte jedoch auch und wohl sogar in erster Linie die Aufstellung von Wettbewerbsregeln ermöglichen, die zum Zwecke der **Branchenkonkretisierung** unlauterem Wettbewerb „entgegenwirken".[44] Ein Großteil dieser Wettbewerbsregeln ist nicht geeignet, zugleich den lauteren Wettbewerb auch „anzuregen", es sei denn, man unterstellt, dass jede Untersagung unlauteren Wettbewerbs ohne weiteres die Lauterkeit im Wettbewerb anregt 22

Unklar ist in § 24 Abs. 2 außerdem, ob sich das Wort „Grundsätze" nur auf die des „lauteren Wettbewerbs" oder auch auf die „Wirksamkeit eines leistungsgerechten Wettbe- 23

---

[40] *Benkendorff* WuW 1958, 416 ff., 420; *F. Immenga* in: Immenga/Mestmäcker, GWB, § 24 Rn. 56.

[41] *Hönn* GRUR 1977, 141, 142; *Kellermann* in: Immenga/Mestmäcker, GWB, 4. Aufl., § 24 Rn. 27.

[42] *Franzen/Mees* in: GemK, GWB § 28 Rn. 16; *Hönn* GRUR 1977, 141 ff. passim; *F. Immenga* in: Immenga/Mestmäcker, GWB, § 24 Rn. 53, 57, 59; *Kellermann* in: Zehn Jahre Bundeskartellamt S. 61 ff., 74 f.; *ders.* in: Immenga/Mestmäcker, GWB, 4. Aufl., § 24 Rn. 29, 33, 34; *Sack* WuW 1970, 195 ff., 203; *Schütt/Weidenbach* in: Frankfurter Komm., GWB § 24 Rn. 28; ebenso wohl BGHZ 46, 168, 171 = WuW/E BGH 767, 771 (b) – *Bauindustrie;* ebenso die Formulierung im Schriftlichen Bericht des *Wirtschaftspolitischen Ausschusses* zu § 26a, BT-Drucks. V/3644, S. 30; a. A. *v. Gamm,* Kartellrecht, §§ 28–33 GWB Rn. 6, 10; *Kroitzsch* GRUR 1965, 12, 19.

[43] *Kellermann* in: Immenga/Mestmäcker, GWB, 4. Aufl., § 24 Rn. 29, 33; *ders.* in: Zehn Jahre BKartA, S. 61, 75.

[44] *Kellermann* in: Immenga/Mestmäcker, GWB, 4. Aufl., § 24 Rn. 26; *Emmerich,* Kartellrecht, § 24 Rn. 7; *Schütt/Weidenbach* in: Frankfurter Komm., GWB § 24 Rn. 28.

werbs" bezieht. Bezöge sich das Wort „Grundsätze" nur auf die des „lauteren Wettbewerbs", so könnte daraus abgeleitet werden, dass auch die sog. „Anregungsregeln" i. S. d. zweiten Hälfte des § 24 Abs. 2 („ein diesen Grundsätzen entsprechendes Verhalten im Wettbewerb **anzuregen**") nur für die Grundsätze des lauteren Wettbewerbs gelten.[45] Eine solche Beschränkung auf die Grundsätze des lauteren Wettbewerbs entspräche allerdings nicht dem Zweck der Anregungsregeln. Mit ihnen sollten die Wirtschaftsverbände auch die Möglichkeit haben, durch Wettbewerbsregeln die Wirksamkeit eines **leistungsgerechten** Wettbewerbs anzuregen.[46] Denn die Erweiterung des § 28 Abs. 2 a. F. = § 24 Abs. 2 n. F. durch die 2. GWB-Novelle hatte nach der Begr. Reg.-Entw. auch den Zweck, den Wirtschafts- und Berufsvereinigungen „eine positive Handhabe für die Ausschließung eines unlauteren Verhaltens im Wettbewerb **und** insbesondere auch für die Anregung und Förderung des Leistungswettbewerbs zu geben".[47] Diesem Zweck entsprechend ist entweder das Wort „Grundsätze" auch auf das Tatbestandsmerkmal „Wirksamkeit eines leistungsgerechten Wettbewerbs" zu beziehen, was zwar sprachästhetisch nicht befriedigt,[48] jedoch begrifflich möglich ist;[49] oder es ist, um dem Zweck der zweiten Alternative des § 24 Abs. 2 zu genügen, eine korrigierende Auslegung dahingehend geboten, dass Wettbewerbsregeln auch den Zweck haben dürfen, „die Wirksamkeit eines leistungsgerechten Wettbewerbs" anzuregen. In Anbetracht dieses insoweit eindeutigen Zwecks von § 24 Abs. 2 2. Alt. kann dahingestellt bleiben, auf welchem methodischem Weg man zum Ziel gelangt. Wettbewerbsregeln dürfen also auch den Zweck haben, die Wirksamkeit eines leistungsgerechten Wettbewerbs anzuregen.

24 § 24 Abs. 2 kennt also letztlich **vier** Typen von Wettbewerbsregeln:
- Wettbewerbsregeln, die einem den Grundsätzen des lauteren Wettbewerbs zuwiderlaufenden Verhalten entgegenwirken;
- Wettbewerbsregeln, die ein den Grundsätzen des lauteren Wettbewerbs entsprechendes Verhalten anregen;
- Wettbewerbsregeln, die einem (den Grundsätzen) der Wirksamkeit eines leistungsgerechten Wettbewerbs zuwiderlaufenden Verhalten entgegenwirken;
- Wettbewerbsregeln, die ein (den Grundsätzen) der Wirksamkeit eines leistungsgerechten Wettbewerbs entsprechendes Verhalten anregen.

25 **3. Ergänzende Bestimmungen kraft Sachzusammenhangs:** Wettbewerbsregeln können auch anerkannt werden, wenn sie zwar weder Lauterkeits- noch Leistungswettbewerbsregeln i. S. v. § 24 Abs. 2 sind, jedoch in **unmittelbarem Zusammenhang** mit solchen stehen.[50] Das sind vor allem Wettbewerbsregeln über Vertragsstrafen im Falle der Verletzung anerkannter Lauterkeits- oder Leistungswettbewerbsregeln[51] oder über sonstige Verfahrensmodalitäten bei Verletzung von Wettbewerbsregeln. Dazu gehören aber auch Präambeln, Motive und Auslegungsgrundsätze, die selbst noch keine Wettbewerbsregeln enthalten.[52] Sie erfüllen zwar nicht die Voraussetzungen des § 24 Abs. 2, können jedoch anerkannt werden, wenn sie für die praktische Anwendung von Wettbewerbsregeln nütz-

---

45 So *Schmiedel* WuW 1975, 743, 748.

46 A. A. *Schmiedel* WuW 1975, 743, 749 f. unter Hinweis auf die unterschiedlichen Formulierungen des Referenten- und des Regierungs-Entwurfs.

47 BR-Drucks. 265/71, S. 34 = BT-Drucks. VI/2520, S. 34; *Hönn* GRUR 1977, 141, 142; *Wirtz,* Werbung und Marktleistung, S. 36.

48 *Schmiedel* WuW 1975, 743, 748 f.; *Hönn* GRUR 1977, 141, 142; *Wirtz,* Werbung und Marktleistung, S. 36.

49 *Hönn* GRUR 1977, 141, 142; *Wirtz* S. 37.

50 BKartA WuW/E 1523, 1525 – *Elektroleuchten; F. Immenga* in: Immenga/Mestmäcker, GWB, § 24 Rn. 52; *Franzen/Mees* in: GemK, GWB § 28 Rn. 59 sprechen von „wettbewerbsneutralen Regeln".

51 *Franzen/Mees* in: GemK, GWB § 28 Rn. 59; a. A. *Lukes* DB 1968, 427.

52 BKartA WuW/E BKartA 96, 98 f. – *Kohleneinzelhandel;* BKartA WuW/E BKartA 1523, 1524 – *Elektroleuchten;* BKartA WuW/E BKartA 1633, 1635 – *Markenverband.*

lich sein können.[53] Fehlt hingegen ein solcher Sachzusammenhang zu Lauterkeits- oder Leistungswettbewerbsregeln i. S. v. § 24 Abs. 2, so scheidet eine Anerkennung aus.

4. Sonstige Zielsetzungen von Wettbewerbsregeln: Wettbewerbsregeln, die die Voraussetzungen des § 24 Abs. 2 erfüllen, können auch dann anerkannt werden, wenn sie darüber hinaus weitere Zielsetzungen verfolgen. Dabei ist nach § 24 Abs. 2 die Bedeutung weiterer Zielsetzungen neben den Zielen der Lauterkeit und Leistungsgerechtigkeit unerheblich.[54] Wettbewerbsregeln mit weiterreichenden Zielsetzungen können jedoch an § 26 Abs. 2 scheitern, wenn diese Zielsetzungen zusätzliche Wettbewerbsbeschränkungen zur Folge haben. 26

IV. Der Zweck des Rechtsinstituts der Wettbewerbsregeln

1. Individualschutz und Institutionsschutz: Wettbewerbsregeln haben vor allem den in § 24 Abs. 2 genannten Zweck, unlauterem Wettbewerb entgegenzuwirken und die Wirksamkeit eines leistungsgerechten Wettbewerbs zu fördern. Nach der Begr. Reg.-Entw. der 2. GWB-Novelle ist der Ausdruck „lauterer Wettbewerb" oder „unlauterer Wettbewerb" in erster Linie ein zivilrechtlicher, dem **Individualschutz** zugeordneter, der Ausdruck „leistungsgerechter Wettbewerb" ein wirtschaftspolitischer, auf **Institutionsschutz** gerichteter Begriff.[55] Diese Unterscheidung ist allerdings verfehlt.[56] Vielfach sind Individualschutz und Institutionsschutz nur verschiedene Aspekte desselben Schutzzwecks.[57] So bezweckt das GWB nicht nur den Schutz des Allgemeininteresses an einem funktionsfähigen Wettbewerb, sondern auch den Individualschutz, wie § 33 deutlich zeigt. Andererseits bezweckt das UWG neben dem Individualschutz auch den Schutz von Allgemeininteressen (vgl. § 1 S. 2 UWG), und insoweit auch den Schutz des funktionsfähigen Wettbewerbs; das UWG schützt auch gegen marktbezogene Unlauterkeit.[58] Die Wertungen des angeblich nur auf Institutionsschutz zielenden GWB beeinflussen nach inzwischen einhelliger Meinung auch die Auslegung des UWG, insbesondere die Auslegung der Generalklausel des § 3 UWG. 27

2. Branchenkonkretisierung: Mit Wettbewerbsregeln, die unlauteren Wettbewerb untersagen, haben Wirtschafts- und Berufsvereinigungen die Möglichkeit, das umfangreiche Recht gegen den unlauteren Wettbewerb in die Sprache des Kaufmanns zu übersetzen und durch entsprechende Auswahl für die jeweilige Branche zu konkretisieren („Branchenkonkretisierung").[59] Sie sollen in übersichtlicher Form branchentypische Fälle unlauteren Wettbewerbs zusammenstellen und die Verbandsmitglieder darüber informieren. Außerdem sollen sie Zweifelsfälle im Grenzbereich zwischen lauterem und unlauterem Wettbewerb klären[60] und gegebenenfalls auch die Rechtsprechung entsprechend beeinflussen.[61] 28

---

[53] BKartA WuW/E BKartA 96, 98f. – *Kohleneinzelhandel;* BKartA WuW/E BKartA 1633, 1635 – *Markenverband; Bechtold,* GWB, § 24 Rn. 4.

[54] Einschränkend *Schneider* in: Langen/Bunte, GWB § 24 Rn. 8: der hinzutretende Zweck dürfe nicht im Vordergrund stehen.

[55] BR-Drucks. 265/71, S. 34; ebenso *Müller/Gießler/Scholz,* GWB, § 28 Rn. 24a; *Schneider* in: Langen/Bunte, GWB § 24 Rn. 19.

[56] Dazu *Sack* GRUR 1975, 297, 306.

[57] Dazu besonders *L. Raiser* in: summum ius summa iniuria, 1963, S. 145, 149; *ders.* JZ 1972, 732.

[58] Vgl. insbesondere *L. Raiser* GRUR Int. 1973, 443; *Sack* GRUR 1970, 493ff., 499f., 500ff.; *ders.* WRP 1974, 247; *Koppensteiner* WRP 2007, 475ff.

[59] *Bechtold,* GWB, § 24 Rn. 6; *Benisch* in: Schwerpunkte des Kartellrechts 1975/76, FIW-Schriftenreihe 77, 1977, S. 39, 49; *Dörinkel* WuW 1960, 593, 595; *Ehricke* in: FS Möschel, 2011, S. 169, 170; *Emmerich,* Kartellrecht, § 24 Rn. 7; *Fikentscher* GRUR Int. 1966, 181, 186; *Kellermann* in: Immenga/Mestmäcker, GWB, 4. Aufl., § 24 Rn. 26; *Mees* in: FS Loewenheim, 2009, S. 491, 502; *Möhlenkamp* WuW 2008, 428, 439; *Sack* GRUR 1975, 297, 298; *Schütt/Weidenbach* in: Frankfurter Komm., GWB § 24 Rn. 2, 31f.; *Schneider* in: Langen/Bunte, GWB § 24 Rn. 14, 15.

[60] BKartA WuW/E BKartA 1233, 1239 – *Markenspirituosen* (betr. Regalmiete); *Fikentscher* GRUR Int. 1966, 181, 186; *Sack* GRUR 1975, 297, 298; *ders.,* Diss., S. 96.

[61] Vgl. BGH WuW/E BGH 1485, 1486 – *Schaufensteraktion;* BGH WuW/E BGH 1466, 1467 – *Eintrittsgeld;* OLG Saarbrücken WRP 1977, 364, 365; *Kisseler* WRP 1979, 7f.; *Sack* WRP 1985, 1, 7; *Schütt/Weidenbach* in: Frankfurter Komm., GWB § 24 Rn. 3, 32.

29 **3. Verbandssanktionen:** Wettbewerbsregeln, die nach § 26 GWB anerkennungsfähig sind, eröffnen den Verbänden die Möglichkeit von Verbandssanktionen gegen Verbandsmitglieder, die gegen Wettbewerbsregeln verstoßen. Bei Wettbewerbsregeln mit unmittelbarem Lauterkeitsbezug treten die Verbandssanktionen zu denen aus dem UWG hinzu.

V. „Verhalten" von Unternehmen im Wettbewerb

1. Die doppelte Regelung des „Verhaltens" in § 24 Abs. 2

30 Der Tatbestand des § 24 Abs. 2 verwendet das Wort **„Verhalten"** zweimal und in zweifacher Bedeutung. Zum einen betrifft er das **Verhalten,** das **unmittelbar geregelt** wird. Diese Regelung des Verhaltens muss den Zweck haben, einem den Grundsätzen des lauteren oder der Wirksamkeit eines leistungsgerechten Wettbewerbs zuwiderlaufenden **Verhalten** entgegenzuwirken oder ein diesen Grundsätzen entsprechendes **Verhalten** anzuregen. Das unmittelbar geregelte Verhalten muss sich also auf ein weiteres Verhalten auswirken.[62] Einmal bezieht sich das Wort „Verhalten" auf den Inhalt und einmal auf den Zweck von Wettbewerbsregeln.[63] Das geregelte und das angestrebte Verhalten müssen nicht identisch sein.[64]

2. Das Verhalten im Wettbewerb als Gegenstand der Wettbewerbsregeln

31 Gegenstand der Regelung muss ein „Verhalten von Unternehmen im Wettbewerb" sein. Das ist zweifellos das Verhalten von Unternehmen im Verhältnis zu Mitbewerbern. Damit gehören zum Regelungsgegenstand von Wettbewerbsregeln zweifellos Wettbewerbshandlungen. Wettbewerbsregeln, die Unternehmen anderer, z. B. **nachgelagerter** Wirtschaftsstufen, unmittelbar beeinflussen sollen, sind hingegen unzulässig.[65] Problematisch ist, ob Wettbewerbsregeln auch **betriebsinterne** Vorgänge regeln dürfen.[66] Gegen diese Möglichkeit kann eingewendet werden, dass betriebsinternes Verhalten kein „Verhalten im Wettbewerb" sei. Möglich ist jedoch auch eine weite Interpretation des Begriffs „Verhalten im Wettbewerb", die jedes Verhalten umfasst, das sich auf die Wettbewerbsstellung eines Unternehmens auswirkt, wie das z. B. auch bei der Regelung betriebsinternen Verhaltens der Fall ist. Diese weite Auslegung ist vorzuziehen, da die Lauterkeit und Leistungsgerechtigkeit im Wettbewerb auch durch die Regelung betriebsinterner Vorgänge gefördert werden können. In diesem Sinne ist auch das BKartA verfahren, wenn es z. B. Wettbewerbsregeln eingetragen bzw. anerkannt hat, die zur **Vorkalkulation** vor Abgabe von Angeboten durch Unternehmen anregen.[67]

VI. Lauterkeitsregeln

1. Der Lauterkeitsbegriff des § 24 Abs. 2

32 **a) Anknüpfung an das Recht gegen den unlauteren Wettbewerb:** Im Zentrum der Diskussion über den zulässigen Inhalt von Wettbewerbsregeln stand der Begriff

---

[62] *Lieberknecht* in: FS Möhring, 1965, S. 67, 69; *Kellermann* in: Zehn Jahre BKartA, 1968, S. 61, 73 f.; *ders.* in: Immenga/Mestmäcker, GWB, 4. Aufl., § 24 Rn. 29; *Sack,* Diss., S. 48 ff.

[63] *Kellermann* in: Zehn Jahre BKartA, 1968, S. 61, 73 f.; *Sack,* Diss., S. 48.

[64] *Lieberknecht* in: FS Möhring, 1965, S. 67, 69.

[65] BKartA Tätigkeitsbericht 1977, 70; 1991/92, S. 78; *Sack* WRP 2001, 595 ff., 599; *Schütt/Weidenbach* in: Frankfurter Komm., GWB § 24 Rn. 24; *Schneider* in: Langen/Bunte, GWB § 24 Rn. 8.

[66] Vgl. BGH WuW/E BGH 767, 771 – *Bauindustrie; Kellermann* in: Immenga/Mestmäcker, GWB, 4. Aufl., § 24 Rn. 28; *Lieberknecht* in: FS Möhring, 1965, S. 67, 69; *Schütt/Weidenbach* in: Frankfurter Komm., GWB § 24 Rn. 25; *Timme* in: MünchKommGWB § 24 Rn. 16; verneinend *Franzen/Mees* in: GemK, GWB § 24 Rn. 9.

[67] BKartA WuW/E BKartA 301, 306 – *Ziehereien und Kaltwalzwerke;* 586, 591 – *Bauindustrie;* 609, 613 – *Kfz-Handel;* 766, 769 – *Kfz-Handel II;* 813, 815 – *Bauindustrie II;* 902, 905 – *Schälmühlen;* 1090, 1095 – *Büromaschinen;* 1213, 1214 – *Baustoffhändler;* 1328 – *Tapetenhandel.*

„Grundsätze des lauteren Wettbewerbs", d.h. der Lauterkeitsbegriff des § 24 Abs. 2. Nach ganz h.M. knüpft § 24 Abs. 2 mit diesem Begriff an das Recht gegen den unlauteren Wettbewerb an.[68] Das Gegenstück zum lauteren Wettbewerb i.S.v. § 24 Abs. 2 ist der unlautere Wettbewerb i.S.d. UWG. Ein „den Grundsätzen des lauteren Wettbewerbs zuwiderlaufendes Verhalten" ist unlauter i.S.d. Rechts gegen den unlauteren Wettbewerb.

Die Grundsätze des lauteren Wettbewerbs werden in erster Linie durch das UWG bestimmt. Außerdem erfasst der Begriff des unlauteren Wettbewerbs i.S.v. § 24 auch wettbewerbsregelnde Tatbestände in Spezialregelungen **außerhalb des UWG,** die lauterkeitsrechtlicher Natur sind.[69] Dazu gehörten früher unstreitig – bis zu ihrer Streichung im Jahre 2001 – das RabG und die ZugabeVO, die als wettbewerbsrechtliche „Nebengesetze" bezeichnet wurden. Zu den Regelungen unlauteren Wettbewerbs i.S.v. § 24 Abs. 2 gehören auch die Vorschriften gegen Behinderungswettbewerb in den §§ 19–21 GWB sowie die wettbewerbsregelnden Vorschriften des Werberechts, etwa des Heilmittelwerberechts und des Lebensmittelrechts, oder auch der Bestechungstatbestand des § 299 StGB, der aus § 12 UWG a.F. hervorgegangen ist. **33**

Bei der Auslegung der Verbotstatbestände des UWG, insbesondere bei der Konkretisierung der Generalklausel des § 3 UWG, sind auch die **Wertungen des Kartellrechts** zu berücksichtigen.[70] Denn sie verfolgen, wenn auch mit unterschiedlichen Mitteln, eine einheitliche Zielsetzung: den Schutz des funktionsfähigen Wettbewerbs. Deshalb hat es z.B. das BKartA schon 1963 abgelehnt, ein Verbot **vergleichender Werbung** als Wettbewerbsregel der Kfz-Händler einzutragen; die Frage, ob vergleichende Werbung unlauter sei, müsse „den im GWB verankerten Grundvorstellungen über Wesen und Funktion des Wettbewerbs Rechnung tragen" und es seien „überkommene Vorstellungen über Lauterkeit und Unlauterkeit im Lichte der gewandelten Auffassung vom Wesen des Wettbewerbs als Ordnungsprinzip der Wirtschaft" zu überprüfen.[71] Inzwischen ist vergleichende Werbung aufgrund der europäischen Richtlinie 97/55, ersetzt durch die Richtlinie 2006/114, in Deutschland umgesetzt durch § 5 Abs. 2 u. 3 und § 6 UWG**, grundsätzlich zulässig** und nur unter den in diesen Vorschriften genannten Voraussetzungen unlauter. **34**

b) Die „graue Zone" zwischen lauterem und unlauterem Wettbewerb: In der älteren Diskussion über den zulässigen Inhalt von Wettbewerbsregeln wurde ausgiebig erörtert, ob es zwischen dem **lauteren** Wettbewerb i.S.v. § 24 Abs. 2 GWB und dem **unlauteren** Wettbewerb i.S.d. Rechts gegen den unlauteren Wettbewerb eine sog. graue Zone gebe. Der Meinungsstand dazu ist unübersichtlich, da der Begriff der grauen Zone in un- **35**

---

[68] BKartA WuW/E BKartA 96, 98 – *Kohleneinzelhandel;* 301, 304 – *Ziehereien und Kaltwalzwerke;* 609, 612 – *Kfz-Handel;* BKartA Tätigkeitsbericht 1959, S. 50; *Bechtold,* GWB, § 24 Rn. 6; *F. Immenga* in: Immenga/Mestmäcker, GWB, § 24 Rn. 60ff.; *Kellermann* in: Immenga/Mestmäcker, GWB, 4. Aufl., § 24 Rn. 35ff.; *Sack,* Diss., S. 119ff.; *ders.* BB 1970, 1511, 1514f.; *ders.* GRUR 1975, 297, 298, 301f.; *Schneider* in: Langen/Bunte, GWB § 24 Rn. 10; *Schütt/Weidenbach* in: Frankfurter Komm., GWB § 24 Rn. 29; *Wolf,* Wettbewerbsregeln, S. 7ff., 37.

[69] *Schütt/Weidenbach* in: Frankfurter Komm., GWB § 24 Rn. 29.

[70] BKartA WuW/E BKartA 609, 621 – *Kfz-Handel;* BKartA, Tätigkeitsbericht 1977, S. 35f.; BGH WuW/E BGH 1238 – *Registrierkassen; Fikentscher,* Wettbewerb und gewerblicher Rechtsschutz, 1958, S. 300; *ders.* in: FS Hallstein, 1966, S. 127, 135, 141f.; *ders.* GRUR Int. 1966, 181, 186; *Girth/Sack* WRP 1974, 181, 184; *Hefermehl* in: FS Nipperdey, 1955, S. 283, 284, 301; *F. Immenga* in: Immenga/Mestmäcker, GWB, § 24 Rn. 43, 61, 63; *Kellermann* WuW 1965, 551, 559; *ders.* in: Zehn Jahre BKartA, 1968, S. 61, 80; *Koenigs* NJW 1961, 1041; *Kraft,* Interessenabwägung und gute Sitten im Wettbewerbsrecht, 1963, S. 216, 246ff.; *Mestmäcker* AcP 168 (1968), 235, 256; *Möhring* WuW 1954, 388; *Ott* in: FS Raiser, 1974, S. 403, 419; *Sack* GRUR 1970, 493, 500; *ders.* BB 1970, 1511, 1517; *ders.* WRP 1974, 247, 251; *ders.* WRP 1975, 65, 71; *ders.* GRUR 1975, 297, 301; *ders.* WRP 1985, 1, 7; *Schricker* GRUR 1974, 579, 582; *Ulmer/Reimer,* Unlauterer Wettbewerb, Bd. III, Deutschland, 1968, Nr. 40ff., 53.

[71] BKartA WuW/E BKartA 609, 622 – *Kfz-Handel.*

terschiedlichen Bedeutungen verwendet wird. Letztlich ist jedoch zu unterscheiden zwischen der Drei-Zonen-Theorie und der Zwei-Zonen-Theorie.

36 **aa) Die Drei-Zonen-Theorie** knüpft an die Tatsache an, dass das Lauterkeitsrecht **unlauteren** Wettbewerb bekämpft, während § 24 Abs. 2 GWB auf die Grundsätze des **lauteren** Wettbewerbs abstellt. Nicht alle Wettbewerbshandlungen, die nicht unlauter sind, seien deswegen schon lauter.[72] Vielmehr gebe es zwischen der schwarzen Zone des unlauteren Wettbewerbs i. S. d. Lauterkeitsrechts und der weißen Zone des lauteren Wettbewerbs i. S. v. § 24 Abs. 2 eine dritte Zone, die sog. **graue Zone** des unkorrekten, unfairen, unseriösen, unfeinen, standeswidrigen und branchenwidrigen Wettbewerbs.[73] Es sei vor allem das Wettbewerbsverhalten, das vom betreffenden Berufsstand als unbillig und unüblich empfunden werde.[74] Wettbewerbshandlungen in diesem Bereich seien zwar (noch) nicht unlauter i. S. d. Lauterkeitsrechts, könnten jedoch auch nicht als lauter i. S. v. § 24 Abs. 2 bewertet werden.[75]

37 Nach der Drei-Zonen-Theorie können Wettbewerbsregeln nicht nur unlauterem Wettbewerb i. S. d. Lauterkeitsrechts entgegenwirken, sondern auch Wettbewerbshandlungen in der grauen Zwischenzone, die nicht zum lauteren Wettbewerb zu rechnen seien. Diese Lehre von der grauen Zone (Drei-Zonen-Theorie) erlaubte es, unabhängig vom Lauterkeitsbegriff des UWG **einen Lauterkeitsbegriff des GWB** zu entwickeln. Auf diese Weise eröffnete die Drei-Zonen-Theorie für Lauterkeitsregeln einen Anwendungsbereich, der deutlich über die Bekämpfung unlauteren Wettbewerbs i. S. d. Lauterkeitsrechts hinausging. Das war freilich auch der Zweck dieser Theorie.

38 Die Drei-Zonen-Theorie wird mit Recht allgemein abgelehnt.[76] Sie würde zunftartige Verbandsregelungen ermöglichen, die jedes **standes- und branchenwidrige** Verhalten untersagen,[77] und so mit Hilfe von Verbandskartellen, die in erster Linie gruppenegoistischer Interessenwahrung dienen, das Kartellverbot bedenklich aushöhlen.[78] Die Begriffe des lauteren und des unlauteren Wettbewerbs sind ein kontradiktorisches Begriffspaar,[79] d. h. ein Wettbewerbsverhalten ist entweder lauter oder unlauter.[80]

39 **bb)** Dies führt zur **Zwei-Zonen-Theorie.** Auch diese Theorie anerkennt zwar eine graue Zone. Diese ist jedoch völlig anderer Art als die graue Zone i. S. d. Drei-Zonen-Theorie. Die graue Zone i. S. d. Zwei-Zonen-Theorie ist kein eigenständiger Bereich zwischen dem des lauteren und des unlauteren Wettbewerbs, sondern der **Unschärfebereich** dazwischen, d. h. die **graue Zone des Zweifels.**[81] Es ist der Bereich von Wettbewerbs-

---

[72] *Benisch* WuW 1956, 643, 647, 649; *Dörinkel* WuW 1960, 593, 596; *Oehler,* Wettbewerbsregeln, S. 42.

[73] Vgl. *Benisch* WuW 1956, 643, 647 f., 650; *Dörinkel* WuW 1960, 593, 596; *Jäger* WRP 1959, 339; vorübergehend auch das BKartA Tätigkeitsbericht 1958, S. 59; Tätigkeitsbericht 1959, S. 8.

[74] *Möhring* WuW 1954, 493, 497.

[75] *Dörinkel* WuW 1960, 593, 596; *Franzen* BB 1963, 528; *Jäger* WRP 1959, 339; *v. Köhler* DB 1967, 29, 31.

[76] *Fikentscher* GRUR Int. 1966, 181, 186; *ders.* in: FS Hallstein, 1966, S. 127, 146; *Franzen/Mees* in: GemK, GWB § 28 Rn. 19; *Kellermann* in: Immenga/Mestmäcker, GWB, 4. Aufl., § 24 Rn. 42; *Kroitzsch* GRUR 1965, 12, 13; *Mees* in: FS Loewenheim, 2009, S. 491, 501; *Sack* BB 1970, 1511, 1513; *ders.* GRUR 1975, 297, 300; *Schneider* in: Langen/Bunte, GWB § 24 Rn. 10 f.; *Schütt/Weidenbach* in: Frankfurter Komm., GWB § 24 Rn. 33.

[77] *Franzen/Mees* in: GemK, GWB § 28 Anm. 18; *Sack* GRUR 1975, 297, 300.

[78] *Sack* GRUR 1975, 297, 300.

[79] *Walde,* Diss., S. 91, *Sack* BB 1970, 1511, 1513, 1516; *ders.* GRUR 1975, 297, 300; *Böx,* Diss., S. 93.

[80] *Fikentscher* in: FS Hallstein, 1966, S. 127, 146; *Kroitzsch* GRUR 1965, 12, 14; *Lieberknecht* in: FS Möhring, 1965, S. 67, 70; *Mees* in: FS Loewenheim, 2009, S. 491, 500 f.; *Sack* BB 1970, 1511, 1513; *ders.* GRUR 1975, 297, 300.

[81] *Bechtold,* GWB, § 24 Rn. 2, 6, 11; § 26 Rn. 4; *Benkendorff* WuW 1958, 416; *Ehricke* in: FS Möschel, 2011, S. 169, 171 f.; *Fikentscher* GRUR Int. 1966, 181, 186; *ders.* in: FS Hallstein, S. 127, 146; *ders.,* Die Preisunterbietung im Wettbewerbsrecht, 2. Aufl., 1962, S. 31 Fn. 27; *v. Gamm,* Kartellrecht,

handlungen, bei denen nicht ausreichend geklärt ist, ob sie noch dem lauteren oder schon dem unlauteren Wettbewerb zuzurechnen sind. In diesem ungeklärten Bereich können Wettbewerbsregeln zur – vorläufigen – Klärung beitragen.

cc) Die graue Zone nach der GWB-Novelle 1973: Die Diskussion über die graue Zone hat an praktischer Bedeutung verloren, nachdem durch die zweite GWB-Novelle von 1973 die Vorschrift des § 24 Abs. 2 auf Leistungswettbewerbsregeln erstreckt worden ist. Außerdem können durch Lauterkeitsregeln nicht nur unlautere Wettbewerbshandlungen, sondern auch solche Wettbewerbshandlungen untersagt werden, die zwar noch lauter sind, sich jedoch **im Vorfeld** der Unlauterkeit befinden bzw. die Tendenz zur Unlauterkeit haben (unten Rn. 48). Nach der 7. GWB-Novelle von 2005 setzt ferner § 26 Abs. 2 den Wettbewerbsregeln i. S. v. § 24 Abs. 2 Grenzen. Ihre Anerkennung ist abzulehnen, wenn sie den Wettbewerb nach § 1 beschränken und nicht nach § 2 oder § 3 freigestellt sind. 40

c) Die Theorie vom kartellrechtlichen Lauterkeitsbegriff. Abweichend von der h. M. wurde früher auch die Ansicht vertreten, dass § 24 Abs. 2 einen spezifisch kartellrechtlichen Lauterkeitsbegriff enthalte. 41

aa) Um Wettbewerbsregeln einen Anwendungsbereich zu sichern, der über die Konkretisierung der Verbotstatbestände des UWG und sonstiger lauterkeitsrechtlicher Spezialregelungen hinausgeht, wurde die Ansicht vertreten, § 24 Abs. 2 enthalte einen **spezifisch kartellrechtlichen Lauterkeitsbegriff.** Eine der beiden Theorien, die diesem Ansatz folgten, war die bereits oben abgelehnte Drei-Zonen-Theorie, die zwischen unlauterem Wettbewerb i. S. d. UWG und lauterem Wettbewerb i. S. v. § 24 Abs. 2 eine dritte Zone platzierte. Sie knüpfte daran an, dass sich das UWG und § 24 Abs. 2 GWB schon **begrifflich** unterscheiden: Das UWG wende sich gegen **unlauteren** Wettbewerb, während § 24 Abs. 2 GWB an die Grundsätze des **lauteren** Wettbewerbs anknüpfe. 42

bb) Ein anderer Ansatz nahm den unterschiedlichen **Schutzzweck** von UWG und GWB zum Ausgangspunkt.[82] Ihm müsse bei der Auslegung dieser Begriffe in beiden Gesetzen Rechnung getragen werden. Deshalb sei davon auszugehen, dass § 28 Abs. 2 a. F. (jetzt § 24 Abs. 2) einen spezifisch kartellrechtlichen Lauterkeitsbegriff enthalte. 43

Zutreffend ist der Ausgangspunkt, dass das UWG und das GWB einen unterschiedlichen Schutzzweck haben.[83] Das UWG beschränkt den Wettbewerb, während das GWB den gegenteiligen Schutzzweck hat und sich gegen Wettbewerbsbeschränkungen wendet. Das UWG bekämpft ein Zuviel an Wettbewerb, während das GWB bei einem Zuwenig an Wettbewerb eingreift.[84] Das UWG regelt das Wie des Wettbewerbs, das GWB das Ob.[85] 44

Dazu ist anzumerken, dass es die unterschiedlichen Schutzzwecke der beiden Gesetze nicht ausschließen, den Begriff der Lauterkeit bzw. Unlauterkeit in ihnen übereinstimmend zu interpretieren. Das GWB untersagt keineswegs alle wettbewerbsbeschränkenden Vereinbarungen, sondern lässt unter bestimmten Voraussetzungen auch solche zu. Deshalb steht es nicht im Widerspruch zum Schutzzweck, Wettbewerbsbeschränkungen durch Wettbewerbsregeln von Verbänden zuzulassen, deren Inhalt die Verhinderung unlauteren Wettbewerbs i. S. d. Lauterkeitsrechts ist. Außerdem wollte der Gesetzgeber bei Lauterkeitsregeln in § 24 Abs. 2 bewusst auf das Lauterkeitsrecht Bezug nehmen.[86] Deshalb besteht keine 45

---

§§ 28–33 Rn. 7; *Sack* BB 1970, 1511, 1513 f.; *ders.* GRUR 1975, 297, 298; *Schneider* in: Langen/Bunte, GWB § 24 Rn. 11; *Schütt/Weidenbach* in: Frankfurter Komm., GWB § 24 Rn. 2, 32, 33; *Timme* in: MünchKommGWB § 24 Rn. 24.

[82] *Günther* in: Zehn Jahre BKartA, 1968, S. 22.

[83] Zum Folgenden vor allem *Fikentscher* in: FS Hallstein, 1966, S. 127, 129 f., 134; *ders.* GRUR Int. 1966, 181, 182; vgl. auch *Ballmann,* Der Machtaspekt im UWG, 1990, S. 75 ff.; *Sack* GRUR 1975, 297, 301.

[84] *Fikentscher* in: FS Hallstein, 1966, S. 127, 129 f., 134.

[85] *Fikentscher* in: FS Hallstein, 1966, S. 134 f.; vgl. auch *Koenigs* NJW 1961, 1041, 1048.

[86] Vgl. BKartA WuW/E BKartA 96, 98 – *Kohleneinzelhandel;* 301, 304 – *Ziehereien und Kaltwalzwerke;* 586, 589 – *Bauindustrie I;* 609, 612 – *Kfz-Handel;* 805, 808 – *Diätetische Lebensmittelindustrie;*

Notwendigkeit, den Lauterkeitsbegriff des § 24 Abs. 2 spezifisch kartellrechtlich zu interpretieren, es sei denn, man bezeichnet auch – m. E. zu Unrecht – den hier vertretenen **weiten** Lauterkeitsbegriff, der außer den Verboten des UWG auch die wettbewerbsregelnder Spezialregelungen umfasst, als spezifisch kartellrechtlich.[87]

46 Davon zu unterscheiden ist, ob und in welchem Maße sich die Wertungen des GWB auf die Auslegung des UWG auswirken. Wie bereits erwähnt, beeinflussen nach der inzwischen einhelligen Meinung die Wertungen des GWB die Auslegung des UWG, insbesondere die Auslegung der Generalklausel des § 3 UWG.

2. Wettbewerbsregeln mit unmittelbarem Lauterkeitsbezug

47 Unmittelbar nach Inkrafttreten des GWB entsprach es einer verbreiteten Ansicht, dass Wettbewerbsregeln nur die Verbote des Lauterkeitsrechts konkretisieren dürfen.[88] Man hielt nur Wettbewerbsregeln mit sog. **unmittelbarem** Lauterkeitsbezug für zulässig. Begründet wurde dies im Wesentlichen damit, dass die §§ 2–8 GWB a. F. eine abschließende Regelung der Ausnahmen vom Kartellverbot seien und die §§ 28 ff. GWB a. F. keinen weiteren Freistellungstatbestand enthielten. Diese Ansicht war spätestens seit der Änderung des § 28 Abs. 2 a. F. durch die 2. GWB-Novelle von 1973 überholt. Die Liberalisierung des deutschen Lauterkeitsrechts in den beiden vergangenen Jahrzehnten hat zur Folge, dass eine Anzahl von Wettbewerbsregeln nicht mehr denen mit unmittelbarem Lauterkeitsbezug zugerechnet werden kann, insbesondere Verbote von Rabatten, Zugaben, Sonderveranstaltungen oder vergleichender Werbung ohne hinreichenden Anlass.[89] Sie erfüllen deshalb die Voraussetzungen der §§ 24 ff. nur, wenn sie einen mittelbaren Lauterkeitsbezug aufweisen oder der Förderung eines leistungsgerechten Wettbewerbs dienen. Eine umfangreiche Zusammenstellung und Analyse der von den Kartellbehörden eingetragenen bzw. anerkannten Wettbewerbsregeln hat *Sosnitza* vorgelegt. Er gelangt zu dem Ergebnis, dass ein Teil dieser Regeln infolge der Liberalisierung des Lauterkeitsrechts in den vergangenen beiden Jahrzehnten keinen ausreichenden Lauterkeitsbezug mehr aufweist.[90] Offen bleibt dabei allerdings, ob die insoweit problematischen Wettbewerbsregeln die Voraussetzungen von Wettbewerbsregeln mit mittelbarem Lauterkeitsbezug oder von Leistungswettbewerbsregeln erfüllen (dazu unten Rn. 48 ff. u. 54 ff.) und mit den §§ 1–3 vereinbar sind.

3. Wettbewerbsregeln mit mittelbarem Lauterkeitsbezug

48 Mit Lauterkeitsregeln können auch Wettbewerbshandlungen untersagt werden, die zwar als solche lauter sind, sich jedoch im **Vorfeld der Unlauterkeit** befinden[91] bzw. die **Ten-**

BKartA Tätigkeitsbericht 1959, S. 50; *Benkendorff* WuW 1958, 420; *Franzen/Mees* in: GemK, GWB § 28 Rn. 19; *Kellermann* in: Zehn Jahre Bundeskartellamt, 1968, S. 61, 75; *Mees* in: FS Loewenheim, 2009, S. 491, 501; *Sack* BB 1970, 1511, 1514; *ders.* GRUR 1975, 297, 301; *Scheel,* Diss., S. 34, 60 ff.; *Walde,* Diss., S. 108 ff.

[87] So *Mees* in: FS Loewenheim, 2009, S. 491, 501; *Ehricke* in: FS Möschel, 2011, S. 169, 172 Fußn. 17.

[88] Vgl. *Baumbach/Hefermehl,* Wettbewerbs- und Warenzeichenrecht, 8. Aufl., 1960, § 28 GWB Anm. 20; § 31 GWB Anm. 8 i. V. m. § 1 GWB Anm. 36 ff.; *Büntig* BB 1958, 62; *Bussmann/Pietzcker/Kleine,* Gewerblicher Rechtsschutz und Urheberrecht, 3. Aufl., 1962, S. 28; *Fikentscher,* Wettbewerb und gewerblicher Rechtsschutz, 1958, S. 299 ff.; *ders.,* Die Preisunterbietung im Wettbewerbsrecht, 2. Aufl., 1962, S. 31, 78, 79; *Lukes,* Der Kartellvertrag, 1959, S. 124 f.; *Reimann* WuW 1957, 621, 622.

[89] Vgl. *Sosnitza* in: FS Bechtold, 2006, S. 515, 522 ff.; *ders.,* in: MünchKommUWG, 2. Aufl. 2014, Anh. I nach §§ 1–7 Rn. 6, 8, 9 ff.

[90] *Sosnitza* in: MünchKommUWG, 2. Aufl. 2014, Anh. I nach §§ 1–7 Rn. 6, 8, 9 ff., 35 ff.; zur Kasuistik vgl. weiterhin *F. Immenga* in: Immenga/Mestmäcker, GWB, § 24 Rn. 105 ff.

[91] *v. Gamm,* Kartellrecht §§ 28–33 Rn. 7; *Mees* in: FS Loewenheim, 2009, S. 491, 501; *Sack* GRUR 1975, 297, 299; *ders.* WuW 1970, 195, 197.

denz zur Unlauterkeit haben.[92] Man bezeichnet sie als Wettbewerbsregeln mit **mittelbarem** Lauterkeitsbezug.[93] Sie betreffen Wettbewerbshandlungen, die als solche zwar lauter sind, zu denen jedoch auf Grund branchentypischer Umstände häufig unlautere Umstände hinzutreten. Vom Wortlaut des § 24 Abs. 2 sind solche Wettbewerbsregeln mit mittelbarem Lauterkeitsbezug gedeckt,[94] denn auch solche Wettbewerbsregeln wirken, wenn auch nur mittelbar, einem den Grundsätzen des lauteren Wettbewerbs zuwiderlaufenden Verhalten entgegen. § 24 Abs. 2 bestimmt nur den **Zweck** von Lauterkeitsregeln, nicht jedoch die **Mittel** zur Bekämpfung unlauteren Wettbewerbs.[95] Der Zweck, unlauterem Wettbewerb entgegenzuwirken, kann nicht nur durch das Verbot unlauteren Verhaltens, sondern in manchen Fällen auch mittelbar durch **vorbeugende** Maßnahmen erreicht werden.[96]

Ein gutes Beispiel für Lauterkeitsregeln mit mittelbarem Lauterkeitsbezug boten die **49** Wettbewerbsregeln der Diätetischen Lebensmittelindustrie. Sie untersagten u. a. den Vertrieb von Säuglings- und Kleinkindernahrung durch Vertreter an der Haustür.[97] Zwar sind unaufgeforderte **Vertreterbesuche** nach st. Rspr. des BGH grundsätzlich mit dem UWG vereinbar. In dem Bereich der Vertreterbesuche zum Vertrieb von Säuglings- und Kleinkindernahrung ist jedoch die Gefahr einer Täuschung und Irreführung der an der Haustür angesprochenen Abnehmer besonders groß, weil vielfach die Unwissenheit und Besorgnis junger Mütter um das Wohlergehen ihrer Kinder in unsachlicher Weise ausgenutzt wird.[98] Insofern haben Vertreterbesuche zum Zwecke des Vertriebs von Babynahrung eine **Tendenz zur Unlauterkeit.**[99]

Einen mittelbaren Lauterkeitsbezug können auch Wettbewerbsregeln aufweisen, die in **50** einer Branche **positiv** die Voraussetzungen für lauteren Wettbewerb schaffen.[100] Aus diesem Grund hielt das BKartA z. B. eine Wettbewerbsregel des Hauptverbandes der Deutschen Bauindustrie für eintragungsfähig (bzw. jetzt: anerkennungsfähig), die wegen der

---

[92] BKartA WuW/E BKartA 301 (Ls. 2), 308 – *Ziehereien und Kaltwalzwerke;* 609, 614 f. – *Kfz-Handel;* 586, 591 – *Bauindustrie I;* 719, 721 – *Immobilienmakler;* 766, 772 – *Kfz-Handel II;* 805, 811 – *Diätetische Lebensmittelindustrie;* 815 – *Bauindustrie II;* 873, 878 – *Flüssiggas-Großvertriebe;* 902, 905 – *Schälmühlen;* 1186, 1188 – *Versandhandel;* BKartA Tätigkeitsbericht 1960, S. 58; *Baumbach/Hefermehl,* Wettbewerbs- und Warenzeichenrecht, 8. Aufl., 1960, § 28 GWB Anm. 20; *Benisch* WuW 1956, 643, 647; *ders.* Kooperationsfibel, 4. Aufl., 1973, S. 426; *Emmerich,* Kartellrecht, § 24 Rn. 8, 10; *Ewald* WRP 1964, 258; *ders.* WRP 1967, 379; *Fikentscher* in: FS Hallstein, 1966, S. 127, 146 a. E.; *ders.* GRUR Int. 1966, 181, 186; *Franzen/Mees* in: GemK, GWB § 28 Rn. 21; *v. Gamm,* Kartellrecht §§ 28–33 Rn. 7; *Herrmann,* Interessenverbände und Wettbewerbsrecht, 1984, S. 404 f.; *Hönn* GRUR 1977, 141, 143 ff.; *Kellermann* in: Zehn Jahre BKartA, 1968, S. 61, 75; *ders.* WuW 1965, 552; *Mees* in: FS Loewenheim, 2009, S. 491, 501; *Oehler,* Wettbewerbsregeln S. 108 ff.; *Rauschenbach,* Wirtschaftsrecht 1965, S. 144; *Sack* GRUR 1975, 297, 299; *ders.* WuW 1970, 195, 197, 203; *Schneider* in: Langen/Bunte, GWB § 24 Rn. 16 ff.; *Schütt/Weidenbach* in: Frankfurter Komm., GWB § 24 Rn. 34; *Tilmann,* Zusammenarbeit und Kartellverbot, Diss. Heidelberg, 1966, S. 175; *Timme* in: MünchKommGWB § 24 Rn. 25, 49; *Wolf,* Wettbewerbsregeln, S. 111, 177; vgl. auch *Kartte* WRP 1976, 1 ff.; a. A. *Emmerich,* Kartellrecht, § 24 Rn. 2, 11 f.

[93] Vgl. *Franzen/Mees* in: GemK, GWB § 28 Rn. 21; *Sack* WuW 1970, 195, 198 f.; *ders.* GRUR 1975, 297, 298 f.

[94] Nach *Wolf,* Wettbewerbsregeln, S. 111, 177 sind sie in der 2. Tatbestandsalternative des § 24 Abs. 2 anzusiedeln.

[95] *Kellermann* WuW 1965, 551, 552; *Sack* WuW 1970, 195, 198; *ders.* GRUR 1975, 297, 299; *Walde,* Diss., S. 3.

[96] Vgl. BKartA WuW/E BKartA 301, 308 – *Ziehereien und Kaltwalzwerke;* 586, 591 – *Bauindustrie I;* 902, 905 – *Schälmühlen; Kellermann* WuW 1965, 551, 552 f.; *Sack* WuW 1970, 195, 198; *ders.* GRUR 1975, 297, 299; *Walde,* Diss., S. 3.

[97] BKartA WuW/E BKartA 805, 811 – *Diätetische Lebensmittelindustrie.*

[98] So BKartA WuW/E BKartA 805, 811 – *Diätetische Lebensmittelindustrie;* vgl. auch *Fikentscher* GRUR Int. 1966, 181, 186 Fn. 45; *Sack* GRUR 1975, 297, 299.

[99] BKartA WuW/E BKartA 805, 811 – *Diätetische Lebensmittelindustrie.*

[100] BKartA WuW/E BKartA 586, 591 – *Bauindustrie I;* 805, 811 a. E. – *Diätetische Lebensmittelindustrie.*

besonderen Branchenverhältnisse die **Empfehlung** einer **ordnungsgemäßen Kalkulation** vorsah.[101] Demgegenüber hat der BGH einen unmittelbaren oder mittelbaren Lauterkeitsbezug einer Wettbewerbsregel, die eine Vorkalkulation vor der Abgabe eines Angebots **vorschreibt,** verneint, da es anerkannten Grundsätzen des Wettbewerbsrechts entspreche, dass nicht nur die Preishöhe, sondern auch die Preisermittlung grundsätzlich im Ermessen eines Unternehmens liege.[102]

51 Auch Wettbewerbsregeln, die die **Preiswahrheit und Preisklarheit** fördern, haben einen mittelbaren Lauterkeitsbezug.[103]

52 Mit dem Wortlaut von § 24 Abs. 2 sind Wettbewerbsregeln mit mittelbarem Lauterkeitsbezug vereinbar. Denn auch sie sind geeignet, unlauterem Wettbewerb – im Beispielsfall der Wettbewerbsregeln der Diätetischen Lebensmittelindustrie gegen irreführende Werbung – entgegenzuwirken.

53 Zu den Wettbewerbsregeln mit **mittelbarem Lauterkeitsbezug** wurden gerechnet
- das bereits erwähnte Verbot von Vertreterbesuchen auf dem Gebiet des Absatzes von Babynahrung;[104]
- ein Einstellungsverbot unzuverlässiger Versandhandelsvertreter;[105]
- das Verbot des Einsatzes von Laienwerbern durch öffentliches Anbieten von Vermittlungsprovisionen;[106]
- die Empfehlung einer ordnungsgemäßen Vorkalkulation vor der Abgabe eines Angebots in der Bauwirtschaft; es regelt zwar betriebsinterne Vorgänge, ist jedoch Voraussetzung lauteren Wettbewerbs;[107]
- die Pflicht zur Preisbekanntgabe in der Form von Preislisten und die Preislistentreue, wenn sie in einer Branche aus kaufmännisch-technischen oder betriebsorganisatorischen Gründen notwendig und nachweislich üblich ist.[108]

VII. Leistungswettbewerbsregeln

1. Der Begriff des leistungsgerechten Wettbewerbs

54 Durch die zweite GWB-Novelle von 1973 wurde der zulässige Inhalt von Wettbewerbsregeln ausdrücklich auf sog. **Leistungswettbewerbsregeln** erstreckt. Wirtschafts- und Berufsvereinigungen dürfen seither auch Wettbewerbsregeln aufstellen, deren Zweck es ist, einem den Grundsätzen der **Wirksamkeit eines leistungsgerechten Wettbewerbs** zuwiderlaufenden Verhalten im Wettbewerb entgegenzuwirken und ein diesen Grundsätzen entsprechendes Verhalten im Wettbewerb anzuregen. Damit trug der Gesetzgeber dem ursprünglichen Anliegen der Verfasser des GWB Rechnung, u. a. auch Wettbewerbsregeln zur Förderung des Leistungswettbewerbs zuzulassen.[109] Leistungswettbewerbsregeln haben nicht nur den Zweck, leistungswidrigem Verhalten entgegenzuwirken und die Leistungsgerechtigkeit zu fördern, sondern sie haben darüber hinaus nach dem Wortlaut von § 24 Abs. 2 ganz allgemein den Zweck, die **Wirksamkeit** eines leistungsgerechten Wettbewerbs

---

[101] BKartA WuW/E BKartA 586, 591 – *Bauindustrie I;* BKartA WuW/E BKartA 813, 815 – *Bauindustrie II;* vgl. auch BKartA WuW/E BKartA 301, 306 – *Ziehereien und Kaltwalzwerke.*

[102] BGH WuW/E BGH 767, 771 – *Bauindustrie.*

[103] *Sack* GRUR 1975, 297, 299.

[104] BKartA WuW/E BKartA 805, 811 – *Diätetische Lebensmittelindustrie.*

[105] BKartA WuW/E BKartA 1186, 1188 – *Versandhandel.*

[106] BKartA WuW/E BKartA 609, 614 f. – *Kfz-Handel.*

[107] BKartA WuW/E BKartA 586, 591 – *Bauindustrie I;* 813, 815 – *Bauindustrie II;* ebenso BKartA WuW/E 301, 306 f. – *Ziehereien und Kaltwalzwerke;* 902, 905 – *Schälmühlen;* 1213, 1214 f. – *Baustoffhändler.*

[108] BKartA WuW/E BKartA 301 (Ls. 6), 308 f. – *Ziehereien und Kaltwalzwerke.*

[109] Reg.-Entw., zu BT-Drucks. II/3644, S. 30.

zu schützen und zu fördern.[110] Der Begriff des Leistungswettbewerbs bzw. des leistungsgerechten Wettbewerbs ist allerdings ein unbestimmter Rechtsbegriff.[111] Er bietet ein breites Spektrum an Auslegungsmöglichkeiten.[112] Letztlich befindet er sich hart an der Grenze justiziabler Kriterien für den zulässigen Inhalt von Wettbewerbsregeln.[113] Nachdem er jedoch Eingang in das Gesetz gefunden hat, muss er „interpretiert", d.h. von den Rechtsanwendern mit Inhalt versehen werden.[114]

a) Lauterkeitsrechtliche Bedeutung. Der Rechtsbegriff des Leistungswettbewerbs hat **55**
eine lange Tradition in der Rechtsprechung des RG und des BGH zum Lauterkeitsrecht, insbesondere zum Vernichtungswettbewerb unter Einsatz von Marktmacht,[115] zum sog. Anzapfen unter Einsatz von Nachfragemacht,[116] zur Wertreklame,[117] zur Herausgabe und zurVerteilung kostenloser Anzeigenblätter mit redaktionellem Teil[118] sowie zu Herstellerprämien an Angestellte des Handels.

Eingang in das Lauterkeitsrecht fand der Begriff des Leistungswettbewerbs durch die **56**
grundlegende Entscheidung des RG von 1931 zum *Benrather Tankstellenfall*[119] und ein dazu erstattetes Gutachten von *Nipperdey.*[120] Der Inhaber einer freien Tankstelle in Benrath hatte durch niedrige Benzinpreise das damalige Preiskartell von Mineralöllieferanten und gebundenen Tankstellen dazu provoziert, seine Preise stets um 0,01 RM zu unterbieten. Damit sollte er gezwungen werden, seine Preise denen der kartellierten Tankstelleninhaber anzupassen. Nur im Raum Benrath wurden diese niedrigen Benzinpreise verlangt, während in den anderen Teilen Deutschlands die Preise wesentlich höher lagen. Diese regional beschränkte Preisunterbietung hielt der Inhaber der freien Tankstelle für sittenwidrig. Dem widersprach *Nipperdey* in seinem für das Mineralölkartell erstatteten Gutachten unter Berufung auf das **Leistungsprinzip** im Wettbewerb. Zum Wesen des Wettbewerbs gehöre, dass sich der nach Preis und Qualität leistungsfähigste Wettbewerber durchsetzte. Dies seien hier die Mitglieder des Mineralölkartells, die im Raum Benrath die niedrigsten Benzinpreise verlangen. Das RG übernahm das Kriterium des Leistungswettbewerbs, gelangte jedoch unter Berufung darauf zum gegenteiligen Ergebnis, indem es dem wünschenswerten Leistungswettbewerb den **unlauteren Behinderungswettbewerb** gegenüberstellte. Es widerspreche dem Leistungsprinzip und sei sittenwidriger Behinderungswettbewerb, wenn leis-

---

[110] *F. Immenga* in: Immenga/Mestmäcker, GWB, § 24 Rn. 77, 84; *Schneider* in: Langen/Bunte, GWB § 24 Rn. 20, 22.

[111] Begr. Reg.-Entw., BR-Drucks. 265/71, S. 34.

[112] Vgl. *Ballmann,* Der Machtaspekt im UWG, S. 101 ff.; *Benkendorff* WuW 1958, 416; *Böhm,* Wettbewerb und Monopolkampf, 1933, S. 210 ff.; *Freitag,* Leistungswettbewerb als rechtliche Denkfigur, Diss. Göttingen 1968; *Hamm* WuW 1975, 115, 118; *Kellermann* in: Zehn Jahre BKartA, 1968, S. 61, 76 ff.; *Kreiterling,* Das Problem der Abgrenzung von Leistungs- und Nichtleistungswettbewerb in der Nachfragemacht-Diskussion, 1980, S. 67 ff.; *Lieberknecht* in: FS Möhring, 1965, S. 67, 78 ff.; *Ohm,* Definitionen des Leistungswettbewerbs und ihre Verwendungsfähigkeit für die praktische Wirtschaftspolitik, in: Seraphim (Hrsg.), Zur Grundlegung wirtschaftspolitischer Konzeptionen, 1960, S. 239 ff.; *Röper,* Zur Verwirklichung des Leistungswettbewerbs, ibid., S. 279 ff.; *Sack* GRUR 1975, 297, 302 f.; *ders.* BB 1988, Beil. 3, S. 1, 15; *Ulmer* GRUR 1977, 565 ff.; *Willeke,* Leistungswettbewerb und Leistungsprinzip, in: FS Rieger, 1963, S. 158 ff.

[113] *Dörinkel* WuW 1971, 607, 615 a.E.; *Sack* WuW 1970, 195, 203; *ders.* GRUR 1975, 297, 302; sehr kritisch zur „Chimäre Leistungswettbewerb" *Rittner* in: FS Kraft, 1998, S. 519 ff., 526 ff.; *ders.* ZWeR 2004, 305 ff.

[114] Vgl. *Schütt/Weidenbach* in: Frankfurter Komm., GWB § 24 Rn. 39.

[115] Grundlegend RGZ 134, 342, 353 f. – *Benrather Tankstellenfall.*

[116] BGH GRUR 1977, 257, 259 f. – *Schaufensteraktion;* BGH WRP 1977, 183, 185 – *Eintrittsgeld.*

[117] BGHZ 43, 278, 284 (vor 2.) = GRUR 1965, 489, 491 – *Verschenken von Originalware;* BGHZ 65, 68, 72 – *Vorspannangebot.*

[118] BGHZ 51, 236, 244, 248 = GRUR 1969, 287, 289 – *Stuttgarter Wochenblatt I;* BGH WRP 1977, 400, 402 (IV.1.), 403 – *WAZ-Anzeiger;* BGH NJW 1977, 1060, 1061 – *Feld und Wald.*

[119] RGZ 134, 342 ff. – *Benrather Tankstellenfall.*

[120] *Nipperdey,* Wettbewerb und Existenzvernichtung, 1930.

tungsfähige Mitbewerber daran gehindert werden, ihre Leistungsfähigkeit unter Beweis zu stellen. Aus der Tatsache, dass das Mineralölkartell die Preise nur im Verkaufsgebiet des Inhaber der freien Tankstelle gesenkt habe, folge, dass die Preisunterbietung nicht Leistungswettbewerb, sondern Behinderungswettbewerb sei. Das Unternehmen des Klägers habe vernichtet werden sollen, um anschließend die Preise wieder ungestört erhöhen zu können.[121]

57 Mit dieser Gegenüberstellung von Leistungswettbewerb und Behinderungswettbewerb verlor das Kriterium des Leistungswettbewerbs allerdings seine unmittelbare Aussagekraft für die Abgrenzung von lauterem und unlauterem Wettbewerb. Preisunterbietung, d. h. der Wettbewerb mit besserer Leistung, kann sowohl lauterer Leistungswettbewerb als auch unlauterer Behinderungswettbewerb sein; die besonderen Umstände entscheiden über die Zulässigkeit oder Unzulässigkeit.[122] Neben lauterem Leistungswettbewerb gibt es auch unlauteren Leistungswettbewerb sowie lauteren Nichtleistungswettbewerb.[123]

58 **b) Kartellrechtliche Bedeutung.** Obwohl der Begriff des „leistungsgerechten Wettbewerbs" bzw. des „Leistungswettbewerbs" als Rechtsbegriff seinen Ursprung im Lauterkeitsrecht hatte, ist er in § 24 Abs. 2 **spezifisch kartellrechtlich** zu interpretieren.[124] Dies ergibt sich sowohl aus dem Zweck der Erweiterung des Tatbestandes des § 28 Abs. 2 a. F. = § 24 Abs. 2 n. F. durch die 2. GWB-Novelle von 1973 als auch aus den Ausführungen der Begr. Reg.-Entw. zu dieser GWB-Novelle. Das BKartA hat im Tätigkeitsbericht 1977, S. 35 als leistungsfremd solche Verhaltensweisen bezeichnet, die nicht den vom Wettbewerb erwarteten und erwünschten **Funktionen** entsprechen, also nicht der Durchsetzung der besseren Leistung mit marktkonformen Mitteln dienen, sondern andere an der Erbringung ihrer Leistungen **hindern** oder den Leistungsvergleich selbst – zumindest partiell – außer Kraft setzen, ohne wegen ihrer generellen Wettbewerbsschädlichkeit per se nach den Vorschriften des GWB oder UWG verboten zu sein. Einen **Beispielskatalog** mit Tatbeständen, die zu Wettbewerbsverzerrungen führen, hat das Bundeswirtschaftsministerium 1974 vorgelegt.[125] Ihm folgte 1975 eine „Gemeinsame Erklärung der Organisationen der gewerblichen Wirtschaft" zur „Sicherung des Leistungswettbewerbs".[126] Sie wurde durch die „Gemeinsame Erklärung der Organisationen der gewerblichen Wirtschaft" vom 25.6.1984 erweitert.[127]

59 **aa)** Zweck der Änderung des § 28 Abs. 2 a. F. = § 24 Abs. 2 n. F. durch die 2. GWB-Novelle war eine **Erweiterung** des zulässigen Regelungsbereichs von Wettbewerbsregeln über die bereits zulässigen Lauterkeitsregeln hinaus. Deshalb müssen Leistungswettbewerbsregeln weder unmittelbar noch mittelbar einen Lauterkeitsbezug aufweisen.[128] Dies bestätigt auch die Begr. Reg.-Entw. zur 2. GWB-Novelle, wenn es dort heißt, der Ausdruck „lauterer Wettbewerb" und „unlauterer Wettbewerb" sei in erster Linie ein zivilrechtlicher,

---

[121] RGZ 134, 342, 353 f. – *Benrather Tankstellenfall; Baumbach/Hefermehl,* Wettbewerbsrecht, 22. Aufl., 2001, Einl. UWG Rn. 98; *Sack* BB 1988, Beil. 3, S. 1, 15.

[122] *Baumbach/Hefermehl,* Einl. UWG Rn. 96.

[123] *Benkendorff* WuW 1958, 416, 423; *Freitag,* Diss., S. 122 f.; *Kreiterling* S. 81; *Kunisch,* Diss., S. 46; *Willeke* in: FS Rieger, S. 158, 169 ff., 172; vgl. auch BGH BB 1965, 761: „lauterer Leistungswettbewerb".

[124] *Bechtold* § 24 GWB Rn. 8; *Hönn* GRUR 1977, 141, 144; *F. Immenga* in: Immenga/Mestmäcker, GWB, § 24 Rn. 71, 82; *Kellermann* in: Immenga/Mestmäcker, GWB, 4. Aufl., § 24 Rn. 43 ff., 55 f.; *Sack* GRUR 1975, 297, 302 f.; *ders.* WRP 2001, 595 ff., 604; *Schütt/Weidenbach* in: Frankfurter Komm., GWB § 24 Rn. 35, 39, 42.

[125] Dieses sog. „Sündenregister" ist abgedruckt in WRP 1975, 24 ff.

[126] WuW 1976, 17 f. = WRP 1976, 9 f.

[127] WRP 1975, 594 = WRP 1976, 9 f. = WuW 1984, 712 ff.

[128] BKartA WuW/E BKartA 1633, 1636 – *Markenverband; Kellermann* in: Immenga/Mestmäcker, GWB, 4. Aufl., § 24 Rn. 55, 77; *Müller/Gießler/Scholz* § 28 Rn. 4a; *Sack* GRUR 1975, 297, 302; *Schütt/Weidenbach* in: Frankfurter Komm., GWB § 24 Rn. 35; a. A. *Emmerich,* Kartellrecht, § 24 Rn. 10; *Rittner/Dreher/Kulka,* Wettbewerbs- und Kartellrecht, § 12 Rn. 1294.

dem **Individualschutz** zugeordneter, der Ausdruck „leistungsgerechter Wettbewerb" ein wirtschaftspolitischer, auf **Institutionsschutz** gerichteter Begriff.[129] Gegen diese Unterscheidung sprechen zwar, wie bereits dargelegt, erhebliche Bedenken. Individualschutz und Institutionsschutz sind im Wettbewerbs- und Kartellrecht nicht Gegensätze, sondern unterschiedliche Erscheinungsformen desselben Problems.[130] Allerdings zeigen die Ausführungen in der Begr. zum Reg.-Entw. zumindest, dass die Leistungswettbewerbsregeln in § 24 Abs. 2 GWB über das Lauterkeitsrecht hinausreichen dürfen.

bb) Nach der Begr. zum Reg.-Entw. zur 2. GWB-Novelle kann es Zweck von Wett- **60**
bewerbsregeln sein, der Gefährdung des Wettbewerbs durch **Marktmacht** und Monopolisierungstendenzen entgegenzuwirken.[131] Leistungswettbewerbsregeln können „kleineren und mittleren Unternehmen dabei helfen, Wettbewerbspraktiken entgegenzuwirken, die dem Gedanken des Leistungswettbewerbs zuwiderlaufen"; die Auslesefunktion des Wettbewerbs kann „durch Marktmacht gefährdet werden, die nicht i. S. einer Intensivierung des Wettbewerbs durch das Hervorbringen immer besserer Leistung, sondern die zu dem Zweck eingesetzt wird, den Markt zu monopolisieren".[132] Verdrängungswettbewerb unter Einsatz von **Mischkalkulation** und die Gewährung von **Treuerabatten** durch marktmächtige Unternehmen soll durch Leistungswettbewerbsregeln bekämpft werden können.[133] Ein allzu rascher Strukturwandel, der einen übermäßigen Konzentrationsprozess begünstigt, soll verlangsamt werden können.[134] Leistungswettbewerbsregeln dürfen also auch eine **strukturpolitische** Aufgabe haben.[135] Sie dürfen jedoch nicht darauf zielen, Funktionen und Strukturen einer Branche zu „zementieren".[136]

cc) In den Ausführungen zu den Leistungswettbewerbsregeln verweist die Begr. zum **61**
Reg.-Entw. auch allgemein auf das **Schutzobjekt des GWB.** Das sei ein funktionsfähiger, wirksamer Wettbewerb, der seine volkswirtschaftliche Aufgabe möglichst gut erfüllt. Der Wettbewerb könne seiner Aufgabe, jeweils die **beste Leistung** zur Geltung zu bringen, nur gerecht werden, wenn seine Auslesefunktion nicht dadurch verfälscht wird, dass Unternehmen nicht leistungsgerechte Vorteile und Vorsprünge im Wettbewerb einsetzen. Was i. S. d. § 24 Abs. 2 leistungsgerechter Wettbewerb oder nichtleistungsgerechter Wettbewerb sei, müsse die Beurteilung im Einzelfall ergeben.[137] Da die Begr. zum Reg.-Entw. diese Ausführungen im Zusammenhang mit Leistungswettbewerbsregeln macht und auch auf den leistungsgerechten Wettbewerb abstellt, ist davon auszugehen, dass der genannte Schutzzweck des GWB auch durch Leistungswettbewerbsregeln verwirklicht werden darf. Der leistungsgerechte Wettbewerb i. S. v. § 24 Abs. 2 ist daher vom Konzept des **funktionsfähigen Wettbewerbs** her zu interpretieren.[138]

---

[129] BR-Drucks. 265/71, S. 34; *Schütt/Weidenbach* in: Frankfurter Komm., GWB § 24 Rn. 36; ähnlich schon *Benisch* WuW 1956, 480, 482 f.; *Möhring* WuW 1954, 387; *Würdinger* WuW 1953, 721, 731.

[130] Vgl. insbesondere *L. Raiser* in: summum ius summa iniuria, 1963, S. 145, 146 ff., 156 f.; *Mestmäcker* AcP 168 (1968), 235, 245; *Sack* WRP 1975, 385, 387; *Ballmann,* Der Machtaspekt im UWG, S. 81; *F. Immenga* in: Immenga/Mestmäcker, GWB, § 24 Rn. 80.

[131] Begr. Reg.-Entw., BR-Drucks. 265/71, S. 34.

[132] Begr. Reg.-Entw., BR-Drucks. 265/71, S. 34.

[133] Begr. Reg.-Entw., BR-Drucks. 265/71, S. 35 f.

[134] Begr. Reg.-Entw., BR-Drucks. 265/71, S. 35; sehr krit. dazu *Hamm* WuW 1975, 115, 122 ff.

[135] H. M.; *Franzen/Mees* in: GemK, GWB § 28 Rn. 23, 24, 25; *Kellermann* in: Immenga/Mestmäcker, GWB, 4. Aufl., § 24 Rn. 48, 56; *Timme* in: MünchKommGWB § 24 Rn. 33, 34; a. A. *Emmerich,* Kartellrecht, § 24 Rn. 9; *Hamm* WuW 1975, 115, 123; *Rittner/Dreher/Kulka,* Wettbewerbs- und Kartellrecht, § 12 Rn. 1293.

[136] BKartA WuW/E BKartA 1633, 1639 – *Markenverband.*

[137] Begr. Reg.-Entw., BR-Drucks. 265/71, S. 34.

[138] *Sack* WuW 1970, 195, 201 ff.; *ders.* GRUR 1975, 297, 302; *ders.* WRP 2001, 595, 604; *Schneider* in: Langen/Bunte, GWB § 24 Rn. 20 ff. *Schütt/Weidenbach* in: Frankfurter Kommentar, GWB § 24 Rn. 49 u. 36 f.; *Versteyl,* Diss., S. 77; a. A. *F. Immenga* in: Immenga/Mestmäcker, GWB, § 24 Rn. 74; *Kellermann* in: Immenga/Mestmäcker, GWB, 4. Aufl., § 24 Rn. 44 ff.

62 **dd)** Trotz der Unterschiede zwischen dem lauterkeitsrechtlichen und dem kartellrechtlichen Begriff des Leistungswettbewerbs bestehen auch viele Gemeinsamkeiten und Überschneidungen.[139]

63 **ee)** Die Ausführungen in der Begr. zum Reg.-Entw. zur 2. GWB-Novelle zu den Leistungswettbewerbsregeln enthalten Vorgaben, die nur schwer miteinander vereinbar sind.[140] Zum einen soll der Wettbewerb gefördert werden. Dazu gehört zweifellos auch das Ausscheiden von Wettbewerbern, die mit ihren Leistungen im Wettbewerb nicht bestehen können; das ist die sog. **Auslesefunktion** des Wettbewerbs. Zum anderen sollen Leistungswettbewerbsregeln dafür eingesetzt werden können, einen allzu raschen Strukturwandel, der einen übermäßigen Konzentrationsprozess begünstigt, zum **Schutze kleiner und mittlerer Unternehmen** zu verlangsamen. Das ist eine deutliche Einschränkung der Auslesefunktion. Ein Ausweg aus diesem Dilemma ist nur durch Kompromisse möglich, die solche Wettbewerbshandlungen beschränken, die besonders geeignet erscheinen, den Konzentrationsprozess zu fördern und dadurch die Marktstruktur zu verschlechtern. Solche Wettbewerbshandlungen beschränken auf längere Sicht den vom GWB geförderten Leistungswettbewerb, d. h. die Beschränkung solcher Wettbewerbshandlungen schützt und fördert auf längere Sicht einen funktionsfähigen Wettbewerb.

2. Fallgruppen von Leistungswettbewerbsregeln

64 Als Leistungswettbewerbsregeln eintragbar sind Gebote oder Verbote, die sich gegen die **Mischkalkulation** wenden. Denn diese begünstigt größere Unternehmen mit einem breiten Sortiment und kann zur Verdrängung kleinerer und mittlerer Unternehmen führen.[141]

65 Auch die Gewährung von **Treuerabatten** durch marktstarke Unternehmen kann unter dem Gesichtspunkt des leistungsgerechten Wettbewerbs bedenklich sein, weil dadurch einer **Monopolisierung** Vorschub geleistet werden kann.[142]

66 Die Gewährung von **Mengenrabatten** und „Großhandelsrabatten" an Großunternehmen des Einzelhandels beeinträchtigt die Wirksamkeit eines leistungsgerechten Wettbewerbs, wenn die Rabatte nicht durch entsprechende Kosteneinsparungen des Lieferanten gerechtfertigt, sondern das Ergebnis der Ausübung von **Nachfragemacht** sind.[143]

67 Durch Leistungswettbewerbsregeln können Verhaltensweisen ausgeschlossen werden, die Entwicklungen begünstigen würden, denen auch die Kontrolle von **Machtmissbrauch** entgegenwirken will.[144] Das sind die Fälle von Vernichtungs- und Behinderungswettbewerb unter Einsatz von Marktmacht. Auch gegen den **Missbrauch von Nachfragemacht** können Leistungswettbewerbsregeln eingesetzt werden.[145] Das sind insbesondere die Fälle des sog. **„Anzapfens"**, d. h. des Forderns von Schaufenstermiete, Regalmiete, Eintrittsgeldern, kostenloser Stellung von Arbeitskräften des Zulieferers für den Betrieb des Abnehmers, z. B. zur Preisauszeichnung, usw.[146] Beim Anzapfen sind i. d. R. die größeren

[139] *Kellermann* in: Immenga/Mestmäcker, GWB, 4. Aufl., § 24 Rn. 39, 43 ff., 55 f., 60.

[140] Vgl. dazu insbesondere *Hamm* WuW 1975, 115, 120, 130.

[141] Begr. Reg.-Entw., BR-Drucks. 265/71, S. 34; *Bechtold,* GWB, § 24 Rn. 9; *Sack* GRUR 1975, 297, 303; a. A. *Franzen/Mees* in: GemK, GWB § 28 Rn. 35.

[142] Begr. Reg.-Entw., BR-Drucks. 265/71, S. 34 f.; *Franzen/Mees* in: GemK, GWB § 28 Rn. 29, 38; *Kellermann* in: Immenga/Mestmäcker, GWB, 4. Aufl., § 24 Rn. 58; *Sack* GRUR 1975, 297, 303; ausführlich zu Treuerabatten aus ökonomischer Sicht *Inderst/Schwalbe* ZWeR 2009, 65 ff.

[143] Vgl. v. *Köhler* DB 1967, 29, 31; *Sack* GRUR 1975, 297, 303; *Versteyl,* Diss., S. 118.

[144] Begr. Reg.-Entw., BR-Drucks. 265/71, S. 35; BKartA WuW/E BKartA 1633, 1635 – *Markenverband; Bechtold,* GWG, § 24 Rn. 8; *F. Immenga* in: Immenga/Mestmäcker, GWB, § 24 Rn. 83; *Kellermann* in: Immenga/Mestmäcker, GWB, 4. Aufl., § 24 Rn. 58; *Koppensteiner* WRP 2007, 475 ff., 480.

[145] *Franzen/Mees* in: GemK, GWB § 28 Rn. 25.

[146] Vgl. dazu das sog. Sündenregister des Bundeswirtschaftsministeriums, WRP 1975, 24 ff.; „Gemeinsame Erklärung" der Spitzenverbände der Wirtschaft, WRP 1975, 594 = WRP 1976, 9 f.; Wett-

Unternehmen im Vorteil.[147] Soweit diese Formen von Wettbewerbsverhalten nicht bereits unlauteren Wettbewerb darstellen[148] und deshalb Gegenstand von Lauterkeitsregeln mit unmittelbarem Lauterkeitsbezug sein können, lassen sie sich mit Leistungswettbewerbsregeln bekämpfen. Entsprechende Wettbewerbsregeln hatte der Markenverband aufgestellt.[149]

Mondpreisempfehlungen können ebenfalls durch Wettbewerbsregeln verboten werden. Die Empfehlung eines überhöhten, am Markt nicht durchsetzbaren Verbraucherpreises ist nicht nur geeignet, den Verbraucher über die Qualität und Preiswürdigkeit der betreffenden Ware zu täuschen. Sie kann auch die Durchsetzung nicht marktgerechter Preise erleichtern, was der Wirksamkeit eines leistungsgerechten Wettbewerbs zuwiderläuft.[150] **68**

Das BKartA hat ursprünglich die Eintragung einer Wettbewerbsregel abgelehnt, die ein **allgemeines Diskriminierungsverbot** des Inhalts vorsah, dass es nicht nur dem in § 20 n. F. genannten Adressatenkreis, sondern **jedermann** verboten ist, andere Unternehmen sachlich nicht gerechtfertigt unmittelbar oder mittelbar unterschiedlich zu behandeln.[151] Nur Wettbewerbsregeln gegen Diskriminierungen, die unlauter waren, z. B. weil sie irreführend durchgeführt wurden[152] oder auf der Ausnutzung von Rechts- und Vertragsbruch beruhten, hat es eingetragen. Begründet wurde die Nichteintragung eines allgemeinen Diskriminierungsverbots damit, dass solchen Wettbewerbsregeln der **Lauterkeitsbezug** fehle.[153] Diese Begründung ist durch die 2. GWB-Novelle von 1973, die neben Lauterkeitsregeln auch Leistungswettbewerbsregeln zulässt, überholt.[154] Die sachlich nicht gerechtfertigte Diskriminierung von gewerblichen Abnehmern oder Lieferanten ist leistungswidrig.[155] Ein Diskriminierungsverbot der genannten Art wirkt einer Verfälschung des Leistungswettbewerbs entgegen und ist geeignet, den leistungsgerechten Wettbewerb zu fördern. Ein Verbot solcher Diskriminierungen ist geeignet, eine drohende Beeinträchtigung der Wirksamkeit des Wettbewerbs auf dem Markt, für den das Verhalten untersagt wird, oder auf den Märkten der nachfolgenden Wirtschaftsstufen zu verhindern.[156] Aus der gesetzlichen Beschränkung des Adressatenkreises des Diskriminierungsverbots des § 20 **69**

---

bewerbsregeln des *Markenverbandes,* BKartA WuW/E BKartA 1633, 1636; BKartA WuW/E BKartA 1233, 1238 f. – *Markenspirituosen; Sack* WRP 1975, 261; *ders.* GRUR 1975, 297, 303 f., 304 (7.); vgl. auch *Kellermann* in: Immenga/Mestmäcker, GWB, 4. Aufl., § 24 Rn. 82; *Köhler* WRP 2005, 645, 648 f.; zum US-amerikanischen Recht vgl. *Herrmann,* Interessenverbände und Wettbewerbsrecht, 1984, S. 368 ff., 383 ff.; zum deutschen Recht ibid., S. 393 ff.

[147] OLG Düsseldorf WRP 1973, 223; *Sack* GRUR 1975, 297, 304.

[148] Vgl. BGH GRUR 1977, 257 zur Schaufenstermiete; vgl. auch OLG Düsseldorf WRP 1973, 223; *Sack* WRP 1975, 261.

[149] Abgedruckt in WuW/E BKartA 1633 ff. – *Markenverband;* im gleichen Sinne der Beispielskatalog des Bundeswirtschaftsministeriums vom 17.11.1974 WRP 1975, 24, und die „Gemeinsame Erklärung" von Organisationen der Gewerblichen Wirtschaft vom 25.6.1984 WuW 1984, 271 (Fortschreibung der Erklärung von November 1975 WuW 1976, 17 = WRP 1975, 594).

[150] BKartA WuW/E BKartA 1633, 1640 f. – *Markenverband.*

[151] BKartA WuW/E BKartA 96 (L. s. 4), 101 – *Kohleneinzelhandel;* 301, 309 – *Ziehereien und Kaltwalzwerke;* 586, 595 – *Bauindustrie I;* 1327 Leits. 3, 1337 ff., 1339 ff. – *Tapetenhandel;* BKartA Tätigkeitsbericht 1959, S. 51 f. (cc); ebenso die Kooperationsfibel des BWM vom 29.10.1963, WuW/E BWM 119, 134; *Emmerich,* Kartellrecht, § 24 Rn. 9; *v. Friesen* DB 1978, Beil. 6, S. 1, 12; *F. Immenga* in: Immenga/Mestmäcker, GWB, § 24 Rn. 124; *Kellermann* in: Immenga/Mestmäcker, GWB, 4. Aufl., § 24 Rn. 110; *Kreiterling* S. 119 ff.; *Mestmäcker,* Der verwaltete Wettbewerb, 1984, S. 229 f.; *Skiba* WuW 1972, 220; a. A. *Hinz* WRP 1976, 4, 6.

[152] Vgl. *Benisch* GRUR 1976, 448, 454.

[153] So BKartA WuW/E BKartA 96 (leits. 4), 101 – *Kohleneinzelhandel;* 301, 309 – *Ziehereien und Kaltwalzwerke;* 1327, 1337, 1339 – *Tapetenhandel;* ebenso *Ewald* WRP 1967, 377.

[154] *Benisch* GRUR 1976, 448, 450; *Franzen/Mees* in: GemK, GWB § 28 Rn. 38; *Sack* GRUR 1975, 297, 303 (4.).

[155] *Bechtold,* GWB, § 24 Rn. 9; *Dörinkel* WuW 1971, 607, 616; *Franzen/Mees* in: GemK, GWB § 28 Rn. 29, 38; *Sack* GRUR 1975, 297, 303; vgl. auch *F. Immenga* in: Immenga/Mestmäcker, GWB, § 24 Rn. 125; a. A. *Hamm* WuW 1975, 115, 125.

[156] BKartA Tätigkeitsbericht 1965, S. 14.

GWB lässt sich nicht im Umkehrschluss folgern, dass auch Wettbewerbsregeln nicht weiter reichen dürfen;[157] denn es erfasst nur die gravierenden Diskriminierungen, die nach Ansicht des Gesetzgebers Ordnungswidrigkeiten darstellen.[158]

70 Wettbewerbsregeln sind jedoch nicht darauf beschränkt, nur rechtswidriges Verhalten zu untersagen. Sie dürfen, wie z. B. die Lauterkeitsregeln mit mittelbarem Lauterkeitsbezug zeigen, auch weiter reichen. Entgegen einer verbreiteten Ansicht führt ein allgemeines Diskriminierungsverbot des oben genannten Inhalts auch nicht zu einer unerwünschten Erstarrung der Marktverhältnisse.[159] Dies beweist schon ein Blick in Länder, die ein solches allgemeines Diskriminierungsverbot kennen, z. B. Frankreich[160] oder die USA;[161] in den USA wird die Marktmacht relevant bei der Feststellung einer Wettbewerbsbeeinträchtigung und der Rechtfertigung von Diskriminierungen. Die Vertreter der Gegenansicht unterliegen i. d. R. einer begrifflichen Verwechslung. Denn als allgemeines Diskriminierungsverbot wird von manchen auch das Verbot jeglicher – nicht nur der sachlich nicht gerechtfertigten – Ungleichbehandlung bezeichnet. Ein Verbot solcher Diskriminierungen hätte in der Tat eine Erstarrung der Märkte zur Folge[162] und würde als Wettbewerbsregel nicht die Voraussetzungen des § 24 Abs. 2 erfüllen. Nicht vom Adressatenkreis, sondern von der Frage, ob eine unterschiedliche Behandlung „sachlich gerechtfertigt" ist, hängt es ab, ob ein Diskriminierungsverbot zur Erstarrung der Märkte führt.[163]

71 Die Diskriminierung kann in Form der **Liefer- bzw. Bezugsverweigerung** oder als **Preis- und Konditionendiskriminierung** erfolgen.[164] Das BKartA hat Wettbewerbsregeln eingetragen, die es Verbandsmitgliedern untersagen, ihren Verkäufen ohne sachlich gerechtfertigten Grund für den gleichen Kundenkreis mehrere Preislisten mit unterschiedlichen Preisen zu Grunde zu legen und im einzelnen Fall willkürlich eine dieser Listen anzuwenden, ohne dem Kunden gegenüber die Zusammenhänge offen zu legen. Durch Wettbewerbsregeln untersagt werden dürfe es auch, eine Preisliste als gültig zu bezeichnen, obwohl die in ihr enthaltenen Preise nicht gefordert werden. In gleicher Weise sei es zu beurteilen, wenn überholte Listenpreise in Folge der Gewährung marktunüblicher Geld- und Warenrabatte zu Scheinpreisen werden.[165] Rabatte an Großabnehmer (Konzerne; Einkaufsgemeinschaften), die marktschwächeren Abnehmern bei **gleichartiger** Abnahmeleistung nicht gewährt werden, verfälschen den Leistungswettbewerb.[166] Sie bewirken machtbedingte Wettbewerbsverzerrungen.[167] Eine Sondervergütung für Großabnahme ist nicht gerechtfertigt, wenn der Lieferant jeden einzelnen Betrieb des Großabnehmers beliefern und mit ihm abrechnen muss und die Abnahmemengen sich nicht nennenswert von denen

---

[157] *Benisch* WuW 1956, 643, 654 f.; *ders.* Kooperationsfibel, 4. Aufl. 1973, S. 442; *Dörinkel* WuW 1971, 607, 614 f.; *Peter,* Diss., S. 133 f.; *Sack* GRUR 1975, 297, 303; a. A. vor der Neufassung des § 28 Abs. 2 das BKartA WuW/E BKartA 96, 101 – *Kohleneinzelhandel;* 301. 310 – *Ziehereien und Kaltwalzwerke,* 1327, 1340 – *Tapetenhandel;* BKartA Tätigkeitsbericht 1959, S. 51; Kooperationsfibel des BWM, WuW/E BWM 119, 134.

[158] *Benisch* GRUR 1976, 448, 450.

[159] *Sack* GRUR 1975, 511, 520 f.; a. A. jedoch BKartA WuW/E BKartA 1327, 1340 – *Tapetenhandel;* Kooperationsfibel des BWM WuW/E BWM 119, 134; *Schlecht* MA 1976, 465, 466; *Monopolkommission* Sondergutachten 7, 1977, S. 7 Rn. 25 f., S. 16 f.

[160] Vgl. dazu *Labudek,* Die Behandlung von Diskriminierung und Behinderung im französischen Kartellrecht, 1992, S. 238 ff., 246.

[161] Vgl. *Hermanns,* Die Grundzüge des US-Antidiskriminierungsrechts, in: BDI (Hrsg.), Schutz des Leistungswettbewerbs, 1966, S 34 ff.

[162] Dazu *Sack* GRUR 1975, 511, 519 ff.

[163] *Sack* GRUR 1975, 511, 520 f.

[164] Vgl. *Benisch* GRUR 1976, 448; *Sack* WRP 1975, 385.

[165] BKartA WuW/E BKartA 1760 – *Kaffeeröstereien; Franzen/Mees* in: GemK, GWB § 28 Rn. 39 (a, c).

[166] *Benisch* GRUR 1976, 448, 450, 451 f., 453; *Franzen/Mees* in: GemK, GWB § 28 Rn. 38; *Sack* GRUR 1975, 511, 520.

[167] *Benisch* GRUR 1976, 448, 450, 453; *Sack* WRP 1975, 261, 263; *ders.* GRUR 1975, 511, 520.

der marktschwächeren Abnehmer unterscheiden, die keine entsprechenden Preisnachlässe erhalten.[168]

Leistungswettbewerbsregeln können auch den **Nebenleistungswettbewerb** zugunsten des Hauptleistungswettbewerbs einschränken.[169] Wenn Nebenleistungen geeignet sind, wirtschaftliche Entscheidungen unsachlich zu beeinflussen, sind sie nicht der Förderung eines leistungsgerechten Wettbewerbs dienlich.[170] Anerkannt wurde eine Wettbewerbsregel, die dem Hersteller das Anbieten oder Gewähren von **Display-Artikeln** mit überwiegendem Zweitnutzen untersagte. Es handelt sich dabei um Gegenstände, die nur dem Scheine nach der vorteilhaften Lieferung oder Darbietung einer Ware dienen, in Wirklichkeit jedoch dem Abnehmer oder seinen Mitarbeitern für den persönlichen Bedarf zugewendet werden, z. B. ein aufblasbares Gummiboot für die Schaufensterwerbung für Produkte des Lieferanten. Solche Display-Artikel sind geeignet, die Abnehmer in ihrer Entschließung zum Erwerb der Hauptware zu beeinflussen; sie beeinträchtigen die Wirksamkeit eines leistungsgerechten Wettbewerbs.[171] 72

Die Wirksamkeit eines leistungsgerechten Wettbewerbs kann ferner durch **innerbetriebliche Gesetzesverletzungen** beeinträchtigt werden, z. B. durch Verstöße gegen Umweltschutzbestimmungen.[172] Gleiches gilt für **Tarifverstöße,** auch soweit die betreffenden Tarifverträge nicht für allgemeinverbindlich erklärt worden sind.[173] Mit Lauterkeitsregeln lassen sie sich nur sehr beschränkt erfassen. Denn sie verstoßen nicht gegen § 3 UWG, da es keine Wettbewerbshandlungen bzw. „geschäftliche Handlungen" i. S. d. UWG-Novelle 2008 sind.[174] Dadurch begünstigte Wettbewerbshandlungen sind jedoch ebenfalls nicht ohne weiteres unlauter, sondern nur unter ganz engen Voraussetzungen.[175] Der Leistungswettbewerb bei der Warenverteilung kann durch innerbetriebliche Rechtsverletzungen und Tarifverstöße jedoch ganz erheblich beeinträchtigt werden. Deshalb sind Wettbewerbsregeln, die unmittelbar oder mittelbar geeignet sind, solches Verhalten zu verhindern, als Leistungswettbewerbsregeln anerkennungsfähig. 73

Ohne eine Zuordnung zu den Lauterkeitsregeln oder den Leistungswettbewerbsregeln vorzunehmen, anerkannte das BKartA mehrfach Wettbewerbsregeln zur Durchsetzung der Grundsätze der **Preisklarheit** und **Preiswahrheit,**[176] z. B. das Verbot, bei gleichen Kunden unterschiedliche Preislisten zu verwenden,[177] das Verbot der Benutzung von Preislisten mit überhöhten Listenpreisen, die infolge marktunüblicher Geld- und Warenrabatte zu Scheinpreisen wurden,[178] oder das Gebot, klare und wahre Preisangaben zu machen.[179] 74

Sehr zurückhaltend werden hingegen Wettbewerbsregeln beurteilt, die unmittelbar oder mittelbar in die **Preisgestaltung** eingreifen.[180] Anerkannt bzw. eingetragen wurden Wett- 75

---

[168] *Franzen/Mees* in: GemK, GWB § 28 Rn. 38.

[169] BKartA WuW/E BKartA 1117, 1119 – *Lackindustrie;* 1165, 1169 f. – *Hefeindustrie;* 1633, 1640 – *Markenverband;* 1760, 1761 f. – *Kaffeeröstereien;* BKartA Tätigkeitsbericht 1977, S. 70; 1995/96, S. 102; *Bechtold,* GWB, § 24 Rn. 9; *Franzen/Mees* in: GemK, GWB § 28 Rn. 47; *Hinz* WRP 1976, 4 ff., 5; *Kellermann* in: Immenga/Mestmäcker, GWB, 4. Aufl., § 24 Rn. 119; *ders.* in: Zehn Jahre BKartA, 1968, S. 61 ff., 82 f.; *Sack* GRUR 1975, 297, 303.

[170] BKartA WuW/E BKartA 1760, 1761 (4.) – *Kaffeeröstereien.*

[171] Vgl. BKartA WuW/E BKartA 1633, 1640 – *Markenverband.*

[172] Zur Anwendbarkeit des UWG in diesen Fällen BGH WRP 2000, 1116 – *Abgasemissionen.*

[173] Dazu BGHZ 120, 320 – *Tariflohnunterschreitung; Sack* WRP 1998, 683, 686 ff.

[174] BGHZ 120, 320 – *Tariflohnunterschreitung;* BGH WRP 2000, 1116, 1118 f. – *Abgasemissionen; Sack* WRP 1998, 683, 686 f.

[175] BGHZ 120, 320 – *Tariflohnunterschreitung;* BGH WRP 2000, 1116, 1119 ff. – *Abgasemissionen; Sack* WRP 1998, 683, 687 ff.; *ders.* WRP 2004, 1307, 1317 ff.

[176] BKartA WuW/E BKartA 1760 – *Kaffeeröstereien.*

[177] BKartA WuW/E BKartA 1760 – *Kaffeeröstereien.*

[178] BKartA WuW/E BKartA 1760 – *Kaffeeröstereien.*

[179] BGH WuW/E BGH 767, 779 ff. – *Bauindustrie.*

[180] BGH WuW/E BGH 767, 769 f., 781 ff. – *Bauindustrie.*

bewerbsregeln, die die Kalkulation der Selbstkosten **empfehlen.**[181] Abweichend vom BKartA hat hingegen der BGH die Eintragung von Wettbewerbsregeln abgelehnt, die eine Vorkalkulation verbindlich **vorschreiben,** weil sie den Zweck haben, Unternehmen zur Bildung kostendeckender Preise zu veranlassen, d.h. die Preisbildung zu beeinflussen.[182] Aus diesem Grunde wurden auch Wettbewerbsregeln abgelehnt, die eine angemessene Preisbildung oder die das Anbieten oder Verkaufen von Waren **unter Selbstkosten** ohne Vorliegen besonderer Umstände generell verbieten. Anerkannt wurden hingegen Wettbewerbsregeln, die Angebote oder Verkäufe unter Selbstkosten untersagen, wenn besondere Umstände vorliegen, die die Sittenwidrigkeit bzw. die Unlauterkeit begründen,[183] z.B. wenn sie unter bewusster Missachtung der Grundsätze einer wirtschaftlichen oder verantwortungsbewussten Unternehmensführung und ohne sachlich gerechtfertigten Grund in gemeinschädlicher Weise erfolgen; das widerspreche den Grundsätzen des lauteren Wettbewerbs.[184]

VIII. Von den Kartellbehörden abgelehnte Wettbewerbsregeln

76 Im Folgenden werden Wettbewerbsregeln genannt, deren Eintragung bzw. Anerkennung die Kartellbehörden abgelehnt haben. Dabei ist jedoch zu beachten, dass ein Teil der Ablehnungen vor der 2. GWB-Novelle erfolgte, d.h. bevor die Möglichkeit der Eintragung bzw. Anerkennung von Leistungswettbewerbsregeln bestand. Es ist daher denkbar, dass manche Wettbewerbsregeln, deren Eintragung vor der 2. GWB-Novelle mangels des damals noch geforderten Lauterkeitsbezugs abgelehnt wurde, nunmehr als Leistungswettbewerbsregeln anerkennungsfähig sind.

77 Besonders häufig war die Ablehnung von Wettbewerbsregeln, die unmittelbar oder mittelbar die **Preisgestaltung** und **Preiswerbung** beeinflussen sollen.[185] Denn mit ihnen lasse sich ein wirksames Preiskartell oder zumindest eine Beschränkung des Preiswettbewerbs bewirken.[186] Deshalb wurde als Wettbewerbsregel nicht eingetragen ein allgemeines Verbot von Unterselbstkostenverkäufen,[187] da eine solche Wettbewerbsregel weder einen Lauterkeitsbezug habe, noch geeignet sei, den Leistungswettbewerb zu fördern; da Unterselbstkostenverkäufe nur bei Vorliegen besonderer Umstände wettbewerbswidrig seien, z.B. bei Vernichtungswettbewerb, seien auch nur insoweit Wettbewerbsregeln eintragbar.[188] Die Neuregelung durch § 20 Abs. 3 S. 2 – erneuert durch die GWB-Novelle 2007 – erfordert eine Änderung dieser Ansicht.[189] Abgelehnt wurden auch

---

[181] BGH WuW/E BGH 767, 769f. – *Bauindustrie.*

[182] BGH WuW/E BGH 767, 769ff., 776 – *Bauindustrie;* a.A. BKartA WuW/E BKartA 586, 591 – *Bauindustrie.*

[183] BKartA WuW/E BKartA 96, 100 – *Kohleneinzelhandel;* 586, 593 – *Bauindustrie;* 902, 906 – *Schälmühlen;* 1090, 1095 – *Büromaschinen;* 1117, 1120 – *Lackindustrie;* 1165, 1168 – *Hefeindustrie;* 1213, 1215 – *Baustoffhändler;* 1327, 1344f. – *Tapetenhandel.*

[184] BGH WuW/E BGH 767, 768 (Leitzs. 8), 781ff. – *Bauindustrie;* vgl. dazu aus wirtschaftspolitischer Sicht *Neumann* in: FS Möschel, 2011, S. 441ff.

[185] BKartA WuW/E BKartA 96, 99ff. – *Kohleneinzelhandel;* 301, 306f. – *Ziehereien und Kaltwalzwerke;* 586, 589 – *Bauindustrie I;* 609, 613f. – *Kfz-Handel;* 873, 876 – *Flüssiggas-Großvertriebe;* 1090, 1095 – *Büromaschinen;* 1213, 1214f. – *Baustoffhändler;* 1327, 1340, 1342f., 1345 – *Tapetenhandel;* BGH WuW/E BGH 767, 771ff., 781ff. – *Bauindustrie.*

[186] *Hamm* WuW 1975, 115, 116.

[187] BKartA WuW/E BKartA 96, 100f. – *Kohleneinzelhandel;* 586, 593 – *Bauindustrie I;* 609, 613 – *Kfz-Handel;* 873, 876 – *Flüssiggas-Großvertriebe;* 902, 906f. – *Schälmühlen;* 1090, 1095 – *Büromaschinen;* 1117, 1120 – *Lackindustrie;* 1165, 1168 – *Hefeindustrie;* 1213, 1215 – *Baustoffhändler;* 1327, 1345 – *Tapetenhandel;* BGH WuW/E BGH 767, 771ff., 781ff. – *Bauindustrie;* zust. *Franzen/Mees* in: GemK, GWB § 28 Rn. 33, 41.

[188] BKartA WuW/E BKartA 1165, 1168 – *Hefeindustrie;* zur wettbewerbsrechtlichen Beurteilung in den USA ausführlich *Herrmann,* Interessenverbände und Wettbewerbsrecht, 1984, S. 351ff.; vgl. jedoch auch *Mestmäcker,* Der verwaltete Wettbewerb, 1984, S. 229f.

[189] Vgl. dazu die Bekanntmachung des BKartA WuW 2000, 1220ff.

- das Verbot der Preisunterbietung;[190]
- grundsätzlich die Pflicht zur Preislistenführung,[191] es sei denn, die Preislisten seien ausnahmsweise in einer Branche schon aus kaufmännisch-technischen oder betriebsorganisatorischen Gründen notwendig und nachweislich üblich;[192]
- das Gebot der Preisbildung nach marktwirtschaftlichen Grundsätzen;[193]
- das **Gebot** der ordnungsgemäßen Selbstkostenermittlung bzw. Vorkalkulation vor Abgabe eines Angebots;[194] im Gegensatz zum BKartA, das noch angenommen hatte, dass eine Kalkulationspflicht keine Wettbewerbsbeschränkung i. S. v. § 1 GWB darstelle,[195] meinte der BGH, dass eine Kalkulationspflicht eine Erstarrung des Preisgefüges fördern und so den vom GWB gewollten Wettbewerb beschränken könne;[196] sie sei daher nicht als Lauterkeitsregel eintragbar.[197]

Von den Kartellbehörden abgelehnt wurde auch die Eintragung (seit 1985 die Anerkennung) von Wettbewerbsregeln, die einen **Preisvergleich** des tatsächlich verlangten Preises mit anderen üblichen Preisen (Herstellerpreisempfehlung; Listenpreis; Marktpreis; früherer eigener Preis) verbieten.[198] 78

Abzulehnen sind auch Wettbewerbsregeln, die **Direktverkäufe** durch Hersteller oder Großhändler verbieten;[199] denn sie würden die Absatzwege zementieren und letztlich die Einkommensverteilung und das Preisgefüge in nicht leistungsgerechter Weise verzerren.[200] Abgelehnt wurde ferner ein Verbot standeswidrigen Verhaltens bzw. der Abweichung vom Branchenüblichen;[201] denn eine solche Wettbewerbsregel wäre geeignet, unerwünschten und unbequemen Wettbewerb zu beschränken, ohne die Lauterkeit oder Leistungsgerechtigkeit im Wettbewerb zu fördern. 79

IX. Antrag auf Anerkennung von Wettbewerbsregeln durch die Kartellbehörden

1. Antragsrecht und Antragspflicht, § 24 Abs. 3

Wirtschafts- und Berufsvereinigungen können nach § 24 Abs. 3 bei der Kartellbehörde die **Anerkennung** von Wettbewerbsregeln beantragen. Die „Anerkennung" hat nach § 26 Abs. 1 S. 2 zum Inhalt, dass die Kartellbehörde von den ihr nach dem 6. Abschnitt zustehenden Befugnissen keinen Gebrauch machen wird. Aus diesem Grunde liegt es im Inte- 80

[190] BKartA WuW/E BKartA 96, 99 – *Kohleneinzelhandel;* 873, 876 – *Flüssiggas-Großvertriebe;* 902, 906 – *Schälmühlen;* 1090, 1095 – *Büromaschinen.*

[191] BKartA WuW/E BKartA 96, 99 f. – *Kohleneinzelhandel;* 482, 485 f. – *Zeitschriftenverlage;* 902, 906 – *Schälmühlen.*

[192] Vgl. BKartA WuW/E BKartA 301, 307 f. – *Ziehereien und Kaltwalzwerke;* 482, 486 – *Zeitschriftenverlage; Franzen/Mees* in: GemK, GWB § 28 Rn. 37; ausf. dazu *Oehler,* Wettbewerbsregeln, S. 193 ff.; *Scheel,* Diss., S. 134 ff.

[193] BKartA WuW/E BKartA 586, 589 f. – *Bauindustrie I.*

[194] BGH WuW/E BGH 767, 769 ff. – *Bauindustrie;* BKartA WuW/E BKartA 1327, 1343 – *Tapetenhandel;* anders noch vor der BGH-Entscheidung das BKartA mit der Begründung, dass eine Kalkulationspflicht keine Wettbewerbsbeschränkung darstelle, WuW/E BKartA 301, 306 – *Ziehereien und Kaltwalzwerke;* 586, 590 ff. – *Bauindustrie I;* 902, 905 – *Schälmühlen;* anerkennungsfähig ist hingegen die bloße Anregung oder Aufforderung zur Selbstkostenermittlung BGH WuW/E BGH 767, 769, 774 – *Bauindustrie.*

[195] BKartA WuW/E BKartA 902, 905 – *Schälmühlen.*

[196] BGH WuW/E BGH 767, 776 – *Bauindustrie;* ebenso KG WuW/E OLG 755; *Oehler,* Wettbewerbsregeln, S. 134; a. A. mit Recht *Franzen/Mees* in: GemK, GWB § 28 Rn. 32.

[197] BGH WuW/E BGH 767, 776 – *Bauindustrie.*

[198] BKartA WuW/E BKartA 609, 620 – *Kfz-Handel I;* 766, 772 – *Kfz-Handel II.*

[199] BWM WuW/E BWM 58, 59 f. (vor Inkrafttreten des GWB) – *Direktverkäufe von Rundfunkgeräten; Franzen/Mees* in: GemK, GWB § 28 Rn. 43.

[200] BWM WuW/E BWM 58, 59 f. – *Direktverkäufe von Rundfunkgeräten.*

[201] BKartA WuW/E BKartA 1327, 1334 ff., 1340 – *Tapetenhandel.*

resse der Verbände, die Anerkennung zu beantragen. Eine „Pflicht", die Anerkennung von Wettbewerbsregeln zu beantragen, besteht jedoch nicht, auch nicht bei Wettbewerbsregeln, die den Wettbewerb beschränken; denn Wettbewerbsregeln, die die Anerkennungsvoraussetzungen des § 24 Abs. 2 i. V. m. § 26 Abs. 2 erfüllen, sind kraft Gesetzes zulässig.

2. Inhalt des Antrags, § 24 Abs. 4 S. 1

81 Der Antrag auf Anerkennung von Wettbewerbsregeln hat nach § 24 Abs. 4 S. 1 zu enthalten:

a) Name, Rechtsform und Anschrift der Wirtschafts- oder Berufsvereinigung, § 24 Abs. 4 S. 1 Nr. 1;
b) Name und Anschrift der Person, die sie vertritt, § 24 Abs. 4 S. 1 Nr. 2;
c) die Angabe des sachlichen und örtlichen Anwendungsbereichs der Wettbewerbsregeln, § 24 Abs. 4 S. 1 Nr. 3; man rechnet dazu auch die von Wettbewerbsregeln betroffenen Mitglieder;[202]
d) den Wortlaut der Wettbewerbsregeln, § 24 Abs. 4 S. 1 Nr. 4.

3. Beizufügende Unterlagen, § 24 Abs. 4 S. 2

82 Dem Antrag sind nach § 24 Abs. 4 S. 2 beizufügen:

a) Die Satzung der Wirtschafts- oder Berufsvereinigung, § 24 Abs. 4 S. 2 Nr. 1;
b) der Nachweis, dass die Wettbewerbsregeln satzungsmäßig aufgestellt sind, § 24 Abs. 4 S. 2 Nr. 2;
c) eine Aufstellung von außenstehenden Wirtschafts- oder Berufsvereinigungen und Unternehmen der gleichen Wirtschaftsstufe sowie der Lieferanten- und Abnehmervereinigungen und der Bundesorganisationen der beteiligten Wirtschaftsstufen des betreffenden Wirtschaftszweigs, § 24 Abs. 4 S. 2 Nr. 3.

83 d) Nach § 24 Abs. 4 S. 3 dürfen in dem Antrag auf Anerkennung keine unrichtigen oder unvollständigen Angaben gemacht oder benutzt werden, um für den Antragsteller oder einen anderen die Anerkennung einer Wettbewerbsregel zu erschleichen. Ein Verstoß gegen diese Vorschrift ist nach § 81 Abs. 3 Nr. 3 ordnungswidrig. Außerdem können Wettbewerbsregeln, die wegen unrichtiger oder unvollständiger Angaben zu Unrecht anerkannt worden sind, nach § 26 Abs. 4 zurückgenommen oder widerrufen werden.

X. Mitteilung und Antrag auf Anerkennung von Änderungen und Ergänzungen anerkannter Wettbewerbsregeln

1. Mitteilung

84 Nach § 24 Abs. 5 sind Änderungen und Ergänzungen anerkannter Wettbewerbsregeln der Kartellbehörde mitzuteilen. Für einen Verstoß gegen die Mitteilungspflicht nach § 24 Abs. 5 sieht das GWB keine Sanktionen vor; das Unterlassen der gebotenen Mitteilung ist keine Ordnungswidrigkeit.

2. Antrag auf Anerkennung

85 Die §§ 24ff. enthalten nur eine lückenhafte Regelung des Verfahrens für Änderungen und Ergänzungen anerkannter Wettbewerbsregeln. Neben § 24 Abs. 5 sieht § 27 Abs. 2 Nr. 3 ausdrücklich vor, dass Änderungen und Ergänzungen im Bundesanzeiger bekannt zu machen sind. Keine ausdrückliche Regelung enthält das Gesetz hingegen darüber, ob Änderungen und Ergänzungen ebenfalls der Anerkennung bedürfen wie erstmals aufgestellte Wettbewerbsregeln.

---

[202] *Bechtold,* GWB, § 24 Rn. 12.

Obwohl das GWB für Änderungen und Ergänzungen nur eine Mitteilungspflicht nach § 24 Abs. 5 und die Bekanntmachung im Bundesanzeiger nach § 27 Abs. 2 Nr. 3, jedoch keine Anerkennung entsprechend § 24 Abs. 3 i. V. m. § 26 vorsieht, bewirken die Mitteilung an die Kartellbehörde und die Bekanntmachung im Bundesanzeiger nicht, dass die Änderungen und Ergänzungen an der **Anerkennung** der bereits anerkannten Wettbewerbsregeln teilhaben.[203] Denn Änderungen und Ergänzungen können den Inhalt anerkannter Wettbewerbsregeln in einer Weise ändern, dass nunmehr Bedenken gegen eine Anerkennung bestehen und diese bei einem erstmaligen Anerkennungsantrag abgelehnt worden wären. Eine solche Anerkennung kann daher nicht automatisch auf dem Umweg von Änderungen und Ergänzungen erreicht werden. Abweichend von der hier vertretenen Ansicht, nach der Änderungen und Ergänzungen von Wettbewerbsregeln nicht automatisch an der Anerkennung teilhaben, wenn sie der Kartellbehörde mitgeteilt werden, sondern ihre Anerkennung einen gesonderten Antrag auf Anerkennung erfordert, wird im Schrifttum einschränkend vertreten, dass ein Anerkennungsantrag nur erforderlich sei, wenn die Änderungen oder Ergänzungen den Wesensgehalt der anerkannten Wettbewerbsregeln verändern,[204] oder wenn sie den Tatbestand des § 1 erfüllen.[205] 86

Die gesetzlichen Regelungen von Änderungen und Ergänzungen anerkannter Wettbewerbsregeln erweisen sich damit insoweit als lückenhaft. Die Lücken sind wie folgt zu schließen: § 27 Abs. 2 Nr. 3 impliziert mit der Formulierung „die Anerkennung von Wettbewerbsregeln, **ihrer** Änderungen und Ergänzungen" die Möglichkeit einer **Anerkennung.** Für Änderungen und Ergänzungen, die den Wettbewerb mehr als die bisherigen Wettbewerbsregeln beschränken, ist generell ein Anerkennungsverfahren vorzusehen, unabhängig davon, ob sie wesentlich oder nur unwesentlich von den ursprünglichen Wettbewerbsregeln abweichen.[206] Analog § 24 Abs. 3 können Wirtschafts- und Berufsvereinigungen bei der Kartellbehörde die Anerkennung von Änderungen und Ergänzungen beantragen. 87

(1) Änderungen und Ergänzungen, die nach § 1 verboten und nicht nach den §§ 2 und 3 freigestellt sind, ist analog § 26 Abs. 2 die Anerkennung zu versagen. 88

(2) Die Anerkennung von Ergänzungen und Änderungen, die gegen andere Vorschriften des GWB, gegen das UWG oder gegen sonstige Rechtsvorschriften verstoßen, ist analog § 26 Abs. 2 abzulehnen. 89

(3) Für Änderungen und Ergänzungen kann aus denselben Gründen wie beim erstmaligen Antrag auf Anerkennung von Wettbewerbsregeln die Anerkennung beantragt werden. Das Anerkennungsverfahren ist weder auf wesentliche Änderungen und Ergänzungen zu beschränken,[207] noch auf solche, die an sich den Tatbestand des § 1 erfüllen, jedoch nach den §§ 2, 3 freigestellt sind. 90

XI. Verbindlichkeit von Wettbewerbsregeln

1. Verbindlichkeit für Verbandsmitglieder

Wettbewerbsregeln werden nicht ohne weiteres durch die **Aufstellung** durch Verbände oder durch ihre **Anerkennung** durch Kartellbehörden für die Verbandsmitglieder verbindlich.[208] Vielmehr erlangen Wettbewerbsregeln erst durch eine entsprechende Vereinbarung mit den Verbandsmitgliedern Verbindlichkeit. Dies kann durch Verbandssatzung, die beste- 91

[203] *Bechtold,* GWB, § 24 Rn. 14.
[204] *F. Immenga* in: Immenga/Mestmäcker, GWB § 24 Rn. 95 f.
[205] *Schneider* in: Langen/Bunte, GWB § 24 Rn. 25; *Schütt/Weidenbach* in: Frankfurter Komm., GWB § 24 Rn. 54.
[206] *Schütt/Weidenbach* in: Frankfurter Komm., GWB § 24 Rn. 54.
[207] A. A. *Kellermann* in: Immenga/Mestmäcker, GWB, 4. Aufl., § 24 Rn. 72.
[208] BKartA Tätigkeitsbericht 1959, S. 52 (d); *Lukes* DB 1968, 427, 428 ff.; *Ehricke* in: FS Möschel, 2011, S. 169, 179; *Schütt/Weidenbach* in: Frankfurter Komm., GWB § 26 Rn. 10.

hende oder zukünftige Wettbewerbsregeln für verbindlich erklärt, oder durch einen entsprechenden Verbandsbeschluss geschehen. Verbände können sich allerdings auch darauf beschränken, die Einhaltung von Wettbewerbsregeln nur zu empfehlen.

92 Um Missverständnisse und Kartellverstöße zu vermeiden, hat das BKartA angeregt, durch eine entsprechende Fassung der Wettbewerbsregeln oder in anderer geeigneter Weise darauf hinzuwirken, dass Wettbewerbsregeln nicht schon durch die bloße Aufstellung oder Anerkennung verbindlich werden bzw. als Empfehlung zu verstehen sind.[209]

93 Vereinbarungen über Wettbewerbsregeln, die die Voraussetzungen des § 1 erfüllen und nicht nach den §§ 2 und 3 freigestellt sind, sind nach § 134 BGB nichtig. Sie sind außerdem nach § 81 Abs. 2 Nr. 1 ordnungswidrig.

94 Problematisch ist, ob Mitglieder eines Verbandes, der Wettbewerbsregeln aufgestellt und für seine Mitglieder verbindlich gemacht hat (vgl. oben Rn. 91), gegen andere Mitglieder desselben Verbandes **lauterkeitsrechtlich** vorgehen können, wenn diese Wettbewerbsregeln verletzen. Denn Wettbewerbsregeln haben auch dann, wenn sie von der Kartellbehörde anerkannt worden sind, **keine Rechtsnormqualität.**[210] Sie sind keine gesetzlichen Marktverhaltensregeln i. S. v. § 4 Nr. 11 UWG. Sie können auch nicht ohne weiteres festlegen, was in einem Wirtschaftszweig lauter bzw. unlauter ist.[211] Jedoch verstoßen Unternehmen gegen die Generalklausel des § 3 Abs. 1 UWG, wenn sie sich über Wettbewerbsregeln hinwegsetzen, die für sie unter den in Rn. 91 genannten Voraussetzungen verbindlich sind, weil sie sich dadurch vor Mitbewerbern, die ebenfalls dem betreffenden Verband angehören, einen **ungerechtfertigten Wettbewerbsvorsprung** verschaffen.[212] Außerdem verbieten mehrere Vorschriften des UWG die **irreführende** Bezugnahme auf Veraltenskodizes, vgl. § 5 Abs. 1 S. 2 Nr. 6 UWG und Nr. 1 u. 3 des Anhangs zu § 3 Abs. 3 UWG.

95 Durch **Mehrheitsbeschlüsse** von Verbänden können Wettbewerbsregeln gegenüber den Verbandsmitgliedern nur verbindlich gemacht werden, wenn dafür eine ausdrückliche und deutliche satzungsmäßige Ermächtigung besteht.[213] Eine solche Ermächtigung kann auch durch satzungsändernden Beschluss begründet werden, für den nach § 33 BGB eine

---

[209] BKartA Tätigkeitsbericht 1959, S. 52.

[210] Vgl. BGH GRUR 2006, 773 Rn. 20 – *Probeabonnement;* BGH WRP 2009, 1095 Rn. 20 – *Versicherungsberater; BGH* GRUR 2011, 431 Rn. 11 – *FSA-Kodex; Alexander* GRUR Int. 2012, 965 ff., 971; *ders.* ZWeR 2007, 239, 247; *Bornkamm* in: Köhler/Bornkamm, UWG, § 5 Rn. 5.166; *Götting* in: Fezer, UWG, 2. Aufl. 2010, § 4–11 Rn. 54; *F. Immenga* in: Immenga/Mestmäcker, GWB, § 26 Rn. 41; *Köhler* in: Köhler/Bornkamm, UWG, § 2 Rn. 115, § 4 Rn. 11.30; *ders.* in: FS Egon Lorenz, 2014, S. 831, 833; *ders.* GRUR 2004, 381 ff., 383; *Jagow,* in: Harte/Henning, UWG, 3. Aufl. 2013, § 4 Nr. 11 Rn. 19; *Rittner/Dreher/Kulka,* Wettbewerbs- und Kartellrecht, § 12 Rn. 1296; *Schaffert* in: MünchKommUWG, 2. Aufl. 2014, § 4 Nr. 11 Rn. 51; *Schmidhuber,* WRP 2010, 593, 595 (II.); *Schneider* in: Langen/Bunte, GWB § 26 Rn. 6; *Schütt/Weidenbach* in: Frankfurter Komm., GWB § 26 Rn. 25; *Timme* in: MünchKommGWB § 24 Rn. 1.

[211] BGH GRUR 2006, 773 Rn. 19 ff. – *Probeabonnement; Bornkamm* in: Köhler/Bornkamm, § 5 Rn. 5.164; *Erdmann* in: Gloy/Loschelder/Erdmann, Handbuch des Wettbewerbsrechts, 4. Aufl., § 37 Rn. 7, 8; *F. Immenga* in: Immenga/Mestmäcker, GWB, § 26 Rn. 41; *Keller* in: Harte/Henning, UWG, 3. Aufl. 2013, § 2 UWG Rn. 162; *Köhler* in: FS Egon Lorenz, 2014, S. 831, 833, 841; *ders.* in: Köhler/Bornkamm, UWG, § 2 Rn. 115, § 3 Rn. 65a; *Nemeczek,* GRUR 2011, 432, 433 (2.); *Schmidhuber,* WRP 2010, 593, 596; *Sosnitza* in: MünchKommUWG, 2. Aufl. 2014, Anh. I nach §§ 1–7 Rn. 3, 5 a. E., 7, 45.

[212] Vgl. *Baumbach/Hefermehl,* Wettbewerbsrecht, 22. Aufl., § 1 UWG Rn. 638, 691; *v. Gamm* Kartellrecht §§ 28–33 Rn. 18; *Piper* GRUR 1990, 643, 648; a. A. *Podszun* in: Harte/Henning, UWG, 3. Aufl. 2013, § 3 Rn. 100 f.; a. A. wohl auch BGH GRUR 2006, 773 Rn. 19, 20 – *Probeabonnement.*

[213] *Baur* ZHR 141 (1977), 293, 299; *Ehricke* in: FS Möschel, 2011, S. 169, 180, 186; *Franzen/Mees* in: GemK, GWB § 29 Rn. 4; *Kellermann* in: Immenga/Mestmäcker, GWB, 4. Aufl., § 26 Rn. 24; *Mees* in: FS Loewenheim, 2009, S. 491, 502; *Schütt/Weidenbach* in: Frankfurter Komm., GWB § 26 Rn. 12.

$^3/_4$-Mehrheit genügt, wenn die Satzung nichts anderes bestimmt.[214] Zwar muss bei schwerwiegenden Eingriffen, die den Mitgliedern unzumutbar sind, eine Satzungsänderung einstimmig erfolgen.[215] Dies wird jedoch für **Mehrheitsbeschlüsse** über Wettbewerbsregeln i. S. v. § 24 Abs. 2 i. d. R. nicht zutreffen.[216]

Gegen die Unterwerfung von Verbandsmitgliedern unter Wettbewerbsregeln durch **96** Mehrheitsbeschlüsse hat das BKartA kartellrechtliche Bedenken geäußert.[217] Die h. M. im Schrifttum hält hingegen vom Verbandsrecht gedeckte Mehrheitsbeschlüsse über Wettbewerbsregeln ganz überwiegend für zulässig.[218] Man beruft sich zutreffend darauf, dass es im Widerspruch zum Zweck von Wettbewerbsregeln i. S. d. §§ 24 ff. stünde, wenn sie nicht durch Mehrheitsbeschluss für alle Verbandsmitglieder verbindlich werden könnten.[219] Denn der wohl größte Teil von Wettbewerbsregeln lässt sich nur durch Mehrheitsbeschlüsse durchsetzen. Es wäre den Verbandsmitgliedern, die dafür gestimmt haben, unzumutbar, wenn nur sie an solche Mehrheitsbeschlüsse gebunden wären.

Soweit die **kartellrechtlichen Bedenken** näher präzisiert werden – was z. B. das **97** BKartA nicht getan hat – überzeugen sie nicht. Die Voraussetzungen von § 1 werden durch Mehrheitsbeschlüsse nicht erfüllt.[220] Denn bei Wettbewerbsregeln, die sich auf die Untersagung unlauteren Wettbewerbs beschränken, sind ohnehin keine kartellrechtlichen Bedenken erkennbar, auch wenn die Verbindlichkeit durch Mehrheitsbeschluss herbeigeführt worden ist. Aber auch bei Wettbewerbsregeln, die nach den §§ 2, 3 freigestellt und nach § 26 anerkannt sind, erfüllen Mehrheitsbeschlüsse, die für alle Verbandsmitglieder gelten, keine kartellrechtlichen Verbotstatbestände.

Auch aus § 20 Abs. 5 (früher§ 20 Abs. 6; zuvor § 27) ergeben sich keine kartellrechtlichen Bedenken.[221] Zwar kann ein Unternehmen einer nicht genehmen Wettbewerbsregel **98** nur durch Austritt aus seinem Verband bzw. durch Nichteintritt in diesen entgehen. Die Tatsache, dass sich ein Unternehmen, das die Wettbewerbsregeln eines Verbandes nicht billigt, sich diesen nur durch Nichteintritt in den Verband bzw. durch Beendigung der Verbandsmitgliedschaft entziehen kann, steht jedoch nicht im Widerspruch zu § 20 Abs. 5. Denn dieselbe Situation besteht nicht nur bei Wettbewerbsregeln, sondern auch bei allen anderen Verbandsangelegenheiten, über die die Mitgliederversammlung oder auch nur ein Vorstand entscheidet, in vergleichbarer Weise. Wer die Vorteile eines Verbandes genießen will, muss die damit **verbundenen Pflichten** hinnehmen. Nur insoweit schützt § 20 Abs. 5 das Interesse von Unternehmen, in Verbänden aufgenommen zu werden. D. h., wer einem Verband, zu dessen satzungsmäßigen Aufgaben ausdrücklich oder auf Grund allge-

---

[214] *Benisch,* Schwerpunkte des Kartellrechts 1975/76, S. 39 ff., 50; *F. Immenga* in: Immenga/Mestmäcker, GWB, § 26 Rn. 34; *Kellermann* in: Immenga/Mestmäcker, GWB, 4. Aufl., § 26 Rn. 29; krit. *Baur* ZHR 141 (1977), 293, 299.

[215] BGH WM 1980, 1064.

[216] *Kellermann* in: Immenga/Mestmäcker, GWB, 4. Aufl., § 26 Rn. 29, 30.

[217] BKartA Tätigkeitsbericht 1958, S. 59; Tätigkeitsbericht 1959, S. 52 (e); Tätigkeitsbericht 1979/80, S. 61; einschränkend das BKartA bei Wettbewerbsregeln mit Lauterkeitsbezug in einem nicht veröffentlichten Beschluss vom 2.9.1982 – *Abonnentenwerbung* (zitiert nach *Schütt/Weidenbach* in: Frankfurter Komm., GWB § 26 Rn. 14).

[218] Vgl. *Franzen/Mees* in: GemK, GWB § 29 Rn. 4; *F. Immenga* in: Immenga/Mestmäcker, GWB, § 26 Rn. 26 ff.; *Kellermann* in: Immenga/Mestmäcker, GWB, 4. Aufl., § 26 Rn. 24, 28, 29; *Lukes* DB 1968, 427, 430; *Möschel,* Recht der Wettbewerbsbeschränkungen, Rn. 370; *Scheel,* Diss. S. 28; *Walde,* Diss., S. 182 ff.; *Schütt/Weidenbach* in: Frankfurter Komm., GWB § 26 Rn. 11 ff.; a. A. *Müller/Gießler/Scholz* § 29 Rn. 2.

[219] *Kellermann* in: Immenga/Mestmäcker, GWB, 4. Aufl., § 26 Rn. 25; vgl. auch *F. Immenga* in: Immenga/Mestmäcker, GWB, § 26 Rn. 29.

[220] *Schütt/Weidenbach* in: Frankfurter Komm., GWB § 24 Rn. 17.

[221] *Ehricke* in: FS Möschel, 2011, S. 169, 181 ff.; *Franzen/Mees* in: GemK, GWB § 29 Rn. 4; *F. Immenga* in: Immenga/Mestmäcker, GWB, § 26 Rn. 30; *Kellermann* in: Immenga/Mestmäcker, GWB, 4. Aufl., § 26 Rn. 26; *Möschel,* Recht der Wettbewerbsbeschränkungen, Rn. 370; *Walde,* Diss., S. 184.

meiner Regelungen auch die Aufstellung von Wettbewerbsregeln gehört, in Kenntnis dieser Zweckbestimmung beigetreten ist, kann kein nach § 20 Abs. 5 geschütztes Interesse an der Aufrechterhaltung der Mitgliedschaft geltend machen, wenn er sich gleichzeitig weigert, sich den durch Mehrheitsbeschluss aufgestellten Wettbewerbsregeln zu unterwerfen. Die Möglichkeit von Mehrheitsbeschlüssen ist eine Voraussetzung für die Funktionsfähigkeit von Verbänden.[222]

99 Schließlich wurden kartellrechtliche Bedenken noch auf das Verbot des § 21 Abs. 3 Nr. 1 (früher § 25 Abs. 3 Nr. 1) gestützt, das den **Grundsatz der Freiwilligkeit** statuiert.[223] Dem ist entgegenzuhalten, dass die §§ 24ff. Verbandsrecht anerkennen, so dass die Verbindlichkeit ordnungsgemäß gefasster Mehrheitsbeschlüsse, die nach den §§ 2, 3 vom Kartellverbot freigestellt sind, keinen Zwang i. S. v. § 20 Abs. 3 Nr. 1 darstellt. Zwang erfordert ein intensiveres Druckmittel als die Notwendigkeit, unerwünschten Wettbewerbsregeln durch Verzicht auf Mitgliedschaft in einem Verband zu entgehen.[224] Außerdem scheidet ein Zwang auch schon deshalb aus, weil der Verbandsbeitritt freiwillig erfolgte und die Verbindlichkeit von Wettbewerbsregeln nur die Folge des freiwilligen Beitritts ist.[225]

2. Auswirkungen von Wettbewerbsregeln auf Verbandsaußenseiter

100 Anerkannte Wettbewerbsregeln sind unter den in Rn. 91 genannten Voraussetzungen nur für Verbandsmitglieder verbindlich, nicht jedoch für Verbandsaußenseiter. Wettbewerbshandlungen von Verbandsaußenseitern, die in Widerspruch zu Wettbewerbsregeln stehen, sind auch nicht nach § 4 Nr. 11 UWG unlauter, da sie auch nach der Anerkennung durch die Kartellbehörde keine Rechtsnormqualität haben.[226] Verstöße gegen sie sind nach h. M. auch nicht ohne weiteres unlauter.[227] Nach Ansicht des BGH haben Wettbewerbsregeln allenfalls eine **indizielle** Bedeutung für die Frage der Unlauterkeit.[228] Hier muss jedoch unterschieden werden zwischen Wettbewerbsregeln mit unmittelbarem Lauterkeitsbezug einerseits und Wettbewerbsregeln mit mittelbarem Lauterkeitsbezug und Leistungswettbewerbsregeln ohne unmittelbarem Lauterkeitsbezug andererseits (zu dieser Unterscheidung vgl. oben Rn. 47, 48ff., 54ff.).

101 Die Tatsache, dass Wettbewerbsregeln für Verbandsaußenseiter nicht verbindlich sind, ändert natürlich nichts daran, dass sie die Vorschriften des Rechts gegen den unlauteren Wettbewerb zu beachten haben. Für die Feststellung der Unlauterkeit des Verhaltens eines Außenseiters haben Wettbewerbsregeln mit unmittelbarem Lauterkeitsbezug eine starke **indizielle** Bedeutung.[229] Auch die Auslegung der Vorschriften des UWG kann durch

---

[222] Vgl. *Ehricke* in: FS Möschel, S. 169ff., 181f.

[223] A. A. *Ehricke* in: FS Möschel, S. 169ff., 183f.; *Dethloff,* Diss. S. 28; *Franzen/Mees* in: GemK, GWB § 29 Rn. 4; *F. Immenga* in: Immenga/Mestmäcker, GWB, § 26 Rn. 31; *Möschel,* Recht der Wettbewerbsbeschränkungen, Rn. 370; *Schütt/Weidenbach* in: Frankfurter Komm., GWB § 26 Rn. 15; *Walde,* Diss., S. 183.

[224] *Franzen/Mees* in: GemK, GWB § 29 Rn. 4; vgl. auch BGH WuW/E BGH 1740, 1745f. – *Rote Liste.*

[225] *Dethloff,* Diss., S. 28; vgl. auch *Walde,* Diss., S. 183.

[226] Vgl. die Angaben in Fn. 210; ebenso *Emmerich,* Kartellrecht, § 24 Rn. 2.

[227] Vgl. die Angaben zu Rn. 94.

[228] BGH GRUR 1977, 257, 259 – *Schaufensteraktion;* BGH GRUR 1977, 619, 621 – *Eintrittsgeld;* BGH GRUR 1991, 462, 463 – *Wettbewerbsrichtlinie der Privatwirtschaft;* BGH GRUR 2002, 548, 550 – *Mietwagenkostenersatz;* BGH GRUR 2006, 773 Rn. 19 – *Probeabonnement,* BGH GRUR 2011, 431 Rn. 13 – *FSA-Kodex; Götting* in: Fezer, UWG, 2. Aufl. 2010, § 4–11 Rn. 54; *Köhler* in: FS Egon Lorenz, 2014, S. 831, 841; *ders.* in: Köhler/Bornkamm, UWG, § 3 Rn. 65a; *Schaffert* in: MünchKommUWG, 2. Aufl. 2014, § 4 Nr. 11 Rn. 51; *Schneider* in: Langen/Bunte, GWB § 26 Rn. 6; *Schütt/Weidenbach* in: Frankfurter Komm., GWB § 26 Rn. 25; *Sosnitza* in: FS Bechtold, 2006, S. 515, 519; a. A. *Alexander* ZWeR 2007, 239, 250ff., 256 (IV.2.); vgl. auch *Gaertner* AfP 2006, 413, 414f.

[229] Vgl. Rn. 100.

Wettbewerbsregeln beeinflusst werden.[230] so dass sich Wettbewerbsregeln auf diesem Wege auch mittelbar auf Außenseiter auswirken können. Dies ist insbesondere für Wettbewerbsregeln im Bereich der „grauen Zone" des Zweifels i. S. d. Zwei-Zonen-Theorie (vgl. oben Rn. 39 f.) von praktischer Bedeutung. Ein Verhalten von Verbandsaußenseitern, das hingegen von Wettbewerbsregeln **ohne** unmittelbarem Lauterkeitsbezug abweicht, ist grundsätzlich nicht ohne weiteres unlauter. Sie können allerdings zur Verfeinerung des Lauterkeitsrechts beitragen, nachdem das UWG in § 2 Abs. 1 Nr. 7 in Übereinstimmung mit Art. 2 lit. h der Richtlinie 2005/29/EG über unlautere Geschäftspraktiken (UGP-RL) zur lauterkeitsrechtlich von Unternehmen zu beachtenden **„fachlichen Sorgfalt"** auch die (anständigen) Marktgepflogenheiten rechnet.

Wettbewerbsregeln, die über die Verbote des Lauterkeitsrechtsrechts hinausgehen, be- **102**
schränken die wettbewerbliche Handlungsfreiheit der Verbandsmitglieder und können sie insoweit im Verhältnis zu Außenseitern benachteiligen, soweit man Ansprüche aus dem UWG gegen Verbandsaußenseiter ablehnt. Sie können Wettbewerbsverzerrungen zulasten der an Wettbewerbsregeln gebundenen Verbandsmitglieder zur Folge haben. Deshalb ist immer wieder die Möglichkeit der **Allgemeinverbindlicherklärung** von Wettbewerbsregeln gefordert worden,[231] wobei die Allgemeinverbindlichkeit sowohl durch eine Verordnung als auch durch eine Änderung des UWG, z. B. durch eine entsprechende Erweiterung der Generalklausel des UWG, bewirkt werden könne.[232] Die h. M. lehnt dies jedoch ab.[233]

Der Allgemeinverbindlichkeit de lege ferenda ist vor allem der Schutz der **negativen** **103**
Koalitionsfreiheit durch Art. 9 GG entgegengehalten worden.[234] Das überzeugt allerdings nicht (mehr), nachdem das BVerfG die Allgemeinverbindlicherklärung von Tarifverträgen für vereinbar mit der negativen Koalitionsfreiheit hält.[235]

---

[230] BKartA Tätigkeitsbericht 1976, 34; BGH WuW/E BGH 1466, 1467 = GRUR 1977, 619, 621 – *Eintrittsgeld;* BGH GRUR 2006, 772 Rdn. 19 – *Probeabonnement;* LG Saarbrücken WRP 1977, 132; *Bechtold,* GWB, § 24 Rn. 4; *Bunte* LMK 2006, 189309; *Dreyer* WRP 2007, 1294; *Franzen/Mees* in: GemK, GWB § 28 Rn. 10; *v. Friesen* DB 1978 Beil. 6, S. 15; *v. Gamm,* Kartellrecht §§ 28–33 Rn. 18; *Kartte* MA 1975, 198; *Mees* WRP 1985, 373, 374 (2. b); *ders.* GRUR 1981, 878, 881; *Sack* WRP 2001, 595, 614; *Scheel,* Diss., S. 30; *Schütt/Weidenbach* in: Frankfurter Komm., GWB § 26 Rn. 3, 25; vgl. auch BGH GRUR 1977, 257, 259 = WuW/E BGH 1485 – *Schaufensteraktion* (dazu *Sack* WRP 1975, 261 ff.); BGH GRUR 1991, 462, 463 – *Wettbewerbsrichtlinie der Privatwirtschaft;* BGH GRUR 2002, 548, 550 – *Mietwagenkostenersatz;* vgl. ferner schon RG JW 1938, 2978; krit. *Baur* ZHR 141 (1977), 293, 300 f.; *Kroitzsch* BB 1977, 220 ff.; *Müller/Gießler/Scholz* § 28 Rn. 5; § 29 Rn. 3; a. A. *Götting* in: Fezer UWG, § 4–11 Rn. 46.

[231] Stellungnahme der BReg zum BKartA-Tätigkeitsbericht 1976, S. IV; *Dörinkel* WuW 1971, 607, 613 f. (unter Hinweis auf eine entsprechende holländische Regelung); *Sölter* WRP 1977, 445, 453; *v. Friesen* DB, Beil. 6, S. 17 ff., 20; ebenso unter Präzisierung der Voraussetzungen einer Allgemeinverbindlicherklärung *Benisch,* Schwerpunkte des Kartellrechts 1975/76, S. 39, 50 f.

[232] Zu Letzterem der Gesetzentwurf der CDU/CSU-Fraktion zur Änderung des UWG, BT-Drucks. 8/1670 = WRP 1978, 353, 356; *Merkel* BB 1977, 473, 474; *ders.* BB 1977, 705, 707 f.; *ders.* BB 1977, 1176, 1177.

[233] *Monopolkommission* Sondergutachten 7, 1977, Rn. 27, 238 ff.; BKartA Tätigkeitsbericht 1976, S. 34; BKartA Tätigkeitsbericht 1977, S. 35; *Baur* ZHR 141 (1977), 293, 305 f.; *Burchardi/Wolf* WuW 1977, 743; *Ehricke* in: FS Möschel, 2011, S. 169, 184 f.; *Hönn* GRUR 1977, 141, 147; *F. Immenga* in: Immenga/Mestmäcker, GWB, § 26 Rn. 42 ff.; *Kreiterling* S. 116 ff.; *Mestmäcker,* Der verwaltete Wettbewerb, 1984, S. 26 ff.; *Möschel,* Recht der Wettbewerbsbeschränkungen, Rn. 362, S. 204; *Müller/Gießler/Scholz* § 29 Rn. 3 a. E.; *Oehler,* Wettbewerbsregeln, S. 79 f.; *Rittner/Dreher/Kulka,* Wettbewerbs- und Kartellrecht, § 12 Rn. 1304; *Wirtz,* Werbung und Marktleistung, 1979, S. 111 ff.; sehr kritisch auch *Herschel* DB 1978, 1017 ff.

[234] Vgl. *Merkel* BB 1977, 1176 f.; *Rittner/Dreher/Kulka,* Wettbewerbs- und Kartellrecht, § 12 Rn. 1304.

[235] BVerfG NJW 1977, 2255, 2258 f.; BVerfG NJW 1981, 215 ff.; a. A. wegen der Unterschiede von Tarifvertragsparteien und Wirtschafts- und Berufsvereinigungen i. S. d. §§ 24 ff. GWB *v. Friesen* DB 1978, Beil. 6, S. 18.

104 Außerdem wurde eingewendet, dass Allgemeinverbindlicherklärungen privatautonome und hoheitliche Kompetenz und damit öffentliche und private, namentlich branchenorientierte Interessen, unzutreffend miteinander vermischen.[236] Behörden bekämen ein **Lenkungsinstrument** in die Hand, das den gesamten Wettbewerb zu ihrer Veranstaltung machen würde. Die Folge wäre eine Erstarrung der Wettbewerbsdynamik.[237] Man dürfe die Kartellbehörden nicht zum Ersatzgesetzgeber machen.[238]

105 Ferner bestehe die Gefahr, dass ursprünglich gerechtfertigte Wettbewerbsregeln durch eine Veränderung der Marktverhältnisse ihren Zweck verfehlen und die **Funktionsfähigkeit des Wettbewerbs** beeinträchtigen.[239] Diesem Einwand kann allerdings mit § 26 Abs. 4 Rechnung getragen werden; bei solchen Wettbewerbsregeln sollte, unabhängig von einer Allgemeinverbindlicherklärung, in jedem Fall die Anerkennung widerrufen werden.

106 Schließlich wurde noch auf die ungenügende Beteiligung von Außenseitern beim Verfahren der Anerkennung von Wettbewerbsregeln hingewiesen. Sie müssten auch beim Verfahren der Allgemeinverbindlicherklärung ausreichend beteiligt werden.[240]

§ 25 Stellungnahme Dritter

[1] Die Kartellbehörde hat nichtbeteiligten Unternehmen der gleichen Wirtschaftsstufe, Wirtschafts- und Berufsvereinigungen der durch die Wettbewerbsregeln betroffenen Lieferanten und Abnehmer sowie den Bundesorganisationen der beteiligten Wirtschaftsstufen Gelegenheit zur Stellungnahme zu geben. [2] Gleiches gilt für Verbraucherzentralen und andere Verbraucherverbände, die mit öffentlichen Mitteln gefördert werden, wenn die Interessen der Verbraucher erheblich berührt sind. [3] Die Kartellbehörde kann eine öffentliche mündliche Verhandlung über den Antrag auf Anerkennung durchführen, in der es jedermann freisteht, Einwendungen gegen die Anerkennung zu erheben.

Übersicht

I. Anhörungsverfahren

1 Wettbewerbsregeln können sich nicht nur auf Mitglieder der betreffenden Wirtschafts- und Berufsvereinigungen, sondern auch auf andere Unternehmen derselben Branche (Außenseiter) und derselben Wirtschaftsstufe sowie auf Lieferanten und Abnehmer der Verbandsmitglieder auswirken. Deshalb gewährt § 25 S. 1 **nichtbeteiligten Unternehmen** der gleichen Wirtschaftsstufe, Verbänden der betroffenen Lieferanten und Abnehmer sowie den Bundesorganisationen der beteiligten Wirtschaftsstufen das **Recht zur Stellungnahme.** Nach § 25 S. 2 ist auch Verbraucherzentralen und anderen **Verbraucherverbänden,** die mit öffentlichen Mitteln gefördert werden, wenn die Interessen der Verbraucher erheblich berührt sind, die Gelegenheit zur Stellungnahme zu geben. Mit dieser Regelung soll der oftmals erheblichen **verbraucherpolitischen** Bedeutung von Wettbewerbsregeln

---

[236] *Rittner/Dreher/Kulka,* Wettbewerbs- und Kartellrecht, § 12 Rn. 1304.

[237] *Ehricke* in: FS Möschel, 2011, S. 169, 185; *RittnerDreher/Kulka,* Wettbewerbs- und Kartellrecht, § 12 Rn. 1304.

[238] *Hönn* GRUR 1977, 141, 147; *Kellermann* in: Immenga/Mestmäcker, GWB, 4. Aufl., § 26 Rn. 50.

[239] *Baur* ZHR 141 (1977), 293, 305 f.; *Kellermann* in: Immenga/Mestmäcker, GWB, 4. Aufl., § 26 Rn. 36.

[240] *Baur* ZHR 141 (1977), 293, 306 ff.

Rechnung getragen werden.[1] Dementsprechend besteht eine **Pflicht** der Kartellbehörden zur Anhörung. Damit soll verfahrensmäßig abgesichert werden, dass keine für die Anerkennung nach § 26 Abs. 1 u. 2 relevanten Gesichtspunkte übersehen werden.[2] Eine Aufstellung der berechtigten Unternehmen und Verbände muss nach § 24 Abs. 4 S. 2 Nr. 3 bereits dem Anerkennungsantrag beigefügt sein. Die Kartellbehörde hat jedoch auch Unternehmen und Verbänden i. S. v. § 25, die nicht im Anerkennungsantrag benannt sind, die Gelegenheit zur Stellungnahme zu geben.[3]

Die Kartellbehörde ist nicht verpflichtet, die Unternehmen und Verbände i. S. v. § 25 **2** einzeln und ausdrücklich zur Stellungnahme aufzufordern. Für ihre Information genügt die Bekanntmachung der Anträge im Bundesanzeiger nach § 27 Abs. 2 Nr. 1, die Aufforderung zur Stellungnahme, ebenfalls im **Bundesanzeiger,** sowie die Auslegung zur öffentlichen Einsichtnahme nach § 27 Abs. 3.[4] Ein Mangel des Anhörungsverfahrens beeinflusst grundsätzlich nicht die Wirksamkeit der Anerkennung von Wettbewerbsregeln.[5]

Wenn die Kartellbehörde einer Stellungnahme nicht Rechnung trägt, so ist sie nicht **3** verpflichtet, dies gegenüber den betreffenden Unternehmen oder Vereinigungen zu begründen.[6] Zu begründen ist nur im Rahmen der allgemeinen Begründungspflicht nach § 61 die Verfügung. Die Anhörungsberechtigten haben als solche kein eigenes Beschwerderecht.[7]

II. Mündliche Verhandlung

Die Kartellbehörde **kann** nach § 25 S. 3 eine öffentliche mündliche Verhandlung über **4** den Antrag auf Anerkennung von Wettbewerbsregeln durchführen. Eine Pflicht zur Durchführung besteht jedoch nicht. Bei der öffentlichen mündlichen Verhandlung können nicht nur von den zur Stellungnahme berechtigten Unternehmen und Verbänden, sondern von **jedermann** Einwendungen gegen die Anerkennung erhoben werden. Die Anberaumung von Terminen zur mündlichen Verhandlung ist nach § 27 Abs. 2 Nr. 2 im Bundesanzeiger bekannt zu machen.

§ 26 Anerkennung

(1) ¹**Die Anerkennung erfolgt durch Verfügung der Kartellbehörde.** ²**Sie hat zum Inhalt, dass die Kartellbehörde von den ihr nach dem Sechsten Abschnitt zustehenden Befugnissen keinen Gebrauch machen wird.**

(2) **Soweit eine Wettbewerbsregel gegen das Verbot des § 1 verstößt und nicht nach den §§ 2 und 3 freigestellt ist oder andere Bestimmungen dieses Gesetzes, des Gesetzes gegen den unlauteren Wettbewerb oder eine andere Rechtsvorschrift verletzt, hat die Kartellbehörde den Antrag auf Anerkennung abzulehnen.**

(3) **Wirtschafts- und Berufsvereinigungen haben die Außerkraftsetzung von ihnen aufgestellter, anerkannter Wettbewerbsregeln der Kartellbehörde mitzuteilen.**

---

[1] Vgl. *Schneider* in: Langen/Bunte, GWB § 25 Rn. 1

[2] Vgl. *Schneider* in: Langen/Bunte, GWB § 25 Rn. 1, 4; *Timme* in: MünchKommGWB § 25 Rn. 1

[3] Vgl. *Schneider* in: Langen/Bunte, GWB § 25 Rn. 1 a. E.

[4] *Bechtold,* GWB, § 25 Rn. 2; *Müller/Gießler/Scholz* § 30 Rn. 1; *Schneider* in: Langen/Bunte, GWB § 25 Rn. 5; a. A. mit dem Hinweis darauf, dass von Unternehmen nicht erwartet werden könne, dass sie ständig den BAnz auf diese Art von Mitteilungen des BKartA durchsehen, *Kellermann* in: Immenga/Mestmäcker, GWB, 4. Aufl., § 25 Rn. 7, 8; *Schütt/Weidenbach* in: Frankfurter Kommentar, GWB § 25 Rn. 5; *Timme* in: MünchKommGWB § 25 Rn. 9.

[5] *F. Immenga* in: Immenga/Mestmäcker, GWB, § 25 Rn. 7; *Kellermann* in: Immenga/Mestmäcker, GWB, 4. Aufl., § 25 Rn. 8; *Schneider* in: Langen/Bunte, GWB § 25 Rn. 7; *Timme* in: MünchKommGWB § 25 Rn. 10.

[6] *Bechtold,* GWB, § 25 Rn. 2; *Schneider* in: Langen/Bunte, GWB § 25 Rn. 7.

[7] BGHZ 46, 168, 185 f. = WuW/E BGH 767 – *Bauindustrie;* BGH NJW 1968, 1723 = GRUR 1968, 710, 711 (II.1.) – *Fahrlehrer-Verband; Schneider* in: Langen/Bunte, GWB § 25 Rn. 7.

(4) **Die Kartellbehörde hat die Anerkennung zurückzunehmen oder zu widerrufen, wenn sie nachträglich feststellt, dass die Voraussetzungen für die Ablehnung der Anerkennung nach Absatz 2 vorliegen.**

Übersicht

I. Die Anerkennung von Wettbewerbsregeln nach § 26 Abs. 1

1. Anerkennung durch Verfügung

1 Die Anerkennung von Wettbewerbsregeln, die die Voraussetzungen des § 24 Abs. 2 erfüllen, erfolgt durch **Verfügung der Kartellbehörde.** Die Voraussetzungen der Anerkennung regelt § 26. Sonstige Voraussetzungen einer solchen Verfügung, insbesondere den Begründungszwang und die Rechtsbelehrung, bestimmt § 61.

2 Für die Entscheidung über die Anerkennung von Wettbewerbsregeln, die über das Gebiet eines Bundeslandes hinausreichen, ist nach § 48 Abs. 2 S. 1 das BKartA zuständig; für Wettbewerbsregeln, deren Wirkungen sich auf ein Bundesland beschränken, ist es die zuständige Landeskartellbehörde, § 48 Abs. 2 S. 2.

3 Die Anerkennung hat nach § 26 Abs. 1 S. 2 zum Inhalt, dass die Kartellbehörde von den ihr nach dem Sechsten Abschnitt zustehenden Befugnissen keinen Gebrauch machen wird. Die Anerkennung ist nach § 26 Abs. 2 abzulehnen, wenn eine Wettbewerbsregel gegen § 1 verstößt, ohne nach den §§ 2 und 3 freigestellt zu sein, oder wenn sie eine andere Rechtsvorschrift verletzt. Eine Wettbewerbsregel, die die Voraussetzungen des § 24 Abs. 2 erfüllt und nicht gegen die §§ 1–3 oder andere Rechtsvorschriften verstößt, **muss** anerkannt werden; unter diesen Voraussetzungen besteht ein **Rechtsanspruch** auf Anerkennung.[1]

2. Teilanerkennung und Teilablehnung; Bedingungen und Auflagen

4 Wenn die Kartellbehörde aus einem Bündel von Wettbewerbsregeln, deren Anerkennung beantragt worden ist, nur einzelne ablehnen will, kann sie – sofern der Antrag nicht zuvor freiwillig entsprechend beschränkt worden ist – eine **Teilanerkennung** bzw. eine **Teilablehnung** aussprechen.[2] Unzulässig ist es hingegen, die Anerkennung von Wettbewerbsregeln, die die Voraussetzungen der §§ 24, 26 erfüllen, mit Bedingungen und Aufla-

---

[1] *F. Immenga* in: Immenga/Mestmäcker, GWB, § 26 Rn. 7; *Schütt/Weidenbach* in: Frankfurter Komm., GWB § 26 Rn. 3.

[2] *Bechtold,* GWB, § 24 Rn. 15; *F. Immenga* in: Immenga/Mestmäcker, GWB, § 26 Rn. 45; *Schneider* in: Langen/Bunte, GWB § 26 Rn. 7; *Schütt/Weidenbach* in: Frankfurter Komm., GWB § 26 Rn. 26.

gen zu verbinden.[3] Die entgegenstehende frühere Praxis des BKartA[4] ist vom BGH 1984 in einer grundlegenden Entscheidung für unzulässig erklärt worden.[5] Das BKartA hat daraufhin allen betroffenen Verbänden mitgeteilt, dass es an seinen bisherigen Auflagen nicht festhalte.[6] Bei den vom BKartA verfügten Auflagen handelte es sich um Berichts- und Auskunftspflichten der Verbände über die praktische Handhabung von Wettbewerbsregeln. Damit wollte sich das BKartA die Prüfung erleichtern, ob Wettbewerbsregeln noch die Voraussetzungen von § 28 Abs. 2 a. F. (jetzt § 24 Abs. 2) und § 31 Abs. 1 a. F. (ähnlich jetzt § 26 Abs. 2) erfüllen oder eine Löschung nach § 31 Abs. 3 a. F. (jetzt § 26 Abs. 4) erforderlich ist.[7] Der BGH vermisste mit Recht eine Rechtsgrundlage für solche Bedingungen und Auflagen. Die vom BKartA genannte Rechtsgrundlage des § 46 a. F. (jetzt § 59) rechtfertigt zwar Auskunftsverlangen, jedoch nicht, sie zum Inhalt von Auflagen zu machen.[8] Auch § 36 VwVfG bietet bei der Anerkennung von Wettbewerbsregeln keine Rechtsgrundlage für Auflagen und Bedingungen, da diese Vorschrift nicht der Erfüllung einer Anerkennungsvoraussetzung, sondern der Vorbereitung einer Rücknahme oder Widerrufserklärung nach § 26 Abs. 4 dient.[9]

Weiterhin **zulässig** bleiben jedoch Auflagen, wenn die Anerkennung ohne die Auflage 5
von der Kartellbehörde abzulehnen wäre. Sie hat die Berechtigung, Auflagen zu erteilen, die notwendig sind, um zu erreichen und durchzusetzen, dass Wettbewerbsregeln, insbesondere solche mit nicht eindeutigem Inhalt, in der Praxis nicht einen von der Anerkennungsverfügung abweichenden Sinn und Zweck erhalten.[10]

3. Bekanntmachungen im Bundesanzeiger, § 27

Anträge auf Anerkennung nach § 24 Abs. 3 und die Anerkennung von Wettbewerbsre- 6
geln sowie ihre Änderungen und Ergänzungen sind nach § 27 Abs. 2 Nr. 1 und 3 im Bundesanzeiger bekannt zu machen. Die in der ursprünglichen Fassung der §§ 28 ff. vorgesehene Eintragung von Wettbewerbsregeln in ein besonderes Register ist 1985 auf Grund des **Gesetzes zur Bereinigung wirtschaftsrechtlicher Vorschriften** entfallen.[11] Stattdessen werden Wettbewerbsregeln von den Kartellbehörden unter den Voraussetzungen des § 26 Abs. 2 anerkannt und nach § 27 Abs. 2 im Bundesanzeiger bekannt gemacht.

4. Beschwerden gegen die Anerkennung und Ablehnung der Anerkennung

Gegen die **Ablehnung** der Anerkennung kann der antragstellende Verband **Beschwer-** 7
de einlegen.

Gegen die **Anerkennung** von Wettbewerbsregeln haben Unternehmen und Verbände 8
das Rechtsmittel der Beschwerde, wenn sie sich gegen die Anerkennung gewandt haben und zu den Verfahren beigeladen waren, § 63 Abs. 2 i. V. m. § 54 Abs. 2 Nr. 3. Eine Be-

---

[3] BGHZ 91, 178 = WuW/E BGH 2095, 2096 f. – *Abonnentenwerbung; Bechtold,* GWB, § 26 Rn. 6; *Emmerich,* Kartellrecht, § 24 Rn. 12; *F. Immenga* in: Immenga/Mestmäcker, GWB, § 26 Rn. 46 f.; *Schütt/Weidenbach* in: Frankfurter Komm., GWB § 26 Rn. 26; a. A. noch BKartA WuW/E BKartA 1633, 1642 – Markenverband; a. A. auch mit ausführlicher Begründung, wonach die Rechtsprechung des BGH überholt sei, *Schneider* in: Langen/Bunte, GWB § 26 Rn. 8.

[4] Vgl. den Ausgangsfall in BGHZ 91, 178 – *Abonnentenwerbung;* ebenso BKartA WuW/E BKartA 96, 102 f. – *Kohleneinzelhandel;* 1327, 1350 – *Tapetenhandel;* 1633, 1642 – *Markenverband.*

[5] BGHZ 91, 178 = WuW/E BGH 2095 – *Abonnentenwerbung.*

[6] BKartA Tätigkeitsbericht 1983/84, S. 36, 45.

[7] Vgl. BKartA WuW/E BKartA 1633, 1642 (III. 1.) – *Markenverband;* 96, 102 f. – *Kohleneinzelhandel.*

[8] BGHZ 91, 178, 183 – *Abonnentenwerbung.*

[9] BGHZ 91, 178, 181 f. – *Abonnentenwerbung.*

[10] *F. Immenga* in: Immenga/Mestmäcker, GWB, § 26 Rn. 49; *Kellermann* in: Immenga/Mestmäcker, GWB, 4. Aufl., § 26 Rn. 39; *Schütt/Weidenbach* in: Frankfurter Komm., GWB § 26 Rn. 26.

[11] BGBl. 1985 I S. 457.

schwerde gegen die Anerkennung von Wettbewerbsregeln hat keine aufschiebende Wirkung, da § 26 Abs. 1 in § 64 nicht erwähnt wird.

II. Voraussetzungen und Rechtsfolgen der Anerkennung nach § 26 Abs. 2

1. Allgemeine Anmerkungen

9 § 26 Abs. 2 bestimmt, unter welchen Voraussetzungen die Anerkennung einer Wettbewerbsregel **abgelehnt** werden muss. Damit regelt sie zugleich mittelbar zusammen mit § 24 Abs. 2 die **Voraussetzungen der Anerkennung.** Die Anerkennung einer Wettbewerbsregel ist **abzulehnen,** wenn sie eine Rechtsvorschrift verletzt; bei einem Verstoß gegen § 1 ist die Anerkennung abzulehnen, wenn die Wettbewerbsregel nicht nach den §§ 2 u. 3 freigestellt ist. Dementsprechend ist eine Wettbewerbsregel **anzuerkennen,** wenn sie keine Rechtsvorschrift verletzt. Bei einem Verstoß gegen § 1 ist sie anzuerkennen, wenn die Freistellungsvoraussetzungen von § 2 oder § 3 erfüllt sind. Die Wirkungen der Anerkennung entfallen erst mit der Rücknahme oder dem Widerruf nach § 26 Abs. 4.

10 § 26 Abs. 2 ist durch die 7. GWB-Novelle neu gefasst worden. Die Neuregelung unterscheidet sich ganz erheblich von der früheren Fassung des § 26 Abs. 2. Durch die Neufassung ist § 26 Abs. 2 dem das neue GWB beherrschenden Grundsatz der **Legalausnahme** ohne Administrativfreistellungsmöglichkeit angepasst worden. Das bedeutet in erster Linie, dass keine Freistellung durch die Kartellbehörde mehr nötig und möglich ist. Die Freistellung vom Verbot des § 1 erfolgt in Zukunft **ex lege,** wenn die Voraussetzungen von § 2 oder § 3 erfüllt sind.

11 Neu ist auch, dass Wettbewerbsregeln, die gegen das Verbot des § 1 verstoßen, nur noch unter den Voraussetzungen von § 2 und § 3 freigestellt sind und anerkannt werden. Die §§ 24ff. enthalten **keinen eigenständigen** Freistellungstatbestand mehr.

12 Wenn Wettbewerbsregeln gegen § 1 verstoßen und nicht nach § 2 oder § 3 freigestellt sind, ist ihre Anerkennung nach § 26 Abs. 2 **ohne weiteres** abzulehnen. Damit weicht die Neuregelung von der früheren Fassung des § 26 Abs. 2 ab, die die Freistellung von Wettbewerbsregeln i. S. v. § 24 Abs. 2, die unter § 1 oder § 22 Abs. 1 a. F. fielen, in das pflichtgemäße Ermessen der Kartellbehörde gestellt hatte.

13 Neu seit 2005 ist ferner, dass nach § 26 Abs. 1 S. 2 die Anerkennung von Wettbewerbsregeln nur noch zum Inhalt hat, dass die Kartellbehörde von den ihr nach dem Sechsten Abschnitt zustehenden Befugnissen keinen Gebrauch machen wird. Hingegen hat die Anerkennung von Wettbewerbsregeln durch die Kartellbehörde – abweichend von früher – außer der Selbstbindung der anerkennenden Kartellbehörde **keine weitere Bindungswirkung** mehr.[12] Wenn **Gerichte** zu der Überzeugung gelangen, dass eine Wettbewerbsregel gegen § 1 verstößt und nicht durch die §§ 2, 3 freigestellt ist, sind sie nicht durch die kartellbehördliche Anerkennung gebunden.[13] Entsprechendes gilt für die Bindungswirkung gegenüber **Verbandsmitgliedern.**[14] Die Rücknahme der Anerkennung von Wettbewerbsregeln, die nicht die Anerkennungsvoraussetzungen nach § 26 Abs. 2 erfüllt haben, ist dementsprechend nur deklaratorischer Natur. Die **Selbstbindung** der Kartellbehörden besteht allerdings auch dann fort, wenn **neue Erkenntnisse** vorliegen, die eine andere Beurteilung erlauben, z.B. Umstände, die der Kartellbehörde bei Erlass der Verfügung

---

[12] Begr. Reg.-Entw., BT-Drucks. 15/3640, S. 47 (zu Nr. 13); Gegenäußerung der BReg., ibid. S. 87; *Bechtold,* GWB, § 24 Rn. 11; § 26 Rn. 1, 2; *Ehricke* in: FS Möschel, 2011, S. 169, 175f.; *F. Immenga* in: Immenga/Mestmäcker, GWB, § 26 Rn. 3; *Kellermann* in: Immenga/Mestmäcker, GWB, 4. Aufl., § 26 Rn. 18; *Schneider* in: Langen/Bunte, GWB § 26 Rn. 3; *Schütt/Weidenbach* in: Frankfurter Komm., GWB § 26 Rn. 7; *Sosnitza* in: FS Bechtold, 2006, S. 515, 519; *ders.* in: MünchKomm-UWG, Anhang I nach §§ 1–7 Rn. 5f., S. 1012; *Timme* in: MünchKommGWB § 26 Rn. 2, 4, 7, 9.

[13] Vgl. *Emmerich,* Kartellrecht, § 24 Rn. 4; *Schneider* in: Langen/Bunte, GWB § 24 Rn. 6; *Sosnitza* in: MünchKommUWG Anhang I nach §§ 1–7 Rn. 6.

[14] *F. Immenga* in: Immenga/Mestmäcker, GWB, § 26 Rn. 19.

noch nicht bekannt waren, oder nachträgliche Änderungen der Sach- oder Rechtslage.[15] Erst durch die **Rücknahme** oder den **Widerruf** nach § 26 Abs. 4 wird die Anerkennung beseitigt. Bei Anerkennungen vor 2005 kann die Anerkennungswirkung auch nach der heftig umstrittenen Vorschrift des durch die 8. GWB-Novelle wieder gestrichenen § 131 Abs. 3 entfallen sein (dazu unten Rn. 38 ff.).

Das Anerkennungsverfahren bietet den Wirtschafts- und Berufsvereinigungen die Möglichkeit, ihre Wettbewerbsregeln einer **präventiven Rechtskontrolle** zu unterziehen.[16] Das Anerkennungsverfahren hat erhebliche Vorteile. Es schafft vor allem in der sog. **grauen Zone** (i. S. d. Zwei-Zonen-Theorie) Rechtsklarheit über ihre Zulässigkeit.[17] Außerdem kann die Anerkennung den Geltungsanspruch gegenüber Verbandsmitgliedern erhöhen. 14

2. Nicht anerkennungsfähige Wettbewerbsregeln, § 26 Abs. 2

Nach § 26 Abs. 2 ist die Anerkennung von Wettbewerbsregeln abzulehnen, die gegen Rechtsvorschriften verstoßen. Als Beispiele nennt § 26 Abs. 2 Verstöße gegen § 1, wenn keine Freistellung nach den §§ 2, 3 vorliegt, sowie Verstöße gegen andere Bestimmungen des GWB, des UWG oder andere Rechtsvorschriften. 15

Ob eine Wettbewerbsregel gegen Rechtsvorschriften i. S. v. § 26 Abs. 2 verstößt, wird häufig von deren Auslegung abhängen. Dies rechtfertigt es jedoch nicht, die Ablehnung der Anerkennung auf Fälle eindeutiger oder offensichtlicher Rechtsverstöße zu beschränken.[18] Vielmehr hat die Kartellbehörde auch in **Zweifelsfällen** die ihr nach dem Stand der Meinungen zutreffend erscheinende Auslegung ihrer Entscheidung nach § 26 Abs. 2 zu Grunde zulegen.[19] Es genügt den berechtigten Interessen der antragstellenden Wirtschafts- und Berufsvereinigungen, dass sie in solchen Zweifelsfällen gegen die Ablehnung einer Wettbewerbsregel unter den Voraussetzungen des § 26 Abs. 2 nach § 63 Beschwerde einlegen können. 16

a) Verstöße gegen § 1. aa) Wettbewerbsregeln mit unmittelbarem Lauterkeitsbezug. Nach h. M. verstoßen Vereinbarungen und Beschlüsse, die **unlauteren Wettbewerb** i. S. d. UWG untersagen, nicht gegen das deutsche Kartellverbot des § 1.[20] Dies wird damit begründet, dass nur der lautere Wettbewerb frei und durch § 1 geschützt sei. Die Verbote des UWG setzen dem deutschen Kartellverbot **immanente Schranken.** Danach verstoßen Wettbewerbsregeln mit unmittelbarem Lauterkeitsbezug, die unlauteren Wettbewerb untersagen, nicht gegen § 1. 17

bb) Wettbewerbsregeln mit mittelbarem Lauterkeitsbezug. Wettbewerbsregeln mit mittelbarem Lauterkeitsbezug sind dadurch gekennzeichnet, dass sie zum einen Verhaltensweisen untersagen, die als solche zwar nicht unlauter sind, jedoch auf Grund branchentypischer Umstände eine Tendenz zur Unlauterkeit aufweisen. Außerdem können sie posi- 18

---

[15] *Bechtold,* GWB § 26 Rn. 5 u. § 32c Rn. 7; *Schütt/Weidenbach* in: Frankfurter Komm., GWB § 26 Rn. 8.

[16] Vgl. zur 7. GWB-Novelle die Gegenäußerung der BReg., BT-Drucks, 15/3640, S. 87.

[17] Siehe oben § 24 Rn. 39; *Schneider* in: Langen/Bunte, GWB § 26 Rn. 3.

[18] *F. Immenga* in: Immenga/Mestmäcker, GWB, § 26 Rn. 14.

[19] Vgl. oben Rn. 39 zu § 24; ebenso *Timme* in: MünchKommGWB § 24 Rn. 24; hingegen hat nach *Schneider* in: Langen/Bunte, GWB § 26 Rn. 10 die Kartellbehörde in Zweifelsfällen die Anerkennung zu versagen.

[20] Grundlegend BGHZ 36, 105, 111 f. – *„ohne WBS"*; ebenso BGH NJW-RR 1991, 1067 – *Laboruntersuchungen;* Kooperationsfibel des BWM von 1963, WuW/E BWM 119, 133; *Benisch* WuW 1956, 643, 649; *Benkendorff* WuW 1958, 416, 419; *Emmerich,* Kartellrecht, § 24 Rn. 2; *Fikentscher* in: FS Hallstein, 1966, S. 127, 134; *F. Immenga* in: Immenga/Mestmäcker, GWB, § 24 Rn. 17, 43; *Kellermann* in: Immenga/Mestmäcker, GWB, 4. Aufl., § 26 Rn. 9; *Lettl/J. B. Nordemann* NZKart 2014, 207, 209 f., 214; *Möschel,* Recht der Wettbewerbsbeschränkungen, Rn. 359, 362; *Schütt/Weidenbach* in: Frankfurter Komm., GWB § 24 Rn. 4, 5; *Sosnitza* in: FS Bechtold, 2006, S. 515, 517; *ders.* in: MünchKommUWG, Anhang I nach §§ 1–7 Rn. 4, S. 1011.

tiv durch Handlungsempfehlungen die Voraussetzungen lauteren Wettbewerbs schaffen bzw. verbessern (ausführlicher § 24 Rn. 48ff.).

19 Soweit sie **betriebsinternes** Verhalten regeln, fallen sie schon nicht unter das Verbot des § 1. Beschränkungen des Wettbewerbs durch Wettbewerbsregeln mit mittelbarem Lauterkeitsbezug werden hingegen i.d.R. unter dem Gesichtspunkt der – unmittelbaren oder mittelbaren – Verbesserung der Warenverteilung unter angemessener Verbraucherbeteiligung nach § 2 freigestellt sein.

20 **cc) Leistungswettbewerbsregeln.** Leistungswettbewerbsregeln, die auf **betriebsinternes** Verhalten Einfluss nehmen, erfüllen nicht den Tatbestand des § 1. Soweit sich Leistungswettbewerbsregeln gegen **machtbedingte** Wettbewerbsverzerrungen wenden, erfüllen sie in aller Regel die Freistellungsvoraussetzungen von § 2; sie verbessern meist die Verteilung von Waren.

21 **b) Verstöße gegen andere Vorschriften des GWB.** Die Kartellbehörde muss nach § 26 Abs. 2 auch die Anerkennung von Wettbewerbsregeln ablehnen, die – abgesehen von § 1 – gegen andere Bestimmungen des GWB verstoßen.

22 **c) Verstöße gegen das UWG.** Auch Wettbewerbsregeln, die gegen das UWG verstoßen, muss die Kartellbehörde nach § 26 Abs. 2 die Anerkennung versagen.

23 **aa)** Dies können zum einen Wettbewerbsregeln sein, die – insbesondere zur Förderung eines angeblich leistungsgerechten Wettbewerbs – ein Verhalten für lauter erklären oder gar empfehlen oder gebieten, das gegen das UWG verstößt.[21]

24 **bb)** Es können umgekehrt in seltenen Ausnahmefällen auch Wettbewerbsregeln sein, die für unlauter erklären, was der Gesetzgeber ausdrücklich oder implizit für lauter erklärt hat.[22] Gegen das UWG können z.B. Wettbewerbsregeln verstoßen, die identifizierende **vergleichende Werbung** nicht nur unter den Voraussetzungen des § 5 Abs. 2 u. 3 und § 6 UWG, sondern wesentlich weiterreichend untersagen. Denn diese Vorschriften implizieren auf Grund der Vorgabe der Richtlinie 2006/114/EG den Grundsatz der Zulässigkeit vergleichender Werbung, wenn die in diesen Vorschriften genannten Voraussetzungen erfüllt sind.[23] Wettbewerbsregeln verstoßen hingegen nicht schon dann i.S.v. § 26 Abs. 2 gegen das UWG, wenn sie verbieten, was der Gesetzgeber nicht für unlauter und damit für lauter erklärt hat. Denn andernfalls wären nur Wettbewerbsregeln mit unmittelbarem Lauterkeitsbezug, d.h. Verbote unlauteren Wettbewerbs durch Wettbewerbsregeln, zulässig. Nur wenn Wertungen des UWG, wie z.B. die des § 6 UWG, ergeben, dass ein bestimmtes Verhalten zulässig sein muss – nicht nur zulässig ist –, würde eine Beschränkung durch Wettbewerbsregeln gegen das UWG (oder seine Wertungen) verstoßen.[24]

25 **d) Verstöße gegen andere Rechtsvorschriften.** Schließlich bestimmt § 26 Abs. 2 noch in einem Auffangtatbestand, dass Wettbewerbsregeln, die **andere** Rechtsvorschriften verletzen, nicht anerkannt werden dürfen. Dies können z.B. Vorschriften des Lebensmittel- und Weinrechts, des gewerblichen Rechtsschutzes und Urheberrechts oder des Preisrechts sein.[25] Das BKartA hat 1977 eine Wettbewerbsregel der Pharmazeutischen Industrie zurückgewiesen, die mit einer Regelung des AMG über Informationen der Packungsbeilage nicht vereinbar war.[26]

---

[21] *Franzen/Mees* in: GemK, GWB § 28 Rn. 48; *Sack* WRP 2001, 595, 611; *Sosnitza* in: FS Bechtold, 2006, S. 515, 519.

[22] *Franzen/Mees* in: GemK, GWB § 28 Rn. 48; *Sack* WRP 2001, 595, 611; a.A. *Sosnitza* in: FS Bechtold, 2006, S. 515, 519.

[23] Vgl. *Sack* WRP 2001, 327, 328ff.; *ders.* WRP 2001, 595, 611; *Schneider* in: Langen/Bunte, GWB § 26 Rn. 15.

[24] *Schütt/Weidenbach* in: Frankfurter Komm., GWB § 26 Rn. 4.

[25] *F. Immenga* in: Immenga/Mestmäcker, GWB, § 24 Rn. 12; *Kellermann* in: Immenga/Mestmäcker, GWB, 4. Aufl., § 26 Rn. 11; *ders.* in: Zehn Jahre BKartA, 1968,S. 62f.; *Schneider* in: Langen/Bunte, GWG § 26 Rn. 16.

[26] BKartA Tätigkeitsbericht 1978, S. 63.

e) Speziell: Verstöße gegen Artikel 101 AEUV. Nicht anerkennungsfähig nach § 26 Abs. 2 sind auch Wettbewerbsregeln, die gegen Art. 101 Abs. 1 AEUV verstoßen und nicht nach Art. 101 Abs. 3 AEUV und den dazu ergangenen Gruppenfreistellungsverordnungen freigestellt sind. Der Anwendbarkeit von Art. 101 AEUV auf Wettbewerbsregeln von Verbänden i. S. d. §§ 24 ff. GWB sind allerdings wegen der Zwischenstaatlichkeitsklausel dieser Vorschrift Grenzen gesetzt. 26

aa) Lauterkeitsregeln mit unmittelbarem Lauterkeitsbezug. Art. 101 Abs. 1 AEUV ist – ebenso wie das deutsche Wettbewerbsbeschränkungsverbot – nicht anwendbar auf Beschränkungen **unlauteren Wettbewerbs.**[27] Diese Beschränkung ergibt sich aus folgenden Gründen: Nach Art. 3 EUV i. V. m. Protokoll Nr. 27 (ABl. EU 2010 C 83/309) zielt die EU auf die Errichtung eines Systems, das den Wettbewerb innerhalb des Binnenmarktes vor **Verfälschungen** schützt. Unlauterer Wettbewerb verfälscht den Wettbewerb. Insoweit bestehen **immanente Schranken** des Art. 101 Abs. 1 AEUV. Problematisch ist allerdings, ob nationale oder unionsrechtliche Lauterkeitsstandards dem Art. 101 Abs. 1 AEUV diese immanenten Schranken setzen. 27

Nach einer früher verbreiteten, jedoch auch noch heute vertretenen Ansicht sind die **nationalen** Lauterkeitsstandards bei der Anwendung von Art. 81 Abs. 1 EG (jetzt Art. 101 AEUV) zu berücksichtigen, soweit sie im Einklang mit dem Unionsrecht stehen.[28] Diese Ansicht wird von der heute h. M. mit Recht abgelehnt. Denn die Reichweite von Art. 101 AEUV kann in den verschiedenen Mitgliedstaaten der EU nicht von unterschiedlichen nationalen Lauterkeitsstandards abhängen.[29] Deshalb sind die Grenzen des lauteren Wettbewerbs, auf dessen Schutz Art. 101 Abs. 1 AEUV beschränkt ist, mit der heute h. M. **EU-einheitlich** („gemeinschaftsrechtlich“) zu bestimmen.[30] Die Beschränkung von Art. 101 AEUV auf Beschränkungen lauteren Wettbewerbs impliziert einen einheitlichen EU-rechtlichen Lauterkeitsbegriff.[31] Das Problem hat erheblich durch die UGP-Richtlinie 2005/29 und die Richtlinie 2006/114 über irreführende und vergleichende Werbung sowie durch das Rechtsinstitut der Leistungswettbewerbsregeln an praktischer Bedeutung verloren. Denn durch die genannten Richtlinien sind weite Bereiche des Lauterkeitsrechts 28

---

[27] Vgl. die Angaben in Fußn. 28, 30; vgl. außerdem *Emmerich,* Kartellrecht, § 24 Rn. 2; *Lettl/J. B. Nordemann* NZKart 2014, 207, 210 f., 214; *Mestmäcker/Schweitzer,* Europäisches Wettbewerbsrecht, § 11 Rn. 100.

[28] Vgl. *Bechtold/Bosch/Brinker,* EU-Kartellrecht, Art. 101 AEUV Rn. 69, 70; *Böge/Bardong* in: MünchKommEUWettbR Art. 3 VO 1/2003 Rn. 21 f.; *Bunte* in: Langen/Bunte, Kartellrecht, 8. Aufl. 1998, Art. 85 EGV Rn. 43 (anders seit der 9. Aufl. 2001, Art. 81 EG Rn. 45); *Frenz,* Handb. Europarecht, Bd. 2 Kartellrecht, 2. Aufl. 2015, Rn. 986 f.; *Gleiss/Hirsch,* EG-Kartellrecht, Art. 85 Abs. 1 Rn. 176 f., 181; *Hoeren,* Selbstregulierung im Banken- und Versicherungsrecht, 1995, S. 268, 270, 271 ff.; *Stockhuber* in: Grabitz/Hilf, Das Recht der Europäischen Union, Art. 81 EGV Rn. 138 f.; *Wollmann/Schedl* in: MünchKommEUWettbR Art. 81 EG Rn. 82; ebenso EG-Komm. ABlEG 1975 L 228/3, 8 f. – *IFTRA Hüttenaluminium;* EG-Komm. ABlEG 1990 L 21/76 Nr. 40 = WuW/E EV 1484, 1485 – *Bayo-n-ox;* vgl. auch EG-Komm. ABlEG 1978 L 20/18 Rn. 27 – *Rijwielhandel.*

[29] Vgl. den Hinweis auf das damit verbundene Problem durch die EG-Komm. ABlEG 1975 L 228/3, 8 f. – *IFTRA Hüttenaluminium.*

[30] So schon *Fikentscher* in: FS Hallstein, 1966, S. 127, 159 ff.; ebenso *ders.* Wirtschaftsrecht I, 1983, S. 667 f.; *Bunte* in: Langen/Bunte, KartR II, 9. Aufl. 2001, Art. 81 EG Rn. 45; *Emmerich,* AG 2004, 332; *ders.* in: Immenga/Mestmäcker, Wettbewerbsrecht, Bd. 1 EU Teil 1 Art. 101 AEUV Rn. 130; *F. Immenga* in: Immenga/Mestmäcker, GWB, § 26 Rn. 17; *Koppensteiner,* Österreichisches und europäisches Wettbewerbsrecht, 3. Aufl. 1997, § 17 Rn. 26; *Müller-Graff* in: Hailbronner/Klein/Magiera/Müller-Graff, EGV Art. 85 Rn. 70; *Rittner/Dreher/Kulka,* Wettbewerbs- und Kartellrecht § 12 Rn. 1305; *Sack* WRP 2001, 595, 612; *Schneider* in: Langen/Bunte, GWB § 26 Rn. 13; *Schröter/Voet van Vormizeele* in: Schröter/Jakob/Klotz/Mederer, Europäisches Wettbewerbsrecht, 2. Aufl. 2014, Art. 101 AEUV Rn. 92 a. E., 96, 98; *Veelken,* EWS 1993, 377, 378; *Wiedemann,* Handb. des Kartellrechts, 2. Aufl. 2008, § 8 Rn. 215; ebenso wohl auch *Hengst* in: Langen/Bunte, KartR, 12. Aufl. 2014, Bd. 2 Art. 101 AEUV Rn. 150; *Roth/Ackermann* in: Frankfurter Komm., Art. 81 Abs. 1 EG Grundfragen Rn. 281 f.

[31] Vgl. *Fikentscher* in: FS Hallstein, 1966, S. 127, 159 ff.

harmonisiert und die verbleibenden Problemfälle werden in der Regel als Leistungswettbewerbsregeln die Freistellungsvoraussetzungen des Art. 101 Abs. 3 AEUV erfüllen.

29 Soweit Verordnungen und Richtlinien in der EU dies regeln, ist davon auszugehen, dass sie dem Anwendungsbereich von Art. 101 Abs. 1 AEUV trotz des Vorrangs des europäischen Primärrechts vor dem Sekundärrecht Grenzen setzen. Bei der Frage der Anwendbarkeit von Art. 101 Abs. 1 AEUV gilt dies unabhängig davon, ob bei **Richtlinien** die Umsetzungsfrist abgelaufen ist und ob sie von den Mitgliedstaaten in nationales Recht umgesetzt worden sind.

30 Eine besonders weitreichende Regelung des Lauterkeitsrechts enthält die Richtlinie 2005/29/EG über unlautere Geschäftspraktiken („UGP-RL“). Sie regelt allerdings nur den sog. B2C-Bereich, d. h. die **verbraucherbezogene** Unlauterkeit. Für den B2B-Bereich trifft die Richtlinie 2006/114/EG Regelungen über irreführende und vergleichende Werbung. Sie enthält eine abschließende Regelung der vergleichenden Werbung. Für den Bereich der irreführenden Werbung sieht sie hingegen nach Art. 8 Abs. 1 nur Mindeststandards vor, d. h. die Mitgliedstaaten sind nicht gehindert, einen weiterreichenden Schutz von Gewerbetreibenden und Mitbewerbern gegen irreführende Werbung vorzusehen.[32] Weitere Verbote gegen irreführende Angaben enthalten europäische Richtlinien des Lebensmittel- und Heilmittelwerberechts.

31 Die bisher existierenden Richtlinien und Verordnungen der EG bzw. EU decken den Bereich des Lauterkeitsrechts nur teilweise ab. Dies bedeutet jedoch nicht, dass über die vorhandenen Verordnungen und Richtlinien hinausgehende Wettbewerbsregeln von Verbänden den Tatbestand des Art. 101 Abs. 1 AEUV erfüllen. Vielmehr sind weitere den Art. 101 Abs. 1 AEUV einschränkende immanente Schranken, die sich aus dem Lauterkeitsrecht ergeben, durch **Rechtsfortbildung** zu entwickeln, ähnlich wie dies der EuGH auch schon bei immaterialgüterrechtlichen Wettbewerbsbeschränkungen mit Hilfe des Begriffs des „spezifischen Gegenstandes“ der diversen gewerblichen Schutzrechte und Urheberrechte getan hat.[33] Die **immanenten** Schranken des Art. 101 Abs. 1 AEUV zum Schutze des lauteren Wettbewerbs sind durch eine **Abwägung** der Ziele des Art. 101 AEUV mit dem weiteren Schutzzweck des EU-Vertrags, den redlichen und unverfälschten Wettbewerb zu schützen, zu bestimmen.[34]

32 Erst wenn der Wettbewerb über diese immanenten Schranken hinaus durch Wettbewerbsregeln beschränkt wird, setzt die Anerkennung nach § 26 Abs. 2 GWB voraus, dass sie die Freistellungsvoraussetzungen des Art. 101 Abs. 3 AEUV erfüllen.

bb) Sonstige Wettbewerbsregeln. Bei Wettbewerbsregeln, die nicht vom europäischen Lauterkeitsbegriff gedeckt sind, ist wie folgt zu unterscheiden:

33 (1) Soweit sie **betriebsinternes** Verhalten regeln, beschränken sie keinen Wettbewerb i. S. v. Art. 101 AEUV.

34 (2) Wettbewerbsregeln, die den Wettbewerb beschränken, um im „Vorfeld“ Unlauterkeit zu unterbinden (sog. mittelbarer Lauterkeitsbezug) oder die den Zweck haben, die Leistungsgerechtigkeit des Wettbewerbs zu schützen und zu fördern, tragen in aller Regel unter angemessener Beteiligung der Verbraucher zur Verbesserung der Warenverteilung bei, so dass sie nach Art. 101 Abs. 3 AEUV freigestellt sind.

III. Mitteilung außer Kraft getretener Wettbewerbsregeln, § 26 Abs. 3

35 Nach § 26 Abs. 3 haben Wirtschafts- und Berufsvereinigungen die Außerkraftsetzung von ihnen aufgestellter, anerkannter Wettbewerbsregeln der Kartellbehörde mitzuteilen.

---

[32] Zur Relevanz von Art. 7 Abs. 5 der Richtlinie vgl. EuG 2001, II-1087 Rn. 72 ff. – *IMA (EPI);* EG-Komm. ABl. 1999 L 106/14, 24 Nr. 39 ff. – *EPI.*

[33] Vgl. dazu *Sack* RIW 1997, 449; *ders.* WRP 1999, 592, 594 ff.

[34] *Schröter/Voet van Vormizeele* in: Schröter/Jakob/Klotz/Mederer, Europäisches Wettbewerbsrecht, 2. Aufl. 2014, Art. 101 AEUV Rn 92.

Sanktionen für eine Verletzung dieser Mitteilungspflicht sieht das GWB nicht vor. Die Kartellbehörde kann jedoch die Mitteilung mit den Zwangsmitteln der §§ 6, 9, 11, 13 BVwVG durchsetzen.[35]

IV. Rücknahme und Widerruf der Anerkennung, § 26 Abs. 4

Die Kartellbehörde hat nach § 26 Abs. 4 die Anerkennung von Wettbewerbsregeln zurückzunehmen oder zu widerrufen, wenn sie nachträglich feststellt, dass die Voraussetzungen für die Ablehnung der Anerkennung nach § 26 Abs. 2 vorliegen. Es besteht eine **Pflicht** zur Rücknahme bzw. zum Widerruf.[36] Eine Pflicht zur Rücknahme oder zum Widerruf besteht auch bei Wettbewerbsregeln, die schon die Voraussetzungen des § 24 Abs. 2 nicht erfüllen. Eine Pflicht zur **Rücknahme** besteht, wenn die Anerkennungsvoraussetzungen von Anfang an nicht erfüllt waren, eine Pflicht zum **Widerruf,** wenn die Anerkennungsvoraussetzungen nachträglich weggefallen sind. Zurückzunehmen bzw. zu widerrufen ist eine Wettbewerbsregel, wenn sich die tatsächlichen Verhältnisse geändert haben oder der Kartellbehörde erst nachträglich maßgebliche Tatsachen bekannt werden, auf Grund derer sie die Anerkennung abgelehnt hätte. Zu widerrufen ist die Anerkennung von Wettbewerbsregeln auch dann, wenn sie missbräuchlich gehandhabt werden. Ein Widerruf ist ferner berechtigt, wenn sich die Rechtslage zwischenzeitlich geändert hat, z. B. durch Gesetzesänderung oder durch Änderung der Rechtsprechung zum UWG oder GWB.[37] Eine Rücknahme bzw. ein Widerruf der Anerkennung von Wettbewerbsregeln kommt schließlich in Betracht, wenn die Kartellbehörde ihre Rechtsauffassung über die Anerkennungsvoraussetzungen geändert hat.[38] Die §§ 48, 49 VwVfG stehen dem wegen der Subsidiaritätsklausel des § 1 Abs. 1 VwVfG nicht entgegen; § 26 Abs. 4 ist gegenüber diesen Vorschriften lex specialis.[39] Es ist jedoch dem allgemeinen Grundsatz des **Vertrauensschutzes** Rechnung zu tragen.[40] Dem Vertrauensschutz wird allerdings von manchen nur noch eine beschränkte Bedeutung beigemessen, nachdem seit der 7. GWB-Novelle im Kartellrecht das System der Legalausnahme gilt, d. h. die „Anerkennung" von Wettbewerbsregeln nur noch deklaratorischer Natur ist.[41] 36

Gegen die Rücknahme oder den Widerruf von Wettbewerbsregeln haben die betroffenen Verbände sowie die sonst am Verfahren Beteiligten nach § 63 das Rechtsmittel der **Beschwerde.** Sie hat nach § 64 Abs. 1 Nr. 2 aufschiebende Wirkung. 37

---

[35] *Bechtold,* GWB, § 26 Rn. 7; *Kellermann* in: Immenga/Mestmäcker, GWB, 4. Aufl., § 26 Rn. 40; *Schneider* in: Langen/Bunte, GWB § 26 Rn. 18; *Timme* in: MünchKommGWB § 26 Rn. 12; zum Verwaltungszwang im GWB vgl. auch BKartA WuW/E BKartA 425, 431 f. – *Automarkt;* 1270, 1272 – *Isolierwolle.*

[36] *Bechtold,* GWB § 26 Rn. 8; *Schütt/Weidenbach* in: Frankfurter Komm., GWB § 26 Rn. 31.

[37] *F. Immenga* in: Immenga/Mestmäcker, GWB, § 26 Rn. 52, 56; *Kellermann* in: Immenga/Mestmäcker, GWB, 4. Aufl., § 26 Rn. 44; *Sosnitza* in: FS Bechtold, 2006, S. 515 ff.

[38] Vgl. *Kellermann* in: Immenga/Mestmäcker, GWB, 4. Aufl., § 26 Rn. 43; *Schneider* in: Langen/Bunte, GWB § 26 Rn. 19; vgl. auch für andere Kartellgenehmigungen (GUR-Kartelle) BGH WuW/E BGH 1717, 1721 – *Haus- und Hofkanalguss;* WuW/E BGH 1758 ff. – *Schleifscheiben und Schleifkörper.*

[39] *Kellermann* in: Immenga/Mestmäcker, GWB, 4. Aufl., § 26 Rn. 42; *Schneider* in: Langen/Bunte, GWB § 26 Rn. 20; *Schütt/Weidenbach* in: Frankfurter Komm., GWB § 26 Rn. 29 *Sosnitza* in: FS Bechtold, 2006, S. 515, 526; *Timme* in: MünchKommGWB § 24 Rn. 14; vgl. auch BGHZ 91, 178, 182 f. – *Abonnentenwerbung.*

[40] BGH WuW/E BGH 1717, 1721 und 1758, 1760; *Bechtold,* GWB, § 26 Rn. 8; *Kellermann* in: Immenga/Mestmäcker, GWB, 4. Aufl., § 26 Rn. 42, 45 ff.; *Schneider* in: Langen/Bunte, GWB § 26 Rn. 20; *Schütt/Weidenbach* in: Frankfurter Komm., § 26 Rn. 32; *Timme* in: MünchKommGWB § 24 Rn. 17; ebenso mit ausführlicher Begründung *F. Immenga* in: Immenga/Mestmäcker, GWB, § 26 Rn. 53 ff., 57 ff.

[41] Vgl. *Schneider* in: Langen/Bunte, GWB § 26 Rn. 20; *Timme* in: MünchKommGWB § 26 Rn. 17; vgl. auch *Sosnitza* in: FS Bechtold, 2006, S. 515, 526 f.

V. Wegfall der Anerkennung alter Wettbewerbsregeln nach § 131 Abs. 3 a. F.

38 Soweit Wettbewerbsregeln vor der 7. GWB-Novelle von 2005 nach § 26 Abs. 1 und Abs. 2 S. 1 in der am 30. Juni geltenden Fassung freigestellt worden sind, sind sie nach den Vorschriften des § 131 Abs. 3 i. V. m. § 131 Abs. 2 am 31.12.2007 unwirksam geworden. Obwohl diese Regelungen inzwischen wieder aufgehoben worden sind, bleiben sie wegen der Frage, welche Wettbewerbsregeln, die vor 2005 von den Kartellbehörden anerkannt worden sind, noch wirksam sind, von erheblicher praktischer Bedeutung. Die Auslegung dieser Vorschriften ist unklar. Streitig ist, welche Wettbewerbsregeln, die vor der 7. GWB-Novelle von einer Kartellbehörde freigestellt und anerkannt worden sind, nach dem 31.12. 2007 wirksam geblieben sind. Dies hängt ab von der Auslegung des Tatbestandsmerkmals „nach § 26 Abs. 1 u. 2 S. 1 in der am 30. Juni 2005 geltenden Fassung freigestellt sind". Denn bis 1998 wurden Wettbewerbsregeln nicht nach der am 30. Juni 2005 geltenden Fassung des § 26 freigestellt. Vielmehr bestimmte § 29 a. F., dass Vereinbarungen, in denen sich die Beteiligten zur Einhaltung von anerkannten Wettbewerbsregeln i. S. d. § 28 a. F. verpflichten, nicht Verträge oder Beschlüsse i. S. d. § 1 sind. Zur Auslegung von § 131 Abs. 3 i. V. m. Abs. 2 sind folgende Meinungen vertretbar:

39 (1) Nach dem insoweit eindeutigen **Wortlaut** von § 131 Abs. 3 erfasst diese Vorschrift nur Wettbewerbsregeln, die zwischen dem 1.1.1999 und der 7. GWB-Novelle von 2005 von Kartellbehörden freigestellt worden sind. Denn eine „Freistellung" nach § 26 in der am 30. Juni geltenden Fassung dieser Vorschrift gab es erst seit dem Inkrafttreten der 6. GWB-Novelle am 1.1.1999. In diesem Zeitraum gab es allerdings (fast) keine Anerkennungen und Freistellungen von Wettbewerbsregeln. Die vor dem 1.1.1999 erfolgten Anerkennungen von Wettbewerbsregeln von ca. 80 Verbänden werden hingegen vom Wortlaut des § 131 Abs. 3 nicht erfasst. Diese Vorschrift wäre danach weitgehend leergelaufen. Ob dies dem Zweck dieser Vorschrift entspricht, ist natürlich zweifelhaft. Zum Zweck dieser Vorschrift enthält die Begründung zum RegE der 7. GWB-Novelle[42] jedoch keine Aussage.

40 (2) Im Schrifttum wird die Ansicht vertreten, dass diejenigen Wettbewerbsregeln aus der Zeit vor 2005 am 31.12.2007 unwirksam geworden seien, die gegen § 1 verstoßen und nicht kraft Gesetzes nach den §§ 2f. freigestellt sind.[43] Diese Ansicht steht jedoch im Widerspruch zum Wortlaut des § 131 Abs. 3 a. F. Außerdem würde die praktische Handhabung dieser Ansicht ganz erhebliche Schwierigkeiten bereiten.[44] Denn bei früheren Eintraguns- bzw. Anerkennungsbeschlüssen ist häufig nicht erkennbar, ob eine Freistellung für notwendig erachtet und vorgenommen wurde.[45] Nach dieser Ansicht stellt sich bei jeder einzelnen Wettbewerbsregel eines Verbandes zunächst die Frage, ob sie unlauteren oder lauteren Wettbewerb beschränkt. Der Bereich unlauteren Wettbewerbs ist in den Jahren vor 2005 erheblich eingeschränkt worden – man denke an die Streichung des RabG, der ZugabeVO oder des Sonderveranstaltungsrechts –, so dass bei jeder Wettbewerbsregel mit ehemals unmittelbarem Lauterkeitsbezug nachzuprüfen wäre, ob sie auch im Jahre 2005 noch ein Verhalten verbot, das unlauter war.[46] Bei Wettbewerbsregeln, die im Jahre 2005 lauteren Wettbewerb beschränkten, wäre zu prüfen, ob der Wettbewerb durch sie spürbar i. S. v. § 1 eingeschränkt wird und ob die Freistellungsvoraussetzungen der §§ 2f. erfüllt sind. Letzteres wird allerdings bei Wettbewerbsregeln mit mittelbarem Lauterkeitsbezug

---

[42] Begr. Reg.-Entw., BT-Drucks. 15/3640, S. 70.

[43] *Ehricke* in: FS Möschel, S. 169, 177; *Fuchs* in: Immenga/Mestmäcker, GWB, 4. Aufl. 2007, § 131 Rn. 13; *F. Immenga* in: Immenga/Mestmäcker, GWG, § 26 Rn. 67; *Kellermann* in: Immenga/Mestmäcker, GWB, 4. Aufl., § 27 Rn. 55f.; *Säcker* in: MünchKommGWB, § 131 Rn. 1; *Timme* in: MünchKommGWB § 26 Rn. 2.

[44] Vgl. *F. Immenga* in: Immenga/Mestmäcker, GWB, § 26 Rn. 68.

[45] Vgl. *Ehricke* in: FS. Möschel, 2011, S. 169, 177.

[46] Ausführlich dazu *Sosnitza* in MünchKommUWG, 2. Aufl. 2014, Anh. I nach§§ 1–7 I UWG.

und Leistungswettbewerbsregeln i. d. R. der Fall sein (ausführlicher dazu oben Rn. 23, 37 zu § 26). Wenn letzteres der Fall ist, dann sind die meisten der vor 2005 anerkannten Wettbewerbsregeln auch nach dieser Ansicht nicht von der Unwirksamkeit nach § 131 Abs. 3 i. V. m. Abs. 2 a. F. betroffen.

(3) Nach einer weiteren Ansicht würden diejenigen Wettbewerbsregeln nicht von der 41 Unwirksamkeit nach § 131 a. F. betroffen, bei denen **früher** kein Verstoß gegen § 1 oder § 22 Abs. 1 a. F. vorlag und die **heute** mit den §§ 1–3 vereinbar sind.[47] Auch diese Ansicht ist mit dem Wortlaut von § 131 Abs. 3 a. F. unvereinbar. Außerdem bereitet sie dieselben Schwierigkeiten wie die zuvor genannte Ansicht.

(4) Schließlich wird noch die Ansicht vertreten, dass **alle** Anerkennungen von Wettbe- 42 werbsregeln aus der Zeit vor der 7. GWB-Novelle von 2005 nach § 131 Abs. 3 a. F. zum 31.12.2007 unwirksam geworden seien.[48] Auch diese Ansicht ist, ebenso wie die zuvor genannten, mit dem Wortlaut von § 131 Abs. 3 unvereinbar. Sie hat jedoch gegenüber den zuvor genannten Ansichten in Anbetracht der tiefgreifenden Änderungen des Kartellrechts und des Lauterkeitsrechts den Vorteil der **Rechtsklarheit.** Die Kartellbehörden stehen nicht vor der Notwendigkeit einer Überprüfung aller bisher eingetragenen bzw. anerkannten Wettbewerbsregeln nach § 26 Abs. 4. Soweit Verbände an ihren Wettbewerbsregeln festhalten wollen, haben sie die Möglichkeit, deren erneute Anerkennung zu beantragen.

§ 27 Veröffentlichung von Wettbewerbsregeln, Bekanntmachungen

(1) **Anerkannte Wettbewerbsregeln sind im Bundesanzeiger zu veröffentlichen.**

(2) **Im Bundesanzeiger sind bekannt zu machen**

1. **die Anträge nach § 24 Absatz 3;**
2. **die Anberaumung von Terminen zur mündlichen Verhandlung nach § 25 Satz 3;**
3. **die Anerkennung von Wettbewerbsregeln, ihrer Änderungen und Ergänzungen;**
4. **die Ablehnung der Anerkennung nach § 26 Absatz 2, die Rücknahme oder der Widerruf der Anerkennung von Wettbewerbsregeln nach § 26 Absatz 4.**

(3) **Mit der Bekanntmachung der Anträge nach Absatz 2 Nummer 1 ist darauf hinzuweisen, dass die Wettbewerbsregeln, deren Anerkennung beantragt ist, bei der Kartellbehörde zur öffentlichen Einsichtnahme ausgelegt sind.**

(4) **Soweit die Anträge nach Absatz 2 Nummer 1 zur Anerkennung führen, genügt für die Bekanntmachung der Anerkennung eine Bezugnahme auf die Bekanntmachung der Anträge.**

(5) **Die Kartellbehörde erteilt zu anerkannten Wettbewerbsregeln, die nicht nach Absatz 1 veröffentlicht worden sind, auf Anfrage Auskunft über die Angaben nach § 24 Absatz 4 Satz 1.**

Übersicht

[47] *Bechtold,* KartellG, 4. Aufl. 2006, § 131 Rn. 7.

[48] *Möhlenkamp* WuW 2008, 428, 439; *Rittner/Dreher/Kulka,* Wettbewerbs- und Kartellrecht, § 12 Rn. 1303; *Sack* in der Vorauflage, § 26 Rn. 41.

I. Bekanntmachungen im Bundesanzeiger, § 27 Abs. 1 bis 4

1 Von der Kartellbehörde anerkannte Wettbewerbsregeln waren früher nach § 28 Abs. 3 i. V. m. § 33 GWB a. F. in ein Register für Wettbewerbsregeln einzutragen. Dieses Register ist 1985 durch das Gesetz zur Bereinigung wirtschaftsrechtlicher Vorschriften abgeschafft worden.[1] Seit der 7. GWB-Novelle galt nach § 27 Abs. 1, dass anerkannte Wettbewerbsregeln im Bundesanzeiger oder im elektronischen Bundesanzeiger zu veröffentlichen sind. Durch Gesetz v. 22.12.2011 (BGBl. I 3044) wurde das Tatbestandsmerkmal „oder im elektronischen Bundesanzeiger" gestrichen. Der gedruckte und der elektronische Bundesanzeiger wurden jedoch im elektronischen Bundesanzeiger zusammengefasst, so dass die in § 27 vorgesehenen Veröffentlichungen und Bekanntmachungen nur noch im elektronischen Bundesanzeiger erfolgen. Mit der Veröffentlichung im Bundesanzeiger soll dem Umstand Rechnung getragen werden, dass Wettbewerbsregeln nicht nur für die Mitglieder der betreffenden Wirtschafts- und Berufsvereinigungen, sondern auch für Dritte, insbesondere für Unternehmen der Marktgegenseite, von Bedeutung sein können

2 Nach § 27 Abs. 2 Nr. 1 i. V. m. § 24 Abs. 3 sind im Bundesanzeiger bekannt zu machen die **Anträge auf Anerkennung** von Wettbewerbsregeln.

3 Zu den nach § 27 Abs. 2 Nr. 1 bekannt zu machenden Anträgen i. S. v. § 24 Abs. 3 gehören auch Anträge auf Anerkennung von Änderungen und Ergänzungen anerkannter Wettbewerbsregeln. Mit der Bekanntmachung dieser Anträge ist nach § 27 Abs. 3 darauf hinzuweisen, dass die Wettbewerbsregeln, deren Anerkennung beantragt ist, bei der Kartellbehörde **zur öffentlichen Einsicht** ausgelegt sind. Es muss nicht der volle Text der Wettbewerbsregeln bekannt gemacht werden. Vielmehr genügt eine zusammenfassende Wiedergabe des Inhalts der Anträge. Anderenfalls wäre die in § 27 Abs. 3 vorgesehene öffentliche Einsichtnahme nicht erforderlich.[2]

4 Nach § 27 Abs. 2 Nr. 2 ist die Anberaumung von Terminen zur mündlichen Verhandlung nach § 25 S. 3 im Bundesanzeiger bekannt zu machen.

5 Nach § 27 Abs. 2 Nr. 3 ist die Anerkennung von Wettbewerbsregeln, ihrer Änderungen und Ergänzungen im Bundesanzeiger bekannt zu machen. Soweit Anträge auf Anerkennung von Wettbewerbsregeln i. S. v. § 24 Abs. 3 zur Anerkennung führen, genügt nach § 27 Abs. 4 für die Bekanntmachung der **Anerkennung** nach § 27 Abs. 2 Nr. 3 eine Bezugnahme auf die Bekanntmachung der Anträge nach § 27 Abs. 2 Nr. 1. Unklar ist, welche Bedeutung die Bekanntmachung der Anerkennung von Wettbewerbsregeln nach § 27 Abs. 2 Nr. 3 neben der Veröffentlichung anerkannter Wettbewerbsregeln nach § 27 Abs. 1 haben soll.[3]

6 Nach § 27 Abs. 2 Nr. 4 sind auch die Ablehnung der Anerkennung nach § 26 Abs. 2 sowie die Rücknahme oder der Widerruf der Anerkennung von Wettbewerbsregeln nach § 26 Abs. 4 im Bundesanzeiger bekannt zu machen.

II. Öffentliche Einsichtnahme, § 27 Abs. 3

7 Wettbewerbsregeln, deren Anerkennung beantragt wird, sind nach § 27 Abs. 3 bei der Kartellbehörde zur öffentlichen Einsichtnahme auszulegen. Soweit auch die Anerkennung von Änderungen oder Ergänzungen beantragt wird, besteht auch insoweit ein Einsichtrecht in die Anträge. Auf die Möglichkeit der öffentlichen Einsichtnahme ist bei der Bekanntmachung hinzuweisen. Das Einsichtrecht hat jedermann ohne Nachweis eines berechtigten Interesses.

---

[1] BGBl. 1985 I S. 457.

[2] *Franzen/Mees* in: GemK, GWB § 32 Rn. 1; *Schneider* in: Langen/Bunte, GWB § 27 Rn. 3; *Schütt/Weidenbach* in: Frankfurter Komm., GWB § 27 Rn. 2.

[3] *Schütt/Weidenbach* in: Frankfurter Komm., GWB § 27 Rn. 2.

III. Auskunft über Wettbewerbsregeln, § 27 Abs. 5

Vor der 7. GWB-Novelle von 2005 waren anerkannte Wettbewerbsregeln nicht zu veröffentlichen. Für diese Wettbewerbsregeln gilt die Vorschrift des § 27 Abs. 5. Nach ihr erteilt die Kartellbehörde zu anerkannten Wettbewerbsregeln, die nicht nach Abs. 1 veröffentlicht worden sind, auf Anfrage **Auskunft** über die Angaben nach § 24 Abs. 4 S. 1. Diese Regelung betrifft Wettbewerbsregeln, die vor der Veröffentlichungspflicht nach Abs. 1 anerkannt worden sind. Die Auskunft **muss** erteilt werden. Den Auskunftsanspruch hat jedermann. Es muss kein berechtigtes Interesse nachgewiesen werden.[4] Die Kartellbehörde kann ihre Auskunft allerdings auf die Übersendung von Kopien beschränken.[5] Die Auskunft ist nach § 80 Abs. 4 Nr. 1 nicht gebührenpflichtig. 8

Der Auskunftsanspruch nach § 27 Abs. 5 umfasst nach dem Wortlaut dieser Vorschrift allerdings nur Angaben nach § 24 Abs. 4 S. 1, nicht hingegen die dem Antrag auf Anerkennung beizufügenden Angaben i. S. v. § 24 Abs. 4 S. 2. Außerdem betrifft die Auskunftspflicht nach § 27 Abs. 5 nur **anerkannte** Wettbewerbsregeln. Vor der Anerkennung besteht nur ein Einsichtsrecht in die nach § 27 Abs. 2 Nr. 1 bekannt gemachten Anträge i. S. v. § 24 Abs. 3, die nach § 27 Abs. 3 zur öffentlichen Einsichtnahme auszulegen sind. 9

Fünfter Abschnitt. Sonderregeln für bestimmte Wirtschaftsbereiche

§ 28 Landwirtschaft

(1) [1] **§ 1 gilt nicht für Vereinbarungen von landwirtschaftlichen Erzeugerbetrieben sowie für Vereinbarungen und Beschlüsse von Vereinigungen von landwirtschaftlichen Erzeugerbetrieben und Vereinigungen von solchen Erzeugervereinigungen über**

1. die Erzeugung oder den Absatz landwirtschaftlicher Erzeugnisse oder
2. die Benutzung gemeinschaftlicher Einrichtungen für die Lagerung, Be- oder Verarbeitung landwirtschaftlicher Erzeugnisse,

sofern sie keine Preisbindung enthalten und den Wettbewerb nicht ausschließen. [2] **Als landwirtschaftliche Erzeugerbetriebe gelten auch Pflanzen- und Tierzuchtbetriebe und die auf der Stufe dieser Betriebe tätigen Unternehmen.**

(2) **Für vertikale Preisbindungen, die die Sortierung, Kennzeichnung oder Verpackung von landwirtschaftlichen Erzeugnissen betreffen, gilt § 1 nicht.**

(3) **Landwirtschaftliche Erzeugnisse sind die in Anhang I des Vertrages über die Arbeitsweise der Europäischen Union aufgeführten Erzeugnisse sowie die durch Be- oder Verarbeitung dieser Erzeugnisse gewonnenen Waren, deren Be- oder Verarbeitung durch landwirtschaftliche Erzeugerbetriebe oder ihre Vereinigungen durchgeführt zu werden pflegt.**

Übersicht

[4] *Bechtold,* GWB, § 27 Rn. 3.
[5] *Bechtold,* GWB, § 27 Rn. 3; *Schneider* in: Langen/Bunte, GWB § 27 Rn. 1.

Schrifttum: *Ackermann/Roth,* Anwendung der europäischen Wettbewerbsregeln auf Genossenschaftssatzungen in ZfgG Heft 47 S. 287; *Baron,* Das neue Kartellgesetz – Einführung in die 6. Kartellnovelle 1999; *Büttner,* Wettbewerbsrecht für die Landwirtschaft im gemeinsamen Markt in Recht der Landwirtschaft (Rd L) 1965 S. 1; *de Cockborne,* Les regles communautaires de concurrence applicables aux entreprises dans la domaine agricole in Revue trimestrielle de droit européen (RTDE) 1988 S. 293; *DGAR,* Die kartellrechtliche Sonderregelung für die Landwirtschaft im EWG-Recht Schlussbericht des Ausschusses für Agrarkartellrecht in DGAR (Schriften) 1970; *Eberle,* Das erlaubte Erzeugerkartell nach § 100 Abs. 1 GWB, Diss. Münster 1965; *Gleiss/Kleinmann,* Anpassung der Begriffe „landwirtschaftliche Erzeugnisse" und „Erzeugerbetriebe" im deutschen Kartellgesetz (§ 100 GWB) an das europäische Recht (VO 26 des Rates) in NJW 1970 S. 1485; *Gleiss/Wolff,* Kartellrechtliche Aspekte des neuen Verordnungsvorschlages über landwirtschaftliche Erzeugergemeinschaften – zugleich ein Beitrag zur Auslegung von Art 2 VO 26/62 in WuW 1971, S. 311; *Henjes,* Zur Freistellung vom Kartellverbot des Art 85 EWG-Vertrag für Vereinigungen landwirtschaftlicher Erzeugerbetriebe und ihre Vereinigungen in: Götz (Hrsg.) Agrarrecht im Wandel, in: FS Büttner, 1986; *Liebing,* Die für Unternehmen des Agrarsektors geltenden Wettbewerbsregelungen innerhalb der EWG, Diss. Köln 1965; *Petry,* Die Wettbewerbsbeschränkung in der Landwirtschaft nach nationalem und europäischem Wettbewerbsrecht, Diss. Hohenheim 1974; *Schulze-Hagen,* Die landwirtschaftlichen Zusammenschlüsse nach deutschem und europäischem Wettbewerbsrecht 1977; *Schweizer/Woeller,* Die Änderungen der Bereichsausnahme des § 28 GWB durch die siebte Novelle zum GWB; AUR 2007, S. 285 ff.; *Wendler,* Die wirtschaftliche Bedeutung der Bereichsausnahme für die Landwirtschaft im GWB 1977; *Wiedemann* (Hrsg.), Handbuch des Kartellrechts 2. Auflage 2008 S. 1123 ff.

I. Einführung

1. Allgemeines

1 Grundsätzlich gelten alle Vorschriften des deutschen Kartellrechts auch für den Bereich der Landwirtschaft. Um jedoch den Besonderheiten der Landwirtschaft Rechnung zu tragen, wurde im deutschen Kartellrecht eine **Bereichsausnahme** für die Landwirtschaft geschaffen. Zweck ist neben der Sicherung der Ertragsfähigkeit des heimischen Bodens auch die Schaffung eines Ausgleiches für Änderungen der Marktverhältnisse, auf die der landwirtschaftliche Erzeuger oftmals nicht mit der notwendigen Schnelligkeit reagieren kann.[1] Hierfür sind, neben der durchweg regionalen Bindung durch den Bezug zu Grund und Boden, auch die vielfach nicht beeinflussbaren Faktoren, denen die Landwirtschaft in ihrer Urproduktion ausgesetzt ist, verantwortlich. Hierzu gehören beispielsweise Witterungsverhältnisse im Hinblick auf die Erntelage, die oftmals starke Einflüsse auf die Marktlage und das Marktgeschehen haben.

2 Um dem Bereich der Landwirtschaft **Reaktionsmöglichkeiten** auf verändertes Marktgeschehen zu geben, dürfen unter den Voraussetzungen des § 28 GWB wettbewerbsbeschränkende Selbsthilfemaßnahmen ergriffen werden. Zu diesen Selbsthilfemaßnahmen zählt die Freistellung vom horizontalen und vertikalen Kartellverbot nach § 1 einschließlich der Freistellung vom Verbot der Konditionen- und Preisbindung für die Sortierung, Kennzeichnung oder Verpackung landwirtschaftlicher Produkte.

2. Änderungen durch die 6. Kartellnovelle

3 Mit der am 1.1.1999 in Kraft getretenen 6. Kartellnovelle ist auch die landwirtschaftliche Ausnahmeregelung überarbeitet und im Hinblick auf das **Prinzip der Stärkung des**

[1] *Bechtold,* GWB, § 28 Rn. 1; *Hootz* in: Müller-Henneberg/Schwartz/Hootz, GK-GWB, § 28 Rn. 2; *Brück,* MüKo zum Kartellrecht Band 2 § 28 Rn. 1.

Wettbewerbs überprüft worden. Die ursprünglich in § 100 a. F. geregelte Bereichsausnahme ist mit der 6. Kartellnovelle in die Sonderregelung des § 28 überführt worden. Grundsätzlich wurde hierbei die Kernvorschrift des alten § 100 a. F. übernommen. Insgesamt erfolgte bei der Übernahme eine Straffung der bisherigen Regelung, verbunden mit einer Anpassung an die geänderten Vorschriften des Kartellrechts. Gleichzeitig wurde mit der Neufassung das Ziel der Harmonisierung mit der ehemaligen europäischen VO 26/62 verwirklicht, die als kartellrechtlich sektorale Sonderregelung im Verhältnis zu den seinerzeitigen europäischen Kartellnormen, Art. 81 und 82 EG, heute Art. 101 und 102 AEUV galt und deren Regelung sich heute in den Art. 206 und 209 der VO 1308/2013, den Art. 40 und 41 der VO 1379/2013 sowie der VO 1184/2006 wiederfinden.

Die materiell rechtliche Übernahme des Kernbereichs des § 100 a. F. erfolgte unter der 4
ausdrücklichen **Anerkennung der besonderen Bedingungen,** denen die Erzeugung und der Absatz landwirtschaftlicher Produkte auch zum heutigen Zeitpunkt noch unterworfen sind. Eine uneingeschränkte Anwendung des Kartellrechtes in diesem Kernbereich wird auch mit Blick auf die EU-rechtlichen Sonderregelungen in Art. 42 AEUV sowie der Art. 206 und 209 der VO 1308/2013, der Art. 40 und 41 der VO 1379/2013 und der VO 1184/2006 abgelehnt.[2]

Eine grundlegende Änderung besteht aufgrund der Umstrukturierung des Kartellgeset- 5
zes bereits darin, dass § 28 nicht wie § 100 a. F. als Ausnahme geführt wird, sondern für die Normadressaten die **Qualität einer Sonderregelung** erhält. Dies hat eine verbesserte Ausgangsposition zu Folge. Während nach altem Recht grundsätzlich das Kartellverbot galt, mit der Ausnahme des § 100 a. F., sind Verträge, Beschlüsse und Empfehlungen von landwirtschaftlichen Erzeugerbetrieben, Vereinigungen dieser Erzeugerbetriebe und Vereinigungen solcher Vereinigungen, nunmehr grundsätzlich über § 28 erlaubt. Damit muss das Verbot nicht mehr widerlegt werden, vielmehr ist die jeweilige Selbsthilfemaßnahme **von Beginn an erlaubt,** wenn die Tatbestandsvoraussetzungen des § 28 erfüllt sind. Gleiches gilt für die Freistellung vom Verbot der Konditionenbindung für die Sortierung, Kennzeichnung oder Verpackung landwirtschaftlicher Erzeugnisse. Drohende Sanktionen, die ein grundsätzliches Verbot immer beinhaltet, sind in der Praxis, z. B. im Bereich der Vertragslandwirtschaft, nicht mehr gegeben.

3. Änderungen durch die 7. Kartellnovelle

Mit der am 1.7.2005 in Kraft getretenen 7. Kartellnovelle blieb § 28 in seinen **Kernaus-** 6
sagen uneingeschränkt **erhalten.**[3] Grund hierfür ist nicht zuletzt die auf europäischer Ebene vorhandene entsprechende Regelung in Art. 206 und 209 der VO 1308/2013, Art. 40 und 41 der VO 1379/2013 bzw. VO 1184/2006. Aufgrund des Systems der Legalausnahme und des hiermit verbundenen Wegfalls der Anmeldungen von Vereinbarungen und Beschlüssen musste auch § 28 entsprechend angepasst werden. Gleiches gilt auch mit Blick auf die Erfassung vertikaler Bindungen im Rahmen des Verbots nach § 1. Mit der Ende Dezember 2007 in Kraft getretenen **weiteren Novellierung** haben sich für § 28 keine Änderungen ergeben.[4]

---

[2] Begründung zum Gesetzesentwurf der Bundesregierung, BT-Drucks. 13/9720, S. 40 und *Baron* Das neue Kartellgesetz – Einführung in die 6. GWB Novelle 1999, S. 40 mit dem Hinweis auf die sektorale Sonderregelung, die identisch mit den europäischen Vorschriften der seinerzeitigen VO 26/62 ist, die sich wiederum heute in den Art. 206 und 209 der VO 1308/2013, den Art. 40 und 41 der VO 1379/2013 sowie der VO 1184/2006 wiederfindet.

[3] *Nägele* in: Frankfurter Kommentar, § 28 Rn. 2, *Brück,* MüKo zum Kartellrecht Band 2 § 28 Rn. 8.

[4] Zu den Änderungen durch die 7. Kartellnovelle siehe auch *Schweizer/Woeller,* Die Änderungen der Bereichsausnahme des § 28 GWB durch die siebte Novelle zum GWB; AUR 2007, S. 285 ff.

4. Änderungen durch die 8. Kartellnovelle

7 Die 8. Kartellnovelle vom 26.7.2013 hatte lediglich in Absatz 3 die Anpassung an den AEUV zur Folge.

II. Freistellung vom Kartellverbot

8 Die in § 28 vorgesehene Freistellung vom Kartellverbot bedeutet, dass Vereinbarungen und Beschlüsse von landwirtschaftlichen Erzeugerbetrieben, von Vereinigungen landwirtschaftlicher Erzeugerbetriebe und Vereinigungen solcher Vereinigungen **nicht unter § 1** fallen. Umfasst werden jedoch nur solche Vereinbarungen und Beschlüsse, die die Erzeugung oder den Absatz landwirtschaftlicher Erzeugnisse oder die Benutzung gemeinschaftlicher Einrichtungen für die Lagerung und Be- oder Verarbeitung landwirtschaftlicher Erzeugnisse betreffen.

1. Erzeugerbetriebe und deren Vereinigungen (Abs. 1)

9 Die bis zur 6. Kartellnovelle bestehende Definition für landwirtschaftliche Erzeugerbetriebe in § 100 Abs. 6 a. F. wurde ersatzlos gestrichen. Eine materielle Änderung war damit allerdings nicht verbunden. In Anlehnung an Art. 209 Abs. 1 2. Unterabsatz der VO 1308/2013 bzw. Art. 2 Abs. 1 2. Unterabsatz der VO 1184/2006 wird der landwirtschaftliche Erzeugerbetrieb im Sinne der kartellrechtlichen Sonderregelung des § 28 als Betrieb verstanden, der die in Anhang I des AEUV[5] genannten Urprodukte erzeugt oder gewinnt.[6] Nach wie vor ist bei dieser Definition eine **enge Anknüpfung an die landwirtschaftliche Urproduktion** gegeben. Erzeugerbetriebe sind ausnahmslos alle Betriebe, die die genannten Urprodukte erzeugen oder gewinnen, gleichgültig ob sie in der reinen Land- oder Forstwirtschaft oder gewerblich tätig sind. Dies gilt auch für landwirtschaftliche Betriebe, die noch andere Tätigkeitszweige ausüben. Grundsätzlich sind diese Betriebe, jedoch nur bezogen auf die landwirtschaftliche Urproduktion, Erzeugerbetriebe im Sinne des Kartellrechtes. Bei diesen sog. gemischten Betrieben wird wohl ein landwirtschaftlicher Erzeugerbetrieb im Sinne des Kartellrechtes zu bejahen sein, wenn der Tätigkeitsbereich der landwirtschaftlichen Urproduktion überwiegt.[7]

10 Unter die **Definition der landwirtschaftlichen Erzeugerbetriebe** fallen nur solche Betriebe, die tatsächlich landwirtschaftliche Urprodukte erzeugen, nicht also die Betriebe, die landwirtschaftliche Urprodukte be- oder verarbeiten. Dies gilt auch dann, wenn diese Produkte ausdrücklich in Anhang I des AEUV genannt werden.[8] Diese Betriebe können lediglich von der Definition der Vereinigungen von landwirtschaftlichen Erzeugerbetrieben umfasst werden.[9] Voraussetzung für eine solche Vereinigung ist, dass die in der Urproduktion tätigen Erzeugerbetriebe Träger ihrer Vereinigung sind und dieser ihre erzeugten Produkte zum Zweck der Be- und Verarbeitung oder der gemeinsamen Vermarktung bzw. zum gemeinsamen Absatz andienen.

11 Ergänzend zu der Definition der landwirtschaftlichen Erzeugerbetriebe regelt Abs. 1 Satz 2, dass als landwirtschaftliche Erzeugerbetriebe auch **Pflanzen- und Tierzuchtbe-**

---

[5] Art 209 AEUV verweist auf die landwirtschaftlichen Erzeugnisse, die wiederum in Art 38 AEUV in Verbindung mit Anhang I AEUV definiert werden. Im nationalen Recht besteht der unmittelbare Verweis auf Anhang I AEUV.

[6] Begründung zum Gesetzesentwurf der Bundesregierung, BT-Drucks. 13/9720, S. 41; *Brück,* MüKo zum Kartellrecht Band 2 § 28 Rn. 13.

[7] So die herrschende Meinung *Hootz* in: Müller-Henneberg/Schwartz/Hootz, GK-GWB, § 28 Rn. 6 und 7 m. w. N.

[8] Zur Abgrenzung siehe auch *Gleis/Kleinmann* NJW 1970, S. 1485 ff., zu Anhang I siehe auch Fn. 5.

[9] *Jestaedt* in: Langen/Bunte, Kommentar zum deutschen und europäischen Kartellrecht § 28 Rn. 9 und 10, *Schweizer* in: Immenga/Mestmäcker, GWB, § 28 Rn. 18.

triebe und die auf der Stufe dieser Betriebe tätigen Unternehmen gelten. Damit werden die Saatgut- oder Tierzuchtvermehrerbetriebe, unabhängig von der Frage, ob sie tatsächlich landwirtschaftliche Erzeugerbetriebe sind, diesen gleichgestellt. Prinzipiell wird damit die Vorstufe zur landwirtschaftlichen Urproduktion ebenfalls umfasst, da es sich zumeist um Betriebe handelt, die beispielsweise im Vertragsanbau Saatgut vermehren und in Verkehr bringen bzw. sich um die Fragen der Tierzucht kümmern. Letzteres bedeutet, dass auch **Zucht- und Besamungsunternehmen** landwirtschaftlichen Erzeugerbetrieben gleichgestellt werden.

Weiterhin werden **Vereinigungen von landwirtschaftlichen Erzeugerbetrieben** umfasst. 12 Neben den Erzeugerbetrieben stellen deren Zusammenschlüsse die zweite Stufe der Landwirtschaft dar. Vereinigungen von landwirtschaftlichen Erzeugerbetrieben sind dann gegeben, wenn sich die landwirtschaftlichen Erzeugerbetriebe, also Betriebe, die landwirtschaftliche Urproduktion oder die o. g. Sonderformen betreiben, unabhängig von der Rechtsform zum **gemeinsamen Absatz und zur Vermarktung ihrer Produkte** zusammenschließen. Voraussetzung für eine Vereinigung von Erzeugerbetrieben ist also in jedem Fall, dass die Vereinigung ihre Basis bei den landwirtschaftlichen Erzeugern hat und von diesen getragen wird. Neben der produktbezogenen Privilegierung erfolgt hiermit auch eine betriebsbezogene Privilegierung, jedoch nur soweit der landwirtschaftliche Erzeuger Träger der Vereinigung ist.[10] In der Regel firmieren die Vereinigungen von landwirtschaftlichen Erzeugerbetrieben in der Rechtsform der Genossenschaft, seltener in der Rechtsform des Vereins, wobei auch Zusammenschlüsse in jeder anderen Rechtsform möglich sind.

Die Privilegierung von § 28 Abs. 1 kommt bei den genannten Vereinigungen aus- 13 schließlich den **landwirtschaftlichen Erzeugerbetrieben** zugute. Hat die Vereinigung weitere Mitglieder, die nicht Erzeuger landwirtschaftlicher Urprodukte sind, so gilt die Sonderregelung des § 28 für diese nicht. Nicht privilegiert sind beispielsweise so genannte Privatmolkereien, unabhängig davon, ob diese die landwirtschaftlichen Urprodukte der Erzeuger verarbeiten, da sie nicht von den landwirtschaftlichen Erzeugern getragen werden.[11] Vereinigungen von landwirtschaftlichen Erzeugerbetrieben im Sinne des § 28 sind u. a. Besamungsgenossenschaften, Molkereigenossenschaften, Winzergenossenschaften etc. Da die Vereinigung als verlängerter Arm der Erzeugerbetriebe durch § 28 begünstigt sein soll, ist die Privilegierung von **gemischten Vereinigungen** umstritten. Sind neben den Erzeugerbetrieben noch Handelsunternehmen oder andere nicht urproduzierende Unternehmen oder Personen in einer gemeinschaftlichen Vereinigung zusammengeschlossen, so ist nach h. M.[12] eine Sonderstellung über § 28 nicht mehr möglich. Richtigerweise wird diese Ausschließlichkeit durchbrochen, wo natürliche Personen, z. B. Vorstands- oder Aufsichtsratsmitglieder einer Genossenschaft, Mitglied sind, jedoch selbst keine Urproduktion betreiben.[13] Diese Durchbrechung ist erforderlich, da z. B. Vorstände von Genossenschaften aufgrund gesetzlicher Regelung zwingend Mitglied ihrer Genossenschaft sein müssen. Da es jedoch Durchbrechungen der Ausschließlichkeit gibt, ist zumindest zweifelhaft, warum nicht in der heutigen Zeit bei nur untergeordneter Bedeutung der Mitgliedschaft von Handelsunternehmen die Privilegierung erhalten bleibt. Wenn eine Erzeugervereinigung neben den Produkten ihrer Mitglieder auch von Dritten **zugekaufte Ware** vertreibt, ist § 28 nur auf den Tätigkeitsbereich mit den Mitgliedererzeugnissen anzuwenden. Ist eine Trennung nicht möglich, so entfällt die Sonderstellung nach § 28 komplett.[14]

---

[10] *Schweizer* in: Immenga/Mestmäcker, GWB, § 28 Rn. 18.

[11] BGH U. v. 19.10.1982 GRuR 1983, S. 78–79 = WuW/E 1977–1980 = ZfG 33, S. 147–150 – *Privatmolkerei.*

[12] BGH U. v. 19.10.1982 GRuR 1983, S. 78–79 = WuW/E 1977–1980 = ZfG 33, S. 147–150 – *Privatmolkerei.*

[13] Bericht des Bundeskartellamtes 1960, S. 34.

[14] *Schweizer* in: Immenga/Mestmäcker, GWB, § 28 Rn. 23, *Hootz* in: Müller-Henneberg/Schwartz/Hootz, GK-GWB, § 28 Rn. 9; *Brück,* MüKo zum Kartellrecht Band 2 § 28 Rn. 19.

14 **Vereinigungen von den genannten Erzeugervereinigungen** umfasst die dritte Stufe, die unter die Freistellung des Kartellverbotes nach § 28 fällt. Hierzu zählen vorwiegend die Zentralen, beispielsweise Absatzzentralen oder auch die Zentralgenossenschaften. Auch diese Zusammenschlüsse, sind unabhängig von ihrer Rechtsform, begünstigt. In diesen Zentralen sind die unter die zweite Stufe fallenden Vereinigungen wiederum zusammengeschlossen. Zwar können auch bei diesen Zentralen Privatpersonen, z. B. Vorstands- oder Aufsichtsratsmitglieder, Mitglieder sein, ohne die Privilegierung zu gefährden. Bei Unternehmen der gleichen Vermarktungsstufe, Verbänden etc., die Mitglied einer solchen Vereinigung von Erzeugervereinigungen sind, entfällt jedoch die Sonderstellung im Rahmen von § 28.[15] Schon bei einer schädlichen Mitgliedschaft geht die gesamte Privilegierung verloren.

2. Vereinbarungen und Beschlüsse

15 Der Wortlaut des § 28 Abs. 1 ist entsprechend § 1 gefasst. Daher galt bis zur 7. Kartellnovelle, also bis zum 30.6.2005, die **Freistellung vom horizontalen Kartellverbot** dem Wortlaut nach für Vereinbarungen von landwirtschaftlichen Erzeugerbetrieben sowie für Vereinbarungen und Beschlüsse von Vereinigungen solcher Erzeugerbetriebe der o. g. zweiten und dritten Stufe. Der frühere Wortlaut des § 100 a. F. sprach von Verträgen, die nunmehr durch Vereinbarungen ersetzt sind. Eine materielle Änderung ist damit nicht verknüpft. Mit der 7. Kartellnovelle wurde § 1 auch auf vertikale Vereinbarungen ausgedehnt. Diese Änderung hat zur Folge, dass seit dem 1.7.2005 die Freistellung des § 28 auch für das **vertikale Kartellverbot** gilt.

16 Entsprechend § 1 sind jegliche **Vereinbarungen,** die wettbewerbsbeschränkende Wirkung haben können umfasst. Neben Verträgen zählen hierzu sowohl Empfehlungen als auch abgestimmte Verhaltensweisen ebenso wie die genossenschaftliche Satzung, sofern wettbewerbsbeschränkende Vereinbarungen enthalten sind.[16] **Beschlüsse** beziehen sich nur auf Vereine und Gesellschaften, mithin also alle Vereinigungen von Erzeugerbetrieben, da die Beschlüsse der entsprechenden gesellschaftsrechtlichen Gremien gemeint sind. Hierzu zählen wiederum die Beschlüsse von Vorstand und Aufsichtsrat ebenso wie Beschlüsse der Generalversammlung einer Genossenschaft, die beispielsweise Andienungspflichten wie die Vollablieferungspflicht der Erzeuger gegenüber ihrer Genossenschaft festlegen.[17]

3. Erzeugung oder Absatz landwirtschaftlicher Erzeugnisse (Abs. 1 Satz 1 Nr. 1)

17 Die erste der in § 28 genannten Ausnahmen erfasst Vereinbarungen und Beschlüsse über die Erzeugung oder den Absatz landwirtschaftlicher Erzeugnisse. Die **Erzeugung landwirtschaftlicher Produkte** betrifft die reine Urproduktion. Das heißt, hier sind alle den Produktionsvorgang unmittelbar betreffenden Vereinbarungen und Beschlüsse angesprochen. Umfasst werden damit Erzeugerkartelle, die sich beispielsweise auf räumliche Beschränkungen, wie bestimmte Anbauflächen oder quantitative Beschränkungen, wie bestimmte Produktionsmengen beziehen. Ebenfalls betroffen sind aber auch qualitative Beschränkungen, wie bestimmte Anbauanweisungen bzw. Qualitätsrichtlinien hinsichtlich des Anbaus sowie die Anwendung bestimmter Produktionsmittel, wie Saatgut, Futtermittel, Düngemittel oder Pflanzenschutzmittel.[18] Nicht möglich sind jedoch horizontale Kar-

[15] *Hootz* in: Müller-Henneberg/Schwartz/Hootz, GK-GWB, § 28 Rn. 9 m. w. N.

[16] BGH U. v. 19.10.1982 GRuR 1983, S. 78–79 = WuW/E 1977–1980 = ZfG 33, S. 147–150 – *Privatmolkerei*, BGH U. v. 17.5.1973, BB 1974, S. 1221 – *Genossenschaftliche Pflichten.*

[17] *Hootz* in: Müller-Henneberg/Schwartz/Hootz, GK-GWB, § 28 Rn. 119, *Schweizer* in: Immenga/Mestmäcker, GWB, § 28 Rn. 32.

[18] *Jestaedt* in: Langen/Bunte, Kommentar zum deutschen und europäischen Kartellrecht, § 28 Rn. 17, *Hootz* in: Müller-Henneberg/Schwartz/Hootz, GK-GWB, § 28 Rn. 16, *Schweizer* in: Immenga/Mestmäcker, GWB, § 28 Rn. 34.

tellabsprachen über den Einkauf der genannten Produktionsmittel, da es an einem unmittelbaren Bezug zum Urprodukt bzw. zur Urproduktion fehlt.[19]

Der **Absatz landwirtschaftlicher Erzeugnisse** ist die Weitergabe aller per Legaldefinition des § 28 Abs. 3 umfassten Erzeugnisse an die nächsten Absatzstufen. Ausgehend von dem Gedanken der Selbsthilfe der Landwirte können die Vereinbarungen oder Beschlüsse **Anlieferungspflichten** ebenso wie den **Absatzzwang** oder bestimmte Qualitätsanforderungen bei der Produktion verpflichtend umfassen. Hierbei können Mengenbindungen, wie z.B. die Vollablieferungsverpflichtung, die Abgrenzung regionaler Absatzgebiete oder aber auch bestimmte Absatzwege Bestandteil der Bindung durch die genannten Vereinbarungen oder Beschlüsse sein.[20] 18

Grundsätzlich dürfen von der **Bindungswirkung** hinsichtlich des Absatzes landwirtschaftlicher Erzeugnisse **nur die Eigenerzeugnisse** der Landwirte umfasst werden. Importwaren, z.B. Butter, werden nicht begünstigt.[21] Erzeugerkartelle, bezogen auf den Absatz landwirtschaftlicher Produkte, finden sich daher vorzugsweise bei Besamungsgenossenschaften, Molkereigenossenschaften, Winzergenossenschaften, aber auch bei Hopfenverwertungsgenossenschaften oder Absatzgenossenschaften für den Bereich Obst und Gemüse. Ebenfalls umfasst sind Abnahmeverpflichtungen über Verarbeitungsprodukte, die wiederum landwirtschaftliche Produkte sind, bei einer Molkereigenossenschaft beispielsweise Trockenmilch oder Butter, nicht jedoch über verarbeitete Produkte, die keine landwirtschaftlichen Erzeugnisse sind, z.B. Milchmischprodukte wie Speiseeis. 19

4. Benutzung gemeinschaftlicher Einrichtungen (Abs. 1 Satz 1 Nr. 2)

Als zweiter Ausnahmetatbestand sind Vereinbarungen und Beschlüsse über die Benutzung **gemeinschaftlicher Einrichtungen für die Lagerung oder Be- oder Verarbeitung** landwirtschaftlicher Erzeugnisse vom Kartellverbot freigestellt. Ähnlich wie der Absatz landwirtschaftlicher Erzeugnisse ist auch die Benutzung gemeinschaftlicher Einrichtungen vielfach in der Rechtsform der eingetragenen Genossenschaft organisiert. Vereinzelt sind auch landwirtschaftliche Vereine denkbar. Die Organisation in der Rechtsform der Genossenschaft hat sich historisch entwickelt. 20

Zu den Bereichen der Lagerung zählt die **gemeinsame Lagerung** aller landwirtschaftlichen Erzeugnisse, z.B. von Getreide oder Ölsaaten etc. inkl. der hierauf entfallenden Vorbereitungshandlungen, wie z.B. die gemeinsame Trocknung von Getreide. Ebenfalls umfasst ist die Kühlhauslagerung im Bereich von Obst- und Gemüsegenossenschaften einschließlich des verkaufsfertigen Waschens oder Verpackens der Erzeugnisse. Weiterhin denkbar ist die gemeinsame Be- oder Verarbeitung in gemeinschaftlichen Einrichtungen. 21

Von der **gemeinsamen Bearbeitung,** also dem Verbessern oder Haltbarmachen eines landwirtschaftlichen Urproduktes, ist beispielsweise die gemeinsame Nutzung von Landmaschinen oder von Trocknungseinrichtungen, z.B. für die Getreide- oder Maistrocknung sowie die Saatgutbeize umfasst. Die Nutzung **gemeinschaftlicher Einrichtungen** zur Verarbeitung beinhaltet die Milchverarbeitung, die Weinbereitung, die Schlachtung und auch den Bereich des Viehhandels in allen Facetten, d.h. neben dem Nutz- und Schlachtviehhandel auch die Bereiche der Besamung, der Aufzucht, etc.[22] Bei der Verarbeitung ist wichtig, dass das Verarbeitungsprodukt wiederum ein landwirtschaftliches Erzeugnis im 22

---

[19] *Schweizer* in: Immenga/Mestmäcker, GWB, § 28 Rn. 34, *Eberle* Das erlaubte Erzeugerkartell nach § 100 Abs. 1 GWB, Diss. Münster 1965, S. 71, *Schulze-Hagen* Die landwirtschaftlichen Zusammenschlüsse nach deutschem und europäischen Wettbewerbsrecht 1977, S. 44.

[20] *Hootz* in: Müller-Henneberg/Schwartz/Hootz, GK-GWB, § 28 Rn. 19, *Schweizer* in: Immenga/Mestmäcker, GWB, § 28 Rn. 36 mit ausführlicher Darstellung.

[21] *Schweizer* in: Immenga/Mestmäcker, GWB, § 28 Rn. 35; *Brück,* MüKo zum Kartellrecht Band 2 § 28 Rn. 27.

[22] *Hootz* in: Müller-Henneberg/Schwartz/Hootz, GK-GWB, § 28 Rn. 28ff., *Schweizer* in: Immenga/Mestmäcker, GWB, § 28 Rn. 38.

Sinne von Abs. 3 ist, z. B. Wein, Winzersekt oder Butter, nicht jedoch gewerblich produzierter Sekt oder Milchspeiseeis.[23] Die Finanzierung der gemeinschaftlichen Einrichtungen fällt ebenfalls unter die Ausnahme, es sei denn, es liegt ein Verstoß gegen das Preisbindungsverbot vor.[24]

5. Preisbindung

23 Das Kartellgesetz legt neben den beiden positiven Ausnahmetatbeständen zwei **negative Abgrenzungsmerkmale** für die Freistellung vom Kartellverbot fest. Eines davon ist die Preisbindung. Eine Preisbindung dürfen die ansonsten nicht unter das Kartellverbot fallenden Vereinbarungen und Beschlüsse über die landwirtschaftlichen Erzeugnisse grundsätzlich nicht enthalten. In dieser Abgrenzung liegt keine Änderung des bisherigen materiellen Rechts, anders als bei der Konditionenbindung, bei der unter engen Voraussetzungen eine Preisbindung möglich ist. Da sich das Preisbindungsverbot auf die Freistellung vom Kartellverbot bezieht, waren bis zum 30.6.2005 nur **horizontale** Preisbindungen, d. h. Preisabreden zwischen Unternehmen derselben Wirtschaftsstufe umfasst.[25] Durch das zum 1.7.2005 in § 1 geregelte generelle Kartellverbot für horizontale und vertikale Vereinbarungen, bezieht sich das Preisbindungsverbot grundsätzlich auch auf vertikale Vereinbarungen, also Preisabsprachen zwischen Unternehmen vertikaler Wirtschaftsstufen, z. B. Erzeuger und Genossenschaft. Die **vertikale** Preisbindung ist jedoch ausdrücklich im Rahmen der Konditionenbindung des § 28 Abs. 2 geregelt und daher in Grenzen wiederum erlaubt.

24 Das Preisbindungsverbot bezieht sich nach dem Gesetzeswortlaut auf alle Vereinbarungen und Beschlüsse, die im Rahmen des § 28 erlaubt sind und umfasst neben den Preisen auch **Preisbestandteile,** beispielsweise Sorten-, Gewinn- und Mengenaufschläge, Be- und Verarbeitungskosten, Fracht- Transport- und Verpackungskosten oder Rabatte in jeglicher Form. Die Preisbindung kann **unmittelbar** oder **mittelbar,** z. B. durch Vertragsstrafen bei Nichteinhaltung eines bestimmten Preises erfolgen. Preisempfehlungen fallen nicht zwingend unter das Preisbindungsverbot.[26] Erzeugervereinigungen können unverbindliche Preisempfehlungen jederzeit aussprechen.

25 **Interne Preisfestlegungen** einheitlicher Ankaufspreise durch eine Erzeugervereinigung werden von dem Preisbindungsverbot nicht berührt. Jede Erzeugervereinigung kann im Innenverhältnis über die zuständigen Gremien Preise festsetzen, ohne gegen das Preisbindungsverbot zu verstoßen, da die Erzeuger über diese Gremien, z. B. die Generalversammlung bei Genossenschaften, Einfluss auf den Absatz ihrer Produkte am Markt nehmen können. Grundsätzlich erlaubt ist die Festlegung derartiger Preise auch über das Agrarmarktstrukturgesetz. Strittig ist die **Festlegung einheitlicher Verkaufspreise,** seien es Fest- Höchst- oder Mindestpreise, **durch Erzeugervereinigungen.** Hier überzeugt die Auffassung von *Hootz,* dass die Festlegung der Preise der Höhe nach durch eine Absatzorganisation ebenso wie bei den Ankaufspreisen eine unternehmensinterne Entscheidung darstellt, die nicht unter das Preisbindungsverbot fällt.[27] Teilweise übereinstimmend vertritt

---

[23] *Bechtold,* GK-GWB, § 28 Rn. 5.

[24] *Petry,* Die Wettbewerbsbeschränkung in der Landwirtschaft nach nationalem und europäischen Wettbewerbsrecht, Diss. Hohenheim 1974, S. 67.

[25] H. M. *Hootz* in: Müller-Henneberg/Schwartz/Hootz, GK-GWB, § 28 Rn. 33, *Schweizer* in: Immenga/Mestmäcker, GWB, § 28 Rn. 40, *Petry,* Die Wettbewerbsbeschränkung in: der Landwirtschaft nach nationalem und europäischen Wettbewerbsrecht, Diss. Hohenheim 1974, S. 67, a. A. *Eberle* Das erlaubte Erzeugerkartell nach § 100 Abs. 1 GWB, Diss. Münster 1965, S. 72 ff., *Schulze-Hagen* Die landwirtschaftlichen Zusammenschlüsse nach deutschem und europäischen Wettbewerbsrecht 1977, S. 47 ff.

[26] *Schweizer* in: Immenga/Mestmäcker, GWB, § 28 Rn. 42.

[27] *Hootz* in: Müller-Henneberg/Schwartz/Hootz, GK-GWB, § 28 Rn. 38 und auch *Brück,* MüKo zum Kartellrecht Band 2 § 28 Rn. 30, a. A. *Schweizer* in: Immenga/Mestmäcker, GWB, § 28 Rn. 50 und 51.

das Bundeskartellamt in seiner Verwaltungspraxis die Auffassung, dass zumindest dann kein Verstoß gegen das Preisbindungsverbot vorliegt, wenn die Geschäftsführung **weisungsungebunden** über die Festlegung entschieden hat.[28] Nur wenn der Absatzorganisation eine freie Entscheidung zugebilligt wird, wird auch der Sinn und Zweck der Sonderregelung des § 28 erfüllt. Hierbei sollte gerade berücksichtigt werden, dass Erzeugervereinigungen und dies insbesondere in der Rechtsform der Genossenschaft von ihren Mitgliedern getragen werden. Die Vereinigung soll die Marktposition der schwächeren landwirtschaftlichen Erzeuger verbessern. Somit muss es möglich sein, dass die Organe interne Beschlüsse über Preise treffen, unabhängig davon welches Organ dies macht. Die Zuweisung zu einem Organ, gleich ob Geschäftsführer, Vorstand oder Mitgliederversammlung, liegt in der Hoheit der Erzeugervereinigung und zählt zur internen Geschäftspolitik. Denn nur dann ist hinreichende Flexibilität gewährleistet, um am Markt zu bestehen. Erst wenn Dritte, also Wettbewerber gebunden würden, wäre eine Anwendung des Preisbindungsverbots gerechtfertigt. Das Preisbindungsverbot greift somit dort, wo es sinnvoll ist und zwar in den Fällen, in denen verschiedene Anbieter gemeinsam einen einheitlichen Preis festlegen.

6. Ausschluss des Wettbewerbs

Das zweite negative Abgrenzungskriterium im Hinblick auf die Freistellung vom Kartellverbot ist der Ausschluss des Wettbewerbs. Durch die vorgenannten Vereinbarungen und Beschlüsse darf der Wettbewerb nicht ausgeschlossen werden. Auch hier wird das geltende Recht (ehemals § 100 Abs. 1 Satz 3) beibehalten. Durch den Gesetzeswortlaut wird klargestellt, dass das Abgrenzungskriterium für alle Stufen der Erzeugervereinigungen gilt. Ausschluss des Wettbewerbs bedeutet, dass **kein nennenswerter Wettbewerb** vorhanden ist. Zur **Definition** des Wettbewerbs ist zunächst auf den relevanten Markt abzustellen. Der **relevante Markt** richtet sich am Einzelfall aus und ist räumlich, zeitlich und funktional danach abzugrenzen, auf welchem Markt die Marktbeteiligten tätig sind. Ausgeschlossen ist der Wettbewerb dann, wenn auf diesem relevanten Markt keine oder nur wenige Mitbewerber vorhanden sind, so dass ein nennenswerter Wettbewerb nicht besteht. Der Nachfrager hat damit weder Wahl- noch Auswahlmöglichkeiten. Für die Beurteilung der Anzahl der Wettbewerber, die für die Frage des nennenswerten Marktes maßgeblich sind, wird in der Regel auf den Einzelfall abzustellen sein.[29] 26

Die Abgrenzungskriterien werden im Schrifttum kontrovers gesehen. *Schweizer*[30] sieht einen Wettbewerbsanteil kleiner Wettbewerber von weniger als 10% als Ausschluss und einen Anteil von 10 bis 40% als kritisch und damit der Einzelfallprüfung unterworfen an. Dieser Anteil wird m.E. jedoch viel zu hoch angesetzt. Auch **wenige Wettbewerber,** selbst Außenseiter, die nur geringe Marktanteile haben, können bereits einen nennenswerten Markt darstellen. Dem Nachfrager bleibt auch dann die Möglichkeit, auszuweichen, so dass ein Ausschluss im wahrsten Sinne des Wortes nicht vorliegt. So geht auch die wohl herrschende Meinung[31] davon aus, dass selbst bei weniger als 10% ein nennenswerter Markt gegeben sein kann. Allerdings wird die Grenze von 10% Mitwettbewerbern als kritisch anzusehen sein, so dass hier besonders die Kriterien des Einzelfalles zu prüfen sind, um festzustellen, ob die Nachfrager noch einen **Wettbewerbsspielraum** haben. Zu berücksichtigen ist hierbei auch die fortschreitende **strukturelle Entwicklung** der landwirt- 27

---

[28] *Jestaedt* in: Langen/Bunte, Kommentar zum deutschen und europäischen Kartellrecht, § 28 Rn. 22.

[29] *Hootz* in: Müller-Henneberg/Schwartz/Hootz, GK-GWB, § 28 Rn. 54, *Schweizer* in: Immenga/Mestmäcker, GWB, § 28 Rn. 55; *Brück,* MüKo zum Kartellrecht Band 2 § 28 Rn. 34.

[30] *Schweizer* in: Immenga/Mestmäcker, GWB, § 28 Rn. 54.

[31] *Bechtold,* GK-GWB, § 28 Rn. 8, *Jestaedt* in: Langen/Bunte, Kommentar zum deutschen und europäischen Kartellrecht, § 28 Rn. 23, *Hootz* in: Müller-Henneberg/Schwartz/Hootz, GK-GWB, § 28 Rn. 53, jeweils m. w. N.

schaftlichen Märkte. Die Unternehmenseinheiten der Erzeugervereinigungen sind heute vielfach größer, um auf den internationalen Märkten bestehen zu können. Dies führt dazu, dass vielfach nur wenige Wettbewerber, und diese oftmals nur überregional, wenn nicht sogar international vorhanden sind.

7. Verfahren

28 Nach alter Rechtslage (bis 30.6.2005) mussten Vereinbarungen und Beschlüsse von Vereinigungen der Erzeugervereinigungen, in der Regel Zentralgenossenschaften, den Kartellbehörden gem. § 28 Abs. 1 Satz 2 **unverzüglich angemeldet** werden. Dies galt nur für Vereinbarungen und Beschlüsse von Vereinigungen der Erzeugervereinigungen, die übrigen in § 28 genannten Vereinbarungen und Beschlüsse von Erzeugerbetriebe bzw. von Erzeugervereinigungen mussten daher nicht ausdrücklich angemeldet werden. Die Anmeldung hatte gegenüber den Kartellbehörden eine **reine Informationsfunktion** und war somit keine Wirksamkeitsvoraussetzung. Unabhängig von dieser Information waren die angemeldeten Vereinbarungen und Beschlüsse immer schon freigestellt und auch gegenüber Dritten wirksam. Eine Verletzung der unverzüglichen Anmeldepflicht gegenüber den Kartellbehörden führte lediglich zu einer Ordnungswidrigkeit im Sinne von § 81 Abs. 1 Nr. 3. Seit dem 1.7.2005 sind auch Vereinbarungen und Beschlüsse von Vereinigungen der Erzeugervereinigungen nicht mehr anzumelden. Aufgrund des neuen Systems der Legalausnahme sind Vereinbarungen generell nicht mehr anzumelden. Daher wird erst Recht kein Grund für eine Anmeldung der nach § 28 bereits freigestellten Vereinbarungen gesehen.[32]

III. Freistellung von Konditionenbindungen (Abs. 2)

29 Aufgrund der bisherigen, ausschließlich horizontalen, Freistellung vom Kartellverbot sah § 28 Abs. 2 a. F. eine Freistellung **vertikaler Vereinbarungen** über die Sortierung, Kennzeichnung oder Verpackung von landwirtschaftlichen Erzeugnissen vom Verbot der Konditionenbindung nach § 14 a. F. vor. Auch hier ergab sich zu dem aus dem alten § 100 Abs. 2 entnommenen Grundsatz der Freistellung von der Konditionenbindung materiell rechtlich keine Änderung. Da seit der 7. Kartellnovelle vertikale Vereinbarungen vom grundsätzlichen Verbot von § 1 umfasst werden, besteht ebenso grundsätzlich die Freistellung im Rahmen von § 28 über Abs. 1. Die Freistellung von § 28 Abs. 1 gilt jedoch nicht für Preisbindungen. Hier regelt § 28 Abs. 2 nunmehr die Ausnahme, dass vertikale Preisbindungen hinsichtlich der Sortierung, Kennzeichnung oder Verpackung von landwirtschaftlichen Erzeugnissen nicht unter das Kartellverbot fallen und somit erlaubt sind. Mit dieser Regelung soll sichergestellt werden, dass die bisherige materielle Rechtslage – nun teils über Abs. 1 und hinsichtlich der Preisbindungen über Abs. 2 geregelt – beibehalten wird.[33] Mit der Freistellung der Konditionenbindung insgesamt ist keine Freistellung vom Diskriminierungsverbot des § 19 für marktbeherrschende Unternehmen verbunden.[34] D. h., die Konditionenbindung darf insgesamt nicht dazu führen, dass die Beteiligten in ihrer eigenen Gestaltungsfreiheit von Preisen oder Geschäftsbedingungen gehindert sind.

30 Mit der Ausnahme vom Verbot der Konditionenbindung soll den landwirtschaftlichen Erzeugern bzw. landwirtschaftlichen Erzeugervereinigungen die Möglichkeit eingeräumt werden, ihre Produkte durchgängig bis zum Endverbraucher kenntlich zu machen. So umfasst die Kennzeichnung **alle Angaben über das Produkt** inkl. der Produktbezeichnung und die Sortierung Angaben über Handelsklassen, Sorten, Qualitätsmerkmale etc. Die Verpackung betrifft die **Bindung jeglicher Umhüllung** der landwirtschaftlichen Erzeug-

---

[32] Begründung zum Gesetzesentwurf der Bundesregierung, BT-Drucks. 15/3640, S. 48.
[33] Begründung zum Gesetzesentwurf der Bundesregierung, BT-Drucks. 15/1360, S. 48.
[34] BGHZ 33, S. 259 = NJW 1961, S. 172–174 – *Diskriminierungsverbot*.

nisse, die in Form, Farbe oder Art vorgeschrieben werden kann. Zu beachten ist jedoch der Vorrang zwingender gesetzlicher Regelungen zur Sortierung, Kennzeichnung oder Verpackung.[35] Die Praxis hat ergeben, dass die Notwendigkeit der Konditionenbindung trotz vieler nationaler und europäischer Regelungen zur Sortierung, Kennzeichnung und Verpackung (ein Beispiel ist die Rinderkennzeichnung) landwirtschaftlicher Produkte gegeben ist. Nur so kann sichergestellt werden, dass auch kleine landwirtschaftliche Erzeuger für ihre Produkte den Herkunftsnachweis führen können.[36] Mit der Neuregelung von Abs. 2 wird klargestellt, dass auch mit diesen Bindungen zusammenhängende Preisfestlegungen umfasst sein können, um Sortierung, Kennzeichnung oder Verpackung in der Kette vom Landwirt über den Handel einheitlich zu regeln. Damit sind ggf. für einzelne Produkte auch Mindestpreisregelungen denkbar, wenn die Marktverhältnisse eine derartige Bindung erfordern.

Mit der 6. Kartellnovelle wurde bereits die **eingeschränkt mögliche Preisbindung,** 31
die im alten § 100 Abs. 3 geregelt war, teilweise **gestrichen** bzw. in **Spezialgesetze** überführt. Die Ausnahme vom Preisbindungsverbot für den Saatgutbereich ist endgültig aufgehoben worden. Im Rahmen eines europäischen Verfahrens über Verträge im Saatgutbereich (sog. VO-Verträge)[37] wurde ausdrücklich auf eine Preisbindung verzichtet, da die Kartellbehörden die Garantie einer Lückenlosigkeit der Preisbindung als nicht gegeben ansahen. Die deutsche Regelung wurde im Zuge des Gesetzgebungsverfahrens damit als bedeutungslos angesehen und gestrichen.[38]

Beibehalten wurde jedoch die **Preisbindung im Tierzuchtbereich.** Sie ist im Hin- 32
blick auf die Schweinezuchtprogramme, insbesondere bezogen auf Hybridzuchtprogramme, weiterhin notwendig, gilt theoretisch aber für den Zuchteinsatz aller Tiere im Sinne des Tierzuchtgesetzes. Da sie als Spezialregelung angesehen wurde, ist sie vollinhaltlich in das Tierzuchtgesetz überführt worden. Die Preisbindung gilt ausschließlich bei Zuchttieren und ist bei Schlachttieren nach wie vor nicht möglich. Die Befreiung vom Preisbindungsverbot für diesen Bereich regelt § 29 des Tierzuchtgesetzes.[39] Die nach dem Tierzuchtgesetz anerkannten Zuchtorganisationen dürfen danach Abnehmer von Tieren, die zur Vermehrung in einem mehrstufigen Zuchtverfahren bestimmt sind, rechtlich oder wirtschaftlich binden, bei der Weiterveräußerung bestimmte Preise vereinbaren, oder den Abnehmern die gleiche Bindung bei der Weiterveräußerung auferlegen.[40] Diese Befreiung vom Preisbindungsverbot ist jedoch durch ausdrücklichen Querverweis im Gesetzestext auf die Vorschriften des GWB der allgemeinen Missbrauchsaufsicht der Kartellbehörden im Hinblick auf Marktbeherrschung oder wettbewerbsbeschränkendes Verhalten unterworfen.

IV. Landwirtschaftliche Erzeugnisse (Abs. 3)

1. Anhang I des AEUV

Landwirtschaftliche Erzeugnisse sind **legaldefiniert** in § 28 Absatz 3. Während in der 33
ursprünglichen Fassung des § 100 Abs. 5 a. F. landwirtschaftliche Erzeugnisse als Erzeugnisse der Landwirtschaft, des Gemüse-, Obst-, Garten- und Weinbaus und der Imkerei und der durch Fischerei gewonnenen Erzeugnisse definiert wurden, erfolgte mit der 6. Kartell-

[35] Detaillierte, aber nicht abschließende Aufzählung bei *Hootz* in: Müller-Henneberg/Schwartz, GK-GWB, § 28 Rn. 100.

[36] Begründung zum Gesetzesentwurf der Bundesregierung BT-Drucks. 13/9720, S. 53.

[37] Die vom Bundesverband deutscher Pflanzenzüchter in Abstimmung mit den Marktpartnern herausgegebenen Musterverträge mit dem Handel für Saatgut sind nicht veröffentlicht, werden jedoch im Saatguthandel von den Marktbeteiligten zugrunde gelegt.

[38] Begründung zum Gesetzesentwurf der Bundesregierung BT-Drucks. 13/9720, S. 40.

[39] Tierzuchtgesetz vom 21.12.2006, BGBl I, S. 3294 ff., 3306.

[40] Zu den Voraussetzungen der Anerkennung von Zuchtorganisationen siehe *Schweizer* in: Immenga/Mestmäcker, GWB, § 28 Rn. 85 f.

novelle eine Harmonisierung in europäischem Sinne durch eine nunmehrige Bezugnahme auf **Anhang I**[41] des AEUV. Die bisherige konkrete Aufzählung der Produkte in einer gesonderten Benennungsverordnung wurde damit aufgegeben.

34 Anhang I enthält eine Aufzählung der landwirtschaftlichen Produkte, wobei z. T. Produkte genannt werden, die tatsächlich keine landwirtschaftlichen Urprodukte sind. Dennoch werden sie von Anhang I umfasst und fallen somit in den Bereich der landwirtschaftlichen Sonderregelung. Dies hat insbesondere Bedeutung für die erste Be- und Verarbeitungsstufe und ist damit besonders interessant für Vereinigungen von Erzeugerbetrieben, die in der Be- und Verarbeitung tätig sind, z. B. Molkereigenossenschaften, die zunehmend neben klassischen auch neue Molkereiprodukte kreieren. Eingeteilt sind die landwirtschaftlichen Produkte in Anhang I nach dem **Brüsseler Zolltarifschema,** auf dessen entsprechende Kapitelnummern verwiesen wird.

2. Erste Verarbeitungsstufe

35 Produkte der ersten Verarbeitungsstufe werden in Anhang I nicht abschließend genannt, wurden aber nach altem Recht durch eine Benennungsverordnung geregelt. Da die gesonderte Regelung durch die Benennungsverordnung entfallen ist, wurde die Definition der landwirtschaftlichen Erzeugnisse durch Bezug auf Anhang I um **Produkte der ersten Be- oder Verarbeitungsstufe** ergänzt. Danach sind die durch Be- oder Verarbeitung der in Anhang I genannten Erzeugnisse gewonnenen Waren, deren Be- oder Verarbeitung durch landwirtschaftliche Erzeugerbetriebe oder ihre Vereinigung durchgeführt zu pflegen werden, als Produkte der ersten Verarbeitungsstufe ebenfalls landwirtschaftliche Erzeugnisse im Sinne des Kartellrechtes. Damit ist sichergestellt, dass auch Produkte der ersten Be- oder Verarbeitungsstufe sowie Produktinnovationen der Erzeugervereinigungen, wie z. B. Fruchtjoghurt, umfasst werden.[42] Die ehemalige Produktpalette lt. Benennungsverordnung wird durch die Kombination zwischen Anhang I und den Produkten der ersten Verarbeitungsstufe erweitert und damit praxisgerecht angepasst.

36 Bei Molkereigenossenschaften fallen somit beispielsweise, soweit nicht bereits über Anhang I erfasst, zusätzlich **Milchmischerzeugnisse** mit Zusätzen, Joghurt, Joghurtpulver und Biogurt mit Fruchtzusätzen, Hart-, Schnitt-, Weich- und Frischkäse mit beigegebenen Lebensmitteln, auch geschäumt, sowie Quarkmischungen für Backzwecke und Trinkmolke mit Fruchtzusätzen unter die erste Be- oder Verarbeitungsstufe. Bei Winzergenossenschaften dürfte auch der **Winzersekt** aus den Trauben der Mitglieder, Trauben- bzw. Weingelee sowie Traubenkernöle und Traubenessig umfasst sein.

V. Einzelgesetzliche Sonderregelungen

37 Durch die Straffung des Kartellgesetzes im Rahmen der 6. Kartellnovelle wurde die Sonderregelung für den **forstwirtschaftlichen Bereich** aus § 100 Abs. 7 a. F. in das Bundeswaldgesetz übernommen. Die Neuregelung in § 40 Abs. 1 Bundeswaldgesetz[43] stellt Beschlüsse von Vereinigungen forstwirtschaftlicher Erzeugerbetriebe vom Kartellverbot des § 1 frei. Dies gilt nach der 7. Kartellnovelle sowohl für horizontale als auch vertikale Vereinbarungen und Beschlüsse. Vereinigungen forstwirtschaftlicher Erzeugerbetriebe sind nach der Legaldefinition des § 40 Abs. 4 Bundeswaldgesetz Waldwirtschaftsgemeinschaften, Waldwirtschaftsgenossenschaften, Forstverbände, Eigentumsgenossenschaften und ähnliche Vereinigungen, deren Wirkungskreis nicht wesentlich über das Gebiet einer Gemarkung oder Gemeinde hinausgeht und die zur gemeinschaftlichen Durchführung forstwirtschaftli-

---

[41] Zu Anhang I siehe auch Fn. 5.

[42] Begründung zum Gesetzesentwurf der Bundesregierung BT-Drucks. 13/9720, S. 53.

[43] Bundeswaldgesetz vom 2.5.1975, BGBl. I S. 1037, zuletzt geändert am 31.10.2006 BGBl. I S. 2407 ff., 2433.

cher Maßnahmen gebildet werden oder gebildet worden sind. Die genannten Beschlüsse von Vereinigungen forstwirtschaftlicher Erzeugerbetriebe unterliegen der allgemeinen Missbrauchsaufsicht bezogen auf die Fragen der Marktbeherrschung oder des wettbewerbsbeschränkenden Verhaltens. Die übrigen kartellrechtlichen Vorschriften bleiben unberührt, finden also uneingeschränkt Anwendung.

Weiterhin wurde die ausdrückliche Erwähnung von **Spezialgesetzen,** die in § 100 Abs. 8 a. F. geregelt war, komplett gestrichen. Diese Streichung ist jedoch nicht mit einer materiell rechtlichen Änderung verbunden. Spezialregelungen finden noch für die Festlegung von Molkereieinzugsgebieten und Molkereiabsatzgebieten im Milch- und Fettgesetz und für die Vermarktung von Vieh, Fleisch und Fleischerzeugnissen im Fleischgesetz.[44] Die genannten, sowie weitere zwischenzeitlich aufgehobene Spezialgesetze sind zwischenzeitlich durch europäische Verordnungen weitgehend marktordnungsrechtlich strukturiert und harmonisiert. 38

VI. Verhältnis zu anderen Vorschriften

Die einzelgesetzlichen Sonderregelungen wurden nicht zuletzt deshalb gestrichen, weil der Vorrang spezieller gesetzlicher Regelungen vor der generellen Regelung des GWB als Selbstverständlichkeit gesehen wird und eine Aufzählung der Spezialgesetze im GWB überflüssig macht. Im Verhältnis zu einzelgesetzlichen Sonderregelungen gilt daher die **Nachrangigkeit** des GWB. Nicht nur die unter V. genannten Einzelregelungen haben Vorrang, sondern auch die allgemeinen agrarrechtlichen Grundlagengesetze. Hierzu zählt beispielsweise das **Agrarmarktstrukturgesetz mit der Agrarmarktstrukturverordnung,**[45] die im Jahr 2013 das alte Marktstrukturgesetz abgelöst haben. § 5 AgrarMSG sieht eine eigenständige Kartellbestimmung für gemäß diesem Gesetz anerkannte Agrarorganisationen vor, wobei § 5 AgrarMSG weiter gefasst ist als der alte § 11 MarktStrG. § 1 GWB gilt danach nicht für Tätigkeiten, die eine Agrarorganisation in dem von ihrer Anerkennung umfassten Bereich vornimmt und die dem Agrarorganisationsrecht entsprechen. Der Tätigkeitsbereich ergibt sich hierbei aus dem Zweck gemäß Satzung oder Gesellschaftervertrag des anerkannten Unternehmens, die maßgeblich für die Anerkennung sind. Der neue § 5 AgrarMSG umfasst jede Tätigkeit der anerkannten Agrarorganisation und nicht nur Beschlüsse. Agrarorganisationen sind sowohl anerkannte Erzeugerorganisationen als auch Branchenverbände.[46] Die Bedeutung der rein nationalen Anerkennung hat in den letzten Jahren stark abgenommen, da die mit der Anerkennung verbundenen finanziellen Förderungen stark eingeschränkt wurden. Auch die kartellrechtliche Ausnahme, die mit Blick auf Strukturveränderungen wieder stärker in den Mittelpunkt aktueller Diskussionen rückt, sollte nicht überbewertet werden. Auch ohne ausdrückliche Regelung dürften Preisbindungen oder Wettbewerbsausschlüsse trotz der Ausnahme nicht erlaubt sein.[47] Im Übrigen wird in Abs. 1 Satz 2 klargestellt, dass die allgemeine kartellrechtliche Missbrauchsaufsicht uneingeschränkt Anwendung findet. 39

Vorrangig sind ebenfalls die Regelungen für alle **europäischen Marktordnungen,**[48] die zwischenzeitlich weitestgehend in einer einheitlichen gemeinsamen Marktordnung in der VO 1308/2013 sowie Fischerei und Aquakulturen betreffend in der VO 1379/2013 zusammengefasst sind. Während sich der Vorrang der nationalen einzelgesetzlichen Rege- 40

[44] Einzelheiten zu diesen Gesetzen bei *Hootz* in: Müller-Henneberg/Schwartz/Hootz, GK-GWB, § 28 Rn. 102–122.

[45] Agrarmarktstrukturgesetz vom 20. April 2013 (BGBl. I S. 917); Agrarmarktstrukturverordnung vom 15. November 2013 (BGBl. I S. 3998), die durch Artikel 6 der Verordnung vom 18. Juni 2014 (BGBl. I S. 798) geändert worden ist.

[46] Begründung zum Gesetzesentwurf der Bundesregierung BT-Drucks. 17/11294.

[47] *Brück,* MüKo zum Kartellrecht Band 2 § 28 Rn. 42, der den sachlichen Anwendungsbereich nahezu deckungsgleich mit § 28 GWB sieht.

[48] Zu den Marktorganisationen siehe Band 1 6. Teil Landwirtschaft Rn. 2.

lungen aus den allgemeinen Rechtsgrundsätzen ergibt, stützt sich der Vorrang für die europäischen Marktordnungen auf den allgemeinen Grundsatz des Vorranges des europäischen Rechtes.[49] Das jeweilige Marktordnungsrecht setzt den zulässigen Rahmen für Wettbewerbsbeschränkungen. Darüber hinausgehende Wettbewerbseinschränkungen, also solche, die nicht aufgrund einer Marktordnung oder einer anderen Spezialregelung für den Agrarsektor ausdrücklich privilegiert sind, fallen wieder unter das GWB und sind am Maßstab der allgemeinen Vorschriften des GWB zu prüfen.[50]

VII. Missbrauchsaufsicht

41 Bis zur 6. Kartellnovelle gab es zwei spezielle Vorschriften, die für den Bereich der Missbrauchsaufsicht wichtig waren. Im Rahmen des § 100 Abs. 4 a. F. waren vertikale Vereinbarungen zwischen Landwirten und deren Erzeugerorganisationen mit den Unternehmen des Absatzmarktes von der Missbrauchsaufsicht des ehemaligen § 18 ausgenommen. Zum anderen sah das Gesetz in § 104 eine für die landwirtschaftsspezifischen Sonderregelungen des § 100 a. F. inklusive der vertikalen Vereinbarungen eine spezielle Missbrauchsaufsicht vor. Beide Regelungen wurden mit der 6. Kartellnovelle komplett gestrichen.

42 Durch die Ausnahme von der allgemeinen Missbrauchsaufsicht wurde deutlich, dass **vertikale Vereinbarungen grundsätzlich erlaubt** waren. Vertikale Vereinbarungen zwischen der Erzeugerebene und der Absatzebene umfassen Ausschließlichkeits-, Vertriebs-, Absatz- oder Verwendungsbindungen, die im Rahmen der Vertragslandwirtschaft die Erzeugung, Lagerung, Be- oder Verarbeitung oder den Absatz landwirtschaftlicher Erzeugnisse betreffen. Nach dem Willen des Gesetzgebers soll mit der Streichung von § 100 Abs. 4 a. F. materiell rechtlich grundsätzlich keine Änderung für die in der Vertragslandwirtschaft üblichen langfristigen Lieferbindungen mit Ausschließlichkeitscharakter eintreten.[51] Vertikale Vereinbarungen der Vertragslandwirtschaft sind damit auch weiterhin grundsätzlich erlaubt.

43 Bedeutung haben Ausschließlichkeitsbindungen insbesondere in den Bereichen der **Sonderkulturen.** Vielfach ist es bei speziellen Sorten notwendig, dass der Anbau im Rahmen der sog. Vertragslandwirtschaft stattfindet. D. h., die Erzeuger binden sich ausschließlich an einen Abnehmer. Dies macht Sinn, da vielfach an bestimmte Produkte erhöhte Qualitätsanforderungen zu stellen sind. Dies gilt beispielsweise beim Gemüseanbau, z. B. Brokkoli oder Spinat, für weiterverarbeitende Unternehmen im Tiefkühlsektor oder den Vertragsanbau im Bereich der Babynahrung. Die **höheren Qualitätsanforderungen** bedingen eine Bindung an ein Unternehmen aus Sicht des Produzenten sowie aus Sicht des Erzeugers, um hinreichende Berücksichtigung für höhere Produktionskosten zu finden.

44 Durch die Änderung der 6. Kartellnovelle wurden vertikale Vereinbarungen lediglich der **allgemeinen Missbrauchskontrolle** von § 12 GWB a. F. unterworfen, da den Besonderheiten der Landwirtschaft nach Auffassung des Gesetzgebers bereits im Rahmen der allgemeinen Missbrauchsaufsicht hinreichend Rechnung getragen wird. Mit der 7. Kartellnovelle ist die Missbrauchsaufsicht nach § 12 a. F. jedoch gestrichen worden. Grund hierfür ist, dass eine Freistellung durch die Kartellbehörden wegen des Systems der Legalausnahme nicht mehr erfolgt. Durch den Wegfall der konstitutiven Freistellungsentscheidungen entfällt aber auch die Missbrauchsaufsicht über freigestellte Kartelle. Eine Änderung der **wettbewerblichen Kontrolle** ist hiermit jedoch nicht verbunden. Alle Zuwiderhandlungen gegen das GWB einschließlich des Missbrauchs einer marktbeherrschenden Stellung oder des wettbewerbsbeschränkenden Verhaltens können im Rahmen der §§ 32 ff. geahndet

---

[49] BGHZ 72, S. 371 = NJW 1979 – *Butaris/Vertragsstrafe,* S. 490, Begründung zum Gesetzesentwurf der Bundesregierung BT-Drucks. 13/9720, S. 41.

[50] BGHZ 33, S. 259 = NJW 1961, S. 172 – *Diskriminierungsverbot;* BGHZ 41, S. 271 = NJW 1964, S. 1617 – *Werkmilchabzug.*

[51] Begründung zum Gesetzesentwurf der Bundesregierung BT-Drucks. 13/9720, S. 41.

werden.[52] Aufgrund des neuen Systems der Legalausnahme ist die Kontrolle auf alle horizontalen und vertikalen Vereinbarungen und Beschlüsse bezogen.

Im Bereich von Ausschließlichkeitsbindungen mussten hierbei immer schon die **Besonderheiten der Landwirtschaft** beachtet werden, so dass gerade an die Frage des Missbrauches unter diesem Blickwinkel höhere Anforderungen zu stellen sind. Aber auch bei der Überprüfung des wettbewerblichen Verhaltens der Erzeugerbetriebe und ihrer Vereinigungen insgesamt, müssen künftig die Besonderheiten der Landwirtschaft hinreichend Berücksichtigung finden. Hierbei muss auch den Zielen der Agrarpolitik und den strukturellen Veränderungen der Märkte, die gerade im landwirtschaftlichen Sektor immer mehr voranschreiten, hinreichend Rechnung getragen werden. 45

VIII. Fusionskontrolle

Unter die landwirtschaftliche Sonderregelung des § 28 fallen lediglich horizontale und vertikale Kartellabreden, nicht jedoch die Fusionen im landwirtschaftlichen Bereich. Die Probleme, die auf Seiten der landwirtschaftlichen Erzeuger und ihrer Erzeugervereinigungen im Hinblick auf den zunehmenden Strukturwandel im Verhältnis zu den marktmächtigen Unternehmen der Absatzseite vielfach entstehen, hat der Gesetzgeber nicht hinreichend berücksichtigt. 46

Mit Blick auf die Sonderproblematik des Verhältnisses zum marktstarken Lebensmitteleinzelhandel sind lediglich im Rahmen der 6. Kartellnovelle in der Gesetzesbegründung zu § 36 bedeutsame Aussagen getroffen worden. Für den Bereich der landwirtschaftlichen Verarbeitungs- und Vermarktungsunternehmen, z. B. für den Molkerei- und Schlachthofsektor, hat der Gesetzgeber **wettbewerbliche Benachteiligungen** gesehen, insbesondere im Hinblick auf die Konzentration der Nachfrageseite. Er bestätigt in der Begründung die **Notwendigkeit von Zusammenschlüssen** auf der landwirtschaftlichen Erfassungsmarktseite, um die Wettbewerbsnachteile auf den Absatzmärkten auszugleichen. Erfassungsmarkt ist die landwirtschaftliche Urproduktion und der gemeinsame Verkauf der landwirtschaftlichen Erzeugnisse. Deshalb wird festgehalten, dass bei der Beurteilung der wettbewerblichen Auswirkungen von Zusammenschlüssen den Besonderheiten landwirtschaftlicher Märkte Rechnung getragen und die Veränderungen der Wettbewerbsbedingungen gegenüber den Marktpartnern einbezogen werden.[53] Diese Begründung zeigt, dass auch im Bereich der Fusionskontrolle die landwirtschaftlichen Besonderheiten zu berücksichtigen sind, auch wenn eine Sonderregelung hier nicht vorliegt. 47

IX. Sektoruntersuchungen

In den letzten Jahren führt das Bundeskartellamt zunehmend Sektoruntersuchungen durch, wobei in der Landwirtschaft die Aussagen der **Sektoruntersuchung Milch**[54] bedeutende Aussagen sowohl für Zusammenschlüsse, insbesondere im Hinblick auf Erzeugergemeinschaften, als auch für Marktinformationssysteme und Referenzpreisfindungen getroffen hat. Auslöser der Milchsektoruntersuchung waren durch Überproduktion und schwache Erzeugerpreise ausgelöste Milchlieferboykotte im Jahr 2007 und die damit verbundenen Überlegungen zur Stärkung der Stellung der Erzeuger. Das Bundeskartellamt setzt auf Erzeugerzusammenschlüsse. Klassische Form dieser Erzeugerzusammenschlüsse sind die Genossenschaften. Kritisch ist nach Auffassung des Bundeskartellamtes die Festlegung von **Milchreferenzpreisen** in Milchlieferverträgen. Die Referenzpreismodelle können danach kartellrechtlich unzulässig sein, wenn sie auf Daten beruhen, die nicht kartell- 48

---

[52] Begründung zum Gesetzesentwurf der Bundesregierung BT-Drucks. 15/3640 S. 48.

[53] Beschlussempfehlung und Bericht des Ausschusses für Wirtschaft, BT-Drucks. 13/10633, S. 60/61.

[54] Sektoruntersuchung Milch des Bundeskartellamtes, Endbericht Januar 2012, http://www.bundeskartellamt.de/DE/Wirtschaftsbereiche/Sektoruntersuchungen/sektoruntersuchungen_node.html.

rechtskonform erlangt werden können. Dies gilt nach Auffassung des Bundeskartellamtes für alle Referenzpreismodelle, die aktuelle, betriebsbezogene Milchauszahlungspreise zur Grundlage haben. Sofern eine Molkerei ein Referenzpreissystem verwendet, das auf aggregierten oder historischen Daten beruht, ist dieses für sich genommen nicht wettbewerbsbeschränkend.[55] Auswirkungen haben die Ausführungen des Bundeskartellamtes auch auf **Marktinformationssysteme,** bei denen Daten mehrerer Unternehmen erhoben werden. Datensammlungen, wie sie auf der Grundlage z.B. der Marktordnungswaren-Melde-Verordnung oder auf Basis von freiwilligen Meldungen durch Verbände erhoben werden, sind grundsätzlich kartellrechtlich nicht zu beanstanden.[56] Für den Rohmilchmarkt wird die Veröffentlichung identifizierbarer Daten, die nicht älter als sechs Monate sind, als problematisch erachtet. Nicht problematisch ist dagegen die Veröffentlichung nicht identifizierbarer Daten, wenn mindestens fünf Unternehmen beteiligt sind, von denen keiner mehr als 33% der Rohmilchmenge und die beiden größten Unternehmen nicht mehr als 60% der Rohmilchmenge erfassen. Eine uneingeschränkte Übertragbarkeit dieser Grundsätze auf andere Produktbereiche ist zwar nicht möglich, da die Märkte immer im Lichte der Produktspezifika zu betrachten sind. Die grundlegenden Aussagen lassen sich aber auch auf andere Produktmärkte anwenden.

§ 29 Energiewirtschaft

[1]Einem Unternehmen ist es verboten, als Anbieter von Elektrizität oder leitungsgebundenem Gas (Versorgungsunternehmen) auf einem Markt, auf dem es allein oder zusammen mit anderen Versorgungsunternehmen eine marktbeherrschende Stellung hat, diese Stellung missbräuchlich auszunutzen, indem es

1. Entgelte oder sonstige Geschäftsbedingungen fordert, die ungünstiger sind als diejenigen anderer Versorgungsunternehmen oder von Unternehmen auf vergleichbaren Märkten, es sei denn, das Versorgungsunternehmen weist nach, dass die Abweichung sachlich gerechtfertigt ist, wobei die Umkehr der Darlegungs- und Beweislast nur in Verfahren vor den Kartellbehörden gilt, oder
2. Entgelte fordert, die die Kosten in unangemessener Weise überschreiten.

[2]Kosten, die sich ihrem Umfang nach im Wettbewerb nicht einstellen würden, dürfen bei der Feststellung eines Missbrauchs im Sinne von Satz 1 nicht berücksichtigt werden. [3]Die §§ 19 und 20 bleiben unberührt.

Übersicht

[55] Sektoruntersuchung Milch, Rn. 163 und 164.
[56] Sektoruntersuchung Milch, Rn. 175.

Schrifttum: *Ambrosius,* Die Rechtsprechung des Bundesgerichtshofs zur Billigkeitskontrolle von Tarifen der Versorgungsunternehmen, ZNER 2007, 95; *Baur,* Zur künftigen Rolle der Kartellbehörden in der Energiewirtschaft, RdE 2004, 277; *Becker/Blau,* Die Preismissbrauchsnovelle in der Praxis, 2010; *Becker/Engelsing,* Vom klassischen Strukturansatz zur Pivotalanalyse – Die Entwicklung des Marktbeherrschungsbefunds im Elektrizitätssektor, in FS Säcker, 2011, S. 561; *Becker/Zapfe,* Energiekartellrechtsanwendung in Zeiten der Regulierung, ZWeR 2007, 419; *Danner/Theobald* (Hrsg.), Energierecht, Loseblatt; *Drozella/Krebs,* Marktbeherrschung im Bereich Stromerzeugung/Stromgroßhandel, 2013; *Ehricke,* Die Vereinbarkeit des geplanten § 29 GWB n. F. mit den Warenverkehrsvorschriften des EG-Vertrags, EuZW 2007, 717; *Engelsing,* Konzepte der Preismissbrauchsaufsicht im Energiesektor, ZNER 2003, 111; *Engelsing,* Kostenkontrolle und Erlösvergleich bei Netzentgelten, RdE 2003, 249; *Engelsing,* Wettbewerb und Missbrauchsaufsicht im Energiesektor – Was bringt der neue § 29?, in Ehricke, (Hrsg.), Die neuen Herausforderungen im Lichte des Energierechts, 2009, S. 27; *Gussone/Heymann,* Verschärfte Missbrauchsaufsicht über die Energie- und Wasserwirtschaft, in: Bien (Hrsg.), Das deutsche Kartellrecht nach der 8. GWB-Novelle, 2013, S. 233; *Kalenberg/Haellmigk,* Aktuelle Änderungen des Gesetzes gegen Wettbewerbsbeschränkungen, BB 2008, 174; *Kling,* Die Rechtskontrolle von Netzentgelten im Energiesektor, 2013; *Körber,* Die Fernwärmenetze zwischen Wettbewerbs- und Klimaschutz, RdE 2012, 372; *Koleva,* Die Preismissbrauchskontrolle nach § 29, 2013; *Kolpatzik/Berg,* Gasversorger in der Zwickmühle – oder was taugen die Preismissbrauchsverfahren?, WuW 2011, 712; *Lohse,* Energiepreise unter Kontrolle? Zur Verschärfung der kartellrechtlichen Missbrauchsaufsicht nach § 29 GWB, in FS Kreutz 2010, S. 715; *Markert,* Die Preishöhenkontrolle der Strom- und Gaspreise nach dem neuen § 29 GWB, ZNER 2007, 365; *Markert,* Die Anwendung des deutschen und europäischen Kartellrechts und der zivilrechtlichen Preiskontrolle nach §§ 307, 315 BGB im Strom- und Gassektor im zweiten Jahrzehnt der Marktliberalisierung, ZNER 2009, 193; *Müller/Graff,* Sektorale Kartellrechtliche Preiskontrolle im Licht der Grundfreiheiten des Binnenmarktes, in FS Hirsch, 2008, S. 273; *Ritter/Lücke,* WuW 2007, 698; *Ritter,* WuW 2008, 142; *Säcker,* Marktabgrenzung, Marktbeherrschung, Marttransparenz und Machtmissbrauch auf Großhandelsmärkten für Elektrizität, 2011; *Säcker* (Hrsg.), Berliner Kommentar zum Energierecht, Bd. 1 Hbbd. 2 3. Auflage 2014 (zit. als BerlKommEnR); *Wagemann,* Die Fortentwicklung des Vergleichsmarktkonzepts in der Preismissbrauchsaufsicht, in FS Bechtold, 2006, S. 593.

I. Überblick

1 § 29 ist eine **sektorspezifische Verschärfung der allgemeinen Missbrauchsvorschriften** für den Strombereich und für den Bereich leitungsgebundenen Gases. Er soll die Effektivität der kartellbehördlichen Eingriffsmöglichkeiten steigern.[1] Der Gesetzgeber befand, dass die 1998 begonnene Öffnung der Energiemärkte noch nicht zu funktionierenden Wettbewerbsmärkten geführt habe. Es war zu einer wesentlich von der Entwicklung der Primärenergiekosten abweichenden Preisentwicklung gekommen;[2] weitere Preissteigerungen waren wegen der 2007 auslaufenden Tarifgenehmigungen nach BTOElt zu befürchten. Die erleichterte Missbrauchsaufsicht nach § 29 soll den Übergangszeitraum abdecken, bis sich Wettbewerb in der Energiewirtschaft voll entfaltet hat;[3] daher war die Regelung ursprünglich auf rund fünf Jahre befristet;[4] die Befristung wurde im Zuge der 8. GWB-Novelle auf insgesamt rund 10 Jahre verlängert, da „einzelne Bereiche“ der Energieversorgung noch unzureichend von Wettbewerb durchdrungen seien.[5]

2 In § 29 sind zwei Methoden normiert, einen **Preishöhenmissbrauch** marktbeherrschender Versorgungsunternehmen zu bestimmen. In dessen Satz 1 Nr. 1 wird das Vergleichsmarktkonzept aus § 19 Abs. 2 Nr. 2 aufgegriffen und durch eine auf Verfahren vor den Kartellbehörden beschränkte Beweislastumkehr sowie die ausdrückliche Erweiterung des Kreises der Vergleichsunternehmen verschärft. In § 29 Satz 1 Nr. 2 wird das sog.[6] Ge-

[1] RegBegr BT-Drs. 16/5847, 1.
[2] RegBegr BT-Drs. 16/5847, 1 und 9.
[3] RegBegr BT-Drs. 16/5847, 9; RegBegr BT-Drs. 17/9852, 35 f.
[4] *Baron* hielt dies für zu kurz, in FK, Rn. 1 mit Fn. 4 sowie Rn. 23.
[5] RegBegr BT-Drs. 17/9852, 35; vgl. im Einzelnen die Kommentierung zu § 131 Abs. 1.
[6] „‚Gewinnspannenbegrenzungskonzept'" bei *C. Becker/Blau,* S. 87; „‚Kostenkontrolle'" in OLG Düsseldorf, B. v. 22.4.2002, VI-Kart 2/02, WuW/E DE-R 914, Rn. 20 (juris) – envia; auch in Reg-

winnbegrenzungskonzept kodifiziert. Für beide Methoden schreibt § 29 Satz 2 fest, dass nur effiziente Kosten anzuerkennen sind. Das Gesetzgebungsvorhaben war Anlass einer heftigen, ins ökonomisch-grundsätzliche gehenden Debatte über die Sinnhaftigkeit des Preishöhenmissbrauchs, welche der Gesetzgeber unter Verweis auf das „Leitbild einer ökonomisch kompetenten Wettbewerbsbehörde“[7] bewertete. Die Anwendungspraxis zu § 29 beschränkt sich auf Verfahren zu Gas-Haushaltskundenpreisen und zu Heizstrompreisen.

3 Das **Konkurrenzverhältnis zu §§ 19 und 20** ist in § 29 Satz 3 ausdrücklich im Sinne paralleler Anwendbarkeit geregelt. Dies wurde im Verhältnis zur allgemeinen Missbrauchsaufsicht über Preise nach § 19 Abs. 2 Nr. 2 im zeitlichen Übergang zur parallelen Anwendbarkeit von § 29 in den sog. Gaspreisverfahren praktisch relevant, die für 2007 auf § 19 Abs. 2 Nr. 2 und für 2008 auf § 29 Satz 1 Nr. 1 gestützt wurden. Die übrigen in § 19 normierten Beispieltatbestände erfassen andere Fallgestaltungen als § 29.[8]

4 Schon aufgrund des Anwendungsvorrangs kann **Art. 102 AEUV** durch § 29 nicht verdrängt werden.[9] Damit im Einklang ist Art. 102 AEUV nach Art. 3 Abs. 1 Satz 2 VO 1/2003 parallel zu nationalen Missbrauchsvorschriften anzuwenden, soweit er einschlägig ist. Ein etwaiger, über Art. 102 AEUV hinausgehender Verbotsgehalt von § 29 steht gemäß Art. 3 Abs. 2 Satz 2 VO 1/2003 als weitergehendes nationales Recht im Einklang mit Europarecht.[10] Ebenso wie neben § 19 ist § 315 BGB auch neben § 29 anwendbar.

5 Der **Geltungsbereich** von § 29 wird durch § 130 Abs. 3 i. V. m. § 111 EnWG sachlich beschränkt; dabei kommt § 111 Abs. 3 EnWG im Hinblick auf die Berücksichtigung veröffentlichter Netznutzungsentgelte in kartellbehördlichen Verfahren[11] besondere Bedeutung zu.

6 Der **zeitliche Anwendungsbereich** ist durch § 131 Abs. 1 beschränkt,[12] der mit der 8. GWB-Novelle dahingehend verändert worden ist, dass § 29 GWB nunmehr bis zum 31.12.2017 gilt.

7 Die veröffentlichte **Anwendungspraxis**[13] zu § 29 GWB beschränkt sich auf die Verfahren des BKartA zu Gas-Haushaltskunden[14] und zu Heizstrom.[15] Auf dem vom Gesetzgeber ebenfalls in den Blick genommenen Stromerstabsatzmarkt[16] ergab sich in der Sektoruntersuchung Strom kein mit den Mitteln einer Beschlussabteilung feststellbarer Anfangsverdacht.[17]

Begr, BT-Drs. 16/5847, 11, sowie „Gewinnbeschränkung“; „Überprüfung von Preisbildungsfaktoren“ in BKartA, B. v. 19.3.2012, B10–16/09, Rn. 45 – Entega Heizstrom.

[7] Antwort von Bundesminister Glos an den Wissenschaftlichen Beirat beim BMWi vom 5.11.2006, zitiert nach *Ritter/Lücke*, WuW 2007, 698, 708.

[8] Zum Beispieltatbestand nach § 19 Abs. 2 Nr. 3 – Preisspaltung – vgl. LG Frankfurt am Main, U. v. 7.3.2007, 2/6 O 489/06, RdE 2007, 242, 243 f. – Entega.

[9] Vgl. die Kommentierung zu § 130 Abs. 3, Rn. 34 ff.

[10] Ausführlich *Koleva*, S. 96 ff.

[11] Vgl. die Kommentierung zu § 130 Abs. 3, Rn. 13 und 19 ff.

[12] Siehe die Kommentierung zu § 131, Rn. 5 ff.

[13] Verfahren vor Landeskartellbehörden enden häufig informell; vgl. zur Statistik BKartA, TB 2007/2008, BT-Drs. 16/13500, 187; BKartA, TB 2009/2010, BT-Drs. 17/6640, 167; BKartA. TB 2011/2012, BT-Drs. 17/13675, 137 und 139; BKartA, TB 2013/2014, BT-Drs. 18/5210, 140 f.

[14] Im Überblick BKartA, Fallbericht v. 26.8.2009, B10–16/08 – Gaspreisverfahren.

[15] Im Überblick BKartA B. v. 29.9.2010, B10–12/09 bis B10–50/09 – Sektoruntersuchung Heizstrom.

[16] RegBegr BT-Drs. 16/5847, 9; RegBegr BT-Drs. 17/9852, 35 f.; ausführlich *Koleva,* S. 97 ff. m. w. N.

[17] BKartA v. 13.1.2011, B10-9/09, S. 159 ff. – Sektoruntersuchung Strom.

II. Normgeschichte und Entwicklung

8 Die kartellrechtlichen Sonderregelungen zur Energiewirtschaft folgten den Wandlungen des besonderen Ordnungsrahmens dieses Wirtschaftszweiges.[18] Bei **Erlass 1957**[19] enthielt das GWB eine Bereichsausnahme für die Energiewirtschaft in § 103 a. F.[20] Mit der 4. GWB-Novelle 1980[21] wurden die enthaltenen Freistellungen jeweils befristet und die bereits seit 1957 in § 104 a. F. vorgesehene besondere Missbrauchsaufsicht in § 103 Abs. 5 a. F. detaillierter ausgestaltet; dessen Satz 2 Nr. 2 enthielt eine Umkehrung der Beweislast.[22] Mit der Einführung des verhandelten Netzzugangs durch das **EnWG 1998**[23] wurden §§ 103 und 103a a. F. durch einen neuen § 103b Satz 1 a. F. für auf den Bereich Elektrizität und Gas zunächst für nicht mehr anwendbar erklärt und durch die 6. GWB-Novelle[24] aufgehoben.[25]

9 Bis zum Wegfall der entsprechenden Zuständigkeit mit der **2. EnWG-Novelle 2005**[26] lag der Schwerpunkt der kartellbehördlichen Missbrauchsaufsicht über Energiepreise auf Verfahren zu Netznutzungsentgelten[27] sowie zu Mess- und zu Verrechnungspreisen.[28] Diese Verfahren waren nicht durchweg in der Beschwerdeinstanz erfolgreich,[29] woraus der Eindruck resultierte, dass Beweisschwierigkeiten aufgrund des Wegfalls der Beweislastumkehr nach § 103 Abs. 5 Satz 2 Nr. 2 bestanden;[30] die Verfahren waren aber betreffend Grundsatzfragen später in der Rechtsbeschwerdeinstanz[31] erfolgreich. Dennoch bestand angesichts deutlich steigender Energiepreise politischer Handlungsdruck, Preismissbrauch auch gesetzlich zu bekämpfen.

10 Der **Referentenentwurf** vom 9.11.2006[32] sah ein in den Detailvoraussetzungen sehr verschärftes Missbrauchsverbot auf Grundlage des Vergleichsmarktkonzepts vor und schrieb zugleich die Kostenkontrolle als weiteren besonderen Missbrauchstatbestand fest.[33] Der **Regierungsentwurf** war demgegenüber bereits erheblich abgeschwächt. So entfiel die Anwendbarkeit auf Fernwärme.[34] Der Anwendungsbereich der Beweislastumkehr wurde auf das sog. Vergleichsmarktkonzept der Nr. 1 beschränkt; weiter entfielen die eigenständige Anwendbarkeit auf Entgelt- bzw. Kostenbestandteile[35] und der Ausschluss des Erheb-

---

[18] Vgl. zur Entwicklung der Preis-Missbrauchsaufsicht über die Energiewirtschaft *Mohr* in BerlKommEnR, 3. Auflage 2014, Rn. 11 ff.

[19] BGBl. I 1957, 1081.

[20] Vgl. zur historischen Entwicklung der Preismissbrauchsaufsicht im Energiebereich ausführlich *Markert* in MünchKomm, Rn. 4 ff.; *Baron* in FK, Rn. 2 ff.

[21] BGBl. I 1980, 458.

[22] Zur historischen Fallpraxis *Markert* in MünchKomm, Rn. 7 m. w. N.

[23] BGBl. I 1998, 730.

[24] BGBl. I 1998, 2521.

[25] Vgl. aber die auf eine Verlängerung gerichteten Vorstöße des Bundesrates, BR-Drs. 806/96 (B), 6 und BR-Drs. 852/97 (B), 7 f.

[26] Zur heutigen Kompetenzabgrenzung vgl. die Kommentierung zu § 130 Abs. 3.

[27] Vgl. hierzu *Engelsing,* RdE 2003, 249, passim; zu Möglichkeiten der Rechtskontrolle in Zeiten der Regulierung vgl. *Kling,* passim.

[28] BKartA, TB 2001/2002, BT-Drs. 15/1226, 36; BKartA, TB 2003/2004, BT-Drs. 15/5790, 29 f.; *Wagemann* in FS Bechtold, S. 593 ff.

[29] Vgl. BKartA, TB 2003/2004, BT-Drs. 15/5790, 29 f.

[30] Vgl. *Baur,* RdE 2004, 277, 282; *Säcker* in BerlKommEnR, § 111 EnWG, Rn. 4; *Schütze* in PraxKomm EnWG, Stand 01–11, § 111 EnWG, Rn. 6.

[31] BGH, B. v. 28.6.2005, KVR 17/04, WuW/E DE-R 1513 = BGHZ 163, 282 – Stadtwerke Mainz; vgl. BKartA, TB 2005/2006, BT-Drs. 16/5710, 127 f.

[32] Zu Details der Debatte *Lücke* in Langen/Bunte, Rn. 6 m. w. N.

[33] Ausführlich *Koleva,* S. 32 ff.

[34] Zu den Wettbewerbsproblemen dieses Sektors BKartA v. 1.8.2012, Sektoruntersuchung Fernwärme; *Körber,* RdE 2012, 372.

[35] Vgl. aber RegBegr BT-Drs. 16/5847, 10 f., die eine Anwendbarkeit auf einer selbständigen Entgeltbildung zugängliche Preiskomponenten voraussetzt.

lichkeitszuschlags. Auf Empfehlung des Wirtschaftsausschusses[36] wurde der Anwendungsbereich auf „leitungsgebundenes" Gas[37] und die Beweislastumkehr auf Verfahren vor den Kartellbehörden – und damit Kartellzivilverfahren ausschließend – beschränkt.

11 Der Gesetzgebungsvorschlag löste daneben eine ins **ins Grundsätzliche gehende Debatte**[38] über die ökonomische Sinnhaftigkeit der kartellbehördlichen Missbrauchsaufsicht über Preise aus.[39] Einige Stimmen rückten die Vorschrift in die Nähe der Preisregulierung.[40] Die Existenz einer Missbrauchsaufsicht über Preise konnte aber schon normativ nicht zur Debatte stehen, da sie auch in § 19 Abs. 2 Nr. 2 und in Art. 102 Satz 2 lit. a AEUV als Regelbeispiel benannt ist. Das negative Wirkungspotential von Preissenkungsverfügungen auf Anreize zu Markteintritten und damit wider einer Verbesserung der Marktstruktur ist ein offensichtlicher, gewichtiger Faktor, der von der Kartellbehörde bei der Ausübung des Aufgreifermessens berücksichtigt wird und gegen den abwendbaren Verbraucherschaden abzuwägen ist. In der Sachentscheidung scheint diese Erwägung wiederum bei der Bemessung des Erheblichkeitszuschlags auf, der nach vom BGH sanktionierter Praxis der Wechselquote in dem betroffenen Markt entspricht.[41] Dem Charakter als „ordnungspolitische Gratwanderung"[42] tragen die Kartellbehörden in ihrer Praxis so Rechnung.[43]

12 § 29 trat am 27.12.2007 in Kraft; seine Anwendbarkeit war in § 131 Abs. 7 a. F. auf den 31.12.2012 befristet. Im Zuge der **8. GWB-Novelle** hatte der Bundesrat eine Ausdehnung von § 29 auf Fernwärme vorgeschlagen;[44] dies lehnte die Bundesregierung unter Verweis auf die fehlende, zu flankierende Liberalisierungsdynamik ab.[45] Die Befristung der Anwendbarkeit von § 29 wurde auf den 31.12.2017 hinausgeschoben.[46]

III. Adressatenstellung

1. Grundsätze, Begriff Versorgungsunternehmen

13 Adressaten von § 29 sind marktbeherrschende **Versorgungsunternehmen.** Dem Begriff des Versorgungsunternehmens liegt der allgemeine Unternehmensbegriff zugrunde.[47] Er ist darüber hinaus in § 29 Satz 1 dahingehend legaldefiniert, dass er sich auf Anbieter von

---

[36] AusschBer BT-Drs. 16/7156, 11.

[37] Obwohl dies im heutigen § 3 Nr. 19a i. V. m. § 4 EnWG implizit ist. Vgl. *Bruhn* in BerlKomm-EnR, 2. Auflage 2010, Rn. 20.

[38] Vgl. ausführlich *C. Becker/Blau,* S. 4 ff.; *Baron* in FK, Rn. 24 ff.; *Lücke* in Langen/Bunte, Rn. 6.

[39] Vgl. insb. Monopolkommission, SG 47, S. 11 ff.; Stellungnahmen zur öffentlichen Anhörung des Wirtschaftsausschusses am 5.11.2007, zusammengefasst in Ausschuss-Drs. 16(9)845 (abrufbar über http://webarchiv.bundestag.de/archive/2010/0427/bundestag/ausschuesse/a09/anhoerungen/Archiv/11_Anhoerung/Stellungnahmen/index.html); Schreiben des Wissenschaftlichen Beirats beim BMWi (http://www.bmwi.de/BMWi/Redaktion/PDF/B/brief-energiebeirat-an-glos).

[40] Vgl. z. B. *Ehricke,* EuZW 2007, 717; *Müller-Graff,* FS Hirsch, S. 273 ff.; dagegen *Markert* in MünchKomm, Rn. 2 m. w. N.

[41] BGH, B. v. 15.5.2012, KVR 51/11, WuW/E DE-R 3622, Rn. 27 – Wasserpreise Calw I; BGH, U. v. 7.12.2010, KZR 5/10, WuW/E DE-R 3145, Rn. 32 f. – Entega II zusammen der Vorinstanz mit OLG Frankfurt a. M., U. v. 26.1.2010, 11 U 12/07 (Kart), WuW/E DE-R 2860, Rn 28; BGH, B. v. 28.6.2005, KVR 17/04, WuW/E DE-R 1513 = BGHZ 163, 282, Rn. 32 f. – Stadtwerke Mainz; vgl. *Engelsing* in Ehricke, S. 27, 35 f.; *Körber* in Immenga/Mestmäcker, Rn. 90.

[42] *C. Becker/Blau,* S. 2.

[43] *C. Becker/Blau,* S. 16 ff.; vgl. Monopolkommission, SG 54, Rn. 514.

[44] BR-Drs. 176/12 (B), 7.

[45] RegBegr BT-Drs. 17/9852, 50.

[46] Vgl. die Kommentierung zu § 131 Abs. 1.

[47] Zum allgemeinen Unternehmensbegriff siehe oben die Kommentierungen zu § 1 Rn. 24 ff., zu Art. 101 AEUV Rn. 130 ff. und zu Art. 102 AEUV Rn. 17 ff.; zu den Besonderheiten betreffend öffentliche Unternehmen siehe die Kommentierung zu § 130 Abs. 1; so auch *Markert* in MünchKomm, Rn. 18.

Elektrizität und leitungsgebundenem Gas beschränkt; hierüber wird auch die Beschränkung seines Anwendungsbereichs auf den Energiesektor bewirkt. Die Begriffe Elektrizität und Gas entsprechenden dabei den gleichlautenden Begriffen im EnWG. Die Leitungsbindung von Gas schließt nicht-leitungsgebundenes Flüssiggas[48] vom Anwendungsbereich des § 29 aus. Fernwärme wird als weiterer leitungsgebundener Energieträger nicht erfasst, trotz zweier dahingehender Anläufe.[49] Bei Erlass des Gesetztes lag der erwartete Anwendungsfokus auf den Gas-Endkundenpreisen und im Bereich der Stromerzeugung.[50] Bei der Verlängerung hat der Gesetzgeber neben der Stromerzeugung ausdrücklich auch den Bereich Heizstrom in den Blick genommen.[51]

Auch mit Blick auf die Konfliktregel des § 130 Abs. 3 GWB i. V. m. § 111 EnWG erfasst der Begriff Anbieter **Unternehmen, die auf den Netzen vor- oder nachgelagerten Märkten tätig sind,**[52] also insbesondere Erzeuger, Importeure, sowie Groß- und Einzelhändler aller Vertriebsstufen. Netzbetreiber kommen in dieser Funktion regelmäßig nicht als Anbieter von Energie in Betracht; insoweit ist der Begriff enger als der Begriff Energieversorgungsunternehmen nach § 3 Nr. 18 EnWG.[53] Etwas anderes könnte sich allenfalls durch den Betrieb des Regelenergiesystems ergeben. Eine Anwendung von § 29 ist aber in jedem Fall von § 130 Abs. 3 i. V. m. § 111 EnWG ausgeschlossen. 14

Der Begriff der **Marktbeherrschung** greift auf die allgemeinen Grundsätze zurück,[54] die ihren normativen Anknüpfungspunkt seit der 8. GWB-Novelle in § 18 finden; dies gilt auch für die von § 29 ebenfalls erfasste gemeinsame Marktbeherrschung. Damit sind auch die allgemeinen Grundsätze zur sachlichen und räumlichen Marktabgrenzung einschlägig. 15

2. Angebot leitungsgebundenen Erdgases

Die **Marktabgrenzungspraxis** im Bereich der leitungsgebunden Versorgung mit Gas[55] war bis in die jüngste Vergangenheit von den Resten der überkommenen geschlossenen Versorgungsgebiete geprägt,[56] zumindest als Korrektiv.[57] Seither haben sich die Wettbewerbsverhältnisse im Bereich der Gasversorgung in Deutschland im Sinne weiträumigerer Märkte weiterentwickelt,[58] was sich in einer entsprechenden Anpassung der Marktabgrenzung nach sich gezogen hat;[59] parallel hatte sich auch die praktische Relevanz von § 29 im Gasbereich reduziert. 16

[48] Vgl. zu den Problemen dieses Sektors TB 2007/2008, BT-Drs. 16/13500, 33; TB 2013/2014, BT-Drs. 18/5210, 34; zu weit beim Ausschluss *Ritter,* WuW 2008, 142, 144.

[49] Referententwurf zur Preismissbrauchsnovelle (http://rsw.beck.de/docs/librariesprovider5/rsw-dokumente/RefE-bmwi) sowie BR-Drs. 176/12 (B), 7.

[50] RegBegr BT-Drs. 16/5847, 9.

[51] RegBegr BT-Drs. 17/9852, 35 f.

[52] RegBegr BT-Drs. 16/5847, 9.

[53] *Markert* in MünchKomm, Rn. 17.

[54] Vgl. RegBegr BT-Drs. 16/5847, 10 f.

[55] Die sog. Wärmemarktthese ist mehrfach höchstrichterlich abgelehnt (BGH, U. v. 9.7.2002, KZR 30/00, WuW/E DE-R 1006, Rn. 29; BGH, U. v. 29.4.2008, KZR 2/07, WuW/E DE-R 2295, Rn. 12 – Erdgassondervertrag) und daher nur noch von historischem Interesse; vgl. je m. w. N. *Bruhn* in BerlKommEnR, 2. Auflage 2010, Rn. 22 ff.; *C. Becker/Zapfe,* ZWeR 2007, 419, 428.

[56] Vgl. *C. Becker/Zapfe,* ZWeR 2007, 419; BKartA, B. v. 30.4.2010, B8–109/09 – RWE/SW Lingen/SW Radevormwald, Rn. 95 ff.

[57] BKartA, B. v. 20.3.2012, B8–124/11 – Enovos/ESW; BKartA, B. v. 31.1.2012, B8–116/11 – Gazprom/VNG je m. w. N. zu Vorgängerfällen.

[58] Vgl. zur der rechtlichen de-Regulierung nachlaufenden, auf die tatsächlichen Marktverhältnisse abstellenden Marktabgrenzung BGH, B. v. 15.7.1997, KVR 33/96, WuW/E DE-R 24, Rn. 33 f. (juris) – Stromversorgung Aggertal; siehe auch § 3 SektVO, der kumulativ auf Märkte mit „freiem Zugang" und „unmittelbar dem Wettbewerb ausgesetzt" sein abstellt, letzteres ist vom Bundeskartellamt gesondert zu begutachten (Sektorenverordnung BGBl. I 2009, 3110, zuletzt geändert durch Art. 7 BGBl. I 2013, 2722).

[59] BKartA, B. v. 23.10.2014, B8–69/14 – EWE/VNG.

17 Tätigkeiten im Bereich von Erschließung, Förderung und Erstabsatz von **Erdgas** werden zumindest auch mit Blick auf mögliche nationale Absatzmärkte zu prüfen sein.[60] Hier kommt die marktbeherrschende Stellung zweier Anbieter, jedenfalls perspektivisch nach Auslaufen der L-Gas-Produktion, in Betracht. Das Bundeskartellamt hat die bisherige Unterscheidung zwischen der Belieferung überregionaler Ferngasgesellschaften (1. Stufe) und regionaler Ferngasunternehmen (2. Stufe) aufgegeben. Beide Marktstufen werden sachlich zu einer einheitlichen Gasgroßhandelsstufe (für H-Gas und L-Gas) einschließlich der Händler zusammengefasst. Räumlich wird der Großhandelsmarkt für Erdgas bundesweit abgegrenzt und nicht mehr netzbezogen oder marktgebietsbezogen.[61] Das gilt auch für den nachgelagerten, sachlich selbständigen Markt der Belieferung von regionalen und lokalen Weiterverteilern, insbesondere Stadtwerken.[62] Auf einzelnen dieser Märkte gibt es zwar noch starke Stellungen einzelner Unternehmen, es kann jedoch nicht mehr automatisch davon ausgegangen werden, dass die ehemaligen Gebietsmonopolisten jeweils markbeherrschend sind.

18 Auf den **Endkundenmärkten für Gas** unterscheidet das Bundeskartellamt[63] zwischen einem bundesweiten Markt für die Belieferung von leistungsgemessenen Letztverbrauchern (sog. RLM-Kunden, insbesondere Industriekunden) und verschiedenen Märkten für Standardlastprofilkunden (sog. SLP-Kunden, Haushaltskunden und Gewerbekunden). Bei der Belieferung von Haushaltskunden differenziert das Bundeskartellamt nunmehr – in Übertragung der Praxis im Strombereich – sachlich zwischen Grundversorgungskunden und Sondervertragskunden. Die Belieferung von Sondervertragskunden wird bundesweit abgegrenzt. Dagegen bleibt es bei den Grundversorgungskunden räumlich bei der netzbezogenen Abgrenzung, bei der jeder Grundversorger in seinem Gebiet dann ein Monopol hat.

3. Angebot von Elektrizität

19 Im **Bereich Strom** sind die Erzeugungsstufe, die Distributionsstufe und die Endkundenstufe zu unterscheiden.[64] Das Bundeskartellamt nimmt auf der **Erzeugungsstufe** einen Deutschland und Österreich umfassenden Markt für den erstmaligen Absatz von Elektrizität an, der allerdings nach EEG vermarktete Mengen[65] und Regelenergie nicht umfasst.[66] Einen eigenständigen Markt dürfte zudem die Leistungsbesicherung darstellen.[67] Zur Bestimmung marktbeherrschender Stellungen im Bereich des Erstabsatzes von Strom kommen aufgrund dessen Besonderheit der weitestgehenden Nichtspeicherbarkeit besondere Methoden und Maße zur Anwendung, insb. der sogenannte Residual-Supply-Index.[68]

---

[60] BKartA, B. v. 31.1.2012, B8–116/11, Rn. 66 ff. – BKartA, B. v. 23.10.2014, B8–69/14 – EWE/VNG.Gazprom/VNG; vgl. Kommission v. 22.4.2015, IP 15/4828 sowie MEMO 15/4829 – Gazprom.

[61] BKartA, B. v. 23.10.2014, B8–69/14, Rn. 69 ff. – EWE/VNG m. w. N., auch zur Praxis der Kommission.

[62] Ebda., Rn. 116 ff.

[63] Ebda., Rn. 129 ff. und Rn. 167 ff.

[64] BKartA, TB 2005/2006, BT-Drs. 16/5710, 124.

[65] Kritisch hierzu *Markert* in MünchKomm, Rn. 21 unter Verweis auf *Säcker,* Marktabgrenzung, Marktbeherrschung, Marttransparenz und Machtmissbrauch auf Großhandelsmärkten für Elektrizität, 2011, S. 45 ff.; BKartA, B. v. 13.1.2011, B10-9/09, S. 69 ff. – Sektoruntersuchung Strom.

[66] BKartA, B. v. 13.1.2011, B10-9/09, S. 69 ff. – Sektoruntersuchung Strom; BKartA, B. v. 8.12. 2011, B8–94/11, Rn. 27 ff. – RWE/Unna; eine Ausdehnung auf weitere Länder ist gegenwärtig noch nicht angezeigt; vgl. Monopolkommission, SG 65, Rn. 67 ff.; vgl. zu einer möglichen Trennung der Gebotszone ACER Opinion v. 23.9.2015, No 9/2015.

[67] Vgl. BNetzA, Festlegung v. 16.4.2014, BK6–13-200, 17 – Energieinformationsnetz I; „Reservevorhaltung für Dritte" BKartA, B. v. 13.1.2011, B10-9/09, S. 60 – Sektoruntersuchung Strom.

[68] BKartA v. 13.1.2011, B10-9/09, S. 96 ff. – Sektoruntersuchung Strom; befürwortend Monopolkommission, SG 49, Rn. 187; dies., SG 54, Rn. 80; dies., SG 59, Rn. 480; dies., SG 65, Rn. 106 ff.; Monopolkommission, SG 71, Rn. 60 bis 63; kritisch insb. *Drozella/Krebs, passim;* im Überblick *C. Becker/Engelsing,* FS Säcker, 561 ff.; vgl. auch Monopolkommission, SG 71, Rn. 79 ff. m. w. N.

Diese Methoden sind bisher noch nicht Gegenstand einer regelnden Verfügung in einem Kartellverwaltungsverfahren gewesen; ihre gerichtliche Überprüfung steht noch aus. Auf Basis der Marktlage 2003 erfolgte ein Duopolbefund;[69] auf Basis der Marktlage 2007 wurden vier, auf Basis der Marktlage 2008 drei Unternehmen als marktbeherrschend eingestuft.[70] Seither haben sich die Marktmachtverhältnisse tendenziell entspannt.[71] Sie verändern sich aber ständig weiter,[72] wobei gegenläufige Momente wirken: der weitere Zubau nach EEG vermarkteter Stromerzeugungsanlagen, der schrittweise Atomausstieg, die Fluktuation im konventionellen Kraftwerkspark, die gegenwärtig eher von Stilllegungen geprägt ist, denen teilweise die ResKV[73] entgegensteht; perspektivisch wird auch die geplante Kapazitätsreserve nicht ohne Wirkungen auf den Erstabsatzmarkt sein.[74] Die Bundesregierung erwägt, dem Bundeskartellamt im Rahmen seiner Monitoringtätigkeit nach § 48 Abs. 3 aufzuerlegen, mindestens alle zwei Jahre zur Wettbewerbssituation im Hinblick auf die Stromerzeugung zu berichten.[75] Damit soll angesichts der schnellen Veränderung der Vermarktungschancen konventionell erzeugten Stromes im Zuge der Energiewende den handelnden Unternehmen eine solidere Basis für ihre Selbsteinschätzung im Hinblick auf das Vorliegen einer marktbeherrschenden Stellung ermöglicht werden.

Im Bereich Strom ist auf der **Distributionsstufe** (Handel, Stadtwerke, Regionalversorger) bisher lediglich der Markt für die Belieferung von Stromweiterverteilern praktisch relevant geworden; hier verfolgten die damals marktbeherrschenden Erzeugungsunternehmen eine Akquisitionsstrategie zur Kundenabschottung.[76] Diese Strategie ist aufgegeben worden.[77] 20

Auf Ebene der **Letztverbraucher** grenzt das Bundeskartellamt im Bereich Strom bundesweite Märkte für die Belieferung von Kunden mit registrierender Leitungsmessung (meist Industriekunden)[78] und für die Belieferung von Standardlastprofilkunden auf Grundlage von Sonderverträgen[79] ab; es grenzt netzgebietsbezogene Märkte für die Belieferung von Standardlastprofilkunden in der Grundversorgung ab;[80] und es grenzt Märkte für die Belieferung von Standardlastprofilkunden mit Heizstrom[81] nach dem etablierten Versorgungsgebiet des Heizstrom anbietenden Stromvertriebsunternehmens und damit praktisch auch nach dem Netzgebiet ab.[82] Damit ist eine Anwendung von § 29 im Bereich der 21

---

[69] BKartA, B. v. 12.9.2003, B8–21/03, „E.ON/Eschwege", S. 11 ff.; bestätigt durch: OLG Düsseldorf, B. v. 6.6.2007, VI-2 Kart 7/04, WuW/E DE-R 2094, Rn. 44 ff. (juris); BGH, B. v. 11.11.2008, KVR 60/07, WuW/E DE-R 2383, Rn. 52 ff. (juris).

[70] BKartA v. 13.1.20011, B10-9/09, S. 103 ff. – Sektoruntersuchung Strom.

[71] BNetzA und BKartA, Monitoringbericht 2014, S. 29 ff., insb. 32.

[72] Vgl. z. B. BNetzA und BKartA, Monitoringbericht 2014, S. 43.

[73] Reservekraftwerksverordnung, BGBl. I 2013, 1947.

[74] BMWi v. Juli 2015, Ein Strommarkt für die Energiewende (Weißbuch), S. 80 ff.

[75] BMWi v. Juli 2015, Ein Strommarkt für die Energiewende (Weißbuch), S. 61.

[76] BKartA, B. v. 12.9.2003, B8–21/03, „E.ON/Eschwege", S. 15 ff.; bestätigt durch: OLG Düsseldorf, B. v. 6.6.2007, VI-2 Kart 7/04, WuW/E DE-R 2094, Rn. 96 (juris); BGH, B. v. 11.11.2008, KVR 60/07, WuW/E DE-R 2383, Rn. 63 (juris).

[77] BKartA, Fallbericht v. 24.6.2013, B8–92/13 – RWE/Ahaus.

[78] BKartA, B. v. 30.11.2009, B8–107/09, Rn. 32 ff. und 39 – Integra/Thüga; BKartA v. 8.12.2011, B8–94/11, Rn. 22 ff. – RWE/Unna, wobei eine Erweiterung des räumlichen Marktes um Österreich offengelassen wurde (Rn. 37 und 60).

[79] BKartA B. v. 30.11.2009, B8–107/09, Rn. 32, 36 ff. und 39 – Integra/Thüga.

[80] BKartA B. v. 30.11.2009, B8–107/09, Rn. 32, 35 und 40 – Integra/Thüga.

[81] Markt für die Belieferung von Haushalts- und Kleingewerbekunden mit Elektrizität zum Betrieb unterbrechbarer Verbrauchseinrichtungen für den Zweck der Raumheizung (Heizstrom), BKartA, B. v. 19.3.2012, B10–16/09, Rn. 19 – Entega Heizstrom.

[82] OLG Düsseldorf, B. v. 20.5.2010, VI-2 Kart 9/09, n. v. – Entega; BKartA B. v. 30.11.2009, B8–107/09, Rn. 32, 38 und 41 – Integra/Thüga; BKartA B. v. 29.9.2010, B10–12/09 bis B10–50/09, S. 6 – Sektoruntersuchung Heizstrom; BKartA, B. v. 19.3.2012, B10–16/09, Rn. 23 ff. – Entega Heizstrom.

Grundversorgung theoretisch möglich; auch im Bereich Heizstrom hat eine Erosion der überkommenen monopolistischen Marktstellungen gerade erst eingesetzt.[83] Angesichts der Grundproblematik jeder Missbrauchsaufsicht über Preise[84] wird im Rahmen des Aufgreifermessens im Falle der Grundversorgung der Substitutionsdruck durch die Versorgung im Wege von Sonderverträgen und im Bereich Heizstrom der Grad einsetzenden Wettbewerbs gewichtig zu berücksichtigen sein.

IV. Missbrauchstatbestände

1. Grundsätzliches

22 In § 29 Satz 1 sind zwei **besondere Missbrauchstatbestände** für den Energiebereich normiert, das Vergleichsmarktkonzept und das sog. Gewinnbegrenzungskonzept.[85] Beide sind Ausprägungen des Ausbeutungsmissbrauchs und enthalten Maßstäbe um zu bestimmen, ob ein Preis missbräuchlich überhöht ist. Die Rechtsprechung und Praxis zu § 19 Abs. 2 Nr. 2 und 3 ist auf § 29 GWB übertragbar, da § 29 grundsätzlich den gleichen Normzweck wie § 19 Abs. 2 Nr. 2 und 3 und damit einen anderen als § 315 BGB verfolgt.[86] Die in § 19 Abs. 1 enthaltene Generalklausel bleibt, wegen der parallelen Anwendbarkeit dieser Vorschrift gemäß § 29 Satz 3, ohne weiteres auch im Energiebereich anwendbar, wobei sich dann aus § 29 keine Besonderheiten ergeben.

23 Die beiden Missbrauchstatbestände des § 29 stehen **gleichberechtigt** nebeneinander.[87] Dessen ungeachtet ergeben sich natürliche Anwendungsschwerpunkte. Bei einer Untersuchung des Stromerstabsatzmarktes sind Vergleichsmärkte mit ähnlichen Charakteristika nicht ersichtlich; für die Missbrauchsaufsicht bietet sich das Gewinnbegrenzungskonzept an. Hingegen sind bzw. waren die Endkundenmärkte für Gas und Heizstrom durch lokale Marktabgrenzungen und damit durch eine Vielzahl potentieller lokaler Vergleichsmärkte geprägt; folglich bietet sich für die Missbrauchsaufsicht das Vergleichsmarktkonzept an.

24 Bei allen **Unterschieden** weisen die beiden Konzepte einige **Gemeinsamkeiten** auf. So sind in beiden Fällen Kosten nach ökonomisch anerkannten Methoden festzustellen – für die Ermittlung der Angemessenheit rechtfertigender Umstände bzw. im Tatbestand – und die Verhältnisse verschiedener Unternehmen zu vergleichen – im Tatbestand bzw. für die Beurteilung der Angemessenheit einer Gewinnspanne.[88] Zugleich soll mit beiden Methoden der Maßstab[89] des wettbewerbsanalogen Preises ermittelt werden.

2. Zugrundelegung effizienter Kosten

25 In § 29 Satz 2 ist als übergreifende Regel niedergelegt, dass solche Kosten bei der Feststellung eines Missbrauchs nicht berücksichtigt werden dürfen, die sich bei funktionierendem Wettbewerb nicht einstellen würden. Die Regel betrifft **beide Missbrauchstatbestände** des Satzes 1; die Kosten des Normadressaten sind bei der Feststellung eines Missbrauchs nach dem Gewinnbegrenzungskonzept (Nr. 2) auf der Tatbestandsseite einzustellen. Beim Vergleichsmarktkonzept (Nr. 1) bilden im Vergleich abweichende Kosten ein

[83] BNetzA und BKartA, Monitoringbericht 2014, S. 21; BKartA, B. v. 19.3.2012, B10–16/09, Rn. 23 ff. – Entega Heizstrom.

[84] S. o., Rn. 11.

[85] Vgl. für einen umfassenderen methodischen Überblick *Engelsing*, ZNER 2003, 111, passim.

[86] *Baron* in FK, Rn 47; *Bruhn* in BerlKomEnR, 2. Auflage 2010, Rn. 104.

[87] Vgl. zu deren Gleichberechtigung im Rahmen von § 19 Abs. 2 Nr. 2 BGH, B. v. 15.5.2012, KVR 51/11, WuW/E DE-R 3622, Rn. 13 f. – Wasserpreise Calw I; vgl. auch schon OLG Düsseldorf, B. v. 22.4.2002, VI-Kart 2/02, WuW/E DE-R 914, Rn. 20 ff. (juris) – envia.

[88] *Markert* spricht von einer „Überschneidung" in MünchKomm, Rn. 27.

[89] Zur Unterscheidung von Maßstab und Methoden, *Mohr* in BerlKommEnR, 3. Auflage 2014, Rn. 50.

wesentliches Rechtfertigungselement für im Vergleich abweichende Preise. Der Kostenbegriff ist gesetzlich nicht definiert.

Kosten können sich auf verschiedenem Wege bei funktionierendem Wettbewerb nicht **„einstellen"**, etwa durch Vermeidung der Kosten oder dadurch, dass entstandene Kosten nicht über Preise abgewälzt werden könnten.[90] Der Ansatz höchstens von wettbewerbsanalogen Kosten entspricht der Praxis zur Berücksichtigungsfähigkeit von Kosten im Rahmen von § 19 Abs. 2 Nr. 2[91] und auch zu § 103 Abs. 5 Satz 2 Nr. 2 a. F.[92] 26

Die Berücksichtigungsfähigkeit von Kosten ist auch zentrales Thema der Netzentgeltregulierung; deren besondere Strenge liegt nicht im Kostenbegriff, sondern die Rechtsfolgen.[93] Dementsprechend enthält § 21 Abs. 2 S. 2 EnWG eine mit § 29 Satz 2 nahezu wortgleiche Regelung, die weitergehend auch für Kostenbestandteile gilt. Obwohl § 29 nicht auf eine Kostenregulierung abzielt, können die für die Zwecke der Regulierung entwickelten Grundsätze für die ökonomische Ausfüllung des Kostenbegriffs[94] als Tatbestandsmerkmal fruchtbar gemacht werden.[95] In beiden Fällen sollen nur effiziente, also nicht vermeidbare Kosten berücksichtigt werden; eben dies sind die Kosten, die sich auch im Wettbewerb einstellen würden. Der Ansatz wettbewerbsanaloger Effizienz ist in der **StromNEV**[96] und der **GasNEV**[97] weiter konkretisiert; dies betrifft insbesondere kalkulatorische Kosten. Es ist inzwischen höchstrichterlich anerkannt, dass die in der StromNEV und der GasNEV enthaltenen Regelungsansätze für die Ausfüllung des Kostenbegriffs herangezogen werden können,[98] ohne dass diese Verordnungen als geschlossenes System insgesamt angewendet werden müssten; diese Grundsätze können ggf. mit anderen Methoden der Preisfindung kombiniert werden und müssen je für sich tragfähig sein.[99] Bei der Anwendung von § 29 auf Letztverbrauchermärkte sind Kapitalkosten unerheblich, da sie im Wesentlichen im Netz gebunden sind und die Netznutzungsentgelte beim Entgeltvergleich nicht zu berücksichtigen sind.[100] Bei riskanten Investitionen sind in Wettbewerbsmärkten ggf. kürzere Amortisationszeiträume als in regulierten Märkten zu berücksichtigen. Schlagen Investitionen fehl, so ist ggf. rückblickend-prospektiv zu ermitteln, ob ein effizienter Investor eine vergleichbare Entscheidung getroffen hätte oder ob die Investition nicht Ausfluss einer (noch nicht abgelegten) monopolistischen Preisüberhöhungstendenz sind.[101] 27

Gewinnerwartungen sind im Rahmen der Prüfung von Kosten auf ihre Effizienz ebenfalls nicht zu berücksichtigen. Ihre Prüfung ist bei dem Vergleichsmarktkonzept im Unternehmensvergleich implizit[102] und bei dem Gewinnbegrenzungskonzept in der Prüfung der Angemessenheit des Kosten-Preis-Abstandes zu berücksichtigen.[103] 28

---

[90] RegBegr BT-Drs. 16/5847, 11.

[91] Siehe hierzu *Nothdurft* in Langen/Bunte, § 19 Rn. 118, 127 und 131; zu § 19 Abs. 2 Nr. 3 vgl. BGH, B. v. 22.7.1999, KVR 12/98, WuW/E DE-R 375, Rn. 18 f. (juris) – Flugpreisspaltung; zur Frage, welche Kosten nach Art. 102 AEUV berücksichtigungsfähig sind siehe *Bulst* in Langen/Bunte, Art. 102 AEUV Rn. 164; auch *Bruhn* in BerlKommEnR, 2. Auflage 2010, Rn. 101.

[92] BGH, B. v. 2.2.2010, KVR 66/08, WuW/E DE-R 2841, Rn. 40 – Wasserpreise Wetzlar.

[93] *Mohr* in BerlKommEnR, 3. Auflage 2014, Rn. 164.

[94] Zur Übertragbarkeit auf die Angemessenheit des Preis-Kosten-Abstandes unten, Rn. 71.

[95] Ausführlich *Markert* in MünchKomm, Rn. 60 f.

[96] Stromnetzentgeltverordnung, BGBl. I 2005, 2225, zuletzt geändert durch Art. 7 BGBl. I 2014, 1066.

[97] Gasnetzentgeltverordnung, BGBl. I 2005, 2197, zuletzt geändert durch Art. 17 BGBl. I 2015, 1400.

[98] Vgl. auch *Lohse* in FS Kreutz, S. 715, 725.

[99] BGH, B. v. 14.7.2015, KVR 77/13, Rn. 25 des Umdrucks – Wasserpreise Calw II.

[100] Siehe unten, Rn. 42.

[101] Vgl. *Bruhn* in BerlKommEnR, 2. Auflage 2010, Rn. 101.

[102] Siehe unten, Rn. 61.

[103] Siehe unten, Rn. 71.

3. Vergleichsmarktkonzept

29 **a) Überblick.** Nach § 29 Satz 1 Nr. 1 ist es marktbeherrschenden Versorgungsunternehmen[104] verboten, missbräuchlich ungünstigere Entgelte oder sonstige Geschäftsbedingungen zu fordern, als andere Versorgungsunternehmen oder von Unternehmen auf vergleichbaren Märkten, es sei denn, die Abweichung ist sachlich gerechtfertigt. § 29 Satz 1 Nr. 1 gleicht der in § 19 Abs. 2 Nr. 2 2. HS angeführten Beispielmethode[105] und weist zudem starke Ähnlichkeiten zu § 103 Abs. 5 Satz 2 Nr. 2 a. F.[106] auf. Wesentliche Unterschiede bestehen in der Erweiterung der Vergleichsbasis um Unternehmen auf vergleichbaren Märkten, die selber nicht wirksamem Wettbewerb ausgesetzt sind, sowie generell um Versorgungsunternehmen i. S. d. § 29, und zudem in der Umkehr der Beweislast für die sachliche Rechtfertigung abweichender Entgelte oder Geschäftsbedingungen in Verfahren vor den Kartellbehörden. Angesichts dieser Ähnlichkeit können – mutatis mutandis – viele Auslegungen zu § 19 Abs. 2 Nr. 2 und auch zu § 103 Abs. 5 Satz 2 Nr. 2 a. F. übernommen werden.

30 Die einzelnen Tatbestandsmerkmale des Vergleichsmarktkonzepts gehen jeweils als Faktoren in die Berechnung des wettbewerbsanalogen Preises ein. Sie weisen daher vielfältige **Interdependenzen** auf.

31 **b) Geforderte Entgelte.** Der Entgeltbegriff konstituiert den Ausgangspunkt für die Feststellung, ob die Entgelte des Versorgungsunternehmens im Vergleich zu denen des Vergleichsunternehmens ungünstiger sind. Dabei entspricht der **Entgeltbegriff** dem des § 19 Abs. 2 Nr. 2 bzw. Nr. 3.[107] Er umfasst die Preise für die Hauptleistung und damit eng zusammenhängende Nebenleistungen.[108] Nicht erfasst sind hingegen Preise für fernliegendere Leistungen.[109] Auf die Wahlmöglichkeit des Abnehmers hinsichtlich der Entgeltbestandteile[110] kommt es nicht an, wie allein die Unausweichlichkeit der Netznutzung verdeutlicht.

32 Konkrete Preise für Strom und Gas ergeben sich im Einzelfall meist aus mehr oder weniger **komplexen Preisformeln,** die typischerweise zumindest je eine verbrauchsabhängige Komponente (z. B. Arbeitspreis) und eine nicht verbrauchsabhängige Komponente (z. B. Leistungspreis, Grundpreis) enthalten; die Preise für diese Komponenten können zudem z. B. gestaffelt sein. Die Preisformeln, insb. die Gewichtung der Komponenten, sind selten zwischen den Unternehmen einheitlich. Um hier eine Vergleichsbasis zu schaffen, die über die Wettbewerbsanalogie der Preisgestaltung des marktbeherrschenden Versorgungsunternehmen Auskunft geben kann, bieten sich alternativ konkrete Erlöse oder errechnete Preise für typische Abnahmefälle an.[111]

---

104 Zum Begriff siehe Rn. 13.

105 „Ein Missbrauch liegt insbesondere vor, wenn ein marktbeherrschendes Unternehmen [...] 2. Entgelte oder sonstige Geschäftsbedingungen fordert, die von denjenigen abweichen, die sich bei wirksamem Wettbewerb mit hoher Wahrscheinlichkeit ergeben würden; hierbei sind insbesondere die Verhaltensweisen von Unternehmen auf vergleichbaren Märkten mit wirksamem Wettbewerb zu berücksichtigen; [...]".

106 „Ein Missbrauch [...] liegt insbesondere vor, wenn [...] 2. ein Versorgungsunternehmen spürbar ungünstigere Preise oder Geschäftsbedingungen fordert als gleichartige Versorgungsunternehmen, es sei denn, das Versorgungsunternehmen weist nach, daß die Abweichung auf Umständen beruht, die ihm nicht zurechenbar sind, [...]", BGBl. I 1980, 458.

107 Unter generalisierendem Bezug auf „§ 19 Abs. 4" RegBegr BT-Drs. 16/5847, 10.

108 *Markert* in MünchKomm, Rn. 29.

109 Zu § 103 Abs. 5 Satz 2 Nr. 2 a. F. im Rahmen der Wasserversorgung und damit außerhalb der Netzregulierung etwa Hausanschlusskosten und Baukostenzuschüsse, BGH, B. v. 2.2.2010, KVR 66/08, WuW/E DE-R 2841, Rn. 40 – Wasserpreise Wetzlar.

110 So *Baron* in FK, Rn. 86.

111 BGH, B. v. 28.6.2005, KVR 17/04, WuW/E DE-R 1513, Rn. 22 – Stadtwerke Mainz; vgl. auch die Gaspreisverfahren des BKartA, in denen für 2007 ein Erlösvergleich und für 2008 ein Tarifvergleich vorgenommen worden ist; ausführlich *C. Becker/Blau,* S. 62 f.; im Bereich Heizstrom wurde hingegen auf einen übergreifenden, den gesamten Unternehmensabsatz auf dem beherrschten Markt

Für den Vergleich anhand von Preisen werden **typische Abnahmefälle** gebildet und die jeweiligen Erlöse bestimmt.[112] Diese Abnahmefälle sollten für das marktbeherrschende Versorgungsunternehmen bedeutsam sein. In den Gaspreisverfahren[113] wurden je getrennt für fünf typischen Verbrauchsfälle der Tarif herangezogen, in dem sich die Mehrzahl der Kunden befand; es wurden Erlöse für ein Kalenderjahr ermittelt und unterjährige Preisänderungen nach Gradtageszahlen gewichtet. Rechtlich ist es indes nicht völlig ausgeschlossen, nur einen einzelnen Abnahmefall für den Vergleich heranzuziehen; dann ist allerdings zugleich zu begründen, dass das marktbeherrschende Versorgungsunternehmen den ihm zustehenden Preisgestaltungsspielraum durch eine nicht verursachungsgerechte Kostenzuordnung (Preisstrukturmissbrauch) überschritten hat;[114] insbesondere bietet die mehr oder weniger ausgeprägte Intensität von Restwettbewerb keine Rechtfertigung für eine Differenzierung, entsprechend dem Rechtsgedanken des § 19 Abs. 2 Nr. 3.[115] Bei der Feststellung der Entgelte je Abnahmefall sind sonstige Geschäftsbedingungen nicht zu berücksichtigen.[116] 33

Obwohl ein Tarifvergleich rechtlich genauso möglich ist,[117] ist der **Erlösvergleich vorzugswürdig,**[118] weil sich die verschiedenen Tarife entsprechend ihrem wirtschaftlichen Gewicht im Portfolio des Versorgungsunternehmens in den Vergleichspreisen niederschlagen, unterjährige Preisänderung absatzgewichtet internalisiert und alle Preisarten erfasst werden, seien es Grund-, Arbeits-, Mess- oder sonstige Preise. 34

Nach der Gesetzesbegründung können auch „einzeln ausgewiesene und einer eigenen Preisbildung zugängliche Preise, etwa Messpreise" Entgelt im Sinne von § 29 sein,[119] womit sich ein Missbrauchsvorwurf isoliert auf **selbständige Preisbestandteile** beziehen könnte. Dem steht auch nicht der Wortlaut entgegen,[120] wegen der zu fordernden Selbständigkeit des Preisbestandteils. Der Einzelhandelspreis für Strom bzw. Gas setzt sich aus einer Vielzahl selbständiger Preisbildungsfaktoren zusammen, die für Strom und Gas und je für verschiedene Kundengruppen unterschiedlich hoch ausfallen.[121] Bei Haushaltskunden sind direkt staatlich vorgeschriebenen Steuern, Abgaben und Umlagen die größte Position. Auf die regulierten Netznutzungsentgelte ist § 29 nach § 130 Abs. 3 i.V.m. § 111 Abs. 1 und 2 EnWG nicht anwendbar. Bei Konzessionsabgaben richtet sich der Missbrauchsvorwurf regelmäßig gegen die den Markt für Wegerechte monopolistisch beherrschende Gemeinde; die Anwendbarkeit des GWB auf den Netzbetreiber blieb insoweit offen.[122] Der Messstellenbetrieb, die Messung und die Abrechnung werden regelmäßig vom Netzbetreiber vorgenommen und unterliegen dann der Regulierung mit der Folge, dass § 29 nicht 35

---

erfassenden Erlösvergleich abgestellt, vgl. BKartA, B. v. 19.3.2012, B10–16/09, Rn. 41 f. – Entega Heizstrom.

[112] Zu den standardisierten Abnahmefällen der Gaspreisverfahren *C. Becker/Blau,* S. 53.

[113] BKartA, B. v. 1.12.2008, B10–21/08, WuW/E DE-V 1704, Rn. 22 ff. – RheinEnergie; vgl. ausführlich *C. Becker/Blau,* S. 52 ff.; auch *Markert,* ZNER 2009, 193, 19.

[114] BGH, B.v. 6.5.1997, KVR 9/96, WuW/E BGH 3140, Rn. 35 ff. (juris) – Gaspreis; vgl. mit Ausführungen zur Kostenschlüsselung BGH, B. v. 14.7.2015, KVR 77/13, Rn. 34 ff. des Umdrucks – Wasserpreise Calw II.

[115] *Bruhn* in BerlKommEnR, 2. Auflage 2010, Rn. 51.

[116] Zu § 103 Abs. 5 Satz 2 Nr. 2 a.F. vgl. BGH, B. v. 21.2.1995, KVR 4/94, WuW/E 2967, Rn. 39 (juris) – Weiterverteiler; vgl. BGH, B. v. 2.2.2010, KVR 66/08, WuW/E DE-R 2841, Rn. 39 f. – Wasserpreise Wetzlar.

[117] BGH, B. v. 28.6.2005, KVR 17/04, WuW/E DE-R 1513 = BGHZ 163, 282, Rn. 19 (juris) – Stadtwerke Mainz.

[118] Zur grundsätzlichen Zulässigkeit eines Erlösvergleichs bereits BGH, B. v. 21.2.1995, KVR 4/94, WuW/E 2967, Rn. 44 (juris) – Weiterverteiler; vgl. *Wagemann* in FS Bechtold, S. 593, 598.

[119] RegBegr, BT-Drs. 16/5847, 11; der Referentenentwurf regelte dies noch ausdrücklich.

[120] So aber *Bosch* in Bechtold/Bosch Rn. 15.

[121] Z.B. für BNetzA und BKartA, Monitoringbericht 2014, S. 164, 174, 178, 265, 267, 269, 271 und 273.

[122] Vgl. die Kommentierung zu § 130 Abs. 3, Rn. 17.

anwendbar bzw. ausgeschlossen ist.[123] Ein Anwendungsbereich für § 29 auf selbständige Preisbestandteile besteht also regelmäßig nicht. **Unselbständige Preisbestandteile** haben abhängig von ihrem sachlichen Gewicht allenfalls indizielle Wirkung im Rahmen der allgemeinen Vergleichsbetrachtung.[124]

36 § 29 Satz 1 Nr. 1 normiert, dass, neben Entgelten, auch **sonstige Geschäftsbedingungen** einen Ausbeutungsmissbrauch konstituieren können, der nach dem Vergleichsmarktkonzept zu ermitteln ist. Der Begriff entspricht dem in § 19 Abs. 2 Nr. 2 verwendeten[125] und umfasst alle Konditionen, die nicht bereits unter den Entgeltbegriff fallen. Zu beurteilen ist allerdings die Gesamtheit der Geschäftsbedingungen und Entgelte, nicht die einzelne Geschäftsbedingung, trotz der damit verbundenen Schwierigkeiten.[126]

37 Für § 29 Abs. 1 Nr. 1 gibt es in den gegenwärtig vermachteten Märkten **keine offensichtlichen Anwendungsfelder auf Geschäftsbedingungen.** Im Bereich der Grundversorgung mit Strom oder Gas sind die meisten Geschäftsbedingungen durch die Strom- bzw. GasGVV[127] vorgegeben. Im Bereich des Stromerstabsatzes sind die Produkte im sogenannten physischen Handel der Börsen (und Broker) standardisiert; ein Vergleich der Geschäftsbedingungen wäre also notwendig unergiebig. Die einer Belieferung mit Heizstrom zugrundezulegenden Lastprofile bestimmt der Netzbetreiber,[128] nicht das Versorgungsunternehmen.

38 Dem Charakter der Missbrauchstatbestände als Gefährdungstatbestände[129] entsprechend genügt auch nach § 29 Satz 1 Nr. 1 schon das bloße **Fordern,**[130] etwa in Gestalt des Angebots zu im Übrigen missbräuchlichen Bedingungen oder Entgelten.

39 **c) Ungünstiger – Vergleichsunternehmen, Vergleichbarkeit und Entgeltvergleich.** Als **Vergleichsunternehmen** erlaubt § 29 Satz 1 Nr. 1 sowohl „andere Versorgungsunternehmen" als auch „Unternehmen auf vergleichbaren Märkten". Letzteres entspricht dem Maßstab von § 19 Abs. 2 Nr. 2; hierfür müssen die Strukturen der Märkte gleichwertig sein, wobei Unterschiede in der Marktstruktur einer Verwendung als Vergleichsmarkt nicht entgegenstehen, sondern vielmehr durch entsprechende Zu- und Abschläge ausgeglichen werden müssen.[131] Dies sind insbesondere solche, die ebenfalls durch Netzstrukturen geprägt sind – betrifft Endkundenmärkte – oder Rohstoffmärkte, deren Preisbildung durch Warenbörsen geprägt sind – betrifft den Stromerstabsatzmarkt,[132] wobei zudem eine Einheitspreisauktion Anwendung findet. Die erste Alternative – Versorgungsunternehmen – ist auf Endkundenmärkten praktisch bei weitem am bedeutendsten; ihre Vergleichbarkeit wird gesetzlich festgeschrieben und entsprechend der Praxis zu § 19 Abs. 2 Nr. 2 nicht auf Unternehmen beschränkt, die auf Märkten mit intaktem Wettbewerb tätig sind;[133] es könnte grundsätzlich also auch mit Konkurrenzunternehmen auf dem

---

[123] *Markert* in MünchKomm, Rn. 31; *Bruhn* in BerlKomEnR, 2. Auflage 2010, Rn. 36 f. m. w. N.

[124] BGH, U. v. 18.10.2005, KZR 36/04, BGHZ 164, 336 = WuW/E DE-R 1617, Rn. 29 (juris) – Stromnetznutzungsentgelt I.

[125] *Markert* in MünchKomm, Rn. 32.

[126] BGH, U. v. 6.11.1984, KVR 13/83, WuW/E BGH 2103, Rn. 23 (juris) – Favorit.

[127] Stromgrundversorgungsverordnung (BGBl. I 2006, 2391), zuletzt geändert durch Art. 1 VO BGBl. I 2014, 1631; Gasgrundversorgungsverordnung (BGBl. I 2006, 2391), zuletzt geändert durch Art. 2 VO BGBl. I 2014, 1631.

[128] Vgl. BKartA, B. v. 29.9.2010, B10–12/09 bis B10–50/09, 7 – Sektoruntersuchung Heizstrom.

[129] OLG Düsseldorf, U. v. 19.10.2011, VI-3 Kart 1/11, RdE 2012, 65, Rn. 86 – GAG Ahrensburg.

[130] Allg. Ansicht, vgl. *Markert* in MünchKomm, Rn. 33; *Bruhn* in BerlKomEnR, 2. Auflage 2010, Rn. 42.

[131] Siehe dazu Rn. 45 f.

[132] RegBegr BT-Drs. 16/5847, 11.

[133] BGH, B. v. 28.6.2005, KVR 17/04, WuW/E DE-R 1513 = BGHZ 163, 282, Rn. 24 (juris) – Stadtwerke Mainz; BGH, B. v. 21.10.1986, KVR 7/85, WuW/E 2309, Rn. 15 (juris) – Glockenheide.

gleichen Markt verglichen werden.[134] Der Grad der Vergleichbarkeit von Versorgungsunternehmen ist im Rahmen der sachlichen Rechtfertigung zu prüfen[135] und unterliegt damit grundsätzlich der Beweislastumkehr des § 29 Satz 1 Nr. 1 2. HS.[136] Ein Vergleich des Verhaltens des betroffenen Unternehmens mit dessen Verhalten auf getrennten (geographischen) Märkten erscheint vom Wortlaut des § 29 Satz 1 Nr. 1 „anderes Versorgungsunternehmen" ausgeschlossen.[137] Diese Auslegung übersieht jedoch die Verankerung des Begriffs Versorgungsunternehmen im funktional-relativen Unternehmensbegriffes, der auf die jeweilige Tätigkeit abstellt und nicht auf die Institution; dies trägt auch der evidenten Vergleichbarkeit Rechnung und der Gleichrangigkeit von § 29 mit § 19.

Im Hinblick auf die Auswahl der Vergleichsunternehmen besteht ein wenig beschränkter Ermessensspielraum; der Begriff dient lediglich einer Grobsichtung von in Betracht kommenden Vergleichsunternehmen.[138] **Praktisch, aber nicht von Rechts wegen**[139] sollte ein möglichst artverwandtes Vergleichsunternehmen ausgewählt werden, um gewichtige gebietsstrukturelle Unterschiede zu vermeiden, die wegen der nötigen Zu- und Abschläge in schwächeren Entscheidungen resultieren.[140] Ein Vergleich mit Versorgungsunternehmen auf anderen Marktstufen oder zwischen dem Strom- und dem Gasbereich käme praktisch allenfalls überhaupt mit Blick auf Geschäftsbedingungen in Betracht; diese sind aber im Zusammenhang mit dem Preis zu bewerten.[141] Auf Letztverbrauchermärkten besteht solange kein Mangel an Vergleichsunternehmen, wie Märkte lokal abzugrenzen sind und damit ein Vielzahl räumlicher Vergleichsmärkte besteht. Ein Liberalisierungserfolg führt – zumindest im ersten Schritt vor deutlichen Konsolidierungen – zu einem wettbewerblicheren Umfeld, das regelmäßig nicht mehr von marktbeherrschenden Stellungen geprägt ist.[142] 40

Es kann eine große **Zahl an Vergleichsunternehmen** ausgewählt werden. Ein Vergleich mit nur einem Unternehmen ist aber ebenfalls möglich, sofern trotz der schmalen Basis die Vergleichbarkeit sichergestellt ist.[143] 41

Es besteht ein **Auswahlermessen,** das auf Letztverbrauchermärkten z. B. davon geleitet werden könnte, ob das Vergleichsunternehmen eine hinreichende Anzahl Kunden bedient, womit nur marginal tätige Unternehmen mit atypischen Kostenstrukturen nicht herangezogen werden. Weiter bietet es sich an, Vergleichsunternehmen daraufhin auszuwählen, dass sie mit Blick auf als Rechtfertigungsgründe in Betracht kommende Umstände möglichst vergleichbar sind.[144] Im gleichen Sinne sollten die Faktoren zur Bereinigung der Bruttoerlöse (Netznutzungsentgelte, Konzessionsabgaben, Steuern)[145] bereits bei der Auswahl in Frage kommender Vergleichsunternehmen berücksichtigt werden. Außerdem sind die Vergleichsunternehmen auf Kostendeckung zu untersuchen,[146] da Kostenunterdeckung einen Vergleich mit den Preisen dieses möglichen Vergleichsunternehmens ausschließt.[147] 42

---

[134] *Mohr* in BerlKommEnR, 3. Auflage 2014, Rn. 114.

[135] RegBegr BT-Drs. 16/5847, 11; *Bruhn* in BerlKommEnR, 2. Auflage 2010, Rn. 43f. unter Verweis auf *Ritter/Lücke,* WuW 2007, 698, 701 mit Fn. 16.

[136] Siehe unten, Rn. 62ff.

[137] *Bosch* in Bechtold/Bosch, Rn. 13; *Lücke* in Langen/Bunte, Rn. 18.

[138] BGH, B. v. 21.2.1995, KVR 4/94, WuW/E 2967, Rn. 32 (juris) – Weiterverteiler.

[139] So aber *Bosch* in Bechtold/Bosch, Rn. 8; *Lücke* in Langen/Bunte, Rn. 16.

[140] *Markert,* ZNER 2007, 365, 367.

[141] *Bruhn* in BerlKommEnR, 2. Auflage 2010, Rn. 46.

[142] BKartA v. 23.10.2014, B8–69/14, passim – EWE/VNG.

[143] BGH, B. v. 28.6.2005, KVR 17/04, WuW/E DE-R 1513 = BGHZ 163, 282, Rn. 24 (juris) – Stadtwerke Mainz.

[144] So wurden in den Gaspreisverfahren nach diesen Kriterien Cluster von Unternehmen gebildet, vgl. *C. Becker/Blau,* S. 73ff.

[145] Siehe die folgende Rn.

[146] Vgl. Rn. 59.

[147] BGH, B. v. 2.2.2010, KVR 66/08, WuW/E DE-R 2841, Rn. 67 – Wasserpreise Wetzlar.

Unterschiede in der absoluten Unternehmensgröße führen hingegen aus sich heraus nicht zu einem Ausfall der Vergleichbarkeit.[148]

43 Für den Vergleich stellt die Praxis des Bundeskartellamts auf **bereinigte Nettoerlöse** ab.[149] Dies dient dazu, bei dem Vergleich nur auf diejenigen Erlöse abzustellen, die dem Unternehmen effektiv verbleiben und nicht lediglich einen nach Art und Höhe unvermeidbaren Durchlaufposten bilden. Zugleich ist der bereinigte Nettoerlös mehr als ein Bündel von Preisbestandteilen, weil er alle Erlöse erfasst, solange sie dem Einfluss des Unternehmens unterliegen, seien sie als Grund-, Arbeits-, Mess- oder sonstige Preise bezeichnet.

44 Im **Bereich der Belieferung von Letztverbrauchern** betrifft die Bereinigung genehmigte Netznutzungsentgelte, Konzessionsabgaben in zulässiger Höhe,[150] sowie Steuern und Abgaben. Unterschiede in der Regulierungspraxis zu berücksichtigen, ist den Kartellbehörden nach § 130 Abs. 3 i.V.m. § 111 Abs. 3 EnWG verwehrt;[151] es wäre dessenungeachtet auch nicht sachgerecht, da effiziente Wettbewerber Netzentgelte in derselben Höhe zu entrichten hätten.[152] Unterschiede in den Lastprofilen bei Heizstrom sind – wenn überhaupt – erst im Rahmen der Rechtfertigung zu prüfen;[153] dies könnte zukünftig auch für analytische Lastprofile bei anderen SLP-Lieferverhältnissen relevant werden. Gleichfalls erst bei der Rechtfertigung zu thematisieren sind Inkassokosten, die Grundversorger ob der Belieferungspflicht nach § 36 Abs. 1 Satz 1 EnWG besonders belasten dürften.

45 Die Vergleichspreise sind durch **Sicherheitszu- oder -abschläge** zu korrigieren, um im Einzelfall – also mit Blick auf das konkrete Vergleichsunternehmen – bestehende Unsicherheiten auszugleichen.[154] Solche Zuschläge sind entweder auf Ebene der Preisbildungsfaktoren oder für den gesamten beeinflussbaren Preis anzusetzen.[155] Dies gilt aber nur soweit es ohne unzumutbaren Aufwand möglich ist, die Verhältnisse zu klären.[156]

46 Beim **Vergleich mit Preisspannen,** die aus mehreren Vergleichsunternehmen gebildet sind, enthält ein Vergleich mit dem ineffizienten Ende einer Spanne immer zugleich einen Sicherheitszuschlag, dessen Größe sich aus dem Vergleich der Vergleichsunternehmen untereinander empirisch ergibt. Im Anwendungsbereich der Netzentgeltregulierung beseitigt

---

[148] BGH, B. v. 28.6.2005, KVR 17/04, WuW/E DE-R 1513 = BGHZ 163, 282, Rn. 25 (juris) – Stadtwerke Mainz.

[149] BKartA, B. v. 19.3.2012, B10–16/09, Rn. 40ff. – Entega Heizstrom. BGH, B. v. 2.2.2010, KVR 66/08, WuW/E DE-R 2841, Rn. 67 – Wasserpreise Wetzlar; kritisch *Kolpatzik/Berg,* WuW 2011, 712, 730; *Koleva,* S. 258ff.

[150] Zur Anerkennungspraxis in den Gaspreisverfahren *C. Becker/Blau,* S. 68; vgl. BKartA, B. v. 1.12.2008, B10–21/08, WuW/E DE-V 1704, Rn. 26 – RheinEnergie; BKartA, B. v. 19.3.2012, B10–16/09, Rn. 44 – Entega Heizstrom; aus den festgestellten Abweichungen gingen die Konzessionsabgabenverfahren hervor, die sich letztlich gegen die auf dem Markt für Wegerechte marktbeherrschende Gemeinde richteten, vgl. BKartA, B. v. 16.9.2009, B10–11/09, WuW/E DE-V 1803 – GAG Ahrensburg; BGH, B. v. 6.11.2012, KVR 54/11, WuW/E DE-R 3879 – GAG Ahrensburg; vgl. zur Anerkennung bei Wasser BGH, B. v. 14.7.2015, KVR 77/13, Rn. 46ff. des Umdrucks – Wasserpreise Calw II.

[151] Zu diesem Spannungsverhältnis *Lohse,* FS Kreutz, S. 715, 727.

[152] BKartA, B. v. 19.3.2012, B10–16/09, Rn. 43 – Entega Heizstrom.

[153] BKartA, B. v. 19.3.2012, B10–16/09, Rn. 37 – Entega Heizstrom.

[154] BGH, B. v. 15.5.2012, KVR 51/11, WuW/E DE-R 3622, Rn. 15 – Wasserpreise Calw I; BGH, B. v. 2.2.2010, KVR 66/08, WuW/E DE-R 2841, Rn. 35f. – Wasserpreise Wetzlar.; BGH, B. v. 28.6.2005, KVR 17/04, WuW/E DE-R 1513 = BGHZ 163, 282, Rn. 26 (juris) – Stadtwerke Mainz; BGH, B. v. 21.10.1986, KVR 7/85, WuW/E 2309, Rn. 16 – Glockenheide; BGH, B. v. 12.2.1980, KVR 3/79, WuW/E BGH, 1678 = BGHZ 76, 142, Rn. 35 (juris) – Valium II; BGH, B. v. 16.12.1976, KVR 2/76, WuW/E BGH 1445 = BGHZ 68, 23, Rn. 44 – Valium I; BGH, B. v. 31.5.1972, KVR 2/71, BGHZ 59, 42, 45 – Stromtarif.

[155] BGH, B. v. 14.7.2015, KVR 77/13, Rn. 40 des Umdrucks – Wasserpreise Calw II.

[156] BGH, B. v. 2.2.2010, KVR 66/08, WuW/E DE-R 2841, Rn. 40 – Wasserpreise Wetzlar; BGH, B. v. 28.6.2005, KVR 17/04, WuW/E DE-R 1513 = BGHZ 163, 282, Rn. 26 (juris) – Stadtwerke Mainz.

die Bereinigung um Netznutzungsentgelte die wirtschaftlich bei weitem gewichtigste Quelle gebietsstruktureller Unterschiede und damit Unsicherheiten. Nicht mehr als Vergleichsbasis geeignet ist indes ein Vergleichspreis, der überwiegend aus Zu- und Abschlägen besteht.[157]

Der für einen Vergleich heranzuziehende Zeitraum ist nach den Verhältnissen auf den jeweiligen sachlichen Märkten zu bestimmen; hier bietet sich der marktübliche Abrechnungszeitraum[158] an; der **Vergleichszeitraum** sollte jedenfalls nicht kürzer gewählt werden, bei Endkundenmärkten also regelmäßig ein Jahr.[159] 47

Weiter müssen die geforderten Entgelte des Versorgungsunternehmens **ungünstiger** sein – durch höhere Preise oder schlechtere Geschäftsbedingungen – als die Vergleichsentgelte, um den Anfangsverdacht eines Preishöhenmissbrauchs zu begründen. Der Grad des Ungünstiger ist erst beim Erheblichkeitszuschlag[160] und bei der Tenorierung[161] relevant. Der Entgeltvergleich erfolgt ohne Berücksichtigung der sonstigen Geschäftsbedingungen.[162] 48

d) Erheblichkeitszuschlag. Bei der Anwendung des Vergleichsmarktkonzepts nach § 19 Abs. 2 Nr. 2 ist ein Erheblichkeitszuschlag **erforderlich,**[163] um das mit dem Missbrauchsvorwurf verbundene Unwerturteil abzubilden.[164] Anders als der Referentenentwurf sah schon der Regierungsentwurf[165] und sieht § 29 einen Ausschluss des Erheblichkeitszuschlages nicht vor. Nach umstrittener Ansicht ist dennoch kein Erheblichkeitszuschlag in Ansatz zu bringen, da § 29 die sektorspezifische besondere Missbrauchsaufsicht über geschlossene Versorgungsgebiete nach § 103 Abs. 5 a. F. fortsetzt; der mit dessen Aufhebung feststellbare Paradigmenwechsel[166] sei durch die Einführung der sektorspezifischen, verschärften Missbrauchsaufsicht in § 29 wieder rückgängig gemacht worden.[167] Mit § 29 hat der Gesetzgeber allerdings nur eine verschärfte Missbrauchsaufsicht geschaffen und nicht die Grundentscheidung rückgängig gemacht, Versorgungsunternehmen dem Wettbewerb auszusetzen. § 29 soll die Liberalisierung im Sinne des Kundenschutzes flankieren. Durch den Erheblichkeitszuschlag wird zugleich der ökonomischen Kritik[168] die Spitze genommen,[169] indem marktbeherrschenden Unternehmen ein gewisse Überschreitung des durch Vergleich ermittelten, wettbewerbsanalogen Preises ermöglicht wird und so Raum für Markteintritte anderer Unternehmen auf Grundlage günstigerer Preise verbleibt. 49

Die **Monopolkommission** schlägt vor, den Erheblichkeitszuschlag nach dem Grad der Homogenität der Güter zu bemessen.[170] Dieser Ansatz vermischt die Funktionen von Erheblichkeitszuschlägen und Sicherheitszuschlägen. Sicherheitszuschläge können mangels aus der Art der gehandelten Güter resultierender Unsicherheiten regelmäßig gering ausfal- 50

---

[157] BGH, B. v. 12.2.1980, KVR 3/79, WuW/E BGH, 678 = BGHZ 76, 142, Rn. 35 (juris) – Valium II.

[158] BKartA, B. v. 19.3.2012, B10–16/09, Rn. 104 – Entega Heizstrom.

[159] BKartA, B. v. 19.3.2012, B10–16/09, Rn. 41 – Entega Heizstrom.

[160] Siehe unten Rn. 49 ff.

[161] Siehe unten Rn. 77.

[162] Zu § 103 Abs. 5 Satz 2 Nr. 2 a. F. vgl. BGH, B. v. 21.2.1995, KVR 4/94, WuW/E 2967, Rn. 39 (juris) – Weiterverteiler; vgl. BGH, B. v. 2.2.2010, KVR 66/08, WuW/E DE-R 2841, Rn. 39 f. – Wasserpreise Wetzlar.

[163] *Bosch* in Bechtold/Bosch, Rn. 18, *Kalenberg/Haellmigk,* BB 2008, 174, 178.

[164] BGH, B. v. 14.7.2015, KVR 77/13, Rn. 40 des Umdrucks – Wasserpreise Calw II; BGH, B. v. 28.6.2005, KVR 17/04, WuW/E DE-R 1513, Rn. 32 – Stadtwerke Mainz; zu § 19 Abs. 2 Nr. 3 BGH, B. v. 22.7.1999, KVR 12/98, WuW/E DE-R 375, Rn. 24 (juris) – Flugpreisspaltung.

[165] RegBegr BT-Drs. 16/5847.

[166] BGH, B. v. 28.6.2005, KVR 17/04, WuW/E DE-R 1513, Rn. 33 – Stadtwerke Mainz.

[167] *Markert* in MünchKomm, Rn. 42 mit Fn. 137; *Mohr* in BerlKommEnR, 3. Auflage 2014, Rn. 128 f. m. w. N.

[168] Siehe oben, Rn. 11.

[169] Dies anerkennt Monopolkommission, SG 54, Rn. 514.

[170] Monopolkommission, HG XIX, BT-Drs. 17/10365, Rn. 648.

len oder sogar ganz entfallen. Zugleich hängt die Schutzwürdigkeit der Marktgegenseite vom Grad der Marktbeherrschung ab; damit korrespondiert der Grad des Unwerturteils über einen Missbrauch. Die Orientierung an der Homogenität der Güter führt auf den Energiemärkten zu extrem niedrigen Erheblichkeitszuschlägen, unabhängig von einer Intensivierung des Wettbewerbs im Zuge der Liberalisierung. Dies widerspricht ökonomischer Logik.

51 Vor diesem Hintergrund ist die **Praxis des Bundeskartellamtes** zu sehen, den Erheblichkeitszuschlag anhand der Wechselquote im jeweiligen Markt zu bestimmen.[171] Dadurch wird die Eingriffsintensität der besonderen Missbrauchskontrolle dynamisiert und an den Grades der Marktbeherrschung gekoppelt. Parallele Beziehungen bestehen in der Fusionskontrolle, wo Restwettbewerb als umso schutzwürdiger betrachtet wird, je schwächer er ausgeprägt ist,[172] oder mit Blick auf die besonders eingriffsintensiven sonderkartellrechtlichen Vorschriften der Entgelt- und Zugangsregulierung natürlicher Monopolstellungen.[173] Dies entspricht dem Abstellen des BGH auf das faktische Bestehen von Wettbewerb bei der Bemessung des Erheblichkeitszuschlags.[174] Bei (nahezu) Monopolmärkten liegt er nach der Praxis der 8. Beschlussabteilung bei höchstens 2%.[175] Im Rahmen eines andersartigen Monopolmarktes hat der BGH den von der Landeskartellbehörde angesetzten Erheblichkeitszuschlag von 3% für rechtlich nicht zu beanstanden befunden.[176]

52 Als **Bemessungsgrundlage** des Erheblichkeitszuschlags sind nicht die Gesamtumsätze sondern nur die bereinigten Nettoerlöse heranzuziehen, da nur insoweit ein Verhaltensspielraum besteht und nur im Rahmen eines solchen Freiraums ein Unwerturteil gerechtfertigt werden kann.[177] Ansonsten führten schon steigende Steuern zu einem erweiterten missbrauchsfreien Verhaltensspielraum.[178] Materiell gelangt der BGH zu ähnlichen Ergebnissen, indem er zwar die nicht beeinflussbaren Kostenpositionen einbezieht, aber die erforderliche Differenzierung beim Erheblichkeitszuschlag zulässt.[179]

53 Der Erheblichkeitszuschlag fungiert dabei gleichsam als **Missbrauchsprämie,**[180] nicht aber als Schwelle für die Feststellung eines Missbrauchs.[181] In letzterem Fall wäre der volle Abstand zu den Wettbewerbspreisen für die Verfügung relevant. So wird ein unerheblicher Missbrauch zugestanden. Eine Parallele zur AGB-Kontrolle oder zu § 315 BGB verbietet sich, da der Missbrauchstatbestand gerade nicht allgemeines Zivilrecht ist und § 29 gerade an der von der AGB-Kontrolle nicht direkt erfassten Preissetzung ansetzt.

54 **e) Rechtfertigungsmöglichkeit.** Dass bei der Feststellung eines Preishöhenmissbrauchs die **Möglichkeit einer Rechtfertigung** ungünstigerer Entgelte besteht, ist in

---

[171] BKartA, B. v. 1.12.2008, B10–21/08, WuW/E DE-V 1704, Rn. 28 – RheinEnergie; BKartA, B. v. 19.3.2012, B10–16/09, Rn. 51 – Entega Heizstrom; BGH, B. v. 28.6.2005, KVR 17/04, WuW/E DE-R 1513, Rn. 33 (juris) – Stadtwerke Mainz; *C. Becker/Blau,* S. 70ff. Die Monopolkommission positioniert sich widersprüchlich, sie begrüßt das Abstellen auf die Wechselquote in SG 54, Rn. 514 und verwirft es in HG XIX, Rn. 646.

[172] BGH, B. v. 15.7.1997, KVR 21/96, NJW 1998, 2444, 2449 – Stadtwerke Garbsen; BGH, B. v. 15.7.1997, KVR 33/96, BGHZ 136, 268, 278ff. – Stromversorgung Aggertal; BGH, B. v. 11.11.2008, KVR 60/07, BGHZ 178, 285, Rn. 61 – E.ON/Eschwege; BGH, B. v. 8.6.2010, KVR 4/09, WuW/E DE-R 3067, Rn. 47 – Springer/Pro Sieben II.

[173] *Bruhn* in BerlKommEnR, 2. Auflage 2010, Rn. 6f.

[174] BGH, B. v. 22.7.1999, KVR 12/98, WuW/E DE-R 375, Rn. 24 (juris) – Flugpreisspaltung.

[175] BKartA, B. v. 19.3.2012, B10–16/09, Rn. 51 – Entega Heizstrom.

[176] BGH, B. v. 14.7.2015, KVR 77/13, BGH-Pressemitteilung Nr. 121/2015 – Wasserpreise Calw II.

[177] BKartA, B. v. 19.3.2012, B10–16/09, Rn. 50 – Entega Heizstrom.

[178] *Mohr* in BerlKommEnR, 3. Auflage 2014, Rn. 132.

[179] BGH, B. v. 14.7.2015, KVR 77/13, Rn. 64 des Umdrucks – Wasserpreise Calw II.

[180] BKartA, B. v. 1.12.2008, B10–21/08, WuW/E DE-V 1704, Rn. 29 – RheinEnergie.

[181] So aber *Mohr* in BerlKommEnR, 3. Auflage 2014, Rn. 128.

§ 29 Satz 1 Nr. 1 ausdrücklich geregelt, während dieselbe Möglichkeit in § 19 Abs. 2 Nr. 2 aus allgemeinen Grundsätzen zu den Missbrauchstatbeständen folgt; daher kann auf die zu § 19 Abs. 2 Nr. 2 entwickelten Grundsätze zurückgegriffen werden.[182] Dabei ist keine Abwägung der Interessen des Versorgungsunternehmens mit denen seiner Abnehmer unter besonderer Berücksichtigung der Zielrichtung des GWB geboten, wie in Fällen des Behinderungsmissbrauchs, da es vorliegend allein um die Ausbeutungssituation geht[183] und eine Marktstrukturverbesserung nicht unmittelbares Ziel von § 29 oder § 19 Abs. 2 Nr. 2 ist;[184] allerdings werden Elemente dieser Abwägung in die Bemessung des Erheblichkeitszuschlages integriert, jedenfalls dann, wenn er mit der Praxis des Bundeskartellamts anhand der Wechselquote bemessen wird.

Rechtfertigende Umstände sind demnach solche, die außerhalb des Einflussbereichs des Versorgungsunternehmens liegen, die also auch jedes andere Unternehmen in der Situation des betroffenen vorfinden würde und nicht beeinflussen könnte, etwa ungünstige strukturelle Gegebenheiten des Versorgungsgebiets; dagegen bleiben individuelle, allein auf eine unternehmerische Entschließung oder auf die Struktur des betroffenen Versorgungsunternehmens zurückzuführende Umstände außer Betracht.[185] An die Rechtfertigung sind nicht zu geringe Anforderungen zu stellen, damit nicht auf diesem Umweg monopolistische Kostenüberhöhungstendenzen in die Beurteilung einfließen.[186] Insoweit sind für Unsicherheiten auch keine Zu- oder Abschläge vorzunehmen.[187] Rechtfertigungen führen zu entsprechenden Korrekturab- oder -zuschlägen.[188] **55**

In den Netzwerkindustrien zählen die **Netzkosten** zu den wesentlichsten gebietsstrukturellen Umständen. Sie sind Gegenstand des nach den §§ 6 ff. EnWG entflochtenen Netzbetriebes und unterliegen zugleich der Regulierung. Beim Vergleich bereinigter Nettoerlöse werden sie – gleichsam als vorweggenommene Rechtfertigung – bereits auf Tatbestandsebene berücksichtigt.[189] Bei dem Vergleich von Grundversorgungssituationen sind Unterschiede in den Konzessionsabgabensätzen im Rahmen der Höchstsätze nach § 2 Abs. 2 KAV[190] zu bereinigen. **56**

Im Bereich Heizstrom kommen nach der Praxis des BKartA Unterschiede in den **Lastprofilen** als rechtfertigender Umstand in Betracht, da sie dem Versorgungsunternehmen vom Netzbetreiber vorgegeben werden.[191] Dies begegnet methodischen Bedenken. Der marktbeherrschende Anbieter von Heizstrom ist regelmäßig ein mit dem örtlichen Verteilernetzbetreiber verbundenes Unternehmen; daran ändert auch der nach Unternehmensgröße differenzierende Grad der Entflechtung nach §§ 6 ff. EnWG nichts. Die sachgerechte Ausgestaltung der Lastprofile könnte daher als ein vom Versorgungsunternehmen beeinflussbarer Umstand anzusehen sein; sachlich nicht gerechtfertigte Ausgestaltungen der Lastprofile durch den Netzbetreiber wirken allerdings auch analog einem Behinderungsmissbrauch. Folgte man der permissiven Auffassung des BKartA sind seitens des im Rahmen von § 29 Satz 1 Nr. 1 beweisbelasteten Versorgungsunternehmens komplexe Be- **57**

---

[182] RegBegr BT-Drs. 16/5847, 11.

[183] *Mohr* in BerlKommEnR, 3. Auflage 2014, Rn. 135; vgl. BGH, B. v. 10.12.2008, KVR 2/08, WuW/E DE-R 2538, Rn. 16 – SW Uelzen; a. A. *Bosch* in Bechtold/Bosch, Rn. 20, *Lücke* in Langen/Bunte, Rn. 32; *Körber* in Immenga/Mestmäcker, Rn. 101; *Baron* in FK, Rn. 103.

[184] Zum Potential zur Marktstrukturverbesserung vgl. unten, Rn. 78.

[185] BGH, B. v. 2.2.2010, KVR 66/08, WuW/E DE-R 2841, Rn. 42 – Wasserpreise Wetzlar m. w. N.; a. A. *Bosch* in Bechtold/Bosch, Rn. 20; vgl. die ausführliche Darstellung bei *Koleva,* S. 298 ff.

[186] BGH, B. v. 2.2.2010, KVR 66/08, WuW/E DE-R 2841, Rn. 62 – Wasserpreise Wetzlar; vgl. RegBegr BT-Drs. 8/2136, 33 f.

[187] *Markert* in MünchKomm, Rn. 41.

[188] *Mohr* in BerlKommEnR, 3. Auflage 2014, Rn. 140; *Baron* in FK, Rn. 105.

[189] Näher oben, Rn. 43.

[190] Konzessionsabgabenverordnung (BGBl. I 1992, 12, 407), zuletzt geändert durch BGBl. I 2006, 2477.

[191] BKartA, B. v. 19.3.2012, B10–16/09, Rn. 37 – Entega Heizstrom.

rechnungen zur Quantifizierung der rechtfertigenden Wirkung anzustellen;[192] insoweit sind der Kartellbehörde allerdings Vereinfachungen vor dem Hintergrund des Zwecks der Rechtfertigung im Rahmen der Missbrauchsaufsicht erlaubt.[193] Ähnliche Erwägungen mögen beim Übergang zu analytischen Lastprofilen bei Haushaltsstrom bzw. -gas angezeigt sein.

58 Ebenso würde jedes Unternehmen **Kosten für Beschaffung und Vertrieb** eingehen müssen. Als rechtfertigend zu berücksichtigen sind allerdings nur effiziente Kosten.[194] Diese können beispielsweise durch Vergleich der Beschaffungs- und Vertriebskosten effizienter Unternehmen ermittelt werden. Die Höhe wesentlicher Kostenpositionen stellen Betriebs- und Geschäftsgeheimnisse dar und können daher dem betroffenen Unternehmen nicht ohne weiteres offengelegt werden. Diese Probleme können vermieden werden durch die Verwendung von Durchschnittswerten, etwa der fünf effizientesten Unternehmen.[195] In größeren Verfahrensgefügen bietet es sich an, auch für die Kosten Cluster vergleichbarer Unternehmen zu bestimmen.[196]

59 Bei Berücksichtigung effizienter Kosten darf es allerdings nicht zu einer **Kostenunterdeckung** bei dem Betroffenen Unternehmen kommen.[197] Der von der Rechtsprechung verwendete Begriff der „Kosten bei Ausschöpfung aller Rationalisierungsreserven" verweist letztlich auf den Begriff effizienter Kosten, der in § 29 Satz 2 kodifiziert ist.

60 **Kapitalkosten** sind hingegen beim Vergleichsmarktkonzept zur Rechtfertigung nicht geeignet, da ihre genaue Höhe von unternehmensindividuellen Gegebenheiten abhängt.[198] Es ist also die bilanzielle Gewinn- und Verlustrechnung maßgeblich, nicht die kalkulatorische Kostenunterdeckung, denn ein Unternehmen wird erst aus dem Markt austreten, wenn es Verluste generiert, nicht aber bereits, wenn es in einer bestimmten Periode sein kalkulatorischen Kosten nicht deckt.[199]

61 Auch besteht **kein Anspruch auf Verzinsung** des eingesetzten Kapitals,[200] da es auch in einem Wettbewerbsmarkt, der durch die Bestimmung des wettbewerbsanalogen Preises simuliert werden soll, kein Anspruch auf Erwirtschaftung von Kapitalkosten oder Gewinn gibt; ob eine Verzinsung eintritt, hängt insb. von der Effizienz, dem Wettbewerb und den Konkurrenzpreisen ab. Im Rahmen des Vergleichsmarktkonzeptes wird dem regelmäßig anzutreffenden, aber nicht notwendigen Erwerbszweck unternehmerischer Tätigkeit bereits durch die Erwägung Rechnung getragen, dass auch das Vergleichsunternehmen einen Gewinn zu erwirtschaften trachtet.

62 **f) Beweislastumkehr in Verfahren vor den Kartellbehörden.** Schon nach allgemeinen Grundsätzen trifft Unternehmen in Kartellverwaltungsverfahren eine **gesteigerte Mitwirkungspflicht,** die sich bereits aus § 26 Abs. 2 VwVfG ergibt und durch die Auskunftspflicht nach § 59 Abs. 1 konkretisiert wird,[201] die sich wiederum auf Daten aus dem Einwirkungsbereich des Unternehmens erstreckt, welche sich die Kartellbehörde nicht auf anderem zumutbaren Wege selbst beschaffen kann.[202] Verletzt ein Unternehmen diese

---

[192] Vgl. BKartA, B. v. 19.3.2012, B10–16/09, Rn. 75 ff. – Entega Heizstrom.

[193] Vgl. BGH, U. v. 14.7.2015, KVR 73/13, Rn. 13 des Umdrucks – Wasserpreise Calw II.

[194] Siehe oben, Rn. 25 ff.

[195] Vgl. BKartA, B. v. 19.3.2012, B10–16/09, Rn. 77 ff., 97 – Entega Heizstrom.

[196] Zur Praxis in den Gaspreisverfahren *C. Becker/Blau,* S. 73 ff.

[197] BGH, B. v. 22.7.1999, KVR 12/98, WuW/E DE-R 375, Rn. 17 (juris) – Flugpreisspaltung; BGH, B. v. 2.2.2010, KVR 66/08, WuW/E DE-R 2831, Rn. 72 – Wasserpreise Wetzlar; *Markert* in MünchKomm, Rn. 42.

[198] BGH, B. v. 2.2.2010, KVR 66/08, WuW/E DE-R 2841, Rn. 51 ff. – Wasserpreise Wetzlar.

[199] *Engelsing,* RdE 2003, 249, 252.

[200] *Engelsing* in BerlKommEnR, 1. Auflage 2004, § 19 GWB, Rn. 268 f.

[201] BGH, B. v. 22.7.1999, KVR 12/98, WuW/E DE-R 375, Rn. 20 (juris) – Flugpreisspaltung; BGH, B. v. 14.7.2015, KVR 77/13, Rn. 30 des Umdrucks – Wasserpreise Calw II.

[202] BGH, B. v. 15.5.2012, KVR 51/11, WuW/E DE-R 3622, Rn. 18 – Wasserpreise Calw I; BGH, U. v. 23.6.2009, KZR 22/08, n. v., Rn. 14.

Mitwirkungspflicht, kann dies im Rahmen der freien Beweiswürdigung schon bei der Kartellbehörde obliegenden Beweis gegen das Unternehmen verwendet werden.[203]

Darüber hinaus ist in § 29 Satz 1 Nr. 1 2. HS festgeschrieben,[204] dass es dem betroffenen Unternehmen obliegt, Abweichungen in den Entgelten oder Geschäftsbedingungen sachlich zu rechtfertigen, allerdings nur in den Verfahren vor den Kartellbehörden,[205] sowie in den gerichtlichen Kontrollverfahren.[206] Diese **Beweislastumkehr** geht über die generelle, gesteigerte Mitwirkungspflicht hinaus. Sie ist umfassend ausgestaltet und ist nicht in das Korsett der Bestimmtheitserfordernisse einer Auskunftsverfügung nach § 59 Abs. 1 gezwängt, die sich aus deren Vollstreckbarkeit nach § 86a Satz 1 i. V. m. VwVG ergeben. Die Beweislastumkehr geht so über die non liquet Situation[207] hinaus. 63

Diese Beweisobliegenheit kontrastiert mit dem allgemeinen, das Kartellverwaltungsverfahren prägenden **Amtsermittlungsgrundsatz.** Sie kann sich im Kartellverwaltungsverfahren daher nur auf Umstände erstrecken, die der Betroffenen ohne eingreifende Ermittlungsbefugnisse bekannt sein können;[208] dies sind insbesondere Umstände, welche die Vergleichbarkeit des Vergleichsunternehmens relativieren könnten, sowie Vortrag dazu, dass bestimmte Kosten auch im Wettbewerb entstanden wären. Allerdings ist zu berücksichtigen, dass die Kartellbehörden nur zur Aufklärung solcher entlastender Umstände verpflichtet, als der Sachverhalt und der Vortrag des betroffenen Unternehmens dies nahelegen.[209] Im Kartellordnungswidrigkeitenverfahren greift die Beweislastumkehr wegen des strafrechtlichen in-dubio-pro-reo Grundsatzes nicht ein.[210] 64

4. Gewinnbegrenzungskonzept

a) Überblick. Der Missbrauchstatbestand nach dem sog. **Gewinnbegrenzungskonzept** ist im deutschen Recht allein in § 29 Satz 1 Nr. 2 ausdrücklich normiert. Demnach sind Entgelte missbräuchlich, welche die Kosten im Wettbewerb i. S. d. § 29 Satz 2 in unangemessener Weise überschreiten. Die vorgenannten Begriffe sind gesetzlich nicht weiter definiert[211] und bedürfen der Ausfüllung nach allgemeinen Methoden. Eine Beweislastumkehr gibt es in § 29 Satz 1 Nr. 2 nicht.[212] 65

Das Gewinnbegrenzungskonzept hat **Vorbilder** insb. in der europäischen Rechtsprechung zur „Erzwingung von unangemessen […] Verkaufspreisen" nach Art. 102 Satz 2 Nr. 1 AEUV.[213] Außerdem war es auf Grundlage von § 19 Abs. 2 Nr. 2 schon bei Erlass 66

---

203 So jetzt ausdrücklich BGH, B. v. 14.7.2015, KVR 77/13, Rn. 30 des Umdrucks – Wasserpreise Calw II.

204 Dies sei gängige Praxis, RegBegr, BT-Drs. 16/5847, 11.

205 Insoweit ähneln die Rechtsfolgen denen von § 103 Abs. 5 Satz 2 Nr. 2 a. F., dessen Beweislastumkehr sich ebenfalls nicht auf das Kartellzivilverfahren erstreckte. Vgl. zu 103a a. F. *Jestaedt* in Langen/Bunte, 8. Auflage 1998; *Klaue* in Immenga/Mestmäcker, 4. Auflage 2007, § 131, Rn. 25 ff.; *Ritter/Lücke,* WuW 2007, 698, 701 mit Fn. 15.

206 AusschBer BT-Drs. 16/7156, 11.

207 *Ritter/Lücke,* WuW 2007, 698, 703; *Kundan* in Danner/Theobald, II B. 1, Rn. 76.

208 AusschBer BT-Drs. 16/7156, 11.

209 *Ritter/Lücke,* WuW 2007, 698, 703; *Lücke* in Langen/Bunte, Rn. 34; BGH, 21.2.1995, WuW/E BGH 1990 – Importarzneimittel.

210 *Vollmer* in MünchKomm, § 81 GWB, Rn. 18; vgl. auch AusschBer BT-Drs. 16/7156, 11, die nur das Kartellverwaltungsverfahren erwähnt.

211 Und bilden nach Literaturkritik „konzeptionelle Unschärfen"; so Monopolkommission, SG 54, Rn. 18 ff.; *Gussone/Heymann,* S. 233, 267.

212 Vgl. AusschBer BT-DRs. 16/7156, 11.

213 EuGH, U. v. 14.2.1978, 27/76, Slg. 1978, 207, 305 – United Brands; vgl. auch die Bezugnahme in RegBegr BT-Drs. 16/5847, 11; weiter grundsätzlich EuGH, U. v. 13.11.1975, Slg. 1975, 1367, Rn. 11 f. – General Motors; EuGH, U. v. 11.11.1986, Slg. 1986, 3297, Rn. 29 f. – British Leyland; EuGH, U. v. 5.10.1994, Slg. 1994, I-5097, Rn. 21 und 25 – Crespelle; die Maßstäbe sind nur wenig weiter konkretisiert worden, vgl *Markert* in MünchKomm, Rn. 47 m. w. N., insb. auf Kommission, E. v. 23.7.2004, 36.568 und 36.570 – Port of Helsingborg; vgl. auch oben Rn. 4.

von § 29 als weiteres Konzept neben dem dort ausdrücklich normierten Vergleichsmarktkonzept für die Feststellung eines Preishöhenmissbrauchs im Grundsatz anerkannt,[214] ohne im Detail praktisch geworden zu sein. Daher kam § 29 Satz 1 Nr. 2 bei seinem Erlass 2007 eine wichtige Klarstellungsfunktion für den Energiebereich zu, insb. auf dem Stromerstabsatzmarkt.

67 Der ursprüngliche, sektorielle Charakter der **Klarstellungsfunktion**[215] von § 29 Satz 1 Nr. 2 wird inzwischen durch die fortentwickelte[216] höchstrichterliche Rechtsprechung relativiert, wonach ein Preishöhenmissbrauch nach § 19 Abs. 2 Nr. 2 zwar „insbesondere" durch eine Vergleichsmarktbetrachtung ermittelt werden kann,[217] aber gleichberechtigt auch durch eine Überprüfung einer Mehrheit von Preisbildungsfaktoren darauf, ob ein im Wettbewerb stehendes Unternehmen zur bestmöglichen Ausnutzung seines Preissetzungsspielraums abweichend kalkulieren würde.[218]

68 **b) Entgelte.** Zwischen den Entgeltbegriffen von § 29 Satz 1 Nr. 1 und Nr. 2 besteht **kein Unterschied.**[219] Anders als Nr. 1 erfasst Nr. 2 nicht ausdrücklich Geschäftsbedingungen; diese können allerdings als wertprägende Faktoren bei der (vergleichenden) Beurteilung der Angemessenheit eines Preisabstandes berücksichtigt werden.[220]

69 **c) Kosten.** Der in § 29 Satz 1 Nr. 2 verwendete **Kostenbegriff** ist – ebensowenig wie der des Satzes 2 – gesetzlich definiert.[221] Die Gesetzesbegründung verweist auf die Anwendung „anerkannter ökonomischer Theorien" und den daraus folgenden „Grundsatz", dass – in Abgrenzung zu Durchschnittskosten – bei vollkommenem Wettbewerb Preise den Grenzkosten entsprächen.[222] Der Begriff der ökonomischen Theorien ist umfassend zu verstehen;[223] dafür, dass Kosten ineffizient im Sinne von § 29 Satz 2 sind, trägt die Kartellbehörde im Rahmen von § 29 Satz 1 Nr. 2 die Feststellungslast.[224] Der Hinweis, dass § 29 gerade auf Märkten mit nicht vollkommenem Wettbewerb Anwendung finde,[225] geht fehl, denn § 29 soll genau diesen Umstand im Sinne der Nachfrageseite korrigieren und Preise verbieten, die erheblich über wettbewerbsanalogen Niveau liegen; die zitierte Meinung vermischt Kostenbegriff und Erheblichkeitsschwelle.

70 Auch bei der Ermittlung eines Preishöhenmissbrauchs mittels des Gewinnbegrenzungskonzepts müssen Unsicherheiten bei der Kostenfeststellung durch entsprechende **Sicherheitszuschläge** ausgeglichen werden.[226]

---

[214] OLG Düsseldorf, B. v. 11.2.2004, Kart 4/03, WuW/E DE-R 1239, Rz. 49 – TEAG; vgl. *C. Becker/Blau,* S. 90, Fn. 211 m. w. N.; vgl. BGH, B. v. 28.6.2005, KVR 17/04, WuW/E DE-R 1513, Rn. 12 ff. – Stadtwerke Mainz; vgl. zur früheren, zurückhaltenderen Rechtsprechung *Markert* in MünchKomm, Rn. 44 f.; *Lücke* in Langen/Bunte, Rn. 39 und ausführlich *Bruhn* in BerlKommEnR, 2. Auflage 2010, Rn. 65 ff.

[215] RegBegr BGBl. 16/5847, 11.

[216] BGH, B. v. 15.5.2012, KVR 51/11, WuW/E DE-R 3622, Rn. 15 (juris) – Wasserpreise Calw I sowie BGH, B. v. 14.7.2015, KVR 77/13, Rn. 22 des Umdrucks – Wasserpreise Calw II.

[217] Vgl. RegBegr BT-Drs. 8/3690, 25.

[218] BGH, B. v. 15.5.2012, KVR 51/11, WuW/E DE-R 3622, Rn. 14 f. m. w. N. – Wasserpreise Calw I; vertieft in BGH, B. v. 14.7.2015, KVR 77/13, Rn. 21 ff. des Umdrucks – Wasserpreise Calw II.

[219] Siehe oben, Rn. 31.

[220] *Markert* in MünchKomm, Rn. 48.

[221] Zur EU-Praxis mit Bezug zu einigen Aspekten des Kostenbegriffs *Lücke* in Langen/Bunte, Rn. 48.

[222] RegBegr BT-Drs. 16/5847, 11; AusschBer BT-Drs. 16/7156, 11; zum Hintergrund dieser Ausführungen *Lücke* in Langen/Bunte, Rn. 44 ff.

[223] BGH, B. v. 14.7.2015, KVR 77/13, Rn. 21 ff., insb. Rn. 25 des Umdrucks – Wasserpreise Calw II.

[224] BGH, B. v. 14.7.2015, KVR 77/13, Rn. 58 des Umdrucks – Wasserpreise Calw II.

[225] *Markert* in MünchKomm, Rn. 49; *Gussone/Heymann,* S. 233, 266.

[226] BGH, B. v. 15.5.2012, KVR 51/11, WuW/E DE-R 3622, Rn. 17 – Wasserpreise Calw I.

d) Angemessenheit des Preisabstands. Die Rechtfertigungsprüfung erfolgt beim Gewinnbegrenzungskonzept in der Prüfung zur Angemessenheit des Preisabstandes;[227] der Begriff der Angemessenheit wird im kartellrechtlichen Kontext im gleichen Sinne auch von Art. 102 S. 2 lit. a AEUV und in § 19 Abs. 2 Nr. 4 verwendet.[228] Für die Zwecke der Entgeltregulierung von Leitungsmonopolen konkretisierter Angemessenheitsmaßstäbe sind bei ihrer Übertragung daraufhin zu überprüfen, ob ihre besondere Strenge nicht gerade aus der Regulierung eines Monopols im Vergleich zu einem strukturell auf Wettbewerb angelegten Marktumfeld resultiert;[229] dies gilt insb. für die Höhe des angemessenen Gewinns auf Grundlage effizienter Kosten im Sinne von § 29 Satz 2. Nach der Gesetzesbegründung ist „**Maßstab der Angemessenheitsprüfung** […] neben den Ordnungsprinzipien einer *Wettbewerbswirtschaft,* wie sie sich aus dem GWB ergeben, gerade auch – mit Blick auf die Nachfrager – das im *EnWG normierte Ziel der preisgünstigen Energieversorgung.* Hohe Preis-Kosten-Abstände können zwar ein Indiz für ein unangemessenes Preis-Kosten-Verhältnis sein. Bei der Prüfung der Angemessenheit sind jedoch gegebenenfalls Sonderfaktoren zu berücksichtigen. So kann beispielsweise ein hoher Preis-Kosten-Abstand auf außerordentliche Effizienzsteigerungen zurückgehen oder dadurch zu erklären sein, dass in die Folgeperiode verschobene Investitionen zu einer außerplanmäßigen Minderung der Aufwendungen in der betrachteten Periode geführt haben. Für die Beurteilung, ob ein Missverhältnis zwischen Preis und Kosten gegeben ist, können auch Erfahrungswerte aus Branchen außerhalb der Energiewirtschaft herangezogen werden“.[230] Insbesondere der letzte Satz könnte mit Blick auf Vermarktungsformen an Warenterminbörsen mit Einheitspreisauktion relevant werden. Der angemessene Preis-Kosten-Abstand kann ganz generell nur mit Blick auf den konkret betroffenen Markt bestimmt werden, auch mit Blick auf den Grad von dessen Vermachtung. Spekulationen über Untergrenzen in Prozent verbieten sich, schon wegen der unklaren Bezugsgröße (z. B. Kapital, Eigenkapital, Umsatz, Nettoumsatz). Investitionen und Abschreibungen sind bereits beim Kostenbegriff zu prüfen.[231] Auch sollte ein ausreichend großer Zeitraum gewählt werden, um Periodeneffekte zu internalisieren. 71

Mit Blick auf den **Stromerstabsatzmarkt** haben BKartA und Kommission für Gebote bei der Einheitspreisauktion des Day-Ahead-Marktes auf die kurzfristigen Grenzkosten des jeweiligen Kraftwerks abgestellt,[232] wobei eine **Rechtfertigungsmöglichkeit** insbesondere mit Blick auf die Refinanzierung der Kosten des gesamten Kraftwerksparks eingeräumt worden ist;[233] diese Ausführungen erfolgten ausdrücklich vor dem Hintergrund der untersuchten Marktsituation 2007/2008, in der zwei Unternehmen in weit mehr als einem Viertel bzw. mehr als der Hälfte aller Stunden einzeln marktbeherrschend gewesen sind und das durchschnittliche Preisniveau weit über den Grenzkosten der Grund- und Mittellastkraftwerke gelegen hat; die Unterscheidung knappheitsbedingter Preise und marktmachtmissbräuchlich überhöhter Preise stand daher nicht im Vordergrund.[234] Die Markt- 72

---

[227] *Ritter/Lücke,* WuW 2007, 698, 709.

[228] Zu ähnlichen Maßstäben in anderen Gesetzen vgl. *Lücke* in Langen/Bunte, Rn. 51 ff.; *Bruhn* in BerlKommEnR, 2. Auflage 2010, Rn. 59, sowie ausführlich zu § 315 BGB in Rn. 69 ff.

[229] *Bruhn* in BerlKommEnR, 2. Auflage 2010, Rn. 55.

[230] RegBegr BT-Drs. 16/5847, 11 (Hervorhebungen hinzugefügt).

[231] Anders *Bechtold,* Rn. 28.

[232] Ausführlich BKartA, B. v. 13.1.2011, B10-9/09, S. 56 ff. und 161 ff. – Sektoruntersuchung Strom; vgl. Kommission, E. v. 26.11.2008, COMP/39.388, 39.389, Rn. 29 – Deutscher Stromgroßhandelsmarkt und Deutscher Regelenergiemarkt (E.ON) unter Verweis auf Kommission, DG Competition Report on Energy Sector Inquiry, 2007, SEC(2006) 1724, Rn. 368 ff.; zustimmend *Koleva,* S. 363 ff.

[233] Ausführlich BKartA, B. v. 13.1.2011, B10-9/09, S. 191 ff., insb. 193 ff. – Sektoruntersuchung Strom.

[234] Vgl. aber die Ausführungen zum Marktbeherrschungsbefund, der auf eine Unterschreitung des RSI von 1,0 in mindestens 5% der Stunden des Jahres abstellte, also auf nicht nur kurzfristige Knapp-

verhältnisse haben sich seither erheblich gewandelt, wobei unter den gegenläufigen Faktoren gegenwärtig der Zubau von Erzeugungskapazität auf Basis erneuerbarer Energieträger gegenüber dem Atomausstieg und dem Rückbau konventioneller Kraftwerke stärker ins Gewicht fällt; dieses Verhältnis kann sich mit dem reduzierten Ausbautempo der Erneuerbaren, dem fortschreitenden Atomausstieg, weiteren Marktaustritten und einer Lücke in projektierten konventionellen Kraftwerksprojekten durchaus zukünftig wieder umkehren.

73 **e) Erheblichkeitszuschlag.** Ein Erheblichkeitszuschlag zur Bepreisung des mit dem Missbrauchsvorwurf verbundenen Unwerturteils ist bei Bestimmung durch Preisbildungsfaktoren **„erst recht" anzusetzen.**[235] Es finden insoweit die gleichen Grundsätze wie beim Vergleichsmarktkonzept Anwendung. Bei Anwendung des Gewinnbegrenzungskonzepts auf ein natürliches Monopol sah der BGH die Erheblichkeitsschwelle jedenfalls schon bei einer Preisüberhöhung von 3% oder weniger und nicht erst bei 7,5% als überschritten an.[236] Maßgeblich ist die rechtliche Erheblichkeit der Preisüberschreitung, nicht deren Spürbarkeit. Legt man mit dem BGH alle effizienten Kosten des Unternehmens einschließlich der nicht beeinflussbaren Kosten zu Grunde, sind „etwa erforderliche Differenzierungen" bei der Bemessung des Erheblichkeitszuschlags zu berücksichtigen,[237] insbesondere ob das Versorgungsunternehmen insoweit Risiken trägt.

V. Verfahrensfragen und Rechtsfolgen

74 § 29 ist als **Verbotsgesetz** ausgestaltet, ebenso wie § 19, und gleichfalls nach § 81 Abs. 2 Nr. 1 bußgeldbewehrt. Auf die entsprechenden Ausführungen zu Verfahrensfragen und Rechtsfolgen kann verwiesen werden.[238]

75 Im behördlichen Verfahren verfügen die Kartellbehörden auch bei gegebenem Anfangsverdacht eines Verstoßes gegen Kartellrecht über ein **Aufgreifermessen.** Dem Abwägungsaspekt der Wirkungen möglicher Verfahren auf die Marktstruktur im Kontext eines von den Kartellbehörden umfassend verstandenen Auftrags zum Wettbewerbsschutz, kommt bei § 29, ebenso wie bei § 19 Abs. 2 Nr. 2, ganz herausgehobene Bedeutung zu. Hier gilt: Die Dosis macht das Gift. Die Kartellbehörden sind so mit der Preismissbrauchsaufsicht im Sinne der Entwicklung wettbewerblicher Strukturen umgegangen, ohne die berechtigten, kurzfristigen Interessen der Verbraucher[239] aus dem Blick zu lassen.[240]

76 Ebenfalls im Zuge der Preismissbrauchsnovelle wurde die **sofortige Vollziehbarkeit** von Missbrauchsverfügungen nach § 64 eingeführt, um einen Gleichlauf mit europäischem Recht herzustellen.[241] Sie ist auch in Missbrauchsaufsicht über Preise relevant, da Gerichtsverfahren zu Verzögerungen und damit zu Unsicherheiten für die betroffenen Kunden führen, die so ggf. von einem Wechsel des Lieferanten abgehalten werden und das strukturelle Problem der Missbrauchsaufsicht über Preise verstärken; § 64 baut reinen Verzögerungsstrategieen vor.

77 Bei der Tenorierung von Missbrauchsverfügungen wird regelmäßig die **positive Tenorierung** gewählt, die ein bestimmtes maximales Preisniveau für die Vergangenheit festlegt, ggf. ergänzt um eine Rückerstattungsanordnung; die Möglichkeit einer Rü-

heiten. Ausführlich BKartA B. v. 13.1.2011, B10-9/09, S. 96ff., insb. S. 106ff. – Sektoruntersuchung Strom.

[235] BGH, B. v. 15.5.2012, KVR 51/11, WuW/E DE-R 3622, Rn. 26 – Wasserpreise Calw I ausdrücklich auch zu § 29 Satz 1 Nr. 2 BGH, B. v. 14.7.2015, KVR 77/13, Rn. 63 des Umdrucks – Wasserpreise Calw II.

[236] BGH, B. v. 14.7.2015, KVR 77/13, Rn. 64 des Umdrucks – Wasserpreise Calw II.

[237] Ebda.

[238] *Markert* in MünchKomm, Rn. 62ff.; *Baron* in FK, Rn. 152ff.

[239] Dazu z.B. BKartA, B. v. 19.3.2012, B10–16/09, Rn. 107 – Entega Heizstrom.

[240] Vgl. *C. Becker/Blau,* S. 16ff.; vgl. auch RegBegr BT-Drs. 17/9852, 35.

[241] RegBegr BT-Drs. 16/5847, 11f.

ckerstattung[242] und einer Verzinsung der Rückzahlungssumme[243] ist inzwischen in § 32 Abs. 2a kodifiziert.[244] Ebenfalls festgelegt werden kann ein maximales Preisniveau für einen zukünftigen Zeitraum.[245] Außerdem ist möglich anzuordnen, einen bestimmten Abstand zu den Preisen bestimmter anderer Unternehmen einzuhalten; eine solche dynamisch-relative Tenorierung setzt die Möglichkeit beim betroffenen Unternehmen voraus, die Preise der bezogenen anderen Unternehmen zu kennen.[246]

Gerade im Zusammenhang mit Preismissbrauchsverfahren hat sich das Instrument der **Zusagenentscheidung nach § 32b** als besonders flexibel erwiesen, um den widerstreitenden Anforderungen an die kartellbehördliche Preismissbrauchsaufsicht gerecht zu werden. So wurden in vielen Verfahren neben Rückerstattungen auch Zusagen angeboten, die geeignet sind, die wettbewerbliche Struktur der betroffenen Märkte zu stärken;[247] über das Instrument der Zusagenentscheidung konnten auch diese Aspekte für verbindlich erklärt werden.[248] **78**

Mangels Zuständigkeit der Kartellbehörden zur Anwendung von § 315 BGB und mangels Anwendbarkeit der Beweiserleichterung des § 29 Satz 1 Nr. 1 außerhalb von Verfahren vor den Kartellbehörden[249] ergeben sich aus § 29 allerdings keine Besonderheiten für den **Zivilprozess.**[250] **79**

§ 30 Preisbindung bei Zeitungen und Zeitschriften

(1) [1]**§ 1 gilt nicht für vertikale Preisbindungen, durch die ein Unternehmen, das Zeitungen oder Zeitschriften herstellt, die Abnehmer dieser Erzeugnisse rechtlich oder wirtschaftlich bindet, bei der Weiterveräußerung bestimmte Preise zu vereinbaren oder ihren Abnehmern die gleiche Bindung bis zur Weiterveräußerung an den letzten Verbraucher aufzuerlegen.** [2]**Zu Zeitungen und Zeitschriften zählen auch Produkte, die Zeitungen oder Zeitschriften reproduzieren oder substituieren und bei Würdigung der Gesamtumstände als überwiegend verlagstypisch anzusehen sind, sowie kombinierte Produkte, bei denen eine Zeitung oder eine Zeitschrift im Vordergrund steht.**

(2) [1]**Vereinbarungen der in Absatz 1 bezeichneten Art sind, soweit sie Preise und Preisbestandteile betreffen, schriftlich abzufassen.** [2]**Es genügt, wenn die Beteiligten**

---

[242] Vgl. BGH, B. v. 10.12.2008, KVR 2/08, WuW/E DE-R 2538, Rn. 16 – SW Uelzen; BGH, B. v. 15.5.2012, KVR 51/11, WuW/E DE-R 3622, Rn. 20ff. – Wasserpreise Calw I.

[243] Vgl. BKartA, B. v. 19.3.2012, B10–16/09, Tenor Nr. 3 und Rn. 113ff. – Entega Heizstrom.

[244] Eine Klarstellung laut RegBegr BT-Drs. 17/9852, 26f.

[245] Vgl. BKartA, B. v. 4.6.2012, B8–40/10, Tenor – BWB im Zusammenhang mit OLG Düsseldorf, B. v. 24.2.2014, VI-2 Kart 4/12, WuW/E DE-R 4189, Rn. 249ff. – BWB.

[246] BGH, B. v. 26.9.1995, KVR 24/94, WuW/E BGH 3009, Rn. 28 (juris) – Stadtgas Potsdam; BGH, B. v. 21.2.1995, KVR 4/94, WuW/E BGH 2967, Rn. 11ff. – Weiterverteiler; vgl. BGH, B. v. 28.6.2005, KVR 17/04, WuW/E DE-R 1513, Rn. 13 (juris) – Stadtwerke Mainz.

[247] Zu den Gaspreisverfahren *C. Becker/Blau,* S. 58; BKartA B. v. 29.9.2010 B10–12/09 bis B10–50/09, S. 16f. – Sektoruntersuchung Heizstrom; zur Wettbewerbsentwicklung vgl. BNetzA und BKartA, Monitoringbericht 2014, S. 172ff.

[248] Die Monopolkommission verstrickt sich hier in Widersprüche, indem sie die strukturellen Zusagen begrüßt und zugleich die Verwendung des Instruments der Zusagenentscheidung bedauert, das allein solche Verfahrensabschlüsse erlaubt (SG 54, Rn. 516 bzw. 518).

[249] Zu den Folgewirkungen einer Beweislastumkehr im Kartellzivilprozess *Ritter/Lücke,* WuW 2007, 698, 704; kritisch zum Ausschluss der Beweislastumkehr vor dem Hintergrund der Stärkung der privaten Kartellrechtsdurchsetzung *Ritter,* WuW 2008, 142, 147; *Lücke* in Langen/Bunte, Rn. 35.

[250] Vgl. zu § 315 BGB die Kommentierung zu § 130 Abs. 3 Rn. 33 zu 315 im Zivilverfahren; *Markert* in MünchKomm, Rn. 72 mit Fn. 205 m. w. N.; vgl. zur sekundären Behauptungslast des Versorgungsunternehmens mit Blick auf eigene Umstände *Lücke* in Langen/Bunte, Rn. 36; *Körber* in Immenga/Mestmäcker, Rn. 115; *Bruhn* in BerlKommEnR, 2. Auflage 2010, Rn. 55f. unter Verweis auf *Ambrosius,* ZNER 2007, 95, 100; dies verkennt *Bosch* in Bechtold/Bosch, Rn. 23.

Urkunden unterzeichnen, die auf eine Preisliste oder auf Preismitteilungen Bezug nehmen. [3] § 126 Absatz 2 des Bürgerlichen Gesetzbuchs findet keine Anwendung.

(2a) [1] **§ 1 gilt nicht für Branchenvereinbarungen zwischen Vereinigungen von Unternehmen, die nach Absatz 1 Preise für Zeitungen oder Zeitschriften binden (Presseverlage), einerseits und Vereinigungen von deren Abnehmern, die im Preis gebundene Zeitungen und Zeitschriften mit Remissionsrecht beziehen und mit Remissionsrecht an Letztveräußerer verkaufen (Presse-Grossisten), andererseits für die von diesen Vereinigungen jeweils vertretenen Unternehmen, soweit in diesen Branchenvereinbarungen der flächendeckende und diskriminierungsfreie Vertrieb von Zeitungs- und Zeitschriftensortimenten durch die Presse-Grossisten, insbesondere dessen Voraussetzungen und dessen Vergütungen sowie die dadurch abgegoltenen Leistungen geregelt sind. [2] Insoweit sind die in Satz 1 genannten Vereinigungen und die von ihnen jeweils vertretenen Presseverlage und Presse-Grossisten zur Sicherstellung eines flächendeckenden und diskriminierungsfreien Vertriebs von Zeitungen und Zeitschriften im stationären Einzelhandel im Sinne von Artikel 106 Absatz 2 des Vertrages über die Arbeitsweise der Europäischen Union mit Dienstleistungen von allgemeinem wirtschaftlichem Interesse betraut. [3] Die §§ 19 und 20 bleiben unberührt.**

(3) [1] **Das Bundeskartellamt kann von Amts wegen oder auf Antrag eines gebundenen Abnehmers die Preisbindung für unwirksam erklären und die Anwendung einer neuen gleichartigen Preisbindung verbieten, wenn**
1. **die Preisbindung missbräuchlich gehandhabt wird oder**
2. **die Preisbindung oder ihre Verbindung mit anderen Wettbewerbsbeschränkungen geeignet ist, die gebundenen Waren zu verteuern oder ein Sinken ihrer Preise zu verhindern oder ihre Erzeugung oder ihren Absatz zu beschränken.**

[2] **Soweit eine Branchenvereinbarung nach Absatz 2a einen Missbrauch der Freistellung darstellt, kann das Bundeskartellamt diese ganz oder teilweise für unwirksam erklären.**

Übersicht

Schrifttum: *Ahrens/Jänisch,* Der gebundene Preis für CD-ROM-Produkte – ein Irrweg der Rechtsprechung – Anmerkung zu BGH, Beschl. v. 11.3.1997 – KVR 39/95, GRUR 1998, 599 ff.; *Alexander,* Die Probeabonnement-Entscheidung des BGH – Schnittbereich kartellrechtlicher, lauterkeitsrechtlicher und medienrechtlicher Aspekte, ZWeR 2007, 239 ff.; *Bechtold,* Ende des Erfordernisses der Lückenlosigkeit?, NJW 1994, 3211 ff.; *ders., Probeabonnement* – Anmerkung zum Urteil des BGH vom 7. Februar 2006, KZR 33/04, WRP 2006, 1162 ff.; *ders.,* Zu den pressespezifischen Änderungen der 8. GWB-Novelle, ZWeR 2013, 387 ff.; *Bunte,* Die Bedeutung salvatorischer Klauseln in kartellrechtswidrigen Verträgen, GRUR 2004, 301 ff.; *ders.,* Preisbindung für Verlagserzeugnisse auf dem kartellrechtlichen Prüfstand, NJW 1997, 3127 ff.; *ders.,* Zur Bedeutung der Lückenlosigkeit der Vertriebssysteme, GRUR 1987, 90 ff.; *Emmerich,* Das neue Buchpreisbindungsgesetz von 2002, FS Ulrich Immenga, 2004, S. 111 ff.; *Fezer,* Wettbewerbsrechtlicher und markenrechtlicher Bestandsschutz funktionsfähiger Distributionssysteme selektiven Vertriebs vor Außenseiterwettbewerb – Die Bedeutung der Rechtsprechung des EuGH für Vertriebsbindungssysteme in den Mitgliedstaaten der EU, GRUR 1999, 99 ff.; *ders.,* Preisbindung elektronischer Verlagserzeugnisse, WRP 1994, 669 ff.; *ders.,* Die Verfassungsnähe der Buchpreisbindung, GRUR 1988, 185 ff.; *ders.,* Anmerkung zur CD-ROM-Entscheidung des BKartA, WuW/E 1994, 740 ff.; *ders.,* Elektronische Verlagserzeugnisse als Gegenstand der kartellrechtlichen Preisbindung, NJW 1997, 2150 ff.; *Franzen,* Die Preisbindung des

Buchhandels, 1987; *Freytag/Gerlinger,* Kombinationsangebote im Pressemarkt, WRP 2004, 537 ff.; *Gaertner,* Zur Zulässigkeit von Prämien im Einzelverkauf und Direktvertrieb, AfP 2006, 413 ff.; *Guggenberger/Ulmer,* Presse-Grosso: Vielfaltsicherung durch Artenschutz!?, AfP 2013, 183 ff.; *Haus,* Rauschen im Blätterwald – Zur Auslegung des § 30 Abs. 2a GWB, WuW 2014, 830 ff.; *Hess,* Buchpreisbindung für eBooks?, AfP 2011, 223; *Hofmann,* Buchpreisbindung auf dem Prüfstand des Europarechts, GRUR 2000, 555 ff.; *Huppertz,* Die Buchpreisbindung nach nationalem und europäischem Wettbewerbsrecht, GRUR 1998, 988 ff.; *von Jagow,* VDZ-Wettbewerbsregeln für den Vertrieb abonnierter Publikumszeitschriften, AfP 2003, 242 ff.; *Jungermann,* Auch reimportierte Bücher sind der Preisbindung zugänglich, NJW 2000, 3189 ff.; *ders.,* Neues zur Buchpreisbindung, NJW 2000, 2172 ff.; *Kahlenberg/Haellmigk,* Referentenentwurf der 7. GWB-Novelle: Tief greifende Änderungen des deutschen Kartellrechts, BB 2004, 389 ff.; *Keßler,* Was lange währt, wird endlich gut? – Annotationen zur 8. GWB-Novelle, WRP 2013, 116 ff.; *Kloepfer/Kutzschbach,* Presse-Grosso zwischen Kartell- und Verfassungsrecht, AfP 1999, 1 ff.; *Kröner,* Probeabonnements im Pressevertrieb: Ein Preisbindungsmißbrauch? WRP 2003, 1149 ff.; *Kroher,* Unlauterkeitstatbestände im Umfeld der Durchbrechung von Vertriebsbindungssystemen, GRUR 1987, 601 ff.; *Kühling,* Kartellrechtliche Befreiung und Betrauung des Presse-Grossos in der GWB-Novelle, ZUM 2013, 18 ff.; *Kunath,* Die Darlegungspflicht des Außenseiters in Vertriebsbindungsprozessen – Prozessuale Obliegenheiten und materiellrechtliche Pflicht, GRUR 1988, 804 ff.; *J. B. Nordemann,* Das deutsche Presse-Grosso: Ein zulässiges Kartell? Eine Anmerkung zu § 30 Abs. 2a GWB, Festschrift Köhler zum 70. Geburtstag, 2014, S. 495 ff.; *ders.,* Wegfall von Zugabeverordnung und Rabattgesetz – Erlaubt ist was gefällt?, NJW 2001, 2505 ff.; *Paschke,* Bestandsschutz für das Pressegrosso als Eingriff in die Pressevertriebsfreiheit, AfP 2012, 431 ff.; *Pickrahn,* Die Bekämpfung von Parallelimporten nach dem neuen Markengesetz, GRUR 1996, 383 ff.; *Schricker,* Verlagsrecht, 2001; *Schwarze,* Zur Zulässigkeit der neuen Regelung über das Presse-Grosso in § 30 Abs. 2a GWB, NZKart 2013, 270 ff.; *Soppe,* Von „Add-Ons", „Gadgets" und „Covermounts" im Pressevertriebsrecht – preisbindungsrechtliche Überlegungen, AfP 2005, 565 ff.; *ders.,* Die gesetzliche Absicherung des Pressegrossovertriebssystems im Rahmen der achten GWB-Novelle, AfP 2013, 365 ff.; *Waldenberger,* Preisbindung bei Zeitungen und Zeitschriften: Der neue § 15 GWB, NJW 2002, 2914 ff.; *von Wallenberg,* Kartellrechtliche Beurteilung der Gratisverteilung von Tageszeitungen, MMR 2001, 512 ff.; *Wallenfels/Russ,* Kommentar zum Buchpreisbindungsgesetz, 6. Aufl. 2012; *Wegner/Wallenfels/Kaboth,* Recht im Verlag, 2. Aufl. 2011, 5. Kap. Rn. 84 ff. (Preisbindung bei Zeitungen und Zeitschriften); *Wolter/Lubberger,* Wo steht die Lückenlosigkeit?, GRUR 1999, 17 ff.

I. Entstehungsgeschichte

1. Das vertikale Preisbindungsrecht für Verleger

1 Die vertikale Preisbindung hat eine wechselvolle Geschichte hinter sich. Sie wurde für Verlagserzeugnisse 1888 auf Betreiben der im Börsenverein organisierten Buchhändler eingeführt.[1] Durch das GWB wurde die Preisbindung der zweiten Hand zunächst für Markenwaren und Verlagserzeugnisse zugelassen. Als sich die gesamtwirtschaftlichen Nachteile der Preisbindung mit wachsender Deutlichkeit abzeichneten, wurde sie für Markenwaren durch die 2. Novelle des GWB von 1973 verboten. Das Recht der Preisbindung für Verlagserzeugnisse wurde aus **kulturpolitischen Gesichtspunkten** beibehalten (zunächst § 16 GWB a. F., ab der 6. GWB-Novelle 1999 § 15 GWB a. F.). Im Jahre 2002 wurde durch das „Gesetz zur Regelung der Preisbindung bei Verlagserzeugnissen"[2] der Anwendungsbereich des § 15 GWB a. F. auf **Zeitungen und Zeitschriften** beschränkt. Die Möglichkeit der Preisbindung wurde moderat erweitert und die Gesetzesbegründung um wichtige Ausführungen zur Bedeutung der Pressefreiheit ergänzt.[3] Durch das parallel eingeführte **Buchpreisbindungsgesetz** wurde die Möglichkeit der Preisbindung für Bücher, Musiknoten und kartografische Werke durch eine **Preisbindungspflicht** ersetzt und aus dem GWB herausgenommen.[4]

[1] Ausführlich: *Fikentscher/Krauß* in Gemeinschaftskommentar § 16 Rn. 1 ff.
[2] „Gesetz zur Regelung der Preisbindung bei Verlagserzeugnissen" vom 2.9.2002, BGBl. I S. 3448.
[3] Begr. RegE BT-Drucks. 14/9196, S. 14; vgl. zu den Hintergründen der gesetzlichen Neuregelung eingehend *Waldenberger* NJW 2002, 2914.
[4] Vgl. zum BuchpreisbindungsG die Ausführungen im Anhang zur Kommentierung des § 30 GWB.

Der Gesetzgeber der **7. GWB-Novelle 2005** hat das Preisbindungsrecht für Zeitungen und Zeitschriften nicht mehr direkt dem entsprechenden Preisbindungsverbot nach § 15 GWB a.F. bzw. § 14 GWB a.F. zugeordnet, sondern den „Sonderregeln für bestimmte Wirtschaftsbereiche" zugeschlagen und in § 30 GWB a.F. verschoben. Damit war aber **keine Änderung seines Anwendungsbereichs** verbunden.[5] Auch sein Wortlaut ist deshalb (fast) unverändert geblieben. Allerdings musste wegen der Herausnahme der Regelung aus dem zweiten Abschnitt des ersten Teils, der „Vertikalvereinbarungen" regelte, in den fünften Abschnitt, der allgemeine und nicht nur Vertikalvereinbarungen betreffende Sonderregeln enthält, ausdrücklich im Wortlaut klargestellt werden, dass § 30 Abs. 1 GWB nur „vertikale Preisbindungen" erlaubt. Außerdem wird auf die Verbotsnorm des § 1 GWB Bezug genommen, weil das Preisbindungsverbot seitdem dort verankert ist. Nicht bewusst war dem nach Kontinuität strebenden deutschen Gesetzgeber der 7. GWB-Novelle 2005 aber möglicherweise, dass **im zwischenstaatlichen Bereich** wegen der Einführung des § 22 GWB mit der 7. GWB-Novelle 2005 das Schriftformgebot des § 30 Abs. 2 GWB und die Missbrauchsaufsicht des § 30 Abs. 3 GWB ihrer Bedeutung beraubt sind, weil **das EU-Recht abweichende Regelungen** enthält.[6] 2

Die **8. GWB-Novelle 2013** hat § 30 GWB im Hinblick auf das vertikale Preisbindungsrecht **unverändert** gelassen. 3

2. Branchenvereinbarungen zwischen Verlegern und Grossisten

Völlig **neu** ist **seit der 8. GWB-Novelle 2013** die Freistellung von Branchenvereinbarungen zwischen Presseverlegern einerseits und Pressegroßhändlern (sog. Presse-Grossisten) andererseits gem. § 30 Abs. 2a S. 1 GWB. Ihre Branchenvereinbarungen zu Preisen, Konditionen und möglicherweise auch Monopolgebieten werden vom Kartellverbot des § 1 GWB freigestellt. Erstmals gesetzlich vorgesehen ist außerdem eine Betrauung der Vereinigungen der Presseverleger und Presse-Grossisten sowie der von ihnen vertretenen Presseverlage und Presse-Grossisten gem. Art. 106 Abs. 2 AEUV. Wie sich bereits durch die Betrauung andeutet, löst der neue § 30 Abs. 2a GWB umfassende Spannungen mit dem europäischen Kartellrecht aus und dort insbesondere mit Art. 101 AEUV.[7] 4

II. Sinn und Zweck

1. Sinn und Zweck des vertikalen Preisbindungsrechts

§ 30 Abs. 1 GWB bestimmt für Zeitungen und Zeitschriften eine gesetzlich geregelte **Ausnahme** vom grundsätzlichen Verbot des **§ 1 GWB,** innerhalb einer Stufenfolge von Vertragsbeziehungen durch den Erstvertrag in die Preisgestaltung des Zweitvertrages einzugreifen.[8] Die Preisbindung unterliegt nach § 30 Abs. 3 S. 1 GWB einer **Missbrauchsaufsicht** des Bundeskartellamtes. Für die Preisbindungsverträge besteht schließlich ein **Schriftformerfordernis,** § 30 Abs. 2 GWB. 5

Die Preisbindung für Verlagserzeugnisse wurde von jeher auch **kultur- und bildungspolitisch** begründet.[9] Bei der Neufassung im Jahr 2002[10] lagerte der Gesetzgeber die Preisbindung für Bücher in das BuchpreisbindungsG aus und beließ nur noch die Rege- 6

---

[5] Begr. RegE 7. GWB-Novelle, BT-Drucks. 15/3640, S. 24, 50.
[6] Dazu unten Rn. 55 und Rn. 72.
[7] Dazu unten Rn. 129 ff.
[8] Dazu Art. 101 Abs. 1 AEUV Rn. 307 ff.
[9] Begr. zum RegE 6. GWB-Novelle BRDS 857/97, 36; grundlegend WuW/E BGH 1604 – *Sammelrevers* = NJW 1979, 1412 ff. = GRUR 1979, 491 ff.; *Waldenberger* NJW 2002, 2914; *Fezer* WRP 1994, 669; *ders.* GRUR 1988, 185 ff.; *Franzen,* Die Preisbindung des Buchhandels, Rn. 3 ff.
[10] Siehe Rn. 1.

lung der Preisbindung für Zeitungen und Zeitschriften in § 15 GWB a. F. In der amtlichen Begründung[11] führte der Gesetzgeber zwar an, dass auch für Zeitungen und Zeitschriften die Gründe für die bisherige Regelung fort gelten. Dennoch unterschied der Gesetzgeber ganz bewusst zwischen Buchpreisbindungspflicht für Bücher einerseits sowie dem Recht der Preisbindung für Zeitungen und Zeitschriften andererseits.[12] Der Vertrieb für Zeitungen und Zeitschriften ist anders ausgestaltet als im Buchbereich.

7 Ein wesentlicher Unterschied zum Buchvertrieb besteht in dem für den Zeitungs- und Zeitschriftenbereich üblichen Rückgaberecht der unverkauften Exemplare für den Presse-Grossisten und den Einzelhändler.[13] Dieses sog. **Remissionsrecht** stellt sich als wesentliche Gegenleistung zur Möglichkeit der Preisbindung dar.[14] Es führt dazu, dass der **Verlag das Absatzrisiko** für die von ihm herausgegeben Zeitungen und Zeitschriften **trägt.** Das lässt es – völlig unabhängig von kultur- und bildungspolitischen Gründen – kartellrechtlich als gerechtfertigt erscheinen, dass der Verlag den Preis bindet.[15] Dem Einzelhandel ist es durch das Remissionsrecht möglich, viele verschiedene Zeitungen und Zeitschriften zum Verkauf anzubieten, ohne sich aus Gründen der Wirtschaftlichkeit auf die gewinnbringenden Produkte zu beschränken. Allerdings sollte nicht übersehen werden, dass auch bei Remission relevanter Aufwand beim Einzelhandel verbleibt und damit auch der Einzelhandel ein gewisses Risiko trägt. Dennoch fördert das Remissionsrecht die sog. **Überallerhältlichkeit** (Ubiquität). Da der Verlag das hauptsächliche wirtschaftliche Risiko trägt, hat er schließlich die Befugnis, die Höhe der Auflage seiner Presseerzeugnisse zu bestimmen und diese nach seiner Disposition auf die unterschiedlichen Vertriebswege zu verteilen. Dieses **Dispositionsrecht des Verlegers** gegenüber dem Großhändler (Presse-Grossisten) nimmt im Verhältnis zum Einzelhändler der Grossist wahr, sofern ein Presse-Grossist zwischengeschaltet ist.[16] Dieses System gewährleistet auch nach der amtlichen Begründung zur Neufassung des § 15 GWB a. F. (jetzt § 30 Abs. 1, Abs. 2 und Abs. 3 GWB) im Jahr 2002, dass die Vertriebskanäle für möglichst viele Presseerzeugnisse offen stehen,[17] also das Pressevertriebsnetz bzw. aus Sicht des Endverbrauchers der „Meinungsmarkt" offen bleibt. Das beschriebene Vertriebssystem, dessen unverzichtbarer Bestandteil das Preisbindungsrecht nach § 30 Abs. 1 GWB ist, trägt so wesentlich zur von Art. 5 Abs. 3 GG geschützten **Pressevielfalt** bei.[18] Insoweit ist das Preisbindungsrecht „verfassungsnah".[19]

8 Zusammenfassend schützt § 30 Abs. 1 GWB das **historisch gewachsene, zeitungs- und zeitschriftenspezifische Vertriebssystem, wonach die Presseerzeugnisse zu einheitlichen Preisen überall erhältlich sind, damit sich die Bürger in allen Teilen des Landes unter den gleichen Voraussetzungen eine eigene Meinung bilden können.**[20]

---

[11] Siehe BT-Drucks. 14/9196, S. 14.

[12] RegE zum BuchpreisbindungsG BT-Drucks. 14/9196, S. 8, 14; eingehend auch *Waldenberger* NJW 2002, 2914, 2916.

[13] BGH NJW-RR 1998, 1730 = WRP 1998, 783 = GRUR 1998, 1049.

[14] *Waldenberger* NJW 2002, 2914, 2915; *Freytag/Gerlinger* WRP 2004, 537, 540; *Kirchhoff* in Wiedemann, Handbuch des Kartellrechts, § 11 Rn. 11.

[15] Vgl. zu weiteren (ungeschriebenen) Ausnahmen von § 1 GWB, wenn der Bindende das wirtschaftliche Risiko des Zweitvertrages trägt, Art. 101 Abs. 1 AEUV Rn. 307 ff.

[16] BGH GRUR 1982, 187 17 ff. (juris) – *Dispositionsrecht.*

[17] So auch *Waldenberger* NJW 2002, 2914, 2915; ferner *Wegner/Wallenfels/Kaboth* 5. Kap. Rn. 86.

[18] Begr. RegE BT-Drucks. 14/9196, S. 14 unter Verweis auf BVerfGE 77, 346, 354 f., wonach unter den Schutz der Pressefreiheit auch der Schutz des Pressevertriebes fällt.

[19] *Fezer* GRUR 1988, 185, 191 f.; eingehend auch *Bremer/Hackl* in Münchener Kommentar § 30 Rn. 11 ff.

[20] BGH WuW/E DE-R 1604, 1607 – *Zeitschrift mit Sonnenbrille* = AfP 2005, 555; zum Sinn und Zweck des § 30 Abs. 1 GWB auch ausführlich *Waldenberger* in Frankfurter Kommentar § 30 Rn. 3 ff.; rechtspolitisch kritisch *Emmerich* FS Immenga, S. 111 ff. und *ders.,* Kartellrecht § 25 Rn. 7; siehe auch *Monopolkommission,* XIII. Hauptgutachten 1998/1999, Rn. 691 ff.

Dennoch hat der Gesetzgeber im Gegensatz zu Büchern bei Zeitungen und Zeitschriften **keine Preisbindungspflicht** eingeführt. Wie gesehen, lässt sich die Ausnahme vom Preisbindungsverbot für Zeitungen und Zeitschriften kartellrechtlich begründen, wenn der bindende Verlag das hauptsächliche wirtschaftliche Risiko des Zweitvertrages trägt.[21] Hinzu kommen die Überallerhältlichkeit und die damit verbundene Sicherung der Pressevielfalt. Die Einführung einer Pflicht der Bindung für Buchpreise basiert auf anderen kulturpolitischen Gedanken des Gesetzgebers.[22] Die Verleger machen bei Zeitungen und Zeitschriften von der Preisbindung ohnehin nur dort Gebrauch, wo dies aus ihrer Sicht sinnvoll ist. Gerade bei Fachzeitschriften ist die Überallerhältlichkeit häufig nicht notwendig, da die angesprochenen Kreise über Abonnements erreicht werden. Eine Pflicht zur Preisbindung wäre zudem wegen der kurzen Lebensdauer von Zeitungen und Zeitschriften mit der Berufsausübungsfreiheit der betroffenen Verlage (Art. 12 GG) nur schwierig zu vereinbaren.[23] 9

2. Sinn und Zweck der Freistellung von Branchenvereinbarungen

a) Absicherung des deutschen Pressevertriebssystems. Seit der 8. GWB-Novelle 2013 (in Kraft getreten am 30. Juni 2013) erlaubt § 30 Abs. 2a GWB Vereinigungen von Presse-Grossisten „Branchenvereinbarungen" mit Vereinigungen von Presseverlegern. Diese Branchenvereinbarungen dürfen den „flächendeckenden und diskriminierungsfreien Vertrieb von Zeitungs- und Zeitschriftensortimenten durch die Presse-Grossisten" regeln. Dazu gehören nach dem Gesetzeswortlaut insbesondere „dessen Voraussetzungen und dessen Vergütungen sowie die dadurch abgegoltenen Leistungen". Mit dieser etwas verklausulierten Formulierung wollte der Gesetzgeber **„das seit Jahrzehnten bewährte Presse-Grosso-Vertriebssystem ... kartellrechtlich absichern".**[24] 10

In Deutschland werden nur **Bahnhofs- und Flughafenbuchhandlungen** von Presseverlegern **direkt beliefert.**[25] Ihnen gegenüber disponiert der Verleger direkt, und diese Händler remittieren auch direkt an die Presseverleger. Für die übrigen Einzelhändler existieren derzeit über 50 Großhändler (Presse-Grossisten), die den deutschen Einzelhandel mit Zeitungen und Zeitschriften beliefern. **§ 30 Abs. 2a GWB bezieht sich nur auf das Grosso-Vertriebssystem.** Eine Spezialität des Presse-Grosso in Deutschland liegt in der Herausbildung von **Gebietsmonopolen** für die einzelnen Presse-Grossisten, d. h. die Presse-Grossisten werden nicht im Monopolgebiet der anderen Presse-Grossisten tätig und beliefern dort keine Einzelhändler. Deutschland ist derzeit in 79 Vertriebsgebiete eingeteilt.[26] Charakteristisch für das deutsche Presse-Grosso-System sind folgende Elemente: Die **Neutralitätspflicht** begründet die Pflicht der Presse-Grossisten, alle Verlagserzeugnisse im Zugang zum Markt grundsätzlich gleich und diskriminierungsfrei zu behandeln.[27] Der Grossist unterliegt insoweit einem Kontrahierungszwang gegenüber den Presseverlagen.[28] Die Neutralitätspflicht lässt sich kartellrechtlich aus dem Gebietsmonopol der Presse-Grossisten ableiten (§§ 18, 19 GWB). Sie ist teilweise auch in Landespressegesetzen verankert, zum Beispiel in § 2 Abs. 2 Brandenburgisches Landespressegesetz. Aus der Zuweisung von Gebietsmonopolen für die einzelnen Presse-Grossisten ergibt sich ferner, dass die Presse-Gros- 11

---

[21] Siehe hierzu Art. 101 Abs. 1 AEUV Rn. 307 ff.

[22] Vgl. die Kommentierung zum Buchpreisbindungsgesetz im Anhang zu § 30 GWB.

[23] Vgl. *Waldenberger* NJW 2002, 2914, 2917.

[24] Deutscher Bundestag, Beschlussempfehlung und Bericht des Ausschusses für Wirtschaft und Technologie (9. Ausschuss), BT DS 17/11053, Seite 24.

[25] Vgl. BGH NJW-RR 1998, 1730 = WRP 1998, 783 = GRUR 1998, 1049.

[26] Vgl. zur Struktur und Geschichte des System des Pressegroßhandels in Deutschland *Dorn/Vogel,* Geschichte des Pressevertriebs in Deutschland; ferner *Roggen,* Pressevertrieb und Kartellrecht.

[27] Eingehend: OLG Hamburg AfP 2013, 420 Tz. 80 ff. (juris) – *Top-100-Titel; Klöpfer/Kutschbach* AfP 1999, 1 ff.; *Waldenberger* NJW 2002, 2914, 2915.

[28] LG Köln AfP 1984, 171; *Thoma* in Berg/Mäsch, Europäisches und deutsches Kartellrecht, § 30 GWB Rn. 18.

sisten einem grundsätzlichen **Kontrahierungszwang** aus §§ 18, 19 GWB zu Lasten der Presse-Einzelhändler ausgesetzt sind. Der Presse-Grossist muss auch Einzelhändler beliefern, die nicht kostendeckend versorgt werden können, weil die Abnahmemenge zu gering bzw. die Remissionsquote zu hoch ist.[29] Mit dem **Dispositionsrecht** hat **der Verleger** des Pressetitels die Befugnis, zu bestimmen, welchen Pressetitel er an das Presse-Grosso in welcher Auflagenhöhe liefert und wie das Presseerzeugnis nach seiner Disposition auf die unterschiedlichen Vertriebswege zu verteilen ist. Dieses Dispositionsrecht des Verlegers des Pressetitels üben die **Presse-Grossisten** für den Verleger erweitert **gegenüber den Einzelhändlern** in ihrem jeweiligen Absatzgebiet aus. Der Presse-Grossist bestimmt gegenüber den Einzelhändlern, wie sich das Sortiment des Einzelhändlers insgesamt zusammensetzt und in welchen Stückzahlen der Einzelhändler welchen Titel erhält. Im Gegenzug haben Einzelhändler und Presse-Grossist gegenüber den Verlagen das **Remissionsrecht,** d.h. das Recht, nicht abgesetzte Exemplare gegen Erstattung des Einkaufspreises an den Presse-Grossisten bzw. den Verlag zurückzugeben. Dieses Remissionsrecht bildet die Grundlage für die kartellrechtliche Rechtfertigung für die **vertikale Preisbindung** bei Zeitungen und Zeitschriften nach § 30 Abs. 1 GWB.[30] Sowohl im Verhältnis Presseverlag zu Presse-Grossist als auch im Verhältnis Presse-Grossist zu Einzelhändler besteht insoweit kein klassischer Kaufvertrag, sondern ein **kommissionsähnliches Verhältnis.**[31] Überdies ist es in Deutschland seit einiger Zeit üblich, dass der Bundesverband der Presse-Grossisten für die eigenen Mitglieder die Preis- und Konditionenverhandlungen mit den Presseverlagen führt. Das wird auch als **zentrales Verhandlungsmandat des Bundesverbandes Presse-Grosso gegenüber den Verlagen** bezeichnet.

12 Konkreter Anlass für das Tätigwerden des Gesetzgebers war eine **Entscheidung des Landgerichts Köln.** Das Gericht hatte das vorbeschriebene zentrale Verhandlungsmandat des Bundesverbandes Presse-Grosso gegenüber den Presseverlagen für Preise und Konditionen als kartellrechtswidrig erachtet.[32] Damit kann als **Regelungsanliegen** des Gesetzgebers gesehen werde, **das zentrale Verhandlungsmandat für Preise und Konditionen zu erhalten,** also zu erlauben, dass sie in Branchenvereinbarungen von Verbänden der Presse-Grossisten und der Presseverleger deutschlandweit gleichgeschaltet werden. Dieses Regelungsziel ist mit Recht kritisiert worden, weil keine Belege dafür vorliegen, dass ein flächendeckendes und diskriminierungsfreies Pressevertriebssystem nicht auch im Wettbewerb sogar noch effizienter – mindestens aber genauso effizient – erreicht werden könnte.[33] **Unklar** bleibt, ob der Gesetzgeber das bisherige deutsche Pressevertriebssystem auch im Hinblick auf die **Gebietsabsprachen** legalisiert hat, die zu den Gebietsmonopolen der Presse-Grossisten führen. Die Gesetzgebungsgeschichte hierzu ist nicht eindeutig.[34]

13 **b) Europarechtliche Aspekte.** Ob der deutsche Gesetzgeber sein Regelungsziel erreicht hat, ist umstritten. Die in § 30 Abs. 2a GWB freigestellten Branchenvereinbarungen könnten Art. 101 AEUV als höherrangiges Recht verletzen[35] und auch nicht nach Art. 106 AEUV zulässig sein.[36] Das ist jedenfalls das Ergebnis einer Entscheidung des OLG Düsseldorf nach in Kraft treten der 8. GWB-Novelle 2014,[37] die in der Berufungsinstanz zur eben erwähnten Entscheidung des LG Köln[38] erging. Der Bundesgerichtshof hat aller-

---

[29] OLG Frankfurt GRUR 1987, 933, 934 – *Zeitungsgroßhändler.*

[30] Siehe oben Rn. 9.

[31] Siehe Rn. 114.

[32] LG Köln, Urteil vom 14. Februar 2012, Az. 88 O (Kart) 17/11.

[33] Monopolkommission, XX. Hauptgutachten 2012/2013, Tz. 1065; *Emmerich* in Immenga/Mestmäcker, GWB, § 30 Rn. 166. Siehe auch unten Rn. 132 zu Effizienzgewinnen und zur Unerlässlichkeit.

[34] Eingehend unten Rn. 14.

[35] Str., dazu unten Rn. 131 ff.

[36] Str., dazu unten Rn. 134 f.

[37] OLG Düsseldorf, Urteil vom 26. Februar 2014, Az. VI-U (Kart) 7/12 = GRUR-RR 2014, 353.

[38] Rn. 12.

dings in der Revision eine europarechtliche Zulässigkeit nach Art. 106 AEUV angenommen.[39]

14 **c) Verfassungsrechtliche Aspekte.** Verfassungsrechtlich ist bei der Auslegung von § 30 Abs. 2a GWB zu beachten, dass das deutsche Pressevertriebssystem in den letzten Jahrzehnten in der Tat zu einer **Ubiquität von Pressetiteln** geführt hat. Pressetitel sind in Deutschland zu einheitlichen Preisen an vielen Verkaufsstellen, eigentlich sogar überall, erhältlich, so dass sich die Bürger in allen Teilen des Landes unter gleichen Voraussetzungen eine eigene Meinung auf der Grundlage der Pressetitel bilden können.[40] Insoweit trägt das Pressevertriebssystem wesentlich zur von **Art. 5 Abs. 1 S. 2 GG** geschützten Pressevielfalt bei.[41] Der **Grundrechtsschutz der Presse-Grossisten** ist insoweit **von den Verlagen** als originären Grundrechtsträgern **abgeleitet.**[42] Damit kann aus Art. 5 Abs. 1 S. 2 GG kein Bestandsschutz für das deutsche Presse-Grosso abgeleitet werden, weil nicht ersichtlich ist, dass die Pressefreiheit und -vielfalt ohne das deutsche Presse-Grosso konkret gefährdet wäre. Erst Recht besteht **kein absolutes Veränderungsverbot für das Pressevertriebssystem kraft Verfassungsrecht.**[43] In *Grossisten-Kündigung*[44] hebt der BGH hervor, dass es verfassungsrechtlich nicht zwingend geboten sei, das jahrelang praktizierte System des Presse-Grosso unverändert zu lassen. Vielmehr sei stets zu fragen, ob durch Änderungen im Presse-Vertriebssystem die Überallerhältlichkeit relevant negativ beeinflusst werde. Das sei nicht der Fall, wenn zu erwarten sei, dass „weiterhin für die Bevölkerung alle Presseerzeugnisse leicht erreichbar bleiben".[45] Mit der Zunahme des Online-Vertriebs elektronischer Ausgaben geht die Bedeutung des Vertriebs gedruckter Zeitungen und Zeitschriften ohnehin immer weiter zurück. Vor diesem Hintergrund ist **die Regelung des § 30 Abs. 2a GWB nicht verfassungsmäßig zwingend** und kann deshalb auch nicht aus Verfassungsgründen großzügiger ausgelegt werden. Das gilt nicht nur für die zentralen Preis- und Konditionenabreden, sondern insbesondere auch für die verabredeten Gebietsmonopole der Presse-Grossisten. Eine leichte Erreichbarkeit der Bevölkerung mit Presseerzeugnissen kann auch sichergestellt werden, ohne dass sehr schwerwiegende Wettbewerbsbeschränkungen wie Gebietsmonopole freigestellt werden. Der Übergang vom Monopol- zum Konkurrenz-Grosso (Mehrfachgrosso) kann die Funktionsfähigkeit des deutschen Presse-Grossosystems nicht in Frage stellen[46] und ist deshalb verfassungsrechtlich nicht geboten.[47] Die aus den Gebietsmonopolen resultierende Neutralitätspflicht kann durch einfachgesetzliche Justierungen als milderes Mittel erreicht werden.[48]

15 Umgekehrt kann sich durch die Zulassung von Monopolen durch Verbändevereinbarungen ein verfassungsrechtliches Problem im Hinblick auf das originäre **Verlegergrundrecht auf Pressevertriebsfreiheit** ergeben, wenn Branchenvereinbarungen gem. § 30 Abs. 2a GWB eine so starke Sogwirkung entfalten, dass der einzelne Verleger nicht mehr

---

[39] BGH v. 6.10.2015, Az. KZR 17/14, Pressemitteilung.

[40] Siehe schon oben Rn. 7 mit Nachweisen für das Remissions- und Dispositionsrecht der Presseverleger.

[41] Begr. RegE BT DS 14/9196, Seite 14 uVa. BVerfG 77, 346, 354 f., wonach unter den Schutz der Pressefreiheit auch der Schutz des Pressevertriebes fällt; siehe auch *Jan Bernd Nordemann* in Loewenheim/Meessen/Riesenkampff, Kartellrecht, 2. Aufl. 2009, § 30 GWB Rn. 3 mwN.; ferner: *Bremer/Martini* in Münchener Kommentar, 2008, § 30 GWB Rn. 8 ff.

[42] *Paschke* AfP 2012, 431, 436; *Bremer/Hackl* in Münchener Kommentar, GWB, § 30 Rn. 16.

[43] *Kloepfer* AfP 2010, 120, 125; *Alexander* ZWeR 2012, 215, 228; *Pahl* AfP 2012, 1, 8; *Guggenberger/Ulmer* AfP 2013, 183, 187.

[44] BGH NJW 2012, 773 Tz. 44 ff. – *Grossisten-Kündigung.*

[45] BGH aaO., Tz. 48 – *Grossisten-Kündigung.*

[46] Dazu Rn. 132.

[47] *Bremer/Hackl* in Münchener Kommentar, GWB, § 30 Rn. 17.

[48] Eine solche Neutralitätspflicht findet sich schon heute in § 2 Abs. 2 Brandenburgisches Landespressegesetz.

über den für ihn richtigen Vertrieb entscheiden kann.[49] Ferner kann sich ein Problem im Hinblick auf die Berufsfreiheit und die Vertragsfreiheit der Presseverleger ergeben.[50]

16 Überdies entfaltet § 30 Abs. 2a GWB auch Wirkung auf die **verfassungsmäßig durch Art. 12 Abs. 1 GG abgesicherte** Freiheit der Berufsausübung **der Einzelhändler.** Art. 12 Abs. 1 GG schützt die Freiheit der Berufsausübung als Grundlage der persönlichen und wirtschaftlichen Lebensführung. Das Grundrecht umschließt auch die Freiheit, das Entgelt für berufliche Leistungen verbindlich auszuhandeln.[51] Staatliche Regulierungen, die auf die Einnahmen, welche durch eine berufliche Tätigkeit erzielt werden können, und damit auch auf die Existenzerhaltung von nicht unerheblichem Einfluss sind, beschränken die Freiheit der Berufsausübung.[52] Die Vertragsfreiheit der Einzelhändler erscheint deshalb als bedenkswert, weil § 30 Abs. 2a GWB keine Verhandlungen durch Einzelhändlervereinigungen erlaubt. Vielmehr werden nur Preisabreden zwischen Grossisten und Verlagen zugelassen, die allerdings auch die Spanne des Einzelhändlers mit einschließen.[53] Danach wäre es verfassungsrechtlich problematisch, wenn § 30 Abs. 2a GWB durch den damit verbundenen Zuwachs an Marktmacht bei den Grossisten eine nachhaltig begrenzende Wirkung auf die Margen des Einzelhandels haben und verhindern würde, dass für den Einzelhandel auskömmliche Margen zur Verfügung stehen.[54] Genauso wirft die staatliche Freistellung von Gebietsmonopolen Probleme im Hinblick auf die Vertragsfreiheit der Einzelhändler auf. In Lichte dieser verfassungsrechtlichen Implikationen erscheint es deshalb sinnvoll und erforderlich, **§ 30 Abs. 2a GWB** sowohl im Hinblick auf danach freigestellte Branchenvereinbarungen über Preisen als auch im Hinblick auf Gebietsabreden **restriktiv auszulegen.**

III. Systematik

17 Sowohl § 30 Abs. 1 GWB (mit seinem Schriftformgebot in § 30 Abs. 2 GWB) einerseits als auch § 30 Abs. 2a GWB andererseits enthalten die Anordnung, dass das Verbot des § 1 GWB für die dort geregelten Sachverhalte nicht gelten soll. Diese Sachverhalte unterscheiden sich jedoch grundlegend, so dass sie auch systematisch auseinander gehalten werden müssen.

18 **§ 30 Abs. 1 GWB** regelt eine **Freistellung vom vertikalen Preisbindungsverbot zwischen verschiedenen Marktstufen,** das in § 1 GWB verankert ist. Systematisch stellt sich die Frage, ob § 30 Abs. 1 GWB insoweit eine geschriebene Ausprägung einer ohnehin zu gewährenden **Tatbestandsreduktion** des § 1 GWB ist **oder** ob es sich um eine spezielle Regelung einer **Freistellung** nach § 2 Abs. 1 GWB handelt. Für eine bloße (deklaratorische) Bestätigung einer auch ohne ausdrückliche Regelung zu gewährenden Tatbestandsreduktion des § 1 GWB spricht, dass der bindende Verlag mit dem hauptsächlichen wirtschaftlichen Risiko des Zweitvertrages belastet ist.[55] Für den Fall, dass der Bindende das alleinige Risiko des Zweitvertrages trägt, ist eine Tatbestandsreduktion grundsätzlich schon im Rahmen des § 1 GWB anerkannt.[56] Allerdings könnten insoweit Zweifel daran bestehen, dass tatsächlich eine vollständige Risikoverteilung auf den Verleger stattfindet, weil der

---

49 Verfassungsmäßige Bedenken auch bei *Paschke* AfP 2012, 431 ff.; a. A. *Bremer/Hackl* in Münchener Kommentar, GWB, § 30 Rn. 15.

50 Vgl. dazu Rn. 16.

51 BVerfGE 134, 204 Tz. 66 (juris) – *urheberrechtliche Vergütungsvereinbarung;* BVerfGE 117, 163, 181 m. w. N.; BVerfGE 101, 331, 347.

52 BVerfGE 134, 204 Tz. 66 (juris) – *urheberrechtliche Vergütungsvereinbarung,* zu § 32 UrhG, der ebenfalls Verbändevereinbarungen zur Regulierung urheberrechtlichen Vergütungen erlaubt; ferner: BVerfGE 101, 331, 347.

53 Siehe unten Rn. 112 ff.

54 Siehe zu den auskömmlichen Margen der Einzelhändler auch unten Rn. 81.

55 Zustimmend *Kling/Thomas* § 17 Rn. 145; offen *Bahr* in Langen/Bunte § 30 Rn. 12.

56 Siehe hierzu Art. 101 Abs. 1 AEUV Rn. 307 ff.

Händler für den Inhalt der Zeitungen und Zeitschriften als verkaufende Stelle presserechtlich haftet und der Händler außerdem im eigenen Namen sowie auf eigene Rechnung die Titel verkauft, also das Risiko der Zahlung durch den Kunden trägt. Nach den Leitlinien der Europäischen Kommission zur GVO Vertikalvereinbarungen wäre insoweit eine Tatbestandsreduzierung des § 1 GWB ausgeschlossen.[57] Bei genauerem Hinsehen erscheinen jedoch beide Risiken für den Händler als eher begrenzt, weil presserechtliche Angriffe regelmäßig nicht gegen den Händler (sondern den Verleger sowie die verantwortlichen Journalisten) erfolgen und es sich beim Zeitungs- bzw. Zeitschriftenkauf regelmäßig um Bargeschäfte ohne Zahlungsrisiko für den Händler handelt. Als relevanter erscheint, dass der Händler mit der Remission einen erheblichen wirtschaftlichen Aufwand schultern muss; heutzutage werden fast die Hälfte aller den Händlern gelieferten Exemplare remittiert. Die Europäische Kommission wollte auf den belgischen Pressevertrieb, der vergleichbar mit dem deutschen Zeitungs- und Zeitschriftenvertrieb organisiert ist, jedenfalls das Verbot des Art. 101 Abs. 1 AEUV (§ 1 GWB) anwenden. Sie stellte die Preisbindung aber nach Art. 101 Abs. 3 AEUV (§ 2 Abs. 1 GWB) frei, und zwar wegen Gewährleistung der Überallerhältlichkeit und der damit verbundenen Sicherung der Pressevielfalt.[58]

Im deutschen Recht einerseits und im EU-Recht andererseits sind diese Vorgaben in 19
unterschiedlichen rechtlichen Strukturen zu beachten: § 30 Abs. 1 und Abs. 2 GWB sehen Tatbestandsmerkmale vor, die das EU-Recht nicht kennt (z. B. Schriftform). Auch gewährt § 30 Abs. 1, Abs. 3 GWB im Gegensatz zum EU-Recht den Kartellbehörden bei Missbräuchen ein grundsätzliches Verbotsmonopol, das nur von § 19 Abs. 3 S. 2 iVm. § 19 Abs. 1, Abs. 2 Nr. 1 GWB oder durch die allgemeinen Missbrauchsverbote für marktmächtige Unternehmen in §§ 19, 20 GWB durchbrochen wird. Dadurch kommt es **im zwischenstaatlichen Bereich** teilweise zu einem **Spannungsverhältnis zwischen GWB und EU-Recht,** das gemäß § 22 GWB zu Gunsten des EU-Rechts zu lösen, allerdings wohl von begrenzter praktischer Bedeutung ist.[59]

§ 30 Abs. 2a GWB privilegiert demgegenüber **horizontal veranlasste Wettbe-** 20
werbsbeschränkungen, also zwischen Konkurrenten verabredete Beschränkungen. Sie sind aber nur in Form von Branchenvereinbarungen zulässig. § 30 Abs. 2a S. 1 GWB enthält eine **Freistellung vom Kartellverbot,** die systematisch – allerdings nicht inhaltlich – mit den §§ 2, 3 GWB vergleichbar ist. Diese Freistellung eröffnet ein **größeres Spannungsfeld mit Art. 101 AEUV.** Branchenvereinbarungen iSd. § 30 Abs. 2a S. 1 GWB sind zwischenstaatlich,[60] verstoßen nach bestrittener, aber zutreffender Ansicht gegen Art. 101 Abs. 1 AEUV[61] und sind auch nicht nach Art. 101 Abs. 3 AEUV einzelfreigestellt.[62] Art. 101 AEUV geht den deutschen Regelungen vor (Art. 3 Abs. 2 VO 1/2003, § 22 GWB), so dass auch die Freistellung nach § 30 Abs. 2a S. 1 GWB zurücktritt. Deshalb enthält § 30 Abs. 2a S. 2 GWB die Anordnung, dass die Vereinigungen der Presseverleger und der Presse-Grossisten sowie die von ihnen jeweils vertretenen Mitglieder im Sinne des Art. 106 Abs. 2 AEUV betraut sind. Das soll ermöglichen, dass Art. 101 AEUV keine Anwendung findet. Ob Art. 106 AEUV wirklich greift, ist streitig, nach Auffassung des Bundesgerichtshofes jedoch der Fall.[63]

---

[57] Vgl. Europäische Kommission EU Kommission, Leitlinien für vertikale Beschränkungen, ABl. EU Nr. C 130 vom 19.5.2010, S. 1 ff., Tz. 16 lit. c, d.

[58] Europäische Kommission, XXIX. Bericht über die Wettbewerbspolitik 1999, S. 181 ff.

[59] Vgl. im Einzelnen unten Rn. 146 f.

[60] Siehe unten Rn. 130.

[61] Siehe unten Rn. 131 ff.

[62] Dazu unten Rn. 132.

[63] BGH v. 6.10.2015, Az. KZR 17/14 – *Pressemitteilung.*

IV. Praktische Bedeutung

21 Die praktische Bedeutung der **vertikalen Preisbindung (§ 30 Abs. 1 GWB)** hat sich durch die Verengung des Anwendungsbereichs auf Zeitungen und Zeitschriften durch die Auslagerung der Buchpreisbindung in das BuchpreisbindungsG verringert. Dennoch wird von der Möglichkeit der Preisbindung (sog. Preisbindungsrevers) bei periodischen Druckerzeugnissen von deutschen Verlegern – anders als bei vielen nach Deutschland importierten Titeln – **regelmäßig Gebrauch gemacht.** Hier gibt es zwei verschiedene Modelle in der Praxis: Im Bereich Fachzeitschriften erfolgt die Preisbindung über einen einheitlichen sog. Sammelrevers, der von einem Treuhänder verwaltet wird.[64] Für Tages- und Wochenzeitungen sowie für (Publikums-)Zeitschriften gilt etwas anderes;[65] die Verleger praktizieren die Preisbindung hier aufgrund von Einzelverträgen mit Grossisten, die dann wiederum verpflichtet sind, die Bindung an die Einzelhändler weiterzugeben; meist werden Musterverträge verwendet, die die einschlägigen Verbände ausgearbeitet haben.[66]

22 Das BKartA greift im Rahmen der **Missbrauchskontrolle** nach § 30 Abs. 3 S. 1 GWB nur Fälle auf, die wegen der **Bedeutung des Zeitschriftentitels** eine gewisse Marktbedeutung haben. In anderen Fällen gibt das Amt meist eine kurze Stellungnahme ab, die dann ggf. in einem zivilrechtlichen Verfahren verwendet werden kann. Die Verfahrenspraxis des BKartA ist deshalb begrenzt; in den letzten beiden Tätigkeitsberichten fand § 30 Abs. 1 GWB (bzw. § 15 GWB a. F.) keine relevante Erwähnung.[67]

23 Eine **Überlagerung durch Art. 101 AEUV** gemäß § 22 Abs. 1 und Abs. 2 GWB ist im Regelfall ebenfalls **nicht zu befürchten,** weil die Preisbindung wegen der Verlagerung des hauptsächlichen wirtschaftlichen Risikos auf die Verlage durch das spezielle Vertriebssystem für Zeitungen und Zeitschriften schon nicht den Tatbestand des Art. 101 Abs. 1 AEUV erfüllt, zumindest jedoch gemäß Art. 101 Abs. 3 AEUV freigestellt ist.[68] Überdies sollte für rein nationale Preisbindungen das Erfüllen der Zwischenstaatlichkeitsklausel des Art. 101 Abs. 1 AEUV ausgeschlossen sein,[69] so dass eine zwingend einheitliche Anwendung des Art. 101 AEUV mit §§ 1, 30 GWB nicht nach § 22 GWB erfolgen muss. Im zwischenstaatlichen Bereich haben das Schriftformgebot des § 30 Abs. 2 GWB und die Missbrauchsaufsicht des § 30 Abs. 3 S. 1 GWB jedoch keine Bedeutung, weil das EU-Recht abweichende Regelungen enthält;[70] das dürfte jedoch in der Praxis nur selten zum Tragen kommen.

24 Die **Privilegierung bestimmter horizontaler Branchenvereinbarungen (§ 30 Abs. 2a GWB)** ist ebenfalls praktisch relevant. In Deutschland ist es seit einiger Zeit üblich, dass der Bundesverband der Presse-Grossisten für die eigenen Mitglieder die Preis- und Konditionenverhandlungen mit den Presseverlagen führt. Der deutsche Gesetzgeber wollte diese Praxis erhalten, nachdem das Landgericht Köln das zentrale Verhandlungsmandat des Bundesverbandes Presse-Grosso für kartellrechtswidrig erachtet hatte.[71] Die Entscheidung wurde nach Inkrafttreten der 8. GWB-Novelle 2013 durch das OLG Düsseldorf

---

[64] Vgl. unten Rn. 41.

[65] Bis Mitte Jahr 2001 wurde die Preisbindung für Tages- und Wochenzeitungen ebenfalls durch eine Art Sammelreverssystem praktiziert, dessen Funktionieren der Bundesverband Deutscher Zeitschriftenverleger (BDZV) und der Bundesverband Deutscher Buch-, Zeitungs- und Zeitschriften-Grossisten (Presse-Grosso) garantierten; danach entschloss man sich jedoch, auf Einzelverträge umzustellen.

[66] Im Einzelnen unten Rn. 40.

[67] BKartA TB 2013/2014 und BKartA TB 2011/2012.

[68] Siehe unten Rn. 147 f.

[69] Siehe unten Rn. 146.

[70] Dazu unten Rn. 55 und Rn. 72.

[71] LG Köln, Urteil vom 14. Februar 2012, Az. 88 O (Kart) 17/11.

bestätigt.[72] Nach der Revisionsentscheidung des Bundesgerichtshofes ist § 30 Abs. 2a GWB jedoch rechtskonform und insbesondere nicht europarechtlich zu beanstanden.[73]

V. Tatbestand des vertikalen Preisbindungsrechts (§ 30 Abs. 1 und Abs. 2 GWB)

1. Beteiligte

a) Unternehmen, das Zeitungen oder Zeitschriften herstellt. Zur Preisbindung berechtigt sind nach § 30 Abs. 1 S. 1 GWB Unternehmen,[74] die Zeitungen und Zeitschriften herstellen. Diese Formulierung ist missverständlich. Nach ihrem Wortlaut kann sie auch reine Druckereien erfassen.[75] In der Fassung des GWB vor 1973 hieß es noch ausdrücklich „Verlagsunternehmen". Später bis 2002 bezog sich das Preisbindungsrecht wenigstens noch auf „die Abnehmer seiner Verlagserzeugnisse", wodurch wiederum klargestellt war, dass das Recht sich nur auf Verleger beziehen konnte.[76] Seit 2002 enthält § 30 Abs. 1 Satz 1 GWB auch diese Formulierung nicht mehr. Dennoch sind weiterhin nur die **Verleger** zur Preisbindung berechtigt. Aus der Entstehungsgeschichte ergeben sich keinerlei Hinweise, dass der Gesetzgeber den Anwendungsbereich des § 30 Abs. 1 GWB grundlegend insbesondere auf reine Druckereien erweitern wollte.[77] Freilich ist der Begriff des Verlegers etwas schillernd. Vom VerlagsG wird derjenige als Verleger verstanden, der nach Einräumung der betreffenden Rechte durch den Urheber das Werk vervielfältigt und verbreitet (§ 1 VerlagsG). Darunter ist verlagsrechtlich nur die Vervielfältigung und Verbreitung körperlicher Vervielfältigungsstücke zu verstehen, die mit dem Auge oder Tastsinn wahrnehmbar sind.[78] Das macht nur einen Teil des Regelungsbereiches des § 30 Abs. 1 GWB aus, weil nach seinem ausdrücklichen Wortlaut auch Substitutionsprodukte zu Zeitungen und Zeitschriften erfasst werden. Der Begriff des Verlegers ist vielmehr **anhand des Sinn und Zwecks des § 30 Abs. 1 GWB funktional auszulegen.**[79] Das BKartA definierte den Verleger zu § 16 GWB i. d. F. von 1957 als denjenigen, der die verlegerische, redaktionelle und fertigungstechnische Arbeit leistet oder für sich durchführen lässt.[80] Auch das erscheint heute als zu eng, weil mit der Trennung von Buchpreisbindung einerseits und Preisbindung für Zeitungen sowie Zeitschriften andererseits sich der Regelungszweck des § 30 Abs. 1 GWB verengt hat. Sinn und Zweck des § 30 Abs. 1 GWB im Hinblick auf Zeitungen und Zeitschriften ist es, im besonderen System des Pressevertriebes dem Verleger, der mit der Remissionspflicht und damit mit dem wirtschaftlichen Risiko des Zweitvertrages belastet ist,[81] die Preisbindung zu ermöglichen. Verleger im Sinne des § 30 Abs. 1 GWB ist also, **wer erstens die unternehmerische Verantwortung für die redaktionelle und fertigungstechnische Arbeit übernimmt sowie zweitens das wirtschaftliche Risiko der Herstellung und des Vertriebes von Erzeugnissen im Sinne des § 30 Abs. 1 GWB trägt.**[82] Es kommt also nicht darauf an, ob der Verleger Herstellung 25

---

[72] OLG Düsseldorf, Urteil vom 26. Februar 2014, Az. VI-U (Kart) 7/12 = GRUR-RR 2014, 353.

[73] BGH v. 6.10.2015, Az. KZR 17/14 – *Pressemittelung;* siehe auch unten Rn. 129 ff. und Rn. 134 ff.

[74] Zum Unternehmensbegriff siehe Art. 101 Abs. 1 AEUV Rn. 131 ff.

[75] Wie hier *Bremer/Hackl* in Münchener Kommentar § 30 Rn. 43.

[76] *Bahr* in Langen/Bunte § 30 Rn. 14; *Emmerich* in Immenga/Mestmäcker, GWB, § 30 Rn. 31.

[77] Begr. RegE BT-Drucks. 14/9196.

[78] *Schricker,* Verlagsrecht, § 1 Rn. 51; *Ulmer,* Urheber- und Verlagsrecht, S. 430; *Nordemann-Schiffel/Jan Bernd Nordemann* in Loewenheim, Handbuch des Urheberrechts, § 64 Rn. 3.

[79] WuW/E BGH 3128 ff. – *NJW auf CD-ROM* = NJW 1997, 1911, 1912 = GRUR 1997, 677 = AfP 1997, 703; BGH GRUR 1985, 933, 935 – *Schulbuch-Preisbindung* = NJW 1986, 1256 = WuW/E BGH 2166, 2167; BGH WuW/E 1604, 1605 – *Sammelrevers 1974* = GRUR 1979, 490, 491 = NJW 1979, 1411; BGH WuW/E BGH 795 – *Schallplatten I* = BGHZ 46, 74, 78 = NJW 1967, 343 ff.

[80] BKartA TB 1970, S. 82.

[81] Siehe oben Rn. 7.

[82] Zustimmend *Waldenberger* in Frankfurter Kommentar § 30 Rn. 29.

und Vertrieb vollständig alleine durchführt. Es ist heute auch üblich, verschiedene Leistungen der Herstellungskette bei Zeitungen und Zeitschriften auszulagern. Beispielsweise erhalten Zeitungen von Dritten ganze redaktionelle Teile zugeliefert oder lagern den Druck auf andere Unternehmen aus. Nach dem Sinn und Zweck des § 30 Abs. 1 GWB erscheint es sogar als gerechtfertigt, denjenigen, der alle für die Herstellung und Vertrieb erforderlichen Leistungen von Dritten bezieht, als Verleger anzusehen, solange er die unternehmerische Letztverantwortung in redaktioneller und fertigungstechnischer Hinsicht trägt und im System des Zeitungs- und Zeitschriftenvertriebes das wirtschaftliche Risiko übernimmt. Insoweit erscheint die Auffassung, Verlage, die nur fertige Erzeugnisse von anderen übernehmen, könnten keine Preise nach § 30 Abs. 1 GWB binden, als nicht durchgängig sachgerecht;[83] sie wurde ganz offensichtlich auch vor allem im Hinblick auf die Buchpreisbindung vertreten, die einen anderen Regelungszweck verfolgt. Allerdings fallen typische **Händler** nicht unter § 30 Abs. 1 GWB.[84] Händler grenzen sich nach dem Regelungszweck des § 30 Abs. 1 GWB dadurch von Verlegern ab, dass sie jedenfalls nicht die unternehmerische Verantwortung für die redaktionelle und fertigungstechnische Herstellung tragen, sondern nur ein fertiges Produkt weiterveräußern. Deshalb kann auch ein **Importeur** von ausländischen Zeitungen oder Zeitschriften keine Preise binden. Das darf nur der **ausländische Verleger;** der Importeur kann sich aber vom ausländischen Verleger ermächtigen lassen, Preisbindungsverträge im Namen und in Vollmacht des Verlegers zu schließen.[85]

26 **b) Abnehmer dieser Erzeugnisse.** Gebunden werden können die **Abnehmer** der Verlage. Dies sind insbesondere Zeitungs- und Zeitschriftengrossisten (Großhändler), aber auch Einzelhändler. In der Praxis umfasst die Preisbindung sowohl die Abgabepreise des Grosso an die Einzelhändler als auch der Einzelhändler an die Letztverbraucher. Ausnahmen gelten für Fachzeitschriften, die nur die Preise gegenüber der letzten Hand binden.[86] Auch im Bahnhofsbuchhandel und für den werbenden Buch- und Zeitschriftenhandel (WBZ), die direkt vom Verlag beliefert werden,[87] erfolgt nur eine Bindung des Einzelhändlers. Bei Vertriebssystemen für elektronische Presseerzeugnisse können Adressaten der Preisbindung sog. „elektronische Kioske"[88] oder andere Internethandelsplattformen wie eBay[89] sein. Abnehmer im Sinne des § 30 Abs. 1 GWB müssen **Unternehmen** sein, weil ansonsten schon keine nach § 1 GWB relevante (grundsätzlich verbotene) Preisbindung vorliegt.[90] Preisbindungen gegenüber **privaten Endverbrauchern** und gegenüber Einkaufsgemeinschaften von privaten Endverbrauchern fallen grundsätzlich nicht unter § 30 Abs. 1 GWB.[91]

---

[83] So aber BKartA TB 1970, S. 82; dem folgend *Emmerich* in Immenga/Mestmäcker, GWB, § 30 Rn. 32; wie hier anders *Waldenberger* in Frankfurter Kommentar § 30 Rn. 29.

[84] Allg. M.: *Bremer/Hackl* in Münchener Kommentar § 30 Rn. 43; *Waldenberger* in Frankfurter Kommentar § 30 Rn. 29; *Bahr* in Langen/Bunte § 30 Rn. 14; *Emmerich* in Immenga/Mestmäcker, GWB, § 30 Rn. 32.

[85] BKartA, TB 1962, S. 58; *Waldenberger* in Frankfurter Kommentar § 30 Rn. 29; *Emmerich* in Immenga/Mestmäcker, GWB, § 30 Rn. 32; auch *Bremer/Hackl* in Münchener Kommentar § 30 Rn. 43 sehen grundsätzlich kein Preisbindungsrecht für Händler und Importeure. So auch die Rechtslage bei der unverbindlichen Preisempfehlung gem. § 23 GWB a. F.

[86] *Wegner/Wallenfels/Kaboth* 5. Kap. Rn. 87.

[87] Siehe auch *Waldenberger* in Frankfurter Kommentar § 30 Rn. 10.

[88] Vgl. *Waldenberger* NJW 2002, 2914, 2918.

[89] Zum BuchpreisbindungsG OLG Frankfurt MMR 2004, 685; zu § 30 Abs. 1 GWB *Waldenberger* in Frankfurter Kommentar § 30 Rn. 32.

[90] Art. 101 Abs. 1 AEUV Rn. 131 ff.

[91] Vgl. OLG Düsseldorf WuW/E OLG 509 – *Leihbibliotheken;* zustimmend *Bahr* in Langen/Bunte § 30 Rn. 15; *Emmerich* in Immenga/Mestmäcker, GWB, § 30 Rn. 34; *Waldenberger* in Frankfurter Kommentar § 30 Rn. 34.

2. Die privilegierten Erzeugnisse

a) Zeitungen und Zeitschriften. § 30 Abs. 1 GWB enthält keine Definition von Zeitungen und Zeitschriften. Nach der Gesetzesbegründung[92] ist zur Abgrenzung die bisherige Rechtsprechung zum Begriff der Verlagserzeugnisse maßgeblich. Danach erfolgt anhand von Sinn und Zweck des § 30 Abs. 1 GWB eine **funktionale Auslegung.**[93] Bei jedem einzelnen Erzeugnis ist nach seinem Inhalt, seinem Zweck, seiner Herstellungsweise und seiner Vertriebsmethode zu prüfen, ob es sich um „Zeitungen oder Zeitschriften" im funktionalen Sinne handelt.[94] **Inhalt und Zweck** lassen sich dabei kaum voneinander trennen. Grundsätzlich dienen Zeitungen der ständigen Berichterstattung über Tagesereignisse, wogegen Zeitschriften Fragen auf bestimmten Sachgebieten wiederkehrend behandeln.[95] Eine Abgrenzung dieser beiden Medien wird kaum möglich sein, da sich die Berichterstattung in Einzelbereichen und die Behandlung von Sachfragen regelmäßig überschneiden. Sie ist jedoch auch entbehrlich, da § 30 Abs. 1 GWB insoweit keinen Unterschied macht. Ein weiteres Indiz sollte sein, dass der Inhalt urheberrechtlich geschützt ist.[96] Entscheidende Bedeutung kommt der **periodischen Unterrichtung** zu, die Zeitungen und Zeitschriften gemein ist. Der Rhythmus des Erscheinens kann dabei auch unregelmäßig sein.[97] Ein periodisches Erscheinen mindestens alle 6 Monate ist für § 30 Abs. 1 GWB nicht zwingend.[98] Bücher erscheinen nicht periodisch, allenfalls in einer neuen aktuellen Auflage; ihre Preisbindung ist im BuchpreisbindungsG auch ganz anders geregelt. Deshalb können auch Roman-, Comic- oder Rätselhefte Zeitschriften sein, wenn sie periodisch erscheinen und entsprechend beworben werden.[99] **Die Herstellungsweise** ist zumindest bei der Abgrenzung zwischen traditionellen Verlagsprodukten einerseits und Zeitungen und Zeitschriften andererseits relevant.[100] Traditionell sind Zeitungen und Zeitschriften Printprodukte, so dass sie nur dann als Zeitungen oder Zeitschriften eingeordnet werden können, wenn sie (auch) als Printprodukte erscheinen. Ebenfalls nur bei traditionellen Medien ist die **Vertriebsmethode** von Bedeutung.[101] Zeitungen und Zeitschriften im Sinne des § 30 Abs. 1 GWB müssen zwingend im „historisch gewachsenen, zeitungs- und zeitschriftenbezogenen Vertriebssystem" vertrieben werden.[102] Das ist nur der Fall, wenn das wirtschaftliche Risiko für den Vertrieb der Zeitung oder Zeitschrift beim Verleger liegt und dadurch die Überallerhältlichkeit sichergestellt wird.[103] Objekte, die trotz eigentlich periodischer Erscheinung schwerpunktmäßig im Buchhandel zu finden sind und für deren Absatz die Buchhandlun- 27

[92] Begr. RegE BT-Drucks. 14/8845, 12.

[93] WuW/E BGH 3128 ff. – *NJW auf CD-ROM* = NJW 1997, 1911, 1912 = GRUR 1997, 677 = AfP 1997, 703; BGH GRUR 1985, 933, 935 – *Schulbuch-Preisbindung* = NJW 1986, 1256 = WuW/E BGH 2166, 2167; BGH WuW/E 1604, 1605 – *Sammelrevers 1974* = GRUR 1979, 490, 491 = NJW 1979, 1411; BGH WuW/E BGH 795 – *Schallplatten I* = BGHZ 46, 74, 78 = NJW 1967, 343 ff.

[94] WuW/E BGH 1463, 1464 – *Briefmarkenalben* = GRUR 1977, 506, 507; *Waldenberger* NJW 2002, 2911, 2918.

[95] So *Bechtold,* GWB, § 30 Rn. 9; *Bahr* in Langen/Bunte § 30 Rn. 16.

[96] WuW/E BGH 1463, 1464 – *Briefmarkenalben* = GRUR 1977, 506, 507; *Waldenberger* NJW 2002, 2911, 2918.

[97] *Bahr* in Langen/Bunte § 30 Rn. 16.

[98] A. A. *Bahr* in Langen/Bunte § 30 Rn. 16, unter Verweis auf LPressGe, die aber einen anderen Regelungszweck haben als § 30 Abs. 1 GWB.

[99] *Bechtold,* GWB, § 30 Rn. 10; *Emmerich* in Immenga/Mestmäcker, GWB, § 30 Rn. 22; *Bahr* in Langen/Bunte § 30 Rn. 16.

[100] WuW/E BGH 3128 ff. – *NJW auf CD-ROM* = NJW 1997, 1911, 1913 = GRUR 1997, 677 = AfP 1997, 703.

[101] Vgl. nochmals WuW/E BGH 3128 ff. – *NJW auf CD-ROM* = NJW 1997, 1911, 1913 = GRUR 1997, 677 = AfP 1997, 703.

[102] Begr. RegE Novelle § 15 im Jahr 2002, BT-Drucks. 14/9196, S. 14; vgl. auch *Bechtold,* GWB, § 30 Rn. 10; *Thoma* in Berg/Mäsch, Deutsches und Europäisches Kartellrecht, § 30 GWB Rn. 11.

[103] Oben Rn. 7.

gen das wirtschaftliche Risiko tragen, können deswegen als „Bücher" (und nicht als Zeitung oder Zeitschrift) eingeordnet werden; sie fallen dann möglicherweise unter das BuchpreisbindungsG. Auch spricht indiziell für ein Buch, wenn das Produkt eine ISBN-Nummer (im Gegensatz zu einer ISSN-Nummer) trägt.[104] – **Besondere inhaltliche (redaktionelle) Anforderungen** sind an eine „Zeitung" oder „Zeitschrift" im Sinne des § 30 Abs. 1 S. 1 GWB nicht zu stellen. *Waldenberger* fordert allerdings *de lege ferenda,* nur solche Titel am Privileg des § 30 Abs. 1 GWB teilnehmen zu lassen, die darauf gerichtet sind, die politische Meinungsbildung mitzugestalten.[105] So nachvollziehbar diese Forderung angesichts des subjektiv empfundenen niedrigen redaktionellen Niveaus mancher Titel sein mag, erscheint es nicht als haltbar, Gerichte bzw. das BKartA darüber entscheiden zu lassen. Das Recht eignet sich vor dem Hintergrund von Art. 5 GG nicht dazu, um redaktionell wertvolle Titel von anderen zu trennen.[106]

28 **b) Produkte, die Zeitungen und Zeitschriften reproduzieren oder substituieren.** Nach § 30 Abs. 1 S. 2 GWB zählen zu Zeitungen und Zeitschriften auch Produkte, die Zeitungen und Zeitschriften reproduzieren oder substituieren, wenn sie bei Würdigung der Gesamtumstände als überwiegend verlagstypisch anzusehen sind.

29 Damit greift das Gesetz die Rechtsprechung des Bundesgerichtshofes in der **Entscheidung *NJW auf CD-ROM*** auf.[107] Das Bundeskartellamt hatte dem Verlag noch Preisbindungen für Zeitschriften auf CD-ROMs untersagt.[108] Wie das KG[109] war es der Auffassung, dass es sich hierbei nicht um Verlagserzeugnisse i. S. d. § 16 a. F. GWB handelte. Der BGH trat dieser Auffassung entgegen und stellte fest, dass **der Begriff des Verlagserzeugnisses für neue technische Entwicklungen offen ist und grundsätzlich auch neuartige Produkte, die herkömmliche Verlagserzeugnisse substituieren, erfassen kann.**[110] Der BGH stellte entscheidend auf den Sinn und Zweck der Regelung des § 16 GWB a. F. ab.[111] Die Entscheidung fand in der Literatur weitgehende Zustimmung.[112] Die CD-ROM-Version einer Zeitschrift konnte daher zum Gegenstand einer Preisbindungsvereinbarung gemacht werden. **Für eine enge Auslegung** der Reproduktions- oder Substitutionsprodukte wird vor dem Hintergrund dieser Rechtsprechung **kein Raum** sein. Denn der BGH machte in seiner Entscheidung deutlich, dass die Vorschrift gerade für die Entwicklung moderner Kommunikationstechnologien offen ist.[113]

30 Eine genaue Abgrenzung zwischen Reproduktion und Substitution ist entbehrlich, weil schon nach dem Gesetzeswortlaut genügend ist, dass entweder eine Reproduktion oder eine Substitution vorliegt. **„Reproduzieren"** sollte nach dem Wortlaut auf Titel abstellen, die **neben die herkömmliche Zeitung oder Zeitschrift** durch bloße Vervielfältigung ihrer Inhalte treten. Es handelt sich also um Produkte, die für den Nutzer inhaltlich und funktionell mit der Zeitung oder Zeitschrift identisch sind. Beispiel ist ein Mikrofiche, auf dem ein Zeitschriftenjahrgang verfilmt ist.[114]

---

[104] *Waldenberger* in Frankfurter Kommentar § 30 Rn. 38.

[105] *Waldenberger* in Frankfurter Kommentar § 30 Rn. 99 ff.

[106] Kritisch auch *Alexander* ZWeR 2007, 239, 255.

[107] Vgl. WuW/E BGH 3128 ff. – *NJW auf CD-ROM* = NJW 1997, 1911 = NJW-RR 1997, 1330 = GRUR 1997, 677 = AfP 1997, 703 = MDR 1997, 867 = WM 1997, 1501 = WRP 1997, 771.

[108] WuW/E BKart 2635 – *CD-ROM-Erzeugnisse.*

[109] KG WuW/E OLG 5450 – *CD-ROM-Erzeugnisse.*

[110] WuW/E BGH 3128 ff. – *NJW auf CD-ROM* = NJW 1997, 1911 = NJW-RR 1997, 1330 = GRUR 1997, 677 = AfP 1997, 703 = MDR 1997, 867 = WM 1997, 1501 = WRP 1997, 771.

[111] Vgl. oben Rn. 7.

[112] Vgl. *Bunte* NJW 1997, 3127; *Fezer* NJW 1997, 2150 ff.; *Hoeren* CR 1997, 465 ff.; *Kort* WiB 1997, 719; *Loewenheim,* Anm. in LM GWB § 16 Nr. 19; ablehnend *Ahrens/Jähnisch* GRUR 1998, 599 ff.

[113] WuW/E BGH 3128 ff. – *NJW auf CD-ROM* = NJW 1997, 1911 = NJW-RR 1997, 1330 = GRUR 1997, 677 = AfP 1997, 703 = MDR 1997, 867 = WM 1997, 1501 = WRP 1997, 771; so auch *Fezer* NJW 1997, 2152.

[114] *Bahr* in Langen/Bunte § 30 Rn. 19; *Bremer/Hackl* in Münchener Kommentar, GWB, § 30 Rn. 36.

„Substituieren" erfasst demgegenüber Titel, die **die herkömmliche Zeitung oder Zeitschrift bloß ersetzen.** Diese Substitution muss sich **zumindest auf einen Teil des Bedarfes** erstrecken, weil der Bundesgerichtshof gerade der Substitutionsfunktion eine entscheidende Rolle in *NJW auf CD-ROM* zubilligte.[115] Dabei wird eine abstrakte Prognose über die generelle Substituierbarkeit angestellt, die unabhängig vom konkreten Einzelfall ist.[116] Im Fall *NJW auf CD-ROM* war also irrelevant, wie viele Abonnenten tatsächlich neben der NJW-Printausgabe auch die CD-ROM abonnierten. Maßgebliches Kriterium für diese abstrakte Prognose ist die **inhaltliche Übereinstimmung** des „Lesestoffs"[117] mit dem traditionellen Produkt.[118] Es erscheint danach als vertretbar, von einer Vermutung für eine Substitutionswirkung auszugehen, wenn die Produkte inhaltlich übereinstimmen. Im Fall *NJW auf CD-ROM* kam es also nicht darauf an, dass die konkrete CD-ROM erweiterte Recherchemöglichkeiten im Vergleich zur Printausgabe hatte; sie stimmten zumindest inhaltlich überein und waren deshalb Substitutionsprodukte. – Allerdings wird man unter Produkten, die Zeitungen und Zeitschriften substituieren, **nur neuartige Produkte** verstehen können, weil die *NJW auf CD-ROM*-Entscheidung des Bundesgerichthofes sich ausdrücklich nur auf neuartige Produkte bezieht[119] und der Gesetzgeber § 30 Abs. 1 GWB auf der Grundlage dieser Entscheidung ändern wollte.[120] 31

Neben dem Vorliegen von Reproduktion oder Substitution müssen die Produkte noch bei Würdigung der Gesamtumstände als **überwiegend verlagstypisch** anzusehen sein. Dafür wird nach dem Sinn und Zweck des § 30 Abs. 1 GWB auf die **Vertriebsmethode** abzustellen sein.[121] Sinn und Zweck der Preisbindungsmöglichkeit des § 30 Abs. 1 GWB ist der Schutz der besonderen Vertriebsverhältnisse bei Zeitungen und Zeitschriften: der Verleger übernimmt mit dem Remissionsrecht das hauptsächliche wirtschaftliche Risiko; dadurch ist in den bestehenden Vertriebsstrukturen bei Preisbindung eine Überallerhältlichkeit des Presseerzeugnisses gewährleistet.[122] Auch die Entscheidung *NJW auf CD-ROM* des BGH, auf die Gesetzesbegründung zur Novelle 2002 Bezug nimmt, misst dem Vertriebweg entscheidendes Gewicht bei.[123] Stimmt dieser mit dem Vertriebsweg für das substituierte Verlagsprodukt überein, so ist das neuartige Produkt grundsätzlich verlagstypisch. Noch nicht geklärt ist, ob **elektronische Ausgaben von Zeitungen und Zeitschriften** (online, ePaper) als überwiegend verlagstypisch einzuordnen sind und deshalb dem Preisbindungsrecht des § 30 Abs. 1 GWB unterfallen. Während teilweise pauschal eine Preisbindungsfähigkeit angenommen wird,[124] lehnen andere sie generell ab.[125] Als zutreffend 32

[115] WuW/E BGH 3128 ff. – *NJW auf CD-ROM* = NJW 1997, 1911, 1913 = GRUR 1997, 677 = AfP 1997, 703.

[116] WuW/E BGH 3128 ff. – *NJW auf CD-ROM* = NJW 1997, 1911, 1913 = GRUR 1997, 677 = AfP 1997, 703.

[117] So anschaulich WuW/E BGH 3128 ff. – *NJW auf CD-ROM* = NJW 1997, 1911, 1913 = GRUR 1997, 677 = AfP 1997, 703; siehe auch *Bremer/Hackl* in Münchener Kommentar, GWB, § 30 Rn. 37.

[118] WuW/E BGH 3128 ff. – *NJW auf CD-ROM* = NJW 1997, 1911, 1913 = GRUR 1997, 677 = AfP 1997, 703.

[119] WuW/E BGH 3128 ff. – *NJW auf CD-ROM* = NJW 1997, 1911, 1912 f. = GRUR 1997, 677 = AfP 1997, 703.

[120] Begr. RegE zur Novelle des § 15 GWB im Jahr 2002, BT-Drucks. 14/9196, S. 14.

[121] *Emmerich* in Immenga/Mestmäcker, GWB, § 30 Rn. 23; *Bechtold,* GWB, § 30 Rn. 11; *Wallenfels/Russ,* BuchpreisbindungsG, § 30 Rn. 6. A. A. *Bahr* in Langen/Bunte § 30 Rn. 20; *Waldenberger* in Frankfurter Kommentar § 30 Rn. 42, der meint, der Gesetzgeber habe diese Voraussetzung aus der BGH-Rechtsprechung nicht in § 30 Abs. 1 GWB übernehmen wollen.

[122] Begr. RegE zur Novelle des § 15 GWB im Jahr 2002, BT-Drucks. 14/9196, S. 14; im Einzelnen oben Rn. 3.

[123] WuW/E BGH 3128 ff. – *NJW auf CD-ROM* = NJW 1997, 1911, 1914 = GRUR 1997, 677 = AfP 1997, 703.

[124] *Emmerich* in Immenga/Mestmäcker § 30 Rn. 24; *Weber* in Schulte/Just, KartellR, § 30 Rn. 15.

[125] *Hess* AfP 2011, 223, 226.

erscheint es zu differenzieren: Eine Preisbindung sollte für elektronische Zeitungen und Zeitschriften gelten, die auch in Printform erscheinen.[126] Wäre eine Preisbindung hier nicht möglich, würden größere Lücken im Preisbindungssystem drohen; denn Onlineausgaben von Zeitungen und Zeitschriften stehen in einer direkten Konkurrenzbeziehung zu den Printausgaben.[127] Das gesamte Preisbindungssystem könnte also mangels Lückenlosigkeit[128] zusammenbrechen, hätte der Verleger nicht die Preise für die parallele Onlineausgabe unter Kontrolle. Bei ausschließlich Online vertriebenen Zeitungen und Zeitschriften greift dieses Argument aber grundsätzlich nicht.[129] Gerade ein Remissionsrecht, das signifikantes Kennzeichen des von § 30 Abs. 1 GWB protegierten Systems des Pressevertriebes in körperlicher Form ist,[130] spielt beim Online-Vertrieb keine Rolle. Allenfalls wenn der Onlinevertrieb auf anderem Wege, als durch ein Remissionsrecht auf wirtschaftliches Risiko des Verlegers erfolgt, um eine nach Art. 5 Abs. 3 GG gewünschte möglichst umfassende Onlineverfügbarkeit des Produktes sicherzustellen, erscheint eine Anwendung von § 30 Abs. 1 GWB als gerechtfertigt. Heute spielt die Frage der Anwendung des § 30 Abs. 1 GWB auf Online-Produkte freilich schon deshalb kaum eine nennenswerte Rolle, weil der Onlinevertrieb regelmäßig durch die Verleger selbst veranstaltet wird, auch wenn es durchaus Modelle für einen Onlinevertrieb über eine zweite Hand gibt.[131] Dazu zählen neben „elektronischen Kiosken" und „Content Syndicators" (Fn. 95) auch **eBook Reader,** die den Bezug von Zeitungen und Zeitschriften über Contenthändler anbieten.

33 c) **Kombinierte Produkte.** Nach § 30 Abs. 1 S. 2 GWB werden auch kombinierte Produkte erfasst, soweit eine Zeitung oder Zeitschrift im Vordergrund steht. Der Gesetzgeber der Novelle 2002 nimmt hier ebenfalls Bezug auf die frühere Rechtsprechung, nach der kombinierte Erzeugnisse unter bestimmten Voraussetzungen preisbindungsfähig waren.[132] Ein kombiniertes Erzeugnis liegt aber nur vor, wenn **ein von einem Hauptprodukt abgrenzbares Nebenprodukt** vorliegt. Deshalb ist zunächst zu fragen, ob überhaupt zwei verschiedene Produkte vorliegen. Es kommt darauf an, was nach dem **Gesamteindruck des angesprochenen Verkehrs** noch als **Funktionseinheit** anzusehen ist.[133] Handelt es sich um eine redaktionelle Ergänzung oder Erweiterung einer Zeitung oder Zeitschrift, kann auch ein einziges Verlagsprodukt vorliegen, das ohne weitere Voraussetzungen unter § 30 Abs. 1 GWB fällt. Ein Beispiel ist eine Videokassette, die eine Zeitschrift redaktionell ergänzt.[134]

34 Sofern Haupt- und Nebenprodukt voneinander unterschieden werden können, muss die **Zeitung oder Zeitschrift das Hauptprodukt** bilden, also überwiegen. Insoweit ist eine **Gesamtschau** aus der Sicht der angesprochenen Verkehrskreise vorzunehmen.[135] Dabei ist normativ auch der Regelungszweck des § 30 Abs. 1 GWB zu berücksichtigen, über die Preisbindung die traditionellen Strukturen im deutschen Zeitungs- und Zeitschriftenvertrieb zu schützen. Denn diese Strukturen garantieren die im Sinne der Pressefreiheit sehr wünschenswerte Überallerhältlichkeit der Titel.[136] Es spricht deshalb indiziell für das Über-

---

[126] *Bremer/Hackl* in Münchener Kommentar § 30 Rn. 38; *Bosch* in Bechtold/Bosch, GWB, § 30 Rn. 11.

[127] Vgl. hierzu eingehend *W. Nordemann/J. B. Nordemann* AfP 1996, 111, 113.

[128] Dazu unten Rn. 56 ff.

[129] *Bremer/Hackl* in Münchener Kommentar § 30 Rn. 38.

[130] Dazu oben Rn. 7.

[131] Vgl. auch *Waldenberger* NJW 2002, 2914, 2918.

[132] KG WuW/E OLG 1708 ff. – *Briefmarkenalben.*

[133] Vgl. die parallele Problematik in der früheren ZugabeVO, insbesondere BGH GRUR 1999, 265 – *Handy für 0,00* = NJW 1999, 214; BGH WRP 1999, 505, 506 – *Nur ein Pfennig; J. B. Nordemann* NJW 2001, 2505.

[134] OLG München NJW-RR 1996, 108.

[135] *Freytag/Gerlinger* WRP 2004, 537, 540; *Soppe* WRP 2005, 565, 568.

[136] Im Einzelnen oben Rn. 7.

wiegen der im Kombinationsprodukt enthaltenen Zeitung oder Zeitschrift als Hauptware, wenn das Kombinationsprodukt über die traditionelle **Vertriebsform** für Zeitungen oder Zeitschriften vertrieben wird.[137] Weitere relevante Faktoren sind **Aufmachung und Ankündigung** des kombinierten Produktes: Wird das eine Produkt als kostenlose Zugabe zum Presseerzeugnis angekündigt, spricht dies für die Zeitung oder Zeitschrift als Hauptprodukt.[138] Richtigerweise steht das Verlagsprodukt regelmäßig nicht mehr im Vordergrund, wenn es optisch kaum noch wahrgenommen werden kann und das Nebenprodukt das Bundle dominiert.[139] Das **Wertverhältnis** zwischen Zeitung und Zeitschrift einerseits und Nebenprodukt andererseits spielt jedenfalls solange keine Rolle, wie keine allzu extreme Lücke zu Lasten der Zeitung oder Zeitschrift klafft;[140] eine solche extreme Lücke liegt vor bei gebündeltem Vertrieb von Musikzeitschrift mit einem regulären Verkaufspreis von 2 Euro und einem CD-Player im Marktwert von mehr als 50 Euro; es kann aber nicht davon ausgegangen werden, dass eine Preisbindung trotz Vertriebes über den herkömmlichen Pressevertriebsweg unzulässig wird, weil das beigegebene Produkt (ein Paar Strandschuhe oder ein Kinogutschein) wenige Euro mehr kosten als der reguläre Preis der Zeitschrift.[141] Auch die **Rechnungsstellung** kann bedeutsam sein. Wenn die Abrechnung für die kombinierten Produkte eigenständig erfolgt, spricht das dafür, dass die Zeitung oder Zeitschrift einen relevanten Teil der Kombination ausmacht.[142] Umstritten ist, ob ein **Nebenprodukt** sich nur dann als kombiniertes Produkt qualifizieren lässt, wenn es einen **selbständigen Informationsgehalt** hat,[143] was beispielsweise für eine Pastazange, die einer Kochzeitschrift beigegeben wird,[144] oder für eine Sonnebrille, die einer Jugendzeitschrift aufgeklebt ist,[145] als zweifelhaft erscheinen mag; dagegen liegt ein Informationsgehalt bei einer Videokassette, die mit einer Zeitschrift verbunden wurde, regelmäßig vor.[146] Jedenfalls seit der Reform 2002 spricht der Wortlaut eindeutig dafür, jedes beliebige Nebenprodukt zur Kombination mit der Zeitung oder Zeitschrift zuzulassen. § 30 Abs. 1 S. 2 GWB unterscheidet zwischen verlagstypischen Zeitungen und Zeitschriften in technischer Weiterentwicklung (1. Alt.) und – auch verlagsfremden – Kombinationsprodukten.[147] Es ist auch nicht ersichtlich, weshalb es dem Schutzzweck des § 30 Abs. 1 GWB zuwiderlaufen sollte, Kombinationen mit verlagsfremden Beigaben zuzulassen, solange eine Zeitung oder Zeitschrift und damit der Grund für die kartellrechtliche Privilegierung im Vordergrund

---

[137] Ähnlich *Freytag/Gerlinger* WRP 2004, 537, 540; zurückhaltender *Soppe* WRP 2005, 565, 568. BGH WuW/E DE-R 1604, 1607 – *Zeitschrift mit Sonnenbrille* = AfP 2005, 555, führt den Pressevertriebsweg als eines von zwei (kumulativ) entscheidenden Umständen dafür an, dass das Presseerzeugnis Hauptprodukt ist.

[138] BGH WuW/E DE-R 1604, 1607 – *Zeitschrift mit Sonnenbrille* = AfP 2005, 555.

[139] *Soppe* WRP 2005, 565, 568, bildet unter Berufung auf zwei unveröffentlichte Entscheidungen des LG Hamburg folgendes Beispiel: ein Paar Strandschuhe sind so in einer Klarsichtverpackung angebracht, dass die Titelseite und die darauf befindlichen Inhaltsangaben gar nicht mehr und der Titel nur mühsam zu erkennen sind.

[140] Zustimmend *Waldenberger* in Frankfurter Kommentar § 30 Rn. 50.

[141] So aber *Soppe* WRP 2005, 565, 568.

[142] Zum BuchpreisbindungsG OLG Hamburg GRUR-RR 2005, 200, 201 – *Preisgebundene Abonnementszugabe.*

[143] Dafür *Soppe* WRP 2005, 565, 567; *Emmerich* in Immenga/Mestmäcker, GWB, § 30 Rn. 30; nach früherem Recht auch *Mann* WRP 1997, 1139, 1142, *Fezer* WRP 1994, 669, 676. Wie hier **a. A.** BGH WuW/E DE-R 1604, 1607 – *Zeitschrift mit Sonnenbrille* = AfP 2005, 555; *Freytag/Gerlinger* WRP 2004, 537, 540; *Waldenberger* NJW 2002, 2914, 2918; *ders.* in Frankfurter Kommentar § 30 Rn. 48; *Bahr* in Langen/Bunte § 30 Rn. 22; *Bosch* in Bechtold/Bosch, GWB, § 30 Rn. 12; *Kling/Thomas* § 17 Rn. 153; *Weber* in Schulte/Just, KartellR, § 30 Rn. 15.

[144] OLG Hamburg GRUR 1995, 830 = WuW/E DE-R 66, 67 – *Pastabesteck.*

[145] BGH WuW/E DE-R 1604, 1607 – *Zeitschrift mit Sonnenbrille* = AfP 2005, 555.

[146] OLG Hamburg, GRUR 1995, 830 – *Modezeitschrift mit Videokassette.*

[147] BGH WuW/E DE-R 1604, 1607 – *Zeitschrift mit Sonnenbrille* = AfP 2005, 555; *Freytag/Gerlinger* WRP 2004, 537, 540.

steht.[148] – Die Kombinationsmöglichkeit für den Verleger wird auch nicht dadurch beschränkt, dass das Nebenprodukt eine Sache im Sinne des § 90 BGB sein müsste.[149] Vielmehr können **auch Dienstleistungen** bzw. Gutscheine für Dienstleistungen Gegenstand der Kombination sein. Der Wortlaut („kombiniertes Produkt") mag insoweit zwar unglücklich sein; er ist aber keineswegs eindeutig, weil eine mit einer Dienstleistung kombinierte Zeitung oder Zeitschrift ein „kombiniertes Produkt" sein kann. Auch ist weder aus der Gesetzgebungsgeschichte noch aus dem Sinn und Zweck des § 30 Abs. 1 GWB ersichtlich, weshalb eine Kombination mit Dienstleistungen generell ausscheiden sollte.

35 Als **Hauptprodukt** kommen insoweit nicht nur traditionelle **Zeitungen und Zeitschriften** in Betracht, sondern **auch Substitutionsprodukte** nach § 30 Abs. 1 S. 2 1. Alt. GWB, weil § 30 Abs. 1 GWB sie mit den traditionellen Zeitungen und Zeitschriften gleichstellt. – Bei der **Preisgestaltung von kombinierten Produkten** muss der Verleger darauf achten, dass nicht sein eigenes Preisbindungssystem lückenhaft wird.[150]

3. Bindung

36 **a) Vertikale Bindung.** Seit der **7. GWB-Novelle 2005** stellt der Wortlaut des § 30 Abs. 1 Satz 1 GWB klar, dass es nur um eine Privilegierung einer „vertikalen" Preisbindung geht. Wie der Gesetzgeber dieses Tatbestandsmerkmal interpretiert wissen wollte, ergibt sich aus den Gesetzesmaterialien nicht. Die Klarstellung scheint dem Gesetzgeber erforderlich gewesen zu sein, nachdem die Novelle die Regelung aus den Spezialbestimmungen zu „Vertikalvereinbarungen" (§§ 14 bis 18 GWB a. F.) herausnahm. Diese Spezialbestimmungen entfielen, weil die Bestimmungen zu Vertikalvereinbarungen und diejenigen zu Horizontalvereinbarungen zur Harmonisierung mit EU-Kartellrecht miteinander verschmolzen wurden. Vertikalvereinbarungen stellen Vereinbarungen zwischen Unternehmen auf verschiedenen Wirtschaftsstufen dar, während Horizontalvereinbarungen zwischen (mindestens potentiellen) Konkurrenten geschlossen werden.[151] Danach lässt sich folgendes sagen: Die Klarstellung in § 30 Abs. 1 GWB sollte den bisherigen Anwendungsbereich des § 30 Abs. 1 GWB (§ 15 GWB a. F.) erhalten[152] und **sicherstellen,** dass **§ 30 Abs. 1 GWB nicht zur Privilegierung horizontaler Preisabstimmung unter Verlegern** benutzt werden kann. Horizontale Preisabstimmungen sind lediglich gem. § 30 Abs. 2a GWB freigestellt.

37 Vor der 7. GWB-Novelle 2005 war die Unterscheidung von Vertikalvereinbarungen nach §§ 14 bis 18 GWB a. F. und Horizontalvereinbarungen nach §§ 1 bis 8 GWB a. F. durchaus komplex. Die Abgrenzung erfolgte anhand des Tatbestandsmerkmals „miteinander im Wettbewerb stehende Unternehmen" des § 1 GWB a. F. Eine Anwendung sowohl des § 1 GWB a. F. als auch der §§ 14 ff. GWB a. F. (sog. Doppelkontrolle) war ausgeschlossen.[153] Zwischen § 1 GWB n. F. und §§ 14 ff. GWB n. F. bestand also ein Verhältnis der Ausschließlichkeit (Exklusivität). Es erscheint jedoch nicht als überzeugend, das Vorliegen

---

[148] Vgl. *Bremer/Hackl* in Münchener Kommentar § 30 Rn. 40.

[149] *Bremer/Hackl* in Münchener Kommentar § 30 Rn. 41; *Waldenberger* in Frankfurter Kommentar § 30 Rn. 49; A. A. *Soppe* WRP 2005, 565, 566; *Emmerich* in Immenga/Mestmäcker, GWB, § 30 Rn. 27.

[150] Dazu eingehend unten Rn. 56 ff.

[151] Eingehend Kommentierung zu Art. 101 Abs. 1 AEUV Rn. 264.

[152] Vgl. auch Begr. RegE 7. GWB-Novelle, BT-Drucks. 15/3640, S. 24, 50.

[153] BGH WuW/E DE-R 289, 294 – *Lottospielgemeinschaft* = GRUR 1999, 771 = ZIP 1999, 1021 m. Anm. *Busche/Keul* = LM Nr. 52 zu § 1 GWB mit Anm. *Götting;* WuW/E BGH 3115, 3117 – *Druckgussteile* = BGH NJW 1997, 2324 = GRUR 1997, 675; WuW/E BGH 3137, 3137 – *Sole* = GRUR 1997, 937; *Rittner* WuW 2000, 696; *C. Bahr* GRUR 2001, 1111, 1116; a. A. *K. Schmidt AG* 1998, 551, 560; *ders.* in FS Sandrock, 2000, S. 833, 834; *ders.* WuW 2000, 1199, 1202. Vgl. auch *Schwintowski* WuW 1997, 769, 773.

einer vertikalen Preisbindung auch nach der 7. GWB-Novelle 2005 noch daran festzumachen, dass das bindende und das gebundene Unternehmen „nicht miteinander im Wettbewerb" stehen. Die 7. GWB-Novelle 2005 hat das entsprechende Tatbestandsmerkmal „miteinander im Wettbewerb stehende Unternehmen" aus § 1 GWB gestrichen, weil der Tatbestand des § 1 GWB nunmehr ohne jedes Exklusivitätsproblem sowohl Horizontal- als auch Vertikalvereinbarungen erfasst.[154] Ohnehin erscheint eine Abgrenzung anhand des Merkmals „miteinander im Wettbewerb stehende Unternehmen" für § 30 Abs. 1 GWB nicht als befriedigend, weil bindende Verleger durchaus mit gebundenen Abnehmern in Konkurrenz stehen können, wenn sich die Verleger als Händler betätigen.[155] Ziel der 7. GWB-Novelle 2005, mit der das Merkmal „vertikale" Preisbindung eingeführt wurde, war die Harmonisierung des nationalen Kartellrechts für Horizontal- und Vertikalvereinbarungen mit Art. 101 AEUV.[156] Demnach bietet es sich an, auf die Abgrenzungskriterien zurückzugreifen, die das EU-Kartellrecht bereithält. Hier ist insbesondere die Definition von „Vertikalvereinbarungen" in **Art. 1 Abs. 1 lit. a) und Art. 2 Abs. 4 GVO Vertikalvereinbarungen** zu nennen, die über § 2 Abs. 2 GWB auch in das GWB einbricht.[157] Unter Berücksichtigung des Art. 1 Abs. 1 lit. a) GVO Vertikalvereinbarungen liegt gemäß § 30 Abs. 1 Satz 1 GWB demnach eine vertikale Bindung vor, wenn es sich um eine Bindung zwischen zwei oder mehr Unternehmen handelt, von denen jedes zwecks Durchführung der Bindung auf unterschiedlichen Vertriebsstufen tätig ist und die die preislichen Bedingungen betreffen, zu denen die Parteien die Zeitungen oder Zeitschriften beziehen, verkaufen oder weitererkaufen können. Überdies bietet die GVO Vertikalvereinbarungen den Vorteil, dass sie in Art. 2 Abs. 4 GVO Vertikalvereinbarungen auch unter bestimmten Voraussetzungen Verträge zwischen Konkurrenten in die Vertikalvereinbarungen einbezieht; wendet man Art. 2 Abs. 4 GVO Vertikalvereinbarungen entsprechend auf § 30 Abs. 1 GWB an, sollte insbesondere Art. 2 Abs. 4 lit. b) GVO Vertikalvereinbarungen Bedeutung erlangen, nach dem eine Vertikalvereinbarung auch dann vorliegt, wenn die Parteien auf der Handelsstufe Wettbewerber sind, jedoch der gebundene Händler die gebundene Ware nicht selbst herstellt. – Stellen jedoch beide konkurrierende Produkte her, liegt eine horizontale Vereinbarung vor; eine Freistellung nach § 30 Abs. 1 GWB kommt nicht in Betracht, sondern allenfalls nach § 2 GWB. Im Rahmen einer Branchenvereinbarung kommt außerdem eine Freistellung nach § 30 Abs. 2a GWB in Frage.

b) Art der Bindung. § 30 Abs. 1 GWB erfasst nach seinem ausdrücklichen Wort- 38
laut sowohl rechtliche als auch wirtschaftliche Bindungen. Eine **rechtliche Bindung** liegt vor, wenn der gebundene Vertragsteil durch die Vereinbarung verpflichtet wird, bei der Weiterveräußerung bestimmte Preise einzuhalten.[158] Eine **wirtschaftliche Bindung** kennzeichnet sich durch eine Vertragsgestaltung, bei der die Erstvereinbarung auf die Weise mit der Zweitvereinbarung verbunden ist, dass sich aus der Gestaltung der Zweitvereinbarung positive oder negative Rückwirkungen auf den Inhalt der Erstvereinbarung ergeben.[159] In der Praxis kommen grundsätzlich nur rechtliche Bindungen vor; bloß wirtschaftliche Bindungen sind – wohl weil sie eher bei Umgehungsversuchen vorkommen – wegen der ausdrücklichen Zulässigkeit von rechtlichen Bindungen nicht zu beobachten.

---

[154] Dazu eingehend § 1 GWB Rn. 1 ff.

[155] Verschiedene Verleger sind schon heute an den Pressegrossisten beteiligt, im Fall des Gebietsmonopols der Grossisten allerdings grundsätzlich nur mit Minderheitsbeteiligungen, die als solche noch keinen Konkurrentenstatus vermitteln sollten.

[156] Begr. RegE 7. GWB-Novelle, BT-Drucks. 15/3640, S. 21.

[157] Zustimmend *Waldenberger* in Frankfurter Kommentar § 30 Rn. 53 mit Verweis auf Art. 1 Abs. 1 und Art. 2 Abs. 4 GVO Vertikalvereinbarungen.

[158] WuW/E BGH 251, 257 – *4711* = NJW 1958, 1865.

[159] Vgl. BGH WuW/E BGH 251, 257 – *4711* = NJW 1958, 1865; *Emmerich* in Immenga/Mestmäcker, GWB, § 30 Rn. 53; *Bahr* in Langen/Bunte § 30 Rn. 26.

39 Im Rahmen des Vertriebs von **Zeitungen** (Tages- und Wochenzeitungen) einerseits und (Publikums-)**Zeitschriften** andererseits setzen die Verleger die Preisbindung von Presse-Grossisten und Einzelhändlern regelmäßig über **Einzelverträge** durch.[160]

40 Verwendet werden hier meist die **Muster,** die die einschlägigen Verbände[161] bereitstellen. Zwischen Verlag und Grossist werden dabei sowohl dem Grossisten die Abgabepreise vorgeschrieben und Sonderentgelte bzw. Rabatte verboten als auch der Grossist verpflichtet, den Einzelhändlern bestimmte Endverkaufspreise vorzuschreiben und den Einzelhändlern zu verbieten, Nachlässe zu gewähren oder Zuschläge zu erheben. Die Preise werden entweder in die Urkunde aufgenommen, oder es erfolgt eine Bezugnahme auf Preislisten. Der Mustervertrag des Grossisten mit dem Einzelhändler verpflichtet die Einzelhändler, die auf den Titeln aufgedruckten Preise einzuhalten; ferner enthält der Vertrag ein Verbot, die Preisbindung „indirekt" zu verletzen.

41 Anders ist das Preisbindungsmodell bei **Fachzeitschriften:** hier wird die Preisbindung für mehrere Titel und mehrere Verlage in einer einzigen Urkunde, die der Abnehmer gegenzeichnet, vereinbart (sog. **Sammelrevers**).[162] Die Verlage schalten regelmäßig einen Treuhänder ein, der ihre Preisbindung organisiert und überwacht. Der Treuhänder ist auch beauftragt, im Namen neu hinzukommender Verlage mit den Händlern Verträge abzuschließen. Die Verlage dürfen sich dabei jedoch nicht untereinander (horizontal) abstimmen.[163] § 30 Abs. 1 GWB stellt nur vom Verbot „vertikaler" Preisbindung des § 1 GWB frei.[164] Eine (horizontal) **kollektiv veranlasste Preisbindung mehrerer Verlage** wäre wegen des Verstoßes gegen § 1 GWB nichtig, wenn sie nicht nach § 30 Abs. 2a GWB als Branchenvereinbarung freigestellt ist. Solange der Treuhänder jedoch lediglich autonome Entscheidungen der Verlage umsetzt, ist für eine Anwendung des § 1 GWB nichts ersichtlich.[165] Die Autonomie der einzelnen in Sammelreversen zusammengefassten Preisbindungen ist aber verletzt, wenn einem Verleger das Recht zugesprochen wird, die Belieferung eines Händlers einzustellen, weil er die Preise eines anderen Verlegers aus dem Sammelrevers nicht eingehalten hat.[166] Der Treuhänder darf ferner nicht von sich aus berechtigt sein, die Konditionen der Preisbindung eines Verlages eigenmächtig an die Konditionen der Mehrheit der Verlage anzupassen oder sonst wie dafür zu sorgen, dass das Sammelrevers zu einer Vereinheitlichung von Preisen oder Preisbestandteilen führt.[167]

42 Nach § 30 Abs. 1 S. 1 GWB ist nicht nur die **Bindung des ersten Käufers** gestattet, sondern auch dessen Verpflichtung zur **Weitergabe der Bindung an alle weiteren Wiederverkäufer auf allen Handelsstufen.**[168] Das „oder" im Wortlaut bedeutet nicht, dass der Verleger sich auf eine Alternative beschränken müsste. Das „oder" will vielmehr lediglich zum Ausdruck bringen, dass es auch ein Wahlrecht für den Verleger gibt, nur den

---

[160] Ausführlich: *Fikentscher/Krauß* in Gemeinschaftskommentar § 16 GWB a. F. Rn. 155 ff.; ferner *Waldenberger* NJW 2002, 2914, 2915.

[161] Bund Deutscher Zeitungsverleger e. V. (BDZV), Verband Deutscher Zeitschriftenverleger e. V. (VDZ), Bund Deutscher Buch-, Zeitungs- und Zeitschriften-Grossisten e. V. (Presse-Grosso).

[162] Vgl. *Waldenberger* NJW 2002, 2914, 2915; *Wallenfels/Russ,* BuchpreisbindungsG, § 30 Rn. 19; *Bahr* in Langen/Bunte § 30 Rn. 53. Derzeit aktuell ist „Sammelrevers 2002", abgedruckt bei *Wegner/Wallenfels/Kaboth* S. 430 ff.

[163] WuW/E BKartA 40.

[164] Zu diesem Tatbestandsmerkmal auch oben Rn. 36.

[165] BGH WuW/E 2175 = NJW-RR 1986, 259; BGH WuW/E 2615 = NJW 1990, 1993; zu Unrecht kritisch *Emmerich* in Immenga/Mestmäcker, GWB, § 30 Rn. 39 ff.

[166] OLG Stuttgart WuW/E OLG 1165, 1169.

[167] BKartA TB 1959, S. 38; BKartA TB 1969, S. 89.

[168] WuW/E BGH 502, 505 – *Treuhandbüro; Bahr* in Langen/Bunte § 30 Rn. 27. *Weber* in Schulte/Just, KartellR, § 30 Rn. 18; *Kirchhoff* in Wiedemann, Handbuch des Kartellrechts, § 11 Rn. 15. Genauso auch *Bremer/Hackl* in Münchener Kommentar, GWB, § 30 Rn. 47; anders aber Rn. 94, die sich dort allerdings auf die Lage im BuchpreisbindungsG beziehen, die anders liegt als bei § 30 GWB, das BuchpreisbindungsG enthält in der Tat nur die Pflicht, den Endpreis zu binden.

Einzelhandelspreis oder nur die Spannen in der Vertriebskette festzuschreiben.[169] So werden Presse-Grossisten in der Praxis in durchlaufenden Vertriebsbindungen zum einen verpflichtet, bei der Weiterveräußerung an die Einzelhändler bestimmte Preise einzuhalten, und zum anderen, die Einzelhändler zur Einhaltung bestimmter Preise zu verpflichten.[170] Damit können auch **Zwischenhändler** Preise **gegenüber nachgelagerten Händlern** binden, sofern die Zwischenhändler ihrerseits vertraglich durch die Verleger hierzu verpflichtet worden sind. Bereits aus dem Wortlaut der Vorschrift folgt, dass eine **Bindung des Verlegers durch seine Abnehmer** nicht möglich ist; allerdings können sich aus dem Preisbindungsverhältnis Unterlassungsansprüche gegen den Verleger ergeben, wenn er seine eigene Preisbindung verletzt.[171]

c) Inhalt der Bindung (Preisbindung). Gebunden werden können grundsätzlich nur **Preise.** Der Begriff „Preis" ist im GWB nicht definiert. Er ist funktional nach dem Schutzzweck des § 30 Abs. 1 GWB auszulegen. Schutzzweck des § 30 Abs. 1 GWB ist, dass der Verleger als Träger des wirtschaftlichen Risikos des Vertriebes der mit einem Remissionsrecht belasteten Zeitung oder Zeitschrift für eine Überallerhältlichkeit sorgt.[172] Die Gleichschaltung des Preises ist einer solchen Überallerhältlichkeit grundsätzlich dienlich, sofern sie gleichmäßig (lückenlos) gehandhabt wird. Damit erscheint es nicht als gerechtfertigt, im Rahmen einer funktionalen Auslegung den Preisbegriff eng auszulegen; eine echte Begrenzung erfährt der nach § 30 Abs. 1 GWB mögliche Inhalt der Bindung erst im Erfordernis der Lückenlosigkeit, deren Fehlen aber nur zur Missbräuchlichkeit, nicht zum automatischen Entfall der kartellrechtlichen Privilegierung führt.[173] Unter Preis i. S. d. § 30 Abs. 1 GWB ist deshalb die **im Synallagma stehende Gegenleistung** für den Vertrieb des Presseerzeugnisses zu verstehen. Da der zu zahlende Verkaufspreis auch von **Rabatten oder sonstigen Nachlässen** abhängt, können auch diese Gegenstand einer Preisbindung sein.[174] Dem Gebundenen können Rabatte hierbei nicht nur vorgeschrieben, sondern auch verboten werden,[175] wie dies beispielsweise die Musterverträge im Zeitungs- und (Publikums-)Zeitschriftenbereich vorsehen.[176] Hier kann ein Seitenblick auf die umfassende Praxis zum Buchpreisbindungs- und zum Arzneimittelrecht erfolgen. Nicht erlaubt sind danach z. B. Barzahlungsrabatte,[177] Mengenrabatte (bei Abnahme von 20 Exemplaren ein Exemplar kostenlos),[178] aber auch die **Gewährung sonstiger Vorteile, die den Erwerb für den Leser wirtschaftlich günstiger erscheinen lassen,**[179] wie Gutschriften von Bonuspunkten (z. B. „Meilen") beim Zeitungs- oder Zeitschriftenkauf durch den Einzelhändler[180] oder die Ausgabe von Gutscheinen beim Kauf.[181] Genauso können **Umsatz-** 43

[169] *Kirchhoff* in Wiedemann, Handbuch des Kartellrechts, § 11 Rn. 15.

[170] *Waldenberger* NJW 2002, 2915; *Wegner/Wallenfels/Kaboth* 5. Kap. Rn. 87. Etwas anderes gilt für Fachzeitschriften, deren Preise nur für den Verkauf an den Letztverbraucher gebunden werden.

[171] Dazu ausführlich unten Rn. 93 ff.

[172] Vgl. oben Rn. 7.

[173] Dazu unten Rn. 37 ff. Zu Ansprüchen aus Vertrag und aus UWG in solchen Fällen Rn. 67 ff.

[174] WuW/E BGH 2166 – *Schulbuch-Preisbindung* = GRUR 1985, 933 ff. = WuW/E BGH 2175 ff. – *Preisbindungstreuhänder-Empfehlung.* Vgl. zum BuchpreisbindungsG auch BGH GRUR 2003, 807 – *Buchpreisbindung.*

[175] WuW/E BGH 472, 473 – *Agfa-Filme.*

[176] Dazu oben Rn. 40.

[177] Vgl. zum BuchpreisbindungsG BGH GRUR 2003, 807 – *Buchpreisbindung.*

[178] Vgl. OLG München GRUR 2005, 71 – *Schüler-Lernhilfe* zum BuchpreisbindungsG = AfP 2005, 453.

[179] Siehe BGH GRUR 2010, 1136 Tz. 17 – *Unser Dankeschön für Sie,* zum Arneimittelpreisrecht; dazu *Wallenfels* WRP 2014, 297, der diese Rechtsprechung auch für die Buchpreisbindung für relevant hält.

[180] Vgl. OLG Frankfurt GRUR 2005, 72 – *„Meilen" für Bücher* zum BuchpreisbindungsG = NJW 2004, 3434. Anders aber, wenn die Bonuspunkte durch den Provider des Zahlungsmittels gewährt werden, also z. B. durch den Kreditkartenprovider, weil dann kein Rabatt auf den Kauf, sondern ein Bonus für die Verwendung eines bestimmten Zahlungsmittels gewährt wird.

[181] Vgl. BGH GRUR 2010, 1136 Tz. 17 ff. – *Unser Dankeschön für Sie,* zum Arneimittelpreisrecht; OLG Frankfurt NJW 2004, 3122 – *Startgutscheine für Bücher* zum BuchpreisbindungsG.

rückvergütungen am Ende des Jahres verboten werden.[182] Missbräuchlich ist allerdings das Verbot für Umsatzrückvergütungen, die gesellschaftsrechtlich bedingt sind (Genossenschaft, Handelsgesellschaft).[183] – Da § 30 Abs. 1 GWB von „bestimmten" Preisen spricht, wurde die Bindung von **Höchst- und Mindestpreisen** früher für unzulässig gehalten.[184] Der BGH hat eine solche Preisbindung jedoch zumindest für die Abgabepreise von gebundenen Zwischenhändlern für zulässig erachtet; ob dies auch für Preise gegenüber Endverbrauchern gilt, hat er offen gelassen.[185] Die Frage ist mit dem Sinn und Zweck des § 30 Abs. 1 GWB zu beantworten, der die Übernahme des wirtschaftlichen Absatzrisikos durch den Verleger und die damit verbundene Überallerhältlichkeit der Presseerzeugnisse privilegiert. Solange bei Höchst- und Mindestpreisen das wirtschaftliche Risiko beim Verleger bleibt und die Überallerhältlichkeit gewährleistet ist, erscheint es – anders als bei der Buchpreisbindung – nicht als gerechtfertigt, dem Verleger bei der Endpreisgestaltung Vorgaben zu machen, wenn er sogar frei ist zu entscheiden, ob er eine Preisbindung durchführt.[186] Diese Fälle sind aber von einem sog. **zweigleisigen Vertrieb** zu unterscheiden, bei dem der Verleger zwei verschiedene Preise bindet. Das unterfällt nicht der Privilegierung des § 30 Abs. 1 GWB und ist damit nach § 1 GWB verboten, weil § 30 Abs. 1 GWB nur die Bindung *eines* bestimmten Preises zulässt.[187] Es ist nicht nach § 30 Abs. 1 GWB privilegiert, besonders niedrige Preise für besondere Abnehmergruppen, die keinen sachlich oder räumlich isolierbaren Sondermarkt bilden, vorzugeben;[188] ein Beispiel wären niedrigere Preise einer Tageszeitung für Leser, die gleichzeitig ADAC-Mitglieder sind. Genauso unzulässig ist eine Preisspreizung für nur äußerlich abgeänderte Zeitungen oder Zeitschriften, die inhaltlich identisch sind.[189] Etwas anderes gilt aber, wenn es sich um inhaltlich verschiedene Zeitungen oder Zeitschriften handelt,[190] was auch gegeben sein kann, wenn die mit der Zeitung oder Zeitschrift zulässigerweise **kombinierten Produkte**[191] verschieden sind. Insoweit ist auch nicht ersichtlich, weshalb kombinierte Produkte **aus zwei oder mehr Zeitungen oder Zeitschriften** immer nur zum aufaddierten Gesamtpreis der gebundenen Einzelpreise verkauft werden dürfen.[192] Zumindest wenn das kombinierte Produkt als (eigenständiges) Leistungspaket und nicht ein Titel als kostenlose Zugabe zum anderen beworben wird, handelt es sich um ein neues Produkt, für das ein neuer Preis gebunden werden kann. Grundsätzlich nicht möglich ist die gesonderte Bindung von **Transport- und Beschaffungskosten,** da es sich hierbei um gewerbliche Leistungen handelt, die nach § 30 Abs. 1 GWB nicht preisbindungsfähig sind.[193]

44 **Zugaben** können Gegenstand von Bindungen nach § 30 Abs. 1 GWB sein. Das gilt insbesondere für das Verbot der Gewährung von Zugaben oder auch für die Verpflichtung,

---

182 BGH WuW/E 1604 – *Sammelrevers 1974* = GRUR 1979, 490, 491 = NJW 1979, 1411.

183 Unten Rn. 80.

184 WuW/E BKartA 943, 944f. – *Tapetenpreisbindung II;* dem folgend noch heute *Bremer/Hackl* in Münchener Kommentar § 30 Rn. 56; *Bechtold,* GWB, § 30 Rn. 14.

185 WuW/E BGH 1121, 1126 – *Automaten-Aufstellvergütung III.*

186 Gl. A. *Waldenberger* in Frankfurter Kommentar § 30 Rn. 57; *Lettl,* Kartellrecht, § 8 Rn. 35; *Emmerich,* Kartellrecht, § 25 Rn. 22; *Weber* in Schulte/Just, KartellR, § 30 Rn. 19; a. A. *Bremer/Hackl* in Münchener Kommentar § 30 Rn. 56; *Bahr* in Langen/Bunte § 30 Rn. 30 unter Verweis auf die Freistellungsmöglichkeit für Höchstpreisvereinbarungen nach § 2 Abs. 2 GWB i. V. m. Art. 4 lit. a) Vertikal-GVO.

187 BGH WuW/E 1073 – *Schallplatten;* OLG Frankfurt WuW/E OLG 3609 – *zweigleisiger Vertrieb.*

188 WuW/E BKartA 1023, 1029; *Emmerich* in Immenga/Mestmäcker, GWB, § 30 Rn. 125.

189 BKartA TB 1976, S. 54f.

190 BKartA TB 1965, S. 33f.

191 Vgl. oben Rn. 33ff.

192 So wohl *Soppe* WRP 2005, 565, 569, unter Berufung auf eine unveröffentlichte Entscheidung des LG Hamburg.

193 Vgl. *Emmerich* in Immenga/Mestmäcker, GWB, § 30 Rn. 38; *Fikentscher/Krauß* in Gemeinschaftskommentar § 16 a. F. Rn. 118f.

ein aus einer Zeitung oder Zeitschrift mit Zugabe kombiniertes Produkt zu einem festgelegten Preis zu verkaufen.[194] Die frühere Auffassung, nach der Zugaben nicht in den Anwendungsbereich des § 30 Abs. 1 GWB fallen können, weil sie nach der ZugabeVO ohnehin nur in Form von völlig geringwertigen Gegenständen gewährt werden dürfen,[195] kann nach der Abschaffung der ZugabeVO nicht mehr aufrecht erhalten werden.[196] Für die Frage, ob eine Zugabe vorliegt, kann zur Hilfestellung auf § 7 HWG und auf das dortige Zugabeverbot abgestellt werden. Auch bei vertraglichem Zugabeverbot sollten deshalb geringwertige Zugaben statthaft sein.[197] Zugaben von € 1 sind danach zulässig,[198] Zugaben im Wert von € 5 dagegen nicht. Vom konkreten Kauf unabhängige Zugaben (kleine Weihnachtsgaben, Prämien für Werber, Boni für Zahlungsmethoden) begegnen ohnehin keinen Bedenken.

§ 30 Abs. 1 GWB erlaubt nur den Ausschluss des Preiswettbewerbs auf der Händlerstufe. **45** Daher sind Bindungen, die **Geschäftbedingungen** betreffen, grundsätzlich nicht zulässig. Auch wenn der Preisbegriff in § 30 Abs. 1 GWB funktional anhand des Schutzzweckes des § 30 Abs. 1 GWB auszulegen ist, können hier vorsichtige Parallelen zu § 2 Abs. 2 GWB a. F. gezogen werden, der ebenfalls eine Abgrenzung von Preisen und Geschäftsbedingungen erforderte.[199] Im Rahmen von § 30 Abs. 1 GWB versteht man unter Geschäftsbedingungen sämtliche Vertragsbestandteile, die sich nicht auf Preis und Produkt beziehen.[200] Die Abgrenzung zu Preisbindungen kann im Einzelfall Schwierigkeiten bereiten, da nahezu alle Konditionen Einfluss auf die Preisgestaltung nehmen. So soll beispielsweise das echte **Skonto,** d. h. ein Zahlungsnachlass als Entgelt auf die Art und Weise der Begleichung des Rechnungsbetrages, eine Geschäftsbedingung sein, weshalb eine diesbezügliche Bindung nach § 30 Abs. 1 GWB nicht möglich ist.[201] Das erscheint heute als zweifelhaft, nachdem das Skonto für die Buchpreisbindung als preisbezogenes Element aufgefasst wird.[202] Unechte Skonti, die nicht die Art und Weise der Zahlung vergüten, sondern andere Bezugsgrößen entgelten, sind ohnehin tendenziell bindungsfähig, z. B. wenn ein (unechter) Skonto auf die abgenommene Menge gewährt wird. § 30 Abs. 1 GWB erlaubt ferner, **indirekte Preisnachlässe an Letztverbraucher** untersagen.[203]

§ 30 Abs. 1 Satz 1 GWB gestattet, die **Preisbindung über mehrere Handelsstufen** **46** weiterzugeben. Insoweit ist dann auch eine Konditionenbindung zulässig. So kann der erste Käufer verpflichtet werden, den nächsten Käufer und alle Wiederverkäufer zu verpflichten, einen bestimmten Preis einzuhalten **(durchlaufende Preisbindung),**[204] wie dies beispielsweise die Musterverträge im Zeitungs- und (Publikums-)Zeitschriftenbereich vorsehen.[205] Auch Geschäftsbedingungen können durchlaufend gebunden werden, wenn dies erforderlich ist, um die Lückenlosigkeit der Preisbindung auf allen Handelstufen zu gewährleisten.[206] Eine aus diesem Grund bindungsfähige Geschäftsbedingung ist zum Beispiel die Verpflichtung des Abnehmers, die zu Sonderpreisen bezogenen Verlagserzeugnisse nicht an Händler weiterzuveräußern; auch diese Verpflichtung findet sich z. B. im Muster-

---

[194] Zu kombinierten Produkten oben Rn. 33 ff.

[195] So KG WuW/E OLG 386, 390 – *Fotofilme III;* BKartA WuW/E 236, 237 – *Fotofilme II; Klosterfelde/Metzlaff* in Langen/Bunte (9. Aufl.) § 15 a. F. Rn. 35.

[196] *Weber* in Schulte/Just, KartellR, § 30 Rn. 20.

[197] *Weber* in Schulte/Just, KartellR, § 30 Rn. 20.

[198] BGH v. 9.9.2010, juris I ZR 193/07 – *Rabatte auf rezeptpflichtige Medikamente.*

[199] Siehe dazu auch Art. 101 Abs. 3 AEUV Rn. 137 ff.

[200] *Emmerich* in Immenga/Mestmäcker, GWB, § 30 Rn. 84.

[201] WuW/E BGH 472 = NJW 1962, 1010 = BGHZ 36, 370 ff.; ausführlich *Fikentscher/Krauß* in Gemeinschaftskommentar § 16 a. F. Rn. 128.

[202] BGH NJW 2003, 2525; siehe auch *Wegner/Wallenfels/Kaboth* 5. Kap. Rn. 71.

[203] Dazu oben Rn. 43.

[204] Dazu oben Rn. 42.

[205] Dazu oben Rn. 40.

[206] Vgl. WuW/E BGH 472 – *Agfa-Filme.*

vertrag für den Zeitungs- und (Publikums-)Zeitschriftenbereich.[207] Außerdem kann der Bindende seinem Abnehmer die Verpflichtung auferlegen, dass sich der Abnehmer seinerseits **Bucheinsichtsrechte** oder **Testkaufrechte** von der nächsten Handelstufe zur Überwachung der Preisbindung einräumen lässt, da die Einräumung von Bucheinsichtsrechten auch im Verhältnis zwischen Verleger und der unmittelbar preisgebundenen ersten Handelstufe[208] und Testkäufe auch ohne vertragliche Vereinbarung[209] zulässig sind.

47 **d) Keine Preisbindungspflicht.** § 30 Abs. 1 GWB gewährt den Presseverlegern das Recht zur Preisbindung. Es besteht allerdings – im Gegensatz zum BuchpreisbindungsG – keine Pflicht des Verlegers, die Preise zu binden.[210]

4. Weiterveräußerung

48 Die Bindung auf allen Handelsstufen ist nur zulässig, soweit es sich um eine **„Weiterveräußerung"** von Zeitungen und Zeitschriften (oder gleichgestellten Produkten) handelt.[211] Daher kann ein Verlag die Entgelte einer **Leihbibliothek** für das Ausleihen[212] oder die **Ausleihvergütung** eines Lesezirkels[213] nicht festlegen.

5. Schriftform (§ 30 Abs. 2 GWB)

49 Nach § 30 Abs. 2 GWB unterliegen **vertikale Preisbindungsvereinbarungen** zwischen einem Verleger und dem Abnehmer seiner Zeitungen und Zeitschriften (§ 30 Abs. 1 GWB) der Schriftform, soweit sie Preise oder Preisbestandteile betreffen. Nach dem ausdrücklichen Wortlaut des § 30 Abs. 2 GWB („Vereinbarungen der in Absatz 1 bezeichneten Art") findet das Schriftformgebot des § 30 Abs. 2 GWB **keine Anwendung auf Branchenvereinbarungen gem. § 30 Abs. 2a GWB.**

50 Die Vorschrift des § 30 Abs. 2 GWB geht auf **§ 34 GWB a. F.** zurück, der jedoch einen wesentlich größeren Anwendungsbereich hatte, da danach der gesamte Vertragsinhalt schriftlich abzufassen war.[214] Das Schriftformerfordernis galt gem. § 34 GWB a. F. sowohl für horizontale als auch für vertikale Wettbewerbsbeschränkungen, wobei insbesondere für die grundsätzlich zulässigen Ausschließlichkeits- und Vertriebsbindungen eine Kontrollmöglichkeit geschaffen werden sollte. § 34 GWB a. F. wurde durch die 6. Novelle des GWB 1998 gestrichen, da man befürchtete, die Vorschrift werde missbraucht, um sich von lästigen Verträgen zu lösen.[215] § 34 GWB a. F. gilt weiterhin für **Altverträge, die vor dem 1. Januar 1999 geschlossen wurden.** Der Fortfall führt daher auch nicht zu einer Heilung formnichtig geschlossener Verträge (§ 125 BGB),[216] wobei eine konkludente Bestätigung eines formnichtigen Altvertrages diesen wirksam macht, soweit die Anforderungen des § 30 Abs. 2 GWB erfüllt sind (§ 141 BGB).[217] Für **vertikale Preisbindungsverträge gem. § 30 Abs. 1 GWB,** die **seit dem 1. Januar 1999** geschlossen wurden, gilt § 30 Abs. 2 GWB (bzw. bis zur 7. GWB-Novelle 2005 § 15 GWB a. F.).

---

[207] Dazu oben Rn. 40.

[208] Für Bucheinsichtsrechte: vgl. BGH WuW/E 2615 – *Schulbuchkopplungsgeschäft.*

[209] Vgl. BGH GRUR 1966, 564 – *Hausverbot I;* BGH GRUR 1965, 612 – *Warnschild;* BGH GRUR 1981, 827, 828 – *Vertragswidriger Testkauf; Nordemann,* Wettbewerbsrecht – Markenrecht, Rz. 632.

[210] Dazu oben Rn. 9.

[211] Vgl. den ausdrücklichen Wortlaut von § 30 Abs. 1 S. 1 GWB.

[212] *Bahr* in Langen/Bunte § 30 Rn. 49.

[213] *Waldenberger* in Frankfurter Kommentar § 30 Rn. 60.

[214] Grundlegend zur alten Rechtslage WuW/E BGH 900 – *Getränkebezug* = NJW 1970, 130 ff.; *Klosterfelde/Metzlaff* in Langen/Bunte (9. Aufl.) § 15 a. F. Rn. 140.

[215] Begr. RegE von 1998, 50.

[216] BGH WuW/E DE-R 261, 262 – *Cover-Disk* = NJW-RR 1999, 689.

[217] Vgl. BGH WuW/E DE-R 259 – *Markant.*

Auf das Schriftformgebot des § 30 Abs. 2 GWB ist neben **§ 126 BGB** auch **§ 126a BGB** anwendbar. Demnach müssen sowohl das Angebot als auch die Annahme schriftlich abgefasst sein und **eigenhändig** durch **Namensunterschrift** oder mittels **gerichtlichen oder notariell beglaubigten Handzeichens** unterzeichnet werden. Eine Unterzeichnung durch Stempel, Faksimile oder sonstige technische Hilfsmittel[218] genügt genauso wenig wie ein Telefax.[219] Die Form ist auch durch die Unterzeichnung eines Vertragsentwurfs nicht gewahrt.[220] Jedoch reicht die formlose Genehmigung einer von einem Vertreter ohne Vertretungsmacht formgerecht geschlossenen Preisbindungsvereinbarung aus.[221] Erforderlich ist die eigenhändige Unterschrift beider Parteien.[222] Dies gilt auch bei **Sammelreversen.**[223] Hieraus ergeben sich besonders bei Preisbindungssystemen Abwicklungsschwierigkeiten. Sie werden in der Praxis durch Einschaltung eines **Treuhänders** und die zugelassene Bezugnahme auf Preislisten und Preismitteilungen gelöst. Streitig ist in diesem Zusammenhang, ob die Erklärung der anderen Partei in schriftlicher Form zugehen muss,[224] oder ob die Hinterlegung bei einem Treuhänder hierfür ausreichend ist.[225] Grundsätzlich gilt das Schriftformerfordernis nicht nur bei der Abgabe, sondern auch bei dem Zugang einer Willenserklärung (§ 130 BGB).[226] Hiervon kann auch im Anwendungsbereich des § 30 Abs. 2 GWB keine Ausnahme gemacht werden. Der BGH geht jedoch zutreffend davon aus, dass der Händler auf den Zugang der schriftlichen Annahmeerklärung des Preisbinders formgerecht verzichten kann.[227] Außerdem besteht die Möglichkeit, dass der Treuhänder von den Verlegern bevollmächtigt wird, die Annahme der Händler entgegenzunehmen.[228] 51

Erleichterungen ergeben sich aus **§ 30 Abs. 2 S. 3** und der daraus folgenden **Nichtanwendung der § 126 Abs. 2, 126a Abs. 2 BGB,** nach denen die Unterzeichnung der Parteien grundsätzlich auf derselben Urkunde bzw. demselben elektronischen Dokument zu erfolgen hat. Zwar findet § 126a Abs. 2 im Wortlaut der Vorschrift keine Erwähnung; dennoch sollte dies im Hinblick auf § 126a Abs. 2 BGB entsprechend angewendet werden,[229] weil nicht ersichtlich ist, dass der Gesetzgeber die elektronische Form strenger behandeln wollte. Nach § 30 Abs. 2 GWB kann der Vertragstext in **verschiedenen Urkunden** niedergelegt sein. So kann eine formwirksame Preisbindungsvereinbarung auch durch einen Briefwechsel zustande kommen.[230] Erforderlich ist in diesem Fall jedoch, dass die verschiedenen Urkunden eindeutig aufeinander verweisen.[231] 52

§ 30 Abs. 2 S. 2 GWB ermöglicht die Bezugnahme auf Preislisten und Preismitteilungen. Unter **Preislisten** versteht man die schriftliche Fixierung der von einer Partei geforderten oder der anderen Partei für den Fall des Weiterverkaufs vorgeschriebenen Preise. 53

---

[218] BGH NJW 1970, 1078.

[219] BGH NJW 1997, 3169 = NJW-RR 1997, 684; genauso *Bremer/Hackl* in Münchener Kommentar § 30 Rn. 63.

[220] OLG Stuttgart NJW-RR 1994, 1535.

[221] OLG Karlsruhe WuW/E OLG 5346 = NJW-RR 1994, 1290.

[222] OLG Hamburg NJW 1962, 875; OLG Stuttgart WuW/E OLG 1674, 1675 f. – *Rose Marie Reid.*

[223] Dazu oben Rn. 41.

[224] So LG Nürnberg-Fürth WuW/E LG/AG 284.

[225] OLG Stuttgart WuW/E OLG 1156 – *Flugverkehr;* OLG Frankfurt/M. WuW/E OLG 519, 529 – *Weinbrand; Bahr* in Langen/Bunte § 30 Rn. 66.

[226] BGH WuW/E 2292 – *Annahmeerklärung* = NJW 1986, 1300; ebenso zu § 566 BGB BGH NJW 1962, 1388; OLG Dresden, ZMR 1999, 104, 105.

[227] WuW/E BGH 2292, 2294 – *Annahmeerklärung* = NJW 1986, 1300.

[228] *Emmerich* in Immenga/Mestmäcker, GWB, § 30 Rn. 72.

[229] A. A. *Bahr* in Langen/Bunte § 30 Rn. 65.

[230] WuW/E BGH 900 – *Getränkebezug* = NJW 1970, 130 ff.; BGH WuW/E DE-R 261, 263 – *Cover-Disk* = NJW-RR 1999, 689.

[231] Vgl. *Emmerich* in Immenga/Mestmäcker, GWB, § 30 Rn. 69; *Bremer/Hackl* in Münchener Kommentar, GWB, § 30 Rn. 65.

Die Preislisten müssen den Beteiligten jederzeit zugänglich sein.[232] Damit nicht immer neue Preisbindungsverträge geschlossen werden müssen, kann auch auf die jeweils gültigen, zukünftigen Preislisten Bezug genommen werden.[233] Der Streit, inwieweit die betroffene Warenart spezifiziert sein muss, hat sich mit der Begrenzung des Anwendungsbereichs des § 30 Abs. 1 GWB auf Zeitungen und Zeitschriften erledigt.[234] § 30 Abs. 2 S. 2 GWB nennt als Bezugsurkunde auch **Preismitteilungen.** Gemeint sind damit vorrangig Rundschreiben und dergleichen.[235] Diese können jedoch auch unter den Begriff der Preislisten subsumiert werden. Von Preismitteilungen nach § 30 Abs. 2 S. 2 GWB werden nach zutreffender hM auch bloße **Preisaufdrucke auf den Zeitungen oder Zeitschriften** erfasst.[236] Eine Bezugnahme auf Preisaufdrucke auf dem Verlagserzeugnis hat gerade bei Zeitungen und (Publikums-)Zeitschriften erhebliche praktische Bedeutung, weil die Preisbindung hier regelmäßig über eine Bezugnahme auf die aufgedruckten Preise umgesetzt wird, wie dies beispielsweise der Mustervertrag im Zeitungs- und (Publikums-)Zeitschriftenbereich zwischen Groß- und Einzelhändlern vorsieht.[237] Soweit eine Urkunde weder unter den Begriff der Preisliste noch unter den der Preismitteilung subsumiert werden kann, ist davon auszugehen, dass der **Katalog in § 30 Abs. 2 S. 2 GWB nicht abschließend** ist.[238] Ein Verweis ist auf alle Urkunden möglich, die für eine größere Zahl von Fällen einheitlich gelten, wenn diese für die zuständigen Behörden und Gerichte bestimmbar und ihrer Kenntnisnahme und die Einbeziehung in die Überprüfung nicht entzogen sind.[239]

54 Vereinbarungen, die nicht der Form des § 30 Abs. 2 GWB entsprechen, sind gem. § 125 BGB nichtig. Die **Nichtigkeit** erfasst lediglich den Teil des Vertrages, der nach § 30 Abs. 2 Satz 1 GWB formbedürftig ist. Die Wirksamkeit des Vertragsrestes richtet sich nach **§ 139 BGB.**[240] Ist eine Preisbindungsvereinbarung gem. § 125 BGB nichtig, so lässt dies die Wirksamkeit der einzelnen **Lieferverträge** unberührt. Denn auch wenn diese aufgrund eines nichtigen Rahmenvertrages geschlossen wurden, bilden Preisbindungsvereinbarung und Lieferverträge keine Einheit und werden deshalb nicht von der Nichtigkeit erfasst.[241] Beruft sich eine Partei auf die Formnichtigkeit, so verstößt dies grundsätzlich nicht gegen Treu und Glauben (§ 242 BGB), da an der Einhaltung der Schriftform ein öffentliches Interesse besteht.[242] – Dies zeigt sich auch daran, dass die Praktizierung einer nichtigen Preisbindung einen **Verstoß gegen §§ 3, 5 UWG** darstellt, wenn die Verbraucher davon ausgehen, dass der Händler zur Einhaltung der auf Zeitungen und Zeitschriften abgedruckten Preise verpflichtet ist.[243] – Eine nichtige Preisbindung macht deren Praktizierung **missbräuchlich.**[244] Denn in diesem Fall ist der Aufbau eines gedanklich lückenlosen Preisbindungssystems nicht möglich.[245] Das BKartA kann gegen einen Missbrauch gem. § 30

---

[232] OLG Düsseldorf WuW/E OLG 2296.

[233] WuW/E BGH 1498 – *Püff* = NJW 1978, 822; OLG Düsseldorf WuW/E 303, 304 – *Bären-Marke;* LG Frankfurt/M WuW/E LG/AG 220 – *Riegelofen; Bremer/Hackl* in Münchener Kommentar, GWB, § 30 Rn. 53. A. A. LG Dortmund WuW/E LG/AG 195, 196.

[234] Vgl. hierzu OLG Frankfurt/M WuW/E OLG 943, 944; WuW/E OLG 624, 626 – *Ölofen.*

[235] *Emmerich* in Immenga/Mestmäcker, GWB, § 30 Rn. 77.

[236] Vgl. OLG Hamburg GRUR 2003, 811 – *Zeitschriften Test-Abo; Kröner* WRP 2003, 1149, 1150; *Bahr* in Langen/Bunte § 30 Rn. 67; *Bechtold,* GWB, § 30 Rn. 20; a. A. *Emmerich* in Immenga/Mestmäcker, GWB, § 30 Rn. 77.

[237] Dazu oben Rn. 40.

[238] OLG Karlsruhe WuW/E OLG 4158, 4160 – *Nachtragsvertrag.*

[239] WuW/E BGH 2358, 2362 – *Anschlussvertrag* = NJW-RR 1986, 336 ff.

[240] Vgl. dazu ausführlich die Kommentierung zu Art. 101 Abs. 1 AEUV Rn. 6 ff.

[241] OLG Stuttgart WuW/E OLG 3017; genauso *Bremer/Hackl* in Münchener Kommentar § 30 Rn. 55.

[242] WuW/E BGH 2292 – *Annahmeerklärung* = NJW 1986, 1300 = WM 1986, 1330.

[243] WuW/E BKartA 1296 – *Schriftform, Preisbindung.*

[244] WuW/E BKartA 1296 – *Schriftform, Preisbindung.*

[245] Vgl. unten Rn. 57 ff.

Abs. 3 S. 1 GWB einschreiten.[246] – Überdies verliert der Bindende bei mangelnder Beachtung des Schriftformgebotes des § 30 Abs. 2 GWB die gesamte Privilegierung des § 30 Abs. 1 GWB, weil das Schriftformgebot nach Abs. 2 ausdrücklich auf Abs. 1 Bezug nimmt und damit Tatbestandsmerkmal der Privilegierung ist. Der Preisbindende **verstößt** danach sogar **gegen § 1 GWB,** wenn er die gebotene Schriftform nicht einhält.

Allerdings stellt sich die Frage, ob das Schriftformgebot wegen **§ 22 Abs. 2 GWB,** 55
Art. 3 Abs. 2 EU-VO 1/2003 in **zwischenstaatlichen Sachverhalten**[247] angewendet werden kann. Nach diesen Bestimmungen ist vorgesehen, dass das deutsche Kartellrecht Vereinbarungen, Beschlüsse oder abgestimmte Verhaltensweisen nicht verbieten darf, die nach Art. 101 AEUV erlaubt sind. Die (zwischenstaatliche) Preisbindung für Zeitungen und Zeitschriften erfüllt nach Auffassung der Europäischen Kommission die Voraussetzungen des Art. 101 Abs. 3 AEUV,[248] nach hiesiger Auffassung erfüllt sie schon nicht den Tatbestand des Art. 101 Abs. 1 AEUV.[249] Unabhängig davon, ob die Preisbindung nach Art. 101 Abs. 1 oder Abs. 3 AEUV privilegiert ist, erfolgt die Privilegierung ohne Formvorschriften. Insbesondere sind auch mündliche Vereinbarungen oder abgestimmte Verhaltensweisen, die schon ihrer Natur nach kein Schriftformgebot erfüllen werden, bei Vorliegen der Voraussetzungen des Art. 101 Abs. 3 AEUV freigestellt, Art. 1 Abs. 2 EU-VO 1/2003. Danach entsteht bei Geltung des Schriftformgebotes in zwischenstaatlichen Sachverhalten ein Konflikt zwischen Art. 101 AEUV und § 30 Abs. 1 GWB: Nach Art. 101 AEUV sind Preisbindungen für Zeitungen und Zeitschriften ohne Formvorschrift zulässig, bei Nichteinhaltung der Formvorschrift des § 30 Abs. 2 GWB sind sie nicht nur nichtig, sondern es geht auch die Privilegierungswirkung des § 30 Abs. 1 GWB verloren, weshalb ihr Praktizieren missbräuchlich[250] nach § 30 Abs. 3 S. 1 GWB und nach hiesiger Auffassung auch verboten nach § 1 GWB ist.[251] Für zwischenstaatliche Sachverhalte bleibt **§ 30 Abs. 2 GWB** daher **wirkungslos,** § 22 Abs. 2 GWB sowie Art. 3 Abs. 2 EU-VO 1/2003.[252] Der deutsche Gesetzgeber sollte daher § 30 Abs. 2 GWB ersatzlos streichen, um eine Ungleichbehandlung von zwischenstaatlichen und nicht-zwischenstaatlichen Sachverhalten zu vermeiden;[253] das war gerade Ziel der Harmonisierungsbemühungen des deutschen Gesetzgebers anlässlich der 7. GWB-Novelle 2005.[254]

6. Lückenlosigkeit und seine Bedeutung für § 30 Abs. 1 GWB

Nicht erwähnt vom Tatbestand des § 30 Abs. 1 GWB wird die sog. Lückenlosigkeit der 56
Preisbindung. Eine Lückenhaftigkeit kann zu einem Einschreiten des BKartA[255] und in zwischenstaatlichen Sachverhalten zu einer Verletzung des Art. 101 AEUV[256] führen. Ferner kommen unter engen Voraussetzungen auch Ansprüche nach UWG[257] und bei vertraglicher Verpflichtung aus Vertrag[258] in Betracht. – Es wird zwischen gedanklicher und praktischer Lückenlosigkeit unterschieden.

---

[246] Vgl. hierzu unten Rn. 68ff.
[247] Dazu unten Rn. 146.
[248] EU-Komission, XXIX. Bericht über die Wettbewerbspolitik 1999, S. 181ff., zum vergleichbaren belgischen Pressevertrieb.
[249] Dazu oben Rn. 18.
[250] WuW/E BKartA 1296 – *Schriftform, Preisbindung.*
[251] Oben Rn. 54.
[252] So jetzt auch *Waldenberger* in Frankfurter Kommentar § 30 Rn. 63; *Kling/Thomas* § 17 Rn. 158.
[253] So jetzt auch *Bremer/Hackl* in Münchener Kommentar § 30 Rn. 68.
[254] Begr. RegE 7. GWB-Novelle, BT-Drucks. 15/3640, S. 22f.; für die Einführung eines Schriftformgebotes auf europäischer Ebene *Waldenberger* in Frankfurter Kommentar § 30 Rn. 63.
[255] Eingehend Rn. 63f., 70.
[256] Eingehend Rn. 66.
[257] Dazu Rn. 67, 96.
[258] Siehe Rn. 67.

57 **a) Gedankliche Lückenlosigkeit.** Die theoretische Lückenlosigkeit erfordert die Errichtung eines Bindungssystems, das gewährleistet, dass die in einem Preisbindungssystem vertriebenen Zeitungen und Zeitschriften nicht an Wiederverkäufer gelangen, die ihrerseits nicht zur Einhaltung der Preise verpflichtet sind. Dies setzt voraus, dass **jeder Wiederverkäufer** dazu verpflichtet wird, die ihm vorgeschriebenen Preise einzuhalten. Soweit gewerbliche Abnehmer beliefert werden, müssen diese ihrerseits vom Wiederverkäufer verpflichtet werden, sich an die Preisbindung zu halten.[259] An einer gedanklichen Lückenlosigkeit fehlt es, wenn einzelne **Vertriebswege ohne Preisbindung** bestehen.[260] Unschädlich ist es dagegen, wenn das System auf anderen, deutlich abgetrennten Märkten lückenhaft ist.[261]

58 Auch **das bindende Unternehmen selbst** ist an seine Preisbindungsvereinbarungen gebunden.[262] Der Bundesgerichtshof formuliert in *Probeabonnement,* der Preisbinder dürfe nichts tun, was die Bindung der Endverkaufspreise untergräbt und dem vertragstreuen Händler Schwierigkeiten bereitet.[263] Die Grenze liegt aber erst bei einer **wesentlichen Nachfrageverschiebung,** die tatsächlich festzustellen ist. Der Absatz des preisgebundenen Titels muss zu Lasten der preisgebundenen Händler durch die Aktion des Preisbinders nennenswert zurückgegangen sein.[264] Den Wettbewerbsregeln, die sich sowohl die Zeitungsverleger[265] als auch die Zeitschriftenverleger[266] mit Anerkennung durch das BKartA gegeben haben,[267] können insoweit nur noch sehr begrenzt Anhaltspunkte für eine Beurteilung entnommen werden. Einmal abgesehen davon, dass sie von einem überholten lauterkeitsrechtlichen Verständnis geprägt sind,[268] berücksichtigen sie nicht das vorerwähnte eher kartellrechtliche Erfordernis der (tatsächlichen) wesentlichen Nachfrageverschiebung. Allenfalls für die Zulässigkeit, insbesondere aber nicht für Unzulässigkeit können den Wettbewerbsregeln Vermutungswirkungen zukommen.[269]

59 **Sonderpreise** können danach als grundsätzlich zulässig gelten, soweit sie historisch gewachsen sind, ausnahmsweise gewährt werden und für jeden Händler gleichermaßen gelten.[270] Besonders verbreitet sind ermäßigte Preise für das Abonnement von Zeitungen oder Zeitschriften zur Ausbildung oder Ausübung der beruflichen Tätigkeit, wenn der Bezieher in der Ausbildung ist oder noch kein volles Gehalt bekommt (z.B. Auszubildende, Studierende, Zivil- und Wehrdienstleistende).[271] Historisch gewachsen und nicht zu beanstanden

---

[259] Vgl. auch *Bahr* in Langen/Bunte § 30 Rn. 76; *Emmerich* in Immenga/Mestmäcker, GWB, § 30 Rn. 105.

[260] BGH GRUR 1989, 832 – *Schweizer Außenseiter* = NJW-RR 1989, 1383, 1385; OLG Köln GRUR 1987, 545 – *Payout-Kosmetika.*

[261] OLG Frankfurt WuW/E 624, 626.

[262] BGHZ 53, 76, 86 – *Schallplatten II* = NJW 1970, 858; BGHZ 38, 90, 93 – *Grote-Revers* = NJW 1962, 293 ff.

[263] BGH WuW/E DE-R 1779 = GRUR 2006, 773, 775 Tz. 23 – *Probeabonnement.*

[264] BGH WuW/E DE-R 1779 = GRUR 2006, 773, 775 Tz. 26 – *Probeabonnement.*

[265] Wettbewerbsregeln für den Vertrieb abonnierbarer Tages- und Wochenzeitungen, abrufbar unter www.bdzv.de.

[266] Wettbewerbsregeln für den Vertrieb von abonnierbaren Publikumszeitschriften von 2004, abrufbar unter www.vdz.de.

[267] Vgl. zum Empfehlungscharakter der Wettbewerbsregeln BGH WuW/E DE-R 1779 = GRUR 2006, 773, 774 f. Tz. 19 f. – *Probeabonnement.*

[268] BGH WuW/E DE-R 1779 = GRUR 2006, 773, 775 Tz. 27 – *Probeabonnement.*

[269] Weitergehend *Gaertner* AfP 2006, 413, 415, der dennoch den Wettbewerbsregeln indizielle Bedeutung zumessen will.

[270] WuW/E BGH 951 ff. – *Büchereinachlass* = BB 1967, 773 ff.; WuW/E BGH 218, 219 – *Buchhandel;* KG WuW/E OLG 1128, 1129 – *Zweigleisiger Vertrieb;* KG WuW/E OLG 3154, 3157 – *Schulbuch-Sammelbestellung.*

[271] *Wegner/Wallenfels/Kaboth* 5. Kap. Rn. 88 unter Verweis auf B Nr. 2 Sammelrevers 2002; siehe ferner Ziff. 6 Wettbewerbsregeln für den Vertrieb abonnierbarer Tages- und Wochenzeitungen und Ziff. 3 Wettbewerbsregeln für den Vertrieb von abonnierbaren Publikumszeitschriften.

ist auch die Ausnahme von Lieferungen zum Eigenbedarf an Pressehändler und deren Angestellte[272] genauso wie die Gewährung von **Mengenrabatten,** soweit die Bedingungen genau festgelegt werden.[273] – Beim Vertrieb von Zeitungen und Zeitschriften ist eine Preisspreizung zwischen **Einzelverkaufs- und Abonnementpreis** üblich. Die längere Bindungsdauer begründet insoweit einen sachlichen Differenzierungsgrund. Daher ist es seit der Grundentscheidung des Bundeskartellamtes aus den 1980er Jahren[274] gängige Praxis, dass Zeitungen und Zeitschriften bis zu **15 %** unter dem kumulierten Einzelverkaufspreis angeboten werden, soweit das Abonnement über einen Zeitraum von mindestens einem Jahr läuft.[275] An dieser Praxis ist trotz des Erfordernisses der tatsächlich wesentlichen Nachfrageverschiebung des BGH in *Probeabonnement* festzuhalten;[276] auch das Gericht betont, dass bei Dauerabonnements der Leser für den Einzelhändler verloren ist, Dauerabonnements sich also im Regelfall negativ auf den Händlerabsatz auswirken.[277] Bei 15% und mehr Vorteil des Abonnements ist aber eine Entscheidung des Lesers für ein Abonnement wahrscheinlich. Das gleiche gilt, wenn dem Abonnenten zwar kein Rabatt, aber ein Geschenk in Höhe von 50% des Abonnementspreises gewährt wird.[278] Eine Ausnahme ist bei im Vergleich zum gebundenen Einzelhandelspreis **rabattierten Kurzabonnements** zu Erprobungszwecken oder anderen vorübergehenden Zwecken (z. B. Kurzabonnement zur Bundestagswahl) zu machen. Die Grenze bildet erst die tatsächliche wesentliche Nachfrageverschiebung weg vom (preisgebundenen) Einzelhändler. Denn der Erprobungserfolg kommt grundsätzlich sowohl der Abonnements- als auch der Einzelverkaufsauflage zugute.[279] Bei entgeltlichen Kurz- oder Probeabonnements für Zeitungen, die auf maximal drei Monate begrenzt sind, besteht die fixe Rabattgrenze der jeweiligen Wettbewerbsregeln von höchstens 35%[280] (unter Einrechnung von Gratiszugaben mit ihrem Ladenverkaufswert in den Wert der Vergünstigung[281]) nach BGH *Probeabonnement* also nicht mehr. Die relevante Grenze der wesentlichen Nachfrageverschiebung ist auch bei einer Rabattierung um 40% nicht überschritten.[282] Lückenhaft wird danach auch nicht eine Zeitschriftenpreisbindung, wenn das Probeabonnement um bis 50% reduziert ist und noch eine Uhr zugegeben

[272] *Wegner/Wallenfels/Kaboth* 5. Kap. Rn. 91 unter Verweis auf die Regelung in B Nr. 3 Sammelrevers 2002.

[273] Vgl. WuW/E BGH 2166 – *Schulbuch-Preisbindung* = GRUR 1985, 933 ff. = WuW/E BGH 2175 ff. – *Preisbindundstreuhänder-Empfehlung;* WuW/E BGH 951, 956 – *Büchereinachlass* = BB 1967, 773 ff. = MDR 1967, 818.

[274] BKartA TB 1987/88, S. 33, 94.

[275] OLG Düsseldorf AfP 2004, 274, 276 – *Probeabonnement* = WRP 2004, 1299 = ZUM-RD 2004, 412; OLG Hamburg WRP 1995, 1068.

[276] So auch *Bechtold* WRP 2006, 1162, 1163; *Gaertner* AfP 2006, 413, 415; a. A. *Alexander* ZWeR 2007, 239, 255.

[277] BGH WuW/E DE-R 1779 = GRUR 2006, 773, 775 Tz. 26 – *Probeabonnement.*

[278] LG Hamburg WRP 1995, 1068; zustimmend auch *Waldenberger* in Frankfurter Kommentar § 30 Rn. 77

[279] BGH WuW/E DE-R 1779 = GRUR 2006, 773, 775 Tz. 26 – *Probeabonnement,* dort für Probeabonnements; vgl. auch *von Jagow/Meinberg* AfP 2003, 243. Kritisch zu dieser Auffassung wegen fehlender empirischer Belege *Bechtold* WRP 2006, 1163, 1164.

[280] Ziff. 7 Wettbewerbsregeln für den Vertrieb abonnierbarer Tages- und Wochenzeitungen und Ziff. 3 Wettbewerbsregeln für den Vertrieb von abonnierbaren Publikumszeitschriften; OLG Hamburg AfP 2005, 180 – *13 Hefte Stern II* = MD 2005, 421 = OLGR 2005, 360; OLG Hamburg AfP 2004, 129, 131 – *Kurzabos;* OLG Hamburg GRUR 2003, 811, 813 – *Zeitschriften-Test Abo;* OLG Düsseldorf AfP 2004, 274, 276 – *Probeabonnement* = WRP 2004, 1299 = ZUM-RD 2004, 412; OLG Düsseldorf GRUR-RR 2004, 206, 207 – *Wirtschaftswoche;* LG Konstanz AfP 2002, 449. Eingehend speziell zur kartellrechtlichen Zulässigkeit von Kurzabonnements *Kröner* WRP 2003, 1149, 1152 ff.

[281] OLG Hamburg AfP 2005, 180 – *13 Hefte Stern II* = MD 2005, 421 = OLGR 2005, 360; OLG Hamburg AfP 2004, 129 – *Kurzabos;* OLG Hamburg GRUR 2003, 811 – *Zeitschriften Test-Abo.*

[282] BGH WuW/E DE-R 1779 = GRUR 2006, 773, 775 Tz. 26 – *Probeabonnement.* Kritisch zu dieser Auffassung wegen fehlender empirischer Belege *Bechtold* WRP 2006, 1163, 1164.

wird.[283] Allerdings kann es die Lückenhaftigkeit begründen, wenn die Zeitschrift an bestimmte Kunden zum gleichen Preis als kombiniertes Produkt[284] angeboten wird, sofern das mit der Zeitung oder Zeitschrift kombinierte Produkt so attraktiv ist, dass eine erhebliche Nachfrageverschiebung zu befürchten ist. Keine Lückenhaftigkeit liegt demgegenüber vor, wenn für ein solches kombiniertes Produkt ein anderer Preis verlangt wird als für die Zeitung oder Zeitschrift selbst.[285] Nicht anders zu behandeln sind **kostenlose Kurzabonnements;** sie sind nur eine extreme Form des rabattierten Kurzabonnements. Wie es bei Zeitungen und Zeitschriften möglich ist, einzelne Ausgaben kostenlos zu verteilen, sind auch kostenlose Mehrfachlieferungen von bis 2 Wochen bei Tageszeitungen oder 4 Ausgaben bei Wochenzeitungen[286] bzw. bei Publikumszeitschriften bis zu 3 Ausgaben[287] zulässig. Sofern nicht tatsächlich eine wesentliche Nachfrageverschiebung festzustellen ist, können die Zeiträume auch noch weiter ausgedehnt werden. Die Aktionen müssen jedoch nachvollziehbar der Erprobung des Produkts dienen[288] und dürfen insbesondere nicht auf Dauerbezug ausgerichtet sein, weil dann eine wesentliche Nachfrageverschiebung eintritt.[289] Wie lange die „Karenzzeit" für eine erneute kostenlose Belieferung zu bemessen ist, richtet sich ebenfalls nach dem Kriterium der wesentlichen Nachfrageverschiebung.[290] – Wenn **elektronische Zeitungen (online, ePaper)** günstiger oder gar kostenlos abgegeben werden, ist das schädlich und führt zur Lückenhaftigkeit, sofern dadurch eine wesentliche Nachfrageverschiebung zu befürchten ist. Gerade das ePaper ist heute aufgrund der weiten Verbreitung von Tablets und eBook-Readern ein unmittelbares Substitutionsprodukt zur gedruckten Zeitung. – **Abzugrenzen** ist die (bloß missbräuchliche[291]) Lückenhaftigkeit vom (verbotenen) **zweigleisigen Vertrieb** (also Bindung von mehr als einem Preis auf dem selbem räumlichen und sachlichen Markt).[292] In der Regel dürfte jedoch im Hinblick auf die vorerwähnten Sonderpreise und Zugaben kein zweigleisiger Vertrieb vorliegen, weil der Verleger diese direkt gegenüber den Lesern gewährt und sie nicht in sein Preisbindungssystem gegenüber den Grossisten und Einzelhändlern einstellt.

60 Preisbindende Pressevertriebssysteme sind grundsätzlich nicht deshalb gedanklich lückenhaft, weil die **Möglichkeit von Reimporten** aus dem preisbindungsfreien Ausland besteht. Zunächst fehlt es im Regelfall schon deshalb nicht an einer gedanklichen Lückenlosigkeit, weil sich die Möglichkeit von Reimporten bei Zeitungen und Zeitschriften nicht als **echte Alternative** darstellt. Bei Zeitungen und Zeitschriften lohnt sich wegen der relativ niedrigen Verkaufspreise und geringen Handelsspannen regelmäßig der Reimport nicht. Selbst wenn sich der preisbindungsfreie Reimport einmal ausnahmsweise als echte Alternative bietet, wäre damit die gedankliche Lückenlosigkeit nicht in Frage gestellt. Im Hinblick auf das EU-Ausland gilt das deshalb, weil eine europarechtlich erwünschte fehlende Preisbindung dem Verleger nicht die Möglichkeit nehmen soll, in Deutschland ein effektives Preisbindungssystem zu etablieren. Auch der Gesetzgeber des Gesetzes zur Sicherung der nationalen Buchpreisbindung von 2000 war der Auffassung, dass die nationale Preisbindung

---

[283] A. A. OLG Düsseldorf GRUR-RR 2004, 206, 207 – *Wirtschaftswoche.*

[284] Dazu oben Rn. 33 ff.

[285] Dazu oben Rn. 34.

[286] Ziff. 2 Wettbewerbsregeln für den Vertrieb abonnierbarer Tages- und Wochenzeitungen.

[287] Ziff. 2 Wettbewerbsregeln für den Vertrieb von abonnierbaren Publikumszeitschriften; OLG München WRP 1996, 54; OLG Schleswig WRP 1996, 57.

[288] Vgl. einerseits BGH GRUR 1957, 600 – *Westfalen-Blatt;* andererseits BGH GRUR 1996, 778 – *Stumme Verkäufer.*

[289] *Waldenberger* in Frankfurter Kommentar § 30 Rn. 75.

[290] Insoweit ist zweifelhaft, ob die von *Waldenberger* in Frankfurter Kommentar § 30 Rn. 81 genannten Gerichtentscheidungen, die mehrere Monate für Zeitungen (KG v. 18.8.2000, Az. 5 U 3365/00) und 3 Monate für Publikumszeitschriften (OLG München WRP 1996, 54; OLG Schleswig WRP 1996, 57) festlegen, noch aktuell sind.

[291] Siehe Rn. 63 f.

[292] Dazu oben Rn. 43.

in solchen Fällen wirksam bleiben sollte.[293] Er hat deshalb – auch für Zeitungen und Zeitschriften – eine Klarstellung in § 15 Abs. 1 Satz 4 GWB a. F. eingeführt. Die Klarstellung ist mit Einführung des BuchpreisbindungsG 2002 wieder entfallen, jedoch lediglich, weil der Gesetzgeber meinte, die Problematik von Reimporten würde nur für Bücher bestehen.[294] Im Hinblick auf das Nicht-EU-Ausland liegen ohnehin keine Gründe vor, um das nationale Preisbindungsprivileg zurücktreten zu lassen. Hinzuweisen bleibt darauf, dass im Rahmen der überkommenen Vertriebsstruktur mit Remissionsrecht für den gebundenen Händler eine Preisbindung auch nach Art. 101 AEUV erlaubt ist.[295] Der Verleger kann sich also ohne weiteres dadurch schützen, dass er auch im EU-Ausland die Preise bindet. Er muss allerdings eine Remmission vorsehen. Da sich die Wertung des Art. 101 AEUV gegenüber nationalen Vorschriften in zwischenstaatlichen Sachverhalten durchsetzt (Art. 3 EU-VO 1/2003), besteht die Möglichkeit der Bindung im EU-Ausland auch dort, wo das nationale Recht eigentlich die Preisbindung verbietet.

Zur gedanklichen Lückenlosigkeit gehört auch, dass der Preisbinder von Anfang an ein geeignetes **System zur Überwachung** errichtet.[296] Werden dem Preisbinder durch das Überwachungssystem Verstöße gegen das Bindungssystem bekannt, müssen diese unverzüglich verfolgt werden.[297] Um Verstößen vorzubeugen, kann der Preisbindungsvertrag Sanktionen wie Vertragsstrafen oder Liefersperren vorsehen,[298] was aber nicht als zwingend für die gedankliche Lückenlosigkeit erscheint. Der Preisbinder kann sich auch ein Bucheinsichtsrecht durch vereidigte Buchprüfer einräumen lassen; auch dies erscheint aber nicht als erforderlich, um die gedankliche Lückenlosigkeit zu gewährleisten.[299] 61

b) Praktische Lückenlosigkeit. Neben der gedanklichen Lückenlosigkeit muss das Preisbindungssystem auch tatsächlich (praktisch) lückenlos sein. Obwohl **keine absolute praktische Lückenlosigkeit** erforderlich ist, muss das Preisbindungssystem von den Händlern **im Wesentlichen eingehalten** werden, damit ihre Wettbewerbslage gleich ist.[300] Hier kommt der wirksamen Überwachung durch den Verlag besondere Bedeutung zu, dass sein Preisbindungssystem eingehalten wird; der Verleger muss bekanntgewordene Verstöße zügig verfolgen und für die Zukunft unterbinden.[301] Die Wirksamkeit wird durch vereinzelte Lücken nicht beeinträchtigt, soweit der Preisbinder unverzüglich einschreitet.[302] Die Überwachung erfolgt üblicherweise durch **Testkäufer** oder durch die Einschaltung von **Treuhändern.**[303] 62

c) Bedeutung der Lückenlosigkeit. aa) Lückenhaftigkeit als Missbrauch nach § 30 Abs. 3 S. 1 GWB. Lückenhafte vertikale Preisbindungssysteme sind missbräuchlich nach § 30 Abs. 3 S. 1 Nr. 1 GWB und können zu einem Einschreiten des BKartA führen.[304] 63

---

[293] Begr. RegE BT-Drucks. 14/3509, S. 4; kritisch *Emmerich* in Immenga/Mestmäcker, GWB, § 30 Rn. 107.

[294] *Wallenfels/Russ,* BuchpreisbindungsG, § 30 Rn. 2.

[295] Im Einzelnen unten Rn. 147.

[296] WuW/E BGH 551 – *Trockenrasierer II;* WuW/E BGH 661 – *Warnschild* = BGHZ 43, 359, 361 = NJW 1965, 1527.

[297] WuW/E BGH 551 – *Trockenrasierer II;* WuW/E BGH 661 – *Warnschild* = BGHZ 43, 359, 361 = NJW 1965, 1527.

[298] OLG Stuttgart NJW-RR 1989, 1004, 1006.

[299] WuW/E BGH 661 – *Warnschild* = BGHZ 43, 359 ff. = NJW 1965, 1527; OLG Frankfurt/M. WuW/E OLG 265, 275 – *Uhren-W.*

[300] WuW/E BGH 916, 922 – *Trockenrasierer III.*

[301] WuW/E BGH 551, 555 – *Trockenrasierer II; Kirchhoff* in Wiedemann, Handbuch des Kartellrechts, § 11 Rn. 22.

[302] Vgl. WuW/E BGH 1065 – *Remington* = NJW 1970, 557; OLG Düsseldorf WuW/E OLG 509; *Kirchhoff* in Wiedemann, Handbuch des Kartellrechts, § 11 Rn. 22.

[303] BGH NJW-RR 1986, 259 – *Preisbindungstreuhänder-Empfehlung;* WuW/E BGH 627 – *Grauer Markt.*

[304] Dazu ausführlich unten Rn. 87 ff.

64 **bb) Lückenhaftigkeit und §§ 1, 30 GWB.** Nach der herrschenden Meinung ist die Lückenlosigkeit der Preisbindung **kein ungeschriebenes Tatbestandsmerkmal** des § 30 Abs. 1 GWB.[305] Kartellrechtlich soll eine Lückenhaftigkeit nur dazu führen, dass das BKartA nach § 30 Abs. 3 S. 1 GWB einschreiten kann. Zivilrechtliche Ansprüche aus Kartellrecht[306] scheiden aus. Das BKartA hat „allein … die Befugnis", in solchen Fällen einzuschreiten.[307] Die lückenhafte Preisbindung ist daher nicht nach § 1 GWB verboten, weil die Privilegierung des § 30 Abs. 1 GWB durch bloße Lückenhaftigkeit nicht entfällt.

65 **cc) Lückenhaftigkeit und §§ 19, 20, 30 GWB.** Jedoch bleiben §§ 19, 20 GWB anwendbar. Es entspricht dem ausdrücklichen Wunsch des Gesetzgebers gem. § 19 Abs. 3 S. 2 GWB (iVm. § 19 Abs. 1, Abs. 2 Nr. 1 GWB), dass Preisbinder – unabhängig von ihrer tatsächlichen Marktmacht – das Missbrauchsverbot in Form des Verbots der unbilligen Behinderung oder der sachlich nicht gerechtfertigten Diskriminierung trifft. Führt die Lückenhaftigkeit also zu einer unbilligen Behinderung oder zu einer sachlich nicht gerechtfertigten Diskriminierung, kann gegen den Preisbinder deshalb vorgegangen werden. Insbesondere kommen dann zivilrechtliche Ansprüche nach § 33 GWB in Betracht. Überschreitet der Preisbinder sogar die Marktmachtschwellen des § 19 GWB (Marktbeherrschung) oder des § 20 GWB (Marktstärke gegenüber kleinen und mittleren Unternehmen), können die Verbote des § 19 Abs. 1, Abs. 2 GWB bzw. des § 20 Abs. 1 bis Abs. 3 GWB sogar vollständig angewendet werden, weil § 30 Abs. 1 GWB nur vom Verbot des § 1 GWB freistellt. Beispielsweise ein Ausbeutungsmissbrauch nach § 19 Abs. 2 Nr. 2 GWB wäre bei Lückenhaftigkeit denkbar.

66 **dd) Lückenhaftigkeit und Art. 101 AEUV.** In **zwischenstaatlichen Sachverhalten**[308] gilt der grundsätzliche **Vorrang der Beurteilung nach Art. 101 AEUV** (§ 22 Abs. 2 GWB und Art. 3 Abs. 2 EU-VO 1/2003). Mithin kommt es hier darauf an, ob Art. 101 AEUV verletzt ist. Eine eigenständige Beurteilung nach § 30 Abs. 1 GWB und damit ein Missbrauch nach § 30 Abs. 3 S. 1 GWB sind nicht möglich.[309] Nicht jedes lückenhafte Preisbindungssystem verletzt aber Art. 101 AEUV. Vielmehr steht die europarechtliche Praxis dem Erfordernis der Lückenlosigkeit für die kartellrechtliche Wirksamkeit eines Preisbindungssystems eher kritisch gegenüber. Der EuGH hatte entschieden, dass die Lückenlosigkeit für die kartellrechtliche Wirksamkeit einer Vertriebsbindung nach europäischem Recht (Art. 101 AEUV) nicht erforderlich sei. In der Literatur wurde daraus der Schluss gezogen, dass die praktische und theoretische Lückenlosigkeit nun auch nach nationalem Recht für die Durchsetzung eines Preisbindungssystems wegen des Vorrangs des Gemeinschaftsrechts nicht mehr erforderlich sei.[310] Das geht jedoch zu weit. Auch der EuGH stellte aufgrund einer Vorlage des LG Hamburg[311] klar, dass aus den in der *Cartier*-Entscheidung entwickelten Grundsätzen nicht folge, dass eine nationale Rechtsordnung, nach der nur lückenlose Vertriebsysteme geschützt werden, mit Art. 101 Abs. 1 oder Abs. 3 AEUV nicht vereinbar sei.[312] Die Lückenlosigkeit hat im Preisbindungssystem des Pressevertriebs gem. § 30 Abs. 1 GWB eine besondere Bedeutung; denn bei allzu großer Lückenhaftigkeit kann das Funktionieren des gesamten Vertriebssystems für den betreffenden Titel, insbesondere seine Überallerhältlichkeit, in Frage gestellt sein. Während in herkömmlichen Vertriebssystemen eine Lückenlosigkeit überflüssig sein mag, kann sie also in Preisbindungssystemen wie dem Pressevertrieb eine besondere Rechtfertigung ha-

---

305 *Bechtold,* GWB, § 30 Rn. 21; *Kling/Thomas* § 17 Rn. 159.

306 Zu vertraglichen Ansprüchen und UWG Rn. 45.

307 BGH WuW/E DE-R 1779 = GRUR 2006, 773, 774 Tz. 15 – *Probeabonnement.*

308 Unten Rn. 146.

309 *Kirchhoff* in Wiedemann, Handbuch des Kartellrechts, § 11 Rn. 16.

310 So *Bechtold* NJW 1994, 3211 ff.; *Hootz* EWS 1994, 93; *Röhling* EWiR 1994, 145.

311 LG Hamburg, WRP 1996, 479.

312 EuGH WuW/E EWG/MUV 1049, 1050 – *VAG-Händlerbeirat* = EuZW 1997, 475; ebenso OLG Dresden GRUR 1997, 17.

ben.[313] Danach ist mit Rücksicht auf den Zweck der Privilegierung von Preisbindungssystem im Bereich der periodischen Presse[314] von einer Verletzung des Art. 101 AEUV auszugehen, wenn die Lückenhaftigkeit dazu führt, dass die Aufrechterhaltung des gewünschten Systems mit Überallerhältlichkeit nicht mehr sichergestellt ist. In allen anderen Fällen führt allein die Lückenhaftigkeit nicht zu einem Verstoß gegen Art. 101 AEUV.[315]

ee) Lückenhaftigkeit und Vertragsrecht, UWG. Die Lückenhaftigkeit kann dazu führen, dass die Preisbindung **vertraglich gegenüber dem Gebundenen nicht mehr durchgesetzt** werden kann, weil der Bindende sich dann den Einwand der unzulässigen Rechtsausübung entgegenhalten lassen muss.[316] Verstößt die Lückenhaftigkeit gegen **Wettbewerbsregeln,** an die der Verleger gebunden ist, kommen auch insoweit vertragliche Ansprüche in Betracht; gleichzeitig können auch Ansprüche – allerdings nur unter gewissen Voraussetzungen – nach **UWG** gegen den Verleger bestehen.[317] 67

VI. Missbrauchsaufsicht über vertikale Preisbindung (§ 30 Abs. 3 S. 1 GWB)

Die vertikale Preisbindung nach § 30 Abs. 1 GWB unterliegt nach § 30 Abs. 3 S. 1 GWB einer besonderen Missbrauchskontrolle des Bundeskartellamtes. Nach § 30 Abs. 3 S. 1 GWB können missbräuchliche vertikale Preisbindungen für unwirksam erklärt werden und die Anwendung neuer, gleichartiger Systeme kann verboten werden. Die Vorschrift hatte bis zur Abschaffung der Preisbindung für Markenartikel erhebliche praktische Bedeutung.[318] Die Missbrauchsverfahren sind seither jedoch selten geworden. Die Tätigkeitsberichte seit 2003/2004 bis 2013/2014 des BKartA besprechen kein Missbrauchsverfahren nach § 30 Abs. 1, Abs. 3 S. 1 GWB bzw. § 15 GWB a. F., sondern erwähnen nur einzelne Verfahrenseinstellungen zu statistischen Zwecken. 68

1. Verhältnis zu §§ 1, 32 ff. GWB

§ 30 Abs. 3 S. 1 GWB ermöglicht nur dann die Anwendbarkeit der allgemeinen Befugnisse der Kartellbehörden nach §§ 1, 32 ff. GWB, wenn der Bindende schon die Tatbestandsvoraussetzungen des § 30 Abs. 1 oder Abs. 2[319] GWB nicht einhält. Dann greift das Preisbindungsverbot des **§ 1 GWB** und die KartB kann auch aufgrund der Verletzung des § 1 GWB vorgehen. Die Verfügungen des BKartA nach **§ 30 Abs. 3 S. 1 GWB** sind dann **nur deklaratorischer Natur,** weil sich sowohl die Unwirksamkeit als auch das Verbot sich schon aus einer Anwendung des § 1 GWB ergeben. Dennoch erscheint eine An- 69

---

[313] Vgl. Europäische Kommission XXIX. Bericht der Europäischen Kommission über die Wettbewerbspolitik 1999, S. 181 ff., die für die Freistellung von preisbindenden Pressevertriebssystemen die Gewährleistung der Überallerhältlichkeit besonders betont. Siehe auch BGH GRUR 2000, 724 – *Außenseiteranspruch II* = BGHZ 143, 232 = NJW 2000, 2504, der herausstellt, dass Lückenlosigkeit bei Preisbindungssystemen anders als bei Vertriebsbindungen erforderlich sein kann.

[314] Oben Rn. 7.

[315] Zur generellen Beurteilung von Preisbindungen in Pressevertriebssystemen nach EU-Kartellrecht Rn. 147.

[316] BGH GRUR 2000, 724 – *Außenseiteranspruch II* m. w. N. aus seiner Rechtsprechung = BGHZ 143, 232 = NJW 2000, 2504; BGH GRUR 1989, 832 – *Schweitzer Außenseiter* = NJW-RR 1989, 1383, 1385; OLG Frankfurt WuW/E OLG 2195, 2201; OLG Düsseldorf NJW-RR 1986, 842 – *Dior; Bunte* GRUR 1987, 90, 98 ff.; *Emmerich* in Immenga/Mestmäcker, GWB, § 30 Rn. 124; *Bechtold,* GWB, § 30 Rn. 24. Vgl. auch unten Rn. 94.

[317] Dazu unten Rn. 96.

[318] Vgl. *Bahr* in Langen/Bunte § 30 Rn. 140; *Emmerich* in Immenga/Mestmäcker, GWB, § 30 Rn. 119f.

[319] Vgl. dazu, dass bei mangelnder Erfüllung der Voraussetzungen des § 30 Abs. 2 GWB § 1 GWB verletzt ist, oben Rn. 54. Siehe aber auch zur Kollision des § 30 Abs. 2 GWB mit Art. 101 AEUV oben Rn. 55.

wendung des § 30 Abs. 3 S. 1 GWB in diesen Fällen schon deshalb als sinnvoll, weil eine Verfügung des BKartA Bindungswirkung für Dritte, insbesondere vor den Zivilgerichten, entfaltet und daher schon aus Gründen der Rechtsicherheit dieses Instrument auch im Fall der Anwendbarkeit des § 1 GWB erhalten bleiben muss.[320]

70 **§ 30 Abs. 3 S. 1 GWB** ist jedoch **abschließend,** wenn der Tatbestand des § 30 Abs. 1 und Abs. 2 GWB erfüllt ist.[321] Dann liegt „nur" missbräuchliches Verhalten nach § 30 Abs. 3 S. 1 GWB vor, weil eine missbräuchliche Preisbindung nicht auch § 1 GWB verletzt.[322] § 30 Abs. 3 S. 1 GWB gewährt insoweit dem **BKartA** ein **Verbotsmonopol** für nur **missbräuchliche vertikale Preisbindungen,** die nach § 1 GWB nicht verboten sind. Ein Beispiel für einen nicht gemäß § 1 GWB verbotenen Missbrauch ist eine nicht lückenlose Preisbindung. Die Lückenlosigkeit ist nicht Tatbestandsmerkmal des § 30 Abs. 1 und Abs. 2 GWB.[323] Liegt ein „nur" ein missbräuchliches Verhalten im Sinne des § 30 Abs. 3 S. 1 GWB vor, ist nur das Hinwegsetzen über eine behördliche Missbrauchsverfügung verboten. Deshalb muss das GWB für die Bußgeldsanktion sowie für Unterlassungs- und Schadensersatzansprüche vorsehen, dass erst ein Zuwiderhandeln gegen die Verbotsverfügung der Kartellbehörde solche Sanktionen auslöst. Für **Bußgelder** gilt dies gemäß **§ 81 Abs. 2 lit. a) GWB** und für **Unterlassungs- und Schadensersatzansprüche** nach **§ 33 Abs. 1, Abs. 3 GWB** („oder eine Verfügung der Kartellbehörde verstößt").

2. Verhältnis zu §§ 19, 20, 32 ff. GWB

71 Fraglich ist, ob § 30 Abs. 3 S. 1 GWB nicht nur im Hinblick auf § 1 GWB, sondern auch im Hinblick auf **§ 19 Abs. 3 S. 2 iVm. § 19 Abs. 1, Abs. 2 Nr. 1 GWB** eine abschließende Regelung enthält und deren Anwendung ausscheidet, wenn die Voraussetzungen des § 30 Abs. 1 und Abs. 2 GWB erfüllt sind. Dagegen spricht jedoch schon, dass gemäß § 19 Abs. 3 S. 2 GWB alle Preisbinder nach § 30 Abs. 1 GWB Adressaten des § 19 Abs. 1, Abs. 2 Nr. 1 GWB sind. § 30 Abs. 3 S. 1 GWB hat insoweit also keinen völlig eigenständigen Anwendungsbereich. Es erscheint damit als gerechtfertigt, § 19 Abs. 3 S. 2, Abs. 1, Abs. 2 Nr. 1 GWB neben § 30 Abs. 3 S. 1 GWB anzuwenden.[324] Soweit Preisbinder – ohne Rückgriff auf § 19 Abs. 3 S. 2 GWB – schon nach **§ 18 GWB** marktbeherrschend sind, sollte das allgemeine Missbrauchsverbot des § 19 Abs. 1 GWB überdies ebenfalls zur Anwendung kommen. Das Gleiche gilt für Preisbinder, die gegenüber kleinen und mittleren Unternehmen marktstark sind **(§ 20 GWB).** Denn § 30 Abs. 1 GWB stellt nur vom Verbot des § 1 GWB frei.

3. Verhältnis zum EU-Kartellrecht

72 Die eigenständige Missbrauchsaufsicht bei der Preisbindung für Zeitungen und Zeitschriften kann jedoch gemäß § 22 Abs. 2 GWB und Art. 3 Abs. 2 EU-VO 1/2003 zurücktreten. Nach diesen Bestimmungen dürfen gemäß GWB keine Preisbindungen verboten werden, die nach Art. 101 AEUV erlaubt sind. Verbietet das BKartA eine zwischenstaatliche Preisbindung, die nicht nach Art. 101 AEUV verboten ist, so verletzt dies das vorerwähnte Prinzip des Vorranges von EU-Kartellrecht in zwischenstaatlichen Sachverhalten.

---

[320] *Bahr* in Langen/Bunte § 30 Rn. 186; *Emmerich* in Immenga/Mestmäcker, GWB, § 30 Rn. 144 m. w. N. in Fn. 336 aus der Praxis des BKartA.

[321] BGH WuW/E DE-R 1779 = GRUR 2006, 773, 774 Tz. 15 – *Probeabonnement:* „... räumt allein dem BKartA die Befugnis ein ..."; zustimmend *Emmerich* in Immenga/Mestmäcker, GWB, § 30 Rn. 142.

[322] Oben Rn. 69.

[323] Dazu Rn. 56, 64.

[324] So auch *Bremer/Hackl* in Münchener Kommentar, GWB, § 30 Rn. 76. A. A. unsere Voraufl. Rn. 49.

In **zwischenstaatlichen Sachverhalten**[325] hat **§ 30 Abs. 3 S. 1 GWB** danach **keine eigenständige Bedeutung** als Ermächtigungsgrundlage für ein behördliches Verbot. Zum Beispiel lückenhafte (zwischenstaatliche) Preisbindungen, die „nur" missbräuchlich nach § 30 Abs. 3 GWB, aber nicht nach Art. 101 AEUV verboten sind,[326] können mit einer kartellbehördlichen Verfügung gemäß § 30 Abs. 3 S. 1 GWB nicht untersagt werden.

4. Tatbestand des § 30 Abs. 3 S. 1 GWB

a) Verhältnis von § 30 Abs. 3 S. 1 Nr. 1 und Nr. 2 GWB. Beide Missbrauchstatbestände des § 30 Abs. 3 S. 1 GWB schließen sich nicht aus, sondern sind nebeneinander anwendbar. Sie überschneiden sich. Denn Nr. 2 setzt die **Eignung** eines Verhaltens als missbräuchlich voraus, während Nr. 1 den **Eintritt** des Missbrauches aufgreift. Nr. 2 regelt insoweit im Vorfeld des eigentlichen Missbrauches besonders hervorgehobene Fälle des Missbrauches.[327] 73

b) Missbräuchliche Handhabung (Nr. 1). Das Bundeskartellamt kann nach § 30 Abs. 3 S. 1 Nr. 1 GWB gegen die Preisbindung einschreiten, wenn sie missbräuchlich gehandhabt wird. **Handhaben** umfasst dabei nicht nur die Durchführung, sondern auch die Einführung von Preisbindungssystemen.[328] Dass das Preisbindungssystem sich für Missbräuche eignet, genügt für Nr. 1 nicht; die missbräuchliche Handhabung muss vielmehr tatsächlich vorliegen.[329] Ein **Missbrauch** ist gegeben, wenn die Preisbindung gegen den Sinn und Zweck des § 30 Abs. 1 GWB[330] verstößt.[331] Verschulden oder gar sittenwidriges Handeln des Preisbinders sind nicht Voraussetzung;[332] es genügt das objektive Vorliegen des Missbrauches. Missbräuchliches Verhalten lässt sich in folgende **vier Kategorien** aufteilen, wobei sich allerdings Überschneidungen zwischen den Kategorien ergeben können: 74

aa) Verstoß gegen andere kartellrechtliche Bestimmungen. Erstens ist die Preisbindung missbräuchlich, wenn ein Verstoß gegen kartellrechtliche Bestimmungen außerhalb des § 30 Abs. 3 S. 1 GWB vorliegt. Missbräuchlich sind danach von der Privilegierung des § 30 Abs. 1 GWB nicht erfasste Preisbindungssysteme, weil sie grundsätzlich nach § 1 GWB verboten sind;[333] ein prominentes Beispiel ist der zweigleisige Vertrieb mit zwei verschiedenen gebundenen Preisen.[334] Missbräuchlich sind auch Preisbindungen, die sowohl von § 30 Abs. 1 GWB erfasste Presseerzeugnisse als auch andere nicht preisbindungsfähige Waren einbeziehen.[335] Gleiches gilt für Systeme, die das Schriftlichkeitsgebot des § 30 Abs. 2 GWB nicht einhalten und deshalb nach hiesiger Ansicht gegen § 1 GWB verstoßen.[336] Weiter kann auch die Verbindung der Preisbindung mit anderen verbotenen Wettbewerbsbeschränkungen zu einem Missbrauch nach Nr. 1 führen, auch wenn nur Nr. 2 diesen Sachverhalt ausdrücklich erwähnt.[337] So ist missbräuchlich die Einführung einer kollektiven Preisbindung, weil eine solche einen Verstoß gegen § 1 GWB oder Art. 101 Abs. 1 AEUV darstellt.[338] 75

---

[325] Dazu Rn. 146.
[326] Dazu Rn. 56.
[327] *Emmerich* in Immenga/Mestmäcker, GWB, § 30 Rn. 122 mwN. bezeichnet deshalb Nr. 2 als besonders hervorgehobenen Fall des Missbrauchstatbestandes des Nr. 1.
[328] BGH WuW/E 1604 – *Sammelrevers 1974* = GRUR 1979, 490, 491 = NJW 1979, 1411.
[329] BKartA WuW/E 497 – *Kindernährmittel.* Eine Eignung genügt aber nach Nr. 2, dazu Rn. 57 ff.
[330] Dazu Rn. 7.
[331] KG WuW/E OLG 3154 – *Schulbuch-Sammelbestellungen; Bahr* in Langen/Bunte § 30 Rn. 143.
[332] BGH WuW/E 852, 855 – *Großgebinde IV.*
[333] Zum Verhältnis des § 1 GWB zu § 30 Abs. 3 GWB vgl. Rn. 69 f.
[334] Oben Rn. 43.
[335] BGH WuW/E 1604 – *Sammelrevers 1974* = GRUR 1979, 490, 491 = NJW 1979, 1411.
[336] WuW/E BKartA 1296 – *Schriftform, Preisbindung.* Vgl. auch oben Rn. 35.
[337] So zutreffend *Emmerich* in Immenga/Mestmäcker, GWB, § 30 Rn. 130.
[338] WuW/E BKartA 945 – *Tapetenpreisbindung II;* WuW/E BKartA 889 – *Tapetenpreisbindung.*

76 Sind die Voraussetzungen des § 30 Abs. 1 und Abs. 2 GWB erfüllt, findet insbesondere § 1 GWB keine Anwendung.[339] Jedoch kann sein **Regelungsgehalt indirekt** bei der Beurteilung nach § 30 Abs. 3 S. 1 Nr. 1 GWB **herangezogen** werden. § 19 Abs. 2 Nr. 1 GWB (iVm. § 19 Abs. 3 S. 2 GWB) findet jedoch auch neben § 30 Abs. 3 GWB Anwendung, verdrängt § 30 Abs. 3 S. 1 GWB jedoch nicht. Dem Regelungsgehalt des § 19 Abs. 2 Nr. 1 GWB wird zuwider gehandelt bei Preisdifferenzierungen zwischen verschiedenen Abnehmerkreisen oder Regionen, soweit diese nicht sachlich gerechtfertigt sind.[340] Außerdem kann die Rabattgestaltung auf Händlerstufe diskriminierend gemäß § 19 Abs. 2 Nr. 1 GWB sein, wenn einigen Großhändlern die Gewährung jeglicher Rabatte und Vergünstigungen untersagt ist, während anderen Umsatzrückvergütungen gestattet werden.[341] Keine solche Diskriminierung ist es aber, wenn der Preisbinder dem Händler Umsatzrückvergütungen für Käufer ohne zusätzliche Leistungen des Käufers (als die Abnahme) untersagt, jedoch Gewinnbeteiligungen in Form von Umsatzrückvergütungen an Käufer zulässt, die gleichzeitig Mitglieder oder Gesellschafter des Händlers sind; denn insoweit besteht ein sachlicher Grund für die Diskriminierung.[342]

77 **bb) Verstoß gegen gesetzliche Bestimmungen außerhalb des Kartellrechts. Zweitens** erscheint eine Preisbindung als missbräuchlich, wenn sie gegen andere, außerhalb des Kartellrechts angesiedelte, gesetzliche Verbote verstößt. Das betrifft sowohl das Zustandekommen als auch die inhaltliche Gestaltung als auch ihre Durchführung.[343] Ein Beispiel wäre ein Verstoß gegen das UWG oder das AGB-Recht beim Zustandekommen, im Rahmen der Gestaltung oder der Durchführung der Preisbindung.

78 **cc) Verfehlung des Freistellungszwecks. Drittens** liegt ein Missbrauch auch vor, wenn der Freistellungszweck nicht erreicht wird.[344] Zweck des § 30 Abs. 1 GWB ist die Privilegierung des Pressevertriebssystems, in dem der **Verleger** durch die Remission **das** hauptsächliche **wirtschaftliche Risiko** übernimmt und damit die **Überallerhältlichkeit der Presseerzeugnisse** gewährleistet.[345] Missbräuchlichkeit ist also gegeben, wenn im Preisbindungssystem der Verleger gar nicht das grundsätzliche wirtschaftliche Risiko trägt, z. B. bei die Remission einschränkenden Klauseln oder im Falle der Bindung der Remission an Gegenleistungen. Ferner liegt auch ein Missbrauch vor, wenn die Überallerhältlichkeit nicht sichergestellt wird, so durch Ausschließlichkeitsbindungen an nur wenige Abnehmer, die keine Überallerhältlichkeit gewährleisten können. In den Fällen der Missbräuchlichkeit durch mangelndes Erreichen des Freistellungszwecks ist allerdings zu beachten, dass in zwischenstaatlichen Konstellationen der Vorrang des EU-Kartellrechts zu einem gesetzlichen Verbot nach Art. 101 Abs. 1 AEUV führt, weil die Legalausnahme gemäß Art. 101 Abs. 3 AEUV entfällt. Für konstitutive Missbrauchsverfügungen gemäß § 30 Abs. 3 S. 1 GWB ist kein Raum.[346] Unterhalb der Zwischenstaatlichkeitsschwelle kann aber nur nach § 30 Abs. 3 S. 1 GWB – und nicht nach § 1 GWB – vorgegangen werden, weil § 30 Abs. 3 S. 1 GWB eine spezielle Regelung für das mangelnde Erreichen des Freistellungszwecks trotz Erfüllens der Tatbestandsmerkmale der § 30 Abs. 1 und Abs. 2 GWB enthält.

79 **dd) Übermäßige Beeinträchtigung von Abnehmer- und Drittinteressen. Die vierte Kategorie** bildet eine übermäßige Beeinträchtigung der Interessen von Abnehmern und Dritten.

---

339 Oben Rn. 69 f.
340 Vgl. BKartA TB 1962, S. 16.
341 BKartA WuW/E 1313 – *Alleskleber.*
342 Dazu unten Rn. 80.
343 *Bahr* in Langen/Bunte § 30 Rn. 143; *Waldenberger* in Frankfurter Kommentar § 30 Rn. 92.
344 *Bahr* in Langen/Bunte § 30 Rn. 143 unter Berufung auf KG WuW/E OLG 3154 – *Schulbuch-Sammelbestellungen,* sowie BKartA WuW/E 961 – *Genossenschaftliche Warenrückvergütung; Waldenberger* in Frankfurter Kommentar § 30 Rn. 92.
345 Oben Rn. 7.
346 Im Einzelnen Rn. 72.

Der wichtigste Fall einer missbräuchlichen Handhabung ist insoweit die Praktizierung eines lückenhaften Preisbindungssystems.[347] Hier kommt also der **gedanklichen und praktischen Lückenlosigkeit** des vertikalen Preisbindungssystems entscheidende Bedeutung zu.[348] Eine **Lückenhaftigkeit** ist gegeben, wenn der Verlag einen Teil seiner Abnehmer bindet, ein anderer Teil jedoch ohne Preisbindung am Markt tätig ist und dadurch erhebliche Wettbewerbsverzerrungen entstehen.[349] Ferner kann das preisbindende Unternehmen die Preisbindung durch einen **Direktvertrieb** selbst unterlaufen und dadurch die Wettbewerbslage einseitig und erheblich zulasten der Abnehmer des Preisbinders verschlechtern;[350] in diesem Zusammenhang ist die Preisdifferenzierungsgrenze von 15% zwischen Abonnement- und kumuliertem Einzelverkaufspreis, weniger allerdings die Grenze von 35% bei Kurzabonnements zu beachten.[351] Auch der sehr viel preisgünstigere **Vertrieb elektronischer Substitutionsprodukte (online, ePaper)** im Direktvertrieb mit wesentlicher Nachfrageverschiebung kann relevant werden. Den Händlern darf schließlich nicht verboten werden, sich in gesellschaftsrechtlichen Formen zu organisieren, die eine Gewinnbeteiligung in Form der Umsatzrückvergütung für die preisgebundenen Titel vorsehen; missbräuchlich ist es danach, Genossenschaften oder anderen Handelsgesellschaften die Warenrückvergütung an ihre Genossen bzw. Gesellschafter zu verbieten. Eine Ausnahme gilt dann, wenn die gesellschaftsrechtliche Struktur nur deshalb gewählt wurde, um die Preisbindung zu unterlaufen.[352] Sonstige Umsatzrückvergütungen, die nicht gesellschaftsrechtlich privilegiert sind, z. B. an Käufer, dürfen durch den Preisbinder untersagt werden. Weiter ist eine Preisbindung missbräuchlich, wenn sie den Abnehmern Bindungen auferlegt, die **zur Aufrechterhaltung des Preisbindungssystems nicht erforderlich** sind. Unzulässig sind insoweit beispielsweise übermäßige Kontrollrechte (z. B. Bucheinsichtsrechte), wenn die Kontrolle durch Testkäufer ausreicht[353] oder ein Verbot von Umsatzrückvergütungen auch für Waren, die gar nicht preisgebunden sind.[354] 80

Ein typischer Fall der übermäßigen Beeinträchtigung der Interessen der Abnehmer ist ferner nach allgemeiner Meinung die **Gewährung** – im Verhältnis zu den Vertriebsleistungen des gebundenen Abnehmers – **von nicht auskömmlichen Handelsspannen** durch den Preisbinder.[355] Das kann zunächst die **Grossisten** treffen, die allerdings als Gebietsmonopolisten im Regelfall selbst über eine hinreichende Gegenmacht verfügen, um zu geringen Handelsspannen zu begegnen. Die Möglichkeit von Branchenvereinbarungen nach § 30 Abs. 2a GWB steigert insoweit noch ihre Gegenmacht, so dass Missbräuche durch Verlage kaum denkbar sind. Anders ist die Lage der **Einzelhändler.** Bemerkenswert ist, dass ihnen die Möglichkeit von Branchenvereinbarungen gem. § 30 Abs. 2a GWB mit den Verlegern nicht zusteht, um eine missbräuchliche Spannenfestlegung durch Verleger zu verhindern. Sie verfügen auch ansonsten über keine direkten Vertragsbeziehungen mit den Verlegern.[356] Gerade im Einzelhandel ist nicht auskömmlichen und damit missbräuchlichen 81

---

[347] WuW/E BKartA 1303; *Kirchhoff* in Wiedemann, Handbuch des Kartellrechts, § 11 Rn. 17; *Bechtold,* GWB, § 30 Rn. 26; *Weber* in Schulte/Just, KartellR, § 30 Rn. 35; *Emmerich* in Immenga/Mestmäcker, GWB § 30 Rn. 124 mwN. aus der Praxis des BKartA.

[348] Eingehend oben Rn. 57ff.

[349] Im Einzelnen dazu unten Rn. 39.

[350] WuW/E BKartA 5 – *Alpenmilch;* BKartA TB 1961, S. 33.

[351] Vgl. oben Rn. 55.

[352] BGH WuW/E 1604 – *Sammelrevers 1974* = GRUR 1979, 490, 491 = NJW 1979, 1411.

[353] KG WuW/E OLG 844, 846f.

[354] BGH WuW/E 1604 – *Sammelrevers 1974* = GRUR 1979, 490, 491 = NJW 1979, 1411.

[355] BKartA TB 1965, S. 55; TB 1967, S. 76; BKartA v. 30.8.2000, zit. nach *Wagemann/Pape,* Kartellrechtspraxis und Kartellrechtsprechung 2001/2002, S. 61f.; *Bremer/Hackl* in Münchener Kommentar, GWB, § 30 Rn. 94; *Emmerich* in Immenga/Mestmäcker, GWB, § 30 Rn. 127; *Bahr* in Langen/Bunte § 30 Rn. 150 mwN.

[356] Sieht man einmal von den direkt durch die Verlage belieferten Bahnhofs- und Flughafenhändlern ab, siehe Rn. 11.

Spannen aber schon nach dem Regelungszweck des § 30 Abs. 1 GWB entgegen zu wirken. Denn das gefährdet den Freistellungszweck in Form der Überallerhältlichkeit,[357] weil Einzelhändler ohne auskömmliche Handelsspanne keinen Anreiz haben, den Titel anzubieten. Neben einem Missbrauch nach § 30 Abs. 3 Nr. 1 GWB ergeben sich noch weitere Konsequenzen: Der **Einzelhändler** darf auch **einer Listung dieses Titels widersprechen.** Das Dispositionsrecht des Verlegers, das durch den Grossisten ausgeübt wird,[358] muss ausnahmsweise zurücktreten; es besteht ein berechtigtes Interesse des Einzelhändlers, der Disposition zu widersprechen. Im Zeitschriftenhandel praktizierten die Verleger über Jahre eine **Dreiteilung der Spannen** nach dem Aufwand bei den Einzelhändlern: 18,31% bei wöchentlichem Erscheinen des Pressetitels; 19% bei 14-tägigem Erscheinen des Pressetitels; 20,24% Einzelhandels-Spanne bei monatlichem oder seltenerem Erscheinen des Pressetitels. Diese Praxis wurde teilweise von Verlegern durchbrochen; auf eine Beschwerde beim **BKartA** hin kehrte ein Verleger von als Zeitschrift erscheinenden Romanheften freiwillig zu der dreigeteilten Praxis zurück, nachdem er sie zunächst verlassen hatte.[359] Das BKartA hat bereits 1967[360] eine Kürzung der Handelsspannen des Einzelhandels untersucht, war aber zu dem Ergebnis gekommen, dass die Kürzung durch die Erhöhung des Einzelhandelspreises aufgefangen werde, zumal beim Großhandel eine Reihe von Kosten überproportional gestiegen seien. In einem neueren Fall hatte ein preisbindender Zeitungsverleger die Einzelhandelsspanne gekürzt, weil der Verlag verschiedene Vertriebsleistungen vom Einzelhändler übernommen hatte, insbesondere die Zustellung. Das BKartA überprüfte diese Kürzung darauf, ob „eine missbräuchliche, d.h. den Abnehmer übermäßig bindende Preisbindung" zu erkennen sei. Das wurde im Ergebnis verneint, weil wesentliche Vertriebsleistungen jetzt vom Verlag erbracht würden.[361] Der Praxis des BKartA lässt sich damit entnehmen, dass unbefriedigende Erlöse des Einzelhandels für die Missbrauchskontrolle relevant sind; wenn sich die Erlöse durch eine Anhebung der Einzelhandelspreise erhöhen, kann dies – bei gleichbleibenden Vertriebsleistungen – jedoch eine Absenkung der Einzelhandelsspanne rechtfertigen. Umgekehrt muss dies aber dann auch bedeuten, dass **bei sinkenden absoluten Erlösen trotz gleichbleibender Vertriebsleistungen eine Erhöhung der Einzelhandelsspanne gerechtfertigt** sein kann. Das könnte heute relevant werden. Die Einzelhändler machen geltend, selbst die bislang üblichen Handelsspannen der Einzelhändler seien teilweise nicht mehr auskömmlich.[362] Bei ständig steigender Titelzahl und Regalfläche sind Absatz und Umsatz im Printeinzelhandel – insbesondere wegen der Substitution durch den elektronischen Direktvertrieb, anderer Konkurrenz aus dem Internet oder veränderter Mediennutzung in den letzten Jahren kontinuierlich gesunken.[363]

82 Schließlich kann auch die **Verbindung** der Preisbindung **mit anderen Wettbewerbsbeschränkungen** zu einem Missbrauch nach Nr. 1 führen, obwohl nur Nr. 2 diesen Sachverhalt ausdrücklich nennt.[364] Das liegt nahe, wenn für sich genommen verbotene Wettbewerbsbeschränkungen mit der Preisbindung kombiniert werden;[365] aber auch eigentlich

---

[357] Siehe Rn. 7.

[358] Siehe Rn. 7.

[359] Az. BKartA B 6 1/11–11.

[360] Tätigkeitsbericht 1967, BT DS V/2841, S. 76.

[361] BKartA, Beschluss vom 30. August 2000, Az. B 6 85/96 – *J. F. Lehmanns/Verlagsgruppe Handelsblatt,* zitiert nach *Wagemann/Pape,* Kartellrechtspraxis und Kartellrechtsprechung 2001/2002, Seite 61 f.

[362] Siehe z.B. Pressemitteilung des HDE Handelsverband Deutschland vom 12. September 2012 „Einzelhandel fordert mehr Wettbewerb im Pressevertrieb", abrufbar auf www.einzelhandel.de: Der Gesamtumsatz ist seit längerem rückläufig, während sich die Zahl der Verkaufsstellen erhöht. Teilweise werde mit dem Verkauf von Presseerzeugnissen kein Geld mehr verdient.

[363] Siehe die jährlichen Statistiken des Bundesverbandes Presse-Grosso, abrufbar unter www.pressegrosso.de, dort „Branchendaten".

[364] Zutreffend *Emmerich* in Immenga/Mestmäcker, GWB, § 30 Rn. 130.

[365] Dazu schon oben Rn. 75.

erlaubte Wettbewerbsbeschränkungen können unter Berücksichtigung aller Umstände des Einzelfalls missbräuchlich sein. Das folgt schon aus dem Regelungszweck des § 30 Abs. 1 GWB, der die Privilegierung wegen der einseitigen Risikoverteilung auf den Verleger vorsieht; letztlich handelt es sich dabei um eine spezielle Ausprägung der Immanenzlehre, die gleichfalls stets unter der Prämisse der Abwägung der widerstreitenden wettbewerblichen Interessen steht.[366] So kann beispielsweise die Verbindung der Preisbindung mit einer **Ausschließlichkeitsbindung** missbräuchlich sein, wenn sie die Überallerhältlichkeit gefährdet, die eine gewünschte Folge der Preisbindung ist.[367] **Querlieferungsverbote** für den Großhandel können ebenfalls missbräuchlich sein.[368] Grundsätzlich zulässig sind hingegen alle **Vertriebsbeschränkungen, die eine lückenlose Preisbindung** erst **gewährleisten.**[369] Die Verbindung eines **Konditionenkartells** mit einer (vertikalen) Preisbindung nach § 30 Abs. 1 GWB gilt es stets im Einzelfall zu würdigen, insbesondere im Hinblick auf die wettbewerblichen Auswirkungen; liegen die Voraussetzungen des § 2 GWB vor,[370] ist die Kombination zulässig.[371] In zwischenstaatlichen Sachverhalten[372] kann ein Spannungsverhältnis der Missbrauchsaufsicht nach § 30 Abs. 3 S. 1 Nr. 1 GWB mit Art. 101 AEUV entstehen,[373] das gemäß § 22 GWB zu Gunsten des Art. 101 AEUV zu lösen ist. Nicht jeder Missbrauch im Sinne der hier erörterten Kategorie der übermäßigen Beeinträchtigung der Interessen von Abnehmern und Dritten ist auch ein Verstoß gegen Art. 101 AEUV. Es ist vielmehr eine Einzelfallbetrachtung vorzunehmen, ob ein Verstoß gegen Art. 101 AEUV infolge einer Tatbestandsreduktion des Art. 101 Abs. 1 AEUV oder der Anwendung des Art. 101 Abs. 3 AEUV ausscheidet.[374]

c) Eignung zur Verteuerung, zur Verhinderung einer Preissenkung, zur Beschränkung der Erzeugung oder des Absatzes gebundener Waren **(Nr. 2).** Im Gegensatz zu Nr. 1 wird bei Nr. 2 nicht die tatsächliche Handhabung, sondern die **Eignung** aufgegriffen.[375] Das erfordert eine **(objektive) Prognose,** ob ein Eintritt der übrigen Tatbestandsmerkmale wahrscheinlich ist. 83

Zunächst kann nach Nr. 2 dann ein Missbrauch vorliegen, wenn die Preisbindung geeignet ist, die gebundenen Zeitungen und Zeitschriften zu **verteuern.** Insoweit ist eine Prognose anzustellen, ob eine Verteuerung hinreichend wahrscheinlich ist. Dabei muss ein Vergleich zwischen dem tatsächlichen und dem **hypothetischen Marktpreis** erfolgen.[376] Hierzu wird insbesondere auf Handelsspannenvergleiche zurückgegriffen.[377] Sind die in dem gebundenen Preis einkalkulierten **Handelsspannen** wesentlich höher als die anderer vergleichbarer Verlagserzeugnisse, so kann davon ausgegangen werden, dass die Preise ohne eine Preisbindung niedriger wären.[378] Bei einem Vergleich ist die Art und Auflage des Verlagserzeugnisses zu berücksichtigen, da beispielsweise bei Fachzeitschriften in geringer Auflage andere Handelsspannen üblich sind als bei auflagestarken Tageszeitungen. Indizien für 84

---

[366] Dazu Art. 101 Abs. 1 AEUV Rn. 307 ff.
[367] Oben Rn. 7.
[368] BKartA TB 1965, S. 38.
[369] Zu solchen Vertriebsbindungen oben Rn. 57 ff.
[370] Dazu Art. 101 Abs. 3 AEUV Rn. 133 ff.
[371] *Bahr* in Langen/Bunte § 30 Rn. 156; jetzt auch *Emmerich* in Immenga/Mestmäcker, GWB, § 30 Rn. 131.
[372] Dazu Rn. 146.
[373] Siehe Rn. 72.
[374] Zum EU-Recht Rn. 147.
[375] Zum Verhältnis von Nr. 1 und Nr. 2 Rn. 51.
[376] Vgl. zur Ermittlung des hypothetischen Marktpreises auch die Kommentierung zu § 19 Abs. 4 Nr. 3 GWB.
[377] WuW/E BGH 974, 975 – *Zahncreme;* BGHZ 51, 21, 22 ff. = NJW 1969, 323; WuW/E BKartA 725; WuW/E BKartA 825 – *Doornkaat.*
[378] WuW/E BKartA 1432 – *Preisbindung;* BKartA TB 1971, S. 69; WuW/E BGH 974, 975 – *Zahncreme.*

den hypothetischen Marktpreis sind auch ein über längere Zeit praktizierter und akzeptierter **Einführungspreis**[379] oder eine sachlich nicht gerechtfertigte **regionale Preisdifferenzierung.**[380] Die Eignung zur Verteuerung kann auch damit begründet werden, dass der festgesetzte Preis in zahlreichen Fällen unterboten wird.[381] In diesem Fall ist das Preisbindungssystem jedoch auch lückenhaft, so dass dessen Handhabung auch missbräuchlich i. S. v. § 30 Abs. 3 S. 1 Nr. 1 GWB ist. Allerdings muss aus einer Durchbrechung des festgesetzten Preises nicht zwingend auf eine Überteuerung geschlossen werden. Durchbrechungen können von den Händlern nicht aus Gründen des Wettbewerbsdruckes auf das Presseerzeugnis vorgenommen werden, sondern weil sie z. B. ohne eigenen Gewinn des Händlers als Lockvogelangebot verschleudert werden. In solchen Fällen ist der gebundene Preis nicht überteuert. Schließlich ist darauf hinzuweisen, dass Preisbindungssysteme grundsätzlich geeignet sind, die Preise zu erhöhen. Sinn und Zweck der Regelung des § 30 Abs. 1 GWB ist es, den Zeitungs- und Zeitschriftenhändlern zur Erhaltung eines leistungsfähigen Sortiments und vor allem der Überallerhältlichkeit gewisse Handelspannen zu gewährleisten.[382] Das Tatbestandsmerkmal der bloßen Eignung zur Verteuerung sollte daher eng ausgelegt werden, da sonst eine Preisbindung in Zukunft weithin unmöglich wird.[383] Mit Rücksicht auf den vom Gesetzgeber verfolgen Zweck des § 30 Abs. 1 GWB sollte sich die Preismissbrauchsaufsicht in dem engen bisherigen Rahmen bewegen.[384] Anhaltspunkte dafür, dass generell Verleger das Preisniveau trotz fortschreitender Rationalisierung künstlich hoch hielten, sind nicht ersichtlich.[385]

85 Die **Eignung zur Verhinderung von Preissenkungen** beurteilt sich nach den gleichen Kriterien wie die Eignung zur Verteuerung, weil eine Verhinderung von Preissenkungen nichts anderes als eine künstliche Verteuerung ist.[386] Dementsprechend ist auch dieses Merkmal eng auszulegen; denn es ist der Preisbindung eigen, dass sie zur Preisstarrheit führt.

86 Außerdem kann nach Nr. 2 als Missbrauch die Eignung zur **Beschränkung des Absatzes oder der Erzeugung** aufgegriffen werden. Die Beschränkung des Absatzes oder der Erzeugung muss ihre Ursache nicht in der Preisbindung haben, sondern kann auf „andere Wettbewerbsbeschränkungen" zurückzuführen sein. Dieser Missbrauchstatbestand findet seine besondere Verankerung im Sinn und Zweck des § 30 Abs. 1 GWB, die Überallerhältlichkeit von Zeitungen und Zeitschriften sicherzustellen, die insbesondere im Falle der Beschränkung der Erzeugung, aber auch im Falle der Beschränkung des Absatzes gefährdet ist. Beispiele sind Preisbindungen, die so hohe Preise erzeugen, dass die Nachfrage entsprechend sinkt, die Lager aber überfüllt bleiben.[387] Ein Beispiel für eine „andere Wettbewerbsbeschränkung" ist eine Ausschließlichkeitsbindung, die zu Einschränkungen beim Absatz führt.[388]

5. Verfahren und Rechtsfolgen der Missbrauchsaufsicht

87 **a) Unwirksamkeitserklärung.** Zuständig für den Erlass einer Unwirksamkeitserklärung ist nach § 30 Abs. 3 S. 1 GWB allein das Bundeskartellamt. Ein Verfahren kann von Amts wegen oder auf Antrag eines gebundenen Abnehmers eingeleitet werden. Die Einlei-

---

[379] BKartA TB 1971, S. 72.
[380] BKartA TB 1963, 36.
[381] Vgl. *Waldenberger* in Frankfurter Kommentar § 30 Rn. 95; *Bechtold,* GWB, § 30 Rn. 27.
[382] BGHZ 51, 21, 22 = NJW 1969, 323; WuW/E BKartA 725.
[383] So *Bunte* noch zur Buchpreisbindung, NJW 1997, 3127.
[384] So auch die Begründung zum RegE der 6. Novelle von 1998, BT-Drucks. 13/9720, 50.
[385] So aber wohl *Waldenberger* in Frankfurter Kommentar § 30 Rn. 97 f. unter Hinweis auf „sehr maßvolle" Steigerungen der Lohnkosten und Preiserhöhungen bei bekannten Titeln.
[386] Zustimmend: *Waldenberger* in Frankfurter Kommentar § 30 Rn. 96.
[387] BKartA WuW/E 1023, 1027; *Emmerich* in Immenga/Mestmäcker, GWB, § 30 Rn. 140.
[388] Vgl. BKartA WuW/E 497; BKartA TB 1962, S. 51.

tung steht in jedem Fall im **Ermessen** der Behörde.[389] Bei der Ausübung des Ermessens ist in erster Linie auf die Art und Schwere des Missbrauchs, auf die Belastung des Amtes sowie auf die gesamtwirtschaftliche Bedeutung des Preisbindungssystems abzustellen.[390] Zutreffenderweise sind auch die Interessen des Preisbinders an der Aufrechterhaltung des Preisbindungssystems zu berücksichtigen.[391] Der Unwirksamkeitserklärung hat nach allgemeinen Grundsätzen eine Abmahnung vorauszugehen, durch die der Adressat aufgefordert wird, das missbräuchliche Verhalten zu unterlassen.[392] Von einer Abmahnung kann abgesehen werden, wenn der Betroffene deutlich macht, die Verfügung in jedem Fall anzufechten. Gegen die Missbrauchsverfügung ist die Beschwerde nach § 63 GWB zulässig. Sie hat nach § 64 Abs. 1 Nr. 2 GWB aufschiebende Wirkung,[393] wobei nach § 65 GWB die sofortige Vollziehung der Verfügung angeordnet werden kann. Das Bundeskartellamt hat bis zur endgültigen Entscheidung über eine Verfügung nach § 30 Abs. 3 S. 1 auch die Möglichkeit, eine **einstweilige Anordnung** nach § 60 Nr. 3 GWB zu erlassen.

Durch die Verfügung wird das Preisbindungssystem für **ganz oder teilweise unwirksam** erklärt. Daneben verliert der Preisbinder auch die Privilegierungswirkung des § 30 Abs. 1 GWB, so dass bei Fortsetzung des Preisbindungssystems ein **Verstoß gegen § 1 GWB** droht.[394] Die **Reichweite der Unwirksamkeitserklärung** steht im pflichtgemäßen Ermessen des Bundeskartellamtes. Entgegen dem Wortlaut des § 30 Abs. 3 S. 1 GWB muss nicht die gesamte Preisbindung für unwirksam erklärt werden. Die Verfügung kann sich insbesondere auf einzelne, von den übrigen Vorschriften abtrennbare Bestimmungen der Preisbindungsvereinbarung beschränken, wenn nur diese missbräuchlich sind.[395] Die Wirksamkeit des Vertragsrestes beurteilt sich in diesem Fall nach § 139 BGB. Die Vorschrift enthält eine widerlegbare Vermutung für die **Gesamtnichtigkeit.**[396] In der Praxis enthalten die Verträge teilweise eine salvatorische Klausel. Derartige Klauseln wirken sich nach der Rechtsprechung des BGH[397] nur noch auf die Vermutung des § 139 BGB aus, die sodann in umgekehrter Richtung gilt. Während nach § 139 BGB diejenige Partei, die das teilnichtige Geschäft aufrechterhalten will, die Darlegungs- und Beweislast trifft, führt das Vorhandensein einer **salvatorischen Klausel** dazu, dass die Partei, die den gesamten Vertrag verwerfen will, beweispflichtig wird.[398] § 30 Abs. 3 S. 1 GWB regelt die Folgen eines Missbrauchs abschließend, weshalb **Inhalt einer Missbrauchsverfügung nur die Unwirksamkeitserklärung** der missbräuchlichen Preisbindung sein kann.[399] Beispielsweise eine Anordnung zur Absenkung der Preise ist nach GWB nicht möglich. Allenfalls vorübergehend im Wege der einstweiligen Anordnung nach § 60 Nr. 3 GWB zur Regelung eines einstweiligen Zustandes können andere Maßnahmen als eine Unwirksamkeitserklärung getroffen werden.[400] 88

[389] Vgl. *Emmerich* in Immenga/Mestmäcker, GWB, § 30 Rn. 149; *Bechtold,* GWB, § 30 Rn. 28; *Bremer/Hackl* in Münchener Kommentar § 30 Rn. 125.

[390] Vgl. *Emmerich* in Immenga/Mestmäcker, GWB, § 30 Rn. 150, *Bahr* in Langen/Bunte § 30 Rn. 171.

[391] A. A. *Emmerich* in Immenga/Mestmäcker, GWB, § 30 Rn. 150.

[392] Vgl. *Bremer/Hackl* in Münchener Kommentar § 30 Rn. 126; *Bechtold,* GWB, § 30 Rn. 28; *Lange,* Kartellrecht, S. 222; *Emmerich* in Immenga/Mestmäcker, GWB, § 30 Rn. 150.

[393] BKartA WuW/E BKartA 823, 826.

[394] *Emmerich* in Immenga/Mestmäcker, GWB, § 30 Rn. 144.

[395] KG WuW/E OLG 1805, 1808 – *Sammelrevers 1974* = NJW 1977, 392.

[396] WuW/E BGH 1402 – *EDV-Zubehör;* WuW/E BGH 1168, 1171 f. – *Blitzgeräte.*

[397] WRP 2003, 86 f. = BGH WuW/E DE-R 1031 f. – *Salvatorische Klausel.*

[398] WRP 2003, 86 f. = BGH WuW/E DE-R 1031 f. – *Salvatorische Klausel;* krit. Anm. *Bunte* GRUR 2004, 301 ff.

[399] KG WuW/E OLG 1241, 1243.

[400] Vgl. KG WuW/E OLG 879, 880 – *Zigaretten-Einzelhandel; Bahr* in Langen/Bunte § 30 Rn. 183.

89 Die Unwirksamkeit kann mit **sofortiger Wirkung** oder mit Wirkung zu einem **zukünftigen Zeitpunkt** ausgesprochen werden. Lediglich eine rückwirkende Unwirksamkeitserklärung scheidet aus.[401] Während die Verfügung mit sofortiger Wirkung die Regel bildet, kommt die Erklärung der Unwirksamkeit zu einem zukünftigen Zeitpunkt nur dort in Betracht, wo die sofortige Umstellung für den Handel unzumutbar ist, so dass der Absatz der gelagerten Zeitungen und Zeitschriften zu den gebundenen Preisen ermöglicht werden muss.[402]

90 Die Unwirksamkeitserklärung wirkt als **privatrechtsgestaltender Verwaltungsakt für und gegen jedermann.** Sie entfaltet insbesondere **Bindungswirkung gegenüber Gerichten,** z. B. vor Zivilgerichten beim Streit zwischen dem Preisbinder und einem Abnehmer um die Einhaltung der Preisbindung. Unwirksam sind sowohl die Preisbindungsvereinbarungen zwischen Verlag und Pressegrossisten als auch die von den Grossisten im Preisbindungssystem gegenüber weiteren Marktstufen weitergegebenen Preisbindungen.[403] Hat die Missbräuchlichkeit der Handhabung ihren Grund in der Lückenhaftigkeit des Systems, so steht dies der zivilrechtlichen Durchsetzbarkeit jedoch schon vor Rechtskraft der Verfügung entgegen.[404] Die Bindungswirkung geht nicht dadurch verloren, dass die Preisbindung schon vor der Unwirksamkeitserklärung durch das BKartA unwirksam war, etwa nach § 1 GWB oder nach §§ 19, 20 GWB, 134 BGB. In diesen Fällen gebietet die Rechtssicherheit noch eine Unwirksamkeitserklärung mit der vorbeschrieben Bindungswirkung.[405]

91 Die weitere Praktizierung einer unwirksamen Preisbindung trotz vollziehbarer Anordnung stellt eine **Ordnungswidrigkeit** im Sinne des § 81 Abs. 2 Nr. 2 lit. a) GWB dar. Erforderlich ist in diesem Fall jedoch, dass in der Unwirksamkeitserklärung ausdrücklich auf die Bußgeldvorschrift verwiesen wird.[406] Daneben ist die Praktizierung einer für unwirksam erklärten Preisbindung auch eine Ordnungswidrigkeit nach § 81 Abs. 2 Nr. 1 GWB, weil die Unwirksamkeitserklärung die Privilegierung des § 30 Abs. 1 GWB aufhebt und damit ein Verstoß gegen § 1 GWB vorliegt.

92 **b) Verbot neuer gleichartiger Bindungen.** Das Bundeskartellamt hat die Möglichkeit, in der Missbrauchsverfügung die Anwendung neuer gleichartiger Bindungen zu verbieten. Hierdurch soll verhindert werden, dass der Preisbinder die Unwirksamkeitserklärung durch die Einführung eines weitgehend identischen Systems umgeht, das erst in einem erneuten Verfahren nach § 30 Abs. 3 S. 1 GWB überprüft werden müsste. Bei der Beurteilung der Gleichartigkeit ist darauf abzustellen, ob das neue Preisbindungssystem dem bisherigen aus der **Sicht eines objektiven Betrachters** entspricht. Dies ist insbesondere der Fall, wenn die Erzeugnisse, Preise und Konditionen identisch sind.[407] Ein neues Preisbindungssystem ist nicht schon deshalb andersartig, weil die gebundenen Preise an die veränderten Marktverhältnisse angepasst werden.[408]

---

[401] BGH WuW/E BGH 502 – *Grote Revers* = NJW 1963, 293 = BGHZ 38, 90, 100.
[402] BKartA WuW/E BKartA 835, 840 f.
[403] Vgl. *Emmerich* in Immenga/Mestmäcker, GWB, § 30 Rn. 144; *Bechtold,* GWB, § 30 Rn. 30.
[404] Vgl. oben zum Erfordernis der Lückenlosigkeit Rn. 56 ff.
[405] Oben Rn. 69 f.
[406] So *Klosterfelde/Metzlaff* in Langen/Bunte (9. Aufl.) § 15 a. F. Rn. 183.
[407] Vgl. WuW/E BGH 1283, 1285 – *Asbach.*
[408] So BGH WuW/E BGH 1283, 1284 f. – *Asbach;* enger zuvor KG WuW/E OLG 1244, 1246 nach dem aus Gründen der Rechtsicherheit an das Tatbestandsmerkmal der Gleichartigkeit strenge Anforderungen zu stellen sind.

VII. Zivilrechtliche Durchsetzung der vertikalen Preisbindung (§ 30 Abs. 1 GWB)

1. Verletzung durch den Preisbinder

Überraschenderweise spielt in der jüngeren Zeit ein zivilrechtliches Vorgehen gegen den Preisbinder wegen Verletzung des eigenen Preisbindungssystems eine große Rolle. Das ist möglicherweise auch darauf zurückzuführen, dass das BKartA kaum noch Fälle eines Preisbindungsmissbrauches gemäß § 30 Abs. 3 S. 1 GWB[409] aufgreift.[410] 93

Ein zivilrechtliches Vorgehen gegen den Preisbinder ist zunächst **aus Vertrag** denkbar. 94
Klagen kann insoweit jedoch nur ein mit dem Preisbinder vertraglich verbundener Vertriebspartner. Die Herleitung eigener Ansprüche des Vertragspartners bereitet deshalb Schwierigkeiten, weil in den heute gängigen Musterverträgen bzw. Sammelreversen[411] Ansprüche des Vertriebspartners gegen den Preisbinder auf Einhaltung der Preisbindung nicht ausdrücklich geregelt sind. Ansprüche können sich jedoch aus einer Verletzung von Leistungstreue- und Rücksichtnahmepflichten durch den Preisbinder ergeben, sofern sie so schwerwiegend sind, dass sie einem Verstoß gegen Hauptleistungspflichten gleichstehen.[412] Davon ist auszugehen, wenn das Preisbindungssystem theoretisch oder praktisch nicht lückenlos ist[413] und hierdurch für den gebundenen vertragstreuen Händler eine Wettbewerbslage entstanden ist, durch die die Einhaltung der Preise nach Treu und Glauben nicht mehr zumutbar ist.[414] Es muss danach die Gefahr bestehen, dass die Durchbrechung der Preisbindung einen erheblichen Wettbewerbsvorteil zu Lasten des Vertriebspartners begründet.[415] Ob das bei den in den Wettbewerbsregeln für den Zeitungs- bzw. Zeitschriftenvertrieb aufgestellten Nachlassgrenzen der Fall ist, muss stets gesondert festgestellt werden.[416] Umstritten ist, ob in diesen Fällen dem Vertriebspartner **eigene vertragliche Ansprüche,** insbesondere auf Unterlassung und Schadensersatz, gegen den Preisbinder zustehen. Nach einer Auffassung steht dem Gebundenen kein eigener einklagbarer Anspruch gegen den Preisbinder auf Einführung, Aufrechterhaltung oder Abschaffung der Preisbindung zu.[417] Denn der preisbindende Verleger sei – anders als bei der Buchpreisbindung nach dem BuchpreisbindungsG – frei darin zu entscheiden, ob er die Preisbindung beibehalte. Das kann jedoch vertragsrechtlich nicht überzeugen.[418] Dass der Preisbinder die Wahl der Preisbindung hat, ist eine kartellrechtliche Regelung (§ 30 Abs. 1 GWB), die unabhängig von der vertragsrechtlichen Situation zu sehen ist. Vertragsverstöße, die den Rang von Verlet-

---

[409] Dazu oben Rn. 73 ff.

[410] Vgl. oben Rn. 22.

[411] Vgl. Rn. 40 f.

[412] OLG Hamburg AfP 2004, 129, 132 – *Kurzabos;* offen gelassen von OLG Düsseldorf GRUR-RR 2004, 206 – *Wirtschaftswoche.*

[413] Vgl. zum Erfordernis der Lückenlosigkeit oben Rn. 56 ff.

[414] Grundlegend WuW/E BGH 623, 636 f. – *Grauer Markt* = NJW 1964, 1955, 1958.

[415] BGH WuW/E DE-R 1779 = GRUR 2006, 773, 775 Tz. 26, 28 – *Probeabonnement;* OLG Hamburg AfP 2004, 129, 132 – *Kurzabos;* im Zusammenhang mit dem UWG dazu eingehend auch OLG Düsseldorf AfP 2004, 274, 276 – *Probeabonnement* = WRP 2004, 1299; OLG Düsseldorf GRUR-RR 2004, 206, 207 – *Wirtschaftswoche;* OLG Hamburg AfP 2005, 180 – *13 Hefte Stern II* = MD 2005, 421; OLG Hamburg GRUR 2003, 811 – *Zeitschriften Test-Abo.*

[416] BGH WuW/E DE-R 1779 = GRUR 2006, 773, 774 f. Tz. 19 ff. – *Probeabonnement* („begrenzte Bedeutung" der Wettbewerbsregeln selbst für die lauterkeitsrechtliche Beurteilung), gegen OLG Hamburg AfP 2004, 129, 132 – *Kurzabos;* OLG Hamburg AfP 2005, 180 – *13 Hefte Stern II;* OLG Hamburg GRUR 2003, 811 – *Zeitschriften Test-Abo.* Zu den Nachlassgrenzen auch oben Rn. 58 f.

[417] *Kröner* WRP 2003, 1149, 1154; *Bahr* in Langen/Bunte § 30 Rn. 58; *Emmerich* in Immenga/Mestmäcker, GWB, § 30 Rn. 99a; *Bremer/Hackl* in Münchener Kommentar, GWB, § 30 Rn. 75 ff.

[418] OLG Hamburg AfP 2005, 180 – *13 Hefte Stern II* = MD 2005, 421 = OLGR 2005, 360; OLG Hamburg AfP 2004, 129, 133 – *Kurzabos;* OLG Hamburg GRUR 2003, 811 – *Zeitschriften Test-Abo;* LG Konstanz AfP 2002, 449. Wohl auch BGH WuW/E DE-R 1779 = GRUR 2006, 773, 775 Tz. 23, 28 – *Probeabonnement.*

zungen einer Hauptleistungspflicht haben, sind deshalb durch eigene Ansprüche des Vertragspartners sanktioniert. Der gebundene Abnehmer kann neben Unterlassungs- und Schadensersatzansprüchen den **Einwand der unzulässigen Rechtsausübung** geltend machen, wenn ihm die Einhaltung der vorgeschriebenen Preise wegen Verletzung von Rücksichtnahme- und Leistungstreuepflichten im vorbeschriebenen Umfang nicht zugemutet werden kann.[419] Bei fehlender Zumutbarkeit steht dem Gebundenen die Möglichkeit offen, **Feststellungsklage** zu erheben, dass er nicht mehr an den Vertrag gebunden ist.

95 Überdies können gegen den Preisbinder auch **kartellrechtliche Ansprüche** auf Unterlassung und Schadensersatz gemäß § 33 GWB wegen Verstoßes gegen ein Verbot des GWB oder des Art. 101, 102 AEUV zustehen. Eine Verletzung des Verbotes des **§ 1 GWB** kommt aber nur dann in Betracht, wenn die Voraussetzungen des § 30 Abs. 1 oder Abs. 2 GWB nicht vorliegen. Ansonsten sind nur Ansprüche nach § 19 Abs. 3 S. 2, Abs. 1, Abs. 2 Nr. 1 GWB bzw. – bei Erfüllen der Marktmachtschwellen durch den Preisbinder unabhängig von § 19 Abs. 3 S. 2 – auch unbeschränkt aus §§ 19, 20 GWB denkbar.[420] Außerdem entstehen Ansprüche gemäß § 33 GWB auch, wenn der Preisbinder, der die Voraussetzungen des § 30 Abs. 1 und Abs. 2 GWB erfüllt, gegen eine Verfügung der KartB nach **§ 30 Abs. 3 S. 1 GWB** verstößt, weil § 33 Abs. 1 GWB ausdrücklich auch den Verstoß gegen eine Verfügung der KartB sanktioniert. Ohne Unwirksamkeitsverfügung des BKartA kommen jedoch Ansprüche nach § 33 i. V. m. § 30 Abs. 3 S. 1 GWB nicht in Betracht, weil kartellrechtlich eine bloß missbräuchliche, aber nicht vom BKartA für unwirksam erklärte Preisbindung nicht dem Verbot des § 1 GWB unterliegt.[421] Der Kreis der Anspruchsberechtigten für alle Ansprüche aus § 33 GWB ist – entsprechend dem Konzept seit der 7. GWB-Novelle 2005 – denkbar weit und erfasst insbesondere alle durch den Verleger in der Absatzkette gebundenen Abnehmer.[422]

96 Umstritten ist, ob überdies bei Verletzung des eigenen Preisbindungssystems auch Ansprüche gegen den Preisbinder aus **Lauterkeitsrecht** bestehen können. Der Bundesgerichtshof verneint sämtliche lauterkeitsrechtlichen Ansprüche, die sich allein aus dem Vorwurf des kartellrechtlichen Verstoßes speisen.[423] Die 7. GWB-Novelle 2005 habe eine abschließende Regelung der zivilrechtlichen Ansprüche gebracht, die im Fall von Verstößen gegen kartellrechtliche Normen geltend gemacht werden können. Danach scheiden UWG-Ansprüche wegen Verletzung der §§ 3, 4 Nr. 11 UWG aus, die sich auf einen Verstoß der Preisbindung gegen § 1 GWB, §§ 19, 20 GWB oder auf ein Hinwegsetzen des Preisbinders über eine Verfügung des BKartA nach § 30 Abs. 3 S. 1 GWB beziehen.[424] Genauso scheidet damit eine Verletzung von § 3 UWG[425] aus, wenn durch den Verstoß gegen das eigene Preisbindungssystem ein erheblicher Wettbewerbsvorsprung vor den übri-

---

[419] BGH GRUR 2000, 724 *Außenseiteranspruch II* m. w. N. aus seiner Rechtsprechung = BGHZ 143, 232 = NJW 2000, 2504; BGH GRUR 1989, 832 – *Schweitzer Außenseiter* = NJW-RR 1989, 1383, 1385; WuW/E BGH 1073, 1078 – *Schallplatten* = NJW 1970, 858 = BGHZ 53, 76; OLG Frankfurt WuW/E OLG 2195, 2201; OLG Düsseldorf NJW-RR 1986, 842 – *Dior; Bunte* GRUR 1987, 90, 98 ff.; als Einrede des nichterfüllten Vertrages behandelt bei *Völp* WRP 1958, 257; Wegfall der Geschäftsgrundlage nimmt an *von Gamm* § 16 Rn. 13.

[420] Vgl. oben Rn. 65.

[421] *Kröner* WRP 2003, 1149, 1152; *Emmerich* in Immenga/Mestmäcker, GWB, § 33 Rn. 27. Vgl. auch oben Rn. 70. So wohl auch BGH WuW/E DE-R 1779 = GRUR 2006, 773, 774 Tz. 15 – *Probeabonnement:* „Das Gesetz … räumt allein dem BKartA die Befugnis ein, in solchen Fällen einzuschreiten".

[422] Im Einzelnen die Kommentierung zu § 33 GWB.

[423] BGH WuW/E DE-R 1779 = GRUR 2006, 773, 774 Tz. 13 ff. – *Probeabonnement;* dazu *Gröning* jurisPR-WettbR 10/2006, Anm. 5; *Alexander* ZWeR 2007, 239; *Gaertner* AfP 2006, 413; *Bechtold* WRP 2006, 1162.

[424] Vgl. Rn. 67.

[425] Das Regelbeispiel des § 4 Nr. 11 UWG ist nicht einschlägig, weil es nicht um die Verletzung einer gesetzlichen Vorschrift geht; es bleibt daher nur der Rückgriff auf die Generalklausel.

gen Marktbeteiligten erreicht werden kann.[426] Restlos überzeugend ist das nicht. Auch beim UKlaG, das explizit die Mitbewerber von einer Klageberechtigung ausgenommen hat (§ 3 UKlaG) und deshalb eine genauso spezielle Regelung aufstellt, findet beispielsweise eine parallele Anwendung der §§ 3, 4 Nr. 11 UWG statt.[427] Die Spezialität des GWB besteht bei genauerer Betrachtung nur im Rahmen der Spezialität des § 30 Abs. 3 S. 1 GWB,[428] der allerdings innerhalb des GWB nur § 1 GWB,[429] nicht jedoch §§ 19, 20 GWB verdrängt.[430] Außerhalb der Spezialität des § 30 Abs. 3 S. 1 GWB bleibt auch nach Auffassung des BGH neben §§ 19, 20 GWB das UWG (über § 4 Nr. 10 UWG) anwendbar.[431] – Die vorgenannte Auffassung des BGH gilt ohnehin nicht für allein im UWG wurzelnde Ansprüche. Wenn der Verleger sich an die Wettbewerbsregeln gebunden hat, mit ihrer Einhaltung wirbt, jedoch gegen sie verstößt, ist das unlauter und ein Anspruch aus UWG ohne Konkurrenzfrage eröffnet. Die Unlauterkeit ergibt sich aus § 5 Abs. 1 Nr. 6 UWG. – Falls der Preisbinder sich zur Einhaltung der Wettbewerbsregeln verpflichtet hat, kommt übrigens daneben auch noch ein Anspruch gegen ihn direkt aus den Wettbewerbsregeln in Betracht, wenn der Anspruchsteller im System der Wettbewerbsregeln Gläubiger ist.

2. Verletzung durch gebundene Händler

Halten sich vertraglich gebundene Händler nicht an die vorgeschriebenen Preise, so hat der Preisbinder zunächst **vertragliche Ansprüche** gegen den Verletzer. Durch die Preisbindungsvereinbarung wird die vertragliche Verpflichtung übernommen, die gebundenen Preise einzuhalten und nur Wiederverkäufer zu beliefern, die ebenfalls bereit sind, diese Verpflichtung zu übernehmen. Wird eine dieser Pflichten nicht beachtet, so kann der Preisbinder Erfüllung durch Unterlassen weiterer Verstöße verlangen. Soweit der Abnehmer die Verstöße zu vertreten hat (§§ 276, 278 BGB), kommt darüber hinaus ein Schadenersatzanspruch in Betracht (§ 280 BGB). In der Praxis lassen sich die Verlage in den Preisbindungsverträgen teilweise Vertragsstrafen versprechen, das gilt insbesondere für das Sammelrevers für Fachzeitschriften, nicht jedoch für die Musterverträge bei Zeitungen und (Publikums-)Zeitschriften.[432] Vertragstrafen können, wenn dies wirksam vereinbart ist, auch ohne Verschulden verwirkt werden.[433] Ebenso kann zur leichteren Durchsetzbarkeit ein Recht auf Bucheinsicht durch vereidigte Buchprüfer vereinbart werden.[434] Die Vertragsbrüchigkeit stellt schließlich einen Grund für eine **Liefersperre** dar, die solange nicht 97

[426] Vor der BGH-Entscheidung noch dafür OLG Hamburg AfP 2005, 180 – *13 Hefte Stern II* = MD 2005, 421 = OLGR 2005, 360; OLG Hamburg AfP 2004, 129, 131 – *Kurzabos;* OLG Hamburg GRUR 2003, 811, 813 – *Zeitschriften-Test Abo;* OLG Düsseldorf AfP 2004, 274, 276 – *Probeabonnement* = WRP 2004, 1299 = ZUM-RD 2004, 412; OLG Düsseldorf GRUR-RR 2004, 206, 207 – *Wirtschaftswoche;* LG Konstanz AfP 2002, 449; *Nordemann,* Wettbewerbsrecht – Markenrecht Rn. 573. Ebenso nahm noch BGH WuW/E BGH 218 – *Buchhandel* = NJW 1958, 591, 592, Ansprüche aus UWG des Preisbinders gegenüber dem gebundenen Abnehmer an. A. A. Gegen Ansprüche aus UWG gegen den Preisbinder *Kröner* WRP 2003, 1149, 1158.

[427] Ganz herrschende Auffassung, vgl. OLG Köln GRUR-RR 2007, 285 – *Schriftformklauseln* mwN.; KG MMR 2005, 466; OLG Jena GRUR-RR 2006, 283; *Köhler* in Köhler/Bornkamm § 4 UWG Rn. 11.17; Palandt/*Bassenge* § 3 UKlaG, Rn. 1; *Kamlah,* WRP 2006, 33, 37; Ullmann/*Ullmann,* jurisPK-UWG, § 3 Rn. 42; *Dembowski,* juris-PR-WettbR 2/2007 Anm. 2; a. A. *Ullmann* GRUR 2003, 817, 823 m. Fn. 59.

[428] In diese Richtung auch *Bremer/Hackl* in Münchener Kommentar, GWB, § 30 Rn. 77.

[429] Rn. 70.

[430] Rn. 71.

[431] BGH WuW/E DE-R 1779 = GRUR 2006, 773, 774 Tz. 17 – *Probeabonnement.*

[432] Dazu oben Rn. 40 f.

[433] WuW/E BGH 214 – *Waldbaur.*

[434] Vgl. *Emmerich* in Immenga/Mestmäcker, GWB, § 30 Rn. 101, *Franzen,* Die Preisbindung im Buchhandel, S. 156 ff.

gegen § 20 Abs. 1 GWB verstößt,[435] wie sie als verhältnismäßiges Mittel zur Aufrechterhaltung des Preisbindungssystems eingesetzt wird.[436]

98 Neben diesen vertraglichen Ansprüchen zur Durchsetzbarkeit eines Preisbindungssystems können auch **gesetzliche Ansprüche** gegen die gebundenen Händler bestehen. Mit der Rechtsprechung des BGH[437] scheidet jedoch ein Unterlassungs- und Schadenersatzanspruch aus § 3 UWG in Verbindung mit §§ 8 Abs. 1, 9 Satz 1 **UWG** aus, selbst wenn sich der Verletzer einen erheblichen Wettbewerbsvorsprung gegenüber seinen vertragstreuen Konkurrenten verschafft.[438] Bei gezielter Behinderung von anderen Marktteilnehmern kann aber das Regelbeispiel des § 4 Nr. 10 UWG erfüllt sein, das der BGH neben dem GWB anwenden will.[439] Zu beachten ist jedoch, dass die Behinderung als bloße Folge des Verkaufs von Zeitungen oder Zeitschriften unter den vorgeschriebenen Preisen hierfür nicht genügt. Etwas anderes gilt, wenn der Gebundene „gezielt" das Bindungssystem untergräbt.[440] Für Ansprüche aus dem UWG ist auch der Preisbinder als (ggf. mittelbarer) Mitbewerber gemäß § 8 Abs. 3 Nr. 1 UWG aktivlegitimiert. Unter bestimmten Voraussetzungen kommen darüber hinaus Ansprüche nach **MarkenG** gegen den die Preisbindung verletzenden Vertragspartner in Frage.[441]

99 Der gebundene Abnehmer kann den **Einwand der unzulässigen Rechtsausübung** geltend machen, wenn ihm die Einhaltung der vorgeschriebenen Preise nicht zugemutet werden kann.[442] Davon ist auszugehen, wenn das Preisbindungssystem theoretisch oder praktisch nicht lückenlos ist[443] *und* hierdurch für den gebundenen Händler eine Wettbewerbslage entstanden ist, durch die die Einhaltung der Preise nach Treu und Glauben nicht mehr zumutbar ist.[444] Hierfür reicht es nicht aus, dass vereinzelt gegen das Preisbindungssystem verstoßen wird, solange der Preisbinder gegen die Verstöße vorgeht.[445] Darüber hinaus wird teilweise gefordert, dass die Preisunterbietungen auf dem räumlich relevanten Markt von demjenigen erfolgen müssen, der den Einwand geltend macht.[446] Bei dem Bezug aus dem preisbindungsfreien Ausland muss sich diese Erwerbsquelle als echte Alternative darstellen, wovon bei Zeitungen und Zeitschriften wegen der relativ niedrigen Verkaufspreise und geringen Handelsspannen meist nicht auszugehen sein dürfte.[447] Bei fehlender Zumutbarkeit steht dem Gebundenen insbesondere die Möglichkeit offen, **Feststellungsklage** zu erheben, dass er nicht mehr an den Vertrag gebunden ist. Zu weiteren Ansprüchen des gebundenen Abnehmers gegen den Verleger, der seine eigene Preisbindung unterläuft, vgl. oben.[448]

---

[435] Vgl. WuW/E BGH 331, 333 – *Kölnisch Wasser.*

[436] BKartA TB 1970, S. 82, 83.

[437] BGH WuW/E DE-R 1779 = GRUR 2006, 773, 774 Tz. 17 – *Probeabonnement*. Siehe im Einzelnen Rn. 96.

[438] A. A. noch BGH WuW/E BGH 218 – *Buchhandel* = NJW 1958, 591, 592; OLG Zweibrücken GRUR 1997, 77, 78; OLG Stuttgart WuW/E OLG 1173 – *Tommy; Nordemann,* Wettbewerbsrecht – Markenrecht Rn. 856; *Bahr* in Langen/Bunte § 30 Rn. 98. Dagegen *Köhler* in Baumbach/Hefermehl, Wettbewerbsrecht, § 4 Rn. 10.203; zweifelnd *Emmerich* in Immenga/Mestmäcker, GWB, § 30 Rn. 102.

[439] BGH WuW/E DE-R 1779 = GRUR 2006, 773, 774 Tz. 17 – *Probeabonnement.*

[440] Eingehend bei Ansprüchen gegen Außenseiter unten Rn. 101 ff.

[441] Dazu unten Rn. 109.

[442] BGH GRUR 2000, 724 – *Außenseiteranspruch II* m. w. N. aus seiner Rechtsprechung = BGHZ 143, 232 = NJW 2000, 2504; BGH GRUR 1989, 832 – *Schweitzer Außenseiter* = NJW-RR 1989, 1383, 1385; WuW/E BGH 1073, 1078 – *Schallplatten* = NJW 1970, 858 = BGHZ 53, 76; OLG Frankfurt WuW/E OLG 2195, 2201; OLG Düsseldorf NJW-RR 1986, 842 – *Dior; Bunte* GRUR 1987, 90, 98 ff.

[443] Vgl. zum Erfordernis der Lückenlosigkeit oben Rn. 56 ff.

[444] Grundlegend WuW/E BGH 623, 636 f. – *Grauer Markt* = NJW 1964, 1955, 1958.

[445] Vgl. WuW/E BGH 623, 636 f. – *Grauer Markt* = NJW 1964, 1955, 1958.

[446] Vgl. *Bahr* in Langen/Bunte § 30 Rn. 101.

[447] Ausführlich oben Rn. 81.

[448] Rn. 93 ff.

Im Prozess gegen gebundene Händler trägt der Preisbinder die **Beweislast** hinsichtlich des Abschlusses eines (wirksamen) Preisbindungsvertrages, der theoretischen Lückenlosigkeit und hinsichtlich eines funktionierenden Systems der Überwachung.[449] Ebenso hat er nach allgemeinen Grundsätzen nachzuweisen, dass der Händler gegen die Preisbindung verstoßen hat.[450] Macht der Händler, der sich gegenüber dem Preisbinder zur Einhaltung der vorgeschriebenen Preise verpflichtet hat, geltend, dass ihm die Erfüllung dieser vertraglichen Verpflichtung wegen der Lückenhaftigkeit des Systems nicht zumutbar sei, so trägt er die Beweislast hinsichtlich der tatsächlichen Lückenhaftigkeit.[451] Insoweit ist allerdings umstritten, ob die Beweislast für die tatsächliche Lückenlosigkeit nur deshalb beim Gebundenen liegt, weil der erste Anschein bei gedanklicher Lückenlosigkeit auch für eine tatsächliche Lückenlosigkeit spricht; konsequenterweise müsste dann bei Erschütterung des ersten Anscheins die Beweislast für die tatsächliche Lückenlosigkeit wieder beim Preisbinder liegen.[452] Dieser Lösung ist deshalb der Vorzug zu geben, weil sie auch der Beweislastverteilung beim Vorgehen gegen vertraglich nicht gebundene Außenseiter entspricht[453] und nicht ersichtlich ist, weshalb hier andere Maßstäbe für eine Beweislastverteilung gelten sollten. 100

3. Verletzung durch ungebundene Außenseiter

Zur Gewährleistung der Lückenlosigkeit und damit zur Aufrechterhaltung des Preisbindungssystems muss dieses auch gegen Außenseiter verteidigt werden können. Außenseiter nennt man diejenigen Händler, die preisgebundene Zeitungen und Zeitschriften verkaufen, ohne sich der Preisbindung unterworfen zu haben. Verkaufen solche Außenseiter nicht zum festgesetzten Preis, insbesondere unterhalb des festgesetzten Preises, scheiden vertragliche Ansprüche aus, weil es an einem Vertrag mit dem Preisbinder fehlt. Es kommen **nur gesetzliche Ansprüche** in Betracht. 101

Kartellrechtliche Ansprüche aus § 33 GWB sind ausgeschlossen.[454] § 30 Abs. 1 GWB normiert kein gesetzliches Ge- oder Verbot. Die Vorschrift gibt Presseverlegern lediglich das Recht, die Preise zu binden. Die Abnehmer sind bloß vertraglich an die festgesetzten Preise gebunden. 102

Für **Ansprüche aus dem UWG** ist auch der Preisbinder als (ggf. mittelbarer) Mitbewerber gemäß § 8 Abs. 3 Nr. 1 UWG aktivlegitimiert. Allerdings muss der Außenseiter eine **Wettbewerbshandlung** gemäß § 2 Abs. 1 Nr. 1 UWG vornehmen, was eine geschäftliche Dimension seiner Handlungen erfordert. Das kann insbesondere bei Internetversteigerungen zweifelhaft sein; wer aber 40 Titel in 6 Wochen[455] oder 16 Zeitungs- und Zeitschriften-Abonnements[456] auf eBay anbietet, handelt nicht mehr privat. Bei Anwendung des UWG ist die Preisunterbietung – anders als bei Anwendbarkeit des Buchpreis- 103

---

[449] WuW/E BGH 623, 636 f. – *Grauer Markt* = NJW 1964, 1955, 1958; *Emmerich* in Immenga/Mestmäcker, GWB, § 30 Rn. 112; a. A. hinsichtlich der theoretischen Lückenlosigkeit *Bahr* in Langen/Bunte § 30 Rn. 105.

[450] OLG Frankfurt WuW/E OLG 3609 = NJW-RR 1986, 262; *Bahr* in Langen/Bunte § 30 Rn. 105; *Emmerich* in Immenga/Mestmäcker, GWB, § 30 Rn. 112; *Fikentscher* in Gemeinschaftskommentar § 16 a. F. Rn. 252.

[451] Grundlegend BGH WuW/E BGH 623, 636 f. – *Grauer Markt* = NJW 1964, 1955, 1958.

[452] So *Emmerich* in Immenga/Mestmäcker, GWB, § 30 Rn. 112. Dagegen *Fikentscher* in Gemeinschaftkommentar § 16 a. F. Rn. 250; *Bahr* in Langen/Bunte § 30 Rn. 105, wohl jeweils für eine vollständige Beweislast beim Gebundenen.

[453] Unten Rn. 111.

[454] OLG Düsseldorf NZKart 2013, 170 Tz. 15 (juris) – *Abonnements bei eBay.*

[455] Vgl. OLG Frankfurt WuW/E DE-R 1298, 1299 – *eBay-Bücher zum BuchpreisbindungsG* = NJW 2004, 2098.

[456] OLG Düsseldorf NZKart 2013, 170 Tz. 16 ff. (juris) – *Abonnements bei eBay,* allerdings eine geschäftliche Handlung unterstellend.

bindungsG – als solche nicht verboten, sondern wettbewerbsimmanent und damit nicht per se unlauter. Auch wenn die Preisunterbietung durch Außenseiter stets eine gewisse Gefährdung für das Bindungssystem auslöst, kann die Preisunterbietung als solche nicht unlauter sein. Ansonsten würde das Preisbindungs*recht* des Presseverlegers zu einem quasi-absoluten Recht und würde stets deliktische Wirkung auch gegenüber ungebundenen Dritten erlangen.[457] Vielmehr müssen **besondere Umstände** vorliegen, die die Unlauterkeit begründen. In Betracht kommen hier vor allem Rechtsbruch, Schleichbezug, Verleitung eines gebundenen Händlers zum Vertragsbruch oder das bloße Ausnutzen fremden Vertragsbruchs.

104 Ein **Rechtsbruch** nach §§ 3, 4 Nr. 11 UWG scheidet aus. Auch insoweit gilt, dass § 30 Abs. 1 GWB kein gesetzliches Ge- oder Verbot enthält, so dass es sich nicht um eine Norm handelt, die dazu bestimmt ist, das Marktverhalten im Interesse der Marktteilnehmer zu regeln.[458]

105 **Schleichbezug** nennt man den Bezug preisgebundener Ware durch Täuschung der gebundenen Händler. Die Außenseiter schieben beim Erwerb Mittelsmänner vor, verheimlichen den wahren Abnehmer, verschweigen eine Liefersperre, täuschen eine Bezugsberechtigung vor oder wirken mit einem ungetreuen Angestellten eines gebundenen Händlers zusammen.[459] Die Unlauterkeit iSd. § 3, § 4 Nr. 10 UWG liegt hier in der Täuschung. Umstritten ist, ob und inwieweit die Lückenlosigkeit der Preisbindung zusätzliche Voraussetzung für einen unlauteren Schleichbezug ist.[460] Der vorerwähnte Meinungsstreit wird allerdings nicht spezifisch zur Preisbindung für Zeitungen und Zeitschriften geführt. Im Bereich der Preisbindung für Zeitungen und Zeitschriften ist eine gewisse Lückenlosigkeit wünschenswert, damit die angestrebte Überallerhältlichkeit der Titel gewährleistet ist.[461] Sofern die Lückenlosigkeit Voraussetzung der Schutzwürdigkeit des Preisbindungssystems ist, muss sie gegeben sein. Überdies fehlt es an einem unlauteren Schleichbezug, wenn die Bezugsquelle des Außenseiters nicht oder nicht wirksam gebunden war.[462] Denn die Preisbindung kann dann gegenüber den gebundenen Händlern nicht durchgesetzt werden, weshalb diese nicht getäuscht werden müssen.

106 Unlauterkeit iSv. §§ 3, 4 Nr. 10 UWG ist ferner bei der **Verleitung zu fremdem Vertragsbruch** anzunehmen.[463] Hierfür genügt jedes bewusste Hinwirken auf den Vertragsbruch, also auch die bewusste Ermöglichung in der Hoffnung, der andere werde dadurch

---

[457] OLG Düsseldorf NZKart 2013, 170 Tz. 25 (juris) – *Abonnements bei eBay.*

[458] OLG Düsseldorf NZKart 2013, 170 Tz. 16 (juris) – *Abonnements bei eBay,* Rev. zugelassen; *Emmerich* in Immanga/Mestmäcker Rn. 114, 117; *Bahr* in Langen/Bunte Rn. 115. **Offen** BGH GRUR 2000, 724 Tz. 36 – *Außenseiteranspruch II.*

[459] BGH GRUR 2014, 785 Tz. 28 ff. – *Flugvermittlung im Internet;* BGH GRUR 2009, 173 Tz. 33 H. – *bundesligakarten.de;* BGH GRUR 1992, 171, 173 – *vorgetäuschter Vermittlungsauftrag;* BGH GRUR 1988, 916, 917 – *PKW-Schleichbezug;* WuW/E BGH 916, 920 – *Trockenrasierer III;* WuW/E BGH 551, 553 – *Trockenrasierer II.*

[460] Für gedankliche und praktische Lückenlosigkeit OLG Hamburg GRUR 1988, 387, 389 – *Arzneimittel-Einzelverkauf;* OLG Stuttgart NJW-RR 1989, 1004, 1006; *Emmerich* in Immenga/Mestmäcker, GWB, § 30 Rn. 115 m. w. N. Nach h. M. Lückenlosigkeit keine Anspruchsvoraussetzung: BGH GRUR 1992, 171; BGH GRUR 1988, 916, 917 – *PKW-Schleichbezug;* BGHZ 40, 135, 138 – *Trockenrasierer II* = GRUR 1964, 154, 157; OLG Köln WuW/E OLG 3805; KG GRUR 1989, 843; OLG Koblenz GRUR 1986, 258; OLG Schleswig GRUR 1986, 259; OLG München WRP 1995, 1049, 1052.

[461] Vgl. Rn. 7, 56 ff.

[462] *Bahr* in Langen/Bunte § 30 Rn. 112. Siehe auch BGH GRUR 2014, 785 Tz. 32 – *Flugvermittlung im Internet* mwN.: Vertriebssysteme, die gegen kartell- oder AGB-rechtliche Vorschriften verstoßen, wettbewerbsrechtlich nicht schutzwürdig.

[463] OLG Düsseldorf NZKart 2013, 170 Tz. 20 (juris). – *Abonnements bei eBay;* siehe ferner außerhalb des Pressevertriebs: BGH GRUR 2007, 800 Tz. 15 ff. – *Außendienstmitarbeiter;* BGH GRUR 1969, 474 – *Bierbezug;* WuW/E BGH 477 – *Cash and Carry* = NJW 1962, 1105 = BGHZ 37, 30, 32 f.

vertragsbrüchig werden;[464] der vertraglich Gebundene kann auch selbst schon zum Vertragsbruch entschlossen gewesen sein. Auf die Lückenlosigkeit des Preisbindungssystems kommt es nicht an,[465] weil der Unwert nicht in der Verletzung des Preisbindungssystems, sondern in der Verleitungshandlung liegt. Die Kenntnis des Verleitenden vom Preisbindungssystem ist allerdings erforderlich, wobei jedoch allein die etwaige Kenntnis, dass der Pressetitel der Preisbindung unterliegt, für sich genommen noch nicht ausreichend ist.[466]

Ein Verstoß gegen §§ 3, 4 Nr. 10 UWG ist entgegen der früheren Rechtssprechung 107
beim **Ausnutzen fremden Vertragsbruches** nicht mehr ohne weiteres anzunehmen, solange nicht besondere Umstände hinzutreten, die erkennen lassen, dass es dem Außenseiter gerade um die Behinderung oder Ausschaltung eines Mitbewerbers ging.[467]

Schließlich kann sich eine unlautere Behinderung (§§ 3, 4 Nr. 10 GWB) auch noch 108
daraus ergeben, dass es **primär um eine Behinderung des Preisbindenden** geht oder der Preisbindende sein **Preisbindungssystem nicht mehr in angemessener Weise zur Geltung bringen** kann.[468] Das ist anzunehmen, wenn der Außenseiter darauf abzielt, durch ein planmäßiges Zusammenwirken **das Preisbindungssystem zum Einsturz** zu bringen. Wenn nur in einem Monat 16 Zeitungs- und Zeitschriftenabonnements unter Preis angeboten werden, ist kein unlauteres Behinderungsziel ersichtlich.[469]

Grundsätzlich denkbar ist, dass **Zeichenrechte** dem Preisbinder gegen ein Verletzen 109
seines Preisbindungssystems helfen können. Für Vertriebssysteme wird in begrenztem Umfang ein Schutz aus MarkenG erwogen, solange der Markenschutz nicht nach **§ 24 MarkenG** erschöpft ist.[470] Für Preisbindungssysteme kommen Ansprüche nach **§§ 5 Abs. 3, 15 MarkenG** (Titelschutz) sowie – wenn der Verleger über Markenschutz verfügt – gemäß **§§ 4, 14 MarkenG** in Betracht. Insoweit erscheint allerdings als zweifelhaft, ob es gemäß § 24 Abs. 1 MarkenG an einer hinreichenden Zustimmung des Verlegers als Zeicheninhaber zum in Verkehr Bringen fehlt. Denn es findet ein Veräußerungsvorgang zwischen Verleger und Händler statt, der dann ggf. noch an den Einzelhändler weiterveräußert. Allenfalls erscheint es im Regelfall einer unveränderten Weiterveräußerung der Zeitung oder Zeitschrift als möglich, einen **berechtigten Grund** gemäß § 24 Abs. 2 GWB für den Ausschluss der Erschöpfung anzunehmen, falls der Titel unter Verletzung der Preisbindung vom Einzelhändler abgegeben wird. Wenn das von § 30 Abs. 1 GWB privilegierte Preisbindungssystem mit Remission und Überallerhältlichkeit (Art. 5 GG) im konkreten Fall erheblich geschädigt wird, kann ein berechtigter Grund im Sinne des § 24 Abs. 2 MarkenG vorliegen, weil sich die berechtigten Gründe aus der gesamten Rechtsordnung – auch außerhalb des Markenrechts – ergeben können.[471] Über eine Anwendung des § 24 Abs. 2 MarkenG sollte insbesondere dann nachgedacht werden, wenn das Produkt verändert wurde (z. B. Auflösung kombinierter Verlagsprodukte). Unter Berücksichtigung aller Umstände des Einzelfalls (Grad der Preissensibilität des Titels: Luxusprodukt oder Massen-

[464] *Nordemann,* Wettbewerbsrecht – Markenrecht, Rn. 586.

[465] BGH GRUR GRUR 1999, 1113 – *Außenseiteranspruch I;* BGH GRUR 2000, 724, 725 – *Außenseiteranspruch II,* jeweils zu Vertriebsbindungen.

[466] OLG Düsseldorf NZKart 2013, 170 Tz. 20 (juris). – *Abonnements bei eBay;* außerhalb des Pressevertriebs: BGH GRUR 2007, 800 Tz. 18 – *Außendienstmitarbeiter.*

[467] OLG Düsseldorf NZKart 2013, 170 Tz. 18 (juris). – *Abonnements bei eBay;* außerhalb des Pressevertriebs: BGH GRUR 2012, 1153 Tz. 41 – *Unfallersatzgeschäft;* BGH GRUR 2007, 800 Tz. 15 – *Außendienstmitarbeiter;* BGH GRUR 2000, 724, 725 – *Außenseiteranspruch II;* BGH GRUR 1999, 1113 – *Außenseiteranspruch I.*

[468] OLG Düsseldorf NZKart 2013, 170 Tz. 23 (juris). – *Abonnements bei eBay.*

[469] OLG Düsseldorf NZKart 2013, 170 Tz. 23 (juris). – *Abonnements bei eBay.*

[470] Vgl. BGH GRUR 2000, 724, 725 – *Außenseiteranspruch II;* BGH GRUR 2001, 448, 449 f. – *Kontrollnummernbeseitigung I; Fezer* GRUR 1999, 99, 105; *Sack* WRP 1998, 1127 ff.; *Wolter/Lubberger* GRUR 1999, 17, 29 f.; vgl. auch *Köhler* in Baumbach/Hefermehl, Wettbewerbsrecht, § 4 Rn. 10. 204.

[471] *Fezer,* Markenrecht, § 24 Rn. 43; siehe ferner *Ingerl/Rohnke,* MarkenG, § 24 Rn. 87.

artikel und damit Grad der Imagebeeinträchtigung; zeitliches und mengenmäßiges Ausmaß der Aktion; Abstand des tatsächlichen Preises der Aktion vom gebundenen Preis; Nachahmungsgefahr; Gefahr für die Überallerhältlichkeit) und nach eingehender Abwägung der wechselseitigen Interessen kommt auch eine Anwendung des § 24 Abs. 2 MarkenG ohne Veränderung des Produktes in Betracht; diese Fälle können dann daneben als Behinderung über **§§ 3, 4 Nr. 10 UWG** erfasst werden.[472] Eine ähnliche Problematik besteht nach **§§ 97, 17 UrhG,** weil der Inhalt von Zeitungen und Zeitschriften regelmäßig urheberrechtlich geschützt ist. Allerdings fehlt es insoweit an einer § 24 Abs. 2 MarkenG entsprechenden Regelung; hier muss z. B. bei Veränderung eine Entscheidung nach §§ 23, 24 UrhG erfolgen.

110 Dagegen scheidet ein Schutz nach **§ 823 Abs. 1 BGB** unter dem Gesichtspunkt des Eingriffs in den eingerichteten und ausgeübten Gewerbebetrieb schon aus Gründen der Subsidiarität zum UWG aus.

111 Ist die Lückenlosigkeit Voraussetzung für den Anspruch gegen den Außenseiter, verteilt sich die **Beweislast** wie folgt: Der Anspruchsteller muss das Vorliegen eines (wirksamen) Preisbindungsvertrages, die gedankliche Lückenlosigkeit und ein funktionierendes System der Überwachung beweisen. Ebenso hat er nach allgemeinen Grundsätzen nachzuweisen, dass der Händler gegen die Preisbindung verstoßen hat. Bei Vorliegen von gedanklicher Lückenlosigkeit und funktionierender Überwachung liegt dann ein Beweis des ersten Anscheins vor, dass das Preisbindungssystem auch tatsächlich lückenlos gehandhabt wird.[473] Insoweit trägt der Außenseiter für die gedankliche Lückenlosigkeit die Last, den Anscheinsbeweis zu erschüttern: der Außenseiter muss beweisen, dass – über vereinzelte Fehlschläge hinaus[474] – Verstöße nicht entdeckt und/oder verfolgt wurden.

VIII. Tatbestand der Branchenvereinbarungen (§ 30 Abs. 2a GWB)

1. Beteiligte

112 **a) Vereinigungen von Presseverlagen.** Zu Branchenvereinbarungen berechtigt sind zunächst nur Vereinigungen von Unternehmen, die nach Abs. 1 Preise für Zeitungen oder Zeitschriften binden (Presseverlage). Siehe für **Presseverlage** die Kommentierung zu § 30 Abs. 1 GWB.[475] Als Presseverlage iSd. § 30 Abs. 2a GWB sind wegen der Gleichstellung in § 30 Abs. 1 GWB auch Unternehmen anzusehen, die Substitute nach § 30 Abs. 1 S. 2 GWB verlegen.

113 Der Begriff der **Vereinigungen** ist funktional anhand des Gesetzeszwecks auszulegen. Deshalb kann es nur einen begrenzten Erkenntnisgewinn bringen, dass der Begriff noch an anderen Stellen im GWB benutzt wird (§§ 1, 2, 20 Abs. 1 und Abs. 2, 21 Abs. 1 bis 3 GWB). Für § 30 Abs. 2a GWB sind Vereinigungen gemeint, die die gleichlaufenden Interessen ihrer Mitglieder wahrnehmen.[476] Die Mitglieder können, müssen aber nicht miteinander als Unternehmen konkurrieren, sofern ihre Interessen nur gleichlaufen. Das kann z. B. auch der Fall sein für Zeitungen, die wegen unterschiedlicher Verbreitungsgebiete nicht miteinander konkurrieren. Für die Presseverleger kommt dafür u. a. im Zeitungsbereich der Bundesverband Deutscher Zeitungsverleger (BDZV) und der Verband Deutscher Lokalzeitungen (VDL) sowie im Zeitschriftenbereich der Verband Deutscher Zeitschriftenverleger (VDZ) in Betracht. Praktisch dürften derzeit nur BDZV und VDZ mit Vertriebsfragen beschäftigt sein.

---

[472] *Köhler* in Baumbach/Hefermehl § 4 Rn. 10.204; vgl. auch OLG Hamburg GRUR-RR 2002, 39 – *Fernsehgerät 4598 DM uvp;* jeweils allerdings zu Vertriebsbindungssystemen.
[473] BGH NJW-RR 1989, 1383, 1384 f.; BGH WuW/E 916, 920 f. – *Trockenrasierer III;* BGH WuW/E 567, 569 – *Maggi;* vgl. auch KG GRUR 1989, 843, 844 f. – *Antiquariatshandel.*
[474] *Bahr* in Langen/Bunte § 30 Rn. 124.
[475] Rn. 25 ff.
[476] Gleichlautend *Bechtold,* GWB, § 30 Rn. 38.

b) Vereinigungen von Presse-Grossisten. Presse-Grossisten sind in § 30 Abs. 2a GWB **legaldefiniert** als Abnehmer von Presseverlagen, die im Preis gebundene Zeitungen und Zeitschriften mit Remissionsrecht beziehen und mit Remissionsrecht an Letztveräußerer verkaufen. Zu Presseverlagen siehe oben.[477] Deren Abnehmer sind nur Händler, die unmittelbar vertraglich mit den Presseverlagen verbunden sind. Sie müssen die Zeitung oder Zeitschrift mit **Remissionsrecht** beziehen, d.h. mit einem Rückgaberecht im Hinblick auf unverkaufte Exemplare. Es führt dazu, dass der Verlag das Haupt-Absatzrisiko für seine Zeitungen und Zeitschriften trägt. Im derzeit praktizierten deutschen Pressevertriebssystem gleicht das parallel bestehende **Dispositionsrecht** des Verlegers die Auswirkungen des Remissionsrechts aus.[478] Es handelt sich insoweit um zwei Seiten der derselben Medaille. Auch wenn das der Wortlaut des § 30 Abs. 2a GWB nicht erwähnt, sollte danach als ungeschriebenes Tatbestandsmerkmal auch ein Dispositionsrecht des Verlegers gegenüber dem Händler bestehen. Um die Legaldefinition zu erfüllen, müssen die Presse-Grossisten den Pressetitel mit Remissionsrecht für den Einzelhändler – und nach hiesiger Auffassung wiederum mit Dispositionsrecht für den Presse-Grossisten – an den Einzelhändler weiterveräußern. Das Dispositionsrecht ist insoweit erweitert, als es sich nicht mehr nur auf den vom Verleger gelieferten Pressetitel, sondern auf das gesamte Sortiment und die an den Einzelhändler zu liefernde Menge bezieht. Sowohl im Verhältnis Presseverlag zu Presse-Grossist als auch im Verhältnis Presse-Grossist zu Einzelhändler handelt es sich damit nicht um einen klassischen Kaufvertrag, sondern um ein **kommissionsähnliches Verhältnis.** 114

Keine Presse-Grossisten sind Bahnhofs- und Flughafenbuchhändler, die als einzige Einzelhändler in Deutschland direkt von den Presseverlagen beziehen.[479] Denn sie sind keine Zwischenhändler, wie sie § 30 Abs. 2a voraussetzt. 115

Für den Begriff der **Vereinigung** gilt das oben für Vereinigungen von Presseverlagen Gesagte.[480] In der Praxis sollte die relevante Vereinigung der Bundesverband Deutscher Buch-, Zeitungs- und Zeitschriften-Grossisten (Bundesverband Presse-Grosso) sein. 116

2. Branchenvereinbarungen zur Regelung des flächendeckenden und diskriminierungsfreien Vertriebs von Pressesortimenten

a) Branchenvereinbarungen zum Vertrieb von Zeitungs- und Zeitschriftensortimenten. § 30 Abs. 2a GWB privilegiert nur Branchenvereinbarungen. Da § 30 Abs. 2a GWB eine Freistellung von § 1 GWB enthält, ist der Begriff der **Vereinbarung** aus § 1 GWB zu entnehmen, der deckungsgleich mit dem Begriff aus Art. 101 Abs. 1 AEUV ist.[481] 117

Die Voraussetzung der „Branchen"-Vereinbarung legt schon nach dem Wortlaut nahe, dass es sich um eine Vereinbarung handeln muss, die den **Anspruch erhebt, die gesamte Branche einheitlich zu regeln.** Auch nach dem Regelungszweck des § 30 Abs. 2a GWB spricht viel für eine bundesweite Einheitlichkeit und Diskriminierungsfreiheit.[482] Ansonsten kann der bezweckte flächendeckende und diskriminierungsfreie Vertrieb nicht gewährleistet werden. Deshalb kommt ein Abschluss verschiedener Vereinbarungen durch konkurrierende Verbände nicht in Betracht. Erst recht scheidet eine Vereinbarung aus, die auf einer Seite nur mit einem oder mehreren Unternehmen abgeschlossen wird, z.B. zwischen dem Bundesverband Presse-Grosso und einem Presseverleger. Etwas anderes kann ausnahmsweise gelten, soweit die Vereinbarung mit dem einzelnen Unternehmen in eine 118

[477] Rn. 25.
[478] Eingehend BGH GRUR 1982, 187 Tz. 17ff. (juris) – *Dispositionsrecht.*
[479] Vgl. BGH NJW-RR 1998, 1730 = WRP 1998, 783 = GRUR 1998, 1049.
[480] Rn. 113.
[481] Siehe deshalb die Kommentierung bei Art. 101 Abs. 1 AEUV.
[482] *Bechtold,* GWB § 30 Rn. 40.

branchenweite Vereinbarung einfließt,[483] weil es sich dann um eine ebenfalls privilegierte Vorstufe zur Branchenvereinbarung handelt. **Unschädlich** sollte sein, wenn **nicht alle Mitglieder einer Branche** (Presseverlage oder Presse-Grossisten) an die Branchenvereinbarung gebunden sind. Gebunden sind grundsätzlich nur Mitglieder, die ihrer Vereinigung Vollmacht zum Abschluss erteilt haben, sei es durch Satzung der Vereinigung oder Einzelvollmacht. § 30 Abs. 2a GWB sieht nur ein Recht, aber keine Pflicht zu Branchenvereinbarungen vor. Allerdings ist Voraussetzung, dass die kontrahierenden **Vereinigungen** zumindest **repräsentativ** für die Branche sind,[484] sie also entweder – bei konkurrierenden Verbänden – die Mehrheit der Unternehmen der Branche vertreten oder es sich um den einzigen Verband der Branche handelt, der sich mit Vertriebsfragen beschäftigt.

119 **b) Flächendeckender und diskriminierungsfreier Vertrieb von Pressesortimenten.** Gegenstand der Branchenvereinbarungen muss der Vertrieb von **„Zeitungs- und Zeitschriftensortimenten"** sein. Die Verknüpfung mit „und" schließt nicht aus, dass sich die Branchenvereinbarung ausschließlich auf Zeitungen oder Zeitschriften bezieht. Zum Begriff der Zeitung und Zeitschrift siehe oben.[485] Wegen der Gleichstellung in § 30 Abs. 1 GWB sollten auch Substitute nach § 30 Abs. 1 S. 2 GWB zu den Zeitungen und Zeitschriften zählen. Sortiment meint ein Paket verschiedener Pressetitel, die der Presse-Grossist aufgrund seines Dispositionsrechts gegenüber den Einzelhändlern zusammenstellt und liefert; die Freistellung gilt also nicht für Vereinbarungen, die nur den Vertrieb eines einzelnen Titels regeln.

120 **Vertrieb** meint den Bezug und den Weiterverkauf durch die Presse-Grossisten **auf der Großhandelsstufe.** Dieser Vertrieb umfasst das Remissionsrecht und Dispositionsrecht.[486]

121 Nur Branchenvereinbarungen fallen unter die Freistellung, die den flächendeckenden und diskriminierungsfreien Vertrieb regeln. Der Gesetzgeber versteht darunter „insbesondere dessen Voraussetzungen und dessen Vergütungen sowie die dadurch abgegoltenen Leistungen". Danach sind folgende **Regelungsgegenstände** von der Freistellung erfasst:

122 **aa) Flächendeckung; Gebietsmonopole?** Das Gesetz privilegiert nur flächendeckende Regelungen. Sie müssen sich also auf das Gebiet der gesamten Bundesrepublik erstrecken. Der Gesetzgeber wollte damit erreichen, dass die Branchenvereinbarungen der **Überallerhältlichkeit (Ubiquität) von Presseerzeugnissen**[487] verpflichtet sind.[488]

123 Ob § 30 Abs. 2a GWB auch **Gebietsaufteilungen** – insbesondere in Form der derzeit vorherrschenden **Gebietsmonopole für Presse-Grossisten**[489] – durch Branchenvereinbarungen zulässt, ist dem Wortlaut des neuen § 30 Abs. 2a GWB nicht ohne weiteres zu entnehmen. Anknüpfungspunkt dafür könnte allerdings sein, dass der Wortlaut von einer Freistellung von Branchenvereinbarungen spricht, die den „flächendeckenden und diskriminierungsfreien Vertrieb" im Pressebereich sicherstellen sollen. Dafür, dass § 30 Abs. 2a GWB insbesondere die bisherigen Gebietsaufteilungen mit Alleinauslieferungen für bestimmte Grossisten vom Kartellverbot freistellen wollte, spricht jedenfalls die Begründung, die der Ausschuss des Bundestages für Wirtschaft und Technologie zu § 30 Abs. 2a GWB gegeben hat. Es ist hier die Rede davon, dass § 30 Abs. 2a GWB „das seit Jahrzehnten bewehrte Presse-Grosso-Vertriebssystem… kartellrechtlich absichern" solle.[490] In der Folge geht auch ein Teil der Literatur davon aus, dass § 30 Abs. 2a GWB gerade eine Gebietsaufteilung unter den Grossisten in klar definierte und einzelnen Grossisten zugeordnete Mo-

[483] So auch *Bechtold,* GWB, § 30 Rn. 40.
[484] *Bechtold,* GWB § 30 Rn. 41.
[485] Rn. 27.
[486] Siehe oben Rn. 7.
[487] Dazu oben Rn. 7.
[488] *Soppe* AfP 2013, 365, 370; zur Ubiquität auch oben I. 1.
[489] Siehe auch Rn. 11.
[490] Deutscher Bundestag, Beschlussempfehlung und Bericht des Ausschusses für Wirtschaft und Technologie (9. Ausschuss, BT DT 17/11053, Seite 24.

nopolgebiete erlaubt.[491] Das überzeugt nicht. Der „flächendeckende" Vertrieb meint erst einmal nichts weiter als eine Vertriebsgestaltung, in der die Überallerhältlichkeit von gedruckten Presseerzeugnissen sichergestellt ist, sogenannte Ubiquität.[492] Für eine Überallerhältlichkeit ist es aber nicht zwingend, dass Presse-Grossisten über ein Gebietsmonopol und über Alleinauslieferungsrechte verfügen.[493] Vielmehr ist eine Überallerhältlichkeit auch bei Konkurrenz unter Presse-Grossisten vor allem dann denkbar, wenn sie Vollsortimente vertreiben.[494] Für eine Freistellung von Gebietsmonopolen spricht auch nicht, dass die Zuweisung von Gebietsmonopolen erforderlich wäre, um Neutralitätspflichten der Grossisten aus § 19 Abs. 2 Nr. 1 2. Alt. GWB auszulösen. Denn diese Neutralitätspflicht des Presse-Grossisten wird in den Branchenvereinbarungen nach § 30 Abs. 2a GWB schon durch das Diskriminierungsverbot erreicht.[495] Gebietsaufteilungen unter Wettbewerbern sind schwerste Wettbewerbsbeschränkungen (sog. Kernbeschränkungen),[496] die der Gesetzgeber im Zweifel nicht wollte. Außerdem wäre die Freistellung von Gebietsmonopolen **europarechtswidrig (Art. 101 AEUV)** und liefe leer.[497] Schließlich erscheint auch **wegen der verfassungsrechtlichen Implikationen** der Gebietsmonopole für Presseverleger, aber insbesondere für Einzelhändler eine **restriktive Auslegung** angezeigt.[498]

bb) Diskriminierungsfreiheit. Von der Freistellung profitieren nur Branchenvereinbarungen, die nicht diskriminieren. Zur Auslegung kann im Rahmen einer funktionalen Auslegung auf das Diskriminierungsverbot des § 19 Abs. 2 Nr. 1 2. Alt GWB abgestellt werden. Denn es erfüllt die gleiche Funktion. Danach sind solche Vereinbarungen nicht freigestellt, die gleichartige Unternehmen ohne sachlichen Grund unmittelbar oder mittelbar anders behandeln. Diskriminierte Unternehmen in diesem Sinne können Verlage, Presse-Grossisten, aber auch Einzelhändler sein. Eine wichtige Konkretisierung des Diskriminierungsverbots stellt die **Neutralitätspflicht des Presse-Grosso** bei der Abnahme und beim Weitervertrieb der Pressetitel dar. Danach sind die Presse-Grossisten verpflichtet, die Interessen aller mit ihnen vertraglich verbundenen Verlage zu wahren und Neutralität zu üben.[499] Genauso wie bei § 19 Abs. 2 Nr. 1 1. Alt GWB folgt aus dieser Neutralitätspflicht aber nicht die Verpflichtung zur absolut unterschiedslosen Behandlung, sondern nur das Verbot der sachwidrigen Diskriminierung, insbesondere die Pflicht zur Gewährung des diskriminierungsfreien Zugangs zum Zeitschriftenmarkt. Nicht jede Bevorzugung eines Zeitschriftentitels verletzt die Neutralitätspflicht, solange die diesem Titel zugutekommende Behandlung allen übrigen Verlagen gleichermaßen angeboten wird oder von diesen in Anspruch genommen werden könnte.[500] 124

cc) Vergütungen und Preise. Nach seinem Wortlaut stellt § 30 Abs. 2a S. 1 GWB auch Branchenvereinbarungen über Vergütungen frei. Damit dürfen sich die Vereinigungen der Presseverlage und der Presse-Grossisten zunächst über die **Vergütung der Presse-Grossisten** absprechen. Fraglich ist, ob auch die **Vergütung des Einzelhändlers** Gegenstand der freigestellten Absprache sein darf. Dafür spricht, dass es sich dabei auch um eine 125

[491] *Hennemann* in Gersdorf/Paal, Beck'scher Online-Kommentar Informations- und Medienrecht, Stand 1. Februar 2014, § 30 GWB Rn. 30; *Bechtold,* ZWeR 2013, 387, 398; *ders.* GWB, § 30 Rn. 42; *Bremer/Hackl* in Münchner Kommenar, GWB, § 30 Rn. 103; wohl auch *Guggenberger/Ulmer* AfP 2013, 183, 186, *Emmerich* in Immenga/Mestmäcker, GWB § 30 Rn. 158.

[492] *Soppe* AfP 2013, 365, 370; zur Ubiquität auch oben Rn. 7.

[493] *J. B. Nordemann,* FS Köhler, S. 495, 501 f.

[494] *J. B. Nordemann,* FS Köhler, S. 495, 501 f.

[495] Siehe Rn. 124.

[496] Siehe Rn. 131.

[497] Streitig, siehe unten Rn. 129.

[498] Eingehend oben Rn. 14.

[499] OLG Hamburg AfP 2013, 420 Tz. 81 (juris) – *Top-100-Titel; Kloepfer/Kutzschbach* AfP 1999, 1 ff.

[500] Eingehend OLG Hamburg AfP 2013, 420 Tz. 81 (juris) – *Top-100-Titel* mwN., zur vertraglichen Neutralitätspflicht.

Vergütung handelt, die Gegenstand eines Vertrages zwischen Presseverleger und Presse-Grossist im Sinne des § 30 Abs. 1 GWB sein darf; der Presseverleger bindet im Regelfall auch insoweit den Presse-Grossisten für seine Zweitverträge mit dem Einzelhändler.[501] Freigestellt sein dürften sogar **Absprachen über den Endverbraucherpreis**, weil er die notwendige Grundlage für die Berechnung der Grosso- und der Einzelhandelspanne ist.

126 Nach der Rechtsprechung des Bundesgerichtshofes besteht kein Kaufwert einer solchen Freistellung mit Europarecht.[502]

127 **dd) Abgegoltene Leistungen und sonstige Vertragsbedingungen.** Schließlich erlaubt § 30 Abs. 2a S. 1 GWB auch Vereinbarungen über die durch die Vergütungen abgegoltenen Leistungen. Damit sind offenbar die Vertragspflichten gemeint, die auch gleichgeschaltet werden dürfen. Das sind erst einmal die Leistungen der Presse-Grossisten gegenüber den Presseverlegern. Soweit Vertragsbedingungen (Konditionen) für den Zweitvertrag des Grossisten mit den Einzelhändlern nach § 30 Abs. 1 GWB gebunden werden dürfen,[503] sollten auch sie durch die Freistellung erfasst sein.

3. Rechtsfolge (§ 30 Abs. 2a S. 1 GWB)

128 **a) Nationales Recht: Fehlende Geltung des § 1 GWB.** Branchenvereinbarungen, die die Voraussetzungen des § 30 Abs. 2a S. 1 GWB einhalten, sind **vom Verbot des § 1 GWB freigestellt.** Diese Freistellung erfolgt durch Gesetz. Es bedarf keiner zusätzlichen Prüfung weiterer Voraussetzungen, insbesondere nicht diejenigen der §§ 2, 3 GWB. Die Freistellung erfolgt lediglich, „soweit" in den Branchenvereinbarungen der flächendeckende und diskriminierungsfreie Vertrieb von Zeitungs- und Zeitschriftensortimenten durch die Presse-Grossisten geregelt wird. Darüber hinausgehende Vereinbarungen sind nicht freigestellt und beurteilen sich nach den allgemeinen Regeln der §§ 1 bis 3 GWB. – Es besteht kein Zwang, sich Branchenvereinbarungen nach § 30 Abs. 2a S. 1 GWB anzuschließen. Deshalb existiert auch **keine automatische Bindung von Presseverlagen oder Presse-Grossisten an die Branchenvereinbarungen.** Sie müssen vielmehr ihre Vereinigungen bevollmächtigen, für sie zu handeln.

129 **b) Europäisches Recht: Leerlaufen der deutschen Rechtsfolge, soweit Vorrang von Art. 101 AEUV.** Allerdings kann eine Freistellung durch § 30 Abs. 2a S. 1 GWB nur für § 1 GWB erfolgen. Für eine Freistellung nach Art. 101 Abs. 3 AEUV fehlt dem deutschen Gesetzgeber die Regelungskompetenz. Art. 101 AEUV geht der nationalen Regelung vor, sofern es sich um einen zwischenstaatlichen Sachverhalt handelt (Art. 2 Abs. 3 VO 1/2003, § 22 GWB), so dass § 30 Abs. 2a S. 1 GWB leer läuft, wenn die Branchenvereinbarungen zwischenstaatlich sind und soweit sie Art. 101 AEUV verletzen. Bei Verletzung des Art. 101 AEUV stellt sich die gesondert zu beantwortende Frage, ob Art. 101 AEUV wegen Art. 106 AEUV unanwendbar ist.[504]

130 **aa) Zwischenstaatlichkeit von Branchenvereinbarungen.** Die Voraussetzungen der Zwischenstaatlichkeitsklausel gem. Art. 101 Abs. 1 AEUV können auch bei einer rein nationalen Kartellierung erfüllt sein, obwohl sich die Wirkungen der Kartellierung auf das Hoheitsgebiet eines bestimmten Mitgliedsstaates beschränken.[505] Allerdings hat der EuGH in *Salonia* insbesondere zu Abreden im Hinblick auf den nationalen Pressevertrieb gefordert, dass sorgfältig geprüft werden müsse, ob spürbare Auswirkungen für den zwischen-

---

[501] Eingehend oben Rn. 42.

[502] BGH v. 6.10.2015, Az. KZR 17/14 – *Pressemittelung;* im Einzelnen streitig, siehe Rn. 129ff., 134ff.

[503] Dazu oben Rn. 42.

[504] Dazu separat unten Rn. 134ff.

[505] EuGH Slg. 2004, I-04933 Tz. 79 – *British Sugar;* ferner EuGH Slg. 1972, 977 – *Cementhandelaren;* Europäische Kommission, Leitlinien über den Begriff der Beeinträchtigung des zwischenstaatlichen Handels in den Artikeln 81 und 82 des Vertrages, ABl. 2004 C 101/81 Tz. 88.

staatlichen Handel gegeben seien.[506] Zentrale horizontale Abreden zwischen Presse-Grossisten über Gebietsaufteilungen bzw. über Preis- und Konditionenabreden haben unmittelbare Auswirkungen auf den Vertrieb EU-ausländischer Presseerzeugnisse in Deutschland, weil sie sich beim Vertrieb im Regelfall einem monopolistischen Großhändler gegenübersehen und auch der kartellierten Verhandlungsmacht der Presse-Grossisten in Preis- und Konditionenverhandlungen ausgesetzt sind. Horizontale Abreden der deutschen Presse-Grossisten haben ferner spürbare Auswirkungen auf die Zutrittsmöglichkeiten für Presse-Grosso-Unternehmen aus anderen EU-Staaten.[507] Ein Preis- und Konditionenkartell zwischen Lieferanten und Großhändlern erscheint als relevante Marktantrittsschranke für EU-ausländische Großhändler. Deshalb sind Branchenvereinbarungen gem. § 30 Abs. 2a GWB zwischenstaatlich.[508] Davon ging offenbar auch der deutsche Gesetzgeber wegen der Regelung in § 30 Abs. 2a S. 2 GWB aus. Durch diese Regelung hat der deutsche Gesetzgeber die Vereinigungen der Presse-Grossisten und der Presseverlage im Sinne von Art. 106 Abs. 2 AEUV betraut, einen flächendeckenden und diskriminierungsfreien Vertrieb von Zeitungen und Zeitschriften im stationären Einzelhandel sicherzustellen.[509] Das diente „der europarechtlichen Konformität",[510] also offensichtlich dem Ausschluss der Anwendbarkeit von Art. 101 AEUV.

bb) Verletzung des Art. 101 AEUV. Mit der zutreffenden Auffassung des OLG Düsseldorf fallen zentrale branchenweite Verhandlungsmandate, die Preise und Gebiete absprechen, als **Wettbewerbsbeschränkungen** auch unter **Art. 101 Abs. 1 AEUV.**[511] Das EU-Kartellrecht sieht in vereinbarten Preisen besonders schwerwiegende Wettbewerbsbeschränkungen, auch genannt „Kernbeschränkungen"; in der Regel ist eine kartellrechtliche Zulässigkeit auszuschließen.[512] Nichts anderes gilt, soweit § 30 Abs. 2a S. 1 GWB eine Zulässigkeit von Gebietsabreden[513] entnommen werden kann.[514] Für die Verabredung von Gebietsmonopolen durch die Branchenvereinbarungen scheidet auch nicht deshalb eine „Kernbeschränkung" gemäß Art. 101 Abs. 1 AEUV aus, weil die heute gebietsmonopolistisch tätigen Presse-Grossisten in keinem mindestens potentiellen Wettbewerb zueinander stünden. Die bisher geübte Praxis der gebietsbezogenen Alleinauslieferung unterliegt der Dispositionsfreiheit der Vertragsparteien und kann von den Vertragsparteien jederzeit geändert werden. Mit dem OLG Düsseldorf ist nicht ersichtlich, „warum eine vernünftige und bedarfsgerechte Belieferung des Einzelhandels dann nicht mehr möglich sein soll, wenn in dem Vertriebsgebiet konkurrierende Großhändler tätig sind".[515] Der Bundesgerichtshof hatte schon bei Aufkommen der Gebietsabsprachen in den 1970er Jahren durchgreifende kartellrechtliche Bedenken wegen Verletzung des Kartellverbots angemeldet.[516] 131

---

[506] EuGH, Urteil vom 16. Juni 1981, C-126/80 – *Salonia.*

[507] Eingehend *J. B. Nordemann,* FS Köhler, S. 495, 497 f.

[508] *J. B. Nordemann,* FS Köhler, S. 459, 497 f.; *Bremer/Hackl* in Münchner Kommentar, GWB, § 30 Rn. 114; *Bechtold,* GWB, § 30 Rn. 45; *Weber* in Schulte/Just, KartellR, § 30 Rn. 32; *Emmerich* in Immenga/Mestmäcker, GWB § 30 Rn. 163. Stillschweigend eine Zwischenstaatlichkeit annehmend: OLG Düsseldorf, Urteil vom 26. Februar 2014, Az. VI-U (Kart) 7/12 = GRUR-RR 2014, 353.

[509] Dazu unten Rn. 134 ff.

[510] Deutscher Bundestag, Beschlussempfehlung und Bericht des Ausschusses für Wirtschaft und Technologie (9. Ausschuss), BT DS 17/11053, Seite 24.

[511] OLG Düsseldorf, Urteil vom 26. Februar 2014, Az. VI-U (Kart) 7/12 Tz. 24 ff. (juris) = GRUR-RR 2014, 353.

[512] EuGH Slg. 1985, 391 Tz. 22 – *BNIC/Guy Clear; Zimmer* in Immenga/Mestmäcker, EU-WettbR, Art. 101 Abs. 1 AEUV Rn. 235 mwN.; siehe ferner zu Art. 101 Abs. 1 AEUV Rn. 3, 272 ff. Art. 101 Abs. 3 AEUV Rn. 194.

[513] Str., siehe Rn. 12.

[514] OLG Düsseldorf, Urteil vom 26. Februar 2014, Az. VI-U (Kart) 7/12 Tz. 69 f. (juris) = GRUR-RR 2014, 353; *Ellger* in Immenga/Mestmäcker, EU-WettbR, Art. 101 Abs. 3 AEUV Rn. 166.

[515] OLG Düsseldorf, Urteil vom 26. Februar 2014, Az. VI-U (Kart) 7/12 Tz. 54 (juris) = GRUR-RR 2014, 353.

[516] BGH WuW/E BGH 1527, juris Tz. 23 ff. – *Zeitschriften-Grossisten.*

132 Eine **Einzelfreistellung** der Preis- und/oder Gebietsabsprachen **nach Art. 101 Abs. 3 AEUV** scheidet ebenfalls aus. Relevante Effizienzsteigerungen sind nicht ersichtlich: Gerade die Konkurrenz unter den Großhändlern kann dafür sorgen, dass die Presse-Grossisten effizient ihre Leistungen erbringen.[517] Dass Einzelhändler sich über die teilweise schlechte Qualität der Leistungen der monopolistischen Grossisten öffentlich beschweren,[518] passt zur aktuellen und kartellrechtlich problematischen Situation und lässt daran zweifeln, dass die Verbraucher – zu denen auch die Einzelhändler gehören – überhaupt angemessen an den Vorteilen dieser wettbewerbsbeschränkenden Vereinbarungen beteiligt werden. Auch die Unerlässlichkeit ist problematisch.[519] Remissionsrecht und Dispositionsrecht erfordern keine Branchenvereinbarungen mit Preisabsprachen, wie schon die Situation bei direkt von den Verlagen belieferten Bahnhofs- und Flughafenbuchhandlungen oder in den Mehrfachgrossogebieten (z.B. Hamburg, Berlin) zeigt. Es bleibt die Gewährleistung der Neutralitätspflicht, die durch die Gebietsmonopole nach § 19 Abs. 2 Nr. 1 2. Alt GWB gesetzlich entsteht. Eine gangbare Alternative wäre beispielsweise die Verankerung einer einfachgesetzlichen Neutralitätspflicht für jedes Unternehmen, das sich als Presse-Grossist betätigt. Eine solche Regelung findet sich in § 2 Abs. 2 Brandenburgisches Pressegesetz. Bundesweite Preisabreden stellen schließlich auch eine Ausschaltung des Wettbewerbs für einen wesentlichen Teil der betreffenden Waren dar: Die Presse-Grossisten verfügen derzeit über Marktanteile von 100% jedenfalls in den Einzelgrosso-Gebieten.[520] Das Gleiche gilt, sollte § 30 Abs. 2a S. 1 GWB wirklich Gebietsmonopole der Presse-Grossisten freistellen.[521]

133 Im Hinblick auf **Branchenvereinbarungen über Konditionen** ist hingegen eine Differenzierung erforderlich. Nach den Horizontalleitlinien der Europäischen Kommission können Vertragsbedingungen unter bestimmten Voraussetzungen ohne Konflikt mit Art. 101 AEUV einheitlich vereinbart werden. Zwar ist eine wettbewerbsbeschränkende Auswirkung von standardisierten Vertragsbedingungen („Standardbedingungen") nur ausgeschlossen, wenn es sich um zugängliche und nicht verbindliche Standardbedingungen für Verbrauchsgüter oder Dienstleistungen handelt,[522] so dass die verbindlichen Branchenvereinbarungen wettbewerbsbeschränkend iSd. Art. 101 Abs. 1 AEUV sind. Jedoch kann eine Einzelfreistellung gemäß Art. 101 Abs. 3 AEUV in Betracht gezogen werden, sofern die vier Freistellungsvoraussetzungen kumulativ erfüllt sind. Das ist bei Konditionenabreden eher möglich, weil es sich – anders als bei Preis- oder Gebietsabsprachen – nicht grundsätzlich um Kernbeschränkungen handelt.[523]

4. Betrauung nach Art. 106 Abs. 2 AEUV (§ 30 Abs. 2a S. 2 GWB)

134 Der deutsche Gesetzgeber hat offensichtlich die Problematik gesehen, dass eine Freistellung nach Art. 101 Abs. 3 AEUV für die „Branchenvereinbarungen" gemäß § 30 Abs. 2a

---

[517] Ebenso *Paschke* AfP 2012, 431, 440; *J. B. Nordemann,* FS Köhler, S. 495, 501. Gl. A. OLG Düsseldorf, Urteil vom 26. Februar 2014, Az. VI-U (Kart) 7/12 Tz. 60 ff. (juris) = GRUR-RR 2014, 353. Kritisch *Haus* WuW 2014, 830, 833 ff.

[518] Siehe z.B. Pressemitteilung des HDE Handelsverband Deutschland vom 12. September 2012 „Einzelhandel fordert mehr Wettbewerb im Pressevertrieb", abrufbar auf www.einzelhandel.de, zuletzt abgerufen am 7. April 2014; siehe auch *Mundt,* Präsident des BKartA, in Sitzung Ausschuss für Wirtschaft und Technologie, Sitzung vom 27. Juni 2012, Protokoll Nr. 17/74.

[519] *Guggenberger/Ulmer* AfP 2013, 183, 188; *Paschke* AfP 2012, 431, 432 ff.; in diese Richtung auch *Zimmer* BB Heft 29/2013, „Die erste Seite" I.; *J. B. Nordemann,* FS Köhler, S. 495, 501 f. A. A. *Paal* in Gersdorf/Paal, aaO., Art. 101 Rn. 101; genauso: *Hennemann* in Gersdorf/Paal, aaO., § 30 GWB Nr. 11.

[520] OLG Düsseldorf, Urteil vom 26. Februar 2014, Az. VI-U (Kart) 7/12 Tz. 69 f. (juris) = GRUR-RR 2014, 353; *Paschke* AfP 2012, 431, 435.

[521] Siehe dazu oben Rn. 131.

[522] *Europäische Kommission,* Horizontalleitlinien, Tz. 300 bis 302.

[523] Siehe zu Konditionenabreden die Kommentierung zu Art. 101 Abs. 3 AEUV Rn. 133 ff.

S. 1 GWB ausscheidet und damit Art. 101 AEUV eigentlich verletzt ist. Er hat versucht, die Anwendung des Art. 101 AEUV dadurch auszuschließen, dass er gemäß § 30 Abs. 2a S. 2 GWB die Vereinigungen der Verleger und die Vereinigungen der Grossisten sowie ihre Mitglieder „mit Dienstleistungen von allgemeinem wirtschaftlichen Interesse betraut", Art. 106 Abs. 2 AEUV. Das diente „der europarechtlichen Konformität".[524]

Ob der Gesetzgeber sein Regelungsziel erreicht hat, über Art. 106 AEUV eine Anwendung von Art. 101 AEUV auszuschließen, ist in der Literatur **umstritten.**[525] In der Rechtsprechung hatte sich zunächst das OLG Düsseldorf gegen eine wirksame Betrauung nach Art. 106 Abs. 2 AEUV ausgesprochen.[526] Der Bundesgerichtshof hat das jedoch in der Revisionsinstanz korrigiert. Er geht davon aus, dass Art. 106 Abs. 2 AEUV Anwendung findet. Eine Vorlage an den EuGH fand nicht statt.[527] Die überzeugenderen Argumente sprechen gegen eine wirksame Betrauung nach Art. 106 Abs. 2 AEUV. Das OLG Düsseldorf verweist zutreffend darauf, dass die betrauten Vereinigungen nicht verpflichtet sind, einen flächendeckenden und diskriminierungsfreien Vertrieb von Zeitungen und Zeitschriften im stationären Einzelhandel in Deutschland zu organisieren. Eine Betrauung kommt aber nur in Betracht, wenn die Erfüllung der besonderen Aufgabe erzwingbar ist.[528] Überdies ist auch fraglich, ob § 30 Abs. 2a S. 2 GWB die „besondere Aufgabe" in hinreichend konkreter Weise definiert.[529] Schließlich bestehen Bedenken im Hinblick auf die Erforderlichkeit der erheblich wettbewerbsbeschränkenden Branchenvereinbarungen, um die übertragene Aufgabe zu erreichen.[530] Ein flächendeckendes und diskriminierungsfreies Pressevertriebssystem kann auch im Wettbewerb zwischen Presseverlagen und zwischen Presse-Grossisten um Preise und Konditionen gewährleistet werden.[531] Der Bundesgerichtshof sieht jedoch hier einen nicht justiziablen Beurteilungsspielraum für den deutschen Gesetzgeber.[532] Bedenklich stimmt insoweit, dass Deutschland die Betrauung gemäß § 30 Abs. 2a S. 2 GWB nicht mit der Europäischen Kommission abgestimmt hat,[533] obwohl die Kommission nach Art. 106 Abs. 3 AEUV die Aufgabe hat, auf die Anwendung des Art. 106 Abs. 2 AEUV zu achten.

---

[524] Deutscher Bundestag, Beschlussempfehlung und Bericht des Ausschusses für Wirtschaft und Technologie (9. Ausschuss), BT DS 17/11053, Seite 24.

[525] Für eine wirksame Betrauung iSd. Art. 106 Abs. 2 AEUV: *Schwarze* NZKart 2013, 270, 273ff.; *Soppe* AfP 2013, 365, 371; *Haus* WuW 2014, 830, 835ff.; *Kühnling* ZUM 2013, 18ff.; *Bechtold* ZWeR 2013, 387, 399; *ders.*, GWB, § 30 Rn. 46f.; Zweifel aber bei *Hennemann* in Gersdorf/Paal, aaO., § 30 GWB Rn. 11; *Bremer/Hackl* in Münchner Kommentar, GWB, § 30 Rn. 111. Gegen eine Anwendbarkeit von Art. 106 Abs. 2 AEUV: *Monopolkommission,* XX. Hauptgutachten 2012/2013, Tz. 1065; *Paschke* AfP 2012, 501, 502ff.; *Guggenberger/Ulmer* AfP 2013, 183, 187; *Keßler* WRP 2013, 1116, 1119; *J. B. Nordemann,* FS Köhler, S. 495, 499; *Weber* in Schulte/Just, KartellR, § 30 Rn. 34; *Thoma* in Berg/Mäsch, Europäisches und deutsches Kartellrecht, § 30 GWB Rn. 39.

[526] OLG Düsseldorf, Urteil vom 26. Februar 2014, Az. VI-U (Kart) 7/12 Tz. 77f. (juris) = GRUR-RR 2014, 353.

[527] BGH v. 6.10.2015, Az. KZR 17/14 – *Pressemitteilung.*

[528] OLG Düsseldorf, Urteil vom 26. Februar 2014, Az. VI-U (Kart) 7/12 Tz. 77f. (juris) = GRUR-RR 2014, 353; *Bremer/Hackl* in Münchner Kommentar, GWB, § 30 Rn. 111; *Weber* in Schulte/Just, KartellR, § 30 Rn. 34.

[529] Zum Erfordernis der hinreichenden Konkretisierung der besonderen Aufgabe siehe *Mestmäcker/Schweitzer* in Immenga/Mestmäcker, Wettbewerbsrecht, Art. 106 Abs. 6 AEUV Rn. 55 mwN. adRspr. des EuGH.

[530] Ausführlich *J. B. Nordemann,* FS Köhler, S. 495, 501f.; *Emmerich* in Immenga/Mestmäcker, GWB, § 30 Rn. 166; *Bremer/Hackl* in Münchner Kommentar, GWB, § 30 Rn. 118; gleicher Ansicht auch *Monopolkommission,* XX. Hauptgutachten 2012/2013, Tz. 1065.

[531] Siehe oben Rn. 14.

[532] BGH v. 6.10.2015, Az. KZR 17/14 – *Pressemitteilung.*

[533] *Keßler* WRP 2013, 1116, 1119.

IX. Missbrauchsaufsicht über Branchenvereinbarungen (§ 30 Abs. 3 S. 2 GWB)

1. Verhältnis zu anderen kartellrechtlichen Bestimmungen

136 Bei fehlender Einhaltung der Freistellungsvoraussetzungen gilt **§ 1 GWB** unmittelbar und die **§§ 32ff. GWB** kommen uneingeschränkt zur Anwendung. Sind die Freistellungsvoraussetzungen erfüllt und die Branchenvereinbarung jedoch „bloß" missbräuchlich gehandhabt, treten §§ 1, 32ff. GWB zurück. Insoweit gilt nichts anderes als bei § 30 Abs. 3 S. 1 GWB.[534]

137 Demgegenüber sind die **§§ 19, 20, 32ff. GWB** stets anwendbar, wie § 30 Abs. 2a S. 3 GWB ausdrücklich anordnet. Nichts anderes gilt für **Art. 102 AEUV, §§ 32ff. GWB.**

138 Uneingeschränkt zur Anwendung gelangt auch **Art. 101 AEUV iVm. §§ 32ff. GWB,** sofern er verletzt ist, weil § 30 Abs. 3 S. 2 GWB nicht das Europarecht regeln kann.

2. Tatbestand des § 30 Abs. 3 S. 2 GWB

139 Branchenvereinbarungen unterliegen einer besonderen Missbrauchskontrolle des Bundeskartellamtes. Nach § 30 Abs. 3 S. 2 GWB kann das Bundeskartellamt diese ganz oder teilweise für unwirksam erklären, soweit eine Branchenvereinbarung nach § 30 Abs. 2a S. 1 GWB einen Missbrauch der Freistellung darstellt. Ein Missbrauch der Freistellung erfordert – genauso wie im Rahmen des § 30 Abs. 3 S. 1 GWB – bloß eine **objektive Missbräuchlichkeit,** insbesondere ein Verschulden ist irrelevant.[535]

140 Ein Missbrauch ist nach ähnlichen Kriterien wie bei § 30 Abs. 3 S. 1 zu prüfen.[536] **Missbräuchlich** ist danach insbesondere ein Verstoß gegen andere kartellrechtliche Regelungen mit Ausnahme des § 1 GWB; z.B. ein Verstoß gegen Art. 101 AEUV oder gegen §§ 19, 20 GWB wäre danach missbräuchlich. Relevant sind auch Verstöße gegen andere gesetzliche Verbote außerhalb des Kartellrechts. Weiter erscheint es als missbräuchlich, wenn der Freistellungszweck des § 30 Abs. 2a S. 1 GWB verfehlt wird, also kein flächendeckender und diskriminierungsfreier Vertrieb erfolgt und insbesondere die Überallerhältlichkeit nicht erreicht wird[537] oder wenn eine übermäßige Beeinträchtigung der Interessen von Abnehmern und sonstigen Dritten besteht; letzteres kann der Fall sein bei nicht auskömmlichen Handelsspannen für die Einzelhändler als Außenseiter der Branchenvereinbarungen[538] oder bei einer unangemessenen Verteuerung der Pressetitel für den Endverbraucher.[539]

3. Verfahren und Rechtsfolgen der Missbrauchsaufsicht

141 Für das Verfahren und die Rechtfolgen der Unwirksamkeitserklärung kann auf die Ausführungen zu § 30 Abs. 3 S. 1 GWB verwiesen werden. Es gelten keine Besonderheiten. Es fehlt in § 30 Abs. 3 S. 2 GWB allerdings die Befugnis, neue gleichartige Bindungen in der Missbrauchsverfügung ebenfalls zu untersagen.

X. Verhältnis des § 30 GWB zu anderen Vorschriften

1. Verhältnis zu § 1 GWB und § 2 Abs. 1 GWB

142 **a) Vertikalvereinbarungen, insbesondere Preisbindungen der Presseverleger.** Sofern die Voraussetzungen des § 30 Abs. 1 GWB[540] oder § 30 Abs. 2 GWB[541] nicht erfüllt

---

[534] Oben Rn. 69f.
[535] Dazu oben Rn. 74.
[536] Siehe Rn. 73ff.
[537] *Bremer/Hackl* in Münchener Kommentar, GWB, § 30 Rn. 123.
[538] Siehe auch Rn. 81.
[539] *Emmerich* in Immenga/Mestmäcker, GWB, § 30 Rn. 168.
[540] Dazu oben Rn. 25ff.
[541] Dazu oben Rn. 49ff.

sind, liegt ein Verstoß gegen das (vertikale) Preisbindungsverbot des § 1 GWB[542] vor; die Anwendung des § 2 Abs. 1 GWB ist gesperrt. Zum Verhältnis zur Missbrauchsaufsicht des § 30 Abs. 3 S. 1 GWB in diesen Fällen, vgl. oben.[543] Entsprechendes gilt bei Branchenvereinbarungen nach § 30 Abs. 2a GWB, sofern sie überhaupt Vertikalvereinbarungen beinhalten.

b) Horizontalvereinbarungen. Im Verhältnis zu § 1 GWB ist **§ 30 Abs. 1 GWB** eine Ausnahmevorschrift. § 30 Abs. 1 GWB privilegiert jedoch horizontale Abreden von Preisbindern untereinander nicht, sondern nur vertikale Preisbindungen einzelner Presseverleger.[544] Insoweit sind die Rechtsfolgen der Missbrauchsaufsicht des § 30 Abs. 3 S. 1 GWB und die Rechtsfolgen des Verstoßes gegen § 1 GWB **nebeneinander anwendbar.**[545] – Ein lückenloses Preisbindungssystem nach § 30 Abs. 1 GWB hat die Wirkung eines Händlerkartells. Dennoch liegt kein Verstoß gegen § 1 GWB vor, da es an einer Vereinbarung oder einem bewusst gleichförmigen Verhalten der Händler untereinander fehlt. Das Preiskartell resultiert aus der Preisbindungsvereinbarung mit dem Verleger. Diese Vereinbarung zwischen Händler und Preisbinder ist allerdings nach § 30 Abs. 1 GWB zulässig und stellt daher auch unter dem Gesichtspunkt des Sternvertrages kein horizontales Kartell iSv. § 1 GWB dar.[546] 143

Liegen die Voraussetzungen für eine **Freistellung von Branchenvereinbarungen gem. § 30 Abs. 2a GWB** nicht vor, greift § 1 GWB. Bei bloßem Missbrauch der Freistellung bleibt § 1 GWB hingegen unanwendbar.[547] 144

2. Verhältnis des § 30 Abs. 1 GWB zum Buchpreisbindungsgesetz

§ 30 Abs. 1 GWB gilt nur noch für Zeitungen und Zeitschriften. Für den größten Teil der sonstigen Verlagserzeugnisse gilt das BuchpreisbindungG.[548] Ein besonderes Spannungsverhältnis zwischen § 30 Abs. 1 GWB und BuchpreisbindungsG kann entstehen, wenn ein **kombiniertes Produkt**[549] nach § 30 Abs. 1 S. 2 GWB **aus Zeitung oder Zeitschrift** einerseits **und Verlagserzeugnis im Sinne des BuchpreisbindungsG,** z. B. Buch, andererseits gebildet wird. In jedem Fall beurteilt sich das kombinierte Produkt nach dem BuchpreisbindungsG, wenn das Buch im Vordergrund steht, weil dann § 30 Abs. 1 GWB schon wegen § 30 Abs. 1 S. 2 GWB zurücktritt. Das Gleiche gilt, wenn Zeitschrift einerseits und Buch andererseits getrennt in Rechnung gestellt werden, weil dann ein eigenständiges Verkaufsgeschäft nach § 3 BuchpreisbindungsG vorliegt.[550] 145

3. Verhältnis zu Art. 101 AEUV

a) Vertikale Preisbindung nach § 30 Abs. 1 GWB. aa) Zwischenstaatlichkeit. Genauso wie § 1 GWB verbietet Art. 101 Abs. 1 AEUV grundsätzlich vertikale Preisbindungen; für Art. 101 Abs. 1 AEUV gilt das allerdings nur, soweit diese sich spürbar auf den zwischenstaatlichen Handel auswirken und damit die Zwischenstaatlichkeit gegeben ist. Dies wird bei einer deutschen Preisbindungsvereinbarung für **lokale und regionale Zeitungen und Zeitschriften** in der Regel nicht der Fall sein. Auch für **überregionale** 146

[542] Vgl. Art. 101 Abs. 3 AEUV Rn. 197 ff.
[543] Rn. 69.
[544] Allenfalls im Rahmen von § 30 Abs. 2a GWB sind horizontale Abreden freigestellt. Zur Abgrenzung zwischen Horizontalvereinbarungen und Vertikalvereinbarungen vgl. oben Rn. 36 ff.
[545] Im Einzelnen oben Rn. 69 f.
[546] Im Ergebnis ebenso *Klosterfelde/Metzlaff* in Langen/Bunte (9. Aufl.) § 15 a. F. Rn. 189, die dies allerdings noch mit dem Fehlen eines gemeinsamen Zwecks i. S. d. § 1 a. F. begründen.
[547] Oben Rn. 70.
[548] Zur im Einzelfall schwierigen Abgrenzung von Zeitungen und Zeitschriften vgl. oben Rn. 27.
[549] Dazu allgemein oben Rn. 33 ff.
[550] OLG Hamburg GRUR-RR 2006, 200, 201 – *Preisgebundene Abonnementszugabe.*

Zeitungen und Zeitschriften ist von einem Fehlen einer zwischenstaatlichen Preisbindung auszugehen, sofern die Voraussetzungen eingehalten sind, die der EuGH für das Fehlen der Zwischenstaatlichkeit bei der Buchpreisbindung aufgestellt hat.[551] Diese hat der deutsche Gesetzgeber für die Buchpreisbindung in **§ 4 BuchpreisbindungsG** in Gesetzesform gegossen. Es erscheint als naheliegend, die Voraussetzungen des § 4 BuchpreisbindungsG auf die Frage, ob eine Preisbindung im Sinne des § 30 Abs. 1 GWB zwischenstaatlich ist, analog anzuwenden.[552] Daraus lässt sich unter Berücksichtigung von § 4 Abs. 1 BuchpreisbindungsG ableiten, dass vertikale Preisbindungen für nationale Verkäufe von Zeitungen und Zeitschriften die Zwischenstaatlichkeit nicht erfüllen.[553] Dies gilt selbst dann, wenn sich das Preisbindungssystem auf ganz Deutschland erstreckt und damit eigentlich nach der Rechtsprechung des EuGH Zwischenstaatlichkeit gegeben ist.[554] Nur auf grenzüberschreitende Preisbindungssysteme ist Art. 101 AEUV anwendbar. Allerdings lässt sich aus § 4 Abs. 2 BuchpreisbindungsG analog dafür eine Ausnahme entnehmen, wenn ein Umgehungstatbestand vorliegt.[555] Ein solcher Umgehungstatbestand ist gegeben, wenn die Möglichkeit eröffnet wird, über im Ladengeschäft aufgestellte Computerterminals Titel deutscher Verlage unter dem gebundenen Preis in Österreich zur Auslieferung nach Deutschland zu bestellen. Anderes gilt aber, wenn bloß ein Vertrieb über das Netz stattgefunden hätte.[556] Eine entsprechende Anwendung von § 5 Abs. 2 S. 2 BuchpreisbindungsG scheidet indes aus. Nach dieser Bestimmung gilt bei importierten Büchern der im Heimatland festgesetzte oder empfohlene Preis, wenn der Verleger für Deutschland keinen Preis festgesetzt hat. Diese Regelung passt schon deshalb nicht auf die Preisbindung nach § 30 Abs. 1 GWB, weil die Preisbindung – anders als im Buchbereich – nur ein Recht und keine Pflicht ist. Überdies ist § 5 Abs. 2 S. 2 BuchpreisbindungG wohl gemeinschaftswidrig.[557]

147 **bb) Anwendung des Art. 101 AEUV auf vertikale Preisbindungen.** Doch auch wenn eine Preisbindung den Handel zwischen den Mitgliedstaaten spürbar beeinträchtigt und damit Art. 101 AEUV tangiert, ist Art. 101 AEUV nicht verletzt, wenn in den Verträgen ein unbeschränktes Remissionsrecht der Einzelhändler und Grossisten vereinbart ist. Die **Europäische Kommission** hatte im Jahr 1999 die Pressevertriebsverträge in Belgien zu überprüfen.[558] Die Verträge setzten einerseits die Preise gegenüber Grossisten und Einzelhändlern fest, räumten diesen aber andererseits ein unbeschränktes Remissionsrecht ein. Nach den Untersuchungen der Kommission war das System der Rücknahme insbesondere

---

[551] EuGH WuW/E EU-R 375 – *Französische Buchpreisregelung;* EuGH Slg. 1985, 1, 35 = NJW 1985, 1615 – *Leclerc;* EuGH Slg. 2000, 8207 – *Echirolles* = WuW/E EU-R 375 = GRUR Int. 2001, 49.

[552] § 4 BuchpreisbindungsG lautet:

(1) Die Preisbindung gilt nicht für grenzüberschreitende Verkäufe innerhalb des Europäischen Wirtschaftsraumes.

(2) Der nach § 5 festgesetzte Endpreis ist auf grenzüberschreitende Verkäufe von Büchern innerhalb des Europäischen Wirtschaftsraumes anzuwenden, wenn sich aus den objektiven Umständen ergibt, dass die betreffenden Bücher allein zum Zwecke ihrer Wiedereinfuhr ausgeführt worden sind, um dieses Gesetz zu umgehen.

[553] I. Erg. genauso, allerdings ohne Verweis auf die Regelung im BuchpreisbindungsG *Bechtold,* GWB, § 30 Rn. 50.

[554] Vgl. dazu die Kommentierung zu Art. 101 Abs. 1 AEUV Rn. 326 ff.

[555] LG Berlin NJWE-WettbR 2000, 251, 252 – *Libro Disk.*

[556] Ausdrücklich offengelassen eine Beurteilung dieses Sachverhaltes von LG Berlin NJWE-WettbR 2000, 251, 253 – *Libro Disk.* Zum Ganzen auch *Wallenfels/Russ,* BuchpreisbindungsG, § 4 Rn. 3 ff.; *J. B. Nordemann* in Bröcker/Czychowski/Schäfer, Handbuch Geistiges Eigentum im Internet, § 12 Rn. 111.

[557] EuGH GRUR 2009, 792 – *Fachverband/Libro,* zu § 3 Abs. 2 österreichisches BuchpreisbindungG, der inhaltlich gleichlautend mit § 5 Abs. 2 S. 2 deutsches BuchpreisbindungsG ist, siehe dazu *Alexander* AfP 2009, 335, 340.

[558] XXIX, Bericht der Europäischen Kommission über die Wettbewerbspolitik 1999, Dok. SEK (2000) 720 endg., S. 181–183.

bei ausländischen Zeitungen wichtig, da die Remissionsquote bei diesen wesentlich höher war als bei unverkauften inländischen Zeitungen. Ohne ein Remissionsrecht würden die Grossisten und Einzelhändler das volle Absatzrisiko tragen, was sich negativ auf die Pressevielfalt auswirken würde. Nach Auffassung der Kommission korrespondiert mit der Rücknahmepflicht das Recht, die Preise festzusetzen, weil die Verleger das wirtschaftliche Hauptrisiko tragen. Insoweit nahm die Kommission allerdings an, dass der **Freistellungstatbestand des Art. 101 Abs. 3 AEUV** erfüllt sei. In der Literatur werden teilweise Zweifel geäußert, ob eine Freistellung gegeben sei. Vertikale Preisabsprachen seien als Kernbeschränkungen grundsätzlich nicht freistellungsfähig.[559] Das übersieht allerdings, dass das vertikale Preisbindungsrecht in § 30 Abs. 1 GWB nur gewährt wird, weil das wirtschaftliche Risiko anders als bei herkömmlichen Austauschverhältnissen verteilt ist und deshalb die übliche Einordnung dieser Vorgänge als vertikale Preisbindungen hier ausnahmsweise nicht greifen kann.

Die Verlagerung des wirtschaftlichen Risikos sollte jedoch nicht erst bei der Einzelfrei- **148**
stellung nach Art. 101 Abs. 3 AEUV, sondern schon im Tatbestand des Art. 101 Abs. 1 AEUV relevant werden. Die Übernahme des wirtschaftlichen Risikos durch die Verleger verletzt schon nicht den **Tatbestand der verbotenen Preisbindung nach Art. 101 Abs. 1 AEUV und § 1 GWB,** wie dies auch für andere Fälle anerkannt ist, in denen die preisbindende Partei das alleinige wirtschaftliche Absatzrisiko trägt (z.B. Handelsvertreter).[560] Durch die Einführung des Systems der Legalausnahme durch die EG VO 1/2003 und die 7. GWB-Novelle 2005 ist die Frage, ob schon der Verbotstatbestand nicht verletzt ist oder nur eine Freistellung gegeben ist, allerdings seiner praktischen Bedeutung weitgehend beraubt; denn es bedarf auch in letzterem Fall keiner gesonderten administrativen Freistellung nach Art. 101 Abs. 3 AEUV mehr.[561] Im Rahmen des Schriftlichkeitsgebotes nach § 30 Abs. 2 GWB und der Missbrauchsaufsicht des § 30 Abs. 3 S. 1 GWB kann es jedoch im Bereich von zwischenstaatlichen Preisbindungssystemen zu einem **Zurücktreten des deutschen Rechts** kommen.[562]

b) Branchenvereinbarungen nach § 30 Abs. 2a GWB. Siehe hierzu die Ausfüh- **149**
rungen oben.[563]

4. Verhältnis zu §§ 19, 20 GWB

Zum Verhältnis des vertikalen Preisbindungsrechts (§ 30 Abs. 1 GWB) zu §§ 19, 20 **150**
GWB siehe oben.[564] Auf Branchenvereinbarungen nach § 30 Abs. 2a GWB bleiben die §§ 19, 20 GWB anwendbar, § 30 Abs. 2a S. 3 GWB.

5. Verhältnis der Missbrauchsaufsicht des § 30 Abs. 3 S. 1 oder S. 2 GWB zu den Sanktionen (§§ 32 ff. GWB)

Siehe hierzu für die vertikale Preisbindung nach § 30 Abs. 1 GWB oben[565] und für **151**
Branchenvereinbarungen nach § 30 Abs. 2a GWB ebenfalls oben.[566]

---

[559] *Weber* in Schulte/Just, KartellR, § 30 Rn. 27.
[560] Vgl. dazu Art. 101 Abs. 1 AEUV Rn. 307 ff. Genauso *Bahr* in Langen/Bunte § 30 Rn. 12.
[561] Anders noch im Jahr 1999, als die Kommission die Vertriebsverträge der belgischen Presse in einem Verwaltungsschreiben (Sachen Nr. IV/C-2/31.609 und 37.306) nach Art. 101 Abs. 3 AEUV (damals Art. 81 Abs. 3 EG) freistellen musste.
[562] Dazu oben Rn. 55 und Rn. 72.
[563] Rn. 129 ff., Rn. 134 ff.
[564] Rn. 65.
[565] Rn. 68 ff.
[566] Rn. 112 ff.

Anh. zu § 30 GWB. Preisbindung bei Büchern

Übersicht

I. Einführung

1 Das Inkrafttreten des Gesetzes über die Preisbindung für Bücher (**Buchpreisbindungsgesetz** – BuchPrG) zum 1. Oktober 2002 war eine bemerkenswerte Zäsur in der langjährigen Geschichte der Preisbindung für Verlagserzeugnisse, die mit der **„Kröner-Reform"** des Börsenvereins der deutschen Buchhändler im Jahr 1887 begann. Danach waren die Börsenvereinsmitglieder verbandsrechtlich verpflichtet, die von den Verlagen festgesetzten Ladenpreise einzuhalten. Später beruhte die Preisbindung der Verlagserzeugnisse insgesamt, also der Bücher, Zeitschriften und Zeitungen, auf vertraglichen Vereinbarungen zwischen den Verlagen und den Firmen des verbreitenden Buch- und Zeitungs/Zeitschriftenhandels. Die Preisbindung für Bücher und Fachzeitschriften in Deutschland regelte seit 1. Januar 1966 ein Sammelrevers-System **(„Sammelrevers Franzen").**[1] Die Händler verpflichteten sich durch Unterzeichnung des Reverses gegenüber einer Vielzahl von Verlagen, die von diesen Verlagen festgesetzten Preise ihren Endabnehmer-Kunden zu berechnen. Die **Preisbindung in Österreich und in der Schweiz** war zur damaligen Zeit durch Verbandsrecht geregelt. Im Hinblick auf den bevorstehenden EU-Beitritt Österreichs und, wie damals noch erwartet wurde, auch der Schweiz, entstand auch in diesen beiden Ländern mit Wirkung ab 1.1.1993 ein Sammelrevers-System **(„Drei-Länder-Revers")** nach deutschem Vorbild. Da die Preisbindungsverträge grenzüberschreitend wirkten, war die Anmeldung bei der **EU-Kommission** erforderlich. Die Verhandlungen mit der Generaldirektion Wettbewerb führten nicht zum Erfolg. Der damalige Wettbewerbskommissar Carel van Miert scheiterte im Juli 1999 nur knapp mit seinem Versuch, die Preisbindung für Verlagserzeugnisse in Deutschland auf der Grundlage von Vertragssystemen zwischen Verlagen und Buchhändlern zu verbieten. Um die nicht enden- wollenden Auseinandersetzungen mit Brüssel über den Fortbestand der Preisbindung zu beenden, entschlossen sich die Regierungen in Österreich, später auch in Deutschland, von der durch die Rechtsprechung des Europäischen Gerichtshofs eröffneten Möglichkeit Gebrauch zu machen, **die nationale Buchpreisbindung gesetzlich** zu regeln.[2]

2 EU-Mitgliedsstaaten sind hiernach zum Erlass von innerstaatlichen Rechtsvorschriften berechtigt, nach denen der Endverkaufspreis für Bücher vom inländischen Verleger und/oder Importeur eines Buches im jeweiligen Mitgliedsstaat festgesetzt werden muss und für jeden Letztverkäufer verbindlich ist.[3] Am 30. Juni 2000 trat das **Bundesgesetz für die Preisbindung bei Büchern in Österreich** in Kraft, das, angelehnt an die französische Regelung über die Buchpreisbindung „Loi Lang", die Verleger und Importeure verpflichtete, für die von ihnen verlegten oder in das Bundesgebiet importierten Bücher und Musikalien einen Letztverkaufspreis festzusetzen und bekannt zu machen. Das Gesetz wurde mit Wirkung zum 1. August 2009 und zum 1. Dezember 2014 novelliert. Die Änderungen

---

[1] *Wallenfels/Russ,* BuchPrG, 6. Aufl., § 1 Rn. 15 ff.

[2] *Wallenfels/Russ,* § 1 Rn. 21 ff.

[3] EuGH 30.4.2009, Rs. C-531/07.

betreffen die Möglichkeit ausländischer Verlage, verbindliche Preise für Österreich festzusetzen sowie die Klarstellung, dass auch E-Books der Buchpreisbindung unterfallen und die Preisbindung sowohl für gedruckte als auch für digitale Verlagserzeugnisse grenzüberschreitend gilt. Die in der früheren Gesetzesfassung enthaltene Ausnahme für den „grenzüberschreitenden elektronischen Handel" wurde gestrichen.[4] In Deutschland trat am 1. Oktober 2002 das Gesetz über die Preisbindung für Bücher (Buchpreisbindungsgesetz – BuchPrG) in Kraft, das, ebenso wie in Österreich, alle Verleger, auch die, die bisher ihre Preise nicht gebunden hatten, verpflichtete, Ladenpreise festzusetzen, die vom Handel einzuhalten sind.

Zunächst beabsichtigte der Gesetzgeber ein Gesetz, das die **Preisbindung für alle Verlagserzeugnisse** regelte, also für Bücher, Zeitungen und Zeitschriften. Eine Differenzierung des Inhalts, das für einen Teil der Verlagserzeugnisse, nämlich für Bücher, eine gesetzliche Preisbindung erforderlich sei, für den anderen Teil aber nicht, erschien zunächst wenig einleuchtend. Es zeigte sich aber bei den Beratungen sehr schnell, dass es sich um **unterschiedliche Märkte** handelte, die unterschiedlicher Regelungen bedurften.[5] Zudem hatte sich die EU-Kommission kritisch vornehmlich mit der Buchpreisbindung beschäftigt, jedoch die Preisbindung für Zeitungen und Zeitschriften zu keinem Zeitpunkt angegriffen, so dass insoweit auch keine zwingende Notwendigkeit bestand, die Rechtsgrundlage gegenüber dem bisherigen Zustand zu ändern. Somit blieb es dabei, dass die **Zeitschriften- und Zeitungsverleger berechtigt, aber nicht verpflichtet** sind, **ihre Preise zu binden** und dies auf vertraglicher Grundlage zu tun. Die Preisbindung für Fachzeitschriften beruht nach wie vor auf der vertraglichen Grundlage des Sammelrevers 2002.[6] Der Gesetzgeber war bestrebt, die Regelungen des Sammelreverses zur Buchpreisbindung, in denen sich auch viele Handelsbräuche des Buchhandels wiederfinden, weitgehend in das Gesetz zu übernehmen, so z.B. die traditionellen **Nachlässe für Bibliotheken und für Schulen**, und **Sonderpreise** wie Serien-, Mengen- und Subskriptionspreise. 3

Der **„Kollegenrabatt"** für Buchhändler und deren Angestellte wurde beibehalten, ebenso die Möglichkeit, **Autoren** Bücher ihres Verlages verbilligt zu liefern. Die wichtigste Veränderung gegenüber dem bisherigen vertraglichen System war, dass nunmehr **jeder Verlag verpflichtet** ist, die **Preise seiner Bücher zu binden** mit entsprechender Verpflichtung von Letztverkäufern, Bücher an Endabnehmer nur zum Ladenpreis zu verkaufen. Zuvor hatten eine ganze Reihe von Verlagen, vor allem die Verleger von Berufsschulbüchern, von der Möglichkeit der Preisbindung überhaupt keinen Gebrauch gemacht und lediglich Endverkaufspreise empfohlen, oder nur für Teile ihrer Verlagsproduktion Preise gebunden. 4

Das **BuchPrG wurde zum 20. Juli 2006** (BGBl. I 2006, S. 1530) **geändert.** Die Änderung betraf im Wesentlichen den **Schulbuchbereich.** Hiernach waren die Sammelbestellungen von Schulbüchern vorgeschriebene Nachlässe auch dann zu gewähren, wenn sie nicht mehr, wie bislang, überwiegend von der öffentlichen Hand finanziert werden. Nunmehr reicht aus, wenn sie zu deren Eigentum angeschafft werden.[7] Eine **weitere Gesetzesänderung ist zum 1. Januar 2016** zu **erwarten.** Auch hier folgt der deutsche Gesetzgeber dem österreichischen: Nach dem **Referentenentwurf des Bundesministeriums für Wirtschaft und Energie,** nicht absichtslos vorgelegt am 23. April 2015, dem „Welttag des Buches" wird nunmehr explizit festgehalten, dass **E-Books** der Preisbindung unterliegen. Dies war auch bislang für E-Books als Substitut eines Buches nicht bestritten. Nunmehr aber werden E-Books ausdrücklich in der Aufzählung der unter die Buchpreisbindung fallenden Produkte im Gesetz erwähnt. Des Weiteren sieht der Referentenentwurf vor, dass künftig auch **grenzüberschreitende gewerbs- oder geschäftsmäßige Buch-** 5

---

[4] *Tonninger,* Buchpreisbindung in Österreich, 2. Aufl., vor § 11 Rn. 31 ff.
[5] *Waldenberger* NJW 2002, 2914.
[6] *Wallenfels/Russ,* Anhang I.
[7] *Wallenfels/Russ,* § 1 Rn. 27 f.

verkäufe an Letztabnehmer in Deutschland unter die Preisbindung des Gesetzes fallen. Zuvor galt die Preisbindung nicht für grenzüberschreitende Verkäufe innerhalb des Europäischen Wirtschaftsraums, ausgenommen die Fälle, in denen die Bücher allein zum Zwecke der Wiedereinfuhr ausgeführt wurden, um das Gesetz zu umgehen (Reimport-Klausel). Der Gesetzesentwurf nimmt hierbei Bezug auf die Rechtsprechung des Europäischen Gerichtshofs, wonach der **Schutz des Buches als Kulturgut** als ein **zwingendes Erfordernis** des **Allgemeininteresses** angesehen werden könne, das geeignet sei, Maßnahmen zu rechtfertigen, die die Freiheit des Warenverkehrs beschränken, sofern mit ihnen das gesetzte Ziel erreicht werden kann und sie nicht über das hinausgehen, was für die Erreichung diese Zieles erforderlich ist (EuGH 30.4.2009, RsC – 531/07). Mit der Streichung der Ausnahme für den grenzüberschreitenden Handel, so der Referentenentwurf, werde die Einhaltung der Buchpreisbindung in Deutschland sichergestellt, unabhängig vom Sitz des Verlages oder Händlers. Umgehungen der Buchpreisbindung könnten so ausgeschlossen werden.

II. Zweck des Gesetzes

6 § 1 BuchPrG definiert die vom Gesetz angestrebten Ziele, in erster Linie den **Schutz des Kulturgutes Buch.** Der Gesetzgeber sieht durch den festen Ladenpreis den Erhalt eines breiten Buchangebots gewährleistet, das durch die **Sicherung der Existenz einer großen Zahl von Verkaufsstellen** einer breiten Öffentlichkeit zugänglich wird (§ 1 BuchPrG). Das Gesetz regelt nicht nur die **formale Verpflichtung,** die Preise zu binden und sie einzuhalten, sondern setzt auch **inhaltliche Schwerpunkte:** so die Interessenwahrung der kleineren Firmen bei der Gestaltung von **Konditionen,** die Unzulässigkeit der **Diskriminierung** kleinerer Firmen zugunsten größerer, Wahrung der für den Markt erforderlichen Flexibilität der Preisbindung durch eine begrenzte Zahl von **Sonderpreisen** und **erlaubten Preisnachlässen,** auch durch **Ausnahmen** von der Preisbindung, z. B. für Autoren und Buchhandelskollegen. Wichtig auch die **Interessenbalance** zwischen lizenzgebenden Verlagen und Lizenznehmern, z. B. Buchclubs, einerseits und dem Sortiment andererseits in der besonders heiklen Frage der **Parallelausgaben** zu unterschiedlichen Preisen. Diese Schwerpunktsetzung war auch deshalb erforderlich, weil die für das frühere Sammelreversverfahren für Bücher geltende **Missbrauchsaufsicht des Bundeskartellamts** mit dem Inkrafttreten des Gesetzes entfiel. Zuvor hatte das Bundeskartellamt darüber gewacht, dass die Handelsspannen nicht zu hoch oder zu niedrig waren oder sich mit Missbräuchen im Bereich der Parallelausgaben beschäftigt. Es konnte die Preisbindung aufheben, wenn die Verlage die Preisbindung nicht aktiv betrieben und überwachten, Missbräuche geduldet wurden oder Lücken im System entstanden, auch, wenn die Preisbindung zur Verteuerung führte. Die Missbrauchsaufsicht beschränkt sich jetzt auf die vertraglich geregelte Preisbindung für Zeitungen und Zeitschriften.[8] Die frühere kartellbehördliche Aufsicht über die Preisbindung für Bücher, die für die Marktteilnehmer durchaus disziplinierend gewirkt und die Preisbindung gefestigt hatte, gibt es unter der Herrschaft des Gesetzes nicht mehr. Geblieben ist lediglich das **Diskriminierungsverbot** gemäß § 20 GWB. Danach dürfen marktbeherrschende oder marktmächtige Verlage kleinere und mittlere Sortimentsbuchhandlungen weder unmittelbar noch mittelbar unbillig behindern oder gegenüber Filialisten oder anderen Vertriebsformen des Buchhandels ohne sachlich gerechtfertigten Grund unmittelbar oder mittelbar unterschiedlich behandeln.[9]

---

[8] Vgl. § 30, Rn. 46 ff.

[9] Begründung BT-Drucksache 14/9196, S. 12.

III. Anwendungsbereich

Gemäß § 2 gilt das Gesetz für **Bücher** und **buchnahe Produkte**. Unter dem Oberbegriff „Bücher" gilt die Preisbindungspflicht auch für **Musiknoten, kartographische Produkte,** Produkte, die Bücher, Musiknoten oder kartographische Produkte **reproduzieren** oder **substituieren** und „bei Würdigung der Gesamtumstände als überwiegend **verlags- oder buchhandelstypisch** anzusehen sind", sowie **kombinierte Objekte,** bei denen eines der genannten Erzeugnisse die Hauptsache bildet. Die Regelung entspricht der für Zeitungen und Zeitschriften gemäß § 30 Absatz 1 Satz 2 GWB.[10] 7

Den Weg zur Preisbindung digitaler Produkte eröffnete der BGH schon im Jahr 1997 in der Entscheidung „NJW auf CD-ROM" (NJW 1997, 1911 ff.) Darin stellte das Gericht heraus, dass der Begriff Verlagserzeugnis für **neue technische Entwicklungen** offen sei und grundsätzlich auch neuartige Produkte erfasse, wenn und soweit durch sie herkömmliche Verlagserzeugnisse substituiert würden. Nicht entscheidend sei der **Vertriebsweg,** denn bei neu eingeführten Produkten lasse sich häufig noch gar nicht absehen, über welche Vertriebswege solche Waren abgesetzt würden. Gemäß § 2 Abs. 1 Nr. 3 BuchPrG sind Produkte, die Bücher, Musiknoten oder Kartographische Produkte reproduzieren oder substituieren und bei Würdigung der Gesamtumstände als überwiegend verlags- oder buchhandelstypisch anzusehen sind, Bücher i. S. d. Gesetzes. Mit dieser Regelung hat der Gesetzgeber das BGH-Urteil zur Preisbindung kodifiziert. In der Gesetzesbegründung wird ausdrücklich auf diese Entscheidung Bezug genommen.[11] In der bevorstehenden Gesetzesnovellierung wird nunmehr ausdrücklich klargestellt, dass auch E-Books der Preisbindung unterliegen. Der in § 2 BuchPrG definierte Anwendungsbereich der Preisbindung wird, wenn der Gesetzgeber dem **Referentenentwurf** folgt, wie folgt ergänzt: 8

– Bücher i. S. d. Gesetzes sind auch … zum dauerhaften Zugriff durch Letztabnehmer angebotene E-Books und vergleichbare elektronische Verlagserzeugnisse, die bei Würdigung der Gesamtumstände als überwiegend verlags- oder buchhandelstypisch anzusehen sind.

Die Klarstellung, dass E-Books der Preisbindung unterliegen, schafft endgültige Rechtssicherheit. Bislang gibt es nur eine gerichtliche Entscheidung, nämlich die des Landgerichts Wiesbaden vom 14. Januar 2015 (Az. 11 O 3/15), in der die **Preisgebundenheit von E-Books** nach aktueller Rechtslage festgestellt wurde. Bedeutsam ist die vorstehende neue Regelung auch deshalb, weil E-Books nicht im eigentlichen Sinne des § 3 BuchPrG gegenständlich verkauft werden, sondern mit **Dienstleistungen auf lizenzrechtlicher** Basis **vergleichbar** sind. Die Preisbindung gilt also auch dann, wenn eine zeitlich unbestimmte Nutzungsdauer vereinbart wird. Anders bei von vorneherein vertraglich bestimmter zeitlich befristeter Nutzungszeit. So bei Streaming-, Abo- und Flatrate-Modellen. 9

Hörbücher unterfallen der Preisbindung nicht. Sie waren auch zur Zeit der Geltung des Sammelreverses nicht preisgebunden. **Bildkalender** hingegen, deren Preise in dieser Zeit gebunden werden konnten, unterliegen ebenfalls nicht der gesetzlichen Preisbindung. Ob Bestrebungen des Buchhandels, dies in Verbindung mit der Gesetzesnovellierung zu ändern, Erfolg haben, ist offen. 10

Fremdsprachige Bücher unterliegen im Regelfall der Preisbindung nicht, unabhängig davon, ob sie aus dem Ausland importiert oder im Inland in fremder, zumeist englischer Sprache hergestellt sind. Wörterbücher, Sprachlehrbücher und fremdsprachige Schulbücher für deutsche Schulen sind hingegen preisbindungspflichtig, denn sie sind überwiegend für den Absatz in Deutschland bestimmt[12] (§ 2 Abs. 2 BuchPrG). 11

---

[10] Vgl. § 30 Rn. 13 ff.
[11] Begründung zu § 2 Abs. 1, BT-Drucks. 14/9196, S. 10.
[12] Begründung: BT-Drucksache 14/9196.

IV. Normadressaten

12 § 5 BuchPrG verpflichtet **Verleger und Importeure** von Büchern, die **Endpreise** einschließlich Mehrwertsteuer für die jeweilige Ausgabe eines Buches zu **binden** und die gebundenen Preise in geeigneter Weise zu **veröffentlichen**. Auf die Lieferwege kommt es nicht an. Somit sind auch Verlage, die direkt an Endabnehmer liefern zur Festsetzung und Veröffentlichung von Preisen verpflichtet. Für **importierte deutschsprachige Bücher** gilt eine **Mindestpreisbindung:** Der Importeur darf den im Verlagsstaat, also in der Regel Österreich und der Schweiz, festgesetzten oder empfohlenen Nettopreis des ausländischen Verlegers zuzüglich der deutschen Mehrwertsteuer nicht unterschreiten, darf aber von diesem Mindestpreis nach oben abweichen.

13 Die bevorstehende **Gesetzesnovellierung** regelt die **grenzüberschreitende Preisbindung** in der Weise, dass alle diejenigen, die gewerbs- oder geschäftsmäßig Bücher an Letztabnehmer in Deutschland verkaufen, den festgesetzten Preis einhalten müssen. Daraus ergibt sich auch eine Änderung von § 5 BuchPrG. Der Gesetzesentwurf sieht folgende Neufassung von Abs. 1 Satz 1 vor:

> Wer Bücher für den Verkauf an Letztabnehmer in Deutschland verlegt oder importiert, ist verpflichtet, einen Preis einschließlich Umsatzsteuer (Endpreis) für die Ausgabe eines Buches für den Verkauf an Letztabnehmer in Deutschland festzusetzen und in geeigneter Weise zu veröffentlichen.

14 Absatz 2 erfährt folgende Änderung:

> Hat der Verleger keinen Preis für den Verkauf an Letztabnehmer in Deutschland festgesetzt, so darf der Importeur zur Festsetzung des Endpreises soweit gegeben den für den Verlagsstaat festgesetzten oder empfohlenen Nettopreis des Verlegers für Endabnehmer zuzüglich der in Deutschland jeweils geltenden Mehrwertsteuer nicht unterschreiten.

15 Während zur Zeit der Geltung des Sammelreverses die Verlage jederzeit die Möglichkeit hatten, die von ihnen **gebundenen Preise** wieder **aufzuheben,** ist dies gemäß § 8 BuchPrG jetzt nur nach Ablauf von **18 Monaten nach Erscheinen der preisgebundenen Ausgabe** möglich. Mit dieser Regelung trägt der deutsche Gesetzgeber der traditionell im deutschen Buchhandel gepflegten Backlist und der Tatsache Rechnung, dass eine große Zahl kulturell wertvoller Bücher über Jahre und Jahrzehnte unverändert am Markt sind.[13] **Ausnahmsweise** ist eine **frühere Aufhebung** der Preisbindung möglich bei **Periodika** oder **Büchern,** die an aktuelle Ereignisse gebunden sind (§ 8 Absatz 2 BuchPrG). Keinerlei Einschränkungen unterliegt das Recht der Verlage, die **Preise** zu **ändern,** also herauf- oder herabzusetzen. § 3 BuchPrG verpflichtet all diejenigen, die **gewerbs- oder geschäftsmäßig** Bücher an Letztabnehmer verkaufen, den festgesetzten Ladenpreis einzuhalten. Gewerbsmäßig handelt, wer berufsmäßig in der Absicht dauernder Gewinnerzielung geschäftlich tätig wird, geschäftsmäßig derjenige, der – auch ohne Gewinnerzielungsabsicht – die Wiederholung gleichartiger Tätigkeiten zum wiederkehrenden Bestand seiner Beschäftigung macht.[14] Die gesetzliche Buchpreisbindung ist auch bei **„Privat-Verkäufen"** über die Internet-Auktionsbörse **eBay** einzuhalten, wenn der Anbieter geschäftsmäßig handelt. Das OLG Frankfurt sah in der Versteigerung von mehr als 40 Büchern in einem Zeitraum von sechs Wochen geschäftsmäßiges Handeln, weil der Anbieter den Verkauf verlagsneuer Bücher im Internet unterhalb des gebundenen Ladenpreises zum wiederkehrenden Teil seiner Beschäftigung gemacht habe.[15] Die Behauptung, es habe sich um „gebrauchte" Bücher gehandelt, ließ das Gericht nicht gelten, weil der Anbieter die Bücher als „ungelesen", „neu" und „originalverpackt" beworben hatte.

---

[13] BT-Drucksache 14/9196, S. 13.
[14] BT-Drucksache 14/9196, S. 10.
[15] Urteil des OLG Frankfurt am Main vom 15.6.2004, Az: 11 U 18/2004 (Kart), NJW 29/2004, S. 2098 ff.

Normadressaten des Gesetzes sind Verleger und Buchhändler. Das Gesetz nimmt aber auch die **Kunden des Buchhandels** in die Pflicht: Sie können sich eines Gesetzesverstoßes schuldig machen, wenn sie mit der **Forderung gesetzeswidriger Preisvorteile** Buchhändler zu einem Verstoß gegen das BuchPrG anstiften und damit eine unerlaubte Handlung im Sinne von § 830 Absatz 2 BGB begehen. Voraussetzung ist allerdings, dass sie hierbei mindestens mit bedingtem Vorsatz handeln, also den Gesetzesverstoß der Buchhändler „billigend in Kauf nehmen". Die Rechtsprechung sieht keinen wesentlichen Unterschied in der Verletzung der Rechtsordnung durch Täter oder **Mittäter,** die gegenüber Gesetzesnormen verstoßen, gegenüber denjenigen, die zu einem zivilrechtlich verbotenem Verhalten anstiften.[16] Auf die Motive für ein solches Verhalten kommt es nicht an, wettbewerbliche Gründe sind nicht erforderlich. 16

V. Ausnahmen von der Preisbindung, Nachlässe, Sonderpreise

Die Verpflichtung für alle Verlage, auch solche, die nicht über den Buchhandel vertreiben, Preise festzusetzen und zu veröffentlichen, die im Regelfall erst nach 18 Monaten wieder aufgehoben werden dürfen, wird in ihrer Rigidität gemildert durch **Ausnahmeregelungen** (§ 7 BuchPrG). So hält das Gesetz an dem traditionellen **„Kollegenrabatt"** für Buchhändler und deren Mitarbeiter fest (§ 7 Absatz 1 Nr. 1). **Autoren** eines Verlages können dessen Publikationen zum Eigenbedarf preisbindungsfrei beziehen (§ 7 Absatz 1 Nr. 2). An **Lehrer** können Bücher .zur Prüfung ihrer Eignung zur Einführung im Unterricht verbilligt geliefert werden (§ 7 Absatz 1 Nr. 3). Bücher, die **Mängel** aufweisen, unterliegen nicht der Preisbindung (§ 7 Absatz 1 Nr. 4). Sie müssen jedoch als solche gekennzeichnet sein. Üblicherweise erfolgt die Kennzeichnung durch Stempelaufdruck „Preisreduziertes Mängelexemplar". 17

Hier allerdings stellen die Gerichte strenge Anforderungen: Ein **„Mängelexemplar"** muss tatsächlich so beschädigt sein, dass es für einen Verkauf zum regulären Preis nicht mehr in Betracht kommt. **Remittenden** sind nicht ohne weiteres Mängelexemplare, sondern nur dann, wenn sie aufgrund der Remission beschädigt wurden.[17] Bücher werden auch nicht dadurch zu Mängelexemplaren, dass sie – zu Unrecht – als solche gekennzeichnet sind.[18] Unerheblich ist auch, ob die zu Unrecht als Mängelexemplare unter Preis verkauften Bücher bereits mit **unzutreffender Mängelkennzeichnung** eingekauft wurden, weil alle gewerbs- oder geschäftsmäßigen Buchverkäufe an Letztabnehmer, die nicht unter eine der Ausnahmeregelungen fallen, ausschließlich zum gebundenen Preis stattfinden müssen.[19] Die Buchhändler haben also eine **Prüfungspflicht.** 18

Auch die gesetzliche Regelung von Nachlässen, die **Bibliotheken** erhalten können, gemäß § 7 Absatz 2 entspricht buchhändlerischer Tradition. Allgemein zugängliche **wissenschaftliche Bibliotheken** können bis zu 5% Nachlass erhalten. Voraussetzung ist, dass sie ihrem Zweck nach der Nutzung durch die Öffentlichkeit dienen und dies auch ebenso wie die allgemeinen Öffnungszeiten der Öffentlichkeit bekannt gemacht worden sein muss. Jedermann zugängliche **kommunale Büchereien, Landesbüchereien**, und Schülerbüchereien sowie **konfessionelle Büchereien** und **Truppenbüchereien der Bundeswehr** und des **Bundespolizei** können bis zu 10% Nachlass erhalten. 19

Die in § 7 Absatz 3 vorgeschriebenen **Nachlässe für Schulbücher** sind ein Spezialfall der Mengennachlässe. Die derzeitige Regelung legt an Auftragswert bzw. Stückzahl geknüpfte Nachlässe in unterschiedlicher Höhe fest bei **Sammelbestellungen** von Büchern 20

---

[16] BGH 24.6.2003 AZ KZR 32/02, NJW 2003, S. 2525ff.

[17] BT-Drucksache 14/9196, S. 12.

[18] Urteil des OLG Frankfurt am Main, Az: 11 U 8/2005 (Kart) vom 26.7.2005 unter Hinweis darauf, dass andernfalls ein mit dem Ziel des Preisbindungsgesetzes unvereinbarer attraktiver Sekundärmarkt eröffnet werden könnte und die Ausnahmevorschriften restriktiv aufzufassen seien.

[19] OLG Frankfurt am Main, aaO.

für den Schulunterricht, die zu Eigentum der öffentlichen Hand, eines Beliehenen oder allgemein bildender Privatschulen, die den Status staatlich genehmigter Ersatzschulen haben. Ein einheitlicher Nachlass von 12% gilt für Bestellungen von Schulen im Rahmen eigener Budgets.

21 In der ursprünglichen Gesetzesfassung hing die Nachlassgewährung davon ab, ob die Schulbuchbestellungen überwiegend von der öffentlichen Hand finanziert werden. Da die Lernmittelfreiheit zunehmend eingeschränkt wird, die Bundesländer aber gleichwohl die den Buchhändler verpflichtenden Nachlässe im Schulbuchgeschäft erhalten wissen wollten, kommt es nach der Gesetzesänderung 2006 nur noch darauf an, dass die **Bücher zu Eigentum der öffentlichen Hand oder eines „Beliehenen"** erworben werden. Letztere spielen in der Praxis allerdings keine Rolle.[20]

22 Über die in § 7 Absatz 1 – 3 BuchPrG ausdrücklich geregelten Nachlässe und Ausnahmen von der Preisbindung hinaus erlaubt § 7 Absatz 4 die Gewährung einiger weiterer wirtschaftlicher Vergünstigungen: Als **Zugaben** sind erlaubt Waren von geringem Wert oder Waren, die im Hinblick auf den Wert des gekauften Buches wirtschaftlich nicht ins Gewicht fallen (§ 7 Absatz 4 Nr. 1). Die **Geringwertigkeitsgrenze** bei Zugaben liegt bei **2 %** vom Wert des verkauften Buches.[21] Dabei kommt es darauf an, welchen Wert die Zugabe aus der Sicht der angesprochenen Verkehrskreise hat, nicht auf den – naturgemäß niedrigeren – Beschaffungspreis der Anbieter, der für die **Werteinschätzung durch den Kunden** ohne Belang ist.[22]

23 Zugaben dürfen nicht gewährt werden, wenn nach der gesetzlichen Regelung Nachlässe gewährt werden dürfen (Bibliotheken) oder müssen (Sammelbestellungen von Schulbüchern). Die **Nachlassregelungen** sind **abschließend** und können nicht durch Zusatzleistungen ergänzt werden.[23]

24 Enge Grenzen gelten im Rahmen von **Kundenbindungssystemen.** Es dürfen keine Vergütungen in Geld in Verbindung mit Payback-Systemen gewährt werden, sondern nur Sachprämien. Die Gerichte hatten sich mehrfach mit der **Werbung mit Gutscheinen** zu beschäftigen. Die Ausgabe von „Start-Gutscheinen" an neue Kunden, die beim Kauf preisgebundener Bücher auf den Kaufpreis angerechnet werden, wird als unzulässiger Preisnachlass bewertet (OLG Frankfurt am Main, Urteil vom 20. Juli 2004, Az: 11 U (Kart) 15/04, GRUR 2004, 885f.). Mit Urteil vom 23. Juli 2015 – I ZR 83/14 – Gutscheinaktion beim Buchankauf, bestätigte der BGH diese Entscheidung, dass Gutscheine beim Erwerb preisgebundener Bücher nur verrechnet werden dürfen, wenn dem Buchhändler schon bei Abgabe der Gutscheine eine entsprechende Gegenleistung zugeflossen ist. Preisbindungsrechtlich zulässig seien **Geschenkgutscheine,** die Buchhandlungen verkaufen, und mit denen die Beschenkten Bücher erwerben können. Der Buchhändler erhalte in einem solchen Falle durch den Gutscheinverkauf und eine eventuelle Zuzahlung des Beschenkten insgesamt den gebundenen Verkaufspreis für das Buch. Ein Verstoß gegen die Buchpreisbindung liege dagegen vor, wenn ein Händler beim An- oder Verkauf von Büchern für den Kunden **kostenlos Gutscheine** abgibt, die zum Erwerb preisgebundener Bücher benutzt werden können. Im Ergebnis erhalte dann der Buchhändler für das Buch ein geringeres Entgelt als den gebundenen Preis. Unerheblich sei, dass Gutscheinausgabe und Buchverkauf zwei selbstständige Rechtsgeschäfte darstellen und ein Bezug zwischen ihnen erst durch die Kaufentscheidung des Kunden hergestellt werde. Zuvor hatten sich schon mehrere Oberlandesgerichte mit der Problematik **drittfinanzierter Gutscheine** befasst und solche Angebote durchweg für preisbindungswidrig gehalten. So dass OLG Frankfurt mit Urteil vom 17. Juli 2012, Az: 11 U 20/12: Die Gewährung von Gutscheinen könnte **Elemente des**

---

[20] *Wallenfels/Russ,* § 7 Rn. 18ff.
[21] *Wallenfels/Russ,* § 7, Rn. 29.
[22] BGH Z 11, 260ff.
[23] BT-Drucksache 14/9422, S. 12; *Wallenfels/Russ,* § 7, Rn. 16, 22.

Preiswettbewerbs zwischen Buchhandlungen begründen, die durch die Einführung der Buchpreisbindung gerade verhindert werden solle. Der Ladenpreis gehe auch nicht in voller Höhe, wie dies die Preisbindung verlange, beim Buchhändler ein, denn die **Zahlung** des **Gutschein-„Sponsors"** sei zumindest zum Teil ein Entgelt für die ihm überlassene **Werbemöglichkeit,** so dass dieser Betrag von der Zahlung auf den gebundenen Ladenpreis abzuziehen seien. So auch das OLG Bamberg in der Entscheidung vom 11. Juli 2012, Az: 3 U 62/12: Das Gesetz gehe davon aus, dass der Endpreis für die gewerbsmäßigen Verkäufe von Büchern an Letztabnehmer der **„sofort zu entrichtende Preis"** sei. Daraus folge, dass das von dem Käufer zu zahlende Entgelt dem festgesetzten Preis entsprechen müsse. Verzichte des Buchhandelsunternehmen beim Verkauf eines preisgebundenen Buches aufgrund eines nicht vorfinanzierten Gutscheins darauf, von dem Käufer den vorgeschriebenen Preis in voller Höhe zu verlangen, so gewähre er dem Kunden einen Preisnachlass.

Die Frage, ob sogenannte **Affiliate-Programme** mit der Preisbindung vereinbar sind, ist noch nicht höchstrichterlich geklärt. Das Kammergericht erachtete mit Urteil vom 2. Juni 2015 (Az: 5 U 108/14) im Gegensatz zum erstinstanzlichen Gericht ein **Provisionsmodell eines Online-Buchhändlers** für zulässig, bei dem ein Schulförderverein eine umsatzorientierte Auszahlung erhielt. Diese wurde fällig, wenn Eltern der Schule über einen Button auf der Homepage des **Fördervereins** auf die Seite des Buchhändlers gelangen und dort Buchbestellungen vornehmen. Da, so dass Kammergericht, die Eltern den gebundenen Ladenpreis pro Buch an den Buchhändler zahlten, liege kein Verstoß gegen die Buchpreisbindung vor. Es gebe kein gesetzliches Verbot, das finanzielle Aufwendungen für **Werbe- und Verkaufsförderungsmaßnahmen** untersage. Auch eine unlautere Beeinflussung liege nicht vor, da niemand erfahre, ob und bei wem Eltern Buchbestellungen tätigen. Der vom Landgericht angenommene subtile **soziale Druck,** im Interesse der Schule, der die Provision zugutekomme, bei diesem bestimmten Buchhändler zu kaufen, existiere nicht. Überzeugend ist diese Entscheidung nicht. Denn Verkaufsfördermodelle wie dieses enthalten Elemente eines durch das BuchPrG ausgeschlossenen Preiswettbewerbs, weil sie die Kaufentscheidung maßgeblich beeinflussen können. Auch erhält der Händler nicht, wie vom Gesetz verlangt, den vollen Kaufpreis, weil von vornherein ein von Kaufpreis abzuziehender „Werbekostenerstattungsanspruch" entsteht. Eine werthaltige Gegenleistung des Fördervereins steht dem nicht gegenüber. Auch setzt eine unsachliche Beeinflussung der Eltern durch den versprochenen Vorteil für die Schule Publizität nicht voraus. Das Kammergericht ließt die Revision zu, die der klagende Börsenverein auch eingelegt hat, so dass der Bundesgerichtshof letztendlich zu entscheiden hat. 25

§ 7 Absatz 4 Nr. 2 erlaubt die Erstattung und Übernahme von **Fahrkosten** für Verkehrsmittel des öffentlichen Nahverkehrs oder von **Parkgebühren** im Zusammenhang mit dem Besuch der Verkaufsstelle. Gemäß § 7 Absatz 4 Nr. 3 BuchPrG ist der **kostenfreie Versand** von Büchern an Endabnehmer zulässig. Die Kosten der Beschaffung von Büchern durch den Händler beim Verlag dürfen im Regelfall nicht dem Kunden weiterbelastet werden, ausnahmsweise aber dann, wenn es sich um **außergewöhnliche Beschaffungskosten** handelt, z. B. bei Eilbestellungen oder Bestellungen aus dem Ausland(§ 7 Absatz 4 Nr. 3 BuchPrG).[24] **Nebenleistungen** ohne Berechnung sind nur **im Rahmen der Handelsüblichkeit** zulässig (§ 7 Absatz 4 Nr. 4 BuchPrG). Hierzu gehören die klassischen **Serviceleistungen** des Buchhandels wie z. B. die fachliche Beratung und das Bibliographieren, nicht aber z. B. im **Bibliotheksgeschäft** Inventarisierungs-und Katalogarbeiten sowie Binden und Folieren von Büchern. Handelsüblich im **Schulbuchgeschäft** sind etwa die Zusammenstellung von Literaturlisten, die Ausführung von Nachbestellungen, die transportkostenfreie Anlieferung von Büchern an eine durch die Schule zu bestimmende Stelle, die Rücknahme von Verpackungen und von beschädigten Büchern, 26

[24] BT-Drucksache 14/9196, S. 13.

nicht hingegen die Entsorgung alter Schulbücher, die Inzahlungnahme gebrauchter Schulbücher oder Inventarisierungsarbeiten.

27 Flexibilität bei der Preisfestsetzung wird auch durch einen Katalog von **Sonderpreisen** gemäß § 5 Absatz 4 BuchPrG geschaffen, die schon im früheren Sammelrevers enthalten waren. Auch insoweit gilt die Verpflichtung zur Einhaltung der Preisbindung gemäß § 3 BuchPrG. **Serienpreise** können für eine Reihe von einzeln beziehbaren Büchern festgelegt werden, die denselben Autor haben oder inhaltlich-thematisch zusammen gehören und die gleiche äußere Ausstattung aufweisen. **Mengenpreise** (Staffelpreise) sind gegenüber dem Einzelbezug ermäßigte Preise für den Verkauf einer größeren Anzahl desselben Werkes an denselben Letztabnehmer. Sie gelten nicht für Sammelbestellungen, also die organisatorische Bündelung von Einzelbestellungen. Die Bestellungen müssen für den Eigenbedarf bestimmt sein, was das Verschenken einschließt. Buchhändlerischer Tradition entsprechen auch der **Subskriptionspreis** und der **Sonderpreis für Institutionen,** die bei der Herausgabe des Buches vertraglich in einer für sein Zustandekommen ausschlaggebenden Weise mitgewirkt haben, ebenso **Sonderpreise** für **Abonnenten einer Zeitschrift** beim Bezug eines Buches, das die Redaktion dieser Zeitschrift verfasst oder herausgegeben hat. Schließlich kann der Verlag auch festlegen, welche Teilzahlungszuschläge vom Händler berechnet werden müssen, wenn er auf den sofortigen Rechnungsausgleich verzichtet. Die gebundenen Preise sind **Barzahlungspreise.** Forderung und Gewährung von **Skonto** sind also nicht gestattet, auch nicht die **Einräumung von Zahlungszielen** ohne Kreditzuschlag.[25] Die Gewährung von Skonto ist auch keine handelsübliche Nebenleistung gemäß § 7 Absatz 4 Nr. 4 BuchPrG. Das System der Buchpreisbindung verlangt, dass der gebundene Endpreis sofort zu entrichten ist (BGH aaO.). Verzichtet der Händler hierauf, gewährt er dem Kunden einen Kredit, der die Berechnung eines **Kreditzuschlages** erfordert, andernfalls der gebundene Preis unterschritten wurde.[26]

VI. Sonderausgaben

28 Flexibilisierung bewirkt auch die vom Gesetz eröffnete Möglichkeit, Buchtitel in **unterschiedlichen Ausgaben** zu unterschiedlichen Preisen herauszubringen, wenn der Preisunterschied sachlich gerechtfertigt ist (§ 5 Absatz 5 BuchPrG). Klar ist, dass **identische Ausgaben** nicht zu unterschiedlichen Preisen vertrieben werden dürfen, weil dies dem Grundsatz widerspricht, dass für jede Ausgabe nur ein Ladenpreis festgesetzt werden darf. Ebenso klar ist, dass **Taschenbuch-** oder **Paperback-Ausgaben** eines Titels andere Preise als die Hardcover-Ausgabe des gleichen Titels haben dürfen, weil es sich hier um unterschiedliche Buchformen handelt. Probleme bereitet der parallele Vertrieb von **Hardcover-Ausgaben zu unterschiedlichen Preisen.** In der Gesetzesbegründung heißt es, die Zulässigkeit des Angebots eines Titels mit verschiedenen Endpreisen bestimme sich nach den Faktoren Ausstattungsunterschied, Abstand des Erscheinens und – bei Buchgemeinschaften – Mitgliedsbindung des Käufers.[27] Unterschiedliche Auslegungen dieses Gesetzes im Buchhandel führten zu gerichtlichen Auseinandersetzungen über die Frage, inwieweit die zur Zeit der Geltung des Sammelreverses für Buchclub-Ausgaben entwickelten **„Potsdamer Kriterien“**[28] auch weiterhin Geltung haben. 1994 hatten die Sparten des Buchhandels mit Zustimmung des Bundeskartellamts auf der Grundlage einschlägiger Rechtsprechung und Spruchpraxis des BKartA Regelungen formuliert, in welcher Wechselwirkung Ausstattungsunterschied, Zeitabstand und Preisabstand von Original- und Buchclub-Ausgabe stehen müssen. Wichtigster Punkt war, dass im Regelfall ein **Zeitabstand von mindestens sechs Monaten** zwischen dem Erscheinen der jeweiligen Ausgaben zu liegen hatte. Wie-

---

[25] BGH NJW 2003/2525 ff.
[26] *Wegner/Wallenfels/Kaboth,* 5. Kapitel, Rn. 67.
[27] BT-Drucksache 14/9196, S. 11.
[28] *Wallenfels/Russ,* Anhang II.

derum im Branchenkonsens konnten die gerichtlichen Auseinandersetzungen einvernehmlich mit einer Weiterentwicklung der Potsdamer Kriterien beendet werden. Sortimenter- und Verleger-Ausschuss des Börsenvereins verständigten sich auf eine Weiterentwicklung der Potsdamer Kriterien und ihre Anerkennung als Handelsbrauch **(„Potsdamer Protokoll Revidierte Fassung“).** Die wichtigste Änderung ist die **Verkürzung des Mindestzeitabstands von sechs auf vier Monaten.** Dieser Abstand ist nunmehr für alle von der Buchgemeinschaft hergestellten Ausgaben, also nicht nur Hardcover-Ausgaben wie bisher, einzuhalten.[29]

Auch für **„Reader“-Ausgaben,** einem Buchtyp zwischen Hardcover und Paperback-Taschenbuch, haben in Abstimmung mit dem Bundeskartellamt Verleger- und Sortimenter-Ausschuss des Börsenvereins Kriterien entwickelt, die ähnlich wie für Buchclub-Ausgaben preisbindungsrechtliche Regeln konkretisieren.[30] 29

VII. Konditionen

Von allen Vorschriften des BuchPrG bereitet die Auslegung von § 6, der sich mit den **Konditionen im Buchhandel** beschäftigt, die meisten Schwierigkeiten. Gerichtliche Grundsatzentscheidungen fehlen. Der Börsenverein bemühte sich bisher vergeblich um die Zustimmung des Bundeskartellamts zu einer Konditionenempfehlung oder zur Formulierung von Wettbewerbsregeln mit einer **Präzisierung der gesetzlichen Regelungen.** Das Amt sah hierin eine unzulässige Preisempfehlung. Brancheninterne Widerstände gab es gegen Überlegungen im Börsenverein, externe oder interne Gutachten zu erstellen, an denen sich die Branche hätte orientieren können, welche Höchst- und Mindestrabatte in Betracht kommen. Die gesetzlichen Vorgaben zur Festlegung von solchen Konditionen sind: 30

a) Der von **kleineren Buchhandlungen** erbrachte Beitrag zur Erreichung des Gesetzeszweckes, nämlich der **flächendeckenden Versorgung** mit Büchern sowie ihr **buchhändlerischer Service** müssen angemessen berücksichtigt werden. 31

b) **Rabatte** dürfen sich **nicht ausschließlich am Umsatz** mit den jeweiligen Händlern **orientieren.** 32

c) **Branchenfremde Händler** dürfen nicht mit besseren Konditionen als Buchhändler beliefert werden. 33

d) **Letztverkäufer** dürfen **keine günstigeren Konditionen** als **Zwischenbuchhändler** erhalten. 34

Die Regelungen sind nicht bloß programmatischer Natur, sondern eine **anspruchsbegründende Norm.** Auslegungsschwierigkeiten allerdings bereitet die im Gesetz hervorgehobene **„Angemessenheit“.** In der Gesetzesbegründung heißt es dazu, die Regelung sei entsprechend der gesetzgeberischen Zielsetzung, im Interesse von flächendeckender Versorgung und buchhändlerischem Service den Sortimentsbuchhandel zu stärken, erforderlich.[31] Die Einhaltung dieser Regelungen sei im Einzelfall zu beurteilen und könne nicht für jeden Fall an einem Kriterium, einer Quote etc. festgemacht werden. 35

Gemäß § 6 Absatz 1 BuchPrG haben die vom Gesetz erwähnten kleineren Buchhandlungen einen gesetzlichen Anspruch darauf, Konditionen zu erhalten, die im Wettbewerb zu größeren Buchhandlungen ihre Existenz sichern. Dies wird verstärkt durch die gesetzliche Verpflichtung, Konditionen nicht allein am Umsatz zu orientieren. Konditionen für den Handel sind an dessen Leistung, gemessen an den wirtschaftlichen Möglichkeiten und an dessen Kosten, zu orientieren. Die Gesetzesbegründung verlangt eine **Einzelfallbetrachtung.** Es müssen also die Leistungen der einzelnen Firmen nach ihren wirtschaftli- 36

---

[29] *Wallenfels/Russ,* § 5 Rn. 27 ff.
[30] *Wallenfels/Russ,* § 5 Rn. 39 f.
[31] BT-Drucksache 14/9196, S. 11.

chen Möglichkeiten entsprechend ihrer **Größe** und ihrer **Kostenstruktur** berücksichtigt werden. Dabei wiederum ist zu beachten, dass kleinere Betriebe in der Regel eine ungünstigere Kostenstruktur als größere Unternehmen haben. Besonders kritisch sieht der Gesetzgeber **Rabattspreizungen,** die abseits von der Leistungs- und Kostenorientierung ausschließlich vom Umsatz bestimmt werden. Denn hier wird besonders deutlich, dass entgegen der gesetzgeberischen Zielsetzung, die Existenz einer Vielzahl vor allem kleinerer und mittlerer Unternehmen zu sichern und die Verlage entsprechend in die Pflicht zu nehmen, die schiere Umsatzgröße honoriert wird. § 6 BuchPrG bezieht sich sowohl auf den Level, die **Höhe der angemessenen Rabatte,** als auch auf die **Grenzen,** die bei der Rabattspreizung zu beachten sind. Erhalten Unternehmen allein aufgrund ihrer Größe Konditionen, die, gäbe es die Preisbindung nicht, teilweise an die Endabnehmer weitergegeben werden könnten und auch würden, war dies schon nach früherer Spruchpraxis des Bundeskartellamts ein **Missbrauch der Preisbindung.**[32] Eine **lineare Orientierung der Händlerspannen** am Umsatz führt nach Auffassung des BKartA zu einer Diskriminierung kleinerer Buchhandlungen, bei denen tendenziell höhere Kosten anfallen. Die Gesetzesbegründung zu § 6 BuchPrG verweist auf das **Diskriminierungsverbot** gemäß § 20 GWB und betont die Verpflichtung marktbeherrschender oder marktmächtiger Verlage, kleinere oder mittlere Sortimentsbuchhandlungen weder unmittelbar noch mittelbar unbillig zu behindern oder gegenüber Filialisten oder anderen Vertriebsformen des Buchhandels ohne sachlich gerechtfertigten Grund unmittelbar oder mittelbar unterschiedlich zu behandeln.[33] Dies gilt auch, wenn ein kleinerer Verlag Bücher führt, auf die gut sortierte Buchhandlungen angewiesen sind, und dadurch **sortimentsbedingte Abhängigkeit** entsteht.[34]

37 Die Hauptversammlung des Börsenvereins des Deutschen Buchhandels hatte am 19. Juni 2009 den Vorstand des Verbandes beauftragt, eine konkretisierende Interpretation zu § 6 Abs. 1 BuchPrG zu erarbeiten, gedacht als Hilfe für die Verbandsmitglieder bei der Auslegung dieser Vorschrift. Verleger- und Sortimentenausschuss erarbeiteten einen Leistungskatalog mit dem Standard der buchhändlerischen Vertriebs- und Serviceleistungen als Orientierungshilfe für Verlage und Buchhandlungen bei der Überprüfung, ob die Konditionen dem Leistungsumfang der einzelnen Händler entsprechen. (Börsenblatt 7/2012, Seite 18; Wallenfels/Russ, § 6, Rn. 12f.).[35]

38 Die **„Aldi-Klausel"** des § 6 Absatz 2 BuchPrG verpflichtet Verlage, branchenfremde Händler nicht zu ungünstigeren Konditionen zu beliefern als den Buchhandel. Andernfalls, so die Gesetzesbegründung, besteht die Gefahr, dass durch Verlagerung wirtschaftlich besonders interessanter Geschäfte auf branchenfremde Unternehmen die Existenzgrundlage des Buchhandels ausgehöhlt wird.[36]

39 Konkret ist auch die Regelung in § 6 Absatz 3 BuchPrG **(„Meistbegünstigungsklausel")**, dass Verlage **Zwischenbuchhändler** (gemeint sind Barsortimenter, nicht Verlagsauslieferungen) nicht zu ungünstigeren Bedingungen beliefern dürfen als Letztverkäufer. Die Gesetzesmaterialien lassen allerdings den Schluss zu, dass diese Grenze in **Ausnahmefällen** überschritten werden kann, wenn sich ein Letztverkäufer in außergewöhnlicher Weise für das Programm eines Verlages oder einzelne seiner Titel einsetzt.[37]

40 Zur Handelsspanne zählen auch **Boni** und **Partie-Exemplare**,[38] **Werbekostenzuschüsse** jedoch nicht, wenn sie nicht den Rabatt erhöhen, sondern Werbemaßnahmen des Händlers finanzieren, so z. B. Zeitungsanzeigen, Prospekte, usw.[39]

---

[32] WuW/E BKartA 1311 ff.
[33] BT-Drucksache 14/9166, S. 12.
[34] *Wallenfels/Russ,* § 6, Rn. 27.
[35] *Wallenfels/Russ,* § 6, Rn. 12f.
[36] BT-Drucksache 14/9196, S. 11.
[37] BT-Drucksache 14/9422, S. 12; *Wallenfels/Russ,* § 6, Rn. 20.
[38] BKartA TB 1970, S. 67.
[39] BKartA TB 1972, S. 76.

VIII. Ansprüche bei Verstößen gegen das Buchpreisbindungsgesetz

Die in § 9 BuchPrG geregelten Ansprüche lehnen sich an die Trias **Unterlassungspflicht – Auskunftspflicht – Schadensersatz** gemäß dem Recht des unlauteren Wettbewerbs an, ebenso der Kreis der Anspruchsberechtigten und die Verfahrensvorschriften. Zusätzlich gibt das Gesetz einem Rechtsanwalt, der von Verlegern, Importeuren oder Unternehmen, die Verkäufe an Letztabnehmer tätigen, gemeinsam als **Preisbindungstreuhänder** beauftragt ist, eine eigene Aktivlegitimation. Damit knüpft das Gesetz an die Regelungen des früheren Sammelreversers an, der eine solche Institution vorsah, die sich bewährt habe. Auch sieht der Gesetzgeber hierin die Gewähr, dass sich viele Fälle von Preisbindungsverstößen weiterhin brancheníntern regeln lassen.[40] Die Institutionalisierung der Treuhändertätigkeit mit eigener **Aktivlegitimation und Prozessführungsbefugnis des Preisbindungstreuhänders** im eigenen Namen ermöglicht es Verlagen und Buchhandlungen, gegen Preisbindungsverstöße konkurrierender Firmen vorzugehen, ohne selbst abmahnen oder Prozesse führen zu müssen. Derzeit sind die **Wiesbadener Rechtsanwälte Wallenfels und Prof. Russ,** wie schon zur Zeit des Sammelreverses, als **Preisbindungstreuhänder der Verlage** beauftragt. Die Gerichte haben in ständiger Rechtsprechung entschieden, dass diese Anwälte als Preisbindungstreuhänder im buchhändlerischen Gesamtinteresse tätig werden und deren Aktivlegitimation in sämtlichen bisherigen Preisbindungsprozessen mit deren Beteiligung bestätigt. 41

Das gesetzliche Instrumentarium zur Sanktionierung von Preisbindungsverstößen wird ergänzt durch die weiter geltende **Vertragsstrafenverpflichtung** aus der Zeit des Sammelreverses. Der parallel zum Buchpreisbindungsgesetz seit dessen Inkrafttreten geltende **Sammelrevers 2002** regelt die **Preisbindung für Fachzeitschriften** gemäß § 30 GWB und darüber hinaus die **Verpflichtung zur Zahlung von Vertragsstrafen** auch bei Verstößen gegen die **Buchpreisbindung.**[41] Diejenigen am Sammelrevers 2002 beteiligten Verlage, die Fachzeitschriften veröffentlichen, haben die Preise für alle oder einen Teil hiervon gemäß § 30 GWB gebunden. Diejenigen Händlerfirmen, die durch den früheren Sammelrevers zur Einhaltung der Preisbindung für Bücher und Zeitschriften verpflichtet waren, sind gegenüber allen am Sammelrevers 2002 beteiligten Verlage weiterhin zur Zahlung von Vertragsstrafen bei Verstößen gegen die Preisbindung verpflichtet, ebenso wie bisher die Verlage bei eigenen Preisbindungsverstößen im Direktgeschäft.[42] 42

Zur Aufklärung bei vorliegenden begründeten Verdacht von Preisbindungsverletzungen können Wettbewerber gemäß § 10 BuchPrG Gewährung des Einblicks in Bücher und Geschäftsunterlagen verlangen. Auch diese Regelung entspricht dem früheren Sammelrevers, der allerdings das **Bucheinsichtsrecht** nur von Preisbindungsverstößen betroffenen Verlagen gab. Das Einsichtsrecht steht nunmehr allen Gewerbetreibenden, die ebenfalls Bücher vertreiben, zu. 43

Vorbemerkung § 31 GWB. Verträge der Wasserwirtschaft

Übersicht

I. Entstehungsgeschichte

Für die Wasserwirtschaft gab es, genau wie für die Energiewirtschaft, schon bei Inkrafttreten des GWB **Sonderregelungen.**[1] Aufgrund spezieller Freistellungstatbestände waren 1

[40] BT-Drucksache 14/9196, S. 13.
[41] *Wallenfels/Russ,* Anhang I.
[42] *Wallenfels/Russ,* § 9, Rn. 21 ff.
[1] Zur Historie MüKoGWB/*Reif/Daiber,* 2. Aufl. § 31 Rn. 7 f.; *Lotze/Dierkes* RdE 2013, 401.

Ausschließlichkeitsvereinbarungen hier in größerem Umfang möglich als in anderen Bereichen. Diese besondere Freistellung bestimmter Vertragsarten in der Versorgungswirtschaft wurde über die Jahre weitergeführt, allerdings immer stärker ergänzt um eine korrelierende Missbrauchskontrolle in den damaligen §§ 103ff. Für die Elektrizitäts- und Gasversorgung wurden die entsprechenden **Freistellungs- und besonderen Missbrauchsregelungen** mit dem Gesetz zur Neuregelung des Energiewirtschaftsgesetzes[2] mit Wirkung zum 26. April 1998 aufgehoben; der Gesetzgeber hat dann für die Strom- und Gasversorgung allerdings wieder besondere Missbrauchsregelungen in § 29 mit dem Gesetz zur Bekämpfung von Preismissbrauch im Bereich der Energieversorgung und des Lebensmittelhandels[3] eingeführt. Für die Wasserwirtschaft sah die sechste GWB-Novelle eine Übergangsregelung zur Weitergeltung der alten Vorschriften vor. Man ging davon aus, dass eine Aufhebung der Vorschriften auch für die Wasserwirtschaft kurzfristig möglich sei, sobald geklärt sei, welche Änderungen oder Ergänzungen der wasserwirtschaftlichen Fachgesetze dafür notwendig seien. Tatsächlich blieb es jedoch über 13 Jahre bei den Übergangsregelungen. Die Anwendung der Vorschriften für die Wasserwirtschaft gestaltete sich allerdings zunehmend schwierig, da das mit der Übergangsvorschrift perpetuierte alte Recht noch in der Kartellrechtssystematik der Zeit vor der sechsten GWB-Novelle verwurzelt war. Aufgrund der Übergangsregelung waren Teile des geltenden Rechts, Paragraphen in der Fassung der GWB-Bekanntmachung vom 20. Februar 1990, für den Rechtsanwender nur schwer auffindbar.[4]

2 Mit der achten GWB-Novelle wurden die besonderen Vorschriften über die Wasserversorgung wieder in den Gesetzestext aufgenommen, auch um die Anwendbarkeit für die Kartellbehörden zu erleichtern.[5] Zweck der Regelung war die Überführung der bisher in den §§ 103ff. GWB i. d. F. von 1990 enthaltenen Vorschriften für die Wasserwirtschaft unter Berücksichtigung notwendiger neuer Verweisungen und sprachlicher Anpassungen in den aktuellen Gesetzestext.[6] Erklärte Absicht war eine „1:1-Umsetzung der alten Vorschriften";[7] die bisherige Rechtslage sollte **ohne materielle Änderungen** in den aktuellen Gesetzestext übertragen werden.[8] Im Verlauf des Gesetzgebungsprozesses gab es dann noch einzelne Ergänzungen, die über die angestrebte **1:1-Umsetzung** hinausgingen, so z. B. die Ergänzung eines Tatbestandes, nach dem der Missbrauch auch in der Forderung von Entgelten liegen kann, die die Kosten unangemessen übersteigen, § 31 Abs. 4 Nr. 3. Die Grundkonzeption, dass die besonderen Regelungen für die Wasserversorgung nicht als gesetzliches Verbot ausgestaltet sind, sondern die Kartellbehörde lediglich zu einer Abstellungsverfügung mit Wirkung für die Zukunft ermächtigen, wurde aber auch in den Neuregelungen beibehalten.[9] Somit bleibt die Regelung trotz der Neufassung weiterhin in weiten Teilen ein Reservat der Anwendung des Kartellrechts nach der Systematik vor dem 1.1.1999.

II. Sinn und Zweck der Vorschriften

3 Die Vorschriften bewirken zum einen eine **Privilegierung der Wasserwirtschaft**, zum anderen aber auch eine **schärfere Kartellaufsicht** der Branche. Entgegen den sonstigen

---

[2] BGBl. 1998, I 730.
[3] BGBl. 2007, I 2966.
[4] Zur Kritik: FK/*Brand,* 68. Lfg., § 131 GWB Rn. 22.
[5] Gesetzesbegründung BT-Dr. 17/9852, 25.
[6] Gesetzesbegründung BT-Dr. 17/9852, 25.
[7] Beschlussempfehlung BT-Dr. 17/11053, 18.
[8] Vgl. dazu Gesetzesbegründung BT-Dr. 17/9852, 33, Gegenäußerung der BReg BT-Dr. 17/9852, 52; Beschlussempfehlung BT-Dr. 17/11053, 18; *Daiber* NJW 2013, 1990, 1991.
[9] Vgl. Gesetzesbegründung BT-Dr. 17/9852, 24; Gegenäußerung der BReg BT-Dr. 17/9852, 52; zum alten Recht vgl. BGH Urt. v. 2.2.2010 – KVR 66/08, NJW 2010, 2573; BGH, Urt. v. 22.10. 1973 – KZR 3/73, WuW/E 1299, 1300 – Strombezugspreis.

Regelungen werden für die Wasserwirtschaft bestimmte wettbewerbsbeschränkende Verträge vom Kartellverbot des § 1 freigestellt, die Wasserversorger trifft insoweit aber eine Anmeldepflicht. Praktisch relevant ist hier vor allem die Freistellung ausschließlicher Konzessionsverträge. Die Freistellung ist aufgrund der besonderen Bedingungen und Strukturen in der Wasserwirtschaft gerechtfertigt, damit verbunden ist die Annahme des Gesetzgebers, dass sich durch die Gewährung geschlossener Versorgungsgebiete Größen-, Verbund- und Rationalisierungsvorteile im Sinne der Kunden generieren lassen.[10] Die besondere Missbrauchskontrolle des § 31b stellt dagegen aus Sicht des Gesetzgebers ein notwendiges Korrektiv für den fehlenden Wettbewerb im Wassersektor dar. Insbesondere durch eine Beweislastumkehr zuungunsten des Unternehmens in einzelnen Vorschriften wird hier die allgemeine Missbrauchskontrolle verschärft.

Mit den Sonderregelungen sollen jedoch auch die **besonderen Verhältnisse der Wasserversorgung berücksichtigt** werden und auch zukünftig eine sichere und preisgünstige Versorgung mit Wasser gewährleistet werden.[11] Bereits in der Begründung für die erste Übergangsregelung wurde darauf hingewiesen, dass die Bedeutung des Kartellrechts für die Wasserversorgung aufgrund deren speziellen Struktur nur begrenzt sein könne und dass die Wasserversorgung einer strengen staatlichen Fachaufsicht unterworfen sei, um eine qualitativ hochwertige und hygienisch einwandfreie Trinkwasserversorgung und einen flächendeckenden Gewässerschutz zu gewährleisten. 4

Diese Zwecksetzung der Vorschrift legt es eigentlich nahe, die Vorschriften der besonderen Missbrauchskontrolle über Wasserversorger als abschließende Regelungen zu betrachten.[12] Der BGH hat jedoch in seinem Wetzlar-Beschluss entschieden,[13] dass die Sondervorschriften für die Wasserwirtschaft und die allgemeinen Vorschriften **nebeneinander anwendbar** sind; dieses Verständnis ist nunmehr in § 31b Abs. 6 ausdrücklich im Gesetz niedergelegt. Damit haben die Vorschriften vor allem Bedeutung wegen der in § 31 Abs. 1 vorgesehenen Freistellung und der in § 31a vorgesehenen Anmeldepflicht. In Bezug auf die Missbrauchskontrolle bleibt es im Ermessen der Kartellbehörde, ob sie sich auf § 31b oder auf § 19 oder beide Vorschriften stützen will. Faktisch wird die Behörde im Einzelfall abwägen, ob die einfacheren materiellen Voraussetzungen der Sonderregeln die eingeschränkten Verfahrensmöglichkeiten aufwiegen.[14] 5

§ 31 Verträge der Wasserwirtschaft

(1) **Das Verbot wettbewerbsbeschränkender Vereinbarungen nach § 1 gilt nicht für Verträge von Unternehmen der öffentlichen Versorgung mit Wasser (Wasserversorgungsunternehmen) mit**

1. **anderen Wasserversorgungsunternehmen oder mit Gebietskörperschaften, soweit sich damit ein Vertragsbeteiligter verpflichtet, in einem bestimmten Gebiet eine öffentliche Wasserversorgung über feste Leitungswege zu unterlassen;**
2. **Gebietskörperschaften, soweit sich damit eine Gebietskörperschaft verpflichtet, die Verlegung und den Betrieb von Leitungen auf oder unter öffentlichen Wegen für eine bestehende oder beabsichtigte unmittelbare öffentliche Wasserversorgung von Letztverbrauchern im Gebiet der Gebietskörperschaft ausschließlich einem Versorgungsunternehmen zu gestatten;**
3. **Wasserversorgungsunternehmen der Verteilungsstufe, soweit sich damit ein Wasserversorgungsunternehmen der Verteilungsstufe verpflichtet, seine Abnehmer mit Wasser über feste Leitungswege nicht zu ungünstigeren Preisen oder Bedingungen**

[10] Gesetzesbegründung BT-Dr. 17/9852, 25.
[11] Gesetzesbegründung BT-Dr. 17/9852, 25.
[12] So die Kommentierung zu § 131 GWB in der Vorauflage; FK/*Brand* § 131 Rn. 43.
[13] BGH Urt. v. 2.2.2010 – KVR 66/08, NJW 2010, 2573.
[14] Zur Behördenpraxis auch MüKoGWB/*Reif/Daiber,* 2. Aufl. § 31b Rn. 17f.

zu versorgen, als sie das zuliefernde Wasserversorgungsunternehmen seinen vergleichbaren Abnehmern gewährt;

4. anderen Wasserversorgungsunternehmen, soweit sie zu dem Zweck abgeschlossen sind, bestimmte Versorgungsleistungen über feste Leitungswege einem oder mehreren Versorgungsunternehmen ausschließlich zur Durchführung der öffentlichen Versorgung zur Verfügung zu stellen.

(2) **Verträge nach Absatz 1 sowie ihre Änderungen und Ergänzungen bedürfen der Schriftform.**

(3) **DurchVerträge nach Absatz 1 oder die Art ihrer Durchführung darf die durch Freistellung von den Vorschriften dieses Gesetzes erlangte Stellung im Markt nicht missbraucht werden.**

(4) **Ein Missbrauch liegt insbesondere vor, wenn**

1. das Marktverhalten eines Wasserversorgungsunternehmens den Grundsätzen zuwiderläuft, die für das Marktverhalten von Unternehmen bei wirksamen Wettbewerb bestimmend sind, oder

2. ein Wasserversorgungsunternehmen von seinen Abnehmern ungünstigere Preise oder Geschäftsbedingungen fordert als gleichartige Wasserversorgungsunternehmen, es sei denn, das Wasserversorgungsunternehmen weist nach, dass der Unterschied auf abweichenden Umständen beruht, die ihm nicht zurechenbar sind, oder

3. ein Wasserversorgungsunternehmen Entgelte fordert, die die Kosten in unangemessener Wesie überschreiten; anzuerkennen sind die Kosten, die bei einer rationellen Betriebsführung anfallen.

(5) **Ein Missbrauch liegt nicht vor, wenn ein Wasserversorgungsunternehmen sich insbesondere aus technischen oder hygienischen Gründen weigert, mit einem anderen Unternehmen Verträge über die Einspeisung von Wasser in sein Versorgungsnetz abzuschließen, und eine damit verbundene Entnahme (Durchleitung) verweigert.**

Übersicht

I. Sinn und Zweck der Vorschrift

1 Die Regelung des § 31 **überträgt den materiellen Inhalt des § 103 GWB 1990,** der bis zur achten GWB-Novelle gemäß § 131 Abs. 6 GWB a. F. weitergalt, fast inhaltsgleich in das Gesetz und nimmt in Absatz 2 das Schriftformerfordernis des § 105 GWB 1990 auf.[1] Die Vorschriften der §§ 103ff. GWB 1990, die Verfahren und Befugnisse der Kartellbehörden regeln, wurden in § 31b überführt. § 31 ist das Kernstück der besonderen Regelungen für die Wasserversorgung, da er zum einen die Freistellung bestimmter Verträge der Wasserwirtschaft anordnet, zum anderen die Definition eines Missbrauchs der Freistellung enthält.

2 Die Änderungen gegenüber der bisherigen Regelung bestehen **größtenteils in sprachlichen Anpassungen.**[2] Anders als § 103 GWB 1990 gilt § 31 nun ausschließlich für die Wasserversorgung, die Verweise auf Gas- und Stromversorgung wurden entsprechend getilgt. § 103 Abs. 2 GWB 1990 enthielt zudem noch ein Verbot von Verträgen, die die öffentliche Versorgung mit einer Energieart oder Wasser ausschlossen; dieses Verbot wurde

[1] *Lotze/Dierkes* RdE 2013, 401, 403.
[2] Gesetzesbegründung BT-Dr. 17/9852, 25.

wegen mangelnder Relevanz ersatzlos gestrichen.[3] Ebenso wurden die Vorschriften der § 103 Abs. 5 Satz 1 Nr. 2, 103 Abs. 5 Satz 2 Nr. 3 und 4 GWB 1990 wegen fehlender Relevanz für die wasserwirtschaftliche Praxis nicht übernommen.[4] Absatz 3 konstatiert, dass die Freistellung des Absatzes 1 einer besonderen Missbrauchskontrolle unterliegt. Absatz 4 enthält Regelbeispiele des Freistellungsmissbrauchs. Das Beispiel in § 31 Abs. 4 Nr. 3, Missbrauch durch Forderung von Entgelten, die die Kosten in unangemessener Weise überschreiten, hat dabei keine Entsprechung im bisherigen Recht. Es wurde im Gesetzgebungsverfahren auf Anregung des Bundesrates aufgenommen, um bei der kartellrechtlichen Kontrolle von Wasserentgelten den Kartellbehörden neben dem Vergleichsmarktprinzip des § 31 Abs. 4 Nr. 2 auch die Methodik der Kostenkontrolle zu eröffnen.[5] Abs. 5 stellt klar, dass im Bereich der Wasserwirtschaft die Verweigerung der Durchleitung, insbesondere aus technischen oder hygienischen Gründen, keinen Missbrauch darstellt.[6] Damit wird die bisherige Regelung insoweit aufgegriffen, als § 103 Abs. 5 S. 2 Nr. 4 GWB 1990 die Verweigerung der Durchleitung nur bei der Gas- und Stromversorgung als Regelbeispiel eines Missbrauchs ansah.[7]

II. Die Freistellung des Abs. 1

3 § 31 Abs. 1 bestimmt, dass Demarkationsverträge, ausschließliche Konzessionsverträge, bestimmte Preisbindungen sowie sog. Verbundverträge **vom Kartellverbot des § 1 freigestellt** sind. Zivilrechtliche Wirksamkeitsvoraussetzung ist jedoch für Demarkationsverträge, ausschließliche Konzessionsverträge und Verbundverträge die vollständige Anmeldung bei der Kartellbehörde, § 31a Abs. 1. Praktisch bedeutsam sind von diesen Vertragsarten im Wesentlichen nur noch ausschließliche Konzessionsverträge.[8]

4 § 31 Abs. 1 Nr. 1 definiert **Demarkationsverträge** als Verträge von Wasserversorgungsunternehmen mit anderen Wasserversorgungsunternehmen oder Gebietskörperschaften, soweit sich damit ein Vertragsbeteiligter verpflichtet, in einem bestimmten Gebiet eine öffentliche Wasserversorgung über feste Leitungswege zu unterlassen. Vor 1998 waren Demarkationsverträge in der Energieversorgung ein wichtiges Instrument, um geschlossene Versorgungsgebiete abzusichern.[9] Im Rahmen der Wasserversorgung sind derartige Marktaufteilungen also weiterhin rechtlich möglich, wenn auch praktisch wenig bedeutsam.

5 § 31 Abs. 1 Nr. 2 sieht die Freistellung für Verträge zwischen Wasserversorgungsunternehmen und Gebietskörperschaften vor, in denen sich die Gebietskörperschaft verpflichtet, die Verlegung und den Betrieb von Leitungen auf oder unter öffentlichen Wegen für eine bestehende oder beabsichtigte unmittelbare Wasserversorgung von Letztverbrauchern im Gemeindegebiet ausschließlich einem Versorgungsunternehmen zu gestatten. Diese Verträge sind **ausschließliche Konzessionsverträge,** da tatsächlich alle anderen Versorgungsunternehmen von der unmittelbaren Wasserversorgung von Letztverbrauchern durch den Vertrag ausgeschlossen werden können. Diese Möglichkeit der Vereinbarung der Ausschließlichkeit besteht nur noch in der Wasserversorgung; die Ausschließlichkeit begründet auch die Notwendigkeit einer Freistellung, da in ihr eine Wettbewerbsbeschränkung liegt.

---

[3] Gesetzesbegründung BT-Dr. 17/9852, 25.

[4] Gesetzesbegründung BT-Dr. 17/9852, 25.

[5] Stellungnahme des Bundesrates BT-Dr. 17/9852, 42f; Gegenäußerung der Bundesregierung BT-Dr. 17/9852, 51; BGH B. v. 14.7.2015 – KVR 77/13. Zur Kritik: *Coenen/Haucap* WuW 2014, 356; *Daiber* NJW 2013, 1990, 1993.

[6] *Coenen/Haucap* WuW 2014, 356, 357 weisen darauf hin, dass die Regelung weitgehend unbedeutend sei, da Durchleitungen in der Praxis so gut wie nie vorkämen.

[7] Stellungnahme des Bundesrates BT-Dr. 17/9852, 42. Zur Durchleitung im Wasserbereich, vgl. *Greb/Böcker* RdE 2013, 15, 16.

[8] Vgl. *Brehme,* Privatisierung und Regulierung der öffentlichen Wasserversorgung, (Tübingen 2010) 183.

[9] FK-*Brand,* § 131 GWB Rz. 26.

Ohne ausdrückliche rechtliche Ausschließlichkeit, die faktisch in vielen Fällen nicht zwingend notwendig sein wird, weil auch ohne eine entsprechende Klausel keine konkurrierende Wasserversorgung im Konzessionsgebiet etabliert würde,[10] ist § 31 auf den Konzessionsvertrag nicht anwendbar.[11] Die Gegenansicht, die jeden Konzessionsvertrag als anmeldepflichtig ansieht, weil auch ohne Ausschließlichkeit eine Wettbewerbsbeschränkung vorliege, ignoriert den Wortlaut des § 31 Abs. 1 Nr. 2 und die bisherige Begründung für den Freistellungstatbestand.[12] Auch der Hinweis, dass auch nicht-ausschließliche Konzessionsverträge faktische Wettbewerbsbeschränkungen enthalten, die kontrolliert werden müssten,[13] geht fehl. Grundsätzlich besteht im deutschen Kartellrecht keine Anmeldepflicht für wettbewerbsbeschränkende Verträge mehr.[14] Soweit der Gesetzgeber hier – wie im Bereich der Wasserversorgung – ausnahmsweise Anmeldepflichten statuieren will, müssen die Tatbestände klar definiert werden; eine weite Auslegung dieser Ausnahmen verbietet sich.

6 § 31 Abs. 1 Nr. 3 regelt die Freistellung **bestimmter Preisbindungen** in Verträgen zwischen Versorgungsunternehmen. Die Vorschrift ermöglicht es, bei vertikalen Lieferbeziehungen Höchstpreisbindungen zu vereinbaren, die es dem weiterverteilenden Unternehmen untersagen, zu ungünstigeren Bedingungen zu beliefern als der Vorlieferant. Damit soll verhindert werden, dass Kunden Nachteile dadurch erleiden, dass noch ein weiterer Versorger zwischengeschaltet ist.[15] Solche Höchstpreisbindungen verstießen gegen § 15 GWB 1990 und waren deswegen einer Freistellung bedürftig; nach neuer Rechtslage wäre aber auch ohne die Regelung ein Verstoß gegen § 1 GWB bei Höchstpreisbindungen nicht zwangsläufig gegeben.[16] Die Wirksamkeit der Preisbindungen gem. § 31 Abs. 1 Nr. 3 hängt – anders als bei den anderen Vertragsarten – nicht von einer Anmeldung bei der Kartellbehörde ab, da § 31 Abs. 1 Nr. 3 in § 31a GWB nicht genannt wird.

7 § 31 Abs. 1 Nr. 4 regelt die Freistellung sog. **Verbundverträge,** Verträgen zwischen Versorgungsunternehmen, die zu dem gemeinsamen Zweck abgeschlossen sind, bestimmte Versorgungsleistungen über feste Leitungswege ausschließlich einem oder mehreren Verorgungsunternehmen zur Verfügung zu stellen.

8 Praktisch gibt es häufig den Fall, dass es zwischen Gemeinde und unselbstständigem Eigenbetrieb eine Dienstanweisung gibt, die die Inhalte eines Konzessionsvertrages umsetzt. Solche internen Vereinbarungen bedürfen keiner Freistellung, sie sind als rein interne Sachverhalte kartellrechtlich nicht relevant. Der Freistellung bedürftig sind nur Verträge im kartellrechtlichen Sinne. Der kartellrechtliche Vertragsbegriff setzt Vereinbarungen zwischen zwei eigenständigen Rechtspersonen voraus, **interne Regelungen** zwischen Gemeinde und unselbstständigen Eigenbetrieb fallen deswegen nicht unter § 31 oder die Anmeldepflicht des § 31a.[17] Auch in Fällen, in denen Wasserversorgungsunternehmen und Gemeinde konzernverbunden i. S. des § 36 Abs. 2 sind, kann eine Wettbewerbsbe-

[10] *Christ* in: Kermel, Praxishandbuch Konzessionsverträge, S. 67, geht hingegen von einer hohen praktischen Bedeutung der Ausschließlichkeit aus.

[11] A. A. MüKoGWB/*Reif/Daiber,* 2. Aufl. § 31 Rn. 84f, die jeden Konzessionsvertrag als anmeldepflichtig ansehen, da bei einem leitungsmäßig erschlossenen Versorgungsgebiet jeder Dritte von der Aufnahme von der Aufnahme von Wettbewerb abgehalten würde. Ähnlich wohl Immenga/Mestmäcker/*Klaue,* 5. Aufl., § 31 GWB Rn. 25.

[12] Vgl. nur Immenga/Mestmäcker/*Klaue,* 1. Aufl., zu dem damaligen § 103 (Rz. 23). „Lediglich durch die Ausschließlichkeitszusage gewinnte eine Vereinbarung zwischen einem Versorgungsunternehmen und einer Gebietskörperschaft kartellrechtliche Dimensionen".

[13] So MüKoGWB/*Reif/Daiber,* 2. Aufl. § 31 Rn. 84f unter Verweis auf BGH WuW/E 2247, 2251.

[14] Deswegen geht inzwischen auch der Verweis auf BGH WuW/E 2247, 2251 fehl.

[15] FK/*Brand,* Lfg. 68, § 131 GWB Rn. 28.

[16] Vgl. Art. 4 lit. a VO 330/2010.

[17] Immenga/Mestmäcker/*Klaue,* GWB, 1. Aufl. 1981, § 103 Rn 7; FK/*Brand,* Lfg. 68, § 131 GWB Rn. 30.

schränkung gem. § 1 nicht vorliegen, so dass auch eine Freistellung insoweit entbehrlich scheint.[18]

III. Schriftformklausel

9 § 31 Abs. 2 legt fest, dass Verträge nach Abs. 1 sowie ihre Änderungen und Ergänzungen der Schriftform bedürfen. Das **Schriftformerfordernis** des § 34 GWB 1990 hatte bislang aufgrund der Anordnung der Weitergeltung des § 105 GWB 1990 in § 131 Abs. 6 GWB a. F. „und die Vorschriften, auf welche die genannten Vorschriften verweisen" weitergegolten.[19] Durch die Neufassung ist die Schriftformklausel – vielleicht unbewusst – verschärft worden. § 34 GWB 1990 verwies auf § 126 Abs. 1 BGB und schloss die Anwendung von § 126 Abs. 2 BGB, der eine Unterzeichnung der Parteien auf der gleichen Urkunde verlangt, aus.

10 Nach der Neuregelung gilt für die Verträge des § 31 Abs. 1 die Regelung zur gesetzlichen Schriftform des § 126 BGB umfassend.[20] Das **gesamte formbedürftige Rechtsgeschäft** muss in einer Urkunde, die von beiden Parteien unterzeichnet ist, enthalten sein. Wenn die Urkunde aus mehreren Blättern oder Texten besteht, muss die Zusammengehörigkeit erkennbar gemacht werden, eine körperliche Verbindung ist nicht unbedingt notwendig.[21] Soweit sich bei der Anwendung des § 126 BGB Zweifel ergeben, erscheint eine Auslegung anhand der für § 34 GWB 1990 geltenden Grundsätze möglich, da der Gesetzgeber keine inhaltlichen Änderungen gegenüber der bisherigen Rechtslage beabsichtigte.

11 Da die Wirksamkeit der Verträge nach § 31 Abs. 1 gem. § 31a von der Anmeldung bei der Kartellbehörde abhängt und nunmehr die **vollständige Anmeldung des Vertrages** gefordert wird, wäre auch ohne Schriftformklausel eine vollständige schriftliche Abfassung des Vertrages praktisch notwendig.

IV. Missbrauchsaufsicht

12 § 31 Abs. 3 und Abs. 4 normieren die **Tatbestände des Missbrauchs der Freistellung.** Der frühere § 103 GWB 1990 enthielt sowohl die materiellen als auch die Verfahrensvorschriften zur Missbrauchsaufsicht; diese wurden jetzt getrennt und auf § 31 und § 31b verteilt. Dies hat zur Folge, dass die zentrale Norm des § 31 Abs. 3 weniger deutlich als § 103 Abs. 5 S. 1 GWB 1990 die gesetzgeberische Intention zum Ausdruck bringt, dass es sich um eine Eingriffsnorm für die Behörden im Falle des Freistellungsmissbrauchs und nicht um ein allgemeines Verbot handelt.[22] Die Weiterführung des § 31 Abs. 3 als **reine Eingriffsnorm** war jedoch ausdrückliche und erklärte Absicht des Gesetzgebers,[23] der eine „1:1-Umsetzung der alten Vorschriften"[24] ohne materielle Änderungen proklamierte.[25] Diese Absicht des Gesetzgebers hat auch – trotz des nicht ganz eindeutigen Wortlauts des § 31 Abs. 3 – umfassend Eingang in den Gesetzestext gefunden. So ist in den Bußgeldvorschriften in § 81 Abs. 2 Nr. 2 – wie auch schon bei der Vorgängerregelung – nur die

[18] So auch MüKoGWB/*Reif/Daiber,* 2. Aufl. § 31 Rn. 53 f. Offengelassen in BGH B. v. 2.2.2010 – KVR 66/08, NJW 2010, 2573 und OLG Frankfurt B. v. 18.11.2008 – 11 W 23/07 (Kart), ZNER 2008, 375.

[19] Gesetzesbegründung BT-Dr. 17/9852, 21.

[20] Ausführlich dazu MüKoGWB/*Reif/Daiber,* 2. Aufl. § 31 Rn. 95.

[21] Palandt/*Ellenberger,* § 126 BGB Rn. 4.

[22] *Haellmigk/Pelka* RdE 2013, 1, 6; *Lotze/Dierkes* RdE 2013, 401, 406.

[23] Gegenäußerung der Bundesregierung BT-Dr. 17/9852, 52.

[24] Beschlussempfehlung BT-Dr. 17/11053, 18; *Haellmigk/Pelka* RdE 2013, 1, 6; *Rittner/Dreher/Kulka,* Wettbewerbs- und Kartellrecht, 8. Aufl., Tz. 1280.

[25] Vgl. dazu Gesetzesbegründung BT-Dr. 17/9852, 33, Beschlussempfehlung BT-Dr. 17/11053, 18; *Daiber* NJW 2013, 1990, 1991.

Zuwiderhandlung gegen eine vollziehbare Anordnung nach § 31b Abs. 3 Nr. 1 und Nr. 3 als Ordnungswidrigkeit vorgesehen; der Verstoß gegen § 31 Abs. 3 selbst ist nicht bußgeldbewehrt und kann es auch nicht sein, weil es sich nicht um ein Verbotsgesetz handelt.[26] Ebenso bestand im Gesetzgebungsverfahren auch Einigkeit, dass § 32, der einen Verstoß gegen eine Verbotsvorschrift des Gesetzes voraussetzt, nicht auf die §§ 31ff. anwendbar ist.[27] Entsprechend musste die Möglichkeit einer Zusagenentscheidung im Rahmen der besonderen Missbrauchskontrolle durch explizite Aufnahme des § 31b Abs. 3 in den Text des § 32b Abs. 1 geregelt werden.[28] Auch diese Regelung wäre systematisch verfehlt und unnötig, wenn § 31 Abs. 3 ein Verbotsgesetz darstellte.

13 § 31 Abs. 4 bietet **Beispiele des Freistellungsmissbrauchs,** wie sich durch die Formulierung „insbesondere" zeigt. Tatbestände, die von den Ziffern 1–3 nicht erfasst werden, können grundsätzlich nach dem allgemeinen Missbrauchstatbestand des § 31 Abs. 3 geprüft werden.[29] Angesichts der Ausgestaltung der Beispiele wird die praktische Relevanz dieser Möglichkeit jedoch gering bleiben. § 31 Abs. 4 Nr. 1 führt den Missbrauchstatbestand des § 103 Abs. 5 S. 2 Nr. 1 GWB 1990 fort. Missbräuchlich ist es, wenn das Marktverhalten des Wasserversorgungsunternehmens den Grundsätzen zuwiderläuft, die für das Marktverhalten von Unternehmen bei wirksamem Wettbewerb bestimmend sind. Dieser Tatbestand ist umfassender als § 19 Abs. 2 Nr. 2 und enthält nur den Verweis auf Grundsätze, die für das Marktverhalten bei wirksamen Wettbewerb bestimmend sind, ohne dass auf konkretes Verhalten anderer Unternehmen zum Vergleich verwiesen würde. In der bisherigen Rechtsanwendung hat vor allem § 31 Abs. 4 Nr. 2, der dem § 103 Abs. 5 S. 2 Nr. 2 GWB 1990 entspricht und den Preismissbrauch regelt, Bedeutung erlangt. Mit der GWB-Novelle wurde noch ein weiteres Beispiel des Freistellungsmissbrauches aufgeführt, neben der in § 31 Abs. 4 Nr. 2 enthaltenen Überprüfung nach dem Vergleichsmarktkonzept wurde auf Anregung des Bundesrates in § 31 Abs. 4 Nr. 3 den Kartellbehörden ausdrücklich auch eine Überprüfung der Entgelte von Wasserversorgungsunternehmen anhand einer Kostenprüfung ermöglicht.[30] Der Bundesrat begründete die Notwendigkeit dieser zusätzlichen Prüfungsmethode damit, dass das Vergleichsmarktkonzept der Praxis im Bereich der Wasserversorgungsunternehmen nicht immer gerecht werde und für die betroffenen Unternehmen zu einem hohen Kosten- und Arbeitsaufwand führen könne. Schließlich könne das Vergleichsmarktkonzept das geprüfte Unternehmen in die Kostenunterdeckung zwingen und den Anreiz nehmen, Investitionen zu Sicherung einer hohen Wasserqualität zu tätigen.[31]

V. Methodik der Überprüfung der Wasserpreise

1. Anwendungsbereich

14 Mit der Regelung in § 130 Abs. 1 S. 2 GWB ist durch den Gesetzgeber klargestellt worden, dass **nur eine Überprüfung von privatrechtlich erhobenen Wasserpreisen** und nicht von Wassergebühren stattfinden kann. Die vorhergehende Diskussion im Schrifttum über die Anwendung des Kartellrechts zur Überprüfung von öffentlich-rechtlichen

[26] Ausführlich auch MüKoGWB/*Reif/Daiber,* 2. Aufl. § 31b Rn. 9. A. A. unter Berufung auf den Wortlaut Immenga/Mestmäcker/*Klaue,* 5. Aufl., § 31 GWB Rn. 41.

[27] Gegenäußerung der Bundesregierung BT-Dr. 17/9852, 52: „Anders als bei Verfügungen wegen Verstößen gegen gesetzliche Verbote, zu denen die Missbauchstatbestände des § 31 Absatz 4 GWB-E nach der Rechtsprechung des Bundesgerichtshofs […] nicht gehören…."

[28] Stellungnahme des Bundesrates BT-Dr. 17/9852, 43.

[29] Vgl. zur Vorgängerregelung: Immenga/Mestmäcker/*Klaue,* 1. Aufl. 1981, § 103 Rn. 57.

[30] Vgl. Stellungnahme des Bundesrates BT-Dr. 17/9852, 42, Gegenäußerung der Bundesregierung BT-Dr. 17/9852, 51; BGH B. v. 14.7.2015 – KVR 77/13.

[31] So Stellungnahme des Bundesrates BT-Dr. 17/9852, 42.

Gebühren[32] ist damit obsolet, die kartellrechtliche Missbrauchskontrolle für die öffentlich-rechtlichen Trinkwassergebühren wurde effektiv ausgeschlossen.[33]

In Bezug auf privatrechtlich erhobene Preise hat die Kartellbehörde allerdings **verschiedene Möglichkeiten der Überprüfung** zur Auswahl. Zunächst stehen die Sonderregelungen für die Wasserwirtschaft neben den allgemeinen Missbrauchsvorschriften des GWB, wie sich nunmehr auch ausdrücklich aus § 31b Abs. 6 ergibt.[34] Im Rahmen der Sonderregelungen für die Wasserwirtschaft sind, wie schon dargestellt, Vergleichsmarktkonzept und Kostenkontrolle ausdrücklich im Gesetz verankert, auch in Bezug auf die allgemeine Missbrauchskontrolle ist mittlerweile anerkannt, dass sich die Kartellbehörden bei der Beurteilung von Wasserpreisen sowohl des Vergleichsmarktkonzepts als auch der Kostenkontrolle bedienen können.[35] Die Sonderregelungen für die Wasserwirtschaft knüpfen zwar zunächst an der Existenz eines ausschließlichen Konzessionsvertrages an, § 31 Abs. 3, können aber auch gem. § 31b Abs. 5 entsprechend angewendet werden, wenn ein Wasserversorgungsunternehmen eine marktbeherrschende Stellung hat. Den Kartellbehörden steht damit ein umfassendes Instrumentarium der Missbrauchskontrolle zur Verfügung. Die Sonderregelungen der §§ 31 ff. sind dabei in Bezug auf die Voraussetzungen teilweise strenger, in Bezug auf die Verfahrensregeln allerdings milder, da insoweit im Wesentlichen der Stand des Verfahrensrechts der 5. GWB-Novelle weitergeführt wird, d. h. kein automatischer Sofortvollzug der Missbrauchsverfügung, keine zivilrechtlichen Schadensersatzklagen und auch keine rückwirkende Feststellung eines Preismissbrauchs. 15

Den Sonderregelungen unterfällt der **Markt für die öffentliche Trinkwasserversorgung**, der von dem Verkauf von Mineral- und Tafelwasser (d. h. nicht leitungsgebundenem Trinkwasser) und Brauchwasser[36] (d. h. Wasser ohne Trinkwasserqualität, meist für industrielle Zwecke) abgegrenzt werden muss.[37] Der ebenfalls separate sachliche Markt der Lieferung von Trinkwasser an Weiterverteiler kann grundsätzlich auch in die Anwendung von § 31 fallen, soweit ein Vertrag gem. § 31 Abs. 1 Nr. 1, 3 oder 4 abgeschlossen wurde oder soweit das Wassserversorgungsunternehmen auf diesem Markt marktbeherrschend ist, § 31b Abs. 5. 16

2. Vergleichsmarktkonzept

Die Feststellung eines Preismissbrauchs gem. § 31 Abs. 4 Nr. 2 setzt voraus, dass ein Wasserversorgungsunternehmen von seinen Abnehmern **ungünstigere Preise oder Geschäftsbedingungen fordert als gleichartige Wasserversorgungsunternehmen,** es sei denn, das Versorgungsunternehmen weist nach, dass der Unterschied auf abweichenden Umständen beruht, die ihm nicht zurechenbar sind. Unmittelbar anwendbar ist § 31 Abs. 4 soweit ein ausschließlicher Konzessionsvertrag mit dem Wasserversorgungsunternehmen besteht, gem. § 31b Abs. 5 kann die Kartellbehörde sich auch ohne ausschließlichen Konzessionsvertrag auf die Vorschrift stützen, wenn das Wasserversorgungsunternehmen eine marktbeherrschende Stellung innehat. Die Feststellung der Marktbeherrschung bei Wasserversorgern als natürlichen Monopolisten wird dabei regelmäßig nicht im Streit stehen.[38] 17

Die Frage, wie detailliert die **Gleichartigkeit der verglichenen Unternehmen** dargestellt werden muss, ist im Rahmen der Anwendung des § 31 Abs. 4 Nr. 2 von wesentli- 18

---

[32] Vgl. hierzu exemplarisch *Wolfers/Wollenschläger* WuW 2013, 241 auf der einen und *Wolf* WuW 2013, 247 auf der anderen Seite.

[33] So *Coenen/Haucap* WuW 2014, 356; differenzierend in Bezug auf Europarecht Immenga/Mestmäcker/*Klaue,* 5. Aufl., § 31 GWB Rn. 13; *Schmidt/Weck* NZKart 2013, 345.

[34] Zu den Vorgängerregelungen BGH B. v. 2.2.2010 – KVR 66/08, NJW 2010, 2573.

[35] BGH B. v. 15.5.2012, KVR 51/11, NJW 2012, 3243 – Wasserpreise Calw; anders noch die Vorinstanz OLG Stuttgart B. v. 25.8.2011, 201 Kart 2/11, ZNER 2011, 633.

[36] Ausführlich MüKoGWB/*Reif/Daiber,* 2. Aufl. § 31 Rn. 58f, 83.

[37] BKartA E. v. 4.6.2012 B8–40/10 Tz. 78.

[38] Vgl. BKartA E. v. 4.6.2012 B8–40/10 Tz. 80.

cher Bedeutung, da die Kartellbehörde im Rahmen dieser Norm für die Gleichartigkeit die Beweislast trägt, während die sachliche Rechtfertigung vom betroffenen Unternehmen dargelegt und bewiesen werden muss. In seiner Wetzlar-Entscheidung[39] hat der BGH das für den Energiebereich entwickelte Konzept bestätigt, dass die Gleichartigkeit nur eine **grobe Sichtung der möglichen Vergleichsunternehmen** ermöglichen soll. Nur wenn sich schon auf den ersten Blick ergibt, dass sich eine Einordnung als gleichartig verbietet, scheidet ein Unternehmen als gleichartiges Vergleichsunternehmen aus. Konkret führt der BGH aus, dass eine Bestimmung der Gleichartigkeit anhand einer Kombination von Versorgungsdichte (Metermengenwert),[40] Abnehmerdichte (Netzlänge pro Hausanschluss), Anzahl der versorgten Einwohner, nutzbarer Wasserabgabe, Abgabestruktur und Gesamterträge der Wassersparte nicht zu beanstanden sei. Dagegen sei es nicht geboten, für die Gleichartigkeit auch Wasserbeschaffungs- und -aufbereitungskosten zu berücksichtigen. Die Kartellbehörde hat hier aus Sicht des BGH die Möglichkeit, solche Unterschiede durch Zu- und Abschläge auf die Vergleichspreise auszugleichen und so die Gleichartigkeit der Unternehmen herzustellen. Zu- und Abschläge können auch genutzt werden, wenn erhebliche Abweichungen zwischen den Unternehmen bei einzelnen Kriterien bestehen.[41]

19 Das **BKartA hat in seiner BWB-Entscheidung**[42] neben den oben genannten Kriterien noch folgende weitere Faktoren berücksichtigt: die Größe des Versorgers, sonstige Versorgungsdichtekriterien (Einwohnerdichte, Dichte des Versorgungsnetzes, Abnehmerdichte, Einwohner-Anschlussdichte), Kundenstruktur der Unternehmen, Unternehmensstruktur, Wasserverfügbarkeit, Qualität des Wasserangebots, Höhenunterschiede im Versorgungsgebiet, Bodenbeschaffenheit, lokale Infrastruktur und Beschaffenheit von Straßen/Straßenuntergrund, Art der Entgelterhebung, Wasserentnahmeentgelte, Konzessionsabgaben/Sondernutzungsgebühren, sonstige Bestimmungen zur Wasserversorgung auf Landesebene, sowie den Sonderfaktor Wiedervereinigung. Diese Parameter wurden bei der Auswahl der Vergleichsunternehmen unterschiedlich gewichtet; die engere Vergleichsgruppe dann durch eine Gesamtschau bestimmt.

20 Aus Sicht des **OLG Düsseldorf** sind zwei Unternehmen jedenfalls dann gleichartig, wenn zwischen ihnen hinsichtlich der **wirtschaftlichen Rahmenbedingungen keine wesentlichen Unterschiede bestehen,** die aus der Sicht der Abnehmer gemäß der Zielsetzung einer möglichst sicheren und preiswürdigen Versorgung mit Trinkwasser von vornherein eine deutlich unterschiedliche Beurteilung der Preisgestaltung rechtfertigen. Dabei komme es nicht auf eine umfassende Feststellung aller maßgeblichen Strukturdaten an, sondern die Kartellbehörde könne aus allen möglichen Vergleichskriterien nach billigem Ermessen eine Auswahl treffen.[43] Nach BGH-Rechtsprechung genügt es, wenn zum Vergleich nur auf ein Vergleichsunternehmen abgestellt wird;[44] eine breitere Absicherung des Vergleichs ist allerdings sinnvoll und üblich; je weniger Vergleichsunternehmen gewählt werden, um so höhere Anforderungen müssen an die Ermittlung der Höhe des Vergleichspreises gestellt werden.[45]

21 Für den eigentlichen Preisvergleich ist zwischenzeitlich anerkannt, dass dieser nach **unterschiedlicher Methodik** vorgenommen werden kann. Hergebracht ist der Vergleich von Entgelten für typisierte Abnahmefälle. In dem zwischen dem BKartA und den Kartellbehörden der Länder 2010 abgestimmten einheitlichen Erhebungsbogen werden z.B. die Abnahmefälle 80 m^3 pro Jahr – 2-Zimmer-Wohnung, 150 m^3 pro Jahr – Einfamilienhaus,

---

[39] BGH B. v. 2.2.2010 – KVR 66/08, NJW 2010, 2573.

[40] Zur Kritik an der Heranziehung des Metermengenwertes s. OLG Düsseldorf B. v. 24.2.2014 VI-2 Kart 4/12 (V) Tz. 121, WuW DE-R 4189.

[41] OLG Düsseldorf B. v. 24.2.2014 VI-2 Kart 4/12 (V) Tz. 139, WuW DE-R 4189.

[42] BKartA E. v. 4.6.2012 B8–40/10 Tz. 94 ff.

[43] OLG Düsseldorf B. v. 24.2.2014 VI-2 Kart 4/12 (V) Tz. 68, WuW DE-R 4189.

[44] BGH B. v. 21.2.1995, KVR 4/94, Weiterverteiler, NJW 1995, 1894, Tz. 38.

[45] OLG Düsseldorf B. v. 24.2.2014 VI-2 Kart 4/12 (V) Tz. 64, WuW DE-R 4189.

400 m³ pro Jahr – 5-Wohneinheiten, 700 m³ pro Jahr – 9-Wohneinheiten, 900 m³ pro Jahr – 12-Wohneinheiten, 1300 m³ pro Jahr – 15-Wohneinheiten sowie 7500 m³ pro Jahr – Kleingewerbekunde unterschieden. Nachteil dieser typisierten Abnahmefälle ist, dass sie – abhängig von den lokalen Gegebenheiten – oftmals nicht die tatsächlich vorherrschenden Abnahmefälle widerspiegeln. Im Rahmen eines **Tarifvergleichs** können sich auch Abweichungen dadurch ergeben, dass einzelne Unternehmen niedrigere oder höhere Baukostenzuschüsse verlangen. Diese Kosten erscheinen dann nicht im Rahmen des Vergleichspreises. Der BGH erkennt hier an, dass niedrigere Baukostenzuschüsse grundsätzlich höhere Preise rechtfertigen können, sieht jedoch das Unternehmen in der Pflicht, eine konkrete Kalkulation vorzulegen, aus der sich ergibt, wie sich die Preise verändern würden, wenn gleich hohe Baukostenzuschüsse wie bei den Vergleichsunternehmen berechnet würden. Ohne eine entsprechende Kalkulation müsse die Kartellbehörde die unterschiedlichen Baukostenzuschüsse nicht berücksichtigen. Die Kartellbehörde sei auch nicht verpflichtet, selbst die Preise um die Baukostenzuschüsse zu bereinigen.[46]

Neben dem Tarifvergleich eröffnet § 31 Abs. 4 Nr. 2 GWB auch die Möglichkeit des **22**
sogenannten **Erlösvergleiches.**[47] Ein Missbrauch kann dann bestehen, wenn die Summe der Erlöse des betroffenen Unternehmens höher ist, als dies bei Anwendung des Vertragswerks des Vergleichsunternehmens der Fall wäre.[48] Dabei werden die Erlöse entweder mengenbasiert gewichtet, das BKartA nimmt ergänzend teilweise auch netzlängenbasierte Erlösgewichtungen vor.[49] Das BKartA erfasst jedoch bei den Erlösen nicht die Umsatzsteuer, Wasserentnahmeentgelte, Konzessionsabgaben/Sondernutzungsentgelte.[50] Der Erlösvergleich hat zunächst in der Praxis der Wasserpreiskontrolle der Landeskartellbehörden keine Rolle gespielt, das BKartA wendet jedoch bei den von ihm entschiedenen Wasserpreisfällen regelmäßig den Erlösvergleich an. Es begründet die Anwendung damit, dass durch den Erlösvergleich die Mengenstruktur unter Berücksichtigung aller Abnahmefälle sowie Mischpreissysteme erfasst werden könnte. Es könnten tarifübergreifende und sogar tarifunabhängige Durchschnittspreise gebildet werden. Der Erlösvergleich sei damit von den Zufälligkeiten und den Unterschieden der Tarifstruktur der miteinander verglichenen Wasserversorgungsunternehmen unabhängig.[51]

Mit dem Nachweis höherer Preise als die von vergleichbaren Unternehmen allein kann **23**
allerdings noch kein Missbrauchsvorwurf begründet werden. Höhere Preise können von dem betroffenen Unternehmen gerechtfertigt werden. Hier knüpft der BGH an die Rechtsprechung im Energiebereich an und stellt fest, dass sich Unternehmen für eine **Rechtfertigung der Preise** nur auf solche Kostenfaktoren berufen können, die auch jedes andere Unternehmen in der Situation des betroffenen vorfinden würde und nicht beeinflussen könnte. Individuelle Umstände, die allein auf eine unternehmerische Entschließung oder auf die Struktur des betroffenen Versorgungsunternehmens zurückgehen, müssen dagegen außer Betracht bleiben.[52]

§ 31 Abs. 4 Nr. 2 erlegt die **Nachweispflicht für die sachliche Rechtfertigung** dem **24**
betroffenen Unternehmen auf. Diese Darlegungs- und Beweislast stellt die Unternehmen vor große Probleme, da sie im Regelfall keine Informationen über die Verhältnisse der Vergleichsunternehmen haben.[53] Die Kartellbehörden müssen deswegen auch hier ihrer

---

[46] BGH B. v. 2.2.2010 – KVR 66/08, NJW 2010, 2573.
[47] So auch Gesetzesbegründung der BReg, BT-Dr. 17/9852 S. 26; vgl. *Lotze/Dierkes* RdE 2013, 403.
[48] BGH B. v. 28.6.2005 KVR 17/04 – Stadtwerke Mainz, BB 2005, 1876.
[49] OLG Düsseldorf B. v. 24.2.2014 VI-2 Kart 4/12 (V) Tz. 147, WuW DE-R 4189.
[50] So im Fall BWB, BKartA E. v. 4.6.2012 B8–40/10.
[51] So die Argumentation des BKartA in OLG Düsseldorf B. v. 24.2.2014 VI-2 Kart 4/12 (V) Tz. 146, WuW DE-R 4189.
[52] BGH B. v. 2.2.2010 – KVR 66/08; NJW 2010, 2573.
[53] *Soyez/Berg* WuW 2006, 726, 731.

Amtsermittlungspflicht nachkommen; der BGH stellt allerdings hohe Anforderungen an den Vortrag des betroffenen Unternehmens. Das Unternehmen müsse mit seinem Vorbringen zu den abweichenden Umständen eine umfassende Bewertung seiner Preise und derjenigen der Vergleichsunternehmen erbringen. Dabei müssten grundsätzlich konkrete Kalkulationen und konkrete Kostennachweise vorgebracht werden.[54] Diese Anforderungen können allerdings nur erfüllt werden, wenn zunächst auch die Kartellbehörde zu den relevanten Umständen ermittelt. Die Auferlegung einer Beweislast in Bezug auf Umstände, von denen das Unternehmen selbst keine Kenntnis hat und auch ohne Unterstützung der Behörde keine Kenntnis haben kann, wäre ansonsten rechtsstaatlich bedenklich. Unzulässig ist die Praxis einzelner Behörden, bereits bei der Abfrage von Daten Fachgutachten zu Erschwernisfaktoren zu verlangen.[55]

25 Anders als im Rahmen der Preismissbrauchskontrolle gem. § 19 ist es im Rahmen des § 31 Abs. 4 Nr. 2 nicht notwendig, dass die Preisabweichung gegenüber dem Vergleichsunternehmen erheblich ist; es genügt grundsätzlich **jede ungünstige Abweichung.**[56] Auch insoweit sind die Sonderregelungen also strenger.

26 Die bisherigen Fälle haben unter anderem **folgende Ansatzpunkte für Rechtfertigungen** ergeben: Siedlungsentwicklung, Abnehmerdichte[57] und demographischer Wandel,[58] Wasserverfügbarkeit und Rohwasserbeschaffenheit,[59] Geländestruktur und Bodenverhältnisse,[60] Anzahl und Kapazität von Wasserspeichern,[61] (Alters-)Struktur der Netze,[62] Hausanschlusserneuerung,[63] rückläufiger Wasserabsatz,[64] unterschiedliche Ansatzmodalitäten für Kapitalkosten[65] und „Sonderkosten Ost[66]“. In Bezug auf Mehrkosten, die durch topografisch oder geologisch schwierige Bedingungen entstehen, obliegt es dem Unternehmen nach Ansicht des BGH nachzuweisen, in welcher Höhe solche Mehrkosten anfallen, wie diese Mehrkosten in die verlangten Preise einfließen und dass insoweit keine Rationalisierungsreserven bestehen.[67]

27 Bei der Bewertung haben die Kartellbehörden auch die Fachgesetze, -verordnungen und -normen sowie Entscheidungen anderer Fachbehörden zu beachten. Damit soll sicherge-

---

[54] BGH B. v. 2.2.2010 – KVR 66/08, NJW 2010, 2573.
[55] BGH B. v. 14.7.2015 – KVR 77/13 – Tz. 32.
[56] OLG Düsseldorf 24.2.2014 – VI-2 Kart 4/12 (V) Tz. 259, WuW DE-R 4189.
[57] *Daiber* NJW 2013, 1990, 1992.
[58] BKartA E. v. 4.6.2012 B8–40/10 Tz. 337 in Bezug auf Investitionsbedarf aufgrund von demographischem Wandel.
[59] BKartA E. v. 4.6.2012 B8–40/10 Tz. 284 ff., unter Berücksichtigung der hydrologischen/geologischen Bedingungen, Rohwasserqualität/Altlastenproblematik und Kosten des Schutzes des Grundwassers.
[60] BKartA E. v. 4.6.2012 B8–40/10 Tz. 305 ff. berücksichtigte hohen Grundwasserstand, Sandböden, Verkehrsinfrastruktur, allgemeines Baupreisniveau und stadtspezifische Faktoren im Zusammenhang mit den Umständen der Wasserverteilung.
[61] BGH B. v. 2.2.2010 – KVR 66/08, NJW 2010, 2573.
[62] BGH B. v. 2.2.2010 – KVR 66/08, NJW 2010, 2573: Eine erhöhte Erneuerungs- und Instandhaltungsbedürftigkeit des Netzes kann nur dann höhere Preise rechtfertigen, wenn nachgewiesen wird, dass das betroffene Unternehmen in der Vergangenheit die notwendigen Investitionsvorhaben durchgeführt hat. Vgl. zu höherem Investitionsbedarf auch BKartA E. v. 4.6.2012 B8–40/10 Tz. 320.
[63] BKartA E. v. 4.6.2012 B8–40/10 Tz. 353.
[64] Im Ergebnis ablehnend: BKartA E. v. 4.6.2012 B8–40/10 Tz. 242.
[65] Im Ergebnis ablehnend: BKartA E. v. 4.6.2012 B8–40/10 Tz. 441; OLG Düsseldorf B. v. 24.2.2014 VI-2 Kart 4/12 (V) Tz. 179, WuW DE-R 4189. Nach BGH sind ungewöhnlich niedrige Kapitalkosten bei Vergleichsunternehmen – z. B. aufgrund eines Renditeverzichts bei den Eigentümern – ein zu berücksichtigender Umstand, BGH B. v. 2.2.2010 – KVR 66/08, NJW 2010, 2573 so auch *Daiber* NJW 2013, 1990, 1992.
[66] BKartA E. v. 4.6.2012 B8–40/10 Tz. 349; OLG Düsseldorf B. v. 24.2.2014 VI-2 Kart 4/12 (V) Tz. 192, WuW DE-R 4189.
[67] BGH B. v. 2.2.2010 – KVR 66/08, NJW 2010, 2573.

stellt werden, dass neben ökonomischen **auch sonstige Gesichtspunkte und Prinzipien,** insbesondere des Umwelt- und Gesundheitsschutzes, der Sicherung der Trinkwasserqualität (einschließlich rechtlich verbindlicher Minimierungsgebote und Verpflichtungen zur Einhaltung der allgemein anerkannten Regeln der Technik) sowie der Versorgungssicherheit, hinreichend berücksichtigt werden.[68]

Bei dem Vergleich werden zumeist die Preise oder Erlöse ohne die **Konzessionsabgabe** 28 verglichen. Dies ist auch sachgerecht, denn das Wasserversorgungsunternehmen hat grundsätzlich keinen Einfluss darauf, ob die Gemeinde von ihrem Recht, Konzessionsabgaben zu erheben, Gebrauch macht oder nicht.[69] Die zulässigen Höchstsätze für Konzessionsabgaben sind gesetzlich geregelt.[70] Sie richten sich nach Gemeindegrößenklassen und liegen zwischen 12 und 18 Prozent der Erlöse des Wasserversorgungsunternehmens. Der Bundesfinanzhof hat in Bezug auf die Bestimmung des Abgabensatzes entschieden,[71] dass für die Bemessung der für die Konzessionsabgabe maßgeblichen Einwohnerzahl nicht auf § 2 Abs. 4 KAE abgestellt werden kann, der auf die Volkszählung vom 17. Mai 1939 verweist. Diese Regelung ist nach Ansicht des Bundesfinanzhofes wegen Verstoßes gegen das rechtsstaatliche Willkürverbot nichtig. Die Anknüpfung an die Volkszählung sei nach heutiger Sicht willkürlich und nichtig. Sachgerechter Anknüpfungspunkt sei dagegen die jeweils vom **Statistischen Landesamt amtlich fortgeschriebene Einwohnerzahl,** die auch der Berechnung der Gemeindegröße im Rahmen der Konzessionsabgabe Gas und Strom zugrunde liegt. Andere Auffassungen einzelner Landeskartellbehörden sind damit obsolet.

Gemäß § 12 Abs. 1 Ausführungsverordnung zur Konzessionsabgabenverordnung A/KAE 29 können im Konzessionsvertrag neben der Konzessionsabgabe zulässigerweise unentgeltliche oder verbilligte Wasserlieferungen für **Feuerlöschzwecke, Feuerlöschübungszwecke,** für Zwecke der Straßenreinigung sowie für öffentliche Zier- und Wasserbrunnen vereinbart werden. Soweit dies geschieht, müssen die entsprechenden Kosten auch im Rahmen des Vergleichs als individuell nicht beeinflussbare Kosten berücksichtigt werden.[72] Nichtberücksichtigung der Kosten unter pauschalem Verweis, das Wasserversorgungsunternehmen hätte hier die Verpflichtung im Rahmen von Nachverhandlungen vermeiden können, ist nicht möglich.[73]

Grundsätzlich müssen **Vorgaben der Gebietskörperschaft zur Leistungserbringung** als objektive Rechtfertigung für Kostenpositionen angesehen werden und zwar auch 30 dann, wenn die Gebietskörperschaft an dem Wasserversorgungsunternehmen beteiligt ist. Zu fragen ist, ob die Gebietskörperschaft eine Regelung in gleicher Weise erlassen würde, wenn ein unabhängiger Dritter Wasserversorger sei. Das BKartA sieht in Anwendung dieser Grundsätze, dass kostenwirksame hoheitliche Vorgaben für die Qualität des Wassers, die Sicherung der Löschwasserversorgung und ähnliche Gemeinwohlregulierung ohne weiteres als externe Umstände anzusehen seien, die höhere Preise rechtfertigen könnten.[74] Soweit

---

[68] Gesetzesbegründung der BReg, BT-Dr. 17/9852 S. 25f. Hier kann z.B. der Grundsatz einer ortsnahen Deckung des Wasserbedarfs der öffentlichen Wasserversorgung (§ 1a Abs. 3 WHG) relevant werden, vgl. BGH B. v. 2.2.2010 – KVR 66/08, NJW 2010, 2573; dazu auch *Lotze/Dierkes* RdE 2013, 401, 404.

[69] Offen gelassen von BGH B. v. 2.2.2010 – KVR 66/08, NJW 2010, 2573 Tz. 47 und BKartA E. v. 4.6.2012 B8–40/10 Tz. 73. Teilweise ablehnend MüKoGWB/*Reif/Daiber,* 2. Aufl. § 31 Rn. 283f.

[70] Es gilt die „Anordnung über die Zulässigkeit von Konzessionsabgaben der Unternehmen und Betriebe zur Versorgung mit Elektrizität, Gas und Wasser an Gemeinden und Gemeindeverbände" vom 4.3.1941 (KAE).

[71] BFH U. v. 31.1.2012 – I R 1/11.

[72] BKartA E. v. 4.6.2012 B8–40/10 Tz. 73.

[73] Vgl. OLG Stuttgart B.v.5.9.2013 – 201 Kart 1/12, ZNER 2013, 614, Tz. 197; BGH B. v. 14.7.2015 – KVR 77/13 Tz. 59.

[74] BKartA E. v. 4.6.2012 B8–40/10 Tz. 73.

eine Maßnahme auch die Möglichkeit eröffne, Gewinne anders zu allokieren, müsse allerdings im Einzelfall geprüft werden.[75]

31 Preise, die **unter den Selbstkosten des Vergleichsunternehmen** liegen, dürfen als Vergleichspreis nicht berücksichtigt werden.[76] Der BGH erkennt auch grundsätzlich an, dass marktbeherrschende Unternehmen nicht gezwungen werden können, nicht kostendeckende Preise zu verlangen. Der Einwand **mangelnder Kostendeckung** kann nach Ansicht des BGH jedoch nur dann erfolgreich vorgebracht werden, wenn vom Unternehmen nachgewiesen wird, dass das Unternehmen sämtliche Rationalisierungsreserven ausgeschöpft hat.[77] Der BGH leitet dies aus seiner Flugpreisspaltung-Rechtsprechung[78] ab, übersieht dabei allerdings, dass den kommunalen Wasserversorgungsunternehmen anders als anderen Marktbeherrschern nicht die Option offensteht, den Markt zu verlassen, wenn keine auskömmlichen Preise erzielt werden können.

3. Kostenkontrolle

32 Mit der 8. GWB-Novelle wurde in die Sonderregelungen für die Wasserversorgung mit § 31 Abs. 4 Nr. 3 ein eigener Tatbestand der Kostenkontrolle aufgenommen. Dies geschah auf Vorschlag des Bundesrates, der insbesondere auf den hohen Aufwand des Vergleichsmarktkonzepts für die betroffenen Unternehmen hinwies und die Sorge äußerte, die Anwendung des Vergleichsmarktkonzepts könne das geprüfte Unternehmen in die Kostenunterdeckung zwingen und den Anreiz nehmen, Investitionen zur Sicherung einer hohen Wasserqualität zu tätigen.[79] Die Bundesregierung griff diese Anregung auf und schlug einen Wortlaut parallel zu § 29 S. 2 vor;[80] die endgültige Fassung ist die des Ausschusses für Wirtschaft und Technologie.[81] Dieser sieht den nunmehr aufgenommenen Grundsatz, dass nur Kosten, die auch durch eine **rationelle Betriebsführung** nicht vermieden werden können, zu berücksichtigen sind, auch bereits im § 31 Absatz 4 Nummer 2 GWB verankert, wenn dort geregelt ist, dass nur nicht zurechenbare Umstände zu Gunsten eines der Missbrauchskontrolle unterliegenden Wasserversorgungsunternehmens berücksichtigt werden können.[82]

33 Es bleibt abzuwarten, inwieweit die **Kostenkontrolle gem. § 31 Abs. 4 Nr. 3** von Behörden und Rechtsprechung inhaltlich gegenüber der weiterhin ebenfalls möglichen Kostenkontrolle gem. § 19 Abs. 2 Nr. 2 unterschiedlich ausgestaltet wird. Der BGH hat in einer ersten Entscheidung deutlich gemacht, dass bei allen Arten der kartellrechtlichen Kostenkontrolle die Kartellbehörde auf anerkannte ökonomische Theorien zurückgreifen könne.[83] Klar ist, dass eine auf § 31 Abs. 4 gestützte Verfügung in verschiedener Hinsicht schwächer ausgestaltet ist als eine Verfügung auf der Grundlage von § 19, da im Rahmen der Sonderregelungen für die Wasserwirtschaft weiterhin nur lediglich zukunftsgerichtete Eingriffe der Kartellbehörde möglich sind.[84] Der materielle Tatbestand des § 31 Abs. 4 Nr. 3 bietet zudem – anders als bei dem Vergleichsmarktkonzept des § 31 Abs. 4 Nr. 2 –

---

[75] BKartA E. v. 4.6.2012 B8–40/10 Tz. 73. Das BKartA zeigt sich insbesondere kritisch gegenüber Regelungen, die einen Mindestkostenansatz, eine Pflicht zur strikten Kostendeckung und eine Mindestverzinsung vorgäben, da solche gegenüber privaten Dritten nicht getroffen würden.

[76] So auch MüKoGWB/*Reif/Daiber,* 2. Aufl. § 31 Rn. 295.

[77] BGH B. v. 2.2.2010 – KVR 66/08, NJW 2010, 2573.

[78] BGHZ 142, 239, 246 f.

[79] Stellungnahme des Bundesrates, BT-Dr 17/9852 S. 42. Zweifelnd zur Kostenkontrolle *Daiber* NJW 1990, 1994; MüKoGWB/*Reif/Daiber,* 2. Aufl. § 31 Rn. 299 f.; Immenga/Mestmäcker/*Klaue,* 5. Aufl., § 31 GWB Rn. 80.

[80] Gegenäußerung der Bundesregierung, BT-Dr 17/9852 S. 51.

[81] BT-Dr 17/11053.

[82] BT-Dr 17/11053, S. 19.

[83] BGH B. v. 14.7.2015 – KVR 77/13.

[84] Dazu *Haellmigk/Pelka* RdE 2013, 1, 6.

keine Erleichterungen für die Kartellbehörden. So gibt es im Rahmen von § 31 Abs. 4 Nr. 3 **keine Beweislastumkehr** zuungunsten des betroffenen Unternehmens[85] und das Tatbestandsmerkmal „in unangemessener Weise überschreiten" macht deutlich, dass eine erhebliche Überschreitung der Kosten für einen Missbrauchsvorwurf notwendig ist.[86]

Für die Kostenkontrolle im Rahmen von § 19 hat der BGH festgestellt,[87] dass aus kartellrechtlicher Sicht **nicht die Art der Preisfindung als solche, sondern nur deren Ergebnis** einen Missbrauch einer marktbeherrschenden Stellung darstellen könne. Deshalb komme es für die kartellrechtliche Beurteilung nicht vorrangig auf die Methode an, mit der das Unternehmen seine Preise kalkuliert. Der Ansatz einer Mehrheit von Preisbildungsfaktoren, von denen anzunehmen sei, dass auf ihrer Grundlage kalkulierte Preise bei wirksamem Wettbewerb auf dem Markt nicht durchgesetzt werden könnten, könne aber ein Indiz für einen missbräuchlich überhöhten Preis sein. Den Unsicherheiten bei der Feststellung der relevanten Preisbildungsfaktoren sei durch entsprechend bemessene Sicherheitszuschläge Rechnung zu tragen. Der BGH grenzt diese Kostenkontrolle – sehr formal – dadurch von einer Preisregulierung ab, dass keine ex ante Genehmigung erforderlich sei, sondern nur eine ex post Kontrolle stattfinde. Der BGH konstatiert dann, dass auch im Bereich der Kostenkontrolle der Amtsermittlungsgrundsatz gelte. Das Unternehmen habe jedoch seine Kalkulation der Behörde offen zu legen.[88] 34

In Bezug auf § 31 Abs. 4 Nr. 3 wird vor allem diskutiert, ob der Gesetzgeber mit Verweis auf die **rationelle Betriebsführung** schon Vorgaben für die Methodik der Preisfindung machen wollte. In der Literatur gibt es verschiedene Ansätze, die die Überprüfung mit Rückgriff auf die Grundsätze des KAG,[89] der GasNEV,[90] der früheren Preisregulierung in der Elektrizitätswirtschaft,[91] Kalkulationsleitfäden[92] oder der telekommunikationsrechtlichen Regulierung methodisch füllen wollen. Der BGH hat sich bislang eher offen für verschiedene Methoden der Kostenkontrolle gezeigt und betont, dass Gegenstand der kartellrechtlichen Sanktion nicht die Art der Preisberechnung, sondern lediglich der Preis als solcher sein könne.[93] Für die Ermittlung des wettbewerbsanalogen Preises können anerkannte ökonomische Theorien, wie auch Grundsätze der Strom- und Gasnetzentgeltverordnung herangezogen werden.[94] 35

VI. Durchleitung

§ 31 Abs. 5 stellt noch einmal ausdrücklich klar, dass die **Verweigerung der Durchleitung von Wasser** insbesondere aus hygienischen oder technischen Gründen nicht missbräuchlich ist. Das BKartA führt zu der Frage der Durchleitung aus, dass diese bei Wasser nicht praktikabel sei. Zudem könnten nicht ohne weiteres verschiedene „Wässer" durch das einzige Netz geleitet werden. Die Vermischung verschiedener einzeln unbedenklicher Trinkwässer kann zu chemischen Reaktionen führen, die die Qualität des Wassers insgesamt erheblich beeinträchtigen.[95] Soweit also theoretisch auf der Grundlage von § 19 36

[85] So BGH B. v. 14.7.2015 – KVR 77/13 Tz. 31. Dies folgt schon aus dem Wortlaut der Norm und der Parallele zu § 29 Abs. 1 Nr. 2.
[86] BGH B. v. 14.7.2015 – KVR 77/13 Tz. 63.
[87] BGH B. v. 15.5.2012 – KVR 51/11, NJW 2012, 3243; BGH B. v. 14.7.2015 – KVR 77/13.
[88] BGH B. v. 15.5.2012 – KVR 51/11, NJW 2012, 3243; BGH B. v. 14.7.2015 – KVR 77/13.
[89] *Gawel* IR 2012, 293, 295.
[90] Vgl. dazu OLG Stuttgart B. v. 5.9.2013 – Az.: 201 Kart 1/12, ZNER 2013, 614; zweifelnd: *Daiber* NJW 2013, 1990, 1993.
[91] *Lindt/Schielein* IR 2013, 125.
[92] Ausführlich dazu *Lotze/Dierkes* RdE 2013, 401, 404; in Bezug auf Kalkulationsleitfäden ablehnend OLG Stuttgart B. v. 5.9.2013 – Az.: 201 Kart 1/12, ZNER 2013, 614.
[93] BGH B. v. 15.5.2012 – KVR 51/11, NJW 2012, 3243.
[94] BGH B. v. 14.7.2015 KVR 77/13.
[95] So BKartA E. v. 4.6.2012 B8–40/10 Tz. 80; vgl. auch *Daiber* WuW 2000, 352, 363.

Abs. 2 Nr. 4, der neben und unabhängig von § 31 gilt, Durchleitungen im Wasser durchgesetzt werden könnten,[96] scheint die praktische Relevanz eher gering.

§ 31a Wasserwirtschaft, Meldepflicht

(1) [1]**Verträge nach § 31 Absatz 1 Nummer 1, 2 und 4 sowie ihre Änderungen und Ergänzungen bedürfen zu ihrer Wirksamkeit der vollständigen Anmeldung bei der Kartellbehörde.** [2]**Bei der Anmeldung sind für jedes beteiligte Unternehmen anzugeben:**

1. Firma oder sonstige Bezeichnung,
2. Ort der Niederlassung oder Sitz,
3. Rechtsform und Anschrift sowie
4. Name und Anschrift des bestellten Vertreters oder des sonstigen Bevollmächtigten, bei juristischen Personen des gesetzlichen Vertreters.

(2) **Die Beendigung oder Aufhebung der in § 31 Absatz 1 Nummer 1, 2 und 4 freigestellten Verträge ist der Kartellbehörde mitzuteilen.**

1 Verschiedene Verträge von Wasserversorgungsunternehmen, die in § 31 Abs. 1 aufgeführt sind, sowie deren Änderungen und Ergänzungen bedürfen zu ihrer **Wirksamkeit gemäß § 31a der vollständigen Anmeldung bei der Kartellbehörde.** Dabei handelt es sich um Demarkationsverträge, Verbundverträge und ausschließliche Konzessionsverträge. Praktisch relevant sind hier im Wesentlichen nur noch die ausschließlichen Konzessionsverträge. Ein Konzessionsvertrag ist ausschließlich, wenn sich die Gemeinde in ihm dazu verpflichtet, die Verlegung und den Betrieb von Leitungen auf oder unter öffentlichen Wegen für eine bestehende oder beabsichtigte unmittelbare Wasserversorgung von Letztverbrauchern im Gemeindegebiet ausschließlich einem Versorgungsunternehmen zu gestatten, § 31 Abs. 1 Nr. 2. In vielen Fällen wird eine ausdrückliche Ausschließlichkeitsklausel nicht zwingend notwendig sein, weil auch ohne eine entsprechende Klausel keine konkurrierende Wasserversorgung im Konzessionsgebiet etabliert würde.[1] Unabhängig von dieser faktischen Wirkung besteht die Anmeldepflicht jedoch nur für Verträge, die ausdrücklich eine Ausschließlichkeit vorsehen.[2]

2 Die Anmeldung solcher Verträge ist eine **zivilrechtliche Wirksamkeitsvoraussetzung,** dh die Verträge sind bis zur Anmeldung schwebend unwirksam, § 31a Abs. 1 Satz 1. Wirksamkeitsvoraussetzung ist allerdings die bloße Anmeldung, eine Genehmigung oder andere Handlung der Kartellbehörde ist nicht notwendig. Wenn verspätet angemeldet wird, tritt die Wirksamkeit aber nicht erst mit dem Zeitpunkt der Anmeldung ein, sondern die spätere Anmeldung führt zu einer rückwirkenden Wirksamkeit der Verträge auf den Zeitpunkt des Abschlusses. Erst wenn die Vertragsparteien endgültig auf die notwendige Anmeldung eines Vertrages verzichten, schlägt die schwebende Unwirksamkeit jedoch in eine (endgültige) Nichtigkeit um.[3] Da ein wirksamer Konzessionsvertrag Voraussetzung für die Zahlung von Konzessionsabgaben ist, kommt der Anmeldung praktisch besondere Bedeutung zu. Zuständig sind regelmäßig die Landeskartellbehörden, da Wasserkonzessionsverträge zumeist Wirkungen nur in einem Bundesland haben.

3 Zu beachten ist, dass die Anmeldeverpflichtung nur für Verträge im kartellrechtlichen Sinne gilt. Der kartellrechtliche Vertragsbegriff setzt Vereinbarungen zwischen zwei eigenständigen Rechtspersonen voraus. **Interne Regelungen** zwischen Gemeinde und un-

---

[96] Vgl. dazu Gegenäußerung der BReg BT-Dr. 17/9852, S. 51.

[1] *Christ* in: Kermel, Praxishandbuch Konzessionsverträge, S. 67, geht hingegen von einer hohen praktischen Bedeutung der Ausschließlichkeit aus.

[2] A. A. MüKoGWB/*Reif/Daiber,* 2. Aufl. § 31 Rn. 84f., vgl. dazu § 31 Rn. 5 oben.

[3] OLG Düsseldorf U. v. 28.9.2005 – VI-2 U (Kart) 2/05.

selbstständigem Eigenbetrieb fallen deswegen nicht unter die Anmeldepflicht des § 31a.[4] Soweit wegen Konzernverbundenheit zwischen Gemeinde und Wasserversorgungsunternehmen kein Wettbewerb möglich ist, scheint eine Anmeldung auch nicht notwendig.[5]

Die Anmeldung muss gem. § 31a Abs. 1 folgende Angaben für jeden Beteiligten enthalten: 4

- Firma oder sonstige Bezeichnung,
- Ort der Niederlassung oder Sitz,
- Rechtsform und Anschrift sowie
- Name und Anschrift des bestellten Vertreters oder des sonstigen Bevollmächtigten, bei juristischen Personen des gesetzlichen Vertreters.

Des Weiteren müssen die Verträge vollständig angemeldet werden, § 31a Abs. 1. Nach 5 altem Recht war streitig, ob für die Anmeldung eine Beifügung der konkreten wettbewerbsbeschränkenden Vereinbarungen ausreichend sei. Das **Risiko einer unvollständigen Anmeldung** verblieb jedoch beim Anmelder. Seit der GWB-Novellierung, mit der in § 31a Abs. 1 die Notwendigkeit der „vollständigen" Anmeldung der Verträge aufgenommen wurde, wird man jetzt davon ausgehen müssen, dass der gesamte Vertrag der Anmeldung beigefügt werden muss.[6] Aus dieser Ergänzung ist jedoch nicht zu folgern, dass nunmehr auch alle alten Verträge noch einmal neu angemeldet werden müssten bzw. dass die auf der Grundlage des alten Rechtes erlangten Freistellungen nach Inkrafttreten des § 31a nunmehr ihre Wirksamkeit verlören.[7] Die Änderung einer formellen Anforderung für die Anmeldung führt grundsätzlich nicht dazu, dass frühere Anmeldungen wiederholt werden müssten. Da auch schon nach altem Recht alle wettbewerbsbeschränkenden Vereinbarungen mit der Anmeldung mitgeteilt werden mussten, besteht auch kein praktisches Bedürfnis für eine entsprechende Handhabung.[8] Die Anmeldung muss nicht durch alle Beteiligten gemeinsam erfolgen, die Anmeldung eines Beteiligten ist ausreichend.[9]

Der Kartellbehörde ist auch die **Beendigung und Aufhebung** von ausschließlichen 6 Wasserkonzessionsverträgen mitzuteilen, § 31a Abs. 2. Eine unterbliebene Mitteilung hat jedoch keine nachteiligen rechtlichen Wirkungen.

§ 31b Wasserwirtschaft, Aufgaben und Befugnisse der Kartellbehörden, Sanktionen

(1) **Die Kartellbehörde erteilt zu den nach § 31 Absatz 1 Nummer 1, 2 und 4 freigestellten Verträgen auf Anfrage Auskunft über**

1. Angaben nach § 31a und
2. den wesentlichen Inhalt der Verträge und Beschlüsse, insbesondere Angaben über den Zweck, über die beabsichtigten Maßnahmen und über Geltungsdauer, Rücktritt und Austritt.

(2) **Die Kartellbehörde erlässt Verfügungen nach diesem Gesetz, die die öffentliche Versorgung mit Wasser über feste Leitungswege betreffen, im Benehmen mit der Fachaufsichtsbehörde.**

(3) **Die Kartellbehörde kann in den Fällen des Missbrauchs nach § 31 Absatz 3**

[4] Immenga/Mestmäcker/*Klaue,* GWB, 1. Aufl. 1981, § 103 Rn 7.

[5] So auch MüKoGWB/*Reif/Daiber,* 2. Aufl. § 31 Rn. 53f, 83. Offengelassen in BGH B. v. 2.2. 2010 – KVR 66/08, NJW 2010, 2573 und OLG Frankfurt B. v. 18.11.2008 – 11 W 23/07 (Kart).

[6] *Lotze/Dierkes* RdE 2013, 401, 402.

[7] So aber anscheinend MüKoGWB/*Reif/Daiber,* 2. Aufl. § 31a.

[8] Die bisherige Praxis der Behörden lässt ohnehin zweifeln, ob die umfangreich vorhandenen Daten aufgrund der Anmeldungen für die Rechtsanwendung nutzbar gemacht wurden.

[9] Entscheidung des Hessischen Ministers für Wirtschaft und Verkehr 18.4.1961 – III d – 823000-N – (517/1/58)-I/60, WuW/E LKartB 35; MüKoGWB/*Reif/Daiber,* 2. Aufl. § 31a Rn. 7.

1. die beteiligten Unternehmen verpflichten, einen beanstandeten Missbrauch abzustellen,
2. die beteiligten Unternehmen verpflichten, die Verträge oder Beschlüsse zu ändern, oder
3. die Verträge oder Beschlüsse für unwirksam erklären.

(4) **Bei einer Entscheidung über eine Maßnahme nach Absatz 3 berücksichtigt die Kartellbehörde Sinn und Zweck der Freistellung und insbesondere das Ziel einer möglichst sicheren und preisgünstigen Versorgung.**

(5) **Absatz 3 gilt entsprechend, soweit ein Wasserversorgungsunternehmen eine marktbeherrschende Stellung innehat.**

(6) **§ 19 bleibt unberührt.**

1 § 31b verbindet die früheren Regelungen des § 11 Abs. 1 GWB 1998 zum **Kartellregister** und die Regelungen des § 103 Abs. 4, Abs. 5 und Abs. 6 GWB 1990, soweit sie für die anmeldepflichtigen Verträge noch relevant sind.[1] Nach dem GWB 1990 bestand noch ein Kartellregister, in das jedermann Einsichtsrecht hatte. Mit dem GWB 1998 wurde es durch eine **Auskunftspflicht der Kartellbehörde** ersetzt; diese Regelung nimmt § 31b Abs. 1 wieder auf.[2] Die Auskunft ist jedem gegenüber zu gewähren und setzt kein berechtigtes Interesse voraus. Die praktische Relevanz der Norm dürfte gering sein.

2 Gem. § 31b Abs. 2 muss die Kartellbehörde Verfügungen, die die öffentliche Versorgung mit Wasser über feste Leitungswege betreffen, im **Benehmen mit der Fachaufsichtsbehörde** erlassen. Nach der Gesetzesbegründung soll damit sichergestellt werden, dass – zusätzlich zur Bindung der Kartellbehörden an Fachgesetze, -verordnungen und -normen sowie Entscheidungen anderer Fachbehörden – neben ökonomischen auch sonstige Gesichtspunkte und Prinzipien, insbesondere des Umwelt- und Gesundheitsschutzes, der Sicherung der Trinkwasserqualität (einschließlich rechtlich verbindlicher Minimierungsgebote und Verpflichtungen zur Einhaltung der allgemein anerkannten Regeln der Technik) sowie der Versorgungssicherheit, hinreichend berücksichtigt werden.[3] Die Notwendigkeit des Benehmens mit der Fachbehörde besteht dabei in Bezug auf alle Verfügungen gegenüber Wasserversorgungsunternehmen nach dem GWB, nicht nur in Bezug auf Verfügungen gemäß § 31b GWB. Auch soweit z. B. Missbrauchsentscheidungen gem. § 19 gegen Wasserversorger erlassen werden, besteht ein Interesse daran, dass die Fachbehörde ihre Sicht der Dinge in das Verfahren einbringen kann. [4] Aus Sicht der Bundesregierung ist aber der Begriff der Verfügung in § 31b Abs. 2 enger als der Begriff der Verfügung in §§ 61 und 63 GWB. Aus dem Regelungszusammenhang des GWB und dem Zweck des in § 31b Absatz 2 GWB-E vorgesehenen Benehmens mit der Fachaufsichtsbehörde ergebe sich, dass das Missbrauchsverfahren von den Kartellbehörden in seinen einzelnen Verfahrensschritten keine Abstimmung mit der Fachaufsichtsbehörde voraussetze. Dies gelte nicht nur im Hinblick auf die – formlos mögliche – Entscheidung, ob ein Verfahren eingeleitet werde. Auch der Erlass einer Auskunftsverfügung diene nur der Vorbereitung der Entscheidung.[5]

3 § 31 Abs. 3 führt die **Sanktionsmöglichkeiten der Kartellbehörde** auf. Sie sind im Vergleich zu den Befugnissen gem. §§ 32 ff. stark eingeschränkt, da § 31 kein gesetzliches Verbot regelt.[6] Die Kartellbehörde kann die Unternehmen verpflichten, den Missbrauch abzustellen, die Verträge oder Beschlüsse zu ändern oder die Kartellbehörde kann die Verträge und Beschlüsse für unwirksam erklären. Eine Ordnungswidrigkeit liegt entsprechend

---

[1] BT-Dr. 17/9852, S. 25.
[2] Zum Umfang vgl. MüKoGWB/*Reif/Daiber*, 2. Aufl. § 31b Rn. 3.
[3] Gesetzesbegründung BT-Dr. 17/9852, S. 25.
[4] Zu der Frage weiterer Benehmensregelungen nach Landeshaushaltsrecht vgl. OLG Frankfurt B. v. 12.7.2012 – 11 W 13/12; BGH B. v. 29.1.2013 KVZ 52/12.
[5] So Gegenäußerung der BReg BT-Dr 17/9852, S. 51.
[6] Gegenäußerung der BReg BT-Dr 17/9852, S. 51.

gem. § 81 Abs. 2 lit. a) erst vor, wenn einer vollziehbaren Anordnung gem. § 31b Abs. 3 Nr. 1 und Nr. 2 zuwidergehandelt wird. Eine rückwirkende Feststellung des Missbrauchs, eine Anordnung der Rückerstattung der aus dem kartellrechtswidrigen Verhalten erwirtschafteten Vorteile oder zivilrechtlicher Schadensersatz ist auf der Grundlage der Sondervorschriften für die Wasserwirtschaft nicht möglich.[7]

Die Verfügungen der Kartellbehörde auf der Grundlage des § 31 Abs. 3 sind auch, anders als andere Missbrauchsverfügungen, **nicht sofort vollziehbar,** die Beschwerde hat aufschiebende Wirkung gem. § 64 Abs. 1 Nr. 2. Das BKartA hat im BWB-Fall, bei dem noch unter § 103 GWB 1990 das Gleiche galt, die sofortige Vollziehbarkeit der Verfügung angeordnet und das **überwiegende öffentliche Interesse am Sofortvollzug** damit begründet, dass ein solches bei missbräuchlich überhöhten Preisen immer bestünde.[8] Das BKartA beruft sich insoweit auf das TEAG-Urteil des OLG Düsseldorf.[9] Hier ist allerdings zu differenzieren: Die in der TEAG-Entscheidung referierte Praxis des Kammergerichts, dass ein überwiegendes öffentliches Interesse bei der Forderung überhöhter Preise gegenüber Endverbrauchern immer gegeben sei, stützte sich unter anderem auch ausdrücklich darauf, dass sich die Verhältnisse auf den betroffenen Märkten schnell veränderten und die Verfügung ansonsten nicht praktisch wirksam würde. Für die damals entschiedenen Fälle – die Benzinpreise und Preisbindungen in der Unterhaltungselektronik, also im Wesentlichen Bargeschäfte betrafen, – war das sicher zutreffend.[10] Bei dem durch langfristige Verträge und Abrechnungen gekennzeichneten Markt der Wasserversorgung erscheint jedoch die Argumentation wenig belastbar. Ob das 1974 vom Kammergericht zusätzlich herangezogene öffentliche Interesse an der Währungsstabilität inzwischen wieder berücksichtigt werden müsste, bleibe dahingestellt. 4

Abs. 4 übernimmt die frühere Regelung des § 103 Abs. 5 S. 1 GWB 1990, dass die Kartellbehörden ihre Maßnahmen unter Berücksichtigung von **Sinn und Zweck der Freistellung,** insbesondere der möglichst sicheren und preisgünstigen[11] Versorgung, zu treffen haben. Damit sollte zum einen sichergestellt werden, dass kartellbehördliche Maßnahmen die Freistellung nicht faktisch aufheben können.[12] Da die Ausschließlichkeit im Bereich der Wasserversorgung nicht die praktische Bedeutung hat, die sie bei der Energieversorgung hatte, ist dieser Gesichtspunkt inzwischen weniger relevant. Wichtiger erscheint der weitere Aspekt, dass die Kartellbehörden bei ihrer Entscheidung neben den wettbewerblichen Belangen auch immer die **sichere Versorgung** berücksichtigen müssen.[13] Damit soll ebenso wie mit der Benehmensregelung in Abs. 2 sichergestellt werden, dass der Umwelt- und Gesundheitsschutz, die Sicherung der Trinkwasserqualität sowie die Versorgungssicherheit bei der Entscheidung hinreichend berücksichtigt werden.[14] 5

Unmittelbar werden in § 31b Abs. 3 die Fälle des **Freistellungsmissbrauches** geregelt. Voraussetzung der Anwendung der Missbrauchsvorschriften ist ein gem. § 31 Abs. 1 freigestellter Vertrag; diese Freistellung ist auch zunächst die Legitimation einer teilweisen schärferen Missbrauchsaufsicht als unter § 19. Mit dem Abs. 5 wird dieses Unterscheidungsmerkmal allerdings wieder aufgegeben, weil durch ihn die Sonderregelungen für die 6

---

[7] *Haellmigk/Pelka* RdE 2013, 1, 6; Gesetzesbegründung BT-Dr. 17/9852, S. 26; zu den Vorgängerregelungen BGH 2.2.2010 KVR 66/08, NJW 2010, 2573.

[8] BKartA E. v. 4.6.2012 B8–40/10 Tz. 485.

[9] OLG Düsseldorf WuW DE-R 1094, 1096, TEAG.

[10] KG WuW OLG E 1465, WuW OLG E 1467.

[11] In der Vorgängerregelung § 103 Abs. 5 S. 1 GWB 1990 war allerdings noch von der „preiswürdigen" Versorgung die Rede.

[12] MünchKomm/*Reif,* 1. Aufl. 2007, § 131 GWB Tz. 85.

[13] Immenga/Mestmäcker/*Klaue,* 1. Aufl. 1981, § 103 Rn. 55; MünchKomm/*Reif,* 1. Aufl. 2007, § 131 GWB Tz. 85.

[14] Zu diesen Aspekten im Rahmen des Benehmens gem. Abs. 2 vgl. Gesetzesbegründung BT-Dr. 17/9852, S. 25.

Wasserwirtschaft anwendbar werden, auch wenn gar kein ausschließlicher Konzessionsvertrag oder eine sonstige Freistellung vorliegt. Es ist für die Anwendung damit unerheblich, ob die Wasserversorgungsunternehmen von der Freistellungsmöglichkeit des § 31 Absatz 1 Gebrauch gemacht haben oder nicht. Laut Gesetzesbegründung ist die erhöhte **Missbrauchsgefahr aufgrund der monopolistischen Strukturen** unabhängig von der tatsächlichen Inanspruchnahme der Freistellungsmöglichkeit gegeben.[15]

7 Der BGH hat in seinem Wetzlar-Beschluss entschieden,[16] dass die Sondervorschriften für die Wasserwirtschaft und die allgemeinen Vorschriften **nebeneinander anwendbar** sind. Die neu eingeführte Vorschrift des § 31b Absatz 6 stellt dies auch für das neue Recht noch einmal ausdrücklich klar. Die Kartellbehörden haben damit also Ermessen, auf welche Regelungen sie ihre Entscheidungen stützen wollen; teilweise werden auch die Sonderregelungen und die allgemeine Missbrauchskontrolle des § 19 parallel angewandt.

Sechster Abschnitt. Befugnisse der Kartellbehörden, Sanktionen

§ 32 Abstellung und nachträgliche Feststellung von Zuwiderhandlungen

(1) **Die Kartellbehörde kann Unternehmen oder Vereinigungen von Unternehmen verpflichten, eine Zuwiderhandlung gegen eine Vorschrift dieses Gesetzes oder gegen Artikel 101 oder 102 des Vertrages über die Arbeitsweise der Europäischen Union abzustellen.**

(2) [1] **Sie kann hierzu alle erforderlichen Abhilfemaßnahmen verhaltensorientierter oder stuktureller Art vorschreiben, die gegenüber der festgestellten Zuwiderhandlulng verhältnismäßig und für eine wirksame Abstellung der Zuwiderhandlung erforderlich sind.** [2] **Abhilfemaßnahmen struktureller Art können in Ermangelulng einer verhaltensorientierten Abhilfemaßnahme von gleicher Wirksamkeit festgelegt werden, oder wenn letztere im Vergleich zu Abhilfemaßnahmen struktureller Art mit einer größeren Belastung für die beteiligten Unternehmen verbunden wäre.**

(2a) [1] **In der Abstellungsverfügung kann die Kartellbehörde eine Rückerstattung der aus dem kartellrechtswidrigen Verhalten erwirtschafteten Vorteile anordnen.** [2] **Die in den erwirtschaftetenVorteilen enthaltenen Zinsvorteile können geschätzt werden.** [3] **Nach Ablauf der in der Abstellungsverfügung bestimmten Frist zur Rückerstattung sind die bis zu diesem Zeitpunkt erwirtschafteten Vorteile entsprechend § 288 Absatz 1 Satz 2 und § 289 Satz 1 des Bürgerlichen Gesetzbuchs zu verzinsen.**

(3) **Soweit ein berechtigtes Interesse besteht, kann die Kartellbehörde auch eine Zuwiderhandlung feststellen, nachdem diese beendet ist.**

Übersicht

[15] Gesetzesbegründung BT-Dr. 17/9852, S. 26.

[16] BGH Urt. v. 2.2.2010 – KVR 66/08, NJW 2010, 2573.

I. Zweck und Bedeutung

1 § 32 ermächtigt seit der 7. Novelle in Anlehnung an Art. 7 VO 1/2003 die Kartellbehörde, Unternehmen oder Vereinigungen von Unternehmen zu verpflichten, eine Zuwiderhandlung gegen die Verbote des Gesetzes oder Art. 101 oder 102 AEUV abzustellen. Damit wurde die frühere Ermächtigung zur bloßen Untersagung (§ 32 a.F. und § 50 Abs. 2 S. 2 a.F.), deren Enge in der Praxis zu Anwendungsschwierigkeiten führte, im Interesse der Effektivität der Verwaltung und wirksamen Rechtsdurchsetzung um Elemente aktiver Steuerung des Wettbewerbsverhaltens erweitert (sog. positive Tenorierung).[1] Die Ermächtigung der Kartellbehörde schließt die Befugnis ein, den Verbotsadressaten Maßnahmen aufzugeben, die für die Abstellung der Zuwiderhandlung erforderlich sind (§ 32 Abs. 2). Die 8. Novelle hat die Befugnisse der Kartellbehörde ausgedehnt, indem eine ausdrückliche Ermächtigung für die Anordnung struktureller Maßnahmen (Abs. 2) und für die Anordnung der Rückerstattung von durch den Verstoß erlangten Vorteilen (Abs. 2a) geschaffen wurde. Es handelt sich um eine selbstständige Sanktion neben dem Bußgeldverfahren und dem Schadensersatz. Während diese dazu dienen, Verstöße, die in der Vergangenheit begangen wurden, zu ahnden oder deren Folgen auszugleichen, ist das Abstellungsverfahren **in die Zukunft gerichtet.** Die Verpflichtung, die Zuwiderhandlung abzustellen, schließt die künftige Unterlassung ein.

2 Das Abstellungsverfahren ist von besonderer Bedeutung, wenn die subjektiven Voraussetzungen einer Ordnungswidrigkeit fehlen, etwa weil die Rechtslage offen ist, oder wenn sie nicht nachweisbar sind. Insbesondere ermöglicht § 32 der Kartellbehörde, offene Grundsatzfragen der Anwendung der Normen des GWB oder der Art. 101, 102 AEUV zu klären. Beim Abstellungsverfahren handelt es sich im Gegensatz zum „subjektiven" Bußgeldverfahren um ein **objektives Verfahren.** In der bisherigen Praxis besaß das Abstellungsverfahren eine erhebliche Bedeutung und dies ist auch für die Neuregelung anzunehmen, zumal ihr Anwendungsbereich durch Einbeziehung des EU-Rechts erweitert wurde und das neu eingeführte System der Legalausnahme die Rechtssicherheit eher verschlechtert.

3 § 32 gilt für **alle ausdrücklichen Verbotstatbestände** des Gesetzes und – anders als § 32 a.F. – auch der Art. 101 Abs. 1, 102 AEUV. Darüber hinaus bezieht sich § 32 auch auf Verstöße gegen implizite materielle Verbote, die den Bußgeldtatbeständen nach § 81 zugrunde liegen.

II. Abstellungstatbestände

1. Verbote

4 § 32 gilt für **alle Verbotstatbestände** des Gesetzes, insbesondere das Verbot wettbewerbsbeschränkender Verträge und abgestimmter Verhaltensweisen (§ 1), des Missbrauchs einer marktbeherrschenden Stellung (§§ 19, 29), des Missbrauchs der Freistellung von Verträgen von Wasserversorgungsunternehmen (§ 31 Abs. 3) und eines tatsächlichen wettbewerbsbeschränkenden Verhaltens (§§ 20, 21). Die Vorschrift gilt ferner für die materiellen Bußgeldtatbestände des § 81 und die Verbote der Art. 101 Abs. 1, 102 AEUV. Die Unternehmen und Unternehmensvereinigungen können verpflichtet werden, Verstöße abzustellen. Die Abstellung der Zuwiderhandlung schließt die Untersagung ein. Die weite Fassung der Verbotstatbestände hat zur Folge, dass die Kartellbehörde bei wettbewerbsbeschränkenden Verträgen und abgestimmten Verhaltensweisen sowohl die **Durchführung** als auch schon den **Vertrag** oder die Abstimmung selbst verbieten kann.[2] Das Verbot eines Vertra-

[1] Begr. 2004, S. 51; *Podszun* ZWeR 2012, 48, 51 f.

[2] *Emmerich* in: Immenga/Mestmäcker, GWB, Rn. 9 m. Nachw. aus der bisherigen Rechtsprechung; *Bornkamm* in: Langen/Bunte, KartellR, Rn. 43 f.

ges führt zur Wiedergewinnung der Dispositionsfreiheit der Parteien. Die Abstellungsverfügung ist rechtmäßig, wenn ein Verstoß vorliegt, d. h. die Kartellbehörde Tatsachen nachweist, die den Tatbestandsmerkmalen der Verbotsnorm (einschließlich einer möglichen Tatbestandsrestriktion) entsprechen, und ihre rechtliche Wertung zutrifft (Art. 2 S. 1 VO 1/2003). Dass die Kartellbehörde dies **feststellen** muss (so Art. 7 Abs. 1 VO 1/2003), hat das Gesetz als selbstverständlich nicht erwähnt. Zu beachten ist, dass, soweit Tatsachen, aus denen sich eine Freistellung ergibt, nicht im Wege der Amtsermittlung festgestellt werden konnten, den Betroffenen die Beweislast trifft (Art. 2 S. 2 VO 1/2003). Im Einzelfall kann zweifelhaft sein, ob ein bestimmter Handlungskomplex einen oder mehrere Verstöße darstellt. Den Abschluss eines Kartellvertrages und dessen Vollzug wird man als einen einzigen Verstoß ansehen können. Im Übrigen kann man sich an die zum Recht der Kartellordnungswidrigkeiten entwickelten Grundsätze, einschließlich der Ablehnung eines Fortsetzungszusammenhangs, anlehnen.[3]

2. Drohende Verletzung

5 Nach bisherigem Recht konnte die Kartellbehörde auch bereits vor Durchführung eines wettbewerbsbeschränkenden Vertrages einschreiten, wenn unter Abschätzung des voraussichtlichen Verlaufs eine „ernste Besorgnis drohender Zuwiderhandlung begründet" war.[4] Diese Rechtsprechung hat aufgrund der Erweiterung des § 32 a. F. durch die 7. Novelle bei wettbewerbsbeschränkenden Verträgen zwar viel an Bedeutung verloren, weil seitdem wettbewerbsbeschränkende Verträge ohne nähere Anforderungen auch vor Durchführung untersagt werden konnten. Sie gilt aber auch nach neuem Recht. § 32 ist nach seinem Zweck dahin auszulegen, dass bei **ernster Besorgnis** eines unzulässigen Verhaltens (Erstbegehungs- oder Wiederholungsgefahr) bereits eine Abstellungsverfügung ergehen kann.[5] Die Einführung der Möglichkeit einer positiven Tenorierung soll die bisher gegebenen Befugnisse der Kartellbehörde erweitern, sie aber nicht einschränken. Auch wenn ein Verstoß begangen worden ist, darf eine Abstellungsverfügung nicht ergehen, wenn eine Wiederholung nicht zu erwarten ist.[6]

III. Abstellungsverfahren

1. Allgemeine Verfahrensfragen

6 Die Zuständigkeit der Kartellbehörde ergibt sich – vorbehaltlich Art. 11 Abs. 6 VO 1/2003 – aus §§ 48f. Es handelt sich um ein Verwaltungsverfahren im Sinne der §§ 54ff. Eine Verfahrenseinleitung liegt vor, wenn die Kartellbehörde dem betroffenen Unternehmen mitteilt, sie überprüfe einen bestimmten Sachverhalt (siehe § 54 Rn. 1ff.). Die Durchführung des Abstellungsverfahrens ist **parallel zum Bußgeldverfahren zulässig;** dies geschieht in der Praxis jedoch selten, vielmehr wählt die Kartellbehörde zwischen der

---

[3] Vgl. BGH WuW/E BGH 3043, 3048 – *Fortgesetzte Ordnungswidrigkeit;* WuW/E BGH 3054 – *Fortgesetzte Ordnungswidrigkeit II; Dannecker/Biermann,* in: Immenga/Mestmäcker, GWB, vor § 81 Rn. 209; *Klusen* in: Wiedemann, Handbuch des Kartellrechts, § 55 Rn. 51ff.; zum teilweise abweichenden EU-Recht *de Bronett,* Art. 7 Rn. 3 m. w. Nachw.

[4] BGH WuW/E BGH 2313, 2314 – *Baumarkt-Statistik* = NJW 1987, 1821; BGHZ 147, 325, 341f. – *Ostfleisch* = WuW/E DE-R 711 = NJW 2001, 3782; KG WuW/E OLG 5580, 5600 – *Selektive Exklusivität.*

[5] OLG Düsseldorf WuW/E DE-R 2755, 2759 – *DFL-Vermarktungsrechte; Emmerich* in: Immenga/Mestmäcker, GWB, Rn. 9; *Bornkamm* in: Langen/Bunte, KartellR, Rn. 15f.; *Bechtold/Bosch,* GWB, Rn. 10.

[6] BGHZ 147, 325, 341f. – *Ostfleisch* = WuW/E DE-R 711 = NJW 2001, 3782; BGHZ 152, 97, 102f., 105 – *Konditionenanpassung* = WuW/E DE-R 984 = NJW 2003, 205; *Emmerich* in: Immenga/Mestmäcker, GWB, Rn. 9.

Durchführung des einen oder anderen Verfahrens. Ein Übergang zu einem anderen Verfahren ist jederzeit möglich.[7]

Die Einleitung des Verfahrens steht in **pflichtgemäßen Ermessen** der Kartellbehörde (Opportunitätsprinzip). Die Kartellbehörde kann das Verfahren von Amts wegen auf der Grundlage von Informationen, die ihr aus kartellrechtlichen Verfahren (einschließlich des ECN) oder durch Beschwerde Dritter zugänglich sind, einleiten. Dritte können, selbst wenn ihre Interessen durch die Entscheidung nicht erheblich berührt sind, ohne weiteres die Einleitung eines Verfahrens von Amts wegen anregen (§ 54 Abs. 1 S. 2). Die Verfahrensbeteiligung ergibt sich aus § 54 Abs. 2 Nr. 2 und 3, wobei die Anforderungen an die erhebliche Interessenberührung Dritter in § 54 Abs. 1 Nr. 3 durch die Einfügung des zweiten Halbsatzes verringert wurden. Das Erfordernis einer Anhörung folgt aus § 56 Abs. 1. Akteneinsicht und Geheimnisschutz sind in den §§ 29, 30 VwVfG geregelt. Soweit die Kartellbehörde (auch) aufgrund der Art. 101, 102 AEUV vorgeht, muss sie die Kommission und kann sie die Kartellbehörden der anderen Mitgliedstaaten nach der Einleitung der ersten förmlichen Ermittlungshandlung informieren (Art. 11 Abs. 3 VO 1/2003). Innerhalb des Netzwerkes der Europäischen Kartellbehörden (ECN) erfolgt eine Abstimmung über die Weiterführung des Verfahrens.[8] 7

2. Maßgeblicher Zeitpunkt

Die Beurteilung der Statthaftigkeit des Abstellungsverfahrens erfolgt nach der Tatsachen- und Rechtslage im **Zeitpunkt des Erlasses** der Abstellungsverfügung. Zu diesem Zeitpunkt darf das wettbewerbswidrige Verhalten noch nicht beendet sein. Eine Abstellungsverfügung ist daher nicht zulässig, wenn die Unternehmen den betreffenden Vertrag oder die sonstige Verhaltensweise von sich aus aufgegeben haben. Bei einem noch nicht begonnenen Verstoß muss die ernste Besorgnis eines in naher Zukunft liegenden Beginns gegeben sein (Rn. 4). Hat die Kartellbehörde nicht ein zukünftiges, sondern ein gegenwärtiges verbotenes Verhalten aufgegriffen, so kann eine Verbotsverfügung, die im Zeitpunkt ihres Erlasses rechtswidrig war, weil z. B. ein sachlich gerechtfertigter Grund nach § 20 Abs. 2 für eine Lieferverweigerung gegeben war, nicht durch den späteren Wegfall dieses Rechtfertigungsgrundes rechtmäßig werden. Es liegt vielmehr ein neuer Sachverhalt vor, für den es ggf. einer neuen Abstellungsverfügung bedarf.[9] 8

3. Ermessen

Die Entscheidung, ob ein Abstellungsverfahren durchgeführt wird, unterliegt nach allgemeiner Meinung dem Ermessen der Kartellbehörde. Dabei ist der Grundsatz der **Verhältnismäßigkeit** zu beachten.[10] Die Gründe für die Ermessensausübung sind in der Entscheidung darzulegen.[11] Maßgebliche Entscheidungsgesichtspunkte sind die Schwere und Verbreitung des Verstoßes und damit seine Bedeutung für die Wettbewerbspolitik, die Erforderlichkeit des Einschreitens im Hinblick auf die faktische Unmöglichkeit der Inanspruchnahme individuellen Rechtsschutzes nach § 33 durch den Betroffenen und die Verwaltungskapazität der Kartellbehörde. Die Behörde kann Schwerpunkte ihrer Abstellungstätigkeit bilden und sich auch auf einen Beteiligten konzentrieren.[12] Grundsätzlich hatte 9

---

[7] *Emmerich* in: Immenga/Mestmäcker, GWB, Rn. 21.

[8] Art. 7 VerfVO Rn. 18 f.

[9] BGH WuW/E BGH 2535, 2541 – *Lüsterbehangsteine* = NJW-RR 1989, 485; KG WuW/E OLG 3121, 3123 – *HFGF II; Bornkamm* in: Langen/Bunte, KartellR, Rn. 17; *Emmerich* in: Immenga/Mestmäcker, GWB, Rn. 18.

[10] BGHZ 142, 249, 252 f. – *Flugpreisspreizung* = WuW/E DE-R 375 = NJW 2000, 76; *Bornkamm* in: Langen/Bunte, KartellR, Rn. 41 f.; *Emmerich* in: Immenga/Mestmäcker, GWB, Rn. 14 f.

[11] BGH, a. a. O.; *Bechtold/Bosch,* GWB, Rn. 5; abl. BKartA WuW/E DE-V 1147, 1160 – *E.ON Ruhrgas.*

[12] Vgl. *Bornkamm* in: Langen/Bunte, KartellR, Rn. 9.

nach bisherigem Recht ein Dritter **keinen Anspruch auf Einschreiten,** auch wenn die Verbotsnorm seinem Schutz diente; dies galt selbst bei einer Ermessensreduzierung auf Null, sofern ein individueller Rechtsschutz nach § 33 möglich war. Das Gleiche ist nach neuem Recht im Hinblick auf Betroffene im Sinne des § 33 n. F. anzunehmen.[13] In Ausnahmefällen kann jedoch bei Ermessensreduzierung ein Anspruch auf Einschreiten bestehen. Eine Auflockerung des Subsidiaritätsdogmas ist in Parallele zum allgemeinen Sicherheits- und Ordnungsrecht für Verbote i. S. des § 33 Abs. 1 dann zu bejahen, wenn dem Betroffenen ein **schwerer Schaden** droht, dessen (rechtzeitige) Abwendung durch Inanspruchnahme individuellen Rechtsschutzes ihm nicht aus eigener Kraft zumutbar ist.[14]

4. Duldung

10 Die Kartellbehörde entscheidet nach **Ermessen.** Daher ist auch eine Duldung eines wettbewerbsbeschränkenden Verhaltens zulässig (vgl. § 32c Rn. 1). Dies gilt insbesondere im Graubereich zwischen zulässigen und unzulässigen Verhaltensweisen, bei geringen Verstößen sowie bei Rechtfertigung durch außerkartellrechtliche Zielsetzungen, wie z. B. durch Gesichtspunkte des Umweltschutzes. Das Bundeskartellamt ist in der Vergangenheit recht häufig in dieser Weise verfahren und hält daran fest.[15] Diese Praxis ist allerdings rechtsstaatlich bedenklich.[16] Eine bisherige Duldung, selbst wenn sie durch eine Unbedenklichkeitserklärung dokumentiert ist, schließt eine Abstellungsverfügung nach § 32 für die Zukunft nicht aus. Durch die Duldung wird **kein Vertrauenstatbestand** geschaffen, das schutzwürdige Vertrauen richtet sich allenfalls auf Gewährung einer Anpassungsfrist.[17] Anders verhält es sich freilich, wenn die Kartellbehörde durch feststellenden Verwaltungsakt nach § 32c förmlich festgestellt hat, dass nach den der Kartellbehörde vorliegenden Erkenntnissen die Verbotsvoraussetzungen nicht gegeben sind und daher kein Anlass zum Einschreiten besteht. Hier kann die Kartellbehörde nur bei neuen Erkenntnissen tätig werden (siehe § 32 c Rn. 18 f.).[18]

IV. Abstellungsverfügung

1. Inhaltliche Anforderungen

11 Für die Maßnahmenauswahl hat das Gesetz die Geltung des Grundsatzes der **Verhältnismäßigkeit** ausdrücklich ausgesprochen (§ 32 Abs. 2). Die Maßnahmen dürfen nicht über das nach dem Regelungsgehalt und Zweck des Verbots erforderliche Maß hinausgehen. Dabei ist nunmehr eine positive Tenorierung zulässig. Inwieweit von der gesetzlichen Ermächtigung hierzu Gebrauch wird, bestimmt sich wiederum nach dem Grundsatz der Verhältnismäßigkeit (Rn. 14).

12 Nach § 37 VwVfG gilt ferner der **Bestimmtheitsgrundsatz.** Die Abstellungsverfügung muss klar, eindeutig und vollständig sein, sie muss eine hinreichend bestimmte Um-

[13] *Bechtold/Bosch,* GWB, Rn. 5; *Bornkamm* in: Langen/Bunte, KartellR, Rn. 9; grundlegend zum früheren Recht BGH WuW/E BGH 2058, 2059 – *Internord* = NVwZ 1984, 265; ferner BGH, WuW/E 3035 f. – *Nichtzulassungsbeschwerde* = NJWE-WettbR 1996, 119; KG, WuW/E OLG 4988 f. – Besteckversand; K. *Schmidt,* Kartellverfahrensrecht, S. 628 ff.

[14] *Emmerich* in: Immenga/Mestmäcker, GWB, Rn. 15; zurückhaltend *Bornkamm* in: Langen/Bunte, KartellR, Rn. 9; *Keßler* in: MK Rn. 25 f.; *Bechtold/Bosch,* GWB, Rn. 6.

[15] Bagatellbekanntmachung (Bek. Nr. 18/2007), WuW 2007, 369.

[16] *Rehbinder* in: FS Buxbaum, 2000, S. 433, 435, 437 f.; *Emmerich* in: Immenga/Mestmäcker, GWB, Rn. 16; *Keßler* in: MK Rn. 29.

[17] BGHZ 80, 43, 54 f. – *Garant* = WuW/E BGH 1787 = NJW 1981, 2052; BGHZ 114, 40, 55 ff. – *Golden Toast* = WuW/E BGH 2697 = NJW 1991, 3152; *Emmerich* in: Immenga/Mestmäcker, GWB, Rn. 17.

[18] BGHZ 114, 40, 55 ff. – *Golden Toast* = WuW/E BGH 2697 = NJW 1991, 3152; BGH WuW/E BGH 2058 – *Internord* = NVwZ 1984, 263.

schreibung des konkreten Verletzungstatbestandes enthalten.[19] Die Anforderungen im Einzelnen richten sich nach dem Regelungsgehalt und Zweck der gesetzlich vorgesehenen Maßnahmen unter Berücksichtigung des Grundsatzes der Verhältnismäßigkeit, der einer übermäßigen Einengung der freien Entscheidung entgegenstehen kann. Bei einer kategorischen Verweigerung des Zugangs zu einer Infrastruktureinrichtung ist auch ein allgemeines Verbot der Kartellbehörde zulässig; allerdings muss die Erfüllung des Verbots möglich sein.[20] Der Adressat muss erkennen können, was ihm konkret verboten oder geboten ist; die Konkretisierung muss bereits in der Verfügung erfolgen und darf nicht dem Vollstreckungsverfahren überlassen werden.[21] Allerdings kann eine Auslegung des Inhalts der Verfügung – im Gegensatz zu einer Erweiterung des Tenors – anhand der Gründe erfolgen.[22]

Auch ein ganzes Vertragswerk kann untersagt werden. Ergreift das Verbot oder Gebot 13
nur Teile eines Vertrages oder eines sonstigen Verhaltens, so ist es **auf diese Teile beschränkt.**[23] Ausreichend bestimmt kann eine Abstellungsverfügung sein, wonach sich der Adressat nicht weigern darf bzw. – nach neuem Recht – verpflichtet wird, einen bestimmten Vertrag zu „angemessenen Bedingungen" oder zu „großhandelsüblichen Bedingungen" abzuschließen.[24] Dagegen ist eine Verfügung, die einen Verkauf „unter oder zum jeweils geltenden Einkaufspreis" untersagt, als unbestimmt angesehen worden.[25] Das Gleiche gilt für ein Gebot von Maßnahmen gleicher Zweckbestimmung und Wirkung wie das beanstandete Verhalten.[26] Zulässig ist die Angabe einer Missbrauchsgrenze, oberhalb derer alle Preise unzulässig sind.[27] Bei Mitbenutzungsanordnungen nach § 19 Abs. 2 Nr. 4 gelten besondere Bestimmtheitsanforderungen, die einerseits das Fehlen üblicher Entgelte, zum anderen die grundsätzliche Vertragsfreiheit des marktbeherrschenden Unternehmens widerspiegeln müssen; tendenziell führt dies zu einer Reduzierung der Anforderungen.[28]

2. Adressat

Adressat einer Verbots- oder Gebotsverfügung ist die Person, die den Verstoß begangen 14
hat oder begehen wird. Bei Begehung innerhalb eines Unternehmens ist Adressat grundsätzlich der Träger des Unternehmens, da das Verbot sich an das Unternehmen richtet.

---

[19] St. Rspr.; statt aller: BGHZ 128, 17, 24 – VNG = WuW/E BGH 2953 = NJW 1995, 2718; BGHZ 129, 37, 40f. – *Stromversorgung Schwäbisch Hall* = WuW/E BGH 2967 = NJW 1995, 1844; BGHZ 176, 1 Rn. 42 – *Soda Club II* = WuW/E DE-R 2268 = NJW-RR 2008, 996; *Kirchhoff*, ZHR 150 (1986), 303, 312ff.; *Möschel* BB 1986, 1785, 1788ff.; *Bornkamm* in: Langen/Bunte, KartellR, Rn. 45ff.; *Emmerich* in: Immenga/Mestmäcker, GWB, Rn. 42f.; *Klose* in: Wiedemann, Handbuch des Kartellrechts, § 51 Rn. 15.

[20] BGHZ 152, 84, 93ff. – *Fährhafen Puttgarden* = WuW/E DE-R 977 = NJW 2003, 748; OLG Düsseldorf WuW/E DE-R 2941, 2943ff. – *Fährhafen Puttgarden II.*

[21] BGH WuW/E DE-R 195ff. – *Beanstandung durch die Apothekerkammer* = WRP 1999, 200; *Emmerich* in: Immenga/Mestmäcker, GWB, Rn. 21; *Bornkamm* in: Langen/Bunte, KartellR, Rn. 48, 52.

[22] BGHZ 152, 84, 92 – *Fährhafen Puttgarden* = WuW/E DE-R 977 = NJW 2003, 748; OLG Düsseldorf WuW/E DE-R 2197 – *E.ON; Emmerich* in: Immenga/Mestmäcker, GWB, Rn. 43; *Bornkamm* in: Langen/Bunte, KartellR, Rn. 48, 52.

[23] BGH WuW/E BGH 2247, 2253 – *Wegenutzungsrecht* = NJW-RR 1986, 880; KG WuW/E OLG 4468, 4469f. – *Mustermietvertrag.*

[24] BGHZ 128, 17, 24 – *Gasdurchleitung* = WuW/E BGH 2953 = NJW 1995, 2817; BGHZ 129, 53, 56 – *Importarzneimittel* = WuW/E BGH 2990 = NJW 1995, 2415; BGHZ 152, 84, 95 – *Fährhafen Puttgarden* = WuW/E DE-R 977 = NJW 2003, 748; BGH WuW/E DE-R 703, 705f. – *Puttgarden II.*

[25] BGH WuW/E BGH 2073, 2075 – *Kaufmarkt* = BB 1985, 416.

[26] BGHZ 180, 323 Rn. 52 – *Gaslieferverträge* = WuW/E DE-R 2679 = NJW-RR 2009, 1635.

[27] BGH WuW/E DE-R 1513, 1515 – *Stadtwerke Mainz.*

[28] BGHZ 152, 84, 95 – *Fährhafen Puttgarden* = WuW/E DE-R 977 = NJW 2003, 748; BGH WuW/E DE-R 703, 705f. – *Puttgarden II.*

Andere Beteiligte, insbesondere Organpersonen juristischer Personen und leitende Angestellte, können analog § 14 OWiG wegen Beihilfe herangezogen werden.[29]

3. Gebotsverfügungen

15 § 32 ermächtigt zunächst zum Erlass von Verbotsverfügungen. Nach früherem Recht waren in eine Verbotsverfügung verkleidete Gebote grundsätzlich unzulässig. Es konnte daher grundsätzlich **nicht Belieferung** eines Abnehmers mit bestimmten Mengen und zu bestimmten Preisen aufgegeben werden. Es sollte vielmehr der wirtschaftlichen Entscheidungsfreiheit des diskriminierenden Unternehmens überlassen bleiben, Produktion und Vertrieb so zu gestalten, dass er nicht gegen das Verbot verstößt.[30] Ob ein Verbot oder ein Gebot vorliegt, war nach dem sachlichen Gehalt der Entscheidung zu bestimmen.[31] Wenn eine gebotene Handlung die einzige tatsächliche und rechtliche Möglichkeit darstellet, um den Gesetzesverstoß zu beseitigen, konnte aber nach Auffassung der Rechtsprechung ein **Weigerungsverbot** ausgesprochen werden.[32]

16 Die Unterscheidung zwischen Verbot und Gebot ist auch nach neuem Recht nicht völlig unerheblich. Eine Verpflichtung zum Abstellen einer Zuwiderhandlung hat in der Sache zunächst **Verbotscharakter.** Ein sachlicher Unterschied zwischen der Untersagung einer Zuwiderhandlung und dem Gebot, sie zu unterlassen und nicht mehr fortzusetzen, ist nicht ersichtlich. Das Unternehmen wird verpflichtet, das Verhalten abzustellen und nicht zu wiederholen, auch nicht durch Maßnahmen gleicher Wirkung. Detaillierte **Gebote** können nunmehr aber als Mittel zur wirksamen Abstellung einer Zuwiderhandlung erlassen werden (§ 32 Abs. 2). Diese Ermächtigung zur positiven Tenorierung ist Art. 7 Abs. 1 VO 1/2003 nachgebildet. In Betracht kommen die Vornahme bestimmter Veränderungen im Verhalten der Unternehmen, die Bekanntmachung dieser Veränderungen sowie die Beseitigung einer Beeinträchtigung. Hauptsächliches Anwendungsfeld ist § 19 sowie § 29 (vgl. § 19 Rn. 98). Das Problem der positiven Tenorierung liegt allerdings darin, dass es zu einer allgemeinen Marktregulierung über das beanstandete Verhalten hinaus kommen kann, welche die Funktion des Wettbewerbs als Entdeckungsverfahren beeinträchtigt.[33] Immerhin bringt § 32 Abs. 2 mit der ausdrücklichen Nennung des Übermaßverbots zum Ausdruck, dass für Gebotsverfügungen ein **gesteigerter Rechtfertigungszwang** besteht.[34] Insbesondere müssen die künftigen Wirkungen einer angeordneten Verhaltensoption auf den Wettbewerb bedacht und es muss die Entscheidungsfreiheit des Unternehmens angemessen berücksichtigt werden. Bei **Eingriffen in Vertriebssysteme** ist zu prüfen, ob es gleich wirksame, aber weniger belastende Abhilfen gibt und ob der Eingriff in die Vertriebsstruktur durch die Schwere und Dauer der Zuwiderhandlung gerechtfertigt ist. Vielfach kommt hier zur Wahrung der Entscheidungsfreiheit der Unternehmen auch nur ein

---

[29] KG WuW/E OLG 3675, 3682 – *Baumarkt-Statistik;* einschränkend *Jaeger* in: FK Rn. 7; *Emmerich* in Immenga/Mestmäcker, GWB, Rn. 11.

[30] BGH WuW/E BGH 1345 f. – *Polyester-Grundstoffe* = NJW 1975, 1282; WuW/E 1474, 1481 – *Architektenkammer* = GRUR 1977, 739; *Bornkamm* in: Langen/Bunte, KartellR, Rn. 25 f.; *Emmerich* in: Immenga/Mestmäcker, GWB, Rn. 29 m. w. Nachw.

[31] BGHZ 67, 104, 107 f. – *Vitamin B 12* = WuW/E BGH 1435 = NJW 1976, 2254; BGH WuW/E DE-R 1513 – *Stadtwerke Mainz;* WuW/E BGH 2967, 2976 – Strompreis *Schwäbisch Hall; Emmerich* in: Immenga/Mestmäcker, GWB, Rn. 30; *Schebstadt* WuW 2005, 1009, 1010.

[32] BGHZ 127, 388, 389 f. – *Weigerungsverbot* = WuW/E BGH 2951 = NJW 1995, 462; BGHZ 129, 53, 56, 60 f. – *Importarzneimittel* = WuW/E BGH 2990 = NJW 1995, 2415; *Bechtold,* GWB, Rn. 3; *Emmerich* in: Immenga/Mestmäcker, GWB, Rn. 29; *Bornkamm* in: Langen/Bunte, KartellR, Rn. 25 f.

[33] *Podszun* ZWeR 2012, 48, 57 f., 63, 65.

[34] BGHZ 176, 1 Rn. 50f – *Soda Club* = WuW/E DE R 2268 = NJW-RR 2008, 996; BGHZ 180, 323 Rn. 34 – *Gaslieferverträge* = WuW/E DE-R 2679 = NJW-RR 2009, 1635; vgl. OLG Düsseldorf WuW/E DE-R 1339, 1342 – *TEAG;* OLG Karlsruhe WuW/E DE-R 2213 – *Belieferungsanspruch* = WRP 2008, 257.

Verhandlungsgebot in Betracht. Eine laufende Verhaltenskontrolle ist in jedem Fall unzulässig.

17 In Ausnahmefällen kann entsprechend der bisherigen Rechtsprechung zum Weigerungsverbot (Rn. 14) eine **Belieferungspflicht** ausgesprochen werden. Dies gilt aber nicht, soweit (auch) Art. 101 Abs. 1 AEUV anwendbar ist, da die europäische Rechtsprechung bei Anwendung dieser Vorschrift – im Gegensatz zu Art. 102 AEUV – positive Belieferungspflichten grundsätzlich ablehnt.[35] Eine Belieferungspflicht kommt insbesondere in Betracht, wenn die Belieferung bei realistischer Betrachtung die einzige tatsächliche und rechtliche Möglichkeit der Abhilfe bietet, weil die Aufgabe oder grundlegende Änderung des Vertriebssystems des zuwiderhandelnden Unternehmens nur rein theoretisch denkbar ist. Ändert das betroffene Unternehmen gleichwohl sein Vertriebssystem, kann es den Widerruf der Gebotsverfügung für die Zukunft nach §§ 49–51 VwVfG und die Aussetzung ihres Vollzugs analog § 32a beantragen. Bei missbräuchlichen **Preis-, Rabatt- oder Konditionensystemen** ist die Kartellbehörde nicht befugt, die Vertriebspreise, Rabatte oder Konditionen neu festzusetzen; sie kann hierzu aber Vorschläge machen (siehe im Einzelnen § 19 Rn. 72ff.).

4. Strukturelle Maßnahmen

18 Wie § 32 Abs. 2 nunmehr entsprechend Art. 7 Abs. 1 S. 3 VO 1/2003 ausdrücklich vorsieht, können Gebotsverfügungen nach § 32 Abs. 2 auch strukturelle Maßnahmen zum Gegenstand haben d. h. **Eingriffe in die Unternehmenssubstanz,** die dem Unternehmen die objektive Möglichkeit künftiger Verstöße nehmen. Dabei sind allerdings die Erforderlichkeit und Verhältnismäßigkeit der Anordnung von besonderer Bedeutung.[36] Nach dem Gesetz (Abs. 2 Satz 2) können daher Abhilfemaßnahmen struktureller Art nur festgelegt werden, wenn es keine verhaltensbezogene Maßnahme gleicher Wirksamkeit gibt oder wenn letztere mit einer größeren Belastung für die beteiligten Unternehmen verbunden wären. Maßnahmen dieser Art sind überdies nur dann verhältnismäßig, wenn ein erhebliches, durch die Struktur des Unternehmens als solche bedingtes Risiko anhaltender oder wiederholter Zuwiderhandlungen gegeben ist (ErwG. 12 Satz 3 VO 1/2003). Strukturelle Maßnahmen kommen in Betracht, wenn ansonsten ein Bündel verhaltensbezogener Maßnahmen oder eine laufende Verhaltenskontrolle vorgeschrieben werden müssten, um den Verstoß abzustellen. Dies ist insbesondere im Rahmen von § 19 oder bei Gemeinschaftsunternehmen denkbar.[37]

5. Rückerstattung

19 § 32 Abs. 2a ermächtigt die Kartellbehörde nunmehr auch dazu, die Rückerstattung von Vorteilen an den Betroffenen anzuordnen, die dem Unternehmer durch einen Verstoß erwachsen sind. Die Zulässigkeit einer behördlichen Rückerstattungsanordnung wurde

---

[35] EuG U. v. 18.9.1992 Rs. T-24/90 – *Automec/Komm.,* Slg. 1992, II-2223, Rn. 51ff. = EuZW 1993, 103; vgl. aber EuG U. v. 8.2.2002 Rs. T-395/94 – *Atlantic Container Line,* Slg. 2002, II-875 Rn. 415; zu Art. 82 EGV EuGH U. v. 6.3.1974 Verb. Rs. 6/73 und 7/73 – *Commercial Solvents,* Slg. 1974, 223 Rn. 45 = WuW/E EWG 315; vgl. *Schwarze/Weitbrecht,* § 6 Rn. 38.

[36] BGH WuW/E DE-R 2361, 2363 Rn. 14ff. – *Xella/NordKS;* OLG Düsseldorf WuW/E DE-R 2146, 2152f. – *Xella/NordKS;* WuW/E DE-R 1757, 1761f.; 2197, 2210 – *E.ON Ruhrgas;* BKartA WuW/E DE-V 1389 – *WINGAS; WuW/E* DE-V 1431 – *Gasversorgung Süddeutschland;* Begr. 2004, S. 51; *Emmerich* in: Immenga/Mestmäcker, GWB, Rn. 38f.; *Bornkamm* in: Langen/Bunte, KartellR, Rn. 32, 41; *Bechtold/Bosch,* GWB, Rn. 16f.; *Wilhelmi* in: Bien (Hrsg.), Das deutsche Kartellrecht nach der 8. Novelle, 2013, S. 347, 357ff.; zum bisherigen Recht grundsätzlich für Zulässigkeit *Maier-Rigaud* WuW 2012, 487; kritisch etwa *Ulshöfer* WuW 2011, 820, 831f.; *Dreher/Thomas* NJW 2008, 1557, 1558ff.

[37] Vgl. OLG Düsseldorf WuW/E DE-R 2146, 2152f. – *Xella/NordKS;* offen gelassen von BGH, aaO; vgl auch die in Fn. 36 zitierte Literatur.

zum Teil schon nach bisherigem Recht bejaht.[38] Die Rückerstattung setzt nach dem Willen des Gesetzgebes nicht voraus, dass der Verstoß noch andauert.[39] Die Regelung ist eigentlich **systemfremd,** da sie sich von inneren Logik der Abstellung löst und der Kartellbehörde eine Rolle zuweist, für die der zivilrechtliche Anspruch auf Beseitigung und Schadensersatz nach § 33 bestimmt ist; sie ermöglicht es, die materiellen und prozessualen Begrenzungen des zivilrechtlichen Beseitigungs- und Schadensersatzanspruchs auszuhebeln.[40] Immerhin dient die Rückerstattung praktisch der Ergänzung der zivilrechtlichen Ansprüche bei **Streuschäden.** Der Begriff des **Vorteils** dürfte grundsätzlich wie im Rahmen von §§ 34, 34a auszulegen sein (siehe § 34 Rn. 3), jedoch ist er dahin einzuschränken, dass der Vorteil aus dem Vermögen des Betroffenen stammen muss; ansonsten kann man nicht von einer Rückerstattung sprechen. Der Vorteilsbegriff enthält also Elemente der ungerechtfertigten Bereicherung. Praktisch wird es sich im Allgemeinen um Vorteile aus Preiskartellen, vertikalen Preisbindungen oder Preismissbräuchen handeln. Nach Ablauf der in der Rückerstattungsanordnung genannten Frist ist die Schuld auch schon vor Bestandskraft, also trotz aufschiebender Wirkung einer etwaig eingelegten Beschwerde, entsprechend § 288 Abs. 1 S. 2, § 289 Abs. 1 BGB zu verzinsen (§ 32 Abs. 2a S. 3).

20 Nicht geregelt ist, an wen die Rückerstattung zu erfolgen hat. Insoweit ist zwar an den Begriff des Betroffenen anzuknüpfen, jedoch muss es sich dabei um **unmittelbar Betroffene** handeln. Die Regelung des § 32 Abs. 2a begründet keinen Schadensersatzanspruch, sondern dient dem Ausgleich nicht gerechtfertigter Vermögensverschiebungen. Eine Rückerstattung von Vorteilen kann nur im unmittelbaren Verhältnis zwischen Verletzer und Abnehmer oder Lieferanten erfolgen, auch wenn dieser wirtschaftlich keinen Schaden erlitten hat, weil er den Aufpreis oder Minderpreis auf Weiterabnehmer oder Vorlieferanten abgewälzt hat.[41] Dadurch entstehen freilich Wertungsprobleme im Verhältnis zum Schadensersatzanspruch mittelbar Betroffener; es kann zu einer Mehrfachbelastung des Verletzers kommen. Bei feststehender Abwälzung des Aufpreises durch den Betroffenen sollte die Kartellbehörde daher zumindest im Rahmen ihrer Ermessensausübung von einer Rückerstattungsanordnung absehen.[42]

6. Rechtsfolgen

21 Abstellungsverfügungen nach § 32 haben **keine Gestaltungswirkung.** Nach § 33 Abs. 4 S. 1 haben sie aber eine Feststellungswirkung für nachfolgende Schadensersatzprozesse. Diese Wirkung beschränkt sich auf die Beteiligten und den Gegenstand des Verfahrens. Der Verstoß gegen die Abstellungsverfügung stellt eine Ordnungswidrigkeit dar (§ 81 Abs. 1 Nr. 6 GWB). Nach § 33 Abs. 1 S. 1 kann eine Abstellungsverfügung ab Bestandskraft oder Anordnung des Sofortvollzugs auch unmittelbare Grundlage für einen Schadensersatzanspruch sein (siehe im Einzelnen § 33 Rn. 23). Abstellungsverfügungen können auch durch Verwaltungszwang durchgesetzt werden.

7. Rechtsschutz

22 Gegen eine Abstellungsverfügung ist Rechtsschutz nach den allgemeinen Vorschriften im Wege der **Beschwerde** und **Rechtsbeschwerde** (§§ 63, 74, 75) möglich. Drittschutz

---

[38] BGH WuW/E DE-R 3632 Rn. 21 – *Wasserpreis Calw* = NJW 2012, 3243; auch schon BGH WuW/E DE-R 2538 Rn. 16 – *Stadtwerke Uelzen* = NJW 2009, 1212 (Obiter dictum); ebenso *Bornkamm* in: Langen/Bunte, KartellR, Vorauﬂ. Rn. 32 ff.; *Alexander,* Schadensersatz und Abschöpfung im Lauterkeits- und Kartellrecht, 2010, S. 465 ff.; kritisch *Reher/Haellmigk* WuW 2010, 513, 519 ff.; *Fuchs* ZWeR 2009, 176, 179 ff.

[39] *Bien* ZWeR 2013, 448, 463; *Bornkamm* in: Langen/Bunte, KartellR, Rn. 58; a. M. *Bosch/Fritzsche* NJW 2013, 1225, 1228; vgl. BGH – *Wasserpreis Calw,* a. a. O., Rn. 21.

[40] Vgl. *Kahlenberg/Neuhaus* BB 2013, 131, 134; positiv aber *Bien* ZWeR 2013, 448, 463.

[41] *Bechtold/Bosch,* GWB, Rn. 22; *Bien* ZWeR 2013, 448, 458; vgl. *Fritzsche* DB 2012, 845, 850.

[42] Vgl. *Bien,* a. a. O., 464; a. M. *Bechtold/Bosch,* GWB, § 33 Rn. 22.

wird für Beigeladene (§ 63 Abs. 2), ggf. auch für sonstige durch die Verfügung Beschwerte gewährt (vgl. § 63 Rn. 1 ff.). Die Beschwerde hat in den meisten Fällen keine aufschiebende Wirkung, jedoch kann die Aussetzung des Sofortvollzug angeordnet werden (§ 64 Abs. 1, § 65 Abs. 3). Bei Änderung der Verhältnisse kann der Betroffene ggf. einen Anspruch auf Aufhebung oder Abänderung der Verbotsverfügung haben (§§ 49 Abs. 1, 51 Abs. 1 VwVfG), der im Wege der Verpflichtungsbeschwerde (§ 63 Abs. 3) geltend zu machen ist. Dritten steht die Verpflichtungsbeschwerde nicht zur Verfügung.

V. Feststellung von Zuwiderhandlungen

Neben der Abstellung von Verstößen kann die Kartellbehörde einen Verstoß auch **nach dessen Begehung,** etwa nachdem das betreffende Unternehmen den Verstoß von sich aus abgestellt hat, durch Verwaltungsakt feststellen (§ 32 Abs. 3). Auch diese Regelung ist der VO 1/2003 (Art. 7 Abs. 1 Satz 4) nachgebildet. Sie hat in der Praxis keine besondere Bedeutung erlangt. Erforderlich ist ein **berechtigtes Interesse.** Dieses ist insbesondere zu bejahen, wenn Wiederholungsgefahr besteht oder die Wirkungen der Wettbewerbsbeschränkung fortbestehen.[43] Ferner kommt ein berechtigtes Interesse in Betracht, wenn der konkrete Fall Rechtsfragen aufwirft, deren Klärung im öffentlichen Interesse liegt. Das Interesse eines Beteiligten an einer Feststellung mit Bindungswirkung nach § 33 Abs. 1 S. 2 als Grundlage für einen Schadensersatzanspruch für sich reicht nicht aus, da die Vorschrift nicht dem subjektiven Rechtsschutz dient. Die Erleichterung von privatem Rechtsschutz kann aber im Einzelfall im öffentlichen Interesse liegen.[44] Auch wenn eine Wettbewerbsbeschränkung noch **nicht beendet** ist, kann sich die Kartellbehörde darauf beschränken, statt einer Abstellungsanordnung lediglich die Zuwiderhandlung festzustellen.[45] 23

VI. Verhältnis zu anderen Vorschriften

Das Abstellungsverfahren kann parallel zu anderen Verfahren, insbesondere parallel zu einem Bußgeldverfahren oder einem Verfahren der Missbrauchsaufsicht über gruppenfreigestellte Wettbewerbsbeschränkungen (§ 32d) oder nach § 30 Abs. 3 durchgeführt werden.[46] In Betracht kommt z. B. ein Verstoß gegen § 20 Abs. 1, der gleichzeitig einen Missbrauch darstellt. Auch eine **parallele Durchführung** eines Abstellungsverfahrens nach § 32 und eines Untersagungsverfahrens nach § 36 ist bei (kooperativen) Gemeinschaftsunternehmen möglich.[47] Soweit es sich um Verwaltungsverfahren handelt, ist deren Durchführung auch in Kombination zulässig; es ergeht dann eine einheitliche Verfügung.[48] 24

[43] BGH WuW/E DE-R 1514 Rn. 11 – *Bau und Hobby* = NJW 2009, 1753; Begr. 2004, S. 51; *Emmerich* in: Immenga/Mestmäcker, GWB, Rn. 47 f.; Bornkaumm in: Langen/Bunte, KartellR Rn. 60; vgl. zum EU-Recht EuG, U. v. 6.10.2005, Rs. T-22/02–23/02 – *Sumita,* Slg. 2005, II-4065 Rn. 60 f., 131 ff. = WuW/E EU-R 957.

[44] Weitergehend *Bornkamm* in: Langen/Bunte, KartellR, Rn. 61; *Bechtold/Bosch,* GWB, Rn. 24; a. M. *Keßler* in: MK Rn. 58.

[45] *Emmerich* in: Immenga/Mestmäcker, GWB, Rn. 49; wohl auch BGHZ 176, 1 Rn. 49 – *Soda Club* = WuW/E DE-R 2268 = NJW-RR 2008, 996; a. M. *Keßler* in: MK Rn. 57.

[46] BKartA TB 1990/91 S. 80; *Bornkamm* in: Langen/Bunte, KartellR, Rn. 65 f.; *Emmerich* in: Immenga/Mestmäcker, GWB, Rn. 20 f.; *Keßler* in: MK Rn. 12 ff.

[47] *Bornkamm* in: Langen/Bunte, KartellR, Rn. 65; *Emmerich* in: Immenga/Mestmäcker, GWB, Rn. 13.

[48] BGHZ 147, 325, 331 ff. – Ostfleisch = WuW/E DE-R 711 = NJW 2001, 3780; *Emmerich* in: Immenga/Mestmäcker, GWB, Rn. 20; *Bornkamm* in: Langen/Bunte, KartellR, Rn. 65.

§ 32a Einstweilige Maßnahmen

(1) **Die Kartellbehörde kann in dringenden Fällen, wenn die Gefahr eines ernsten, nicht wieder gutzumachenden Schadens für den Wettbewerb besteht, von Amts wegen einstweilige Maßnahmen anordnen.**

(2) [1]**Die Anordnung gemäß Absatz 1 ist zu befristen.** [2]**Die Frist kann verlängert werden.** [3]**Sie soll insgesamt ein Jahr nicht überschreiten.**

Übersicht

I. Zweck und Bedeutung

1 § 32a ermächtigt die Kartellbehörde, in dringenden Fällen einstweilige Maßnahmen anzuordnen. Die Vorschrift ist Art. 8 Abs. 1 VO 1/2003 nachgebildet. Zweck der einstweiligen Anordnung ist die **vorläufige Regelung** eines Rechtszustands. Sie ist ihrem Wesen nach befristet bis längstens zur endgültigen Entscheidung im anhängigen Verwaltungsverfahren. Dies kann freilich einige Zeit in Anspruch nehmen. Es soll verhindert werden können, dass die Unternehmen zwischenzeitlich verbotene Verhaltensweisen praktizieren können. Sachlich entspricht § 32a im Wesentlichen § 60, der in den Fällen der § 26 Abs. 4, § 30 Abs. 3, § 31b Abs. 3 und § 34 Abs. 1 sowie im Fusionskontrollverfahren anwendbar ist. Die Ermächtigung zu einstweiligen Anordnungen gilt insbesondere für die Verbote des Gesetzes, also §§ 1, 19–21, 29 und 31 Abs. 3 und die Verbote der Art. 101 Abs. 1, 102 AEUV. Darüber hinaus sind einstweilige Anordnungen auch in Verfahren über den Entzug einer Gruppenfreistellung nach § 32d möglich (§ 32d Rdnr. 7). Die Kartellbehörden haben in der Vergangenheit wiederholt von der Ermächtigung des § 60 Gebrauch gemacht. Entsprechendes gilt für § 32a.

II. Voraussetzungen

1. Allgemeines

2 § 32a setzt ein entsprechendes Hauptverfahren voraus. Ein isoliertes einstweiliges Verfahren ist nicht zulässig, jedoch ist eine gleichzeitige Verfahrenseröffnung möglich. Im Rechtsmittelverfahren ist § 65 Abs. 1 maßgeblich. § 32a knüpft die Anordnungsbefugnis an einen **dringenden Fall** und definiert diesen durch die Gefahr eines ernsten, nicht wieder gutzumachenden Schadens für den Wettbewerb. Mit der Gefahr wird in erster Linie der **Anordnungsgrund** bezeichnet. Entgegen Art. 8 Abs. 1 VO 1/2003, wo auf eine prima facie festgestellte Zuwiderhandlung abgestellt wird, trifft § 32a keine ausdrückliche Regelung zum **Anordnungsanspruch.** Man muss zwar aus der Anknüpfung an die Gefahr eines Schadens für den Wettbewerb entnehmen, dass dem gedanklich ein Verstoß gegen ein Verbot oder ein Missbrauch einer Gruppenfreistellung zugrunde liegen und dieser nicht gewiss sein muss, jedoch löst diese Überlegung nicht die Frage nach dem notwendigen Maß an Wahrscheinlichkeit eines Verstoßes in tatsächlicher und rechtlicher Hinsicht.

2. Zuwiderhandlung

3 § 32a stellt auf die Gefahr eines Schadens für den Wettbewerb **durch eine Zuwiderhandlung** gegen die Verbote der §§ 1, 19–21, 29 oder Art. 101 Abs. 1, 102 AEUV ab.

Die Zuwiderhandlung muss begangen sein und fortgesetzt werden oder unmittelbar bevorstehen. Entsprechendes gilt für Verstöße gegen Maßnahmen zum Entzug der Vorteile einer Gruppenfreistellung nach § 32d. Das Gesetz hat die Regelung des Art. 8 VO Nr. 1/2003 hinsichtlich der Anforderungen an die Feststellung einer Zuwiderhandlung („erster Anschein einer Zuwiderhandlung") nicht übernommen. Daher liegt es nahe, dass der Gesetzgeber insoweit an das bisherige Recht anknüpfen wollte, das systematisch überlegen erscheint, ohne letztlich zu abweichenden Ergebnissen zu führen.[1] Danach hat eine summarische Prüfung der Tatsachen und der Rechtslage stattzufinden. Diese müssen allerdings so weit geklärt sein, dass eine verlässliche Beurteilung erfolgen kann. Das in der einstweiligen Anordnung enthaltene Gebot oder Verbot muss dem voraussichtlichen Ausgang des Verfahrens aufgrund des **derzeitigen Sach- und Streitstandes** entsprechen.[2] Danach dürfen **keine ernstlichen Zweifel** an der Rechtmäßigkeit der in Aussicht genommenen Verfügung in der Hauptsache bestehen.[3]In tatsächlicher Hinsicht ist eine der Glaubhaftmachung nach § 123 Abs. 3 VwGO, § 920 Abs. 2 ZPO entsprechende Beweisführung ausreichend, aber auch erforderlich. In der Sache unterscheidet sich dieser Maßstab allerdings kaum vom europäischen Recht, das auf die überwiegende Wahrscheinlichkeit des Vorliegens einer Zuwiderhandlung abstellt.[4] Die Befugnis zur summarischen Prüfung bezieht sich grundsätzlich auch auf die **rechtliche Beurteilung.** Jedoch gelten erhöhte Anforderungen an den Grad der rechtlichen Gewissheit, wenn es sich um einschneidende Maßnahmen oder um eine extensive Auslegung des Gesetzes handelt. Bestehen umgekehrt erhebliche Zweifel, ob die Entscheidung in der Hauptsache ergehen kann, darf die einstweilige Anordnung nicht erlassen werden.[5] In Parallele zu § 32 (siehe § 32 Rn. 4) kommen einstweilige Maßnahmen auch in Betracht, wenn eine Zuwiderhandlung erst noch zu erwarten ist, z.B. wenn aufgrund einer entsprechenden Ankündigung bereits eine reale Gefahr besteht.[6]

3. Gefahr eines Schadens für den Wettbewerb

Für den Erlass einer einstweiligen Anordnung ist ein dringender Fall, d.h. die **Gefahr** 4
eines **ernsten, nicht wieder gutzumachenden Schadens** für den Wettbewerb erforderlich. Die Gefahr muss wegen des zu erwartenden Schadens so dringlich sein, dass sofortiges Handeln geboten ist. Selbständige Bedeutung hat das Merkmal der Dringlichkeit dagegen nicht.[7] Eine nach Abmahnung erteilte verlässliche **Zusage,** die Zuwiderhandlung nicht fortzusetzen, schließt regelmäßig die Gefahr aus. Im Gegensatz zum bisherigen Recht[8] reicht das überwiegende Interesse eines Beteiligten für sich nicht aus, vielmehr

---

[1] A.M. die überwiegende Ansicht; *Bach* in: Immenga/Mestmäcker, GWB, Rn. 5; *Bornkamm* in: Langen/Bunte, KartellR, Rn. 4; *Bechtold,* GWB, Rn. 5f., 8 (in der Sache aber weitgehend wie hier).

[2] Vgl. KG WuW/E OLG 1548, 1549 – *SABA* = DB 1975, 392.

[3] A.M. *Bechtold/Bosch,* GWB, Rn. 6, 8; *Bach* in: Immenga/Mestmäcker, GWB, Rn. 5 (für überwiegende Wahrscheinlichkeit); vgl. KG WuW/E OLG 1548, 1549 – *SABA* = DB 1975, 392; WuW/E OLG 1867, 1877 – *Kombinationstarif I* = BB 1977, 559; WuW/E OLG 1983, 1984 – *Rama-Mädchen* = BB 1978, 1081, 1633; WuW/E OLG 5151 – *Ernstliche Untersagungszweifel.*

[4] EuG U. v. 24.1.1992 Rs. T-44/90 – *La Cinq/Kommission,* Slg. 1992, II-1 Rn. 18, 61; U. v. 26.10. 2001 Rs. T-184/01R – *IMC Health,* Slg. 2001, II-3193 Rn. 67; U. v. 22.12.2004 Rs. T-201/04 – *Microsoft,* Slg. 2004, II-4463 Rn. 404; *Lampert/Niejahr/Kübler/Weidenbach,* Rn. 157.

[5] KG WuW/E OLG 5151, 5160 – *Ernstliche Untersagungszweifel; Bach* in: Immenga/Mestmäcker, GWB, Rn. 6; *Keßler* in: MK Rn. 26.

[6] *Bach* in: Immenga/Mestmäcker, GWB, Rn. 8; *Bechtold/Bosch,* GWB, Rn. 24.

[7] *Bach* in: Immenga/Mestmäcker, GWB, Rn. 11; vgl. zum EU-Recht EuG U. v. 24.1.1992 Rs. T-44/90 – *La Cinq/Kommission,* Slg. 1992, II-1 Rn. 28f.

[8] KG WuW/E OLG 4640, 4642 – *Hamburger Benzinpreise II* = GRUR 1991, 704; WuW/E OLG 1467, 1468 – BP = BB 1974, 806; WuW/E OLG 5151, 5160 – *Ernstliche Untersagungszweifel;* OLG München WuW/E OLG 4990, 4992 – *Herr der Gezeiten; K. Schmidt* in: Immenga/Mestmäcker, GWB, Voraufl. § 60 Rn. 12.

muss stets die Gefahr eines Schadens für die Funktionsfähigkeit des Wettbewerbs bestehen.[9] Allerdings kann die Beeinträchtigung eines oder mehrerer Wettbewerber im Hinblick auf die Wettbewerbsverhältnisse und Art und Schwere des Verstoßes einen **Schaden für den Wettbewerb** darstellen. Im Übrigen ist der Drittbetroffene auf die Inanspruchnahme von individuellem Rechtsschutz nach § 33 angewiesen (vgl. Rn. 9).

5 Ein **ernster Schaden** für den Wettbewerb liegt vor, wenn die vermutete Zuwiderhandlung gegen ein Verbot oder gegen eine Maßnahme der Entziehung einer Gruppenfreistellung die Funktionsfähigkeit des Wettbewerbs **erheblich beeinträchtigt,** z.B. soweit sie ein Unternehmen am Marktzutritt hindert und dies zu einer erheblichen Beeinträchtigung des Wettbewerbs führen würde oder Unternehmen vom Markt ausgeschlossen werden und dadurch eine marktbeherrschende Stellung erheblich verstärkt würde. Das Merkmal des ernsten Schadens enthält auch ein zeitliches Moment. Ein Schaden für den Wettbewerb ist nicht als ernst anzunehmen, wenn die zeitliche Verzögerung einer Behebung der Zuwiderhandlung für die Funktionsfähigkeit des Wettbewerbs nur von geringer Bedeutung ist. Neben dem Merkmal des ernsten Schadens für den Wettbewerb kommt es auf eine gesonderte Prüfung des öffentlichen Interesses nicht mehr an; diese kann allerdings im Rahmen der Ermessensausübung (siehe Rn. 6) eine Rolle spielen. Der Schaden für den Wettbewerb darf **nicht wieder gutzumachen** sein. Ausreichend ist dabei, dass der Schaden mit Abschluss des Verwaltungsverfahrens und Erlass einer endgültigen Entscheidung der Kartellbehörde nicht wieder gutzumachen ist. Es geht also um eine vorläufige Sicherung des gegenwärtigen Zustands.[10]

III. Verfahren und Entscheidungsbefugnisse

6 Die für die Hauptsache zuständige Kartellbehörde leitet ein Verfahren nach § 32a **von Amts wegen** ein. Betroffene Unternehmen besitzen kein Antragsrecht, können die Einleitung des Verfahrens aber anregen. Für die Durchführung des Verfahrens und die Anhörung der Beteiligten gilt § 54. Das Anhörungsrecht ist selbst in Ausnahmefällen, etwa bei hoher Gefahr, nicht verzichtbar, weil der Überraschungseffekt einer einstweiligen Anordnung bei Wettbewerbsbeschränkungen keine Rolle spielt und die Anhörung zur freiwilligen Abstandnahme vom Verstoß führen kann.[11] Die einstweilige Anordnung ist zu begründen.

7 Der Erlass einer einstweiligen Anordnung liegt im behördlichen Ermessen (Opportunitätsprinzip). Dieses bezieht sich sowohl auf den Erlass der einstweiligen Anordnung an sich als auf die Auswahl der Maßnahmen. Bei der Ermessensausübung ist der **Grundsatz der Verhältnismäßigkeit** zu beachten. Bei der Entscheidung darüber, ob überhaupt eine Anordnung erlassen werden soll, sind insbesondere die Interessen des Antragsgegners, d.h. die Folgen für diesen, zu berücksichtigen, die sich ergeben, wenn in der endgültigen Entscheidung die Maßnahmen nicht aufrechterhalten werden. Wird in die Rechtsposition des Antragsgegners schwer wiegend und kaum reparabel eingegriffen, ist dessen Interessen grundsätzlich der Vorrang einzuräumen.[12] Daneben muss auch berücksichtigt werden, ob und weshalb derzeitig eine Verfügung in der Hauptsache noch nicht möglich ist und weshalb sie

---

[9] *Bach* in: Immenga/Mestmäcker, GWB, Rn. 12; *Bechtold/Bosch,* GWB, Rn. 6; Art. 8 VerfVO Rn. 13ff.; *Schwartze/Weitbrecht,* § 6 Rn. 48ff.; *Dalheimer* in: Dalheimer/Feddersen/Miersch, Art. 8 VO 1/2003 Rn. 4; a.M. *Lampert/Niejahr/Kübler/Weidenbach* Rn. 156.

[10] EuG U. v. 26.10.2001 Rs. T-184/01R – *IMC Health,* Slg. 2001, II-3193 Rn. 70; *Bach* in: Immenga/Mestmäcker, GWB, Rn. 15; *Nordjø* ECLR 2006, 299, 302.

[11] *Bach* in: Immenga/Mestmäcker, GWB, Rn. 31; a.M. *K. Schmidt* in Immenga/Mestmäcker, GWB, § 60 Rn. 22; einschränkend auch *Bechtold/Bosch,* GWB, Rn. 11.

[12] *Bach* in: Immenga/Mestmäcker, GWB, Rn. 21; vgl. KG WuW/E OLG 803, 806 – *Filtertüten* = BB 1966, 1364; WuW/E OLG 877f. – *Zigaretten-Einzelhandel* = BB 1968, 558; *K. Schmidt* in: Immenga/Mestmäcker, GWB, § 60 Rn. 16.

nicht abgewartet werden kann.[13] Eine Zusage nach § 32b dürfte im Lichte des Grundsatzes der Verhältnismäßigkeit vorrangig sein.[14] Im Gegensatz zum bisherigen Recht sind die Belange des Betroffenen und die Dringlichkeit des Einschreitens der Kartellbehörde nicht mehr Tatbestandsvoraussetzung für den Erlass der Anordnung, können aber im Rahmen des Ermessens berücksichtigt werden.

Die Maßnahmenauswahl ist auf den **Gegenstand des Hauptsacheverfahrens** begrenzt. Es kommen alle Maßnahmen in Betracht, die auch im Verfahren nach § 32 ergehen könnten.[15] Die Bestimmtheitsanforderungen gelten wie nach § 32. Darüber hinaus ist der Grundsatz der Verhältnismäßigkeit zu beachten. Die Maßnahmen müssen daher **vorläufiger, sichernder Art** sein und dürfen über das in der gegebenen Situation Unerlässliche nicht hinausgehen. Insbesondere darf die Kartellbehörde eine spätere Abstellungsentscheidung nicht in der Weise vorwegnehmen, dass eine Rückgängigmachung der Maßnahme bei Aufhebung der einstweiligen Anordnung nicht möglich ist. Eine zeitlich begrenzte, nicht irreversible Vorwegnahme der Hauptsache kann aber zulässig sein.[16] Nach § 32a Abs. 2 ist die einstweilige Anordnung zu befristen. Die Frist kann verlängert werden. Das Gesetz setzt eine Regelfrist von insgesamt einem Jahr fest, die nur bei außergewöhnlichen Umständen überschritten werden kann; im Regelfall muss innerhalb der Frist eine endgültige Entscheidung möglich sein.[17] **8**

Rechtsschutz ist nach § 63 möglich. Dies gilt nicht für Dritte, da § 32b den Wettbewerb nur im öffentlichen Interesse schützt.[18] Einstweilige Anordnungen nach § 32a sind ihrer Natur nach **sofort vollziehbar** (analog § 64 Abs. 2). Jedoch kann die Kartellbehörde oder das Beschwerdegericht den Vollzug aussetzen (§ 65 Abs. 3 S. 2, 3). **9**

Bei Verstoß gegen eine einstweilige Anordnung kann eine Geldbuße verhängt (§ 81 Abs. 2 Nr. 2 Buchst. d) oder Verwaltungszwang eingesetzt werden. Der Betroffene kann nach § 33 **Schadensersatz** verlangen, außer wenn sich die Anordnung nachträglich als unbegründet erweist (siehe § 33 Rn. 38). Die Schadensersatzpflicht nach §§ 123 Abs. 3, 945 ZPO analog ist nicht zu Lasten eines Begünstigten anzuwenden, wenn die Anordnung aufgehoben wird.[19] **10**

§ 32b Verpflichtungszusagen

(1) [1]**Bieten Unternehmen im Rahmen eines Verfahrens nach § 30 Absatz 3, § 31b Absatz 3 oder § 32 an, Verpflichtungen einzugehen, die geeignet sind, die ihnen von der Kartellbehörde nach vorläufiger Beurteilung mitgeteilten Bedenken auszuräumen, so kann die Kartellbehörde für diese Unternehmen die Verpflichtungszusagen durch Verfügung für bindend erklären.** [2]**Die Verfügung hat zum Inhalt, dass die Kartellbehörde vorbehaltlich des Absatzes 2 von ihren Befugnissen nach den § 30 Absatz 3, § 31b Absatz 3, §§ 32 und 32a keinen Gebrauch machen wird.** [3]**Sie kann befristet werden.**

(2) **Die Kartellbehörde kann die Verfügung nach Absatz 1 aufheben und das Verfahren wieder aufnehmen, wenn**

---

[13] OLG München WuW/E OLG 4990, 4994 – *Herr der Gezeiten.*

[14] Vgl. *Bach* in: Immenga/Mestmäcker, GWB, Rn. 20.

[15] Begr. 2004, S. 51; *Bach* in: Immenga/Mestmäcker, GWB, Rn. 16; *Bornkamm* in: Langen/Bunte, KartellR, Rn. 5; *Bechtold/Bosch,* GWB, Rn. 8.

[16] *Bach* in: Immenga/Mestmäcker, GWB, Rn. 18; Bornkamm in: Langen/Bunte, KartellR, Rn. 5: *Bechtold/Bosch,* GWB, Rn. 9; Keßler in: MK, Rn. 11 f.; vgl. zum früheren Recht KG WuW/E 5151 – *Ernstliche Untersagungszweifel;* WuW/E OLG 3335, 3336 – *Inter-Mailand-Spiel;* OLG Naumburg WuW/E DE-R 388, 391 – *Lokalfernsehen; K. Schmidt* in: Immenga/Mestmäcker, GWB, § 60 Rn. 17 f.

[17] *Bach* in: Immenga/Mestmäcker, GWB, Rn. 23; *Keßler* in: MK Rn. 19; *Bechtold/Bosch,* GWB, Rn. 9.

[18] *Bechtold/Bosch,* GWB, Rn. 11.

[19] Vgl. *Bach* in: Immenga/Mestmäcker, GWB, Rn. 39.

1. sich die tatsächlichen Verhältnisse in einem für die Verfügung wesentlichen Punkt nachträglich geändert haben,
2. die beteiligten Unternehmen ihre Verpflichtungen nicht einhalten oder
3. die Verfügung auf unvollständigen, unrichtigen oder irreführenden Angaben der Parteien beruht.

Übersicht

I. Zweck und Bedeutung

1 § 32b Abs. 1 räumt der Kartellbehörde die Befugnis ein, zur Abwendung einer Abstellungsverfügung in einem Verwaltungsverfahren nach § 32 oder § 32a Verpflichtungszusagen der betroffenen Unternehmen durch Verwaltungsakt für bindend zu erklären, wenn dadurch die vorläufigen Bedenken gegen die Zulässigkeit des betreffenden Verhaltens ausgeräumt werden. Es handelt sich um einen Verwaltungsakt „auf Unterwerfung", der unter Mitwirkung der Betroffenen deren Rechte und Pflichten näher bestimmt.[1] Die Regelung beruht auf dem Gedanken der Kooperation; sie dient der Verwaltungsvereinfachung und **Beschleunigung** des Verfahrens im öffentlichen Interesse, aber auch im Interesse der betroffenen Unternehmen, die mit der Verpflichtungszusage zwar aus ihrer Sicht ein Zugeständnis machen, aber die Möglichkeit der Mitgestaltung ihrer Verpflichtungen und Rechtssicherheit erhalten.[2] Nach § 32b Abs. 2 kann die Kartellbehörde bei Änderung der tatsächlichen Verhältnisse, Nichteinhaltung der Zusagen oder unvollkommenen, unrichtigen oder irreführenden Angaben der Unternehmen das Verfahren wieder aufnehmen. In der Praxis hat § 32b eine erhebliche Bedeutung, vor allem im Bereich der Versorungswirtschaft.[3]

2 Die Regelung des § 32b entspricht weitgehend Art. 9 Abs. 1 VO 1/2003. Damit wird die früher vor allem im Fusionskontrollverfahren, aber auch im Kartellverwaltungsverfahren praktizierte informelle Zusagenpraxis auf eine rechtliche Grundlage gestellt. Die Regelung beendet Zweifel an der **rechtsstaatlichen Legitimität** informalen Verwaltungshandelns im Bereich der eingreifenden Wirtschaftsverwaltung, aber auch an der Rechtsverbindlichkeit und Durchsetzbarkeit von Zusagen nach bisherigem Recht. Bisher wurde die Zusagenpraxis bei Kartellen und Machtmissbrauch insbesondere damit gerechtfertigt, dass das Kartellverwaltungsverfahren vom Opportunitätsprinzip beherrscht sei; bei einer wesentli-

---

[1] Vgl. *Kirchhof* DVBl. 1985, 653, 654; *Stelkens/Bonk/Sachs,* Verwaltungsverfahrensgesetz, 8. Aufl. 2014, § 35 Rn. 229 ff.; kritisch *Bach* in: Immenga/Mestmäcker, GWB, Rn. 5 f.; *Podszun* ZWeR 2012, 48, 59 ff., 62 ff.

[2] EuGH U. v. 26.9.2010 Rs. C-441/07P – *Alrosa,* Slg. 2010, I-5949, Rn. 35 = EuZW 2011, 514; BKartA TB 2007/2008, S. 117; *Schwarze/Weitbrecht,* § 6 Rn. 69; *Dalheimer* in: Dalhkeimer/Feddersen/Miersch, Art. 9 VO 1/2003 Rn. 2; *Bach* in: Immenga/Mestmäcker, GSWB, Rn. 3.

[3] Aus neuerer Zeit: BKartA WuW/E DE-V 1704, 1705 – *Rhein-Energie;* WuW/E DE-V 1689 – *Mengenüberschreitung;* WuW/E DE-V 1495 – *RWE-CO_2-Emissionshandel;* TB 2009/2010, S. 164–167; TB 2011/2012, S. 132–135; vgl. *Bornkamm* in: Langen/Bunte, KartellR, Rn. 2; zur früheren Praxis Begr. 1998, S. 60; *Wolf* in: FS. Mestmäcker, 1996, S. 801.

chen Veränderung der tatsächlichen Umstände stehe es überdies der Kartellbehörde frei, das Verwaltungsverfahren wieder aufzunehmen.[4]

II. Anwendungsbereich

Verpflichtungszusagen können im Rahmen eines **Verwaltungsverfahrens** nach § 32 oder 31b Abs. 3, das eine Verletzung der §§ 1, 19–21, 31 Abs. 3 oder der Artikel 101 Abs. 1, 102 AEUV zum Gegenstand hat, sowie im Verfahren der Missbrauchsaufsicht nach § 30 Abs. 3, § 31b Abs. 3 abgegeben werden. Nach dem Wortlaut des Gesetzes liegt es nahe, dass die Verbindlicherklärung von Verpflichtungszusagen im Vorermittlungsverfahren noch nicht zulässig ist. Eine Verpflichtungszusage erfordert die vorherige Ermittlung eines hinreichend konkreten Sachverhalts. Da überdies die Anforderungen an die Einleitung eines Verwaltungsverfahrens nach deutschem Recht relativ gering sind, besteht kein Anlass für eine ausdehnende Auslegung. Anders mag man dies im Rahmen von Art. 9 VO 1/2003 sehen, da im EU-Recht die Einleitung eines Verwaltungsverfahrens die förmliche Übermittlung der Beschwerdepunkte an die Unternehmen voraussetzt. Hier mag man es ausreichen lassen, dass die Kartellbehörde die Unternehmen durch ein einfaches Verwaltungsschreiben auf die Unzulässigkeit ihres Verhaltens hingewiesen hat und aufgrund der angebotenen Zusagen kein Grund für ein Einschreiten mehr besteht.[5] 3

§ 32b gilt auch für **einstweilige Anordnungen** nach § 32a. Wie sich aus § 32b Abs. 1 S. 2 ergibt, ist mit der Anknüpfung an ein Verwaltungsverfahren nach § 32 auch ein solches gemeint, das auf eine einstweilige Anordnung gerichtet ist.[6] Auch im Entzugsverfahren nach § 32d sind entgegen dem Wortlaut des § 32b Verpflichtungszusagen möglich, da dieses auf die Feststellung und Abstellung von Verstößen gegen eine kartellrechtliche Verbotsnorm gerichtet ist. Verpflichtungszusagen im **Bußgeldverfahren** werden nicht erfasst.[7] Hier sind die Grundsätze über den Erlass und die Ermäßigung von Geldbußen[8] heranzuziehen. Solange ein förmliches Bußgeldverfahren noch nicht eingeleitet ist, kann von den Befugnissen nach § 32b Gebrauch gemacht werden. Allerdings ist eine Verpflichtungszusage in der Regel nicht angemessen, wenn aufgrund der Schwere des Verstoßes aus präventiven Gründen die Verhängung einer Geldbuße angezeigt ist.[9] Ergibt sich während des Verlaufs eines Bußgeldverfahrens, dass die Verhängung eines Bußgelds nicht mehr notwendig oder nicht verhältnismäßig wäre, kann zum Verfahren nach § 32 übergegangen und in dessen Rahmen eine Verpflichtungsverfügung erlassen werden.[10] 4

---

[4] *Schmidt-Preuß* in: FS. Lieberknecht, 1997, S. 549, 561 ff.

[5] Vgl. Art. 9 VerfVO Rn. 5; *Busse/Leopold* WuW 2005, 146, 147; *Dalheimer* in: Dalheimer/Feddersen/Miersch, Art 9 VO 1/2003 Rn. 11; *de Bronett* Art. 9 Rn. 3; *Bechtold/Bosch/Brinker* Art. 9 VO 1/2003 Rn. 7; aber auch *Temple Lang* ECLR 2003, 347; *Hirsbrunner/Rhomberg* EWS 2005, 61, 63.

[6] *Bach* in: Immenga/Mestmäcker, GWB, Rn. 8; *Bornkamm* in FS. *Bechtold,* 2006, S. 45, 48; vgl. § 9 VO 1/2003.

[7] *Keßler* in: MK Rn. 6.

[8] Bekanntmachung Nr. 68/2000 über Richtlinien für die Festsetzung von Geldbußen, BAnz. 2000, 1663; Kommissionsmitteilung über den Erlass und die Ermäßigung von Geldbußen in Kartellsachen, ABl. 2006 Nr. C 298/17 (Kronzeugenregelung).

[9] Art. 9 VerfVO Rn. 8 f.; *Schwarze/Weitbrecht,* § 6 Rn. 73; *Lampert/Niejahr/Kübler/Weidenbach* Rn. 159; *de Bronett* Art. 9 Rn. 4; *Bach* in: Immenga/Mestmäcker, GWB, Rn. 9; eingehend und kritisch *Hirsbrunner/Rhomberg* EWS 2005 61, 62 f.

[10] *Busse/Leopold* WuW 2005, 146, 147; *Temple Lang* ECLR 2003, 347; *Bach* in: Immenga/Mestmäcker, GWB, Rn. 9.

III. Voraussetzungen für den Erlass einer Verpflichtungsverfügung

1. Vorläufige Feststellung eines Verstoßes

5 Die Kartellbehörde muss nach vorläufiger Beurteilung Bedenken gegen die Zulässigkeit eines bestimmten Verhaltens der Unternehmen haben. Eine förmliche Abmahnung ist ausreichend, aber nicht erforderlich. Wohl aber muss die Kartellbehörde dem betroffenen Unternehmen die Bedenken mitteilen, da § 32b auf eine einvernehmliche Regelung abzielt.[11] Die der Kartellbehörde obliegende Feststellungslast bezieht sich auf die Tatsachen und die rechtliche Beurteilung. Da eine Verpflichtungsverfügung ein den Adressaten nicht nur begünstigender, sondern auch belastender Verwaltungsakt ist und auch Wirkung auf Dritte haben kann, muss die Kartellbehörde bei vorläufiger, d. h. summarischer Beurteilung aufgrund des gegenwärtigen Sach- und Streitstandes **vertretbare Bedenken** gegen die Zulässigkeit des Verhaltens haben.[12] Es muss ein begründeter Verdacht bestehen. Es wäre rechtsstaatlich bedenklich, wenn unhaltbare Bedenken der Kartellbehörde die betroffenen Unternehmen allein wegen der damit verbundenen Rechtsunsicherheit veranlassen könnten, Verpflichtungszusagen einzugehen, die durch Verfügung rechtlich verbindlich gemacht werden könnten. Die bloße Freiwilligkeit der Zusage und Eigenverantwortlichkeit der Unternehmen bei der rechtlichen und tatsächlichen Beurteilung eines ihnen vorgeworfenen Wettbewerbsverstoßes ist nicht geeignet, den Kernbereich des Rechtsstaatsprinzips außer Kraft zu setzen (siehe Rn. 16).

6 Die Kartellbehörde muss den Sachverhalt, ggf. unter Ausübung ihrer Befugnisse nach den §§ 57–59, **so weit wie möglich aufklären,** jedoch müssen die Ermittlungen nicht abgeschlossen sein.[13] Verpflichtungsverfügungen sind auch unzulässig, wenn die Kartellbehörde nicht (mehr) vom Vorliegen eines Verstoßes überzeugt ist, sondern das Verfahren allein aus anderen Gründen, etwa wegen geänderter Prioritäten, beenden will.[14] Hier muss eine Einstellung erfolgen.

2. Angebot geeigneter Verpflichtungen

7 Die Unternehmen müssen Verpflichtungen anbieten, die eine Änderung ihres Verhaltens zum Gegenstand haben. Die **Initiative** liegt bei den Unternehmen, wenngleich Vorschläge seitens der Kartellbehörde im Vorfeld ohne Druckausübung nicht unzulässig sein dürften. Ein Angebot kann auch schon vor der Mitteilung der Bedenken seitens der Kartellbehörde erfolgen; dies dispensiert freilich nicht vom Erfordernis der Anhörung (vgl. Rn. 10).[15] Eine Konkretisierung der **Art der Verpflichtungen** enthält das Gesetz nicht. Es kann sich insbesondere um Maßnahmen (Tun oder Unterlassen) handeln, die Gegenstand einer Abstellungsverfügung sein können, wie z. B. Neugestaltung eines Vertriebssystems, Unterlassung des Abschlusses von Ausschließlichkeitsverträgen, Vergabe von Lizenzen zu einem angemessenen Preis oder Gewährung des Zugangs zu grenzüberschreitenden Zahlungssyste-

---

[11] Begr. 2004, S. 34; *Bach* in: Immenga/Mestmäcker, GWB, Rn. 10; *Bornkamm* in: Langen/Bunte, KartellR, Rn. 5; a. M. zur VO 1/2003 *Temple Lang* ECLR 2003, 347.

[12] *Bach* in: Immenga/Mestmäcker, GWB, Rn. 11 f.; *Bechtold/Bosch,* GWB, Rn. 3; *Anweiler,* Art. 9 VerfVO Rn. 19 f.; *Dalheimer* in: Dalheimer/Feddersen/Miersch, Art 9 VO 1/2003 Rn. 3; unklar EuGH U. v. 26.6.2010 Rs. C-441/07P – *Alrosa,* Slg. 2010, I-5949 Rn. 40–42; a. M. *Schwarze/Weitbrecht,* § 6 Rn. 72, 83, 85.

[13] *Bach* in: Immenga/Mestmäcker, GWB, Rn. 11; *Bechtold/Bisch,* GWB, Rn. 3; a. M. *Klose* in: Wiedemann, Handbuch des Kartellrechts, § 51 Rn. 34.

[14] *Bach* in: Immenga/Mestmäcker, GWB, Rn. 15; *Bechtold/Bosch,* GWB, Rn. 3; Art. 9 VerfVO Rn. 23; a. M. offenbar *Busse/Leopold* WuW 2005, 146, 151; *Temple Lang* ECLR 2003, 347, 349; *Schwarze/Weitbrecht,* § 6 Rn. 72.

[15] Ohne diese Einschränkung *Bach* in: Immenga/Mestmäcker, GWB, Rn. 143; *Busse/Leopold* WuW 2005, 146, 147; a. M. *Temple Lang* ECLR 2003, 347.

men.[16] Auch strukturelle Maßnahmen können Gegenstand einer Zusage (und damit einer Verpflichtungsverfügung) sein, im Hinblick auf die eigenverantwortliche Beurteilung der Verhältnismäßigkeit der angebotenen Maßnahme durch die Unternehmen wohl auch in weitergehendem Umfang als bei Abstellungsverfügungen.[17]

Dabei müssen **geeignete Verpflichtungen** angeboten werden. Die Zusagen müssen geeignet sein, die den Unternehmen mitgeteilten **vorläufigen Bedenken** der Kartellbehörde hinsichtlich der Zulässigkeit ihres bisherigen Verhaltens oder den **Anlass zum Eingreifen auszuräumen.**[18] Die Kartellbehörde muss davon überzeugt sein, dass bei Einhaltung der Zusagen die vermutete Zuwiderhandlung beendet (oder tolerierbar) ist. Für die fehlende Eignung trägt die Kartellbehörde die Beweislast, da es sich in der Sache um ein Verfahren handelt, das Verstöße gegen Verbote nach §§ 1, 19–21, 29, 31 Abs. 3 oder Art. 101 Abs. 1, 102 AEUV zum Gegenstand hat; für diese ist aber die Kartellbehörde darlegungs- und beweispflichtig.[19] Allerdings besitzt die Kartellbehörde bei der Beurteilung der Eignung einen weiten Beurteilungsspielraum, so dass nur unvertretbare Entscheidungen angreifbar sind.[20] Der Grundsatz der **Verhältnismäßigkeit** gilt nur in abgeschwächtem, der Art der Entscheidung entsprechendem Umfang. Anwendbar ist er jedenfalls in dem Fall, dass die Unternehmen andere geeignete, aber sie weniger belastende Maßnahmen angeboten haben, etwa neben strukturellen auch verhaltensbezogene Maßnahmen.[21] 8

IV. Verfahren

Eine Verpflichtungsverfügung setzt die Einleitung eines Abstellungs- oder Missbrauchsverfahrens voraus (Rn. 3). Nach dem Gesetz liegt der Erlass der Verpflichtungsverfügung im behördlichen **Ermessen.** Dieses Ermessen bezieht sich insbesondere auf die Wahl zwischen Verpflichtungsverfügung und Abstellungsverfügung,[22] daneben darauf, ob die Kartellbehörde sich nicht schon mit einer informalen Verpflichtungszusage zufrieden gibt. Anforderungen an die Ausübung des behördlichen Ermessens ergeben sich aus dem Grundsatz der **Verhältnismäßigkeit.** Das gesetzliche Erfordernis der Eignung der Zusage, Bedenken hinsichtlich der Zulässigkeit des Verhaltens des Unternehmens auszuräumen, spricht entgegen der h. M.[23] dafür, dass der Erlass einer Abstellungsverfügung anstelle einer Verpflichtungsverfügung unverhältnismäßig sein kann und dann nach § 63 aufzuheben ist. Der Betroffene kann gegen eine Abstellungsverfügung mit der **Beschwerde** vorgehen, wenn er geltend macht, dass diese wegen seiner Verpflichtungszusage unverhältnismäßig sei (siehe 9

[16] Vgl. *Busse/Leopold* WuW 2005, 146, 148.

[17] *Bach* in: Immenga/Mestmäcker, GWB, Rn. 16; *Bechtold/Bosch,* GWB, Rn. 5; *Schwarze/Weitbrecht,* § 6 Rn. 74; *Dalheimer* in: Dalheimer/Feddersen/Miersch, Art 9 VO 1/2003 Rn. 8; *Temple Lang* ECLR 2003, 347, 349.

[18] BKartA WuW/E DE-V 1621, 1631 f. – *MBS*; WuW/E DE-V 1704, 1705 – *Rheingas* (Zusage von Rückgewähr); *Bornkamm* in: Langen/Bunte, KaartellR, Rn. 8.

[19] EuGH U. v. 17.11.1987 Verb. Rs. 142 und 156/84 – *BAT und Reynolds/Komm.,* Slg. 1987, 4487 Rn. 45 ff.; *Bach* in: Immenga/Mestmäcker, GWB, Rn. 15; vgl. *Schwarze* EuZW 2002, 741, 746; *Anweiler* Art. 9 VO 1/2003 Rn. 12.

[20] EuGH U. v. 29.6.2010 Rs. C-441/07P – *Alrosa,* Slg. 2010, I-5949 Rn. 41, 45, 48, 60–67 = EuZW 2011, 514 (weitergehend die Vorinstanz EuG U. v. 11.7.2007 Rs. T-170/06 – *Alrosa,* WuW/E EU-R 1283 Rn. 101, 105 ff., 140); *Bornkamm* in: FS. *Bechtold,* 2006, S. 45, 50; weitergehend Art. 9 VerfVO Rn. 13 ff.; *Klose* in: Wiedemann, Handbuch des Kartellrechts, § 6 Rn. 124.

[21] *Bach* in: Immenga/Mestmäcker, GWB, Rn. 17.

[22] *Bach* in: Immenga/Mestmäcker, GWB, Rn. 22; *Bornkamm* in: Langen/Bunte, KartellR, Rn. 16; *Bechtold/Bosch,* GWB, Rn. 4; zum EU-Recht *Lampert/Niejahr/Kübler/Weidenbach* Rn. 136 f.; *Kahlenberg/Neuhaus* EuZW 2005, 620, 621; *Busse/Leopold* WuW 2005, 146, 147; a. M. Art. 9 VerfVO Rn. 14f.; *Schütz* in: GK Art. 9 VO 1/2003 Rn. 7.

[23] *Bach* in: Immenga/Mestmäcker, GWB, Rn. 22; *Klees,* § 6 Rn. 120; *Bornkamm,* in: Langen/Bunte, KartellR, Rn. 16 (da Aliud); *Bechtold/Bosch,* GWB, Rn. 5; wie hier Art. 9 VerfVO Rn. 15 f., vgl. *Schwarze/Weitbrecht,* § 6 Rn. 74.

auch Rn. 16).[24] Es dürfte jedoch an einer Rechtsverletzung fehlen, wenn die Abstellungsverfügung dem Unternehmen die gleichen Verpflichtungen auferlegt, die es übernommen hatte. Soweit die Kartellbehörde aus wettbewerbspolitischen Gründen eine endgültige Klärung der im Verfahren aufgetretenen Tat- und Rechtsfragen wünscht, kann sie in jedem Fall das Verfahren nach § 32 fortsetzen.

10 Bei einem gegen **mehrere Kartellteilnehmer** gerichteten Verfahren ist der Gleichheitssatz (Art. 3 Abs. 1 GG) zu beachten. Die Kartellbehörde kann nicht ein Unternehmen aufgrund einer Verpflichtungszusage aus dem Verfahren entlassen, gegen ein anderes dagegen das Verwaltungsverfahren fortführen, wenn auch dieses eine geeignete Verpflichtungszusage gegeben hat.[25] Ob der Gleichheitssatz darüber hinausgehend eine konsistente Praxis erfordert, ist eher zweifelhaft.[26]

11 Zur Eignung der Verpflichtungszusage und möglichen Fortsetzung des Verfahrens sind die Unternehmen nach § 56 Abs. 1 und ggf. Drittbetroffene nach § 54 Abs. 2 Nr. 3 **anzuhören** und haben nach § 29 VwVfG ein Recht auf Akteneinsicht. Die Verpflichtungsverfügung ist zu begründen (§ 61 Abs. 1). Dies gilt insbesondere für die Frage, welcher Art die Bedenken sind, die die Kartellbehörde gegen das Verhalten der Unternehmen hat, und inwieweit sie durch die Zusage ausgeräumt sind.[27] Die Ablehnung einer Verpflichtungszusage kann auch in der Abstellungsverfügung nach § 32 oder in der Missbrauchsverfügung erklärt werden.

V. Inhalt und Rechtsfolgen der Entscheidung

1. Inhalt

12 Inhalt der Entscheidung ist zum einen die **Verbindlicherklärung** der Zusage der betreffenden Unternehmen (§ 32b Abs. 1 S. 1). Diese sind an ihre Zusage gebunden. Diese Bindung setzt eine konkrete Verpflichtung voraus. Zum anderen ist es der Kartellbehörde vorbehaltlich einer Wiederaufnahme nach § 32b Abs. 2 untersagt, von ihren Befugnissen nach §§ 32, 32a Gebrauch zu machen (§ 32b Abs. 1 S. 2). Die Verfügung führt damit zur **Verfahrensbeendigung.** In der Sache handelt es sich insoweit um eine behördliche Zusage, die den Unternehmen Rechtssicherheit gegenüber der Kartellbehörde gewährt. Ihre Wirkungen entsprechen insoweit denen einer Nichtanwendbarkeitserklärung nach § 32c.[28]

13 Die Verpflichtungsverfügung **stellt nicht fest,** dass eine bestimmte Verhaltensweise von Unternehmen einen **Verstoß** gegen die Verbote der §§ 1, 19–21, 31 Abs. 3 oder Art. 101 Abs. 1, 102 AEUV darstellt; dies ergibt sich schon daraus, dass nach § 32b nur eine vorläufige Beurteilung der Kartellbehörde stattfindet.[29] Die Verfügung stellt auch nicht fest, dass durch die zugesagten und in die Verfügung aufgenommenen Verpflichtungen ein rechtmäßiges Verhalten für die Zukunft hergestellt wird. Vielmehr handelt es sich aufgrund des funktionalen Zusammenhangs mit der Feststellung eines Verstoßes und des summarischen Charakters des Verfahrens insgesamt auch hierbei nicht um eine abschließende Entscheidung.[30]

---

[24] Zum europäischen Recht EuGH U. v. 18.12.2007 Rs. C-202/06 P – *Cementbouw,* Slg. 2007, I-12129 Rn. 54 = WuW/E EU-R 1358.

[25] Vgl. *Busse/Leopold* WuW 2005, 146, 151f.

[26] Vgl. *Podszun* ZWeR 2012, 48, 63f.

[27] *Schwarze/Weitbrecht,* § 6 Rn. 75; *Busse/Leopold* WuW 2005, 146, 148.

[28] Begr. 2004, S. 52.

[29] *Bach* in: Immenga/Mestmäcker, GWB, Rn. 20; *Busse/Leopold* WuW 2005, 146, 150; *Hossenfelder/Lutz* WuW 2003, 118, 122; *Hirsch* ZWeR 2003, 233, 252; *Mestmäcker/Schweitzer,* Europäisches Wettbewerbsrecht, § 20 Rn. 44.

[30] *Busse/Leopold* WuW 2005, 146, 150f.; a.M. *Montag/Rosenfeld* ZWeR 2003, 107, 132; Art. 9 VerfVO Rn. 25.

2. Befristung

14 § 32b Abs. 1 S. 3 ermöglicht eine **Befristung** nach Ermessen der Kartellbehörde, die insbesondere bei absehbarer Veränderung oder dynamischer Entwicklung der Marktverhältnisse sinnvoll sein kann. Obwohl vom Gesetz nicht genannt, dürfte auch die Einräumung einer **Kündigungsmöglichkeit** für die Unternehmen zulässig sein, da § 32b Abs. 1 S. 3 nicht abschließend ist. Voraussetzung ist ein entsprechendes Angebot des Unternehmens. Eine behördliche Verpflichtung zur Einräumung von „Ausstiegsmöglichkeiten" kommt aber im Regelfall auch nicht unter dem Gesichtspunkt der Ermessensreduzierung wegen Verstoßes gegen das Übermaßverbot in Betracht: Einmal würde § 32b Abs. 1 S. 3 hierdurch ausgehöhlt, zum anderen bietet § 32b Abs. 2 Nr. 1 einen ausreichenden Basisschutz für die Unternehmen und die Unternehmen besitzen die Möglichkeit, selbst eine befristete Verpflichtung anzubieten.[31]

3. Bindungswirkungen

15 Neben der – durch die Wiederaufnahmemöglichkeit begrenzten – Bindung der nationalen Kartellbehörde ergeben sich aus der Verpflichtungsverfügung keinerlei Bindungswirkungen für Behörden und Gerichte. Die Wirkungen der Entscheidung der nationalen Kartellbehörde für die Kommission sind rein **faktischer Natur.** Art. 16 VO 1/2003, der zum Teil auf Verpflichtungsverfügungen für entsprechend anwendbar erklärt wird,[32] betrifft nur die Wirkungen einer Verpflichtungsverfügung der Kommission gegenüber den nationalen Wettbewerbsbehörden und Gerichten, gilt aber nicht im umgekehrten Verhältnis bei einer Verpflichtungsverfügung der nationalen Behörden. Es besteht daher keine Bindung der Kommission an Entscheidungen der nationalen Kartellbehörden (und Gerichte).[33] Eine Bindung der Kommission könnte sich allenfalls im Einzelfall aus dem Grundsatz des widersprüchlichen Verhaltens ergeben, wenn diese im Konsultationsverfahren nach Art. 11 VO 1/2003 keine Einwendungen erhoben hat.

16 Auch eine Bindung der deutschen Gerichte an eine Verpflichtungsverfügung der Kartellbehörde hinsichtlich der Feststellung eines Verstoßes besteht nicht, soweit diese nicht über das Verhältnis zwischen Kartellbehörde und betroffenen Unternehmen, sondern über **zivilrechtliche Ansprüche** Dritter aufgrund eines Verstoßes gegen die Verbote des GWB oder der Art. 101 Abs. 1, 102 AEUV entscheiden. Unabhängig von der bisherigen Rechtsprechung des EuGH, wonach Verfahrenseinstellungen durch Verwaltungsschreiben die nationalen Gerichte nicht binden, sondern nur als tatsächliche Umstände zu berücksichtigen sind,[34] könnte sich eine Bindungswirkung nur aus allgemeinen verwaltungsrechtlichen Grundsätzen des deutschen Rechts ergeben. Ohne eine gesetzliche Regelung ist dies schon wegen des begrenzten Regelungsgehalts der Verpflichtungsverfügung ausgeschlossen. § 33 Abs. 4 gilt für Verpflichtungsverfügungen nicht.[35] Sie können von den Gerichten nur als faktische Umstände berücksichtigt werden. Dritte können aber nach § 33 eine Verpflich-

---

[31] Im Ergebnis ebenso *Busse/Leopold* WuW 2005, 146, 148; *Temple Lang* ECLR 2003, 347, 351; *Bartosch* EuZW 2001, 101, 102; a. M. *Mestmäcker/Schweitzer,* Europäisches Wettbewerbsrecht, § 20 Rn. 44; *Bach* in: Immenga/Mestmäcker, GWB, Rn. 23; *Keßler* in: MK Rn. 26; Art. 9 VerfVO Rn. 30.

[32] *Montag/Rosenberg* ZWeR 2003, 107, 132; *de Bronett,* Art. 9 Rn. 8; *Gruber,* EWS 2005, 311; a. A. die überwiegende Meinung; vgl. etwa *Schwarze/Weitbrecht,* § 6 Rn. 93 ff.; *Busse/Leopold* WuW 2005, 146, 151, 15; *Bach* in: Immenga/Mestmäcker, GWB, Rn. 24.

[33] EuGH U. v. 14.12.2000 Rs. 344/98 – *Masterfoods,* Slg. 2001, I-1369 Rn. 48 = WuW/E EU-R 389 = NJW 2001, 1265.

[34] EuGH U. v. 10.7.1980 Rs. 253/78 und 1–3/79 – *Guerlain,* Slg. 1980, 2327 Rn. 17 f.; U. v. 11.12.1980 Rs. 31/80 – *L'Oreal,* Slg. 1980, 3775 Rn. 10–12 = GRUR Int. 1981, 315.

[35] *Bach* in: Immenga/Mestmäcker, GWB, Rn. 27; Bornkamm in: Langen/Bunte, KartellR, Rn. 23; vgl. zu Verpflichtungsverfügungen der Kommission *Schwarze/Weitbrecht,* § 6 Rn. 93 ff.; *Hossenfelder/Lutz* WuW 2003, 118, 122; *K. Schmidt* BB 2003, 1237, 1242.

tungsverfügung erzwingen oder Schadensersatz wegen eines Verstoßes gegen die Verfügung verlangen, soweit sie durch den Verstoß beeinträchtigt und damit Betroffene sind.[36] § 32b dient der erleichterten Durchsetzung der Verbote des Gesetzes und des AEUV, die auch dem Schutz Dritter dienen; die Vorschrift begründet daher Rechte Dritter.

4. Sanktionen

17 Der schuldhafte Verstoß gegen eine in eine Verpflichtungsverfügung aufgenommene Zusage stellt eine Ordnungswidrigkeit dar (§ 81 Abs. 2 Nr. 2 Buchst. a). Die Verhängung einer Geldbuße setzt nicht die Prüfung voraus, dass die Verpflichtungsverfügung rechtmäßig ist, da die Bußgelddrohung an die Tatbestandswirkung der Verfügung anknüpft. Die Verfügung stellt einen **eigenständigen Verpflichtungsgrund** dar.[37] Die bußgeldrechtliche Ahndung widerspricht grundsätzlich nicht dem Grundsatz eines fairen Verfahrens, da die Unternehmen die Zusage in Kenntnis der von der Kartellbehörde geltend gemachten Bedenken und ihrer Gründe abgegeben haben und die potentielle Sanktion eine Art Gegenleistung für die Beendigung des Verfahrens darstellt.[38] Darüber hinaus ist die Verpflichtungsverfügung neben der Verfahrensbeendigung auch auf ein **wettbewerbskonformes Verhalten** der Unternehmen gerichtet. Das Bußgeld stellt somit eine Reaktion auf einen (im summarischen Verfahren) festgestellten Verstoß dar. Die Verpflichtungsverfügung kann auch durch **Zwangsgeld** erzwungen werden. Dagegen kommt eine Durchsetzung durch das Abstellungsverfahren nach § 32 nicht in Betracht, da dieses allein auf eine Zuwiderhandlung gegen materielle Verbote des Gesetzes sowie der Art. 101 Abs. 1, 102 AEUV bezogen ist.

5. Rechtsschutz

18 Fraglich ist, ob der **Betroffene** mit der Beschwerde (§ 63 Abs. 1) gegen die Verpflichtungsverfügung vorgehen kann, wenn er geltend macht, dass **kein Verstoß vorliegt,** die auferlegte Verpflichtung ungeeignet ist oder – im Vergleich zu einer anderen angebotenen Maßnahme oder einer möglichen Abstellungsverfügung – gegen den Grundsatz der Verhältnismäßigkeit verstößt. Es handelt sich nicht nur um eine begünstigende, sondern auch um eine **belastende Entscheidung,** die grundsätzlich angefochten werden kann. Überwiegend wird in dem Angebot der Verpflichtung ein Verzicht auf einen Rechtsbehelf gesehen, die formelle Beschwer verneint oder dem Betroffenen der Rechtsschutz wegen widersprüchlichen Verhaltens (venire contra factum proprium) verwehrt. Eine Anfechtbarkeit der Verpflichtungsverfügung soll auf Fälle der Nötigung (im Gegensatz zu bloßem „Drängen") oder Täuschung seitens der Kartellbehörde beschränkt sein.[39] Dem ist in dieser Allgemeinheit nicht zuzustimmen. Ein Minimum an Rechtsschutz ist aus rechtsstaatlichen Gründen auch bei bloßem informellem Verwaltungshandeln geboten.[40] Richtig ist, dass das

---

[36] *Bornkamm* in: FS *Bechtold,* 2006, S. 45, 56; ders. in: Langen/Bunte, KartellR, Rn. 19; *Schwarze/Weitbrecht,* § 6 Rn. 92; *Temple Lang* ECLR 2003, 347, 351; *Dalheimer* in: Dalheimer/Feddersen/Miersch, Art 9 VO 1/2003 Rn. 18; *de Bronett,* Art. 9 VO 1/2003 Rn. 8; *Gruber* EWS 2005, 310, 313; a.M. *Bach* in: Immenga/Mestmäcker, GWB, Rn. 28; *Hahn* in: FS. Säcker, 2006, S. 77, 81f.; *Lampert/Niejahr/Kübler/Weidenbach* Rn. 165, 168.

[37] *Busse/Leopold* WuW 2005, 146, 152f.

[38] *Schwarze/Weitbrecht,* § 6 Rn. 78, 80; vgl. aber *Bach* in: Immenga/Mestmäcker, GWB, Rn. 29; *K. Schmidt* BB 2003, 1237, 1242.

[39] *Bach* in: Immenga/Mestmäcker, GWB, Rn. 36; *Bornkamm* in: FS. *Bechtold,* 2006, S. 45, 56f.; *ders.* in: Langen/Bunte, KartellR, Rn. 35; *Bechtold,* GWB, Rn. 8; *Schwarze/Weitbrecht,* § 6 Rn. 83ff.; *Temple Lang* ECLR 2003, 347, 350; *Dalheimer* in: Dalheimer/Feddersen/Miersch, Art. 9 VO 1/2003 Rn. 17; noch strenger *Busse/Leopold* WuW 2005, 146, 154; *Bechtold/Bosch/Brinker* Art. 9 VO 1/2003 Rn. 11; ähnlich zu Zusagen im Rahmen von § 40 Abs. 4 *Uhlig* WuW 2000, 574, 582.

[40] So auch EuGH U. v. 29.6.2010 Rs. C-441/07P – Alrosa, Slg. 2010, I-5949 Rn. 40–42, 61–67 = EuZW 2011, 514; vgl. *Podszun* ZWeR 2012, 48, 67f.

betroffene Unternehmen sich nicht einfach von der eingegangenen Verpflichtung mit dem Verlangen nach einer umfassenden Nachprüfung des Vorliegens eines Verstoßes lösen kann. Die Ermächtigung zum Erlass einer Verpflichtungsverfügung setzt nur Bedenken der Kartellbehörde hinsichtlich der Zulässigkeit des Verhaltens voraus. Aus rechtsstaatlichen Gründen müssen aber diese **Bedenken vertretbar** sein. Veranlasst die Kartellbehörde ein Unternehmen mit unhaltbaren Bedenken wegen der damit verbundenen Rechtsunsicherheit zu einer Verpflichtungszusage, so ist die Verfügung rechtswidrig und kann angefochten werden.[41] Das Gleiche gilt bei einem evidenten Verstoß gegen den Grundsatz als Verhältnismäßigkeit.[42]

Dritte können Rechtsschutz nicht in weiter gehendem Umfang in Anspruch nehmen 19
als bei Abstellungsverfügungen. Sie haben keinen Anspruch auf eine Verpflichtungsverfügung mit einem bestimmten Inhalt. Es gilt vielmehr das Opportunitätsprinzip. Rechtsschutz gegen eine Verpflichtungsverfügung kommt insbesondere in Betracht, wenn diese in die Rechte Dritter erheblich eingreift und daher eine Beiladung erfolgt ist oder zu Unrecht versagt worden ist. § 56 Abs. 2 Nr. 3 geht von einem weiten Betroffenheitsbegriff aus. Drittrechtsschutz ist angesichts der Möglichkeit, durch Verpflichtungsverfügungen in den Wettbewerb ganzer Branchen steuernd einzugreifen, zur Wahrung der Wettbewerbsfreiheit unabdingbar.[43]

6. Wiederaufnahme des Verfahrens

Der Erlass der Verpflichtungsverfügung führt zur Verfahrensbeendigung. Nach § 32b 20
Abs. 2 kann die Kartellbehörde aus drei Gründen die Verpflichtungsverfügung aufheben und in das Verfahren neu eintreten. Diese Regelung ist, jedenfalls soweit die Unternehmen belastet werden, abschließend und geht den §§ 48ff. VwVfG vor.[44] Die Ermächtigung besteht einmal, wenn sich die **tatsächlichen Verhältnisse** in einem für die Verfügung wesentlichen Punkt nachträglich **geändert** haben (Nr. 1), d.h. die Zusagen im Lichte neuer Umstände nicht mehr ausreichend erscheinen. Eine **Fehleinschätzung** der Eignung der Zusagen bei gleich bleibenden Umständen aufgrund der gemachten Erfahrungen oder eine Änderung der rechtlichen Beurteilung seitens der Kartellbehörde oder der Gerichte reicht nicht aus.[45] Ferner kann eine Wiederaufnahme erfolgen, wenn die beteiligten Unternehmen ihre **Verpflichtungen nicht einhalten** (Nr. 2). Hier ist bei der Ermessensausübung im Hinblick auf den Grundsatz der Verhältnismäßigkeit zu prüfen, ob es nicht mildere Mittel zur Korrektur des Verstoßes gibt. Dabei ist insbesondere die Verhängung eines Zwangsgeldes oder zumindest eine Abmahnung in Betracht zu ziehen.[46] Wenn die Verfügung auf unvollständigen, unrichtigen oder irreführenden **Angaben der Parteien** beruht,

[41] *Lampert/Niejahr/Kübler/Weidenbach* Rn. 135, 138f. (vgl. aber Rn. 167); *de Bronett* Art. 9 Rn. 10; *Klose* in: Wiedemann, Handbuch des Kartellrechts, § 51 Rn. 46; zu Zusagen im Rahmen von § 40 Abs. 3 *Thomas* in: Immenga/Mestmäcker, GWB, § 40 Rn. 169f.; vgl. BGH WuW/E DE-R 1681, 1684 – *DB Regio/Lüstra*.

[42] Siehe oben Rn. 6.

[43] *Podszun* ZWeR 2012, 48, 63ff., 67f.; *Bach* in: Immenga/Mestmäcker, GWB, Rn. 38; *Bornkamm* in: Langen/Bunte, KartellR, Rn. 38f.; *Bechtold/Bosch,* GWB, Rn. 8; allgemein BGHZ 155, 214 – *HABET/Lekkerland* = WuW/E DE-R 1163 = NJW 2003, 376; WuW/E DE-R 1857 – *Pepcom* = NJW 2007, 562; WuW/E DE-R 2029 – *iesy/Ish; K. Schmidt* in: Immenga/Mestmäcker, GWB, § 63 Rn. 21f., § 54 Rn. 45f.; die restriktive europäische Rechtsprechung (siehe EuGH, *Alrosa,* a.a.O. oben Fn. 40, Rn. 41) kann nicht übernommen werden.

[44] Begr. 2004, S. 52; *Bach* in: Immenga/Mestmäcker, GWB, Rn. 30; zur Wiederaufnahme zugunsten der Unternehmen siehe *Bach,* aaO, Rn. 38; *Bechtold/Bosch,* GWB, Rn. 10.

[45] *Bach* in: Immenga/Mestmäcker, GWB, Rn. 31; *Bechtold/Bosch,* GWB, Rn. 11; *Busse/Leopold* WuW 2005, 146, 149; *Schwarze/Weitbrecht,* § 6 Rn. 83.

[46] *Schwarze/Weitbrecht,* § 6 Rn. 79; *Bach* in: Immenga/Mesmäcker, GWB, Rn. 32; ferner *Bechtold/Bosch,* GWB, Rn. 12 (nur Abmahnung).

ist die Kartellbehörde ebenfalls zur Wiederaufnahme berechtigt (Nr. 3). Dabei muss es sich um für die Beurteilung wesentliche Angaben handeln.

21 Die Wiederaufnahme des Verfahrens liegt im **Ermessen** der Kartellbehörde. Obwohl dies entgegen Art. 9 VO 1/2003 in § 32b Abs. 2 nicht ausdrücklich geregelt ist, kann die Wiederaufnahme nicht nur von Amts wegen, sondern im Fall des § 32b Abs. 2 Nr. 1 auch auf **Antrag** der betroffenen Unternehmen erfolgen. Als Adressaten der teils begünstigenden, teils belastenden Verpflichtungsverfügung haben sie ein **Recht auf fehlerfreien Ermessensgebrauch** hinsichtlich der Wiederaufnahme[47] und können insbesondere ihr Interesse an Aufhebung der Verpflichtungsverfügung wegen veränderter Umstände mit der Verpflichtungs-(Bescheidungs-)beschwerde (§ 63 Abs. 3) verfolgen. Die schutzwürdigen Interessen der Unternehmen (Art. 12, 14 GG) sprechen in diesem Fall für eine Reduzierung des behördlichen Ermessens.[48] Da § 32b Abs. 2 dem VwVfG vorgeht, kommt eine Anwendung des § 51 VwVfG nicht in Betracht.[49] Daneben ist eine Kündigung der Zusage wegen überlanger Zeitdauer nicht möglich, aber auch nicht erforderlich (siehe Rn. 14). Entweder ist die Verpflichtungsverfügung trotz langer Zeitdauer noch aktuell, oder aber es liegt eine wesentliche Veränderung der Wettbewerbsverhältnisse vor, die die Kartellbehörde zur Überprüfung nach § 32b Abs. 2 Nr. 1 nötigt.

22 Betroffene **Dritte** können nach § 32b Abs. 2 Nr. 1 oder 2 eine Überprüfung der Entscheidung anregen, besitzen jedoch nach der h. M.[50] kein förmliches Antrags- und Beschwerderecht.

§ 32c Kein Anlass zum Tätigwerden

[1] Sind die Voraussetzungen für ein Verbot nach den §§ 1, 19 bis 21 und 29, nach Artikel 101 Absatz 1 oder Artikel 102 des Vertrages über die Arbeitsweise der Europäischen Union nach den der Kartellbehörde vorliegenden Erkenntnissen nicht gegeben, so kann sie entscheiden, dass für sie kein Anlass besteht, tätig zu werden. [2] Die Entscheidung hat zum Inhalt, dass die Kartellbehörde vorbehaltlich neuer Erkenntnisse von ihren Befugnissen nach den §§ 32 und 32a keinen Gebrauch machen wird. [3] Sie hat keine Freistellung von einem Verbot im Sinne des Satzes 1 zum Inhalt.

Übersicht

I. Zweck und Bedeutung

1 § 32c ermächtigt die Kartellbehörde zu entscheiden, dass für sie kein Anlass zum Einschreiten besteht, weil nach den ihr vorliegenden Erkenntnissen die Voraussetzungen eines Verbotes nach den §§ 1, 19–21, 29, 31 Abs. 3 oder Art. 101 Abs. 1, 102 AEUV nicht vorliegen. Die Vorschrift entspricht der Ermächtigung des Art. 5 S. 3 VO 1/2003. Rechtsfolge der Entscheidung ist, dass die Kartellbehörde vorbehaltlich neuer Erkenntnisse von ihren Befugnissen nach den §§ 32, 32a keinen Gebrauch macht. Im System der Legalausnahme

---

[47] Ebenso *Bechtold/Bosch,* GWB, Rn. 10.

[48] *Bechtold/Bosch,* GWB, Rn. 10; Art. 9 VerfVO Rn. 30; *Schwarze/Weitbrecht,* § 6 Rn. 82, 85.

[49] A. M. *Bach* in: Immenga/Mestmäcker, GWB, Rn. 34; *Keßler* in: MK Rn. 35 (mit ähnlichem Ergebnis).

[50] Vgl. *K. Schmidt* in: Immenga/Mestmäcker, GWB, § 63 Rn. 33. m. w. Nachw.; ein Antragsrecht Dritter bejaht *Bach* in: Immenga/Mestmäcker, GWB, Rn. 34.

nach § 2 und Art. 2 VO 1/2003 liegt die Haupttätigkeit der Kartellbehörde in der Verfolgung unzulässiger Wettbewerbsbeschränkungen. § 32c enthält jedoch auch die Befugnis der Kartellbehörde, aufgrund einer **vorläufigen Beurteilung** förmlich festzustellen, dass die Verbotsvoraussetzungen nicht vorliegen. Bereits in der bisherigen Praxis des Bundeskartellamtes hat es einfache Verwaltungsschreiben gegeben, mit denen die Kartellbehörde festgestellt hat, dass für sie kein Anlass zum Tätigwerden besteht.[1] Jedoch war diese Praxis umstritten, soweit sie eine generelle Duldung von Wettbewerbsbeschränkungen aus außerkartellrechtlichen Gründen zum Inhalt hatte.[2] § 32c stimmt weitgehend mit der Regelung des § 38 Abs. 1 S. 1 2. Alt. VwVfG überein. Nach dieser Vorschrift kann eine Behörde die Unterlassung eines Verwaltungsakts zum Gegenstand einer Zusicherung machen.[3] Die Ermächtigung hat eine Orientierungsfunktion für ähnlich gelagerte Sachverhalte. Sie dient in erster Linie der **Klärung der Rechtslage** im öffentlichen Interesse, daneben aber auch der Rechtssicherheit im Verhältnis zwischen Betroffenen und Kartellbehörde.[4] In der Praxis hat § 32c bisher keine Bedeutung erlangt. Neben der formellen Nichttätigkeitsverfügung bleibt die Möglichkeit der Duldung durch informelle Mitteilung (vgl. § 32b Rn. 2) bestehen. Sie hat in der Praxis eine weitaus größere Bedeutung.[5]

II. Anwendungsbereich

Die Ermächtigung für die Nichttätigkeitsverfügung gilt im gesamten **Anwendungsbereich der §§ 32 und 32a.** In Betracht kommen einmal die Verbote nach §§ 1, 19–21, 29 und die Verbote nach Art. 101 Abs. 1, 102 AEUV, soweit deren Tatbestandsvoraussetzungen verneint werden. Der nicht genannte Fall der §§ 31 Abs. 3, 31b Abs. 3 dürfte analog zu behandeln sein. Ferner kann eine Nichttätigkeitsverfügung ergehen, wenn die Kartellbehörde feststellt, dass ein Verbot nicht eingreift, weil die Freistellungsvoraussetzungen nach § 2 oder Art. 101 Abs. 3 AEUV oder die Voraussetzungen einer **Gruppenfreistellungsverordnung** vorliegen. Dies folgt daraus, dass Art. 101 AEUV eine Einheit bildet und in diesen Fällen die jeweiligen Verbote nicht gelten.[6] Das Gesetz stellt aber ausdrücklich klar, dass die Nichttätigkeitsverfügung keine konstitutiv wirkende Freistellung im Sinne der bisherigen Administrativfreistellung enthält (§ 32c S. 3). Für eine Nichttätigkeitsverfügung trotz Bejahung der Voraussetzungen der §§ 1, 19–21, 29 oder der Art. 101 Abs. 1, 102 AEUV unter reinen Opportunitätsgesichtspunkten („schwaches" Negativattest) ist nach dem Gesetz kein Raum.[7] Hier kommt lediglich eine informelle Duldung in Betracht. Dies gilt auch für Nichtverfolgungszusagen, um Aussageverweigerungen zu überwinden.[8] 2

---

[1] Vgl. BGHZ 114, 40, 55 ff. – *Golden Toast* = WuW/E BGH 2697 = NJW 1991, 3152; KG WuW/E OLG 3685 – *Aral* = BB 1986, 1801; BKartA WuW/E BKartA 339, 340 – *Sonnabendarbeitszeit;* WuW/E BKartA 2778, 2787 f. – *Ruhrgas-Thyssengas;* TB 1979/80, S. 7 f.; 1983/84, S. 86; 1985/86, S. 70; 1987, 80, S. 82; 1991/92, S. 131 ff. (häufig: Selbstverpflichtungen im Bereich des Umweltschutzes); vgl. *K. Schmidt* in: FS. Börner, 1992, S. 789, 793 ff.

[2] Vgl. *Velte,* Duale Abfallentsorgung und Kartellverbot, 1999, S. 93 ff.; *Zimmer* in: Immenga/Mestmäcker, GWB, § 1 Rn. 166 ff., 176; *von Wallenberg,* Umweltschutz und Wettbewerb, 1980, S. 135 ff.; grundsätzlich positiv *Schmidt-Preuß* in: FS Lieberknecht, 1997, S. 549, 561 ff.

[3] Vgl. Begr. 2004, S. 34, 52; KG WuW/E OLG 3685 – *Aral* = BB 1986, 1801; *K. Schmidt* in: FS. Börner, 1992, S. 789, 796 f., 798.

[4] *Bach* in: Immenga/Mestmäcker, GWB, Rn. 2 f.; *Engelhoven/Meinhold-Heerlein* WuW 2014, 575, 579 f. Dass die Schutzfunktion von Art. 10 VO 1/2003 für die Unternehmen verneint wird (ErwG. 14 VO 1/2003; *Schwarze/Weitbrecht,* § 6 Rn. 97), ist nicht maßgeblich, da § 32c auf Art. 5 S. 3 VO 1/2003 gestützt ist.

[5] Begr. 2004, S. 34; *Bach* in: Immenga/Mestmäcker, GWB, Rn. 29 f.; *Bornkamm* in: Langen/Bunte, KartellR, Rn. 3; *Engelhoven/Meinhold-Heerlein* WuW 2014, 575, 582.

[6] Vgl. Begr. 2004, S. 52; *Bach* in: Immenga/Mestmäcker, GWB, Rn. 8.

[7] A. M. *Bechtold/Bosch,* GWB, Rn. 4; *Meyer* GRUR 2006, 27, 31; zu Beratungsschreiben der Kommission *Ritter* in: Immenga/Mestmäcker, EU-WettbR, Art. 10 VO 1/2003 Rn. 17 ff.

[8] Einschränkend hierzu *Brevern/Hack* WuW 2013, 936.

III. Voraussetzungen und Inhalt der Entscheidung

1. Voraussetzungen

3 Die Ermächtigung zur Nichttätigkeitsverfügung wird auf Fälle begrenzt, in denen nach den der Kartellbehörde **vorliegenden Erkenntnissen** die Voraussetzungen eines Verbots nach §§ 1, 19–21, 29 oder Art. 101 Abs. 1, 102 AEUV nicht gegeben sind oder die Voraussetzungen einer Freistellung nach § 2 oder Art. 101 Abs. 3 AEUV oder einer Gruppenfreistellungsverordnung gegeben sind. Die genauen Anforderungen für die Verfügung, d. h. insbesondere das Beweismaß hinsichtlich der Tatsachen und das Maß der notwendigen rechtlichen Gewissheit, sind nicht geregelt. Die Kartellbehörde hat nur eine **eingeschränkte Sachaufklärungspflicht** und keine Beweispflicht hinsichtlich der Tatsachen, da es sich um eine das Unternehmen begünstigende Entscheidung handelt. Sie kann sich auf die Angaben, die von den betroffenen Unternehmen gemacht worden sind, und ergänzend auf die ihr vorliegenden Erkenntnisse hinsichtlich des Verhaltens der Unternehmen und der Wettbewerbsbedingungen stützen. Es handelt sich um eine summarische Entscheidung zumindest insoweit, als keine volle Ermittlung der Tatsachen stattfindet.[9]

4 Bei der **rechtlichen Beurteilung** geht es um die Frage, ob das gesetzliche Tatbestandsmerkmal der „vorliegenden Erkenntnisse" hinsichtlich des Nichtvorliegens der Voraussetzungen der Verbote eine umfassende rechtliche Prüfung voraussetzt oder ob eine lediglich **summarische Prüfung** ausreicht. Diese Frage hängt eng mit der weiteren Frage zusammen, ob die Befugnis zur Wiederaufnahme des Verfahrens wegen neuer Erkenntnisse auch neue rechtliche Erkenntnisse umfasst. Die Frage lässt sich nicht anhand von Art. 5 S. 3 VO 1/2003 klären, da auch hier nur von Informationen gesprochen wird. Es besteht allerdings kein Grund, die Frage grundsätzlich anders als im Rahmen der übrigen Vorschriften zu entscheiden, die ebenfalls zu Maßnahmen aufgrund einer summarischen Prüfung ermächtigen. Auch die Formulierung „kein Anlass" spricht dafür, dass sowohl Tat- als auch Rechtsfragen eingeschlossen sind.[10] Erforderlich ist damit lediglich, dass sich bei summarischer Prüfung der Rechtslage aufgrund der vorliegenden Fakten ergibt, dass die Voraussetzungen für ein Eingreifen der Verbote nach §§ 1, 19–21, 29 oder Art. 101 Abs. 1, 102 AEUV nicht gegeben sind.

2. Inhalt der Entscheidung

5 Die Nichttätigkeitsverfügung enthält nicht die Feststellung, dass nach den vorliegenden Erkenntnissen hinsichtlich der Wettbewerbsverhältnisse auf dem Markt die Verbotsvoraussetzungen nicht vorliegen oder die Freistellungsvoraussetzungen gegeben sind; dies ist lediglich das wesentliche Element der Begründung der Entscheidung. Sie ist daher kein feststellender Verwaltungsakt i. S. eines echten Negativattests, zu dessen Erteilung die nationalen Kartellbehörden nicht befugt sind.[11] Gegenstand der Entscheidung ist vielmehr eine **Zusicherung** in Form eines Verwaltungsakts, dass die Kartellbehörde auf der Grundlage der Erkenntnisse, die der Entscheidung zugrunde liegen, keinen Anlass zum Tätigwerden sieht und ein Verfahren nach §§ 32, 32a nicht einleiten oder das eingeleitete Verfahren nicht fortführen wird.[12] Um diese Wirkungen zu entfalten, muss das Verhalten, das Gegen-

[9] *Bach* in: Immenga/Mestmäcker, GWB, Rn. 9 f.; a. M. *Bornkamm* in: Langen/Bunte, KartellR, Rn. 7; *Keßler* in: MK Rn. 12; *Bechtold/Bosch*, GWB, Rn. 4.

[10] Ebenso *Bechtold*, GWB, Rn. 4; a. M. *Bach* in: Immenga/Mestmäcker, GWB, Rn. 11; *Jaeger* in: FK Rn. 9 f.

[11] EuGH U. v. 3.5.2011 Rs. C-375/09 – *Tele2 Polska*, Slg. 2011, I-3055 Rn. 21–35 = WuW/E EU-R 2105 = EuZW 2011, 514.

[12] Begr. 2004, S. 52; BKartA WuW/E DE-V 1135, 1141 – *MSV*; WuW/E DE-V 1142 – *Hintermauerziegelkartell; Bornkamm* in: Langen/Bunte, KartellR, Rn. 10; *Bach* in: Immenga/Mestmäcker, GWB, Rn. 15; *Bechtold/Bosch*, GWB, Rn. 5.

stand der Entscheidung ist, genau bezeichnet werden. Die Zusicherung erstreckt sich auch auf Bußgeldverfahren, da die Verhängung eines Bußgelds die Verletzung des Verbotstatbestands voraussetzt, dessen Nichtvorliegen Grundlage der Zusicherung ist.

IV. Verfahren und Rechtsfolgen

1. Verfahren

Eine Entscheidung nach § 32c kann sowohl nach Einleitung eines Verfahrens nach § 32 oder § 32a oder in einem isolierten Verfahren ergehen.[13] Das Verfahren kann von Amts wegen, aber auch auf Anregung der Unternehmen mit dem Ziel, eine Nichttätigkeitsverfügung zu erreichen (§ 54 Abs. 1 S. 2), eingeleitet werdenDie Entscheidung steht grundsätzlich im **Ermessen** der Kartellbehörde. Dies gilt auch dann, wenn bereits ein Verfahren nach § 32 eingeleitet war. Denn dieses kann auch durch Einstellung abgeschlossen werden.[14] Maßgebliche Gesichtspunkte dafür, im Verfahren eine Entscheidung über die Nichtanwendbarkeit der Verbote des Gesetzes oder des AEUV zu treffen, sind in erster Linie wettbewerbspolitische Belange, so z. B. das Interesse daran, in einer Vielzahl gleich gelagerter Fälle die Rechtseinheit zu fördern und vorläufige Rechtssicherheit zu erreichen, aber auch das Interesse eines Betroffenen einer wichtigen Transaktion an einer Klärung der Rechtslage. Ein **Anspruch des Betroffenen** auf eine Nichttätigkeitsverfügung oder auch nur ein **Antragsrecht** besteht nicht.[15] 6

Das Verfahren ist ein Verwaltungsverfahren nach §§ 54 ff. Die betreffenden Unternehmen haben **kein Antragsrecht**. Sie sind jedoch nach § 56 Abs. 1 in Vbg. mit § 54 Abs. 2 Nr. 2 anzuhören. Drittbetroffene sind ggf. beizuladen (§ 54 Abs. 2 Nr. 3). 7

2. Rechtsfolgen

Die Nichttätigkeitsverfügung betrifft nur das Verhältnis zwischen Antragsteller und Kartellbehörde. Sie bindet vorbehaltlich neuer Erkenntnisse die Kartellbehörde. Diese darf – ohne vorherige oder gleichzeitige Aufhebung der Verfügung – von den Ermächtigungen nach §§ 32, 32a keinen Gebrauch machen (vgl. Rn. 8). Die Einleitung eines Vorermittlungsverfahrens ist dagegen nicht ausgeschlossen, jedoch muss die Kartellbehörde den Betroffenen anhören, d. h. ihm mitteilen, dass sie die Aufhebung der Verfügung nach § 32c S. 2 erwägt.[16] Die Verfügung bindet nicht die Kommission, die ohne weiteres ihre Zuständigkeiten nach Art. 7,11 Abs. 6 S. 1 VO 1/2003 ausüben kann (vgl. § 32b Rn. 13). Die Verfügung ist keine Freistellung. Sie hat keine Feststellungswirkung (vgl. § 32c S. 3) und ist für Dritte nicht bindend.[17] Ihnen steht der Zivilrechtsweg offen, wobei allerdings das Gericht die Verfügung bei der wettbewerbsrechtlichen Beurteilung berücksichtigen kann. 8

V. Wiederaufgreifen des Verfahrens

Die Nichttätigkeitsverfügung gilt nur aufgrund der vorliegenden Erkenntnisse über die Art des Verhaltens der Unternehmen und der Wettbewerbsverhältnisse. Ergeben sich in 9

---

[13] *Bach* in: Immenga/Mestmäcker, GWB, Rn. 6; *Bornkamm* in: Langen/Bunte, KartellR, Rn. 5.

[14] BKartA WuW/E DE-V 1135, 1141 – *MSV;* Begr. 2004, S. 34; *Bach* in: Immenga/Mestmäcker, GWB, Rn. 12 f.; *Bornkamm* in: Langen/Bunte, KartellR, Rn. 5; *Wiedemann* in: FS. Bechtold, 2006, S. 640.

[15] *Bach* in: Immenga/Mestmäcker, GWB, Rn. 13; a M. *Engelhoven/Meinhold-Heerlein* WuW 2014, 575, 578 ff. Zur Rechtslage im Rahmen des bisherigen § 3 Abs. 2 siehe Voraufl. Rn. 5.

[16] So mit Recht *Bach* in: Immenga/Mestmäcker, GWB, Rn. 19; weitergehend *Bechtold/Bosch,* GWB, Rn. 6.

[17] Begr. 2004, S. 52; *Bach* in Immenga/Mestmäcker, GWB, Rn. 20; *Bechtold/Bosch,* GWB, Rn. 5; *Bornkamm* in: Langen/Bunte, KartellR, Rn. 14. Entscheidungen nach Art. 10 VO 1/2003 haben aber wohl gemäß Art. 16 VO 1/2003 Bindungswirkung.

einem wesentlichen Punkt **neue Erkenntnisse,** sei es, dass schon in der Vergangenheit vorliegende Umstände der Kartellbehörde nicht bekannt waren oder ihr von dem Unternehmen nicht richtig oder vollständig mitgeteilt worden sind, sei es, dass sich die Verhältnisse wesentlich geändert haben, kann die Kartellbehörde ein neues Verwaltungsverfahren einleiten (§ 32c S. 2).[18] Die Regelung geht § 38 Abs. 3, § 49 Abs. 2 Nr. 3, 4 VwVfG vor. Die Befugnis zum Wiederaufgreifen gilt nach dem Gesetz auch bei einer **Änderung der Rechtslage,** z. B. der Änderung einer maßgeblichen Gruppenfreistellungsverordnung.

10 Sehr streitig ist jedoch, ob auch eine **Änderung der Rechtsprechung** oder gar die Änderung der rechtlichen Beurteilung bei gleicher Rechtslage durch die Kartellbehörde selbst eine neue Erkenntnis sein kann, die zur Wiederaufnahme des Verfahrens berechtigt. Für eine weite Auslegung spricht der Wortlaut der Vorschrift im Vergleich zu § 32b Abs. 2. Für eine Analogie zu dieser Vorschrift besteht kein Anlass. Auf jeden Fall ist die die Befugnis zum Wiederaufgreifen bei den genannten Umständen als Konsequenz aus der nur summarischen Prüfung der Rechtslage bei der Entscheidung über die Nichttätigkeitsverfügung zu bejahen. Voraussetzung dürfte aber sein, dass sich die Kartellbehörde auf rechtliche Gesichtspunkte stützt, die in der Ausgangsentscheidung nicht berücksichtigt worden sind. Bloße Meinungsänderungen für sich sind nicht ausreichend, da andernfalls die Zusicherung für die Unternehmen wertlos wäre und das Institut der Nichttätigkeitsverfügung ausgehöhlt würde.[19] Neue Erkenntnisse führen nicht zu einem automatischen Außerkrafttreten der Verfügung.[20] Es bedarf vielmehr einer neuen Verfahrenseinleitung.

11 Die Entscheidung über das Wiederaufgreifen des Verfahrens liegt im behördlichen **Ermessen.** Dabei sind neben dem öffentlichen Interesse an der Durchsetzung effektiven Wettbewerbs auch Gesichtspunkte des **Vertrauensschutzes** zu beachten, wenn die Betroffenen im Vertrauen auf die Zulässigkeit ihres Verhaltens vermögenswirksame Dispositionen getroffen haben.[21] In Betracht kommen insbesondere Übergangsregelungen. Eine Duldung auf Dauer widerspräche dagegen nicht nur den Verboten des Gesetzes oder der Art. 101 Abs. 1, 102 AEUV, sondern auch der Regelung des § 32c S. 2 selbst.

§ 32d Entzug der Freistellung

Haben Vereinbarungen, Beschlüsse von Unternehmensvereinigungen oder aufeinander abgestimmte Verhaltensweisen, die unter eine Gruppenfreistellungsverordnung fallen, in einem Einzelfall Wirkungen, die mit § 2 Absatz 1 oder mit Artikel 101 Absatz 3 des Vertrages über die Arbeitsweise der Europäischen Union unvereinbar sind und auf einem Gebiet im Inland auftreten, das alle Merkmale eines gesonderten räumlichen Marktes aufweist, so kann die Kartellbehörde den Rechtsvorteil der Gruppenfreistellung in diesem Gebiet entziehen.

---

[18] *Bach* in: Mestmäcker/Immenga, GWB, Rn. 24 f.; *Bechtold/Bosch,* GWB, Rn. 7; vgl. EuGH U. v. 28.3.1985 Rs. 298/83 – *CICCE,* Slg. 1985, 1105 Rn. 29; U. v. 1.10.1998 Rs. C-279/95 P – *Langnese/Iglo,* Slg. 1998, I-5609 Rn. 22, 30 = WuW/E EU-R 117 = EuZW 1998, 754.

[19] *Bechtold/Bosch,* GWB, Rn. 7; gänzlich abl. *Keßler* in: MK Rn. 16; differenzierend *Bach* in: Immenga/Mestmäcker, GWB, Rn. 24 f. (für Analogie zu § 32b Abs. 2 Nr. 1 und 3, aber unter Einbeziehung von Rechtsänderungen); *Jaeger* in: FK Rn. 26 (auch Änderung der Rechtsprechung); vgl. EuG U. v. 8.6.1995 Rs. T-7/93 – *Langnese/Iglo,* Slg. 1995, II-1533 Rn. 28 = EuZW 1996, 46; U. v. 21.3.2001 Rs. T-206/99 – *Metropole,* Slg. 2001, II-1057 Rn. 42, 44 ff. = WuW/E EU-R 413.

[20] *Bach* in: Immenga/Mestmäcker, GWB, Rn. 23, 27; *Bechtold/Bosch,* GWB, Rn. 7; a. M. *Keßler* in: MK Rn. 15; ferner *Schwarze/Weitbrecht,* § 6 Rn. 124; *K. Schmidt* BB 2003, 1237, 1239 für Art. 10 VO 1/2003.

[21] *Bach* in: Immenga/Mestmäcker, GWB, Rn. 27; *Keßler* in: MK Rn. 17; zum früheren Recht BGHZ 114, 40, 55 ff. – *Golden Toast* = WuW/E BGH 2697 = NJW 1991, 3152; BGHZ 77, 366, 375 – *Haus- und Hofkanalguß* = WuW/E BGH 1717 = NJW 1980, 2583.

Übersicht

I. Zweck und Bedeutung

1 § 32d ermächtigt die Kartellbehörde zur Missbrauchsaufsicht über wettbewerbsbeschränkende Verträge, Beschlüsse oder abgestimmte Verhaltensweisen, die unter eine Gruppenfreistellungsverordnung fallen. Gruppenfreistellungsverordnungen dienen der Erleichterung der Rechtsanwendung. Sie beruhen auf einer typisierenden Anwendung des Art. 101 Abs. 3 AEUV oder des § 2 Abs. 2 auf bestimmte Vertragstypen, die sich aufgrund der Wirkungen eines einzelnen Vertrags oder seiner Praktizierung im Ausnahmefall als falsch erweisen kann. Deshalb bedarf es einer **Korrekturmöglichkeit,** die im früheren deutschen Recht als Missbrauchsaufsicht (§§ 15 Abs. 3, 16 a. F.) bezeichnet wurde. Dem entspricht weitgehend die Ermächtigung zum Entzug der Vorteile der Freistellung nach § 32d. Eine Missbrauchsaufsicht über Einzelfreistellungenkennt das neue Recht aufgrund des Systems der Legalausnahme nicht mehr.

2 Voraussetzung für den Entzug der Freistellung ist, dass die Anwendung der Gruppenfreistellungsverordnung im Einzelfall zu **Ergebnissen** führt, die mit § 2 Abs. 1 oder Art. 101 Abs. 3 AEUV nicht vereinbar sind. Dabei sind zwei Fälle erfasst. Zum einen geht es um die Missbrauchsaufsicht über Wettbewerbsbeschränkungen, die mangels zwischenstaatlicher Auswirkungen allein § 1 unterliegen und nach einer gem. § 2 Abs. 2 entsprechend anwendbaren Gruppenfreistellungsverordnung freigestellt sind. Darüber hinaus erstreckt die Vorschrift die Ermächtigung auf gruppenfreigestellte Wettbewerbsbeschränkungen mit zwischenstaatlichen Auswirkungen, auf die Art. 101 AEUV anwendbar ist. Insoweit ermächtigen bereits Art. 29 Abs. 2 VO 1/2003 und einzelne Gruppenfreistellungsverordnungen die nationale Kartellbehörde zur Missbrauchsaufsicht. § 32d stellt insoweit nur deklaratorisch die Kompetenz der nationalen Kartellbehörde klar.[1] Die Ermächtigung ist davon abhängig, dass die mit Art. 101 Abs. 3 AEUV unvereinbaren Wirkungen ein Gebiet in Deutschland betreffen, das alle Merkmale eines gesonderten räumlichen Marktes aufweist.

3 Die deutsche Kartellbehörde hat von der bereits seit 1999 bestehenden Befugnis zur Missbrauchsaufsicht (Art. 7 Abs. 2 VO 19/65 i. d. F. der VO 1215/1999) über im Wege der Gruppenfreistellung freigestellte Wettbewerbsbeschränkungen, bei denen trotz zwischenstaatlicher Auswirkungen der räumlich relevante Markt der Inlandsmarkt ist, bisher keinen Gebrauch gemacht. Es ist unklar, ob dies auf Informationsdefiziten oder einer anderweitigen Schwerpunktbildung beruht. Auch in der europäischen Praxis stellt die Missbrauchsaufsicht einen Ausnahmefall dar.[2] Die **praktische Bedeutung** des § 32d dürfte daher allenfalls in der Anwendung auf Fälle des § 2 liegen.

II. Voraussetzungen der Missbrauchsaufsicht

4 Die Ermächtigung setzt voraus, dass es sich um Vereinbarungen, Beschlüsse oder abgestimmten Verhaltensweisen handelt, die unter § 1 oder Art. 101 Abs. 1 AEUV fallen, aber nach einer Gruppenfreistellungsverordnung freigestellt sind, und dass die Anwendung der Gruppenfreistellungsverordnung im Einzelfall Wirkungen hat, die nicht mit § 2 Abs. 1

---

[1] *Bach* in: Immenga/Mestmäcker, GWB, Rn. 1; *Bornkamm* in: Langen/Bunte, KartellR, Rn. 3; *Keßler* in: MK Rn. 8; *Klees,* § 3 Rn. 48.

[2] Vgl. Komm. E. v. 26.7.1988 – *Tetra Pak I,* ABl. Nr. L 272/27; EuG U. v. 10.7.1990 Rs. T-51/89 – *Tetra Pak,* Slg. 1990, II-309 Rn. 21 f.; Komm. E. v. 23.12.1972 – *Langnese-Iglo,* ABl. 1973 Nr. L 183/19; EuG U. v. 8.6.1995 T-7/93 – *Langnese-Iglo,* Slg. 1995, II-1533 Rn. 205 ff. = EuZW 1996, 46.

oder Art. 101 Abs. 3 AEUV vereinbar sind. Denkbar ist zum einen, dass die betreffende Wettbewerbsbeschränkung die Voraussetzungen der Gruppenfreistellungsverordnung nicht mehr erfüllt, z.B. weil die einschlägigen Marktanteilsschwellen einschließlich Toleranzschwellen dauerhaft überschritten werden oder die Vertragspartner gegenseitiger Ausschließlichkeitsverträge nunmehr Wettbewerber sind. Rechtlich handelt es sich hierbei nur um eine **deklaratorische Missbrauchsaufsicht,** die nicht unter § 32d fällt. Derartige Verträge unterliegen bereits unmittelbar dem Verbot nach § 1 oder Art. 101 Abs. 1 AEUV, so dass die Kartellbehörde im Verfahren nach § 32 überprüfen kann, ob das Verbot eingreift oder im Einzelfall die Voraussetzungen des § 2 Abs. 1 oder Art. 101 Abs. 3 AEUV vorliegen.

5 Gemeint sind vielmehr nur die Fälle der **konstitutiven Missbrauchsaufsicht,** in denen gruppenfreigestellte vertragliche Wettbewerbsbeschränkungen so praktiziert werden oder sich aufgrund der Marktverhältnisse so auswirken, dass im Einzelfall eine oder mehrere der Voraussetzungen des § 2 Abs. 1 oder Art. 101 Abs. 3 AEUV nicht (mehr) gegeben sind. Konstitutiv ist die Missbrauchsaufsicht hier, weil auch nach Einführung des Systems der Legalausnahme Gruppenfreistellungsverordnungen bindend sind und diese Bindung nur durch den Entzug der Freistellung beseitigt wird.[3] In der Sache geht es also um den **objektiven Missbrauch** der Freistellung wegen Unvereinbarkeit mit § 2 Abs. 1 oder Art. 101 Abs. 3 AEUV entgegen der typisierenden Wertung der GFVO. Dies gilt z.B., wenn eine Vereinbarung für sich zu einer wesentlichen Wettbewerbsbeschränkung führt oder gar §§ 19, 29 oder Art. 102 AEUV erfüllt sind,[4] wenn nachträglich ein Missverhältnis zwischen den Vorteilen der Wettbewerbsbeschränkung und den nachteiligen Wirkungen für den Wettbewerb eintritt oder wegen technischer Entwicklungen kein Beitrag zum technischen Fortschritt mehr geleistet werden kann. Daneben ist auch ein Rückgriff auf die Beispielfälle in den Ermächtigungen der einzelnen Gruppenfreistellungsverordnungen, die Art. 101 Abs. 3 AEUV konkretisieren, und insbesondere auf die Leitlinien der Kommission zur Anwendung dieser Vorschrift möglich.

6 Die Missbrauchsaufsicht nach § 32d über Vereinbarungen, Beschlüsse oder Verhaltensweisen nach den Maßstäben des Art. 101 Abs. 3 AEUV setzt ferner voraus, dass sich die Auswirkungen der Wettbewerbsbeschränkung auf das Inland oder ein Teilgebiet des Inlands beziehen, das alle Merkmale eines gesonderten räumlichen Marktes aufweist. Das **Inland** muss danach der **räumlich relevante Markt** sein.[5] Das ist dann der Fall, wenn inländische Anbieter aus der Sicht der Nachfrager nicht mit ausländischen Anbietern im Wettbewerb stehen, weil die Nachfrager bei normalen Preisänderungen nicht auf ausländische Anbieter ausweichen. Die Wettbewerbsbedingungen auf dem inländischen Referenzmarkt müssen hinreichend homogen sein und sich spürbar von den Wettbewerbsbedingungen auf räumlich benachbarten Märkten unterscheiden.[6] Entsprechendes gilt bei Nachfragemärkten. Zur Bestimmung des räumlich relevanten Marktes im Einzelnen ist auf die allgemeinen, insbesondere zu Art. 102 AEUV entwickelten Grundsätze sowie auf die Kriterien in Art. 9 Abs. 7 FKVO abzustellen.[7] Ergänzend sind die Leitlinien der Kommission für die Bestim-

[3] *Bach* in: Immenga/Mestmäcker, GWB, Rn. 3f.; *K. Schmidt* BB 2003, 1237, 1241; *Fuchs* ZWeR 2005, 1, 11ff.; *Becker,* Wettbewerb im System der Legalausnahme, 2005, Rn. 81; *Bornkamp/Becker* ZWeR 2005, 213, 223ff.; *de Bronett,* Art. 29 Rn. 2, 4; a.M. (für unwiderlegbare Vermutung) Bechtold/Bosch/Brinker, Art. 29 Rn. 2; *Schütz* WuW 2000, 686, 691; *ders.* in: GK Art. 29 Rn. 6; (für lediglich deklaratorische Wirkung) *Koenigs* DB 2003, 755, 756; *Schwarze/Weitbrecht,* § 2 Rn. 25; *Hirsch* ZWeR 2003, 233, 246.

[4] *Bach* in: Immenga/Mestmäcker, GWB, Rn. 14; *Keßler* in: MK Rn. 12; *Klees,* § 3 Rn. 50; vgl. EuGH – *Tetra Pak,* a.a.O., oben Fn. 2.

[5] *Bach* in: Immenga/Mestmäcker, GWB, Rn. 10; *Bechtold/Bosch,* GWB, Rn. 3.

[6] EuGH U. v. 14.2.1978 Rs. 27/76 – *United Brands,* Slg. 1978, 207 Rn. 11, 44 = WuW/E EWG = NJW 1978, 439; U. v. 31.3.1998 Verb. Rs. C-68/94 und C-30/95 – *Französische Republik/Kommission u. SCPA und EMC/Kommission,* Slg. 1998, I-1375 Rn. 143 = WuW/E EU-R 31 = EuZW 1998, 299.

[7] *Bach* in: Immenga/Mestmäcker, GWB, Rn. 11f.; *Keßler* in: MK Rn. 12; *Klees,* § 3 Rn. 50.

mung des räumlich relevanten Marktes[8] heranzuziehen. Im Zuge der Marktintegration werden nationale Märkte eher selten sein. Denkbar sind sie vor allem im Dienstleistungsbereich.

Die in § 32d ebenfalls vorgesehene Missbrauchsaufsicht über Wettbewerbsbeschränkungen mit **ausschließlichen Inlandswirkungen,** die nach § 2 Abs. 2 S. 2 aufgrund einer entsprechend anwendbaren Gruppenfreistellungsverordnung freigestellt sind, setzt voraus, dass die Wettbewerbsbeschränkung Wirkungen auf den Wettbewerb hat, die mit § 2 Abs. 1 nicht vereinbar sind. Wegen des gewollten Gleichklangs mit Art. 29 Abs. 1 VO 1/2003 besteht kein Anlass, hierfür besondere Auslegungsgesichtspunkte zu entwickeln. Auf den räumlich relevanten Markt kommt es trotz des gegenteiligen Wortlauts des Gesetzes nicht an, weil das notwendige Fehlen zwischenstaatlicher Auswirkungen eine restriktivere Eingriffsvoraussetzung darstellt. 7

III. Verfahren und Rechtsfolgen

Die Kartellbehörde entscheidet nach **Ermessen.** Sie muss Anträgen oder Anregungen auf Einschreiten nicht stattgeben.[9] Maßgebliche Entscheidungsgesichtspunkte sind vor allem die wettbewerbspolitische Bedeutung der freigestellten Wettbewerbsbeschränkungen, Art und Schwere des Missbrauchs, die Interessen der betroffenen Wettbewerber oder Abnehmer und die Wahrung des Gleichklangs mit Entscheidungen anderer nationaler Wettbewerbsbehörden, die über Wettbewerbsbeschränkungen gleicher Art entscheiden. Es sind auch **einstweilige Anordnungen** nach § 32a zulässig. Möglich ist z. B. die vorläufige Untersagung einer wettbewerbsbeschränkenden Vereinbarung oder die vorläufige Untersagung bestimmter Vertriebspraktiken von Unternehmen, die eine Gruppenfreistellung in Anspruch nehmen. Die Beweislast liegt bei der Kartellbehörde.[10] 8

Das Entzugsverfahren stellt ein **Verwaltungsverfahren** im Sinne der §§ 54 ff. dar. Regelmäßig wird das Verfahren mit einem Abstellungsverfahren nach § 32 verbunden werden. Dies ist jedoch nicht zwingend, soweit mit einer freiwilligen Aufgabe der Wettbewerbsbeschränkung gerechnet werden kann oder sogar eine Zusage vorliegt.[11] Zuständig ist in der Regel das Bundeskartellamt. Die betroffenen Unternehmen sind anzuhören (§ 56 Abs. 1). Die Kommission besitzt bei Wettbewerbsbeschränkungen mit zwischenstaatlichen Wirkungen, aber getrennten räumlichen Märkten ein **Evokationsrecht** (Art. 11 Abs. 6 VO 1/2003). Im Hinblick auf die gesamteuropäische Relevanz des Entzugs der Vorteile der Gruppenfreistellung ist hier eine intensive Koordination mit der Kommission – auch über Art. 11 Abs. 2–4 VO 1/2003 hinaus – sinnvoll (vgl. Art. 11 Abs. 5 VO 1/2003). 9

Die Entzugsentscheidung muss die beanstandete Vereinbarung und das betreffende Gebiet genau bezeichnen. Sie führt zu einem **Wiederaufleben des Verbots** nach § 1 oder Art. 101 Abs. 1 AEUV für die Zukunft. Eine gleichwertige Einzelfreistellung nach § 2 Abs. 1 oder Art. 101 Abs. 3AEUV nach konstitutiver Entziehung der Gruppenfreistellung durch die Kartellbehörde ist gedanklich ausgeschlossen, da der Verstoß gegen die betreffenden Verbote Voraussetzung für die Entscheidung ist. Denkbar ist allenfalls Freistellung für eine eingeschränkte und damit nicht mehr gleichartige Vereinbarung.[12] 10

---

[8] ABl. 1997 Nr. C 372/5.

[9] *Bach* in: Immenga/Mestmäcker, GWB, Rn. 18; *Keßler* in: MK Rn. 14; *Bechtold/Bosch,* GWB, Rn. 4.

[10] Leitlinien der Kommission zur Anwendung des Art. 101 Abs. 3 AEUV (ex 81 Abs. 3 EG), ABl. 2004 Nr. C 101/97, Rn. 36; *Bach* in: Immenga/Mestmäcker, GWB, Rn. 15; *Bechtold/Bosch,* GWB, Rn. 2; *Klees,* § 3 Rn. 36.

[11] *Bach* in: Immenga/Mestmäcker, GWB, Rn. 19; *Fuchs* ZWeR 2005, 1, 27 f.; *Klees,* § 3 Rn. 41; a. M. *Keßler* in: MK Rn. 15.

[12] Vgl. EuG U. vom 8.6.1995 Rs. T-7/93, Slg. 1995, II-1533 Rn. 208; best. EuGH U. v. 1.10.1998 Rs. C-279/95 P, Slg. 1998, I-5609 Rn. 29 f. – *Langnese Iglo/Kommission; Ellger* in: Immenga/Mestmäcker, EU-WettR, Art. 101 Abs. 3 AEUV Rn. 392; *Wagner* WRP 2003, 1369, 1372.

11 Die **Wirkung der Entziehung** des Vorteils der Gruppenfreistellung bezieht sich auf den relevanten inländischen Markt, hat aber keine Wirkungen im Ausland. Denkbar ist, dass ein ausländisches Zivilgericht, das (auch) über den im Inland eintretenden Schaden zu entscheiden hat, die Wirkungen des Entzugs der Freistellung anerkennt.[13]

12 Fraglich ist, ob die bestandskräftige Entscheidung über den Entzug der Gruppenfreistellung die Feststellung eines Verstoßes gegen § 1 oder Art. 101 Abs. 1 AEUV enthält, die die **Zivilgerichte bindet** oder Dritte im Sinne des § 33 Abs. 4 berechtigt. Dies ist grundsätzlich anzunehmen, da es sich um eine **gestaltende Entscheidung** handelt, welche die Geltung der Verbote nach den genannten Vorschriften wieder hergestellt.[14] Die Bindungswirkung gilt aber nur für die Zukunft. Insoweit enthält die Entscheidung auch die Feststellung eines Verstoßes für den Fall, dass die betroffenen Unternehmen die Wettbewerbsbeschränkung fortsetzen.

§ 32e Untersuchungen einzelner Wirtschaftszweige und einzelner Arten von Vereinbarungen

(1) **Lassen starre Preise oder andere Umstände vermuten, dass der Wettbewerb im Inland möglicherweise eingeschränkt oder verfälscht ist, können das Bundeskartellamt und die obersten Landesbehörden die Untersuchung eines bestimmten Wirtschaftszweiges oder – Sektor übergreifend – einer bestimmten Art von Vereinbarungen durchführen.**

(2) [1]**Im Rahmen dieser Untersuchung können das Bundeskartellamt und die obersten Landesbehörden die zur Anwendung dieses Gesetzes oder des Artikels 101 oder 102 des Vertrages über die Arbeitsweise der Europäischen Union erforderlichen Ermittlungen durchführen.** [2]**Sie können dabei von den betreffenden Unternehmen und Vereinigungen Auskünfte verlangen, insbesondere die Unterrichtung über sämtliche Vereinbarungen, Beschlüsse und aufeinander abgestimmte Verhaltensweisen.**

(3) **Das Bundeskartellamt und die obersten Landesbehörden können einen Bericht über die Ergebnisse der Untersuchung nach Absatz 1 veröffentlichen und Dritte um Stellungnahme bitten.**

(4) **§ 49 Absatz 1 sowie die §§ 57, 59 und 61 gelten entsprechend.**

Übersicht

I. Zweck und Bedeutung

1 § 32e ermächtigt das Bundeskartellamt und die obersten Landesbehörden, **Enqueteuntersuchungen** (Sektoruntersuchungen) durchzuführen. Die durch die 7. Novelle eingeführte Regelung entspricht – mit gewissen sprachlichen Abweichungen – Art. 17 VO 1/2003. Zweck der Vorschrift ist es, den durch die Abschaffung des Anmeldesystems drohenden **Transparenzverlust auszugleichen** und unabhängig von einem konkreten Verdacht sektorale Untersuchungen in erster Linie in besonders „kartellanfälligen" Branchen und daneben auch hinsichtlich einzelner Arten problematischer Vereinbarungen zu ermöglichen.[1] Die Sektoruntersuchung stellt eine Ergänzung der Befugnisse der Kartellbehörde

[13] Vgl. *de Bronett* WuW 1999, 825, 831 f.
[14] *Bach* in: Immenga/Mestmäcker, GWB, Rn. 23; *Keßler* in: MK Rn. 17; *Klees,* § 3 Rn. 43.
[1] Begr. 2004, S. 34; *Bach* in: Immenga/Mestmäcker, GWB, Rn. 2; *Schwarze/Weitbrecht,* § 4 Rn. 5.

dar, die über die bisherigen Auskunftsrechte hinausgeht. Während das Auskunftsrecht nach § 59 einen konkreten Anfangsverdacht für einen bestimmten Kartellrechtsverstoß erfordert,[2] genügt für die Durchführung einer Sektoruntersuchung die Vermutung, dass der Wettbewerb im Inland in einer für das GWB oder die Art. 101, 102 AEUV relevanten Weise möglicherweise eingeschränkt oder verfälscht ist. Außerdem richtet sich die Untersuchung nicht gegen einzelne Unternehmen, sondern dient der Ermittlung der Wettbewerbsverhältnisse in einer ganzen Branche oder bestimmter Formen von Vereinbarungen in mehreren Branchen. Die Ermittlungsbefugnisse sind also breiter angelegt.

Verdachtsunabhängige Untersuchungen sollen auch dazu beitragen, kartellbehördliche Ermittlungen in Fällen zu erleichtern, in denen die Betroffenen aus Furcht vor Repressalien ihren Namen nicht preisgeben wollen (sog. Ross-und-Reiter-Problematik).[3] Zwar ist nach § 54 die Einleitung eines Verwaltungsverfahrens und damit verbunden ein Auskunftsersuchen von Amts wegen auch aufgrund einer Beschwerde zulässig, und § 70 ermöglicht es der Kartellbehörde, den Beschwerdeführer auch im Beschwerdeverfahren anonym zu halten. Gleichwohl muss der Beschwerdeführer bei einem verdachtsabhängigen Verwaltungsverfahren je nach Marktstruktur befürchten, dass das betroffene Unternehmen seine **Identität aufdecken** oder doch einen begründeten Verdacht haben kann, wer der Beschwerdeführer sein könnte. Die **Überwachungssignale,** die von Sektoruntersuchungen ausgehen, können auch präventiv wirken, indem sie die freiwillige Befolgung des Kartellrechts anregen.[4] Die Ermächtigung zur Sektoruntersuchung ist allerdings kein Mittel, um einem auf Einzelfälle oder einzelne Betroffene beschränkten, nicht branchentypischen Fehlverhalten nachzugehen. In der **Praxis** hat die Sektoruntersuchung eine erhebliche Bedeutung erlangt. Seit 2007 sind zehn Untersuchungen durchgeführt worden.[5] Zwei weitere Untersuchungen sind noch nicht abgeschlossen. Rechtsstaatlich ist die Ausdehnung der Ermittlungsbefugnisse wegen des Umfangs der Datenerhebung und des damit verbundenen Eingriffs in die Freiheitsrechte der Unternehmen nicht unbedenklich.[6] 2

II. Voraussetzungen und Gegenstand der Untersuchung

Die Ermächtigung zur Durchführung einer Sektoruntersuchung setzt keinen Anfangsverdacht eines Kartellrechtsverstoßes i. S. des § 59 voraus. Andererseits kann die Kartell behörde im Hinblick auf die damit verbundenen Eingriffe in die Rechtsposition der Unternehmen, die Gegenstand der Untersuchung sind, aus rechtsstaatlichen Gründen (Willkürverbot, Grundsatz der Verhältnismäßigkeit) auch keine Untersuchung ins Blaue durchführen. Erforderlich ist die **Vermutung,** dass der Wettbewerb im Inland möglicherweise eingeschränkt oder verfälscht ist (§ 32e Abs. 1). Nach dem Zweck des § 32e muss die Beschränkung oder Verfälschung des Wettbewerbs für die Anwendung des Gesetzes, insbesondere der §§ 1, 19, 20, 29, 31 Abs. 3 oder der Art. 101, 102 AEUV erheblich sein.[7] Zweifelhaft ist, ob Untersuchungen auch zu Zwecken der Fusionskontrolle zulässig sind. Die Regelung des § 32e Abs. 2 S. 2, die Parallelität zu Art. 17 VO 1/2003 und die Funk- 3

[2] KG WuW/E OLG 2517, 2518 – *Metro-Kaufhof;* WuW/E OLG 1961 ff. – *Flugunion.* Dies war auch der Fall in der sektoralen Untersuchung des Bundeskartellamts über die Wettbewerbsverhältnisse auf dem Gasmarkt; BKartA WuW/E DE-V 1147 – *E.ON/Ruhrgas.*

[3] Begr. 2004, S. 34; skeptisch *Fuchs* WRP 2005, 1384, 1390; *Bach* in: Immenga/Mestmäcker, GWB, Rn. 8; *Bornkamm* in: Langen/Bunte, KartellR, Rn. 2.

[4] *Podszun* ZWeR 2012, 48, 61.

[5] Nachw. bei *Bach* in: Immenga/Mestmäcker, GWB, Rn. 5; *Bornkamm* in: Langen/Bunte, KartellR, Rn 2.

[6] *Schwarze/Weitbrecht,* § 4 Rn. 5; *Bach* in: Immenga/Mestmäcker, GWB, Rn. 6.

[7] *Bechtold/Bosch,* GWB, Rn. 5; Art. 17 VerfVO Rn. 3; weitergehend OLG Düsseldorf WuW/E DE-R 1993, 1997 f. – *Außenwerbeflächen; Bach* in: Immenga/Mestmäcker, GWB, Rn. 12; *Gildhoff* WuW 2013, 716, 718 (auch für die Beurteilung künftiger Zusammenschlüsse).

tion der Regelung, den Transparenzverlust aufgrund Fortfalls des Genehmigungsverfahrens für Kartelle auszugleichen, sprechen dagegen.

4 Aus der weiten Formulierung der Ermächtigung ergibt sich, dass die Kartellbehörde über einen weiten Beurteilungsspielraum verfügt. Eine Sektoruntersuchung ist aber rechtswidrig, wenn die Vermutung einer möglichen Einschränkung oder Verfälschung des Wettbewerbs **nicht vertretbar** ist, d.h. unter keinen plausiblen Gesichtspunkten gerechtfertigt sein kann. Die Vermutung muss daher auf **konkrete Umstände** gestützt werden können.[8] Das Gesetz nennt als Beispiel starre Preise. Es kann sich aber auch um andere das Wettbewerbsgeschehen oder die Marktstruktur prägende Umstände handeln.

5 Die Untersuchung kann sich auf einen bestimmten **Wirtschaftszweig,** d.h. mehrere Märkte umfassende gleichartige oder verwandte wirtschaftliche Aktivitäten, oder – Sektor übergreifend – eine bestimmtes Bündel von Vereinbarungen beziehen, die durch übereinstimmende inhaltliche oder unternehmens- oder marktbezogene Merkmale gekennzeichnet sind. Es muss der **Wettbewerb im Inland** betroffen sein. Damit ist primär der Wettbewerb auf einem inländischen Markt, aber ggf. auch auf einem inländischen Segment eines europäischen oder Weltmarktes gemeint. Insoweit kann auch das Verhalten ausländischer Marktteilnehmer Gegenstand der Untersuchung sein.[9] Der mögliche Mangel einer vollständigen Abbildung der Wettbewerbsverhältnisse im letzteren Fall steht nicht entgegen, da die Untersuchung der Kartellbehörde jedenfalls Informationen verschafft, die sie zu späteren gezielten Maßnahmen verwenden kann. Es gibt im Übrigen keine trennscharfe Abgrenzung zu Art. 17 VO 1/2003.

III. Verfahren und Befugnisse der Kartellbehörden

6 Für die Durchführung der Sektoruntersuchung ist nach § 32e Abs. 4 primär das Bundeskartellamt **zuständig,** die obersten Landesbehörden sind es nur, wenn sich der Markt auf das Gebiet eines Landes beschränkt (§ 48 Abs. 2).[10] Im Allgemeinen wird es sich bei der obersten Landesbehörde um die Landeskartellbehörde handeln. Für die Kooperation der Behörden gilt § 49.

7 Es bedarf nach dem Gesetz **keiner förmlichen Einleitungsverfügung** (mit Außenwirkung), sondern allenfalls einer behördeninternen Entscheidung. Aus rechtsstaatlichen Gründen sind Anlass, Gegenstand und Zweck der Untersuchung (auch) in der jeweiligen Ermittlungsanordnung zu bezeichnen.[11] Da Rechtsschutz gegen die Einleitung der Sektoruntersuchung mangels individueller Betroffenheit nicht in Betracht kommt, wäre eine förmliche Verfügung sinnlos; sie wäre auch kaum praktikabel. Rechtschutz ist erst gegen die einzelne Ermittlungsmaßnahme gegeben; dabei ist die Rechtmäßigkeit der Einleitung der Sektoruntersuchung, insbesondere die Vertretbarkeit der Vermutung einer Wettbewerbsbeschränkung, inzidenter gerichtlich überprüfbar.[12]

8 Im Rahmen der Sektoruntersuchung kann die Kartellbehörde die erforderlichen Ermittlungen durchführen (§ 32e Abs. 2 S. 1). Die Anordnung der Untersuchung und die Bestimmung des Umfangs des zu untersuchenden Wirtschaftszweigs bzw. der Art der Ver-

---

[8] OLG Düsseldorf, a.a.O., 1996f.; OLG Stuttgart ZNER 2006, 350; *Bach* in: Immenga/Mestmäcker, GWB, Rn. 9f.; *Bechtold,* GWB, Rn. 5; *Burrichter/Hennig* in: Immenga/Mestmäcker, EU-WbR, Art. 17 VO 1/2003 Rn. 13ff.

[9] *Jungermann* in: FK Rn. 29; a.M. *Bechtold/Bosch,* GWB, Rn. 3; *Bach* in: Immenga/Mestmäcker, GWB, Rn. 17.

[10] *Bechtold/Bosch,* GWB, Rn. 6; a.M. *Bach* in: Immenga/Mestmäcker, GWB, Rn. 24.

[11] OLG Düsseldorf WuW/E DE-R 1993, 1994ff. – *Außenwerbeflächen; Bornkamm* in: Langen/Bunte, KartellR, Rn. 7; für förmlichen Einleitungsbeschluss *Bach* in: Immenga/Mestmäcker, GWB, Rn. 27; *Keßler* in: MK, Rn. 71; *Bechtold/Bosch,* GWB, Rn. 7.

[12] OLG Düsseldorf WuW/E DE-R 1993, 1997f. – *Außenwerbeflächen; Bach* in: Immenga/Mestmäcker, GWB, Rn. 30; *Bornkamm* in: Langen/Bunte, KartellR, Rn. 8.

einbarung stehen im pflichtgemäßen **Ermessen** der Kartellbehörde.[13] Begrenzt werden diese Befugnisse durch den Grundsatz der Erforderlichkeit im Hinblick auf die Durchsetzung des Kartellrechts.[14] Die Kartellbehörde kann von den betreffenden Unternehmen und Vereinigungen alle sachdienlichen Auskünfte verlangen. Dies gilt insbesondere für wettbewerbsbeschränkende Vereinbarungen, Beschlüsse und Verhaltensweisen im Sinne von § 1 (§ 32e Abs. 2 S. 2). Mit dieser Hervorhebung macht das Gesetz die Funktion der Untersuchungsbefugnisse als Transparenzersatz für das Anmeldeverfahren deutlich.

Zum Zweck der Durchführung der Untersuchung verleiht § 32e Abs. 4 der Kartellbe- 9
hörde **bestimmte Ermittlungsbefugnisse**. Die §§ 57, 59 und 61 gelten entsprechend. Bis auf die ausgenommene Beschlagnahme handelt es sich um die normalen Ermittlungsbefugnisse und Verfahrensanforderungen im Verwaltungsverfahren, insbesondere die Regelungen über Auskunfts- und Einsichtsrechte, die Beweiserhebung, Durchsuchungsrechte und das Verfahren. Durchsuchungen sind nicht ausgeschlossen, dürften allerdings, da Beschlagnahmen nicht zulässig sind, im Regelfall unverhältnismäßig sein.[15] Die Aufzählung der Ermittlungsbefugnisse in § 32e Abs. 4 ist nicht abschließend.[16] Ergänzend kommen insbesondere Informationen im Rahmen der Kooperation mit der Kommission in Betracht. Die Wahl zwischen den einzelnen Ermittlungsformen unterliegt dem Grundsatz der Verhältnismäßigkeit. Der Schwerpunkt der Ermittlungen dürfte bei der Ausübung des **Auskunfts- und Einsichtsrechts** liegen. Der Anfangsverdacht nach § 59 Abs. 1 wird durch die Erforderlichkeit der Sektoruntersuchung ersetzt.[17] Es gelten die Zeugnis- und Auskunftsverweigerungsrechte nach § 57 Abs. 2 in Vbg. mit §§ 383, 384 ZPO und § 59 Abs. 5.

Die **Verwertung** der erhobenen Daten ist begrenzt. Die Kartellbehörde kann die er- 10
langten Informationen stets zum Anlass für die Einleitung eines Verfahrens nehmen. Sie kann sie wohl auch im Verwaltungsverfahren als Beweismittel verwerten. Wegen des weitergehenden Schutzes der Betroffenen im Ordnungswidrigkeitenverfahren darf die Kartellbehörde die erhobenen Daten aber nicht in diesem Verfahren als Beweismittel verwerten.[18] Schließlich können die Daten als Informationsmaterial für die Gesetzgebung dienen.

Die Kartellbehörde kann einen **Ergebnisbericht** über die Untersuchung veröffentlichen 11
und Dritte um Stellungnahme bitten (§ 32e Abs. 3).

§ 33 Unterlassungsanspruch, Schadensersatzpflicht

(1) [1]**Wer gegen eine Vorschrift dieses Gesetzes, gegen Artikel 101 oder 102 des Vertrages über die Arbeitsweise der Europäischen Union oder eine Verfügung der Kartellbehörde verstößt, ist dem Betroffenen zur Beseitigung und bei Wiederholungsgefahr zur Unterlassung verpflichtet.** [2]**Der Anspruch auf Unterlassung besteht bereits dann, wenn eine Zuwiderhandlung droht.** [3]**Betroffen ist, wer als Mitbewerber oder sonstiger Marktbeteiligter durch den Verstoß beeinträchtigt ist.**

(2) **Die Ansprüche aus Absatz 1 können auch geltend gemacht werden von**

1. **rechtsfähigen Verbänden zur Förderung gewerblicher oder selbständiger beruflicher Interessen, wenn ihnen eine erhebliche Zahl von betroffenen Unternehmen im Sinne des Absatzes 1 Satz 3 angehört und sie sie insbesondere nach ihrer per-**

---

[13] Begr. 2004, S. 34; *Bach* in: Immenga/Mestmäcker, GWB, Rn. 26.
[14] *Bach* in: Immenga/Mestmäcker, GWB, Rn. 13, 16.
[15] *Bechtold/Bosch,* GWB, Rn. 8; gänzlich ablehnend *Bach* in: Immenga/Mestmäcker, GWB, Rn. 37.
[16] Begr. 2004, S. 52.
[17] *Bach* in: Immenga/Mestmäcker, GWB, Rn. 32.
[18] *Bach* in: Immenga/Mestmäcker, GWB, Rn. 46 f.; *Burrichter/Henning* in: Immenga/Mestmäcker, EU-WettbR, Art. 17 VO 1/2003 Rn. 45 f.; zum Bußgeldverfahren *Bechtold/Bosch,* GWB, Rn. 9; a. M. *Bornkamm* in: Langen/Bunte, KartellR, Rn. 12; generell gegen Verwertung *Jungermann* in: FK Rn. 43; *Klees,* § 9 Rn. 15.

sonellen, sachlichen und finanziellen Ausstattung imstande sind, ihre satzungsmäßigen Aufgaben der Verfolgung gewerblicher oder selbständiger beruflicher Interessen tatsächlich wahrzunehmen;

2. Einrichtungen, die nachweisen, dass sie eingetragen sind in

a) die Liste qualifizierter Einrichtungen nach § 4 des Unterlassungsklagengesetzes oder

b) das Verzeichnis der Europäischen Kommission nach Artikel 4 Absatz 3 der Richtlinie 2009/22/EG des Europäischen Parlaments und des Rates vom 23. April 2009 über Unterlassungsklagen zum Schutz der Verbraucherinteressen (ABl. L 110 vom 1.5.2009, S. 30) in der jeweils geltenden Fassung.

(3) **[1] Wer einen Verstoß nach Absatz 1 vorsätzlich oder fahrlässig begeht, ist zum Ersatz des daraus entstehenden Schadens verpflichtet. [2] Wird eine Ware oder Dienstleistung zu einem überteuerten Preis bezogen, so ist der Schaden nicht deshalb ausgeschlossen, weil die Ware oder Dienstleistung weiterveräußert wurde. [3] Bei der Entscheidung über den Umfang des Schadens nach § 287 der Zivilprozessordnung kann insbesondere der anteilige Gewinn, den das Unternehmen durch den Verstoß erlangt hat, berücksichtigt werden. [4] Geldschulden nach Satz 1 hat das Unternehmen ab Eintritt des Schadens zu verzinsen. [5] Die §§ 288 und 289 Satz 1 des Bürgerlichen Gesetzbuchs finden entsprechende Anwendung.**

(4) **[1] Wird wegen eines Verstoßes gegen eine Vorschrift dieses Gesetzes oder Artikel 101 oder 102 des Vertrages über die Arbeitsweise der Europäischen Union Schadensersatz gefordert, ist das Gericht an die Feststellung des Verstoßes gebunden, wie sie in einer bestandskräftigen Entscheidung der Kartellbehörde, der Europäischen Kommission oder der Wettbewerbsbehörde oder des als solche handelnden Gerichts in einem anderen Mitgliedstaat der Europäischen Union getroffen wurde. [2] Das Gleiche gilt für entsprechende Feststellungen in rechtskräftigen Gerichtsentscheidungen, die infolge der Anfechtung von Entscheidungen nach Satz 1 ergangen sind. [3] Entsprechend Artikel 16 Absatz 1 Satz 4 der Verordnung (EG) Nr. 1/2003 gilt diese Verpflichtung unbeschadet der Rechte und Pflichten nach Artikel 267 des Vertrages über die Arbeitsweise der Europäischen Union.**

(5) **[1] Die Verjährung eines Schadensersatzanspruchs nach Absatz 3 wird gehemmt, wenn ein Verfahren eingeleitet wird**

1. von der Kartellbehörde wegen eines Verstoßes im Sinne des Absatzes 1 oder

2. von der Europäischen Kommission oder der Wettbewerbsbehörde eines anderen Mitgliedstaats der Europäischen Union wegen eines Verstoßes gegen Artikel 101 oder 102 des Vertrages über die Arbeitsweise der Europäischen Union.

[2] § 204 Absatz 2 des Bürgerlichen Gesetzbuchs gilt entsprechend.

Übersicht

Schrifttum (nur selbständige Veröffentlichungen): *Alexander,* Schadensersatz und Abschöpfung im Lauterkeits- und Kartellrecht, 2010; *Basedow/Terhechte/Tichy* (Hrsg.), Private Enforcement of Competition Law, 2011; *Behrens/Hartmann-Rüppel/Herrlinger,* Schadensersatzklagen gegen Kartellmitglieder, 2010; *Behrens/Braun/Novak* (Hrsg.), Europäisches Kartellrecht im Umbruch, 2004; *Bien* (Hrsg.), Das deutsche Kartellrecht nach der 8. GWB-Novelle, 2013; *Bulst,* Schadensersatzansprüche der Marktgegenseite im Kartellrecht, 2006; *Eisele/Koch/Theile (Hrsg.*), Der Sanktionsdurchgriff im Unternehmensverbund, 2014; *Hempel,* Privater Rechtsschutz im Kartellrecht, 2001; Hüschelrath/*Leheyda/Müller/Veith,* Schadensermittlung und Schadensersatz bei Hardcore-Kartellen, 2012; *Keßler,* Schadensersatz und Verbandsklagerechte im Deutschen und Europäischen Kartellrecht, 2009; *Kommission,* Weißbuch, Schadensersatzklagen wegen Verletzung des EG-Wettbewerbsrechts, KOM (2008) 165 = WuW 2008, 568; *Logemann,* Der kartellrechtliche Schadenserssatz, 2009; *Meeßen,* Der Anspruch auf Schadensersatz bei Verstößen gegen das EU-Kartellrecht, 2009; *Mestmäcker/Schweitzer,* Europäisches Wettbewerbsrecht, 2. Aufl. 2004, § 22; *Möschel/Bien* (Hrsg.), Kartellrechtsdurchsetzung durch private Schadensersatzklagen?, 2010; *Nietsch/Weller* (Hrsg.), Private Enforcement: Brennpunkte kartellprivatrechtlicher Schadenerersatzklagen, 2014; *Papadelli,* Beweislastverteilung bei privater Durchsetzung des Kartellrechts, 2010; *Remien* (Hrsg.), Schadensersatz im europäischen Privat- und Wirtschaftsrecht, 2012; *K. Schmidt,* Kartellverfahrensrecht, Kartellverwaltungsrecht, Bürgerliches Recht, 1977; *Topel,* Zivilrechtliche Sanktionen, in: Wiedemann (Hrsg.), Handbuch des Kartellrechts, 2. Aufl. 2008, § 50.

I. Zweck und Bedeutung

§ 33 ist durch die 7. Novelle grundlegend verändert und durch die 8. Novelle insbesonere hinsichtlich der Verbandsklage erweitert worden. Die Vorschrift verfolgt einen **doppelten Zweck:** Einmal soll dem von einem Wettbewerbsverstoß Betroffenen (Unternehmen oder Privatperson) die Möglichkeit **der eigenen Abwehr** von Wettbewerbsbeschränkungen und des Ersatzes von hierdurch verursachten Vermögensschäden gegeben werden, ohne dass dieser von einer behördlichen Abstellungsverfügung oder einem Bußgeldverfahren abhängig ist. Ferner dienen die dem Betroffenen eingeräumten Schadensersatz-, Beseitigungs- und Unterlassungsansprüche auch der Durchsetzung des deutschen und EG-Kartellrechts **im öffentlichen Interesse.**[1] Nach Einführung des Systems der Legalausnahme durch die VO 1/2003 und dem folgend für Wettbewerbsbeschränkungen ohne zwischenstaatliche Auswirkungen durch § 2 soll nach Auffassung des Gesetzgebers die Präventivfunktion eine besondere Bedeutung gewinnen. Da sich die Kartellbehörden auf die Verfolgung von Kernbeschränkungen konzentrieren werden, soll die Durchsetzung des Kartellrechts in weiterem Umfang als bisher in privater Hand liegen.[2] Trotz der Beschränkung der Rechtskraft auf die Parteien haben gerichtliche Entscheidungen über zivilrechtliche Schadensersatz-, Beseitigungs- und Unterlassungsansprüche über den Einzelfall hinaus Signalwirkung. Auch können drohende Schadensersatzverpflichtungen von erheblicher Höhe eine generelle Präventivwirkung entfalten. Bei der Auslegung des § 33 sind daher die Einheit von Individual- und Institutionenschutz und die Notwendigkeit, die Effektivität des Rechtsschutzes durch Kompensation und Prävention sicherzustellen, zu beachten. 1

Grundlage der durch § 33 eingeräumten Schadensersatz-, Beseitigungs- und Unterlassungsansprüche ist der Verstoß gegen eine Vorschrift des Gesetzes mit Verbotscharakter (s. Rn. 6). Anspruchsberechtigt sind alle von dem Verstoß **Betroffenen.** Auf die Schutzgesetzeigenschaft kommt es nicht mehr an. Gleichgestellt sind im Zuge der Europäisierung des deutschen Kartellrechts Verstöße gegen die Art. 101 Abs. 1 und 102 AEUV. Eines Rückgriffs auf § 823 Abs. 2 GWB bedarf es insoweit nicht mehr. § 33 knüpft die zivilrechtlichen Ansprüche daneben auch auch an eine Zuwiderhandlung gegen eine behördliche **Verfügung** an. Auch insoweit ist eine Abkehr vom Erfordernis einer individualschüt- 2

---

[1] *Steindorff* ZHR 138 (1974), 508; *Alexander,* S. 65 ff., 139 ff., 299 ff.; *Roth* in: FK Rn. 15 ff.; *Bornkamm* in: Langen/Bunte, KartellR, Rn. 7 ff.; *Glöckner* WRP 2007, 490, 496 ff.; *Kommission,* Weißbuch, S. 3 f.; eher skeptisch *Möschel* WuW 2007, 483; *Hempel,* S. 80 ff.

[2] Vgl. Begr. 2005, S. 35 ff.; *Bornkamm,* a. a. O. Rn. 6, 21 ff.

zenden Verfügung erfolgt. Die Anspruchsberechtigung bestimmt sich auch hier nach der Betroffenheit.

3 Das deutsche Kartelldeliktsrecht wird zunehmend durch **EU-Kartellrecht** beeinflusst. Seit der grundlegenden Entscheidung im Fall „*Courage vs. Crehan*“[3] hat der EuGH in einer ganzen Reihe von Entscheidungen zur Aktivlegitimation von Geschädigten und in einem Fall auch zur Ersatzfähigkeit sog. Schirmschäden (Schäden durch die Preisgestaltung von Außenseitern unter Ausrichtung am Kartellpreis) Stellung genommen. Diese Entscheidungen betreffen nur den Schadensersatz wegen Verstößen gegen Art. 101, 102 AEUV, haben jedoch Bedeutung für die Auslegung des § 33 insgesamt. Obwohl der Grundsatz der europafreundlichen Auslegung bei der 7. Novellierung letztlich nicht Eingang in das Gesetz gefunden hat, ist bei der Auslegung des Begriffs der Betroffenheit in Bezug auf die Verbotsnormen des GWB auch das Ziel der 7. Novelle zu beachten, eine möglichst weit gehende Angleichung an das EU-Kartellrecht zu erreichen. Bis Ende 2016 ist im Übrigen die **EU-Richtlinie über Schadensersatzklagen** wegen Verletzung des Wettbewerbsrechts (RL 2014/104/EU)[4] umzusetzen. Diese gilt auch für kartellrechtliche Schadensersatzansprüche wegen Verletzung der Verbote des GWB, soweit diese parallel zu den Artikeln 101, 102 AEUV anzuwenden sind (Art. 3 Nr. 2 in Vbg. mit Art. 3 Abs. 1 VO 1/2003). Die Schadensersatzrichtlinie begründet nunmehr eindeutig die Anspruchsberechtigung auch mittelbarer Abnehmer. Zur Effektivierung des Schadensersatzanspruchs enthält sie darüber hinaus umfangreiche **zivilrechtliche Regelungen** zu Beweisfragen (Beweislastumkehr, Vermutungen, Beweiserleichterungen und Zugang zur Beweismitteln des Gegners und Dritter), zur Ausgestaltung des Vorteilsausgleichs bei Weitergabe des kartellbedingten Preisaufschlags in der Veräußerungskette, zur gesamtschuldnerischen Hafttung, zur Anspruchsverjährung und Förderung von Vergleichen. Außerdem zielt die Richtlinie darauf ab, die **behördliche Durchsetzung** zu erleichtern. Dem dient insbesondere die Privilegierung von Kronzeugen durch Beschränkung des Zugangs zu den diesbezüglichen Unterlagen der Kartellbehörde und durch Haftungserleichterungen. Insgesamt besteht ein erheblicher Umsetzungsbedarf.

4 Die **praktische Bedeutung** des § 33 lag bisher entgegen den Vorstellungen des Gesetzgebers nicht so sehr darin, dem von einer Wettbewerbsbeschränkung Betroffenen Ersatz seines Schadens in Geld zu verschaffen. Unterlassungs- und Beseitigungsansprüche sowie die vergleichbaren Schadensersatzansprüche auf Naturalrestitution, insbesondere aus § 20 Abs. 1 und 2 auf **Belieferung** oder Zulassung zu Einrichtungen, standen in der Praxis ganz im Vordergrund. Hierfür besteht ein praktisches Bedürfnis, weil die Kartellbehörde vielfach von einem Einschreiten absieht, wenn der Betroffene einen eigenen privatrechtlichen Anspruch hat.[5]

5 In neuerer Zeit zeichnet sich jedoch eine Tendenz zu stärkerer Geltendmachung von Schadenersatzansprüchen ab, insbesondere in der Form von **Folgeklagen**, die im Anschluss an die behördliche Feststellung eines Kartellverstoßes erhoben werden („Follow-on“-Klagen).[6] Gefördert werden solche Klageaktivitäten auch durch Entwicklungen im

---

[3] EuGH U. v. 20.9.2001 Rs. C-453/99 – *Courage v. Crehan*, Slg. 2001, I-6297 Rn. 26 = WuW/E EU-R 479 = EuZW 2001, 75.

[4] Richtlinie 2014/104/EU des Europäischen Parlaments und des Rates vom 26. November 2014 über bestimmte Vorschriften für Schadensersatzklagen nach nationalem Recht wegen Zuwiderhandlungen gegen wettbewerbsrechtliche Bestimmungen der Mitgliedstaaten und der Europäischen Union, ABl. 2014, L 349/1; dazu *Kersting* WuW 2014, 564; *Schweitzer*, NZKart 2014, 335; zum Kommissionsentwurf *Pfeffer/Rummel*, NZKart 2014, 172.l; Art. 101 Abs. 2 Rn. 59 ff.

[5] Vgl. BGH WuW/E BGH 2058, 2060 – *Internord* = NVwZ 1984, 265.

[6] Vgl. aus neuerer Zeit BGHZ 190, 145 – *ORWI* = WuW/E DE-R 2431= NJW 2012, 928; OLG Düsseldorf WuW/E DE-R 3224 – *Netzdurchleitungsentgelte;* WuW/E DE-R 4117 – *Badarmaturen;* KG WuW/E DE-R 2773 – *Berliner Transportbeton;* OLG Karlsruhe WuW/E DE-R 1229 – *Vitamin* = NJW 2004, 2243; LG Berlin, WuW/E DER 4456 – *Schadensersatz in Altfällen.*

Bereich des Gesellschaftsrechts, die darauf hinauslaufen, dass die Organe der Gesellschaften grundsätzlich verpflichtet sind, Kartellschäden geltend zu machen. Dabei geht es regelmäßig nicht um Schadenersatzansprüche wegen Verstoßes gegen gestaltende kartellrechtliche Verbotsverfügungen, die schon in der bisherigen Praxis geringe Bedeutung hatten. Vielmehr geht es um die Nutzung der **Feststellungswirkung** deklaratorischer Verfügungen der Kartellbehörde hinsichtlich des Verstoßes und mittelbar auch zur Erleichterung des Nachweises des Verschuldens im Wege von Folgeklagen. Für eine von der behördlichen Verfolgung unabhängige Inanspruchnahme privaten Rechtsschutzes fehlt es bei komplexen vertraglichen Wettbewerbsbeschränkungen an ökonomischen Anreizen, die die weiterhin bestehenden Hindernisse aufgrund der Struktur des Zivilprozesses (Beweisprobleme und – trotz § 89a – Kostenrisiken) und der Marktrisiken bei direkter Konfrontation mit einem Kartellbeteiligten kompensieren könnten.[7] Besondere Hindernisse bestehen bisher bei Schadensersatzklagen mittelbar Betroffener und allgemein der Verbraucher.

Verbandsklagen, d.h. die Geltendmachung von Unterlassungs- und Beseitigungsan- 6
sprüchen von Verbänden wegen Verstößen gegen kartellrechtliche Verbote, sind in § 33 Abs. 2 neu geregelt und erweitert worden. Die bisher bestehenden Restriktionen der Ansprüche gewerblicher Verbände sind durch die 8. Novelle weitgehend beseitigt und es ist nunmehr eine Verbraucherverbandsklage eingeführt worden. Verbandsklagen haben im GWB – im Unterschied zum UWG – bisher keine praktische Bedeutung erlangt. Die Einführung der Verbraucherverbandsklage könnte jedoch in der Zukunft zu einer gewissen Aufwertung der Verbandsklage führen. Eine europäische Regelung über **Sammelklagen** („Class actions") ist gegenwärtig nicht in Sicht, nachdem es nicht gelungen ist, dieses Institut in die Richtlinie 2014/104 einzufügen. Allerdings hat die Europäische Kommission den Mitgliedstaaten die Einführung solcher Klagen, u.a. in Kartellsachen, empfohlen.[8] Im Hinblick auf die neuere Rechtsprechung[9] erscheint es jedenfalls zweifelhaft, dass sich eine richterrechtliche deutsche Version der Sammelklage in Form einer Bündelung abgetretener Schadensersatzansprüche durch Prozessführungsgesellschaften entwickeln könnte.

II. Verstoß gegen ein Verbot oder eine Verfügung

§ 33 gewährt individuellen Rechtsschutz zunächst bei einem Verstoß gegen eine **Vor-** 7
schrift des GWB. Die Terminologie ist offenbar dem bisherigen Recht entnommen, bedeutet aber nicht, dass die Kategorien von Rechtsnormen, deren Verletzung vor den Zivilgerichten geltend gemacht werden kann, erweitert werden sollte. Bei den gesetzlichen Vorschriften muss es sich um **materiellrechtliche Verbote** des Gesetzes wie §§ 1, 19–21, 29, 31 Abs. 3[10] handeln. Verfahrensrechtliche Regelungen können nicht Grundlage von Schadensersatzansprüchen sein; hier wäre das gesetzliche Kriterium der Betroffenheit nicht sinnvoll. Neben den Verboten des GWB werden auch Verstöße gegen die **Art. 101 Abs. 1 und 102** AEUV erfasst. Damit wird ein Gleichklang des individuellen Rechtsschutzes im deutschen und europäischen Kartellrecht hergestellt, der der Europäisierung des deutschen Kartellrechts und dem Grundsatz der Äquivalenz des individuellen Rechtsschutzes Rechnung trägt.

---

[7] Vgl. hierzu BKartA TB 2011/2012, S. 42; *Wurmnest* in: Behrens/Braun/Novak, S. 213, 224ff., 248; *Hempel* WuW 2004, 362, 2311; *Stancke* WuW 2015, 822.

[8] Empfehlung 2013/396/EU der Kommission vom 11.6.2013 „Gemeinsame Grundsätze für kollektive Unterlassungs- und Schadensersatzverfahren in den Mitgliedstaaten bei Verletzung von durch Unionsrecht garantierten Rechten, ABl. 2013 L 201/60; vgl. *Hess* WuW 2010, 493; *Bien* NZKart 2013, 12; *Hempel* NZKart 2013, 494; *Pfeffer/Rummel* WuW 2014, 172.

[9] OLG Düsseldorf WuW/E DE-R 4601, 4608ff. – *Zementkartell-Sammelklagen;* dazu *Makatsch/Abele* WuW 2014, 164; vgl. aber EuGH U. v. 21.5.2015 Rs. C-352/13 – *CDC Hydrogen Peroxide,* WuW/E EU-R 3228 Rn. 11 (keine Einwände gegen Anspruchsbündelung durch Abtretung).

[10] § 31 Abs. 3 ist ein Missbrauchsverbot; *Klaue* in: Immenga/Mestmäcker, GWB, § 31 Rn. 43; *Emmerich* in: Immenga/Mestmäcker, GWB, Rn. 27; a.M. *Bechtold/Bosch,* GWB, Rn. 7; § 31 Rn. 14.

8 Missbrauchstatbestände, die die Kartellbehörde lediglich zu einem Einschreiten ermächtigen, wie etwa § 30 Abs. 3, sind nicht gemeint. Solche Ermächtigungen enthalten **kein implizites Missbrauchsverbot.** Die Tatsache, dass der Gesetzgeber den wesentlichen Teil der behördlichen Ermächtigungsnormen in gesetzliche Verbote umgewandelt hat, im Übrigen es aber bei einer bloßen Ermächtigungsnorm zur Missbrauchsaufsicht belassen hat, spricht eindeutig gegen die Annahme eines impliziten Verbots. Im Allgemeinen besteht hierfür auch kein Bedürfnis, da das Behinderungs- und Diskriminierungsverbot des § 20 Abs. 1 und das Boykottverbot nach § 21 Abs. 1 grundsätzlich auf erlaubte Kartelle und Ausschließlichkeitsbindungen anwendbar sind.

9 Über Verstöße gegen kartellrechtliche Verbotsnormen hinaus gewährt das Gesetz wie auch bisher individuellen Rechtsschutz bei Verstößen gegen **kartellbehördliche Verfügungen.** Dabei kann es sich um konstitutive Verfügungen handeln. Nach der Einführung des Systems der Legalausnahme sind derartige Verfügungen allerdings selten. In Betracht kommen vor allem behördliche Verfügungen im Rahmen der Missbrauchsaufsicht nach § 32d, durch die der Vorteil einer Gruppenfreistellung entzogen wird, und Verfügungen nach § 30 Abs. 3. Im Vordergrund stehen jedoch deklaratorische Verbots- oder Gebotsverfügungen nach § 32 oder § 32a, mit denen die Kartellbehörde die Abstellung eines Verstoßes anordnet und ggf. positive Maßnahmen aufgibt, die zur wirksamen Abstellung erforderlich sind. Auch Verpflichtungsverfügungen nach § 32b gehören in diese Kategorie. **Verfügungen der Kommission** sind nicht erfasst. Insoweit kann der Anspruch direkt auf den Verstoß gegen ein Verbot nach Art. 101 oder 102 AEUV gestützt werden, wobei die Bindungswirkung der Feststellung des Verstoßes durch die Kommission nach Art. 16 VO 1/2003 und im Fall der Bestandskraft nach § 33 Abs. 4 die Rechtsposition des Klägers stärkt.

III. Betroffenheit

1. Allgemeine Voraussetzungen

10 § 33 knüpft seit der 7. Novelle den individuellen Rechtsschutz bei Verletzung eines Verbots des GWB oder der Art. 101, 102 AEUV nicht mehr an die Schutzgesetzqualität der Vorschrift, sondern stellt auf die Betroffenheit durch den Verstoß ab. Entsprechendes gilt für einen Verstoß gegen eine kartellbehördliche Verfügung. Nach bisherigem Recht war ein Verstoß gegen eine Verbotsnorm oder Verfügung, die zumindest auch den Schutz eines Einzelnen bezweckt, erforderlich.[11]

11 Mit der Neuregelung war, insbesondere im Hinblick auf das Urteil des EuGH in der Sache *Courage v. Crehan,*[12] eine Ausweitung des Kreises der Anspruchsberechtigten beabsichtigt. Andererseits ist das Merkmal der Betroffenheit auslegungsbedürftig. Hierzu hatten sich zwei **Meinungslager** gebildet.

12 Nach einer Auffassung[13] sollte zwar die Zielgerichtetheit der Wettbewerbsbeschränkung, die im früheren Recht eine wichtige Rolle spielte, nicht mehr maßgeblich sein. Jedoch sollte sich die Anspruchsberechtigung grundsätzlich auf **Wettbewerber** und die **Marktgegenseite** beschränken. Verbunden war dies regelmäßig mit der Ablehnung eines Vorteilsausgleichs im Fall der Abwälzung des kartellbedingten Aufpreises auf indirekte Abnehmer.

---

[11] Vgl. etwa BGHZ 64, 232, 237 – *Zusatzversicherung* = WuW/E BGH 1361 = NJW 1975, 1223; BGHZ 86, 324, 330 – *Familienzeitschrift* = WuW/E BGH 1985 = NJW 1984, 2819; OLG Düsseldorf WuW/E DE-R 233, 240 – *Inkontinenzhilfe* = NJW-RR 2002, 193; Voraufl. Rn. 8, 12ff.

[12] EuGH U. v. 20.9.2001 Rs. C-453/99 – *Courage v. Crehan,* Slg. 2001, I-6297 Rn. 26 = WuW/E EU-R 479 = EuZW 2001, 75.

[13] So etwa Voraufl. Rn. 9ff., 15ff. m.w.Nachw. in Fn. 28; *Lübbig* in: MK Rn. 66; *Glöckner* WRP 2007, 490, 495ff.; *Dittrich* GRUR 2009, 123, 127; nur für Schadensersatz: *Bechtold/Bosch,* GWB, Voraufl. Rn. 10f.; zum europäischen Recht OLG Düsseldorf WuW/E DE-R 143, 146 – *Global One; N. Reich* C.M.L. Rev. 2005, 35, 44ff.

Die Begründung für diese enge Auslegung ging zum einen dahin, dass die vom Gesetz geforderte Beeinträchtigung als Marktteilnehmer als Beeinträchtigung der Handlungsfreiheit, insbesondere der Wettbewerbsfreiheit, auf dem geregelten Markt zu verstehen sei. Die bloße Entstehung eines Vermögensschadens auf ferneren Marktstufen als Folge eines Verstoßes reiche nicht aus.

Ferner wurde geltend gemacht, dass bei der Abgrenzung des Kreises der Betroffenen neben den dem *Courage*-Urteil und der Reform des EU-Kartellrechts zugrunde liegenden Wertungen – Funktionalisierung des Einzelnen zur Durchsetzung des Kartellrechts – nach wie vor delikts- und schadensrechtliche Zurechnungskriterien wie die Schutzwürdigkeit des Geschädigten, die Praktikabilität der Anspruchsausdehnung und der mögliche Beitrag des Geschädigten zur Durchsetzung und Prävention zu berücksichtigen seien. Von der Anspruchsberechtigung indirekter Abnehmer sei kein nennenswerter Beitrag zur Verhütung von Verstößen zu erwarten, da es sich vielfach um geringe Schäden einer Vielzahl von Kunden handeln werde. Die mit der Lösung einhergehende Unterkompensation der mittelbaren Abnehmer sei hinnehmbar. Allerdings wurde bei vertikalen Wettbewerbsbeschränkungen vielfach eine weitere Auslegung vertreten. 13

Nach der leicht überwiegend vertretenen Gegenmeinung[14] sollten auch **indirekte Abnehmer** anspruchsberechtigt sein. Gleichzeitig wurde überwiegend – mit unterschiedlichen Einschränkungen – eine Vorteilsausgleichung bei Weiterwälzung des kartellbedingten Aufpreises auf Nachabnehmer anerkannt. Begründet wurde diese weite Auslegung des Begriffs des Betroffenenen insbesondere mit dem Zweck des Kartellschadensersatzes und der Rechtsprechung des EuGH, der jedermann, dem durch einen Verstoß ein Schaden entstanden sei, die Anspruchsberechtigung zuerkenne. Ferner wurde der Kompensationsgedanke als primäre Rechtfertigung des Kartellschadensersatzes herausgestellt. Es sei unangmessen, aus Gründen der Prävention den Anspruch völlig zu versagen. Bei Abwälzung des kartellbedingten Aufpreises auf die mittelbaren Abnehmer hätten diese ein vorrangiges Interesse am Schadensersatz, so dass auch der Präventionsgedanke für ihre Anspruchsberechtigung spreche. 14

Der BGH hat sich im ***ORWI*-Urteil,**[15] das zwar nach früherem Recht ergangen ist, aber auch § 33 n. F. in den Blick genommen hat, der weiten Auslegung des Betroffenenbegriffs angeschlossen. Nach Auffassung des BGH gebietet sowohl der Kompensationszweck des Kartellschadensersatzes als auch der Grundsatz der Effektivität des Kartellrechts, auch mittelbar Betroffenen Ersatzansprüche zuzuerkennen. Der Präventionsgedanke rechtfertige keinen generellen Ausschluss von Ersatzansprüchen mittelbar Betroffener. Einer unverhältnismäßigen Überkompensation in der Veräußerungskette könne durch Ausgestaltung des Ersatzanspruchs, insbesondere durch Einschränkung des Vorteilsausgleichs, entgegen gewirkt werden. 15

Der **EuGH** hat seit dem *Courage*-Urteil in einer ganzen Reihe von Entscheidungen[16] seine Auffassung bekräftigt, dass im Interesse der Effektivität des EU-Wettbewerbs- 16

[14] So etwa *Alexander,* S. 376 ff.; *Logemann,* S. 342 ff.; *Bornkamm* in: Langen/Bunte, KartellR, Voraufl. Rn. 38 ff., 45; *Emmerich* in: Immenga/Mestmäcker, GWB, Voraufl. Rn. 29, 58 f.; *Kießling* GRUR 2009, 733, 735; *Mestmäcker/Schweitzer,* Europäisches Wettbewerbsrecht, § 22 Rn. 35; *Fuchs* ZWeR 2011, 192, 198; w.Nachw. Voraufl. Fn. 29.

[15] BGHZ 190, 145 Rn. 16 f., 20–40 – *ORWI* = WuW/E DE-R 3431 = NJW 2012, 928; zustimmend *Emmerich* in: Immenga/Mestmäcker, Rn. 18; *Bornkamm* in: Langen/Bunte, KartellR, Rn. 49 ff.; *Dück/Eufinger* WRP 2011, 1530, 1533 f.; *Fuchs* in: Remien, S. 55, 63 ff.; *Kirchhoff* WuW 2012, 927, 929 ff.; *Bulst* ZWeR 2012, 70, 85 f.; *Lübbig/Mallmann* WRP 2012, 166, 171; *Hartmann-Rüppel/Ludewig,* ZWeR 2012, 90, 101 ff.; *Morell* WuW 2013, 959, 961 ff.; *Buntschek,* WuW 2013, 947, 952 ff.; abl. für den Schadensersatz *Bechtold/Bosch,* GWB, Rn. 11 f.; 30 ff.

[16] EuGH U. v. 13.7.2006 Rs. C-295/04–298/04 – *Manfredi/Lloyd Adriatico,* Slg. 2006, I-6619 Rn. 60, 90 = WuW/E EU-R 1107 = EuZW 2006, 254; U. v. 14.6.2011 Rs. C-360/09 – *Pfleiderer,* Slg. 2011, I-5161 Rn. 28 = WuW/E EU-R 1975; U. v. 6.11.2012 Rs. C-199/11 P Rn. 41–43 – *Otis,* WuW/E EU-R 2566; U. v. 6.6.2013 Rs. C-536/11 Rn. 33 f. – *Donau Chemie* = WuW/E EU-R 2746.

rechts[17] **jedermann,** dem durch einen Kartellverstoß ein Schaden entstanden sei, zum Ersatz dieses Schadens berechtigt sei. Aus diesen Entscheidungen ließ sich aber nicht zweifelsfrei entnehmen, ob das entscheidende Zurechungskriterium der Kausalität auch mittelbare Verursachung umfasst und ob die eigenverantwortliche Preisbestimmung des direkt betroffenen Abnehmers auf der nachfolgenden Marktstufe den Verursachungszusammenhang unterbricht. Klarheit ist insoweit erst durch das ***Preisschirm*-Urteil** des EuGH vom 5.6.2014[18] eingetreten. In diesem Urteil hat der EuGH die Verantwortung von Kartellanten für einen überhöhten Preis für möglich gehalten, den ein Drittabnehmer an einen Kartellaußenseiter zahlen musste, weil dieser unter dem Schutzschirm eines Preiskartells seine Preise an den Kartellpreis angeglichen hatte. Aus dem Urteil ergibt sich, dass der EuGH **mittelbare Verursachung** für die Anspruchsberechtigung ausreichen lässt und in einer eigenverantwortlichen Entscheidung eines Marktteilnehmers in Reaktion auf einen Kartellpreis keinen den Zurechungszusammenhang unterbrechenden Vorgang sieht. Wenn dies sogar für Kollateraleffekte auf dem geregelten Markt gilt, muss es erst recht für Vertikaleffekte in der Veräußerungskette gelten.[19] Das Postulat der europafreundlichen Auslegung legt es bei dieser Sachlage nahe, die enge Auslegung des Betroffenenbegriffs aufzugeben. Schließlich ist einzuräumen, dass eine Höhergewichtung des Kompensationszwecks, wie dies vom BGH vertreten wird, der Tradition des deutschen Delikts- und Schadensrechts entspricht. Auch mittelbare Abnehmer, die nicht in ihrer Handlungsfreiheit, sondern nur in ihren Marktchancen beeinträchtigt werden, sind daher im Einklang mit dem *ORWI*-Urteil des BGH als anspruchsberechtigt anzusehen. Dies entspricht der ausdrücklichen Regelung in Art. 12 Abs. 1 der **Schadensersatzrichtlinie.** Allerdings sind damit Einschränkungen des Betroffenenbegriffs im Hinblick auf den Schutzzweck der Norm (Zurechnungszusammenhang) nicht völlig ausgeschlossen (vgl. ErwG 11 der Richtlinie).

17 Die weite Auslegung des Begriffs des Betroffenen gilt auch zum **Schutz von Lieferanten** gegen Einkaufskartelle und gegen Missbrauch einer marktbeherrschenden Stellung, Diskriminierung und Behinderung auf einem Einkaufsmarkt (vgl. Art. 12 Abs. 4 Schadensersatzrichtlinie). Auch hier ist es z.B. möglich, dass der primär geschädigte Lieferant kartellbedingte Unterpreise in seiner Eigenschaft als Nachfrager auf der vorgelagerten Marktstufe an die Vorlieferanten weitergibt und diese den eigentlichen Schaden erleiden. Daher müssen konsequenter Weise auch Vorlieferanten bei Wettbewerbsbeschränkungen auf dem Einkaufsmarkt anspruvchsberechtigt sein.

18 Die für den Schadensersatz entwickelten Kriterien der Betroffenheit sind auch für den **Beseitigungs- und Unterlassungsanspruch** maßgeblich. Für eine differenzierende Auslegung dahingehend, dass nur beim Beseitigungs- und Unterlassungsanspruch der weite Begriff der Betroffenheit gilt, bietet das Gesetz keine Anhaltspunkte, da es einheitlich auf die Beeinträchtigung abstellt.[20] Auch für Verstöße gegen das Verbot horizontaler vertraglicher Wettbewerbsbeschränkungen nach **Art. 101 Abs. 1 AEUV** gilt der weite Betroffenenbegriff. Das Gesetz stellt im Rahmen von § 33 Verstöße gegen das GWB und Art. 101 Abs. 1 AEUV gleich. Vor allem ist insoweit die Rechtsprechung des EuGH verbindlich. Betroffen sind daher bei Verstößen gegen die Art. 101, 102 AEUV sowohl die geschädigten Wettbewerber und sonstigen Marktteilnehmer auf dem geregelten Markt als auch mittelbar geschädigte Marktteilnehmer auf ferneren Marktstufen.

---

[17] EuGH, *Courage* a. a. O., Rn. 26f.; *Pfleiderer* a. a. O., Rn. 29; *Donau Chemie* a. a. O., Rn. 33f.

[18] EuGH U. v. 5.6.2014 Rs. C-557/12 Rn. 29ff. – *Kone AG/ÖBB Infrastruktur* = WuW/E EU-R 3030; vgl. dort auch Rn. 21f., wo die „Jedermann-Formel" wiederholt wird.

[19] Siehe näher Art. 101 Abs. 2 Rn. 38ff. Eine Wertungsparallele in umgekehrter Richtung ist aber nicht anzuerkennen; *Pauer,* WuW 2015, 14, 18f.; *Beth/Pinter* WuW 2013, 228, 233.

[20] A.M. *Bechtold/Bosch,* GWB, Rn. 11f.; *Fritzsche* WRP 2006, 42, 46ff. (mit entgegengesetztem Ergebnis).

2. Betroffenheit im Einzelnen

a) § 1, Art. 101 AEUV – Horizontale Verträge. Betroffen ist nach neuem Recht, wer als Mitbewerber oder sonstiger Marktteilnehmer durch den Verstoß beeinträchtigt ist (§ 33 Abs. 1 S. 3). Unter den Mitbewerbern sind **Beteiligte an einem Kartellvertrag** oder einem entsprechenden abgestimmten Verhalten im Allgemeinen nicht anspruchsberechtigt, weil sie eine erhebliche Verantwortung für die Wettbewerbsbeschränkung tragen.[21] Dies folgt bereits aus dem Begriff der Beeinträchtigung, sodass es eines Rückgriffs auf § 254 oder § 242 BGB nicht bedarf. Eine Ausnahme gilt, wenn ein Beteiligter durch wirtschaftlichen Druck zum Abschluss eines (ungünstigen) Kartellvertrages veranlasst worden ist oder an ihm festgehalten wird;[22] hier ist ohnehin meist auch § 21 Abs. 2 anwendbar (vgl. Rn. 27). Keine Bedeutung hat § 33 für vertragliche Schadensersatzansprüche, die auf einen mittelbaren Zwang zur Erfüllung des Kartellvertrags hinauslaufen; sie sind wegen der Nichtigkeit des Vertrages nach § 134 BGB in Vbg. mit § 1 generell ausgeschlossen.[23] Hinsichtlich **Drittbetroffener** kommt es nicht (mehr) auf die Zielrichtung der Wettbewerbsbeschränkung, sondern auf die **Beeinträchtigung der Handlungsfreiheit** auf dem Markt und die **Verschlechterung der Marktchancen** an. Betroffen sind in jedem Fall die **Wettbewerber** auf dem geregelten Markt, sofern sie als Kartellaußenseiter im Marktzugang beeinträchtigt sind, z. B. bei kollektiven Verkäufen unter Einstandspreis oder boykottähnlichen Kartellverträgen. Betroffen sind ferner die weiteren Marktteilnehmer. Gemeint sind in jedem Fall die Marktteilnehmer der unmittelbar gegenüberliegenden **Marktgegenseite,** die etwa durch ein Preis- oder Konditionenkartell oder eine entsprechende Verhaltensabstimmung beeinträchtigt sind. Dies können ggf. auch **Verbraucher** sein, z. B. bei einem Kartell von Einzelhändlern oder beim Direktvertrieb des Herstellers durch Versandhandel oder über das Internet.[24] 19

Darüber hinaus sind bei (horizontalen) Kartellverträgen auch **mittelbar geschädigte** Unternehmen auf **ferneren Marktstufen** betroffen im Sinne von § 33. Das Gleiche gilt für Verbraucher. Allerdings sind wegen des regelmäßig nur geringen Schadens des einzelnen Verbrauchers als letztes Glied in einer Veräußerungskette („Streuschaden") nennenswerte Klageaktivitäten von Verbrauchern nicht zu erwarten. 20

Betroffen von einem Verstoß gegen die Verbote des Gesetzes können auch Abnehmer auf dem Markt sein, die Waren nicht von den Kartellbeteiligten, sondern von dritten Anbietern erworben haben, aber aufgrund von **Preisschirmeffekten** geschädigt sind.[25] Solche Schäden sind möglich, wenn ein Drittabnehmer an einen Kartellaußenseiter einen überhöhten Preis zahlen musste, weil dieser unter dem Schutzschirm eines Preiskartells seine Preise weitgehend an den Kartellpreis angeglichen hatte. Eine derartige mittelbare Verursachung reicht für die Anspruchsberechtigung aus, da diese nicht auf einer ganz ungewöhnlichen Verkettung von Umständen beruht. In einer eigenverantwortlichen Ent- 21

[21] EuGH U. v. 20.9.2001 Rs. C-453/99 – *Courage v. Crehan,* Slg. 2001, I-6297 Rn. 31 ff. = WuW/E EU-R 479 = EuZW 2001, 75; *Bornkamm* in: Langen/Bunte, KartellR, Rn. 45 ff.; *Wurmnest* RIW 2003, 896, 897 f.; *Emmerich* in: Immenga/Mestmäcker, GWB, Rn. 19; *Alexander,* S. 362; zum bisherigen Recht KG WuW/E OLG 1903, 1905 – *Air-Conditioning-Anlagen;* a. M. *Topel* in: Wiedemann, Handbuch des Kartellrechts, § 50 Rn. 86.

[22] *Emmerich* in: Immenga/Mestmäcker, GWB, Rn. 19; *Alexander,* S. 362; *Bornkamm,* a. a. O.

[23] *Roth* in: FS. Huber, 2006, S. 1133, 1168 f.; *Emmerich* in: Immenga/Mestmäcker, GWB, Rn. 19; *Mestmäcker/Schweitzer,* Europäisches Wettbewerbsrecht, § 22 Rn. 28 f.

[24] Allgemeine Auffassung; statt aller BGH WuW/E BGH DE-R 1779 Rn. 14 – *Probeabonnement* = NJW 2006, 2627; *Bornkamm* in: Langen/Bunte, KartellR, Rn. 20, 35; *Emmerich* in: Immenga/Mestmäcker, GWB, Rn. 11; *Bechtold/Bosch,* GWB, Rn. 10.

[25] EuGH U. v. 5.6.2014 Rs. C-557/12 Rn. 29 ff. – *Kone/ÖBB Infrastruktur,* WuW/E EU-R 3030; ebenso *Hartmann-Rüppel/Schrader,* ZWeR 2014, 300; *Lettl* WuW 2014, 1032; kritisch im Hinblick auf die Vernachlässigung des Kausalitätsnachweises *Pauer* WuW 2015, 14, 24 ff.; *Fritzsche* NZKart 2014, 428, 430 f.; vgl. aus ökonomischer Sicht *Inderst/Maier-Rigaud/Schnelle* WuW 2014, 1043.

scheidung eines Marktteilnehmers in Reaktion auf einen Kartellpreis liegt grundsätzlich auch kein den Zurechungszusammenhang unterbrechender Vorgang. Allerdings wird es schwierig sein nachzuweisen, dass der Außenseiter sich (zumindest auch) am Kartellpreis orientiert und seine Preispolitik nicht unabhängig hiervon gestaltet hat. Die entscheidenden Kausalitätsfragen sind durch die Rechtsprechung des EuGH bisher nicht geklärt worden.

22 Die **Legalausnahme nach § 2** kann nicht Grundlage eines Schadensersatzanspruchs sein, auch nicht in Verbindung mit § 32d. Die letztere Vorschrift stellt kein implizites Missbrauchsverbot dar. Verstöße gegen Verfügungen im Entzugsverfahren können allerdings zu einem Schadensersatzanspruch führen, da die Entzugsentscheidung zur Wiederherstellung des Verbots des § 1 führt. Für die Betroffenheit sind die zu § 1 entwickelten Grundsätze anwendbar. Entsprechendes gilt für **Art. 101 Abs. 3 AEUV.**[26]

23 **b) § 1, Art. 101 AEUV – Vertikale Verträge.** Im Bereich der Vertikalverträge ist der Kreis der Betroffenen nach dem Schutzzweck der betreffenden Normen weit zu bestimmen. Dies ergibt sich zum einen daraus, dass es sich bei typisierender Betrachtung um vertragliche Regelungen zwischen Parteien handelt, die nicht in einem Verhältnis der Gleichordnung, sondern eher in einem der **Abhängigkeit** stehen. Vertragsparteien können daher Betroffene sein. In jedem Fall sind gebundene Unternehmen Betroffene, wenn sich die Wettbewerbsbeschränkung erst aus der Bündelung zahlreicher Verträge ergibt.[27] Eine Ausdehnung auf Drittbetroffene folgt zum anderen daraus, dass durch Vertikalverträge meist zwei oder mehr Märkte geregelt werden, und zwar in der Weise, dass die Wettbewerbsbeschränkung gerade auch auf einen Sekundär- oder Drittmarkt zielt. Wenngleich Art. 101 AEUV und nunmehr auch § 1 eine ausdrückliche Unterscheidung zwischen horizontalen und vertikalen Wettbewerbsbeschränkungen nicht (mehr) kennen, hat sich diese doch in den Gruppenfreistellungsverordnungen durchgesetzt. Sie kommt auch in Tatbestandsrestriktionen des Art. 101 AEUV bei bestimmten vertikalen Verträgen (selektiven Vertriebs-, Franchising- und Lizenzverträgen) zum Ausdruck. Von daher steht einer Ausdifferenzierung des Begriffs des Betroffenen nichts im Wege.[28]

24 Betroffen sind regelmäßig **die Vertragspartner** eines preis- oder konditionenbindenden Unternehmens und die Abnehmer bei selektiven Vertriebsverträgen, die Weiterverkaufs- oder Verwendungsbindungen unterliegen oder zum Alleinbezug verpflichtet sind.[29] Dabei sind die Freistellungen nach den Gruppenfreistellungsverordnungen für vertikale Verträge zu beachten, so dass bei Vertriebsverträgen neben Verträgen, die wegen Überschreitung der Marktanteilsschwellen und einer Wettbewerbsbeziehung zwischen den Parteien unzulässig sind, insbesondere Preisbindungen und qualifizierte Formen von Gebiets- und Kundenbeschränkungen und Wettbewerbsverboten in Betracht kommen. Betroffen sind auch die gebundenen Lizenznehmer bei Lizenzverträgen. Anders kann dies sein, wenn die Beschränkungen adäquate Gegenleistungen für Bindungen sind, die der Lieferant oder Lizenzgeber auf sich genommen hat. Hier ist anzunehmen, dass der Abnehmer oder Lizenznehmer aufgrund seiner eigenen Verhandlungsmacht Mitverantwortung für die Vereinbarung trägt und daher mangels Schutzwürdigkeit nicht betroffen ist. Nicht schutzwürdig ist auch der Hersteller, der sein Vertriebssystem als selektives oder Alleinhändlersystem ausgestaltet und entsprechende Bindungen eingeht.

25 Neben den Parteien von Vertikalverträgen sind je nach Marktwirkung die **Wettbewerber** des bindenden oder des gebundenen Unternehmens Betroffene. Dies gilt bei unzuläs-

---

[26] Vgl. unten Rn. 26f.

[27] *Emmerich* in: Immenga/Mestmäcker, GWB, Rn. 19f.

[28] Ebenso *Bornkamm* in: Langen/Bunte, KartellR, Rn. 62f.; zu den genannten Tatbestandsrestriktionen vgl. Art. 101 Abs. 1 Rn. 307ff.

[29] Ebenso *Emmerich* in: Immenga/Mestmäcker, GWB, Rn. 20; *Bornkamm,* KartellR, Rn. 62f.; vgl. zum bisherigen Recht etwa BGHZ 28, 208, 222 – *4711* = WuW/E BGH 251 = NJW 1958, 1868; WuW/E 2813 – *Selbstzahler* = NJW 1993, 789.

sigen selektiven oder ausschließlichen Lieferverträgen für die Händler, denen der Marktzugang versperrt wird, und bei Alleinbezugsverträgen für die Hersteller, die sich der gebundenen Händler nicht als Absatzquelle bedienen können.[30] Bei Lizenzverträgen kommt es hinsichtlich des Schutzes der Wettbewerber neben dem Produktmarkt ggf. auch auf den Markt für innovative Technologien an (vgl. Art. 3 Technologietransfer-GVO).

Abnehmer eines gebundenen Unternehmens sind jedenfalls dann betroffen, wenn dieses Unternehmen in seinem Verhalten auf einem Sekundär- oder Drittmarkt gebunden wird, z.B. bei Preisbindungen, Exportverboten oder Beschränkungen des Zugangs zu Ersatzteilen. Der Sekundär- oder Drittmarkt ist ein relevanter Markt, auf dem die Abnehmer als Marktteilnehmer beeinträchtigt werden. Insoweit können ohne weiteres auch **Verbraucher** Betroffene sein. Anhaltspunkte für diese Auslegung ergeben sich aus einzelnen Klauselverboten der Gruppenfreistellungsverordnungen (z.B. Art. 4 Buchst. c und e Vertikal-GVO, Art. 4 Abs. 2 Buchst. c Technologietransfer-GVO). Fraglich ist allerdings, ob und inwieweit Unternehmen und Verbraucher gegen Fernfolgen vertikaler Verträge geschützt sind. Nach den Maßstäben des *ORWI*-Urteils und des *Preisschirm*-Urteils dürfte dies jedenfalls dann zu bejahen sein, wenn zwar keine Bindung hinsichtlich des Absatzmarktes besteht, das betreffende Unternehmen aber kartellbedingte Nachteile an die nachgelagerte Marktstufe weitergegeben hat.[31] 26

Entsprechendes gilt für die Behandlung vertikaler wettbewerbsbeschränkender Verträge nach **Art. 101 Abs. 1 und 3 AEUV.** Die hier vertretenen Differenzierungen folgen aus den Wettbewerbswirkungen der einzelnen Typen vertikaler Verträge, wie sie sich in der EU-Praxis herausgebildet haben, sowie aus der neueren Rechtsprechung des EuGH. 27

c) Missbrauch von Marktmacht und tatsächliches wettbewerbsbeschränkendes Verhalten. Entsprechend der Rechtslage nach bisherigem Recht ist der Kreis der Anspruchsberechtigten weit zu ziehen. Zunächst sind im Fall des **Behinderungsmissbrauchs** nach § 19 Abs. 2 Nr. 1 Wettbewerber, die auf dem beherrschten Markt oder auf einem Drittmarkt behindert werden, als betroffen anzusehen.[32] Beim **Ausbeutungsmissbrauch** (§ 19 Abs. 2 Nr. 2) sind nicht nur die Abnehmer oder Anbieter auf der unmittelbar gegenüber liegenden Marktstufe, gegen die der Missbrauch gerichtet ist, sondern auch Unternehmen und Verbraucher, an die der missbräuchlich überhöhte Preis weitergegeben worden ist, Betroffene.[33] Parallel zu § 1 spricht für einen Schutz aller Abnehmer in der Lieferkette, dass der Missbrauch eines marktbeherrschenden Unternehmens eine ähnliche Wirkung wie ein Preis- oder Konditionenkartell haben kann. Wenn man dort die Betroffenheit auch bei mittelbaren Wirkungen bejaht, muss man dies auch auf den Fall des § 19 übertragen. Dass bei Einbeziehung der Abnehmer auf den folgenden Marktstufen die Missbrauchsgrenze schwer feststellbar wäre, ist unerheblich, da auch Schäden mittelbarer Abnehmer aufgrund eines Missbrauchs, der gegen ein Unternehmen auf einer vorgelagerten Marktstufe gerichtet sind, ersatzwürdig sind. Für **Art. 102 AEUV** gilt Entsprechendes.[34] 28

---

[30] Ebenso *Emmerich* in: Immenga/Mestmäcker, GWB, Rn. 20; *Bornkamm,* KartellR, Rn. 60f.; im Ergebnis auch *N. Reich* C.M.L. Rev. 2005, 35, 54f.; vgl. zum bisherigen Recht etwa BGHZ 140, 342, 345 – *Preisbindung durch Franchisegeber* – WuW/E DE-R 264; WuW/E BGH 2813 – *Selbstzahler* = NJW 1993, 789; differenzierend *Roth* in: FK Rn. 61, 67; *Topel* in: Wiedemann, Handbuch des Kartellrechts, § 50 Rn. 97f.

[31] *Emmerich* in: Immenga/Mestmäcker, GWB, Rn. 20; *Bornkamm,* KartellR, Rn. 64f.; *N. Reich* C.M.L. Rev. 2005, 35, 56f.

[32] *Emmerich* in: Immenga/Mestmäcker, GWB, Rn. 22; *Bornkamm* in: Langen/Bunte, KartellR, Rn. 69, 71; *Bechtold/Bosch,* GWB, Rn. 10; zum früheren Recht etwa BGHZ 158, 334, 338ff. – *Der Oberhammer* = WuW/E DE-R 1823 = NJW 2004, 2375; *Weyer* AG 1999, 257, 259; *Topel* in: Wiedemann, Handbuch des Kartellrechts, § 50 Rn. 101, 103; *Roth* in: FK Rn. 69.

[33] *Emmerich* in: Immenga/Mestmäcker, GWB, Rn. 22; *Bechtold/Bosch,* GWB, Rn. 10; *Bornkamm* in: Langen/Bunte, KartellR, Rn. 70; vgl. *Roth* in: FK Rn. 69, 50; vgl. *Weyer,* AG 1999, 257, 259.

[34] *Bornkamm* in: Langen/Bunte, KartellR, Rn. 72.

29 Bei Verstoß gegen das **Behinderungs- und Diskriminierungsverbot** nach § 19 Abs. 3, § 20 sind zunächst diejenigen Unternehmen Betroffene, gegen die sich die Handlung unmittelbar richtet.[35] Betroffen sind darüber hinaus auch **mittelbar beeinträchtigte** Unternehmen, insbesondere wenn die Machtstellung auf dem beherrschten Markt dazu eingesetzt wird, Unternehmen auf einem Drittmarkt zu behindern.[36] Im Fall einer mittelbaren Behinderung auf einem Drittmarkt kommt es nicht darauf an, ob behinderndes und behindertes Unternehmen auch auf dem beherrschten Markt Wettbewerber sind.[37] § 20 Abs. 4 gewährt nur kleinen und mittleren Unternehmen sowie deren mittelbar geschädigten Abnehmern Ansprüche. Beim **Boykottverbot** nach § 21 Abs. 1 ist nicht nur das gesperrte Unternehmen, sondern sind auch dessen Abnehmer, die bei Erfolg des Boykotts nicht oder als Folge verknappten Angebots überteuert beliefert werden, Betroffene. Verstöße gegen die gesetzlichen Druckverbote (§ 21 Abs. 2, 3) betreffen jedenfalls die Unternehmen, denen Nachteile angedroht oder zugefügt werden. Abnehmer können betroffen sein, wenn der Addressat der Androhung oder dem Versprechen folgt und den Abnehmern hierdurch Nachteile auf dem Markt entstehen.[38] Von praktischer Bedeutung ist dies allerdings nur dann, wenn das androhende oder versprechende Unternehmen selbst nicht Kartellmitglied ist.

30 **d) Fusionskontrolle.** Die Eingriffsermächtigung nach § 36 Abs. 1 kann nicht Grundlage für einen Schadensersatzanspruch sein, da es sich nicht um ein Verbot handelt.[39] Dagegen ist eine Betroffenheit bei einem Verstoß gegen das **Vollzugsverbot** des § 41 Abs. 1 denkbar, soweit es um Schäden von Wettbewerbern geht, die gerade durch den rechtswidrigen Vollzug verursacht worden sind.[40] Ein Schutz mittelbar Betroffener kommt mangels Zurechungszusammenhangs wohl nicht in Betracht. Das parallele Vollzugsverbot nach Art. 7 FKVO wird nicht erfasst.

31 **e) Behördliche Verfügungen.** § 33 gewährt individuellen Rechtsschutz auch gegen Verstöße gegen kartellbehördliche Verfügungen. Bei Verfügungen der **Kommission,** die nicht erfasst sind, ist deren Bindungswirkung nach Art. 16 VO 1/2003, § 33 Abs. 4 in der unmittelbar auf den Gesetzesverstoß zu stützenden Klage zu beachten. Es kann es sich um deklaratorische oder konstitutive Verfügungen handeln. **Deklaratorische Verfügungen** stellen einen Verstoß gegen das Gesetz oder gegen die Art. 101 Abs. 1 oder 102 AEUV fest. Schadensersatz- und Unterlassungsansprüche des Betroffenen können hier ohne weiteres auf die Gesetzesverletzung selbst gestützt werden. Sie können aber auch auf die Verfügung gestützt werden.[41] Dies dient dem Rechtsschutz des Betroffenen, da der Nachweis des Verschuldens leichter zu führen ist. In Betracht kommen insbesondere §§ 32, 32a sowie § 36. Auch § 32b kann Grundlage für einen Schadenersatzanspruch sein, da die Verpflichtungsverfügung dem Schutz des Wettbewerbs dient. Dass ein Verstoß nicht bindend festge-

---

[35] *Bornkamm* in: Langen/Bunte, KartellR, Rn. 73f.; *Emmerich* in: Immenga/Mestmäcker, GWB, Rn. 22; vgl. zum bisherigen Recht etwa BGH WuW/E 3079, 3081 – *Stromeinspeisung II* = NJW 1997, 574; WuW/E DE-R 103 – *Schilderprägebetrieb* = NJW 2003, 752.

[36] *Bornkamm* in: Langen/Bunte, KartellR, Rn. 73; vgl. BGHZ 156, 279, 382f. – *Strom und Telefon I* = WuW/E DE-R 1206 = GRUR 2004, 255; *Topel* in: Wiedemann, Handbuch des Kartellrechts, § 50 Rn. 103; *Roth* in: FK Rn. 71.

[37] *Bornkamm,* a.a.O.; vgl. schon zum bisherigen Recht BGHZ 158, 334, 339f. – *Der Oberhammer* = WuW/E DE-R 1823 = NJW 2004, 2375.

[38] *Emmerich* in: Immenga/Mestmäcker, GWB, Rn. 22; enger zu § 21 Abs. 2 und 3 *Bornkamm* in: Langen/Bunte, KartellR, Rn. 76f.

[39] *Bornkamm* in: Langen/Bunte, KartellR, Rn. 80; zum bisherigen Recht *Veelken* WRP 2003, 207, 238ff. m.w. Nachw.

[40] *Bornkamm,* KartellR, Rn. 81; wohl auch *Emmerich* in: Immenga/Mestmäcker, GWB, Rn. 28; *Bechtold/Bosch,* GWB, Rn. 6; ebenso schon zum früheren Recht *Veelken* WRP 2003, 207, 240f.: a.A. *Topel* in: Wiedemann, Handbuch des Kartellrechts, § 50 Rn. 105f.

[41] *Bornkamm* in: Langen/Bunte, KartellR, Rn. 85; *Bechtold/Bosch,* GWB, Rn. 8; *Emmerich* in: Immenga/Mestmäcker, GWB, Rn. 27; *Alexander,* S. 346; *Roth* in: FK Rn. 93.

stellt wird, sondern vertretbare Bedenken ausreichen (§ 32b Rn. 5, 16), steht dem nicht entgegen.[42] **Konstitutive Verfügungen** erlässt die Kartellbehörde bei der Missbrauchsaufsicht über gruppenfreigestellte Kartelle nach § 32d (vgl. Rn. 8; § 32d Rn. 4) sowie nach § 30 Abs. 3 (während § 31 Abs. 3 ein Verbotstatbestand ist).[43]

Nach früherem Recht war der individuelle Rechtsschutz davon abhängig, ob die behördliche Verfügung dem Schutz eines Marktteilnehmers diente. Nach neuem Recht gilt bei Verfügungen der Kartellbehörde nach § 32 oder § 32a zur Bestimmung des Betroffenenbegriffs der Grundsatz der **Affinität zur Verbotsnorm.** Betroffen sind bei deklaratorischen Verfügungen daher grundsätzlich alle Personen, die durch den Verstoß gegen die Verbotsnorm beeinträchtigt werden können und durch den Verstoß gegen die Verfügung beeinträchtigt sind; auch mittelbare Beeinträchtigungen sind relevant. Konstitutive kartellbehördliche Verfügungen im Rahmen der Missbrauchsaufsicht über gruppenfreigestellte Kartelle oder nach § 30 Abs. 3 stellen die Geltung des Verbots nach § 1 oder Art. 101 Abs. 1 AEUV wieder her, sodass bei Zuwiderhandlung gegen die Verfügung für die Bestimmung des Betroffenseins ebenfalls an die Verbotsnorm anzuknüpfen ist. Auf die Schutzrichtung der Verfügung kommt es insoweit an, als diese ggf. nur einen **Ausschnitt des Verbots** konkretisiert (z. B. eine bestimmte Form der Behinderung).[44] Bei Verstößen gegen Untersagungs- und Entflechtungsverfügungen nach §§ 36 Abs. 1, 41 Abs. 1, 3 können Wettbewerber Betroffene i. S. des § 33 Abs. 1 sein.[45] 32

Der Rechtsschutz Betroffener setzt grundsätzlich nur voraus, dass die Verbotsverfügung **verbindlich** ist und bleibt.[46] Die Einlegung eines Rechtsbehelfs führt im Allgemeinen nicht mehr zur aufschiebenden Wirkung und damit zur vorläufigen Unverbindlichkeit der Verfügung. Sofern das Gesetz eine aufschiebende Wirkung anordnet (§ 64 Abs. 1 Nr. 2, 3), vermag allerdings die mangelnde Beachtung einer Verfügung der Kartellbehörde vor Bestandskraft noch keine Schadensersatz-, Beseitigungs- und Unterlassungspflichten auszulösen.[47] Anders ist die Rechtslage in diesem Fall nur bei der Anordnung eines Sofortvollzugs nach § 65, sofern die Verfügung selbst bestandskräftig wird oder deren Rechtmäßigkeit nach § 70 Abs. 3 festgestellt wird,[48] oder bei Zuwiderhandlung gegen eine einstweilige Anordnung nach § 32a. Bei **einstweiligen Anordnungen** ist deren Vorläufigkeit zu beachten. Erweist sich die Anordnung als von Anfang an als ungerechtfertigt, so besteht kein Schadenersatzanspruch wegen eines Verstoßes gegen die Anordnung, da es an einem materiellen Verstoß fehlt.[49] Bei deklaratorischen Verfügungen kann auch für den Zeitraum vor Bestandkraft der Verfügung stets unmittelbar auf das Verbot zurückgegriffen werden. Der Nachweis der Zuwiderhandlung wird durch die Feststellungswirkung der (nunmehr bestandskräftigen) Verfügung (§ 33 Abs. 4) geführt (s. Rn. 61 f.). 33

[42] *Emmerich* in: Immenga/Mestmäcker, GWB, Rn. 27; *Bornkamm* in: FS *Bechtold,* 2006, S. 45, 56; a. M. *Bach* in: Immenga/Mestmäcker, GWB, § 32b Rn. 25.

[43] Siehe oben Fn. 10.

[44] *Emmerich* in: Immenga/Mestmäcker, GWB, Rn. 28; *Bornkamm* in: Langen/Bunte, KartellR, Rn. 88.

[45] *Emmerich* in: Immenga/Mestmäcker, GWB, Rn. 28; *Alexander,* Schadensersatz, S. 346; *Bornkamm* in: Langen/Bunte, KartellR, Rn. 81 f.; enger *Kühnen/Kizil* ZWeR 2010, 268.

[46] OLG Düsseldorf, WuW/E OLG 2910, 2911 – *EuroCarpet; Emmerich* in: Immenga/Mestmäcker, GWB, Rn. 29; *Bornkamm* in: Langen/Bunte, KartellR, Rn. 76; *Alexander,* S. 347 f.; Begr. 1998, S. 55; im Ergebnis auch *Bechtold/Bosch,* GWB, Rn. 9.

[47] *Emmerich* in: Immenga/Mestmäcker, GWB, Rn. 29; *Bechtold/Bosch,* GWB, Rn. 9; *Topel* in: Wiedemann, Handbuch des Kartellrechts, § 50 Rn. 140.

[48] OLG Düsseldorf WuW/E DE-R 1058, 1060 – *100, eins Radio Aachen; Emmerich* in: Immenga/Mestmäcker, GWB, Rn. 29.

[49] *K. Schmidt* in: Immenga/Mestmäcker, GWB, § 60 Rn. 27.

IV. Schadensersatzanspruch

1. Allgemeines

34 § 33 Abs. 3 gewährt dem Betroffenen einen Schadenersatzanspruch. Der Anspruch ist der Sache nach ein **deliktischer Anspruch,** so dass die allgemeinen Vorschriften der §§ 823ff., 249ff. anwendbar sind. Dies gilt insbesondere für das Mitverschulden nach § 254,[50] für die Art des Schadensersatzes und den Schadensumfang. Die **Verjährung** tritt nach den Grundsätzen der §§ 195, 199 Abs. 1 BGB in drei Jahren ein. Sie beginnt mit Ablauf des Jahres, in dem der Anspruch entstanden ist und der Betroffene von den den Anspruch begründenden Umständen, einschließlich der eigenen Betroffenheit, und der Person des Verletzers Kenntnis erlangt hat oder ohne grobe Fahrlässigkeit erlangen musste. Der Verjährungsbeginn setzt bei andauernden Verstößen deren völlige Beendigung voraus, während bei wiederkehrenden Verstößen keine einheitliche Tat vorliegt, vielmehr eine „Aufspaltung" vorzunehmen ist.[51] Hinsichtlich der erforderlichen Kenntnis vom Verstoß und des Kennenmüssens kommt es nach bisherigem Recht nur auf die anspruchsberündenden Tatsachen an. Dies gilt auch für die Betroffenheit und die implizierte Möglichkeit der Entstehung eines Schadens. Bloße Pressemitteilungen über einen Verstoß begründen nicht ohne weiteres Kennenmüssen.[52] **Art. 10 der Schadensersatzrichtlinie** wird allerdings zu erheblichen, den Geschädigten begünstigenden Veränderungen führen. Die Verjährungsfrist beträgt künftig 5 Jahre (Art. 10 Abs. 3). Der Verjährungsbeginn setzt auch die Kenntnis oder das Kennenmüssen vorauus, dass ein Verstoß gegen das Wettbewerbsrecht vorliegt (Art. 10 Abs. 2 Buchst. a). Damit wird die zutreffende rechtliche Bewertung der Tat zu einer Voraussetzung des Verjährungsbeginns.[53] Eine angemessene Verjährungshöchstgrenze kann durch das nationale Recht eingeführt werden (ErwG 36).

35 Gemäß § 33 Abs. 5 tritt eine **Hemmung der Verjährung** ein, wenn die Kartellbehörde wegen eines Verstoßes ein Verfahren einleitet. Das Gleiche gilt bei Verfahrenseinleitung wegen eines Verstoßes gegen Art. 101 oder 102 AEUV durch die Kommission oder die Wettbewerbsbehörde eines anderen Mitgliedstaates. Hierzu bedarf es keiner förmlichen Einleitungsverfügung, vielmehr sind nur nach außen gerichtete Maßnahmen der Kartellbehörde gegen den Verstoß (Untersuchung oder Verfolgung) erforderlich (so jetzt auch Art. 10 Abs. 4 Schadensersatzrichtlinie). Sektorenuntersuchungen genügen nicht. Der Verstoß einschließlich Beginn und Beendigung bestimmt sich anhand objektiver Kriterien nach dem einheitlichen natürlichen Lebenssachverhalt, erfasst auch wohl nur die formell Beteiligten, d.h. die Unternehmen, gegen die die Kartellbehörde vorgeht (vgl. § 33 Abs. 4 OWiG).[54] Die Hemmung der Verjährung endet sechs Monate nach Verfahrensbeendigung oder endgültigem Stillstand des Verfahrens (§ 33 Abs. 5 S. 2 in Vbg. mit § 204 Abs. 2 BGB). Eine Hemmung der Verjährung findet auch bei Vergleichsverhandlungen statt (§ 203 BGB). Für Verstöße, die **vor Inkrafttreten der 7. Novelle** begangen worden sind, die jetzt aber geltend gemacht werden, ohne dass schon die Verjährung nach altem Recht eingetreten ist, gilt im Allgemeinen neues Verjährungsrecht, weil dieses nur klarstellende

---

[50] BGHZ 44, 279, 284f. – *Brotkrieg II* = WuW/E BGH 690 = NJW 1965, 2249; *Emmerich* in: Immenga/Mestmäcker, GWB, Rn. 74.

[51] Vgl. OLG Düsseldorf WuW/E DE-R 4477, 4481ff. – *Intertemporales Verjährungsrech; Bürger/Aram* NZKart 2014, 423, 424f.

[52] LG Düsseldorf WuW/E DE-R 4087 – *Zementkartell II;* eingehend *Soyez* ZWeR 2011, 407, 410ff.; *Bechtold/Bosch,* GWB, Rn. 34ff.; *Emmerich* in: Immenga/Mestmäcker, GWB, Rn. 77ff.; im Einzelfall bejahend: OLG Düsseldorf WuW/E DE-R 4601, 4606 – *Zementkartell-Sammelklage;* weitergehend *Harms* NZKart 2014, 175, 117f.; *Bürger/Aram* NZKart 2014, 423, 425; vgl. BGH WuW/E BGH 734, 735 – *Glühlampen II* = NJW 1966, 975.

[53] So *Mederer* EuZW 2013, 847, 850; *Bürger/Aram* NZKart 2014, 423, 427; a.M. *Vollrath* NZKart 2013, 434, 443.

[54] *Soyez* WuW 2014, 937, 939f.; a.M. *Hempel* WuW 2005, 137, 145f.

Wirkung hat. Das Gleiche gilt bei stichtagsübergreifenden Prozessen. Einer Anwendung der Regelungen über die Verjährungshemmung sowie die Verzinsungspflicht auf vorher fällig gewordene Ansprüche steht jedoch das Rückwirkungsverbot entgegen.[55] Trotz Verjährung hat der Betroffene nach § 852 BGB einen Anspruch auf Herausgabe der Bereicherung aus dem Verstoß (Restschadensersatz).

2. Anspruchsvoraussetzungen

Eine besondere Rechtswidrigkeitsprüfung ist entbehrlich, da die Rechtswidrigkeit durch den Verstoß gegen das Gesetz oder die Verfügung gegeben ist. Als Rechtfertigungsgrund kommt ausnahmsweise Notwehr (§ 227 BGB) in Betracht, etwa bei der Abwehr eines Boykotts. Der Verstoß muss schuldhaft sein. Hierfür genügt Fahrlässigkeit i. S. d. § 276 BGB. Das **Verschuldenserfordernis** verstößt, soweit die Art. 101, 102 AEUV in Frage stehen, nicht gegen EU-Recht.[56] Dies gilt auch für die Rechtslage nach der Schadensersatzrichtlinie. Die dort geregelte Haftung könnte zwar im Sinne einer objektiven Haftung verstanden werden, weil die Richtlinie das Verschuldenserfordernis nicht anspricht. Ein solcher Bruch mit der haftungsrechtlichen Tradition der Mitgliedstaaten hätte aber einer besonderen Regelung bedürft. Der Grundsatz vollständigen Schadensersatzes (Art. 3 Abs. 1, Art. 4 S. 1) ist nicht maßgeblich, das er sich nur auf den Umfang des Ersatzes bezieht, aber nicht die Einführung einer objektiven Haftung gebietet. Nach ErwG 11 der Richtlinie ist ein Verschuldenserfordernis grundsätzlich zulässig. 36

Von praktischer Bedeutung ist bei Verstößen gegen Verbote des Gesetzes (§§ 1, 19–21, 29, 31 Abs. 3) oder der Art. 101 Abs. 1, 102 AEUV (nicht dagegen solchen gegen unanfechtbare Verfügungen) insbesondere die Frage, ob ein Rechtsirrtum über die Zulässigkeit des Verhaltens das Verschulden ausschließt. Ein **erheblicher Rechtsirrtum** ist gegeben, wenn der Betroffene bei Anwendung der im Verkehr erforderlichen Sorgfalt nicht mit einer anderen Beurteilung durch die Gerichte zu rechnen brauchte.[57] Der Betroffene kann sich grundsätzlich auf die höchstrichterliche Rechtsprechung verlassen. Wenn eine feste Rechtsprechung nicht besteht, so reicht es nicht aus, wenn der fehlerhafte Standpunkt ernsthaft vertreten werden konnte.[58] Vielmehr trägt der Handelnde das **Risiko der zweifelhaften Rechtslage.** Er kann sich nicht einfach auf die ihm günstigere Rechtsauffassung stützen.[59] Ein Rechtsirrtum ist nach bisheriger deutscher Rechtsauffassung entschuldigt, wenn der Handelnde die Rechtsunsicherheit trotz sorgfältiger Prüfung durch einen mit der Rechtsmaterie vertrauten Juristen nicht erkannt hat.[60] Es ist jedoch zweifelhaft, ob diese 37

---

[55] BGHZ 190, 145 Rn. 13 – *ORWI* = WuW/E DE-R 3431 = NJW 2012, 928; OLG Karlsruhe WuW/E DE-R 4357, 4375 – *VBL-modifiziertes Erstattungsmodell; OLG Düsseldorf* WuW/E DE-R 4477, 4481 ff. – *Intertemporales Verjährungsrecht;* WuW/E DE-R 4601, 4607 f., 4616 ff. – *Zementkartell-Sammelklage; Bien/Harke* ZWeR 2013, 312; *Zimmer/Logemann,* WuW 2006, 982; *Bornkamm* in: Langen/Bunte, KartellR, Rn. 160, 173; stets für die Anwendung des neuen Rechts, wenn noch nicht nach altem Recht verjährt: *Reher* in: FS. Riesenkampff, 2006, S. 113, 119 ff.; *Wagner/von Olshausen* ZWeR 2013, 121; *Bürger/Aram* NZKart 2014, 423, 425.

[56] *Emmerich* AG 2001, 520, 526 f.; *ders.* in: Immenga/Mestmäcker, GWB, Rn. 49; *Wurmnest* RIW 2003, 896, 899; *Mestmäcker/Schweitzer,* Europäisches Wettbewerbsrecht, § 22 Rn. 39.

[57] BGH WuW/E BGH 2341, 2345 – *Taxizentrale Essen* = NJW 1987, 2869; OLG Düsseldorf WuW/E DE-R 2763, 2766 – *Post-Konsolidierer;* OLG München, WuW/E OLG 4977, 4981 – *Parfumdiscount; Bechtold,* GWB, Rn. 24; *Bornkamm* in: Langen/Bunte, KartellR, Rn. 123; *Roth* in: FK Rn. 125 ff.; *Topel* in: Wiedemann, Handbuch des Kartellrechts, § 50 Rn. 124 f.

[58] BGH WuW/E BGH 2341, 2345 – *Taxizentrale Essen* = NJW 1987, 2869; WuW/E BGH 2603, 2607 f. – *Neugeborenentransporte* = NJW 1990, 153.

[59] BGH a. a. O.; WuW/E 3121, 3127 – *Bedside Testkarten* = NJWE-WettbR 1997, 211; KG WuW/E OLG 1407, 1409 – *Bilder aus Gold; Bechtold/Bosch,* GWB, Rn. 22; OLG Düseldorf WuW/E DE-R 4477 – *Intertemporales Verjährungsrecht;* vgl. *Dreher* WuW 2004, 8, 12 ff.

[60] BGH WuW/E 2341, 2345 – *Taxizentrale Essen* = NJW 1987, 2869.

Entschuldigung im Rahmen der Schadensersatzrichtlinie noch aufrechterhalten werden kann.[61]

3. Parteien

38 Die allgemeinen schadensrechtlichen Grundsätze gelten auch für die Aktiv- und Passivlegitimation.[62] **Ersatzberechtigt** ist der (unmittelbar oder mittelbar) Betroffene. Dabei kann es sich je nach Art der Wettbewerbsbeschränkung um Wettbewerber und/oder Kunden oder Lieferanten handeln. Betroffener kann neben den im Vordergrund stehenden Unternehmen ggf. auch ein Verbraucher sein. **Ersatzpflichtig** ist in erster Linie der Träger des Unternehmens, der den Verstoß begangen hat. Nach der Schadensersatzrichtlinie (Art. 1 Abs. 1, Art. 3 Nr. 2) ist bei Unternehmensgruppen die Unternehmenseinheit verantwortlich; für diese haften sämtliche Mitglieder (dazu Rn. 42). Bei juristischen Personen und Personenhandelsgesellschaften wird diesen das **Handeln von Organen** und vertretungsberechtigten Gesellschaftern (einschließlich funktionsbedingter Organe, insbesondere leitender Angestellter) nach § 31 BGB zugerechnet. Daneben tritt eine Zurechnung, wenn für wichtige Aufgaben kein verfassungsmäßiger Vertreter bestellt wurde. Im allgemeinen Recht gibt es eine gewisse Tendenz, wegen eines Gesetzesverstoßes von Arbeitnehmern neben der selten eingreifenden Haftung nach § 831 BGB eine Haftung des Unternehmensträgers aus Fahrlässigkeit unter dem Gesichtspunkt der Verletzung einer **Organisationspflicht** zu begründen. Allerdings sind die im Innenverhältnis bestehenden Pflichten zur Schaffung einer **Compliance-Organisation** in Gefahrensituationen, inbesondere zur Erfüllung der Legalitätspflicht, [63] nicht ohne weiteres auf das Außenverhältnis übertragbar. Im Außenverhältnis müssten sie Ausfluss einer Verkehrssicherungspflicht zur Legalität sein, die man mit der hohen Wertigkeit des kartellrechtlichen Opferschutzes begründen kann. Es sind aber kaum fortlaufende Kartellverstöße denkbar, die unbemerkt und unbemerkbar von der Geschäftleitung durchgeführt werden könnten, so dass in der Regel die Zurechung nach § 31 BGB greift.

39 Da die kartellrechtlichen Verbotsnormen an Unternehmen adressiert sind, ist es zweifelhaft, ob die Organpersonen daneben aus § 33 auch **persönlich haften.** Dies ist nach allgemeinen zivilrechtlichen Grundsätzen zu bejahen, wenn die betreffende Organperson selbst gehandelt oder den Verstoß veranlasst hat oder aufgrund ihrer organisatorischen Aufgaben und der dadurch begründeten **Garantenstellung** die Pflicht hatte, ihr bekannte Verstöße von Betriebsangehörigen zu verhindern.[64] Eine weitergehende persönliche Haftung wegen fahrlässiger Unkenntnis von Verstößen lässt sich schwer begründen. Daneben kann § 81 in Vbg. mit § 9 Abs. 1 OWiG, die Verbote i. S. von § 33 darstellen, zu einer persönlichen Haftung führen.[65] Im Übrigen gelten die §§ 830, 840 BGB. Organpersonen,

[61] Gegen eine solche Entschuldigung im EU-Bußgeldverfahren EuGH U. v. 18.6.2013 Rs. 681/11 – *Schenker,* WuW/E EU-R 2754 Rn. 41; vgl. *Kersting* WuW 2013, 845.

[62] KG WuW/E OLG 2325 f. – *Gleisanschluss;* vgl. *Dreher* WuW 2004, 8, 12 ff.

[63] Vgl. LG München, NZG 2014, 345 – *Neubürger;* ArbG Essen, WuW/E DE-R 4304 Rn. 99 f.; LAG Düsseldorf WuW/E DE-R 4668, 4673–4678; *Fleischer* BB 2008, 1070, 1082; *Bayer* in: FS. *K. Schmidt,* 2009, S. 88 ff.; *Dreher* WuW 2009, 133, 135; *Fabisch* ZWeR 2013, 91, 97 ff.; *Karbaum* AG 2013, 862, 865 ff.; *Linsmeier/Dittrich* NZKart 2014, 485, 490 ff.

[64] *Rehbinder* in: FS. Loewenheim, 2009, S. 513, 515 ff.; *Bornkamm* in: Langen/Bunte, KartellR, Rn. 106; *Messer* in: FS Ullmann, 2006, S. 769, 772; *Twele,* Die Haftung des Vorstands für Kartellrechtsverstöße, 2013, S. 99 ff.; zum UWG: BGH GRUR 1986, 248, 250 f. – *Sporthosen;* GRUR 2005, 1061, 1064 – *Telefonische Gewinnauskunft;* zum allgemeinen Recht: BGHZ 109, 297, 302 ff. = NJW 1990, 976; BGH, NJW 1996, 1535, 1536; vgl. OLG Düsseldorf WuW/DE-R 4117, 4127 f. – *Badarmaturen* (Haftung nach § 830 Abs. 2 BGB); *Eden* WuW 2014, 792, 794 ff. (Haftung nach § 823 Abs. 1 BGB); a. M. *Kling/Thomas,* Kartellrecht, 2007, § 21 Rn. 52; *Hack,* Vorstandsverantwortlichkeit bei Kartellrechtsverstößen, 2012, S. 86 ff.

[65] *Meeßen,* S. 369 ff.; *Dreher* WuW 2009, 133, 137 ff.; *Emmerich* in: Immenga/Mestmäcker, GWB, Rn. 31; *Bornkamm* in: Langen/Bunte, KartellR, Rn. 91; *Roth* in: FK Rn. 138; a. M. *Eden* WuW 2014, 792, 801 f.

die kraft Zurechung eine Haftung der Gesellschaft begründen, kann man aber kaum als Teilnehmer nach diesen Vorschriften ansehen.[66] Eine Haftung der Mitglieder eines als **Gesellschaft bürgerlichen Rechts** organisierten Kartells für das Handeln ihrer Vertreter kann sich aus einer analogen Anwendung des § 31 BGB ergeben.[67]

Grundsätzlich haftet nach geltendem Recht auch ein Kartellmitglied, das eine **Kron-** 40
zeugenregelung in Anspruch genommen hat. Eine Haftungsfreistelllung kann nur durch eine gesetzliche Regelung erfolgen.[68] Auch gibt es im Rahmen des primär maßgeblichen § 406e StPO keinen absoluten Schutz des Kronzeugen gegen Akteneinsichtsanträge zur Ermöglichung der Geltendmachung von Schadensersatzansprüchen. Vielmehr ist hierüber unter Berücksichtigung des Effektivitätsprinzips und des Schutzbedürfnisses des Geschädigten aufgrund einer Abwägung zu befinden.[69] Im Allgemeinen wird es ausreichen, dem Geschädigten Einsicht in die Entscheidung und die wichtigsten Beweisdokumente zu geben. Demgegenüber privilegiert die **Schadensersatzrichtlinie** den Kronzeugen in mehrerlei Hinsicht. Eine volle gesamtschuldnerische Haftung gilt nur gegenüber den eigenen unmittelbaren und mittelbaren Abnehmern, nicht denen anderer Kartelmitglieder (und nicht für Preisschirmeffekte). Der Ausgleich im Innenverhältnis wird entsprechend beschränkt. Gegenüber anderen Geschädigten beschränkt sich die Haftung des Kronzeugen auf eine Ausfallhaftung, wenn von den anderen Verletzern kein vollständiger Ersatz erlangt werden kann (Art. 11 Abs. 4, Abs. 5 S. 2). Ferner sind eine Akteneinsicht in Kronzeugenakten und die Verwendung so erlangter Beweise grundsätzlich ausgeschlossen (Art. 6 Abs. 6, 7, Art. 7 Abs. 1). Zweifel daran, ob dieser umfassende Schutz des Kronzeugen mit dem **Effektivitätsprinzip** und der **Gewährleistung individueller Rechte** übereinstimmt, sind m. E. nicht berechtigt. Das primärrechtliche Effektivitätsprinzip, das auch den Richtliniengeber bindet, zielt auf die wirksame Durchsetzung des Kartellrechts insgesamt und nicht einseitig auf Effektivierung des Kartellschadensersatzes, mag auch die Anerkennung umfassender Schadensersatzansprüche mit dem Effektivitätsprinzip begründet werden.[70] Der Richtliniengeber konnte daher den erwarteten (allerdings durchaus zweifelhaften) Vorteilen des Kronzeugenschutzes für die öffentliche Durchsetzung der Verbote des AEUV den Vorrang vor einem umfassenden, gegen jeden mehrerer Verletzer gerichteten zivilrechtlichen Schutz geben, ohne die Möglichkeit einer Abwägung einzuräumen.[71] Allerdings belastet die bloße Ausfallhaftung Ersatzprozesse gegen den Kronzeugen mit erheblichen Unsicherheiten und könnte – auch bei Einführung einer langen Verjährungsfrist (geboten nach Art. 11 Abs. 4 S. 2 der Richtlinie) – prohibitiv wirken.[72] Diesem Problem sollte bei der Umsetzung Rechnung getragen werden.

---

[66] A. M. OLG Düsseldorf WuW/E DE-R 4117, 4127 f. – *Badarmaturen.*

[67] *Roth* in: FK Rn. 134 ff.; *Emmerich* in: Immenga/Mestmäcker, GWB, Rn. 31; vgl. BGHZ 154, 88, 93 ff. = NJW 2003, 1444.

[68] *Dreher* in: FS. Möschel, 2011, S. 149, 164 ff.; *Meeßen,* S. 396; *Emmerich* in: Immenga/Mestmäcker, GWB, Rn. 33.

[69] EuGH U. v. 6.6.2013 Rs. C-536/11 Rn. 29 ff., 48 – *Donau Chemie* = WuW/E EU-R 3169 = NZKart 2013, 330; U. v. 14.6.2011 Rs. C-360/09, Slg. 2013, I-5161 Rn. 21, 24–27 – *Pfleiderer* = WuW/E EU-R 1975; EuG U. v. 16.11.2012 Rs. T-345/12 R, WuW/E EU-R 3169 – *Akzo Nobel;* OLG Hamm WuW/E DE-R 4101 Rn. 39 – *Einsicht in Strafakten;* OLG Düsseldorf WuW/E DE-R 3662, 3668 f. – *Kaffeeröster;* WuW/E DE-R 4505 Rn. 35 ff. – *Akteneinsichtsrecht; Wessing/Hiéramente* WuW 2015, 220, 222 ff., 226; *Vollmer* ZWeR 2012, 442, 457 ff.

[70] Siehe die Entscheidungen oben Fn. 16; ferner Art. 4 Schadensersatzrichtlinie selbst.

[71] *Fiedler/Huttenlauch* NZKart 2013, 350, 354; *Mederer* EuZW 2013, 847, 850; a. M. *Kersting* JZ 2013, 737, 739; *ders.* WuW 2014, 564, 566 f.; *Hempel* ZWeR 2014, 203, 216 ff.; *Schweitzer* NZKart 2014, 335, 342 f. Der Grundsatz des „Gleichgewichts der Rechte" (so EuGH U. v. 27.2.2014 Rs. C-365/12 P – *EnBW* WuW/E EU-R 2939 Rn. 97 zur VO 1049/2001) mag die Auslegung steuern, steht aber einer ausdrücklichen Regelung nicht entgegen.

[72] *Fiedler/Huttenlauch* NZKart 2013, 350, 354; *Kersting* WuW 2014, 564, 568 f.; *Krüger* NZKart 2013, 483, 487.

41 Fraglich ist, wie innerhalb von **Unternehmensgruppen** gehaftet wird, insbesondere ob **Muttergesellschaften** für Kartelldelikte ihrer Tochtergesellschaften haften. Soweit Verstöße gegen Art. 101, 102 AEUV in Frage stehen, bejaht der EuGH[73] bei beherrschendem Einfluss der Muttergesellschaft als Ausfluss der Anknüpfung der kartellrechtlichen Pflichten an die **Unternehmenseinheit** deren Haftung für Verstöße der Tochtergesellschaft. Beide begehen als Teil der Unternehmenseinheit den Verstoß und können gesamtschuldnerisch mit einer Geldbuße belegt werden. Da die Konzernherrschaft nur für die Frage des Bestehens einer Unternehmenseinheit von Bedeutung ist, die Verantwortlichkeit aber die Unternehmenseinheit trifft, gilt dies wohl auch umgekehrt für Verstöße der Muttergesellschaft und im Verhältnis zwischen Schwestergesellschaften, soweit sie in Bezug auf den Verstoß zur Unternehmenseinheit gehören.[74] Die Konsequenzen dieser Rechtsprechung für das nationale Sanktionsrecht wurden bisher überwiegend im Bereich des Ordnungswidrigkeitenrechts diskutiert.[75] Das Konzept der Unternehmenseinheit muss aber grundsätzlich auch für die zivilrechtliche Haftung gelten, da und soweit diese an den Verstoß gegen die Verbote der Art. 101, 102 AEUV anknüpft. Allerdings hat der BGH[76] es abgelehnt, aus dem Unternehmensbegriff ein eigenes Zurechungssystem zu entwickeln. Insbesondere im Bereich der zivilrechtlichen Haftung kann eine Verantwortlichkeit der Muttergesellschaft danach auch bei Verstößen gegen die Art. 101, 102 AEUV mangels EU-rechtlicher Normierung des zivilrechtlichen Schadensersatzes im Hinblick auf das gesellschaftsrechtliche Trennungsprinzip nur insoweit bestehen, als auch diese ihre Pflichten verletzt hat. Dazu bedarf es ähnlich wie im Recht der Ordnungswidrigkeiten der Entwicklung **konzerndimensionaler Aufsichtspflichten.** Abgesehen von Fällen eigener Veranlassung der Wettbewerbsbeschränkung oder aktiver Mitwirkung an ihr kann erst die schuldhafte Verletzung solcher Pflichten zur Schadenersatzpflicht führen.[77] Diese Pflichten müssten im Hinblick auf den Grundsatz der europafreundlichen Auslegung auch Verstöße gegen das GWB umfassen.

42 Die Umsetzung **der Schadensersatzrichtlinie** erfordert es allerdings, auch die Schadensersatzpflichten künftig an die Unternehmenseinheit anzuküpfen. Art. 1 Abs. 1 der

---

[73] Statt aller EuGH U. v. 10.4.2014 Rs. C-231/11P – *Kommission/Siemens,* WuW/E EU-R 2970 Rn. 43 ff.; U. v. 29.9.2011 Rs. C-521/09 P – *Elf Aquitaine,* Slg. 2011, I-8947 Rn. 53 = WuWE EU-R 2110; U. v. 20.1.2011 Rs. C-90/09 P – *General Chimica,* Slg. 2011, I-1 Rn. 34 = WuW/E EU-R 1899; U. v. 10.9.2009 Rs. C-97/08 – *Akzo Nobel,* Slg. 2009, I-8237 Rn. 58 = WuW/E EU-R 1639 = EuZW 2009, 816; zur Widerlegung der Vermutung der Unternehmenseinheit trotz Mehrheitsbeteiligung siehe *Kersting* WuW 2014, 1156, 1163 ff.; *Braun/Kellerbauer* NZKart 2015, 175, 177 ff.

[74] *Kersting* WuW 2014, 1156, 1159; *ders.* Der Konzern 2011, 445, 453 ff., 459 ff.; *Kokott/Dittert* WuW 2012, 670, 672; vgl. EuGH U. v. 13.6.2013 Rs. C-511/11 P – *Versalis,* WuW/E EU-R 2764 Rn. 52–55; U. v. 1.7.2010 Rs. C-407/08 – *Knauf Gips KG,* Slg. 2010, I-6375 Rn. 65 ff., 109; a. M. *Braun/Kellerbauer* NZKart 2015, 175, 179 ff. unter Berufung auf EuGH U. v. 2.10.2003 Rs. C-196/99 P – *Aristrain,* Slg. 2003, I-11005 Rn. 97–99.

[75] Für Verantwortlichkeit der Obergesellschaft, inbesondere nach § 130 OWiG als faktischer Inhaber BKartA, Beschl. v. 9.2.2009, B 1–200/06 – *Etex, TB 2009/2010, Dok. S. 32, 33;* Beschl. v. 3.6.2013, B 1–200/06 – *Etex;* OLG Düsseldorf WuW/E DE-R 1893, 1896 – *Transportbeton; Ost* NZKartR 2013, 25; *Klockert/Ost,* FS. Bechtold, 2006, S. 229, 247; *Dreher* ZWeR 2004, 75, 102 f.; *Raum* in: Langen/Bunte, KartellR, § 81 Rn. 24; für direkte Übertragung der Lehre von der Unternehmenseinheit *Kokott/Dittert* WuW 2012, 670, 672; *Kersting* Der Konzern 2011, 445, 448 ff.; f.; *ders.* WuW 2014, 1156, 1168 ff.; einschränkend *Hackel,* Konzerndimensionales Kartellrecht, 2012, S. 354 ff., 365 ff.; *Koch* AG 2009, 564, 573 f.; *Lutter,* FS. Goette, 2011, S. 284, 291 ff.; ablehnend *Brettel/Thomas* ZWeR 2009, 25, 58; *Thomas* JZ 2011, 485, 491 ff.; *Kling* ZWeR 2011, 170, 178 ff.; *Bürger* WuW 2011, 130, 136 ff.; *Scheidtmann* WRP 2010, 499 ff.; *Verse* ZHR 175 (2011), 401 ff.

[76] BGHSt 57, 193 Rn. 12 f., 15, 20 – *Versicherungsfusion* = WuW/E DE-R 3455 = NJW 2012, 165.

[77] Für Lösung über § 830 BGB: OLG Düsseldorf WuW/E DE-R 4117, 4127 f. – *Badarmaturen; Meeßen,* S. 379 ff.; *Emmerich* in: Immenga/Mestmäcker, GWB, Rn. 32; für volle Übertragung der Lehre von der Unternehmenseinheit *Kersting* Der Konzern 2011, 445, 457 f.; *ders.* WuW 2014, 564, 565 f.; *ders.* WuW 2014, 1156, 1171 f.; *Wurmnest* in: Remien, S. 27, 48 f.; *Ackermann* ZWeR 2010, 329, 343; *Jüchser* WuW 2012, 1048 ff.

Richtlinie adressiert die Schadensersatzpflicht an das Unternehmen bzw. die Unternehmensvereinigung. Art. 2 Nr. 2 der Richtlinie bezeichnet als Verletzer das Unternehmen oder die Unternehmensvereinigung, das bzw. die den Verstoß begangen hat. Beide Regelungen setzen dabei das europarechtliche Verständnis der Unternehmenseinheit und seiner Rechtsfolgen voraus.[78] Der Verstoß wird daher von vornherein von der **Unternehmenseinheit begangen.** Lehnt man diese dogmatische Konstruktion ab, so ist jedenfalls anzunehmen, dass künftig das haftungsbegründende Verhalten eines Mitglieds der Unternehmenseinheit (seinerseits vermittelt durch das Handeln ihrer Organe oder aufgrund eines Organisationsverschuldens) **der Unternehmenseinheit zuzurechnen** ist. Der fragwürdigen Konstruktion der Unternehmenseinheit als Gesellschaft bürgerlichen Rechts[79] bedarf hierfür nicht. Die Zurechnung ergibt sich aus der Schadensersatzrichtlinie und ist in dieser Form umzusetzen.

Soweit mehrere Parteien für einen Verstoß verantwortlich sind, haften sie nach §§ 830, 840 BGB als **Gesamtschuldner.** Obwohl in der Schadensersatzrichtlinie nicht ausdrücklich vorgesehen, muss dies künftig auch für die Haftung in der Unternehmenseinheit gelten. Alle Mitglieder der Unternehmenseinheit haften analog Art. 11 Abs. 1 der Richtlinie gesamtschuldnerisch.[80] Dieses Haftungsregime ist nach Art. 11 Abs. 2, 3 der Richtlinie künftig allerdings zugunsten **kleiner und mittlerer Unternehmen** mit geringem Marktanteil, bloßer „Mitläufereigenschaft“ und Ersttäterqualität zu modifizieren. Diese haften nur gegenüber ihren unmittelbaren und mittelbaren Abnehmern. Diese Regelung verfolgt sozialpolitische Ziele des Täterschutzes, die dem Kartellschadensrecht an sich fremd sind und den Prozess mit tatsächlichen Unwägbarkeiten belasten.[81] Im **Innenverhältnis** erfolgt die Verteilung nach § 426 Abs. 1, 2 § 254 BGB. Dies gilt grundsätzlich auch bei Verstößen gegen die Art. 101, 102 AEUV. Das europäische Recht macht bisher keine (gegenteiligen) Vorgaben zum Innenausgleich, selbst wenn es sich um Verstöße innerhalb einer Unternehmenseinheit handelt.[82] Die maßgeblichen Verteilungsgrundsätze sind vor allem für den Ausgleich im Bußgeldrecht diskutiert worden, sind jedoch auch auf Schadensersatzansprüche übertragbar. Nach dem Gesetz sind für die Verteilung das Maß der Verursachung, d. h. Art und Umfang des Tatbeitrags, und in zweiter Linie das des Verschuldens maßgeblich. Daneben ist im Konzern auf den Nutzen aus dem Verstoß (Anteil an den Umsätzen, Anteil am wirtschaftliche Erfolg, Größe des Unternehmens) und auf die finanzielle Leistungsfähigkeit abzustellen.[83] Gewinnabführungsverträge sind zu berücksichtigen. Eine ausschließliche Innenhaftung des Unternehmens, das die maßgeblichen Handlungen im Außenverhältnis vorgenommen hat, ist daher nicht angezeigt. Im Verhältnis zwischen juristischer Person und Organ trifft die Haftung im Innenverhältnis analog § 844 Abs. 2 BGB das Organ. Der Ausgleichsanspruch nach § 426 Abs. 1 BGB unterliegt einer selbständigen Verjährung.[84] 43

Die **Schadensersatzrichtlinie** unterwirft für die Zukunft den Gesamtschuldnerausgleich im Kartellschadensrecht gemeinsamen Regeln (Art. 11 Abs. 5). Danach kommt es 44

[78] *Kersting* WuW 2014, 564, 565 f.; *ders.* WuW 2014, 1156, 1171 f.

[79] So *Kersting* Der Konzern 201, 445, 452, 458; *ders.* WuW 2014, 1156, 1170 f.; kritisch *Koch/Harnos* in: Eisele/Koch/Theile, S. 171, S. 176 ff.

[80] Im Ergebnis ebenso *Kersting* WuW 2014, 1156, 1172; ders, WuW 2014, 564, 565 f.

[81] Kritisch *Kersting* JZ 2013, 737, 739; *ders.,* WuW 2014, 564, 567 f.; *Krüger* WuW 2012, 6, 13; a. M. *Vollradt* NZKart 2013, 434, 443.

[82] EuGH U. v. 10.4.2014 Verb. Rs. C-231–233/11 P – *Kommission/Siemens,* WuW/E EU-R 2970 Rn. 48, 60 ff.; a. M. *Jüchser* WuW 2012, 1048, 1051 ff.

[83] BGH WuW/E 4559 Rn. 32, 40 ff., 59 ff., 66 ff. – *Calciumcarbid-Kartell II; Bürger* WuW 2015, 348, 352 ff.; *Schnelle* WuW 2015, 332, 341, 345; *Bodenstein* NZKart 2015, 141, 145; *Braun/Kellerbauer* NZKart 2015, 211, 215 ff.; ähnlich schon *Dreher* in: FS. Möschel 2011, 149, 156 ff.; *Kersting* ZWeR 2008, 252, 266; *Meeßen,* S. 559 ff.; kritisch *Krüger* WuW 2012, 6, 10 f.; gegen Bußgeldregress zwischen Mutter- und Tochtergesellschaft LG München I WuW/E DE-R 3247, 3253 ff.

[84] Dazu *Petrasincu* NZKart 2014, 437, 438 f.; vgl. BGH BGHZ 181, 310 Rn. 13 ff. = NJW 2010, 60.

ausschließlich auf die **relative Verantwortung** für den Schaden an. Es scheint daher ausgeschlossen, dass die bisher im deutschen Recht praktizierten stärker differenzierten Verteilungskriterien in vollem Umfang aufrechterhalten werden können. **Vergleiche** führen nach Art. 19 Abs. 1–3 der Richtlinie grundsätzlich zu einer Befreiung der betreffenden Partei im Außen- und Innenverhältnis, aber nur soweit sie dessen Anteil am Schaden abdecken. Die an sich vorgesehene Ausfallhaftung dieser Partei kann im Vergleich ausgeschlossen werden. Die Regelung dürfte wegen der Anknüpfung an den Schadensanteil der sich vergleichenden Partei zu erheblichen Abwicklungsproblemen führen und erscheint allenfalls sinnvoll, wenn sich viele Gesamtschuldner am Vergleich beteiligen.[85]

45 Die Grundsätze der Haftung der Unternehmenseinheit gelten mit gewissen Abweichungen auch für die **Unternehmensnachfolge,** insbesondere durch Ausgliederung und Verschmelzung. Grundsätzlich haftet nicht der Übernehmer, sondern es haften aus Gründen der Prävention weiterhin die bisher verpflichtete Gesellschaft und die sonstigen Mitglieder der Unternehmensgruppe, insbsondere die bisherige Muttergesellschaft. Bei Auflösung der bisher verpflichteten Gesellschaft und Übernahme des Geschäftsbetriebs haftet neben der bisherigen Unternehmenseinheit auch die übernehmende Gesellschaft. Schließlich haftet der Übernehmer bei Insolvenz der bisherigen Muttergesellschaft.[86]

4. Schadensersatz

46 Nach dem Grundsatz des § 249 schuldet der Täter Schadensersatz grundsätzlich in der Form der **Wiederherstellung in Natur.** Belieferung für die Zukunft kann nach richtiger Ansicht nicht als Wiederherstellungsanspruch, sondern nur als Beseitigungs- oder Unterlassungsanspruch verlangt werden (Rn. 61).

47 Soweit der Schadensersatzanspruch, wie meist, auf **Geldersatz** gerichtet ist (§ 251 BGB), geht er auf Ausgleich der durch die Wettbewerbsbeschränkung adäquat kausal verursachten Vermögenseinbuße in Form eines **erhöhten Kaufpreises** (Preisaufschlag) und Ersatz des entgangenen Gewinns, etwa durch Reduzierung der Nachfrage der Abnehmer oder – bei Behinderung oder Liefersperre – durch Beschränkung oder Verteuerung des Angebots des Betroffenen (§ 252 BGB). Die Beweislast hierfür trifft grundsätzlich den Geschädigten.[87] Dass die Praktizierung eines Kartells oder ein Machtmissbrauch zu einem Preisaufschlag und zu Gewinneinbußen beim unmittelbar Betroffenen führt, ist anzunehmen. Die Schadensersatzrichtlinie (Art. 17 Abs. 2) stellt eine widerlegbare Vermutung auf, dass Kartellverstöße einen Schaden verursachen. Dies besagt aber nichts über den Umfang des Schadens. Die Ursächlichkeit des Verstoßes ist durch Vergleich des effektiven mit dem **hypothetischen Wettbewerbspreis** zu bestimmen. Als Hilfsmittel kommt etwa ein Vergleich der effektiven Preise und Gewinne des geschädigten Unternehmens mit denjenigen, die vor dem rechtswidrigen Verhalten des diskriminierenden oder behindernden Unternehmens erzielt werden, aber auch ein Vergleich mit Daten aus anderen räumlichen oder sachlichen Märkten in Betracht.[88] Derartige Vergleichmodelle erübrigen aber nicht die

---

[85] *Krüger* NZKart 2013, 483, 487; *Kersting* WuW 2014, 564, 571 f.

[86] EuGH U. v. 16.11.2000 Rs. C-279/98 P – *Cascades;* U. v. 13.6.2013 Rs. C-511/11 P – *Versalis,* WuW/E EU-R 2764 Rn. 52–55; U. v. 18.12.2014 Rs. C 434/13 P – *Marineschläuche,* WuW/E EU-R 3258 Rn. 40, 53 f.; Slg. 2000, I-9693 Rn. 77 ff.; EuG U. v. 17.12.1991 T-6/89 – *Enichem Anic,* Slg. 1991, II-1623 Rn. 237; U. v. 11.3.1999 Rs. T-134/94 – *NHW Stadtwerke,* Slg. 1999, II-239 Rn. 127 ff.; näher hierzu *Schnelle* WuW 2015, 332, 334 ff.; *Braun/Kellerbauer* NZKart 2015, 211, 213; *Steinle* FS. Bechtold 2006, S. 541 ff.; *Zimmer/Paul* WuW 2007, 970.

[87] BGHZ 190, 145 Rn. 44, 64 – *ORWI* = WuW/E DE-R 3431 = NJW 2012, 928; für Schadensvermutung aber KG WuW/E DE-R 2773 Rn. 38 f. – *Berliner Transportbeton.*

[88] BGHZ 83, 238, 244 – *Meiereizentrale* = WuW/E BGH 1911 = NJW 1982, 1759; BGH WuW/E BGH 2647, 2652 – *Nora-Kunden-Rückvergütung* = NJW-RR 1990, 11; KG WuW/E DE-R 2773, 2776 f. – *Berliner Transportbeton;* OLG Düsseldorf WuW/E DE-R 4117, 4125 f. – *Badarmaturen;* OLG Frankfurt WuW/E DE-R 3163, 3169 – *Arzneimittelpreise.*

Bewertung im Einzelfall. Zu beachten ist insbesondere, dass auch ohne ein Kartell ein Preiserhöhungsspielraum durch bewusstes Parallelverhalten bestehen kann.

Besondere Schwierigkeiten bei der Schadensermittlung bestehen, wenn es nicht um die kartellbedingte Preiserhöhung auf der ersten Marktstufe, sondern auf den **Anschlussmärkten** geht. Grundsätzlich hat der mittelbar Geschädigte entsprechende Darlegungen und Nachweise über die konsekutive Weiterwälzung des Kartellpreises in der ganzen vorgelagerten Veräußerungskette zu machen bzw. zu erbringen.[89] Es gibt angesichts der ökonomischen Komplexität der Preisbildung und der unterschiedlichen Wettbewerbsintensität auf den nachgelagerten Märkten keine tatsächliche Vermutung dafür, dass eine kartellbedingte Preiserhöhung auf den Anschlussmärkten weitergegeben worden ist. Vielmehr bedarf es stets der Feststellung, dass nicht andere Faktoren, wie etwa eine besondere Marktstellung oder Leistungsfähigkeit des Anbieters auf dem Anschlussmarkt, für die Preiserhöhung maßgeblich gewesen sind. Umgekehrt können die Wettbewerbsverhältnisse auf dem Anschlussmarkt (geringe Preiselastizität, fehlende Ausweichmöglichkeiten und sonstwie geringe Wettbewerbsintensität) eine Abwälzung des Aufpreises nahelegen. Für die Beweiswürdigung kann auch die Begründung der Preiserhöhung gegenüber den Abnehmern eine Rolle spielen.[90] Die **Schadensersatzrichtlinie** erlegt zwar ebenfalls die Beweislast für die Abwälzung des Preisaufschlags auf den mittelbar Geschädigten diesem auf. Der Geschädigte hat jedoch einen Anspruch auf **angemessene Offenlegung** durch den Verletzer und Dritte (Art. 14 Abs. 1) und es besteht ein **Anscheinsbeweis für die Abwälzung,** wenn der mittelbar Geschädigte nachgewiesen hat, dass der Beklagte einen Kartellverstoß begangen hat, dieser einen Preisaufschlag beim unmittlearen Abnehmer zur Folge hatte und der mittelbar Geschädigte kartellbefangene Waren oder Dienstleistungen erworben hat (Art. 14 Abs. 2). Dieser kann durch den Beklagten erschüttert werden.[91] Hinsichtlich der Angemessenheit der Offenlegung wird man sich an den Art. 5 und 6 der Richtlinie orientieren können. § 142 Abs. 1 ZPO ist zum Zweck der Umsetzung der Anforderungen nach der Richtlinie ausdehnend auszulegen oder entsprechend zu ändern. Praktisch werden durch die Richtlinie die Beweisanforderungen im Interesse der Funktionsfähigkeit des Schadensausgleichs erheblich zugunsten des mittelbar Geschädigten reduziert. Insgesamt handelt es sich um eine ausgewogenere Lösung als die des bisherigen deutschen Rechts. **48**

Schwierigkeiten der **Berechnung des Schadensumfangs** sollen nach dem Gesetz im Wege der Schätzung nach § 252 BGB, § 287 ZPO überwunden werden (§ 33 Abs. 3 S. 3). Dies entspricht Art. 17 Abs. 1 S. 2 der Schadensersatzrichtlinie. Außerdem kann das Gericht edie Hilfe der Wettbwerbsbehörden in Anspruch nehmen (Art. 17 Abs. 3). Zur Erleichterung der Ermittlung des Schadensumfangs hat die Kommission eine Mitteilung und einen umfangreichen **Praktischen Leitfaden**[92] veröffentlicht, die Schäden durch Preiserhöhungen und Behinderungen aufgrund von Verstößen gegen EU-Kartellrecht betreffen. Die dort aufgeführten Ermittlungsmethoden werden auch bei Verstößen gegen das GWB von Nutzen sein. Gleichwohl dürften die Beweisanforderungen Schadensersatzklagen von Abnehmern auf ferneren Marktstufen, insbesondere Verbrauchern, erheblich erschweren, **49**

---

[89] BGHZ 190, 145 Rn. 41 ff., 72 – *ORWI* = WuW/E DE-R 3431 = NJW 2012, 928; *Alexander,* S. 390 ff.; *Emmerich* in: Immenga/Mestmäcker, GWB, Rn. 50 ff., 68 f.; *Bornkamm* in: Langen/Bunte, KartellR, Rn. 117 f.; 137 ff. 145 ff.; *Hempel,* S. 45 ff.; *Meeßen,* S. 57 ff.; *Roth* in: FK Rn. 148 ff.

[90] Zu Einzelheiten neben den in Fn. 88 Genannten aus ökonomischer Sicht *Haucap/Stühmeier* WuW 2008, 413; *Inderst/Schwalbe* WuW 2012, 122; *Hüschelrath/Leheyda/Müller/Veith,* S. 79 ff.; *Doose* ZWeR 2014, 300.

[91] Vgl. *Kersting* WuW 2014, 564, 570; *Schweitzer* NZKart 2014, 335, 338 f.

[92] Mitteilung der Kommission zur Ermittlung des Schadensumfangs bei Schadensersatzklage wegen Zuwiderhandlungen gegen Artikel 101 oder 102 des Vertrages über die Arbeitsweise der Europäischen Union, 2013/C 167/07, ABl. 2013, C 167/19; Praktischer Leitfaden hierzu: http://ec.europa.eu/competiton/antitrust/actionsdamages/quantification-guide-de.pdf; vgl. *Bernhard* NZKart 2014, 488; *Emmerich* in: Immenga/Mestmäcker, GWB, Rn. 53, 53a, 56.

wenn nicht gar unmöglich machen, zumal sich die Schäden ohnehin in Streuschäden umwandeln und das wirtschaftliche Interesse an klageweiser Durchsetzung der Ansprüche von Marktstufe zu Marktstufe abnimmt.

50 Das Gesetz sieht vor, dass bei der Schadensschätzung auch der anteilige **Verletzergewinn** zu berücksichtigen ist. Diese Beweiserleichterung geht davon aus, dass bei Beachtung des Gesetzes dieser Gewinn entsprechend dem Umsatz mit einem Betroffenen auf diesen entfallen wäre. Es besteht aber kein Anspruch auf Herausgabe des Verletzergewinns oder auch nur auf einen Unsicherheits- oder Präventionszuschlag,[93] da dies dem Wortlaut des Gesetzes und dem schadensrechtlichen Kompensationsprinzip widerspräche.[94] Der Verletzergewinn ist aufgrund eines Vergleichs zwischen den Umsatzerlösen und den Herstellungs- und Betriebskosten ohne die ohnehin anfallenden Gemeinkosten zu ermitteln.[95] Dabei dürfte freilich der Gewinn, der auch ohne den Verstoß erzielt worden wäre, abzuziehen sein.[96] Die Versagung des Abzugs erleichtert zwar den Beweis, widerspricht jedoch der Kompensationsfunktion des Schadensersatzes. Schwierigkeiten der Ermittlung des Verletzergewinns können in gewissem Umfang durch einen Auskunftsanspruch gemeindert werden. Gleichwohl erscheint es zweifelhaft, ob die Neuregelung zur Verbesserung der Beweislage beiträgt.[97]

51 Umstritten ist die Frage, ob bei einem Preiskartell oder einem Preismissbrauch der Schaden des Abnehmers dadurch entfällt, dass er die durch die Überteuerung bedingten Kosten (den Preisaufschlag) auf die Weiterabnehmer **abwälzen** konnte. § 33 Abs. 3 S. 2 bestimmt ausdrücklich, dass bei überteuertem Bezug einer Ware oder Dienstleistung ein Schaden nicht deshalb ausgeschlossen ist, weil die Ware oder Dienstleistung weiterveräußert wurde. Es ist also zunächst davon auszugehen, dass der (Mindest-)Schaden des Kunden in der Differenz zwischen Kartellpreis und hypothetischem Marktpreis liegt. Die gesetzliche Regelung betrifft jedoch nach ihrem Wortlaut und der Entstehungsgeschichte[98] lediglich die Definition des Schadens, schließt aber eine **Vorteilsausgleichung** bei Weiterveräußerung nicht aus. Wendet man die Grundsätze der Vorteilsausgleichung an, so kann der Schaden insoweit entfallen, als der Täter des Kartellverstoßes nachweist, dass der Kunde die durch den überteuerten Bezug bedingten Mehrkosten auf die Weiterabnehmer abwälzen konnte. Als möglicher Schaden kommt dann nur noch ein **entgangener Gewinn** in Betracht, etwa in Form der Schmälerung des üblicherweise zu erwartenden Gewinns aufgrund kartellbedingten Rückgangs der Nachfrage[99] Daneben sind die Weiterabnehmer als mittelbar Geschädigte berechtigt, ihren Schaden geltend zu machen. Die Gesetzesverfasser sind allerdings davon ausgegangen, dass die Versagung des Vorteilsausgleichs nach dem Normzweck des § 33 der h. M. entspreche, ohne freilich eine abschließende Entscheidung treffen zu wollen.[100]

---

[93] Dafür aber *Ellger* in: FS. Möschel, 2011, S. 191, 220 ff.

[94] *Emmerich* in: Immenga/Mestmäcker, GWB, Rn. 69; *Bechtold/Bosch,* GWB, Rn. 33; *Meeßen,* S. 425 ff.; *Alexander,* S. 390 ff.; a. M. *Schnelle* in: FS. Mailänder 2006, S. 195, 20; *Roth* in: FS. U. Huber 2006, S. 1133, 1167.

[95] Begr. 2004, S. 54; *Schütt* WuW 2004, 1124, 1130; *Emmerich* in: Immenga/Mestmäcker, GWB, Rn. 72; *Bechtold/Bosch,* GWB, Rn. 33; *Bornkamm* in: Langen/Bunte, KartellR, Rn. 156.

[96] *Hempel* WuW 2004, 368, 370; a. M. Begr. 2004, S. 54; *Schütt* WuW 2004, 1124, 1130.

[97] *Emmerich* in: Immenga/Mestmäcker, GWB, Rn. 73; *Schütt* WuW 2004, 1124, 1130; *Fuchs* WRP 2005, 1384, 1395; *Lübbig* WRP 2004, 1254, 1257 f., 1259; eher positiv *Hempel* WuW 2004, 368, 377; *Bornkamm* in: Langen/Bunte, KartellR, Rn. 157.

[98] Begr. 2004, S. 35; Bericht 2005, S. 49; ebenso LG Dortmund WuW/E DE-R 1352 – *Vitaminpreise in Dortmund; Bulst* NJW 2004, 2201 f.; *Berrisch/Burianski* WuW 2005, 878, 885.

[99] So etwa OLG Düsseldorf WuW/E OLG DE-R 3224, 3228 – *Netzdurchleitungsentgelte; Kommission,* Weißbuch, S. 9; *Bornkamm* GRUR 2010, 501, 502 f.; *K. Westermann* in: FS. H. P. Westermann, 2008, S. 1605, 1620 ff.; *Topel* in: Wiedemann, Handbuch des Kartellrechts, § 50 Rn. 91; stark einschränkend *Fuchs* ZWeR 2011, 192, 210 ff.; w. Nachw. Voraufl. Rn. 76.

[100] Begr. 2004, S. 35; Ausschussbericht 2005, S. 49; gegen Vorteilsausgleich etwa Voraufl. Rn. 40 m. w. Nachw. in Fn. 78; *Alexander,* S. 410 ff.; *Kersting* ZWeR 2008, 252, 261 ff.; *Mestmäcker/Schweitzer,* Europäisches Wettbewerbsrecht, § 22 Rn. 35; *Raum* in: FS. Hirsch, 2008, S. 301, 304 f.

Die Bejahung der Anspruchsberechtigung mittelbarer Abnehmer im Hinblick auf die europarechtlichen Vorgaben und den vorrangigen Kompensationszweck des Gesetzes macht es fast schon zwingend, die Grundsätze der Vorteilsausgleichung anzuwenden, um eine **Überkompensation zu vermeiden.** Wenn der Präventionszweck des Kartellschadensersatzes bei der Bestimmung der Anspruchsberechtigten als sekundär angesehen wird, muss dies auch hinsichtlich der Ausgestaltung des Schadensersatzes gelten. Dies ist unabhängig davon, ob die **Art. 101, 102 AEUV** oder die Verbote des nationalen Rechts betroffen sind. Das EU-Recht überlässt diese Frage zwar bisher insoweit dem nationalen Recht, als dieses auch eine Regresslösung zugunsten mittelbar Betroffener wählen kann.[101] Die zum Teil befürwortete Alternative einer Anspruchsberechtigung mit Innenausgleich nach den Regeln der Gesamtgläubigerschaft nach §§ 428–430 BGB[102] steht vor dem Problem, dass die Anforderungen des § 428 BGB nicht vorliegen, da es sich bei Kartellschäden auf den verschiedenen Marktstufen nicht um identische Schäden und Ansprüche handelt. Der BGH hat sie daher im *ORWI*-Urteil[103] mit Recht abgelehnt. Auch im Hinblick auf die fehlende Gesamtwirkung von Rechtshängigkeit und Rechtskraft (§§ 429 Abs. 3, 425 Abs. 2 BGB) überwiegen die Nachteile dieser Lösung. Eine sonstige Anrechnungslösung bedürfte einer gesetzlichen Regelung.[104] Für die Zukunft schreibt die Schadensersatzrichtline (Art. 3 Abs. 3, Art. 13) einen Vorteilsausgleich vor, so dass Regresslösungen ausscheiden. 52

Die **Voraussetzungen für die Vorteilsausgleichung** sind – abgesehen vom Erfordernis eines adäquaten Kausalzusammenhangs – allerdings unklar. Zum Teil wird vorgeschlagen, aus Gründen der Prävention die Vorteilsausgleichung nur dann zuzulassen, wenn der Verkaufspreis des unmittelbar Geschädigten ausschließlich auf eigener Leistung beruhte, er zweifellos den Schaden völlig weitergewälzt hat und die Weiterwälzung für ihn kein Risiko darstellte oder der indirekte Abnehmer tatsächlich kompensiert worden ist.[105] 53

Auch der BGH[106] schränkt den Vorteilsausgleich stark ein. Danach erfordert der Vorteilsausgleich nicht nur die Weiterwälzung des Aufpreises durch den Betroffenen auf den Abnehmer auf der nachgelagerten Marktstufe nach den Maßstäben, die für die Abwälzung auf der ersten Marktstufe gelten. Vielmehr darf der Betroffene auch **keine Gewinneinbußen** durch negative Mengeneffekte, erhöhte Kosten und entgangene Skalenvorteile erlitten haben und die erhöhten Preise dürfen auch nicht auf **eigener Leistung** oder neuer Wertschöpfung des Betroffenen (z. B. bei Verarbeitung) beruhen. Für die völlige Schadensfreiheit des Betroffenen soll der Verletzer **darlegungs- und beweispflichtig** sein. Beweiserleichterungen für den Verletzer steht der BGH reserviert gegenüber; sekundäre Darle- 54

---

[101] So EuGH U. vom 20.10.2011 Rs. C-94/1052 – *Danfoss,* Slg. 2011, I-9963 Rn. 28; vgl. *Bulst* ZWeR 2012, 70, 82 f.

[102] KG WuW/E DE-R 2773, 2785 – *Berliner Transport-Beton; Logemann,* S. 395 ff.

[103] BGHZ 190, 145 Rn. 22 mit Rn. 55 ff. – *ORWI* = WuW/E DE-R 3431 = NJW 2012, 928; BGH WuW/E DE-R 4328 Rn. 49 – *Stromnutzungsentgelte VI;* ebenso *Fuchs* ZWeR 2011, 192, 208 ff.; *ders.* in: Remien, S. 55, 70 ff.; *Bulst* in: Möschel/Bien, S. 225, 253 ff.; *Bornkamm* in: Langen/Bunte, KartellR, Rn. 137 ff.; *ders.* GRUR 2010, 501, 505 f.; *Bien* in: FS. Möschel, 2011, S. 131, 143; *Emmerich* in: Immenga/Mestmäcker, GWB, Rn. 65.

[104] Zu alternativen Regresslösungen nach geltendem Recht (Geschäftsgrundlage und Anfechtung wegen arglistiger Täuschung) vgl. *Al-Deb'i/Krause* ZGS 2006, 19, 22 ff.; *Palzer/Preisendanz* EWS 2010, 215; *Mayer* WuW 2010, 29; *Kahle,* Die Leistungskondiktion als Alternative zum Kartellschadensersatzanspruch, 2013.

[105] *Fuchs* ZWeR 2011, 192, 210 ff.; ebenso jetzt *ders.* in: Remien, S. 55, 75 ff.

[106] BGHZ 190, 145 Rn. 55 ff. – *ORWI* = WuW/E DE-R 3431 = NJW 2012, 928; ebenso *Emmerich* in: Immenga/Mestmäcker, GWB, Rn. 65 ff.; *Bornkamm* in: Langen/Bunte, KartellR, Rn. 137 ff.; *Kirchhoff* WuW 2012, 927, 929 ff.; Kersting/Dworschak JZ 2012, 777, 761; kritisch zur Gesamtsaldierung und zu den Beweisanforderungen *Buntschek,* WuW 2013, 947, 952 ff.; *Bulst* ZWeR 2012, 70, 85 f.; *Fuchs* in: Remien, S. 55, 72 ff.; *Lübbig/Mallmann* WRP 2012, 166, 171; *Morell* WuW 2013, 959, 961 ff.; *Hartmann-Rüppel/Ludewig,* ZWeR 2012, 90, 101 ff.

gungslasten des Geschädigten werden im Interesses des Schutzes sensibler Geschäftsdaten und aus Gründen der Effektivität des Kartellrechts für den Regelfall ausgeschlossen und allenfalls nach Maßgabe einer Abwägung im Einzelfall zugelassen. Für mittelbar Geschädigte auf den nachfolgenden Marktstufen, die den Kartellbeteiligten in Anspruch nehmen, sollen die gleichen materiellen und Beweisgrundsätze gelten.

55 Es ist jedoch kein überzeugender Grund dafür ersichtlich, mit der einen Hand aus Gründen der Kompensation den Vorteilsausgleich grundsätzlich zu gewähren und ihn mit der anderen Hand aus Gründen der Prävention und Effektivität des Kartellrechts für den Regelfall wieder zu entziehen. Es ist sicherlich nach allgemeinen Grundsätzen nicht prinzipiell unangemessen, dem Verletzer **die Darlegungs- und Beweislast** dafür aufzuerlegen, dass und in welchem Umfang der unmittelbar Betroffene den Schaden in Form des Preisaufschlags auf die folgende Marktstufe abgewälzt hat (dazu Rn. 48f.). Gelingt der Beweis, so steht fest, dass dieser einen unmittelbaren Schaden nicht erlitten hat. Für den dann nur noch in Betracht kommenden **mittelbaren Schaden** in Form eines entgangenen Gewinns, der etwa durch Umsatzeinbußen, entgangene Skaleneffekte oder eigene zusätzliche Aufwendungen bedingt sein kann, muss dieser aber darlegungs- und beweispflichtig sein. Es handelt sich um unterschiedliche Schadensposten, die eine unterschiedliche Behandlung verdienen. Die allgemeinen Regeln des Vorteilsausgleichs gestatten keinen Gesamtvermögensvergleich. Triftige kartellrechtliche Gründe, hiervon abzuweichen, sind nicht ersichtlich. Die Präventionsanreize auf der zweiten Marktstufe würden erheblich vermindert, da dort Klageaktivitäten stark erschwert und verteuert würden. Darüber hinaus wäre der Kartellbeteiligte auch **typischer Weise in Beweisnot,** wenn er im Wege des Negativbeweises das Fehlen eines Gewinnrückgangs beim Geschädigten darzulegen und zu beweisen hätte. Praktisch würde damit eine Überkompensation, die doch vermieden werden sollte, wieder zum Regelfall und der Vorteilsausgleich würde über die Hintertür ausgeschlossen.[107] Anders könnte man allenfalls entscheiden, wenn zumindest generelle sekundäre Darlegungslasten des Betroffenen anerkannt würden. Der Schutz sensibler Daten ist ein Problem, das sich bei jeder Klage auf Ersatz des entgangenen Gewinns stellen kann, rechtfertigt aber nicht die Ablehnung einer erhöhten Mitwirkungslast des Schadensersatzklägers.

56 Auch die **Schadensersatzrichtlinie** (Art. 12 Abs. 3, Art. 13f.) trennt im Rahmen der Regelung über den Vorteilsausgleich den Preisaufschlag und den entgangenen Gewinn. Nur für die Abwälzung des Preisaufschlags durch den klagenden Abnehmer trägt der Verletzer die Beweislast, mit Erleichterungen durch angemessene Offenlegung seitens des Beklagten und Dritter. Für die Angemessenheit wird man sich an den Art. 5 und 6 der Richtlinie orientieren können. Es ist daher davon auszugehen, dass nach der Richtlinie der (unmittelbar oder mittelbar) Geschädigte den Gewinnentgang nachweisen muss.

57 Werden Schadensersatzklagen auf **mehreren Stufen der Veräußerungskette** erhoben, besteht aufgrund der anwendbaren Beweislastregel die Gefahr einer **mehrfachen Inanspruchnahme** des Verletzers und Überkompensation der Abnehmer, aber auch eines völligen Ausfalls der Haftung des Verletzers aufgrund widersprüchlicher Entscheidungen über die Abwälzung des Preisaufschlags. Der BGH[108] will dieser Gefahr mit einer **Streitverkündung** (§§ 72–74, 68 ZPO) begegnen. Diese erscheint allerdings nur auf den unmittelbaren Anschlussmärkten, nicht über die ganze Veräußerungskette hin praktikabel. Auch besteht die Möglichkeit eines Windhundrennens um das früheste Urteil.[109] Art. 12 Abs. 2, Art. 15 der **Schadensdersatzrichtlinie** bestimmen hierzu lediglich, dass Verfahrensvorschriften zur Vermeidung einer Überkompensation zu schaffen sind und die Gerichte entsprechende Schadensersatzklagen und Urteile berücksichtigen können. Denkbar wäre nach

---

[107] Dazu *Fuchs,* a. a. O. (der den Vorteilsausgleich aber anderweitig beschränken will); *Bulst,* a. a. O.

[108] BGHZ 190, 145 Rn. 73 – *ORWI* = WuW/E DE-R 3431 = NJW 2012, 928; dazu *Bergmann/Fiedler* BB 2013, 2179, 2185; *Lübbig/Mallmann* WRP 2012, 166, 177f.

[109] Vgl. *Kersting/Dworschak* JZ 2012, 777, 780f.; *Kersting* WuW 2014, 664, 57.

deutschem Recht über die Streitverkündung hinaus insbesondere der Einsatz der Prozessverbindung nach § 147 ZPO und der Aussetzung nach § 148 ZPO. Im Hinblick auf den engen Anwendungsbereich dieser Vorschriften bedürfte es allerdings einer Gesetzesänderung.

Nach § 33 Abs. 3 S. 4, 5 sind Schadenersatzschulden, die auf Geld gerichtet sind, nach Eintritt des Schadens zu **verzinsen.** Damit wird insbesondere dem Täter der Anreiz genommen, Rechtsbehelfe oder Rechtsmittel gegen die Feststellung eines Verstoßes nach § 32 oder die Inanspruchnahme auf Schadenersatz allein zur Verzögerung einzulegen. Auf einen Verzug kommt es nicht an.[110] Für die Verzinsung gelten die §§ 288 und 289 S. 1 BGB entsprechend. Die Verzinsung beträgt 5 Punkte über dem Basiszinssatz (vorbehaltlich eines höheren Zinsschadens). Der höhere Zinssatz nach § 288 Abs. 2 BGB setzt voraus, dass sich der Verstoß auf eine Entgeltsforderung des Opfers bezieht.[111] **58**

V. Unterlassungs- und Beseitigungsanspruch

1. Allgemeines

§ 33 Abs. 1 gewährt dem vom Verstoß gegen das Gesetz oder eine kartellbehördliche Verfügung betroffenen Unternehmen und Verbraucher einen Unterlassungs- und Beseitigungsanspruch. Dieser ist vorwiegend präventiver Natur und daher **verschuldensunabhängig.** Der Schadensersatzanspruch soll Nachteile durch eine Beeinträchtigung der Handlungsfreiheit für die Vergangenheit ausgleichen; dies gilt auch für die Naturalrestitution. Die Beeinträchtigung des Betroffenen wirkt sich aber oft auch in der Zukunft aus oder sie besteht ausschließlich in zukünftigen Nachteilen. Daher muss der Betroffene bei Bestehen einer (Wiederholungs-)Gefahr auch vorbeugend eine drohende Beeinträchtigung durch einen Unterlassungsanspruch abwehren oder die Beseitigung einer gegenwärtigen Beeinträchtigung, die Quelle einer fortlaufenden Störung ist, durchsetzen können.[112] Der **Unterlassungsanspruch** setzt nach § 33 Abs. 1 S. 1 voraus, dass nach einem Verstoß gegen ein Verbot des Gesetzes oder der Art. 101 Abs. 1, 102 AEUV oder gegen eine behördliche Verfügung eine **Wiederholungsgefahr,** d. h. eine ernstliche und greifbare Möglichkeit der Wiederholung des Verstoßes, besteht, was allerdings zu vermuten ist.[113] Entsprechend dem allgemeinen Recht genügt dem Gesetz (§ 33 Abs. 1 S. 2) aber auch eine **Erstbegehungsgefahr,** also die ernstliche und greifbare Gefahr eines erstmaligen Verstoßes.[114] Der Nachweis einer solchen Gefahr obliegt dem Betroffenen. Der **Beseitigungsanspruch** ist gegeben, wenn eine bereits erfolgte Beeinträchtigung durch einen Verstoß die Quelle einer fortlaufenden, in die Zukunft wirkenden Störung ist (vgl. **Rn. 50**). **59**

2. Parteien

Anspruchsberechtigt ist der Betroffene, d. h. ein Unternehmen oder ein Verbraucher, dem als Wettbewerber oder sonstiger Marktteilnehmer durch einen künftigen Verstoß eine Beeinträchtigung droht (Unterlassungsanspruch) oder das oder der durch eine gegenwärtige Beeinträchtigung einer fortlaufenden Störung in der Zukunft ausgesetzt ist (Beseitigungsanspruch). Es kann sich auch um einen Abnehmer auf einer nachgelagerten Markt- **60**

---

110 BGHZ 199, 1 Rn. 72 – *VBL-Gegenwert* = WuW/E DE-R 4037 = NVwZ-RR 2014, 515; *Emmerich* in: Immenga/Mestmäcker, GWB, Rn. 67.

111 BGH, aaO, Rn. 71; LG Mannheim WuW/E DE-R 3589, 3590 – *Feuerwehrfahrzeuge;* a. M. *Emmerich* in: Immenga/Mestmäcker, GWB, Rn. 76; vgl. *von Bueren* WuW 2012, 1056 f.

112 Vgl. BGHZ 119, 335, 345 – *Stromeinspeisung* = WuW/E BGH 2805 = NJW 1993, 396; *Emmerich* in: Immenga/Mestmäcker, GWB, Rn. 37 f., 43.

113 Vgl. BGHZ 117, 264, 271 – *Nicola* = NJW 1992, 2292; BGH NJW 1995, 2490 – *Kinderarbeit; Fritzsche,* Unterlassungsansprüche und Unterlassungserklärung, 2000, S. 149 ff.; *Emmerich* in: Immenga/Mestmäcker, GWB, Rn. 37 f.

114 BGH, a. a. O.; *Bornkamm* in: Langen/Bunte, KartellR, Rn. 111.

stufe handeln, der in seinem Recht auf unverfälschten Wettbewerb beeinträchtigt ist. **Verpflichtet** ist der Träger des Unternehmens, innerhalb dessen der Verstoß begangen worden ist, darüber hinaus ggf. die verantwortlichen Organpersonen (siehe Rn. 39).

3. Inhalt des Anspruchs

61 Unterlassungs- und Beseitigungsansprüche können nicht nur auf eine Abstandnahme von einem Tun, sondern auch auf **zukünftige Belieferung** oder auf Zahlung eines angemessenen Entgelts für eine Lieferung oder Leistung gerichtet sein. Es ist zweifelhaft, ob die dogmatische Grundlage für einen Anspruch auf Kontrahierung ein verschuldensabhängiger Schadensersatzanspruch in der Form der **Naturalrestitution** oder vielmehr ein verschuldensunabhängiger Anspruch auf **Unterlassung oder Beseitigung** ist. Der BGH neigte in der Vergangenheit der ersteren Auffassung zu,[115] hat aber in neuerer Zeit wiederholt einen dem Kontrahierungszwang ähnlichen Anspruch auf angemessene Vergütung bei Stromeinspeisung auf einen Unterlassungs- und Beseitigungsanspruch gestützt.[116] Die Abgrenzung ist schwierig. Die Nachholung einer beanspruchten und geschuldeten Lieferung kann man durchaus als Naturalrestitution qualifizieren. Jedoch kann man in der Verpflichtung zu einer abgelehnten fortlaufenden Belieferung auch die Beseitigung einer in der Gegenwart noch bestehenden Quelle für eine fortlaufende Störung der Wettbewerbsfreiheit des betroffenen Unternehmens sehen. Die Ablehnung eines gebotenen Vertragsschlusses stellt in dieser Sichtweise eine **fortlaufende oder künftige** Behinderung oder Diskriminierung dar, die durch einen verschuldensunabhängigen Beseitigungs- und Unterlassungsanspruch abgewehrt werden können muss. Diese Auffassung ist grundsätzlich vorzuziehen, weil sie dem Schutzzweck des § 33 eher gerecht wird.[117]

62 **Vermögensnachteile** als solche stellen nicht notwendig eine Störungsquelle dar; erforderlich ist vielmehr ein fortbestehender Eingriff in die Wettbewerbsfreiheit des diskriminierten oder behinderten Unternehmens oder – bei mittelbarer Beeinträchtigung – in das Recht des Unternehmens oder Verbrauchers auf unverfälschten Wettbewerb.[118] Ein solcher Fall liegt etwa bei einem kartellbedingten Zwang zu einer bestimmten Leistung, z. B. zur Zahlung eines Aufpreises, oder bei der Vorenthaltung einer angemessenen Vergütung vor. Eine **Rückerstattung** kann nicht nur durch Abstellungsverfügung, sondern auch im Wege des Beseitigungsanspruchs geltend gemacht werden (siehe auch § 32 Rn. 19).[119]

63 Nach herrschender Meinung kann bei unzulässiger Liefersperre (§ 21 Abs. 1) und Lieferverweigerung (§§ 19 Abs. 3, 20 Abs. 1 und 2) ein **Kontrahierungszwang** bestehen, wenn der Geschädigte auf die verweigerte Lieferung einer bestimmten Menge zu den allgemeinen Preisen und Geschäftsbedingungen des Lieferanten oder für die Zukunft auf Feststellung der Lieferpflicht klagt.[120] Bei anderen Fallgestaltungen der Diskriminierung

---

[115] Seit BGHZ 36, 91, 100 – *Gummistrümpfe* = WuW/E BGH 442 = NJW 1962, 196 st. Rspr.; zuletzt BGH WuW/E DE-R 206, 209 f. – *Depotkosmetik* = NJW-RR 1998, 189.

[116] BGHZ 119, 335, 345 – *Stromeinspeisung* = WuW/E BGH 2805 = NJW 1993, 396; BGH WuW/E BGH 2999, 3000 – *Einspeisungsvergütung* = NJW-RR 1995, 1381; WuW/E 3074, 3076 f. – *Kraft-Wärme-Koppelung* = NJW 1996, 3005; allg. ebenso OLG Karlsruhe WuW/E OLG 2085, 2091 – *Multiplex;* KG WuW/E OLG 2210, 2212 – *Rote Liste.*

[117] *Bechtold/Bosch,* GWB, Rn. 13, 17, 22; *Markert* in: Immenga/Mestmäcker, GWB, § 20 Rn. 231; *Emmerich* in: Immenga/Mestmäcker, GWB, Rn. 44 f.; *Bornkamm* in: Langen/Bunte, KartellR, Rn. 109, 114 ff.; *Busche,* Privatautonomie und Kontrahierungszwang, 1999, S. 396 ff.; zur Abgrenzung von Beseitigung und Unterlassung *Roth* in: FS. Huber, 2006, S. 1133, 1143 ff.

[118] *Rehbinder* NJW 1997, 564 f.; a. M. BGH WuW/E BGH 3074, 3077 – *Kraft-Wärme-Koppelung* = NJW 1996, 3005.

[119] *Bien* ZWeR 2013, 448, 454 ff.; *Roth* in: FK Rn. 181.

[120] BGHZ 49, 90, 98 f. – *Jägermeister* = WuW/E BGH 886 = NJW 1968, 400; WuW/E BGH 1238, 1245 – *Registrierkassen* = NJW 1973, 280; WuW/E BGH 1567, 1569 – *Nordmende* = NJW 1979, 2152; WuW/E BGH 1885 – *adidas* = GRUR 1981, 917; WuW/E DE-R 206, 209 – *Depotkosmetik* = NJW-RR 1998, 190; WuW/E DE-R 357, 359 – *Feuerwehrgeräte.*

kommt ein Kontrahierungszwang nur ausnahmsweise in Form etwa der Zulassung zu wesentlichen Einrichtungen (§ 19 Abs. 2 Nr. 4), der Berücksichtigung bei der Vergabe von Leistungen und Vergütungen oder der Aufnahme in einen Verband in Betracht, wenn es sich um den **einzigen Weg** zur Wiederherstellung eines rechtmäßigen Zustands handelt[121] oder auszuschließen ist, dass der Verletzer die zur Behebung des Verstoßes denkbaren Alternativen in Betracht ziehen wird.[122] Grundsätzlich besteht jedoch nur ein Anspruch auf Unterlassung oder Beseitigung. Es bleibt dem diskriminierenden Unternehmen überlassen, wie es die Diskriminierung beseitigen will.[123] Belieferungsansprüche wegen diskriminierender Praktizierung eines selektiven Vertriebssystems werden von der h. M.[124] abgelehnt, da der Unternehmer die Freiheit behalten müsse,stattdessen das (durch die Diskrimierung rechtswidrige) selektive Vertriebssystem ganz zu beenden. Diese Auffassung ist durch die europäische Rechtsprechung nicht geboten, da diese die Frage nach der Zuerkennung von Belieferungsansprüchen dem nationalen Zivilrecht zuweist.[125] Ihr ist jedenfalls in dieser Allgemeinheit nicht zu folgen.[126]

Die Ansprüche können nur ausnahmsweise im Wege der **einstweiligen Verfügung** geltend gemacht werden, weil diese die Hauptsache vorwegnehmen würde. Derartige Leistungsverfügungen sind nur zulässig, wenn dem Verfügungskläger für den Fall, dass er nicht sofort eine gerichtliche Entscheidung erwirkt, erhebliche Wettbewerbsnachteile drohen.[127] 64

4. Verbandsklage

Nach § 33 Abs. 2 können Unterlassungs- und Beseitigungsansprüche auch von rechtsfähigen Verbänden zur Förderung gewerblicher und selbständiger beruflicher Interessen und von Verbraucherverbänden geltend gemacht werden. Die Aktivlegitimation von **Verbraucherverbänden** ist durch die 8. Novelle eingefügt worden, die damit einer seit langem erhobenen Forderung Rechnung getragen hat. Die praktische Bedeutung der Verbandsklage war bisher gering. Durch Einführung der Verbraucherverbandsklage könnte das Institut der Verbandsklage im Kartellrecht aber künftig an Bedeutung gewinnen. 65

§ 33 Abs. 2 enthält in Anlehnung an § 8 Abs. 3 Nr. 2 UWG **Einschränkungen** der Verbandsklage, die nur Verbände zur Förderung **gewerblicher Interessen** betreffen. Sie richten sich gegen das im Wettbewerbsrecht (nicht aber im Kartellrecht) bekannte Phänomen der „Abmahnungsvereine" und sollen zum Teil auch die extensive frühere kartellrechtliche Rechtsprechung[128] korrigieren. Die 8. Novelle hat diese Restriktionen aber zum Teil wieder zurückgeschraubt. Aus der Bezugnahme auf die Vertretung wirtschaftlicher und selbständiger beruflicher Interessen folgt zunächst, dass der Verband Ansprüche nur im Rahmen seines **satzungsmäßigen Interessenbereichs** verfolgen darf. Auch Industrie- 66

---

[121] OLG Düsseldorf, WuW/E DE-R 569, 578 – *Puttgarden II* = NVwZ-RR 2002, 146; *Bornkamm* in: Langen/Bunte, KartellR, Rn. 114f.; *Emmerich* in: Immenga/Mestmäcker, GWB, Rn. 45f.; *Bechtold,* GWB, Rn. 15, 17; *Roth* in: FK Rn. 167.

[122] OLG Karlsruhe WuW/E OLG 2217, 2223 – *Allkauf-Saba.*

[123] BGH WuW/E DE-R 1724 Rn. 15 – *Hinweis auf konkurrierende Schilderpräger* = NJW 2006, 1979; WuW/E DE-R 1832 Rn. 18 – *Lesezirkel II* = NJW 2007, 83.

[124] BGH WuW/E DE-R 206, 208f. – *Depotkosmetik* = NJW-RR 1998, 120; *Weyer* GRUR 2000, 848; *Bornkamm* in: Schwarze (Hrsg.), Neuere Entwicklungen auf dem Gebiet des europäischen Wettbewerbsrechts, 1999, S. 47, 53.

[125] EuG U. v. 18.9.1992 Rs. T-24/90 – *Automec II,* Slg. 1992, II-2223 Rn. 50 = EuZW 1993, 103; U. v. 28.2.2002 Rs. T-395/94 – *Atlantic Container Line,* Slg. 2002, II-875 Rn. 414.

[126] *Hempel,* Privater Rechtsschutz, S. 110f.; *Wurmnest* in: Behrens/Braun/Novak, S. 213, 245; *Rheinländer* WRP 2007, 501.

[127] OLG Hamburg WuW/E OLG 5703, 5705f. – *Fachdental Nord II* = NJWE-WettbR 1997, 286; OLG Stuttgart NJW-RR 1990, 940 – *Sendezeit in der Hörfunkwerbung; Markert* in: Immenga/Mestmäcker, GWB, § 20 Rn. 232 m. w. Nachw.

[128] Vgl. BGHZ 119, 93, 100 – *Selbstzahler* = WuW/E BGH 2813 = NJW 1993, 789; BGHZ 129, 203, 206f. – *Hitlisten-Platten* = WuW/E BGH 2977 = NJW 1995, 2293.

und Handelskammern, Handwerkskammern, Berufsorganisationen der Landwirtschaft, Rechtsanwaltskammern und Apothekerkammern sind klagebefugt, allerdings nur im Rahmen ihres satzungsmäßigen Aufgabengebiets.[129] Dem Verband muss eine erhebliche Zahl von **betroffenen Unternehmen** im Sinne des § 33 Abs. 1 S. 1 angehören. Damit wird ein Gleichklang mit den Kriterien der individuellen Anspruchsberechtigtigung wieder hergestellt, wie er vor der 7. Novelle bestand. Dies bedeutet aber nicht, dass die Mitglieder im Einzelfall anspruchsberechtigt sein müssen. Es ist nur erforderlich, dass die Unternehmen Waren oder Dienstleistungen gleicher oder verwandter Art anbieten oder beziehen, nicht jedoch, dass sie auf demselben Markt tätig sind. Erfasst sind auch benachbarte Märkte und unterschiedliche Marktstufen.[130]

67 Ferner wird eine erhebliche Zahl von betroffenen Unternehmen verlangt, was wohl wie nach bisherigem Recht eine für das Wettbewerbsgeschehen auf dem Markt **repräsentative Anzahl** von Mitgliedern verlangt. Im Einzelnen hängt dies von der Größe und Struktur de betroffenen Marktes einschließlich der relevanten Marktstufen ab.[131] Auch Dachverbände sind klageberechtigt.[132] Der Verband muss weiterhin nach seiner personellen, sachlichen und finanziellen **Ausstattung** imstande sein, seine satzungsmäßigen Aufgaben der Verfolgung gewerblicher und selbständiger beruflicher Interessen tatsächlich wahrzunehmen. Ein bloßer Abmahnverein erfüllt diese Voraussetzung nicht.[133] Entgegen dem bisherigen Recht ist nicht mehr erforderlich, dass die Zuwiderhandlung die Interessen der Verbandsmitglieder berührt. Der Verbandszweck und das Merkmal der Betroffenheit stellen eine ausreichende Legimationsgrundlage dar.

68 Der Unterlassungs- und Beseitigungsanspruch steht dem Verband aus **eigenem Recht** zu. Er muss nur in seinen satzungsmäßigen Aufgaben berührt sein. Es handelt es sich nicht um Prozessstandschaft für die Mitglieder, da deren Anspruchsberechtigung für den geltend gemachten Anspruch nicht erforderlich ist. Gleichwohl gelten die oben genannten Voraussetzungen für die Anspruchsberechtigung des Verbands auch als Prozessvoraussetzungen.[134]

69 Nach § 33 Abs. 2 Nr. 2 können nunmehr auch **Verbraucherverbände** Unterlassungs- und Beseitigungsansprüche geltend machen. Dies gilt für rechtsfähige Verbraucherverbände, die in die Liste qualifizierter Einrichtungen nach § 4 UKlG, oder ausländische Ver bände oder Einrichtungen des Verbraucherschutzes, die in das Verzeichnis der Kommission nach der Richtlinie 2009/22 über Unterlassungsklagen zum Schutz von Verbraucherinteressen (in der jeweils geltenden Fassung) eingetragen sind. Voraussetzung für die Eintragung ist, dass der Verband überwiegend die **Kollektivinteressen der Verbraucher** durch Aufklärung und Beratung wahrnimmt. Dieses Erfordernis ist weit auszulegen.[135] Die Klagebefugnis setzt den Nachweis der Eintragung voraus. Im Übrigen muss der Klagegegenstand durch den konkreten Satzungszweck gedeckt sein.

---

[129] BGHZ 109, 153, 155 f. – *Rechtsanwaltskammer;* BGH GRUR 1999, 1104, 1105 – *Ärztekammer* (für UWG); *Schindler* WRP 2004, 835, 838; *Bornkamm* in: Langen/Bunte, KartellR, Rn. 99.

[130] *Emmerich* in: Immenga/Mestmäcker, GWB, Rn. 102, 106; *Bornkamm* in: Langen/Bunte, KartellR, Rn. 95, 101; *Bien* ZWeR 2013, 448, 452 f.; vgl. zum UWG BGH GRUR 1997, 541, 542 – *Produktinterviews;* zur Kritik am bisherigen Recht siehe etwa *Köhler* WRP 2007, 602, 603.

[131] Vgl. BGHZ 158, 236, 251 – *Internet-Auktion* = NJW 2004, 854; BGH GRUR 1998, 170, 171 f. – *Händlervereinigung;* NJW 2009, 1887 Rn. 12 – *Sammelmitgliedschaft VI;* KG GRUR-RR 2001, 344, 245 – *Internetapotheke* (für UWG); *Emmerich* in: Immenga/Mestmäcker, GWB, Rn. 107; *Schindler* WRP 2005, 835, 839.

[132] Vgl. BGH GRUR 2005, 522, 523; GRUR 2005, 689 = NJW-RR 2005, 1128.

[133] Vgl. für das UWG BGH GRUR 1998, 489, 490 – *Unbestimmter Unterlassungsanspruch;* GRUR 1999, 116, 177 f. – *Wir dürfen nicht feiern.*

[134] BGHZ 133, 316, 319 – *Altuntersagung I* = NJW 1997, 1702; BGH GRUR 2005, 689 – *Samenmitgliedschaft.*

[135] BGHZ 170, 18 Rn. 21 = NJW 2007, 593 = GRUR 2007, 624; *Bien* in: ders., Das deutsche Kartellrecht, 2013, S. 329, 335; *Emmerich* in: Immenga/Mestmäcker, GWB, Rn. 111.

Weitere Anforderungen stellt das Gesetz nicht. Der Verband kann daher unter diesen Voraussetzungen gegen **jeden materiellen Verstoß** gegen das Gesetz oder Art. 101, 102 AEUV vorgehen. Der Gesetzgeber setzt damit voraus, dass diese Regelungen auch dem Schutz der Verbraucher dienen. Die Verbraucherverbände sind ist im Gegensatz zu den Verbänden zur Förderung gewerblicher Interessen umfassend als Hüter des Verbraucherschutzes im Kartellrecht eingesetzt. Allerdings dürften Beseitigungsansprüche auf **Rückerstattung** nur insoweit zulässig sein, als die Verbraucher unmittelbar betroffen sind und auf Rückerstattung an sie geklagt wird.[136] 70

VI. Prozessuale Fragen

Hinsichtlich der **Beweislast** in Verfahren zur Anwendung der Art. 101 und 102 AEUV enthält Art. 2 VO 1/2003 eine Regelung, die auch für den Zivilprozess gilt. Danach obliegt die Beweislast für den Verstoß der Partei, die den Vorwurf erhebt, also dem Betroffenen (S. 1), während die Beweislast dafür, dass die Voraussetzungen des Art. 101 Abs. 3 AEUV vorliegen, das Unternehmen, das sich auf diese Regelung beruft, zu tragen hat. Ersteres gilt nach dem Wortlaut der Regelung und einer systematischen Auslegung auch für **Tatbestandsrestriktionen** des Kartellverbots, insbesondere solche im Rahmen der modernen ökonomischen Betrachtungsweise. Da es sich hier in der Sache um Ausnahmetatbestände handelt, deren Nichtvorliegen zudem vom Kläger schwer zu beweisen ist, liegt eine restriktive Auslegung der Regelung und Anwendung des Art. 2 S. 2 VO 1/2003 nahe.[137] Bei Anwendung des § 1 auf vertragliche Wettbewerbsbeschränkungen mit zwischenstaatlichen Auswirkungen ist diese Regelung ebenfalls anzuwenden, weil sonst die in Art. 3 Abs. 2 VO 1/2003 ausgesprochene Verdrängungswirkung milderen EU-Kartellrechts und der nach allgemeinen Grundsätzen bestehende Vorrang strengeren EU-Kartellrechts[138] unterlaufen würden. Sie gilt aber nicht für einseitiges Verhalten der Unternehmen und auch nicht für vertragliche Wettbewerbsbeschränkungen ohne zwischenstaatliche Auswirkungen. Jedoch ergibt sich eine entsprechende Beweislastverteilung für die haftungsbegründenden Tatsachen aus allgemeinen Grundsätzen des deutschen Rechts.[139] Die Geltung der Vermutungsregel des § 19 Abs. 2 Nr. 4 für den Zivilprozess ist streitig.[140] § 29 S. 1 Nr. 1 gilt nicht im Zivilprozess. 71

Art. 2 VO 1/2003 ist nicht abschließend.[141] Nach dem durch die VO 1/2003 und die 7. Novelle vorgenommenen Systemwechsel der Kartellpolitik wurden – über die singuläre Vorschrift des § 20 Abs. 4 hinaus – **Beweiserleichterungen** zugunsten des Betroffenen für möglich gehalten, die aber Art. 2 VO 1/2003 nicht aushebeln dürfen.[142] Hierfür dürfte nach Umsetzung der **Schadensersatzrichtlinie** aber kaum ein Bedürfnis bestehen. Die Richtlinie führt eine Reihe von Beweisregeln für die Schadensverursachung, auch in der Veräußerungskette, den Schadensumfang und Vorteilsausgleich bei der Abwälzung des Preisaufschlags ein, die auch eine angemessene Offenlegung von Beweismitteln durch 72

---

[136] Weitergehend wohl *Bien* ZWeR 2013, 448, 458 f.; gänzlich ablehnend *Roth* in: FK Rn. 189.

[137] Zum Problem *Bornkamm/Becker* ZWeR 2005, 213, 231 ff.; *Emmerich* in: Immenga/Mestmäcker, GWB, Rn. 83.

[138] Vgl. **Art. 3 VerfVO Rn. 5, 19.**

[139] BGHZ 190, 145 Rn. 94 – *ORWI* = WuW/E DE-R 3431 = NJW 2012, 92; *Emmerich* in: Immenga/Mestmäcker, GWB, Rn. 82; vgl. *Baumbach/Lauterbach/Albers/Hartmann,* Zivilprozeßordnung, 73. Aufl. 2015, § 286 Anh., Rn. 2 f.; *Rosenberg/Schwab/Gottwald,* Zivilprozeßrecht, 17. Aufl. 2010, § 117 II.

[140] Dazu *Ittner,* Die Vermutungen des Gesetzes gegen Wettbewerbsbeschränkungen, 1998, S. 254 ff.; *Bechtold,* GWB, Rn. 81.

[141] *Wurmnest* in: Behrens/Braun/Novak, S. 213, 232.

[142] *Wurmnest* in: Behrens/Braun/Novak, S. 213, 232 f.; *Kirchhoff* WuW 2004, 745, 749 f.; *Berrisch/Burianski* WuW 2005, 878, 883 f.; *Bulst* EWS 2004, 403, 410; *Lampert/Weidenbach* ZEuP 2007, 152; *Lübbig/le Bell* WRP 2006, 1209, 1214 f.

die andere Partei und Dritte einschließlich der Wettbewerbsbehörden implizieren (siehe Rn. 48). Darüber hinaus erleichtert die Richtlinie in Anlehnung an das US-amerikanische Recht den **Zugang des Klägers zu Beweismitteln** (Art. 5–8). Dieser Zugang findet seine Grenzen am Erfordernis einr substantiierten Begründung, einer hinreichend genauen Bestimmung der betreffenden Beweismittel, der Verhältnismäßigkeit der Offenlegung, des (begrenzten) Schutzes vertraulicher Unterlagen und der Verschwiegenheitspflicht von Rechtsanwälten. Zusätzliche Einschränkungen bestehen in Bezug auf Beweismitttel aus Akten der Wettbewerbsbehörden, die überwiegend erst nach Verfahrensabschluss zugänglich gemacht werden können.[143] Beweismaterial, das aufgrund der Zusammenarbeit der nationalen Zivilgerichte mit der Kommission (Art. 15 Abs. 3 VO 1/2003, § 90a) dem Gericht vorgelegt worden ist, kann im Rahmen der Beweiswürdigung verwertet werden.[144]

73 Von besonderer Bedeutung für Folgeklagen ist die in § 33 Abs. 4 geregelte **Feststellungswirkung** von Entscheidungen über das Vorliegen eines Verstoßes.[145] Bisher hat man im deutschen Recht derartige Feststellungswirkungen abgelehnt.[146] Die Feststellungswirkung erleichtert die private Rechtsverfolgung bei Folgeklagen, perpetuiert aber auch Fehler aus dem Verwaltungsverfahren und erhöht den Anreiz zur Ausschöpfung des Instanzenzugs.[147] Sie betrifft nach dem Gesetz nur Schadenersatzklagen sowie Gewinnabschöpfungsklagen (§ 34a Abs. 5). Entgegen dem Wortlaut des § 33 Abs. 4 dürfte die Bindungswirkung auch für **Beseitigungsklagen** nach § 33 Abs. 1 gelten, da deren Entstehungsgrund ein bereits abgeschlossener Verstoß ist.[148] Die Feststellungswirkung als verfahrensrechtliches Institut gilt auch für (nach bisherigem materiellem Recht zu beurteilende) **Altfälle,** sofern das Verfahren bei Inkraftreten der 8. Novelle noch nicht bestandskräftig abgeschlossen war.[149]

74 Bei Schadensersatzklagen nach § 33 wegen eines Verstoßes gegen ein Verbot des Gesetzes, insbesondere die §§ 1, 19, 20, 29 und 31 Abs. 3 oder gegen Art. 101 oder 102 AEUV, ist das Gericht an die **bestandskräftige** Feststellung des Verstoßes durch die Kartellbehörde, die Kommission oder die Wettbewerbsbehörde oder das als Wettbewerbsbehörde handelnde Gericht in einem anderen Mitgliedstaat in rechtlicher und tatsächlicher Hinsicht gebunden. Gleichgestellt sind entsprechende Feststellungen in rechtskräftigen Gerichtsentscheidungen, die aufgrund einer Anfechtung der betreffenden behördlichen Entscheidung ergangen sind. Diese Bindungswirkung geht hinsichtlich der Entscheidungen der Wettbewerbsbehörden der anderen Mitgliedstaaten über Art. 9 Abs. 2 der Schadensersatzrichtlinie hinaus, die insoweit nur einen Anscheinsbesweis vorsieht. Entscheidungen (Beschlüssen) der Kommission und des EuG kommt eine Bindungswirkung schon nach Art. 16 VO 1/2003 zu. Diese erfasst auch **angefochtene** oder nicht vollstreckbare Entscheidungen (Art. 256, 263 AEUV) und geht inhaltlich über die Feststellung des Verstoßes hinaus. Insoweit ist § 33 Abs. 4 nur deklaratorisch und zudem unvollständig.[150] Bei den betreffenden behördlichen Entscheidungen wird es sich in erster Linie um **Abstellungsentscheidun-**

---

[143] Dazu *Kersting* WuW 2014, 564, 654, 566; *Schweitzer* NZKart 2014, 335, 340f.

[144] *Wurmnest* in: Behrens/Braun/Novak, S. 213, 234ff.; vgl. BGH WuW/E BGH 2183, 2186 – *Grundig-Vertriebsbindungssystem* (zu Auskünften des Bundeskartellamts).

[145] Vgl. Begr. 2004, S. 54; *Schütt* WuW 2004, 1124, 1131; *Bechtold* DB 2004, 235, 239; *Hempel* WuW 2004, 362, 371; *Bornkamm/Becker* ZWeR 2005, 213, 219ff.; *Fuchs* WRP 2005, 1384, 1395. Modell der Regelung war das Urteil des EuGH U. v. 14.12.2000 Rs. C-344/98 – *Masterfoods,* Slg. 2000 I 11 369 Rn. 49, 53 = WuW/EU-R 389 = NJW 2001, 1265.

[146] BGH WuW/E BGH 690, 692 – *Brotkrieg II* = NJW 1965, 2249; OLG Düsseldorf OLGSt 1994, 81, 82 (zum Bußgeldverfahren); a. M. *Bornkamm* ZWeR 2003, 73, 81ff.

[147] *Hempel* WuW 2005, 137, 143; *Bornkamm* in: Langen/Bunte, KartellR, Rn. 162.

[148] Weitergehend *Emmerich* in: Immenga/Mestmäcker, GWB, Rn. 91; a. M. *Bechtold/Bosch,* GWB, Rn. 41; wohl auch *Bornkamm* in: Langen/Bunte, KartellR, Rn. 163, 168.

[149] OLG Düsseldorf WuW/E DE-R 4477, 4478 – *Intertemporales Verjährungsrecht;* WuW/E DE-R 4601, 4607f. – *Zementkartell-Sammelklagen.*

[150] Vgl. EuGH, a. a. O. (Fn. 144); *Meyer* GRUR 2006, 27, 32.

gen und deklaratorische Entscheidungen nach §§ 32 und Art. 7, 8 und 10 VO 1/2003 oder einer vergleichbaren Vorschrift des ausländischen Rechts handeln. Entsprechendes gilt für den Entzug einer Gruppenfreistellung (§ 32d, Art. 29 VO 1/2003) sowie Entscheidungen im **Bußgeldverfahren.** Keine Feststellungswirkung entfalten wegen ihrer Vorläufigkeit einstweilige Anordnungen, Verpflichtungsverfügungen und Nichttätigkeitszusagen (§§ 32a, 32b und 32c, Art. 5 S. 2 und Art. 9 VO 1/2003).[151]

Die Bindungswirkung erfasst in allen Fällen lediglich die **Feststellung des Verstoßes** mit den hierfür erheblichen Tatsachen und deren rechtlicher Würdigung, nicht andere für den Prozess erhebliche Tatsachen oder Rechtsfragen wie Kausalität, Verschulden und Schaden.[152] Allerdings dürfen sich Kausalitätserwägungen nicht tragend auf von der Entscheidung abweichende Erwägungen stützen.[153] Sie gilt nur für den **Streitgegenstand** einschließlich des zeitlichen Ausmaßes des Verstoßes, also nicht etwa für gleich gelagerte Fälle oder einen benachbarten Markt. Bei Entscheidungen **ausländischer Kartellbehörden** über das Vorliegen eines Verstoßes gegen Art. 101 oder 102 AEUV beschränkt sie sich nicht notwendig auf die Auswirkungen im Gebiet des betreffenden Mitgliedstaates. Die Art. 5, 13 VO 1/2003 begrenzen bei Wettbewerbsbeschränkungen mit Schwerpunkt in einem Mitgliedstaat, die aber mehrere Mitgliedstaaten erfassen, die Zuständigkeit der Kartellbehörde nicht streng nach dem Auswirkungsprinzip.[154] Es kommt in solchen Fällen auf die räumlichen Feststellungen der behördlichen Entscheidung an. Auch eine lediglich auf das Landesgebiet beschränkte Wirkung von Entscheidungen der Landesbehörden ist nicht anzunehmen.[155] Entscheidungen, die einen Verstoß verneinen, haben keine Feststellungswirkung, können aber als Erkenntnismaterial im Prozess herangezogen werden.[156] Die behördliche Entscheidung muss gegen eine **Partei** des Schadenersatzprozesses als Beteiligte im Verwaltungsverfahren ergangen sein.[157] **75**

Die Bindung an die Feststellung eines Verstoßes durch die Kommission oder eine ausländische Verwaltungsbehörde kann im Einzelfall im Hinblick auf den Grundsatz des **rechtlichen Gehörs** oder des fairen Verfahrens problematisch erscheinen. Bei Kommissionsentscheidungen ist der Betroffene gehalten, eine richterliche Klärung durch die europäischen Gerichte mittels Nichtigkeitsklage zu suchen. Die in § 33 Abs. 4 S. 3 vorbehaltene Vorlage an den EuGH nach Art. 267 AEUV im Zweitverfahren hat wegen des regelmäßigen Eintritts der Bestandskraft der Kommissionsentscheidung nur eine sehr begrenzte Bedeutung.[158] Bei ausländischen Entscheidungen kommt nach dem Rechtsgedanken der Art. 34 EuGVVO, § 328 Abs. 1 Nr. 4 ZPO, § 16a FGG eine Einschränkung der Bindungswirkung durch Versagung der Anerkennung wegen eines Verstoßes gegen den Ordre public in Betracht.[159] **76**

---

[151] Begr. 2004, S. 34, 52; *Emmerich* in: Immenga/Mestmäcker, GWB, Rn. 91, 95; *Bechtold/Bosch,* GWB, Rn. 42; *Schütt* WuW 2004, 1124, 1132; *Meyer* GRUR 2006, 27, 31; *Meeßen,* S. 131 f.

[152] OLG München WuW/E DE-R 3913, 3915 – *Fernsehvermarktung* = NZKart 2013, 162; OLG Düsseldorf WuW/E DE-R 2763, 2766 – *Post-Konsolidierer;* WuW/E DE-R 4394, 4399 f. – *Schadensersatzpflicht der Lottogesellschaft; Emmerich* in: Immenga/Mestmäcker, GWB, Rn. 96; *Bornkamm* in: Langen/Bunte, KartellR, Rn. 169; *Scheffler* NZKart 2015, 223, 225 ff.; *Meyer* GRUR 2006, 27 ff.; *Grüneberger* in: Möschel/Bien, S. 151, 173 f.; *Bürger* WuW 2011, 130, 137 ff.

[153] OLG Düsseldorf WuW/E DE-R 4394, 4405 – *Schadensersatzpflicht der Lottogesellschaft.*

[154] *Rehbinder* in: Immenga/Mestmäcker, GWB, § 130 Rn. 336; *Schütt* WuW 2004, 1124, 1131; a. M. Begr. 2004, S. 54; *Berrisch/Burianski* WuW 2005, 878, 883; *Bechtold* DB 2004, 235, 240; *ders.,* GWB, Rn. 41; differenzierend (nur für die Wettbewerbsbeschränkung, nicht für die Schadensfolgen) *Emmerich* in: Immenga/Mestmäcker, GWB, Rn. 92; *Meeßen,* S. 134 ff.

[155] A. M. *Bechtold/Bosch,* GWB, Rn. 41.

[156] *Bechtold/Bosch,* GWB, Rn. 42.

[157] *Emmerich* in: Immenga/Mestmäcker, GWB, Rn. 97; *Bornkamm* in: Langen/Bunte, KartellR, Rn. 171.

[158] *Berrisch/Burianski* WuW 2005, 878, 883; *Emmerich* in: Immenga/Mestmäcker, GWB, Rn. 90.

[159] *Schütt* WuW 2004, 1124, 1131; *Emmerich,* in: Immenga/Mestmäcker, GWB, Rn. 92.

VII. Verhältnis zu anderen Vorschriften

77 § 33 schließt die Anwendung **anderer Vorschriften des Deliktsrechts** grundsätzlich nicht aus. § 33 ist allerdings Spezialvorschrift zu § 823 Abs. 2 BGB. Auch § 823 Abs. 1 BGB (Eingriff in das Recht am eingerichteten und ausgeübten Gewerbebetrieb) tritt hinter § 33 zurück, da diese Regelung nach allgemeiner Meinung nur subsidiär gilt.[160] Dagegen ist die Generalklausel des § 826 BGB neben § 33 anwendbar. Eine Verknüpfung mit dem UWG erfolgte früher dadurch, dass die Rechtsprechung dazu neigte, die Verletzung von kartellrechtlichen Schutzgesetzen unter dem Gesichtspunkt des Rechtsbruchs als ein wettbewerbswidriges Verhalten nach § 1 UWG a. F. zu sehen.[161] Die neuere Rechtsprechung[162] betrachtet jedoch § 33 als abschließende Regelung zivilrechtlicher Schadensersatzansprüche. Anders ist dies, wenn nicht eigenständige Tatbestände des UWG verletzt sind. Boykott und unbillige Behinderung (§§ 3, 4 Nr. 10 UWG) stellen solche selbstständigen lauterkeitsrechtlichen Verstöße dar. Auch der Unterlassungsanspruch eines Verbandes nach § 33 Abs. 2 kann mit dem nach § 8 Abs. 3 Nr. 2, 4 in Vbg. mit §§ 3 ff. UWG konkurrieren.[163]

§ 34 Vorteilsabschöpfung durch die Kartellbehörde

(1) **Hat ein Unternehmen vorsätzlich oder fahrlässig gegen eine Vorschrift dieses Gesetzes, gegen Artikel 101 oder 102 des Vertrages über die Arbeitsweise der Europäischen Union oder eine Verfügung der Kartellbehörde verstoßen und dadurch einen wirtschaftlichen Vorteil erlangt, kann die Kartellbehörde die Abschöpfung des wirtschaftlichen Vorteils anordnen und dem Unternehmen die Zahlung eines entsprechenden Geldbetrags auferlegen.**

(2) [1] **Absatz 1 gilt nicht, sofern der wirtschaftliche Vorteil abgeschöpft ist durch**

1. **Schadensersatzleistungen,**
2. **Festsetzung der Geldbuße,**
3. **Anordnung des Verfalls oder**
4. **Rückerstattung.**

[2] **Soweit das Unternehmen Leistungen nach Satz 1 erst nach der Vorteilsabschöpfung erbringt, ist der abgeführte Geldbetrag in Höhe der nachgewiesenen Zahlungen an das Unternehmen zurückzuerstatten.**

(3) [1] **Wäre die Durchführung der Vorteilsabschöpfung eine unbillige Härte, soll die Anordnung auf einen angemessenen Geldbetrag beschränkt werden oder ganz unterbleiben.** [2] **Sie soll auch unterbleiben, wenn der wirtschaftliche Vorteil gering ist.**

(4) [1] **Die Höhe des wirtschaftlichen Vorteils kann geschätzt werden.** [2] **Der abzuführende Geldbetrag ist zahlenmäßig zu bestimmen.**

(5) [1] **Die Vorteilsabschöpfung kann nur innerhalb einer Frist von bis zu fünf Jahren seit Beendigung der Zuwiderhandlung und längstens für einen Zeitraum von fünf Jahren angeordnet werden.** [2] **§ 33 Absatz 5 gilt entsprechend.**

---

160 BGHZ 36, 252, 256 f. – *Gründerbildnis* = NJW 1962, 1103; *Emmerich* in: Immenga/Mestmäcker, GWB, Rn. 113.

161 BGH WuW/E BGH 1519, 1520 – *4 zum Preis von 3* = NJW 1978, 2095; WuW/E BGH 893, 898 – *Hörgeräte.*

162 BGHZ 166, 154 – *Probeabonnement* = WuW/E DE-R 1779 = NJW 2006, 2627; vgl. *Köhler* GRUR 2004, 381, 386; *Bornkamm* in: Langen/Bunte, KartellR, Rn. 175 f.; *Emmerich* in: Immenga/Mestmäcker, GWB, Rn. 114; *Alexander,* S. 50 ff.

163 BGH WuW/E 2819, 2820 – *Zinssubvention* = NJW-RR 1993, 550.

Übersicht

I. Zweck und Bedeutung

1 Zweck der Vorschrift ist es sicherzustellen, dass Unternehmen **keine Vorteile aus Verstößen** gegen die §§ 1, 19–21, 29, 31 Abs. 3 oder Art. 101 Abs. 1, 102 AEUV ziehen können. Damit wird die frühere Abschöpfung des Mehrerlöses zu einem Instrument der **Abschöpfung** der gesamten durch einen Kartellrechtsverstoß erlangten **wirtschaftlichen Vorteile** erweitert. Vor allem wird die bisher geltende Einschränkung auf den seltenen Fall einer Zuwiderhandlung gegen eine Untersagungsverfügung zugunsten einer weiteren Konzeption aufgegeben. Statt auf Effektivität der Sanktionen des Gesetzes zielt § 34 auf Effektivität der materiellrechtlichen Verbote ab. Obwohl § 34 Verschulden voraussetzt, handelt es sich um ein verwaltungsrechtliches, nicht ein bußgeldrechtliches Instrument.[1] Zweck der Vorteilsabschöpfung ist insbesondere die **Verhütung von Kartellrechtsverstößen.** Dadurch, dass die Vorteile einer Zuwiderhandlung gegen einen Verstoß („Kartellrendite") nicht dem Täter verbleiben, selbst wenn die Betroffenen keine zivilrechtlichen Ersatzansprüche nach § 33 gelten machen, soll der wirtschaftliche Anreiz für die Begehung eines solchen Verstoßes beseitigt oder jedenfalls vermindert werden.[2] In der **Praxis** hat § 34 allerdings bisher keinerlei Bedeutung erlangt. Dies beruht in erster Linie darauf, dass, soweit von der Beweislage her überhaupt realistisch, die Kartellbehörde es in aller Regel vorziehen wird, eine Vorteilsabschöpfung im Rahmen des Bußgeldverfahrens als Teil der Geldbuße anzuordnen.[3]

II. Voraussetzungen

1. Allgemeines

2 Die Vorteilsabschöpfung setzt zunächst einen **Verstoß** gegen ein materielles Verbot des Gesetzes (§§ 1, 19–21, 29, 31 Abs. 3) oder des AEUV (Art. 101 Abs. 1, 102) voraus. Gleichgestellt sind Verfügungen der Kartellbehörde, insbesondere nach §§ 32, 32a oder 32d. Verfügungen der Kommission führen wegen der Bindungswirkung nach Art. 16 VO 1/2003 dazu, dass die Kartellbehörde von einem Verstoß ausgehen muss.[4] Die Verfügung muss letztlich bestandskräftig werden; die Abschöpfung erfasst aber in diesem Fall den Zeitraum seit Erlass. Rechtsstaatliche Bedenken hiergegen sind nicht ersichtlich; mit Bestandskraft steht fest, dass die Verfügung von Anfang an rechtmäßig war.[5] Ob Dritte durch den Kartellrechtsverstoß einen Schaden erleiden, ist unerheblich. Zum anderen ist **Verschulden** (Vorsatz oder Fahrlässigkeit) erforderlich. Durch Rechtsirrtum kann die Fahrlässigkeit ggf. ausgeschlossen sein.[6] Schließlich muss der Täter durch die Zuwiderhandlung einen wirtschaftlichen Vorteil erlangt haben (siehe Rn. 3).

---

[1] Begr. 2004, S. 55; *Emmerich* in: Immenga/Mestmäcker, GWB, Rn. 3.

[2] Begr. 2004, S. 36; *Alexander,* Schadensersatz und Abschöpfung im Lauterkeits- und Kartellrecht, 2010, S. 483 f., 580; *Bechtold,* GWB, Rn. 2; *Bornkamm* in: Langen/Bunte, KartellR. Rn. 4 f.

[3] *Raum* FS. Hirsch, 2008, S. 301, 306, 308 f.; vgl. *Bien* NZKart 2013, 12, 15 ff.

[4] *Emmerich* in: Immenga/Mestmäcker, GWB, Rn. 8.

[5] *Bornkamm* in: Langen/Bunte, KartellR, Rn. 7; a. M. *Bechtold/Bosch,* GWB, Rn. 3.

[6] *Emmerich* in: Immenga/Mestmäcker, GWB, Rn. 9 *Bornkamm* in: Langen/Bunte, KartellR, Rn. 10.

2. Wirtschaftlicher Vorteil

3 Der Begriff des wirtschaftlichen Vorteils ist § 17 Abs. 4 OWiG entlehnt. Er geht insofern über den Mehrerlös nach früherem Recht (§ 34 Abs. 1 und § 81 Abs. 4 a. F.) hinaus, als auch Vermögensvorteile erfasst werden, die sich nicht in Gewinnen, sondern auch in sonstigen wirtschaftlichen Vorteilen, wie etwa der Verbesserung der Marktposition des Täters durch die Ausschaltung oder Zurückdrängung von Wettbewerbern, ausdrücken.[7] Im Kern bedeutet Vermögensvorteil allerdings wie im bisherigen Recht Mehrerlös. Dabei sind nicht mehr die Brutto-, sondern die **Nettoerlöse** maßgeblich. Zur Korrektur der Bruttoerlöse sind die variablen Kosten und Ertragssteuern, nicht aber die anteiligen Gemeinkosten, als Abzugsposten zu berücksichtigen.[8]

4 Der Vorteil ist im Allgemeinen im Wege der **Saldierung** als Differenz zwischen den tatsächlichen Entgelten und den Entgelten, die das Unternehmen im maßgeblichen Zeitpunkt bei Beachtung des Verbots oder der Verfügung erlangt hätte (jeweils multipliziert mit den abgesetzten Mengen), zu bestimmen. Der hypothetische Marktpreis ist primär anhand eines räumlichen, sachlichen oder zeitlichen Vergleichsmarktes zu ermitteln.[9] Im Einzelnen ist allerdings streitig, ob, wenn sich so der hypothetische Marktpreis nicht ermitteln lässt, ein bloßer Zeitvergleich anzustellen ist[10] oder der Vorteil aufgrund einer gesamtwirtschaftlichen Analyse, d. h. etwa eines Vergleichs zwischen dem Durchschnittspreis der Vorkalkulation der Kartellteilnehmer (aufgrund Kostenstruktur und allgemein üblicher Umsatzrendite) und dem Kartellpreis zu bestimmen ist.[11] Die Problematik einfacher Vergleichsrechnungen liegt darin, dass kartellbedingtewPreiserhöhungen die Menge der Nachfrage reduzieren können, so dass es überhaupt nicht zu erheblichen Auswirkungen auf die Erlössituation kommen muss. Dies lässt sich nicht genau ermitteln, muss aber bei der Festsetzung des abzuschöpfenden Betrages berücksichtigt werden.[12]

5 Nach § 34 Abs. 4 kann die Höhe des Vorteils **geschätzt** werden. Eine Schätzung kann bezüglich hypothetischer Preise und Mengen erfolgen. Allerdings sind hierfür realistische Schätzungsgrundlagen erforderlich. Daher beseitigt auch die Möglichkeit der Schätzung die konzeptionelle Problematik der Feststellung des Vorteils anhand hypothetischer Marktdaten nicht. Die Bildung eines Kartells führt regelmäßig zu einem Vorteil für die Beteiligten, da gerade dies deren Motivation ist; eine Schätzung ist daher möglich.[13] Problematisch sind insbesondere Fälle des Preismissbrauchs.[14]

---

[7] Begr. 2004, S. 55; BayObLG wistra 1998, 199; vgl. *Emmerich* in: Immenga/Mestmäcker, GWB, Rn. 11.

[8] BGH WuW/E DE-R 2718 Rn. 18 – *Bußgeldbemessung;* WuW/E DE-R 1487, 1488 – *Steuerfreie Mehrerlösabschöpfung* = WRP 2005, 1015; *Emmerich* in: Immenga/Mestmäcker, GWB, Rn. 20; *Bornkamm* in: Langen/Bunte, KartellR, Rn. 12; *Alexander,* Schadensersatz, a. a. O., S. 594 ff.; *Lübbig* in: MK Rn. 14 ff.

[9] BGHSt 52, 1 Rn. 10 – *Preisabsprachen im Papiergroßhandel* = WuW/E DE-R 2225 = NJW 2007, 3792; BGH WuW/E DE-R 2718 Rn. 18 – *Bußgeldbemessung;* KG WuW/E OLG 2369, 2375 – *Programmzeitschriften;* OLG Frankfurt WuW/E DE-R 3163, 3167 – *Arzneimittelpreise;* BKartA WuW/E BKartA 2005, 2007 – *Behälterglas; Emmerich* in: Immenga/Mestmäcker, GWB, Rn. 16 f.; *Bornkamm* in: Langen/Bunte, KartellR, Rn. 12; zur Wahl zwischen den einzelnen Vergleichsmärkten *Kühnen* WuW 2011, 16, 18 ff.

[10] So BKartA, a. a. O.

[11] So BGHSt 52, 1 Rn. 13, 19 f. – *Preisabsprachen im Papiergroßhandel* = WuW/E DE-R 2225 = NJW 2007, 3792; KG, a. a. O.; *Bechtold/Bosch,* GWB, Rn. 4; kritisch *Emmerich* in: Immenga/Mestmäcker, GWB, Rn. 16 f.; *Barth/Bongard* WuW 2009, 30, 32 ff.

[12] OLG Düsseldorf U. v. 26.6.2009 VI-2a Kart2 – 6/08 – *Zementindustrie;* kritisch *Emmerich* in: Immenga/Mestmäcker, GWB, Rn. 17, 19; *Bechtold/Bosch,* GWB, Rn. 4.

[13] BGH WuW/E DE-R 1567, 1569 ff. – *Berliner Transportbeton I* = NJW 2006, 163; BGHSt 52, 1 Rn. 18 – *Preisabsprachen in Papiergroßhandel* = WuW/E DE-R 2225 = NJW 2007, 3792; *Emmerich* in: Immenga/Mestmäcker, GWB, Rn. 18, 21.

[14] Vgl. BKartA WuW/E DE-V 911, 916 f. – *Fotoarbeitstasche.*

III. Anordnung der Abschöpfung

6 Die Abschöpfung setzt eine Anordnung durch **Verwaltungsakt** voraus, für die die allgemeinen Vorschriften über das Verwaltungsverfahren gelten. Die Vorteilsabschöpfung kann nur innerhalb einer **Ausschlussfrist** von bis zu **fünf Jahren** seit Beendigung der Zuwiderhandlung angeordnet werden (§ 34 Abs. 5 S. 1). Der Fristablauf wird nach § 34 Abs. 5 S. 2 in Vbg. mit § 33 Abs. 5 auch durch Ermittlungshandlungen der Kommission oder der Wettbewerbsbehörden anderer Mitgliedstaaten unterbrochen. Die Zulässigkeit der Abschöpfung ist materiellrechtlich auf Vorteile beschränkt, die durch die Zuwiderhandlung in einen Zeitraum von höchstens fünf Jahren vor Anordnung entstanden sind. Der Zeitpunkt der Beendigung des Verstoßes ist unerheblich. In der Verfügung ist der Umfang der Abschöpfung zu bestimmen (§ 34 Abs. 1). Verpflichteter ist der Adressat der Verbotsverfügung.

7 Die Kartellbehörde besitzt **Ermessen,** ist aber im Regelfall gehalten, eine Erlösabschöpfung anzuordnen, sofern dies nicht im Bußgeldverfahren erfolgt.[15] Bei der Ermessensausübung ist insbesondere zu berücksichtigen, ob das Verhalten eindeutig rechtswidrig war oder ob es sich um eine zweifelhafte Rechtslage handelte.[16] Auch die Erleichterung der Durchsetzung des Kartellrechts durch Verschonung von Kronzeugen (Nr. 23 der Bekanntmachung des BKartA Nr. 9/2006) stellt eine legitime Eremessenserwägung dar.[17] Neben diesen allgemeinen Ermessensgesichtspunkten gibt § 34 Abs. 3 **Richtlinien für die Ermessensausübung** in bestimmten Fällen. Sie sind Ausdruck des Grundsatzes der Verhältnismäßigkeit.[18] Bei **unbilliger Härte** soll eine Vorteilsabschöpfung auf einen niedrigeren Geldbetrag beschränkt werden oder ganz unterbleiben. Sie soll auch bei Geringfügigkeit des Vorteils unterbleiben. Hierbei handelt es sich um eine Sollvorschrift, von der nach allgemeinen Grundsätzen nur unter besonderen Umständen abgewichen werden kann. Eine unbillige Härte liegt nach h. M.[19] insbesondere bei Existenzgefährdung des Unternehmens vor.

8 Fraglich ist, ob die in § 34a Abs. 5 in Vbg. mit § 33 Abs. 4, nicht aber in § 34 angeordnete **Feststellungswirkung** von Entscheidungen der Kartellbehörden und Kartellgerichte auch für § 34 gilt. Sie hätte nur Bedeutung, wenn die Kartellbehörde die Feststellung des Verstoßes nicht sogleich mit der Erlösabschöpfung verbindet, sowie in Ergänzung zu Bußgeldentscheidungen der Kommission, die reinen Ahndungscharakter haben. Aus der Sicht des Gesetzgebers, der die ergänzende Vorteilsabschöpfung durch Verbände nach § 34a an den Interessen geschädigter Abnehmer orientiert, lag dort eine Bezugnahme auf die Regelungen über privatrechtlichen Schadensersatz nahe. Das Sachproblem ist indessen bei § 34 das gleiche, allerdings von geringerer praktischer Bedeutung. Daher ist auch im Fall des § 34 eine entsprechende Bindungswirkung anzunehmen.[20] Für Kommissionsentscheidungen gilt ohnehin Art. 16 VO 1/2003.

IV. Subsidiarität gegenüber Schadensersatz und Geldbuße

9 Mit den Regelungen des § 34 Abs. 2 soll eine **Doppelbelastung** der Unternehmen vermieden werden. Geleistete Schadensersatzzahlungen, Verfallszahlungen, Rückerstattungen aufgrund der Abstellungsverfügung oder Geldbußen, soweit sie neben der Ahndung des Verstoßes auch der Vorteilsabschöpfung dienen (nunmehr fakultativ, § 81 Abs. 5), sind

[15] BGHSt 51, 1 Rn. 25 – *Preisabsprachen im Papiergroßhandel* = WuW/E DE-R 2225 = NJW 2007, 3792; *Emmerich* in: Immenga/Mestmäcker, GWB, Rn. 25; *Raum,* FS. Hirsch, 2008, S. 301, 307 f.

[16] *Emmerich* in: Immenga/Mestmäcker, GWB, Rn. 26.

[17] Kritisch *Bornkamm* in: Langen/Bunte, KartellR, Rn. 22.

[18] *Emmerich* a. a. O.

[19] Begr. 1978, S. 36; *Bechtold/Bosch,* GWB, Rn. 7; *Bornkamm* in: Langen/Bunte, KartellR, Rn. 23; *Lübbig* in: MK Rn. 22; kritisch *Emmerich* in: Immenga/Mestmäcker, GWB, Rn. 27.

[20] A. M. *Bechtold/Bosch,* GWB, Rn. 3.

anzurechnen. Die Schadensersatzsanktion nach § 33, die Rückerstattung im Verwaltungsverfahren nach § 32 Abs. 2a und das Bußgeld nach § 81 Abs. 5 haben daher **Vorrang.** Je nach Höhe der Abschöpfung nach diesen Vorschriften entfällt die Verpflichtung zur Erlösabführung oder wird entsprechend reduziert. In der der neueren Praxis erfolgt im Bußgeldverfahren aus Beweisgründen aber nur eine pauschale Abschöpfung, auf eine echte Erlösabschöpfung wird verzichtet, ohne dass dies entsprechend den Intentionen des Gesetzes über § 34 ausgeglichen würde.[21] Ist die Geltendmachung von Schadensersatz zu erwarten, so entspricht es im Regelfall rechtmäßiger Ausübung des der Kartellbehörde eingeräumten Ermessens, dass sie bis zur Klärung der Schadensersatzpflicht von einer Abschöpfung absieht.[22]

10 § 34 Abs. 2 S. 2 erstreckt den **Vorrang der Schadensersatzsanktion** auch auf den Fall, dass der Betroffene aufgrund der Anordnung der Abschöpfung bereits geleistet hat. Hier gewährt das Gesetz dem Betroffenen einen **Erstattungsanspruch.** Diese Regelung entspricht dem Verbot der Doppelbelastung, da § 33 keine Anrechnungspflicht in umgekehrter Richtung enthält und nach seinem Sinn – Schutz des Betroffenen – auch nicht enthalten kann. Voraussetzung für die Rückerstattungspflicht ist, dass der Betroffene nach der Vorteilsabschöpfung Schadensersatzleistungen aufgrund seiner Zuwiderhandlung erbringt. Bei freiwilliger Leistung muss im Rückerstattungsverfahren im Einzelnen überprüft werden, ob und in welcher Höhe ein Anspruch auf Schadensersatz besteht.

11 Die gleiche Regelung trifft das Gesetz hinsichtlich des **Vorrangs der Geldbuße.** § 81 Abs. 5 enthält keine Anrechnungsvorschrift; die Durchsetzung des Vorrangs der Geldbuße hinsichtlich ihres Ertragsanteils entspricht daher dem Zweck des § 34. Eine Anrechnung kommt allerdings nicht in Betracht, wenn die nach § 34 ausgesprochene Verpflichtung zur Vorteilsabschöpfung in der Entscheidung nach § 81 Abs. 5 bereits berücksichtigt und daher von einer Abschöpfung abgesehen worden ist. Entsprechendes gilt für den Verfall nach § 29a OWiG und ggf. §§ 73 Abs. 3, 73a StGB.

§ 34a Vorteilsabschöpfung durch Verbände

(1) **Wer einen Verstoß im Sinne des § 34 Absatz 1 vorsätzlich begeht und hierdurch zu Lasten einer Vielzahl von Abnehmern oder Anbietern einen wirtschaftlichen Vorteil erlangt, kann von den gemäß § 33 Absatz 2 zur Geltendmachung eines Unterlassungsanspruchs Berechtigten auf Herausgabe dieses wirtschaftlichen Vorteils an den Bundeshaushalt in Anspruch genommen werden, soweit nicht die Kartellbehörde die Abschöpfung des wirtschaftlichen Vorteils durch Verhängung einer Geldbuße, durch Verfall, durch Rückerstattung oder nach § 34 Absatz 1 anordnet.**

(2) [1]**Auf den Anspruch sind Leistungen anzurechnen, die das Unternehmen auf Grund des Verstoßes erbracht hat.** [2]**§ 34 Absatz 2 Satz 2 gilt entsprechend.**

(3) **Beanspruchen mehrere Gläubiger die Vorteilsabschöpfung, gelten die §§ 428 bis 430 des Bürgerlichen Gesetzbuchs entsprechend.**

(4) [1]**Die Gläubiger haben dem Bundeskartellamt über die Geltendmachung von Ansprüchen nach Absatz 1 Auskunft zu erteilen.** [2]**Sie können vom Bundeskartellamt Erstattung der für die Geltendmachung des Anspruchs erforderlichen Aufwendungen verlangen, soweit sie vom Schuldner keinen Ausgleich erlangen können.** [3]**Der Erstattungsanspruch ist auf die Höhe des an den Bundeshaushalt abgeführten wirtschaftlichen Vorteils beschränkt.**

(5) **§ 33 Absatz 4 und 5 ist entsprechend anzuwenden.**

---

[21] Vgl. BKartA, Bußgeldleitlinien vom 25.6.2013, Nr. 10; OLG Düsseldorf WuW/E DE-R 3662, 3670 – *Kaffeeröster;* kritisch *Bornkamm* in: Langen/Bunte, KartellR, Rn. 20 f.

[22] Begr. 1978, S. 26; *Bechtold/Bosch,* GWB, Rn. 6.

Übersicht

I. Zweck und Bedeutung

§ 34a ist durch die 7. Novelle in das Gesetz eingefügt und durch die 8. Novelle erweitert 1 worden. Die Vorschrift ergänzt die verwaltungsrechtliche Regelung des § 34 durch einen zivilrechtlichen Anspruch von Verbänden i. S. des § 33 Abs. 2 auf Herausgabe der wirtschaftlichen Vorteile, die der Verletzer zu Lasten einer Vielzahl von Abnehmern oder Anbietern durch eine vorsätzliche Zuwiderhandlung erlangt hat. Die 8. Novelle begründet nunmehr auch die Aktivlegitimation von Verbraucherverbänden. Mit der Regelung soll erreicht werden, dass in Fällen, in denen die Kartellbehörde von einer Vorteilsabschöpfung absieht, gleichwohl eine solche erfolgen kann.

Wie § 34 bezweckt auch § 34a zu verhindern, dass Unternehmen aus Verstößen gegen 2 Verbote des Gesetzes und der Art. 101 Abs. 1, 102 AEUV wirtschaftliche Vorteile ziehen. Damit soll die vom Gesetzgeber angestrebte **Prävention** aufgrund von § 34 verstärkt werden. Dem Zivilrecht ist der Präventionsgedanke nicht völlig fremd, wenngleich er selten den Primärzweck zivilrechtlicher Normen bildet.[1] Die Regelung ist § 10 UWG nachgebildet. Der Vorteilsausgleich nach § 34a ist **subsidiär** gegenüber dem Vorteilsausgleich durch Verfügung der Kartellbehörde, durch Geldbuße, im Wege des Schadensersatzes, durch Rückerstattung oder durch Verfall. Er ist durch das Erfordernis des Vorsatzes praktisch auf Verstöße gegen wettbewerbsrechtliche Kernregelungen beschränkt, bei denen vorsätzliches Handeln des Unternehmens evident ist.[2] Andererseits ist die Regelung kaum geeignet, Verbänden einen Anreiz zu bieten, anstelle der Kartellbehörde den Anspruch auf Vorteilsausgleich geltend zu machen. Die Schwierigkeiten der Berechnung des Vorteils sind in beiden Vorschriften die gleichen. Das Erfordernis der Abführung des herausgegebenen Vorteils an die Bundeskasse nimmt dem Anspruch den beabsichtigten Anreiz zum Tätigwerden, auch wenn das Prozessrisiko der Verbände durch § 34a Abs. 4 begrenzt ist.[3]

II. Voraussetzungen des Anspruchs

§ 34a erfordert die Begehung eines Verstoßes im Sinne des § 34, also einer Zuwider- 3 handlung gegen ein Verbot nach §§ 1, 19–21, 31 Abs. 3 oder Art. 101 Abs. 1, 102 AEUV oder gegen eine Verfügung nach § 32 oder § 32d. Diese Zuwiderhandlung muss **vorsätzlich** sein. Fahrlässiges Handeln reicht im Gegensatz zu § 34 nicht aus. Der Vorsatz wird durch einen Rechtsirrtum ausgeschlossen. Durch die Zuwiderhandlung muss der Täter einen **wirtschaftlichen Vorteil** im Sinne des § 34 erlangen, sodass die gleichen Schwierigkeiten der Berechnung des Vorteils auftreten wie bei § 34 (§ 34 Rn. 3ff.).

Weiterhin bedarf es einer **Beeinträchtigung einer Vielzahl von Abnehmern** und 4 Anbietern. Eine Beeinträchtigung setzt voraus, dass sich die Marktsituation zum Nachteil der Betroffenen verschlechtert, was nicht einfach zu beweisen sein wird. Die Beeinträchti-

[1] Vgl. allgemein *Rosengarten* NJW 1996, 1935; *Körner* NJW 2000, 241; eher kritisch BGHZ 118, 312, 338f.

[2] Begr. 2004, S. 55.

[3] Kritisch *Hempel* WuW 2004, 362, 372; *Fuchs* WRP 2005, 1384, 1391; *Alexander,* Schadensersatz und Abschöpfung im Lauterkeits- und Kartellrecht, 2010, S. 578ff.; *Emmerich* in: Immenga/Mestmäcker, GWB, Rn. 4, 17a, 18; *Bornkamm* in: Langen/Bunte, KartellR, Rn. 1 ff.; die Anreizwirkung bejahend dagegen *Sack* WRP 2003, 546, 555.

gung der wirtschaftlichen Entscheidungsfreiheit reicht nicht aus.[4] Es muss sich darüber hinaus um kartellrechtswidrige Handlungen handeln, die zu einem „Streuschaden mit Breitenwirkung" führen.[5] Eine Vielzahl von Marktteilnehmern i. S. der Vorschrift liegt immer dann vor, wenn sich der Verstoß nicht gezielt gegen einzelne Abnehmer oder Nachfrager richtet, sondern die Betroffenen als **Repräsentanten der Marktgegenseite** erfasst.[6] Auf die Höhe des Schadens im Einzelnen kommt es nicht an, sodass die Erwartung des Gesetzgebers, einzelne Geschädigte seien in derartigen Fällen an der Geltendmachung eines Schadensersatzes nicht interessiert, in dieser Angelegenheit nicht zutrifft.[7] Mit dem Begriff des Abnehmers und Anbieters ist nicht nur die unmittelbare Marktgegenseite gemeint. Erfasst sind vielmehr wie nach § 33 **(siehe § 33 Rn. 14 ff.)** alle potentiell geschädigten Abnehmer und Anbieter, bei Nachfragern bis hin zum Endverbraucher, bei Anbietern bis hin zum Hersteller von Vormaterial.[8] Die Beweislast liegt bei den Verbänden, sodass praktisch allenfalls Folgeklagen zu erwarten sind.[9]

III. Anspruchsberechtigte

5 Anspruchsberechtigt sind zum einen wie nach § 10 UWG Verbände zur Geltendmachung gewerblicher und selbstständiger beruflicher Interessen im Sinne des § 33 Abs. 2 (siehe § 33 Rn. **39 ff.**). Die 8. Novelle hat nunmehr auch die seit langem geforderte Anspruchsberechtigung von **Verbraucherverbänden** (qualifizierten Einrichtungen i. S. von 3 4 UKlageG oder von der Kommission anerkannten ausländischen Verbraucherverbänden) eingeführt (§ 34a Abs. 1 in Vbg. mit § 33 Abs. 2 Nr. 2). Da hauptsächlich diese an der Erlösabschöpfung interessiert sind, könnte die Regelung in Zukunft eine gewisse praktische Bedeutung erlangen. Mehrere anspruchsberechtigte Verbände sind Gesamtgläubiger i. S. der §§ 428–430, soweit sie den Anspruch geltend machen (§ 34a Abs. 3).[10] Der Täter kann daher mit befreiender Wirkung an an die Bundeskasse zugunsten eines jeden Verbands leisten. Mit der Leistung erlischt der Anspruch aller übrigen Verbände (vgl. auch Rn. 11).

IV. Inhalt des Anspruchs

6 Der Anspruch richtet sich wie im Fall des § 10 UWG nicht auf Zahlung des dem Vorteil entsprechenden Geldbetrages an den Verband selbst. Vielmehr ist Inhalt des Anspruchs die Herausgabe des Vorteils unmittelbar an den **Bundeshaushalt.** Bis zur Höhe dieser Zahlung hat der Verband Anspruch gegen das Bundeskartellamt (auch wenn eine Landeskartellbehörde tätig geworden ist; § 34a Abs. 4) auf Erstattung der für die Geltendmachung erforderlichen Aufwendungen. Bedeutsam ist der Erstattungsanspruch insbesondere bei einem nur teilweisen Obsiegen des Verbandes. Für die Fristen zur Geltendmachung und den Zeitraum, für den der Vorteilsausgleich verlangt werden kann, dürfte § 34 Abs. 5 entsprechend anwendbar sein.

---

[4] Begr. 2004, S. 56; *Emmerich* in: Immenga/Mestmäcker, GWB, Rn. 15; *Sieme* WRP 2009, 914, 921; a. M. *Alexander* Schadensersatz a. a. O., S. 591; *ders.* WRP 2012, 1190.

[5] Begr. 2004, S. 55 f.; *Emmerich* in: Immenga/Mestmäcker, GWB, Rn. 13; *Bechtold/Bosch,* GWB, Rn. 4.

[6] *Emmerich* in: Immenga/Mestmäcker, GWB, Rdnr. 12; *Bornkamm* in: Langen/Bunte, KartellR, Rn. 12; *Lübbig* in: MK Rn. 13; weitergehend *Bechtold/Bosch,* GWB, Rn. 4, der die Erwartung verlangt, dass die Ansprüche nicht individuell geltend gemacht werden.

[7] Vgl. *Stadler/Micklitz* WRP 2003, 559, 560.

[8] Begr. 2004, S. 56; *Bornkamm* in: Langen/Bunte, KartellR, Rn. 13.

[9] *Emmerich* in: Immenga/Mestmäcker, GWB, Rn. 17 ff.; *Bechtold/Bosch,* GWB, Rn. 10.

[10] Kritisch zur Regelung *Emmerich* in: Immenga/Mestmäcker, GWB, Rn. 25; *Bechtold/Bosch,* GWB, Rn. 7 f.; *Alexander,* Schadenersatz, a. a. O., S. 567 ff.

V. Subsidiarität

Der Anspruch der Verbände ist (doppelt) subsidiär und hat nur eine Ergänzungsfunktion. Zum einen **entfällt die Anspruchsberechtigung** der Verbände nach § 34a Abs. 1, wenn und soweit die Kartellbehörde die Abschöpfung des wirtschaftlichen Vorteils durch Verhängung einer Geldbuße, durch Erklärung des Verfalls, Rückerstattung oder nach § 34 Abs. 1 anordnet. Nach Einleitung des Verwaltungsverfahrens ist der Rechtsstreit nach § 148 ZPO auszusetzen. Außerdem sind auf die Vorteilsabschöpfung alle **Leistungen anzurechnen,** die das Unternehmen aufgrund des Verstoßes bereits erbracht hat. Es ist unklar, ob dies neben Schadensersatzleistungen auch für Geldbußen, Rückerstattung und die Anordnung des Verfalls gilt. § 34a Abs. 2 S. 1 spricht lediglich von Leistungen des Unternehmens, ohne die Vorschrift des § 34 Abs. 2 S. 1 in Bezug zu nehmen, während eine Bezugnahme auf § 34 Abs. 2 S. 2 erfolgt. Die Systematik des § 34a Abs. 2 und die Entstehungsgeschichte der Vorschrift deuten darauf hin, dass der Gesetzgeber nur das Verhältnis zu individuellen Ersatzansprüchen regeln wollte.[11] Andererseits verweist der von § 34a Abs. 2 S. 2 in Bezug genommene § 34 Abs. 2 S. 2 seinerseits auf Leistungen nach § 34 Abs. 2 S. 1 und erfasst insoweit nicht nur Schadensersatzleistungen, sondern auch die Verhängung einer Geldbuße, die Rückerstattung und die Anordnung eines Verfalls. Vor allem widerspräche es der Ergänzungsfunktion des § 34a gegenüber § 34, bei der Rangfolge der Ansprüche („primäre Subsidiarität" im Sinne des § 34a) einen Vorrang der Vorteilsabschöpfung durch Verhängung einer Geldbuße, Rückerstattung oder Verfall oder nach § 34 Abs. 1 anzuordnen, bei der Anrechung bereits erbrachter Leistungen („sekundäre Subsidiarität") dagegen Geldbußen, Rückerstattung und Verfall auszuschließen. Sinn und Zweck der Vorschrift und die Systematik der Gesamtregelung des § 34a Abs. 1 und Abs. 2 sprechen daher dafür, die Anrechungsvorschriften nicht auf Schadensersatzleistungen zu beschränken.[12] 7

Soweit das Unternehmen Leistungen aufgrund des Verstoßes erst **nach der Vorteilsabschöpfung** zugunsten der Verbände erbringt, muss der Verband ihm den abgeschöpften Geldbetrag zurückerstatten (§ 34a Abs. 2 S. 2 i. V. mit § 34 Abs. 2 S. 2). Der Verband hat dann seinerseits einen Anspruch gegen die Bundeskasse auf Erstattung (§ 34a Abs. 4 S. 2). Wird nach der Verurteilung zum Vorteilsausgleich zugunsten eines Verbands ein Urteil auf Schadensersatz oder eine Anordnung der Kartellbehörde zur Vorteilsabschöpfung rechts- oder bestandskräftig, kann der Betroffene gegen die Verurteilung oder Anordnung mit der Vollstreckungsabwehrklage (§ 767 ZPO) vorgehen. 8

VI. Verhältnis zur Kartellbehörde

Nach § 34a Abs. 4 S. 1 haben die Verbände der Kartellbehörde über die Geltendmachung von Ansprüchen (nicht auch deren Begründung) **Auskunft** zu erteilen. Im Hinblick auf das Subsidiaritätsprinzip bedarf es wohl einer vorherigen Information der Kartellbehörde aus eigener Initiative schon vor Geltendmachung des Anspruchs.[13] § 34a Abs. 4 S. 2 gewährt den Verbänden einen subsidiären **Aufwendungsersatzanspruch.** Dieser setzt voraus, dass die Verbände vom Schuldner aus tatsächlichen oder rechtlichen Gründen keinen Ausgleich erlangen können. In Betracht kommen z. B. Aufwendungen für die Prozessführung, die dem klagenden Verband wegen nur teilweisen Obsiegens nicht ersetzt werden, ferner Aufwendungen für Rückerstattungen im Falle des § 34a Abs. 2 S. 2. Grenze ist der an den Bundeshaushalt abgeführte Betrag der Vorteilsabschöpfung. Das Kostenri- 9

[11] Begr. 2004, S. 56.

[12] *Emmerich* in: Immenga/Mestmäcker, GWB, Rn. 23; *Bechtold/Bosch,* GWB, Rn. 6; *Bornkamm* in: Langen/Bunte, KartellR, Rn. 19; *Alexander,* Schadensersatz, a. a. O., S. 598 f.; a. M. *Lübbig* in: MK Rn. 28.

[13] *Emmerich* in: Immenga/Mestmäcker, GWB, Rn. 27; *Bechtold/Bosch,* GWB, Rn. 12; *Alexander,* Schadensersatz, a. a. O., S. 570 ff.

siko eines (völligen) Prozessverlustes oder eines Ausfalls in der Zwangsvollstreckung haben danach die Verbände selbst zu tragen. Hierdurch wird die Effektivität der Regelung in hohem Maße beeinträchtigt.[14]

VII. Prozessuale Fragen

10 § 34a gewährt den Verbänden einen **eigenen Anspruch.** Es handelt sich nicht um einen Fall der Prozesstandschaft zugunsten des Bundes.

11 Dem Gesamtgläubigermodell des Gesetzes mit der entsprechenden Anwendbarkeit der §§ 428–430 BGB (siehe Rn. 3) entspricht es, dass, solange der Täter nicht einen Verband durch Zahlung an die Bundeskasse befriedigt, **Parallelklagen** grundsätzlich zulässig sind. Die Rechtsprechung zu § 13 UWG, die wissentliche parallele **Unterlassungsklagen** grundsätzlich als missbräuchlich angesehen hat,[15] gilt aber auch im Anwendungsbereich des § 34a entsprechend. Parallele Erstattungsklagen werden daher kaum praktisch werden.[16] Zwischen den parallel anspruchsberechtigten Verbänden besteht wie allgemein bei Gesamtgläubigerschaft keine notwendige Streitgenossenschaft.[17] Klageerhebung und Rechtskraft in einem Prozess haben nach § 429 in Vbg. mit § 425 Abs. 2 BGB keine Gesamtwirkung.[18]

12 Die **Beweislast** liegt beim Verband. Regelungen über prozessuale Erleichterungen des Nachweises des aus der Zuwiderhandlung erzielten Vorteils enthält das Gesetz nicht. Denkbar ist ein vorbereitender Auskunftsanspruch nach Treu und Glauben, wenn es dem klagenden Verband unmöglich ist, die Höhe des Vorteils selbst zu ermitteln, dem Täter aber entsprechende Informationen zur Verfügung stehen.[19] Eine Schätzung nach § 287 ZPO ist allerdings möglich.

13 Die **Feststellungswirkung** bestandskräftiger behördlicher oder gerichtlicher Entscheidungen über das Vorliegen einer Zuwiderhandlung nach § 33 Abs. 4 gilt auch im Anwendungsbereich der Vorteilsabschöpfung durch die Verbände (§ 34a Abs. 5). Sie erleichtert Folgeprozesse, beschränkt sich aber auf Verwaltungs- und bußgeldrechtliche Entscheidungen. Zivilrechtliche Entscheidungen stellen eine Zuwiderhandlung nicht fest, diese kann vielmehr nur anspruchsbegründendes Element der Entscheidung sein.

14 Die **Verjährung** des Erstattungsanspruchs tritt nach §§ 195, 199 Abs. 1 BGB drei Jahre nach Ablauf des Jahres der Kenntniserlangung von der Zuwiderhandlung ein. Nach § 34a Abs. 5 in Vbg. mit § 33 Abs. 5 führt die Einleitung eines Verfahrens wegen des Verstoßes zur Hemmung der Verjährung.

Siebenter Abschnitt. Zusammenschlusskontrolle

§ 35 Geltungsbereich der Zusammenschlusskontrolle

(1) **Die Vorschriften über die Zusammenschlusskontrolle finden Anwendung, wenn im letzten Geschäftsjahr vor dem Zusammenschluss**

1. die beteiligten Unternehmen insgesamt weltweit Umsatzerlöse von mehr als 500 Millionen Euro und

---

[14] *Emmerich* in: Immenga/Mestmäcker, GWB, Rn. 29; zum UWG *Stadler/Micklitz* WRP 2003, 559, 562; *Alexander,* Schadensersatz, a. a. O., S. 570 ff.

[15] Vgl. BGHZ 149, 371, 373 ff.; *Sack* WRP 2003, 549, 556.

[16] Dazu *Bechtold/Bosch,* GWB, Rn. 14.

[17] Vgl. BGHZ 3, 385, 389; BGH VersR 1987, 988, 989.

[18] BGH NJW 1984, 126, 127; NJW 1986, 1046, 1047; NJW-RR 1993, 1266, 1267.

[19] *Bornkamm* in: Langen/Bunte, KartellR, Rn. 16; vgl. BGHZ 95, 274, 279 = NJW 1986, 1244; BGHZ 97, 188, 192 = NJW 1986, 1755; BGHZ 126, 109, 113 ff. = NJW 1995, 386; *Köhler* NJW 1992, 1477, 1480 ff.

2. im Inland mindestens ein beteiligtes Unternehmen Umsatzerlöse von mehr als 25 Millionen Euro und ein anderes beteiligtes Unternehmen Umsatzerlöse von mehr als 5 Millionen Euro

erzielt haben.

(2) [1]**Absatz 1 gilt nicht, soweit sich ein Unternehmen, das nicht im Sinne des § 36 Abs. 2 abhängig ist und im letzten Geschäftsjahr weltweit Umsatzerlöse von weniger als 10 Millionen Euro erzielt hat, mit einem anderen Unternehmen zusammenschließt.** [2]**Absatz 1 gilt auch nicht für Zusammenschlüsse durch die Zusammenlegung öffentlicher Einrichtungen und Betriebe, die mit einer kommunalen Gebietsreform einhergehen.**

(3) **Die Vorschriften dieses Gesetzes finden keine Anwendung, soweit die Europäische Kommission nach der Verordnung (EG) Nr. 139/2004 des Rates vom 20. Januar 2004 über die Kontrolle von Unternehmenszusammenschlüssen in ihrer jeweils geltenden Fassung ausschließlich zuständig ist.**

Übersicht

Schrifttum: *Bardong,* Die zweite Inlandsumsatzschwelle – Kein Änderungsbedarf!, WuW 2011, S. 350; *ders.,* Die deutsche Fusionskontrolle nach der 8. GWB-Novelle, NZKart 2013, S. 303; *Bechtold,* Kartellgesetz, 1. Aufl. 1993; *ders.,* Das neue Kartellgesetz, NJW 1998, S. 2769; *ders.,* Die Entwicklung des deutschen Kartellrechts seit der 7. GWB-Novelle, NJW 2007, S. 3761; *ders.,* GWB, 7. Aufl. 2013; *ders./Buntscheck,* Die 7. GWB-Novelle und die Entwicklung des deutschen Kartellrechts 2003 bis 2005, NJW 2005, S. 2966; *Beninca,* Räumliche Marktabgrenzung in der deutschen Fusionskontrolle – Beschluss Staubsaugerbeutelmarkt, WuW 2005, S. 43; *Bunte,* Die 6. GWB-Novelle – Das neue Gesetz gegen Wettbewerbsbeschränkungen, DB 1998, S. 1748; *ders.,* Kartellrecht, 2. Aufl. 2008; *Burholt,* Auswirkungen des BGH-Beschlusses „Staubsaugerbeutelmarkt" auf die Bagatellmarktklausel, WuW 2005, S. 889; *Dohrn,* Deutsche Fusionskontrolle: Auswirkungen der zweiten Inlandsumsatzschwelle auf mehrere Erwerbsvorgänge umfassende Transaktionen, WuW 2011, S. 17; *v. Graevenitz,* Zuständigkeitsbestimmung leicht gemacht? – Die Gewinn- und Verlustrechnung als Quelle für die fusionskontrollrechtliche Umsatzbestimmung, WuW 2011, S. 122; *Hainz/Scharfenberg,* Fusionskontrolle bei Zusammenschlüssen im Zuge von Gebietsreformen, WuW 2011, S. 369; *Hoffmann,* Die gesetzlichen Krankenkassen im Anwendungsbereich des deutschen Kartellrechts, WuW 2011, S. 472; *Jungbluth,* Was lange währt … 8. GWB-Novelle verabschiedet, NZKart 2013, S. 261; *Kahlenberg/Haellmigk,* Neues Deutsches Kartellgesetz, Stichtag 1.7.2005: Änderung des GWB, BB 2005, S. 1509; *Kahlenberg/Neuhaus,* Die Achte GWB-Novelle: Reform des deutschen Kartellrechts, BB 2013, S. 131; *Kersten,* Zur Anwendbarkeit des GWB auf ausländische Unternehmenszusammenschlüsse mit Inlandswirkungen, WuW 1979, S. 721; *Klocker/Ost,* Nach der Novelle ist vor der Novelle – Themen einer 8. GWB-Novelle, in: FS Bechthold, 2006, S. 229; *Kuhn,* Kommentar: Gedanken zur Inlandsauswirkung von Gemeinschaftsunternehmen, WuW 2011, S. 1053; *Meessen,* Zusammenschlusskontrolle in auslandsbezogenen Sachverhalten, ZHR 143 (1979), S. 273; *Mestmäcker,* Medienkonzentration und Meinungsvielfalt, 1978; *Möschel,* Pressekonzentration und Wettbewerbsgesetz, 1978; *Paschke,* Der Zusammenschlussbegriff des Fusionskontrollrechts, 1989; *Podszun,* Fusionskontrolle: Ein neuer Damm gegen die Anmeldeflut, GWR 2009, S. 5; *ders.,* Aufgreifkritierien der Fusionskontrolle, WuW 2010, S. 1128; *Quack,* Reform der Fusionskontrolle. Einige unsystematische Anmerkungen zur Harmonisierung des nationalen mit dem Gemeinschaftsrecht GRUR Int. 1996, S. 549; *Rottnauer,* Reichweite der Anschlussklausel in § 24 Abs. 8 S. 1 Nr. 2 GWB. Anwendungsprobleme im Hinblick auf einen Vermögenserwerb in sonstiger Weise, WuW 1993, S. 369; *Sander,* Kritische Würdigung der Auf- und Eingreifkriterien der Fusionskontrolle nach § 24 GWB, 1976; *Schmidt,* Zur

Bündelung von Märkten, WuW 2003, S. 885; *Schulte,* Änderungen der Fusionskontrolle durch die 6. GWB-Novelle, AG 1998, S. 297; *Traugott,* Die neue deutsche Fusionskontrolle, WRP 1999, S. 621.

I. Überblick

1 § 35 regelt gemeinsam mit § 37 den **Anwendungsbereich** der deutschen Fusionskontrolle; diese Regeln werden häufig als **formale** Regelungen der Fusionskontrolle im Gegensatz zu den **materiellen** Regelungen des § 36 Abs. 1 bezeichnet.

2 **§ 35 Abs. 1** regelt an Hand von Umsatzschwellen die quantitativen Anwendungsvoraussetzungen der deutschen Fusionskontrolle.

3 **§ 35 Abs. 2** normiert zwei Sonderfälle, in denen die Vorschriften über die Zusammenschlusskontrolle insgesamt nicht anwendbar sind: Satz 1 enthält eine *De-Minimis*-Bestimmung (vormals „Anschlussklausel") für Zusammenschlüsse unter Beteiligung eines Kleinunternehmens. Satz 2 enthält eine Ausnahme für Zusammenschlüsse in Folge kommunaler Gebietsreformen.

4 **§ 35 Abs. 3** stellt klar, dass eine Zusammenschlusskontrolle nach dem GWB insgesamt nicht stattfindet, soweit nach Art. 21 Abs. 1 der Verordnung (EG) Nr. 139/2004 die Zuständigkeit der Europäischen Kommission begründet ist.

5 Die vormals in § 35 Abs. 2 Nr. 2 enthaltene „Bagatellmarktklausel" ist mit der 8. GWB-Novelle an dieser Stelle gestrichen und in § 36 Abs. 1 Satz 2 Nr. 2 eingefügt worden. Eine Ausnahme von der Anmeldepflicht, weil ein Zusammenschluss ausschließlich „Bagatellmärkte" betrifft, besteht daher nicht mehr.[1]

II. Umsatzschwellen (§ 35 Abs. 1)

6 § 35 Abs. 1 regelt mittels Umsatzschwellen, ob ein Zusammenschluss überhaupt der Fusionskontrolle bedarf. Nur, wenn die am Zusammenschluss beteiligten Unternehmen bestimmte Mindestumsätze erreichen, bedarf ihr Zusammenschluss der Fusionskontrolle. Demgegenüber spielt es für die Anwendung der deutschen Fusionskontrolle keine Rolle, ob es Tätigkeitsüberschneidungen zwischen den beteiligten Unternehmen gibt oder wie hoch deren Marktanteile sind. Auch der Wert der Transaktion oder die Vermögenswerte der beteiligten Unternehmen sind irrelevant.

7 Eine Unternehmenstransaktion ist jedoch nur dann anmeldepflichtig, wenn zusätzlich ein Zusammenschlusstatbestand nach § 37 vorliegt. Weiterhin muss die Transaktion **Inlandsauswirkung** (§ 130 Abs. 2) haben.[2] Dies ist stets der Fall, wenn nur zwei Unternehmen am Zusammenschluss beteiligt sind, die die Umsatzschwellenwerte einschließlich der zweiten Inlandsumsatzschwelle[3] erreichen. Sind mehr als zwei Unternehmen am Zusammenschluss beteiligt, insbesondere bei Gründung eines Gemeinschaftsunternehmens oder dem Erwerb einer Beteiligung an einem Gemeinschaftsunternehmen, ist trotz Erreichens der Umsatzschwellenwerte die Inlandsauswirkung keinesfalls indiziert. Nach Auffassung des Bundeskartellamts ist eine Inlandsauswirkung in solchen Fällen allerdings nur dann auszuschließen, wenn folgende drei Bedingungen kumulativ erfüllt sind: (1) Das Gemeinschaftsunternehmen ist nicht in Deutschland tätig; (2) die Muttergesellschaften sind in Deutschland auf Produktmärkten, auf denen das Gemeinschaftsunternehmen im Ausland tätig ist, keine (potentiellen) Wettbewerber;[4] (3) die Muttergesellschaften sind in Deutschland auf Produktmärkten, die der Tätigkeit des Gemeinschaftsunternehmens vor- oder nachgelagert sind, keine aktuellen Wettbewerber.[5] Ist im konkreten Fall die Inlandsauswirkung zweifel-

---

[1] *Bardong,* NZKart 2013, S. 303 (307).

[2] Vgl. hierzu umfassend: BKartA, Merkblatt Inlandsauswirkungen in der Fusionskontrolle, 30.9.2014.

[3] BGBl. 2009, S. 550 vom 17. März 2009.

[4] BGH, 19.6.2012, KVR 15/11, WuW/E DE-R 3695 – *Haller Tagblatt.*

[5] BKartA, Merkblatt Inlandsauswirkungen in der Fusionskontrolle, 30.9.2014, Rn. 15, 16.

haft, empfiehlt es sich in der Praxis jedenfalls bei Fällen, die in materieller Hinsicht unproblematisch sind, die Frage der Inlandsauswirkung offenzulassen und das Vorhaben anzumelden.

1. Beteiligte Unternehmen

a) Unternehmensbegriff. Es gilt grundsätzlich der allgemeine kartellrechtliche **Unternehmensbegriff,** wie er u. a. auch für Wettbewerbsbeschränkungen nach § 1 Anwendung findet. Der Unternehmensbegriff umfasst alle natürlichen und juristischen Personen und Personenvereinigungen, die ganz oder teilweise außerhalb der Deckung ihrer persönlichen Bedürfnisse (privater Haushalt) aktiv am Wirtschaftsleben teilnehmen.[6] Eine Gewinnerzielungsabsicht ist nicht erforderlich. 8

Eine **natürliche Person** ist daher Unternehmen, wenn sie Einzelkaufmann ist oder selbständige wirtschaftliche Tätigkeiten ausübt.[7] Natürliche Personen und Personenvereinigungen, die selbst nicht unmittelbar am Markt tätig sind, jedoch eine Mehrheitsbeteiligung an einem Unternehmen halten, sind aufgrund der Fiktion des § 36 Abs. 3 („Flick-Klausel") als Unternehmen anzusehen. Auch ein **Gesellschafterstamm** oder eine **Familie** können ein Unternehmen sein, wenn zwischen den Mitgliedern eine Interessenbindung besteht, die zu „marktstrategischen Entscheidungen oder Planungen" führt.[8] Zum Teil wird vor diesem Hintergrund vertreten, eine natürliche Person, die lediglich eine Minderheitsbeteiligung an einem Unternehmen hält aber mittels dieser „wirtschaftlich planend und lenkend" Einfluss auf das Unternehmen nimmt, sei ebenfalls Unternehmen.[9] 9

GbR, BGB Gesellschaft ein **Verein** können ein Unternehmen sein, sofern sie wirtschaftlich tätig sind,[10] ebenso eine **EWiV.**[11] **Handelsgesellschaften (KG, OHG, GmbH, AG)**[12] oder ausländische Pendants sind in aller Regel Unternehmen. Sie müssen aber richtigerweise am Markt tätig sein, reine Vorrats- oder Mantelgesellschaften sind also nicht schon qua Rechtsform Unternehmen.[13] 10

Auch Eigengesellschaften der **öffentlichen Hand,** die sich aktiv am wirtschaftlichen Leistungsaustausch beteiligen, sind Unternehmen. Gleiches gilt für Regiebetriebe.[14] Für Mehrheitsbeteiligungen der öffentlichen Hand ergibt sich die Unternehmenseigenschaft bereits aus der Flick-Klausel.[15] Handelt es sich hingegen um eine geringere Beteiligung, so ist ebenso wie im Falle der Beteiligung von Privatpersonen an einer Gesellschaft zu prüfen, ob die öffentliche Hand unternehmerische Leitungsmacht ausüben kann.[16] 11

b) Identifikation der beteiligten Unternehmen. Welches Unternehmen für die Zwecke der Umsatzberechnung des § 35 Abs. 1 am Zusammenschluss „beteiligt" ist, ist gesetzlich nicht geregelt. Dies sind jedenfalls weder zwingend die Unternehmen, die nach § 39 Abs. 2 zur Anmeldung verpflichtet sind, noch die nach verfahrensrechtlichen Regeln Beteiligten (§ 54 Abs. 2). Welche Unternehmen konkret beteiligt sind, richtet sich vielmehr nach der Art des Zusammenschlusstatbestandes des § 37 Abs. 1. Vereinfachend gesprochen sind an einem Zusammenschluss in der Regel all diejenigen Unternehmen betei- 12

---

[6] *Kallfaß* in: Langen/Bunte, 12. Aufl., § 35 Rn. 11.

[7] *Thomas* in: Immenga/Mestmäcker, 5. Aufl., § 35 Rn. 36.

[8] BGH 8.5.1979, KVR 1/78, WuW/E BGH 1608, 1610 = NJW 1979, 2401, 2402 – *WAZ.*

[9] *Bechtold,* 7. Aufl., § 35 Rn. 26.

[10] *Bechtold* § 35 Rn. 25; *Thomas* in: Immenga/Mestmäcker, 5. Aufl., § 35 Rn. 17; BGH 2.12.1974, II ZR 78/72, NJW 1975, 771 f.; BGH 10.12.1985, KZR 2/85, GRUR 1986, 332.

[11] *Kallfaß* in: Langen/Bunte, 12. Aufl., § 35 Rn. 12.

[12] KG 19.8.1981, WuW/E OLG 2601, 2602 f. – *IBB.*

[13] A. A. aber KG 19.8.1981, WuW/E OLG 2601, 2602 – *IBB;* wie hier: *Kallfaß* in: Langen/Bunte, 12. Aufl. § 35 Rn. 12; *Thomas* in: Immenga/Mestmäcker, 5. Aufl., § 35 Rn. 49.

[14] *Thomas* in: Immenga/Mestmäcker, 5. Aufl., § 38 Rn. 30.

[15] BKartA 7.1.1974, WuW/E BKartA 1457, 1458 – *Veba/Gelsenberg; Bechtold* § 35 Rn. 27.

[16] BGH 13.10.1977, II ZR 123/76, NJW 1978, 104 – *Veba/Gelsenberg* = BGHZ 69, S. 334 ff., 345.

ligt, zwischen denen nach Vollzug des Zusammenschlusses eine Verbindung i. S. d. § 37 Abs. 1 besteht, die so vorher noch nicht bestand.[17]

13 Beim **Vermögenserwerb** (durch Verschmelzung oder sonstige Art) nach § 37 Abs. 1 Nr. 1 sind der Erwerber und der veräußerte Vermögensteil bzw. das veräußerte Vermögen beteiligt, nicht aber der Veräußerer selbst.[18] Die übrigen Umsätze des Veräußerers sind nicht in Ansatz zu bringen (§ 38 Abs. 5 Satz 1). Im Falle einer **Verschmelzung** sind die Unternehmen beteiligt, die miteinander verschmolzen werden.

14 Beim **Kontrollerwerb** nach § 37 Abs. 1 Nr. 2 sind im Fall des Erwerbs **alleiniger Kontrolle** das Unternehmen, das die Kontrolle erwirbt und das Unternehmen, über das Kontrolle erworben wird, beteiligt. Im Fall des **Erwerbs gemeinsamer Kontrolle** sind alle Unternehmen, die nach Vollzug gemeinsam Kontrolle ausüben können, und das Unternehmen, über das Kontrolle erworben wird, beteiligt. Die Umsätze des Veräußerers sind für die Prüfung der Umsatzschwellen nicht heranzuziehen, es sei denn er bleibt nach Vollzug gemeinsam kontrollierend oder mit mindestens 25% der Anteile am Zielunternehmen beteiligt (§ 38 Abs. 5 Satz 2). Dann sind die Umsätze des Veräußerers voll in Ansatz zu bringen.

15 Beim **Anteilserwerb** nach § 37 Abs. 1 Nr. 3 sind der Erwerber und das Zielunternehmen, an dem Anteile erworben werden, beteiligt, darüber hinaus wegen § 37 Abs. 1 Nr. 3 Satz 3 auch alle weiteren Anteilseigner, die nach Vollzug mit mindestens 25% am Zielunternehmen beteiligt bleiben. Die Umsätze des Veräußerers sind für die Prüfung der Umsatzschwellen also nur dann einzubeziehen, wenn er nach Vollzug mit mindestens 25% der Anteile am Zielunternehmen beteiligt bleibt (dies folgte schon in der Vergangenheit bereits aus § 37 Abs. 1 Nr. 2 Satz 3 und ist jetzt ausdrücklich in § 38 Abs. 5 Satz 2 angeordnet). Dann sind die Umsätze des Veräußerers voll in Ansatz zu bringen.

16 Bei sonstigen Zusammenschlüssen **(Erwerb wettbewerblich erheblichen Einflusses)** nach § 37 Abs. 1 Nr. 4 sind beteiligt der Erwerber und das Unternehmen, über das der Einfluss erworben wird. Erwerben ausnahmsweise mehrere Unternehmen gemeinsam einen wettbewerblich erheblichen Einfluss, sind alle diese Unternehmen als Erwerber beteiligt. Nicht beteiligt sind hingegen der Veräußerer oder andere Gesellschafter, die nach Vollzug einen eigenständigen wettbewerblich erheblichen Einfluss behalten. Ihre Umsätze sind nicht zu berücksichtigen (§ 38 Abs. 5 Satz 2).[19]

17 Vor allem für die Anwendung der **zweiten Inlandsumsatzschwelle** in § 35 Abs. 1 Nr. 2 ist zudem von Bedeutung, unter welchen Umständen Veräußerer und Zielunternehmen als ein **einziges oder zwei separate beteiligte Unternehmen** anzusehen sind. Das Gesetz gibt keinen Aufschluss, die Praxis des Bundeskartellamts ist unklar.[20] Die Frage stellt sich vor allem, wenn ein nach § 38 Abs. 5 Satz 2 zu berücksichtigender Veräußerer vor dem Zusammenschluss im Sinne von § 36 Abs. 2 mit dem Zielunternehmen verbunden ist, etwa beim Wechsel von alleiniger zu gemeinsamer Kontrolle. Da dann der jeweilige Veräußerer und das Zielunternehmen schon vor dem Zusammenschluss wegen § 36 Abs. 2 ein einheitliches Unternehmen sind, sollten sie folgerichtig auch nur als ein Zusammenschlussbeteiligter angesehen werden.[21]

---

[17] So zutreffend *Thomas* in: Immenga/Mestmäcker, 5. Aufl., § 35 Rn. 50.

[18] BGH 13.3.1979 WuW/E BGH 1570, 1571 – *Kettenstichnähmaschinen; Mäger* in: Münchener Kommentar, § 37 Rn. 16; *Bechtold,* 7. Aufl., § 35 Rn. 31; *Thomas* in: Immenga/Mestmäcker, 5. Aufl., § 37 Rn. 68; a. A. *Kallfaß* in: Langen/Bunte, 12. Aufl., § 35 Rn. 20.

[19] So wohl auch *Thomas* in: Immenga/Mestmäcker, 5. Aufl., § 37 Rn. 355.

[20] Nicht eindeutig insoweit: BKartA, Merkblatt zur deutschen Fusionskontrolle, Juni 2005 (in Überarbeitung befindlich, dem Vernehmen nach auch gerade zu diesem Punkt).

[21] Ähnlich Europäische Kommission: Konsolidierte Mitteilung der Kommission zu Zuständigkeitsfragen vom 21.2.2009, Tz. 139 ff.; im Falle des Erwerbs der (gemeinsamen) Kontrolle über ein vor dem Zusammenschluss bereits gemeinsam kontrolliertes Gemeinschaftsunternehmen weicht die Kommission von diesem Grundsatz ab und betrachtet auch das Gemeinschaftsunternehmen als selbständi-

c) Konsolidierungskreis der beteiligten Unternehmen. In die Umsatzberechnung einzubeziehen sind die Umsätze aller beteiligten Unternehmen sowie sämtlicher mit diesen im Sinne des § 36 Abs. 2 verbundenen Unternehmen.[22] Es kommt also stets auf die gruppenweiten Umsätze an. 18

Unklar ist der Konsolidierungskreis in den Fällen des **„mittelbaren Erwerbs".** Beim *unmittelbaren* Erwerb einer nicht kontrollierenden Minderheitsbeteiligung von mindestens 25% (§ 37 Abs. 1 Nr. 3 lit. b) oder des wettbewerblich erheblichen Einflusses (§ 37 Abs. 1 Nr. 4) ist das Zielunternehmen regelmäßig Beteiligter. Seine Umsätze sind für die Ermittlung der Schwellenwerte zu berücksichtigen. Würde stattdessen eine solche Beteiligung nur *mittelbar* erworben, etwa weil eine Holdinggesellschaft erworben wird, die die Minderheitsbeteiligung am eigentlichen Zielunternehmen hält bzw. den Einfluss auf dieses ausübt, würden der am Zusammenschluss beteiligten Holdinggesellschaft die Umsätze des eigentlichen Zielunternehmens nach § 36 Abs. 2 nicht zugerechnet. Die Umsätze des mittelbaren Zielunternehmens bleiben bei Ermittlung der Schwellenwerte unberücksichtigt. Erzielt die Holdinggesellschaft selbst keine oder kaum eigene Umsätze, kann die Anmeldepflicht wegen der **zweiten Inlandsumsatzschwelle** oder der **De-Minimis-Ausnahme** des § 35 Abs. 2 Satz 1 also davon abhängen, ob dieselbe Transaktion als mittelbarer oder unmittelbarer Erwerb strukturiert wird. Daher wird diskutiert,[23] ob beim Erwerb der Kontrolle über ein Unternehmens, das seinerseits mit Drittunternehmen i. S. v. § 37 Abs. 1 Nr. 3 lit. b bzw. § 37 Abs. 1 Nr. 4 „verbunden" ist, diesem die Umsätze solcher Drittunternehmen zuzurechnen ist. Eine solche Auslegung wäre aber mit dem Wortlaut des § 36 Abs. 2 nicht zu vereinbaren. Der Rechtssicherheit kommt bei der formellen Fusionskontrolle besondere Bedeutung zu. Unternehmen sollen „ohne große Schwierigkeiten zuverlässig" ihre Pflichten erkennen können.[24] Daher darf die Umsatzzurechnung nicht gegen den Gesetzeswortlaut auf Basis ergebnisorientierter Einzelfallentscheidungen erfolgen. Im Rahmen der Ermittlung der Schwellenwerte des § 35 dürfen Unternehmen nur Umsätze von mit ihnen i. S. d. § 36 Abs. 2 verbundenen Unternehmen zugerechnet werden. Sollte diese Auslegung „Umgehungsmöglichkeiten" ermöglichen, ist der Gesetzgeber gefordert.[25] 19

2. Umsatzbestimmung

Für die Berechnung der Umsatzerlöse sind die Erlöse aus **allen Tätigkeiten** der Beteiligten sowie der mit ihnen nach § 36 Abs. 2 verbundenen Unternehmen heranzuziehen. Für bestimmte Wirtschaftsbereiche, etwa Presse und Rundfunk, Handel, Finanzinstitute und Versicherungen sieht § 38 besondere Berechnungsmethoden vor. Einzelheiten zur Berechnung des Umsatzes finden sich in der Kommentierung zu § 38. 20

Gemäß § 35 Abs. 1 Nr. 1 ist ein gemeinsamer **weltweiter Umsatzerlös** von mehr als **500 Mio. Euro** erforderlich. Gemäß § 35 Abs. 1 Nr. 2 muss zudem mindestens ein beteiligtes Unternehmen im **Inland Umsatzerlöse** von mehr als **25 Mio. Euro** und ein anderes beteiligtes Unternehmen Umsatzerlöse von mehr als **5 Mio. Euro** erzielt haben.[26] 21

Um die inländischen Umsätze bemessen zu können, muss der erzielte **Umsatz geographisch zugeordnet werden.** Das deutsche Fusionskontrollrecht enthält keine Aussage zur örtlichen Zuordnung. Aufgrund der sich auch aus der Gesetzesbegründung ergebenden starken Orientierung an der Europäischen Fusionskontrolle[27] bietet es sich jedoch an, auf 22

---

gen Zusammenschlussbeteiligten (ebenda Tz. 143); jedenfalls in Bezug auf Fälle des Kontrollerwerbs ebenso wie die Kommission *Thomas* in: Immenga/Mestmäcker, 5. Aufl., § 37 Rn. 236 ff.

[22] Siehe dazu § 36 Rn. 215 ff.

[23] Vgl. zum Diskussionsstand statt aller: *Thomas* in: Immenga/Mestmäcker, 5. Aufl. § 35 Rn. 67 ff.

[24] BGH 25.9.2007 WuW/E DE-R 2133, 2138 – *Sulzer Kelmix.*

[25] Ähnlich wie hier *Bechtold,* 7. Aufl., § 35 Rn. 35, 36; differenzierter *Thomas* in: Immenga/Mestmäcker, 5. Aufl., § 35 Rn. 72 ff.

[26] Begr. z. Reg. Entwurf BT-Drucks. 13/9720, § 35 zu Abs. 1; BT-Drucks. 16/10490, zu Artikel 8.

[27] Vgl. Begr. z. Reg. Entwurf BT-Drucks. S. 13/9720 unter Nr. I 3.

die Verordnung (EG) 139/2004 sowie die Praxis der Europäischen Kommission zurückzugreifen.[28] Entsprechend Art. 5 Abs. 1 Unterabsatz 2 Verordnung (EG) 139/2004 ist damit der Umsatz in der Regel am Sitz des Kunden zu lokalisieren, unabhängig davon, wo die Dienstleistung erbracht oder von wo aus die Ware verkauft worden ist.[29] Beim Verkauf an zentrale Einkaufsorganisationen kommt es maßgeblich darauf an, ob die Waren zentral an den Sitz der Organisation ausgeliefert und dann von dieser weiterverteilt werden (dann ist der Sitz der Einkaufsorganisation maßgeblich), oder ob die Waren zwar zentral geordert, dann aber vom Verkäufer dezentral an verschiedene Orte ausgeliefert werden (dann sind jeweils diese Orte maßgeblich).[30] Bei Kredit- und sonstigen Finanzinstituten ist der Umsatz dem Sitz der Zweig- oder Geschäftsstelle geographisch zuzurechnen.[31]

23 **Maßgeblicher Zeitpunkt** für die Berechnung der Umsatzschwellen nach § 35 Abs. 1 ist das letzte Geschäftsjahr vor dem Zusammenschluss. Fallen die Geschäftsjahre bei den beteiligten Unternehmen auseinander, ist für jeden Beteiligten auf das für diesen letzte Geschäftsjahr abzustellen. Wenn ein beteiligtes Unternehmen nach dem letzten Geschäftsjahr Unternehmen oder Unternehmensteile erworben oder veräußert hat, sind die darauf entfallenden Umsätze zu addieren bzw. abzuziehen.[32] Umstritten ist, ob für das Erreichen der Umsatzschwellenwerte der **Zeitpunkt der Anmeldung oder des Vollzugs** maßgeblich ist.[33] Letztere Auffassung überzeugt grundsätzlich: werden die Schwellenwerte zum Zeitpunkt des Vollzugs nicht (mehr) erreicht, besteht keine Anmeldepflicht. Ist ein Zusammenschluss vollzogen worden, ohne dass ein Fusionskontrollverfahren durchlaufen wurde, ist der Umsatz des letzten abgeschlossenen Geschäftsjahrs vor dem Vollzug des Zusammenschlusses maßgebend.[34]

24 Ebenfalls ungeklärt ist, ob die Umsätze nur auf Basis **testierter Unternehmensabschlüsse** oder auch auf Basis vorläufiger Zahlen ermittelt werden können. Die Frage ist praktisch von Bedeutung, wenn zum Zeitpunkt des Vollzugs für das letzte abgeschlossene Geschäftsjahr nur vorläufige aber noch keine testierten Zahlen vorliegen. Wird der Zusammenschluss auf Basis der vorläufigen Zahlen ohne Anmeldung vollzogen, besteht die Gefahr, dass sich im Nachhinein herausstellt, dass nach den testierten Zahlen die Schwellenwerte zum Vollzugszeitpunkt doch erreicht waren. Den Parteien kann aber nicht zugemutet werden, Zusammenschlüsse immer erst dann zu vollziehen, wenn testierte Zahlen für das jeweils letzte Geschäftsjahr vorliegen, denn häufig liegen Monate zwischen Ende des Geschäftsjahres und Abschlussbericht der Prüfer. Im Sinne der Praktikabilität und Rechtssicherheit scheint es daher richtig, ebenso wie die Kommission grundsätzlich nur auf testierte Abschlüsse abzustellen.[35] Solange für das letzte Geschäftsjahr noch keine testierten Abschlüsse vorliegen, bleiben damit die testierten Vorjahresabschlüsse maßgeblich.[36] Wer-

---

[28] So auch *Bechtold,* 7. Aufl., § 35 Rn. 3; *Kallfaß* in: Langen/Bunte, 12. Aufl., § 35 Rn. 28; *Thomas* in: Immenga/Mestmäcker, 5. Aufl., § 35 Rn. 61, ebenso – auch unter Berufung auf das EU-Recht – BGH 21.1.2014, KVR 38/13, Rn. 17f. – *Viskosefasern.*

[29] Siehe hierzu im Detail: Konsolidierte Mitteilung der Kommission zu Zuständigkeitsfragen vom 21.2.2009, Tz. 195ff.

[30] BGH 21.1.2014, KVR 38/13, Rn. 17f. – *Viskosefasern.*

[31] Konsolidierte Mitteilung der Kommission zu Zuständigkeitsfragen vom 21.2.2009, Tz. 210.

[32] Vgl. *Kallfaß* in: Langen/Bunte, 12 Aufl., § 35 Rn. 26.

[33] Für Zeitpunkt der Anmeldung: BKartA, Merkblatt zur deutschen Fusionskontrolle, Juni 2005 (in Überarbeitung befindlich, daher möglicherweise überholt); *Wessely* in: Münchener Kommentar, § 35 Rn. 18; für Zeitpunkt des Vollzugs: *Bechtold,* 7. Aufl., § 36 Rn. 66; *Kallfaß* in: Langen/Bunte, 12. Aufl., § 35 Rn. 26; ebenso, aber differenzierend in Bezug auf einen sich durch Umsatzveränderungen ergebenden Zuständigkeitswechsel zwischen BKartA und Kommission *Thomas* in: Immenga/Mestmäcker, 5. Aufl., § 35 Rn. 61.

[34] *Bechtold,* 7. Aufl., § 35 Rn. 32; *Thomas* in: Immenga/Mestmäcker, 5. Aufl., § 38 Rn. 54; vgl. auch Mitteilung des BKartA zur Behandlung nachträglich angemeldeter Zusammenschlüsse.

[35] Konsolidierte Mitteilung der Kommission zu Zuständigkeitsfragen vom 21.2.2009, Tz. 170.

[36] Offen *Kallfaß* in: Langen/Bunte, 12. Aufl., § 38 Rn. 2.

den nach den letzten testierten Zahlen die Schwellenwerte nicht erreicht, ist keine Anmeldung erforderlich. Das Bundeskartellamt scheint demgegenüber zumindest dann eine Anmeldung auf Basis vorläufiger Umsatzzahlen zu erwarten, wenn diese auf ein erstmaliges Erreichen der Schwellenwerte im letzten Geschäftsjahr hindeuten. Eine „freiwillige" Anmeldung auf Basis der vorläufigen Zahlen empfiehlt sich jedenfalls dann, wenn nur nach diesen die Schwellenwerte erreicht sind und mit dem testierten Abschluss noch vor Vollzug zu rechnen ist.[37]

III. Ausnahmen (§ 35 Abs. 2)

25 Trotz Erreichen der Schwellenwerte ist der Zusammenschluss kontrollfrei, wenn eine der Ausnahmeklauseln nach § 35 Abs. 2 eingreift. In diesen Fällen unterliegt der Zusammenschluss nicht der deutschen Fusionskontrolle. Es ist weder eine Anmeldung noch eine Anzeige erforderlich.

1. De-Minimis-Klausel, § 35 Abs. 2 Satz 1

26 Die Regelung in § 35 Abs. 2 Satz 1 ist eine echte De-Minimis-Regelung.[38] Sie wurde mit der 6. GWB-Novelle neu gefasst und ersetzt die ehemalige Anschlussklausel. Sind die Voraussetzungen von § 35 Abs. 2 Satz 1 erfüllt, so gelten die Vorschriften der Fusionskontrolle insgesamt nicht. Seit der 8. GWB Novelle gilt die De-Minimis-Klausel auch bei Pressezusammenschlüssen.[39]

27 **a) Zusammenschluss.** Auf der Grundlage der De-Minimis-Klausel ist **jede Art des Zusammenschlusses unter Beteiligung eines Kleinunternehmens** fusionskontrollfrei. Voraussetzung ist nur, dass eines der beteiligten Unternehmen[40] einen weltweiten Umsatz von weniger als 10 Mio. Euro erzielt.[41] Im Gegensatz zur früheren Anschlussklausel sind damit nicht mehr nur Anschlüsse von kleinen Unternehmen an Großunternehmen von ihrem Anwendungsbereich erfasst. Auch eine **Teilveräußerung** durch, sowie der **Minderheitserwerb** an einem Kleinunternehmen durch ein Großunternehmen unter Aufrechterhaltung der Beteiligung des bisherigen Inhabers erfüllen den Tatbestand.[42] § 35 Abs. 2 Satz 1 ist grundsätzlich auf **die Gründung von Gemeinschaftsunternehmen** anwendbar, sofern sich ein Kleinunternehmen zur Geschäftsausweitung an einem Gemeinschaftsunternehmen mit einem Großunternehmen als Gesellschafter beteiligt.[43] Die De-Minimis-Klausel greift auch ein, wenn ein Kleinunternehmen ein Großunternehmen erwirbt. Ebenso, wenn ein Großunternehmen A und ein Kleinunternehmen B ein Kleinunternehmen C gemeinsam beherrschen und das Großunternehmen A die Anteile vom Kleinunternehmen B an C erwirbt, vorausgesetzt die Umsätze von B und C liegen zusammen unter 10 Mio. Euro.[44] Ferner gilt die Vorschrift, wenn ein Großunternehmen D und ein Kleinunternehmen E ein Großunternehmen F gemeinsam beherrschen und E die Anteile von D an F erwirbt. Im ersten Fall sind C die Umsatzerlöse von A und im zweiten Fall E die Umsatzerlöse von F für die Anwendung von § 35 Abs. 2 Satz 1 nicht nach § 36 Abs. 2 hinzuzurechnen, da A und im zweiten Fall E nicht schlechter gestellt werden dür-

---

[37] Ähnlich *v. Graevenitz,* WuW 2011, S. 122, 123.
[38] BKartA Tätigkeitsbericht 1999/2000 S. 17; Merkblatt zur deutschen Fusionskontrolle S. 3.
[39] *Thomas* in: Immenga/Mestmäcker, 5. Aufl., § 35 Rn. 107.
[40] Siehe oben § 35 Rn. 12ff.
[41] BKartA Tätigkeitsbericht 1999/2000 S. 17.
[42] So bereits zur früheren Anschlussklausel KG 16.6.1981, WuW/E OLG 2507, 2510 – *Veba-Stadtwerke Wolfenbüttel; Kleinmann/Bechtold,* § 24 Rn. 178; *Quack* FK § 2 Rn. 287.
[43] BKartA Tätigkeitsbericht 1999/2000 S. 17; vgl. *Thomas* in: Immenga/Mestmäcker, 5. Aufl., § 35 Rn. 97.
[44] BKartA Tätigkeitsbericht 1999/2000 S. 17; vgl. *Thomas* in: Immenga/Mestmäcker, 5. Aufl., § 35 Rn. 94

fen, als wenn sie sämtliche Anteile an C bzw. F in einem Schritt erworben hätten.[45] Die De-Minimis-Klausel ist, auch wenn der Wortlaut auf die Beteiligung von nur zwei Unternehmen hindeutet, ebenso auf Zusammenschlüsse anwendbar, an denen **mehr als zwei** Unternehmen beteiligt sind.[46]

28 Weder die Begründung noch das Gesetz selbst bieten Anhaltspunkte dafür, dass qualitative Anforderungen (z. B. Freiwilligkeit, Erwerb aufgrund Initiative des Kleinunternehmens) an die Umstände des Zusammenschlusses zu stellen sind. Auch ein Zusammenschluss gegen den Willen des kleinen Unternehmens durch **eine feindliche Übernahme** erfüllt den Tatbestand der De-Minimis-Klausel.[47]

29 Werden Anteile an einem bislang nicht abhängigen Unternehmen zu je mindestens 25% an mehrere Unternehmen veräußert mit der Folge, dass für diese die **Fiktion einer Teilfusion** der Mütter des § 37 Abs. 1 Nr. 3 Satz 3 eingreift, entfällt die Privilegierung des Abs. 2 Satz 1 für den Zusammenschluss, der zum Gemeinschaftsunternehmen selbst führt, da angesichts der Einheitlichkeit des Zusammenschlusses im Fall des § 37 Abs. 1 Nr. 3 Satz 3 nicht lediglich der fiktive Zusammenschluss der Mütter der Kontrollpflicht unterworfen werden kann.[48] Ein Unternehmen kann zugleich oder auch nacheinander beliebig viele Unternehmen erwerben und sich für diese Zwecke auf die De-Minimis-Klausel berufen, es muss nur bei jedem Einzelerwerb sichergestellt sein, dass die 10 Mio. Euro Umsatzschwelle auf Seiten des Veräußerers nicht überschritten ist. Die Zwischenübertragung eines Unternehmensteils auf einen (umsatzschwachen) Zwischenerwerber, um hierdurch die De-Minimis-Klausel anwendbar zu machen, ist nicht möglich, wenn und soweit der Zwischenerwerber der Steuerung des Veräußerers bzw. des gewünschten Erwerbers unterliegt. Aus demselben Grund ist die De-Minimis-Klausel unanwendbar, wenn das Erwerbsobjekt nur für die Zwecke der Fusionskontrolle scheibchenweise aufgespalten wird,[49] wobei derartige Sachverhalte nunmehr möglicherweise auch von § 38 Abs. 5 Satz 3 erfasst werden.

30 **b) Nicht abhängiges Unternehmen.** Das veräußerte Unternehmen darf nicht abhängig, d. h., nicht mit anderen Unternehmen verbunden sein. Die Vorschrift verweist hierzu auf § 36 Abs. 2, der wiederum auf §§ 17, 18 AktG Bezug nimmt. Nach dem Wortlaut fiele damit der Verkauf eines Tochterunternehmens aus einem **Kleinkonzern** mit einem Konzernumsatz von weniger als 10 Mio. Euro Umsatz nicht unter die De-Minimis-Klausel, weil das Tochterunternehmen „abhängig" ist. Nach allgM fallen hingegen auch diese Fälle in den Anwendungsbereich der Klausel, sofern der Gesamtumsatz des Konzernverbundes unter der Umsatzschwelle von 10 Mio. Euro bleibt.[50] Auch die gemeinsame Abhängigkeit von mehreren Unternehmen ist möglich (Mehrmütterklausel, § 36 Abs. 2 S. 2).

31 **c) Umsatzschwelle 10 Mio. Euro.** Die De-Minimis-Klausel gilt für Zusammenschlüsse unter Beteiligung eines Unternehmens, das im letzten abgelaufenen Geschäftsjahr einen Umsatz von **weltweit** weniger als 10 Mio. Euro erzielt hat. Für die Anwendung der Vorschrift sind die Umsätze des als Kleinunternehmen zu qualifizierenden Veräußerers und aller mit ihm i. S. d. § 36 Abs. 2 verbundenen Unternehmen einschließlich des veräußerten

[45] BKartA Tätigkeitsbericht 1999/2000 S. 18.

[46] KG 16.6.1981, WuW/E OLG 2507, 2510 – *Veba-Stadtwerke Wolfenbüttel; Thomas* in: Immenga/Mestmäcker, 5. Aufl., § 35 Rn. 81.

[47] BKartA Tätigkeitsbericht 1999/2000 S. 17; *Bechtold,* GWB, § 35 Rn. 40; *Thomas* in: Immenga/Mestmäcker, 5. Aufl., § 35 Rn. 82.

[48] BKartA, Beschluss v. 24.5.2002 – *RWE Umwelt/GAB Pinneberg;* a. A. *Thomas* in: Immenga/Mestmäcker, 5. Aufl., § 35 Rn. 101.

[49] *Bechtold,* 7. Aufl., § 35 Rn. 41; *Schulte* AG 1998, 297 (306).

[50] TB BKartA 1999/2000 S. 17; BKartA Merkblatt zur deutschen Fusionskontrolle S. 4; *Schulte* AG 1998, 297 (306); *Bechtold,* 7. Aufl., § 35 Rn. 41; *Thomas* in: Immenga/Mestmäcker, 5. Aufl., § 35 Rn. 86; *Kallfaß* in: Langen/Bunte, 12. Aufl., § 35 Rn. 32; offen gelassen in BGH, 23.10.1979 WuW/E BGH 1661 – *Zementmahlanlage II;* BGH 24.6.1980 WuW/E 1712 – *Mannesmann-Bruenninghaus.*

Unternehmens bzw. des veräußerten Unternehmensteil zu addieren.[51] Die Einbeziehung des Veräußerers stellt insoweit eine teleologisch gebotene Abweichung vom allgemeinen Grundsatz des § 38 Abs. 5 Satz 1 dar, der den Veräußerer eigentlich ausblenden würde.[52] Die De-Minimis-Ausnahme greift somit nicht ein, wenn ein Unternehmen, das den Umsatzschwellenwert von 10 Mio. Euro überschreitet, einen Teilbetrieb mit einem eigenen Umsatzerlös von weniger als 10 Mio. Euro an ein anderes Großunternehmen veräußert.[53] Der Umsatz eines vor dem Zusammenschluss nicht i. S. v. § 36 Abs. 2 mit dem zu veräußernden Kleinunternehmen verbundenen Veräußerers, der nach dem Zusammenschluss mit mehr als 25 % am zu veräußernden Kleinunternehmen beteiligt bleibt, sind entgegen § 38 Abs. 5 Satz 2 nicht zu berücksichtigen.[54]

2. Kommunale Gebietsreformen

Die zweite Ausnahme betrifft Zusammenschlüsse im Zuge von Gebietsreformen. Sie wurde im Zuge der 8. GWB-Novelle eingeführt, war im ursprünglichen Gesetzentwurf aber nicht vorgesehen und kam erst gegen Ende des Gesetzgebungsverfahrens auf Initiative des Bundesrates hinzu. Die Klausel wirft bei näherem Hinsehen zahlreiche Fragen auf, soll aber im Ergebnis wohl dazu führen, dass Zusammenschlüsse, die mit einer kommunalen Gebietsreform einhergehen, insgesamt nicht unter die Fusionskontrolle fallen. Tragender Grund war, dass Wettbewerbsregelungen nicht dazu führen sollen, kommunale Gebietsreformen zu erschweren bzw. unmöglich zu machen.[55] Diese Gesetzesänderung führt letztlich zu einer weitgehenden Privilegierung öffentlicher Unternehmen gegenüber dem privaten Sektor. Aus politisch-pragmatischen Gründen mag die Regelung nachvollziehbar sein. Da aber auch Zusammenschlüsse unternehmerischer Aktivitäten öffentlicher Betriebe (z. B. Krankenhäuser) durchaus relevante Wettbewerbsauswirkungen haben können, bleibt dennoch fraglich, ob dem Verbraucher mit dieser Regelung gedient ist.[56] Nach allgemeinen Auslegungsgrundsätzen wird man daher auch diese Ausnahmevorschrift im Zweifel eng auslegen müssen. Dabei wirft die Norm allerdings eine Reihe von Abgrenzungsschwierigkeiten auf. 32

Voraussetzung der Ausnahme ist zunächst eine **kommunale Gebietsreform.** Interkommunale Kooperation oder die Gründung eines Zweckverbandes reichen nicht aus. Dafür lassen weder Wortlaut, noch Zweck, noch gesetzgeberische Begründung etwas erkennen. Auch die Zusammenlegung sonstiger öffentlich-rechtlicher Anstalten oder Körperschaften fällt danach nicht unter die Ausnahmeregelung.[57] Wegen der gebotenen engen Auslegung sind dabei von der Ausnahme nur Zusammenschlüsse zwischen öffentlichen Einrichtungen und Betrieben von den **an der Gebietsreform beteiligten Gemeinden** erfasst. Werden in solche Zusammenschlüsse Einrichtungen und Betriebe von Drittgemeinden einbezogen, sind diese Zusammenschlüsse nicht vom der Ausnahme erfasst. 33

Weiter muss der Zusammenschluss mit der Gebietsreform einhergehen. Der Begriff **„Einhergehen“** lässt darauf schließen, dass es für die Anwendung der Ausnahmeregel genügt, dass der Zusammenschluss anlässlich der Reform erfolgt. Die Gebietsreform muss also den Zusammenschluss nicht zwingend erfordern,[58] wobei ohnehin fraglich wäre, wann 34

---

[51] BKartA Merkblatt zur deutschen Fusionskontrolle S. 4; *Thomas* in: Immenga/Mestmäcker, 5. Aufl., § 35 Rn. 83.

[52] Siehe dazu auch unten § 38 Rn. 34.

[53] BGH 23.10.1979, KVR 3/78, WuW/E BGH 1655, 1660 f. – *Zementmahlanlage II;* BGH 24.6. 1980, KVR 5/79, WuW/E BGH 1711, 1712 – *Mannesmann/Brueninghaus;* BKartA, Beschluss v. 24.5. 2002 – *RWE Umwelt/GAB Pinneberg; Bechtold,* 7. Aufl., § 35 Rn. 41. Siehe dazu auch § 38 Rn. 34.

[54] Siehe dazu auch unten § 38 Rn. 34; *Heinrich/Jakobs,* WuW 2015 S. 489 ff.

[55] BT-Drucks. 17/11636, S. 2.

[56] Kritisch insoweit auch *Kallfaß* in: Langen/Bunte, 12. Aufl., § 35 Rn. 34.

[57] So auch *Bechtold,* 7. Aufl., § 35 Rn. 45.

[58] *Bechtold,* 7. Aufl., § 35 Rn. 45; *Kallfaß* in: Langen/Bunte, 12. Aufl., § 35 Rn. 34.

dies der Fall ist. Aber auch bei der weiteren Auslegung bleiben Fragen offen, etwa, ob ein Zusammenschluss noch mit der Gebietsreform „einhergeht", wenn er erst etliche Jahre nach der Gebietsreform erfolgt.

35 Die Vorschrift soll nur für Zusammenschlüsse durch **Zusammenlegung** gelten, wohingegen § 35 sonst allgemein von Zusammenschlüssen spricht. Es ist unklar, was der Gesetzgeber mit dieser (vermeintlichen?) Qualifikation gemeint hat: Eine „Zusammenlegung" von Einrichtungen und Betrieben erfolgt nach allgemeinem Sprachgebrauch, wenn bislang unabhängige Einheiten einer einheitlichen Leitung unterstellt werden. Damit wären nur die Zusammenschlusstatbestände Verschmelzung (§ 37 Abs. 1 Nr. 1) oder Kontrollerwerb (§ 37 Abs. 1 Nr. 2) erfasst. Anteilserwerb (§ 37 Abs. 1 Nr. 3 lit. b) und Erwerb wettbewerblich erheblichen Einflusses (§ 37 Abs. 1 Nr. 4) begründen keine einheitliche Leitung, die Ausnahme gälte nicht. Auch wenn eine weite Auslegung angesichts des Ausnahmecharakters der Vorschrift eigentlich nicht erlaubt ist, sprechen Sinn und Zweck des Gesetzes dafür, dass sämtliche Zusammenschlusstatbestände von der Ausnahme erfasst sein sollen.[59]

36 Die Ausnahme soll zudem nur für die Zusammenlegung von **Einrichtungen und Betrieben** gelten. Unter Einrichtungen und Betrieben versteht man im allgemeinen Sprachgebrauch funktionsfähige Einheiten, nicht aber bloße Beteiligungen an solchen Einheiten. Die Zusammenlegung von Unternehmensbeteiligungen, die mit einer Gebietsreform einhergeht, wäre damit ebenfalls nicht vom Wortlaut der Ausnahme erfasst. Auch hier sprechen Sinn und Zweck des Gesetzes für eine – eigentlich unzulässige – weite Auslegung, wonach auch die Zusammenlegung von Beteiligungen erfasst wird.

37 Schließlich erfasst die Regelung nur Zusammenschlüsse **öffentlicher** Einrichtungen und Betriebe. Im Ausgangspunkt sind dies nur Einrichtungen und Betriebe, die zu 100% in öffentlicher Hand sind oder von dieser zumindest allein kontrolliert werden.[60] Die Fusion eines rein öffentlichen Betriebes mit einem gemischt-wirtschaftlichen Unternehmen, an dem die öffentliche Hand eine nicht-kontrollierende Beteiligung hält, ist damit nicht fusionskontrollfrei

IV. Verhältnis zur EU-Fusionskontrolle

38 § 35 Abs. 3 stellt klar, dass das GWB insgesamt keine Anwendung findet, soweit gemäß Art. 22 Abs. 2 Verordnung (EG) 139/2004 für Zusammenschlüsse mit gemeinschaftsweiter Bedeutung die EU Fusionskontrolle anwendbar ist. Dies bedeutet, dass auch § 1 GWB – etwa bei der Beurteilung von Gemeinschaftsunternehmen – dann keine Anwendung findet. Ebenso wie das GWB setzt die Verordnung (EG) 139/2004 voraus, dass bestimmte **Umsatzschwellen** erreicht sind (Art. 1 Abs. 2 und 3) und zugleich ein **Kontrollerwerb** verwirklicht wird (Art. 3). Entsprechend findet trotz Erreichens der Umsatzschwellen der Verordnung (EG) 139/2004 die Fusionskontrolle des GWB Anwendung, soweit es nur um den Erwerb nicht kontrollierender Minderheitsbeteiligungen oder wettbewerblich erheblichen Einflusses oder um die Gründung eines nicht-Vollfunktionsgemeinschaftsunternehmens (Art. 3 Abs. 4) geht. Unter den in Art 4 Abs. 4 und 9 näher geregelten Umständen kann die Europäische Kommission auf Antrag der Parteien oder des Bundeskartellamts Fälle zur Prüfung an das Bundeskartellamt verweisen. Dann gilt wiederum nur das deutsche Fusionskontrollrecht.

§ 36 Grundsätze für die Beurteilung von Zusammenschlüssen

(1) [1] **Ein Zusammenschluss, durch den wirksamer Wettbewerb erheblich behindert würde, insbesondere von dem zu erwarten ist, dass er eine marktbeherrschende Stel-**

---

[59] Für eine weite Auslegung auch *Bechtold,* 7. Aufl., § 35 Rn. 45.

[60] A. A. wohl *Bechtold,* 7. Aufl., § 35 Rn. 45; wie hier: *Kallfaß* in: Langen/Bunte, 12. Aufl., § 35 Rn. 34.

lung begründet oder verstärkt, ist vom Bundeskartellamt zu untersagen. [2]Dies gilt nicht, wenn

1. **die beteiligten Unternehmen nachweisen, dass durch den Zusammenschluss auch Verbesserungen der Wettbewerbsbedingungen eintreten und diese Verbesserungen die Behinderung des Wettbewerbs überwiegen, oder**
2. **auf Untersagungsvoraussetzungen des Satzes 1 auf einem Markt vorliegen, auf dem seit mindestens fünf Jahren Waren oder gewerbliche Leistungen angeboten werden und auf dem im letzten Kalenderjahr weniger als 15 Millionen Euro umgesetzt wurden, oder**
3. **die marktbeherrschende Stellung eines Zeitungs- oder Zeitschriftenverlags verstärkt wird, der einen kleinen oder mittleren Zeitungs- oder Zeitschriftenverlag übernimmt, falls nachgewiesen wird, dass der übernommene Verlag in den letzten drei Jahren jeweils in der Gewinn- und Verlustrechnung nach § 275 des Handelsgesetzbuchs einen erheblichen Jahresfehlbetrag auszuweisen hatte und er ohne den Zusammenschluss in seiner Existenz gefährdet wäre. Ferner muss nachgewiesen werden, dass vor dem Zusammenschluss kein anderer Erwerber gefunden wurde, der eine wettbewerbskonformere Lösung sichergestellt hätte.**

(2) **[1]Ist ein beteiligtes Unternehmen ein abhängiges oder herrschendes Unternehmen im Sinne des § 17 des Aktiengesetzes oder ein Konzernunternehmen im Sinne des § 18 des Aktiengesetzes, sind die so verbundenen Unternehmen als einheitliches Unternehmen anzusehen. [2]Wirken mehrere Unternehmen derart zusammen, dass sie gemeinsam einen beherrschenden Einfluss auf ein anderes Unternehmen ausüben können, gilt jedes von ihnen als herrschendes.**

(3) **Steht einer Person oder Personenvereinigung, die nicht Unternehmen ist, die Mehrheitsbeteiligung an einem Unternehmen zu, gilt sie als Unternehmen.**

Übersicht

Schrifttum: *Albach,* Finanzkraft und Marktbeherrschung in Fusionsfällen, 1981; *Albath,* Unternehmensbeteiligungen unter 25%-Kapitalanteil, 1988; *E. van Arnheim,* Der räumlich relevante Markt in der Fusionskontrolle, 1991; *Bechtold,* GWB, 2013; *ders.,* EU-rechtliche Beschränkungen in der Ausgestaltung und Anwendung des GWB, 2014; *ders./Bosch/Brinker,* EU-Kartellrecht, 2014; *Bergmann,* Nachfragemacht in der Fusionskontrolle, 1989; *A. Beyer,* Zusammenschlusskontrolle im englischen und deutschen Recht unter besonderer Berücksichtigung der Sanierungsfusionen, 1986; *Bien,* Das deutsche Kartellrecht nach der 8. GWB-Novelle. 2005; *Böhnke,* Diversifizierte Unternehmen, 1976; *R. Büscher,* Diagonale Unternehmenszusammenschlüsse im amerikanischen und deutschen Recht, 1983; *Canenbley/Moosecker,* Fusionskontrolle, 1982; *Canenbley,* Kartellrecht in Theorie und Praxis, 2012; *Catranis,* Die Aufgabe der Zusammenschlusskontrolle, 1981; *Dirrheimer,* Ressourcenstärke und Abschreckungswirkungen in der Fusionskontrolle, 1988; *Dreher,* Konglomerate Zusammenschlüsse, Verbotsvermutungen und Widerlegungsgründe, 1987; *Eggers,* Finanzkraft als Merkmal der überragenden Marktstellung bei Zusammenschlußkontrollverfahren von Handelsbetrieben, 1987; *H.M. Emrich,* Die Problematik der Fusionskontrolle bei Konglomeraten, 1978; *Emmerich,* Der neue SIEC-Test, 2014; *Fatscheck,* Die Berücksichtigung außerwettbewerblicher Gesichtspunkte bei Anwendung der Zusammenschlusskontrolle, 1977; *K. Fischer,* Wettbewerbliche Einheit und Fusionskontrolle, 1986; *Giesel,* Unternehmenswachstum und Wettbewerb, 1975; *Greiffenberg,* Konglomerale Unternehmensintegration und funktionsfähiger Wettbewerb; 1978; *Hitzler,* Systeme der Fusionskontrolle, 1979; *Hoppmann,* Fusionskontrolle, 1972; *Jickeli,* Marktzutrittsschranken im Recht der Wettbewerbsbeschränkungen; 1990; *Jungermann,* Kollektive Marktbeherrschung durch interdependentes Parallelverhalten und deren Missbrauch, 2007; *Jüngst,* Marktbeherrschungsbegriff, „überragende Marktstellung" und Diversifikation, 1980; *Kantzenbach/Kottmann/Krüger,* Kollektive Marktbeherrschung. Neue Industrieökonomik und Erfahrungen aus der Europäischen Fusionskontrolle, 1996; *Käseberg,* Die Europäisierung der deutschen Fusionskontrolle, 2014; *Kevekordes,* Auslandszusammenschlüsse im internationalen und materiellen Kartellrecht, 1986; *Klauss,* Die Bestimmung von Marktmacht, 1975; *Kleinmann/Bechtold,* Kommentar zur Fusionskontrolle, 13. Aufl. 2005; *Knöpfle,* Die Problematik der Zusammenschlusskontrolle nach dem GWB, 1986; *Koppensteiner,* Wettbewerbsrecht, § 13 (S. 247ff.); *Markopoulos,* Juristische und ökonomische Prognosemethoden und -modelle in der Fusionskontrolle, 2011; *Mestmäcker,* Medienkonzentration und Meinungsvielfalt, 1978; *Möschel,* Wettbewerbsbeschränkungen, § 11 (S. 445ff.); *ders.,* Der Oligopolmißbrauch, 1974; *ders.,* Pressekonzentration und Wettbewerbsgesetz, 1978; *ders.,* Entflechtung im Recht der Wettbewerbsbeschränkungen, 1979; ders., Großfusionen im engen Oligopol, 2001; *Meinhold,* Diversifikation, konglomerate Unternehmen und GWB, 1977; *Neiser,* Die Praxis der deutschen Fusionskontrolle, 1981; *Paschke,* Der Zusammenschlussbegriff des Fusionskontrollrechts, 1989; *Pitsos,* Die erhebliche Behinderung des wirksamen Wettbewerbs (SIEC-Test) im Fusionskontrollrecht, 2013; *Purrukker,* Banken in der kartellrechtlichen Fusionskontrolle, 1983; *Ramrath,* Die „überragende Marktstellung" als Merkmal der Fusionskontrolle, 1978; *B. Richter,* Teiluntersagung in der Fusionskontrolle, 1987; *B. Richter* in Wiedemann (Hrsg.), Handbuch des Kartellrechts, 1999, 5. Kapitel, 2. Abschnitt, Die deutsche Fusionskontrolle (§§ 35ff. GWB); Sabel, Neuere Entwicklungen in der europäischen und deutschen Kontrolle konglomerater Unternehmenszusammenschlüsse, 2010; *Sandrock,* Vertikale Konzentration im US-amerikanischen Antitrust-Recht, 1984; *Schmidt-Preuß,* Grenzen internationaler Unternehmensakquisition, 1985; *Schulte* (Hrsg.), Handbuch Fusionskontrolle, 2009; *Schulte-Braucks,* Die Auflösung marktbeherrschender Stellungen, 1980; *J.-M. Schultze,* Marktzutrittsschranken in der Fusionskontrolle, 1988; *Spieler,* Fusionskontrolle im Medienbereich, 1988; *Steger,* Die räumliche Marktabgrenzung nach der Bagatellmarktklausel des § 35 Abs. 2 S. 1 Nr. 2 GWB, 2012; *Kl.-D. Stephan,* Die Anwendung des Zusammenschlussbegriffs auf Personalgesellschaften, 1989; *Traumann,* Die Zusage im Verfahren der Zusammenschlusskontrolle, 1977; *Veltrup,* Die wettbewerbspolitische Problematik konglomerater Fusionen, 1975; *J. Wertenbruch,* Die Rechtsfolgen der Doppelkontrolle bei Gemeinschaftsunternehmen nach dem GWB, 1990; *Wiedemann,* Gemeinschaftsunternehmen im deutschen Kartellrecht, 1981; *ders./Bumiller,* Handbuch des Kartellrechts, 2008.

I. Allgemeines

§ 36 Abs. 1 S. 1 GWB enthält die **materiellen Untersagungsvoraussetzungen** der Zusammenschlusskontrolle. Das Bundeskartellamt muss danach Zusammenschlüsse im Sinne der §§ 35 und 37 GWB untersagen, wenn durch sie „wirksamer Wettbewerb erheblich behindert würde", was insbesondere der Fall ist, wenn von dem Zusammenschluss zu erwarten ist, dass er eine marktbeherrschende Stellung begründet oder verstärkt. Das Gesetz verlangt eine **Prognose** über die Entwicklungen der Marktstrukturen. Durch die Verwendung des Begriffs der marktbeherrschenden Stellung in § 36 Abs. 1 S. 1 GWB knüpft das Gesetz an die Definitionen des § § 18 Abs. 1 GWB und die **Marktbeherrschungsvermutungen** des § 18 Abs. 4 GWB an. Das Bundeskartellamt darf einen Zusammenschluss nach § 36 Abs. 1 S. 2 Nr. 1–3 nicht untersagen, wenn die Zusammenschlussbeteiligten nachweisen können, dass durch den Zusammenschluss auch Verbesserungen der Wettbewerbsbedingungen eintreten und dass diese Verbesserungen die Nachteile der Marktbeherrschung überwiegen (Nr. 1, sog. Abwägungsklausel), wenn ein Markt betroffen ist, auf dem seit mindestens fünf Jahren Waren oder gewerbliche Leistungen angeboten werden und im letzten Kalenderjahr weniger als 15 Millionen Euro umgesetzt wurden (Nr. 2, sog. Bagatellmarktklausel) oder wenn eine Pressefusion vorliegt, die der Sanierung eines kleinen Zeitungs- oder Zeitschriftenverlags dient, falls nachgewiesen wird, dass der übernommene Verlag in den letzten drei Jahren einen erheblichen Jahresfehlbetrag im Sinne des § 275 Abs. 2 Nr. 20 HGB hatte und er ohne den Zusammenschluss in seiner Existenz gefährdet wäre. Zudem muss nachgewiesen werden, dass vor dem Zusammenschluss kein anderer Erwerber gefunden wurde, der eine wettbewerbskonforme Lösung sichergestellt hätte (Nr. 3, sog. Pressesanierungsklausel). 1

Die Kommentierung behandelt die materiellen Untersagungsvoraussetzungen für Zusammenschlüsse und ihre Ausnahmen nach § 36 Abs. 1 S. 1 GWB. Sie geht von der materiellen Fusionskontrollpraxis des Bundeskartellamts und der für die Beschwerden gegen Fusionskontrollentscheidungen des Bundeskartellamts zuständigen Gerichte aus, wie sie in den Freigabe- und Untersagungsverfügungen des Bundeskartellamts und den Beschlüssen von Kammergericht, Oberlandesgericht Düsseldorf und Bundesgerichtshof Ausdruck gefunden hat. 2

Von überragender Bedeutung für die Beurteilung der Freigabefähigkeit bzw. -unfähigkeit, also der Erwartung, dass ein Zusammenschluss wirksamen Wettbewerb erheblich behindert, insbesondere dann, wenn er eine marktbeherrschende Stellung begründet oder verstärkt, ist die vorgelagerte Frage der **Abgrenzung der Märkte** in sachlicher, räumlicher und – in seltenen Fällen – zeitlicher Hinsicht. Die Abgrenzung der im konkreten Fall betroffenen Märkte hat nicht nur für die Zusammenschlusskontrolle nach §§ 35ff. GWB, sondern auch für die Beurteilung wettbewerbsbeschränkender Vereinbarungen nach § 1 GWB, insbesondere aber für die Prüfung der Vorschriften über den Missbrauch einer marktbeherrschenden Stellung nach §§ 19ff. GWB Bedeutung. Es kann hier daher auf die Kommentierung zu § 19 GWB verwiesen werden. 3

Die Ausnahmeregelung für die Untersagung durch das Bundeskartellamt in Satz 2 wurde neu strukturiert und weitere Ausnahmen hinzugefügt. Die Bagatellmarktklausel des ehemaligen § 35 Abs. 2 Nr. 2 GWB wurde nun in § 36 Abs. 1 S. 2 Nr. 2 GWB verschoben. Zudem wurde die bereits in dem Regierungsentwurf vom 12.8.2004[1] vorgesehene und sehr umstrittene[2] Lockerung der allgemeinen Untersagungsvoraussetzungen für Pressefusionen in dem neu geschaffenen § 36 Abs. 1 S. 2 Nr. 3 GWB umgesetzt. 4

---

[1] BT-Drucks. 15/3640.

[2] Der ursprüngliche Regierungsentwurf sah den Ausschluss der Untersagungsmöglichkeit für Pressesanierungen noch nicht vor. Erst aufgrund der Beschlussempfehlung des Ausschusses für Wirtschaft und Technologie, BT-Drucks. 17/11053 S. 19, wurde sie wegen der „Besonderheiten im Pressebereich, die aus den sich stark verändernden Verhältnissen im digitalen Medienumfeld herrühren", ein-

II. Erhebliche Behinderung wirksamen Wettbewerbs

5 Die am 1. Mai 2004 in Kraft getretene **Verordnung (EG) Nr. 139/2004 des Rates vom 20.1.2004 über die Kontrolle von Unternehmenszusammenschlüssen (EG-Fusionskontrollverordnung, FKVO)** ersetzte das bisherige in der Vorgängerverordnung Nr. 4064/89 für die materielle Beurteilung maßgebliche Untersagungskriterium der Marktbeherrschung durch das Merkmal der „wesentlichen Behinderung des effektiven Wettbewerbs" (significant impediment to effective competition, sog. SIEC-Test, Art. 2 Abs. 2 FKVO). Die Begründung oder Verstärkung einer marktbeherrschenden Stellung ist jetzt nur noch ein Regelbeispiel des neuen Prüfungskriteriums. Ziel dieser Änderung war es, wettbewerbsschädliche Wirkungen nicht koordinierten Verhaltens im Oligopol zu erfassen. Im Gesetzgebungsverfahren der 7. GWB-Novelle regte das Bundesministerium für Wirtschaft und Arbeit durch ein „Diskussionspapier für die Neufassung von § 36 Abs. 1 GWB" vom 21.6.2004 die Diskussion um eine Anpassung des materiellen Untersagungskriteriums der deutschen Zusammenschlusskontrolle an das neue europäische Fusionskontrollrecht an. Diese Anpassung erfolgte im Wege der 8. GWB-Novelle. Mit der 8. GWB-Novelle wurde der ursprüngliche Untersagungstatbestand der Begründung oder Verstärkung einer marktbeherrschenden Stellung (§ 24 Abs. 1 a. F.) als Regelbeispiel des neuen Untersagungstatbestandes der erheblichen Behinderung wirksamen Wettbewerbs umformuliert. Es ist nunmehr nach § 36 Abs. 1 S. 1 GWB eine **erhebliche Behinderung wirksamen Wettbewerbs** durch den Zusammenschluss erforderlich. Die Begründung oder Verstärkung einer marktbeherrschenden Stellung ist demgegenüber nur noch **Regelbeispiel einer erheblichen Behinderung wirksamen Wettbewerbs**. Wesentliche Änderungen für die materielle Fusionskontrolle[3] und Praxis sind hierdurch noch nicht feststellbar bzw. auch in Zukunft nicht zu erwarten.[4] Der Gesetzgeber geht davon aus, dass Untersagungen weiterhin überwiegend aufgrund des Marktbeherrschungskriteriums ausgesprochen werden.[5] Somit ist die erhebliche Behinderung wirksamen Wettbewerbs erst zu prüfen, falls das Regelbeispiel der Begründung oder Verstärkung einer marktbeherrschenden Stellung nicht erfüllt ist.[6] Bei Begründung oder Verstärkung von Marktbeherrschung liegt immer eine erhebliche Behinderung wirksamen Wettbewerbs vor.[7] Dies folgt aus dem klaren Wortlaut der Norm. Liegt jedoch keine Marktbeherrschungsvermutung vor, kann nicht automatisch von einer Unerheblichkeit der Wettbewerbsbehinderung ausgegangen werden. Davon geht auch die Entscheidungspraxis des Bundeskartellamts aus, welches nach der negativen Prüfung des Regelbeispiels zusätzlich eine Erheblichkeitsprüfung durchführt.[8]

6 Der SIEC-Tests erlaubt eine Untersagung des Bundeskartellamtes auch in den wenigen wettbewerblich schädlichen Konstellationen, in denen die Voraussetzungen der Einzelmarktbeherrschung nicht gegeben sind.[9] Das gilt etwa für die Erfassung nicht koordinier-

---

gefügt. Die Vorschrift behandelt den Sonderfall der sektorbezogenen Sanierungsfunktion und ist bereits wegen ihrer fraglichen wettbewerbspolitischen sowie im Hinblick auf ihre knappe, unzulängliche Begründung angreifbar.

[3] *Bechtold,* GWB, § 36 Rn. 1; *Ewald,* WuW 2014, 261, 280.

[4] *Kahlenberg/Neuhaus,* BB 2013, 131, 137; *Barke/Stransky,* WRP 2014, 674, 675; BT-Drucks. 17/9852, S. 28.

[5] BT-Drucks. 17/9852, S. 28.

[6] BT-Drucks. 17/9852, S. 28; a. A. zum Verhältnis von Marktbeherrschungsregelbeispiel und Grundtatbestand: *Thomas* in Immenga/Mestmäcker, GWB, § 36 Rn. 16.

[7] BT-Drucks. 17/9852, S. 28; BKartA TB 2011/2012 BT-Drucks. 17/13675 S. 18; BKartA Beschl. v. 18.7.2013 B 4 – 18/13 – *„Prosegur/Brinck's"* Rn. 170; BKartA, Beschl. v. 22.2.2013 – B7–70/12 Rn. 39 – *Tele Columbus;* a. A. Thomas in Immenga/Mestmäcker, Wettbewerbsrecht, § 36 Rn. 19; Kühnen, WuW 2012, 458, 464; Esser/Höft, NZKart 2013, 447, 453.

[8] BKartA Beschl. v. 18.7.2013 B 4 – 18/13 – *„Prosegur/Brinck's"*.

[9] BT-Drucks. 17/9852, S. 28.

ten bzw. unilateralen Verhaltens einzelner Unternehmen oder für komplexe Oligopolsachverhalte (z. B. bei Preiserhöhungsspielräumen).[10]

Die **Erheblichkeitsschwelle** der Marktbeherrschung muss noch durch die Praxis definiert werden.[11] Dabei wird sie sich wohl an der europäischen Praxis orientieren.[12] Die Zusammenschlussauswirkungen müssen jedenfalls „spürbar" sein.[13] Auch das EuG untersagt einen Zusammenschluss lediglich bei erheblichen Veränderungen des Wettbewerbs.[14] Zudem unterliegt die Kartellbehörde im Rahmen der Untersagungs- und Freigabeentscheidungen in Zukunft einem höheren Begründungs- und Nachweisaufwand, da sie nicht nur das Kriterium der Marktbeherrschung, sondern auch das Vorliegen sonstiger erheblicher Wettbewerbsbehinderungen prüft.[15] 7

Es ist umstritten, ob **Effizienzen bzw. Effizienzvorteile** als positive Auswirkungen von Zusammenschlüssen nach Einführung des SIEC-Tests berücksichtigt werden müssen.[16] Effizienzen stellen nicht markt- oder wettbewerbsbezogene Kriterien dar, die nach bisheriger Rechtslage bei dem Marktbeherrschungskriterium selbst nicht berücksichtigt wurden, sondern bestenfalls bei Prüfung der Abwägungsklausel. Hinsichtlich des neu eingefügten SIEC-Tests könnten Effizienzvorteile – analog der Rechtslage auf europäischer Ebene – eine eigenständige Relevanz entwickeln. Auch dort hatten sie jedoch wegen der hohen Anforderungen der EU-Kommission bislang keine große praktische Bedeutung und Entscheidungserheblichkeit.[17] Die weiteren Entwicklungen in der kartellrechtlichen Praxis bleiben diesbezüglich abzuwarten. 8

III. Prognosenentscheidung

Nach § 36 Abs. 1 S. 1 GWB kommt es darauf an, ob durch den Zusammenschluss eine erhebliche Behinderung wirksamen Wettbewerbs entstehen würde, was einen Vergleich der Marktverhältnisse vor und nach dem Zusammenschluss erfordert. Das Gesetz verlangt mit anderen Worten eine **Prognose** über die Entwicklung der Marktstrukturen. 9

In der Rechtsprechung des BGH wird bei der Prognose zwischen denjenigen Auswirkungen, die „mit" dem Zusammenschluss eintreten, und solchen unterschieden, die sich „durch" ihn ergeben.[18] Erstere Auswirkungen sollen sich unmittelbar aus dem Vollzug des Zusammenschlusses ergeben und sogleich erkennbar sein. Letztere Auswirkungen treten erst später ein. Sie werden nur berücksichtigt, wenn aufgrund konkret nachweisbarer Umstände eine hohe **Wahrscheinlichkeit**[19] für ihren alsbaldigen Eintritt besteht. Ein Beispiel für letztere Auswirkungen ist der sich aus mit dem Zusammenschluss eintretenden Strukturveränderungen ergebende Abschreckungseffekt für Wettbewerber.[20] **Maßgeblicher Zeit-** 10

---

[10] BT-Drucks. 17/9852, S. 28.

[11] Esser/Höft, NZKart 2013, 447, 454.

[12] BT-Drucks. 17/9852, S. 28.

[13] Barke/Stransky, WRP 2014, 674, 676; Esser/Höft, NZKart 11/2013, 447, 454.

[14] EuG, Urt. V. 25.3.1999, Rs. T-102/96, Slg. 1999, II-753 Rn. 170, 180 und 193 – *Gen-cor/Kommission.*

[15] BT-Drucks. 17/9852, S. 28.

[16] *Bardong,* NZKart 8/2013, 303, 304, geht davon aus, dass das Schweigen des deutschen Gesetzgebers diesbzgl. so auszulegen sei, dass sich an der vorherigen Rechtslage (keine Berücksichtigung von Effizienzen i. R. d. Marktbeherrschungstests) nichts ändern solle. Andere sehen in dem Schweigen des Gesetzgebers, dass diese Frage der fusionskontrollrechtlichen Praxis des BKartA und der Kartellgerichte überlassen werden soll, *Esser/Höft,* NZKart 11/2013, 447, 455.

[17] *Bardong,* NZKArt 8/2013, 303, 304.

[18] BGH vom 21.2.1978, WuW/E BGH 1501, 1507 – *Kfz-Kupplungen.* OLG Düsseldorf, Beschluss vom 14.8.2013, VI Kart 1/12 (V), WUW 2014, 70, 77.

[19] BGH vom 21.2.1978, WuW/E 1501, 1507 – *Kfz Kupplungen.*

[20] Für den Zuwachs an Finanzkraft: BGH vom 27.5.1986 WuE/E BGH 2276, 2283 – *Süddeutscher Verlag/Donau-Kurier.* OLG Düsseldorf, Beschluss vom 14.8.2013, VI Kart 1/12 (V), WUW 2014, 70, 77.

punkt für die Prognose ist dabei der der letzten mündlichen Verhandlung in der letzten Tatsacheninstanz, also dem Oberlandesgericht Düsseldorf,[21] da es sich bei Verfügungen des Bundeskartellamts in Zusammenschlusskontrollverfahren um Dauerverwaltungsakte handelt.[22]

11 Eine Änderung bzw. eine bevorstehende **Änderung der rechtlichen Rahmenbedingungen** hat für sich genommen keinen Einfluss auf die Prognose. Nach der Praxis des Bundeskartellamts und der Rechtsprechung des Bundesgerichtshofs ist die Entwicklung der tatsächlichen Marktverhältnisse maßgeblich.[23]

12 Eine allgemein gültige Aussage über den erforderlichen **Prognosezeitraum** lässt sich nicht treffen. In seinen Auslegungsgrundsätzen geht das Bundeskartellamt davon aus, dass der Prognosezeitraum regelmäßig drei bis fünf Jahre beträgt, wenn keine besonderen Umstände vorliegen.[24] Besondere Umstände können beispielsweise längere Nachfragezyklen durch langfristige Verträge (z.B. Energiekonzessionsverträge), bestimmte Marktbedingungen oder sonstige Umstände sein.[25] In die Prognoseentscheidung kann auch eine „dynamische Analyse" der sich abzeichnenden Wettbewerbsbedingungen einfließen.[26]

IV. Regelbeispiel: Begründung oder Verstärkung einer marktbeherrschenden Stellung

1. Einzelmarktbeherrschung

13 **a) Der Marktbeherrschungsbegriff in der deutschen Fusionskontrolle.** Eine Einzelmarktbeherrschung liegt dann vor, wenn ein einziges Unternehmen eine derart weitreichende Marktmacht besitzt, dass seine Verhaltensspielräume vom Wettbewerb nicht ausreichend kontrolliert werden können.[27] Nach dem Wortlaut des Gesetzes gegen Wettbewerbsbeschränkungen (GWB) ist ein Unternehmen nach § 18 Abs. 1 unter folgenden drei – alternativen – Voraussetzungen marktbeherrschend:

14 **§ 18 Abs. 1 Nr. 1 GWB:** Ein Unternehmen ist **keinem Wettbewerb ausgesetzt.** Das Fehlen jeglichen Wettbewerbs (kein einziger konkurrierender Anbieter bzw. Nachfrager) ist lediglich ein Extremfall des Fehlens wesentlichen Wettbewerbs und hat in der Fusionskontrollpraxis des Bundeskartellamtes kaum Bedeutung.[28]

15 **§ 18 Abs. 1 Nr. 2 GWB:** Ein Unternehmen ist **keinem wesentlichen Wettbewerb ausgesetzt.** Wesentlicher Wettbewerb fehlt dann, wenn ein Unternehmen auf einem bestimmten Markt in der Lage ist, sein Marktverhalten unabhängig von dem möglichen Verhalten seiner Konkurrenten zu bestimmen oder durch sein Verhalten die Handlungsspielräume der Wettbewerber einzuschränken. Maßgeblich ist das **Wettbewerbsgeschehen (Marktverhalten) der Marktteilnehmer. Die Wettbewerbsparameter,** die ein Unternehmen zur Sicherung eines nicht hinreichend kontrollierten Verhaltensspielraums ein-

---

[21] § 92 Abs. 1 S. 1 GWB i.V.m. VO v. 22.11.1994, GVBl. NRW S. 1067; OLG Düsseldorf, Beschluss vom 14.8.2013, VI Kart 1/12 (V), WUW 2014, 70, 71.

[22] BGH v. 24.6.2003, WuW/E DE-R 1163, 1169 – *Habet/Lekkerland.* OLG Düsseldorf, Beschluss vom 14.8.2013, VI Kart 1/12 (V), WUW 2014, 70, 71.

[23] BGH v. 15.7.1997, WuW/E DE-R 24, 28 – *Stromversorgung Aggertal;* v. 15.7.1997, NJW 1998, 2444, 2447 – *Stadtwerke Garbsen;* 4.11.2003, WuW/E DE-R 1206, 1208 – *Strom und Telefon I;* BKartA v. 22.7.2004, B 8–27/04, WuW/E DE-V 983, 985f. – *Mainova/AVG.*

[24] Bundeskartellamt, Auslegungsgrundsätze, Juli 2005, S. 39; BKartA vom 20.9.2000, WuW/E DE-V 340ff. DTAG/dSH. BKartA, Leitfaden Marktbeherrschung, Rn. 12.

[25] *Schulte-Ewen,* Hdb. Fusionskontrolle, 2005, Rn. 435.

[26] WuW/E DE-V 1273 *Pfeifer & Langen*/Zuckerfabrik Jülich (2006); zum Begriff der „dynamischen Analyse" siehe auch *Ruppelt* in: Langen/Bunte, Kommentar zum deutschen und europäischen Kartellrecht, Band 1, § 36 Rn. 43ff.

[27] BGH, WuW/E 1533, 1536 – *Erdgas Schwaben;* BKartA, Leitfaden Marktbeherrschung, Rn. 9, 22.

[28] Bundeskartellamt, Auslegungsgrundsätze, Juli 2005, S. 5.

setzen kann (Preis, Qualität, Forschung & Entwicklung usw.), können von Markt zu Markt sehr unterschiedlich sein. Praktische Bedeutung hat das Fehlen wesentlichen Wettbewerbs vor allem für die Feststellung von marktbeherrschenden Oligopolen und in Fällen der Einzelmarktbeherrschung mit sehr hohen Marktanteilen. Die Marktbeherrschung im Sinne des § 18 Abs. 1 Nr. 2 GWB ist bislang vor allem in Pressefällen oder bei Zusammenschlüssen im Bereich der leitungsgebundenen Energieversorgung festgestellt worden.[29]

§ 18 Abs. 1 Nr. 3 GWB: Das Unternehmen hat **eine im Verhältnis zu seinen Wettbewerbern überragende Marktstellung,** wenn es aufgrund markt- oder unternehmensbezogener Strukturkriterien über einen von Wettbewerbern nicht hinreichend kontrollierten Verhaltensspielraum verfügt.[30] Eine überragende Marktstellung ergibt sich insbesondere aus dem Katalog des § 18 Abs. 3 GWB. 16

Ein marktbeherrschendes Unternehmen hat nach der Rechtsprechung des EuGH die Möglichkeit, „die Aufrechterhaltung eines wirksamen Wettbewerbs auf dem relevanten Markt zu verhindern, indem [seine Marktstellung] ihm die Möglichkeit verschafft, sich seinen Wettbewerbern, seinen Abnehmern und letztlich den Verbrauchern gegenüber in einem nennenswerten Umfang unabhängig zu verhalten".[31] Somit unterliegen die Entscheidungen des marktbeherrschenden Unternehmens (insbes. über Preise, Qualität, produzierte Mengen sowie andere marktrelevante Parameter) nicht in ausreichendem Maß der Beschränkung durch die Reaktion seiner Kunden, Lieferanten und Wettbewerber.[32] 17

Die **Bedeutung wesentlichen Wettbewerbs** ist dann in die Prüfung einzubeziehen, wenn die Gesamtbetrachtung der strukturellen Wettbewerbsbedingungen nicht schon für sich genommen ein deutliches Überragen des betroffenen Unternehmens gegenüber seinen Wettbewerbern belegt.[33] In diesem Fall kann das **tatsächliche Marktgeschehen,** d. h. einzelne hervortretende wettbewerbliche Abläufe, neben den Strukturfaktoren für die Entscheidung erheblich sein. Ist für die Zeit vor dem Zusammenschluss wesentlicher Wettbewerb festgestellt, so ist zu prüfen, ob durch den Zusammenschluss die Wettbewerbsbedingungen so einschneidend verändert werden, dass der wesentliche Wettbewerb danach seine Marktmacht ausschließende Wirkung nicht mehr entfalten kann.[34] „Marktbeherrschung setzt insoweit nicht voraus, dass sich auf dem betroffenen Markt überhaupt kein Widerstand mehr dem Preisdiktat des marktführenden Anbieters entgegenstellen kann. Entscheidend ist vielmehr der ihm verbleibende Spielraum, sich gegen Preisoffensiven der Wettbewerber letztlich immer wieder zu behaupten".[35] Eine überragende Marktstellung ist nach dem BGH in der Regel dann zu verneinen, wenn der wesentliche Wettbewerb seinerseits auf Strukturfaktoren zurückgeführt werden kann, die durch den Zusammenschluss unberührt bleiben, und insoweit auch zukünftig von wesentlichem Wettbewerb auszugehen ist.[36] 18

Die Eingriffsschwelle der Marktbeherrschung ist nach dem Schutzzweck der Fusionskontrolle zu bestimmen und liegt deutlich unterhalb des Monopols. Es muss im konkreten Einzelfall keine Beeinträchtigung der Gesamt- oder Konsumentenwohlfahrt, die i. d. R. mit der Marktbeherrschung korreliert, nachgewiesen werden, damit es zu einem Eingreifen des 19

---

[29] Bundeskartellamt, Auslegungsgrundsätze, Juli 2005, S. 6, vgl. z. B. WuW/E OLG 4835, 4855 – *WAZ/Iserlohner Kreisanzeiger* (1991), WuW/E BKartA 2701, 2707 – *Stadtwerke Garbsen* (1994), WuW/E BKartA 2591 – *Fresenius/Schiwa* (1993).

[30] BGH, WuW/E 1533, 1536 – *Erdgas Schwaben.*

[31] EuGH, 27/76, Slg. 1978, 207, Rn. 65 – *United Brands.*

[32] BKartA, Leitfaden Marktbeherrschung, Rn. 9.

[33] WuW/E BGH 1749, 1754 f. – *Klöckner-Becorit* (1980); WuW/E BKartA 2521, 2530 ff. – *Zahnradfabrik Friedrichshafen/Allison* (1993); WuW/E BKartA 2591, 2602 ff. – *Fresenius/Schiwa* (1993).

[34] WuW/E BGH 1755 – *Klöckner-Becorit* (1980).

[35] WuW/E BGH DE-R 451 – *Herlitz/Landré* (1999); zuvor davon abweichende Wertung im Einzelfall WuW/E OLG DE-R 94, 101 ff. – *Hochtief/Philipp Holzmann* (1998), hier keine Überprüfung der Entscheidung durch den BGH.

[36] Bundeskartellamt, Auslegungsgrundsätze, Juli 2005, S. 5; grundlegend WuW/E BGH 1756 – *Klöckner-Becorit* (1980).

Bundeskartellamtes kommt. Ausreichend für eine Rechtfertigung des Einschreitens gegen einen Zusammenschluss ist das Bestehen einer **konkreten Gefährdungslage** in Hinblick auf die Funktionsfähigkeit des Wettbewerbs.[37]

20 Die Prüfung überragender Marktstellungen nach § 18 Abs. 1 Nr. 1 GWB hat in der Fusionskontrolle des Bundeskartellamtes die größte praktische Bedeutung.[38] Es ist mittels Prognose zu ermitteln, ob sich die Wettbewerbsbedingungen durch die geänderte Unternehmens- und Marktstruktur verändern.[39] Eine dadurch möglicherweise entstehende Beeinflussung der Verhaltensspielräume der Unternehmen ist zu beachten.[40] Die Prognose ist mittels eines Vergleiches der bisherigen Wettbewerbslage und der durch den Zusammenschluss entstehenden künftigen Wettbewerbslage zu erstellen.[41]

21 – Bei der Frage der **Entstehung einer überragenden Marktstellung** kommt es nach dem BGH darauf an, ob durch den Zusammenschluss die bisher bestehende wettbewerbliche Kontrolle des Verhaltensspielraums der Zusammenschlussbeteiligten beseitigt wird.[42]

22 – Eine **überragende Marktstellung wird** durch einen Zusammenschluss von Unternehmen **verstärkt,** wenn sich dadurch die Wettbewerbsintensität auf dem davon betroffenen Markt *weiter* verringert. Nach der Rechtsprechung des BGH ist dann zu prüfen, ob die bereits bestehenden, nicht kontrollierten Verhaltensspielräume erweitert werden und damit funktionsfähiger Wettbewerb noch weniger wahrscheinlich wird.[43] Entstehung und Verstärkung einer marktbeherrschenden Stellung werden anhand der gleichen Faktoren geprüft.

23 Eine Verstärkung tritt schon dann ein, wenn das Unternehmen nachstoßenden Wettbewerb nach dem Zusammenschluss besser abwehren kann als zuvor und damit seine überragende Marktstellung erhalten oder absichern kann. [44] Die Anforderungen an den Nachweis sind nach der Rspr. umso geringer, je umfassender der betroffene Markt bereits beherrscht wird.[45] Bei bereits bestehender hoher Konzentration reichen schon geringe Verschiebungen der die Marktmacht bestimmenden Größen aus, um die Verstärkungswirkung zu bejahen.[46] Nicht jeder Marktanteilszuwachs ist ausreichend. Andere Ressourcen-

---

[37] BKartA, Leitfaden Marktbeherrschung, Rn. 10.

[38] Bundeskartellamt, Auslegungsgrundsätze, Juli 2005, S. 8; Beispiele aus der Entscheidungspraxis des Bundeskartellamtes: WuW/E BKartA 2729 – *Hochtief/Philipp Holzmann* (1995); WuW/E BKartA 2829 – *Kolbenschmidt* (1995); WuW/E BKartA – *Herlitz/Landré* (1997).

[39] OLG Düsseldorf, Urteil v. 26.3.2014 – VI-U (Kart) 43/13 – *Phonak III,* NZKart 2014, 185, 186.

[40] WuW/E BGH 2795, 2804 – *Pinneberger Tageblatt* (1992); BKartA, Leitfaden Marktbeherrschung, Rn. 11.

[41] OLG Düsseldorf, Urteil v. 26.3.2014 – VI-U (Kart) 43/13 – *Phonak III,* NZKart 2014, 185, 188.

[42] So auch BKartA, Leitfaden Marktbeherrschung, Rn. 13.

[43] Grundlegend WuW/E BGH 1685, 1691 – *Springer-Elbe Wochenblatt* (1979), WuW/E BGH 2276, 2283 – *Süddeutscher Verlag/Donau-Kurier* (1986).

[44] BKartA, Beschluss vom 22.2.2013 – B7–70/12 Rn. 175.

[45] Grundlegend WuW/E BGH 1501, 1509 – *Kfz-Kupplungen* (1978), WuW/E BGH 1685, 1691 f. – *Springer-Elbe Wochenblatt* (1979); vgl. auch WuW/E OLG 4537, 4545 – *Linde/Lansing* (1990), Verstärkung durch 0,5 % Marktanteilszuwachs, insoweit bestätigt vom BGH, WuW/E BGH 2731/2737 – *Inlandstochter* (1991); WuW/E OLG 5549, 5560 – *Fresenius/Schiwa* (1995), rechtskräftig, Marktanteilszuwachs von ca. 4 %; WuW/E OLG 5879 – *WMF/Auerhahn* (1997), Marktanteilszuwachs von etwa 2 %; WuW/E BKartA DE-V 177, 183 f. – *Henkel/Luhns* (2000) = WuW 2000, 63, 69, Marktanteilszuwachs von ca. 2 %; WuW/E BKartA DE-V 275, 280 – *Melitta* (2000), Marktanteilszuwachs von 0,4 %; dagegen reichte im Fall *Deutsche Post/trans-o-flex (Auslandstöchter)* ein Marktanteilszuwachs von unter 1 % – aufgrund der ansonsten geringen Ressourcenzuwächse – für die Verstärkung nicht aus BGH, 21.11.2004, WuW/E DE-R 1419, 1424 – *trans-o-flex.*

[46] BGH, Beschluss v. 19.6.2012 (KVR 15/11, Düsseldorf), WM 2013, 1806, 1807; BKartA, Beschluss vom 22.2.2013 – B7–70/12 Rn. 175 und 213; BKartA, Leitfaden Marktbeherrschung, Rn. 14; Bundeskartellamt Beschl. v. 12.1.2000 – *WAZ/OTZ,* S. 30 mit weiteren Nachweisen; Zurückweisung, Beschwerde WuW/E OLG Düsseldorf DE-R 647 – *OTZ.*

zugewinne können ebenfalls Verstärkungswirkungen begründen. Beispielsweise hat der BGH bei Vertikalzusammenschlüssen in der Energieversorgung aufgrund des hohen Konzentrationsgrades schon geringe Strukturveränderungen, z. B. durch die gesellschaftsrechtliche Absicherung bestehender Lieferverträge, als ausreichende Verstärkungselemente erachtet.[47] Im Fall „Kali+Salz/PCS" war der Wegfall eines potentiellen Wettbewerbers und die Erhöhung des Abwehrpotenzials im Hinblick auf den Marktzutritt neuer Wettbewerber für die Feststellung der Verstärkung entscheidend.[48]

Des Weiteren kann eine Intensivierung der Einflussnahme auf ein Zielunternehmen, **24** z. B. der Wechsel von gemeinsamer zu alleiniger Kontrolle, eine marktbeherrschende Stellung verstärken, wenn die Ressourcen des allein herrschenden Unternehmens nunmehr noch stärkere Wettbewerbswirkungen entfalten.[49] Sind dagegen die Marktanteile und Umsätze des erworbenen Unternehmens dem Erwerber schon vor dem Zusammenschluss bei der wettbewerblichen Betrachtung voll zuzurechnen, d. h. kommt es nicht zu entsprechenden wettbewerblichen Wirkungen durch zusätzliche Rechte oder die Ressourcenzufuhr des Erwerbers, so ist die Verstärkung einer marktbeherrschenden Stellung zu verneinen.[50]

b) Der Marktbeherrschungsbegriff im europäischen Wettbewerbsrecht. Für die **25** europäische Missbrauchsaufsicht (Art. 102 AEUV) definierte der EuGH eine marktbeherrschende Stellung als „wirtschaftliche Machtstellung eines Unternehmens (…), die dieses in die Lage versetzt, die Aufrechterhaltung eines wirksamen Wettbewerbs auf dem relevanten Markt zu verhindern, indem sie ihm die Möglichkeit verschafft, sich seinen Wettbewerbern, seinen Abnehmern und schließlich den Verbrauchern gegenüber in einem nennenswerten Umfang unabhängig zu verhalten".[51] Diese Standardformel der Kommission und der Gerichte entspricht inhaltlich der überragenden Marktstellung des § 18 Abs. 1 Nr. 3 GWB im Sinne eines nicht mehr hinreichend kontrollierten Verhaltensspielraums des betreffenden Unternehmens. Wie im deutschen Recht spricht nach Auffassung der Kommission auch auf Ebene der EU wesentlicher Wettbewerb unter diesen Umständen nicht zwingend gegen das Vorliegen einer marktbeherrschenden Stellung.[52]

In der europäischen Fusionskontrolle orientierte sich die Kommission bei der Prüfung **26** der Entstehung oder Verstärkung einer marktbeherrschenden Stellung im Grundsatz an der Rechtsprechung zu Art. 86 EGV (jetzt Art. 102 AEUV). Die Kommission knüpft das Vorliegen einer marktbeherrschenden Stellung daran, dass das betreffende Unternehmen mit dem Zusammenschluss **in die Lage versetzt** wird, auf den betroffenen Märkten **unabhängig von Wettbewerbern und Kunden handeln zu können.**[53] Die Prüfung einer marktbeherrschenden Stellung orientiert sich – ähnlich wie in § 18 Abs. 1 Nr. 3 GWB

---

[47] WuW/E DE-R 32 – *Stadtwerke Garbsen* (1997); WuW/E DE-R 24 – *Stromversorgung Aggertal* (1997); zuletzt BKartA v. 22.7.2004, WuW/E DE-V 983, 985 f. – *Mainova/AVG*.

[48] Bundeskartellamt, Auslegungsgrundsätze, Juli 2005, S. 9; vgl. WuW/E BKartA 2885, 2887 ff. – *Kali+Salz/PCS* (1997), die Untersagung in diesem Fall gründet sich jedoch nicht auf eine bestehende überragende Marktstellung, sondern auf das Fehlen wesentlichen Wettbewerbs im Sinne des § 19 Abs. 2 Nr. 1 GWB.

[49] Bundeskartellamt, Untersagungsbeschl. v. 12.1.2000 – *WAZ/OTZ,* S. 30; WuW/E OLG Düsseldorf DE-R 647 – *OTZ*.

[50] Bundeskartellamt, Auslegungsgrundsätze, Juli 2005, S. 5; Bundeskartellamt, Beschl. v. 31.3.2000 – *Deutsche Post/trans-o-flex (Auslandstöchter),* Rn. 20; vgl. auch Untersagungsentsch. BKartA WuW/E DE-V 501 v. BGH WuW/E DE-R 1419, 1424 – *trans-o-flex*.

[51] EuGH 14.2.1978, Slg. 1978, 207, 286 Tz. 63 und 66 – *United Brands,* zustimmend auch EuGH 13.2.1979, Slg. 1979 I, 461 Rn. 36 – *Hoffmann-La Roche* (so auch zitiert von der Europäischen Kommission in ihrer Mitteilung vom 9.2.2009, Rn. 10; EuG Slg. 2007 II-3601 Rn. 229 *Microsoft;* EuG, T-128/98, Slg. 2000, II-3929, Rn. 147 – *Aeroports de Paris;* EuGH, C-395/96 und C- 396/96 P, Slg. 200, I-1365, Rn. 34 – *Compagnie maritime belge;* EuG, T-219/99, Slg. 2003, II-5917, Rn. 189 – *Britisch Airways)*

[52] *Fuchs/Möschel* in Immenga/Mestmäcker, EU-Wettbewerbsrecht, Art. 102 AEUV, Rn. 86 ff., vgl. auch z. B. Komm. E. v. 22.9.1999 – *Airtours/First Choice,* ABl. EG 2000, L 93/1, Rn. 128 ff.

[53] Komm. E. v. 2.10.1991 – *Aérospatiale-Alenia/de Havilland,* ABl. EG 1991, L 334/42, Rn. 72.

– im Wesentlichen an **markt- und unternehmensbezogenen Strukturkriterien** (Art. 2 Abs. 1a) und b) FKVO). Seit dem 1. Mai 2004 ist das maßgebliche Untersagungskriterium das Merkmal der „wesentlichen Behinderung des effektiven Wettbewerbs" (SIEC-Test). Da die Begründung oder Verstärkung einer marktbeherrschenden Stellung weiterhin ein (das einzige) Regelbeispiel des Prüfungskriteriums ist, kann man davon ausgehen, dass sich – von möglichen Ausnahmen abgesehen – an der materiellen EG-Fusionskontrolle nichts Wesentliches ändert.[54]

27 **c) Prüfungskriterien.** Die nachfolgend dargestellten unternehmens- und marktbezogenen Wettbewerbsbedingungen (Strukturfaktoren) können darüber Aufschluss geben, ob ein Unternehmen auf dem von dem Zusammenschluss betroffenen Markt über einen überragenden Verhaltensspielraum im Sinne des § 18 Abs. 1 GWB verfügt. Die Aufzählung ist nicht abschließend und es sind nicht alle hier aufgeführten Kriterien für jeden Markt aussagekräftig. Der Katalog der Strukturfaktoren wird auch laufend erweitert. Ein Beispiel ist das Kriterium des verbesserten Zugangs zu Informationen über Wettbewerber. Eine durch einen Zusammenschluss bewirkte Verbesserung des Informationszugangs kann nur dann zur Entstehung oder Verstärkung einer marktbeherrschenden Stellung führen, wenn dem Informationszugang keine erheblichen rechtlichen oder tatsächlichen Hindernisse im Wege stehen. Im konkreten Einzelfall berücksichtigt das Bundeskartellamt in einer Gesamtschau alle für den betroffenen Markt relevanten Merkmale.[55]

28 Unternehmen sind Strukturvorteile gegenüber Wettbewerbern nicht nur dann zuzurechnen, wenn sie – gegebenenfalls infolge des Zusammenschlusses – eine **wirtschaftliche Einheit** bilden (Verbundklausel des § 36 Abs. 2 GWB). Der BGH geht in seiner „Raiffeisen"-Entscheidung davon aus, dass **„besondere gesellschaftsrechtliche und geschäftliche Beziehungen"**, die das am Zusammenschluss beteiligte Unternehmen zu anderen Unternehmen hat, bei der gebotenen Gesamtbetrachtung für die Frage einer überragenden Marktstellung zu berücksichtigen sind. Dies gelte auch dann, wenn die Voraussetzungen der Verbundklausel und damit von § 17 und § 18 Aktiengesetz nicht erfüllt seien.[56] Das ist in jedem Einzelfall kritisch zu prüfen.

29 **aa) Marktanteil.** Auch wenn der Marktanteil im Kriterienkatalog des § 18 Abs. 1 Nr. 3 GWB nicht ausdrücklich hervorgehoben wird, bildet er dennoch den Ausgangspunkt für die Bestimmung von Marktmacht. Dies zeigt sich bereits in der Marktbeherrschungsvermutung des § 18 Abs. 4 GWB, welche an den Marktanteil (von mindestens 40%) anknüpft. Nach Auffassung des BGH[57] stellt die Höhe des Marktanteils ein „besonders aussagekräftiges und bedeutsames Merkmal" dar. Auf vielen Märkten lässt der Marktanteil als wichtige marktbezogene Größe erste Rückschlüsse auf die Leistungsfähigkeit eines Unternehmens und dessen zukünftigen Verhaltensspielraum zu.[58] Ein erheblicher Marktanteil deutet in der Regel auf eingeschränkte Ausweichmöglichkeiten der Marktgegenseite und einen erhöhten Verhaltensspielraum eines Unternehmens hin. Fraglich ist, ob diese Aussage wegen des nunmehr effektbezogenen und weniger marktstrukturbezogenen SIEC-Tests noch gilt.[59] Das Bundeskartellamt berechnet weiterhin die Marktanteile als konkrete Marktbedingungen und erachtet den Marktanteil als relevantes Kriterium bei der Prüfung einer marktbeherrschenden Stellung.[60] Allerdings ist der Marktanteil für sich genommen nicht immer ein verlässlicher Indikator für eine Marktbeherrschung und unterliegt daher

[54] Vgl. auch oben Rn. 5.

[55] Bundeskartellamt, Auslegungsgrundsätze, Juli 2005, S. 5.

[56] WuW/E BGH 3037, 3040 – *Raiffeisen* (1995).

[57] BGH WuW/E DE-R 1302 – *Sanacorp/ANZAG* (2004).

[58] WuW/E BGH 1905, 1908 – *Münchener Anzeigenblätter;* WuW/E BKartA DE-V 275, 278 – *Melitta* (2000). So auch BKartA, Leitfaden Marktbeherrschung, Rn. 25.

[59] Verneinend: *Thomas* in Immenga/Mestmäcker, GWB, § 36, Rn. 38, der für die Abschaffung der Marktbeherrschungsvermutung plädiert.

[60] BKartA, Leitfaden Marktbeherrschung, Rn. 27.

einer möglichen Relativierung durch andere Gesichtspunkte im Rahmen einer Gesamtbetrachtung der im Einzelfall einschlägigen Wettbewerbsbedingungen.[61] Je höher allerdings der Marktanteil ist, desto höhere Anforderungen sind an die Feststellung wirksamer gegenläufiger Faktoren zu stellen.[62]

(1) Grundsätze für die Marktanteilsbetrachtung. Die Marktanteilsbetrachtung ist 30
besonders aussagekräftig, wenn neben der absoluten Höhe des Marktanteils der Marktanteilsabstand zum nächsten Wettbewerber („relativer Marktanteil") sowie die Verteilung der Marktanteile im Übrigen und die Entwicklung der Marktanteile über mehrere Perioden ermittelt und gewürdigt werden.

(a) Absolute Höhe des Marktanteils. Je größer der absolute Marktanteil eines Un- 31
ternehmens ausfällt, desto wahrscheinlicher ist, dass es über einen unkontrollierten Verhaltensspielraum verfügt. Mit steigendem Marktanteil wächst die Fähigkeit des Unternehmens, den Einsatz der Wettbewerbsparameter anderer Marktteilnehmer zu beschränken. Die Bedeutung des absoluten Marktanteils als Strukturkriterium im Rahmen der deutschen Fusionskontrolle wird durch die an einen Marktanteil von 40% anknüpfende **Marktbeherrschungsvermutung** des § 18 Abs. 4 GWB bestätigt. Erreicht oder überschreitet der Marktanteil eines Unternehmens diese Schwelle, so wird Einzelmarktbeherrschung vermutet. Damit wachsen gleichzeitig die Anforderungen an den Nachweis, dass – entgegen der Vermutung – keine überragende Marktstellung besteht. Die Monopolvermutung des § 18 Abs. 4 GWB enthält zwar – im Gegensatz zur Oligopolvermutung des § 18 Abs. 6 GWB – keine explizite Umkehr der materiellen Beweislast. Schon wegen des Risikos, die Wettbewerbsbehörde könne widerlegende Fakten übersehen, verstärkt jedoch auch die Monopolvermutung faktisch die Darlegungslast der Unternehmen. Im Ergebnis entfaltet die Monopolvermutung nur dann Wirkung, wenn nach Ausschöpfen der Ermittlungspflichten des Bundeskartellamtes und der Prüfung durch die Gerichte eine marktbeherrschende Stellung weder auszuschließen noch zu bejahen ist.[63] Sind die Voraussetzungen sowohl für die Vermutung der Marktbeherrschung durch ein Unternehmen als auch für die Vermutung der Marktbeherrschung durch mehrere Unternehmen erfüllt, so geht die Einzelmarktbeherrschung vor.[64] Entscheidend für die Anwendung der einen oder anderen Vermutung ist dagegen für das BKartA das Innenverhältnis zwischen den führenden Marktteilnehmern.[65]

Aufgrund der gebotenen Gesamtbetrachtung aller relevanten Strukturkriterien dient die 32
Vermutung des § 18 Abs. 4 GWB in der Regel als erster Anhaltspunkt für eine marktbeherrschende Stellung.[66]

Die Marktanteile einzelner Anbieter auf dem betroffenen Markt sind dann zu relativie- 33
ren, wenn sie beim Angebot der betroffenen Produkte oder Dienstleistungen auf **Vorliefe-**

---

[61] Dazu und zum folgenden: Bundeskartellamt, Auslegungsgrundsätze, Juli 2005, S. 10. So auch BKartA, Leitfaden Marktbeherrschung, Rn. 27.

[62] BGH, Beschl. v. 7.2.2006 – *DB Regio/üstra,* S. 23.

[63] Grundlegend WuW/E BGH 2231, 2237f. – *Metro/Kaufhof* (1986); vgl. auch WuW/E BGH 3037, 3039 – *Raiffeisen* (1995).

[64] A.A. *Richter* in: Wiedemann, Handbuch des Kartellrechts, § 20 Rn. 92; WuW/E OLG 3051, 3070 – *Morris/Rothmans* (1983); WuW/E OLG 3759, 3765 – *Pillsbury/Sonnen-Bassermann* (1985); zuletzt Bundeskartellamt, Beschl. v. 23.3.2000 – *TNT-NET Express/NET Nachtexpress,* S. 5f. (Rn. 16); BKartA, Leitfaden Marktbeherrschung, Rn. 26.

[65] Bundeskartellamt, Auslegungsgrundsätze, Juli 2005, S. 11; WuW/E BKartA 2669, 2674 – *Lindner Licht GmbH* (1994), vgl. hierzu auch Monopolkommission HG 1994/95, Rn. 632.

[66] Analog zu den Marktbeherrschungsvermutungen des GWB sehen die Horizontal Merger Guidelines der U.S.-amerikanischen Wettbewerbsbehörden die Vermutung der Marktbeherrschung ab einer bestimmten Marktkonzentration bzw. einer signifikanten Verstärkung dieser Konzentration durch den Zusammenschluss vor (Konzentrationsmessung mit Hilfe des Herfindahl-Hirshman-Index). Auch diese Marktbeherrschungsvermutung ist im Rahmen einer Gesamtbetrachtung der im Einzelfall relevanten Wettbewerbsbedingungen widerlegbar.

rungen von Wettbewerbern angewiesen sind. In einer solchen Konstellation kann die Marktanteilsbetrachtung nur sehr bedingt Anhaltspunkte für die Beurteilung des Wettbewerbspotenzials der auf einem Markt tätigen Unternehmen geben.[67]

34 **(b) Marktanteilsabstände und Verteilung der Marktanteile im Übrigen.** Der Marktanteilsabstand und die Verteilung der Marktanteile geben über die Fähigkeit der Wettbewerber Aufschluss, der Marktgegenseite Ausweichmöglichkeiten anzubieten, sollte der Marktführer seine Verhaltensspielräume in wettbewerbsbeschränkender Weise ausnutzen.[68] Ergänzend hierzu können Herstellungskapazitäten der Wettbewerber und deren Auslastungsgrad herangezogen werden.[69]

35 Je größer der Marktanteilsabstand zum nächsten Wettbewerber ausfällt und je zersplitterter die Marktanteile der übrigen Wettbewerber sind, desto wahrscheinlicher ist in der Regel ein wettbewerbsbeschränkender Verhaltensspielraum des Markt(anteil)führers.[70] Dies gilt in verstärktem Maße meist dann, wenn die vom Zusammenschluss betroffenen Märkte mittelständisch geprägt sind.[71]

36 Absoluter **Marktanteil** und **Marktanteilsabstand** („relativer Marktanteil") stehen darüber hinaus in einer **Wechselbeziehung.**[72] Nach der Rechtsprechung kommt dem Marktanteilsvorsprung bei relativ geringen absoluten Marktanteilen eine „möglicherweise sehr erhebliche" Indizwirkung zu. Gerade im Fall eines absolut niedrigen Marktanteils sei besonders eingehend zu prüfen, ob der Marktanteilsvorsprung – unter Berücksichtigung anderer Strukturkriterien – so gefestigt sei, dass von einem wettbewerblich nicht mehr hinreichend kontrollierten Verhaltensspielraum ausgegangen werden könne.[73] Vermitteln besondere Umstände den Parteien hingegen eine wesentlich stärkere Marktstellung, als dies der gemeinsame Marktanteil vermuten ließe, so kommt auch bei vergleichsweise geringen Marktanteilen eine Untersagung in Betracht.[74] Der Konzentrationsgrad und die Marktanteilsverteilung können durch den Herfindahl-Hirschmann-Index (HHI) abgebildet werden. Berechnet wird er als Summe der quadrierten Marktanteile aller Wettbewerber auf einem Markt. Das Ausmaß der Veränderung des HHI gibt u.a. Aufschluss über die durch den Zusammenschluss bewirkte Konzentrationsänderung.[75]

---

[67] Bundeskartellamt, Auslegungsgrundsätze, Juli 2005, S. 11; WuW/E BKartA DE-V 170, 173 – *NZDS-Glasfaserkabel* (1999).

[68] BKartA, Leitfaden Marktbeherrschung, Rn. 31.

[69] Bundeskartellamt, Auslegungsgrundsätze, Juli 2005, S. 12; WuW/E OLG 1752 – *GKN-Sachs* (1978), WuW/E BKartA 2885, 2887 f. – *Kali+Salz/PCS* (1997).

[70] WuW/E BGH, 2150, 2155 f. – *Edelstahlbestecke* (1985); Beispiele aus der neueren Entscheidungspraxis des Bundeskartellamtes: WuW/E BKartA 2729, 2750 – *Hochtief/Philipp Holzmann* (1995), Untersagung aufgehoben, KG v. 18.3.1998, WuW/E DE-R 94; WuW/E BKartA 2894, 2898 – *Herlitz/Landré* (1997), Beschwerde zurückgewiesen, KG 20.1.1999; WuW/E DE-R 451; BKartA WuW/E DE-V 145 – *Pfleiderer/Coswig* (1999); für die Oligopolbetrachtung: Bundeskartellamt, Beschl. v. 3.7.2000 – *RWE/VEW,* S. 47 ff. (Rn. 112–115), entscheidende Textpassagen in WuW/E BKartA DE-V 301 – *RWE/VEW* (2000) nicht abgedruckt; Bundeskartellamt, Beschl. v. 30.11.2005 – *Von Roll Inova/Alston Power,* S. 15: keine Marktbeherrschung trotz hoher Marktanteile [55–65 %] und hohem Marktanteilsabstand [25 %-Punkte].

[71] Bundeskartellamt, Auslegungsgrundsätze, Juli 2005, S. 12, WuW/E BKartA 2820 – *Straßenmarkierungsmaterial* (1995).

[72] OLG Düsseldorf, Urteil v. 26.3.2014 – VI – U (Kart) 43/13, NZKart 2014, 185, 187.

[73] Im Fall – *Kaufhof/Saturn* hat der BGH dies verneint. Die beteiligten Unternehmen würden sowohl vor als auch nach dem Zusammenschluss über keine signifikanten Wettbewerbsvorsprünge ihren Wettbewerbern gegenüber verfügen, WuW/E BGH 2772, 2774 f. – *Kaufhof/Saturn* (1992). Auch im Fall – *Beck/Nomos* wurde die Frage der Marktbeherrschung trotz vergleichsweise geringer Marktanteile eingehend geprüft, vgl. WuW/E BKartA DE-V 191, 193 ff. – *Beck/Nomos* (2000).

[74] Grundlegend WuW/E OLG 2862, 2863 f. – *REWE/Florimex;* Marktbeherrschung bei Marktanteilen von etwa 34 % aufgrund von Ressourcenvorsprüngen, WuW/E BKartA 2729 – *Hochtief/Philipp Holzmann* (1995).

[75] BKartA, Leitfaden Marktbeherrschung, Rn. 33.

(c) Marktanteilsentwicklung. Die Entwicklung der Marktanteile über mehrere Perioden kann ebenfalls Hinweise auf das Bestehen oder Nicht-Bestehen einer überragenden Marktstellung geben. Wettbewerb ist ein dynamischer Prozess von Vorstößen einzelner und des Aufholens anderer Unternehmen. Auf einem durch Wettbewerb gekennzeichneten Markt kommt es **im Zeitablauf** in der Regel zu **Marktanteilsschwankungen.** Während ein dauerhaft hoher Marktanteil ein Anhaltspunkt für einen unkontrollierten Verhaltensspielraum sein kann, werden Marktanteilsschwankungen – verbunden mit wechselnder Marktführerschaft – oder anhaltend starke Marktanteilsverluste gegen Marktbeherrschung sprechen. 37

Das Bundeskartellamt analysiert daher in der Regel die **zeitliche Entwicklung** der Marktanteile auf dem relevanten Markt über mehrere Jahre.[76] Die Betrachtung der Marktanteilsentwicklung hat gegenüber einer Momentaufnahme den Vorteil, dass sie mögliche Entwicklungen der Marktstellungen der Marktteilnehmer aufdeckt.[77] 38

In Fällen, in denen Produkte, z. B. **langlebige Investitionsgüter,** in der Regel nur in großen zeitlichen Abständen und im Rahmen langfristiger Verträge nachgefragt werden, kann zudem nur eine Marktanteilsbetrachtung über eine längeren Zeitraum überhaupt Aufschluss über die wettbewerbliche Auseinandersetzung auf diesem Markt geben.[78] 39

Bei der Betrachtung der Marktanteile im Zeitablauf sind die möglichen **Ursachen für die Marktanteilsentwicklung** zu berücksichtigen.[79] Häufig lassen sich hieraus grundsätzliche Rückschlüsse auf die Angreifbarkeit der Marktstellung des betroffenen Unternehmens herleiten. So lassen Marktanteilsverluste bei starkem Preiswettbewerb eine Marktbeherrschung unwahrscheinlich werden. Gleiches gilt für die Erwartung erheblicher Marktanteilsabschmelzungen aufgrund einer entsprechenden Umstellung der Lieferbeziehungen von Seiten der Abnehmer.[80] Leichte Schwankungen oder Verluste beim Marktanteil in der Vergangenheit stehen einer Marktbeherrschung in der Regel jedoch nicht entgegen.[81] Konnte der Marktführer seine Marktanteile im Zeitablauf konstant halten oder sogar ausbauen, so ist dies ein starkes Indiz für die Unangreifbarkeit seiner Marktposition.[82] 40

Abschmelzverluste infolge von Zusammenschlüssen sind insbesondere dann nicht zu erwarten, wenn neben den Marktanteilszuwächsen spürbare Strukturvorteile des betreffenden Unternehmens gegenüber Wettbewerbern vorliegen oder sich diese Strukturvorteile nach einem (teilweise) schon vollzogenen Zusammenschluss im Wettbewerb bereits bemerkbar gemacht haben.[83] Selbst erhebliche Marktanteilsabschmelzungen nach Vollzug eines Zusammenschlusses sollen eine marktbeherrschende Stellung des betreffenden Unternehmens nicht in Frage stellen, soweit weiterhin erhebliche Wettbewerbsvorteile gegenüber den Wettbewerbern bestehen (z. B. hoher Marktanteilsabstand, Ressourcenvorteile).[84] Umgekehrt führen Marktanteilsadditionen bei einem marktbeherrschenden Unternehmen nicht zur Annahme einer spürbaren Verstärkung der marktbeherrschenden Stellung, wenn 41

---

[76] BKartA, Leitfaden Marktbeherrschung, Rn. 31.

[77] Bundeskartellamt, Auslegungsgrundsätze, Juli 2005, S. 13.

[78] Bundeskartellamt, Auslegungsgrundsätze, Juli 2005, S. 13.

[79] Bundeskartellamt, Auslegungsgrundsätze, Juli 2005, S. 13.

[80] Bundeskartellamt, Beschl. v. 16.6.1999 – *Eramet/Cogema/Elkem,* S. 8 f.

[81] Vgl. z. B. WuW/E OLG 5549, 5560 – *Fresenius/Schiwa* (1995), WuW/E OLG 5879, 5883 – *WMF/Auerhahn* (1997); WuW/E BKartA 2829, 2837 – *Kolbenschmidt.*

[82] Bundeskartellamt, entscheidende Textpassage in WuW/E BKartA DE-V 177 – *Henkel/Luhns* (2000) nicht abgedruckt. Im vorliegenden Fall konnte Henkel seine Marktposition sogar in einem wettbewerblich schwierigen Umfeld – Verringerung des Marktvolumens, Marktanteilsgewinne durch Handelsmarkenhersteller zulasten von Erstmarkenherstellern – ausbauen.

[83] WuW/E OLG 5271, 5283 – *Marktabgrenzung Großbacköfen* (1993), bestätigt durch den BGH, WuW/E 3026, 3032 f.

[84] WuW/E OLG 5549, 5560 – *Fresenius/Schiwa* (1995), rechtskräftig; WuW/E (OLG) DE-R 451, 457 – *Herlitz/Landré.*

das Ziel des Zusammenschlusses vor allem eine Stärkung der Marktposition außerhalb des betroffenen Marktes ist.[85]

42 **(2) Berechnung von Marktanteilen.** Die Rechtsprechung und das Bundeskartellamt verstehen den Marktanteil – insbesondere bei heterogenen Produkten – in der Regel als den durch den Umsatz ausgedrückten **Wertanteil** eines Produktes am Markt und nicht als Mengenanteil. Je nach Produktart kann die absatzmengenbasierte oder die umsatzbasierte Betrachtung passender sein. Unter Umständen sind die beiden Betrachtungsweisen zu vergleichen, um ein aufschlussreiches Ergebnis zu erhalten. [86] Andere Berechnungsmethoden können in bestimmten Konstellationen aussagekräftiger sein (z. B. anhand von Produktionskapazitäten bzw. branchenspezifischen oder anderweitig geeigneten Größen im Einzelfall)[87] oder Ermittlungsschwierigkeiten im Hinblick auf Umsatzzahlen auffangen. Dies galt in der Vergangenheit beispielsweise für Märkte in der Bauwirtschaft bzw. im Rüstungssektor (Auftragsvolumina)[88] oder im Luftverkehr (Passagieraufkommen). Verbleibende Unsicherheiten im Hinblick auf die Marktabgrenzung (z. B. hinsichtlich des für das Marktvolumen zugrundezulegenden räumlichen Marktes) können durch Toleranzschwellen bei der Marktanteilsberechnung aufgefangen werden.[89]

43 Grundsätzlich entspricht der **Marktanteil zusammengeschlossener Unternehmen** der Summe der zuvor von ihnen allein erzielten Marktanteile.[90] Wirken durch einen Zusammenschluss mehrere Unternehmen derart zusammen, dass sie gemeinsam einen beherrschenden Einfluss auf ein drittes Unternehmen ausüben, ohne dass die herrschenden Unternehmen ihrerseits eine wirtschaftliche Einheit bilden (§ 36 Abs. 2 Satz 2 GWB – **Gemeinschaftsunternehmen**), so ist doch regelmäßig der Ausschluss des Binnenwettbewerbs zwischen ihnen die Folge und sind die Marktanteile aller beteiligten Unternehmen zusammenzuzählen. Beim **Vermögenserwerb** ist für die Marktanteile des Veräußerers nur auf den veräußerten Vermögensteil abzustellen (§ 38 Abs. 5 GWB). Besondere gesellschaftsrechtliche und geschäftliche Beziehungen zwischen Marktteilnehmern **unterhalb der Verbundklausel** sind bei der Beurteilung der Marktstruktur im Rahmen der gebotenen Gesamtbetrachtung zu berücksichtigen.[91]

44 Eine **Eigenfertigung von Nachfragern oder anderen Anbietern,** die dann als potenzielle Wettbewerber in Betracht kommen, sind in die Marktanteilsberechnungen nicht einzubeziehen.[92] Dies gilt allerdings nicht für die Anteile der Produktion, mit denen Dritte beliefert werden. Der Gesichtspunkt der Eigenfertigung kann im Rahmen der Gesamtwürdigung, insbesondere bei der Prüfung von Marktzutrittsschranken, als potenzieller Wettbewerb von erheblicher Bedeutung sein.[93] Unter bestimmten Voraussetzungen[94] ist bei der

---

[85] WuW/E DE-V 1199 – *Alva Laval/Tranter* (2006).

[86] BKartA, Leitfaden Marktbeherrschung, Rn. 28.

[87] BKartA, Leitfaden Marktbeherrschung, Rn. 29.

[88] Bundeskartellamt, Auslegungsgrundsätze, Juli 2005, S. 14, vgl. zum Beispiel WuW/E BKartA 2729, 2740 ff. – *Hochtief/Philipp Holzmann* (1995); WuW/E BKartA 2335, 2345 ff. – *Daimler-MBB* (1989), aber Ministererlaubnis, WuW/E BMW 191–200.

[89] Vgl. auch BGH WuW/E Verg 297 – *Tariftreueerklärung II;* Bundeskartellamt, Beschl. v. 5.10.2006 – *KLA-Tencor/ADE Corporation,* S. 13 (dort: Sicherheitszuschlag von 10 %).

[90] WuW/E OLG 3767, 3771 – *Niederrheinische Anzeigenblätter* (1986), bestätigt durch BGH WuW/E 2425. BKartA, Leitfaden Marktbeherrschung, Rn. 30.

[91] WuW/E BGH 3037, 3040 – *Raiffeisen* (1995); WuW/E BKartA DE-V 122, 123 – *WITASS* (1999), kein Wettbewerb zwischen Mitgliedern (Reedereien) einer Linienkonferenz; BGH, Beschl. v. 7.11.2006 – *Radio TON.*

[92] Bundeskartellamt, Auslegungsgrundsätze, Juli 2005, S. 14; BKartA, Leitfaden Marktbeherrschung, Rn. 29.

[93] WuW/E BGH 1501 – *GKN-Sachs* (1978); WuW/E BGH 2575, 2579 – *Kampffmeyer-Plange* (1989); zuletzt WuW/E BKartA DE-V 135, 140 – *Heitkamp* (1999). BKartA, Beschl. V. 29.9.2004, B5–170/03 – *Leggett & Platt/AGRO,* Rn. 111, 137 ff.

[94] KG WuW/E OLG 2633, 2638 – *Bituminöses Mischgut*; KG WuW/E 2655, 2661 – *Transportagentur Sauerland.* Auch für Technologiemärkte ist das Bundeskartellamt der Auffassung, dass Innenumsätze

Marktanteilsberechnung auch der Eigenverbrauch zu berücksichtigen, wenn diese Mengen dem Markt zur Verfügung stehen und somit auf die Wettbewerbsverhältnisse einwirken.

bb) Ressourcenbetrachtung, insbesondere Finanzkraft. Die Finanzkraft eines Unternehmens kann in bestimmten Fällen dessen Marktmacht beeinflussen. Der in § 18 Abs. 3 Nr. 2 GWB ausdrücklich genannte Faktor spielt jedoch in der Entscheidungspraxis lediglich eine untergeordnete Rolle.[95] Überlegene **Finanzkraft** kann einem Unternehmen Verhaltensspielräume – insbesondere bei den Wettbewerbsparametern Preis, Investitionen, Forschung und Werbung – verschaffen.[96] Gleiches gilt beispielsweise für ein umfassendes **Produktionsprogramm bzw. Sortiment**[97] oder **branchen- und marktspezifische, insbesondere technologische Ressourcen.**[98] Überlegene Ressourcen führen zu einer überragenden Marktstellung, wenn sie die Ausweichmöglichkeiten der Nachfrager begrenzen und bei den Wettbewerbern **Entmutigungs- und Abschreckungseffekte** hervorrufen. Gegebenenfalls wird ein Gewinntransfer und Verlustausgleich über verschiedene Märkte hinweg möglich.[99] Wirkungen dieser Art zeigen sich darin, dass aktuelle Wettbewerber vom aktiven Parametereinsatz und potenzielle Wettbewerber vom Markteintritt absehen.[100] 45

Die Erwartung, dass überlegene Ressourcen auch eingesetzt werden, muss fundiert sein.[101] Ihre Berücksichtigung auf Märkten, auf denen sie lediglich eine untergeordnete Rolle spielen, scheidet aus.[102] Die Rechtsprechung stellt hierbei ab auf Marktrelevanz und unternehmerische Zielsetzungen, z.B. im Sinne von Diversifikationsstrategien. Der Vorwurf des Spekulativen bei der fusionsrechtlichen Begründung von Ressourcenmacht kann entkräftet werden, wenn Ressourcenpotenzial, starkes Interesse am Ressourceneinsatz, Marktrelevanz des Ressourcenpotenzials und schwache Reaktionsmöglichkeiten von aktuellen und potenziellen Wettbewerbern zusammenfallen. 46

(1) Bemessung von Finanzkraft. Das Bundeskartellamt[103] verwendet zur Beurteilung der Finanzkraft eines Unternehmens eine Vielzahl von Kriterien, wie zum Beispiel Umsätze, Cash Flow, Gewinne, liquide Mittel, Jahresüberschuss oder den Zugang zu nationalen und internationalen Kapitalmärkten. Über die kurzfristig für wettbewerbliche Maßnahmen verfügbaren Ressourcen geben diese Kennzahlen maßgeblich Auskunft. Zur Beurteilung der dauerhaften Leistungsfähigkeit eines Unternehmens können Ertragsziffern wie EBIT, EBITA, Jahresüberschuss und Rohertrag (gross margin) herangezogen werden. Rückblickend kann auch die Investitionstätigkeit Aufschlüsse über die Finanzkraft eines Unternehmens geben.[104] Umsätze sind im Hinblick auf den Umfang der für Finanzverschiebungen innerhalb eines Unternehmens zur Verfügung stehenden Mittel – für sich genommen 47

---

zu berücksichtig sein können. Daher sollen in Fällen, in denen Produkte mit oder – aufgrund vertikaler Integration – ohne lizenzierte Technologie hergestellt werden, die Verkäufe auf den Produktmärkten und nicht die Zahl der Lizenzen berücksichtigt werden (Bundeskartellamt, Beschl. v. 23.8.2006 – *Synthes/AO-ASIF,* S. 37/38).

[95] BKartA, Leitfaden Marktbeherrschung, Rn. 54.

[96] Vgl. dazu auch Bundeskartellamt, Auslegungsgrundsätze, Juli 2005, S. 14ff.

[97] WuW/E BKartA 2521, 2530f. – *Zahnradfabrik Friedrichshafen/Allison* (1993).

[98] WuW/E BGH 1858ff. – *Springer-Münchener Zeitungsverlag;* WuW/E BKartA DE-V 177, 184f. – *Henkel/Luhns* (2000).

[99] WuW/E BKartA 1753, 1758 – *bituminöses Mischgut* (1978), Aufhebung KG WuW/E OLG 2093, Aufhebung KG und Zurückverweisung durch BGH, WuW/E BGH 1763.

[100] WuW/E BGH 1510f. – *GKN/Sachs* (1978), Monopolkommission: HG 1982/83, S. 237, Rn. 786.

[101] Bundeskartellamt, Auslegungsgrundsätze, Juli 2005, S. 15.

[102] Keine große Bedeutung pressebezogener Ressourcen von Wettbewerbern auf dem relevanten Lesermarkt, vgl. WuW/E BKartA 2641, 2644 – *Sarstedter Kurier-Kreisanzeiger* (1994), rechtskräftig; WuW/E BKartA 2591, 2600 – *Fresenius/Schiwa* (1993), Bundeskartellamt, Beschl. v. 12.7.1999 – *Beeck/Homann,* S. 6.

[103] Vgl. Bundeskartellamt, Auslegungsgrundsätze, Juli 2005, S. 15f.; BKartA, Leitfaden Marktbeherrschung, Rn. 56.

[104] BKartA, Leitfaden Marktbeherrschung, Rn. 56.

– nur eingeschränkt aussagekräftig und insofern nicht immer ein geeignetes Indiz für die Finanzkraft eines Unternehmens.[105] Die Monopolkommission ist der Auffassung, dass der Nettozufluss finanzieller Mittel am besten aus der Eigenfinanzierungskraft eines Unternehmens, gemessen am „Cash-Flow", ermittelt werden kann.[106] Neben dem Cash Flow können die Möglichkeit der Fremdfinanzierung unter Einbeziehung der verbundenen Unternehmen, die in der Bilanz ausgewiesenen liquiden Mittel oder die in der Vergangenheit getätigten Investitionen weitere Indikatoren für die Finanzkraft eines Unternehmens darstellen.[107] Zunehmend sind auch Gewinnmöglichkeiten innovativer Unternehmen, beispielsweise im Hinblick auf die Kursentwicklung von Technologieaktien, in die Ressourcenbetrachtung einzubeziehen.[108] Nach Auffassung des Bundeskartellamtes soll bei der Bemessung der Finanzkraft einer öffentlichen Gebietskörperschaft der Ansatz der von dieser Gebietskörperschaft beherrschten Unternehmen zu berücksichtigen sein.[109]

48 **(2) Entmutigungs- und Abschreckungseffekte durch Finanzkraft.** Entmutigungs- und Abschreckungseffekte auf Seiten der Wettbewerber infolge überlegener Finanzkraft sind dann zu erwarten, wenn aus der Sicht der Wettbewerber ein Einsatz der überlegenen Ressourcen durch die sich zusammenschließenden Unternehmen erfolgversprechend und damit wahrscheinlich ist.[110] Näheren Aufschluss hierüber geben u. a. die Verfügbarkeit freier Kapazitäten zur kurzfristigen Erhöhung des Angebots durch das finanzkräftige Unternehmen, die Möglichkeit der Nachfrager zum Lieferantenwechsel, die Fähigkeit der Konkurrenten, erfolgversprechend mit nicht finanzkraftabhängigen Parametern reagieren zu können und die Bedeutung des betroffenen Marktes für die Tätigkeit des finanzstarken Unternehmens insgesamt. Ferner sind die Marktzutrittsschranken und die Marktphase von Bedeutung für den erfolgversprechenden Einsatz von Verdrängungs- und Disziplinierungsstrategien.[111]

49 Der finanzielle Rückhalt eines Unternehmens kann insbesondere in Märkten wichtig werden, die starken konjunkturellen Schwankungen unterliegen, auf denen hohe Anforderungen an Forschung und Entwicklung gestellt werden oder hohe Marketingaufwendungen erforderlich sind.[112] Darüber hinaus kommt der Finanzkraft des Erwerbers dann eine besondere Bedeutung zu, wenn das Marktgeschehen durch einen hohen Preisdruck bestimmt wird[113] oder Vorfinanzierungen, hohe Kalkulationskosten und Gewährleistungsrisiken eine erhebliche Bedeutung spielen.[114] Gleiches gilt, wenn Verdrängungsstrategien über eine nicht kostendeckende Preissetzung auf den betroffenen Märkten – beispielsweise aufgrund mittelfristig guter Gewinnchancen und einer weitgehend mittelständisch strukturierten Anbieterstruktur – erfolgversprechend sind.[115]

---

[105] Vgl. auch WuW/E BGH 2575, 2582 – *Kampffmeyer-Plange* (1989).

[106] Monopolkommission, HG 1982/83, S. 239, Rn. 795; vgl. auch WuW/E KG DE-R 451, 456 – *Herlitz/Landré.*

[107] WuW/E BKartA 2729, 2748 ff. – *Hochtief/Philipp Holzmann* (1995).

[108] Vgl. WuW/E BKartA DE-V 227, 227 und 233 – *Cisco/IBM* (2000) = WuW 2000, 523, 523 und 529.

[109] Bundeskartellamt, Beschl. v. 8.3.2006, *AKK/Altonaer Kinder Krankenhaus,* Rn. 46.

[110] BGH, Beschluss vom 8.6.2010 – KVR 4/09, aufgerufen unter juris, Rn. 47.

[111] Bundeskartellamt, Auslegungsgrundsätze, Juli 2005, S. 16.; BKartA, Leitfaden Marktbeherrschung, Rn. 55.

[112] Bundeskartellamt, Untersagungsbeschl. v. 21.6.2000 – *Melitta,* S. 26, entscheidende Textpassage nicht in WuW/E BKartA DE-V 275 – *Melitta* (2000) = WuW 2000, 909 abgedruckt.

[113] WuW/E BKartA 2820 – *Straßenmarkierung* (1995).

[114] WuW/E BKartA 2729, 2750 – *Hochtief/Philipp Holzmann* (1995).

[115] Zuletzt Bundeskartellamt, Beschl. v. 3.7.2000 – *RWE/VEW,* S. 85 f. (Rn. 208), entscheidende Textpassage in WuW/E BKartA DE-V 301 – *RWE/VEW* (2000) = WuW 2000, 1117 nicht abgedruckt; Bundeskartellamt, Untersagungsbeschl. v. 21.6.2000 – *Melitta,* S. 25 ff. *(nur angedeutet in Entscheidung, nicht explizit gesagt),* entscheidende Textpassage in WuW/E BKartA DE-V 275, 278 – *Melitta* (2000) = WuW 2000, 909, 912 nicht vollständig abgedruckt.

Die Monopolkommission misst der Finanzkraft auch bei **konglomeraten Zusammenschlüssen** erhebliche Bedeutung bei. Bei Zusammenschlüssen, bei denen weder entwicklungs-, produktions- noch absatztechnische Verbundvorteile auftreten, können nach ihrer Auffassung Wettbewerbswirkungen durch die Zusammenfassung von Ressourcen entstehen.[116] Allerdings führt nicht schon der Zuwachs an Finanzkraft als solcher zur Verschlechterung der Marktstrukturen, sondern nur dann, wenn eine wettbewerbsbeschränkende Wirkung unter Berücksichtigung der konkreten Marktverhältnisse wahrscheinlich ist. Dabei ist auch hier zu prüfen, ob die zufließenden finanziellen Ressourcen geeignet sind, neue Wettbewerber vom Marktzutritt und aktuelle Wettbewerber von innovativen Vorstößen oder nachstoßendem Wettbewerb abzuhalten.[117] 50

Die **Verstärkung bestehender Marktbeherrschung** ist dann sehr wahrscheinlich, wenn einem marktbeherrschenden Unternehmen mit einem erheblichen Marktanteil zusätzlich Finanzkraft zuwächst.[118] Dies gilt insbesondere dann, wenn der Erwerber bereits in erheblichem Umfang im wettbewerblichen Umfeld oder sogar im Markt des erworbenen Unternehmens tätig ist[119] oder mit dem Zusammenschluss unternehmerische Zielsetzungen verfolgt, die insbesondere in Kapitalzuführungen, Investitions- und Expansionsplänen zum Ausdruck kommen können.[120] 51

Das Vorhandensein anderer finanzkräftiger Wettbewerber kann die Annahme einer überragenden Marktstellung eines Unternehmens ausschließen.[121] Bei der Prüfung von Verdrängungsstrategien kann sich das Vorhandensein weiterer finanzkräftiger Wettbewerber zugunsten kleinerer Anbieter wie eine Art Schutzschild auswirken, wenn in solchen Fällen Verdrängungsstrategien auf Dauer nicht erfolgversprechend sind. 52

(3) Entmutigungs- und Abschreckungseffekte durch andere Ressourcen. Auch im Hinblick auf andere Ressourcen ist zu prüfen, wie sich entsprechende Vorsprünge auf den betroffenen Märkten auswirken.[122] In Märkten, in denen Kundenkontakte und das Vertrauen von Anwendern in ein etabliertes und umfassendes Produktangebot eine große Rolle spielen, können Sortimentsvielfalt, Produktionsvolumina und etablierte Vertriebsstrukturen an die Stelle der Finanzkraft als einem zentralen Wettbewerbsparameter treten.[123] In forschungs- und entwicklungsintensiven Märkten können nach Auffassung des Bundeskartellamts qualifizierte personelle Ressourcen oder ein erhebliches Innovationspotenzial Bedeutung erlangen.[124] 53

Einzelmarktbeherrschung aufgrund von Ressourcenmacht ist nach Auffassung des Bundeskartellamts besonders in den Märkten wahrscheinlich, in denen die Zusammenschlussbeteiligten aufgrund anderer Strukturkriterien bereits eine starke Marktstellung innehaben, die durch die vorhandenen Ressourcen weiter verstärkt wird. Dies soll z. B. gelten, wenn ein ressourcenstarkes Unternehmen über einen erheblichen Marktanteil verfügt. Verstär- 54

---

[116] Monopolkommission: HG 1982/83, S. 237 Rn. 786.
[117] Grundlegend WuW/E BGH 1501, 1510 – *Kfz-Kupplungen* (1978).
[118] Bundeskartellamt, Auslegungsgrundsätze, Juli 2005, S. 17.
[119] Vgl. WuW/E BGH 1501, 1511 – *GKN-Sachs* (1978), WuW/E BGH 2771, 2775 – *Kaufhof/Saturn* (1992).
[120] Vgl. WuW/E BGH 2150, 2157 – *Edelstahlbestecke* (1985).
[121] WuW/E BGH 1711, 1717 – *Mannesmann-Brueninghaus* (1980); zuletzt: Bundeskartellamt Beschl. v. 2.3.1999 – *Rheinpfalz/Hock,* Rn. 27.
[122] Bundeskartellamt, Auslegungsgrundsätze, Juli 2005, S. 17.
[123] WuW/E BKartA 2591, 2600 f. – *Fresenius/Schiwa* (1993).
[124] WuW/E BKartA DE-V 177, 184 f. – *Henkel/Luhns* (2000). Im Fall *NZDS-Glasfaserkabel* hat das Bundeskartellamt erhebliche Forschungs- und Entwicklungskapazitäten für den Erwerber identifiziert, die Entstehung einer überragenden Marktstellung des in Deutschland marktstarken erworbenen Unternehmens aufgrund der ebenfalls ressourcenstarken Wettbewerber jedoch verneint, WuW/E BKartA DE-V 170, 174 f. – *NZDS-Glasfaserkabel* (1999); vgl. auch Bundeskartellamt, Beschl. v. 3.3.2000 – *Cisco/IBM,* S. 28 f. (Rn. 88 ff.), entscheidende Textpassage in WuW/E BKartA DE-V 227 – *Cisco/IBM* (2000) nicht abgedruckt.

kungswirkungen sollen auch Folge von Kompetenzzuwächsen im Bereich Forschung und Entwicklung oder Sortimentserweiterungen sein können.[125] Selbst wenn ein Unternehmen durch einen Ressourcenzuwachs nur einen – beispielsweise technologischen – Rückstand aufholt, soll die Entstehung oder Verstärkung einer überragenden Marktstellung nicht ausgeschlossen sein.[126] Die Funktionsfähigkeit des Wettbewerbs kann nach Auffassung des Bundeskartellamts dadurch eingeschränkt werden, dass eine von Wettbewerbern eingesetzte Technik nach einem Zusammenschluss auch dem Marktführer zur Verfügung steht.[127]

55 **cc) Zugang zu den Beschaffungs- oder Absatzmärkten.** Ein im Vergleich zu Wettbewerbern besserer Zugang zu den Beschaffungs- oder Absatzmärkten kann einem Unternehmen eine überragende Marktstellung verschaffen. Dies kann insbesondere dann gelten, wenn ein markt(anteils)starkes Unternehmen aufgrund seines hervorragenden Zugangs zu den Beschaffungs- oder Absatzmärkten seinen Konkurrenten den Zugang zu diesen Märkten erschweren oder gar verschließen kann (Erhöhung der Marktzutrittsschranken), die Konkurrenten aber dennoch auf diese Absatzmöglichkeiten oder Vorprodukte angewiesen sind, um auf dem betroffenen Markt zu bestehen. Ein überlegener oder verbesserter Zugang zu den Beschaffungsmärkten ist nicht zwangsläufig wettbewerblich problematisch. Dies gilt insbesondere bei der Weiterreichung der Vorteile in Form von niedrigeren Preisen oder einer Verbesserung des Produktangebots. Jedoch können für die Zusammenschlussbeteiligten besondere Verhaltensspielräume entstehen und wettbewerbsbeschränkende Verhaltensweisen erleichtert werden.[128]

56 Der Marktschließungseffekt tritt in der Entscheidungspraxis des Bundeskartellamtes vornehmlich in folgenden Konstellationen auf:[129]

- Ein Unternehmen ist nicht nur auf dem betroffenen Markt, sondern zugleich auf einem wichtigen vor- oder nachgelagerten Markt tätig **(vertikale Integration)** und nimmt auf beiden Märkten zumindest marktstarke Stellungen ein (unten (1)).
- Eine dem Marktschließungseffekt vergleichbare, wenngleich meist weniger starke Wettbewerbsbeschränkung kann nach Auffassung des Bundeskartellamt durch das **Angebot eines Sortiments** verursacht werden, sofern Konkurrenten des Sortimentsanbieters kein oder nur ein weniger breites Sortiment von Waren oder Dienstleistungen anbieten können. Gleiches gilt – bei entsprechender Nachfrage – für das **Angebot von Komplettsystemen,** wenn die Wettbewerber lediglich Komponenten des Systems anbieten und nicht über eine vergleichbare „Systemfähigkeit" verfügen (unten (2)).
- Auch **ressourcenbedingte Wettbewerbsvorteile** können einem Unternehmen einen hervorragenden Zugang zu Beschaffungs- oder Absatzmärkten verschaffen (unten (3)).

57 **(1) Vertikale Integration.** Marktschließungseffekte infolge eines vertikalen Zusammenschlusses stärken nach Auffassung des Bundeskartellamts in der Regel die Marktstellung der beteiligten Unternehmen. Sie können zur Entstehung oder Verstärkung einer überragenden Marktstellung führen, indem sie nicht vertikal integrierten, Konkurrenten vorstoßenden Wettbewerb (weiter) erschweren (durch Erhöhung der Kosten („rising rivals costs") oder Verringerung der Erlösaussichten („lowering rivals revenues")) und für potenzielle Wettbewerber die Marktzutrittsschranken erhöhen („rising barriers to entry").[130] Dies gilt auch für den Fall, dass das vertikal integrierte Unternehmen nicht auf dem Produktmarkt, sondern auf dem vor- oder nachgelagerten Markt eine marktbeherrschende Stellung innehat.[131]

---

[125] WuW/E BKartA 2521, 2533f. – *Zahnradfabrik Friedrichshafen/Allison* (1993).
[126] Bundeskartellamt, Auslegungsgrundsätze, Juli 2005, S. 18.
[127] WuW/E BGH 3026, 3033 – *Backofenmarkt* (1995).
[128] BKartA, Leitfaden Marktbeherrschung, Rn. 49.
[129] Bundeskartellamt, Auslegungsgrundsätze, Juli 2005, S. 18.
[130] BKartA, Leitfaden Marktbeherrschung, Rn. 133.
[131] Bundeskartellamt, Auslegungsgrundsätze, Juli 2005, S. 19.

Die Effekte können herbeigeführt werden durch die:[132] 58

- Behinderung der Wettbewerber am Zugang zu **vorgelagerten** Beschaffungsmärkten bzw. den gehandelten Produkten durch die Abschottung von Einsatzfaktoren („input foreclosure"),[133]
- Abschottung von Kunden („customer foreclosure"): Behinderung der Wettbewerber am Zugang zu einem **nachgelagerten** Absatzmarkt bzw. den nachfragenden Kunden,[134]
- Verschaffung vertraulicher Unternehmensinformationen: Durch die Integration eines Lieferanten oder Abnehmers werden Informationen über die Tätigkeiten des Wettbewerbs auf dem vor- oder nachgelagerten Markt gewonnen.[135]

Nach der Entscheidungspraxis des Bundeskartellamtes drohen entsprechende Markt- 59
schließungseffekte beispielsweise dann, **wenn maßgebliche Wettbewerber** auf das Angebot bzw. die Nachfrage gerade durch das vertikal integrierte Unternehmen **angewiesen sind.**[136] Das soll der Fall sein, wenn die vertikale Integration auf knappe Rohstoffe/Ressourcen zielt.[137] So hat das Bundeskartellamt in der Verbindung eines marktbeherrschenden Herstellers von Triebwerken für militärische Flugzeuge und Hubschrauber mit dem marktbeherrschenden Anbieter von militärischen Flugzeugen und Hubschraubern die Verstärkung der überragenden Marktstellung gesehen.[138]

Bestehende **Lieferbeziehungen** werden in der Regel durch eine Kapitalbeteiligung ab- 60
gesichert und entfalten insoweit marktrelevante Wirkungen.[139] Das Vordringen eines Herstellers von Kolbenringen in den nachgelagerten Markt der Kolben führt zur Verstärkung einer marktbeherrschenden Stellung, da hierdurch die Abnahme der eigenen Produkte oder Dienstleistungen sichergestellt und die Nachfrage des Erwerbers dem Wettbewerb dauerhaft entzogen wird.[140]

Überragende Marktstellungen infolge vertikaler Integration kommen nicht nur dann in 61
Betracht, wenn ein Unternehmen auf zwei Marktstufen zugleich tätig ist oder zwei auf verschiedenen Marktstufen vertretene Unternehmen eine wirtschaftliche Einheit bilden (§ 36 Abs. 2 GWB). Ein hervorragender Zugang zu den Beschaffungs- oder Absatzmärkten kann schon aufgrund von **Verflechtungen mit Lieferanten oder Abnehmern** im Wege von Minderheitsbeteiligungen bestehen.[141] Eine entsprechende gesellschaftsrechtliche Absicherung von Lieferverträgen führt im Einzelfall dann nicht zur Verstärkung einer

---

[132] BKartA, Leitfaden Marktbeherrschung, Rn. 134 ff.
[133] Im Einzelnen siehe BKartA, Leitfaden Marktbeherrschung, Rn. 138 ff.
[134] Im Einzelnen siehe BKartA, Leitfaden Marktbeherrschung, Rn. 143 ff.
[135] Im Einzelnen siehe BKartA, Leitfaden Marktbeherrschung, Rn. 149 ff.
[136] Bundeskartellamt, Auslegungsgrundsätze, Juli 2005, S. 19; Bundeskartellamt, Beschl. v. 20.6. 2006 – *Putzmeister/Esser Werke,* S. 29.
[137] Vgl. auch Komm., Entsch. v. 3.5.2000 – *Alcoa/Reynolds,* S. 34 ff. ABl. EG 2002 L 58/25.
[138] Untersagung WuW/E BKartA 2335, 2346 – *Daimler Benz/MBB* (1989), aber Ministererlaubnis WuW/E BWM 191–200; entsprechend auch Komm., Entsch. v. 3.5.2000 – *Alcoa/Reynolds,* S. 34 f., ABl. EG 2002 L 58/25.
[139] Bundeskartellamt, Auslegungsgrundsätze, Juli 2005, S. 19.
[140] WuW/E BKartA 2829, 2837 f. – *Kolbenschmidt* (1995), WuW/E BGH 1949, 1952 f. – *Braun-Almo* (1982).
[141] So kann auch die gesellschaftsrechtliche Absicherung des Strom- bzw. Gasabsatzes über (Minderheits-)Beteiligungen von Energieversorgungsunternehmen an Weiterverteilern zur Verstärkung marktbeherrschender Stellungen auf den betroffenen Weiterverteilungsmärkten führen. Im Fall *Stromversorgung Aggertal* hat der BGH hervorgehoben, dass – in Anbetracht des hohen Konzentrationsgrades auf den Energieversorgungsmärkten – die Verstärkungswirkung schon aus einem Anteilerwerb von 25 % erwachsen könne, WuW/E BGH 24, 29 – *Stromversorgung Aggertal* (1997); gleiche Begründung des BGH gilt auch für den materiell ähnlich gelagerten Fall *Stadtwerke Garbsen,* BGH WuW/E DE-R 32 f. (1997); zustimmend Monopolkommission, die insbesondere auf die Signalwirkung der gesellschaftsrechtlichen Absicherung von Lieferverträgen für potenzielle Wettbewerber verweist, HG 1994/95, Rn. 607.

marktbeherrschenden Stellung, wenn eine alternative Belieferung durch ein drittes Unternehmen aufgrund technischer oder wirtschaftlicher Hürden ohnehin nicht zu erwarten ist.[142]

62 Die Frage des Zugangs zu den Absatzmärkten über einen Vertikal-Zusammenschluss spielte auch in den ähnlich gelagerten Fällen *„AS V/Postdienst-Service"* und *„AS V/Stilke"* eine herausragende Rolle.[143] In beiden Fällen wurde die Beteiligung des Axel Springer Verlags an Unternehmen des Presseeinzelhandels untersagt. Im Fall *AS V/Stilke* stützte das Bundeskartellamt seine Untersagungsverfügung auf die Verstärkung der marktbeherrschende Stellung von AS V auf regionalen und bundesweiten Lesermärkten durch die Möglichkeit gezielter Verkaufsförderungsmaßnahmen und einem verbesserten Zugang zu Informationen über die Situation auf den Absatzmärkten.[144] Da bereits mit dem Beteiligungserwerb Abschreckungs- und Entmutigungseffekte verbunden waren, kam es nicht darauf an, ob die konkrete Gefahr besteht, dass die AS V von ihren Verhaltensspielräumen auf dem nachgelagerten Markt auch Gebrauch macht.[145]

63 **(2) Umfassendes Sortiment/umfassende Systemfähigkeit.** Ein hervorragender Zugang zum Absatzmarkt durch das Angebot eines Sortiments meist komplementärer und substitutiver Waren oder Dienstleistungen setzt voraus, dass eine für den Wettbewerb erhebliche Anzahl von Abnehmern diese Sortimente regelmäßig nachfragt[146] und andere Unternehmen ein annähernd vollständiges Sortiment nicht anbieten. Diese Voraussetzungen gelten auch für das Angebot von kompletten (Fertigungs-)Anlagen oder sogenannten Problemlösungen aus einer Hand (Systemnachfrage).[147]

64 Die Tatsache, dass sich eine Reihe von Märkten, z. B. in der Automobilzulieferindustrie, zu Systemmärkten entwickelt hat oder in der Entwicklung steht, ist in vielen Fällen – auch für die Nachfragerseite – effizienzfördernd und kostensenkend. Das Angebot von Sortimenten oder Komplettsystemen kann aber nach Auffassung des Bundeskartellamts dann zur Entstehung oder Verstärkung einer überragenden Marktstellung beitragen, wenn es uneinholbare Wettbewerbsvorteile im Hinblick auf den Zugang zu den Absatzmärkten und entsprechende **Verdrängungsstrategien** zum Nachteil von weniger diversifizierten Unternehmen bedingt.[148] Im Hinblick auf eine Sortimentsvielfalt ist eine entsprechende Verdrängungsstrategie nicht nur diversifizierten, auf mehreren sachlichen Märkten tätigen Anbietern möglich. Sie kann nach deutscher Fusionskontrollpraxis auch von Unternehmen ausgehen, die in preislicher oder qualitativer Hinsicht ein breites Sortiment von Waren oder Dienstleistungen, die alle demselben sachlichen Markt angehören, anbieten (Portfolio-Aspekt).[149] Gleiches gilt für den Eintritt eines marktstarken Erstmarkenherstellers in das Marktsegment des Handelsmarkengeschäfts, beispielsweise mit der Möglichkeit der Zweitvermarktung von Markenartikelinnovationen und einer verbesserten Position bei Konditionenverhandlungen.[150] Der Portfolioaspekt soll dann eher nicht zum Tragen kom-

---

[142] Bundeskartellamt, Beschl. v. 20.8.1999 – *Saarferngas/Südwestgas/VSE AG,* S. 8 (Rn. 14).

[143] WuW/E BKartA 2909, 2911 ff. – *AS V/Postdienst-Service* (1997), rechtskräftig, und WuW/E DE-V 1, 5 ff. – *AS V/Stilke* (1997); KG WuW/E DE-R 270 – *AS V/Stilke;* BGH WuW/E DE-R 607 – *Minderheitsbeteiligung im Zeitschriftenhandel.*

[144] WuW DE-V 1, 7 – *AS V/Stilke* (1997) (vgl. auch vorherige Fn.).

[145] WuW DE-V 1, 7 – *AS V/Stilke* (1997).

[146] BKartA, Leitfaden Marktbeherrschung, Rn. 43.

[147] Bundeskartellamt, Auslegungsgrundsätze, Juli 2005, S. 20.

[148] Gleiches gilt nach Auffassung beispielsweise auch für ein marktbeherrschendes Unternehmen auf Anzeigenmärkten, das aufgrund des Angebots von Anzeigenblättern und Abonnement-Tageszeitungen einen im Vergleich mit Wettbewerbern wesentlich verbesserten Zugang zu den Anzeigenkunden hat, vgl. BKartA, Untersagungsbeschluss v. 12.1.2000 – *WAZ/OTZ,* S. 35; WuW/E OLG Düsseldorf DE-R 647 – *OTZ.*

[149] WuW/E OLG 3759, 3762 – *Pillsbury-Sonnen Bassermann* (1985); WuW/E OLG 5879 ff. – *WMF/Auerhahn* (1997).

[150] WuW/E BKartA DE-V 177, 185 f. – *Henkel/Luhns* (2000), rechtskräftig.

men, wenn es sich bei Nachfragen um unterschiedlich spezialisierte Kundengruppen handelt.[151]

Bei der Zusammenführung von komplementären Produkten ist der Anbieter eines Sortiments gegenüber Konkurrenten, die jeweils nur ein oder wenige Produkte im Angebot haben, nach Auffassung des BKartA in mehrfacher Hinsicht im Vorteil:[152] Seine Position gegenüber den Abnehmern sei stärker, da er ganze Sortimente liefern kann und seine Produkte oftmals einen größeren Anteil am Beschaffungsvolumen ausmachen. Er sei zudem flexibler in der Gestaltung von Preisen oder Rabatten und verfügt über mehr Möglichkeiten zu Kopplungsgeschäften. Zudem könne er Größen- und Diversifizierungsvorteile bei Absatz und Marketing realisieren und mit einer impliziten oder expliziten Drohung der Nichtbelieferung vergleichsweise große Wirkungen erzielen. Einen ähnlichen Aspekt hat das Bundeskartellamt im Bereich des Verlaggeschäfts betont. Der Zusammenhang zwischen Leser- und Anzeigemarkt bestehe darin, dass eine hohe Leserzahl die Stellung auf dem Anzeigenmarkt stärkt und umgekehrt (Anzeigen – Auflagen – Spirale).[153] **65**

In der Phase der Entwicklung von Systemmärkten kann ein Zusammenschluss zwischen Komponentenherstellern, die auf ihren jeweiligen Teilmärkten über marktstarke oder sogar marktbeherrschende Stellungen verfügen, nach Auffassung des Bundeskartellamts erhebliche Wettbewerbsvorteile durch einen überlegenen Zugang zum Absatzmarkt vermitteln.[154] Denn in einem wachsenden Systemmarkt wird die reibungslose, gesellschaftsrechtlich abgesicherte Zusammenarbeit zwischen Komponentenherstellern noch entscheidender als beim traditionellen Bezug von Einzelkomponenten durch den Nachfrager. Die Möglichkeit zur Systementwicklung im Unternehmensverbund kann hier zu erheblichen Wettbewerbsvorsprüngen führen.[155] Auch auf Märkten, die sich schon von Komponenten- zu Systemmärkten entwickelt haben, kann ein Zusammenschluss zwischen einem System- und einem Komponentenanbieter zu uneinholbaren Wettbewerbsvorsprüngen gegenüber Herstellern von Einzelkomponenten führen.[156] Dieser Effekt kann sich noch verstärken, wenn andere Systemanbieter auf eine enge Zusammenarbeit mit dem beteiligten Komponentenhersteller angewiesen sind und insofern ihrem Wettbewerber technisches und wirtschaftliches Know-how offenlegen müssten.[157] **66**

Ein bevorzugter Zugang zum Absatzmarkt durch das Angebot von Sortimenten oder Systemen eröffnet jedoch in den meisten Fällen – für sich genommen – keinen Verhaltensspielraum im Sinne der Entstehung einer marktbeherrschenden Stellung. Dafür müssen andere Faktoren, wie zum Beispiel ein erheblicher Marktanteil, hinzukommen.[158] Verfügt ein Unternehmen über Produkte, insbesondere Marken, die in ihren (Teil-)Märkten stark oder sogar führend sind, so kann nach Auffassung des Bundeskartellamts ein Zusammenschluss, der ein Sortiments- bzw. Systemangebot gestattet oder abrundet, zur Entstehung oder Verstärkung einer marktbeherrschenden Stellung führen.[159] **67**

(3) Sonstige Wettbewerbsvorteile beim Zugang zu den Beschaffungs- oder Absatzmärkten. Ein hervorragender Zugang zu den Beschaffungs- oder Absatzmärkten aufgrund ressourcenbedingter Wettbewerbsvorteile eines Unternehmens kann sich **68**

---

[151] BKartA, Beschl. v. 19.7.2006 – *Performance Fibres/INVISTA,* S. 25.
[152] Bundeskartellamt, Auslegungsgrundsätze, Juli 2005, S. 21.
[153] Bundeskartellamt, Beschl. v. 26.1.2006 – *Süddeutscher Verlag/Lokalzeitung,* S. 42.
[154] Bundeskartellamt, Auslegungsgrundsätze, Juli 2005, S. 20.
[155] WuW/E BKartA 2829, 2839 – *Kolbenschmidt* (1995).
[156] Bundeskartellamt, Beschl. v. 27. Mai 1999 – *Federal Mogul/Alcan,* S. 7 ff.
[157] Bundeskartellamt, Auslegungsgrundsätze, Juli 2005, S. 21.
[158] Bundeskartellamt, Auslegungsgrundsätze, Juli 2005, S. 21.
[159] WuW/E BKartA 2414, 2418 – *WMF-Hutschenreuther* (1989); WuW/E BKartA 2829, 2837 ff. – *Kolbenschmidt* (1995); vgl. auch Komm. E. v. 15.10.1995 – *Guiness/Grand Metropolitan,* ABl. EG 1998 L 288, 24.

nach Auffassung des Bundeskartellamts beispielsweise aus folgenden Parametern ergeben:[160]
- ein hohes Ansehen oder eine besondere Markt-/Markengeltung,[161]
- ein eigenes, dichtes Filialnetz,[162] eine etablierte Vertriebslogistik,[163] eine herausragende räumliche Präsenz,[164]
- einen (gesellschaftsrechtlich abgesicherten) Zugriff auf wichtige Transportkapazitäten beim Angebot von Distributionsdienstleistungen[165] oder
- eine gesicherte Vorproduktbeschaffung,[166] bzw. eine (rechtlich abgesicherte) Verbindung mit Herstellern auf vor- oder nachgelagerten Märkten.[167]

69 Resourcenbedingte Wettbewerbsvorteile können nach Auffassung des Bundeskartellamts die Wahrscheinlichkeit, dass ein ohnehin marktanteilsstarkes Unternehmen eine überragende Marktstellung einnimmt, erhöhen.[168] Sofern eine solche Marktstellung bereits besteht, kann sie durch den Zugang des marktbeherrschenden Unternehmens zu vor- oder nachgelagerten Märkten verstärkt werden.

70 **dd) Verflechtungen.** Verflechtungen eines Unternehmens mit anderen, insbesondere mit Wettbewerbern, Abnehmern oder Lieferanten, können zu einer überragenden Marktstellung beitragen, sie jedoch nicht allein begründen.[169] Sofern die zwischen den Unternehmen bestehenden gesellschaftsrechtlichen Verflechtungen Einfluss auf deren Marktstellung haben können, sind diese nach der Rechtsprechung des BGH auch dann im Rahmen der Gesamtbetrachtung zu berücksichtigen, wenn sie nicht die Voraussetzungen der Verbundklausel (§ 36 Abs. 2 GWB) erfüllen.[170] Es wird auch nicht vorausgesetzt, dass sich die verflochtenen Unternehmen als wettbewerbliche Einheit darstellen, da wirtschaftliche, rechtliche und geschäftliche Beziehungen zwischen Unternehmen selbst dann Einfluss auf die Marktposition haben können, wenn kein einheitlicher Marktauftritt feststellbar ist.[171] Dabei geht der BGH vom Erfahrungssatz aus, dass kein Kaufmann sich selbst durch wesentlichen Wettbewerb schädigt.[172]

---

160 Bundeskartellamt, Auslegungsgrundsätze, Juli 2005, S. 22.

161 WuW/E BKartA 2370, 2375 – *Melitta-Kraft* (1989); WuW/E OLG 5879, 5883 – *WMF/Auerhahn* (1997); BKartA, Beschl. v. 20.9.1999 – *Henkel/Luhns* (2000) S. 23 (Rn. 39f.), entscheidende Textpassage in WuW/E BKartA DE-V 177 nicht abgedruckt; BKartA, Untersagungsbeschl. v. 21.6. 2000 – *Melitta,* S. 28f., entscheidende Textpassage in WuW/E BKartA DE-V 275 nicht abgedruckt.

162 WuW/E BGH 2150, 2156 – *Rheinmetall-WMF;* WuW/E OLG 2849, 2859 – *Lufthansa-f. i. r. s. t. Reisebüro* (1982); WuW/E OLG 5879, 5883 – *WMF/Auerhahn* (1997).

163 KG, WuW/E OLG 5549, 5562 – *Fresenius/Schiwa* (1993); BKartA Beschl. v. 25. Februar 1999 – *Habet/Lekkerland,* S. 17, S. 20 = WuW/E BKartA DE-V 116, 120 – *Habet/Lekkerland* (1999) (Fundstelle auf S. 20 in WuW nicht abgedruckt); WuW/E KG DE-R 451, 457, 458 – *Herlitz/Landré;* BKartA, Untersagungsbeschl. v. 21.6.2000 – *Melitta,* S. 29, entscheidende Passage in WuW/E BKartA DE-V 275 nicht abgedruckt.

164 BKartA, Beschl. v. 3.7.2000 – *RWE/VEW,* S. 92 (Rn. 231), entscheidende Textpassage in WuW/E BKartA DE-V 301 nicht abgedruckt.

165 WuW/E BKartA 2659, 2664 – *ATG-Menke-Silcock & Colling* (1994).

166 WuW/E BGH 2575, 2581 – *Kampffmeyer-Plange;* WuW/OLG 5549, 5560 – *Fresenius/Schiwa* (1993), hier Absicherung des Zugriffs auf Vorprodukte von VE-Lösungen über einen Ausschließlichkeitsvertrag.

167 BKartA, Beschl. v. 20.9.1999 – *Henkel/Luhns,* S. 22 (Rn. 38), entscheidende Passage in WuW/E BKartA DE-V 177 nicht abgedruckt; WuW/E BKartA DE-V 283, 285 – *Bilfinger+Berger/Buderus* (2000).

168 Bundeskartellamt, Auslegungsgrundsätze, Juli 2005, S. 22.

169 Fall *MZ – Oldenburg/Botterbloom,* TB 1995/96, S. 80/81.

170 WuW/E BGH 3037, 3041 – *Raiffeisen* (1995); siehe auch WuW/E BGH 2433, 2440 – *Gruner+Jahr/Die Zeit* (1984).

171 WuW/E BGH 3037, 3041 – *Raiffeisen* (1995); vgl. auch RWS-Skript 162: Kartellrechtspraxis und Kartellrechtsprechung 1995/96, Rn. 240.

172 WuW/E BGH 2433, 2440 – *Gruner+Jahr/Zeit II;* BGH, Beschl. v. 7.11.2006 – *Radio TON,* S. 9.

Berücksichtigungsfähige Verflechtungen müssen nach Auffassung des Bundeskartellamts nicht **gesellschaftsrechtlicher Art** sein; sie können auch **personeller, rechtlicher, finanzieller oder wirtschaftlicher Natur** sein.[173] Vertragliche Beziehungen – wie z.B. wechselseitige Patentlizenzverträge oder (ausschließliche) Lieferverträge – können wettbewerbsdämpfende Effekte entfalten.[174] Alle vorgenannten Verflechtungen sind grundsätzlich geeignet, eine marktbeherrschende Stellung zu verstärken, soweit dem Unternehmen dadurch Ressourcen oder Einflussmöglichkeiten zuwachsen.[175] Die sich aus den Verflechtungen ergebenden Wettbewerbsbeschränkungen werden weitgehend bereits von den anderen hier angeführten Strukturkriterien erfasst.[176] So können Verflechtungen mit finanzkräftigen Unternehmen die finanziellen Spielräume erweitern und Verflechtungen mit Abnehmern oder Lieferanten den Absatz oder die Beschaffung absichern sowie die Marktzutrittsschranken erhöhen. 71

Besonders große Bedeutung hat dieses Merkmal bei Verflechtungen mit aktuellen oder potenziellen Wettbewerbern sowie mit Anbietern von unvollkommenen Substitutionsprodukten, da hierdurch regelmäßig der Wettbewerb zwischen den Wettbewerbern beschränkt wird.[177] Verflechtungen über Gemeinschaftsunternehmen zur Herstellung von Vorprodukten bzw. Teilkomponenten wirken wegen des vergemeinschafteten Kostensockels vereinheitlichend auf die Absatzbedingungen von Wettbewerbern, soweit der vergemeinschaftete Kostenanteil einen erheblichen Anteil an den Gesamtkosten des Produktes ausmacht. Gleiches gilt in verstärktem Maße für die Zusammenarbeit zwischen Wettbewerbern auf dem relevanten Produktmarkt selbst.[178] 72

ee) Marktzutrittsschranken/Potenzieller Wettbewerb. Die Prüfung von Marktzutrittsschranken und potenziellem Wettbewerb hat in der Bewertung der Marktstellung der Zusammenschlussbeteiligten einen großen Stellenwert.[179] Potentieller Wettbewerb ist nach § 18 Abs. 3 Nr. 6 GWB bei der Ermittlung von Marktbeherrschung zu berücksichtigen. „Unter potenziellem Wettbewerb ist der bereits gegenwärtige Einfluss auf den wirtschaftlichen Entscheidungs- und Verhaltensspielraum der Marktteilnehmer zu verstehen, der von einem nicht auf dem relevanten Markt tätigen Unternehmen allein schon auf Grund seiner Fähigkeit zum künftigen Markteintritt ausgeht".[180] So wie der Marktanteil Anhaltspunkte für das Verhältnis der Zusammenschlussbeteiligten zu ihren aktuellen Wettbewerbern gibt, geben die Marktzutrittsschranken über die Bedeutung potenziellen Wettbewerbs für das Wettbewerbsgeschehen auf dem betroffenen Markt Auskunft. Die Höhe der Marktzutrittsschranken ist der wichtigste Indikator für die Stärke des potentiellen Wettbewerbs und die dadurch entstehende Dimension der Kontrolle.[181] Der Marktzutritt ist insoweit kein unternehmens-, sondern ein marktbezogenes Strukturkriterium. Solange ein marktstarkes 73

---

[173] Bundeskartellamt, Auslegungsgrundsätze, Juli 2005, S. 23; BKartA, Beschl. v. 23.8.2006 – *Synthus/AO-ASIF*, S. 42, in diesem Fall hat das Amt insbesondere auf vertragliche und personelle Aspekte verwiesen. BKartA, Beschl. v. 23.2.2005, B10–122/04 – *Remondis/RWE Umwelt* Rn. 168.

[174] WuW/E BKartA 2669 – *Lindner Licht GmbH* (1994); WuW/E BKartA DE-V 249, 250f. – *Ansell/Johnson & Johnson* (2000).

[175] WuW/E BKartA 1908, 1913 – *Lufthansa/f. i. r. s. t.* (1981).

[176] Bundeskartellamt, Auslegungsgrundsätze, Juli 2005, S. 23.

[177] WuW/E BGH 2795 – *Pinneberger Tageblatt* (1992), BGH WuW/E DE-R 24, *Stromversorgung Aggertal* (1997); BKartA, Beschluss v. 23.2.2005, B10–122/04 – *Remondis/RWE Umwelt* Rn. 168f. und 188f.

[178] WuW/E BKartA DE-V 170, 173f. – *NZDS-Glasfaserkabel* (1999) = WuW 1999, 1230, 1233f.

[179] Bundeskartellamt, Auslegungsgrundsätze, Juli 2005, S. 23; BKartA, Leitfaden Marktbeherrschung, Rn. 58.

[180] OLG Düsseldorf, Urt. v. 26.2.2014 – VI-U (Kart) 7/12, *Presse-Grosso*, GRUR-RR 2014, 353, 354.

[181] BKartA, Leitfaden Marktbeherrschung, Rn. 59.

Unternehmen keine überhöhten Preise fordern oder auf Forschung und Entwicklung verzichten kann, weil es sonst mit dem Markteintritt potenzieller Konkurrenten rechnen muss, ist es wenig wahrscheinlich, dass es einen nicht kontrollierbaren Verhaltensspielraum besitzt.[182] Hohe Marktzutrittsschranken können dagegen ein wichtiges Indiz für eine überragende Marktstellung eines marktstarken Unternehmens sein, da sie seine Marktstellung gegen Neueintritte absichern. Bei der Beurteilung der Frage nach einem potenziellen Wettbewerb ist zu prüfen, ob ein wettbewerblich relevanter und effektiver Marktzutritt möglich und im Prognosezeitraum[183] wahrscheinlich wäre.[184] Der Maßstab dafür ist prüfungskontextabhängig. Selbst auf einem monopolistisch geprägten Markt kann die Erhöhung von Marktzutrittsschranken eine Verstärkung der Monopolstellung darstellen.[185] Neben aktuellen können auch potentielle Wettbewerber, beispielsweise als Newcomer oder als Unternehmen, die auf vor- bzw. nachgelagerten oder benachbarten Märkten tätig sind, Verhaltensspielräume der bereits aktiven Marktteilnehmer beeinflussen.[186]

74 Die theoretische Möglichkeit potentiellen Wettbewerbs ist nicht ausreichend, um die Entstehung oder Verstärkung einer marktbeherrschenden Stellung auszuschließen. Es muss mindestens eine gewisse **Wahrscheinlichkeit** vorliegen, die den Markteintritt hinreichend lukrativ erscheinen lässt.[187] Dafür muss der künftige Markteintritt eine realistische und naheliegende Möglichkeit sein, die sich aufgrund objektiver und nachprüfbarer Anhaltspunkte unter einer Gesamtbetrachtung aller maßgeblichen Umstände des relevanten Marktes, insbesondere der Marktzutrittsschranken, den Unternehmensressourcen und der Geschäftspolitik, ergibt.[188] Auf dynamisch wachsenden Märkten ist ein Marktzutritt aufgrund der Erlösaussichten tendenziell wahrscheinlicher[189] als auf einem ausgereiften oder schrumpfenden Markt, der sogar durch Überkapazitäten gekennzeichnet sein kann.[190] Erfolgte Marktzutritte und Marktaustritte können Rückschlüsse für die Beurteilung der Marktzutrittswahrscheinlichkeit geben. Potentieller Wettbewerb kann nicht bei fehlenden Marktzutrittsversuchen angenommen werden. Die Analyse fehlgeschlagener, gelungener oder beabsichtigter, jedoch nicht realisierter Marktzutritte kann wertvolle Hinweise liefern.[191]

75 Die Kontrollfähigkeit des potentiellen Wettbewerbs über die etablierten Anbieter ist davon abhängig, wie hoch die Wahrscheinlichkeit ist, dass neue Unternehmen rechtzeitig und in hinreichendem Umfang auf dem betroffenen Markt tätig werden können.[192] So besteht für potenzielle Wettbewerber auf benachbarten Märkten bei voll ausgeschöpften Kapazitäten und etablierten Kundenbindungen häufig kein Anreiz für einen Marktzutritt. Eine Verstärkungswirkung kann bei bereits bestehender marktbeherrschender Stellung vor dem Zusammenschluss nicht angenommen werden, wenn lediglich geringfügige Verschlechterungen der Kontrolle durch den potentiellen Wettbewerb eintreten.[193] Es stellt sich darüber hinaus die Frage, ob Unternehmen mit **Mengen** *und* **Preisen** in den Markt eintreten könnten, die einen unkontrollierbaren Verhaltensspielraum der Zusammenschlussbeteiligten wirksam einengen würden.[194]

---

[182] Vgl. schon Begr. 1971, S. 22, dazu *Kantzenbach/Krüger* WuW 1990, 472; Fall – *Henkel/Loctite,* TB 1995/96, S. 100; Fall – *Radex-Heraklith/Didier,* TB 1995/96, S. 102.

[183] WuW/E BKartA DE-V 1325, 1328 – *Coherent/Excel* (2006).

[184] Bundeskartellamt, Auslegungsgrundsätze, Juli 2005, S. 24.

[185] WuW/E DE-V 1500, 1504 – *trac-x* (2007).

[186] BKartA, Leitfaden Marktbeherrschung, Rn. 58.

[187] OLG Düsseldorf, Beschl. v. 4.5.2005, WuW/E DE-R 1495 – *ÖPNV Saarland,* Rn. 54.

[188] OLG Düsseldorf, Beschl. v. 22.12.2010 – VI-Kart 4/09 (V), aufgerufen unter juris, Rn. 101.

[189] Vgl. BKartA, Beschl. v. 20.6.2006, B4–32/06 – *Putzmeister/Esser,* S. 42.

[190] Vgl. BKartA, Beschl. v. 25.10.2006, B7–97/06 – *Coherent/Excel,* Rn. 144.

[191] BKartA, Leitfaden Marktbeherrschung, Rn. 72.

[192] BKartA, Leitfaden Marktbeherrschung, Rn. 60.

[193] So auch OLG Düsseldorf, Beschluss vom 22.12.2010, VI-Kart 4/09 (V) Rn. 114ff.; a.A. BKartA, Leitfaden Marktbeherrschung, Rn. 60.

[194] Bundeskartellamt, Auslegungsgrundsätze, Juli 2005, S. 24.

Hohe Marktzutrittsschranken müssen Markteintritte nicht völlig ausschließen.[195] Es reicht vielmehr aus, wenn ein Markteintritt nicht in einer **Größenordnung** zu erwarten ist, die geeignet ist, den Verhaltensspielraum der Zusammenschlussbeteiligten zu begrenzen. Zudem müsste der Marktzutritt innerhalb einer **Zeitspanne** erfolgen, die kurz genug ist, um die betroffenen Unternehmen von der Ausnutzung ihrer Marktmacht abzuhalten.[196] Unverhältnismäßig hohe **Kosten des Marktzutritts oder hohe Risiken eines *Fehlschlags*** sind Indizien für hohe Marktzutrittsschranken.[197] 76

Nach ihrer Herkunft teilt das Bundeskartellamt Marktzutrittsschranken grob in drei Gruppen auf:[198] 77

– *Gesetzliche* Marktzutrittsschranken werden als Ausfluss des staatlichen Gewaltmonopol in Form von Gesetzen, Verordnungen oder Verwaltungspraktiken errichtet (unten (1)).
– *Strukturelle* Marktzutrittsschranken werden in der Regel durch bestimmte technologische oder nachfragebedingte Charakteristika eines Marktes beeinflusst, können aber auch in für den Markterfolg erforderlichen ressourcenbedingten Stärken eines Unternehmens liegen. Sie werden in der Regel nicht absichtlich geschaffen, um einen Marktzutritt abzuwehren (unten (2)).
– *Strategische* Marktzutrittsschranken werden nach dem Verständnis des Bundeskartellamtes von etablierten Anbietern auf einem Markt bewusst errichtet, um potenzielle Anbieter von einem Marktzutritt abzuschrecken (unten (3)).[199]

Je geringer die **Kosten und** das **Risiko** für den Markzutritt sind und je **höher** die möglichen **Gewinne** ausfallen, desto wahrscheinlicher ist ein **Marktzutritt**. Neue und wachsende Märkte oder Märkte mit Nachfrageüberhang weisen daher in der Regel niedrigere Marktzutrittsschranken auf[200] als stagnierende Märkte mit Überkapazitäten.[201] Ist die verbleibende Amortisationszeit für Neuinvestitionen kurz, weil der Markt rückläufig ist, ist ein Marktzutritt wenig wahrscheinlich.[202] 78

Auch Marktaustrittsschranken können einen Marktzutritt erschweren (unten (5)). Für potenzielle Wettbewerber außerhalb Deutschlands können besondere Marktzutrittsschranken bestehen (unten (4)). Der Erwerb eines potenziellen Wettbewerbers kann zur Entstehung oder Verstärkung einer marktbeherrschenden Stellung führen (unten (5)). 79

Die Auswirkungen der einzelnen Formen der Marktzutrittsschranken sind abhängig von unterschiedlichen Faktoren wie der bereits vorhandenen Konzentration am Markt, der Marktphase, der absehbaren technischen Entwicklungen oder den erwarteten Reaktionen der etablierten Unternehmen.[203] 80

(1) Gesetzliche Marktzutrittsschranken, Rechtsnormen oder **Verwaltungsvorschriften** können den Marktzutritt oder den Parametereinsatz von Unternehmen be- 81

---

[195] Bundeskartellamt, Auslegungsgrundsätze, Juli 2005, S. 24.

[196] Bundeskartellamt, Beschl. v. 3.3.2000 – *Cisco/IBM,* S. 24 (Rn. 75), entscheidende Textpassage in WuW/E BKartA DE-V 227 nicht abgedruckt.

[197] Bundeskartellamt, Auslegungsgrundsätze, Juli 2005, S. 24. BKartA, Leitfaden Marktbeherrschung, Rn. 61.

[198] Bundeskartellamt, Auslegungsgrundsätze, Juli 2005, S. 24 f.; BKartA, Leitfaden Marktbeherrschung, Rn. 62 ff.

[199] Insbesondere die moderne Harvard School betont bei der Analyse von Marktzutrittsschranken und potenziellem Wettbewerb strategische Eintrittsbarrieren, die beispielsweise in Investitionen mit sunk cost-Charakter liegen können, vgl. *Kowalski,* a. a. O. S. 162 ff., *Vickers, J.; Hay, D.* (Hrsg.) The Economics of Market Dominance, Oxford 1987, S. 24.

[200] *Gleason/Pfauter,* TB 1997/98, S. 124/5; Siemens/AEG Electrocom TB 1997/98, S. 136/7; Securitas/RKS, TB 1997/98, S. 404/5, WuW/E BKartA DE-V 227, 232 – *Cisco/IBM* (2000).

[201] *Vulkan/Schiess,* TB 1993/94, S. 81; *Didier/Martin Pagenstecher,* TB 1993/94, 84; *Campbell Soup/Erasco,* TB 1995/96, S. 83; *RAG/Hemscheidt/Braun/Becorit,* TB 1995/96, S. 107; *Newell/rotring,* TB 1997/98, S. 197/8.

[202] Bundeskartellamt, Auslegungsgrundsätze, Juli 2005, S. 25.

[203] BKartA, Leitfaden Marktbeherrschung, Rn. 71.

schränken und dadurch potenziellen Wettbewerb zugunsten der etablierten Unternehmen verringern.[204] Beispiele[205] der Entscheidungspraxis des BKartA dafür sind
– Genehmigungsvorbehalte für umweltbelastende Betriebe oder spezielle Entsorgungsvorschriften für Abfälle,[206]
– Staatlich geschützte Monopole[207] und (zahlenmäßig beschränkte) Lizenzen,[208]
– tarifäre und nicht-tarifäre Handelshemmnisse für ausländische Anbieter,[209]
– nationale Einzelzulassungsverfahren im Arzneimittelbereich[210] oder
– Patentschutz.[211]

82 Auch gesetzliche Regelungen können im Einzelfall von etablierten Anbietern genutzt werden, um Marktzutrittsschranken bewusst zu erweitern und potenzielle Anbieter von einem Marktzutritt abzuschrecken. Dies zeigt, dass die Grenzen zwischen den eingangs abgegrenzten Kategorien von Marktzutrittsschranken fließend sind. Beispiel hierfür ist für das Bundeskartellamt ein gezielter und flächendeckender Einsatz des gewerblichen Rechtsschutzes, insbesondere die Methode des Absicherns des gesamten Umfeldes einer Innovation und möglicher technologischer Alternativen mit Schutzrechten (sog. **„ring fencing"**).[212] Gesetzliche Regelungen – wie z.B. die europäische Zuckermarktordnung – können ebenfalls Einfluss auf die Bewertung der Marktbedingungen haben.[213]

83 **(2) Strukturelle Marktzutrittsschranken** beruhen auf Eigenschaften des Marktes bzw. des Produktionsprozesses der betroffenen Güter oder einer besonderen Marktstellung des Unternehmens. Sie haben i.d.R. unmittelbare Auswirkungen auf die Kostenhöhe des Marktzutritts und/oder zu erwartende Erlöse nach dem Zutritt.[214] Strukturelle Marktzutrittsschranken können in ihrer zutrittsbehindernden Wirkung insbesondere auf einem oder mehreren der nachfolgenden Faktoren beruhen:[215]

84 **(a) Versunkene Kosten.** Sog. „sunc costs" sind insofern bedeutsam als sie beim Markteintritt entstehen und bei einem Marktaustritt nicht zurückerlangt werden können. Hierzu gehören etwa Kosten für Entwicklung, Forschung, Werbung oder Ausbildung.[216]

85 **(b) Ressourcen.** Ressourcen des Marktführers auf dem betroffenen Markt können erhebliche Abschreckungswirkungen im Hinblick auf einen Marktzutritt von Newcomern entfalten.[217] Ein erhebliches Abwehrpotenzial besteht beispielsweise dann, wenn der

---

[204] Hierzu gehören insbesondere Baugenehmigungen für industrielle Anlagen; vgl. z.B. BKartA, Beschl. v. 15.11.2007, B1–190/07 – *Faber/BAG/AML* Rn. 69.

[205] Bundeskartellamt, Auslegungsgrundsätze, Juli 2005, S. 25; BKartA, Leitfaden Marktbeherrschung, Rn. 62f.

[206] WuW/E BKartA 2247, 2250 – *Hüls/Condea* (1986); vgl. auch Komm. Entsch. v. 20.9.1995 – *Orkla/Volvo* ABL. EG 1996 L 66/17, Rn. 106.

[207] Gebietsmonopole sind jedoch keine rechtliche Marktzutrittsschranke, OLG Düsseldorf, Urt. v. 26.2.2014 – VI-U (Kart) 7/12, *Presse-Grosso,* GRUR-RR 2014, 353, 354; BKartA, Leitfaden Marktbeherrschung, Rn. 62.

[208] Z.B. Taxi-, Rundfunk- oder Mobilfunklizenzen, BKartA, Leitfaden Marktbeherrschung, Rn. 62.

[209] BKartA, Leitfaden Marktbeherrschung, Rn. 62.

[210] WuW/E BKartA 2591, 2601 – *Fresenius/Schiwa* (1993).

[211] BKartA – *Degussa/Elephant Holding BV,* TB 1993/94, S. 79; Bundeskartellamt Fall *BTR/MCC Holding* TB 1997/98, S. 128/9; BKartA, Beschl. v. 20.9.1999 – *Henkel/Luhns,* S. 28 (Rn. 46), entscheidende Textpassage in WuW/E BKartA DE-V 177 nicht abgedruckt.

[212] Vgl. BKartA, Beschl. v. 20.9.1999 *Henkel/Luhns,* S. 26f. (Rn. 44), entscheidende Textpassage in WuW/E BKartA DE-V 177 *Henkel/Luhns* (2000) = WuW 2000, 63 nicht abgedruckt.

[213] WuW/E BKartA DE-V 1276 *Pfeifer & Laval/Zuckerfabrik Jülich* (2006).

[214] BKartA, Leitfaden Marktbeherrschung, Rn. 64.

[215] Bundeskartellamt, Auslegungsgrundsätze, Juli 2005, S. 26.

[216] BKartA, Leitfaden Marktbeherrschung, Rn. 65; für Beispiele zu versunkenen Kosten vgl. unter anderem BKartA, Beschl. v. 25.10.2006, B7–97/06 – *Coherent/Excel,* Rn. 137ff.; OLG Düsseldorf, Beschl. v. 23.11.2005 – VI-2 Kart 14/04 (V), 2 Kart 14/04 (V) – *Mainova/Aschaffenburger Versorgungs GmbH,* juris Rn. 30–33.

[217] Bundeskartellamt, Auslegungsgrundsätze, Juli 2005, S. 26.

Marktführer in hohem Maße über marktspezifische Ressourcen verfügt.[218] Können Hersteller von Produkten auf benachbarten Märkten – beispielsweise aufgrund vergleichbarer Technologien – mit vergleichsweise geringem Aufwand in den betroffenen Markt eintreten, spricht dies hingegen für erheblichen potenziellen Wettbewerb.[219] Finanzkraft auf einem von Werbungs- und Markenwettbewerb gekennzeichneten Markt[220] oder Verflechtungen mit wichtigen Abnehmern[221] können Newcomer vom Marktzutritt ebenso abschrecken wie ein etabliertes Unternehmen, das über erhebliche Kapazitäten in Verbindung mit einer günstigen Kostenstruktur verfügt.[222] Gleiches gilt für nicht vermehrbare Ressourcen im Besitz der etablierten Unternehmen, wie z. B. Rohstoff- oder Abfalllagerstätten oder Start- und Landezeiten (Slots)[223] auf Flughäfen.

(c) Marktentwicklungen. Bestehen im Prognosezeitraum aufgrund der zunehmenden Konvergenz von Einzelprodukten zu Gesamtsystemen oder aufgrund einer immer stärkeren Verkürzung von Produktzyklen gute Gewinnaussichten für innovative Newcomer, so spricht dies für wirksamen potenziellen Wettbewerb.[224] Ein anderes Bild kann sich häufig auf Märkten ergeben, die sich in einer Ausreifungs- und Stagnationsphase befinden.[225] Eine Marktzutrittsschranke kann auch im Fehlen geeigneter Akquisitionsobjekte liegen, wenn aufgrund der Marktstruktur Markteintritte durch Neugründungen ausgeschlossen sind.[226] 86

(d) Transportkosten/Abnehmernähe. Transportkostennachteile können eine wesentliche produktbedingte Marktzutrittsschranke sein, wenn sie nicht durch andere Kostenvorteile, z. B. bei der Produktion, ausgeglichen werden können.[227] Die Nähe zu den Abnehmern gewinnt dann als Marktzutrittsschranke an Bedeutung, wenn die Lieferzuverlässigkeit für die Marktgegenseite von großer Bedeutung ist oder ein Produkt in enger Zusammenarbeit zwischen dem Wettbewerber und dem Abnehmer ständig weiterentwickelt wird.[228] Gleiches gilt, wenn für den Marktzutritt eine Zulassung durch die Marktgegenseite notwendig ist.[229] Werden zuvor enge Bindungen zwischen Nachfragern und „Haus- und Hoflieferanten“ abgebaut und Aufträge zunehmend international vergeben, führt dies zu einer Senkung zuvor bestehender Marktzutrittsschranken.[230] 87

(e) Economies of scale. Produktionsgrößenvorteile entstehen insbesondere dann, wenn die Herstellung mit hohen Fixkosten aber vergleichsweise niedrigen variablen Kosten verbunden ist.[231] Die durch eine Produktionsausweitung resultierenden niedrigeren Durchschnittskosten können dazu führen, dass ein Markzutritt nur dann Erfolgsaussichten hat, wenn innerhalb eines kurzen Zeitraums ein gewisses Absatzvolumen erreicht werden kann (sog. „minimum scale of entry“).[232] Kostenschranken können sich auch daraus ergeben, 88

---

[218] WuW/E BGH 2276, 2283 – *SZ-Donau Kurier* (1986); *RAG/VEBA* TB 1995/96, S. 152.

[219] BKartA, Beschl. v. 9.12.1999, – *Krautkrämer/Nutronik,* S. 13, entscheidende Textpassage in WuW/E BKartA DE-V 203 nicht abgedruckt.

[220] WuW/E OLG 3079 – *Morris-Rothmans* (1983), Erledigung Rechtsbeschwerde WuW/E BGH 2211.

[221] WuW/E BGH 1769 – *Teerbau-Makadam* (1980).

[222] WuW/E BKartA 2865 – *Kali+Salz/PCS* (1997).

[223] WuW/E BKartA 2391, 2394 – *DLT/Südavia* (1989).

[224] WuW/E BKartA DE-V 227, 232 f. – *Cisco/IBM* (2000).

[225] Bundeskartellamt, Auslegungsgrundsätze, Juli 2005, S. 26.

[226] So etwa Bundeskartellamt Beschl. v. 11.12.2006 – *Universitätsklinikum Greifswald/Kreiskrankenhaus Wolgast.*

[227] WuW/E BKartA 2865 – *Kali+Salz/PCS* (1997); BKartA Fall *Ruhrkohle/Veba,* TB 95/96, S. 152.

[228] BKartA Fall *Bayer/Bergla,* TB 1995/96, S. 94; *St. Gobain/ESK,* TB 1995/96, S. 94/95.

[229] BKartA Beschl. v. 15.3.2006 – *DuPont/Pedex,* S. 26 [aus formalen Gründen vom OLG Düsseldorf aufgehoben].

[230] BKartA, Beschl. v. 11.2.2000 – *Dürr/Alstom,* Rn. 28, entscheidende Textpassage in WuW/E BKartA DE-V 235 nicht abgedruckt.

[231] BKartA, Leitfaden Marktbeherrschung, Rn. 65.

[232] BKartA, Leitfaden Marktbeherrschung, Rn. 65.

dass Anlagen nicht duplizierbar sind oder eine Duplizierung unwahrscheinlich ist. Diese Problematik ergibt sich z. B. im Bereich leistungsstarker Industrien und anderen sog. wesentlichen Einrichtungen (sog. „essential facilities").[233] Größe allein begründet nicht schon wettbewerbliche Effektivität und Abschreckungswirkung auf potenzielle Wettbewerber. Ein Betriebsgrößenvorteil der etablierten Unternehmen bei Forschung und Entwicklung, in der Fertigung[234] oder beim Absatz ihrer Produkte[235] kann aber nach Auffassung des Bundeskartellamt aus tatsächlichen Gründen einen Marktzutritt wenig wahrscheinlich machen.[236] Dies gilt beispielsweise dann, wenn einerseits mit zunehmender Betriebsgröße die Kosten für Forschung und Entwicklung, Fertigung oder den Absatz sinken und andererseits ein Marktzutritt hohe Outputmengen für das Erreichen der Gewinnzone voraussetzt. Gerade wenn hohe irreversible Investitionen eine Rolle spielen, ist die Beibehaltung einer langfristig hohen Outputmenge für den etablierten Anbieter rational. Dies kann den Effekt haben, dass Newcomer nicht davon ausgehen können, eine Absatzmenge zu erreichen, die ihnen mittelfristig eine Amortisation ihrer Investitionen gestatten würde und daher vom Marktzutritt absehen.[237]

89 Je größer der Marktanteil ausfallen muss, um die gleichen Kostenvorteile wie die etablierten Wettbewerber zu erzielen, desto höher sind für das Bundeskartellamt die Marktzutrittsschranken wegen der erforderlichen finanziellen Vorleistungen und Risiken der Newcomer.[238]

90 **(f) Economies of scope.** Gerade diversifizierte Unternehmen verfügen häufig über Verbundvorteile. Sie entstehen, wenn die Durchführung verschiedener wirtschaftlicher Aktivitäten durch ein Unternehmen geringere Kosten verursacht als die Ausübung jeder einzelnen Aktivität durch unterschiedliche Unternehmen. Hierunter fallen auch die Vorteile vertikal integrierter Unternehmen, die es für einen Newcomer erforderlich machen können, auf mehreren Marktstufen zugleich tätig zu werden.[239]

91 **(g) Technische Marktzutrittsschranken.** Hohe Marktzutrittsschranken können nach Auffassung des Bundeskartellamts dann vorliegen, wenn Marktzutritte zwar langfristig nicht unmöglich erscheinen, ein Zutritt aus entwicklungstechnischen Gründen jedoch erst mittel- bis langfristig zu erwarten ist.[240] Ein entsprechender Zeitraum übersteigt in einer Situation, in der einer steigenden Nachfrage ein noch mittelfristig stagnierendes Angebot gegenübersteht, den in der Fusionskontrolle zu berücksichtigenden Prognosezeitraum.[241]

92 Hohe Marktzutrittsschwellen können sich auch daraus ergeben, dass Unternehmen, die auf dem Markt tätig werden wollen, zu diesem Markt zugelassen werden müssen.[242]

93 **(3) Strategische Marktzutrittsschranken.** Die etablierten Unternehmen können nach Auffassung des Bundeskartellamts durch ihr Marktverhalten faktische Zutrittsschranken für Newcomer errichten und ihnen dadurch den Markteintritt erschweren.[243] Die Praxis aller Hersteller des betroffenen Marktes, mit ihren jeweiligen Abnehmern langfristige

---

233 Vgl. § 19 Abs. 2 Nr. 4 GWB, BKartA, Leitfaden Marktbeherrschung, Rn. 65.

234 WuW/E BGH 1501, 1504 – *GKN-Sachs* (1978).

235 WuW/E BKartA 2319, 2328 – *Messer Griesheim/Buse* (1989).

236 Bundeskartellamt, Auslegungsgrundsätze, Juli 2005, S. 27.

237 Bundeskartellamt, Auslegungsgrundsätze, Juli 2005, S. 27, m. w. N.

238 Bundeskartellamt, Auslegungsgrundsätze, Juli 2005, S. 27.

239 Bundeskartellamt, Auslegungsgrundsätze, Juli 2005, S. 27.

240 Bundeskartellamt, Auslegungsgrundsätze, Juli 2005, S. 28.

241 Die Entscheidungspraxis des Bundeskartellamtes entspricht auch der Auffassung der Kommission, vgl. Entsch. v. 19.7.1995 – *Nordic Satellite Distribution,* ABl. 1996 L 53/20.

242 BKartA, Beschl. v. 15.3.2006 – *Du Pont/Pedex*, S. 26 [aus formalen Gründen vom OLG Düsseldorf aufgehoben].

243 Bundeskartellamt, Auslegungsgrundsätze, Juli 2005, S. 28. BKartA, Leitfaden Marktbeherrschung, Rn. 68 ff.

Lieferverträge[244] oder Ausschließlichkeitsverträge abzuschließen,[245] sind ein Beispiel für strategische Marktzutrittsschranken. Eine vergleichbare Wirkung können Demarkations- und Konzessionsverträge,[246] Industrie- und Firmenstandards für komplementäre Waren[247] oder der Aufbau proprietärer technischer Zugangssysteme haben,[248] sowie der strategische Umgang mit Patenten oder anderen Schutzrechten.[249] Ebenso können die etablierten Unternehmen Einfluss auf die Marktzutrittskosten bzw. die zu erwartenden Erlöse nehmen. Dies kann beispielsweise durch eine gezielte Ausweitung der Produktionsmengen erreicht werden, um die Gewinnmöglichkeiten des potentiellen Wettbewerbs zu beschränken.[250]

Nachfragepräferenzen können für das Bundeskartellamt strategische Marktzutrittsschranken widerspiegeln, sofern sie durch Werbungs- und Markenwettbewerb geschaffen worden sind.[251] Dadurch können Newcomern Kostennachteile gegenüber den etablierten Unternehmen entstehen, bis es ihnen gelungen ist, auf sich aufmerksam zu machen und ebenfalls anerkannt zu werden.[252] Umgekehrt kann marktstrategisches Verhalten von Nachfragern und die Drohung des Lieferantenaustauschs dazu führen, dass potenzieller Wettbewerb den Verhaltensspielraum marktstarker Unternehmen wirkungsvoll begrenzt.[253] Durch eine umfassende Patentierung aller Produktentwicklungen und Verbesserungen und die gezielte Verfolgung von den dadurch möglicherweise entstehenden Patentverletzungen, können weitere strategische Marktzutrittsschranken geschaffen werden.[254] Durch Patent-Cluster (gezielter und flächendeckender Einsatz des gewerblichen Rechtsschutzes) können unter Umständen auch alternative Technologien dahingehend abgedeckt werden, dass Wettbewerber sie nicht nutzen können.[255] 94

(4) Besonderheiten im Hinblick auf Marktzutrittsschranken für ausländische Unternehmen. Potenzielle Wettbewerber außerhalb Deutschlands sind grundsätzlich nicht anders zu bewerten als potenzielle inländische Wettbewerber.[256] Allerdings können nach Auffassung des Bundeskartellamts für sie besondere Marktzutrittsschranken bestehen, wenn die Märkte nationale Besonderheiten aufweisen, die Markteintritte aus dem Ausland aus rechtlichen oder tatsächlichen Gründen erschweren.[257] 95

Das ist insbesondere dann möglich, wenn tarifäre oder nichttarifäre **Handelshemmnisse, Sprachbarrieren**[258] oder eine **Präferenz der Nachfrager für inländische Anbieter**[259] bestehen. Entsprechende Präferenzen können auch aus gewachsenen Vertriebsstrukturen 96

---

[244] *VEBA/SW Bremen,* TB 1995/96, S. 121; BGH WuW/E DE-R 32 – *Stadtwerke Garbsen;* BGH WuW/E DE-R 24 – *Stromversorgung Aggertal;* WuW/E BKartA DE-V 116, 120 – *Habet/Lekkerland* (1999).

[245] WuW/E BKartA 2215 f. – *Linde-Agefko* (1985).

[246] WuW/E BKartA 2157 f. – *EVS-TWS* (1984), Aufhebung durch KG, WuW 1985, 91.

[247] WuW/E BKartA 2894 – *Herlitz/Landré* (1997).

[248] Komm., Entsch. v. 9.11.1994 – *MSG Media Service,* ABl. EG 1995 Nr. L. 364/1.

[249] Bundeskartellamt, Beschl. v. 23.8.2006 – *Synthes/AO-ASIF,* S. 51.

[250] BKartA, Leitfaden Marktbeherrschung, Rn. 68.

[251] Bundeskartellamt, Auslegungsgrundsätze, Juli 2005, S. 28; so hat das Bundeskartellamt einen Zeitraum von 5 Jahren für zu lang befunden, vgl. WUW/E LG Berlin DE-R 1325, 1329 – *Coherent/Excel.*

[252] WuW/E BKartA 2376 – *Melitta/Kraft* (1989); WuW/E BKartA 2591 – *Fresenius/Schiwa* (1993); WuW/E BKartA 2865 – *Kali+Salz/PCS* (1997); WuW/E BKartA 2905 – *Merck/KMF* (1997).

[253] WuW/E BKartA DE-V 227, 232 – *Cisco/IBM* (2000).

[254] Vgl. z. B. BKartA, Beschl. v. 23.8.2006, B4–91/06 – *Synthes Inc./Synthes AG,* S. 51.

[255] BKartA, Leitfaden Marktbeherrschung, Rn. 69.

[256] *Deckel/Maho,* TB 1993/94, S. 81; *Stöhr/Südwolle,* TB 1993/94, S. 103; *Freudenberg/Marelli* TB 1997/98, S. 21; *Daun/Stöhr,* TB 1997/98, S. 22; *Schickedanz/Karstadt,* TB 1997/98, S. 280/84; *TÜV Rheinland/TÜV Berlin-Brandenburg,* TB 1997/98, S. 406/08; WuW/E BKartA DE-V 187, 190 – *MZO.*

[257] Bundeskartellamt, Auslegungsgrundsätze, Juli 2005, S. 28.

[258] WuW/E 2894 BKartA – *Herlitz/Landré* (1997).

[259] WuW/E BKartA 2250 – *Hüls-Condea* (1986).

oder speziellen Anforderungsprofilen der Nachfrager resultieren.[260] Marktzutrittsschranken können sich zudem aus dem **Beschaffungsverhalten staatlicher Abnehmer,**[261] das sich überwiegend an im Inland ansässige Unternehmen richtet, ergeben. Im Rüstungssektor ist häufig eine grenzüberschreitende Nachfrage nur dann zu beobachten, wenn das benötigte Produkt von inländischen Unternehmen nicht angeboten wird.[262] **Internationale Ausschreibungsverfahren** sind dann ein Hinweis auf gleiche Chancen von inländischen Anbietern und Wettbewerbern außerhalb Deutschlands, wenn die Ausschreibung keine national geprägten Anforderungen enthält, deren Erfüllung Wettbewerbern außerhalb Deutschlands entweder objektiv unmöglich ist oder aber mit erheblich höheren Kosten verbunden wäre.[263]

97 Nimmt das im Inland marktführende Unternehmen **auch europa- oder sogar weltweit vergleichbare Marktpositionen** ein, so ist das nach Auffassung des Bundeskartellamts ein Anhaltspunkt, dass ein gegebenenfalls unkontrollierbarer Verhaltensspielraum auch gegenüber ausländischen Wettbewerbern besteht.[264]

98 **Fehlgeschlagene Marktzutrittsversuche** in der Vergangenheit sind ein Indiz für hohe Marktzutrittsschranken.[265] Dies kann darauf hindeuten, dass der betroffene Markt hohe Anforderungen an die Wettbewerbsfähigkeit stellt. Andererseits ist der Nachweis erfolgreicher Marktzutritte in der Vergangenheit je nach Einzelfall ein starkes Indiz,[266] jedoch keine notwendige Voraussetzung für die Annahme ausreichenden potenziellen Wettbewerbs.[267]

99 **(5) Marktaustrittsschranken.** Wenn Kosten für einen Marktaustritt schon vor dem Eintritt antizipiert werden, kann dies den Marktzutritt ebenfalls erschweren. Zudem werden durch Marktaustrittshindernisse die Erfolgsaussichten des potentiellen Wettbewerbs weiter verschlechtert, da erfolglose und unrentable Unternehmen im Markt verbleiben. Die Kosten können unter anderem aus behördlichen Auflagen bei Stilllegung einer Anlage oder Beendigung einer Tätigkeit entstehen. Zudem kann es zu einer Verzögerung des Marktaustritts durch lange Vertragsbindungen kommen.[268]

100 **(6) Erwerb eines potenziellen Wettbewerbers.** Wenn der Verhaltensspielraum eines etablierten marktstarken Unternehmens ganz wesentlich von einem potenziellen Wettbewerber kontrolliert wird, kann der Zusammenschluss mit eben diesem potenziellen Wettbewerber dem etablierten Unternehmen eine überragende Marktstellung verschaffen.[269] Nimmt das etablierte Unternehmen schon vor dem Zusammenschluss eine überragende

---

[260] WuW/E OLG Düsseldorf DE-R 451, 457,458 – *Herlitz/Landré;* WuW/E BKartA DE-V 145, 148 – *Pfleiderer/Coswig* (1999); Im Hinblick auf die Prüfung eines marktbeherrschenden Oligopols vgl. WuW/E BKartA 2669, 2677 – *Lindner Licht GmbH* (1994).

[261] BKartA Fall *ABB/AEG/LHB/Siemens/Deutsche Waggonbau AG,* TB 1993/94, S. 80.

[262] TB 97/98, S. 116.

[263] WuW/E BKartA DE-V 81, 82/84 – *Deutsche Babcock/Steinmüller* (1999) = WuW 1999, 381, 382/384; zur wettbewerblichen Einordnung von Ausschreibungsmärkten vgl. auch WuW/E OLG 94, 99ff. – *Hochtief/Philipp Holzmann* (1998). Dagegen hat das Bundeskartellamt im Fall *Pfleiderer/Coswig* (WuW/E BKartA DE-V 145, 148) aufgrund hoher Transportkosten und der Notwendigkeit von *Just-in-Time*-Lieferungen eine Chancengleichheit zwischen in- und ausländischen Unternehmen bei Ausschreibungen verneint.

[264] WuW/E BKartA 2521, 2532, 2536f. – *Zahnradfabrik Friedrichshafen/Allison* (1993); im Hinblick auf die Prüfung eines marktbeherrschenden Oligopols vgl. WuW/E BKartA 2669, 2674f. – *Lindner Licht GmbH* (1994).

[265] Bundeskartellamt, Auslegungsgrundsätze, Juli 2005, S. 29.

[266] WuW/E BKartA DE-V 227, 232 – *Cisco/IBM* (2000).

[267] BKartA, Beschl. v. 11.2.2000 – *Dürr/Alstom,* S. 9f., entscheidende Textpassage in WuW/E BKartA DE-V 235 nicht abgedruckt; WuW/E BKartA DE-V 81, 84 – *Deutsche Babcock/Steinmüller* (1999).

[268] BKartA, Leitfaden Marktbeherrschung, Rn. 70.

[269] vgl. z.B. BKartA, Beschl. v. 21.4.2009, B6–150/08 – *Neue Pressegesellschaft/Zeitungsverlag Schwäbisch Hall,* Rn. 47.

Marktstellung ein, dann kann diese durch einen weiteren Zusammenschluss mit einem wesentlichen potenziellen Wettbewerber verstärkt werden (Absicherung der Marktstellung).[270] Als potenzielle Wettbewerber kommen u. a. Unternehmen in Betracht, die einen Markteintritt erkennbar beabsichtigen,[271] die relevante Waren oder Dienstleistungen schon für den eigenen Bedarf herstellen oder erbringen,[272] auf räumlich nahen Märkten anbieten, über rasch umrüstbare Kapazitäten verfügen oder auf vor- bzw. nachgelagerten Märkten tätig sind.[273] Der Erwerb eines ohnehin marktbeherrschenden Unternehmens durch ein ressourcenstarkes Unternehmen kann zu Abschreckungswirkungen auf potenzielle Wettbewerber im Sinne der Verstärkung einer marktbeherrschenden Stellung führen.[274]

ff) Wettbewerb durch Randsubstitution. Der Verhaltensspielraum von marktstarken 101
Unternehmen kann nach Auffassung des Bundeskartellamts in beschränktem Umfang von Unternehmen begrenzt werden, die Waren oder Dienstleistungen anbieten, die mit denen des betroffenen Marktes zwar nicht marktgleichwertig sind, sie jedoch in eingeschränktem Umfang oder unter bestimmten Bedingungen ersetzen können.[275] Überschreiten Preiserhöhung oder Qualitätsverschlechterung ein gewisses Ausmaß können einige Kunden erwägen, auf einen benachbarten sachlichen Markt auszuweichen oder das Produkt von einem benachbarten räumlichen Markt zu beziehen.[276] Substitutionswettbewerb ist daher grundsätzlich als eine Form des Restwettbewerbs auf einem bereits von einer überragenden Marktstellung gekennzeichneten Markt bedeutsam, der für das Bundeskartellamt – für sich genommen – noch keine hinreichende Kontrolle des Verhaltensspielraums des Marktführers sichert. Randsubstitution kann nach Auffassung des Bundeskartellamtes i. d. R. eine Entstehung oder Verstärkung einer marktbeherrschenden Stellung allein nicht verhindern. Deswegen sei auch bei einem Zusammenschluss regelmäßig eine marktbeherrschende Stellung nicht allein dadurch begründet, dass die Randsubstitution entfalle.[277] Die Frage der Randsubstitution spielt in der fusionsrechtlichen Prüfung insbesondere bei vergleichsweise eng abgegrenzten Märkten eine Rolle:

(1) Abgrenzung Austauschbarkeit/Marktgleichwertigkeit – unvollkommene 102
Substitution. An der Marktgleichwertigkeit kann es bei unvollkommenen Substitutionsgütern oder -leistungen aus unterschiedlichen Gründen fehlen.[278] Beispielsweise kann ein Wechsel zum (unvollkommen) substitutiven Gut Nachfragern **nur langfristig möglich** sein, weil sie zuvor erhebliche Investitionen tätigen müssten, um es überhaupt einsetzen zu können. Dies gilt für das Bundeskartellamt zum Beispiel für die Umstellung von Strom auf Gas als Wärmeenergieträger. Hier findet Wettbewerb hauptsächlich in der Phase der Erschließung des Wärmemarktes statt, da in dieser Zeit über die grundlegenden Investitionen zur Leitungsauslegung entschieden wird.[279] Die Wahl des unvollkommenen Substitutionsprodukts kann eine **Änderung des Geschmacks oder der Gewohnheiten von Nach-**

---

[270] WuW/E BKartA 1724 – *BP-Gelsenberg* (1978); WuW/E BKartA 2865 – *Kali+Salz/PCS* (1997); *EWE/ÜNH,* TB 1997/98, S. 230/31; *Badenwerk/EW Mittelbaden* TB 1997/98, S. 235; *Gaz de France/GASAG,* TB 1997/98, S. 245/68; WuW/E BKartA DE-V 195, 199 – *Westfälische Ferngas* (2000); WuW/E BKartA DE-V 301, 308 – *RWE/VEW* (2000); BKartA, Leitfaden Marktbeherrschung, Rn. 75.

[271] WuW/E BKartA 1723 – *BP-Gelsenberg* (1978).

[272] WuW/E BKartA 2249 – *Hüls-Condea* (1986).

[273] WuW/E BGH 1952 – *Braun-Almo* (1982).

[274] BKartA, Beschl. v. 12.1.2000 – *WAZ/OTZ,* S. 28 ff., 30 a.

[275] Bundeskartellamt, Auslegungsgrundsätze, Juli 2005, S. 30; BKartA, Leitfaden Marktbeherrschung, Rn. 77 und 163.

[276] BKartA, Leitfaden Marktbeherrschung, Rn. 77.

[277] BKartA, Leitfaden Marktbeherrschung, Rn. 78 und 163.

[278] Bundeskartellamt, Auslegungsgrundsätze, Juli 2005, S. 30 f.

[279] Vgl. grundlegend WuW/E BGH 1533, 1535 f. – *Erdgas Schwaben* (1978); zuletzt: WuW/E BKartA DE-V 91, 93 f. – *LEW* (1999); BKartA Beschl. v. 20.8.1999 – *Saar Ferngas/Südwestgas/VSE,* S. 10 (Rn. 16).

fragern voraussetzen, z.B. bei einem Wechsel von einer politischen Wochenzeitung zu einer überregionalen Tageszeitung. Oder der Wechsel kann aufgrund der **Preisunterschiede** bei der Anschaffung oder beim Gebrauch erschwert sein.[280] Die Marktgleichwertigkeit besteht auch dann nicht, wenn trotz Überschneidung der Anwendungsbereiche der Einsatz des Substituts erheblich **zeitaufwendiger und kostenintensiver** ist. Eine lediglich teilweise Überlappung der **Anwendungsbereiche** reicht für die Annahme der Marktgleichwertigkeit von Produkten oder Dienstleistungen in der Regel nicht aus.[281]

103 Substitutionswettbewerb kann von mehreren Waren oder Dienstleistungen, die verschiedenen sachlichen Märkten zuzuordnen sind, ausgehen. Dabei kann die Intensität des Wettbewerbs unterschiedlich sein, je nachdem, wie gut die eine Ware die andere aus Nachfragersicht zu ersetzen geeignet ist.[282] Bei **heterogenen Waren oder Dienstleistungen** kann die Intensität des Substitutionswettbewerbs auch für die einzelnen Anbieter auf dem Primärmarkt unterschiedlich sein.[283]

104 **(2) Wettbewerbsrechtliche Einordnung.** Substitutionswettbewerb ist grundsätzlich eine Form des Restwettbewerbs auf beherrschten Märkten und kann Verhaltensspielräume von Unternehmen nur sehr begrenzt kontrollieren.[284] Eine **überragende Marktstellung** kann dadurch nach Auffassung des Bundeskartellamts nur **ganz ausnahmsweise ausgeschlossen** werden, z.B. wenn ein völlig neues Produkt, das einem anderen sachlichen Markt angehört, das Produkt des betroffenen Marktes in absehbarer Zeit vollständig substituieren wird.[285] Bei der Bewertung von Substitutionswettbewerb ist zu berücksichtigen, dass sich dieser zunächst gegen alle auf dem betroffenen Markt tätigen Unternehmen richtet. Sind diese Unternehmen dem Substitutionswettbewerb in gleicher Weise ausgesetzt, so hat dieser nach Auffassung des Bundeskartellamts auf die Wettbewerbsverhältnisse keinen Einfluss.[286]

105 Die **Verstärkung einer bestehenden marktbeherrschenden Stellung** ist nach der Rechtsprechung wahrscheinlich, wenn sich das marktbeherrschende Unternehmen mit einem markt(anteils)starken Wettbewerber, der Substitutionsgüter produziert, zusammenschließt.[287] Das gilt nicht nur, jedoch in besonderem Maße dann, wenn dieser Wettbewerber auf dem benachbarten Markt ebenfalls eine überragende Marktstellung einnimmt. Dann geht das Bundeskartellamt davon aus, dass die beiden Unternehmen nach dem Zusammenschluss den Umfang und die Intensität des Substitutionswettbewerbs in ihrem Interesse beeinflussen oder steuern können und dadurch ihre überragende Marktstellung weiter abgesichert wird.[288] Findet hingegen Substitutionswettbewerb kaum (noch) statt, beispielsweise weil das Substitut im räumlich betroffenen Markt aufgrund seiner Unwirtschaftlichkeit kaum mehr nachgefragt wird, ist eine Verstärkungswirkung in der Regel auszuschließen.[289]

---

[280] WuW/E BKartA 2669, 2672f. – *Lindner Licht GmbH* (1994), anderer Auffassung: Monopolkommission HG 1994/95, Rn. 636.

[281] BKartA, Beschl. v. 9.12.1999 – *Krautkrämer/Nutronik,* S. 9; entscheidende Passage in WuW/E BKartA DE-V 203 nicht abgedruckt.

[282] Bundeskartellamt, Auslegungsgrundsätze, Juli 2005, S. 31.

[283] BGH WuW/E 2123f. – *Gruner + Jahr/Die Zeit* (1984).

[284] Bundeskartellamt, Auslegungsgrundsätze, Juli 2005, S. 31.

[285] *Sommer Allibert/Tarkett,* TB 1997/98, S. 96/98; *Motorola/Bosch-Betriebsfunk,* TB 1997/98, S. 155.

[286] WuW/E BGH 2112, 2123 – *Gruner+Jahr/Die Zeit* (1984).

[287] WuW/E BGH 1536f. – *Erdgas Schwaben* (1978); BKartA, Beschl. v. 15.4.1999 – *Oberbayerisches Volksblatt/RFR Regional Fernsehen,* S. 5f. (Rn. 10).

[288] Bundeskartellamt, Auslegungsgrundsätze, Juli 2005, S. 31f.

[289] WuW/E BKartA DE-V 91, 93 – *LEW* (1999); ebenso Beschl. v. 29.4.1999 – *WE/Stadtwerke Essen,* S. 6 (Rn. 12); keine Verstärkung einer marktbeherrschenden Stellung aufgrund geringen Substitutionswettbewerbs hat das Bundeskartellamt auch im Fall *Oberbayerisches Volksblatt/RFR Regional Fernsehen* angenommen, Beschl. v. 15.4.1999, S. 6; gleiches galt für den Fall WuW/E BKartA DE-V 334, 336 – *akzent* (2000).

gg) Gegengewichtige Marktmacht. (1) Voraussetzungen. Wenn die Marktgegenseite über ausreichend Nachfragemacht verfügt, kann auch von ihr eine Begrenzung der Marktmacht eines Unternehmens ausgehen.[290] Dies liegt beispielsweise vor, wenn den Beteiligten am Zusammenschluss auf der Kundenseite einige wenige große Unternehmen gegenüberstehen, die ein strategisches Einkaufsverhalten betreiben.[291] Eine hohe Konzentration auf Nachfragerseite ist für das BKartA für sich genommen kein ausreichendes Indiz für die Widerlegung einer marktbeherrschenden Stellung eines Anbieters, da die etwaige Nachfragemacht zunächst alle Anbieter gleichermaßen trifft.[292] Dies kann insbesondere dann gelten, wenn der Konzentrationsgrad auf der Angebotsseite dem Konzentrationsgrad auf der Nachfragerseite gleicht oder ihn sogar übersteigt.[293] 106

Voraussetzung für gegengewichtige Marktmacht ist vielmehr, dass ein marktstarker Nachfrager seine Aufträge nach **marktstrategischen Überlegungen** verteilt, um nicht von einem (beherrschenden) Zulieferer abhängig zu werden.[294] Ein solches marktstrategisch orientiertes Nachfrageverhalten ist wahrscheinlich, wenn der Beschaffungsmarkt für die beziehenden Unternehmen besonders wichtig ist, z. B. weil die Kosten für das Vorprodukt den Abgabepreis für das weiterverarbeitete Endprodukt wesentlich bestimmen.[295] Auch wenn die Bezüge eines Nachfragers einen Großteil der Produktion auf den Angebotsmärkten betreffen, kann dies für die Annahme von Nachfragemacht sprechen. Auf einen marktstarken Anbieter, der einen Großteil seiner Produktion an einen Nachfrager liefert, kann die Androhung eines Lieferantenwechsels – sofern Wettbewerber über ausreichende Kapazitäten verfügen – eine erhebliche disziplinierende Wirkung entfalten.[296] 107

Um die negativen Folgen der Marktbeherrschung durch die Nachfrager zu verhindern, muss der Abnehmer für den Anbieter von derartiger wirtschaftlicher Bedeutung sein, dass ein möglicherweise eintretender Verlust des Abnehmers nicht durch eine kurzfristige Akquirierung anderer Kunden kompensiert werden kann.[297] Zudem müssen Bezugsalternativen des Abnehmers vorliegen oder er muss sich diese aufbauen können, die sowohl qualitativ gleichwertig sind[298] als auch über hinreichende Kapazitäten verfügen, um seinen Bedarf decken zu können.[299] Nach Ansicht des Bundeskartellamts ist es ausreichend, wenn eine Drohung vorliegt, eine alternative Bezugsquelle aufzubauen oder eine vertikale Integration vorzunehmen, um einen disziplinierenden Effekt zu erzielen. Die Glaubwürdigkeit und die daraus resultierende Effektivität der Drohung werden einzelfallabhängig geprüft.[300] 108

(2) Wettbewerbsrechtliche Einordnung. Die aus anderen Strukturfaktoren folgende Marktmacht kann gegengewichtige Marktmacht nicht ausreichend begrenzen, wenn diese nur bezüglich einzelner Parameter besteht oder nur einzelne Kunden über gegengewichti- 109

---

[290] Vgl. z. B. BKartA, Beschl. v. 14.12.2004, B9–101/04 – *Belgian New Fruit Wharf/HHLA/Stein,* Rn. 34 f.

[291] Vgl. BKartA, Beschl. v. 15.3.2005, B4–227/04 – *Smiths Group/MedVest,* S. 43 ff.; BKartA, Beschl. v. 24.3.2004, B4–167/03 – *Synthes-Stratec/Mathys,* Rn. 89 ff.

[292] Vgl. WuW/OLG 3759, 3763 – *Pillsbury – Sonnen-Bassermann* (1985); WuW/E BGH 2783, 2791 – *Warenzeichenerwerb* (1992); siehe auch Komm., Entsch. v. 25.11.1998 – *Enso/Stora,* ABl. EG 1999 L 254/9, 18 f.

[293] Vgl. z. B. Entsch. der Kommission vom 22.7.1992 – *Nestlé/Perrier* ABl. EG 1992, L 356/1.

[294] Grundlegend: BGH WuW/E 1749, 1752 – *Klöckner-Becorit* (1980); zuletzt Bundeskartellamt, Beschl. v. 11.5.2000 – *CarboTech/Willich Fosroc,* S. 18 f. (Rn. 67 ff.).

[295] Bundeskartellamt, Auslegungsgrundsätze, Juli 2005, S. 32: angewendet in WuW/E BKartA DE-V 1171 – *Springer/ProSiebenSat.1* (2006) in Hinblick auf die entfallenden Randsubstitution durch die Bild-Zeitung.

[296] Vgl. WuW/E BKartA DE-V 165, 169 – *OEM-Lacke* (1999); BKartA, Beschl. v. 11.5.2000 – *CarboTech/Willich Fosroc,* S. 18 f. (Rn. 67 ff.); ebenso Komm., Entsch. v. 25.11.1998 – *Enso/Stora,* ABl. EG 1999 L 254/1, 19.

[297] BKartA, Leitfaden Marktbeherrschung, Rn. 80.

[298] Vgl. z. B. BKartA, Beschl. v. 12.4.2010, B2–117/09 – *Heiner Kamps/Nadler Feinkost,* S. 43 ff.

[299] BKartA, Leitfaden Marktbeherrschung, Rn. 80.

[300] BKartA, Leitfaden Marktbeherrschung, Rn. 80.

ge Nachfragemacht verfügen.[301] Bei der Würdigung gegengewichtiger Marktmacht stellt sich die Frage, ob die **Funktionen wirksamen Wettbewerbs** – beispielsweise die Funktion einer wirksamen Preis- und Kostenbegrenzung und der Anreiz zu technischem Fortschritt – im Einzelfall durch Nachfragemacht und strategisches Einkaufsverhalten **gleichwertig ersetzt** werden kann.[302] Diese Frage dürfte für das Verhältnis nachfragestarker Unternehmen zu *Oligopolen* auf der Anbieterseite in bestimmten Fallkonstellationen zu bejahen sein. Schwieriger ist nach Auffassung des Bundeskartellamtes der entsprechende Nachweis für das Verhältnis nachfragestarker Unternehmen zu *einzelnen* marktstarken Anbietern.[303]

110 Die Aufrechterhaltung der wesentlichen Wettbewerbsfunktionen durch ein marktstrategisches Einkaufsverhalten setzt nach Auffassung des Bundeskartellamtes voraus, dass die Nachfrager über eine umfassende **Kostentransparenz** und **Entwicklungskompetenz** im Hinblick auf die betroffenen Produkte verfügen.[304] Oftmals werden nur im Zusammenwirken von Entwicklung und Produktion Erkenntnisse gewonnen und Ergebnisse erzielt, die denen des wesentlichen Anbieterwettbewerbs annähernd entsprechen. Hinweise hierfür sind für das Bundeskartellamt hohe **Eigenfertigungsquoten;**[305] dagegen sprechen beispielsweise Tendenzen zur **Verringerung von Fertigungstiefe** (Outsourcing). Ob ein Nachfrager gegengewichtige Marktmacht durch den Aufbau neuer Lieferanten ausüben kann, ist Bestandteil der Prüfung des potenziellen Wettbewerbs und hängt für das Bundeskartellamt entscheidend von der Höhe der Marktzutrittsschranken für den betroffenen Markt ab.[306]

111 **Marktspezifische Gesichtspunkte** können die Bedeutung von Nachfragemacht relativieren.[307] So ist ein marktstrategisches Einkaufsverhalten dann ausgeschlossen, wenn die Marktgegenseite die Entscheidung über den Bezug der betreffenden Produkte nicht selbst trifft und eine eigene Einkaufspolitik insoweit nur eingeschränkt möglich ist.[308] Bei Zusammenschlüssen zwischen Herstellern handelsfähiger Produkte können ebenfalls marktspezifische Erwägungen gegen gegengewichtige Marktmacht sprechen. Hier ist die Nachfragemacht des Handels dann kein ausreichendes Regulativ gegen marktbeherrschende Stellungen auf Herstellerseite, wenn das entsprechende Produkt marktführend ist, aufgrund aufwendiger Werbung sowie starker Verbrauchertreue „vorverkauft ist" und insoweit in den Regalen jedes Einzelhändlers geführt werden muss.[309] Das Drohpotenzial der Auslistung einer führenden Marke durch den Handel ist besonders gering, wenn der Hersteller über mehrere oder sogar über ein Sortiment führender Erstmarken verfügt.[310]

112 **Vertikale Verflechtungen** oder Zusammenschlüsse nachfragemächtiger Unternehmen mit marktstarken Anbietern schließen für das Bundeskartellamt ein marktstrategisches, Anbieterwettbewerb stützendes Einkaufsverhalten in der Regel aus. Sie können vielmehr dazu führen, dass Wettbewerber des integrierten Unternehmens von wichtigen Absatzwegen ausgeschlossen oder zumindest in ihrem Zugang schlechter gestellt werden.[311]

113 Gegengewichtige Nachfragemacht kann Marktbeherrschung auf der Anbieterseite nach Auffassung des Bundeskartellamtes nur dann ausschließen, wenn **alle wesentlichen**

---

[301] BKartA, Beschl. v. 20.6.2005, B7–22/05 – *Iesy (Apollo)/Ish*, Rn. 155.

[302] Bundeskartellamt, Auslegungsgrundsätze, Juli 2005, S. 32; Monopolkommission, HG 1984/85 Rn. 496; für das Problem der Nachfragemacht im Handel vgl. *Vogel L.:* Competition Law and Buying Power: The Case for new Approach in Europe in: E. C. L. R. 1998, Issue 1, S. 5.

[303] Bundeskartellamt, Auslegungsgrundsätze, Juli 2005, S. 32f. m. w. N.

[304] Begriff des *sophisticated buyer,* siehe *Steptoe,* ebenda, S. 495.

[305] Vgl. WuW/E BKartA DE-V 135, 138 – *Heitkamp* (1999).

[306] Bundeskartellamt, Auslegungsgrundsätze, Juli 2005, S. 33.

[307] Bundeskartellamt, Auslegungsgrundsätze, Juli 2005, S. 33.

[308] Vgl. WuW/E BKartA 2591, 2605 – *Fresenius/Schiwa* (1993).

[309] Zuletzt BKartA, Untersagungsbeschl. v. 21.6.2000 – *Melitta,* S. 34f., entscheidende Textpassage in WuW/E BKartA DE-V 275 nicht abgedruckt; vgl. auch Fn. 18.

[310] Vgl. z. B. Komm. Entsch. v. 15.10.1997 – *Guinness/GrandMetropolitan,* ABl. EG 1998, Nr. L 288/24, 33f.

[311] Bundeskartellamt, Auslegungsgrundsätze, Juli 2005, S. 34.

Nachfrager über ein **vergleichbares Drohpotenzial** verfügen. Nachfragemacht führt zudem dann nicht zu einer wirksamen Relativierung von Marktbeherrschung, wenn sie – beispielsweise aufgrund der Bekanntheit der Markten des Marktführers – einseitig zu Lasten der Wettbewerber, nicht jedoch zu Lasten des Marktführers besteht.[312]

hh) Marktphase. Die Marktphase sagt etwas über den Entwicklungsstand eines Marktes und damit über die Beständigkeit seiner Wettbewerbsbedingungen aus.[313] Sie ist insoweit kein eigenständiger Faktor, sondern gibt wichtige Rückschlüsse für die Bewertung von Marktanteilen und Marktanteilsentwicklungen. Unterschiede können insbesondere zwischen den beiden frühen Marktphasen, der Experimentier- und der Expansionsphase, und den beiden späten Stadien, der Ausreifungs- und der Stagnationsphase, bestehen. 114

(1) Experimentier- und Expansionsphase.[314] Auf Märkten, die sich gerade erst zu entwickeln beginnen und ein hohes Innovationstempo aufweisen, ist ein hoher Marktanteil oder sogar eine Alleinstellung selbst nach Auffassung des Bundeskartellamtes nicht zwangsläufig als marktbeherrschende Stellung anzusehen.[315] Teilweise sind Marktanteile und Marktführerschaft noch instabil oder noch gar nicht zu ermitteln. Die Wettbewerbsbedingungen sind raschem Wandel ausgesetzt und können daher kaum beständige Verhaltensspielräume anzeigen.[316] Die relevante Ware oder Dienstleistung hat zwar schon ihre Abnehmer gefunden, aber sie ist noch in starkem Maße entwicklungs- oder verbesserungsfähig, ihre Verwendungs- und Einsatzmöglichkeiten sind zumindest teilweise noch nicht entdeckt. Zahlreiche Wettbewerbsparameter sind einsetzbar und ihr Einsatz schafft eher neue Nachfrage, als dass bereits bestehende Nachfrage von Konkurrenten abgezogen wird.[317] Die Annahme, dass keine marktbeherrschende Stellung besteht, setzt allerdings voraus, dass dieser junge Markt offen für künftigen Wettbewerb bleibt und die dominierende Stellung eines Unternehmens daher nur vorübergehend ist. Ist jedoch zu erwarten, dass der betreffende Markt durch den Zusammenschluss bereits in der Entstehungsphase dauerhaft abgeschottet und vermachtet wird, wird das Bundeskartellamt den entsprechenden Zusammenschluss untersagen.[318] Unter anderem können eine frühzeitige Marktvermachtung und eine Entkräftung der Dynamik des Wettbewerbs dadurch entstehen, dass es zu einem Zusammenschluss zwischen zwei innovativen und führenden Wettbewerbern kommt. Häufig entsteht dabei eine Marktmacht bei den für die Produktherstellung notwendigen Technologien.[319] Die Prüfung möglicher Abschottungstendenzen spielt derzeit insbesondere im Bereich der sich schnell fortentwickelnden Märkte der digitalen Fernsehdienste und des Internets eine Rolle.[320] 115

[312] BKartA, Untersagungsbeschl. v. 21.6.2000 – *Melitta,* S. 34; entscheidende Textpassage in WuW/E BKartA DE-V 275 nicht abgedruckt; vgl. auch Fn. 18.

[313] Bundeskartellamt, Auslegungsgrundsätze, Juli 2005, S. 34; BKartA, Leitfaden Marktbeherrschung, Rn. 48.

[314] Bundeskartellamt, Auslegungsgrundsätze, Juli 2005, S. 34 f.

[315] Vgl. BKartA, Beschl. v. 5.10.2006, B7–84/06 – *KLA-Tencor/ADE,* Rn. 47–51; BKartA, Leitfaden Marktbeherrschung, Rn. 48.

[316] BKartA, Beschl. v. 8.6.2004, B7–29/04 – *Nokia/Symbian,* S. 12.

[317] Begriff des *Prozeßmonopolisten.* In einem Zusammenschluss im Bereich von Hochdrucksensoren sprach das starke Wachstum und Innovationspotenzial des Marktes nach Auffassung des BKartA gegen einen auf Dauer vom Wettbewerb nicht hinreichend kontrollierbaren Verhaltensspielraum des Marktführers, vgl. WuW/E BKartA DE-V 157, 159 f. – *Drucksensor* (1999). Gleiches gilt für den Bereich von Einzelkomponenten für Datennetzwerke, vgl. WuW/E BKartA DE-V 227, 231 ff. – *Cisco/IBM* (2000); vgl. auch WuW/E BKartA DE-V 321, 322 f. – *Covisint* (2000).

[318] BKartA, Beschl. v. 8.6.2004, B7–29/04 – *Nokia/Symbian,* S. 12; BKartA, Fallbericht B7–23/09 – *Vector Capital/Aladdin Knowledge Systems;* BKartA, Leitfaden Marktbeherrschung, Rn. 48.

[319] BKartA, Leitfaden Marktbeherrschung, Rn. 48.

[320] Zur grundlegenden Problematik vgl. WuW/E BKartA 2143, 2146 – *Glasfaserkabel* (1986); TB 1993/94 S. 133, 135; gleiche Einschätzung der EU-Kommission im Fall – *MSG Media Service,* Entsch. v. 9.11.1994, ABl. EG 1995 Nr. L 364/1, Rn. 55 ff., vgl. auch TB 1993/94, S. 137; ein weiteres Beispiel ist der Fall *Premiere,* in dem sowohl die EU-Kommission als auch später das Bundeskartellamt

116 **(2) Ausreifungs- und Stagnationsphase.**[321] In der Ausreifungs- und Stagnationsphase wandeln sich die Wettbewerbsbedingungen des betroffenen Marktes in der Regel wesentlich langsamer als in der Experimentier- und Expansionsphase. Der Markt wächst im Vergleich zur allgemeinen Entwicklung unterdurchschnittlich, Produkte oder Produktionsverfahren sind kaum noch zu verbessern; die Verwendungs- und Einsatzmöglichkeiten der relevanten Waren sind entdeckt und erprobt. In Märkten mit entsprechend ausgereifter Technik und rückläufigen bzw. stagnierenden Umsatzvolumina sind Wettbewerbsimpulse durch Innovation und Marktzutritt eher selten. Die noch möglichen Wettbewerbsparameter können im Wesentlichen nur noch gegen die Marktposition der Wettbewerber eingesetzt werden.

117 Da sich die aktuellen Wettbewerber auf dem Markt an den gegebenen Wettbewerbsbedingungen orientieren, ist der Abbau hoher Marktanteile in späten Marktphasen wesentlich weniger wahrscheinlich als in einer frühen Marktphase.[322] Wettbewerbsvorteile einzelner Unternehmen – beispielsweise aufgrund überlegener Finanzkraft oder eines hervorragenden Zugangs zu den Beschaffungs- oder Absatzmärkten – erschweren vorstoßenden Wettbewerb und wirken eher auf die Verdrängung weniger integrierter oder ressourcenschwacher Unternehmen hin. Marktneueintritte sind eher unwahrscheinlich, insbesondere wenn der Markt stagniert.[323] Ein hoher Marktanteil ist somit in dieser Phase ein erhebliches Indiz für hohe Marktmacht.[324]

118 Allerdings ist auch in späteren Marktphasen eine Wiederbelebung des Wettbewerbs beispielsweise dann möglich,
- wenn der betroffene Markt aufgrund von Innovationen in einen neuen Markt übergeht und nicht zu erwarten ist, dass der bisherige Marktführer seine Position behaupten kann (z. B. Komprimierung von Marktphasen durch Verkürzung von Produktlebenszyklen),[325]
- wenn Wettbewerber, die bislang nicht auf dem räumlich relevanten Markt der Zusammenschlussbeteiligten tätig waren, beispielsweise aufgrund von eigenen Überkapazitäten, zu Marktzutritten veranlasst werden oder Überkapazitäten eine marktstrategische Auftragsvergabe der Nachfrager begünstigen[326] oder
- wenn gesetzliche Rahmenbedingungen oder die Notwendigkeit einer stärkeren Ausschöpfung von Rationalisierungspotenzialen Nachfrager dazu zwingen, Beschaffungsalternativen zu nutzen.[327]

119 **ii) Gesamtbetrachtung der Wettbewerbsbedingungen.** Bei der Prüfung, ob ein Zusammenschluss zur Entstehung oder Verstärkung einer marktbeherrschenden Stellung führt, steht die Gesamtbetrachtung der in § 18 Abs. 3 GWB beispielhaft genannten Strukturkriterien im Mittelpunkt.[328] Maßgebend hierfür ist der Gedanke, dass sich die Marktstellung eines Unternehmens in der Regel nicht allein aufgrund der Prüfung eines einzelnen Strukturkriteriums (z. B. Marktanteil), sondern nur anhand einer **Gesamtbetrachtung aller relevanten Umstände** beurteilen lässt.[329]

---

von einer dauerhaften marktbeherrschenden Stellung auf dem deutschen Pay-TV-Markt ausgingen: EU-Fall *Bertelsmann/Kirch/Premiere,* Entsch. v. 27.5.1998, ABl. 1999 L 53/1 und Entsch. des Bundeskartellamtes im Fall *Premiere,* WuW/E DE-V 53, 59 (1998). Zum Bereich Internet vgl. Entsch. der EU-Kommission vom 8.7.1998, *Worldcom/MCI,* ABl. EG 1999, L 116/1.

[321] Bundeskartellamt, Auslegungsgrundsätze, Juli 2005, S. 35 f.

[322] BKartA, Beschl. v. 16.11.2011 – B2-36/11 – *Tönnis/Tummel,* Rn. 176.

[323] Vgl. schon WuW/E OLG 1745, 1752 – *GKN-Sachs* (1978) (dazu auch WuW/E BGH 1504 – *GKN-Sachs*) und WuW/E OLG 3051, 3080 – *Morris/Rothmans* (1983), Erledigung Rechtsbeschwerde WuW/E BGH 2211.

[324] BKartA, Beschl. v. 16.11.2011 – B2-36/11 – *Tönnis/Tummel,* Rn. 176.

[325] WuW/E BKartA DE-V 109, 112 – *Dow Chemical/Shell* (1999).

[326] WuW/E BKartA DE-V 135, 139 – *Heitkamp* (1999).

[327] WuW/E BKartA DE-V 81, 84 f. – *Deutsche Babcock/Steinmüller* (1999).

[328] Bundeskartellamt, Auslegungsgrundsätze, Juli 2005, S. 36 ff.

[329] BT-Drucks. VI/2520, S. 21 f.; grundlegend WuW/E BGH 1504 – *GKN-Sachs* (1978) und WuW/E BGH 1908 – *SZ-Münchener Anzeigenblätter* (1982); ebenso WuW/E BGH 3037, 3041 –

Eine überragende Marktstellung ist sehr wahrscheinlich, wenn alle Wettbewerbsbedingungen jeweils für sich oder insgesamt betrachtet für ein Unternehmen einen von Wettbewerbern nicht mehr kontrollierten Verhaltensspielraum aufweisen. Für die Frage der überragenden Marktstellung kann es jedoch je nach Einzelfall ausreichen, wenn nicht alle der aufgeführten Merkmale in überragendem Maße vorhanden sind[330] oder die überragende Marktstellung aus dem Zusammenwirken einer Reihe von Vorteilen folgt, die jeder für sich nicht als überragend erscheinen.[331] **120**

Eine überragende Marktstellung aufgrund eines einzigen Merkmals, z. B. dem Marktanteil, konnte in der Vergangenheit lediglich in wenigen Einzelfällen begründet werden.[332] Grundsätzlich stützt das Bundeskartellamt die Annahme einer überragenden Marktstellung auch in den Fällen, in denen hohe Marktanteile erreicht werden, auch auf weitere strukturelle Kriterien, wie zum Beispiel[333] **121**
– hohe Marktzutrittsschranken,[334]
– der Zugang zu vor- oder nachgelagerten Märkten,[335]
– Finanzkraft und marktstrategische Möglichkeiten[336] oder
– die Fähigkeit, einzelne Produkte in Komplettsystemen zusammenzufassen.[337]

Weisen sowohl der Marktanteil als auch die Finanzkraft auf unkontrollierte Verhaltensspielräume hin und bestehen darüber hinaus Marktzutrittsschranken, dann ist eine überragende Marktstellung wahrscheinlich.[338] Bei Vorliegen dieser Kombination von Wettbewerbsbedingungen bestehen für das Bundeskartellamt hohe Anforderungen an eine Widerlegung der sich daraus ergebenden Annahme einer Einzelmarktbeherrschung. **122**

Hohe Marktanteile führen dann nicht zu einer Untersagung, wenn andere Strukturfaktoren, wie z. B. ein leistungsfähiger, potenzieller Wettbewerb aus dem Ausland und eine nachfragestarke Marktgegenseite, aller Erwartung nach keine unkontrollierten wettbewerblichen Verhaltensspielräume der Zusammenschlussbeteiligten zulassen.[339] **123**

Umgekehrt kann nach Auffassung des Bundeskartellamts eine überragende Marktstellung vorliegen, wenn die Marktanteile unter oder nur knapp über der Vermutungsschwelle von 40% (§ 18 Abs. 4 GWB) liegen.[340] Nicht nur erhebliche Marktanteilsvorsprünge sondern auch finanzielle, ingenieurwissenschaftliche, technische und organisatorische Ressourcen können bei entsprechender Ressourcenakkumulation zweier führender Unternehmen zum entscheidenden Wettbewerbsvorteil werden.[341] **124**

Bei besonders ressourcenstarken oder diversifizierten Unternehmen kann die Einzelmarktbetrachtung um eine **marktübergreifende Analyse** ihres Wettbewerbspotenzials zu erweitern sein.[342] Die erhebliche Konzentration von Unternehmensressourcen oder von **125**

Raiffeisen (1995); BGH, Beschl. v. 13.10.2009 – KVZ 41/08; BKartA, Leitfaden Marktbeherrschung, Rn. 23.

330 Grundlegend WuW/E BGH 1685, 1691 – *Springer-Elbe Wochenblatt* (1979).

331 Siehe Unterrichtung des Ausschusses für Wirtschaft zur Zweiten GWB-Novelle, Drucks. 7/765, S. 5 f.

332 Vgl. WuW/E BGH 1449 f. – *Valium* (1976).

333 Bundeskartellamt, Auslegungsgrundsätze, Juli 2005, S. 37.

334 Vgl. WuW/E BKartA 2865 – *Kali+Salz/PCS* (1997); WuW/E BKartA 2894 – *Herlitz/Landré* (1997).

335 Vgl. WuW/E BKartA 2829, 2837 – *Kolbenschmidt* (1995).

336 Vgl. WuW/E BKartA 2820 – *Straßenmarkierungsmaterial* (1995); WuW/E BKartA 2894 – *Herlitz/Landré* (1997).

337 Vgl. BKartA, Beschl. v. 27.5.1999 – *Federal Mogul/Alcan,* S. 7 ff.

338 Bundeskartellamt, Auslegungsgrundsätze, Juli 2005, S. 37.

339 WuW/E BKartA DE-V 81, 84 f. – *Deutsche Babcock/Steinmüller* (1999); BKartA, Beschl. v. 7.9.2006 – *Amadeus IT/TravelTainment* (2006) für einen Marktanteil vom 65–70 %.

340 Bundeskartellamt, Auslegungsgrundsätze, Juli 2005, S. 37.

341 WuW/E BKartA 2729 – *Hochtief/Philipp Holzmann* (1995), zustimmend Monopolkommission, HG 1994/95 Rn. 627, HG 1996/97 Rn. 368, ablehnend KG, WuW/E DE-R 94, 99 ff.

342 Bundeskartellamt, Auslegungsgrundsätze, Juli 2005, S. 38.

marktbeherrschenden Stellungen und Ressourcen kann marktübergreifend wirken und die Wahrscheinlichkeit, dass auf den betroffenen Märkten überragende Marktstellungen bestehen oder durch einen Zusammenschluss entstehen oder verstärkt werden, wesentlich erhöhen. Das ist insbesondere dann anzunehmen, wenn ein Unternehmen infolge eines Zusammenschlusses die Produktionskapazitäten und Arbeitsplätze eines gesamten Wirtschaftszweiges in außerordentlich hohem Maße auf sich konzentriert, deshalb zum dominierenden Branchenführer aufsteigt und den damit verbundenen politischen Einfluss zu Lasten seiner Konkurrenten ausnutzen kann. So ließ sich die überragende Marktstellung der Daimler Benz AG auf verschiedenen Einzelmärkten der Rüstungs- und Raumfahrtindustrie nur unter Einbeziehung der zentralen Bedeutung des Konzerns in diesen Wirtschaftszweigen insgesamt erschließen.[343] Darüber hinaus kann die Zusammenführung von Ressourcen bei komplementären, jedoch nicht in direktem Wettbewerb zueinander stehenden Produkten/Produktgruppen den Wettbewerb beschränken und insoweit ein Kriterium zur Begründung von Einzelmarktbeherrschung sein (Portfolio-Ansatz).[344]

126 Zudem können wesentliche Wettbewerbswirkungen eines Zusammenschlusses – insbesondere bei der Gründung von Gemeinschaftsunternehmen – den nicht vergemeinschafteten Bereich treffen und hier – z.B. im Rahmen der Oligopolbetrachtung – Anhaltspunkte für ein wettbewerbsloses Parallelverhalten geben.[345] Ein Zusammenschluss kann insbesondere dann zu entsprechenden **Gruppeneffekten** führen, wenn eine unabhängige Wahrnehmung der Wettbewerbsinteressen der Kooperationspartner nicht mehr gewährleistet ist. Hinweise darauf geben die konkreten gesellschaftsrechtlichen Vereinbarungen zwischen den Muttergesellschaften und die wirtschaftliche Bedeutung, die das Gemeinschaftsunternehmen für die beteiligten Unternehmen hat.[346]

127 Sofern beispielsweise der Wegfall eines Wettbewerbers auch erhebliche **Auswirkungen außerhalb des Geltungsbereichs des GWB** hat, sind entsprechende Rückwirkungen auf den inländischen Markt bei der Gesamtbetrachtung zu berücksichtigen.[347] Dies gilt insbesondere dann, wenn der ökonomisch relevante räumliche Markt grenzüberschreitend abzugrenzen ist.[348]

128 **jj) Kausalität.** Eine marktbeherrschende Stellung muss durch den Zusammenschluss entstehen oder verstärkt werden,[349] wobei Mitursächlichkeit ausreicht.[350] Dies ist nach den Marktverhältnissen zum Zeitpunkt der Entscheidung – nicht nach den Marktverhältnissen zum Zeitpunkt des Zusammenschlusses – zu beurteilen.[351] Die bloße Möglichkeit der Marktbeherrschung reicht nicht aus, erforderlich ist vielmehr ein gesteigerter Grad an Wahrscheinlichkeit.[352]

129 Ist zu erwarten, dass die **Entstehung oder Verstärkung einer Marktbeherrschung erst in Zukunft eintritt,** stellt sich die Frage, ob der Zusammenschluss hierfür kausal ist. Hier können sich – je nach Markt und Wettbewerbsprozess – Besonderheiten ergeben. So hat der BGH im Fall „Stromversorgung Aggertal" die Untersagungsverfügung des Bundes-

---

[343] Vgl. WuW/E BKartA 2335, 2347 – *Daimler/MBB* (1989).

[344] Vgl. z.B. Komm., Entsch. v. 15. Oktober 1997 im Fall – *Guiness/Grand Metropolitan* ABl. EG 1998, L 288/24, 29f.

[345] Bundeskartellamt, Auslegungsgrundsätze, Juli 2005, S. 38.

[346] WuW/E BKartA DE-V 9, 17 – *Ostfleisch* (1997), zustimmend Monopolkommission, HG 1996/97, Rn. 356. Das KG hat den vom Bundeskartellamt beanstandeten Gruppeneffekt unter Hinweis auf die geringe wirtschaftliche Bedeutung des GU und des mangelnden Nachweises eines wirtschaftlichen Sachzwangs für eine Koordinierung auf Drittmärkten nicht bestätigt, WuW/E BKartA DE-R 439, 441f. – *Ostfleisch* (1999).

[347] Bundeskartellamt, Auslegungsgrundsätze, Juli 2005, S. 38.

[348] WuW/E BKartA DE-V 275, 279, 281f. – *Melitta* (2000) = WuW 2000, 909, 913, 915f.

[349] Heidelberger Druckmaschinen/Stahl KG, TB 1997/98, S. 126/7.

[350] BGH WuW/E 2743 – *Stormarer Tageblatt* (1991).

[351] RAG/Becorit u.a. TB 1993/94, 107/108; BKartA, Leitfaden Marktbeherrschung, Rn. 182.

[352] *Süddeutsche Verlag GmbH/Baumann,* TB 1993/94, S. 120.

kartellamtes bestätigt und festgestellt, dass die beherrschende Stellung der RWE Energie auf Regionalverteilermärkten durch die Beteiligung an einem lokalen Gebietsversorger und die damit verbundene gesellschaftsrechtliche Absicherung zukünftiger Absatzchancen verstärkt wird.[353] Dem stehe nicht entgegen, dass die Marktverhältnisse hinsichtlich des Absatzes von Strom mit Blick auf laufende Konzessions- und Lieferverträge bis zum Jahr 2014 unverändert blieben. Eine langfristige – darüber hinausgehende – Absicherung der Absatzchancen wirke sich schon heute verstärkend auf die Marktposition des betroffenen Unternehmens aus.[354] Liegen entsprechende besondere Umstände nicht vor, so wird der Prognosezeitraum regelmäßig nicht mehr als drei Jahre betragen.[355]

Die Kausalität fehlt dann, wenn ein Zusammenschluss eine **Verschlechterung der** 130
Marktbedingungen zwar herbeiführt, diese aber **auch ohne den Zusammenschluss** eingetreten wäre. Dies gilt beispielsweise dann, wenn Betriebsteile, die Gegenstand eines Zusammenschlusses sind, kraft Gesetzes ohnehin auf den Erwerber übergehen[356] oder wettbewerbsbeschränkende Verflechtungen schon vor dem Zusammenschluss bestanden und durch diesen gesellschaftsrechtlich nicht weiter verfestigt werden.[357] Im Rahmen der Kausalitätsprüfung werden die voraussichtlichen Marktverhältnisse nach dem Zusammenschluss den voraussichtlichen Marktverhältnissen ohne den Zusammenschluss (sog. **„counterfactual"**) gegenübergestellt, was bedeutet, zwei in der Zukunft angesiedelte Szenarien zu vergleichen. Ergibt dieser Vergleich, dass die Wettbewerbsbedingungen sich mit dem Zusammenschluss schlechter entwickeln als ohne ihn, ist der Zusammenschluss für die Verschlechterung kausal und wird vom Bundeskartellamt untersagt oder eine Freigabe nur mit Nebenbestimmungen erteilt.[358]

Ein besonderer Fall fehlender Kausalität ist die sogenannte **„failing company defen-** 131
ce" (Sanierungsfusion).[359] Die Sanierungsfusion wurzelt im US-amerikanischen Recht und wurde zum ersten Mal im Fall *Kali und* Salz[360] von der Europäischen Kommission in das europäische Recht rezipiert. Die deutsche Kartellrechtspraxis wendet sie v. a. in Pressefusionsfällen an; hier besteht inzwischen eine spezielle positivrechtliche Normierung, § 36 Abs. 1 Nr. 3 GWB (Pressesanierungsklausel, unten Rn. 181), die neben der allgemeinen Sanierungsfusion Anwendung findet. Ein Zusammenschluss ist dann nicht kausal für die Verstärkung der marktbeherrschenden Stellung eines Unternehmens, wenn folgende drei Voraussetzungen *kumulativ* erfüllt sind:[361]

---

[353] Verstärkung einer marktbeherrschenden Stellung durch die Absicherung von Lieferbeziehungen und die Realisierung von Synergien bei der Entwicklung von Systemmärkten, vgl. auch WuW/E BKartA 2829, 2838 – *Kolbenschmidt* (1995).

[354] Vgl. WuW/E BGH DE-R 24, 27 – *Stromversorgung Aggertal* (1997), gleiche Begründung des BGH gilt auch für den materiell ähnlich gelagerten Fall *Stadtwerke Garbsen* WuW/E DE-R 32f. (1997).

[355] Bundeskartellamt, Auslegungsgrundsätze, Juli 2005, S. 39.

[356] Vgl. *Solvay/Sodafabrik Bernburg,* Rückübertragung bei Aufhebung einer Zwangsverwaltung durch Inkrafttreten des Vermögensgesetzes, TB 91/92, S. 23; zustimmend Monopolkommission, HG 90/91, Rn. 582ff.

[357] WuW/E BKartA DE-V 201, 202f. – *Gießwalzdraht* (2000); Beschl. v. 22.12.1999 – *Progas/Westfalen AG/caratgas,* S. 5f.

[358] BKartA, Leitfaden Marktbeherrschung, Rn. 183.

[359] Grundlegend: BGH, Beschl. v. 23.10.1979, NJW 1980, 1389, 1391 – *Zementmahlanlage II;* Entscheidungspraxis des BKartA vgl. insbes. BKartA, Beschl. v. 10.12.2002, B6 – 98/02 – *Tagesspiegel/Berliner Zeitung,* S. 37f; BKartA, Beschl. v. 2.5.2003, B3–8/03 – *Ajinomoto/Orsan,* S. 16–19; BKartA, Beschl. v. 21.10.2003, B7–100/03 – *Imation/EMTEC,* Rn. 54ff.; BKartA, Beschl. v. 10.3.2005, B10–123/04 – *Rhön/Rhön-Grabfeld,* Rn. 232ff.; BKartA, Beschl. v. 11.4.2006, B6–142/05 – *RTL/n-tv,* S. 39ff.; BKartA, Beschl. v. 6.6.2007, B3–6/07 – *LBK Hamburg/Mariahilf,* Rn. 231ff.; BKartA, Beschl. v. 21.5.2010, B9–13/10 – *Magna/Karmann,* S. 122ff.

[360] Komm., Entsch. v. 14.12.1993 – M.308 – *Kali und Salz/MdK/Treuhand.*

[361] Vgl. Bundeskartellamt, Auslegungsgrundsätze, Juli 2005, S. 39f.; vgl. *Lufthansa/Interflug,* TB 1989/90, S. 113; *M. DuMont Schauberg/Kölnische Rundschau,* TB 1997/98, S. 89.

132 – Das sanierungsbedürftige Unternehmen würde ohne Zusammenschluss aufgrund seiner wirtschaftlichen Schwierigkeiten zwingend und kurzfristig aus dem Markt ausscheiden. Dies liegt i. d. R. vor, wenn ein Insolvenzverfahren eingeleitet ist oder nachweisbar kurz bevor steht (sog. Failing Company).

– Es gibt keine wettbewerblich weniger schädliche Alternative zu einer Übernahme durch das marktbeherrschende Unternehmen, also keinen alternativen Erwerber, dessen Erwerb zu keinen oder geringeren Wettbewerbsproblemen führen würde.

– Beim Ausscheiden des sanierungsbedürftigen erworbenen Unternehmens würde das noch verbleibende Potenzial ohnehin dem erwerbenden Unternehmen zuwachsen. Nach der Praxis des Bundeskartellamtes reicht es auch aus, wenn das Marktpotential innerhalb des Oligopols verbleibt, soweit das erwerbende Unternehmen zum Oligopol gehört.[362]

132 Wenn lediglich eine Tochtergesellschaft oder ein Geschäftsbereich innerhalb eines Konzerns aus dem Markt ausscheiden würde, liegen sog. Failing divisions bzw. Failing Affiliates vor. Das Bundeskartellamt betonte bereits 2012 im Leitfaden Marktbeherrschung, dass es jedenfalls die Failing-Affiliate-Fälle der Sanierungsfusion unterwirft.[363] Zudem hat das Bundeskartellamt jüngst in zwei Fallberichten zu den Grundsätzen der Sanierungsfunktion bei unselbstständigen Betriebsteilen (Failing-Division-Variante) ausgeführt, dass in diesen Fällen grundsätzlich auf die o. g. objektiven Tatbestände der Sanierungsfusion abzustellen ist, was allerdings nur möglich ist, wenn der fragliche Betriebsteil in organisatorischer und wirtschaftlicher Hinsicht hinreichend eigenständig geführt wird.[364]

133 Die **Eigenständigkeit der Betriebsteile** bewertet das Bundeskartellamt anhand des **Integrationsgrades des betreffenden Betriebsteils,** welcher durch die betriebswirtschaftliche und gesellschaftsrechtliche Ausgestaltung der Gesamtorganisation des Unternehmens sowie durch die Einbettung der betroffenen geschäftlichen Aktivitäten und der Wertschöpfungsprozesse des Betriebsteils in diese Organisation determiniert wird. Die (unerlässliche) Darlegung des Gemeinkosten- und Erlösanteils des einzelnen Betriebsteils erfolgt über nachvollziehbare und beweiskräftige Belege.[365] Das Bundeskartellamt stellt zudem hohe Anforderungen an den **Nachweis der zwingenden Notwendigkeit des Austritts eines Betriebsteils.** Hierfür ist maßgeblich, welche Erlöse und Kosten durch eine Einstellung des Betriebsteils tatsächlich wegfallen würden **(Wegfallrechnung).** Erforderlich ist eine Betrachtung der Erlöse und Kosten der gesamten Organisation unter Berücksichtigung der Verteilung der Unternehmensteile.[366]

135 Für die Anwendung der failing company defence reicht die bloße Behauptung, finanziell notleidend zu sein, als Nachweis nicht aus.[367] Der unmittelbar drohende Marktaustritt ist anhand geeigneter Dokumente nachzuweisen. Die Einzelfallumstände sind hierfür maßgeblich.[368] Würde dem erwerbenden Unternehmen nur ein Teil der Marktposition des erworbenen Unternehmens bei dessen Marktaustritt zuwachsen, kommt die Anwendung der failing company defence nicht in Betracht. Im Regelfall wird der Nachweis dafür nur gelingen, wenn sich die beiden einzigen Wettbewerber auf dem Markt zusammenschließen. Schließlich darf es keinen Erwerbswilligen geben, bei dem die Realisierung des Zusammenschlussvorhabens zu einer weniger starken Wettbewerbsbeeinträchtigung führen würde. Dies setzt den Nachweis voraus, dass und weshalb entsprechende Veräußerungsbe-

[362] BKartA, Beschl. v. 11.4.2006 – *RTL/n-tv,* S. 41.
[363] BKartA, Leitfaden Marktbeherrschung, Rn. 184
[364] BKartA, B6–97/14 und B6–89/13, Fallberichte v. 1.12.2014.
[365] BKartA, B6 – 97/14, S. 3.
[366] BKartA, B6 – 97/14, S. 2f.
[367] Bundeskartellamt, Auslegungsgrundsätze, Juli 2005, S. 40.
[368] BKartA, Leitfaden Marktbeherrschung, Rn. 184.

mühungen gescheitert sind.[369] Die Beweislast für das Vorliegen dieser drei Voraussetzungen tragen die Zusammenschlussbeteiligten.

Diese Praxis des Bundeskartellamtes[370] entspricht der Verwaltungspraxis der Europäischen Kommission, die inzwischen auch vom Europäischen Gerichtshof bestätigt worden ist,[371] und steht weitgehend im Einklang mit den im US-Antitrustrecht entwickelten Prinzipien.[372] **136**

2. Oligopolistische Marktbeherrschung

a) Die Definition oligopolistischer Marktbeherrschung in der deutschen Fusionskontrolle. Eine oligopolistische Marktbeherrschung liegt vor, wenn wenige Unternehmen sich am Markt derart parallel verhalten, dass wesentlicher Wettbewerb zwischen ihnen nicht mehr vorliegt, obwohl sie individuell über ein erhebliches Wettbewerbspotential verfügen. Dieses Parallelverhalten wird auch als implizite oder stillschweigende Koordinierung (sog. „tacit coordination" bzw. „tacit collusion") bezeichnet.[373] Die Fusionskontrolle des GWB verfolgt bei der Prüfung oligopolistischer Marktbeherrschung – ebenso wie die europäische Fusionskontrollverordnung – zunächst einen strukturorientierten Ansatz. Durch eine Analyse von markt- und unternehmensbezogenen **Wettbewerbsfaktoren** ist es möglich, wettbewerbliche Gefährdungslagen durch Oligopole ex ante zu erkennen. Eine Analyse des tatsächlichen Marktverhaltens i. S. d. auf dem Markt eingesetzten Wettbewerbsparameters liefert Hinweise auf das **Wettbewerbsgeschehen** und die Frage, ob auf dem Markt die Funktionen wesentlichen Wettbewerbs erfüllt sind.[374] Die strukturorientierte Fusionskontrolle ist das primäre Instrument, um Gefährdungslagen durch Oligopole zu verhindern. Das Verfolgen wettbewerbsbeschränkender Absprachen und missbräuchlichen Verhaltens, das sich allein an dem tatsächlichen Marktgeschehen orientiert, ist demgegenüber immer nur punktuell möglich, und greift nach Auffassung des Bundeskartellamtes häufig zu spät.[375] **137**

§ 18 Abs. 5 GWB **definiert** oligopolistische Marktbeherrschung wie folgt:

1. „Zwei oder mehr Unternehmen sind marktbeherrschend, soweit zwischen ihnen für eine bestimmte Art von Waren oder gewerblichen Leistungen ein wesentlicher Wettbewerb nicht besteht und
2. sie in ihrer Gesamtheit die Voraussetzungen des Absatzes 1 erfüllen."

In Anlehnung an die gesetzliche Definition des marktbeherrschenden Oligopols erfolgt eine Wettbewerbsprüfung in dreifacher Hinsicht:[376] **138**

– Der von dem Zusammenschluss betroffene Markt weist Wettbewerbsbedingungen auf, welche eine Gesamtheit von Unternehmen (Oligopol) von Wettbewerbshandlungen ab-

---

[369] *M. DuMont Schauberg/Kölnische Rundschau,* TB 1997/98, S. 8: Bundeskartellamt, Beschl. v. 11.4. 2006 – *RTL/n-tv,* S. 39ff.; BKartA, Beschl. v. 6.6.2007, B3–6/07 – *LBK Hamburg/Mariahilf,* Rn. 254f.; BKartA, Beschl. v. 10.3.2005, B10–123/04 – *Rhön/Rhön-Grabfeld,* Rn. 240ff.

[370] Bundeskartellamt, Auslegungsgrundsätze, Juli 2005, S. 40.

[371] EuGH, Urt. v. 31. März 1998, RS C-68/94 und C-30/95, *Frankreich* sowie *SCPA und EMC/Kommission,* WuW/E EU-R 31.

[372] Bundeskartellamt, Auslegungsgrundsätze, Juli 2005, S. 41. In einer Stellungnahme des Direktors des *Bureau of Competition* der Federal Trade Commission wurden die verschiedenen Voraussetzungen näher spezifiziert. Danach ist es für die Beweisführung notwendig, dass das sanierungsbedürftige Unternehmen nicht nur den für eine Übernahme augenscheinlich in Frage kommenden, brancheninternen Erwerbern angeboten wird. Zudem seien die Veräußerungsbemühungen nachweislich mit größter Seriosität durchzuführen. Zudem sei jeder Preis zu akzeptieren, der ausreiche, das Unternehmen vor der Liquidation zu bewahren; vgl. auch Department of Justice und Federal Trade Commission: gemeinsame Merger Guidelines 1992 Abschnitt 5.

[373] BKartA, Leitfaden Marktbeherrschung, Rn. 81.

[374] *Richter* in: Wiedemann, Handbuch des Kartellrechts, § 20 Rn. 79ff.

[375] Bundeskartellamt, Auslegungsgrundsätze, Juli 2005, S. 42.

[376] Bundeskartellamt, Auslegungsgrundsätze, Juli 2005, S. 42.

sehen lassen und wettbewerbsbeschränkendes Parallelverhalten begünstigen (**Wettbewerbsbedingungen – Binnenwettbewerb,** siehe unten).

- Sofern neben dem Oligopol weitere Unternehmen auf dem Markt tätig sind (Außenseiter), besteht zwischen diesen und dem Oligopol kein wesentlicher Wettbewerb mehr. Diese Feststellung kann auch durch die einer überragenden Marktstellung des Oligopols gegenüber den Außenseitern ersetzt werden (**Wettbewerbsbedingungen – Außenwettbewerb,** siehe unten).
- Eng verknüpft mit der Prüfung der Wettbewerbsbedingungen ist die Frage, inwiefern die Oligopolisten mögliche Wettbewerbsparameter tatsächlich einsetzen. Sofern aufgrund des Parametereinsatzes die maßgeblichen Funktionen des Wettbewerbs nicht (mehr) erfüllt werden, spricht dies nach Auffassung des Bundeskartellamts für das Fehlen wesentlichen Wettbewerbs im Oligopol und einen unkontrollierbaren Verhaltensspielraum des Oligopols gegenüber Außenseitern (**Wettbewerbsgeschehen,** siehe unten).

139 Die Prüfung der Frage, ob im Innen- und Außenverhältnis wesentlicher Wettbewerb besteht, erfolgt entsprechend § 18 Abs. 3 GWB in **einer Gesamtbetrachtung aller maßgeblichen Wettbewerbsverhältnisse.**[377] Der Prüfungsschwerpunkt liegt dabei auf den strukturellen Bedingungen für zukünftigen Wettbewerb und ihren Auswirkungen auf das Wettbewerbsgeschehen, beispielsweise auf die Preispolitik der Oligopolisten.[378]

140 Wie für die Marktbeherrschung durch ein Unternehmen, sieht das GWB für die olipolistische Marktbeherrschung eine **Vermutungsregelung** vor (§ 18 Abs. 6 Nr. 1 oder 2 GWB).[379] Auch diese Vermutungen können nach § 18 Abs. 7 Nr. 1 oder 2 GWB widerlegt werden. Die betroffenen Unternehmen müssen nachweisen, dass die Wettbewerbsbedingungen zwischen ihnen wesentlichen Wettbewerb erwarten lassen oder die Gesamtheit der Unternehmen im Verhältnis zu den übrigen Wettbewerbern keine überragende Marktstellung hat. Ein non liquet wirkt zu Lasten der Unternehmen im Sinne einer Bejahung von Marktbeherrschung.[380] In der Kartellrechtspraxis des Bundeskartellamtes spielt die in § 18 Abs. 6 Nr. 2 GWB beschriebene Variante des Oligopols mit mehr als drei Mitgliedern keine nennenswerte Rolle.[381] Ähnlich wie die Kommission prüft das Bundeskartellamt in wettbewerblich problematischen Fällen in der Regel Dreier-Oligopole oder Duopole.[382]

141 Sofern es um die **Entstehung** oligopolistischer Marktbeherrschung geht – hierzu gehört für das Bundeskartellamt auch die Ablösung einer Einzelmarktbeherrschung durch Oligopol-Marktbeherrschung – kommt es entscheidend auf die Wettbewerbsbedingungen nach dem Zusammenschluss an.[383] Die Gesamtbetrachtung der Wettbewerbsbedingungen nach dem Zusammenschluss muss ergeben, dass künftig wettbewerbsbeschränkendes Parallelverhalten im Oligopol zu erwarten ist. Es muss mit hoher Wahrscheinlichkeit zu erwarten sein, dass der festgestellte oder zumindest unterstellte wesentliche Wettbewerb vor dem Zusammenschluss danach nicht mehr zum Tragen kommen wird. Die Indizwirkung wesentlichen Wettbewerbs vor dem Zusammenschluss ist umso schwächer, je stärker die Wettbewerbsbedingungen auf dem betroffenen Markt durch den Zusammenschluss verändert werden.[384]

---

[377] Entsprechendes gilt auch für die Entscheidungspraxis der U. S.-Wettbewerbshörden und der EU-Kommission; BGH, Beschl. v. 8.6.2010 – KVR 4/09 – WM 2010, 2186, 2187.

[378] Bundeskartellamt, Auslegungsgrundsätze, Juli 2005, S. 42; BGH, Beschl. v. 8.6.2010 – KVR 4/09 – WM 2010, 2186, 2187.

[379] Zur näheren Erläuterung der Oligopolvermutungen, vgl. *Richter* in: Wiedemann (Fn. 282), § 20, Rn. 90ff.

[380] *Richter* in: Wiedemann (Fn. 282), § 20 Rn. 85.

[381] Bundeskartellamt, Auslegungsgrundsätze, Juli 2005, S. 43.

[382] Bundeskartellamt, z. B. WuW/E BKartA 2669 – *Lindner Licht GmbH* (1994); WuW/E BKartA DE-V 53 – *Premiere* (1998); WuW/E BKartA DE-V 301 – *RWE/VEW* (2000).

[383] BKartA, Leitfaden Marktbeherrschung, Rn. 121.

[384] Bundeskartellamt, Auslegungsgrundsätze, Juli 2005, S. 43.

Im Falle der **Verstärkung** oligopolistischer Marktbeherrschung muss nach den Auslegungsgrundsätzen des Bundeskartellamts geprüft werden, ob eine weitere Verschlechterung der Wettbewerbsbedingungen zu erwarten ist. Die Anforderungen an den Nachweis der Verstärkung sind umso geringer je höher der Konzentrationsgrad des Marktes bereits ist.[385] **142**

Der Nachweis eines aktiven kollusiven Zusammenwirkens der Oligopolmitglieder ist keine Voraussetzung für die Feststellung einer oligopolistischen Marktbeherrschung.[386] Vielmehr kann bereits eine bloße Anpassung der Oligopolmitglieder an die Marktbedingungen zu einem wettbewerbsschädlichen Parallelverhalten führen, durch das das Oligopol marktbeherrschend wird.[387] Dem steht nicht entgegen, dass nach Auffassung des Bundeskartellamts Märkte, auf denen Anhaltspunkte für Kartellabsprachen bestehen, ein besonders hohes Risiko für oligopolistische Marktbeherrschung in sich tragen und Verflechtungen ein wichtiges Prüfungskriterium für oligopolistische Marktbeherrschung sind.[388] **143**

b) Prüfungskriterien. Die Auflistung des Bundeskartellamts der nachfolgenden Wettbewerbsbedingungen orientiert sich an den entsprechenden Ausführungen zur Einzelmarktbeherrschung und ergänzt diese, soweit Besonderheiten bei der Prüfung oligopolistischer Marktbeherrschung zu beachten sind.[389] Bei den Kriterien, deren Prüfung im Falle oligopolistischer Marktstrukturen keine wesentlichen Besonderheiten aufwerfen, wird auf die entsprechenden Ausführungen zur Einzelmarktbeherrschung verwiesen. **144**

aa) Wettbewerbsbedingungen – Binnenwettbewerb. (1) Marktanteil. Anhand der Höhe der Marktanteile, die die führenden Unternehmen eines Marktes auf sich vereinigen, sowie anhand der Verteilung der Marktanteile auf die einzelnen Unternehmen, kann abgeschätzt werden, welches Unternehmen gegebenenfalls einer marktbeherrschenden Gesamtheit von Unternehmen zuzurechnen ist und welche Rückschlüsse sich auf die Reaktionsverbundenheit der Oligopolisten ziehen lassen.[390] Erst ab einer gewissen Konzentration des Angebots oder der Nachfrage auf einem Markt wird eine Reaktionsverbundenheit zwischen den Unternehmen spürbar. Wettbewerbliche Vorstöße Einzelner wirken sich nachteilig auf ihre Wettbewerber aus und veranlassen diese zur Reaktion. Denn kurzfristig gesehen hat jedes Unternehmen einen individuellen Anreiz, von der Koordinierung abzuweichen, da so einmalig eine entsprechende Gewinnsteigerung erreicht werden kann. Auf lange Sicht gesehen ist dies für das Unternehmen jedoch nachteilig, da die Wettbewerber, falls sie die Abweichung bemerken, dies durch eine Rückkehr zu wettbewerblichem Verhalten ahnden würden. Mögliche Reaktionen der Wettbewerber werden mit steigendem Konzentrationsgrad zunehmend beim eigenen Parametereinsatz berücksichtigt. Je enger der Reaktionsverbund ist oder durch den Zusammenschluss wird, desto wahrscheinlicher wird oligopolistisches Parallelverhalten und damit der Ausschluss wesentlichen Wettbewerbs.[391] **145**

Die **Marktanteilswerte der Oligopolvermutung** (§ 18 Abs. 6 GWB) kennzeichnen enge Oligopole, bei denen ein wettbewerbsbeschränkendes Parallelverhalten der Unternehmen wahrscheinlich ist. In der Regel werden die Unternehmen in der Reihenfolge ihrer Marktanteile überprüft.[392] Je enger das Oligopol ist und je weniger Außenseiter es hat, desto wahrscheinlicher ist der Ausschluss von wesentlichem Wettbewerb.[393] Liegt der **146**

---

385 Bundeskartellamt, Auslegungsgrundsätze, Juli 2005, S. 43.

386 Ständige Praxis des Bundeskartellamtes in Übereinstimmung mit der Praxis der Kommission, vgl. z. B. E. v. 22.9.1999 – *Airtours/First Choice,* ABl. EG 2000 L 93/1, 27.

387 WuW/E BKartA DE-V 301, 307 f. – *RWE/VEW* (2000).

388 Bundeskartellamt, Auslegungsgrundsätze, Juli 2005, S. 44.

389 Bundeskartellamt, Auslegungsgrundsätze, Juli 2005, S. 44.

390 BKartA, Leitfaden Marktbeherrschung, Rn. 88.

391 Bundeskartellamt, Auslegungsgrundsätze, Juli 2005, S. 44.

392 BKartA, Leitfaden Marktbeherrschung, Rn. 88.

393 WuW/E BKartA 2669, 2674 – *Lindner Licht GmbH* (1994), das Oligopol selbst erzielte Marktanteile von etwa 80 %, der nächstfolgende Wettbewerber hielt lediglich einen Marktanteil in Höhe von 7 %; ebenso WuW/E BKartA DE-V 1163, 1168 – *Springer/ProSiebenSat. 1* (2006).

Konzentrationsgrad wesentlich unter den Marktanteilswerten der Vermutungstatbestände, ist ein Parallelverhalten ausnahmsweise allenfalls auf transparenten Märkten mit hoher Homogenität der betroffenen Produkte oder Dienstleistungen zu erwarten. Für sich genommen beschreiben die Vermutungsregelungen jedoch nur unvollständig die tatsächlichen Wettbewerbsbedingungen auf hochkonzentrierten Märkten. Allein das Erreichen oder Überschreiten der Vermutungsgrenze ist nicht ausreichend, um hohe Marktmacht oder gar Marktbeherrschung festzustellen.[394] Das Bundeskartellamt hat in seiner Entscheidungspraxis die Oligopolvermutung in der weit überwiegenden Zahl von Fällen als widerlegt angesehen.[395]

147 Insbesondere die Analyse der **Marktanteilsentwicklung** auf dem relevanten Markt über mehrere Jahre kann für das Wettbewerbsgeschehen im Oligopol aufschlussreich sein.[396] Märkte mit stabilen Marktbedingungen sind anfälliger für ein Parallelverhalten.[397] Zurückzuführen ist dies auf die bessere Vorhersehbarkeit der Marktentwicklung und die bessere Identifikationsmöglichkeit möglicher Abweichversuche und deren Ahndung.[398] Weitgehend stabile Marktanteile oder Marktanteilsabstände deuten auf ein wettbewerbsloses Oligopol hin.[399] Das gilt insbesondere dann, wenn die Marktanteile trotz erheblicher Veränderungen der äußeren Marktumstände, beispielsweise einem starken Nachfragerückgang, konstant geblieben sind.[400] Marktanteilsveränderungen im Oligopol sprechen nach Auffassung des Bundeskartellamts dann nicht gegen Marktbeherrschung, wenn beispielsweise Anteilsgewinne eines Oligopolisten nicht zu Lasten anderer Oligopolisten, sondern zu Lasten von Außenseitern gehen.[401] Schwanken die Marktanteile hingegen derart, dass die Unternehmen von Periode zu Periode unterschiedliche Marktränge einnehmen, so kann ein wettbewerbliches Oligopol naheliegen.[402] Kurzfristige Marktanteilsverschiebungen sind grundsätzlich aussagekräftiger als langfristige. Erstere deuten auf aktives Wettbewerbsverhalten hin, während letztere eher auf strukturelle Änderungen der Marktverhältnisse, z. B. der Präferenzen der Nachfrager, zurückzuführen sind.[403]

148 **(2) Kräfteverhältnis im Oligopol.** Je mehr sich die markt- und unternehmensbezogenen Strukturmerkmale der einem Oligopol zuzurechnenden Unternehmen gleichen, desto eher kann es zu wettbewerbsbeschränkendem Parallelverhalten kommen.[404] Zu den maßgeblichen Strukturmerkmalen zählen neben den Marktanteilen insbesondere die Pro-

---

[394] BKartA, Leitfaden Marktbeherrschung, Rn. 89.

[395] Vgl. zur aktuellen Entscheidungspraxis: WuW/E BKartA DE-V 109 – *Dow Chemical/Shell* (1999); WuW/E BKartA DE-V 142 – *Kleinfeuerwerk* (1999); WuW/E BKartA DE-V 170 – *NZDS-Glasfaserkabel* (1999); Beschl. v. 3.12.1999 – *Checkpoint/Meto;* WuW/E BKartA DE-V 201 – *Gießwalzdraht* (2000); WuW/E BKartA DE-V 328 – *Xerox/Tektronix* (2000); Beschl. v. 22.12.1999 – *Progas/Westfalen AG;* WuW/E BKartA DE-V 235 – *Dürr/Alstom* (2000); WuW/E BKartA DE-V 267 – *Chipkarten* (2000); vgl auch Ausführungen der Monopolkommission zur Oligopolvermutung, HG 1994/95, Rn. 635; BKartA, Leitfaden Marktbeherrschung, Rn. 89.

[396] Zur Erläuterung siehe oben I.1.c.

[397] BKartA, Leitfaden Marktbeherrschung, Rn. 97 und 103.

[398] Vgl. z. B. BKartA, Beschl. v. 17.2.2009, B2–46/08 – *Nordzucker/Danisco,* Rn. 257 ff.

[399] BKartA, BKartA, Leitfaden Marktbeherrschung, Rn. 97.

[400] WuW/E BKartA 2669, 2675 – *Lindner Licht GmbH* (1994).

[401] Die Kommission hat im Fall Linde/AGA gegenläufige Marktanteilsentwicklungen als Indiz für wesentlichen Wettbewerb im Oligopol herangezogen. Diese Entscheidung ist aus Sicht des Bundeskartellamtes insoweit zu kritisieren, als hier die Marktanteilsverluste eines Oligopolisten nicht zu Gunsten des anderen Oligopolisten, sondern zu Gunsten von Außenseitern gingen, vgl. Entsch. der Kommission v. 9.2.2000 – *Linde/AGA,* S. 13 f., ABl. EG 2002 L 120/1. Demgegenüber war im Fall *Kleinfeuerwerk* ein marktbeherrschendes Oligopol auch wegen der Marktanteilsverschiebungen zwischen den Oligopolisten zu verneinen, WuW/E BKartA DE-V 142, 145 – *Kleinfeuerwerk* (1999).

[402] WuW/E BKartA DE-V 328, 330 – *Xerox/Tektronix* (2000).

[403] KG, WuW/E OLG 3075 f. – *Morris-Rothmans* (1983), Erledigung Rechtsbeschwerde WuW/E BGH 2211.

[404] Grundlegend KG, WuW/E OLG 3080 – *Morris-Rothmans* (1983).

duktionskapazitäten und deren Auslastung,[405] die jeweiligen Kostenstrukturen (insbesondere Fixkostenanteil),[406] das Ausmaß vertikaler Integration,[407] das angebotene Produktportfolio sowie die finanziellen Ressourcen.[408] Im Hinblick auf unternehmensbezogene Symmetrien können auch Geschäftsumfang und vertikale Integration eine wichtige Rolle spielen.[409]

Ein **symmetrisches Oligopol** mit geringen Marktanteilsabständen der Unternehmen 149 untereinander, vergleichbaren Ressourcen und einem ähnlich guten Zugang zu Beschaffungs- oder Absatzmärkten kann zur Wettbewerbslosigkeit neigen, weil wettbewerbliche Vorstöße für alle Unternehmen gleich spürbar, wegen der Transparenz leicht erkennbar und aufgrund ähnlicher Vergeltungspotenziale wenig erfolgversprechend sind.[410] Je symmetrischer die Unternehmen sind, desto wahrscheinlicher ist der Verzicht auf ein wettbewerblich abweichendes Verhalten.[411] Ein aufgrund vertikaler Integration symmetrisches Oligopol kann außerdem dann zur Wettbewerbslosigkeit führen, wenn wesentlicher Wettbewerb lediglich zur Folge hätte, dass dadurch die Verhaltensspielräume des Oligopols gegenüber nicht integrierten Wettbewerbern auf nachgelagerten Märkten wesentlich verengt würden.[412] Weist das Oligopol Wettbewerbsvorteile auf, über die Außenseiter nicht oder nicht in dem Maße verfügen, z. B. breite Sortimente, Möglichkeiten zu Gegengeschäften, ressourcenbedingte Wettbewerbsvorteile etc., so sind für das Bundeskartellamt parallele Verdrängungsstrategien zum Nachteil der Letzteren wahrscheinlich.[413]

Asymmetrische Oligopole sind umgekehrt noch kein hinreichendes Anzeichen für 150 wesentlichen Wettbewerb im Oligopol.[414] Sie weisen zwar ein höheres Potenzial für individuelles wettbewerbliches Verhalten auf, da sie gegensätzliche Interessen der Unternehmen hervorrufen können. So können Kostenasymmetrien dazu führen, dass die kollektive Gewinnmaximierung unterschiedliche Ausbringungsmengen und unterschiedliche Gewinne impliziert.[415] Jedoch kann nach Auffassung des Bundeskartellamts eine Prüfung der absoluten Höhe der Marktanteile der zum Oligopol gehörenden Unternehmen, deren Zugang zu Technologien und zum Absatzmarkt und deren Produktsortiment ergeben, dass selbst ein nach Sicht der Marktanteile asymmetrisches Oligopol – beispielsweise aufgrund ressourcenbedingter Symmetrien – wettbewerbslos ist.[416] Sind hingegen trotz asymetrisch verteilter Marktanteile Symetrien im Hinblick auf unternehmensbezogene Kriterien wie z. B. Kapazitäten oder finanzielle Ressourcen nicht erkennbar, spricht dies gegen ein marktbeherrschendes Oligopol.[417]

Vertikale Zusammenschlüsse, durch die der Grad vertikaler Integration im Oligopol aus- 151 geglichener wird, oder die Angleichung der markt- und unternehmensbezogenen Strukturmerkmale[418] verstärken in der Regel die Transparenz des Wettbewerbsverhaltens.[419] Dadurch können aber besonders wettbewerbsaktive Lieferanten oder Abnehmer ausgeschaltet

---

[405] BKartA, Beschl. v. 16.12.2009, B3–91/09 – Celanese (Ticona)/FACT, Rn. 90.
[406] WuW/E BKartA DE-V 1169 – *Springer/ProSiebenSat.1* (2006); BKartA, Beschl. v. 16.12.2009, B3–91/09 – Celanese (Ticona)/FACT, Rn. 90.
[407] BKartA, Beschl. v. 16.12.2009, B3–91/09 – *Celanese (Ticona)/FACT,* Rn. 90.
[408] Bundeskartellamt, Auslegungsgrundsätze, Juli 2005, S. 45.
[409] BKartA, Beschl. v. 3.7.2000 – *RWE/VEW,* S. 53 (Rn. 117 f.), S. 61 (Rn. 144 ff.), die entscheidenden Textpassagen sind nicht in WuW/E BKartA DE-V 301 abgedruckt.
[410] Komm. E. v. 18.10.1995 – *ABB/Daimler Benz,* ABl. EG 1997, Nr. L 11/1, 17.
[411] BKartA, Leitfaden Marktbeherrschung, Rn. 111.
[412] WuW/E BKartA 2250 – *Hüls-Condea* (1986).
[413] Bundeskartellamt, Auslegungsgrundsätze, Juli 2005, S. 46.
[414] BKartA, Beschl. v. 17.3.2006 – *Remondis/RWE Umwelt,* Rn. 42.
[415] Bundeskartellamt, Auslegungsgrundsätze, Juli 2005, S. 46.
[416] WuW/E BKartA 2669, 2674 – *Lindner Licht GmbH* (1994).
[417] EuGH, Verb. Rs. C 68/94 u. C 30/95, Slg. 1998, I-1375 Rn. 226 – *Kali+Salz/MdK/Treuhandanstalt.*
[418] WuW/E BKartA DE-V 1163, 1170 – *Springer/ProSiebenSat.1* (2006).
[419] BKartA, Leitfaden Marktbeherrschung, Rn. 156.

werden, was ebenfalls ein Parallelverhalten erleichtern oder absichern kann. *Konglomerate* Zusammenschlüsse können eine Angleichung der Ressourcen und damit der Vergeltungspotenziale bewirken und dadurch Parallelverhalten begünstigen.[420] Verfügen alle Unternehmen des Oligopols nach einem Zusammenschluss über Wettbewerbsvorteile gegenüber den Außenseitern, so ist Verdrängungswettbewerb wahrscheinlich.[421]

152 Zusammenschlüsse, durch die ein Oligopol ausgewogener wird, können im Einzelfall den Wettbewerb intensivieren. Dies setzt aber voraus, dass die am Zusammenschluss beteiligten Unternehmen infolgedessen objektiv wettbewerbsfähiger gegenüber den anderen, dem Oligopol zuzurechnenden Unternehmen werden.[422] Wird ein Unternehmen durch den Zusammenschluss und den entsprechenden Ressourcenzugewinn erst in die Lage versetzt, in wirksamen Wettbewerb zum Marktführer zu treten und bisherige Wettbewerbsnachteile auszugleichen, so kann dies, insbesondere auf innovativen, expandierenden Märkten, gegen wettbewerbsbeschränkendes Parallelverhalten auch nach dem Zusammenschluss sprechen.[423]

153 **(3) Ressourcenbetrachtung (vgl. Rn. 43 ff.).**

154 **(4) Zugang zu den Beschaffungs- und Absatzmärkten (vgl. Rn. 53 ff.).**

155 **(5) Verflechtungen.** Oligopolistische Verflechtungen können in Form von gegenseitiger Beteiligung oder einer gemeinsamen Beteiligung an Drittunternehmen wie auch an strategischen Allianzen oder anderweitigen vertraglichen Kooperationen vorliegen.[424] Personelle oder kapitalmäßige Verflechtungen unter den einem Oligopol zuzurechnenden Unternehmen erhöhen die Wahrscheinlichkeit wettbewerbsbeschränkenden Parallelverhaltens.[425] Das gilt sowohl für Verflechtungen auf dem von dem Zusammenschluss betroffenen Markt als auch für solche auf Drittmärkten, insbesondere auf vor- oder nachgelagerten Märkten. Verflechtungen zwischen den Oligopolmitgliedern sind jedoch weder eine notwendige Voraussetzung für die Entstehung oder Verstärkung eines marktbeherrschenden Oligopols noch führen sie – für sich genommen – zu einer entsprechenden fusionsrechtlichen Beurteilung.[426] Die Verbindungen müssen zudem weder die Schwelle des § 36 Abs. 2 GWB überschreiten noch gesellschaftsrechtlich begründet sein.[427]

156 Neben gesellschaftsrechtlich abgesicherten Verflechtungen können auch personelle Verflechtungen, Kartellabsprachen[428] oder Lieferbeziehungen[429] wettbewerbsdämpfende Wirkungen im Oligopol entfalten.[430]

157 Eine den Verflechtungen vergleichbare Wirkung auf das Wettbewerbsverhalten kann dadurch eintreten, dass die Unternehmen auch auf Drittmärkten aufeinander treffen und auf zumindest einem dieser Märkte ein wettbewerbsloses Oligopol besteht. In diesem Fall ist auf dem betroffenen Markt wettbewerbsbeschränkendes Parallelverhalten unter denselben Bedingungen wahrscheinlich wie bei Gemeinschaftsunternehmen auf Drittmärkten.[431]

158 **(a) Verflechtungen auf vom Zusammenschluss betroffenen Märkten.** Ein marktbeherrschendes Oligopol ist ohne weiteres – d. h. allein aufgrund einer Prüfung der Wettbewerbsbedingungen – anzunehmen, wenn die Unternehmen untereinander direkt oder

---

[420] WuW/E DE-V 1163, 1176 – *Springer/ProSiebenSat.1* (2006).
[421] Bundeskartellamt, Auslegungsgrundsätze, Juli 2005, S. 46 f.
[422] Aufholfusion; KG WuW/E OLG 3081 – *Morris-Rothmans* (1983).
[423] BKartA, Beschl. v. 3.12.1999 – *Checkpoint/Meto*, S. 17 f.
[424] Vgl. z. B. BKartA, Beschl. v. 7.3.2008, B8–134/07 – *Shell/HPV*, Rn. 44 ff.; BKartA, Beschl. v. 29.4.2009, B8–175/08 – *Total/OMV*, Rn. 62 ff.
[425] BKartA, Beschl. v. 6.4.2006 – *Sulo/Cleanaway*, Rn. 51 ff., 65.
[426] Bundeskartellamt, Auslegungsgrundsätze, Juli 2005, S. 47.
[427] BKartA, Leitfaden Marktbeherrschung, Rn. 96.
[428] WuW/E BKartA 2145 1 – *GfL* (1984).
[429] WuW/E BKartA 2249 – *Hüls-Condea* (1986).
[430] WuW/E BKartA 2669, 2676 – *Lindner Licht GmbH* (1994).
[431] Bundeskartellamt, Auslegungsgrundsätze, Juli 2005, S. 47.

über Dritte unterhalb der Verbundklausel so weitgehend miteinander verflochten sind, dass sie auf dem betroffenen Markt als „wettbewerbliche Einheit" auftreten.[432] Rechtliche, wirtschaftliche oder personelle Verflechtungen sind jedoch auch dann in die Gesamtbetrachtung einzubeziehen, wenn die betroffenen Unternehmen der Marktgegenseite als unterschiedliche Anbieter oder Nachfrager gegenübertreten, ihre untereinander bestehenden Beziehungen aber Einfluss auf die Marktstellung haben.[433]

Bei einem hohen Verflechtungsgrad unterbleibt wesentlicher Wettbewerb in der Regel, weil er den untereinander Verflochtenen nur schaden könnte.[434] Entsprechendes gilt, wenn die ein Oligopol bildenden Unternehmen über ein Gemeinschaftsunternehmen miteinander verflochten sind.[435] **159**

(b) Verflechtungen auf Drittmärkten. Sind die dem Oligopol zuzurechnenden Unternehmen auf Drittmärkten personell oder kapitalmäßig, z. B. über Gemeinschaftsunternehmen, miteinander verflochten, so fördert dies regelmäßig die Bereitschaft zu wettbewerbsbeschränkendem Parallelverhalten auf dem betroffenen Markt (marktübergreifender Gruppeneffekt).[436] **160**

Ein Parallelverhalten ist dann besonders wahrscheinlich, wenn die Zusammenarbeit auf einem räumlich benachbarten oder sachlich verwandten Markt stattfindet.[437] Dies gilt insbesondere, wenn ein Gemeinschaftsunternehmen auf einem vor- oder nachgelagerten Markt tätig ist und dadurch Bezugs- oder Absatzbedingungen für die das Oligopol bildenden Unternehmen vereinheitlicht und infolgedessen die wettbewerblichen Verhaltensspielräume eingeschränkt werden.[438] Im Fall Lindner Licht GmbH wirkten sich Kooperationen (Gemeinschaftsunternehmen, Patentlizenzvereinbarungen) bei Vorprodukten über den insoweit gemeinsamen Kostensockel vereinheitlichend auf die Absatzbedingungen aus.[439] **161**

(6) Marktzutrittsschranken/potenzieller Wettbewerb (vgl. Rn. 73 ff.). **162**

(7) Wettbewerb durch unvollkommene Substitute (vgl. Rn. 101 ff.). **163**

(8) Gegengewichtige Marktmacht (vgl. Rn. 106 ff.). In einem hoch konzentrierten Markt kann eine oligopolistische Marktbeherrschung je eher eintreten, desto zersplitterter die Marktgegenseite ist.[440] Nachfragemächtige Unternehmen auf der Marktgegenseite können dagegen ein wettbewerbsbeschränkendes Parallelverhalten der Anbieter erschweren[441] (vgl. die entsprechenden Ausführungen zur Einzelmarktbeherrschung). Die Nachfra- **164**

---

[432] Vgl. z. B. KG WuW/E OLG 5907, 5914 f. – *Rheinpfalz/Medien Union* (1997). Hier waren KG und Bundeskartellamt von einem Gleichordnungskonzern von Herausgebern zweier Tageszeitungen ausgegangen. Das KG hat für den Fall, dass ein Gleichordnungskonzern zu verneinen sei, ein marktbeherrschendes Oligopol angenommen. Die personellen und geschäftlichen Verflechtungen seien so intensiv, dass mit wesentlichem Wettbewerb nicht gerechnet werden könne; siehe auch BKartA, Beschl. v. 12.1.2000 – *WAZ/OTZ,* S. 28 f. Auch im Fall – *RWE/VEW* hat das Bundeskartellamt zahlreiche Verflechtungen auf den betroffenen Energiemärkten – teilweise über, teilweise unterhalb eines Unternehmensverbundes – als wichtigen Anhaltspunkt für ein wettbewerbsbeschränkendes Parallelverhalten identifiziert, vgl. BKartA Beschl. v. 3.7.2000, S. 55 (Rn. 124), S. 62 (Rn. 146), die entscheidenden Textpassagen sind nicht in WuW/E BKartA DE-V 301 – *RWE/VEW* (2000) = WuW 2000, 1117 abgedruckt.

[433] BGH WuW/E 3037, 3041 – *Raiffeisen.* (1995).

[434] WuW/E BGH 2440 – *Gruner + Jahr/Die Zeit II* (1987); KG, WuW/E OLG 4106 – *w+i-Weiss-Druck* (1988).

[435] WuW/E BGH 2195 ff. – *Abwehrblatt II* (1985).

[436] Bundeskartellamt, Auslegungsgrundsätze, Juli 2005, S. 48.

[437] Vgl. BKartA, Beschl. v. 12.3.2006 – *Remondis/RWE Umwelt,* Rn. 46.

[438] Bundeskartellamt, Auslegungsgrundsätze, Juli 2005, S. 48.

[439] WuW/E BKartA 2669, 2676 – *Lindner Licht GmbH* (1994), zustimmend Monopolkommission, HG 1994/95, Rn. 634.

[440] BKartA, Beschl. v. 16.11.2004, B10–74/04 – *Rethmann/Tönsmeier/GfA Köthen,* Rn. 131 f.; BKartA, Beschl. v. 16.12.2009, B3–91/09 – *Celanese (Ticona)/FACT,* Rn. 105.

[441] BKartA, Beschl. v. 16.12.2009, B3–91/09 – *Celanese (Ticona)/FACT,* Rn. 105; BKartA, Leitfaden Marktbeherrschung, Rn. 100.

ger können ihre Verhandlungsmacht dann so ausspielen, dass sie die für sie vorteilhaftesten Konditionen aushandeln können. Im Ergebnis haben die Anbieter einen geringeren Preissetzungsspielraum.[442]

165 Binnenwettbewerb wird im Einzelfall dann in das Oligopol hineingetragen, wenn sich eine hochkonzentrierte Nachfrageseite mit dem strategischen Ziel, neben den Oligopolisten auf mehrere andere Anbieter ausweichen zu können, mit Auftragsangeboten auch gezielt an in- und ausländische Oligopolaußenseiter wendet und aufgrund eigener Entwicklungskompetenz unkontrollierbare Verhaltensspielräume auf Seiten der Anbieter verhindern kann.[443] Dies kann im Ausnahmefall auch dann gelten, wenn Aufträge bislang in der Regel lediglich an inländische Anbieter vergeben wurden. Hier sind allerdings hohe Anforderungen an die Prognose zu stellen, dass das nachfragestarke Unternehmen den zur Verfügung stehenden wirtschaftlichen Verhaltensspielraum auch nutzen wird.[444] Kann die Nachfrageseite zu Eigenfertigung übergehen, ist im Einzelfall die Unabhängigkeit des Nachfragers vor einem nicht marktgerechten Verhalten der Anbieter (teilweise) gesichert.[445]

166 Wie im Falle der Einzelmarktbeherrschung stellt sich auch hier die Frage, ob die Funktionen, die wirksamer Wettbewerb erfüllt – beispielsweise die Funktion einer wirksamen Preis- und Kostenbegrenzung und der Anreiz zu technischem Fortschritt – im Einzelfall durch Nachfragemacht und strategisches Einkaufsverhalten gleichwertig ersetzt werden können.[446] Für das Verhältnis nachfragestarker Unternehmen zu *Oligopolen* auf der Anbieterseite kann dies im Einzelfall – eine hohe Kostentransparenz und Entwicklungskompetenz auf Seiten der Nachfrager vorausgesetzt – zu bejahen sein.[447] Zudem sei aber nach Auffassung des Bundeskartellamts zu beachten, dass sämtliche Wettbewerber der gleichen Nachfragemacht ausgesetzt sind, so dass das Ungleichgewicht auf der Anbieterseite nicht ohne weiteres durch Nachfragemacht ausgeglichen werde.[448] Dies gilt insbesondere im Hinblick auf Ausschreibungen. Ein Hinweis auf grenzüberschreitende Ausschreibungen von Nachfragern reicht zur Begründung gegengewichtiger Marktmacht dann nicht aus, wenn sie nicht mit einem marktstrategischen Verhalten der Nachfrager im oben geschilderten Umfang verbunden sind.[449]

167 Enge Kundenbindungen zwischen Anbietern und Nachfragern können nach Auffassung des Bundeskartellamts erhebliche kunden- und lieferantenspezifische Investitionen begründen und so die Grundlage für langfristige vertikale Abhängigkeiten bilden.[450] Eine gegengewichtige Marktmacht ist dann ausgeschlossen, wenn die jeweiligen Nachfrager nicht kurzfristig auf andere Anbieter außerhalb des Oligopols ausweichen können. Eine entsprechend geringe Elastizität der unternehmensindividuellen Nachfrage kann dementsprechend gegen gegengewichtige Marktmacht und für eine höhere Kollusionsgefahr zwischen den Oligopolisten sprechen.[451]

168 **(9) Marktphase.** In frühen Marktphasen ist die Wahrscheinlichkeit für Verhaltenskoordinierungen gering, da das Marktvolumen noch dynamisch zunimmt und die Chancen,

---

[442] BKartA, Beschl. v. 16.12.2009, B3–91/09 – *Celanese (Ticona)/FACT,* Rn. 105 ff.
[443] WuW/E BKartA DE-V 235, 238 f. – *Dürr/Alstom* (2000).
[444] WuW/E BKartA DE-V 109, 111 – *Dow Chemical/Shell* (1999).
[445] WuW/E BKartA DE-V 109, 111 – *Dow Chemical/Shell* (1999); vgl. auch Monopolkommission, HG 1988/89, Rn. 533.
[446] Monopolkommission, Hauptgutachten VI 1984/85 Rn. 496; für das Problem der Nachfragemacht im Handel vgl. *Vogel L.:* Competition Law and Buying Power: The Case for new Approach in Europe in: E. C. L. R. 1998, Issue 1, S. 5.
[447] WuW/E BKartA DE-V 235, 238 f. – *Dürr/Alstom* (2000).
[448] WuW/E BKartA 2669/2677 – *Lindner Licht GmbH* (1994).
[449] Monopolkommission, HG 1988/89, Rn. 535.
[450] Bundeskartellamt, Auslegungsgrundsätze, Juli 2005, S. 50.
[451] Insbesondere die Kommission geht in ihrer Entscheidungspraxis auch bei dieser Konstellation häufig von gegengewichtiger Marktmacht aus, vgl. z. B. Komm. Entsch. v. 30.9.1992 – *DuPont/ICI,* ABl. EG 1993 L 7/13.

durch Wettbewerbsvorstöße dauerhaft hohe Gewinne erzielen zu können, größer sind. Innovationen der Produkte und Prozesse können dem Innovator individuelle Vorteile verschaffen und gleichzeitig die Wettbewerber in ihren Gegenreaktionen behindern.[452] Auf diese Vorteile würden innovative Unternehmen bei einer Koordinierung ihres Verhaltens verzichten.[453] Ausgereiftere Märkte sind nach Ansicht des Bundeskartellamts grundsätzlich anfälliger für Koordinierungen, als dynamische, innovationsgetriebene Märkte.[454] Das Bundeskartellamt schließt daraus, dass oligopolistische Marktstrukturen zunehmend in neuen, expandierenden und innovativen Märkten auftreten.[455] In der Regel lasse jedoch Technologie- und Innovationswettbewerb, Produktneuentwicklungen und die damit verbundenen Unsicherheiten über die Beständigkeit der Wettbewerbsbedingungen wettbewerbsbeschränkendes Parallelverhalten auf Dauer nicht erwarten[456] und beständige Verhaltensspielräume des Oligopols gegenüber Außenseitern unwahrscheinlich erscheinen.[457] Abgesehen von der möglichen Gefahr einer dauerhaften Abschottung von Innovationsmärkten im Einzelfall ist oligopolistische Marktbeherrschung in der Experimentier- und Expansionsphase eines Marktes eher unwahrscheinlich.[458] Im Hinblick auf die einzelnen Prüfungskriterien kann auf die Ausführungen zur Marktbeherrschung durch ein Unternehmen verwiesen werden.

bb) Wettbewerbsbedingungen – Außenwettbewerb. Sofern auf dem von dem Zusammenschluss betroffenen Markt neben dem Oligopol Außenseiter tätig sind, setzt die Annahme oligopolistischer Marktbeherrschung zusätzlich das Fehlen wesentlichen Wettbewerbs oder das Bestehen einer überragenden Marktstellung des Oligopols im Außenverhältnis voraus.[459] Die entsprechende Untersuchung einer **überragenden Marktstellung** des Oligopols entspricht der Prüfung der Einzelmarktbeherrschung.[460] Dabei tritt die Gesamtheit der das Oligopol bildenden Unternehmen an die Stelle des einzelnen Unternehmens.[461] 169

Ob **wesentlicher Wettbewerb** im Außenverhältnis besteht, ist nach den gleichen Kriterien zu prüfen, wie sie auch für die Feststellung wesentlichen Wettbewerbs im Oligopol gelten. Besteht trotz Parallelverhaltens im Oligopol im Außenverhältnis wesentlicher Wettbewerb, so ist zu prüfen, ob es sich im konkreten Fall aufgrund der überragenden Wettbewerbsvorteile der Oligopolmitglieder um Verdrängungswettbewerb handelt.[462] 170

Für den Außenwettbewerb sind im Hinblick auf die Wettbewerbsbedingungen insbesondere Marktanteils- und Ressourcenvorsprünge, aber auch Verflechtungen bzw. wirtschaftliche Abhängigkeiten zwischen den Oligopolisten und den Außenseitern von Bedeutung.[463] Die Außenseiter können einen unkontrollierbaren Verhaltensspielraum des Oligo- 171

---

[452] BKartA, Leitfaden Marktbeherrschung, Rn. 97.

[453] Vgl. BKartA, Beschl. v. 16.12.2009, B3–91/09 – *Celanese (Ticona)/FACT,* Rn. 85 ff.

[454] BKartA, Leitfaden Marktbeherrschung, Rn. 98.

[455] Vgl. z. B. BKartA, Beschl. v. 3.12.1999 – *Checkpoint/Meto,* S. 15 ff.; WuW/E BKartA DE-V 328, 330 – *Xerox/Tektronix* (2000).

[456] Bundeskartellamt, Auslegungsgrundsätze, Juli 2005, S. 50.

[457] Bundeskartellamt, Auslegungsgrundsätze, Juli 2005, S. 50.

[458] Bundeskartellamt, Auslegungsgrundsätze, Juli 2005, S. 50; BKartA, Beschl. v. 20.6.2006 – *Putzmeister/Essener Werke,* S. 27.

[459] Bundeskartellamt, Auslegungsgrundsätze, Juli 2005, S. 50; BKartA, Leitfaden Marktbeherrschung, Rn. 113.

[460] BKartA, Leitfaden Marktbeherrschung, Rn. 114.

[461] Bundeskartellamt, Auslegungsgrundsätze, Juli 2005, S. 50.

[462] Vgl. z. B. WuW/E BKartA 1923 ff. – *Burda-Springer;* BKartA, AG 86, S. 380 f. – *NUR-IST.*

[463] BKartA WuW/E DE-V 53, 61 – *Premiere;* BKartA, Beschl. v. 3.7.2000 – *RWE/VEW,* S. 55 f. (Rn. 124 f.), S. 61 ff. (Rn. 144 ff.), die entscheidenden Textpassagen sind nicht in WuW/E BKartA DE-V 301 abgedruckt; zu Wettbewerbspotenzialen von Außenseitern vgl. auch Department of Justice and Federal Trade Commission: gemeinsame Merger Guidelines, Abschnitt 2.12.

pols nach Auffassung des Bundeskartellamts z. B. dann nicht einschränken, wenn ihnen aus rechtlichen oder tatsächlichen Gründen nicht alle wesentlichen Werttbewerbsparameter vollständig zur Verfügung stehen.[464]

172 **cc) Gesamtschau der Wettbewerbsbedingungen.** Alle für den betroffenen Markt bedeutsamen Wettbewerbsbedingungen sind in einer Gesamtschau daraufhin zu würdigen, ob sie oligopolistische Marktbeherrschung erwarten lassen.[465]

173 Selbst wenn nicht alle untersuchten relevanten Wettbewerbsbedingungen auf oligopolistische Marktbeherrschung hindeuten, kann sie dennoch – vorbehaltlich der Prüfung des Wettbewerbsgeschehens – wahrscheinlich sein.[466] Alle für diese Annahme sprechenden Wettbewerbsbedingungen sind dann den ihr widerstreitenden gegenüberzustellen. Hierbei sind ihre Aussagen über die Möglichkeiten zum Parallelverhalten und die Wahrscheinlichkeit, dass es tatsächlich nach dem Zusammenschluss zu einem solchen Verhalten kommt, miteinander in Beziehung zu setzen und zu würdigen. Die besonders aussagekräftigen Kriterien Marktanteil, Ressourcenbetrachtung und Marktzutrittsschranken/potenzieller Wettbewerb verdienen dabei besondere Beachtung, denn sie sind eine unerlässliche Voraussetzung für wettbewerbsbeschränkendes Parallelverhalten.[467]

174 Liegen die Marktanteilsvoraussetzungen der Oligopolvermutungen (§ 18 Abs. 6 GWB) vor, ist zu prüfen, ob die relevanten Wettbewerbsbedingungen insgesamt keinen wesentlichen Wettbewerb erwarten lassen. Dabei sind an die Widerlegung der Vermutung spiegelbildlich die gleichen Anforderungen zu richten wie sie – umgekehrt – für die Annahme einer marktbeherrschenden Stellung bestehen.

175 Treten zu den zentralen Kriterien Marktanteil und Marktzutrittsschranken bestimmte andere Wettbewerbsbedingungen hinzu und bilden mit diesen eine Kombination, die wettbewerbsbeschränkendes Parallelverhalten sehr wahrscheinlich macht, dann sind nach Auffassung des Bundeskartellamts andere Wettbewerbsbedingungen nur noch daraufhin zu untersuchen, ob sie dem entgegenstehen. Ein Beispiel für eine solche Kombination von Wettbewerbsbedingungen ist das Zusammentreffen von engem Oligopol, homogenen Massengütern, transparentem Markt, Stagnations- oder Ausreifungsphase des Marktes und hohen Marktzutrittsschranken.[468] Das Bundeskartellamt weist auf die US-amerikanischen Merger Guidelines hin, nach denen die Prüfung von Oligopolstrukturen eine eingehende Analyse der Marktkonzentration, der bisherigen Anfälligkeit des betroffenen Marktes für wettbewerbsbeschränkende Koordinierungsmechanismen und der Frage des Marktzutritts als Antwort auf oligopolistische Wettbewerbsbedingungen voraussetzt.[469]

176 Durch einen Zusammenschluss werden in der Regel nicht sämtliche Wettbewerbsbedingungen des davon betroffenen Marktes so umfassend geändert, dass ihre Gesamtschau für die Zeit nach dessen Vollzug ein gänzlich anderes Bild ergibt als vorher. Für die Prüfung, ob eine oligopolistische Marktbeherrschung **entstehen** wird, kommt es für das Bundeskartellamt darauf an, ob zumindest ein Teil der bestehenden Wettbewerbsbedingungen so stark durch den Zusammenschluss verändert wird, dass der bisher bestehende Wettbewerb künftig nicht mehr gewährleistet ist. Dies kann z. B. schon durch eine signifikante Erhöhung der Marktkonzentration bei bestehenden Marktzutrittsschranken der Fall sein.[470] Deswegen hat der Nachweis wesentlichen Wettbewerbs für die Zeit vor dem Zusammen-

---

[464] BKartA WuW/E DE-V 53, 61 – *Premiere,* hier eingeschränkte Teilnahme der öffentlich-rechtlichen Sender am Fernsehwerbemarkt.

[465] BGH, Beschl. v. 8.6.2010 – KVR 4/09 – WM 2010, 2186, 2187.

[466] Bundeskartellamt, Auslegungsgrundsätze, Juli 2005, S. 51. BGH, Beschl. v. 8.6.2010 – KVR 4/09 – WM 2010, 2186, 2188.

[467] Bundeskartellamt, Auslegungsgrundsätze, Juli 2005, S. 51.

[468] Bundeskartellamt, Auslegungsgrundsätze, Juli 2005, S. 51 f.

[469] Bundeskartellamt, Auslegungsgrundsätze, Juli 2005, S. 51 f., unter Hinweis auf die Merger Guidelines 1992, Abschn. 2.

[470] Bundeskartellamt, Auslegungsgrundsätze, Juli 2005, S. 52.

schluss allenfalls Indizwirkung für die Zeit danach.[471] Kommt es infolge eines horizontalen Zusammenschlusses zu einer erheblichen Marktanteilskonzentration bei den führenden Unternehmen des betroffenen Marktes, dann ist das Entstehen oligopolistischer Marktbeherrschung für das Bundeskartellamt wahrscheinlich. Das gilt jedenfalls dann, wenn dadurch die Schwellen der Oligopolvermutungen erstmals erreicht oder überschritten werden.

Besteht bereits ein marktbeherrschendes Oligopol, ist für das Bundeskartellamt dessen **Verstärkung** bei jedem weiteren horizontalen Zusammenschluss wahrscheinlich, durch den das Oligopol sich verengt (Zusammenschluss zwischen Oligopolmitgliedern) oder Außenseiter Teil des Oligopols werden.[472] Dabei soll sich die Verstärkung des Oligopols durch eine weitere Angliederung der markt- und unternehmensbezogenen Strukturmerkmale ergeben.[473] Durch die Verengung wird das Wettbewerbsverhalten im Oligopol in der Regel transparenter und ein Parallelverhalten erleichtert. Zusammenschlüsse mit Außenseitern können zudem ihre Möglichkeit zu wettbewerblichen Verstößen verringern, die das Parallelverhalten im Oligopol stören könnten. Das trifft insbesondere auf Zusammenschlüsse mit solchen Außenseitern zu, die besonders leistungsfähig sind und von denen wettbewerbliche Impulse noch am ehesten erwartet werden können.[474] **177**

Auch im Bereich der oligopolistischen Marktbeherrschung können Wettbewerbswirkungen eines Zusammenschlusses – insbesondere bei der Gründung von Gemeinschaftsunternehmen – den nicht vergemeinschafteten Bereich treffen (Gruppeneffekt).[475] **178**

dd) Wettbewerbsgeschehen. Ob auf dem von dem Zusammenschluss betroffenen Markt wesentlicher Wettbewerb im Oligopol besteht, ist anhand der tatsächlich von den Unternehmen eingesetzten Wettbewerbsparameter festzustellen. Sofern aufgrund des Parametereinsatzes alle maßgeblichen Funktionen des Wettbewerbs erfüllt werden und insbesondere der Preissetzungsspielraum der Unternehmen begrenzt bleibt, herrscht wesentlicher Wettbewerb. Wird jedoch eine starke Reaktionsverbundenheit festgestellt und diese durch ein in der Vergangenheit gleichförmiges Verhalten hinsichtlich wesentlicher Wettbewerbsparameter unterlegt, ist für das Bundeskartellamt die Prognose der Fortsetzung dieses Verhaltens gerechtfertigt.[476] Damit die Reaktionsverbundenheit stabil bleibt, muss ein abweichendes Verhalten eines Mitglieds des Oligopols nicht nur entdeckt werden, sondern auch eine Sanktion nach sich ziehen. Eine **Sanktionierung** liegt bereits dann vor, wenn die anderen Oligopolisten von dem koordinierten Verhalten abweichen und so zumindest kurzfristig wieder normaler Wettbewerb entsteht.[477] Für ein gleichförmiges Verhalten spricht nach dem Bundeskartellamt, wenn parallele Preisentwicklungen, kaum Marktaustritte oder Marktzutritte, keine wiederholten vorstoßenden Wettbewerbsmaßnahmen und kein wesentlicher Produktwettbewerb durch Innovationen feststellbar sind.[478] **179**

In der Oligopoltheorie und in der Entscheidungspraxis der Wettbewerbsbehörden haben sich einige zentrale Marktgegebenheiten als wichtige Voraussetzung für die Annahme oligopolistischer Marktbeherrschung herausgestellt:[479] Beispielsweise sind für das Bundeskar- **180**

---

[471] KG WuW/E 3072 – *Morris-Rothmans* (1983).
[472] BKartA, Leitfaden Marktbeherrschung, Rn. 122.
[473] WuW/E BKartA DE-V 1163, 1170 – *Springer/ProSiebenSat.1* (2006).
[474] Bundeskartellamt, Auslegungsgrundsätze, Juli 2005; S. 51 f. unter Hinweis auf die Merger Guidelines 1992, Abschn. 2.12.
[475] WuW/E BKartA DE-V 53, 61 ff. – *Premiere* (1999).
[476] Vgl. auch BGH WuW/E 2433, 2440 – *Gruner + Jahr/Die Zeit II;* KG, WuW/E OLG 3051, 3075 ff. – *Morris/Rothmans;* BKartA WuW/E 2247, 2249 – *Hüls/Condea,* WuW/E BKartA 2669, 2678 – *Lindner Licht GmbH.*
[477] BKartA, Leitfaden Marktbeherrschung, Rn. 106.
[478] BKartA, Leitfaden Marktbeherrschung, Rn. 118.
[479] Bundeskartellamt, Auslegungsgrundsätze, Juli 2005, S. 53; Diese Faktoren können strukturell veranlasst sein (Markttransparenz aufgrund der hoher Produkthomogenität und starker Unternehmenskonzentration) oder von den Marktteilnehmern bewusst geschaffen werden (Transparenz aufgrund von Preislisten).

tellamt wettbewerbslose Oligopole wahrscheinlicher, wenn ein hoher Grad an **Markttransparenz** zu beobachten ist und die betroffenen **Produkte** weitgehend **homogen** sind.[480] Umgekehrt spricht die Unfähigkeit der betroffenen Unternehmen, Rohstoffpreissteigerungen im Markt weiterzugeben, gegen ein wettbewerbsloses Oligopol.[481] Bestandteil der fusionsrechtlichen Prüfung ist schließlich die Bewertung des **tatsächlichen Wettbewerbsgeschehens** auf dem betroffenen Markt.

181 **(1) Wettbewerbsgeschehen und Markttransparenz.** Für die Annahme von Markttransparenz muss keine vollständige Produkt-, Preis- und Konditionentransparenz vorliegen. Würde man fordern, dass die Oligopolisten die gesamten Preis- und Rabattpolitik ihrer Wettbewerber überblicken könnten, so wäre oligopolistische Marktbeherrschung nur in Ausnahmefällen nachweisbar. Nach dem Bundeskartellamt ist es ausreichend, wenn die Markttransparenz ein Niveau erreicht, dass den Oligopolisten erlaubt, sowohl die Produkt- und Preisstrategie der Wettbewerber zu erkennen als auch die Wettbewerbsvorstöße zu identifizieren.[482] Zudem müssen die Oligopolisten auf Wettbewerbsvorstöße kurzfristig reagieren können, um das eigene Produktangebot bzw. die Konditionen entsprechend anzupassen.[483] Markttransparenz kann alle strukturellen Merkmale erfassen, die den Anbietern Informationen über das wettbewerbliche Verhalten ihrer Wettbewerber verschaffen und damit eine Verhaltensabstimmung erleichtern. Dies sind nicht nur Faktoren, die eine explizite Verhaltensabstimmung ermöglichen, sondern auch Marktbedingungen, die es zulassen, dass Unternehmen sich gegenseitig Wettbewerbsstrategien signalisieren können.[484] Die Markttransparenz wird insbesondere begünstigt, wenn lediglich eine geringe Anzahl von Wettbewerbern auf dem Markt agiert und/oder bei homogenen Produkten.[485]

182 Märkte, in denen die **Markttransparenz** hoch ist, beispielsweise, weil die Anbieter ihre Listenpreise (incl. Rabatte usw.), Marktstatistiken[486] oder Verkaufszahlen veröffentlichen, sind nach Auffassung des Bundeskartellamtes vergleichsweise anfällig für oligopolistische Marktbeherrschung.[487] Dies gilt tendenziell auch im Hinblick auf Märkte für börsengehandelte Grunderzeugnisse[488] oder für Märkte, in denen gemeinsame E-Commerce-Plattformen für die Beschaffung oder den Absatz von Produkten eine wachsende Rolle spielen. In einem engen Oligopol kann eine solche Praxis die Kontrolle der Oligopoldisziplin erleichtern.[489] Je schneller und detaillierter die Informationen verfügbar gemacht werden, desto höher ist die Markttransparenz.

183 Öffentliche Ausschreibungen können – je nach Ausgestaltung – Markttransparenz fördern oder behindern. Die Markttransparenz wird dann gefördert, sofern sich der Ausschreibungswettbewerb an eine geringe Anbieterzahl richtet und Mechanismen (Nachverhandlungen oder Vergabe von Aufträgen an Konsortien) bestehen, die den Oligopolisten zusätzlichen Einblick in die Angebotsgestaltung ihrer Wettbewerber gewähren.[490]

---

[480] Bundeskartellamt, Auslegungsgrundsätze, Juli 2005, S. 53, unter Hinweis auf die U.S. Merger Guidelines, Abschn. 2. 11; zur Entscheidungspraxis des Bundeskartellamtes, vgl. z.B. Beschl. v. 3.7. 2000 – *RWE/VEW*, S. 54ff. (Rn. 122ff.), entscheidende Textpassage in WuW/E BKartA DE-V 301 nicht abgedruckt; BKartA, Leitfaden Marktbeherrschung, Rn. 110.

[481] BKartA, Beschl. v. 26.9.2006, *Kemnia/Lytec*, S. 13; Bundeskartellamt Beschl. 19.7.2006 *Performance Fibers/INVISTA*, S. 19.

[482] BKartA, Beschl. v. 17.3.2011, B6–94/10 – *ProSiebenSat.1 Media/RTL interactive*, Rn. 77; BKartA, Leitfaden Marktbeherrschung, Rn. 101.

[483] BKartA, Beschl. v. 17.2.2009, B2–46/08 – *Nordzucker/Danisco*, Rn. 271f.

[484] Bundeskartellamt, Auslegungsgrundsatz, Juli 2005, S. 53.

[485] BKartA, Leitfaden Marktbeherrschung, Rn. 102.

[486] BKartA, Beschl. v. 17.3.2011, B6–94/10 – *ProSiebenSat.1 Media/RTL interactive*, Rn. 79.

[487] BKartA, Leitfaden Marktbeherrschung, Rn. 105.

[488] Vgl. insoweit auch Komm. E. v. 24.4.1996 – *Gencor/Lonrho*, ABl. EG 1997, Nr. L 11/30, 52.

[489] Bundeskartellamt, Auslegungsgrundsätze, Juli 2005, S. 53f.

[490] Entsch. der Kommission v. 18.10.1995 – *ABB/Daimler Benz*, ABl. EG 1997, Nr. L 11/1, 17.

(2) Wettbewerbsgeschehen und Homogenität der betroffenen Produkte oder Dienstleistungen. Bei **homogenen Gütern** kann nach Auffassung des BKartA kein oder nur ein sehr eingeschränkter Qualitätswettbewerb stattfinden, weil die von verschiedenen Herstellern angebotenen Waren keine für die Nachfrager wesentlichen Unterschiede aufweisen. Zudem kann bei homogenen Gütern meist nicht hinreichend sicher festgestellt werden, ob Preiswettbewerb stattfindet.[491] Auf derartigen Märkten entscheiden daher alle Formen des Restwettbewerbs (z. B. Service-, Konditionen-, Qualitäts- und Beratungswettbewerb) darüber, ob der Wettbewerb noch wesentlich ist. Erhebliche Preisunterschiede in einem wettbewerblichen Markt für homogene Güter sind nur dann denkbar, wenn es an der Markttransparenz fehlt.[492] 184

Wesentlicher Wettbewerb besteht nicht schon dann, wenn die Unternehmen die auf Märkten mit homogenen Gütern vorhandenen Verhaltensspielräume nutzen. Der tatsächliche Parametereinsatz muss insgesamt von einer Intensität und Bedeutung für den Markt sein, dass die Funktionsfähigkeit des Wettbewerbs gegeben ist.[493] 185

Märkte, in denen Produktdifferenzierungen eine große Rolle spielen, sind in der Regel weniger geeignet für Parallelverhalten im Oligopol. Bei heterogenen Gütern, bei Produktinnovationen oder bei der Entwicklung von Systemmärkten ist Preis- und Qualitätswettbewerb möglich und von erheblicher Bedeutung für die Feststellung wesentlichen Wettbewerbs.[494] Die einzelnen Oligopolmitglieder sind eher in der Lage, den Oligopolpreis zu unterbieten, da sie nicht befürchten müssen, den Großteil ihrer Nachfrage bei Vergeltungsmaßnahmen der anderen Oligopolisten zu verlieren. Zudem wird es mit zunehmender Produktdifferenzierung immer schwieriger, kooperative Arrangements, z. B. über vereinheitlichte Oligopolpreise, zu treffen. Entsprechende Unsicherheiten über die zukünftige Marktentwicklung können wesentlichen Wettbewerb im Oligopol auch zukünftig sicherstellen.[495] Gleichwohl schließt Produktheterogenität das Entstehen eines marktbeherrschenden Oligopols nicht von vornherein aus, beispielsweise wenn die Kollusion weniger im Bereich Preis/Menge, sondern vielmehr in der Aufteilung von sachlichen oder regionalen Teilmärkten besteht.[496] Auch hier ist der Markt auf seine Funktionsweise zu untersuchen.[497] 186

(3) Wettbewerbsrechtliche Einordnung. Lässt sich zwischen den marktführenden Unternehmen vor dem Zusammenschluss wesentlicher Wettbewerb beobachten und haben diese Unternehmen erhebliche Investitionen in langfristige Wachstumsstrategien auf einem grenzüberschreitenden Markt investiert, so ist der Nachweis fehlenden Binnenwettbewerbs beim Erwerb eines Oligopolaußenseiters auf einem räumlichen Teilmarkt nur schwer zu begründen.[498] Gleiches gilt, wenn in der Vergangenheit ein erheblicher Preisverfall zu beobachten ist, insbesondere verbunden mit erheblichen Marktanteilsrückgängen bei den Oligopolisten zugunsten der Oligopolaußenseiter sowie bereits erfolgten oder zu erwartenden Marktzutritten.[499] 187

Lässt sich im Zeitablauf hingegen ein gleichförmiges Preissetzungsverhalten des Oligopols beobachten, dann ist der Wettbewerb nicht mehr wesentlich, es sei denn es handelt sich um ein innovatives, sich dynamisch entwickelndes Gut. Preiswettbewerb nur auf der Handelsstufe ist dann nicht wesentlich, wenn die Handelsnachfrage aufgrund der Anbie- 188

---

491 BKartA, Leitfaden Marktbeherrschung, Rn. 102.
492 WuW/E BKartA DE-V 109, 111 – *Dow Chemical/Shell* (1999).
493 WuW/E BGH 2028 – *Texaco-Zerssen* (1983).
494 WuW/E BKartA DE-V 142, 145 – *Kleinfeuerwerk* (1999); Bundeskartellamt, Beschl. v. 3.12. 1999 – *Checkpoint/Meto,* S. 15 f.
495 BKartA, Beschl. v. 3.12.1999 – *Checkpoint/Meto,* S. 15 f.
496 Bundeskartellamt, Auslegungsgrundsätze, Juli 2005, S. 54, m. w. N.
497 Bundeskartellamt, Auslegungsgrundsätze, Juli 2005, S. 54.
498 WuW/E BKartA DE-V 170, 176 – *NZDS-Glasfaserkabel* (1999).
499 WuW/E BKartA DE-V 267, 269 – *Chipkarten* (2000).

terwerbung von den Verbraucherpräferenzen gesteuert wird. Auf Märkten, die nach Kenntnis der Wettbewerbsbehörden offenbar anfällig sind für wettbewerbsbeschränkende Absprachen, ist nach Auffassung des Bundeskartellamtes ein oligopolistisches Parallelverhalten wahrscheinlich.[500] Auf einem Markt, auf dem die Unternehmen ihre Kapazitäten kaum der Nachfrage anpassen können, ist eine Preiskoordinierung nicht erforderlich. Über geringere Preise könnten zusätzlich gewonnene Abnehmer ohnehin nicht bedient werden. Vielmehr ist hier die Koordinierung im Hinblick auf die Angebotsmenge wesentlich.[501]

189 Selbst wenn auf dem Markt wesentlicher Wettbewerb festzustellen ist, kann oligopolistische Marktbeherrschung bestehen, wenn dieser Wettbewerb nur temporär oder lokal stattfindet oder Verdrängungscharakter hat.[502] Anhaltspunkte dafür können sich beispielsweise aus Wechselkursschwankungen, konjunkturell bedingten Überkapazitäten, gleichförmigem Abwehrverhalten des Oligopols gegenüber Newcomern[503] oder bei Wettbewerbsvorteilen des Oligopols gegenüber den Außenseitern ergeben.

V. Abwägungsklausel (§ 36 Abs. 1 S. 2 Nr. 1 GWB)

190 Das Bundeskartellamt darf einen Zusammenschluss nicht untersagen, wenn dieser zwar zur Begründung oder Verstärkung einer marktbeherrschenden Stellung führt, die beteiligten Unternehmen aber nachweisen (unten 3.), dass durch den Zusammenschluss auch Verbesserungen der Wettbewerbsbedingungen eintreten (unten 1.) und dass diese Verbesserungen die Nachteile der Marktbeherrschung überwiegen (unten 2.). Die Abwägungsklausel war vor der 8. GWB-Novelle zweiter Halbsatz des Markbeherrschungstests und stellt nunmehr eine Ausnahme zum Untersagungsgegenstand des § 36 Abs. 1 S. 1 GWB dar. Dies wirkt sich rechtssystematisch insofern aus, als die Abwägungsklausel auch auf den SIEC-Test Anwendung findet. Hieran anschließend stellt sich die Frage, ob sie weiterhin nur auf strukturelle Wettbewerbsbedingungen Anwendung findet oder wegen ihrer neuen Verknüpfung mit dem SIEC-Test auch auf dessen *effects based approach.*

1. Verbesserung der Wettbewerbsbedingungen

191 Vor der 8. GWB-Novelle waren im Rahmen der Abwägung nur **Verbesserungen der Marktstruktur** berücksichtigungsfähig.[504] Vorteile, die nicht die strukturellen Wettbewerbsbedingungen betreffen, konnten allenfalls im Verfahren der Ministererlaubnis nach § 42 GWB berücksichtigt werden. Bloße betriebswirtschaftliche Vorteile für die beteiligten Unternehmen, wie z. B. Rationalisierungsvorteile, oder ein Zuwachs an Finanzmitteln im Sinne der Erweiterung der allgemeinen Handlungsmöglichkeiten des betreffenden Unternehmens oder bessere Kapazitätsauslastung und Kosteneinsparungen reichten nicht aus, wenn sie nicht zugleich mit einer Verbesserung der Marktstruktur verbunden waren.[505] Gleiches galt für hochschulpolitische Aspekte, wie den Wissenschaftsauftrag gemäß Art. 5 Abs. 3 GG.[506] Eine zu berücksichtigende Verbesserung ist z. B. der Fortbestand einer Marke oder eines Anbieters.[507] Diese Aussagen treffen auf die Prüfung des Marktbeherrschungs-

---

[500] WuW/E BKartA 2669 – *Lindner Licht GmbH* (1994).

[501] Bundeskartellamt, Auslegungsgrundsätze, Juli 2005, S. 54, unter Hinweis auf Komm. E. v. 22.9. 1999 – *Airtours/First Choice* ABl. EG 2000 L 93/1, 16.

[502] Bundeskartellamt, Auslegungsgrundsätze, Juli 2005, S. 55.

[503] KG WuW/E OLG 3078 – *Morris-Rothmans.*

[504] WuW/E BGH 1533, 1539 – *Erdgas Schwaben* (1978); WuW/E BGH 2899, 2092 – *Anzeigenblätter II* (1994); BKartA, Beschl. v. 3.4.2008, B7–200/07 – *KDG/Orion,* Rn. 227.

[505] WuW/E BGH 2899, 2902 f. – *Anzeigenblätter II* (1994); WuW/E BKartA DE-V 145, 148 – *Pfleiderer/Coswig* (1999).

[506] Bundeskartellamt, Beschl. v. 11.12.2006, *Universitätskrankenhaus Greifswald/Kreiskrankenhaus Wolgast,* Rn. 154.

[507] BGH WuW/E 1854, 1860 – *Zeitungsmarkt München;* BGH WuW/E 2276, 2284 – *Süddeutscher Verlag/Donau-Kurier,* BGH WuW/E 2425, 2431 – *Niederrheinische Anzeigenblätter.*

kriteriums auch weiterhin zu. Demgegenüber stellt der SIEC-Test nicht auf die eine marktbeherrschende Position determinierenden Faktoren ab, sondern auf einen *effects based approach,* der die Feststellung einer erheblichen Behinderung wirksamen Wettbewerbs im Ergebnis von den konkreten Auswirkungen auf die Verbraucher abhängig macht. Für die Praxis relevant wird dieser unterschiedliche Maßstab nur in denjenigen Fällen, in denen das Marktbeherrschungskriterium nicht erfüllt ist und der SIEC-Test eigenständige Bedeutung erlangt.

Die Prüfung der Marktanteile in Rahmen des Zusammenschlusses nach § 18 Abs. 2 **192**
GWB kann sich auch auf das Ausland erstrecken.[508] Die Wettbewerbsstellung der beteiligten Unternehmen **im Ausland** ist dann zu berücksichtigen, wenn die Stellung im Ausland einen Markt betrifft, der räumlich auch Deutschland umfasst,[509] selbst wenn es nicht der Markt ist, auf dem der Zusammenschluss zu einer Begründung oder Verstärkung einer marktbeherrschenden Stellung führen würde, sondern ein anderer sachlich relevanter Markt.

Die Verbesserung der Wettbewerbsbedingungen kann an sich den gleichen Markt, auf **193**
dem der Zusammenschluss zu einer Begründung oder Verstärkung einer marktbeherrschenden Stellung führen würde,[510] oder andere Märkte betreffen.[511] Da aber Verbesserungen der Wettbewerbsbedingungen auf dem gleichen Markt schon bei der Prüfung der Untersagungsvoraussetzungen berücksichtigt werden, kommt die eigentliche Abwägung systematisch nur in Betracht, wenn Verbesserungen auf anderen Märkten eintreten.[512]

Die Märkte müssen nicht in einer **besonderen Beziehung** zueinander stehen. Eine re- **194**
levante Verbesserung kommt jedoch insbesondere in Betracht, wenn Substitutionsbeziehungen zwischen den betreffenden Märkten bestehen und durch den Zusammenschluss diese Substitutionskonkurrenz gefördert wird.[513] In diese Fallgruppe gehören auch die Fälle, in denen ein Zusammenschluss die Position einer Zweitzeitung gegenüber der mächtigen Erstzeitung erhält.[514] Ebenso kommt die Anwendung der Abwägungsklausel vor allem dann in Betracht, wenn es sich um vor- und nachgelagerte Märkte handelt.[515]

Der Zusammenschluss muss **kausal** für die Verbesserung der Wettbewerbsbedingungen **195**
sein.[516] Um dies festzustellen, müssen die Marktstrukturen mit und ohne Zusammenschluss verglichen werden. Dabei genügt es, wenn sich aufgrund der gegebenen und der auf dem zukünftigen Markt zu erwartenden Marktverhältnisse anhand der konkreten Umstände mit hoher Wahrscheinlichkeit sagen lässt, dass nach allgemeiner Erfahrung über wirtschaftliches Verhalten eine gleichwertige Verbesserung der Wettbewerbsbedingungen ohne den Zusammenschluss nicht zu erwarten ist.[517] Nach der restriktiven Rechtsprechung ist erforderlich, dass die Verbesserungen nur durch den Zusammenschluss erreicht werden können.[518] Lassen sich die Verbesserungen des Wettbewerbs dagegen auch auf anderem Wege erreichen, findet die Abwägungsklausel keine Anwendung.

---

[508] BGH Beschl. v. 5.10.2004, WM 2005, 1531, 1534 f.

[509] BKartA, Leitfaden Marktbeherrschung, Rn. 193.

[510] A. A. BKartA, Leitfaden Marktbeherrschung, Rn. 191 (Bei Auswirkungen auf demselben Markt bereits bei Beurteilung über die Entstehung oder Verstärkung der marktbeherrschenden Stellung zu berücksichtigen).

[511] BKartA, TB 1987/88, S. 14 f.

[512] *Ruppelt* in: Langen/Bunte § 36 Rn. 50.

[513] Z. B. Öl- und Gasmärkte: WuW/E BGH 1533, 1538 ff. – *Erdgas Schwaben* (1978).

[514] KG, WuW/E OLG 3767, 3775 ff. – *Niederrheinische Anzeigenblätter* (1986), im konkreten Fall jedoch verneint; strenger: BGH WuW/E 2425, 2430 – *Niederrheinische Anzeigenblätter* (1987).

[515] WuW/E DE-V 1500 *trac-x* (2007).

[516] BKartA TB 1999/2000, S. 22.

[517] Vgl. z. B. WuW/E BGH 1533, 1540 – *Erdgas Schwaben* (1978).

[518] Vgl. z. B. WuW/E BGH 1533, 1540 – *Erdgas Schwaben* (1978).

2. Überwiegen über Nachteile der Marktbeherrschung

196 Die Verbesserungen müssen die Nachteile nicht nur aufwiegen, sondern **überwiegen.**[519] Dies ist als materiell ungerechtfertigt anzusehen und verfassungsrechtlich bedenklich.[520]

197 Die erforderliche Abwägung der wettbewerblichen Vor- und Nachteile des Zusammenschlusses ist in der Praxis schwierig, da sich die Vor- und Nachteile oft nur schwer vergleichen lassen. Es ist eine **Gewichtung der betreffenden Märkte** vorzunehmen.[521]

198 Die Abwägungsklausel ist z.B. anzuwenden, wenn der Zusammenschluss zwar zu einer marktbeherrschenden Stellung auf einem gesamtwirtschaftlich relativ unbedeutenden Markt, zugleich aber zu Verbesserungen auf gesamtwirtschaftlich wichtigeren Märkten führt. Man kann bei der Anwendung der Abwägungsklausel nicht verlangen, dass die Entstehung einer marktbeherrschenden Stellung auf einem Markt nur von Verbesserungen der Wettbewerbsbedingungen überwogen werden kann, die zur Beseitigung einer marktbeherrschenden Stellung auf einem anderen Markt führen.[522]

3. Nachweis

199 Aus dem Wortlaut des § 36 Abs. 1 S. 2 Nr. 1 GWB ergibt sich, dass die Zusammenschlussbeteiligten das Vorliegen der Voraussetzungen der Abwägungsklausel nachweisen. Sie tragen damit die **Darlegungs- und Beweislast** für das Vorliegen der Voraussetzungen der Abwägungsklausel.[523] Dies gilt auch für die Kausalität des Zusammenschlusses für die Verbesserungen, wobei insoweit eine hohe Wahrscheinlichkeit ausreicht.[524] Tragen die Zusammenschlussbeteiligten schlüssige und überzeugende Anhaltspunkte für ein Überwiegen der Verbesserungen der Wettbewerbsbedingungen über die Nachteile der Marktbeherrschung vor, weil sie genaue Tatsachen nicht selbst ermitteln und vortragen können, ist das Bundeskartellamt gehalten, die entsprechenden, ihm möglichen Ermittlungen, z.B. durch Auskunftsbeschlüsse nach § 59 GWB, vorzunehmen.[525]

VI. Bagatellmarktklausel (§ 36 Abs. 1 S. 2 Nr. 2)

200 Ein Zusammenschluss ist dann nicht zu untersagen, wenn die Voraussetzungen des ersten Satzes auf einem Markt vorliegen, auf dem seit mindestens fünf Jahren Waren oder gewerbliche Leistungen angeboten werden und im letzten Kalenderjahr weniger als 15 Millionen Euro umgesetzt wurden.

1. Entstehungsgeschichte

201 Im Wege der 8. GWB-Novelle wurde die Bagatellmarktklausel des ehemaligen § 35 Abs. 2 S. 1 Nr. 2 GWB von der formellen zurück in die materielle Fusionskontrolle verschoben, was der Situation zum Zeitpunkt der 6. GWB-Novelle entspricht. Ursächlich für die Änderung waren in der Praxis häufig auftretende Unwägbarkeiten bei der Anmelde-

---

[519] WuW/E BGH 1854, 1861 – *Zeitungsmarkt München* (1981); *Ruppelt* in: Langen/Bunte, § 36 Rn. 53.

[520] GK-*Schulz,* § 36 Rn. 152; *Bechtold,* GWB, § 36 Rn. 38. a. A. BKartA, Leitfaden Marktbeherrschung, Rn. 197; BKartA, Beschl. v. 12.3.2007, B8–62/06 – *RWE Energie/SaarFerngas,* S. 54; BKartA, Beschl. v. 19.12.2007, B8–123/07 – *E.ON Avacon/WEVG,* Rn. 24; BKartA, Beschl. v. 23.10.2007, B8–93/07 – *RWE/SWKN,* Rn. 34.

[521] *Emmerich,* § 25 9. b); *Richter* in: Wiedemann, Handelsbuch des Kartellrechts, § 20 Rn. 163.

[522] *Thomas* in: Immenga/Mestmäcker, GWB, § 36 Rn. 742, ebenfalls ablehnend.

[523] WuW/E BGH 1533, 1540 – *Erdgas Schwaben* (1978); BKartA, Leitfaden Marktbeherrschung, Rn. 200.

[524] BKartA, TB 1987/88, S. 14f.

[525] Vgl. *Richter* in: Wiedemann, Handbuch des Kartellrechts, § 20 Rn. 165; *Ruppelt* in: Langen/Bunte, § 36 Rn. 57; BKartA, Leitfaden Marktbeherrschung, Rn. 201.

pflicht, v. a. im Hinblick auf die Abgrenzung des sachlich und räumlich relevanten Marktes und der auf diesem Markt getätigten Gesamtumsätze. Es ließ sich in vielen Fällen nicht hinreichend feststellen, ob ein Zusammenschluss der Anmeldepflicht unterlag. Dies muss nach dem Willen des Gesetzgebers jedoch eindeutig und ohne größeren Ermittlungsaufwand anhand quantitativer Kriterien festgestellt werden können.[526]

2. Relevanter Markt

Der sachlich und räumlich relevante Markt muss seit mindestens fünf Jahren bestehen **202** und zudem die Bagatellschwelle von 15 Millionen Euro unterschreiten, § 36 Abs. 1 S. 2 Nr. 2 GWB. Nach ehemaliger Auffassung des Bundeskartellamts war die Norm für das GWB einheitlich dahingehend auszulegen, dass auch im Rahmen der Bagatellmarktklausel der Marktbegriff des (jetzigen) § 18 Abs. 2 GWB maßgeblich ist, welcher den räumlich relevanten Markt über den Geltungsbereich des GWB hinaus unter rein ökonomischen Gesichtspunkten definiert.[527] Die Rechtsprechung hat sich ausdrücklich der Gegenmeinung angeschlossen.[528] Es sind nunmehr **lediglich die im Inland erzielten Umsätze ausschlaggebend.**[529] Dem folgt das Bundeskartellamt in seiner jüngsten Entscheidungspraxis.[530]

3. Bündelung von Märkten

Nach der von BGH und Bundeskartellamt vertretenen „Bündeltheorie" können in be- **203** stimmten Fällen mehrere Bagatellmärkte zusammengefasst und als ein einzelner Markt nach § 36 Abs. 1 S. 2 Nr. 2 GWB beurteilt werden. Die Marktvolumina der Bagatellmärkte werden addiert. Voraussetzung für die Bündelung von Märkten ist, dass ein Zusammenschluss gleichzeitig Auswirkungen auf sachlich oder räumlich eng benachbarte Teilmärkte hat.[531] Dies gilt auch für nachgelagerte Märkte.[532] Eine Bündelung kommt insbesondere bei folgenden durch die Rechtsprechung entwickelten Fallgruppen in Betracht:[533]
- bewusste Zersplitterung von Märkten bzw. die Aufteilung von Märkten entlang der Bagatellgrenzen (willkürliche Marktaufteilung),
- Abhängigkeit von Produkten auf Bagatell- und Nicht-Bagatellmärkten (Produktabhängigkeit auf vor- bzw. nachgelagerten Märkten),
- räumlich – regionales, flächendeckendes, engmaschiges Vertriebsnetz auf vielen kleinen, regionalen, benachbarten Märkten mit einheitlichen, nahezu identischen Organisationsstrukturen und Wettbewerbsbedingungen oder
- sachlich – sehr hohe Marktstrukturübereinstimmung bei abhängigen Wettbewerbsbedingungen und moderater Angebotsumstellungsflexibilität:

---

[526] Referentenentwurf zur 8. GWB-Novelle, S. 27.

[527] BKartA, Beschl. v. 14.2.2007, B5–10/07 – *Sulzer/Kelmix,* Rn. 31 ff.; BKartA, Beschl. v. 15.3. 2006, B3–136/05 – *Du Pont/Pedex,* S. 28 f.

[528] BGH, Beschl. v. 25.9.2007 – KVR 19/07 – *Sulzer Kelmix,* NJW-RR 2008, 636, Rn. 7 und 14 ff.; OLG Düsseldorf, Beschluss vom 22.12.2006 – VI-Kart 10/06 (V), Kart 10/06 (V), juris, Rn. 30 ff.

[529] So auch schon *Kahlenberg/Haellmigk,* BB 2005, 1509, 1511.

[530] BKartA, Beschl. v. 12.11.2014, B5–138/13 – *Tokyo Electron/Applied Materials/Intel,* Rn. 168.

[531] BGH, Beschl. v. 19.12.1995 – KVR 6/95 (KG), NJW 1996, 1820, 1822; BGH, Beschl. v. 25.9. 2007 – KVR 19/07 – *Sulzer Kelmix,* NJW-RR 2008, 636, Rn. 8; BKartA, Beschl. v. 20.12.2001, B2–75/01 – *Schwartauer/Rösch,* Rn. 31f; BKartA, Beschl. v. 12.11.2014, B5–138/13 – *Tokyo Electron/Applied Materials/Intel,* Rn. 168 in geographischer und vertikaler Hinsicht. Zur Zusammenfassung sachlich relevanter Märkte hat der BGH noch nicht abschließend entschieden. Hierzu und zu der ausführlichen Betrachtung der Bündelung von benachbarten sachlichen und räumlichen Märkten, sowie zur vertikalen Bündelung: *Thomas* in Immenga/Mestmäcker, § 36, Rn. 755 ff.

[532] BGH, Beschl. v. 25.9.2007 – KVR 19/07 – *Sulzer Kelmix,* NJW-RR 2008, 636, Rn. 21.

[533] BKartA, Beschl. v. 12.11.2014, B5–138/13 – *Tokyo Electron/Applied Materials/Intel,* Rn. 173 m. w. N. aus der Rspr. des BGH.

Im Ergebnis verringert die Bündeltheorie den Anwendungsbereich der Bagatellmarktklausel, da durch die Addition die ausschlaggebenden Marktvolumina ansteigen. Sie stellt nach *ductus* des Bundeskartellamts jedoch einen Ausnahmefall dar.[534]

4. Berechnung der Umsatzschwelle

204 Die Bagatellmarktklausel findet Anwendung, wenn auf dem relevanten sachlichen Markt **weniger als € 15 Mio.** umgesetzt wurden. Bei der Berechnung gem. § 38 GWB ist auf den **Umsatz des Gesamtmarkts** abzustellen als den Umsatz aller Unternehmer, die im vorausgegangen Kalenderjahr auf dem (auf den Geltungsbereich des GWB beschränkten) Markt tätig waren. Im Inland erzielte Umsätze von ausländischen Unternehmen sind mit in die Berechnung aufzunehmen. Es ist regelmäßig auf den Zeitpunkt der Anmeldung des Zusammenschlusses bzw. die von Amts wegen betriebene Verfahrenseinleitung abzustellen. Bei Pressemärkten ist zudem § 38 Abs. 3 GWB zu berücksichtigen.

VII. Pressesanierungsklausel (§ 36 Abs. 1 S. 2 Nr. 3 GWB)

1. Entstehungsgeschichte

205 Die Presse ist der *Public Watchdog* der Demokratie. Die Presse- und Medienfreiheit stellt in Deutschland gem. Art. 5 Abs. 1 S. 2 GG ein in Hinblick auf die demokratische Grundordnung und Gesellschaft unverzichtbares individuelles Freiheitsrecht dar und ist gleichzeitig eine Institutsgarantie, die den Staat in mehrerlei Hinsicht positiv verpflichtet.[535] Die Pressesanierungsklausel ist eine sektorspezifische Regelung mit relativ geringen Anforderungen an den Nachweis eines Sanierungsfalls. Sie war, nachdem sie sich bereits im Rahmen der 7. GWB-Novelle nicht durchsetzen konnte, auch in der Regierungsbegründung der 8. GWB-Novelle zunächst nicht vorgesehen.[536] Die Pressesanierungsklausel wurde sodann (wie die Anschlussklausel) durch den Ausschuss für Wirtschaft und Technologie eingeführt, um den aktuellen, spezifischen Wandlungsprozessen im Pressebereich gerecht zu werden. Im Vergleich zu elektronischen Medien können sich Print-Produkte oft nur noch schwer behaupten. Das liegt insbesondere daran, dass sie mit der immer aktuellen und verfügbaren elektronischen Informationsbereitstellung immer schwerer konkurrieren können. Die Abwanderung ins Internet führt zudem zu sinkenden Werbeeinnahmen der Printmedien.[537] Kleinen und mittleren Unternehmen im Pressebereich wird durch die Pressesanierungsklausel die Möglichkeit eröffnet, mit stärkeren Marktpartnern zu fusionieren, anstatt als Bestandteil der Pressevielfalt und des publizistischen Wettbewerbs komplett von der Medienlandschaft zu verschwinden.[538] Während es dem Gesetzgeber früher auf eine Vielfalt an Presseangeboten auf regionaler, lokaler und bundesweiter Ebene ankam, die er durch eine besonders strenge Fusionskontrolle von Pressezusammenschlüssen durchsetzte, wurde diese politische Zielvorgabe aufgegeben bzw. in ihr Gegenteil verkehrt. Die Fusion stellt im Vergleich zu einem Marktaustritt die weniger gravierende Lösung dar;[539] zudem sollen die deutschen Verlage auf dem globalen Markt eine stärkere Rolle spielen, was sich ebenfalls in der neuen gesetzlichen Regelung des § 36 Abs. 1 S. 2 Nr. 3 GWB widerspiegelt.

206 Nach § 38 Abs. 3 GWB sind für einen Verlag die Herstellung und der Betrieb von Zeitungen, Zeitschriften und deren Bestandteil das Achtfache der Umsatzerlöse in Ansatz zu

[534] BKartA, Beschl. v. 12.11.2014, B5–138/13 – *Tokyo Electron/Applied Materials/Intel,* Rn. 173.

[535] EGMR, Urteil vom 26.11.1991, *Sunday Times vs. UK (No.2),* Rs. 13166/87; BVerfGE 20, 162, 175 f. – *Spiegel.*

[536] BT-Drucks. 17/9852 S. 11.

[537] *Klumpp,* WuW 2013, 344, 345.

[538] BT-Drucks. 17/11053 S. 19.

[539] *Körber,* ZWeR 1/2014, S. 32, 34, stellt in diesem Zusammenhang auf die Verhältnismäßigkeit ab.

bringen. Die Schwelle wurde im Wege der 8. GWB-Novelle von Faktor 20 auf Faktor 8 herabgesetzt. Somit ist bei Pressefusionen erst ab einem gemeinsamen weltweiten Umsatz der beteiligten Unternehmen von 62,5 Millionen Euro (§ 35 Abs. 1 Nr. 1 GWB), sowie bei Inlandsumsätzen eines Unternehmens von 3,125 Millionen Euro und eines weiteren von 625000 Euro (§ 35 Abs. 1 Nr. 2 GWB) eine Fusionskontrolle durchzuführen. Der Multiplikationsfaktor gilt auch für die Bagatellmarktschwelle des § 36 Abs. 1 S. 2 Nr. 2 GWB und liegt bei 1,875 Millionen Euro. Die Bundesregierung begründet die Änderung damit, dass die Verlage ihre wirtschaftliche Basis durch die Erleichterung von Zusammenschlüssen stabilisieren können. Außerdem werde die Wettbewerbsfähigkeit mit anderen Medien gesteigert. Die Effektivität der Fusionskontrolle werde dadurch nicht verringert.[540] Die Berechnung des Umsatzes setzt sich aus den Presseumsätzen, also dem Erlös des Verlags, der Herstellung und des Vertriebs von Zeitungen, Zeitschriften und deren Bestandteilen, zusammen. Abs. 3 bleibt *lex specialis* gegenüber Abs. 2 bezüglich des Vertriebs von Presseerzeugnissen auf allen Handelsstufen.

2. Verhältnis zur allgemeinen Sanierungsfusion/Failing-Company-Defense

Es stellt sich die Frage des Verhältnisses der Pressesanierungsfusion zu den allgemeinen 207 Grundsätzen der Failing-Company-Defense. Das Bundeskartellamt hat sich im jüngst veröffentlichten Fallbericht *Dortmunder Lokalausgaben* erstmals mit der Presseausnahmeklausel befasst.[541] Am gleichen Tag veröffentlichte das Bundeskartellamt einen weiteren, einschlägigen Fallbericht zum *Münsteraner Zeitungsmarkt.*[542] In beiden Fällen kam die neue Pressesanierungsklausel nicht zur Anwendung. Das Bundeskartellamt stellte jedoch klar, dass das Ziel der Regelung die Privilegierung kleinerer oder mittlerer Zeitungsverlage sei und nur diese in den Genuss der Anwendung dieser *pressespezifischen Regelung* kommen sollen. Alle hierunter nicht zu subsumierenden Verlage blieben den „strengen Voraussetzungen der allgemeinen Sanierungsfusion unterworfen".[543] Diesen Formulierungen sowie den Ausführungen der Beschlussempfehlung des Ausschusses für Wirtschaft und Technologie[544] könnte sich entnehmen lassen, dass die Pressesanierungsklausel bei Vorliegen ihrer tatbestandlichen Voraussetzungen (hierzu sogleich) als *lex specialis* vorrangige Anwendung gegenüber der allgemeinen Sanierungsfusion beansprucht. Hiergegen spricht jedoch, dass im Fall *Münsteraner Zeitungsmarkt* es den Beteiligten gelang, die Voraussetzungen einer allgemeinen Sanierungsfusion in Form der Failing-Division-Defense nachzuweisen, sodass es nach Ansicht des Bundeskartellamts auf die Frage der Anwendbarkeit der Presseausnahmeklausel gar nicht mehr ankomme.[545] Das Bundeskartellamt wendet beide Sanierungsfusionstatbestände nebeneinander an.

3. Erfasste Zusammenschlüsse

§ 36 Abs. 1 S. 2 Nr. 3 GWB findet auf **Zeitungs- und Zeitschriftenverlage** Anwendung. Hierunter sind in Einklang mit § 38 Abs. 3 GWB Unternehmen zu subsumieren, die jedenfalls auch die Herstellung und den Vertrieb von Zeitungen betreiben. Nach Ansicht des Bundeskartellamts spricht zudem „viel dafür", dass es sich bei dem Erwerbsobjekt Zeitungsverlag „**zwingend** um ein **rechtlich verselbständigtes Unternehmen** handeln 208

[540] BT. Drucks. 17/9852, S. 29.
[541] BKartA B6 – 89/13 – *Dortmunder Lokalausgaben,* Fallbericht v. 1.12.2014.
[542] BKartA B6 – 97/14, *Münsteraner Zeitungsmarkt,* Fallbericht v. 1.12.2014, S. 3 (a.E.), 4.
[543] BKartA B6 – 89/13 – *Dortmunder Lokalausgaben,* Fallbericht v. 1.12.2014, S. 5.
[544] Beschlussempfehlung Ausschuss für Wirtschaft und Technologie, BT-Drucks. 17/11053, S. 19: „Die spezielle Regelung im Pressebereich lässt die Beurteilung von Sanierungsfusionen in anderen Wirtschaftsbereichen unberührt".
[545] BKartA B6 – 97/14 – *Münsteraner Zeitungsmarkt,* Fallbericht v. 1.12.2014, S. 1 f.

muss".[546] Hierbei wählt das Amt einen **institutionellen Ansatz,** wenn es auf eine „entsprechende Rechtsform" des Erwerbsobjekts abstellt, jedenfalls ein in organisatorischer und wirtschaftlicher Hinsicht klar abgegrenzten verselbstständigten Verlag verlangt.[547] Diese Formulierung ähnelt der Vorausetzung der Eigenständigkeit des Betriebsteils im Rahmen der speziellen Sanierungsfusion der Failing-Division-Defense.

209 Nach dem Gesetzeswortlaut muss ein marktbeherrschender Zeitungs- oder Zeitschriftenverlag einen kleinen oder mittleren Verlag **übernehmen.** Folglich ist die Klausel nicht auf alle Zusammenschlusstatbestände i. S. d. § 37 GWB anwendbar. Der verwendete unbestimmte Begriff der „Übernahme" findet sich sonst im Kartellrecht nicht wieder. Aus dem Wortsinn lässt sich schließen, dass damit diejenigen Fälle gemeint sind, bei denen die kleineren Unternehmen durch die Erwerber zukünftig beherrscht werden. Dies ist bei allen Zusammenschlusstatbeständen des Vermögenserwerbs nach § 37 Abs. 1 Nr. 1 GWB (sofern er sich auf den gesamten Zeitungs- oder Zeitschriftenverlag bezieht) und des Kontrollerwerbs nach § 37 Abs. 1 Nr. 2 GWB (sofern der Erwerber die Kontrolle übernimmt) der Fall. Wird im Falle des § 37 Abs. 1 Nr. 2 GWB lediglich Mitkontrolle erworben, so reicht dies nur aus, wenn die Erwerber die volle Kontrolle übernommen haben. Die ehemaligen Eigentümer dürfen an der Mitkontrolle nicht beteiligt sein. Ebenso darf eine Beteiligung der bisherigen Eigentümer bei einem Zusammenschluss nach § 37 Abs. 1 Nr. 3 GWB nicht mehr vorliegen. Eine Übernahme nach § 37 Abs. 1 Nr. 4 GWB scheidet schon aufgrund des Sprachsinns aus. Die Kontrolle muss über einen **„kleinen oder mittlerer Zeitungs- oder Zeitschriftenverlag"** übernommen werden. Wie die Größe des Verlags zu bestimmen ist, geht aus dem Gesetz ebenfalls nicht hervor. Zwar werden die Begriffe „kleines und mittleres Unternehmen" beispielsweise auch in § 3 Nr. 2 GWB oder § 20 Abs. 3 Nr. 3 GWB verwendet, dort findet sich aber ebenfalls keine Definition. Die Begriffe müssen daher durch die Auslegung der Gerichte und des Bundeskartellamtes bestimmt werden.[548] Im Fallbericht *Dortmunder Lokalausgaben* hat das Bundeskartellamt zu der Auslegung dieser Begriffe erstmals Stellung bezogen.[549] Hiernach ist ein **sektoraler Ansatz** der Norm zu unterstellen. Es kommt in diesem Zusammenhang nicht auf absolute Umsatzgrößen der Verlage an, sondern auf einen „weit gefassten Größenvergleich". Das Bundeskartellamt stellt auf den Telos der Norm ab und schließt (kategorisch) sämtliche in Deutschland tätige Tageszeitungsketten aus.[550] Allein mittelständische und lokal tätige Verlagsunternehmen, die angesichts des digitalen Strukturwandels der Branche besonders große Probleme haben, werden von dem Privilegierungstatbestand erfasst. Der Ansatz des Bundeskartellamts ist offensichtlich restriktiv, es legt den Anwendungsbereich der Norm wegen des privilegierenden Effekts im Rahmen der Pressefusionskontrolle als Ausnahmetatbestand eng aus.

210 Durch den Zusammenschluss muss die **marktbeherrschende Stellung des Übernehmers verstärkt** werden. Der schlichte **Wortlaut** der Norm umfasst demnach nicht die Begründung einer marktbeherrschenden Stellung oder die Situation, dass das Zielunternehmen bereits marktbeherrschend war, selbst wenn durch den Zusammenschluss die Markstellung des Erwerbers signifikant verstärkt wird, sondern setzt (allein) auf Erwerberseite eine marktbeherrschende Stellung voraus. Die Norm findet ihrem Wortlaut nach zudem Anwendung, wenn beide Verlage marktbeherrschend waren (i. F. d. kollektiven Marktbeherrschung). Eine Behinderung wirksamen Wettbewerbs wird demgegenüber vom Wortlaut nicht umfasst, wenn sie sich außerhalb des Regelbeispiels (Marktbeherrschungs-

[546] BKartA B6 – 89/13 – *Dortmunder Lokalausgaben,* Fallbericht v. 1.12.2014, S. 5.
[547] BKartA, B6 – 89/13 – *Dortmunder Lokalausgaben,* Fallbericht v. 1.12.2014, S. 5.
[548] *Klumpp,* WuW 2013, 344, 350.
[549] BKartA B6 – 89/13 – *Dortmunder Lokalausgaben,* Fallbericht v. 1.12.2014, S. 5.
[550] BKartA B6 – 89/13 – *Dortmunder* Lokalausgaben, Fallbericht v. 1.12.2014, S. 5 – hier in Bezug auf die Mediengruppe Funke, die als zweitgrößte deutsche Zeitungskette aus dem Anwendungsbereich der Norm herausfiel.

test) bewegt.[551] Die Verstärkung einer marktbeherrschenden Stellung ist sicherlich die gravierendste Form einer Behinderung wirksamen Wettbewerbs. **§ 36 Abs. 1 S. 2 Nr. 3 GWB** ist auch bei der **Begründung einer marktbeherrschenden Stellung einschlägig.**[552] Der **Sinn und Zweck** der Pressesanierungsklausel gebietet es, die Verstärkung einer marktbeherrschenden Stellung zu erfassen, die Begründung einer solchen aber nicht. Das Bundeskartellamt ließ zuletzt explizit offen, ob die Ausnahmeklausel auch bei der Entstehung einer marktbeherrschenden Stellung eingreift.[553]

4. Sanierungsbedürftigkeit und Existenzgefährdung

Die Pressesanierungsklausel setzt voraus, dass der übernommene Verlag „einen **erheblichen Jahresfehlbetrag** i.S.d. § 275 Abs. 2 Nr. 20 HGB" in den letzten drei Jahren aufweist *und* zudem „ohne den Zusammenschluss in seiner Existenz gefährdet wäre". Die beiden Tatbestandsvoraussetzungen sind durch die kartellrechtliche Praxis noch nicht hinreichend konkretisiert worden. Sie müssen **kumulativ vorliegen.** Ein Jahresfehlbetrag liegt bei einem negativen Saldo aller ausgewiesenen Erträge in der Gewinn- und Verlustrechnung vor. An die **Erheblichkeitsschwelle** dürfen keine zu hohen Anforderungen gestellt werden. Bloße Verluste reichen jedoch nicht aus. Von einer verständigen wirtschaftlichen Sichtweise ausgehend darf die Betriebsfortführung nicht mehr sinnvoll erscheinen.[554] Auch dieser unbestimmte Rechtsbegriff muss noch durch das Bundeskartellamt und die Gerichte definiert werden. **211**

Zudem muss der Verlag „ohne den Zusammenschluss **in seiner Existenz gefährdet**" sein. Hierfür ist der Jahresfehlbetrag ein gewichtiges Indiz. In einigen Fällen ist eine Weiterführung des Verlags jedoch durch einen Ausgleich der Verluste durch die Eigentümer oder Gesellschafter möglich. Deswegen muss eine Fortführung des Unternehmens für alle Beteiligten untragbar sein. **212**

5. Die Notwendigkeit einer Fusion

Satz 2 verlangt darüber hinaus, dass „vor dem Zusammenschluss kein anderer Erwerber gefunden wurde, der eine wettbewerbskonformere Lösung sichergestellt hätte". Es muss vergeblich ein anderer Erwerber gesucht worden sein, durch den eine wettbewerblich weniger beschränkende Lösung erreicht worden wäre.[555] Dazu müssen das konkrete Zusammenschlussvorhaben und die mögliche Alternative verglichen werden. Im Ergebnis muss die Alternative weniger fusionskontrollrechtlich bedenklich erscheinen. Dies ist immer dann der Fall, wenn es gar keine Bedenken gibt, aber auch, wenn die Wettbewerbsbehinderung der Alternative weniger gewichtig ist als bei dem vorliegenden Zusammenschluss. Hieraus kann sich die Konsequenz ergeben, dass eine Freigabe des alternativen Zusammenschlusses eigenständig nach der Pressesanierungsklausel zu überprüfen ist und nur dann freigegeben werden kann, wenn es im Vergleich zu ihm wiederum keine weniger wettbewerbseinschränkende Alternative gäbe.[556] **213**

---

[551] *Thomas* in Immenga/Mestmäcker, § 36, Rn. 774.

[552] *Klumpp,* WuW 2013, 344, 349; *Thomas* in Immenga/Mestmäcker, § 36, Rn. 774; a.A. *Becker/Knebel/Christiansen* in Münchener Kommentar, Europäisches und Deutsches Wettbewerbsrecht, 2. Aufl., § 36 GWB, Rn. 246.

[553] BKartA B6 – 97/14, *Münsteraner Zeitungsmarkt,* Fallbericht v. 1.12.2014, S. 3 (a.E.), 4.

[554] Ähnlich *Klumpp,* WuW 2013, 344, 350f., der die Erheblichkeit allenfalls dann verneint, wenn das Ergebnis eine „rote Null" ausweist.

[555] *Thomas* in: Immenga/Metsmäcker, 5. Aufl., § 36 Rn. 778f.

[556] Bechtold, § 36 Rn. 58.

6. Beweislast

214 Die Beweislast **liegt bei den Unternehmen**. Dies ergibt sich aus dem Wortlaut, welcher fordert, dass die Voraussetzungen *nachgewiesen werden* müssen. Der Nachweis für die Notwendigkeit einer Fusion kann „insbesondere durch ein Gutachten eines unabhängigen Wirtschaftsprüfers im Sinne des § 319 Absatz 3 des Handelsgesetzbuches auf der Grundlage wissenschaftlich anerkannter Bewertungsmethoden erbracht werden, das die in § 36 Absatz 1 Nummer 3 genannten Kriterien belegt.“[557] Die Beweislast reicht allerdings nur soweit, wie die Unternehmen über entsprechende Ermittlungsmöglichkeiten verfügen und wird durch den das Bundeskartellamt treffenden Amtsermittlungsgrundsatz (§ 57) ergänzt.[558] Unterlagen, die für die Zwecke des Nachweises der Voraussetzungen der Sanierungsfunktion erst erstellt wurden, haben nach Ansicht des Bundeskartellamts nur eine **begrenzte Beweiskraft.**[559] Gleiches gilt für den Nachweis, dass vor dem Zusammenschluss kein anderer Erwerber gefunden wurde, der eine aus wettbewerbsrechtlicher Sicht bessere Lösung sichergestellt hätte. Auch hier akzeptiert das Bundeskartellamt keine „nachträglich vorgenommene abstrakte Betrachtung potentieller Erwerbsaussichten“; es müssen „konkrete und ernsthafte Verkaufsbemühungen“ nachgewiesen werden.[560] Um ein ernsthaftes Bemühen nachzuweisen, muss nach Ansicht des Bundeskartellamts nicht zwingend ein durchstrukturierter und umfassend dokumentierter Verkaufsprozess dargelegt werden.[561]

VIII. Die Verbundklausel (§ 36 Abs. 2)

1. Allgemeines

215 Die in § 36 Abs. 2 enthaltene Verbundklausel verfolgt den Zweck, Unternehmensgruppen, die wegen gegenseitiger Verflechtungen in der Regel eine wettbewerbliche Einheit bilden, im Rahmen des Kartellrechts auch tatsächlich als Einheit zu behandeln.[562] Zentraler Rechtsbegriff der Verbundklausel ist die **Beherrschung** i. S. d. Aktienrechts. Alle Unternehmen die letztlich von ein und derselben Leitungsmacht (indirekt) beherrscht werden (also von dieser abhängig sind oder mit dieser einen Konzern bilden), sind nach § 36 Abs. 2 eine einzige Einheit. Diese Einheit besteht aus „verbundenen Unternehmen“.

216 Der Begriff der „Beherrschung“ ist dabei inhaltlich dem fusionskontrollrechtlichen **Kontrollbegriff** (§ 37 Abs. 1 Nr. 2) sehr ähnlich aber mit diesem nicht völlig identisch, insbesondere nicht im Falle gemeinsamer Beherrschung/Kontrolle. Auch der Begriff der **„wirtschaftlichen Einheit“** im Sinne des § 81 Abs. 4 Satz 3 deckt sich nicht völlig mit dem der verbundenen Unternehmen nach § 36 Abs. 2. Dies gilt erst Recht für die unterschiedlichen Definitionen der wirtschaftlichen Einheit im EU-Kartellrecht.[563] Schließlich fasst die Verbundklausel nicht automatisch dieselben Unternehmen zu einer Einheit zusammen, die nach **Art. 5 Abs. 4 Verordnung (EG) 139/2004** für die Zwecke der Umsatzermittlung für die EU-Fusionskontrolle einen Konsolidierungskreis bilden.

---

557 BT-Drucks. 17/11053 S. 19.

558 *Thomas* in: Immenga/Mestmäcker, 5. Aufl., § 36, Rn. 781.

559 BKartA, B6 – 89/13 – *Dortmunder Lokalausgaben,* Fallbericht v. 1.12.2014, S. 4; ausreichend seien demgegenüber „Unternehmensinterne Dokumente wie z. B. Strategiepaiere, Managementvorlagen, Berechnung von Schließungskosten, die nicht speziell für die beabsichtigte Sanierungsfusion erstellt worden“ sind, S. 5.

560 BKartA, B6 – 89/13 – *Dortmunder Lokalausgaben,* Fallbericht v. 1.12.2014, S. 5.

561 BKartA, B6 – 97/14 – *Münsteraner Zeitungsmarkt,* Fallbericht v. 1.12.2014, S. 5.

562 Begr. 1998 zu § 36 Abs. 3; BGH 8.5.1979, WuW/E BGH 1608, 1610 – *WAZ.*

563 Der EuGH vertritt offenbar die Auffassung, dass der Begriff der „wirtschaftlichen Einheit“ im EU Kartellrecht unterschiedliche Bedeutungen hat, abhängig davon, ob es um die Haftung für Kartelltaten im Konzern oder andere Bereiche des Kartellrechts geht, EuGH, 26.9.2013, C-179/12 P, Rn. 58 – *Dow Chemical.*

Die Verbundklausel gilt nicht nur für die Berechnung des Umsatzerlöses und der Marktanteile, sondern umfassend im Rahmen der Zusammenschlusskontrolle und letztlich im gesamten GWB.[564] Die Verbundklausel richtet sich nur an Unternehmen, nicht an reine Privatpersonen.[565] Letztere können indes gem. § 36 Abs. 3 als Unternehmen anzusehen sein.[566] Obwohl § 36 Abs. 2 auf das AktG verweist, erfasst die Verbundklausel alle Arten abhängiger sowie beherrschender Unternehmen **jeglicher Rechtsform,**[567] also vor allem alle Handelsgesellschaften (KG, OHG, GmbH), aber je nach Einzelfall auch (wirtschaftliche) **Vereine, Genossenschaften** oder **Stiftungen.**[568] § 36 Abs. 2 ist ohne Einschränkungen auch auf ausländische Unternehmen anwendbar.[569] 217

Die Verbundklausel (bzw. die §§ 17, 18 AktG) kann auf Unternehmen der **öffentlichen Hand** nur mit Vorbehalt angewandt werden. Im Rahmen der 8. GWB Novelle wurde diesbezüglich eine gesetzliche Klarstellung erwogen, schließlich aber nicht umgesetzt.[570] Kern der Frage ist, ob sämtliche Unternehmen ein und desselben öffentlich-rechtlichen Rechtsträgers nach § 36 Abs. 2 stets miteinander verbundene Unternehmen sind. Dafür spricht einerseits, dass diese Unternehmen letztlich demselben (öffentlichen) Eigner gehören. Andererseits ist die tatsächliche Koordination zwischen Unternehmen ein und desselben Rechtsträgers der öffentlichen Hand oft geringer als innerhalb privatwirtschaftlicher Unternehmensgruppen. Außerdem können nicht alle aktienrechtlichen Vorschriften auf alle öffentlich-rechtlichen Einheiten angewandt werden. Insbesondere kann die wichtige Vermutungsregel des § 17 Abs. 2 AktG nicht auf Anstalten des öffentlichen Rechts angewandt werden.[571] Im Ergebnis werden in der Praxis Unternehmen ein und desselben öffentlich-rechtlichen Rechtsträgers daher in aller Regel nur dann als miteinander verbundene Unternehmen angesehen, wenn diese tatsächlich unter einheitlicher Leitung stehen.[572] Es genügt also nicht, dass die Möglichkeit zur einheitlichen Leitung besteht, diese muss auch tatsächlich ausgeübt werden. Dies setzt „**zumindest eine formlose Koordination** voraus, mit der „die Geschäftspolitik der Unternehmen und grundsätzliche Fragen der Geschäftsführung" bestimmt werden".[573] Besteht eine „**weitgehende Personengleichheit** der Mitglieder der zur Geschäftsführung berufenen Organe", spricht dies ebenfalls für eine tatsächlich bestehende einheitliche Leitung.[574] 218

In **zeitlicher Hinsicht** sind die Abhängigkeitsverhältnisse entscheidend, die bei Vollzug des Zusammenschlusses gelten, nicht diejenigen im Zeitpunkt seiner Anmeldung. Denn die Zusammenschlusskontrolle soll die Verbindungen erfassen, die durch die Zusammenschlüsse geschaffen werden.[575] 219

2. Abhängige Unternehmen

§ 36 Abs. 2 **verweist auf § 17 AktG,** der die Begriffe des abhängigen und des herrschenden Unternehmens definiert. Nach der Grundregel des § 17 Abs. 1 AktG sind abhängige Unternehmen rechtlich selbständige Unternehmen, auf die ein anderes Unter- 220

---

[564] Begr. 1998 zu § 36 Abs. 3; BGH 23.6.2009, KZR 21/08 – *Entega I;* BGH 6.11.2012, KVR 54/11 – *Gasversorgung Ahrensburg.*
[565] BGH 8.5.1979, WuW/E BGH 1608, 1610 – *WAZ.*
[566] S. unten Rn. 199.
[567] BGH 23.10.1979, WuW/E BGH 1655, 1656 – *Zementmahlanlage II;* KG 12.3.1997, WuW/E OLG 5907, 5909 – *Rheinpfalz/Medien Union.*
[568] *Thomas* in: Immenga/Mestmäcker, 5. Aufl., § 36 Rn. 834.
[569] Begr. 1971, S. 26; BGH 23.10.1979, WuW/E BGH 1655, 1656 – *Zementmahlanlage II.*
[570] BT-Drucks. 17/9852 S. 49.
[571] OLG Düsseldorf, 7.5.2008, WuW/E DE-R 2347, 2349 – *Universitätsklinikum Greifswald.*
[572] *Bechtold,* 7. Aufl., § 36 Rn. 65; *Thomas* in: Immenga/Mestmäcker, 5. Aufl., § 36 Rn. 941.
[573] KG, 11.3.1993, WuW/E OLG 5151, 5163 – *Ernstliche Untersagungszweifel.*
[574] KG, 11.3.1993, WuW/E OLG 5151, 5163 – *Ernstliche Untersagungszweifel.*
[575] Vgl. KG 8.9.1978, WuW/E OLG 2007, 2008 – *Kunststoffrohre; Kallfaß* in: Langen/Bunte, § 36 Rn. 144.

nehmen unmittelbar oder mittelbar einen beherrschenden Einfluss ausüben kann. § 17 Abs. 2 AktG enthält eine Sondervorschrift für den in der Praxis weitaus häufigsten Fall der Abhängigkeit, den Mehrheitsbesitz.

221 **a) Vermutungsregel des § 17 Abs. 2 AktG.** Von einem in Mehrheitsbesitz stehenden Unternehmen wird vermutet, dass es von dem an ihm mit Mehrheit beteiligten Unternehmen abhängig ist. Was unter Mehrheitsbesitz zu verstehen ist, bestimmt § 16 AktG. Danach führt sowohl die **Stimmrechtsmehrheit** als auch die **Kapitalmehrheit** zu Mehrheitsbesitz. Aufgrund der Vermutungsregel kommt es nicht darauf an, ob die so vermittelte Beherrschungsmacht auch tatsächlich ausgeübt wird.[576]

222 Die Vermutungsregel des § 17 Abs. 2 AktG ist **widerlegbar.** Damit besteht die Möglichkeit, atypischen Sondersituationen Rechnung zu tragen.[577] Dazu muss nachgewiesen werden, dass beherrschender Einfluss aus Rechtsgründen nicht ausgeübt werden kann. Der bloße Nachweis, dass ein beherrschender Einfluss tatsächlich nicht ausgeübt wird, ist nicht ausreichend, da schon die Möglichkeit der Einflussnahme unter § 17 AktG fällt. Da die Abhängigkeitsvermutung auf der durch Mehrheitsbeteiligung begründeten Möglichkeit basiert, die Geschäftsführungsorgane zu besetzen, muss zur Widerlegung der Vermutung nachgewiesen werden, dass der Inhaber der Mehrheitsbeteiligung hierzu nicht in der Lage ist und dass die Möglichkeit der Beherrschung auch durch sonstige Mittel nicht begründet wird.[578] Ein Unternehmen, das sich auf die Widerlegung der Vermutung beruft, trifft diesbezüglich die volle Darlegungs- und Beweislast.[579]

223 Hat der Anteilseigner **Stimmrechtsmehrheit**, ist die Widerlegung der Vermutung besonders schwierig. In Betracht kommt vor allem, dass die Gesellschaftsvereinbarung/Satzung Beschlussmehrheiten vorsieht, die der Mehrheitseigentümer nicht (alleine) erreichen kann. Auch dann hat der Mehrheitsgesellschafter aber oft die Möglichkeit einer gemeinsamen Beherrschung. Umstritten ist, ob **Entherrschungsverträge** zwischen dem herrschenden und dem abhängigen Unternehmen, die letzteren eine gewisse Selbständigkeit einräumen, zur Beseitigung der Abhängigkeitsvermutung im Kartellrecht ausreichen.[580] Gründe der Rechtssicherheit sprechen dafür, dass ein Entherrschungsvertrag, der aktienrechtlich die Beherrschungsvermutung widerlegt, diese Vermutung auch aus kartellrechtlicher Sicht widerlegt. Alles andere wäre mit dem Wortlaut des § 36 Abs. 2, der eine aktienrechtliche Auslegung vorschreibt, kaum vereinbar. Liegt bloße **Kapitalmehrheit** vor, lässt sich die Vermutung einfacher widerlegen, insbesondere wenn die Stimmrechtsmehrheit bei einem oder mehreren anderen Anteilseignern liegt.[581]

224 **b) Möglichkeit beherrschenden Einflusses.** Außerhalb des Anwendungsbereichs des § 17 Abs. 2 AktG muss anhand des § 17 Abs. 1 AktG geprüft werden, ob die Möglichkeit des beherrschenden Einflusses besteht. Das AktG definiert das Merkmal des beherrschenden Einflusses nicht näher. Jedoch kann die **Vermutungsregel des § 17 Abs. 2 AktG** Hinweise auf das gesetzliche Leitbild geben, um dem Bedürfnis einer präzisen Begriffsbestimmung gerecht zu werden.[582] Die Vermutung des beherrschenden Einflusses bei einer

---

[576] BGH 13.10.1977 WuW/E BGH 1523, 1524 – *Gelsenberg;* insoweit unterscheidet sich der Beherrschungsbegriff vom haftungsbezogenen Konzept der „wirtschaftlichen Einheit" nach EU-Recht, das zumindest bei Beteiligungen von weniger als 100 % i. d. R. zusätzlich einen Nachweis der Ausübung der Einflussnahme verlangt.

[577] *Bayer* in: Münchener Kommentar zum Aktiengesetz, 3. Aufl., § 17 AktG Rn. 85.

[578] Vgl. zum Diskussionsstand *Thomas* in: Immenga/Mestmäcker, 5. Aufl., § 36 Rn. 853; *Thomas* in: Immenga/Mestmäcker, GWB, § 36 Rn. 850.

[579] *Kallfaß* in: Langen/Bunte, 12. Aufl., § 36 Rn. 138.

[580] Vgl. zum Diskussionsstand *Thomas* in: Immenga/Mestmäcker, 5. Aufl., § 36 Rn. 853.

[581] *Thomas* in: Immenga/Mestmäcker, 5. Aufl., § 36 Rn. 856/857; *Kallfaß* in: Langen/Bunte, 12. Aufl., § 36 Rn. 138.

[582] Vgl. *Rittner* DB 1976, 1465, 1466 ff.; *Bayer* in: Münchener Kommentar zum Aktiengesetz, 3. Aufl., § 17 AktG Rn. 25 ff.; *Koch* in: Hüffer AktG, 11. Aufl., § 17 Rn. 5.

Mehrheitsbeteiligung folgt aus der Erkenntnis, dass das herrschende Unternehmen über die Stimmenmehrheit in der Hauptversammlung in der Lage ist, die **personelle Zusammensetzung** des Aufsichtsrats und dadurch mittelbar auch des Vorstands nach seinen Vorstellungen zu bestimmen. Infolge dieser Personalentscheidungsgewalt besteht die hohe Wahrscheinlichkeit dafür, dass Aufsichtsrat und Vorstand sich den Wünschen des Mehrheitsaktionärs nicht verschließen werden, da sie anderenfalls riskierten, künftig nicht mehr in ihren Positionen bestätigt oder sogar vorzeitig abberufen zu werden.[583] Beherrschender Einfluss ist daher jeder Einfluss, der es einem anderen Unternehmen ermöglicht, die gesetzlichen oder satzungsmäßigen Organe des abhängigen Unternehmens zu besetzen.[584] Ausreichend ist erst recht und unabhängig vom Einfluss auf die Organbesetzung die Möglichkeit, Weisungen an die Geschäftsführung in wichtigen Geschäftsbereichen zu erteilen.[585]

Ein derartiger Einfluss kann ohne Mehrheit i. S. d. § 16 AktG etwa durch einen **Beherrschungsvertrag** entstehen.[586] Typisches Beispiel ist zudem die **gesicherte Hauptversammlungsmehrheit** ohne absolute Stimmrechtsmehrheit,[587] deren Vorliegen an Hand der Präsenzen in vergangenen Hauptversammlungen prognostiziert werden muss. Nach Auffassung der Rechtsprechung können auch **Vetorechte**, die einem Minderheitsgesellschafter durch den Gesellschaftsvertrag in Bezug auf strategische Unternehmensentscheidungen eingeräumt werden, einen beherrschenden Einfluss vermitteln.[588] Diese offensichtlich an den fusionskontrollrechtlichen Kontrollbegriff angelehnte Auffassung ist mit der wohl herrschenden Meinung abzulehnen, da Vetorechte nur negative Beherrschung vermitteln, eine Beherrschung im Sinne des hier maßgeblichen Aktienrechts aber die Beeinflussung positiven Tuns voraussetzt.[589] 225

Aus dem Leitbild des § 17 Abs. 2 AktG folgt, dass der beherrschende Einfluss auf **gesellschaftsrechtlich** vermittelten Einflussmöglichkeiten beruhen muss.[590] Allein **wirtschaftliche** Abhängigkeitsverhältnisse, die sich etwa aus Kredit- oder Lieferbeziehungen und anderen Austauschverträgen ergeben, reichen nicht aus, um einen beherrschenden Einfluss anzunehmen,[591] können aber in Kombination mit einer Minderheitsbeteiligung ausnahmsweise beherrschenden Einfluss begründen.[592] 226

§ 17 AktG stellt klar, dass der beherrschende Einfluss nicht tatsächlich ausgeübt werden muss, es genügt die **Möglichkeit** der Einflussnahme.[593] Sie muss jedoch **beständig** und umfassend sein. Die Beständigkeit ist etwa zu verneinen, wenn die Mitwirkung Dritter benötigt wird, diese aber wie bei Zufallskoalitionen nicht gesichert ist.[594] Schließlich ist es unerheblich, ob der beherrschende Einfluss **mittelbar** oder unmittelbar ausgeübt werden 227

---

[583] Vgl. *Rittner* DB 1976, 1465, 1468; *Bayer* in: Münchener Kommentar zum Aktiengesetz, 3. Aufl., § 17 AktG Rn. 27; *Koch* in: Hüffer AktG, 11. Aufl., § 17 Rn. 5.

[584] Vgl. *Weitnauer,* GWR 2010, S. 78 (79); *Rittner* DB 1976, 1465, 1469; *Bayer* § 17 AktG Rn. 27; für den Verwaltungsrat einer Sparkasse so auch das BKartA, Entscheidung vom 21.10.2010, B 4–45/10 – *Sparkasse Karlsruhe/Sparkasse Ettlingen.*

[585] *Vetter* in: Schmidt K./Lutter, AktG, 3. Aufl., § 17 Rn. 8.

[586] *Bechtold,* GWB, § 36 Rn. 63.

[587] BGH 13.10.1977 WuW/E BGH 1523, 1524 – *Gelsenberg.*

[588] OLG Düsseldorf, 7.5.2008, WuW/E DE-R 2347, 2350 – *Universitätsklinikum Greifswald.*

[589] Vgl. zum Meinungsstand *Thomas* in: Immenga/Mestmäcker, 5. Aufl., § 36 Rn. 832.

[590] BGH 26.3.1984, WuW/E BGH 2136 – *BuM-WestLB* = BGHZ 90, 381, 395; BGH 19.1.1993, WuW/E BGH 2882, 2886 – *Zurechnungsklausel;* OLG Düsseldorf 7.5.2008, WuW/E DE-R 2347 ff. – *Universitätsklinikum Greifswald.*

[591] OLG Düsseldorf, 7.5.2008, WuW/E DE-R 2347, 2350 – *Universitätsklinikum Greifswald; Paschke* in: Frankfurter Kommentar, § 36 Rn. 100; *Thomas* in: Immenga/Mestmäcker, GWB, § 36 Rn. 869.

[592] BGH 26.3.1984, WuW/E BGH 2136; für die GmbH BGH ZIP 1989, 440/442.

[593] BGH 4.3.1974, BGHZ 62, 193, 201 – *Seitz-Gruppe;* BGH 30.9.1986, BGH WuW/E 2321, 2323 – *Mischguthersteller.*

[594] BGH 4.3.1974, BGHZ 62, 193, 199 – *Seitz-Gruppe.*

kann. Dadurch werden auch Fälle erfasst, in denen der Einfluss über Dritte, etwa Tochtergesellschaften[595] oder **Treuhänder,** ausgeübt werden kann.

3. Konzernunternehmen

228 Neben der Anknüpfung an § 17 AktG betrachtet die Verbundklausel des § 36 Abs. 2 auch Konzernunternehmen im Sinne des § 18 AktG als verbundene Unternehmen. Auch hier ist streitig, ob im Rahmen des § 36 Abs. 2 eine – im Ergebnis abzulehnende – besondere **kartellrechtliche Betrachtungsweise** angebracht ist.[596]

229 **a) Tatbestandsalternativen des § 18 AktG.** § 18 Abs. 1 AktG behandelt den Unterordnungskonzern, § 18 Abs. 2 AktG den Gleichordnungskonzern. Ein **Unterordnungskonzern** besteht, wenn ein herrschendes und ein oder mehrere abhängige Unternehmen unter der einheitlichen Leitung des herrschenden Unternehmens zusammengefasst sind. Da § 18 Abs. 1 AktG den Nachweis einheitlicher Leitung verlangt, § 17 AktG jedoch die Möglichkeit eines beherrschenden Einflusses genügen lässt, hat der Verweis des GWB auf den Unterordnungskonzern keine praktische Bedeutung.[597]

230 **b) Der Gleichordnungskonzern.** Unternehmen, die unter **einheitlicher Leitung** zusammengefasst sind, ohne dass ein Unternehmen dem anderen untergeordnet ist, bilden einen Gleichordnungskonzern. Die Zusammenfassung unter einheitlicher Leitung kann durch Gleichordnungsvertrag geschehen. Darüber hinaus ist der **faktische Gleichordnungskonzern** anerkannt, bei dem die Gleichordnung ohne Vertragsgrundlage erfolgt.[598] Die Rechtsprechung neigt dabei – jedenfalls für die Zwecke der Umsatzzurechnung – zu einer weiten Auslegung.[599]

231 Eine institutionalisierte gemeinsame Leitungseinrichtung ist nicht Voraussetzung für die einheitliche Leitung des Konzerns. Entscheidend ist nicht die Form, sondern das **effektive Vorhandensein** des Einflusses, der die Unternehmen als wettbewerbliche Einheit lenkt.[600] Auf eine einheitliche Leitung kann insbesondere aufgrund personeller Verflechtungen, einheitlicher Zielvorgaben und gleichgerichteten Verhaltens der Konzerngesellschaften geschlossen werden.[601] Bei öffentlichen Unternehmen ist die einheitliche Leitung nicht schon dadurch gegeben, dass derselbe Gewährträger für sie verantwortlich ist.[602]

232 **Veränderungen** der Konzernstruktur durch den beabsichtigten Zusammenschluss sind zu berücksichtigen. Scheidet ein Unternehmen aus der Konzernstruktur aus, so werden dem veräußerten Unternehmen die Ressourcen des bisherigen Verbundes nicht mehr zugerechnet. Denn die Zusammenschlusskontrolle soll die Verbindungen erfassen, die durch die Zusammenschlüsse geschaffen werden.[603] Wird jedoch nur ein Teil der Beteiligung

---

[595] KG 5.4.1978, WuW/E OLG 1993, 1994 – *Organische Pigmente; Rittner* DB 1976, 1465, 1467.

[596] Vgl. KG 12.3.1997, WuW/E OLG 5907, 5909 – *Rheinpfalz/Medienunion.*

[597] *Thomas* in: Immenga/Mestmäcker, 5. Aufl., GWB, § 36 Rn. 874; vgl. *Richter* in: Wiedemann, Handbuch des Kartellrechts, 2. Aufl., § 19 Rn. 32.

[598] BGH 19.1.1993, WuW/E BGH 2882, 2887 – *Zurechnungsklausel;* BGH 8.12.1998, WuW/E DE-R 243f. – *Pirmasenser Zeitung;* KG 12.3.1997, WuW/E OLG 5907, 5909ff. – *Rheinpfalz/Medienunion; Hüffer* § 18 AktG Rn. 20f.; *Bayer* § 18 AktG Rn. 52ff.

[599] KG 12.3.1997, WuW/E OLG 5907, 5910 – *Rheinpfalz/Medienunion;* es scheint zumindest fraglich, ob die Rechtsprechung in derartigen Situationen einen faktischen Gleichordnungskonzern auch zu Gunsten der Unternehmen im Hinblick auf die (dann nicht gegebene) Anwendbarkeit des § 1 auf wettbewerbsbeschränkende Absprachen zwischen den so verbundenen Unternehmen angenommen hätte.

[600] BGH 19.1.1993, WuW/E BGH 2882, 2887 – *Zurechnungsklausel;* BGH 8.12.1998 WuW/E DE-R 243 – *Pirmasenser Zeitung;* KG 12.3.1997, WuW/E OLG 5907, 5909 – *Rheinpfalz/Medienunion.*

[601] BGH 8.12.1998, WuW/E DE-R 243, 244 – *Pirmasenser Zeitung.*

[602] KG 11.1.1993, WuW/E OLG 5151, 5163 – *Ernstliche Untersagungszweifel.*

[603] KG 8.9.1978, WuW/E OLG 2007, 2008 – *Kunststoffrohre; Kallfaß* in: Langen/Bunte, 12. Aufl., § 36 Rn. 144.

aufgegeben und behält der Veräußerer seinen beherrschenden Einfluss oder mindestens 25% der Anteile, bleibt es für die Seite Veräußerer/Zielunternehmen bei der der bisherigen Konzernzurechnung.[604]

4. Mehrmütterklausel (§ 36 Abs. 2 Satz 2)

Wirken mehrere Unternehmen derart zusammen, dass sie gemeinsam einen beherrschenden Einfluss auf ein anderes Unternehmen ausüben können, gilt nach § 36 Abs. 2 Satz 2 jedes von ihnen als herrschendes. **233**

Erforderlich ist also zunächst, dass mehrere Unternehmen **zusammenwirken.** Ein solches Zusammenwirken kann nicht bereits deshalb angenommen werden, weil es ein Nebeneinander mehrerer Gesellschafter gibt. Erforderlich sind vielmehr weitere Umstände, die eine **gesicherte einheitliche Einflussnahme** der gemeinsam handelnden Gesellschafter auf der Grundlage einer auf Dauer angelegten Interessengleichheit erwarten lassen.[605] Dies kann auf rechtlichen aber auch auf bloß auf **faktischen Umständen** beruhen.[606] Erforderlich, aber auch ausreichend ist, dass es ein „bewusstes und gewolltes Zusammenwirken mit einer gewissen Planmäßigkeit" gibt.[607] Diese **Zusammenarbeit muss tatsächlich erfolgen.** Die bloße Möglichkeit einer Zusammenarbeit (die es zwischen Gesellschaftern schlechterdings immer gibt) genügt nicht.[608] Es gibt damit grundsätzlich auch **keinen Vermutungstatbestand** zum Vorliegen einer gemeinsamen Beherrschung.[609] Dies gilt im Ausgangspunkt auch bei 50:50 Gemeinschaftsunternehmen.[610] Die in solchen Gemeinschaftsunternehmen bestehenden **Blockademöglichkeiten** gelten in der Kartellrechtspraxis[611] aber in aller Regel als ein starkes Indiz für ein praktisches Zusammenwirken. Gleiches gilt bei Einstimmigkeitserfordernissen bzw. Vetorechten. **234**

Die Unternehmen müssen auf Basis der Zusammenarbeit darüber hinaus gemeinsam einen **beherrschenden Einfluss** ausüben können. Der Einfluss muss **gesellschaftsrechtlich vermittelt** sein, rein wirtschaftliche Abhängigkeiten genügen nicht.[612] Dabei genügt die bloße Möglichkeit zur Einflussnahme, wenn die tatsächlich im obigen Sinn zusammenwirkenden Unternehmen gemeinsam die Stimmrechtsmehrheit haben. Ob die Einflussmöglichkeit dann tatsächlich genutzt wird, ist unerheblich (wie schon bei der Einzel-Beherrschung). **235**

Keine gemeinsame Beherrschungsmöglichkeit ist gegeben, wenn trotz gleichgerichteter Interessen ein beteiligtes Unternehmen eine herausragende Stellung einnimmt, die dazu führt, dass dieses die Verantwortung für die Führung des gemeinsamen Unternehmens trägt und die Unternehmenspolitik bestimmt.[613] **236**

---

[604] Wie hier *Kallfaß* in: Langen/Bunte, 12. Aufl., § 36 Rn. 144; dagegen *Richter* in: Wiedemann, Handbuch des Kartellrechts, § 19 Rn. 33; *Paschke* in: Frankfurter Kommentar, § 36 Rn. 94.

[605] BGH 22.6.1981, WuW/E BGH 1810, 1811 – *Transportbeton Sauerland;* KG 4.12.1987, *Kart 32/87,* WuW/E OLG 4075, 4077 – *Springer/Kieler Zeitung;* KG 12.7.1990, WuW/E OLG 4547, 4552 – *Lübecker Nachrichten/Stormarner Tagblatt.*

[606] BGH 8.5.1979, WuW/E BGH 1608, 1611 – *WAZ;* BGH 22.6.1981, WuW/E BGH 1810, 1811 – *Transportbeton Sauerland;* BGH 30.9.1986, BGH WuW/E 2321, 2322 – *Mischguthersteller;* KG 4.12.1987, WuW/E OLG 4075, 4077 – *Springer/Kieler Zeitung.*

[607] Bericht 1973, BT_Drucks. 7/765, S. 7.

[608] *Thomas* in: Immenga/Mestmäcker, 5. Aufl., § 36 Rn. 907; *Kallfaß* in: Langen/Bunte, 12. Aufl., § 36 Rn. 146.

[609] *Thomas* in: Immenga/Mestmäcker, 5. Aufl., § 36 Rn. 912.

[610] BGH 8.5.1979, WuW/E BGH 1608, 1611 – *WAZ;* BGH 18.11.1986, WuW/E BGH 2337, 2339 – *Hussel-Mara;* BGH 30.9.1986, BGH WuW/E 2321, 2322 – *Mischguthersteller.*

[611] Anders hingegen im Aktienrecht, vgl. etwa *Hüffer,* AktG, 11. Aufl., § 17 Rn. 16; *Koppensteiner* in: Kölner Kommentar AktG, 3. Aufl., § 17 Rn. 93.

[612] BGH 19.1.1993, WuW/E BGH 2882, 2886 f. – *Zurechnungsklausel;* OLG Düsseldorf, 7.5.2008, WuW/E DE-R 2347, 2350 f. – *Universitätsklinikum Greifswald.*

[613] BGH 18.11.1986, WuW/E BGH 2337, 2339 – *Hussel-Mara.*

237 Sind die Voraussetzungen der Mehrmütterklausel erfüllt, dann sind dem abhängigen Unternehmen die **Ressourcen** (insbesondere Umsätze und Marktanteile) aller Mutterunternehmen **zuzurechnen.** Ist eine der Mütter an einem Zusammenschlussvorhaben beteiligt, so sind ihr auch die Ressourcen des mitbeherrschten Unternehmens zuzurechnen.[614] Dabei werden jeder Mutter die Ressourcen des gemeinsam beherrschten Unternehmens voll zugerechnet, nicht nach dem Equity-Prinzip nur in Höhe der Beteiligung oder anteilig nach Zahl der Gesellschafter.[615] Eine mehrfache Berücksichtigung der Ressourcen ein und desselben Gemeinschaftsunternehmens in Fällen, in denen mehrere Mütter ein und desselben Gemeinschaftsunternehmens an einem Zusammenschluss beteiligt sind, ist ausgeschlossen, § 36 Abs. 2 ist insoweit teleologisch zu reduzieren.[616]

IX. Flick-Klausel (§ 36 Abs. 3)

238 Die Vorschriften der Fusionskontrolle und allgemein des GWB gelten nur für Unternehmen. Natürliche Personen hingegen sind in der Regel nur als Einzelkaufmann oder Freiberufler Unternehmen. § 36 Abs. 3 fingiert daher eine Unternehmenseigenschaft darüber hinaus auch für solche Personen oder Personenvereinigungen, denen eine Mehrheitsbeteiligung an einem Unternehmen zusteht.

1. Normadressaten

239 § 36 Abs. 3 wendet sich an natürliche und juristische Personen sowie an Personenvereinigungen, die nicht schon nach den allgemeinen Regeln als Unternehmen im Sinne des Kartellrechts anzusehen sind. § 36 Abs. 3 gilt auch für **öffentlich-rechtliche Gebietskörperschaften** [617] und öffentlich-rechtliche Wasserversorger.[618] Auch **ausländische Staaten** sind Normadressaten des § 36 Abs. 3.[619] **Personenvereinigungen** sind BGB-Gesellschaften und Gemeinschaften nach §§ 741 ff. BGB. Aber auch Gesellschafter- und Familienstämme kommen als Normadressaten in Betracht.[620] Die bloße Familienzugehörigkeit begründet jedoch für sich allein noch keine Personenvereinigung i. S. der Vorschrift. Familienrechtliche Beziehungen, wie sie etwa in Unternehmerfamilien der 2. Generation anzutreffen sind, vermögen eine einheitliche Willensbildung nicht zu erzwingen.[621] Vielmehr müssen weitere rechtliche oder tatsächliche Kriterien erfüllt sein, aus denen sich ein Zwang zur gemeinsamen Interessenausrichtung der Mitglieder einer Familie ergibt.

2. Mehrheitsbeteiligung

240 § 36 Abs. 3 fingiert unwiderlegbar die Unternehmenseigenschaft eines Normadressaten, dem die Mehrheitsbeteiligung an einem Unternehmen zusteht. Der Begriff der Mehrheitsbeteiligung richtet sich nach § 16 AktG mit der Folge, dass sowohl die Stimmrechts- als auch die Anteilsmehrheit erfasst wird. Die Mehrheitsbeteiligung muss im **Zeitpunkt des Zusammenschlusses** schon bestehen. Die Gründung einer solchen Beteiligung fällt somit

---

614 *Thomas* in: Immenga/Mestmäcker, 5. Aufl., § 36 Rn. 799.

615 Anders in Bezug auf die Umsatzzurechnung das EU-Fusionskontrollrecht: Art. 5 Abs. 5 lit. b Verordnung (EG) 139/2004 rechnet bei (gemeinsam kontrollierten) Gemeinschaftsunternehmen Umsätze allen Gesellschaftern anteilig nach Köpfen zu.

616 Beispiel: Gründen die beiden Muttergesellschaften des Gemeinschaftsunternehmens A nun Gemeinschaftsunternehmen B neu, so sind die Ressourcen des Gemeinschaftsunternehmens A nur einmal zu berücksichtigen und nicht jeder Muttergesellschaft jeweils einmal voll zuzurechnen.

617 OLG Düsseldorf, 7.5.2008, WuW/E DE-R 2347 ff. – *Universitätsklinikum Greifswald.*

618 OLG Frankfurt, 12.7.2012, 11 W 13/12 (Kart), Rn. 35 (juris).

619 BKartA Tätigkeitsbericht 1974, 35.

620 BGH 19.1.1993, WuW/E BGH 2882, 2885 – *Zurechnungsklausel;* BGH 8.5.1979, WuW/E BGH 1608, 1611 – *WAZ; Schütz,* in: Kölner Kommentar, § 36 Rn. 140.

621 BGH 19.1.1993, WuW/E BGH 2882, 2887 – *Zurechnungsklausel.*

nicht unter § 36 Abs. 3.[622] Eine Person, die am Unternehmen nur eine Minderheitsbeteiligung hält aber über die normale Verwaltung der Beteiligung hinaus wirtschaftlich planend und lenkend Einfluss auf die Leitung des Unternehmens nimmt, ist wegen des klaren Erfordernisses einer Mehrheitsbeteiligung nicht nach § 36 Abs. 3 Unternehmen.[623] Ungeachtet dessen mag diese Person angesichts der zum Teil weiten Auslegung schon nach dem allgemeinen kartellrechtlichen Unternehmensbegriff ein Unternehmen sein.[624]

3. Geltung

§ 36 Abs. 3 gilt für das gesamte GWB.[625] Im Rahmen des wichtigsten Anwendungsbereichs, der Zusammenschlusskontrolle, hat dies zur **Folge,** dass einem am Zusammenschluss beteiligten Unternehmen die Ressourcen seines Mehrheitsgesellschafters über die Verbundklausel des § 36 Abs. 2 zugerechnet werden, auch wenn er nach den allgemeinen Vorschriften nicht über die Unternehmenseigenschaft verfügt. Ist ein solcher Mehrheitsgesellschafter selbst an einem Zusammenschluss beteiligt, unterfällt er als Unternehmen den Vorschriften der Zusammenschlusskontrolle. **241**

§ 37 Zusammenschluss

(1) **Ein Zusammenschluss liegt in folgenden Fällen vor:**

1. Erwerb des Vermögens eines anderen Unternehmens ganz oder zu einem wesentlichen Teil;

2. Erwerb der unmittelbaren oder mittelbaren Kontrolle durch ein oder mehrere Unternehmen über die Gesamtheit oder Teile eines oder mehrerer anderer Unternehmen. Die Kontrolle wird durch Rechte, Verträge oder andere Mittel begründet, die einzeln oder zusammen unter Berücksichtigung aller tatsächlichen und rechtlichen Umstände die Möglichkeit gewähren, einen bestimmenden Einfluss auf die Tätigkeit eines Unternehmens auszuüben, insbesondere durch

a) Eigentums- oder Nutzungsrechte an einer Gesamtheit oder an Teilen des Vermögens des Unternehmens,

b) Rechte oder Verträge, die einen bestimmenden Einfluss auf die Zusammensetzung, die Beratungen oder Beschlüsse der Organe des Unternehmens gewähren;

3. Erwerb von Anteilen an einem anderen Unternehmen, wenn die Anteile allein oder zusammen mit sonstigen, dem Unternehmen bereits gehörenden Anteilen

a) 50 vom Hundert oder

b) 25 vom Hundert

des Kapitals oder der Stimmrechte des anderen Unternehmens erreichen. Zu den Anteilen, die dem Unternehmen gehören, rechnen auch die Anteile, die einem anderen für Rechnung dieses Unternehmens gehören und, wenn der Inhaber des Unternehmens ein Einzelkaufmann ist, auch die Anteile, die sonstiges Vermögen des Inhabers sind. Erwerben mehrere Unternehmen gleichzeitig oder nacheinander Anteile im vorbezeichneten Umfang an einem anderen Unternehmen, gilt dies hinsichtlich der Märkte, auf denen das andere Unternehmen tätig ist, auch als Zusammenschluss der sich beteiligenden Unternehmen untereinander;

4. jede sonstige Verbindung von Unternehmen, auf Grund deren ein oder mehrere Unternehmen unmittelbar oder mittelbar einen wettbewerblich erheblichen Einfluss auf ein anderes Unternehmen ausüben können.

---

[622] *Bechtold,* 7. Aufl., § 36 Rn. 71; *Schütz* in: Kölner Kommentar, § 36 Rn. 140.
[623] *Thomas,* in: Immenga/Mestmäcker, 12. Aufl., § 36 Rn. 946.
[624] So wohl *Bechtold,* 7. Aufl., § 36 Rn. 71; *Kallfaß* in: Langen/Bunte, 12. Aufl., § 36 Rn. 153.
[625] OLG Frankfurt, 12.7.2012, 11 W 13/12 (Kart), Rn. 35 (juris).

(2) **Ein Zusammenschluss liegt auch dann vor, wenn die beteiligten Unternehmen bereits vorher zusammengeschlossen waren, es sei denn, der Zusammenschluss führt nicht zu einer wesentlichen Verstärkung der bestehenden Unternehmensverbindung.**

(3) [1]**Erwerben Kreditinstitute, Finanzinstitute oder Versicherungsunternehmen Anteile an einem anderen Unternehmen zum Zwecke der Veräußerung, gilt dies nicht als Zusammenschluss, solange sie das Stimmrecht aus den Anteilen nicht ausüben und sofern die Veräußerung innerhalb eines Jahres erfolgt.** [2]**Diese Frist kann vom Bundeskartellamt auf Antrag verlängert werden, wenn glaubhaft gemacht wird, dass die Veräußerung innerhalb der Frist unzumutbar war.**

Übersicht

Schrifttum: *Buntscheck,* Der Gleichordnungskonzern – ein illegales Kartell?, WuW 2004, 374; *Hartog,* Der Zusammenschlusstatbestand des wettbewerblich erheblichen Einflusses, 2010; *Henschen/Ewen,* Der Erwerb eines wettbewerblich erheblichen Einflusses in der Entscheidungspraxis, WuW 1999, 941; *Hoffmann,* Kontrollerwerb als neuer Zusammenschlußtatbestand des GWB, AG 1999, 538; *Imgrund,* Optionen in der Fusionskontrolle, WuW 2010, 753; *Kuhn,* Der Erwerb wettbewerblich erheblichen Einflusses in der deutschen Zusammenschlusskontrolle – Kein Modell für Europa, ZWeR 2011, 258; *Pohlmann,* GWB-Novelle: Der neue Zusammenschlußtatbestand des Fusionskontrollrechts, DZWir 1998, 397; *Riesenkampff,* Treuhandverhältnisse in der Fusionskontrolle und die Zurechnungsklausel des § 23 Abs. 2 Nr. 2 Satz 2 GWB, WuW 1996, 5; *Schröder,* Die Behandlung von Optionen in der Fusionskontrolle, in: Festschrift für Canenbley 2012, 411; *Sonnenschein,* Anzeigepflicht und Kontrolle des weiteren Zusammenschlusses einer Unternehmensverbindung, ZGR 6 (1977), 35; *Stein, E.,* Der wettbewerblich erhebliche Einfluß in der Fusionskontrolle, 1994; *Thurnher,* Die Zurechnung des Treugutes im Fusionskontrollrecht, WuW 1994, 303; *Ulshöfer,* Kontrollerwerb in der Fusionskontrolle: eine Untersuchung im europäischen, deutschen und US-amerikanischen Fusionskontrollrecht, 2003; *Weitbrecht/Weidenbach,* Wettbewerblich erheblicher Einfluss auf börsennotierte Aktiengesellschaften, WuW 2008, S. 788; *Werner,* Freistellung von der fusionsrechtlichen Kontrolle bei einem Anteilserwerb durch ein Kreditinstitut, WuW 1996, 463; *Wirtz,* Der Stimmrechtspool als kartellrechtlicher Zusammenschlußtatbestand, AG 1999, 114; *Zigelski,* Der wettbewerblich erhebliche Einfluss wird 20, WuW 2009, 1261.

I. Allgemeines

§ 37 regelt für alle die Fusionskontrolle betreffenden Vorschriften den Tatbestand des Zusammenschlusses. Die Vorschrift zählt die Zusammenschlusstatbestände enumerativ auf. Während die Tatbestände des Vermögens- und des Anteilserwerbs (Abs. 1 Nr. 1 und Abs. 1 Nr. 3) an formelle Merkmale anknüpfen, stellt der am EU-Recht orientierte Kontrollerwerb (Abs. 1 Nr. 2) auf materielle Beherrschungs- und Einflussmöglichkeiten ab und bildet eine Art Generalklausel. Durch die Einführung des Kontrollerwerbs im Zuge der 6. GWB-Novelle ist der Zusammenschlussbegriff erweitert worden. Bestehende Lücken wurden dadurch geschlossen. Die Vorschrift enthält damit Zusammenschlusstatbestände sowohl aus dem deutschen als auch aus dem europäischen Kartellrecht. Mit dem Tatbestand des Erwerbs eines wettbewerblich erheblichen Einflusses (Abs. 1 Nr. 4) wurde die Erfassung von Unternehmensverbindungen unterhalb der Schwellen des Anteils- und Kontrollerwerbs durch den ehemaligen § 23 Abs. 2 Nr. 6 beibehalten. Die Tatbestände der Unternehmensverträge (§ 23 Abs. 2 Nr. 3), der Personenidentität (§ 23 Abs. 2 Nr. 4) und der Erlangung eines beherrschenden Einflusses (§ 23 Abs. 2 Nr. 5) wurden nicht in § 37 übernommen, da sie entweder durch die Einführung des Kontrollerwerbs ihre eigenständige Funktion verloren oder keine praktische Bedeutung erlangt hatten. Die 7. und 8. GWB-Novelle haben keine Änderung des § 37 gebracht. 1

Durch ein und denselben Vorgang können jeweils mehrere Zusammenschlusstatbestände gleichzeitig verwirklicht werden.[1] Insbesondere überschneidet sich der Tatbestand des Kontrollerwerbs gemäß Abs. 1 Nr. 2 mit dem Vermögenserwerb nach Abs. 1 Nr. 1 und dem Anteilserwerb nach Abs. 1 Nr. 3. So kann ein bestimmender Einfluss im Sinne des Abs. 1 Nr. 2 über ein Unternehmen oder Teile davon z. B. durch den Erwerb von Anteilen an dessen Rechtsträger oder den Erwerb seiner Vermögenswerte herbeigeführt werden.[2] Dementsprechend führt der Erwerb der Eigentums- oder Nutzungsrechte an einer Gesamtheit oder an Teilen des Vermögens eines Unternehmens gemäß Nr. 2 S. 2 lit. a) zum Erwerb der Kontrolle.[3] Zerfällt ein Zusammenschluss in mehrere Einzelvorgänge, so kann eine Gesamtbetrachtung vorzunehmen sein. Ist nach rechtlichen und wirtschaftlichen Kriterien von einem Gesamtvorgang auszugehen, so liegt nur ein Zusammenschluss vor.[4] 2

II. Vermögenserwerb (Abs. 1 Nr. 1)

1. Vermögen

An erster Stelle nennt das Gesetz den Erwerb des Vermögens eines Unternehmens ganz oder zu einem wesentlichen Teil als Zusammenschlusstatbestand. Unter dem Vermögen eines Unternehmens sind im weitesten Sinne dessen geldwerte Güter und Rechte einschließlich der subjektiven Rechte und Chancen zu verstehen, sofern sie nur im Verkehr gehandelt werden. Es kommt dabei nicht auf Art, Verwendung und Verwertbarkeit der Vermögensteile an.[5] 3

Ausreichend ist der Erwerb eines **wesentlichen Teils.** Als wesentlich ist nicht nur ein solcher Teil anzusehen, der im Verhältnis zum Gesamtvermögen des Veräußerers **quantitativ** ausreichend hoch ist, sondern auch jede Teileinheit, die **qualitativ** eine eigenständige Bedeutung hat, wie z. B. ein bestimmter Betrieb und eine wirtschaftliche Funktionseinheit 4

---

[1] WuW/E BKartA 2169 – *TUI/Air-Conti;* WuW/E BKartA 2114 – *Coop Schleswig-Holstein/Deutscher Supermarkt;* a. A. *Bechtold/Bosch,* GWB, § 37 Rn. 2.

[2] *Pohlmann* DZWir 1998, 398, 400.

[3] Vgl. BKartA WuW/E DE-V 951 – *Gruner+Jahr/National Geographics,* TB 2003/2004, S. 98.

[4] BGH WuW/E DE-R 3591, 3594 – *Total/OMV;* BKartA WuW/E DE-V 53 – *Premiere;* TB 2001/2002, S. 18.

[5] KG WuW/E OLG 3591, 3593 – *Coop Schleswig-Holstein/Deutscher Supermarkt;* a. A.: *Bechtold/Bosch,* GWB, § 37 Rn. 5.

für ein spezielles Produktions- oder Vertriebsziel. In diesem Fall kommt es nicht darauf an, in welchem Verhältnis die Anteile zum Gesamtvermögen des Veräußerers stehen.[6] Die absolute Größe eines erworbenen Vermögensanteils spielt hingegen keine Rolle.[7]

Die neuere Praxis stellt darauf ab, ob der Vermögensteil abstrakt geeignet ist, die Stellung des Erwerbers auf dem Markt zu verändern. Danach ist maßgeblich, ob der veräußerte Vermögensteil die tragende Grundlage der Stellung des Veräußerers auf dem betroffenen Markt und geeignet ist, diese auf den Erwerber zu übertragen. Dies setzt voraus, dass der Veräußerer mit dem übertragenen Vermögensteil bereits auf dem relevanten Markt tätig gewesen ist.[8]

5 In der Rechtsprechung wurde als wesentlicher Teil des Vermögens qualifiziert: das gesamte Produktions- und Vertriebsprogramm für Industrienähmaschinen,[9] ein Zementwerk,[10] 3 Lebensmittelläden einer Kette mit 283 Läden,[11] ein eingetragenes Warenzeichen[12] oder Herausgeber und Titelrechte.[13] Die Praxis des Bundeskartellamtes lässt bereits den Erwerb einzelner Immobilien ausreichen.

2. Erwerb des Vermögens

6 Der Erwerb setzt den Wechsel der Inhaberschaft voraus. Die Übertragung von obligatorischen und dinglichen Gebrauchs- oder Nutzungsrechten stellt nur dann einen Vermögenserwerb i. S. v. Abs. 1 Nr. 1 dar, wenn der Veräußerer nur Inhaber dieser beschränkten Rechte und nicht des Vollrechts ist, so dass wirtschaftlich betrachtet der Erwerber in die Position des Veräußerers einrückt.[14] Die bloße Beauftragung mit der Ausführung unternehmerischer Funktionen im Wege von Dienstverträgen ist keine Vermögensübertragung.[15] Die Form des Erwerbs ist irrelevant. Er kann sowohl in der Form der Gesamtrechtsnachfolge als auch im Wege des Einzelerwerbs erfolgen. Demgemäß verzichtet das Gesetz seit der 6. GWB-Novelle auf die Unterscheidung zwischen dem Erwerb durch Umwandlung und in sonstiger Weise. So ist eine Gesamtrechtsnachfolge durch **Umwandlung** im Sinne des § 1 UmwG denkbar, also durch Verschmelzung, Spaltung oder Vermögensübertragung, soweit die Beteiligungsverhältnisse der als übertragende und übernehmende Rechtsträger beteiligten Rechtsträger nicht übereinstimmen.[16] Keinen Erwerb im Sinne des Abs. 1 Nr. 1 begründet hingegen der bloße Formwechsel, weil mit ihm keine Vermögensübertragung auf einen anderen Rechtsträger verbunden ist. Der Erwerb **in sonstiger Weise** wird durch Abs. 1 Nr. 1 auch unabhängig vom Rechtsgrund erfasst, also der Erwerb durch Eigentumsübertragung nach § 929 BGB, durch Zuschlag in der Zwangsversteigerung, öffentlich-

[6] BGH WuW/E BGH 1377 ff. – *Zementmahlanlage.*

[7] Vgl. aber BKartA WuW/E DE-V 1289, 1290 f. – *Synthes/AO-ASIF,* wonach ein hoher Kaufpreis für den Erwerb eines wesentlichen Vermögensteils sprechen soll.

[8] OLG Düsseldorf, WuW/E DE-R 1504, 1505 ff. – *National Geographic;* BGH WuW/E DE-R 1979, 1980 – *National Geographic I,* BGH WuW/E BGH 2783, 2786 – *Warenzeichenerwerb und Vorinstanz* WuW/E OLG 4771, 4775 – *Folien und Beutel;* BKartA WuW/E DE-V 527 ff. – *Marzinpanrohmasse.*

[9] BGH WuW/E BGH 1570 ff. – *Kettenstichnähmaschinen.*

[10] BGH WuW/E BGH 1655 ff. – *Zementmahlanlage II.*

[11] KG WuW/E OLG 3591 ff. – *Coop Schleswig Holstein/Deutscher Supermarkt.*

[12] BGH WuW/E BGH 2783 ff. – *Warenzeichenerwerb.*

[13] KG WuW/E OLG 4095 ff. – *W + i Verlag-Weiss-Druck.*

[14] KG WuW/E OLG 3591, 3594 – *Coop Schleswig-Holstein/Deutscher Supermarkt;* OLG Düsseldorf WuW/E DE-R 1805, 1808 – *MSV; Kallfaß* in: Langen/Bunte, Kommentar zum deutschen und europäischen Kartellrecht, § 37 Rn. 12; *Thomas* in: Immenga/Mestmäcker, GWB, § 37 Rn. 28, a. A. *Bechtold/Bosch,* GWB, § 37 Rn. 4; *Kleinmann/Bechtold,* GWB, § 23 Rn. 35.

[15] OLG Düsseldorf WuW/E DE-R 1805, 1807 f. – *MSV.*

[16] *Kallfaß* in: Langen/Bunte, Kommentar zum deutschen und europäischen Kartellrecht, § 37 Rn 14.

rechtlichen Vertrag, Hoheitsakt, Gesetz oder von Todes wegen. Dagegen wird im Regelfall der auf Gesetz beruhende originäre Erwerb einer Rechtsstellung nicht erfasst.

Etwas anderes gilt ausnahmsweise in Umgehungsfällen. So läge ein Vermögenserwerb vor, wenn eine Marke eingetragen wird, nachdem sich der alte und der neue Markenrechtsinhaber über eine vorherige Löschung derselben Marke geeinigt haben.[17] 7

III. Kontrollerwerb (Abs. 1 Nr. 2)

1. Allgemeines

Nr. 2 sieht in Anlehnung an Art. 3 Abs. 1 lit. b, Abs. 2 FKVO vor, dass ein Zusammenschluss vorliegt, wenn die Kontrolle über ein oder mehrere Unternehmen oder Teile davon erworben wird. Satz 2 übernimmt im Wesentlichen den Wortlaut von Art. 3 Abs. 3 FKVO 4064/89 (vgl. jetzt Art. 3 Abs. 2 FKVO 139/2004), der beispielhaft erläutert, auf welche Weise Kontrolle über ein Unternehmen erworben werden kann. Hinreichende Konkretisierung hat der Begriff des Kontrollerwerbs durch die europäische Praxis erfahren, auf die nach dem Willen des Gesetzgebers zurückgegriffen werden soll.[18] Die Auslegungsgrundsätze der Kommission sind in einer Bekanntmachung[19] veröffentlicht. Die Auslegung des Begriffs der Kontrolle im deutschen Recht ist jedoch nicht an die Auslegung von Art. 3 FKVO durch die Kommission gebunden.[20] Sie muss jedoch die Praxis der Europäischen Kommission berücksichtigen.[21] Neben der Praxis der Kommission und der europäischen Gerichte, geben auch die Zusammenschlusstatbestände des ehemaligen § 23 Abs. 2 Nr. 3 bis 5 (Unternehmens- und Betriebspachtverträge, personelle Verflechtungen sowie insbesondere Verbindungen mit beherrschendem Einfluss) Anhaltspunkte zur Auslegung des Begriffs des Kontrollerwerbs, jedoch ohne diesen tatbestandlich zu begrenzen. Die Einführung des Kontrollerwerbs im Rahmen der 6. GWB-Novelle sollte nämlich den Zusammenschlussbegriff nicht einengen, sondern eher erweitern. Der Tatbestand des Kontrollerwerbs hat die Funktion einer Generalklausel, die neben den Tatbeständen der Nr. 1 und Nr. 3 anwendbar und nicht subsidiär ist, so dass immer auch mehrere Zusammenschlusstatbestände gleichzeitig einschlägig sein können. Mit der Einführung des Kontrollerwerbs als Zusammenschlusstatbestand sollten sämtliche Fallgestaltungen erfasst werden, in denen ein steuernder Einfluss auf ein Unternehmen erreicht wird, insbesondere auch bei Minderheitsbeteiligungen, die nicht von Nr. 3 erfasst werden, weil die Beteiligung entweder insgesamt unter 25% bleibt oder aber von 25% auf weniger als 50% aufgestockt wird.[22] Nr. 2 erfasst auch Fallgestaltungen, in denen die Kontrolle nur über Teile eines Unternehmens erlangt wird. 8

2. Voraussetzungen

Nach dem Gesetzeswortlaut hat Kontrolle, wer einen bestimmenden Einfluss auf die Tätigkeit eines Unternehmens auszuüben im Stande ist. Damit gemeint ist die Möglichkeit, das strategische Wirtschaftsverhalten eines anderen Unternehmens zu bestimmen oder strategische Entscheidungen in einem anderen Unternehmen zu blockieren.[23] Es bedarf allerdings einer dauerhaften Strukturveränderung, nicht nur eines vorübergehenden Einflusses 9

---

[17] MK, Hauptgutachten X, Tz. 538 ff.; *Kallfaß* in: Langen/Bunte, Kommentar zum deutschen und europäischen Kartellrecht, § 37 Rn. 11; *Thomas* in: Immenga/Mestmäcker, GWB, § 37 Rn. 26.

[18] Begr. zum RegE BT-Drucks. 13/9720, S. 57.

[19] Konsolidierte Mitteilung der Kommission zu Zuständigkeitsfragen gemäß der Verordnung (EG) Nr. 139/2004 des Rates über die Kontrolle von Unternehmenszusammenschlüssen vom 10.7.2007.

[20] BGH WuW/E BGH 3026, 3034 – *Backofenmarkt;* BGH WuW/E DE-R 243, 244 f. – *Pirmasenser Zeitung;* KG WuW/E OLG 5907, 5913 f. – *Rheinpfalz/Medien Union.*

[21] OLG Düsseldorf WuW/E DE-R 1504, 1507 – *National Geographic.*

[22] Begr. zum RegE BT-Drucks. 13/9720, S. 43.

[23] Konsolidierte Mitteilung, Rz. 54, 62; *Wirtz* AG 1999, 114, 119.

z. B. aufgrund veränderbarer Koalitionen von Mitgesellschaftern.[24] Auf eine tatsächliche Einflussnahme oder eine diesbezügliche Absicht kommt es dabei nicht an. Ausreichend ist die Möglichkeit der Einflussnahme.[25]

3. Formen des Kontrollerwerbs

10 **a) Kontrollerwerb durch Rechte.** Nach Abs. 1 Nr. 2 S. 2 lit. a kann die Kontrolle durch den Erwerb von Rechten am Vermögen eines anderen Unternehmens begründet werden. Der Erwerb des Vermögens eines anderen Unternehmens nach Abs. 1 Nr. 1 stellt daher regelmäßig auch einen Fall des Kontrollerwerbs dar. Anders als Abs. 1 Nr. 1 setzt der Erwerb der Kontrolle nicht den Übergang des Vollrechts, also die Übertragung der Inhaberschaft am Recht voraus, so dass auch der Erwerb einer Lizenz Kontrolle i. S. d. Abs. 1 Nr. 2 begründen kann.[26] Um Wertungswidersprüche im Gesetz zu vermeiden, führt der Erwerb von Eigentums- oder Nutzungsrechten an Teilen des Vermögens des Zielunternehmens nur dann zum Erwerb der Kontrolle, wenn es sich um wesentliche Teile im Sinne von Abs. 1 Nr. 1 handelt.[27]

11 Hauptanwendungsfall des Kontrollerwerbs ist aber der **Erwerb von Anteilen** mit Stimmrechten am Zielunternehmen. Er ist ein Fall des als Regelbeispiel für den Kontrollerwerb in Abs. 1 Nr. 2 S. 2 lit. b aufgeführten Erwerbs von Rechten an einem Unternehmen. Anders als beim Anteilserwerb nach Abs. 1 Nr. 3 ist das Überschreiten bestimmter Schwellenwerte irrelevant. Entscheidend ist allein der bestimmende Einfluss, der im Regelfall durch eine Stimmrechtsmehrheit erlangt wird. Eine faktische Stimmrechtsmehrheit kann sich ergeben, wenn sich die Anteile am Zielunternehmen im **Streubesitz** befinden, so dass infolge der niedrigen Hauptversammlungspräsenz regelmäßig eine Minderheitsbeteiligung ausreicht, um Abstimmungen eine Mehrheit zu erzielen.[28] Dabei ist auf die Erfahrungen der letzten drei Jahre unter Berücksichtigung vorauszusehender Änderungen der Präsenz nach dem Zusammenschluss abzustellen.[29]

12 Ebenfalls durch den Kontrollerwerb erfasst ist das Erlangen von Sperrrechten bei wichtigen Grundlagenentscheidungen oder von Mitbestimmungsrechten bei der Besetzung der Geschäftsführung oder bei wichtigeren Geschäftsführungsmaßnahmen.[30] Bei Personengesellschaften ist dies bei jeder Beteiligung der Fall, solange das gesetzliche Einstimmigkeitsprinzip nach § 119 Abs. 1 HGB beibehalten wird.

13 **b) Kontrollerwerb durch Verträge.** Ein Kontrollerwerb liegt auch bei Unternehmensverträgen nach §§ 291, 292 AktG vor, also Beherrschungs-, Gewinnabführungs-, und Teilgewinnabführungsverträgen sowie Betriebspacht- und Betriebsüberlassungsverträgen.[31] Betriebspacht- und Betriebsüberlassungsverträge stellen einen Erwerb von Nutzungsrechten im Sinne des Abs. 1 Nr. 2 S. 2 lit. a an der Gesamtheit oder an Teilen des Vermögens des Zielunternehmens dar. Dabei kommt es nicht auf die Wirksamkeit des Vertrages an, sondern nur auf die tatsächliche Durchführung. Denkbar sind auch andere Vertragskonstruk-

---

[24] *Thomas* in: Immenga/Mestmäcker, GWB, § 37 Rn. 93 und 207.

[25] BGH WuW/E BGH 2321, 2323 – *Mischguthersteller;* s. auch Konsolidierte Mitteilung, Rn. 16.

[26] BGH WuW/E DE-R 1979, 1980 – *National Geographic I; Bechtold/Bosch,* GWB, § 37 Rn. 10.

[27] OLG Düsseldorf, WuW/E DE-R 1504, 1505 – *National Geographic, Thomas* in: Immenga/Mestmäcker, GWB, § 37 Rn. 224; *Kallfaß* in: Langen/Bunte, Kommentar zum deutschen und europäischen Kartellrecht, § 37 Rn. 17.

[28] BKartA, B. v. 7.12.2001, Rn. 5 – *Krieger/Möbel Walther,* Konsolidierte Mitteilung, Rn. 59.

[29] Kommission v. 22.12.1997, IV/M.1058 – *Unichem/Alliance Santé,* ABl. (EG) v. 27.1.1998 Nr. C 29/07 Tz. 5 f., *Bechtold* GWB § 37 Rn. 11.

[30] Konsolidierte Mitteilung, Rn. 69 ff.

[31] Vgl. die Regelung in § 23 Abs. 2 Nr. 3 in der Fassung der 5. GWB-Novelle; BKartA, B. v. 31.3. 2010, Rn. 9 f. – *Agravis Raiffeisen/Getreide- und Agrarhandel Halle/Märka.*

tionen,[32] die die Möglichkeit verschaffen, einen bestimmenden Einfluss auf das Zielunternehmen auszuüben. Die Bildung eines Gleichordnungskonzerns stellt nach Auffassung des Bundeskartellamts einen Fall des Kontrollerwerbs dar.[33] Hierfür sprechen § 23 Abs. 2 Nr. 3 a. F., der Gleichordnungskonzerne unstreitig erfasste, und die mit der Einführung von Abs. 1 Nr. 2 verfolgte Zielsetzung des Gesetzgebers der 6. GWB-Novelle, die Reichweite des Zusammenschlussbegriffs nicht zu verkürzen.[34] Lehnt man mit der Gegenmeinung die Anwendung von Abs. 1 Nr. 2 wegen des bei Gleichordnungskonzernen fehlenden Abhängigkeitsverhältnisses ab, können Gleichordnungskonzerne nur als Erwerb wettbewerblich erheblichen Einflusses nach Abs. 1 Nr. 4 erfasst werden.[35]

c) Kontrollerwerb durch andere Mittel. Seinen eigentlichen Charakter als Generalklausel erhält der Kontrollerwerb durch die Bestimmung in Abs. 1 Nr. 2 S. 2, wonach die Kontrolle außer durch Rechte und Verträge auch durch andere Mittel erworben werden kann. So können beispielsweise personelle Verflechtungen zwischen den Organen der sich zusammenschließenden Unternehmen unter den Tatbestand des Kontrollerwerbs fallen. Führt eine personelle Verflechtung im Einzelfall nicht zu einem bestimmenden Einfluss im Sinne eines Kontrollerwerbs, kann ein wettbewerblich erheblicher Einfluss gemäß Abs. 1 Nr. 4 vorliegen (vgl. unten Rn. 25 ff.). Nach der, auch für die Auslegung des Kontrollerwerbs maßgeblichen Rechtsprechung zum Tatbestand des Erwerbs eines beherrschenden Einflusses gemäß § 23 Abs. 2 Nr. 5 in der Fassung der 5. GWB-Novelle ist der Begriff des beherrschenden Einflusses im Hinblick auf die wettbewerbsschützende Zielsetzung der Fusionskontrolle zu bestimmen. Er umfasst demgemäß über die Fälle der Beherrschung im Sinne des § 17 Abs. 1 AktG hinaus alle Fälle, in denen ein Unternehmen in der Lage ist, bei den für die Markt- und Wettbewerbsstellung ausschlaggebenden Entscheidungen eines anderen Unternehmens seinen Willen durchzusetzen.[36] Nach Auffassung des Bundeskartellamtes soll bereits die Möglichkeit genügen, auf die Ressourcen des anderen Unternehmens zuzugreifen.[37] 14

Der Kontrollerwerb durch andere Mittel setzt grundsätzlich keine gesellschaftsrechtliche Verankerung voraus. Ausnahmsweise kann auch eine wirtschaftliche Abhängigkeit faktisch zur Erlangung der Kontrolle führen, z. B. wenn langfristige Lieferverträge oder Lieferantenkredite in Verbindung mit strukturellen Verflechtungen einen bestimmenden Einfluss gewähren.[38] Voraussetzung ist jedoch, dass die Verbindung eine dauerhaft angelegte Beherrschungsmöglichkeit vermittelt. Lediglich vorübergehende Einflussnahmemöglichkeiten reichen nicht aus. 15

d) Gemeinsame Kontrolle. Die Kontrolle kann nach Abs. 2 S. 1 auch gemeinsam durch mehrere Unternehmen erworben werden. Alleine das Nebeneinander von Beteiligungen oder Rechten mehrerer Unternehmen, die in der Summe den Einflussmöglichkeiten eines alleine kontrollierenden Unternehmens entsprechen, führt indessen nicht zu gemeinsamer Kontrolle. Erforderlich ist vielmehr, dass die gemeinsam kontrollierenden Unternehmen aufgrund einer gemeinsamen Unternehmenspolitik die eigenen Wettbewerbsinteressen im Verhältnis zueinander und gegenüber dem abhängigen Unternehmen 16

---

[32] *Thomas* in: Immenga/Mestmäcker, GWB, § 37 Rn. 128, 132 nennt beispielhaft den Betriebsführungsvertrag oder den Geschäftsführungsvertrag gemäß § 291 Abs. 1 S. 2 AktG.

[33] BKartA TB 1999/2005 S. 19: *Kallfaß* in: Langen/Bunte, Kommentar zum deutschen und europäischen Kartellrecht, GWB § 37 Rn. 23.

[34] *Kallfaß* in: Langen/Bunte, Kommentar zum deutschen und europäischen Kartellrecht, GWB § 37 Rn. 2; vgl. Reg. Begr. 6. GWB-Novelle S. 43.

[35] *Bach,* in: Münchener Kommentar Europäisches und Deutsches Wettbewerbsrecht (Kartellrecht), Band 2, GWB § 37 Rn. 45; *Thomas* in: Immenga/Mestmäcker, GWB, § 37 Rn. 36, 185, 331; *Buntscheck,* Der Gleichordnungskonzern – ein illegales Kartell?, WuW 2004, 374, 377.

[36] BGH WuW/E BGH 2337, 2339 – *Hussel/Mara.*

[37] BKartA WuW/E DE-V 951, 953 – *Gruner + Jahr/National Geographic.*

[38] Konsolidierte Mitteilung, Rn. 20.

abstimmen und durchsetzen können.[39] Es müssen daher zusätzliche Umstände vorliegen, durch die eine einheitliche Einflussnahme gesichert ist, wie z. B. Pool-Vereinbarungen, erhöhte Zustimmungserfordernisse in der Gesellschafterversammlung oder eine auf Dauer angelegte Interessengleichheit, die die Möglichkeit wechselnder Mehrheiten einschränken.[40] Eine solche Interessengleichheit kann sich auch aus dem Zwang zur Einigung innerhalb der Gesellschafter ergeben. Dies ist insbesondere der Fall bei paritätischen Gemeinschaftsunternehmen mit gleichen Stimmrechten, wo die Gesellschafter durch die ständige Pattsituation stets dazu gezwungen sind, Übereinstimmung zu erzielen.[41] Bestimmender Einfluss bedeutet hier in der Regel die Möglichkeit, Entscheidungen über Maßnahmen blockieren zu können, die das strategische Wirtschaftsverhalten eines Unternehmens bestimmen.[42] Diese Möglichkeit kann auch durch entsprechende Vetorechte begründet werden, insbesondere solche, die die Besetzung der Unternehmensleitung, die Finanzplanung, die Geschäftspolitik oder den Geschäftsplan betreffen. Die üblichen Vetorechte von Minderheitsgesellschaftern, wie sie bei Satzungsänderungen, Kapitalerhöhungen und -herabsetzungen oder einer Liquidation bestehen, sind jedoch nicht ausreichend. Für das Bestehen gemeinsamer Kontrolle ist es nicht notwendig, dass Vetorechte in allen relevanten Bereichen bestehen, es kann bereits ein einziges Vetorecht genügen. Dies hängt aber von dessen Bedeutung für die geschäftlichen Aktivitäten des Zielunternehmens ab. Fehlt es hinsichtlich solcher Maßnahmen an einer rechtlichen Bindung oder an einer starken Interessengemeinschaft, wird regelmäßig die Möglichkeit wechselnder Koalitionen unter den Minderheitsgesellschaftern die Entstehung einer gemeinsamen Kontrolle verhindern.[43]

17 **e) Mehrfachkontrolle.** Ein mehrmaliger sukzessiver Kontrollerwerb im Verhältnis der gleichen Unternehmen ist ausgeschlossen. Eine Verstärkung der Kontrollmöglichkeiten begründet daher keinen erneuten Zusammenschlusstatbestand. Etwas anderes gilt, wenn sich die Struktur der Kontrolle ändert. Das ist der Fall, wenn aus einer gemeinsamen Kontrolle eine Kontrolle durch ein Unternehmen wird und umgekehrt, oder sich die Zahl der die gemeinsame Kontrolle ausübenden Gesellschafter erhöht.[44] Beteiligt an dem Zusammenschluss sind in diesen Fällen neben den kontrollierten Unternehmen die die Kontrolle erwerbenden und die bereits kontrollierenden Unternehmen, soweit sie nach dem Zusammenschluss weiterhin an der Kontrolle teilhaben.[45]

18 **f) Mittelbare Kontrolle.** Nach dem Wortlaut von Abs. 1 Nr. 2 begründet auch der Erwerb der mittelbaren Kontrolle einen Zusammenschluss. Ein Erwerb mittelbarer Kontrolle liegt vor, wenn die Kontrolle über ein Unternehmen durch einen anderen Rechtsträger vermittelt wird, z. B. wenn ein Unternehmen, an dem eine kontrollierende Beteiligung erworben wird, seinerseits weitere Unternehmen kontrolliert. In Übereinstimmung mit Art. 3 Abs. 1 lit. b FKVO erfasst die mittelbare Kontrolle grundsätzlich auch Konstruktionen, in denen ein Unternehmen in der Lage ist, die Ausübung von Kontrollrechten über ein anderes Unternehmen durch Einflussnahme auf den formal berechtigten Rechtsinhaber zu bestimmen.[46] Der Hauptanwendungsfall dieser Form indirekter Kontrolle, der treuhänderische Erwerb von Beteiligungen, wird über Abs. 1 Nr. 3, S. 2 erfasst.[47] Das Vorliegen

---

[39] BGH WuW/E DE-R 1890, 1891 f. – *Radio Ton;* BGH, WuW/E BGH 2337, 2339 – *Hussel/Mara.*

[40] KG, WuW/E OLG 4075, 4076 – *Springer/Kieler Zeitung.*

[41] *Kallfaß* in: Langen/Bunte, Kommentar zum deutschen und europäischen Kartellrecht, § 37 Rn. 32; *Thomas* in: Immenga/Mestmäcker, GWB, § 37 Rn. 169.

[42] Konsolidierte Mitteilung, Rn. 62.

[43] Konsolidierte Mitteilung, Rn. 80.

[44] Konsolidierte Mitteilung, Rn. 83; *Bechtold/Bosch,* GWB, § 37 Rn. 14.

[45] *Bechtold/Bosch,* GWB, § 37 Rn. 17.

[46] Konsolidierte Mitteilung, Rn. 12.

[47] S. u. Rn. 23.

indirekter Kontrolle kann unter anderem durch Finanzquellen oder Verwandtschaftsbeziehungen nachweisbar sein.[48]

IV. Anteilserwerb (Abs. 1 Nr. 3)

1. Allgemeines

Der Anteilserwerb ist der in der Praxis am häufigsten vorkommende Zusammenschluss- 19
tatbestand. Seit der 6. GWB-Novelle deckt er sich beim Erwerb der Mehrheit der Anteile – häufig auch im Falle des Erwerbs einer Minderheitsbeteiligung[49] – mit dem des Kontrollerwerbs nach Nr. 2. Der Gesetzgeber entschloss sich ungeachtet dieser Überschneidungen, den Tatbestand des Anteilserwerbs beizubehalten, da er den Unternehmen für die Bestimmungen der Anmeldepflicht eine klare Zusammenschlussdefinition bietet und es ermöglicht, weiterhin Fälle unterhalb der Kontrollschwelle, insbesondere Minderheitsbeteiligungen ab 25%, zu erfassen.[50]

2. Voraussetzungen

Der Tatbestand des Anteilserwerbs greift ein, sobald eine Beteiligung von mindestens 20
25% oder 50% des Kapitals oder der Stimmrechte erreicht wird. Die Anteilsschwellen nach Nr. 3a) und b) sind rein formale Aufgreiftatbestände. Es ist ohne Bedeutung, ob durch den Anteilserwerb zugleich die Kontrolle oder auch nur ein Einfluss auf das Unternehmen erlangt wird. Beim Erwerb einer Mehrheits- oder Minderheitsbeteiligung ist jedoch Nr. 2 neben Nr. 3 anwendbar. Unerheblich ist auch, ob eine Stimmrechts- oder nur eine Kapitalbeteiligung an dem Zielunternehmen erworben wird. Der Tatbestand des Abs. 3 ist erfüllt, wenn eine der in Abs. 1 Nr. 3a) und b) genannten Schwellen entweder hinsichtlich der Stimmrechte oder der Kapitalanteile erreicht oder überschritten wird.[51] Auf welche Weise der Anteil erlangt wird, durch derivativen oder originären Erwerb, z.B. bei Neugründungen oder Kapitalerhöhungen, Erwerb durch Vertrag oder aufgrund Gesetzes, durch Anwachsung bei Personengesellschaften, Einziehung oder Kaduzierung von Geschäftsanteilen, spielt grundsätzlich keine Rolle. Der Beteiligungserwerb bei Gründung einer 100%igen Tochtergesellschaft fällt jedoch nicht unter Nr. 3, sofern er nicht lediglich einen unselbständigen Zwischenschritt in einem fusionskontrollpflichtigen Gesamtvorhaben darstellt.[52] Gleichermaßen kann eine Kapitalherabsetzung unter den Tatbestand des Anteilserwerbs fallen, wenn sie zu einer Veränderung der Beteiligungsverhältnisse unter den Gesellschaftern führt.[53] Entscheidend ist allein das Erreichen oder Überschreiten der Schwellenwerte. Ein **Erwerb** ist aber nur dann gegeben, wenn das Vollrecht erlangt wird. Nicht erfasst ist der Erwerb beschränkter dinglicher Rechte, wie Pfandrecht oder Nießbrauch.[54] In diesen Fällen ist aber zu prüfen, ob nicht ein Kontrollerwerb oder der Erwerb eines wettbewerblich erheblichen Einflusses nach Nr. 2 bzw. Nr. 4 vorliegt. Unter bestimmten Voraussetzungen kann auch der mittelbare Erwerb einer Beteiligung einen Zusammenschluss nach Nr. 3 begründen, z.B. beim Erwerb einer (unmittelbaren) Beteiligung an einem Unternehmen, die für sich genommen keine der Schwellen der Nr. 3 überschreitet, wenn das Unternehmen seinerseits an einem anderen Unternehmen beteiligt ist und

---

[48] Konsolidierte Mitteilung, Rn. 13.

[49] S. oben Rn. 11.

[50] MK, Hauptgutachten XI, Tz. 984; Begr. zum RegE BT-Drucks. 13/9720, S. 43; kritisch hierzu *Pohlmann* DZWir 1998, 400.

[51] *Thomas* in: Immenga/Mestmäcker, GWB, § 37 Rn. 257f.

[52] *Bechtold/Bosch,* GWB, § 37 Rn. 24.

[53] *Thomas* in: Immenga/Mestmäcker, GWB, § 37 Rn. 283.

[54] *Kallfaß* in: Langen/Bunte, Kommentar zum deutschen und europäischen Kartellrecht, § 37 Rn. 36; *Thomas* in: Immenga/Mestmäcker, GWB, § 37 Rn. 280; *Kleinmann/Bechtold,* GWB, § 23 Rn. 70; *Loewenheim/Belke* § 23 Rn. 39.

die durchgerechnete Beteiligung des Erwerbers an dem anderen Unternehmen durch den Erwerbsvorgang eine der Schwellen der Nr. 3 erreicht.[55] Liegen die Voraussetzungen der Verbundklausel nach § 36 Abs. 2 oder einer mittelbaren Kontrolle nach Abs. 1 Nr. 2 nicht vor, ist das andere Unternehmen also weder ein Konzernunternehmen oder abhängiges Unternehmen, noch ein mittelbar kontrolliertes Unternehmen, so kann ein mittelbarer Erwerb jedoch auch nicht im Rahmen von Abs. 1 Nr. 3 zugerechnet werden.[56]

21 Bei jedem Erreichen (einschließlich des Überschreitens) der beiden Beteiligungsstufen des Abs. 1 Nr. 3 liegt ein Zusammenschluss vor, der zu einem eigenständigen Fusionskontrollverfahren führt. Dabei sind nach Abs. 1 Nr. 3 S. 1 die dem Erwerber bereits gehörenden Anteile zusammenzuzählen. Kein erneuter Zusammenschluss durch Erwerb von Anteilen liegt jedoch vor, wenn die hinsichtlich der Stimmrechte bereits erreichten Beteiligungsschwellen nach Abs. 1 Nr. 3a) oder b) durch den Erwerb nunmehr auch hinsichtlich der Kapitalanteile erreicht werden oder umgekehrt.[57]

3. Zurechnung

22 Gemäß Abs. 1 Nr. 3 Satz 2 sind zu den Anteilen, die einem Unternehmen gehören, auch die Anteile zu zählen, die einem anderen für dessen Rechnung gehören. Ebenfalls mit zurechnen sind die Anteile, die abhängigen oder herrschenden Unternehmen im Anwendungsbereich der Verbundklausel des § 36 Abs. 2 gehören. Mit der 6. GWB-Novelle ist der Hinweis des früheren § 23 Abs. 2 Nr. 2 Satz 2 Alt. 1 auf die Verbundklausel entfallen, jedoch ohne dass hierdurch die Reichweite der Vorschrift beschränkt werden sollte. Dementsprechend sind einem beherrschten Unternehmen von dem herrschenden Unternehmen gehaltene Anteile zuzurechnen und umgekehrt dem herrschenden Unternehmen die von beherrschten Unternehmen gehaltenen Anteile zuzurechnen. Bei gemeinsamer Beherrschung sind dem beherrschten Unternehmen die Anteile aller herrschenden Unternehmen zuzurechnen.[58] Die Zurechnung der Anteile verbundener Unternehmen hat zur Folge, dass die Anteilsschwellen des Abs. 1 Nr. 3 auch dann überschritten sein können, wenn die erworbene Beteiligung zusammen mit den dem Erwerber bereits gehörenden Anteilen keine dieser Schwellen erreicht. Umstritten ist, ob die Zurechnung von Anteilen verbundener Unternehmen auch zugunsten der Unternehmen wirken kann, wenn die Berücksichtigung der Anteile, die mit dem Erwerber verbundenen Unternehmen bereits gehören, dazu führt, dass die Schwellenwerte des Abs. 1 Nr. 3 nicht (erneut) erreicht werden. Ein Fusionskontrollverfahren wäre dann ausgeschlossen, weil kein weiterer Zusammenschlusstatbestand verwirklicht würde. Die Rechtsprechung lehnt eine solche Anwendung zugunsten der Unternehmen ab, da die Zurechnungsklausel den Zusammenschlusstatbestand nur erweitern sollte.[59] In einem solchen Fall sei allerdings zu prüfen, ob der Erwerb zu einer wesentlichen Verstärkung der bestehenden Unternehmensverbindung im Sinne des § 23 Abs. 3 S. 1 a.F. (§ 37 Abs. 2) führe.[60] Richtig erscheint hingegen, vom Wortlaut des Abs. 1 Nr. 3 S. 1 auszugehen, nach dem die Zurechnung der dem Erwerber bereits gehörenden Anteile einen Zusammenschluss nach Abs. 1 Nr. 3 sowohl begründen

---

[55] Vgl. BKartA WuW/E DE-V 53, 57 ff. – *Premiere;* KG WuW/E DE-R 564 – *UFA.*

[56] Ebenso KG WuW/E OLG 2113, 2114 – *Steinkohlenstromerzeuger; Thomas* in: Immenga/Mestmäcker, GWB, § 37 Rn. 269; *Loewenheim/Belke* § 23 Rn. 53; *Paschke* in: FK § 37 Rn. 55; *Kleinmann/Bechtold,* GWB, § 23 Rn. 113; a. A. BKartA Presseinformation WuW 1975, 562; WuW/E BKartA 1719 – *BP/Gelsenberg;* BKartA WuW/E DE-V 53, 57 – *Premiere;* BKartA WuW/E DE-V 91, 92 – *LEW; Kallfaß* in: Langen/Bunte, Kommentar zum deutschen und europäischen Kartellrecht, § 37 Rn. 39.

[57] *Thomas* in: Immenga/Mestmäcker, GWB, § 37 Rn. 258.

[58] *Thomas* in: Immenga/Mestmäcker, GWB, § 37 Rn. 260.

[59] BGH WuW/E BGH 2882, 2891 – *Zurechnungsklausel.*

[60] BGH WuW/E BGH 2882, 2891 – *Zurechnungsklausel.*

als auch ausschließen kann. Gleiches muss auch für die Berücksichtigung der Anteile verbundener Unternehmen im Rahmen der Zurechnungsklausel gelten.[61]

Anteile, die von einem Treuhänder gehalten oder erworben werden, sind jedenfalls dann dem Treugeber zuzurechnen, wenn dieser nicht nur das wirtschaftliche Risiko des Anteilserwerbs trägt, sondern auch in der Lage ist, die mit dem Anteil verbundene Leitungsmacht über das andere Unternehmen auszuüben. Hierfür ist nach herrschender Meinung nicht erforderlich, dass der Treuhänder bei der Ausübung der Verwaltungs- und Stimmrechte rechtlich gesicherten Weisungsbefugnissen des Treugebers unterliegt.[62] Dabei ergibt sich nach Auffassung des BGH aus Natur und Zweck des Treuhandverhältnisses regelmäßig, dass der Treuhänder die ihm aufgrund seiner Gesellschafterstellung zustehenden Rechte im Allgemeinen in Abstimmung mit dem Treugeber und in dessen Interesse wahrnimmt. Nach der gebotenen wirtschaftlichen Betrachtungsweise sei zu vermuten, dass derjenige, der das wirtschaftliche Risiko einer Beteiligung trägt, auch auf die Ausübung der mit dieser verbundenen Stimmrechte Einfluss nehme und dass dessen Interessen auch ohne das Bestehen eines rechtlich verbindlichen Weisungsrechts berücksichtigt werden.[63] 23

Nach Abs. 1 Nr. 3 S. 2 Alt. 2 sind auch diejenigen Anteile mitzurechnen, die im Privatvermögen eines Einzelkaufmanns stehen. 24

V. Wettbewerblich erheblicher Einfluss (Abs. 1 Nr. 4)

1. Allgemeines

Nach Abs. 1 Nr. 4 liegt ein Zusammenschluss vor bei einer Verbindung von Unternehmen, aufgrund derer ein oder mehrere Unternehmen unmittelbar oder mittelbar einen wettbewerblich erheblichen Einfluss auf ein anderes Unternehmen ausüben können. Der Zusammenschlusstatbestand des wettbewerblich erheblichen Einflusses ist erst 1990 in die Fusionskontrolle aufgenommen worden mit dem Ziel, Umgehungsfälle zu erfassen, die aufgrund ihrer Konstruktion zwar den formellen Zusammenschlusstatbeständen der Nr. 1 und Nr. 3 entzogen sind, von denen aber dennoch wettbewerbsrelevante Auswirkungen ausgehen können. Er ist auch nach der Einführung des Kontrollerwerbs in Abs. 1 Nr. 2 beibehalten worden, um dem wettbewerbspolitischen Bedürfnis einer Erfassung wettbewerblich bedenklicher Unternehmensverbindungen unterhalb des Bereichs des bestimmenden Einflusses im Sinne des Kontrollbegriffs Rechnung zu tragen. Abs. 1 Nr. 4 soll nur gesellschaftsrechtlich vermittelte Einflussnahmemöglichkeiten erfassen.[64] Mit dieser Einschränkung sollen die Auslegungsprobleme und Rechtsunsicherheit bei der Anwendung der Vorschrift begrenzt werden. Bis zur 6. GWB-Novelle war der Tatbestand des wettbewerblich erheblichen Einflusses nicht dem Vollzugsverbot und den bei dessen Verletzung eingreifende Sanktionen unterstellt. Mit der vollen Einbeziehung in die vorbeugende Fusionskontrolle entstand in erhöhtem Maße das Bedürfnis einer hinreichenden Konturierung des Tatbestandes, dem mit der einschränkenden Auslegung des Tatbestandes Rechnung getragen werden sollte.[65] 25

---

[61] *Bechtold/Bosch,* GWB, § 37 Rn. 30; *Kleinmann/Bechtold,* GWB, § 23 Rn. 113; *Lutter* NJW 1974, 1270 ff.

[62] BKartA WuW/E BKartA 2087, 2088 ff. – *Klöckner/Seitz;* BKartA WuW/E DE-V 40, 41 – *WAZ/IKZ;* KG WuW/E DE-R 451, 454 – *Herlitz/Landré;* BGH WuW/DE-R 613, 617 – *Treuhanderwerb; Thomas* in: Immenga/Mestmäcker, GWB, § 37 Rn. 271; *Kallfaß* in: Langen/Bunte, Kommentar zum deutschen und europäischen Kartellrecht, § 37 Rn. 38; a. A. *Kleinmann/Bechthold,* GWB, § 23 Rn. 114; *Loewenheim/Belke* § 23 Rn. 51.

[63] BGH WuW/E DE-R 613, 617 – *Treuhanderwerb;* zu dem sich aus der herrschenden Meinung ergebenden Wertungswidersprüchen vgl. Fallbeispiele bei *Riesenkampff,* WuW 1996, 5, 6 f.

[64] Begr. zum RegE BT-Drucks. 13/9720, S. 57; BKartA AG 1992, S. 363 – *Gillette/Wilkinson.*

[65] Vgl. *Richter* in: Wiedemann, Handbuch des Kartellrechts, § 19 Rn. 108; kritisch auch *Thomas* in: Immenga/Mestmäcker, GWB, § 37 Rn. 302.

26 Abs. 1 Nr. 4 ist gegenüber den anderen Zusammenschlusstatbeständen des Abs. 1 subsidiär, wie an dem Begriff „sonstige Verbindung" deutlich wird. Wenn ein Tatbestand der Nrn. 1 bis 3 erfüllt ist, findet die Nr. 4 daneben also keine Anwendung. Durch einen Vermögenserwerb unterhalb der Wesentlichkeitsschwelle von Abs. 1 Nr. 1 wird die Nr. 4 nicht verwirklicht, weil dadurch kein erheblicher Einfluss auf das Unternehmen ausgeübt werden kann.[66] Die Schwelle der Erheblichkeit des wettbewerblichen Einflusses liegt unterhalb der Kontrolle nach Abs. 1 Nr. 2. Oberhalb dieser Grenze ist die Anwendung der Nr. 4 wegen ihrer Subsidiarität ausgeschlossen. Der Hauptanwendungsbereich der Vorschrift betrifft Minderheitsbeteiligungen unter 25%.

27 Eine Mehrfachkontrolle findet nicht statt. Die wesentliche Steigerung eines bereits bestehenden wettbewerblich erheblichen Einflusses begründet keinen weiteren Zusammenschluss nach Abs. 1 Nr. 4 und ist daher nicht kontrollpflichtig, sofern kein anderer Zusammenschlusstatbestand erfüllt wird.[67]

2. Voraussetzungen

28 **a) Einfluss.** Abs. 1 Nr. 4 erfasst Möglichkeiten der Einflussnahme, die unterhalb der Schwelle der Beherrschungsmöglichkeit gemäß Nr. 2 liegen. Es reicht aus, wenn dem Erwerber die Möglichkeit einer auf Dauer angelegten Einflussnahme auf die Geschäftstätigkeit des Unternehmens eröffnet wird. Hierfür ist nicht erforderlich, dass der Erwerber sich mit seinen Vorstellungen in allen Belangen rechtlich oder tatsächlich durchsetzen kann. In Ansehung des Zieles der Vorschrift, bereits der Gefährdung des Wettbewerbs durch die Möglichkeit einer wettbewerblich erheblichen Einflussnahme entgegenzuwirken, ist eine Einflussmöglichkeit im Sinne des Abs. 1 Nr. 4 bereits dann anzunehmen, wenn nach der Art der Vertragsgestaltung und der wirtschaftlichen Verhältnisse zu erwarten ist, dass seitens der anderen Gesellschafter auf die Vorstellungen des Erwerbers Rücksicht genommen wird,[68] auch wenn dies nur geschieht, soweit es deren eigenen Interessen nicht zuwider läuft. Die Einflussmöglichkeit muss durch die gesellschaftsrechtliche Stellung des Erwerbers vermittelt werden. Grundlage hierfür können Kapitalbeteiligungen oder personelle Verflechtungen sein. Nicht ausreichend sind hingegen sonstige Möglichkeiten der Einwirkung, z.B. aufgrund wirtschaftlicher oder finanzieller Abhängigkeiten. Die gesellschaftsrechtliche Stellung muss dem Erwerber jedoch nicht die rechtliche Position eröffnen, seine Wünsche und Vorstellungen in der Gesellschaft durchzusetzen. Die Möglichkeit der Einwirkung muss lediglich ihre Grundlage in einer gesellschaftsrechtlichen oder vergleichbaren rechtlichen Beziehung finden, die es dem Erwerber erlaubt, über die Gesellschaft und seine Beteiligung an dieser auf das Wettbewerbsgeschehen einzuwirken.[69] Dabei muss sich der Einfluss nicht notwendigerweise auf das gesamte Wettbewerbspotential des Beteiligungsunternehmens beziehen.[70] Ein wettbewerblich erheblicher Einfluss kann auch mittelbar durch einen Zusammenschluss nach Abs. 1 Nr. 1, 2 oder 3 mit einem Unternehmen begründet werden, das seinerseits an einem anderen Unternehmen beteiligt ist.[71]

29 **b) Wettbewerbsbezug.** Ein wettbewerblich erheblicher Einfluss ist nur dann anzunehmen, wenn aufgrund des zwischen den Unternehmen bestehenden Beziehungsgeflechts zu erwarten ist, dass der Wettbewerb zwischen den Unternehmen wesentlich einge-

---

[66] *Thomas* in: Immenga/Mestmäcker, GWB, § 37 Rn. 354; *Bechtold/Bosch*, GWB, § 37 Rn. 37.

[67] KG WuW/E OLG 5151, 5163 – *Ernstliche Untersagungszweifel;* s. aber BKartA WuW/E DE-V 325, 326 – *Stadtwerke Neuss.*

[68] BGH WuW/E DE-R 607, 608f. – *Minderheitsbeteiligung im Zeitschriftenhandel,* OLG Düsseldorf WuW/E DE-R 1581 – *Bonner Zeitungsdruckerei;* BGH WuW/E DE-R 1419, 1420 – *trans-o-flex.*

[69] BGH WuW/E DE-R 607, 611 – *Beteiligungserwerb im Zeitschriftenhandel.*

[70] BKartA WuW/E DE-V 983, 984 – *Mainova/Aschaffenburger Versorgungs-GmbH.*

[71] *Thomas* in: Immenga/Mestmäcker, GWB, § 37 Rn. 325f.; *Bach* in: Münchener Kommentar Europäisches und Deutsches Wettbewerbsrecht (Kartellrecht), Band 2, GWB, § 37, Rn. 112.

schränkt ist, so dass diese nicht mehr unabhängig am Markt auftreten.[72] Dafür ist nötig, dass das eine Unternehmen in die Lage versetzt wird, Einfluss auf die Ressourcen des anderen Unternehmens zu nehmen und dadurch dessen Marktverhalten zu beeinflussen, um die eigenen Wettbewerbsinteressen zur Geltung zu bringen.[73] Bei horizontalen Beziehungen zwischen Wettbewerbern wird eine solche Einflussmöglichkeit im Regelfall bestehen. Im Einzelfall ist ein wettbewerblich erheblicher Einfluss aber auch bei einem rein vertikalen Verhältnis denkbar, z. B. wenn die Unternehmensverbindung für den Zugang zu Beschaffungs- oder Absatzmärkten erheblich ist oder wenn mit dem Einsatz der Finanzkraft des erwerbenden Unternehmens zugunsten des anderen Unternehmens zu rechnen ist.[74] Ausnahmsweise können auch konglomerate Zusammenschlüsse einen wettbewerblich erheblichen Einfluss begründen.[75]

c) Einfluss durch eine Mehrheit von Unternehmen. Ebenso wie beim Kontroller- 30
werb kann die Einflussmöglichkeit auch für mehrere Unternehmen bestehen. Dabei ist die bloße gleichzeitige Beteiligung nicht ausreichend. Vielmehr bedarf es zumindest einer Vereinbarung oder tatsächlicher Umstände, die die gemeinsame Einflussmöglichkeit begründen. Es gelten die gleichen Grundsätze wie bei der gemeinsamen Kontrolle.[76]

3. Einzelfragen

Die Entscheidungspraxis betont die Bedeutung der Gegebenheiten des jeweiligen Er- 31
werbsvorgangs bei der Anwendung der Vorschrift, die jede schematische Beurteilung verbietet.[77] Dennoch lassen sich der Praxis gewisse Grundzüge entnehmen. So wird aus der Erhöhung des finanziellen Risikos eine intensivere Einflussnahme des Teilhabers auf das Unternehmen gefolgert.[78] Entsprechendes soll gelten, wenn eine große Marktnähe des Erwerbers zum erworbenen Unternehmen besteht.[79] Abs. 1 Nr. 4 setzt grundsätzlich keine Mindesthöhe der Beteiligung voraus.[80] Nach früherer Praxis des Bundeskartellamts wurde ein wettbewerblich erheblicher Einfluss ab einer Beteiligungsschwelle von 20% praktisch vermutet, so dass es nur unterhalb dieser Schwelle des Vorliegens weiterer Umstände wie z. B. mit der Gesellschafterstellung verbundene Informations- und Beteiligungsrechte, Organpräsenzrechte, Sperrrechte, Vorkaufsrechte und ähnlicher sog. „Plusfaktoren" bedurfte.[81] In späteren Entscheidungen ging das Bundeskartellamt zunächst im Bereich der leitungsgebundenen Energiewirtschaft dazu über, im Einzelfall aufgrund einer Gesamtschau zu prüfen, ob ein wettbewerblich erheblicher Einfluss vorliegt.[82] Nunmehr gilt auch au-

---

[72] Begr. zum RegE BT-Drucks. 13/9720, S. 43.

[73] BKartA, WuW/E DE-V 1553, 1555 – *A-TEC/Norddeutsche Affinerie;* BKartA AG 1995, 522 – *T&N/Kolbenschmidt.*

[74] MK, Hauptgutachten IX, Tz. 536; BKartA AG 1996, 378 ff. – *VEBA/Stadtwerke Bremen.*

[75] *Kallfaß* in: Langen/Bunte, Kommentar zum deutschen und europäischen Kartellrecht, § 37 Rn. 57; *Stein* S. 144; MK, Hauptgutachten IX, Tz. 536; *Wirtz,* AG 1999, 114, 121 f.

[76] S. oben Rn. 16.

[77] BKartA WuW/E DE-V 1553, 1555 – *A-TEC/Norddeutsche Raffinerie;* OLG Düsseldorf WuW/E DE-R 1581, 1582 – *Bonner Zeitungsdruckerei;* KG WuW/E DE-R 270, 271 – *AS V/Stilke.*

[78] BGH WuW/E BGH 2795, 2805 – *Pinneberger Tageblatt;* BGH WuW/E BGH 2276, 2282 – *Süddeutscher Verlag/Donaukurier.*

[79] BGH WuW/E BGH 2276, 2282 – *Süddeutscher Verlag/Donaukurier.*

[80] *Bechtold/Bosch,* GWB, § 37 Rn. 39; *Thomas* in: Immenga/Mestmäcker, GWB, § 37 Rn. 309.

[81] BKartA WuW/E DE-V 1551, 1555 – *A-TEC/Norddeutsche Affinerie;* BKartA WuW/E DE-V 599, 601 – *Radio L 12;* MK, Hauptgutachten XII, Tz. 343; vgl. aber auch BKartA, WuW/E DE-V 968, 970 – *Bonner Zeitungsdruckerei* (aufgehoben durch OLG Düsseldorf WuW/E 1581, 1852 f. – *Bonner Zeitungsdruckerei*): wettbewerblich erheblicher Einfluss angenommen bei einer Beteiligung von weniger als 10 %.

[82] BKartA TB 2001/2002, S. 17; BKartA WuW/E DE-V 983, 984 – *Mainova/Aschaffenburger Versorgungs GmbH,* bestätigt durch OLG Düsseldorf WuW/E DE-R 1639, 1639 f. – *Mainova/Aschaffenburger Versorgungs GmbH;* vgl. hierzu *Thomas* in: Immenga/Mestmäcker, GWB, § 37 Rn. 347.

ßerhalb des Energiebereichs, dass das Vorliegen der wettbewerblichen Erheblichkeit des Einflusses immer zu prüfen ist und auch bei einer Beteiligung ab 20% und unter 25% nicht vermutet werden kann.[83] Informationsrechte und Einflussmöglichkeiten, die über diejenigen eines typischen Minderheitsgesellschafters hinausgehen, ermöglichen die Ausübung eines wettbewerblich erheblichen Einflusses insbesondere bei überlegener Markt- und Branchenkenntnis des Erwerbers im Verhältnis zu den übrigen Gesellschaftern.[84] Im Allgemeinen wird davon auszugehen sein, dass Minderheitsbeteiligungen, die dem Erwerber eine, nach einer wertenden Gesamtbetrachtung mit der eines Aktionärs mit Sperrminorität vergleichbare Rechtsstellung verschaffen, unter Abs. 1 Nr. 4 fallen.[85] Diese Voraussetzung erfüllt nach Auffassung des Bundeskartellamts auch der Erwerb einer Beteiligung von 13,75% an einer Aktiengesellschaft, wenn der Minderheitsaktionär dadurch aufgrund der geringen Hauptversammlungspräsenz eine faktische Sperrminorität erhält, die einem Anteilserwerb von 25% vergleichbar ist.[86] Auch die Zusammenfassung mehrerer Unternehmen unter einheitlicher Leitung zu einem **Gleichordnungskonzern** im Sinne von § 18 Abs. 2 AktG kann unter den Tatbestand des Abs. 1 Nr. 4 fallen, sofern nicht bereits ein Vermögens- oder Anteilserwerb nach Abs. 1 Nr. 1 oder 3 vorliegt.[87]

4. Rechtsfolgen

32 Mit der 6. GWB-Novelle wurde der Zusammenschlusstatbestand des wettbewerblich erheblichen Einflusses in vollem Umfang der vorbeugenden Fusionskontrolle unterstellt. Seither unterliegt Abs. 1 Nr. 4 ebenso wie die übrigen Zusammenschlusstatbestände des Abs. 1 der Anmeldepflicht und dem Vollzugsverbot und den hieran anknüpfenden zivil- und verwaltungsrechtlichen Sanktionen.[88]

VI. Mehrfachkontrolle/Verstärkung einer bereits bestehenden Unternehmensverbindung (Abs. 2)

1. Allgemeines

33 Nach Abs. 2 1. HS können auch zwischen bereits zusammengeschlossenen Unternehmen weitere Zusammenschlüsse stattfinden. Damit wird klargestellt, dass die Zusammenschlusstatbestände des Abs. 1 nicht die Unabhängigkeit der beteiligten Unternehmen voraussetzen. Ein erneut fusionskontrollpflichtiger Zusammenschluss liegt nach Abs. 2 HS 2 jedoch nicht vor, wenn der erneute Zusammenschluss nicht zu einer wesentlichen Verstärkung der bereits bestehenden Unternehmensverbindung führt. Da Abs. 2 selbst keinen Zusammenschlusstatbestand begründet, sondern einen solchen voraussetzt und die Unternehmen dartun können, dass es hierdurch zu keiner wesentlichen Verstärkung der Unternehmensverbindung kommt, liegt die Bedeutung des Abs. 2 in seiner Wirkung als Einschränkung der Fusionskontrolle. Die Unternehmen tragen die Beweislast dafür, dass keine

---

[83] BGH WuW/E DE-R 1419, 1421 f. – *trans-o-flex;* BKartA TB 2011/2012, S. 54 – *Milch; Thomas* in: Immenga/Mestmäcker, GWB, § 37 Rn. 312; vgl. zur jüngeren Entscheidungspraxis *Ziegelski* WuW 2009, 1261, 1265 f.; *Kuhn,* ZWeR 2011, 258, 265 ff.

[84] BGH WuW/E DE-R 1419 – *trans-o-flex.*

[85] BGH WuW/E DE-R 1419 – *trans-o-flex;* WuW/E BGH 2443, 2446 – *Südkurier/Singener Wochenblatt;* OLG Düsseldorf WuW/E DE-R 1639 – *Mainova/Aschaffenburger Versorgungs GmbH;* BKartA WuW/E DE-V 1551 – *A-TEC/Norddeutsche Affinerie;* AG 1992, 363, 365 – *Gillette/Wilkinson.*

[86] BKartA WuW/E DE-V 1551 – *A-TEC/Norddeutsche Affinerie* kritisch dazu *Weitbrecht/Weidenbach,* Wettbewerblich erheblicher Einfluss auf börsennotierte Aktiengesellschaften, WuW 2008, S. 788.

[87] Vgl. dazu *Thomas* in: Immenga/Mestmäcker, GWB, § 37 Rn. 331; a. A. *Pohlmann* DZWir 1998, 397, 400; *Hoffmann* AG 1999, 541, 546 f.

[88] Zu den hiergegen erhobenen Bedenken vgl. *Bechtold/Bosch,* GWB, § 37 Rn. 36, MK, Hauptgutachten VI, Tz. 442.

wesentliche Verstärkung eintritt.[89] Gleichwohl hat das Bundeskartellamt nach dem Amtsermittlungsgrundsatz gemäß § 57 Abs. 1 den Sachverhalt selbst aufzuklären. Nur wenn nach den Amtsermittlungen noch Zweifel bestehen bleiben, müssen die beteiligten Unternehmen darlegen, dass der Zusammenschluss nicht zu einer wesentlichen Verstärkung der Unternehmensverbindung führt.

Voraussetzung für die Anwendbarkeit von Abs. 2 ist ein unter Abs. 1 fallender Unternehmenszusammenschluss – ein sog. „Erstzusammenschluss" zwischen den beteiligten Unternehmen, auf den ein „Zweitzusammenschluss" folgt. Erst- und Zweitzusammenschluss müssen jeweils die Tatbestandsvoraussetzungen von Abs. 1 erfüllen. Dagegen ist es für die Anwendbarkeit von Abs. 2 ohne Bedeutung, ob ein Fusionskontrollverfahren für den Erstzusammenschluss durchgeführt wurde. Unmaßgeblich ist auch, ob beim Erstzusammenschluss die Aufgreifkriterien nach § 35 erfüllt waren.[90] 34

Ob ein Zweitzusammenschluss zu einer wesentlichen **Verstärkung der Unternehmensverbindung** führt, ist durch einen Vergleich der Qualität der Unternehmensverbindung unmittelbar nach dem ersten und nach dem zweiten Zusammenschluss zu ermitteln. Von einer Verstärkung ist immer dann auszugehen, wenn durch den Zweitzusammenschluss die Selbständigkeit und Dispositionsfreiheit des betroffenen Unternehmens weiter beschränkt wird. Eine **wesentliche Verstärkung** liegt vor, wenn durch den Zweitzusammenschluss der Wettbewerb zwischen den beteiligten Unternehmen weiter eingeschränkt wird. Sie kann aber auch durch die Auswirkungen der Verstärkungen der Unternehmensverbindung auf die Stellung der zusammengeschlossenen Unternehmen gegenüber ihren Wettbewerbern begründet werden.[91] 35

2. Einzelfälle

Eine wesentliche Verstärkung ist dann nicht mehr denkbar, wenn die Intensität der Unternehmensverbindung nicht weiter gesteigert werden kann. Eine weitere Einschränkung der wettbewerblichen Selbstständigkeit des betreffenden Unternehmens ist in einem solchen Fall nämlich nicht denkbar, so dass auch eine Verstärkung der Unternehmensverbindung nicht möglich ist. Nach einem Vermögenserwerb ist demgemäß ein Zweitzusammenschluss nicht denkbar, da nur noch ein einziger Rechtsträger vorliegt.[92] Entsprechendes gilt im Falle einer 100%igen Tochtergesellschaft und wenn bereits eine einheitliche Leitung im Sinne von § 18 AktG vorliegt, da in einem solchen Fall das beherrschte Unternehmen mit dem herrschenden eine wettbewerbliche Einheit bildet und keinerlei Selbständigkeit mehr besitzt. Erwirbt ein derart herrschendes Unternehmen das Vermögen des beherrschten Unternehmens, unterfiele dieser Vermögenserwerb also nicht mehr der Zusammenschlusskontrolle. Nach Erlangung der alleinigen Kontrolle durch den Erwerb einer Stimmrechtsmehrheit kann deren Aufstockung zu einer qualifizierten Mehrheit keinen Zweitzusammenschluss begründen, da eine Verstärkung bereits bestehender Kontrolle keinen erneuten Zusammenschlusstatbestand verwirklicht.[93] 36

---

[89] BGH WuW/E BGH 2276, 2282 – *Süddeutscher Verlag/Donaukurier; Kallfaß* in: Langen/Bunte, Kommentar zum deutschen und europäischen Kartellrecht, § 37 Rn. 60; *Bechtold/Bosch,* GWB, § 37 Rn. 48.

[90] *Thomas* in: Immenga/Mestmäcker, GWB, § 37 Rn. 364; *Kallfaß* in: Langen/Bunte, Kommentar zum deutschen und europäischen Kartellrecht, § 37 Rn. 60; *Kleinmann/Bechtold,* GWB, § 23 Rn. 209; *Paschke* in: FK § 37 Rn. 104.

[91] BGH WuW/E BGH 2276, 2282 – *Süddeutscher Verlag/Donaukurier.*

[92] *Kallfaß* in: Langen/Bunte, Kommentar zum deutschen und europäischen Kartellrecht, § 37 Rn. 61; *Sonnenschein* ZGR 6 (1977), 35, 43.

[93] Vgl. aber KG WuW/E DE-R 470, 471 – *Hapag-Lloyd/TUI:* wesentliche Verstärkung bei Aufstockung einer bestehenden, mittelbaren Beteiligung von 30 % zzgl. Stimmrechtsbindung hinsichtlich weiterer 30 % auf Mehrheitsbeteiligung.

37 Von konzerninternen Umstrukturierungen geht keine wesentliche Verstärkung der Unternehmensverbindung im Sinne des Abs. 2 aus. Die Gründung einer Tochtergesellschaft begründet, soweit nicht andere Unternehmen mit 25% oder mehr an der neuen Gesellschaft beteiligt sind oder über mitbestimmenden Einfluss verfügen, bereits keinen Zusammenschlusstatbestand.[94] Stehen nach § 36 Abs. 2 verbundene Unternehmen nicht unter einheitlicher Leitung gemäß § 18 Abs. 1 AktG, sondern lediglich in einem Beherrschungsverhältnis, hängt die Möglichkeit einer wesentlichen Verstärkung von den Umständen des Einzelfalls ab.[95] Insbesondere kann bei Verbindungen zwischen Unternehmen der öffentlichen Hand eine wesentliche Verstärkung vorliegen, da nicht zwangsläufig davon auszugehen ist, dass das zur Verfügung stehende Einflusspotential auch im Sinne einer einheitlichen Leitung ausgeübt wird.[96]

38 Ob die Erhöhung einer Beteiligung auf eine der gesetzlichen Beteiligungsschwellen des Abs. 1 Nr. 3 eine wesentliche Verstärkung der Unternehmensverbindung bewirkt, ist nach der Rechtsprechung anhand der Umstände des Einzelfalles zu bestimmen.[97] Die Erhöhung einer Minderheitsbeteiligung auf eine Mehrheit wird regelmäßig eine wesentliche Verstärkung darstellen. Nach der Rechtsprechung soll dies auch gelten, wenn bereits bestehende vertragliche Rechte, die einen, der Mehrheit der Stimmrechte vergleichbaren Einfluss vermitteln, durch eine Mehrheitsbeteiligung abgesichert werden.[98] Von einer wesentlichen Verstärkung kann auch im Falle eines Zusammenschlusses gemäß Abs. 1 Nr. 1 bis 3 zwischen Unternehmen ausgegangen werden, die bereits nach Abs. 1 Nr. 4 zusammengeschlossen sind.[99] Im Rahmen der materiellen Prüfung eines Zusammenschlusses zwischen bereits nach Abs. 2 zusammengeschlossenen Unternehmen sind nur diejenigen Auswirkungen auf den Wettbewerb zu berücksichtigen, die sich aus der Verstärkung der Unternehmensverbindung durch den Zweitzusammenschluss ergeben.[100]

VII. Bankenklausel (Abs. 3)

39 Nach Abs. 3 gilt der Erwerb von Anteilen durch Kreditinstitute, Finanzinstitute oder Versicherungsunternehmen nicht als Zusammenschluss, solange das Stimmrecht aus den Anteilen nicht ausgeübt wird und die Beteiligung binnen eines Jahres verkauft wird. Mit der Regelung sollen das Emissionsgeschäft und der Wertpapierhandel durch Unternehmen der Finanzwirtschaft von der Fusionskontrolle ausgenommen werden, sofern die Erwerbsvorgänge ohnehin nur auf eine Weiterveräußerung gerichtet sind. Demgegenüber übernimmt der mit der 8. GWB-Novelle neu eingefügte § 41 Abs. 1a die nach Art. 7 Abs. 2 FKVO geltende befristete Ausnahme vom Vollzugsverbot für öffentliche Übernahmeangebote und andere sukzessive Erwerbsvorgänge über die Börse, wenn mehrere Veräußerer beteiligt sind (vgl. § 41 Rn. 7).

40 Unter Kreditinstituten sind Unternehmen im Sinne der Legaldefinition des § 1 Abs. 1 KWG zu verstehen, die Bankgeschäfte betreiben, wenn der Umfang dieser Geschäfte einen

---

94 *Kallfaß* in: Langen/Bunte, Kommentar zum deutschen und europäischen Kartellrecht, § 37 Rn. 64; *Bechtold/Bosch,* GWB, § 37 Rn. 49.

95 Vgl. OLG Düsseldorf WuW/E DE-R 647, 648 – *OTZ; Kallfaß* in: Langen/Bunte, Kommentar zum deutschen und europäischen Kartellrecht, § 37 Rn. 65.

96 *Kropff* ZHR 144, 80 ff.; BKartA TB 1974, 35 – *Veba/Gelsenberg;* kritisch *Emmerich* AG 1978, 98 f.

97 BGH WuW/E BGH 2276, 2282 – *Süddeutscher Verlag/Donau-Kurier;* vgl. aber MK, Hauptgutachten III, Rn. 479.

98 KG WuW/E DE-R 470, 471 – *Hapag-Lloyd/TUI* (offen gelassen für Erhöhung der Beteiligung auf 50 %).

99 BKartA WuW/E DE-V 707 *Stadtwerke Eberswalde;* WuW/E BKartA 2829, 2835 – *Kolbenschmidt; Thomas* in: Immenga/Mestmäcker, GWB, § 37 Rn. 364.

100 BKartA WuW/E DE-V 508, 510 – *Thüga/Harz Energie.*

in kaufmännischer Weise eingerichteten Geschäftsbetrieb erfordert.[101] Nach der Praxis des Bundeskartellamts gehören hierzu auch 100%ige Tochterunternehmen von Kreditinstituten, sofern diese die Aufgabe einer Beteiligungsgesellschaft erfüllen.[102] Der Begriff des Finanzinstituts ist in Anlehnung an die FKVO neu in das deutsche Recht aufgenommen worden und ist entsprechend Art. 3 Abs. 5 lit. a FKVO auszulegen.[103] Der Begriff der Versicherungsunternehmen wird in § 1 VAG legaldefiniert.[104]

Abs. 3 gilt nur für den Zusammenschluss durch Anteilserwerb nach Abs. 1 Nr. 3 und für den Kontrollerwerb nach Abs. 1 Nr. 2, soweit die Kontrolle durch den Erwerb von Anteilen erlangt wird. Eine analoge Anwendung auf andere Zusammenschlusstatbestände kommt nicht in Betracht. Nach Wortlaut und Zweck der Vorschrift ist die Privilegierung nicht auf den Anteilserwerb an Aktiengesellschaften und Kommanditgesellschaften auf Aktien beschränkt.[105] **41**

Auch nach der redaktionellen Streichung der ausdrücklichen Bindung an den Geschäftsbetrieb durch die 6. GWB-Novelle setzt die Vorschrift voraus, dass der Anteilserwerb im Rahmen des Geschäftsbetriebs der in Abs. 3 genannten Unternehmen erfolgen muss.[106] Der Erwerb der Anteile muss zum Zwecke der Veräußerung erfolgen. **42**

Die Absicht der Weiterveräußerung muss bereits beim Erwerb gegeben sein. Einer Dokumentation nach außen bedarf es nicht. Abs. 3 enthält keine Beschränkungen hinsichtlich der Weiterveräußerung. Die Veräußerung darf daher an jeden erfolgen, auch an andere Kreditinstitute, Finanzinstitute oder Versicherungen.[107] Auch darf der spätere Erwerber anders als nach der Rechtslage vor der 6. GWB-Novelle zum Zeitpunkt des Anteilserwerbs durch eines der in Abs. 3 genannten Unternehmen bereits feststehen.[108] Abs. 3 erfasst daher auch den Erwerb von Anteilen im Auftrag eines Dritten. Trägt dieser jedoch das wesentliche wirtschaftliche Risiko der Beteiligung, liegt von Anfang an ein unmittelbarer Erwerb durch diesen Dritten vor.[109] **43**

Die Privilegierung des Anteilserwerbs besteht nur unter den weiteren Voraussetzungen, dass die Stimmrechte nicht ausgeübt werden und dass die Beteiligung innerhalb eines Jahres weiter veräußert wird. **44**

In Anlehnung an die europäische Regelung nach Art 3 Abs. 5 lit. a S. 2 FKVO sieht auch das deutsche Recht die Möglichkeit einer Verlängerung der Frist durch das Bundeskartellamt vor, wenn glaubhaft gemacht wird, dass die Veräußerung innerhalb der Frist unzumutbar war. Soweit und solange die Voraussetzungen der Privilegierung vorliegen, d. h. die Anteile zum Zwecke der Weiterveräußerung erworben wurden, die Stimmrechte nicht ausgeübt werden und die Veräußerung innerhalb eines Jahres bzw. einer vom Bundeskartellamt gewährten Verlängerung dieser Frist erfolgt, begründet der Erwerb keinen Zusam- **45**

---

[101] Der Begriff des Bankgeschäfts ist wiederum in § 1 Abs. 1 S. 2 KWG legaldefiniert und ist sehr weitreichend.

[102] BKartA TB 1985/86, S. 95; *Kleinmann/Bechtold,* GWB, § 23 Rn. 229.

[103] *Thomas* in: Immenga/Mestmäcker, GWB, § 37 Rn. 397; *Kallfaß* in: Langen/Bunte, Kommentar zum deutschen und europäischen Kartellrecht, § 37 Rn. 67; s. Art. 3 FKVO Rn. 81.

[104] Vgl. insbesondere § 1 Abs. 1 VAG: – *„Der Aufsicht nach diesem Gesetz unterliegen Unternehmen, die den Betrieb von Versicherungsgeschäften zum Gegenstand haben und nicht Träger der Sozialversicherung sind (Versicherungsunternehmen)".*

[105] *Kallfaß* in: Langen/Bunte, Kommentar zum deutschen und europäischen Kartellrecht, § 37 Rn. 67; *Kleinmann/Bechtold,* GWB, § 23 Rn. 239; *Bechtold/Bosch,* GWB, § 37 Rn. 51; *Paschke* in: FK § 37 Rn. 114; a. A. *Thomas* in: Immenga/Mestmäcker, GWB, § 37 Rn. 399; *Werner* WuW 1996, 463, 467.

[106] Begr. zum RegE BT-Drucks. 13/9720, S. 57.

[107] *Kleinmann/Bechtold,* GWB, § 23 Rn. 232; a. A. *Thomas* in: Immenga/Mestmäcker, GWB, § 37 Rn. 401; *Paschke* in: FK § 37 Rn. 116.

[108] *Kallfaß* in: Langen/Bunte, Kommentar zum deutschen und europäischen Kartellrecht, § 37 Rn. 68; *Bechtold/Bosch,* GWB, § 37 Rn. 52.

[109] *Bechtold/Bosch,* GWB, § 37 Rn. 52.

menschlusstatbestand im Sinne des Abs. 1. Fällt eine der Voraussetzungen fort, wird der Erwerb mit Wirkung ex nunc zu einem Zusammenschluss, der der präventiven Fusionskontrolle unterliegt.[110] Der Anteilserwerb als solcher ist allerdings wirksam und unterfällt nicht nachträglich dem Vollzugsverbot. Der vorherigen Anmeldung und Freigabe bedarf jedoch die Absicht der Ausübung der Stimmrechte bzw. der endgültigen Übernahme der Anteile nach Ablauf der Jahresfrist bzw. ihrer Verlängerung.[111]

VIII. Anteilserwerb durch mehrere Unternehmen (§ 37 Abs. 1 Nr. 3 S. 3 GWB)[112]

Schrifttum: *Polley/Grave,* Die Erweiterung eines bestehenden Gemeinschaftsunternehmens als Zusammenschluss, WuW 2003, 1010 ff.

1. Gemeinschaftsunternehmen

46 Die Zusammenschlusskontrolle nach §§ 35 ff. GWB findet auch dann Anwendung, wenn mehrere Unternehmen gleichzeitig oder nacheinander Anteile in Höhe von jeweils 50% oder von jeweils mindestens 25% an einem anderen Unternehmen erwerben, § 37 Abs. 1 Nr. 3 S. 3 GWB. Man spricht dann von einem **Gemeinschaftsunternehmen.** Die entsprechende Klammerdefinition in dieser Norm wurde zum 1.1.1999 gestrichen, um den Begriff des Gemeinschaftsunternehmens nicht auf den entsprechenden Anteilserwerb zu beschränken und in anderem Zusammenhang auch den Kontrollerwerb unterhalb der Anteilsschwellen erfassen zu können.[113]

47 Das deutsche Recht der Zusammenschlusskontrolle hat damit einen wesentlich **weiteren Anwendungsbereich** als die europäische Fusionskontrolle. Nach deutschem Recht werden alle Gemeinschaftsunternehmen von der Zusammenschlusskontrolle erfasst, sofern die Aufgreifschwellen erreicht werden und ein Zusammenschlusstatbestand vorliegt. Es kommt nicht darauf an, ob es sich bei dem Gemeinschaftsunternehmen um ein Teilfunktionsgemeinschaftsunternehmen oder ein Vollfunktionsgemeinschaftsunternehmen handelt.[114] Demgegenüber ist Voraussetzung für die Anwendbarkeit der europäischen Fusionskontrolle, dass es sich bei dem Gemeinschaftsunternehmen um ein Vollfunktionsgemeinschaftsunternehmen (Art. 3 Abs. 4 FKVO) handelt.[115]

2. Normzweck der Fiktion einer Teilfusion der Muttergesellschaften

48 Die Fusionskontrolle befasst sich primär mit den Auswirkungen auf den Wettbewerb zwischen den sich zusammenschließenden Unternehmen. Bei einem Gemeinschaftsunternehmen würde dies bedeuten, dass jeweils nur die Auswirkungen auf den Wettbewerb zwischen der jeweiligen Muttergesellschaft und dem Gemeinschaftsunternehmen zu prüfen wären. Die Beteiligung mehrerer Unternehmen an einem Gemeinschaftsunternehmen kann aber auch erhebliche Auswirkungen auf den **Wettbewerb zwischen den Muttergesellschaften** untereinander haben. Durch die Regelung in § 37 Abs. 1 Nr. 3 S. 3 GWB sollen auch diese **marktstrukturellen Wirkungen** von der Fusionskontrolle erfasst wer-

---

[110] BKartA TB 1974, 40 – *Bayerische Landesbank;* BKartA TB 1977, 71 – *Westdeutsche Landesbank.*

[111] *Mestmäcker/Veelken* in: Immenga/Mestmäcker, GWB-Komm., § 37 Rn. 82; *Werner,* WuW 1996, 463, 472; a. A. *Kleinmann/Bechtold,* GWB, § 23 Rn. 235.

[112] Die Kommentierung beruht auf der Vorauflage von *Lindemann.* Der Bearbeiter dankt Herrn *Lindemann* für die freundliche Überlassung des Textes.

[113] Regierungsentwurf 6. GWB-Novelle, BT-Drs. 13/9720, S. 57; *Kallfaß,* in: Langen/Bunte, Deutsches Kartellrecht[12] (2014), § 37 GWB Rn. 43. Siehe zum Begriff des Gemeinschaftsunternehmens im deutschen Recht auch Anhang zu § 1 Rn. 1.

[114] Siehe unten Rn. 59 und Anhang zu § 1 Rn. 7. Zu den Begriffen siehe Anhang zu § 1 Rn. 3.

[115] Zum europäischen Recht siehe GU Rn. 10 ff., 13 ff.; Art. 3 FKVO Rn. 45 ff. Siehe auch *Thomas,* in: Immenga/Mestmäcker, Wettbewerbsrecht[5] (2014), Bd. II/1, § 37 GWB Rn. 3, 13, 289.

den.[116] Etwaige Auswirkungen auf das Wettbewerbsverhalten werden hingegen nach § 1 GWB beurteilt.[117]

Um die Auswirkungen einer Fusion auch auf das Wettbewerbsverhalten der Mütter erfassen zu können, bestimmt § 37 Abs. 1 Nr. 3 S. 3 GWB daher, dass ein Anteilserwerb von jeweils 25% oder mehr durch mehrere Unternehmen an einem anderen Unternehmen auch als Zusammenschluss der sich beteiligenden Unternehmen untereinander gilt. Dies betrifft freilich nur die Märkte, auf denen das Gemeinschaftsunternehmen tätig ist. Damit wird fingiert, dass sich die sich beteiligenden Unternehmen auf dem Tätigkeitsgebiet des Gemeinschaftsunternehmens auch untereinander zusammenschließen (**Fiktion** einer **Teilfusion**). Auf diese Weise kann der **Gruppeneffekt,** der von der Beteiligung mehrerer Unternehmen an einem Gemeinschaftsunternehmen auf den Wettbewerb dieser Unternehmen untereinander ausgeht, auch im Rahmen der Fusionskontrolle erfasst werden. **49**

3. Voraussetzungen des § 37 Abs. 1 Nr. 3 S. 3 GWB

Voraussetzung für die Anwendung des § 37 Abs. 1 Nr. 3 S. 3 GWB ist, dass sich mindestens zwei Unternehmen **„im vorbezeichneten Umfang“,** d. h. jeweils mit mindestens 25% (§ 37 Abs. 1 Nr. 3 S. 1 GWB) an einem anderen Unternehmen beteiligen. Dabei ist gleichgültig, wann diese Beteiligung erworben wird. Der Erwerb kann bei Neugründung eines Unternehmens geschehen oder später im Wege des Anteilserwerbs oder einer Kapitalerhöhung erfolgen.[118] Dabei kann der Erwerb durch mehrere Unternehmen sowohl **gleichzeitig als auch nacheinander** erfolgen; eine zeitliche Begrenzung gibt es dabei nicht.[119] Ein Unternehmen, an dem ein anderes Unternehmen bereits mit 25% oder mehr beteiligt ist (und bleibt), wird durch den Erwerb von weiteren Anteilen in Höhe von mindestens 25% durch ein anderes Unternehmen somit zum Gemeinschaftsunternehmen. Nicht erforderlich ist, dass die Mütter sich koordinieren oder gleichgerichtete Interessen haben.[120] **50**

§ 37 Abs. 1 Nr. 3 S. 3 GWB ist dagegen nicht anwendbar, wenn mehrere Unternehmen zwar die **gemeinsame Kontrolle** an einem anderen Unternehmen erwerben, aber nicht mindestens zwei von ihnen mit je mindestens 25% an dem Unternehmen beteiligt sind, denn dann fehlt es an einer Beteiligung „im vorbezeichneten Umfang“.[121] Sind weitere Unternehmen mit weniger als 25% an dem Gemeinschaftsunternehmen beteiligt, so erstreckt sich die Fiktion nicht auf diese Unternehmen.[122] Ebenso gilt die Fiktion nicht für den Zusammenschlusstatbestand des § 37 Abs. 1 Nr. 4 GWB, demzufolge ein Zusammenschluss auch bei jeder sonstigen „Verbindung von Unternehmen, auf Grund deren ein oder mehrere Unternehmen unmittelbar oder mittelbar einen wettbewerblich erheblichen Einfluss auf ein anderes Unternehmen ausüben können“, vorliegt.[123] **51**

Da § 37 Abs. 1 Nr. 3 S. 3 GWB nicht zwischen Vollfunktionsgemeinschaftsunternehmen und Teilfunktionsgemeinschaftsunternehmen unterscheidet, führt der reine Übergang von einer Form des Gemeinschaftsunternehmens zur anderen Form, der insbesondere **52**

[116] Vgl. *Thomas,* in: Immenga/Mestmäcker, Wettbewerbsrecht[5] (2014), Bd. II/1, § 37 GWB Rn. 291.

[117] Siehe dazu Anhang zu § 1 Rn. 6, 19 ff.

[118] *Kallfaß,* in: Langen/Bunte, Deutsches Kartellrecht[12] (2014), § 37 GWB Rn. 43.

[119] *Bechtold/Bosch,* GWB[8] (2015), § 37 Rn. 32; *Kallfaß,* in: Langen/Bunte, Deutsches Kartellrecht[12] (2014), § 37 GWB Rn. 43.

[120] *Bechtold/Bosch,* GWB[8] (2015), § 37 Rn. 32; *Thomas,* in: Immenga/Mestmäcker, Wettbewerbsrecht[5] (2014), Bd. II/1, § 37 GWB Rn. 288.

[121] *Paschke,* in: FK, Kartellrecht (73. Lfg. 2011), § 37 GWB Rn. 65; vgl. auch KG, 13.6.1979, Kart. 18/79, *Sonntag Aktuell II,* WuW/E OLG 2145 f.; *Bach,* in: MünchKomm, GWB (2008), § 37 GWB Rn. 96.

[122] *Paschke,* in: FK, Kartellrecht (73. Lfg. 2011), § 37 GWB Rn. 66.

[123] *Paschke,* in: FK, Kartellrecht (73. Lfg. 2011), § 37 GWB Rn. 66.

nicht mit einer Veränderung der Beteiligungsstruktur verbunden ist, nach deutschem Recht nicht zur erneuten Verwirklichung des Zusammenschlusstatbestands.[124] Dies gilt auch für eine Erweiterung oder **Änderung des Tätigkeitsbereiches des Gemeinschaftsunternehmens.**[125] Anders ist dies jedoch dann, wenn zugleich erhebliche Vermögenswerte, Verträge, Know-How oder ähnliches als Grundlage zur Ausdehnung der Geschäftstätigkeit auf andere sachliche oder räumliche Märkte übertragen werden.[126]

4. Wirkungen: Fiktion einer Teilfusion

53 Bei Vorliegen der Voraussetzungen des § 37 Abs. 1 Nr. 3 S. 3 GWB gilt der Erwerb einer entsprechenden Beteiligung auch als ein Zusammenschluss zwischen allen Unternehmen, die mit mindestens 25% an dem Gemeinschaftsunternehmen beteiligt sind. Dabei ist diese Fiktion auf die Märkte beschränkt, auf denen das Gemeinschaftsunternehmen tätig ist **(Teilfusion).** Für andere Märkte, auf denen nur die Muttergesellschaften untereinander Wettbewerber sind, gilt die Fiktion hingegen nicht. Auch wenn die Fiktion der Teilfusion nur für bestimmte Märkte gilt, sind für die Größenkriterien des § 35 Abs. 1 GWB **alle Umsatzerlöse** der Muttergesellschaften, und zwar einschließlich der gemäß § 36 Abs. 2 GWB einzubeziehenden Unternehmen, zu berücksichtigen.[127] Die Muttergesellschaften sind nämlich insgesamt am Zusammenschluss beteiligt, nicht nur mit den Bereichen, die das Tätigkeitsgebiet des Gemeinschaftsunternehmens betreffen. Es handelt sich auch nicht um zwei zu trennende Zusammenschlüsse, d. h. einen zwischen dem oder den Erwerber(n) von Anteilen und dem Gemeinschaftsunternehmen sowie einen weiteren zwischen den Muttergesellschaften untereinander, sondern um einen einheitlichen Zusammenschluss.[128]

54 Die Wirkung der Fiktion des § 37 Abs. 1 Nr. 3 S. 3 GWB betrifft vor allem die **Anmeldepflicht.** Dagegen hat sie nicht zur Folge, dass im Rahmen der Prüfung nach § 36 GWB das Gemeinschaftsunternehmen und die beteiligten Muttergesellschaften unwiderleglich als eine wirtschaftliche Einheit anzusehen und ihre Marktanteile insgesamt zusammenzurechnen sind.[129] Die Fiktion der Teilfusion führt aber auf den Märkten, auf denen das Gemeinschaftsunternehmen tätig ist, zu einer Addition der Marktanteile im Rahmen der Marktbeherrschungsvermutungen des § 18 GWB.[130] Im Übrigen muss im Einzelfall geprüft werden, ob durch den Anteilserwerb über den gesetzlich fingierten Zusammenschlusstatbestand hinaus durch die Möglichkeit, die Ressourcen der anderen Anteilseigner im Wettbewerb einzusetzen oder ihre Wirksamkeit im Verhältnis zur eigenen Tätigkeit

---

[124] Vgl. *Thomas,* in: Immenga/Mestmäcker, Wettbewerbsrecht[5] (2014), Bd. II/1, § 37 GWB Rn. 295.

[125] OLG Düsseldorf, 28.6.2006, VI-Kart 18/05 (V), *MSV,* WuW/E DE-R 1806, 1808; BKartA, Tätigkeitsbericht 2011/2012, BT-Drs. 17/13675, S. 113 (linke Spalte), „DB/SNCF"; *Bechtold/Bosch,* GWB[8] (2015), § 37 GWB Rn. 32; *Thomas,* in: Immenga/Mestmäcker, Wettbewerbsrecht[5] (2014), § 37 GWB Rn. 295f. Allgemein hierzu *Polley/Grave,* WuW 2003, 1010ff.

[126] Konsolidierte Mitteilung der Kommission zu Zuständigkeitsfragen gemäß der Verordnung (EG) des Rates über die Kontrolle von Unternehmenszusammenschlüssen, ABl. C 95/1 v. 16.4.2008 und deren Berichtigung, ABl. C 43/10 v. 21.2.2009, Rn. 107; *Kallfaß,* in: Langen/Bunte, Deutsches Kartellrecht[12] (2014), § 37 GWB Rn. 46; *Thomas,* in: Immenga/Mestmäcker, Wettbewerbsrecht[5] (2014), Bd. II/1, § 37 GWB Rn. 296.

[127] *Thomas,* in: Immenga/Mestmäcker, Wettbewerbsrecht[5] (2014), § 37 GWB Rn. 290; *Kallfaß,* in: Langen/Bunte, Deutsches Kartellrecht[12] (2014), § 37 GWB Rn. 45.

[128] *Thomas,* in: Immenga/Mestmäcker, Wettbewerbsrecht[5] (2014), Bd. II/1, § 37 GWB Rn. 290. Das BKartA lässt daher auch die Privilegierung der Anschlussklausel des § 35 Abs. 2 Nr. 1 GWB für das Gemeinschaftsunternehmen entfallen, vgl. BKartA, 24.5.2002, B10–248/01, *RWE Nord,* WuW/E DE-V 677ff., Rn. 25.

[129] BKartA, 22.5.2001, B3–11/01, *Burgmann-Freudenberg Holding GmbH,* WuW/E DE-V 473ff., Rn. 71; *Bach,* in: MünchKomm, GWB (2008), § 37 Rn. 100; *Rieger,* in: FK, Kartellrecht (60. Lfg. 2006), § 36 GWB Rn. 52; *Thomas,* in: Immenga/Mestmäcker, Wettbewerbsrecht[5] (2014), Bd. II/1, § 37 GWB Rn. 291.

[130] *Rieger,* in: FK, Kartellrecht (60. Lfg. 2006), § 36 GWB Rn. 53.

auszuschließen, eine Ausweitung eines vom Wettbewerb nicht mehr ausreichend kontrollierten Verhaltensspielraums stattfindet.[131]

Auch schließt die Beschränkung der Zusammenschlussfiktion für die Muttergesellschaften auf Märkte des Gemeinschaftsunternehmens nicht aus, dass die **Auswirkungen auf andere (z.B. vor- oder nachgelagerte) Märkte,** auf denen nur die Muttergesellschaften tätig sind, bei der Prüfung nach § 36 GWB Berücksichtigung finden.[132] Das kann bei entsprechenden Inlandswirkungen nach § 130 Abs. 2 GWB selbst für ein Gemeinschaftsunternehmen gelten, das nur im Ausland tätig ist.[133] So kann sich z.B. die Marktstellung einer Muttergesellschaft verstärken, wenn sie über das Gemeinschaftsunternehmen Zugang zu den Ressourcen einer anderen Muttergesellschaft erhält. Sind die Muttergesellschaften Wettbewerber auf vor- oder nachgelagerten Märkten, so wird der von der Beteiligung an dem Gemeinschaftsunternehmen ausgehende Gruppeneffekt allerdings vor allem im Rahmen des § 1 GWB zu prüfen sein.[134] 55

Scheiden Unternehmen als Gesellschafter aus dem Gemeinschaftsunternehmen aus oder sinkt ihre Beteiligung unter 25%, so entfällt damit für sie die Fiktion des § 37 Abs. 1 Nr. 3 S. 3 GWB. Häufig wird die Beendigung der gemeinsamen Beteiligung an einem Gemeinschaftsunternehmen zu einer Verbesserung der Wettbewerbsstruktur führen. Allerdings kann auch der Übergang von der gemeinsamen Kontrolle über ein Gemeinschaftsunternehmen zur alleinigen Kontrolle durch einen Gesellschafter in sehr seltenen Fällen zu einer erheblichen Behinderung wirksamen Wettbewerbs, insbesondere in Form der Verstärkung oder Begründung einer marktbeherrschenden Stellung des verbleibenden Gesellschafters, führen. Dies ist vor allem dann der Fall, wenn dadurch die Einflussnahme auf das Gemeinschaftsunternehmen für den verbleibenden Gesellschafter größer und damit der Zugriff auf dessen gesamte Ressourcen möglich wird.[135] 56

5. Verhältnis zu § 1 GWB

Durch die Beteiligung mehrerer Unternehmen an einem Gemeinschaftsunternehmen kann einerseits eine Strukturänderung herbeigeführt werden, die sich auf den Wettbewerb auswirkt. Der Zusammenschluss kann aber andererseits auch Auswirkungen auf das Verhalten der beteiligten Unternehmen im Wettbewerb untereinander haben und damit den Tatbestand des § 1 GWB erfüllen. Es fragt sich daher, ob auf Gemeinschaftsunternehmen nur alternativ die Vorschriften der Zusammenschlusskontrolle bzw. der §§ 1ff. GWB Anwendung finden oder ob beide Regelungsbereiche kumulativ heranzuziehen sind und damit eine **Doppelkontrolle** durchzuführen ist. Rechtsprechung und herrschende Meinung nehmen zu Recht eine Doppelkontrolle vor und wenden sowohl die §§ 1ff. GWB als auch die §§ 35ff. GWB an.[136] Allerdings findet bei Vollfunktionsgemeinschaftsunternehmen, die keine Koordinierung des Wettbewerbsverhaltens der Muttergesellschaften bezwecken oder bewirken, nur eine Zusammenschlusskontrolle statt, weil der Tatbestand des § 1 GWB mangels Koordinierung nicht erfüllt ist.[137] An einer Koordinierung fehlt es vor allem dann, 57

---

[131] Vgl. dazu KG, 10.1.1979, Kart. 17/78, *Bituminöses Mischgut,* WuW/E OLG 2093ff.; KG, 5.11.1986, Kart. 15/84, *Coop-Wandmaker,* WuW/E OLG 3917ff.; BKartA, 13.7.1990, B5–331300-U-271/89, *Daimler-Benz/MAN – Enasa,* WuW/E BKartA 2445ff.; BKartA, 22.5.2001, B3–11/01, *Burgmann-Freudenberg Holding GmbH,* WuW/E DE-V 473ff., Rn. 71f.

[132] *Thomas,* in: Immenga/Mestmäcker, Wettbewerbsrecht[5] (2014), Bd. II/1, § 37 GWB Rn. 291.

[133] Vgl. BKartA, 13.7.1990, B5–331300-U-271/89, *Daimler-Benz/MAN – Enasa,* WuW/E BKartA 2445ff.

[134] Siehe dazu Anhang zu § 1 Rn. 19ff., 25f.

[135] BKartA, 3.8.2004, B6–45/04, *G&J/RBA,* WuW/E DE-V 955ff.

[136] Siehe nur BGH, 1.10.1985, KVR 6/84, *Mischwerke,* WuW/E BGH 2169 = BGHZ 96, 69 (77f.); ausführlich dazu Anhang zu § 1 Rn. 5f. mwN.

[137] *Krauß,* in: Langen/Bunte, Deutsches Kartellrecht[12] (2014), § 1 GWB Rn. 295. Ausführlich Anhang zu § 1 Rn. 8ff. mwN.

wenn die Muttergesellschaften weder auf dem Tätigkeitsgebiet des Gemeinschaftsunternehmens noch auf vor- oder nachgelagerten Märkten Wettbewerber sind.[138] Umgekehrt wird bei einer Tätigkeit beider Muttergesellschaften auf demselben Markt wie das Gemeinschaftsunternehmen eine Koordinierung des Wettbewerbsverhaltens regelmäßig anzunehmen sein.[139] Dies gilt aber insbesondere dann nicht, wenn der betreffende Markt durch niedrige Marktzutrittsschranken, zahlreiche Wettbewerber und Preisempfindlichkeit gekennzeichnet ist.[140]

6. Vergleich zur Regelung im EU-Wettbewerbsrecht (Art. 3 Abs. 4 FKVO)

58 Das europäische Recht der Fusionskontrolle unterscheidet sich von der deutschen Zusammenschlusskontrolle in Bezug auf Gemeinschaftsunternehmen in zwei Punkten. Erstens liegt nach europäischem Recht nur dann überhaupt ein Gemeinschaftsunternehmen vor, wenn dieses Unternehmen von mehreren anderen Unternehmen **gemeinsam kontrolliert** wird. Eine bloße Beteiligung von jeweils mindestens 25% ohne Erlangung der Kontrolle, wie sie § 37 Abs. 1 Nr. 3 S. 1 GWB genügen lässt, reicht im europäischen Recht derzeit nicht aus.[141]

59 Zweitens findet die EU Fusionskontrolle **nur auf Vollfunktionsgemeinschaftsunternehmen Anwendung** (Art. 3 Abs. 4 FKVO). Auf Teilfunktionsgemeinschaftsunternehmen findet nicht das Fusionskontrollrecht, sondern nur Art. 101 AEUV Anwendung.[142] Demgegenüber findet die deutsche Fusionskontrolle nach §§ 35ff. GWB auch dann Anwendung, wenn es sich bei dem Gemeinschaftsunternehmen nicht um ein Vollfunktionsgemeinschaftsunternehmen handelt.[143]

7. Zivilrechtliche Folgen von Verstößen gegen das Fusionskontrollrecht

60 Liegt ein Zusammenschluss im Sinne der §§ 35ff. GWB vor, so ist dieser beim Bundeskartellamt anzumelden (§ 39 GWB). Gemäß § 41 Abs. 1 S. 1 GWB dürfen die Unternehmen „einen Zusammenschluss, der vom Bundeskartellamt nicht freigegeben ist, nicht vor Ablauf der Fristen nach § 40 Absatz 1 Satz 1 und Absatz 2 Satz 2 GWB vollziehen oder am Vollzug dieses Zusammenschlusses mitwirken." „Rechtsgeschäfte, die gegen dieses Verbot verstoßen, sind unwirksam", § 41 Abs. 1 S. 2 GWB. Diese **Unwirksamkeit** führt im Hinblick auf Gemeinschaftsunternehmen nicht zur Unwirksamkeit der **Gründung** des Unternehmens, sobald die Gründung durch Eintragung in das zuständige Register rechtswirksam geworden ist, § 41 Abs. 1 Satz 3 Nr. 2 GWB. Art. 7 Abs. 4 und 5 FKVO enthalten keine solche Wirksamkeitsausnahme für die Gründung von Unternehmen. Zur Frage der Behandlung unwirksam gegründeter Gesellschaften siehe die Erläuterungen Anhang zu § 1 Rn. 31f.

§ 38 Berechnung der Umsatzerlöse und der Marktanteile

(1) [1]**Für die Ermittlung der Umsatzerlöse gilt § 277 Absatz 1 des Handelsgesetzbuchs.** [2]**Umsatzerlöse aus Lieferungen und Leistungen zwischen verbundenen Unternehmen (Innenumsatzerlöse) sowie Verbrauchsteuern bleiben außer Betracht.**

---

[138] Vgl. Anhang zu § 1 Rn. 10ff., 19ff., 24f.

[139] Vgl. Anhang zu § 1 Rn. 10ff., 19ff., 24f.; BGH, 8.5.2001, KVR 12/99, *Ost-Fleisch,* WuW/E DE-R 711ff. = BGHZ 147, 325 (337); OLG Düsseldorf, 20.6.2007, VI Kart 14/06 (V), *Kalksandstein,* WuW/E DE-R 2146, Rn. 20.

[140] Anhang zu § 1 Rn. 24; Komm. E., 5.5.1999, IV/JV.16, *Bertelsmann/VIAG/Game Channel,* WuW/E EU-V 350ff. = WuW 1999, 1250ff.

[141] Hierzu sowie zu Reformüberlegungen auf EU-Ebene vgl. GU Rn. 2f.

[142] Vgl. Art. 3 FKVO Rn. 42.

[143] Siehe dazu oben Rn. 46f. und Anhang zu § 1 Rn. 6ff.

(2) **Für den Handel mit Waren sind nur drei Viertel der Umsatzerlöse in Ansatz zu bringen.**

(3) **Für den Verlag, die Herstellung und den Vertrieb von Zeitungen, Zeitschriften und deren Bestandteilen ist das Achtfache, für die Herstellung, den Vertrieb und die Veranstaltung von Rundfunkprogrammen und den Absatz von Rundfunkwerbezeiten ist das Zwanzigfache der Umsatzerlöse in Ansatz zu bringen.**

(4) **[1]An die Stelle der Umsatzerlöse tritt bei Kreditinstituten, Finanzinstituten, Bausparkassen sowie bei externen Kapitalverwaltungsgesellschaften im Sinne des § 17 Absatz 2 Nummer 1 des Kapitalanlagegesetzbuchs der Gesamtbetrag der in § 34 Absatz 2 Satz 1 Nummer 1 Buchstabe a bis e der Kreditinstituts-Rechnungslegungsverordnung in der jeweils geltenden Fassung genannten Erträge abzüglich der Umsatzsteuer und sonstiger direkt auf diese Erträge erhobener Steuern. [2]Bei Versicherungsunternehmen sind die Prämieneinnahmen des letzten abgeschlossenen Geschäftsjahres maßgebend. [3]Prämieneinnahmen sind die Einnahmen aus dem Erst- und Rückversicherungsgeschäft einschließlich der in Rückdeckung gegebenen Anteile.**

(5) **[1]Wird ein Zusammenschluss durch den Erwerb von Teilen eines oder mehrerer Unternehmen bewirkt, so ist unabhängig davon, ob diese Teile eigene Rechtspersönlichkeit besitzen, auf Seiten des Veräußerers nur der Umsatz oder der Marktanteil zu berücksichtigen, der auf die veräußerten Teile entfällt. [2]Dies gilt nicht, sofern beim Veräußerer die Kontrolle im Sinne des § 37 Absatz 1 Nummer 2 oder 25 Prozent oder mehr der Anteile verbleiben. [3]Zwei oder mehr Erwerbsvorgänge im Sinne von Satz 1, die innerhalb von zwei Jahren zwischen denselben Personen oder Unternehmen getätigt werden, werden als ein einziger Zusammenschluss behandelt, wenn dadurch erstmals die Umsatzschwellen des § 35 erreicht werden; als Zeitpunkt des Zusammenschlusses gilt der letzte Erwerbsvorgang.**

Übersicht

Schrifttum: *Bardong,* Die deutsche Fusionskontrolle nach der 8. GWB-Novelle; *Beater,* in: Münchner Kommentar zum HGB, 2001, § 277 Rn. 1 ff.; *Bechtold,* Die 8. GWB-Novelle, NZKart 2013, 263; *Benisch,* Fusionskontrolle und internationale Wettbewerbsfähigkeit deutscher Unternehmen, WuW 1983, 93; *v. Graevenitz,* Zuständigkeitsbestimmung leicht gemacht? – Die Gewinn- und Verlustrechnung als Quelle für die fusionskontrollrechtliche Umsatzbestimmung, WuW 2011, 122; *Heinrich/Jakobs,* Die Umsatzberechnung unter der De-minimis-Klausel der deutschen Fusionskontrolle nach der 8. GWB-Novelle; *Hoppmann,* in: Fusionskontrolle, 1972; *Hüttemann,* in: HGB Großkommentar, 4. Aufl. 2002, § 277 Rn. 1 ff.; *Kleinmann/Bechtold,* Kommentar zur Fusionskontrolle, 2. Aufl., 1989; Münchner Kommentar zum HGB, hrsg. von K. Schmidt, Bd. 4 §§ 238–342 HGB, 2001; Münchner Kommentar zum AktG, hrsg. von Kropff und Semmler, Bd. 5/2 §§ 152–160 AktG §§ 265–289 HGB, 2. Aufl. 2004; *Morck,* in: Koller/Roth/Morck, Handelsgesetzbuch 3. Aufl. 2002, § 277 Rn. 1 ff.; *Murach,* Deutsche Fusionskontrolle, 2012.

I. Vorbemerkungen

1. Allgemeines

1 § 38 ist eine allgemeine Vorschrift zur Umsatzberechnung. Sie gilt für alle Bestimmungen der formellen Zusammenschlusskontrolle, bei denen Umsätze eine Rolle spielen, also insbesondere § 35 Abs. 1 und Abs. 2 Satz 1, sowie § 39 Abs. 3 Satz 2 Nr. 3. Zudem zieht das BKartA § 38 im Rahmen der **materiellen Zusammenschlusskontrolle** i. S. d. § 36 Abs. 1 zumindest mittelbar heran,[1] einschließlich der Wertungen der branchenspezifischen Sonderregeln.[2] Gleiches gilt für die **Berechnung von Geldbußen** nach § 81 Abs. 4.[3]

2 Im Rahmen der **8. GWB-Novelle** wurde in § 38 Abs. 3 der **„Pressemultiplikator"** von 20 auf acht reduziert. Der Multiplikator für den Rundfunkbereich blieb unverändert bei 20. Absatz 5 wurde neu gefasst und enthält nun in Satz 1 und 2 weitergehende Regelungen zur Frage, unter welchen Umständen die **Ressourcen des Veräußerers** fusionskontrollrechtlich zu berücksichtigen sind. In Annäherung an das EU-Recht wurde in Abs. 5 Satz 3 eine Regelung ergänzt, wonach mehrere, einzeln nicht anmeldepflichtige Zusammenschlüsse als ein Vorgang betrachtet und dann ggf. anmeldepflichtig werden, wenn sie zwischen denselben Parteien innerhalb eines Zweijahreszeitraumes vorgenommen werden.

2. Orientierung am HGB mit sektorspezifischen Ausnahmen

3 Im Grundsatz übernimmt § 38 die Methode der Umsatzberechnung, die für die **Gewinn- und Verlustrechnung** nach §§ 275 ff. HGB gilt. Für den reinen Warenhandel, Presse und Rundfunk sowie das Finanz- und Versicherungswesen hat der Gesetzgeber in § 38 Abs. 2–4 **Sonderregelungen** geschaffen. Diese Sonderregelungen sind auf die jeweilige Branche beschränkt. **Gemischte Unternehmen,** die in mehreren Branchen tätig sind, müssen die branchenspezifischen Umsätze jeweils nach den einzelnen Sondervorschriften getrennt berechnen.

3. Keine Berechnung der Marktanteile

4 Entgegen seiner Überschrift enthält § 38 keine Bestimmung über die Berechnung der Marktanteile. § 38 Abs. 5 enthält neuerdings einen Hinweis darauf, in welchem Umfang die Marktanteile des Veräußerers zu berücksichtigen sind. Der Regelungsgehalt ist insoweit aber unklar und umstritten.

II. Grundsatz zu § 38 Abs. 1

1. Bilanzrechtliche Umsatzberechnung

5 § 38 Abs. 1 verweist auf **§ 277 Abs. 1 HGB.** Dieser Verweis gilt nicht nur für Kapitalgesellschaften, sondern für Unternehmen jeglicher Rechtsform. Der Verweis begründet **keine abschließende Definition** des Umsatzbegriffes, sondern legt nur den **Berechnungsmodus** fest.[4] In aller Regel können daher die Umsatzerlöse aus der **Gewinn- und Verlustrechnung** auch für die Umsatzbestimmung nach § 38 Abs. 1 zu Grunde gelegt werden.[5]

---

[1] BKartA Tätigkeitsbericht 1999/2000, BT-Drucks. 14/6300, S. 106.

[2] BKartA 22.2.2002, B 7–168/01, WuW/E DE-V 558 Tz. 184 ff. – *Liberty/VIOLA*.

[3] Jedenfalls für § 38 Abs. 1 und 4: BKartA, Erläuterungen zu den Leitlinien für die Bußgeldzumessung in Kartellordnungswidrigkeitenverfahren, 25.6.2013, S. 2. Abweichend von § 38 Abs. 1 Satz 2 werden bei der Bußgeldzumessung Innenumsätze als tatbezogener berücksichtigt, wenn sie mit der Zuwiderhandlung in Zusammenhang stehen.

[4] KG 26 6. 1991, WuW/E OLG 4825 – *Radio WDR*.

[5] So wohl auch *v. Graevenitz,* WuW 2011, S. 122, 130.

a) Sachlicher Rahmen. Zur Ermittlung des Umsatzes stellt das Gesetz auf den **Erlös** für gelieferte Waren oder erbrachte Dienstleistungen ab,[6] also nur auf Umsätze auf der Absatzseite. Bei Dienstleistungen, welche die **Vermittlung** von Umsatzgeschäften zum Gegenstand haben (z. B. Handelsvertreter, Kommissionäre i. S. d. §§ 383 ff. HGB, Spediteure i. S. d. §§ 407 ff. HGB), sind die erzielten Provisionseinnahmen als Erlös anzusetzen, nicht die vermittelten Umsätze.[7] 6

Maßgeblich sind die Umsätze **aller Geschäftsbereiche** der beteiligten Unternehmen, nicht nur solcher Bereiche, in denen es zwischen ihnen zu Tätigkeitsüberschneidungen kommt. 7

Zu berücksichtigen sind die Umsatzerlöse der beteiligten Unternehmen einschließlich der nach § 36 Abs. 2 **verbundenen Unternehmen.**[8] Bei **Gemeinschaftsunternehmen,** bei denen § 37 Abs. 1 Nr. 3 Satz 3 eine Teilfusion der Muttergesellschaften im Hinblick auf den Markt des Gemeinschaftsunternehmens fingiert, sind die gesamten Umsatzerlöse des Gemeinschaftsunternehmens und der Muttergesellschaften zu berücksichtigen.[9] 8

Umsatzerlöse setzen Umsatzgeschäfte mit Dritten voraus. Rein **interne Vorgänge,** etwa Erlöse aus einer Betriebskantine, fallen nicht unter die Vorschrift,[10] **Innenumsätze** werden nicht einbezogen (Abs. 1 Satz 2).[11] 9

Nur die für die **gewöhnliche Geschäftstätigkeit** des Unternehmens **typischen** Waren bzw. Dienstleistungen sind zu berücksichtigen. Was für die gewöhnliche Geschäftstätigkeit typisch ist, bestimmt sich nach den **tatsächlichen Unternehmensverhältnissen.**[12] Ein wichtiger Anhaltspunkt für die Einordnung als Umsatzerlös ist die Branche des betreffenden Unternehmens. **Miet- und Pachteinnahmen** stellen für Vermietungs- und Leasinggesellschaften Umsätze dar, jedoch nicht für Handels- oder Produktionsunternehmen.[13] Für Kapitalverwaltungsgesellschaften, die direkt in Immobilien investieren, sind Einnahmen aus Vermietung und Verpachtung sowie Verkaufserlöse aus den Portfolio-Immobilien in der Regel ebenfalls Umsätze. Patent- und Lizenzeinnahmen können je nach geschäftlicher Tätigkeit zum Umsatz zählen.[14] Ferner stellen mangels Leistungsentgelt **Erträge aus Beteiligungen** dann keine Umsatzerlöse dar, wenn die Erzielung von Beteiligungserträgen nicht der typische Betriebszweck ist.[15] Erträge aus **Arbeitsgemeinschaften** gehören nur dann zum Umsatz der Mitglieder einer Arbeitsgemeinschaft, wenn diese Leistungen im eigenen Namen erbringen. Erbringt jedoch die Arbeitsgemeinschaft selbst die Leistungen und werden die Mitglieder lediglich am Ergebnis beteiligt, gehören diese Ergebnisse zu den Erträgen aus Beteiligungen.[16] 10

b) Zeitlicher Rahmen. Im Rahmen des § 35 Abs. 1 und Abs. 2 Satz 1 sind die Umsatzerlöse des **letzten Geschäftsjahres vor dem Zusammenschluss** maßgeblich. Das 11

---

[6] *Morck* § 277 Rn. 1.

[7] *Thomas* in: Immenga/Mestmächer, 12. Aufl., § 38 Rn. 16; *Bechtold,* 7. Aufl., § 38 Rn. 4; *Kallfaß* in: Langen/Bunte, 12. Aufl., § 38 Rn. 3; KG 24.10.1979, WuW/E OLG 2259, 2260 – *Siegerländer Transportbeton.*

[8] KG 12.6.1991, WuW/E OLG 4835, 4845 – *Iserlohner Kreisanzeiger.*

[9] Siehe § 35 Rn. 15.

[10] *Kessler/Freisleben* in: Münchener Kommentar zum Bilanzrecht, 2013, § 277 HGB Rn. 5; *Reiner/Haußer* in: Münchener Kommentar zum HGB, 3. Aufl., § 277 Rn. 5.

[11] Siehe § 38 Rn. 16.

[12] *Kessler/Freisleben* in: Münchener Kommentar zum Bilanzrecht, 2013, § 277 HGB Rn. 6; *Reiner/Haußer* in: Münchener Kommentar zum HGB, 3. Aufl., § 277 Rn. 10.

[13] *Kessler/Freisleben* in: Münchener Kommentar zum Bilanzrecht, 2013, § 277 HGB Rn. 16.

[14] *Thomas* in: Immenga/Mestmäcker, 5. Aufl., § 38 Rn. 13.

[15] KG 12.6.1991, WuW/E OLG 4835, 4845 – *Iserlohner Kreisanzeiger;* BKartA 10.5.2001, B 8–40100 – U – 15/01 Rn. 21; seit der 8. GWB-Novelle regelt § 38 Abs. 4 Satz 1 für externe Kapitalverwaltungsgesellschaften, dass solche Erträge im Rahmen der Rechenlegungsvorschriften der dort genannten Verordnung zu berücksichtigen sind.

[16] *Kallfaß* in: Langen/Bunte, 12. Aufl., § 38 GWB Rn. 15.

Geschäftsjahr ist das Wirtschaftsjahr eines Unternehmens. Ist das letzte Geschäftsjahr soeben erst zu Ende gegangen und liegen daher noch keine endgültigen Abschlüsse vor, sind die testierten Abschlüsse des vorletzten Geschäftsjahres zu Grunde zu legen.[17] Für die **Periodenabgrenzung** ist der Tag maßgeblich, an dem die Leistung erbracht wurde, nicht der Tag, an dem die Rechnung gestellt oder beglichen wurde.[18]

12 Anpassungen gegenüber den Angaben der Gewinn- und Verlustrechnung sind vor allem dann geboten, wenn im Zeitraum zwischen dem Abschluss des letzten Geschäftsjahres und der Anmeldung bzw. dem Vollzug[19] des Zusammenschlusses **Akquisitionen oder Veräußerungen** erfolgt sind und sich der Konsolidierungskreis geändert hat. In diesen Fällen sind pro forma die entsprechenden Umsätze des hinzugetretenen Unternehmensteils hinzuzurechnen, die Umsätze ausgeschiedener Unternehmensteile abzuziehen.

13 **c) Räumlicher Rahmen.** Das Gesetz regelt nicht, wie Umsätze räumlich zuzuordnen sind. Bei der Umsatzberechnung werden **Auslandsumsätze** voll mitberücksichtigt.[20] Umsatzerlöse in **fremder Währung** sind anhand des Jahresdurchschnittskurses der Europäischen Zentralbank in Euro umzurechnen.[21] Wegen des vielfach erklärten Willens des Gesetzgebers, die Zusammenschlusskontrolle dem Europarecht anzunähern, bietet sich für die **geographische Zurechnung** der Umsatzerlöse an, auf die entsprechenden Regeln der FKVO zurückzugreifen. Danach ist vorbehaltlich besonderer Umstände der Standort des Kunden entscheidend.[22]

14 Praktische Schwierigkeiten können sich ergeben, wenn das betreffende Unternehmen oder mit ihm verbundene Unternehmen im Ausland ansässig sind und daher nicht nach den Grundsätzen des § 277 HGB bilanzieren. Das Bundeskartellamt akzeptiert in aller Regel Umsatzangaben aus Unternehmensabschlüssen ausländischer Unternehmen auch dann, wenn diese nicht nach § 277 HGB sondern nach den jeweils örtlich geltenden Vorschriften der Rechnungslegung erstellt wurden.[23] Richtigerweise gebietet dies meist auch der Verhältnismäßigkeitsgrundsatz.

2. Abzugsposten

15 § 38 Abs. 1 bezieht sich auf **Nettoumsätze.** Von den Umsatzerlösen sind **Umsatzsteuer** und **Verbrauchssteuern** sowie **Erlösschmälerungen** abzuziehen. Erlösschmälerungen sind Abschläge, Rabatte und Vergütungen, welche die Unternehmen bei den Verkaufsverhandlungen ihren Kunden zugestehen und die den Verkaufserlös direkt beeinflussen.[24] Darunter fallen Preisnachlässe, insb. Skonti und zurückgewährte Entgelte, etwa im Rahmen der Mängelgewährleistung,[25] auch Gewinnausschüttungen von Lottogesellschaften.[26] Rückstellungen für noch zu gewährende Preisnachlässe sind ebenfalls als Erlösschmälerung im Rahmen der Umsatzerlöse zu bewerten.[27]

---

[17] Str., wie hier wohl die für das GWB nicht verbindliche konsolidierte Mitteilung der Kommission zu Zuständigkeitsfragen vom 16.4.2008, Tz. 170; offen *Kallfaß* in: Langen/Bunte, 12. Aufl., § 38 GWB Rn. 2; vgl. insgesamt § 35 Rn. 24.

[18] Vgl. § 252 Abs. 1 Nr. 5 HGB; *Kallfaß* in: Langen/Bunte, 12. Aufl., § 38 GWB Rn. 2.

[19] Siehe hierzu § 35 Rn. 23.

[20] BKartA Merkblatt Fusionskontrolle, Tz. 5.1.

[21] Vgl. Merkblatt zur deutschen Fusionskontrolle vom Juli 2005, S. 13.

[22] BGH, 21.1.2014, KVR 38/13 – Viskosefasern; siehe hierzu auch oben § 35 Rn. 22 sowie Konsolidierte Mitteilung der Kommission zu Zuständigkeitsfragen vom 16.4.2008, Tz. 195.

[23] So auch die Praxis der Kommission, Konsolidierte Mitteilung der Kommission zu Zuständigkeitsfragen vom 16.4.2008, Tz. 169, wenngleich mit einem Vorbehalt in Tz. 171.

[24] Konsolidierte Mitteilung der Kommission zu Zuständigkeitsfragen vom 16.4.2008, Tz. 165.

[25] *Kessler/Freisleben* in: Münchener Kommentar zum Bilanzrecht, 2013, § 277 HGB Rn. 23; *Reiner/Haußer* in: Münchener Kommentar zum HGB, 3. Aufl., § 277 Rn. 16.

[26] OLG Düsseldorf, 7.5.2008, WuW/E DE-R 2347, 2351 f.; offen gelassen in BGH, 18.10.2011, KVR 35/08 – *Universitätsklinikum Greifswald.*

[27] *Morck* § 277 Rn. 2.

Umsatzerlöse zwischen verbundenen Unternehmen i. S. d. § 36 Abs. 2, sog. **Innenumsatzerlöse,** bleiben außer Betracht. Um Mehrfachzählungen zu vermeiden, sind daher Umsatzerlöse zwischen Konzernunternehmen sowie Umsatzerlöse zwischen herrschenden und abhängigen Unternehmen einschließlich gemeinsam beherrschender Unternehmen nicht zu berücksichtigen. Dies gilt nicht nur dann, wenn die Unternehmen bereits vor dem Zusammenschluss verbunden waren, sondern auch in Bezug auf Umsätze zwischen solchen Unternehmen, die erst durch den Zusammenschluss verbunden werden.[28] 16

III. Sonderregelungen in § 38 Abs. 2 bis 4

1. Warenhandel (Abs. 2)

Für den Warenhandel sind gem. § 38 Abs. 2 lediglich ¾ **der Umsatzerlöse** in Ansatz zu bringen,[29] die Eingreifschwellen der Fusionskontrolle werden damit faktisch angehoben. Der Begriff „Handel" bezeichnet die planmäßige Weiterveräußerung von fremderzeugten Waren in unverarbeitetem Zustand.[30] Der Vertrieb der selbst hergestellten bzw. ver- oder bearbeiteten Produkte fällt also nicht unter die Rechenklausel des § 38 Abs. 2.[31] Die bloße (Um-)Verpackung erworbener Waren schließt das Vorliegen von Handelsumsätzen hingegen nicht aus.[32] Die Weiterverteilung von Elektrizität und Gas ist wegen der häufigen Umformung, die diese Produkte innerhalb eines Verteilungsnetzes erfahren (z. B. Vermischung von selbst erzeugter und bezogener Elektrizität), nicht als Handel mit Waren anzusehen.[33] 17

2. Medienrechenklausel (Abs. 3)

Diese Sonderregelung soll den im regionalen und lokalen Presse- bzw. Rundfunkbereich bestehenden Tendenzen zur Marktkonzentration entgegenwirken und eine gewisse Meinungs- bzw. Programmvielfalt im lokalen und regionalen Bereich erhalten. Ohne eine solche Regelung würden Zusammenschlüsse auf diesen Märkten in der Regel nicht von der Fusionskontrolle erfasst, weil lediglich regional bzw. lokal tätige Presse- oder Rundfunkunternehmen die Umsatzschwellen des § 35 Abs. 1 nicht erreichen. Daher sieht das Gesetz einen Multiplikator für die Umsätze vor, die im Pressewesen und im Rundfunk erzielt werden. Faktisch führt dies zu einer **Reduzierung der Eingreifschwellen** der Fusionskontrolle in diesen Sektoren. Die Medienrechenklausel ist mit Art. 5 GG vereinbar.[34] Nach den Änderungen durch die 8. GWB-Novelle gibt es nunmehr unterschiedliche Multiplikatoren für Presse und Rundfunk. 18

a) Pressewesen. Im Pressewesen ist nach § 38 Abs. 3 das **Achtfache der Umsatzerlöse** anzusetzen. Weil der „Pressemultiplikator" nur noch das Achtfache der Umsatzerlöse ansetzt, der „Rundfunkmultiplikator" hingegen das Zwanzigfache, muss nun in jedem Einzelfall klar abgegrenzt werden, ob die Umsätze im Bereich „Presse" oder „Rundfunk" anfielen. Angesichts der zunehmenden Konvergenz der Medien drohen hier schwierige Abgrenzungsfragen. 19

Die „Presseklausel" erfasst den Verlag, die Herstellung und den Vertrieb von Zeitungen, Zeitschriften und deren Bestandteilen. Zeitungen und Zeitschriften sind **periodisch erscheinende Druckschriften,** die einen gewissen, nicht ganz nebensächlichen redaktio- 20

[28] Str., wie hier *Richter* in: Handbuch des Kartellrechts, 2. Aufl., § 19 Rn. 65; *Kleinmann/Bechtold* § 23 Rn. 321; *Bechtold,* 7. Aufl., § 38 Rn. 4; differenzierend *Thomas* in: Immenga/Mestmäcker, 5. Aufl., § 38 Rn. 21.

[29] Begr. 1971, S. 26.

[30] *Kallfaß* in: Langen/Bunte, § 38 Rn. 8.

[31] *Thomas* in: Immenga/Mestmäcker, 5. Aufl., § 38 Rn. 34.

[32] *Bechtold* § 38 Rn. 6.

[33] KG 18.2.1985, WuW/E OLG 3469 f. – *Thüringer Gas/Westerland;* a. A. *Thomas* in: Immenga/Mestmäcker, 5. Aufl., § 38 Rn. 36.

[34] BVerfG 29.8.1983, WuW/E VG 307 f. – *Münchner Anzeigenblätter.*

nellen Teil aufweisen. Dieses Merkmal erfüllen i. d. R. auch Anzeigenblätter,[35] nach dem Willen des Gesetzgebers jedoch nicht „reine" Anzeigenblätter „ohne nennenswerten redaktionellen Inhalt".[36] Einnahmen aus **Internetportalen der Verlage** unterliegen ebenfalls nicht dem Pressemultiplikator.[37] **Bestandteile** der Presseerzeugnisse sind Teile der fertigen Zeitung oder Zeitschrift.[38] Umstritten ist insoweit, ob Leistungen von **Presseagenturen** dem Pressemultiplikator stets,[39] nie[40] oder abhängig davon unterfallen, ob echte redaktionelle Beiträge oder nur Material zur Erstellung solcher Beiträge geliefert werden.[41] Eine qualitative Trennung von „Material" und „echtem redaktionellen Beitrag" scheint schwierig und eine Umsatzzuweisung zu dieser oder jener Tätigkeit wird bei den Agenturen in aller Regel nicht erfolgen. Die differenzierende Lösung ist daher letztlich wenig praktikabel. Aus Gründen der Rechtssicherheit und nach dem Telos der Norm sollten daher auch Umsätze von Presseagenturen[42] dem Multiplikator unterfallen.

21 Die **Tätigkeiten** Verlag, Herstellung und Vertrieb stehen in einem **Alternativverhältnis.** Verlag bedeutet in Anlehnung an § 1 VerlG Vervielfältigung und Verbreitung eines Druckwerkes auf eigene Rechnung. Herstellung bedeutet Druck der Presseerzeugnisse. Der Begriff Vertrieb umfasst den Handel mit den Presseerzeugnissen auf jeder Handelsstufe unter Einschluss des Einzelhandels.[43] Im Rahmen der 8. GWB Novelle hat der Gesetzgeber nunmehr „klargestellt",[44] dass beim **Vertrieb von Presseerzeugnissen** die Umsätze nicht als Handelsumsätze nach Abs. 2 auf ¾ zu reduzieren sondern voll in Ansatz zu bringen sind.[45]

22 **b) Rundfunk.** Im Rundfunkbereich ist weiterhin das **Zwanzigfache der Umsatzerlöse** anzusetzen. Die „Rundfunkklausel" gilt für die Herstellung, den Vertrieb und die Veranstaltung von Rundfunkprogrammen und den Absatz von Rundfunkwerbezeiten. Unter den Begriff Rundfunk fallen sowohl der **Fernseh-** als auch der **Hörfunk.**[46] Unbeachtlich ist die Art des Entgelts, so dass sowohl Werbeeinnahmen als auch die Gebühren öffentlich-rechtlicher Rundfunkanstalten Umsatzerlöse darstellen.[47] Auf Werbeumsätze, die durch **Internetportale** erzielt werden, ist die Medienrechenregel nach Ansicht des BKartA nicht anwendbar.[48]

23 Auch für den Rundfunk gilt, dass die genannten Tätigkeiten in einem **Alternativverhältnis** stehen. Dies trägt der Spezialisierung im Rundfunkbereich Rechnung. Erfasst sind insbesondere Rahmenprogrammanbieter, die etwa lokalen Hörfunkveranstaltern Programme oder Programmteile anbieten. Auch der eigenständig organisierte Absatz von Rundfunkwerbezeiten fällt unter § 38 Abs. 3.[49] Das Angebot von **Kabelnetzbetreibern** stellt

---

[35] BGH 16.2.1982, WuW/E BGH 1905 f. – *Münchner Anzeigenblätter;* BGH 10.11.1987, WuW/E BGH 2443, 2449 – *Singener Wochenblatt;* BVerfG 29.8.1983, WuW/E VG 307 f. – *Münchner Anzeigenblätter.*

[36] Regierungsbegründung BT-Drucks. 17/9852, S. 29 (zu Nr. 21a).

[37] Regierungsbegründung BT-Drucks. 17/9852, S. 29 (zu Nr. 21a).

[38] *Kallfaß* in: Langen/Bunte, § 38 Rn. 11.

[39] BKartA, B6–86/10, Fallbericht ddp/AP sowie Tätigkeitsbericht 2009/2010, S. 97.

[40] *Bechtold,* 7. Aufl., § 38 Rn. 7.

[41] *Bergmann/Burholt,* in: Kölner Kommentar, § 38 GWB Rn. 34.

[42] Für Radio- oder Fernsehagenturen hieße dies naturgemäß, dass der höhere Multiplikator für den Rundfunkbereich Anwendung findet.

[43] *Kleinmann/Bechtold* § 23 Rn. 331; *Thomas* in: Immenga/Mestmäcker, GWB, § 38 Rn. 42.

[44] Regierungsbegründung BT-Drucks. 17/9852, S. 29 (zu Nr. 21a); die „Klarstellung" erfolgte dabei eher im Sinne einer nachgeschobenen Begründung; kritisch insoweit zu Recht *Thomas* in: Immenga/Mestmäcker, 5. Aufl., § 38 Rn. 42.

[45] Regierungsbegründung BT-Drucks. 17/9852, S. 29 (zu Nr. 21a); a. A. *Bechtold,* 7. Aufl., § 38 Rn. 7.

[46] Begr. 1998 zu § 38 Abs. 3.

[47] KG 26.6.1991, WuW/E OLG 4811, 4824 – *Radio NRW.*

[48] BKartA, B6 – 86/10, v. 17.3.2011 – *BerlinOnline.*

[49] Begr. 1998 zu § 38 Abs. 3.

Rundfunkvertrieb dar, soweit der Anbieter dieser Dienste von dem Endkunden ein Entgelt für die Aussendung der Rundfunksignale erhält.[50]

3. „Bankenrechenklausel" (Abs. 4 Satz 1)

Die 6. GWB-Novelle hatte mit der neuen Bankenrechenklausel der Änderung des Art. 5 Abs. 3 lit. a) FKVO Rechnung getragen.[51] Die dort genannte Richtlinie 86/635/EWG hat der Gesetzgeber durch die in § 38 Abs. 4 Satz 1 genannte Verordnung umgesetzt. Danach sind a) **Zinserträge**, b) **laufende Erträge** aus Aktien und anderen nicht festverzinslichen Wertpapieren, Beteiligungen, Anteilen an verbundenen Unternehmen, c) **Provisionserträge**, d) der **Nettoertrag des Handelsbestands**[52] sowie e) **sonstige betriebliche Erträge** maßgeblich. 24

Kreditinstitute sind Unternehmen i. S. d. Definition des § 1 KWG, also solche, die „Bankgeschäfte gewerbsmäßig oder in einem Umfang betreiben, der einen kaufmännisch eingerichteten Betrieb erfordert". **Finanzinstitute** sind im KWG nicht definiert, gemeint sind aber letztlich Finanzdienstleistungsinstitute i. S. d. § 1 Abs. 1a KWG und nach wohl h. M. auch Finanzunternehmen i. S. d. § 1 Abs. 3 KWG.[53] Hierzu gehören in der Regel auch **Private Equity** oder **Venture Captial** Gesellschaften,[54] bei denen aber häufig in Bezug auf beherrschte Portfolio-Unternehmen wiederum deren Umsatzerlöse und nicht die diesbezüglichen Beteiligungserträge anzusetzen sind.[55] Da **Bausparkassen** schon vom Begriff des Kreditinstituts erfasst werden, ist ihre Aufzählung rein deklaratorisch.[56] 25

Ebenfalls unter die Bankenrechenklausel fallen seit 2009[57] **externe Kapitalverwaltungsgesellschaften** i. S. d. § 17 Abs. 2 Nr. 1 KAGB. Dies sind Vermögensverwaltungsgesellschaften, „die vom Investmentvermögen oder im Namen des Investmentvermögens bestellt […] und auf Grund dieser Bestellung für die Verwaltung des Investmentvermögens verantwortlich" sind. § 17 KAGB gilt gemäß dessen Absatz 1 nur für Kapitalverwaltungsgesellschaften mit satzungsmäßigem **Sitz und Hauptverwaltung im Inland,** also nicht für ausländische Gesellschaften. 26

Maßgeblich sind – wie auch sonst im Rahmen des § 38 – die **Nettoerträge.** Die Leistungen der Kreditinstitute sind zwar in der Regel umsatzsteuerfrei, doch steht ihnen eine Optionsmöglichkeit zu. Für den Fall, dass sie von dieser Möglichkeit Gebrauch machen, ordnet Satz 1 an, dass die **Umsatzsteuer** und die sonstigen direkt auf diese Erträge erhobenen Steuern **abzuziehen** sind.[58] Damit ist gemeint, dass diejenigen (Verbrauchs-)Steuern abzuziehen sind, die direkt auf Finanzdienstleistungen erhoben werden, aus denen die einzubeziehenden Erträge resultieren.[59] 27

Halten Normadressaten des § 38 Abs. 3 Satz 1 beherrschende **Industriebeteiligungen,** wie es vor allem bei Private Equity Gesellschaften oft vorkommt, sind für die so beherrschten Portfolio-Unternehmen die Umsätze nach den allgemeinen Vorschriften zu ermitteln und zu den Erträgen der Normadressaten i. S. d. § 38 Abs. 3 Satz 1 zu addieren. Beteili- 28

[50] BKartA 22.2.2002, B 7 – 168/01, WuW DE-V 558 Rn. 185 ff. – *Liberty/VIOLA.*
[51] Begr. 1998 zu § 38 Abs. 4.
[52] Richtlinie 86/635/EWG verwendet den Begriff „Ertrag aus Finanzgeschäften".
[53] Wie hier *Richter* in: Handbuch des Kartellrechts, 2. Aufl., § 19 Rn. 138; *Thomas* in: Immenga/Mestmäcker, 5. Aufl., § 38 Rn. 47; *Bergmann/Burholt* in: Kölner Kommentar, § 38 Rn. 43; offen *Mäger* in: Münchener Kommentar, § 38 Rn. 37 und *Bechtold,* 7. Aufl., § 38 Rn. 9.
[54] *Mäger* in Münchener Kommentar, § 38 Rn. 37; *Bergmann/Burholt* in: Kölner Kommentar, § 38 Rn. 43.
[55] Siehe § 38 Rn. 28.
[56] Vgl. Begr. 1971, S. 26.
[57] Art. 19 Abs. 21 des Gesetzes zur Modernisierung des Bilanzrechts (BilMoG) vom 25. Mai 2009, BGBl. 2009 Teil I Nr. 27 vom 28. Mai 2009.
[58] Begr. 1998 zu § 38 Abs. 4.
[59] *Kallfaß* in Langen/Bunte, 12. Aufl., § 38 Rn. 13.

gungserträge oder Dividenden solcher Unternehmen sind dann allerdings bei den Normadressaten nicht mehr einzubeziehen, weil es sonst zu einer doppelten Berücksichtigung der Portfolio-Unternehmen käme (einmal in Form der Umsätze, einmal in Form der Beteiligungserträge).[60]

4. Versicherungsrechenklausel (Abs. 4 Satz 2 und 3)

29 Bei Versicherungsunternehmen sind für das Versicherungsgeschäft die **Prämieneinnahmen** des letzten abgeschlossenen Geschäftsjahres maßgebend. Als Prämieneinnahmen definiert § 38 Abs. 4 Satz 3 die Einnahmen aus dem Erst- und Rückversicherungsgeschäft einschließlich der Anteile für in Rückdeckung gegebenes Versicherungsgeschäft. Für Krankenversicherungen hat das BKartA festgestellt, dass Krankenversicherungsbeiträge Umsätze i.S. der Vorschrift sind.[61] Ausweislich des klaren Wortlauts des § 38 Abs. 4 sind hingegen die zum Teil erheblichen **Beteiligungserträge** der Versicherungen nicht anzusetzen. Verfügen Versicherungsunternehmen über Beteiligungen an Unternehmen, die sie beherrschen oder die sonst mit ihnen i. S. d. § 36 Abs. 2 verbunden sind, sind die Umsätze dieser Unternehmen jedoch nach den üblichen Grundsätzen zu berechnen und hinzuzurechnen.

IV. § 38 Abs. 5

30 § 38 Abs. 5 wurde im Rahmen der 8. GWB-Novelle neu gefasst und Art. 5 Abs. 2 der FKVO angepasst. Die Norm **enthält zwei unterschiedliche Regelungsbereiche:** In den Sätzen 1 und 2 stellt die Norm klar, unter welchen Umständen Umsätze und Marktanteile des Veräußerers fusionskontrollrechtlich zu berücksichtigen sind. Nach Satz 3 werden alle Erwerbsvorgänge, die innerhalb von zwei Jahren zwischen denselben Unternehmen getätigt werden, als ein einziger Zusammenschluss betrachtet, wenn dadurch erstmals die Schwellenwerte des § 35 erreicht werden. Die Neufassung wirft leider eine Vielzahl von Auslegungsproblemen auf.

1. Umsätze und Marktanteile des Veräußerers (Abs. 5 Satz 1 und 2)

31 **§ 38 Abs. 5 Satz 1** regelt in der Neufassung, dass für **alle Zusammenschlusstatbestände** des § 37 Abs. 1 bei der Berechnung der Marktanteile und der Umsatzerlöse des Veräußerers nur auf den **veräußerten Vermögensteil** abzustellen ist, nicht auf das Vermögen des Veräußerers insgesamt. In der alten Fassung war dies nur für den Vermögenserwerb ausdrücklich geregelt. In der Praxis war aber anerkannt, dass es auf die Ressourcen des Veräußerers auch bei allen anderen Zusammenschlusstatbeständen nur dann ankommt, wenn der Veräußerer nach dem Zusammenschluss in fusionskontrollrechtlich relevanter Weise am Zielunternehmen beteiligt blieb.[62]

32 Konkret bedeutet dies, dass auf Seiten des Veräußerers nur die Umsätze und Marktanteile maßgeblich sind, die mit den zu veräußernden Vermögenswerten zusammenhängen und auf den Erwerber übertagen werden. Dies gilt unabhängig davon, ob eine juristische Person mit klar zuordenbaren Umsätzen und Marktanteilen übertragen wird, oder ob es sich um Vermögenswerte ohne eigene Rechtspersönlichkeit (Assets) handelt, für die Umsätze und Marktanteile im Einzelfall ermittelt werden müssen, als seien die Vermögenswerte ein eigener Rechtsträger.

33 Nach **§ 38 Abs. 5 Satz 2** sind abweichend von Satz 1 die Umsätze und Marktanteile des Veräußerers entsprechend des Verweises auf § 37 Abs. 1 Nr. 2 und Nr. 3 lit. b) dann

[60] So auch *Mäger* in: Münchener Kommentar, § 38 Rn. 37.

[61] BKartA, Tätigkeitsbericht 2005/06, S. 17.

[62] *Kallfaß* in: Langen/Bunte, 12. Aufl., § 38 Rn. 17; *Thomas* in: Immenga/Mestmäcker, 5. Aufl., § 38 Rn. 60; *Bergmann/Burholt* in: Kölner Kommentar, § 38 Rn. 50; wohl auch *Bechtold,* 7. Aufl., § 38 Rn. 14.

doch (voll) zu berücksichtigen, wenn der Veräußerer nach dem Zusammenschluss (gemeinsame) Kontrolle über das Zielunternehmen behält oder mit mindestens 25% der Anteile daran beteiligt bleibt. Dies war wegen § 36 Abs. 2 und § 37 Abs. 1 Nr. 3 Satz 3 auch schon vorher gängige Praxis.[63] Ebenfalls gängige Praxis war und nunmehr bestätigt ist, dass eine Berücksichtigung des Veräußerers jedenfalls dann ausscheidet, wenn dieser lediglich einen wettbewerblich erheblichen Einfluss (§ 37 Abs. 1 Nr. 4) über das Zielunternehmen behält.[64]

Im Zusammenspiel mit der **De-Minimis-Klausel** (§ 35 Abs. 2 Satz 1) findet **Abs. 5** 34
Satz 1 keine Anwendung. Für § 35 Abs. 2 Satz 1 kommt es – wie schon nach alter Gesetzeslage – weiterhin auf den Gesamtumsatz der Veräußerergruppe vor Zusammenschluss an, nicht nur auf den veräußerten Unternehmensteil.[65] Andernfalls könnten Großunternehmen Unternehmensteile mit einem Umsatz von weniger als 10 Mio. Euro stets fusionskontrollfrei an andere Großunternehmen veräußern. Dies widerspräche dem Telos der De-Minimis-Klausel, die eine Verfahrensvereinfachung für nicht abhängige Kleinunternehmen schaffen sollte.[66] In seltenen Fällen ist auch **Abs. 5 Satz 2** im Zusammenspiel mit der De-Minimis-Klausel richtigerweise nicht anzuwenden: Die Umsätze eines Veräußerers, der vor dem Zusammenschluss das Kleinunternehmen nicht beherrscht hat, sind entgegen Abs. 5 Satz 2 im Rahmen der De-Minimis-Klausel auch dann nicht zu berücksichtigen, wenn er nach dem Zusammenschluss weiterhin Anteile von mindestens 25% behält.[67] Bei anderer Auslegung würde das Tatbestandsmerkmal „nicht abhängig" in § 35 Abs. 2 Satz 1 bedeutungslos.

Die Regelung des Abs. 5 in Sätzen 1 und 2 gilt für die **formelle Fusionskontrolle,** 35
also soweit es darum geht, die Gesamtumsätze i. S. d. § 35 zu ermitteln. Sämtliche wegen Abs. 5 erfassten Umsätze werden automatisch addiert. Trotz der gleichzeitigen Bezugnahme der Regel auf Marktanteile finden § 38 Abs. 5 Sätze 1 und 2 im Rahmen der **materiellen Fusionskontrolle** aber nicht in dem Sinne Anwendung, dass einem Zielunternehmen künftig automatisch alle Marktanteile der nach Abs. 5 Sätzen 1 und 2 relevanten Unternehmen so zuzurechnen sind, als bildeten diese eine wirtschaftliche Einheit mit dem Zielunternehmen.[68] Eine echte Marktanteilsaddition setzt wie schon bisher eine Verbindung nach § 36 Abs. 2 voraus. Dafür, dass der Gesetzgeber von diesem etablierten Modell Abstand nehmen und dem Zielunternehmen einen oder sogar alle[69] Gesellschafter, die mit Beteiligungen von mindestens 25% am Zielunternehmen beteiligt bleiben, auch materiell voll zurechnen wollte, fehlt jeglicher Anhaltspunkt in den Motiven. Diese sprechen eher dafür, dass § 38 Abs. 5 Sätze 1 und 2 im Rahmen der materiellen Fusionskontrolle keine Anwendung finden sollen.[70] Dies steht der Berücksichtigung der Marktposition solcher

---

[63] Vgl. hierzu auch *Thomas* in: Immenga/Mestmäcker, 5. Aufl., § 38 Rn. 64ff.; unklar war allenfalls, ob der eine Beteiligung von 25% behaltende Veräußerer auch dann zu berücksichtigen war, wenn kein weiterer Gesellschafter mit mindestens 25% am Zielunternehmen beteiligt war, weil dann die Fiktion des § 37 Abs. 1 Nr. 3 Satz 3 nicht greift.

[64] Regierungsbegründung BT-Ducks. 17/9852 S. 29 (zu Nr. 21b).

[65] Str., wie hier *Mäger* in: Münchener Kommentar, § 38 Rn. 42; *Kallfaß* in: Langen/Bunte, 12. Aufl., § 38 Rn. 16; *Thomas* in: Immenga/Mestmächer, 5. Aufl., § 38 Rn. 55; a. A. *Bergmann/Burholt* in: Kölner Kommentar, § 38 Rn. 51.

[66] Vgl. zur Entstehungsgeschichte der De-Minimis-Ausnahme *Thomas* in: Immenga/Mestmäcker, 5. Aufl., § 35 Rn. 78.

[67] *Heinrich/Jakobs,* WuW 2015, 489f.

[68] Grundsätzlich gegen eine Anwendung der Norm in der materiellen Fusionskontrolle etwa *Bechtold,* 7. Aufl., § 38 Rn. 14, 15; differenzierend *Thomas* in: Immenga/Mestmäcker, 5. Aufl., § 38 Rn. 70ff.

[69] Hierzu *Thomas* in: Immenga/Mestmäcker, 5. Aufl., § 38 Rn. 74.

[70] Regierungsbegründung BT-Drucks. 17/9852 S. 29 (zu Nr. 21b) etwa bezeichnet § 38 Abs. 5 Satz 1 als „entsprechende Vorschrift [zu] Artikel 5 Absatz 2 der FKVO", wobei letztere Norm nach allgemeinem Verständnis der formellen Fusionskontrolle des EU-Rechts zuzurechnen ist; zudem heißt

Minderheitsgesellschafter z. B. bei der Prüfung eines Koordinierungs- oder Gruppeneffektes in Folge des Zusammenschlusses wie schon bislang nicht entgegen.[71]

2. Zusammenfassung mehrerer Erwerbsvorgänge (Abs. 5 Satz 3)

36 Der mit der 8. GWB-Novelle neu eingeführte Abs. 5 Satz 3 sieht nach dem Vorbild des Art. 5 Abs. 2 Unterabsatz 2 FKVO[72] vor, dass Erwerbsvorgänge, die innerhalb von zwei Jahren zwischen denselben Personen oder Unternehmen getätigt werden, als ein einziger Zusammenschluss behandelt werden, wenn diese Vorgänge zwar nicht einzeln, aber zusammengenommen die Umsatzschwellen des § 35 erreichen.[73]

37 Die Norm soll verhindern, dass Unternehmen durch eine gezielte Aufspaltung eines Vorhabens in mehrere kleine, für sich genommen die Umsatzschwellen verfehlenden Vorgänge **(„Salamitaktik")** die Fusionskontrolle umgehen. Eine **Umgehungsabsicht** ist allerdings **keine Tatbestandsvoraussetzung.** Die Vorgänge müssen **keinen inneren Zusammenhang** aufweisen, sie müssen nicht voneinander abhängen und brauchen rechtlich und wirtschaftlich keine Einheit zu bilden.[74] Tun sie dies, liegt i. d. R. schon nach den allgemeinen Grundsätzen[75] ein einheitliches Vorhaben vor.[76] Die betreffenden Vorgänge müssen nicht denselben Unternehmensteil betreffen, auch nicht denselben Wirtschaftssektor[77] und damit auch nicht dieselben sachlich oder räumlichen Märkte. Sie müssen auch nicht denselben Zusammenschlusstatbestand erfüllen, die Norm spricht lediglich von mehreren Erwerbsvorgängen im Sinne von Abs. 5 Satz 1 und meint damit **sämtliche Zusammenschlusstatbestände** des § 37 Abs. 1.[78]

38 Abs. 5 Satz 3 gilt damit für Zusammenschlusstatbestände in beliebiger Kombination, solange sie nur „in eine Richtung"[79] **zwischen denselben Personen oder Unternehmen innerhalb eines Zweijahreszeitraums** vollzogen werden. Maßgeblich ist der Zeitabstand zwischen dem Vollzug der Vorhaben.[80] Einzubeziehen sind auch Erwerbsvorgänge, die für sich genommen fusionskontrollpflichtig waren und angemeldet wurden, wenn sie in den-

---

es an gleicher Stelle später: „Dieser Schritt beseitigt eine Rechtsunsicherheit über die Anmeldepflicht. […] Entgegen der Gesetzesfassung bis zur 6. GWB-Novelle wird … bei der Berechnung der für die Anmeldepflicht maßgeblichen Kriterien das veräußernde Unternehmen nicht mehr berücksichtigt. Das wäre im Rahmen der formellen Fusionskontrolle nicht sachgerecht".

[71] Hierzu etwa BKartA 22.5.2001 WuW/E DE-V 473, 478 – *Burgmann-Freudenberg Holding GmbH.*

[72] Regierungsbegründung BT-Drucks. 17/9852 S. 29 (zu Nr. 21b).

[73] Vgl. insgesamt zu Art. 5 Abs. 2 Unterabsatz 2 FKVO die Kommentierung von *Ablasser-Neuhuber* hierzu oben.

[74] *Thomas,* in: Immenga/Mestmäcker, 5. Aufl., § 38 Rn. 79; wohl auch *Bechtold,* 7. Aufl., § 38 Rn. 17.

[75] Siehe dazu § 37 Rn. 2.

[76] Vgl. *Thomas,* in: Immenga/Mestmäcker, 5. Aufl., § 38 Rn. 79.

[77] Konsolidierte Mitteilung der Kommission zu Zuständigkeitsfragen vom 16.4.2008, Tz. 49, 50.

[78] Vgl. *Thomas,* in: Immenga/Mestmäcker, 5. Aufl., § 38 Rn. 77.

[79] Bei „Swaps", d. h. dem Austausch von Unternehmensteilen zwischen zwei Unternehmen, wird also nicht der Umsatz beider ausgetauschter Teile zusammengerechnet, vgl. zum EU-Recht etwa *Wessely* in Münchener Kommentar, EuWettbR, 2. Aufl., FKVO Art. 5 Rn. 39.

[80] *Bechtold,* 7. Aufl., § 38 Rn. 17 will im Hinblick auf den „letzten" Vorgang nicht auf das (künftige) Vollzugsdatum sondern den Beginn der Prüfung abstellen. Richtigerweise sollten Zusammenschlussbeteiligte in der Lage sein, eine Fusionskontrollanmeldung einzureichen, wenn zum Zeitpunkt der Anmeldung der Zweijahreszeitraum noch läuft. Dies ändert aber nichts daran, dass – in Ermangelung einer Stichtagsregelung wie der der FKVO (Konsolidierte Mitteilung der Kommission zu Zuständigkeitsfragen vom 16.4.2008, Tz. 154 ff.) im GWB – die Zuständigkeit des Bundeskartellamts trotz erfolgter Anmeldung nachträglich entfällt, wenn der Vollzug des letzten für sich genommen nicht anmeldepflichtigen Vorgangs nicht mehr innerhalb des Zweijahreszeitraums zu den zusammengefassten Vorgängen erfolgt.

selben Zeitraum wie weitere Vorgänge fallen.[81] Unternehmen müssen daher in jeder Fusionskontrollanmeldung stets auch **alle in den letzten zwei Jahren zuvor** zwischen denselben Unternehmen erfolgten Erwerbsvorgänge (erneut) anmelden. Umgekehrt gilt dies auch für alle einem für sich genommen anmeldepflichtigen Erwerb **in den nächsten zwei Jahren nachgehenden** Erwerbsvorgänge, und zwar wiederum unabhängig davon, ob die nachfolgenden Vorgänge für sich genommen die Schwellenwerte erreichen oder nicht.

Dieselben Personen und Unternehmen meint jeweils die **gesamte Verbundgruppe i. S. d. § 36 Abs. 2 und 3,**[82] weil die „Salamitaktik" sonst möglich bliebe, wenn unterschiedliche Konzerngesellschaften jeweils Unternehmensteile erwerben. Konzernangehörige Unternehmen müssen daher vor Vollzug von an sich fusionskontrollfreien Kleinerwerben stets genau prüfen, ob es möglicherweise zwischen anderen Gesellschaften der betroffenen Gruppen weitere Transaktionen gab, die wegen Abs. 5 Satz 3 zusammenzuzählen sind. 39

Maßgeblich für den **Zeitpunkt** der nach Abs. 5 gebotenen Umsatzaddition ist der letzte Erwerbsvorgang. Für die Umsatzermittlung wird fingiert, dass alle nach Abs. 5 Satz 3 zusammenzurechnenden Erwerbsvorgänge zum Zeitpunkt des letzten Vorgangs als ein einziger Vorgang verwirklicht werden. Anzusetzen sind daher auch für früher vollzogene Erwerbsvorgänge die Umsätze aus dem **letzten Geschäftsjahr vor dem zuletzt abgeschlossenen Vorgang.** 40

Werden Erwerbsvorgänge nach Abs. 5 Satz 3 zusammengefasst, gilt dies nach dem Vorbild des Art. 5 Abs. 2 Unterabsatz 2 FKVO auch für die **materielle Prüfung.** Das Bundeskartellamt prüft daher die zusammengefassten Vorgänge gemeinsam als einen Vorgang auf Basis der Marktverhältnisse, wie sie sich zum Zeitpunkt der Prüfung des letzten Vorhabens darstellen. 41

Die Freigabe erfasst dann die Gesamtheit der zusammengefassten Teilerwerbe. Ungeachtet dessen bewirkt die **Untersagung** eines nach Abs. 5 angemeldeten Vorhabens faktisch nur, dass der **letzte Erwerbsvorgang** nicht vollzogen werden darf. Die Untersagung hat **keine Auswirkung auf frühere, bereits vollzogene Erwerbsvorgänge,** die nur wegen der Zusammenfassung nach Abs. 5 Satz 2 mitgeprüft werden. Insbesondere werden diesbezügliche **frühere Freigabeentscheidungen nicht unwirksam,**[83] geschweige denn, dass insoweit **Entflechtungsanordnungen** nach § 41 Abs. 3 und 4 möglich wären.[84] Aber auch Zusammenschlüsse, die mit formlosem Abschlussschreiben in der ersten Phase bzw. per Fristablauf „freigegeben" wurden, oder solche, die ohne den letzten Erwerbsvorgang gar nicht anmeldepflichtig gewesen wären, werden von einer Untersagung nicht rückwirkend betroffen, eine Entflechtung kann nicht angeordnet werden. Dies wäre zum einen mit dem gesetzgeberischen Willen nicht in Einklang zu bringen: Das Ziel, Umgehungen der Fusionskontrolle durch die „Salamitaktik" zu unterbinden, erfordert keine Erstreckung der Untersagungsbefugnis auf Vorgänge, die bereits rechtskräftig freigegeben sind oder die rechtmäßig anmeldefrei vollzogen werden durften. Insoweit fehlt es offensichtlich an jeglicher Umgehung. Zum anderen ist eine rückwirkende Untersagungsbefugnis auch dogmatisch nicht gerechtfertigt. Denn die Untersagungsentscheidung betrifft nur den *konkret* zur 42

---

[81] So zum parallelen Art. 5 Abs. 2 Unterabsatz 2 FKVO *Körber* in Immenga/Mestmäcker, 5. Aufl., Art. 5 FKVO Rn. 5; *Käseberg* in: Langen/Bunte, 12. Aufl., FKVO Art. 5 Rn. 47; nicht eindeutig *Wessely* in: Münchener Kommentar, EuWettbR, 2. Aufl., FKVO Art. 5, der in Rn. 36 eine Anwendung des Art. 5 Abs. 2 Unterabsatz 2 FKVO auf bereits geprüfte Vorhaben im Wege der teleologischen Reduktion ausschließt, dann aber in Rn. 38 eine erneute Prüfung als Konsequenz von Art. 5 Abs. 2 Unterabsatz 2 FKVO sieht. Vgl. hierzu insgesamt auch *Ablasser-Neuhuber,* oben Art. 5 FKVO Rn. 28 f.

[82] *Thomas,* in: Immenga/Mestmäcker, 5. Aufl., § 38 Rn. 78.

[83] A. A. *Bechtold,* 7. Aufl., § 38 Rn. 19.

[84] A. A. *Thomas,* in: Immenga/Mestmäcker, 5. Aufl., § 38 Rn. 81; ebenso für die FKVO offenbar *Käseberg* in: Langen/Bunte, 12. Aufl., FKVO Art. 5 Rn. 49; *Wessely* in: Münchener Kommentar, EuWettbR, 2. Aufl., FKVO Art. 5, Rn. 38.

Anmeldung gebrachten Zusammenschluss.[85] In Bezug auf andere, nämlich die vorher einzeln freigegebenen oder für sich genommen anmeldefreien Zusammenschlüsse trifft die Untersagungsentscheidung keine Aussage – sie bezieht sich nur auf den konkreten Zusammenschluss *einschließlich* des letzten Teilerwerbs. Wird dieser letzte Teilerwerb nicht vollzogen, wird der konkret angemeldete Zusammenschluss in einem essentiellen Teil nicht vollzogen und die Untersagungsentscheidung damit hinreichend befolgt. Das Vorstehende ist in der Literatur streitig, so dass in der Praxis im Zweifelsfall erwogen werden sollte, die **Anmeldung zurückzunehmen,** wenn sich die Untersagung in einem nur nach Abs. 5 Satz 3 erforderlichen Verfahren abzeichnet.

43 Das **Vollzugsverbot** gilt jeweils nur für den letzten, Abs. 5 auslösenden Erwerbsvorgang und erfasst nicht „rückwirkend" auch alle andere Vorgänge.[86]

§ 39 Anmelde- und Anzeigepflicht

(1) [1] **Zusammenschlüsse sind vor dem Vollzug beim Bundeskartellamt gemäß den Absätzen 2 und 3 anzumelden.** [2] **Für den Empfang elektronischer Anmeldungen wird ausschließlich die vom Bundeskartellamt eingerichtete zentrale De-Mail-Adresse im Sinne des De-Mail-Gesetzes oder, für E-Mails mit qualifizierter elektronischer Signatur, die vom Bundeskartellamt eingerichtete zentrale E-Mail-Adresse bestimmt.** [3] **Die beiden Zugänge sind über die Internetseite des Bundeskartellamts erreichbar.**

(2) **Zur Anmeldung sind verpflichtet:**

1. **die am Zusammenschluss beteiligten Unternehmen,**
2. **in den Fällen des § 37 Absatz 1 Nummer 1 und 3 auch der Veräußerer.**

(3) [1] **In der Anmeldung ist die Form des Zusammenschlusses anzugeben.** [2] **Die Anmeldung muss ferner über jedes beteiligte Unternehmen folgende Angaben enthalten:**

1. **die Firma oder sonstige Bezeichnung und den Ort der Niederlassung oder den Sitz;**
2. **die Art des Geschäftsbetriebes;**
3. **die Umsatzerlöse im Inland, in der Europäischen Union und weltweit; anstelle der Umsatzerlöse sind bei Kreditinstituten, Finanzinstituten, Bausparkassen sowie bei externen Kapitalverwaltungsgesellschaften im Sinne des § 17 Absatz 2 Nummer 1 des Kapitalanlagegesetzbuchs der Gesamtbetrag der Erträge gemäß § 38 Absatz 4, bei Versicherungsunternehmen die Prämieneinnahmen anzugeben;**
4. **die Marktanteile einschließlich der Grundlagen für ihre Berechnung oder Schätzung, wenn diese im Geltungsbereich dieses Gesetzes oder in einem wesentlichen Teil desselben für die beteiligten Unternehmen zusammen mindestens 20 vom Hundert erreichen;**
5. **beim Erwerb von Anteilen an einem anderen Unternehmen die Höhe der erworbenen und der insgesamt gehaltenen Beteiligung;**
6. **eine zustellungsbevollmächtigte Person im Inland, sofern sich der Sitz des Unternehmens nicht im Geltungsbereich dieses Gesetzes befindet.**

[3] **In den Fällen des § 37 Absatz 1 Nummer 1 oder 3 sind die Angaben nach Satz 2 Nummer 1 und 6 auch für den Veräußerer zu machen.** [4] **Ist ein beteiligtes Unternehmen ein verbundenes Unternehmen, sind die Angaben nach Satz 2 Nummer 1 und 2 auch über die verbundenen Unternehmen und die Angaben nach Satz 2 Nummer 3 und Nummer 4 über jedes am Zusammenschluss beteiligte Unternehmen und die mit ihm verbundenen Unternehmen insgesamt zu machen sowie die**

---

[85] *Thomas,* in: Immenga/Mestmäcker, 5. Aufl., § 40 Rn. 70.

[86] *Thomas,* in: Immenga/Mestmäcker, 5. Aufl., § 38 Rn. 8; für die FKVO *Käseberg* in: Langen/Bunte, 12. Aufl., FKVO Art. 5 Rn. 49; *Wessely* in: Münchener Kommentar, EuWettbR, 2. Aufl., FKVO Art. 5, Rn. 38.

Konzernbeziehungen, Abhängigkeits- und Beteiligungsverhältnisse zwischen den verbundenen Unternehmen mitzuteilen. [5]In der Anmeldung dürfen keine unrichtigen oder unvollständigen Angaben gemacht oder benutzt werden, um die Kartellbehörde zu veranlassen, eine Untersagung nach § 36 Absatz 1 oder eine Mitteilung nach § 40 Absatz 1 zu unterlassen.

(4) **[1]Eine Anmeldung ist nicht erforderlich, wenn die Europäische Kommission einen Zusammenschluss an das Bundeskartellamt verwiesen hat und dem Bundeskartellamt die nach Absatz 3 erforderlichen Angaben in deutscher Sprache vorliegen. [2]Das Bundeskartellamt teilt den beteiligten Unternehmen unverzüglich den Zeitpunkt des Eingangs der Verweisungsentscheidung mit und unterrichtet sie zugleich darüber, inwieweit die nach Absatz 3 erforderlichen Angaben in deutscher Sprache vorliegen.**

(5) **Das Bundeskartellamt kann von jedem beteiligten Unternehmen Auskunft über Marktanteile einschließlich der Grundlagen für die Berechnung oder Schätzung sowie über den Umsatzerlös bei einer bestimmten Art von Waren oder gewerblichen Leistungen verlangen, den das Unternehmen im letzten Geschäftsjahr vor dem Zusammenschluss erzielt hat.**

(6) **Die am Zusammenschluss beteiligten Unternehmen haben dem Bundeskartellamt den Vollzug des Zusammenschlusses unverzüglich anzuzeigen.**

Übersicht

Schrifttum: *Bardong,* Die deutsche Fusionskontrolle nach der 8. GWB-Novelle, NZKart 2013, 303; *Bechtold,* Das neue Kartellgesetz, NJW 1998, 2769; *Burholt/Schaper,* Ausgewählte Rechtsprobleme beim sog. „no-jurisdiction letter" in der Praxis der deutschen Fusionskontrolle, WuW 2010, 1217; *Deichfuß,* Der Zusammenschluß durch Anteilserwerb nach der 6. GWB-Novelle, WuW 2000, 834; *Hahn,* Die Kontrolle von Zusammenschlüssen nach ihrem Vollzug, WuW 2007, 1084; *Kleinmann,* Erwerb eines Anzeigenblattes und Fusionskontrolle, AfP 1979, 292; 69; *Lettl,* Fusionskontrolle im GWB nach der 8. GWB-Novelle, WuW 2013, 706; *Schulte,* Änderungen der Fusionskontrolle durch die 6. GWB-Novelle, AG 1998, 297; *Stauber,* Neues zur Kontrolle von Zusammenschlüssen nach ihrem Vollzug, WuW 2009, 20; *Wagner,* Die „anmeldenden Unternehmen" in der deutschen Fusionskontrolle, WuW 2010, 38; *Werner/Sachse,* Zur nachträglichen Anmeldung von Zusammenschlüssen nach dem GWB, WuW 2009, 1138.

I. Allgemeines

Mit § 39 Abs. 1 hat die 6. GWB-Novelle die **generelle vorbeugende Fusionskontrolle** eingeführt. Seither ist jeder Zusammenschluss, der die Aufgreifkriterien in § 35 erfüllt, anmelde- und kontrollpflichtig, bevor er vollzogen wird. Die dadurch für die Fusionskontrolle insgesamt eingeführte größere Belastung der Unternehmen wurde durch eine gleichzeitige Erhöhung der Schwellenwerte in § 35 abgemildert. Die frühzeitige Unterrichtung des Bundeskartellamts soll zusammen mit dem Vollzugsverbot in § 41 Abs. S. 1 vermeiden, dass Zusammenschlüsse erst nach dem Vollzug untersagt werden und sich dann ein kompliziertes Entflechtungsverfahren anschließt.[1] 1

Der von § 39 verwendete Begriff „Zusammenschluss" ist identisch mit dem in § 24a a. F. benutzten Begriff des „Zusammenschlussvorhabens". Die sprachliche Änderung harmonisiert die Vorschrift mit dem europäischen Recht. 2

[1] Vgl. § 41 Rn. 11 ff.

II. Anmeldepflicht (Abs. 1 bis 3)

1. Grundsatz

3 Alle Zusammenschlussvorhaben, die einen Zusammenschlusstatbestand nach § 37 Abs. 1 erfüllen, unterliegen im Grundsatz der Anmeldepflicht nach Abs. 1, sofern die Aufgreifkriterien nach § 35 erfüllt sind. Eine Ausnahme besteht nur gemäß Abs. 4, wenn die Europäische Kommission ein bei ihr bereits angemeldetes Verfahren an das Bundeskartellamt verweist.

4 Anders als nach § 24a Abs. 1 S. 1 a. F. kennt das GWB nunmehr keine freiwillige Anmeldung mehr. Dennoch können auch Zusammenschlüsse, bei denen die Aufgreifkriterien nach § 35 nicht erfüllt sind, beim Bundeskartellamt vorsorglich angemeldet werden, um Unsicherheiten hinsichtlich der Anmeldebedürftigkeit zu klären. In diesem Fall müssen die Unternehmen allerdings auch eine Anmeldegebühr nach § 80 Abs. 1 S. 2 Nr. 1 bezahlen, da der Gebührentatbestand nicht zwischen pflichtgemäßen und freiwilligen Anmeldungen unterscheidet.[2]

5 Seit der 6. GWB-Novelle erstreckt sich die Anmeldepflicht auch auf den Zusammenschlusstatbestand des „wettbewerblich erheblichen Einflusses" nach § 37 Abs. 1 Nr. 4. § 24a Abs. 1 S. 2 a. F. hatte diese Art des Zusammenschlusses von der Anmeldepflicht noch ausdrücklich ausgenommen, da für die Unternehmen häufig erst nach eingehender Prüfung erkennbar werde, ob dieser Zusammenschlusstatbestand erfüllt ist oder nicht.[3] Nunmehr geht der Gesetzgeber davon aus, dass dieser Tatbestand genügend an Konturen gewonnen hat.[4] Ob diese gesetzgeberische Einschätzung zutrifft, erscheint angesichts weiterhin bestehender Auslegungsfragen zweifelhaft. In der Praxis empfiehlt es sich daher im Zweifelsfall aus Gründen der Rechtssicherheit und zur Vermeidung von Bußgeldern vorsorglich anzumelden.[5]

6 Die Anmeldepflicht ist keine selbständig durchsetzbare Pflicht. Die Anmeldung ist Voraussetzung der präventiven Fusionskontrolle durch das Bundeskartellamt, jedoch nicht an bestimmte Fristen gebunden. Deshalb verwirklicht das Unterlassen der Anmeldung keine, von dem Verstoß gegen das Vollzugsverbot unabhängige Ordnungswidrigkeit.[6] Umgekehrt setzt ein Verstoß gegen das Vollzugsverbot nicht einen Verstoß gegen die Anmeldepflicht voraus. Ein Unternehmen, das einen Zusammenschluss ordnungsgemäß anmeldet, aber vor der Freigabe vollzieht, verstößt nur gegen das Vollzugsverbot. Eine ordnungswidrige Verletzung der Anmeldepflicht liegt gemäß § 81 Abs. 2 Nr. 3[7] im Falle einer nicht ordnungsgemäßen, d. h. nicht richtigen oder nicht vollständigen Anmeldung vor.

7 Die Vornahme der Anmeldung kann durch das Bundeskartellamt dementsprechend auch nicht mit den **Mitteln des Verwaltungszwanges** durchgesetzt werden. Wenn ein Zusammenschlussvorhaben unvollständig oder unrichtig angemeldet wurde, kann jedoch die Vervollständigung bzw. Berichtigung der Anmeldung erzwungen werden.[8]

2. Normadressaten (Abs. 2)

8 Normadressaten der Anmeldepflicht sind nach Abs. 2 Nr. 1 die am Zusammenschluss beteiligten Unternehmen. Seit der 6. GWB-Novelle trifft die Anmeldepflicht direkt die Unternehmen und nicht deren Inhaber bzw. Vertreter (s. § 24 Abs. 1 S. 3 und § 23 Abs. 4

---

[2] OLG Düsseldorf WuW/E DE-R 514, 521 f. – *Tequila.*
[3] Dazu *Deichfuß* WuW 2000, 834, 841.
[4] Begr. zum RegE BT-Drucks. 13/9720, S. 43.
[5] Vgl. *Bechtold/Bosch,* GWB, § 37 Rn. 36; *ders.* BB 1997, 1857.
[6] Begr. 2004, S. 66.
[7] Abweichend *Kallfaß* in: Langen/Bunte, Kommentar zum deutschen und europäischen Kartellrecht, § 39 Rn. 8; *Bechtold/Bosch,* GWB, § 39 Rn. 5.
[8] *Thomas* in: Immenga/Mestmäcker, GWB, § 39 Rn. 8 f.

a. F.). Nach Abs. 2 Nr. 2 ist in den Fällen des Vermögens- und Anteilserwerbs nach § 37 Abs. 1 Nr. 1 und Nr. 3 auch der Veräußerer zur Anmeldung verpflichtet, unabhängig davon, ob er Unternehmen im Sinne des Gesetzes ist. Die Erfüllung der Anmeldepflicht obliegt den zur Vertretung der Unternehmen berufenen Personen, die auch weiterhin verantwortlich für unrichtige oder unvollständige Anmeldungen i. S. d. Bußgeldvorschrift des § 81 Abs. 2 Nr. 3 bleiben.

Welches Unternehmen am Zusammenschluss beteiligt ist, hängt von dem jeweils vorlie- 9 genden Zusammenschlusstatbestand des § 37 Abs. 1 ab (vgl. ausführlich dazu § 35 Rn. 3 ff.). Beim **Vermögenserwerb nach § 37 Abs. 1 Nr. 1** gehört zu den beteiligten Unternehmen neben dem erwerbenden Unternehmen auch das veräußernde Unternehmen, allerdings nur mit dem veräußerten Vermögensteil. Beim **Anteilserwerb nach § 37 Abs. 1 Nr. 3** ist neben dem Erwerber auch das Unternehmen, an dem der Anteil erworben wird, beteiligt, nicht jedoch der Veräußerer der Beteiligung, es sei denn, er behält weiterhin einen Anteil von mindestens 25%, so dass gemäß § 37 Abs. 1 Nr. 3 S. 3 ein Gemeinschaftsunternehmen entsteht. Im Falle des **Kontrollerwerbs nach § 37 Abs. 1 Nr. 2** sind das kontrollierende und das kontrollierte Unternehmen und beim Zusammenschluss durch **Erwerb eines wettbewerblich erheblichen Einflusses nach § 37 Abs. 1 Nr. 4** sowohl das Unternehmen, das den Einfluss ausüben kann, als auch das dem Einfluss unterworfene Unternehmen, am Zusammenschluss beteiligt. Als beteiligte Unternehmen gelten auch die gemäß § 36 Abs. 2 **verbundenen Unternehmen.** Das bedeutet, dass bei einem Zusammenschluss der Tochtergesellschaften auch die Obergesellschaften anmeldepflichtig sind.

Abs. 2 Nr. 2 bestimmt für den Vermögenserwerb im Sinne des § 37 Abs. 1 Nr. 1 und 10 den Anteilserwerb gemäß § 37 Abs. 1 Nr. 3 die Anmeldepflicht auch des Veräußerers. Zwar ist im Falle des Vermögenserwerbs der Veräußerer auch beteiligtes Unternehmen, generell nicht aber beim Zusammenschlusstatbestand des Anteilserwerbs. Insofern hat die Vorschrift klarstellenden Charakter.[9] Für den Kontrollerwerb im Sinne des § 37 Abs. 1 Nr. 2 sieht das Gesetz keine Anmeldepflicht des Veräußerers vor, obwohl auch der Kontrollerwerb regelmäßig auf einem Veräußerungsvorgang beruht. Zumindest in Fällen, in denen ein Kontrollerwerb durch den Erwerb von Anteilen oder eines rechtlich unselbständigen Unternehmensteils erfolgt, gilt die Anmeldepflicht jedoch auch insoweit für den Veräußerer.[10] Der mit der 8. GWB-Novelle neu in das Gesetz eingefügte § 38 Abs. 5 S. 2 spricht dafür, den Veräußerer jedenfalls dann als anmeldepflichtig anzusehen, wenn er mit mindestens 25% am Veräußerungsgegenstand beteiligt bleibt.

Die **Pflicht zur Anmeldung** trifft alle Unternehmen gleichzeitig. Erst wenn alle erfor- 11 derlichen Angaben gemacht sind, erlischt die Pflicht, unabhängig davon, welcher der verpflichteten Verfahrensbeteiligten die Angaben gemacht hat. Ist die Anmeldung lückenhaft oder unrichtig, so treffen die daran geknüpften Rechtsfolgen jeden Beteiligten entsprechend seinem Verhalten. Sinn der Norm ist es, dem Bundeskartellamt einen umfassenden Überblick über den Zusammenschluss zu verschaffen. Daher macht es für die Erfüllung der Anmeldepflicht auch keinen Unterschied, ob jeder Verfahrensbeteiligte einzeln anmeldet oder alle gemeinschaftlich oder ob nur einer für sich anmeldet und diese Anmeldung alle erforderlichen Angaben enthält. Insofern ist die Anmeldepflicht der bürgerlich-rechtlichen Gesamtschuld ähnlich.[11] Zweckmäßigerweise nehmen die Unternehmen die Anmeldung

---

[9] *Thomas* in: Immenga/Mestmäcker, GWB, § 39 Rn. 50.

[10] *Thomas* in: Immenga/Mestmäcker, GWB, § 39 Rn. 53; weitergehend *Bechtold/Bosch,* GWB, § 39 Rn. 10: der Veräußerer ist, wenn es ihn bei einem Zusammenschluss gibt, stets und bei allen Zusammenschlussformen anmeldepflichtig.

[11] *Paschke* in: FK § 23 a. F. Rn. 182; *Kleinmann/Bechtold,* GWB, § 23 Rn. 395; im Ergebnis ebenso *Thomas* in: Immenga/Mestmäcker, GWB, § 39 Rn. 56; a. A. *Kallfaß* in: Langen/Bunte, Kommentar zum deutschen und europäischen Kartellrecht, § 39 Rn. 9; OLG Düsseldorf WuW/DE-R 1881, 1882 – *E. I. du Pont/Pedex* allerdings im Hinblick auf die Verfahrensbeteiligung als anmeldendes Unternehmen; unklar BGH WuW/E BGH 1533, 1534 – *Erdgas Schwaben.*

gemeinsam vor. Aus der Anmeldung muss deutlich hervorgehen, dass es sich um eine Anmeldung handelt und nicht etwa um eine informelle Prüfungsbitte, damit das Bundeskartellamt Sicherheit hinsichtlich der eigenen Pflichten und des Laufs der Untersagungsfristen hat.[12]

12 Ob auch **ausländische Unternehmen** der Anmeldepflicht nach § 39 Abs. 1 unterliegen, ist umstritten. Nach der hier vertretenen Auffassung unterliegen auch ausländische Unternehmen der Anmeldepflicht, wenn sich ein im Ausland vollzogener Zusammenschluss auf die Wettbewerbsverhältnisse auf dem relevanten Inlandsmarkt auswirkt.[13] Das Bundeskartellamt geht bei Inlandsauswirkungen generell von einer Anmeldepflicht der ausländischen Unternehmen aus. Nach einer Weisung des Bundesministers für Wirtschaft macht das Bundeskartellamt die Freigabe eines Auslandszusammenschlusses allerdings nicht von der Vollständigkeit der eingereichten Anmeldung abhängig, wenn die Unternehmen gehindert sind, vor dem Vollzug alle erforderlichen Angaben zu beschaffen und sich aus den bereits vorliegenden Unterlagen ergibt, dass eine Untersagung des Zusammenschlussvorhabens erkennbar nicht in Betracht kommt.[14]

3. Anmeldefähiges Vorhaben

13 Ein Zusammenschlussvorhaben kann angemeldet werden, wenn mindestens ein beteiligtes Unternehmen die konkrete Absicht hat, einen bestimmten Zusammenschluss durchzuführen.[15] Nach anderer Ansicht muss eine grundsätzliche Einigung über den Zusammenschluss vorliegen. Daran kann es im Falle einer Unternehmensveräußerung im Bieterverfahren bis zum Zuschlag an einen Bieter fehlen.[16] Ein abgeschlossener Vertrag oder die Zustimmung der Organe der beteiligten Unternehmen müssen nicht vorliegen. Grundsätzlich ergeben sich die Mindestanforderungen an eine Anmeldung aus dem Inhalt der Anmeldepflicht, vgl. unten Rn. 17 ff. Der angestrebte Zusammenschluss muss daher nach seiner Form und den beteiligten Unternehmen konkretisiert sein.[17] **Nicht anmeldefähig** sind Zusammenschlussvorhaben, die nicht ernsthaft angestrebt werden oder gar nicht möglich sind.[18]

14 Die Anmeldung von **Alternativlösungen** ist möglich, sofern die Alternative als Hilfsantrag für den Fall verfolgt wird, dass der primär angestrebte Zusammenschluss aus fusionskontrollrechtlichen Gründen nicht durchführbar ist.[19] Unklar ist, ob mit der Anmeldung die Prüfungsfrist für alle angemeldeten Zusammenschlussalternativen oder lediglich für die primär verfolgte Lösung zu laufen beginnt.[20]

15 Der Zeitpunkt des Zusammenschlusses muss für die Anmeldefähigkeit nicht feststehen. Er muss aber absehbar sein. Sogenannte **Vorratsanmeldungen** sind daher nicht zulässig.[21] Das Bundeskartellamt geht in der Regel von einem Zeitraum von drei bis fünf Jahren aus, innerhalb dessen der Zusammenschluss vollzogen sein muss, weil die Veränderungen der Marktstruktur über einen längeren Zeitraum erfahrungsgemäß nicht vorhersehbar sind.

---

[12] AG 1980, 255, 256 – *Zeitungsmarkt München.*

[13] So BGH WuW/E BGH 1613 ff. – *organische Pigmente* für die Anzeigepflicht aus § 23 Abs. 1 a. F.; Näheres vgl. § 130 Abs. 2 Rn. 33 ff.

[14] Siehe allgemeine Weisung des BMWi vom 30. Mai 1980, BAnz Nr. 103/80 vom 7. Juni 1980.

[15] *Bechtold/Bosch,* GWB, § 39 Rn. 6.

[16] *Kallfaß* in: Langen/Bunte, Kommentar zum deutschen und europäischen Kartellrecht, § 39 Rn. 4.

[17] *Thomas* in: Immenga/Mestmäcker, GWB, § 39 Rn. 28.

[18] KG WuW/E OLG 2561, 2562 – *Bayer/Röhm.*

[19] *Kleinmann/Bechtold,* GWB, § 24 Rn. 200; *Rieger* in: FK § 24a a. F. Rn. 20; weitergehend *Kallfaß* in: Langen/Bunte, Kommentar zum deutschen und europäischen Kartellrecht, § 39 Rn. 4: auch gleichgewichtige Verfolgung verschiedener Alternativen möglich.

[20] So *Thomas* in: Immenga/Mestmäcker, GWB, § 39 Rn. 33.

[21] WuW/E OLG 5495, 5496 – *Vorratsanmeldung.*

Abhängig von den Gegebenheiten der im Einzelfall betroffenen Märkte kann der Prognosezeitraum aber auch kürzer oder – bei Märkten mit langfristig stabilen Strukturen – länger sein.[22] Wird ein freigegebener Zusammenschluss nicht innerhalb dieser angemessenen Zeit vollzogen, muss das Fusionskontrollverfahren nochmals durchlaufen werden. Bei Einhaltung des angemessenen Prognosezeitraums ist auch die Anmeldung von **Stufenplänen** zum Erwerb eines Unternehmens in mehreren Schritten zulässig.

Bis zur 8. GWB-Novelle war im Gesetz nicht geregelt, ob ein anmeldepflichtiger Zusammenschluss, der ohne Anmeldung und Freigabe vollzogen wurde, noch nachträglich nach Abs. 1 und 2 angemeldet werden kann. Seit der 8. GWB-Novelle folgt aus § 41 Abs. 1 S. 3 Nr. 3, dass mit Ausnahme der Fälle des § 41 Abs. 1a eine Anmeldung nur bis zum Vollzug des Zusammenschlusses möglich ist. Anmeldungen, die erst nachträglich eingereicht werden, sind als Anzeige eines vollzogenen Zusammenschlusses zu behandeln, der nicht im Fusionskontrollverfahren nach § 40, sondern im Rahmen eines Entflechtungsverfahrens geprüft wird.[23] 16

4. Form und Inhalt der Anmeldung (Abs. 3)

Die Anmeldung ist an **keine Form** gebunden.[24] Sie kann daher grundsätzlich auch mündlich erfolgen. Wegen der Fülle der erforderlichen Angaben ist es aber praktisch unerlässlich, eine schriftliche Anmeldung vorzunehmen. Mit der 8. GWB-Novelle wurden in Abs. 1 die Sätze 2 und 3 eingefügt. Danach kann der Empfang elektronischer Anmeldungen ausschließlich über die vom Bundeskartellamt einzurichtende zentrale De-Mail-Adresse oder per E-Mail mit qualifizierter elektronischer Signatur über die vom Bundeskartellamt eingerichtete zentrale E-Mail-Adresse (fusionskontrolle@bundeskartellamt.bund.de) erfolgen. Elektronische Anmeldungen, die weder per De-Mail noch per E-Mail mit qualifizierter elektronischer Signatur übermittelt werden, lösen nicht die Untersagungsfristen des § 40 GWB aus.[25] Die Einrichtung einer Versendung von E-Mails über De-Mail im Sinne des De-Mail-Gesetzes vom 28.4.2011 (BGBl. I S. 666), zuletzt geändert durch Art. 3 Abs. 8 des Gesetzes vom 7.8.2013 (BGBl. I S. 3154) ist noch in Vorbereitung. 17

Im Hinblick auf die Ingangsetzung der Frist nach § 40 Abs. 1 GWB muss die Anmeldung klar als solche erkennbar sein. Die hierzu erforderliche Erklärung, dass die mitgeteilten Angaben eine Anmeldung zum Gegenstand haben, kann aber auch konkludent erfolgen.[26] Nach Abs. 3 S. 1 ist die Form des Zusammenschlusses anzugeben. Erforderlich, aber auch ausreichend hierfür ist es, wenn die Form des Zusammenschlusses und die beteiligten Unternehmen konkretisiert sind.[27] Aus den Angaben muss sich ergeben, welche Zusammenschlusstatbestände i. S. d. § 37 Abs. 1 Nr. 1–4 der angemeldete Vorgang verwirklicht. Beim Vermögenserwerb sind daher Art und Umfang der übernommenen Vermögensgüter zu beschreiben, beim Anteilserwerb die Höhe der erworbenen und der insgesamt gehaltenen Anteile am Kapital und den Stimmrechten des Zielunternehmens, beim Kontrollerwerb die Mittel der Kontrolle. Die bloße Bezugnahme auf die gesetzlichen Zusammenschlusstatbestände genügt nicht.[28] 18

---

[22] WuW/E OLG 5495, 5496 – *Vorratsanmeldung.*

[23] BKartA, Mitteilung über die Behandlung nachträglich angemeldeter Zusammenschlüsse vom 13.5.2008; *Bechtold/Bosch,* GWB, § 39 Rn. 28.

[24] OLG Düsseldorf WuW/E DE-R 1845, 1847 – *SES/DPC.*

[25] *Thomas* in: Immenga/Mestmäcker, GWB, § 39 Rn. 19.

[26] *Kallfaß* in: Langen/Bunte, Kommentar zum deutschen und europäischen Kartellrecht, § 39 Rn. 10; *Paschke* in: FK § 39 Rn. 11.

[27] OLG Düsseldorf WuW/E DE-R 1845 – *SES/DPC.*

[28] *Bechtold/Bosch,* GWB, § 39 Rn. 13; *Kallfaß* in: Langen/Bunte, Kommentar zum deutschen und europäischen Kartellrecht, § 39 Rn. 11.

19 In Abs. 3 S. 2 Nr. 1–6 sind katalogartig die weiteren Pflichtangaben aufgeführt, die in der Anmeldung zwingend gemacht werden müssen. Die Angaben sind zu den am Zusammenschluss beteiligten Unternehmen zu machen. Dabei sind nach S. 4 die Angaben nach Nr. 1 und 2 zu Firma, Sitz und Geschäftsbetrieb für jedes einzelne der beteiligten und der mit ihnen nach § 36 Abs. 2 verbundenen Unternehmen zu machen, die Angaben nach Nr. 3 und 4 zu Umsätzen und Marktanteilen nur für jedes beteiligte Unternehmen einschließlich seiner verbundenen Unternehmen. Die Angaben nach Abs. 3 S. 2 Nr. 1 und 6 sind im Falle des Vermögens- und des Anteilserwerbs nach § 37 Abs. 1 Nr. 1 und Nr. 3 auch für den Veräußerer zu machen (vgl. u. Rn. 27).

20 Nach **Nr. 1 und 2** sind Firma bzw. sonstige Bezeichnung, Sitz bzw. Ort der Niederlassung und Geschäftsbetrieb jedes beteiligten und nach S. 4 auch jedes verbundenen Unternehmens anzugeben. Hierzu gehören auch die ausländischen beteiligten oder verbundenen Unternehmen. In der Praxis ist das Bundeskartellamt oftmals bereit, auf vollständige Angaben zu Auslandsunternehmen zu verzichten, soweit diese erkennbar ohne Bedeutung für die Beurteilung des Zusammenschlusses sind.[29]

21 **Nr. 3** bestimmt, dass die **Umsatzerlöse** gesondert für das Inland, die Europäische Union und weltweit auszuweisen sind, damit das Bundeskartellamt in der Lage ist, die Aufgreifkriterien nach § 35 Abs. 1 zu beurteilen. Maßgeblich ist das letzte abgeschlossene Geschäftsjahr. Die Umsatzerlöse sind nach S. 4 für jedes beteiligte Unternehmen einschließlich der mit ihm verbundenen Unternehmen anzugeben. Entsprechend § 38 Abs. 4 sind für Kredit- und Finanzinstitute sowie Bausparkassen der Gesamtbetrag der Erträge und für Versicherungsunternehmen die Prämieneinnahmen anzugeben. Zur Begriffsbestimmung der Kredit- und Finanzinstitute, sowie der Bausparkassen und Versicherungsunternehmen s. § 37 Rn. 39f.

22 Nach **Nr. 4** sind die **Marktanteile** der beteiligten Unternehmen einschließlich der Grundlagen ihrer Berechnung oder Schätzung mitzuteilen, sofern diese im Geltungsbereich des Gesetzes oder einem wesentlichen Teil desselben zusammen mindestens 20% erreichen. Die Verpflichtung ist nicht beschränkt auf die Märkte, auf denen das Zielunternehmen tätig ist. Es müssen daher auch die Marktanteile auf von dem Zusammenschluss nicht unmittelbar oder gar nicht betroffenen Märkten angegeben werden, sofern die 20% Schwelle erreicht ist.[30] Die Verpflichtung gilt nur für Märkte, die sich räumlich über das gesamte Bundesgebiet oder einen wesentlichen Teil desselben erstrecken. Nach der Vorstellung des Gesetzgebers ist für das Kriterium der Wesentlichkeit die „Größenordnung von Bundesländern, soweit sie Flächenstaaten sind" zugrunde zu legen.[31] Nach der Rechtsprechung kommt es hingegen nicht entscheidend auf die absolute Flächengröße eines Marktes an. Danach kann das Kriterium der Wesentlichkeit auch bei kleineren regionalen Märkten erfüllt sein, wenn sich wegen der in einem bestimmten Wirtschaftsbereich herrschenden Markt- oder Unternehmensstrukturen die entscheidenden Wettbewerbsvorgänge wesentlich auf regionalen Märkten abspielen.[32] So wurde für den Pressemarkt der Raum Hamburg als wesentlich betrachtet,[33] für die Stromversorgung der Regierungsbezirk Schwaben.[34]

---

[29] *Kallfaß* in: Langen/Bunte, Kommentar zum deutschen und europäischen Kartellrecht, § 39 Rn. 13.

[30] BGH WuW/E BGH 1126, 1128 – *Schaumstoff II;* Wuw/E BGH 1533, 1534 – *Erdgas Schwaben; Kallfaß* in: Langen/Bunte, Kommentar zum deutschen und europäischen Kartellrecht, § 39 Rn. 14; *Bechtold/Bosch,* GWB, § 39 Rn. 15; a. A. *Paschke* in: FK § 39 Rn. 18.

[31] Begr. zum RegE BT-Drucks. VI/2520, S. 32.

[32] BGH WuW/E BGH 1685, 1686 – *Springer/Elbe-Wochenblatt; Thomas* in: Immenga/Mestmäcker, GWB, § 39 Rn. 77; *Kallfaß* in: Langen/Bunte, Kommentar zum deutschen und europäischen Kartellrecht, § 39 Rn. 18.

[33] BGH WuW/E BGH 1685, 1686 – *Springer/Elbe-Wochenblatt;* a. A. *Kleinmann* AfP 1979, 293.

[34] BGH WuW/E BGH 1533, 1542 – *Erdgas Schwaben.*

Die Begrenzung auf den Geltungsbereich des Gesetzes gilt unabhängig davon, ob der räumlich relevante Markt größer ist als das Bundesgebiet. Auch in diesem Fall sind daher nach S. 4 die sich für das Bundesgebiet ergebenden Marktanteile anzugeben. Sinnvollerweise sollten aber zusätzlich Angaben zu dem räumlich relevanten Markt und den entsprechenden Marktanteilen gemacht werden.[35] 23

Die Angaben nach Nr. 3 und 4 sind für jedes beteiligte Unternehmen unter Einbeziehung der mit ihm verbundenen Unternehmen zu machen. Es sind jedoch darüber hinaus für einzelne Unternehmen gesonderte Angaben zu machen, wenn diese „unter irgendeinem vernünftigen Gesichtspunkt für die behördliche Prüfung eines Zusammenschlusses noch von Bedeutung sind".[36] Relevanter Zeitpunkt für die Marktanteilsangaben ist der Zeitpunkt der Anmeldung. Da Markdaten oftmals nur für abgeschlossene Jahre verfügbar sind, werden Marktanteilsangaben häufig auf der Grundlage des dem Zusammenschluss vorausgegangenen Jahres gemacht. Grundsätzlich sind aber die aktuellsten verfügbaren Daten anzugeben.[37] Die Angaben über Umsatzerlöse sind gemäß § 35 Abs. 1 auf Grundlage des letzten Jahresabschlusses zu machen. 24

Nach **Nr. 5** sind beim Anteilserwerb die **Höhe des erworbenen Anteils** und der danach insgesamt gehaltenen Beteiligung zu nennen. Dabei sind wegen der Zurechnung gemäß § 36 Abs. 2 GWB auch die von verbundenen Unternehmen gehaltenen Anteile einzubeziehen.[38] 25

Nach **Nr. 6** müssen Unternehmen, die keinen Sitz im Geltungsbereich des GWB haben, im Falle eines kontrollpflichtigen Zusammenschlussvorhabens einen **inländischen Zustellungsbevollmächtigten** benennen, damit die in solchen Fällen in der Vergangenheit aufgetretenen Unsicherheiten bei der Zustellung der Verfügungen des Bundeskartellamts beseitigt werden.[39] Wird ein Bevollmächtigter nicht bestellt, so kann die Freigabefiktion von § 40 Abs. 2 S. 2 bei Fristablauf wegen § 40 Abs. 2 S. 3 Nr. 3 nicht eingreifen. 26

Der mit der 7. GWB-Novelle in das Gesetz eingefügte Satz 3 in Abs. 3 stellt klar, dass beim Vermögens- und Anteilserwerb die Angaben nach Abs. 3 S. 2 Nr. 1 und 6 auch für den Veräußerer zu machen sind (vgl. o. Rn. 10). Der Veräußerer ist nach § 54 Abs. 4 in diesen Fällen am Verfahren beteiligt. Ihm müssen die Verfügungen des Bundeskartellamtes fristgerecht zugestellt werden. Daher ist die Angabe von Firma und Ort des Sitzes sowie ggf. des Zustellungsbevollmächtigten im Inland geboten.[40] 27

Gemäß § 30 VwVfG hat das Bundeskartellamt die Geheimnisse, insbesondere die **Betriebs- und Geschäftsgeheimnisse,** der an der Anmeldung Beteiligten zu wahren. Über §§ 203 ff. StGB ist die Wahrung der Betriebs- und Geschäftsgeheimnisse strafrechtlich sanktioniert. 28

5. Fehlerhaftigkeit und Unvollständigkeit der Anmeldung (Abs. 3 S. 5)

Die vom Gesetz geforderten Angaben müssen vollständig und richtig gemacht werden. Nach Abs. 3 S. 5 ist es daher verboten, in der Anmeldung unrichtige oder unvollständige Angaben zu machen, um die Kartellbehörde zu veranlassen, eine Untersagung nach § 36 Abs. 1 oder eine Mitteilung nach § 40 Abs. 1 zu unterlassen. S. 5 bezieht sich auf Angaben „in der Anmeldung", bezieht sich darüber hinaus auch auf der Anmeldung nachfolgende Angaben im Fusionskontrollverfahren. Die Unvollständigkeit oder Unrichtigkeit muss zumindest abstrakt geeignet sein, die Entscheidung der Kartellbehörde in dem oben genann- 29

---

[35] *Bechtold/Bosch,* GWB, § 39 Rn. 16.

[36] Insofern strenger als das BKartA WuW/E OLG 1712, 1713 – *Hygiene-Artikel.*

[37] Vgl. *Thomas* in: Immenga/Mestmäcker, GWB, § 39 Rn. 74; *Bechtold/Bosch,* GWB, § 39 Rn. 17.

[38] *Thomas* in: Immenga/Mestmäcker, GWB, § 39 Rn. 73.

[39] Begr. zum RegE BT-Drucks. 13/9720, S. 59.

[40] Begr. zum RegE (Fn. 39).

ten Sinne zu beeinflussen.[41] Subjektiv ist eine diesgerichtete Absicht erforderlich.[42] Der Verstoß kann als Ordnungswidrigkeit nach § 81 Abs. 3 Nr. 3 mit der Höchstgeldbuße nach § 81 Abs. 4 S. 1 geahndet werden. Fehlt es an der Beeinflussungsabsicht, liegt bei Vorsatz oder Fahrlässigkeit eine Ordnungswidrigkeit nach § 81 Abs. 2 Nr. 3 vor. § 40 Abs. 2 S. 4 Nr. 2 beschränkt bei unrichtigen Angaben die Freigabefiktion des § 40 Abs. 2 S. 2.

III. Verweisung von der Kommission (Abs. 4)

30 Abs. 4 sieht eine Ausnahme von der Anmeldepflicht für von der Europäischen Kommission an das Bundeskartellamt verwiesene Zusammenschlüsse vor. Die Vorschrift wurde mit der 8. GWB-Novelle hinsichtlich der Bezeichnung der Kommission an den Vertrag von Lissabon angepasst. Die Regelung gilt sowohl für Verweisungen bei der Kommission angemeldeter Zusammenschlüsse nach Art. 9 Abs. 1 FKVO als auch für bereits vor Anmeldung auf Antrag der beteiligten Unternehmen nach Art. 4 Abs. 4 FKVO verwiesene Zusammenschlüsse.[43] Voraussetzung ist, dass die nach § 39 Abs. 3 erforderlichen Angaben dem Bundeskartellamt in deutscher Sprache vorliegen. Abs. 4 bezieht sich insoweit auf Art. 19 Abs. 1 und Art. 4 Abs. 4 S. 1 FKVO, wonach die Kommission den mitgliedsstaatlichen Wettbewerbsbehörden Kopien der Anmeldung bzw. des Verweisungsantrags übermittelt. Die Norm soll somit die Unternehmen entlasten, indem von einer erneuten Anmeldung abgesehen wird, sofern die übermittelten Unterlagen die erforderlichen Angaben in deutscher Sprache enthalten.

31 Nach S. 2 hat das Bundeskartellamt die Unternehmen über den Eingang der Verweisungsentscheidung der Kommission und das Vorliegen der nach Abs. 3 erforderlichen Informationen zu unterrichten, damit die Unternehmen wissen, zu welchem Zeitpunkt die Prüffristen des § 40 Abs. 1 S. 1 und Abs. 2 S. 2 gemäß § 40 Abs. 5 in Lauf gesetzt wurden. Erfüllen die von der Kommission übermittelten Informationen nicht die Voraussetzungen von Abs. 4, beginnt der Fristlauf mit dem Eingang der vollständigen Angaben beim Bundeskartellamt.[44]

IV. Auskunftsrecht des Bundeskartellamts (Abs. 5)

32 Gemäß Abs. 5 kann das Bundeskartellamt über die nach Abs. 3 S. 2 obligatorischen Angaben hinaus von den beteiligten Unternehmen und ihren nach § 36 Abs. 2 verbundenen Unternehmen[45] Auskünfte über ihre Marktanteile und Umsatzerlöse aus dem letzten Geschäftsjahr vor der Anmeldung des Zusammenschlussvorhabens verlangen. Insbesondere kann das Bundeskartellamt Angaben über Marktanteile unterhalb der 20% Schwelle sowie eine detailliertere Aufschlüsselung der bereits vorliegenden Angaben verlangen. Anders als für das allgemeine Auskunftsrecht nach § 59 muss das Bundeskartellamt nicht nachweisen, dass die angeforderten Angaben zur Erfüllung seiner gesetzlichen Aufgaben erforderlich sind. Es ist jedoch der Verhältnismäßigkeitsgrundsatz zu beachten.[46] Die durch das Auskunftsverlangen bei den Unternehmen entstehende Belastung darf gegenüber dem zur Beurteilung des Zusammenschlusses nötigen und erlangten Informationswert nicht unangemessen sein. Den Unternehmen ist eine angemessene Frist zur Erteilung der Auskünfte einzuräumen.[47]

---

[41] Ähnlich *Bechtold/Bosch,* GWB, § 39 Rn. 21; *Thomas* in: Immenga/Mestmäcker, GWB, § 39 Rn. 8f.

[42] *Paschke* in FK, § 39 Rn. 32.

[43] BKartA WuW/DE-V 1357, 1358 – *RWE/Saar Ferngas.*

[44] Paschke in FK, § 39 Rn. 24; *Thomas* in: Immenga/Mestmäcker, GWB, § 39 Rn. 28.

[45] Begr. zum RegE BT-Drucks. 13/9720, S. 59.

[46] *Paschke* in FK, § 39 Rn. 35; *Thomas* in: Immenga/Mestmäcker, GWB, § 39 Rn. 89; *Bechtold/Bosch,* GWB, § 39 Rn. 23.

[47] *Thomas* in: Immenga/Mestmäcker, GWB, § 39 Rn. 34.

33 Das Auskunftsersuchen konkretisiert die allgemeine Auskunftspflicht der Unternehmen.[48] Es ist eine Verfügung im Sinne von § 61 und damit über § 63 Abs. 1 mit der Anfechtungsbeschwerde angreifbar. Zur Durchsetzung bedient sich das Bundeskartellamt der in §§ 6 ff. VwVG genannten allgemeinen Mittel. Die Nichtbeantwortung eines Auskunftsverlangens nach Abs. 5 ist eine Ordnungswidrigkeit gemäß § 81 Abs. 2 Nr. 2 b.

34 Das Auskunftsrecht nach Abs. 5 schließt nicht das **allgemeine Auskunftsrecht nach § 59** aus.[49] Das Auskunftsersuchen soll dem Bundeskartellamt im Hinblick auf die kurzen Prüffristen in der Fusionskontrolle die erforderlichen Ermittlungen ermöglichen, ohne auf das förmliche Verfahren nach § 59 angewiesen zu sein.[50] In der Praxis bedient sich das Bundeskartellamt in der Regel der **formlosen Anfrage,** die weder einer Begründung noch einer Rechtsmittelbelehrung oder Zustellung gemäß § 61 bedarf und auch mündlich gestellt werden kann. Im Gegensatz zum Auskunftsersuchen sind die Unternehmen auf eine formlose Anfrage hin nicht verpflichtet, die ersuchten Auskünfte zu erteilen. Die Nichtbeantwortung oder unvollständige oder unrichtige Beantwortung begründet daher keine Ordnungswidrigkeit, soweit nicht die Voraussetzungen von Abs. 3 S. 5 vorliegen.[51]

V. Anzeigepflicht (Abs. 6)

35 Abs. 6 verpflichtet die am Zusammenschluss beteiligten Unternehmen, den Vollzug des Zusammenschlusses dem Bundeskartellamt unverzüglich anzuzeigen. Die Verpflichtung betrifft nur die materiell am Zusammenschluss beteiligten Unternehmen,[52] nicht den gemäß § 54 Abs. 2 Nr. 4 am Verfahren beteiligten Veräußerer.

Bei Vorliegen einer vollständigen Anmeldung erschöpft sich die Anzeige eines zuvor angemeldeten Zusammenschlusses in der Mitteilung des Vollzugs. Die Angabe des Vollzugsdatums ist nicht erforderlich. Die Vollzugsanzeige ist unverzüglich, d. h. ohne schuldhaftes Zögern, vgl. § 121 BGB, vorzunehmen. Obgleich die Anzeige keine weiteren Angaben erfordert, ist die Praxis des Amts insoweit jedoch relativ großzügig.[53] Maßgeblich für den Vollzug ist die zivilrechtliche Wirksamkeit des Vollzugs, bei registerpflichtigen Zusammenschlüssen die Eintragung im Handelsregister.[54] Der Verstoß gegen die Anzeigepflicht kann als Ordnungswidrigkeit nach § 81 Abs. 1 Nr. 4 geahndet werden. Die Anzeigepflicht kann darüber hinaus mit den Mitteln des allgemeinen Verwaltungszwangs durchgesetzt werden.[55] Seit der Streichung von § 43 Abs. 2 a. F. im Zuge der 7. GWB-Novelle 2005 wird die Anzeige nicht mehr im Bundesanzeiger bekannt gemacht.

36 Die Anzeigepflicht gilt unabhängig von einer **Befreiung vom Vollzugsverbot** nach § 41 Abs. 2. Sie besteht auch bei Auslandszusammenschlüssen, vgl. § 130 Rn. 39.

37 Nach Auffassung des Amts besteht die Pflicht zur Anzeige stets nach Vollzug eines Zusammenschlusses, d. h. auch im Falle eines **Verstoßes gegen Anmeldepflicht oder Vollzugsverbot.**[56] Nach neuerer Praxis des Bundeskartellamts wird die Anzeige im Falle des Verstoßes gegen das Vollzugsverbot jedoch nicht mehr als nachträgliche Anmeldung behandelt. Die Prüfung erfolgt vielmehr fristungebunden im Entflechtungsverfahren nach

---

[48] *Kallfaß* in: Langen/Bunte, Kommentar zum deutschen und europäischen Kartellrecht, § 39 Rn. 23.
[49] Begr. zum RegE BT-Drucks. 13/9720, S. 59.
[50] *Kallfaß* in: Langen/Bunte, Kommentar zum deutschen und europäischen Kartellrecht, § 39 Rn. 24.
[51] WuW/E OLG 1515, 1517 ff. – *Sicherheitsglas; Kallfaß* in: Langen/Bunte, Kommentar zum deutschen und europäischen Kartellrecht, § 39 Rn. 24.
[52] Begr. zumRegE BT-Drucks. 15/3640.
[53] Vgl. aber *Kallfaß* in: Langen/Bunte, Kommentar zum deutschen und europäischen Kartellrecht, § 39 Rn. 26: Frist von mehreren Wochen kann schuldhafte Verzögerung sein.
[54] *Thomas* in: Immenga/Mestmäcker, GWB, § 39 Rn. 37.
[55] BGH WuW/E BGH 1126, 1130 – *Schaumstoff II;* WuW/E BGH 1377 – *Zementmahlanlage.*
[56] Mitteilung über die Behandlung nachträglich angemeldeter Zusammenschlüsse v. 13.5.2008.

§ 41 Abs. 3, vgl. unten § 41 Rn. 13. Die Anzeige ist in diesem Fall dann Grundlage der Prüfung des Vorhabens durch das Bundeskartellamt.[57] Sie muss daher die nach Abs. 3 erforderlichen Angaben enthalten. Jedenfalls kann das Bundeskartellamt die zur dann notwendig werdenden nachträglichen Prüfung erforderlichen Angaben über das Auskunftsrecht nach Abs. 5 und § 59 verlangen.

§ 40 Verfahren der Zusammenschlusskontrolle

(1) [1]**Das Bundeskartellamt darf einen Zusammenschluss, der ihm angemeldet worden ist, nur untersagen, wenn es den anmeldenden Unternehmen innerhalb einer Frist von einem Monat seit Eingang der vollständigen Anmeldung mitteilt, dass es in die Prüfung des Zusammenschlusses (Hauptprüfverfahren) eingetreten ist.** [2]**Das Hauptprüfverfahren soll eingeleitet werden, wenn eine weitere Prüfung des Zusammenschlusses erforderlich ist.**

(2) [1]**Im Hauptprüfverfahren entscheidet das Bundeskartellamt durch Verfügung, ob der Zusammenschluss untersagt oder freigegeben wird.** [2]**Wird die Verfügung nicht innerhalb von vier Monaten nach Eingang der vollständigen Anmeldung den anmeldenden Unternehmen zugestellt, gilt der Zusammenschluss als freigegeben.** [3]**Die Verfahrensbeteiligten sind unverzüglich über den Zeitpunkt der Zustellung der Verfügung zu unterrichten.** [4]**Dies gilt nicht, wenn**

1. **die anmeldenden Unternehmen einer Fristverlängerung zugestimmt haben,**
2. **das Bundeskartellamt wegen unrichtiger Angaben oder wegen einer nicht rechtzeitig erteilten Auskunft nach § 39 Absatz 5 oder § 59 die Mitteilung nach Absatz 1 oder die Untersagung des Zusammenschlusses unterlassen hat,**
3. **eine zustellungsbevollmächtigte Person im Inland entgegen § 39 Absatz 3 Satz 2 Nummer 6 nicht mehr benannt ist.**

[5]**Die Frist nach Satz 2 wird gehemmt, wenn das Bundeskartellamt von einem am Zusammenschluss beteiligten Unternehmen eine Auskunft nach § 59 erneut anfordern muss, weil das Unternehmen ein vorheriges Auskunftsverlangen nach § 59 aus Umständen, die von ihm zu vertreten sind, nicht rechtzeitig oder nicht vollständig beantwortet hat.** [6]**Die Hemmung endet, wenn das Unternehmen dem Bundeskartellamt die Auskunft vollständig übermittelt hat.** [7]**Die Frist nach Satz 2 verlängert sich um einen Monat, wenn ein anmeldendes Unternehmen in einem Verfahren dem Bundeskartellamt erstmals Vorschläge für Bedingungen oder Auflagen nach Absatz 3 unterbreitet.**

(3) [1]**Die Freigabe kann mit Bedingungen und Auflagen verbunden werden, um sicherzustellen, dass die beteiligten Unternehmen den Verpflichtungen nachkommen, die sie gegenüber dem Bundeskartellamt eingegangen sind, um eine Untersagung abzuwenden.** [2]**Die Bedingungen und Auflagen dürfen sich nicht darauf richten, die beteiligten Unternehmen einer laufenden Verhaltenskontrolle zu unterstellen.**

(3a) [1]**Die Freigabe kann widerrufen oder geändert werden, wenn sie auf unrichtigen Angaben beruht, arglistig herbeigeführt worden ist oder die beteiligten Unternehmen einer mit ihr verbundenen Auflage zuwiderhandeln.** [2]**Im Falle der Nichterfüllung einer Auflage gilt § 41 Absatz 4 entsprechend.**

(4) [1]**Vor einer Untersagung ist den obersten Landesbehörden, in deren Gebiet die beteiligten Unternehmen ihren Sitz haben, Gelegenheit zur Stellungnahme zu geben.** [2]**In Verfahren nach § 172a des Fünften Buches Sozialgesetzbuch ist vor einer Untersagung das Benehmen mit den zuständigen Aufsichtsbehörden nach § 90 des Vierten Buches Sozialgesetzbuch herzustellen.**

(5) **Die Fristen nach den Absätzen 1 und 2 Satz 2 beginnen in den Fällen des § 39 Absatz 4 Satz 1, wenn die Verweisungsentscheidung beim Bundeskartellamt einge-**

---

[57] *Bechtold/Bosch,* GWB, § 39 GWB Rn. 28.

gangen ist und die nach § 39 Absatz 3 erforderlichen Angaben in deutscher Sprache vorliegen.

(6) **Wird eine Freigabe des Bundeskartellamts durch gerichtlichen Beschluss rechtskräftig ganz oder teilweise aufgehoben, beginnt die Frist nach Absatz 2 Satz 2 mit Eintritt der Rechtskraft von neuem.**

Übersicht

Schrifttum: *Bardong,* Die deutsche Fusionskontrolle nach der 8. GWB-Novelle, NZKart 2013, 303; *Boeckhoff/Franßen,* Zur Beschwerdebefugnis eines Dritten, insb. eines Verbandes, bei Beschwerden gegen Fusionsfreigaben, WuW 2002, S. 668; *Bunte,* Vertrauensschutz und Verwirkung im Kartellrecht, BB 1980, 1073; *Dormann,* Drittklagen im Recht der Zusammenschlusskontrolle, Köln 2000; *Grafunder,* Verhaltensbezogene Nebenbestimmungen in der deutschen und europäischen Fusionskontrolle – Welche Zukunft hat das Verbot einer laufenden Verhaltenskontrolle im GWB? Frankfurt 2011; *Kappes,* Nebenbestimmungen im Fusionskontrollverfahren des GWB, Berlin 2002; *Krueger,* Zusagen in Zusammenschlussfällen und Überwachung ihrer Umsetzung – Erfahrungsbericht aus der Fallpraxis, NZKart 2013, 130; *Laufkötter,* Die Rolle des Dritten im neuen Recht der Zusammenschlusskontrolle, WuW 1999, 671; *Lettl,* Fusionskontrolle im GWB nach der 8. GWB-Novelle, WuW 2013, 706; *Neef,* Drittbeschwerde nicht beigeladener Unternehmen in der Fusionskontrolle, GRUR 2008, 30; *Riesenkampff,* Zusagen im Fusionskontrollverfahren, WuW 1977, 291; *Steinberger,* Klage-(Beschwerde-)befugnis Dritter gegen Freigaben von Zusammenschlüssen durch das Bundeskartellamt, WuW 2000, 345; *Traumann,* Die Bestandskraft von kartellbehördlichen Verfügungen, WuW 1982, 825; *Treeck,* Zusagenregelung in der 6. GWB-Novelle und im europäischen Recht, in: Schwerpunkte 1997, S. 45; *Uhlig,* Auflagen und Bedingungen in der deutschen Fusionskontrolle, WuW 2000, 574; *Westermann,* Beiladung und Rechtsschutzmöglichkeiten Dritter in der deutschen Fusionskontrolle, WuW 2007, 577.

I. Allgemeines

§ 40 GWB regelt das Verfahren der Zusammenschlusskontrolle, das seine heutige Ausgestaltung in wesentlichen Punkten durch die 6. GWB-Novelle erfahren hat, mit der eine strikte Trennung zwischen Vor- und Hauptprüfverfahren eingeführt wurde. Danach erfolgt die Freigabe von Zusammenschlüssen im Vorprüfverfahren durch formloses Verwaltungsschreiben oder Verstreichen der Monatsfrist gemäß Abs. 1 S. 1, innerhalb derer das Bundeskartellamt den anmeldenden Unternehmen den Eintritt in das Hauptprüfverfahren mitteilen muss. Im Hauptprüfverfahren entscheidet das Bundeskartellamt grundsätzlich innerhalb von 4 Monaten seit Eingang der vollständigen Anmeldung über die Freigabe oder Untersagung des Zusammenschlusses. Bis zur 6. GWB-Novelle war eine Freigabe durch förmliche Verfügung nicht vorgesehen. Der Gesetzgeber wollte damit vermeiden, dass den Unternehmen bei einer Fusion ein „staatliches Gütesiegel" verliehen würde.[1] Mit der Gesetzesänderung wurde diese Vorsicht aufgegeben, um die Transparenz der Bundes- 1

[1] *Lambsdorff,* Stenographischer Bericht des Deutschen Bundestages, 7. Wahlperiode, 228. Sitzung vom 12.3.1976, S. 15 906 B.

kartellamtspraxis im Bereich der Freigaben zu erhöhen. Durch die Ausgestaltung der Freigabe von Zusammenschlüssen im Hauptprüfverfahren als begründete und rechtsmittelfähige Verfügung wurde der Rechtsschutz Dritter verbessert und die Freigabe von Zusammenschlüssen unter Auflagen und Bedingungen ermöglicht. Im Rahmen der 7. GWB-Novelle wurden im Wesentlichen die fristgemäße Zustellung der Freigabe- oder Untersagungsverfügung des Bundeskartellamts im Hauptprüfverfahren erleichtert und mit Abs. 3a eine ausdrückliche Regelung der Änderung und des Widerrufs von Freigabeentscheidungen sowie mit Abs. 5 eine Klarstellung des Beginns der Verfahrensfristen bei Verweisungsfällen aufgenommen. Mit der 8. GWB-Novelle wurde die Fristenregelung in Abs. 2 weiter an das EU-Fusionskontrollverfahren angepasst. Nach den neu eingefügten Sätzen 5 und 6 wird im Hauptprüfverfahren die viermonatige Untersagungsfrist gehemmt, wenn das Bundeskartellamt von einem am Zusammenschluss beteiligten Unternehmen eine Auskunft nach § 59 erneut anfordern muss, weil das Unternehmen ein vorheriges Auskunftsverlangen nach § 59 aus von ihm zu vertretenden Gründen nicht rechtzeitig oder nicht vollständig beantwortet hat. Satz 7 sieht eine ausnahmsweise Verlängerung der Viermonatsfrist um einen weiteren Monat vor, wenn ein anmeldendes Unternehmen Bedingungen oder Auflagen vorschlägt. Abs. 3 S. 1 stellt klar, dass Bedingungen und Auflagen nur die Sicherstellung bezwecken dürfen, dass die beteiligten Unternehmen den Verpflichtungen nachkommen, die sie zur Abwendung einer Untersagung eingegangen sind.

II. Vorprüfverfahren (Abs. 1)

1. Die Freigabe im Vorprüfverfahren

2 In der auf den Eingang der Anmeldung folgenden ersten Prüfphase, dem so genannten **Vorprüfverfahren**, wird ein Grobraster zur Aussonderung unbedenklicher Fälle angelegt, die das Bundeskartellamt im Wege eines formlosen Verwaltungsschreibens freigeben kann. Nach Abs. 1 Satz 1 kann das Bundeskartellamt einen Zusammenschluss nur untersagen, wenn es den anmeldenden Unternehmen innerhalb eines Monates seit Eingang der vollständigen Anmeldung mitgeteilt hat, dass es in das Hauptprüfverfahren eingetreten ist. Gelangt das Bundeskartellamt vor Ablauf der Monatsfrist zu der Überzeugung, dass ein Zusammenschluss offensichtlich unbedenklich ist, kann es daher das Verfahren entweder abschließen, indem es die Monatsfrist verstreichen lässt oder indem es den anmeldenden Unternehmen vor Ablauf der Monatsfrist formlos mitteilt, dass die Voraussetzungen einer Untersagung gemäß § 36 Abs. 1 nicht vorliegen.

3 Die formlose **Freigabemitteilung** des Bundeskartellamts im Vorprüfverfahren bewirkt den Eintritt der Wirkung des Fristablaufs gemäß Abs. 1 Satz 1, das heißt die Untersagungsbefugnis des Bundeskartellamtes erlischt und das Verbot, den Zusammenschluss zu vollziehen, wird beendet. Die Mitteilung hat insoweit regelnden Charakter.[2] Ob die Freigabe im Vorprüfverfahren als Verwaltungsakt auch durch Dritte selbständig anfechtbar ist, hat die Rechtsprechung bislang offengelassen.[3] Gegen eine Anfechtbarkeit spricht bereits § 40 Abs. 6, der von einer Anfechtungsmöglichkeit nur im Hauptprüfverfahren ausgeht. Außerdem folgt unmittelbar aus dem Gesetz mit Ablauf der Monatsfrist die Wirksamkeit des Zusammenschlusses, so dass sich eine vorzeitige Freigabeverfügung mit Fristablauf erledigt hätte und somit nicht mehr angefochten werden könnte.[4]

4 Auch der Ablauf der einmonatigen Frist im Vorprüfverfahren stellt keinen Verwaltungsakt dar. Es handelt sich nur um eine **Ausschlussfrist,** die anders als die Frist nach Abs. 2

---

[2] WuW/E OLG 5849, 5850 – *Großverbraucher* m. w. N.; für die neue Rechtslage bestätigt durch KG WuW/E DE-R 641, 643 – *tobaccoland;* vgl. OLG Düsseldorf, WuW/E DE-R 1293 – *tv kofler.*

[3] KG WuW/E DE-R 641 ff. – *tobaccoland;* OLG Düsseldorf, WuW/E DE-R 1293 – *tv kofler.*

[4] Im Ergebnis ebenso: *Thomas* in: Immenga/Mestmäcker, § 40 Rn. 12; *Bechtold/Bosch,* GWB, § 40 Rn. 8.

S. 2 keine Freigabefiktion enthält und gerade kein fingierter Verwaltungsakt ist. Eine Freigabe durch Fristablauf im Vorprüfverfahren ist daher – ebenso wie die formlose Mitteilung der Freigabe – nicht anfechtbar. Dies gilt auch dann, wenn das Amt bei richtiger Sachbehandlung ein Hauptprüfverfahren hätte eröffnen müssen.[5] Ein Rechtsschutz für Dritte ist somit nicht eröffnet. Dass dadurch im Ergebnis der Rechtsschutz drittbetroffener Unternehmen von der Entscheidung des Bundeskartellamts, einen Zusammenschluss im Vorprüfverfahren durch formlose Mitteilung bzw. Fristablauf oder aber erst im Hauptprüfverfahren durch (anfechtbare) Verfügung freizugeben, abhängig gemacht wird, hat der Gesetzgeber dabei im Interesse eines raschen und unbürokratischen Fusionskontrollverfahrens in Kauf genommen.[6]

2. Der „Monatsbrief" nach Abs. 1 S. 1

Mit der Mitteilung nach Abs. 1 Satz 1 (dem so genannten „Monatsbrief") tritt das Bundeskartellamt in das Hauptprüfverfahren ein. Mit dem Ablauf der Ausschlussfrist nach Abs. 1 Satz 1 erlischt – abgesehen von den in Abs. 2 geregelten Ausnahmefällen – die kartellbehördliche Untersagungsbefugnis.[7] Ein Zusammenschluss kann daher grundsätzlich nicht mehr untersagt werden, wenn die Mitteilung nicht fristgemäß ergeht.[8] Nach Abs. 2 Satz 4 Nr. 2, der auch auf den Ablauf der Frist nach Abs. 1 anzuwenden ist, gilt dies jedoch nicht, wenn das Bundeskartellamt wegen unrichtiger Angaben oder wegen einer nicht rechtzeitig erteilten Auskunft nach § 39 Abs. 5 oder § 59 die Mitteilung nach Abs. 1 unterlassen hat.[9] 5

Adressat des Monatsbriefes sind nach Abs. 1 Satz 1 alle Unternehmen, die eine Anmeldung selbst vorgenommen haben. Ist ein Zusammenschlussvorhaben von mehreren Unternehmen angemeldet worden, muss die Mitteilung daher gegenüber sämtlichen anmeldenden Unternehmen erfolgen. Hat dagegen ein Unternehmen die Anmeldung auch im Namen weiterer Zusammenschlussbeteiligter erstattet, genügt die Mitteilung gegenüber dem Unternehmen, das die Anmeldung bewirkt hat.[10] Werden die anmeldenden Unternehmen von einem Verfahrensbevollmächtigten vertreten, ist die Mitteilung an diesen zu richten. Wird ein Zusammenschluss von einem Unternehmen mit Sitz im Ausland angemeldet, kann an dessen zustellungsbevollmächtigte Person im Inland (gemäß § 39 Abs. 3 Nr. 6) zugestellt werden. Die Monatsfrist, innerhalb derer die Mitteilung nach Abs. 1 S. 1 den anmeldenden Unternehmen zugehen muss, beginnt erst, wenn die Anmeldung vollständig vorgenommen wurde. Dies ist dann der Fall, wenn die Anmeldung die in § 39 Abs. 3 aufgeführten Angaben enthält. Entscheidend für den Fristbeginn ist alleine die Vollständigkeit, nicht aber die Richtigkeit der Angaben. Die Unrichtigkeit der Angaben hat nur Bedeutung für das Recht des Bundeskartellamts, auch nach Fristablauf noch eine Untersagung auszusprechen.[11] Wenn das Bundeskartellamt die Vollständigkeit ausdrücklich bestätigt, dürfen die anmeldenden Unternehmen auf diese Bestätigung vertrauen, auch wenn sich später die Unvollständigkeit der Anmeldung herausstellt.[12] Für die Wahrung der Monatsfrist ist der Zugang der Mitteilung entscheidend. Die Berechnung der Frist erfolgt nach § 31 VwVfG, der wiederum auf die §§ 187ff. BGB verweist. 6

[5] OLG Düsseldorf, WuW/E DE-R 1293 – *tv kofler;* OLG Düsseldorf WuW/DE-R 1922, 1924 – Verweisungsverfahren; *Rieger* in: FK, § 40 Rn. 6.
[6] OLG Düsseldorf, WuW/E DE-R 1293 – *tv kofler;* BGH, WuW/E DE-R 1571 – *Ampere;* hierzu KG WuW/E DE-R 641, 644 – *tobaccoland; Pape/Hossenfelder/Töllner,* Kartellrechtspraxis und Kartellrechtsprechung 2002/03 Rn. 380; *Bechtold/Bosch,* GWB, § 40 Rn. 5.
[7] BGH, WuW/E DE-R 1571 – *Ampere* m. w. N. *Bechtold/Bosch,* GWB, § 40 Rn. 7.
[8] OLG Düsseldorf WuW/DE-R 1922, 1924 – *Verweisungsverfahren.*
[9] S. u. Rn. 21.
[10] *Rieger* in: FK § 40 Rn. 8.
[11] Vgl. u. Rn. 23.
[12] BGH WuW/E BGH 1556, 1559 – *Weichschaum III.*

7 Die Monatsfrist gemäß Abs. 1 Satz 1 ist keine Mindestfrist. Das Bundeskartellamt kann die Mitteilung daher zu jedem Zeitpunkt innerhalb der Monatsfrist vornehmen, sobald es zu der Überzeugung gelangt ist, dass eine weitere Prüfung des Zusammenschlusses erforderlich ist oder dass der Zusammenschluss zu untersagen ist.[13] Die Mitteilung nach Abs. 1 S. 1 ist auch dann erforderlich, wenn das Bundeskartellamt einen Zusammenschluss bereits innerhalb der Monatsfrist untersagt.

8 Der Monatsbrief dient allein der Information der Anmelder. Ein eigenständiger Regelungscharakter kommt ihm nicht zu. Der Monatsbrief ist daher kein Verwaltungsakt und auch nicht selbständig anfechtbar. Er bewirkt lediglich, dass dem Bundeskartellamt die 4-monatige Frist des Hauptprüfverfahrens gemäß Abs. 2 S. 2 für seine Entscheidung über die Freigabe oder die Untersagung des Zusammenschlusses zur Verfügung steht.[14] Die Mitteilung ist formfrei.[15] Sie ist grundsätzlich also auch mündlich möglich und bedarf keiner förmlichen Zustellung.

III. Hauptprüfverfahren (Abs. 2)

1. Die Einleitung des Hauptprüfverfahrens

9 Nach Abs. 1 Satz 2 soll das Bundeskartellamt das Hauptprüfverfahren einleiten, wenn eine weitere Prüfung des Zusammenschlusses erforderlich ist. Ausreichend für den Eintritt in das Hauptprüfverfahren ist, dass die Prüfung des Zusammenschlusses nicht innerhalb der Monatsfrist abgeschlossen werden kann, ohne dass es auf den Grund ankäme, weshalb das Bundeskartellamt eine weitere Prüfung für erforderlich hält. Auch die Notwendigkeit einer weiteren Prüfung rein formeller Gesichtspunkte reicht aus.[16] Das Bundeskartellamt muss innerhalb der Monatsfrist eine Prognose darüber treffen, ob eine weitere Prüfung des Zusammenschlusses erforderlich ist. Andere Gesichtspunkte wie etwa das Interesse, die Freigabe eines Zusammenschlusses durch eine rechtsmittelfähige Verfügung zu bewirken, rechtfertigen hingegen nicht die Einleitung des Hauptprüfverfahrens.[17]

10 Trotz der offenen Formulierung, wonach das Bundeskartellamt in das Hauptprüfverfahren eintreten „soll“, wenn es eine weitere Prüfung für erforderlich hält, verbleibt dem Bundeskartellamt kein Raum, sich gegen die Einleitung des Hauptprüfverfahrens zu entscheiden, wenn ein Zusammenschluss eine weitere Prüfung erfordert.[18] Hierfür spricht auch die Regierungsbegründung zur 6. GWB-Novelle. Danach „hat“ das Bundeskartellamt den anmeldenden Unternehmen mitzuteilen, dass es die Einleitung des Hauptprüfverfahrens für erforderlich hält.[19] Die Einleitung des Hauptprüfverfahrens ist nach § 43 Abs. 1 unverzüglich bekannt zu machen.

2. Untersagungs- und Freigabeverfügung

11 Im Hauptprüfverfahren entscheidet das Bundeskartellamt gemäß Abs. 2 S. 1 im Wege einer förmlichen Verfügung über die Untersagung oder Freigabe des Zusammenschlusses. Die Freigabe ist damit ebenso wie die Untersagungsverfügung ein **Verwaltungsakt** im Sinne von § 35 VwVfG, der mit einer Begründung und einer Rechtsmittelbelehrung zu versehen und den Verfahrensbeteiligten zuzustellen ist, § 61 Abs. 1 S. 1. Am Fusionskontrollverfahren gemäß § 54 Abs. 2 Nr. 3 beteiligten Dritten steht gegen Verfügungen nach

---

[13] OLG Düsseldorf WuW/DE-R 1845, 1847 – *SES/DPC; Thomas* in: Immenga/Mestmäcker, GWB, § 40 Rn. 17.

[14] *Rieger* in: FK, § 40 Rn. 9; *Bechtold/Bosch,* GWB, § 40 Rn. 7.

[15] OLG Düsseldorf WuW/DE-R 1845, 1847 – *SES/DPC.*

[16] Vgl. zur alten Rechtslage *Kleinmann/Bechtold,* GWB, § 24a Rn. 78.

[17] *Rieger* in: FK § 40 Rn. 15; *Bechtold/Bosch,* GWB, § 40 Rn. 9.

[18] *Rieger* in: FK § 40 Rn. 12.

[19] BT-Drucks. 13/9720 zu § 40 Abs. 1.

Abs. 2 die Anfechtungsbeschwerde gemäß §§ 63 Abs. 2 zu. Die Verfügungen des Bundeskartellamts nach Abs. 2 S. 1 sind nach § 80 Abs. 1 S. 2 Nr. 1 gebührenpflichtig und nach § 43 Abs. 2 Nr. 1 bekanntzumachen. Rücknahme und Widerruf einer Freigabe sind gemäß § 43 Abs. 2 Nr. 3 bekanntzumachen.

Bei der **Untersagungsverfügung** handelt es sich um einen gebundenen Verwaltungsakt, der in vollem Umfang der gerichtlichen Überprüfung unterliegt. Dem Bundeskartellamt verbleibt weder ein Beurteilungsspielraum hinsichtlich des Vorliegens der Untersagungsvoraussetzungen des § 36 Abs. 1 S. 1 noch ein Entscheidungsermessen.[20] Der Erlass der Untersagungsverfügung unterliegt allerdings dem allgemeinen Grundsatz der Verhältnismäßigkeit. Hieraus ist jedoch keine Verpflichtung des Amts zu Teiluntersagungen abzuleiten. Das Bundeskartellamt hat den Zusammenschluss, so wie er angemeldet ist oder sich im Falle eines nicht angemeldeten Zusammenschlusses aufgrund der Ermittlungen des Amtes darstellt, insgesamt zu untersagen. Es muss jedoch die Möglichkeit einer Freigabe unter Bedingungen oder Auflagen berücksichtigen, soweit die beteiligten Unternehmen im Laufe des Verfahrens hierfür geeignete Vorschläge unterbreitet haben.[21] 12

Vor dem Erlass der Untersagungsverfügung ist den **obersten Landesbehörden,** in deren Gebiet die beteiligten Unternehmen ihren Sitz haben, Gelegenheit zur Stellungnahme zu geben, Abs. 4. Eine Untersagung ist demnach rechtswidrig, wenn der obersten Landesbehörde nicht innerhalb einer angemessenen Frist die **Möglichkeit zur Stellungnahme** gegeben wurde. Ob die oberste Landesbehörde von der Möglichkeit der Stellungnahme Gebrauch macht und ob das Bundeskartellamt ihr folgt, ist unerheblich. Abs. 4 schützt nicht die Interessen der beteiligten Unternehmen, die aus einer Verletzung der Vorschrift daher keinerlei Rechte herleiten können.[22] 13

Das Bundeskartellamt kann ein Zusammenschlussvorhaben zu jedem **Zeitpunkt** vor Ablauf der Fristen nach Abs. 1 und Abs. 2 untersagen. Es kann ein Untersagungsverfahren auch ohne vorherige Anmeldung einleiten.[23] Auch wenn das Gesetz seit der 6. GWB-Novelle keine ausdrückliche Befugnis zur Untersagung eines Zusammenschlussvorhabens ohne dessen vorherige Anmeldung mehr enthält,[24] ergibt sich eine Ermächtigung hierzu aus den allgemeinen kartellrechtlichen Verfahrensgrundsätzen, § 54 Abs. 1 S. 1. Das Bundeskartellamt muss daher nicht erst abwarten, bis ein nicht angemeldeter Zusammenschluss verbotswidrig vollzogen wird. Das Zusammenschlussvorhaben muss allerdings hinreichend konkretisiert sein. Erfährt das Bundeskartellamt von einem Zusammenschlussvorhaben, so wird es in der Regel zunächst auf die Anmeldepflicht hinweisen, um nach Erhalt der nötigen Angaben das Zusammenschlussvorhaben zu prüfen. Eine Anmeldung ist allerdings nicht erzwingbar, da die Pflicht zur Anmeldung erst mit dem Vollzug des Zusammenschlusses verletzt werden kann.[25] Solange das Vorhaben nicht angemeldet ist, wird jedoch die Frist nach Abs. 1 S. 1 nicht in Lauf gesetzt. 14

Der Fristbeginn in Fällen einer **Verweisung durch die Europäische Kommission** an das Bundeskartellamt nach Art. 9 Abs. 1, Abs. 3 lit. b FKVO und Art. 4 Abs. 4 FKVO wird in Abs. 5 geregelt. Die Ergänzung der Vorschrift durch die 7. GWB-Novelle dient der Klarstellung, dass die Frist nur dann zu laufen beginnt, wenn dem Bundeskartellamt die nach § 39 Abs. 3 erforderlichen Angaben in deutscher Sprache vorliegen. 15

---

[20] *Bechtold/Bosch,* GWB, § 40 Rn. 42; *Thomas* in: Immenga/Mestmäcker, GWB, § 40 Rn. 65.

[21] *Kallfaß* in: Langen/Bunte, Kommentar zum deutschen und europäischen Kartellrecht, § 40 Rn. 82; *Thomas* in: Immenga/Mestmäcker, GWB, § 40 Rn. 67.

[22] BGH WuW/E BGH 2150, 2153 – *Edelstahlbestecke;* WuW/E OLG 3137, 3140 – *Rheinmetall/WMF;* WuW/E OLG 3577, 3580 – *Hussel/Mara; Rieger in: FK* § 24 Rn. 106; *Kleinmann/Bechtold,* GWB, § 24 Rn. 234.

[23] WuW/E BKartA 1457 – *VEBA/Gelsenberg;* WuW/E BKartA 2259 – *Springer/Kieler Zeitung; Thomas* in: Immenga/Mestmäcker, GWB, § 40 Rn. 2, 5.

[24] Vgl. § 24 Abs. 2 S. 2 HS 1 a. F.

[25] Vgl. § 39 Rn. 6.

16 Liegen die Untersagungsvoraussetzungen nach § 36 Abs. 1 nicht vor, gibt das Bundeskartellamt im Hauptprüfverfahren den Zusammenschluss gemäß Abs. 2 S. 1 durch Verfügung frei. Die Freigabe kann gemäß Abs. 3 mit Bedingungen und Auflagen verbunden werden.[26] Nach dem Wortlaut von Abs. 2 S. 1 und der Zielsetzung der Einführung einer **förmlichen Freigabeverfügung,** die Transparenz des Verwaltungshandelns und den Rechtsschutz gegen Freigaben zu verbessern, darf das Bundeskartellamt, wenn es im Hauptprüfverfahren zur Überzeugung gelangt ist, dass der Zusammenschluss die Untersagungsvoraussetzungen nicht erfüllt, nicht die Untersagungsfrist verstreichen lassen, sondern muss eine Freigabeentscheidung erlassen.[27]

3. Freigabefiktion

17 Nach Abs. 2 S. 2 gilt ein Zusammenschluss als freigegeben, wenn die Verfügung des Bundeskartellamts den anmeldenden Unternehmen nicht innerhalb von vier Monaten nach Eingang der vollständigen Anmeldung zugestellt wird. Die Frist ist nach den gleichen Grundsätzen zu berechnen wie die Monatsfrist nach Abs. 1 S. 1.[28] Die fristgemäße Zustellung an andere Beteiligte als die anmeldenden Unternehmen ist seit der 7. GWB-Novelle zur Wahrung der Frist nicht mehr erforderlich. Die Freigabefunktion nach Abs. 2 S. 2 greift demgemäß nur dann ein, wenn das Bundeskartellamt es versäumt, den anmeldenden Unternehmen die Verfügung fristgemäß zuzustellen. Mit der Änderung der Vorschrift soll der Aufwand des Bundeskartellamts in Verfahren mit zahlreichen Beteiligten reduziert und gleichzeitig verhindert werden, dass eine Verfügung alleine deshalb aufgehoben wird, weil sie einem Beigeladenen nicht rechtzeitig zugestellt wurde. Wird die Untersagungsverfügung einem unter mehreren anmeldenden Unternehmen nicht rechtzeitig zugestellt, führt dies zur Rechtswidrigkeit der Untersagung insgesamt.[29] Bei verspäteter Zustellung einer Freigabeverfügung tritt bereits mit Fristablauf die Freigabefiktion nach Abs. 2. S. 2 ein. Die Rechtsfolge des Fristablaufs bleibt von einer etwaigen Anfechtung der Freigabeverfügung unberührt.[30] Die anderen Verfahrensbeteiligten sind nach dem neuen S. 3 des Abs. 2 unverzüglich über den Zeitpunkt der Zustellung der Verfügung an die anmeldenden Unternehmen zu unterrichten, damit sie beurteilen können, wann die Freigabefiktion nach S. 2 eingetreten ist bzw. wann die Rechtsmittelfrist gegen die Verfügung des Bundeskartellamts zu laufen beginnt. Ausschlaggebend hierbei ist der Zeitpunkt der letzten Zustellung nach S. 2.[31] Im Fall der „freiwilligen Vereinigung" von Krankenkassen beträgt die Frist unter den Voraussetzungen der §§ 172a Abs. 2 S. 2, 171b Abs. 2 S. 1 SGB V nicht vier Monate, sondern sechs Wochen.

4. Ausnahmen von der Freigabefiktion

18 In Abs. 2 S. 4 (Abs. 2 S. 3 GWB a. F.) sind die Fälle aufgeführt, in denen der Ablauf der Frist nach S. 2 keine rechtlichen Wirkungen hat. Das Bundeskartellamt kann eine Untersagung dann jederzeit nachholen. Nach ihrer systematischen Stellung als S. 4 des Abs. 2 dürften die Ausnahmen nur dann gelten, wenn das Bundeskartellamt bei seiner Prüfung bereits in das Hauptprüfverfahren eingetreten ist, weil nur dann die Freigabefiktion von Abs. 2 S. 2 gilt. Es ist aber sachgerecht, Abs. 2 S. 4 Nr. 2 und 3 auch anzuwenden, wenn im Vorprüfverfahren das Untersagungsrecht, aus den in Nr. 2 und 3 genannten Gründen gemäß

[26] Dazu unten Rn. 29 ff.
[27] *Rieger* in: FK, § 40 Rn. 34; *Thomas* in: Immenga/Mestmäcker, GWB, § 40 Rn. 95.
[28] S. o. Rn. 5 ff.
[29] *Bechtold/Bosch,* GWB, § 40 Rn. 10.
[30] *Bechtold/Bosch,* GWB, § 40 Rn. 11.
[31] Begründung zum Regierungsentwurf der 7. GWB-Novelle, BT-Drucks. 15/3640, S. 59.

Abs. 1 S. 1 durch Fristablauf erloschen ist.[32] Abs. 2 S. 4 Nr. 2 nimmt dementsprechend auch ausdrücklich Bezug auf das Unterlassen der Mitteilung nach Abs. 1. Für die Anwendung von S. 4 Nr. 1 auf die Monatsfrist nach Abs. 1 besteht hingegen kein Bedürfnis, weil bereits der Eintritt in das Hauptprüfverfahren von Gesetzes wegen eine Verlängerung der Prüfungsfrist bewirkt.

a) Einverständliche Fristverlängerung, Nr. 1: Das Gesetz nennt an erster Stelle der 19 Ausnahmen von der Freigabefiktion die einverständliche Verlängerung der Frist des Abs. 2 S. 2. Es kommt dabei auf die Zustimmung all jener an, die ein Zusammenschlussvorhaben tatsächlich angemeldet haben oder in deren Namen es angemeldet wurde. In den Fällen der Anmeldepflicht des Veräußerers nach § 39 Abs. 2 Nr. 2 ist daher auch die Zustimmung des Veräußerers erforderlich, wenn dieser selbst angemeldet hat.[33] Aus Praktikabilitätsgründen ist davon auszugehen, dass diejenigen Unternehmen, die für andere Unternehmen eine Anmeldung vorgenommen haben, zugleich auch bevollmächtigt sind, für diese anderen Unternehmen einer Fristverlängerung zuzustimmen, solange ihre Vollmacht nicht widerrufen ist.[34] Möchte ein beteiligtes Unternehmen selbständig über eine Fristverlängerung entscheiden, so kann es die zur Fristverlängerung berechtigende Vollmacht, die es dem die Anmeldung bewirkenden Unternehmen erteilt hat, gegenüber dem Bundeskartellamt widerrufen.

Die Zustimmung zur Verlängerung kann nur vor dem Ablauf der Frist erklärt werden. 20 Die Fristverlängerung muss einen genau bestimmten Endtermin vorsehen. Eine mehrfache Verlängerung ist möglich.[35] Eine zeitliche Obergrenze der Verlängerung sieht das Gesetz nicht vor. Um dem Interesse der beteiligten Unternehmen an einem schnellen Fusionskontrollverfahren und dem Verhältnismäßigkeitsgrundsatz zu genügen, kommt eine Verlängerung jedoch grundsätzlich nur dann in Frage, wenn die Ermittlungen des Amtes innerhalb der Viermonatsfrist nicht abgeschlossen werden können oder wenn die Unternehmen durch weiteren Vortrag einer drohenden Untersagung begegnen möchten.[36] Ebenso wie die Unternehmen nicht verpflichtet sind, einer Verlängerung zuzustimmen, unterliegt das Bundeskartellamt umgekehrt aber auch keiner Verpflichtung, die verlängerte Frist auszuschöpfen.

b) Unrichtige Angaben, **verspätete Auskunft,** Nr. 2: Nach Nr. 2 entfaltet der Frist- 21 ablauf auch dann keine Wirkung, wenn die Unternehmen dem Bundeskartellamt unrichtige Angaben gemacht haben oder nach § 39 Abs. 5 oder § 59 angeforderte Auskünfte nicht rechtzeitig erteilt haben. Die Unrichtigkeit der Angaben muss **ursächlich** für das Unterlassen der Untersagung durch das Bundeskartellamt sein. Bei fehlender Ursächlichkeit kann jedoch eine Ordnungswidrigkeit nach § 81 Abs. 2 Nr. 3 oder Nr. 6 vorliegen. Nach der Begründung des Regierungsentwurfs der 6. GWB-Novelle gilt Abs. 2 S. 4 Nr. 2 auch für unvollständige Angaben.[37] Da im Falle einer unvollständigen Anmeldung die Frist nach Abs. 1 nicht in Lauf gesetzt wird, kann sich Abs. 2 S. 4 Nr. 2 richtigerweise nur auf die Unvollständigkeit von Angaben außerhalb der Anmeldung beziehen, die das Bundeskartellamt angefordert hat und deren Fehlen einen unzutreffenden Eindruck bewirkt.[38] Andern-

---

[32] *Thomas* in: Immenga/Mestmäcker, GWB, § 40 Rn. 48, 56ff.; ebenso *Kleinmann/Bechtold,* GWB, § 24a Rn. 85 für die alte Rechtslage, die allerdings von einer entsprechenden Anwendung für eine Verlängerung der Monatsfrist im Vorprüfverfahren ausgehen.

[33] *Thomas* in: Immenga/Mestmäcker, GWB, § 40 Rn. 26; *Rieger* in: FK, § 40 Rn. 23; vgl. aber noch BGH WuW/E DE-R 420 – *Erledigte Beschwerde,* der den Veräußerer im Falle des Anteilserwerbs nach § 23 Abs. 2 Nr. 2 a. F. als nicht zustimmungspflichtig betrachtet.

[34] *Bechtold,* GWB, § 40 Rn. 16; *Rieger* in: FK § 40 Tz. 25.

[35] *Rieger* in: FK § 40 Tz. 26.

[36] *Kallfaß* in: Langen/Bunte, Kommentar zum deutschen und europäischen Kartellrecht, § 40 Rn. 15.

[37] BT-Drucks. 13/9720 zu § 40.

[38] *Rieger* in: FK § 40 Tz. 27; *Bechtold/Bosch,* GWB, § 40 Rn. 18.

falls fehlt es bereits an der erforderlichen Kausalität der Unvollständigkeit für das Unterlassen der Untersagung. Nicht erforderlich ist, dass die Unrichtigkeit oder Unvollständigkeit einem der beteiligten Unternehmen zuzurechnen sind. Nach wohl überwiegender Ansicht[39] erfasst Abs. 2 S. 4 Nr. 2 auch Angaben Dritter, die weder am Zusammenschluss noch am Verfahren beteiligt sind. Da § 39 Abs. 5 lediglich Auskünfte der beteiligten Unternehmen zum Gegenstand hat, stellt sich die Frage nur für Auskunftsverlangen der Kartellbehörden gegenüber nicht am Zusammenschluss beteiligten Unternehmen nach § 59. Hat das Bundeskartellamt von einem an dem Zusammenschluss beteiligten Unternehmen nach § 59 eine Auskunft verlangt und ergeht wegen nicht ordnungsgemäßer Beantwortung ein zweites Auskunftsverlangen gemäß § 59, wird nach den mit der 8. GWB-Novelle neu in das Gesetz eingefügten Sätzen 5 und 6 die viermonatige Untersagungsfrist bis zur vollständigen Übermittlung der Auskunft gehemmt. Einer Kausalität zwischen der nicht ordnungsgemäßen Beantwortung und der Fristüberschreitung bei der Untersagung bedarf es nicht.[40] Die Hemmung tritt nur ein, wenn das Unternehmen das erste Auskunftsverlangen aus von ihm zu vertretenden Gründen nicht rechtzeitig oder nicht vollständig beantwortet hat. Für die Rechtzeitigkeit der Beantwortung kommt es auf die Fristsetzung des Bundeskartellamtes an.[41] Eine nicht rechtzeitige Beantwortung liegt auch im Fall der Nichtbeantwortung vor. Die Wirkung der Hemmung besteht entsprechend § 209 BGB darin, dass der Zeitraum während der Hemmung nicht in die Viermonatsfrist eingerechnet wird.

22 **c) Fehlen einer zustellungsbevollmächtigten Person:** Nach Nr. 3 gilt die Freigabefiktion bei Fristablauf auch dann nicht, wenn während des Verfahrens entgegen § 39 Abs. 3 S. 2 Nr. 6 keine zustellungsbevollmächtigte Person im Inland mehr benannt ist. Abs. 2 S. 4 Nr. 3 soll sicherstellen, dass während des gesamten Verfahrens ein Zustellungsbevollmächtigter bestellt ist.[42] Die Vorschrift betrifft nur Fälle, in denen der in der Anmeldung benannte Zustellungsbevollmächtigte nachträglich – z. B. wegen Erlöschens der Vollmacht – weggefallen ist oder erst im Laufe des Verfahrens – z. B. infolge einer Sitzverlegung des betreffenden Unternehmens – erforderlich und dann nicht benannt wurde. Wenn hingegen bereits in der Anmeldung entgegen § 39 Abs. 3 S. 2 Nr. 6 keine zustellungsbevollmächtigte Person benannt ist, wird die Frist nach Abs. 2 S. 2 von der unvollständigen Anmeldung nicht in Lauf gesetzt. Entsprechend dem Zweck der Nr. 3, das Amt gegen Verfahrensnachteile infolge von Pflichtverletzungen der anmeldenden Unternehmen zu schützen, findet die Bestimmung jedoch keine Anwendung, wenn eine uneingeschränkte Freigabe nicht rechtzeitig zugestellt werden konnte. Dritte, die interessiert daran sind, eine Freigabeverfügung anzufechten, können sich daher in einem solchen Fall nicht darauf berufen, dass wegen Abs. 2 S. 4 Nr. 3 die Freigabefiktion nicht eingetreten ist.[43]

23 **d) Rechtsfolgen von Abs. 2 S. 4:** Nach Abs. 2 S. 4 gilt der Zusammenschluss trotz Ablauf der Viermonatsfrist nicht als freigegeben, wenn die Voraussetzungen eines der Fälle von Nr. 1 bis 3 vorliegen. Ist die Frist gemäß Abs. 2 S. 4 Nr. 1 mit Zustimmung der anmeldenden Unternehmen verlängert worden, kann die Verfügung nach Abs. 2 S. 1 daher bis zum Ablauf der Verlängerung zugestellt werden. Erst danach tritt die Freigabefiktion ein. Hat das Bundeskartellamt infolge unrichtiger oder unvollständiger Angaben oder nicht rechtzeitiger Auskünfte nach Nr. 2 die Viermonatsfrist verstreichen lassen, bleibt die Untersagungsbefugnis auch nach dem Ablauf der Frist erhalten. Das gleiche muss über den Wortlaut des Abs. 2 hinaus auch für den Fall gelten, dass das Bundeskartellamt vor Fristab-

---

[39] *Thomas* in: Immenga/Mestmäcker, GWB, § 40 Rn. 38; *Kallfaß* in: Langen/Bunte, Kommentar zum deutschen und europäischen Kartellrecht, § 40 Rn. 16; a. A. *Bechtold/Bosch,* GWB, § 40 Rn. 18.

[40] Begr. Reg-Entwurf zur 8. GWB-Novelle, BT-Drucks. 17/9852, S. 30; *Thomas* in: Immenga/Mestmäcker, GWB, § 40 Rn. 44; *Bechtold/Bosch,* GWB, § 40 Rn. 21.

[41] *Bechtold/Bosch,* GWB, § 40 Rn. 23.

[42] Begr. zum RegE, der 6. GWB-Novelle, BT-Drucks. 13/9720, S. 59.

[43] *Rieger* in: FK § 40 Rn. 30.

lauf die Freigabe des Zusammenschlusses verfügt hat.[44] Das Bundeskartellamt behält aber nicht zeitlich unbegrenzt das Recht der Untersagung nach Ablauf der Fristen des Abs. 2 S. 2 bzw. Abs. 1 S. 1. Infolge der Erstreckung von Nr. 2 auf Angaben, deren Unrichtigkeit die Unternehmen nicht zu vertreten haben, und auf unrichtige Angaben Dritter würde ein zeitlich unbegrenztes Untersagungsrecht die anmeldenden Unternehmen über das zur Gewährleistung der Untersagungsmöglichkeit des Amtes bis zur Aufklärung des wahren Sachverhalts erforderliche Maß hinaus belasten.[45] Eine Untersagung ist daher nur innerhalb eines Zeitraums von maximal vier Monaten vom Zeitpunkt der Berichtigung der unrichtigen Angaben möglich. Im Falle des Abs. 2 S. 4 Nr. 3 muss das Bundeskartellamt seine Verfügung ohne schuldhaftes Zögern zustellen, nachdem eine zustellungsbevollmächtigte Person benannt worden ist.

Die Regelungen der **Nr. 1 bis 3 sind abschließend.** Auf andere Gründe kann eine 24
Verfügung des Bundeskartellamts nach Ablauf der Frist des Abs. 2 S. 2 daher nicht gestützt werden. Bis zur 7. GWB-Novelle war umstritten, inwieweit die bis zur 6. GWB-Novelle geltende Ausnahme von der Freigabefiktion im Falle nachträglicher Änderungen der tatsächlichen Verhältnisse[46] als allgemeiner Rechtsgrundsatz[47] oder unter den Voraussetzungen der allgemeinen Vorschriften der §§ 48, 49 VwVfG über die Rücknahme und den Widerruf von Verwaltungsakten weiterhin eine Untersagung nach Fristablauf ermöglicht.[48] Die Voraussetzungen für den Widerruf einer Freigabeentscheidung werden nunmehr jedoch durch den mit der 7. GWB-Novelle neu in das Gesetz aufgenommenen Abs. 3a geregelt. Danach kann die Freigabe u. a. dann widerrufen werden, wenn sie auf unrichtigen Angaben oder arglistigem Verhalten beruht. Angesichts der speziellen Regelung des Abs. 3a, die einen Widerruf aufgrund nachträglich geänderter Verhältnisse nicht vorsieht, verbleibt nunmehr kein Raum für die Anwendung der 48, 49 ff. VwVfG.[49] Die mit Abs. 3a getroffene Regelung ist auch sachgerecht, da der Gesetzgeber im Bereich der Fusionskontrolle im Interesse der Rechtssicherheit der Unternehmen Abweichungen der tatsächlichen Entwicklung von der der Entscheidung des Bundeskartellamts zugrunde liegenden Prognose der voraussichtlichen Auswirkungen des Zusammenschlusses in Kauf genommen hat.[50] Ohne Auswirkungen auf das Eingreifen der Freigabefiktion bleibt auch der Vollzug eines angemeldeten Zusammenschlussvorhabens vor Ablauf der Untersagungsfristen nach Abs. 1 S. 1 oder Abs. 2 S. 2. Nach der Streichung des entsprechenden Tatbestands[51] im Rahmen der 6. GWB-Novelle besteht auch bei einem gemäß § 41 Abs. 1 rechtswidrigen Vollzug keine Grundlage für eine Ausnahme von den Untersagungsfristen nach Abs. 1 und Abs. 2.[52]

Wird ein Zusammenschluss jedoch **anders vollzogen als angemeldet,** greift die Frei- 25
gabefiktion nur hinsichtlich des angemeldeten Vorhabens ein, nicht hinsichtlich des vollzogenen Zusammenschlusses. Dies ergibt sich daraus, dass der tatsächlich vollzogene Zusammenschluss zu keinem Zeitpunkt angemeldet worden ist und die Fristen nach Abs. 1 und Abs. 2 S. 2 insoweit nicht in Lauf gesetzt wurden.

---

[44] *Bechtold/Bosch,* GWB, § 40 Rn. 13; *Rieger* in: FK § 40 Rn. 29.

[45] Vgl. *Rieger* in: FK § 40 Rn. 29, der im Interesse der Rechtssicherheit Dritter eine Entscheidung ohne schuldhaftes Zögern fordert.

[46] Vgl. § 24a Abs. 2 S. 2 Nr. 4 a. F.

[47] Begr. Zum RegE a. a. O. S. 60.

[48] Vgl. *Kallfaß* in: Langen/Bunte, Kommentar zum deutschen und europäischen Kartellrecht, § 40 Rn. 22; *Thomas* in: Immenga/Mestmäcker, GWB, § 40 Rn. 59 f.; *Bechtold/Bosch,* GWB, § 40 Rn. 14.

[49] Vgl. *Thomas* in: Immenga/Mestmäcker, GWB, § 40 Rn. 59; a. A. *Kallfaß* in: Langen/Bunte, Kommentar zum deutschen und europäischen Kartellrecht, § 40 Rn. 22.

[50] Vgl. *Rieger* in: FK § 40 Rn. 32.

[51] § 24a Abs. 2 S. 2 Nr. 2 a. F.

[52] *Thomas* in: Immenga/Mestmäcker, GWB, § 40 Rn. 59; a. A. *Kallfaß* in: Langen/Bunte, Kommentar zum deutschen und europäischen Kartellrecht, § 40 Rn. 21.

26 Ist ein kontrollpflichtiger **Unternehmenszusammenschluss ohne Anmeldung vollzogen** worden, sind die Fristen nach Abs. 1 S. 1 und Abs. 2 S. 2 auch nicht analog anzuwenden. Kommt ein Unternehmen seiner Anmeldepflicht nicht nach, so verliert es die Rechtswohltat der kurzen Bearbeitungsfristen und der fingierten Freigabe.[53] Für die Prüfung nicht angemeldeter und verbotswidrig vollzogener Zusammenschlüsse durch das Bundeskartellamt gelten daher keine Fristen.[54]

5. Rücknahme und Widerruf

27 Nach Abs. 3a kann die Freigabe eines Zusammenschlusses widerrufen oder geändert werden, wenn sie auf unrichtigen Angaben beruht, arglistig herbeigeführt worden ist oder die beteiligten Unternehmen einer mit ihr verbundenen Auflage zuwiderhandeln. Die Regelung entspricht inhaltlich im Wesentlichen § 12 Abs. 2 Nr. 2 und 3 a. F., die aufgrund der Verweisung in Abs. 3 S. 2 a. F. zum Widerruf von Freigaben unter Auflagen oder Bedingungen berechtigten. Außerhalb dieser speziellen Regelungen richtete sich die Rücknahme oder der Widerruf nach den allgemeinen Vorschriften der §§ 48, 49 VwVfG.[55] Demgegenüber bezieht sich der neue Abs. 3a seinem Wortlaut und seiner systematischen Stellung nach uneingeschränkt auf Freigaben sowohl mit als auch ohne Nebenbestimmungen. Die spezielle Widerrufsregelung des Abs. 3a steht damit nunmehr der Anwendung der §§ 48, 49 VwVfG entgegen. Damit ist auch ausgeschlossen, dass das auf den Widerruf einer Freigabe anwendbare Regelwerk davon abhängt, ob die Freigabe unbeschränkt oder unter Auflagen oder Bedingungen erteilt wurde. Im Hinblick auf das Verhältnismäßigkeitsgebot ist ein Widerruf der Freigabe nur dann zulässig, wenn die Änderung der Entscheidung, z. B. durch die Aufnahme weiterer oder die Modifizierung bereits bestehender Nebenbestimmungen, nicht geeignet ist, die Entstehung oder Verstärkung einer marktbeherrschenden Stellung zu verhindern, oder wenn die Erfüllung dieser Nebenbestimmungen nicht hinreichend gesichert erscheint.[56] Rechtsfolge des Widerrufs der Freigabe ist der Eintritt in das Auflösungsverfahren gemäß § 41 Abs. 3.

IV. Bedingungen und Auflagen (Abs. 3)

1. Allgemeines

28 Als Ausgestaltung des Grundsatzes der Verhältnismäßigkeit hat der Gesetzgeber mit der 6. GWB-Novelle die Möglichkeit einer Freigabe unter Bedingungen und Auflagen nach Abs. 3 geschaffen, die die beteiligten Unternehmen nach Abs. 3 S. 2 jedoch keiner laufenden Verhaltenskontrolle unterwerfen dürfen. Bis zur 6. GWB-Novelle hatte das Bundeskartellamt Bedenken gegen Zusammenschlüsse, die nur in Teilbereichen wettbewerbliche Probleme aufwarfen, durch die Vereinbarung entsprechender **Zusagen** der Unternehmen in Form öffentlich-rechtlicher Verträge Rechnung getragen, die jedoch insbesondere hinsichtlich ihrer gerichtlichen Durchsetzbarkeit bis zuletzt rechtlich umstritten waren. Mit der 6. GWB-Novelle ist das Bedürfnis für solche Zusagenvereinbarungen entfallen.[57] Sie sind auch im Vorprüfverfahren nicht mehr zulässig. Die Regelung in Abs. 3 S. 1 ist insoweit abschließend.[58] Hiervon ausgenommen sind jedoch die so genannten Vorfristzusagen, mit

---

[53] Vgl. BGH WuW/E BGH 1556, 1559 – *Weichschaum III.*

[54] *Thomas* in: Immenga/Mestmäcker, GWB, § 41 Rn. 63; *Bechtold/Bosch,* GWB, § 39 Rn. 28.

[55] *Thomas* in: Immenga/Mestmäcker, GWB, § 40 Rn. 189 ff.; *Wiedemann/Richter* § 21 Rn. 101; *Kuhn* in: FK § 42 Rn. 132; vgl. *Bunte* BB 1980, 1073, 1077.

[56] Begründung zum Regierungsentwurf der 7. GWB-Novelle, a. a. O. S. 59.

[57] Zur rechtshistorischen Vertiefung s. *Kappes,* S. 70 ff.; *Riesenkampff* WuW 1977, 291; *Traumann,* Die Zusage im Verfahren der Zusammenschlusskontrolle, Münster 1977; *Uhlig,* Zusagen, Auflagen und Bedingungen im Fusionskontrollverfahren, Göttingen 1996.

[58] So auch *Treeck,* Schwerpunkte 1997, 57; *Uhlig* WuW 2000, 574, 583.

denen die Unternehmen sich verpflichten, das angemeldete Zusammenschlussvorhaben durch geeignete Maßnahmen (z.B. die Veräußerung von Beteiligungen) noch innerhalb der Untersagungsfrist so zu modifizieren, dass die Untersagungsvoraussetzungen nicht erfüllt sind.[59] Mit der 8. GWB-Novelle wurde in Abs. 2 S. 7 eine Regelung in das Gesetz aufgenommen, nach der sich die Viermonatsfrist um einen weiteren Monat verlängert, wenn ein anmeldendes Unternehmen in einem Verfahren vor dem Bundeskartellamt erstmals Vorschläge für Bedingungen oder Auflagen unterbreitet. Zugleich wurde in Abs. 3 S. 1 klargestellt, dass Bedingungen und Auflagen einer Freigabe nur eine Absicherung bezwecken dürfen, dass die beteiligten Unternehmen den Verpflichtungen nachkommen, die sie zur Abwendung einer Untersagung eingegangen sind.

Die Freigabe darf nur dann mit Bedingungen und Auflagen versehen werden, wenn ohne die Nebenbestimmung die Untersagungsvoraussetzungen erfüllt wären.[60] Ob aber das Bundeskartellamt einen Zusammenschluss unter Nebenbestimmungen freigibt oder untersagt, liegt nach dem Wortlaut von Abs. 3 S. 1 in seinem pflichtgemäßen Ermessen. Eine Freigabe unter Bedingungen und Auflagen kommt vor allem bei Zusammenschlüssen in Betracht, die nur in Teilbereichen problematisch sind.[61] Wenn die Untersagungsvoraussetzungen auch nach der Ansicht des Bundeskartellamts durch geeignete Bedingungen oder Auflagen beseitigt werden können, verbleibt dem Bundeskartellamt jedoch kein Ermessensspielraum für eine Untersagung.[62] Das Amt unterliegt nach eigener Auffassung jedoch auch unter Berücksichtigung des Verhältnismäßigkeitsgrundsatzes keiner Verpflichtung, einen Zusammenschluss unter Nebenbestimmungen freizugeben, wenn die Unternehmen nicht selbst Vorschläge zur Beseitigung der Untersagungsvoraussetzungen unterbreitet haben.[63] Nach anderer Ansicht ist das Amt aufgrund des Amtsermittlungsgrundsatzes verpflichtet, selbst die Möglichkeit einer Freigabe mit Nebenbestimmungen zu prüfen.[64] Die Rechtsprechung zieht eine Mitwirkungspflicht des Bundeskartellamts nur im Rahmen der Ausarbeitung und Realisierung von den beteiligten Unternehmen vorgeschlagener Auflagenlösungen in Betracht.[65] 29

Nur die Freigabe durch förmliche Verfügung im Hauptverfahren kann mit Nebenbestimmungen verbunden werden. Bedingungen und Auflagen sind daher ein **Instrumentarium für das Hauptprüfverfahren.** Die formlose Mitteilung des Bundeskartellamts im Vorprüfverfahren, dass die Untersagungsvoraussetzungen nicht vorliegen, ist kein Verwaltungsakt und kann daher auch nicht mit Nebenbestimmungen versehen werden.[66] Da das Bundeskartellamt bereits vor Ablauf der Monatsfrist nach Abs. 1 S. 1 in das Hauptprüfverfahren eintreten kann, besteht insoweit auch kein Bedürfnis für eine Anwendung von Bedingungen und Auflagen im Vorprüfverfahren. 30

2. Definitionen und Abgrenzungen

Eine **Auflage** ist die hoheitliche Anordnung eines bestimmten Tuns, Duldens oder Unterlassens. Der Begriff „Auflage" in Abs. 3 ist zu verstehen als Nebenbestimmung im Sinne 31

---

[59] *Uhlig* WuW 2000, 575, 583; *Kallfaß* in: Langen/Bunte, Kommentar zum deutschen und europäischen Kartellrecht, § 40 Rn. 31.

[60] *Thomas* in: Immenga/Mestmäcker, GWB, § 40 Rn. 139; *Schulte* AG 1998, 197, 302; *Uhlig* WuW 2000, 575; TB 2003/2004, BT-Drucks. 15/5790, S. 23.

[61] *Thomas* in: Immenga/Mestmäcker, GWB, § 40 Rn. 122.

[62] *Kallfaß* in: Langen/Bunte, Kommentar zum deutschen und europäischen Kartellrecht, § 40 Rn. 33; BKartA, Beschl. v. 5.12.2007, B9–125/07 – *GLOBUS/hela ProfiZentren.*

[63] *Pape/Hossenfelder/Töllner,* a. a. O. Rn. 351; vgl. auch *Uhlig* WuW 2000, 575, 578; *Thomas* in: Immenga/Mestmäcker, GWB, § 40 Rn. 159.

[64] *Kallfaß* in: Langen/Bunte, Kommentar zum deutschen und europäischen Kartellrecht, § 40 Rn. 34; ähnlich auch *Rieger* in: FK, § 40 Rn. 36.

[65] OLG Düsseldorf, WuW/E DE-R 926 – *E.ON/Ruhrgas;* TB 2003/2004, a. a. O. S. 23.

[66] *Thomas* in: Immenga/Mestmäcker, GWB, § 40 Rn. 130.

von § 36 VwVfG.[67] Bei einer Freigabe unter Auflagen darf der Zusammenschluss sofort vollzogen werden. Die Unternehmen müssen die Auflage erfüllen. Ob die Auflage befolgt wird, hat jedoch – vorbehaltlich der Widerrufsmöglichkeit nach Abs. 3a – keinen Einfluss auf die Wirksamkeit der Freigabe. Ungeachtet der Ankündigung des Bundeskartellamts, Nebenbestimmungen in Form aufschiebender Bedingungen den Auflagen vorzuziehen, überwiegen in der Praxis auflösende Bedingungen und Auflagen, da strukturelle Maßnahmen wie die Veräußerung von Unternehmensteilen oft erst nach dem Vollzug des Zusammenschlusses durchführbar sind.[68]

32 Die **Bedingung** macht den Eintritt einer Vergünstigung von einem ungewissen zukünftigen Ereignis abhängig, sei es, dass die Vergünstigung mit dem Eintreten des Ereignisses eintritt (aufschiebende Bedingung), sei es, dass sie mit seinem Eintritt wegfällt (auflösende Bedingung).[69] Steht die Freigabeverfügung unter einer **aufschiebenden Bedingung,** treten die Wirkungen der Freigabe erst ein, wenn die Bedingung erfüllt ist. Die aufschiebende Bedingung hat daher gegenüber der Auflage den Vorteil, dass sie keine Durchsetzungsprobleme aufwirft und das Eintreten wettbewerblich bedenklicher Folgen des Zusammenschlusses von vornherein verhindert.[70] Bei einer **auflösenden Bedingung** entfallen die Wirkungen der Freigabe mit dem Bedingungseintritt. Dadurch wird eine schnellere Rückabwicklung des Zusammenschlusses ermöglicht als bei einer Freigabe unter Auflagen. Eine auflösende Bedingung kommt vor allem in Betracht, wenn eine geeignete aufschiebende Bedingung, mit der die zusammenschlussbedingten Beeinträchtigungen der Marktverhältnisse vermieden würden, im Einzelfall unverhältnismäßig wäre.[71]

3. Inhalt

33 Die Nebenbestimmungen müssen auf die Beseitigung der Untersagungsvoraussetzungen gerichtet und nach Form und Inhalt geeignet sein, die Sicherung einer, dem § 36 Abs. 1 entsprechenden Marktstruktur zu gewährleisten.[72] Nach der Rechtsprechung müssen die rechtlichen und tatsächlichen Wirkungen der Nebenbestimmungen hinreichend wirksam und nachhaltig sein, um als strukturelle Bedingungen wirksamen Wettbewerbs eine infolge des Zusammenschlusses zu erwartende Verschlechterung der Wettbewerbsbedingungen zu verhindern oder zu kompensieren.[73] In der Praxis überwiegen **Verpflichtungen zur Veräußerung** von Unternehmensbeteiligungen oder Vermögenswerten, z. B. Betrieben oder Betriebsteilen, gewerblichen Schutzrechten oder anderer Rechtspositionen[74] der beteiligten Unternehmen, mit denen die durch den Zusammenschluss bewirkten Marktanteilsadditionen ausgeglichen werden. Nebenbestimmungen können auch geeignet sein, durch die Verbesserung der Wettbewerbsstruktur auf benachbarten Märkten den Anwendungsbereich der Abwägungsklausel zu eröffnen.[75] Um die wirksame Einhaltung von Veräußerungsverpflichtungen sicherzustellen, können die Übertragung von Beteiligungen auf einen Siche-

[67] Ebenso *Bechtold/Bosch,* GWB, § 40 Rn. 29; a. A. *Treeck,* Schwerpunkte 1997, 56.

[68] TB 1999/2000, a. a. O. S. 23; vgl. *Kallfaß* in: Langen/Bunte, Kommentar zum deutschen und europäischen Kartellrecht, § 40 Rn. 31; *Krueger,* Zusagen in Zusammenschlussfällen und Überwachung ihrer Umsetzung – Erfahrungsbericht aus der Fallpraxis, NZKart 2013, 130 f.; *Schulte* in: Schulte/Just, § 40 Rn. 35.

[69] *Stelkens/Bonk/Sachs* § 36 Rn. 75.

[70] TB 2003/2004, a. a. O., S. 23.

[71] BKartA, Beschl. v. 17.6.2002, B 10 – 124/01 – *Trienekens/AWISTA;* Beschl. v. 7.6.2004, B 4–7/04 – *Henry Schein/demedis u. Euro Dental.*

[72] *Pape/Hossenfelder/Töllner,* Kartellrechtspraxis und Kartellrechtsprechung 2002/2003 Rn. 350; eingehend *Thomas* in: Immenga/Mestmäcker, GWB, § 40 Rn. 138 f.

[73] BGH, WuW/E DE-R 1681 – *DB Regio/üstra.*

[74] Vgl. BKartA, WuW/E DE-V 483 – *Lufthansa/Eurowings:* Übertragung von Flugfrequenzen und Start- und Landerechten.

[75] Vgl. BKartA, Beschl. v. 23.10.2007 Az. B 8 – 93/07 – *RWE/SWKN; Schulte,* Handbuch Fusionskontrolle Rn. 652.

rungstreuhänder oder andere akzessorische Nebenbestimmungen, z. B. Rückkaufsverbote, vorgesehen werden.[76] Mit **Verpflichtungen zur Einflussbegrenzung** kann die Einflussnahme eines Unternehmens auf ein anderes Unternehmen beschränkt werden, z. B. durch die Verpflichtung zur (teilweisen) Übertragung der Stimmrechte aus einer Beteiligung auf einen unabhängigen Dritten,[77] zur Nichtausübung von Stimmrechten oder zu anderen gesellschaftsrechtlichen Regelungen, mit denen ein wettbewerblich erheblicher Einfluss ausgeschlossen wird. Durch **Öffnungsverpflichtungen** soll Wettbewerbern der beteiligten Unternehmen der Marktzugang erleichtert werden, z. B. durch Verpflichtungen zur Lizenzierung von Know-how oder Schutzrechten[78] oder zur Erteilung von Vertriebslizenzen,[79] die Öffnung von Kundenbindungsprogrammen,[80] die Verpflichtung zur Einräumung von Sonderkündigungsrechten in langfristigen Lieferverträgen[81] oder die Verpflichtung zur Ausschreibung von Leistungen.[82] Darüber hinaus sind weitere Ausgestaltungen möglich,[83] z. B. Rückkaufverbote.

Nach Abs. 3 S. 2 dürfen sich die Nebenbestimmungen **nicht auf eine laufende Verhaltenskontrolle** richten. Vielmehr sind nur Bedingungen und Auflagen zulässig, die die Marktstrukturen unmittelbar verändern.[84] Ebenso wie die Untersagungsvoraussetzungen nach § 36 Abs. 1 nur auf marktstrukturelle Faktoren bezogen sind, darf sich auch eine Beseitigung oder Kompensation der Marktbeherrschungseffekte nur auf die Marktstruktur beziehen. Da auch marktstrukturbezogene Nebenbestimmungen nicht immer in einem einmaligen Akt vollzogen werden, ist die Abgrenzung zu einer laufenden Kontrolle des Marktverhaltens oft schwierig. Dies gilt insbesondere für Maßnahmen, die auf eine Einflussbegrenzung gerichtet sind.[85] Maßgeblich ist, ob durch die mittels der Nebenbestimmung ausgeübte Einwirkung auf das Verhalten der Zusammenschlussbeteiligten darauf gerichtet ist, einen strukturellen Effekt zu erzielen.[86] 34

4. Durchsetzung

Im Falle der Zuwiderhandlung gegen eine Auflage kann das Bundeskartellamt nach Abs. 3a die Freigabe widerrufen oder ändern. Der Widerruf der Freigabe ist nur zulässig, wenn die Untersagungsvoraussetzungen nicht durch eine Änderung der Freigabe abgewendet werden können, z. B. weil neue Nebenbestimmungen hierzu nicht geeignet erscheinen. Das gleiche soll gelten, wenn die Erfüllung der neuen oder geänderten Nebenbestimmungen nach den Erfahrungen mit den bereits bestehenden Nebenbestimmungen nicht hinreichend gesichert erscheint.[87] Die Verweisung des Abs. 3a S. 2 gibt dem Bundeskartellamt zur Durchsetzung von Auflagen darüber hinaus die zur Entflechtung von Zusammenschlüssen nach § 41 Abs. 4 verliehenen Befugnisse. Danach kann das Bundeskartellamt den beteiligten Unternehmen die Ausübung von Stimmrechten untersagen oder einschränken und einen Treuhänder zur Auflösung des Zusammenschlusses bestellen. Nach § 81 Abs. 2 35

[76] Vgl. hierzu die Mustertexte des Bundeskartellamts für Nebenbestimmungen und Treuhändervertrag in der Fusionskontrolle, http://www.bundeskartellamt.de/wDeutsch/merkblaetter/Fusionskontrolle/MerkblFusion.php.
[77] BKartA, Beschl. v. 8.3.2006, B 10 – 090/05 – *AKK GmbH/AKK Verein.*
[78] Beschl. v. 27.5.1999, B 5 – 16/99 – *Alcan/Federal Mogul.*
[79] Beschl. v. 23.5.2003, B 3 – 6/03 – *BASF/Bayer CropScience.*
[80] BKartA, WuW/E DE-V 483 – *Lufthansa/Eurowings.*
[81] Beschl. v. 3.4.2001, B 8 – 263/00 – *Neckarwerke Stuttgart/Stadtwerke Reutlingen.*
[82] Beschl. v. 2.12.2003, B 9 – 91/03 – *DB Regio AG u. a./üstra intalliance AG.*
[83] S. Überblick bei *Schulte,* Handbuch zur Fusionskontrolle, Rn. 669 ff.
[84] Vgl. WuW/E OLG 1937, 1944 – *Thyssen/Hüller; Bechtold/Bosch,* GWB, § 40 Rn. 24; *Thomas* in: Immenga/Mestmäcker, GWB, § 40 Rn. 147 ff.
[85] *Thomas* in: Immenga/Mestmäcker, GWB, § 40 Rn. 149; vgl. aber *Schulte,* a. a. O. Rn. 678.
[86] BGH, WuW/E DE-R 1681 – *DB Regio/üstra.*
[87] S. o. Rn. 27.

Nr. 5 kann das Bundeskartellamt bei vorsätzlichen oder fahrlässigen Zuwiderhandlungen gegen vollziehbare Auflagen Bußgelder verhängen. Für die Nichterfüllung von Bedingungen besteht dagegen kein Bedürfnis einer gesonderten Sanktionierung, da als unmittelbare Rechtsfolge der Nichterfüllung die Wirkungen der Freigabe entfallen bzw. die Freigabe nicht wirksam wird.[88]

V. Rechtsschutz

1. Untersagung

36 Die Untersagungsverfügung des Abs. 2 S. 1 kann nach § 63 Abs. 1 S. 1, Abs. 2 von den Verfahrensbeteiligten gemäß § 54 Abs. 2 und 3 mit der Beschwerde angefochten werden. Da bis zur Entscheidung über die Beschwerde die Frist nach Abs. 2 S. 2 abgelaufen sein wird und das Bundeskartellamt deswegen an einer erneuten Entscheidung gehindert ist, wird das Vorliegen der Untersagungsvoraussetzungen in vollem Umfang durch das Beschwerdegericht überprüft.[89] Mit der Aufhebung der Untersagung entfällt das Vollzugsverbot.

2. Freigabe

37 Abs. 6 setzt die Möglichkeit einer Anfechtung von Freigabeentscheidungen voraus. Für die Zusammenschlussbeteiligten kommt eine Anfechtungsbeschwerde aber nur im Falle einer mit Nebenbestimmungen versehenen Freigabe in Betracht, da sie durch eine uneingeschränkte Freigabe weder formell noch materiell beschwert sind. Im Falle einer Freigabe unter Auflagen kann die Auflage als selbständiger Verwaltungsakt auch selbständig angefochten werden.[90] Die Zusammenschlussbeteiligten sind durch die Auflage auch dann beschwert, wenn sie eine entsprechende Zusage gegeben haben.[91] Dagegen ist die isolierte Anfechtung einer Bedingung nach verbreiteter Ansicht nicht möglich, sondern es ist grundsätzlich Verpflichtungsklage auf Erlass eines unbeschränkten Verwaltungsakts zu erheben.[92] Da die Bedingung integrierender Bestandteil der Freigabeverfügung ist und daher nicht isoliert aufgehoben werden kann, besteht ein Rechtsschutzbedürfnis für eine Aufhebung der Freigabeverfügung insgesamt. Die Regelung des Fristbeginns in Abs. 6 ist entsprechend anzuwenden.[93] Unzulässig ist die Anfechtung von Nebenbestimmungen, wenn diese sich durch Verwirklichung erledigt haben, etwa weil die Veräußerung eines Unternehmens im Rahmen einer aufschiebenden Veräußerungsbedingung durchgeführt wurde.[94]

38 Für **Dritte** war die Anfechtung von Freigabeentscheidungen bis zur 6. GWB-Novelle kaum möglich, da der Zusammenschluss auch im Falle der Rechtswidrigkeit der Freigabe nach Ablauf der Viermonatsfrist nicht mehr untersagt werden konnte.[95] Nachdem durch Abs. 6 eine Untersagung nach Aufhebung der Freigabe ermöglicht wurde, hat die Anfech-

---

[88] *Bechtold/Bosch,* GWB, § 40 Rn. 32.

[89] KG WuW/E DE-R 688, 690 – *Habet/Lekkerland.*

[90] OLG Düsseldorf, WuW/E DE-R 1397 – *ÖPNV Hannover,* bestätigt durch BGH, WuW/E DE-R 1681 – *DB Regio/üstra; Kopp/Ramsauer* § 36 Rn. 61 f.; ebenso *Bechtold/Bosch,* GWB, § 40 Rn. 34; ähnlich *Thomas* in: Immenga/Mestmäcker, GWB, § 40 Rn. 168 ff.

[91] Nach OLG Düsseldorf, WuW/E DE-R 1397 – *ÖPNV Hannover* gilt dies jedenfalls dann, wenn die Unternehmen auf ihre abweichende materielle Bewertung des Vorhabens hingewiesen haben.

[92] *Bechtold/Bosch,* GWB, § 40 Rn. 34; *Schulte* in: Schulte/Just, § 40 Rn. 35; *Stelkens/Bonk/Sachs* § 36 Rn. 54 ff. m. w. N.

[93] Str., vgl. *Bechtold/Bosch,* GWB, § 40 Rn. 37; *Thomas* in: Immenga/Mestmäcker, GWB, § 40 Rn. 208; missverständlich Begr. zum RegE BT-Drucks. 13/9720, S. 60.

[94] OLG Düsseldorf WuW/E DE-R 2630, 2634 – *EDEKA/Plus; Thomas* in: Immenga/Mestmäcker, GWB, § 40 Rn. 172.

[95] BGH WuW/E BGH 1556, 1561 – *Weichschaum III;* WuW/E OLG 5849, 5850 f. – *Großverbraucher;* ausführlich dazu *Dormann,* S. 18 ff.

tung von Freigabeentscheidungen in der Praxis erhebliche Bedeutung erlangt. Gemäß Abs. 6 beginnt mit der Rechtskraft der Aufhebung die neue Frist nach Abs. 2 S. 2 – d.h. die Viermonatsfrist des Hauptverfahrens – zu laufen. Nach der Rechtsprechung gilt Abs. 6 jedoch nicht für Freigaben im Vorprüfverfahren, die deswegen nicht beschwerdefähig sind.[96] **Anfechtungsberechtigt** sind grundsätzlich nur Dritte, die ihr Untersagungsbegehren als Beigeladene zum Verwaltungsverfahren gemäß § 54 Abs. 2 Nr. 3 verfolgt haben und durch die Entscheidung **materiell beschwert** sind. Unklar ist, inwieweit darüber hinaus eine Anfechtungsberechtigung nicht am Verfahren beteiligter Dritter besteht, die durch die Entscheidung in ihren Rechten verletzt sind.[97] Nach neuerer Rechtsprechung des BGH ist ein Antragsteller, der alleine aus Gründen der Verfahrensökonomie nicht beigeladen wurde, beschwerdebefugt, wenn er geltend machen kann, dass ihn die Entscheidung unmittelbar und individuell trifft.[98] Der Beschwerdeführer muss geltend machen können, durch die Freigabe in seinen wettbewerblichen Möglichkeiten rechtswidrig beeinträchtigt zu sein.[99] Verbänden fehlt es in der Regel an einer eigenen materiellen Beschwer.[100] Die Beschwerde ist begründet, wenn die Freigabe nach der Erkenntnis des Gerichts nicht auf der Grundlage hinreichender und zutreffender Feststellungen getroffen wurde und daher eine Untersagung ernsthaft in Betracht kommt.[101] Umstritten ist die Möglichkeit einer Anfechtung im Falle des einer förmlichen Freigabe gleichgestellten Ablaufs der Frist nach Abs. 2 S. 2.[102]

Nach § 65 Abs. 3 S. 3 kann das Beschwerdegericht auf Antrag die **aufschiebende Wirkung** der Beschwerde anordnen, wenn die Voraussetzungen des § 65 Abs. 3 S. 1 Nr. 2 oder 3 vorliegen. Von dieser Möglichkeit wurde in der Rechtspraxis in weitem Umfang Gebrauch gemacht.[103] Um das Risiko einer Erschwerung berechtigter unternehmerischer Dispositionen durch missbräuchliche Blockaden von Freigabeentscheidungen zu verringern, wurde § 65 Abs. 3 durch die 7. GWB-Novelle um einen Satz 4 ergänzt, wonach im Falle einer Drittbeschwerde der Antrag auf Anordnung der aufschiebenden Wirkung nur zulässig ist, wenn der Beschwerdeführer geltend macht, durch die Verfügung in seinen Rechten verletzt zu sein. Danach sind rein wettbewerbliche oder wirtschaftliche Interessen für die Antragstellung nun nicht mehr ausreichend.[104] Der Antragsteller muss sich darüber hinaus auf eine Rechtsnorm berufen können, die zumindest auch seinem individuellen Schutz dient und ihm subjektive Rechte gewährt. Die Fusionskontrollvorschriften begründen nach h.M. jedoch keine subjektiven Rechte zugunsten von Wettbewerbern.[105] Für das Hauptsacheverfahren bleibt es jedoch bei den geringeren Anforderungen an die Beschwerdebefugnis.[106] 39

---

[96] KG WuW/E DE-R 644, 645 – *tobaccoland III.*

[97] So *Thomas* in: Immenga/Mestmäcker, GWB, § 40 Rn. 98ff. unter Hinweis auf die Begründung des Regierungsentwurfs der 6. GWB-Novelle.

[98] BGH, WuW/E DE-R1857 – *pepcom.*

[99] KG WuW/E DE-R 688, 689 – *Habet/Lekkerland;* OLG Düsseldorf WuW/E DE-R 665 – *NetCologne;* zustimmend auch *Boeckhoff/Franßen* WuW 2002, S. 668ff.

[100] OLG Düsseldorf WuW/E DE-R 759 – *Anga.*

[101] KG WuW/E DE-R 688, 690 – *Habet/Lekkerland; Bechtold* § 40 Rn. 28.

[102] So *Schulte* in: Schulte/Just, § 40 Rn. 18; *Richter* in: Wiedemann, Handbuch des Kartellrechts, § 21 Rn. 91ff.; *Dormann,* S. 34; vgl. aber *Thomas* in: Immenga/Mestmäcker, GWB, § 40 Rn. 32; *Kallfaß* in: Langen/Bunte, Kommentar zum deutschen und europäischen Kartellrecht, § 40 Rn. 29; *Bechtold/Bosch,* GWB, § 40 Rn. 27.

[103] Vgl. u.a. OLG Düsseldorf WuW/E DE-R 665 – *NetCologne* und WuW/E DE-R 681 – *Trienekens.*

[104] Reg.-Begr, BT-Drucks. 15/3640 S. 41, 65.

[105] OLG Düsseldorf WuW/E DE-R 1644 – *Werhahn* m.w.N.; BGH WuW/E 1556, 1561 – *Weichschaum III; Bornkamm* in: Langen/Bunte, Kommentar zum deutschen und europäischen Kartellrecht, 12. Aufl. § 33 Rn. 80.

[106] Reg.-Begr., a.a.O. S. 41.

§ 41 Vollzugsverbot, Entflechtung

(1) [1]Die Unternehmen dürfen einen Zusammenschluss, der vom Bundeskartellamt nicht freigegeben ist, nicht vor Ablauf der Fristen nach § 40 Abs. 1 Satz 1 und Abs. 2 Satz 2 vollziehen oder am Vollzug dieses Zusammenschlusses mitwirken. [2]Rechtsgeschäfte, die gegen dieses Verbot verstoßen, sind unwirksam. [3]Dies gilt nicht

1. **für Verträge über Grundstücksgeschäfte, sobald sie durch Eintragung in das Grundbuch rechtswirksam geworden sind,**
2. **für Verträge über die Umwandlung, Eingliederung oder Gründung eines Unternehmens und für Unternehmensverträge im Sinne der §§ 291 und 292 des Aktiengesetzes, sobald sie durch Eintragung in das zuständige Register rechtswirksam geworden sind, sowie**
3. **für andere Rechtsgeschäfte, wenn der nicht angemeldete Zusammenschluss nach Vollzug angezeigt und das Entflechtungsverfahren nach Absatz 3 eingestellt wurde, weil die Untersagungsvoraussetzungen nicht vorlagen, oder die Wettbewerbsbeschränkung infolge einer Auflösungsanordnung nach Absatz 3 Satz 2 in Verbindung mit Satz 3 beseitigt wurde oder eine Ministererlaubnis nach § 42 erteilt worden ist.**

(1a) Absatz 1 steht der Verwirklichung von Erwerbsvorgängen nicht entgegen, bei denen die Kontrolle, Anteile oder wettbewerblich erheblicher Einfluss im Sinne von § 37 Absatz 1 oder 2 von mehreren Veräußerern entweder im Wege eines öffentlichen Übernahmeangebots oder im Wege einer Reihe von Rechtsgeschäften mit Wertpapieren, einschließlich solchen, die in andere zum Handel an einer Börse oder an einem ähnlichen Markt zugelassene Wertpapiere konvertierbar sind, über eine Börse erworben werden, sofern der Zusammenschluss gemäß § 39 unverzüglich beim Bundeskartellamt angemeldet wird und der Erwerber die mit den Anteilen verbundenen Stimmrechte nicht oder nur zur Erhaltung des vollen Wertes seiner Investition auf Grund einer vom Bundeskartellamt nach Absatz 2 erteilten Befreiung ausübt.

(2) [1]Das Bundeskartellamt kann auf Antrag Befreiungen vom Vollzugsverbot erteilen, wenn die beteiligten Unternehmen hierfür wichtige Gründe geltend machen, insbesondere um schweren Schaden von einem beteiligten Unternehmen oder von Dritten abzuwenden. [2]Die Befreiung kann jederzeit, auch vor der Anmeldung, erteilt und mit Bedingungen und Auflagen verbunden werden. [3]§ 40 Abs. 3a gilt entsprechend.

(3) [1]Ein vollzogener Zusammenschluss, der die Untersagungsvoraussetzungen nach § 36 Abs. 1 erfüllt, ist aufzulösen, wenn nicht der Bundesminister für Wirtschaft und Energie nach § 42 die Erlaubnis zu dem Zusammenschluss erteilt. [2]Das Bundeskartellamt ordnet die zur Auflösung des Zusammenschlusses erforderlichen Maßnahmen an. [3]Die Wettbewerbsbeschränkung kann auch auf andere Weise als durch Wiederherstellung des früheren Zustands beseitigt werden.

(4) Zur Durchsetzung seiner Anordnung kann das Bundeskartellamt insbesondere

1. ***(weggefallen)***
2. **die Ausübung des Stimmrechts aus Anteilen an einem beteiligten Unternehmen, die einem anderen beteiligten Unternehmen gehören oder ihm zuzurechnen sind, untersagen oder einschränken,**
3. **einen Treuhänder bestellen, der die Auflösung des Zusammenschlusses herbeiführt.**

Übersicht

Schrifttum: *Bardong,* Die deutsche Fusionskontrolle nach der 8. GWB-Novelle, NZKart 2013, 303; *Bosse,* Vorbeugende Fusionskontrolle bei Zusammenschlüssen kraft landesrechtlichen Hoheitsaktes, BB 1980, 808; *Hübner,* Die vorzeitige Beendigung des Vollzugsverbots von Unternehmenszusammenschlüssen gemäß § 24a Abs. 4 GWB, DB 1976, 31; *Lanzenberger,* Rechtsfragen der Fusionskontrolle, in: Schwerpunkte 1973/74, S. 29; *Klocker/Ost,* Nach der Novelle ist vor der Novelle, FS Bechtold, 2006, S. 229 ff.; *Lettl,* Fusionskontrolle im GWB nach der 8. GWB-Novelle, WuW 2013, 706; *Lettl,* Unwirksamkeit von Rechtsgeschäften nach § 41 Abs. 1 Satz 2 GWB bei Verstoß gegen das Vollzugsverbot, WuW 2009, 249; *Leupold/Timmerbeil,* Die zivilrechtlichen Auswirkungen fusionskontrollrechtlicher Vollzugsverbote auf deutschem Recht unterliegende M&A-Transaktionen, EWS 2007, 155; *Lutter/Timm,* Sanierungsfusion und Heilung verbotswidrig vollzogener Zusammenschlüsse, BB 1976, 1617; *Kerber,* Die Unternehmensentflechtung nach dem GWB, 1987; *Mayer/Miege,* Die Rechtsfolgen eines Verstoßes gegen das zusammenschlussrechtliche Vollzugsverbot – Nichtigkeit der den Verstoß begründenden Rechtsgeschäfte? BB 2008, S. 231 ff.; *Mestmäcker,* Die Prävention in der Fusionskontrolle, in: FS Coing, 1982, Bd. II, S. 373; *Möschel,* Die Auflösung vollzogener Unternehmenszusammenschlüsse nach dem GWB, 1982; *Nettesheim/Thomas,* Entflechtung im deutschen Kartellrecht, Tübingen 2011; *Niederleithinger,* Praxis der Fusionskontrolle und der Mißbrauchsaufsicht 1985/86, in: Schwerpunkte 1985/86, S. 21; *Sabir,* Die Auflösung von Unternehmenszusammenschlüssen nach § 41 Abs. 3 GWB – Unter Berücksichtigung der Auflösung des Erwerbs von Anteilen über die Börse nach der aktuellen Rechtslage und nach Inkrafttreten der 8. GWB-Novelle, Berlin 2013; *Stauber,* Neues zur Kontrolle von Zusammenschlüssen nach ihrem Vollzug, WuW 2009, 20.

I. Allgemeines

§ 41 enthält in Abs. 1 Satz 1 ein generelles Vollzugsverbot für alle anmeldepflichtigen 1
Zusammenschlüsse bis zur Freigabe durch das Bundeskartellamt oder den Ablauf der Untersagungsfristen. Abs. 1 Satz 1 sichert das System der präventiven Fusionskontrolle, in dem das Entstehen oder die Verstärkung marktbeherrschender Stellungen durch den Vollzug von Zusammenschlüssen vor Abschluss der Prüfung durch das Bundeskartellamt verhindert und damit die Schwierigkeiten der nachträglichen Entflechtung im Falle einer Untersagung vermieden werden.[1] Abs. 2 gibt dem Bundeskartellamt seit der 6. GWB-Novelle die Möglichkeit, Befreiungen vom Vollzugsverbot zu erteilen. Mit der zivilrechtlichen Nichtigkeit von Rechtsgeschäften, die gegen das Vollzugsverbot verstoßen, Abs. 1 Satz 2, und der in Abs. 3 und 4 vorgesehenen Entflechtung regelt § 41 die zivil- und verwaltungsrechtlichen Sanktionen zur Durchsetzung des Vollzugsverbots. Mit der 8. GWB-Novelle wurde Abs. 1 S. 3 neu gegliedert. Während in Nr. 1 und Nr. 2 die bisherigen Ausnahmen von der Unwirksamkeit geregelt sind, enthält die neu in das Gesetz aufgenommene Nr. 3 auch die Klarstellung, dass eine Legalisierung von unter Verstoß gegen das Vollzugsverbot vollzogenen Zusammenschlüssen nur in dem Entflechtungsverfahren des Abs. 3 erfolgen kann. Der ebenfalls mit der 8. GWB-Novelle neu in das Gesetz aufgenommene Abs. 1a befreit Zusammenschlüsse, die im Wege eines öffentlichen Übernahmeangebotes oder entsprechender Verfahren erfolgen, vorübergehend vom Vollzugsverbot, wenn diese unverzüglich nachträglich angemeldet werden.

[1] *Thomas* in: Immenga/Mestmäcker, GWB, § 41 Rn. 2.

II. Vollzugsverbot

1. Grundsatz

2 Nach Abs. 1 S. 1 dürfen die Unternehmen einen kontrollpflichtigen Zusammenschluss nicht vor der Freigabe durch das Bundeskartellamt oder dem Ablauf der Fristen von § 40 Abs. 1 S. 1 und Abs. 2 S. 2 einschließlich einer etwaigen Verlängerung nach § 40 Abs. 2 S. 4 vollziehen oder an einem solchen Vollzug mitwirken. Mit der Freigabeentscheidung des Bundeskartellamts oder dem Ablauf der Untersagungsfristen entfällt das Vollzugsverbot. Im Falle einer Untersagung innerhalb der Frist nach Abs. 2 S. 2 gilt das Vollzugsverbot solange fort, wie die Untersagung nicht gerichtlich aufgehoben oder durch das Bundeskartellamt zurückgenommen bzw. widerrufen wird.[2] Die Fortgeltung des Vollzugsverbots nach einer Untersagungsverfügung wird vom Gesetz nicht ausdrücklich angeordnet.[3] Sie ergibt sich jedoch aus dem Grundsatz der präventiven Fusionskontrolle.[4]

3 Abs. 1 S. 1 erfasst alle Maßnahmen, die einen Zusammenschluss **in rechtlicher oder tatsächlicher Hinsicht** vollenden einschließlich solcher Handlungen, die die wirtschaftlichen Wirkungen des Zusammenschlusses vorwegnehmen.[5] Wenn ein Zusammenschlussvorhaben aus mehreren Einzelvorgängen besteht, gilt das Vollzugsverbot für jede Handlung, die einen Zusammenschlusstatbestand im Sinne des § 37 Abs. 1 vollendet. Bloße Vorbereitungsmaßnahmen werden dagegen nicht erfasst. Ebenso wenig liegt ein Vollzug bei Rechtsgeschäften vor, die unter der aufschiebenden Bedingung des Wegfalls des Vollzugsverbots stehen. Die Abgrenzung zwischen Vorbereitungshandlungen und Vollzug ist nach dem jeweils einschlägigem Zusammenschlusstatbestand vorzunehmen.

4 **Adressaten des Vollzugsverbots** sind demnach die am Zusammenschluss beteiligten Unternehmen. Ist der Verkäufer nicht am Zusammenschluss beteiligt, trifft ihn wie andere Dritte jedenfalls das Verbot, am Vollzug mitzuwirken. Nach dem Wortlaut der Vorschrift gilt das Verbot nur für Unternehmen. Die Regierungsbegründung der 6. GWB-Novelle,[6] wonach Abs. 1 die Regelung des § 24a Abs. 4 a. F. übernimmt, der keine Beschränkung auf Unternehmen vorsah, legt es nahe, das Mitwirkungsverbots auch auf Dritte zu erstrecken, die nicht Unternehmen sind.[7]

2. Unwirksamkeit von Rechtsgeschäften

5 Abs. 1 S. 2 bestimmt, dass Rechtsgeschäfte, die gegen das Vollzugsverbot verstoßen, unwirksam sind. Nach h. M. handelt es sich um eine **schwebende Unwirksamkeit.** Eine unheilbare Nichtigkeit der Rechtsgeschäfte wäre demgegenüber eine die Unternehmen unnötig belastende, unangemessene Sanktion des im Falle schuldhaften Handelns bereits als Ordnungswidrigkeit gemäß § 81 Abs. 1 Nr. 1 GWB bußgeldbewehrten Verstoßes.[8] Die Unwirksamkeit dieser Rechtsgeschäfte wird gemäß dem mit der 8. GWB-Novelle aus Klarstellungsgründen in das Gesetz eingefügten Abs. 1 S. 3 Nr. 3 mit Wirkung ex tunc geheilt, wenn der nicht angemeldete Zusammenschluss nach dem Vollzug gegenüber dem Bundeskartellamt angezeigt und das Entflechtungsverfahren gemäß Abs. 3 eingestellt wird. Unerheblich ist, ob die Einstellung des Entflechtungsverfahrens förmlich erfolgt oder ob diese formlos mitgeteilt wird.[9] Zur Heilung der Unwirksamkeit kommt es nach Nr. 3

---

[2] *Kallfaß* in: Langen/Bunte, Kommentar zum deutschen und europäischen Kartellrecht, § 41 Rn. 1.
[3] Anders bis zur 6. GWB-Novelle § 24 Abs. 2 S. 4 a. F.
[4] BReg, Begr. Reg-Entwurf zur 6. GWB-Novelle, BT-Drucks. 13/9720, S. 60.
[5] *Thomas* in: Immenga/Mestmäcker, GWB, § 41 Rn. 10.
[6] BT-Drucks. 13/9720, S. 60.
[7] So *Kallfaß* in: Langen/Bunte, Kommentar zum deutschen und europäischen Kartellrecht, § 41 Rn. 1; *Bechtold/Bosch,* GWB, § 40 Rn. 4; a. A. *Thomas* in: Immenga/Mestmäcker, GWB, § 41 Rn. 43 f.; vgl. zur alten Rechtslage: BKartA NJW 1976, 1280 f.
[8] *Klocker/Ost* in: FS *Bechtold,* 2006 S. 229 ff., 235; *Bechtold/Bosch,* GWB, § 39 Rn. 28.
[9] *Bardong,* Die deutsche Fusionskontrolle nach der 8. GWB-Novelle, NZKart 2013, 303, 309.

Alt. 1 zunächst dann, wenn das Entflechtungsverfahren eingestellt wird, weil die Untersagungsvoraussetzungen nicht vorlagen. Darüber hinaus erfolgt nach Nr. 3 Alt. 2 und 3 eine Heilung der Unwirksamkeit, wenn das Entflechtungsverfahren eingestellt wird, weil die Wettbewerbsbeschränkung infolge einer Auflösungsanordnung nach Abs. 3 S. 2 in Verbindung mit S. 3 beseitigt wurde oder weil eine Ministererlaubnis nach § 42 erteilt worden ist. Aus den Gesetzesmaterialien ist nicht zu entnehmen, dass für die Anzeige eines unter Verstoß gegen das Vollzugsverbot vollzogenen Zusammenschlusses weitergehende inhaltliche Anforderungen als in § 39 Abs. 6 GWB gelten sollen.[10] Es genügt daher grundsätzlich die Mitteilung, dass der Zusammenschluss vollzogen wurde. Im Interesse eines möglichst schnellen Abschlusses der materiellen Prüfung können die Unternehmen jedoch freiwillig Angaben gemäß § 39 Abs. 3 machen, auch um ein Auskunftsverlangen nach § 59 zu vermeiden.[11] Hiervon geht auch die Regierungsbegründung zur 8. GWB-Novelle aus, wenn darauf abgestellt wird, dass sich die Unternehmen, die einen nicht angemeldeten Zusammenschluss vollzogen haben, freiwillig nachträglich durch die Anzeige der Fusionskontrolle unterwerfen.[12] Das Freiwilligkeitskriterium steht einer rückwirkenden Heilung der Unwirksamkeit auch dann nicht entgegen, wenn das Bundeskartellamt den rechtswidrigen Verstoß gegen das Vollzugsverbot entdeckt hat, die Unternehmen den Verstoß aber mit der Anzeige einräumen.[13]

Abs. 1 S. 2 gilt nur für zivilrechtliche Rechtsgeschäfte und öffentlich-rechtliche Verträge.[14] Auf öffentlich-rechtliche Vollzugshandlungen ist Abs. 1 Satz 2 nicht anwendbar. Gegen das Vollzugsverbot verstoßende Verwaltungsakte sind nach § 44 Abs. 2 Nr. 5 VwVfG nichtig. Bei Landesgesetzen, die einen Zusammenschluss bewirken, kann sich die Unwirksamkeit aus dem Vorrang des Bundesrechts des § 41 Abs. 1 gegenüber dem Landesrecht ergeben.[15] Nach Abs. 1 Satz 3 Nr. 1 tritt die Unwirksamkeitsfolge nicht ein bei Verträgen über Grundstücksgeschäfte, und nach Abs. 1 Satz 3 Nr. 2 tritt die Unwirksamkeitsfolge nicht ein bei gesellschaftsrechtlichen Verträgen über die Umwandlung, Eingliederung oder Gründung von Unternehmen sowie bei Verträgen nach §§ 291, 292 AktG, sobald sie in das zuständige Register eingetragen wurden und damit rechtswirksam geworden sind. Mit der Heilung der zivilrechtlichen Unwirksamkeit durch die Registereintragung soll der Publizitätsfunktion des Handelsregisters und dem damit verbundenen Verkehrsschutz der Öffentlichkeit Rechnung getragen werden. Im Hinblick auf die Verlässlichkeit des Grundbuchs als öffentlichem Register wurden mit der 7. GWB-Novelle auch Grundstücksgeschäfte in die Regelung einbezogen.[16] Das Registergericht ist allerdings verpflichtet zu prüfen, ob die Voraussetzungen des Vollzugsverbots vorliegen und in diesem Falle die Eintragung auszusetzen. Die Zusammenschlussbeteiligten verstoßen gegen Abs. 1 Satz 1, wenn sie an dem Vollzug mitwirken, indem sie die Registereintragung beantragen. 6

3. Öffentliche Übernahmeangebote

Der mit der 8. GWB-Novelle neu in das Gesetz aufgenommene Abs. 1a befreit den Beteiligungserwerb im Wege eines öffentlichen Übernahmeangebots und andere sukzessive Erwerbsvorgänge über die Börse vom Vollzugsverbot, wenn daran mehrere Veräußerer beteiligt sind. Die Vorschrift, die weitgehend Art. 7 Abs. 2 FKVO entspricht, über den Kontrollerwerb hinaus aber alle Zusammenschlusstatbestände des § 37 Abs. 1 GWB erfasst, 7

---

[10] Begr. Reg-Entwurf zur 8. GWB-Novelle, BT-Drucks. 17/9852, S. 30 f.
[11] *Thomas* in: Immenga/Mestmäcker, GWB, § 41 Rn. 64; *Bechtold/Bosch,* GWB, § 41 Rn. 10.
[12] Begr. Reg-Entwurf zur 8. GWB-Novelle, BT-Drucks. 17/9852, S. 31.
[13] *Thomas* in: Immenga/Mestmäcker, GWB, § 41 Rn. 64; enger *Kallfaß* in: Langen/Bunte, Kommentar zum deutschen und europäischen Kartellrecht, § 41 Rn. 3.
[14] *Thomas* in: Immenga/Mestmäcker, GWB, § 41 Rn. 16.
[15] *Bosse* BB 1980, 808, 810.
[16] Begr. Reg.-Entwurf, BT-Drucks. 15/3640 S. 59.

soll derartige sukzessive Erwerbsvorgänge auch dann ermöglichen, wenn die Gesamttransaktion bei einer vorherigen Anmeldung bekannt würde und dadurch gefährdet wäre („schleichende Übernahme"). Dieses Schutzbedürfnis besteht nur, wenn mehrere Veräußerer an den Erwerbsvorgängen beteiligt sind. Voraussetzung für die Befreiung vom Vollzugsverbot ist, dass der Erwerb unverzüglich nachträglich angemeldet wird, sobald der Erwerb bekannt werden darf.[17] Die Befreiung vom Vollzugsverbot erfordert darüber hinaus, dass die mit den Anteilen verbundenen Stimmrechte bis zur Freigabe nicht ausgeübt werden. Das Vollzugsverbot wird damit auf ein Verbot der Stimmrechtsausübung reduziert.[18] Hiervon ausgenommen bleibt Altbesitz, weil dieser von einer späteren Untersagung nicht berührt wird und deshalb auch nicht einer Entflechtung unterliegt. Dies gilt selbst dann, wenn aufgrund der Stimmrechtslosigkeit der zu erwerbenden Aktien der Altbesitz so aufgewertet wird, dass damit vorübergehend ein Mehrheitseinfluss verbunden ist.[19] Ein Zusammenschlusstatbestand gemäß § 37 Abs. 1 GWB wird insoweit aufgrund der fehlenden Dauerhaftigkeit der vorübergehenden Kontrolle nicht verwirklicht.[20] Ist zur Erhaltung des vollen Werts der Investition eine Ausübung der Stimmrechte erforderlich, kann insoweit auf Antrag eine Befreiung vom Vollzugsverbot gewährt werden.

4. Befreiung vom Vollzugsverbot

8 Nach Abs. 2 kann das Bundeskartellamt vom Vollzugsverbot befreien. Diese Regelung ist nach dem Vorbild des Art. 7 Abs. 4 FKVO in das Gesetz aufgenommen worden. Die Befreiung ist nur möglich, wenn wichtige Gründe bestehen, insbesondere um schwere Schäden von den beteiligten Unternehmen oder Dritten abzuwenden. Geringe Schäden oder Nachteile, die sich aus dem generellen Vollzugsverbot ergeben, reichen nicht aus.[21] Wegen des Grundsatzes der präventiven Fusionskontrolle ist die Befreiung vom Vollzugsverbot auf Ausnahmesituationen zu beschränken. In Betracht kommen hier vor allem Sanierungsfunktionen und Auslandszusammenschlüsse, wenn die Unternehmen wegen besonderer Umstände nicht in der Lage sind, die nach § 39 Abs. 3 erforderlichen Angaben vor dem Vollzug zu machen. Entsprechend dem Wortlaut von Abs. 2 kann die Befreiung auch durch drohende Schäden oder Nachteile für Dritte, z. B. Kunden oder Lieferanten der Zusammenschlussbeteiligten, gerechtfertigt sein.[22]

9 Eine Befreiung vom Vollzugsverbot ist nicht erforderlich, wenn die drohenden Schäden auch durch eine schnelle Freigabe abgewendet werden können. Anders als ursprünglich erwartet, kommt die Befreiung daher eher bei kritischen Fällen in Frage, in denen mit einer langen Verfahrensdauer zu rechnen ist. Eine Befreiung kommt jedoch nicht in Frage, wenn von vornherein feststeht, dass der Zusammenschluss untersagt werden muss. Das Bundeskartellamt muss daher seine Prognose über den voraussichtlichen Ausgang des Fusionskontrollverfahrens in die Entscheidung über die Befreiung nach Abs. 2 einbeziehen.[23]

10 Abs. 2 enthält eine abschließende Spezialregelung für die Freistellung vom gesetzlichen Vollzugsverbot.[24] Die Befreiung kann daher nicht im Wege des einstweiligen Rechtsschut-

---

[17] *Bechtold/Bosch,* GWB, § 41 Rn. 16: zwei Wochen nach Bekanntwerden; ähnlich *Thomas* in: Immenga/Mestmäcker, GWB, § 41 Rn. 99.

[18] Begr. Reg-Entwurf zur 8. GWB-Novelle, BT-Drucks. 17/9852, S. 31.

[19] *Bechtold/Bosch,* GWB, § 41 Rn. 16; a. A. *Kallfaß* in: Langen/Bunte, Kommentar zum deutschen und europäischen Kartellrecht, § 41 Rn. 5; *Thomas* in: Immenga/Mestmäcker, GWB, § 41 Rn. 104.

[20] *Bechtold/Bosch,* GWB, § 41 Rn. 16; a. A. *Thomas* in: Immenga/Mestmäcker, GWB, § 41 Rn. 104f.

[21] TB 2001/2002, BT-Drucks. 15/1226 S. 25.

[22] Vgl. BKartA Beschluss vom 26. September 2001 B9–100/01 – *Deutsche Post/trans-o-flex;* Beschluss vom 31. Oktober 2001 B7–206/01 – *T-Venture/next-net.*

[23] *Bechtold/Bosch,* GWB, § 41 Rn. 19.

[24] OLG Düsseldorf, WuW/DE-R 2069, 2072f. – *Phonak/Resound.*

zes nach §§ 60, 64 Abs. 3 S. 1 geltend gemacht werden, sondern nur in dem Verfahren nach § 41 Abs. 2.[25]

Die Befreiung wird auf Antrag der am Zusammenschluss beteiligten Unternehmen erteilt. Daneben sind antragsberechtigt auch Dritte, von denen durch die Befreiung Schäden abgewendet werden sollen, z. B. der Veräußerer im Falle eines Zusammenschlusses durch Anteilserwerb.[26] Der Antrag kann bereits vor der Anmeldung gestellt werden. Das Bundeskartellamt entscheidet über die Befreiung nach pflichtgemäßem Ermessen unter Beachtung des Verhältnismäßigkeitsgrundsatzes. Dabei hat das Bundeskartellamt die geltend gemachten Interessen mit dem durch das Vollzugsverbot geschützten öffentlichen Interesse abzuwägen, auch zeitlich begrenzte marktbeherrschende Stellungen zu verhindern und die Entflechtung bereits vollzogener Zusammenschlüsse zu vermeiden.[27] Das Bundeskartellamt muss daher insbesondere das Gewicht des geltend gemachten Schadens, das Ausmaß der Gefährdung des Wettbewerbs infolge der Befreiung sowie die voraussichtlichen Schwierigkeiten einer nachträglichen Auflösung berücksichtigen.[28] Die Darlegungs- und Beweislast für das Vorliegen wichtiger Gründe tragen die Unternehmen. 11

5. Bedingungen und Auflagen

Das Bundeskartellamt kann die Befreiung nach Abs. 2 Satz 2 mit Bedingungen und Auflagen versehen, um die Beeinträchtigung des Wettbewerbs infolge der Aufhebung des Vollzugsverbots möglichst gering zu halten. Infolge ihrer vorübergehenden Geltungsdauer für den Zeitraum des Fusionskontrollverfahrens sind diese Auflagen und Bedingungen nicht auf strukturelle Maßnahmen beschränkt, sondern können sich auf das Verhalten der Unternehmen beziehen.[29] Das Bundeskartellamt kann daher Auflagen oder Bedingungen vorsehen, mit denen z. B. die Ausübung von Stimmrechten oder die Übertragung von Kundenbeziehungen untersagt wird, um den Einfluss auf das Wettbewerbsverhalten des Zielunternehmens zu begrenzen, oder die Eingliederung erworbener Vermögenswerte verbieten, um die Entflechtung im Falle einer späteren Untersagung nicht zu erschweren.[30] Nach Abs. 2 Satz 3 in Verbindung mit § 40 Abs. 3a) kann die Befreiung widerrufen oder geändert werden, wenn die beteiligten Unternehmen einer Auflage oder Bedingung zuwiderhandeln oder wenn die Befreiung mit unrichtigen Angaben oder durch arglistiges Handeln herbeigeführt worden ist. 12

III. Entflechtung (Abs. 3)

1. Allgemeines

Abs. 3 regelt die Auflösung vollzogener Zusammenschlüsse, die die Untersagungsvoraussetzungen des § 36 Abs. 1 erfüllen. Seit der Ausweitung der präventiven Fusionskontrolle und des Vollzugsverbots auf sämtliche fusionskontrollpflichtigen Zusammenschlüsse im Rahmen der 6. GWB-Novelle kommen für eine Auflösung nach Abs. 3 in erster Linie Zusammenschlüsse in Frage, die unter Verstoß gegen das Vollzugsverbot vor der Freigabe durch das Bundeskartellamt oder dem Ablauf der Untersagungsfrist vollzogen wurden. Zu einer Auflösung kann es daneben nach einem zulässigen Vollzug aufgrund einer Befreiung vom Vollzugsverbot gemäß Abs. 2 Satz 1 im Fall der Untersagung sowie im Falle des Wi- 13

[25] OLG Düsseldorf, WuW/DE-R 2069, 2072 f. – *Phonak/Resound.*
[26] *Bechtold/Bosch,* GWB, § 40 Rn. 21.
[27] *Thomas* in: Immenga/Mestmäcker, GWB, § 41 Rn. 119; *Bechtold/Bosch,* GWB, § 41 Rn. 21.
[28] TB 2001/2002, BT-Drucks. 15/1226 S. 25 ff.
[29] TB 2001/2002, a. a. O. S. 26.
[30] BKartA Beschluss vom 6. November 2002 B4–211/02 – *M+W Zander/Krantz-TKT;* Beschluss vom 30. April 2002 B9–47/02 – *Lufthansa/Augsburg Airways; Kallfaß* in: Langen/Bunte, Kommentar zum deutschen und europäischen Kartellrecht, § 41 Rn. 7.

derrufs oder der gerichtlichen Aufhebung einer Freigabe gemäß § 40 Abs. 2 oder einer Ministererlaubnis gemäß § 42 Abs. 1 kommen. Mit der Änderung von Abs. 3 S. 1 durch die 7. GWB-Novelle gegenüber dem bisherigen Wortlaut, wonach sich die Auflösungsverpflichtung auf die Fälle der Untersagung oder des Widerrufs der Freigabe eines Zusammenschlusses bezog, sollte die umfassende Geltung der Auflösungsverpflichtung für sämtliche Fallgestaltungen eines materiellen Verstoßes gegen § 36 Abs. 1, insbesondere für den fehlenden Eintritt aufschiebender bzw. der Eintritt auflösender Bedingungen einer Freigabe, zum Ausdruck gebracht werden.[31] Das Bundeskartellamt änderte daraufhin seine bisherige Entscheidungspraxis und ging dazu über, die Voraussetzungen für die Untersagung eines nach Vollzug angemeldeten Zusammenschlusses nicht mehr in einem Untersagungsverfahren, sondern unmittelbar im Rahmen des Entflechtungsverfahrens nach Abs. 3 zu prüfen.[32] Nach zutreffender Auffassung bestand eine Auflösungsverpflichtung nach Abs. 3 jedoch erst dann, wenn zuvor im Rahmen eines Untersagungsverfahrens eine rechtskräftige Untersagungsverfügung ergangen war.[33] Mit der Einfügung von Abs. 1 S. 3 Nr. 3 durch die 8. GWB-Novelle hat der Gesetzgeber die Praxis des Bundeskartellamtes bestätigt. Bei vollzogenen Zusammenschlüssen findet somit unmittelbar ein vom Gesetzgeber ausdrücklich so bezeichnetes Entflechtungsverfahren statt. Die Fristen des § 40 GWB gelten im Entflechtungsverfahren nicht. Der Gesetzgeber geht jedoch davon aus, dass nach Eingang der Anzeige des Vollzugs eines nicht angemeldeten Zusammenschlusses das Bundeskartellamt das Entflechtungsverfahren einleiten und in angemessener Zeit abschließen sowie den Unternehmen das Ergebnis der Prüfung mitteilen wird.[34] Abs. 3 und 4 finden gemäß § 172a Abs. 2 S. 4 SGB V keine Anwendung auf vollzogene Zusammenschlüsse von gesetzlichen Krankenkassen. Zur Begründung wird in den Gesetzgebungsmaterialen angeführt, dass die freiwillige Vereinigung gesetzlicher Krankenkassen zu ihrer Wirksamkeit der Genehmigung durch die zuständigen Aufsichtsbehörden bedarf und nur schwer rückgängig gemacht werden kann.[35] Abs. 3 gilt grundsätzlich auch für **Auslandszusammenschlüsse,** sofern sie sich im Geltungsbereich des GWB auswirken. Eine Entflechtung kann aber nur soweit vorgenommen werden, wie die Inlandsauswirkungen dadurch beseitigt werden.[36]

2. Voraussetzungen

14 Die Verpflichtung nach Abs. 3 Satz 1, einen ganz oder teilweise vollzogenen Zusammenschluss aufzulösen, entsteht nicht aufgrund einer entsprechenden Anordnung des Bundeskartellamts.[37] Die Auflösungsverpflichtung setzt lediglich voraus, dass die Untersagungsvoraussetzungen nach § 36 Abs. 1 vorliegen oder dass ein Antrag auf Ministererlaubnis abgelehnt bzw. eine bereits erteilte Ministererlaubnis gemäß § 42 Abs. 2 zurückgenommen wurde. Kommen die Unternehmen ihrer Verpflichtung nicht oder nicht in hinreichendem Maße nach, hat das Bundeskartellamt nach Abs. 3 Satz 2 die zur Auflösung erforderlichen Maßnahmen anzuordnen. Die gerichtliche Aufhebung einer Freigabe nach § 40 Abs. 6 begründet hingegen noch keine Auflösungsverpflichtung, da mit der Aufhebung der Freigabe noch nicht feststeht, ob die Untersagungsvoraussetzungen erfüllt sind.

[31] Begr. Reg.-Entw., BT-Drucks. 15/3640 S. 59.

[32] BKartA, Mitteilung v. 13.5.2008.

[33] Vgl. die Nachweise bei *Bechtold/Bosch,* GWB, § 41 Rn. 25; *Thomas* in: Immenga/Mestmäcker, GWB, § 41 Rn. 127 ff.

[34] Begr. Reg-Entwurf zur 8. GWB-Novelle, BT-Drucks. 17/9852, S. 31.

[35] Begr. Reg-Entwurf zur 8. GWB-Novelle, BT-Drucks. 17/9852, S. 37 f.

[36] So die Praxis: WuW/E OLG 3051 ff. – *Morris/Rothmans;* WuW/E BKartA 1653, 1657 – *Babcock/Artos.*

[37] Str. *Kallfaß* in: Langen/Bunte, Kommentar zum deutschen und europäischen Kartellrecht, § 41 Rn. 9 f.; anderer Ansicht *Thomas* in: Immenga/Mestmäcker, GWB, § 41 Rn. 148 ff.; *Bechtold/Bosch,* GWB, § 41 Rn. 28.

Die Auflösung hat nach Abs. 3 Satz 1 zu erfolgen, wenn die Untersagungsvoraussetzungen des § 36 Abs. 1 erfüllt sind und keine Ministererlaubnis nach § 42 Abs. 1 erteilt worden ist. Die Auflösungsverpflichtung kann daher nicht vor Ablauf der Frist für die Beantragung der Ministererlaubnis nach § 42 Abs. 3 entstehen. Bis zur 6. GWB-Novelle wurde die **Unanfechtbarkeit der Untersagungsverfügung** nach § 24 Abs. 6 S. 2 a. F. ausdrücklich vorausgesetzt. Die Gesetzesbegründung der 6. GWB-Novelle, wonach die Voraussetzung der Unanfechtbarkeit der Untersagungsverfügung „im Hinblick auf das generell geltende Vollzugsverbot entbehrlich" geworden sei,[38] ließ nicht klar erkennen, ob insoweit eine Änderung beabsichtigt war. Das Bundeskartellamt folgert aus der Änderung des Wortlauts von Abs. 3 S. 1 durch die 7. GWB-Novelle, die auf das Vorliegen der Untersagungsvoraussetzungen des § 36 Abs. 1 abstellt, dass die Anordnung der Auflösung nunmehr nicht einmal eine vorherige Untersagungsverfügung erfordert und verbindet demgemäß regelmäßig die Untersagungsverfügung mit der Auflösungsanordnung.[39] Diese Praxis wurde durch die 8. GWB-Novelle mit der Einfügung von Abs. 1 S. 3 Nr. 3 bestätigt. 15

3. Auflösungsanordnung

Nach Abs. 3 S. 2 hat das Bundeskartellamt die zur Auflösung des Zusammenschlusses erforderlichen Maßnahmen anzuordnen. Die **Auflösungsanordnung** muss dem Bestimmtheitsgebot genügen. Sie muss daher klar zum Ausdruck bringen, welche konkreten Maßnahmen von den Unternehmen zum Zwecke der Entflechtung zu veranlassen sind.[40] Das Bundeskartellamt kann auch im Einvernehmen mit den betroffenen Unternehmen geeignete Maßnahmen festlegen und ggf. im Wege öffentlich-rechtlicher Verträge vereinbaren.[41] 16

Adressaten der Auflösungsverfügung sind die in der Untersagungsverfügung genannten Unternehmen,[42] bei Anordnung der Rücknahme einer Beteiligung auch der Veräußerer, sofern er zur Rücknahme objektiv imstande ist.[43] Ungeklärt ist, inwieweit die Auflösungsanordnung darüber hinaus nach den Grundsätzen der verwaltungsrechtlichen Störerhaftung auch gegen am Zusammenschluss nicht beteiligte Dritte gerichtet werden kann.[44] 17

Eine Auflösungsanordnung ist nicht erforderlich und daher unzulässig, wenn die betroffenen Unternehmen den vollzogenen Zusammenschluss, z. B. durch teilweise Rückführung der übertragenen Beteiligung, bereits so verändert haben, dass kein fusionskontrollpflichtiger Zusammenschlusstatbestand im Sinne des § 37 Abs. 1 mehr vorliegt,[45] die Anwendbarkeitsvoraussetzungen der Fusionskontrolle nach § 35 nicht mehr gegeben sind oder die Untersagungsvoraussetzungen nach § 36 Abs. 1 nachträglich entfallen.[46] Andererseits darf eine Auflösungsverfügung nicht allein deshalb unterbleiben, weil die rein formale 18

---

[38] Vgl. Regierungsbegründung zur 6. GWB-Novelle Bundestagsdrucksache 13/9720 zu § 41 Abs. 3.

[39] WuW/E DE-V 1340 ff. – *Sulzer/Kelmix;* Beschluss v. 28.2.2008 B 5 – 198/07 – *A-Tec Industries;* vgl. auch Mitteilung des Bundeskartellamts zur Behandlung nachträglich angemeldeter Zusammenschlüsse.

[40] BGH, WuW/E BGH 2211, 2217 – *Morris-Rothmans;* WuW/E 2031, 2032 – *Springer/Elbe-Wochenblatt II.*

[41] Begr. zum RegE BT-Drucks. VI/2520, S. 32; *Loewenheim/Belke* § 24 Rn. 112; *Kleinmann/Bechtold/Bosch,* GWB, § 24 Rn. 404; *Thomas* in: Immenga/Mestmäker, GWB, § 41 Rn. 164.

[42] BGH, WuW/E 2031, 2034 – *Springer/Elbe-Wochenblatt II.*

[43] KG, WuW 2753, 2763 – *Springer/Elbe-Wochenblatt II; Kallfaß* in: Langen/Bunte, Kommentar zum deutschen und europäischen Kartellrecht, § 41 Rn. 14.

[44] *Thomas* in: Immenga/Mestmäcker, GWB, § 41 Rn. 166; KG, WuW 2753, 2763 – *Springer/Elbe-Wochenblatt II.*

[45] BGH WuW/E BGH 2031 – *Springer/Elbe-Wochenblatt;* WuW/E BGH 2211, 2213 f. – *Morris/Rothmans; Kleinmann/Bechtold,* GWB, § 24 Rn. 391.

[46] KG, WuW/E 2753, 2755 – *Springer/Elbe-Wochenblatt; Ball/Wissel,* WuW 1980, 238; *Bechtold/Bosch,* GWB, § 41 Rn. 29.

Rückübertragung von Vermögensgegenständen bereits stattgefunden hat, solange die unzulässige Wettbewerbsbeschränkung fortbesteht.[47]

19 Ändern die Unternehmen den untersagten Zusammenschluss nachträglich in einer Weise, dass ein **anderer Zusammenschlusstatbestand** nach § 37 Abs. 1 vorliegt, ist eine Auflösungsanordnung unzulässig, da der geänderte Zusammenschluss nicht von der Untersagung umfasst wird.[48] Der Einwand, hierdurch werde den unabhängig von der geänderten gesellschaftsrechtlichen Gestaltung fortbestehenden Auswirkungen des Zusammenschlusses auf die Marktstruktur nicht hinreichend Rechnung getragen und letztlich die Fusionskontrolle zur Disposition der Unternehmen gestellt,[49] überzeugt nicht, da der Vollzug des geänderten Zusammenschlusses seinerseits dem Vollzugsverbot und den an dessen Verletzung geknüpften zivil- und verwaltungsrechtlichen Sanktionen unterliegt.

4. Inhalt der Anordnung

20 Ziel der Auflösungsverfügung ist es, die durch den Zusammenschluss eingetretene Wettbewerbsbeschränkung zu beseitigen. Demgegenüber ist die formale **Wiederherstellung des früheren Zustands,** von der das Gesetz als Regelfall der Auflösung ausgeht,[50] vgl. Abs. 3 S. 3, nicht ausschlaggebend.[51] Dementsprechend genießt die Rückabwicklung des Zusammenschlusses nach h. M. keinen generellen Vorrang gegenüber anderen Maßnahmen zur Beseitigung der Wettbewerbsbeschränkung.[52] Das Bundeskartellamt hat einen **Ermessensspielraum** hinsichtlich der zur Auflösung des Zusammenschlusses anzuordnenden Maßnahmen. Dabei hat es den Grundsatz der **Verhältnismäßigkeit** sowie die Belange Dritter zu beachten. Die angeordneten Maßnahmen müssen daher geeignet und erforderlich sein, die durch den Zusammenschluss verursachte Wettbewerbsbeschränkung soweit zu beseitigen, dass die formellen oder materiellen Untersagungsvoraussetzungen nicht mehr vorliegen. Stehen mehrere geeignete Maßnahmen zur Verfügung, hat das Bundeskartellamt diejenigen Maßnahmen anzuordnen, die die Unternehmen am wenigsten belasten.[53] Das Bundeskartellamt kann auch alternative Maßnahmen anordnen, um den beteiligten Unternehmen die Möglichkeit zu lassen, die für sie einfachere und wirtschaftlich sinnvollere Maßnahme zu wählen.[54]

21 Die Rückabwicklung eines Zusammenschlusses kommt nicht in Betracht, wenn bereits eine teilweise Auflösung die erhebliche Behinderung wirksamen Wettbewerbs beseitigt.[55] Ist durch eine derartige Rückführung des Zusammenschlusses die Wettbewerbsbeschränkung beseitigt oder liegt danach kein unter § 35 fallender Zusammenschlusstatbestand mehr vor, so ist eine weitergehende Auflösungsverfügung zur Restitution des ursprünglichen Zustands rechtswidrig.

22 Das Bundeskartellamt kann auch den Veräußerer eines Unternehmens verpflichten, das veräußerte Unternehmen zurückzunehmen.[56] Eine solche Anordnung ist jedoch nicht zu-

---

[47] BGH WuW/E BGH 2425, 2427 f. – *Niederrheinische Anzeigenblätter; Niederleithinger,* Schwerpunkte 1985/86, S. 57.

[48] BGH WuW/E BGH 2211 – *Morris/Rothmans.*

[49] *Kallfaß* in: Langen/Bunte, Kommentar zum deutschen und europäischen Kartellrecht, § 41 Rn. 13; *Niederleithinger,* Schwerpunkte 1985/86, S. 57; *Emmerich* AG 1986, 358 f.

[50] KG WuW/E OLG 4558 f. – *Kampffmeyer/Plange.*

[51] KG WuW/E DE-R 181, 182 – *TLZ.*

[52] KG, WuW/E OLG 1989, 1993 – *Zementmahlanlage; Kallfaß* in: Langen/Bunte, Kommentar zum deutschen und europäischen Kartellrecht, § 41 Rn. 11; *Kleinmann/Bechtold,* GWB, § 24 Rn. 391 ff.; *Loewenheim/Belke* § 24 Rn. 113; *Thomas* in: Immenga/Mestmäcker, GWB, § 41 Rn. 157.

[53] *Kallfaß* in: Langen/Bunte, Kommentar zum deutschen und europäischen Kartellrecht, § 41 Rn. 12.

[54] BKartA, WuW/E DE-V 1340 ff. – *Sulzer/Kelmix/Werfo;* B 5 198/07 – A-Tec Industries.

[55] KG, WuW/E OLG 2753 – *Springer/Elbe-Wochenblatt II.*

[56] WuW/E OLG 2753, 2763 – *Springer/Elbe-Wochenblatt II; Thomas* in: Immenga/Mestmäcker, GWB, § 41 Rn. 165; *K. Schmidt* WuW 1976, 631; *Möschel,* ZGR 1984, 655, 668.

lässig, wenn eine **Rücknahme durch den Veräußerer** nicht möglich ist oder nicht zur Beseitigung der eingetretenen Wettbewerbsbeschränkung führen würde, oder wenn der Zusammenschluss auch durch die Übertragung des Unternehmens auf einen geeigneten Dritten aufgelöst werden kann.[57] Umgekehrt begründet die Auflösungsanordnung des Bundeskartellamts jedenfalls solange **keinen Anspruch des Veräußerers auf Rückübertragung** des von ihm veräußerten Unternehmens, wie dem Erwerber noch andere Möglichkeiten zur Beseitigung der Wettbewerbsbeschränkung verbleiben.[58] Etwas anderes gilt, wenn der Veräußerer sich den Rückerwerb für den Fall einer Untersagung der Veräußerung vertraglich vorbehalten hat.

5. Durchsetzung

Die Auflösungsanordnung gemäß Abs. 3 S. 2 hat keine rechtsgestaltende Wirkung und **23**
muss daher mit Zwangsmitteln durchgesetzt werden, wenn die Unternehmen die angeordneten Maßnahmen nicht freiwillig umsetzen. Nach Abs. 4 kann das Bundeskartellamt zu diesem Zweck insbesondere die Ausübung von Stimmrechten aus den Anteilen an einem beteiligten Unternehmen untersagen oder einschränken, Abs. 4 Nr. 2, und einen Treuhänder zur Auflösung des Zusammenschlusses bestellen, Abs. 4 Nr. 3. Der Treuhänder unterliegt den Weisungen des Bundeskartellamts, das den Umfang seiner Befugnisse zu bestimmen hat.[59] Er ist vergleichbar mit einem Insolvenzverwalter.[60] Er ist berechtigt, zur Auflösung des Zusammenschlusses die erforderlichen Willenserklärungen abzugeben und die erforderlichen Handlungen selbst vorzunehmen. Daneben kann das Bundeskartellamt auch auf die nach den Vorschriften des VwVG für die allgemeine Verwaltungsvollstreckung zur Verfügung stehenden Zwangsmittel zurückgreifen. Die bislang in Abs. 4 Nr. 1 vorgesehene Möglichkeit der Festsetzung von Zwangsgeldern über den Rahmen des § 11 VwVG hinaus, ist nunmehr in § 86a geregelt. Alle Zwangsmittel dürfen erst nach einer angemessenen Frist und entsprechender Androhung angewendet werden.[61]

6. Rechtsschutz

Die Auflösungsverfügung ist mit der Beschwerde gemäß § 63 Abs. 1 anfechtbar. Die Be- **24**
schwerde hat nach § 64 Abs. 1 keine aufschiebende Wirkung. Das Bundeskartellamt kann aber die Aussetzung der Vollziehung nach § 65 Abs. 3 S. 2 anordnen.

§ 42 Ministererlaubnis

(1) [1]**Der Bundesminister für Wirtschaft und Energie erteilt auf Antrag die Erlaubnis zu einem vom Bundeskartellamt untersagten Zusammenschluss, wenn im Einzelfall die Wettbewerbsbeschränkung von gesamtwirtschaftlichen Vorteilen des Zusammenschlusses aufgewogen wird oder der Zusammenschluss durch ein überragendes Interesse der Allgemeinheit gerechtfertigt ist.** [2]**Hierbei ist auch die Wettbewerbsfähigkeit der beteiligten Unternehmen auf Märkten außerhalb des Geltungsbereichs dieses Gesetzes zu berücksichtigen.** [3]**Die Erlaubnis darf nur erteilt werden, wenn durch das Ausmaß der Wettbewerbsbeschränkung die marktwirtschaftliche Ordnung nicht gefährdet wird.**

---

[57] *Kallfaß* in: Langen/Bunte, Kommentar zum deutschen und europäischen Kartellrecht, § 41 Rn. 11.

[58] BGH WuW/E BGH 1556 – *Weichschaum III;* WuW/E OLG 1637 ff. 1758 ff., – *Weichschaum I + II.*

[59] *Thomas* in: Immenga/Mestmäcker, GWB, § 41 Rn. 173; vgl. auch Mustertexte des Bundeskartellamts für Nebenbestimmungen und Treuhändervertrag unter www.bundeskartellamt.de/wDeutsch/merkblaetter/Fusionskontrolle/MerkblFusion.php.

[60] *Kleinmann/Bechtold,* GWB, § 24 Rn. 414.

[61] *Kuhn* in: FK § 41 Rn. 114.

(2) [1]**Die Erlaubnis kann mit Bedingungen und Auflagen verbunden werden.** [2]**§ 40 Absatz 3 Satz 2 und Absatz 3a gilt entsprechend.**

(3) [1]**Der Antrag ist innerhalb einer Frist von einem Monat seit Zustellung der Untersagung oder einer Auflösungsanordnung nach § 41 Absatz 3 Satz 1 ohne vorherige Untersagung beim Bundesministerium für Wirtschaft und Energie schriftlich zu stellen.** [2]**Wird die Untersagung angefochten, beginnt die Frist in dem Zeitpunkt, in dem die Untersagung unanfechtbar wird.** [3]**Wird die Auflösungsanordnung nach § 41 Absatz 3 Satz 1 angefochten, beginnt die Frist zu dem Zeitpunkt, zu dem die Auflösungsanordnung unanfechtbar wird.**

(4) [1]**Der Bundesminister für Wirtschaft und Energie soll über den Antrag innerhalb von vier Monaten entscheiden.** [2]**Vor der Entscheidung ist eine Stellungnahme der Monopolkommission einzuholen und den obersten Landesbehörden, in deren Gebiet die beteiligten Unternehmen ihren Sitz haben, Gelegenheit zur Stellungnahme zu geben.**

Übersicht

Schrifttum: BMWi, Erfahrungsberichte zur Ministererlaubnis, WuW 1986, 788; 1992, 925; *Bartram,* Zur Problematik der „Ministererlaubnis", WuW 1979, 372; *Dreher,* Deutsche Ministererlaubnis in der Zusammenschlusskontrolle und europäisches Kartellrecht, WuW 2002, S. 828; *Droege,* Fusionskontrolle und Verfahren – verfahrene Fusionskontrolle?, WuW 2002, S. 930; *Immenga,* Nationale Fusionskontrolle, Auslandswettbewerb und die Erhaltung internationaler Wettbewerbsfähigkeit, AWD 1981, 577; *Kappes,* Nebenbestimmungen im Fusionskontrollrecht, 1. Auflage, Berlin 2002; *Kartte/Röhling,* Fusionskontrolle durch den Bundesminister für Wirtschaft, in: Auslegungsfragen, FIW-Schriftenreihe Heft 66, S. 91; *Knöpfle, R.,* Gesamtwirtschaftliche Vorteile eines Zusammenschlusses und überragendes Interesse der Allgemeinheit als Zulassungskriterien, WuW 1974, 5; *Lentfer,* Verstöße gegen Auflagen von Genehmigungen gemäß § 24 Abs. 3 GWB, WuW 1998, 227; *Lettl,* Fusionskontrolle im GWB nach der 8. GWB-Novelle, WuW 2013, 706.

I. Allgemeines

1. Bedeutung

1 Für die Schaffung der Ministererlaubnis durch die 2. GWB-Novelle 1973 war die Befürchtung des Gesetzgebers ausschlaggebend, die Abwägungsklausel des § 36 Abs. 1 (§ 24 Abs. 1 a. F.) werde allein nicht ausreichen, um in sämtlichen Fusionsfällen eine auch mit dem Allgemeininteresse übereinstimmende Entscheidung zu treffen.[1] Mit dem Instrument der Ministererlaubnis soll daher im Einzelfall der Ausgleich von wettbewerblichem und außerwettbewerblichem Interesse im Wege einer politisch verantworteten Ausnahmegenehmigung ermöglicht werden.[2] Von den bisher 22 Anträgen auf Ministererlaubnis hatten

[1] Begr. zum RegE, BT-Drucks. VI/2520, S. 31.

[2] Vgl. Pressemitteilung des BMWA v. 4.3.2003, „Entwurf von Eckwerten einer 7. GWB-Novelle", Ziffer V. 1.

acht Erfolg,[3] sechs wurden abgelehnt[4] und sieben wurden zurückgezogen.[5] Von den acht erteilten Ministererlaubnissen wurden fünf unter Beschränkungen bzw. Bedingungen und Auflagen erteilt.[6] Der bislang letzte Antrag auf Ministererlaubnis wurde im April 2015 nach der Untersagung des beabsichtigten Erwerbs von rund 450 Kaiser's Tengelmann Filialen durch Edeka gestellt.[7] Eine Entscheidung über diesen Antrag stand bei Redaktionsschluss noch aus. Durch die 9. ZuständigkeitsanpassungsVO und die GWB-Novelle 2007 wurde die bereits 2005 nach der Trennung von Wirtschafts- und Arbeitsministerium geänderte Bezeichnung des für die Erteilung der Ministererlaubnis zuständigen Ressorts (Minister bzw. Ministerium für Wirtschaft und Technologie) in die Vorschrift aufgenommen. Mit der 8. GWB-Novelle wurde in Abs. 3 klargestellt, dass eine Ministererlaubnis auch in einem Entflechtungsverfahren gemäß § 41 Abs. 3 erteilt werden kann.

2. Verfahrenstrennung

Ein Antrag auf Ministererlaubnis kann erst gestellt werden, wenn das Bundeskartellamt den Zusammenschluss zuvor untersagt hat. Dadurch entsteht eine deutliche Trennung der Verfahren. Während das Bundeskartellamt nach § 36 Abs. 1 nur wettbewerbliche Gesichtspunkte berücksichtigt, hat der Bundeswirtschaftsminister nur die **außerwettbewerblichen Aspekte** zu prüfen. Der Bundeswirtschaftsminister hat die vom Bundeskartellamt festgestellten Wettbewerbsbeschränkungen gegen die gesamtwirtschaftlichen Vorteile oder überragende Interessen der Allgemeinheit an dem Zusammenschluss abzuwägen und darüber zu entscheiden, ob die für den Zusammenschluss sprechenden Gründe des Gemeinwohls im Einzelfall das Interesse am Schutz des Wettbewerbs überwiegen. 2

Der Minister ist bei seiner Entscheidung über die Erlaubnis an die der Untersagungsverfügung des Bundeskartellamts zugrunde liegenden tatsächlichen und rechtlichen Feststellungen gebunden und daher insoweit nicht zur **Überprüfung der Entscheidung des Bundeskartellamts** befugt.[8] Der klaren Abgrenzung der Kompetenzen des Bundeskartellamts und des Bundeswirtschaftsministers entspricht die Trennung der Verwaltungs- und Rechtsmittelverfahren, vgl. § 63 Abs. 1 und 4.[9] Der Minister kann von den Feststellungen des Bundeskartellamts nur nach einer gerichtlichen Aufhebung der Untersagung abweichen, es sei denn die Feststellungen sind ausnahmsweise offensichtlich unplausibel, spekulativ oder widersprüchlich.[10] Die Möglichkeit, einen Antrag auf Ministererlaubnis schon vor einer gerichtlichen Überprüfung der Untersagungsverfügung des Bundeskartellamts zu stellen, soll nicht die Prüfungskompetenz des Ministers erweitern. Ungeachtet seiner Bin- 3

[3] WuW/E BWM 147 – *Veba/Gelsenberg;* WuW/E BWM 155 – *Babcock/Artos;* WuW/E BWM 159 – *Thyssen/Hüller;* WuW/E BWM 165 – *Veba/BP (Ruhrgas);* WuW/E BWM 177 – *IBH/Wibau;* WuW/E BWM 191 – *Daimler-Benz/MBB;* WuW/E DE-V 573, 643 – *E.ON/Ruhrgas;* zuletzt DE-V 1691 – *Universitätsklinikum Greifswald.*

[4] WuW/E BWM 149 – *VAW/Kaiser (Kapal);* WuW/E BWM 185 – *VEW-Ruhrkohle;* WuW/E BWM 207 – *MAN/Sulzer;* WuW/E BWM 213 – *BayWa/WLZ;* WuW/E BWM 225 – *PCS/Kali + Salz;* BWM v. 22.5.2006 – *Rhön-Grabfeld/Rhön-Klinikum* (Veröffentlicht unter http://www.bmwi.de/BMWi/Navigation/Presse/pressemitteilungen.did=133614.html).

[5] Vgl. die Zusammenstellung des BMWi, abrufbar unter http://www.bmwi.de/BMWi/Redaktion/PDF/Wettbewerbspolitik/antraege-auf-ministererlaubnis,property=pdf,bereich=bmwi,sprache=de,rwb=true.pdf.

[6] Unbeschränkte Erlaubnis wurde lediglich in den Fällen – *Veba/Gelsenberg, IBH/Wibau* und *Universitätsklinikum Greifswald* erteilt.

[7] Vgl. Bundeskartellamt, Pressemeldung v. 1.4.2015.

[8] H.M.: KG WuW/E 1937 – *Thyssen/Hüller;* WuW/E BWM 149 – *VAW/Kaiser;* Monopolkommission, Sondergutachten 3, S. 33 ff. Tz. 39 ff.; *Kallfaß* in: Langen/Bunte, Kommentar zum deutschen und europäischen Kartellrecht, § 42 Rn. 2; a. A. *Bechtold/Bosch,* GWB, § 42 Rn. 5.

[9] *Bartram* WuW 1979, S. 373 ff.

[10] WuW/E BWM 225, 226 – *Kali + Salz/PCS;* OLG Düsseldorf, WuW/E DE-R 926, 927 – *E.ON/Ruhrgas.*

dung an die Feststellungen des Bundeskartellamtes hat der Minister aber über das Gewicht der Wettbewerbsbeschränkung nach pflichtgemäßem Ermessen zu entscheiden.[11] Bei dieser Wertung darf der Minister auch wettbewerbspolitisch bedeutsame neue Tatsachen und Entwicklungen mit einbeziehen, die das Bundeskartellamt bei seiner Beurteilung noch nicht berücksichtigen konnte.[12]

II. Voraussetzungen

1. Allgemeines

4 Nach Abs. 1 S. 1 erteilt der Minister für Wirtschaft auf Antrag und gegebenenfalls unter Auflagen oder Bedingungen gemäß Abs. 2 die Erlaubnis zu einem Zusammenschluss, wenn die Wettbewerbsbeschränkung durch die gesamtwirtschaftlichen Vorteile des Zusammenschlusses aufgewogen oder durch ein überragendes Allgemeininteresse gerechtfertigt ist und das Ausmaß der Wettbewerbsbeschränkung nicht die marktwirtschaftliche Ordnung gefährdet. Die Begriffe der gesamtwirtschaftlichen Vorteile und des überragenden Interesses der Allgemeinheit sind unbestimmte Rechtsbegriffe, bei deren Auslegung der Minister einen weiten **Beurteilungsspielraum** genießt.[13] Sind die Voraussetzungen des Abs. 1 erfüllt, verbleibt dem Minister jedoch kein Entscheidungsermessen, sondern er muss die Erlaubnis erteilen. Die Abgrenzung zwischen der Tatbestandsalternative der gesamtwirtschaftlichen Vorteile und der des überragenden Interesses der Allgemeinheit ist nicht eindeutig.[14] Für die Anwendung der Vorschrift bleibt dies jedoch letztlich ohne Bedeutung.

2. Gesamtwirtschaftliche Vorteile

5 Der Begriff der **gesamtwirtschaftlichen Vorteile** ist im Gegensatz zu der Tatbestandsalternative des überwiegenden Allgemeininteresses auf die Berücksichtigung wirtschaftlicher Umstände beschränkt, entzieht sich darüber hinaus jedoch einer umfassenden Definition. Bloße einzelwirtschaftliche Vorteile, die ausschließlich den Zusammenschlussbeteiligten oder Dritten zugutekommen, sind nicht relevant. Sie schließen gesamtwirtschaftliche Vorteile jedoch auch nicht aus.[15] Es genügt, wenn nur einzelne Wirtschaftsbereiche oder Regionen Vorteile haben. Der Vorteil muss also nicht allen Beteiligten am Wirtschaftsleben zugutekommen.[16]

6 In der Entscheidungspraxis wurden als gesamtwirtschaftliche Vorteile berücksichtigt u. a. die Erhaltung wertvollen **technischen Know-hows**[17] und die **Verbesserung der Versorgungssicherheit,** z. B. bei der Energieversorgung,[18] daneben die Stabilisierung der Märkte für landwirtschaftliche Erzeugnisse[19] sowie die erfolgreiche Teilnahme am internationalen Wettbewerb im Baumaschinenbereich.[20] **Rationalisierungsvorteile** können nur ausnahmsweise einen gesamtwirtschaftlichen Vorteil begründen, wenn ihre Größenordnung die üblichen Rationalisierungspotentiale eines Zusammenschlusses übersteigt.[21] Für

---

[11] WuW/E BWM 165 – *Veba/BP.*

[12] WuW/E DE-V 573, 581; WuW/E 643, 648 – *E.ON/Ruhrgas.*

[13] *Kuhn* in:FK § 42 Rn. 21; *Thomas* in: Immenga/Mestmäcker, GWB, § 42 Rn. 83.

[14] *Kuhn* in: FK § 42 Rn. 21.

[15] *Kallfaß* in: Langen/Bunte, Kommentar zum deutschen und europäischen Kartellrecht, § 42 Rn. 4.

[16] Monopolkommission, Sondergutachten 31975, Rn. 85; *Kleinmann/Bechtold,* GWB, § 24 Rn. 301.

[17] WuW/E BWM 159, 162 – *Thyssen/Hüller.*

[18] WuW/E BWM 573, 584 – *E.ON/Ruhrgas.*

[19] WuW/E BWM 213, 222 – *BayWa AG/WLZ.*

[20] WuW/E BWM 177 ff. – *IHB/Wibau.*

[21] Monopolkommission, Sondergutachten 31975, Rn. 85; WuW/EBWM 149/152 – *VAW/Kaiser;* WuW/BWM 213, 223 – *BayWA AG/WLZ Raiffeisen AG.*

sich genommen nicht ohne weiteres geeignet, eine Erlaubnis zu rechtfertigen, ist auch die Erhaltung von **Arbeitsplätzen,** da die bloße Sicherung der Arbeitsplätze bei den Zusammenschlussbeteiligten in der Regel keine nachhaltigen Effekte auf die allgemeine Beschäftigungssituation erzeugt, sondern im Gegenteil zur Gefährdung von Arbeitsplätzen bei konkurrierenden Unternehmen führen kann.[22]

3. Überragendes Allgemeininteresse

Die Tatbestandsalternative des **überragenden Interesses der Allgemeinheit** erfasst über die gesamtwirtschaftlichen Vorteile hinaus auch nichtwirtschaftliche Gemeinwohlerwägungen. Damit ist im Rahmen des Allgemeininteresses auch die Berücksichtigung staats- und gesellschaftspolitischer Interessen und darüber hinaus sozial-, regional-, militär- oder gesundheitspolitischer Gründe möglich.[23] Einer ausufernden Anwendung der sehr dehnbaren Tatbestandsalternative wirkt die Beschränkung auf überragende Interessen entgegen, die alleine eine Erlaubnis rechtfertigen können. Ein überragendes Allgemeininteresse wurde bei Entlastung des Bundeshaushalts durch die Privatisierung eines Staatsunternehmens[24] und bei der Erreichung umweltpolitischer Ziele angenommen.[25] 7

4. Internationale Wettbewerbsfähigkeit

Nach Abs. 1 S. 2 ist bei der Entscheidung über die Erlaubnis auch die **internationale Wettbewerbsfähigkeit** der beteiligten Unternehmen zu berücksichtigen. Hierunter fällt sowohl die Erhaltung als auch der Ausbau der Wettbewerbsfähigkeit auf Auslandsmärkten.[26] Der Zusammenschluss muss unerlässlich sein, um die internationale Wettbewerbsfähigkeit der beteiligten Unternehmen dauerhaft zu sichern.[27] Es reicht aber aus, dass die Erhaltung oder Verbesserung der internationalen Wettbewerbsfähigkeit in Zukunft mit hinreichender Wahrscheinlichkeit eintritt.[28] Trotz der ausdrücklichen Erwähnung im Gesetz wird der Gesichtspunkt der internationalen Wettbewerbsfähigkeit in der Entscheidungspraxis nur zurückhaltend angewendet.[29] 8

5. Abwägung

Entsprechend dem **Ausnahmecharakter** des § 42 sind die Gemeinwohlvorteile des Zusammenschlusses nur insoweit zu berücksichtigen, als sie im Einzelfall ein **hinreichendes Gewicht** haben, konkret nachweisbar sind und wettbewerbskonforme Lösungen nicht zur Verfügung stehen.[30] Der Zusammenschluss muss daher für die Gemeinwohlvorteile **ursächlich** sein.[31] Nur kurzfristige Vorteile reichen nicht aus, da die Marktstruktur durch den Zusammenschluss dauerhaft verändert wird, so dass auch die Vorteile **dauerhaft** sein müssen. Je stärker die vom Bundeskartellamt festgestellten zu erwartenden Wettbewerbsbeschränkungen sind, desto größeres Gewicht müssen auch die entstehenden Gemeinwohlvorteile haben, um eine Erlaubnis für den Zusammenschluss zu rechtfertigen. Neben den Gemeinwohlvorteilen, die der Wirtschaftsminister selbst zu ermitteln hat, werden auch die 9

---

[22] WuW/E BWM 177, 180 – *IBH/WIBAU;* vgl. auch Erfahrungsbericht des BWM, WuW 1992, 925, 927 ff.; Monopolkommission, Sondergutachten 70, Rn. 225 ff., 227 – *Edeka/Tengelmann.*

[23] *Knöpfle* WuW 1974, 5, 17 ff.; *Bechtold/Bosch,* GWB, § 42 Rn. 9.

[24] WuW/E BWM 213 – *Daimler-Benz/MBB.*

[25] WuW/E BWM 573, 593 – *E.ON/Ruhrgas.*

[26] *Bechtold/Bosch,* GWB, § 42 Rn 10.

[27] WuW/E BWM 177, 179 f. – *IHB/Wibau;* WuW/E BWM 213, 223 – *BayWa AG/WLZ;* WuW/E BWM 225, 227 – *Kali + Salz/PCS;* WuW/E BWM 573, 584 – *E.ON/Ruhrgas.*

[28] WuW/E BWM 573, 584 – *E.ON/Ruhrgas.*

[29] WuW/E BWM 213, 223 – *BayWa AG/WLZ;* WuW/E BWM 177, 179 – *IHB/Wibau.*

[30] WuW/E BWM 213, 221 – *BayWa AG/WLZ.*

[31] *Bechtold/Bosch,* GWB, § 42 Rn. 8.

vom Bundeskartellamt gemäß § 36 Abs. 1 festgestellten, aber für eine Freigabe nicht ausreichenden wettbewerblichen Vorteile in die Abwägung einbezogen. Es reicht aus, dass die Abwägung keinen negativen Saldo ergibt. Die Vorteile müssen die Nachteile – anders als im Fall des § 36 Abs. 1 – nur aufwiegen, nicht überwiegen.

6. Gefährdung der marktwirtschaftlichen Ordnung

10 Die Erlaubnis darf nach Abs. 1 S. 3 nicht erteilt werden, wenn das Ausmaß der in der Untersagungsverfügung festgestellten Wettbewerbsbeschränkung die marktwirtschaftliche Ordnung gefährdet. Die Gefährdung der marktwirtschaftlichen Ordnung insgesamt bildet somit die äußerste Grenze für die Berücksichtigung der durch den Zusammenschluss ermöglichten Gemeinwohlvorteile. Eine Gefährdung der marktwirtschaftlichen Ordnung liegt nur dann vor, wenn durch den Zusammenschluss der Wettbewerb auf einem Markt ausgeschaltet wird, der für die Marktwirtschaft insgesamt von wesentlicher Bedeutung ist.[32] Die Gefährdung der wettbewerblichen Ordnung auf dem für die Untersagungsvoraussetzungen nach § 36 Abs. 1 relevanten Markt alleine ist hierfür nicht ausreichend.[33]

III. Bedingungen und Auflagen

1. Allgemeines

11 Nach Abs. 2 kann die Ministererlaubnis mit Bedingungen und Auflagen verbunden werden. Nach überwiegender Auffassung folgt die Zulässigkeit von Einschränkungen bereits aus Abs. 1 S. 1, der die Erlaubnis nur gestattet, soweit der Zusammenschluss durch die gesamtwirtschaftlichen Vorteile oder überragenden Allgemeininteressen gerechtfertigt ist.[34] Nur soweit dies nicht der Fall ist, muss und darf die Ministererlaubnis durch Bedingungen oder Auflagen beschränkt werden, um die Voraussetzungen für die Erlaubnis herzustellen. Es dürfen also keine Bedingungen und Auflagen angeordnet werden, wenn nach dem Ergebnis der Abwägung die Wettbewerbsbeschränkungen mit den Gemeinwohlvorteilen des Zusammenschlusses im Gleichgewicht sind.[35]

2. Bedingungen

12 Mit einer **Bedingung** wird das Wirksamwerden der Erlaubnis an den ungewissen Eintritt eines zukünftigen Ereignisses geknüpft.[36] Die Erlaubnis kann unter aufschiebenden oder auflösenden Bedingungen erteilt werden. Vor der 6. GWB-Novelle sah das Gesetz die Möglichkeit vor, die Erlaubnis mit **Beschränkungen** zu erteilen, vgl. § 24 Abs. 3 S. 3 a. F. Nach h. M. waren darunter auch Bedingungen zu verstehen. Darüber hinaus konnte die Erlaubnis auch auf Teile des Zusammenschlusses beschränkt werden.[37] Mit der Änderung der Vorschrift durch die 6. GWB-Novelle sollten die Befugnisse des Ministers insoweit nicht eingeschränkt werden.[38] Demnach ist die Beschränkung der Erlaubnis auf einen Teil des Zusammenschlusses ungeachtet der Frage, ob es sich dabei um eine Bedingung im Sinne des § 36 Abs. 2 Nr. 2 VwVfG handelt, nach wie vor zulässig, wenn der Zusammenschluss wirtschaftlich teilbar ist.[39] Mit der Beschränkung kann jedoch nicht der Inhalt der

---

[32] *Kuhn* in: FK § 42 Rn. 44.

[33] Allg. M., vgl. *Kallfaß* in: Langen/Bunte, Kommentar zum deutschen und europäischen Kartellrecht, § 42 Rn. 11.

[34] *Kallfaß* in: Langen/Bunte, Kommentar zum deutschen und europäischen Kartellrecht § 42 Rn. 12; *Bechtold/Bosch,* GWB, § 42 Rn. 12.

[35] *Kuhn* in: FK § 42 Rn. 58.

[36] Vgl. § 40 Rn. 30.

[37] WuW/E OLG 1937, 1941 – *Thyssen/Hüller.*

[38] Vgl. Reg.-Begr. Zur 6. GWB-Novelle, BT-Drucks. 13/9720 S. 61.

[39] *Kuhn* in: FK § 42 Rn. 61; *Bechtold/Bosch,* GWB, § 42 Rn. 13.

Erlaubnis ihrem Gegenstand nach gegenüber dem Antrag verändert werden, z.B. indem eine Mehrheitsbeteiligung auf eine Minderheitsbeteiligung zurückgeführt wird.[40]

3. Auflagen

Auflagen zu einem Verwaltungsakt verpflichten die beteiligten Unternehmen zu einem bestimmten Tun, Dulden oder Unterlassen. Im Gegensatz zu Bedingungen sind Auflagen selbständige Verwaltungsakte und als solche selbständig anfechtbar.[41] Gemäß Abs. 2 S. 2 i.V.m. § 40 Abs. 3 S. 2 dürfen Bedingungen und Auflagen **nur strukturelle** Maßnahmen zum Inhalt haben und nicht zu einer laufenden Verhaltenskontrolle führen.[42] In der Entscheidungspraxis ist überwiegend von Auflagen Gebrauch gemacht worden, mit denen die Veräußerung von Unternehmensteilen angeordnet wurde.[43] 13

Im Falle von Zuwiderhandlungen gegen Auflagen stehen dem Bundeswirtschaftsminister nach Abs. 2 S. 2 die in § 40 Abs. 3a geregelten Möglichkeiten der Durchsetzung zur Verfügung.[44] 14

IV. Verfahren

1. Erlaubnisantrag

Abs. 3 und 4 regeln die Einzelheiten des Erlaubnisverfahrens. Nach Abs. 3 wird die Erlaubnis auf Antrag erteilt. Antragsberechtigt sind die Unternehmen, gegen die sich die Untersagung richtet. Das sind die am Zusammenschluss beteiligten Unternehmen, und außerdem der Veräußerer im Falle des § 37 Abs. 1 Nr. 1 und 3. Der Antrag kann erst gestellt werden, wenn das Bundeskartellamt den Zusammenschluss untersagt hat. Er bedarf der Schriftform. Der Antrag ist innerhalb einer Frist von einem Monat seit Zustellung der Untersagung oder einer Auflösungsanordnung nach § 41 Abs. 3 S. 1 ohne vorherige Untersagung zu stellen, Abs. 3 S. 1. Wenn die Untersagung angefochten wird, beginnt die Antragsfrist für die Ministererlaubnis erst mit der Unanfechtbarkeit der Untersagung, Abs. 3 S. 2. Umgekehrt beginnt nach § 66 Abs. 3 S. 1 die Frist für die Anfechtung der Untersagung erst mit der Zustellung der Ablehnung der Ministererlaubnis. Die beteiligten Unternehmen können daher nach Abs. 3 S. 1 binnen der Monatsfrist nach der Untersagung des Vorhabens die Ministererlaubnis beantragen und im Falle der Ablehnung binnen eines Monats nach Zustellung des ablehnenden Bescheids Beschwerde gegen die Untersagungsverfügung einlegen, § 66 Abs. 3 S. 1. Sie können aber auch zunächst die Untersagungsverfügung angreifen und nach einer erfolglosen Beschwerde den Antrag auf Ministererlaubnis gemäß Abs. 3 S. 2 innerhalb der Monatsfrist nach Rechtskraft der Untersagung stellen. Wird die Auflösungsanordnung nach § 41 Abs. 3 S. 1 angefochten, beginnt die Frist gemäß Abs. 3 S. 3 zu dem Zeitpunkt, zu dem die Auflösungsanordnung unanfechtbar wird. 15

Im Rahmen der Fristen des Abs. 3 S. 1 und S. 2 sind die Unternehmen frei, zu welchem Zeitpunkt und in welcher Reihenfolge sie das Verfahren der Ministererlaubnis und die Anfechtung der Untersagungsverfügung betreiben.[45] Der Antrag auf Ministererlaubnis hindert die Unternehmen nicht daran, Beschwerde gegen die Untersagungsverfügung einzulegen. Ein beteiligtes Unternehmen kann daher innerhalb der Frist nach Abs. 3 S. 1 die 16

---

[40] *Kallfaß* in: Langen/Bunte, Kommentar zum deutschen und europäischen Kartellrecht, § 42 Rn. 12; *Kuhn* in: FK § 42 Rn. 61; vgl. aber WuW/E OLG 1937, 1941 – *Thyssen/Hüller; Thomas* in: Immenga/Mestmäcker, GWB, § 42 Rn. 142ff.

[41] Vgl. § 40 Rn. 32.

[42] Vgl. § 40 Rn. 35.

[43] WuW/E BWM 155 – *Babcock/Artos;* WuW/E BWM 159 – *Thyssen/Hüller;* WuW/E BWM 165 – *Veba/BP (Ruhrgas);* WuW/E BWM 191 – *Daimler Benz/MBB* mit aufschiebender Bedingung.

[44] Vgl. u. Rn. 21; § 40 Rn. 27, 36.

[45] *Kallfaß* in: Langen/Bunte, Kommentar zum deutschen und europäischen Kartellrecht, § 42 Rn. 16.

Ministererlaubnis beantragen und parallel die Verfügung des Bundeskartellamts anfechten.[46] Dies ist auch sachgerecht, da die Verfahren unterschiedliche Gegenstände betreffen. Die Anfechtung der Untersagung ist auf die Beseitigung der wegen des Vorliegens der Voraussetzungen des § 36 Abs. 1 ergangenen Untersagungsverfügung gerichtet. Mit der Ministererlaubnis wird dagegen die Zulassung des Zusammenschlusses ungeachtet des Vorliegens der Untersagungsvoraussetzungen nach § 36 Abs. 1 erstrebt.[47]

2. Erlaubnisverfahren

17 Nach Abs. 4 S. 1 soll der Wirtschaftsminister über den Antrag innerhalb einer **Frist von vier Monaten** entscheiden. Die Frist beginnt mit der Antragstellung.[48] Ergeht die Entscheidung nicht innerhalb der Frist, können die Unternehmen Untätigkeitsbeschwerde gemäß § 63 Abs. 3 erheben.[49]

18 In dem Verfahren der Ministererlaubnis sind die Vorschriften über das allgemeine Kartellverwaltungsverfahren nach §§ 54ff. anwendbar, da auch der Bundeswirtschaftsminister Kartellbehörde im Sinne von § 48 Abs. 1 ist. Zu dem Verfahren sind Beiladungen über § 54 Abs. 2 Nr. 3 zulässig. Es findet eine **öffentliche mündliche Verhandlung** nach § 56 Abs. 3 S. 3 statt, der der Bundeswirtschaftsminister nach der Rechtsprechung des OLG Düsseldorf im Fall E.ON/Ruhrgas persönlich beizuwohnen hat.[50] Dem wird im Schrifttum unter Berufung auf die mit Blick auf diese Rechtsprechung getroffene Neuregelung des § 56 Abs. 3 S. 3 in der 7. GWB-Novelle und die Regierungsbegründung hierzu entgegengetreten.[51]

19 Nach Abs. 4 S. 2 ist der Bundeswirtschaftsminister verpflichtet, zu Beginn des Verfahrens ein **Gutachten der Monopolkommission** einzuholen. Es erstreckt sich auf alle materiellen Fragen der Erlaubnis. Um eine Grundlage für die Entscheidung des Bundeswirtschaftsministers bilden zu können, ist auch die Monopolkommission an die Feststellungen des Bundeskartellamts über die zu erwartenden Wettbewerbsbeschränkungen gebunden. Außerdem ist den **obersten Landesbehörden,** in deren Gebiet die beteiligten Unternehmen ihren Sitz haben, Gelegenheit zur Stellungnahme zu geben.[52] Handelt es sich bei dem untersagten Zusammenschluss um eine freiwillige Vereinigung von Krankenkassen, sind nach § 172a SGB V darüber hinaus auch die zuständigen Aufsichtsbehörden gemäß § 90 SGB IV zu hören.

20 Die **Entscheidung** über die Erteilung der Erlaubnis ist gemäß § 61 Abs. 1 S. 1 zu begründen und mit einer Rechtsmittelbelehrung zu versehen. Sie ist gebührenpflichtig nach § 80 Abs. 1 S. 2 Nr. 2. Der Antrag auf Ministererlaubnis, sowie ihre Ablehnung, Änderung, Rücknahme oder Widerruf sind gemäß § 43 Abs. 1 und Abs. 2 Nr. 2 und 3 im Bundesanzeiger bekanntzumachen.

3. Rücknahme und Widerruf

21 Nach Abs. 2 S. 2 i. V. m. § 40 Abs. 3a kann der Minister bei Zuwiderhandlungen gegen Auflagen nach pflichtgemäßem Ermessen die Erlaubnis widerrufen, durch Anordnungen von Beschränkungen ändern oder mit Auflagen oder Bedingungen versehen. Über § 40

---

[46] *Kuhn* in: FK § 42 Rn. 80; *Kleinmann/Bechtold,* GWB, § 24 Rn. 346ff.

[47] *Kuhn* in: FK § 42 Rn. 8.

[48] Vgl. Reg.-Begr. 6. GWB-Novelle, BT-Drucks. 13/9720, S. 62; nach § 24 Abs. 4 S. 3 a. F. begann die Frist erst mit Ablauf der Antragsfrist.

[49] *Bechtold/Bosch,* GWB, § 42 Rn. 18; *Kallfaß* in: Langen/Bunte, Kommentar zum deutschen und europäischen Kartellrecht, § 42 Rn. 17.

[50] OLG Düsseldorf WuW/E DE-R 885, 889 – *E.ON/Ruhrgas;* OLG Düsseldorf WuW/E DE-R 926, 933ff. – *E.ON/Ruhrgas.*

[51] OLG Düsseldorf WuW/E DE-R 885, 8919 – *E.ON/Ruhrgas;* OLG Düsseldorf WuW/E DE-R 926, 941 – *E.ON/Ruhrgas;* OLG Düsseldorf WuW/E DE-R 1013, 1016ff. – *E.ON/Ruhrgas.*

[52] Vgl. § 40 Rn. 13.

Abs. 3a S. 2 stehen die in § 41 Abs. 4 vorgesehenen Mittel zur Durchsetzung zur Verfügung. Des Weiteren kommen die in § 40 Abs. 3a vorgesehenen Befugnisse in Betracht, wenn die Erlaubnis durch unrichtige Angaben erwirkt oder durch arglistiges Verhalten der Beteiligten ursächlich herbeigeführt wurde. Der **Widerruf der Erlaubnis** kommt grundsätzlich nur in Betracht, wenn die Beeinträchtigung der Wettbewerbsverhältnisse mit den anderen zur Verfügung stehenden Eingriffsmöglichkeiten nicht beseitigt werden kann.[53]

V. Rechtsschutz

Der Minister handelt bei der Entscheidung über die Erteilung der Erlaubnis als Kartell- 22
behörde i. S. d. § 48 Abs. 1. Die Entscheidung kann daher von den gemäß § 54 Abs. 2 am Erlaubnisverfahren Beteiligten mit der **Anfechtungsbeschwerde nach § 63 Abs. 1** angefochten werden. Dies gilt gleichermaßen für Entscheidungen gemäß Abs. 2 S. 2 über den Widerruf oder die Änderung der Erlaubnis. Die Untersagungsverfügung des Bundeskartellamts und die Ablehnung der Ministererlaubnis können auch gleichzeitig angefochten werden. Für beide Beschwerden ist das OLG Düsseldorf ausschließlich zuständig, § 63 Abs. 4. Entscheidet der Minister über den Antrag auf Erlaubnis nicht innerhalb der Frist nach Abs. 4 S. 1 kann eine Verpflichtungsbeschwerde nach § 63 Abs. 3 eingelegt werden.

Die Entscheidung über die Erteilung der Erlaubnis ist in entsprechender Anwendung 23
von § 71 Abs. 5 S. 2 der gerichtlichen Überprüfung entzogen, soweit die bei der Beurteilung der Erlaubnisvoraussetzungen anzustellenden Gemeinwohlerwägungen des Ministers wirtschaftspolitische Wertungen enthalten, für die der Minister eine **Einschätzungsprärogative** genießt.[54] Gerichtlich überprüfbar ist allerdings, ob die der Einschätzung zugrunde liegenden Tatsachen ohne Verfahrensverstoß festgestellt wurden und ob die Entscheidung vernünftig begründet ist und vertretbar erscheint.[55]

§ 43 Bekanntmachungen

(1) **Die Einleitung des Hauptprüfverfahrens durch das Bundeskartellamt nach § 40 Abs. 1 Satz 1 und der Antrag auf Erteilung einer Ministererlaubnis sind unverzüglich im Bundesanzeiger bekannt zu machen.**

(2) **Im Bundesanzeiger sind bekannt zu machen**

1. die Verfügung des Bundeskartellamts nach § 40 Abs. 2,

2. die Ministererlaubnis, deren Widerruf, Änderung oder Ablehnung,

3. die Rücknahme, der Widerruf oder die Änderung der Freigabe des Bundeskartellamts,

4. die Auflösung eines Zusammenschlusses und die sonstigen Anordnungen des Bundeskartellamts nach § 41 Abs. 3 und 4.

(3) **Bekannt zu machen nach Absatz 1 und 2 sind jeweils die Angaben nach § 39 Abs. 3 Satz 1 sowie Satz 2 Nr. 1 und 2.**

Übersicht

[53] *Kuhn* in: FK § 42 Rn. 134; vgl. § 40 Rn. 27, 35.

[54] WuW/E OLG 1937, 1938 – *Thyssen-Hüller;* vgl. o. Rn. 4.

Schrifttum: *Fritz Rittner,* Publizitätsprobleme bei der Zusammenschlußkontrolle, in: FS für Ernst von Caemmerer, S. 623 ff.; *Rupert Scholz,* Informationspolitik des Bundeskartellamts und Informationsrecht der Öffentlichkeit, NJW 1973, S. 481.

I. Allgemeines

1 Seit der 6. GWB-Novelle sind in § 43 die Vorschriften über die die Bekanntmachungen zu Fusionskontrollverfahren zusammengefasst. Die Neufassung der Vorschrift durch die 7. GWB-Novelle sah als Bekanntmachungsorgan neben dem Bundesanzeiger den elektronischen Bundesanzeiger vor. Neu eingeführt wurde die Bekanntmachung der Einleitung des Hauptprüfverfahrens durch das Bundeskartellamt in Abs. 1. Die Bekanntmachung vollzogener Zusammenschlüsse nach S. 1 Nr. 1 a. F. ist dagegen gestrichen worden. Nicht in das Gesetz aufgenommen wurde die im Referentenentwurf vom 17.12.2003 vorgesehene Verpflichtung des Bundeskartellamts, die Tatsache der Anmeldung eines Zusammenschlussvorhabens auf seiner Internetseite zu veröffentlichen.[1] Die Kosten für Bekanntmachungen tragen gemäß § 80 Abs. 1 Nr. 3 die anmeldenden Unternehmen. Durch die 8. GWB-Novelle wurden die Bekanntmachungspflichten im Fall einer Ministererlaubnis in Nr. 2 zusammengefasst. In Nr. 3 wurde klargestellt, dass neben der Rücknahme und dem Widerruf auch eine Änderung der Freigabe des Bundeskartellamtes von allgemeinem Interesse ist und deshalb eine Bekanntmachung im Bundesanzeiger zu erfolgen hat. Der mit der 7. GWB-Novelle eingefügte Hinweis auf den elektronischen Bundesanzeiger wurde bereits durch Gesetz vom 22.12.2011 (BGBl. I S. 3044) gestrichen, weil der Bundesanzeiger seit dem 1.4.2012 nur noch elektronisch erscheint.

II. Sinn und Zweck

2 Die Vorschrift soll dem **öffentlichen Interesse** an den Auswirkungen von Unternehmenszusammenschlüssen und deren Beurteilung durch das Bundeskartellamt Rechnung tragen, indem die **Publizität** von Zusammenschlüssen und die **Transparenz** der Fusionskontrolle erhöht werden. Außerdem solle den von einem Zusammenschluss betroffenen Unternehmen ermöglicht werden, den neuen Marktgegebenheiten Rechnung zu tragen und sich ggf. am Fusionskontrollverfahren zu beteiligen oder das Bundeskartellamt zu unterstützen.[2] Überdies wird durch regelmäßige Bekanntmachungen eine bessere Vorhersehbarkeit von Verwaltungsentscheidungen erreicht und dadurch erhöhte Rechtssicherheit geschaffen. Über die nach Abs. 1 und Abs. 2 vorgeschriebenen Bekanntmachungen hinaus informiert das Bundeskartellamt die interessierte Öffentlichkeit durch den zweijährlichen Tätigkeitsbericht nach § 53 und über Pressemitteilungen und Veröffentlichungen in der Fachpresse.[3] Ergänzt wird die Information der Öffentlichkeit durch die regelmäßigen Hauptgutachten der Monopolkommission nach § 44 sowie in neuerer Zeit über die Veröffentlichung der Tatsache der Anmeldung von Zusammenschlussvorhaben auf der Internetseite des Bundeskartellamts.

III. Gegenstand und Inhalt der Bekanntmachungen

1. Gegenstand

3 Nach Abs. 1 S. 1 sind die **Einleitung des Hauptprüfverfahrens** durch das Bundeskartellamt und der **Antrag auf Erteilung einer Ministererlaubnis** unverzüglich im Bundesanzeiger bekanntzumachen. Durch die Unterrichtung über die Einleitung des Haupt-

---

[55] WuW/E OLG 1937, 1939 – *Thyssen-Hüller.*

[1] Vgl. *Kahlenberg/Haellmigk* BB 2005, 1515.

[2] BGH WuW/E BGH 1608 f. – *WAZ.*

[3] Instruktiv hierzu *Scholz* NJW 1973, 481.

prüfverfahrens soll dem Interesse Dritter Rechnung getragen werden, rechtzeitig die Beiladung zum Verfahren gemäß § 54 Abs. 2 Nr. 3 beantragen zu können.[4] Dementsprechend hat die Bekanntmachung „unverzüglich" zu erfolgen. Der Antrag auf Ministererlaubnis, für den bereits nach alter Rechtslage gemäß S. 1 Nr. 3 a. F. eine Bekanntmachungspflicht bestand, ist ebenfalls unverzüglich bekanntzumachen.[5]

In Abs. 2 sind die kartellbehördlichen Entscheidungen aufgelistet, die im Bundesanzeiger bekannt zu machen sind. Im Gegensatz zu Abs. 1 ist insoweit keine „unverzügliche" Bekanntmachung vorgeschrieben. Mit Ausnahme der gestrichenen Bekanntmachung des Vollzugs von Zusammenschlüssen nach der bisherigen Nr. 1 und des nunmehr nach Abs. 1 S. 1 bekanntzumachenden Antrags auf Ministererlaubnis ist die Regelung gegenüber der vor der 7. GWB-Novelle geltenden Fassung unverändert. 4

Nach Abs. 2 Nr. 1 sind die Verfügungen des Bundeskartellamts nach § 40 Abs. 2, d. h. **Freigabe- und Untersagungsverfügungen** im Hauptprüfverfahren, bekannt zu machen. Die Freigabebeschreiben des Vorprüfverfahrens nach § 40 Abs. 1 sind nach dem eindeutigen Wortlaut von Abs. 2 Nr. 1 nicht bekanntzumachen. Daneben sind nach Nr. 2 die Entscheidungen über die Erteilung, den Widerruf, die Änderung oder die Ablehnung der **Ministererlaubnis,** nach Nr. 3 die **Rücknahme, der Widerruf und die Abänderung der Freigabe** von Zusammenschlüssen und nach Nr. 4 die **Auflösung von Zusammenschlüssen** und Anordnungen des Bundeskartellamts zu deren Durchsetzung bekannt zu machen. 5

2. Inhalt

Abs. 3 verweist für den **Inhalt** der Bekanntmachungen nach Abs. 1 und Abs. 2 auf die nach § 39 Abs. 2 S. 1, Abs. 3 S. 2 Nr. 1 und 2 erforderlichen Angaben. Danach sind bekannt zu machen die Form des Zusammenschlusses sowie die Firma, der Sitz und die Art des Geschäftsbetriebes der beteiligten Unternehmen. Ebenso sind die herrschenden Unternehmen als nur mittelbar Beteiligte anzugeben.[6] 6

Das Bundeskartellamt ist über die nach Abs. 3 bekannt zu machenden Angaben hinaus zu einer weitergehenden Veröffentlichung der Entscheidungen befugt, soweit die Betriebs- und Geschäftsgeheimnisse der beteiligten Unternehmen gewahrt werden.[7] Die entsprechende, an einem weitergehenden Publizitätsinteresse ausgerichtete Praxis wird durch die Begründung der 7. GWB-Novelle bestätigt. Dort wird klargestellt, dass die Möglichkeit des Bundeskartellamts, die in Abs. 2 genannten Entscheidungen in geeigneter Form, insbesondere auf den Internet-Seiten des Bundeskartellamts im vollen Wortlaut oder gekürzt zu veröffentlichen, durch die Bekanntmachungspflichten nach Abs. 2 nicht berührt wird.[8] 7

IV. Rechtsschutz

Das Bundeskartellamt ist verpflichtet, die in Abs. 3 vorgeschriebenen Angaben zu den in Abs. 1 und Abs. 2 aufgeführten Gegenständen bekannt zu machen. Die Bekanntmachung ist nach h. M. kein Verwaltungsakt, sondern schlichtes Verwaltungshandeln.[9] Sie kann daher nicht mit der Verpflichtungsklage, sondern mit der allgemeinen Leistungsklage erzwungen werden. **Unrichtige Bekanntmachungen** können dementsprechend nicht mit der An- 8

---

[4] BReg-Begr. BT-Drucks. 15/3640, S. 59.

[5] Insofern missverständlich BReg-Begr. BT-Drucks. 15/3640, S. 59, wonach die Bekanntmachung des Antrags auf Erteilung der Ministererlaubnis der alten Rechtslage entspricht.

[6] BGH WuW/E BGH 1608 – *WAZ;* a. A.: *Rittner* in: FS von Caemmerer, S. 632 ff.

[7] So ausdrücklich Begr. des RegE BT-Drucks. II 1158, S. 51; *Loewenheim/Belke* § 58 Rn. 4; *Bracher* in: FK § 58 a. F. Rn. 12.

[8] BReg-Begr. BT-Drucks. 15/3640, S. 60.

[9] *Nägele* in: FK § 43 Rn. 34; a. A. *Bechtold/Bosch,* GWB, § 43 Rn. 6.

fechtungsbeschwerde nach § 63 Abs. 1 angefochten werden.[10] Es kann jedoch eine **allgemeine Leistungsbeschwerde** auf Berichtigung der Bekanntmachung erhoben werden, wenn die von der Bekanntmachung ausgehenden schädlichen Wirkungen für die betroffenen Unternehmen die Qualität von Rechtsbeeinträchtigungen erreichen, die eine Korrektur erforderlich machen.[11] Bei drohenden irreparablen Schäden durch eine noch nicht erfolgte Bekanntmachung ist auch vorbeugender Rechtsschutz möglich.[12]

Achter Abschnitt. Monopolkommission

§ 44 Aufgaben

(1) **¹Die Monopolkommission erstellt alle zwei Jahre ein Gutachten, in dem sie den Stand und die absehbare Entwicklung der Unternehmenskonzentration in der Bundesrepublik Deutschland beurteilt, die Anwendung der Vorschriften über die Zusammenschlusskontrolle würdigt sowie zu sonstigen aktuellen wettbewerbspolitischen Fragen Stellung nimmt. ²Das Gutachten soll die Verhältnisse in den letzten beiden abgeschlossenen Kalenderjahren einbeziehen und bis zum 30. Juni des darauf folgenden Jahres abgeschlossen sein. ³Die Bundesregierung kann die Monopolkommission mit der Erstattung zusätzlicher Gutachten beauftragen. ⁴Darüber hinaus kann die Monopolkommission nach ihrem Ermessen Gutachten erstellen.**

(2) **¹Die Monopolkommission ist nur an den durch dieses Gesetz begründeten Auftrag gebunden und in ihrer Tätigkeit unabhängig. ²Vertritt eine Minderheit bei der Abfassung der Gutachten eine abweichende Auffassung, so kann sie diese in dem Gutachten zum Ausdruck bringen.**

(3) **¹Die Monopolkommission leitet ihre Gutachten der Bundesregierung zu. ²Die Bundesregierung legt Gutachten nach Absatz 1 Satz 1 den gesetzgebenden Körperschaften unverzüglich vor und nimmt zu ihnen in angemessener Frist Stellung. ³Die Gutachten werden von der Monopolkommission veröffentlicht. ⁴Bei Gutachten nach Absatz 1 Satz 1 erfolgt dies zu dem Zeitpunkt, zu dem sie von der Bundesregierung der gesetzgebenden Körperschaft vorgelegt werden.**

§ 45 Mitglieder

(1) **¹Die Monopolkommission besteht aus fünf Mitgliedern, die über besondere volkswirtschaftliche, betriebswirtschaftliche, sozialpolitische, technologische oder wirtschaftsrechtliche Kenntnisse und Erfahrungen verfügen müssen. ²Die Monopolkommission wählt aus ihrer Mitte einen Vorsitzenden.**

(2) **¹Die Mitglieder der Monopolkommission werden auf Vorschlag der Bundesregierung durch den Bundespräsidenten für die Dauer von vier Jahren berufen. ²Wiederberufungen sind zulässig. ³Die Bundesregierung hört die Mitglieder der Kommission an, bevor sie neue Mitglieder vorschlägt. ⁴Die Mitglieder sind berechtigt, ihr Amt durch Erklärung gegenüber dem Bundespräsidenten niederzulegen. ⁵Scheidet ein Mitglied vorzeitig aus, so wird ein neues Mitglied für die Dauer der Amtszeit des ausgeschiedenen Mitglieds berufen.**

(3) **¹Die Mitglieder der Monopolkommission dürfen weder der Regierung oder einer gesetzgebenden Körperschaft des Bundes oder eines Landes noch dem öffentli-**

---

[10] WuW/E OLG 1967 f. – *WAZ;* a. A.: *Bechtold/Bosch,* GWB, § 43 Rn. 6; *Rittner* in: FS von Caemmerer, 1978, S. 623, 640.

[11] Die Möglichkeit einer Feststellungsbeschwerde hat das KG allerdings abgelehnt: WuW/E OLG 3685, 3697; WuW 1986, 593, 605 – *ARAL;* WuW/E OLG 5267 – *Bekanntmachungsbeschwerde.*

[12] WuW/E OLG 4645, 4647 – *Bayerische Landesbank;* BGH WuW/E BGH 2760 – *Unterlassungsbeschwerde.*

chen Dienst des Bundes, eines Landes oder einer sonstigen juristischen Person des öffentlichen Rechts, es sei denn als Hochschullehrer oder als Mitarbeiter eines wissenschaftlichen Instituts, angehören. [2] Ferner dürfen sie weder einen Wirtschaftsverband noch eine Arbeitgeber- oder Arbeitnehmerorganisation repräsentieren oder zu diesen in einem ständigen Dienst- oder Geschäftsbesorgungsverhältnis stehen. [3] Sie dürfen auch nicht während des letzten Jahres vor der Berufung zum Mitglied der Monopolkommission eine derartige Stellung innegehabt haben.

§ 46 Beschlüsse, Organisation, Rechte und Pflichten der Mitglieder

(1) **Die Beschlüsse der Monopolkommission bedürfen der Zustimmung von mindestens drei Mitgliedern.**

(2) **[1] Die Monopolkommission hat eine Geschäftsordnung und verfügt über eine Geschäftsstelle. [2] Diese hat die Aufgabe, die Monopolkommission wissenschaftlich, administrativ und technisch zu unterstützen.**

(2a) **Die Monopolkommission kann Einsicht in die von der Kartellbehörde geführten Akten einschließlich Betriebs- und Geschäftsgeheimnisse und personenbezogener Daten nehmen, soweit dies zur ordnungsgemäßen Erfüllung ihrer Aufgaben erforderlich ist.**

(3) **[1] Die Mitglieder der Monopolkommission und die Angehörigen der Geschäftsstelle sind zur Verschwiegenheit über die Beratungen und die von der Monopolkommission als vertraulich bezeichneten Beratungsunterlagen verpflichtet. [2] Die Pflicht zur Verschwiegenheit bezieht sich auch auf Informationen, die der Monopolkommission gegeben und als vertraulich bezeichnet werden oder die gemäß Absatz 2a erlangt worden sind.**

(4) **[1] Die Mitglieder der Monopolkommission erhalten eine pauschale Entschädigung sowie Ersatz ihrer Reisekosten. [2] Diese werden vom Bundesministerium für Wirtschaft und Technologie im Einvernehmen mit dem Bundesministerium des Innern festgesetzt. [3] Die Kosten der Monopolkommission trägt der Bund.**

§ 47 Übermittlung statistischer Daten

(1) **[1] Für die Begutachtung der Entwicklung der Unternehmenskonzentration werden der Monopolkommission vom Statistischen Bundesamt aus Wirtschaftsstatistiken (Statistik im produzierenden Gewerbe, Handwerksstatistik, Außenhandelsstatistik, Steuerstatistik, Verkehrsstatistik, Statistik im Handel und Gastgewerbe, Dienstleistungsstatistik) und dem Statistikregister zusammengefasste Einzelangaben über die Vomhundertanteile der größten Unternehmen, Betriebe oder fachlichen Teile von Unternehmen des jeweiligen Wirtschaftsbereichs**

a) am Wert der zum Absatz bestimmten Güterproduktion,
b) am Umsatz,
c) an der Zahl der tätigen Personen,
d) an den Lohn- und Gehaltssummen,
e) an den Investitionen,
f) am Wert der gemieteten und gepachteten Sachanlagen,
g) an der Wertschöpfung oder dem Rohertrag,
h) an der Zahl der jeweiligen Einheiten

übermittelt. [2] Satz 1 gilt entsprechend für die Übermittlung von Angaben über die Vomhundertanteile der größten Unternehmensgruppen. [3] Für die Zuordnung der Angaben zu Unternehmensgruppen übermittelt die Monopolkommission dem Statistischen Bundesamt Namen und Anschriften der Unternehmen, deren Zugehörigkeit zu einer Unternehmensgruppe sowie Kennzeichen zur Identifikation. [4] Die zusammengefassten Einzelangaben dürfen nicht weniger als drei Unternehmens-

gruppen, Unternehmen, Betriebe oder fachliche Teile von Unternehmen betreffen. [5]Durch Kombination oder zeitliche Nähe mit anderen übermittelten oder allgemein zugänglichen Angaben darf kein Rückschluss auf zusammengefasste Angaben von weniger als drei Unternehmensgruppen, Unternehmen, Betrieben oder fachlichen Teile von Unternehmen möglich sein. [6]Für die Berechnung von summarischen Konzentrationsmaßen, insbesondere Herfindahl-Indizes und Gini-Koeffizienten, gilt dies entsprechend. [7]Die statistischen Ämter der Länder stellen die hierfür erforderlichen Einzelangaben dem Statistischen Bundesamt zur Verfügung.

(2) **[1]Personen, die zusammengefasste Einzelangaben nach Absatz 1 erhalten sollen, sind vor der Übermittlung zur Geheimhaltung besonders zu verpflichten, soweit sie nicht Amtsträger oder für den öffentlichen Dienst besonders Verpflichtete sind. § 1 Absatz 2, 3 und 4 Nummer 2 des Verpflichtungsgesetzes gilt entsprechend. [2]Personen, die nach Satz 1 besonders verpflichtet worden sind, stehen für die Anwendung der Vorschriften des Strafgesetzbuches über die Verletzung von Privatgeheimnissen (§ 203 Absatz 2, 4, 5; §§ 204, 205) und des Dienstgeheimnisses (§ 353b Absatz 1) den für den öffentlichen Dienst besonders Verpflichteten gleich.**

(3) **[1]Die zusammengefassten Einzelangaben dürfen nur für die Zwecke verwendet werden, für die sie übermittelt wurden. [2]Sie sind zu löschen, sobald der in Absatz 1 genannte Zweck erfüllt ist.**

(4) **Bei der Monopolkommission muss durch organisatorische und technische Maßnahmen sichergestellt sein, dass nur Amtsträger, für den öffentlichen Dienst besonders Verpflichtete oder Verpflichtete nach Absatz 2 Satz 1 Empfänger von zusammengefassten Einzelangaben sind.**

(5) **[1]Die Übermittlungen sind nach Maßgabe des § 16 Absatz 9 des Bundesstatistikgesetzes aufzuzeichnen. [2]Die Aufzeichnungen sind mindestens fünf Jahre aufzubewahren.**

(6) **Bei der Durchführung der Wirtschaftsstatistiken nach Absatz 1 sind die befragten Unternehmen schriftlich zu unterrichten, dass die zusammengefassten Einzelangaben nach Absatz 1 der Monopolkommission übermittelt werden dürfen.**

Übersicht

Schrifttum: *Immenga,* 10 Jahre Monopolkommission, in: Der Betrieb, Jg. 39/1984, S. 31–34; *Mestmäcker,* Funktionen und bisherige Tätigkeit der Monopolkommission, in: Schwerpunkte des Kartellrechts 1974/75, FIW-Schriftenreihe, Heft 73, Köln 1976, S. 43–56; *Rittner/Dreher/Kulka,* Wettbewerbs- und Kartellrecht, Eine systematische Darstellung des deutschen und europäischen Rechts, 8. Auflage, Heidelberg 2014, S. 633–636.

I. Wirtschaftspolitischer Hintergrund

1 Die Monopolkommission wurde 1974 in Folge der zweiten GWB-Novelle, mit welcher auch die Fusionskontrolle in Deutschland eingeführt wurde, eingerichtet. Die Einführung der Fusionskontrolle war keinesfalls unumstritten, da die Kontrolle und insbesondere die etwaige Untersagung von Unternehmensfusionen einen erheblichen Eingriff in private Eigentumsrechte darstellt, ohne dass es zum Nachweis eines Missbrauchs einer marktbeherrschenden Stellung gekommen ist. Die Fusionskontrolle wird, anders als die Missbrauchsaufsicht und die Kartellverfolgung, ex ante vollzogen und dient primär der Gefah-

renabwehr angesichts der Feststellung, dass eine nachträgliche Missbrauchsaufsicht über marktbeherrschende Unternehmen oftmals sehr schwierig ist.[1] Zugleich ist das Bundeskartellamt durch eine sowohl im internationalen Quervergleich der Wettbewerbsbehörden als auch im innerdeutschen Vergleich verschiedener Exekutivorgane besondere politische Unabhängigkeit gekennzeichnet. Angesichts der Machtfülle des Bundeskartellamtes einerseits und der Unabhängigkeit von demokratisch unmittelbarer legitimierten Instanzen andererseits wurde die Monopolkommission zum einen als Beratungsinstanz für Bundesregierung und Öffentlichkeit, zum anderen als unabhängiges Kontrollgremium für das Bundeskartellamt etabliert, um eine ausgewogene institutionelle Balance der Kräfte zu gewährleisten. Die Kontrolle des Bundeskartellamtes erfolgt dabei jedoch nicht formell durch eine konkrete Überprüfung der Entscheidungen des Bundeskartellamtes, sondern durch die öffentliche Würdigung und kritische Auseinandersetzung mit der Amtspraxis der Kartellbehörden in der Gesamtschau.

Die Tatsache, dass die Gründung der Monopolkommission im Kontext der Einführung der Fusionskontrolle erfolgte, erklärt auch, warum sowohl die Beobachtung und Beurteilung der Entwicklung der Unternehmenskonzentration als auch die Würdigung der Anwendung der Vorschriften über die Fusionskontrolle in § 44 Abs. 1 als die beiden zentralen Aufgaben der Monopolkommission definiert wurden. Die dritte in § 44 Abs. 1 definierte Aufgabe der Monopolkommission – die Stellungnahme zu sonstigen aktuellen wettbewerbspolitischen Fragen – wurde erst mit der 6. GWB-Novelle in das GWB aufgenommen. 2

Im Vorfeld der 2. GWB-Novelle gab es diverse Überlegungen zur genauen Rolle der Monopolkommission. So war zum einen überlegt worden, die Monopolkommission zwingend an allen Fusionskontrollverfahren mit einer Stellungnahme für den Bundeswirtschaftsminister zu beteiligen. Zum anderen wurde erwogen, der Monopolkommission anstelle des Bundeswirtschaftsministers die Kompetenz zur Erteilung von Ausnahmegenehmigungen in Fusionskontrollverfahren – also die Kompetenz für die heutige Ministererlaubnis – einzuräumen. Beide Überlegungen wurden jedoch im Laufe des Gesetzgebungsverfahrens verworfen.[2] 3

Letztlich wurde die Monopolkommission als reines Beratungsgremium etabliert, welches in der Anlage in wesentlichen Teilen dem Sachverständigenrat zur Begutachtung der gesamtwirtschaftlichen Lage nachempfunden wurde. Die Monopolkommission erstellt Gutachten zu Fragen des Wettbewerbs und der Marktregulierung und fungiert als öffentliche Beratungs- und Kontrollinstanz bezüglich der Anwendung der Vorschriften der Fusionskontrolle. Anders als der Sachverständigenrat, welcher allein aus Wissenschaftlern besteht, setzt sich die Monopolkommission bisher stets aus zwei Wissenschaftlern und drei Vertretern der Unternehmenspraxis zusammen. Die drei Vertreter der Unternehmenspraxis wurden dabei zunächst in Abstimmung mit DGB, BDI und der Arbeitsgemeinschaft selbständiger Unternehmer (ASU) ausgewählt. 4

Besondere Merkmale der Monopolkommission sind ihre institutionelle und personelle Unabhängigkeit, die Pflicht zu Veröffentlichung der Gutachten sowie die Pflicht der Bundesregierung, zu den Gutachten der Monopolkommission öffentlich Stellung zu nehmen. 5

II. Aufgaben

1. Hauptgutachten

Nach § 44 Abs. 1 S. 1 erstellt die Monopolkommission alle zwei Jahre ein Gutachten, in dem sie (a) den Stand und die absehbare Entwicklung der Unternehmenskonzentration in 6

---

[1] Vgl. dazu Monopolkommission (2010), Gestaltungsoptionen und Leistungsgrenzen einer kartellrechtlichen Unternehmensentflechtung, Sondergutachten 58.

[2] Vgl. dazu *Schmidt* (1973), US-amerikanische und deutsche Wettbewerbspolitik gegenüber Marktmacht, S. 409 ff.

der Bundesrepublik Deutschland beurteilt, (b) die Anwendungen der Vorschriften über die Zusammenschlusskontrolle würdigt sowie (c) zu sonstigen aktuellen wettbewerbspolitischen Fragen Stellung nimmt. Das Gutachten soll nach § 44 Abs. 1 S. 2 die Verhältnisse in den letzten beiden abgeschlossenen Kalenderjahren einbeziehen und bis zum 30. Juni des darauf folgenden Jahres abgeschlossen sein. Nach Einsetzung der Monopolkommission im Jahr 1974 wurde daher der Bundesregierung im Sommer 1976 das erste sogenannte Hauptgutachten der Monopolkommission übergeben. Seitdem erscheinen in den geraden Jahren kurz nach dem 30.6. stets die Hauptgutachten der Monopolkommission.

7 **a) Konzentrationsberichterstattung.** Die Konzentrationsberichterstattung der Monopolkommission bestand bis einschließlich des 2012 vorgelegten 19. Hauptgutachtens im Wesentlichen aus zwei Teilen: Zum einen aus der Berechnung von deutschlandweiten Konzentrationsmaßen auf Basis der Wirtschaftszweigklassifikation für viele Branchen, insbesondere des produzierenden Gewerbes, zum anderen aus einer Analyse der Wertschöpfung und Verflechtung der 100 größten Unternehmen in Deutschland.

8 Seit dem 17. Hauptgutachten wurde der erste Teil der Konzentrationsberichterstattung – die möglichst flächendeckende Berechnung von deutschlandweiten Konzentrationsmaßen für zahlreiche Branchen – sukzessive erheblich modernisiert. Während die Berichterstattung über die 100 größten Unternehmen – der zweite Teil der Konzentrationsberichterstattung – vertieft wurde, werden branchenspezifische Konzentrationsmaße seit dem 20. Hauptgutachten nicht länger flächendeckend für möglichst viele Bereiche der deutschen Wirtschaft errechnet und somit auch nicht länger berichtet.[3] Der Grund für diese Änderung lag in einer Vielzahl von Schwachpunkten der bis dahin durchgeführten Form der Konzentrationsberichterstattung. Das wesentliche Problem bestand darin, dass den errechneten und ausgewiesenen Konzentrationsmaßen keine räumlich und sachlich adäquate Marktabgrenzung zugrunde lag, da die Konzentrationsmaße ausschließlich auf nationaler Ebene nach der sog. Wirtschaftszweigklassifikation bzw. auf Grundlage des Güterverzeichnisses für Produktionsstatistiken ermittelt wurden. So konnten geografisch und sachlich relevante Märkte nicht adäquat abgegrenzt werden.[4]

9 Obwohl zahlreiche Versuche unternommen wurden, dieser Problematik Rechnung zu tragen, konnten in der Konzentrationsberichterstattung über viele Jahre im Grunde keine wesentlichen Fortschritte erzielt werden. So wurde etwa auf internationalen Märkten für die Branche eine sehr hohe Konzentration ausgewiesen, wenn nur ein deutsches Unternehmen auf diesem Markt aktiv war (völlig unabhängig von der Zahl und den Importen ausländischer Konkurrenten), da lediglich Daten für die Produktion in Deutschland vorlagen, analoge Daten über Importe auf Unternehmensebene jedoch nicht verfügbar sind. Bei einer Vielzahl regionaler Monopole (etwa regionalen Tageszeitungen oder Krankenhäusern) wurde hingegen aufgrund der deutschlandweiten Betrachtung eine niedrige Konzentration ausgewiesen. Beide Konzentrationsmaße sind damit offensichtlich irreführend, weil kein Bezug zum relevanten Markt besteht. Hinzu kommen Schwierigkeiten, bei Mehrproduktunternehmen mit unterschiedlichen unternehmerischen Aktivitäten (etwa ein Verlag mit eigener Druckerei) die Umsätze korrekt den relevanten Märkten zuzurechnen. Allein aus den Daten, welche der Monopolkommission aus der amtlichen Statistik zu Verfügung gestellt wurden, war dies nicht möglich. Ferner ist ohnehin zu bedenken, dass Konzentrationsmaße nur sehr begrenzt etwas über das tatsächliche Wettbewerbsverhalten und somit auch die Wettbewerbsintensität auf einem Markt aussagen. Weitere Indikatoren wie beispielsweise potenzielle Wettbewerber, Markteintrittsbarrieren oder Gewinnmargen werden durch die amtliche Statistik jedoch nicht erfasst.

10 Neben diesen konzeptionellen Schwächen einer von der Abgrenzung relevanter Märkte losgelösten Konzentrationsberichterstattung lag ein zweiter Problembereich im für die Mo-

---

[3] Vgl. Monopolkommission (2012), 19. Hauptgutachten, Tz. 198.

[4] Vgl. Monopolkommission (2012), 19. Hauptgutachten, Tz. 174ff.

nopolkommission sehr eingeschränkten Zugang zu geeigneten amtlichen Datenbeständen. Trotz den der von der Monopolkommission in ihren Hauptgutachten wiederholt monierten Problemen in der Zusammenarbeit mit dem Statistischen Bundesamt[5] haben sich hier im Zeitverlauf keine nennenswerten Verbesserungen ergeben. Die fehlende Perspektive auf einen besseren Datenzugang in Kombination mit der ohnehin limitierten Aussagekraft der konzentrationsstatistischen Auswertungen haben letztendlich zur Einstellung des ersten Teils der traditionellen Konzentrationsberichterstattung mit dem 20. Hauptgutachten geführt.

Seit dem 20. Hauptgutachten verzichtet die Monopolkommission daher auf die Berechnung flächendeckender Konzentrationsmaße für die innerdeutsche Produktion. Stattdessen sind vertiefte branchenspezifische empirische Analysen geplant. Im 19. Hauptgutachten wurde z.B. im Rahmen einer empirischen Sonderauswertung im Energiebereich die Einflussfaktoren auf die Vertriebsmarge von Grundversorgern auf dem Stromendkundenmarkt untersucht. Im 20. Hauptgutachten wurden personelle Verbindungen sowie (simultane) Unternehmensverflechtungen über Kapitalbeteiligungen zwischen den 100 größten Unternehmen erstmalig tiefergehend untersucht sowie erste Analysen zum Zusammenhang zwischen unterschiedlichen Verflechtungstatbeständen und wettbewerbsrelevanten Zielgrößen durchgeführt. 11

Der zweite Teil der Konzentrationsberichterstattung bezieht sich traditionell auf der Entwicklung der 100 größten Unternehmen in Deutschland sowie ihre kapitalmäßige und in jüngerer Zeit auch personelle Verflechtung untereinander. Die Analyse der 100 größten Unternehmen bezieht sich dabei ebenfalls nicht auf wettbewerblich relevante Märkte. Vielmehr sind die Unternehmen ganz unterschiedlichen Branchen zuzurechnen und oft auch in verschiedenen Regionen unterschiedlich aktiv. Die Monopolkommission analysiert die Entwicklung und Verflechtung der 100 größten Unternehmen dennoch, da die Kommission davon ausgeht, dass die größten Unternehmen eine besondere politische Macht haben können, welche auch für das Wettbewerbsgeschehen auf den relevanten Märkten Bedeutung haben kann. 12

Grundsätzlich ist die Größe eines Unternehmens aus einer rein wettbewerbspolitischen Sicht nicht von Bedeutung, sofern sie nicht in Bezug zum relevanten Markt gesetzt wird. So sind einige, hinsichtlich ihres Geschäftsvolumens relativ kleine Unternehmen auf einem regionalen Markt tätig und verfügen auf diesem über eine marktbeherrschende Stellung, andere sind vor allem auf nationalen Märkten aktiv und wieder andere auf europäischen oder globalen Märkten, auf denen sie trotz ihrer Größe über keine marktmächtige Stellung verfügen. 13

Jedoch können Unternehmen, auch wenn sie keine Marktmacht ausüben, über politische Einflussmöglichkeiten verfügen und somit die Rahmenbedingungen wirtschaftlichen Handelns beeinflussen. Somit können insbesondere große Unternehmen aufgrund ihrer politischen Einflussmöglichkeiten indirekt sehr wohl Einfluss auf das Wettbewerbsgeschehen auf Märkten nehmen. Der politökonomischen Theorie zufolge spielen insbesondere Arbeitsplätze und Steuerzahlungen eine entscheidende Rolle dafür, in welchem Maße Unternehmen auf politische Entscheidungsträger Einfluss ausüben können. Unternehmen, die auf globalen Märkten keine marktmächtige Stellung innehaben, können aufgrund ihrer Größe das nationale politische Geschehen durchaus beeinflussen. In einigen Fällen können Marktmacht und politische Macht auch zusammenfallen. Personelle und finanzielle Verflechtungen können den Einfluss bei gleichgerichteten Interessen der betreffenden Unternehmen weiter verstärken. 14

In diesem Zusammenhang könnte statt der Arbeitsplätze auch auf die Höhe der empfangenen Subventionen abgestellt werden, um politischen Einfluss zu messen.[6] Anhand dieses 15

---

[5] Vgl. Monopolkommission (2008), 17. Hauptgutachten, Tz. 76ff.; Monopolkommission (2010), 18. Hauptgutachten, Tz. 74ff.

[6] Monopolkommission (2008), 17. Hauptgutachten, Tz. 329.

Merkmals ließe sich die Vermutung überprüfen, inwieweit Unternehmen mit bedeutendem wirtschaftlichem Gewicht überproportional hohe staatliche Förderungen erhalten. Eine Quantifizierung lässt sich jedoch aufgrund bestehender Rechnungslegungsvorschriften, der Vielschichtigkeit von Subventionen sowie unterschiedlicher Begriffsdefinitionen nicht umsetzen.

16 Als Indikator zur Beurteilung der Unternehmensgröße und damit zur Abgrenzung des Untersuchungskreises stützt sich die Monopolkommission auf die inländische Wertschöpfung der Unternehmen. Die Wertschöpfung eines Unternehmens lässt sich auf zweierlei Weise sinnvoll interpretieren. Einerseits stellt sie bei einer realgüterwirtschaftlichen Betrachtung den Wert dar, der den von anderen Unternehmen bezogenen Realgütern (einschließlich Dienstleistungen) durch den im Unternehmen abgelaufenen Leistungserstellungsprozess insgesamt hinzugefügt wurde. Andererseits entspricht die Wertschöpfung aus nominalgüterwirtschaftlicher Perspektive der Summe der (Eigen- und Fremd-)Kapital- und Arbeitseinkommen vor Steuern. Zugleich haben Analysen der Monopolkommission ergeben, dass die anhand ihrer Wertschöpfung ermittelten 100 größten Unternehmen stark mit den 100 größten Arbeitgebern korrelieren.

17 **b) Fusionskontrolle.** Wie auch in einer Reihe anderer Jurisdiktionen (etwa den USA) wurde die Fusionskontrolle in Deutschland erst deutlich nach dem Kartellverbot und dem Verbot des Missbrauchs marktbeherrschender Stellungen eingeführt. Um die Sorgen, vor allem auch vieler Unternehmen, zu lindern, dass die mit der 2. GWB-Novelle für das Bundeskartellamt neu geschaffenen Befugnisse nicht sachgerecht genutzt werden könnten, wurde die Monopolkommission mit der Aufgabe betraut, die Anwendung der Vorschriften über die Zusammenschlusskontrolle zu würdigen. Seit Einführung der europäischen Fusionskontrolle würdigt die Monopolkommission auch die Amtspraxis der Europäischen Kommission sowie der Entscheidungen der europäischen Gerichte in diesem Bereich. Zudem hat die Monopolkommission stets auch eine kritische Würdigung der Entscheidungspraxis durch Kartellbehörden und Gerichte im Bereich der Missbrauchsaufsicht vorgenommen. Seit dem 19. Hauptgutachten von 2012 würdigt die Monopolkommission zudem explizit auch einige aus ihrer Sicht besonders wichtige Kartellverfahren.

18 Die Würdigung der kartellrechtlichen Entscheidungspraxis erfolgt typischerweise im vierten Kapitel des jeweiligen Hauptgutachtens. Bis einschließlich des 18. Hauptgutachtens trug dieses Kapitel den Titel „Missbrauchsaufsicht über marktbeherrschende Unternehmen und Fusionskontrolle". Um der stärkeren Gewichtung der Würdigung von Kartellverfahren Rechnung zu tragen, lautet der Titel des vierten Kapitels seit dem 19. Hauptgutachten „Kartellrechtliche Entscheidungspraxis". Die Würdigung der kartellrechtlichen Entscheidungspraxis durch eine unabhängige Institution hat gerade vor dem Hintergrund der zunehmenden Ökonomisierung der Kartellrechtsanwendung an Bedeutung gewonnen, da eine kritische Auseinandersetzung mit ökonomischen Methoden und statistischen Verfahren für die Gerichte regelmäßig schwierig ist. Die Würdigung durch ein unabhängiges, auch mit Ökonomen besetzten Gremiums wird daher umso bedeutsamer.

19 Um die Entscheidungspraxis der Kartellbehörden zu würdigen, finden regelmäßig ausführliche Gespräche mit den Mitarbeiterinnen und Mitarbeitern des Bundeskartellamtes und auch der Europäischen Kommission statt. Vor allem aber gewährt § 46 Abs. 2a der Monopolkommission das Recht, Einsicht in die vom Bundeskartellamt geführten Akten einschließlich Betriebs- und Geschäftsgeheimnisse und personenbezogener Daten zu nehmen. Allerdings bestehen über den Umfang und das Ausmaß des Akteneinsichtsrechts der Monopolkommission seit 2011 sehr unterschiedliche Auffassungen zwischen Bundeskartellamt und Monopolkommission, die insbesondere die stark datenbasierten empirischen Untersuchungen der Kartellbehörde betreffen.[7]

---

[7] Vgl. Monopolkommission (2012), 19. Hauptgutachten, Tz. 160 ff., sowie Monopolkommission (2014), 20. Hauptgutachten, Tz. 364 ff.

Die Monopolkommission sieht sich nur imstande, die Kartellamtspraxis fundiert zu würdigen, wenn sie auch das methodische Vorgehen und die Ergebnisse der empirischen Analysen der Kartellbehörde überprüfen kann. Eine solche Überprüfung setzt den Zugang zu den Einzeldaten einschließlich der Möglichkeit, Vergleichsrechnungen anzustellen und Robustheitsprüfungen durchzuführen, voraus. Gerade bei ökonometrischen Fragestellungen kommt es zudem entscheidend auf die getroffenen Annahmen und die angewendeten Methoden an. Daher ist stets zu prüfen, zu welchen Ergebnissen die Anwendung anderer Berechnungsmethoden oder Korrekturverfahren geführt hätte. Aufgrund der Weigerung des Bundeskartellamtes, der Monopolkommission im Rahmen ihres Akteneinsichtsrechts gemäß § 46 Abs. 2a GWB umfassenden Zugang zu den dem Amt vorliegenden Daten zu gewähren, sieht die die Monopolkommission ihre Arbeitsfähigkeit anhaltend beeinträchtigt.[8] 20

Die Monopolkommission würdigt nicht alle Fusionskontrollentscheidungen und auch nicht alle anderen Kartellrechtsverfahren. Vielmehr trifft sie eine eigenständige Auswahl der von ihr gewürdigten Fälle anhand eigener Bewertungen über die mögliche Bedeutung für die zukünftige Kartellrechtsanwendung. Aufgrund der Unabhängigkeit und Unparteilichkeit der Monopolkommission sind ihre Ausführungen nicht selten auch im Rahmen der gerichtlichen Überprüfung kartellbehördlicher Entscheidungen von Bedeutung. 21

c) Aktuelle wettbewerbspolitische Fragen. Die Aufgabe der Monopolkommission, in ihren Hauptgutachten Stellung zu aktuellen wettbewerbspolitischen Fragen zu nehmen, wurde 1998 mit der 6. GWB-Novelle in das GWB aufgenommen. Die Monopolkommission erfüllt diese Aufgabe in zweierlei Weise: Erstens enthält das erste Kapitel der Hauptgutachten[9] in relativ kurzer Form Ausführungen zu wettbewerbspolitischen Themen, welche die Monopolkommission für relevant hält. Im 19. Hauptgutachten waren dies Wettbewerb auf Glücksspielmärkten, Wettbewerbsdefizite im deutschen Seelotswesen, die damals geplanten Änderungen der Regulierung bei Eisenbahn und Post, die zu dem Zeitpunkt ebenfalls geplanten Markttransparenzstellen für Strom und Gas sowie für Kraftstoffe, die 8. GWB-Novelle und das Akteneinsichtsrecht der Monopolkommission. Im 20. Hauptgutachten waren die Themen der Wettbewerb auf Internetmärkten, neuere Entwicklungen im Energiebereich, die mögliche Kriminalisierung von Kartellrechtsverstößen in Deutschland, Wettbewerbsdefizite auf Taximärkten, Wettbewerb in der deutschen Kinder- und Jugendhilfe sowie erneut der Datenzugang der Monopolkommission. 22

Zweitens enthalten die Hauptgutachten der Monopolkommission stets ein oder zwei sogenannte Sonderkapitel, in denen die Monopolkommission sich detailliert mit ausgewählten Fragen der Wettbewerbspolitik oder einzelnen Branchen befasst. Das 19. Sondergutachten etwa enthielt zwei Sonderkapitel zu „Wettbewerb und Nachfragemacht im Lebensmitteleinzelhandel" und zum „Einfluss des Planungsrechts auf den Wettbewerb im (Lebensmittel-)Einzelhandel". Das 20. Hauptgutachten enthielt zwei Sonderkapitel zu kommunaler Wirtschaftstätigkeit und dem Rekommunalisierungstrend sowie zum Wettbewerb auf den Finanzmärkten. Andere Themen vergangener Hauptgutachten waren der Wettbewerb auf Krankenhausmärkten, der More economic approach in der europäischen Beihilfenkontrolle, Wettbewerb in der gesetzlichen Krankenversicherung sowie die Interdependenz zwischen Arbeitsmarktregulierungen und dem Wettbewerb auf Produktmärkten. 23

2. Sondergutachten

Neben den Hauptgutachten erstellt die Monopolkommission auf Grundlage des GWB aus drei möglichen Gründen Sondergutachten. Dies sind erstens Gutachten im Auftrag der Bundesregierung nach § 44 Abs. 1 S. 3, Gutachten aus eigenem Ermessen nach § 44 24

[8] Monopolkommission (2014), Tz. 364.

[9] Bis einschließlich des 19. Hauptgutachtens wurde das erste Kapitel noch als Einleitung ohne eigene Kapitelnummer bezeichnet. Erst seit dem 20. Hauptgutachten hat der Teil „Aktuelle Probleme der Wettbewerbspolitik" eine eigene Kapitelnummer.

Abs. 1 S. 4 sowie Gutachten im Kontext von Ministererlaubnisverfahren nach § 42 Abs. 4 S. 2. Im Auftrag der Bundesregierung hat die Monopolkommission allerdings bisher nur zweimal, 1975 und 1977, ein Sondergutachten erstattet.[10] Aus eigenem Ermessen sind hingegen bis 2015 insgesamt 25 Sondergutachten erstellt worden. Der Themenkreis dieser Gutachten reicht von der Konzentration im Lebensmitteleinzelhandel über Wettbewerb als Leitbild für die Hochschulpolitik, die Reform der Handwerksordnung und die Privatisierung der Deutsche Bahn AG bis jüngst hin zu wettbewerbspolitischen Herausforderungen digitaler Märkte. Zudem werden regelmäßig im Zuge von GWB-Novellen Sondergutachten auf Basis der Referenten- oder Kabinettsentwürfe angefertigt.

25 Im Rahmen aller 22 Ministererlaubnisverfahren, die bis zum 1.8.2015 initiiert wurden, hat die Monopolkommission Sondergutachten verfasst. In diesen Gutachten geht es darum eine Abwägung zwischen dem Gewicht der vom Bundeskartellamt festgestellten Wettbewerbsbeschränkung einerseits und dem Gewicht der möglichen Gemeinwohlvorteile andererseits vorzunehmen. Da der Bundesminister für Wirtschaft und Energie bei der Entscheidung an die Feststellung der Wettbewerbsbeschränkung durch das Bundeskartellamt gebunden ist, geht es in den Gutachten der Monopolkommission nicht darum, diese in Frage zu stellen. Gleichwohl gilt, dass die Anforderungen an die Gemeinwohlvorteile umso höher sind, je bedeutender die Wettbewerbsbeschränkung ist. Deswegen befasst sich die Monopolkommission in den Ministererlaubnisverfahren regelmäßig nicht nur mit der Analyse etwaiger Gemeinwohlvorteile, sondern ebenso mit dem zu erwartenden Ausmaß der Wettbewerbsbeschränkung.

3. Sondergutachten aufgrund anderer Rechtsnormen

26 Mit der Liberalisierung der Telekommunikations- und Postmärkte im Jahr 1998 wurde der Auftrag der Monopolkommission erweitert. Im inzwischen novellierten Telekommunikationsgesetz (TKG) wird der Monopolkommission in § 121 Absatz 2 folgender Auftrag erteilt: „Die Monopolkommission erstellt alle zwei Jahre ein Gutachten, in dem sie den Stand und die absehbare Entwicklung des Wettbewerbs und die Frage, ob nachhaltig wettbewerbsorientierte Telekommunikationsmärkte in der Bundesrepublik Deutschland bestehen, beurteilt, die Anwendung der Vorschriften dieses Gesetzes über die Regulierung und Wettbewerbsaufsicht würdigt und zu sonstigen aktuellen wettbewerbspolitischen Fragen Stellung nimmt, insbesondere zu der Frage, ob die Regelung in § 21 Abs. 2 Nr. 3 im Hinblick auf die Wettbewerbsentwicklung anzupassen ist. Das Gutachten soll bis zum 30. November eines Jahres abgeschlossen sein, in dem kein Hauptgutachten nach § 44 GWB vorgelegt wird. Die Monopolkommission kann Einsicht nehmen in die bei der Bundesnetzagentur geführten Akten einschließlich der Betriebs- und Geschäftsgeheimnisse, soweit dies zur ordnungsgemäßen Erfüllung ihrer Aufgaben erforderlich ist. Für den vertraulichen Umgang mit den Akten gilt § 46 Abs. 3 GWB.“ Wie leicht ersichtlich ist, lehnt sich der Auftrag stark an die Vorgaben des GWB an.

27 Das Postgesetz verweist in § 44 lediglich auf § 81 TKG a. F., in dem ursprünglich der gesetzliche Auftrag für die Monopolkommission geregelt war. Das Postgesetz ist jedoch nicht angepasst worden, sodass der Gesetzesauftrag dem Wortlaut nach ins Leere läuft, da § 81 TKG a. F. nicht mehr gilt.

28 Das erste Sondergutachten zum Post- und Telekommunikationsbereich auf Basis der o. g. Vorschriften wurde 1999 erstellt. Seitdem erstellt die Monopolkommission im Zwei-Jahres-Turnus Gutachten zu den beiden Sektoren, seit 2005 in zwei getrennten Gutachten, um den unterschiedlichen Entwicklungen beider Sektoren gerecht zu werden.

---

[10] Monopolkommission (1975), Anwendung und Möglichkeiten der Missbrauchsaufsicht über marktbeherrschende Unternehmen seit Inkrafttreten der Kartellgesetznovelle, Sondergutachten 1, sowie Monopolkommission (1977), Missbräuche der Nachfragemacht und Möglichkeiten zu ihrer Kontrolle im Rahmen des Gesetzes gegen Wettbewerbsbeschränkungen. Sondergutachten 7.

Seit 2005 ist die Monopolkommission zudem verpflichtet, ähnliche Sondergutachten auch für den Strom- und Gasbereich sowie den Eisenbahnverkehr zu erstellen. In § 62 Abs. 1 EnWG heißt es: „Die Monopolkommission erstellt alle zwei Jahre ein Gutachten, in dem sie den Stand und die absehbare Entwicklung des Wettbewerbs und die Frage beurteilt, ob funktionsfähiger Wettbewerb auf den Märkten der leitungsgebundenen Versorgung mit Elektrizität und Gas in der Bundesrepublik Deutschland besteht, die Anwendung der Vorschriften dieses Gesetzes über die Regulierung und Wettbewerbsaufsicht würdigt und zu sonstigen aktuellen wettbewerbspolitischen Fragen der leitungsgebundenen Versorgung mit Elektrizität und Gas Stellung nimmt. Das Gutachten soll in dem Jahr abgeschlossen sein, in dem kein Hauptgutachten nach § 44 GWB vorgelegt wird.“ 29

Ähnlich lautet der Auftrag in § 36 AEG: „Die Monopolkommission erstellt alle zwei Jahre ein Gutachten, in dem sie den Stand und die absehbare Entwicklung des Wettbewerbs und die Frage beurteilt, ob ein wirksamer und unverfälschter Wettbewerb im Sinne des § 1 besteht, die Anwendung der Vorschriften des Eisenbahnrechts würdigt und zu sonstigen aktuellen wettbewerbspolitischen Fragen im Zusammenhang mit dem Betrieb von Eisenbahnen Stellung nimmt. Das Gutachten soll in dem Jahr abgeschlossen sein, in dem kein Hauptgutachten nach § 44 GWB vorgelegt wird.“ 30

Die Sondergutachten zu den netzgebundenen Sektoren sind somit allesamt in den ungeraden Jahren zu erstellen, wenn nämlich kein Hauptgutachten erstellt wird. Ähnlich wie durch das GWB geregelt soll (a) die Wettbewerbsentwicklung in den jeweiligen Sektoren beurteilt werden, (b) die Amtspraxis der jeweiligen Regulierungs- und Wettbewerbsbehörden gewürdigt werden und (c) zu aktuellen wettbewerbspolitischen Fragen in den jeweiligen Bereichen Stellung bezogen werden. 31

III. Rechtliche Stellung, Organisation und Arbeitsweise

Die Monopolkommission zeichnet sich durch ihre institutionelle Unabhängigkeit aus, die in § 44 Abs. 2 S. 1 garantiert wird. Konkrete Weisungen durch die Bundesregierung, einzelne Minister oder Mitarbeiter der Ministerien sind nicht zulässig. 32

Die Monopolkommission besteht nach § 45 Abs. 1 aus fünf Mitgliedern, die über besondere volks- oder betriebswirtschaftliche, sozialpolitische, technologische oder wirtschaftsrechtliche Kenntnisse und Erfahrungen verfügen müssen. Die Unabhängigkeit der Monopolkommission wird auch dadurch verankert, dass nach § 45 Abs. 3 die Mitglieder keiner Regierung oder einer gesetzgebenden Körperschaft des Bundes oder eines Landes noch dem öffentlichen Dienst (mit der Ausnahme von Hochschullehrern) angehören dürfen. Die Mitglieder dürfen auch keinen Wirtschaftsverband oder eine Arbeitnehmer- oder Arbeitgeberorganisation repräsentieren oder zu diesem in einem ständigen Dienst- oder Geschäftsbesorgungsverhältnis stehen oder eine derartige Stellung während des letzten Jahres vor der Berufung innegehabt haben dürfen. In der Praxis hat die Monopolkommission stets aus zwei Hochschullehrern und drei Experten aus der Wirtschaftspraxis bestanden. Bei den beiden Hochschullehrern handelt es sich bisher stets um einen Rechtswissenschaftler mit kartellrechtlichem Schwerpunkt und einen Volkswirt mit industrie- bzw. wettbewerbsökonomischem Hintergrund. Bisher wechselte der Vorsitz der Monopolkommission stets zwischen dem juristischen und ökonomischen Hochschullehrer, deren Amtszeiten überlappend sind. Die drei Vertreter der Wirtschaftspraxis wurden bisher so gewählt, dass eine gewisse Heterogenität in der Kommission vertreten ist, sowohl bezüglich der Branchenexpertisen als auch bezüglich der Unternehmensgrößen und -strukturen. In der Vergangenheit wurde zudem regelmäßig darauf geachtet, ein Mitglied mit gewerkschaftlichem Hintergrund oder gewerkschaftlicher Nähe in die Kommission zu berufen, ein Mitglied mit Nähe zum BDI und eines aus dem Bereich der selbständigen Unternehmer. 33

Zur Vorbereitung ihrer Gutachten führt die Monopolkommission regelmäßig mündliche Anhörungen mit Vertretern aus Unternehmen und Verbänden der betroffenen Branchen, 34

Fachleuten, Wissenschaftlern, Verbrauchervertretern und Behördenmitarbeitern durch. Zudem findet ein regelmäßiger Austausch mit Mitarbeitern aus Bundeskartellamt, Bundesnetzagentur und Europäischer Kommission statt. Die Mitglieder und Mitarbeiter der Monopolkommission sind hier nach § 46 Abs. 3 zu besonderer Verschwiegenheit verpflichtet, sodass Branchenvertreter der Monopolkommission nicht selten auch vertrauliche Informationen zur Verfügung stellen. Neben den mündlichen Anhörungen werden zudem Fragebögen an zahlreiche Branchenvertreter, Verbände und Wissenschaftler mit der Bitte um schriftliche Stellungnahme geschickt. Zur Klärung besonderer Fragen, bei denen die Monopolkommission selbst keine hinreichende Expertise zur Klärung der Frage verfügt, vergibt die Monopolkommission zudem regelmäßig Aufträge zur Erstellung von Expertengutachten.

35 Die Monopolkommission fällt ihre Entscheidungen mit Zustimmung von mindestens drei Mitgliedern. Jedes Mitglied hat zudem das Recht, abweichende Auffassungen in den Gutachten zum Ausdruck zu bringen. Im Vergleich zum Sachverständigenrat zur Begutachtung der gesamtwirtschaftlichen Entwicklung kommt dies jedoch bisher relativ selten vor.

36 Die Monopolkommission verfügt über eine Geschäftsstelle in Bonn. Die Geschäftsstelle wird gemeinsam geleitet vom Generalsekretär und der Geschäftsführerin. Zudem sind dort zehn wissenschaftliche sowie drei nicht-wissenschaftliche Mitarbeiter tätig.

IV. Übermittlung statistischer Daten

37 Durch die Modernisierung der Konzentrationsberichterstattung spielt die Übermittlung statistischer Daten durch das Statistische Bundesamt heute keine bedeutende Rolle mehr. Stattdessen greift die Monopolkommission für ihre Analysen verstärkt auf private Datenanbieter zurück. Für die Analyse der Entwicklung und Verflechtung der 100 größten Unternehmen in Deutschland führt die Monopolkommission zudem eigene Erhebungen durch. Die Monopolkommission besitzt zwar keinerlei Auskunftsrecht, jedoch haben sich die betroffenen Unternehmen in der Vergangenheit stets sehr kooperationsbereit gezeigt. Eine Verweigerung der Auskunft kam bisher nur selten in wenigen Ausnahmefällen vor.

Vorbemerkung §§ 47a bis 47l GWB

Schrifttum: *Abel,* Die neue Markttransparenzstelle (Strom und Gas), in: FIW (Hrsg.), Schwerpunkte des Kartellrechts 2012, FIW-Schriftenreihe, Band 240, Köln 2013, 21 ff.; *Becker,* Die Sektoruntersuchung Stromerzeugung/Stromgroßhandel des Bundeskartellamts: Ausgezeichnete Analyse, unzureichende Konsequenzen, ZNER 2011, S. 114 ff.; *Becker/Lüdemann,* Neuer Strommarkt, Aufsichts- und Verfassungsfragen, ZNER 2011, S. 583 ff.; *Bundeskartellamt,* Ein Jahr Markttransparenzstelle für Kraftstoffe (MTS-K). Eine erste Zwischenbilanz, November 2014; *Deselaers,* Abschlussbericht des Bundeskartellamts zur Sektoruntersuchung Kraftstoffe – alter Wein in neuen Schläuchen zum Thema marktbeherrschendes Oligopol? In: Kartellrecht in Theorie und Praxis. FS Canenbley, München 2012, 129 ff.; *Gleave,* Der Tankstellenmarkt im Lichte der aktuellen Rechtsprechung, in: FIW (Hrsg.), Schwerpunkte des Kartellrechts 2012, FIW-Schriftenreihe, Band 240, Köln 2013, 91 ff.; *Knauff,* Staatliche Benzinpreiskontrolle, NJW 2012, 2408 ff.; *Konar,* Wettbewerbskonforme Stromgroßhandelspreise. Eine Untersuchung der Verordnung über die Integrität und Transparenz des Energiegroßhandelsmarktes, München 2015; *Konar,* Energieregulierung auf Unionsebene. Die Rolle der Europäischen Kommission und der ACER nach der REMIT-VO, ZNER 2015, 7 ff. *Lange,* Entstehung und Zweck der Markttransparenzstelle für den Großhandel mit Strom und Gas aus kartellrechtlicher Sicht, EnWZ 2013, 104 ff.; *Lamprecht,* Dem Energiehandel drohen neue Hürden, ET Heft 9 2012, 29; *Lüdemann/Konar,* Die Überwachung von Stromgroßhandelsmarkt und Emissionshandelsmarkt, ZNER 2015, 81 ff.; *Lüdemann/Lüdemann,* Transparenz und Wettbewerb: Was kann die neue Markttransparenzstelle für den Großhandel mit Strom und Gas leisten?, WuW 2012, 917 ff.; *Lüdemann/Kröger,* Neues Aufsichtsregime für den europäischen Stromhandel: Die REMIT-Verordnung, HFR 6/2013, S, 49 ff.; *Lüdemann,* Für eine bessere Aufsicht im Stromhandel, Orientierungen zur Wirtschafts- und Gesellschaftspolitik 130 (4/2011), S. 43 ff.; *Nothelfer,* Einrichtung von Markttransparenzstellen für den Großhandel mit Strom und Gas sowie für Kraftstoffe, in Bien (Hrsg.), Das deutsche Kartellrecht nach der 8. GWB-Novelle, 2013, 283 ff.; *Pustlauk,* REMIT und das Markttransparenzstellengesetz – tatsächlich eine Erweiterung der Missbrauchsaufsicht im Energiehandel?, EWeRK 2012, 157 ff.; *Säcker,* Marktabgrenzung, Marktbeherrschung, Markttransparenz und Machtmissbrauch auf den Großhandelsmärkten für Elektrizität, 2011; *Zimmer,* Die neue „Markttransparenzstelle", in: FIW (Hrsg.), Schwerpunkte des Kartellrechts 2012 FIW-Schriftenreihe (Hrsg.), Heft 240, Köln 2013; *Zimmer,* Markttransparenzstellengesetz: Transparenz als Staatsaufgabe?, BB 2012, Nr. 50, I.; *Zylka,* Marktaufsicht im Stromhandel, Baden-Baden 2010.

Übersicht

I. Überblick

Durch Art. 1 des Markttransparenzstellengesetzes ist mit Wirkung zum 12.12.2012 ein neuer neunter Abschnitt in das GWB eingefügt worden, der die §§ 47a–47l umfasst. Die Vorschriften **regeln die Aufgaben** und Befugnisse der neuen Markttransparenzstelle für Strom und Gas (§§ 47a–j) und der Markttransparenzstelle für Kraftstoffe (§ 47k). Für beide Markttransparenzstellen enthält § 47l Vorgaben zur Evaluation. **1**

II. Entstehungsgeschichte

Die Einrichtung einer Markttransparenzstelle für den Handel mit Strom und Gas geht auf einen Vorschlag der Monopolkommission zurück. Diese hat in ihrem Sondergutachten „Strom und Gas 2007" gravierende Lücken in der Beaufsichtigung der Großhandelsmärkte für Strom und Gas aufgezeigt[1] und zu Recht darauf hingewiesen, dass die **bestehende Aufsicht über die Preisbildung** an den Großhandelsmärkten für Strom und Gas **nicht ausreichte,** um Preismanipulationen zuverlässig aufdecken und sanktionieren zu können. Ein zentrales Problem war, dass die Überwachung bislang auf mehrere Aufsichtsbehörden aufgespalten war, die das Marktgeschehen jeweils nur aus spezifischen Blickwinkeln betrachten.[2] Keine Behörde verfügt über die erforderliche Datenbasis, um die komplexen Preisbildungsmechanismen vollständig nachvollziehen und beaufsichtigen zu können, was Voraussetzung einer wirksamen Marktüberwachung der komplexen Preisbildungsmechanismen auf den Energiegroßhandelsmärkten ist. Im Unterschied zum Wertpapierhandel reicht es im Stromgroßhandel nicht aus, sich auf die Überwachung der Handelstransaktionen zu beschränken. Die fehlende Speicherbarkeit, die Leitungsgebundenheit, die geringe Preiselastizität der Nachfrage und die komplexen Wirkbeziehungen von Erzeugung und Handel machen den Markt besonders anfällig für das Ausnutzen von Informationsasymmetrien und für Preismanipulationen. So haben Versorgungsunternehmen die Möglichkeit Erzeugungskapazität zurückzuhalten, indem sie bei gleichbleibender Nachfrage Kapazität vom Netz nehmen, das Stromangebot verknappen und darüber ein höheres Preisniveau erzielen (physische Kapazitätszurückhaltung).[3] Eine vergleichbare Wirkung lässt sich auch **2**

[1] Monopolkommission, Sondergutachten 49, Strom und Gas 2007, Tz. 188 ff.

[2] Ausführlich hierzu *Becker/Lüdemann,* ZNER 2011, 583 ff.

[3] *Hirschhausen/Weigt/Zachmann,* Preisbildung und Marktmacht auf den Elektrizitätsmärkten in Deutschland, Gutachten im Auftrag des Verbandes der industriellen Energie- und Kraftwirtschaft e. V., Electricity Markets Working Papers, WP-EM-15, 2007, S. 17. Ob die Versorgungsunternehmen von diesen Manipulationsmöglichkeiten Gebrauch gemacht haben, ist nicht bekannt. Die Monopolkommission und das Bundeskartellamt halten ein solches Szenario aber für realitätsnah, vgl. etwa Monopolkommission, Sondergutachten 49, Strom und Gas 2009, Tz. 180: „Aus der Perspektive eines ge-

über die Nachfrageseite erreichen. Weil die großen Erzeuger an der Börse nicht nur als Verkäufer, sondern auch als Käufer auftreten, sind sie theoretisch auch in der Lage eine gestiegene Nachfrage vorzuspiegeln, um hierüber Preissteigerungen zu bewirken.[4] Zudem wird nur ein geringer Teil der auf Großhandelsebene umgeschlagenen Energie an der Börse umgesetzt, der Großteil wird außerbörslich in multilateralen Handelssystemen, bilateral oder anderweitig gehandelt.[5] Für eine effiziente Aufsicht des Stromhandels ist es daher entscheidend, neben sämtlichen Handelsdaten auch über die Erzeugungsdaten zu verfügen.

3 Angesichts steigender Energiepreise und zunehmender Zweifel der Öffentlichkeit an der Integrität der Preissetzung im Strom- und Gasgroßhandel[6] haben die Regierungsparteien 2009 den Vorschlag der Monopolkommission aufgegriffen und im Koalitionsvertrag die Einrichtung einer Markttransparenzstelle für den Großhandel mit Strom und Gas vereinbart.[7] Im Herbst 2010 wurde die Markttransparenzstelle in das **10-Punkte-Sofortprogramm** für den Energiesektor aufgenommen. [8] Im Januar 2011 sprach sich das Bundeskartellamt im Abschlussbericht der Sektoruntersuchung Stromerzeugung und -großhandel" für die Einrichtung einer entsprechenden Überwachungsstelle aus.[9] Das 10-Punkte Sofortprogramm der Bundesregierung sah vor, die Markttransparenzstelle bis Ende 2011 einzurichten.[10] Das hätte im Zuge der ohnehin anstehenden Novellierung des GWB erfolgen können. Das federführende Bundesministerium für Wirtschaft und Technologie hat jedoch entschieden, die Markttransparenzstelle nicht in den Referentenentwurf zur 8. GWB-Novelle aufzunehmen, sondern einen gesonderten Gesetzentwurf vorzulegen, um Überschneidungen mit dem Europarecht zu verhindern.[11] Grund hierfür war, dass die Europäische Kommission im Dezember 2010 eine Verordnung über die Integrität und Transparenz des Energiegroßhandelsmarktes (Regulation on Energy Market Integrity and Transparency – REMIT) vorgeschlagen hat, die auf europäischer Ebene ähnliche Ziele wie die in Planung befindliche Markttransparenzstelle verfolgt.[12] Der Gesetzentwurf wurde daher zurückgestellt[13] und erst nach Inkrafttreten der REMIT-Verordnung am 28.12.2011[14] wieder aufgenommen. Am 23.3.2012 veröffentlichte das Bundesministerium für Wirtschaft und Technologie einen ersten Referentenentwurf für ein „Gesetz zur Einrichtung einer Markttransparenzstelle für den Großhandel mit Strom und Gas."[15] In diesem Entwurf beschränk-

---

winnmaximierenden Erzeugers ist die strategische Zurückhaltung von Erzeugungskapazitäten geradezu eine gebotene Strategie," und BkartA, Sektoruntersuchung Stroimerzeugung/Stromgroßhandel, Bericht gem. § 32e Abs. 3 GWB, Januar 2011.

[4] *Lüdemann,* Für eine bessere Aufsicht im Stromhandel, in: Orientierungen zur Wirtschafts- und Gesellschaftspolitik 130, 4/2011, S. 43f.

[5] Monopolkommission, Sondergutachten 65, Energie 2013, Tz. 132.

[6] *Canty/Lüdemann,* FAZ v. 19.11.2010, Nr. 270, S. 12; *Zylka,* Marktaufsicht im Stromhandel, 2010, S. 27 m. w. N.

[7] Wachstum. Bildung. Zusammenhalt – Koalitionsvertrag von CDU, CSU und FDP vom 26.10. 2009, S. 30.

[8] Energiekonzept der Bundesregierung für eine umweltschonende, zuverlässige und bezahlbare Energieversorgung vom 28.9.2010.

[9] BKartA, Sektoruntersuchung Stromerzeugung und-großhandel, Abschlussbericht gemäß § 32e GWB, Januar 2011, S. 20.

[10] Energiekonzept der Bundesregierung für eine umweltschonende, zuverlässige und bezahlbare Energieversorgung vom 28.9.2010, S. 17.

[11] Bundesministerium für Wirtschaft und Technologie, Eckpunkte einer 8. GWB-Novelle, 1.8. 2011, S. 1.

[12] Vorschlag für eine „Verordnung des Europäischen Parlaments und des Rates über die Integrität und Transparenz des Energiemarktes" v. 8.12.2010, KOM (2010) 726 endg.

[13] Monopolkommission, Sondergutachten 59, Energie 2011, Tz. 640.

[14] Verordnung (EU) Nr. 1227/2011, ABl. EU Nr. L 326 v. 8.12.2011.

[15] Referentenentwurf des Bundesministeriums für Wirtschaft und Technologie: Gesetz zur Einrichtung einer Markttransparenzstelle für den Großhandel mit Strom und Gas, abrufbar unter: http://www.bmwi.de/BMWi/Redaktion/PDF/Gesetz/gesetzentwurf-markttransparenzstellen-gesetz.

te sich die Beobachtungsbefugnis der Markttransparenzstelle noch allein auf die Überwachung des Strom- und Gasgroßhandels. Am 3.4.2012 legte das Bundesministerium für Wirtschaft und Technologie kurzfristig einen ergänzten Referentenentwurf vor.[16] Wesentliche Neuerung war die Aufnahme einer zusätzlichen Markttransparenzstelle zur Überwachung des Kraftstoffmarktes.[17] Der Bundesrat nahm zu diesem Entwurf am 4.5.2012 Stellung.[18] Dieser Ergänzungsentwurf wurde mit geringfügigen Änderungen vom Bundeskabinett am 2.5.2012 verabschiedet und in das förmliche Gesetzgebungsverfahren eingebracht.[19] Am 12.12.2012 ist das Gesetz zur Errichtung einer Markttransparenzstelle für den Großhandel mit Strom und Gas in Kraft getreten.[20] Die fehlende Nennung der Markttransparenzstelle für Kraftstoffe ist dem Umstand geschuldet, dass diese erst relativ Eingang in den Gesetzgebungsverfahren gefunden hat.[21]

III. Regelungsgehalt

4 Übergeordnete Aufgabe der **Marktransparenzstelle Strom und Gas,** die organisatorisch bei der BNetzA angesiedelt ist, ist die Sicherstellung einer transparenten und wettbewerbskonformen Preisbildung für Elektrizität und Erdgas auf der Großhandelsebene. Die Marktransparenzstelle beobachtet dazu die Erzeugung, den Kraftwerkseinsatz, die Vermarktung von Regelenergie und den Großhandel mit Strom und Gas. Die zentrale und kontinuierliche Marktbeobachtung soll die bestehenden Informationsdefizite der Aufsicht beseitigen und das Vertrauen in die Integrität der Märkte sowie den Wettbewerb auf den Großhandelsmärkten zum Wohle der Verbraucher stärken. Die Markttransparenzstelle Strom und Gas erhält hierzu u. a. die Befugnis, alle für die Preisbildung relevanten Erzeugungs- und Transaktionsdaten zu erheben, zu sammeln und auszuwerten. Wechselwirkungen zwischen Erzeugungsstufe und den Waren- und Finanzmärkten können so im Verdachtsfall an die zuständigen Aufsichtsbehörden weitergegeben werden. Von der kontinuierlichen Überwachung verspricht sich der Gesetzgeber zudem Abschreckungseffekte. Die Markttransparenzstelle Strom und Gas ist zugleich die nationale Marktüberwachungsstelle nach der Verordnung (EU) Nr. 1227/2011 über die Integrität und Transparenz des Energiegroßhandelsmarkts (Regulation on Wholesale Energy Market Integrity and Transparency, REMIT). Sie ist rechtlich unabhängig und befugt, in ihrem Tätigkeitsbereich selbst Entscheidungen zu treffen.

5 Die **Markttransparenzstelle für Kraftstoffe** ist beim Bundeskartellamt angesiedelt. Ihre Aufgabe besteht darin, durch eine laufende Beobachtung der Preisentwicklung im Kraftstoffsektor den Kartellbehörden das Aufdecken und Sanktionieren etwaiger Wettbewerbsverstöße zu erleichtern. Außerdem werden die behördlich erhobenen Preisdaten privaten Anbietern von Verbraucher-Informationsdiensten zur Verfügung gestellt, sodass die Autofahrer auf dieser Informationsbasis die für sie jeweils preisgünstigste Tankstelle anfahren können. Die Betreiber öffentlicher Tankstellen bzw. die dahinterstehenden Unternehmen, die über die Preissetzungshoheit verfügen, müssen hierzu bei jeder Änderung ihrer Kraftstoffpreise den neuen Verkaufspreis der Markttransparenzstelle innerhalb von fünf Minuten nach der Änderung elektronisch melden. Anbieter von Verbraucherinformationsdiensten, die von der Markttransparenzstelle zugelassen worden sind, können die aktuellen

[16] Ergänzung des Gesetzes zur Einrichtung einer Markttransparenzstelle für den Großhandel mit Strom und Gas (Markttransparenzstellen-Gesetz), abrufbar unter http://www.fiw-online.de/files/ergaenzung_20120402_entwurf_47h. pdf.

[17] Durch die Einführung eines neuen § 47h GWB n. F. und einer entsprechenden Bußgeldnorm, § 81 Abs. 2 EnWG n. F. (RefE).

[18] BR-Drs. 253/12.

[19] Gesetzesentwurf der Bundesregierung: Entwurf eines Gesetzes zur Einrichtung einer Markttransparenzstelle für den Großhandel mit Strom und Gas (Markttransparenzstellengesetz), a. a.O. (Fn 1).

[20] BGBl. I S. 2403.

[21] *Häfele,* in: Langen/Bunte (Hrsg.), GWB vor § 47a, Rn. 2.

Kraftstoffpreise dort abrufen und müssen sie dann aktuell über einen bundesweit verfügbaren Informationsdienst veröffentlichen.

IV. Rechtspolitische Bewertung

6 Die Einrichtung einer **Markttransparenzstelle für den Großhandel Strom und Gas** ist grundsätzlich zu begrüßen. Mit der Realisierung dieser von der Monopolkommission und Stimmen aus der Wissenschaft lange geforderten Überwachungsstelle[22] ist ein entscheidender Schritt hin zu einer wirksameren Aufsicht im Energiegroßhandel getan. Die bestehenden Informationslücken werden durch die Einrichtung der Markttransparenzstelle, bei der alle für die Preisbildung auf der Großhandelsstufe relevanten Markt- und Fundamentaldaten zusammen laufen und zentral ausgewertet werden können, deutlich verringert. Zugleich fungiert die Transparenzstelle als Kooperationsplattform für die Zusammenarbeit der Wirtschaftsaufsichtsbehörden. Eine wirksame Tätigkeit der Markttransparenzstelle setzt allerdings voraus, dass es gelingt, die große Datenmenge effizient aufzubereiten und zu analysieren. Allein für Deutschland wird mit rund 200 Millionen Datenpunkten pro Jahr gerechnet. Dieses Datenvolumen stellt die Markttransparenzstelle vor erhebliche technische und methodische Herausforderungen, die Instrumente und Verfahren der Datenauswertung sukzessive entwickeln und erproben muss. Letztendlich bilden die Qualität der Datenauswertung und die effiziente Kooperation der an der Überwachung beteiligten Behörden den Schlüssel zum Erfolg der Markttransparenzstelle.[23] Nach § 47a Abs. 2 nehmen die BNetzA und das BKartA die Aufgaben der Markttransparenzstelle gemeinsam wahr. Doppelstrukturen können das Regulierungswissen der Behörden erhöhen, zugleich aber auch Reibungsverluste und Überregulierungen infolge unzureichend abgegrenzter Kompetenzen verursachen. Einer klaren Zuständigkeitsverteilung kommt daher zentrale Bedeutung zu; nicht zuletzt, weil sich die Märkte ausgesprochen dynamisch wandeln. So wird konventionelle Energieerzeugung durch die erneuerbaren Energien zunehmend verdrängt. Die Bedeutung des Monitorings vermachteter Märkte, in denen wenige große Erzeuger die wettbewerbliche Preisbildung gefährden, nimmt ab, während das Monitoring zur Sicherung des Energiesystems und zur Begleitung der Energiewende an Bedeutung gewinnt. Die Aufgaben der BNetzA in der Markttransparenzstelle werden sukzessive zunehmen, die Aufgaben des BKartA tendenziell abnehmen. Das wird Auswirkungen auf die gemeinsame Aufgabenwahrnehmung und die notwendige Datenbasis haben.[24]

7 Die Entscheidung des Gesetzgebers, eine weitere **Markttransparenzstelle für Kraftstoffe** zu schaffen ist hingegen **regulatorisch fragwürdig.**[25] Denn die Zweifel an der Integrität der Preisbildung auf dem Kraftstoffmarkt gehen nicht primär auf mangelnde Transparenz zurück.[26] Das eigentliche Problem auf dem Kraftstoffmarkt ist vielmehr der unzureichende Wettbewerb.[27] Diesem Problem hilft die Markttransparenzstelle nicht ab.

---

[22] Monopolkommission, Sondergutachten 59, Energie 2011, Tz. 643; *Säcker,* Marktabgrenzung, Marktbeherrschung, Markttransparenz und Marktmissbrauch auf den Großhandelsmärkten für Elektrizität, 129; *Zimmer,* in: FIW-Schriftenreihe, Bd. 240, Köln 2012, 15 ff.; *Becker/Lüdemann,* ZNER 2011, 583 ff.; *Lüdemann,* Orientierungen zur Wirtschafts- und Gesellschaftspolitik 130, 4/2011, 43 ff.; *Lüdemann/Lüdemann,* WuW 2012, 917 ff.; a. A. *Abel,* in: FIW-Schriftenreihe, Bd. 240, Köln 2012, 21 ff.

[23] Vgl. auch Monopolkommission, Sondergutachten 65, Energie 2013, Tz. 105.

[24] *Lüdemann/Konar,* ZNER 2015, 81, 83.

[25] *Lüdemann/Lüdemann,* WuW 2012, 917, 924 ff.; in diese Richtung auch *Mestmäcker/Schweitzer,* Europäisches Wettbewerbsrecht, 3. Aufl., 2014, § 10, Rn. 56.

[26] Es besteht lediglich ein Transparenzgefälle zwischen Mineralölkonzernen und Verbrauchern, vgl. *Zimmer,* BB 2012, Nr. 50 I.; *Gleave,* in: FIW-Schriftenreihe, Bd. 240, Köln 2012, 91 ff., 95.

[27] Die Sektoruntersuchung Kraftstoffe kommt zu dem Ergebnis, dass die Preise der Mehrheit der Straßentankstellen in dem bestehenden oligopolistischen Umfeld höher sind, als es bei funktionierendem Wettbewerb der Fall wäre, vgl. Bundeskartellamt, Sektoruntersuchung Kraftstoffe, Abschlussbericht Mai 2011, S. 20; vgl. auch *Badtke/Vahrenholt,* ZWeR 2012, 272, 277 ff.; kritisch zu den Schluss-

Dass die kontinuierliche Marktbeobachtung allein durch eine „präventive Abschreckungswirkung" preisdämpfend wirkt, wie es die Bundesregierung erhofft,[28] ist schon deshalb nicht zu erwarten, weil auch die Marktbeobachtungen des Bundeskartellamts diese Wirkung nicht gezeigt haben.[29] Allenfalls in Fällen des Verdachts von Preis-Kosten-Scheren oder von Untereinstandspreis-Verkäufen[30] im Mineralölsektor könnten die von der Markttransparenzstelle gesammelten Informationen zu einer Erleichterung der Verfahrensführung durch das Bundeskartellamt führen. Zur Aufdeckung von Preis-Kosten-Scheren reicht der bestehende Einzelauskunftsanspruch aus. Im Unterschied zum Strom- und Gasgroßhandel sieht sich die nachträgliche Datenbeschaffung auch keinen tatsächlichen Hindernissen ausgesetzt. Im Kraftstoffmarkt gibt es kein Datendefizit, das die Aufsichtsbehörden an der Wahrnehmung ihrer Aufgaben hindert. Auch die politischen Begründungen „Fusionskontrolle" und „vorsorgliche Datenspeicherung für Kartellverfahren" greifen nicht. Die notwendige Datengenauigkeit macht in jedem Fall ein gezieltes Auskunftsersuchen erforderlich. Der Erkenntnisgewinn einer Markttransparenzstelle im Kraftstoffbereich steht daher insgesamt in keinem Verhältnis zu dem verursachten Aufwand bei den Meldepflichtigen. Von den Bürokratiekosten werden vor allem die freien Tankstellen getroffen, da sie im Unterschied zu den großen Marktteilnehmern nicht auf bestehende Datenbanken zurückgreifen können. Zu Recht hat deshalb auch der Normenkontrollrat die Marktransparenzstelle im Kraftstoffbereich kritisch beurteilt.[31] Aus kartellrechtlicher Sicht ist auch die umfassende Veröffentlichung flächendeckender Tankstellenpreise kritisch zu bewerten. In Oligopolen ist das Herstellen von Transparenz geeignet, das „Problem der engen oligopolistischen Interdependenz"[32] zu verschärfen, weil sich die Transparenz nicht nur für die Verbraucher sondern auch für die Anbieter erhöht.[33] Diese erhalten durch Rückgriff auf die Verbraucher-Informationsdienste ebenfalls in Echtzeit die Tankstellenpreise der Konkurrenten. Würden sie selbst ein solches Preisinformationssystem aufbauen, das ein Parallelverhalten ermöglicht, wäre dies zweifellos unzulässig.[34] Mit der Einführung der Verbraucher-Informationen wird es für das BKartA praktisch unmöglich sein, den Marktteilnehmern ein abgestimmtes Preisverhalten nachzuweisen.[35] Diese können sich stets auf eine zufällige Kollusion infolge der gesteigerten Transparenz berufen.[36] Man kann mit Fug und Recht darüber streiten, ob der Staat die Aufgabe hat, im Interesse der Verbraucherinnen und Verbraucher Informationen über Marktpreise zusammen zu tragen.[37] Letztlich ist die Erstreckung der Markttransparenzstelle auf den Kraftstoffsektor weniger ein Beispiel für ökonomisch sinnvolle Regulierung als vielmehr ein politökonomisches Lehrstück für symbolische Politik: Ohne an den wirklichen Preistreibern beim Benzin anzusetzen, kann die Politik

---

folgerungen des BKartA *Nothelfer,* in Bien (Hrsg.), Das deutsche Kartellrecht nach der 8. GWB Novelle, 2013, 283, 296 f.

[28] BT-Drs. 17/10060, 2, 6.

[29] *Lüdemann/Lüdemann,* WuW 2012, 917, 924 f.

[30] Von Preis-Kosten Scheren spricht man, wenn eines der großen fünf Mineralölunternehmen Benzin an seine Endkunden zu einem niedrigeren Preis verkauft als es Benzin an die konkurrierenden freien Tankstellen in seinen Raffinerien abgibt. Bei Untereinstandspreisen bietet ein Mineralölunternehmen den Kraftstoff seinen Endkunden – wie der Begriff es schon sagt – zu einem Preis an, der unter seinem Einstandspreis liegt.

[31] Stellungnahme des Nationalen Normenkontrollrats vom 4.5.2012, NKR-Nr. 219, BR-Drs. 253/12, Anlage S. 3 ff.

[32] *Mestmäcker/Schweitzer,* Europäisches Wettbewerbsrecht, 3. Aufl., 2014, § 10, Rn. 56.

[33] Grundsätzlich hierzu Monopolkommission, Sondergutachten 65, Energie 2013, Tz. 146 ff., 148

[34] *Krauser,* in: Bornkamm/Montag/Säcker (Hrsg.), GWB § 47k Rn. 14 mwN; *Knauff,* NJW 2012, 2408, 2410.

[35] Vgl. auch die Stellungnahme von *Helmedag* in der Sachverständigenanhörung, BT-Drs. 17/11386, S. 12 f.

[36] Zu den wettbewerbsrechtlicher Auswirkungen der Offenlegung wettbewerbssensibler Informationen vgl. auch Monopolkommission, Hauptgutachten 2010/20122, Tz. 521 ff.

[37] Vgl. *Zimmer,* BB 2012, Nr. 50 I.

dem Wähler durch die Aktivitäten der Markttransparenzstelle den Eindruck vermitteln, sich des Problems steigender Benzinpreise anzunehmen.

§ 47a Einrichtung, Zuständigkeit, Organisation

(1) [1] **Zur Sicherstellung einer wettbewerbskonformen Bildung der Großhandelspreise von Elektrizität und Gas wird eine Markttransparenzstelle bei der Bundesnetzagentur für Elektrizität, Gas, Telekommunikation, Post und Eisenbahnen (Bundesnetzagentur) eingerichtet.** [2] **Sie beobachtet laufend die Vermarktung und den Handel mit Elektrizität und Erdgas auf der Großhandelsstufe.**

(2) **Die Aufgaben der Markttransparenzstelle nehmen die Bundesnetzagentur und das Bundeskartellamt einvernehmlich wahr.**

(3) [1] **Die Einzelheiten der einvernehmlichen Zusammenarbeit werden in einer vom Bundesministerium für Wirtschaft und Technologie zu genehmigenden Kooperationsvereinbarung zwischen dem Bundeskartellamt und der Bundesnetzagentur näher geregelt.** [2] **In der Vereinbarung ist insbesondere Folgendes zu regeln:**

1. die Besetzung und Geschäftsverteilung sowie

2. eine Koordinierung der Datenerhebung und des Daten- und Informationsaustausches.

(4) **Das Bundesministerium für Wirtschaft und Technologie wird ermächtigt, durch Rechtsverordnung Vorgaben zur Ausgestaltung der Kooperationsvereinbarung zu erlassen.**

(5) **Entscheidungen der Markttransparenzstelle trifft die Person, die sie leitet. § 51 Absatz 5 gilt für alle Mitarbeiterinnen und Mitarbeiter der Markttransparenzstelle entsprechend.**

Übersicht

I. Allgemeines

1 § 47a regelt die Einrichtung der Markttransparenzstelle für den Großhandel mit Strom und Gas bei der BNetzA. Hiermit wird eine institutionelle Struktur geschaffen, die darauf zielt, die **Bildung wettbewerbskonformer Großhandelspreise** sicherzustellen und das Vertrauen in die Integrität der Energiegroßhandelsmärkte zu stärken. Die Marktransparenzstelle soll durch ein kontinuierliches und zentralisiertes Monitoring sämtlicher relevanter Markt- und Fundamentaldaten Auffälligkeiten bei der Preisbildung aufdecken, die auf Missbrauch von Marktmacht, Insiderinformation oder Marktmanipulation beruhen können.

2 Die Markttransparenzstelle ist zugleich **nationale Marktüberwachungsstelle** nach der Verordnung (EU) Nr. 1227/2011 über die Integrität und Transparenz des Energiegroßhandelsmarktes (Regulation on Wholsale Energy Market and Transparency, REMIT) und damit Bestandteil der neuen europäischen Aufsichtsarchitektur für den Energiegroßhandel. Sie überwacht gemeinsam mit der BNetzA den Strom- und Großhandel und kooperiert mit der Agentur für die Zusammenarbeit der Energieregulierungsbehörden (ACER).

II. Einrichtung, Organisation (Abs. 1)

§ 47a Abs. 1 weist die Markttransparenzstelle organisatorisch der **Bundesnetzagentur** zu. Von dem ursprünglichen Konzept, die Markttransparenzstelle beim Bundeskartellamt anzuordnen,[1] wurde im Laufe des Gesetzgebungsverfahrens Abstand genommen.[2] Die Zuweisung zur BNetzA ist sachgerecht,[3] da Regulierungsbehörden strukturell besser für ein kontinuierliches Market Monitoring aufgestellt sind. Im Unterschied zu den Wettbewerbsbehörden betrachten sie Sachverhalte nicht vornehmlich *ex post* sondern verfolgen die Marktentwicklungen kontinuierlich. Zudem laufen bei der Bundesnetzagentur bereits umfangreiche Datenströme aus dem Strombereich zusammen. Neben der Netzebene ist die Netzagentur seit 2009 auch für die Sammlung der Daten nach dem Erneuerbare-Energien-Gesetz (EEG) und deren Aufbereitung für das Bundesumweltministerium zuständig. Anfang 2012 sind als weitere Aufgaben die Marktintegration von EEG-Strom und das Marktprämienmodell hinzugekommen.[4] Der Gesetzgeber verspricht sich daher von der Zuordnung zur BNetzA zugleich wertvolle Informationen für die Gestaltung der Energiewende. Hinzu tritt der Aspekt der von der BNetzA zu gewährleistenden Versorgungssicherheit und Netzstabilität. Erforderlich ist hierzu ein möglichst umfassender Überblick über die Erzeugungs- und Bedarfsdaten. Mit der Eingliederung der Transparenzstelle in die Bundesnetzagentur können daher insgesamt Synergieeffekte genutzt werden.[5] Schließlich spricht für die Ansiedlung bei der BNetzA auch die auf Regulierungsbehörden zugeschnittene Aufsichtsarchitektur der neuen REMIT-Verordnung. 3

Die **organisatorische Verantwortung** für die Markttransparenzstelle liegt beim Präsidenten der BNetzA. Die BNetzA ist damit zugleich zuständig für die Vertretung im Außenverhältnis.[6] Innerbehördlich ist die Markttransparenzstelle auf **Referatsebene** (Referat 603) in der Abteilung Energieregulierung (Abteilung 6) angesiedelt.[7] 4

III. Einvernehmliche Aufgabenwahrnehmung (Abs. 2)

In der Neuordnung der Aufsicht über die Strom- und Gasmärkte kommt der Zusammenarbeit von Bundesnetzagentur und Bundeskartellamt eine herausgehobene Rolle zu. § 47a Abs. 2 sieht vor, dass diese beiden Bundesoberbehörden die Aufgaben der Markttransparenzstelle im Energiegroßhandel einvernehmlich wahrnehmen. Der Begriff des Einvernehmens richtet sich nach dem **allgemeinen verwaltungsrechtlichen Verständnis.**[8] Gegenstand für das Herstellen des Einvernehmens können allerdings richtigerweise nur Grundsatzfragen der gemeinsamen Aufgabenwahrnehmung sein und Fälle, in denen die nach § 47a Abs. 3 zwischen der BNetz und dem BKartA getroffene Kooperationsvereinbarung dies ausdrücklich vorsieht.[9] Das Einvernehmen bezieht sich nicht auf *Einzelmaßnah-* 5

---

[1] So noch im Gesetzentwurf der Bundesregierung vom 21.6.2012, BT-Drs. 17/10060, S. 1 ff.

[2] Vgl. Beschlussempfehlung und Bericht des Ausschusses für Technologie, BT-Drs. 17/11386, S. 19.

[3] Ausführlich hierzu *Lüdemann/Lüdemann,* WuW 2012, 917, 925 f.; *Zimmer,* BB 2012, Nr. 50 I, Monopolkommission, Sondergutachten 59, Energie 2011, Tz. 643; *Lüdemann,* Orientierungen zur Wirtschafts- und Gesellschaftspolitik 130 (4/2011), 43, 46 f.

[4] Vgl. § 61 EEG 2012. Zu den Aufgaben der Bundesnetzagentur im Aufsichtsbereich *Becker/Lüdemann,* ZNER 2011, 583, 585.

[5] *Zimmer,* BB 2012, Nr. 50 I.

[6] *Reiner/Rohlje,* in Bornkamm/Montag/Säcker (Hrsg.), Münchener Kommentar Europäisches und Deutsches Wettbewerbsrecht, Bd. 2, GWB § 47a Rn. 2

[7] Organigramm der BNetzA, abrufbar unter: http://www.bundesnetzagentur.de/SharedDocs/Downloads/DE/Allgemeines/Bundesnetzagentur/UeberdieAgentur/Organigramm/Organigramm-OhneNamen.pdf?__blob=publicationFile&v=3.

[8] *Knauff,* in: Immenga/Mestmäcker (Hrsg.), GWB, § 47a Rn. 12.

[9] *Reiner/Rohlje,* in Bornkamm/Montag/Säcker (Hrsg.), Münchener Kommentar Europäisches und Deutsches Wettbewerbsrecht, Bd. 2, GWB § 47a Rn. 2.

men.[10] Andernfalls wäre die Arbeitsfähigkeit der Markttransparenzstelle gefährdet. Eine solche einschränkende Auslegung entspricht auch dem Telos der Vorschrift. Ziel der Anordnung des Einvernehmens ist es, den grundsätzlichen Aufsichtsanforderungen auf kartellrechtlicher Ebene besser gerecht zu werden.[11]

IV. Kooperationsvereinbarung (Abs. 3 und 4)

6 Die Grundlage der einvernehmlichen Aufgabenwahrnehmung bildet die in § 47a Abs. 3 vorgesehene Kooperationsvereinbarung zwischen BNetzA und BKartA, die seit dem 16.3. 2015 in Kraft ist.[12] Hierin sind die Einzelheiten der einvernehmlichen Zusammenarbeit, insbesondere die Besetzung und Geschäftsverteilung sowie die Koordination der Datenerhebung und des Daten- und Informationsaustausches geregelt. Hinsichtlich der **Besetzung** sieht die Vereinbarung vor, dass Bundesnetzagentur und Bundeskartellamt das Personal für die Markttransparenzstelle in einem der Aufgabenwahrnehmung angemessenen Umfang zur Verfügung stellen. Das Bundeskartellamt hat in der Vergangenheit eindringlich darauf hingewiesen, dass seine Untersuchungskapazität an personelle Grenzen gestoßen ist.[13] Der Gesetzentwurf sieht zunächst eine zusätzliche Personalausstattung von 37,5 Planstellen vor.[14] Hiervon sind 11,5 Planstellen der Bundesnetzagentur für die Durchführung der REMIT und 26 Planstellen der allgemeinen Marktbeobachtung zugeordnet, davon 18 bei der Bundesnetzagentur und 8 beim Bundeskartellamt.[15] Die **Geschäftsverteilung** orientiert sich am fachlichen Bezug der jeweiligen Aufgabe. Den Mitarbeitern der Bundesnetzagentur obliegt die Datenauswertung im Hinblick auf Verstöße gegen Art. 3 (Verbot des Insiderhandels) und Art. 7 (Verbot der Marktmanipulation) der REMIT-Verordnung.[16] Den Mitarbeitern des Bundeskartellamts obliegt die Datenauswertung im Hinblick auf mögliche Verstöße gegen §§ 1, 19, 20 oder 29 GWB und Art. 101 und 102 AEUV.[17] Ist keine der beiden Behörden fachlich zuständig, wie es etwa bei Anhaltspunkten für Verstößen gegen das WpHG oder das BörsG der Fall ist, werden die Daten gemeinschaftlich ausgewertet und eine Zusammenarbeit mit den jeweils zuständigen Behörden angestrebt.[18] In Bezug auf die **Koordination der Datenerhebung** sieht die Kooperationsvereinbarung eine eng abgestimmte Zusammenarbeit vor, um unnötigen Mehraufwand von Behörden und Unternehmen zu vermeiden. Auch den kontinuierlichen und umfassenden Daten- und Informationsaustausch untereinander haben die Beteiligten sicherzustellen.[19] Die Kooperationsvereinbarung regelt zudem das **Herstellen des Einvernehmens.** Das Bundeskartellamt benennt für Fragen des Einvernehmens einen zentralen Ansprechpartner. Das Einvernehmen gilt als hergestellt, wenn binnen zwei Wochen nach Anfrage keine Stellungnahme erfolgt ist.[20] Aus Gründen der Praktikabilität kann das Bundeskartellamt im Einzelfall oder für bestimmte Fallgruppen im Vorhinein auf das Herstellen des Einvernehmens

---

[10] *Reiner/Rohlje,* in Bornkamm/Montag/Säcker (Hrsg.), Münchener Kommentar Europäisches und Deutsches Wettbewerbsrecht, Bd. 2, GWB § 47a Rn. 2.

[11] Vgl. hierzu den Entwurf eines Gesetzes zur Errichtung einer Markttransparenzstelle für den Großhandle mit Strom und Gas (Markttransparenzstellengesetz), BT-Drs. 17/10060 vom 21. Juni 2012, 2.

[12] Kooperationsvereinbarung zwischen der Bundesnetzagentur und dem Bundeskartellamt über die einvernehmliche Wahrnehmung der Aufgaben der Markttransparenzstelle für den Großhandel mit Strom und Gas, 12. Februar 2015.

[13] Sektoruntersuchung Stromerzeugung/Stromhandel 2011, 285 ff.

[14] BNetzA/BKartA, Monitoringbericht 2014, 295.

[15] *Lüdemann/Konar,* ZNER 2015, 81, 83.

[16] *Reiner/Rohlje,* in Bornkamm/Montag/Säcker (Hrsg.), Münchener Kommentar Europäisches und Deutsches Wettbewerbsrecht, Bd. 2, GWB § 47a Rn. 2.

[17] Ziffer 2.2.1 und Ziffer 2.2.2 Kooperationsvereinbarung.

[18] Ziff. 2.2.3 Kooperationsvereinbarung.

[19] Ziff. 4.1. Kooperationsvereinbarung.

[20] Ziff. 4.3. Kooperationsvereinbarung.

auch verzichten.[21] **Kein Einvernehmen** erfordert die Besetzung des Leiters der Markttransparenzstelle. Er wird von der Bundesnetzagentur nach Anhörung des Bundeskartellamts bestimmt.[22]

V. Entscheidungsbefugnis und Vermeidung von Interessenkollisionen (Abs. 5)

§ 47a Abs. 5 stellt klar, dass die **Entscheidungen** der Markttransparenzstelle **durch den Leiter** getroffen werden. Sie ergehen unter der Bezeichnung „Bundesnetzagentur als Markttransparenzstelle für den Großhandel mit Strom und Gas." Diese Festlegung war erforderlich, da es sich bei der Markttransparenzstelle um eine reine Beobachtungsstelle handelt, die nicht über die Entscheidungskompetenz und Befugnisse einer Beschlusskammer der BNetzA oder einer Beschlussabteilung des BKartA verfügt.[23] Zugleich wird damit gesetzlich eine eigene **Entscheidungskompetenz** der Markttransparenzstelle begründet, die von der Leitung der BNetzA zu berücksichtigen ist.[24] Eigene Entscheidungen der Markttransparenzstelle kommen in erster Linie in Zusammenhang mit der Erhebung, Verarbeitung, Auswertung und Weiterleitung von Daten sowie hinsichtlich der Ahndung fehlerhafter oder unterlassener Mitteilungen (§ 81 Abs. 10 Nr. 1) in Betracht.[25] In diesem Bereich ist sie **rechtlich unabhängig.**[26] Alle Entscheidungen, die sich an die Auswertung der Daten anschließen, insbesondere hinsichtlich der Einleitung oder Durchführung von Kartellverwaltungs- oder Ordnungswidrigkeitsverfahren, fallen nicht in den Entscheidungsbereich der Markttransparenzstelle sondern in die Zuständigkeit der jeweils sachlich zuständigen Aufsichtsbehörde (§ 47b Abs. 7). 7

§ 47k Abs. 9 S. 2 erklärt für alle Mitarbeiterinnen und Mitarbeiter der Markttransparenzstelle die **Inkompatibilitätsregel** des § 51 Abs. 5 für entsprechend anwendbar. Die Mitarbeiter der Markttransparenzstelle dürfen somit weder ein Unternehmen innehaben noch leiten und ebenfalls nicht Mitglied des Vorstands oder des Aufsichtsrats eines Unternehmens, eines Kartells bzw. einer Wirtschafts- oder Berufsvereinigung sein. 8

§ 47b Aufgaben

(1) [1]**Die Markttransparenzstelle beobachtet laufend den gesamten Großhandel mit Elektrizität und Erdgas, unabhängig davon, ob er auf physikalische oder finanzielle Erfüllung gerichtet ist, um Auffälligkeiten bei der Preisbildung aufzudecken, die auf Missbrauch von Marktbeherrschung, Insiderinformationen oder auf Marktmanipulation beruhen können.** [2]**Die Markttransparenzstelle beobachtet zu diesem Zweck auch die Erzeugung, den Kraftwerkseinsatz und die Vermarktung von Elektrizität und Erdgas durch die Erzeugungsunternehmen sowie die Vermarktung von Elektrizität und Erdgas als Regelenergie.** [3]**Die Markttransparenzstelle kann Wechselwirkungen zwischen den Großhandelsmärkten für Elektrizität und Erdgas und dem Emissionshandelssystem berücksichtigen.**

(2) [1]**Die Markttransparenzstelle überwacht als nationale Marktüberwachungsstelle gemäß Artikel 7 Absatz 2 Unterabsatz 2 der Verordnung (EU) Nr. 1227/2011 des Europäischen Parlaments und des Rates vom 25. Oktober 2011 über die Integrität und Transparenz des Energiegroßhandelsmarkts (ABl. L 326 vom 8.12.2011, S. 1) zusammen mit der Bundesnetzagentur den Großhandel mit Elektrizität und Erdgas.**

---

[21] Ziff. 4.3. Kooperationsvereinbarung.
[22] Ziff. 1.4. Kooperationsvereinbarung.
[23] BT-Drs., 17/10060, 25.
[24] *Reiner/Rohlje,* in Bornkamm/Montag/Säcker (Hrsg.), Münchener Kommentar Europäisches und Deutsches Wettbewerbsrecht, Bd. 2, GWB § 47a Rn. 16.
[25] BT-Drs. 17/10060, 25; *Häfele,* in Langen/Bunte (Hrsg.), GWB, § 47b Rn. 2.
[26] Monopolkommission, Sondergutachten 65, Energie 2013, 104, Tz. 161.

[2] Sie arbeitet dabei mit der Agentur für die Zusammenarbeit der Energieregulierungsbehörden nach Artikel 7 Absatz 2 und Artikel 10 der Verordnung (EU) Nr. 1227/2011 zusammen.

(3) **[1] Die Markttransparenzstelle erhebt und sammelt die Daten und Informationen, die sie zur Erfüllung ihrer Aufgaben benötigt. [2] Dabei berücksichtigt sie Meldepflichten der Mitteilungsverpflichteten gegenüber den in § 47i genannten Behörden oder Aufsichtsstellen sowie Meldepflichten, die von der Europäischen Kommission nach Artikel 8 Absatz 2 und 6 der Verordnung (EU) Nr. 1227/2011 festzulegen sind. [3] Für die Datenerfassung sind nach Möglichkeit bestehende Quellen und Meldesysteme zu nutzen.**

(4) **Die Bundesnetzagentur kann die Markttransparenzstelle mit der Erhebung und Auswertung von Daten beauftragen, soweit dies zur Erfüllung ihrer Aufgaben nach der Verordnung (EU) Nr. 1227/2011 erforderlich ist.**

(5) **[1] Die Markttransparenzstelle gibt vor Erlass von Festlegungen nach § 47g in Verbindung mit der nach § 47f zu erlassenden Rechtsverordnung betroffenen Behörden, Interessenvertretern und Marktteilnehmern vorab Gelegenheit zur Stellungnahme innerhalb einer festgesetzten Frist. [2] Zur Vorbereitung dieser Konsultationen erstellt und ergänzt die Markttransparenzstelle bei Bedarf eine detaillierte Liste aller Daten und Kategorien von Daten, die ihr die in § 47e Absatz 1 genannten Mitteilungspflichtigen auf Grund der §§ 47e und 47g und der nach § 47f zu erlassenden Rechtsverordnung laufend mitzuteilen haben, einschließlich des Zeitpunkts, an dem die Daten zu übermitteln sind, des Datenformats und der einzuhaltenden Übertragungswege sowie möglicher alternativer Meldekanäle. [3] Die Markttransparenzstelle ist nicht an die Stellungnahmen gebunden.**

(6) **Die Markttransparenzstelle wertet die erhaltenen Daten und Informationen kontinuierlich aus, um insbesondere festzustellen, ob Anhaltspunkte für einen Verstoß gegen die §§ 1, 19, 20 oder 29 dieses Gesetzes, die Artikel 101 oder 102 des Vertrages über die Arbeitsweise der Europäischen Union, das Wertpapierhandelsgesetz, das Börsengesetz oder die Verbote nach den Artikeln 3 und 5 der Verordnung (EU) Nr. 1227/2011 vorliegen.**

(7) **[1] Gibt es Anhaltspunkte dafür, dass eine natürliche oder juristische Person gegen die in Absatz 6 genannten gesetzlichen Bestimmungen verstößt, muss die Markttransparenzstelle umgehend die zuständigen Behörden informieren und den Vorgang an sie abgeben. [2] Bei Verdacht eines Verstoßes gegen die §§ 1, 19, 20 und 29 dieses Gesetzes oder gegen die Artikel 101 und 102 des Vertrages über die Arbeitsweise der Europäischen Union informiert die Markttransparenzstelle die zuständige Beschlussabteilung im Bundeskartellamt. [3] Kommt die Prüfzuständigkeit mehrerer Behörden in Betracht, so informiert die Markttransparenzstelle jede dieser Behörden über den Verdachtsfall und über die Benachrichtigung der anderen Behörden. [4] Die Markttransparenzstelle leitet alle von den Behörden benötigten oder angeforderten Informationen und Daten unverzüglich an diese gemäß § 47i weiter.**

(8) **Die Absätze 1 bis 3 können auch Anwendung finden auf die Erzeugung und Vermarktung im Ausland und auf Handelsgeschäfte, die im Ausland stattfinden, sofern sie sich auf die Preisbildung von Elektrizität und Erdgas im Geltungsbereich dieses Gesetzes auswirken.**

Übersicht

I. Aufgaben

§ 47b legt den Aufgabenkreis der Markttransparenzstelle fest. Ihre Hauptaufgabe besteht in der laufenden Sicherung der wettbewerbskonformen Preisbildung auf den Strom- und Großhandelsmärkten. Mit einem **kontinuierlichen und zentralisierten Monitoring** der Preisbildungsprozesse sollen missbräuchliche Verhaltensweisen frühzeitig identifiziert und Manipulationen verhindert werden. Für eine effiziente Aufsicht des Stromhandels ist es entscheidend, neben den Transaktionsdaten aus dem Handel auch über die Erzeugungsdaten zu verfügen.[1] Alle für die Preisbildung relevanten Daten aus Erzeugung und Handel sollen in der Markttransparenzstelle zeitnah zusammenlaufen und ausgewertet werden, um eine transparente und wettbewerbskonforme Preisbildung zu gewährleisten. 1

Ein **weites Beobachtungsspektrum** ist erforderlich, damit sämtliche preiswirksamen Verbindungen und Wechselwirkungen erfasst und auf Auffälligkeiten geprüft werden können. Für den Begriff des Großhandels in Satz 1 kann auf die Legaldefinition des „Energiegroßhandelsmarktes" der Verordnung (EU) Nr. 1227/2011 zurückgegriffen werden.[2] Energiegroßhandelsmarkt ist nach Art. 2 der Verordnung jeder Markt in der Union, auf dem Energiegroßhandelsprodukte gehandelt werden (Art. 2). Hierzu gehören Verträge für die Versorgung mit Strom oder Erdgas, deren Lieferung in der Union erfolgt, Derivate, die Strom und Erdgas betreffen, das/der in der Union erzeugt, gehandelt oder geliefert wurde, Verträge und Derivate, die den Transport von Strom oder Erdgas in der Union betreffen sowie Verträge über die Lieferung und die Verteil von Strom oder Erdgas zur Nutzung der Endverbraucher mit einer höheren Verbrauchskapazität als 600 GWh Jahr (vgl. Art. 2 Nr. 4 i. V. mit Nr. 5 Abs. 2 REMIT). 2

§ 47b Abs. 2 weist der Markttransparenzstelle ferner die Aufgabe zu, als **nationale Marktbeobachtungsstelle** die Bundesnetzagentur bei der Erfüllung ihrer Aufgaben nach der REMIT-Verordnung zu unterstützen. Deutschland hat von der in § 7 Abs. 2 REMIT-Verordnung eröffneten Option Gebrauch gemacht, den Handel zusätzlich auf nationaler Ebene mittels einer Marktbeobachtungsstelle zu überwachen.[3] Die Markttransparenzstelle wird damit integraler Bestandteil des europäischen Überwachungsregimes für den Strom- und Gasgroßhandel. Gemeinsam mit den nationalen Regulierungsbehörden und der europäischen Agentur für die Zusammenarbeit der Regulierungsbehörden (ACER) stellt sie im europäischen Verwaltungsverbund[4] die Transparenz und Integrität des Strom- und Gasgroßhandels sicher. Die praktische Relevanz der vom Gesetzgeber vorgenommenen Positionierung ist groß. Die Markttransparenzstelle erhält dadurch gegenüber ACER dieselben Informations- und Datenzugriffsrechte wie die Bundesnetzagentur als nationale Regulierungsbehörde. Zudem ist sie von ACER vor Abgabe von Empfehlungen zur Überwachung der Großhandelsmärkte zu konsultieren.[5] Korrespondierend trifft die Markttransparenzstelle ihrerseits die Pflicht, ACER bei Anhaltspunkte für Verstöße gegen die REMIT-Verordnung zu informieren und ACER bei Verdachtsfällen umfassend zu unterstützen (Art. 16 Abs. 2 und 4 REMIT). 3

Mit Blick auf die vermehrten Missbrauchsfälle im europäischen **Emissionshandel** in den letzten Jahren[6] wird der Markttransparenzstelle zudem die Möglichkeit eingeräumt, „Wechselwirkungen zwischen den Großhandelsmärkten für Elektrizität und Erdgas und 4

---

[1] Monopolkommission, Sondergutachten 54, Strom und Gas 2009, Rn. 181 f.
[2] *Knauff,* in: Immenga/Mestmäcker (Hrsg.), GWB § 47a Rn. 7.
[3] *Konar,* ZNER 2015, 7, 10.
[4] Zur Bedeutung und Struktur der Verbundverwaltung allgemein etwa *Schmidt-Aßmann/Schöndorf-Haubold (Hrsg.),* Der europäische Verwaltungsverbund. Formen und Verfahren der Verwaltungszusammenarbeit in der EU, Tübingen 2005; *Schneider/Caballero* (Hrsg.), Strukturen des Europäischen Verwaltungsverbunds, 2009. Speziell für den Energiesektor *Haller,* Der Verwaltungsverbund in der Energieregulierung, 2013.
[5] BT-Drucks. 253/12, S. 29.
[6] Hierzu *Lüdemann/Konar,* ZNER 2015, 81, 84 m. w. N.

dem Emissionshandelssystem" zu berücksichtigen (§ 47b Abs. 1 Satz 3). Das ist aufgrund der Auswirkungen des Emissionshandels auf die Großhandelspreise für Strom und Gas sachgerecht und sinnvoll.[7]

II. Erheben und Sammeln von Daten für eigene Zwecke (Abs. 3)

5 Zur Wahrnehmung ihres Monitoringauftrags ist die Markttransparenzstelle auf eine umfassende Datenbasis angewiesen. § 47b Abs. 3 enthält daher eine umfassende Ermächtigung zur Erhebung und Sammlung der zur Aufgabenerfüllung notwendigen der Daten und Informationen, die für die Funktionsfähigkeit der Markttransparenzstelle von zentraler Bedeutung ist. Mit der Verwendung der Doppelbegrifflichkeit „Daten" und „Informationen" bringt der Gesetzgeber zum Ausdruck, dass die **Erhebungstätigkeit umfassend** sein soll.[8] Nur für den Fall, dass keinerlei Bezug zu den Aufgaben der Markttransparenzstelle erkennbar ist, scheidet die Norm als Ermächtigungsgrundlage für die Daten- und Informationserhebung aus. Mit Blick auf eine möglichst geringe Belastung der Unternehmen schreibt § 47b Abs. 3 S. 3 vor, dass nach Möglichkeit auf bestehende Datenquellen und Meldesysteme zurückzugreifen ist. Hierzu gehören auch Informationen, die bereits auf bestehenden Transparenzplattformen veröffentlicht werden.[9] Benötigt die Markttransparenzstelle Informationen, die schon einer anderen Behörde erteilt worden sind, soll ein behördeninterner Austausch Mehrfachanforderungen vermeiden.[10]

6 § 47b Abs. 3 ist zugleich ein gesetzlicher Erlaubnistatbestand im Sinne von § 4 Abs. 1 BDSG soweit es sich um die Erhebung und Sammlung personenbezogener Daten geht. Die Verarbeitung, Nutzung und Übermittlung von personenbezogenen Daten durch § 47b Abs. 3 nicht gedeckt. Insoweit bedarf es des **Rückgriffs** auf die Erlaubnistatbestände des § 47b Abs. 6 (Auswertung) und § 47c (Übermittlung).

III. Datenerhebung und -auswertung im Auftrag (Abs. 4)

7 § 47b Abs. 4 ermächtigt die BNetzA, die Markttransparenzstelle mit der Erhebung und Auswertung solcher Daten zu beauftragen, die für deren Aufgabenerfüllung nach der REMIT-Verordnung erforderlich sind. Die Vorschrift ist Ausdruck der Einbindung der Markttransparenzstelle in die europäische Aufsichtsarchitektur. Als nationale Marktüberwachungsstelle unterstützt sie die BNetzA bei der Erfüllung ihrer Aufgaben aus der REMIT-Verordnung. Bei der Erhebung personenbezogener Daten dürfte es sich insoweit um eine **Auftragsdatenverarbeitung** nach § 11 BDSG handeln. Die Entscheidungsbefugnis über die Daten und die datenschutzrechtliche Verantwortung verbleibt in diesem Fall bei der BNetzA.[11]

IV. Konsultationspflicht (Abs. 5)

8 § 47b Abs. 5 S. 1 normiert eine Konsultationspflicht, wie sie auch aus anderen Bereichen der Wirtschaftsregulierung bekannt ist. Die Konsultation ist fester Bestandteil des Festlegungsverfahrens. Die Markttransparenzstelle ist verpflichtet, vor dem Erlass von Festlegungen nach § 47g den betroffenen Behörden, Interessenvertretern und Marktteilnehmern Gelegenheit zur Stellungnahme zu geben. Meldepflichtige, Behörden und andere Akteure haben damit die Möglichkeit, im Vorfeld auf die Meldeprozesse insoweit Einfluss

[7] *Lüdemann/Konar,* ZNER 2015, 81, 86f.

[8] *Knauff,* in: Immenga/Mestmäcker (Hrsg.), GWB § 47b Rn. 9.

[9] *Reiner/Rohlje,* in: Bornkamm/Montag/Säcker (Hrsg.), Münchener Kommentar Europäisches und Deutsches Wettbewerbsrecht, Bd. 2, GWB § 47b Rn. 13.

[10] BT-Drs. 17/10060, S. 27.

[11] Zu den Kriterien der Auftragsdatenverarbeitung vgl. *Gola/Schomerus,* BDSG, 12. Aufl., § 11 Rn. 9.

zu nehmen, dass unternehmensinterne Datenerhebungs- und Übermittlungsprozesse nicht erneut durchgeführt oder andere Datenformate aufgebaut werden müssen. Die Norm soll nach Absicht des Gesetzgebers Rechtssicherheit schaffen und das Vertrauen in die Arbeit der Markttransparenzstelle fördern.[12] Darüber hinaus kann die Vorschrift dazu beitragen, unnötige Bürokratie zu vermeiden und damit den Aufwand und die Kosten für die Meldepflichtigen **gering zu halten.**[13] Der Entscheidungsspielraum der Markttransparenzstelle wird durch das Konsultationsverfahren nicht eingeschränkt (§ 47b Abs. 3 S. 3). Andernfalls wäre die ordnungsgemäße Aufgabenerfüllung der Markttransparenzstelle nicht sichergestellt.

Das **Konsultationsverfahren** ist durch das Gesetz in seinen Eckpunkten vorgegeben. 9
Die Markttransparenzstelle stellt zur Vorbereitung der Konsultationen bei Bedarf auf ihrer Internetseite den betroffenen Behörden, Interessenvertretern und Marktteilnehmern eine detaillierte Liste aller Daten und Datenkategorien zur Verfügung, deren laufende Mitteilung geplant ist (§ 47b Abs. 5 i. V. m. § 47e–g). Die Vorabinformation umfasst auch Angaben zu Zeitpunkt, Format und Weg der Datenübertragung einschließlich alternativer Meldekanäle. Die Markttransparenzstelle hat die Stellungnahmen im Rahmen der Ausübung ihres Festlegungsermessens zu berücksichtigen. Sie ist **an** die **Stellungnahmen** aber **nicht gebunden** (Art. 47b Abs. 5 S. 3). Eine **Konsultationsfrist** ist im Gesetz nicht genannt. Angemessen dürfte eine Regelfrist von sechs Wochen sein, die verlängert werden kann. Mit dieser Frist operieren auch die Beschlusskammern der BNetzA in Festlegungsverfahren.[14] Da es sich bei § 47b Abs. 5 um eine verfahrensrechtliche Regelung handelt, wäre die Zuordnung dieses Abschnittes zu § 47g stimmiger gewesen.

V. Auswertung von Daten und Informationen (Abs. 6)

§ 47b Abs. 6 weist der Markttransparenzstelle weiterhin die Aufgabe zu, die erhaltenen 10
Daten und Informationen **kontinuierlich auszuwerten.** Auswertungsgegenstand sind damit sowohl die nach § 47 Abs. 3 von der Markttransparenzstelle selbst erhobenen Daten und Informationen als auch solche, die auf anderen Wegen der Markttransparenzstelle zur Kenntnis gelangt sind. Die Auswertung dient der Prüfung, ob Anhaltspunkte für Verstöße gegen kartellrechtliche Verbote, Wertpapierhandelsrecht, Börsenrecht oder gegen Art 3 (Verbot des Insiderhandels) und Art 7 (Verbot der Marktmanipulation) der REMIT-Verordnung vorliegen. Nach dem Gesetzeswortlaut („insbesondere") kommt auch eine Datenauswertung zu anderen Zwecken in Betracht. Der Zweck muss jedoch vom Aufgabenspektrum der Markttransparenzstelle gedeckt sein. Nach der Binnensystematik der Norm kommen zudem nur Verdachtsfälle in Betracht, die Gesetzesverstöße von vergleichbarem Gewicht betreffen. Denn andernfalls würden die Meldepflichtigen einer allgemeinen Kontrolle unterstellt, was über den Sinn und Zweck der Vorschrift hinausginge.[15]

VI. Vorgehen bei Anhaltspunkten für Gesetzesverstöße (Abs. 7)

§ 47b Abs. 7 ist Folge der Ausgestaltung der Markttransparenzstelle als einer reinen Be- 11
obachtungsstelle. Die Markttransparenzstelle verfügt im Hinblick auf die Untersuchung und Sanktionierung etwaiger Gesetzesverstöße über **keine Prüfungs- und Entscheidungskompetenz.** Hierfür sind weiterhin die fachlich zuständigen Aufsichtsbehörden verantwortlich: die Bundesanstalt für Finanzdienstleistungsaufsicht (WpHG), das Sächsische Ministerium für Wirtschaft und Arbeit und Verkehr (BörsenG), das Bundeskartellamt, die

---

[12] BT-Drs. 17/10060, S. 27.

[13] *Häfele,* in: Langen/Bunte (Hrsg.), GWB § 47b Rn. 2.

[14] *Reiner/Rohlje,* in: Bornkamm/Montag/Säcker (Hrsg.), Münchener Kommentar Europäisches und Deutsches Wettbewerbsrecht, Bd. 2, GWB § 47b Rn. 13.

[15] Für eine restriktive Auslegung auch *Knauff,* in: Immenga/Mestmäcker (Hrsg.), GWB § 47b, Rn. 19.

Landeskartellbehörden und die Europäische Kommission (allgemeines Wettbewerbsrecht) und die Bundesnetzagentur (REMIT).[16] Die Markttransparenzstelle ist daher verpflichtet, im Verdachtsfall die jeweils zuständigen Fachbehörden zu informieren und den Vorgang an abzugeben (Satz 1).[17] Bei Anhaltspunkten für kartellrechtliche Verstöße erfolgt die Information und Abgabe direkt an die zuständige Energie-Beschlussabteilung des Bundeskartellamts (Satz 2). Diese Bestimmung hat klarstellenden Charakter und unterstreicht die Aufgabentrennung zwischen Markttransparenzstelle und BKartA.[18] Ergeben sich Anhaltspunkte für Verstöße gegen mehrere Rechtsmaterien erfolgt die Abgabe an alle in Betracht kommenden Fachbehörden.

12 Information und Abgabe müssen **„umgehend" erfolgen,** d.h. in einem engen zeitlichen Zusammenhang. Ausweislich der Gesetzesbegründung handelt es sich bei Information und Abgabe nicht um zwingend getrennte, zeitlich aufeinanderfolgende Verfahrensschritte. Sie können vielmehr miteinander verbunden werden.[19] Die Abgabe ersetzt in diesem Fall die Information. Entscheidend ist, dass die zuständige Fachbehörde schnellstmöglich Kenntnis von dem Verdacht erhält, um eine eigenständige Beurteilung der Sach- und Rechtslage vornehmen zu können. Die Markttransparenzstelle hat die Fachbehörden auch im weiteren Verlauf umfassend zu unterstützen. Alle von den Fachbehörden benötigten oder angeforderten Informationen sind diesen unverzüglich, d.h. ohne schuldhaftes Zögern, zur Verfügung zu stellen (§ 47b Abs. 7 S. 4). Zusätzlich ist bei allen Verdachtsfällen eine Meldung an das Bundesministerium für Wirtschaft vorzunehmen (§ 47h Abs. 1).

VII. Beobachtung von Auslandsvorgängen (Abs. 8)

13 § 47b Abs. 8 eröffnet der Markttransparenzstelle schließlich auch die Möglichkeit, zur Überwachung der Preisbildung auch Auslandsvorgänge in die Beobachtung miteinzubeziehen. Dies ist sinnvoll, weil die Energiegroßhandelsmärkte zunehmend miteinander verflochten sind. In grenzüberschreitenden Märkten, wie dem Stromhandel zwischen Deutschland und Österreich, können sich Vorgänge im Ausland auf den Großhandel in Deutschland **preisbeeinflussend** auswirken.[20] Die Vorschrift korrespondiert insoweit mit den in § 47e Abs. 5 S. 1 vorgesehenen Mitteilungspflichten für ausländische Unternehmen, deren Tätigkeit sich im Deutschland auswirkt.

§ 47c Datenverwendung

(1) **Die Markttransparenzstelle stellt die nach § 47b Absatz 3 erhaltenen Daten ferner folgenden Stellen zur Verfügung:**
1. **dem Bundeskartellamt für die Durchführung des Monitorings nach § 48 Absatz 3,**
2. **der Bundesnetzagentur für die Durchführung des Monitorings nach § 35 des Energiewirtschaftsgesetzes,**
3. **der zuständigen Beschlussabteilung im Bundeskartellamt für Fusionskontrollverfahren nach den §§ 35 bis 41 und für Sektoruntersuchungen nach § 32e sowie**
4. **der Bundesnetzagentur zur Erfüllung ihrer weiteren Aufgaben nach dem Energiewirtschaftsgesetz, insbesondere zur Überwachung von Transparenzverpflichtungen nach den Anhängern der folgenden Verordnungen:**
   a) **Verordnung (EG) Nr. 714/2009 des Europäischen Parlaments und des Rates vom 13. Juli 2009 über die Netzzugangsbedingungen für den grenzüberschrei-**

[16] BT-Drs. 17/10060, S. 31.
[17] Hierzu auch *Lange,* EnWZ 2013, 104, 108.
[18] *Reiner/Rohlje,* in: Bornkamm/Montag/Säcker (Hrsg.), Münchener Kommentar Europäisches und Deutsches Wettbewerbsrecht, Bd. 2, GWB § 47b Rn. 22.
[19] BT-Drs. 17/10060, S. 31.
[20] BT-Drs. 17/10060, S. 29.

tenden Stromhandel und zur Aufhebung der Verordnung (EG) Nr. 1228/2003 (ABl. L 211 vom 14.8.2009, S. 15),

b) **Verordnung (EG) Nr. 715/2009 des Europäischen Parlaments und des Rates vom 13. Juli 2009 über die Bedingungen für den Zugang zu den Erdgasfernleitungsnetzen und zur Aufhebung der Verordnung (EG) Nr. 1775/2005 (ABl. L 211 vom 14.8.2009, S. 36) und**

c) **Verordnung (EU) Nr. 994/2010 des Europäischen Parlaments und des Rates vom 20. Oktober 2010 über Maßnahmen zur Gewährleistung der sicheren Erdgasversorgung und zur Aufhebung der Richtlinie 2004/67/EG des Rates (ABl. L 295 vom 12.11.2010, S. 1).**

(2) **Die Markttransparenzstelle stellt die Daten ferner dem Bundesministerium für Wirtschaft und Technologie und der Bundesnetzagentur zur Erfüllung ihrer Aufgaben nach § 54a des Energiewirtschaftsgesetzes zur Verfügung.**

(3) **Die Daten können dem Statistischen Bundesamt für dessen Aufgaben nach dem Energiestatistikgesetz und der Monopolkommission für deren Aufgaben nach diesem Gesetz und nach § 62 des Energiewirtschaftsgesetzes zur Verfügung gestellt werden.**

(4) [1]**Die Markttransparenzstelle darf die Daten in anonymisierter Form ferner Bundesministerien für eigene oder in deren Auftrag durchzuführende wissenschaftliche Studien zur Verfügung stellen, wenn die Daten zur Erreichung dieser Zwecke erforderlich sind.** [2]**Daten, die Betriebs- und Geschäftsgeheimnisse darstellen, dürfen von der Markttransparenzstelle nur herausgegeben werden, wenn ein Bezug zu einem Unternehmen nicht mehr hergestellt werden kann.** [3]**Die Bundesministerien dürfen die nach Satz 1 von der Markttransparenzstelle erhaltenen Daten auch Dritten zur Durchführung wissenschaftlicher Studien im Auftrag zur Verfügung stellen, wenn diese ihnen gegenüber die Fachkunde nachgewiesen und die vertrauliche Behandlung der Daten zugesichert haben.**

Übersicht

I. Allgemeines

§ 47 Abs. 1 sieht vor, dass die von der Markttransparenzstelle erhobenen Daten unter eng begrenzten Voraussetzungen auch an weitere Behörden für andere Zwecke als den ursprünglichen Erhebungszweck weitergeleitet werden können. Ziel dieser Regelung ist es, Synergieeffekte zu erzeugen und aufwändige und kostenintensive Doppelerhebungen zu vermeiden.[1] Die Regelungen erweitern die Befugnisse der Markttransparenzstelle zur Verwendung des Datenbestandes und gehen den im EnWG enthaltenen allgemeinen Ermächtigungsnormen (§§ 57 Abs. 4, 58 Abs. 4, 64a Abs. 1 EnWG) für den Informationsaustausch zwischen der Bundesnetzagentur und anderen nationalen und internationalen Stellen als **leges speciales** vor, soweit sich nicht ausdrücklich auf die Überwachung des Energiegroßhandels beziehen.[2] Die Regelung bezieht sich ausschließlich auf Daten, die bei der Markttransparenzstelle bereits vorhanden sind. Sie ermächtigt nicht zur Erhebung neuer oder weiterer Daten.[3] 1

---

[1] BT-Drs. 17/10060, S. 27.

[2] *Reiner/Rohlje,* in: Bornkamm/Montag/Säcker (Hrsg.), Münchener Kommentar Europäisches und Deutsches Wettbewerbsrecht, Bd. 2, GWB § 47c Rn. 1.

[3] *Reiner/Rohlje,* in: Bornkamm/Montag/Säcker (Hrsg.), Münchener Kommentar Europäisches und Deutsches Wettbewerbsrecht, Bd. 2, GWB § 47c Rn. 12.

II. Datenverwendung für gesetzliche Zwecke

2 Die Regelung betrifft in erster Linie die Datenübermittlung an das BKartA und die BNetzA, als den an der Marktüberwachung unmittelbar beteiligten Stellen. Diese können die Daten **regelmäßig** im Rahmen ihrer Aufgaben für die in § 47c Abs. 1 Nr. 1–3 abschließend aufgezählten gesetzlichen Zwecke nutzen. § 47c Abs. 2 sieht zudem den Datentransfer an das übergeordnete Bundesministerium für Wirtschaft und Technologie und die BNetzA vor, sofern es die Aufgabenerfüllung nach § 54a EnWG betrifft. Nach § 47c Abs. 3 hat die Markttransparenzstelle auch dem Statistischen Bundesamt und der Monopolkommission die Daten für deren gesetzlich zugewiesenen Aufgaben durch das Energiestatistikgesetz und das Energiewirtschaftsgesetz (§ 62 EnWG) zur Verfügung zu stellen. Im ursprünglichen Entwurf war die Monopolkommission als Datenempfänger zunächst nicht vorgesehen.[4] Mit Blick darauf, dass sie die Schaffung einer Markttransparenzstelle maßgeblich befördert hat, wurde im weiteren Gesetzgebungsverfahren die Norm entsprechend ergänzt,[5] um deren Aufgabenerfüllung zu erleichtern.[6]

III. Datenverwendung für wissenschaftliche Zwecke

3 § 47c Abs. 4 ermächtigt die Markttransparenzstelle zudem, **im Einzelfall** Daten auf Antrag **Bundesministerien** in anonymisierter Form für wissenschaftliche Studien zur Verfügung zu stellen, sofern die Daten zur Erreichung der Studienzwecke erforderlich sind. Diese sollen von der hohen Datenqualität profitieren. Die Herausgabe der Daten ist allerdings an die Voraussetzung geknüpft, dass Daten, die Betriebs- und Geschäftsgeheimnisse darstellen, nur herausgegeben werden dürfen, wenn die Daten anonymisiert sind, d. h. ein Bezug zu einem Unternehmen nicht mehr hergestellt werden kann (§ 47c Abs. 4 S. 2). Diese Regelung ist nicht unproblematisch. So ist es beispielweise bei Kostenangaben trotz Anonymisierung möglich, dass fachkundige Dritte Bezüge zu einzelnen Kraftwerken oder sogar einzelnen Kraftwerksblöcken herstellen und damit Einblicke in Betriebs- und Geschäftsgeheimnisse erlangen.[7] Die Markttransparenzstelle kann zudem auch bei sorgfältigstem Vorgehen nicht im Vorhinein jeden Bezug zu Betriebs- und Geschäftsgeheimnissen auszuschließen.[8] Es ist möglich, dass die Bezugnahme erst zu einem späteren Zeitpunkt möglich ist, etwa wenn der Empfänger die Daten mit weiteren Daten kombiniert. Es ist zu begrüßen, dass der Gesetzgeber in § 47c Abs. 4 S. 2 strenge Anforderungen an die Personen aufstellt, die konkret mit der Durchführung der Studie beauftragt sind und über den Datenzugang verfügen. Das Risiko wird auf diese Weise zumindest minimiert. Die vom Bundesministerium beauftragten Dritten müssen einen Nachweis ihrer Fachkunde erbringen und die vertrauliche Behandlung der Daten zusichern. Der Maßstab für die Zusicherung ergibt sich aus § 47j Abs. 3. Die mit der Durchführung der Studie betrauten Personen sind vor der Übermittlung auf die besondere Geheimhaltung ausdrücklich zu verpflichten. Die Verpflichtung hat schriftlich zu erfolgen und kann mit einer Vertragsstrafe für den Fall des Zuwiderhandelns bewehrt und abgesichert werden.[9]

---

[4] Vgl. § 47c Abs. 3 im Gesetzentwurf der Bundesregierung vom 4.5.2012, BT-Drs. 253/12, und § 47c Abs. 3 im Gesetzentwurf der Bundesregierung vom 21.6.2012, BT-Drs. 17/10060.

[5] Vgl. Beschlussempfehlung und Bericht des Ausschusses für Wirtschaft und Technologie vom 7.11.2012, BT-Drs. 17/11386, S. 6.

[6] *Knauff,* in: Immenga/Mestmäcker (Hrsg.), GWB § 47c Rn. 13.

[7] BT-Drs. 17/10060, S. 28.

[8] *Häfele,* in: Langen/Bunte (Hrsg.), Kartellrecht, § 47c GWB Rn. 1.

[9] BT-Drs. 17/10060, S. 28.

§ 47d Befugnisse

(1) [1]**Zur Erfüllung ihrer Aufgaben hat die Markttransparenzstelle die Befugnisse nach § 59 gegenüber natürlichen und juristischen Personen.** [2]**Sie kann nach Maßgabe des § 47f Festlegungen gegenüber einzelnen, einer Gruppe oder allen der in § 47e Absatz 1 genannten Personen und Unternehmen in den in § 47g genannten Festlegungsbereichen treffen zur Datenkategorie, zum Zeitpunkt und zur Form der Übermittlung.** [3]**Die Markttransparenzstelle ist nach Maßgabe des § 47f befugt, die Festlegung bei Bedarf zu ändern, soweit dies zur Erfüllung ihrer Aufgaben erforderlich ist.** [4]**Sie kann insbesondere vorgeben, dass eine Internetplattform zur Eingabe der angeforderten Auskünfte sowie der Mitteilungen verwendet werden muss.** [5]**Die Markttransparenzstelle kann nach Maßgabe des § 47f darüber hinaus vorgeben, dass Auskünfte und Daten an einen zur Datenerfassung beauftragten Dritten geliefert werden; Auswertung und Nutzung findet allein bei der Markttransparenzstelle statt.** [6]**Die §§ 48 und 49 des Verwaltungsverfahrensgesetzes bleiben unberührt.** [7]**Die §§ 50c, 54, 56, 57 und 61 bis 67 sowie die §§ 74 bis 76, 83, 91 und 92 gelten entsprechend.** [8]**Für Entscheidungen, die die Markttransparenzstelle durch Festlegungen trifft, kann die Zustellung nach § 61 durch eine öffentliche Bekanntgabe im Bundesanzeiger ersetzt werden.** [9]**Für Auskunftspflichten nach Satz 1 und Mitteilungspflichten nach § 47e gilt § 55 der Strafprozessordnung entsprechend.**

(2) [1]**Die Markttransparenzstelle hat als nationale Marktüberwachungsstelle im Sinne des Artikels 7 Absatz 2 Unterabsatz 2 der Verordnung (EU) Nr. 1227/2011 zudem die Rechte gemäß Artikel 7 Absatz 2 Unterabsatz 1, Absatz 3 Unterabsatz 2 Satz 2, Artikel 4 Absatz 2 Satz 2, Artikel 8 Absatz 5 Satz 1 und Artikel 16 der Verordnung (EU) Nr. 1227/2011.** [2]**Absatz 1 gilt entsprechend.**

(3) **Die Markttransparenzstelle kann bei der Behörde, an die sie einen Verdachtsfall nach § 47b Absatz 7 Satz 1 abgegeben hat, eine Mitteilung über den Abschluss der Untersuchung anfordern.**

Übersicht

I. Allgemeines

§ 47d regelt die Befugnisse der Markttransparenzstelle hinsichtlich der Daten- und Informationsbeschaffung und schafft damit die **instrumentellen Voraussetzungen** für die effektive Aufgabenerfüllung. Nur wenn die Markttransparenzstelle in der Lage ist, zeitnah und kontinuierlich alle für die Überwachung relevanten Erzeugungs- und Transaktionsdaten zu sammeln und auszuwerten, lassen sich missbräuchliches Marktverhalten und Preismanipulationen frühzeitig identifizieren und verhindern. 1

II. Auskunftsbefugnisse

Die wesentlichen Befugnisse der Markttransparenzstelle legt § 47 Abs. 1 fest. Die **Befugnisse** umfassen einzelfallbezogene Auskunftsbefugnisse (Satz 1) und generelle Festlegungsbefugnisse (Satz 2). 2

§ 47 Abs. 1 S. 1 räumt der Markttransparenzstelle umfangreiche einzelfallbezogene Auskunftsbefugnisse ein. Die Markttransparenzstelle wird zur Erfüllung ihrer Aufgaben mit den Befugnissen der Kartellbehörden nach § 59 ausgestattet und der Kreis der Normadressaten über § 59 hinaus auf alle natürlichen und juristischen Personen erweitert. Einzelfallbezoge- 3 ne Auskunftsverlangen können somit unabhängig von der Unternehmereigenschaft grundsätzlich an alle auskunftsfähigen Personen gerichtet werden.[1] Kommt der Adressat seiner Meldepflicht nicht nach, kann die Markttransparenzstelle zur Durchsetzung ihres Informationsanspruchs unter den in § 59 genannten Voraussetzungen **Einsichts-, Prüfungs-, und Durchsuchungsrechte** geltend machen. Die nicht ordnungsgemäße Auskunftserteilung kann mit einem Bußgeld nach § 81 Abs. 2 Nr. 6 belegt werden. Die praktische Bedeutung dieser bußgeldbewehrten Eingriffsbefugnisse dürfte allerdings gering sein. Wie bei den Kartellbehörden als den Hauptadressaten des § 59 GWB wird sich auch bei der Markttransparenzstelle das formlose Auskunftsersuchen regelmäßig als ausreichend erweisen.[2]

III. Festlegungsbefugnisse

4 § 47d Abs. 1 S. 2–8 räumt der Markttransparenzstelle weiterhin die Befugnis ein, die generelle Datenerhebung durch Festlegungen zu steuern. Die Regelung ist der **Festlegungskompetenz** der Beschlusskammern der BNetzA im Energiebereich (§ 29 EnWG) nachempfunden.[3] Nach Maßgabe der nach § 47f zu erlassenden Rechtsverordnung kann die Markttransparenzstelle Inhalt, Art und Form der beizubringenden Daten festlegen, um damit „zeitnah auf Erfahrungen und neuere Entwicklungen des Marktes" reagieren zu können.[4] Die Reichweite der Festlegungsbefugnis ist durch die Mitteilungspflichten nach § 47e begrenzt. Die zulässigen Festlegungsbereiche sind in § 47g niedergelegt.

5 Die Markttransparenzstelle ist befugt, die Festlegungen **bei Bedarf zu ändern** (§ 47d Abs. 1 S. 3), um auf neuere Entwicklungen reagieren zu können.[5] Sie kann zur prozessökonomischen Abwicklung der Datenerhebung die Nutzung einer Internetplattform (§ 47d Abs. 1 S. 4) oder die Datenlieferung an einen beauftragten Dritten vorgeben (§ 47d Abs. 1 S. 5). Für die Rücknahme und den Widerruf von Festlegungen gelten nach 47 Abs. 1 S. 6 die Regelungen der §§ 48, 49 VwVfG entsprechend (§ 47d Abs. 1 S. 6). Rücknahme und Widerruf von Festlegungen kommen allerdings nur dann in Betracht, wenn sich das Ergebnis nicht über eine Änderung der Festlegung erreichen lässt. § 47d Abs. 1 S. 3 verdrängt insoweit als Spezialregelung die allgemeinen verwaltungsrechtlichen Aufhebungstatbestände.[6]

6 Weitere Modalitäten der Festsetzung ergeben sich aus der Zusammenschau mit anderen Normen: Vor Erlass der Festlegung sind die Betroffenen zu konsultieren (§ 47b Abs. 5), die dafür erforderlichen Informationen stellt die Markttransparenzstelle auf ihrer Internetseite zur Verfügung (§ 47h Abs. 3). § 47d Abs. 1 S. 6 und 7 regeln zudem verfahrensrechtliche Aspekte und den Rechtsschutz. Die Markttransparenzstelle verfügt damit im Festlegungsverfahren über umfassende Ermittlungs- und Beweiserhebungsbefugnisse nach § 57 und kann bei Verstößen über Art. 81 Abs. 2 Nr. 2c) und d) i. V. m. § 81 Abs. 10 Nr. 1 Bußgelder verhängen. Gegen Entscheidungen der Markttransparenzstelle im Festlegungsverfahren ist im Gleichklang mit dem allgemeinen Kartellrecht die **Beschwerde** zu den Kartellsenaten des OLG Düsseldorf eröffnet (§ 47d Abs. 1 S. 7 i. V. m. §§ 61–67) und gegen die Entscheidung des Beschwerdegerichts die **Rechtsbeschwerde** beim BGH (§ 47d Abs. 1 S. 7 i. V. m. §§ 74–76). Das Beschwerdeverfahren ist vereinfacht. Mangels entsprechender Verweisung finden die Vorschriften über den Anwaltszwang (§ 68), die mündliche Verhandlung (§ 69) und den Untersuchungsgrundsatz (§ 70) keine Anwendung. Das er-

---

[1] BT-Drs. 17/10060, 28; *Bechtold,* GWB § 47d, Rn. 1.

[2] *Klaue,* in Immenga/Mestmäcker (Hrsg.), GWB § 59 Rn. 3.

[3] *Reiner/Rohlje,* in: Bornkamm/Montag/Säcker (Hrsg.), Münchener Kommentar Europäisches und Deutsches Wettbewerbsrecht, Bd. 2, GWB § 47d Rn. 4.

[4] BT-Drs. 17/10060, S. 28.

[5] BT-Drs. 17/10060, S. 28.

[6] *Reiner/Rohlje,* in: Bornkamm/Montag/Säcker (Hrsg.), Münchener Kommentar Europäisches und Deutsches Wettbewerbsrecht, Bd. 2, GWB § 47d Rn. 8.

möglicht beschleunigte Gerichtsverfahren und schnellere Rechtssicherheit für die Meldepflichtigen.

Eine **Grenze** für die Auskunftsbefugnisse besteht dort, wo sich auskunftspflichtige Personen mit der Auskunftserteilung selbst oder nahe Angehörige strafrechtlich belasten könnten (§ 47d Abs. 1 S. 9 i.V.m. § 55 StPO). Trotz des verfassungsrechtlich verankerten nemo-tenetur-Grundsatzes ist diese Einschränkung geboten, weil der Kreis der Normadressaten in § 47 Abs. 1 ausgeweitet wurde und das in § 59 Abs. 5 Auskunftsverweigerungsrecht im Wesentlichen nur Unternehmensinhaber sowie nach Gesetz oder Satzung vertretungsberechtigte Personen erfasst. **7**

IV. Markttransparenzstelle als nationale Überwachungsbehörde

§ 47d Abs. 2 hat **klarstellende Funktion.** Da Deutschland von der in Art. 7 Abs. 2 REMIT-Verordnung eingeräumten Option Gebrauch gemacht hat, der Markttransparenzstelle die Aufgabe der nationalen Marktüberwachungsstelle zu übertragen, werden ihr die in der REMIT-Verordnung vorgesehenen und unmittelbar geltenden Befugnisse nochmals eindeutig zugeschrieben.[7] Die Aufzählung ist abschließend. Die Markttransparenzstelle erhält dadurch gegenüber ACER dieselben Informations- und Datenzugriffsrechte wie die Bundesnetzagentur als nationale Regulierungsbehörde. Praxisrelevant ist vor allem die Befugnis zur Abgabe von Stellungnahmen im Rahmen der von ACER-geführten Konsultationen und die Einbindung in bestimmte Informationsflüsse auf europäischer Ebene (Art. 7 Abs. 3 Unterabsatz 2 S. 2 REMIT-Verordnung).[8] **8**

V. Informationsrecht gegenüber Aufsichtsbehörden

§ 47d Abs. 3 ermächtigt die Markttransparenzstelle für den Fall, dass sie einen Verdachtsfall nach § 47b Abs. 7 S. 1 an die fachlich zuständige Aufsichtsbehörde abgegeben hat, Auskunft über den Abschluss der Untersuchung einzuholen. Die Markttransparenzstelle soll damit in die Lage versetzt werden, **aus den Rückmeldungen Erkenntnisse** für ihr weiteres Monitoring gewinnen.[9] Obgleich das Gesetz zu Inhalt und Umfang des Auskunftsanspruchs keine Aussagen trifft, ist damit der Rahmen des Informationsanspruchs umrissen: Die Auskunft muss so gestaltet sein, dass sie die Markttransparenzstelle bei ihrer Aufgabenerfüllung unterstützt und die „Fehlallokation von Ressourcen"[10] vermieden wird.[11] Darüber hinaus sichert das Informationsrecht die Rechtsverfolgung ab, indem es die Aufsichtsbehörde zwingt, sich mit dem Verdachtsfall auseinanderzusetzen.[12] **9**

§ 47e Mitteilungspflichten

(1) **Folgende Personen und Unternehmen unterliegen der Mitteilungspflicht nach den Absätzen 2 bis 5:**

1. **Großhändler im Sinne des § 3 Nummer 21 des Energiewirtschaftsgesetzes,**
2. **Energieversorgungsunternehmen im Sinne des § 3 Nummer 18 des Energiewirtschaftsgesetzes,**
3. **Betreiber von Energieanlagen im Sinne des § 3 Nummer 15 des Energiewirtschaftsgesetzes, ausgenommen Betreiber von Verteileranlagen der Letztverbrau-**

---

[7] *Reiner/Rohlje,* in: Bornkamm/Montag/Säcker (Hrsg.), Münchener Kommentar Europäisches und Deutsches Wettbewerbsrecht, Bd. 2, GWB § 47d Rn. 12.

[8] Ausführlich zu den Befugnissen *Knauff,* in: Immenga/Mestmäcker (Hrsg.), GWB, § 47d Rn. 10–12.

[9] BT-Drs. 17/10060, S. 29.

[10] *Häfele,* in: Langen/Bunte (Hrsg.), Kartellrecht, § 47d GWB, Rn. 5.

[11] BT-Drs. 17/10060, S. 29.

[12] *Bechtold,* GWB § 47d Rn. 4.

cher oder bei der Gasversorgung Betreiber der letzten Absperrvorrichtungen von Verbrauchsanlagen,

4. Kunden im Sinne des § 3 Nummer 24 des Energiewirtschaftsgesetzes, ausgenommen Letztverbraucher im Sinne des § 3 Nummer 25 des Energiewirtschaftsgesetzes und

5. Handelsplattformen.

(2) [1]**Die Mitteilungspflichtigen haben der Markttransparenzstelle die nach Maßgabe des § 47f in Verbindung mit § 47g konkretisierten Handels-, Transport-, Kapazitäts-, Erzeugungs- und Verbrauchsdaten aus den Märkten zu übermitteln, auf denen sie tätig sind.** [2]**Dazu gehören Angaben**

1. zu den Transaktionen an den Großhandelsmärkten, an denen mit Elektrizität und Erdgas gehandelt wird, einschließlich der Handelsaufträge, mit genauen Angaben über die erworbenen und veräußerten Energiegroßhandelsprodukte, die vereinbarten Preise und Mengen, die Tage und Uhrzeiten der Ausführung, die Parteien und Begünstigten der Transaktionen,

2. zur Kapazität und Auslastung von Anlagen zur Erzeugung und Speicherung, zum Verbrauch oder zur Übertragung oder Fernleitung von Strom oder Erdgas oder über die Kapazität und Auslastung von Anlagen für verflüssigtes Erdgas (LNG-Anlagen), einschließlich der geplanten oder ungeplanten Nichtverfügbarkeit dieser Anlagen oder eines Minderverbrauchs,

3. im Bereich der Elektrizitätserzeugung, die eine Identifikation einzelner Erzeugungseinheiten ermöglichen,

4. zu Kosten, die im Zusammenhang mit dem Betrieb der meldepflichtigen Erzeugungseinheiten entstehen, insbesondere zu Grenzkosten, Brennstoffkosten, CO_2-Kosten, Opportunitätskosten und Anfahrkosten,

5. zu technischen Informationen, die für den Betrieb der meldepflichtigen Erzeugungsanlagen relevant sind, insbesondere zu Mindeststillstandszeiten, Mindestlaufzeiten und zur Mindestproduktion,

6. zu geplanten Stilllegungen oder Kaltreserven,

7. zu Bezugsrechtsverträgen,

8. zu Investitionsvorhaben sowie

9. zu Importverträgen und zur Regelenergie im Bereich Erdgashandel.

(3) [1]**Die Daten sind der Markttransparenzstelle nach Maßgabe der §§ 47f und 47g im Wege der Datenfernübertragung und, soweit angefordert, laufend zu übermitteln.** [2]**Stellt die Markttransparenzstelle Formularvorlagen bereit, sind die Daten in dieser Form elektronisch zu übermitteln.**

(4) **Die jeweilige Mitteilungspflicht gilt als erfüllt, wenn**

1. Meldepflichtige nach Absatz 1 die zu meldenden oder angeforderten Informationen entsprechend Artikel 8 der Verordnung (EU) Nr. 1227/2011 gemeldet haben und ein zeitnaher Datenzugriff durch die Markttransparenzstelle gesichert ist oder

2. Dritte die zu meldenden oder angeforderten Informationen im Namen eines Meldepflichtigen nach Absatz 1 auch in Verbindung mit § 47f Nummer 3 und 4 übermittelt haben und dies der Markttransparenzstelle mitgeteilt wird oder

3. Meldepflichtige nach Absatz 1 auch in Verbindung mit § 47f Nummer 3 und 4 die zu meldenden oder angeforderten Informationen an einen nach § 47d Absatz 1 Satz 5 in Verbindung mit § 47f Nummer 2 beauftragten Dritten übermittelt haben oder

4. Meldepflichtige nach Absatz 1 Nummer 3 in Verbindung mit § 47g Absatz 6 die zu meldenden oder angeforderten Informationen entsprechend den Anforderungen des Erneuerbare-Energien-Gesetzes oder einer auf dieses Gesetz gestützten Rechtsverordnung an den Netzbetreiber gemeldet haben, dies der Markttransparenzstelle mitgeteilt wird und ein zeitnaher Datenzugriff durch die Markttransparenzstelle gesichert ist.

(5) [1]**Die Verpflichtungen nach den Absätzen 1 bis 4 gelten auch für Unternehmen, die ihren Sitz in einem anderen Mitgliedstaat der Europäischen Union oder einem anderen Vertragsstaat des Abkommens über den Europäischen Wirtschaftsraum haben, wenn sie an einer inländischen Börse zur Teilnahme am Handel zugelassen sind oder wenn sich ihre Tätigkeiten im Geltungsbereich dieses Gesetzes auswirken.** [2]**Übermittelt ein solches Unternehmen die verlangten Informationen nicht, so kann die Markttransparenzstelle die zuständige Behörde des Sitzstaates ersuchen, geeignete Maßnahmen zur Verbesserung des Zugangs zu diesen Informationen zu treffen.**

Übersicht

I. Allgemeines

1 § 47e bestimmt die Mitteilungspflichtigen, den Gegenstand, die Form sowie die Erfüllung der Mitteilungspflicht. Zusammen mit §§ 47d, f und 47g legt die Norm die **Basis für die Daten- und Informationsbeschaffung** der Markttransparenzstelle. Unmittelbare Informationspflichten begründet § 47e mangels hinreichender Bestimmtheit nicht.[1] Die Norm steckt vielmehr den Rahmen der zulässigen Mitteilungspflichten ab.[2] Art, Umfang und Form der Mitteilung bedürfen der Konkretisierung durch die in § 47f vorgesehene Rechtsverordnung.

II. Adressaten der Mitteilungspflicht (Abs. 1)

2 Die Adressaten der Mitteilungspflicht sind in den Nummern 1–5 aufgelistet. **Mitteilungspflichtig** sind Großhändler, Versorgungsunternehmen, Energieanlagenbetreiber, Kunden sowie Handelsplattformen. Da der Fokus der Markttransparenzstelle auf der Überwachung des Strom- und Großhandels liegt, sind Letztverbraucher von der Mitteilungspflicht ausgenommen. Für eine exakte Abgrenzung des Adressatenkreises verweisen die Nummern 1 bis 4 auf die entsprechenden Begriffsbestimmungen in § 3 EnWG. Lediglich in Nr. 5 wird mit „Handelsplattform" ein Begriff verwendet, der dort nicht legaldefiniert ist. Gesetzgeberische Intention und Historie erlauben jedoch eine Begriffsbestimmung. Ziel des Gesetzes ist die umfassende Aufsicht über sämtliche Marktteilnehmer einschließlich der Intermediäre im Termin-, Spot- und außerbörslichen „Over-the-Counter"-Handel (OTC-Handel). Besondere Bedeutung kommt dabei der Erfassung der außerbörslichen Handelsplattformen zu, auf denen der weitaus größte Teil des deutschen Stroms gehandelt wird, und die in der Vergangenheit weitgehend unbeaufsichtigt waren.[3] Handelsplattformen im Sinne des § 47e sind vor diesem Hintergrund deshalb alle börslichen und außerbörslichen Einrichtungen, auf denen Handelsaktivitäten mit Bezug auf den Strom- und Gasgroßmarkt in elektronischer oder anderer Form erfolgen, einschließlich des Handels mit Derivaten.

3 Die Aufzählung der Meldepflichtigen ist **nicht abschließend.**[4] Der Adressatenkreis wird durch § 47g Abs. 2–11 ergänzt.[5] Der ausdrückliche Verweis in § 47d Abs. 1 S. 5 stellt

[1] BT-Drs. 17/10060, S. 29.

[2] *Reiner,* in: Bornkamm/Montag/Säcker (Hrsg.), GWB § 47e Rn. 1.

[3] Ausführlich hierzu *Becker/Lüdemann,* ZNER 2011, 583, 584 ff.

[4] *Reiner,* in: Bornkamm/Montag/Säcker (Hrsg.), Münchener Kommentar Europäisches und Deutsches Wettbewerbsrecht, Bd. 2, GWB § 47e Rn. 9.

[5] *Reiner,* in: Bornkamm/Montag/Säcker (Hrsg.), Münchener Kommentar Europäisches und Deutsches Wettbewerbsrecht, Bd. 2, GWB § 47e Rn. 9.

klar, dass sich alle Adressaten der Meldepflicht grundsätzlich auf das Auskunftsverweigerungsrecht nach § 55 StPO berufen können.

III. Gegenstand und Form der Mitteilungen (Abs. 2 und 3)

4 Eine wirksame Marktüberwachung ist nur mit einem **umfassenden Gesamtbild** vorstellbar, das neben den Handelsdaten auch physische Daten über Netze, Erzeugung, Speicherung und Verbrauch umfasst. Die Markttransparenzstelle muss insbesondere in der Lage sein, auch die komplexen Kraftwerkoptimierungsprogramme der Erzeuger zu analysieren, weil andernfalls preiswirksame Wechselwirkungen nicht erkannt werden können. Entsprechend eröffnet § 47e Abs. 2 der Markttransparenzstelle einen weites Spektrum der Statuierung von Meldepflichten. Der Bereich der Meldepflichten orientiert sich an den beiden Strategien, mit denen Versorgungsunternehmen ihre Marktmacht ausspielen können: dem Vortäuschen gestiegener Nachfrage und dem ungerechtfertigten Zurückhalten von Erzeugungskapazität.[6] Die in § 47e Abs. 2 Nr. 2–6 normierten Mitteilungspflichten dienen allesamt der Prävention und dem Erkennen dieser beiden möglichen Manipulationsstrategien. § 47e Abs. 3 enthält Vorgaben zur Form der Mitteilungen. Aus Gründen der Verfahrensökonomie sind die Mitteilungen grundsätzlich auf elektronischem Weg und unter Verwendung der von der Markttransparenzstelle bereitgestellten Formatvorlagen zu übermitteln.

IV. Erfüllung der Mitteilungspflicht auf andere Weise (Abs. 4)

5 Um unnötige **Doppelmeldungen zu vermeiden,** sieht § 47e Abs. 4 abschließend aufgezählte Konstellationen vor, in denen die Mitteilungspflicht auf anderem Wege erfüllt sein kann. Es handelt sich dabei um ausnahmslos um Fälle, in denen die Daten bereits auf anderem Wege den Aufsichtsbehörden übermittelt wurden. Praktisch bedeutsam sind dabei vor allem zwei Konstellationen: der Mitteilungspflichtige hat die Daten bereits der europäischen Agentur der Energieregulierungsbehörden (ACER) zur Verfügung gestellt (§ 47e Abs. 1 Nr. 1) oder der Meldepflichtige bedient sich zur Erfüllung eines Dritten, etwa eines Messdienstleisters (§ 47e Abs. 1 Nr. 2). Letzteres setzt lediglich eine entsprechende Information der Markttransparenzstelle voraus. Bedient sich der Meldepflichtige eines Dritten, wird dieser als dessen Erfüllungsgehilfe (§ 278 BGB) tätig.[7] Erfüllung tritt ein, wenn die Markttransparenzstelle die Daten tatsächlich erhalten. Das Übermittlungsrisiko trägt der Meldepflichtige.[8]

V. Mitteilungen ausländischer Unternehmen (Abs. 5)

6 § 47e Abs. 5 S. 1 eröffnet der Markttransparenzstelle die Möglichkeit, auch Unternehmen mit Sitz im **EU- oder EWR-Ausland** in die Mitteilungspflicht einzubeziehen. Der Gesetzgeber trägt damit der zunehmenden Verflechtung der Energiegroßhandelsmärkte Rechnung. Denn die ausschließliche Erfassung der nationalen Handels- und Fundamentaldaten würde das Marktgeschehen nur unzureichend abbilden. Voraussetzung einer Einbeziehung von Unternehmen mit Sitz im EU- oder EWR-Ausland ist, dass sie zum Handel an einer deutschen Börse zugelassen sind oder sich ihre Tätigkeit auf den Strom- und Gasgroßhandel in Deutschland auswirken kann.[9] Da Österreich und Deutschland einen gemeinsamen Strommarkt bilden, wirkt sich die Zurückhaltung von Erzeugungskapazität in

---

[6] BT-Drs. 17/10060, S. 29; Bundeskartellamt, Sektoruntersuchung Stromerzeugung/Stromgroßhandel, Bericht Januar 2011, 284 ff. Zu den unterschiedlichen Strategien auch *Lüdemann,* Orientierungen zur Wirtschafts- und Gesellschaftspolitik 130, 4/2011, 43 ff. m. w. N.; Monopolkommission, Sondergutachten Strom und Gas 2009, 59.

[7] In diese Richtung auch *Knauff,* in: Immenga/Mestmäcker (Hrsg.), GWB § 47e Rn. 27.

[8] *Knauff,* in: Immenga/Mestmäcker (Hrsg.), GWB § 47e Rn. 27.

[9] *Bechtold,* GWB, § 47e Rn. 1.

Österreich auf den Großhandelspreis an der Energiebörse EEX und darüber auf den Strompreis in Deutschland aus. Aber auch Handels- und Kapazitätszurückhaltungen aus Strommärkten wie Belgien, Dänemark oder den Niederlanden, die über das Market-Coupling integriert werden,[10] rücken für die Überwachung zunehmend in den Fokus. Zur Durchsetzung der Mitteilungspflicht kann die Markttransparenzstelle unmittelbar Kontakt mit der zuständigen Behörde des Sitzstaates aufnehmen, ohne die Bundesnetzagentur einzuschalten (§ 47e Abs. 2 S. 2)

Für Unternehmen aus **Drittstaaten** ist hingegen keine entsprechende Mitteilungspflicht 7
vorgesehen. Zu nennenswerten Lücken in der Aufsicht kommt es dadurch nicht. Die Norm entfaltet ihre Wirkung in erster Linie im Verhältnis zu den Teilnehmern des sich entwickelnden europäischen Strombinnnenmarktes. Bei diesen handelt es sich aber um Mitglieder der Europäischen Union bzw. Vertragsstaaten des Europäischen Wirtschaftsraums.[11] Grenzüberschreitende Energiemärkte mit Drittstaaten spielen insoweit nur eine untergeordnete Rolle. Im Übrigen wären Mitteilungspflichten gegenüber Drittstaaten auch praktisch schwer durchsetzbar.[12]

§ 47f Verordnungsermächtigung

Das Bundesministerium für Wirtschaft und Energie wird ermächtigt, im Wege der Rechtsverordnung, die nicht der Zustimmung des Bundesrates bedarf, im Einvernehmen mit dem Bundesministerium der Finanzen unter Berücksichtigung der Anforderungen von Durchführungsrechtsakten nach Artikel 8 Absatz 2 oder Absatz 6 der Verordnung (EU) Nr. 1227/2011

1. **nähere Bestimmungen zu Art, Inhalt und Umfang derjenigen Daten und Informationen, die die Markttransparenzstelle nach § 47d Absatz 1 Satz 2 durch Festlegungen von den zur Mitteilung Verpflichteten anfordern kann, zu erlassen sowie zum Zeitpunkt und zur Form der Übermittlung dieser Daten,**
2. **nähere Bestimmungen zu Art, Inhalt und Umfang derjenigen Daten und Informationen, die nach § 47d Absatz 1 Satz 5 an beauftragte Dritte geliefert werden sollen, zu erlassen sowie zum Zeitpunkt und zur Form der Übermittlung und zu den Adressaten dieser Daten,**
3. **vorzusehen, dass folgende Stellen der Markttransparenzstelle laufend Aufzeichnungen der Energiegroßhandelstransaktionen übermitteln:**
   a) **organisierte Märkte,**
   b) **Systeme zur Zusammenführung von Kauf und Verkaufsaufträgen oder Meldesysteme,**
   c) **Handelsüberwachungsstellen an Börsen, an denen mit Strom und Gas gehandelt wird, sowie**
   d) **die in § 47i genannten Behörden,**
4. **vorzusehen, dass eine Börse oder ein geeigneter Dritter die Angaben nach § 47e Absatz 2 in Verbindung mit § 47g auf Kosten der Mitteilungsverpflichteten übermitteln darf, und die Einzelheiten hierzu festlegen, sowie**
5. **angemessene Bagatellgrenzen für die Meldung von Transaktionen und Daten festzulegen und Übergangsfristen für den Beginn der Mitteilungspflichten vorzusehen.**

---

[10] Monopolkommission, Sondergutachten 59, Tz. 197ff., 210; *Zimmer,* in: FIW-Schriftenreihe, Schwerpunkte des Kartellrechts 2012, 15, 18.

[11] Vgl. Bundesverband der Energie- und Wasserwirtschaft (BDEW), Stromaustausch Deutschland mit dem Ausland, Januar 2014.

[12] *Knauff,* in: Immenga/Mestmäcker (Hrsg.), GWB § 47e Rn. 9.

Übersicht

I. Allgemeines

1 § 47f enthält eine Rechtsverordnungsermächtigung für das Bundesministerium für Wirtschaft und Energie. Dieser Verordnungsermächtigung kommt in der Rechtpraxis erhebliche Bedeutung zu, weil eine **Reihe von Vorschriften** über die Marktransparenzstelle in hohem Maße **konkretisierungsbedürftig** ist. Stand Juni 2015 hat das Bundesministerium für Wirtschaft und Energie von der Verordnungsermächtigung noch keinen Gebrauch gemacht. Auch eine Entwurfsfassung liegt noch nicht vor. Der Spielraum des Verordnungsgebers ist durch die europarechtlichen Vorgaben, insbesondere durch die am 17.12.2014 erlassene und im Laufe des Jahres 2015 schrittweise in Kraft tretende Durchführungsverordnung zu Art. 8 Abs. 2 und 6 der REMIT-Verordnung (REMIT-DVO)[1] grundsätzlich begrenzt. Denn dort sind bereits zahlreiche Festlegungen zu Art und Umfang der Meldepflicht vorgegeben. Die REMIT-DVO konkretisiert für die europäische Ebene, welche Transaktions- und Fundamentaldaten gemeldet werden müssen, wer meldepflichtig ist, wann die Meldung zu erfolgen hat, an wen und wie gemeldet werden muss und ob Bagatellgrenzen existieren. Zur Erfüllung ihrer Aufgaben wird die Marktransparenzstelle auf die von ACER erhobenen Daten zurückgreifen und nur in begrenztem Umfang weitere Daten erheben.[2] Andernfalls würde sie der gesetzgeberischen Vorgabe zuwiderlaufen, auf bestehende Meldestrukturen nach Möglichkeit aufzusetzen, um Doppelmeldungen und Mehrfachbelastungen der Unternehmen zu vermeiden.[3]

2 Der **Regelungsspielraum** des Bundesministeriums für Wirtschaft und Energie wird zusätzlich durch Einvernehmenserfordernisse beschränkt. Für den Erlass der Rechtsverordnung muss das Einvernehmen mit dem Bundesministerium für Finanzen hergestellt werden. Grund hierfür ist die enge Verzahnung der Finanz- und Energiemarktüberwachung.[4] Für den Fall, dass Anlagen zur Erzeugung von Strom aus erneuerbaren Energien betroffen sind, bedarf es zusätzlich des Einvernehmens mit dem Bundesministerium für Umwelt, Naturschutz und Reaktorsicherheit (§ 47f S. 1).

II. Regelungsbereiche der Verordnung

3 § 47f Nr. 1–5 bestimmt den **Umfang der Verordnungsermächtigung.** Durch § 47f Nr. 1 und Nr. 2 wird das BMWi ermächtigt, die Festlegungsbefugnisse der Markttransparenzstelle in Bezug auf die Meldepflichten (§ 47d Abs. 1 S. 2) und die Einschaltung Dritter zur Datenerfassung (§ 47d Ab 1 S. 5) näher einzugrenzen. Es bleibt abzuwarten, in welchem Umfang der Verordnungsgeber von der Ermächtigung Gebrauch macht. Festlegungen zu Art, Inhalt, Umfang, Zeitpunkt und Form der zu übermittelnden Daten und Informationen sollten schon aus Gründen der schnellen Anpassung an sich ändernde Umfeldbedingungen weitgehend in der Entscheidungskompetenz der Markttransparenzstelle verbleiben.[5] In § 47d Nr. 3 wird der Verordnungsgeber ermächtigt, die in den a)–d) ab-

---

[1] Durchführungsverordnung (EU) Nr. 1348/2014 der Kommission vom 17.12.2014 über die Datenmeldung gemäß Artikel 8 Absätze 2 und 6 der Verordnung (EU) Nr. 1227/2011 des Europäischen Paralament und des Rates über die Integrität und Transparenz des Energiegroßhandelsmarkts (ABl. L 363/121 v. 18.12.2014 – REMIT-DVO).

[2] Hierzu *Knauff,* in: Immenga/Mestmäcker (Hrsg.), GWB § 47f Rn. 9.

[3] § 47b Abs. 3 S. 2 und 3; BT-Drs. 17/10060, S. 26.

[4] *Häfele,* in: Langen/Bunte (Hrsg.), Kartellrecht, § 47f GWB Rn. 1.

[5] Soweit gefordert wird, dass die Rechtsverordnung des Kreis der Meldepflichtigen konkretisiert, vgl. etwa *Reiner,* in: Bornkamm/Montag/Säcker (Hrsg.), Münchener Kommentar Europäisches und

schließend aufgezählten Stellen zu verpflichten, der Markttransparenzstelle laufend Aufzeichnungen über Energiegroßhandelstransaktionen zu übermitteln. Da die Meldepflichtigen diese Daten überwiegend bereits nach Art. 8 der REMIT-Verordnung der Agentur der europäischen Energieregulierungsbehörden (ACER) zur Verfügung stellen, besteht nur dann Anlass von dieser Ermächtigung Gebrauch zu machen, wenn in der Praxis ACER diese Daten der Markttransparenzstelle gar nicht, nicht vollständig oder verspätet übermittelt.[6] § 47d Nr. 4 sieht vor, dass die Übermittlung auf weitere Meldekanäle ausgedehnt werden kann. § 47d Nr. 5 ermöglicht es, Übergangsfristen für den Beginn der Meldepflichten und „angemessene" Bagatellgrenzen vorzusehen. Letztere sollen vor allem dazu dienen, eine übermäßige Belastung der Markttransparenzstelle zu verhindern und die Verhältnismäßigkeit der Meldepflichten gegenüber den Meldepflichtigen zu wahren.[7]

§ 47g Festlegungsbereiche

(1) **Die Markttransparenzstelle entscheidet nach Maßgabe von § 47d Absatz 1 und § 47e sowie der nach § 47f zu erlassenden Rechtsverordnung durch Festlegungen zu den in den Absätzen 2 bis 12 genannten Bereichen, welche Daten und Kategorien von Daten wie zu übermitteln sind.**

(2) **Die Markttransparenzstelle kann festlegen, dass Betreiber von Stromerzeugungseinheiten und von Anlagen zur Speicherung mit jeweils mehr als 10 Megawatt installierter Erzeugungs- oder Speicherkapazität je Einheit Angaben zu folgenden Daten und Datenkategorien übermitteln:**

1. je Stromerzeugungseinheit insbesondere über Name, Standort, Anschlussregelzone, installierte Erzeugungskapazität und Art der Erzeugung,

2. blockscharf je Erzeugungseinheit auf Stundenbasis

a) Nettoleistung,

b) am Vortag geplante Erzeugung,

c) tatsächliche Erzeugung,

d) Grenzkosten der Erzeugung einschließlich Informationen zu den Kostenbestandteilen, insbesondere Brennstoffkosten, CO_2-Kosten, Opportunitätskosten,

e) geplante und unplanmäßige Nichtverfügbarkeiten auf Grund technischer Restriktionen,

f) Nichtverfügbarkeiten auf Grund von Netzrestriktionen,

g) Vorhaltung und Einspeisung von Regel- und Reserveleistung,

h) nicht eingesetzte verfügbare Leistung,

3. blockscharf je Erzeugungseinheit

a) Anfahrkosten (Warm- und Kaltstarts), Mindeststillstandszeiten, Mindestlaufzeiten, Mindestproduktion,

b) geplante Stilllegungen und Kaltreserven,

4. Bezugsrechtverträge,

5. Investitionsvorhaben,

6. bei grenzüberschreitenden Handelsgeschäften Volumina, genutzte Handelsplätze oder Handelspartner, jeweils getrennt nach den Ländern, in denen die Handelsgeschäfte stattgefunden haben, und

7. Informationen, die die Markttransparenzstelle dazu in die Lage versetzen, das Angebotsverhalten bei Handelsgeschäften nachzuvollziehen.

(3) **Die Markttransparenzstelle kann festlegen, dass Betreiber von Erzeugungseinheiten mit mehr als 1 Megawatt und bis zu 10 Megawatt installierter Erzeugungska-**

Deutsches Wettbewerbsrecht, Bd. 2, GWB § 47f Rn. 5, ist dies mit Blick auf die Rechtssicherheit zu begrüßen. Eine nähere Bestimmung der Meldepflichtigen sieht die Verordnung nicht vor.

[6] *Reiner,* in: Bornkamm/Montag/Säcker (Hrsg.), Münchener Kommentar Europäisches und Deutsches Wettbewerbsrecht, Bd. 2, GWB § 47f Rn. 8.

[7] BT-Drs. 17/10060, S. 29; *Bechtold,* GWB § 47f. Rn. 1.

pazität je Einheit jährlich die Gesamtsumme der installierten Erzeugungskapazität aller Erzeugungseinheiten in der jeweiligen Regelzone, getrennt nach Erzeugungsart, angeben.

(4) **Die Markttransparenzstelle kann festlegen, dass Betreiber von Verbrauchseinheiten von Elektrizität Angaben zu den folgenden Daten und Kategorien von Daten übermitteln:**

1. **der geplante und ungeplante Minderverbrauch bei Verbrauchseinheiten mit mehr als 25 Megawatt maximaler Verbrauchskapazität je Verbrauchseinheit und**
2. **die Vorhaltung und Einspeisung von Regelenergie.**

(5) **Die Markttransparenzstelle kann festlegen, dass Betreiber von Übertragungsnetzen im Sinne des § 3 Nummer 10 des Energiewirtschaftsgesetzes Angaben zu den folgenden Daten und Kategorien von Daten übermitteln:**

1. **die Übertragungskapazität an Grenzkuppelstellen auf stündlicher Basis,**
2. **die Im- und Exportdaten auf stündlicher Basis,**
3. **die prognostizierte und die tatsächliche Einspeisung von Anlagen, die nach dem Erneuerbare-Energien-Gesetz vergütet werden, auf stündlicher Basis,**
4. **die Verkaufsangebote, die im Rahmen der Verordnung zur Weiterentwicklung des bundesweiten Ausgleichsmechanismus getätigt wurden, auf stündlicher Basis und**
5. **die Angebote und Ergebnisse der Regelenergieauktionen.**

(6) **Die Markttransparenzstelle kann festlegen, dass Betreiber von Anlagen zur Erzeugung von Strom aus erneuerbaren Energien mit mehr als 10 Megawatt installierter Erzeugungskapazität Angaben zu den folgenden Daten und Kategorien von Daten übermitteln:**

1. **die erzeugten Mengen nach Anlagentyp und**
2. **die Wahl der Veräußerungsform im Sinne des § 20 Absatz 1 des Erneuerbare-Energien-Gesetzes und die auf die jeweilige Veräußerungsform entfallenden Mengen.**

(7) **Die Markttransparenzstelle kann festlegen, dass Handelsplattformen für den Handel mit Strom und Erdgas Angaben zu den folgenden Daten und Kategorien von Daten übermitteln:**

1. **die Angebote, die auf den Plattformen getätigt wurden,**
2. **die Handelsergebnisse und**
3. **die außerbörslichen, nicht standardisierten Handelsgeschäfte, bei denen die Vertragspartner individuell bilaterale Geschäfte aushandeln (OTC-Geschäfte), deren geld- und warenmäßige Besicherung (Clearing) über die Handelsplattform erfolgt.**

(8) [1] **Die Markttransparenzstelle kann festlegen, dass Großhändler im Sinne des § 3 Nummer 21 des Energiewirtschaftsgesetzes, die mit Strom handeln, Angaben zu den in § 47e Absatz 2 Nummer 1 genannten Transaktionen übermitteln, soweit diese Transaktionen nicht von Absatz 7 erfasst sind.** [2] **Beim Handel mit Strom aus erneuerbaren Energien kann die Markttransparenzstelle auch festlegen, dass Großhändler nach Satz 1 Angaben zur Form der Direktvermarktung im Sinne des § 5 Nummer 9 des Erneuerbare-Energien-Gesetzes sowie zu den danach gehandelten Strommengen übermitteln.**

(9) **Die Markttransparenzstelle kann festlegen, dass Großhändler im Sinne des § 3 Nummer 21 des Energiewirtschaftsgesetzes, die mit Erdgas handeln, Angaben zu den folgenden Daten und Kategorien von Daten übermitteln:**

1. **die Grenzübergangsmengen und -preise und einen Abgleich von Import- und Exportmengen,**
2. **die im Inland geförderten Gasmengen und ihre Erstabsatzpreise,**
3. **die Importverträge (Grenzübergangsverträge),**
4. **die Liefermengen getrennt nach Distributionsstufe im Bereich der Verteilung,**

tion der Regelung, den Transparenzverlust aufgrund Fortfalls des Genehmigungsverfahrens für Kartelle auszugleichen, sprechen dagegen.

4 Aus der weiten Formulierung der Ermächtigung ergibt sich, dass die Kartellbehörde über einen weiten Beurteilungsspielraum verfügt. Eine Sektoruntersuchung ist aber rechtswidrig, wenn die Vermutung einer möglichen Einschränkung oder Verfälschung des Wettbewerbs **nicht vertretbar** ist, d. h. unter keinen plausiblen Gesichtspunkten gerechtfertigt sein kann. Die Vermutung muss daher auf **konkrete Umstände** gestützt werden können.[8] Das Gesetz nennt als Beispiel starre Preise. Es kann sich aber auch um andere das Wettbewerbsgeschehen oder die Marktstruktur prägende Umstände handeln.

5 Die Untersuchung kann sich auf einen bestimmten **Wirtschaftszweig,** d. h. mehrere Märkte umfassende gleichartige oder verwandte wirtschaftliche Aktivitäten, oder – Sektor übergreifend – eine bestimmtes Bündel von Vereinbarungen beziehen, die durch übereinstimmende inhaltliche oder unternehmens- oder marktbezogene Merkmale gekennzeichnet sind. Es muss der **Wettbewerb im Inland** betroffen sein. Damit ist primär der Wettbewerb auf einem inländischen Markt, aber ggf. auch auf einem inländischen Segment eines europäischen oder Weltmarktes gemeint. Insoweit kann auch das Verhalten ausländischer Marktteilnehmer Gegenstand der Untersuchung sein.[9] Der mögliche Mangel einer vollständigen Abbildung der Wettbewerbsverhältnisse im letzteren Fall steht nicht entgegen, da die Untersuchung der Kartellbehörde jedenfalls Informationen verschafft, die sie zu späteren gezielten Maßnahmen verwenden kann. Es gibt im Übrigen keine trennscharfe Abgrenzung zu Art. 17 VO 1/2003.

III. Verfahren und Befugnisse der Kartellbehörden

6 Für die Durchführung der Sektoruntersuchung ist nach § 32e Abs. 4 primär das Bundeskartellamt **zuständig,** die obersten Landesbehörden sind es nur, wenn sich der Markt auf das Gebiet eines Landes beschränkt (§ 48 Abs. 2).[10] Im Allgemeinen wird es sich bei der obersten Landesbehörde um die Landeskartellbehörde handeln. Für die Kooperation der Behörden gilt § 49.

7 Es bedarf nach dem Gesetz **keiner förmlichen Einleitungsverfügung** (mit Außenwirkung), sondern allenfalls einer behördeninternen Entscheidung. Aus rechtsstaatlichen Gründen sind Anlass, Gegenstand und Zweck der Untersuchung (auch) in der jeweiligen Ermittlungsanordnung zu bezeichnen.[11] Da Rechtsschutz gegen die Einleitung der Sektoruntersuchung mangels individueller Betroffenheit nicht in Betracht kommt, wäre eine förmliche Verfügung sinnlos; sie wäre auch kaum praktikabel. Rechtschutz ist erst gegen die einzelne Ermittlungsmaßnahme gegeben; dabei ist die Rechtmäßigkeit der Einleitung der Sektoruntersuchung, insbesondere die Vertretbarkeit der Vermutung einer Wettbewerbsbeschränkung, inzidenter gerichtlich überprüfbar.[12]

8 Im Rahmen der Sektoruntersuchung kann die Kartellbehörde die erforderlichen Ermittlungen durchführen (§ 32e Abs. 2 S. 1). Die Anordnung der Untersuchung und die Bestimmung des Umfangs des zu untersuchenden Wirtschaftszweigs bzw. der Art der Ver-

---

[8] OLG Düsseldorf, a. a. O., 1996 f.; OLG Stuttgart ZNER 2006, 350; *Bach* in: Immenga/Mestmäcker, GWB, Rn. 9 f.; *Bechtold,* GWB, Rn. 5; *Burrichter/Hennig* in: Immenga/Mestmäcker, EU-WbR, Art. 17 VO 1/2003 Rn. 13 ff.

[9] *Jungermann* in: FK Rn. 29; a. M. *Bechtold/Bosch,* GWB, Rn. 3; *Bach* in: Immenga/Mestmäcker, GWB, Rn. 17.

[10] *Bechtold/Bosch,* GWB, Rn. 6; a. M. *Bach* in: Immenga/Mestmäcker, GWB, Rn. 24.

[11] OLG Düsseldorf WuW/E DE-R 1993, 1994 ff. – *Außenwerbeflächen; Bornkamm* in: Langen/Bunte, KartellR, Rn. 7; für förmlichen Einleitungsbeschluss *Bach* in: Immenga/Mestmäcker, GWB, Rn. 27; *Keßler* in: MK, Rn. 71; *Bechtold/Bosch,* GWB, Rn. 7.

[12] OLG Düsseldorf WuW/E DE-R 1993, 1997 f. – *Außenwerbeflächen; Bach* in: Immenga/Mestmäcker, GWB, Rn. 30; *Bornkamm* in: Langen/Bunte, KartellR, Rn. 8.

meisten der aufgeführten Daten und Informationen sind bereits nach anderen Vorschriften offenlegungspflichtig. Hierzu gehören insbesondere die Daten, die in der am 17.12.2014 erlassenen und im Laufe des Jahres 2015 schrittweise in Kraft tretenden Durchführungsverordnung zu Art. 8 Abs. 2 und 6 der REMIT-Verordnung enthalten sind. Die praktische Bedeutung der Norm liegt insoweit vor allem darin, durch Festlegung weiterer Meldepflichten verbleibende Überwachungslücken zu schließen und durch die neuen Meldepflichten bisher unbekannte Zusammenhänge zwischen den beaufsichtigten Bereichen feststellen zu können, wie z.B. den Konnex zwischen Regelenergie und dem Betrieb von Speicheranlagen und Gashandelsmärkten (dazu näher unten IV.)[2]

III. Stromerzeugungseinheiten – und speicheranlagen (≥ 10 Megawatt)

3 Ein Beispiel für eine über die europäischen Vorgaben hinausgehende mögliche Meldepflicht ist der in § 47 Abs. 2 geregelte Festlegungsbereich. Die Markttransparenzstelle kann festlegen, dass Betreiber von Stromerzeugungseinheiten und Speicheranlagen mit **mehr als 10 Megawatt installierter Erzeugungs- oder Speicherkapazität** die in den Nr. 1–7 aufgeführten Daten und Datenkategorien übermitteln.[3] § 47g geht damit erheblich über die im europäischen Recht bestehenden Vorgaben hinaus, die erst ab 100 Megawatt installierter Kapazität eine Meldepflicht vorsehen.[4] Der Grund für die Ausweitung ist, dass sich der Gesetzgeber von der Einbeziehung dieser kleineren Anlagen einen wichtigen Erkenntnisgewinn für die Funktionsfähigkeit der Großhandelsmärkte verspricht. Die Untersuchungen des Bundeskartellamts haben in der Vergangenheit gezeigt, dass auch geringe Erzeugungskapazitäten die Großhandelspreise beeinflussen können, wenn sie zum richtigen Zeitpunkt zurückgehalten werden.[5] Es ist daher durchaus sachgerecht, dass das Gesetz die Markttransparenzstelle ermächtigt, auch bereits für Anlagen ab 10 MW installierter Erzeugungs- oder Speicherkapazität eine Meldepflicht festzuschreiben. Die Begriffe „Betreiber einer Stromerzeugungseinheit" und „Betreiber von Anlagen zur Speicherung" sind weder in den §§ 47ff. noch in energierechtlichen Gesetzen definiert. Aus dem Regelungskontext folgt allerdings, dass **Betreiber einer Stromerzeugungseinheit** im Sinne dieser Vorschrift jede natürliche oder juristische Person ist, die elektrischen Strom mittels einer Erzeugungsanlage gewinnt, und zwar unabhängig vom verwendeten Energieträger.[6] Der Begriff **„Betreiber von Anlagen zur Speicherung"** ist nach dem Regelungskontext einschränkend auszulegen. Erfasst werden hiervon nur natürliche und juristische Personen, die Anlagen zur Stromspeicherung betreiben. Gasspeicher und andere Speicher werden hiervon nicht erfasst. § 47g Abs. 2 ist in seiner **Geltungsdauer gesetzlich beschränkt.** Nach Art. 4 Abs. 2 des Markttransparenzstellengesetzes tritt § 47g Abs. 2 am 31. Dezember 2015 außer Kraft.[7] Die Befristung fand auf die Empfehlung des Ausschusses für Wirtschaft und Technologie Eingang in den Gesetzesentwurf.[8]

---

[2] BT-Drs. 17/10060, S. 29f.

[3] Der Referentenentwurf sah bereits eine Absenkung der bestehenden Meldeschwelle von 25 Megawatt vor, im Regierungsentwurf wurde diese auf 10 Megawatt abgesenkt.

[4] Die Transparenzanforderungen der EU-Kommission sehen eine Meldepflicht ab 100 MW vor, vgl. Verordnung (EG) Nr. 714/2009 vom 13.7.2009 (ABl. 211/15 L vom 14.8.2009); vgl. auch die sog. BMWi-Liste: „Veröffentlichungspflichten auf einer zentralen Datenplattform zur Herstellung von Transparenz im Stromhandel – Präzisierung vom 22.4.2009," abrufbar auf den Internetseiten der Bundesnetzagentur.

[5] Bundeskartellamt, Sektoruntersuchung Stromerzeugung/Stromgroßhandel, Bericht Januar 2011, S. 13.

[6] *Knauff,* in: Immenga/Mestmäcker (Hrsg.), GWB § 47g Rn. 9.

[7] Gesetz zur Errichtung einer Markttransparenzstelle für den Großhandel mit Strom und Gas vom 5.12.2012, BGBl. I S. 2414.

[8] BT-Drs. 17/11386, S. 21.

sgeht. Während das Auskunftsrecht nach bestimmten Kartellrechtsverstoß erforuntersuchung die Vermutung, dass der ler die Art. 101, 102 AEUV relevanten nt ist. Außerdem richtet sich die Unterdem dient der Ermittlung der Wettbebestimmter Formen von Vereinbarungen sind also breiter angelegt.

2 auch dazu beitragen, kartellbehördliche e Betroffenen aus Furcht vor Repressaloss-und-Reiter-Problematik).[3] Zwar ist ns und damit verbunden ein Auskunftsschwerde zulässig, und § 70 ermöglicht h im Beschwerdeverfahren anonym zu ei einem verdachtsabhängigen Verwaldass das betroffene Unternehmen seine en Verdacht haben kann, wer der Be**ignale,** die von Sektoruntersuchungen e die freiwillige Befolgung des Kartellrsuchung ist allerdings kein Mittel, um beschränkten, nicht branchentypischen e Sektoruntersuchung eine erhebliche ngen durchgeführt worden.[5] Zwei wein. Rechtsstaatlich ist die Ausdehnung Datenerhebung und des damit verbunnen nicht unbedenklich.[6]

and der Untersuchung

3 oruntersuchung setzt keinen Anfangsvoraus. Andererseits kann die Kartell Eingriffe in die Rechtsposition der sind, aus rechtsstaatlichen Gründen auch keine Untersuchung ins Blaue der Wettbewerb im Inland möglicher-Nach dem Zweck des § 32e muss die r die Anwendung des Gesetzes, insbe-Art. 101, 102 AEUV erheblich sein.[7] en der Fusionskontrolle zulässig sind. zu Art. 17 VO 1/2003 und die Funk-

W/E OLG 1961ff. – *Flugunion.* Dies war rtellamts über die Wettbewerbsverhältnisse *Ruhrgas.*

, 1390; *Bach* in: Immenga/Mestmäcker,

n. 5; *Bornkamm* in: Langen/Bunte, Kar-

näcker, GWB, Rn. 6.

weitergehend OLG Düsseldorf WuW/E ga/Mestmäcker, GWB, Rn. 12; *Gildhoff* usammenschlüsse).

IV. Kleine Erzeugungseinheiten (1 bis 10 Megawatt)

§ 47g Abs. 3 ermöglicht der Markttransparenzstelle zudem, die Betreiber von Erzeugungseinheiten mit mehr als 1 Megawatt und bis zu 10 Megawatt installierter Erzeugungskapazität je Einheit zur **Übermittlung** bestimmter Daten zu **verpflichten.** Festlegungen können sich bei diesen kleinen Anlagen aber nur auf die Gesamtsumme der installierten Erzeugungskapazität aller Erzeugungseinheiten, differenziert nach der Erzeugungsart, beziehen. Dieser engere Festlegungsgegenstand ist Folge der geringeren Auswirkungen kleiner Anlagen auf den Stromgroßhandel. Die Verwendung des Begriffs „Erzeugungseinheit" statt des Begriffs „Stromerzeugungseinheit", wie er in 47g Abs. 2 verwendet wird, weitet den Anwendungsbereich nicht etwa auf den Gasbereich aus. Die Maßeinheit „Megawatt" zeigt vielmehr unmissverständlich, dass es auch in dieser Norm ausschließlich um die Erzeugung und Speicherung elektrischen Stroms geht. 4

V. Weitere Festlegungsbereiche

§ 47g Abs. 4–12 sehen **weitere Bereiche** vor, in denen die Markttransparenzstelle Festlegungen treffen kann. Die Ermächtigung der Markttransparenzstelle zu Festlegungen im Bereich der Regelenergie und von Biogas (Abs. 12) soll nach Ansicht des Gesetzgebers dazu dienen, „Interdependenzen zwischen Regelenergie und dem Betrieb von Speicheranlagen und den Gashandelsmärkten aufzudecken, obwohl es zurzeit noch keine wettbewerbliche Organisation dieser Vermarktung gibt."[9] 5

§ 47h Berichtspflichten, Veröffentlichungen

(1) **Die Markttransparenzstelle unterrichtet das Bundesministerium für Wirtschaft und Technologie über die Übermittlung von Informationen nach § 47b Absatz 7 Satz 1.**

(2) [1]**Die Markttransparenzstelle erstellt alle zwei Jahre einen Bericht über ihre Tätigkeit.** [2]**Soweit der Großhandel mit Elektrizität und Erdgas betroffen ist, erstellt sie ihn im Einvernehmen mit der Bundesnetzagentur.** [3]**Geschäftsgeheimnisse, von denen die Markttransparenzstelle bei der Durchführung ihrer Aufgaben Kenntnis erhalten hat, werden aus dem Bericht entfernt.** [4]**Der Bericht wird auf der Internetseite der Markttransparenzstelle veröffentlicht.** [5]**Der Bericht kann zeitgleich mit dem Bericht des Bundeskartellamts nach § 53 Absatz 3 erfolgen und mit diesem verbunden werden.**

(3) **Die Markttransparenzstelle veröffentlicht die nach § 47 b Absatz 5 erstellten Listen und deren Entwürfe auf ihrer Internetseite.**

(4) [1]**Die Markttransparenzstelle kann im Einvernehmen mit der Bundesnetzagentur zur Verbesserung der Transparenz im Großhandel diejenigen Erzeugungs- und Verbrauchsdaten veröffentlichen, die bisher auf der Transparenzplattform der European Energy Exchange AG und der Übertragungsnetzbetreiber veröffentlicht werden, sobald diese Veröffentlichung eingestellt werden.** [2]**Die nach dem Energiewirtschaftsgesetz und darauf basierenden Rechtsverordnungen sowie die nach europäischem Recht bestehenden Veröffentlichungspflichten der Marktteilnehmer zur Verbesserung der Transparenz auf den Strom- und Gasmärkten bleiben unberührt.**

Übersicht

[9] BT-Drs. 17/10060, S. 30.

I. Allgemeines

1 § 47h regelt die **Berichtspflichten** der Markttransparenzstelle und enthält **Vorgaben** zur Veröffentlichung im Rahmen von Konsultationen und zur Veröffentlichung von Erzeugungs- und Verbrauchsdaten.

II. Berichtspflichten

2 § 47h Abs. 1 und 2 legen der Markttransparenzstelle umfangreiche **Einzelberichtspflichten** gegenüber dem Bundesministerium für Wirtschaft und Energie auf. § 47h Abs. 1 verpflichtet die Markttransparenzstelle dazu, das Ministerium beim Verdacht eines Verstoßes gegen gesetzliche Bestimmungen gemäß § 47b Abs. 6 zu unterrichten. Diese Berichtspflicht schafft die Voraussetzung dafür, dass das Ministerium über die Verordnungsermächtigung des § 47f einen sachgerechten Rahmen für die Aufgaben setzen kann, indem es die Rechtsverordnung in Kenntnis kritischer Fälle fortlaufend überprüfen und ergänzt.[1] Nach § 47h Abs. 2 hat die Markttransparenzstelle zudem **Tätigkeitsberichte** im Zwei-Jahres-Turnus vorzulegen. Die Berichte diesen in erster Linie dazu, das Parlament und die Öffentlichkeit über die Aufgabenwahrnehmung der Markttransparenzstelle zu unterrichten. Darüber hinaus bilden sie die Grundlage für den vom Bundesministerium für Wirtschaft und Energie zu erstellenden Evalutionsbericht nach § 47l. Aussagen zu Inhalt und Umfang der Tätigkeitsberichte trifft die Norm nicht. Mit Blick auf die entsprechenden Tätigkeitsberichte der BNetzA (§ 63 Abs. 3 ENWG)[2] und die zweijährigen Tätigkeitsberichte des BKartA (§ 53 Abs. 1)[3] ist jedoch davon auszugehen, dass die Berichte insbesondere einen Überblick über die im Berichtszeitraum ergangenen Entscheidungen enthalten.[4] Ausweislich des Gesetzeswortlauts sind die Tätigkeitsberichte, soweit der Großhandel mit Storm und Gas betroffen ist, im Einvernehmen mit der Bundesnetzagentur zu erstellen. Hier dürfte es sich indes um ein **redaktionelles Versehen** handeln, weil ein Einvernehmen regelmäßig nur zwischen unterschiedlichen Behörden hergestellt werden muss. Richtigerweise müsste es daher „im Einvernehmen mit dem Bundeskartellamt" heißen.[5]

III. Veröffentlichungen

3 Die Vorschriften zur Veröffentlichungstätigkeit in § 47h Abs. 3 und 4 dienen der Transparenz der Verwaltungspraxis.[6] § 47 Abs. 3 verpflichtet die Markttransparenzstelle in **Konsultationsverfahren** zu ihren Festlegungen die nach § 47b Abs. 5 erstellten Listen und Entwürfe auf ihrer Internetseite zu veröffentlichen. Die Norm ergänzt insoweit das in § 47b Abs. 5 S. 2 enthaltene Informationsgebot, indem es für die betroffenen Behörden, Interessenvertreter und Marktteilnehmer mit der Internetseite der Markttransparenzstelle[7] einen weiteren Informationskanal eröffnet. § 47h Abs. 4 ermächtigt die Markttransparenzstelle zur selbständigen Veröffentlichung von **Erzeugungs- und Verbrauchsdaten** für den Fall, dass deren bisherige Veröffentlichung auf der Transplattform der European Energy Exchange (EEX-Transparenzplattform)[8] und der Transparenzplattform der Übertragungs-

---

[1] BT-Drs. 17/10060, S. 3

[2] Hierzu *Hermes*, in: Britz/Hellermann/Hermes (Hrsg.), EnWG § 63 Rn. 16.

[3] Hierzu *Schneider*, in: Langen/Bunte (Hrsg.), Kartellrecht, § 53 GWB Rn. 1; *Bechtold*, GWB § 53, Rn. 2.

[4] *Reiner*, in: Bornkamm/Montag/Säcker (Hrsg.), Münchener Kommentar Europäisches und Deutsches Wettbewerbsrecht, Bd. 2, GWB § 47h Rn. 4.

[5] In diese Richtung auch *Knauff*, in: Immenga/Mestmäcker (Hrsg.), GWB § 47h Rn. 3; *Reiner*, in: Bornkamm/Montag/Säcker (Hrsg.), Münchener Kommentar Europäisches und Deutsches Wettbewerbsrecht, Bd. 2, GWB § 47h Rn. 5.

[6] BT-Drs. 17/10060, S. 30.

[7] http://www.markttransparenzstelle.de.

[8] http://www.eex-transparency.com.

netzbetreiber (ENTSO-E Transparenzplattform)[9] eingestellt wird. Die Markttransparenzstelle erhält hiermit eine Fortführungskompetenz. Soweit und solange die Transparenz anderweitig hergestellt ist, besteht kein Anlass, hiervon Gebrauch zu machen.[10] § 47h Abs. 4 S. 2 stellt klar, dass etwaige Veröffentlichungen der Markttransparenzstelle die Veröffentlichungspflichten der Marktteilnehmer nach dem Energiewirtschaftsrecht und dem europäischen Recht unberührt lassen. Mit der Veröffentlichung der Daten durch die Markttransparenzstelle tritt keine Erfüllung der Meldepflicht nach § 47e Abs. 4 ein.

§ 47i Zusammenarbeit mit anderen Behörden und Aufsichtsstellen

(1) [1]**Das Bundeskartellamt und die Bundesnetzagentur arbeiten bei der Wahrnehmung der Aufgaben der Markttransparenzstelle nach § 47b mit folgenden Stellen zusammen:**

1. der Bundesanstalt für Finanzdienstleistungsaufsicht,
2. den Börsenaufsichtsbehörden sowie Handelsüberwachungsstellen derjenigen Börsen, an denen Elektrizität und Gas sowie Energiederivate im Sinne des § 3 Nummer 15a des Energiewirtschaftsgesetzes gehandelt werden,
3. der Agentur für die Zusammenarbeit der Energieregulierungsbehörden und der Europäischen Kommission, soweit diese Aufgaben nach der Verordnung (EU) Nr. 1227/2011 wahrnehmen, und
4. den Regulierungsbehörden anderer Mitgliedsstaaten.

[2]**Diese Stellen können unabhängig von der jeweils gewählten Verfahrensart untereinander Informationen einschließlich personenbezogener Daten und Betriebs- und Geschäftsgeheimnisse austauschen, soweit dies zur Erfüllung ihrer jeweiligen Aufgaben erforderlich ist.** [3]**Sie können diese Informationen in ihren Verfahren verwerten.** [4]**Beweisverwertungsverbote bleiben unberührt.** [5]**Die Regelungen über die Rechtshilfe in Strafsachen sowie Amts- und Rechtshilfeabkommen bleiben unberührt.**

(2) **Die Markttransparenzstelle kann mit Zustimmung des Bundesministeriums für Wirtschaft und Technologie Kooperationsvereinbarungen mit der Bundesanstalt für Finanzdienstleistungsaufsicht, den Börsenaufsichtsbehörden sowie Handelsüberwachungsstellen derjenigen Börsen, an denen Elektrizität und Gas sowie Energiederivate im Sinne des § 3 Nummer 15a des Energiewirtschaftsgesetzes gehandelt werden, und der Agentur für die Zusammenarbeit der Energieregulierungsbehörden schließen.**

Übersicht

I. Allgemeines

§ 47i regelt die **Zusammenarbeit** mit anderen Behörden und Aufsichtsstellen und trägt damit dem **Erfordernis** nach zwischenbehördlichem und grenzüberschreitendem Informationsaustausch innerhalb der Aufsichtsarchitektur für den Strom- und Gasgroßhandel Rechnung. Die Norm entspricht im Wesentlichen der allgemeinen Kooperationsregelung in § 50c und modifiziert diese lediglich bereichsspezifisch.[1] 1

[9] https://transparency.entsoe.eu.
[10] So ausdrücklich die Gesetzesbegründung, BT-Drs. 17/10060, S. 30.
[1] BR-Drs. 17/10060, S. 30; *Häfele*, in: Langen/Bunte (Hrsg.), Kartellrecht, § 47i GWB Rn. 1.

II. Informationsaustausch (Abs. 1)

2 § 47i Abs. 1 Nr. 1–2 regeln den **Informationsaustausch auf nationaler Ebene.** § 47i Abs. 1 Nr. 1 **erweitert zum einen die** Möglichkeiten der Zusammenarbeit von BKartA und BNetzA mit der BAFin. Dies ist erforderlich, weil § 50c nur einen eingeschränkten Informationsaustausch mit der BAFin vorsieht. Ausgenommen sind nach § 50c Abs. 2 Nr 1 und 2 vertrauliche Informationen wie Betriebs- und Geschäftsgeheimnisse sowie Daten aus dem European Competition Network. § 47i Abs. 1 Nr. 2 **erweitert** zum anderen den Kreis der zum umfassenden Informationsaustausch berechtigten Behörden um die Börsenaufsichtsbehörden und die Handelsüberwachungsstellen der Strom- und Gasbörsen. Mit diesen Regelungen reagiert das Gesetz auf das Fehlen einer einheitlichen nationalen Aufsichtsbehörde für den Strom- und Gasgroßhandel. Damit die Markttransparenzstelle die ihr gesetzlich zugewiesene Aufgabe als Kooperations- und Datenplattform erfüllen kann, bedarf es der umfassenden Verwaltungskooperation aller an der Energiemarktaufsicht beteiligten Behörden.

3 Da § 47i Abs. 1 S. 2 bezieht in den Informationsaustausch ausdrücklich auch die **Übermittlung personenbezogener Daten** im Sinne des § 3 Abs. 1 BDSG ein, soweit dies zur Aufgabenerfüllung erforderlich ist. Die Norm enthält damit einen expliziten gesetzlichen Erlaubnistatbestand für die Übermittlung personenbezogener Daten im Kontext der innerstaatlichen Überwachung des Strom- und Gasgroßhandels und ergänzt damit die datenschutzrechtlichen Erlaubnistatbestände des § 47b Abs. 3 S. 1 (Erheben) und § 47j Abs. 4 (Speichern, Verändern, Nutzen).

4 Der **Informationsaustausch auf europäischer Ebene** und mit den Aufsichtsbehörden der Mitgliedstaaten ist in den Nr. 3 (ACER/EU-Kommission) und Nr. 4 (Regulierungsbehörden der Mitgliedstaaten) geregelt. Mit der Aufnahme der ACER in Nr. 3 kommt der Gesetzgeber den Vorgaben von Art. 7 Abs. 2 und 16 REMIT-Verordnung nach. Dort ist vorgegeben, dass die nationalen Regulierungsbehörden bei der Überwachung der Energiegroßhandelsmärkte auf regionaler Ebene und mit der Agentur für die Zusammenarbeit der Energieregulierungsbehörden zusammenarbeiten. § 16 REMIT-Verordnung sieht vor, dass die **Zusammenarbeit mit anderen Behörden,** die in § 47i Abs. 1 nicht genannt sind, von der Vorschrift unberührt bleibt. Die Zusammenarbeit richtet sich in diesen Fällen nach den allgemeinen Bestimmungen, insbesondere den Verfahrensregelungen des VwVfG.

III. Abschluss von Kooperationsvereinbarungen (Abs. 2)

5 § 47i Abs. 2 räumt der Markttransparenzstelle die Möglichkeit ein, mit Zustimmung des Bundesministeriums für Wirtschaft und Energie mit den in § 47i Abs. 1 Nr. 1 und 2 genannten Stellen (BAFin, Börsenaufsichtsbehörden, Handelsüberwachungsstellen der Strom- und Gasbörsen) zu schließen, um darüber die **Zusammenarbeit** mit diesen Stellen **zu stärken.** Die Vorschrift konkretisiert Art. 16 Abs. 1 Unterabsatz 4 der REMIT-Verordnung, wonach die Aufsichtsbehörden auf nationaler Ebene „angemessene Formen der Zusammenarbeit" einrichten können, um die Aufsichtsziele zu erreichen.[2] Mit Blick auf den für die Aufgabenwahrnehmung erforderlichen kontinuierlichen Informationsaustausch zwischen der Markttransparenzstelle und den anderen Beteiligten, der über eine punktuelle Zusammenarbeit hinausgeht, ist der Abschluss von Kooperationsvereinbarungen sachgerecht.[3] Dahinter steht die Erwägung, dass die Plattform für die Zusammenarbeit aller relevanten Landes- und Bundesbehörden dienen soll, um insoweit einen Mehrwert gegenüber der in der REMIT lediglich vorgesehenen Zusammenarbeit zwischen ACER und der

---

[2] Zu diesem Bezug auch *Häfele,* in: Langen/Bunte (Hrsg.), Kartellrecht, § 47i GWB, Rn. 1.
[3] *Knauff,* in: Immenga/Mestmäcker (Hrsg.), GWB § 47i, Rn. 4.

BNetzA als nationaler Regulierungsbehörde zu schaffen.[4] Rechtlich sind die möglichen Kooperationsvereinbarungen als koordinationsrechtliche Verwaltungsverträge im Sinne des § 54 S. 1 VwVfG zu qualifizieren.[5]

§ 47j Vertrauliche Informationen, operationelle Zuverlässigkeit, Datenschutz

(1) [1]**Informationen, die die Markttransparenzstelle bei ihrer Aufgabenerfüllung im gewöhnlichen Geschäftsverkehr erlangt oder erstellt hat, unterliegen der Vertraulichkeit.** [2]**Die Beschäftigten bei der Markttransparenzstelle sind zur Verschwiegenheit über die vertraulichen Informationen im Sinne des Satzes 1 verpflichtet.** [3]**Andere Personen, die vertrauliche Informationen erhalten sollen, sind vor der Übermittlung besonders zur Geheimhaltung zu verpflichten, soweit sie nicht Amtsträger oder für den öffentlichen Dienst besonders Verpflichtete sind.** [4]**§ 1 Absatz 2, 3 und 4 Nummer 2 des Verpflichtungsgesetzes gilt entsprechend.**

(2) [1]**Die Markttransparenzstelle stellt zusammen mit der Bundesnetzagentur die operationelle Zuverlässigkeit der Datenbeobachtung sicher und gewährleistet Vertraulichkeit, Integrität und Schutz der eingehenden Informationen.** [2]**Die Markttransparenzstelle ist dabei an dasselbe Maß an Vertraulichkeit gebunden wie die übermittelnde Stelle oder die Stelle, welche die Informationen erhoben hat.** [3]**Die Markttransparenzstelle ergreift alle erforderlichen Maßnahmen, um den Missbrauch der in ihren Systemen verwalteten Informationen und den nicht autorisierten Zugang zu ihnen zu verhindern.** [4]**Die Markttransparenzstelle ermittelt Quellen betriebstechnischer Risiken und minimiert diese Risiken durch die Entwicklung geeigneter Systeme, Kontrollen und Verfahren.**

(3) **Für Personen, die Daten nach § 47d Absatz 1 Satz 5 erhalten sollen oder die nach § 47c Absatz 4 Daten erhalten, gilt Absatz 1 entsprechend.**

(4) **Die Markttransparenzstelle darf personenbezogene Daten, die ihr zur Erfüllung ihrer Aufgaben nach § 47b mitgeteilt werden, nur speichern, verändern und nutzen, soweit dies zur Erfüllung der in ihrer Zuständigkeit liegenden Aufgaben und für die Zwecke der Zusammenarbeit nach Artikel 7 Absatz 2 und nach Artikel 16 der Verordnung (EU) Nr. 1227/2011 erforderlich ist.**

(5) **Die Akteneinsicht der von den Entscheidungen der Markttransparenzstelle nach § 47b Absatz 5 und 7, § 47d Absatz 1 und 2, den §§ 47e und 47g sowie nach § 81 Absatz 2 Nummer 2 Buchstabe c und d, Nummer 5a und 5b und 6 in eigenen Rechten Betroffenen ist beschränkt auf die Unterlagen, die allein dem Rechtsverhältnis zwischen dem Betroffenen und der Markttransparenzstelle zuzuordnen sind.**

Übersicht

I. Allgemeines

§ 47j gewährleistet die **Vertraulichkeit** der an die Markttransparenzstelle übermittelten Informationen. Die Regelung trägt dem Umstand Rechnung, dass die von den Meldepflichtigen zur Verfügung gestellten Daten teilweise von hoher Sensibilität sind, weil sie Einblick in Betriebs- und Geschäftsgeheimnisse vermitteln und in das Recht auf informa- 1

[4] *Zimmer,* in: FIW Schriftenreihe, Heft 240, 15, 17.

[5] Zur Einordnung als öffentlich-rechtlicher Vertrag auch *Knauff,* in: Immenga/Mestmäcker (Hrsg.), GWB § 47i, Rn. 4.

tionelle Selbstbestimmung der Meldepflichtigen eingreifen können. Ein sicherer und integrer Datenumgang ist für das Vertrauen in die Arbeit der Markttransparenzstelle unabdingbar und bildet eine Grundvoraussetzung für die effektive Aufgabenerfüllung.[1]

II. Grundsatz der Vertraulichkeit

2 Nach § 47j Abs. 1 S. 1 unterliegen sämtliche Informationen der Vertraulichkeit, die die Markttransparenzstelle bei ihrer Aufgabenerfüllung im gewöhnlichen Geschäftsverkehr erlangt oder erstellt hat. Mit dem Begriff der Vertraulichkeit knüpft die Norm an den allgemeinen rechtlichen Sprachgebrauch an, wonach die Informationen nur für einen beschränkten Adressatenkreis, hier also die Markttransparenzstelle, vorgesehen sind. Der Begriff der **Information** ist bewusst weit gefasst und meint sämtliche Daten, von denen die Markttransparenzstelle im Rahmen ihrer Aufgabenerfüllung Kenntnis erlangt oder die sie selbst erhoben hat. Auf ein Geheimhaltungsinteresse des Betroffenen kommt es nicht an.[2] Geschützt sind grundsätzlich alle Informationen, die von den Meldepflichtigen übermittelt oder bei diesen erhoben worden sind unabhängig von ihrer tatsächlichen Sensibilität. Das ist sachgerecht, weil die Sensibilität der Daten im Zeitpunkt des Erhebens oder Erlangens vielfach noch gar nicht ersichtlich ist, sondern sich erst aus der späteren Kombination mit anderen Daten ergibt.

3 Die geheimhaltungspflichtigen Informationen sind auf solche beschränkt, die die Markttransparenzstelle im Rahmen ihrer Aufgabenerfüllung **im normalen Geschäftsverkehr** erlangt oder erstellt. Damit werden Informationen von der Vertraulichkeit ausgenommen, die aus allgemein zugänglichen Quellen stammen.[3] Allgemein zugängliche Informationen bedürfen keines gesetzlichen Schutzes. Der Normzweck verlangt nur die Vertraulichkeit von Informationen, die im Zusammenhang mit der originären Tätigkeit der Markttransparenzstelle stehen. Hierzu gehören vor allem die Melde- und Erhebungsströme, hieraus abgeleitete Datenbestände sowie der Austausch von Daten und Informationen mit anderen Behörden. § 47j Abs. 1 vermittelt auch Schutz gegenüber Ansprüchen auf Herausgabe von amtlichen Informationen, die auf das Informationsfreiheitsgesetz (IFG) gestützt sind. Als spezialgesetzliche Regelung im Sinne von § 3 Nr. 4 IFG schließt die Norm Informationsansprüche nach dem IFG aus.

III. Verschwiegenheitspflicht

4 Das zentrale Instrument zur Gewährleistung der Vertraulichkeit ist die Verschwiegenheitspflicht. Ihr unterliegen alle Beschäftigten bei der Markttransparenzstelle und andere Personen, die vertrauliche Informationen von der Markttransparenzstelle erhalten sollen (§ 47j Abs. 1 S. 2 und 3). **Beschäftigte** im Sinne dieser Vorschrift sind alle bei der Markttransparenzstelle tätigen Personen unabhängig vom dienst- oder arbeitsrechtlichen Status. Mit Blick auf den datenschutzrechtlichen Bezug ist es angemessen, sich insoweit an der weiten Legaldefinition des Beschäftigtenbegriffs des § 3 Abs. 11 BDSG zu orientieren, so dass damit u. a. auch in Ausbildung befindliche Personen und Leiharbeitnehmer[4] erfasst werden. Dieses weite Verständnis legt auch die Formulierung „bei der Markttransparenzstelle" nahe. **Andere Personen** im Sinne der Norm sind alle natürlichen Personen, die nicht zum Kreis der Beschäftigten bei der Markttransparenzstelle zählen. Sollen auch diese Personen vertrauliche Informationen der Markttransparenzstelle erhalten, sind sie zuvor auf

[1] BT-Drs. 17/10060, S. 30.

[2] *Rohlje,* in: Bornkamm/Montag/Säcker (Hrsg.), Münchener Kommentar Europäisches und Deutsches Wettbewerbsrecht, Bd. 2, GWB § 47j Rn. 4.

[3] A. A. *Knauf,* in: Immenga/Mestmäcker (Hrsg.), GWB § 47j Rn. 4.

[4] In § 3 Abs. 11 BDSG nicht gesondert aufgeführt, aber nach h. M. hiervon erfasst, vgl. nur *Gola/Schomerus,* BDSG § 3 Rn. 59a.

die Geheimhaltung zu verpflichten. Ausgenommen davon sind Amtsträger (§ 11 Abs. 1 Nr. 1 StGB) oder für den öffentlichen Dienst besonders Verpflichtete (§ 11 Abs. Nr. 4 StGB). Bei diesen beiden Gruppen ist eine gesonderte Geheimhaltungsverpflichtung aufgrund der bereits bestehenden Amtsstellung entbehrlich. Zu den anderen Personen im Sinne dieser Vorschrift gehören nach § 47j Abs. 3 explizit auch solche Personen, die von der Markttransparenzstelle mit der Datenerfassung gem. § 47d Abs. 1 S. 5 beauftragt werden oder von dieser gem. § 47c Abs. 4 Daten für wissenschaftliche Studien erhalten sollen (§ 47j Abs. 3).

IV. Operationelle Zuverlässigkeit

Das zweite wichtige Schutzinstument ist die Sicherstellung der operationellen Zuverlässigkeit der Datenbeobachtung. § 47 Abs. 2 verpflichtet die Markttransparenzstelle und die sie tragende Bundesnetzagentur, die operationelle Zuverlässigkeit der Datenbeobachtung sicherzustellen und zu gewährleisten. Die Vorschrift ist praktisch wortgleich dem Art. 12 Abs. 1 der REMIT- Verordnung nachempfunden. Der Terminus „Datenbeobachtung" erklärt sich aus der Monitoringaufgabe der Markttransparenzstelle und meint alle Datenvorgänge im Stadium der Erhebung und Sammlung.[5] Der Begriff der operationellen Zuverlässigkeit ist dem deutschen Recht bislang fremd. Inhaltlich entspricht er weitgehend dem Begriff der **Datensicherheit** in § 9 BDSG. Die Markttransparenzstelle hat durch geeignete technische und organisatorische Maßnahmen sicherzustellen, dass die Daten vor Verlust, Manipulation und unberechtigtem Zugriff geschützt sind. § 47j Abs. 2 S. 2 zieht eine Untergrenze für das Datensicherheitsniveau der Markttransparenzstelle ein. Dieses muss mindestens so hoch sein wie das der datenübermittelnden Stelle. Damit ist sichergestellt, dass ungeachtet der europäischen Standards das in Deutschland bestehende Schutzniveau nicht unterschritten wird. 5

V. Umgang mit personenbezogenen Daten

Die dritte Säule zur Sicherung der Vertraulichkeit bildet § 47j Abs. 4. Die Ermächtigung zum **Speichern, Verändern** und **Nutzen** personenbezogener Daten, die der Markttransparenzstelle zur Erfüllung ihrer Aufgaben nach § 47b mitgeteilt worden sind, ist **streng zweckgebunden.** Der Begriff der personenbezogenen Daten entspricht dem des § 3 Abs. 1 BDSG.[6] Die Daten dürfen ausschließlich zur Erfüllung der in ihrer Zuständigkeit liegenden Aufgaben und für die Zwecke der Zusammenarbeit nach Art. 7 Abs. 2 und Art 16 REMIT-Verordnung verwendet werden. Als bundesgesetzliche Spezialvorschrift für den Umgang mit personenbezogenen Daten geht § 47j in seinem Anwendungsbereich den allgemeinen Regelung des § 14 BDSG vor (vgl. § 1 Abs. 3 BDSG). Die Ermächtigungsgrundlage umfasst nach ihrem eindeutigen Wortlaut **nicht das Erheben und Übermitteln** der personenbezogenen Daten.[7] Für Generierung und Transfer der Daten greifen die § 47b Abs. 3 S. 1 (Erheben) und § 47i Abs. 1 S. 2 (Übermitteln). Aus der strengen Zweckbindung des § 47j Abs. 4 folgt, dass personenbezogene Daten **gelöscht** werden müssen, wenn sie zur Aufgabenerfüllung der Markttransparenzstelle nicht mehr erforderlich sind.[8] 6

VI. Begrenzte Akteneinsicht

§ 47j Abs. 5 sichert den Grundsatz der Vertraulichkeit schließlich auch durch eine **Beschränkung der Akteneinsichtsrechts** bei Verwaltungs- und Bußgeldentscheidungen der Markttransparenzstelle. Im Unterschied zum allgemeinen Akteneinsichtsrecht nach 7

---

[5] BT-Drs. 17/10060, 31.

[6] Ebenso *Knauff,* in: Immenga/Mestmäcker (Hrsg.), GWB § 47j Rn. 14.

[7] A. A. für die Übermittlung *Bechtold,* GWB § 47j Rn. 1.

[8] BT-Drs. 17/10060, 31.

§ 29 VwVfG ist die Akteneinsicht auf solche Unterlagen beschränkt, die allein dem Rechtsverhältnis zwischen dem Betroffenen und der Markttransparenzstelle zuzuordnen sind. Das gewährleistet die Vertraulichkeit der Informationen, weil Verfahrensdaten vor Einblicken von Mitbewerbern, Marktteilnehmern und sonstigen Dritten geschützt werden, die sich andernfalls über den Umweg der Akteneinsicht Zugang zu sensiblen Daten und Informationen verschaffen könnten. Nicht explizit geregelt ist, ob diese Restriktion auch bei der Weitergabe der Daten und Informationen an andere Behörden fortgelten. Da sich das Recht auf Akteneinsicht unmittelbar aus dem Anspruch auf rechtliches Gehör und – soweit personenbezogene Daten in Betracht kommen – dem Grundrecht auf informationelle Selbstbestimmung ergibt, bedürfen wesentliche Beschränkungen allerdings einer gesetzlichen Grundlage. Da § 47 Abs. 5 nur Geltung für die Akteneinsicht bei der Markttransparenzstelle hat, ist diese nicht unmittelbar auf die Akteneinsicht bei anderen Behörden übertragbar. Andere Behörden können den Norminhalt allein bei der Ausfüllung bestehender Ermessens- und Beurteilungsspielräume heranziehen. Inwieweit das Akteneinsichtsrecht der Betroffenen tatsächlich trägt, ist unklar. Die Markttransparenzstelle wird die Daten programmgestützt analysieren. Aufbau und Berechnungslogik der EDV-Programme sind dem Rechtsanwender nicht bekannt. Ohne Kenntnis der genaueren Berechnungsmethoden dürfte es in einigen Bereichen schwierig sein, die Entscheidungen der Markttransparenzstelle im Einzelnen nachzuvollziehen.[9]

§ 47k Marktbeobachtung im Bereich der Kraftstoffe

(1) [1] **Beim Bundeskartellamt wird eine Markttransparenzstelle für Kraftstoffe eingerichtet.** [2] **Sie beobachtet den Handel mit Kraftstoffen, um den Kartellbehörden die Aufdeckung und Sanktionierung von Verstößen gegen die §§ 1, 19 und 20 dieses Gesetzes und die Artikel 101 und 102 des Vertrages über die Arbeitsweise der Europäischen Union zu erleichtern.** [3] **Sie nimmt ihre Aufgaben nach Maßgabe der Absätze 2 bis 9 wahr.**

(2) [1] **Betreiber von öffentlichen Tankstellen, die Letztverbrauchern Kraftstoffe zu selbst festgesetzten Preisen anbieten, sind verpflichtet, nach Maßgabe der Rechtsverordnung nach Absatz 8 bei jeder Änderung ihrer Kraftstoffpreise diese in Echtzeit und differenziert nach der jeweiligen Sorte an die Markttransparenzstelle für Kraftstoffe zu übermitteln.** [2] **Werden dem Betreiber die Verkaufspreise von einem anderen Unternehmen vorgegeben, so ist das Unternehmen, das über die Preissetzungshoheit verfügt, zur Übermittlung verpflichtet.**

(3) [1] **Kraftstoffe im Sinne dieser Vorschrift sind Ottokraftstoffe und Dieselkraftstoffe.** [2] **Öffentliche Tankstellen sind Tankstellen, die sich an öffentlich zugänglichen Orten befinden und die ohne Beschränkung des Personenkreises aufgesucht werden können.**

(4) [1] **Bestehen Anhaltspunkte dafür, dass ein Unternehmen gegen die in Absatz 1 genannten gesetzlichen Bestimmungen verstößt, muss die Markttransparenzstelle für Kraftstoffe umgehend die zuständige Kartellbehörde informieren und den Vorgang an sie abgeben.** [2] **Hierzu leitet sie alle von der Kartellbehörde benötigten oder angeforderten Informationen und Daten unverzüglich an diese weiter.** [3] **Die Markttransparenzstelle für Kraftstoffe stellt die von ihr nach Absatz 2 erhobenen Daten ferner den folgenden Behörden und Stellen zur Verfügung:**

1. **dem Bundeskartellamt für Fusionskontrollverfahren nach den §§ 35 bis 41,**
2. **den Kartellbehörden für Sektoruntersuchungen nach § 32e,**
3. **dem Bundesministerium für Wirtschaft und Technologie für statistische Zwecke und**
4. **der Monopolkommission für deren Aufgaben nach diesem Gesetz.**

---

[9] Vgl. auch *Abel,* in: FIW-Schriftenreihe, Bd. 240, Köln 2012, 21, 26.

(5) [1]Die Markttransparenzstelle für Kraftstoffe wird nach Maßgabe der Rechtsverordnung nach Absatz 8 ermächtigt, die nach Absatz 2 erhobenen Preisdaten elektronisch an Anbieter von Verbraucher- und Informationsdiensten zum Zweck der Verbraucherinformation weiterzugeben. [2]Bei der Veröffentlichung und Weitergabe dieser Preisdaten an Verbraucherinnen und Verbraucher müssen die Anbieter von Verbraucher-Informationsdiensten die in der Rechtsverordnung nach Absatz 8 Nummer 5 näher geregelten Vorgaben einhalten. [3]Die Markttransparenzstelle für Kraftstoffe ist befugt, bei Nichteinhaltung dieser Vorgaben von einer Weitergabe der Daten abzusehen.

(6) Die Markttransparenzstelle für Kraftstoffe stellt die operationelle Zuverlässigkeit der Datenbeobachtung sicher und gewährleistet Vertraulichkeit, Integrität und Schutz der eingehenden Informationen.

(7) Zur Erfüllung ihrer Aufgaben nach Absatz 1 Satz 1 hat die Markttransparenzstelle die Befugnisse nach § 59.

(8) [1]Das Bundesministerium für Wirtschaft und Technologie wird ermächtigt, im Wege der Rechtsverordnung, die nicht der Zustimmung des Bundesrates bedarf, Vorgaben zur Meldepflicht nach Absatz 2 und zur Weitergabe der Preisdaten nach Absatz 5 zu erlassen, insbesondere

1. nähere Bestimmungen zum genauen Zeitpunkt sowie zur Art und Form der Übermittlung der Preisdaten nach Absatz 2 zu erlassen,
2. angemessene Bagatellgrenzen für die Meldepflicht nach Absatz 2 vorzusehen und unterhalb dieser Schwelle für den Fall einer freiwilligen Unterwerfung unter die Meldepflichten nach Absatz 2 nähere Bestimmungen zu erlassen,
3. nähere Bestimmungen zu den Anforderungen an die Anbieter von Verbraucher-Informationsdiensten nach Absatz 5 zu erlassen,
4. nähere Bestimmungen zu Inhalt, Art, Form und Umfang der Weitergabe der Preisdaten durch die Markttransparenzstelle für Kraftstoffe an die Anbieter nach Absatz 5 zu erlassen sowie
5. nähere Bestimmungen zu Inhalt, Art, Form und Umfang der Veröffentlichung oder Weitergabe der Preisdaten an Verbraucherinnen und Verbraucher durch die Anbieter von Verbraucher-Informationsdiensten nach Absatz 5 zu erlassen.

[2]Die Rechtsverordnung ist dem Bundestag vom Bundesministerium für Wirtschaft und Technologie zuzuleiten Sie kann durch Beschluss des Bundestages geändert oder abgelehnt werden. [3]Änderungen oder die Ablehnung sind dem Bundesministerium für Wirtschaft und Technologie vom Bundestag zuzuleiten. [4]Hat sich der Bundestag nach Ablauf von drei Sitzungswochen nach Eingang der Rechtsverordnung nicht mit ihr befasst, gilt die Zustimmung des Bundestages als erteilt.

(9) [1]Entscheidungen der Markttransparenzstelle für Kraftstoffe trifft die Person, die sie leitet. [2]§ 51 Absatz 5 gilt für alle Mitarbeiterinnen und Mitarbeiter der Markttransparenzstelle für Kraftstoffe entsprechend. [3]Zur Erfüllung ihrer Aufgaben nach Absatz 1 Satz 1 hat die Markttransparenzstelle für Kraftstoffe die Befugnisse nach § 59.

Übersicht

I. Allgemeines

1 § 47k regelt die **Marktbeobachtung im Kraftstoffsektor.** Hierzu wurde am 1. April 2013 eine spezielle „Markttransparenzstelle für Kraftstoffe“ beim Bundeskartellamt eingerichtet, die am 1. Dezember 2013 ihren Regelbetrieb aufgenommen hat. Ziel der Marktüberwachung ist es, mittels einer laufenden Beobachtung der Preisveränderungen im Tankstellensektor den Kartellbehörden das Aufdecken und Sanktionieren etwaiger Wettbewerbsverstöße zu erleichtern. [1] Außerdem werden die erhobenen Preisdaten privaten Anbietern von Verbraucher-Informationsdiensten zur Verfügung gestellt, damit die Autofahrer die für sie jeweils preisgünstigste Tankstelle anfahren können. Die Betreiber öffentlicher Tankstellen bzw. dahinterstehende Unternehmen, die über die Preissetzungshoheit, müssen hierzu bei jeder Änderung ihrer Kraftstoffpreise den neuen Verkaufspreis der Markttransparenzstelle innerhalb von fünf Minuten nach der Änderung elektronisch melden. Anbieter von Verbraucherinformationsdiensten, die von der Markttransparenzstelle zugelassen worden sind, können die aktuellen Kraftstoffpreise abrufen und müssen diese dann aktuell über einen bundesweit verfügbaren Informationsdienst veröffentlichen.

2 Im ursprünglichen Gesetzesentwurf war eine Beobachtung des Kraftstoffsektors nicht vorgesehen. Diese wurde erst im Gesetzgebungsverfahren ergänzt.[2] Grund hierfür waren die intensive öffentliche Diskussion um die Höhe der Tankstellenpreise und die Sektoruntersuchung Kraftstoffe, in der das BKartA Wettbewerbsdefizite im Kraftstoffmarkt festgestellt hat.[3]Konzeptionell handelt es sich bei der Markttransparenzstelle für Kraftstoffe um eine **reine Monitoring- und Informationsstelle.** Die Bundesregierung hat sich im Gesetzgebungsverfahren insoweit gegen die vom Bundesrat favorisierte Regulierung der Kraftstoffbranche durchgesetzt, die eine „Benzinpreisbremse“ nach österreichischem Vorbild vorsah.[4]

3 Am 22.3.2013 hat das BMWi auf **Grundlage der Ermächtigung** in § 47k Abs. 8 die Verordnung zur Markttransparenzstelle für Kraftstoffe (MTS-Kraftstoff-Verordnung) erlassen. Die gesetzlichen Vorgaben zur Meldepflicht (§ 47k Abs. 2) und zur Weitergabe der Preisdaten (§ 47k Abs. 5) werden hiermit konkretisiert und operationalisiert.[5] Die Verordnung trat sukzessive in Kraft, der letzte Teil am 1.12.2013.

II. Organisation und Aufgaben (Abs. 1)

4 § 47k Abs. 1 S. ordnet die Markttransparenzstelle für Kraftstoffe organisatorisch dem Bundeskartellamt zu. Die Verortung beim Bundeskartellamt – und nicht etwa bei der Bundesnetzagentur – ist sachgerecht. Weil Kraftstoffmärkte Wettbewerbsmärkte sind, ist das Bundeskartellamt die richtige Behörde für die Datenerhebung und Analyse im Kraftstoffsektor. Wie im Strom- und Gassektor handelt es sich bei auch bei der Markttransparenzstelle für Kraftstoffe um **keine eigene Behörde** sondern lediglich um eine Organisationseinheit des Bundeskartellamtes, der besondere Aufgaben und Befugnisse zugewiesen sind.[6]

5 Hauptaufgabe der Markttransparenzstelle ist nach § 47k Abs. 1 S. 2 die **Beobachtung des Handels mit Kraftstoffen,** um mögliche Verstöße gegen das Kartellverbot und die Missbrauchsverbote der §§ 1, 19 und 20 GWB sowie der Art. 101 und 102 AEUV festzustellen. Die Datenbasis soll ferner für statistische Zwecke des Bundes und zur Erfüllung

---

[1] BT-Drs. 17/10060, S. 31.
[2] Hierzu Vor. zu §§ 47a–l, Rn. 2.
[3] BT-Drs. 17/10060, S. 31.
[4] Vgl. Stellungnahme des Bundesrats, BT-Drs. 17/10060, S. 40f. Ausführlich hierzu und zu den europarechtlichen Implikationen *Knauff,* NJW 2012, 2408ff.; zur Verwendung von Preisbremsen im Ausland *Hilgers,* WuW 2012, 467ff.
[5] BGBl. I S. 2403.
[6] Bundeskartellamt, Ein Jahr Markttransparenzstelle für Kraftstoffe (MTS-K): Eine erste Zwischenbilanz, November 2014, 3.

internationaler Meldeverpflichtungen an die Europäische Kommission, die europäische Energie-Agentur und die Monopolkommission genutzt werden. Die Terminologie („beobachtet") spricht auf den ersten Blick für ein umfassendes Monitoring über alle Handelsstufen hinweg. Diese weite Formulierung ist ein Relikt der ursprünglich angedachten Ausrichtung der Markttransparenzstelle. Der Regierungsentwurf sah eine wesentliche tiefere Beobachtung des Kraftstoffhandels vor und bezog auch die vorgelagerte Raffinerie- und Großhandelsebene mit ein (§ 47k Absatz 5). Im Verlauf des parlamentarischen Verfahrens wurde u. a. den Bedenken des Normenkontrollrats Rechnung getragen und die vorgesehene Meldepflicht der Raffinerie- und Großhandelsebene fallengelassen. Die weite Aufgabenzuweisung wurde beibehalten, die Monitoringbefugnisse der Marktransparenzstelle jedoch auf die Tankstellenverkaufspreise und damit die Einzelhandelsebene begrenzt. § 42 Abs. 2 knüpft die Meldepflicht dementsprechend allein an die Preissetzungshoheit gegenüber dem Letztverbraucher. Eine Überwachung anderer Handelsstufen findet allenfalls indirekt statt.[7] Die Markttransparenzstelle hat aufgrund der klaren gesetzlichen Rahmenvorgaben auch keine Möglichkeit, diese Daten selbst zu erheben.[8] Hierfür ist eine Anforderungen der Kartellbehörden auf der Grundlage des § 59 erforderlich. Eine weitere Aufgabe der Markttransparenzstelle für Kraftstoffe liegt in der **Verbraucherinformation.** Hierfür hatte sich im Gesetzgebungsverfahren vor allem der Bundesrat eingesetzt.[9] Die Markttransparenzstelle leitet hierzu die Tankstellenpreise an Anbieter von privaten Verbraucher-Informationsdiensten weiter (näher unter VI.).

III. Meldepflicht (Abs. 2)

§ 47k Abs. 2 regelt in Verbindung mit den §§ 2–4 der Verordnung zur Markttranspa- 6
renzstelle für Kraftstoffe (MTSKraftV)[10] die Adressaten, sowie Form und Inhalt der Meldepflicht.

1. Adressaten

Anknüpfungspunkt für die Mitteilungspflicht ist die **Hoheit über die Preisfestset- 7
zung bei den Letztverbraucherpreisen. Setzen** die Betreiber öffentlicher Tankstellen die Endverbraucherpreise fest, sind sie mitteilungspflichtig. Ausweislich des § 2 Abs. 1 MTSKraftV gilt das auch dann, wenn den Tankstellenbetreiber von Zulieferern oder anderen Dritten lediglich unverbindliche Preisempfehlungen vorgegeben werden und ihnen insoweit also ein Preissetzungspielraum verbleibt. So ist es etwa regelmäßig bei Markenpartnerverträgen zwischen Tankstellenbetreibern und der Markengesellschaft. Die Meldepflicht trifft den Tankstellenbetreiber auch dann, wenn er aufgrund technischer Probleme bei der Preisübermittlung der Markengesellschaft einen vorübergehenden Zugriff auf das Preissetzungssystem an der Zapfsäule einräumt, weil die Preishoheit auch in diesen Fällen grundsätzlich beim Tankstellenbetreiber verbleibt. Gibt hingegen ein Unternehmen den Tankstellenbetreibern die Endverkaufspreise verbindlich vor, ist dieses Unternehmen meldepflichtig. Das ist etwa bei Mineralölunternehmen mit angeschlossenen Tankstellen der Fall, die über ein zentrales Pricing-System verfügen.

Nach § 3 Abs. 1 MTSKraftV können die Meldepflichtigen von der Pflicht **befreit** wer- 8
den, wenn der Gesamtdurchsatz von Otto- und Dieselkraftstoff unter 750 Kubikmetern liegt (Bagatellgrenze), oder der Betreiber gegenüber der Markttransparenzstelle glaubhaft macht, dass die Einhaltung der gesetzlichen Meldepflichten für ihn eine unzumutbare Här-

---

[7] *Knauff,* in: Immenga/Mestmäcker (Hrsg), GWB § 47k, Rn. 4.
[8] *Bechtold,* GWB § 47k, Rn. 3.
[9] BT-Drs. 17/10060, S. 40f.
[10] MTS-Kraftstoff-Verordnung, Stand 1.12.2013, BGBl. I S. 595, 3245 und 3304.

te darstellt. Die Befreiung setzt einen Antrag des Meldepflichtigen voraus.[11] Bei der Entscheidung über den Antrag handelt es sich um eine gebundene Entscheidung. Die Befreiung gilt nur für die jeweilige Tankstelle. Für die Berechnung des Gesamtumsatzes ist bei unterjähriger Eröffnung der Tankstelle auf das Jahr hochzurechnen.[12] Nach der Verordnungsbegründung kommt ein Härtefall insbesondere dann in Betracht, wenn die betroffene Tankstelle in Kürze aus dem Markt ausscheidet.[13] Personelle und finanzielle Aufwendungen zur Erfüllung der elektronischen Meldepflicht, also die Bürokratiekosten, die die Tankstellenbetreiber zu tragen haben, begründen hingegen allein grundsätzlich noch keinen Härtefall[14] Liegen die Voraussetzungen für die Befreiung nicht mehr vor, muss die Markttransparenzstelle die Befreiung aufheben. Die für diese Entscheidung erforderlichen Tatsachen muss der Meldepflichtige der Markttransparenzstelle unverzüglich übermitteln, § 3 Abs. 2 MTSKraftV.

9 Der Meldepflichtige kann sich zur Übermittlung der Grund- und Preisdaten sogenannter **Preismelder als Erfüllungsgehilfen** im Sinne von § 278 BGB bedienen (§ 3 MTSKraftV). Damit soll sichergestellt werden, dass auch kleinere Tankstellenbetreiber an der automatisierten Übermittlung teilnehmen können. Die Einschaltung eines Preismelders befreit den Preishoheitsinhaber aber nicht von der persönlichen Meldepflicht.

2. Inhalt

10 Der **Inhalt** der Meldepflicht wird durch § 47k Abs. 2 i. V. m. § 2 Abs. 3 und § 4 Abs. 1 und 2 MTSKraftV vorgegeben. Danach sind vom Meldepflichtigen Kontakt-, Grund- und Preisdaten zu übermitteln.

11 Die **Kontaktdaten** (§ 2 Abs. 3 MTSKraftV) umfassen die zustellungsfähige Anschrift (im Inland), die Kontaktperson und die Telefonnummer des Meldepflichtigen. Außerdem hat der Meldepflichtige glaubhaft zu machen, dass er tatsächlich der Meldepflicht unterliegt. Damit soll die Integrität der Daten sichergestellt und verhindert werden, dass fiktive Tankstellen Preisdaten an die Markttransparenzstelle übermitteln.[15] Diese Daten sind ebenso wie die Tankstellen-**Grunddaten** nach § 4 Abs. 1 MTSKraftV (Name, Standort, Öffnungszeiten und markenrechtliche Unternehmenskennzeichen) der Markttransparenzstelle einmalig zu übermitteln und bei jeder Änderung zu aktualisieren. Die Grunddaten werden benötigt, damit Verbraucher-Informationsdienste (§ 47k Abs. 5) die Preisdaten einer bestimmten Tankstelle zuordnen und für den Verbraucher benutzerfreundlich aufbereiten können, etwa durch Anzeige von Preis, Öffnungszeit, Standort und Unternehmenslogo.

12 Die zentrale Meldepflicht nach § 47k Abs. 2 i. V. mit § 4 Abs. 2 MTSKraftV betrifft die **Preisdaten.** Der Meldepflichtige hat für jede Tankstelle, bei der er über die Preissetzungshoheit verfügt, die Verkaufspreise differenziert nach den Kraftstoffsorten Super E5, Super E10 und Diesel bei jeder Änderung an der Zapfsäule innerhalb von fünf Minuten – und damit quasi in Echtzeit – an die Markttransparenzstelle zu übermitteln.[16] Um festzustellen, ob die Änderung rechtzeitig erfolgt ist, muss der Meldepflichtige der Markttransparenzstelle zugleich den tatsächlichen Zeitpunkt der Preisänderung übermitteln.

13 Die Gesetzesfassung weicht hinsichtlich der Frequenz und des Umfangs der Meldepflicht deutlich vom ursprünglichen Regierungsentwurf ab. Im Verlauf des parlamentarischen Verfahrens wurde die **Meldefrequenz** bei den Preisdaten **stark verkürzt,** von einer Woche auf nunmehr 5 Minuten. Grund hierfür war die gewünschte zeitnahe Verbraucherinforma-

[11] BT-Drucks. 17/12390, S. 18.
[12] Begr. Entwurf MTSKraftV, S. 24.
[13] Begr. Entwurf MTSKraftV, S. 24.
[14] Dazu überzeugend VG Köln, Beschluss vom 11.12.2013, Az. 1 L 1167/13.
[15] Begr. Entwurf MTSKraftV, S. 23.
[16] § 4 Abs. 2 MTSKraftV konkretisiert die Echtzeitvorgabe in § 47k Abs. 2 auf einen Zeitraum „innerhalb von fünf Minuten."

tion. Nur wenn die Verbraucher die aktuellen Kraftstoffpreise in Echtzeit erhalten, sind sie in der Lage, die Tankstellenpreise in der Umgebung zu vergleichen und gezielt den preisgünstigsten Anbieter auszuwählen.[17] Im Gegenzug wurde der meldepflichtige Datenumfang eingeschränkt: Das Gesetz verzichtet im Unterschied zum Regierungsentwurf[18] auf die Angabe der Kraftstoffmenge, die zu einem bestimmten Preis abgegeben wird, und auf die wöchentliche Meldung der Raffinerie- und Großhandelsebene,[19] um die bürokratische Belastung für die Unternehmen zu verringern.

3. Form

Für die Übermittlung der Grund- und Preisdaten ist die **elektronische Form** vorgeschrieben (§ 4 Abs. 4 MTSKraftV). Der Meldepflichtige hat die Daten über die von der Markttransparenzstelle vorgegebene Standardschnittstelle zu melden und erhält hierüber umgehend eine elektronische Rückmeldung. Bei der technischen Infrastruktur kooperiert die Markttransparenzstelle mit der Bundesanstalt für Straßenwesen. Für die elektronische Übermittlung ist der Mobilitäts-Daten-Marktplatz der Bundesanstalt für Straßenwesen als technische Plattform unter Verwendung spezieller Schemadateien für Grund- und Preisdatenmeldungen zu nutzen.[20] **14**

IV. Legaldefinitionen (Abs. 3)

§ 47k Abs. 3 definiert die Begriffe „Kraftstoffe" und „öffentliche Tankstelle" legaliter. **Kraftstoffe** sind demnach Otto- und Dieselkraftstoffe. Das Begriffsverständnis entspricht der Legaldefinition in Artikel 2 der Richtlinie 98/70/EG des Europäischen Parlamentes und des Rates vom 13. Oktober 1998[21] über die Qualität von Otto- und Dieselkraftstoffen.[22] Die Meldepflicht erstreckt sich damit ausschließlich auf diejenigen Kraftstoffe, die eine hohe Wettbewerbsrelevanz aufweisen und auf die sich die Beschwerden beim Bundeskartellamt hauptsächlich bezogen.[23] Andere Kraftstoffe, wie etwa Erdgas und Autostrom, sind nicht Gegenstand der Meldepflicht und der Datenerhebung durch die Markttransparenzstelle.[24] **15**

§ 4 Abs. MTSKraftV fasst den Kreis der meldepflichtigen Kraftstoffe hingegen enger. Danach betrifft die Meldepflicht nur die Kraftstoffsorten SuperE5, SuperE10 und Diesel und damit nur die gängigen Otto- und Dieselkraftstoffe. Premiumbenzin sowie Premium- und LKW-Diesel, von denen im Regierungsentwurf zu § 47 Abs. k noch die Rede war, sind somit nicht Gegenstand der Meldepflicht. Man kann sich fragen, ob diese – in der Sache durchaus einsichtige – Reduktion von der Verordnungsermächtigung des § 47k Abs. 8 gedeckt ist. Zwar räumt die Norm dem Bundesministerium für Wirtschaft und Energie das Recht ein, durch Rechtsverordnung Vorgaben zur Meldepflicht zu machen. Die Regelbeispiele („insbesondere") der Norm beziehen sich jedoch an keiner Stelle auf den Umfang der meldepflichtigen Kraftstoffe, sondern nur auf die Art und Form der **16**

---

[17] Vgl. Begr. Entwurf MTSKraftV, S. 10.

[18] Vgl. § 47k Abs. 4 S. 1 Nr. 3 des RegE BT-Drs. 17/10060.

[19] Vgl. § 47k Abs. 5 des RegE BT-Drs. 17/10060.

[20] Markttransparenzstelle für Kraftstoffe, Ergänzungsverfügung zur Allgemeinverfügung vom 29.7. 2013 zur technischen Ausgestaltung der Übermittlung der Grund- und Preisdaten durch die registrierten Meldepflichtigen auf Grundlage von § 47k GWB i. V. m. § 8 MTSKraftV, 2.10.2013 (MTS-K-PHI-AV).

[21] ABl. L 350 vom 28.12.1998, S. 58, zuletzt geändert durch RL 2003/17/EG, ABl. L 76 vom 22.3.2003, S. 10.

[22] *Krauser,* in: Bornkamm/Montag/Säcker (Hrsg.), GWB § 47k Rn. 3, Fn. 8; *Häfele,* in Langen/ Bunte (Hrsg.), GWB § 47k Rn. 6.

[23] BT-Drucks. 17/10060, S. 31.

[24] BT-Drucks. 17/10060, S. 31.

Übermittlung beziehungsweise auf Bagatellgrenzen oder Details hinsichtlich der Verbraucherinformationsdienste.

17 § 47k Abs. 3 S. 2 definiert den Begriff der **öffentlichen Tankstelle.** Öffentlich sind Tankstellen, die sich an öffentlich zugänglichen Orten befinden und ohne Beschränkung des Personenkreises aufgesucht werden können. Der Gesetzgeber knüpft insoweit an das allgemeine Begriffsverständnis an.[25] Maßgeblich ist unter anderem, ob ein Spontankauf mit allgemein anerkannten Zahlungsmitteln für jedermann möglich ist.[26] Die Meldepflicht erfasst somit Betreiber von Tankstellen an öffentlichen Straßen einschließlich Autobahntankstellen, Tankstellen an Autohöfen und Supermarkttankstellen.[27] Nicht erfasst von der Meldepflicht sind hingegen Tankstellen, die sich nicht an öffentlichen zugänglichen Orten befinden. Hierzu gehören etwa Tankstellen auf einem abgesperrten Firmengelände oder Tankautomaten, die mit einer Zugangssicherung versehen und nur einem beschränkten Personenkreis zugänglich sind.[28]

V. Vorgehen bei Verdachtsfällen und Behördenzusammenarbeit (Abs. 4)

18 § 47k Abs. 4 regelt das Vorgehen bei Verdachtsfällen sowie die Informationsweitergabe an andere Behörden und die Monopolkommission. Das Vorgehen und die Kooperationspflicht entsprechen inhaltlich und konzeptionell § 47b Abs. 7 und § 47c. Wie im Strom- und Gasgroßhandel hat die Markttransparenzstelle bei Anhaltspunkten für einen Verstoß gegen die in Absatz 2 niedergelegten Kartellrechtsverbote die Kartellbehörden zu informieren und den Vorgang an diese abzugeben. Die Entscheidung über die Abgabe trifft die Markttransparenzstelle auf der Grundlage einer eigenständigen Prüfung.[29] Entscheidungshoheit und Befugnisse der Kartellbehörden bleiben hiervon unberührt.[30] Aus dem Wortlaut geht nicht eindeutig hervor, ob die Markttransparenzstelle nur Verdachtsfälle meldepflichtiger Unternehmen oder auch potentielle Verstöße anderer im Kraftstoffmarkt tätiger Unternehmen die Informationspflicht auslösen. Der nicht auf eine konkrete Handelsstufe beschränkte Monitoringauftrag (s. oben) sowie Sinn und Zweck der Vorschrift, **Wettbewerbsverstöße im Kraftstoffmarkt aufzudecken und zu sanktionieren,** sprechen allerdings für eine weite Auslegung. Die Markttransparenzstelle hat dementsprechend bei Anhaltspunkten für einen Verstoß gegen die §§ 1,19 und 20 GWB und die Artikel 101 und 102 AEUV unabhängig von der Handelsstufe die zuständige Kartellbehörde zu informieren und den Vorgang an diese abzugeben. Zuständige Kartellbehörden im Bereich der Markttransparenzstelle sind grundsätzlich das Bundeskartellamt und die Landeskartellbehörden. Die jeweilige Beschlussabteilung beim Bundeskartellamt oder die zuständige Landeskartellbehörde entscheidet dann über den weiteren Fortgang. Gegenüber der EU-Kommission besteht eine Informationspflicht nur, wenn sich im Verdachtsfall die Rechtsverstöße ausschließlich außerhalb des Bundesgebietes auswirken.[31]

19 Unabhängig von konkreten Verdachtsfällen verpflichtet § 47k Abs. 4 Satz 3 die Markttransparenzstelle, die im Rahmen ihrer Zuständigkeit **erhobenen Daten** dem Bundeskartellamt für Fusionskontrollverfahren (Nr. 1), den Kartellbehörden für Sektoruntersuchungen (Nr. 2), dem Bundesministerium für Wirtschaft für statistische Zwecke (Nr. 3) und der Monopolkommission für deren Aufgaben nach dem GWB (Nr. 4) **zur Verfügung zu stellen.** In den Fällen der Nr. 1, Nr. 2 und Nr. 4 ist hierfür eine konkrete Anforderung

25 *Knauff,* in: Immenga/Mestmäcker (Hrsg.), GWB § 47k Rn. 11.
26 *Häfele,* in Langen/Bunte (Hrsg.), GWB § 47k Rn. 5.
27 *Krauser,* in: Bornkamm/Montag/Säcker (Hrsg.), Münchener Kommentar Europäisches und Deutsches Wettbewerbsrecht, Bd. 2, GWB § 47k Rn. 3, Fn. 8.
28 BT-Drucks. 17/10060, S. 31.
29 *Knauff,* in: Immenga/Mestmäcker (Hrsg.), GWB § 47k Rn. 13.
30 BT-Drucks. 17/10060, S. 31.
31 *Bechtold,* GWB § 47k Rn. 3.

unter genauer Bezeichnung der benötigten Informationen erforderlich.[32] Im Fall von Nr. 3 kommt auch der Abschluss einer generellen Vereinbarung über die Datenübermittlung in Betracht. Insoweit gelten die allgemeinen gesetzlichen Regelungen über die Amtshilfe und das BDSG.[33]

VI. Verbraucherinformation (Abs. 5)

§ 47k Abs. 5 S. 1 ermächtigt die Markttransparenzstelle zur elektronischen Weitergabe der nach § 47k Abs. 2 erhobenen Preisdaten an Anbieter von Verbraucher- und Informationssystemen. Ziel ist die **Veröffentlichung der Preisentwicklung,** um die Preisunkenntnis der Nachfrager als eine Form des Marktversagens infolge Informationsmangels zu beheben und dadurch den Wettbewerb zu stärken.[34] Die Verbraucher-Informationsdienste stellen den Autofahrern die erforderlichen Daten hierzu im Internet, in speziellen Programmen oder „Apps" zum Abruf zur Verfügung, sodass diese in der Lage sind, das preisgünstigste Angebot in ihrer Nähe zu finden. Die Daten sind unverändert zu veröffentlichen. Die Verbraucher-Informationsdienste dürfen insbesondere keine Daten einzelner Tankstellen von sich aus entfernen oder ändern (§ 7 Abs. 1 Nr. 3 MTSKraftV). 20

Diese Norm ist unmittelbare Reaktion darauf, dass der Gesetzgeber auf den Betrieb einer eigenen Verbraucherinformationsdatenbank verzichtet, auf die die Kraftfahrer hätten zugreifen können. Die Information der Verbraucher bedarf daher **privater Informationsintermediäre.** Diese Funktion ist den Anbietern privater Verbraucher-Informationsdienste zugedacht, die bei der Veröffentlichung und Weitergabe der Informationen hinsichtlich Inhalt, Art, Form und Umfang die Vorgaben der §§ 7 und 8 MTSKraftV einzuhalten haben. Mittlerweile versorgt eine Vielzahl entsprechender Dienste die Verbraucher mit Preisdaten in Echtzeit.[35] 21

Die Tätigkeit der Markttransparenzstelle im Rahmen der Verbraucherinformation umfasst neben der Datenweitergabe an die Anbieter von Verbraucherinformationsdiensten auch **deren Zulassung und Überwachung.** Verbraucher-Informationsdienste werden auf Antrag bei der Markttransparenzstelle zugelassen. Die Zulassungsvoraussetzungen, die in § 6 MTSKraftV geregelt sind, sollen sicherstellen, dass der Verbraucher-Informationsdienst die von der Markttransparenzstelle erhaltenen Daten auch zu den vom Gesetz bezweckten Zielen nutzt.[36] Die Zulassungsschwelle ist niedrig. Es reicht im Wesentlichen aus, dass der Interessent glaubhaft macht, die nach § 5 Abs. 1 von der Markttransparenzstelle zur Verfügung gestellten Daten dauerhaft, aktuell, bundesweit, und nicht auf einen bestimmten Nutzerkreis beschränkt für die Information der Verbraucher über die Kraftstoffpreise verwendet. Das Verbot des beschränkten Nutzerkreises bedeutet keinen Ausschluss einer Entgeltlichkeit.[37] Der Anbieter darf nur keinen Nutzerkreis von vornherein vom Angebot ausschließen.[38] Nach Zulassung sind die Informationsdienste berechtigt, die aktuellen Grund- und Preisdaten von der Markttransparenzstelle zu beziehen. Unabhängig hiervon kann der Verbraucher-Informationsdienst weitere Informationen eigenständig erheben, beziehen und bereitstellen, um sein Informationsangebot zu verbreitern. 22

Die Überwachung erfolgt unter Einbeziehung der bei den Verbraucherinformationsdiensten einzurichtenden **Beschwerdestellen.** Die hier eingehenden Nutzerbeschwerden 23

[32] *Lüdemann/Lüdemann,* WuW 2012, 917, 925.
[33] *Knauff,* in: Immenga/Mestmäcker (Hrsg.), GWB § 47k, Rn. 14.
[34] BT-Drs. 17/11836, S. 20; Zur Preisunkenntnis als einer Form von Informationsmängeln vgl. nur *Fritsch,* Marktversagen und Wirtschaftspolitik, 9. Aufl., 2014, S. 268 f.
[35] Vgl. Bundeskartellamt, Zwischenbilanz, November 2014, 1. Zu den Diensten gehören u. a. Tanken App, ADAC, clever-tanken.de; mehr-tanke.de und spritpreismonitor.
[36] *Häfele,* in: Langen/Bunte (Hrsg.), GWB § 47k Rn. 13.
[37] BT-Drs. 17/12390, 21.
[38] BKartA, Aufbaustab Transparenzstelle Kraftstoffe, Gesamtkonzept für Aufbau und Betrieb der Markttransparenzstelle für Kraftstoffe (Entwurf) vom 15.3.2013, S. 2.

über unzutreffende Informationen sind unter Beifügung der Kontaktdaten wöchentlich an die Markttransparenzstelle elektronisch zu übermitteln (§ 7 Abs. 2 MTSKraftV). Die Markttransparenzstelle ist hierdurch in der Lage, Abweichungen zeitnah zu erkennen und abzustellen. Ergeben sich hieraus – oder aus anderer Quelle – Erkenntnisse dafür, dass die erhaltenen Daten durch einen Anbieter von Verbraucher-Informationsdiensten fehlerhaft verwendet worden sind, ist die Markttransparenzstelle nach § 5 Abs. 3 MTSKraftV befugt, nach pflichtgemäßem Ermessen die Weitergabe der Preisdaten an ihn einzustellen.

VII. Operationelle Zuverlässigkeit und Vertraulichkeit (Abs. 6)

24 § 47k Abs. 6 verpflichtet die Markttransparenzstelle, die operationelle Zuverlässigkeit der Datenerhebung und -sammlung sowie die Vertraulichkeit, die Integrität und den Schutz der eingehenden Informationen sicherzustellen. Die Vorschrift korrespondiert mit § 47j. Im Unterschied zu § 47j steht hier aber nicht die Vertraulichkeit der Daten sondern die operationelle Zuverlässigkeit der Datenerhebung im Vordergrund. Denn die **Sensitivität der Daten** ist im Kraftstoffbereich geringer als im Strom und Gashandel. Die Markttransparenzstelle hat insbesondere sicherzustellen, dass die Daten missbrauchs- und manipulationsfest vor unbefugtem Zugriff geschützt sind und die Datensicherheit gewährleistet ist.

25 Die nach § 47k ABs. 2 i. V. m. § 4 MTSKraftV meldepflichtigen **Grund- und Preisdaten** sind **keine Betriebs- oder Geschäftsgeheimnisse.** Die Grunddaten (Name, Standort, Öffnungszeiten, Unternehmenskennzeichen der Tankstelle) sind öffentlich sichtbar. Gleiches gilt für die Preisdaten.[39] Die meldepflichtigen Verkaufspreise der Kraftstoffsorten Super E5, Super E10 und Diesel (§ 4 Abs. 2 MTS-KraftV) unterliegen der Auszeichnungspflicht nach § 8 Abs. 1 Preisangabenverordnung (§ 8 PAngV).[40] Eine Qualifizierung als Betriebs- und Geschäftsgeheimnis scheidet damit von vornherein aus.[41] Dies käme nur dann in Betracht, wenn die Normgeber Meldungen bereits im Vorfeld der Preisänderungen gefordert hätten. Hierauf haben der Gesetz- und der Verordnungsgeber aber bewusst verzichtet.[42]

26 Anders stellt sich die Situation im Hinblick auf den Schutz der informationellen Selbstbestimmung dar. Zwar sind die Preisdaten keine personenbezogenen Daten im Sinne von § 3 Abs. 1 BDSG. Sie haben lediglich einen Sach- aber keinen Personenbezug. Hieraus können weder direkt noch indirekt Rückschlüsse auf die finanziellen Verhältnisse natürlicher Personen gezogen werden. Problematisch sind aber die **Grunddaten.** Bei den Kontaktdaten des Meldepflichtigen handelt es sich um Einzelangaben über persönliche oder sachliche Verhältnisse einer bestimmten oder bestimmbaren natürlichen Person und mithin um **personenbezogene Daten** nach § 3 Abs. 1 BDSG. Name und Standort der Tankstelle vermitteln den erforderlichen Personenbezug. Für die Grunddaten ist daher der Anwendungsbereich des BDSG eröffnet, unabhängig davon, dass die datenschutzrechtliche Sensibilität der Kontakt- und Grunddaten gering ist. Die Erhebung, Verarbeitung und Nutzung der Grunddaten ist allerdings nach § 4 Abs. 1 BDSG zulässig, da dies durch Rechtsvorschriften (§ 4 MTSKraftV) vorgesehen ist. § 4 MTSKraftV stellt einen ausreichenden Erlaubnistatbestand dar. Dem stehen auch nicht entgegen, dass weder in § 47k noch der MTSKraftV eine Löschung der Daten vorgeschrieben ist. Es gelten in diesem Fall die allgemeinen Regelungen des BDSG. Die Daten sind demnach zu löschen, wenn sie für die Aufgabenerfüllung der Markttransparenzstelle nicht mehr erforderlich sind (§ 20 Abs. 2 Nr. 2 BDSG).

---

[39] *Krauser,* in: Bornkamm/Montag/Säcker (Hrsg.), Münchener Kommentar Europäisches und Deutsches Wettbewerbsrecht, Bd. 2, GWB § 47k Rn. 4.

[40] Zu der hierdurch bewirkten Transparenz auch *Gleave,* in: FIW-Schriftenreihe, Schwerpunkte des Kartellrechts 2012, Bd. 240, Köln 2012, 91, 95.

[41] BT-Drucks. 17/11386, S. 20.

[42] Begr. Entwurf MTS-KraftVO, S. 25.

VIII. Befugnisse (Abs. 7)

Um ein kontinuierliches und zentralisiertes Monitoring zu gewährleisten räumt der Gesetzgeber der Markttransparenzstelle für Kraftstoffe durch Verweis die Auskunftsbefugnisse der Kartellbehörden nach § 59 ein. Die Regelung ergänzt die Mitteilungspflichten des § 47 Abs. 2 und sichert diese ab.[43] Die Markttransparenzstelle ist gegenüber den nach § 47k Abs. 2 i. V. m. § 2 MTSKraftV Meldepflichtigen insbesondere berechtigt, Auskünfte zu verlangen, Unterlagen einzusehen, sowie Geschäftsräume zu betreten und zu durchsuchen. Bei der tatbestandlichen Voraussetzung „zur Erfüllung ihrer Aufgaben nach Absatz 1 Satz 1" handelt es sich um einen **Redaktionsfehler,** da die Aufgaben in § 47k Abs. 1 S. 2 normiert sind. Da der Verweis auf § 59 einen Rechtsgrundverweis darstellt, setzt der Einsatz der informationellen Befugnisse das Vorliegen der in § 59 GWB normierten tatbestandsvoraussetzungen voraus; insbesondere müssen die Maßnahmen zur Erfüllung der Aufgaben der Markttransparenzstelle erforderlich sein. Die praktische Bedeutung dieser Eingriffsbefugnisse dürfte allerdings gering sein. Wie bei den Kartellbehörden, den Hauptadressaten des § 59 GWB, wird sich das formlose Auskunftsersuchen regelmäßig als ausreichend erweisen.[44] Unzureichende Mitteilungen können nach Art. 81 Abs. 2 Nr. 5 und 6 mit einem Bußgeld belegt werden. 27

Eine **Grenze** für die Auskunftsplicht besteht dort, wo sich die Meldepflichtigen mit der Auskunftserteilung möglicherweise selbst oder nahe Angehörige strafrechtlich belasten würden. Für das Auskunftsverlangen verweist § 59 Abs. 5 GWB auf das Auskunftsverweigerungsrecht nach § 55 StPO, auf das sich die auskunftsverpflichteten Personen auch im Rahmen der Marktbeobachtung durch die Markttransparenzstelle für Kraftstoffe berufen können.[45] 28

IX. Verordnungsermächtigung (Abs. 8)

§ 47k Abs. ermächtigt das Bundeswirtschaftsministerium unter Beteiligung des Bundestages eine Rechtsverordnung zu erlassen, die **Vorgaben zur Meldepflicht** nach § 47 Abs. 2 und zur Weitergabe der Preisdaten nach § 47k Abs. 5 enthält. Das Bundesministerium hat mit der am 22.3.103 erlassenen Verordnung zur Markttransparenzstelle für Kraftstoffe (MTS-Kraftstoff-Verordnung – MTSKraftV), abgedruckt in Anlage zu § 47k, von dieser Ermächtigung umfassend Gebrauch gemacht.[46] 29

X. Entscheidungsbefugnis und Vermeidung von Interessenkollisionen (Abs. 9)

Die Markttransparenzstelle ist eine **reine Monitoringabteilung.** Sie verfügt nicht über die Kompetenzen einer kartellamtlichen Beschlussabteilung.[47] Ihre Entscheidungshoheit betrifft vor allem die Erhebung, Verarbeitung, Auswertung und Weiterleitung von Daten sowie die Ahndung fehlerhafter oder unterlassener Mitteilungen. § 49 Abs. 9 stellt klar, dass diese Entscheidungen der Markttransparenzstelle durch ihren Leiter getroffen werden. Soweit sich aus der Überwachung Verdachtsmomente für Kartellverwaltungs- oder Ordnungswidrigkeitenverfahren ergeben, fallen alle diesbezüglichen Entscheidungen über Einleitung und Führung des Verfahrens in den Aufgabenbereich der zuständigen Beschlussabteilungen des Bundeskartellamts.[48] 30

---

[43] *Häfele,* in: Langen/Bunte (Hrsg.), GWB § 47k Rn. 10.
[44] So für die Kartellbehörden *Klaue,* in: Immenga/Mestmäcker (Hrsg.), GWB § 59 GWB, Rn. 3.
[45] *Knauff,* in: Immenga/Mestmäcker (Hrsg.), GWB § 47k, Rn. 23. Zur Geltung für juristische Personen ebenda, Rn. 23 und *Knauff,* Staatliche Benzinpreiskontrolle, NJW 2012, 2408 (2411 f.).
[46] BGBl. I S. 595, Anhang B 5.
[47] BT-Drucks. 17/10060, S. 25.
[48] *Bechtold,* GWB, § 47k, Rn. 2.

31 § 47k Abs. 9 S. 2 erklärt für alle Mitarbeiterinnen und Mitarbeiter der MTS die Inkompatibilitätsregel des § 51 Abs. 5 für entsprechend anwendbar. Dies bedeutet, dass die **Mitarbeiter der Markttransparenzstelle** weder ein Unternehmen innehaben noch leiten dürfen, noch Mitglied des Vorstands oder des Aufsichtsrats eines Unternehmens, eines Kartells oder einer Wirtschafts- oder Berufsvereinbarung sind. In der Literatur wird diese Zuweisung zum Teil als entbehrlich angesehen.[49] Dahinter steht die zutreffende Überlegung, dass die Mitarbeiter der Markttransparenzstelle für Kraftstoffe Mitglieder des Bundeskartellamts sind und § 51 Abs. 5 dementsprechend unmittelbar Anwendung findet. Die Verweisung ist ein Überbleibsel aus früheren Phasen der Gesetzgebungsarbeiten, als noch geplant war, die behördenübergreifend besetzte Markttransparenzstelle für den Großhandel mit Strom und Gas beim Bundeskartellamt anzusiedeln.[50] Die Verweisung hatte in diesem Kontext ihre Berechtigung. Zumindest klarstellende Funktion kommt ihr allerdings auch im jetzigen Kontext zu. Denn die Literatur geht teils davon aus, dass § 51 Abs. 5 nicht auf alle Beschäftigten des Bundeskartellamts Anwendung findet, sondern nur die Vorsitzenden und Beisitzenden der Beschlussabteilungen erfasst.[51] Für die Mitarbeiter der Markttransparenzstelle ist mit der Verweisung diese Frage eindeutig geklärt.

32 § 47k Abs. 9 S. 2 kommt keine eigenständige Bedeutung zu. Bei der wortgleichen Wiederholung von Abs. 7 handelt es sich um ein Redaktionsversehen.[52]

§ 47l Evaluierung der Markttransparenzstellen

[1]Das Bundesministerium für Wirtschaft und Technologie berichtet den gesetzgebenden Körperschaften über die Ergebnisse der Arbeit der Markttransparenzstellen und die hieraus gewonnenen Erfahrungen. [2]Die Berichterstattung für den Großhandel mit Strom und Gas erfolgt fünf Jahre nach Beginn der Mitteilungspflichten nach § 47e Absatz 2 bis 5 in Verbindung mit der Rechtsverordnung nach § 47f. [3]Die Berichterstattung für den Kraftstoffbereich erfolgt drei Jahre nach Beginn der Meldepflicht nach § 47k Absatz 2 in Verbindung mit der Rechtsverordnung nach § 47k Absatz 8 und soll insbesondere auf die Preisentwicklung und die Situation der mittelständischen Mineralölwirtschaft eingehen.

§ 47k verpflichtet das Bundesministerium für Wirtschaft und Energie (vormals Bundesministerium für Wirtschaft und Technologie), die Markttransparenzstellen zu evaluieren und den gesetzgebenden Körperschaften über die Ergebnisse und Erfahrungen zu berichten. Gesetzgebende Körperschaften im Sinne dieser Norm sind der Bundesrat und der Bundestag.[1] Es handelt sich um eine **einmalige Berichtspflicht.**[2] Dass die Berichterstattung nach § 47k Abs. 2 nach einer unterschiedlichen Zeitdauer vorgesehen ist (beim Großhandel mit Strom und Gas nach fünf Jahren, im Kraftstoffbereich nach drei Jahren), ist Folge der politischen Diskussion um Monitoring- oder Regulierungsmodell im Kraftstoffsektor. Die frühere Evaluierung der Markttransparenzstelle für Kraftstoffe ist ein Zugeständnis an die Befürworter einer Verhaltensregulierung nach österreichischem (Benzinpreisbremse) oder westaustralischem Vorbild, zu denen auch der Bundesrat gehörte.[3]

---

[49] *Knauff,* in: Immenga/Mestmäcker (Hrsg.), GWB § 47k Rn. 26.

[50] BT-Drucks. 17/10060, S. 25.

[51] *Schneider,* in Langen/Bunte (Hrsg.), GWB, § 51 Rn. 20; FK, *Nägele,* GWB § 51 Rn. 19; a. A. *Pfeiffer,* in Bornkamm/Montag/Säcker (Hrsg.), Münchener Kommentar Europäisches und Deutsches Wettbewerbsrecht, Bd. 2, GW, § 51 Rn. 19.

[52] *Krauser,* in: Bornkamm/Montag/Säcker (Hrsg.), Münchener Kommentar Europäisches und Deutsches Wettbewerbsrecht, Bd. 2, GWB § 47k Rn. 3, Fn. 8.

[1] Wie hier *Krauser,* in: Bornkamm/Montag/Säcker (Hrsg.), GWB § 47l Rn. 1; *Bechtold,* GWB § 47l Rn. 1.

[2] BT-Drs. 17/11386, S. 21.

[3] BT-Drs. 17/10060, S. 41.

Möglichst frühzeitig sollen daher die Auswirkungen des Markt-Monitorings der Transparenzstelle auf die Preisentwicklung bei Kraftstoffen ausgewertet werden. Zudem bestand auch aufgrund von Bedenken aus der Wirtschaft und des Normenkontrollrats der politische Wunsch, zeitnah die Auswirkungen der Meldebürokratie auf die mittelständische Mineralölwirtschaft und die Tankstellenbetreiber zu evaluieren.

Zweiter Teil. Kartellbehörden

Erster Abschnitt. Allgemeine Vorschriften

§ 48 Zuständigkeit

(1) **Kartellbehörden sind das Bundeskartellamt, das Bundesministerium für Wirtschaft und Energie und die nach Landesrecht zuständigen obersten Landesbehörden.**

(2) **[1] Weist eine Vorschrift dieses Gesetzes eine Zuständigkeit nicht einer bestimmten Kartellbehörde zu, so nimmt das Bundeskartellamt die in diesem Gesetz der Kartellbehörde übertragenen Aufgaben und Befugnisse wahr, wenn die Wirkung des wettbewerbsbeschränkenden oder diskriminierenden Verhaltens oder einer Wettbewerbsregel über das Gebiet eines Landes hinausreicht. [2] In allen übrigen Fällen nimmt diese Aufgaben und Befugnisse die nach Landesrecht zuständige oberste Landesbehörde wahr.**

(3) **[1] Das Bundeskartellamt führt ein Monitoring durch über den Grad der Transparenz, auch der Großhandelspreise, sowie den Grad und die Wirksamkeit der Marktöffnung und den Umfang des Wettbewerbs auf Großhandels- und Endkundenebene auf den Strom- und Gasmärkten sowie an Elektrizitäts- und Gasbörsen. [2] Das Bundeskartellamt wird die beim Monitoring gewonnenen Daten der Bundesnetzagentur unverzüglich zur Verfügung stellen.**

Übersicht

Schrifttum: *Böge,* Das Netzwerk der EU-Wettbewerbsbehörden nimmt Gestalt an: Anforderungen an das Bundeskartellamt und Änderungsbedarf im deutschen Kartellrecht, in: EWS 2003, 441; *Hitzler,* Die Abgrenzung der Zuständigkeitsbereiche des Bundeskartellamtes und der Landeskartellbehörden nach § 44 Abs. 1 Nr. 1d) GWB, in: WuW 1979, 733; *Kling/Thomas,* Kartellrecht, München 2007; *Lieberknecht,* Probleme des Verfahrensrechts in Kartellsachen, in: Schwerpunkte des Kartellrechts 1977/78, S. 65; *Möschel,* Die Unabhängigkeit des Bundeskartellamtes, in: ORDO 1997, 241; *Murach-Brand,* Antitrust auf deutsch (2004); *Quellmalz,* Die Justiziabilität des Art. 81 Abs. 3 EG und die nichtwettbewerblichen Ziele des EG-Vertrages, in: WRP 2004, 461–470; *Rittner/Dreher,* Europäisches und deutsches Wirtschaftsrecht, 3. Aufl., Heidelberg 2008; *Schoening,* Anm. zu OLG Stuttgart v. 20.6.2002, ZNER 2003, 46; *Stockmann,* Die Integration des Vergaberechts in das Wettbewerbsrecht, in: *Schwarze* (Hrsg.), Europäisches Wettbewerbsrecht im Wandel, 2001, S. 55; *Zuck,* Bundeskartellamt und Wirtschaftspolitik, in: NJW 1971, 1633; *ders.,* Bundeskartellamt, Dienstaufsicht und Regreß, in: NJW 1972, 468.

I. Kartellbehörden nach dem GWB

§ 48 Abs. 1 zählt abschließend die für die Durchsetzung der kartellrechtlichen Vorschrif- 1
ten des GWB zuständigen Behörden auf. Neben dem **Bundeskartellamt** sind dies das **Bundesministerium für Wirtschaft** und die nach Landesrecht zuständigen obersten

Landesbehörden. Hierbei handelt es sich in aller Regel um die Landeswirtschaftsministerien, deren aktuelle Ressortbezeichnungen und Anschriften auf der Internetseite des Bundeskartellamts abrufbar sind. Werden die obersten Landesbehörden auf der Grundlage des GWB tätig, bezeichnen sie sich in der Praxis zumeist als **Landeskartellbehörden.** Ein Unterordnungsverhältnis gegenüber dem Bundeskartellamt besteht nicht. Im Gegensatz zu den Ministerien mit ihren weisungsgebundenen Entscheidungsstrukturen trifft das Bundeskartellamt seine Entscheidungen durch unabhängige Beschlussabteilungen.[1]

II. Zuständigkeiten

2 § 48 Abs. 2 enthält eine grundsätzliche Zuständigkeitsabgrenzung zwischen Bundeskartellamt und obersten Landesbehörden mit Spezialzuweisungsvorbehalt. Die grundsätzliche Zuständigkeitsabgrenzung erfolgt dabei nach dem bereits aus der Vorläufervorschrift § 44 Abs. 1 Nr. 1 Buchst. d) a. F. bekannten Auswirkungsprinzip.[2] Die Zuständigkeit für Bußgeldverfahren richtet sich nach § 81 Abs. 10. Von den beiden Sonderfällen des § 81 Abs. 10 Nr. 1 und Nr. 2 abgesehen knüpft die allgemeine Zuständigkeitszuweisung des § 81 Abs. 10 Nr. 3 an die Grundsätze des § 48 Abs. 2 an.[3]

1. Spezielle Zuständigkeitszuweisungen

3 Das **Bundeskartellamt** ist auf der Grundlage spezialgesetzlicher Zuweisung zuständig für die Aufhebung der Verlagspreisbindung (§ 30 Abs. 3) sowie für den gesamten Bereich der Zusammenschlusskontrolle: § 36 Abs. 1 (Untersagung von Zusammenschlüssen), § 41 Abs. 2 (Befreiung vom Vollzugsverbot), § 41 Abs. 3 (Entflechtung). Soweit ein Gemeinschaftsunternehmen neben der fusionskontrollrechtlichen Prüfung wettbewerbliche Bedenken unter dem Gesichtspunkt des § 1 aufwirft, ist hierfür nicht zwangsläufig das Bundeskartellamt zuständig. Vielmehr entscheidet sich die Zuständigkeit auch dann nach dem Auswirkungsprinzip.[4] Dem **Bundesministerium für Wirtschaft** hat das GWB eigene Zuständigkeiten in § 42 (Ministererlaubnis für Zusammenschlüsse) zugewiesen. Zum Aufgabenbereich des Bundesministeriums für Wirtschaft gehören dabei neben Erteilung oder Versagung der Erlaubnis auch daran anknüpfende Entscheidungen wie zum Beispiel der Widerruf oder die Änderung einer Erlaubnis nach § 42 Abs. 2 Satz 2 i. V. m. § 40 Abs. 3a. Ausnahmsweise ist eine **konkurrierende Zuständigkeit von Bundeskartellamt und Landeskartellbehörden** für die Sektoruntersuchung nach § 32e spezialgesetzlich angeordnet. Dass § 48 Abs. 2 im Rahmen der Sektoruntersuchung keine Anwendung findet, sondern sowohl Bundeskartellamt als auch Landeskartellbehörde nebeneinander zuständig sind, hat der Gesetzgeber im Zuge der 8. GWB-Novelle im Rahmen der Neufassung des § 32e Abs. 4 klargestellt.[5] Von diesem Sonderfall abgesehen gibt es keine Spezialzuweisungen für die obersten Landesbehörden, deren Zuständigkeit sich gemäß § 48 Abs. 2 Satz 2 lediglich nach dem Auswirkungsprinzip ergeben kann.

2. Generelle Zuständigkeitsaufteilung

4 Liegt keine Spezialzuweisung vor, so ist anhand des in § 48 Abs. 2 normierten **Auswirkungsprinzips** zu entscheiden, ob das Bundeskartellamt oder eine oberste Landesbehörde zuständig ist. Die Zuständigkeit des Bundeskartellamtes ist gegeben, sobald die Wirkung

[1] Vgl. im Einzelnen Kommentierung zu §§ 51 bis 53 GWB.
[2] Dazu im Einzelnen unten Rn. 4 bis 7.
[3] Vgl. OLG Düsseldorf 10.2.2014, V-4 Kart 5/11 (OWi), Rn. 399, zit. nach juris.
[4] BGH 22.6.1981, KVR 7/80, WuW/E BGH 1810, 1814 – *Transportbeton Sauerland.*
[5] Gesetzentwurf der Bundesregierung zur 8. GWB-Novelle, BT-Drucks. 17/9852, S. 27; *Bach* in: Immenga/Mestmäcker, GWB, § 32e Rn. 24; *Bechtold,* § 32e Rn. 6; vgl. zum Meinungsstand vor der 8. GWB-Novelle OLG Düsseldorf 4.8.2010, VI-2 Kart 8/09 (V), Rn. 11–17, zit. nach juris.

des in Rede stehenden Verstoßes über das Gebiet eines Bundeslandes hinausreicht. An die Wirkung über die Landesgrenzen hinaus werden dabei nur minimale Anforderungen gestellt, die bloße Möglichkeit späterer landesübergreifender Auswirkungen genügt jedoch nicht.[6] Ist die landesübergreifende Auswirkung jedoch bereits verbindlich vereinbart, ist das Bundeskartellamt zuständig, auch wenn diese Auswirkung tatsächlich noch nicht stattgefunden hat.[7] Besonderheiten gelten außerdem im Ermittlungsstadium, wo der Verdacht der landesübergreifenden Wirkung zunächst ausreicht.[8] Bestätigt sich der Verdacht jedoch nicht, muss das Bundeskartellamt die Sache gemäß § 49 Abs. 2 Satz 2 an die zuständige oberste Landesbehörde abgeben.

Nicht der Ort des Verhaltens oder der Geschäftssitz der handelnden Unternehmen, sondern die Wirkung des wettbewerbsbeschränkenden oder diskriminierenden Verhaltens oder einer Wettbewerbsregel ist nach § 48 Abs. 2 ausschlaggebend. Bei **horizontalen Wettbewerbsbeschränkungen** ist eine Zuständigkeit des Bundeskartellamtes gegeben, wenn ein landesübergreifender Markt oder Märkte in mehreren Bundesländern betroffen sind. Hierfür ist auf die Sicht der Nachfrager abzustellen. Bei **Vertikalvereinbarungen** hängt die Zuständigkeit vom Tätigkeitsgebiet der gebundenen Vertragspartei ab. In **Missbrauchsfällen** ist nicht auf das Gesamttätigkeitsgebiet des Normadressaten oder auf die räumliche Ausdehnung seiner marktbeherrschenden Stellung abzustellen, sondern nur auf die konkrete Missbrauchswirkung.[9] Richtet sich das Verfahren gegen einen marktbeherrschenden oder marktstarken Anbieter und betrifft dessen Verhalten Unternehmen in mehreren Bundesländern, so ist das Bundeskartellamt prinzipiell zuständig, auch wenn die vom Missbrauch betroffenen Unternehmen jeweils nur lokal oder regional tätig sind. Dies gilt nach der Entscheidung *„Gasdurchleitung"* des Bundesgerichtshofs aber noch nicht, wenn das Verhalten zwar Teil einer länderübergreifenden Strategie ist, diese aber erst in einem Land konkrete Wirkungen entfaltet hat.[10] Ist Normadressat ein Nachfrager, so sind die obersten Landesbehörden nicht mehr zuständig, sobald es sich um eine tatsächlich landesübergreifende Nachfragepraxis handelt.[11] Bei einem Nachfrageverhalten können sich Missbrauchswirkungen nicht nur dort ergeben, wo die nachgefragte Leistung erbracht werden soll, sondern auf dem gesamten Gebiet des sachlich relevanten Marktes.[12] **5**

Die Zuständigkeit des Bundeskartellamts ist gegeben, wenn das kartellrechtswidrige Verhalten, das Gegenstand des Verfügungstenors ist, einen Auslandsbezug aufweist, auch wenn die Auswirkung des Verhaltens sich lediglich innerhalb der Grenzen eines Bundeslandes der Bundesrepublik bewegt.[13] Darüber hinaus ist die Zuständigkeit des Bundeskartellamts generell in allen Fällen mit **Auslandsbezug** anzunehmen,[14] also insbesondere dann, wenn zwar nicht das Verhalten selbst, jedoch seine Auswirkungen die Grenze des Bundesgebietes überschreiten. **6**

Die Zuständigkeit einer Kartellbehörde lässt sich nur über § 48 Abs. 2 begründen, während eine Zuständigkeit aus **Zweckmäßigkeitserwägungen** oder kraft **Sachzusammenhangs** nicht möglich ist.[15] Ebensowenig vermochte eine Kartellbehörde in der Ver- **7**

---

[6] BGH 1.6.1977, KRB 3/76, WuW/E BGH 1489, 1490 – *Brotindustrie.*

[7] OLG Düsseldorf 26.7.2002, Kart 37/01 (V), WuW/E DE-R 949, 950 – *Transportbeton Sachsen.*

[8] KG 10.12.1990, Kart. 19/90, WuW/E OLG 4640, 4642 – *Hamburger Benzinpreise.*

[9] OLG Düsseldorf 11.6.2003, Kart 7/03 (V), WuW/E DE-R 1179, 1181 – *Stromcontracting;* BGH 15.11.1994, KVR 29/93, WuW/E BGH 2953, 2955 f. – *Gasdurchleitung.*

[10] Vgl. Fn. 9 sowie die Darstellung bei *Schneider* in: Langen/Bunte, § 48 Rn. 20.

[11] OLG München 5.4.1979, Kart 2/79, WuW/E OLG 2156, 2157.

[12] Vgl. BGH 18.1.2000, KVR 23/98, WuW/E Verg 297, 300 – *Tariftreueerklärung II.*

[13] BGH 15.11.1994, KVR 29/93, WuW/E BGH 2953, 2956 – *Gasdurchleitung.*

[14] *Schneider* in: Langen/Bunte, § 48 Rn. 16; *Klaue* in: Immenga/Mestmäcker, GWB, § 48 Rn. 10; **a. A.** *Hitzler* WuW 1979, 733, 734; *Bechtold,* GWB, § 48 Rn. 6; **offengelassen** in BGH 15.11.1994, KVR 29/93, WuW/E BGH 2953, 2956 – *Gasdurchleitung.*

[15] BGH 22.6.1981, KVR 7/80, WuW/E BGH 1810, 1814 – *Transportbeton Sauerland;* KG 6.5.1980, Kart 1/80, WuW/E OLG 2284, 2286 – *Stadtwerke Frankfurt.*

gangenheit die Zuständigkeit durch **Absprache** mit der zuständigen Kartellbehörde an sich zu ziehen.[16] Allerdings sehen die durch die 7. GWB-Novelle eingeführten § 49 Abs. 3 und Abs. 4 inzwischen wechselseitige Abgabemöglichkeiten zwischen Bundeskartellamt einerseits und Landeskartellbehörden andererseits vor.[17]

3. Keine konkurrierenden Zuständigkeiten der Kartellbehörden

8 Reicht die Wirkung des in Rede stehenden Verstoßes nicht über das Gebiet eines Bundeslandes hinaus, so ist die Landeskartellbehörde örtlich zuständig. Bei auch nur geringfügiger Auswirkung des Verstoßes in mehr als einem Bundesland ist das Bundeskartellamt zuständig, auf die Beurteilung des Schwerpunktes der Auswirkung kommt es nicht an. Eine konkurrierende Zuständigkeit mehrerer oberster Landesbehörden in derselben Sache soll durch das Auswirkungsprinzip verhindert werden.[18]

III. Rechtsfolgen bei Verletzung

9 Eine Verletzung der **örtlichen Zuständigkeit im Verwaltungsverfahren** (also der Zuständigkeitsverteilung zwischen Landeskartellbehörden) zieht nach § 44 Abs. 3 Nr. 1 VwVfG nicht die Nichtigkeit, sondern lediglich die **Anfechtbarkeit** der Entscheidung nach sich. Eine Anfechtung ist aber nur dann möglich, wenn ein Beteiligter die Unzuständigkeit gerügt hat (§ 55 Abs. 2) und wenn nicht offensichtlich ist, dass die Verletzung die Entscheidung in der Sache nicht beeinflusst hat (§ 46 VwVfG).

10 Eine Verletzung der **sachlichen Zuständigkeit im Verwaltungsverfahren** begründet nur dann die Nichtigkeit der Entscheidung, wenn es sich um einen besonders schwerwiegenden Fehler handelt und dies bei verständiger Würdigung aller in Betracht kommenden Umstände offensichtlich ist (§ 44 Abs. 1 VwVfG). Ein solch offensichtlicher Fall sachlicher Unzuständigkeit wäre beispielsweise eine Untersagung eines Zusammenschlusses durch eine Landeskartellbehörde.[19] Von solchen Ausnahmefällen abgesehen dürfte jedoch eine Nichtigkeit des Verwaltungsaktes wegen offensichtlicher sachlicher Unzuständigkeit wegen der engen räumlichen und sachlichen Beziehung und der engen Verzahnung der Aufgaben von Bundeskartellamt einerseits und Landeskartellbehörden andererseits nur äußerst schwer vorstellbar sein.[20]

11 Genauso wie bei der fehlenden örtlichen Zuständigkeit ist auch im Falle der fehlenden sachlichen Zuständigkeit Voraussetzung einer Anfechtung, dass ein Beteiligter die Unzuständigkeit gerügt hat (§ 55 Abs. 2).

12 Im **Bußgeldverfahren** gelten ähnliche Grundsätze wie im Verwaltungsverfahren. Ein Bußgeldbescheid ist im Falle der Verletzung von Vorschriften über die Zuständigkeit nicht per se nichtig, sondern es gilt – wie bei Verwaltungsakten – der Rechtsgedanke des § 44 Abs. 1 VwVfG.[21] Im Falle der Verletzung der örtlichen Zuständigkeit kommt zudem die Wertung des § 44 Abs. 3 Nr. 1 VwVfG hinzu.[22] Nach Einspruch gegen den Bußgeldbescheid ändert sich an diesem Ergebnis nichts, weil § 68 Abs. 1 OWiG den Gerichtsstand abschließend regelt.[23] Diese Vorschrift ist mit dem Grundgesetz vereinbar;[24] der Anspruch

---

[16] OLG München 5.4.1979, Kart 2/79, WuW/E OLG 2156, 2157.

[17] Siehe die Kommentierung zu § 49 Rn. 7.

[18] KG 13.11.1981, Kart. 36/81, WuW/E OLG 2607, 2609 – *Raffinerie-Abnahmepreise.*

[19] *Schneider* in: Langen/Bunte, § 48 Rn. 25.

[20] Vgl. BGH 1.6.1977, KRB 3/76, WuW/E BGH 1489, 1489 f. – *Brotindustrie.*

[21] *Lampe,* in: Karlsruher Kommentar, OWiG, § 36 Rn. 31–32, § 37 Rn. 22; vgl. *Gürtler,* in: Göhler, OWiG, § 36 Rn. 15, § 37 Rn. 13; vgl. auch BGH 1.6.1977, KRB 3/76, WuW/E BGH 1489, 1489 f. – *Brotindustrie.*

[22] *Lampe,* in: Karlsruher Kommentar, OWiG, § 37 Rn. 23.

[23] *Lampe,* in: Karlsruher Kommentar, OWiG, § 37 Rn. 24.

[24] BVerfG 16.7.1969, 2 BvL 2/69, NJW 1969, 1619, 1622 f.

des Betroffenen auf eine Entscheidung durch den gesetzlichen Richter wird mithin nicht verletzt.[25]

IV. Monitoring (§ 48 Abs. 3)

Schon seit Erlass des EnWG 2005 verfügt die Bundesnetzagentur über die in § 35 **13** EnWG festgelegten Monitoring-Aufgaben.[26] Mit dem Gesetz zur Neuregelung energiewirtschaftlicher Vorschriften vom 26.7.2011 wurden sowohl § 35 Abs. 1 Nr. 13 EnWG als auch § 48 Abs. 3 als fast wortgleiche Vorschriften zeitgleich neu eingeführt[27] und somit die Monitoring-Aufgaben auf den Strom- und Gasmärkten erweitert um die Themen der Transparenz der Märkte, Wirksamkeit der Marktöffnung sowie den Umfang des Wettbewerbs. Da es sich hierbei um klassische Fragen der Wettbewerbsaufsicht handelt, ist es sachgerecht, dass in § 35 Abs. 1 Nr. 13 EnWG von vornherein ein Vorbehalt angelegt ist, dass die dort genannten Aufgaben durch Gesetz einer anderen Stelle übertragen werden können. Dies ist durch die Aufgabenzuweisung an das Bundeskartellamt durch § 48 Abs. 3 erfolgt. Ziel des Monitoring gem. § 48 Abs. 3 ist „eine Gesamtinformation über alle relevanten Aspekte der Marktentwicklung im Energiesektor, u.a. auch im Großhandels- und Erzeugungsbereich sowie insbesondere auch im Bereich der Entwicklung der erneuerbaren Energien."[28] Die gesetzliche Regelung sieht also eine anlassunabhängige laufende Beobachtung und Informationsgewinnung vor.[29] Zur Erfüllung dieser Aufgaben verfügen sowohl die Bundesnetzagentur als auch das Bundeskartellamt über förmliche Ermittlungsbefugnisse. Die Bundesnetzagentur verfügt zur Durchführung des Monitoring gem. § 35 Abs. 2 EnWG über die Ermittlungsbefugnisse des § 69 EnWG. Das Bundeskartellamt kann auf die Ermächtigungsgrundlage des § 59 zurückgreifen.[30] Dies ergibt sich nach allgemeinen Grundsätzen zwanglos daraus, dass § 59 nach seinem Wortlaut immer dann anwendbar ist, „soweit es zur Erfüllung der in diesem Gesetz der Kartellbehörde übertragenen Aufgaben erforderlich ist." Grundsätzlich stehen dem Bundeskartellamt nach allgemeinen Grundsätzen auch die Ermittlungsbefugnisse der §§ 57 und 58 GWB zur Verfügung.[31] Dem steht nicht der Grundsatz der Verhältnismäßigkeit entgegen. Denn die Frage, ob eine Ermittlungsmaßnahme verhältnismäßig ist, kann nicht generell, sondern nur im Rahmen einer Einzelfallbetrachtung beurteilt werden.

Nach § 48 Abs. 3 S. 2 stellt das Bundeskartellamt die beim Monitoring gewonnenen Da- **14** ten der Bundesnetzagentur unverzüglich zur Verfügung. Diese ausdrückliche Verpflichtung der Datenweiterleitung an die Bundesnetzagentur ist wohl dem Umstand geschuldet, dass letztlich die Bundesnetzagentur gem. § 63 Abs. 3 EnWG die Berichtspflichten gegenüber der Europäischen Kommission und der Europäischen Agentur für die Zusammenarbeit der Energieregulierungsbehörden zu erfüllen hat. Informationen einschließlich personenbezogener Daten und Betriebs- und Geschäftsgeheimnissen können aber ohnehin auf der Grundlage des § 50c Abs. 1 sowie des § 58 Abs. 4 EnWG zwischen Bundesnetzagentur und Bundeskartellamt in beiden Richtungen ausgetauscht werden. In der Praxis werden

---

[25] *Lampe,* in: Karlsruher Kommentar, OWiG, § 37 Rn. 24, m.w.N. **(streitig);** offengelassen in BGH 1.6.1977, KRB 3/76, WuW/E BGH 1489, 1490 – *Brotindustrie,* weil auch dann, wenn die LKB Berlin anstelle des BKartA gehandelt hätte, das Kammergericht zuständig gewesen wäre.

[26] Zur Entstehungsgeschichte des § 35 EnWG siehe *Bruhn,* in: Berliner Kommentar zum Energierecht, § 35 EnWG, Rn. 5.

[27] BGBl. I (2011), 1554, 1581, 1593.

[28] Begründung des Gesetzentwurfs der Fraktionen der CDU/CSU und FDP, BT-Drucks. 17/6072, S. 99.

[29] *Klaue* in: Immenga/Mestmäcker, GWB, § 48, Rn. 31.

[30] *Krauser,* in: MünchKommGWB, § 48, Rn. 29; *Bechtold,* GWB, § 48 Rn. 9; *Schneider* in: Langen/Bunte, § 48 Rn. 31 (§ 48 Abs. 3 dient direkt als Ermächtigungsgrundlage); **a. A.** *Klaue* in: Immenga/Mestmäcker, GWB, § 48, Rn. 31; *Dalibor,* RdE 2013, 207 ff.

[31] **A. A.** *Bechtold,* GWB, § 48 Rn. 9.

sogar von vornherein gemeinsame Fragebögen konzipiert, um die Belastung der Unternehmen so gering wie möglich zu halten. Diese „konstruktive Zusammenarbeit" zwischen beiden Behörden in Form eines abgestimmten Fragensatzes war vom Gesetzgeber ausdrücklich in Aussicht genommen.[32]

15 Über das Ergebnis des Monitoring erstellt das Bundeskartellamt einen jährlichen Bericht. Siehe hierzu die Kommentierung zu § 53 Abs. 3.

§ 49 Bundeskartellamt und oberste Landesbehörde

(1) [1]**Leitet das Bundeskartellamt ein Verfahren ein oder führt es Ermittlungen durch, so benachrichtigt es gleichzeitig die oberste Landesbehörde, in deren Gebiet die betroffenen Unternehmen ihren Sitz haben.** [2]**Leitet eine oberste Landesbehörde ein Verfahren ein oder führt sie Ermittlungen durch, so benachrichtigt sie gleichzeitig das Bundeskartellamt.**

(2) [1]**Die oberste Landesbehörde hat eine Sache an das Bundeskartellamt abzugeben, wenn nach § 48 Abs. 2 Satz 1 die Zuständigkeit des Bundeskartellamts begründet ist.** [2]**Das Bundeskartellamt hat eine Sache an die oberste Landesbehörde abzugeben, wenn nach § 48 Abs. 2 Satz 2 die Zuständigkeit der obersten Landesbehörde begründet ist.**

(3) [1]**Auf Antrag des Bundeskartellamts kann die oberste Landesbehörde eine Sache, für die nach § 48 Absatz 2 Satz 2 ihre Zuständigkeit begründet ist, an das Bundeskartellamt abgeben, wenn dies auf Grund der Umstände der Sache angezeigt ist.** [2]**Mit der Abgabe wird das Bundeskartellamt zuständige Kartellbehörde.**

(4) [1]**Auf Antrag der obersten Landesbehörde kann das Bundeskartellamt eine Sache, für die nach § 48 Abs. 2 Satz 1 seine Zuständigkeit begründet ist, an die oberste Landesbehörde abgeben, wenn dies aufgrund der Umstände der Sache angezeigt ist.** [2]**Mit der Abgabe wird die oberste Landesbehörde zuständige Kartellbehörde.** [3]**Vor der Abgabe benachrichtigt das Bundeskartellamt die übrigen betroffenen obersten Landesbehörden.** [4]**Die Abgabe erfolgt nicht, sofern ihr eine betroffene oberste Landesbehörde innerhalb einer vom Bundeskartellamt zu setzenden Frist widerspricht.**

Übersicht

I. Gegenseitige Unterrichtungspflicht

1 Zweck der sowohl für Verwaltungs- als auch Bußgeldverfahren geltenden Regelung des § 49 Abs. 1 ist es in erster Linie, Doppelermittlungen zu verhindern, indem frühzeitig aufgedeckt wird, ob ein Verstoß länderübergreifend wirkt. Die gegenseitige Unterrichtung trägt des Weiteren zu einer einheitlichen Rechtsanwendung durch die Verwaltung bei und stellt Beteiligungsrechte des Bundeskartellamtes nach § 54 Abs. 3 sicher. Die Form der Unterrichtung ist nicht festgelegt.

1. Zeitpunkt und Umfang der Unterrichtung

2 Zeitpunkt der Unterrichtung ist entweder die Verfahrenseinleitung oder der Beginn der Ermittlungstätigkeit. Die Durchführung von Ermittlungen ist wegen ihrer Außenwirkung

[32] Begründung des Gesetzentwurfs der Fraktionen der CDU/CSU und FDP, BT-Drucks. 17/6072, S. 99.

in jedem Fall gleichbedeutend mit einer Verfahrenseinleitung.[1] Es ist aber auch eine Verfahrenseinleitung durch Einleitungsentscheidung möglich, ohne dass sofort nach außen gerichtete Ermittlungshandlungen vorgenommen werden.[2] In beiden Fällen tritt die Benachrichtigungspflicht nach § 49 Abs. 1 ein.

Der Umfang der Unterrichtung hängt von den Umständen des Einzelfalles, insbesondere dem Interesse der zu unterrichtenden Kartellbehörde ab. 3

2. Zu unterrichtende Stelle

Nach § 49 Abs. 1 Satz 1 ist die oberste Landesbehörde, „in deren Gebiet die betroffenen Unternehmen ihren Sitz haben", zu unterrichten. Unabhängig davon steht es dem Amt aber frei, weitere oberste Landesbehörden zu unterrichten, wenn sie erkennbar ein Interesse am Ausgang des Verfahrens haben.[3] Dies ist vor allem deshalb sinnvoll, weil die Frage, in welchen Bundesländern sich ein Verhalten auswirkt, unabhängig ist von der Frage, in welchem Bundesland sich der Sitz des betroffenen Unternehmens befindet. § 49 ist daher im Zusammenhang mit dem in § 48 normierten Auswirkungsprinzips zu verstehen.[4] 4

II. Gegenseitige Abgabepflicht

§ 49 Abs. 2 behandelt die gegenseitige Pflicht von Bundeskartellamt einerseits und obersten Landesbehörden andererseits, eine von ihnen aufgegriffene Sache zuständigkeitshalber abzugeben. Für das Verhältnis zwischen Bundeskartellamt auf der einen Seite und den obersten Landesbehörde auf der anderen Seite besteht also eine echte gesetzlich angeordnete Abgabeverpflichtung. Die Vorschrift erwähnt allerdings weder das Bundesministerium für Wirtschaft noch regelt sie den Fall der Abgabe zwischen Landeskartellbehörden untereinander. In diesen gesetzlich nicht ausdrücklich geregelten Fällen ist eine Abgabe zwischen den Kartellbehörden nach allgemeinen Verwaltungsgrundsätzen zulässig.[5] Ob darüber hinaus eine Verpflichtung zur Abgabe besteht, ist ebenfalls nach allgemeinen Verwaltungsgrundsätzen zu beurteilen. Eine generelle Verpflichtung zur Abgabe ist danach nicht gegeben.[6] Vielmehr besteht ein Ermessen der Kartellbehörde, das jedoch auf Null reduziert sein kann.[7] 5

Mangels einer ausdrücklichen gesetzlichen Anordnung (wie etwa § 17a Abs. 2 S. 3 GVG) entfaltet eine Abgabe zwischen den Kartellbehörden keine Bindungswirkung für diejenige Behörde, an die abgegeben wurde.[8] 6

III. Wechselseitige Abgabemöglichkeit

Im Zuge der 7. GWB-Novelle wurden die Absätze 3 und 4 eingeführt, nach denen einerseits die Landeskartellbehörde auf Antrag des Bundeskartellamts und andererseits das Bundeskartellamt auf Antrag einer Landeskartellbehörde eine Sache abgeben kann. Hiermit wird die Möglichkeit einer **einvernehmlichen Zuständigkeitsverteilung** zwischen Landeskartellbehörden und Bundeskartellamt installiert, von der man sich ausweislich der Regierungsbegründung eine größere Flexibilisierung verspricht.[9] Die Regelung soll eine 7

[1] Siehe die Kommentierung zu § 54 Rn. 5.
[2] Siehe die Kommentierung zu § 54 Rn. 5.
[3] *Schneider* in: Langen/Bunte, § 49 Rn. 1.
[4] *Klaue* in: Immenga/Mestmäcker, GWB, § 49 Rn. 6.
[5] Kopp/Ramsauer, VwVfG, § 3 Rn. 13; *Schneider* in: Langen/Bunte, § 49 Rn. 5; *Krauser,* in: MünchKommGWB, § 49, Rn. 10.
[6] **A. A.** *Klaue* in: Immenga/Mestmäcker, GWB, § 49 Rn. 9.
[7] Vgl. Kopp/Ramsauer, VwVfG, § 3 Rn. 14.
[8] Vgl. Kopp/Ramsauer, VwVfG, § 3 Rn. 13; *Schneider* in: Langen/Bunte, § 49 Rn. 5; *Klaue* in: Immenga/Mestmäcker, GWB, § 49 Rn. 10; *Krauser,* in: MünchKommGWB, § 49, Rn. 12.
[9] Begründung des Regierungsentwurfs, BT-Drucks. 15/3640, S. 39.

Annäherung an das System paralleler Zuständigkeiten nach europäischem Vorbild im Rahmen der Durchsetzung der Art. 101 und 102 AEUV darstellen, nach dem die bestgeeignete Behörde („best placed authority) den Fall behandeln soll.[10] Im Falle des Absatzes 3 kann sich ein Bedürfnis für eine Abgabe insbesondere dann ergeben, wenn ein Fall von grundsätzlicher Bedeutung vorliegt, der eine Übernahme durch das Bundeskartellamt sachgerecht erscheinen lässt, oder wenn die Bearbeitung eines Falls die Ressourcen einer Landeskartellbehörde übersteigt.[11] In Anbetracht der immer deutlicher hervortretenden begrenzten personellen Ressourcen vieler Landeskartellbehörden stellt diese Ergänzung des § 49 also sicher, dass in Fällen von besonderer Bedeutung das Bundeskartellamt ein Verfahren durchführen kann, das ansonsten nicht betrieben würde. In der Literatur war wegen derartiger Erfahrungen speziell im Energiebereich sogar eine zentrale Zuständigkeit des Bundeskartellamts gefordert worden.[12] Eine Abgabe muss durch besondere Umstände gerechtfertigt sein, die Schwelle für eine Abgabe ist allerdings tendenziell sehr niedrig anzusetzen, der Gesetzgeber hat selbst vorgezeichnet, dass letztlich nur Willkür ausgeschlossen werden soll.[13] Im Falle des Absatzes 4 ist zu beachten, dass sämtliche betroffene Landeskartellbehörden der Abgabe zustimmen müssen. Widerspricht nur eine Landeskartellbehörde, verbleibt es bei der Zuständigkeit des Bundeskartellamtes.

IV. Rechtsfolgen bei Verletzung

8 Eine unterbliebene Unterrichtung einer anderen Kartellbehörde bleibt folgenlos, weil die Verfahrensbeteiligten durch die versäumte Unterrichtung nicht in ihren Rechten verletzt werden.[14]

9 Im Falle einer rechtswidrig unterbliebenen Abgabe trotz Unzuständigkeit der Kartellbehörde gelten die allgemeinen Fehlerfolgen, die für den Fall der Verfahrensführung einer unzuständigen Behörde gelten.[15] Die tatsächlich erfolgte Abgabe einer Sache zwischen den Kartellbehörden nach § 49 (unabhängig davon, ob die Abgabe nach Abs. 2, 3 oder 4 erfolgte) stellt keine Verfügung dar und ist somit – auch unter Heranziehung des Rechtsgedankens des § 44a VwGO – nicht selbständig anfechtbar.[16] Im Rahmen des Verfahrens der aufnehmenden Behörde kann dann aber – im Falle eines Verwaltungsverfahrens – die Rüge nach § 55 erhoben werden, so dass keine Rechtsschutzlücke entsteht. Außerdem gelten wiederum – sowohl in Verwaltungs- als auch in Bußgeldverfahren – die allgemeinen Fehlerfolgen, die für den Fall der Verfahrensführung einer unzuständigen Behörde gelten.[17]

§ 50 Vollzug des europäischen Rechts

(1) **Soweit ihre Zuständigkeit nach den §§ 48 und 49 begründet ist, sind das Bundeskartellamt und die obersten Landesbehörden für die Anwendung der Artikel 101 und 102 des Vertrages über die Arbeitsweise der Europäischen Union zuständige Wettbewerbsbehörden im Sinne des Artikels 35 Absatz 1 der Verordnung (EG) Nr. 1/2003.**

(2) [1] **Wenden die obersten Landesbehörden die Artikel 101 und 102 des Vertrages über die Arbeitsweise der Europäischen Union an, erfolgt der Geschäftsverkehr mit der Europäischen Kommission oder den Wettbewerbsbehörden der anderen Mit-**

---

[10] Begründung des Regierungsentwurfs, BT-Drucks. 15/3640, S. 39.
[11] Begründung des Regierungsentwurfs, BT-Drucks. 15/3640, S. 60.
[12] *Schoening* ZNER 2003, 46, 48.
[13] Vgl. Begründung des Regierungsentwurfs, BT-Drucks. 15/3640, S. 60.
[14] *Schneider* in: Langen/Bunte, § 49 Rn. 4; *Krauser,* in: MünchKommGWB, § 49, Rn. 9.
[15] Siehe die Kommentierung zu § 48 Rn. 9–12.
[16] KG 28.4.2008, 2 KART 1/08, WuW/E DE-R 2559, 2559f. – *GASAG;* bestätigt durch BGH 25.9.2008, KVZ 32/08, Rn. 6, zit. nach juris.
[17] Siehe die Kommentierung zu § 48 Rn. 9–12.

gliedstaaten der Europäischen Union über das Bundeskartellamt. [2]Das Bundeskartellamt kann den obersten Landesbehörden Hinweise zur Durchführung des Geschäftsverkehrs geben. [3]Das Bundeskartellamt nimmt auch in diesen Fällen die Vertretung im Beratenden Ausschuss für Kartell- und Monopolfragen nach Artikel 14 Absatz 2 Satz 1 und Absatz 7 der Verordnung (EG) Nr. 1/2003 wahr.

(3) **[1]Zuständige Wettbewerbsbehörde für die Mitwirkung an Verfahren der Europäischen Kommission oder der Wettbewerbsbehörden der anderen Mitgliedstaaten der Europäischen Union zur Anwendung der Artikel 101 und 102 des Vertrages über die Arbeitsweise der Europäischen Union ist das Bundeskartellamt. [2]Es gelten die bei der Anwendung dieses Gesetzes maßgeblichen Verfahrensvorschriften.**

(4) **Das Bundeskartellamt kann den Bediensteten der Wettbewerbsbehörde eines Mitgliedstaats der Europäischen Union und anderen von dieser Wettbewerbsbehörde ermächtigten Begleitpersonen gestatten, an Durchsuchungen und Vernehmungen nach Artikel 22 Absatz 1 der Verordnung (EG) Nr. 1/2003 mitzuwirken.**

(5) **[1]In anderen als in den Absätzen 1 bis 4 bezeichneten Fällen nimmt das Bundeskartellamt die Aufgaben wahr, die den Behörden der Mitgliedstaaten der Europäischen Union in den Artikeln 104 und 105 des Vertrages über die Arbeitsweise der Europäischen Union sowie in Verordnungen nach Artikel 103 des Vertrages über die Arbeitsweise der Europäischen Union, auch in Verbindung mit Artikel 43 Absatz 2, Artikel 100 Absatz 2, Artikel 105 Absatz 3 und Artikel 352 Absatz 1 des Vertrages über die Arbeitsweise der Europäischen Union, übertragen sind. [2]Absatz 3 Satz 2 gilt entsprechend.**

Übersicht

I. Anwendung der Artikel 101, 102 AEUV nach der Verordnung Nr. 1/2003 (Abs. 1 bis 4)

1. Überblick

Die VO 1/2003 sieht im Sinne eines Systems paralleler Zuständigkeiten gem. Art. 5 VO 1/2003 vor, dass die Wettbewerbsbehörden der Mitgliedstaaten – neben der Kommission (Art. 4 VO 1/2003) und den Gerichten der Mitgliedstaaten (Art. 6 VO 1/2003) – für die Anwendung der Art. 101 und 102 AEUV zuständig sind. Nach Art. 35 VO 1/2003 bestimmen die Mitgliedstaaten die insoweit zuständigen Wettbewerbsbehörden. § 50 regelt in Abs. 1 die Zuständigkeit für die Entscheidung von Einzelfällen, die auf der Grundlage europäischen Rechts beurteilt werden. Die Absätze 2 bis 4 sehen eine ausschließliche Zuständigkeit des Bundeskartellamts für den Geschäftsverkehr mit der Kommission sowie für die Amtshilfe innerhalb des Netzes europäischer Wettbewerbsbehörden vor. Dies ist zum einen der ausschließlichen Zuständigkeit des Bundes zur Außenvertretung (Art. 32 Abs. 1 GG) geschuldet und entspricht zum anderen auch einem praktischen Bedürfnis nach einem zentralen Ansprechpartner in Deutschland für die Kommission und andere Wettbewerbsbehörden.[1] 1

[1] Begründung des Regierungsentwurfs, BT-Drucks. 15/3640, S. 39.

2. Zuständigkeit für die Entscheidung von Einzelfällen (Abs. 1)

2 Die Zuständigkeit für die Entscheidung von Einzelfällen auf der Grundlage der Anwendung europäischen Rechts richtet sich nach den §§ 48 und 49. Nach § 48 Abs. 2 sind grundsätzlich konkrete tatsächliche grenzüberschreitende Auswirkungen erforderlich, um die Zuständigkeit des Bundeskartellamts zu begründen.[2] Da für das Eingreifen der Zwischenstaatlichkeitsklausel und damit einhergehend die Anwendbarkeit europäischen Rechts jedoch nur potentielle Auswirkungen ausreichend sind, kann es Fälle geben, in denen Art. 101 bzw. 102 AEUV anwendbar sind, ohne dass gleichzeitig die Zuständigkeit des Bundeskartellamts nach § 48 Abs. 2 begründet ist.[3] Der Gesetzgeber der 7. GWB-Novelle wollte die in § 48 Abs. 2 geregelte Zuständigkeitsabgrenzung zwischen Bundeskartellamt und obersten Landesbehörden bewusst unangetastet lassen und nicht an die europäische Zwischenstaatlichkeitsklausel angleichen,[4] so dass ein denkbarer Zuständigkeitsbereich für die Anwendung europäischen Rechts durch die obersten Landesbehörden verbleibt. Im Rahmen der Fallbearbeitung erstreckt sich die Zuständigkeit des Bundeskartellamts bzw. der obersten Landesbehörden nicht nur auf die Anwendung der Art. 101 und 102 AEUV, sondern darüber hinaus auf sämtliche Vorschriften der VO 1/2003, die im Rahmen der Entscheidung von Einzelfällen Anwendung beanspruchen, unabhängig davon, ob es sich um Normen materiellen Rechts oder des Verfahrensrechts handelt.[5] Anzuwenden sind daher insbesondere Art. 1 (unmittelbare Anwendbarkeit des Verbotstatbestandes und System der Legalausnahme), Art. 2 (Beweislast), Art. 3 (Verhältnis zwischen europäischem und nationalem Recht), Art. 13 (Aussetzung und Einstellung des Verfahrens), Art. 16 Abs. 2 (Bindungswirkung von Kommissionsentscheidungen), Art. 28 (Verpflichtung zur Wahrung des Berufsgeheimnisses), Art. 29 Abs. 2 (Entzug des Rechtsvorteils einer Gruppenfreistellungsverordnung).[6]

3. Ausschließliche Zuständigkeit des Bundeskartellamts für den Geschäftsverkehr mit der Europäischen Kommission und den anderen Netzwerkbehörden (Abs. 2)

3 Soweit die Zuständigkeit des Bundeskartellamts für die Entscheidung von Einzelfällen bereits nach §§ 48 und 49 begründet ist, ergibt sich seine Zuständigkeit für den Geschäftsverkehr mit der Europäischen Kommission und den anderen Netzwerkbehörden bereits aus Abs. 1. Die Regelung des Abs. 2 begründet darüber hinaus eine ausschließliche Zuständigkeit des Bundeskartellamts: Auch wenn eine oberste Landesbehörde nach Abs. 1 für die Anwendung europäischen Rechts zuständig ist, wird der Geschäftsverkehr mit der Europäischen Kommission und den anderen Netzwerkbehörden über das Bundeskartellamt abgewickelt. So ist das Bundeskartellamt insbesondere zuständig für die Unterrichtung der Kommission über die Einleitung des Verfahrens (Art. 11 Abs. 3 VO 1/2003), die Übermittlung von Entscheidungsentwürfen (Art. 11 Abs. 4 VO 1/2003) oder für den Austausch von Informationen (Art. 12 VO 1/2003).[7] Nach Abs. 2 S. 2 kann das Bundeskartellamt den obersten Landesbehörden Hinweise geben. Diese sollen die Verfahrensabwicklung erleichtern, sind jedoch nicht verbindlich.[8] Dass das Bundeskartellamt auch in Fällen der

---

[2] Siehe die Kommentierung zu § 48, Rn. 4 und 6.
[3] Begründung des Regierungsentwurfs zur 7. GWB-Novelle, BT-Drucks. 15/3640, S. 39; *Krauser,* in: MünchKommGWB, § 50, Rn. 3.
[4] Begründung des Regierungsentwurfs, BT-Drucks. 15/3640, S. 39.
[5] Begründung des Regierungsentwurfs, BT-Drucks. 15/3640, S. 61; *Krauser,* in: MünchKomm-GWB, § 50, Rn. 5; *Rehbinder* in: Immenga/Mestmäcker, GWB, § 50 Rn. 5.
[6] Begründung des Regierungsentwurfs, BT-Drucks. 15/3640, S. 61.
[7] Begründung des Regierungsentwurfs, BT-Drucks. 15/3640, S. 61.
[8] *Schneider* in: Langen/Bunte, § 50 Rn. 16; Begründung des Regierungsentwurfs, BT-Drucks. 15/3640, S. 61.

Zuständigkeit der obersten Landesbehörden die Vertretung im Beratenden Ausschuss für Kartell- und Monopolfragen nach Art. 14 Abs. 2 S. 1 und Abs. 7 VO 1/2003 wahrnimmt, ergibt sich aus Abs. 2 S. 3. Vertreter der Landeskartellbehörden können allerdings als zusätzliche Vertreter teilnehmen.[9]

4. Ausschließliche Zuständigkeit des Bundeskartellamts für die Mitwirkung an Verfahren der Europäischen Kommission und anderer Netzwerkbehörden (Abs. 3)

Nach Abs. 3 ist das Bundeskartellamt für die Mitwirkung an Verfahren der Europäischen Kommission und anderer Netzwerkbehörden zuständig. Dazu gehört insbesondere die Korrespondenz mit der Kommission zur Vorbereitung von Kommissionsentscheidungen (Art. 11 Abs. 2 VO 1/2003), die Vertretung im Beratenden Ausschuss für Kartell- und Monopolfragen nach Art. 14 Abs. 2 S. 1 VO 1/2003, die Unterstützung der Kommission bei Nachprüfungen in Deutschland (Art. 20 und 21 VO 1/2003) sowie die Durchführung von Ermittlungen auf Ersuchen der Kommission oder andere Netzwerkbehörden (Art. 22 VO 1/2003).[10] Nach Abs. 3 S. 2 gelten die nach innerstaatlichem deutschem Recht maßgeblichen Verfahrensvorschriften. Durch diese Regelung soll klargestellt werden, dass insbesondere in Bußgeldverfahren die üblichen Standards des Ordnungswidrigkeitenrechts wie zum Beispiel der Amtsermittlungsgrundsatz und die Unschuldsvermutung auch in den Fällen der Mitwirkung an Verfahren anderer Netzwerkbehörden gelten.[11] 4

5. Aktive Mitwirkung von Bediensteten anderer Wettbewerbsbehörden an Durchsuchungen und Vernehmungen (Abs. 4)

Nach Art. 22 VO 1/2003 kann das Bundeskartellamt auf deutschem Hoheitsgebiet auf Ersuchen der Kommission oder einer anderen Wettbewerbsbehörde des europäischen Netzwerks Ermittlungen durchführen.[12] Während den Bediensteten der Kommission durch Art. 22 Abs. 2 VO 1/2003 die unterstützende Teilnahme an den Ermittlungsmaßnahmen ausdrücklich gestattet wird, ist dieses Recht für Bedienstete anderer Netzwerkbehörden europarechtlich nicht vorgesehen. Da die Teilnahme Bediensteter anderer Wettbewerbsbehörden an den Ermittlungshandlungen in gleicher Weise einem praktischen Bedürfnis entsprechen kann wie die Teilnahme von Kommissionbediensteten, trifft Abs. 4 eine den Art. 22 VO 1/2003 insoweit ergänzende Regelung.[13] Durch die 8. GWB-Novelle wurde zudem klargestellt, dass von der Ermächtigung des Abs. 4 nicht nur eine passive, sondern auch eine aktive Teilnahme umfasst ist („Mitwirkung" statt „Begleitung"). Außerdem wurde klargestellt, dass sich die Ermächtigung des Abs. 4 nicht nur auf die Teilnahme an Durchsuchungen, sondern auch an Vernehmungen erstreckt.[14] 5

II. Weitere Aufgabenzuweisungen (Abs. 5)

Nach Abs. 5 ist für die Anwendung europäischen Wettbewerbsrechts außerhalb der VO 1/2003 stets das Bundeskartellamt zuständig. Dabei handelt es sich um eine dynamische Verweisung auf das jeweils geltende Recht.[15] Art. 104 AEUV hat lediglich Bedeutung 6

[9] Begründung des Regierungsentwurfs, BT-Drucks. 15/3640, S. 61.
[10] Begründung des Regierungsentwurfs, BT-Drucks. 15/3640, S. 61.
[11] Begründung des Regierungsentwurfs, BT-Drucks. 15/3640, S. 61.
[12] Vgl. zur Notwendigkeit eines Instrumentariums für gegenseitige Unterstützung *Böge* EWS 2003, 441, 443.
[13] Begründung des Regierungsentwurfs, BT-Drucks. 15/3640, S. 61 f.
[14] Gesetzentwurf der Bundesregierung zur 8. GWB-Novelle, BT-Drucks. 17/9852, S. 31 f.
[15] *Schneider* in: Langen/Bunte, § 50 Rn. 21.

als Übergangs- und Auffangvorschrift,[16] ähnliches gilt für Art. 105 AEUV.[17] Wichtigste Beispiele für auf der Grundlage von Art. 103 AEUV erlassene Durchführungsverordnungen sind die europäische Fusionskontrollverordnung sowie die Gruppenfreistellungsverordnungen.[18] Bei letzteren ist allerdings zu beachten, dass deren Anwendung zumindest teilweise von der VO 1/2003 geregelt ist.[19] Dies hat durchaus praktische Relevanz: So ist theoretisch der Fall denkbar, dass nach Art. 29 Abs. 2 VO 1/2003 eine oberste Landesbehörde für den Entzug des Rechtsvorteils einer Gruppenfreistellungsverordnung zuständig ist.

III. Rechtsfolgen bei Verletzung

7 Das Tätigwerden nach § 50 steht im pflichtgemäßen Ermessen, ein einklagbares Recht auf das Einschreiten des Bundeskartellamts oder der Landeskartellbehörden zwecks Durchsetzung des EG-Kartellrechts gibt es nicht.[20] Was die Unterrichtungspflichten betrifft, so bestehen diese im Interesse der Kommission, weshalb eine Verletzung keine Rechtsfolgen nach sich ziehen würde.

§ 50a Zusammenarbeit im Netzwerk der europäischen Wettbewerbsbehörden

(1) [1]**Die Kartellbehörde ist gemäß Artikel 12 Absatz 1 der Verordnung (EG) Nr. 1/2003 befugt, der Europäischen Kommission und den Wettbewerbsbehörden der anderen Mitgliedstaaten der Europäischen Union zum Zweck der Anwendung der Artikel 101 und 102 des Vertrages über die Arbeitsweise der Europäischen Union**

1. **tatsächliche und rechtliche Umstände einschließlich vertraulicher Angaben, insbesondere Betriebs- und Geschäftsgeheimnisse, mitzuteilen und entsprechende Dokumente und Daten zu übermitteln sowie**
2. **diese Wettbewerbsbehörden um die Übermittlung von Informationen nach Nummer 1 zu ersuchen, diese zu empfangen und als Beweismittel zu verwenden.**

[2]**§ 50 Absatz 2 gilt entsprechend.**

(2) [1]**Die Kartellbehörde darf die empfangenen Informationen nur zum Zweck der Anwendung von Artikel 101 oder 102 des Vertrages über die Arbeitsweise der Europäischen Union sowie in Bezug auf den Untersuchungsgegenstand als Beweismittel verwenden, für den sie von der übermittelnden Behörde erhoben wurden.** [2]**Werden Vorschriften dieses Gesetzes jedoch nach Maßgabe des Artikels 12 Absatz 2 Satz 2 der Verordnung (EG) Nr. 1/2003 angewandt, so können nach Absatz 1 ausgetauschte Informationen auch für die Anwendung dieses Gesetzes verwendet werden.**

(3) [1]**Informationen, die die Kartellbehörde nach Absatz 1 erhalten hat, können zum Zweck der Verhängung von Sanktionen gegen natürliche Personen nur als Beweismittel verwendet werden, wenn das Recht der übermittelnden Behörde ähnlich geartete Sanktionen in Bezug auf Verstöße gegen Artikel 101 oder 102 des Vertrages über die Arbeitsweise der Europäischen Union vorsieht.** [2]**Falls die Voraussetzungen des Satzes 1 nicht erfüllt sind, ist eine Verwendung als Beweismittel auch dann möglich, wenn die Informationen in einer Weise erhoben worden sind, die hinsichtlich der Wahrung der Verteidigungsrechte natürlicher Personen das gleiche Schutzniveau wie nach dem für die Kartellbehörde geltenden Recht gewährleistet.** [3]**Das Beweisverwertungsverbot nach Satz 1 steht einer Verwendung der Beweise gegen juristische**

---

[16] Vgl. zur praktischen Bedeutung die Kommentierung zu Art. 104 AEUV, Rn. 3f.

[17] Vgl. zur praktischen Bedeutung die Kommentierung zu Art. 105 AEUV, Rn. 3.

[18] Siehe die Fundstellen für wichtige sekundärrechtliche Bestimmungen in der Kommentierung zu Art. 103 AEUV, Rn. 28.

[19] *Rehbinder* in: Immenga/Mestmäcker, GWB, § 50 Rn. 13.

[20] OLG Düsseldorf 28.6.2000, Kart 6/00 (V), WuW/E DE-R 545, 548f. – *Herzklinik,* Nichtzulassungsbeschwerde zurückgewiesen durch BGH 6.3.2001, KVZ 20/00, Rn. 5, zit. nach juris.

Personen oder Personenvereinigungen nicht entgegen. [4]Die Beachtung verfassungsrechtlich begründeter Verwertungsverbote bleibt unberührt.

Übersicht

I. Bedeutung der Vorschrift

1 § 50a ist weitgehend inhaltsgleich mit dem unmittelbar anwendbaren Art. 12 VO 1/2003. Art. 12 VO 1/2003 genießt Anwendungsvorrang vor innerstaatlichem deutschem Recht, so dass sein Regelungsgehalt im Rahmen der Auslegung des § 50a maßgeblich ist.[1] Die Bedeutung des § 50a besteht über eine bloße „Klarstellung“[2] hinaus darin, eine Konkretisierung des Art. 12 VO 1/2003 auf der Ebene des innerstaatlichen deutschen Rechts zu schaffen.[3] Die Weitergabe vertraulicher Angaben hat eine verfassungsrechtliche Dimension, weil damit ein Eingriff in Art. 2 Abs. 1 i. V. m. Art. 1 Abs. 1 GG (Verletzung des Rechts auf informationelle Selbstbestimmung durch Weitergabe personenbezogener Daten) sowie in Art. 12 und 14 GG (Verletzung der Berufsfreiheit und der Eigentumsgarantie durch Weitergabe von Betriebs- und Geschäftsgeheimnissen) verbunden ist.[4] Durch die Schaffung einer innerstaatlichen Befugnisnorm zur Weitergabe vertraulicher Angaben wird die Rechtssicherheit erhöht, weil es auf die Frage, ob der unmittelbar anwendbare Art. 12 VO 1/2003 für sich genommen insoweit eine ausreichende Ermächtigungsnorm dargestellt hätte,[5] nicht mehr ankommt. Die Rechtssicherheit wird aber auch dadurch erhöht, dass § 50a einen höheren Detaillierungsgrad aufweist als Art. 12 VO 1/2003. So werden in Abs. 1 Nr. 1 ausdrücklich die Betriebs- und Geschäftsgeheimnisse genannt sowie „Dokumente und Daten“ erwähnt, in Abs. 1 Nr. 2 wird die deutsche Kartellbehörde ausdrücklich ermächtigt, um die Übermittlung der Informationen zu ersuchen und diese zu empfangen, und in Abs. 3 S. 2 und S. 3 wird klargestellt, dass das Beweisverwertungsverbot nach Abs. 3 S. 1 einer Verwendung der Beweise gegen juristische Personen oder Personenvereinigungen nicht entgegensteht und dass die Beachtung verfassungsrechtlich begründeter Verwertungsverbote in jedem Fall unberührt bleibt. § 50a gilt sowohl für Verwaltungsverfahren als auch für Bußgeldverfahren.[6] Die Vorschrift wird ergänzt durch die Bekanntmachung der Kommission über die Zusammenarbeit innerhalb des Netzes der Wettbewerbsbehörden.[7]

II. Umfang des kartellbehördlichen Informationsaustauschs (Abs. 1)

2 Grundsätzlich haben Verfahrensbeteiligte insbesondere ein Recht auf den Schutz personenbezogener Daten und von Betriebs- und Geschäftsgeheimnissen. Dieser Schutz ist in Abhängigkeit von der Verfahrensart unterschiedlich ausgestaltet. Im Kartellverwaltungsverfahren gelten §§ 29, 30 VwVfG sowie § 72 GWB.[8] Im Bußgeldverfahren haben zwar die Verteidiger sämtlicher Verfahrensbeteiligter nach § 46 Abs. 1 OWiG i. V. m. § 147 Abs. 1

---

[1] Hinsichtlich der Einzelheiten des Regelungsgehaltes des Art. 12 VO 1/2003 kann auf die Kommentierung zu dieser Vorschrift verwiesen werden.
[2] Begründung des Regierungsentwurfs zur 7. GWB-Novelle, BT-Drucks. 15/3640, S. 39.
[3] Begründung des Regierungsentwurfs zur 7. GWB-Novelle, BT-Drucks. 15/3640, S. 40.
[4] *Rehbinder* in: Immenga/Mestmäcker, GWB, § 50a Rn. 5.
[5] Vgl. *Bechtold,* § 50a Rn. 2.
[6] *Rehbinder* in: Immenga/Mestmäcker, GWB, § 50a Rn. 2.
[7] ABl. 2004, C 101/43, Tz. 26 ff. sowie 39 ff.
[8] Siehe die Kommentierung zu § 56, Rn. 6–15.

StPO grundsätzlich ein unbeschränktes Akteneinsichtsrecht, davon abgesehen besteht aber grundsätzlich ebenfalls ein Recht auf Geheimnisschutz; dieser Gedanke kommt beispielsweise in § 49 Abs. 1 OWiG (Akteneinsicht des Betroffenen) und § 46 Abs. 1 OWiG i.V.m. § 406e Abs. 2 StPO (Akteneinsicht des Verletzten) zum Ausdruck. Unabhängig davon stellt § 50a Abs. 1 S. 1 Nr. 1 jedoch für alle Verfahrensarten eine gesetzliche Ermächtigung zur Weitergabe vertraulicher Angaben (insbesondere personenbezogener Daten sowie von Betriebs- und Geschäftsgeheimnissen) an die Kommission und andere Netzwerkbehörden dar. Die Weitergabe ist dann nicht mehr „unbefugt" im Sinne von § 203 StGB oder § 30 VwVfG.[9] § 50a Abs. 1 begründet lediglich ein Befugnis zum Informationsaustausch, jedoch keine Verpflichtung; ob von der Befugnis Gebrauch gemacht wird, steht im Ermessen der Kartellbehörden.[10]

3 § 50a Abs. 1 S. 1 Nr. 1 konkretisiert den Regelungsgehalt des Art. 12 VO 1/2003 dahingehend, dass nicht nur die Information an sich, sondern auch „entsprechende Dokumente und Daten" übermittelt werden dürfen. Insbesondere in Bußgeldverfahren ist es wichtig, im Rahmen des Strengbeweisverfahrens dem Gericht eine Würdigung des vollständigen Originalbeweismittels zu ermöglichen. Im Rahmen einer Durchsuchung sichergestellte Asservate, in Kartellbußgeldverfahren zumeist Urkunden, können somit vollständig übermittelt werden, gegebenenfalls in Kopie. Soweit argumentiert wird, nicht benötigte Teile seien zu schwärzen,[11] so muss jedenfalls in Bußgeldverfahren beachtet werden, dass im Regelfall die Urkunde in ihrer Gesamtheit in die Beweisaufnahme eingeführt wird, um dem Gericht ihre umfassende Würdigung durch Einordnung der relevanten Passage in den Gesamtzusammenhang zu ermöglichen.

4 § 50a Abs. 1 S. 1 Nr. 2 erlaubt es der deutschen Kartellbehörde, um die Übermittlung von Informationen zu ersuchen, diese zu empfangen und als Beweismittel zu verwenden. Der auf diese Weise normierte Grundsatz des Verwertungsrechts gilt sowohl für das Verwaltungs- als auch das Bußgeldverfahren. Verwertungsbeschränkungen sind im Rahmen von Abs. 2 und Abs. 3 geregelt.

5 § 50a Abs. 1 S. 2 regelt die Zuständigkeit für den Geschäftsverkehr mit der Kommission und den anderen Netzwerkbehörden entsprechend § 50 Abs. 2. Für die unmittelbare Anwendung von Art. 12 VO 1/2003 gilt § 50 Abs. 2 direkt. Durch § 50a Abs. 1 S. 2 wird klargestellt, dass der Informationsaustausch auch auf der Grundlage des deutschen Pendants zu Art. 12 VO 1/2003 in jedem Fall ausschließlich über das Bundeskartellamt abgewickelt wird.

III. Verwertungsbeschränkungen (Abs. 2 und Abs. 3)

6 Nach Abs. 2 S. 1 ist die Verwendung des empfangenen Beweismittels auf die Anwendung von Art. 101 oder 102 AEUV beschränkt. Eine Ausnahme sieht Abs. 2 S. 2 vor: Die empfangenen Beweismittel können auch für die Anwendung des nationalen Wettbewerbsrechts verwendet werden, wenn es in demselben Fall parallel zum europäischen Recht angewandt wird und nicht zu anderen Ergebnissen führt.

7 Gem. Abs. 2 S. 1 ist die Verwendung des empfangenen Beweismittels zudem an den Untersuchungsgegenstand der übermittelnden Behörde gebunden. Untersuchungsgegenstand ist die vermutete Zuwiderhandlung.[12] Dabei kommt es nicht auf die rechtliche Würdigung, sondern auf den Lebenssachverhalt an.[13]

---

[9] *Schneider* in: Langen/Bunte, § 50a Rn. 4, 15–19; *Rehbinder* in: Immenga/Mestmäcker, GWB, § 50a Rn. 6 (in Bezug auf § 30 VwVfG und § 49 Abs. 1 OWiG).

[10] *Krauser,* in: MünchKommGWB, § 50a, Rn. 6; *Schneider* in: Langen/Bunte, § 50a Rn. 6.

[11] *Schneider* in: Langen/Bunte, § 50a Rn. 21.

[12] *Rehbinder* in: Immenga/Mestmäcker, GWB, § 50a Rn. 13.

[13] *Rehbinder* in: Immenga/Mestmäcker, GWB, § 50a Rn. 13; *Schneider* in: Langen/Bunte, § 50a Rn. 33.

Eine weitere Einschränkung sieht Abs. 3 Satz 1 für die **Verwertung in Bußgeldverfahren gegen natürliche Personen** vor. Hier können nach Abs. 1 erhaltene Informationen nur als Beweismittel verwendet werden, wenn das Recht der übermittelnden Behörde **ähnlich geartete Sanktionen** in Bezug auf Verstöße gegen Art. 101, 102 AEUV vorsieht. Im Wesentlichen geht es darum, ob die Rechtsordnung der ersuchten und der ersuchenden Behörde jeweils Geldbußen oder auch jeweils Haftstrafen für den in Rede stehenden Verstoß gegen Art. 101, 102 AEUV vorsehen. Da eine Reihe europäischer Rechtsordnungen die Verhängung von Geldbußen gegen natürliche Personen nicht kennen, sind die Möglichkeiten der deutschen Kartellbehörden, an ausländische Informationen als Beweismittel gegen natürliche Personen zu gelangen, von Anfang an begrenzt. **Bei fehlender Vergleichbarkeit der Sanktionen** ist eine Verwertung von Beweismitteln gegen natürliche Personen gemäß Abs. 3 Satz 2 nur möglich, wenn die Informationen zuvor in einer Weise erhoben wurden, die bezüglich der Verteidigungsrechte dem deutschen Schutzniveau entspricht. Für die Beurteilung dieser Frage kommt es in erster Linie darauf an, ob im Rahmen der Erhebung der Information gegen das Verbot des Zwanges zur Selbstbezichtigung verstoßen wurde.[14] Insoweit kann auf die Grundsätze verwiesen werden, die im Rahmen des deutschen Rechts für die Überführung von in Verwaltungsverfahren gewonnenen Informationen in ein Bußgeldverfahren gelten.[15] 8

Nach § 50a Abs. 3 Satz 3 gilt das Beweisverwertungsverbot des Abs. 3 S. 1 nicht, sofern die **Beweismittel gegen juristische Personen** verwendet werden sollen. Die Verwertung von Informationen in Verfahren gegen juristische Personen ist daher nur an die Voraussetzungen des Abs. 2 gebunden.[16] 9

Abs. 3 Satz 4 bestimmt schließlich, dass **verfassungsrechtlich begründete Verwertungsverbote** in jedem Fall unberührt bleiben. Was das Verbot des Zwangs zur Selbstbezichtigung angeht, so führt dies nicht zu einer Einschränkung der Verwertung gewonnener Informationen in Verfahren gegen juristische Personen. Denn das Verbot des Zwanges zur Selbstbezichtigung gilt nicht für Unternehmen.[17] 10

§ 50b Sonstige Zusammenarbeit mit ausländischen Wettbewerbsbehörden

(1) **Das Bundeskartellamt hat die in § 50a Absatz 1 genannten Befugnisse auch in anderen Fällen, in denen es zum Zweck der Anwendung kartellrechtlicher Vorschriften mit der Europäischen Kommission oder den Wettbewerbsbehörden anderer Staaten zusammenarbeitet.**

(2) [1]**Das Bundeskartellamt darf Informationen nach § 50a Absatz 1 nur unter dem Vorbehalt übermitteln, dass die empfangende Wettbewerbsbehörde**

1. **die Informationen nur zum Zweck der Anwendung kartellrechtlicher Vorschriften sowie in Bezug auf den Untersuchungsgegenstand als Beweismittel verwendet, für den sie das Bundeskartellamt erhoben hat, und**
2. **den Schutz vertraulicher Informationen wahrt und diese nur an Dritte übermittelt, wenn das Bundeskartellamt der Übermittlung zustimmt; das gilt auch für die Offenlegung von vertraulichen Informationen in Gerichts- oder Verwaltungsverfahren.**

[2]**Vertrauliche Angaben, einschließlich Betriebs- und Geschäftsgeheimnisse, aus Verfahren der Zusammenschlusskontrolle dürfen durch das Bundeskartellamt nur mit Zustimmung des Unternehmens übermittelt werden, das diese Angaben vorgelegt hat.**

---

[14] *Rehbinder* in: Immenga/Mestmäcker, GWB, § 50a Rn. 19.
[15] Siehe die Kommentierung zu § 59, Rn. 26.
[16] *Krauser,* in: MünchKommGWB, § 50a, Rn. 16.
[17] Siehe die Kommentierung zu § 59, Rn. 23.

(3) **Die Regelungen über die Rechtshilfe in Strafsachen sowie Amts- und Rechtshilfeabkommen bleiben unberührt.**

Übersicht

I. Bedeutung der Vorschrift

1 § 50b erweitert die von § 50a eröffnete Möglichkeit des Informationsaustauschs zwischen Kartellbehörden – mit gewissen Modifikationen – auf sämtliche Konstellationen, die sich außerhalb der Zusammenarbeit auf der Grundlage der VO 1/2003 bewegen. Zum Informationsaustausch ist nur das Bundeskartellamt, nicht die obersten Landesbehörden befugt. § 50b gilt – ebenso wie § 50a und § 50c – sowohl für Verwaltungs- als auch für Bußgeldverfahren.[1] Für den Informationsaustausch zwischen Bundeskartellamt und EU-Netzwerkbehörden ist § 50b maßgeblich entweder auf dem Gebiet der Zusammenschlusskontrolle oder in Kartell- und Missbrauchsfällen, in denen die Zwischenstaatlichkeitsklausel nicht eingreift. Darüber hinaus findet § 50b auf sämtliche Fälle Anwendung, in denen das Bundeskartellamt weltweit mit anderen als EU-Netzwerkbehörden Informationen austauscht.

II. Aktiver Informationsaustausch

2 Für die Befugnis des Bundeskartellamts zur Informationsweitergabe im Sinne des § 50a Abs. 1 an andere Kartellbehörden gelten außerhalb des Anwendungsbereichs der VO 1/2003 die besonderen – im Vergleich zu § 50a strengeren – Anforderungen des § 50b Abs. 2.

3 Nach § 50 Abs. 2 S. 1 Nr. 1 hat das Bundeskartellamt die Empfangsbehörde zu einer kartellrechtsspezifischen Zweckbindung zu verpflichten: Die empfangende Wettbewerbsbehörde soll die Informationen nur zum Zweck der Anwendung kartellrechtlicher Vorschriften (einschließlich Zusammenschlusskontrolle[2]) verwenden dürfen. Zum anderen darf das Bundeskartellamt die Informationen nur unter dem Vorbehalt einer Bindung an den Untersuchungsgegenstand übermitteln. Der Begriff des Untersuchungsgegenstandes ist nach deutschem Recht autonom unabhängig von der Bedeutung des gleichlautenden Begriffes in Art. 12 Abs. 2 VO 1/2003 zu bestimmen und umfasst die Gesamtheit der Tatsachen, die zur Anwendung einer kartellrechtlichen Norm ermittelt worden sind.[3]

4 Nach § 50 Abs. 2 S. 1 Nr. 2 darf das Bundeskartellamt Informationen an andere Wettbewerbsbehörden nur unter dem Vorbehalt übermitteln, dass die Empfangsbehörde den Schutz vertraulicher Informationen wahrt und diese nur an Dritte übermittelt, wenn das Bundeskartellamt der Übermittlung zustimmt; das gilt auch für die Offenlegung von vertraulichen Informationen in Gerichts- oder Verwaltungsverfahren.

5 Für den Bereich der Zusammenschlusskontrolle, in dem die Unternehmen in besonderem Maße – im Regelfall freiwillig – gegenüber dem Bundeskartellamt vertrauliche Angaben machen, wird durch § 50 Abs. 2 S. 2 die Übermittlung von Informationen an andere Wettbewerbsbehörden von der Zustimmung desjenigen Unternehmens abhängig gemacht, das diese Angaben vorgelegt hat.

---

[1] *Krauser,* in: MünchKommGWB, § 50b, Rn. 8.

[2] *Rehbinder* in: Immenga/Mestmäcker, GWB, § 50b Rn. 8.

[3] *Rehbinder* in: Immenga/Mestmäcker, GWB, § 50b Rn. 8; *Schneider* in: Langen/Bunte, § 50b Rn. 19.

Nach Abs. 2 besteht keine Verpflichtung des Bundeskartellamts zur Übermittlung von Informationen im Einzelfall; diese steht in seinem Ermessen.[4] Im Rahmen der Ausübung des Ermessens kann die Reziprozität von Bedeutung sein, also die Frage, ob die ersuchende Behörde ihrerseits bereit ist, Informationen an das Bundeskartellamt zu übermitteln.[5] Außerdem kann das Bundeskartellamt berücksichtigen, ob die ersuchende Behörde in der Vergangenheit die ihr auferlegte Verpflichtung zur vertraulichen Behandlung übermittelter Informationen eingehalten hat oder ob sie aufgrund der Ausgestaltung ihres Verfahrensrechts die Verpflichtung zukünftig einhalten wird.[6] Schließlich kann ausnahmsweise aus Gründen der nationalen Sicherheit eine Weitergabe ausgeschlossen sein.[7] 6

III. Passiver Informationsaustausch

Soweit es um den Empfang von Informationen geht, die dem Bundeskartellamt von anderen Wettbewerbsbehörden übermittelt werden, gelten die Verwertungsverbote des § 50a Abs. 2 und Abs. 3 nicht, da § 50b lediglich auf § 50a Abs. 1 verweist. Jedoch hat das Bundeskartellamt diejenigen allgemeinen Verwertungsverbote zu beachten, die sich aus den innerstaatlichen Verfahrensvorschriften ergeben.[8] Soll eine von einer anderen Kartellbehörde erlangte Information vom Bundeskartellamt in einem Bußgeldverfahren verwendet werden, ist insbesondere von Bedeutung, ob im Rahmen der Erhebung der Information gegen das Verbot des Zwanges zur Selbstbezichtigung verstoßen wurde. Insoweit kann auf die Grundsätze verwiesen werden, die im Rahmen des deutschen Rechts für die Überführung von in Verwaltungsverfahren gewonnenen Informationen in ein Bußgeldverfahren gelten.[9] 7

IV. Verhältnis zu Rechtshilfe in Strafsachen sowie Amts- und Rechtshilfeabkommen

Nach Abs. 3 bleiben die Regelungen über die Rechtshilfe in Strafsachen sowie Amts- und Rechtshilfeabkommen unberührt. Dies bedeutet nicht, dass diese Regelungen stets parallel zu § 50b angewendet werden müssen oder sogar einen Anwendungsvorrang gegenüber § 50b genießen.[10] Aus der Sicht des Gesetzgebers der 7. GWB-Novelle sollte durch § 50b eine zusätzliche Möglichkeit geschaffen werden, die optional gewählt werden kann.[11] Dies schließt allerdings nicht aus, dass ein völkerrechtliches Abkommen seinerseits ausschließliche Geltung beansprucht.[12] Hinsichtlich des Gesetzes über die internationale Rechtshilfe in Strafsachen (IRG), das nach § 1 Abs. 2 auch für Kartellbußgeldverfahren gilt, ist dies nicht der Fall, so dass das Bundeskartellamt die freie Wahlmöglichkeit hat, entweder nach § 50b oder auf der Grundlage des IRG vorzugehen.[13] 8

---

[4] Begründung des Regierungsentwurfs zur 7. GWB-Novelle, BT-Drucks. 15/3640, S. 62.

[5] Begründung des Regierungsentwurfs zur 7. GWB-Novelle, BT-Drucks. 15/3640, S. 62; *Rehbinder* in: Immenga/Mestmäcker, GWB, § 50b Rn. 7; *Bechtold,* GWB, § 50b Rn. 4; *Krauser,* in: MünchKommGWB, § 50b, Rn. 7.

[6] Begründung des Regierungsentwurfs zur 7. GWB-Novelle, BT-Drucks. 15/3640, S. 62; *Rehbinder* in: Immenga/Mestmäcker, GWB, § 50b Rn. 6; *Schneider* in: Langen/Bunte, § 50b Rn. 15, 17; *Krauser,* in: MünchKommGWB, § 50b, Rn. 7.

[7] Begründung des Regierungsentwurfs zur 7. GWB-Novelle, BT-Drucks. 15/3640, S. 62.

[8] *Rehbinder* in: Immenga/Mestmäcker, GWB, § 50b Rn. 13.

[9] Siehe die Kommentierung zu § 59, Rn. 25–26.

[10] Begründung des Regierungsentwurfs zur 7. GWB-Novelle, BT-Drucks. 15/3640, S. 62; *Rehbinder* in: Immenga/Mestmäcker, GWB, § 50b Rn. 14; *Schneider* in: Langen/Bunte, § 50b Rn. 23, 28; *Krauser,* in: MünchKommGWB, § 50b, Rn. 16 f.

[11] Begründung des Regierungsentwurfs zur 7. GWB-Novelle, BT-Drucks. 15/3640, S. 62.

[12] *Rehbinder* in: Immenga/Mestmäcker, GWB, § 50b Rn. 14.

[13] *Rehbinder* in: Immenga/Mestmäcker, GWB, § 50b Rn. 15; *Schneider* in: Langen/Bunte, § 50b Rn. 28; *Krauser,* in: MünchKommGWB, § 50b, Rn. 17.

§ 50c Behördenzusammenarbeit

(1) [1]Die Kartellbehörden, Regulierungsbehörden sowie die zuständigen Behörden im Sinne des § 2 des EG-Verbraucherschutzdurchsetzungsgesetzes können unabhängig von der jeweils gewählten Verfahrensart untereinander Informationen einschließlich personenbezogener Daten und Betriebs- und Geschäftsgeheimnisse austauschen, soweit dies zur Erfüllung ihrer jeweiligen Aufgaben erforderlich ist, sowie diese in ihren Verfahren verwerten. [2]Beweisverwertungsverbote bleiben unberührt.

(2) [1]Die Kartellbehörden arbeiten im Rahmen der Erfüllung ihrer Aufgaben mit der Bundesanstalt für Finanzdienstleistungsaufsicht, der Deutschen Bundesbank, den zuständigen Aufsichtsbehörden nach § 90 des Vierten Buches Sozialgesetzbuch und den Landesmedienanstalten zusammen. [2]Die Kartellbehörden können mit den in Satz 1 genannten Behörden auf Anfrage gegenseitig Erkenntnisse austauschen, soweit dies für die Erfüllung ihrer jeweiligen Aufgaben erforderlich ist. [3]Dies gilt nicht

1. für vertrauliche Informationen, insbesondere Betriebs- und Geschäftsgeheimnisse sowie

2. für Informationen, die nach § 50a oder nach Artikel 12 der Verordnung (EG) Nr. 1/2003 erlangt worden sind.

[4]Satz 2 und Satz 3 Nummer 1 lassen die Regelungen des Wertpapiererwerbs- und Übernahmegesetzes sowie des Gesetzes über den Wertpapierhandel über die Zusammenarbeit mit anderen Behörden unberührt.

(3) [1]Das Bundeskartellamt kann Angaben der an einem Zusammenschluss beteiligten Unternehmen, die ihm nach § 39 Absatz 3 gemacht worden sind, an andere Behörden übermitteln, soweit dies zur Verfolgung der in § 4 Absatz 1 Nummer 1 und § 5 Absatz 2 des Außenwirtschaftsgesetzes genannten Zwecke erforderlich ist. [2]Bei Zusammenschlüssen mit gemeinschaftsweiter Bedeutung im Sinne des Artikels 1 Absatz 1 der Verordnung (EG) Nr. 139/2004 des Rates vom 20. Januar 2004 über die Kontrolle von Unternehmenszusammenschlüssen in ihrer jeweils geltenden Fassung steht dem Bundeskartellamt die Befugnis nach Satz 1 nur hinsichtlich solcher Angaben zu, welche von der Europäischen Kommission nach Artikel 4 Absatz 3 dieser Verordnung veröffentlicht worden sind.

Übersicht

I. Bedeutung der Vorschrift

1 Mit dem im Zuge der 7.GWB-Novelle eingeführten § 50c wird der Informationsaustausch zwischen deutschen Behörden auf eine einheitliche Grundlage gestellt. Während nach Abs. 1 zwischen Kartellbehörden, Regulierungsbehörden sowie bestimmten Verbraucherschutzbehörden personenbezogene Daten sowie Betriebs- und Geschäftsgeheimnisse ausgetauscht werden dürfen, werden nach Abs. 2 die Kartellbehörden auf der einen Seite sowie die Bundesanstalt für Finanzdienstleistungsaufsicht, die Deutsche Bundesbank, die zuständigen Aufsichtsbehörden nach § 90 des Vierten Buches Sozialgesetzbuch sowie die Landesmedienanstalten auf der anderen Seite zur gegenseitigen Amtshilfe verpflichtet, ohne jedoch vertrauliche Informationen oder von anderen EU-Netzwerkbehörden im Rahmen der Anwendung von Art. 101, 102 AEUV erhaltene Informationen austauschen zu dürfen. Abs. 3 ermächtigt das Bundeskartellamt, die ihm gegenüber im Verfahren der Zusammenschlusskontrolle nach § 39 Abs. 3 gemachten Pflichtangaben an andere Behörden zu über-

mitteln, soweit dies zur Verfolgung der in § 4 Abs. 1 Nr. 1 und § 5 Abs. 2 des Außenwirtschaftsgesetzes genannten Zwecke erforderlich ist.

II. Informationsaustausch nach Abs. 1

Vor Erlass des durch die 7. GWB-Novelle eingefügten § 50c richtete sich der **Informationsaustausch zwischen Kartellbehörden** nach den allgemeinen Regeln. Danach ist das im Einzelfall anzuwendende Recht von der jeweils gewählten Verfahrensart abhängig und sieht insbesondere hinsichtlich der Befugnis, Betriebs- und Geschäftsgeheimnisse weiterzugeben, unterschiedliche Regelungen vor.[1] Führt die ersuchende Behörde ein Bußgeldverfahren, kann sie sich im Rahmen eines Ersuchens auf § 46 Abs. 1 OWiG, § 161 StPO stützen (wenn die ersuchte Behörde ein Verwaltungsverfahren führt) bzw. auf § 49b OWiG, § 474 Abs. 1 (wenn die ersuchte Behörde ebenfalls ein Bußgeldverfahren führt). Führt die ersuchende Behörde ein Verwaltungsverfahren, sind die §§ 4ff. VwVfG die einschlägige Rechtsgrundlage (wenn die ersuchte Behörde ebenfalls ein Verwaltungsverfahren führt) bzw. § 49b OWiG, § 474 Abs. 2 StPO (wenn die ersuchte Behörde ein Bußgeldverfahren führt). Gerade in den Fällen, in denen die ersuchende Behörde ein Verwaltungsverfahren führt, sind ihre Möglichkeiten, Betriebs- und Geschäftsgeheimnisse zu empfangen, sehr begrenzt. Dies gilt nicht nur in dem vom Gesetzgeber besonders hervorgehobenen Fall, in dem die ersuchte Behörde ein Bußgeldverfahren führt,[2] sondern auch dann, wenn die ersuchte Behörde ebenfalls ein Verwaltungsverfahren führt, weil die Grundsätze der allgemeinen Amtshilfe nach § 5 Abs. 2 S. 2 VwVfG keine Befugnis zur Weitergabe vertraulicher Informationen begründen. In Kartell- und Missbrauchsfällen hätte sich zwischen Fällen, in denen Art. 101, 102 AEUV, Art. 12 VO 1/2003 zur Anwendung gelangen, und Fällen ohne Zwischenstaatlichkeitsbezug, in denen ausschließlich das GWB zur Anwendung gelangt, ohne die Regelung des § 50c ein Wertungswiderspruch ergeben: Der internationale Informationsaustausch wäre weitergehend möglich gewesen als der innerstaatliche.[3] 2

Abs. 1 erfasst über den Informationsaustausch zwischen Kartellbehörden hinaus auch den **Informationsaustausch zwischen Kartellbehörden und Regulierungsbehörden.** Dies wird mit der Sachnähe der Tätigkeit der Regulierungsbehörden zu den Aufgaben der Kartellbehörden begründet, die eine umfassende und effektive Zusammenarbeit zur Durchsetzung eines effektiven Wettbewerbsschutzes erforderlich macht.[4] Soweit es Spezialregelungen zur Behördenkooperation oder zum Informationsaustausch ergibt, haben diese Regelungen Vorrang.[5] 3

Durch Art. 3 des Gesetzes über die Durchsetzung der Verbraucherschutzgesetze bei innergemeinschaftlichen Verstößen vom 21.12.2006[6] wurden bestimmte **Verbraucherschutzbehörden** in den Kreis derjenigen Behörden aufgenommen, die zum Informationsaustausch auf der Grundlage des Abs. 1 berechtigt sind. Zur Begründung führt der Gesetzgeber aus, beim wirtschaftlichen Verbraucherschutz sowie dem vom Bundeskartellamt zu gewährleistenden Wettbewerbsschutz ergäben sich hinsichtlich der vorzunehmenden Wertungen Überschneidungen. Ein Sachverhalt könne sowohl Verstöße gegen Vorschriften des GWB als auch gegen solche des UWG aufweisen. Um widersprüchliche Entscheidungen zu vermeiden, sei es erforderlich, dass in parallelen Verfahren eine enge Abstimmung 4

---

[1] Siehe die Darstellung bei *Schneider* in: Langen/Bunte, § 50c Rn. 2; *Krauser,* in: MünchKomm-GWB, § 50c, Rn. 3.
[2] Begründung des Regierungsentwurfs zur 7.GWB-Novelle, BT-Drucks. 15/3640, S. 63.
[3] Vgl. Begründung des Regierungsentwurfs, BT-Drucks. 15/3640, S. 62f.
[4] Vgl. Begründung des Regierungsentwurfs, BT-Drucks. 15/3640, S. 40.
[5] Vgl. Begründung des Regierungsentwurfs, BT-Drucks. 15/3640, S. 40.
[6] BGBl. I (2006) Nr. 65, S. 3367, 3374.

zwischen den zuständigen Behörden i. S. des EG-Verbraucherschutzdurchsetzungsgesetzes und dem Bundeskartellamt erfolgt.[7]

5 Erforderlich sind die Informationen dann, wenn sie zur Aufgabenerfüllung geeignet sind und ohne die Übermittlung entweder überhaupt nicht oder nur mit einem unverhältnismäßig höheren Aufwand zu beschaffen wären.[8] Dabei ist allerdings zu beachten, dass dann, wenn die ersuchte Behörde die Informationen ursprünglich von den Unternehmen angefordert hat, es schon das Gebot der Doppelbelastung gebietet, das betreffende Unternehmen nicht ein zweites Mal mit derselben Informationserhebung zu belasten.[9]

6 Es gelten – insbesondere in Bußgeldverfahren – die allgemeinen Beweisverwertungsverbote. Für die Beurteilung der Verwertbarkeit einer Information kommt es in erster Linie darauf an, ob im Rahmen der Erhebung der Information gegen das Verbot des Zwanges zur Selbstbezichtigung verstoßen wurde. Insoweit kann auf die Grundsätze verwiesen werden, die für die Überführung von in Verwaltungsverfahren gewonnenen Informationen in ein Bußgeldverfahren gelten.[10]

III. Informationsaustausch nach Abs. 2

7 Da Kartellbehörden häufig auf Informationen anderer Behörden angewiesen sind,[11] werden durch Abs. 2 die dort genannten Behörden zu gegenseitiger Amtshilfe verpflichtet. Allerdings fehlt eine Befugnis zum Austausch vertraulicher Informationen genauso wie zum Austausch auf der Grundlage von Art. 12 VO 1/2003 bzw. § 50a GWB erlangter Informationen. Dies stellt in der Praxis ein bedeutendes Hindernis für eine effektive Behördenkooperation dar. Denn auch wenn mit dem Austausch nicht vertraulicher Angaben ein Nutzen verbunden sein sollte, so geht allein mit der Notwendigkeit einer Trennung vertraulicher und nicht vertraulicher Aktenteile sowie mit der Anhörung der betroffenen Unternehmen bei Unklarheiten ein erheblicher Aufwand einher. Geschäftsgeheimnisse können nur auf der Grundlage der subsidiär anwendbaren allgemeinen Vorschriften (siehe Rn. 2) ausgetauscht werden. Ein Informationsaustausch kann auch mit anderen als in Abs. 2 genannten Behörden erfolgen. Dieser richtet sich ebenfalls nach den allgemeinen Vorschriften (siehe Rn. 2).

8 Nach Abs. 2 S. 4 bleiben die Regelungen des Wertpapiererwerbs- und Übernahmegesetzes sowie des Gesetzes über den Wertpapierhandel über die Zusammenarbeit mit anderen Behörden unberührt. Die Aufnahme des Bundeskartellamts in den Kreis der Aufsichtsbehörden nach § 6 Abs. 2 WpHG diente insbesondere der Verbesserung bei Ermittlungen im Bereich der Insiderverfolgung. Denn der Zeitpunkt der Kontaktaufnahme eines Unternehmens mit dem Bundeskartellamt kann einen wesentlichen Anhaltspunkt für die BaFin im Rahmen einer Insideruntersuchung darstellen.[12] § 6 Abs. 2 WpHG ermächtigt auch zur Weitergabe personenbezogener Daten.[13] Hintergrund des § 7 Abs. 1 WpÜG ist, dass im Rahmen eines Übernahmeverfahrens die Fragestellungen im Zusammenhang mit der Fusionskontrolle (§§ 35 ff. GWB) einerseits und dem Erwerb maßgeblicher Beteiligungen (§ 21 WpHG, § 2c KWG, § 7a Abs. 2 und § 104 VAG) andererseits vielfach Berührungspunkte aufweisen.[14] Nach § 7 Abs. 1 S. 2 WpÜG dürfen personenbezogene Daten unter den Voraussetzungen des § 15 BDSG weitergegeben werden.

---

[7] Begründung zum Gesetzentwurf der Bundesregierung, BT-Drucks. 16/2930, S. 25 f.
[8] *Stockmann* in: Immenga/Mestmäcker, GWB, § 50c Rn. 15.
[9] Vgl. *Schneider* in: Langen/Bunte, § 50c Rn. 10.
[10] Siehe die Kommentierung zu § 59, Rn. 25–26.
[11] Begründung des Regierungsentwurfs zur 7. GWB-Novelle, BT-Drucks. 15/3640, S. 40.
[12] *Schwark/Zimmer,* Kapitalmarktrechts-Kommentar, § 6 WpHG, Rn. 11.
[13] *Schwark/Zimmer,* Kapitalmarktrechts-Kommentar, § 6 WpHG, Rn. 15.
[14] *Süßmann,* in: Geibel/Süßmann, § 7 WpÜG, Rn. 1.

IV. Informationsaustausch nach Abs. 3

Abs. 3 ist durch Art. 4 des dreizehnten Gesetzes zur Änderung des Außenwirtschaftsgesetzes und der Außenwirtschaftsverordnung vom 18.4.2009[15] eingefügt worden. Er ermächtigt das Bundeskartellamt, die ihm gegenüber im Verfahren der Zusammenschlusskontrolle nach § 39 Abs. 3 gemachten Pflichtangaben an andere Behörden zu übermitteln, soweit dies zur Verfolgung der in § 4 Abs. 1 Nr. 1 und § 5 Abs. 2 des Außenwirtschaftsgesetzes genannten Zwecke erforderlich ist. Von der Befugnis zur Weitergabe sind auch vertrauliche Angaben umfasst.[16] Über die Pflichtangaben hinausgehende Informationen dürfen nicht weitergegeben werden.[17] Bei Unternehmenszusammenschlüssen, die unter den Anwendungsbereich der europäischen Fusionskontrollverordnung fallen, steht dem Bundeskartellamt die Befugnis nach Satz 1 nur hinsichtlich solcher Angaben zu, welche von der Europäischen Kommission nach Artikel 4 Absatz 3 dieser Verordnung veröffentlicht worden sind. Da diese Informationen ohnehin veröffentlicht sind, kommt der Weiterleitung durch das Bundeskartellamt keine Praxisrelevanz zu.[18] 9

Zweiter Abschnitt. Bundeskartellamt

§ 51 Sitz, Organisation

(1) [1]**Das Bundeskartellamt ist eine selbständige Bundesoberbehörde mit dem Sitz in Bonn.** [2]**Es gehört zum Geschäftsbereich des Bundesministeriums für Wirtschaft und Energie.**

(2) [1]**Die Entscheidungen des Bundeskartellamts werden von den Beschlussabteilungen getroffen, die nach Bestimmung des Bundesministeriums für Wirtschaft und Energie gebildet werden.** [2]**Im Übrigen regelt der Präsident die Verteilung und den Gang der Geschäfte des Bundeskartellamts durch eine Geschäftsordnung; sie bedarf der Bestätigung durch das Bundesministerium für Wirtschaft und Energie.**

(3) **Die Beschlussabteilungen entscheiden in der Besetzung mit einem oder einer Vorsitzenden und zwei Beisitzenden.**

(4) **Vorsitzende und Beisitzende der Beschlussabteilungen müssen Beamte auf Lebenszeit sein und die Befähigung zum Richteramt oder zum höheren Verwaltungsdienst haben.**

(5) **Die Mitglieder des Bundeskartellamts dürfen weder ein Unternehmen innehaben oder leiten noch dürfen sie Mitglied des Vorstandes oder des Aufsichtsrates eines Unternehmens, eines Kartells oder einer Wirtschafts- oder Berufsvereinigung sein.**

Übersicht

[15] BGBl I (2009) Nr. 20, S. 770, 772; zur Begründung BT-Drucks. 16/10730.
[16] *Krauser,* in: MünchKommGWB, § 50c, Rn. 20.
[17] *Stockmann* in: Immenga/Mestmäcker, GWB, § 50c Rn. 31.
[18] *Schneider* in: Langen/Bunte, § 50c Rn. 28.

I. Entscheidungsstrukturen

1. Verhältnis von Bundeskartellamt und Bundesministerium für Wirtschaft

1 Soweit dem Bundeskartellamt nach § 51 Abs. 1 die Stellung einer **selbstständigen Bundesoberbehörde**[1] im Geschäftsbereich des Bundesministeriums für Wirtschaft zukommt, so lässt sich daraus allein noch keine Weisungsfreiheit in Sachfragen ableiten. Der von Art. 87 Abs. 3 Satz 1 GG ausgehende Begriff der Selbstständigkeit ist organisatorisch und funktionell zu verstehen und ist nicht automatisch gleichbedeutend mit Weisungsunabhängigkeit.[2]

2. Sachentscheidungen durch Kollegialorgan

2 § 51 Abs. 2 Satz 1 bestimmt, dass innerhalb des Bundeskartellamtes die Entscheidungen – gemeint sind Sachentscheidungen wie Untersagung, einstweilige Anordnung, Beiladung und Auskunftsverlangen – durch **Beschlussabteilungen** getroffen werden. Hiervon abzugrenzen ist die ebenfalls beim Bundeskartellamt angesiedelte Nachprüfung von Vergabeverfahren (§§ 102 bis 115). Die für das Vergabenachprüfungsverfahren vorgesehenen Organisations- und Entscheidungsstrukturen ergeben sich aus §§ 105 und 106. Die Unterscheidung zwischen Beschlussabteilung und Vergabekammer schließt aber eine Aufgabenerfüllung durch die gleiche Organisationseinheit nicht aus.[3]

3 Die gegenwärtig zwölf Beschlussabteilungen des Bundeskartellamtes sind trotz ihrer Besetzung mit Vorsitzenden und Beisitzenden nur **justizähnlich** und unterliegen nicht dem Grundsatz des gesetzlichen Richters aus Art. 101 Abs. 1 Satz 2 GG.[4] Es gilt das Kollegialprinzip, das eine Abstimmung innerhalb des Kollegiums begrifflich voraussetzt; der Vorsitzende hat gegenüber den Beisitzenden kein Weisungsrecht, wie sie zu entscheiden haben.[5] Kollegialorgane sind nicht auf die Judikative beschränkt, sondern auch im Bereich der Verwaltung bekannt, wie etwa die Regelung über Ausschüsse nach §§ 88 ff. VwVfG zeigt. Streitig ist, ob die Beschlussabteilungen ebenfalls Ausschüsse sind.[6] Zwar würde die Einstufung der Beschlussabteilungen als Ausschüsse dazu führen, dass die Vorschriften der §§ 89 bis 93 VwVfG über Sitzungsordnung, Beschlussfähigkeit und -fassung, Wahlen und Niederschriften prinzipiell anwendbar wären. Dies bliebe jedoch praktisch ohne Folgen, weil die genannten Bestimmungen laut § 88 VwVfG lediglich subsidiär gelten und das GWB mit § 51 insoweit durchweg abweichende Regelungen vorsieht. Im Übrigen bestimmt § 51 Abs. 2 Satz 2 ausdrücklich, dass der Gang der Geschäfte im Einzelnen durch eine Geschäftsordnung des Präsidenten festgelegt wird, so dass auch sonstige Abweichungen von den anderen Regelungen des §§ 89 bis 93 VwVfG legitimiert sind. Die Entscheidungen werden nach § 51 Abs. 3 durch den Vorsitzenden oder die Vorsitzende und zwei Beisitzende getroffen. In der Praxis verfügen die Beschlussabteilungen zulässigerweise über mehr als nur zwei Beisitzende. Im Zusammenhang mit der konkreten Wettbewerbsaufsicht sind dem Präsidenten des Bundeskartellamtes insoweit Kompetenzen verblieben, als er gemäß § 59 Abs. 7 einem Prüfungsbeschluss nach § 59 Abs. 1 Satz 1 Nr. 3 zustimmen muss.

---

[1] Zum historischen Hintergrund der Einordnung der Kartellbehörde als Organ der Exekutive *Murach-Brand,* Antitrust auf deutsch, S. 194 ff.

[2] *Ibler,* in: Maunz/Dürig, Grundgesetz-Kommentar, Art. 87, Rn. 254; zur Frage der Einzelweisungsbefugnis des Bundesministeriums für Wirtschaft gegenüber dem Bundeskartellamt siehe Kommentierung zu § 52.

[3] Vgl. Darstellung bei *Stockmann,* Die Integration des Vergaberechts in das Wettbewerbsrecht, in: *Schwarze* (Hrsg.), Europäisches Wettbewerbsrecht im Wandel, 2001, S. 55, 64.

[4] KG 8.11.1990, Kart. 19/90, WuW/E OLG 4627, 4627 – *Hamburger Benzinpreise; Kling/Thomas,* Kartellrecht, § 22 Rn. 3; *Rittner/Dreher,* Europäisches und deutsches Wirtschaftsrecht, § 23 Rn. 26.

[5] VG Köln 24.11.2011, 13 K 1549/10, Rn. 48, zit. nach juris.

[6] **Bejahend** *Klaue* in: Immenga/Mestmäcker, GWB, § 51 Rn. 5; *Nägele* in: Frankfurter Kommentar, GWB, § 51 Rn. 6; **verneinend** *Schneider* in: Langen/Bunte, § 51 Rn. 19.

4 Nicht zu den Sachentscheidungen, die durch Beschlussabteilungen zu treffen sind, zählt das **sonstige Verwaltungshandeln** des Bundeskartellamtes, wie zum Beispiel der Erlass einer Geschäftsordnung (§ 51 Abs. 2 Satz 2 und § 106 Abs. 1 Satz 4), die Veröffentlichung von Tätigkeitsberichten (§ 53), die Vertretung des Amtes in Beschwerdeverfahren (§ 68 Satz 2) und die Beteiligung an Kartellzivilrechtstreitigkeiten (§ 90).

II. Geschäftsordnung und Geschäftsverteilung

5 Die auf der Grundlage von § 51 Abs. 2 S. 2 erlassene Geschäftsordnung regelt die Organisation, die Grundsätze der Geschäftsverteilung, den Geschäftsgang und den inneren Dienstbetrieb im Bundeskartellamt. Für die Vergabekammern wird nach § 106 Abs. 1 Satz 4 eine eigene Geschäftsordnung erlassen. Beide Geschäftsordnungen bedürfen der Bestätigung durch das Bundesministerium für Wirtschaft nach § 51 Abs. 2 S. 2 2. Hs. bzw. § 106 Abs. 1 S. 4.

III. Status der Mitglieder der Beschlussabteilungen

6 § 51 Abs. 4 verlangt, dass Vorsitzende und Beisitzende einer Beschlussabteilung lebenszeitverbeamtet sind und die Befähigung zum Richteramt oder zum höheren Verwaltungsdienst erworben haben. Für ein Einzelweisungsrecht des Präsidenten und der Vorsitzenden gegenüber den Beisitzern besteht in Sachentscheidungen kein Raum; dem steht die ausdrücklich andere Regelung in § 51 Abs. 2 Satz 1 und Abs. 3 entgegen. Auch bei der Behandlung von Dienstaufsichtsbeschwerden, die an den Präsidenten des Bundeskartellamtes gerichtet werden und die erkennbar auf eine Änderung einer Sachentscheidung abzielen, den so genannten **Fachaufsichtsbeschwerden,** ist dem in § 51 Abs. 2 vorgesehenen Verfahren Rechnung zu tragen. Der Präsident kann in diesem Zusammenhang lediglich überprüfen, ob alle Umstände und Gesichtspunkte in dem gesetzlich vorgeschriebenen Verfahren berücksichtigt wurden.

7 Soweit § 51 Abs. 5 bestimmt, dass die Mitglieder des Bundeskartellamtes nicht Inhaber, Leiter oder Mitglied des Vorstandes oder des Aufsichtsrat eines Unternehmens, eines Kartells oder einer Wirtschafts- oder Berufsvereinigung sein dürfen, sollen damit von Anfang an **Interessenkollisionen** vermieden werden, denen ansonsten vor allem die in den Beschlussabteilung beschäftigen Personen ausgesetzt sein können. Streitig ist, ob unter „Mitglieder" lediglich die Mitglieder einer Beschlussabteilung[7] oder sämtliche Mitarbeiter zu verstehen sind, die im weitesten Sinne an der Entscheidungsfindung des Amtes beteiligt sind.[8]

IV. Rechtsfolgen bei Verletzung

8 Eine Verletzung der vorgesehenen Geschäftsverteilung zwischen den Beschlussabteilungen oder der vorgesehenen personellen Besetzung bei der Beschlussfassung wirkt sich nur intern aus, da der Grundsatz des gesetzlichen Richters, wie oben dargestellt, nicht eingreift. Bei sonstigen Verstößen gegen § 51 oder § 20 VwVfG greifen die allgemeinen Fehlerfolgen nach §§ 44 bis 46 VwVfG. Besonders zu beachten sind dabei § 44 Abs. 3 Nr. 2 VwVfG sowie § 46 VwVfG.

---

[7] *Schneider* in: Langen/Bunte, § 51 Rn. 20.

[8] *Nägele* in: Frankfurter Kommentar, GWB, § 51 Rn. 19; *Krauser,* in: MünchKommGWB, § 51, Rn. 16.

§ 52 Veröffentlichung allgemeiner Weisungen

Soweit das Bundesministerium für Wirtschaft und Energie dem Bundeskartellamt allgemeine Weisungen für den Erlass oder die Unterlassung von Verfügungen nach diesem Gesetz erteilt, sind diese Weisungen im Bundesanzeiger zu veröffentlichen.

Übersicht

I. Allgemeine Weisungen

1 Allgemeine Weisungen beinhalten im Sinne einer Verwaltungsvorschrift abstrakt-generelle Richtlinien für die Verfahrenspraxis, nicht aber Vorgaben für die Entscheidung von Einzelfällen.[1] Die allgemeine Weisung ist ein äußerst selten benutztes Instrument geblieben. Sie ist im Bundesanzeiger und – nach § 53 Abs. 1 Satz 2 – im Tätigkeitsbericht des Bundeskartellamtes zu veröffentlichen. Bisher sind folgende allgemeine Weisungen gegenüber dem Bundeskartellamt ergangen:

- Weisung vom 30.11.1972 zur Intensivierung der Missbrauchsaufsicht über vertikale Preisbindungen und -empfehlungen (BAnz Nr. 231 v. 30.11.1972);
- Weisung vom 25.3.1976 über Zusagen im Rahmen der Fusionskontrolle (BAnz Nr. 66 v. 3.4.1976), die mit der Einführung von Freigaben unter Bedingungen und Auflagen durch die 6. Novelle überholt sein dürfte;
- Weisung vom 16.2.1978 zur Aufstellung von Leitsätzen zu Kooperationen (BAnz Nr. 46 v. 7.3.1978);
- Weisung vom 30.5.1980 zu Auslandszusammenschlüssen (BAnz Nr. 103 v. 7.6.1980).

II. Einzelweisungen

2 Ob neben den in § 52 geregelten allgemeinen Weisungen eine **Einzelweisungsbefugnis** des Bundesministeriums für Wirtschaft in Bezug auf Sachentscheidungen des Bundeskartellamtes besteht, ist streitig.[2] Die Befürworter einer Einzelweisungsbefugnis berufen sich auf die in Art. 65 Satz 2 GG normierte Leitungsfunktion des Ministers sowie seine parlamentarische Verantwortlichkeit und weisen darauf hin, dass die Wettbewerbsaufsicht durch die obersten Landesbehörden seit jeher ohne weisungsfreien Raum bewerkstelligt werde. Hiergegen ist einzuwenden, dass ein ministerialfreier Raum nach der Rechtsprechung des Bundesverfassungsgerichts nur bei Entscheidungen von politischer Tragweite unzulässig ist.[3] Dass im Verfahren der Zusammenschlusskontrolle vor dem Bundeskartellamt für politische Erwägungen kein Raum ist, ergibt sich bereits daraus, dass für die Berücksichtigung von gesamtwirtschaftlichen Vorteilen oder einem überragenden Interesse der Allgemeinheit das Verfahren der Ministererlaubnis (§ 42) vorgesehen ist. In Kartell- und Missbrauchsfällen ist für die Berücksichtigung politischer Erwägungen ebenfalls kein

[1] *Schneider* in: Langen/Bunte, § 52 Rn. 1.

[2] **Dafür:** *Zuck* NJW 1971, 1633, 1635; *ders.* NJW 1972, 468, 470; *Bechtold,* GWB, § 52 Rn. 2; *Nägele* in: Frankfurter Kommentar, GWB, § 52 Rn. 4, § 51 Rn. 5ff.; in engen Grenzen *Kling/Thomas,* Kartellrecht, § 22 Rn. 4; zumindest außerhalb von §§ 35ff. auch *Klaue* in: Immenga/Mestmäcker, GWB, § 51 Rn. 14f.; in Bezug auf Sachentscheidungen **dagegen:** *Lieberknecht,* Schwerpunkte des Kartellrechts 1977/78, S. 65, 70; *Möschel* ORDO 1997, 241, 244ff.; *Rittner/Dreher,* Europäisches und deutsches Wirtschaftsrecht, § 23 Rn. 31; *Schneider* in: Langen/Bunte, § 51 Rn. 16f.

[3] BVerfG 27.4.1959, 2 BvF 2/58, NJW 1959, 1171, 1172.

Raum.[4] Im Gegenteil: Es entspricht gerade dem Sinn der vom Gesetzgeber gewollten Entscheidungsstrukturen, dass die Beschlussabteilungen angesichts der hohen volkswirtschaftlichen Bedeutung der zu entscheidenden Einzelfälle unabhängig von politischer Einflussnahme nach rechtlichen Maßstäben entscheiden und dass die so getroffenen Entscheidungen einer uneingeschränkten gerichtlichen Kontrolle unterliegen. Eine Einzelweisungsbefugnis ließe sich nicht mit dem gesetzlich vorgeschrieben Kollegialprinzip (§ 51 GWB) vereinbaren. Das Kollegialprinzip setzt eine Abstimmung innerhalb des Kollegiums begrifflich voraus, ohne dass der Vorsitzende dabei gegenüber den Beisitzenden ein Weisungsrecht hätte.[5] Schließlich ist zu berücksichtigen, dass es bei Annahme einer Einzelweisungsbefugnis zu einem Wertungswiderspruch mit der privaten Kartellrechtsdurchsetzung käme.[6]

An einer Einzelweisungsbefugnis fehlt es nicht nur bei Sachentscheidungen. Auch bei 3
wettbewerbspolitisch relevanten Äußerungen des Bundeskartellamtes im Tätigkeitsbericht ist sie nicht gegeben, da in § 53 Abs. 2 ein eigenes Stellungnahmerecht der Bundesregierung vorgesehen ist.

§ 53 Tätigkeitsbericht

(1) [1]**Das Bundeskartellamt veröffentlicht alle zwei Jahre einen Bericht über seine Tätigkeit sowie über die Lage und Entwicklung auf seinem Aufgabengebiet.** [2]**In den Bericht sind die allgemeinen Weisungen des Bundesministeriums für Wirtschaft und Energie nach § 52 aufzunehmen.** [3]**Es veröffentlicht ferner fortlaufend seine Verwaltungsgrundsätze.**

(2) **Die Bundesregierung leitet den Bericht des Bundeskartellamts dem Bundestag unverzüglich mit ihrer Stellungnahme zu.**

(3) **Das Bundeskartellamt erstellt einen Bericht über seine Monitoringtätigkeit nach § 48 Absatz 3 im Einvernehmen mit der Bundesnetzagentur, soweit Aspekte der Regulierung der Leitungsnetze betroffen sind, und leitet ihn der Bundesnetzagentur zu.**

Übersicht

I. Tätigkeitsbericht

Aus § 53 Abs. 2 ergibt sich, dass der vom Bundeskartellamt zu erstellende Tätigkeitsbe- 1
richt primär zur **Unterrichtung des Deutschen Bundestags** gedacht ist. Er hat sich aber auch für die Kartellrechtspraxis zu einer bedeutenden Informationsquelle entwickelt.[1] So werden im Tätigkeitsbericht nicht selten die Überlegungen des Amtes in solchen Verfahren offengelegt, die nicht mit einer begründeten Entscheidung abgeschlossen wurden. Darüber hinaus macht das Bundeskartellamt im Tätigkeitsbericht grundlegende Ausführungen zu der aus seiner Einzelfallpraxis ableitbaren Rechtsanwendung. Das Amt setzt sich zudem mit der Entscheidungspraxis der Kommission auseinander und äußert sich zu kartellrechtsrelevanten legislativen Vorhaben auf der europäischen Ebene. Der Tätigkeitsbericht beinhaltet einen allgemeinen Teil, einen Branchenteil, einen Vergabeteil (ab TB 1999/2000) und einen statistischen Teil. Das Bundeskartellamt hat den Tätigkeitsbericht über die Bundesregierung weiterzuleiten, die dem Bericht eine eigene Stellungnahme voranstellt. Diese wird

---

[4] Für die Anwendung von Art. 101 Abs. 3 AEUV *Quellmalz,* WRP 2004, 461, 469 f.
[5] VG Köln 24.11.2011, 13 K 1549/10, Rn. 48, zit. nach juris; siehe auch die Kommentierung zu § 51, Rn. 3.
[6] Vgl. *Möschel* ORDO 1997, 241, 245.
[1] *Bechtold,* GWB, § 53 Rn. 2.

federführend vom Bundesministerium für Wirtschaft erstellt. Die ursprünglich jährliche Erscheinungsweise des Tätigkeitsberichtes wurde Ende der siebziger Jahre auf zweijährlich umgestellt.[2]

II. Verwaltungsgrundsätze

2 Das Bundeskartellamt stellt Verwaltungsgrundsätze auf und veröffentlicht diese fortlaufend. Ein bestimmter Veröffentlichungsweg, wie er zum Beispiel für bestimmte Verfügungen in § 62 vorgesehen ist, ist von § 53 nicht vorgegeben. Das Bundeskartellamt kann sich deshalb neben der Veröffentlichung im Bundesanzeiger zulässigerweise anderer geeigneter Publikationsmittel, wie zum Beispiel seines Internetauftritts, bedienen.

3 Bei Verwaltungsgrundsätzen handelt es sich um selbstauferlegte Richtlinien, die für eine unbestimmte Zahl von Fällen materiell und formell maßgeblich sind.[3] Ihr Erlass führt zu einer **Selbstbindung des Bundeskartellamtes,** nicht aber der Gerichte oder der obersten Landesbehörden. Umgekehrt wird das Bundeskartellamt nicht durch Verwaltungsgrundsätze gebunden, die von anderen Kartellbehörden bekanntgemacht werden.

4 Auf der Internetseite des Bundeskartellamts werden zahlreiche Bekanntmachungen, Leitlinien und Merkblätter veröffentlicht, die in diesem Sinne als Verwaltungsgrundsätze einzustufen sind.

III. Monitoring-Bericht (§ 53 Abs. 3)

5 Die gesetzliche Regelung sieht vor, dass das Bundeskartellamt nach § 53 Abs. 3 einen Bericht über seine Monitoringtätigkeit nach § 48 Abs. 3[4] erstellt und – soweit Aspekte der Regulierung der Leitungsnetze betroffen sind – ein Einvernehmen mit der Bundesnetzagentur herstellt. Der Bericht wird der Bundesnetzagentur zugeleitet. Diese erstellt gem. § 63 Abs. 3 EnWG einen Bericht über ihre Monitoring-Tätigkeit nach § 35 EnWG, in den sie den vom Bundeskartellamt erstellten Bericht aufnimmt. In der Praxis hat sich zwischen beiden Behörden ein Grad an Kooperation etabliert, der höher ist als gesetzlich vorgesehen. Es wird nicht nur der Bericht des Bundeskartellamts in den Bericht der Bundesnetzagentur aufgenommen, sondern es wird von vornherein ein gemeinsamer Monitoring-Bericht erstellt. Die Bundesnetzagentur legt diesen Bericht gem. § 63 Abs. 3 S. 1 EnWG der Europäischen Kommission und der Europäischen Agentur für die Zusammenarbeit der Energieregulierungsbehörden vor. Gem. § 63 Abs. 3 S. 1 EnWG hat die Bundesnetzagentur den Bericht jährlich zu erstellen. Daher ist der jährliche Rhythmus auch für das Bundeskartellamt maßgeblich.[5]

---

[2] Die bisherigen Tätigkeitsberichte sind in folgenden Bundestags-Drucksachen enthalten: TB 1958 = BT-Drucks. 3/1000; TB 1959 = BT-Drucks. 3/1795; TB 1960 = BT-Drucks. 3/2734; TB 1961 = BT-Drucks. 4/378; TB 1962 = BT-Drucks. 4/1220; TB 1963 = BT-Drucks. 4/2370; TB 1964 = BT-Drucks. 4/3752; TB 1965 = BT-Drucks. 5/530; TB 1966 = BT-Drucks. 5/1950; TB 1967 = BT-Drucks. 5/2841; TB 1968 = BT-Drucks. 5/4236; TB 1969 = BT-Drucks. 6/950; TB 1970 = BT-Drucks. 6/2380; TB 1971 = BT-Drucks. 6/3570; TB 1972 = BT-Drucks. 7/986; TB 1973 = BT-Drucks. 7/2250; TB 1974 = BT-Drucks. 7/3791; TB 1975 = BT-Drucks. 7/5390; TB 1976 = BT-Drucks. 8/704; TB 1977 = BT-Drucks. 8/1925; TB 1978 = BT-Drucks. 8/2980; TB 1979/80 = BT-Drucks. 9/565; TB 1981/82 = BT-Drucks. 10/243; TB 1983/84 = BT-Drucks. 10/3550; TB 195/86 = BT-Drucks. 11/554; TB 1987/88 = BT-Drucks. 11/4611; TB 1989/90 = BT-Drucks. 12/847; TB 1991/92 = BT-Drucks. 12/5200; TB 1993/94 = BT-Drucks. 13/1660; TB 1995/96 = BT-Drucks. 13/7900; TB 1997/98 = BT-Drucks. 14/1139; TB 1999/2000 = BT-Drucks. 14/6300; TB 2001/2002 = BT-Drucks. 15/1226; TB 2003/2004 = BT-Drucks. 15/5790; TB 2005/2006 = BT-Drucks. 16/5710; TB 2007/2008 = BT-Drucks. 16/13500; TB 2009/2010 = BT-Drucks. 17/6640; TB 2011/2012 = BT-Drucks. 17/13675; TB 2013/2014 = BT-Drucks. 18/5210. Die Tätigkeitsberichte sind ab dem Jahr 1974 auf der Internetseite des Bundeskartellamts abrufbar.

[3] *Klaue* in: Immenga/Mestmäcker, GWB, § 53 Rn. 4.

[4] Siehe hierzu die Kommentierung zu § 48, Rn. 13–15.

[5] *Krauser,* in: MünchKommGWB, § 53, Rn. 13.

Dritter Teil. Verfahren

Erster Abschnitt. Verwaltungssachen

I. Verfahren vor den Kartellbehörden

§ 54 Einleitung des Verfahrens, Beteiligte

(1) [1]**Die Kartellbehörde leitet ein Verfahren von Amts wegen oder auf Antrag ein.** [2]**Die Kartellbehörde kann auf entsprechendes Ersuchen zum Schutz eines Beschwerdeführers ein Verfahren von Amts wegen einleiten.**

(2) **An dem Verfahren vor der Kartellbehörde sind beteiligt,**

1. wer die Einleitung eines Verfahrens beantragt hat;

2. Kartelle, Unternehmen, Wirtschafts- oder Berufsvereinigungen, gegen die sich das Verfahren richtet;

3. Personen und Personenvereinigungen, deren Interessen durch die Entscheidung erheblich berührt werden und die die Kartellbehörde auf ihren Antrag zu dem Verfahren beigeladen hat; Interessen der Verbraucherzentralen und anderer Verbraucherverbände, die mit öffentlichen Mitteln gefördert werden, werden auch dann erheblich berührt, wenn sich die Entscheidung auf eine Vielzahl von Verbrauchern auswirkt und dadurch die Interessen der Verbraucher insgesamt erheblich berührt werden;

4. in den Fällen des § 37 Absatz 1 Nummer 1 oder 3 auch der Veräußerer.

(3) **An Verfahren vor obersten Landesbehörden ist auch das Bundeskartellamt beteiligt.**

Übersicht

Schrifttum (§§ 54–62): *Autenried,* Kartellbehördliches Auskunftsersuchen und richterliche Beweiserhebung während eines verwaltungsrechtlichen Beschwerdeverfahrens, in: AG 1983, 184; *Carsten Becker,* „Greenpeace" und andere Beiladungsentscheidungen des OLG Düsseldorf, in: ZWeR 2003, 199; *Bornkamm,* Hoheitliches und unternehmerisches Handeln der öffentlichen Hand im Visier des europäischen Kartellrechts, – Der autonome Unternehmensbegriff der Art. 81, 82 EG –, in: Festschrift für Günter Hirsch (2008), S. 231; *Deringer,* Können nach dem deutschen Recht Unternehmen gegenüber Kartellbehörden Auskünfte verweigern, wenn sie sich dadurch der Gefahr einer Verfolgung nach dem Strafrecht oder dem Recht der Ordnungswidrigkeiten aussetzen? in: WuW 1988, 933; *Dormann,* Drittklagen im Recht der Zusammenschlusskontrolle, Köln 2000; *Eberz,* Der Schutz der unternehmerischen Geheimnissphäre im Kartellbeschwerdeverfahren, 2000; *Grützner/Reimann/Wissel,* Richtiges Verhalten bei Kartellamtsermittlungen im Unternehmen, 3. Auflage, 1993; *Gumbel,* Grundrechte im EG-Kartellverfahren nach der VO 17/62, Berlin 2001; *Kevekordes,* Zur Rechtsstellung des Beigeladenen im Kartellrecht, in: WuW 1987, 365; *Kirchhoff,* Europäische Fusionskontrolle, in: BB 1990, Beilage 14 zu Heft 11; *Klemp,* Übergang vom kartellrechtlichen Verwaltungsverfahren zum Bußgeldverfahren, in: BB 1976, 912; *Kollmorgen,* Geheimnisschutz im Beschwerdeverfahren, in: Schwerpunkte des Kartellrechts 1988/89, S. 21; *Köhler,* Das Verbot der „Veranlassung" zur Diskriminierung – Resignation oder Reform? in: BB 1998, 113; *Küpper,* Missbräuchliche Ausübung von Nachfragemacht, insbesondere Lösung des Roß- und Reiter-Problems, in: BB 1997, 1105; *Laufkötter,* Die Rolle des Dritten im neuen Recht der Zusammenschlusskontrolle, in: WuW 1999, 671; *Lieberknecht,* Probleme des Verfahrensrechts in Kartellsachen, in: Schwerpunkte des Kartellrechts 1977/78,

S. 65; *ders.,* Die Behandlung von Geschäftsgeheimnissen im deutschen und EG-Recht, in: WuW 1988, 833; *Liekefett,* Das informelle Auskunftsersuchen des Bundeskartellamtes, in: DB 1975, 339; *Markert,* Praxis der Fusionskontrolle 1980/81, in: Schwerpunkte des Kartellrechts 1980/81, S. 43; *Reuter,* Informale Auskunftsbitten der Kartellbehörden – Praxis contra legem? in: WuW 1986, 93; *Wulf-Henning Roth,* Zum Unternehmensbegriff im europäischen Kartellrecht, in: Recht und Wettbewerb, Festschrift für Rainer Bechtold (2006), S. 393; *Karsten Schmidt,* Die Stellung des Dritten im Kartellverfahren, in: Schwerpunkte des Kartellrechts 1983/84, S. 33; *ders.,* Waffengleichheit im Kartellverfahrensrecht? in: Schwerpunkte des Kartellrechts 1982/83, S. 53; *Thomas,* Die verfahrensrechtliche Bedeutung der Marktbeherrschungsvermutungen des § 19 Abs. 3 GWB, in: WuW 2002, 470; *v. Wallenberg,* Anmerkung zum Beschluss des Kammergerichts vom 10.2.1982, in: BB 1983, 853; *Werner,* Der Konflikt zwischen Geheimnisschutz und Sachaufklärung im Kartellverfahren, in: FS *Pfeiffer,* S. 821; *dies.,* Praxis des Kammergerichts im Auskunftsverfahren, in: Schwerpunkte des Kartellrechts 1981/82, S. 19; *Wertenbruch,* Der Anspruch des Unternehmens auf Erteilung eines kartellbehördlichen Negativattestes, in: BB 1992, 219; *Kathrin Westermann,* Beiladung und Rechtsschutzmöglichkeiten Dritter in der deutschen Fusionskontrolle, in: WuW 2007, 577; *Wieckmann,* Akteneinsicht und Wahrung von Geschäftsgeheimnissen im Kartellverwaltungsverfahren, in: WuW 1983, 13; *Wolf,* Unternehmensbegriff, Zuständigkeit der Kartellämter und Rechtsweg bei öffentlich-rechtlichen Leistungsbeziehungen, in: BB 2011, 648–654.

I. Verfahrenseinleitung

1. Von Amts wegen und auf Antrag

1 **a)** Nach § 54 Abs. 1 Satz 1 kann die Kartellbehörde ein Verfahren **von Amts wegen** einleiten, etwa bei Kartell- und Missbrauchsverdacht, ist dabei nicht an Anträge gebunden, sondern leitet nach pflichtgemäßem Ermessen ein Verfahren ein. Deshalb ist ein konkret formulierter Antrag nicht erforderlich, solange sich aus einer Eingabe ausreichende Anhaltspunkte für einen möglichen Verstoß ergeben. Zwar sind Eingaben mangels subjektiv-öffentlichem Recht des Eingebers auf ein Einschreiten der Kartellbehörde[1] nur eine Anregung zur Verfahrenseinleitung, in der Praxis stellen sie aber eine unverzichtbare Hilfe für die Kartellbehörden dar, um auf Verstöße aufmerksam zu werden. Im Zuge der 6. GWB-Novelle ist durch die Anfügung von § 54 Abs. 1 Satz 2 eine Klarstellung dahingehend erfolgt, dass die Kartellbehörde auf eine Eingabe hin zum Schutz des Eingebers tätig werden kann.[2] Dass auf eine Anregung hin ein Verfahren von Amts wegen eingeleitet werden kann, ist zunächst eine Selbstverständlichkeit. Durch die Betonung der amtswegigen Verfahrenseröffnung wollte der Gesetzgeber jedoch darüber hinaus sicherstellen, dass die Identität des Eingebers nicht in den Akten der Kartellbehörde erscheint, um der Problematik entgegenzuwirken, dass ein von einer rechtswidrigen Verhaltensweise betroffenes Unternehmen sich aus Angst vor Repressalien nicht an die Kartellbehörde wendet (sog. Roß- und Reiter-Problematik).[3] Eine Ermessensreduzierung auf Null ist ausnahmsweise denkbar; ein **Anspruch auf ein Einschreiten** der Kartellbehörde ist jedoch nicht gegeben, wenn für den Eingeber eigene Abwehransprüche bestehen und vor den Zivilgerichten geltend gemacht werden können.[4]

2 **b)** § 54 Abs. 1 Satz 1 sieht nicht nur die Verfahrenseinleitung von Amts wegen, sondern auch **auf Antrag** vor. Bei einem Antragsverfahren ist die Behörde verpflichtet, auf einen Antrag hin tätig zu werden; das Opportunitätsprinzip wird durch das Legalitätsprinzip er-

---

[1] BGH 6.3.2001, KVZ 20/00, Rn. 5, zit. nach juris; BGH 11.3.1997, KVZ 22/96, WuW/E BGH 3113, 3114 – *Rechtsschutz gegen Berufsordnung;* BGH 19.12.1995, KVZ 23/95, WuW/E BGH 3035, 3036 – *Nichtzulassungsbeschwerde;* BGH 25.10.1983, KVR 8/82, WuW/E BGH 2058, 2059f. – *Internord;* BGH 14.11.1968, KVR 1/68, WuW/E BGH 995, 998f. – *Taxiflug.*

[2] RegBegr zu § 54, BT-Drucks. 13/9720, S. 64.

[3] BT-Drucks. 13/9720, S. 45.

[4] BGH 6.3.2001, KVZ 20/00, Rn. 5, zit. nach juris; OLG Düsseldorf 28.6.2000, Kart 6/00 (V), WuW/E DE-R 546ff. – *Herzklinik;* BGH 25.10.1983, KVR 8/82, WuW/E BGH 2058, 2059f. – *Internord;* BGH 14.11.1968, KVR 1/68, WuW/E BGH 995, 998f. – *Taxiflug.*

setzt (vgl. § 22 Satz 2 Nr. 1 2. Alt. VwVfG).[5] Bei einem **reinen Antragsverfahren** wird zusätzlich das Offizialprinzip durch die Dispositionsmaxime ersetzt (vgl. § 22 Satz 2 Nr. 2).[6] Die Behörde darf in diesem Fall nur auf Antrag tätig werden, und der Antragsteller hat es in der Hand, das Verfahren durch Rücknahme des Antrags zu beenden. Im kartellverfahrensrechtlichen Kontext wird der Begriff „Antragsverfahren" uneinheitlich verwendet. Teilweise wird die Verpflichtung der Behörde zum Tätigwerden in den Vordergrund gestellt,[7] teilweise wird unter dem Begriff „Antragsverfahren" nur das reine Antragsverfahren verstanden.[8] In der Sache ist jedenfalls den materiellen Vorschriften des GWB zu entnehmen, inwieweit eine Verpflichtung der Kartellbehörde zum Tätigwerden besteht oder das Verfahren der Verfügungsbefugnis des Antragstellers unterworfen sein soll.[9] Keine Verpflichtung zum Tätigwerden des Bundeskartellamts begründet der „Antrag" nach § 30 Abs. 3 S. 1 (Missbrauchsaufsicht über die Preisbindung bei Zeitungen und Zeitschriften),[10] er ist lediglich als Anregung zu verstehen.[11] Gleiches gilt für eine an die Kartellbehörde gerichtete Anregung der Unternehmen, nach § 32c zu entscheiden, dass kein Anlass zum Tätigwerden besteht.[12] Reine Antragsverfahren sind die Verfahren betreffend die Anerkennung von Wettbewerbsregeln (§ 24 Abs. 3), die Befreiung vom Vollzugsverbot (§ 41 Abs. 2), die Ministererlaubnis in der Zusammenschlusskontrolle (§ 42 Abs. 1) und die Beiladung (§ 54 Abs. 2 Nr. 3).

Das **Verfahren der Zusammenschlusskontrolle nach § 40** ist ebenfalls ein **reines** 3
Antragsverfahren,[13] die Anmeldung nach § 39 somit als Antrag zu qualifizieren.[14] Zwar hat der Antragsteller keinen Anspruch auf eine förmliche Verfügung des Bundeskartellamtes, weil das Verfahren in der ersten Phase durch formloses Freigabeschreiben oder Fristablauf beendet werden kann, jedoch hat der Antragsteller ein subjektives öffentliches Recht darauf, dass innerhalb des Fristenregimes des § 40 seitens des Bundeskartellamtes eine Prüfung der Untersagungsvoraussetzungen vorgenommen wird. Das öffentliche Interesse steht der Verfügungsbefugnis des Anmelders über das Ende des Verfahrens nicht entgegen, weil dem Prinzip der präventiven Fusionskontrolle durch das Vollzugsverbot des § 41 Abs. 1 Rechnung getragen wird.[15] Hält man die Untersagung eines noch nicht vollzogenen Zusammenschlusses auch ohne Anmeldung für möglich[16] (etwa wenn das Bundeskartellamt auf andere Weise als durch eine Anmeldung von dem Vorhaben Kenntnis erlangt oder wenn die Anmeldung zurückgenommen wird[17]), so erfolgt die Untersagung im Rahmen eines amtswegigen Verfahrens außerhalb des Fristenregimes des § 40.

---

[5] Kopp/Ramsauer, VwVfG, § 22 Rn. 5, 26.

[6] Kopp/Ramsauer, VwVfG, § 22 Rn. 5, 27.

[7] *Bracher* in: Frankfurter Kommentar, GWB, § 54, Rn. 20.

[8] BGH 20.4.2010, KVR 1/09, WuW/E DE-R 2905, 2907 f. – *Phonak/GN Store; Bach* in: Immenga/Mestmäcker, GWB, § 54 Rn. 2.

[9] In Bezug auf die Verpflichtung der Behörde zum Tätigwerden *Bracher* in: Frankfurter Kommentar, GWB, § 54, Rn. 20, 40.

[10] *Bahr,* in: Langen/Bunte, § 30, Rn. 174.

[11] *Emmerich* in: Immenga/Mestmäcker, GWB, § 30 Rn. 149.

[12] Siehe die Kommentierung zu § 32c, Rn. 6; *Bach* in: Immenga/Mestmäcker, GWB, § 32c, Rn. 12 f.; *Bornkamm,* in: Langen/Bunte, § 32c, Rn. 8; *Keßler* in: MünchKommGWB, § 32c, Rn. 6; BT-Drucks. 15/3640, S. 34.

[13] BGH 20.4.2010, KVR 1/09, WuW/E DE-R 2905, 2907 f. – *Phonak/GN Store.*

[14] *Ost* in: MünchKommGWB, § 54, Rn. 6; *Bechtold,* GWB, § 54 Rn. 3; **a. A.** *Bracher* in: Frankfurter Kommentar, GWB, § 54, Rn. 36.

[15] BGH 20.4.2010, KVR 1/09, WuW/E DE-R 2905, 2908 – *Phonak/GN Store.*

[16] Siehe die Kommentierung zu § 40, Rn. 14; *Kallfaß,* in: Langen/Bunte, § 40, Rn. 5; *Dubberstein,* in: MünchKommGWB, § 54, Rn. 4; *Bechtold,* GWB, § 40 Rn. 44; **a. A.** *Thomas* in: Immenga/Mestmäcker, GWB, § 39 Rn. 15.

[17] Vgl. zur Möglichkeit der amtswegigen Fortführung des Verfahrens nach Rücknahme einer Anmeldung *Ost* in: MünchKommGWB, § 54, Rn. 6.

4 Wird ein Entflechtungsverfahren nach § 41 Abs. 3 aufgrund einer Anzeige nach § 39 Abs. 6 eingeleitet, weil ein nicht angemeldeter Zusammenschluss bereits vollzogen wurde (vgl. § 41 Abs. 1 Satz 3 Nr. 3), handelt es sich jedenfalls nicht um ein reines Antragsverfahren, weil das Entflechtungsverfahren auch unabhängig von einer Anzeige von Amts wegen durchgeführt werden kann. Insoweit steht in einem solchen Fall die Anzeige nicht einer Anmeldung gleich.[18] Der Gesetzgeber geht zwar davon aus, dass nach Eingang einer Anzeige ein Entflechtungsverfahren eingeleitet und in angemessener Zeit abgeschlossen wird.[19] Da ein Entflechtungsverfahren aber in erster Linie im öffentlichen Interesse durchgeführt wird, handelt es sich bei der Verpflichtung des Bundeskartellamts zur Durchführung des Verfahrens um eine amtswegige Pflicht im Sinne des § 22 Satz 2 Nr. 1 1. Alt. VwVfG; der Vorteil der zivilrechtlichen Heilung der Unwirksamkeit der Rechtsgeschäfte erscheint demgegenüber lediglich als Reflex.

2. Zeitpunkt der Verfahrenseinleitung

5 Ab dem Moment der Verfahrenseinleitung wird den Beteiligten die verfassungsrechtlich garantierte und durch Verfahrensrechte abgesicherte Mitwirkung am Verfahren eröffnet. Zu unterscheiden ist die Verfahrenseinleitung auf Antrag einerseits sowie von Amts wegen andererseits. **Antragsverfahren** beginnen mit der Antragstellung.[20] Eine Rücknahme des Antrags führt dazu, dass das Verfahren endet, es sei denn, es bestehen Anträge weiterer Antragsteller fort oder die Kartellbehörde betreibt das Verfahren von Amts wegen weiter.[21] Ein **Amtsverfahren** beginnt entweder durch eine Einleitungsentscheidung oder durch eine tatsächliche Außenwirkung i. S. d. § 9 VwVfG. Die Möglichkeit der Verfahrenseinleitung durch **Einleitungsentscheidung** ergibt sich aus der in § 22 Satz 1 gesetzlich vorgesehenen Offizialmaxime.[22] Eine solche Entscheidung ist fakultativ;[23] sie ist keine Verfügung der Kartellbehörde im Sinne der §§ 61, 63, sondern ergeht formlos.[24] Ein Verfahren ist unabhängig von einer Einleitungsentscheidung spätestens durch eine **tatsächliche Außenwirkung** i. S. d. § 9 VwVfG eingeleitet. Diese tritt beispielsweise durch jede Form der nach außen gerichteten Ermittlungstätigkeit ein – sei es nach § 59 oder formlos.[25] Durch die Mitteilung an ein möglicherweise betroffenes Unternehmen, man überprüfe einen bestimmten Sachverhalt, dürfte in der Regel ein Verfahren eingeleitet sein.[26] Denn ab diesem Zeitpunkt ist damit zu rechnen, dass das verfahrensbetroffene Unternehmen Stellungnahmen abgeben möchte, so dass die Informationsbeschaffung über den behördeninternen Bereich hinausgeht. Eine „Vorfeldermittlung" ohne förmliches Verwaltungsverfahren ist dann möglich, wenn weder eine Einleitungsentscheidung getroffen wurde noch Außenwirkung eingetreten ist. In diesem Fall kann sich die Kartellbehörde auch ohne förmliches Verwaltungsverfahren ein erstes Bild davon machen, ob die von dritter Seite erhobenen Vorwürfe die Einleitung eines Kartellverwaltungsverfahrens rechtfertigen.[27] In Anbetracht

---

[18] **A. A.** *Bechtold,* GWB, § 54 Rn. 3.

[19] Gesetzentwurf der Bundesregierung zur 8. GWB-Novelle, BT-Drucks. 17/9852, S. 31.

[20] *Bach* in: Immenga/Mestmäcker, GWB, § 54 Rn. 4; *Schneider* in: Langen/Bunte, § 54 Rn. 9; *Ost* in: MünchKommGWB, § 54, Rn. 6; Kopp/Ramsauer, VwVfG, § 22 Rn. 18; **a. A.** *Bracher* in: FK, § 54, Rn. 14; *Schmitz,* in: Stelkens/Bonk/Sachs, VwVfG, § 9 Rn. 105.

[21] *Bach* in: Immenga/Mestmäcker, GWB, § 54 Rn. 4.

[22] *Schmitz,* in: Stelkens/Bonk/Sachs, VwVfG, § 22 Rn. 105.

[23] OLG Celle 21.2.1973, 13 (Kart.) V 1/72, WuW/E OLG 1387, 1388 – *Bauleitplan.*

[24] *Bach* in: Immenga/Mestmäcker, GWB, § 54 Rn. 6; gegen die Zulässigkeit einer „förmlichen" Einleitungsverfügung *Ost* in: MünchKommGWB, § 54, Rn. 4.

[25] *Bracher* in: Frankfurter Kommentar, GWB, § 54, Rn. 19.

[26] *Bach* in: Immenga/Mestmäcker, GWB, § 54 Rn. 4; *Bechtold,* § 54 Rn. 2; KG 6.12.1968, Kart 16/68, WuW/E OLG 964, 965 – *Autoschmiermittel.*

[27] *Bach* in: Immenga/Mestmäcker, GWB, § 54 Rn. 6.

der zahlreichen Eingaben, die die Kartellbehörden täglich erreichen, entspricht dies auch einem praktischen Bedürfnis.

Eine Verpflichtung der Kartellbehörde zur **Mitteilung über die Verfahrenseinleitung** gegenüber potentiellen Beiladungspetenten besteht nach § 13 Abs. 2 Satz 2 2. Hs. VwVfG nur im Falle notwendiger Beiladung,[28] während in den Fällen einfacher Beiladung die Mitteilung im Ermessen der Kartellbehörde steht.[29] Der verfahrensbetroffene Verfahrensbeteiligte muss nicht sofort unterrichtet werden, er wird ohnehin spätestens anlässlich der gesetzlich vorgeschriebenen Anhörung gem. § 56 GWB von der Einleitung des Verfahrens unterrichtet.[30] 6

II. Beteiligtenbegriff

1. Beteiligte nach § 54 Abs. 2 Nr. 1, 2, 4 und Abs. 3

a) Die Verfahrensbeteiligung nach **Abs. 2 Nr. 1** setzt voraus, dass in einem Antragsverfahren mit Antragsberechtigung eine Antragstellung erfolgt.[31] **Antragsverfahren** beginnen automatisch mit der Antragstellung (siehe Rn. 5). Die vom GWB vorgesehenen reinen Antragsverfahren (siehe Rn. 2) sind der Hauptanwendungsfall der Verfahrensbeteiligung nach **Abs. 2 Nr. 1.** Wenn ein Verfahren mangels subjektiven öffentlichen Rechts auf Tätigwerden der Kartellbehörde nur von Amts wegen eingeleitet werden kann, ist eine an die Kartellbehörde gerichtete Aufforderungen zum Tätigwerden lediglich als Anregung zur Verfahrenseinleitung zu werten, die nicht die Position eines Verfahrensbeteiligten i. S. d. § 54 Abs. 2 Nr. 1 vermittelt.[32] Soweit wirtschaftliche Interessen eines Eingebers berührt sind, kann er sich beiladen lassen.[33] Im Übrigen kann ein Eingeber durch Erteilung von Auskünften (§ 59 Abs. 1) und durch eine eigene Stellungnahme (§ 56 Abs. 2) das Verfahren fördern. 7

Die **Antragsberechtigung** liegt dann vor, wenn der Antragsteller zu dem vom Gesetz definierten Kreis der Antragsberechtigten gehört. So spricht § 24 Abs. 3 von der Wirtschafts- oder Berufsvereinigung, § 41 Abs. 2 von den beteiligten Unternehmen und § 54 Abs. 2 Nr. 3 von den Personen und Personenvereinigungen, deren Interessen durch die Entscheidung erheblich berührt werden. Im Rahmen der Fusionskontrolle ist der Kreis der möglichen Anmelder nicht auf die in § 39 Abs. 2 genannten, zur Anmeldung verpflichteten Unternehmen beschränkt. Der Anmelder ist daher in jedem Fall verfahrensbeteiligt nach **Abs. 2 Nr. 1.**[34] 8

Die tatsächliche **Antragstellung** ist erforderlich für eine Verfahrensbeteiligung nach nach Abs. 2 Nr. 1. Maßgeblicher Zeitpunkt ist der Zugang des Antrags bei der Behörde.[35] Nimmt der Berechtigte seinen Antrag zurück, so endet damit seine Verfahrensbeteiligung,[36] weshalb von ihm anschließend keine Akteneinsicht oder die Zustellung der Verfügung beansprucht werden kann. 9

b) Betroffener (Abs. 2 Nr. 2) ist der potentielle Adressat einer kartellbehördlichen Verfügung. Hat die Kartellbehörde ein Ermessen hinsichtlich der Störerauswahl, hängt die Verfahrensbeteiligung von der subjektiven Einleitungsentscheidung der Kartellbehörde ab; 10

---

[28] Dazu im Einzelnen unten Rn. 21.
[29] KG 11.1.1984, Kart. 11/83, WuW/E OLG 3217, 3219.
[30] *Bracher* in: Frankfurter Kommentar, GWB, § 54, Rn. 23.
[31] *Bach* in: Immenga/Mestmäcker, GWB, § 54 Rn. 6; *Schneider* in: Langen/Bunte, § 54 Rn. 11; **a. A.** *Bracher* in: Frankfurter Kommentar, GWB, § 54, Rn. 36.
[32] BGH 9.7.2002, KVR 15/01 (unveröffentlicht).
[33] Dazu unten Rn. 14 ff.
[34] *Ost* in: MünchKommGWB, § 54, Rn. 11; *Bechtold,* GWB, § 54 Rn. 3; **a. A.** *Bracher* in: Frankfurter Kommentar, GWB, § 54, Rn. 36.
[35] *Bach* in: Immenga/Mestmäcker, GWB, § 54 Rn. 23; *Schneider* in: Langen/Bunte, § 54 Rn. 9.
[36] *Bach* in: Immenga/Mestmäcker, GWB, § 54 Rn. 23.

es kommt nicht auf die objektive Störereigenschaft an.[37] Im Rahmen der Zusammenschlusskontrolle hat das Bundeskartellamt kein Ermessen hinsichtlich der Verfahrensbeteiligung nach Abs. 2 Nr. 2. Alle materiell im Sinne der §§ 35 ff. am Zusammenschluss beteiligten Unternehmen[38] sind verfahrensbetroffen im Sinne von Abs. 2 Nr. 2 und daher vom Bundeskartellamt am Verfahren zu beteiligen. Eine Besonderheit ist hinsichtlich der **Verbundklausel des § 36 Abs. 2 GWB** zu beachten. Zwar führt § 36 Abs. 2 zu einer Gesamtbetrachtung von Ressourcen und Marktanteilen, dies hat jedoch keine Auswirkungen auf die verfahrensrechtliche Betroffenheit.[39] Herrschende Unternehmen sind daher nicht verfahrensbeteiligt im Sinne des Abs. 2 Nr. 2,[40] dies gilt auch für abhängige Tochterunternehmen.[41] Eine Ausnahme gilt im Falle des § 37 Abs. 1 Nr. 3 Satz 3 GWB: Alle in diesem Sinne am Gemeinschaftsunternehmen Beteiligten sind auch verfahrensbetroffen im Sinne des Abs. 2 Nr. 2.[42] Eine weitere Ausnahme hat die Rechtsprechung im Falle eines Mutterunternehmens des Veräußerers anerkannt, das selbst durch eine vertragliche Vereinbarung mit dem Erwerber in besonderer Weise „wirtschaftlich unmittelbar beteiligt“ war.[43]

11 Der durch ein kartellbehördliches Verfahren Begünstigte ist nicht betroffen im Sinne von Abs. 2 Nr. 2, so dass insbesondere im Zusammenhang mit Marktmachtmissbrauch die diskriminierten oder unbillig behinderten Unternehmen nicht ohne weiteres verfahrensbeteiligt sind.[44]

12 **c)** Soweit im Hinblick auf den **Veräußerer (Abs. 2 Nr. 4)** nicht der Zusammenschlusstatbestand des § 37 Abs. 1 Nr. 3 Satz 3 erfüllt ist, gehört er nicht zum Kreis der materiell nach § 35 ff. Zusammenschlussbeteiligten. Er wird daher nicht über Abs. 2 Nr. 2, sondern über Nr. 4 in den Kreis der Verfahrensbeteiligten einbezogen. Infolge dieser Beteiligungspflicht gegenüber dem Veräußerer ist auch in den Fällen des Kontrollerwerbs nach § 37 Abs. 1 Nr. 2 immer mitzuprüfen, ob zugleich eine Vermögens- oder Anteilsveräußerung gegeben ist, um nicht Gefahr zu laufen, die Verfahrensbeteiligung des Veräußerers zu übersehen. Die Kenntnis des Bundeskartellamtes von dem Veräußerer ist allerdings gesetzlich nur über dessen Anmeldepflicht nach § 39 Abs. 1 Nr. 2 sichergestellt. Falls er die eigenständige Anmeldung versäumt, kann das Bundeskartellamt jedenfalls keine Pflicht treffen, den Veräußerer zum Beispiel durch Anfordern des Veräußerungsvertrags oder durch Nachfragen bei den Anmeldern selbst zu ermitteln. Unlösbare Probleme ergäben sich andernfalls vor allem bei einer Veräußerung durch unzählige und nicht zu identifizierende Kleinaktionäre. Die Muttergesellschaft des Veräußerers ist nicht automatisch über § 54 Abs. 2 Nr. 4 am Verfahren beteiligt.[45] Es gilt die bereits oben (Rn. 10) genannte Ausnahme im Falle der „wirtschaftlichen“ Beteiligung des Mutterunternehmens.[46]

---

[37] *Ost* in: MünchKommGWB, § 54, Rn. 12.

[38] Siehe die Kommentierung zu § 39, Rn. 9.

[39] *Thomas* in: Immenga/Mestmäcker, GWB, § 36 Rn. 798; *Becker/Knebel/Christiansen* in: MünchKommGWB, § 36, Rn. 312.

[40] BGH 25.6.1985, KVR 3/84, WuW/E BGH 2150, 2151 f. – *Edelstahlbestecke;* KG 9.9.1983, Kart. 19/81, WuW/E OLG 3137, 3138 – *Rheinmetall-WMF;* KG 2.7.1982, Kart. 21/80, WuW/E OLG 2663, 2664 – *Texaco-Zerssen;* KG 3.7.1981, Kart. 22/80, WuW/E OLG 2527, 2529 f. – *Springer- az Anzeigenblatt.*

[41] KG 10.1.1996, Kart 23/94, WuW/E OLG 5621, 5634 f. – *Stadtwerke Garbsen.*

[42] BGH 25.9.2007, KVR 25/06, WuW/E DE-R 2138, 2139 – *Anteilsveräußerung;* BGH 25.6.1985, KVR 3/84, WuW/E BGH 2150, 2152 – *Edelstahlbestecke; Ost* in: MünchKommGWB, § 54, Rn. 14.

[43] KG 26.11.1980, Kart 17/80, WuW/E OLG 2411, 2413 – *Synthetischer Kautschuk I.*

[44] *Bach* in: Immenga/Mestmäcker, GWB, § 54 Rn. 25; *Bracher* in: Frankfurter Kommentar, GWB, § 54, Rn. 46.

[45] *Bach* in: Immenga/Mestmäcker, GWB, § 54 Rn. 28; *Schneider* in: Langen/Bunte, § 54 Rn. 49; *Ost* in: MünchKommGWB, § 54, Rn. 15; *Bracher* in: Frankfurter Kommentar, GWB, § 54, Rn. 48.

[46] Siehe oben Fn. 43 sowie dazugehöriger Text; **a. A.** *Bracher* in: Frankfurter Kommentar, GWB, § 54, Rn. 48.

d) Verfahrensbeteiligter in Verfahren der obersten Landesbehörden ist immer auch das **Bundeskartellamt (Abs. 3).** Diese Regelung soll frühzeitig die einheitliche Entscheidungspraxis der verschiedenen Kartellbehörden gewährleisten,[47] die sonst erst durch die Befassung des Bundesgerichtshofs mit den jeweiligen Fällen erreicht würde. Umgekehrt sind die obersten Landesbehörden an Verfahren des Bundeskartellamts nicht beteiligt; diese können sich auch nicht beiladen lassen.[48] 13

2. Beigeladene nach § 54 Abs. 2 Nr. 3

Durch die Beiladung erhält der Beiladungspetent im Verwaltungsverfahren die Stellung eines Verfahrensbeteiligten, mit der insbesondere Akteneinsichts- und Stellungnahmerechte einhergehen. Die Stellung als Verfahrensbeteiligter setzt sich im gerichtlichen Beschwerdeverfahren fort (§ 67 Abs. 1 Nr. 3). Bedeutung hat das Beiladungsverfahren auch für die Beschwerdebefugnis des Beiladungspetenten. Allerdings ist – entgegen dem Wortlaut des § 63 Abs. 2 – die tatsächlich erfolgte Beiladung nicht in jedem Fall Voraussetzung für die Beschwerdebefugnis.[49] Außerdem ist die Beschwerdebefugnis nicht die einzige Zulässigkeitsvoraussetzung einer Beschwerde des Beiladungspetenten gegen die behördliche Entscheidung im Hauptverfahren, zusätzlich muss die formelle und materielle Beschwer gegeben sein.[50] Insbesondere bei Verbänden ist es möglich, dass zwar die Voraussetzungen einer Beiladung nach § 54 Abs. 2 Nr. 3, nicht aber die Voraussetzungen der materiellen Beschwer vorliegen.[51] Unabhängig von einer Beiladung kann ein interessiertes Unternehmen einen Beitrag zur Sachverhaltsaufklärung und zur rechtlichen Würdigung stets über die Instrumente des Auskunftsverlangens und der Stellungnahme einbringen (§ 59 Abs. 1, § 56 Abs. 2). Über den Verfahrensstand kann sich ein interessiertes Unternehmen im Rahmen der Transparenzpflichten des Bundeskartellamts ohne Beiladung durch die Kartellbehörde informieren. 14

a) Mit **„Personen und Personenvereinigungen“** sind in § 54 Abs. 2 Nr. 3 natürliche und juristische Personen sowie Vereinigungen dieser Personen gemeint. Eine Unternehmenseigenschaft ist nicht erforderlich, lediglich Beteiligtenfähigkeit nach § 77 muss gegeben sein. Beiladungsfähige Nichtunternehmer können je nach Interessenlage insbesondere Wirtschafts- und Berufsvereinigungen (soweit sie nicht bereits durch eine über die verbandspolitische Zielsetzung hinausgehende Tätigkeit Unternehmen sind) sowie Verbraucherverbände sein, nicht jedoch Gewerkschaften.[52] Die obersten Landesbehörden sind nicht beiladungsfähig.[53] 15

b) § 54 Abs. 2 Nr. 3 verlangt von den Antragstellern, dass ihre **„Interessen durch die Entscheidung erheblich berührt werden“.** 16

Die Interessenberührung braucht nur in wirtschaftlicher Hinsicht gegeben sein, eine rechtliche Interessenberührung wie in § 13 Abs. 2 VwVfG ist hingegen nicht erforderlich.[54] Einer Prognose zum Ausgang des Hauptverfahrens bedarf es nicht, es kommt darauf 17

---

47 *Bach* in: Immenga/Mestmäcker, GWB, § 54 Rn. 29; *Bechtold,* GWB, § 54 Rn. 5; *Bracher* in: Frankfurter Kommentar, GWB, § 54 Rn. 51.

48 *Schneider* in: Langen/Bunte, § 54 Rn. 50; *Ost* in: MünchKommGWB, § 54, Rn. 16; *Bach* in: Immenga/Mestmäcker, GWB, § 54 Rn. 29.

49 Zur Beschwerdebefugnis siehe Kommentierung zu § 63, Rn. 14ff. sowie insbesondere zu den Ausnahmen vom Erfordernis der tatsächlichen Beiladung Rn. 20–25.

50 Siehe Kommentierung zu § 63, Rn. 28ff.

51 BGH 30.3.2011, KVZ 100/10, WuW/E DE-R 3284, 3285f. – *Presse-Grossisten;* BGH 14.10. 2008, EnVR 79/07, WuW/E DE-R 2512, 2513 – *Ulm/Neu-Ulm; Ost* in: MünchKommGWB, § 54, Rn. 18.

52 Dazu siehe unten Rn. 18.

53 Siehe Fn. 48 sowie dazugehöriger Text.

54 OLG Düsseldorf 2.7.2014, VI-Kart 2/14 (V), Rn. 17, zit. nach juris; OLG Düsseldorf 7.4.2006, VI-3 Kart 162/06 (V), WuW/E DE-R 1813, 1814 – *Energiewirtschaftsverband;* OLG Düsseldorf

an, ob sich ein mögliches Ergebnis des Verfahrens auf die wirtschaftliche Lage des Beiladungspetenten auswirkt. [55] Dabei genügt eine lediglich mittelbare Berührung der Interessen des Antragstellers.[56] Die berührten Interessen müssen kartellrechtlich relevant sein; es muss sich also um Marktinteressen handeln, die mit der Freiheit des Wettbewerbs oder der Wettbewerbsstruktur zusammenhängen.[57] Schließlich muss die Interessenberührung erheblich sein, d. h. dass nur entfernt oder geringfügig in ihren Interessen betroffene Unternehmen nicht beigeladen werden sollen.[58] Für die Spürbarkeit der Interessenberührung ist eine solche Nähebeziehung der geltend gemachten Interessen zum Entscheidungsgegenstand und ein solches Gewicht der Auswirkungen der möglichen kartellbehördlichen Verfahrensentscheidungen auf diese Interessen erforderlich, dass es bei wertender Betrachtung insgesamt gerechtfertigt erscheint, dem Beiladungspetenten die mit der Verfahrensbeteiligung verbundenen Rechte einzuräumen.[59]

18 Eine wirtschaftliche Interessenberührung durch die kartellbehördliche Entscheidung ist vor diesem Hintergrund gegeben, wenn der Antragsteller möglicherweise diskriminiert, behindert oder auf andere Weise kartellrechtlichem Missbrauch ausgesetzt wird. Gleiches gilt für einen Wettbewerber oder für Abnehmer und Lieferanten der am Zusammenschluss beteiligten Unternehmen. Auch beim Mutterunternehmen eines Zusammenschlussbeteiligten wird in der Regel eine Interessenberührung vorliegen. Hingegen reicht es nicht aus, dass ein Antragsteller an einer Vorfrage oder an der rechtlichen Begründung einer Entscheidung interessiert ist oder davon reflexartig berührt wird, das Interesse des Beiladungspetenten muss durch den Entscheidungstenor erheblich berührt sein.[60] Ebensowenig liegt eine Interessenberührung im Sinne von § 54 Abs. 2 Nr. 3 vor, wenn das Beiladungsverfahren missbräuchlich ist.[61] Dies kann der Fall sein, wenn die Störung des Hauptverfahrens oder die Auskunftschaftung der übrigen Verfahrensbeteiligten bezweckt ist.[62] Grundsätzlich können im Zusammenhang mit der Beiladung auch Verbraucherschutzinteressen, wie sie z. B. durch einen Verband repräsentiert sein können, kartellrechtlich relevant sein; allerdings war es unter der Rechtslage vor der 7. GWB-Novelle schwer, eine spürbare und nicht nur entfernte oder geringfügige Interessenberührung darzutun: Es wurde für die Frage der Erheblichkeit auf jeden einzelnen Verbraucher abgestellt.[63] Deswegen hat der Gesetzgeber die Nr. 3 im Zuge der 7. GWB-Novelle dahingehend ergänzt, dass derartige

---

16.6.2004, VI-Kart 2/04 (V), WuW/E DE-R 1545, 1546 – *VDZ-Wettbewerbsregeln;* OLG Düsseldorf 5.7.2000, Kart 1/00 (V), WuW/E DE-R 523, 525 – *SPNV.*

[55] OLG Düsseldorf 2.10.2002, Kart 24/02 (V), WuW/E DE-R 1029 – *E.ON/Ruhrgas: Greenpeace;* OLG Düsseldorf 2.9.2002, VI-Kart 27/02 (V), Rn. 3, zit. nach juris; OLG Düsseldorf 5.7.2000, Kart 1/00 (V), WuW/E DE-R 523, 525 – *SPNV.*

[56] OLG Düsseldorf 2.7.2014, VI-Kart 2/14 (V), Rn. 17, zit. nach juris; OLG Düsseldorf 7.4.2006, VI-3 Kart 162/06 (V), WuW/E DE-R 1813, 1814 – *Energiewirtschaftsverband;* OLG Düsseldorf 16.6. 2004, VI-Kart 2/04 (V), WuW/E DE-R 1545, 1546 – *VDZ-Wettbewerbsregeln;* OLG Düsseldorf 5.7. 2000, Kart 1/00 (V), WuW/E DE-R 523, 525 – *SPNV.*

[57] OLG Düsseldorf 2.7.2014, VI-Kart 2/14 (V), Rn. 18, zit. nach juris; OLG Düsseldorf 16.6.2004, VI-Kart 2/04 (V), WuW/E DE-R 1545, 1546 – *VDZ-Wettbewerbsregeln;* OLG Düsseldorf 5.7.2000, Kart 1/00 (V), WuW/E DE-R 523, 525 – *SPNV.*

[58] OLG Düsseldorf 2.7.2014, VI-Kart 2/14 (V), Rn. 19, zit. nach juris; OLG Düsseldorf 16.6.2004, VI-Kart 2/04 (V), WuW/E DE-R 1545, 1546 – *VDZ-Wettbewerbsregeln;* OLG Düsseldorf 5.7.2000, Kart 1/00 (V), WuW/E DE-R 523, 527 – *SPNV.*

[59] OLG Düsseldorf 2.7.2014, VI-Kart 2/14 (V), Rn. 19, zit. nach juris; OLG Düsseldorf 5.7.2000, Kart 1/00 (V), WuW/E DE-R 523, 525 – *SPNV.*

[60] KG 19.1.1983, Kart. 18/82, WuW/E OLG 2970, 2971 – *Coop-Supermagazin.*

[61] OLG Düsseldorf 5.7.1977, Kart. 2/77, WuW/E OLG 1881, 1882 – *Anzeigenpreise; Ost* in: MünchKommGWB, § 54, Rn. 29.

[62] *Bach* in: Immenga/Mestmäcker, GWB, § 54 Rn. 39.

[63] OLG Düsseldorf 2.10.2002, Kart 24/02 (V), WuW/E DE-R 1029, 1030 – *E.ON/Ruhrgas: Greenpeace;* OLG Düsseldorf 2.9.2002, VI-Kart 27/02 (V), Rn. 6 ff., zit. nach juris; vgl. auch *Becker* ZWeR 2003, 199, 204 ff.

Interessen auch dann erheblich berührt werden, wenn sich die Entscheidung auf eine Vielzahl von Verbrauchern auswirkt und dadurch die Interessen der Verbraucher insgesamt erheblich berührt werden. Gewerkschaften sind nicht beiladungsfähig, weil keine kartellrechtlich relevanten Marktinteressen berührt werden.[64] Ob eine Berührung von Umwelt- und Klimaschutzinteressen für die Beiladungsfähigkeit ausreichend ist, dürfte zweifelhaft sein.[65]

Für die Interessenberührung eines **Verbandes** ist die Interessenberührung seiner Mit- 19
glieder ausreichend. Allerdings muss der Verband die Mitgliederinteressen auch tatsächlich und maßgeblich repräsentieren[66] und die Wahrnehmung der Interessen muss zu den satzungsmäßigen Aufgaben des Verbandes gehören.[67] Es müssen nicht – entgegen einer frühen Rechtsprechung des Kammergerichts[68] – sämtliche Verbandsmitglieder betroffen sein, es genügt ein wesentlicher Teil.[69] Das allgemeine Erfordernis, dem zufolge nur kartellrechtlich relevante Interessen von Bedeutung sind, gilt auch für Verbände unverändert.[70]

c) Den Beigeladenenstatus erlangt nur, wen **„die Kartellbehörde beigeladen hat":** 20
Die Beiladung ist nach dem Gesetz nur durch eine Kartellbehörde möglich und nicht durch das Beschwerdegericht.[71] Grundsätzlich steht die Beiladung im pflichtgemäßen **Ermessen** der Kartellbehörde.[72] Ausgangspunkt ist die Überlegung, dass die Beiladung nicht den individuellen Interessen des Beigeladenen zu dienen bestimmt ist, sondern der Förderung des Verwaltungsverfahrens.[73] Durch die aktive Teilnahme von Marktteilnehmern am Verfahren und den damit einhergehenden Input von Branchenwissen und Marktkenntnis soll letztlich die Qualität der behördlichen Entscheidung erhöht werden („erhöhte Richtigkeitsgewähr"[74]). Im Rahmen der Ausübung des Beiladungsermessens hat die Kartellbehörde verschiedene Gesichtspunkte gegeneinander abzuwägen. Insbesondere darf sie die Erfordernisse der Verfahrensökonomie berücksichtigen.[75] Dabei kommt der Kartellbehörde eine Einschätzungsprärogative hinsichtlich der Frage zu, ob das fragliche Unternehmen zur Aufklärung des kartellrechtlich relevanten Sachverhalts beitragen kann.[76] Unter mehreren Beiladungspetenten mit gleichgerichteten Interessen kann die Kartellbehörde eine Auswahl treffen und den Kreis der Beigeladenen begrenzen. Diese schon früh begründete Recht-

[64] KG 16.2.1960, 5 Kart. V 8/59, WuW/E OLG 339, 340 ff. – *IG Bergbau; Schneider* in: Langen/Bunte, § 54 Rn. 22; **a. A.:** *Bach* in: Immenga/Mestmäcker, GWB, § 54 Rn. 33; *Ost* in: MünchKommGWB, § 54, Rn. 21, wobei zu beachten ist, dass der „Journalisten-Verband" [OLG Düsseldorf 19.1.2010,– VI-Kart 10/09 (V)] zumindest auch als Interessenvertretung freiberuflich tätiger Journalisten handelte.

[65] Vgl. OLG Düsseldorf 2.10.2002, Kart 24/02 (V), WuW/E DE-R 1029, 1030 – *E.ON/Ruhrgas: Greenpeace.*

[66] OLG Düsseldorf 2.7.2014, VI-Kart 2/14 (V), Rn. 17, zit. nach juris; *Bach* in: Immenga/Mestmäcker, GWB, § 54 Rn. 38.

[67] OLG Düsseldorf 2.7.2014, VI-Kart 2/14 (V), Rn. 23–24, zit. nach juris; *Bracher,* in: Frankfurter Kommentar, § 54, Rn. 58.

[68] KG 7.11.1969, Kart 8/69, WuW/E OLG 1071, 1073 – *Triest-Klausel.*

[69] OLG Düsseldorf 2.7.2014, VI-Kart 2/14 (V), Rn. 17, zit. nach juris; OLG Düsseldorf 2.9.2002, VI-Kart 27/02 (V), Rn. 9, zit. nach juris; *Schneider* in: Langen/Bunte, § 54 Rn. 23; *Bechtold,* GWB, § 54 Rn. 11; *Bach* in: Immenga/Mestmäcker, GWB, § 54 Rn. 38.

[70] Vgl. OLG Düsseldorf 2.7.2014, VI-Kart 2/14 (V), Rn. 18, zit. nach juris.

[71] BGH 9.7.2002, KVR 15/01 (nicht veröffentlicht); OLG Düsseldorf 21.6.2004, VI-Kart 6/04 (V), Rn. 3, zit. nach juris.

[72] OLG Düsseldorf 2.7.2014, VI-Kart 2/14 (V), Rn. 31, zit. nach juris; BGH 7.11.2006, KVR 37/05, WuW/E DE-R 1857, 1858 – *pepcom;* BGH 7.11.2006, KVR 38/05, WuW/E DE-R 2029, 2030 – iesy/Ish.

[73] Siehe Fn. 72.

[74] *Ost* in: MünchKommGWB, § 54, Rn. 18.

[75] Siehe Fn. 72.

[76] OLG Düsseldorf 2.7.2014, VI-Kart 2/14 (V), Rn. 32, zit. nach juris; OLG Düsseldorf 7.4.2006, VI-3 Kart 162/06 (V), WuW/E DE-R 1813, 1814 – *Energiewirtschaftsverband;* OLG Düsseldorf 5.7.2000, Kart 1/00 (V), WuW/E DE-R 523, 527 – *SPNV; Ost* in: MünchKommGWB, § 54, Rn. 27.

sprechung[77] hat das OLG Düsseldorf auch nach Inkrafttreten der 6. GWB-Novelle, mit welcher die Beschwerdemöglichkeiten Dritter speziell in der Zusammenschlusskontrolle verbessert und die formelle Beschwerdebefugnis Dritter insoweit an die Beiladung geknüpft wurde,[78] fortgeführt.[79] Der BGH hat das der Kartellbehörde zugesprochene weite Ermessen insbesondere auch bei der Begrenzung der Zahl der Beigeladenen bestätigt, allerdings nicht ohne gleichzeitig die Beschwerdebefugnis des Beiladungspetenten im Rahmen einer erweiternden Auslegung des § 63 Abs. 2 zu stärken: Liegen die Tatbestandsvoraussetzungen für eine Beiladung vor, ist der Beiladungsantrag jedoch nur aus verfahrensökonomischen Gründen abgelehnt worden, steht dem Beiladungspetenten ein Beschwerderecht gegen die Hauptsacheentscheidung zu, wenn er geltend machen kann, dass ihn diese Entscheidung unmittelbar und individuell betrifft.[80] Im Rahmen der **Ermessensausübung** kann die Kartellbehörde weiterhin etwaige Geheimhaltungsinteressen der übrigen Beteiligten grundsätzlich berücksichtigen, allerdings werden solche Interessen in aller Regel einer Beiladung nicht entgegenstehen: Zum einen nimmt das Gesetz durch Zurverfügungstellung des Instruments der Beiladung eine gewisse Belastung der Geheimhaltungsinteressen der Beteiligten in Kauf, zum anderen hat die Kartellbehörde Geschäftsgeheimnisse der Beteiligten gem. § 30 VwVfG, § 72 Abs. 2 Satz 2 zu wahren.[81] Eine Ablehnung des Beiladungsantrags ist vor diesem Hintergrund nur in besonderen Konstellationen denkbar, etwa wenn es in einem Verfahren in großem Umfang auf Geschäftsgeheimnisse der Betroffenen ankommt.[82] Ermessensfehlerhaft ist die Ablehnung eines Beiladungsantrages, wenn sie ausschließlich auf angeblich ausreichende Tatsachenkenntnis der Behörde und übermäßige Arbeitsbelastung gestützt ist, obwohl nicht auszuschließen ist, dass die Beiladungspetentin einen möglicherweise weiterführenden Beitrag zur Aufklärung des Sachverhalts leisten kann.[83]

21 Kein Ermessen in Bezug auf die Beiladung zum Verfahren hat die Kartellbehörde im Falle der von der Rechtsprechung anerkannten **notwendigen Beiladung.** Unabhängig davon, ob man sie unmittelbar auf § 13 Abs. 2 Satz 2 VwVfG oder auf eine erweiternde Auslegung des § 54 Abs. 2 Nr. 3 stützt, setzt sie jedenfalls einen Antrag voraus. Nach dem BGH liegt unter Bezugnahme auf § 65 Abs. 2 VwGO und § 71 Abs. 1 Satz 4 GWB eine notwendige Beiladung vor, wenn die Entscheidung dem Dritten gegenüber nur einheitlich ergehen kann, was dann der Fall ist, wenn der Dritte durch die zu treffende Entscheidung in eigenen Rechten verletzt werden kann.[84] Beispiele hierfür sind ein privatrechtsgestaltender Verwaltungsakt oder ein Verwaltungsakt mit Doppelwirkung.[85] Obwohl das Beschwerdegericht im kartellverwaltungsrechtlichen Beschwerdeverfahren keine Beiladung aussprechen kann, orientiert sich der BGH am Wortlaut des § 65 Abs. 2 VwGO; eine inhaltliche

---

[77] KG 22.8.1980, Kart 7/80, WuW/E OLG 2356, 2359 – *Sonntag Aktuell;* OLG Düsseldorf 5.7. 1977, Kart. 2/77, WuW/E OLG 1881, 1886 – *Anzeigenpreise;* KG 6.12.1968, Kart 16/68, WuW/E OLG 964, 968 f. – *Autoschmiermittel.*

[78] *Laufkötter* WuW 1999, 671, 673.

[79] OLG Düsseldorf 5.12.2002, VI-Kart 37/02 (V), Rn. 4, zit. nach juris; zum Spannungsverhältnis von Auswahlermessen und Beschwerdebefugnis vgl. auch *Dormann,* Drittklagen im Recht der Zusammenschlusskontrolle, S. 82 f.; *Becker* ZWeR 2003, 199, 207 f.

[80] BGH 7.11.2006, KVR 37/05, WuW/E DE-R 1857, 1859 – *pepcom;* BGH 7.11.2006, KVR 38/05, WuW/E DE-R 2029, 2031 – iesy/Ish.

[81] OLG Düsseldorf 5.7.2000, Kart 1/00 (V), Rn. 45, zit. nach juris, relevante Passage nicht abgedruckt in WuW/E DE-R 523 ff. – *SPNV;* KG 22.8.1980, Kart 7/80, WuW/E OLG 2356, 2359 – *Sonntag Aktuell;* KG 6.12.1968, Kart 16/68, WuW/E OLG 964, 969 – *Autoschmiermittel.*

[82] OLG Düsseldorf 5.7.1977, Kart. 2/77, WuW/E OLG 1881, 1886 – *Anzeigenpreise; Bracher* in: Frankfurter Kommentar, GWB, § 54 Rn. 71.

[83] Im Zusammenhang mit einer Beiladungsablehnung durch die BNetzA OLG Düsseldorf 2.11.2006, VI-3 Kart 165/06 (V), WuW/E DE-R 2050, 2051 f. – *Höchstentgelt.*

[84] BGH 7.4.2009, KVR 34/08, WuW/E DE-R 2728, 2731 – *Versicherergemeinschaft;* BGH 28.6.2005, KVR 27/04, WuW/E 1520, 1522 – *Arealnetz.*

[85] BGH 7.4.2009, KVR 34/08, WuW/E DE-R 2728, 2731 – *Versicherergemeinschaft.*

Abweichung im Vergleich zur früheren Orientierung des Kammergerichts am Wortlaut des § 13 Abs. 2 VwVfG[86] ist damit aber nicht verbunden. Der notwendig Beizuladende ist, soweit er der Kartellbehörde bekannt ist, von der Einleitung des Verfahrens gem. § 13 Abs. 2 Satz 2 2. Alt. zu benachrichtigen.[87]

d) Soweit das Gesetz eine Beiladung **„zu dem Verfahren"** vorsieht, werden damit alle Kartellverwaltungssachen unabhängig von der jeweils geprüften materiellen Norm – Kartellverbot, Missbrauchstatbestände, Fusionskontrollvorschriften usw. – erfasst. Erfasst ist auch das auf den Erlass einer einstweiligen Anordnung nach § 60 gerichtete Verfahren, das zwar kein Hauptsache- aber zumindest ein Zwischenverfahren darstellt (siehe die Kommentierung zu § 60, Rn. 1). Nicht möglich ist die Beiladung zu Nebenverfahren wie etwa dem Auskunftsverfahren gegen Dritte nach § 59 oder einem anderen Beiladungsverfahren. 22

Hinsichtlich des **Zeitrahmens** ist zwischen der Antragstellung und der dem Antrag stattgebenden Beiladungsentscheidung zu unterscheiden. 23

Die **Antragstellung** setzt grundsätzlich ein eingeleitetes Verfahren voraus;[88] bei Kenntnis vom bevorstehenden Verfahrensbeginn können Antragsteller ihren Beiladungsantrag auch vorsorglich bei der Kartellbehörde hinterlegen. Der Antrag muss spätestens bis zum Abschluss des kartellbehördlichen Verfahrens gestellt sein: Dem Erfordernis des rechtzeitig gestellten Beiladungsantrags kommt die Funktion zu, den Kreis der Beschwerdeberechtigten zu bestimmen.[89] Das kartellbehördliche Verfahren ist in der Regel mit der ersten Zustellung der Verfügung an einen Verfahrensbeteiligten gem. § 61 Abs. 1 Satz 1 GWB abgeschlossen.[90] In einem Sonderfall hat der BGH das Verfahren bereits für den Zeitpunkt der Existenz des vorab bekanntgegebenen, aber noch nicht förmlich zugestellten Verwaltungsaktes als beendet angesehen.[91] Das Erfordernis der Antragstellung vor Verfahrensabschluss gilt sowohl für die einfache als auch für die notwendige Beiladung. Eine Antragstellung nach Verfahrensabschluss ist ausnahmsweise dann möglich, wenn – im Falle einfacher Beiladung – das Verfahren nicht öffentlich bekannt geworden ist[92] oder wenn – im Falle notwendiger Beiladung – der notwendig Beizuladende nicht gem. § 13 Abs. 2 Satz 2 2. Alt. von dem Verfahren informiert worden ist.[93] Die öffentliche Bekanntheit eines Verfahrens tritt in Fusionskontrollverfahren in der Praxis bereits mit der Veröffentlichung in der Liste „Aktuelle Liste der angemeldeten Zusammenschlüsse" auf der Internetseite des Bundeskartellamts ein. In anderen Verfahren erlangt die Fachöffentlichkeit (nicht erforderlich ist die Kenntnis des konkreten Beiladungspetenten[94]) in der Regel durch die externen Ermittlungen des Bundeskartellamtes (informelle Befragungen oder formelle Auskunftsersuchen nach § 59) oder eine Anhörung nach § 56 Abs. 2[95] von einem Verfahren Kenntnis. 24

Eine dem Beiladungsantrag stattgebende **Beiladungsentscheidung** kann erst nach einer rechtzeitigen Antragstellung erfolgen, hinsichtlich des weiteren Zeitrahmens ist zu differenzieren zwischen einer formlosen Verfahrensbeendigung und einer Verfahrensbeendigung durch förmliche Entscheidung. 25

---

[86] Vgl. KG 15.3.1991, Kart. 15/90, WuW/E OLG 4753, 4759 – *VW-Leasing;* KG 19.12.1979, Kart 33/79, WuW/E OLG 2193, 2193 f. – *Basalt-Union;* KG 28.11.1979, Kart 12/79, WuW/E OLG 2247, 2257 – *Parallellieferteile.*

[87] BGH 22.2.2005, KVZ 20/04, WuW/E 1544, 1545 – *Zeiss/Leica.*

[88] Zum Zeitpunkt der Verfahrenseinleitung siehe oben Rn. 5.

[89] BGH 7.4.2009, KVR 58/08, WuW/E DE-R 2725, 2726 f. – *Universitätsklinikum Greifswald;* BGH 7.4.2009, KVR 34/08, WuW/E DE-R 2728, 2729 f. – *Versicherergemeinschaft.*

[90] *Bach* in: Immenga/Mestmäcker, GWB, § 54 Rn. 47.

[91] BGH 7.4.2009, KVR 58/08, WuW/E DE-R 2725, 2727 – *Universitätsklinikum Greifswald.*

[92] BGH 7.4.2009, KVR 58/08, WuW/E DE-R 2725, 2727 – *Universitätsklinikum Greifswald;* BGH 7.4.2009, KVR 34/08, WuW/E DE-R 2728, 2730 f. – *Versicherergemeinschaft;* BGH 11.11.2008, EnVR 1/08, WuW/E DE-R 2536, 2537 – *citiworks.*

[93] Vgl. BGH 22.2.2005, KVZ 20/04, WuW/E 1544, 1545 – *Zeiss/Leica.*

[94] *Ost* in: MünchKommGWB, § 54, Rn. 38.

[95] Vgl. BGH 11.11.2008, EnVR 1/08, WuW/E DE-R 2536, 2537 – *citiworks.*

26 Im Falle einer **unanfechtbaren formlosen Verfahrensbeendigung** (z. B. Freigabe oder Fristablauf in der ersten Phase eines Fusionskontrollverfahrens, Einstellung eines Kartell- oder Missbrauchsverfahrens, in dem die Voraussetzungen für den Erlass einer Verfügung nach § 32 GWB geprüft wurden) kommt eine Beiladungsentscheidung nach Verfahrensbeendigung nicht mehr in Betracht, dies gilt auch dann, wenn der Beiladungsantrag noch rechtzeitig vor Verfahrensbeendigung gestellt worden war.[96]

27 Im Falle der **Verfahrensbeendigung durch förmliche Entscheidung** ist eine Beiladungsentscheidung nach Abschluss des kartellbehördlichen Verfahrens dann möglich, wenn die Entscheidung noch nicht bestandskräftig ist. Eine Entscheidung der Kartellbehörde kann durch Ablauf der Beschwerdefrist nur dann bestandskräftig werden, wenn dem Beiladungspetenten, der rechtzeitig einen Antrag gestellt hat (unabhängig davon, ob der Antrag vor Verfahrensabschluss oder ausnahmsweise nach Verfahrensabschluss gestellt worden ist), die Entscheidung förmlich zugestellt worden ist.[97] Kann der Beiladungsantrag ausnahmsweise noch nach Verfahrensabschluss gestellt werden, weil das Verfahren entweder nicht öffentlich bekannt war oder weil ein notwendig Beizuladender nicht nach § 13 Abs. 2 Satz 2 2. Alt. VwVfG von dem Verfahren informiert worden ist, tritt trotz Ablaufs der Beschwerdefrist keine Bestandskraft ein, man spricht von „scheinbarer Bestandskraft".[98] Ist die Bestandskraft noch nicht eingetreten, ist die Beiladungsentscheidung durch die Kartellbehörde auch nach Abschluss des kartellbehördlichen Verfahrens möglich.[99] Dies gilt nicht nur bis zum Zeitpunkt der Beschwerdeeinlegung,[100] sondern auch für die Zeit nach Beschwerdeeinlegung während des gerichtlichen Beschwerdeverfahrens.[101]

28 **e**) Das Beiladungsverfahren ist ein Nebenverfahren,[102] an dem neben dem Antragsteller die am Hauptsacheverfahren Beteiligten, also auch die ggf. zuvor beigeladenen Dritten beteiligt sind. Den Beteiligten des Beiladungsverfahrens ist vor der Entscheidung über den Beiladungsantrag Gelegenheit zur Stellungnahme zu geben, wobei die Frist deutlich kürzer gesetzt werden kann als beim rechtlichen Gehör im Hauptsacheverfahren; in Ausnahmefällen kann eine Stellungnahme ganz unterbleiben, wenn die laufenden Fristen einer Anhörung entgegenstehen.[103]

3. Beteiligte kraft faktischer Hinzuziehung

29 Behandelt die Kartellbehörde einen Dritten materiell zu Unrecht als Verfahrensbeteiligten, obwohl er weder Beteiligter im Sinne von § 54 Abs. 2 Nr. 1, 2 oder 4 ist noch von ihr zum Verfahren gemäß § 54 Abs. 2 Nr. 3 beigeladen wurde, so liegt eine Verfahrensbeteiligung kraft faktischer Hinzuziehung vor.[104] Voraussetzung hierfür ist allerdings, dass die Kartellbehörde eindeutig zum Ausdruck gebracht hat, dass sie von der Stellung des Dritten als Verfahrensbeteiligter ausgeht. Folgende Umstände haben in der Rechtsprechung – stets im Rahmen einer Gesamtschau des Einzelfalles – zu der Annahme einer Beteiligung kraft

[96] OLG Düsseldorf 30.6.2004, Kart 9/04 (V), WuW/E DE-R 1293, 1294 – *tv kofler;* OLG Düsseldorf 30.6.2004, VI-Kart 4/04 (V), Rn. 16, zit. nach juris.

[97] Vgl. BGH 7.4.2009, KVR 58/08, WuW/E DE-R 2725, 2727 – *Universitätsklinikum Greifswald;* BGH 7.4.2009, KVR 34/08, WuW/E DE-R 2728, 2730 – *Versicherergemeinschaft;* BGH 7.11.2006, KVR 37/05, WuW/E DE-R 1857, 1860 – *pepcom.*

[98] Für den Fall notwendiger Beiladung BGH 7.4.2009, KVR 34/08, WuW/E DE-R 2728, 2731 – *Versicherergemeinschaft;* BGH 22.2.2005, KVZ 20/04, WuW/E DE-R 1544, 1545 – *Zeiss/Leica; Bach* in: Immenga/Mestmäcker, GWB, § 54 Rn. 45.

[99] BGH 22.2.2005, KVZ 20/04, WuW/E DE-R 1544 – *Zeiss/Leica.*

[100] BGH 10.4.1984, KVR 8/83, WuW/E BGH 2077, 2078 – *Coop-Supermagazin.*

[101] Siehe Kommentierung zu § 63, Rn. 18.

[102] *Bach* in: Immenga/Mestmäcker, GWB, § 54 Rn. 46.

[103] *Bundeskartellamt,* TB 1959, S. 54.

[104] Vgl. BGH 25.9.2007, KVR 25/06, WuW/E DE-R 2138, 2139 – *Anteilsveräußerung;* BGH 25.6.1985, KVR 3/84, WuW/E BGH 2150, 2152 – *Edelstahlbestecke;* KG 9.9.1983, Kart. 19/81, WuW/E OLG 3137, 3138 f. – *Rheinmetall-WMF.*

faktischer Hinzuziehung geführt: Aufnahme des Dritten in das Rubrum der Entscheidung,[105] Aufforderung an den Dritten, als Verfahrensbeteiligter die Angaben nach § 39 Abs. 3 GWB zu machen,[106] Übersendung eines Anhörungsschreibens an den Dritten und Belastung des Dritten mit einer Gebühr für das Verwaltungsverfahren.[107] Nicht ausreichend für die Annahme einer Beteiligung kraft faktischer Hinzuziehung ist die bloße Erwähnung der herrschenden Stellung des Dritten gegenüber einem Verfahrensbeteiligten in der Veröffentlichung im Bundesanzeiger.[108]

III. Rechtsfolgen bei Verletzung

Im Falle der **notwendigen Beiladung sowie der „geborenen" Verfahrensbeteiligung** nach § 54 Abs. 2 Nr. 1, 2 und 4 gilt Folgendes. Eine rechtswidrig unterlassene Beiladung berührt die Rechtmäßigkeit der Hauptsacheentscheidung; § 46 VwVfG findet keine Anwendung.[109] Allerdings kann die Beteiligung nach § 45 Abs. 1 Nr. 3 i. V. m. § 45 Abs. 2 VwVfG im Beschwerdeverfahren nachgeholt werden. Denn § 45 Abs. 1 Nr. 3 ist nicht nur auf die Anhörung, sondern analog auch auf die Zuziehung Betroffener im Sinne des § 13 VwVfG anwendbar.[110] Die „geborenen", ipso iure am Verfahren Beteiligten sind gem. § 63 Abs. 2 GWB beschwerdebefugt und können auch unabhängig von einer eigenen Beschwerdeeinlegung vom Beschwerdegericht ohne weiteres in den Kreis der Verfahrensbeteiligten aufgenommen werden. 30

Im Falle der einfachen Beiladung nach § 54 Abs. 2 Nr. 3 gilt Folgendes: Eine rechtswidrig abgelehnte Beiladung berührt nicht die Rechtmäßigkeit der Hauptsacheentscheidung, § 46 findet Anwendung.[111] Der Beiladungspetent kann gegen die Ablehnung der Beiladung Beschwerde einlegen; die Beschwerdefrist in der Hauptsache läuft ihm gegenüber nur dann, wenn ihm die Hauptsacheverfügung zugestellt wurde.[112] 31

§ 55 Vorabentscheidung über Zuständigkeit

(1) [1]**Macht ein Beteiligter die örtliche oder sachliche Unzuständigkeit der Kartellbehörde geltend, so kann die Kartellbehörde über die Zuständigkeit vorab entscheiden.** [2]**Die Verfügung kann selbständig mit der Beschwerde angefochten werden; die Beschwerde hat aufschiebende Wirkung.**

(2) **Hat ein Beteiligter die örtliche oder sachliche Unzuständigkeit der Kartellbehörde nicht geltend gemacht, so kann eine Beschwerde nicht darauf gestützt werden, dass die Kartellbehörde ihre Zuständigkeit zu Unrecht angenommen hat.**

Übersicht

[105] BGH 25.9.2007, KVR 25/06, WuW/E DE-R 2138, 2139 – *Anteilsveräußerung;* KG 9.9.1983, Kart. 19/81, WuW/E OLG 3137, 3139 – *Rheinmetall-WMF.*
[106] BGH 25.9.2007, KVR 25/06, WuW/E DE-R 2138, 2139 – *Anteilsveräußerung.*
[107] KG 9.9.1983, Kart. 19/81, WuW/E OLG 3137, 3139 – *Rheinmetall-WMF.*
[108] BGH 25.6.1985, KVR 3/84, WuW/E BGH 2150, 2152 – *Edelstahlbestecke;* KG 9.9.1983, Kart. 19/81, WuW/E OLG 3137, 3138 – *Rheinmetall-WMF.*
[109] Vgl. *Kopp/Ramsauer,* VwVfG, § 46, Rn. 19.
[110] *Kopp/Ramsauer,* VwVfG, § 45, Rn. 24; ohne die Bezugnahme auf § 45 VwVfG: *Bach* in: Immenga/Mestmäcker, GWB, § 54 Rn. 45.

I. Überprüfung der Zuständigkeit; Vorabentscheidung

1. Überprüfung der Zuständigkeit

1 § 55 regelt die Möglichkeiten, in einem Beschwerdeverfahren die Zuständigkeit der Kartellbehörde gemäß § 48 zu überprüfen. Die Zuständigkeitsverteilung zwischen Landeskartellbehörden untereinander betrifft die örtliche Zuständigkeit,[1] während die Zuständigkeitsverteilung zwischen dem Bundeskartellamt und einer Landeskartellbehörde die Frage der sachlichen Zuständigkeit betrifft.[2] Die Abgrenzung der Zuständigkeit zwischen dem Bundeskartellamt und den Regulierungsbehörden ist ebenfalls als Frage der sachlichen Zuständigkeit von § 55 erfasst.[3]

2 Nach Abs. 2 der Vorschrift setzt die gerichtliche Überprüfung der Zuständigkeit voraus, dass die Unzuständigkeit bereits im Verwaltungsverfahren geltend gemacht wurde[4] und die Beschwerde ausdrücklich darauf gestützt wird. Für die Rügemöglichkeit im späteren Beschwerdeverfahren genügt es, die Unzuständigkeit formlos im Verwaltungsverfahren geltend zu machen; dass eine Vorabentscheidung der Kartellbehörde über die Zuständigkeitsfrage beantragt wurde oder ergangen ist, ist nicht erforderlich. Im Beschwerdeverfahren ist jedoch nach § 55 Abs. 2 eine förmliche Rüge erforderlich, weil das Beschwerdegericht die Zuständigkeit der Kartellbehörde – besonders schwerwiegende und offenkundige Verstöße einmal außer Acht gelassen – nicht von Amts wegen überprüft.

3 **Zeitlich** ist die Geltendmachung nicht mehr möglich, sobald eine Verfügung in der Hauptsache bereits erlassen ist oder das Verwaltungsverfahren ohne Verfügung unanfechtbar abgeschlossen ist.

2. Vorabentscheidung

4 § 55 Abs. 1 erfasst in erster Linie Fälle, in denen die Kartellbehörde von ihrer eigenen Zuständigkeit überzeugt ist und in der Hauptsache entscheiden will. Das Beschwerdeverfahren nach § 55 Abs. 1 Satz 2 ist nur eröffnet, wenn und weil die Behörde von der Befugnis zur Vorabentscheidung Gebrauch macht, während außerhalb einer Vorabentscheidung ein gesonderter Rechtsschutz zur Klärung der Zuständigkeitsfrage nicht gegeben ist.[5] Ob die Kartellbehörde auf das Geltendmachen hin überhaupt eine Vorabentscheidung trifft, liegt in ihrem pflichtgemäßen **Ermessen;** dabei hat sie zu berücksichtigen, dass mit der Durchführung des Vorabentscheidungsverfahrens eine Verzögerung verbunden ist und im Falle der Anfechtung der Vorabentscheidung die Hauptsache wegen des Suspensiveffektes vorübergehend ruht; umgekehrt ist zu bedenken, dass bei einer späteren Aufhebung der Hauptsacheentscheidung wegen Unzuständigkeit das ganze Verfahren durch die zuständige Kartellbehörde neu durchgeführt werden muss.[6]

---

[111] *Ost* in: MünchKommGWB, § 54, Rn. 42.

[112] OLG Düsseldorf 16.6.2004, VI-Kart 2/04 (V), WuW/E DE-R 1545, 1546 – *VDZ-Wettbewerbsregeln.*

[1] *Bracher* in: Frankfurter Kommentar, GWB, § 55, Rn. 3; *Karsten Schmidt* in: Immenga/Mestmäcker, GWB, § 55 Rn. 1.

[2] OLG Düsseldorf 27.5.2009, VI-3 Kart 29/08 (V), Rn. 19, zit. nach juris; *Bracher* in: Frankfurter Kommentar, GWB, § 55, Rn. 4; *Karsten Schmidt* in: Immenga/Mestmäcker, GWB, § 55 Rn. 1.

[3] OLG Düsseldorf 19.10.2011, VI-3 Kart 1/11 (V), 3 Kart 1/11 (V), Rn. 53, zit. nach juris; *Karsten Schmidt* in: Immenga/Mestmäcker, GWB, § 55 Rn. 1.

[4] OLG Düsseldorf 19.10.2011, VI-3 Kart 1/11 (V), 3 Kart 1/11 (V), Rn. 52, zit. nach juris; KG 27.3.1981, Kart 15/81, WuW/E OLG 2446, 2449 – *Heizölhandel;* KG 30.5.1979, Kart. 16/79, WuW/E OLG 2148, 2148 f. – *Sonntag aktuell I.*

[5] KG 28.4.2008, 2 KART 1/08, WuW/E DE-R 2559, 2560 – *GASAG.*

[6] BKartA 5.9.1988, B2–681820-APR-13/88, WuW/E BKartA 2313, 2315 – *Golden Toast; Schneider* in: Langen/Bunte, § 55 Rn. 5; *Bechtold,* § 55 Rn. 2; *Karsten Schmidt* in: Immenga/Mestmäcker, GWB, § 55 Rn. 4.

II. Besondere Beschwerdevorschriften für Vorabentscheidung

Falls die Beteiligten die Unzuständigkeit nicht während des Verwaltungsverfahrens geltend machen, verlieren sie die entsprechende **Rügemöglichkeit für das Beschwerdeverfahren** (§ 55 Abs. 2). Die Verfügung einer unzuständigen Kartellbehörde ist dann nur noch in besonders schweren Fällen wegen offensichtlicher Unzuständigkeit aufhebbar, wenn die Unzuständigkeit evident und die angefochtene Entscheidung daher nichtig i. S. d. § 44 VwVfG ist, was dann der Fall ist, wenn die mit dem Verwaltungsakt geregelte Angelegenheit unter keinerlei sachlichen Gesichtspunkten einen Bezug zum Aufgabenbereich der handelnden Behörde hat.[7] Für die Beschwerde gegen eine Vorabentscheidung nach § 55 gelten grundsätzlich die Vorschriften über das Beschwerdeverfahren (§§ 63 ff.). Der Suspensiveffekt der Beschwerde ist in § 55 Abs. 1 Satz 2 und nicht in § 64 Abs. 1 festgeschrieben, was zur Folge hat, dass die Anordnung der sofortigen Vollziehung nach § 65 Abs. 1 nicht möglich ist. Infolge des **Suspensiveffektes** ist es der Kartellbehörde in jedem Fall verwehrt, eine abschließende Sachentscheidung zu treffen, solange die Zuständigkeitsfrage dem Gericht zur Prüfung vorliegt. Das Verwaltungsverfahren ist allerdings nicht unterbrochen, Ermittlungshandlungen dürfen weiterhin vorgenommen werden.[8] Gem. § 76 Abs. 2 Satz 2 kann die Rechtsbeschwerde nicht darauf gestützt werden, dass die Kartellbehörde unter Verletzung des § 48 ihre Zuständigkeit zu Unrecht angenommen hat. Dies schließt eine Überprüfung der Zuständigkeitsabgrenzung zwischen BKartA und BNetzA in der Rechtsbeschwerdeinstanz nicht aus.[9] 5

§ 56 Anhörung, mündliche Verhandlung

(1) **Die Kartellbehörde hat den Beteiligten Gelegenheit zur Stellungnahme zu geben.**

(2) **Vertretern der von dem Verfahren berührten Wirtschaftskreise kann die Kartellbehörde in geeigneten Fällen Gelegenheit zur Stellungnahme geben.**

(3) [1]**Auf Antrag eines Beteiligten oder von Amts wegen kann die Kartellbehörde eine öffentliche mündliche Verhandlung durchführen.** [2]**Für die Verhandlung oder für einen Teil davon ist die Öffentlichkeit auszuschließen, wenn sie eine Gefährdung der öffentlichen Ordnung, insbesondere der Staatssicherheit, oder die Gefährdung eines wichtigen Geschäfts- oder Betriebsgeheimnisses besorgen lässt.** [3]**In den Fällen des § 42 hat das Bundesministerium für Wirtschaft und Energie eine öffentliche mündliche Verhandlung durchzuführen; mit Einverständnis der Beteiligten kann ohne mündliche Verhandlung entschieden werden.**

(4) **Die §§ 45 und 46 des Verwaltungsverfahrensgesetzes sind anzuwenden.**

Übersicht

---

[7] OLG Düsseldorf 19.10.2011, VI-3 Kart 1/11 (V), Rn. 57, zit. nach juris.

[8] *Karsten Schmidt* in: Immenga/Mestmäcker, GWB, § 55 Rn. 5; *Schneider* in: Langen/Bunte, § 55 Rn. 9, sowie *Engelsing* in: MünchKommGWB, § 55, Rn. 7, differenzieren danach, ob die Verfahrenshandlung im Falle einer späteren Verweisung an eine andere Kartellbehörde wiederholt werden müsste; *Bracher* in: Frankfurter Kommentar, GWB, § 55, Rn. 11, hält jede Verfahrenshandlung mit Außenwirkung für unzulässig.

I. Anhörung der Beteiligten

1. Stellungnahme- und Akteneinsichtsrecht

1 **a)** § 56 Abs. 1 konkretisiert den verfassungsrechtlich garantierten[1] Verfahrensgrundsatz des **„rechtlichen Gehörs"** und dient damit in erster Linie dem Rechts- und Interessenschutz der Beteiligten. Er trägt daneben auch zur Wahrheitsfindung bei, so dass die Kartellbehörde schon im eigenen Interesse die Beteiligten anzuhören hat. Rechtliches Gehör ist allen Beteiligten im Hauptsacheverfahren ebenso wie in einem Nebenverfahren (z. B. Beiladungsverfahren) zu gewähren.[2] Untrennbar verbunden mit dem Stellungnahmerecht ist die Möglichkeit der Beteiligten, sich durch Einsichtnahme in die Amtsakten ein Bild von dem bisherigen Ermittlungsstand zu machen,[3] sowie die Verpflichtung der Kartellbehörde, die Beteiligten über die mögliche kartellrechtliche Beurteilung des Sachverhalts in Kenntnis zu setzen.[4] § 56 Abs. 1 verpflichtet die Beteiligten nicht dazu, sich daraufhin zur Sache und zu den Vorwürfen zu äußern. Davon zu trennen ist allerdings die Frage, inwieweit bestimmte Obliegenheiten der Beteiligten bestehen, die Sachaufklärung zu unterstützen.[5] In keinem Fall verletzt die Kartellbehörde diesbezüglich § 56 Abs. 1, wenn die Beteiligten derartigen Obliegenheiten trotz Fristsetzung nicht nachkommen.[6] Eine förmliche Erwiderung der Beteiligten, etwa vergleichbar mit einem gerichtlichen Schriftsatz, ist nicht erforderlich, Abs. 1 spricht lediglich von einer Stellungnahme. Dies umfasst begrifflich das Recht zur Kritik an den Tatsachenfeststellungen der Kartellbehörde ebenso wie an ihrer rechtlichen Würdigung und ist insofern weitergehender als § 28 Abs. 1 VwVfG, wo nur eine Äußerungsmöglichkeit zu Tatsachen eingeräumt wird.

2 Die Gelegenheit zur Stellungnahme steht nach § 56 Abs. 1 nicht im Ermessen der Kartellbehörde. Eine **Ausnahme** kann mit Blick auf § 28 Abs. 2 Nr. 1 und Nr. 3 VwVfG nur gemacht werden, falls Gefahr in Verzug besteht, wie zum Beispiel bei Erlass einer einstweiligen Anordnung,[7] oder soweit vom Vorbringen des Beteiligten nicht zu seinen Ungunsten abgewichen werden soll.[8]

3 Besondere **Formvorschriften** sind nicht vorgesehen, weshalb ein Beteiligter seine Stellungnahme auch fernmündlich oder im Rahmen einer Besprechung mit der Kartellbehörde abgeben kann. Der Beteiligte hat allerdings keinen Anspruch auf eine Erörterung seiner Argumente, insbesondere nicht auf ein Rechtsgespräch.[9] Die Gelegenheit zur Stellungnahme wird in aller Regel zu gewähren sein, wenn der Sachverhalt nach Auffassung der Kartellbehörde hinreichend aufgeklärt ist und sie eine abschließende Entscheidung treffen will. Zulässig ist auch eine Stellungnahme in einem früheren Verfahrensstadium; ob in einem solchen Fall den Beteiligten noch einmal die Gelegenheit zu einer abschließenden Stellungnahme vor der endgültigen Entscheidung gewährt werden muss, ist eine Frage des Einzelfalls.[10] In der Praxis des Bundeskartellamts wird unabhängig von einer Gewährung rechtlichen Gehörs in einem frühen Verfahrensstadium in aller Regel kurz vor der Entscheidung noch einmal die Gelegenheit gegeben, eine abschließende Stellungnahme

---

[9] *Karsten Schmidt* in: Immenga/Mestmäcker, GWB, § 55 Rn. 5.

[1] *Kopp/Ramsauer* VwVfG, § 28 Rn. 3.

[2] Vgl. *Bundeskartellamt,* TB 1959, S. 54.

[3] Dazu Rn. 4.

[4] Dazu Rn. 5.

[5] Vgl. die Kommentierung zu § 57, Rn. 1, 4–10.

[6] KG WuW/E OLG 5565, 5579 f. – *Fernsehübertragungsrechte.*

[7] KG 11.1.1993, Kart 25/92, WuW/E OLG 5151, 5159 – *Ernstliche Untersagungszweifel.*

[8] *Karsten Schmidt* in: Immenga/Mestmäcker, GWB, § 56 Rn. 8; *Bechtold,* GWB, § 56 Rn. 2; beschränkt auf einstweilige Anordnungen auch KG 11.1.1993, Kart 25/92, WuW/E OLG 5151, 5159 – *Ernstliche Untersagungszweifel.*

[9] KG 9.9.1983, Kart. 19/81, WuW/E OLG 3137, 3139 – *Rheinmetall-WMF.*

[10] Vgl. BGH 25.6.1985, KVR 3/84, WuW/E BGH 2150, 2152 f. – *Edelstahlbestecke.*

abzugeben. Bei der Bestimmung der **Frist für die Stellungnahme** hat die Kartellbehörde insbesondere zu berücksichtigen, welchen Umfang der Streitstoff erreicht hat, wie tief die rechtliche Problematik reicht und ob Entscheidungsfristen laufen, wie etwa in der Zusammenschlusskontrolle.

b) Teil des rechtlichen Gehörs ist das **Recht auf Akteneinsicht,** dessen Umfang im 4
Einzelnen sich mangels einer Spezialregelung im GWB – § 72 gilt nur für das Beschwerdeverfahren, § 111 nur für das Vergabenachprüfungsverfahren – nach § 29 VwVfG richtet. Nach § 29 Abs. 1 Satz 1 VwVfG hat die Behörde den Beteiligten Einsicht in die das Verfahren betreffenden Akten zu gestatten, soweit deren Kenntnis zur Geltendmachung oder Verteidigung ihrer rechtlichen Interessen erforderlich ist. Übertragen auf das Kartellverwaltungsverfahren genügen allerdings wirtschaftliche Interessen, da dies gemäß § 54 Abs. 2 Nr. 3 – anders als nach § 13 VwVfG – für eine Beiladung zum Kartellverwaltungsverfahren ausreicht.[11] Erforderlich ist die Akteneinsicht, wenn dadurch eine größere Klarheit über den Sach- und Streitstand möglich und die weitere Rechtsverfolgung erleichtert wird.[12] Im Einzelfall kann sich die Erforderlichkeit dabei auf Teile der Akten beschränken.[13] In der Regel wird die Kartellbehörde aber an das Merkmal der Erforderlichkeit keine hohen Anforderungen stellen.[14]

c) Für eine wirkungsvolle Stellungnahme benötigen die Beteiligten nicht nur Kenntnis 5
von den Tatsachen, die für eine Entscheidung von Bedeutung sein können, sondern auch von den aktuellen rechtlichen Erwägungen der Kartellbehörde; § 56 Abs. 1 beschränkt – anders als § 28 Abs. 1 VwVfG – das rechtliche Gehör nicht auf Tatsachen.[15] So können die Beteiligten erkennen, zu welchen Fragen eine Äußerung angebracht ist. Durch die Mitteilung der kartellrechtlichen Würdigung werden Überraschungsentscheidungen vermieden.[16] Die Kartellbehörden verbinden deshalb in der Praxis die Gewährung der Gelegenheit zur Stellungnahme mit der Darstellung des vorläufigen Ermittlungsergebnisses und der daraus zu ziehenden rechtlichen Konsequenzen (so genanntes **Abmahnschreiben**). Allerdings sind nicht alle erdenklichen rechtlichen Gesichtspunkte in jedem Fall mitzuteilen, insbesondere wenn sie sich aufdrängen und die Beteiligten ohnehin mit ihnen rechnen müssen.[17] Im Falle der durch die 6. GWB-Novelle möglich gewordenen Zusammenschlussfreigaben unter Bedingungen und Auflagen kann in bestimmten Situationen eine Abmahnung erforderlich sein.

2. Schutz vertraulicher Angaben

Die Kartellbehörde hat die Vertraulichkeit insbesondere von Geschäftsgeheimnissen und 6
personenbezogenen Daten im Rahmen des rechtlichen Gehörs zu wahren:

a) Entwürfe zu Entscheidungen oder Arbeiten zu ihrer unmittelbaren Vorbereitung 7
dürfen gemäß § 29 Abs. 1 Satz 2 VwVfG nicht eingesehen werden. Nicht dazu gehören Vermerke der Kartellbehörde über Besprechungen oder Telefonate mit den Beteiligten oder befragten Unternehmen, da diese wegen des Amtsermittlungsprinzips zum Gegenstand des Verfahrens gemacht werden müssen. Davon unberührt ist die Möglichkeit, dass die Geheimhaltung solcher Vermerke im Einzelfall zum Schutz personenbezogener Daten oder von Geschäftsgeheimnissen angebracht ist.

---

[11] Vgl. KG 19.8.1986, 1 Kart. 9/86, WuW/E OLG 3908, 3910.
[12] *Kallerhoff* in: Stelkens/Bonk/Sachs VwVfG, § 29 Rn. 46; *Schneider* in: Langen/Bunte, § 56 Rn. 10.
[13] Vgl. *Kopp/Ramsauer* VwVfG, § 29 Rn. 18a.
[14] *Schneider* in: Langen/Bunte, § 56 Rn. 10.
[15] *Bracher* in: Frankfurter Kommentar, GWB, § 56 Rn. 9.
[16] *Schneider* in: Langen/Bunte, § 56 Rn. 2.
[17] KG 24.4.1985, Kart. 34/81, WuW/E OLG 3577, 3580 – *Hussel-Mara*.

8 **b)** In welchem Umfang **personenbezogene Daten** zu schützen sind und welche Daten von diesem Begriff umfasst sind, ist den Bestimmungen des Bundesdatenschutzgesetzes (BDSG)[18] zu entnehmen. Da im Zusammenhang mit Kartellverwaltungsverfahren in erster Linie Daten von Unternehmen erhoben und verarbeitet werden, kommt das BDSG in der Praxis nicht zum Tragen.

9 **c)** Vorgänge betreffend einen **Behördeninformanten** sind gem. § 29 Abs. 2 Satz 1 3. Alt VwVfG (nach Gesetz oder dem Wesen nach geheim; Drittinteressen) in der Regel der Akteneinsicht entzogen, weil sonst die für die gesetzliche Aufgabenerfüllung der Behörde notwendige Informationsquelle versiegen würde.[19] Anderes gilt dann, wenn Anhaltspunkte dafür bestehen, dass der Informant die Behörde wider besseren Wissens oder leichtfertig falsch informiert hat.[20]

10 Ebenfalls unter die dritte Tatbestandsalternative fallen die **Betriebs- und Geschäftsgeheimnisse.** Eine Definition dieses Begriffs ist dem GWB nicht zu entnehmen.[21] Das Bundesverfassungsgericht definiert den Begriff wie folgt:

11 „Als Betriebs- und Geschäftsgeheimnisse werden alle auf ein Unternehmen bezogene Tatsachen, Umstände und Vorgänge verstanden, die nicht offenkundig, sondern nur einem begrenzten Personenkreis zugänglich sind und an deren Nichtverbreitung der Rechtsträger ein berechtigtes Interesse hat. Betriebsgeheimnisse umfassen im Wesentlichen technisches Wissen im weitesten Sinne; Geschäftsgeheimnisse betreffen vornehmlich kaufmännisches Wissen. Zu derartigen Geheimnissen werden etwa Umsätze, Ertragslagen, Geschäftsbücher, Kundenlisten, Bezugsquellen, Konditionen, Marktstrategien, Unterlagen zur Kreditwürdigkeit, Kalkulationsunterlagen, Patentanmeldungen und sonstige Entwicklungs- und Forschungsprojekte gezählt, durch welche die wirtschaftlichen Verhältnisse eines Betriebs maßgeblich bestimmt werden können."[22]

12 In der Praxis werden als Geschäftsgeheimnisse beispielsweise Markt- und Bezugsanteile,[23] Einzelumsätze,[24] künftige Geschäftspolitik,[25] gewährte Konditionen[26] sowie Einstandspreise[27] eingestuft. Dabei geht die h. M. von einem objektiven Begriff aus, d. h. eine ausdrückliche Kennzeichnung durch die Betroffenen ist nicht maßgeblich, sondern es muss von dem Standpunkt eines verständigen Unternehmens aus entschieden werden, ob die in Rede stehende Angabe objektiv notwendig für dessen Wettbewerbsfähigkeit ist.[28] Im Hinblick auf die Bereitschaft der Unternehmen zur weiteren freiwilligen Mitarbeit hält es das OLG Düsseldorf zumindest in Zweifelsfällen für gerechtfertigt, dem Geheimhaltungswillen des betroffenen Unternehmens zu entsprechen.[29] Der Schutz einer Tatsache als Geschäftsgeheimnis kann entfallen, wenn die Tatsache zwar noch nicht offenkundig ist, das hohe

---

[18] In der Fassung der Bekanntmachung vom 14.1.2003, BGBl I 2003, 66, zuletzt geändert durch Art. 1 des Gesetzes vom 22.8.2006, BGBl. I 2006, 1970.

[19] *Kallerhoff,* in: Stelkens/Bonk/Sachs, VwVfG, § 29, Rn. 72; vgl. auch *Schneider* in: Langen/Bunte, § 56 Rn. 16; siehe auch die Kommentierung zu § 54, Fn. 3 sowie dazugehöriger Text.

[20] *Kallerhoff,* in: Stelkens/Bonk/Sachs, VwVfG, § 29, Rn. 72.

[21] Vgl. *Eberz,* Der Schutz der unternehmerischen Geheimnissphäre im Kartellbeschwerdeverfahren, S. 23 f.

[22] BVerfG 14.3.2006, 1 BvR 2087/03, 1 BvR 2111/03, WuW/E DE-R 1715, 1717 – *Deutsche Telekom.*

[23] KG 5.11.1986, Kart. 15/84, WuW/E OLG 3917, 3929 – *Coop-Wandmaker.*

[24] KG 10.5.1985, Kart. 21/83, WuW/E OLG 3539, 3540; KG 24.4.1985, Kart. 34/81, WuW/E OLG 3577, 3589 – *Hussel-Mara.*

[25] KG 19.8.1986, 1 Kart. 9/86, WuW/E OLG 3908, 3911.

[26] KG 18.11.1985, 1 Kart. 32/85, WuW/E OLG 3721, 3725 f.

[27] KG WuW/E OLG 2713, 2714 – *Trinkmilch.*

[28] KG 10.5.1985, Kart. 21/83, WuW/E OLG 3539, 3540; KG 19.8.1986, 1 Kart. 9/86, WuW/E OLG 3908, 3911; *Lieberknecht* WuW 1988, 833, 837; *Kollmorgen,* Schwerpunkte des Kartellrechts 1988/89, S. 21, 26; *Werner* in: FS Pfeiffer, S. 821, 824; *Eberz,* Der Schutz der unternehmerischen Geheimnissphäre im Kartellbeschwerdeverfahren, S. 32.

[29] OLG Düsseldorf 5.7.1977, Kart. 2/77, WuW/E OLG 1881, 1887 – *Anzeigenpreise.*

Aggregationsniveau der Datenzusammenstellung aber dazu führt, dass ein rechtserheblicher Nachteil für das betroffene Unternehmen ausgeschlossen ist.[30]

Gewahrt bleiben Geschäftsgeheimnisse nicht nur, wenn die Kartellbehörde eine Mitteilung gänzlich unterlässt, sondern auch, wenn die betroffenen Angaben durch Relativierungen, Verbalumschreibungen, gattungsmäßige Beschreibung oder die Angabe von Spannen ersetzt werden.[31] Ansonsten könnten im Einzelfall zum Beispiel Marktverhältnisse in einer Entscheidung nicht justiziabel dargestellt werden. **13**

Kein schützenswertes Geschäftsgeheimnis ist der Verstoß gegen das GWB als solcher, also zum Beispiel der Umstand, dass eine Kartellabsprache getroffen wurde.[32] Ein schützenswertes Geschäftsgeheimnis kann aber auch dann nicht mehr angenommen werden, wenn das Geschäftsgeheimnis gleichzeitig einen **Verstoß gegen Verbotsvorschriften des GWB dokumentiert,** denn nichtige Vereinbarungen und verbotene Verhaltensweisen werden schon als solche von der Rechtsordnung missbilligt.[33] **14**

Ein Anspruch auf Geheimhaltung entfällt, wenn die Kartellbehörde zur Offenbarung befugt ist (vgl. § 30 VwVfG). Dies ist der Fall, wenn die Offenbarung durch Rechtsvorschriften, durch Einwilligung des Berechtigten oder durch allgemeine Rechtsgrundsätze gerechtfertigt ist.[34] Eine Rechtfertigung der Offenlegung gegenüber anderen Verfahrensbeteiligten durch einfachgesetzliche Rechtsvorschriften scheidet aus, weil § 72 Abs. 2 Satz 4 GWB nur für das Beschwerdeverfahren gilt, nicht jedoch für das kartellbehördliche Verfahren.[35] Angesichts der immanenten Schranken des § 30[36] ist es zwar im Falle einer Rechtsgüterkollision prinzipiell möglich, den multipolaren Konflikt zwischen dem Grundrecht auf Berufsfreiheit des Trägers der Geschäftsgeheimnisse, dem Grundrecht der anderen Verfahrensbeteiligten auf effektiven Rechtsschutz sowie dem öffentlichen Interesse an der Wahrheitsfindung im Rahmen einer Abwägung zu lösen, mit dem möglichen Ergebnis, dass eine Offenbarung der Geschäftsgeheimnisse durch die Kartellbehörde erfolgen kann.[37] In diesen Abwägungsprozess können die Wertungen des § 72 GWB Eingang finden.[38] Allerdings ist zu beachten, dass die Kartellbehörde in der Praxis Geschäftsgeheimnisse niemals offenlegen würde, ohne zuvor Gelegenheit zu einer gerichtlichen Entscheidung gegeben zu haben. In Fusionskontrollverfahren wäre innerhalb des knappen Fristenregimes ein Zwischenrechtsstreit über die Offenlegung von Geschäftsgeheimnissen nur schwer vorstellbar. Außerdem ist die Wertung des Gesetzgebers zu berücksichtigen, der ein Abwägungsprogramm für das gerichtliche Beschwerdeverfahren in Gestalt des § 72 Abs. 2 Satz 4 GWB vorgesehen hat, nicht aber für das kartellbehördliche Verfahren. Daher wird die Kartellbehörde stets bestrebt sein, eine – in der Praxis ohnehin äußerst seltene – Offenlegung von **15**

---

[30] *Karsten Schmidt* in: Immenga/Mestmäcker, GWB, § 56 Rn. 11; OLG Düsseldorf 22.1.2003, Kart 21/02 (V), WuW/E DE-R 1070, 1072 f. – *Energie-AG Mitteldeutschland;* KG 10.5.1985, Kart. 21/83, WuW/E OLG 3539, 3540.

[31] Zur Praxis der Kartellbehörden bei der Vorbereitung von Amtsakten für die Einsichtnahme *Eberz,* Der Schutz der unternehmerischen Geheimnissphäre im Kartellbeschwerdeverfahren, S. 110 ff.; *Wieckmann* WuW 1983, 13, 20.

[32] *Lieberknecht* WuW 1988, 833, 837.

[33] *Wieckmann* WuW 1983, 13, 14 u. 22.

[34] *Kopp/Ramsauer* VwVfG, § 30, Rn. 12.

[35] Vgl. OLG Düsseldorf 22.1.2003, Kart 21/02 (V), WuW/E DE-R 1070, 1071 f. – *Energie-AG Mitteldeutschland.*

[36] Vgl. *Kallerhoff,* in: Stelkens/Bonk/Sachs, VwVfG, § 30, Rn. 20.

[37] Vgl. BVerfG 14.3.2006, 1 BvR 2087/03, 1 BvR 2111/03, WuW/E DE-R 1715, 1718 ff. – *Deutsche Telekom; Engelsing* in: MünchKommGWB, § 56, Rn. 28 f.; *Schneider* in: Langen/Bunte, § 56 Rn. 23; *Karsten Schmidt* in: Immenga/Mestmäcker, GWB, § 56 Rn. 12; *Bracher* in: Frankfurter Kommentar, GWB, § 56, Rn. 12; KG 5.11.1986, Kart. 15/84, WuW/E OLG 3917, 3932 – *Coop-Wandmaker.*

[38] *Karsten Schmidt* in: Immenga/Mestmäcker, GWB, § 56 Rn. 12; OLG Düsseldorf 22.1.2003, Kart 21/02 (V), WuW/E DE-R 1070, 1072 – *Energie-AG Mitteldeutschland.*

Geschäftsgeheimnissen dem gerichtlichen Beschwerdeverfahren zu überlassen. In der Praxis gelingt es in der Regel, eine pragmatische Lösung durch Aggregierungen und Anonymisierungen dergestalt zu finden, dass die Begründung der Verfügung auch ohne eine Offenlegung von Geschäftsgeheimnissen nachvollziehbar ist. Sollte ein Beschwerdeführer entgegen der Ansicht der Kartellbehörde danach der Meinung sein, dass entscheidungserhebliche Tatsachen nicht offengelegt wurden, so kann diese Frage im Beschwerdeverfahren im Rahmen des § 72 Abs. 2 Satz 4 geklärt werden.

II. Anhörung Dritter

16 § 56 Abs. 2 stellt es in das Ermessen der Kartellbehörde, inwieweit sie Wettbewerbern, Nachfragern, Verbänden usw. ein eigenständiges Stellungnahmerecht gewährt. Der Gewährleistung rechtlichen Gehörs dient diese Form der Beteiligung nicht, die Kartellbehörde soll hierdurch vielmehr Einschätzungen des Falles durch beteiligte Kreise anfordern dürfen. Je nach Bedarf genügt hier eine Stellungnahmemöglichkeit im Zusammenhang mit der Beantwortung eines Auskunftsersuchens nach § 59. Ein Akteneinsichtsrecht wird den angesprochenen Wirtschaftskreisen durch § 56 Abs. 2 nicht vermittelt, da dies nur im Falle der Gewährung rechtlichen Gehörs besteht. Ebensowenig verleiht § 56 Abs. 2 einen Anspruch des Dritten auf eine seiner Stellungnahme entsprechenden Entscheidung.[39]

17 Die Beteiligten müssen im Rahmen des rechtlichen Gehörs vom Inhalt der Anhörung Kenntnis erhalten. Ein Anspruch auf **Teilnahme an der Anhörung** besteht für sie hingegen nicht. Dies ergibt sich zum einen daraus, dass für das rechtliche Gehör eine Zusammenfassung des Streitstoffes genügt, solange dies nicht zulasten der Genauigkeit und des sachlichen Informationsbedürfnisses der Beteiligten geht.[40] Zum Anderen ist rechtliches Gehör erst vor Erlass der Entscheidung geboten, weshalb die Beteiligten prinzipiell nicht in vorbereitende Maßnahmen einbezogen werden müssen.[41]

18 Eine Sonderregelung besteht für die Anhörung beteiligter Wirtschaftskreise im Verfahren über die Anerkennung von Wettbewerbsregeln nach § 25 Satz 1. Gleiches gilt für Verbraucherzentralen und andere Verbraucherverbände unter den Voraussetzungen des § 25 Satz 2.

III. Mündliche Verhandlung

1. Allgemeines

19 Als spezielle Ausprägung des Grundsatzes rechtlichen Gehörs für das Kartellverwaltungsverfahren enthält § 56 Bestimmungen über die Durchführung einer mündlichen Verhandlung. **Ziel des Gesetzgebers** war es ursprünglich, dass die besonders schweren Missbrauchsverdachtsfälle öffentlich erörtert werden und dass dadurch zugleich eine abschreckende Wirkung erzeugt wird. Zusätzlich zu dieser Publizitätsfunktion soll auch die Möglichkeit zu einer intensiven Aussprache – im Unterschied zu formlosen Besprechungen mit einzelnen Beteiligten – ein tragender Normzweck sein.[42] Dies ist letztlich nur in Verfahren relevant, an denen neben den von einer möglichen Verfügung Betroffenen noch beigeladene Dritte teilnehmen. Eine Sonderregelung für mündliche Verhandlungen besteht im Zusammenhang mit der Anerkennung von Wettbewerbsregeln in § 25 Satz 3.

20 Die in § 56 geregelte mündliche Verhandlung ist ihrem Wesen nach eine **Anhörung aller Beteiligten im Rahmen einer Sitzung,** d. h. getrennte mündliche Anhörungen einzelner Beteiligter können eine mündliche Verhandlung nicht ersetzen. Eine Verpflich-

---

[39] *Karsten Schmidt* in: Immenga/Mestmäcker, GWB, § 56 Rn. 24.
[40] Vgl. KG 24.4.1985, Kart. 34/81, WuW/E OLG 3577, 3580 – *Hussel-Mara.*
[41] Vgl. BVerwG 5.12.1986, 4 C 13/85, Rn. 44, BVerwGE 75, 214–262.
[42] OLG Düsseldorf 25.7.2002, Kart 25/02 (V), WuW/E DE-R 926, 934 – *E.ON/Ruhrgas; Karsten Schmidt* in: Immenga/Mestmäcker, § 56 Rn. 14.

tung zur Teilnahme besteht für die Beteiligten nicht.[43] In Ermangelung eigener Regelungen in § 56 sind für die Ladung und den Ablauf der mündlichen Verhandlung die §§ 67, 68 VwVfG maßgeblich.[44]

Ein **Ausschluss der Öffentlichkeit** ganz oder für einen Teil der Verhandlung ist unter den in § 56 Abs. 3 Satz 2 genannten Voraussetzungen – Gefährdung der öffentlichen Ordnung, insbesondere der Staatssicherheit, oder Gefährdung eines wichtigen Geschäfts- oder Betriebsgeheimnisses – von Amts wegen möglich. Zur Auslegung dieser den § 172 Nr. 1 und Nr. 2 GVG entnommenen Tatbestandsmerkmale kann auf den dortigen Meinungsstand zurückgegriffen werden. Praktisch relevant dürfte ein Ausschluss im Kartellverwaltungsverfahren lediglich im Hinblick auf wichtige Geschäfts- oder Betriebsgeheimnisse sein.[45] Die Staatssicherheit ist gefährdet, wenn durch den Inhalt der Verhandlung die Allgemeinheit Kenntnis von Informationen erhält, deren Bekanntwerden die innere oder äußere Sicherheit der Bundesrepublik gefährden würde; eine Gefährdung der öffentlichen Ordnung kann im Übrigen auch bei fortwährender Störung der Verhandlung vorliegen.[46] Ob bei der nicht öffentlichen Verhandlung dann tatsächlich die betreffenden Umstände zur Sprache kommen, ist unerheblich. Entscheidend ist vielmehr, dass im Zeitpunkt der Entscheidung über den Ausschluss mit der Erörterung solcher Umstände zu rechnen ist.[47] 21

2. Fakultative und obligatorische mündliche Verhandlung

Mit der 7. GWB-Novelle ist eine grundlegende Überarbeitung der Bestimmungen über die mündliche Verhandlung erfolgt, die nunmehr in § 56 Abs. 3 zusammengefasst sind, während sich § 56 Abs. 1 auf den Grundsatz rechtlichen Gehörs beschränkt. Die **fakultative mündliche Verhandlung** nach Abs. 3 Satz 1 kann auf Antrag oder von Amts wegen durchgeführt werden. Das Antragsrecht nach § 56 Abs. 3 steht nur den am Verfahren Beteiligten zu.[48] Die mündliche Verhandlung steht grundsätzlich im Ermessen der Kartellbehörde und kann – anders als nach der Rechtslage vor der 7. GWB-Novelle – nicht mehr von den Beteiligten beansprucht werden. Die Änderung wurde damit begründet, dass im Zusammenschlusskontrollverfahren vor dem Bundeskartellamt die Verpflichtung zur Durchführung einer mündlichen Verhandlung im Falle der Antragstellung kurz vor Fristablauf zu Schwierigkeiten führen könne.[49] Allerdings bleibt es bei der **obligatorischen mündlichen Verhandlung** in Ministererlaubnisverfahren nach § 42, sofern nicht alle Beteiligten darauf verzichten. Nach dem ausdrücklichen Willen des Gesetzgebers soll die neue Formulierung „hat das Bundesministerium" klarstellen, dass der über den Antrag auf Ministererlaubnis entscheidende Bundesminister selbst nicht an der mündlichen Verhandlung teilnehmen muss, nachdem das OLG Düsseldorf[50] dies im Jahre 2002 unter Geltung der Rechtslage vor der 7. GWB-Novelle noch anders gesehen hatte. 22

Eine weitere mit der 7. GWB-Novelle eingetretene Änderung im Hinblick auf die mündliche Verhandlung liegt darin, dass in den betroffenen Verfahren **nicht mehr auf Grund** der mündlichen Verhandlung zu entscheiden ist. Im Falle einer obligatorischen mündlichen Verhandlung im Rahmen eines Ministererlaubnisverfahrens hatte das OLG Düsseldorf[51] diese Wendung so ausgelegt, dass die Behörde wie ein Gericht ihre Entscheidung auf Grund der mündlichen Verhandlung treffen muss, also zur Wiedereröffnung der mündlichen Verhandlung verpflichtet ist, wenn danach weitere Schriftsätze eingehen. Ob 23

---

[43] BGH 16.11.1970, KVR 5/70, WuW/E BGH 1161, 1163 – *Feuerfeste Steine.*
[44] *Engelsing* in: MünchKommGWB, § 56, Rn. 36.
[45] Zur Definition des Geschäfts- oder Betriebsgeheimnisses siehe oben Rn. 11.
[46] *Lückemann* in: Zöller, ZPO, § 172 GVG Rn. 4.
[47] *Lückemann* in: *Zöller,* ZPO, § 172 GVG Rn. 11.
[48] *Karsten Schmidt* in: Immenga/Mestmäcker, GWB, § 56 Rn. 16.
[49] Begründung des Regierungsentwurfs, BT-Drucks. 15/3640, S. 41.
[50] OLG Düsseldorf 25.7.2002, Kart 25/02 (V), WuW/E DE-R 926, 933 ff. – *E.ON/Ruhrgas.*
[51] OLG Düsseldorf 25.7.2002, Kart 25/02 (V), WuW/E DE-R 926, 936 ff. – *E.ON/Ruhrgas.*

sich durch die Streichung des Passus „auf Grund öffentlicher mündlicher Verhandlung" diese Auslegung des OLG Düsseldorf tatsächlich erledigt hat,[52] erscheint fraglich. Aufgrund des obligatorischen Charakters der mündlichen Verhandlung kann jedenfalls nicht in beliebiger Weise die Erörterung des Sach- und Streitstandes auf die Zeit nach der mündlichen Verhandlung verschoben werden. Im Falle der fakultativen mündlichen Verhandlung ist allerdings klar, dass Sachvortrag nach Schluss der mündlichen Verhandlung nicht zur Wiedereröffnung zwingt, was schon daraus folgt, dass ohne Pflicht zur Durchführung einer mündlichen Verhandlung auch keine Pflicht zur Wiedereröffnung bestehen kann. Im Falle der fakultativen mündlichen Verhandlung ist die Kartellbehörde daher auch nach Schluss der mündlichen Verhandlung nicht gehindert, neue Gesichtspunkte zu berücksichtigen. Selbstverständlich hat die Kartellbehörde dann aber in Bezug auf die nach Schluss der mündlichen Verhandlung aufgekommenen Umstände den Beteiligten rechtliches Gehör zu gewähren.

IV. Rechtsfolgen bei Verletzung

24 Die versäumte oder nicht ordnungsgemäße Gewährung **rechtlichen Gehörs** gegenüber Beteiligten ist rechtswidrig und führt zur Aufhebbarkeit der Verfügung. Eine unangemessen kurze Frist steht dabei einer unterlassenen Anhörung gleich. Da die Akteneinsicht Teil des rechtlichen Gehörs ist, führt ihre unzulässige Verweigerung ebenfalls zur Aufhebbarkeit der Verfügung. Durch den mit der 7. GWB-Novelle eingefügten Abs. 4 hat der Gesetzgeber ausdrücklich klargestellt, dass die §§ 45, 46 VwVfG über die Heilung von Verfahrensmängeln anwendbar sind.[53] Danach ist eine Heilung nach § 45 Abs. 1 Nr. 3, Abs. 2 VwVfG möglich, wenn die unterlassene Anhörung bis zum Abschluss der letzten Tatsacheninstanz – im Kartellverwaltungsverfahren also bis zum Abschluss des Beschwerdeverfahrens nach §§ 63ff. GWB – nachgeholt wird. Die Heilungsmöglichkeit ist nicht nur hinsichtlich der Anhörung selbst eröffnet, sondern auch hinsichtlich anderer Verfahrensgarantien, deren Zweck in der Gewährung rechtlichen Gehörs besteht, insbesondere hinsichtlich der Akteneinsicht.[54] Die Nachholung der Gewährung rechtlichen Gehörs muss durch die Kartellbehörde erfolgen; sie muss ihre Entscheidung selbstkritisch überdenken.[55] Ausreichend dafür ist, dass sich die Kartellbehörde im gerichtlichen Beschwerdeverfahren in ihrem an das Gericht gerichteten Schriftsatz (insbesondere in der Beschwerdeerwiderung) ergebnisoffen mit den Argumenten der Verfahrensbeteiligten auseinandersetzt und zum Ausdruck bringt, aus welchen Gründen sie an ihrer Verfügung festhält oder nicht.[56]

25 Die Verfahrensbeteiligten können Verstöße gegen § 56 nicht isoliert, sondern unter Heranziehung der Wertung des § 44a VwGO nur zusammen mit der Hauptsacheentscheidung anfechten.[57] Die Anberaumung einer mündlichen Verhandlung kann von den Verfahrensbeteiligten wegen § 44a VwGO nicht isoliert angefochten werden. Der Ausschluss der Öffentlichkeit ist nicht selbständig mit der Beschwerde anfechtbar.[58] Ob die Ablehnung eines Antrages auf Ausschluss der Öffentlichkeit selbständig anfechtbar ist,[59] richtet sich

---

[52] In diesem Sinne *Karsten Schmidt* in: Immenga/Mestmäcker, GWB, § 56 Rn. 17; *Engelsing* in: MünchKommGWB, § 56, Rn. 35.

[53] Vgl. Begründung des Regierungsentwurfs, BT-Drucks. 15/3640, S. 63.

[54] *Kopp/Ramsauer,* § 45 VwVfG, Rn. 24.

[55] *Kopp/Ramsauer,* § 45 VwVfG, Rn. 26.

[56] Vgl. *Sachs,* in: Stelkens/Bonk/Sachs, § 45 VwVfG, Rn. 87.

[57] Zur Heranziehung des Rechtsgedankens des § 44a VwGO im energiewirtschaftlichen Beschwerdeverfahren nach § 75 Abs. 1 EnWG (der § 63 Abs. 1 GWB nachgebildet ist) vgl. BGH 22.12.2009, EnVR 64/08, Rn. 5, zit. nach juris; OLG Düsseldorf 26.9.2008, VI-3 Kart 38/08 (V), 3 Kart 38/08 (V), Rn. 13, zit. nach juris.

[58] *Karsten Schmidt* in: Immenga/Mestmäcker, GWB, § 56 Rn. 19; **a. A.** *Bracher* in: Frankfurter Kommentar, GWB, § 56, Rn. 39.

[59] Bejahend *Karsten Schmidt* in: Immenga/Mestmäcker, GWB, § 56 Rn. 19.

danach, ob in erweiternder Auslegung des § 44a Satz 2 VwGO ein Rechtsbehelf zusammen mit dem Rechtsbehelf gegen die Sachentscheidung zu spät käme und dadurch ein Recht des Betroffenen vereitelt oder wesentlich erschwert würde.[60] Dies wäre beispielsweise dann der Fall, wenn der Ausschluss der Öffentlichkeit beantragt wurde, um die Preisgabe eines wichtigen Geschäfts- oder Betriebsgeheimnisses zu verhindern. In diesem Fall gebietet es die Rechtsschutzgarantie des § 19 Abs. 4 GG, dem Antragsteller die Möglichkeit zu geben, eine aus seiner Sicht unumkehrbare Veröffentlichung des Geheimnisses zu verhindern.

Die **Anhörung** eines Dritten nach § 56 Abs. 2 verleiht diesem keine Stellung als Verfah- **26**
rensbeteiligter; ihr Anordnung oder Durchführung stellt keinen anfechtbaren Verwaltungsakt der Kartellbehörde dar.[61]

§ 57 Ermittlungen, Beweiserhebung

(1) **Die Kartellbehörde kann alle Ermittlungen führen und alle Beweise erheben, die erforderlich sind.**

(2) **[1] Für den Beweis durch Augenschein, Zeugen und Sachverständige sind § 372 Absatz 1, §§ 376, 377, 378, 380 bis 387, 390, 395 bis 397, 398 Absatz 1, §§ 401, 402, 404, 404a, 406 bis 409, 411 bis 414 der Zivilprozessordnung sinngemäß anzuwenden; Haft darf nicht verhängt werden. [2] Für die Entscheidung über die Beschwerde ist das Oberlandesgericht zuständig.**

(3) **[1] Über die Zeugenaussage soll eine Niederschrift aufgenommen werden, die von dem ermittelnden Mitglied der Kartellbehörde und, wenn ein Urkundsbeamter zugezogen ist, auch von diesem zu unterschreiben ist. [2] Die Niederschrift soll Ort und Tag der Verhandlung sowie die Namen der Mitwirkenden und Beteiligten ersehen lassen.**

(4) **[1] Die Niederschrift ist dem Zeugen zur Genehmigung vorzulesen oder zur eigenen Durchsicht vorzulegen. [2] Die erteilte Genehmigung ist zu vermerken und von dem Zeugen zu unterschreiben. [3] Unterbleibt die Unterschrift, so ist der Grund hierfür anzugeben.**

(5) **Bei der Vernehmung von Sachverständigen sind die Bestimmungen der Absätze 3 und 4 entsprechend anzuwenden.**

(6) **[1] Die Kartellbehörde kann das Amtsgericht um die Beeidigung von Zeugen ersuchen, wenn sie die Beeidigung zur Herbeiführung einer wahrheitsgemäßen Aussage für notwendig erachtet. [2] Über die Beeidigung entscheidet das Gericht.**

Übersicht

I. Untersuchungsgrundsatz, § 57 Abs. 1

1. Verfahrensmaxime

Als Verfahrensmaxime gilt im kartellbehördlichen Verwaltungsverfahren gemäß Abs. 1 **1**
der **Untersuchungsgrundsatz,** d.h. die Kartellbehörde ist von Amts wegen zur Aufklä-

---

[60] Vgl. *Stelkens,* in: Schoch/Schneider/Bier, § 44a VwGO, Rn. 29.

[61] *Karsten Schmidt* in: Immenga/Mestmäcker, GWB, § 56 Rn. 23f.; *Bracher* in: Frankfurter Kommentar, GWB, § 56, Rn. 19.

rung des für die beabsichtigte Entscheidung maßgeblichen Sachverhalts verpflichtet. Sie ist dabei nicht an das Vorbringen der Beteiligten gebunden, sondern entscheidet selbst, welche Tatsachenfeststellungen für die von ihr zu treffende Entscheidung erforderlich sind. Der Umfang der Ermittlungen wird durch die Normen des formellen und materiellen Rechts bestimmt, die von der Behörde anzuwenden sind, um die beabsichtigte Verfügung zu erlassen.[1] Die Sachverhaltsermittlungen sind dann abgeschlossen, wenn die Überzeugungsbildung der Behörde entweder hinsichtlich des Vorliegens oder Nichtvorliegens der relevanten Tatbestandsvoraussetzungen abgeschlossen ist.[2] Im Übrigen obliegt es den Verfahrensbeteiligten nach allgemeinen verwaltungsverfahrensrechtlichen Grundsätzen (vgl. § 26 Abs. 2 VwVfG) bei der Ermittlung des Sachverhaltes durch Anregungen mitzuwirken und vor allem auf für sie günstige Umstände hinzuweisen, denen die Kartellbehörde dann im Rahmen ihrer Amtsermittlungspflicht nachgehen muss. Ein formelles Beweisantragsrecht gibt es im kartellbehördlichen Verwaltungsverfahren nicht, so dass Beweisanträge der Verfahrensbeteiligten lediglich als Anregungen zu verstehen sind, die von der Kartellbehörde daraufhin zu überprüfen sind, ob sie Anlass zu weiteren Ermittlungen geben. Die Sachaufklärungspflicht besteht nämlich nur insoweit, als der Vortrag der Beteiligten oder der Sachverhalt bei sorgfältiger Abwägung dazu Anlass gibt.[3]

2. Beweiswürdigung und Beweismaß

2 Es gilt der **Grundsatz freier Beweiswürdigung,** d. h. dass die Behörde nicht an starre Beweisregeln gebunden, sondern in ihrer Überzeugungsbildung grundsätzlich frei ist.[4] Die Kartellbehörde berücksichtigt allgemeine Denkgesetze, die Grundsätze der Logik und anerkannte Erfahrungssätze.[5] Der auf der Grundlage eines ökonomischen Erfahrungssatzes gezogene Schluss ist von der Behörde aber stets daraufhin zu überprüfen, ob er auch unter Berücksichtigung der besonderen Umstände des Einzelfalles aufrechterhalten werden kann.

3 Auch hinsichtlich des **Beweismaßes,** also des Grades der zu erreichenden Gewissheit, gibt es keine festen Regeln.[6] Im allgemeinen Verwaltungsrecht ist hinsichtlich des Vorliegens oder Nichtvorliegens eines Tatbestandsmerkmals grundsätzlich ein hoher Maßstab anzulegen in dem Sinne, dass eine andere Auffassung vernünftigerweise ausgeschlossen sein muss.[7] Im Kartellverwaltungsverfahren besteht allerdings die Besonderheit, dass im Rahmen der Bewertung aktueller ökonomischer Zusammenhänge eine Gesamtwürdigung zahlreicher Einzelindizien erforderlich sein kann. Außerdem kann der vom materiellen Recht vorgegebene Bewertungsmaßstab – wie insbesondere das Beispiel des § 36 Abs. 1 GWB zeigt – eine Prognose über zukünftige Entwicklungen erfordern. Zwar gibt es auf Tatbestandsseite keinen gerichtlich nur eingeschränkt überprüfbaren Einschätzungsspielraum. Gleichwohl dürfen die vom kartellrechtlichen Fachrecht an den Grad der behördlichen Überzeugungsbildung gestellten Anforderungen nicht überspannt werden, sondern müssen sich stets – gerade im Rahmen des strengen Fristenregimes des Fusionskontrollverfahrens – daran orientieren, was an rechtlicher oder ökonomischer Würdigung in einem gegebenen Zeitrahmen vernünftigerweise erwartet werden kann. Für das Vorliegen der Voraussetzungen des § 36 Abs. 1 muss daher aufgrund konkreter Anhaltspunkte nur „einige Wahrscheinlichkeit" sprechen, nicht erforderlich ist eine hohe Wahrscheinlichkeit.[8]

---

[1] *Kopp/Ramsauer,* § 24 VwVfG, Rn. 7.
[2] *Kopp/Ramsauer,* § 24 VwVfG, Rn. 7.
[3] BGH 21.2.1995, KVR 10/94, WuW/E BGH 2990, 2993 – *Importarzneimittel.*
[4] *Kopp/Ramsauer,* § 24 VwVfG, Rn. 30–31.
[5] *Kopp/Ramsauer,* § 24 VwVfG, Rn. 31a.
[6] *Kallerhoff* in: Stelkens/Bonk/Sachs, § 24 VwVfG, Rn. 20.
[7] *Kallerhoff* in: Stelkens/Bonk/Sachs, § 24 VwVfG, Rn. 20; *Kopp/Ramsauer,* § 24 VwVfG, Rn. 15.
[8] BGH 19.6.2012, KVR 15/11, WuW/E DE-R 3695, 3697 f. – *Haller Tagblatt.*

3. Materielle Beweislast

Während die formelle Beweislast die Frage betrifft, wem die Darlegung und gegebenenfalls der Beweis der relevanten Tatsachen obliegt (diese Frage ist im Verwaltungsverfahren durch den Untersuchungsgrundsatz im Grundsatz dahingehend geregelt, dass die Darlegungs- und Beweisführungslast der Behörde obliegt),[9] geht es bei der materiellen Beweislast um die Frage, zu wessen Lasten die Unaufklärbarkeit einer Tatsache (sog. „non-liquet“) geht.[10] Im Rahmen der Eingriffsverwaltung geht ein non-liquet grundsätzlich zu Lasten der Behörde,[11] während es in Antragsverfahren auf Erlass eines den Antragsteller begünstigenden Verwaltungsaktes[12] bzw. in der Leistungsverwaltung[13] zu Lasten des Antragstellers geht. Das Fusionskontrollverfahren nach § 40 ist zwar ein reines Antragsverfahren,[14] gleichwohl geht ein non-liquet hinsichtlich der Untersagungsvoraussetzungen zu Lasten des Bundeskartellamts, weil eine Untersagung dem Bereich der Eingriffsverwaltung zuzurechnen ist. In den übrigen reinen Antragsverfahren [Verfahren betreffend die Anerkennung von Wettbewerbsregeln (§ 24 Abs. 3), die Befreiung vom Vollzugsverbot (§ 41 Abs. 2), die Ministererlaubnis in der Zusammenschlusskontrolle (§ 42 Abs. 1) und die Beiladung (§ 54 Abs. 2 Nr. 3)][15] geht ein non-liquet hinsichtlich der Tatbestandsvoraussetzungen der begehrten Verfügung zu Lasten des Antragstellers. 4

4. Einzelfälle

Im Rahmen der **Einzelmarktbeherrschungsvermutung** des § 18 Abs. 4 GWB kann sich die Kartellbehörde nicht darauf beschränken, den Marktanteil in Höhe von 40% nachzuweisen, sondern muss darüber hinaus die Ermittlungen auch auf die Tatbestandsmerkmale des § 18 Abs. 1 erstrecken.[16] Können letzte Zweifel hinsichtlich des Vorliegens der Voraussetzungen des § 18 Abs. 1 nicht ausgeräumt werden, geht dieses Risiko der Beweislosigkeit – wenn der Marktanteil in Höhe von 40% nachgewiesen ist – zu Lasten des Unternehmens.[17] Es findet also eine Umkehr der materiellen, nicht aber der formellen Beweislast statt.[18] 5

Im Rahmen der **Oligopol-Marktbeherrschungsvermutung** des § 18 Abs. 6 und Abs. 7 gilt hinsichtlich der materiellen Beweislast zunächst derselbe Ausgangspunkt wie bei der Einzelmarktbeherrschungsvermutung: Das Risiko der Beweislosigkeit hinsichtlich des Vorliegens der Voraussetzungen des § 18 Abs. 5 und Abs. 7 tragen – wenn der Marktanteil in Höhe von 50% bzw. zwei Dritteln nachgewiesen ist – die Unternehmen.[19] Anders als bei der Einzelmarktbeherrschungsvermutung liegt jedoch auch die formelle Beweislast 6

[9] *Kopp/Ramsauer,* § 24 VwVfG, Rn. 40.
[10] *Kallerhoff* in: Stelkens/Bonk/Sachs, § 24 VwVfG, Rn. 55; *Kopp/Ramsauer,* § 24 VwVfG, Rn. 40.
[11] *Kallerhoff* in: Stelkens/Bonk/Sachs, § 24 VwVfG, Rn. 55; *Kopp/Ramsauer,* § 24 VwVfG, Rn. 48.
[12] *Kopp/Ramsauer,* § 24 VwVfG, Rn. 46.
[13] *Kallerhoff* in: Stelkens/Bonk/Sachs, § 24 VwVfG, Rn. 55.
[14] Siehe die Kommentierung zu § 54, Rn. 3.
[15] Siehe die Kommentierung zu § 54, Rn. 2.
[16] BGH 2.12.1980, KVR 1/80, WuW/E BGH 1749, 1753f. – *Klöckner-Becorit; Bardong,* in: Langen/Bunte, § 18 GWB, Rn. 210f.; Bundeskartellamt, Leitfaden zur Marktbeherrschung in der Fusionskontrolle, Stand: 29.3.2012, Rn. 26.
[17] BGH 2.12.1980, KVR 1/80, WuW/E BGH 1749, 1754 – *Klöckner-Becorit; Bardong,* in: Langen/Bunte, § 18 GWB, Rn. 213; Bundeskartellamt, Leitfaden zur Marktbeherrschung in der Fusionskontrolle, Stand: 29.3.2012, Rn. 26.
[18] *Thomas* WuW 2002, 470, 472f.
[19] OLG Düsseldorf 3.12.2008, VI-Kart 7/06 (V), WuW/E DE-R 2593, 2596 – *Springer/ProSiebenSat.1; Bardong,* in: Langen/Bunte, § 18 GWB, Rn. 224; vgl. auch BGH 6.12.2011, KVR 95/10, WuW/E DE-R 3591, 3601 – *Total/OMV* (zumindest dann, wenn fehlender Binnenwettbewerb bereits aufgrund von Marktstrukturmerkmalen angenommen werden kann, geht die Unsicherheit hinsichtlich der Bedeutung des tatsächlichen Wettbewerbsverhaltens im Anwendungsbereich der Oligopolvermutung zu Lasten der Unternehmen).

sowohl hinsichtlich des Fehlens von Binnenwettbewerb als auch des Fehlens von Außenwettbewerb grundsätzlich bei den Unternehmen – die Vorschrift bewirkt eine echte Umkehr der Beweislast.[20] Dies gilt jedoch nicht uneingeschränkt: In Bezug auf Tatsachen, die den Unternehmen nicht zugänglich sind, anderen Tatsachenvortrag der beteiligten Unternehmen sowie Ermittlungen, die sich aufgrund der besonderen Kenntnisse des Amtes vom Sachverhalt aufdrängen, setzt die Aufklärungspflicht der Kartellbehörde wieder ein.[21] In der Praxis wird sich das Bundeskartellamt daher nur selten ausschließlich auf die Vermutungsschwellen stützen.[22]

7 In Bezug auf die Voraussetzungen der **Abwägungsklausel** (§ 36 Abs. 1 Satz 2 Nr. 1) tragen die Unternehmen sowohl die formelle als auch die materielle Beweislast.[23] Dies gilt nicht nur hinsichtlich der Verbesserungen der Wettbewerbsbedingungen, sondern auch hinsichtlich des Erfordernisses der Kausalität, dem zufolge die Verbesserungen kausal auf dem Zusammenschluss beruhen müssen.[24] Ebenso wie bei der Oligopol-Marktbeherrschungsvermutung gilt die Umkehr der formellen Beweislast nicht uneingeschränkt. Soweit die Unternehmen nur zu einem schlüssigen und plausiblen Vortrag in der Lage sind, die relevanten Tatsachen aber nur vom Bundeskartellamt ermittelt werden können, müssen die geeigneten und notwendigen Ermittlungen von Amts wegen vorgenommen werden.[25]

8 Hinsichtlich der Voraussetzungen der **Pressesanierungsklausel** (§ 36 Abs. 1 Satz 2 Nr. 3) tragen die Unternehmen sowohl die formelle als auch die materielle Beweislast.[26] Auch hier gilt jedoch der Grundsatz, dass die Amtsermittlungspflicht des Bundeskartellamts einsetzt, soweit die von den Unternehmen substantiiert vorgetragenen Tatsachen nur auf dem Wege behördlicher Amtsermittlung ausermittelt werden können.[27]

9 **Art. 2 VO 1/2003** lässt im Verwaltungsverfahren den Untersuchungsgrundsatz unberührt[28] und regelt lediglich die Frage der materiellen Beweislast.[29] Allerdings versteht es sich von selbst, dass die Unternehmen dann, wenn sie das Risiko der Beweislosigkeit hinsichtlich der Voraussetzungen des Art. 101 Abs. 3 AEUV tragen, ein eigenes Interesse daran haben werden, im Sinne der allgemeinen Grundsätze des § 26 Abs. 2 VwVfG an der Sachaufklärung mitzuwirken. Art. 2 VO 1/2003 hat also durchaus Auswirkungen auf die Mitwirkungsobliegenheiten der Unternehmen.[30]

10 In **Antragsverfahren** gilt neben der Umkehr der materiellen Beweislast[31] teilweise auch eine echte Umkehr der formellen Beweislast in Bezug auf bestimmte Pflichtangaben [§ 39

[20] OLG Düsseldorf 4.8.2010, IV-2 Kart 6/09 (V), WuW/E DE-R 3000, 3005 – *Tankstellenbetriebe Thüringen;* OLG Düsseldorf 3.12.2008, VI-Kart 7/06 (V), WuW/E DE-R 2593, 2596 – *Springer/ProSiebenSat.1;* OLG Düsseldorf 7.5.2008, VI-Kart 13/07 (V), *Cargotec,* BA S. 21; KG 1.7.1983, Kart. 16/82, WuW/E OLG 3051, 3071 – *Morris-Rothmans; Thomas* WuW 2002, 470, 473 ff.

[21] OLG Düsseldorf 3.12.2008, VI-Kart 7/06 (V), WuW/E DE-R 2593, 2596 – *Springer/ProSiebenSat.1;* OLG Düsseldorf 7.5.2008, VI-Kart 13/07 (V), *Cargotec,* BA S. 21 f.; KG 1.7.1983, Kart. 16/82, WuW/E OLG 3051, 3071 – *Morris-Rothmans.*

[22] Bundeskartellamt, Leitfaden zur Marktbeherrschung in der Fusionskontrolle, Stand: 29.3.2012, Rn. 89.

[23] BGH 12.12.1978, KVR 6/77, WuW/E BGH 1533, 1539 f. – *Erdgas Schwaben;* OLG Düsseldorf 18.10.2006, VI-Kart 2/05 (V), WuW/E DE-R 1845, 1853 – *SES/DPC; Thomas,* in: Immenga/Mestmäcker, GWB, § 36 Rn. 745; *Becker/Knebel/Christiansen* in: MünchKommGWB, § 36, Rn. 229.

[24] BGH 12.12.1978, KVR 6/77, WuW/E BGH 1533, 1539 f. – *Erdgas Schwaben.*

[25] OLG Düsseldorf 18.10.2006, VI-Kart 2/05 (V), WuW/E DE-R 1845, 1853 – *SES/DPC.*

[26] *Thomas,* in: Immenga/Mestmäcker, GWB, § 36 Rn. 780; *Kallfaß,* in: Langen/Bunte, § 36 GWB, Rn. 135.

[27] *Thomas,* in: Immenga/Mestmäcker, GWB, § 36 Rn. 780; *Becker/Knebel/Christiansen* in: MünchKommGWB, § 36, Rn. 251.

[28] Nach Erwägungsgrund Nr. 5 berührt die VO 1/2003 nicht die „Verpflichtung der Wettbewerbsbehörden und Gerichte der Mitgliedstaaten, zur Aufklärung rechtserheblicher Sachverhalte beizutragen".

[29] *Sura,* in: Langen/Bunte, Art. 2 VO 1/2003, Rn. 4 f.

[30] *Karsten Schmidt* in: Immenga/Mestmäcker, Art. 2 VO 1/2003, Rn. 14.

[31] Siehe oben Rn. 4.

Abs. 3 (Fusionskontrollverfahren), § 24 Abs. 4 und Abs. 5 (Verfahren betreffend die Anerkennung von Wettbewerbsregeln)] oder Voraussetzungen des Befreiungstatbestandes [§ 41 Abs. 2 S. 1 (Verfahren betreffend die Befreiung vom Vollzugsverbot)].

II. Beweiserhebung, § 57 Abs. 2 bis 6

Im Verwaltungsverfahren vor der Kartellbehörde gilt der Grundsatz der Nichtförmlichkeit des Verwaltungsverfahrens (vgl. § 10 VwVfG). Die Kartellbehörde ist frei in der Wahl ihrer Ermittlungsinstrumente; es gibt keinen abschließenden Katalog der Ermittlungsinstrumente.[32] Dies bedeutet, dass die förmliche Beweiserhebung nach Abs. 2 bis 6 nur einer Erweiterung der Befugnisse der Kartellbehörde dient, nicht aber eine Verpflichtung der Kartellbehörde zu einem formalisierten Beweiserhebungsverfahren mit sich bringt. Nach anderer Ansicht soll für die in § 57 genannten Beweismittel offenbar ein Vorrang des formalisierten Verfahrens gelten.[33] Gegen diese Ansicht und einen Zwang zur Formalisierung spricht der weite Wortlaut des § 57 Abs. 1 GWB („alle Ermittlungen"), der im Lichte von §§ 10, 26 Abs. 1 VwVfG nur so verstanden werden kann, dass § 57 Abs. 2 im Vergleich zu Abs. 1 lediglich zusätzliche formale Instrumente schaffen, nicht aber zu einer Einschränkung des Abs. 1 führen soll. Beispielsweise die formlose Ortsbesichtigung einer Produktionsstätte oder die formlose Befragung (insbesondere auch telefonisch) einer natürlichen Person entspricht einem praktischen Bedürfnis und ist gängige Praxis. Die Forderung nach einem Zwang zu einer förmlichen Inaugenscheinnahme oder einer förmlichen Zeugenvernehmung ginge in diesen Fällen an der Realität vorbei. Ob eine förmliche Zeugenvernehmung mit Wortlautprotokoll einen höheren Beweiswert hat, ist eine Frage der Beweiswürdigung. In der Praxis steht die nichtförmliche Informationsbeschaffung der Kartellbehörde im Vordergrund, etwa durch Telefongespräche, einfachen Briefwechsel, Besprechungen und Ortsbesichtigungen.[34] In der Regel wird die Kartellbehörde nur dann auf eine formalisierte Beweiserhebung zurückgreifen, wenn sie die Mitwirkung anderer erzwingen oder in Rechte Dritter eingreifen muss.[35] Eine förmliche Zeugenvernehmung kann sich ferner dann anbieten, wenn der persönlichen Wahrnehmung einer natürlichen Person eine für das Verfahren zentrale Beweiskraft zukommt, was insbesondere in Missbrauchs- und Kartellverfahren denkbar ist, in Fusionskontrollverfahren aber eher unwahrscheinlich sein dürfte. Anders als im Bußgeldverfahren kann die Kartellbehörde im Verwaltungsverfahren einen Zeugen nicht richterlich vernehmen lassen, weil es keinen Verweis auf § 375 ZPO gibt.[36] Nach § 57 Abs. 6 kann aber das Amtsgericht um die Beeidigung der von der Kartellbehörde zu vernehmenden Zeugen ersucht werden. 11

III. Rechtsfolgen bei Verletzung

Sachaufklärungspflichten sind insbesondere verletzt, wenn die Kartellbehörde entscheidungserhebliche Tatsachen nicht ermittelt hat oder diesbezüglich zu unrichtigen Ermittlungsergebnissen gekommen ist. Liegen zu einer entscheidungserheblichen Frage keinerlei Ermittlungsergebnisse vor, ist das Beschwerdegericht grundsätzlich verpflichtet, die entsprechenden Ermittlungen im laufenden Beschwerdeverfahren nachzuholen, dabei muss es die Ermittlungshandlungen nicht selbst vornehmen, sondern kann die Kartellbehörde zur Durchführung der erforderlichen Ermittlungshandlungen auffordern.[37] Lediglich im 12

[32] *Bechtold,* GWB, § 57 Rn. 3; *Karsten Schmidt* in: Immenga/Mestmäcker, GWB, § 57 Rn. 13, 24; *Engelsing* in: MünchKommGWB, § 57, Rn. 11; *Schneider* in: Langen/Bunte, § 57 Rn. 25 f.

[33] *Karsten Schmidt* in: Immenga/Mestmäcker, GWB, § 57, Rn. 13; *Klees,* in: Kölner Kommentar, § 57, Rn. 8; *Bracher* in: Frankfurter Kommentar, GWB, § 57, Rn. 25.

[34] *Bechtold,* GWB, § 57 Rn. 3.

[35] *Bechtold,* GWB, § 57 Rn. 3.

[36] *Bechtold,* GWB, § 57 Rn. 5.

[37] BGH 24.6.2003, KVR 14/01, WuW/E DE-R 1163, 1166 f. – *HABET/Lekkerland.*

Falle vollständig unterbliebener oder unverwertbarer Sachverhaltsaufklärung durch die Kartellbehörde kann das Beschwerdegericht die angefochtene Verfügung ausnahmsweise auch ohne Herbeiführung der Spruchreife in analoger Anwendung von § 113 Abs. 3 Satz 1 VwGO aufheben, um der Kartellbehörde Gelegenheit zu geben, diese Ermittlungen in einem neuen Verwaltungsverfahren nachzuholen.[38] In Fusionskontrollverfahren dürfte es regelmäßig an der Sachdienlichkeit im Sinne des § 113 Abs. 3 Satz 1 VwGO fehlen.[39]

13 Bleiben im kartellbehördlichen Verwaltungsverfahren bestimmte Umstände unberücksichtigt, deren Vortrag von den Beteiligten hätte erwartet werden können, so führt dies nicht zur Rechtswidrigkeit der Entscheidung.[40] Soweit es im Rahmen des Beschwerdeverfahrens hinsichtlich der Beurteilung der Rechtmäßigkeit der Verfügung auf den Zeitpunkt der letzten mündlichen Verhandlung ankommt[41] (was insbesondere bei Verfügungen mit Dauerwirkung der Fall ist[42]), sind die Unternehmen jedoch nicht gehindert, noch im laufenden Beschwerdeverfahren neue Tatsachen vorzutragen und das Versäumte dadurch nachzuholen, es gibt insoweit keine Präklusionsvorschriften.

§ 58 Beschlagnahme

(1) **[1]Die Kartellbehörde kann Gegenstände, die als Beweismittel für die Ermittlung von Bedeutung sein können, beschlagnahmen. [2]Die Beschlagnahme ist dem davon Betroffenen unverzüglich bekannt zu machen.**

(2) **Die Kartellbehörde soll binnen drei Tagen die gerichtliche Bestätigung bei dem Amtsgericht, in dessen Bezirk sie ihren Sitz hat, beantragen, wenn bei der Beschlagnahme weder der davon Betroffene noch ein erwachsener Angehöriger anwesend war oder wenn der Betroffene und im Falle seiner Abwesenheit ein erwachsener Angehöriger des Betroffenen gegen die Beschlagnahme ausdrücklich Widerspruch erhoben hat.**

(3) **[1]Der Betroffene kann gegen die Beschlagnahme jederzeit die richterliche Entscheidung nachsuchen. [2]Hierüber ist er zu belehren. [3]Über den Antrag entscheidet das nach Absatz 2 zuständige Gericht.**

(4) **[1]Gegen die richterliche Entscheidung ist die Beschwerde zulässig. [2]Die §§ 306 bis 310 und 311a der Strafprozessordnung gelten entsprechend.**

Übersicht

I. Anwendungsbereich, Voraussetzungen

1 Voraussetzung für die Beschlagnahme ist ein bereits eingeleitetes Verwaltungsverfahren. Da aber jede Form der nach außen gerichteten Ermittlungstätigkeit eine Verfahrenseinleitung bewirkt,[1] kann auch die Beschlagnahme selbst ihrerseits eine Verfahrenseinleitung begründen.[2] Befindet sich das Verwaltungsverfahren im Stadium des gerichtlichen Beschwerdeverfahrens, sind Nachermittlungen durch die Kartellbehörde nach Aufforderung

[38] BGH 24.6.2003, KVR 14/01, WuW/E DE-R 1163, 1167 – *HABET/Lekkerland.*
[39] BGH 24.6.2003, KVR 14/01, WuW/E DE-R 1163, 1167 f. – *HABET/Lekkerland.*
[40] FK-*Bracher,* § 57 Rn. 23 m. w. Nachw.
[41] Siehe zum maßgeblichen Entscheidungszeitpunkt die Kommentierung zu § 71 GWB, Rn. 7–15.
[42] Siehe die Kommentierung zu § 71 GWB, Rn. 10.
[1] Siehe die Kommentierung zu § 54, Rn. 5.
[2] *Karsten Schmidt* in: Immenga/Mestmäcker, § 58, Rn. 2.

durch das Beschwerdegericht möglich. Das Beschwerdegericht selbst kann in diesem Verfahrensstadium zwar keine Beschlagnahme anordnen,[3] jedoch bleibt das Recht der Kartellbehörde unberührt, eine Beschlagnahme anzuordnen.

2 Praktischer Anwendungsfall für die Beschlagnahme im Verwaltungsverfahren ist insbesondere die Situation in den Geschäftsräumen eines Unternehmens, wenn beweisrelevante Unterlagen entweder im Rahmen einer Einsichtnahme und Prüfung nach § 59 Abs. 1 S. 1 Nr. 3 von Unternehmensmitarbeitern vorgelegt oder im Rahmen einer Durchsuchung nach § 59 Abs. 4 von Mitarbeitern der Kartellbehörde aufgefunden werden.[4] Daneben ist natürlich auch die Situation denkbar, dass Unterlagen freiwillig an die Kartellbehörde übersandt wurden.[5] Wenn Unterlagen auf ein Herausgabeverlangen nach § 59 Abs. 1 S. 1 Nr. 1 hin übersandt wurden, ist eine Beschlagnahme nicht erforderlich.

3 Die Kartellbehörde kann Gegenstände gem. § 58 Abs. 1 S. 1 dann beschlagnahmen, wenn sie als Beweismittel für die Ermittlung von Bedeutung sein können. Hierbei sind die im Rahmen des § 94 StPO entwickelten Maßstäbe heranzuziehen: Für die Sicherstellung und Beschlagnahme eines Gegenstandes als Beweismittel nach § 94 Abs. 1 und 2 StPO reicht grundsätzlich seine potentielle Beweisbedeutung aus; es genügt daher die nach vorausschauender Beurteilung nicht fernliegende Möglichkeit, dass der Gegenstand erst im Verlauf des Verfahrens Bedeutung für die Untersuchungen gewinnen wird.[6]

II. Verfahren

4 Zuständig für die Anordnung der Beschlagnahme ist stets der ermittelnde Beamte.[7] Dies gilt auch in vom Bundeskartellamt geführten Verfahren, ein Beschluss der Beschlussabteilung im Sinne des § 51 GWB ist nicht erforderlich.[8] Außerdem werden die Formvorschriften des § 61 GWB durch die Spezialvorschrift des § 58 überlagert, so dass die Anordnung der Beschlagnahme auch mündlich ergehen kann.[9] Sie ist dem Gewahrsamsinhaber gem. § 58 Abs. 1 Satz 2 unverzüglich bekannt zu machen. Ferner ist der Betroffene gem. § 58 Abs. 1 Satz 2 darüber zu belehren, dass er gegen die Beschlagnahme jederzeit eine richterliche Entscheidung beantragen kann. Die Anordnung der Beschlagnahme kann erforderlichenfalls im Rahmen des Verwaltungsvollstreckungsverfahrens nach den Vorschriften des VwVG durchgesetzt werden.[10] Die Beschlagnahmeverbote der StPO, insbesondere § 97 StPO, sind nicht analog anzuwenden.[11] Davon zu trennen ist allerdings die Frage, unter welchen Voraussetzungen in einem Verwaltungsverfahren gewonnene Erkenntnisse in einem Bußgeldverfahren verwertet werden dürfen.[12]

---

[3] OLG Düsseldorf 10.8.2011, VII-Verg 37/11, Rn. 3, zit. nach juris (für das vergaberechtliche Beschwerdeverfahren).

[4] *Bechtold,* GWB, § 58 Rn. 3.

[5] *Bechtold,* GWB, § 58 Rn. 3.

[6] BGH 9.12.1992, StB 16/92, Rn. 7 (zit. nach juris).

[7] *Schneider* in: Langen/Bunte, § 58 Rn. 3; *Ost* in: MünchKommGWB, § 58, Rn. 4.

[8] *Schneider* in: Langen/Bunte, § 58 Rn. 3; *Ost* in: MünchKommGWB, § 58, Rn. 4; *Karsten Schmidt* in: Immenga/Mestmäcker, § 58, Rn. 8 (die Vorteile eines Beschlusses der Beschlussabteilung zwar betonend, ihn aber nicht für unverzichtbar haltend); **a. A.** *Bracher* in: Frankfurter Kommentar, GWB, § 58, Rn. 12; *Bechtold,* GWB, § 58 Rn. 3.

[9] *Karsten Schmidt* in: Immenga/Mestmäcker, § 58, Rn. 11; *Ost* in: MünchKommGWB, § 58, Rn. 4.

[10] *Karsten Schmidt* in: Immenga/Mestmäcker, § 58, Rn. 14; *Ost* in: MünchKommGWB, § 58, Rn. 6.

[11] *Schneider* in: Langen/Bunte, § 58 Rn. 2; *Ost* in: MünchKommGWB, § 58, Rn. 3; *Bracher* in: Frankfurter Kommentar, GWB, § 58, Rn. 9.

[12] Siehe dazu die Kommentierung zu § 59, Rn. 25–26.

III. Rechtsschutz

5 Gem. § 58 Abs. 2 soll die Kartellbehörde binnen drei Tagen die gerichtliche Bestätigung bei dem Amtsgericht, in dessen Bezirk sie ihren Sitz hat, beantragen, wenn bei der Beschlagnahme weder der davon Betroffene noch ein erwachsener Angehöriger anwesend war oder wenn der Betroffene und im Falle seiner Abwesenheit ein erwachsener Angehöriger des Betroffenen gegen die Beschlagnahme ausdrücklich Widerspruch erhoben hat. Die 8. GWB-Novelle hat – ebenso wie bei § 59 Abs. 4 S. 1 – eine Zuständigkeitskonzentration am Sitz der Kartellbehörde und hinsichtlich der 3-Tages-Frist eine Angleichung an § 98 Abs. 2 im Sinne einer Soll-Vorschrift gebracht.[13]

6 Im Falle einer Beschlagnahme durch die Kartellbehörde im Zuge gerichtlich angeordneter Nachermittlungen während des laufenden Beschwerdeverfahrens[14] fragt es sich, welches Gericht für die richterliche Entscheidung zuständig ist. Der Gesetzeswortlaut nimmt den Fall des laufenden Beschwerdeverfahrens nicht explizit in den Blick und kennt nur die Zuständigkeit des Amtsgerichts nach Abs. 2. Es spricht jedoch einiges dafür, in entsprechender Anwendung von § 46 Abs. 1 OWiG, §§ 98 Abs. 2 S. 3 i. V. m. 162 Abs. 3 S. 1 StPO eine Zuständigkeit des in der Hauptsache entscheidenden Beschwerdegerichts anzunehmen. Ansonsten müsste im Falle einer während eines laufenden Beschwerdeverfahrens durchgeführten Einsichtnahme und Prüfung,[15] in deren Rahmen eine Beschlagnahme erfolgt ist, das Amtsgericht über die potentielle Beweisbedeutung der beschlagnahmten Unterlagen entscheiden, obwohl die Nachermittlungen vom Oberlandesgericht angeordnet worden sind.

7 Unabhängig von den Voraussetzungen des Abs. 2 kann der Gewahrsamsinhaber nach Abs. 3 jederzeit eine gerichtliche Entscheidung beantragen. Gegen die gerichtliche Bestätigung nach Abs. 2 oder die gerichtliche Entscheidung nach Abs. 4 ist die Beschwerde zulässig. Zuständig ist das Landgericht. Eine weitere Beschwerde findet nicht statt.[16]

§ 59 Auskunftsverlangen

(1) [1] **Soweit es zur Erfüllung der in diesem Gesetz der Kartellbehörde übertragenen Aufgaben erforderlich ist, kann die Kartellbehörde bis zum Eintritt der Bestandskraft ihrer Entscheidung**

1. **von Unternehmen und Vereinigungen von Unternehmen Auskunft über ihre wirtschaftlichen Verhältnisse sowie die Herausgabe von Unterlagen verlangen; dies umfasst auch allgemeine Marktstudien, die der Einschätzung oder Analyse der Wettbewerbsbedingungen oder der Marktlage dienen und sich im Besitz des Unternehmens oder der Unternehmensvereinigung befinden;**
2. **von Unternehmen und Vereinigungen von Unternehmen Auskunft über die wirtschaftlichen Verhältnisse von mit ihnen nach § 36 Absatz 2 verbundenen Unternehmen sowie die Herausgabe von Unterlagen dieser Unternehmen verlangen, soweit sie die Informationen zur Verfügung haben oder soweit sie aufgrund bestehender rechtlicher Verbindungen zur Beschaffung der verlangten Informationen über die verbundenen Unternehmen in der Lage sind;**
3. **bei Unternehmen und Vereinigungen von Unternehmen innerhalb der üblichen Geschäftszeiten die geschäftlichen Unterlagen einsehen und prüfen.**

[2] **Gegenüber Wirtschafts- und Berufsvereinigungen gilt Satz 1 Nummer 1 und 3 entsprechend hinsichtlich ihrer Tätigkeit, Satzung, Beschlüsse sowie Anzahl und Namen**

---

[13] Vgl. Begründung zum Gesetzentwurf der Bundesregierung, BT-Drucks. 17/9852, S. 32.

[14] Siehe oben Rn. 1.

[15] Siehe Tätigkeitsbericht des Bundeskartellamtes 2013/2014, BT-Drucks. 18/4210, S. 31.

[16] *Bracher* in: Frankfurter Kommentar, GWB, § 58, Rn. 34; *Ost* in: MünchKommGWB, § 58, Rn. 10; *Schneider* in: Langen/Bunte, § 58 Rn. 5; **a. A.** *Karsten Schmidt* in: Immenga/Mestmäcker, § 58, Rn. 23.

der Mitglieder, für die die Beschlüsse bestimmt sind. [3]Die Kartellbehörde kann vorgeben, in welcher Form die Angaben nach den Sätzen 1 und 2 zu erteilen sind; insbesondere kann sie vorgeben, dass eine Internetplattform zur Eingabe der Angaben verwendet werden muss.

(2) **Die Inhaber der Unternehmen und ihre Vertretung, bei juristischen Personen, Gesellschaften und nicht rechtsfähigen Vereinen die nach Gesetz oder Satzung zur Vertretung berufenen Personen sind verpflichtet, die verlangten Unterlagen herauszugeben, die verlangten Auskünfte zu erteilen, die geschäftlichen Unterlagen zur Einsichtnahme und Prüfung vorzulegen und die Prüfung dieser geschäftlichen Unterlagen sowie das Betreten von Geschäftsräumen und -grundstücken zu dulden.**

(3) **[1]Personen, die von der Kartellbehörde mit der Vornahme von Prüfungen beauftragt werden, dürfen die Räume der Unternehmen und Vereinigungen von Unternehmen betreten. [2]Das Grundrecht des Artikels 13 des Grundgesetzes wird insoweit eingeschränkt.**

(4) **[1]Durchsuchungen können nur auf Anordnung des Amtsrichters, in dessen Bezirk die Kartellbehörde ihren Sitz hat, vorgenommen werden. [2]Durchsuchungen sind zulässig, wenn zu vermuten ist, dass sich in den betreffenden Räumen Unterlagen befinden, die die Kartellbehörde nach Absatz 1 einsehen, prüfen oder herausverlangen darf. [3]Das Grundrecht der Unverletzlichkeit der Wohnung (Artikel 13 Absatz 1 des Grundgesetzes) wird insoweit eingeschränkt. [4]Auf die Anfechtung dieser Anordnung finden die §§ 306 bis 310 und 311a der Strafprozessordnung entsprechende Anwendung. [5]Bei Gefahr im Verzuge können die in Absatz 3 bezeichneten Personen während der Geschäftszeit die erforderlichen Durchsuchungen ohne richterliche Anordnung vornehmen. [6]An Ort und Stelle ist eine Niederschrift über die Durchsuchung und ihr wesentliches Ergebnis aufzunehmen, aus der sich, falls keine richterliche Anordnung ergangen ist, auch die Tatsachen ergeben, die zur Annahme einer Gefahr im Verzuge geführt haben.**

(5) **Für die zur Auskunft verpflichtete Person gilt § 55 der Strafprozessordnung entsprechend.**

(6) **[1]Das Bundesministerium für Wirtschaft und Energie oder die oberste Landesbehörde fordern die Auskunft durch schriftliche Einzelverfügung, das Bundeskartellamt fordert sie durch Beschluss an. [2]Darin sind die Rechtsgrundlage, der Gegenstand und der Zweck des Auskunftsverlangens anzugeben und eine angemessene Frist zur Erteilung der Auskunft zu bestimmen.**

(7) **[1]Das Bundesministerium für Wirtschaft und Energie oder die oberste Landesbehörde ordnen die Prüfung durch schriftliche Einzelverfügung, das Bundeskartellamt ordnet sie durch Beschluss mit Zustimmung des Präsidenten an. [2]In der Anordnung sind Zeitpunkt, Rechtsgrundlage, Gegenstand und Zweck der Prüfung anzugeben.**

Übersicht

I. Auskunftsverlangen, Herausgabeverlangen und Nachprüfung (Abs. 1)

1. Statthaftigkeit der Ermittlungsinstrumente

1 Nach dem Einleitungssatz des § 59 Abs. 1 sind die Kartellbehörden zu Auskunftsverlangen, Herausgabeverlangen und Nachprüfungen nur insoweit befugt, als es zur Erfüllung der ihnen **vom GWB übertragenen Aufgaben** erforderlich ist. Statthaft sind die Ermittlungsinstrumente daher im Rahmen eines **Verwaltungsverfahrens.** Das Verwaltungsverfahren muss eingeleitet sein.[1] Vor der Einleitung eines Verwaltungsverfahrens sind Ermittlungen auf der Grundlage von § 59 nicht zulässig, auch nicht um zu prüfen, ob ein Verwaltungsverfahren überhaupt förmlich eingeleitet werden soll.[2] Da aber ein Verwaltungsverfahren spätestens durch eine auf der Grundlage von § 59 GWB getroffene Ermittlungsmaßnahme als „nach außen wirkende Tätigkeit"[3] einer Behörde eingeleitet wird, sind Konstellationen, in denen die Rechtmäßigkeit einer solchen Maßnahme allein von der Frage der Einleitung eines Verwaltungsverfahrens abhängt, nur schwer vorstellbar.[4] Die Ermittlungsbefugnisse stehen der Kartellbehörde nach dem durch die 7. GWB-Novelle geänderten Wortlaut der Vorschrift „bis zum Eintritt der Bestandskraft ihrer Entscheidung" zu. Dass die Kartellbehörde auch im **gerichtlichen Beschwerdeverfahren,** in dem die von ihr erlassene Verfügung angefochten wird, auf die Ermittlungsinstrumente des § 59 GWB zurückgreifen kann, war allerdings schon zuvor von den Gerichten anerkannt.[5] Über § 32e Abs. 4 ist § 59 auch im Rahmen von **Sektoruntersuchungen** anwendbar.

2 Unanwendbar ist § 59 auf die Beteiligung der Kartellbehörden als „amicus curiae" an **Kartellzivilrechtstreitigkeiten nach § 90.**[6] Zwar erstreckt sich das Beteiligungsrecht der Kartellbehörde nach § 90 Abs. 2 GWB nicht nur auf Rechtsausführungen, sondern auch auf Tatsachenvortrag.[7] Die Kartellbehörde darf jedoch nicht eigens für die Beteiligung nach § 90 Abs. 2 Ermittlungen auf der Grundlage von § 59 anstellen.[8] Zulässig ist dagegen der Vortrag von Tatsachen, welche die Kartellbehörde in einem parallel geführten Verwaltungsverfahren auf der Grundlage des § 59 ermittelt hat.[9] Der im Zivilprozess geltende Beibringungsgrundsatz erfährt dadurch freilich keine Einschränkung: Der Tatsachenvortrag der Kartellbehörde ist nur dann im Zivilprozess verwertbar, wenn eine Partei sich ihn zu eigen macht,[10] ggf. nach einer Aufforderung des Gerichts gem. § 139 ZPO.[11]

3 In **Bußgeldverfahren** der Kartellbehörden ist die Vorschrift des § 59 unanwendbar;[12] sie wurde mit der 6. GWB-Novelle aus dem Gesetzesteil über die Behörden herausgenommen und in den Abschnitt „Verwaltungssachen" verschoben. Prinzipiell möglich ist aber die Überführung in einem Verwaltungsverfahren gewonnener Erkenntnisse in ein

---

[1] Zur Verfahrenseinleitung siehe § 54 Rn. 1 ff.

[2] *Klaue* in: Immenga/Mestmäcker, GWB, § 59 Rn. 6; *Schneider* in: Langen/Bunte, § 59 Rn. 7.

[3] Siehe die Kommentierung zu § 54, Rn. 5.

[4] Vgl. zur fehlenden praktischen Relevanz des Kriteriums der Verfahrenseinleitung auch *Barth* in: MünchKommGWB, § 59, Rn. 4.

[5] BGH 24.6.2003, KVR 14/01, WuW/E DE-R 1163, 1167 – *HABET/Lekkerland;* KG 10.2.1982, Kart. 52/81, WuW/E OLG 2767, 2769 f.; **a. A.** OLG Düsseldorf 30.4.2002, Kart 32/01 (V), WuW/E DE-R 900, 901 ff. – *Blitz-Tip.*

[6] *Klaue* in: Immenga/Mestmäcker, GWB, § 59 Rn. 7; *Schneider* in: Langen/Bunte, § 59 Rn. 2; *Barth* in: MünchKommGWB, § 59, Rn. 2.

[7] Siehe die Kommentierung zu § 90, Rn. 4; *Nothdurft* in: MünchKommGWB, § 90, Rn. 9.

[8] *Bornkamm* in: Langen/Bunte, § 90 GWB, Rn. 11; *Bechtold,* GWB, § 90 Rn. 2.

[9] *Bornkamm* in: Langen/Bunte, § 90 GWB, Rn. 11; *Bechtold,* GWB, § 90 Rn. 2; zur prinzipiellen Zulässigkeit paralleler Ermittlungen im Verwaltungsverfahren während eines laufenden Zivilprozesses vgl. KG 27.3.1981, Kart 15/81, WuW/E OLG 2446 ff. – *Heizölhandel.*

[10] *Bornkamm* in: Langen/Bunte, § 90 GWB, Rn. 11; *Nothdurft* in: MünchKommGWB, § 90, Rn. 10.

[11] Siehe die Kommentierung zu § 90, Rn. 4.

[12] *Bechtold,* GWB, § 59 Rn. 2; *Klaue* in: Immenga/Mestmäcker, GWB, § 59 Rn. 5; *Barth* in: MünchKommGWB, § 59, Rn. 2.

Bußgeldverfahren,[13] sei es durch Fortführung eines ursprünglich als Verwaltungsverfahren begonnenen Verfahrens als Bußgeldverfahren, sei es durch Beiziehung von Aktenbestandteilen eines Verwaltungsverfahrens im Rahmen eines separat geführten Bußgeldverfahrens. Zu Problematik der Auskunftsverweigerungsrechte (Abs. 5) und Verwertungsverbote siehe unten Rn. 22–26.

2. Allgemeine Voraussetzungen der Ermittlungsinstrumente

Das GWB verleiht den Kartellbehörden kein voraussetzungsloses Enqueterecht. Auf der **Tatbestandsebene** nennt das Gesetz als Voraussetzung für die Ermittlungsbefugnisse des § 59 die Erforderlichkeit „zur Erfüllung der in diesem Gesetz der Kartellbehörde übertragenen Aufgaben". Vom Sonderfall der Sektoruntersuchung nach § 32e abgesehen besteht die Aufgabe der Kartellbehörde im Verwaltungsverfahren darin, die Voraussetzungen für den Erlass eines Verwaltungsaktes zu prüfen (vgl. § 9 VwVfG). Die Auskunftsbefugnis der Kartellbehörden ist lediglich durch dieses **„Ermittlungsziel"** begrenzt.[14] Im Rahmen der auf dieses Ziel gerichteten Prüfung, ob ein Verwaltungsakt zu erlassen ist, hat der Einsatz der Ermittlungsinstrumente des § 59 das Vorliegen eines **Anfangsverdachts** zur Voraussetzung. Dieser ist dann gegeben, wenn Gegenstand der Prüfung ein konkreter Sachverhalt ist, der die Anwendung einer Sachnorm rechtfertigen kann.[15] Der Anfangsverdacht hat also eine tatsächliche und eine rechtliche Ebene: Konkrete tatsächliche Umstände müssen eine Gesetzesverletzung als möglich erscheinen lassen.[16] Die Voraussetzungen des Eingriffstatbestandes müssen noch nicht vorliegen.[17] Der Anfangsverdacht muss lediglich schlüssig sein. Im Rahmen der **Schlüssigkeitsprüfung** ist noch nicht abschließend über die Auslegung der Sachnorm zu entscheiden, sondern es ist von der Rechtsauffassung der Kartellbehörde auszugehen.[18] Ein Auskunftsverlangen ist daher nicht bereits deshalb rechtswidrig, wenn die von der Kartellbehörde geltend gemachte Rechtsauffassung vom Gericht nicht geteilt wird, sondern nur dann, wenn ihr jede Plausibilität fehlt.[19] An den Anfangsverdacht sind desto höhere Anforderungen zu stellen, je schwerwiegender der Adressat von dem Auskunftsersuchen betroffen ist.[20] Im Falle einer **Sektoruntersuchung nach § 32e GWB** muss sich der Anfangsverdacht nicht auf einen möglichen konkreten Gesetzesverstoß beziehen, sondern entsprechend dem materiellen Maßstab des § 32e GWB ist die Vermutung ausreichend, dass der Wettbewerb im Inland möglicherweise eingeschränkt oder verfälscht ist.[21] 4

Auf der **Rechtsfolgenseite** gewährt die Norm der Kartellbehörde ein weit gespanntes Ermessen, sowohl in Bezug auf den Inhalt als auch den Umfang der zu erteilenden Auskünfte. Die Kartellbehörde muss ein zur Erreichung des Ermittlungsziels geeignetes Ermittlungskonzept darlegen, das vom Gericht jedoch nur auf seine Vertretbarkeit überprüft 5

---

[13] *Zur Nieden* in: Frankfurter Kommentar, GWB, § 59 Rn. 11; *Barth* in: MünchKommGWB, § 59, Rn. 2; *Klaue* in: Immenga/Mestmäcker, GWB, § 59 Rn. 10.

[14] OLG Düsseldorf 17.9.2012, VI-2 Kart 3/12 (V), WuW/E DE-R 3879, 3800 – *Auskunftsbefugnis;* OLG Düsseldorf 4.6.2006, VI-Kart 6/06 (V), WuW/E DE-R 1861, 1862 – *Kalksandstein;* OLG Düsseldorf 27.4.2001, Kart 19/01 (V), WuW/E DE-R 677, 678 – *Müllverbrennungsanlage.*

[15] OLG Düsseldorf 17.9.2012, VI-2 Kart 3/12 (V), WuW/E DE-R 3879, 3801 – *Auskunftsbefugnis;* OLG Düsseldorf 20.5.2010, VI-2 Kart 9/09 (V), 2 Kart 9/09 (V), Rn. 15, zit. nach juris.

[16] OLG Düsseldorf 17.9.2012, VI-2 Kart 3/12 (V), WuW/E DE-R 3879, 3801 – *Auskunftsbefugnis;* OLG Düsseldorf 20.5.2010, VI-2 Kart 9/09 (V), 2 Kart 9/09 (V), Rn. 15, zit. nach juris; OLG Düsseldorf 11.6.2003, Kart 7/03 (V), WuW/E DE-R 1179, 1180 – *Stromcontracting.*

[17] OLG Düsseldorf 11.6.2003, Kart 7/03 (V), WuW/E DE-R 1179, 1183 – *Stromcontracting.*

[18] OLG Düsseldorf 17.9.2012, VI-2 Kart 3/12 (V), WuW/E DE-R 3879, 3801 – *Auskunftsbefugnis.*

[19] OLG Düsseldorf 20.5.2010, VI-2 Kart 9/09 (V), 2 Kart 9/09 (V), Rn. 15, zit. nach juris; KG 19.5.1999, Kart 22/99, WuW/E DE-R 343 – *WAZ/OTZ.*

[20] OLG Düsseldorf 17.9.2012, VI-2 Kart 3/12 (V), WuW/E DE-R 3879, 3803 – *Auskunftsbefugnis;* OLG Düsseldorf 22.1.2003, Kart 39/02 (V), WuW/E DE-R 1067, 1069 – *Stromnetz Darmstadt.*

[21] OLG Düsseldorf 4.8.2010, VI-2 Kart 8/09 (V), Rn. 29–30, zit. nach juris; OLG Düsseldorf 8.5.2007, VI-Kart 5/07 (V), WuW/E DE-R 1993, 1996 f. – *Außenwerbeflächen.*

wird.[22] Die **Erforderlichkeit** der erbetenen Auskünfte gemessen an dem dargelegten Ermittlungskonzept wird vom Gericht nur daraufhin überprüft, ob sie von der Kartellbehörde mit vertretbaren Erwägungen bejaht wurde.[23] Die Erforderlichkeit ist daher bereits dann gegeben, wenn die Ermittlungen zur Entscheidung beitragen können; dies ist dann der Fall, wenn die Kartellbehörde die Kenntnis der Tatsachen zu der Prüfung benötigt, ob eine Verfügung zu erlassen ist.[24]

3. Unternehmen oder Unternehmensvereinigung als Adressat

6 **a) Unternehmensbegriff.** Für die Beurteilung der Unternehmenseigenschaft des Adressaten einer Verfügung gilt der **funktionale Unternehmensbegriff,** nach dem „grundsätzlich jede Person und jeder Verband, der sich im geschäftlichen Verkehr, d. h. wirtschaftlich betätigt, als Unternehmen anzusehen ist."[25] Dies bedeutet zum einen, dass ein kartellrechtlicher Maßstab unabhängig von der Rechtsform der handelnden Einrichtung anzulegen ist.[26] Dies bedeutet zum anderen, dass stets an eine konkrete Tätigkeit anzuknüpfen ist.[27] Je nach in Rede stehendem Tätigkeitsbereich kann also derselbe Verband im Sinne einer „Doppelqualifikation"[28] ein Mal als Unternehmen, ein anderes Mal nicht als Unternehmen qualifiziert werden. Daher wird der Unternehmensbegriff auch als funktional-relativ bezeichnet.[29] Der kartellrechtliche Maßstab für die Unternehmenseigenschaft kann sich im Sinne eines „gespaltenen" Unternehmensbegriffes je nach kartellrechtlichem Sachzusammenhang unterscheiden. Dabei gilt im Rahmen des § 59 tendenziell ein weiter Maßstab: So hat der BGH in dem Verfahren *Niederbarnimer Wasserverband* entschieden, dass ein in der Form einer Körperschaft des öffentlichen Rechts organisierter Wasserversorger, der Trinkwasser auf der Grundlage eines Anschluss- und Benutzungszwangs und einer Gebührensatzung liefert, jedenfalls für die Zwecke des § 59 als Unternehmen einzustufen ist unabhängig von der nicht entscheidungserheblichen Frage, ob dies auch für die Zwecke der kartellrechtlichen Missbrauchskontrolle der Fall wäre. Im Rahmen des § 59 GWB gehe es darum, dass die Kartellbehörden ausreichende Informationen beschaffen können, um ihre gesetzlichen Aufgaben ordnungsgemäß zu erfüllen. Gemessen an dem Sinn der Auskunftsverpflichtung, den Kartellbehörden Erlöse und Kosten von Wasserversorgern mitzuteilen, stehe er auf einer Stufe mit allen anderen Wasserversorgern.[30]

7 Nach **§ 36 Abs. 3** gilt eine Person oder Personenvereinigung, die nicht Unternehmen ist, dann als Unternehmen, wenn ihr die Mehrheitsbeteiligung an einem Unternehmen zusteht. Diese Vorschrift gilt nicht nur für die Fusionskontrolle, sondern für das gesamte GWB, also auch im Rahmen von § 59 GWB.[31]

---

[22] OLG Düsseldorf 17.9.2012, VI-2 Kart 3/12 (V), WuW/E DE-R 3879, 3800 – *Auskunftsbefugnis;* OLG Düsseldorf 4.6.2006, VI-Kart 6/06 (V), WuW/E DE-R 1861, 1862 – *Kalksandstein;* OLG Düsseldorf 27.4.2001, Kart 19/01 (V), WuW/E DE-R 677, 678 – *Müllverbrennungsanlage.*

[23] OLG Düsseldorf 17.9.2012, VI-2 Kart 3/12 (V), WuW/E DE-R 3879, 3800 – *Auskunftsbefugnis;* OLG Düsseldorf 4.6.2006, VI-Kart 6/06 (V), WuW/E DE-R 1861, 1862 – *Kalksandstein;* OLG Düsseldorf 27.4.2001, Kart 19/01 (V), WuW/E DE-R 677, 678 – *Müllverbrennungsanlage.*

[24] OLG Düsseldorf 4.6.2006, VI-Kart 6/06 (V), WuW/E DE-R 1861, 1863 – *Kalksandstein.*

[25] BGH 18.10.2011, KVR 9/11, WuW/E DE-R 3497, 3498 – *Niederbarnimer Wasserverband.*

[26] *Bornkamm,* in: FS Hirsch (2008), S. 231, 232 f.

[27] *W.-H. Roth,* in: FS Bechtold (2006), 393, 394.

[28] BGH 18.10.2011, KVR 9/11, WuW/E DE-R 3497, 3499 – *Niederbarnimer Wasserverband; Wolf,* BB 2011, 648, 651.

[29] *Bornkamm,* in: FS Hirsch (2008), S. 231, 233; *W.-H. Roth,* in: FS Bechtold (2006), 393, 394.

[30] BGH 18.10.2011, KVR 9/11, WuW/E DE-R 3497, 3498 f. – *Niederbarnimer Wasserverband;* die Vorinstanz hatte einen „gespaltenen" Unternehmensbegriff im Rahmen des § 59 GWB noch abgelehnt: OLG Düsseldorf 8.12.2010, VI-2 Kart 1/10 (V), WuW/E DE-R 3170, 3172 f. – *Wasserversorger.*

[31] OLG Frankfurt 12.7.2012, 11 W 13/12 (Kart), Rn. 35, zit. nach juris; OLG Frankfurt 20.9. 2011, 11 W 24/11 (Kart), WuW/E DE-R 3525, 3527 – *Rekommunalisierung.*

Natürliche Personen sind nur dann auskunftspflichtig, wenn sie im Rahmen des § 59 GWB die Voraussetzungen des Unternehmensbegriffs erfüllen. 8

b) Auskunftsverlangen. Von Unternehmen und Unternehmensvereinigungen können **Auskünfte über ihre wirtschaftlichen Verhältnisse** verlangt werden. Dieser Begriff ist weit zu verstehen;[32] er umfasst alle tatsächlichen und rechtlichen Beziehungen des Adressaten sowie die gesamte betriebliche und gesellschaftsrechtliche Sphäre des Unternehmens.[33] Im Einzelnen kann es sich dabei um Angaben zu Umsätzen, Produkten, Preisen und Geschäftsbedingungen, Kunden, Geschäftsstrategien sowie zur inneren Organisationsstruktur, zu Gesellschaftsverträgen und Konzernverflechtungen handeln. Speziell im Bereich der Preismissbrauchsaufsicht kann den Adressaten aufgegeben werden, ihre Entgeltkalkulation vorzulegen sowie die Kalkulationsgrundlagen und -methoden zu erläutern.[34] Letztlich findet die Auslegung des Begriffes „wirtschaftliche Verhältnisse" ihre Grenze an der Erforderlichkeit der Auskünfte gemessen an dem vertretbaren Ermittlungskonzept, mit dessen Hilfe das Ermittlungsziel erreicht werden soll[35] (vgl. oben Rn. 4–5). 9

§ 59 Abs. 1 Satz 1 Nr. 1 erlaubt nur Auskunftsverlangen hinsichtlich der *eigenen* wirtschaftlichen Verhältnisse, nicht hinsichtlich der Verhältnisse Dritter.[36] Dies gilt auch dann, wenn es sich bei den Dritten um verbundene Unternehmen handelt.[37] Daher eröffnet die im Zuge der 7. GWB-Novelle geschaffene Nr. 2 den Kartellbehörden die Möglichkeit, von Unternehmen und Vereinigungen von Unternehmen Auskunft über die wirtschaftlichen Verhältnisse von mit ihnen nach **§ 36 Abs. 2 verbundenen Unternehmen** zu verlangen, soweit sie die Informationen zur Verfügung haben oder soweit sie auf Grund bestehender rechtlicher Verbindungen zur Beschaffung der verlangten Informationen über die verbundenen Unternehmen in der Lage sind. Sinn dieser Vorschrift ist die „Straffung der Ermittlungsbefugnisse",[38] da dadurch vermieden werden kann, jedes einem Unternehmensverbund angehörende Unternehmen einzeln auf Auskunft in Anspruch nehmen zu müssen. Ferner wird es durch die Vorschrift erleichtert, Informationen von im Ausland ansässigen Gesellschaften anzufordern.[39] Angesichts der immer stärkeren internationalen Verflechtung der Wirtschaft und der Internationalisierung vieler Märkte müssen zunehmend Informationen über ausländische Unternehmen erfragt werden. Durch den uneingeschränkten Verweis auf § 36 Abs. 2 sind Auskünfte nicht nur über abhängige Unternehmen, sondern auch über Mutter- und Tochtergesellschaften zu erteilen.[40] Entsprechend kann die rechtliche Möglichkeit, die Auskünfte über das verbundene Unternehmen zu beschaffen, nicht nur aus gesellschaftsrechtlichen Auskunftsrechten eines Gesellschafters, sondern auch aus solchen Auskunftsansprüchen resultieren, die sich aus zwischen Konzerngesellschaften bestehenden Treuepflichten oder vertraglichen Beziehungen ergeben können.[41] 10

Unternehmen bzw. Unternehmensvereinigungen, an die sich eine Auskunfts- oder Herausgabeverfügung richtet, müssen nicht an dem zugrundeliegenden Kartellverwaltungsver- 11

---

[32] OLG Düsseldorf 27.4.2001, Kart 19/01 (V), WuW/E DE-R 677, 680 – *Müllverbrennungsanlage;* KG 18.11.1985, 1 Kart. 32/85, WuW/E OLG 3721, 3725; KG 30.11.1977, Kart. 14/77, WuW/E OLG 1961, 1962 – *Flug-Union.*

[33] OLG Frankfurt 12.7.2012, 11 W 13/12 (Kart), Rn. 39; *Barth* in: MünchKommGWB, § 59, Rn. 20; *Klaue* in: Immenga/Mestmäcker, GWB, § 59 Rn. 25.

[34] OLG Düsseldorf 22.4.2002, Kart 2/02 (V), WuW/E DE-R 914, 916 – *Netznutzungsentgelt.*

[35] *Schneider* in: Langen/Bunte, § 59 Rn. 21; *Barth* in: MünchKommGWB, § 59, Rn. 20.

[36] KG 13.11.1981, Kart. 36/81, WuW/E OLG 2607, 2609 f. – *Raffinerie-Abnahmepreis; Barth* in: MünchKommGWB, § 59, Rn. 21; *Klaue* in: Immenga/Mestmäcker, GWB, § 59 Rn. 26; *Schneider* in: Langen/Bunte, § 59 Rn. 22.

[37] OLG Düsseldorf 27.4.2001, Kart 19/01 (V), WuW/E DE-R 677, 680 – *Müllverbrennungsanlage.*

[38] BT-Drucks. 15/3640, S. 64.

[39] BT-Drucks. 15/3640, S. 64.

[40] OLG Düsseldorf 4.6.2006, VI-Kart 6/06 (V), WuW/E DE-R 1861, 1862 f. – *Kalksandstein;* BT-Drucks. 15/3640, S. 64.

[41] OLG Düsseldorf 4.6.2006, VI-Kart 6/06 (V), WuW/E DE-R 1861, 1863 – *Kalksandstein.*

fahren beteiligt sein,[42] denn auch und gerade von Seiten Dritter benötigen die Kartellbehörden für die Anwendung der Vorschriften des GWB Informationen, z. B. um die Angaben der Beteiligten zu verifizieren oder um eine vollständige Marktstruktur zu ermitteln.

12 Da die Auskunftsverpflichtung für den in Anspruch genommenen Adressaten eine echte Mitwirkungspflicht mit sich bringt, kann die Beantwortung der Fragen für ihn eine spürbare Belastung bedeuten, so dass sich der Umfang der dem Adressaten auferlegten Pflicht an dem Merkmal der **Erforderlichkeit** messen lassen muss. Die im Auskunftsverlangen gestellten Fragen müssen auch im Einzelnen erforderlich für die Bearbeitung des zugrundeliegenden Verwaltungsverfahrens sein. In diesem Zusammenhang bedarf es im Auskunftsverlangen einer genauen **Begründung,** warum die erbetenen Angaben für die kartellrechtliche Prüfung benötigt werden. Der Umstand, dass der mit der Erfüllung der Auskunftspflicht verbundene Aufwand für den Adressaten erheblich ist, steht der Rechtmäßigkeit der Ermittlungsmaßnahme für sich genommen nicht entgegen.[43] Auch erhebliche Belastungen müssen hingenommen werden.[44] Insbesondere kann es dem Verpflichteten zugemutet werden, diejenigen Informationen, die nicht für die kartellrechtliche Fragestellung bereits in abrufbereiter Form zur Verfügung stehen, eigens für die Zwecke der Auskunftserteilung zu ermitteln und aufzubereiten; die Auskunftspflicht begründet insoweit eine echte Ermittlungspflicht.[45] Freilich ist die Kartellbehörde nach dem Grundsatz der Verhältnismäßigkeit gehalten, einen „unnötigen oder zum Ermittlungserfolg außer Verhältnis stehenden Aufwand"[46] zu vermeiden. Weniger belastende Mittel der Informationsgewinnung dürfen sich also nicht aufdrängen.[47] Auch länger zurückliegende Daten können ohne Verstoß gegen das Erforderlichkeitsgebot abgefragt werden, etwa wenn die historische Preisentwicklung für ein Missbrauchsverfahren relevant ist[48] oder wenn im Rahmen der Zusammenschlusskontrolle die Entwicklung der Marktanteile über mehrere Jahre hinweg eine Rolle spielt. Bei der Bemessung der angemessenen **Frist** zur Auskunftserteilung sind das öffentliche Interesse an der zügigen Verfahrensdurchführung und das private Interesse an der Vermeidung übermäßiger Arbeitsbelastung gegeneinander abzuwägen.[49] Relevant sind in diesem Zusammenhang auf Seiten des in Anspruch genommenen Adressaten insbesondere der Umfang der Nachforschungen und die Menge des Materials,[50] auf Seiten der Kartellbehörde zeitliche Erfordernisse, insbesondere wenn die Auskunft vom Bundeskartellamt im Rahmen eines fristgebundenen Fusionskontrollverfahrens angefordert wird.[51] Die Fristbemessung ist stets eine Einzelfallentscheidung, in der Regel werden Fristen von zwei bis vier Wochen ausreichen; beispielsweise hat die Rechtsprechung selbst für komplexe Fragestellungen Fristen von ungefähr drei Wochen ausreichend sein lassen.[52]

---

[42] KG 5.5.1982, Kart. 24/81, WuW/E OLG 2965, 2968 – *Haribo; Klaue* in: Immenga/Mestmäcker, GWB, § 59 Rn. 16; *Barth* in: MünchKommGWB, § 59, Rn. 10; *Schneider* in: Langen/Bunte, § 59 Rn. 18.

[43] OLG Düsseldorf 8.5.2007, VI-Kart 5/07 (V), WuW/E DE-R 1993, 1998 – *Außenwerbeflächen;* OLG Düsseldorf 4.6.2006, VI-Kart 6/06 (V), WuW/E DE-R 1861, 1864 – *Kalksandstein.*

[44] OLG Brandenburg 11.3.2014, Kart W 1/13, WuW/E DE-R 4255, 4260 – *Auskunftsverfügung Trinkwasser.*

[45] OLG Brandenburg 11.9.2012, Kart W 2/12, WuW/E DE-R 3717, 3721 – *Wasser- und Abwasserzweckverband.*

[46] OLG Düsseldorf 8.5.2007, VI-Kart 5/07 (V), WuW/E DE-R 1993, 1998 – *Außenwerbeflächen.*

[47] OLG Düsseldorf 4.6.2006, VI-Kart 6/06 (V), WuW/E DE-R 1861, 1864 – *Kalksandstein.*

[48] Vgl. *Klose* in: Wiedemann, Kartellrecht (2008), § 52 Rn. 18.

[49] OLG Brandenburg 11.3.2014, Kart W 1/13, WuW/E DE-R 4255, 4258 – *Auskunftsverfügung Trinkwasser;* OLG Brandenburg 11.9.2012, Kart W 2/12, WuW/E DE-R 3717, 3719 – *Wasser- und Abwasserzweckverband.*

[50] OLG Brandenburg 11.3.2014, Kart W 1/13, WuW/E DE-R 4255, 4258 – *Auskunftsverfügung Trinkwasser.*

[51] OLG Düsseldorf 27.4.2001, Kart 19/01 (V), WuW/E DE-R 677, 681 – *Müllverbrennungsanlage.*

[52] OLG Brandenburg 11.3.2014, Kart W 1/13, WuW/E DE-R 4255, 4260 – *Auskunftsverfügung Trinkwasser;* OLG Brandenburg 11.9.2012, Kart W 2/12, WuW/E DE-R 3717, 3719 – *Wasser- und*

13 Mit der 8. GWB-Novelle wurde § 59 Abs. 1 Satz 3 GWB eingefügt, nach dem die Kartellbehörde vorgeben kann, in welcher Form Auskünfte zu erteilen sind; insbesondere kann sie vorgeben, dass eine **Internetplattform** zur Eingabe der Angaben verwendet werden muss. Dies soll nicht nur zu einer Effizienzsteigerung bei den Verwaltungsprozessen auf Seiten der Kartellbehörden, sondern auch zu einer erheblichen Verringerung des Erfüllungsaufwandes auf Seiten der Unternehmen führen.[53] Allerdings ist der Betroffene nicht verpflichtet, unternehmensinterne Daten über eine ungesicherte E-Mail-Verbindung an die Behörde zu übermitteln.[54]

14 **c) Herausgabeverlangen.** § 59 Abs. 1 Satz 1 Nr. 1 ermächtigt die Kartellbehörde, von Unternehmen und Vereinigungen von Unternehmen die Herausgabe von Unterlagen zu verlangen. Hierfür gelten dieselben Voraussetzungen wie bei der Auskunftsverpflichtung[55]: Nur Unterlagen, welche die *eigenen* wirtschaftlichen Verhältnisse des Verfügungsadressaten betreffen, müssen nach dem ersten Halbsatz herausgegeben werden. Daher wurde im Zuge der 7. GWB-Novelle der zweite Halbsatz geschaffen, nach dem sich die Herausgabepflicht auch auf allgemeine Marktstudien erstreckt, die der Einschätzung oder Analyse der Wettbewerbsbedingungen oder der Marktlage dienen und sich im Besitz des Unternehmens oder der Unternehmensvereinigung befinden. Hierdurch soll der Notwendigkeit Rechnung getragen werden, solche Marktstudien insbesondere für die Zwecke der Fusionskontrolle nutzen zu können.[56] Außerdem soll ein Informationsdefizit der Kartellbehörden nach Abschaffung des Anmeldesystems im Kartellbereich ausgeglichen werden.[57] Dem Einwand der Verfügungsadressaten, dass das vom Urheber der Studie eingeräumte Nutzungsrecht einer Weitergabe an die Kartellbehörde entgegenstehe, dürfte mit einem Verweis auf § 45 Abs. 1 UrhG begegnet werden können.[58]

15 § 59 Abs. 1 Satz 1 Nr. 2 erstreckt die Herausgabepflicht auch auf solche Unterlagen, welche die wirtschaftlichen Verhältnisse von mit dem Verfügungsadressaten nach § 36 Abs. 2 verbundenen Unternehmen betreffen. Der Zweck der Nr. 2, nach dem es durch eine „Straffung der Ermittlungsbefugnisse" nicht notwendig werden soll, jedes verbundene Unternehmen einzeln in Anspruch nehmen zu müssen (siehe Rn. 10), legt eine Auslegung dieser Vorschrift dahingehend nahe, dass sämtliche von der Nr. 1 verliehenen Befugnisse auch dann gelten sollen, wenn die Unterlagen verbundene Unternehmen entweder betreffen oder sich in ihrem Besitz befinden. Daher darf sich ein Herausgabeverlangen auch auf Marktstudien beziehen, die sich im Besitz eines verbundenen Unternehmens befinden.

16 **d) Nachprüfung.** Nach § 59 Abs. 1 Satz 1 Nr. 3 sind die Kartellbehörden befugt, bei Unternehmen und Vereinigungen von Unternehmen innerhalb der üblichen Geschäftszeiten die geschäftlichen Unterlagen einzusehen und zu prüfen. Die Nachprüfung erstreckt sich auf **geschäftliche Unterlagen.** Dies sind alle Unterlagen, auf die sich auch die Herausgabepflichten der Nr. 1 und Nr. 2 erstrecken, also Unterlagen, die sich auf die wirtschaftlichen Verhältnisse des Adressaten oder verbundener Unternehmen beziehen, sowie Marktstudien.[59] Auch der im Unternehmen befindliche Schriftwechsel mit Rechtsanwälten

---

Abwasserzweckverband; OLG Düsseldorf 8.5.2007, VI-Kart 5/07 (V), WuW/E DE-R 1993, 1999 – *Außenwerbeflächen;* OLG Düsseldorf 27.4.2001, Kart 19/01 (V), WuW/E DE-R 677, 681 – *Müllverbrennungsanlage;* KG 7.10.1969, Kart 15/69, WuW/E OLG 1046, 1049 – *Kopierautomaten.*

[53] Gesetzentwurf der Bundesregierung, BT-Drucks. 17/9852, S. 2, 17 f.

[54] BGH 26.2.2013, KVZ 57/12, Rn. 2, zit. nach juris.

[55] *Schneider* in: Langen/Bunte, § 59 Rn. 25; *Barth* in: MünchKommGWB, § 59, Rn. 35; *Klaue* in: Immenga/Mestmäcker, GWB, § 59 Rn. 42a.

[56] BT-Drucks. 15/3640, S. 63.

[57] BT-Drucks. 15/3640, S. 63 f.

[58] *Barth* in: MünchKommGWB, § 59, Rn. 21.

[59] Siehe zum Bezug des Begriffs der „geschäftlichen Unterlagen" zu den „wirtschaftlichen Verhältnissen" des Adressaten KG 4.2.1981, Kart 5/81, WuW/E OLG 2433, 2438 – *Metro-Kaufhof; Barth* in: MünchKommGWB, § 59, Rn. 41; *Klaue* in: Immenga/Mestmäcker, GWB, § 59 Rn. 43, 45.

stellt geschäftliche Unterlagen im Sinne von § 59 Abs. 1 Nr. 2 dar.[60] Die Ermittlungsbefugnisse des § 59 Abs. 1 stehen gleichrangig nebeneinander; es gibt kein Stufenverhältnis in dem Sinne, dass erst ein Auskunftsersuchen erfolglos geblieben sein muss, bevor eine Einsichtnahme und Prüfung angeordnet werden darf.[61] Da allerdings die kartellbehördliche Sichtung und Prüfung vor Ort das betroffene Unternehmen im Allgemeinen stärker als die Beantwortung eines Auskunftsersuchens belastet, muss die Kartellbehörde prüfen, ob ein Auskunftsersuchen ein gleich geeignetes milderes Mittel darstellt.[62] Die Gründe für die Erforderlichkeit einer Nachprüfung hängen vom Einzelfall ab. Eine Nachprüfung ist insbesondere dann zulässig, wenn der begründete Verdacht besteht, dass ein Auskunfts- oder Herausgabeverlangen nicht oder nicht vollständig befolgt würde.[63] Weitere denkbare Gesichtspunkte sind Verdunkelungsgefahr,[64] die Nachvollziehbarkeit des Vorgehens bei der Ermittlung von Daten,[65] aber auch der Umstand, dass die zur Sachverhaltsaufklärung relevanten Unterlagen nicht von vornherein zuverlässig und vollständig bezeichnet,[66] sondern erst vor Ort im Gespräch mit Unternehmensmitarbeitern identifiziert werden können.

4. Wirtschafts- und Berufsvereinigungen als Adressat

17 Wirtschafts- und Berufsvereinigungen sind Vereinigungen von Unternehmen eines Wirtschaftszweiges, die sich auf freiwilliger Grundlage zum Schutz und zur Förderung ihrer allgemeinen berufsständischen, wirtschaftlichen und sozialpolitischen Interessen zusammengeschlossen haben.[67]

18 Nach § 59 Abs. 1 Satz 2 gelten die gegenüber Unternehmen und Unternehmensvereinigungen bestehenden Rechte auf Auskunft, Herausgabe sowie Einsichtnahme und Prüfung auch gegenüber Wirtschafts- und Berufsvereinigungen entsprechend hinsichtlich ihrer Tätigkeit, Satzung, Beschlüsse sowie Anzahl und Namen der Mitglieder, für die die Beschlüsse bestimmt sind. Da durch die 7. GWB-Novelle die Privilegierung der Wirtschafts- und Berufsvereinigungen gegenüber den Unternehmen und Unternehmensvereinigungen aufgehoben werden sollte,[68] dürfte das zusätzlich eingefügte Merkmal „Tätigkeit" ähnlich weit auszulegen sein wie das Merkmal „wirtschaftliche Verhältnisse" im Rahmen des Satzes 1. Von Wirtschafts- und Berufsvereinigungen erstellte oder in Auftrag gegebene Marktstudien sind durch den Verweis auf Satz 1 Nr. 1 vom Informationsrecht der Kartellbehörden erfasst.[69] Davon abgesehen kann die Kartellbehörde aber lediglich Informationen über die „eigene" Tätigkeit der Wirtschafts- und Berufsvereinigungen erlangen, da § 59 Abs. 1 Satz 1 Nr. 2 ausdrücklich nicht gilt. Die Ermittlungsbefugnisse der Kartellbehörden erstrecken sich daher nicht auf die wirtschaftlichen Verhältnisse von Mitgliedern oder verbundenen Unternehmen.

---

[60] *Klaue* in: Immenga/Mestmäcker, GWB, § 59 Rn. 43; **a. A.** *Bechtold,* GWB, § 59 Rn. 17.

[61] OLG Düsseldorf 4.5.2011, VI-Kart 7/10 (V), WuW/E DE-R 3320, 3327f. – *Hörgeräteakustiker;* KG 4.2.1981, Kart 5/81, WuW/E OLG 2433, 2437 – *Metro-Kaufhof.*

[62] OLG Düsseldorf 4.5.2011, VI-Kart 7/10 (V), WuW/E DE-R 3320, 3327f. – *Hörgeräteakustiker;* KG 4.2.1981, Kart 5/81, WuW/E OLG 2433, 2437 – *Metro-Kaufhof;* vgl. zum Verhältnismäßigkeitsgrundsatz auch *Klaue* in: Immenga/Mestmäcker, GWB, § 59 Rn. 44, 23.

[63] *Schneider* in: Langen/Bunte, § 59 Rn. 38.

[64] *Barth* in: MünchKommGWB, § 59, Rn. 39.

[65] *Barth* in: MünchKommGWB, § 59, Rn. 39.

[66] OLG Düsseldorf 4.5.2011, VI-Kart 7/10 (V), WuW/E DE-R 3320, 3328 – *Hörgeräteakustiker.*

[67] BGH 1.12.1985, KVR 2/84, WuW/E BGH 2191, 2193 – *Schwarzbuntzüchter;* BGH 13.11.1979, KVR 1/79, WuW/E BGH 1725, 1726 – *Deutscher Landseer Club;* BGH 9.12.1969, KZR 4/69, WuW/E BGH 1061, 1062 – *Zeitungsgroßhandel II; Markert* in: Immenga/Mestmäcker, GWB, § 20 Rn. 129; *Barth* in: MünchKommGWB, § 59, Rn. 11.

[68] BT-Drucks. 15/3640, S. 64.

[69] BT-Drucks. 15/3640, S. 64.

II. Rechte und Pflichten der Adressaten (Abs. 2)

1. Mitwirkungs- und Duldungspflichten

Die Verpflichtung des Adressaten (siehe oben Rn. 6–8, 17) zu einem bestimmten Verhalten wird unmittelbar durch die Verfügung der Kartellbehörde begründet. Diese Verpflichtung kann gegenüber dem Adressaten auf dem Wege der Verwaltungsvollstreckung (siehe § 86a) durchgesetzt werden. Abs. 2 statuiert der Verpflichtung des Adressaten korrespondierende Pflichten natürlicher Personen. Dies ist notwendig, um an die Verletzung der Pflicht einer natürlichen Person einen Bußgeldtatbestand knüpfen zu können (siehe § 81 Abs. 2 Nr. 6 GWB). Die nach Abs. 2 eine natürliche Person treffende Pflicht kann darüber hinaus ebenfalls auf dem Wege der Verwaltungsvollstreckung (siehe § 86a) durchgesetzt werden. In der Regel dürfte es aber effektiver sein, die Pflichten direkt gegenüber dem Adressaten der Verfügung zu vollstrecken. **19**

Zum Kreis der nach Abs. 2 verpflichteten Personen gehören bei juristischen Personen, Gesellschaften und nicht rechtsfähigen Vereinen die nach Gesetz oder Satzung zur Vertretung berufenen Personen. Da diese Formulierung bereits sämtliche Personenvereinigungen und durch die Verwendung des Terminus „Gesellschaften" insbesondere auch die Personengesellschaften umfasst, kann unter dem weiterhin in Abs. 2 genannten „Inhaber" eines Unternehmens nur noch der Einzelkaufmann verstanden werden. Weder der Prokurist noch der Handlungsbevollmächtigte wird als „Vertreter" des Einzelkaufmanns angesehen.[70] Dies erscheint sachgerecht vor dem Hintergrund eines Vergleichs mit den Personenvereinigungen, bei denen der Prokurist und der Handlungsbevollmächtigte – weil sie keine gesetzlichen Vertreter sind – ebenfalls nicht verpflichtet sind. „Vertreter" des Einzelkaufmanns kann daher nur derjenige sein, der mit der Geschäftsführung insgesamt beauftragt ist, wie der Generalbevollmächtigte,[71] bei dem der Umfang der Vertretungsmacht der gesetzlichen Vertretungsmacht vergleichbar ist. **20**

Es ist ausreichend, wenn die Kartellbehörde ihren Beschluss an das Unternehmen – sinnvollerweise an die Geschäftsleitung – richtet und es über die Verantwortlichkeiten nach § 59 Abs. 2 im Einzelnen aufklärt. Die Regelung des Abs. 2 gilt für sämtliche in Abs. 1 aufgeführten Ermittlungsmaßnahmen, denn sie bezieht sich auf das Erteilen von Auskünften und Herausgeben von Unterlagen ebenso wie auf das Vorlegen geschäftlicher Unterlagen. Speziell im Falle der Nachprüfung ist eine **aktive Mitwirkung** des Unternehmens oder der Vereinigung erforderlich, d. h. es müssen Unterlagen, nach denen die Bediensteten der Kartellbehörde konkret fragen oder die zu dem von ihnen angesprochenen Themenbereich zählen, herausgesucht und zur Einsicht vorgelegt werden. Abs. 3 legt ausdrücklich fest, dass die mit der Nachprüfung beauftragten Personen, also nicht nur die eigenen Beamten der Kartellbehörde, die Geschäftsräume betreten dürfen und dass Art. 13 GG, der das Grundrecht auf **Unverletzlichkeit der Wohnung** zum Gegenstand hat, insoweit eingeschränkt wird. **21**

2. Auskunftsverweigerungsrecht (Abs. 5) und Verwertungsverbote im Bußgeldverfahren

a) Das **Auskunftsverweigerungsrecht** des § 59 Abs. 5 GWB hat seine jetzige Fassung durch die 8. GWB-Novelle erhalten, inhaltliche Änderungen sollen mit der Neufassung nicht verbunden sein.[72] § 55 StPO wird für entsprechend anwendbar erklärt. Nach dieser Vorschrift kann jeder Zeuge die Auskunft auf solche Fragen verweigern, deren Beantwortung ihm selbst oder einem der in § 52 Abs. 1 bezeichneten Angehörigen die Gefahr zuziehen würde, wegen einer Straftat oder einer Ordnungswidrigkeit verfolgt zu werden; der **22**

---

[70] *Klaue* in: Immenga/Mestmäcker, GWB, § 59 Rn. 18, Fn. 30, m. w. N.
[71] *Klaue* in: Immenga/Mestmäcker, GWB, § 59 Rn. 18, Fn. 30, m. w. N.
[72] Begründung des Entwurfs der Bundesregierung, BT-Drucks. 17/9852, S. 33.

Zeuge ist über sein Recht zur Verweigerung der Auskunft zu belehren. Die Kartellbehörden haben die Möglichkeit, gegenüber einer nach § 59 Abs. 2 auskunftsverpflichteten natürlichen Person ausdrücklich darauf zu verzichten, wegen des aufzuklärenden Sachverhalts ein Ordnungswidrigkeitenverfahren einzuleiten. In diesem Fall kann sich die auskunftsverpflichtete Person nicht mehr auf ein Auskunftsverweigerungsrecht berufen.

23 Das Auskunftsverweigerungsrecht steht nur den in Abs. 2 genannten, zur Auskunft verpflichteten **natürlichen Personen** zu. Das **Unternehmen** selbst ist hingegen umfassend zur Auskunft verpflichtet.[73] Zwar ist es im Bußgeldverfahren einfachgesetzlich anerkannt, dass einem Verband die Stellung als Betroffener zukommt mit der Folge, dass sich die zur Vertretung berufenen Personen auf ein Aussageverweigerungsrecht nach § 46 Abs. 1 OWiG, §§ 444 Abs. 2 S. 2, 432 Abs. 2, 163a Abs. 3 S. 2, 136 Abs. 1 S. 2 StPO berufen können.[74] Der Vertreter kann also auch dann die Aussage im Bußgeldverfahren verweigern, wenn er selbst überhaupt nicht an der Tat beteiligt war, sei es, dass er für einen anderen als den kartellbefangenen Geschäftsbereich zuständig ist, sei es, dass er erst nach Tatbeendigung in das Unternehmen eingetreten ist. Im Verwaltungsverfahren trifft das Gesetz hingegen eine andere Aussage: Abs. 5 regelt ausschließlich ein Auskunftsverweigerungsrecht der nach Abs. 2 verpflichteten natürlichen Personen unter den Voraussetzungen des § 55 StPO; ein generelles Schweigerecht von Unternehmensvertretern wird nicht statuiert. Verfassungsrechtlich besteht keine Veranlassung, den in Abs. 5 enthaltenen klaren Wortlaut des Gesetzes erweiternd auszulegen. Nach der Rechtsprechung des BVerfG gilt der nemo-tenetur-Grundsatz nicht für juristische Personen[75] – da das BVerfG im Rahmen seiner Argumentation auch an die Besonderheiten des § 30 OWiG anknüpft (kein Schuldvorwurf, keine ethische Missbilligung einer Verbandsgeldbuße),[76] spricht vieles dafür, dass dieses Ergebnis auch für andere Verbände im Sinne des § 30 OWiG gilt. Ein Schweigerecht von Unternehmen vermag auch nicht aus einem Vergleich zwischen Einzelkaufleuten und Personenvereinigungen hergeleitet werden.[77] Es wird argumentiert, der Einzelkaufmann werde privilegiert, weil ihm stets als „Unternehmen" ein Auskunftsverweigerungsrecht zustehe. Freilich steht dem Einzelkaufmann stets ein Auskunftsverweigerungsrecht zu. Der Grund hierfür ist allerdings die Entscheidung des Gesetzgebers, die Haftung für die Taten verantwortlich Handelnder nach § 30 OWiG nur juristischen Personen und Personenvereinigungen zuzurechnen. Daher kommt beim Einzelkaufmann immer nur er selbst als Täter einer Tat in Betracht, welche die Festsetzung einer Unternehmensgeldbuße nach § 81 Abs. 4 S. 2 nach sich zieht. Aber auch bei juristischen Personen und Personenvereinigungen kann es vorkommen, dass niemand zur Verfügung steht, in Vertretung für das Unternehmen eine Auskunft zu erteilen, wenn sämtliche verantwortlich Handelnde Gefahr laufen, sich durch die Aussage persönlich selbst zu belasten.

24 Weder ist ein **Recht auf Verweigerung der Herausgabe von Unterlagen** bei Maßnahmen nach § 59 Abs. 1, Nr. 1, Nr. 2[78] noch ist ein Recht auf **Verweigerung der Vorlage von Unterlagen** im Rahmen einer Nachprüfung nach § 59 Abs. 1, Nr. 3[79] gegeben.

---

[73] *Schneider* in: Langen/Bunte, § 59 Rn. 20; **a. A.** *Klaue* in: Immenga/Mestmäcker, GWB, § 59 Rn. 39; zum Schweigerecht eines Unternehmens tendiert wohl auch *zur Nieden* in: Frankfurter Kommentar, GWB, § 59 Rn. 34.

[74] *Mitsch* in: KK OWiG, § 88 Rn. 10 sowie *Rogall* in KK OWiG, § 30 Rn. 209; vgl. auch *Barth* in: MünchKommGWB, § 59, Rn. 34.

[75] BVerfG 26.2.1997, 1 BvR 2172/96, NJW 1997, 1841, 1843 f.

[76] BVerfG 26.2.1997, 1 BvR 2172/96, NJW 1997, 1841, 1844.

[77] Vgl. hierzu *Klaue* in: Immenga/Mestmäcker, GWB, § 59 Rn. 39; *zur Nieden* in: Frankfurter Kommentar, GWB, § 59 Rn. 34.

[78] *Schneider* in: Langen/Bunte, § 59 Rn. 20.

[79] *Barth* in: MünchKommGWB, § 59, Rn. 41; *Schneider* in: Langen/Bunte, § 59 Rn. 20; *Klaue* in: Immenga/Mestmäcker, GWB, § 59 Rn. 54; *zur Nieden* in: Frankfurter Kommentar, GWB, § 59 Rn. 33.

Das Gesetz sieht solche Rechte weder für die zur Auskunft verpflichteten natürlichen Personen noch für Unternehmen vor.

b) Wenn Informationen von einem Verwaltungsverfahren zulässigerweise in ein Bußgeldverfahren überführt werden,[80] ist ein **Verwertungsverbot** in einem gegen **Unternehmen** geführten Bußgeldverfahren generell ausgeschlossen, weil das Verbot des Zwanges zur Selbstbezichtigung nicht für Unternehmen gilt (siehe oben Rn. 23). 25

In einem gegen **natürliche Personen** geführten Bußgeldverfahren muss differenziert werden: Im Falle der Auskunft ist die natürliche Person durch das Auskunftsverweigerungsrecht nach Abs. 5 geschützt, soweit ordnungsgemäß belehrt wurde. Die erlangten Informationen dürfen verwertet werden. Auch freiwillig zur Verfügung gestellte Informationen, sei es erteilte Auskünfte, sei es herausgegebene oder vorgelegte Unterlagen, dürfen verwertet werden,[81] weil ein verbotener Zwang zur Selbstbezichtigung in diesem Fall nicht in Rede steht. In Bezug auf Unterlagen, die im Verwaltungsverfahren auf ein förmliches Herausgabe- oder Vorlageverlangen hin zur Verfügung gestellt wurden, steht die Verwertung der erlangten Unterlagen im Rahmen eines gegen eine natürliche Person geführten Bußgeldverfahrens in einem gewissen Spannungsfeld zum Verbot des Zwangs zur Selbstbezichtigung. Dieser Schutz findet seine Grenze an den Rechten anderer.[82] Der Gesetzgeber darf daher Auskunftspflichten statuieren, wenn er die Belange der verschiedenen Beteiligten gegeneinander abwägt.[83] Dabei obliegt es grundsätzlich dem Gesetzgeber, Verwertungsverbote näher auszugestalten und durch Offenbarungsverbote abzusichern.[84] Für die Auskunftspflicht und Vorlagepflicht im Rahmen einer Nachprüfung hat der Gesetzgeber bereits anlässlich der Beratungen über die erste Fassung des GWB das Problem gesehen, dass sich das Auskunftsverweigerungsrecht nicht auf die Vorlage von Urkunden bezieht, hat sich aber explizit gegen ein Vorlageverweigerungsrecht entschieden. Außerdem hat er das Problem der Verwertungsverbote explizit erörtert, sich mit § 46 Abs. 9 GWB (1957) lediglich für ein Verwertungsverbot in Besteuerungsverfahren einschließlich Steuerstrafverfahren sowie Verfahren wegen Devisenzuwiderhandlungen entschieden, während er die Verwertung der erlangten Informationen in einem allgemeinen Strafverfahren ausdrücklich nicht untersagen wollte.[85] So nennt das BVerfG unter Bezugnahme auf diese Gesetzesbegründung das GWB ausdrücklich als ein Beispiel dafür, dass sich der Gesetzgeber der Konfliktlage zwischen rechtlich vorgeschriebenen Auskunftspflichten einerseits sowie dem Schutz vor Selbstbezichtigung andererseits angenommen hat.[86] Da der Gesetzgeber erst jüngst im Rahmen der 8. GWB-Novelle eine Neufassung des Auskunftsverweigerungsrechts vorgenommen hat, ist davon auszugehen, dass er nach wie vor keine Veranlassung für die Anordnung eines Verwertungsverbots für zwangsweise herausgegebene oder vorgelegte Unterlagen sieht. 26

3. Vertraulichkeitsschutz

Die Beantwortung einzelner Fragen kann nicht mit der Begründung verweigert werden, es handele sich um vertrauliche Angaben, insbesondere um **Geschäftsgeheimnisse.**[87] 27

---

[80] Die grundsätzliche Verwertbarkeit in einem Verwaltungsverfahren erlangter Informationen in einem Bußgeldverfahren wird bejaht von *Schneider* in: Langen/Bunte, § 59 Rn. 6; *Klaue* in: Immenga/Mestmäcker, GWB, § 59 Rn. 10; *Barth* in: MünchKommGWB, § 59, Rn. 2; *zur Nieden* in: Frankfurter Kommentar, GWB, § 59 Rn. 11; *Ost* in: MünchKommGWB, Vor § 54, Rn. 2.

[81] **A. A.** *Bechtold,* GWB, § 59 Rn. 2.

[82] BVerfG 13.1.1981, 1 BvR 116/77, NJW 1981, 1431, 1432.

[83] BVerfG 13.1.1981, 1 BvR 116/77, NJW 1981, 1431, 1432.

[84] BVerfG 13.1.1981, 1 BvR 116/77, NJW 1981, 1431, 1433.

[85] Schriftlicher Bericht des Ausschusses für Wirtschaftspolitik, BT-Drucks. zu II/3644, S. 33 f.; Gesetzestext siehe BGBl. I, 1957, S. 1081, 1090 f.

[86] BVerfG 13.1.1981, 1 BvR 116/77, NJW 1981, 1431, 1432.

[87] KG 18.11.1985, 1 Kart. 32/85, WuW/E OLG 3721, 3725 ff.

Auch vertrauliche Angaben müssen der Kartellbehörde zunächst mitgeteilt werden, unterliegen im behördlichen Verfahren aber den entsprechenden Schutzvorschriften.[88] Allerdings müssen sich Adressaten von Ermittlungsmaßnahmen nach § 59 darüber im Klaren sein, dass in einem späteren Beschwerdeverfahren wegen einer in der Hauptsache ergangenen kartellbehördlichen Verfügung das Beschwerdegericht die **Offenlegung** der Geschäftsgeheimnisse nach § 72 Abs. 2 Satz 4 anordnen kann, auch wenn die Kartellbehörde dem widerspricht. Vor der Entscheidung des Beschwerdegerichts über eine Offenlegung wird der von ihr Betroffene angehört.

III. Durchsuchung

28 Die Durchsuchung nach § 59 Abs. 4 verleiht der Kartellbehörde weiterreichende Möglichkeiten als die Nachprüfung, selbst wenn man berücksichtigt, dass die Nachprüfungsentscheidung mit den Mitteln des Verwaltungszwangs durchgesetzt werden kann. So befugt der Durchsuchungsbeschluss die Bediensteten insbesondere dazu, selbständig im Unternehmen nach relevanten Unterlagen zu suchen, während sie im Falle der Nachprüfung auf die Mitwirkung des Unternehmens angewiesen sind. Durchsuchungen können nur auf **Anordnung des Amtsrichters,** in dessen Bezirk die Kartellbehörde ihren Sitz hat, vorgenommen werden. Diese **Zuständigkeitskonzentration** am Sitz der Kartellbehörde wurde durch die 8. GWB-Novelle eingeführt, um bei bundesweiten Durchsuchungen, die an mehreren Standorten gleichzeitig stattfinden, praktische Schwierigkeiten zu vermeiden, die sich aus der Zuständigkeit mehrerer Amtsgerichte ergeben können, und um die Sachkunde des zuständigen Richters auf dem Gebiet des Kartellrechts zu fördern.[89] Bei **Gefahr im Verzuge** kann während der Geschäftszeit die Durchsuchung ohne richterliche Anordnung vorgenommen werden. Gefahr im Verzug kann z. B. gegeben sein, wenn im Rahmen einer ordnungsgemäßen Nachprüfung erkennbar wird, dass die relevanten Unterlagen nicht freiwillig vorgelegt werden.

29 Hinsichtlich der materiellen Voraussetzungen einer Durchsuchung stellt der durch die Preismissbrauchsnovelle eingefügte § 59 Abs. 4 Satz 2 einen Gleichlauf mit den Voraussetzungen des Abs. 1 her. Die Vorschrift soll die Voraussetzungen einer Durchsuchung in Anlehnung an § 102 StPO konkreter fassen; eine inhaltliche Einschränkung der Durchsuchungsrechte soll damit nicht verbunden sein.[90] Im Rahmen des allgemeinen Grundsatzes der Verhältnismäßigkeit[91] ist – ebenso wie im Falle der Einsichtnahme und Prüfung[92] – zu prüfen, ob ein Auskunfts- oder Herausgabeverlangen ein gleich geeignetes milderes Mittel darstellt. Wenn der begründete Verdacht besteht, dass ein Auskunfts- oder Herausgabeverlangen nicht oder nicht vollständig befolgt würde, dürften im Regelfall sowohl die Voraussetzungen einer Einsichtnahme und Prüfung als auch einer Durchsuchung gleichermaßen erfüllt sein. In einem solchen Fall kann die richterliche Durchsuchungsanordnung bereits vor Beginn der Ermittlungsmaßnahme parallel zum Erlass einer Anordnung der Einsichtnahme und Prüfung ergehen. Die Kartellbehörde ist dann von vornherein sowohl zur Einsichtnahme und Prüfung als auch zur Durchsuchung berechtigt und muss nicht erst einen erfolglosen Versuch einer Einsichtnahme und Prüfung begonnen haben, bevor der Antrag auf Erlass einer Durchsuchungsanordnung gestellt werden kann. Das Auswahlermessen dürfte aber im Regelfall dahingehend ausgeübt werden, dass zunächst mit einer Einsichtnahme und Prüfung begonnen und erst im Falle mangelnder Kooperationsbereitschaft auf Seiten des Adressaten auf die Durchsuchung übergegangen wird. Dem Gedanken, dass eine

---

[88] Dazu im Einzelnen § 56 Rn. 6–15.

[89] BT-Drucks. 17/9852, S. 32.

[90] BT-Drucks. 16/5847, S. 11.

[91] Vgl. hierzu *Klaue* in: Immenga/Mestmäcker, GWB, § 59 Rn. 23.

[92] Siehe oben Rn. 16.

Einsichtnahme und Prüfung das im Vergleich zur Durchsuchung mildere Mittel darstellt,[93] kann daher auf der Ebene des Auswahlermessens Rechnung getragen werden.

Eine Befugnis zur **Beschlagnahme** aufgefundener Unterlagen verleiht § 59 Abs. 4 nicht. Sie ist im Verwaltungsverfahren aber jederzeit unter den Voraussetzungen des § 58 möglich. Nach Abschluss der Durchsuchung ist diese vor Ort zu protokollieren. 30

IV. Verfahren

Alle Ermittlungsmaßnahmen des § 59 setzen eine **förmliche Entscheidung** voraus. Auskunfts-, Herausgabeverlangen und Nachprüfungen haben gemäß Abs. 6 und Abs. 7 auf der Grundlage einer schriftlichen Einzelverfügung von Landeskartellbehörde oder Bundesministerium für Wirtschaft bzw. eines Beschlusses des Bundeskartellamtes und somit unter Beachtung der in § 61 normierten Formvorschriften zu ergehen. Eine Besonderheit gilt bei Nachprüfungsentscheidungen des Bundeskartellamtes, die zusätzlich der Zustimmung des Präsidenten bedürfen (Abs. 7 Satz 1). In den Entscheidungen sind jeweils Rechtsgrundlage, Gegenstand und Zweck der Ermittlungsmaßnahme anzugeben; bei Auskunftsverlangen ist zusätzlich eine Beantwortungsfrist zu setzen, bei Nachprüfungen ist ergänzend ihr Zeitpunkt zu benennen. Eine Durchsuchung setzt eine richterliche Anordnung des zuständigen Amtsgerichts voraus. Die Entscheidungen richten sich jeweils nur an ein Unternehmen bzw. eine Vereinigung, da es sich um ein **Nebenverfahren** handelt, an dem die Verfahrensbeteiligten des zugrundeliegenden Hauptsacheverfahrens nicht beteiligt sind. Nach § 81 Abs. 2 Nr. 6 handelt **ordnungswidrig,** wer entgegen § 59 Abs. 2 dem Auskunfts-, Herausgabeverlangen oder der Nachprüfungsentscheidung zuwiderhandelt. Keinen Verstoß stellt es allerdings dar, wenn eine Frage objektiv nicht beantwortet werden kann oder vorzulegenden Unterlagen nicht verfügbar sind. Dann wird die Auskunfts-, Herausgabe- oder Vorlagepflicht dadurch erfüllt, dass auf diesen Umstand hingewiesen wird. Die Adressaten einer auf § 59 gestützten Verfügung können für den bei ihnen eingetretenen Bearbeitungsaufwand keine Kostenerstattung verlangen.[94] 31

Das Bundeskartellamt bedient sich seit jeher in großem Umfang so genannter informeller Auskunftsersuchen, welche die Unternehmen auf freiwilliger Basis beantworten können, so dass nur bei Bedarf ein förmlicher Auskunftsbeschluss ergehen muss. Eine Rechtsgrundlage bietet § 59 hierfür nicht, jedoch ergeben sich für die Befragten auch keine rechtlichen Konsequenzen aus einer Nichtbeantwortung oder einer unrichtigen Beantwortung.[95] 32

§ 60 Einstweilige Anordnungen

Die Kartellbehörde kann bis zur endgültigen Entscheidung über

1. eine Verfügung nach § 31b Absatz 3, § 40 Absatz 2, § 41 Absatz 3 oder einen Widerruf oder eine Änderung einer Freigabe nach § 40 Absatz 3a,
2. eine Erlaubnis nach § 42 Absatz 1, ihren Widerruf oder ihre Änderung nach § 42 Absatz 2 Satz 2,
3. eine Verfügung nach § 26 Absatz 4, § 30 Absatz 3 oder § 34 Absatz 1

einstweilige Anordnungen zur Regelung eines einstweiligen Zustandes treffen.

[93] Vgl. *Klaue* in: Immenga/Mestmäcker, GWB, § 59 Rn. 57.

[94] Die Entschädigungslosigkeit begegnet keinen verfassungsrechtlichen Bedenken, KG 5.5.1982, Kart. 24/81, WuW/E OLG 2965, 2966 – *Haribo.*

[95] Zu den informellen Auskunftsersuchen im Einzelnen *Liekefett* DB 1975, 339 ff. und *Reuter* WuW 1986, 93 ff.

Übersicht

I. Formelle Voraussetzungen

1. Statthaftigkeit

1 Die Befugnis der Kartellbehörden, einstweilige Anordnungen zu erlassen, setzt ein anhängiges Verwaltungsverfahren der in § 60 Nr. 1 bis 3 genannten Art voraus **(Hauptsacheverfahren),** wohingegen ein allein auf einstweilige Maßnahmen nach § 60 gerichtetes Verfahren unzulässig ist. Das Verfahren über die Anordnung einstweiliger Maßnahmen stellt somit ein **Zwischenverfahren** dar, an dem sämtliche Verfahrensbeteiligte des Hauptsacheverfahrens beteiligt sind.[1] Mögliche Hauptsacheverfahren betreffen die Missbrauchsaufsicht in der Wasserwirtschaft gem. § 31 Abs. 3[2] (Nr. 1, 1. Alt.), die Zusammenschlusskontrolle (Nr. 1, 2. Alt, 3. Alt, 4. Alt), das Ministererlaubnisverfahren (Nr. 2), Rücknahme oder Widerruf der Anerkennung von Wettbewerbsregeln (Nr. 3, 1. Alt.), die Missbrauchsaufsicht über die Preisbindung bei Zeitungen und Zeitschriften (Nr. 3, 2. Alt.) sowie die Vorteilsabschöpfung durch die Kartellbehörde (Nr. 3, 3. Alt.). § 60 enthält nach h.M. eine **abschließende Aufzählung** und ist über die aufgeführten Fälle hinaus nicht auf andere Verwaltungsverfahren anwendbar.[3] Soweit § 60 im Verhältnis zu § 32a[4] (oder umgekehrt[5]) als Spezialregelung bezeichnet wird, ist dies missverständlich, weil § 60 im Zuge der 7. GWB-Novelle zeitgleich mit der Schaffung des § 32a so umformuliert wurde, dass sich die Anwendungsbereiche beider Vorschriften nicht überschneiden.[6] Der Unterschied in ihren materiellen Voraussetzungen ist als vom Gesetzgeber gewollt hinzunehmen.[7] Eine Befreiung vom Vollzugsverbot kann ausschließlich auf der Grundlage des § 41 Abs. 2 erteilt werden; diese Vorschrift geht als lex specialis dem § 60 vor.[8]

2 Für den Erlass einstweiliger Anordnungen besteht nur solange eine **Befugnis der Kartellbehörde,** wie der behördliche Abschnitt des Verfahrens noch nicht abgeschlossen ist. Eine einstweilige Anordnung der Kartellbehörde ist dabei auch noch nach Erlass der Hauptsacheverfügung bis zu ihrer Bestandskraft bzw. bis zur Beschwerdeeinlegung möglich.[9] Nach Beschwerdeeinlegung können einstweilige Maßnahmen zwar weiterhin erge-

---

[1] KG 3.12.1974, Kart. 37/74, WuW/E OLG 1548, 1549 – *SABA* (Beiladung zum Hauptsacheverfahren ist auch für das Zwischenverfahren wirksam).

[2] Die Erweiterung des Anwendungsbereichs von § 60 GWB auf Verfügungen nach § 31b Abs. 3 erfolgte durch die 8. GWB-Novelle, vgl. Begründung des Regierungsentwurfs, BT-Drucks. 17/9852, S. 33.

[3] *Bechtold,* GWB, § 60 Rn. 2; *Schneider* in: Langen/Bunte, § 60 Rn. 3; *Bracher* in: Frankfurter Kommentar, GWB, § 60, Rn. 7; *Barth* in: MünchKommGWB, § 60, Rn. 4.

[4] *Bach* in: Immenga/Mestmäcker, GWB, § 32a, Rn. 3; *Bracher* in: Frankfurter Kommentar, GWB, § 60, Rn. 7.

[5] *Bechtold,* GWB, § 60 Rn. 1; *Bach* in: Immenga/Mestmäcker, GWB, § 60, Rn. 2.

[6] In § 60 wurde der Verweis auf § 32 gestrichen, siehe Begründung des Regierungsentwurfs, BT-Drucks. 15/3640, S. 64.

[7] Kritisch hierzu *Bechtold,* GWB, § 32a, Rn. 1.

[8] *Bach* in: Immenga/Mestmäcker, GWB, § 60, Rn. 2; *Bechtold,* GWB, § 60 Rn. 5; *Barth* in: MünchKommGWB, § 60, Rn. 4.

[9] *Schneider* in: Langen/Bunte, § 60 Rn. 4; *Bach* in: Immenga/Mestmäcker, GWB, § 60, Rn. 25; **a. A.** *Bracher* in: Frankfurter Kommentar, GWB, § 60, Rn. 6.

hen, jedoch nur noch durch das Beschwerdegericht nach § 64 Abs. 3.[10] Bei der Zuständigkeit des Beschwerdegerichts bleibt es nach § 76 Abs. 5 Satz 2 auch dann noch, wenn gegen die Hauptsacheentscheidung Rechtsbeschwerde eingelegt wurde. Hat die Kartellbehörde allerdings im Rahmen ihrer Befugnis einstweilige Anordnungen erlassen, gelten diese über den Abschluss des Verwaltungsverfahrens vor der Kartellbehörde hinaus bis zum rechtskräftigen Abschluss der Hauptsache fort.[11] Denn die Existenz des § 64 Abs. 3 GWB zeigt, dass auch nach Beschwerdeeinlegung ein Bedürfnis für die Regelung eines einstweiligen Zustandes bestehen kann, das nicht über das System der Anordnung der sofortigen Vollziehung der Hauptsache nach § 65 befriedigt werden kann. Daher wird die Wirksamkeit einer einstweiligen Anordnung der Kartellbehörde grundsätzlich durch den Erlass der Verfügung in der Hauptsache oder die Beschwerdeeinlegung nicht berührt. Freilich kann das Beschwerdegericht die einstweilige Anordnung der Kartellbehörde auf eine Beschwerde hin nach § 71 Abs. 2 aufheben oder durch eine eigene Regelung nach § 64 Abs. 3 ersetzen.[12]

2. Verfahren

Grundsätzlich haben die Verfahrensbeteiligten einen Anspruch auf rechtliches Gehör 3
nach den allgemeinen Grundsätzen des § 28 VwVfG.[13] Allerdings ist eine Anhörung der Beteiligten oder eine Abmahnung der von den einstweiligen Maßnahmen Betroffenen nicht erforderlich, soweit wegen des Eilcharakters eine sofortige Entscheidung geboten ist;[14] dieser Grundsatz lässt sich auf eine analoge Anwendung des § 937 Abs. 2 ZPO stützen. Die Entscheidung der Kartellbehörde ist zu begründen. Die Begründung darf sich nicht auf einen formelhaften Hinweis beschränken, sondern muss eine Analyse der Umstände des Einzelfalles erkennen lassen, aus denen sich ergibt, dass die besonderen Voraussetzungen des § 60 – einer Norm mit Ausnahmecharakter – erfüllt sind.[15]

II. Materielle Voraussetzungen

1. Allgemeine Voraussetzungen

Der Gesetzgeber hat in § 60 explizit keine materiellen Voraussetzungen aufgestellt, so 4
dass diese durch Rückgriff auf sinnverwandte Regelungen des GWB (§ 65) und andere Verfahrensordnungen (§§ 80 Abs. 2 Nr. 4, Abs. 3 und 123 Abs. 1 VwGO, §§ 935, 940 ZPO, 32 BVerfGG) entwickelt werden müssen.[16]

Der **Anordnungsanspruch,** also das Vorliegen der Tatbestandsvoraussetzungen für die 5
Ermächtigungsgrundlage in der Hauptsache, muss entsprechend § 123 Abs. 3 VwGO, § 920 Abs. 2 ZPO glaubhaft gemacht werden.[17] Ernsthafte Zweifel an der Rechtmäßigkeit der in Aussicht genommenen Hauptsacheverfügung dürfen nicht bestehen[18] (vgl. § 65 Abs. 3 S. 1 Nr. 2).

---

[10] Siehe die Kommentierung zu § 64, Rn. 18–23.
[11] *Bach* in: Immenga/Mestmäcker, GWB, § 60 Rn. 25.
[12] *Bach* in: Immenga/Mestmäcker, GWB, § 60 Rn. 25
[13] KG 30.1.1968, Kart V 33/67, WuW/E OLG 877, 881 – *Zigaretten-Einzelhandel; Barth* in: MünchKommGWB, § 60, Rn. 5.
[14] KG 11.1.1993, Kart 25/92, WuW/E OLG 5151, 5159 – *Ernstliche Untersagungszweifel;* KG 30.1.1968, Kart V 33/67, WuW/E OLG 877, 881 – *Zigaretten-Einzelhandel; Bach* in: Immenga/Mestmäcker, GWB, § 60 Rn. 22; *Barth* in: MünchKommGWB, § 60, Rn. 5.
[15] KG 10.12.1990, Kart. 19/90, WuW/E OLG 4640, 4642 f. – *Hamburger Benzinpreise.*
[16] KG 10.12.1990, Kart. 19/90, WuW/E OLG 4640, 4642 – *Hamburger Benzinpreise;* KG 21.10.1966, Kart V 23/66, WuW/E OLG 803, 805 – *Filtertüten.*
[17] KG 10.12.1990, Kart. 19/90, WuW/E OLG 4640, 4643 – *Hamburger Benzinpreise;* KG 14.4.1978, Kart 8/78, WuW/E OLG 1983, 1984 – *Rama-Mädchen.*
[18] KG 11.1.1993, Kart 25/92, WuW/E OLG 5151, 5160 – *Ernstliche Untersagungszweifel;* KG 10.12.1990, Kart. 19/90, WuW/E OLG 4640, 4643 – *Hamburger Benzinpreise;* KG 3.12.1974, Kart. 37/74, WuW/E OLG 1548, 1549 – *SABA;* KG 10.8.1967, Kart V 19/67, WuW/E OLG 850, 853 – *Dia-Filme.*

6 Hinsichtlich des **Anordnungsgrundes** gilt, dass die einstweilige Anordnung erlassen werden kann, wenn dies im öffentlichen Interesse oder im überwiegenden Interesse eines Beteiligten geboten ist (vgl. § 65 Abs. 1). Dies ist der Fall, wenn die einstweilige Anordnung erforderlich ist, um drohende irreparable Nachteile oder schwere Schäden im Interesse des Gemeinwohls abzuwenden, die nicht bereits durch die Verfügung in der Hauptsache abgewendet werden können.[19] Der Erlass einer einstweiligen Anordnung setzt also eine Abwägung zwischen dem öffentlichen Interesse und den Belangen der betroffenen Unternehmen voraus.[20] Ob dabei im Rahmen der Anwendung des § 60 ein strengerer Maßstab anzulegen ist als bei § 65,[21] kann letztlich nicht generell, sondern nur unter Berücksichtigung der besonderen Umstände des Einzelfalles beurteilt werden.[22] Zwar ist es zutreffend, dass der Erlass einer einstweiligen Anordnung oftmals in zeitlicher Hinsicht eine „Vorstufe" zur Hauptsacheentscheidung darstellt, so dass – im Gegensatz zur Situation bei § 65 GWB – zum Zeitpunkt der Entscheidung über die vorläufige Maßnahme noch keine Hauptsacheverfügung vorliegt.[23] Jedoch ist auf der anderen Seite zu berücksichtigen, dass die Rechtsfolge einer Anordnung nach § 60 regelmäßig hinter der Rechtsfolge der Hauptsacheverfügung zurückbleibt und lediglich einen einstweiligen Zustand regelt mit dem Ziel, die Hauptsache offen zu halten.[24] Im Rahmen der Abwägung ist dem Gesichtspunkt einer unbilligen Härte (vgl. § 65 Abs. 3 S. 1 Nr. 3) auf Seiten des Adressaten der Verfügung Rechnung zu tragen.[25]

2. Besonderheiten im Bereich der Fusionskontrolle

7 **a) Einstweilige Anordnung wegen drohenden Verstoßes gegen das Vollzugsverbot.** Soll während eines laufenden Fusionskontrollverfahrens eine einstweilige Anordnung ergehen, mit der ein drohender Verstoß gegen das Vollzugsverbot verhindert werden soll, gelten Abweichungen von dem allgemeinen Maßstab, der sich in erster Linie an § 65 orientiert. Ausgangspunkt ist die Erkenntnis, dass § 41 GWB eine abschließende Regelung darüber trifft, ob ein angemeldeter Zusammenschluss vollzogen werden darf oder nicht.[26] Der Maßstab des § 65 wird daher ersetzt durch den Maßstab des § 41 Abs. 2 S. 1. Dieser Grundsatz, der vom BGH für die Konstellation entwickelt wurde, in der das Beschwerdegericht gem. § 64 Abs. 3 S. 1, § 60 Nr. 1 auf dem Wege einer einstweiligen Anordnung über einen Antrag auf Befreiung vom Vollzugsverbot zu entscheiden hat,[27] ist umgekehrt anwendbar auf die Fälle einer einstweiligen Anordnung zur Verhinderung drohender Verstöße gegen das Vollzugsverbot, unabhängig davon, ob eine solche Anordnung vom Bundeskartellamt gem. § 60 Nr. 1 oder vom Beschwerdegericht über § 64 Abs. 3 S. 1 erlassen

---

[19] KG 10.12.1990, Kart. 19/90, WuW/E OLG 4640, 4642 – *Hamburger Benzinpreise;* KG 13.6.1979, Kart. 18/79, WuW/E OLG 2145, 2146 – *Sonntag Aktuell II;* KG 26.1.1977, Kart. 27/76, WuW/E OLG 1767, 1774 – *Kombinationstarif;* vgl. auch KG 30.1.1968, Kart V 33/67, WuW/E OLG 877, 880 – *Zigaretten-Einzelhandel* („Abwendung schwerer oder zumindest wesentlicher Nachteile"); KG 12.12.1961, 5 Kart. V 37/61, WuW/E OLG 436, 436 f. – *Tobler.*

[20] KG 10.12.1990, Kart. 19/90, WuW/E OLG 4640, 4642 – *Hamburger Benzinpreise;* KG 3.12.1974, Kart. 37/74, WuW/E OLG 1548, 1549 – *SABA;* KG 21.10.1966, Kart V 23/66, WuW/E OLG 803, 805 – *Filtertüten.*

[21] In diesem Sinne KG 3.12.1974, Kart. 37/74, WuW/E OLG 1548, 1549 – *SABA;* BKartA 6.3.1978, B1–252750-I-11/78, WuW/E BKartA 1707, 1707 – *Bimsbausteine II; Bach* in: Immenga/Mestmäcker, GWB, § 60 Rn. 11; *Schneider* in: Langen/Bunte, § 60 Rn. 6; *Bechtold,* GWB, § 60 Rn. 8.

[22] Vgl. *Bracher* in: Frankfurter Kommentar, GWB, § 60, Rn. 17.

[23] KG 3.12.1974, Kart. 37/74, WuW/E OLG 1548, 1549 – *SABA.*

[24] *Bracher* in: Frankfurter Kommentar, GWB, § 60, Rn. 17.

[25] Vgl. KG 10.8.1967, Kart V 19/67, WuW/E OLG 850, 853 – *Dia-Filme;* KG 21.10.1966, Kart V 23/66, WuW/E OLG 803, 806 – *Filtertüten.*

[26] BGH 14.10.2008, KVR 30/08, WuW/E DE-R 2507, 2508 – *Faber/Basalt.*

[27] BGH 14.10.2008, KVR 30/08, WuW/E DE-R 2507, 2512 – *Faber/Basalt.*

wird. Denn der materielle Maßstab, an dem Vollzugsmaßnahmen während eines laufenden Zusammenschlussvorhabens zu messen sind, darf nicht danach differenzieren, ob das Unternehmen eine Befreiung vom Vollzugsverbot beantragt hat oder ob es sich anschickt, unter Verstoß gegen das Vollzugsverbot „Fakten zu schaffen".

Wenn das Bundeskartellamt während eines laufenden Fusionskontrollverfahrens im Wege der einstweiligen Anordnung einen drohenden Verstoß gegen das Vollzugsverbot zu verhindern sucht, gilt zumindest während der dem Bundeskartellamt im Rahmen des § 40 GWB gewährten Prüffristen, dass das Bundeskartellamt nicht das Vorliegen der formellen und materiellen Untersagungsvoraussetzungen glaubhaft zu machen braucht, sondern lediglich den in Rede stehenden drohenden Verstoß gegen das Vollzugsverbot.[28] Denn § 60 Nr. 1 erwähnt nur Entscheidungen nach § 40 Abs. 2 GWB, ohne dabei eine Differenzierung danach vorzunehmen, ob das Hauptprüfverfahren nach § 40 Abs. 2 S. 1 GWB durch eine Untersagungs- oder Freigabeentscheidung abgeschlossen wird. Dem lässt sich der Gedanke entnehmen, dass eine einstweilige Anordnung möglich sein muss, die zum Schutz des Prinzips der präventiven Fusionskontrolle der Offenhaltung der Entscheidungssituation während der dem Bundeskartellamt gewährten Prüffristen dient unabhängig von dem materiellen Ausgang der Prüfung, den das Bundeskartellamt gerade erst nach Ablauf der Fristen zu beurteilen in der Lage ist. Diesem Verständnis stehen zwei Entscheidungen des Kammergerichts aus der Zeit vor Inkrafttreten der 6. GWB-Novelle nicht entgegen, in denen im Rahmen der Überprüfung einer vom Bundeskartellamt erlassenen einstweiligen Anordnung Erwägungen hinsichtlich des Vorliegens der Untersagungsvoraussetzungen angestellt wurden.[29] Denn beide Entscheidungen betreffen Zusammenschlüsse, die seinerzeit nicht der präventiven Zusammenschlusskontrolle unterfielen.[30] 8

In der Zeit nach Erlass einer verfahrensabschließenden Entscheidung des Bundeskartellamts nach § 40 Abs. 2 S. 1 GWB (also entweder im Rahmen der gerichtlichen Überprüfung einer einstweiligen Anordnung des Bundeskartellamts oder im Rahmen des Erlasses einer einstweiligen Anordnung durch das Beschwerdegericht nach § 64 Abs. 3 S. 1, § 60 Nr. 1) gilt immer noch der strenge Maßstab des § 41 Abs. 2 S. 1. Ernstliche Zweifel an der Rechtmäßigkeit einer Untersagungsverfügung reichen für sich genommen also nicht aus, um den Anordnungsanspruch entfallen zu lassen.[31] Die Rechtmäßigkeit der Untersagungsverfügung kann aber einen Faktor unter mehreren darstellen, insbesondere dann, wenn sie unter „schweren formellen oder materiellen Fehlern" leidet.[32] 9

b) Einstweilige Anordnung zur Sicherung einer Entflechtung. In Fällen, in denen das Bundeskartellamt erst dann Kenntnis von einem Zusammenschluss erlangt, wenn er bereits unter Verstoß gegen das Vollzugsverbot vollzogen ist, muss als Anordnungsanspruch entsprechend der im vorangegangenen Abschnitt entwickelten Grundsätze die Glaubhaftmachung des Verstoßes gegen das Vollzugsverbot ausreichen, um dem Bundeskartellamt die Prüfung des Vorliegens der Untersagungsvoraussetzungen im Rahmen eines Entflechtungsverfahrens nach § 41 Abs. 3 innerhalb eines angemessenen Zeitrahmens überhaupt erst zu ermöglichen.[33] Nach Erlass einer Entflechtungsanordnung wird im Rahmen des Anordnungsanspruchs der Prüfungsmaßstab erweitert (also entweder im Rahmen der gerichtlichen Überprüfung einer einstweiligen Anordnung des Bundeskartellamts oder im 10

---

[28] Vgl. *Barth* in: MünchKommGWB, § 60, Rn. 17, der „ernsthafte Anhaltspunkte für einen bevorstehenden Verstoß gegen das Vollzugsverbot" genügen lässt; **a. A.** *Bach* in: Immenga/Mestmäcker, GWB, § 60 Rn. 12; *Schneider* in: Langen/Bunte, § 60 Rn. 11.

[29] KG 11.1.1993, Kart 25/92, WuW/E OLG 5151, 5162 ff. – *Ernstliche Untersagungszweifel;* KG 13.6.1979, Kart. 18/79, WuW/E OLG 2145, 2147 f. – *Sonntag Aktuell II.*

[30] KG 11.1.1993, Kart 25/92, WuW/E OLG 5151, 5163 f. – *Ernstliche Untersagungszweifel;* KG 13.6.1979, Kart. 18/79, WuW/E OLG 2145, 2146 – *Sonntag Aktuell II.*

[31] BGH 14.10.2008, KVR 30/08, WuW/E DE-R 2507, 2512 – *Faber/Basalt.*

[32] BGH 14.10.2008, KVR 30/08, WuW/E DE-R 2507, 2512 – *Faber/Basalt.*

[33] Vgl. *Barth* in: MünchKommGWB, § 60, Rn. 17.

Rahmen des Erlasses einer einstweiligen Anordnung durch das Beschwerdegericht nach § 64 Abs. 3 S. 1, § 60 Nr. 1), so dass der in der Entscheidung *Bauen und Garten*[34] entwickelte Maßstab zur Anwendung gelangen kann. Das OLG prüft in dieser Entscheidung, ob „mit hinreichender Wahrscheinlichkeit die Entflechtungsvoraussetzungen prognostiziert werden können".[35] In diesem Fall war die Prüfung der Untersagungsvoraussetzungen durch das Bundeskartellamt zum Zeitpunkt der Entscheidung des Beschwerdegerichts bereits abgeschlossen. Ein angemeldetes Zusammenschlussvorhaben war nach Freigabe unter Nebenbestimmungen zunächst ohne Verstoß gegen das Vollzugsverbot vollzogen worden. Da aber eine auflösende Bedingung eingetreten war (Unterlassen der Veräußerung eines Standortes bis zu einem bestimmten Zeitpunkt), verwandelte sich die Freigabe nachträglich in eine Untersagung. Das Bundeskartellamt leitete ein Entflechtungsverfahren ein und erließ nach § 60 Nr. 1 3. Alt. Maßnahmen zur Sicherung der späteren Entflechtung.

3. Anforderungen an den Inhalt der einstweiligen Anordnung

11 Einstweilige Anordnungen dürfen ihrer Zielrichtung nach **sowohl belastend als auch begünstigend** ausgesprochen werden. Die Kartellbehörde kann nur unaufschiebbare Maßnahmen anordnen.[36] Da Maßnahmen nach § 60 wegen ihres vorläufigen Regelungscharakters nicht die Hauptsache vorwegnehmen dürfen, müssen sie inhaltlich grundsätzlich hinter der Hauptsacheentscheidung zurückbleiben.[37] Ist eine **Vorwegnahme der Hauptsache** im Einzelfall gleichwohl unvermeidlich, kommt eine zeitliche Begrenzung der einstweiligen Maßnahmen in Betracht.[38] Die durch eine einstweilige Anordnung abzuwendenden Nachteile müssen in diesem Fall aber noch gewichtiger sein.[39] Schließlich sind auch bei Verfügungen, die aufgrund von § 60 ergehen, die Grundsätze der Erforderlichkeit und der Verhältnismäßigkeit im engeren Sinne zu beachten.[40]

§ 61 Verfahrensabschluss, Begründung der Verfügung, Zustellung

(1) [1]**Verfügungen der Kartellbehörde sind zu begründen und mit einer Belehrung über das zulässige Rechtsmittel den Beteiligten nach den Vorschriften des Verwaltungszustellungsgesetzes zuzustellen.** [2]**§ 5 Absatz 4 des Verwaltungszustellungsgesetzes und § 178 Absatz 1 Nummer 2 der Zivilprozessordnung sind auf Unternehmen und Vereinigungen von Unternehmen sowie auf Auftraggeber im Sinn vom § 98 entsprechend anzuwenden.** [3]**Verfügungen, die gegenüber einem Unternehmen mit Sitz außerhalb des Geltungsbereichs dieses Gesetzes ergehen, stellt die Kartellbehörde der im Inland ansässigen Person zu, die das Unternehmen dem Bundeskartellamt als zustellungsbevollmächtigt benannt hat.** [4]**Hat das Unternehmen keine zustellungsbevollmächtigte Person benannt, so stellt die Kartellbehörde die Verfügungen durch Bekanntmachung im Bundesanzeiger zu.**

(2) **Soweit ein Verfahren nicht mit einer Verfügung abgeschlossen wird, die den Beteiligten nach Absatz 1 zugestellt wird, ist seine Beendigung den Beteiligten schriftlich mitzuteilen.**

---

[34] OLG Düsseldorf 25.11.2009, VI-Kart 2/09 (V), WuW/E DE-R 2894 – *Bauen und Garten.*

[35] OLG Düsseldorf 25.11.2009, VI-Kart 2/09 (V), WuW/E DE-R 2894, 2895 – *Bauen und Garten.*

[36] KG 26.1.1977, Kart. 27/76, WuW/E OLG 1767, 1774 – *Kombinationstarif.*

[37] KG 11.1.1993, Kart 25/92, WuW/E OLG 5151, 5164 – *Ernstliche Untersagungszweifel.*

[38] OLG Düsseldorf 22.1.1985, Kart. 1/85 V, WuW/E OLG 3335, 3336 – *Inter Mailand-Spiel.*

[39] Vgl. die Rspr. zur „Befriedigungsverfügung", OLG Düsseldorf 8.8.2001, U (Kart) 20/01, WuW/E DE-R 774, 776 – *Kramer Progetha.*

[40] KG 30.1.1968, Kart V 33/67, WuW/E OLG 877, 881 – *Zigaretten-Einzelhandel.*

Übersicht

I. Verfügung

1. Verfügungsbegriff

1 § 61 Abs. 1 schreibt für Verfügungen der Kartellbehörden besondere Förmlichkeiten vor, nämlich eine Begründung, eine Rechtsmittelbelehrung und die ordnungsgemäße Zustellung an die Beteiligten. Der Verfügungsbegriff des § 61 Abs. 1 entspricht dem Begriff des Verwaltungsakts im Sinne des § 35 VwVfG.[1] Ein **Verwaltungsakt** ist nach § 35 VwVfG jede Verfügung, Entscheidung oder andere hoheitliche Maßnahme, die eine Behörde zur Regelung eines Einzelfalles auf dem Gebiet des öffentlichen Rechts trifft und die auf unmittelbare Rechtswirkung nach außen gerichtet ist. Ob eine Maßnahme der Kartellbehörde diese Kriterien erfüllt, ist nach dem Empfängerhorizont entsprechend § 133 BGB zu ermitteln.[2] In der Praxis besonders häufige Fälle einer Verfügung sind die Untersagung oder Freigabe eines Zusammenschlussvorhabens nach § 40 Abs. 2 S. 1, die Abstellung und nachträgliche Feststellung von Zuwiderhandlungen nach § 32 GWB, das Auskunftsverlangen nach § 59 Abs. 1 sowie Beiladungsentscheidungen nach § 54 Abs. 2 Nr. 3. Keine Verfügung stellt die bloße Mitteilung einer Kartellbehörde dar, dass ein bestimmtes Verhalten nicht aufgegriffen wird.[3] Ebensowenig stellt die Abgabe einer Sache zwischen den Kartellbehörden nach § 49 eine Verfügung dar.[4]

2 Für den Bereich der Zusammenschlusskontrolle ergeben sich Besonderheiten. Entscheidungen, die im Hauptprüfverfahren ergehen, also Untersagungs- oder Freigabeentscheidungen, fallen unproblematisch unter § 61 Abs. 1, denn sie sind als Verwaltungsakte einzustufen und werden in § 40 Abs. 2 Satz 1 auch ausdrücklich als Verfügung bezeichnet. Etwas anderes gilt für die Freigabe eines Zusammenschlusses in der ersten Phase durch einfaches Schreiben des Bundeskartellamtes. Ausdrücklich erwähnt wird ein derartiges **„Freigabeschreiben"** in § 40 nicht. Die Vorschrift fingiert vielmehr die Freigabe des Zusammenschlusses mit Ablauf eines Monats, falls das Bundeskartellamt nicht in das Hauptprüfverfahren eintritt. In den Gesetzesmaterialien zur 6. GWB-Novelle heißt es hierzu, dass an der vorherigen Regelung festgehalten wird, wonach die erste Prüfphase nicht durch förmliche Entscheidung, sondern durch eine formlose Verwaltungsmitteilung abgeschlossen wird.[5] Das Freigabeschreiben des Bundeskartellamtes soll demnach unabhängig von der Frage, ob es wegen möglicher Regelungswirkungen nach außen als Verwaltungsakt im Sinne von § 35 VwVfG zu qualifizieren ist,[6] jedenfalls nicht förmlich ergehen. Es unterfällt damit nicht den eingangs aufgezählten Formerfordernissen des § 61 Abs. 1. Aus vergleichbaren

---

[1] BGH 29.4.2008, KVZ 45/07, Rn. 7, zit. nach juris; OLG Düsseldorf 20.6.2007, VI-Kart 21/06 (V), Rn. 16, zit. nach juris.

[2] BGH 29.4.2008, KVZ 45/07, Rn. 7, zit. nach juris; OLG Düsseldorf 20.6.2007, VI-Kart 21/06 (V), Rn. 16, zit. nach juris; siehe auch OLG Düsseldorf 25.11.2009, VI-Kart 8/09 (V), Rn. 12–13, zit. nach juris.

[3] BGH 12.3.1991, KVB 1/90, WuW/E BGH 2697, 2706 – *Golden Toast.*

[4] KG 28.4.2008, 2 KART 1/08, WuW/E DE-R 2559, 2559 f. – *GASAG;* bestätigt durch BGH 25.9.2008, KVZ 32/08, Rn. 6, zit. nach juris.

[5] Begründung des Gesetzentwurfs der Bundesregierung, BT-Drucks. 13/9720, S. 59.

[6] **Dafür** KG 17.5.2000, Kart 35/99, WuW/E DE-R 644, 645 – *tobaccoland III;* KG 11.4.1997, Kart 5/97, WuW/E OLG 5849, 5850 – *Großverbraucher; Ost* in: MünchKommGWB, § 61, Rn. 6; **dagegen** *Bach* in: Immenga/Mestmäcker, GWB, § 61 Rn. 3; *Schneider* in: Langen/Bunte, § 61 Rn. 5; jedenfalls ist die Freigabemitteilung nicht gerichtlich anfechtbar: BGH 28.6.2005, KVZ 34/04, WuW/E DE-R 1571, 1572 – *Ampere.*

Gründen unterliegt auch der so genannte **Monatsbrief,** mit dem das Bundeskartellamt den Beteiligten den Eintritt in das Hauptprüfverfahren bekannt gibt, nicht dem Begründungszwang und den übrigen Formerfordernissen des § 61 Abs. 1. In der Regierungsbegründung ist festgehalten, dass der Monatsbrief keiner Begründung bedarf und nicht anfechtbar ist.[7] Für einen wirksamen Eintritt ins Hauptprüfverfahren bedarf es zudem nicht der Zustellung an alle Beteiligte, sondern nach § 40 Abs. 1 Satz 1 lediglich der Mitteilung an den Anmelder.

2. Formerfordernisse des § 61 Abs. 1

3 **a)** Verfügungen der Kartellbehörden sind zunächst schriftlich abzufassen. Ein gegenüber § 37 Abs. 3 VwVfG spezielles **Schriftformerfordernis** ist im GWB zwar nicht ausdrücklich vorgesehen, wird jedoch von § 61 stillschweigend vorausgesetzt.[8] Zur Schriftform gehört gem. § 37 Abs. 3 VwVfG auch das Erfordernis einer Unterschrift.[9] Daher ist die eigenhändige Unterzeichnung der Urschrift durch den oder die entscheidenden Mitarbeiter der Kartellbehörde erforderlich. Verfügungen der Kartellbehörden unterliegen zudem einem **Begründungszwang.** Die Begründung darf knapp sein, sie muss aber die tragenden Erwägungen auf eine Weise enthalten, dass den Verfahrensbeteiligten und dem Beschwerdegericht eine Überprüfung in rechtlicher und tatsächlicher Hinsicht möglich ist.[10] Erforderlich sind somit Ausführungen der Kartellbehörde zum Sachverhalt, so wie sie ihn ermittelt und zugrundegelegt hat, und eine den Verfügungsausspruch tragende rechtliche Würdigung. Letztere umfasst insbesondere die Benennung der angewandten Normen, eine Darstellung über das Vorliegen ihrer Voraussetzungen und – bei Ermessensentscheidungen – welche Ermessensüberlegungen[11] von der Kartellbehörde angestellt wurden. In den Gründen muss sich die Kartellbehörde auch mit den wichtigsten Gegenargumenten der Beteiligten oder denkbaren rechtlichen Hinderungsgründen auseinandersetzen,[12] ohne dass aber der gesamte Vortrag der Beteiligten abzuhandeln ist.[13]

4 Des Weiteren sind kartellbehördliche Verfügungen nach § 61 Abs. 1 mit einer Belehrung über das zulässige Rechtsmittel zu versehen. Der Inhalt der **Rechtsmittelbelehrung** hat sich an den einschlägigen Vorschriften über die Beschwerde (§§ 63, 66, 68) zu orientieren. Hat die Beschwerde keine aufschiebende Wirkung (d. h. wenn kein Fall des § 64 Abs. 1 GWB gegeben ist) oder hat die Kartellbehörde die sofortige Vollziehung nach § 65 Abs. 1 angeordnet, ist ein Hinweis auf § 65 Abs. 3 nicht zwingend erforderlich.[14]

5 **b)** Die **Zustellung** einer kartellbehördlichen Verfügung **im Inland** richtet sich gem. § 61 Abs. 1 Satz 1 nach dem Verwaltungszustellungsgesetz (VwZG). Im VwZG ist hierfür vorgesehen die Zustellung durch die Post mit Zustellungsurkunde (§ 3), die Zustellung durch die Post mittels Einschreiben (§ 4), die Zustellung durch die Behörde gegen Empfangsbekenntnis sowie die elektronische Zustellung (§ 5) und die elektronische Zustellung gegen Abholbestätigung über De-Mail-Dienste (§ 5a). In Kartellverwaltungssachen wird üblicherweise eine Ausfertigung zugestellt, während die Urschrift bei den Akten verbleibt. Bei der Ausfertigung handelt es sich um eine Abschrift, die mit Dienstsiegel, Ausferti-

---

[7] Begründung des Gesetzentwurfs der Bundesregierung, BT-Drucks. 13/9720, S. 59.

[8] OLG Stuttgart 27.11.1987, 2 Kart. 2/87, WuW/E OLG 4211, 4211 – *Druckrohre; Bach* in: Immenga/Mestmäcker, GWB, § 61 Rn. 12; *Schneider* in: Langen/Bunte, § 61 Rn. 13.

[9] OLG Stuttgart 27.11.1987, 2 Kart. 2/87, WuW/E OLG 4211, 4211 – *Druckrohre; Bach* in: Immenga/Mestmäcker, GWB, § 61 Rn. 12.

[10] OLG Düsseldorf 21.12.1976, Kart. 4/76, WuW/E OLG 1820, 1821.

[11] OLG Düsseldorf 21.12.1976, Kart. 4/76, WuW/E OLG 1820, 1821.

[12] KG 26.11.1980, Kart 17/80, WuW/E OLG 2411, 2417 – *Synthetischer Kautschuk I.*

[13] KG 16.6.1981, Kart. 15/80, WuW/E OLG 2507, 2510 – *Veba-Stadtwerke Wolfenbüttel;* KG 5.11.1986, Kart. 15/84, WuW/E OLG 3917, 3918 – *Coop-Wandmaker.*

[14] *Schneider* in: Langen/Bunte, § 61 Rn. 11.

gungsvermerk und Unterschrift des Siegelbeamten versehen ist.[15] Zustellungen können an den allgemeinen oder für bestimmte Angelegenheiten bestellten Bevollmächtigten gerichtet werden (§ 7 Abs. 1 S. 1 VwZG). Sie sind an ihn zu richten, wenn er schriftliche Vollmacht vorgelegt hat (§ 7 Abs. 1 S. 2 VwZG). Davon zu unterscheiden ist der Zustellungsbevollmächtigte. Während bei Vertretung mehrerer Beteiligter durch einen Verfahrensbevollmächtigten die Zustellung einer Ausfertigung ausreichend ist (§ 7 Abs. 1 S. 3 VwZG), erhält ein Zustellungsbevollmächtigter für jeden Beteiligten, der ihn bevollmächtigt hat, eine eigene Ausfertigung (§ 7 Abs. 2 VwZG). Die Zustellung an Behörden, Körperschaften, Anstalten und Stiftungen des öffentlichen Rechts, an Rechtsanwälte, Patentanwälte, Notare, Steuerberater, Steuerbevollmächtigte, Wirtschaftsprüfer, vereidigte Buchprüfer, Steuerberatungsgesellschaften, Wirtschaftsprüfungsgesellschaften und Buchprüfungsgesellschaften kann auch auf andere Weise, auch elektronisch (dazu gehört die Übermittlung per Telefax[16]), gegen Empfangsbekenntnis, das anschließend zurück zu senden ist, zugestellt werden (§ 5 Abs. 4 VwZG). Über § 61 Abs. 1 Satz 2 gilt diese vereinfachte Zustellungsweise auch für Unternehmen.

Die **Zustellung im Ausland** ist in § 61 Abs. 1 Satz 3 und 4 geregelt. Grundsätzlich ist 6
an die im Inland ansässige zustellungsbevollmächtigte Person zuzustellen (§ 61 Abs. 1 S. 3). Hat das Unternehmen keine zustellungsbevollmächtigte Person *im Inland* benannt, so stellt die Kartellbehörde die Verfügungen durch Bekanntmachung im Bundesanzeiger zu (§ 61 Abs. 1 S. 4). Das Fehlen der beiden Wörter *„im Inland"* ist als Redaktionsversehen einzustufen, weil die Norm ansonsten keinen Sinn ergäbe.[17] Im Falle der Bekanntmachung im Bundesanzeiger ist die gesamte Verfügung im Volltext bekanntzumachen.[18] Neben der vereinfachten Möglichkeit der Auslandszustellung durch § 61 Abs. 1 S. 4 kann auch § 9 VwVZ zur Anwendung gelangen.[19]

3. Sonstige Anforderungen

a) In aller Regel hat gegenüber sämtlichen Beteiligten eine **einheitliche Verfügung** zu 7
ergehen, d. h. auch im Hinblick auf Geschäftsgeheimnisse ist die Anfertigung einer separaten Urschrift gegenüber einzelnen Beteiligten, z. B. Beigeladenen, zu vermeiden. In der Praxis sollte eine pragmatische Lösung durch Aggregierungen und Anonymisierungen gefunden werden, so dass die Begründung der Verfügung auch ohne eine Offenlegung von Geschäftsgeheimnissen für sämtliche Verfahrensbeteiligten nachvollziehbar ist.[20] Im **Rubrum** sind sämtliche Beteiligte und im gegebenen Fall auch deren Verfahrens- oder Empfangsbevollmächtigte aufzuführen. Für die Wirksamkeit der Verfügung ist dies jedoch nicht ausschlaggebend, solange die Verfügung dem nicht aufgeführten Beteiligten ordnungsgemäß zugestellt wurde. Nicht erforderlich ist bei Unternehmen die Benennung der vertretungsberechtigten Personen. Die Angabe zustellungsfähiger Anschriften ist allerdings sachgerecht, auch wenn die Gerichte die bloße Angabe des Unternehmenssitzes in der Vergangenheit nicht beanstandet haben.

b) Der Verfügungstenor muss dem **Bestimmtheitsgrundsatz** des § 37 Abs. 1 VwVfG 8
entsprechen. Dies bedeutet, dass der Adressat in der Lage sein muss zu erkennen, was von

---

[15] BGH 24.3.1987, KVR 10/85, WuW/E BGH 2389, 2391 – *Coop Schleswig-Holstein – Deutscher Supermarkt;* OLG Stuttgart 27.11.1987, 2 Kart. 2/87, WuW/E OLG 4211, 4212 – *Druckrohre.*

[16] *Schlatmann* in: Engelhardt/App/Schlatmann, § 5 VwZG, Rn. 10.

[17] *Ost* in: MünchKommGWB, § 61, Rn. 18; *Schneider* in: Langen/Bunte, § 61 Rn. 30.

[18] *Ost* in: MünchKommGWB, § 61, Rn. 18; *Schneider* in: Langen/Bunte, § 61 Rn. 30; *Bracher* in: Frankfurter Kommentar, GWB, § 61, Rn. 22.

[19] *Ost* in: MünchKommGWB, § 61, Rn. 18; *Schneider* in: Langen/Bunte, § 61 Rn. 30; **a. A.** *Bracher* in: Frankfurter Kommentar, GWB, § 61, Rn. 22.

[20] Siehe die Kommentierung zu § 56, Rn. 15.

ihm gefordert wird.[21] Dabei genügt es, wenn sich der Regelungsgehalt aus der Verfügung insgesamt einschließlich ihrer Begründung ergibt.[22] Außerdem muss der Verwaltungsakt geeignet sein, als Grundlage für Vollstreckungsmaßnahmen zu dienen, dabei richten sich die Anforderungen nach dem jeweils anzuwendenden materiellen Recht.[23] Eine Bezugnahme auf Dokumente, die dem Adressaten vorliegen oder ohne weiteres zugänglich sind, ist im Einklang mit dem Bestimmtheitsgebot möglich. Dabei kann es sich im Einzelfall um Preislisten handeln[24] oder auch um Schriftverkehr zwischen Kartellbehörde und Beteiligten, etwa wenn es um eine der Vertraulichkeit unterliegende Frist im Zusammenhang mit Verkaufsauflagen geht.[25]

9 Das Bestimmtheitsgebot steht nicht selten in einem Spannungsverhältnis zur Reichweite der Ermächtigungsgrundlage. Denn je genauer die kartellbehördlichen Vorgaben ausfallen, desto eher stellt sich die Frage, ob beispielsweise die Grenzen einer Abstellungsverfügung überschritten werden, indem statt eines Verbots ein Gebot ausgesprochen wird. Grundsätzlich ist die Kartellbehörde zwar nur zum Ausspruch eines Verbots ermächtigt, doch ist eine Gebotsverfügung zulässig, wenn der Verstoß nur durch eine bestimmte Maßnahme beseitigt werden kann.[26] Zu weit geht eine Verfügung, die dem betroffenen Unternehmen nicht nur die Verweigerung eines Vertragsschlusses untersagt, sondern ihm zudem den genauen Vertragsinhalt vorschreibt.[27] Kann im konkreten Fall auf übliche Bedingungen entsprechender Verträge zurückgegriffen werden, so ist eine Bezugnahme auf diese Bedingungen bestimmt genug.[28] Hingegen wurde die Bezugnahme auf generalklauselartige Rechtsbegriffe wie „unlauter" vom Bundesgerichtshof grundsätzlich als unbestimmt angesehen, es sei denn, der Begriff wird zur Beschreibung eines nicht im Streit stehenden Verhaltensmerkmals herangezogen.[29]

II. Mitteilung über Verfahrenseinstellung

10 Für die Einstellung eines Verfahrens ist über die Schriftform hinaus keine besondere Form vorgesehen, so dass ein einfaches Verwaltungsschreiben ausreicht. Die Verfahrenseinstellung ist gegenüber allen Beteiligten mitzuteilen.

III. Rechtsfolgen bei Verletzung

11 Ist die Begründung (formell) fehlerhaft, kommt eine Heilung gem. § 45 Abs. 1 Nr. 2 VwVfG in Betracht. Eine solche Heilung ist bis zum Abschluss der letzten Tatsacheninstanz möglich (§ 45 Abs. 2 VwVfG).

12 Davon zu unterscheiden ist der Fall, dass die Begründung zwar formell den Anforderungen des § 61 Abs. 1 S. 1 GWB genügt, aber materiell fehlerhaft ist. Dies ist kein Fall des § 45 Abs. 1 Nr. 2 VwVfG.[30] Grundsätzlich ist das „Nachschieben von Gründen" mög-

---

[21] BGH 29.9.1998, KVR 17/97, WuW/E DE-R 195, 196 – *Beanstandung durch Apothekerkammer;* BGH 21.2.1995, KVR 4/94, WuW/E BGH 2967, 2968 – *Strompreis Schwäbisch-Hall;* BGH 15.11. 1994, KVR 29/93, WuW/E BGH 2953, 2957 – *Gasdurchleitung.*

[22] BGH 29.9.1998, KVR 17/97, WuW/E DE-R 195, 196 – *Beanstandung durch Apothekerkammer;* BGH 15.11.1994, KVR 29/93, WuW/E BGH 2953, 2957 – *Gasdurchleitung.*

[23] BGH 24.9.2002, KVR 15/01, WuW/E DE-R 977, 978 – *Fährhafen Puttgarden;* BGH 15.11. 1994, KVR 29/93, WuW/E BGH 2953, 2957 – *Gasdurchleitung.*

[24] BGH 21.2.1995, KVR 4/94, WuW/E BGH 2967, 2969 – *Strompreis Schwäbisch-Hall.*

[25] BKartA 27.9.2000, B6–88/00, WuW/E DE-V 370, 370 – *outdoor specials.*

[26] BGH 15.11.1994, KVR 14/94, WuW/E 2951, 2952 – *Weigerungsverbot;* BGH 8.2.1994, KVZ 22/93, WuW/E BGH 2906, 2907 f. – *Lüdenscheider Taxen.*

[27] BVerfG 9.10.2000, 1 BvR 1627/95, WuW/E DE-R 557, 559 f. – *Importarzneimittel-Boykott;* BGH 15.11.1994, KVR 29/93, WuW/E BGH 2953, 2957 – *Gasdurchleitung.*

[28] BGH 21.2.1995, KVR 10/94, WuW/E BGH 2990, 2992 – *Importarzneimittel.*

[29] BGH 29.9.1998, KVR 17/97, WuW/E DE-R 195, 196 f. – *Beanstandung durch Apothekerkammer.*

[30] *Sachs* in: Stelkens/Bonk/Sachs, VwVfG, § 45 Rn. 45.

lich,[31] also nicht nur die Ergänzung einer an sich schon rechtmäßigen Begründung, sondern auch die Ersetzung einer materiell rechtswidrigen durch eine rechtmäßige Begründung. Ein Nachschieben von Gründen ist allerdings ausgeschlossen, wenn dadurch der Verwaltungsakt in seinem Wesen verändert wird. Dies kann z.B. dann der Fall sein, wenn der Austausch der Rechtsgrundlage zu einem neuen Regelungsgehalt führt[32] oder wenn im Falle von Ermessenserwägungen unklar bleibt, auf welcher Grundlage die Verfügung zunächst ergangen war.[33]

Zu unterscheiden vom Nachschieben von Gründen ist die Umdeutung einer Verfügung **13** gemäß § 47 VwVfG, die sich nicht in einem Auswechseln von Rechtsgrundlage und Begründung erschöpft, sondern ihrem Wesen nach durch einen ändernden Eingriff in den Verfügungssatz des Verwaltungsaktes gekennzeichnet ist.[34]

Wird gegen das Begründungserfordernis oder das Bestimmtheitsgebot verstoßen und ist **14** eine Heilung nicht möglich, so ist die Verfügung zwar außerhalb von § 44 VwVfG nicht nichtig, jedoch verfahrensfehlerhaft und insoweit formell anfechtbar. Ist offensichtlich, dass die Verletzung die Entscheidung in der Sache nicht beeinflusst hat, so kann eine Beschwerde allerdings wegen § 46 VwVfG nicht erfolgreich auf den Formverstoß gestützt werden. Bei unterlassener Rechtsmittelbelehrung findet § 58 Abs. 2 VwGO entsprechende Anwendung mit der Folge, dass die Beschwerdefrist ein Jahr vom Zeitpunkt der Zustellung an beträgt. Bei Zustellungsmängeln kann zunächst unproblematisch durch eine erneute Zustellung abgeholfen werden, soweit nicht zwischenzeitlich Entscheidungsfristen abgelaufen sind.

§ 62 Bekanntmachung von Verfügungen

[1] Verfügungen der Kartellbehörde nach § 30 Absatz 3, § 31b Absatz 3, §§ 32 bis 32b und 32d sind im Bundesanzeiger bekannt zu machen. [2] Entscheidungen nach § 32c können von der Kartellbehörde bekannt gemacht werden.

§ 62 vervollständigt die im GWB enthaltenen Bekanntmachungsvorschriften. Die Be- **1** kanntmachungsbestimmungen für Wettbewerbsregeln (§ 27 Abs. 2) und für die Fusionskontrolle (§ 43) sind im Zusammenhang mit diesen Spezialmaterien geregelt. **Obligatorisch** nach Satz 1 sind bekanntzumachen Verfügungen nach § 30 Absatz 3, § 31b Absatz 3, §§ 32 bis 32b und 32d. Fakultativ nach Satz 2 können Entscheidungen nach § 32c bekannt gemacht werden.

Zweck der Bekanntmachung ist es nicht, die Beschwerdefrist für bislang unbeteiligte **2** Dritte in Gang setzen, sondern umfassende **Publizität** zu schaffen. Gemessen an diesem Zweck sollte die Bekanntmachung **zeitnah** erfolgen, frühestens jedoch mit der Zustellung an die Beteiligten. Die Unanfechtbarkeit einer Verfügung braucht nicht abgewartet zu werden. Vom **Umfang** her erfordert der Bekanntmachungszweck nicht den vollständigen Abdruck der betroffenen Verfügung mit Rubrum, Tenor, Gründen und Rechtsbehelfsbelehrung. Für Publizitätszwecke reicht die Wiedergabe des Tenors,[1] ergänzt um die wichtigsten Angaben des Rubrums wie Firma und Sitz der Antragsteller oder Betroffenen. Da sich § 62 nicht auf das Bußgeldverfahren bezieht, sind durch die Bekanntmachung in aller Regel keine personenbezogenen Daten berührt. Geschäftsgeheimnisse sind zu wahren.[2] Die Bekanntmachung ist im Bundesanzeiger vorzunehmen. Seit 1999 können die öffentli-

---

[31] *Sachs* in: Stelkens/Bonk/Sachs, VwVfG, § 45 Rn. 45 ff.
[32] BGH 18.5.1993, KVZ 10/92, WuW/E BGH 2869, 2871 ff. – *Pauschalreisen-Vermittlung II.*
[33] *Sachs* in: Stelkens/Bonk/Sachs, VwVfG, § 45 Rn. 51.
[34] BGH 28.9.1999, KVR 29/96, WuW/E DE-R 399, 402 – *Verbundnetz.*
[1] *Bach* in: Immenga/Mestmäcker, GWB, § 62 Rn. 7.
[2] *Bach* in: Immenga/Mestmäcker, GWB, § 62 Rn. 7.

chen Fassungen ausgewählter Entscheidungen des Bundeskartellamtes unter www.bundeskartellamt.de im Volltext abgerufen werden.

II. Beschwerde

§ 63 Zulässigkeit, Zuständigkeit

(1) [1]**Gegen Verfügungen der Kartellbehörde ist die Beschwerde zulässig.** [2]**Sie kann auch auf neue Tatsachen und Beweismittel gestützt werden.**

(2) **Die Beschwerde steht den am Verfahren vor der Kartellbehörde Beteiligten (§ 54 Absatz 2 und 3) zu.**

(3) [1]**Die Beschwerde ist auch gegen die Unterlassung einer beantragten Verfügung der Kartellbehörde zulässig, auf deren Vornahme der Antragsteller ein Recht zu haben behauptet.** [2]**Als Unterlassung gilt es auch, wenn die Kartellbehörde den Antrag auf Vornahme der Verfügung ohne zureichenden Grund in angemessener Frist nicht beschieden hat.** [3]**Die Unterlassung ist dann einer Ablehnung gleichzuachten.**

(4) [1]**Über die Beschwerde entscheidet das für den Sitz der Kartellbehörde zuständige Oberlandesgericht, in den Fällen der §§ 35 bis 42 ausschließlich das für den Sitz des Bundeskartellamts zuständige Oberlandesgericht, und zwar auch dann, wenn sich die Beschwerde gegen eine Verfügung des Bundesministeriums für Wirtschaft und Energie richtet.** [2]**§ 36 der Zivilprozessordnung gilt entsprechend.** [3]**Für Streitigkeiten über Entscheidungen des Bundeskartellamts, die die freiwillige Vereinigung von Krankenkassen nach § 172a des Fünften Buches Sozialgesetzbuch betreffen, gilt § 202 Satz 3 des Sozialgerichtsgesetzes.**

Übersicht

Schrifttum: *Boekhoff/Franszen,* zur Beschwerdebefugnis eines Dritten, insbesondere eines Verbandes bei Beschwerden gegen Fusionsfreigaben, WuW 2002, 668, *Dormann,* Drittklagen im Recht der Zusammenschlusskontrolle, 2000; *dies.,* Die Bedeutung subjektiver Rechte für das Kartellbeschwerdeverfahren, WuW 2000, 245; *Frenz,* Verwaltungsgerichtlicher Rechtsschutz in Konkurrenzsituationen, 1999; *Gierth,* Klagebefugnis und Popularklage, DÖV 1980, 893; *Bechtold,* die Stellung des Beigeladenen im Kartellverfahren, GB 2003, 1021; *Bunte,* Drittschutz in der Fusionskontrolle, in: FS *Tilmann,* S. 621; *Jaeger,* Einstweiliger Rechtsschutz bei Beschwerden beigeladener Dritter gegen Freigaben von Zusammenschlüssen, in: FS *Tilmann,* S. 657; *Körber,* Die Konkurrentenklagen im Fusionskartellrecht der USA, Deutschlands und der Europäischen Union, 1996; *ders.,* Gerichtlicher Drittschutz im Deutschen Fusionskartellrecht, BB 2000, 1532; *Kohlmeier,* Beschwer als Beschwerdevoraussetzung, 1997; *Kremer,* Die kartellverwaltungsrechtliche Beschwerde, 1988; *Laufkötter,* Die Rechte der Dritten im neuen Recht der Zusammenschlusskontrolle, WuW 1999, 671; *Mazanowski,* Drittschutz- und Beschwerdebefugnis im Rahmen der kartellrechtlichen Verpflichtungsbeschwerde, § 62 Abs. 3 Satz 1 GWB, WRP 1990, 588; *Karsten Schmidt,* Kartellverfahrensrecht-Kartellverwaltungsrecht-Bürgerliches

Recht, 1977 S. 513ff.; *ders.*, Gerichtsschutz in Kartell-Verwaltungssachen, 1980; *ders.*, Klagebefugnis und Beschwerdebefugnis verfahrensbeteiligter Dritte im Europäischen und nationalen Kartellrecht, in: FS *Steindorff*, 1990, S. 1085; *ders.*, Akteneinsicht und Geheimnisschutz im Kartellverfahren, 1992; *ders.*, Zur Komplimentierung des kartellverwaltungsrechtlichen Rechtsschutzes, DB 1992, 1277; *Steinberger,* Prüfverfahren in der 1. Phase nach dem Gesetz gegen Wettbewerbsbeschränkungen, WuW 2000, 345, *Veelken,* Drittschutz in der Fusionskontrolle, WRP 2003, 207; *Zöttl,* Drittschutz ohne Rechte?, WuW 2004, 474.

I. Beschwerden als Rechtsschutz im Kartellverwaltungsrecht

§§ 63ff. GWB regeln das gerichtliche Beschwerdeverfahren in **Kartellverwaltungssachen** nach dem GWB. §§ 63 Abs. 1 und 3, 71 Abs. 1 bis 5 GWB enthalten dabei keinen Numerus clausus der im kartellgerichtlichen Verfahren zulässigen Rechtsschutzmöglichkeiten. Da die Bestimmung gerade eine Zuständigkeitskonzentration bei den ordentlichen Gerichten bezweckt, ist sie **weit auszulegen** mit der Folge, dass die Kartellgerichte abschließend für alle Kartellverwaltungsrechtsstreitigkeiten zuständig sind, während die allgemeinen Verwaltungsgerichte nur in öffentlich-rechtlichen Streitigkeiten nichtkartellrechtlicher Art zu entscheiden haben.[1] Unter kartellrechtlichen Streitigkeiten sind dabei alle öffentlich-rechtlichen Streitigkeiten zu verstehen, an denen eine Kartellbehörde als beklagte Partei beteiligt ist und die – unabhängig von der Handlungsform – ein Handeln der Kartellbehörde betreffen, das seine Grundlage im Kartellgesetz hat.[2] § 63 Abs. 4 GWB normiert dabei die **ausschließliche Zuständigkeit** des für den Sitz der Kartellbehörde zuständigen Oberlandesgerichts. Das gilt allerdings nur unter dem Vorbehalt, dass die jeweilige Landesregierung nicht von der Ermächtigung des § 92 Abs. 1 GWB zum Erlass einer sogenannten Konzentrationsverordnung Gebrauch gemacht und abweichend vom Sitzprinzip ein anderes Oberlandesgericht zum Beschwerdegericht bestimmt. Dies ist beispielsweise in Nordrhein-Westfalen geschehen, so dass über Beschwerden gegen kartellbehördliche Entscheidungen des Bundeskartellamtes mit Sitz in Bonn nicht das Oberlandesgericht Köln, sondern das Oberlandesgericht in Düsseldorf entscheidet (vgl. § 92 Abs. 1 Satz 1 GWB i. V. m. der Konzentrationsverordnung[3]). Übertragen sind den nach dem Kartellgesetz zuständigen Beschwerdegerichten dabei nicht nur die in §§ 63 Abs. 1 GWB ausdrücklich aufgeführten Rechtsschutzverfahren, sondern der **gesamte gerichtliche Rechtsschutz** in **kartellverwaltungsrechtlichen** Angelegenheiten.[4] Daraus folgt umgekehrt, dass die Verwaltungsgerichte nur in öffentlichen-rechtlichen Streitigkeiten nichtkartellrechtlicher Art zu entscheiden haben. Zu jenen den Verwaltungsgerichten zugewiesenen Rechtsstreitigkeiten gehört etwa die Überprüfung von Entscheidungen, die das Bundeskartellamt außerhalb eines bei ihm anhängigen Kartellverwaltungsverfahrens isoliert nach den Bestimmungen des Informationsfreiheitsgesetzes (Einsicht in die Amtsakte zu einem Fusionskontrollverfahren) getroffen hat.[5] Dass sich in jenen Verfahren **kartellrechtliche Vorfragen** stellen, begründet nicht die Zuständigkeit der Kartellgerichte. Vielmehr hat das Verwaltungsgericht diese kartellrechtlichen Vorfragen selbst zu entscheiden.[6] 1

Die Zuständigkeit des Kartell-Beschwerdegerichts erstreckt sich in kartellverwaltungsrechtlichen Angelegenheiten auf **sämtliche** in Betracht kommende **Rechtsschutzverfah-** 2

---

[1] OLG Düsseldorf, Beschluss vom 10.9.2014 – *VI-Kart 5/14;* OVG Münster, NZKart 2013, 42, 43 – *Berliner Wasserbetriebe.*

[2] OLG Düsseldorf, Beschluss vom 10.9.2014 – *VI-Kart 5/14;* OVG Münster, NZKart 2013, 42, 43 – *Berliner Wasserbetriebe.*

[3] VO v. 30.8.2011, GV NRW Seite 467.

[4] OLG Düsseldorf, Beschluss vom 10.9.2014 – *VI-Kart 5/14;* OVG Münster, NZKart 2013, 42, 43 – *Berliner Wasserbetriebe.*

[5] OLG Düsseldorf, WuW/E DE-R 2647, 2648 – *Freie Berufe;* OLG Düsseldorf, WuW/E DE-R 2754 – *Akteneinsicht.*

[6] BGH, BGHZ 41, 194 – *Apothekerkammern;* vgl. zu allem: *Karsten Schmidt* in: Immenga/Mestmäcker, GWB, § 63 Rn. 1.

ren. Aus dem Umstand, dass in § 63 Abs. 1 GWB die Anfechtungsbeschwerde und in § 63 Abs. 3 GWB die Verpflichtungsbeschwerde geregelt sind, folgt nicht, dass andere Beschwerdearten in Kartellverwaltungsverfahren unstatthaft wären. § 71 Abs. 2 Satz 2, Abs. 3 GWB setzt die Zulässigkeit einer Fortsetzungsfeststellungsbeschwerde voraus. Darüber hinaus kann die in Art. 19 Abs. 4 GG verfassungsrechtliche verankerte Rechtsschutzgarantie zu einer Erweiterung der Rechtsschutzmöglichkeiten über die im Kartellgesetz geregelten Beschwerdearten hinaus zwingen.[7] Daraus leitet sich insbesondere die Zulässigkeit einer allgemeinen Leistungsklage ab, die auf die Vornahme eines tatsächlichen kartellbehördlichen Verhaltens oder auf die Verpflichtung der Kartellbehörde zu einem Unterlassen gerichtet und die überdies auch als eine vorbeugende Unterlassungsbeschwerde statthaft sein kann. Für sämtliche dieser – im GWB nicht ausdrücklich normierten – Rechtsschutzverfahren ist ausschließlich das Kartell-Beschwerdegericht zuständig und nicht – im Sinne einer Restkompetenz – der Verwaltungsrechtsweg eröffnet.[8]

3 Soweit das Kartellgesetz selbst eine **anderweitige gerichtliche Zuständigkeit** vorsieht, geht diese § 63 Abs. 4 Satz 1 GWB selbstverständlich vor. Das betrifft beispielsweise die Regelung in § 58 Abs. 2 und 3 GWB, wonach der gerichtliche Rechtsschutz gegen Beschlagnahmemaßnahmen der Kartellbehörde vor dem Amtsgericht, in dessen Bezirk die Beschlagnahme vorgenommen worden ist, nachzusuchen ist, oder die in § 116 Abs. 3 GWB spezialgesetzlich geregelte Zuständigkeit der Vergabesenate. § 63 Abs. 4 Satz 3 GWB, der im Zuge der 8. Kartellrechtsnovelle in das Kartellgesetz eingefügt worden ist, weist darüber hinaus den Rechtsschutz gegen Fusionskontrollentscheidungen des Bundeskartellamtes über den **freiwilligen Zusammenschluss von Krankenkassen** nach § 172a SGB V der Sozialgerichtsbarkeit zu. Die Vorschrift ordnet durch den Verweis auf § 202 Satz 3 SGG zum einen an, dass in jenen Fällen Beschwerdegericht das (für den Sitz des Amtes örtlich zuständige) Landessozialgericht und Rechtsbeschwerdegericht das Bundessozialgericht sind; es bestimmt zum anderen, dass in dem Umfang, wie §§ 63 bis 78a GWB auf die Normen der ZPO verweist, das Sozialgesetzbuch tritt.

II. Beschwerden nach § 63 GWB

4 § 63 GWB regelt – nicht abschließend – die im kartellverwaltungsrechtlichen Beschwerdeverfahren zulässigen Beschwerdearten.

1. Anfechtungs- und Verpflichtungsbeschwerde

5 § 63 Abs. 1 und 3 GWB befassen sich mit der Anfechtungs- und der Verpflichtungsbeschwerde.

6 **a) Anfechtungsbeschwerde.** § 63 GWB regelt in Absatz 1 die Anfechtungsbeschwerde. Die **Anfechtungsbeschwerde** richtet sich gegen Verfügungen der Kartellbehörde, die dem Adressaten ein Verhalten oder Unterlassen aufgeben. Typische Anwendungsfälle der Anfechtungsbeschwerde betreffen den gerichtlichen Rechtsschutz im Bereich der **Missbrauchs- und Fusionskontrolle.** Untersagungs- und Abstellungsverfügungen, welche die Kartellbehörde nach § 32 Abs. 1 und 2 GWB i. V. m. Art. 101, 102 AEUV oder §§ 1, 19, 20, 21 GWB erlassen hat, sind vom Verfügungsadressaten ebenso mit der Anfechtungsbeschwerde anzugreifen wie die auf § 32 Abs. 3 GWB gestützte Feststellung einer kartellrechtlichen Zuwiderhandlung. Mit der Anfechtungsbeschwerde angreifbar ist ferner die Anordnung einstweiliger Maßnahmen nach § 32a GWB, die Verfügung nach § 32b GWB,

---

[7] BGH, BGHZ 117, 209 – *Unterlassungsbeschwerde; Karsten Schmidt* in: Immenga/Mestmäcker, GWB, § 63 Rn. 1, 5 m. w. N.

[8] OLG Düsseldorf, Beschluss vom 10.9.2014 – *VI-Kart 5/14;* OVG Münster, NZKart 2013, 42, 43 – *Berliner Wasserbetriebe.*

mit der die Kartellbehörde Verpflichtungszusagen für bindend erklärt, zudem der Entzug einer Freistellung nach § 32d GWB, ferner Auskunftsbeschlüsse nach § 32e GWB oder § 59 GWB oder die Anordnung zur Abschöpfung des wirtschaftlichen Vorteils nach §§ 34, 34a GWB. Die Anfechtungsbeschwerde ist ebenso im Bereich der Zusammenschlusskontrolle gegen eine Untersagungs- oder Freigabeentscheidung nach § 40 Abs. 2 Satz 1 GWB, gegen eine Ministererlaubnis nach § 42 Abs. 1 GWB, eine Entflechtungsverfügung nach § 41 Abs. 3 GWB oder gegen eine Befreiung vom Vollzugsverbot nach § 41 Abs. 2 Satz 1 GWB eröffnet. In sämtlichen Fällen zielt das Rechtsschutzbegehren der beschwerdeführenden Partei darauf ab, eine sie belastende Entscheidung der Kartellbehörde zu beseitigen. Auch die Untersagung eines angemeldeten Zusammenschlussvorhabens nach § 36 Abs. 1, § 40 Abs. 2 Satz 1 GWB ist von den fusionsbeteiligten Unternehmen mit der Anfechtungsbeschwerde anzugreifen. Zu beachten ist, dass im Falle einer erfolgreichen Anfechtung der Fusionsuntersagung keine Freigabeentscheidung des Beschwerdegerichts ergeht, weil bereits mit der Aufhebung der kartellbehördlichen Untersagungsentscheidung das gesetzliche Vollzugsverbot des § 41 Abs. 1 Satz 1 GWB in Fortfall gerät.[9] In gleicher Weise muss umgekehrt ein beigeladenes Unternehmen die kartellbehördliche Fusionsfreigabe im Wege der Anfechtungsklage angreifen. Nach § 63 Abs. 1 GWB anfechtbar sind ferner isolierte Kostenentscheidungen sowie Kostenvorschussanforderungen der Kartellbehörde sowie alle Nebenbestimmungen, die einen eigenen und von der Hauptsachenentscheidung trennbaren, selbständigen Regelungsgehalt haben.

Ziel der Anfechtungsbeschwerde ist die Aufhebung der Verfügung, deren Rechtmäßig- **7**
keit der Beschwerdeführer in Frage stellt. Zur Begründung des Rechtsmittels können – weil das Kartellgesetz die in der VwGO vorgesehene Unterscheidung zwischen Anfechtungsklage (§ 42 Abs. 1) und Nichtigkeitsfeststellungsklage (§ 43 Abs. 1) nicht übernommen hat, andererseits Art. 19 Abs. 4 GG bei Vorliegen eines berechtigten Interesses Rechtsschutz auch gegen nichtige kartellbehördliche Verfügungen erfordert – sowohl **Anfechtungs- wie auch Nichtigkeitsgründe** geltend gemacht werden.

b) Verpflichtungsbeschwerde. Rechtsschutzziel der **Verpflichtungsbeschwerde** ist **8**
der Erlass einer beantragten Verfügung durch die Kartellbehörde. § 63 Abs. 3 GWB erfasst sowohl den Fall, dass die Kartellbehörde den Antrag auf Erlass einer begehrten Verfügung abgelehnt hat (Verpflichtungsbeschwerde im engeren Sinne), wie auch den Fall, dass die Kartellbehörde untätig geblieben und den Antrag ohne zureichenden Grund in angemessener Frist nicht beschieden hat (Untätigkeitsbeschwerde). Die der Kartellbehörde zuzubilligende Bearbeitungs- und Entscheidungsfrist bestimmt sich nach den jeweiligen Umständen des Falles. Maßgeblich sind der Umfang und die Schwierigkeit der Sache, die mit der Bearbeitung verbundenen rechtlichen und tatsächlichen Schwierigkeiten, ferner das erforderliche Maß der Ermittlungen sowie Art und Maß der Mitwirkung des Antragstellers. Als grobe Faustregel wird man – unter Rückgriff auf die Bearbeitungszeiten, die das Kartellgesetz der Behörde in anderen Fällen (vgl. § 40 Abs. 2, § 42 Abs. 1 GWB) zugesteht – eine Bescheidungsfrist von bis zu vier Monaten annehmen können.

Streitgegenstand der Verpflichtungsbeschwerde ist in beiden Alternativen der behauptete **9**
Anspruch der beschwerdeführenden Partei auf Erlass der beantragten Verfügung. Dementsprechend ist der Antrag in beiden Fällen auf die Verpflichtung der Kartellbehörde zu richten, die verlangte Verfügung zu erlassen. Hatte die Kartellbehörde den Antrag abgelehnt, hat das Beschwerdegericht bei einem Erfolg des Rechtsmittels zugleich den ablehnenden Bescheid aufzuheben. Das gilt auch ohne einen dahingehenden ausdrücklichen Sachantrag des Beschwerdeführers.

c) Verfügung der Kartellbehörden. Der Anfechtungs- und der Verpflichtungsbe- **10**
schwerde ist gemeinsam, dass sie eine **Verfügung** der Kartellbehörde zum Gegenstand haben. Der im Kartellgesetz verwendete Begriff der Verfügung entspricht demjenigen des

---

[9] OLG Düsseldorf, WuW/E DE-R 2069, 2071 – *Phonak/ReSound* m. w. N.

Verwaltungsaktes in § 35 VwVfG.[10] Gegenstand der Anfechtungs- oder Verpflichtungsbeschwerde ist demgemäß jede hoheitliche Maßnahme, die eine Kartellbehörde zur Regelung eines Einzelfalles auf dem Gebiet des Kartellverwaltungsrechts trifft oder treffen soll und die auf die Herbeiführung unmittelbarer Rechtswirkungen nach außen gerichtet ist. Unerheblich ist, ob durch die kartellbehördliche Verfügung eine Verhaltenspflicht des Adressaten erst begründet wird oder sie – wie im Falle einer Abstellungsverfügung nach § 32 Abs. 2 GWB – lediglich eine bereits kraft Gesetzes bestehende Verpflichtung konkretisiert und in vollstreckbarer Form wiederholt. Ebenso fallen nicht nur **belastende,** sondern gleichermaßen auch **begünstigende** Verwaltungsakte – wie z. B. die Freigabe eines angemeldeten Zusammenschlussvorhabens – unter den Begriff der kartellbehördlichen Verfügung.[11]

11 Für die Beschwerdefähigkeit kartellbehördlicher Verfügungen ist es ohne Belang, ob diese in der Hauptsache ergangen oder in einem Nebenverfahren getroffen worden sind. Alleine entscheidend – aber auch erforderlich – ist, dass es um einen kartellbehördlichen Verwaltungsakt im vorstehend beschriebenen Sinne geht. Zu den beschwerdefähigen Verfügungen, die **in der Hauptsache** ergehen, zählen vor allem die das Verwaltungsverfahren abschließenden Entscheidungen wie etwa die Missbrauchsverfügungen nach § 32 GWB i. V. m. Art. 101 oder Art. 102 AEUV oder §§ 1, 19, 20, 21 GWB, ferner Untersagungs- oder Freigabeverfügungen in der Fusionskontrolle nach §§ 36 Abs. 1, 40 GWB,[12] zudem die Rücknahme, der Widerruf oder die Einschränkung erteilter Erlaubnisse und ebenso der Entzug der Freistellung nach § 32d GWB. Mit der Beschwerde anfechtbare Entscheidungen in einem **Nebenverfahren** sind beispielsweise die Beiladungsbeschlüsse nach § 54 Abs. 2 Nr. 3 GWB, die Auskunftsbeschlüsse nach § 59 GWB, die Anforderung von Angaben nach § 39 Abs. 5 GWB und Gebühren- oder Auslagenbescheide nach § 80 Abs. 2 GWB. **Zwischenverfügungen,** die zwar das Verfahren in der Hauptsache noch nicht abschließen, jedoch eine verbindliche Regelung treffen, sind ebenfalls mit der Beschwerde anfechtbar. Im Besonderen trifft dies auf die einstweiligen Anordnungen zu, die die Kartellbehörde nach § 60 GWB oder § 32a GWB erlassen kann.

12 Hinsichtlich der Anfechtbarkeit von **Nebenbestimmungen** einer Verfügung ist zu differenzieren. Sie sind selbständig anfechtbar, wenn sie von der Hauptverfügung abtrennbar sind und einen ihr gegenüber eigenständigen Regelungsgehalt haben.[13] Dies trifft typischerweise für die **Auflage** zu.[14] Einschränkungen in der isolierten Anfechtbarkeit können sich allerdings aus dem materiellen Recht ergeben. Das gilt namentlich im Bereich der Fusionskontrolle für Freigabeentscheidungen unter einer Nebenbestimmung. Wendet sich der Beschwerdeführer alleine gegen die Rechtmäßigkeit der Nebenbestimmung, ohne zugleich geltend zu machen, dass das Vorhaben mangels Vorliegens der Untersagungsvoraussetzungen des § 36 Abs. 1 GWB uneingeschränkt freizugeben ist, liefe die Aufhebung der Nebenbestimmung auf eine dem materiellen Recht widersprechende Fusionsfreigabe hinaus. In einem solchen Fall kann deshalb nur die Anfechtung der kompletten Freigabeentscheidung in Frage kommen. Das bedeutet umgekehrt: Die isolierte Anfechtung von Nebenbestimmungen einer Fusionsfreigabe durch die Zusammenschlussbeteiligten ist nur für den Fall zuzulassen, dass mit der Beschwerde das Fehlen der Untersagungsvoraussetzun-

---

[10] Vgl. BGH, Beschl. v. 29.4.2008 – KVZ 45/07 Rn. 7; OLG Düsseldorf, Beschl. v. 20.6.2007 – *VI-Kart 21/06 (V)* Umdruck Seite 6.

[11] BGH, BGHZ 61, 1, 3; BGHZ 63, 5 – *Asbach-Uralt;* BGH, WuW/E DE-R 1163, 1164/1165 – *HABET/Lekkerland; Karsten Schmidt* in: Immenga/Mestmäcker, GWB, § 63 Rn. 15 m. w. N.

[12] Nicht jedoch die formlose Mitteilung der Kartellbehörde, die Freigabefiktion des § 40 Abs. 1 Satz 1 GWB eintreten lassen zu wollen (vgl. BGH, Beschl. v. 28.6.2005 – KVZ 34/04 Umdruck Seite 5 – *Ampere/EWE).*

[13] BGH, NJW 1984, 2967 – *Wettbewerbsregeln; Karsten Schmidt* in: Immenga/Mestmäcker, GWB, § 63 Rn. 18.

[14] BGH, NJW 1984, 2967 – *Wettbewerbsregeln.*

gen reklamiert wird.[15] Die einer Hauptsachenentscheidung beigefügte (auflösende oder aufschiebende) **Bedingung** kann mangels Trennbarkeit nur zusammen mit der Hauptverfügung angegriffen werden. Wendet sich die beschwerdeführende Partei dagegen, dass die Kartellbehörde den beantragten begünstigenden Verwaltungsakt (z.B. die Fusionsfreigabe) nur unter einschränkenden Bedingungen erlassen hat, ist mangels isolierter Anfechtbarkeit dieser Nebenbestimmung nicht Anfechtungsbeschwerde auf Beseitigung der Bedingungen, sondern Verpflichtungsbeschwerde auf die bei der Kartellbehörde nachgesuchte unbedingte Verfügung zu erheben. Nur zusammen mit der Hauptsachenentscheidung anfechtbar ist auch die **Anordnung der sofortigen Vollziehbarkeit** nach § 65 Abs. 1 GWB.

Nicht anfechtbar sind demgegenüber alle Maßnahmen der Kartellbehörde ohne einen 13 materiellen Regelungsgehalt. Hierunter fallen insbesondere verfahrensleitende oder verfahrensgestaltende Anordnungen wie zum Beispiel die Einleitung und Einstellung des Verfahrens, die Anordnung einer mündlichen Verhandlung nach § 56 Abs. 3 GWB, die Ladung zur mündlichen Verhandlung, die Beiziehung von Akten, die Verfahrensabgabe wegen Unzuständigkeit, Anhörungen, Abmahnungen, die Erteilung von Auskünften und Antworten. Alle diese das Verfahren betreffenden Maßnahmen können nur mit den gegen die Sachentscheidung eröffneten Rechtsmitteln angegriffen werden. Nicht beschwerdefähig ist auch die formlose Mitteilung der Kartellbehörde, die Freigabefiktion des § 40 Abs. 1 Satz 1 GWB eintreten lassen zu wollen[16] oder das Verstreichenlassen der in § 40 Abs. 1 Satz 1, Abs. 2 Satz 2 GWB geregelten Fristen für die Untersagung eines angemeldeten Zusammenschlussvorhabens.[17]

2. Beschwerdebefugnis

Die Beschwerdebefugnis ist in § 63 Abs. 2 GWB geregelt. 14

a) Allgemeines. Die in § 63 Abs. 2 und Abs. 3 GWB normierte Beschwerdebefugnis 15 dient dem Ziel, Popularbeschwerden auszuschließen. Kartellbehördliche Verfügungen sollen nicht von jedermann, sondern nur von demjenigen angegriffen werden können, der durch die Maßnahme der Kartellbehörde in seinen Rechten oder rechtlichen Interessen tangiert ist. Das Gesetz unterscheidet dabei strikt zwischen der Anfechtungsbeschwerde einerseits und der Verpflichtungsbeschwerde andererseits. Während es die Befugnis für eine Anfechtungsbeschwerde an den Aspekt der Verfahrensbeteiligung knüpft, verlangt es für die Verpflichtungsbeschwerde die Möglichkeit einer eigenen Rechtsverletzung. Eine Beschwerdebefugnis für Verbände zur Förderung gewerblicher Interessen oder von Verbraucherverbänden sieht § 63 GWB nicht vor. Dementsprechend kann ein Verband auch nicht in Prozessstandschaft für seine Mitglieder Beschwerde einlegen.

b) Anfechtungsbeschwerde. Bei der **Anfechtungsbeschwerde** sind alle Personen 16 und Vereinigungen beschwerdebefugt, die nach § 54 Abs. 2 und 3 GWB am Verfahren vor der Kartellbehörde beteiligt waren (§ 63 Abs. 2 GWB). Das Gesetz normiert damit eine formalisierte Beschwerdebefugnis, die ausschließlich an die Verfahrensbeteiligung der beschwerdeführenden Partei im zugrunde liegenden kartellbehördlichen Verfahren anknüpft. Die Möglichkeit einer Beeinträchtigung in eigenen Rechten ist darüber hinaus nicht erforderlich. Beschwerdebefugt ist demnach, wer die Einleitung des kartellbehördlichen Verfahrens beantragt hat (§§ 63 Abs. 2, 54 Abs. 2 Nr. 1 GWB), ferner derjenige, gegen den sich das Verfahren der Kartellbehörde richtet (§§ 63 Abs. 2, 54 Abs. 2 Nr. 2 GWB) und

---

[15] BGH, WuW/E DE-R 1681, 1684 – *DB Regio/üstra;* OLG Düsseldorf, WuW/E DE-R 1397, 1399/1400 – *ÖPNV Hannover; Thomas* in: Immenga/Mestmäcker, GWB, § 40 Rn. 170; vgl. auch BVerwG, NVwZ 2001, 919ff.; NVwZ 2001, 429, 430; BSG, NJW 2002, 3278ff.

[16] BGH, WuW/E DE-R 1571, 1572 – *Ampere/EWE;* OLG Düsseldorf, Beschl. v. 7.10.2004 – *VI-Kart 3/04 (V);* OLG Düsseldorf, Beschl. v. 30.6.2004 – *VI-Kart 4/04 (V).*

[17] Ebenso: *Karsten Schmidt* in: Immenga/Mestmäcker, GWB, § 63 Rn. 19; *Thomas* in: Immenga/Mestmäcker, GWB § 40 Rn. 12.

schließlich, wer von der Kartellbehörde zum Verfahren beigeladen worden ist (§§ 63 Abs. 2, 54 Abs. 2 Nr. 3 GWB). Sie alle besitzen ein subjektiv-öffentliches Recht auf gerichtliche Nachprüfung der Entscheidung der Kartellbehörde. Für die Beschwerdeberechtigung nach § 63 Abs. 2 GWB genügt es dabei, dass die Verfahrensbeteiligung bis zur Beendigung des kartellbehördlichen Verfahrens – also gemäß § 61 Abs. 2 GWB bis zur Zustellung der verfahrensabschließenden Verfügung oder die Mitteilung, dass das Verfahrens abgeschlossen ist – fortbestanden hat.[18]

17 Ist eine Beteiligtenstellung begründet worden, kann der Beteiligte im kartellbehördlichen Verfahren umfassend vortragen. Er ist nicht auf diejenigen Gesichtspunkte beschränkt, die sich auf den Grund seiner Beteiligung beziehen. Dementsprechend kann er sich auch im Beschwerdeverfahren auf die Beeinträchtigung seiner Interessen auf einem nachgelagerten Markt berufen, ohne dass er gegenüber der Kartellbehörde einen Beiladungsantrag hätte stellen müssen.[19] Voraussetzung ist allerdings, dass er insoweit eine materielle Beschwer geltend machen kann. Was die Beschwerdebefugnis der **Beigeladenen** betrifft, gilt im Einzelnen Folgendes:

18 **aa) Erfordernis der tatsächlichen Beiladung.** Beschwerdeberechtigt ist grundsätzlich nur derjenige, der zum kartellbehördlichen Verfahren **beigeladen worden** ist (§§ 63 Abs. 2, 54 Abs. 2 Nr. 3 GWB). Es reicht für die Beschwerdebefugnis nicht aus, dass die Beiladungsvoraussetzungen vorliegen und eine Beiladung hätte ausgesprochen werden können (oder sogar müssen). Ebenso wenig reicht aus, dass sich die beschwerdeführende Partei – ohne einen Beiladungsantrag gestellt zu haben – im kartellbehördlichen Verfahren schriftsätzlich geäußert hat.[20] Die Beiladung kann dabei nur zum kartellbehördlichen Verfahren – und nicht zum Beschwerdeverfahren – erfolgen (§ 54 Abs. 2 Nr. 3 GWB). Nach Eintritt der **Unanfechtbarkeit** der kartellbehördlichen Hauptsachenverfügung ist eine Beiladung folglich unzulässig.[21] Gleiches gilt im Fusionskontrollverfahren, sobald die Monatsfrist des **§ 40 Abs. 1 GWB** abgelaufen oder die Vier-Monatsfrist des **§ 40 Abs. 2 Satz 2 GWB** verstrichen ist und das angemeldete Zusammenschlussvorhaben damit kraft Gesetzes als freigegeben gilt.[22] Andererseits darf die Kartellbehörde bis zur Einlegung der Beschwerde in der Hauptsache noch eine Beiladung aussprechen, weil die Sache so lange noch nicht der nächsten Instanz angefallen ist.[23] Voraussetzung ist allerdings, dass der Beiladungsantrag vor dem Abschluss des kartellbehördlichen Verfahrens – d.h. konkret vor Erlass der verfahrensabschließenden Verfügung – gestellt worden ist.[24] Das gilt für die einfache Beiladung ebenso wie für die notwendige Beiladung.[25] Eine Ausnahme von dem Erfordernis eines rechtzeitigen Beiladungsantrags gilt nur, wenn der Drittbetroffene den Beiladungsantrag deshalb nicht stellen konnte, weil die Kartellbehörde den Bescheid erlassen hat, ohne dass das Verfahren in der Öffentlichkeit bekannt geworden

---

[18] BGH, WM 2007, 2213, 2214 – *Anteilsveräußerung.*

[19] BGH, WM 2007, 2213, 2215 – *Anteilsveräußerung.*

[20] BGH, WuW/E DE-R 3103, 3106 – *GABi Gas.*

[21] Vgl. BGH, WuW/E DE-R 1544 – *Zeiss/Leica.*

[22] Vgl. OLG Düsseldorf, WuW/E DE-R 1294 – *tvkofler.*

[23] Vgl. BGH, WuW/E DE-R 1544 – *Zeiss/Leica;* BGH, WuW/E BGH 2077, 2080 – *Coop/Supermagazin.*

[24] BGH, WuW/E DE-R 2728, 2729 – *Versicherergemeinschaft;* BGH, WuW/E DE-R 2725, 2726 – *Universitätsklinikum Greifswald;* OLG Düsseldorf, WuW/E DE-R 2283, 2285 f. – Wirtschaftsprüferhaftpflicht; OLG Düsseldorf, Beschl. v. 21.6.2004 – *VI-Kart 6/04 (V) – Schencking* Umdruck Seite 3; OLG Düsseldorf, Beschl. v. 11.9.2003 – *VI-Kart 23/03(V) – Haas* Umdruck Seite 3 f.; OLG Düsseldorf, Beschl. v. 23.12.2002 – *Kart 37/02 (V) – ares* Umdruck Seite 4; demgegenüber stellt KG, WuW/E OLG 4363, 4364 f. – *Wieland-Langenberg* wohl auf den Zeitpunkt der Einleitung eines Beschwerdeverfahrens ab; *Karsten Schmidt* in: Immenga/Mestmäcker, GWB, § 54 Rdnr. 50 will einen Beiladungsantrag sogar bis zur Bestandskraft der kartellbehördlichen Hauptsachenentscheidung zulassen.

[25] OLG Düsseldorf, WuW/E DE-R 2283, 2286 – *Wirtschaftsprüferhaftpflicht.*

ist.[26] Ob darüber hinaus eine Beiladung auch noch nach Beschwerdeeinlegung erfolgen kann, ist umstritten.[27] Nach der Rechtsprechung des Oberlandesgerichts Düsseldorf[28] ist dies zu bejahen, sofern der Beiladungsantrag rechtzeitig vor Erlass der kartellbehördlichen Hauptsachenentscheidung gestellt worden ist.

Für die Beschwerdebefugnis ergeben sich daraus folgende Konsequenzen: Hat die Kartellbehörde schon vor Abschluss des Hauptverfahrens beigeladen, steht die Beschwerdebefugnis außer Frage. Gleiches gilt, wenn die Kartellbehörde die beantragte Beiladung zwar abgelehnt hat, sie aber im Beschwerdewege erfolgreich erstritten wird. Das gilt unabhängig davon, ob die Beiladung sodann noch während des laufenden Hauptverfahrens oder erst danach erfolgt. Wird der **Beiladungsantrag** andererseits erst **nach Bestandskraft** der kartellbehördlichen Hauptsachenentscheidung gestellt, ist die Beschwerdebefugnis zu verneinen, weil die Beiladung zu einem schon bestandskräftig abgeschlossenen Verfahren von vornherein ausscheidet.[29] Vergleichbar liegt der Fall, wenn während des kartellbehördlichen Fusionskontrollverfahrens um Beiladung nachgesucht, der Beiladungsantrag jedoch vor Eintritt der **Freigabefiktion** des § 40 Abs. 1 Satz 1 GWB nicht positiv beschieden wird. Mit Eintritt der Freigabefiktion hat das Fusionskontrollverfahren kraft Gesetzes sein unumkehrbares Ende gefunden und ab diesem Zeitpunkt kommt auch eine Beiladung nicht mehr in Betracht.[30] Gleiches gilt im Ergebnis, wenn der **Beiladungsantrag** so **knapp vor Bestandskraft** der kartellbehördlichen Hauptsachenentscheidung gestellt wird, dass eine Beiladung nicht mehr rechtzeitig vor Eintritt der Bestandskraft ausgesprochen werden kann. Denn die Beiladung zu einem bestandskräftig abgeschlossenen kartellbehördlichen Verfahren ist nicht möglich und dementsprechend können auch die Voraussetzungen für eine Beschwerdebefugnis nach §§ 63 Abs. 2, 54 Abs. 2 Nr. 3 GWB nicht mehr entstehen.[31] Anders ist zu entscheiden, wenn der **Beiladungsantrag** zeitig vor Eintritt der Bestandskraft der kartellbehördlichen Hauptsachenentscheidung – und überdies noch vor dem Abschluss des kartellbehördlichen Verfahrens[32] – gestellt worden ist, aber von der Kartellbehörde in vorwerfbarer Weise **nicht rechtzeitig** vor Eintritt der Bestandskraft **beschieden** wird. Nach ständiger Rechtsprechung des OLG Düsseldorf[33] darf das Versäumnis einer zeitnahen Bescheidung des Beiladungsgesuchs nicht zum Nachteil der antragstellenden Partei gehen mit der Folge, dass nur scheinbar Bestandskraft eintritt, eine Beiladung auch noch auf die erfolgreiche Beschwerde hin erfolgen kann und die Hauptsachenentscheidung der Kartellbehörde für den Beigeladenen auch dann noch anfechtbar ist, wenn für alle anderen Verfahrensbeteiligten die Rechtsmittelfristen bereits abgelaufen sind. 19

bb) Notwendige Beiladung. Eine erste Ausnahme von dem Grundsatz, dass nur der tatsächlich Beigeladene beschwerdebefugt ist, gilt für den Fall der **notwendigen Beiladung,** also dann, wenn das um Beiladung nachsuchende Unternehmen durch die in Rede stehende kartellbehördliche Entscheidung nicht nur in seinen wirtschaftlichen Interessen nachteilig betroffen (einfache Beiladung), sondern darüber hinaus auch in seinen Rechten 20

---

[26] BGH, WuW/E DE-R 2728, 2730/2731 – *Versicherergemeinschaft;* BGH, WuW/E DE-R 2725, 2726 – *Universitätsklinikum Greifswald.*

[27] Vgl. *Bach* in: Immenga/Mestmäcker, GWB, § 54 Rn. 48 m. w. N.

[28] Beschl. v. 21.6.2004 – *VI-Kart 6/04 (V).*

[29] BGH, WuW/E DE-R 1544 – *Zeiss/Leica.*

[30] OLG Düsseldorf, WuW/E DE-R 1922, 1923 – *Verweisungsverfahren;* OLG Düsseldorf, Beschl. v. 30.6.2004 – *VI-Kart 4/04 (V)* Umdruck Seite 6 f. m. w. N.; OLG Düsseldorf, Beschl. v. 7.10.2004 – *VI-Kart 3/04 (V)* Umdruck Seite 7 f.; OLG Düsseldorf, Beschl. v. 13.7.2005 – *VI-Kart 1/05 (V)* Umdruck Seite 3; vgl. auch BGH, WuW/E DE-R 1571, 1572 – *Ampere.*

[31] BGH, WuW/E DE-R 1544 – *Zeiss/Leica.*

[32] Vgl. Fn. 19.

[33] OLG Düsseldorf, Beschl. v. 20.6.2005 – *VI-Kart 9/05 (V)* Umdruck Seite 4/5; OLG Düsseldorf, Beschl. v. 21.6.2004 – *VI-Kart 6/04 (V)* Umdruck Seite 3/4; OLG Düsseldorf, Beschl. 16.6.2004 – *VI-Kart2/04* Umdruck Seite 3/4.

verletzt ist.[34] In einem solchen Fall besteht die Beschwerdebefugnis auch ohne Beiladung. Zugleich ist die Beschwerde eines notwendig Beizuladenden auch dann noch statthaft sein, wenn die ergangene Entscheidung gegenüber den anderen Verfahrensbeteiligten bereits unanfechtbar geworden ist.[35]

21 **Notwendig** ist eine Beiladung, wenn an dem fraglichen Rechtsverhältnis Dritte in der Weise beteiligt sind, dass die Entscheidung auch ihnen gegenüber nur einheitlich ergehen kann. Diese Voraussetzung ist erfüllt, wenn der Dritte durch die zu treffende Entscheidung in eigenen *Rechten* verletzt werden kann. Das kommt beispielsweise bei einem privatrechtsgestaltenden Verwaltungsakt oder bei einem Verwaltungsakt mit Doppelwirkung in Betracht. Demgegenüber ist bei Verwaltungsakten, die nicht unmittelbar regelnd in die bestehende Privatrechtslage eingreifen, sondern noch der privatrechtlichen Umsetzung durch den Adressaten bedürfen, trotz der absehbaren Auswirkungen des Verwaltungsaktes auf die Vertragspartner deren mögliche Verletzung in eigenen Rechten zu verneinen.[36] Dementsprechend sind in einem Kartellverwaltungsverfahren, das darauf gerichtet ist, mehreren Wettbewerbern die weitere Durchführung ihrer Kooperation zu untersagen und ihnen aufzugeben, die mit den Abnehmern geschlossenen Verträge zum nächstmöglichen Zeitpunkt zu kündigen und nicht zu erneuern, diese Abnehmer keine notwendigen Beigeladenen.[37]

22 **cc) Verfahrensökonomie.** Die zweite Ausnahme vom Erfordernis einer tatsächlich erfolgten Beiladung gilt für Fälle, in denen zwar die Beiladungsvoraussetzungen des § 54 Abs. 2 Nr. 3 GWB vorliegen, die Kartellbehörde den rechtzeitig gestellten Beiladungsantrag aber aus dem Gesichtspunkt der **Verfahrensökonomie** abgelehnt hat. Rechtlicher Ausgangspunkt dieser Fallkonstellationen ist, dass die einfache Beiladung im pflichtgemäßen Ermessen der Kartellbehörde steht und bei der Ermessensausübung der vom Gesetzgeber verfolgte Zweck der Beiladung von Drittunternehmen im Vordergrund steht, der Kartellbehörde eine möglichst umfassende Aufklärung des kartellrechtlich relevanten Sachverhalts zu ermöglichen.[38] Daraus folgt: Soweit die Beteiligung eines Beiladungsprätendenten nicht zur Klärung des Sachverhalts unerlässlich ist, darf die Kartellbehörde bei ihrer Entscheidung, welche in ihren wirtschaftlichen Belangen erheblich betroffene Unternehmen beigeladen werden, dem Gesichtspunkt der Verfahrensökonomie – d. h. dem Interesse an einer Konzentration und Beschleunigung des Verwaltungsverfahrens – eine ausschlaggebende Bedeutung beimessen. Liegen mehrere Beiladungsanträge vor, die die gleichen wirtschaftlichen Interessen berühren, darf die Kartellbehörde ein Unternehmen auswählen und die Beiladungsanträge der übrigen Unternehmen mit gleichgelagerter Interessenberührung zurückweisen.[39] Eine solche Auswahlentscheidung scheidet erst dann aus, wenn sich die

---

[34] BGH, WuW/E DE-R 3103, 3106 – *GABi Gas;* BGH, WuW/E DE-R 2728, 2731 – *Versicherergemeinschaft;* BGH, WuW/E DE-R 1544 – *Zeiss/Leica;* OLG Düsseldorf, WuW/E DE-R 2050, 2051 – *Höchstentgelt; Schneider* in: Langen/Bunte, Kommentar zum deutschen und europäischen Kartellrecht, § 54 Rn. 45; *Bach* in: Immenga/Mestmäcker, GWB, § 54 Rn. 43, *Karsten Schmidt* in: Immenga/Mestmäcker, GWB § 63 Rn. 23; *ders.* in: DB 2004, 527, 528f.; siehe auch *Dormann,* Die Bedeutung subjektiver Rechte für das Kartellverwaltungsverfahren, WuW 2000, 245; erweiternd *Laufkötter,* Die Rechte der Dritten im neuen Recht der Zusammenschlusskontrolle, WuW 1999, 671.

[35] BGH, WuW/E DE-R 2728, 2731 – *Versicherergemeinschaft;* BGH, WuW/E DE-R 1544 – *Zeiss/Leica.*

[36] Zu Allem: BGH, WuW/E DE-R 2728, 2731 – *Versicherergemeinschaft.*

[37] BGH, WuW/E DE-R 2728, 2731 – *Versicherergemeinschaft.*

[38] BGH, WuW/E DE-R 3284,3286 – *Presse-Grossisten.* BGH, WuW/E DE-R 2728, 2729 – *Versicherergemeinschaft;* BGH, WuW/E DE-R 2029, 2030 – *iesy/Ish,* wonach die Beiladung nicht den individuellen Interessen des Beizuladenden dient; in diesem Sinne zuvor bereits OLG Düsseldorf, WuW/E DE-R 1607, 1608 – *Breitbandkabelnetz.*

[39] Vgl. zu allem: BGH, WuW/E DE-R 1857, 1858 – *pepcom;* BGH, WuW/E DE-R 2029, 2031 – *iesy/Ish;* OLG Düsseldorf, WuW/E DE-R 1607, 1608 – *Breitbandkabelnetz;* OLG Düsseldorf, Beschl. v. 5.12.2002 – *Kart 37/02 (V)* Umdruck Seite 4; KG, WuW/E OLG 2356, 2359 – *Sonntag Aktuell; Bach* in: Immenga/Mestmäcker, GWB, § 54 Rn. 41.

wirtschaftliche Betätigung des um Beiladung Nachsuchenden auf dem vom Zusammenschlussvorhaben betroffen Markt und seine fusionsbedingt zu erwartende wirtschaftliche Betroffenheit qualitativ in einem solchen Maße von derjenigen der bereits beigeladenen Unternehmen unterscheidet, dass eine Verfahrensbeteiligung des antragstellenden Unternehmens zur Sachverhaltsaufklärung geboten ist und die Ablehnung seines Beiladungsgesuchs einer vernünftigen Grundlage entbehrt. Abzustellen ist dabei alleine auf die kartellrechtlich relevanten Belange, d. h. auf diejenigen Interessen, die mit der Freiheit des Wettbewerbs oder der Wettbewerbsstruktur im relevanten Markt zusammenhängen.[40] Im Rahmen ihrer Ermessensentscheidung darf die Kartellbehörde auch berücksichtigen, inwieweit der Beiladungsprätendent in der Lage ist, seinen Standpunkt im Kartellverwaltungsverfahren anderweitig – namentlich im Rahmen einer Anhörung nach § 56 Abs. 2 GWB – vorzutragen.[41]

23 Entgegen dem Gesetzeswortlaut der §§ 63 Abs. 2, 54 Abs. 2 Nr. 3 GWB soll auch derjenige beschwerdebefugt sein, dessen rechtzeitig und auch im Übrigen zulässig gestellter Beiladungsantrag die Kartellbehörde alleine aus Gründen der Verfahrensökonomie abgelehnt hat. Zur Begründung führt der Bundesgerichtshof aus, dass es mit dem Gleichheitssatz nur schwer vereinbar sei, wenn der Rechtsschutz im Einzelfall davon abhinge, ob der beantragten Beiladung im Verwaltungsverfahren Gründe der Verfahrensökonomie entgegenstehen. Wähle die Kartellbehörde aus mehreren Beiladungspetenten mit gleichgerichteten Interessen einen Antragsteller aus und weise sie in Ausübung ihres Ermessens die Anträge der anderen ab, läge eine ungleiche Behandlung gleicher Sachverhalte vor, wenn der Rechtsschutz dem einen gewährt, dem anderen dagegen verweigert würde.[42]

24 **dd)** Eine Ausnahme von dem Erfordernis einer tatsächlichen Beiladung gilt ferner für den Fall, dass die beschwerdeführende Partei vor Abschluss des Verwaltungsverfahrens deshalb keinen Beiladungsantrag stellen konnte, weil die Behörde den angefochtenen Bescheid erlassen hatte, ohne dass das **Verfahren** in der **Öffentlichkeit bekannt** geworden ist.[43]

25 Über den Wortlaut des § 63 Abs. 2 hinaus sind zur Beschwerde befugt auch Dritte, gegen die in einem Nebenverfahren eine Zwischenverfügung ergangen ist, etwa ein Auskunftsersuchen nach § 59 GWB.[44]

26 **c) Verpflichtungsbeschwerde.** Im Gegensatz zu § 63 Abs. 2 GWB knüpft das Gesetz in § 63 Abs. 3 GWB die Beschwerdebefugnis für die **Verpflichtungsbeschwerde** nicht an die Verfahrensbeteiligung durch die Kartellbehörde, sondern in Anlehnung an § 42 Abs. 2 VwGO an die **Möglichkeit einer Rechtsverletzung.** Die Beschwerdebefugnis ergibt sich aus der Ablehnung oder Unterlassung einer beantragten Verfügung. Die beschwerdeführende Partei muss geltend machen können, durch die abgelehnte oder unterlassene Verfügung in ihren eigenen Rechten verletzt zu sein. Daran fehlt es, wenn die materiellen Vorschriften, aus denen die Beschwerde den Anspruch auf die begehrte Verfügung herleitet, nach dem Willen des Gesetzgebers ausschließlich dem öffentlichen Interesse dienen. Gleiches gilt, wenn die betreffende Vorschrift oder eine auf ihrer Grundlage ergangene Verfügung der Kartellbehörde zugunsten der beschwerdeführenden Partei lediglich Reflexe auslöst. Dem Beschwerdeführer muss vielmehr ein eigenes subjektives Recht auf die verlangte Entscheidung der Kartellbehörde zustehen. Sein Vortrag muss dabei das Bestehen eines Rechts auf die Verfügung zumindest als möglich erscheinen lassen; eine dahingehende Rechtsbehauptung alleine reicht nicht. Eine Verpflichtungsbeschwerde ist folglich

---

40 BGH, WM 2007, 2213, 2214 – *Anteilsveräußerung;* OLG Düsseldorf, WuW/E DE-R 1607, 1608 – *Breitbandkabelnetz;* OLG Düsseldorf, WuW/E DE-R 523, 525 – *SPNV.*

41 OLG Düsseldorf, Beschluss vom 2.7.2014 – *VI – Kart 2/14 (V)* Umdruck Seite 12; OLG Düsseldorf, WuW/E DE-R 1705 – *Springer/ProSiebenSat1.*

42 BGH, WuW/E DE-R 1857, 1860 – *pepcom;* BGH, WuW/E DE-R 2029, 2031 – *iesy/Ish.*

43 BGH, WuW/E DE-R 2535, 2537 – *citiworks;* BGH, WuW/E DE-R 2728,2730/2731 – *Versicherergemeinschaft;* BGH, WuW/E DE-R 2725, 2726 – *Universitätsklinikum Greifswald.*

44 OLG Frankfurt, WuW/E OLG 4684, 4685.

unzulässig, wenn offensichtlich und eindeutig nach keiner Betrachtungsweise das vom Beschwerdeführer behauptete Recht bestehen oder ihm zustehen kann.[45] Auf die Verfahrensbeteiligung kommt es in diesem Zusammenhang nicht an. Sie ist für die Beschwerdebefugnis nach § 63 Abs. 3 GWB nach einhelliger Ansicht nicht erforderlich. Sie vermag für sich genommen – d.h. ohne die Möglichkeit einer Rechtsverletzung – aber auch nicht die Befugnis zur Erhebung einer Verpflichtungsbeschwerde zu begründen.[46]

27 Der Begriff des **Antragstellers** in § 63 Abs. 3 GWB ist weit auszulegen. Nach dem Sinn und Zweck der Vorschrift sollen nur solche Verpflichtungsbeschwerden ausgeschlossen werden, bei denen die angegriffene Ablehnung oder Unterlassung der Kartellbehörde keinerlei Beziehung zur Rechtssphäre des Beschwerdeführers aufweist.[47] Antragsteller im Sinne von § 63 Abs. 3 GWB ist deshalb nicht nur derjenige, der den verfahrenseinleitenden Antrag nach § 54 Abs. 1, Abs. 2 Nr. 1 GWB gestellt hat, sondern jeder, der ein eigenes Recht auf eine Verfügung der Kartellbehörde beansprucht hat. Das Merkmal des „Antragstellers" soll insoweit lediglich sicherstellen, dass die Kartellbehörde vor Erhebung der Verpflichtungsbeschwerde hinreichend Gelegenheit zu einer Entscheidung gehabt haben muss.[48] Die **erfolglose Antragstellung** lässt sich als eine besondere Sachentscheidungsvoraussetzung begreifen,[49] die für die Verpflichtungsbeschwerde im engeren Sinne (§ 63 Abs. 3 Satz 1 GWB) und die Untätigkeitsbeschwerde (§ 63 Abs. 3 Satz 2 GWB) gleichermaßen gilt. Bei der erstgenannten Variante der Verpflichtungsbeschwerde ist die Voraussetzung mit der Zurückweisung des Antragsbegehrens erfüllt, so dass vom Zeitpunkt der Zustellung der ablehnenden Behördenentscheidung auch die einmonatige Beschwerdefrist des § 66 Abs. 1 GWB zu laufen beginnt. Im Falle der Untätigkeitsbeschwerde ist erforderlich, dass die Kartellbehörde das Begehren auf Vornahme der Verfügung ohne zureichenden Grund nicht in angemessener Frist beschieden hat. Welcher Entscheidungszeitraum angemessen ist, bestimmt sich nach den Umstanden des Einzelfalles. Maßgeblich sind der Umfang und die Schwierigkeit der Sache, die mit der Bearbeitung verbundenen rechtlichen und tatsächlichen Schwierigkeiten, ferner das erforderliche Maß der Ermittlungen sowie Art und Maß der Mitwirkung des Antragstellers. Gibt die Kartellbehörde klar und unmissverständlich zu erkennen, den gestellten Antrag nicht bescheiden zu wollen, muss der Beschwerdeführer den Ablauf einer angemessenen Frist allerdings nicht abwarten, sondern kann sogleich Verpflichtungsbeschwerde erheben. Die erklärte Weigerungshaltung steht in diesem Falle einer Ablehnung im Sinne von § 63 Abs. 3 Satz 3 GWB gleich. Ausschließlich einer Einzelfallbetrachtung zugänglich ist ebenso das Merkmal des nicht zureichenden Grundes. Maßgeblich muss sein, ob die von der Behörde vorgebrachten Gründe die bislang unterbliebene Bescheidung bei objektiver Betrachtung und vor dem Hintergrund des in § 63 Abs. 3 Satz 2 GWB gewährten verwaltungsverfahrensrechtlichen Rechtsschutzanspruchs zu rechtfertigen vermögen. Die Überlastung der Kartellbehörde entschuldigt – sofern sie nicht kurzfristig eingetreten und bloß vorübergehender Natur ist – nicht. Eine Mindestfrist zwischen Antragstellung und Erhebung der Untätigkeitsbeschwerde sieht das Kartellgesetz nicht vor. Ebenso wenig gilt gemäß § 66 Abs. 2 GWB eine Beschwerdefrist. Abzuwarten ist – von der vorstehend erörterten Ausnahme abgesehen – lediglich der Ablauf der angemessen Bescheidungsfrist.

---

[45] BGH, BGHZ 51, 61, 63 – *Taxiflug;* BGH, WuW/E BGH 2058, 2059 – *Internord;* OLG Düsseldorf, Beschluss vom 28.5.2014 – *VI – Kart 4/13 (V)* Umdruck Seite 4; im Ergebnis auch *Karsten Schmidt* in: Immenga/Mestmäcker, GWB, § 63 Rn. 31.

[46] A. A.: *Karsten Schmidt* in: Immenga/Mestmäcker, GWB, § 63 Rn. 32 m. w. N.

[47] KG, WuW/E OLG 4973, 4975 – *Verbandsbeschwerde.*

[48] *Karsten Schmidt* in: Immenga/Mestmäcker, GWB, § 63 Rn. 30.

[49] *Karsten Schmidt* in: Immenga/Mestmäcker, GWB, § 63 Rn. 36.

3. Beschwer

28 Voraussetzung für eine zulässige Beschwerde ist die Beschwer der rechtsmittelführenden Partei.

29 **a) Allgemeines.** Voraussetzung für die Zulässigkeit der Beschwerde gegen eine kartellbehördliche Entscheidung ist die formelle und materielle Beschwer des Rechtsmittelführers.[50] Es handelt sich um eine besondere Form des Rechtsschutzinteresses.

30 Die **formelle Beschwer** ist gegeben, wenn und soweit der Beschwerdeführer im Verwaltungsverfahren Anträge gestellt oder ein Begehren verfolgt hat, dem in der angefochtenen Entscheidung nicht oder nicht vollständig entsprochen worden ist. Der Adressat einer belastenden kartellbehördlichen Verfügung ist typischerweise beschwert. Eine formelle Beschwer fehlt, wenn die angegriffene Verfügung sachlich dem Begehren des Beschwerdeführers im Verwaltungsverfahren entspricht, auch wenn dort kein bestimmter Antrag gestellt worden ist oder die Kartellbehörde dem Verlangen lediglich mit einer anderen Begründung stattgegeben hat.

31 Die **materielle Beschwer** setzt bei der Anfechtungsbeschwerde voraus, dass der Beschwerdeführer durch die angefochtene Verfügung der Kartellbehörde zwar nicht in seinen subjektiven Rechten, zumindest aber in seinen wettbewerblichen Interessen *unmittelbar* und *individuell* nachteilig berührt ist.[51] Das gilt uneingeschränkt auch für Verbandsbeschwerden.[52] Aus der wettbewerblichen Betroffenheit seiner Mitglieder kann ein Verband von vornherein keine eigene materielle Beschwer herleiten.[53] Dementsprechend liegt eine materielle Beschwer nicht vor, wenn durch eine Entgeltregulierung nicht die eigene Rechtssphäre eines Verbandes, sondern nur die Rechtssphäre von Verbandsmitgliedern berührt ist.[54] Bei Verwaltungsakten, die nicht unmittelbar regelnd in die bestehende Privatrechtslage eingreifen, sondern noch der privatrechtlichen Umsetzung durch den Adressaten bedürfen, ist eine Verletzung in eigen Rechten des Dritten zu verneinen, auch wenn die Umsetzung des kartellbehördlichen Gebots absehbare Auswirkungen für die Vertragspartner des Verfügungsadressaten zeitigen wird.[55] Dementsprechend verletzt eine kartellbehördliche Verfügung, die dem Adressaten die Kündigung näher bezeichneter Verträge aufgibt[56] oder ihm einen näher bezeichneten Vertragsinhalt vorgibt,[57] die jeweiligen Vertragspartner nicht in ihren Rechten. Ob die beschwerdeführende Partei, die sich gegen das behördliche Verbot einer vollständigen Weitergabe ihrer Kosten an die nächste Marktstufe wendet, diese Beträge bei Dritten im Wege einer entsprechenden Entgeltbildung durchsetzen kann, ist für die materielle Beschwer ohne Belang.[58]

32 Bei der Verpflichtungsbeschwerde hat die materielle Beschwer neben der nach § 63 Abs. 3 Satz 1 GWB erforderlichen Beschwerdebefugnis keine eigenständige Bedeutung. Kann die beschwerdeführende Partei geltend machen, durch die abgelehnte oder unter-

---

[50] BGH, WuW/E DE-R 1163, 1164/1165 – *HABET/Lekkerland;* BGH, WuW/E BGH 2077, 2078 f. – *Coop-Supermagazin;* BGH, WuW/E BGH 1562, 1564 – *Air-Conditioning-Anlagen;* OLG Düsseldorf, WuW/E DE-R 1835, 1836/1837 – *Deutsche Börse/London Stock Exchange;* OLG Düsseldorf, WuW/E DE-R 759, 762 – *Net Cologne.*

[51] BGH, WuW/E DE-R 3284, 3285 – *Presse-Grossisten;* BGH, WM 2007, 2213, 2214 – *Anteilsveräußerung;* BGH, WuW/E DE-R 1163, 1165 – *HABET/Lekkerland;* BGH, WuW/E BGH 2077, 2078 f. – *Coop-Supermagazin;* OLG Düsseldorf, WuW/E DE-R 1835, 1837 – *Deutsche Börse/London Stock Exchange;* OLG Düsseldorf, WuW/E DE-R 759, 763 – *Net Cologne.*

[52] BGH, WuW/E DE-R 3284, 3285 – *Presse-Grossisten.*

[53] BGH, WuW/E DE-R 3284, 3285 – *Presse-Grossisten.*

[54] BGH, WuW/E DE-R 2512, 2513 – *Ulm/Neu-Ulm.*

[55] BGH, WuW/E DE-R 2728, 2731 – *Versicherergemeinschaft;* OLG Düsseldorf, Beschluss vom 17.9.2014 – *VI – Kart 1/13 (V).*

[56] BGH, WuW/E DE-R 2728, 2731 – *Versicherergemeinschaft.*

[57] OLG Düsseldorf, Beschluss vom 17.9.2014 – *VI – Kart 1/13 (V).*

[58] BGH, WuW/E DE-R 2927, 2928 – *Pumpspeicherkraftwerke.*

bliebene Verfügung in eigenen Rechten verletzt zu sein, ist sie durch die angegriffene Maßnahme der Kartellbehörde zugleich materiell beschwert.

33 **b) Beschwer in der Fusionskontrolle.** Wendet sich das Rechtsmittel gegen eine Entscheidung im Rahmen der **Fusionskontrolle,** müssen die Anforderungen an die Beschwer vom Zweck der Zusammenschlusskontrolle her bestimmt werden.

34 **aa) Zusammenschlussbeteiligte.** Unproblematisch ist die (formelle und materielle) Beschwer der **Zusammenschlussbeteiligten,** die sich gegen eine *Untersagungs*verfügung wenden. Sie folgt unmittelbar aus dem belastenden Inhalt der angefochtenen Behördenentscheidung. Gleiches gilt grundsätzlich auch dann, wenn das angemeldete Zusammenschlussvorhaben nur unter Nebenbestimmungen freigegeben worden ist. Die (formelle und materielle) Beschwer der beschwerdeführenden Fusionswilligen kann allerdings fraglich sein, wenn diese sich im behördlichen Fusionskontrollverfahren mit den **Nebenbestimmungen** der angefochtenen Freigabeentscheidung **einverstanden erklärt** hatten. Insoweit gilt: Erklären die Zusammenschlussbeteiligten der Kartellbehörde gegenüber ihr Einverständnis mit den Nebenbestimmungen der angefochtenen Fusionsfreigabe, können sie die daraufhin ergangene Freigabeentscheidung mangels Beschwer nicht mit der Beschwerde angreifen. Voraussetzung ist allerdings, dass die Zusammenschlussbeteiligten mit ihrer Zustimmung zugleich ihr ursprüngliches Begehren auf uneingeschränkte Freigabe aufgegeben haben. Für einen dahingehenden Willen müssen hinreichend aussagekräftige Anhaltspunkte vorliegen. Im Allgemeinen wird man alleine aus dem Einverständnis mit den Nebenbestimmungen nicht auf den Verzicht einer uneingeschränkten Fusionsfreigabe schließen können. Bleiben nach Würdigung aller Umstände des Einzelfalles diesbezüglich Zweifel, ist vom Fortbestand des ursprünglichen (unbeschränkten) Freigabeverlangens auszugehen und die Beschwer der Zusammenschlussbeteiligten folglich zu bejahen.[59]

35 Mit der Anfechtungsbeschwerde können sodann die **Nebenbestimmungen isoliert angegriffen** werden, um eine uneingeschränkte Fusionsfreigabe zu erreichen.[60] Die Aufhebung der Nebenbestimmungen lässt die Freigabeverfügung als unbedingte fortbestehen. Die Gefahr, dass die isolierte Aufhebung der Nebenbestimmungen zur Freigabe einer an sich zu untersagenden Fusion führen könnte, besteht nicht. Sie ist lediglich dann gegeben, wenn die Untersagungsvoraussetzungen des § 36 Abs. 1 GWB erfüllt sind und alleine die Rechtswidrigkeit der Nebenbestimmungen einer Freigabeentscheidung in Rede steht.

36 Ein **Veräußerer,** der nachträglich an einem Zusammenschluss nicht mehr interessiert ist, kann mangels formeller Beschwer dessen Untersagung nicht verlangen.[61] Ebenso wenig kann das **Zielunternehmen** eine kartellbehördliche Freigabeentscheidung mit der Beschwerde angreifen. Es fehlt an der materiellen Beschwer. Denn die Freigabeentscheidung beschränkt die Fusionsbeteiligten nicht in ihrem unternehmerischen oder wettbewerblichen Handlungsspielraum, sondern erweitert diesen, indem das in § 41 Abs. 1 Satz 1 GWB kartellgesetzlich angeordnete Fusionsverbot beseitigt und den fusionsbeteiligten Unternehmen der Zusammenschluss gestattet wird.[62] Dass der kartellbehördlich freigegebene Zusammenschluss vom Zielunternehmen nicht gewünscht und als nachteilig empfunden wird, vermittelt diesem keine materielle Beschwer, weil es insoweit ausschließlich um Nachteile geht, die nicht aus der kartellbehördlichen Verfügung, sondern aus dem ihr zugrunde lie-

---

[59] BGH, WuW/E DE-R 1681, 1684 – *DB Regio/üstra;* OLG Düsseldorf, WuW/E DE-R 1397, 1399 – *ÖPNV Hannover.*

[60] BGH, WuW/E DE-R 1681, 1684 – *DB Regio/üstra;* OLG Düsseldorf, WuW/E DE-R 1397, 1399/1400 – *ÖPNV Hannover; Thomas* in: Immenga/Mestmäcker, GWB, § 40 Rn. 171; vgl. auch BVerwG, NVwZ 2001, 919ff.; NVwZ 2001, 429, 430; BSG, NJW 2002, 3278ff.

[61] BGH, WuW/E BGH 1557, 1561 – *Weichschaum III.*

[62] BGH, Beschluss vom 9.10.2012 – *KVZ 27/12;* OLG Düsseldorf, WuW/E DE-R 4153, 4154 – *Akutstationäre Krankenhausdienstleistungen;* OLG Düsseldorf, WuW/E DE-R 3723, 3725/3726 – *Untersagungsbegehren.*

genden Zusammenschlussvorhaben resultieren.[63] Ob von der Fusionsfreigabe Gebrauch gemacht wird, steht im freien Belieben der Fusionsbeteiligten, weshalb die Freigabeentscheidung als solche für sie ausschließlich vorteilhaft ist. Das gilt uneingeschränkt auch bei einer feindlichen Übernahme.[64] Eine materielle Beschwer fehlt ebenso, wenn das Bundeskartellamt den Zusammenschluss unter Nebenbestimmungen freigegeben hat und Ziel der Beschwerde nicht die Beseitigung dieser Nebenbestimmungen, sondern die Untersagung des Zusammenschlussvorhabens ist.[65]

bb) Drittbeschwerde. Greift ein beigeladenes Unternehmen mit seiner Beschwerde 37 die Fusionsfreigabe an, muss es zur Darlegung der Beschwer geltend machen können, dass es sich im kartellbehördlichen Verfahren – ganz oder zumindest teilweise – gegen die ausgesprochene Freigabe des Zusammenschlussvorhabens ausgesprochen hat (formelle Beschwer), und dass es ferner durch die Freigabe in seinem eigenen unternehmerischen und wettbewerblichen Betätigungsfeld und Gestaltungsspielraum auf dem relevanten Markt nachteilig betroffen ist (materielle Beschwer).[66] Dementsprechend findet auch materiellrechtlich eine Überprüfung der angefochtenen Behördenentscheidung nur insoweit statt, wie eine Beeinträchtigung der geschützten unternehmerischen und wettbewerblichen Interessen des Beschwerdeführers in Frage kommt.[67]

Zweifelhaft kann die materielle Beschwer desjenigen sein, der nach Abschluss des kar- 38 tellbehördlichen Fusionskontrollverfahrens seine **Geschäftsanteile** an dem Zielunternehmen vollständig oder nahezu vollständig **veräußert** hat. Geht infolge der Anteilsveräußerung der wettbewerblich relevante Einfluss auf das Zielunternehmen und dessen Marktverhalten verloren, kann das Zusammenschlussvorhaben den Beschwerdeführer auch nicht mehr in seinen eigenen unternehmerischen und wettbewerblichen Interessen und Möglichkeiten auf dem relevanten Markt nachteilig betreffen. Infolge dessen können die Folgen und Auswirkungen der angefochtenen Freigabe für ihn wettbewerblich auch nicht mehr nachteilig sein, weshalb sein Rechtsmittel mangels materieller Beschwer unzulässig ist.[68] Daraus lässt sich allgemein ableiten: Die Stellung als Aktionär des Zielunternehmens alleine vermittelt nicht die materielle Beschwer, um die Veräußerung von Geschäftsanteilen des Zielunternehmens mit der Beschwerde angreifen zu können. Die beschwerdeführende Partei muss vielmehr über einen Geschäftsanteil am Zielunternehmen verfügen, der ihr die Möglichkeit verschafft, eigene Wettbewerbsinteressen im Verhältnis zu den übrigen Aktionären abstimmen und durchzusetzen zu können, um auf das Marktverhalten der Gesellschaft Einfluss nehmen zu können. Fehlt es an einem entsprechenden Anteilsbesitz, können die wettbewerblichen Einflussmöglichkeiten im Einzelfall auch auf anderem Wege bestehen, etwa aufgrund von Vereinbarungen mit anderen Anteilseignern des Zielunternehmens oder aufgrund von wettbewerblich relevanten Minderheitenrechten.

c) Treu und Glauben. Die Ausübung prozessualer Rechte unterliegt auch im Kartell- 39 verwaltungsverfahren den Geboten von Treu und Glauben.[69] Ein Verstoß führt zur Unzulässigkeit des Rechtsmittels. Wer im gerichtlichen Verfahren die Freigabe des Zusammen-

---

[63] OLG Düsseldorf, WuW/E DE-R 4153, 4154 – *Akutstationäre Krankenhausdienstleistungen;* OLG Düsseldorf, WuW/E DE-R 3723, 3725/3726 – *Untersagungsbegehren.*

[64] OLG Düsseldorf, WuW/E DE-R 4153, 4154 – *Akutstationäre Krankenhausdienstleistungen;* a. A. *Dubberstein* in Münchener Kommentar Kartellrecht, Band 2, § 40 GWB Rn. 71.

[65] OLG Düsseldorf, WuW/E DE-R 4153, 4155 – *Akutstationäre Krankenhausdienstleistungen.*

[66] BGH, WM 2007, 2213, 2214 – *Anteilsveräußerung;* OLG Düsseldorf, WuW/E DE-R 1835, 1837 – *Deutsche Börse/London Stock Exchange;* OLG Düsseldorf, WuW/E DE-R 759, 764 – *Net Cologne;* KG, WuW/E OLG 5565, 5571 – *Fernsehübertragungsrechte.*

[67] BGH, WuW/E DE-R 1163, 1165 – *HABET/Lekkerland;* KG, WuW/E OLG 5364, 5370 – *HaGE Kiel.*

[68] BGH, WM 2007, 2213, 2216 – *Anteilsveräußerung;* OLG Düsseldorf, WuW/E DE-R 1651, 1653/1654 – *Zementvertrieb.*

[69] BGH, WM 2007, 2213, 2216 – *Anteilsveräußerung* m. w. N.

schlusses mit der Begründung angreift, dass der Erwerber, dessen Übernahmeangebot er angenommen hat, durch den Zusammenschluss eine marktbeherrschende Position erlange, verhält sich widersprüchlich, weshalb seine Beschwerde unzulässig ist.[70]

4. Verfahrensvorschriften

40 **a) Tatsachengrundlage.** Für das **Verfahren** trifft das Kartellgesetz in § 63 GWB nur wenige Anordnungen. In der Beschwerdeinstanz gilt der Amtsermittlungsgrundsatz. Das Gericht hat den relevanten Sachverhalt gemäß § 70 Abs. 1 GWB **von Amts wegen** zu ermitteln. § 63 Abs. 1 S. 2 GWB stellt klar, dass die Beschwerde auf **neue Tatsachen und Beweismittel** gestützt werden kann. Das Beschwerdegericht kann infolge dessen in tatsächlicher Hinsicht neue Gesichtspunkte einführen, die der angegriffenen Verfügung nicht oder noch nicht zugrunde lagen. Die neuen Tatsachen und Beweismittel können dabei sowohl zu einer (vollständigen oder teilweisen) Aufhebung der angegriffenen Verfügung führen als auch zum Nachteil der beschwerdeführenden Partei herangezogen werden. Ihre Berücksichtigung setzt freilich voraus, dass zuvor rechtliches Gehör gewährt worden ist (§ 71 Abs. 2 Satz 1 GWB). Das Beschwerdegericht darf seiner Entscheidung auch in rechtlicher Hinsicht neue Aspekte zugrunde legen. Bleibt eine Verfügung aus anderen als von der Behörde angeführten Gründen erhalten, liegt darin keine Verschlechterung der Rechtslage des Beschwerdeführers. Die Berücksichtigung neuer tatsächlicher und rechtlicher Gesichtspunkte findet allerdings dort ihre Grenze, wo die angefochtene Verfügung **in ihrem Wesen verändert** wird. Das ist beispielsweise der Fall bei einer abweichenden Bewertung von Missbrauchsgrenzen, weil und soweit sie die Grundlage der angefochtenen Untersagungsverfügung verändert.[71] Andernfalls würde das Gericht nämlich nicht nur die Rechtmäßigkeit der angefochtenen kartellbehördlichen Entscheidung überprüfen (§ 71 Abs. 2 Satz 1, Abs. 4 GWB), sondern unter Verstoß gegen den Grundsatz der Gewaltenteilung selbst die der Kartellbehörde vorbehaltene Entscheidung treffen. Das Beschwerdegericht ist ebenso wenig befugt, eine Verfügung, die die Kartellbehörde ausdrücklich auf eine bestimmte Rechtsgrundlage gestützt hat, auf anderer Rechtsgrundlage aufrecht zu erhalten.[72]

41 **b) Entscheidungszuständigkeit.** Nach § 63 Abs. 4 S. 1 GWB entscheidet über die Beschwerde ausschließlich das für den Sitz der Kartellbehörde **zuständige Oberlandesgericht.** § 92 Abs. 1 GWB enthält dabei die Ermächtigung der Landesregierung, die Zuständigkeit in Kartellverwaltungssachen auf ein Oberlandesgericht zu konzentrieren. Nordrhein-Westfalen hat von dieser Möglichkeit Gebrauch gemacht und durch die Konzentrationsverordnung[73] das Oberlandesgericht Düsseldorf als das allein zuständige Kartell-Beschwerdegericht bestimmt. Jenes ist somit Beschwerdeinstanz für die kartellbehördlichen Entscheidungen des Bundeskartellamts (und der nordrhein-westfälischen Landeskartellbehörde). Es ist darüber hinaus zuständig für Beschwerden gegen Verfügungen des Bundeswirtschaftsministers in Fusionskontrollverfahren. Lässt sich die Zuständigkeitsfrage anhand von § 63 Abs. 4 GWB nicht eindeutig klären, entscheidet der Bundesgerichtshof in entsprechender Anwendung von § 36 ZPO. Zu weiteren Verfahrensbestimmungen siehe §§ 66ff. GWB und die dortige Kommentierung.

---

[70] BGH, WM 2007, 2213, 2216 – *Anteilsveräußerung.*

[71] BGH, WuW/E BGH 1445, 1446 – *Valium I; Klose* in: Wiedemann, Handbuch des Kartellrechts, § 54 Rn. 105.

[72] BGH, WuW/E BGH 588, 594 – *Fensterglas IV.*

[73] VO v. 27.9.2005, geändert durch Artikel 2 der VO vom 7. Dezember 2010 (GV. NRW. S. 663), in Kraft getreten am 22. Dezember 2010, *aufgehoben durch* VO *vom 30. August 2011* (GV. NRW. S. 469), *in Kraft getreten am 24. September 2011.*

III. Weitere Beschwerdearten

1. Allgemeine Leistungsbeschwerde

§ 63 Abs. 1 S. 1, Abs. 3 GWB regelt die im Kartellverwaltungsrecht zulässigen Beschwerdearten nur unvollständig. Ist ein kartellverwaltungsrechtlicher Anspruch durchzusetzen, der nicht auf den Erlass einer Verfügung der Kartellbehörde gerichtet ist, muss der kartellverwaltungsgerichtliche Rechtschutz über die im Kartellgesetz normierte Anfechtungs- und Verpflichtungsbeschwerde hinaus um eine **allgemeine Leistungsbeschwerde** ergänzt werden, wenn und soweit nur durch sie der nach Art. 19 Abs. 4 GG gebotene lückenlose effektive Rechtsschutz gewährleistet werden kann. Das ist in der Rechtsprechung anerkannt.[74] 42

Gegenstand einer allgemeinen Leistungsbeschwerde kann die **Vornahme eines** (in der Regel tatsächlichen) kartellbehördlichen **Verwaltungshandelns** sein, auf welches der Beschwerdeführer einen Anspruch zu haben behauptet. Mit der Leistungsklage kann aber auch die Beseitigung der Folgen eines Verwaltungshandels begehrt werden. Gegenstand der Beschwerde ist in diesen Fällen ein gegen die Kartellbehörde gerichteter **Folgen- oder Störungsbeseitigungsanspruch.** 43

Als Leistungsbeschwerde kommt schließlich eine **vorbeugende Unterlassungsbeschwerde** in Betracht.[75] Diese kann sich sowohl gegen eine erwartete kartellbehördliche Verfügung wie auch gegen eine Rechtsbeeinträchtigung als Folge eines schlichten Verwaltungshandelns richten.[76] Voraussetzung für eine vorbeugende Unterlassungsbeschwerde ist allerdings ein qualifiziertes – gerade auf die Inanspruchnahme vorbeugenden Rechtsschutzes gerichtetes – Interesse der beschwerdeführenden Partei. Denn nach der in § 63 Abs. 1 und 3 GWB zum Ausdruck gekommenen Konzeption des Kartellgesetzes ist der von einer kartellbehördlichen Maßnahme Betroffene grundsätzlich auf nachträglichen Rechtsschutz verwiesen. Eine Beschwerde darf daher im Regelfall nicht mit dem Ziel betrieben werden, das Beschwerdegericht im Vorfeld zur Beurteilung der Rechtslage mit dem Argument zu zwingen, dem Beschwerdeführer drohe eine Missbrauchs- oder Untersagungsverfügung, falls sein Verhalten gegen das Kartellgesetz verstoße. Selbst in Fällen kartellbehördlicher Abmahnungen gilt grundsätzlich nichts Anderes; vielmehr muss das betroffene Unternehmen in der Regel das Ergebnis des mit der Abmahnung eingeleiteten Verwaltungsverfahrens abwarten und kann nicht neben dem Verwaltungsverfahren oder an seiner Stelle in derselben Sache bereits das Gerichtsverfahren betreiben. Das **qualifizierte Rechtsschutzbedürfnis** setzt voraus, dass das Verwaltungshandeln unmittelbar bevorsteht und irreparable oder zumindest nur schwer auszugleichende Nachteile zur Folge hätte.[77] Außerdem darf der vorbeugende Rechtsschutz nicht dazu führen, einen gesetzlich nicht vorgesehenen Anspruch auf ein Negativattest einzuführen. Aus diesem Grund kann eine vorbeugende Unterlassungsbeschwerde nicht mit dem Ziel betrieben werden, das Beschwerdegericht im Vorfeld zur Beurteilung der Rechtslage mit dem Argument zu zwingen, dem Beschwerde- 44

---

[74] BGH, Beschl. v. 11.7.2006 – *KVZ 41/05;* BGH, Beschl. v. 19.6.2007 – *KVZ 35/06;* BGH, WuW/E BGH 2760 – *Unterlassungsbeschwerde;* OLG Düsseldorf, WuW/E DE-R 1585, 1586 – *Sanacorp/ANZAG;* OLG Düsseldorf, WuW/E DE-R 2052, 2053 – *Datenabfrage;* OLG Düsseldorf, Beschl. v. 2.11.2006 – *VI-3 Kart 284/06 (V)*; OLG Düsseldorf, Beschluss vom 10.9.2014 – *VI-Kart 5/14 (V)*.

[75] Vgl. zu allem: BGH, WuW/E BGH 2760, 2761 – *Unterlassungsbeschwerde; Karsten Schmidt* in: Immenga/Mestmäcker, GWB, § 63 Rn. 9; *Lembach* in: Langen/Bunte, Kommentar zum deutschen und europäischen Kartellrecht, § 63 Rn. 46; *Klose* in: Wiedemann, Handbuch des Kartellrechts, § 54 Rn. 18.

[76] OLG Düsseldorf, WuW/E DE-R 2755, 2762 – *DFL-Vermarktungsrechte; Klose* in: Wiedemann, Handbuch des Kartellrechts, § 54 Rn. 18.

[77] Vgl. nur: BGH, Beschl. v. 11.7.2006 – *KVZ 41/05;* BGH, WuW/E BGH 2760, 2761 – *Unterlassungsbeschwerde;* OLG Düsseldorf, WuW/E DE-R 1585, 1587 – *Sanacorp/ANZAG;* OLG Düsseldorf, WuW/E DE-R 1585 ff. Rn. 19; OLG Düsseldorf, WuW/E DE-R 3703, 3707 – *Negativattest;* OLG Düsseldorf, WuW/E DE-R 2755, 2761 – *DFL-Vermarktungsrechte.*

führer drohe eine Missbrauchs- oder Untersagungsverfügung der Kartellbehörde, falls sein Verhalten gegen das Kartellgesetz verstoße.[78] Unzulässig ist demnach das prozessuale Begehren der beschwerdeführenden Partei, dass ein gegen sie wegen des Verdachts einer Zuwiderhandlung gegen § 1 GWB eingeleitetes und von der Kartellbehörde vor einer abschließenden kartellbehördlichen Prüfung und Beurteilung der Sach- und Rechtslage aus verfahrensökonomischen Erwägungen einstweilen ruhend gestelltes Verfahren eingestellt wird, weil – so die Beschwerde – ein Verstoß gegen das kartellrechtliche Verbot des § 1 GWB nicht vorliege. Mit dem Ziel, die Kartellbehörde vom Erlass einer Untersagungsverfügung nach §§ 32 Abs. 1 und 2, 1 GWB abzuhalten, wird unstatthafter Weise eine (inzidente) Prüfung und Entscheidung des Beschwerdegerichts erstrebt, ob der vom Amt gehegte Verdacht eines kartellrechtswidrigen Verhaltens berechtigt ist.[79] Ebenso wenig kann in einem solchen Fall zulässigerweise auf die Verpflichtung der Kartellbehörde angetragen werden, das ruhende Verfahren formal durch Einstellung zu beenden. Das dahingehende Begehren ist unzulässig, weil der beschwerdeführenden Partei hierfür kein berechtigtes Interesse zur Seite steht. Eine Verfahrenseinstellung würde die rechtliche Betroffenheit des Beschwerdeführers nicht verändern. Die erstrebte Verfahrenseinstellung wäre sachlich ohne jede Aussagekraft und präjudizielle Wirkung, weil eine abschließende Beurteilung der Sach- und Rechtslage durch die Kartellbehörde noch nicht stattgefunden hat. Die Kartellbehörde könnte überdies dem in Rede stehenden Verdacht jederzeit in einem neuen Missbrauchsverfahren nachgehen. Der mit dem einstweilen ruhenden Kartellverwaltungsverfahren verbundene Schwebezustand wäre also der Sache nach auch bei einer formalen Verfahrenseinstellung nicht beseitigt. Ob der Schwebezustand verfahrenstechnisch darauf beruht, dass die Kartellbehörde das ursprüngliche Verwaltungsverfahren zwar aufrechterhält, aber ruhend stellt, oder sie das anhängige Verfahren durch Einstellung formal beendet und gleichzeitig ankündigt, zu gegebener Zeit ein neues Missbrauchsverfahren einzuleiten, ist für die rechtliche Betroffenheit der Beschwerdeführerin ohne Bedeutung.[80]

2. Fortsetzungsfeststellungsbeschwerde

45 § 71 Abs. 2 Satz 2, Abs. 3 GWB regelt die Fortsetzungsfeststellungsbeschwerde. Sie ist zulässig, wenn sich die Verfügung nach Beschwerdeeinlegung durch Zurücknahme oder auf andere Weise erledigt. Tritt **Erledigung** bereits vor Beschwerdeeinlegung ein, kann sie in entsprechender Anwendung von § 113 Abs. 1 Satz 4 VwGO erhoben werden. Die Beschwerde setzt voraus, dass ohne das erledigende Ereignis eine Anfechtungs- oder Verpflichtungsbeschwerde zulässig gewesen wäre. Sie erfordert zudem, dass der Beschwerdeführer ein **berechtigtes Interesse** an der Feststellung der Rechtswidrigkeit geltend machen kann. Hierfür reicht jedes anzuerkennende schutzwürdige Interesse rechtlicher, wirtschaftlicher oder ideeller Art aus. Es ist gegeben, wenn der Beschwerdeführer bei unklarer Rechtslage im Blick auf sein zukünftiges Verhalten eine gerichtliche Entscheidung erstrebt oder wenn der Beschwerdeführer für den Fall einer Wiederholung seiner Rechtshandlung wissen muss, von welcher Rechtsauffassung der Behörde er dann auszugehen hat. Dabei sind strenge Anforderungen zu stellen, eine vage Möglichkeit der Wiederholung reicht nicht aus. Als Grundlage eines nicht völlig aussichtslosen Schadensersatzprozesses kann die Beschwerde ebenfalls zulässig sein; das gilt auch für die Kartellbehörde, wenn die gerichtlich festzustellende Rechtmäßigkeit der angefochtenen Verfügung Voraussetzung für die Geltendmachung eines Schadensersatzanspruchs des durch die Verfügung begünstigten

---

[78] KG, WuW/E OLG 3685, 3698 f. – *Aral; Karsten Schmidt* in: Immenga/Mestmäcker, GWB, § 63 Rn. 9; *ders.* in DB 1992, 1277, 1279.

[79] BGH, Beschl. v. 11.7.2006 – *KVZ 41/05;* OLG Düsseldorf, WuW/E DE-R 1585, 1587 – *Sanacorp/ANZAG.*

[80] OLG Düsseldorf, WuW/E DE-R 1585, 1588 – *Sanacorp/ANZAG.*

Unternehmens ist.[81] Der Klärung bloß abstrakter Rechtsfragen oder bloßer Vorfragen für künftige Fälle dient die Fortsetzungsfeststellungsbeschwerde nicht (vgl. zu Allem: § 71 Abs. 2, 3 und die dortige Kommentierung).

3. Allgemeine Feststellungsbeschwerde

Einer **allgemeinen Feststellungsbeschwerde** stehen durchgreifende Bedenken entgegen. Das in §§ 63ff. GWB geregelte Beschwerdeverfahren dient dem Schutz vor behördlichen Maßnahmen. Das Kartellgesetz geht dabei von dem Grundsatz des nachträglichen Rechtsschutzes aus und verweist den Betroffenen darauf, zunächst eine Maßnahme der Kartellbehörde abzuwarten, bevor sie der gerichtlichen Kontrolle unterworfen werden kann. Anfechtungs-, Verpflichtungs- und Fortsetzungsfeststellungsbeschwerde gewährleisten im Ausgangspunkt einen effektiven Rechtsschutz. Verbleibende Rechtsschutzlücken, die mit Rücksicht auf die verfassungs-rechtlich garantierte Rechtsschutzgarantie (Art. 19 Abs. 4 GG) nicht hingenommen werden können, werden im Allgemeinen durch das Institut der allgemeinen Leistungsbeschwerde und der vorbeugenden Unterlassungsbeschwerde geschlossen. Ein Bedürfnis für eine allgemeine Feststellungsbeschwerde besteht daneben regelmäßig nicht.[82] Keinesfalls darf sie auf ein im Kartellgesetz nicht zugelassenes Negativattest des Beschwerdegerichts hinauslaufen. Mit dem Argument, dass die allgemeine Feststellungsbeschwerde ohnehin nur subsidiär zulässig sein soll,[83] lässt sich ihre Statthaftigkeit nicht rechtfertigen.[84] Ebenso wenig statthaft ist ein vorbeugender Rechtsschutz in Form einer vorbeugenden Feststellungsbeschwerde.[85] Nur dann, wenn im Einzelfall der nach Art. 19 Abs. 4 GG erforderliche effektive Rechtsschutz alleine durch eine Feststellungsbeschwerde erreicht werden kann, ist dies zuzulassen.[86] 46

4. Verfahrensvorschriften

Das Verfahren für sämtliche vorgenannten weiteren Beschwerdearten (allgemeine Leistungsbeschwerde einschließlich der vorbeugenden Unterlassungsbeschwerde, Fortsetzungsfeststellungsbeschwerde) richtet sich – soweit nicht die Vorschriften des Kartellgesetzes lückenfüllend herangezogen werden können – nach den Grundsätzen der VwGO.[87] Ein Rückgriff auf die Bestimmungen des GWB kommt in Betracht, soweit die Regelungen nicht speziell auf die Situation der Anfechtungs- oder Verpflichtungsbeschwerde zugeschnitten sind. Dies dürfte beispielsweise für die Vorschriften über die Zuständigkeit des Beschwerdegerichts (§ 63 Abs. 4 GWB), die Form und gegebenenfalls Frist der Beschwerdeeinlegung (§ 66 GWB), die Verfahrensbeteiligten (§ 67 GWB), den Anwaltszwang (§ 68 GWB), die mündliche Verhandlung (§ 69 GWB), den Untersuchungsgrundsatz und die Mitwirkungsobliegenheit der Beteiligten (§ 70 GWB), die Form und die Tatsachengrundlage der Beschwerdeentscheidung (§ 71 GWB), die Abhilfemaßnahmen bei berechtigten Gehörsrügen (§ 71a GWB) sowie die Akteneinsicht (§ 72 GWB) gelten. 47

---

[81] BGH, WuW/E BGH 1556, 1561 – *Weichschaum III;* OLG Düsseldorf, WuW/E DE-R 1058, 1960 – *eins Radio Aachen.*

[82] Vgl. zu Allem auch *Lembach* in: Langen/Bunte, Kommentar zum deutschen und europäischen Kartellrecht, § 63 Rn. 42ff. unter Hinweis auf BGH, WuW/E DE-R 2395, 2406 – Rheinhessische Energie.

[83] *Bechtold,* GWB, § 63 Rn. 13.

[84] *Karsten Schmidt* in: Immenga/Mestmäcker, GWB, § 63 Rn. 11.

[85] Offen gelassen in OLG Düsseldorf, WuW/E DE-R 3703, 3707 – *Negativattest* m. w. N.

[86] BGH, WuW/E DE-R 2395, 2406 – *Rheinhessische Energie.*

[87] *Klose* in: Wiedemann, Handbuch des Kartellrechts, § 54 Rn. 73.

§ 64 Aufschiebende Wirkung

(1) **Die Beschwerde hat aufschiebende Wirkung, soweit durch die angefochtene Verfügung**

1. weggefallen

2. eine Verfügung nach § 26 Absatz 4, § 30 Absatz 3, § 31b Absatz 3, § 32 Absatz 2a Satz 1 oder § 34 Absatz 1 getroffen oder

3. eine Erlaubnis nach § 42 Absatz 2 Satz 2 widerrufen oder geändert wird.

(2) [1]**Wird eine Verfügung, durch die eine einstweilige Anordnung nach § 60 getroffen wurde, angefochten, so kann das Beschwerdegericht anordnen, dass die angefochtene Verfügung ganz oder teilweise erst nach Abschluss des Beschwerdeverfahrens oder nach Leistung einer Sicherheit in Kraft tritt.** [2]**Die Anordnung kann jederzeit aufgehoben oder geändert werden.**

(3) [1]**§ 60 gilt entsprechend für das Verfahren vor dem Beschwerdegericht.** [2]**Dies gilt nicht für die Fälle des § 65.**

Übersicht

I. Sinn und Zweck des Suspensiveffekts

1 § 64 GWB und § 65 GWB bilden regelungstechnisch eine Einheit. Beide Vorschriften dienen dem Ausgleich der widerstreitenden Interessen der an Kartellverwaltungsstreitsachen Beteiligten. Auf der einen Seite geht es um das Interesse der Allgemeinheit an der wirksamen Durchsetzung kartellbehördlicher Verfügungen, auf der anderen Seite um das Interesse des Betroffenen, dass ein effektiver Rechtsschutz gewährleistet bleibt und der Erfolg seiner Beschwerde nicht durch vollendete Tatsachen vereitelt wird.

2 § 64 Abs. 1 GWB listet abschließend diejenigen kartellbehördlichen Verfügungen und Erlaubnisse auf, bei denen die Beschwerde aufschiebende Wirkung entfaltet. Im Umkehrschluss folgt daraus zugleich, dass in allen anderen Fällen der Suspensiveffekt nicht eintritt. Der Sache nach ist ein Suspensiveffekt nur bei **Anfechtungsbeschwerden** möglich; bei der Verpflichtungsbeschwerde ist der vorläufige Rechtsschutz über das Instrument der einstweiligen Anordnung (§§ 60, 64 Abs. 3 GWB) zu gewährleisten. Die aufschiebende Wirkung hebt nach allg. M.[1] weder die angefochtene Verfügung der Kartellbehörde selbst noch ihre Wirksamkeit auf, sondern **hemmt** nur ihre **Vollziehbarkeit.** Für die Dauer der aufschiebenden Wirkung ist jedwede Maßnahme ausgeschlossen, die direkt oder indirekt der Umsetzung der angefochtenen Verfügung dient. Zu unterbleiben haben damit sämtliche Vollstreckungsmaßnahmen der Kartellbehörde. Außerdem erfüllt die Zuwiderhandlung gegen die angefochtene Verfügung nicht den Tatbestand der Kartellordnungswidrigkeit.[2] Auch auf dem Zivilrechtsweg kann aus der Verfügung nicht vorgegangen werden, etwa durch Unterlassungsklage des Verfügungsbegünstigten.

3 Soweit die Beschwerde kraft Gesetzes aufschiebende Wirkung hat, kann die Kartellbehörde gemäß § 65 Abs. 1 GWB die **sofortige Vollziehung** ihrer Verfügung **anordnen,**

[1] Vgl. nur: *Bechtold,* GWB, § 64 Rn. 3; *Karsten Schmidt* in: Immenga/Mestmäcker, GWB, § 64 Rn. 2.

[2] Vgl. auch BGH, WuW/E DE-R 1802, 1804 – *Soda-Club.*

sofern dies im öffentlichen Interesse oder im überwiegenden Interesse eines Beteiligten geboten ist. Macht die Behörde von dieser Möglichkeit Gebrauch oder ist die angefochtene Verfügung schon kraft Gesetzes sofort vollziehbar, kann das **Beschwerdegericht** unter den in § 65 Abs. 3 Satz 1 GWB bzw. § 65 Abs. 3 Satz 3 GWB genannten Voraussetzungen die **aufschiebende Wirkung wiederherstellen bzw. anordnen.** In der erstgenannten Fallgruppe ist der Suspensiveffekt wiederherzustellen, wenn die Anordnungsvoraussetzungen des § 65 Abs. 1 GWB nicht (mehr) vorliegen; für beide Fallgruppen nennt das Gesetz als weitere Gründe für die Herbeiführung der aufschiebenden Wirkung ernstliche Zweifel an der Rechtmäßigkeit der angefochtenen Verfügung sowie eine unbillige und nicht durch überwiegende öffentliche Interessen gerechtfertigte Härte für den Betroffenen.

§ 64 Abs. 2 und 3 GWB enthalten ergänzende Bestimmungen zum Recht der **einstweiligen Anordnung.** § 64 Abs. 3 GWB berechtigt das Beschwerdegericht, in den Fällen des § 60 GWB, in denen auch die Kartellbehörde einstweilige Anordnungen in Bezug auf den Streitgegenstand treffen kann, einstweilige Maßnahme zu erlassen. § 64 Abs. 2 GWB regelt den einstweiligen Rechtsschutz im Beschwerdeverfahren gegen einstweilige Anordnungen der Kartellbehörde nach § 60 GWB. Das Beschwerdegericht kann anordnen, dass die angefochtene einstweilige Anordnung bis zum Abschluss des Rechtsmittelverfahrens nicht oder nur nach Leistung einer Sicherheit in Kraft tritt. 4

II. Suspensiveffekt nach Abs. 1

§ 64 Abs. 1 GWB bestimmt, in welchen Fällen die Beschwerde gegen eine kartellbehördliche Entscheidung aufschiebende Wirkung entfaltet. 5

1. Fälle aufschiebender Wirkung

§ 64 Abs. 1 GWB ist durch die 7. GWB-Novelle neu gestaltet worden. Der Suspensiveffekt ist nunmehr die Ausnahme. Er tritt nur in den abschließend geregelten Fällen des § 64 Abs. 1 Nr. 1–3 GWB ein. 6

Aufschiebende Wirkung kam der Beschwerde bis zum 21.12.2007 zum einen in den Fällen der kartellbehördlichen **Missbrauchsaufsicht** zu. Betroffen waren nach § 64 Abs. 1 Nr. 1 GWB Untersagungs- und Abstellungsverfügungen,[3] die die Kartellbehörde auf der Grundlage von § 32 Abs. 1 und 2 GWB i. V. m. §§ 19 bis 21 GWB erlässt. Die Gesetzesbegründung[4] rechtfertigte den Suspensiveffekt mit den vielfach schwierigen Tat- und Rechtsfragen, die sich in jenen Verfahren stellen, sowie den oftmals weitreichenden Folgen der kartellbehördlichen Verfügung für den Betroffenen. In entsprechender Anwendung von § 64 Abs. 1 Nr. 1 GWB trat die aufschiebende Wirkung auch dann ein, wenn die kartellbehördliche Missbrauchsverfügung nicht (nur) auf § 32 GWB i. V. m. §§ 19, 20 GWB, sondern (auch) auf **§ 32 GWB i. V. m. Art. 102 AEUV** gestützt ist.[5] Ausgenommen vom Suspensiveffekt war demgegenüber die auf einen Missbrauch im Sinne von **§ 19 Abs. 4 Nr. 4 GWB** (Verweigerung des Zugangs zu eigenen Netzen oder anderen Infrastruktureinrichtungen) gestützte Verfügung. Der Gesetzgeber hatte insoweit dem öffentlichen Interesse an der Schaffung von Wettbewerb durch Zurverfügungstellung der hierfür erforderlichen Netze und Infrastruktureinrichtungen den Vorrang vor dem Interesse des Verfügungsadressaten eingeräumt, seine Einrichtungen erst aufgrund einer bestands- oder rechtskräftigen Entscheidung überlassen zu müssen. Praxisrelevant ist die Vorschrift vor allem für den Energiesektor, der bis heute durch einen fehlenden oder nur ganz eingeschränkten Wettbewerb gekennzeichnet ist. Mit Wirkung vom 22.12.2007 ist § 64 Abs. 1 Nr. 1 GWB 7

[3] Für die Feststellungsverfügung nach § 32 Abs. 3 GWB spielt der Suspensiveffekt mangels eines vollziehbaren Regelungsgehalts ohnehin keine Rolle.

[4] Begründung zum Reg. Entw. vom 26.5.2004, BT-Drucksache 15/3640 Seite 79.

[5] BGH, WuW/E DE-R 1802, 1804 – *Soda-Club.*

ersatzlos gestrichen worden, so dass der vorstehend beschriebene Suspensiveffekt nur noch für Altfälle von Bedeutung ist.

8 Aufschiebende Wirkung hat nach § 64 Abs. 1 Nr. 2 GWB nunmehr die Beschwerde gegen die auf **§ 26 Abs. 4 GWB** gestützte Entscheidung der Kartellbehörde, die im Verfahren nach §§ 24–27 GWB (Nr. 2) erteilte Anerkennung von Wettbewerbsregeln zurückzunehmen oder zu widerrufen, ferner das Rechtsmittel, das sich gegen die kartellbehördliche Verfügung richtet, mit der gemäß **§ 30 Abs. 3 GWB** eine Preisbindung bei Zeitungen und Zeitschriften für unwirksam erklärt und eine gleichartige preisliche Bindung der Abnehmer untersagt wird, sowie des weiteren die Beschwerde gegen eine nach **§ 34 Abs. 1 GWB** kartellbehördliche verfügte Vorteilsabschöpfung, überdies die Beschwerde gegen eine Missbrauchsverfügung im Bereich der Wasserwirtschaft nach **§ 31b Abs. 3 GWB** und schließlich das Rechtsmittel gegen eine Abstellungsverfügung, die gemäß **§ 32 Abs. 2a S. 1 GWB** zugleich eine Rückerstattung des kartellrechtswidrig vereinnahmten wirtschaftlichen Vorteils anordnet.

9 Ein Suspensiveffekt kommt gemäß § 64 Abs. 1 Nr. 3 GWB den Beschwerden zu, die sich gegen den Widerruf oder die Änderung einer Ministererlaubnis nach **§§ 42 Abs. 2 Satz 2, 40 Abs. 3a Satz 1 GWB** oder gegen kartellbehördliche Maßnahmen wegen Nichterfüllung einer Auflage gemäß **§§ 42 Abs. 2 Satz 2, 40 Abs. 3a Satz 2, 41 Abs. 4 GWB** richten.

10 Für das Rechtsmittel gegen die Vorabentscheidung der Kartellbehörde über ihre örtliche und sachliche Zuständigkeit normiert **§ 55 Abs. 1 Satz 2 GWB** schließlich ausdrücklich den Suspensiveffekt der Beschwerde.

2. Fälle fehlender aufschiebender Wirkung

11 Die Fälle, in denen die Beschwerde keine aufschiebende Wirkung hat, ergeben sich zunächst aus einem **Umkehrschluss aus § 64 Abs. 1 GWB.** Bei allen dort nicht aufgeführten Beschwerden tritt kraft Gesetzes kein Suspensiveffekt ein.[6] Es handelt sich dabei neben dem gesamten Bereich der Missbrauchsaufsicht etwa um Verfügungen, die die Kartellbehörde auf § 1 GWB und/oder Art. 101 AEUV gestützt hat, und den Entzug einer Freistellung von jenem kartellrechtlichen Verbot nach § 32d GWB, sowie um sämtliche Anfechtungsbeschwerden gegen Entscheidungen der Kartellbehörde auf dem Gebiet der Fusionskontrolle, weshalb weder die Drittbeschwerde gegen eine Fusionsfreigabe noch die Anfechtung einer Untersagungsentscheidung durch die Zusammenschlussbeteiligten aufschiebende Wirkung entfaltet. Kein Suspensiveffekt tritt überdies bei der Anfechtung von kartellbehördlichen Entflechtungsanordnungen nach § 41 Abs. 3 GWB ein. Auch Beschwerden gegen Auskunftsverlangen nach §§ 39 Abs. 5, 59 GWB, Beiladungen nach § 54 Abs. 2 Nr. 3 GWB, die Anordnung der sofortigen Vollziehung nach § 65 Abs. 1 GWB und die von der Kartellbehörde ausgesprochene Befreiung vom Vollzugsverbot nach § 41 Abs. 2 GWB haben keinen Suspensiveffekt.

12 Dass die Beschwerde gegen einstweilige Anordnungen der Kartellbehörde nach § 60 GWB keine aufschiebende Wirkung hat, ergibt sich mittelbar aus § 64 Abs. 2 GWB.

3. Eintritt der aufschiebenden Wirkung

13 Die aufschiebende Wirkung tritt mit der **Einlegung der Beschwerde** bei der **Kartellbehörde** ein und **wirkt** auf den Zeitpunkt des Erlasses der angefochtenen Verfügung **zurück.** Wird die Beschwerde beim Beschwerdegericht eingereicht, ist zwar die Beschwerdefrist gewahrt (§ 66 Abs. 1 Satz 4), der Suspensiveffekt wird aber erst ausgelöst, wenn und sobald die Beschwerdeschrift (auch) bei der Kartellbehörde eingeht. Andernfalls würde nämlich die Kartellbehörde Gefahr laufen, dass sie in Unkenntnis der erfolgten Beschwer-

[6] Vgl. nur: *Bechtold,* § 64 Rn. 2.

deeinlegung eine bereits suspendierte Verfügung vollzieht. Ob der Eintritt der aufschiebenden Wirkung von der **Zulässigkeit der Beschwerde** abhängt, ist umstritten.[7] Gute Gründe sprechen dafür, zumindest die Einhaltung der Beschwerdefrist als eine unabdingbare Voraussetzung für den Suspensiveffekt zu fordern.[8] Denn bei einer bereits bestandskräftigen Verfügung der Kartellbehörde kann die Beschwerdeeinlegung keinen Suspensiveffekt mehr auslösen. Konsequenterweise muss das gleiche gelten, wenn die verspätet eingereichte Beschwerde mit einem **Antrag auf Wiedereinsetzung** verbunden wird. Hat das Wiedereinsetzungsgesuch Erfolg, tritt die aufschiebende Wirkung erst mit der Wiedereinsetzung ein, dann freilich rückwirkend auf den Zeitpunkt des Erlasses der angefochtenen Verfügung. Die aufschiebende Wirkung dauert fort, bis die Beschwerdeentscheidung in Rechtskraft erwachsen ist, d.h. weder Rechtsbeschwerde noch Nichtzulassungsbeschwerde mehr eingelegt werden können oder der Bundesgerichtshof die Rechtsbeschwerde bzw. die Nichtzulassungsbeschwerde verworfen oder zurückgewiesen hat. Wird das Beschwerdeverfahren auf andere Weise als durch eine instanzabschließende Entscheidung des Gerichts (z.B. durch Beschwerderücknahme) abgeschlossen, endet der Suspensiveffekt mit dem Eintritt der Bestandskraft der angefochtenen Verfügung.

Die Kartellbehörde kann die Wirkung des Suspensiveffekts dadurch beseitigen, dass sie die sofortige Vollziehung ihrer Verfügung nach § 65 Abs. 1 GWB anordnet. Dagegen kann der Verfügungsadressat beim Beschwerdegericht den Antrag auf Wiederherstellung des Suspensiveffekts nach § 65 Abs. 3 Satz 1 GWB stellen. **14**

4. Wirkung des Suspensiveffekts

Die aufschiebende Wirkung hebt nach allg. M.[9] weder die angefochtene Verfügung der Kartellbehörde selbst noch ihre Wirksamkeit auf, sondern **hemmt** nur ihre **Vollziehbarkeit.** Für die Dauer der aufschiebenden Wirkung ist jedwede Maßnahme ausgeschlossen, die direkt oder indirekt der Umsetzung der angefochtenen Verfügung dient. Zu unterbleiben haben damit sämtliche Vollstreckungsmaßnahmen der Kartellbehörde. Eine Zuwiderhandlung gegen die angefochtene Verfügung erfüllt nicht den Tatbestand der Kartellordnungswidrigkeit.[10] Ebenso wenig kann eine Schutzverfügung während der Dauer des Suspensiveffekts vom Begünstigten durch Unterlassungsklage oder einstweilige Verfügung durchgesetzt werden. Gleichermaßen hindert die aufschiebende Wirkung die Geltendmachung von zivilrechtlichen Schadensersatzansprüchen. Das ist § 33 Abs. 4 Satz 1 und 2 GWB zu entnehmen, wonach das Zivilgericht für die Feststellung eines Kartellverstoßes nur an eine bestandskräftige Behördenentscheidung oder eine rechtskräftige Gerichtsentscheidung gebunden ist. Damit ist freilich noch nicht entschieden, ob Schadensersatz nach § 33 Abs. 3 GWB wegen Missachtung einer kartellbehördlichen Verfügung auch materiellrechtlich nur für den Zeitraum, in dem die Beschwerde aufschiebende Wirkung entfaltet, beansprucht werden kann. **15**

Hat die Kartellbehörde – zum Beispiel in ihrer Rechtsmittelbelehrung – die aufschiebende Wirkung der Beschwerde verneint oder besteht zumindest die begründete Annahme, dass die Behörde diesen Standpunkt einnehmen wird, kann die beschwerdeführende Partei in analoger Anwendung des § 65 Abs. 3 Satz 3 GWB beim Beschwerdegericht die **Feststellung** beantragen, dass das Rechtsmittel **Suspensiveffekt** entfaltet.[11] **16**

---

[7] Zum Meinungsstand: *Karsten Schmidt* in: Immenga/Mestmäcker, GWB, § 64 Rn. 11.

[8] So: *Karsten Schmidt* in: Immenga/Mestmäcker, GWB, § 64 Rn. 11.

[9] Vgl. nur: *Bechtold,* GWB, § 64 Rn. 6; *Karsten Schmidt* in: Immenga/Mestmäcker, GWB, § 64 Rn. 11.

[10] Vgl. auch BGH, WuW/E DE-R 1802, 1804 – *Soda-Club.*

[11] BGH, WuW/E DE-R 1802, 1803 – *Soda-Club.*

III. Zwischenanordnungen des Beschwerdegerichts (Abs. 2)

17 Die Kartellbehörde kann nach § 60 GWB bis zur endgültigen Entscheidung in den dort genannten Verfahren einstweilige Anordnungen zur Reglung eines einstweiligen Zustandes treffen. Hat die Kartellbehörde von dieser Befugnis Gebrauch gemacht, kann das Beschwerdegericht nach § 64 Abs. 2 GWB anordnen, dass die einstweilige Anordnung ganz oder teilweise erst **nach Abschluss des Beschwerdeverfahrens** oder nach Leistung einer Sicherheit in Kraft tritt. Die Anordnung steht im pflichtgemäßen Ermessen des Beschwerdegerichts. In der Sache ist das Interesse des Beschwerdeführers gegen das Interesse desjenigen abzuwägen, zu dessen Gunsten die angegriffene Verfügung erlassen worden ist. Das Außerkraftsetzen der angefochtenen einstweiligen Anordnung kommt in Betracht, wenn diese für den Beschwerdeführer mit einer unbilligen, nicht durch überwiegende öffentliche Interessen gebotenen Härte verbunden ist oder ernstliche Zweifel an der Rechtmäßigkeit der angefochtenen Anordnung bestehen. Das Gericht bestimmt die Art der Sicherheitsleistung entsprechend § 108 ZPO. Die Anordnung des Beschwerdegerichts ist nicht anfechtbar. Sie kann nach § 64 Abs. 2 Satz 2 GWB jederzeit aufgehoben und geändert werden. Ein Antragserfordernis besteht nicht.

IV. Einstweilige Anordnung des Beschwerdegerichts (Abs. 3)

1. § 64 Abs. 3 Satz 1 GWB

18 Mit Einlegung der Beschwerde endet die Befugnis der Kartellbehörde zum Erlass einstweiliger Anordnungen nach § 60 GWB. Diese geht vielmehr gemäß § 64 Abs. 3 Satz 1 GWB auf das Beschwerdegericht über. Jenes ist fortan bis zum rechtskräftigen Abschluss des gerichtlichen Verfahrens – und somit auch noch während des Rechtsbeschwerdeverfahrens (vgl. § 76 Abs. 5 Satz 2 GWB) – für den Erlass einstweiliger Anordnungen ausschließlich zuständig ist. Das Beschwerdegericht kann ohne eine obligatorische mündliche Verhandlung, aber unter Wahrung rechtlichen Gehörs, diejenigen Anordnungen treffen, die auch die Kartellbehörde während des kartellbehördlichen Verfahrens auf der Grundlage des § 60 GWB hätte treffen können.[12] Dabei kann das Beschwerdegericht mit seinen Anordnungen nicht über den Gegenstand des Beschwerdeverfahrens hinausgehen. Außerdem darf nicht bereits die Hauptsache vorweggenommen werden. Ausnahmen von diesem Grundsatz sind nur zuzulassen, wenn und soweit dies zur Gewährleistung eines effektiven Rechtsschutzes und zur Abwehr erheblicher Nachteile dringend geboten ist.

19 Der Erlass einer einstweiligen Anordnung nach §§ 64 Abs. 3 Satz 1, 60 GWB kommt (u.a) im Rahmen der Anfechtung einer **Entflechtungsanordnung** des Bundeskartellamtes nach § 41 Abs. 3 GWB in Betracht (§ 60 Nr. 1 GWB). Bereits aus der Natur einer solchen Anordnung als einer einstweiligen Sicherungsmaßnahme ergibt sich, dass für ihren Erlass weder der Erlass und die Unanfechtbarkeit einer kartellbehördlichen Untersagungsentscheidung erforderlich sind noch die materielle Kartellrechtswidrigkeit des (vollzogenen) Zusammenschlusses abschließend geklärt sein muss. Ausreichend ist vielmehr, dass im Entscheidungszeitpunkt mit hinreichender Wahrscheinlichkeit die Entflechtungsvoraussetzungen prognostiziert werden können, wobei in tatsächlicher Hinsicht eine der Glaubhaftmachung entsprechende Beweisführung genügt. Dasselbe gilt, wenn eine einstweilige Anordnung der Kartellbehörde, mit der die Durchsetzbarkeit einer beabsichtigten Entflechtungsanordnung gesichert werden soll, durch Beschwerde angefochten wird.[13]

20 Ebenso kann die **Befreiung vom Vollzugsverbot** des § 41 Abs. 1 GWB vom Beschwerdegericht im Wege einer einstweiligen Anordnung erteilt werden.[14] Zwar hat der

---

[12] OLG Düsseldorf, WuW/E DE-R 2069, 2073 – *Phonak/ReSound;* OLG Düsseldorf, WuW DE-R 926 – *E.ON/Ruhrgas II.*

[13] OLG Düsseldorf, WuW/E DE-R 2894, 2895 – *Bauen und Garten.*

[14] BGH, WuW/E DE-R 2507, 2510 f. – *Faber/Basalt.*

Gesetzgeber den Dispens vom gesetzlichen Vollzugsverbot in § 41 Abs. 2 GWB speziell ausgestaltet und geregelt. Die Befreiung ist in einem gesonderten Antragsverfahren bei der Kartellbehörde und nicht im Wege einstweiligen Rechtsschutzes geltend zu machen. § 41 Abs. 2 GWB knüpft überdies schon nach seinem Wortlaut *(„wichtige Gründe")* die Befreiung an strengere Voraussetzungen, als sie §§ 60, 64 Abs. 3 GWB für den Erlass einstweiliger Anordnungen vorsieht. Die Vorschrift bestimmt außerdem – ebenfalls abweichend von § 60 GWB –, dass die Kartellbehörde die Befreiung vom Vollzugsverbot nicht nur im Rahmen des eigenen behördlichen Verfahrens, sondern „jederzeit" – also auch noch während des Beschwerdeverfahrens gegen seine Untersagungsverfügung und des Verfahrens der Rechtsbeschwerde bis zu einer rechtskräftigen Entscheidung über das angemeldete Zusammenschlussvorhaben – erteilen kann. Daraus kann aber nur geschlossen werden, dass § 41 Abs. 2 GWB für die Freistellung vom Vollzugsverbot eine abschließende Spezialregelung enthält, die es ausschließt, dass die Kartellbehörde selbst den Zusammenschlussbeteiligten außerhalb des dort vorgesehenen Antragsverfahrens eine Befreiung vom Vollzugsverbots unter Rückgriff auf die allgemeinen Bestimmungen des Kartellgesetzes über den Erlass einstweiliger Anordnungen in § 60 GWB erteilt.[15] Nicht ausgeschlossen ist demgegenüber, dass das Beschwerdegericht einem Zusammenschlussbeteiligten, der keinen Antrag nach § 41 Abs. 2 GWB verfolgt, sondern sich mit der Beschwerde gegen die kartellbehördliche Untersagungsentscheidung wendet, eine Befreiung vom Vollzugsverbot durch einstweilige Anordnung erteilt.[16] Auch wenn § 64 Abs. 3 Satz 1 GWB alleine § 60 GWB und nicht auch § 41 Abs. 2 GWB für in der Beschwerdeinstanz entsprechend anwendbar erklärt, spricht für die Kompetenz des Beschwerdegerichts zur Befreiung vom Vollzugsverbot entscheidend der Umstand, dass nach Erlass der Untersagungsentscheidung das Beschwerdegericht in erster Linie dazu berufen ist, die nach § 41 Abs. 2 GWB gebotene Abwägung auch unter Berücksichtigung des Umstandes zu treffen, dass die angefochtene Entscheidung möglicherweise unter schweren formellen oder materiellen Fehlern leidet.[17] Das Vollzugsverbot des § 41 Abs. 1 GWB kann demgegenüber nicht durch einen Antrag an das Beschwerdegericht, gemäß § 65 Abs. 3 Satz 3 GWB, die aufschiebende Wirkung der Beschwerde gegen die Untersagungsverfügung anzuordnen, überwunden werden.[18] Denn ein angeordneter Suspensiveffekt der Untersagungsbeschwerde ist ohne Einfluss auf das gesetzliche Vollzugsverbot. Der Gesetzgeber hat – ungeachtet des Wortlauts von § 41 Abs. 1 GWB – nämlich an der bis zur 6. GWB-Novelle geltenden Rechtslage (vgl. §§ 24 Abs. 2 Satz 4, 24a Abs. 4 Satz 1 GWB a. F.) festgehalten, dass auch ein von der Kartellbehörde untersagter Zusammenschluss nicht vollzogen werden darf, soweit und solange die Untersagungsverfügung Bestand hat.[19] Erst wenn die kartellbehördliche Untersagungsentscheidung (bestandskräftig geworden oder) rechtskräftig aufgehoben worden ist, endet die Wirkung des Vollzugsverbots.[20]

Möglich bleiben einstweilige Anordnungen des Beschwerdegerichts nach §§ 64 Abs. 3, 60 Nr. 3 GWB im Rahmen einer Beschwerde, mit der sich ein **beigeladenes Un-** **21**

[15] OLG Düsseldorf, WuW/E DE-R 2069, 2073 – *Phonak/ReSound;* OLG Düsseldorf, WuW/E DE-R 2304, 2307 – Lotto Rheinland-Pfalz; ebenso: *Thomas* in: Immenga/Mestmäcker, GWB, § 41 Rn. 108; *Kuhn* in: Frankfurter Kommentar, GWB 2013, § 41 Rn. 48.

[16] BGH, WuW/E DE-R 2507, 2510f. – *Faber/Basalt.*

[17] BGH, WuW/E DE-R 2507, 2510f. – *Faber/Basalt.*

[18] BGH, WuW/E DE-R 2507, 2510f. – *Faber/Basalt;* OLG Düsseldorf, WuW/E DE-R 2069, 2075 – *Phonak/ReSound;* zweifelnd: *Jaeger* WuW 2007, 851; siehe auch: *Zimmer/Logemann* ZWeR 2008, 122, 130.

[19] OLG Düsseldorf, WuW/E DE-R 2069, 2075 – *Phonak/ReSound;* OLG Düsseldorf, WuW/E DE-R 2304, 2306 – *Lotto Rheinland-Pfalz; Lembach* in: Langen/Bunte, Kommentar zum deutschen und europäischen Kartellrecht, § 64 Rn. 12; siehe auch: *Karsten Schmidt* in: Immenga/Mestmäcker, GWB, § 64 Rn. 8; *Birmanns* in: Frankfurter Kommentar, GWB 2005 § 64 Rn. 42.

[20] BGH, WuW/E DE-R 2507, 2509. – *Faber/Basalt;* zweifelnd: *Kuhn* in: Frankfurter Kommentar, GWB 2013, § 41 Rn. 40.

ternehmen gegen die kartellbehördliche **Fusionsfreigabe** wendet.[21] Dabei ist allerdings zu beachten, dass **§ 65 Abs. 3 S. 4 GWB** den Erlass einstweiliger Anordnungen bei einer Drittbeschwerde gegen eine Fusionsfreigabeentscheidung des Bundeskartellamtes unter die Voraussetzung stellt, dass der beschwerdeführende Dritte die Verletzung eigener *Rechte* geltend machen kann, und § 36 Abs. 1 GWB keine drittschützende Wirkung entfaltet.[22] Vor diesem Hintergrund ist es nur konsequent, den Erlass einer einstweiligen Anordnung auf Befreiung vom Vollzugsverbot nach § 41 Abs. 2 GWB ebenfalls nur dann zuzulassen, wenn der Dritte die Möglichkeit einer eigenen Rechtsverletzung geltend machen kann.[23]

22 Einstweiliger Rechtsschutz nach §§ 64 Abs. 3 Satz 1, 60 GWB kommt ferner gegen eine **Presseerklärung** des Bundeskartellamtes (z. B. über ein bei ihm abgeschlossenes Kartellbußgeldverfahren) in Betracht.[24] Der Anordnungsantrag gegen die beabsichtigte Presseveröffentlichung kann auch noch nach der mündlichen Verhandlung vor dem Beschwerdegericht zurückgenommen werden, ohne dass hierzu die Zustimmung der Kartellbehörde notwendig wäre; nach Antragsrücknahme ist das Beschwerdeverfahren in entsprechender Anwendung des § 92c Abs. 3 Satz 1 VwGO einzustellen.[25]

2. § 64 Abs. 3 Satz 2 GWB

23 § 64 Abs. 3 Satz 2 GWB schließt die Befugnis des Beschwerdegerichts zum Erlass von einstweiligen Anordnungen in den Fällen des § 65 GWB aus. Beendet ist damit die bis zur 7. GWB-Novelle vorhandene Zweigleisigkeit des vorläufigen Rechtsschutzes bei Anfechtungsbeschwerden. Nach dem bisherigen Recht konnte das Beschwerdegericht nebeneinander einstweilige Maßnahmen nach §§ 64 Abs. 3, 60 GWB und gestützt auf § 65 Abs. 3 GWB treffen. Diese Möglichkeit besteht fortan nicht mehr. Ordnet die Kartellbehörde die sofortige Vollziehung ihrer Verfügung an (§ 65 Abs. 1 und 2 GWB), stehen dem Betroffenen mithin alleine die Rechtsschutzmöglichkeiten des § 65 Abs. 3 GWB unter den dort genannten (erschwerten) Tatbestandsvoraussetzungen zur Verfügung. Das Beschwerdegericht darf nicht auf die allgemeinen Bestimmungen der §§ 64 Abs. 3 Satz 1, 60 GWB ausweichen. Dies gilt freilich nur im Geltungsbereich des § 65 GWB, also nicht für die gemäß § 64 Abs. 1 GWB kraft Gesetzes vollziehbaren Verfügungen.

§ 65 Anordnung der sofortigen Vollziehung

(1) **Die Kartellbehörde kann in den Fällen des § 64 Absatz 1 die sofortige Vollziehung der Verfügung anordnen, wenn dies im öffentlichen Interesse oder im überwiegenden Interesse eines Beteiligten geboten ist.**

(2) **[1]Die Anordnung nach Absatz 1 kann bereits vor der Einreichung der Beschwerde getroffen werden.**

(3) **[1]Auf Antrag kann das Beschwerdegericht die aufschiebende Wirkung ganz oder teilweise wiederherstellen, wenn**

1. **die Voraussetzungen für die Anordnung nach Absatz 1 nicht vorgelegen haben oder nicht mehr vorliegen oder**
2. **ernstliche Zweifel an der Rechtmäßigkeit der angefochtenen Verfügung bestehen oder**

---

[21] OLG Düsseldorf, WuW/E DE-R 665 – *NetCologne;* OLG Düsseldorf, WuW/E DE-R 681, 682 – *Trienekens.*

[22] BGH, WuW/E DE-R 1571, 1572 – *Ampere;* BGH, Beschl. v. 7.2.2006 – *KVZ 40/05;* OLG Düsseldorf, WuW/E DE-R 1644, 1645 – *Werhahn.*

[23] *Kuhn* in: Frankfurter Kommentar, GWB 2013, § 41 Rn. 89.

[24] OLG Düsseldorf, NZKart 2015, 57 – *Pressemitteilung des Bundeskartellamtes* (= WuW/E DE-R 4537, 4538 – *Unternehmenspersönlichkeitsrechte*).

[25] OLG Düsseldorf, NZKart 2015, 57 – *Pressemitteilung des Bundeskartellamtes* (= WuW/E DE-R 4537, 4538 – *Unternehmenspersönlichkeitsrechte*).

3. die Vollziehung für den Betroffenen eine unbillige, nicht durch überwiegende öffentliche Interessen gebotene Härte zur Folge hätte.

[2]In den Fällen, in denen die Beschwerde keine aufschiebende Wirkung hat, kann die Kartellbehörde die Vollziehung aussetzen; die Aussetzung soll erfolgen, wenn die Voraussetzungen des Satzes 1 Nummer 3 vorliegen. [3]Das Beschwerdegericht kann auf Antrag die aufschiebende Wirkung ganz oder teilweise anordnen, wenn die Voraussetzungen des Satzes 1 Nummer 2 oder 3 vorliegen. [4]Hat ein Dritter Beschwerde gegen eine Verfügung nach § 40 Absatz 2 eingelegt, ist der Antrag des Dritten auf Erlass einer Anordnung nach Satz 3 nur zulässig, wenn dieser geltend macht, durch die Verfügung in seinen Rechten verletzt zu sein.

(4) **[1]Der Antrag nach Absatz 3 Satz 1 oder 3 ist schon vor Einreichung der Beschwerde zulässig. [2]Die Tatsachen, auf die der Antrag gestützt wird, sind vom Antragsteller glaubhaft zu machen. [3]Ist die Verfügung im Zeitpunkt der Entscheidung schon vollzogen, kann das Gericht auch die Aufhebung der Vollziehung anordnen. [4]Die Wiederherstellung und die Anordnung der aufschiebenden Wirkung können von der Leistung einer Sicherheit oder von anderen Auflagen abhängig gemacht werden. [5]Sie können auch befristet werden.**

(5) **Beschlüsse über Anträge nach Absatz 3 können jederzeit geändert oder aufgehoben werden.**

Übersicht

I. Sinn und Zweck der Vorschrift

§ 65 GWB ermöglicht eine **einzelfallgerechte Korrektur** der strikten Regelung des § 64 GWB. Die Vorschrift unterscheidet dabei zwischen zwei Fallkonstellationen, nämlich zum einen den Fällen, in denen die Beschwerde kraft Gesetzes aufschiebende Wirkung hat, und denjenigen Konstellationen, in denen der Suspensiveffekt kraft Gesetzes fehlt. 1

1. Suspensiveffekt kraft Gesetzes

§ 65 Abs. 1 GWB gestattet es der Kartellbehörde, unter näher bezeichneten Voraussetzungen den kraft Gesetzes (§ 64 Abs. 1 GWB) eintretenden (oder bereits eingetretenen) Suspensiveffekt der Beschwerde durch die **Anordnung der sofortigen Vollziehung** zu beseitigen. Macht die Kartellbehörde von dieser Möglichkeit Gebrauch, kann der Verfügungsadressat gemäß § 65 Abs. 3 Satz 1 GWB beim Beschwerdegericht die Wiederherstellung der aufschiebenden Wirkung beantragen. Dem Antrag ist stattzugeben, wenn (1.) die Voraussetzungen für die Anordnung der sofortigen Vollziehung nach § 65 Abs. 1 2

GWB nicht oder nicht mehr vorliegen, (2.) die angefochtene Verfügung ernstlichen Zweifeln begegnet oder (3.) die sofortige Vollziehung für den Betroffenen mit einer unbilligen und nicht durch überwiegende öffentliche Interessen gerechtfertigte Härte bedeuten würde.

2. Kein Suspensiveffekt kraft Gesetzes

3 § 65 Abs. 3 Satz 2 GWB räumt der Kartellbehörde in denjenigen Fällen, in denen das Rechtsmittel **kraft Gesetzes**[1] **keine aufschiebende Wirkung** hat, die Möglichkeit ein, die Vollziehung ihrer Verfügung auszusetzen. Die Aussetzung steht im Ermessen der Behörde und kann von Amts wegen angeordnet werden; sie soll erfolgen, wenn dem Verfügungsadressaten eine unbillige Härte droht. Daneben kann der Betroffene gemäß § 65 Abs. 3 Satz 3 GWB beim Beschwerdegericht die Anordnung der aufschiebenden Wirkung seiner Beschwerde beantragen. Dem Antrag ist zu entsprechen, wenn (1) ernstliche Zweifel an der Rechtmäßigkeit der angefochtenen Verfügung bestehen oder (2) die Vollziehung für den Betroffenen eine nicht durch überwiegende öffentliche Interessen gerechtfertigte unbillige Härte zur Folge hätte. Dritte, die sich mit ihrer Beschwerde gegen eine kartellbehördliche Fusionsfreigabe oder eine Ministererlaubnis wenden, steht das Antragsrecht nach § 65 Abs. 3 Satz 3 GWB seit der 7. GWB-Novelle allerdings nur zu, wenn sie geltend machen können, durch die angefochtene Entscheidung in ihren Rechten – und nicht nur in ihren wettbewerblichen Interessen – verletzt zu sein. Der Eilrechtsschutz im Fusionskontrollrecht hat hierdurch eine deutliche Einschränkung erfahren. Unberührt bleibt die Möglichkeit des Dritten, seine Beschwerdebefugnis für das Hauptsacheverfahren aus der Beeinträchtigung seiner wettbewerblichen Belange herzuleiten.

II. Anordnung der sofortigen Vollziehung durch die Kartellbehörde (§ 65 Abs. 1)

4 Gemäß § 65 Abs. 1 GWB kann die Kartellbehörde den kraft Gesetzes (§ 64 Abs. 1 GWB) eintretenden Suspensiveffekt der Beschwerde beseitigen und die sofortige Vollziehung ihrer Verfügung anordnen.

1. Tatbestandliche Voraussetzungen

5 An diese Befugnis stellt das Gesetz strenge Anforderungen. Die Anordnung des Sofortvollzugs setzt voraus, dass sie entweder im öffentlichen Interesse oder im überwiegenden Interesse eines Beteiligten „geboten" ist. Die Begriffe des öffentlichen **Interesses** bzw. des Interesses eines Beteiligten sind **kartellrechtlich auszulegen** und an den Zielen und Zwecken der kartellbehördlichen Aufsicht auszurichten. Als berücksichtigungsfähige Belange kommen damit vor allem die wettbewerblichen Interessen der Marktteilnehmer und der Schutz des Wettbewerbs als Institution in Betracht. Die Anordnung der sofortigen Vollziehung kann beispielsweise darauf gestützt werden, die Erhaltung und Existenzfähigkeit der Inhaber freier Tankstellen zu gewährleisten,[2] die vorhandenen Wettbewerbsstrukturen und Marktmechanismen zu schützen oder eine Umsetzung wettbewerbsbeschränkender Absprachen oder Praktiken zu verhindern. Aus dem Erfordernis des **Gebotenseins** folgt unmittelbar, dass weder bloße Zweckmäßigkeitserwägungen noch alleine das Interesse an der kartellbehördlichen Sachentscheidung die sofortige Vollziehung einer Verfügung rechtfertigen können. Das öffentliche Interesse muss deshalb über das Interesse hinausgehen, das

[1] Keine Anwendung findet die Vorschrift auf die Fälle des § 65 Abs. 1 GWB, weil die Kartellbehörde dort den Suspensiveffekt schon dadurch aufrechterhalten oder wiederherstellen kann, dass sie von der Anordnung der sofortigen Vollziehung absieht oder eine dahingehende Anordnung wieder aufhebt.

[2] KG, WuW/E OLG 1997 – *AGIP I.*

die Verfügung selbst gerechtfertigt hat, und sich auf den Sofortvollzug als solchen beziehen.[3]

6 Ob das öffentliche Interesse oder die überwiegenden Belange eines Beteiligten – bei dem es sich in aller Regel um den durch die kartellbehördliche Verfügung Begünstigten handeln wird – einen Sofortvollzug rechtfertigen, ist anhand der Umstände des jeweiligen Falles auf der Grundlage einer **Interessenabwägung** zu entscheiden. Abzuwägen sind das öffentliche Interesse und/oder das Interesse eines Beteiligten an der sofortigen Vollziehung der kartellbehördlichen Verfügung auf der einen Seite und das Interesse des Verfügungsadressaten an einem wirksamen Rechtsschutz auf der anderen Seite.[4] Dabei ist zu berücksichtigen, dass das Gesetz in § 64 Abs. 1 GWB den Suspensiveffekt als die Regel und den Sofortvollzug als die Ausnahme normiert hat. Die sofortige Vollziehung kann deshalb nur angeordnet werden, wenn die öffentlichen oder privaten Interessen die Belange des Betroffenen im Ergebnis überwiegen. Ob dies der Fall ist, beurteilt sich auch auf der Grundlage einer Rechtmäßigkeitsprognose in Bezug auf die kartellbehördliche Verfügung sowie einer Folgenbetrachtung für den Betroffenen. Das folgt aus einer **Heranziehung** desjenigen Entscheidungsmaßstabs, den **§ 65 Abs. 3 Satz 1 GWB** für die Überprüfung eines behördlich angeordneten Sofortvollzugs durch das Beschwerdegericht vorsieht. Es versteht sich von selbst, dass die Kartellbehörde bei ihrer Entscheidung, ob sie die sofortige Vollziehung einer Verfügung anordnet, sachlich denselben Kriterien unterworfen sein muss wie das Beschwerdegericht bei der Kontrolle eines behördlich angeordneten Sofortvollzuges und umgekehrt. In die kartellbehördliche Interessenabwägung muss deshalb auch einzufließen, ob die Verfügung ernstlichen Rechtmäßigkeitsbedenken begegnet (§ 65 Abs. 3 Satz 1 Nr. 2 GWB) oder der Sofortvollzug für den Betroffenen mit einer unbilligen Härte (§ 65 Abs. 3 Satz 1 Nr. 3 GWB) verbunden wäre. Anlass zu einer dahingehenden Überprüfung wird regelmäßig die Beschwerdebegründung bieten. Ist der Sofortvollzug bereits bei Erlass der angefochtenen Verfügung angeordnet worden, hat die Kartellbehörde die Beschwerdebegründung von Amts wegen zum Anlass für eine Überprüfung zu nehmen, ob sie ihre Anordnung aufrechterhalten kann oder diese abzuändern bzw. aufzuheben hat. Dies gilt auch dann, wenn der Beschwerdeführer beim Beschwerdegericht keinen Antrag nach § 65 Abs. 3 Satz 1 GWB auf Wiederherstellung der aufschiebenden Wirkung seiner Beschwerde gestellt hat.[5]

7 Liegen die Voraussetzungen des § 65 Abs. 1 GWB vor, steht die Anordnung des Sofortvollzugs im **Ermessen** der Kartellbehörde.

2. Verfahrensfragen

8 Die Kartellbehörde hat **von Amts wegen** zu entscheiden, ob der Sofortvollzug einer Verfügung anzuordnen (und aufrechtzuerhalten) ist. Sie kann die Anordnung des Sofortvollzugs entweder mit der Hauptsachenverfügung verbinden oder sie später – und zwar noch bis zum Eintritt der Bestandskraft – nachholen (§ 65 Abs. 2 GWB). Die Befugnis der Kartellbehörde zur Anordnung des Sofortvollzugs endet erst mit dem **rechtskräftigen** Abschluss des Verfahrens, besteht also auch während des noch laufenden Beschwerde-, Nichtzulassungs- oder Rechtsbeschwerdeverfahrens fort.[6] Ihre Entscheidung ist **in keinem**

---

[3] OLG Düsseldorf, WuW/E DE-R 1094, 1095 – *TEAG;* KG, WuW/E OLG 5132, 5133 – *Empfehlung Ersatzwagenkostenerstattung; Bechtold,* GWB, § 65 Rn. 3; *Lembach* in: Langen/Bunte, Kommentar zum deutschen und europäischen Kartellrecht, § 65 Rn. 5.

[4] Im Einzelnen dazu Nachweise bei *Karsten Schmidt* in: Immenga/Mestmäcker, GWB, § 65 Rn. 6f.; *Bechtold,* GWB, § 65 Rn. 3; *Lembach* in: Langen/Bunte, Kommentar zum deutschen und europäischen Kartellrecht, § 65 Rn. 6.

[5] Vgl. auch *Birmanns* in: Frankfurter Kommentar, GWB 2005, § 65 Rn. 17ff.; *Lembach* in: Langen/Bunte, Kommentar zum deutschen und europäischen Kartellrecht, § 65 Rn. 7.

[6] Ebenso *Birmanns* in. Frankfurter Kommentar, GWB 2005, § 65 Rn. 22, 23 m. w. N.

Fall – also weder dann, wenn die Anordnung unterbleibt, noch dann, wenn der Sofortvollzug angeordnet wird – mit der **Beschwerde** anfechtbar. § 65 Abs. 3 Satz 1 GWB gewährt ausschließlich dem Verfügungsadressaten, der einer für sofort vollziehbar erklärten Verfügung ausgesetzt ist, Rechtsschutz; die Vorschrift beschränkt dessen gerichtlichen Schutz zugleich auf den Antrag an das Beschwerdegericht, den Suspensiveffekt der Hauptsachenbeschwerde wiederherzustellen.[7]

9 Die **Anordnung** des Sofortvollzugs ist – wie jede gerichtlich überprüfbare Behördenentscheidung (vgl. § 39 Abs. 1 VwVfG) – zu **begründen.** Es müssen die tragenden tatsächlichen und rechtlichen Gründe mitgeteilt sowie die der Ermessensausübung zugrunde liegenden Erwägungen offengelegt werden. Entbehrt die Anordnungsverfügung der erforderlichen Begründung, ist sie rechtswidrig und dem Antrag auf Wiederherstellung der aufschiebenden Wirkung (§ 65 Abs. 3 Satz 1 GWB) schon aus diesem Grunde stattzugeben. Eine Heilung des Begründungsmangels nach § 45 Abs. 1 Nr. 2 VwVfG im Beschwerdeverfahren wird mit der Erwägung abgelehnt, dass andernfalls der Funktion der Begründungspflicht, der Behörde den Ausnahmecharakter der Anordnung eines Sofortvollzugs vor Augen zu führen, nicht Genüge getan werde.[8] In einem solchen Fall ist die Kartellbehörde freilich nicht gehindert, die Anordnung mit ordnungsgemäßer Begründung zu wiederholen. Sie kann außerdem ihre Anordnung jederzeit aufheben oder ändern, solange nicht das Beschwerdegericht gemäß § 65 Abs. 3 Satz 1 GWB den Suspensiveffekt der Beschwerde wiederhergestellt hat.[9]

III. Wiederherstellung der aufschiebenden Wirkung durch das Beschwerdegericht (Abs. 3 Satz 1)

1. Allgemeines

10 Die Anordnung des Sofortvollzugs durch die Kartellbehörde ist **nicht beschwerdefähig.** Das Gesetz verweist den Betroffenen in § 65 Abs. 3 Satz 1 GWB vielmehr auf den Antrag an das Beschwerdegericht, die aufschiebende Wirkung seiner Beschwerde (ganz oder teilweise) wiederherzustellen. Das Gericht kann den Suspensiveffekt unter drei **alternativen** Voraussetzungen wiederherstellen, nämlich dann, wenn (1) die Voraussetzungen für die Anordnung nach § 65 Abs. 1 GWB nicht vorgelegen haben oder nicht mehr vorliegen, oder (2) ernstliche Zweifel an der Rechtmäßigkeit der angefochtenen Verfügung bestehen oder (3) die Vollziehung für den Betroffenen eine unbillige, nicht durch überwiegende öffentliche Interessen gebotene Härte zur Folge hätte. Ist zumindest einer dieser drei Tatbestände erfüllt, muss das Beschwerdegericht die aufschiebende Wirkung wiederherstellen. Die Vorschrift räumt dem Gericht ungeachtet ihres insoweit missverständlich formulierten Wortlauts *(„kann")* nach allgemeiner Ansicht[10] **kein Entscheidungsermessen** ein.

2. Die einzelnen Tatbestände

11 In folgenden Fällen hat das Beschwerdegericht die aufschiebende Wirkung der Beschwerde anzuordnen bzw. wiederherzustellen:

12 **a) Anordnung des Sofortvollzugs.** § 65 Abs. 3 Satz 1 Nr. 1 GWB betrifft den Fall, dass die Kartellbehörde in **rechtlicher** oder **tatsächlicher** Hinsicht die Voraussetzungen für die Anordnung des Sofortvollzugs verkannt oder zu Unrecht angenommen hat. Das Beschwerdegericht hat in der Sache diejenigen Erwägungen anzustellen, die auch der Kartellbehörde nach § 65 Abs. 1 GWB obliegen. Insoweit kann auf die dortigen Ausführun-

---

[7] Ebenso *Birmanns* in. Frankfurter Kommentar, GWB 2005, § 65 Rn. 27.

[8] *Birmanns* in. Frankfurter Kommentar, GWB 2005, § 65 Rn. 24 m. w. N.

[9] Ebenso *Karsten Schmidt* in: Immenga/Mestmäcker, GWB, § 65 Rn. 8.

[10] KG, WuW/E OLG 5151 – *Ernstliche Untersagungszweifel; Karsten Schmidt* in: Immenga/Mestmäcker, GWB, § 65 Rn. 12 m. w. N.

gen verwiesen werden. Zu den tatbestandlichen Voraussetzungen, unter denen § 65 Abs. 1 GWB eine Anordnung des Sofortvollzugs zulässt und die deshalb der gerichtlichen Kontrolle nach § 65 Abs. 3 Satz 1 Nr. 1 GWB unterworfen sind, gehören **auch** die **Ermessenserwägungen** der Behörde. Das Beschwerdegericht ist in diesem Zusammenhang allerdings auf die Überprüfung beschränkt, ob die Kartellbehörde ihr Ermessen pflichtgemäß ausgeübt hat, d.h. sie von dem ihr zustehenden Ermessen überhaupt Gebrauch gemacht (sog. Ermessensnichtgebrauch) und die gesetzlichen Zielvorstellungen beachtet sowie alle für die Ermessensausübung maßgebenden Gesichtspunkte hinreichend in ihre Erwägungen einbezogen hat (sog. Ermessensfehlgebrauch). Stellt es Ermessensfehler fest oder ist die Anordnung des Sofortvollzugs aus sonstigen Gründen rechtswidrig, hat das Beschwerdegericht die aufschiebende Wirkung der Beschwerde wiederherzustellen.

b) Zweifel an der Rechtmäßigkeit der angefochtenen Verfügung. § 65 Abs. 3 Satz 1 Nr. 2 GWB verpflichtet das Beschwerdegericht zur Wiederherstellung des Suspensiveffekts, wenn und soweit ernstliche Zweifel an der Rechtmäßigkeit der angefochtenen Verfügung bestehen. Sie liegen vor, wenn bei einer **summarischen Überprüfung**[11] die **Aufhebung** der angefochtenen Verfügung **überwiegend wahrscheinlich** ist. Ob sich die diesbezüglichen Bedenken an der Rechtmäßigkeit der kartellbehördlichen Verfügung aus tatsächlichen Gründen (z.B. einer unzureichenden Sachaufklärung) oder aus rechtlichen (verfahrensrechtlichen oder materiell-rechtlichen) Erwägungen ergeben, ist unerheblich.[12] Nicht ausreichend ist es, wenn sich die Sach- und Rechtslage bei der gebotenen vorläufigen Beurteilung lediglich als offen erweist.[13] 13

c) Unbillige Härte. Eine unbillige Härte im Sinne von § 65 Abs. 3 Satz 1 Nr. 3 GWB ist nicht alleine deshalb anzunehmen, weil der Sofortvollzug für den Betroffenen mit schwerwiegenden Eingriffen und/oder Nachteilen verbunden ist, deren Folgen nach einer erfolgreichen Durchführung des Beschwerdeverfahrens nicht ohne weiteres beseitigt werden können. Entscheidend ist vielmehr, ob und inwieweit der Betroffene die Nachteile im überwiegenden öffentlichen Interesse hinzunehmen hat. Das ist auf der Grundlage einer **umfassenden Interessenabwägung** zu entscheiden. Dabei können auch die voraussichtliche Verfahrensdauer und der voraussichtliche Ausgang des Beschwerdeverfahrens berücksichtigt werden.[14] Von Bedeutung kann auch sein, ob und mit welchem Aufwand ein Unternehmen seine Marktstrategie ändern muss.[15] In Fällen, in denen die Beschwerde kraft Gesetzes keine aufschiebende Wirkung besitzt, ist erforderlich, dass Nachteile geltend gemacht werden, die über den eigentlichen Zweck der Verfügung hinausgehen.[16] **Existenzbedrohungen** müssen im Allgemeinen nicht hingenommen werden. Ebenso können **nicht wieder auszugleichende Folgen** nur ausnahmsweise durch öffentliche Interessen aufgewogen werden.[17] Richtet sich eine auf Art. 101 AEUV und/oder § 1 GWB gestützte kartellbehördliche Missbrauchsverfügung gegen eine – typischerweise in der Rechtsform einer Gesellschaft bürgerlichen Rechts betriebenen – Kooperation von Unternehmen (z.B. 14

---

[11] BGH, WuW/E DE-R 3497, 3498 – *Niederbarnimer Wasserverband.*

[12] OLG Düsseldorf, WuW/E DE-R 2941, 2942/2943 – *Fährhafen Puttgarden II.*

[13] OLG Düsseldorf, WuW/E DE-R 2941, 2942/2943 – *Fährhafen Puttgarden II;* OLG Düsseldorf, WuW/E DE-R 2081 – *Kalksandsteinwerk;* OLG Düsseldorf, WuW/E DE-R 1993, 1994 – *Außenwerbeflächen;* OLG Düsseldorf, WuW/E DE-R 1931, 1932 – *Sulzer/Kelmix;* OLG Düsseldorf, WuW/E DE-R 6, 7 – *Müllverbrennungsanlage; Karsten Schmidt* in: Immenga/Mestmäcker, GWB, § 65 Rdnr. 14; *Bechtold,* GWB, § 65 Rn. 5.

[14] OLG Düsseldorf, NZKart 2013, 377, 378 – *Basis- und Spezialchemikalien* m.w.N. = WuW/E DE-R 3993, 3994/3995 – *Chemikalienhandel.*

[15] *Karsten Schmidt* in: Immenga/Mestmäcker, GWB, § 65 Rn. 15; *Bechtold,* GWB, § 65 Rn. 5.

[16] OLG Düsseldorf, NZKart 2013, 377, 378 – *Basis- und Spezialchemikalien* m.w.N. = WuW/E DE-R 3993, 3994/3995 – *Chemikalienhandel.*

[17] Vgl. OLG Düsseldorf, WuW/E DE-R 2171, 2172; OLG Düsseldorf, Beschl. v. 14.6. 2007 – *VI-Kart 9/07 (V)* Umdruck Seite 5; *Karsten Schmidt* in: Immenga/Mestmäcker, GWB, § 65 Rn. 15.

in Gestalt einer Einkaufsgemeinschaft[18] oder einer Mitversicherungsgemeinschaft[19]), ist für die Frage einer unbilligen Härte nicht in erster Linie auf die Konsequenzen abzustellen, die die angefochtene Verfügung für die Kooperation selbst mit sich bringt. Abzustellen ist vielmehr auch (und vor allem) auf die Nachteile, die den in der Kooperation zusammengeschlossenen Unternehmen entstehen. Das gilt jedenfalls dann, wenn die Kooperationsgemeinschaft ihr unternehmerisches Interesse ausschließlich von dem wirtschaftlichen Interesse ihrer Gesellschafter ableitet.[20]

3. Rechtsbeschwerde

15 In sämtlichen Alternativen unterliegt die Entscheidung des Beschwerdegerichts nach § 65 Abs. 3 GWB in der Rechtsbeschwerdeinstanz nur einer eingeschränkten Überprüfung. Das Rechtsbeschwerdegericht prüft das vom Beschwerdegericht gefundene Ergebnis nur auf seine rechtliche Plausibilität.[21] Freilich stellt sich die Frage, inwieweit diese bloße Plausibilitätsprüfung mit den Voraussetzungen, die § 74 Abs. 2 GWB für die Zulassung der Rechtsbeschwerde normiert (Klärung einer rechtsgrundsätzlichen Frage, Sicherung einer einheitlichen Rechtsprechung, Fortbildung des Rechts) in Einklang steht.

IV. Aussetzung der sofortigen Vollziehung durch die Kartellbehörde (Abs. 3 Satz 2)

16 In den Fällen, in denen die Beschwerde **kraft Gesetzes keine aufschiebende Wirkung** hat, kann die Kartellbehörde – auf Antrag oder von Amts wegen – die Vollziehung aussetzen. Die Aussetzung soll erfolgen, wenn die Vollziehung für den Betroffenen eine unbillige, nicht durch überwiegende öffentliche Interesse gebotene Härte zur Folge hätte (§ 65 Abs. 3 Satz 2 GWB). Eine Härte im Sinne des Gesetzes ist nur anzunehmen, wenn schwerwiegende Eingriffe vorgenommen werden, deren Folgen nach einer erfolgreichen Durchführung des Beschwerdeverfahrens nicht ohne weiteres beseitigt werden können. Außerdem ist – weil das Gesetz an sich die sofortige Vollziehbarkeit der Verfügung vorsieht – erforderlich, dass Nachteile geltend gemacht werden, die über den eigentlichen Zweck der Verfügung hinausgehen.[22] Die dem Betroffenen drohenden Nachteile müssen schließlich unbillig, d. h. nicht im überwiegenden öffentlichen Interesse hinzunehmen sein. Ob diese Voraussetzung erfüllt ist, beurteilt sich nach den Umständen des Einzelfalles unter Abwägung der beiderseitigen Belange und Interessen. Existenzbedrohungen brauchen im Allgemeinen nicht hingenommen werden. Auch irreparable Folgen stellen regelmäßig eine unbillige Härte dar, sofern sie nicht ausnahmsweise durch öffentliche Interessen aufgewogen werden.[23]

Der Aussetzungsantrag an die Kartellbehörde ist bis zur Bestandskraft der Verfügung möglich. Er kann deshalb auch noch während des Beschwerdeverfahrens gestellt und von der Kartellbehörde positiv beschieden werden. Mit Einlegung der Beschwerde steht dem Verfügungsadressaten daneben der vorläufige gerichtliche Rechtsschutz im Verfahren nach § 65 Abs. 3 Satz 3 GWB zur Verfügung, indem beim Beschwerdegericht die Wiederherstellung der aufschiebenden Wirkung der Beschwerde beantragt werden kann. Beide Rechtsschutzmöglichkeiten stehen nebeneinander. Lehnt die Behörde einen Aussetzungs-

[18] OLG Düsseldorf, Beschl. v. 14.6.2007 – *VI-Kart 9/07 (V)* Umdruck Seite 6.
[19] OLG Düsseldorf, Beschl. v. 27.9.2007 – *VI-Kart 11/07 (V)* Umdruck Seite 6f.
[20] OLG Düsseldorf, Beschl. v. 14.6.2007 – *VI-Kart 9/07 (V)* Umdruck Seite 6; OLG Düsseldorf, Beschl. v. 27.9.2007 – *VI-Kart 11/07 (V)* Umdruck Seite 6f.
[21] BGH, WuW/E DE-R 2035, 2037/2038 – *Lotto im Internet;* BGH, WM 2007, 2343, 2345.
[22] *Birmanns* in: Frankfurter Kommentar, GWB 2005 § 65 Rn. 40, 45.
[23] OLG Düsseldorf, Beschl. v. 14.6.2007 – *VI-Kart 9/07 (V)* Umdruck Seite 5; *Karsten Schmidt* in: Immenga/Mestmäcker, GWB, § 65 Rn. 15.

antrag nach § 65 Abs. 3 Satz 2 GWB ab, gewährleistet dagegen das Verfahren nach § 65 Abs. 3 Satz 3 GWB einen effektiven gerichtlichen Schutz.[24]

V. Anordnung der aufschiebenden Wirkung durch das Beschwerdegericht (Abs. 3 Satz 3)

§ 65 Abs. 3 Satz 3 GWB stellt den vorläufigen Rechtsschutz in denjenigen Fällen sicher, in denen die Beschwerde **kraft Gesetzes** keinen Suspensiveffekt hat. 17

1. Allgemeine Grundsätze

Das Beschwerdegericht hat gemäß § 65 Abs. 3 Satz 3 GWB die – vom Gesetz an sich nicht vorgesehene – aufschiebende Wirkung anzuordnen, wenn entweder ernstliche Zweifel an der Rechtmäßigkeit der angefochtenen Verfügung bestehen oder die Vollziehung für den Betroffenen eine unbillige, nicht durch überwiegende öffentliche Interessen gebotene Härte zur Folge hätte. Zur Erläuterung der beiden Tatbestände kann auf die vorstehenden Ausführungen zur Entscheidung des Beschwerdegerichts nach § 65 Abs. 3 Satz 1 GWB bzw. zur Aussetzungsbefugnis der Kartellbehörde gemäß § 65 Abs. 3 Satz 2 GWB verwiesen werden; sie gelten hier sinngemäß. 18

Auch im Verfahren nach § 65 Abs. 3 Satz 3 GWB steht dem Beschwerdegericht **kein Entscheidungsermessen** zu. Liegen die Voraussetzungen der genannten Vorschrift vor, ist es vielmehr zur Anordnung des Suspensiveffekts verpflichtet. Das **Rechtsschutzbedürfnis** für einen Antrag nach § 65 Abs. 3 Satz 3 GWB kann fehlen, wenn die Rechtswirkungen der Verfügung bereits vollständig eingetreten sind und eine weitere Vollziehbarkeit nicht in Betracht kommt. Die Zuständigkeit des Beschwerdegerichts endet mit Anhängigkeit des Rechtsbeschwerdeverfahrens; ab diesem Zeitpunkt obliegt dem Rechtsbeschwerdegericht die Entscheidung nach § 65 Abs. 3 Satz 3 GWB.[25] 19

2. Drittbeschwerden

Die 7. Novelle hat für Drittbeschwerden eine Beschränkung des vorläufigen Rechtsschutzes gebracht. Im Interesse einer möglichst zeitnahen Durchführung und Umsetzung von freigegebenen Zusammenschlussvorhaben hat der Gesetzgeber den vorläufigen Rechtsschutz Dritter, die die kartellbehördliche **Freigabeentscheidung** oder eine **Ministererlaubnis** mit der Beschwerde angreifen, erheblich eingeschränkt. Ihnen steht das Antragsrecht nach § 65 Abs. 3 Satz 3 GWB nur noch dann (und insoweit) zu, wie sie durch die angefochtene Entscheidung in ihren **Rechten** – und nicht bloß in ihren wettbewerblichen Interessen – **verletzt** sein können. Unberührt bleibt die Möglichkeit des Dritten, seine Beschwerdebefugnis für das Hauptsacheverfahren aus der Beeinträchtigung seiner wettbewerblichen Belange herzuleiten. Im Ergebnis kommt bei der Drittbeschwerde ein Eilrechtsschutz damit nur noch in besonderen Ausnahmefällen in Frage. Aus der Verletzung der fusionskontrollrechtlichen Bestimmungen des GWB kann der Dritte eine Rechtsverletzung von vornherein nicht ableiten, weil das Kartellgesetz insoweit nur den Wettbewerb als Institution schützt und nicht darüber hinaus auch drittschützende Wirkung zugunsten der Marktteilnehmer entfaltet.[26] Auch die Vorschriften des UWG gewähren keinen Anspruch auf Erhalt des eigenen Lieferanten- oder Abnehmerkreises. In Schutzrechte, wie Patente, Gebrauchsmuster oder Urheberrechte wird durch Fusionen in aller Regel nicht eingegriffen werden. Denkbar ist es, dass Inhaber von Marken oder geschäftlichen Bezeichnungen durch das freigegebene Fusionsvorhaben in ihren Rechten betroffen werden. 20

---

[24] Zu Allem siehe auch *Birmanns* in: Frankfurter Kommentar, GWB 2005, § 65 Rn. 32.

[25] BGH, NJW 1999, 342 – *Tariftreueerklärung.*

[26] BGH, WuW/E DE-R 1571, 1572 – *Ampere;* BGH, Beschl. v. 7.2.2006 – *KVZ 40/05;* OLG Düsseldorf, WuW/E DE-R 1644, 1645 – *Werhahn.*

VI. Verfahren und andere gemeinsame Vorschriften (Abs. 2, 4, 5)

1. Antragserfordernis

21 Während die Anordnungen der Kartellbehörde zur sofortigen Vollziehung **ohne Antrag** ergehen können, sind die Entscheidungen, die das Beschwerdegericht im einstweiligen Rechtsschutz nach § 65 Abs. 3 Satz 1 oder Satz 3 GWB trifft, antragsgebunden. Der Antrag an das Beschwerdegericht kann schon vor Einreichung der Beschwerde gestellt (§ 65 Abs. 4 Satz 1 GWB) und beschieden werden. Er unterliegt nicht den Form- und Fristerfordernissen des § 66 GWB, verlangt aber – wie jeder Rechtsbehelf – eine (formelle[27] und materielle) Beschwer der antragstellenden Partei. Die zur Rechtfertigung des Rechtsschutzbegehrens vorgetragenen Tatsachen sind vom Antragsteller glaubhaft zu machen (§ 65 Abs. 4 Satz 2 GWB). Es gelten die Glaubhaftmachungsregeln der ZPO, so dass insbesondere die Versicherung an Eides statt (§ 294 ZPO) als Mittel der Glaubhaftmachung in Betracht kommt. Da die Anträge nach § 65 Abs. 3 Satz 1 oder Satz 3 GWB auf das Rechtsschutzziel einer Wiederherstellung bzw. Anordnung der aufschiebenden Wirkung der Beschwerde – und nicht auf eine bestimmte der in § 65 Abs. 3 Satz 1 Nr. 1–3 GWB aufgeführten Fallgruppe – gerichtet sind, ist das Beschwerdegericht weder an die Begründung der antragstellenden Partei noch an diejenige der Kartellbehörde gebunden. Es kann dem Antrag folglich aus einem anderen als dem vom Beschwerdeführer reklamierten Anordnungsgrund des § 65 Abs. 3 Satz 1 GWB stattgeben; den Antrag zurückweisen darf es nur, wenn es alle Anordnungsgründe des § 65 Abs. 3 Satz 1 GWB verneint.[28] Zulässig sind unter dem Aspekt des effektiven Rechtschutzes auch Zwischenentscheidungen des Gerichts, mit denen bis zur Entscheidung über den Eilantrag der status quo erhalten wird.[29]

22 Das Verfahren über die Anordnung oder Wiederherstellung der aufschiebenden Wirkung nach § 65 Abs. 3 GWB ist gegenüber dem Beschwerdeverfahren nach § 63 GWB gebührenrechtlich kein selbständiges, sondern ein bloßes Vorschalt- oder Zwischenverfahren. Dementsprechend ist der Beschluss nach § 65 Abs. 3 GWB nicht mit einer Kostenentscheidung zu versehen.[30]

2. Aufhebung der Vollziehung, Sicherheitsleistung, Befristung

23 § 65 Abs. 4 Satz 3 GWB gestattet dem Beschwerdegericht, die Aufhebung der im Entscheidungszeitpunkt bereits erfolgten Vollziehung anzuordnen. Das Gericht kann zudem die Wiederherstellung und die Anordnung der aufschiebenden Wirkung von der Leistung einer Sicherheit oder von anderen Auflagen abhängig machen. Außerdem sind Befristungen möglich (§ 65 Abs. 4 Satz 4 GWB). Da die Entscheidungen, die das Beschwerdegericht nach § 65 GWB trifft, nicht der materiellen Rechtskraft fähig sind, kann ein erfolgloser Antrag wiederholt werden. Das Gericht ist allerdings nur dann zur Neubescheidung verpflichtet, wenn neue Tatsachen vorgetragen werden.

3. Änderung und Aufhebung von Anordnungen

24 Die nach § 65 Abs. 3 GWB getroffenen **gerichtlichen** Entscheidungen gelten – sofern das Beschwerdegericht keine kürzere Frist bestimmt hat – vom Zeitpunkt ihrer Zustellung bis zum rechtskräftigen Abschluss des Beschwerdeverfahrens, mithin auch noch für die Dauer eines etwaigen Rechtsbeschwerdeverfahrens. Nach § 65 Abs. 5 GWB kann das Beschwerdegericht seine auf § 65 Abs. 3 GWB gestützten Entscheidungen allerdings jederzeit

---

[27] KG, WuW/E OLG 1867 – *Air-Conditioning-Anlagen.*
[28] Ebenso: *Karsten Schmidt* in: Immenga/Mestmäcker, GWB, § 65 Rn. 16.
[29] OLG Düsseldorf, Beschl. v. 9.3.2010 – *VI Kart 1/10 (V).*
[30] OLG Düsseldorf, WuW/E DE-R 2493 – *Sulzer/Kelmix.*

ändern oder aufheben. Ein Antrag ist nicht erforderlich. Der Begriff *„jederzeit"* ist ausschließlich zeitlich gemeint. Er bedeutet nicht beliebig. Änderungen oder Aufhebungen sind deshalb nur zulässig, wenn das Gericht zu der Überzeugung gelangt, dass die Voraussetzungen für die von ihm getroffene Anordnung entfallen oder unrichtig beurteilt worden sind.

Dieselbe Befugnis steht der **Kartellbehörde** in Bezug auf die von ihr nach § 65 Abs. 1, Abs. 3 Satz 2 GWB getroffenen Anordnungen zu. Das folgt zwar nicht aus § 65 Abs. 5 GWB, der nur von den nach § 65 Abs. 3 GWB erlassenen (gerichtlichen) Beschlüssen spricht, ergibt sich aber unmittelbar aus dem Umstand, dass die kartellbehördlichen Anordnungen nach § 65 GWB nicht in materielle Bestandskraft erwachsen. Die Behörde darf ihre Entscheidung auch dann noch überprüfen und ändern, wenn schon Beschwerde eingelegt worden ist. Ihre **Änderungs- und Aufhebungsbefugnis** ist allerdings insoweit **beschränkt,** als keine nachträglichen Anordnungen getroffen werden dürfen, die in Widerspruch zu einer zwischenzeitlich vom Beschwerdegericht erlassenen Entscheidung über die Wiederherstellung oder Anordnung der aufschiebenden Wirkung der Beschwerde stehen. 25

4. Anfechtbarkeit

Nachdem § 74 Abs. 1 GWB im Zuge der 7. GWB-Novelle neu gefasst worden ist und der Gesetzgeber die ursprüngliche Einschränkung fallen gelassen hat, wonach lediglich die vom Beschwerdegericht in der Hauptsache getroffenen Entscheidungen rechtsbeschwerdefähig waren, sind die Gerichtsbeschlüsse nach § 65 Abs. 3 bis 5 GWB mit der **Rechtsbeschwerde** anfechtbar.[31] Im Rechtsbeschwerdeverfahren wird die Entscheidung des Beschwerdegerichts nur eingeschränkt, nämlich daraufhin überprüft, ob das gefundene Ergebnis rechtlich plausibel und vertretbar ist.[32] Diese eingeschränkte Rechtskontrolle begründet der Bundesgerichtshof maßgeblich mit dem Argument, dass eine weitergehende Rechtmäßigkeitskontrolle auf eine Vorwegnahme der Hauptsache hinausliefe, die mit dem Verfahrenscharakter als Eilverfahren unvereinbar wäre. Freilich stellt sich dann die Frage, inwieweit bei den Eilentscheidungen des Beschwerdegerichts nach § 65 Abs. 3 bis 5 GWB überhaupt die Voraussetzungen für eine Zulassung der Rechtsbeschwerde nach § 74 Abs. 2 GWB (Klärung einer Rechtsfrage von grundsätzlicher Bedeutung, Fortbildung des Rechts, Sicherung einer einheitlichen Rechtsprechung) vorliegen können 26

Mit Anhängigkeit des Rechtsbeschwerdeverfahrens in der Hauptsache endet die Zuständigkeit des Beschwerdegerichts für die Rechtsschutzanträge nach § 65 GWB; diese geht auf das Rechtsbeschwerdegericht über.[33] 27

§ 66 Frist und Form

(1) **[1]Die Beschwerde ist binnen einer Frist von einem Monat bei der Kartellbehörde, deren Verfügung angefochten wird, schriftlich einzureichen. [2]Die Frist beginnt mit der Zustellung der Verfügung der Kartellbehörde. [3]Wird in den Fällen des § 36 Absatz 1 Antrag auf Erteilung einer Erlaubnis nach § 42 gestellt, so beginnt die Frist für die Beschwerde gegen die Verfügung des Bundeskartellamts mit der Zustellung der Verfügung des Bundesministeriums für Wirtschaft und Energie. [4]Es genügt, wenn die Beschwerde innerhalb der Frist bei dem Beschwerdegericht eingeht.**

(2) **Ergeht auf einen Antrag keine Verfügung (§ 63 Absatz 3 Satz 2), so ist die Beschwerde an keine Frist gebunden.**

---

[31] So jetzt auch *Lembach* in: Langen/Bunte, Kommentar zum deutschen und europäischen Kartellrecht, § 65 Rn. 20.

[32] BGH, WuW/E DE-R 2035, 2038 – *Lotto im Internet.*

[33] BGH, NJW 1999, 342 – *Tariftreueerklärung; Karsten Schmidt* in: Immenga/Mestmäcker, GWB, § 65 Rn. 16.

(3) [1]**Die Beschwerde ist innerhalb von zwei Monaten nach Zustellung der angefochtenen Verfügung zu begründen.** [2]**Im Fall des Absatzes 1 Satz 3 beginnt die Frist mit der Zustellung der Verfügung des Bundesministeriums für Wirtschaft und Energie.** [3]**Wird diese Verfügung angefochten, beginnt die Frist zu dem Zeitpunkt, zu dem die Untersagung unanfechtbar wird.** [4]**Im Fall des Absatzes 2 beträgt die Frist einen Monat; sie beginnt mit der Einlegung der Beschwerde.** [5]**Die Frist kann auf Antrag von dem oder der Vorsitzenden des Beschwerdegerichts verlängert werden.**

(4) **Die Beschwerdebegründung muss enthalten**

1. **die Erklärung, inwieweit die Verfügung angefochten und ihre Abänderung oder Aufhebung beantragt wird,**
2. **die Angabe der Tatsachen und Beweismittel, auf die sich die Beschwerde stützt.**

(5) **Die Beschwerdeschrift und die Beschwerdebegründung müssen durch einen Rechtsanwalt unterzeichnet sein; dies gilt nicht für Beschwerden der Kartellbehörden.**

Übersicht

I. Sinn und Zweck der Vorschrift

1 § 66 GWB regelt in Anlehnung an §§ 74, 81 und 82 VwGO die **Formalien der Beschwerde,** insbesondere die Frist und Form der Beschwerdeeinlegung sowie Frist, Form und Inhalt der Beschwerdebegründung. Ergänzend sind nach § 73 Nr. 2 GWB die Vorschriften der Zivilprozessordnung heranzuziehen. Bedeutung hat die Verweisung im vorliegenden Zusammenhang insbesondere mit Blick auf die Regelungen zur Wiedereinsetzung in den vorigen Stand.

II. Beschwerdeeinlegung (Abs. 1 und 2)

1. Frist

2 § 66 Abs. 1 GWB normiert eine einmonatige Beschwerdefrist.

3 **a) Frist und Fristbeginn.** Die Beschwerdefrist beträgt **einen Monat** (§ 66 Abs. 1 Satz 1 GWB). Sie gilt für die Anfechtungsbeschwerde und die Verpflichtungsbeschwerde (im engeren Sinne) gleichermaßen. Entsprechende Anwendung findet § 66 Abs. 1 Satz 1 GWB auf die – bei Erledigung der Hauptsache mögliche – Fortsetzungsfeststellungsbeschwerde. Das gilt allerdings nur, sofern die Erledigung vor Einlegung der Beschwerde eingetreten ist. Auf die allgemeine Leistungsbeschwerde[1] und – wie § 66 Abs. 2 GWB ausdrücklich klarstellt – auf die Bescheidungsbeschwerde findet die Monatsfrist demgegenüber keine Anwendung.

4 Für die nach § 66 Abs. 1 Satz 1 GWB fristgebundenen Beschwerden beginnt der Fristenlauf mit der **förmlichen Zustellung** der Verfügung der Kartellbehörde an die beschwerdeführende Partei. Begründungsmängel lassen den Fristablauf unberührt. Ist die Verfügung der Kartellbehörde entgegen § 61 Abs. 1 Satz 1 GWB ohne oder mit einer nur unvollständigen oder sachlich unzutreffenden Rechtsmittelbelehrung versehen, wird die einmonatige Beschwerdefrist **analog § 58 Abs. 1 VwGO** nicht in Gang gesetzt. Es gilt

[1] *Karsten Schmidt* in: Immenga/Mestmäcker, GWB, § 66 Rn. 7.

vielmehr in entsprechender Anwendung von § 58 Abs. 2 VwGO eine Jahresfrist ab Zustellung der Verfügung an den Beschwerdeführer.[2] Ist eine förmliche Zustellung an die beschwerdeführende Partei unterblieben, ist die einmonatige Beschwerdefrist ihr gegenüber gleichfalls nicht in Gang gesetzt. Es kommt aber ebenfalls analog § 58 Abs. 2 VwGO die Jahresfrist zur Anwendung, falls der Beschwerdeführer Kenntnis von der Verfügung erhalten hat. Der Lauf der Jahresfrist beginnt in diesem Fall mit der Kenntniserlangung.[3]

Eine Sonderregelung enthält § 66 Abs. 1 S. 3 GWB für die Beschwerde gegen Unter- **5** sagungsverfügungen des Bundeskartellamts im Bereich der **Zusammenschlusskontrolle,** sofern die Fusionsbeteiligten im Anschluss an das kartellbehördliche Fusionsverbot rechtzeitig (vgl. § 42 Abs. 3 GWB) Antrag auf Erteilung einer Ministererlaubnis gestellt haben. Nach der genannten Vorschrift beginnt die Beschwerdefrist zur Anfechtung der Amtsentscheidung in diesem Fall erst mit der Zustellung der Verfügung des Bundesministers für Wirtschaft. Die Zusammenschlussbeteiligten werden hierdurch in die Lage versetzt, nach Erlass der Untersagungsverfügung des Amtes zunächst das Ministererlaubnisverfahren zu betreiben und die Anfechtung der Kartellamtsverfügung bis zum Erlass einer (abschlägigen) Ministerentscheidung zurückzustellen. Parallel dazu bestimmt § 42 Abs. 3 Satz 1 und 2 GWB, dass der Antrag auf Erteilung einer Ministererlaubnis zwar grundsätzlich binnen Monatsfrist nach Zustellung der kartellbehördlichen Untersagungsverfügung gestellt werden muss, dass die Antragsfrist aber auf einen Monat nach Bestandskraft der Untersagung verlängert ist, falls die Zusammenschlussbeteiligten das kartellbehördliche Fusionsverbot fristgerecht angefochten haben. In der Gesamtschau koordinieren §§ 66 Abs. 1 S. 3, 42 Abs. 3 Satz 1 und 2 GWB damit im Interesse der Verfahrensökonomie die Rechtsbehelfe der Anfechtung des kartellbehördlichen Fusionsverbots und des Antrags auf Erteilung einer Ministererlaubnis. Voraussetzung für eine verlängerte Beschwerdefrist (§ 66 Abs. 3 Satz 3 BGB) bzw. Antragsfrist (§ 42 Abs. 3 Satz 2 GWB) ist allerdings, dass der jeweils andere Rechtsbehelf **fristgerecht erhoben** worden ist.[4] Selbstverständlich können die Zusammenschlussbeteiligten auch parallel und fristwahrend sowohl gegen die Untersagungsentscheidung vorgehen als auch die Erteilung der Ministererlaubnis beantragen und eine ablehnende Ministerentscheidung sodann mit der Beschwerde anfechten.

b) Fristberechnung. Die **Berechnung** der einmonatigen **Beschwerdefrist** richtet **6** sich gemäß § 73 Nr. 2 GWB i. V. m. § 222 Abs. 1 ZPO nach den Bestimmungen der §§ 187 bis 189 BGB. Danach beginnt die Frist mit Zustellung der Verfügung der Kartellbehörde (§ 187 Abs. 1 BGB). Sie endet mit dem Ablauf des Tages des Folgemonats, der durch seine Zahl dem Tage der Zustellung entspricht (§ 188 Abs. 2 1. Alt. BGB). Fällt das Ende einer Frist auf einen Sonnabend, Sonntag oder einen allgemeinen Feiertag, so endet die Frist mit dem Ablauf des nächsten Werktages (§ 222 Abs. 2 ZPO). Als Notfrist kann die Beschwerdefrist nicht verlängert werden, jedoch ist unter den Voraussetzungen der §§ 233ff. ZPO Wiedereinsetzung in den vorigen Stand möglich (vgl. § 73 Nr. 2 GWB).

2. Adressat

Die Beschwerde ist bei der **Kartellbehörde** einzulegen (§ 66 Abs. 1 Satz 1 GWB). **7** Hierdurch soll dieser die Möglichkeit eröffnet werden, der Beschwerde (ganz oder in Teilen) abzuhelfen und die angefochtene Verfügung aufgrund geänderter Überlegungen zugunsten der beschwerdeführenden Partei abzuändern. Macht die Behörde davon Gebrauch, kann Erledigung des Beschwerdeverfahrens eintreten. Werden durch die vorgenommenen Änderungen der angefochtenen Verfügung andere Verfahrensbeteiligte (z. B. Beigeladene) belastet, steht ihnen dagegen die Beschwerdemöglichkeit offen.

---

[2] Vgl. auch BGH, BGH-Report 2005, 1006.
[3] KG, WuW/E OLG 1967, 1968 – *Westdeutsche Allgemeine Verlagsgesellschaft.*
[4] Dazu im Einzelnen: *Karsten Schmidt* in: Immenga/Mestmäcker, GWB, § 66 Rn. 9 m. w. N.

8 Die Einlegung der Beschwerde beim Beschwerdegericht wahrt die Beschwerdefrist (§ 66 Abs. 1 Satz 4 GWB), löst aber solange nicht den Suspensiveffekt aus, bis die Beschwerdeschrift auch der Kartellbehörde vorliegt. In einem solchen Fall empfiehlt es sich deshalb, die Beschwerdeschrift unmittelbar auch an die Kartellbehörde zu senden. Dabei sollte freilich klargestellt werden, dass die Übersendung nur zur Kenntnisnahme und nicht zum Zwecke der Beschwerdeeinlegung erfolgt.

3. Form

9 Das Gesetz schreibt in § 66 Abs. 1 Satz 1 GWB für die Einlegung der Beschwerde **Schriftform** vor. Es bestimmt in § 66 Abs. 5 GWB überdies, dass – sofern nicht die Kartellbehörde beschwerdeführende Partei ist – sowohl die Beschwerdeschrift als auch die Beschwerdebegründung von einem bei einem deutschen Gericht zugelassenen Rechtsanwalt unterzeichnet sein müssen. Obschon es streng genommen an der Einreichung einer „unterzeichneten" Schrift fehlt, genügt die Übermittlung der Beschwerdeschrift per Fernschreiben oder Telefax und ebenso die elektronische Übermittlung per Computerfax mit eingescannter Unterschrift.[5]

III. Beschwerdebegründung (Abs. 3 und 4)

10 Die Beschwerde ist zu begründen, andernfalls sie als unzulässig zu verwerfen ist. Die Anforderungen, die das Gesetz in zeitlicher und inhaltlicher Hinsicht an die Beschwerdebegründung stellt, ergeben sich aus § 66 Abs. 3–5 GWB.

1. Frist und Form

11 Nach § 66 Abs. 3 Satz 1 GWB ist die Beschwerde innerhalb einer Frist von **zwei Monaten nach Zustellung** der angefochtenen Verfügung zu begründen. Im Falle der Bescheidungsbeschwerde im Sinne von §§ 66 Abs. 2, 63 Abs. 3 Satz 2 GWB beträgt die Begründungsfrist einen Monat, gerechnet ab Einlegung der Beschwerde (§ 66 Abs. 3 Satz 4 GWB). Bei der Berechnung der vorgenannten Begründungsfristen ist der Tag der Zustellung der Verfügung bzw. der Beschwerdeeinlegung nicht mitzurechnen (§ 73 Nr. 2 GWB i. V. m. § 222 Abs. 1 ZPO, § 187 Abs. 1 BGB).

12 Die Beschwerdebegründungsfrist kann gemäß § 66 Abs. 3 Satz 5 von dem Vorsitzenden des Beschwerdegerichts (auch mehrfach) verlängert werden. Erforderlich ist, dass der Verlängerungsantrag rechtzeitig, d. h. vor Fristablauf, beim Gericht eingeht. Ist dies der Fall, kann die Verlängerung auch noch nach Ablauf der Frist gewährt werden. Wird eine Beschwerdebegründung durch Telefax übermittelt, ist die Schriftform nur als gewahrt angesehen worden, wenn die Kopie vom Absender direkt dem Gericht oder der Kartellbehörde zugeht.[6]

13 Die Beschwerdebegründung ist in **Schriftform** einzureichen. Sie muss – mit Ausnahme der Begründungsschrift der Kartellbehörde – außerdem von einem bei einem deutschen Gericht zugelassenen Rechtsanwalt unterzeichnet sein (§ 66 Abs. 5 GWB). Dazu ist auf die zu § 130 Nr. 6 ZPO entwickelten Rechtsgrundsätze zurückzugreifen.[7]

2. Inhalt

14 Den **Inhalt** der Beschwerdebegründung bestimmt § 66 Abs. 4 GWB.

15 **a) Beschwerdeziel.** Die Begründungsschrift muss die Erklärung enthalten, inwieweit die Verfügung angefochten und ihre Abänderung oder Aufhebung beantragt wird (§ 66

[5] Gem. S-OGB, NJW 2000, 2340, 2341; BGH, NJW 1990, 188.
[6] Vgl. BGH, BGHZ 79, 31.
[7] OLG Düsseldorf, Beschl. v. 30.9.2015 – *VI Kart 3/15 (V)*.

Abs. 4 Nr. 1 GWB). Ein darauf ausgerichteter Beschwerdeantrag ist in der Praxis üblich, jedoch nicht zwingend. Es genügt, wenn sich aus dem Inhalt der Beschwerdebegründung hinreichend deutlich entnehmen lässt, in welchen Punkten und mit welchem Rechtsschutzziel eine Abänderung der kartellbehördlichen Entscheidung angestrebt wird. Insbesondere braucht der Beschwerdeführer den erstrebten Entscheidungssatz der gerichtlichen Entscheidung nicht zu formulieren.[8] Das gilt namentlich für die Fälle der Verpflichtungs- und Bescheidungsbeschwerde.

Obwohl § 66 Abs. 4 Nr. 1 GWB nur von der Abänderung oder Aufhebung einer Verfü- **16** gung spricht, gelten die dort normierten Grundsätze sinngemäß auch für die anderen im Kartellverwaltungsverfahren zulässigen Beschwerdearten.

b) Beschwerdeangriffe. § 66 Abs. 4 Nr. 2 GWB verlangt neben der Offenlegung des **17** Beschwerdeziels die Angabe der **Tatsachen und Beweismittel,** auf die sich die Beschwerde stützt. Entbehrlich sind damit an sich Rechtsausführungen der beschwerdeführenden Partei. Andererseits muss der Beschwerdeführer nachvollziehbar und verständlich darlegen, in welchen Punkten die angefochtenen Entscheidung fehlerhaft und in dem begehrten Umfang zu korrigieren sein soll.[9] Hierfür ist in aller Regel ein Mindestmaß an rechtlichen Ausführungen erforderlich. Gleiches gilt, wenn sich die Beschwerde in einzelnen Punkten oder in vollem Umfang ausschließlich gegen die Rechtsanwendung der Kartellbehörde wendet. In beiden Fallkonstellation mangels es an der gesetzlich gebotenen Beschwerdebegründung, wenn und soweit die zum Verständnis der Beschwerdeangriffe unentbehrlichen Rechtsausführungen fehlen. Überdies ist zu beachten, dass dem Beschwerdegericht auch unter Geltung des Untersuchungsgrundsatzes (§ 70 Abs. 1 GWB) eine Aufklärungs- und Ermittlungspflicht nur insoweit obliegt, als der Vortrag der Beteiligten oder der Sachverhalt im Übrigen bei sorgfältiger Überlegung der sich aufdrängenden Gestaltungsmöglichkeiten dazu Anlass geben kann. Vor diesem Hintergrund kann sich ein nur eingeschränkter Vortrag des Beschwerdeführers verfahrensmäßig zu seinem Nachteil auswirken.[10]

Unzureichend ist die bloße pauschale Bezugnahme auf Vorbringen im kartellbehördli- **18** chen Verfahren. Eine solche Bezugnahme ist nur zulässig, wenn wegen der weiteren Einzelheiten eines Beschwerdeangriffs auf einen früheren und konkret in Bezug genommenen Sachvortrag verwiesen wird. Nimmt der Beschwerdeführer auf seinen Sach- oder Rechtsvortrag in einem anderen – nicht streitbefangenen – Verfahren (etwa einem Zivilverfahren oder einem anderen Verwaltungsverfahren) Bezug, dessen Akten nicht Bestandteil der Amtsakten sind, müssen die entsprechenden Schriftsätze der Beschwerdebegründung beigefügt werden. Statthaft ist es, wenn sich in einem von mehreren Beschwerdeführern geführten Verfahren der eine Beschwerdeführer das Vorbringen eines anderen zu eigen macht und zur Vermeidung von Wiederholungen auf dessen schriftsätzlichen Vortrag verweist.

IV. Verstoß gegen § 66

Das Beschwerdegericht prüft **von Amts wegen,** ob die Beschwerde an sich statthaft **19** (§ 63 GWB) und frist- und formgerecht eingelegt und begründet ist (§ 66 GWB). Fehlt es hieran, kann das Gericht entsprechend § 519b ZPO, § 125 Abs. 2 VwGO die Beschwerde ohne mündliche Verhandlung als unzulässig verwerfen.

§ 67 Beteiligte am Beschwerdeverfahren

(1) **An dem Verfahren vor dem Beschwerdegericht sind beteiligt**

1. der Beschwerdeführer,
2. die Kartellbehörde, deren Verfügung angefochten wird,

[8] KG, WuW/E OLG 4859, 4861 – *Versicherungsgebühren.*
[9] KG, WuW/E OLG 5568, 5579 – *Fernsehübertragungsrechte.*
[10] *Karsten Schmidt* in: Immenga/Mestmäcker, GWB, § 66 Rn. 14.

3. Personen und Personenvereinigungen, deren Interessen durch die Entscheidung erheblich berührt werden und die die Kartellbehörde auf ihren Antrag zu dem Verfahren beigeladen hat.

(2) **Richtet sich die Beschwerde gegen eine Verfügung einer obersten Landesbehörde, ist auch das Bundeskartellamt an dem Verfahren beteiligt.**

Übersicht

I. Inhalt der Vorschrift

1 § 67 GWB bestimmt, wer Beteiligter des Beschwerdeverfahrens ist. Der Wortlaut erweckt den Eindruck einer abschließenden Aufzählung. Es ist allerdings anerkannt, dass über die in der Vorschrift Genannten alle diejenigen am Beschwerdeverfahren beteiligt sind, die auch Beteiligte des vorausgegangenen kartellbehördlichen Verfahrens gewesen sind.

1. Beschwerdeführer

2 Beteiligt am Verfahren vor dem Beschwerdegericht ist kraft gesetzlicher Regelung zunächst die beschwerdeführende Partei (§ 67 Abs. 1 Nr. 1 GWB). Das gilt ohne Rücksicht darauf, ob das Rechtsmittel zulässig erhoben worden ist. Als Beschwerdeführer beteiligt ist ebenso derjenige, der sich einer bereits anderweitig eingelegten Beschwerde anschließt.

2. Kartellbehörde

3 Beteiligt ist nach § 67 Abs. 1 Nr. 2 GWB ferner die Kartellbehörde, deren Verfügung angefochten wird. Als Beteiligte kommen damit sowohl das Bundeskartellamt als auch die jeweilige Landeskartellbehörde in Betracht. Das Bundeskartellamt ist im Interesse einer bundesweit einheitlichen Rechtsanwendung und Verwaltungspraxis gemäß § 67 Abs. 2 GWB darüber hinaus auch in den Beschwerdeverfahren gegen eine Verfügung der Landeskartellbehörde beteiligt. Das gilt mit Rücksicht auf den Zweck dieser Verfahrensbeteiligung nicht nur für Anfechtungsbeschwerden gegen die Landeskartellbehörde, sondern gleichermaßen auch für alle anderen Beschwerdearten.

3. Beigeladene

4 Nach § 67 Abs. 1 Nr. 3 GWB ist am Beschwerdeverfahren des Weiteren der Beigeladene beteiligt. Gemeint ist damit derjenige, der im Verwaltungsverfahren von der Kartellbehörde **tatsächlich beigeladen** worden ist. Ob die Beiladung zu Recht erfolgt ist, spielt für die Beteiligtenstellung keine Rolle und ist vom Beschwerdegericht auch nicht zu prüfen. Umgekehrt ist derjenige, der zum kartellbehördlichen Verfahren zwar hätte beigeladen werden können (oder sogar müssen), der aber bei der Kartellbehörde nicht um eine Beiladung nachgesucht hat oder dessen Beiladungsantrag – zu Recht oder zu Unrecht – abgelehnt worden ist, nicht am Beschwerdeverfahren beteiligt. Dieser kann allerdings in Ausnahmefällen (z. B. notwendige Beiladung, Ablehnung eines Beiladungsantrags aus dem Gesichtspunkt der Verfahrensökonomie) berechtigt sein, eine eigene Beschwerde einzulegen.[1] In diesem Fall erlangt er die Beteiligung am Beschwerdeverfahren in seiner Eigenschaft als Beschwerdeführer.

---

[1] Vgl. dazu im Einzelnen die Ausführungen bei § 63 Rn. 13 ff.

5 Eine Beiladung kann nur zum kartellbehördlichen Verfahren – und nicht zum Beschwerdeverfahren – erfolgen (§ 54 Abs. 2 Nr. 3 GWB). Sie scheidet aus, sobald die kartellbehördliche Hauptsachenverfügung unanfechtbar geworden ist.[2] Bei Fusionskontrollverfahren steht dem das Verstreichen der Monatsfrist des **§ 40 Abs. 1 GWB** oder der Ablauf der Vier-Monatsfrist des **§ 40 Abs. 2 Satz 2 GWB** gleich, weil mit Fristablauf das angemeldete Zusammenschlussvorhaben kraft Gesetzes als freigegeben gilt.[3] Auf der anderen Seite darf die Kartellbehörde bis zur Einlegung der Beschwerde in der Hauptsache noch eine Beiladung aussprechen, weil die Sache so lange noch nicht der nächsten Instanz angefallen ist.[4] Ob darüber hinaus eine Beiladung auch noch nach Beschwerdeeinlegung erfolgen kann, ist umstritten.[5] Nach der Rechtsprechung des Oberlandesgerichts Düsseldorf[6] ist dies zu bejahen, sofern der Beiladungsantrag vor Erlass der kartellbehördlichen Hauptsachenentscheidung gestellt worden ist. Wird das Beiladungsgesuch erst nach diesem Zeitpunkt gestellt, ist eine Beiladung nicht mehr möglich, weil das kartellbehördliche Verfahren bei Antragstellung bereits beendet war.

II. Erweiterung des Kreises der Beteiligten

6 Es ist allgemein anerkannt, dass § 67 GWB keine abschließende Aufzählung der am Beschwerdeverfahren Beteiligten enthält, sondern unter dem Aspekt der Verfahrenskontinuität einer Erweiterung bedarf.[7] Alle diejenigen, die nach **§ 54 Abs. 2 GWB** am Verfahren vor der Kartellbehörde beteiligt waren, müssen auch Beteiligte des anschließenden Beschwerdeverfahrens sein. Das gilt nicht nur für denjenigen, der bei der Kartellbehörde erfolgreich die Einleitung eines Verfahrens beantragt hat (§ 54 Abs. 2 Nr. 1 GWB), wenn die von diesem erwirkte kartellbehördliche Verfügung angefochten wird, sondern auch für denjenigen, gegen den sich das Verfahren der Kartellbehörde richtet (§ 54 Abs. 2 Nr. 2 GWB), und bei Zusammenschlusstatbeständen gleichermaßen für den Veräußerer (§ 54 Abs. 2 Nr. 4). Darüber hinaus muss aus Rechtsschutzgesichtspunkten auch demjenigen der Status eines Beteiligten zuerkannt werden, für den der Ausgang des Beschwerdeverfahrens eine **unmittelbare rechtsgestaltende Wirkung** hat. In Betracht kommt dies beispielsweise, wenn die angefochtene Verfügung mit konstitutiver Wirkung vertragliche Vereinbarungen untersagt, an denen der Dritte selbst beteiligt ist.[8] Gleiches gilt für den notwendig Beizuladenden, d.h. denjenigen, der geltend machen kann, durch die angefochtene kartellbehördliche Entscheidung in seinen Rechten verletzt zu sein.

§ 68 Anwaltszwang

[1] Vor dem Beschwerdegericht müssen die Beteiligten sich durch einen Rechtsanwalt als Bevollmächtigten vertreten lassen. [2] Die Kartellbehörde kann sich durch ein Mitglied der Behörde vertreten lassen.

Übersicht

[2] Vgl. BGH, WuW/E DE-R 1544 – *Zeiss/Leica.*
[3] Vgl. OLG Düsseldorf, WuW/E DE-R 1293, 1294/1295 – *tvkofler.*
[4] Vgl. BGH, WuW/E DE-R 1544 – *Zeiss/Leica;* BGH, WuW/E BGH 2077, 2080 – *Coop/Supermagazin.*
[5] Vgl. *Karsten Schmidt* in: Immenga/Mestmäcker, GWB, § 67 Rn. 4 m. w. N.; *Schneider* in: Langen/Bunte, Kommentar zum deutschen und europäischen Kartellrecht, § 54 Rn. 38.
[6] Beschl. v. 21.6.2004 – *VI-Kart 6/04 (V).*
[7] KG, WuW/E OLG 1758, 1765 – *Weichschaum III.*
[8] Vgl. BGH, WuW/E BGH 2875, 2876 – *Herstellerleasing.*

I. Sinn und Zweck der Vorschrift

1 § 68 Satz 1 GWB ordnet für das Beschwerdeverfahren in Kartellverwaltungssachen **Anwaltszwang** an. § 76 Abs. 5 GWB übernimmt die Regelung für das Rechtsbeschwerdeverfahren. Da beide Vorschriften nur die Vertretung durch einen „bei einem deutschen Gericht zugelassenen" Rechtsanwalt verlangen, ist für das Rechtsbeschwerdeverfahren eine BGH-Zulassung nicht erforderlich. Die Partei kann sich vielmehr im Beschwerde- und Rechtsbeschwerdeverfahren durch denselben anwaltlichen Bevollmächtigten vertreten lassen. Andererseits scheidet eine Vertretung durch einen deutschen Hochschullehrer – anders als dies § 138 Abs. 1 StPO, § 46 Abs. 1 OWiG für das Straf- und Bußgeldverfahren sowie § 67 Abs. 1 VwGO für den Verwaltungsprozess regeln – aus.[1]

II. Grenzen

2 **Die Kartellbehörden** können sich nach § 68 Satz 2 GWB durch ein Mitglied der Behörde vertreten lassen. Damit sind alle dort beruflich Bediensteten gemeint; eine Befähigung zum Richteramt ist nicht erforderlich.

3 Dem Anwaltszwang unterfallen nicht die Handlungen, die **vor dem Urkundsbeamten** vorgenommen werden können. Die Beteiligten können selbst Prozesskostenhilfe beantragen (§ 117 Abs. 1 ZPO) und die Anhörungsrüge erheben (§ 71a Abs. 2 Satz 4 GWB). Ebenso wenig ist eine anwaltliche Vertretung bei der Rücknahme eines Rechtsmittels erforderlich, das der Beteiligte selbst eingelegt hatte.

§ 69 Mündliche Verhandlung

(1) **Das Beschwerdegericht entscheidet über die Beschwerde auf Grund mündlicher Verhandlung; mit Einverständnis der Beteiligten kann ohne mündliche Verhandlung entschieden werden.**

(2) **Sind die Beteiligten in dem Verhandlungstermin trotz rechtzeitiger Benachrichtigung nicht erschienen oder gehörig vertreten, so kann gleichwohl in der Sache verhandelt und entschieden werden.**

Übersicht

I. Mündliche Verhandlung

1. Grundsatz

1 § 69 normiert den **Grundsatz** der mündlichen Verhandlung, ohne allerdings selbst die damit verbundenen Modalitäten zu regeln. Für den Ablauf und die weiteren Einzelheiten der mündlichen Verhandlung ist gemäß § 73 Nr. 1 und 2 GWB auf die Vorschriften des GVG und der ZPO zurückzugreifen.

2. Sachentscheidungen

2 § 69 statuiert nur für die **Sachentscheidung in der Hauptsache** das Gebot mündlicher Verhandlung *(„über die Beschwerde")*. Eine Verwerfung der Beschwerde als unzulässig

[1] *Lembach* in: Langen/Bunte, Kommentar zum deutschen und europäischen Kartellrecht, § 68 Rn. 1.

ist auch ohne mündliche Verhandlung analog § 522 ZPO, § 125 Abs. 2 VwGO zulässig.[1] Gleiches gilt für das Rechtsbeschwerdeverfahren, mit dem ein ohne mündliche Verhandlung ergangener Verwerfungsbeschluss des Beschwerdegerichts angegriffen wird. Dasselbe gilt für isolierte Kostenentscheidungen, die etwa nach Rücknahme der Beschwerde oder nach Erledigung des Beschwerdeverfahrens in der Hauptsache ergehen. Eine mündliche Verhandlung ist ebenso wenig vorgeschrieben in Nebenverfahren, beispielsweise zum Erlass von Anordnungen und Entscheidungen nach §§ 64, 65 GWB.[2]

Ist eine mündliche Verhandlung nach § 69 Abs. 1 1. Halbsatz GWB vorgeschrieben, kann nur im **Einverständnis aller Beteiligten** von ihr abgesehen werden. Das Einverständnis unterliegt dem Anwaltszwang des § 68 Satz 1 GWB und kann infolge dessen von dem Verfahrensbeteiligten selbst rechtswirksam nicht erklärt werden.[3] Sind Verfahrensbeteiligte entgegen § 68 Abs. 1 GWB nicht anwaltlich vertreten, scheidet eine Entscheidung im schriftlichen Verfahren folglich aus. 3

3. Modalitäten der mündlichen Verhandlung

Ist die Beschwerdeentscheidung aufgrund mündlicher Verhandlung zu treffen, darf sie ausschließlich auf solche Tatsachen und Beweise gestützt werden, die Gegenstand der Verhandlung waren. Allen am Verfahren Beteiligten muss Gelegenheit gegeben worden sein, zu den Schriftsätzen und den zu Gericht eingereichten Unterlagen Stellung zu nehmen. Nachgelassene Schriftsätze können anders als im Zivilprozess (§ 283 ZPO) grundsätzlich nicht verwertet werden. Im Falle weiteren Vortrags ist entweder erneut in die mündliche Verhandlung einzutreten oder es muss ein wirksamer Verzicht auf eine erneute mündliche Verhandlung herbeigeführt werden. 4

Zu Ladung, Terminnachricht, Gegenstand der mündlichen Verhandlung und deren Ablauf wird auf die Kommentierung zu § 73 verwiesen. 5

II. Nichterscheinen

Nach § 69 Abs. 2 GWB kann in der Sache auch dann verhandelt und entschieden werden, wenn die Beteiligten **trotz rechtzeitiger Benachrichtigung** nicht erschienen oder nicht ordnungsgemäß vertreten sind. Die Vorschrift greift nur ein, wenn dem Gericht keine Anzeichen dafür vorliegen, dass die Parteien aufgrund unvorhergesehener Ereignisse am Erscheinen und an einer rechtzeitigen Entschuldigung gehindert waren. Liegt ein Fall **unvermeidbarer Säumnis** vor, muss zur Gewährleistung effektiven Rechtsschutzes (Art. 19 Abs. 4 GG) neuer Termin bestimmt werden.[4] 6

§ 70 Untersuchungsgrundsatz

(1) **Das Beschwerdegericht erforscht den Sachverhalt von Amts wegen.**

(2) **Der oder die Vorsitzende hat darauf hinzuwirken, dass Formfehler beseitigt, unklare Anträge erläutert, sachdienliche Anträge gestellt, ungenügende tatsächliche Angaben ergänzt, ferner alle für die Feststellung und Beurteilung des Sachverhalts wesentlichen Erklärungen abgegeben werden.**

(3) **¹Das Beschwerdegericht kann den Beteiligten aufgeben, sich innerhalb einer zu bestimmenden Frist über aufklärungsbedürftige Punkte zu äußern, Beweismittel zu bezeichnen und in ihren Händen befindliche Urkunden sowie andere Beweismittel vorzulegen. ²Bei Versäumung der Frist kann nach Lage der Sache ohne Berücksichtigung der nicht beigebrachten Beweismittel entschieden werden.**

---

[1] OLG Düsseldorf, Beschl. v. 30.9.2015 – *VI Kart 3/15 (V)*.
[2] *Karsten Schmidt* in: Immenga/Mestmäcker, GWB, § 69 Rn. 1.
[3] *Bechtold,* GWB, § 69 Rn. 1.
[4] *Karsten Schmidt* in: Immenga/Mestmäcker, GWB, § 69 Rn. 5; *Bechtold,* GWB, § 69 Rn. 3.

(4) [1] **Wird die Anforderung nach § 59 Absatz 6 oder die Anordnung nach § 59 Absatz 7 mit der Beschwerde angefochten, hat die Kartellbehörde die tatsächlichen Anhaltspunkte glaubhaft zu machen.** [2] **§ 294 Absatz 1 der Zivilprozessordnung findet Anwendung.** [3] **Eine Glaubhaftmachung ist nicht erforderlich, soweit § 20 voraussetzt, dass kleine oder mittlere Unternehmen von Unternehmen in der Weise abhängig sind, dass ausreichende und zumutbare Ausweichmöglichkeiten nicht bestehen.**

Übersicht

I. Bedeutung der Vorschrift

1 § 70 überträgt den bereits für den Verwaltungsgerichtsprozess (§ 86 Abs. 1 VwGO) geltenden **Untersuchungsgrundsatz** auf das Beschwerdeverfahren. Das Gericht hat den Sachverhalt von Amts wegen zu erforschen, ohne dabei an das Vorbringen oder die Beweisanträge der Beteiligten gebunden zu sein. Geständnisse und Anerkenntnisse sind nicht bindend. Ist das Gericht von der Wahrheit des Vortrags nicht überzeugt, so hat es Beweis zu erheben. Grundsätzlich sind nur die für die Entscheidung erforderlichen Ermittlungen und Beweise zu erheben. Was nicht entscheidungserheblich ist, braucht nicht aufgeklärt zu werden. Auch Umstände, von denen das Gericht aufgrund allgemeiner Erfahrungen überzeugt ist, sind nicht beweisbedürftig. Daher braucht das Gericht Sachverständige nicht zu hören, wenn es sich selbst für ausreichend sachverständig hält. § 70 Abs. 1 GWB ist allerdings verletzt, wenn die Beschwerdeentscheidung Zweifel an der Sachkunde des Gerichts aufkommen lässt. Eingeschränkt wird die Amtsermittlungspflicht des Beschwerdegerichts durch die Obliegenheit der Verfahrensbeteiligten, sich im Rahmen des Möglichen und Zumutbaren an der Aufklärung des entscheidungsrelevanten Sachverhalts zu beteiligen. Diese Obliegenheit ergibt sich unmittelbar aus § 70 Abs. 3 GWB. Sie wird überdies in § 66 Abs. 4 Nr. 2 GWB vorausgesetzt, wonach der Beschwerdeführer in der Beschwerdebegründung diejenigen Tatsachen und Beweismittel anzugeben hat, auf die sich sein Rechtsmittel stützt.

2 § 70 Abs. 4 GWB betrifft die Anfechtung von kartellbehördlichen Verfügungen, durch die von Unternehmen oder Unternehmensvereinigungen Auskunft angefordert sowie die Herausgabe von Unterlagen verlangt wird (§ 59 Abs. 6 GWB) oder eine Prüfung in den Unternehmensräumen (§ 59 Abs. 7 GWB) angeordnet wird. Die Vorschrift ist durch die 6. GWB-Novelle in das Kartellgesetz aufgenommen worden. Nach der Gesetzesbegründung soll sie die **„Ross- und Reiter-Problematik“** entschärfen. Diese besteht darin, dass von marktstarken Unternehmen wirtschaftlich oder in sonstiger Weise abhängige Unternehmen mit Blick auf mögliche Nachteile davon absehen können, der Kartellbehörde Missbrauchssachverhalte zu melden und geeignete Beweismittel zu benennen oder selbst in das Verfahren einzuführen. Um einer solchen Zurückhaltung vorzubeugen, lässt die Vorschrift es ausreichen, wenn die Kartellbehörde die Voraussetzungen für ihr Auskunfts- oder Prüfungsverlangen lediglich glaubhaft macht. Die Kartellbehörde ist hierdurch in die Lage versetzt, die Rechtmäßigkeit ihres Handelns durch eidesstattliche Erklärungen (etwa ihrer mit der Sache befassten Bediensteten) zu belegen und die Anonymität des Anzeigenden zu wahren. Zu beachten ist, dass die Beweiserleichterungen ausschließlich für das kartellbe-

hördliche Auskunfts- und Prüfverlangen gelten; sie finden keine Anwendung in einem anschließenden Beschwerdeverfahren gegen die nach Auswertung der erlangten Auskünfte und Informationen ergangene Hauptsachenverfügung der Kartellbehörde.

II. Untersuchungsgrundsatz (Abs. 1)

1. Grundsätzliche Reichweite

a) Der Umfang der dem Beschwerdegericht obliegenden Ermittlungstätigkeit ist von vornherein durch den Streitgegenstand des Verfahrens beschränkt. Wie im Verwaltungsprozess gilt auch im kartellverwaltungsrechtlichen Beschwerdeverfahren die **Dispositionsmaxime,** d.h. die beschwerdeführende Partei bestimmt den Gegenstand des Verfahrens. Das Beschwerdegericht ist zwar nicht an die gestellten Anträge gebunden, darf aber über das Rechtsschutzbegehren des Beschwerdeführers nicht hinausgehen. Jenes ist durch Auslegung der Beschwerdeanträge unter Heranziehung des Beschwerdevorbringens zu ermitteln. Der so bestimmte Streitgegenstand des Beschwerdeverfahrens bildet den äußeren Rahmen, innerhalb dessen die Amtsermittlungspflicht des Gerichts Platz greift und das Gericht den entscheidungsrelevanten Sachverhalt aufzuklären hat. Welcher Sachverhalt entscheidungserheblich – und deshalb aufklärungsbedürftig – ist, richtet sich nicht nur nach den einschlägigen Vorschriften des materiellen Rechts, sondern wird auch durch die **Beschwerdebefugnis** der beschwerdeführenden Partei bestimmt. Nur so weit sie reicht, hat eine gerichtliche Überprüfung der kartellbehördlichen Entscheidung stattzufinden. Bedeutung hat dies insbesondere bei der Drittbeschwerde gegen fusionskontrollrechtliche Freigabeentscheidungen. Wird der beschwerdeführende Dritte durch den kartellbehördlich freigegebenen Zusammenschluss nur auf einem von mehreren in Rede stehenden Märkten nachteilig betroffen, ist im Beschwerdeverfahren nur zu prüfen, ob die Freigabe in Bezug auf diesen Markt gerechtfertigt ist.[1] Auf die zur Beantwortung dieser Frage erforderlichen Tatsachen beschränkt sich folglich auch die Amtsermittlungspflicht des Beschwerdegerichts. 3

b) Innerhalb des vorstehend beschriebenen Rahmens hat das Beschwerdegericht nach § 70 Abs. 1 GWB von Amts wegen **alle tatsächlichen Ermittlungen** vorzunehmen, die zur Entscheidung über die Beschwerde erforderlich sind. Dies gilt allerdings nicht ohne Ausnahmen. Das Kartellgesetz selbst normiert Grenzen der gerichtlichen Amtsermittlungspflicht; weitere Einschränkungen sind höchstrichterlich anerkannt. 4

2. Beschränkungen

a) Eine erste Grenze des Untersuchungsgrundsatzes ergibt sich aus dem **Zweck des Beschwerdeverfahrens.** Es dient der gerichtlichen Kontrolle der angefochtenen kartellbehördlichen Verfügung. Aufgabe des Beschwerdegerichts ist es nicht, unzureichende Ermittlungen der Kartellbehörde – die im Verwaltungsverfahren selbst gemäß § 57 Abs. 1 GWB den Sachverhalt vollständig zu ermitteln hat – nachzuholen und erstmals eine tatsächliche Grundlage für die behördliche Entscheidung zu beschaffen. Vor diesem Hintergrund ist das Beschwerdegericht nicht unter allen Umständen gehalten, selbst die Spruchreife herbeizuführen. Es kann vielmehr in besonders gelagerten Fällen die kartellbehördliche Verfügung allein wegen der Notwendigkeit weiterer Ermittlungen aufheben, und zwar dann, wenn eine Sachverhaltsaufklärung durch die Behörde vollständig unterblieben ist oder sich die Ermittlungen der Kartellbehörde als unverwertbar erweisen, weil die rechtliche Beurteilung des Beschwerdegerichts ganz andere Ermittlungen erfordert.[2] Allerdings kommt im kartellrechtlichen Beschwerdeverfahren eine Aufhebung der angefochtenen 5

[1] BGH, WuW/E DE-R 1163, 1165 – *HABET/Lekkerland.*

[2] BGH, WuW/E DE-R 1163, 1166f. – *HABET/Lekkerland;* BGH, Beschl. v. 14.7.2015 – KVR 77/13 Rn. 13.

Entscheidung ohne Herbeiführung der Spruchreife grundsätzlich nur innerhalb der Frist in Betracht, die **§ 113 Abs. 3 Satz 4 VwGO** für eine solche Entscheidung setzt. Soll daher die Entscheidung der Kartellbehörde aufgehoben werden, ohne dass die Sache spruchreif ist, muss dies im Allgemeinen innerhalb von sechs Monaten seit Eingang der behördlichen Verfahrensakten bei Gericht geschehen.[3]

6 Die gerichtliche Amtsermittlungspflicht beschränkt sich damit im Ergebnis auf eine bloß ergänzende Sachverhaltsaufklärung, um verbliebene **Lücken im Tatsachenstoff** zu schließen. Sind die Ermittlungsergebnisse der Kartellbehörde in diesem Sinne lückenhaft, hat das Beschwerdegericht die erforderlichen Nachermittlungen zu veranlassen. Es steht dabei in seinem pflichtgemäßen Ermessen, ob es die Sachaufklärung selbst betreibt oder die Kartellbehörde mit den ergänzenden Feststellungen beauftragt.[4] Im letztgenannten Fall hat die Behörde die Ermittlungen nach den Vorgaben des Beschwerdegerichts durchzuführen. Daneben kann die Kartellbehörde – etwa weil sie aufgrund eines abweichenden Rechtsstandpunkts andere Tatsachenfragen für entscheidungserheblich hält oder Bedenken an der Aussagekraft oder Verlässlichkeit der vom Gericht angeordneten Ermittlungen hegt – auch während des laufenden Beschwerdeverfahrens eigene Ermittlungen anstellen und Auskünfte einholen.[5]

7 **b)** Eine weitere Einschränkung der Amtsermittlungspflicht kann sich aus dem Gegenstand des Beschwerdeverfahrens ergeben. Das Kartellgesetz setzt der Kartellbehörde für ihre Entscheidungen im **Fusionskontrollrecht** knappe Prüfungs- und Entscheidungsfristen. Innerhalb eines Monats seit Eingang der vollständigen Anmeldung muss die Kartellbehörde den Zusammenschlussbeteiligten mitteilen, dass sie in ein Hauptprüfverfahren eingetreten ist (§ 40 Abs. 1 Satz 1 GWB); binnen vier Monaten seit Zugang der vollständigen Anmeldung hat die Kartellbehörde eine etwaige Untersagung auszusprechen, andernfalls das Fusionsvorhaben kraft Gesetzes als freigegeben gilt (§ 40 Abs. 2 Satz 2 GWB). Aus dieser Fristenregelung und vor dem Hintergrund, dass die Beschlussabteilungen des Bundeskartellamts regelmäßig über eine besondere Sachkunde hinsichtlich der Verhältnisse in der fraglichen Branche verfügen, die es ihnen gestattet, auch ohne zeitaufwändige **Verkehrsbefragungen** zu entscheiden, leitet die Rechtsprechung für das Fusionskontrollrecht Grenzen des Untersuchungsgrundsatzes her. Die fusionskontrollrechtlichen Ermittlungen der Kartellbehörde sind in der Regel auf Unterlagen und Informationen beschränkt, die bei den im fraglichen Markt tätigen Unternehmen erhoben werden können. Markterhebungen durch Verkehrsbefragungen kommen im Rahmen der Zusammenschlusskontrolle demgegenüber im Allgemeinen nicht in Betracht.[6] Diese aus der Fristgebundenheit der kartellbehördlichen Fusionskontrollentscheidung resultierende Beschränkung der Aufklärungsmöglichkeiten gilt dabei nicht nur für das kartellbehördliche Verfahren, sondern gleichermaßen auch in der Beschwerdeinstanz. Zwar sieht das Kartellgesetz für die Beschwerdeentscheidung keine Fristen vor; gleichwohl ist das Beschwerdegericht nach der Judikatur des Bundesgerichtshofs[7] nicht gehalten, nunmehr selbst oder unter Einschaltung der Kartellbehörde diejenigen Erhebungen durchzuführen, die im Verwaltungsverfahren schon wegen des engen zeitlichen Rahmens von vornherein nicht in Betracht gekommen wären. Außerdem können Kartellbehörde und Beschwerdegericht in geeigneten Fällen die Feststellungen zur Marktabgrenzung **aufgrund eigener Lebenserfahrung** selbst treffen, sofern die Mitglieder des entscheidenden Spruchkörpers zu dem betreffenden Nachfragerkreis gehören.[8]

---

[3] BGH, WuW/E DE-R 1163, 1168 – *HABET/Lekkerland.*

[4] BGH, WuW/E DE-R 1163, 1166/1167 – *HABET/Lekkerland.*

[5] BGH, WuW/E DE-R 1163, 1167 – *HABET/Lekkerland.*

[6] BGH, WuW/E DE-R 1925, 1927 – *National Geographic II.*

[7] BGH, WuW/E DE-R 1925, 1927 – *National Geographic II.*

[8] BGH, WuW/E DE-R 1925, 1927 – *National Geographic II;* BGH, WuW/E BGH 2433, 2437 – *Gruner+Jahr/Die Zeit II.*

c) Des weiteren ist die Ermittlungspflicht des Beschwerdegerichts begrenzt, als der relevante Sachverhalt nur insoweit aufzuklären ist, wie der Vortrag der Beteiligten oder der Sachverhalt bei sorgfältiger Abwägung der Gestaltungsmöglichkeiten dazu Anlass gibt. Der Untersuchungsgrundsatz führt mithin **nicht** dazu, **allen denkbaren Möglichkeiten** von Amts wegen nachgehen zu müssen.[9] Dementsprechend braucht das Beschwerdegericht grundsätzlich die vom Bundeskartellamt aufgrund einer Marktdatenerhebung gewonnenen Erkenntnisse nicht von Amts wegen auf ihre Richtigkeit zu überprüfen. Etwas anderes gilt nur dann, wenn der Vortrag der Beteiligten oder der Sachverhalt als solcher bei sorgfältiger Überlegung der sich aufdrängenden Möglichkeiten dazu Anlass gibt.[10] 8

d) Schließlich ergibt sich eine Einschränkung der Amtsermittlungspflicht aus der in § 70 Abs. 3 GWB normierten **Mitwirkungsobliegenheit** der Verfahrensbeteiligten. Sie haben sich im Rahmen des Möglichen und Zumutbaren an der Aufklärung des entscheidungserheblichen Sachverhalts zu beteiligen. Das Beschwerdegericht kann den Beteiligten in diesem Zusammenhang aufgeben, sich innerhalb einer angemessenen Frist über aufklärungsbedürftige Punkte zu äußern, Beweismittel zu benennen oder in ihrem Besitz befindliche Urkunden oder andere Beweismittel vorzulegen. Kommen die Beteiligten dieser Aufforderung in vorwerfbarer Weise nicht nach, kann nach Lage der Sache entschieden werden.[11] 9

3. Beweisaufnahme

§ 70 Abs. 1 GWB enthält keine Bestimmungen, unter welchen Voraussetzungen und in welcher Weise die erforderlichen Ermittlungen zu führen sind. Das Kartellgesetz verweist dazu in § 73 Nr. 2 GWB vielmehr auf die Zivilprozessordnung. Insoweit gilt: 10

a) Ist eine **Tatsache** zwischen sämtlichen Verfahrensbeteiligten **außer Streit** und bestehen auch keine Zweifel an der Richtigkeit des entsprechenden Sachvortrags, ist sie der Entscheidung zugrunde zu legen. 11

b) Offenkundige Tatsachen bedürfen nach § 73 Nr. 2 GWB i. V. m. § 291 ZPO keines Beweises. Es kann sich dabei entweder um allgemeinkundige Tatsachen handeln, deren Vorliegen anzunehmen ist, wenn verständige Kreise sie für feststehend halten, oder es kann um gerichtskundige Tatsachen gehen, die dem Gericht – etwa aus dienstlichen Mitteilungen oder Sachverständigengutachten in Parallelverfahren oder früheren Verfahren oder aus seiner sonstigen amtlichen Tätigkeit – bekannt sind. Offenkundige Tatsachen dürfen allerdings erst verwertet werden, nachdem sie sämtlichen Verfahrensbeteiligten offengelegt worden sind. Unterbleibt dies, ist der Grundsatz des rechtlichen Gehörs verletzt.[12] Der Verfahrensverstoß kann dann mit der zulassungsfreien Rechtsbeschwerde (§ 74 Abs. 4 Nr. 3 GWB) gerügt werden. 12

Nicht zu den offenkundigen Tatsachen zählen die **Amtsakten.** Die in ihnen enthaltenen Informationen geben dem Gericht im Ausgangspunkt lediglich Aufschluss über die Grundlagen der angefochtenen Verfügung und das Ergebnis der kartellbehördlichen Ermittlungen. Die Ermittlungsergebnisse der Kartellbehörde selbst aber keine Beweismittel, sondern sind verfahrensrechtlich als bloßer Tatsachenvortrag zu werten. Auch die Beweiserhebungen durch die Kartellbehörde ersetzen nicht die Tatsachenermittlung durch das Beschwerdegericht. Das Gericht hat deshalb die erforderlichen Feststellungen im Rahmen einer eigenen Beweisaufnahme zu klären. Das gilt freilich nur, wenn und soweit die **Ermittlungsergebnisse** der Kartellbehörde von einem Verfahrensbeteiligten erheblich **bestritten** oder plausibel **in Zweifel gezogen** werden. Ist dies nicht der Fall und erhebt kein Beteiligter Bedenken an der Richtigkeit und Zuverlässigkeit der behördlich ermittel- 13

[9] Vgl. BGH, WRP 2005, 1278 – *Arealnetz;* BGH, WuW/E DE-R 1163, 1168 – *HABET/Lekkerland.*

[10] BGH, Beschl. v. 11.11.2008 – KVR 60/07 Rn. 30 – *E.ON/Stadtwerke Eschwege.*

[11] Wegen der weiteren Einzelheiten siehe nachstehend Rn. 19 f.

[12] BGH, BGHZ 1967, 1369 – *Aluminium-Halbzeug.*

ten Tatsachen, und besteht auch ansonsten keine Veranlassung zu diesbezüglichen Zweifeln, können die Ermittlungsergebnisse der Behörde als unstreitig behandelt und vom Beschwerdegericht zugrunde gelegt werden. Der Untersuchungsgrundsatz des § 70 Abs. 1 GWB begründet unter diesen Umständen keine eigene Sachaufklärungspflicht durch das Gericht.

14 **c) Streitige Tatsachen** bedürfen der Aufklärung durch Beweisaufnahme. § 73 Nr. 2 GWB verweist hinsichtlich der in Betracht kommenden Beweismittel auf die Vorschriften der Zivilprozessordnung. Dementsprechend kann das Beschwerdegericht Beweis durch Inaugenscheinnahme (§§ 371 ff. ZPO), die Vernehmung von Zeugen (§§ 373 ff. ZPO), die Anhörung von Sachverständigen (§§ 402 ff. ZPO), durch Urkunden (§§ 415 ff. ZPO) sowie durch Vernehmung der Beteiligten als Partei (§§ 445 ff. ZPO) erheben. Im Rahmen des Zeugenbeweises bietet sich für das Beschwerdeverfahren vielfach die schriftliche Befragung des Zeugen nach § 377 Abs. 3 ZPO an.

15 Durch den Verweis auf die Beweisaufnahmevorschriften der ZPO finden im Beschwerdeverfahren auch die dort genannten **Zeugnisverweigerungsgründe** (vgl. §§ 383–389 ZPO) Anwendung. Neben dem Zeugnisverweigerungsrecht aus persönlichen Gründen (§ 383 ZPO) kann im kartellverwaltungsrechtlichen Beschwerdeverfahren vor allem das Zeugnisverweigerungsrecht aus sachlichen Gründen (§ 384 ZPO) und in diesem Zusammenhang insbesondere das Recht des Zeugen eine Rolle spielen, die Aussage zur Wahrung von **Gewerbegeheimnissen** (§ 384 Nr. 3 ZPO) zu verweigern. Alle Tatsachen, an deren Geheimhaltung ein Gewerbetreibender ein berechtigtes Interesse hat, unterliegen dem Zeugnisverweigerungsrecht. Geschützt ist sowohl das eigene Gewerbe des Zeugen als auch ein fremdes Gewerbe, zu dessen Geheimhaltung der Zeuge aufgrund seines Verhältnisses zum Betriebsinhaber verpflichtet ist. Auch Geschäftsführer eines Industrieverbandes haben ein Zeugnisverweigerungsrecht hinsichtlich der ihnen bekannt gemachten Geschäftsgeheimnisse der Mitglieder. An der Geheimhaltung muss ein unmittelbares erhebliches Interesse bestehen. Ob es besteht, ist unter Abwägung aller Umstände des Einzelfalles zu entscheiden. Dabei ist auch die **Wertung des § 72 Abs. 2 Satz 4 GWB** einzubeziehen. Danach kann das Beschwerdegericht im Rahmen der Akteneinsicht die Offenlegung von Fabrikations-, Betriebs- und Geschäftsgeheimnissen dann anordnen, wenn es für die Entscheidung auf die betreffenden Tatsachen und Beweismittel ankommt, andere Möglichkeiten der Sachaufklärung nicht bestehen und die Bedeutung der Sache für die Sicherung des Wettbewerbs das Geheimhaltungsinteresse überwiegt. Die gleiche Einschränkung hat für das Recht des Zeugen zu gelten, die Aussage zum Schutz von Geschäfts- und Betriebsgeheimnissen zu verweigern. Die das Zeugnisverweigerungsrecht begründenden Tatsachen sind vom Zeugen glaubhaft zu machen (§ 386 Abs. 1 ZPO). Über die Begründetheit des Zeugnisverweigerungsrechts entscheidet das Beschwerdegericht in einem Zwischenverfahren (§ 387 ZPO).

4. Beweislast

16 **a)** Da das Beschwerdegericht nach § 70 Abs. 1 GWB den relevanten Sachverhalt von Amts wegen zu ermitteln hat, kennt das kartellverwaltungsrechtliche Beschwerdeverfahren keine formelle **Beweisführungslast.** Das bedeutet: (1.) Die Sachaufklärung hängt nicht von entsprechenden Beweisanträgen der Verfahrensbeteiligten ab; diesen steht es allerdings frei, Ermittlungsmaßnahmen des Gerichts anzuregen. Das Beschwerdegericht muss spätestens in seiner instanzabschließenden Entscheidung darzulegen, aus welchen Gründen es der Beweisanregung nicht nachgehen musste. (2.) **Beweislastentscheidungen** sind im Beschwerdeverfahren unzulässig. Denkbar sind nur Entscheidungen auf der Grundlage der jeweiligen Feststellungslast. Ist eine Tatsache oder ein Tatbestandsmerkmal trotz Ausschöpfung aller in Betracht kommenden Ermittlungsmöglichkeiten (§ 70 Abs. 1 GWB) nicht festzustellen, hat das Beschwerdegericht zum Nachteil desjenigen Verfahrensbeteiligten zu

entscheiden, der nach allgemeinen Grundsätzen die Feststellungslast für jene Tatsache oder jenes Tatbestandsmerkmal trägt. Grundsätzlich gilt, dass die Kartellbehörde beim Erlass belastender Verfügungen die Feststellungslast für alle verfügungsbegründenden Umstände trägt.

b) Das Problem der formellen Beweislast ist nicht zu verwechseln mit den gesetzlichen 17 **Vermutungen,** die in einigen Bestimmungen des Kartellgesetzes (z.B. in 18 Abs. 4 Satz 1 GWB: *„es wird vermutet, dass ein Unternehmen ….“* und in § 18 Abs. 7 GWB) normiert sind. Diese gesetzlichen Vermutungsregeln finden nur im Kartellzivilprozess uneingeschränkte Anwendung mit der Folge, dass sich der Anspruchsteller mit der Darlegung begnügen kann, dass die tatbestandlichen Voraussetzungen des Vermutungstatbestands erfüllt sind und das als marktbeherrschend in Anspruch genommene Unternehmen die daran anknüpfende gesetzliche Vermutung der Marktbeherrschung sodann zu widerlegen hat. Im kartellverwaltungsrechtlichen Beschwerdeverfahren hat dieselbe gesetzliche Vermutungsregel vor dem Hintergrund der Amtsermittlungspflicht aus § 70 Abs. 1 GWB nur subsidiäre Bedeutung. Sie entbindet das Gericht nicht von seiner Verpflichtung, den entscheidungsrelevanten Sachverhalt aufzuklären. Erst wenn der Sachverhalt nach Ausschöpfung aller gebotenen Ermittlungsmaßnahmen ungeklärt bleibt, darf auch im Beschwerdeverfahren auf die Vermutungsregel zurückgegriffen werden.[13]

Anders liegt es, wenn das Gesetz – wie beispielsweise in § 18 Abs. 7 GWB zur Oligo- 18 polvermutung *(„Die Vermutung des Absatzes 6 kann widerlegt werden, wenn die Unternehmen nachweisen, dass …..“)* oder in § 36 Abs. 1 Satz 2 GWB zur Fusionskontrolle *(„Dies gilt nicht, wenn …“)* – eine Umkehr der materiellen Beweislast anordnet. In jenen Vorschriften bürdet das Gesetz den Unternehmen die Obliegenheit auf, einzelne Merkmale des Tatbestands darzulegen und nachzuweisen. Diese Beweislastumkehr gilt nicht nur im kartellzivilrechtlichen Prozess, sondern ebenso im Kartellverwaltungsprozess. Die betreffenden Tatbestandsmerkmale unterfallen folglich nicht der Amtsermittlungspflicht des Beschwerdegerichts, sondern müssen – um bei der Entscheidungsfindung berücksichtigt werden zu können – von dem betreffenden Verfahrensbeteiligten nachvollziehbar dargelegt und nachgewiesen werden.

III. Richterliche Aufklärungspflicht (Abs. 2)

Die richterliche Aufklärungspflicht dient der Verfahrensförderung und Verfahrensbe- 19 schleunigung. Sie verpflichtet den Vorsitzenden des Beschwerdegerichts darauf hinzuwirken, dass Formfehler beseitigt, unklare Anträge erläutert, sachdienliche Anträge gestellt, ungenügende tatsächliche Angaben ergänzt sowie alle für die Feststellung und Beurteilung des Sachverhalts wesentlichen Erklärungen abgegeben werden. Diese Aufklärungspflicht ist nicht auf den Zeitpunkt der mündlichen Verhandlung beschränkt, sondern gilt über die gesamte Dauer des Beschwerdeverfahrens. Sie umfasst auch die Befugnis, schon vor der Verhandlung – etwa in der Terminsverfügung – vorbereitende Anordnungen zu treffen. Diese können auch auf die in § 70 Abs. 3 GWB genannten Maßnahmen einer Vorlage von Urkunden und der Benennung von Beweismittel gerichtet sein. Allerdings bleibt es ohne rechtliche Konsequenzen, wenn einer dahingehenden Anordnung des Vorsitzenden nicht entsprochen wird. Denn das Gesetz sieht in § 70 Abs. 3 GWB die Befugnis, die nicht beigebrachten Informationen und Urkunden bei der Entscheidungsfindung außer Betracht zu lassen, nur dann vor, wenn das *Beschwerdegericht* die entsprechende Aufforderung geäußert hat.

Das Beschwerdegericht hat nach gefestigter Rechtsprechung die Möglichkeit, ergänzen- 20 de Sachverhaltsermittlungen von der Kartellbehörde durchführen zu lassen.[14] Wird auf die-

---

[13] BGH, WuW/E BGH 1749, 1754 – *Klöckner-Becorit-Strebausbauanlagen.*

[14] BGH, WuW/E DE-R 1163, 1167 – *HABET/Lekkerland;* BGH, WuW/E DE-R 2451, 2455 – *E.ON/Stadtwerke Eschwege.*

sem Wege eine Marktdatenerhebung durchgeführt, kann sich das Beschwerdegericht grundsätzlich darauf beschränken, die Ergebnisse dieser Erhebung zur Kenntnis zu nehmen und zu verwerten. Das gilt vor allem dann, wenn die Kartellbehörde ihre Zustimmung zur Einsicht in ihre Ermittlungsergebnisse nach § 72 Abs. 2 Satz 1 GWB verweigert hat und das Beschwerdegericht an einer Offenlegung der Ermittlungsergebnisse grundsätzlich gehindert ist. Ob die Daten zuverlässig ermittelt worden sind, braucht das Gericht – ebenso wenig wie bei den im kartellbehördlichen Verfahren durchgeführten Datenerhebungen – nicht von Amts wegen zu prüfen. Etwas anderes gilt nur dann, wenn der Vortrag der Verfahrensbeteiligten oder der Sachverhalt im Übrigen bei sorgfältiger Überlegung der sich aufdrängenden Möglichkeiten dazu Anlass gibt.[15] Dazu reicht es nicht, wenn nur allgemein Zweifel an der Zuverlässigkeit der von der Kartellbehörde gesammelten Daten und der von ihm vorgenommenen Auswertung geäußert werden.[16]

IV. Mitwirkung der Beteiligten (Abs. 3)

1. Mitwirkungsobliegenheit

21 Die in § 70 Abs. 3 Satz 1 GWB geregelte Mitwirkungsobliegenheit der Verfahrensbeteiligten **begrenzt** den Umfang der gerichtlichen **Amtsermittlungspflicht.** Im Interesse einer verfahrensökonomischen Erledigung des Beschwerdeverfahrens kann sich das Gericht bei der Erforschung des relevanten Sachverhaltes der Hilfe der Beteiligten bedienen. Ob das Beschwerdegericht von dieser Möglichkeit Gebrauch macht, liegt in seinem freien Ermessen. Allerdings hat es bei der Entscheidung, die Beteiligten zur Sachverhaltsaufklärung heranzuziehen, auf deren Belange angemessen Rücksicht zu nehmen. Die Frist zur Vornahme der Mitwirkungshandlung muss ausreichend bemessen sein. Ist die geforderte Mitwirkung für die Verfahrensbeteiligten mit erheblichen Mühen und/oder Kosten verbunden, während dem Gericht oder der Kartellbehörde die entsprechende Maßnahme problemlos möglich ist, scheidet die Inanspruchnahme der Beteiligten aus.

22 Als unselbständige Zwischenentscheidung ist die Aufforderung nach § 70 Abs. 3 Satz 1 GWB **nicht isoliert anfechtbar.** Sie kann nur zusammen mit der Hauptsachenentscheidung angegriffen werden, wenn und soweit das Beschwerdegericht von § 70 Abs. 3 Satz 2 GWB Gebrauch gemacht und die nicht beigebrachten Auskünfte und Beweismittel bei seiner Entscheidung unberücksichtigt gelassen hat.

2. Folgen der Verletzung

23 Bei **Versäumung** der Frist kann das Gericht nach § 70 Abs. 3 Satz 2 GWB nach Lage der Sache ohne Berücksichtigung der nicht beigebrachten Beweismittel entscheiden. Es kann auch aus der Versäumung Schlüsse ziehen und die Beweismittel, die es angefordert hat, als in Betracht kommende Aufklärungsmittel unbeachtet lassen. Reichen die Beteiligten nach Ablauf der Frist, aber noch vor der Entscheidung, Beweismittel nach, müssen diese berücksichtigt werden. Da die Amtsermittlungspflicht bestehen bleibt, ist eine Zurückweisung unter dem Gesichtspunkt der **Verspätung** nicht zulässig.

V. Beweisführungserleichterung (Abs. 4)

1. Auskunfts- und Prüfungsanordnungen

24 § 70 Abs. 4 GWB betrifft die Anfechtung von kartellbehördlichen Verfügungen, durch die von Unternehmen oder Unternehmensvereinigungen Auskunft angefordert sowie die Herausgabe von Unterlagen verlangt (§ 59 Abs. 6 GWB) oder eine Prüfung in den Unter-

[15] BGH, WuW/E DE-R 2451, 2456 – *E.ON/Stadtwerke Eschwege.*
[16] BGH, WuW/E DE-R 2451, 2456 – *E.ON/Stadtwerke Eschwege.*

nehmensräumen (§ 59 Abs. 7 GWB) angeordnet wird. Die Vorschrift will die **„Ross- und Reiter-Problematik“** entschärfen, d. h. verhindern, dass von marktstarken Unternehmen wirtschaftlich oder in sonstiger Weise abhängige Unternehmen mit Blick auf mögliche Nachteile davon absehen, der Kartellbehörde Missbrauchssachverhalte zu melden und geeignete Beweismittel zu benennen oder selbst in das Verfahren einzuführen. Um derartige Rücksichtnahmen möglichst auszuschließen, lässt § 70 Abs. 4 Satz 1 und 2 GWB es ausreichen, wenn die Kartellbehörde im Beschwerdeverfahren gegen ihre Auskunfts- oder Prüfungsanordnung die Eingriffsvoraussetzungen lediglich glaubhaft macht. Die Kartellbehörde ist hierdurch in der Lage, die Rechtmäßigkeit ihres Handelns durch eidesstattliche Erklärungen (etwa ihrer mit der Sache befassten Bediensteten) zu belegen und die Anonymität des Anzeigenden zu wahren. Diese Erleichterung der Beweisführung ersetzt freilich nicht die Notwendigkeit eines hinreichenden Anfangsverdachts im Sinne eines mit vertretbaren Argumenten belegten, auf konkrete tatsächliche Umstände gestützten Verdachts, dass ein bestimmter kartellrechtlicher Tatbestand möglicherweise verwirklicht ist.[17]

2. Abhängigkeitsvermutung

Noch weiter geht § 70 Abs. 4 S. 3 GWB bei der Frage der **Glaubhaftmachung der Unternehmensabhängigkeit** im Sinne von § 20 Abs. 2 Satz 1 GWB. Geht die Kartellbehörde mit ihrer Auskunfts- oder Prüfungsverfügung nach § 59 Abs. 6 oder 7 GWB dem Verdacht eines Kartellverstoßes nach § 20 Abs. 1, Abs. 2 Satz 1 GWB nach, bedarf die Abhängigkeit der kleinen oder mittleren Unternehmen im Sinne von § 20 Abs. 2 Satz 1 GWB im Beschwerdeverfahren gegen die Auskunfts- oder Prüfanordnung keiner Glaubhaftmachung. **25**

3. Anwendungsbereich der Beweiserleichterungen

Die Beweiserleichterungen des § 70 Abs. 4 GWB gelten ausschließlich im Beschwerdeverfahren gegen eine kartellbehördliche Auskunfts- oder Prüfanordnung nach § 59 Abs. 6 und 7 GWB. Die Vorschrift findet in einem anschließenden Beschwerdeverfahren gegen eine nach Auswertung der erlangten Auskünfte und Informationen ergangene Hauptsachenverfügung der Kartellbehörde keine Anwendung.[18] **26**

§ 71 Beschwerdeentscheidung

(1) **[1]Das Beschwerdegericht entscheidet durch Beschluss nach seiner freien, aus dem Gesamtergebnis des Verfahrens gewonnenen Überzeugung. [2]Der Beschluss darf nur auf Tatsachen und Beweismittel gestützt werden, zu denen die Beteiligten sich äußern konnten. [3]Das Beschwerdegericht kann hiervon abweichen, soweit Beigeladenen aus wichtigen Gründen, insbesondere zur Wahrung von Betriebs- oder Geschäftsgeheimnissen, Akteneinsicht nicht gewährt und der Akteninhalt aus diesen Gründen auch nicht vorgetragen worden ist. [4]Dies gilt nicht für solche Beigeladene, die an dem streitigen Rechtsverhältnis derart beteiligt sind, dass die Entscheidung auch ihnen gegenüber nur einheitlich ergehen kann.**

(2) **[1]Hält das Beschwerdegericht die Verfügung der Kartellbehörde für unzulässig oder unbegründet, so hebt es sie auf. [2]Hat sich die Verfügung vorher durch Zurücknahme oder auf andere Weise erledigt, so spricht das Beschwerdegericht auf Antrag aus, dass die Verfügung der Kartellbehörde unzulässig oder unbegründet gewesen ist, wenn der Beschwerdeführer ein berechtigtes Interesse an dieser Feststellung hat.**

(3) **Hat sich eine Verfügung nach den §§ 32 bis 32b oder § 32d wegen nachträglicher Änderung der tatsächlichen Verhältnisse oder auf andere Weise erledigt, so**

---

[17] BGH, BGHZ 91, 178 – *Wettbewerbsregeln.*

[18] *Karsten Schmidt* in: Immenga/Mestmäcker, GWB, § 70 Rn. 16; *Bechtold,* GWB, § 70 Rn. 11.

spricht das Beschwerdegericht auf Antrag aus, ob, in welchem Umfang und bis zu welchem Zeitpunkt die Verfügung begründet gewesen ist.

(4) **Hält das Beschwerdegericht die Ablehnung oder Unterlassung der Verfügung für unzulässig oder unbegründet, so spricht es die Verpflichtung der Kartellbehörde aus, die beantragte Verfügung vorzunehmen.**

(5) [1] **Die Verfügung ist auch dann unzulässig oder unbegründet, wenn die Kartellbehörde von ihrem Ermessen fehlsamen Gebrauch gemacht hat, insbesondere wenn sie die gesetzlichen Grenzen des Ermessens überschritten oder durch die Ermessensentscheidung Sinn und Zweck dieses Gesetzes verletzt hat.** [2] **Die Würdigung der gesamtwirtschaftlichen Lage und Entwicklung ist hierbei der Nachprüfung des Gerichts entzogen.**

(6) **Der Beschluss ist zu begründen und mit einer Rechtsmittelbelehrung den Beteiligten zuzustellen.**

Übersicht

I. Sinn und Zweck der Vorschrift

1 § 71 GWB befasst sich mit Form und Inhalt der Beschwerdeentscheidung sowie mit den bei der Entscheidungsfindung anzuwendenden Verfahrensgrundsätzen. § 71 Abs. 1 GWB normiert den Grundsatz der freien Beweiswürdigung und des rechtlichen Gehörs. Aus § 71 Abs. 1 Satz 1 und Abs. 6 GWB ergeben sich förmliche Anforderungen, die an eine Beschwerdeentscheidung zu stellen sind. Inhaltliche Vorgaben für die Beschwerdeentscheidungen enthält § 71 Abs. 2 bis 4 GWB. Obschon § 71 GWB durch verschiedene Gesetzesnovellen ergänzt worden ist, sind Inhalt und Form der im Kartellverwaltungsrecht denkbaren Beschwerdeentscheidungen bis heute nicht vollständig geregelt. Die Vorschrift bedarf deshalb der Ergänzung, wobei in erster Linie auf die Bestimmungen der Verwaltungsgerichtsordnung zurückzugreifen ist.

II. Verfahrensgrundsätze (Abs. 1)

2 § 71 Abs. 1 GWB regelt die Verfahrensgrundsätze, nach denen das Beschwerdegericht in kartellverwaltungsrechtlichen Angelegenheiten seine Entscheidung zu treffen hat. Die Vorschrift statuiert in Satz 1 den Grundsatz der freien Beweiswürdigung und konkretisiert in

den Sätzen 2 bis 4 den in Art. 103 Abs. 1 GG verfassungsrechtlich verankerten Anspruch der Verfahrensbeteiligten auf rechtliches Gehör.

1. Freie Beweiswürdigung

Der Grundsatz der freien Beweiswürdigung prägt Inhalt und Reichweite der im kartellverwaltungsrechtlichen Beschwerdeverfahren geltenden Sachaufklärungspflicht des Gerichts. 3

a) Inhalt der freien Beweiswürdigung. Nach § 71 Abs. 1 Satz 1 GWB entscheidet das Beschwerdegericht nach seiner freien, aus dem Gesamtergebnis des Verfahrens gewonnenen Überzeugung. Die Vorschrift knüpft an § 70 Abs. 1 GWB an und bestimmt, dass das Gericht den gesamten Streit- und Tatsachenstoff, den es unter Beachtung des Untersuchungsgrundsatzes ermittelt hat, ohne Bindung an feste Beweisregeln auszuwerten und zu würdigen hat. Bei der Beurteilung, ob der streitentscheidende Tatsachenstoff bewiesen ist, hat es weitgehende Freiheiten. Entscheidend ist die Überzeugung des Gerichts. Diese braucht nicht auf absoluter Gewissheit zu beruhen, muss andererseits aber den Grad der bloßen Wahrscheinlichkeit deutlich übersteigen. Erforderlich (aber auch ausreichend) ist die **subjektive Überzeugung** des Richters, die – so die gängige Formel der Rechtsprechung – den Zweifeln Schweigen gebietet, ohne sie völlig auszuschließen. Mit der Rechtsbeschwerde ist die Beweiswürdigung des Beschwerdegerichts nur eingeschränkt angreifbar. Das Rechtsbeschwerdegericht ist auf die Überprüfung beschränkt, ob sich das Gericht mit dem Verfahrensstoff und den Beweisergebnissen umfassend und widerspruchsfrei auseinandergesetzt hat, d. h. seine Würdigung vollständig und rechtlich möglich ist und nicht gegen Denk-, Natur- oder Erfahrungssätze verstößt. 4

b) Grundlage der freien Beweiswürdigung. Grundlage der freien Beweiswürdigung ist das **Gesamtergebnis des Verfahrens.** Das Beschwerdegericht muss alle tatsächlichen und rechtlichen Gesichtspunkte berücksichtigen ohne Rücksicht darauf, ob auch der angefochtene Verwaltungsakt auf sie gestützt worden ist. Es hat grundsätzlich auch neuen Tatsachenstoff einzubeziehen und seiner Entscheidung zugrunde zu legen, solange die angefochtene kartellbehördliche Verfügung hierdurch nicht in ihrem Wesen verändert wird. Dies wäre etwa der Fall, wenn die kartellbehördliche Verfügung im Beschwerdeverfahren auf der Grundlage eines anderen gesetzlichen Tatbestandes ein neuer Regelungsgehalt gegeben würde.[1] 5

Das Beschwerdegericht hat nach gefestigter Rechtsprechung die Möglichkeit, ergänzende Sachverhaltsermittlungen von der Kartellbehörde durchführen zu lassen.[2] Wird auf diesem Wege eine Marktdatenerhebung durchgeführt, kann sich das Beschwerdegericht grundsätzlich darauf beschränken, die Ergebnisse dieser Erhebung zur Kenntnis zu nehmen und zu verwerten. Das gilt vor allem dann, wenn die Kartellbehörde ihre Zustimmung zur Einsicht in ihre Ermittlungsergebnisse nach § 72 Abs. 2 Satz 1 GWB verweigert hat und das Beschwerdegericht an einer Offenlegung der Ermittlungsergebnisse grundsätzlich gehindert ist. Ob die Daten zuverlässig ermittelt worden sind, braucht das Gericht – ebenso wie bei den im kartellbehördlichen Verfahren durchgeführten Datenerhebungen – nicht von Amts wegen zu prüfen. Etwas anderes gilt nur dann, wenn der Vortrag der Verfahrensbeteiligten oder der Sachverhalt im Übrigen bei sorgfältiger Überlegung der sich aufdrängenden Möglichkeiten dazu Anlass gibt.[3] Dazu reicht es nicht, wenn nur allgemein Zweifel an der Zuverlässigkeit der von der Kartellbehörde gesammelten Daten und der von ihm vorgenommenen Auswertung geäußert werden.[4] 6

---

[1] *Karsten Schmidt* in: Immenga/Mestmäcker, GWB, § 71 Rn. 10; vgl. auch BGH, WuW/E BGH 2869, 2871 – *Pauschalreisen-Vermittlung II.*

[2] BGH, WuW/E DE-R 1163 – *HABET/Lekkerland;* BGH, WuW/E DE-R 2451, 2455 – *E.ON/Stadtwerke Eschwege.*

[3] BGH, WuW/E DE-R 2451, 2456 – *E.ON/Stadtwerke Eschwege.*

[4] BGH, WuW/E DE-R 2451, 2456 – *E.ON/Stadtwerke Eschwege.*

7 Welche Tatsachengrundlage das Beschwerdegericht in zeitlicher Hinsicht seiner Entscheidung zugrunde zu legen hat, hängt von der jeweiligen Beschwerdeart ab. Der **maßgebliche Entscheidungszeitpunkt** ist für die einzelnen Beschwerdearten unterschiedlich zu bestimmen:

8 **aa) Verpflichtungsbeschwerde.** Bei der **Verpflichtungsbeschwerde** kommt es auf den Sach- und Streitstand im Zeitpunkt der letzten mündlichen Verhandlung vor dem Beschwerdegericht an. Denn das Beschwerdebegehren ist in die Zukunft gerichtet, nämlich auf die Verpflichtung der Kartellbehörde, die beanspruchte Verfügung zu erlassen bzw. den gestellten Antrag auf Erlass der begehrten Verfügung neu zu bescheiden. Erfolgt die Entscheidung des Beschwerdegerichts im schriftlichen Verfahren (§ 69 Abs. 1 GWB), ist auf den Zeitpunkt des Erlasses der Beschwerdeentscheidung abzustellen.[5]

9 **bb) Anfechtungsbeschwerde.** Bei der **Anfechtungsbeschwerde** ist danach zu unterscheiden, ob eine Verfügung mit oder ohne Dauerwirkung angefochten wird.

10 **(1)** Richtet sich das Rechtsmittel gegen eine **Verfügung mit Dauerwirkung,** ist der Zeitpunkt der letzten mündlichen Verhandlung vor dem Beschwerdegericht maßgeblich. Das Beschwerdegericht muss angesichts der fortdauernden und in die Zukunft gerichteten Verfügungswirkungen die Sach- und Rechtslage berücksichtigen, die im Zeitpunkt seiner Beschwerdeentscheidung gilt. Für die Frage, ob die angegriffene kartellbehördliche Verfügung aufrechterhalten werden muss, kann es nämlich nicht darauf ankommen, ob diese im Zeitpunkt ihres Erlasses durch die Kartellbehörde rechtmäßig war; entscheidend kann nur sein, ob die Verfügung – die weiterhin Wirkung entfalten soll – auch noch auf der Basis der aktuellen Sach- und Rechtslage Bestand haben kann.[6] Das gilt im Grundsatz sowohl für Verbots- und Untersagungsverfügungen als auch für Abstellverfügungen im Sinne von § 32 Abs. 2 GWB.

11 Einige Ausnahmen sind allerdings in der Rechtsprechung anerkannt. Die Rechtmäßigkeit einer angefochtenen **Fusionsfreigabeentscheidung** beurteilt sich nach der Sach- und Rechtslage im Zeitpunkt der kartellbehördlichen Entscheidung.[7] Ebenso soll sich nach der Rechtsprechung des Bundesgerichtshofs die Frage, ob ein der Fusionskontrolle unterliegender Erwerbsvorgang im Sinne von § 37 GWB vorliegt, nach den tatsächlichen und rechtlichen Verhältnissen im Zeitpunkt der kartellbehördlichen Entscheidung bestimmen.[8] Gleiches muss für die Beurteilung der Frage gelten, ob der vom Bundeskartellamt untersagte Zusammenschluss die **Umsatzschwellen** des § 35 Abs. 1 und 2 GWB, an die das Kartellgesetz die Eröffnung der Fusionskontrolle anknüpft, überschreitet[9] oder das Fusionsvorhaben unter die **Bagatellmarktklausel** des § 36 Abs. 1 Satz 2 Nr. 2 GWB 2007 fällt.[10] Das gilt jedenfalls dann, wenn die Voraussetzungen des § 35 Abs. 1 GWB bereits bei Erlass der kartellbehördlichen Verfügung nicht vorlagen bzw. das Vorhaben zu jenem Zeitpunkt bereits unter die Bagatellmarktklausel fiel. Ein rechtswidrig erlassener Verwaltungsakt wird nämlich durch eine spätere Veränderung der Sach- oder Rechtslage regelmäßig nicht rechtmäßig, und zwar selbst dann nicht, wenn es sich – wie bei der kartellbehördlichen Untersagungsverfügung – um einen Verwaltungsakt mit Dauerwirkung handelt. Insbesondere eine Heilung von materiellen Rechtsfehlern gemäß § 45 VwVfG kommt von vornherein nicht in Betracht.[11] Anders liegt es, wenn die Untersagung bei ihrem Erlass rechtens

---

[5] Ebenso *Karsten Schmidt* in: Immenga/Mestmäcker, GWB, § 71 Rn. 7.

[6] BGH, WuW/E BGH 1283, 1286 – *Asbach Uralt;* BGH, WuW/E BGH 1435, 1444 – *Valium B 12.*

[7] BGH, WuW/E DE-R 1163, 1169 – *HABET/Lekkerland;* BGH, WuW/E DE-R 1419 ff. – *Deutsche Post/trans-o-flex;* OLG Düsseldorf, WuW/E DE-R 1845, 1853 – *SES/DPC;* OLG Düsseldorf, Beschl. v. 3.12.2008 – *VI-Kart 7/06 (V)* Umdruck Seite 8 m. w. N.

[8] BGH, WuW/E DE-R 1419 ff. – *Deutsche Post/trans-o-flex.*

[9] OLG Düsseldorf, WuW/E DE-R 2347, 2352 f. – *Universitätsklinikum Greifswald.*

[10] OLG Düsseldorf, Beschl. v. 30.4.2008 – *VI-Kart 14/04 (V).*

[11] OLG Düsseldorf, WuW/E DE-R 2347, 2353 – *Universitätsklinikum Greifswald.*

gewesen ist, die Voraussetzungen für die Eröffnung der Zusammenschlusskontrolle aber im Verlaufe des Beschwerdeverfahrens weggefallen sind, weil beispielsweise die Umsatzschwellen des § 35 Abs. 1 oder 2 GWB nicht mehr überschritten werden oder der Zusammenschluss mittlerweile unter die Bagatellmarktklausel des § 36 Abs. 1 Satz 2 Nr. 2 GWB 2007 fällt. In einem solchen Fall muss die angefochtene Untersagungsverfügung richtigerweise aufgehoben werden. Denn die Voraussetzungen, unter denen das Kartellgesetz die Untersagung eines Zusammenschlussvorhabens gestattet, liegen nicht mehr vor, weshalb die Verfügung vom Beschwerdegericht auch nicht aufrechterhalten werden darf.[12]

Wird auf die mündliche Verhandlung verzichtet, ist der Zeitpunkt der Entscheidung des Beschwerdegerichts maßgebend. 12

(2) Betrifft die Anfechtungsbeschwerde eine Verfügung **ohne Dauerwirkung,** kommt es demgegenüber auf die Rechtmäßigkeit im Zeitpunkt der kartellbehördlichen Entscheidung an.[13] Ein Nachschieben von Gründen ist allerdings zulässig. Die Sachentscheidung der Kartellbehörde darf auf neue Tatsachen gestützt werden, wenn die nachgeschobenen Gründe bereits bei Erlass der angefochtenen Verfügung vorlagen, diese in ihrem Wesen nicht geändert wird und der Beschwerdeführer nicht in seiner Rechtsverteidigung beeinträchtigt wird.[14] Diese Voraussetzungen sind im Allgemeinen erfüllt, wenn die Kartellbehörde zur Rechtfertigung ihrer Entscheidung Nachermittlungen durchführt und die dabei gewonnenen Erkenntnisse in das Beschwerdeverfahren einführt.[15] 13

cc) Allgemeine Leistungsbeschwerde. Bei der **allgemeinen Leistungsbeschwerde** wird der Entscheidungszeitpunkt maßgeblich durch das verfolgte Rechtsschutzziel bestimmt. In der Regel wird auf den Zeitpunkt der letzten mündlichen Verhandlung vor dem Beschwerdegericht abzustellen sein. 14

dd) Fortsetzungsfeststellungsbeschwerde. Bei der **Fortsetzungsfeststellungsbeschwerde** nach § 71 Abs. 2 Satz 2 GWB ist schließlich auf denjenigen Zeitpunkt abzustellen, der ohne den Eintritt der Erledigung maßgebend gewesen wäre. Dementsprechend ist danach zu entscheiden, ob es sich bei der erledigten Verfügung um eine solche mit Dauerwirkung gehandelt hat – dann hat das Gericht zu prüfen, ob die angefochtene Verfügung vor ihrer Erledigung rechtswidrig war[16] – oder ob es um eine Verfügung ohne Dauerwirkung geht – dann kommt es auf den Zeitpunkt der kartellbehördlichen Entscheidung an.[17] 15

2. Rechtliches Gehör

a) Allgemeines. Nach § 71 Abs. 1 Satz 2 GWB darf die Beschwerdeentscheidung nur auf solche Tatsachen und Beweismittel gestützt werden, zu denen die Beteiligten sich äußern konnten. Der damit angesprochene Grundsatz des rechtlichen Gehörs findet seine verfassungsrechtliche Grundlage in Art. 103 Abs. 1 GG. Er grenzt den Tatsachenstoff, den das Beschwerdegericht seiner Entscheidungsfindung zugrunde zu legen hat, in zweifacher Hinsichtab. Zum einen folgt aus dem Grundsatz rechtlichen Gehörs die prozessuale Pflicht des Gerichts, bei seiner Entscheidung **rechtzeitiges Vorbringen** der Beteiligten vollständig zu **beachten.** Zum anderen darf das Gericht nur diejenigen Tatsachen und Beweismittel in seine Entscheidung einfließen lassen, die allen Verfahrensbeteiligten bekannt gemacht worden sind und zu denen sämtliche Beteiligte des Beschwerdeverfahrens in ausreichender 16

---

[12] Dahin tendierend auch OLG Düsseldorf, WuW/E DE-R 2347, 2353 – *Universitätsklinikum Greifswald;* OLG Düsseldorf, Beschl. v. 30.4.2008 – *VI-Kart 14/04 (V).*

[13] BGH, WuW/E BGH 907, 909 – *Fensterglas;* OLG Düsseldorf, Beschl. v. 3.12.2008 – *VI-Kart 7/06 (V)* Umdruck Seite 8 m. w. N.

[14] BGH, WuW/E BGH 2869, 2874 – *Pauschalreisen-Vermittlung II*; OLG Düsseldorf, Beschl. v. 25.9.2013 – *VI Kart 4/12 (V)* Umdruck Seite 7/8.

[15] OLG Düsseldorf, Beschl. v. 25.9.2013 – *VI Kart 4/12 (V)* Umdruck Seite 7/8.

[16] OLG Düsseldorf, Beschl. v. 8.5.2007 – *VI-Kart 5/07 (V)* Umdruck Seite 4; OLG Düsseldorf, WuW/E DE-R 829, 831 – *Freie Tankstellen.*

[17] Vgl. *Birmanns* in: Frankfurter Kommentar, § 71 GWB 2005 Rn. 20 m. w. N.

Weise haben Stellung nehmen können. Die Vorschrift spricht damit ein **Verwertungsverbot** hinsichtlich derjenigen Tatsachen und Beweismittel aus, die dem Beschwerdegericht bekannt geworden, aber nicht allen Beteiligten mit der Möglichkeit einer Stellungnahme zugängig gemacht worden sind. Den Beteiligten muss der Streitstoff folglich in vollem Umfang offengelegt werden. Dazu gehört es insbesondere, dass sie umfassende Kenntnis von den dem Gericht vorliegenden Behörden- und Gerichtsakten erhalten müssen. Unterlagen, die die Kartellbehörde aus wichtigen Gründen, insbesondere zum Schutz von Betriebs- und Geschäftsgeheimnissen, nur dem Gericht und nicht auch den Verfahrensbeteiligten gegenüber aufdecken will und deren Inhalt auch nicht vorgetragen wird, darf das Gericht nicht verwerten (§ 71 Abs. 1 Satz 2 GWB). Eine **Ausnahme** gilt nach § 71 Abs. 1 Satz 3 GWB lediglich im Verhältnis zum (einfach) Beigeladenen.[18]

17 Die Gewährung rechtlichen Gehörs beschränkt sich nicht auf die Beschaffung und Verwertung der Tatsachengrundlage, sondern erstreckt sich auch auf die Würdigung der Rechtslage. So ist anerkannt, dass das Beschwerdegericht rechtliche Gesichtspunkte, zu denen die Beteiligten keine Stellung genommen haben, die es aber für rechtlich bedeutsam hält, offen zu legen hat, um **Überraschungsentscheidungen** zu vermeiden.[19] Ebenso ist es ein Gebot der Gewährung rechtlichen Gehörs, dass die Verfahrensbeteiligten erkennen können, auf welchen Tatsachenvortrag es dem Gericht für die Entscheidung ankommen kann. Insoweit besteht zwar kein allgemeiner Anspruch auf ein **Rechtsgespräch.** Ebenso wenig ist das Gericht gehalten, die Partei darauf hinzuweisen, dass ihr bisheriger Sachvortrag nicht überzeuge.[20] Das Gericht ist ferner nur dann gehalten, der Partei durch Vertagung, Übergang in das schriftliche Verfahren oder die Gewährung einer Schriftsatzfrist Gelegenheit zu ergänzendem Vorbringen (etwa zum Fortsetzungsfeststellungsinteresse zu einem erst in der Verhandlung des Beschwerdegerichts erledigten Rechtsschutzbegehrens) zu geben, wenn konkrete Anhaltspunkte bestehen.[21] Wenn und soweit für die Verfahrensbeteiligten erst durch den Hinweis auf Rechtsfragen, die das Gericht für entscheidungserheblich oder zumindest bedeutsam hält, die Relevanz von Tatsachen und Beweismitteln deutlich wird, hat das Gericht die betreffenden Punkte aber zu erörtern.[22] Kommt das Gericht seiner Verpflichtung zur Gewährung rechtlichen Gehörs nicht nach, kann dies gemäß § 74 Abs. 4 Nr. 5 GWB mit der **zulassungsfreien Rechtsbeschwerde** gerügt werden. Maßgeblich für eine Verletzung des Gehörsanspruchs ist dabei nicht, dass sich die Beteiligten geäußert haben, sondern dass sie die Möglichkeit hierzu hatten, sei es in mündlicher Verhandlung oder in schriftlicher Form.[23]

18 **b) Akteneinsichtsrecht.** § 71 Abs. 1 Satz 3 und 4 GWB normieren Grenzen des rechtlichen Gehörs aus dem Aspekt des Geheimschutzes. Die mit der 5. GWB-Novelle eingefügten Regelungen stehen im Zusammenhang mit § 72 Abs. 3 GWB, der den Beigeladenen ein nur eingeschränktes – nämlich in das pflichtgemäße Ermessen des Beschwerdegerichts gestelltes – Akteneinsichtsrecht gewährt. Die Verzahnung zwischen dem in § 72 GWB geregelten Akteneinsichtsrecht der Verfahrensbeteiligten und die sich daraus ergebenden rechtlichen Konsequenzen für den Anspruch auf rechtliches Gehör in § 71 GWB stellen sich zusammengefasst wie folgt dar: § 72 GWB unterscheidet für die Reichweite des Akteneinsichtsrechts zwischen den Hauptbeteiligten des Beschwerdeverfahrens einerseits und den beigeladenen Dritten andererseits. Den **Hauptbeteiligten** steht ein im Grundsatz unbeschränkbares Recht auf Akteneinsicht zu. Dieses Recht bezieht sich sowohl

[18] Zum Begriff vgl. § 63 Rn. 13.

[19] BGH, NJW 1982, 2506; *Karsten Schmidt* in: Immenga/Mestmäcker, GWB, § 71 Rn. 2 m. w. N.

[20] BGH, WuW/E DE-R 3971, 3972 – *Hörgeräteakustiker.*

[21] BVerfGE 60, 175, 210; *Karsten Schmidt* in: Immenga/Mestmäcker, GWB, § 71 Rn. 2; *Lembach* in: *Langen/Bunte,* Kommentar zum deutschen und europäischen Kartellrecht, § 71 Rn. 11.

[22] BVerfGE 60, 175, 210; *Karsten Schmidt* in: Immenga/Mestmäcker, GWB, § 71 Rn. 2; *Lembach* in: *Langen/Bunte,* Kommentar zum deutschen und europäischen Kartellrecht, § 71 Rn. 11.

[23] BVerfG, DVBl. 1982, 635; *Birmanns* in: Frankfurter Kommentar, § 71 GWB 2005 Rn. 13.

auf die Gerichtsakten (§ 72 Abs. 1 GWB) als auch auf alle Vorakten, Beiakten, Gutachten und Auskünfte (§ 72 Abs. 2 Satz 1 GWB). In Bezug auf die letztgenannten Unterlagen gilt allerdings die Einschränkung, dass das Einsichtsrecht unter dem Vorbehalt der **Zustimmung der aktenführenden bzw. die Auskunft einholenden Stelle** steht (§ 72 Abs. 2 Satz 1 GWB). § 72 Abs. 2 Satz 2 GWB übernimmt diese Regelung für die der Kartellbehörde gehörenden Unterlagen. Ihre Offenlegung an die Hauptbeteiligten hängt mithin ebenfalls von der Zustimmung der Kartellbehörde ab. Diese muss ihre Einwilligung versagen, wenn wichtige Gründe vorliegen, namentlich der Schutz von Geschäfts- und Betriebsgeheimnissen dies erfordert. Macht die Kartellbehörde von dieser Möglichkeit Gebrauch und wird der Inhalt der betreffenden Unterlagen auch nicht im Beschwerdeverfahren vorgetragen, darf das Beschwerdegericht die Unterlagen seiner Entscheidung nicht zugrunde legen. Das spricht § 72 Abs. 2 Satz 3 GWB ausdrücklich aus. Die Vorschrift konkretisiert damit – ganz im Sinne von § 71 Abs. 1 Satz 2 GWB – den Grundsatz des rechtlichen Gehörs, wonach die gerichtliche Entscheidung nur auf dasjenige Tatsachen- und Beweismaterial gestützt werden darf, zu dem die Beteiligten sich äußern konnten. Den **Beigeladenen** gewährt das Kartellgesetz demgegenüber ein von vornherein nur eingeschränktes Akteneinsichtsrecht. Gemäß § 72 Abs. 3 GWB liegt es im **pflichtgemäßen Ermessen** des Beschwerdegerichts, ob und gegebenenfalls in welchem Umfang es den beigeladenen Dritten Zugang zur Gerichtsakte und den anderen Unterlagen gestattet. Stattzufinden hat in erster Linie eine einzelfallbezogene Abwägung der beiderseitigen Belange, nämlich dem Interesse des Beigeladenen an einer möglichst umfassenden und vollständigen Kenntnis des Sach- und Streitstoffs und dem Interesse an einer Geheimhaltung der in Rede stehenden Tatsachen und Informationen. Das gilt nicht nur für die einfache Beiladung, sondern gleichermaßen auch in Bezug auf den notwendig Beizuladenden.[24] Die verfahrensrechtlichen Konsequenzen, die sich für das Beschwerdegericht ergeben, wenn es dem (einfach oder notwendig) beigeladenen Dritten aus wichtigem Grund Aktenbestandteile nicht oder nur eingeschränkt zugänglich macht, ergeben sich aus § 71 Abs. 1 Satz 3 und 4 GWB. Im Verhältnis zum **einfach Beigeladenen** – also demjenigen, der durch die zur Beurteilung stehende Maßnahme der Kartellbehörde nicht in seinen Rechten, sondern lediglich in seinen wirtschaftlichen Interessen betroffen ist – kann das Beschwerdegericht bei der Entscheidungsfindung den gesamten Streitstoff einschließlich der dem Beigeladenen nicht zugänglich gemachten Aktenteile, sonstigen Unterlagen und Auskünfte berücksichtigen (§ 71 Abs. 1 Satz 3 GWB). Einer gesonderten Beschlussfassung des Beschwerdegerichts bedarf es nicht. Es genügt vielmehr, wenn das Gericht im Rahmen der Hauptsachenentscheidung darlegt, ob, in welchem Umfang und aus welchen Gründen von der Möglichkeit des § 71 Abs. 1 Satz 3 GWB Gebrauch gemacht und Tatsachenstoff bei der Entscheidungsfindung berücksichtigt hat, zu denen dem beigeladenen Dritten kein rechtliches Gehör gewährt worden ist. Dem in seinen Rechten Betroffenen und deshalb **notwendig Beizuladenden** gegenüber dürfen andererseits die ihm nicht zugänglich gemachten Tatsachen und Beweismittel nicht verwertet werden (§ 71 Abs. 1 Satz 4 GWB). Der notwendig Beizuladende steht in Bezug auf die Gewährung rechtlichen Gehörs also einem Hauptbeteiligten des Beschwerdeverfahrens gleich. Gleiches gilt, sobald der einfach Beigeladene in die verfahrensrechtliche Position des Beschwerdeführers wechselt,[25] beispielsweise wenn er die kartellbehördliche Fusionsfreigabe mit der Beschwerde angreift.

[24] Ebenso: *Karsten Schmidt* in: Immenga/Mestmäcker, GWB, § 72 Rn. 10.
[25] KG, WuW/E DE-R 688, 690 – *HABET/Lekkerland.*

III. Form der Entscheidung (Abs. 1 S. 1 und Abs. 6)

1. Beschluss

19 Nach § 71 Abs. 1 GWB entscheidet das Beschwerdegericht durch Beschluss, und zwar unabhängig davon, ob die Entscheidung aufgrund mündlicher Verhandlung getroffen wird oder im schriftlichen Verfahren ergeht. Die den Rechtszug abschließende Entscheidung ist für das Beschwerdegericht bindend und hat die Wirkung eines verwaltungsgerichtlichen Urteils.

20 Der Beschluss bedarf nach § 71 Abs. 6 GWB einer **Begründung.** Diese muss – wie im Verfahrensrecht üblich geworden[26] – innerhalb von 5 Monaten nach der mündlichen Verhandlung vorliegen. Aus dem Verweis auf die „sonstigen Arten des Beschwerdeverfahrens" in § 73 Nr. 2 GWB folgt, dass der aufgrund mündlicher Verhandlung getroffene Beschluss zu verkünden ist (vgl. § 300 ZPO) und mit Verkündung wirksam wird, während die im schriftlichen Verfahren erlassene Beschwerdeentscheidung zuzustellen ist und hierdurch Wirksamkeit erlangt. Fehlt die Begründung oder werden die Gründe nicht innerhalb von 5 Monaten nach der mündlichen Verhandlung abgefasst, kann darauf die zulassungsfreie Rechtsbeschwerde nach § 74 Abs. 4 Nr. 6 GWB gestützt werden.

2. Rechtsmittelbelehrung

21 Die Entscheidung, die das Beschwerdegericht in der Hauptsache trifft, ist gemäß § 71 Abs. 6 GWB mit einer (vollständigen und inhaltlich zutreffenden) **Rechtsmittelbelehrung** zu versehen. Fehlt sie, bleibt die Wirksamkeit der Beschwerdeentscheidung unberührt. Eine unterbliebene, unvollständige oder sachlich unzutreffende Rechtsmittelbelehrung hat allerdings Auswirkungen auf den Lauf der Rechtsbeschwerdefrist (76 Abs. 3 GWB) bzw. der Nichtzulassungsbeschwerdefrist (§ 75 Abs. 3 GWB). **Analog § 58 Abs. 1 VwGO** wird der Fristenlauf nicht in Gang gesetzt; es gilt vielmehr in entsprechender Anwendung von § 58 Abs. 2 VwGO eine Jahresfrist, die mit der Zustellung der Beschwerdeentscheidung an den Rechtsbeschwerde- bzw. Nichtzulassungsbeschwerdeführer zu laufen beginnt.[27]

IV. Inhalt der Beschwerdeentscheidung (Abs. 2 S. 1, Abs. 4)

22 § 71 Abs. 2 Satz 1 GWB bestimmt, dass das Beschwerdegericht eine unzulässige oder unbegründete kartellbehördliche Verfügung aufhebt. § 71 Abs. 4 GWB regelt, dass das Beschwerdegericht auf die erfolgreiche Verpflichtungs- oder Untätigkeitsbeschwerde die Pflicht der Kartellbehörde ausspricht, die beantragte Verfügung vorzunehmen. Mit diesen beiden Regelungen sind die in Betracht kommenden Entscheidungsaussprüche des Beschwerdegerichts nur unvollständig normiert.

1. Erfolglose Beschwerde

23 Gänzlich ungeregelt geblieben ist Tenorierung bei einem erfolglosen Rechtsmittel. Insoweit ist auf die allgemeinen verfahrensrechtlichen Grundsätze zurückzugreifen.[28] Die unzulässige Beschwerde ist demnach zu verwerfen, die unbegründete Beschwerde zurückzuweisen.

2. Erfolgreiche Beschwerde

24 Die Situation des (ganz oder teilweise) erfolgreichen Rechtsmittels ist in § 71 Abs. 2 Satz 1, Abs. 4 GWB bloß zum Teil geregelt worden. Eingang in den Gesetzestext hat lediglich die Anfechtungsbeschwerde (§ 71 Abs. 2 Satz 1 GWB) und die Verpflichtungs- und

[26] BGH, NJW 1987, 2446; BVerwG, NJW 1991, 310.
[27] Offen gelassen von BGH, BGH-Report 2005, 1006.
[28] Vgl. *Birmanns* in: Frankfurter Kommentar, § 71 GWB 2005 Rn. 23 m. w. N.

Untätigkeitsbeschwerde (§ 71 Abs. 4 GWB) gefunden, während die allgemeine Leistungsbeschwerde unerwähnt geblieben ist. Folgende Entscheidungsaussprüche des Beschwerdegerichts kommen – je nach der Art der Beschwerde – in Betracht:

25 **a) Anfechtungsbeschwerde.** Die Anfechtungsbeschwerde ist erfolgreich, wenn die angefochtene kartellbehördliche Verfügung entweder unzulässig – d. h. verfahrensfehlerhaft zustande gekommen – oder unbegründet – d. h. materiell-rechtlich zu beanstanden – ist. In beiden Fällen ist die Verfügung rechtswidrig. Diese Rechtswidrigkeit zwingt allerdings nicht in jedem Fall zur Aufhebung der kartellbehördlichen Verfügung. Ausnahmen kommen unter entsprechender Anwendung der §§ 45, 46 VwVfG in Betracht, wenn die angegriffene Verfügung unter einem Form-, Begründungs- oder sonstigen Verfahrensmangel leidet.

26 Der Verstoß gegen derartige Mängel kann unter den in **§ 45 VwVfG** näher normierten Voraussetzungen dadurch geheilt werden, dass die unterbliebene Handlung bis zum Abschluss des Beschwerdeverfahrens nachgeholt wird. Bedeutung hat die Heilungsmöglichkeit im Kartellverwaltungsrecht vor allem für **Begründungsmängel** des kartellbehördlichen Verwaltungsaktes. Gemäß § 61 Abs. 1 Satz 1 GWB sind Verfügungen der Kartellbehörde (schriftlich) zu begründen. Der Begründungszwang dient in erster Linie dem Rechtsschutz des Betroffenen. Sowohl der Betroffene als auch das Beschwerdegericht sollen in die Lage versetzt werden, die kartellbehördliche Anordnung in tatsächlicher und rechtlicher Hinsicht auf ihre Rechtmäßigkeit zu überprüfen. Dementsprechend hat die Kartellbehörde analog § 39 Abs. 1 Satz 2 VwVfG die tragenden tatsächlichen und rechtlichen Gründe ihrer Entscheidung mitzuteilen. Die Begründung muss dabei so vollständig sein, dass dem Adressaten eine tatsächliche und rechtliche Prüfung möglich ist und er sich anhand der Begründung darüber schlüssig werden kann, ob er die kartellbehördliche Verfügung hinnehmen oder sie anfechten will.[29] Es führt nicht zu einen Begründungsmangel, wenn die kartellbehördliche Verfügung keine exakten Marktanteilsdaten, sondern zum Schutz von Geschäftsgeheimnissen die Marktanteile lediglich in einer Spanne von +/– 2,5% enthält.[30] Wird der zur Überprüfung stehende kartellbehördliche Beschluss dem Begründungserfordernis nicht (oder nicht in vollem Umfang) gerecht, ist er formell rechtswidrig. Der Begründungsmangel kann allerdings gemäß § 45 Abs. 1 Nr. 2 VwVfG dadurch geheilt worden, dass die Kartellbehörde die erforderliche Begründung im Beschwerdeverfahren – etwa im Rahmen ihrer Beschwerdeerwiderung – nachholt oder eine inhaltlich unzureichende Begründung nachbessert.[31] Die Kartellbehörde darf in diesem Zusammenhang nicht nur ihre bei Erlass der Verfügung vorhandene Begründung nachliefern, sondern auch Gründe nachschieben, sofern diese schon bei Erlass der angefochtenen Entscheidung vorlagen, sie die kartellbehördliche Verfügung nicht in ihrem Wesen ändern und die beschwerdeführende Partei nicht in ihrer Rechtsverteidigung beeinträchtigt wird.[32] Durch die Nachholung wird der ursprüngliche Beschlussmangel behoben und die Verfügung mit Wirkung für die Zukunft in diesem Punkt rechtmäßig.[33]

27 Darüber hinaus ordnet **§ 46 VwVfG** – der im Kartellverwaltungsverfahrensrecht entsprechend anwendbar ist[34] – an, dass die Aufhebung eines Verwaltungsaktes, der (ohne

---

[29] OLG Düsseldorf, WuW/E DE-R 1993, 1996 – *Außenwerbeflächen; Bach* in: Immenga/Mestmäcker, GWB, § 61 Rn. 14 m. w. N.

[30] OLG Düsseldorf, Beschl. v. 25.9.2013 – *VI Kart 4/12 (V)* Umdruck Seite 8.

[31] A. A. *Bach* in: Immenga/Mestmäcker, GWB § 61 Rn. 15, der § 46 VwVfG anwenden will und dort die Entscheidungserheblichkeit des Begründungsmangels verneint.

[32] Vgl. *Birmanns* in: Frankfurter Kommentar, § 71 GWB 2005 Rn. 22 m. w. N.

[33] OLG Düsseldorf, WuW/E DE-R 1993, 1997 – *Außenwerbeflächen;* OLG Düsseldorf, Beschl. v. 15.1.2007 – *VI-Kart 17/06 (V)* Umdruck Seite 7; OLG Düsseldorf, Beschl. v. 16.12.2002 – *Kart 25/02 (V)* Umdruck Seite 14; *Birmanns* in: Frankfurter Kommentar, § 71 GWB 2005 Rn. 25.

[34] OLG Düsseldorf, WuW/E DE-R 953, 954 – *Lufthansa/Eurowings;* KG, WuW/E OLG 2411, 2414 f. – *Synthetischer Kautschuk I; Karsten Schmidt* in: Immenga/Mestmäcker, GWB, § 56 Rn. 9; *Schneider* in: Langen/Bunte, Kommentar zum deutschen und europäischen Kartellrecht, § 56 Rn. 41.

nichtig zu sein) an einem Form-, Verfahrens- oder Begründungsmangel leidet oder unter Verletzung der Vorschriften über die örtliche Zuständigkeit zustande gekommen ist, dann nicht verlangt werden kann, wenn offensichtlich ist, dass dieser Mangel die Entscheidung in der Sache nicht beeinflusst hat. Erforderlich ist die **Gewissheit,** dass der Mangel auf das **Ergebnis keinen Einfluss** gehabt haben kann und die Entscheidung der Behörde jedenfalls inhaltlich so erlassen werden musste. Dies ist bei gebundenen Entscheidungen der Fall. Gleiches gilt, wenn der an sich vorhandene Spielraum der Kartellbehörde im konkreten Fall auf Null reduziert war. Demgegenüber scheidet bei Ermessensentscheidungen, Beurteilungsentscheidungen oder Planungsentscheidungen der Behörde in der Regel die Feststellung, dass sich der Verfahrensfehler nicht auf das Ergebnis ausgewirkt haben kann, aus. Denn hier kann regelmäßig nicht ausgeschlossen werden, dass die Behörde bei Beachtung des Verfahrensrechts in der Sache zu einer anderen Entscheidung hätte kommen können. Das gilt allerdings nicht ausnahmslos. Ist der formelle Fehler aus **tatsächlichen** Gründen ohne Einfluss auf die Behördenentscheidung geblieben und hat er sich nachweislich nicht auf die Entscheidungsfindung der Behörde ausgewirkt, ist auch bei Ermessens-, Beurteilungs- oder Planungsentscheidungen die Aufhebung der Behördenentscheidung wegen eines Verfahrensfehlers ausgeschlossen.[35] In diesem Sinne sind etwa die unterbliebene weitere Aufklärung, die keine zusätzlichen Erkenntnisse zutage gefördert hätte[36] oder die unterbliebene Anhörung zur beabsichtigten Festsetzung eines Zwangsgeldes, gegen dessen Höhe Einwände im Beschwerdeverfahren weder geltend gemacht werden noch ernstlich in Frage kommen,[37] als letztlich unbeachtlich angesehen worden.

28 Leidet die mit der Anfechtungsbeschwerde angegriffene kartellbehördliche Verfügung an einem zur Rechtswidrigkeit führenden – und nicht nach § 46 VwVfG unbeachtlichen – Mangel, ist sie aufzuheben (§ 71 Abs. 2 Satz 1 GWB). Auf diese rein **kassatorische Entscheidungsbefugnis** ist das Beschwerdegericht beschränkt. Es darf folglich die angefochtene (rechtswidrige) Verfügung nicht durch eine andere (rechtlich zulässige) Verfügung ersetzen,[38] und zwar auch nicht auf einen dahingehenden (Hilfs-)Antrag der Kartellbehörde.[39] Hat die Kartellbehörde anstelle eines rechtlich zulässigen Verbots ein Gebot ausgesprochen, so kann das Beschwerdegericht mithin allein diese Entscheidung aufheben, nicht aber das Verbot selbst aussprechen.[40] Die 7. GWB-Novelle hat an jener Rechtslage nichts geändert. Zwar haben die Kartellbehörden in Anlehnung an das europäische Recht nach § 32 Abs. 2 GWB die Befugnis erhalten, den betroffenen Unternehmen alle geeigneten Maßnahmen zur Abstellung eines gesetzwidrigen Verhaltens aufzugeben, also auch zu einer positiven Tenorierung. Der Gesetzgeber hat die Änderung aber in § 71 Abs. 2 GWB nicht übernommen und den Gerichten folglich keine entsprechende Befugnis eingeräumt. Das Beschwerdegericht darf ebenso wenig die Sache zur weiteren Sachaufklärung und erneuten Entscheidung an die Kartellbehörde **zurückverweisen.**[41] Es hat vielmehr unter Beachtung des Untersuchungsgrundsatzes (§ 70 Abs. 1 GWB) selbst Entscheidungsreife herbeizuführen und sodann über die Rechtmäßigkeit der angegriffenen kartellbehördlichen Verfügung zu entscheiden.[42] Das gilt auch im Beschwerdeverfahren gegen eine Fusionsfreigabeentscheidung, und zwar unabhängig davon, dass nach § 40 Abs. 6 GWB mit der Aufhebung der kartellbehördlichen Freigabeentscheidung die für das Hauptprüfverfahren vorgesehene

---

[35] OLG Düsseldorf, WuW/E DE-R 953, 954 – *Lufthansa/Eurowings;* OLG Düsseldorf, Beschl. v. 25.7.2002 – *Kart 25/02 (V)* m. w. N.

[36] BVerwG, BVerwGE 71, 150, 152.

[37] OLG Düsseldorf, WuW/E DE-R 953, 954 – *Lufthansa/Eurowings.*

[38] BGH, WuW/E DE-R 1163, 1166 – *HABET/Lekkerland.*

[39] Zutreffend: *Birmanns* in: Frankfurter Kommentar, § 71 GWB 2005 Rn. 27.

[40] *Karsten Schmidt* in: Immenga/Mestmäcker, GWB, § 71 Rn. 14.

[41] BGH, WuW/E DE-R 1163, 1166 – *HABET/Lekkerland;* BGH, WuW/E BGH 2535, 2541 – *Lüsterbehangsteine.*

[42] BGH, Beschl. v. 14.7.2015 – KVR 77/13 Rn. 13 m. w. N.

4-Monats-Frist des § 40 Abs. 2 Satz 2 GWB neu zu laufen beginnt.[43] Ist die angefochtene **Verfügung teilbar** und beschränkt sich die Rechtswidrigkeit auf jenen abtrennbaren Verfügungsteil, kommt schon aus Gründen der Verhältnismäßigkeit nur eine teilweise Aufhebung der kartellbehördlichen Entscheidung in Frage.[44] Allerdings ist zu beachten, dass die angefochtene Verfügung durch die Teilaufhebung nicht in ihrem Wesen verändert werden darf. Ob dies der Fall ist, beurteilt sich anhand des Regelungsgehalts der kartellbehördlichen Verfügung, wie er sich aus der Entscheidungsformel unter Heranziehung der Gründe ergibt. In keinem Fall darf durch die Teilaufhebung eine Restverfügung entstehen, die von Gesetzes wegen nicht hätte ergehen dürfen oder die selbständig sinnvollerweise überhaupt nicht bestehen kann. So besteht beispielsweise die Gefahr, dass die isolierte Aufhebung der Nebenbestimmungen zur Freigabe einer an sich zu untersagenden Fusion führt, wenn die Untersagungsvoraussetzungen des § 36 Abs. 1 GWB erfüllt sind und alleine die Rechtswidrigkeit der Nebenbestimmungen einer Freigabeentscheidung in Rede steht.

Sowohl für das Beschwerdeverfahren als auch für das kartellrechtliche Rechtsbeschwer- 29
deverfahren gilt das Verbot der **Schlechterstellung** der beschwerdeführenden Partei. Dieses Verbot wird nicht verletzt, wenn das Beschwerdegericht einen Antrag, den die Kartellbehörde als unzulässig abgewiesen hat, als unbegründet abweist.[45] Hebt das Beschwerdegericht die angefochtene Verfügung auf, wird hierdurch die kartellbehördliche Entscheidung mit Wirkung **ex tunc** beseitigt. Das gilt auch für Verfügungen mit Dauerwirkung, die zwar bei ihrem Erlass rechtmäßig waren, aufgrund einer veränderten Sach- oder Rechtslage im Verlauf des Beschwerdeverfahrens aber rechtswidrig geworden sind.[46]

b) Verpflichtungsbeschwerde. Hält das Beschwerdegericht die Ablehnung oder Un- 30
terlassung der kartellbehördlichen Verfügung für unzulässig oder unbegründet, verpflichtet es die Behörde zum Erlass der begehrten Verfügung. Die Gesetzesformulierung ist missglückt. Für den Erfolg einer Verpflichtungs- oder Untätigkeitsbeschwerde kommt es nicht darauf an, ob die ablehnende Behördenentscheidung oder die Untätigkeit der Kartellbehörde rechtswidrig war. Maßgebend ist vielmehr, ob die beschwerdeführenden Partei die begehrte Verfügung verlangen kann, ihr also – nach der Sach- und Rechtslage im Zeitpunkt der gerichtlichen Entscheidung – ein Anspruch auf den nachgesuchten kartellbehördlichen Verwaltungsakt zusteht. Ist dies der Fall und die Sache überdies **spruchreif,** spricht das Beschwerdegericht die Verpflichtung der Kartellbehörde aus, die beantragte Verfügung vorzunehmen. Aus Gründen der Klarstellung sollte es dabei zugleich die ablehnende Behördenentscheidung aufheben. Ist die Sache noch **nicht spruchreif** – etwa hat die Behörde wegen einer abweichenden Rechtsauffassung noch nicht die zur Entscheidung erforderlichen tatsächlichen Feststellungen getroffen hat –, läge an sich eine Zurückweisung der Sache an die Kartellbehörde nahe. Diese ist aber in § 71 Abs. 4 GWB ebenso wenig vorgesehen und zulässig wie für die Anfechtungsbeschwerde. Zu tenorieren ist deshalb analog § 113 Abs. 5 Satz 2 VwGO eine Neubescheidungsverpflichtung dahin, dass die Kartellbehörde über den streitgegenständlichen Antrag der beschwerdeführenden Partei unter Beachtung der Rechtsauffassung des Beschwerdegerichts neu zu entscheiden hat.[47] Sind dazu tatsächliche Feststellungen zu treffen, hat die Kartellbehörde zuvor die erforderlichen Ermittlungen durchzuführen.

c) Allgemeine Leistungsbeschwerde. Bei der – im Gesetz nicht vorgesehenen – all- 31
gemeinen **Leistungsbeschwerde** wird die Kartellbehörde verpflichtet, die begehrte Leistung zu erbringen oder die nachgesuchte Handlung vorzunehmen. Gegenstand der allge-

---

[43] BGH, WuW/E DE-R 1163, 1166 – *HABET/Lekkerland.*

[44] BGH, Beschl. v. 14.7.2015 – KVR 77/13 Rn. 13 m. w. N.

[45] BGH, WuW/E BGH 1556, 1558 – *Weichschaum III;* BGH, WuW/E BGH 3008, 3014 – *Stadtgaspreis-Potsdam.*

[46] BGH, WuW/E BGH 1283, 1286.

[47] *Karsten Schmidt* in: Immenga/Mestmäcker, GWB, § 71 Rn. 19; *Bechtold,* GWB, § 71 Rn. 6; *Birmanns* in: Frankfurter Kommentar, § 71 GWB 2005 Rn. 32.

meinen Leistungsbeschwerde kann daneben aber auch ein Unterlassen der Kartellbehörde sein, etwa die Verpflichtung, eine als rechtsverletzend beanstandete Presseerklärung von der behördlichen Homepage zu entfernen und sie künftig nicht mehr zu veröffentlichen.[48]

V. Entscheidungen bei Erledigung der Hauptsache (Abs. 2 Satz 2 und Abs. 3)

1. Erledigung nach Abs. 2 Satz 2

32 Nach § 71 Abs. 2 Satz 2 GWB spricht das Beschwerdegericht in Fällen, in denen sich die Verfügung vor seiner Entscheidung durch Zurücknahme oder auf andere Weise erledigt hat, auf Antrag aus, dass die Verfügung der Kartellbehörde unzulässig oder unbegründet gewesen sei, wenn der Beschwerdeführer ein berechtigtes Interesse an dieser Feststellung hat.

33 **a) Geltungsbereich der Vorschrift.** Die Vorschrift gilt nach ihrem Wortlaut nur für die Anfechtungsbeschwerde. Sie findet auf die Fälle der Verpflichtungs- und Leistungsbeschwerde aber entsprechende Anwendung.[49] Überdies gilt sie auch im Rechtsbeschwerdeverfahren. In sämtlichen Fällen besteht unter den tatbestandlichen Voraussetzungen des § 71 Abs. 2 Satz 2 GWB ein berechtigtes Interesse der beschwerdeführenden Partei an einem nachträglichen Verwaltungsrechtsschutz.

34 **b) Begriff der „Erledigung“.** Erledigung tritt ein, wenn die angefochtene Verfügung keine rechtlichen Wirkungen mehr entfaltet und deshalb **gegenstandslos** geworden ist, so dass infolge dessen auch die Beschwer der beschwerdeführenden Partei fortgefallen ist.[50] Der **Fortfall der Beschwer** ist objektiv nach dem Regelungsgehalt der kartellbehördlichen Verfügung zu beurteilen; nicht ausschlaggebend ist das Regelungsinteresse des Beschwerdeführers.[51] Das Gesetz nennt als einen Anwendungsfall die Rücknahme der kartellbehördlichen Verfügung. Daneben kann Erledigung durch alle tatsächlichen oder rechtlichen Veränderungen eintreten, die einen Anfechtungs-, Verpflichtungs- oder Leistungsantrag gegenstandslos machen. In Betracht kommt insbesondere auch ein Verhalten des Beschwerdeführers, etwa indem er das beanstandete Marktverhalten aufgibt. Ändern sich die wirtschaftlichen Verhältnisse, hält der Beschwerdeführer aber an einer auf diesen Verhältnissen angepassten Wettbewerbsbeschränkung fest, wird allerdings eine Erledigung der Hauptsache in der Regel nicht eintreten. Richtet sich die Beschwerde gegen eine **fusionskontrollrechtliche Untersagungsverfügung** der Kartellbehörde, tritt Erledigung ein, wenn das angemeldete Zusammenschlussvorhaben nicht mehr weiterverfolgt wird. Dabei ist nicht erforderlich, dass das angemeldete Vorhaben objektiv undurchführbar geworden ist, weil zum Beispiel das Zielunternehmen bereits anderweitig veräußert worden ist. Erledigung tritt vielmehr auch dann ein, wenn das Fusionsvorhaben zumindest von einer Partei endgültig aufgegeben wird.[52] Auch in einem solchen Fall lässt sich nämlich das von der Kartellbehörde untersagte Zusammenschlussvorhaben nicht mehr verwirklichen und ist die mit der Untersagungsverfügung verbundene Beschwer der Fusionswilligen entfallen. Erle-

---

[48] Vgl. OLG Düsseldorf, Beschluss vom 9.10.2014 – *VI-Kart 5/14 (V)*.

[49] Vgl. *Karsten Schmidt* in: Immenga/Mestmäcker, GWB, § 71 Rn. 25 m. w. N.

[50] BGH, WuW/E DE-R 2055, 2057 – *Auskunftsverlangen;* BGH, WRP 2006, 1030, 1031; BGH, WuW/E BGH 2211, 2213 – *Morris-Rothmans;* OLG Düsseldorf, WuW/E DE-R 1835, 1836 – *Deutsche Börse/London Stock Exchange;* OLG Düsseldorf, WuW/E DE-R 1654, 1655 – *RUAG/MEN;* OLG Düsseldorf, WuW/E DE-R 1435, 1436 – *Agrana/Atys;* OLG Düsseldorf, WuW/E DE-R 781, 782 – *Wal-Mart;* KG, WuW/E OLG 3213, 3214 – *Zum bösen Wolf;* KG, WuW/E OLG 5497, 5501 – *Fortsetzungsfeststellungsinteresse.*

[51] OLG Düsseldorf, WuW/E DE-R 829 – *Freie Tankstellen.*

[52] BGH, WuW/E DE-R 2221/2222 – *Springer/ProSieben;* OLG Düsseldorf, OLG Düsseldorf, WuW/E DE-R 1839, 1840 – *Springer/ProSiebenSat1;* OLG Düsseldorf, WuW/E DE-R 1835, 1836 – *Deutsche Börse/London Stock Exchange;* OLG Düsseldorf, WuW/E DE-R 1654, 1655 – *RUAG/MEN;* KG, WuW/E OLG 5364; vgl. auch BGH, WuW/E DE-R 919, 922f. – *Stellenmarkt für Deutschland II.*

digung tritt gleichfalls ein, wenn ein Fusionsvorhaben vom Bundeskartellamt nur unter Nebenbestimmungen freigegeben worden ist, die Zusammenschlussbeteiligten gegen einzelne Nebenbestimmungen im Beschwerdewege vorgehen, gleichzeitig aber jene Nebenbestimmungen erfüllen.[53] Sobald die mit der Beschwerde angegriffenen Bedingungen erfüllt oder eine befristete Auflage durch Zeitablauf ihre Wirkung verloren hat, sind die betreffenden Nebenbestimmungen gegenstandslos geworden.[54] Hat die Kartellbehörde einen Zusammenschluss untersagt und führen die Beteiligten statt dessen einen Teil einer „Zwischenlösung" durch, die insgesamt auf dasselbe Ziel gerichtet ist wie der untersagte Zusammenschluss, so erledigt sich dadurch das Verfahren über die Beschwerde gegen die Untersagungsverfügung grundsätzlich nicht. Das gilt auch dann, wenn ein bisher an dem Zusammenschlussvorhaben nicht Beteiligter an der „Zwischenlösung" mitwirkt.[55] Ebenfalls keine Erledigung tritt ein, wenn der Adressat der Verfügung dem kartellbehördlichen **Auskunftsverlangen** entspricht und die geforderten Auskünfte – freiwillig oder aufgrund einer Vollstreckung – erteilt, das Auskunftsverlangen – etwa als Rechtsgrund für eine Speicherung und Verwertung der erlangten Daten – aber weiterhin Wirkung entfaltet.[56] Ebenso wenig wird die mit einer kartellbehördlichen Entflechtungsverfügung verbundene Beschwer alleine dadurch beseitigt, dass das betroffene Unternehmen ihr Folge leistet und Geschäftsanteile veräußert, solange es einen Rückerwerb jener Anteile beabsichtigt. Alleine die Tatsache, dass sich der überwiegende Teil dieser Geschäftsanteile im Streubesitz befindet und die daneben verbleibenden Anteilseigner nicht zu einer Veräußerung bereit sind, mag den Rückerwerb schwierig gestalten, schließt ihn aber nicht aus.[57]

35 Ob eine Erledigung in dem vorstehend beschriebenen Sinne vorliegt, hat das Beschwerdegericht zu prüfen. Nur wenn es die Erledigung bejaht, kann es gemäß § 71 Abs. 2 Satz 2 GWB die ursprüngliche Rechtswidrigkeit der streitbefangenen kartellbehördlichen Verfügung prüfen. Dies gilt allerdings nur bei der **einseitigen Erledigungserklärung.** Schließt sich der Beschwerdegegner der Erledigungserklärung an und wird die Hauptsache **übereinstimmend für erledigt erklärt,** ist das Beschwerdegericht hieran gebunden und hat – ohne eigene Prüfung – von der Erledigung der Verfügung auszugehen.[58] Ebenso wenig hängt die Wirksamkeit der Erledigungserklärung davon ab, dass die **übrigen Verfahrensbeteiligten** ihr **zustimmen.**[59] Das gilt auch für den notwendig beigeladenen Dritten. Als rein prozessuale Erklärung ohne materiell-rechtliche Wirkungen kann die Erledigungserklärung den Dritten nämlich nicht in seinen Rechten verletzten.[60]

36 § 71 Abs. 2 Satz 2 GWB betrifft unmittelbar nur den Fall, dass sich die angegriffene kartellbehördliche Verfügung im Laufe des Beschwerdeverfahrens erledigt hat. Die Vorschrift findet allerdings entsprechende Anwendung, wenn **Erledigung** bereits **vor Einlegung der Beschwerde** eingetreten ist und der beschwerdeführenden Partei ein Fortsetzungsfeststellungsinteresse zur Seite steht[61] oder wenn sich die angefochtene Entscheidung im Verlaufe des Rechtsbeschwerdeverfahrens erledigt.[62]

37 **c) Notwendigkeit einer Erledigungserklärung.** Die im Schrifttum streitige Frage, ob es einer **Erledigungserklärung** der beschwerdeführenden Partei bedarf,[63] dürfte im

---

[53] BGH, WuW/E DE-R 3097, 3100 – *EDEKA/Plus.*
[54] BGH, WuW/E DE-R 3097, 3100 – *EDEKA/Plus.*
[55] BGH, WuW/E DE-R 1783, 1785 – *Call-Option.*
[56] BGH, WuW/E DE-R 2055, 2057 – *Auskunftsverlangen.*
[57] OLG Düsseldorf, WuW/E DE-R 2462, 2464 – *A-TEC/Norddeutsche Affinerie.*
[58] BGH, WuW/E BGH 1367 – *Zementverkaufsstelle Niedersachsen.*
[59] OLG Düsseldorf, Beschl. v. 3.7.2015 – *VI Kart 1/12 (V)* Umdruck Seite 5.
[60] *Birmanns* in: Frankfurter Kommentar, § 71 GWB 2005 Rn. 39 m. w. N.
[61] KG, WuW/E OLG 5497, 5501 – *Fortsetzungsfeststellungsinteresse; Birmanns* in: Frankfurter Kommentar, § 71 GWB 2005 Rn. 54 m. w. N.
[62] BGH, WuW/E DE-R 3097, 3100 – *EDEKA/Plus.*
[63] Verneinend *Karsten Schmidt* in: Immenga/Mestmäcker, GWB, § 71 Rn. 29.

Hinblick auf das Antragserfordernis des § 71 Abs. 2 Satz 2 GWB regelmäßig ohne praktische Bedeutung sein. Ist der Antrag auf Feststellung der Rechtswidrigkeit der streitbefangenen kartellbehördlichen Verfügung gestellt, wird vielfach schon die Auslegung dieses Beschwerdeantrags in Verbindung mit der zu seiner Rechtfertigung vorgetragenen Begründung zu dem Ergebnis führen, dass der Beschwerdeführer[64] die angegriffene Verfügung für gegenstandslos und das Beschwerdeverfahren in der Hauptsache demgemäß für erledigt hält. Bestehen diesbezügliche Zweifel, muss das Gericht im Rahmen seiner Hinweis- und Aufklärungspflicht aus § 70 Abs. 2 GWB mit dem Beschwerdeführer diese Frage erörtern und eine Klärung herbeiführen, ob eine Erledigungserklärung abgegeben und in den nachträglichen Rechtsschutz gewechselt werden soll. Ist dies der Fall, hat das Beschwerdegericht – anders als bei der übereinstimmenden Erledigungserklärung durch die Hauptbeteiligten, die das Gericht insoweit bindet – darüber zu entscheiden, ob Hauptsachenerledigung eingetreten ist oder nicht. Hat sich die Verfügung erledigt, muss das Gericht die besonderen Zulässigkeitserfordernisse des Fortsetzungsfeststellungsantrags nach § 71 Abs. 2 Satz 2 GWB sowie anschließend die Rechtswidrigkeit der streitgegenständlichen kartellbehördlichen Verfügung prüfen. Verneint das Gericht eine Erledigung, hat es das – als Fortsetzungsfeststellungsbeschwerde zur Entscheidung stehende – Rechtsmittel zu verwerfen. Um diesem Verfahrensrisiko zu entgehen, kann der Beschwerdeführer für den Fall, dass das Gericht eine Erledigung der Hauptsache nicht feststellen sollte, seinen ursprünglichen **Sachantrag als Hilfsantrag** aufrechterhalten. Ebenso kann der Feststellungsantrag nach § 71 Abs. 2 Satz 2 GWB als Hilfsantrag zum Hauptsachenantrag verfolgt werden.[65] Ein Sachantrag mit hilfsweiser Erledigungserklärung ist demgegenüber unzulässig.[66]

38 **d) Antragserfordernis.** Aus dem Wortlaut des § 71 Abs. 2 Satz 2 GWB ergibt sich unzweideutig, dass das Gericht die Rechtswidrigkeit der erledigten Verfügung **nur auf Antrag** ausspricht. Dass in dem ursprünglichen Hauptsachenantrag inzident ein auf Feststellung der Rechtswidrigkeit der angefochtenen Behördenentscheidung gerichtetes Begehren enthalten ist, macht den erforderlichen Antrag auch dann nicht entbehrlich, wenn die beschwerdeführende Partei zu erkennen gibt, dass sie an ihrem ursprünglichen Rechtsschutzziel für die Vergangenheit festhält und hieran ein berechtigtes Interesse hat.[67] Gegebenenfalls muss das Gericht im Rahmen seiner Hinweis- und Aufklärungspflicht aus § 70 Abs. 2 GWB klären, ob ein Feststellungsantrag gestellt wird. Der Antrag kann auch als Hilfsantrag gestellt werden.

39 Der Feststellungsantrag nach § 71 Abs. 2 Satz 2 GWB setzt voraus, dass die ursprünglich erhobene Beschwerde zulässig gewesen ist.[68] Denn die Vorschrift eröffnet kein neues Beschwerdeverfahren, sondern ermöglicht für den Fall, dass die angegriffene Verfügung gegenstandslos geworden und der eigentliche Beschwerdegegenstand dadurch in Fortfall geraten ist, lediglich die Fortsetzung des Rechtsmittelverfahrens zur Erlangung nachträglichen Verwaltungsrechtsschutzes. Erfüllt sein müssen dementsprechend die allgemeinen Zulässigkeitsvoraussetzungen der Beschwerde einschließlich einer (formellen und materiellen) Beschwer der beschwerdeführenden Partei.

---

[64] Die Befugnis, die Beschwerde in der Hauptsache für erledigt zu erklären, steht – unabhängig von den Parteirollen in der Rechtsbeschwerdeinstanz – nur dem Beschwerdeführer zu. Das Bundeskartellamt, das Rechtsbeschwerde gegen eine seine Verfügung aufhebende Beschwerdeentscheidung eingelegt hat, kann dementsprechend nicht selbst eine Erledigungserklärung abgeben, sondern sich nur einer Erledigungserklärung des obsiegenden Beschwerdeführers anschließen (BGH, WuW/E DE-R 3591, 3593 – *Total/OMV*).

[65] BGH, WuW/E DE-R 919, 922 – *Stellenmarkt für Deutschland II.*

[66] *Birmanns* in: Frankfurter Kommentar, § 71 GWB 2005 Rn. 42 m. w. N.

[67] A. A. *Karsten Schmidt* in: Immenga/Mestmäcker, GWB, § 71 Rn. 28 unter Hinweis auf BVerwG, NJW 1956, 1652.

[68] OLG Düsseldorf, WuW/E DE-R 829, 830 – *Freie Tankstellen.*

40 **e) Feststellungsinteresse.** Gemäß § 71 Abs. 2 Satz 2 GWB kann die beschwerdeführende Partei die Rechtmäßigkeit der von ihr angegriffenen und zwischenzeitlich erledigten kartellbehördlichen Entscheidung nur dann gerichtlich klären lassen, wenn sie ein berechtigtes Interesse an dieser Feststellung hat. Geht es um die Fortsetzung einer **Anfechtungsbeschwerde,** ist ein berechtigtes Interesse an der Feststellung erforderlich, dass die kartellbehördliche Verfügung rechtswidrig war; geht es um die Situation der **Verpflichtungsbeschwerde,** ist zu fragen, ob der Beschwerdeführer ein berechtigtes Interesse an der Feststellung geltend machen kann, dass die Kartellbehörde die Verfügung hätte erlassen müssen. Das Feststellungsinteresse ist auch dann erforderlich, wenn die Rechtswidrigkeit einer **fusionskontrollrechtlichen Untersagungsverfügung** zur Beurteilung steht.[69] Insoweit ist die Rechtslage anders als im europäischen Recht. Nach der Rechtsprechung des Europäischen Gerichts erster Instanz (EuG) können die am Zusammenschluss Beteiligten die Untersagungsentscheidung der Europäischen Kommission auch dann (noch) mit der Nichtigkeitsklage angreifen, wenn zwar die geplante Fusion aufgegeben wird, dieser Verzicht aber nicht freiwillig erfolgt, sondern die direkte Folge der angefochtenen Kommissionsentscheidung ist.[70] Jene Rechtsprechung ist auf die deutsche Zusammenschlusskontrolle weder unmittelbar anwendbar noch übertragbar.[71]

41 Für das nach § 71 Abs. 2 Satz 2 GWB erforderliche Feststellungsinteresse genügt grundsätzlich jedes nach den Umständen des Falles anzuerkennende schutzwürdige Interesse rechtlicher, wirtschaftlicher oder ideeller Art.[72] Es muss durch ein eigenes Interesse des Beschwerdeführers ausgefüllt werden, das gerade auch im Verhältnis zur Kartellbehörde bestehen muss; eine für den Beschwerdeführer allgemein oder im Verhältnis zu Dritten bestehende Rechtsungewissheit ist nicht ausreichend.[73] Ein Feststellungsinteresse kann zum einen unter dem Gesichtspunkt der **Wiederholungsgefahr** bestehen. Es ist anzuerkennen, wenn der Betroffene für den bevorstehenden Fall einer Wiederholung seiner Rechtshandlung erfahren möchte, von welcher Rechtsauffassung die beteiligte Behörde nach Meinung des Gerichts dann auszugehen haben wird. Die Wiederholung der zur gerichtlichen Überprüfung stehenden Rechtshandlung muss sich dabei bereits konkret abzeichnen, eine bloß vage Möglichkeit reicht nicht aus.[74] Im Rahmen der Fusionskontrolle gehört dazu auch, dass das beabsichtigte Zusammenschlussvorhaben zumindest die Schwelle der Anmeldefähigkeit erreicht hat,[75] was zumindest eine grundsätzliche Einigung der am Zusammenschluss beteiligten Unternehmen voraussetzt.[76]

42 Unabhängig von der konkreten Gefahr einer Wiederholung besteht ein Feststellungsinteresse darüber hinaus, wenn die **Klärung einer unklaren Rechtslage** für den Beschwerdeführer im Hinblick auf sein künftiges Verhalten von Interesse ist. Die begehrte Feststellung muss geeignet sein, dem Beschwerdeführer eine verlässliche Beurteilungsgrundlage für

---

[69] OLG Düsseldorf, WuW/E DE-R 1839, 1842 – *Springer/ProSiebenSat1.*

[70] Vgl. Urteil vom 28.9.2004 i. d. Rs. T-310/00 – *MCI/Kommission,* Rn. 47, 49 m. w. N.; Urt. v. 15.12.1999 i. d. Rs. T-22/97 – *Kesko Oy/Kommission,* Rn. 57–59, 64; Urt. v. 25.3.1999 i. d. Rs. T 102/96 – *Gencor Ltd./Kommission,* Rn. 45.

[71] OLG Düsseldorf, WuW/E DE-R 1839, 1842/1843 – *Springer/ProSiebenSat1.*

[72] BGH, WuW/E DE-R 2221 – *Springer/ProSieben;* OLG Düsseldorf, WuW/E DE-R 1839, 1842/1843 – *Springer/ProSiebenSat1.*

[73] OLG Düsseldorf, WuW/E DE-R 829, 830 – *Freie Tankstellen.*

[74] BGH, WuW/E DE-R 2221/2222 – *Springer/ProSieben;* OLG Düsseldorf, WuW/E DE-R 1839, 1842/1843 – *Springer/ProSiebenSat1;* OLG Düsseldorf, Beschl. v. 22.12.2005 – *VI-Kart 8/05 (V);* KG, WuW/E OLG 5497, 5502 – *Fortsetzungsfeststellungsinteresse;* KG, WuW/E OLG 3213, 3215 f. – *Zum bösen Wolf.*

[75] OLG Düsseldorf, WuW/E DE-R 1839, 1842/1843 – *Springer/ProSiebenSat1;* OLG Düsseldorf, Beschl. v. 22.12.2005 – *VI-Kart 8/05 (V);* KG, WuW/E OLG 5497, 5502 – *Fortsetzungsfeststellungsinteresse; Huber* in: Frankfurter Kommentar, § 24a, Anm. 14 f.

[76] OLG Düsseldorf, WuW/E DE-R 1839, 1842/1843 – *Springer/ProSiebenSat1;* OLG Düsseldorf, Beschl. v. 22.12.2005 – *VI-Kart 8/05 (V).*

künftige Entscheidungen zu verschaffen.[77] Dazu ist nicht erforderlich, dass derselbe Sachverhalt mit demselben Begehren erneut zur Entscheidung der Kartellbehörde gestellt werden wird. Ausreichend aber auch erforderlich ist vielmehr, dass künftig gleiche tatsächliche Verhältnisse herrschen sowie gleiche Tatbestandsvoraussetzungen gelten werden und dass es um dieselben Personen gehen wird. Maßgebend ist, ob die Unterschiede, die zwischen dem früheren und dem zukünftigen Sachverhalt bestehen, für die Kartellbehörde voraussichtlich eine unterschiedliche Beurteilung nahe legen werden. Ist dies nicht der Fall und steht zu erwarten, dass die Behörde den zukünftigen Sachverhalt nach denselben Kriterien und mit demselben Ergebnis beurteilen wird wie die entschiedene Fallkonstellation, hinsichtlich deren Erledigung eingetreten ist, ist das besondere Feststellungsinteresse zu bejahen.[78] In Fusionskontrollverfahren wird dies oftmals nicht der Fall sein. Ist die erledigte fusionskontrollrechtliche Untersagungsentscheidung beispielsweise mit den Besonderheiten des betreffenden Zusammenschlussvorhabens begründet worden und nicht ersichtlich, dass der Beschwerdeführer in der Zukunft ein vergleichbares Zusammenschlussvorhaben beabsichtigt und wird realisieren können, kann die gerichtliche Klärung, ob die angefochtene Untersagungsverfügung rechtmäßig oder rechtswidrig gewesen ist, schon keine hinreichend zuverlässige Entscheidungsbasis für zukünftige Fälle geben.[79] Außerdem wird oftmals zweifelhaft sein, ob und inwieweit die von der Kartellbehörde im erledigten Fusionskontrollverfahren ermittelten Marktverhältnisse und deren rechtliche Beurteilung auch noch im Zeitpunkt eines zukünftigen neuen Fusionsvorhabens der beschwerdeführenden Partei gelten werden. Dabei ist auch zu beachten, dass es für die Entscheidung über den Feststellungsantrag auf die Sachlage bei Eintritt des erledigenden Ereignisses – also etwa auf den Zeitpunkt der endgültigen Aufgabe des ursprünglichen Fusionsvorhabens – ankommt, und sich die rechtliche Prüfung des Beschwerdegerichts mithin auf die Frage zu beschränken hat, ob die Kartellbehörde den angemeldeten Zusammenschluss nach den damaligen tatsächlichen Verhältnissen zu Unrecht untersagt hat, während für die Beurteilung eines künftigen Zusammenschlussvorhabens im kartellbehördlichen Verfahren die Tatsachenlage im **Entscheidungszeitpunkt** – d. h. bei Erlass der neuen kartellbehördlichen Fusionskontrollentscheidung – maßgebend ist.[80]

43 Ein hinreichendes Feststellungsinteresse kann sich ferner aus der Vorbereitung von Schadensersatzansprüchen, namentlich eines **Amtshaftungsprozesses,** ergeben. Ob für die Zulässigkeit der Fortsetzungsfeststellungsbeschwerde ein abstraktes Amtshaftungsrisiko ausreicht, oder ob darüber hinaus Schadensersatzansprüche gegen die Kartellbehörde konkret drohen müssen, ob also etwa eine Amtshaftungsklage schon anhängig oder ihre alsbaldige Erhebung mit hinreichender Sicherheit zu erwarten sein muss, ist höchstrichterlich noch nicht geklärt.[81] Auf die Frage, ob ein beabsichtigter Amtshaftungsprozess offenbar aussichtslos ist, kommt es demgegenüber nicht an.[82] Aus dem Aspekt eines künftigen Amtshaftungsprozesses kann sich ein Fortsetzungsfeststellungsinteresse dabei nicht nur für den von der erledigten Amtsverfügung Betroffenen ergeben, sondern gleichermaßen auch für die

[77] OLG Düsseldorf, Beschluss vom 5.2.2014 – *VI-Kart 3/13 (V)* Umdruck Seite 11 f.; OLG Düsseldorf, WuW/E DE-R 1839, 1842/1843 – *Springer/ProSiebenSat1;* KG WuW/E OLG 5497, 5503 – *Fortsetzungsfeststellungsinteresse;* KG, WuW/E OLG 3213, 3216 – *Zum bösen Wolf* m. w. N.

[78] BGH, WuW/E DE-R 2221, 2222 – *Springer/ProSieben;* BGH, WuW/E DE-R 919, 922 f. – *Stellenmarkt für Deutschland II;* OLG Düsseldorf, WuW/E DE-R 1839, 1842/1843 – *Springer/ProSiebenSat1;* OLG Düsseldorf, WuW/E DE-R 1435, 1438 – *Agrana/Atys;* OLG Düsseldorf, Beschl. v. 22.12.2005 – *VI-Kart 8/05 (V).*

[79] OLG Düsseldorf, WuW/E DE-R 1839, 1842/1844 – *Springer/ProSiebenSat1;* vgl. auch OLG Düsseldorf, Beschl. v. 17.11.2004 – *Kart 13/04 (V);* KG, WuW/E OLG5497, 5503 – *Fortsetzungsfeststellungsinteresse.*

[80] OLG Düsseldorf, WuW/E DE-R 1839, 1843 – *Springer/Pro SiebenSat1.*

[81] BGH, WuW/E DE-R 3591, 3592 – *Total/OMV.*

[82] A.A: KG, WuW/E OLG 3839, 3845; 3821, 3822 – *Schulbuch-Vertrieb.*

Kartellbehörde, die sich im Rechtsbeschwerdeverfahren gegen die ihre Amtsverfügung aufhebende Beschwerdeentscheidung wendet. Das Feststellungsinteresse der Kartellbehörde besteht in diesem Fall, weil aus der materiellen Rechtskraft der Beschwerde-entscheidung, das den Verwaltungsakt aufhebt, mit Bindungswirkung für einen nachfolgenden Amtshaftungsprozess die Rechtswidrigkeit der angefochtenen Amtsentscheidung folgt.[83]

Das Feststellungsinteresse kann sich überdies aus dem Gesichtspunkt der **Rehabilitation** ergeben. Hat die Verfügung eine fortdauernd diskriminierende Wirkung, kann der geschädigte Ruf eines Unternehmens ein berechtigtes Interesse begründen, die Rechtswidrigkeit der erledigten kartellbehördlichen Verfügung gerichtlich klären zu lassen.[84] Zu beachten ist, dass weder von der Feststellung der Zugehörigkeit zu einem marktbeherrschenden Monopol[85] noch von Entscheidungen der Kartellbehörde nach § 17 Abs. 1 GWB a. F. auf Aufhebung oder Unwirksamkeitserklärung von Preisbindungen[86] eine diffamierende Wirkung ausgeht, aus der sich ein Fortsetzungsfeststellungsinteresse ableiten ließe. Kein Fortsetzungsfeststellungsinteresse lässt sich demgegenüber daraus herleiten, dass die Kartellbehörde für den Erlass der erledigten Verfügung eine Verwaltungsgebühr festgesetzt hat.[87] **44**

Einen großzügigeren Maßstab an das Fortsetzungsfeststellungsinteresse legt der Bundesgerichtshof im **Verfahren der Zusammenschlusskontrolle** an.[88] Unter Hinweis auf den besonderen Zeitdruck, unter dem Unternehmensfusionen stehen, und dem Umstand, dass der gescheiterte Käufer bei zukünftigen Akquisitionsbemühungen damit rechnen müsse, dass die Kartellbehörde seinem Erwerbsvorhaben die Argumente aus der erledigten früheren Untersagungsentscheidung entgegen halte, bejaht er in Anlehnung an das europäische Recht ein Fortsetzungsfeststellungsinteresse ausnahmsweise schon dann, wenn die Beteiligten darlegen können, dass sie an der Klärung der durch die Untersagungsverfügung aufgeworfenen Fragen ein besonderes berechtigtes Interesse haben. Jenes besondere berechtigte Interesse kann sich auch aus der Präjudizierung eines entsprechenden, wenn auch derzeit nicht absehbaren Zusammenschlussvorhabens ergeben.[89] Im entschiedenen Fall ist das Fortsetzungsfeststellungsinteresse vom Bundesgerichtshof mit der Erwägung begründet worden, dass das Zielunternehmen jederzeit wieder zum Kauf angeboten werden könne und die erledigte Untersagungsentscheidung in diesem Fall die Chancen der beschwerdeführenden Partei erheblich schmälern könne, als Käufer in Betracht gezogen zu werden.[90] Die erforderliche Präjudizwirkung setzt nach der höchstrichterlichen Rechtsprechung voraus, dass das Zielunternehmen des Zusammenschlussvorhabens bei im Wesentlichen unveränderten Marktverhältnissen noch am Markt ist und erneut als Beteiligter eines Fusionsvorhabens in Betracht kommt.[91] Besteht das Zielobjekt dagegen nicht mehr, weil das Zusammenschlussvorhaben unter Nebenbestimmungen freigegeben und vollzogen worden ist, scheidet ein Fortsetzungsfeststellungsinteresse regelmäßig aus.[92] Ein Bedürfnis nach einem nachträglichen Rechtsschutz besteht nämlich dann nicht mehr, wenn sich die aus der rechtlichen Sicht der Kartellbehörde für die Untersagung maßgeblichen Gesamtumstände, insbesondere die Marktverhältnisse, so wesentlich geändert haben, dass die frühere Beurteilung keine prägende Bedeutung für die spätere Prüfung eines erneuten Zusammenschlussvorhabens besitzen kann. Ist eine solche Änderung eingetreten, genügt es zur Begründung eines Fort- **45**

---

[83] BGH, WuW/E DE-R 3591, 3592 – *Total/OMV.*
[84] BGH, WuW/E DE-R 3971, 3974 – *Hörgeräteakustiker.*
[85] KG, WuW/E OLG 5497, 5503 – *Fortsetzungsfeststellungsinteresse.*
[86] BGH, WuW/E BGH 852, 855 – *Großgebinde IV.*
[87] OLG Düsseldorf, Beschl. v. 12.11.2008 – *VI-Kart 5/08 (V)* Umdruck Seite 35.
[88] BGH, WuW/E DE-R 3971, 3974 – *Hörgeräteakustiker.*
[89] BGH, WuW/E DE-R 2221, 2223 f. – *Springer/ProSieben.*
[90] BGH, WuW/E DE-R 2221, 2224 – *Springer/ProSieben.*
[91] BGH, WuW/E DE-R 3097, 3101 – *EDEKA/Plus* ; BGH, WuW/E DE-R 2905, 2909 – *Phonak/GN Store.*
[92] BGH, WuW/E DE-R 3097, 3100 – *EDEKA/Plus.*

setzungsfeststellungsinteresses nicht, dass sich einzelne in dem Untersagungsbeschluss aufgeworfene Rechtsfragen künftig erneut stellen können.[93]

46 Das **Oberlandesgericht Düsseldorf** ist dieser Rechtsprechung bislang gefolgt, hat jüngst aber Zweifel geäußert, ob der im Fusionskontrollrecht für erforderlich gehaltene „vorbeugende" Rechtsschutz tatsächlich benötigt wird.[94] Die eigene jahrzehntelange Spruchpraxis spreche – so hat es ausgeführt – für die Annahme, dass zusammenschlusswillige Unternehmen die Möglichkeit einer kartellbehördlichen Untersagung des Vorhabens von vornherein in ihre Überlegungen einbeziehen und eine Fusion nicht deshalb aufgeben, weil die Freigabe gerichtlich erstritten werden müsse. Dementsprechend sei dem Senat kein einziger Fall bekannt geworden, in dem sich eine kartellbehördliche Untersagungsentscheidung nachteilig auf die Chancen der betroffenen Unternehmen ausgewirkt habe, im (drei- bis maximal fünfjährigen) Prognosezeitraum als Partner eines späteren Zusammenschlussvorhabens in Erwägung gezogen zu werden oder in dem eine erledigte Untersagungsentscheidung des Bundeskartellamtes in einem späteren Fusionsfall noch irgendeine rechtliche Bedeutung erlangt hätte. Auch das Bundeskartellamt habe auf Nachfrage keine derartigen Fälle benennen können.

47 Hat sich ein kartellbehördlicher **Auskunftsbeschluss** erledigt, weil der Verfügungsadressat die Auskunft erteilt hat, kann sich sein Fortsetzungsfeststellungsinteresse aus dem Umstand ergeben, dass die Kartellbehörde die durch rechtswidrige Auskunftsbeschlüsse erlangten Kenntnisse nicht verwerten darf. Aus diesem Verwertungsverbot kann das Feststellungsinteresse allerdings dann nicht (mehr) abgeleitet werden, wenn das Hauptsacheverfahren bereits abgeschlossen ist, ohne dass die Kenntnisse verwertet worden sind und eine Wiederholungsgefahr nicht besteht.[95]

48 **f) Entscheidungszeitpunkt. Maßgeblicher Zeitpunkt** für die Beurteilung der Rechtmäßigkeit der erledigten Untersagungsverfügung ist der Zeitpunkt der Erledigung des Verfahrens in der Hauptsache.[96]

2. Erledigung nach Abs. 3

49 Die Vorschrift ist durch die 4. GWB-Novelle in das Kartellgesetz eingefügt worden und schafft(e) erstmals die Möglichkeit, im Rahmen eines nachträglichen Verwaltungsrechtsschutzes die **Rechtmäßigkeit** einer erledigten kartellbehördlichen Verfügung gerichtlich feststellen zu lassen. Bedeutung hat der dahingehende Feststellungsausspruch des Beschwerdegerichts für die Geltendmachung von Schadensersatzansprüchen wegen eines kartellrechtswidrigen Verhaltens. Kartellbehördliche Verfügungen können nur dann zur Rechtfertigung von Ersatzansprüchen der Marktgegenseite herangezogen werden, wenn sie entweder unanfechtbar sind oder ihre Rechtmäßigkeit nach § 71 Abs. 3 GWB rechtskräftig festgestellt worden ist.[97] § 33 Abs. 4 GWB ordnet insoweit die Bindung des Richters im Schadensersatzprozess an die Feststellung eines Kartellverstoßes an, der in einer bestandskräftigen kartellbehördlichen oder einer rechtskräftigen kartellgerichtlichen Entscheidung getroffen worden ist. Dementsprechend bindet auch ein Feststellungsausspruch nach § 71 Abs. 3 GWB im Umfang der getroffenen Feststellungen, ob, in welchem Umfang und bis zu welchem Zeitpunkt die erledigte kartellbehördliche Verfügung rechtmäßig gewesen ist, den Schadensersatzrichter.

50 Der Feststellungsausspruch nach § 71 Abs. 3 GWB kommt zunächst in Bezug auf alle **Abstellungsverfügungen** in Betracht, die die Kartellbehörde nach § 32 GWB erlassen

---

93 BGH, WuW/E DE-R 3097, 3100/3101 – *EDEKA/Plus.*

94 OLG Düsseldorf, WuW/E DE-R 4153, 4156 – *Akutstationäre Krankenhausdienstleistungen.*

95 Siehe *Karsten Schmidt* in: Immenga/Mestmäcker, GWB, § 71 Rn. 31.

96 BGH, WuW/E DE-R 2905, 2909 – *Phonak/GN Store.*

97 OLG Düsseldorf, WuW/E DE-R 1058, 1060 – *eins Radio Aachen;* OLG Düsseldorf, WuW/E DE-R 829, 831 – *Freie Tankstellen.*

hat. § 71 Abs. 3 GWB greift folglich in allen Fällen ein, in denen das Kartellgesetz ein Verbot enthält (z.B. Artt. 101 und 102 AEUV, §§ 1, 19 Abs. 1, 20 Abs. 1, 20 Abs. 3 Satz 1, 20 Abs. 4 Satz 1, 20 Abs. 6, 21 Abs. 1 bis 4 GWB) und die erledigte Verfügung zur Durchsetzung dieses gesetzlichen Verbots ergangen ist. Jede aufgrund einer solchen kartellrechtlichen Verbotsnorm ergangene Abstellungsverfügung kann zum Gegenstand einer Fortsetzungsfeststellungsbeschwerde gemacht werden. Der Abstellungsverfügung nach § 32 GWB gleichgestellt sind in § 71 Abs. 3 GWB die erledigten **einstweiligen Anordnungen,** die die Kartellbehörde gemäß § 32a. GWB erlassen hat, ferner die kartellbehördlich für verbindlich erklärten **Verpflichtungszusagen** im Sinne von § 32b. GWB, und schließlich die kartellbehördlich verfügte **Entziehung einer Gruppenfreistellung** nach § 32d GWB.

Die Entscheidung des Beschwerdegerichts ergeht nur auf **Antrag.** Antragsberechtigt ist typischerweise die Kartellbehörde, die die Rechtmäßigkeit ihrer angegriffenen Verfügung verteidigt. Das – als Voraussetzung einer jeden Rechtsverfolgung vor Gericht – erforderliche Rechtsschutzinteresse an der Geltendmachung des Feststellungsanspruchs kann nicht nur auf den Gesichtspunkt einer beabsichtigten Mehrerlösabschöpfung nach § 34 GWB gestützt werden, sondern daneben auch mit den in Frage kommenden Schadensersatzansprüchen der durch die erledigte Verfügung begünstigten Unternehmen begründet werden.[98] Daneben steht das Antragsrecht auch denjenigen Dritten zu, die nach § 33 GWB schadensersatzberechtigt sein können. Das sind in erster Linie die nach § 54 Abs. 2 Nr. 3 GWB Beigeladenen.[99] Der Antrag auf Feststellung der Rechtmäßigkeit der erledigten Verfügung muss spätestens in der letzten mündlichen Verhandlung vor dem Beschwerdegericht gestellt werden. Er ist auch als Hilfsantrag für den Fall möglich, dass dem Hauptantrag nicht stattgegeben wird. Im Rechtsbeschwerdeverfahren kann der Antrag regelmäßig nicht mehr gestellt werden, weil sich dort die im Allgemeinen zur Erledigung erforderlichen tatsächlichen Feststellungen mehr treffen lassen. **51**

Voraussetzung für den Feststellungsausspruch des Beschwerdegerichts nach § 71 Abs. 3 GWB ist, dass sich die angegriffene kartellbehördliche Verfügung **erledigt** hat. Die Erledigung muss vom Gericht festgestellt werden. Es gelten insoweit dieselben Grundsätze wie bei § 71 Abs. 2 Satz 2 GWB. Die Erledigung kann aufgrund übereinstimmender Erklärung der Hauptverfahrensbeteiligten eintreten, die für das Gericht bindend ist. Bei einseitiger Erledigungserklärung ist demgegenüber gerichtlich zu prüfen, ob die angegriffene Verfügung aufgrund einer nachträglich veränderten Sach- oder Rechtslage oder auf sonstige Weise gegenstandslos geworden ist. **52**

Ist Erledigung eingetreten, hat das Gericht auszusprechen, ob, in welchem Umfang und bis zu welchem Zeitpunkt die erledigte Verfügung der Kartellbehörde rechtmäßig gewesen ist. Die rechtskräftige Feststellungsentscheidung bindet nach § 33 Abs. 4 Satz 1 GWB den Schadensersatzrichter. **53**

VI. Ermessungsüberprüfung (Abs. 5)

§ 71 Abs. 5 Satz 1 GWB bestimmt, dass die im Beschwerdeverfahren angegriffene Verfügung der Kartellbehörde auch dann rechtswidrig ist, wenn die Behörde von ihrem Ermessen fehlerhaft Gebrauch gemacht hat, insbesondere wenn sie die gesetzlichen Grenzen des Ermessens überschritten oder durch die Ermessensentscheidung Sinn und Zweck des Kartellgesetzes verletzt hat. Die Vorschrift beschreibt damit die Prüfungskompetenz des Beschwerdegerichts. Sie stellt klar, dass das Kartellgericht nicht auf eine Rechtmäßigkeits- **54**

[98] Vgl. BGH, WuW/E BGH 3021, 3025 – *Stadtgaspreise;* OLG Düsseldorf, WuW/E DE-R 1058, 1060 – *eins Radio Aachen; Birmanns* in: Frankfurter Kommentar, § 71 GWB 2005 Rn. 58.

[99] *Karsten Schmidt* in: Immenga/Mestmäcker, GWB, § 71 Rn. 34a; *Lembach* in: Langen/Bunte, Kommentar zum deutschen und europäischen Kartellrecht, § 71 Rn. 65; *Birmanns* in: Frankfurter Kommentar, § 71 GWB 2005 Rn. 58; a. A. *Bechtold,* § 71 Rn. 9.

kontrolle beschränkt ist, sondern auch die Zweckmäßigkeit der kartellbehördlichen Maßnahme zu kontrollieren hat. § 71 Abs. 5 Satz 2 GWB normiert andererseits einen kontrollfreien Raum der kartellbehördlichen Beurteilung. Danach ist die Würdigung der gesamtwirtschaftlichen Lage und Entwicklung der gerichtlichen Kontrolle entzogen.

1. Anwendungsbereich

55 Seinem Wortlaut nach gilt § 71 Abs. 5 GWB nur für die **Anfechtungsbeschwerde.** Die Vorschrift ist gleichermaßen aber auch auf die **Verpflichtungsbeschwerde** und konsequenterweise auch auf die **Fortsetzungsfeststellungsbeschwerde** nach § 71 Abs. 2 Satz 2 GWB und § 71 Abs. 3 GWB anwendbar.[100]

2. Kontrollmaßstab

56 § 71 Abs. 5 Satz 1 GWB erweitert die gerichtliche Überprüfung kartellrechtlicher Verfügungen über eine bloße **Rechtmäßigkeitskontrolle** hinaus auch auf die Zweckmäßigkeit des Verwaltungshandeln. Der Kartellbehörde steht folglich weder ein überprüfungsfreier Beurteilungsspielraum bei der Anwendung unbestimmter Rechtsbegriffe zu noch ist die Überprüfung der kartellbehördlichen Ermessensausübung auf der Rechtsfolgenseite eingeschränkt. Die Formulierung „insbesondere" macht dabei deutlich, dass dem Beschwerdegericht eine weitergehende Ermessensüberprüfung möglich sein soll als sie in § 114 VwGO für das verwaltungsgerichtliche Verfahren vorgesehen ist. Infolge dessen ist das Beschwerdegericht nicht auf die Kontrolle beschränkt, ob die Kartellbehörde ihr Ermessen pflichtgemäß ausgeübt hat, d.h. die Behörde von dem ihr zustehenden Ermessen überhaupt Gebrauch gemacht (sog. Ermessensnichtgebrauch) und die gesetzlichen Zielvorstellungen beachtet sowie alle für die Ermessensausübung maßgebenden Gesichtspunkte hinreichend in ihre Erwägungen einbezogen hat (sog. Ermessensfehlgebrauch). Ihr steht vielmehr darüber hinausgehend auch eine **Zweckmäßigkeitskontrolle** offen, weshalb das Beschwerdegericht beispielsweise berücksichtigen darf, welche von verschiedenen an sich rechtlich zulässigen Möglichkeiten der Ermessensausübung der auf die Freiheit des Wettbewerbs gerichteten Zielsetzung des GWB am ehesten entsprochen hätte.

57 Das Beschwerdegericht kann auch die **Ermessenserwägungen** der Behörde **ergänzen.** Die Verfügung darf dabei allerdings nicht in ihrem Wesen verändert oder auf eine völlig neue Rechtsgrundlage gestellt werden. Denn das Beschwerdegericht verfügt gemäß § 71 Abs. 2 Satz 1 GWB ausschließlich über eine kassatorische Entscheidungsbefugnis. Es darf demgemäß nur die angegriffene Verfügung aufheben, nicht aber anstelle der Kartellbehörde selbst eine kartellrechtliche Verfügung erlassen. Da § 71 Abs. 5 Satz 1 GWB keine Grenzen der Ermessungsüberprüfung bestimmt, ist das Beschwerdegericht auch befugt, das der Kartellbehörde in § 32 GWB zustehende Aufgreifermessen zu überprüfen.[101] Bei den Verpflichtungsbeschwerden ist allerdings zu beachten, dass Dritte grundsätzlich keinen Anspruch auf eine Tätigkeit der Kartellbehörde haben. Vor diesem Hintergrund wird eine Kontrolle des behördlichen Aufgreifermessens nur im Rahmen einer Anfechtungs- oder Fortsetzungsfeststellungsbeschwerde in Betracht kommen.

3. Grenzen der gerichtlichen Kontrolle

58 Nach § 71 Abs. 5 Satz 2 GWB ist eine **Würdigung** der **gesamtwirtschaftlichen** Lage und Entwicklung der Nachprüfung des Gerichts entzogen. Der Grundsatz der Gewaltenteilung verbietet es, dass die Gerichte politische Entscheidungen überprüfen. Der Sinn der

[100] *Karsten Schmidt* in: Immenga/Mestmäcker, GWB, § 71 Rn. 40 m. w. N.
[101] Vgl. KG, WuW/E DE-R 124, 129 – *Flugpreis Berlin-Frankfurt; Bechtold,* GWB, § 71 Rn. 11; a. A. *Karsten Schmidt* in: Immenga/Mestmäcker, GWB, § 71 Rn. 43.

Vorschrift besteht darin, solche wirtschaftspolitischen Wertungen dem Bundeswirtschaftsminister, seinem Ministerium und den nachgeordneten und damit weisungsgebundenen Kartellbehörden vorzubehalten. Die Vorschrift ist vor allem von Bedeutung bei Beschwerden gegen Entscheidungen des Bundeswirtschaftsministers im Ministererlaubnisverfahren nach § 42 GWB.

Nicht unter den Ausschlusstatbestand fällt die Wertung der Lage und Entwicklung auf **Einzelmärkten** oder bei einem bestimmten **Industriezweig.**[102] Dem Beschwerdegericht ist überdies nur die „Würdigung" der gesamtwirtschaftlichen Lage und Entwicklung entzogen. Es darf folglich nachprüfen, ob die der Beurteilung **zugrunde gelegten Tatsachen** vollständig und zutreffend festgestellt worden sind.[103] **59**

§ 71a Abhilfe bei Verletzung des Anspruchs auf rechtliches Gehör

(1) [1]**Auf die Rüge eines durch eine gerichtliche Entscheidung beschwerten Beteiligten ist das Verfahren fortzuführen, wenn**

1. ein Rechtsmittel oder ein anderer Rechtsbehelf gegen die Entscheidung nicht gegeben ist und

2. das Gericht den Anspruch dieses Beteiligten auf rechtliches Gehör in entscheidungserheblicher Weise verletzt hat.

[2]**Gegen eine der Entscheidung vorausgehende Entscheidung findet die Rüge nicht statt.**

(2) [1]**Die Rüge ist innerhalb von zwei Wochen nach Kenntnis von der Verletzung des rechtlichen Gehörs zu erheben; der Zeitpunkt der Kenntniserlangung ist glaubhaft zu machen.** [2]**Nach Ablauf eines Jahres seit Bekanntgabe der angegriffenen Entscheidung kann die Rüge nicht mehr erhoben werden.** [3]**Formlos mitgeteilte Entscheidungen gelten mit dem dritten Tage nach Aufgabe zur Post als bekannt gegeben.** [4]**Die Rüge ist schriftlich oder zur Niederschrift des Urkundsbeamten der Geschäftsstelle bei dem Gericht zu erheben, dessen Entscheidung angegriffen wird.** [5]**Die Rüge muss die angegriffene Entscheidung bezeichnen und das Vorliegen der in Absatz 1 Satz 1 Nummer 2 genannten Voraussetzungen darlegen.**

(3) **Den übrigen Beteiligten ist, soweit erforderlich, Gelegenheit zur Stellungnahme zu geben.**

(4) [1]**Ist die Rüge nicht statthaft oder nicht in der gesetzlichen Form oder Frist erhoben, so ist sie als unzulässig zu verwerfen.** [2]**Ist die Rüge unbegründet, weist das Gericht sie zurück.** [3]**Die Entscheidung ergeht durch unanfechtbaren Beschluss.** [4]**Der Beschluss soll kurz begründet werden.**

(5) [1]**Ist die Rüge begründet, so hilft ihr das Gericht ab, indem es das Verfahren fortführt, soweit dies aufgrund der Rüge geboten ist.** [2]**Das Verfahren wird in die Lage zurückversetzt, in der es sich vor dem Schluss der mündlichen Verhandlung befand.** [3]**Im schriftlichen Verfahren tritt an die Stelle des Schlusses der mündlichen Verhandlung der Zeitpunkt, bis zu dem Schriftsätze eingereicht werden können.** [4]**Für den Ausspruch des Gerichts ist § 343 der Zivilprozessordnung anzuwenden.**

(6) **§ 149 Absatz 1 Satz 2 der Verwaltungsgerichtsordnung ist entsprechend anzuwenden.**

---

[102] *Karsten Schmidt* in: Immenga/Mestmäcker, GWB, § 71 Rn. 46, 47.

[103] KG, WuW/E OLG 1117, 1123 – *Fernmeldekabel-Gemeinschaft; Karsten Schmidt* in: Immenga/Mestmäcker, GWB, § 71 Rn. 46.

Übersicht

I. Sinn und Zweck

1 Die Vorschrift war im Regierungsentwurf zur 7. GWB-Novelle zunächst nicht enthalten und ist erst im Verlaufe des Gesetzgebungsverfahrens eingefügt worden. Sie entspricht § 321a ZPO, der durch das ZPO-Reformgesetz zum 1.1.2002 in Kraft getreten ist, sowie § 152a VwGO. § 71a gibt dem Beschwerdegericht die Möglichkeit einer Selbstkorrektur unanfechtbarer Beschlüsse in Fällen, in denen der verfassungsrechtlich verankerte Anspruch auf rechtliches Gehör in entscheidungsrelevanter Weise verletzt worden ist. Der Gesetzgeber ist damit der Forderung des BVerfG nachgekommen, Gehörsverletzungen durch die Fachgerichte selbst beheben zu lassen und damit eine Verfassungsbeschwerde zu vermeiden.[1] Vor Einlegung einer Verfassungsbeschwerde wegen Verletzung des Anspruchs auf rechtliches Gehör ist deshalb zunächst Abhilfe durch den Rechtsbehelf des § 71a GWB zu suchen. Es handelt sich um einen Rechtsbehelf eigener Art, der dem Gericht die Möglichkeit gibt, die eigene Entscheidung zu korrigieren, wenn sich die Rüge als begründet erweist. Wird von dieser Möglichkeit keinen Gebrauch gemacht, ist eine stattdessen erhobene Verfassungsbeschwerde im Allgemeinen unzulässig, weil entgegen § 90 Abs. 2 Satz 1 BVerfGG der Rechtsweg nicht ausgeschöpft worden ist.

2 Mit den – im Beschwerdeverfahren analog anwendbaren Vorschriften der – **§§ 319 bis 321 ZPO** bestehen regelmäßig keine Überschneidungen. Denn die Berichtigung einer offenbaren Unrichtigkeit nach § 319 ZPO oder des Tatbestandes nach § 320 ZPO lassen den Inhalt der gerichtlichen Entscheidung unberührt, während es bei § 71a GWB darum geht, die erlassene Entscheidung aufzuheben und durch Fortführung des Prozesses eine neue Entscheidung zu finden. Auch im Rahmen des § 321 ZPO findet lediglich eine Ergänzung des Urteils statt, nicht aber eine Neubescheidung mit der Möglichkeit für das erkennende Gericht, seinen ursprünglichen Entscheidungsausspruch abzuändern. Die vom Bundesgerichtshof zu § 321a ZPO offen gelassene Frage, ob auch gegenüber Entscheidungen der Rechtsmittelgerichte die Gehörsrüge eingelegt werden kann,[2] hat der Gesetzgeber für das Kartellverwaltungsverfahren entschieden. § 76 Abs. 5 Satz 1 GWB verweist für die Rechtsbeschwerde unverändert (u. a.) auf die Vorschriften der §§ 71 bis 73 GWB, mithin auch auf das in § 71a GWB geregelte Abhilfeverfahren bei begründeter Anhörungsrüge. Die Gehörsrüge kann folglich nicht nur gegen die Entscheidungen des Beschwerdegerichts, sondern gleichermaßen auch gegen solche des Rechtsbeschwerdegerichts erhoben werden. Dementsprechend hat sich der Bundesgerichtshof bereits mehrfach sachlich mit Gehörsrügen befasst, die gegen Rechtsbeschwerdeentscheidungen erhoben worden sind.[3]

---

[1] BVerfG, NJW 2003, 1924.
[2] BGH, NJW 2004, 1598.
[3] BGH, Beschl. v. 18.5.2007 – *KVR 39/05;* BGH, Beschl. v. 7.11.2006 – *KVR 28/05.*

II. Anwendungsvoraussetzungen

§ 71a Abs. 1 und 2 GWB regeln abschließend die Anwendungsvoraussetzungen, unter denen das Beschwerde- und das Rechtsbeschwerdegericht einer berechtigten Gehörsrüge abhelfen können. 3

1. Unanfechtbarkeit der angegriffenen Entscheidung

Das Abhilfeverfahren setzt gemäß § 71a Abs. 1 Nr. 1 GWB zunächst voraus, dass die in Rede stehende Entscheidung des Beschwerdegerichts für den betreffenden Verfahrensbeteiligten **unanfechtbar** ist. Das Gesetz fasst dies in die Formulierung, dass weder ein Rechtsmittel noch ein anderer Rechtsbehelf gegeben sein darf. Vor dem Hintergrund der Rechtsschutzmöglichkeiten, die das Kartellgesetz gegen die Entscheidungen des Beschwerdegerichts bereit stellt, ist diese Voraussetzung nur dann erfüllt, wenn für den das Abhilfeverfahren betreibenden Verfahrensbeteiligten weder die – nach § 74 Abs. 1 GWB **zugelassene** noch die bei schwerwiegenden Verfahrensmängeln gemäß § 74 Abs. 4 GWB **zulassungsfreie – Rechtsbeschwerde** eröffnet ist und dieser die Rechtsbeschwerde auch nicht durch eine **Nichtzulassungsbeschwerde**[4] erzwingen kann. Da § 74 Abs. 4 Nr. 3 GWB die zulassungsfreie Rechtsbeschwerde ausdrücklich für den Fall vorsieht, dass einem Beteiligten das rechtliche Gehör versagt worden ist, kommen für das Selbstabhilfeverfahren nach § 71a GWB damit im Ergebnis nur diejenigen Fälle in Betracht, in denen das Rechtsmittel der Rechtsbeschwerde schon als solches kraft Gesetzes nicht bereit steht. Nachdem die bis zur 6. GWB-Novelle vorhandene Beschränkung der Rechtsbeschwerde auf die „in der Hauptsache" getroffenen Entscheidungen des Beschwerdegerichts gestrichen worden ist, sind nur noch wenige **Erkenntnisse des Beschwerdegerichts** in diesem Sinne unanfechtbar. Hierzu zählt beispielsweise die Festsetzung des Beschwerdewertes.[5] Demgegenüber ist die Rechtsbeschwerde seit der 7. GWB-Novelle gegen die Entscheidungen des Beschwerdegerichts im vorläufigen Rechtsschutz (§§ 64, 65 GWB)[6] ebenso eröffnet wie gegen dessen Erkenntnisse in Beiladungsbeschwerden[7] und ferner auch gegen isolierte Kostenentscheidungen, die das Beschwerdegericht nach Rücknahme der Beschwerde oder nach Erledigung des Beschwerdeverfahrens trifft.[8] Keine Hürde des Sonderrechtsbehelfs nach § 71a GWB stellt das Erfordernis der Unanfechtbarkeit demgegenüber bei den Entscheidungen des Rechtsbeschwerdegerichts dar, weil diese kraft Gesetzes unanfechtbar sind.[9] 4

Legt ein Beteiligter gegen die Entscheidung des Beschwerdegerichts Rechtsbeschwerde ein, so ist ein anderer Beteiligter nicht gehindert, im demselben Verfahren eine Anhörungsrüge zu erheben. In einem solchen Fall hat das Rechtsbeschwerdegericht das Rechtsbeschwerdeverfahren bis zur Entscheidung über die Anhörungsrüge in entsprechender Anwendung des § 148 ZPO auszusetzen.[10] 5

2. Entscheidungserhebliche Gehörverletzung

Der Anspruch auf rechtliches Gehör muss außerdem in entscheidungserheblicher Weise verletzt worden sein (§ 71a Abs. 1 Nr. 2 GWB). 6

---

[4] Vgl. BGH, NJW 2005, 680.
[5] BGH, Beschl. v. 19.6.2007 – *KVZ 9/07*.
[6] BGH, WuW/E DE-R 2035, 2037 – *Lotto im Internet*.
[7] BGH, WuW/E DE-R 1857, 1858 – *pepcom;* BGH, WuW/E DE-R 2029, 2030 – *iesy/Ish*.
[8] BGH, Beschl. v. 19.6.2007 – *KVZ 9/07*.
[9] Vgl. BGH, WuW/E DE-R 1889, 1890 – *DB Regio/üstra*.
[10] Vgl. *Greger*, NJW 2002, 3049, 3051 (zu § 321a ZPO); *Saenger* in: Handkommentar Zivilprozessordnung, § 321a Rn. 4; a. A. *Vollkommer* in: Zöller, Zivilprozessordnung, 26. Aufl., § 321a Rn. 4.

7 **a) Verletzung des rechtlichen Gehörs.** Nach § 71 Abs. 1 Satz 2 GWB darf die Beschwerdeentscheidung nur auf solche Tatsachen und Beweismittel gestützt werden, zu denen die Beteiligten sich äußern konnten. Der damit angesprochene Grundsatz des rechtlichen Gehörs findet seine verfassungsrechtliche Grundlage in Art. 103 Abs. 1 GG. Er grenzt den **Tatsachenstoff,** den das Beschwerdegericht seiner Entscheidungsfindung zugrunde zu legen hat, in zweifacher Hinsichtab. Zum einen folgt aus dem Grundsatz rechtlichen Gehörs die prozessuale Pflicht des Gerichts, bei seiner Entscheidung **rechtzeitiges Vorbringen** der Beteiligten vollständig zu beachten. Zum anderen darf das Gericht nur diejenigen Tatsachen und Beweismittel in seine Entscheidung einfließen lassen, die allen Verfahrensbeteiligten bekannt gemacht worden sind und zu denen sämtliche Beteiligte des Beschwerdeverfahrens in ausreichender Weise haben Stellung nehmen können. Sämtlichen Verfahrensbeteiligten muss der **Streitstoff** folglich **in vollem Umfang offengelegt** werden. Dazu gehört es insbesondere, dass sie umfassende Kenntnis von den dem Gericht vorliegenden Behörden- und Gerichtsakten erhalten müssen. Unterlagen, die die Kartellbehörde aus wichtigen Gründen, insbesondere zum Schutz von Betriebs- und Geschäftsgeheimnissen, nur dem Gericht und nicht auch den Verfahrensbeteiligten gegenüber aufdecken will und deren Inhalt auch nicht vorgetragen wird, darf das Gericht nicht verwerten (§ 71 Abs. 1 Satz 2 GWB). Eine **Ausnahme** gilt nach § 71 Abs. 1 Satz 3 GWB lediglich im Verhältnis zum (einfach) Beigeladenen.[11]

8 Die Gewährung rechtlichen Gehörs beschränkt sich freilich nicht auf die Beschaffung und Verwertung der Tatsachengrundlage, sondern erstreckt sich auch auf die **Würdigung der Rechtslage.** Den Verfahrensbeteiligten ist Gelegenheit zu geben, ihren Standpunkt in tatsächlicher und rechtlicher Hinsicht im Verfahren darzulegen.[12] Das Beschwerdegericht hat darüber hinaus rechtliche Gesichtspunkte, zu denen die Beteiligten keine Stellung genommen haben, die es aber für rechtlich bedeutsam hält, offen zu legen, um **Überraschungsentscheidungen** zu vermeiden.[13] Ebenso ist es ein Gebot der Gewährung rechtlichen Gehörs, dass die Verfahrensbeteiligten erkennen können, auf welchen Tatsachenvortrag es dem Gericht für die Entscheidung ankommt. Zur Gewährleistung dieser Anforderung besteht zwar kein allgemeiner Anspruch auf ein **Rechtsgespräch.** Ebenso wenig ist das Gericht gehalten, die Partei darauf hinzuweisen, dass ihr bisheriger Sachvortrag nicht überzeuge.[14] Das Gericht ist ferner nur dann gehalten, der Partei durch Vertagung, Übergang in das schriftliche Verfahren oder die Gewährung einer Schriftsatzfrist Gelegenheit zu ergänzendem Vorbringen (etwa zum Fortsetzungsfeststellungsinteresse zu einem erst in der Verhandlung des Beschwerdegerichts erledigten Rechtsschutzbegehrens) zu geben, wenn konkrete Anhaltspunkte bestehen, dass ergänzender Vortrag möglich und beabsichtigt ist. Wenn und soweit für die Verfahrensbeteiligten erst durch den Hinweis auf Rechtsfragen, die das Gericht für entscheidungserheblich oder zumindest bedeutsam hält, die Relevanz von Tatsachen und Beweismitteln deutlich wird, hat das Gericht die betreffenden Punkte indes zu erörtern.[15]

9 Grenzen des rechtlichen Gehörs und des damit unmittelbar in Zusammenhang stehenden Rechts auf Akteneinsicht ergeben sich unter dem Aspekt des **Geheimschutzes** (vgl. § 71 Abs. 1 Satz 3 und 4 GWB und § 72 Abs. 3 GWB). § 72 GWB unterscheidet für die Reichweite des Akteneinsichtsrechts zwischen den Hauptbeteiligten des Beschwerdeverfahrens einerseits und den beigeladenen Dritten andererseits. Den **Hauptbeteiligten** steht ein im Grundsatz unbeschränkbares Recht auf Akteneinsicht zu. Dieses Recht bezieht sich

---

[11] Zum Begriff vgl. § 63 Rn. 13.

[12] BVerfG, NJW 1994, 1210.

[13] BGH, NJW 1982, 2506; *Karsten Schmidt* in: Immenga/Mestmäcker, GWB, § 71 Rn. 2 m. w. N.

[14] BGH, WuW/E DE-R 3971, 3972 – *Hörgeräteakustiker.*

[15] BVerfGE 60, 175, 210; *Karsten Schmidt* in: Immenga/Mestmäcker, GWB, § 71 Rn. 2; *Lembach* in: *Langen/Bunte,* Kommentar zum deutschen und europäischen Kartellrecht, § 71 Rn. 11.

sowohl auf die Gerichtsakten (§ 72 Abs. 1 GWB) als auch auf alle Vorakten, Beiakten, Gutachten und Auskünfte, zu deren Offenlegung die aktenführende bzw. die Auskunft einholende Stelle ihre Zustimmung erteilt hat (§ 72 Abs. 2 Satz 1 GWB). Die Kartellbehörde muss ihre Einwilligung zur Einsichtnahme seitens der Verfahrensbeteiligten allerdings versagen, wenn wichtige Gründe vorliegen, namentlich der Schutz von Geschäfts- und Betriebsgeheimnissen dies erfordert. Macht die Kartellbehörde von dieser Möglichkeit Gebrauch und wird der Inhalt der betreffenden Unterlagen auch nicht im Beschwerdeverfahren vorgetragen, darf das Beschwerdegericht die Unterlagen seiner Entscheidung nicht zugrunde legen. Das spricht § 72 Abs. 2 Satz 3 GWB ausdrücklich aus. Die Vorschrift konkretisiert damit – ganz im Sinne von § 71 Abs. 1 Satz 2 GWB – den Grundsatz des rechtlichen Gehörs, wonach die gerichtliche Entscheidung nur auf dasjenige Tatsachen- und Beweismaterial gestützt werden darf, zu dem die Beteiligten sich äußern konnten. Den **Beigeladenen** gewährt das Kartellgesetz demgegenüber ein von vornherein nur eingeschränktes Akteneinsichtsrecht. Gemäß § 72 Abs. 3 GWB liegt es im **pflichtgemäßen Ermessen** des Beschwerdegerichts, ob und gegebenenfalls in welchem Umfang es den beigeladenen Dritten Zugang zur Gerichtsakte und den anderen Unterlagen gestattet. Stattzufinden hat in erster Linie eine einzelfallbezogene Abwägung der beiderseitigen Belange, nämlich dem Interesse des Beigeladenen an einer möglichst umfassenden und vollständigen Kenntnis des Sach- und Streitstoffs und dem Interesse an einer Geheimhaltung der in Rede stehenden Tatsachen und Informationen. Das gilt nicht nur für die einfache Beiladung, sondern gleichermaßen auch in Bezug auf den notwendig Beizuladenden.[16] Die verfahrensrechtlichen Konsequenzen, die sich für das Beschwerdegericht ergeben, wenn es dem (einfach oder notwendig) beigeladenen Dritten aus wichtigem Grund Aktenbestandteile nicht oder nur eingeschränkt zugänglich macht, ergeben sich aus § 71 Abs. 1 Satz 3 und 4 GWB. Im Verhältnis zum **einfach Beigeladenen** – also demjenigen, der durch die zur Beurteilung stehende Maßnahme der Kartellbehörde nicht in seinen Rechten, sondern lediglich in seinen wirtschaftlichen Interessen betroffen ist – kann das Beschwerdegericht bei der Entscheidungsfindung den gesamten Streitstoff einschließlich der dem Beigeladenen nicht zugänglich gemachten Aktenteile, sonstigen Unterlagen und Auskünfte berücksichtigen (§ 71 Abs. 1 Satz 3 GWB). Einer gesonderten Beschlussfassung des Beschwerdegerichts bedarf es nicht. Es genügt vielmehr, wenn das Gericht im Rahmen der Hauptsacheentscheidung darlegt, ob, in welchem Umfang und aus welchen Gründen es von der Möglichkeit des § 71 Abs. 1 Satz 3 GWB Gebrauch gemacht und Tatsachenstoff bei der Entscheidungsfindung berücksichtigt hat, zu welchem dem beigeladenen Dritten kein rechtliches Gehör gewährt worden ist. Dem in seinen Rechten Betroffenen und deshalb **notwendig Beizuladenden** gegenüber dürfen andererseits die ihm nicht zugänglich gemachten Tatsachen und Beweismittel nicht verwertet werden (§ 71 Abs. 1 Satz 4 GWB). Der notwendig Beizuladende steht in Bezug auf die Gewährung rechtlichen Gehörs also einem Hauptbeteiligten des Beschwerdeverfahrens gleich. Gleiches gilt, sobald der einfach Beigeladene in die verfahrensrechtliche Position des Beschwerdeführers wechselt, beispielsweise wenn er die kartellbehördliche Fusionsfreigabe mit der Beschwerde angreift.

b) Entscheidungserheblichkeit. Die Verletzung rechtlichen Gehörs muss „in entscheidungserheblicher Weise" erfolgt sein. Festgestellt werden muss die **Möglichkeit,** dass das Gericht ohne die Gehörsverletzung zu einer anderen – und zwar der antragstellenden Partei günstigeren – Entscheidung gekommen wäre. Notwendig ist damit eine Prognoseentscheidung des Gerichts über die Entscheidungsrelevanz des in Rede stehenden Verfahrensmangels. Sie hat auf der Grundlage des Vorbringens der antragstellenden Partei (vgl. § 71a Abs. 2 Satz 5 GWB) zu erfolgen. Ob und unter welchen Voraussetzungen eine Entscheidungserheblichkeit gegeben ist, hängt von den jeweiligen Umständen des Falles ab. Folgende Grundsätze lassen sich aufstellen: Hat das Beschwerdegericht einen **Beweisan-** 10

[16] Ebenso: *Karsten Schmidt* in: Immenga/Mestmäcker, GWB, § 72 Rn. 10.

tritt übergangen, ist die Entscheidungserheblichkeit in aller Regel zu bejahen. Denn es kann im Allgemeinen nicht ausgeschlossen werden, dass das Gericht auf der Grundlage der verfahrensfehlerhaft unterbliebenen Sachaufklärung zu einer anderen, günstigeren Entscheidung gelangt wäre. Eine vorweggenommene Beweiswürdigung ist – wie auch sonst – nicht erlaubt. Anders ist zu entscheiden, wenn die antragstellende Partei mit ihrer Gehörsrüge neuen (oder ergänzenden) **Sachvortrag** in das Verfahren einführen will. Das Gericht hat im Rahmen einer Schlüssigkeitsprüfung zu untersuchen, ob das Vorbringen entscheidungserheblich ist und zu einer für die antragstellende Partei günstigeren Entscheidung führen kann. Ist dies nicht der Fall, ist der Antrag auf Durchführung des Abhilfeverfahrens unzulässig. In gleicher Weise ist zu verfahren, wenn mit der Gehörsrüge neue **rechtliche Gesichtspunkte und Argumente** vorgebracht werden. Nur wenn und soweit diese Aspekte nicht bereits bei der Entscheidungsfindung berücksichtigt worden sind[17] und sie nach Auffassung des Gerichts zu einer abweichenden (günstigeren) Entscheidung führen, hat der Antrag Erfolg und eine Fortsetzung des Verfahrens stattzufinden.

11 Wie sich aus § 71a Abs. 1 Satz 2 GWB ergibt, steht das Abhilfeverfahren ausschließlich gegen instanz- oder verfahrensabschließende Entscheidungen und nicht auch gegen Zwischenentscheidungen zur Verfügung, die diesen (End-)Entscheidungen vorausgegangen sind.

III. Verfahren

1. Notwendigkeit einer Rüge

12 Das Abhilfeverfahren kann nicht von Amts wegen eingeleitet und betrieben werden, sondern nur auf **Rüge eines Verfahrensbeteiligten** hin. Das gilt auch dann, wenn das Gericht nach Erlass seiner Entscheidung selbst eine entscheidungserhebliche Gehörsverletzung erkennt. Rügeberechtigt sind alle am Beschwerde- oder Rechtsbeschwerdeverfahren Beteiligten.

13 Der diesbezügliche Personenkreis ergibt sich für das **Beschwerdeverfahren** aus § 67 GWB. Danach sind an dem Verfahren vor dem Beschwerdegericht beteiligt (1) die beschwerdeführende Partei, (2) die Kartellbehörde, (3) die von der Kartellbehörde Beigeladenen, deren kartellrechtlich relevanten Interessen durch die streitgegenständliche Entscheidung berührt werden, sowie (4) bei Anfechtung einer Entscheidung der Landeskartellbehörde auch das Bundeskartellamt. Rügeberechtigt können darüber hinaus auch die weiteren – in § 67 GWB nicht genannten – Beteiligten des Beschwerdeverfahrens sein. Es handelt sich dabei um alle diejenigen, die nach **§ 54 Abs. 2 GWB** am Verfahren vor der Kartellbehörde beteiligt waren,[18] also um denjenigen, der bei der Kartellbehörde erfolgreich die Einleitung eines Verfahrens beantragt hat (§ 54 Abs. 2 Nr. 1 GWB), wenn die erwirkte kartellbehördliche Verfügung angefochten wird, ferner derjenige, gegen den sich das Verfahren der Kartellbehörde richtet (§ 54 Abs. 2 Nr. 2 GWB), und bei Zusammenschlusstatbeständen der Veräußerer (§ 54 Abs. 2 Nr. 4 GWB). Aus Rechtsschutzgesichtspunkten ist ferner Beteiligter des Beschwerdeverfahrens derjenige, für den der Ausgang des Beschwerdeverfahrens eine **unmittelbare rechtsgestaltende Wirkung** hat, etwa weil die angefochtene Verfügung mit konstitutiver Wirkung vertragliche Vereinbarungen untersagt, an denen er selbst beteiligt ist.[19] Sofern sich der vorstehend genannte Personenkreis tatsächlich am Beschwerdeverfahren beteiligt, ist er auch zur Erhebung der Gehörsrüge berechtigt. Unterbleibt – zu Recht oder zu Unrecht – seine Verfahrensbeteiligung in der Beschwerdeinstanz, scheidet eine Gehörsrüge demgegenüber aus, weil jene Beteiligten nicht

[17] Dass sich die Gründe der Entscheidung mit jenen Aspekten und Argumenten nicht befassen, schließt ihre Berücksichtigung nicht aus.

[18] Vgl. KG, WuW/E OLG 1758, 1765 – *Weichschaum III.*

[19] Vgl. BGH, WuW/E BGH 2875, 2876 – *Herstellerleasing.*

geltend machen können, durch das Beschwerdegericht in ihrem Anspruch auf rechtliches Gehör verletzt worden zu sein.

Beteiligt am **Rechtsbeschwerdeverfahren** sind gemäß § 76 Abs. 1 GWB die Kartellbehörde und die am Beschwerdeverfahren Beteiligten. Hinsichtlich der Einzelheiten dieses Personenkreises und seiner Rügeberechtigung kann auf die vorstehenden Ausführungen verwiesen werden. Sie gelten hier sinngemäß. **14**

2. Rügeform

Die Rüge ist nach § 71a Abs. 2 Satz 4 GWB schriftlich oder zur Niederschrift des Urkundsbeamten der Geschäftsstelle bei dem Gericht zu erheben, dessen Entscheidung angegriffen wird. Wird sie schriftlich erhoben, unterfällt sie dem Anwaltszwang des § 68 GWB. **15**

3. Rügefrist

Die Rüge muss nach § 71a Abs. 2 Satz 1 GWB innerhalb einer Notfrist von 2 Wochen nach Kenntnis von der Verletzung des rechtlichen Gehörs erhoben werden, wobei der Zeitpunkt der Kenntniserlangung glaubhaft zu machen ist. Formlos mitgeteilte Entscheidungen gelten mit dem 3. Tag nach Aufgabe zur Post als bekannt gegeben. Daraus kann gefolgert werden, dass die Möglichkeit der Kenntniserlangung nach dem Willen des Gesetzgebers regelmäßig von der Zustellung der begründeten Entscheidung abhängen soll. Bei verkündeten Beschlüssen beginnt der Lauf der 2-wöchigen Frist dementsprechend erst mit der Zustellung der in vollständiger Form abgefassten Entscheidung. Nach Ablauf eines Jahres seit Bekanntgabe der angegriffenen Entscheidung kann die Rüge nicht mehr erhoben werden. Es handelt sich um eine Ausschlussfrist, die dem Interesse der Rechtssicherheit Rechnung trägt. **16**

4. Darlegung

§ 71a Abs. 2 Satz 5 GWB normiert die Anforderungen, die an die Begründung der Gehörsrüge zu stellen sind. Die Rüge muss die angegriffene Entscheidung bezeichnen sowie das Vorliegen der in § 71a Abs. 1 Satz 1 Nr. 2 GWB genannten Voraussetzungen darlegen. Zu letzterem hat der das Abhilfeverfahren betreibende Beteiligte nachvollziehbar vorzutragen, durch welches Verhalten das Gericht seinen Anspruch auf rechtliches Gehör verletzt haben und inwieweit hierdurch die getroffene Entscheidung beeinflusst worden sein soll. Dabei ist zu beachten, dass das Gericht nicht gehalten ist, sich in den Entscheidungsgründen mit sämtlichem Vorbringen einer Prozesspartei auseinanderzusetzen und hierzu im Einzelnen Stellung zu nehmen. Eine Verletzung rechtlichen Gehörs kann nur dann angenommen werden, wenn sich aus den Umständen des Falles ergibt, dass das Gericht tatsächliches Vorbringen des Beschwerdeführers entweder nicht zur Kenntnis genommen oder bei seiner Entscheidung ersichtlich nicht in Erwägung gezogen hat.[20] Ergibt sich aus den Gründen der angefochtenen Entscheidung, dass das Beschwerdegericht dem Sachvortrag, dessen Erörterung die Beteiligte vermisst, schon im Ansatz keine Entscheidungserheblichkeit beigemessen hat, scheidet der Vorwurf einer Verletzung des rechtlichen Gehörs von vornherein aus.[21] Im Rahmen der Gehörsrüge ist überdies darzulegen, aufgrund welcher Erwägungen das Gericht bei richtigem Vorgehen günstiger entschieden hätte oder hätte entscheiden können. **17**

[20] BVerfG, BVerfGE 86, 133, 146; BVerfG, BVerfGE 75, 369, 381; BGH, BGH-Report 2005, 1006, 1007.

[21] BGH, BGH-Report 2005, 1006, 1007.

IV. Entscheidung des Gerichts

1. Zulässigkeitsprüfung (Abs. 4)

18 Das Gericht prüft von Amts wegen die Zulässigkeit der Rüge, d.h. ihre Statthaftigkeit nach § 71a Abs. 1 GWB sowie die Beachtung der in § 71a Abs. 2 GWB vorgeschriebenen Form und Frist. Entspricht die Rüge nicht den gesetzlichen Anforderungen, ist sie durch einen unanfechtbaren – kurz zu begründenden – Beschluss als unzulässig zu verwerfen.

2. Begründetheit (Abs. 5)

19 Erweist sich die Rüge als zulässig, hat das Gericht in die Prüfung einzutreten, ob die gerügte Gehörsverletzung vorliegt und sich bejahendenfalls diese entscheidungserheblich ausgewirkt haben kann. Ist dies der Fall, muss das Gericht das Verfahren fortsetzen (§ 71a Abs. 5 Satz 1 GWB), und zwar in derjenigen Verfahrensart (mündliche Verhandlung, schriftliches Verfahren), die auch der angegriffenen Entscheidung zugrunde liegt. Eine förmliche Entscheidung über die Verfahrensfortsetzung ist nicht zu treffen. Das Verfahren wird nur in dem Umfang fortgesetzt, wie dies aufgrund der berechtigten Gehörsrüge geboten ist. Infolge dessen ist bei teilbaren Verfahrensgegenständen nur über die von der Gehörsrüge betroffenen Teile neu zu entscheiden. Das Verbot der Schlechterstellung gilt nicht. Wie sich aus dem Verweis in § 71a Abs. 5 Satz 4 GWB auf die Vorschrift des § 343 ZPO ergibt, hat das Gericht im Rahmen der zu treffenden neuen Entscheidung auszusprechen, ob der bisherige Ausspruch aufrecht erhalten oder ob er aufgehoben und durch den neuen Tenor ersetzt wird.

3. Fehlende Begründetheit

20 Ist die Rüge zwar zulässig aber unbegründet, ist die Gehörsrüge durch einen unanfechtbaren Beschluss zurückzuweisen (§ 71a Abs. 4 Satz 2 und 3 GWB). Eine mündliche Verhandlung ist auch hier nicht geboten. Die Entscheidung ist „kurz" zu begründen. Ist die Rüge nur teilweise begründet, ist entsprechend zu verfahren. Soweit die Rüge unbegründet ist und es sich insoweit um einen abtrennbaren Verfahrensteil handelt, wird die Rüge zurückgewiesen.

4. Anhörung der Beteiligten (Abs. 3)

21 § 71a Abs. 3 GWB verpflichtet das Gericht, die anderen Beteiligten des Beschwerde- oder Rechtsbeschwerdeverfahrens vor einer Entscheidung über die Gehörsrüge anzuhören. Diese Beteiligung ist allerdings auf das erforderliche Maß (*„soweit erforderlich"*) beschränkt. Daraus folgt: Bleibt die Gehörsrüge erfolglos, weil sie unzulässig oder unbegründet ist, kann eine Anhörung unterbleiben. Denn die anderen Beteiligten werden durch die im Verfahren des § 71a GWB zu treffende (verwerfende oder zurückweisende) Entscheidung nicht beschwert. Anders liegt der Fall, wenn die Gehörsrüge zulässig erhoben und in der Sache berechtigt ist, so dass das Verfahren fortzuführen ist. Da im Verfahren nach § 71a GWB das Verbot der Schlechterstellung nicht gilt und die Gehörsrüge deshalb zu einer Abänderung des Entscheidungsausspruchs zum Nachteil der anderen Verfahrensbeteiligten führen kann, werden diese bereits durch die Verfahrensfortsetzung als solche beschwert. Ihnen ist deshalb Gelegenheit zu geben, sich zur Gehörsrüge zu äußern. Ob die Rüge letztendlich auch zu einer abweichenden Entscheidung des Gerichts führt, spielt für die Anhörungspflicht des Gerichts keine Rolle. Der Ausgang des Abhilfeverfahrens kann vielmehr erst Bedeutung erlangen, wenn die an sich gebotene Anhörung eines Verfahrensbeteiligten unterblieben ist und dieser deswegen mit einer eigenen Gehörsrüge die Entscheidung nach § 71a GWB angreift. Ist die ursprüngliche Entscheidung trotz begründeter Gehörsrüge aufrechterhalten worden, fehlt es an einer Beschwer des nicht angehörten Ver-

fahrensbeteiligten im Sinne von § 71a Abs. 1 Satz 1 GWB, weshalb seine Gehörsrüge unstatthaft ist.

5. Vorläufige Maßnahmen

Aus dem Verweis des § 71a Abs. 6 GWB auf § 149 Abs. 1 Satz 2 der VwGO ergibt sich, dass das Gericht – nicht auch dessen Vorsitzender oder der Berichterstatter – die Vollziehung der angefochtenen Entscheidung einstweilen aussetzen können. Denn das Kartellgesetz kennt – wie § 91 GWB zu entnehmen ist – ausschließlich Endentscheidungen des Spruchkörpers und keine solchen des Vorsitzenden oder Einzelrichters. In der Sache reicht die Anordnungsbefugnis so weit, wie die gerichtliche Entscheidung mit der Gehörsrüge angegriffen wird. 22

§ 72 Akteneinsicht

(1) [1]**Die in § 67 Absatz 1 Nummer 1 und 2 und Absatz 2 bezeichneten Beteiligten können die Akten des Gerichts einsehen und sich durch die Geschäftsstelle auf ihre Kosten Ausfertigungen, Auszüge und Abschriften erteilen lassen.** [2]**§ 299 Absatz 3 der Zivilprozessordnung gilt entsprechend.**

(2) [1]**Einsicht in Vorakten, Beiakten, Gutachten und Auskünfte ist nur mit Zustimmung der Stellen zulässig, denen die Akten gehören oder die die Äußerung eingeholt haben.** [2]**Die Kartellbehörde hat die Zustimmung zur Einsicht in die ihr gehörigen Unterlagen zu versagen, soweit dies aus wichtigen Gründen, insbesondere zur Wahrung von Betriebs- oder Geschäftsgeheimnissen, geboten ist.** [3]**Wird die Einsicht abgelehnt oder ist sie unzulässig, dürfen diese Unterlagen der Entscheidung nur insoweit zugrunde gelegt werden, als ihr Inhalt vorgetragen worden ist.** [4]**Das Beschwerdegericht kann die Offenlegung von Tatsachen oder Beweismitteln, deren Geheimhaltung aus wichtigen Gründen, insbesondere zur Wahrung von Betriebs- oder Geschäftsgeheimnissen, verlangt wird, nach Anhörung des von der Offenlegung Betroffenen durch Beschluss anordnen, soweit es für die Entscheidung auf diese Tatsachen oder Beweismittel ankommt, andere Möglichkeiten der Sachaufklärung nicht bestehen und nach Abwägung aller Umstände des Einzelfalles die Bedeutung der Sache für die Sicherung des Wettbewerbs das Interesse des Betroffenen an der Geheimhaltung überwiegt.** [5]**Der Beschluss ist zu begründen.** [6]**In dem Verfahren nach Satz 4 muss sich der Betroffene nicht anwaltlich vertreten lassen.**

(3) **Den in § 67 Absatz 1 Nummer 3 bezeichneten Beteiligten kann das Beschwerdegericht nach Anhörung des Verfügungsberechtigten Akteneinsicht in gleichem Umfang gewähren.**

Übersicht

Schrifttum: *Karsten Schmidt,* Akteneinsicht und Geheimnisschutz im Kartellverfahren, 1992.

I. Inhalt der Vorschrift

§ 72 GWB regelt für das Beschwerde- und Rechtsbeschwerdeverfahren (§ 76 Abs. 5 Satz 1 GWB) das Recht der Beteiligten auf Akteneinsicht. Für das Kartellverwaltungsver- 1 fahren ist mangels entsprechender Vorschriften im GWB auf § 29 VwVfG zurückzugreifen. § 72 GWB unterscheidet für den **Umfang des Akteneinsichtsrechts** zum einen zwischen den Hauptbeteiligten (Abs. 1) und den Beigeladenen (Abs. 3). Während den Hauptbeteiligten des Beschwerdeverfahrens ein umfassendes und uneingeschränktes Einsichtsrecht zusteht, das seine Grenzen nur in dem Schutz von Betriebs- und Geschäftsgeheimnissen oder sonstigen wichtigen Gründen findet (§ 72 Abs. 1, Abs. 2 Satz 1 und 2 GWB), steht die Entscheidung, ob und gegebenenfalls in welchem Umfang den Beigeladenen Akteneinsicht gewährt wird, im pflichtgemäßen Ermessen des Beschwerdegerichts. Der Umfang des Akteneinsichtsrechts hängt zum anderen von der Art der Akten ab. Während in die Gerichtsakten unbeschränkt Einsicht genommen werden kann und sich die Hauptbeteiligten gegen Kostenerstattung Ausfertigungen, Auszüge und Abschriften erteilen lassen können (§ 72 Abs. 1 GWB), hängt die Einsicht in Vorakten, Beiakten, Gutachten und Auskünfte davon ab, dass die aktenführende bzw. die Auskunft einholende Stelle hierzu ihre Zustimmung erteilt hat (§ 72 Abs. 2 Satz 1 GWB). Wird sie verweigert, ist dies für das Beschwerdegericht bindend.[1]

2 Eine differenzierte Regelung enthält § 72 GWB überdies in Bezug auf das **Verwertungsverbot,** das sich an eine abgelehnte Akteneinsicht knüpft. Verweigert die Kartellbehörde, die aktenführende oder die Auskunft einholende Stelle ihre Zustimmung zu einer Offenlegung ihrer Akten bzw. Auskünfte und wird der Inhalt der betreffenden Unterlagen und Auskünfte auch nicht im Beschwerdeverfahren vorgetragen, darf das Beschwerdegericht gemäß § 72 Abs. 2 Satz 3 GWB die betreffenden Informationen seiner Entscheidung auch nicht zugrunde legen. Die Vorschrift konkretisiert damit – ganz im Sinne von § 71 Abs. 1 Satz 2 GWB – den Grundsatz des rechtlichen Gehörs, wonach die gerichtliche Entscheidung nur auf dasjenige Tatsachen- und Beweismaterial gestützt werden darf, zu den sich die Beteiligten sich äußern konnten. Dieses Verwertungsverbot gilt allerdings nur im Verhältnis zu den Hauptbeteiligten des Beschwerdeverfahrens. Die verfahrensrechtlichen Konsequenzen, die sich für das Beschwerdegericht ergeben, wenn es dem (einfach oder notwendig) beigeladenen Dritten aus wichtigem Grund Aktenbestandteile nicht oder nur eingeschränkt zugänglich macht, ergeben sich aus § 71 Abs. 1 Satz 3 und 4 GWB. Im Verhältnis zum einfach Beigeladenen kann das Beschwerdegericht bei der Entscheidungsfindung den gesamten Streitstoff einschließlich der dem Beigeladenen nicht zugänglich gemachten Aktenteile, sonstigen Unterlagen und Auskünfte berücksichtigen (§ 71 Abs. 1 Satz 3 GWB). In Bezug auf den notwendig Beizuladenden besteht diese Möglichkeit nicht. Wie sich aus einem Umkehrschluss aus § 71 Abs. 1 Satz 4 GWB ergibt, steht dieser hinsichtlich des Verwertungsverbots den Hauptbeteiligten gleich. Auch ihm gegenüber dürfen die Akten und Auskünfte bei der Entscheidungsfindung folglich nur insoweit berücksichtigt werden, wie er Einsicht in die betreffenden Unterlagen und Auskünfte erhalten hat oder der Inhalt im Beschwerdeverfahren vorgetragen worden ist.

3 **Verstöße** gegen das Recht auf Akteneinsicht oder gegen das daraus abgeleitete Verwertungsverbot sind nicht selbständig anfechtbar. Sie können aber unter dem Aspekt der Versagung rechtlichen Gehörs nach § 74 Abs. 4 Nr. 3 GWB mit der zulassungsfreien Rechtsbeschwerde geltend gemacht werden.

II. Akteneinsicht durch Hauptbeteiligte (Abs. 1)

4 § 72 Abs. 1 GWB regelt das Recht der **Hauptbeteiligten,** Einsicht in die Gerichtsakten zu nehmen.

[1] BGH, WuW/E DE-R 2879, 2880 – *Kosmetikartikel;* BGH, WuW/E DE-R 2451, 2456 – *E.ON/Stadtwerke Eschwege.*

1. Kreis der Einsichtsberechtigten

Die Vorschrift findet nach ihrem Wortlaut auf die in **§ 67 Abs. 1 Nr. 1 und 2, Abs. 2 GWB** genannten Verfahrensbeteiligten – also auf die beschwerdeführende Partei und die Kartellbehörde, dessen Entscheidung angegriffen wird, sowie auf das Bundeskartellamt im Verfahren gegen eine Entscheidung der Landeskartellbehörde – Anwendung. Sie ist darüber hinaus analog[2] auf die in § 67 GWB nicht genannten **weiteren Beteiligten** des Beschwerdeverfahrens[3] anzuwenden, nämlich (1) auf denjenigen, der bei der Kartellbehörde erfolgreich die Einleitung eines Verfahrens beantragt hat (§ 54 Abs. 2 Nr. 1 GWB), wenn die erwirkte kartellbehördliche Verfügung angefochten wird, (2) ferner auf denjenigen, gegen den sich das Verfahren der Kartellbehörde richtet (§ 54 Abs. 2 Nr. 2 GWB), (3) bei Zusammenschlusstatbeständen außerdem auf den Veräußerer (§ 54 Abs. 2 Nr. 4 GWB) und (4) schließlich auf denjenigen, für den der Ausgang des Beschwerdeverfahrens eine **unmittelbare rechtsgestaltende Wirkung** hat. Nicht zu den Einsichtsberechtigten zählen die am jeweiligen Beschwerdeverfahren nicht beteiligten Dritten. Zu ihnen gehört etwa der Adressat eines kartellbehördlichen Auskunftsbegehrens nach § 59 GWB hinsichtlich eines Beschwerdeverfahrens, das sich gegen andere Auskunftsverpflichtete richtet.[4] Ebenso wenig ist der um Beiladung Nachsuchende einsichtsberechtigt, weil er nur am Beiladungsverfahren, aber (noch) nicht am Beschwerdeverfahren beteiligt ist.[5] 5

2. Gegenstand

Das Akteneinsichtsrecht nach § 72 Abs. 1 GWB bezieht sich auf die **Akten des Gerichts.** Gemeint sind damit alle Schriftstücke, die beim Beschwerdegericht im Zusammenhang mit dem betreffenden Beschwerdeverfahren entstehen. Das sind vor allem die eingereichten Schriftsätze der Verfahrensbeteiligten einschließlich ihrer Anlagen sowie sämtliche Unterlagen, die das Gericht im Verfahrensverlauf im Rahmen der Sachverhaltsermittlung und Beweiserhebung angefertigt oder zusammengetragen hat. Nicht zu den Gerichtsakten gehören nach § 72 Abs. 1 Satz 2 GWB i. V. m. § 299 Abs. 4 ZPO demgegenüber Beschluss- und Verfügungsentwürfe sowie alle sonstigen gerichtsinternen Schriftstücke (z. B. Voten). Bestandteil der Gerichtsakten sind grundsätzlich auch die in § 72 Abs. 2 GWB erwähnten Vorakten, Beiakten, Gutachten und Auskünfte. Hinsichtlich dieser Unterlagen und Auskünfte enthält das Kartellgesetz in § 72 Abs. 2 GWB indes einschränkende Sonderbestimmungen, die zu beachten sind. 6

3. Inhalt

In der Sache umfasst das Akteneinsichtsrecht nach § 72 Abs. 1 GWB den Anspruch des Berechtigten, sich die Akten bei Gericht **vorlegen** lassen können, um von ihnen Kenntnis nehmen zu können. Darüber hinaus sind gegen Kostenerstattung **Ausfertigungen, Auszüge** oder **Abschriften** zu erteilen. Das Gericht kann außerdem analog § 100 Abs. 2 Satz 3 VwGO anordnen, dass dem mit schriftlicher Vollmacht versehenen anwaltlichen Bevollmächtigten des Akteneinsichtsberechtigten die Gerichtsakten **übersendet** oder zur Mitnahme **ausgehändigt** werden. Eine Beschränkung des Akteneinsichtsrechts nach § 72 Abs. 1 GWB aus Geheimhaltungs- oder sonstigen Gründen sieht das Kartellgesetz nicht vor. 7

---

[2] KG, WuW/E OLG 3542 – *Deutsche Lebensmittelwerke; Lembach* in: Langen/Bunte, Kommentar zum deutschen und europäischen Kartellrecht, § 72 Rn. 2; *Hinz* in GK, § 71 a. F. Rn. 1; a. A. *Karsten Schmidt* in: Immenga/Mestmäcker, GWB, § 72 Rn. 2, der sich für eine Anwendung von § 72 Abs. 3 GWB ausspricht.

[3] Siehe dazu: § 67 Rn. 5.

[4] KG, WuW/E OLG 3542 – *Deutsche Lebensmittelwerke.*

[5] KG, WuW/E OLG 3730, 3734.

III. Eingeschränktes Einsichtsrechts (Abs. 2)

8 Für Vorakten, Beiakten, Gutachten und Auskünfte gewährt das Kartellgesetz den Hauptbeteiligten des Beschwerdeverfahrens nur ein aus wichtigem Grund **einschränkbares Recht** auf Akteneinsicht.

1. Aktenbestandteile

9 § 72 Abs. 2 GWB befasst sich zum einen mit der Einsicht in Vorakten, Beiakten, Gutachten und Auskünfte. Unter Vorakten sind die im kartellbehördlichen Verfahren entstandenen Akten einschließlich derjenigen Akten, die von der Kartellbehörde erst während des gerichtlichen Verfahrens im Zuge ergänzender Ermittlungen angelegt werden[6] zu verstehen; Beiakten sind die vom Beschwerdegericht hinzugezogenen Akten aus anderen gerichtlichen oder behördlichen Verfahren. Zu den Gutachten zählen auch Rechtsgutachten. Auskünfte sind solche von dritter Seite; zu ihnen sind auch Aktenvermerke der Kartellbehörde über mündlich oder fernmündlich eingeholte Auskünfte zu zählen. Hat das Beschwerdegericht selbst die Auskunft eingeholt, ist diese Bestandteil der Gerichtsakten und unterfällt folglich § 72 Abs. 1 GWB.

2. Beschränkungen des Einsichtsrechts

10 Das Recht auf Einsicht in die Vorakten, Beiakten, Gutachten und Auskünfte steht gemäß § 72 Abs. 2 Satz 1 GWB unter dem Vorbehalt, dass die aktenführende bzw. die Auskunft einholende Stelle hierzu ihre **Zustimmung** erteilt hat (§ 72 Abs. 2 Satz 1 GWB). Zu diesen Vorakten gehören auch die Nachermittlungsakten des Bundeskartellamts über die Ergebnisse seiner – vom Beschwerdegericht erbetenen – nachträglichen Ermittlungen.[7] Hinsichtlich der kartellbehördlichen Akten bestimmt § 72 Abs. 2 Satz 2 GWB dazu ergänzend, dass die Zustimmung zur Offenlegung abgelehnt werden muss, wenn und soweit dies aus wichtigen Gründen, insbesondere zur Wahrung von Fabrikations-, Betriebs- oder Geschäftsgeheimnissen, geboten ist. Die Vorschrift dient der Interessenwahrung derjenigen Personen und Unternehmen, die der Kartellbehörde freiwillig oder aufgrund der gesetzlichen Verpflichtung aus § 59 GWB geheinhaltungsbedürftige Angaben gemacht haben. Unter den Begriff der **Fabrikations-, Betriebs- oder Geschäftsgeheimnissen** sind alle Tatsachen zu verstehen, die im Zusammenhang mit einem Geschäftsbetrieb stehen, nach dem bekundeten Willen des Inhabers geheim gehalten werden sollen sowie für die Wettbewerbsfähigkeit des Unternehmens von Bedeutung und nicht offenkundig geworden sind. In Betracht kommt dies beispielsweise für Kalkulationen, Gewinnspannen, Marktstrategien, Erklärungen eines Verfahrensbeteiligten zur zukünftigen Geschäftspolitik auf künftigen Märkten oder Umsätze.[8] Nicht offenkundig sind Tatsachen, wenn sie nur einem beschränkten Personenkreis bekannt sind und nicht ohne weiteres aus zulässigen und erreichbaren Quellen entnommen werden können.

11 Im Interesse einer geordneten Sachaufklärung müssen die Unternehmen, die eine Geheimhaltung der von ihnen gelieferten Tatsachen erstreben, ihr Schutzbedürfnis **nachvollziehbar darlegen.** Ein bloß pauschaler Hinweis, dass es sich bei bestimmten Informationen um Betriebs- und Geschäftsgeheimnisse handele, ist – sofern nicht die Geheimhaltungsbedürftigkeit auf der Hand liegt – unzureichend. Erforderlich ist vielmehr die Darstellung, inwieweit die in Rede stehenden Informationen für die Wettbewerbsfähigkeit von Bedeutung sind und welche konkreten nachteiligen Folgen für die eigene Marktstel-

---

[6] BGH, WuW/E DE-R 2879, 2880 – *Kosmetikartikel;* BGH, WuW/E DE-R 2451, 2456 – *E.ON/Stadtwerke Eschwege.*

[7] BGH, WuW/E DE-R 2879, 2880 – *Kosmetikartikel.*

[8] KG, WuW/E OLG 3908, 3911 – *L Air Liquide;* KG, WuW/E OLG 3721, 3724 – *Coop/Wandmaker.*

lung und Konkurrenzfähigkeit im Falle einer Offenlegung der Daten zu befürchten sein sollen. Für zeitlich weit zurückliegende Angaben und Geschäftszahlen wird ein Geheimschutz in der Regel nicht zu gewähren sein. Besteht ein berechtigtes Interesse daran, dass entscheidungserhebliche Tatsachen und Informationen den Verfahrensbeteiligten nicht offenbart werden, ist in jedem Fall zu prüfen, ob dem Geheimnisschutz einerseits und dem Gebot der Sachaufklärung andererseits nicht durch **anonymisierte** tabellarische **Darstellungen** oder die Mitteilung von bloßen **Spannen** (z.B. bei Umsätzen, Gewinnen oder Marktanteilen) genügt werden kann. Die Darstellung von Marktanteilen mit einer Spanne von **+/– 2,5 %** ist beispielsweise gängige Amtspraxis und vom OLG Düsseldorf seit langem anerkannt. Das gilt bei der Fusionskontrolle jedenfalls in Fällen, bei denen Marktanteile deutlich oberhalb der Marktanteilsvermutungsschwelle in Rede stehen, bei denen angesichts der Gesamtumstände die zu treffende wettbewerbliche Beurteilung des Zusammenschlussvorhabens keine weitergehende Offenlegung erfordert.[9] Die Verwendung von Marktanteilsspannen begründet dann weder einen Begründungsmangel der Amtsverfügung noch schränkt sie die Verfahrensrechte unzulässig ein.[10] Eine differenzierte Anonymisierung dergestalt, dass die beschwerdeführende Partei die eigenen exakten Daten und eventuell unterschiedlich redigierte Markt- und Wettbewerbsdaten ihrer Wettbewerber erfährt, während die übrigen Verfahrensbeteiligten ausschließlich anonymisierte Daten erhalten, ist mit § 72 Abs. 2 Satz 3 GWB nicht vereinbar und deshalb unzulässig.[11]

Die Entscheidung, ob aus Gründen des Geheimschutzes die Zustimmung zur Akteneinsicht versagt wird, obliegt alleine der **Kartellbehörde** und ist für das Beschwerdegericht nach § 72 Abs. 2 Satz 1 GWB **bindend.**[12] Hat die Kartellbehörde bereits im Verwaltungsverfahren ihre Unterlagen offengelegt, braucht das Gericht vor Gewährung der Akteneinsicht deren Zustimmung nicht mehr einzuholen. Die Zustimmung der Kartellbehörde entbindet das Beschwerdegericht allerdings nicht von der Pflicht zur Prüfung, ob die Voraussetzungen des § 72 Abs. 2 Satz 2 GWB nicht doch vorliegen und – entgegen der Einschätzung der Behörde – Gründe des Geheimschutzes eine Versagung der Akteneinsicht erfordern. Diese Prüfung hat grundsätzlich in dem jeweiligen Rechtsschutzverfahren zu erfolgen; für eine gesonderte vorbeugende Unterlassungsbeschwerde – etwa mit dem Ziel, dass der Beigeladenen die angefochtene Missbrauchsverfügung nur mit weitergehenden Schwärzungen zugestellt wird – fehlt regelmäßig das Rechtsschutzbedürfnis. Anders liegt es, wenn zugleich eine Veröffentlichung des Amtsbeschlusses ohne weitergehende Anonymisierungen verhindert werden soll. Dieses Petitum muss mit einer vorbeugenden Unterlassungsbeschwerde geltend gemacht werden, und in diesem Beschwerdeverfahren kann auch die Frage der Schwärzungen des Amtsbeschlusses für die Beigeladene zur gerichtlichen Prüfung gestellt werden. Hat die Kartellbehörde umgekehrt ihre Zustimmung verweigert, darf das Beschwerdegericht nicht in entsprechender Anwendung von § 99 Abs. 2 VwGO überprüfen, ob die Weigerung berechtigt ist.[13] Stattdessen sieht das Kartellgesetz in § 72 Abs. 2 Satz 4 bis 6 GWB ein Zwischenverfahren vor, in dem der Konflikt zwischen dem verfassungsrechtlich garantierten Anspruch auf einen wirksamen Rechtsschutz einerseits und dem Geheimnisschutz andererseits zu lösen ist.[14] 12

[9] OLG Düsseldorf, Beschl. v. 25.9.2013 – *VI Kart 4/12 (V)* Umdruck Seite 9.
[10] OLG Düsseldorf, Beschl. v. 25.9.2013 – *VI Kart 4/12 (V)* Umdruck Seite 9.
[11] OLG Düsseldorf, Beschl. v. 25.9.2013 – *VI Kart 4/12 (V)* Umdruck Seite 9.
[12] BGH, WuW/E DE-R 2879, 2880 – *Kosmetikartikel;* BGH, WuW/E DE-R 2451, 2456 – *E.ON/Stadtwerke Eschwege.*
[13] BGH, WuW/E DE-R 2879, 2880 – *Kosmetikartikel.*
[14] BGH, WuW/E DE-R 2879, 2880 – *Kosmetikartikel.*

3. Verwertungsverbot

13 Verweigert die Kartellbehörde, die aktenführende oder die Auskunft einholende Stelle ihre Zustimmung zu einer Offenlegung ihrer Akten bzw. Auskünfte oder lehnt das Gericht selbst eine Offenlegung ab und wird der Inhalt der betreffenden Unterlagen und Auskünfte auch nicht im Beschwerdeverfahren vorgetragen, darf das Beschwerdegericht die betreffenden Informationen seiner Entscheidung auch nicht zugrunde legen (§ 72 Abs. 2 Satz 3 GWB). Die Vorschrift setzt damit – ganz im Sinne von § 71 Abs. 1 Satz 2 GWB – den Grundsatz des rechtlichen Gehörs um, wonach die gerichtliche Entscheidung nur auf dasjenige Tatsachen- und Beweismaterial gestützt werden darf, zu den sich die Beteiligten sich äußern konnten. Dieses Verwertungsverbot gilt allerdings nur im Verhältnis zu den **Hauptbeteiligten** des Beschwerdeverfahrens im Sinne von § 72 Abs. 1 GWB. Die verfahrensrechtlichen Konsequenzen, die sich für das Beschwerdegericht ergeben, wenn es dem (einfach oder notwendig) beigeladenen Dritten aus wichtigem Grund Aktenbestandteile nicht oder nur eingeschränkt zugänglich macht, ergeben sich aus § 71 Abs. 1 Satz 3 und 4 GWB. Im Verhältnis zum **einfach Beigeladenen** kann das Beschwerdegericht bei der Entscheidungsfindung den gesamten Streitstoff einschließlich der dem Beigeladenen nicht zugänglich gemachten Aktenteile, sonstigen Unterlagen und Auskünfte berücksichtigen (§ 71 Abs. 1 Satz 3 GWB). In Bezug auf den **notwendig Beizuladenden** besteht diese Möglichkeit nicht. Er steht vielmehr – wie sich im Umkehrschluss aus § 71 Abs. 1 Satz 4 GWB ableiten lässt – hinsichtlich des Verwertungsverbots den Hauptbeteiligten gleich.

14 Hat das Bundeskartellamt eine Marktdatenerhebung durchgeführt und verweigert es aus Gründen des Geheimnisschutzes seine Zustimmung zu einer Einsicht in diese Akten, kann sich das Beschwerdegericht grundsätzlich darauf beschränken, die vom Amt offen gelegten Ergebnisse dieser Erhebung zur Kenntnis zu nehmen und zu verwerten. Ob die Daten zuverlässig ermittelt worden sind, braucht es im Regelfall nicht von Amts wegen nachzuprüfen. Das hat nur dann zu geschehen, wenn der Vortrag der Beteiligten oder der Sachverhalt als solcher bei sorgfältiger Überlegung der sich aufdrängenden Möglichkeiten dazu Anlass gibt.[15]

4. Zwischenverfahren

15 § 72 Abs. 2 Satz 4 bis 6 GWB sieht zur Klärung der Frage, ob und in welchem Umfang den Verfahrensbeteiligten Akteneinsicht zu gewähren ist, ein besonderes Zwischenverfahren vor. In diesem kann das Beschwerdegericht durch Beschluss die Offenlegung von Tatsachen und Beweismitteln, deren Geheimhaltung aus wichtigen Gründen – insbesondere zur Wahrung von Betriebs- oder Geschäftsgeheimnissen – an sich geboten ist, anordnen, soweit es für die Entscheidung auf diese Tatsachen oder Beweismitteln ankommt, andere Möglichkeiten der Sachaufklärung nicht bestehen und nach Abwägung aller Umstände des Einzelfalles die Bedeutung der Sache für die Sicherung des Wettbewerbs das Interesse der Betroffenen an der Geheimhaltung überwiegt. Bei der Frage, ob die als geheimhaltungsbedürftig eingestuften Tatsachen oder Beweismittel entscheidungserheblich sind, hat sich das Beschwerdegericht von den allgemeinen Grundsätzen seiner Aufklärungspflicht nach § 70 Abs. 1 GWB leiten lassen. Wenn es aufgrund tatrichterlicher Würdigung zu dem Ergebnis kommt, dass der nach § 72 Abs. 2 Satz 3 GWB vorgetragenen Inhalt der Unterlagen (also beispielsweise die vom Bundeskartellamt lediglich in Spannen angegebenen Marktanteile) ausreicht, um den maßgeblichen Sachverhalt aufzuklären, darf es eine Offenlegungsanordnung nach § 72 Abs. 2 Satz 4 GWB nicht erlassen und muss auch kein Zwischenverfahren durchführen.[16]

---

[15] BGH, WuW/E DE-R 2451, 2456 – *E.ON/Stadtwerke Eschwege.*
[16] BGH, WuW/E DE-R 2879, 2881 – *Kosmetikartikel.*

16 Die Abwägung der widerstreitenden Interessen muss **einzelfallbezogen** vorgenommen worden.[17] In der Rechtsprechung ist ein überwiegendes Interesse an der Geheimhaltung von Umsatzzahlen verneint worden, wenn die anzugebenden Umsätze auf einem Markt erzielt werden, der eher transparent als durch geheimen Wettbewerb gekennzeichnet ist. Als wesentliches Abwägungskriterium wurde angesehen, dass andere Wettbewerber gleichlautende Fragen ohne weiteres beantwortet hatten. So bedeutet die Kenntnis aggregierter Zahlen über Umsätze mehrerer Filialen in einer Stadt für einen mehrere Jahre zurückliegenden Zeitraum auch unter dem Blickwinkel der Standortwahl für die Wettbewerber keinen konkreten wettbewerblich relevanten Vorteil.[18]

17 Der von der Offenlegung Betroffene ist in dem Zwischenverfahren anzuhören, ohne dass er sich durch einen Rechtsanwalt vertreten lassen muss. Der Beschluss ist zu begründen und in keinem Fall isoliert anfechtbar.[19] Im Rahmen der Anfechtung der Haupt-Beschwerdeentscheidung kann insoweit kein Gehörsverstoß, sondern eine Verletzung der gerichtlichen Aufklärungspflicht reklamiert werden.[20]

IV. Akteneinsicht durch Beigeladene (Abs. 3)

18 Die in § 67 Abs. 1 Nr. 3 genannten Beigeladenen, die nicht zugleich Beschwerdeführer[21] sind, haben nach § 72 Abs. 3 GWB **keinen Rechtsanspruch** auf Akteneinsicht. Gemäß § 72 Abs. 3 GWB liegt es vielmehr im **pflichtgemäßen Ermessen** des Beschwerdegerichts, ob und gegebenenfalls in welchem Umfang es den beigeladenen Dritten Zugang zur Gerichtsakte und den anderen Unterlagen gestattet. Stattzufinden hat in erster Linie eine einzelfallbezogene Abwägung der beiderseitigen Belange, nämlich dem Interesse des Beigeladenen an einer möglichst umfassenden und vollständigen Kenntnis des Sach- und Streitstoffs und dem Interesse an einer Geheimhaltung der in Rede stehenden Tatsachen und Informationen. Das gilt nicht nur für die einfache Beiladung, sondern gleichermaßen auch in Bezug auf den notwendig Beizuladenden.[22] Bei der Ermessensausübung nach § 72 Abs. 3 GWB ist für das Akteneinsichtsrecht des Beigeladenen entscheidend, ob er ihr zu einer sachgerechten Wahrnehmung der ihm im gerichtlichen Verfahren zukommenden Aufgaben bedarf. Im Beschwerdeverfahren dient die Mitwirkung des Beigeladenen in erster Linie dazu, die Entscheidungsbasis für das Gericht zu optimieren; im Rechtsbeschwerdeverfahren geht es alleine um die rechtliche Überprüfung der Beschwerdeentscheidung. Nur wenn und soweit die Kenntnis der Akten erforderlich ist, um diese jeweilige Funktion zu erfüllen, kommt ein Akteneinsichtsrecht in Betracht.[23] Die verfahrensrechtlichen Konsequenzen, die sich für das Beschwerdegericht ergeben, wenn es dem (einfach oder notwendig) beigeladenen Dritten aus wichtigem Grund Aktenbestandteile nicht oder nur eingeschränkt zugänglich macht, ergeben sich aus § 71 Abs. 1 Satz 3 und 4 GWB. Im Verhältnis zum **einfach Beigeladenen** – also demjenigen, der durch die zur Beurteilung stehende Maßnahme der Kartellbehörde nicht in seinen Rechten, sondern lediglich in seinen wirtschaftlichen Interessen betroffen ist – kann das Beschwerdegericht bei der Entscheidungsfindung den gesamten Streitstoff einschließlich der dem Beigeladenen nicht zugänglich gemachten Aktenteile, sonstigen Unterlagen und Auskünfte berücksichtigen (§ 71 Abs. 1 Satz 3 GWB). Einer gesonderten Beschlussfassung des Beschwerdegerichts

[17] KG, WuW/E OLG 5201, 5202 – *Offenlegung von Betriebsgeheimnissen;* BVerwG, WuW/E DE-R 1213, 1214 f. – *Kalkulationsgrundlage.*

[18] KG, WuW/E OLG 3539/3540 – *Süddeutscher Verlag-Donau Kurier.*

[19] BGH, Beschl. v. 11.11.2008, KVR 18/08 – *Werhahn/Norddeutsche Mischwerke.*

[20] BGH, WuW/E DE-R 2879, 2881 – *Kosmetikartikel.*

[21] Erforderlich für einen Akteneinsichtsanspruch nach § 72 Abs. 2 GWB ist eine **zulässige** Beschwerde des Beigeladenen; ansonsten kann er sich nur auf § 72 Abs. 3 GWB berufen (vgl. BGH, WuW/E DE-R 2512, 2513 – *Ulm/Neu-Ulm*).

[22] Ebenso: *Karsten Schmidt* in: Immenga/Mestmäcker, GWB, § 72 Rn. 11.

[23] Zu Allem: BGH, WuW/E DE-R 2512, 2514 – *Ulm/Neu-Ulm.*

bedarf es nicht. Es genügt vielmehr, wenn das Gericht im Rahmen der Hauptsacheentscheidung darlegt, ob, in welchem Umfang und aus welchen Gründen es von der Möglichkeit des § 71 Abs. 1 Satz 3 GWB Gebrauch gemacht und Tatsachenstoff bei der Entscheidungsfindung berücksichtigt hat, zu denen dem beigeladenen Dritten kein rechtliches Gehör gewährt worden ist. Dem in seinen Rechten Betroffenen und deshalb **notwendig Beizuladenden** gegenüber dürfen die ihm nicht zugänglich gemachten Tatsachen und Beweismittel nicht verwertet werden (§ 71 Abs. 1 Satz 4 GWB). Der notwendig Beizuladende steht in Bezug auf die Gewährung rechtlichen Gehörs also einem Hauptbeteiligten des Beschwerdeverfahrens gleich.[24] Gleiches gilt, sobald der einfach Beigeladene in die verfahrensrechtliche Position des Beschwerdeführers wechselt,[25] beispielsweise wenn er die kartellbehördliche Fusionsfreigabe mit der Beschwerde angreift.

§ 73 Geltung von Vorschriften des GVG und der ZPO

Für Verfahren vor dem Beschwerdegericht gelten, soweit nichts anderes bestimmt ist, entsprechend

1. **die Vorschriften der §§ 169 bis 201 des Gerichtsverfassungsgesetzes über Öffentlichkeit, Sitzungspolizei, Gerichtssprache, Beratung und Abstimmung sowie über den Rechtsschutz bei überlangen Gerichtsverfahren;**
2. **die Vorschriften der Zivilprozessordnung über Ausschließung und Ablehnung eines Richters, über Prozessbevollmächtigte und Beistände, über die Zustellung von Amts wegen, über Ladungen, Termine und Fristen, über die Anordnung des persönlichen Erscheinens der Parteien, über die Verbindung mehrerer Prozesse, über die Erledigung des Zeugen- und Sachverständigenbeweises sowie über die sonstigen Arten des Beweisverfahrens, über die Wiedereinsetzung in den vorigen Stand gegen die Versäumung einer Frist.**

Übersicht

I. Verweisungsnorm

1 Der Rechtsschutz gegen Maßnahmen der Kartellbehörde hat in den §§ 63 ff. GWB eine eigenständige Regelung erfahren. Die Verweisung auf das Gerichtsverfassungsgesetz und die Zivilprozessordnung sind dementsprechend nur **ergänzender Art.** Das bedeutet: Nur soweit nichts Anderes im Kartellgesetz bestimmt ist, sind die Vorschriften anzuwenden. Vor der Anwendung einer Bestimmung des Gerichtsverfassungsgesetzes oder der Zivilprozessordnung ist deshalb zu prüfen, ob eine Verfahrensnorm der §§ 63 ff. GWB dem nicht (ausdrücklich oder nach ihrem Sinn und Zweck) entgegensteht. Darüber hinaus ist bei Anwendung des Verweisungskatalogs zu beachten, dass es sich bei dem kartellgerichtlichen Beschwerdeverfahren der Sache nach um einen verwaltungsgerichtlichen Rechtsschutz handelt. Das kann es im Einzelfall erfordern, die Normen des Verweisungskatalogs – insbesondere soweit sie auf den Zivilprozess ausgerichtet sind – unter Beachtung dieser Besonderheit nur sinngemäß heranzuziehen.

[24] Lembach in: Langen/Bunte, Kommentar zum deutschen und europäischen Kartellrecht, § 72 Rn. 15; *Karsten Schmidt* in: Immenga/Mestmäcker, GWB, § 72 Rn. 11.

[25] KG, WuW/E DE-R 688, 690 – *HABET/Lekkerland.*

II. Ergänzung

Die in den Nr. 1 und Nr. 2 ausgesprochenen Verweisungen bedürfen bei ihrer Anwendung gegebenenfalls einer Ergänzung oder Korrektur durch die besonderen Vorschriften der §§ 63ff. GWB. So sind bei der Heranziehung der Regelungen, die das Gerichtsverfassungsgesetz und die Zivilprozessordnung zur „Erledigung des Zeugen- und Sachverständigenbeweises sowie über die sonstigen Arten des Beweisverfahrens" enthalten, beispielsweise die Regelungen zum **Geheimnisschutz** in den §§ 71 Abs. 1 Satz 3, 72 Abs. 2 und 3 GWB zu beachten. Ein Zeugnisverweigerungsrecht nach § 384 Nr. 3 ZPO besteht nicht, wenn die Offenlegung bei objektiver Betrachtung keine nachteiligen Folgen für die Wettbewerbsfähigkeit des geheimnistragenden Unternehmens befürchten lässt.[1] 2

III. Gesetzeslücken

Verbleibende Regelungslücken können primär durch Heranziehung der Bestimmungen der **Verwaltungsgerichtsordnung** als der sachnähesten Verfahrensordnung geschlossen werden.[2] Darüber hinaus kommt auch ein Rückgriff auf andere Prozessordnungen in Betracht. Dies gilt namentlich für allgemeine Grundsätze. In diesem Sinne ist etwa die Verwerfung der Beschwerde wegen Formmängeln in entsprechender Anwendung des § 572 Abs. 1 ZPO möglich, die ihrerseits (nur) mit der Rechtsbeschwerde nach § 74 GWB angegriffen werden kann.[3] Außerdem hat die Rechtsprechung die Beschwerderücknahme unter Heranziehung der Grundsätze des § 92 VwGO, § 102 SGG, § 72 FGO und § 269 ZPO beurteilt,[4] die Vorschriften über die Prozesskostenhilfe in den §§ 114ff. ZPO ergänzend herangezogen,[5] die Tatbestandsberichtigung analog §§ 319, 320 ZPO zugelassen, ferner die Erledigung der Hauptsache ohne mündliche Verhandlung nach § 91a ZPO[6] sowie die Aussetzung des Beschwerde- oder Rechtsbeschwerdeverfahrens in entsprechender Anwendung des § 148 ZPO befürwortet, und zwar auch bei Vorgreiflichkeit einer Entscheidung der Europäischen Kommission. 3

III. Rechtsbeschwerde

§ 74 Zulassung, absolute Rechtsbeschwerdegründe

(1) **Gegen Beschlüsse der Oberlandesgerichte findet die Rechtsbeschwerde an den Bundesgerichtshof statt, wenn das Oberlandesgericht die Rechtsbeschwerde zugelassen hat. [2] Für Beschlüsse des Landessozialgerichts in Streitigkeiten, die die freiwillige Vereinigung von Krankenkassen nach § 172a des Fünften Buches Sozialgesetzbuch betreffen, gilt § 202 Satz 3 des Sozialgerichtsgesetzes.**

(2) **Die Rechtsbeschwerde ist zuzulassen, wenn**

1. eine Rechtsfrage von grundsätzlicher Bedeutung zu entscheiden ist oder
2. die Fortbildung des Rechts oder die Sicherung einer einheitlichen Rechtsprechung eine Entscheidung des Bundesgerichtshofs erfordert.

(3) **[1] Über die Zulassung oder Nichtzulassung der Rechtsbeschwerde ist in der Entscheidung des Oberlandesgerichts zu befinden. [2] Die Nichtzulassung ist zu begründen.**

---

[1] KG, WuW/E OLG 3539 – *Zeugnisverweigerungsrecht.*
[2] Vgl. BGH, WuW/E BGH 1947, 1948 – *Stuttgarter Wochenblatt.*
[3] BGH, WuW/E BGH 1174; BGH, BGHZ 56, 1 – *Bayerischer Bankenverband.*
[4] BGH, WuW/E BGH 1367 – *Zementverkaufstelle Niedersachsen.*
[5] OLG Düsseldorf, WuW/E OLG 1171.
[6] KG, WuW/E OLG 4648 – *Nordfleisch/CG Hannover.*

(4) **Einer Zulassung zur Einlegung der Rechtsbeschwerde gegen Entscheidungen des Beschwerdegerichts bedarf es nicht, wenn einer der folgenden Mängel des Verfahrens vorliegt und gerügt wird:**

1. **wenn das beschließende Gericht nicht vorschriftsmäßig besetzt war,**
2. **wenn bei der Entscheidung ein Richter mitgewirkt hat, der von der Ausübung des Richteramtes kraft Gesetzes ausgeschlossen oder wegen Besorgnis der Befangenheit mit Erfolg abgelehnt war,**
3. **wenn einem Beteiligten das rechtliche Gehör versagt war,**
4. **wenn ein Beteiligter im Verfahren nicht nach Vorschrift des Gesetzes vertreten war, sofern er nicht der Führung des Verfahrens ausdrücklich oder stillschweigend zugestimmt hat,**
5. **wenn die Entscheidung auf Grund einer mündlichen Verhandlung ergangen ist, bei der die Vorschriften über die Öffentlichkeit des Verfahrens verletzt worden sind, oder**
6. **wenn die Entscheidung nicht mit Gründen versehen ist.**

Übersicht

I. Sinn und Zweck der Vorschrift

1 Die Rechtsbeschwerde ist mit der Revision im Zivil- oder Verwaltungsprozess vergleichbar. Sie ist **keine Tatsacheninstanz,** sondern dient ausschließlich der Überprüfung, ob die Entscheidung des Beschwerdegerichts an Rechtsfehlern leidet (§ 76 Abs. 2 GWB). Zur Entlastung des Bundesgerichtshofs war die Möglichkeit zur Einlegung einer Rechtsbeschwerde ursprünglich in zweifacher Hinsicht beschränkt. Die erste wesentliche Schranke bestand darin, dass nur die in der Hauptsache erlassenen Beschlüsse des Beschwerdegerichts rechtsbeschwerdefähig waren. Diese Einschränkung ist mit der 7. GWB-Novelle aufgegeben worden. Nunmehr unterliegen **sämtliche Entscheidungen des Beschwerdegerichts** der Rechtsbeschwerde. Rechtsbeschwerdefähig sind demnach die Entscheidungen des Beschwerdegerichts im vorläufigen Rechtsschutz (§§ 64, 65 GWB)[1] ebenso wie dessen Erkenntnisse in Beiladungsbeschwerden[2] und ferner auch die isolierte Kostenentscheidung, die das Beschwerdegericht nach Rücknahme der Beschwerde oder nach Erledigung des Beschwerdeverfahrens trifft.[3] Die Festsetzung des Beschwerdewertes[4] und die verweigerte Akteneinsicht[5] unterliegen nicht der Rechtsbeschwerdemöglichkeit. Eine zweite Zulässigkeitsschranke besteht in dem grundsätzlichen Erfordernis, dass das Beschwerdegericht die Rechtsbeschwerde zugelassen haben muss (§ 74 Abs. 1 und 2 GWB). Ist die **Zulassung** abgelehnt worden, ist eine gleichwohl erhobene Rechtsbeschwerde unzulässig. Es besteht allerdings gemäß § 75 GWB die Möglichkeit, die Nichtzulassung der Rechtsbeschwerde mit der Nichtzulassungsbeschwerde an den Bundesgerichtshof anzugreifen. Leidet die Beschwerdeentscheidung an einem schwerwiegenden Verfahrensmangel, gilt das Zulassungs-

[1] BGH, WuW/E DE-R 2035, 2037 – *Lotto im Internet.*
[2] BGH, WuW/E DE-R 2029, 2030 – *iesy/Ish;* BGH, WuW/E DE-R 1857, 1858 – *pepcom.*
[3] BGH, Beschl. v. 19.6.2007 – *KVZ 9/07.*
[4] BGH, Beschl. v. 19.6.2007 – *KVZ 9/07.*
[5] BGH, WuW/E DE-R 2551/2552 – *Werhan/Norddeutsche Mischwerke.*

erfordernis nicht. Für abschließend aufgeführte Verfahrensverstöße sieht § 74 Abs. 4 GWB die **zulassungsfreie Rechtsbeschwerde** vor.

Weitere Zulässigkeitsschranken bestehen nicht. Die Rechtsbeschwerde ist weder an eine Beschwerdesumme gebunden noch muss der Rechtsbeschwerdeführer darlegen können, durch die angegriffene Beschwerdeentscheidung in seinen Rechten verletzt zu sein. 2

II. Zugelassene Rechtsbeschwerden (Abs. 1–3)

1. Beschlüsse des Oberlandesgerichts

Die Rechtsbeschwerde an den Bundesgerichtshof setzt seit der am 1. Juli 2005 in Kraft getretenen 7. GWB-Novelle nicht mehr voraus, dass sie sich gegen in der Hauptsache erlassene Beschlüsse der Oberlandesgerichte richtet. Rechtsbeschwerdefähig sind folglich **alle Entscheidungen,** die das Beschwerdegericht verfahrensabschließend (und nicht nur vorbereitend)[6] in einem Kartellverwaltungsverfahren trifft. Die frühere Unterscheidung, ob die angefochtene Entscheidung in einem Hauptverfahren oder einem Nebenverfahren ergangen ist (verfahrensrechtlicher Ansatz) oder ob es sich um eine Entscheidung des Beschwerdegerichts handelt, die unmittelbar der Verwirklichung der im Kartellgesetz normierten Verbote oder ihrer Sanktion dient (materiell-rechtliche Betrachtungsweise), weshalb zum Beispiel einstweilige Anordnungen, Beiladungen und Auskunftsersuchen keine Verfahren in der Hauptsache waren, spielt heute keine Rolle mehr. Rechtsbeschwerdefähig sind nach der geänderten Rechtslage nunmehr auch die Entscheidungen des Beschwerdegerichts im vorläufigen Rechtsschutz (§§ 64, 65 GWB)[7] und in Beiladungsbeschwerde[8] sowie ferner auch die isolierte Kostenentscheidung, die das Beschwerdegericht nach Rücknahme der Beschwerde oder nach Erledigung des Beschwerdeverfahrens trifft.[9] Für die **Beiladungsbeschwerde** hat der Bundesgerichtshof die in der Rechtsbeschwerdeinstanz vorzunehmende Rechtskontrolle allerdings deutlich eingeschränkt. Zum einen obliege die ohnehin nur in Grenzen mögliche Überprüfung der von der Kartellbehörde nach § 54 Abs. 2 Nr. 3 GWB zu treffenden Ermessensentscheidung in erster Linie dem Tatrichter, zum anderen diene die im Rahmen der 7. GWB-Novelle erfolgte Erweiterung der Rechtsbeschwerde auch auf die nicht in der Hauptsache ergangenen Entscheidungen des Beschwerdegerichts nicht dazu, die Frage der Beiladung in jedem Einzelfall einer Überprüfung durch den Bundesgerichtshof zuzuführen.[10] Welche Konsequenzen sich für den Rechtsschutz im Rechtsbeschwerdeverfahren daraus konkret ergeben, insbesondere mit welchen Argumenten die Beiladungsentscheidung in der Rechtsbeschwerdeinstanz noch mit Aussicht auf Erfolg angegriffen und zur Überprüfung des Bundesgerichtshofs gestellt werden kann, ist derzeit ungeklärt. Die bisherige höchstrichterliche Judikatur enthält hierzu keine erläuternden Ausführungen. Für die **Festsetzung des Beschwerdewertes** und die verweigerte Akteneinsicht hat der Bundesgerichtshof die Rechtsbeschwerdemöglichkeit vollständig verneint.[11] 3

2. Zulassungsvoraussetzung

Voraussetzung für die Statthaftigkeit der Rechtsbeschwerde ist ihre Zulassung durch das Beschwerdegericht (§ 74 Abs. 2 GWB). Das Gesetz nennt drei Fälle, in denen das Beschwerdegericht die Rechtsbeschwerde zulassen muss. Die Überprüfung der Beschwerdeentscheidung durch das Rechtsbeschwerdegericht ist zuzulassen, wenn (1) entweder über 4

---

[6] Ebenso: *Karsten Schmidt* in: Immenga/Mestmäcker, GWB, § 74 Rn. 6.
[7] BGH, WuW/E DE-R 2035, 2037 – *Lotto im Internet.*
[8] BGH, WuW/E DE-R 2029, 2030 – *iesy/Ish;* BGH, WuW/E DE-R 1857, 1858 – *pepcom.*
[9] BGH, Beschl. v. 19.6.2007 – *KVZ 9/07.*
[10] BGH, WuW/E DE-R 2029, 2031 – *iesy/Ish.*
[11] BGH, Beschl. v. 19.6.2007 – *KVZ 9/07;* Beschl. v. 11.11.2008, KVR 18/08.

eine Rechtsfrage von grundsätzlicher Bedeutung zu entscheiden ist (§ 74 Abs. 2 GWB Nr. 1) oder (2) zur Fortbildung des Rechts oder (3) zur Sicherung einer einheitlichen Rechtsprechung eine Entscheidung des Bundesgerichtshofes erforderlich ist (§ 74 Abs. 2 Nr. 2 GWB). Bereits dem Wortlaut der Vorschrift ist zu entnehmen, dass die Rechtsbeschwerde aus anderen als den genannten Gründen nicht zugelassen werden kann.[12]

5 **a) Rechtsgrundsätzliche Bedeutung. Grundsätzliche Bedeutung** hat eine Rechtsfrage, die sich voraussichtlich in einer Vielzahl anderer Fälle stellen wird und bislang höchstrichterlich nicht oder nicht hinreichend geklärt ist.[13] Daran fehlt es, wenn die Beschwerdeentscheidung auf tatrichterlichem Gebiet liegt und mit den Umständen des Einzelfalles begründet wird. Außerdem ist eine Rechtsfrage höchstrichterlich bereits geklärt, wenn Sie zwar noch nicht vom Bundesgerichtshof entschieden worden ist, wohl aber zu einer vergleichbaren Bestimmung eine Entscheidung des Bundesverwaltungsgerichts vorliegt.[14] Die Zulassung der Rechtsbeschwerde kommt in diesen Fällen nur in Betracht, wenn rechtliche Gesichtspunkte vorhanden sind, die eine erneute höchstrichterliche Entscheidung der Rechtsfrage erfordern.[15] Dies ist der Fall, wenn auf dem Boden der höchstrichterlichen Judikatur aus rechtlichen oder tatsächlichen Gründen neuer Entscheidungsbedarf entstanden ist. Vereinzelte abweichende Stimmen in der Literatur oder eine zuwiderlaufende Instanzrechtsprechung reichen hierfür regelmäßig nicht.[16] Keine grundsätzliche Rechtsfrage zu klären ist, wenn es um die Geltung und Anwendung auslaufenden Rechts geht.[17] Gleiches gilt, wenn keine abstrakt klärungsbedürftige Rechtsfrage, sondern eine allein auf den konkreten Streitfall bezogene Frage formuliert wird.[18] Alleine die wirtschaftliche Bedeutung des zu entscheidenden Einzelfalles genügt für sich genommen selbst dann nicht, um eine grundsätzliche Bedeutung zu begründen, wenn eine Vielzahl von Personen oder Unternehmen davon betroffen sind.[19] Rechtsgrundsätzlich ist ebenso wenig eine Rechtsfrage, die eindeutig zu beantworten ist oder deren Voraussetzungen schon auf den ersten Blick nicht erfüllt sind.[20]

6 **b) Rechtsfortbildung.** Auch dieser Zulassungsgrund setzt einen zumindest verallgemeinerungsfähigen Sachverhalt voraus, der das Bedürfnis zu einer Leitentscheidung des Bundesgerichtshofs begründet.[21] Er ist deshalb in Fällen, in denen die rechtsgrundsätzliche Bedeutung zu verneinen ist, im Allgemeinen nicht gegeben.

7 **c) Einheitlichkeit der Rechtsprechung.** Zuzulassen ist die Rechtsbeschwerde schließlich zur **Sicherung der Einheitlichkeit der Rechtsprechung.**

8 Erfasst werden von diesem Zulassungsgrund zunächst diejenigen Fälle, in denen das Beschwerdegericht in den tragenden Erwägungen von einer bereits bestehenden **höchstrichterlichen Rechtsprechung abweicht.** Dabei ist nicht zwingend erforderlich, dass die zutage getretene Divergenz zu einem tragenden Rechtssatz des Bundesgerichtshofs besteht. Es genügt auch die Abweichung von einem höchstrichterlichen **obiter dictum,** sofern

[12] *Karsten Schmidt* in: Immenga/Mestmäcker, GWB, § 74 Rn. 10.

[13] BGH, ZNER 2012, 487; BGH, BGH-Report 2005, 1006, 1007; BGH, WuW/E DE-R 703, 704/705 – *Puttgarden II;* BGH, WuW/E BGH 2513 f. – *Sportartikelfachgeschäft;* BGH, WuW/E BGH 2906, 2908 – *Lüdenscheider Taxen; Kleier* in: Frankfurter Kommentar, § 73 Rn. 47 ff. m. w. N.; *Hinz* in: GK, § 73 Rn. 11 m. w. N.

[14] BGH, BGH-Report 2005, 1006, 1007.

[15] BGH, WuW/E BGH 3035, 3036 m. w. N. – *Nichtzulassungsbeschwerde.*

[16] *Kayser* in: Saenger, Zivilprozessordnung, § 543 Rn. 8, 9 m. w. N.

[17] BGH, WuW/E BGH 1867, 1869 – *Levis-Jeans;* OLG Düsseldorf, WuW/E DE-R 647, 657 – *OTZ.*

[18] BGH, WuW/E DE-R 3971, 3973 – *Hörgeräteakustiker;* BGH, GuT 2010, 263, 264 – *Boykott der Milchbauern.*

[19] BGH, BeckRS 2010, 16799.

[20] BGH, GuT 2010, 263, 264 – *Boykott der Milchbauern.*

[21] So für § 543 Abs. 2 ZPO: BGH, NJW 2002, 3029; BGH, NJW 2003, 437; BGH, NJW 2004, 289.

anzunehmen ist, dass der Bundesgerichtshof an dem betreffenden Rechtssatz künftig auch entscheidungstragend festhalten wird.[22] Eine bewusste Abweichung von der höchstrichterlichen Rechtsprechung ist gleichfalls nicht notwendig. Auch ein Rechtsatz, den das Beschwerdegericht in **Unkenntnis** einer entgegenstehenden Judikatur des Rechtsbeschwerdegerichts aufgestellt hat, gefährdet die Einheitlichkeit der Rechtsprechung und rechtfertigt deshalb die Zulassung der Rechtsbeschwerde. Voraussetzung ist in solchen Fällen allerdings, dass das Beschwerdegericht die abweichende höchstrichterliche Judikatur im Entscheidungszeitpunkt hätte kennen können, sie also insbesondere damals bereits getroffen und veröffentlicht war.[23] Um die Divergenzfälle von den – für die Zulassungsfrage unerheblichen – Fällen einer **bloß fehlerhaften Rechtsanwendung** abzugrenzen, muss aus der Beschwerdeentscheidung ein verallgemeinerungsfähiger Rechtssatz zu entnehmen sein, der zu einer Divergenz in einer Rechtsfrage führt. Ob sich dieser Rechtssatz aus einem abstrakten Obersatz des Beschwerdegerichts selbst ergibt oder nur aus der Begründung abzuleiten ist, spielt dabei keine Rolle. Hat das Beschwerdegericht die betreffende Rechtsfrage übersehen, liegt ein bloßer Rechtsanwendungsfehler vor, der die Zulassung der Rechtsbeschwerde nicht begründen kann.[24] Andererseits ist der Zulassungsgrund einer einheitlichen Rechtsprechung nicht erst dann erfüllt, wenn eine Divergenz zur höchstrichterlichen Rechtsprechung bereits tatsächlich vorliegt. Auch **drohende Divergenzen** zwingen zur Zulassung der Rechtsbeschwerde. Denkbar ist dies beispielsweise in Fällen, in denen das Beschwerdegericht erstmals zu einem Meinungsstreit in der Literatur Stellung nehmen muss und anzunehmen ist, dass die beachtlichen Argumente der Gegenansicht von anderen Gerichten aufgegriffen werden, so dass sich eine Divergenz hinreichend sicher abzeichnet. In derartigen Fallkonstellationen werden freilich in aller Regel zugleich die Voraussetzungen für eine Zulassung der Rechtsbeschwerde zum Zwecke der Rechtsfortbildung oder wegen rechtsgrundsätzlicher Bedeutung vorliegen.

Eine die Zulassung der Rechtsbeschwerde begründende Divergenz liegt überdies dann 9
vor, wenn eine Rechtsfrage von **mehreren Beschwerdegerichten** unterschiedlich beantwortet wird. Allerdings ist es nicht Sinn und Zweck der Rechtsbeschwerde, gerichtliche Missgriffe im Einzelfall zu korrigieren. Alleine die Tatsache, dass identische Sachverhalte von zwei Gerichten unterschiedlich beurteilt werden, genügt deshalb als Zulassungsgrund nicht. Erforderlich ist vielmehr, dass eine **Divergenz in Rechtsfragen** oder ein **Rechtsfehler** mit **symptomatischer Bedeutung** vorliegt.[25] Nur dann ist eine höchstrichterliche Klärung der Rechtsfrage bzw. Korrektur des Rechtsfehlers zur Vereinheitlichung der Rechtsprechung geboten.

Im Gegensatz zur zivilprozessualen Rechtsbeschwerde kommt eine Zulassung der 10
Rechtsbeschwerde zur Wahrung des Vertrauens in die Rechtsprechung nicht in Betracht. Unter jenem Aspekt befürwortet die zivilgerichtliche Judikatur eine Zulassung der Rechtsbeschwerde bei Rechtsanwendungsfehler mit verfassungsrechtlicher Relevanz, die das Vertrauen der Rechtsprechung als Ganzes erschüttern, mithin bei der Verletzung von Verfahrensgrundrechten und einem Verstoß gegen das Willkürverbot.[26] Jene Konstellationen fallen im Kartellverwaltungsrecht unter die Vorschrift des § 74 Abs. 4 GWB und eröffnen die zulassungsfreie Rechtsbeschwerde.

---

[22] Ebenso zu § 543 ZPO: *Kayser* in: Saenger, Zivilprozessordnung, § 543 Rn. 24.
[23] Vgl. BGH, NJW 2003, 2319; BGH, NJW 2003, 3781 – jeweils zu § 543 ZPO.
[24] Vgl. BGH, NJW 2004, 1960 m. w. N. zu § 543 ZPO.
[25] Vgl. BGH, NJW 2004, 1167 zu § 543 ZPO; kritisch: *Kayser* in: Saenger, Zivilprozessordnung, § 543 Rn. 23.
[26] BGH, NJW 2002, 3029; BGH, NJW 2003, 1943; BGH, WM 2004, 1407.

III. Zulassungsverfahren

11 Nach § 74 Abs. 3 GWB ist über die Zulassung oder Nichtzulassung der Rechtsbeschwerde von Amts wegen **in der Entscheidung des Oberlandesgerichts** zu befinden, wobei die Nichtzulassung kurz zu begründen ist. Es muss deshalb aus dem Beschluss des Beschwerdegerichts hervorgehen, ob die Rechtsbeschwerde zugelassen ist oder nicht. Die Zulassung soll in der Beschlussformel stehen, es genügt aber auch jede Formulierung in den Gründen, die erkennen lässt, dass gegen den Beschluss ein Rechtsmittel gegeben sein soll.[27] Rechtsansichten oder diesbezügliche Absichten, die zwar in der Verhandlung des Beschwerdegerichts geäußert – und möglicherweise sogar protokolliert – worden sind, aber keinen Niederschlag in der Beschwerdeentscheidung gefunden haben, genügen nicht. Hat das Beschwerdegericht über die Zulassung der Rechtsbeschwerde versehentlich nicht entschieden, ist die Nichtzulassungsbeschwerde eröffnet.[28] Eine Berichtigung der Beschwerdeentscheidung analog § 319 ZPO, § 118 VwGO kommt nicht in Betracht. Erfolgt sie dennoch, bleibt sie wirkungslos und ist eine daraufhin erhobene Rechtsbeschwerde unzulässig.[29] Die Zulassung wirkt **für und gegen alle zur Rechtsbeschwerde Berechtigten** und sie kann nur für den gesamten **Streitgegenstand** einheitlich angenommen werden, selbst wenn der Zulassungsgrund sich nur auf einzelne Rechtsfragen bezieht.[30] Im Falle einer **Beschwerdehäufung** kann die Zulassung auf einen von mehreren Streitgegenständen beschränkt werden, sofern nicht ausnahmsweise der sachliche Zusammenhang der Anträge entgegensteht. In diesem Sinne kann beispielsweise die Rechtsbeschwerde in Bezug auf die angefochtene kartellbehördliche Fusionsuntersagung zugelassen und in Bezug auf die in demselben Beschwerdeverfahren angegriffene Gebührenentscheidung der Kartellbehörde nicht zugelassen werden.[31] Nach § 80 Abs. 2 Satz 1 GWB bestimmt sich die Höhe der Gebühren nämlich nach dem personellen und sachlichen Aufwand der Kartellbehörde unter Berücksichtigung der wirtschaftlichen Bedeutung, die der Gegenstand der gebührenpflichtigen Handlung hat. Die Höhe der Anmeldegebühr ist damit unabhängig davon, ob der Zusammenschluss untersagt oder (mit oder ohne Nebenbestimmungen) freigegeben wird.[32] In allen Fällen kann die Rechtsbeschwerde alleine auf die Klärung von Rechtsfragen gerichtet sein, nicht auch auf die Lösung von Tatsachenfragen.

12 Das Rechtsbeschwerdegericht ist **an** die **Zulassung gebunden.** Das gilt selbst dann, wenn die Zulassung offensichtlich fehlerhaft ist.[33] Es hat allerdings eigenständig zu prüfen, ob eine rechtsbeschwerdefähige Entscheidung des Beschwerdegerichts vorliegt. Ist dies nicht der Fall, weil sich die rechtsbeschwerdeführende Partei zum Beispiel nicht gegen die verfahrensabschließende, sondern nur gegen eine vorbereitende Entscheidung des Beschwerdegerichts wendet, ist die Rechtsbeschwerde zu verwerfen. Denn das Beschwerdegericht kann nicht durch Zulassung eines unstatthaften Rechtsbehelfs seine nicht mehr anfechtbare Entscheidung einer Kontrolle durch das Rechtsmittelgericht zugänglich machen.[34] Aus der gleichen Erwägung ist eine Rechtsbeschwerde dann zu verwerfen, wenn das Beschwerdegericht seine Zulassungsentscheidung auf einen in § 74 Abs. 2 GWB nicht vorgesehenen Zulassungsgrund gestützt hat.

---

[27] BGH, WuW/E BGH 2739, 2740 – *Rechtsbeschwerde.*

[28] BGH, Beschl. v. 19.6.2007 – *KVZ 9/07* Umdruck Seite 2; *Karsten Schmidt* in: Immenga/Mestmäcker, GWB, § 74 Rn. 9 und 14.

[29] Ebenso: *Karsten Schmidt* in: Immenga/Mestmäcker, GWB, § 74 Rn. 14.

[30] Vgl. BGH, NJW-RR 2004, 694 zu § 574 ZPO.

[31] BGH, WuW/E DE-R 1681, 1683 – *DB Regio/üstra.*

[32] BGH, WuW/E DE-R 1681, 1683 – *DB Regio/üstra.*

[33] Ebenso: *Karsten Schmidt* in: Immenga/Mestmäcker, GWB, § 74 Rn. 9; a. A. *Kleier* in: Frankfurter Kommentar zum GWB, § 73 a. F. Rn. 69; *Hinz* in GK, § 73 a. F. Rn. 8.

[34] *Karsten Schmidt* in: Immenga/Mestmäcker, GWB, 3. Aufl., § 74 Rn. 15.

IV. Zulassungsfreie Rechtsbeschwerde

1. Überblick

Ohne Zulassung kann die Rechtsbeschwerde nur bei Vorliegen der in § 74 Abs. 4 GWB **abschließend** genannten **Verfahrensmängel** erhoben werden. Eine auf § 74 Abs. 4 GWB gestützte (zulassungsfreie) Rechtsbeschwerde hat Erfolg, wenn (1) Verfahrensmängel im Sinne der zitierten Vorschrift gerügt werden, (2) die gerügten Verfahrensverstöße überdies tatsächlich vorliegen und (3) sie nicht durch eine fehlerfreie Wiederholung geheilt worden sein. Eine **Kausalitätsfeststellung** – also der Nachweis, dass die Entscheidung auf den gerügten Verfahrensmangel beruht – ist **nicht erforderlich.** Die eine zulassungsfreie Rechtsbeschwerde eröffnenden Tatbestände haben damit eine Doppelfunktion. Sie sind sowohl für die Zulässigkeit der zulassungsfreien Rechtsbeschwerde von Bedeutung als auch zugleich Maßstab für die Begründetheit des Rechtsmittels. Stets führt die zulassungsfreie Rechtsbeschwerde **nur** zu einer **Überprüfung** des **gerügten Verfahrensfehlers** und nicht auch zu einer materiell-rechtlichen Kontrolle der angefochtenen Beschwerdeentscheidung. Dementsprechend kann die zulassungsfreie Rechtsbeschwerde nach § 74 Abs. 4 GWB **immer nur** zu einer **Zurückverweisung der Sache** an das Beschwerdegericht führen.[35] Sollen neben einem absoluten Rechtsbeschwerdegrund auch andere – insbesondere materiell-rechtliche – Verstöße des Beschwerdegerichts gerügt werden, ohne dass die Rechtsbeschwerde zugelassen worden ist, so muss zusätzlich die Nichtzulassungsbeschwerde eingelegt werden. Wird der Nichtzulassungsbeschwerde stattgegeben, ist die daneben eingelegte zulassungsfreie Rechtsbeschwerde hinfällig.[36] Sie kann allerdings als zugelassene Rechtsbeschwerde aufrechterhalten werden. In diesem Fall muss freilich die Rechtsbeschwerdebegründung fristgemäß um die über § 74 Abs. 4 GWB hinausgehenden Rügen ergänzt werden. Wird umgekehrt auf die zulassungsfreie Rechtsbeschwerde die angefochtene Beschwerdeentscheidung aufgehoben und die Sache zurückverwiesen, erledigt sich hierdurch die daneben eingelegte Nichtzulassungsbeschwerde. Hat eine zulassungsfreie Rechtsbeschwerde wegen nur vermeintlicher Verfahrensverstöße keinen Erfolg, ist die Beschwerdeentscheidung unanfechtbar, weil die zulassungsfreie Rechtsbeschwerde nicht in eine Nichtzulassungsbeschwerde umgedeutet werden kann.[37] 13

2. Einzelfragen

Die Verfahrensmängel, die die Möglichkeit einer zulassungsfreien Rechtsbeschwerde eröffnen, sind in § 74 Abs. 4 GWB **enumerativ** aufgeführt. Zu den einzelnen Tatbeständen gilt Folgendes: 14

§ 74 Abs. 4 Nr. 1 GWB regelt den Fall, dass das Beschwerdegericht **nicht vorschriftsmäßig besetzt** war. Erfasst werden damit alle Verstöße gegen diesbezügliche gesetzliche Bestimmungen, den Geschäftsverteilungsplan des Gerichts (§ 21e GVG) und den Geschäftsverteilungsplan des betreffenden Spruchkörpers (§ 21g GVG) einschließlich der Fälle, in denen die betreffenden Geschäftsverteilungspläne nicht ordnungsgemäß zustande gekommen oder unzulässigerweise geändert worden sind oder sie inhaltlich dem Gesetz widersprechen. Maßgeblich kommt es dabei auf den **Zeitpunkt** des Erlasses der angefochtenen Beschwerdeentscheidung an. Ergeht sie auf eine mündliche Verhandlung, ist die Gerichtsbesetzung im Zeitpunkt der letzten Verhandlung entscheidend, erfolgt die Beschwerdeentscheidung im schriftlichen Verfahren, ist der Entscheidungszeitpunkt maßgebend. Eine unvorschriftsmäßige Besetzung des Gerichts zu einem früheren Zeitpunkt – etwa bei einem Erörterungs- oder Beweisaufnahmetermin – ist unerheblich und bleibt folgenlos. 15

---

[35] BGH, WuW/E BGH 2010, 2011 – *Taxi-Funk-Zentrale Kassel.*
[36] Im Ergebnis ebenso: *Karsten Schmidt* in: Immenga/Mestmäcker, GWB, § 74 Rn. 15.
[37] Ebenso: *Karsten Schmidt* in: Immenga/Mestmäcker, GWB, § 74 Rn. 15 m. w. N.

16 § 74 Abs. 4 Nr. 2 GWB eröffnet die zulassungsfreie Rechtsbeschwerde, wenn ein **ausgeschlossener** oder **erfolgreich abgelehnter Richter** an der Beschwerdeentscheidung mitgewirkt hat. Auch bei dieser Fallkonstellation muss sich der Verfahrensmangel auf die angefochtene Entscheidung beziehen. Die Mitwirkung des ausgeschlossenen oder abgelehnten Richters an vorbereitenden Maßnahmen des Beschwerdegerichts oder an der Verkündung der Beschwerdeentscheidung ist unschädlich.

17 § 74 Abs. 4 Nr. 3 GWB betrifft die **Versagung des rechtlichen Gehörs** durch das **Beschwerdegericht.** Der Tatbestand ist in Zusammenhang mit den Anforderungen der §§ 71 und 72 GWB zu sehen. Das rechtliche Gehör wird verfassungsrechtlich durch Art. 103 Abs. 1 GG garantiert und hat in den § 71 und 72 GWB seine Ausprägung und Konkretisierung erfahren. Nach § 71 Abs. 1 Satz 2 GWB darf die Beschwerdeentscheidung nur auf solche Tatsachen und Beweismittel gestützt werden, zu denen die Beteiligten sich äußern konnten. Die Vorschrift grenzt den Tatsachenstoff, den das Beschwerdegericht seiner Entscheidungsfindung zugrunde zu legen hat, in zweifacher Hinsichtab. Zum einen folgt aus dem Grundsatz rechtlichen Gehörs die prozessuale Pflicht des Gerichts, bei seiner Entscheidung rechtzeitiges Vorbringen der Beteiligten vollständig zu beachten. Zum anderen darf das Gericht nur diejenigen Tatsachen und Beweismittel in seine Entscheidung einfließen lassen, die allen Verfahrensbeteiligten bekannt gemacht worden sind und zu denen sämtliche Beteiligte des Beschwerdeverfahrens in ausreichender Weise haben Stellung nehmen können. Damit korrespondierend gewährt § 72 GWB den Verfahrensbeteiligten ein Recht auf Akteneinsicht. Grenzen des rechtlichen Gehörs ergeben sich allerdings unter dem Aspekt des **Geheimschutzes** (vgl. § 71 Abs. 1 Satz 3 und 4 GWB und § 72 Abs. 3 GWB).[38] Auf die Rüge einer Verletzung des rechtlichen Gehörs kann sich nur derjenige Beteiligte berufen, dem das rechtliche Gehör versagt worden ist – nicht auch die anderen Beteiligten des Beschwerdeverfahrens. Die unterlassene Hinzuziehung eines Beteiligten oder notwendig Beizuladenden ist ein Anwendungsfall der Versagung rechtlichen Gehörs.[39] Das Rügeverfahren nach **§ 71a GWB** ist gegenüber der zulassungsfreien Rechtsbeschwerde nach § 74 Abs. 4 Nr. 3 GWB subsidiär.

18 Die **mangelnde Vertretung** eines Verfahrensbeteiligten rechtfertigt gleichfalls die zulassungsfreie Rechtsbeschwerde (§ 74 Abs. 4 Nr. 4 GWB). Sie ist von Amts wegen zu beachten und berechtigt **nur** den **mangelhaft Vertretenen** zur zulassungsfreien Rechtsbeschwerde.[40] Denn ausschließlich seinem Schutz dient die Vorschrift und nur er ist durch den Mangel der Vertretung materiell beschwert.

19 Die Verletzung der Vorschriften über die **Öffentlichkeit** des Beschwerdeverfahrens berechtigt gemäß § 74 Abs. 4 Nr. 5 GWB zur zulassungsfreien Rechtsbeschwerde. Unter diesen Tatbestand fällt sowohl der gesetzeswidrige Ausschluss der Öffentlichkeit als auch die gesetzeswidrige Zulassung der Öffentlichkeit (§§ 169 ff. GVG). Erfasst wird ebenso der Fall, dass das Verfahren zum Ausschluss der Öffentlichkeit nach § 174 GVG nicht beachtet oder das Verbot von Rundfunk- und Fernsehaufnahmen in § 169 Satz 2 GVG missachtet wird. Voraussetzung ist in sämtlichen Fällen freilich, dass der Rechtsverstoß dem Gericht zuzurechnen ist. Die zulassungsfreie Rechtsbeschwerde ist dementsprechend nicht eröffnet, wenn beispielsweise ein Dritter heimlich die verbotenen Ton- und Filmaufnahmen fertigt.

20 Schließlich eröffnet auch das **Fehlen von Gründen** der angefochtenen Beschwerdeentscheidung die zulassungsfreie Rechtsbeschwerde. Dieser Rechtsbeschwerdegrund liegt nicht nur dann vor, wenn eine Begründung der Beschwerdeentscheidung völlig fehlt, sondern auch dann, wenn die der Entscheidung zugrunde liegenden Erwägungen so unver-

---

[38] Zu den weiteren Einzelheiten vgl. § 71a Rn. 8, 9.

[39] Ebenso: *Karsten Schmidt* in: Immenga/Mestmäcker, GWB, § 74 Rn. 19.

[40] A. A: *Karsten Schmidt* in: Immenga/Mestmäcker, GWB, § 74 Rn. 20, der annimmt, dass alle nach § 76 Abs. 1 GWB zur Rechtsbeschwerde befugten Verfahrensbeteiligten – und nicht nur der mangelhaft Vertretene – berechtigt sind, zulassungsfreie Rechtsbeschwerde einzulegen.

ständlich und verworren sind, dass sie nicht durchschaut werden können und aus ihnen nicht zu erkennen ist, welche tatsächlichen Feststellungen und rechtlichen Überlegungen der Entscheidung zugrunde liegen. Ein Fall fehlender Begründung ist auch gegeben, wenn die Begründung eines Beschlusses mehr als 5 Monate nach der mündlichen Verhandlung zur Geschäftsstelle gelangt.[41] Andererseits fällt eine knappe und möglicherweise auch sachlich unzureichende Begründung nicht unter die Vorschrift. Stets muss sich das Fehlen der gesetzlich vorgeschriebenen Begründung auf die **angefochtene Beschwerdeentscheidung selbst** – und nicht bloß auf die mit ihr ergangenen Nebenentscheidungen über die Kosten oder die Zulassung der Rechtsbeschwerde – beziehen. Wurde unter Verstoß gegen § 74 Abs. 3 Satz 2 GWB die Nichtzulassung nicht begründet, eröffnet das nur die Nichtzulassungsbeschwerde nach § 75 GWB.

§ 75 Nichtzulassungsbeschwerde

(1) **Die Nichtzulassung der Rechtsbeschwerde kann selbständig durch Nichtzulassungsbeschwerde angefochten werden.**

(2) [1]**Über die Nichtzulassungsbeschwerde entscheidet der Bundesgerichtshof durch Beschluss, der zu begründen ist.** [2]**Der Beschluss kann ohne mündliche Verhandlung ergehen.**

(3) [1]**Die Nichtzulassungsbeschwerde ist binnen einer Frist von einem Monat schriftlich bei dem Oberlandesgericht einzulegen.** [2]**Die Frist beginnt mit der Zustellung der angefochtenen Entscheidung.**

(4) [1]**Für die Nichtzulassungsbeschwerde gelten § 64 Absatz 1 und 2, § 66 Absatz 3, 4 Nummer 1 und Absatz 5, §§ 67, 68, 72 und 73 Nummer 2 dieses Gesetzes sowie die §§ 192 bis 201 des Gerichtsverfassungsgesetzes über die Beratung und Abstimmung sowie über den Rechtsschutz bei überlangen Gerichtsverfahren entsprechend.** [2]**Für den Erlass einstweiliger Anordnungen ist das Beschwerdegericht zuständig.**

(5) [1]**Wird die Rechtsbeschwerde nicht zugelassen, so wird die Entscheidung des Oberlandesgerichts mit der Zustellung des Beschlusses des Bundesgerichtshofs rechtskräftig.** [2]**Wird die Rechtsbeschwerde zugelassen, so beginnt mit der Zustellung des Beschlusses des Bundesgerichtshofs der Lauf der Beschwerdefrist.**

Übersicht

I. Sinn und Zweck der Vorschrift

Hat das Oberlandesgericht in seiner Entscheidung die **Zulassung** der Rechtsbeschwerde **abgelehnt** oder versehentlich über die Zulassungsfrage überhaupt **nicht entschieden,**[1] besteht gemäß § 75 Abs. 1, Abs. 2 Satz 1 GWB die Möglichkeit der Nichtzulassungsbeschwerde zum Bundesgerichtshof. Gegenstand dieses Verfahrens ist alleine die Prüfung, ob das Beschwerdegericht **gegen § 74 Abs. 2 GWB verstoßen** und zu Unrecht die Zulassungsvoraussetzungen verneint hat. Das ist der Fall, wenn ein rechtsbeschwerdefähiger Beschluss des Oberlandesgerichts ergangen ist (§ 74 Abs. 1 GWB) und das Beschwerdegericht die Rechtsbeschwerde nicht zugelassen hat, obschon die Voraussetzungen des § 74 Abs. 2 1

[41] Vgl. oben § 71 Fn. 18.

[1] Vgl. BGH, Beschl. v. 19.6.2007 – *KVZ 9/07;* OLG Düsseldorf, Beschl. v. 17.1.2007 – *VI-Kart 12/06 (V)*.

GWB vorgelegen haben. Bereits die Möglichkeit, die Nichtzulassungsbeschwerde einzulegen, **hemmt** die **Rechtskraft** der Beschwerdeentscheidung. Sie tritt – sofern nicht die Voraussetzungen einer zulassungsfreien Rechtsbeschwerde nach § 74 Abs. 4 GWB vorliegen und die Rechtsbeschwerdefrist noch nicht abgelaufen ist – erst ein, wenn entweder die Frist des § 75 Abs. 3 GWB zur Einlegung der Nichtzulassungsbeschwerde verstrichen ist oder die Nichtzulassungsbeschwerde vom Bundesgerichtshof abgelehnt worden ist (§ 75 Abs. 5 Satz 1 GWB).

2 Im Verfahren der Nichtzulassungsbeschwerde sind die **Erfolgsaussichten einer Rechtsbeschwerde** ebenso wenig zu prüfen wie die Frage, ob die Rechtsbeschwerde gemäß § 74 Abs. 4 GWB auch ohne Zulassung zulässig ist. Liegt ein Verfahrensmangel im Sinne § 74 Abs. 4 GWB vor, so kann unmittelbar die zulassungsfreie Rechtsbeschwerde eingelegt werden. Daneben muss die Nichtzulassungsbeschwerde betrieben werden, wenn über den betreffenden Verfahrensmangel hinaus weitere Rechtsverstöße des Beschwerdegerichts – insbesondere materiell-rechtliche Fehler – geltend gemacht werden sollen. Denn das Rechtsbeschwerdegericht hat bei der zulassungsfreien Rechtsbeschwerde ausschließlich das Vorliegen der in § 74 Abs. 4 GWB enumerativ aufgeführten Verfahrensmängel zu prüfen.[2] **Zulassungsfreie Rechtsbeschwerde** und **Nichtzulassungsbeschwerde** können also **nebeneinander** betrieben werden. Hat die Nichtzulassungsbeschwerde Erfolg, wird die daneben eingelegte zulassungsfreie Rechtsbeschwerde hinfällig. Sie kann allerdings als (nunmehr) zugelassene Rechtsbeschwerde aufrechterhalten werden. In diesem Fall muss die Beschwerdebegründung sodann fristgerecht ergänzt werden. Wird umgekehrt auf die zulassungsfreie Rechtsbeschwerde die angefochtene Beschwerdeentscheidung aufgehoben, erledigt sich damit die Nichtzulassungsbeschwerde.

3 Soweit nur die mit der Beschwerdeentscheidung ergangenen Nebenentscheidungen angefochten werden sollen, ist weder die Rechtsbeschwerde noch die Nichtzulassungsbeschwerde möglich, allenfalls gibt es **Gegenvorstellungen,** die das Beschwerdegericht jedenfalls dann zu prüfen hat, wenn sie in der Monatsfrist des § 93 BVerfGG und des § 76 Abs. 3 GWB erhoben worden sind.

II. Zulassungsvoraussetzung (Abs. 1)

4 Ebenso wie die Rechtsbeschwerde nach § 74 Abs. 1 GWB ist die Nichtzulassungsbeschwerde nur statthaft, wenn eine **verfahrensabschließende** – und nicht eine diese nur vorbereitende – Entscheidung des Beschwerdegerichts angegriffen wird und das Beschwerdegericht die Rechtsbeschwerde nicht zugelassen hat.

5 **Berechtigt** zur Einlegung der Nichtzulassungsbeschwerde ist jeder, der gemäß § 76 Abs. 1 GWB rechtsbeschwerdebefugt ist. Das wiederum sind die Kartellbehörde und alle am Beschwerdeverfahren Beteiligten. Wie bei jedem Rechtsbehelf ist auch bei der Nichtzulassungsbeschwerde ein **Rechtsschutzbedürfnis** erforderlich. Wegen des unterschiedlichen Prüfungsumfangs der beiden Rechtsbehelfe fehlt es nicht schon deshalb, weil die beschwerdeführende Partei auch die zulassungsfreie Rechtsbeschwerde einlegen könnte oder eingelegt hat.[3] Darüber hinaus muss der Beschwerdeführer durch die angefochtene Beschwerdeentscheidung **beschwert** sein.

III. Verfahren (Abs. 2–4)

1. Zuständigkeit

6 Zuständig für die Entscheidung über die Nichtzulassungsbeschwerde ist der Bundesgerichtshof, der gemäß § 75 Abs. 2 Satz 1 GWB durch **begründeten** Beschluss über die Zulassung zu entscheiden hat. Der Beschluss kann ohne mündliche Verhandlung ergehen

---

[2] Weitere Einzelheiten bei § 74 Rn. 11 ff.

[3] Ebenso *Karsten Schmidt* in: Immenga/Mestmäcker, GWB, § 75 Rn. 4.

(§ 75 Abs. 2 Satz 2 GWB), aber erst nach **Anhörung** der Verfahrensbeteiligten (§§ 75 Abs. 4 Satz 1, 67 GWB). **Beurteilungsgrundlagen** sind der vom Beschwerdegericht festgestellte Sachverhalt und die vom Beschwerdeführer erhobenen Rügen.[4]

2. Frist und Begründung

Die Nichtzulassungsbeschwerde ist nach § 75 Abs. 3 GWB binnen einer Frist von **einem Monat nach Zustellung** der angefochtenen Beschwerdeentscheidung **schriftlich** bei dem Oberlandesgericht einzulegen. Sie ist – wie sich aus dem Verweis von § 75 Abs. 4 Satz 1 GWB auf § 66 Abs. 3 Satz 1 GWB eindeutig ergibt – innerhalb von **zwei Monaten** nach der Einlegung zu **begründen** (§§ 75 Abs. 4, 66 Abs. 3 GWB).[5] **7**

Ebenso wie in dem vergleichbaren Verfahren nach § 544 ZPO ist auch die Nichtzulassungsbeschwerde nur zulässig, wenn innerhalb der Begründungsfrist Zulassungsgründe im Sinne von § 74 Abs. 2 GWB dargelegt werden. Dazu reicht es nicht, einen Zulassungsgrund nur pauschal zu benennen. Der Beschwerdeführer muss vielmehr die Voraussetzungen des Zulassungsgrundes, auf den er seine Beschwerde stützt, **substantiiert** darlegen.[6] Dabei hat er auch die **Entscheidungserheblichkeit** aufzuzeigen.[7] Ein Nachschieben von Zulassungsgründen nach Ablauf der Begründungsfrist ist nicht zulässig.[8] **8**

Durch die Einreichung der Begründungsschrift bei dem Bundesgerichtshof wird sowohl die Frist für die Einlegung als auch für die Begründung gewahrt, obschon § 75 Abs. 4 S. 1 GWB nicht auf § 66 Abs. 1Satz 4 GWB verweist.[9] Die **Begründungsfrist** kann – und zwar ausschließlich – vom Vorsitzendendes Rechtsbeschwerdegerichts **verlängert** werden (§§ 75 Abs. 4 Satz 1, 66 Abs. 3 Satz 2 GWB).[10] Dort ist dementsprechend auch rechtzeitig das Verlängerungsgesuch anzubringen. Hat der Vorsitzende des Beschwerdegerichts in Verkennung der Rechtslage die Begründungsfrist verlängert, kann ein Vertrauensschutz in Betracht kommen.[11] **9**

3. Maßgebliche Vorschriften

Durch die Verweisung in § 75 Abs. 4 GWB auf § 64 Abs. 1 und 2 GWB ist bestimmt, dass die Nichtzulassungsbeschwerde in denselben Fällen einen **Suspensiveffekt** entfaltet, in denen dies auch bei der Beschwerde gegen die kartellbehördliche Entscheidung der Fall ist. Dementsprechend hat die Nichtzulassungsbeschwerde unter den Voraussetzungen des § 64 Abs. 1 GWB kraft Gesetzes aufschiebende Wirkung und kann das Rechtsbeschwerdegericht in den Fällen des § 64 Abs. 2 GWB den Suspensiveffekt anordnen. **10**

Aus dem Verweis des § 75 Abs. 4 Satz 1 GWB auf § 66 Abs. 3 und 4 GWB folgt, dass die Frist zur Begründung der Nichtzulassungsbeschwerde zwei Monate ab Einlegung der Nichtzulassungsbeschwerde beträgt,[12] die Frist mit der Einlegung der Beschwerde beginnt und auf Antrag von dem Vorsitzenden des Kartellsenats des Bundesgerichtshofs verlängert werden kann, und dass ferner die Beschwerdebegründung eine Erklärung für den Umfang der Anfechtung enthalten muss. Aus der Inbezugnahme der weiteren Vorschriften über das **11**

---

[4] BGH, WuW/E DE-R 2879, 2883 ff. – *Kosmetikartikel.*

[5] A. A.: *Karsten Schmidt* in: Immenga/Mestmäcker, GWB, § 75 Rn. 6, der ohne nähere Begründung eine Monatsfrist ab Einlegung der Nichtzulassungsbeschwerde annimmt.

[6] BGH, GuT 2010, 263, 264 – *Boykott der Milchbauern;* BGH, Beschl. v. 11.7.2006 – *KVZ 41/05;* BGH, WuW/E BGH 3035, 3036 – *Nichtzulassungsbeschwerde.*

[7] BGH, GuT 2010, 263, 264 – *Boykott der Milchbauern;* BGH, Beschl. v. 11.7.2006 – *KVZ 41/05;* BGH, NJW 2003, 831.

[8] BGH, GuT 2010, 263, 264 – *Boykott der Milchbauern.*

[9] BGH, WuW/E BGH 2860 – *Pauschalreisenvermittlung II.*

[10] BGH, GRUR 2005, 524.

[11] BGH, GRUR 2005, 524.

[12] A. A.: *Karsten Schmidt* in: Immenga/Mestmäcker, GWB, § 75 Rn. 6.

Beschwerdeverfahren folgt überdies, dass die Beschwerdeschrift und die Begründungsschrift von einem bei einem deutschen Gericht zugelassenen Rechtsanwalt unterzeichnet sein müssen, sich die Kartellbehörde demgegenüber nicht anwaltlich vertreten lassen muss (§§ 75 Abs. 4 Satz 1, 66 Abs. 5 GWB), dass der Kreis der Beteiligten demjenigen des Beschwerdeverfahrens entspricht (§§ 75 Abs. 4 Satz 1, 67 GWB) und diese sich durch einen Rechtsanwalt vertreten lassen müssen (§§ 75 Abs. 4 Satz 1, 68 GWB), dass die Beteiligten Akteneinsicht in demselben Umfang verlangen können wie im Beschwerdeverfahren (§§ 75 Abs. 4 Satz 1, 72 GWB), dass zur Schließung von Regelungslücken die Vorschriften der Zivilprozessordnung ergänzend wie im Beschwerdeverfahren heranzuziehen sind (§§ 75 Abs. 4 Satz 1, 73 Nr. 2 GWB), und dass die Vorschriften der §§ 192 bis 197 GVG hinsichtlich der Beratung und der Abstimmung des Rechtsbeschwerdegerichts gelten. Für einstweilige Anordnungen bleibt das Beschwerdegericht zuständig (§ 75 Abs. 4 Satz 2 GWB).

IV. Rechtsfolgen (Abs. 5)

12 **Weist** das Rechtsbeschwerdegericht die **Nichtzulassungsbeschwerde zurück,** wird der angefochtene Beschluss des Beschwerdegerichts mit der Zustellung der zurückweisenden Entscheidung rechtskräftig (§ 75 Abs. 5 Satz 1 GWB). Ist die Monatsfrist für die Einlegung der Rechtsbeschwerde noch nicht abgelaufen, so wird der Beschluss des Beschwerdegerichts erst mit Ablauf dieser Frist rechtskräftig, um die Möglichkeit einer zulassungsfreien Rechtsbeschwerde nach § 74 Abs. 4 GWB zu wahren. Verfolgt die beschwerdeführende Partei neben der Nichtzulassungsbeschwerde eine zulassungsfreie Rechtsbeschwerde, tritt Rechtskraft erst ein, sobald auch hierüber entschieden ist.

13 Wird die **Rechtsbeschwerde** vom Bundesgerichtshof **zugelassen,** so beginnt mit der Zustellung dieses Beschlusses die Frist für die Einlegung der Rechtsbeschwerde (§ 75 Abs. 5 Satz 2 GWB). Die Zulassung der Rechtsbeschwerde gilt für alle Verfahrensbeteiligten und kann nicht auf einzelne Beteiligte beschränkt werden.[13] Die Zulassung begründet keinen Zwang zu erneuter Einlegung der Rechtsbeschwerde, wenn diese bereits als zulassungsfreie nach § 74 Abs. 4 GWB eingelegt worden ist. In diesem Fall ist allerdings die Rechtsbeschwerdebegründung um die über § 74 Abs. 4 GWB hinausgehenden Rügen zu ergänzen.

14 Wegen der nach §§ 75 Abs. 4 Satz 1, 64 GWB möglichen aufschiebenden Wirkung sieht das Gesetz nicht vor, dass **einstweilige Anordnungen nach § 65 GWB** getroffen werden können. Sie sind gleichwohl zuzulassen. Zur Entscheidung ist in diesen Fällen das Rechtsbeschwerdegericht und nicht das Beschwerdegericht zuständig, weil es in seine Erwägungen auch die Erfolgsaussichten des Rechtsmittels einbezieht.[14] Für die **einstweiligen Anordnungen nach §§ 64 Abs. 3 Satz 1, 60 GWB** verbleibt es demgegenüber bei der Zuständigkeit des Beschwerdegerichts. Das folgt aus § 75 Abs. 4 Satz 2 GWB.

§ 76 Beschwerdeberechtigte, Form und Frist

(1) **Die Rechtsbeschwerde steht der Kartellbehörde sowie den am Beschwerdeverfahren Beteiligten zu.**

(2) **[1]Die Rechtsbeschwerde kann nur darauf gestützt werden, dass die Entscheidung auf einer Verletzung des Rechts beruht; die §§ 546, 547 der Zivilprozessordnung gelten entsprechend. [2]Die Rechtsbeschwerde kann nicht darauf gestützt werden, dass die Kartellbehörde unter Verletzung des § 48 ihre Zuständigkeit zu Unrecht angenommen hat.**

---

[13] *Karsten Schmidt* in: Immenga/Mestmäcker, GWB, § 75 Rn. 11.

[14] Vgl. BGH, NJW-RR 1999, 542 – *Tariftreueerklärung; Karsten Schmidt* in: Immenga/Mestmäcker, GWB, § 75 Rn. 7.

(3) [1]**Die Rechtsbeschwerde ist binnen einer Frist von einem Monat schriftlich bei dem Oberlandesgericht einzulegen.** [2]**Die Frist beginnt mit der Zustellung der angefochtenen Entscheidung.**

(4) **Der Bundesgerichtshof ist an die in der angefochtenen Entscheidung getroffenen tatsächlichen Feststellungen gebunden, außer wenn in Bezug auf diese Feststellungen zulässige und begründete Rechtsbeschwerdegründe vorgebracht sind.**

(5) [1]**Für die Rechtsbeschwerde gelten im Übrigen § 64 Absatz 1 und 2, § 66 Absatz 3, 4 Nummer 1 und Absatz 5, §§ 67 bis 69, 71 bis 73 entsprechend.** [2]**Für den Erlass einstweiliger Anordnungen ist das Beschwerdegericht zuständig.**

Übersicht

I. Sinn und Zweck der Vorschrift

1 § 76 GWB enthält verfahrensrechtliche und materiell-rechtliche Vorschriften für das Rechtsbeschwerdeverfahren. Diese gelten gleichermaßen für die vom Beschwerdegericht oder auf erfolgreiche Nichtzulassungsbeschwerde vom Rechtsbeschwerdegericht zugelassene Rechtsbeschwerde wie auch für die zulassungsfreie Rechtsbeschwerde. Besonderheiten des Rechtsbeschwerdeverfahrens regelt § 76 GWB in seinen Absätzen 1, 3 und 4 selbst. Im Übrigen verweist die Norm auf näher bezeichnete Bestimmungen über das Beschwerdeverfahren und die Zivilprozessordnung.

II. Rechtsbeschwerdebefugnis (Abs. 1)

1. Berechtigung

2 § 76 Abs. 1 GWB bestimmt den Personenkreis, der zur Rechtsbeschwerde befugt ist. Zur **Rechtsbeschwerde berechtigt** sind demnach die Kartellbehörde und alle am Beschwerdeverfahren Beteiligten. Der insoweit in Bezug genommene Kreis der Beteiligten ist § 67 GWB zu entnehmen. Wegen der diesbezüglichen Einzelheiten kann auf die dortige Kommentierung verwiesen werden.

3 Streitig ist, ob auch derjenige, der am Beschwerdeverfahren nicht beteiligt worden ist, aber hätte beteiligt werden *müssen,* Rechtsbeschwerde einlegen kann. Entgegen der in der 1. Auflage vertretenen Ansicht ist dies zu bejahen.[1] Das gilt namentlich für den **notwendig Beizuladenden,** der durch die in Rede stehende kartellbehördliche Entscheidung nicht nur in seinen wirtschaftlichen Interessen nachteilig betroffen, sondern darüber hinaus auch in seinen Rechten verletzt ist.[2] In einem solchen Fall steht dem Betreffenden mit Blick auf

[1] Ebenso: *Karsten Schmidt* in: Immenga/Mestmäcker, GWB, § 76 Rn. 1; a. A. *Bechtold,* GWB, § 76 Rn. 1.

[2] Vgl. BGH, WuW/E DE-R 1544 – *Zeiss/Leica;* OLG Düsseldorf, WuW/E DE-R 2050, 2051 – *Höchstentgelt; Karsten Schmidt* in: Immenga/Mestmäcker, GWB, § 54 Rn. 47, § 63 Rn. 23; *ders.* in: DB 2004, 527, 528 f.; siehe auch *Dormann,* Die Bedeutung subjektiver Rechte für das Kartellverwaltungsverfahren, WuW 2000, 245; erweiternd: *Laufkötter,* Die Rechte der Dritten im neuen Recht der Zusammenschlusskontrolle, WuW 1999, 671.

Art. 19 Abs. 4 GG auch ohne Beiladung nicht nur die Beschwerdebefugnis nach § 63 Abs. 2 GWB,[3] sondern gleichermaßen auch die Befugnis zur Rechtsbeschwerde nach § 76 Abs. 1 GWB zu.[4]

2. Beschwer

4 Das Erfordernis einer **formellen Beschwer** ergibt sich aus dem Rechtsmittelcharakter der Rechtsbeschwerde. Wenn die Beschwerdeentscheidung dem Antrag des Rechtsbeschwerdeführers entsprochen hat, fehlt es an der formellen Beschwer und die Rechtsbeschwerde ist unstatthaft. Erforderlich ist daneben eine **materielle Beschwer.** Sie liegt vor, wenn die rechtsbeschwerdeführende Partei geltend machen kann, durch die angefochtene Beschwerdeentscheidung nachteilig in ihren wirtschaftlichen Belangen betroffen zu sein. Wird eine fusionskontrollrechtliche Beschwerdeentscheidung angefochten, erfordert die materielle Beschwer, dass die unternehmerischen und/oder wettbewerblichen Interessen des Beschwerdeführers beeinträchtigt sein können.[5] Eine Rechtsverletzung ist für die materielle Beschwer in keinem Falle erforderlich.

III. Prüfungsumfang (Abs. 2)

1. Gesetzesverletzung

5 Die Rechtsbeschwerde kann nur auf eine **Gesetzesverletzung** gestützt werden. Aus dem Verweis auf § 546 ZPO ergibt sich, dass eine Rechtsnorm nicht oder nicht richtig angewandt worden sein muss. Dies kann der Fall sein, wenn eine einschlägige Vorschrift übersehen worden ist, wenn die Merkmale der Norm verkannt worden sind (Interpretationsfehler), wenn die Anwendung der richtig ausgelegten Norm auf den konkreten Fall unrichtig erfolgt ist (Subsumtionsfehler), wenn gegen Denkgesetze oder Erfahrungssätze verstoßen worden ist, oder wenn der Subsumtion ein anderer als der nach dem Akteninhalt festgestellte Sachverhalt zugrunde gelegt worden ist.

6 Als verletzte Vorschrift kann **jede Rechtsnorm** in Betracht kommen, unabhängig davon, ob es sich um eine solche im formellen oder materiellen Sinne handelt. Unerheblich ist – von den nachstehend erörterten Ausnahmen abgesehen auch –, ob es sich um eine verfahrensrechtliche oder eine materiell-rechtliche Vorschrift handelt. Auch die Verletzung von Gemeinschaftsrecht kann mit der Rechtsbeschwerde zur Überprüfung gestellt werden. Eine Beschränkung auf die Prüfung von Bundesrecht ist – anders als in § 545 ZPO für die Revision – in § 76 GWB nicht vorgesehen. Wendet sich die Rechtsbeschwerde gegen eine Entscheidung, die das Beschwerdegericht im Eilverfahren nach **§ 65 Abs. 3 GWB** getroffen hat, erfolgt allerdings nur eine **eingeschränkte Rechtskontrolle.** Gemäß § 65 Abs. 3 Nr. 2 GWB ist Prüfungsmaßstab für die vom Beschwerdegericht vorzunehmende Rechtmäßigkeitskontrolle, ob ernstliche Zweifel an der Rechtmäßigkeit der angefochtenen kartellbehördlichen Verfügung bestehen. Das Rechtsbeschwerdegericht prüft das dabei vom Beschwerdegericht gefundene Ergebnis nur auf seine rechtliche Plausibilität.[6]

2. Kausalität

7 Gemäß § 76 Abs. 2 Satz 1 GWB kann die Rechtsbeschwerde nur darauf gestützt werden, dass die angefochtene Beschwerdeentscheidung auf einer Verletzung des Gesetzes be-

---

[3] Vgl. dazu die Kommentierung bei § 63 Rn. 13; BGH, WuW/E DE-R 1544 – *Zeiss/Leica.*

[4] Ebenso: *Karsten Schmidt* in: Immenga/Mestmäcker, GWB, § 76 Rn. 1; *Kollmorgen* in: Langen/Bunte, Kommentar zum deutschen und europäischen Kartellrecht, § 76 Rn. 10.

[5] BGH, WM 2007, 2213, 2215 – *Anteilsveräußerung;* OLG Düsseldorf, WuW/E DE-R 1651, 1653 – *Zementvertrieb.*

[6] BGH, WuW/E DE-R 2035, 2037/2038 – *Lotto im Internet;* BGH, Beschl. v. 25.9.2007 – *KVR 19/07* Umdruck Seite 6/7.

ruht. Zu den Einzelheiten der erforderlichen Kausalität zwischen Rechtsverstoß und Beschwerdeentscheidung gilt Folgendes:

a) Verletzung materiell-rechtlicher Bestimmungen. Im Falle der Verletzung materieller Normen ist die Vereinbarkeit des angefochtenen Beschlusses mit dem **materiellen Recht** von Amts wegen zu prüfen.[7] Dabei kann auch ein Verstoß gegen die Denkgesetze eine Verletzung materiellen Rechtes sein. Wirtschaftswissenschaftliche Aussagen werden den Rechtsfragen und nicht den Tatsachenfragen zugerechnet.[8] Andererseits ist die Abgrenzung des relevanten Marktes grundsätzlich Tatfrage. Das Rechtsbeschwerdegericht kann nur prüfen, ob der Sachverhalt umfassend und frei von Verfahrensfehlern festgestellt worden ist und die der Marktabgrenzung zugrunde liegenden Rechtssätze beachtet und zutreffend angewandt worden sind. [9] Tatfrage ist ebenso die Feststellung und Bewertung der Wettbewerbsverhältnisse im Einzelfall.[10] 8

Nach § 76 Abs. 2 GWB muss die angegriffene Entscheidung **auf der Verletzung** des materiellen Rechts **beruhen.** Die Rechtsbeschwerde hat demnach nur Erfolg, wenn die vom Rechtsbeschwerdegericht vertretene rechtliche Würdigung zu einem anderen Ergebnis führt. Andernfalls stellt sich die Beschwerdeentscheidung aus anderen Gründen als richtig dar und bleibt die Rechtsbeschwerde analog § 563 ZPO, § 144 Abs. 4 VwGO erfolglos. 9

b) Verletzung verfahrensrechtlicher Bestimmungen. In den Fällen der Verletzung von **Verfahrensvorschriften** ist zu überprüfen, ob entweder das kartellbehördliche Verfahren oder das Beschwerdeverfahren fehlerhaft geführt worden sind. Das gilt allerdings nicht ausnahmslos. Gemäß § 76 Abs. 2 Satz 2 GWB kann die Rechtsbeschwerde nicht darauf gestützt werden, dass die Kartellbehörde unter Verletzung des § 48 GWB ihre **Zuständigkeit** zu Unrecht bejaht hat. Gleiches gilt in entsprechender Anwendung des § 83 Satz 1 VwGO i. V. m. §§ 17, 17a und 17b GVG, wenn das Beschwerdegericht zu Unrecht seine Zuständigkeit angenommen hat.[11] Dagegen kann mit der Rechtsbeschwerde geltend gemacht werden, dass die Kartellbehörde ihre Zuständigkeit rechtswidrig verneint hat und deshalb einem Antrag des Rechtsbeschwerdeführers nicht entsprochen hat. Generell gilt, dass Verfahrensverstöße vom Rechtsbeschwerdegericht nur insoweit geprüft werden, wie sie von der rechtsbeschwerdeführenden Partei **gerügt** worden sind. 10

Auch bei der Verletzung von Verfahrensvorschriften muss die angefochtene Entscheidung auf dem Rechtsverstoß **beruhen.** Dies ist der Fall, wenn nicht ausgeschlossen werden kann, dass die Entscheidung ohne den Verfahrensfehler anders ausgefallen wäre. Bei gebundenen Entscheidungen wird dies im Allgemeinen zu verneinen sein, bei Ermessensentscheidungen kommt es auf die jeweiligen Umstände des Falles an. Eine Ausnahme vom Kausalitätserfordernis gilt für die **absoluten Rechtsbeschwerdegründe** im Sinne von § 76 Abs. 2 Satz 1 GWB i. V. m. § 547 Nr. 1 bis 6 ZPO. Es handelt sich hierbei um die nicht vorschriftsmäßige Besetzung des Beschwerdegerichts, die Mitwirkung eines ausgeschlossenen oder erfolgreich abgelehnten Richters, die mangelnde Vertretung eines Verfahrensbeteiligten, die Verletzung der Vorschriften über die Öffentlichkeit und das Fehlen von Gründen der Beschwerdeentscheidung. Bei sämtlichen dieser Verfahrensverstöße wird die Kausalität **unwiderleglich vermutet**, so dass der angefochtene Beschluss zwingend aufzuheben und die Sache an das Beschwerdegericht zurückzuverweisen ist. 11

Nicht zu den absoluten Rechtsbeschwerdegründen, auf die § 76 Abs. 2 Satz 1 GWB durch den Verweis auf § 547 Nr. 1 bis 6 ZPO Bezug nimmt, gehört die **Verletzung des rechtlichen Gehörs.** Sie ist gleichwohl als ein solcher zu behandeln. Die Gehörsverletzung zählt zu den Verfahrensfehlern, die – wie die anderen von § 76 Abs. 2 Satz 1 GWB 12

---

[7] *Karsten Schmidt* in: Immenga/Mestmäcker, GWB, § 76 Rn. 6.
[8] *Karsten Schmidt* in: Immenga/Mestmäcker, GWB, § 76 Rn. 6.
[9] BGH, WuW/E DE-R 2879, 2883/2884 – *Kosmetikartikel.*
[10] BGH, WuW/E DE-R 2879, 2883/2884 – *Kosmetikartikel.*
[11] BGH, WRP 2003, 1131 – *Verbundnetz II.*

i. V. m. § 547 ZPO erfassten absoluten Rechtsbeschwerdegründe auch – die zulassungsfreie Rechtsbeschwerde gemäß § 74 Abs. 4 GWB eröffnen. Vor diesem Hintergrund wäre es nicht gerechtfertigt, die Missachtung des rechtlichen Gehörs, welches unter dem besonderen Schutz des § 103 GG steht, insoweit abweichend von den übrigen Verfahrensmängeln zu behandeln.[12] Der Grundsatz rechtlichen Gehörs verpflichtet das Gericht nicht, vor seiner Entscheidung auf **seine Rechtsauffassung** hinzuweisen.[13] Eine solche Pflicht besteht nur dann, wenn das Gericht auf einen rechtlichen Gesichtspunkt abstellt, mit dem auch ein gewissenhafter und kundiger Prozessbeteiligter selbst unter Berücksichtigung der Vielfalt vertretener Rechtsauffassungen nicht zu rechnen brauchte.[14] Will sich ein Verfahrensbeteiligter auf einen Verstoß gegen sie so verstandene Hinweispflicht berufen, muss er darlegen, welchen Hinweis das Beschwerdegericht hätte geben müssen, mit welchem Vortrag er darauf reagiert hätte und dass die Entscheidung aufgrund dieses Vortrags möglicherweise für ihn günstiger ausgefallen wäre.[15] Der Grundsatz rechtlichen Gehörs verpflichtet das Gericht ebenso wenig, sich in den Entscheidungsgründen mit **sämtlichem Vorbringen** einer Prozesspartei auseinanderzusetzen und hierzu im Einzelnen Stellung zu nehmen. Eine Verletzung des Anspruchs auf Gewährung rechtlichen Gehörs kann nur dann angenommen werden, wenn sich aus den Umständen des Falles ergibt, dass das Gericht tatsächliches Vorbringen der Partei entweder nicht zur Kenntnis genommen oder bei seiner Entscheidung ersichtlich nicht in Erwägung gezogen hat.[16]

13 Nach höchstrichterlicher Rechtsprechung liegt darüber hinaus ein absoluter Rechtsbeschwerdegrund vor, wenn entgegen § 67 GWB ein **Verfahrensbeteiligter nicht** am Beschwerdeverfahren **beteiligt** worden ist.[17] Dasselbe muss für den Fall gelten, dass im Beschwerdeverfahren eine **notwendige Beiladung** unterblieben ist.[18]

IV. Maßgeblichkeit der tatsächlichen Feststellungen (Abs. 4)

14 Nach § 76 Abs. 4 GWB ist der Bundesgerichtshof an die in der angefochtenen Entscheidung **rechtsfehlerfrei getroffenen** tatsächlichen Feststellungen gebunden. Eine Bindungswirkung tritt folglich nur insoweit nicht ein, wie zulässige und begründete Rechtsbeschwerdegründe vorgebracht werden. Aus der Bindung des Rechtsbeschwerdegerichts an den vom Beschwerdegericht fehlerfrei festgestellten Sachverhalt folgt zugleich, dass im Rechtsbeschwerdeverfahren **neuer Sachvortrag unberücksichtigt** bleiben muss. Ebenso haben **Änderungen in tatsächlicher Hinsicht,** die nach Abschluss des Beschwerdeverfahrens eingetreten sind, außer Betracht zu bleiben. Anderes gilt für zwischenzeitlich eingetretene **Gesetzesänderungen.** Kommt es – wie dies bei in die Zukunft gerichteten Unterlassungs- oder Gebotsaussprüchen der Fall ist – auf die jeweils gültige Gesetzes- und Rechtslage an, ist eine nach Erlass der Beschwerdeentscheidung eingetretene Gesetzesänderung vom Rechtsbeschwerdegericht zu beachten. Da sich das Beschwerdegericht mit der maßgeblichen (neuen) Rechtslage noch nicht befassen konnte, in der Rechtsbeschwerde andererseits nur eine Rechtskontrolle der Beschwerdeentscheidung stattfinden kann, muss die Beschwerdeentscheidung in diesen Fällen regelmäßig aufgehoben und die Sache zur erneuten Prüfung und Entscheidung an das Beschwerdegericht zurückverwiesen werden.

---

[12] BGH, WRP 2005, 1278 – *Arealnetze; Karsten Schmidt* in: Immenga/Mestmäcker, GWB, § 76 Rn. 9.

[13] BGH, WuW/E DE-R 3967, 3969 – *Rabattstaffel.*

[14] BGH, WuW/E DE-R 3967, 3969 – *Rabattstaffel;* BGH, WuW/E DE-R 2879, 2882 – *Kosmetikartikel.*

[15] BGH, WuW/E DE-R 3967, 3969 – *Rabattstaffel;* BGH, WuW/E DE-R 2879, 2882 – *Kosmetikartikel.*

[16] BGH, WuW/E DE-R 2879, 2882 – *Kosmetikartikel.*

[17] BGH, WuW/E BGH 2010, 2011 – *Taxi-Funk-Zentrale Kassel.*

[18] Zutreffend: *Karsten Schmidt* in: Immenga/Mestmäcker, GWB, § 76 Rn. 9; vgl. auch BGH, WRP 2005, 1278 – *Arealnetze.*

15 Für das kartellrechtliche Rechtsbeschwerdeverfahren sind die Vorschriften der Zivilprozess- und Verwaltungsgerichtsordnung zum Revisionsverfahren und die dazu in der Rechtsprechung aufgestellten Grundsätze ergänzend heranzuziehen. Dementsprechend gilt analog § 314 ZPO, § 173 VwGO auch im Rechtsbeschwerdeverfahren, dass der Tatbestand der Beschwerdeentscheidung vollen Beweis für das Parteivorbringen liefert. Enthält der Tatbestand Unrichtigkeiten und soll mit der Rechtsbeschwerde eine entscheidungserhebliche Abweichung zwischen dem eigenen Sachvortrag und den Entscheidungsgründen gelten gemacht werden, muss folglich das **Tatbestandsberichtigungsverfahren** analog § 320 ZPO durchgeführt werden.

16 Aus der Bindung an die tatsächlichen Feststellungen folgt zugleich, dass mit der Rechtsbeschwerde die Beweiswürdigung des Beschwerdegerichts nur mit dem Vorwurf angegriffen werden kann, sie verletzte das Gesetz, Erfahrungsgrundsätze oder Denkgesetze. Nur in diesen Fällen liegt nämlich ein Rechtsfehler des Beschwerdegerichts vor.

V. Verfahren (Abs. 3 und 5)

1. Verweisungen

17 Die in § 76 Abs. 5 GWB enthaltenen Verweisungen auf nähere bezeichnete Bestimmungen zum Beschwerdeverfahren besagen, dass auch die Rechtsbeschwerde kraft Gesetzes oder aufgrund einer entsprechenden Anordnung des Rechtsbeschwerdegerichts aufschiebende Wirkung hat (§§ 64 Abs. 1 und 2, 65 Abs. 3 GWB), dass die Rechtsbeschwerde innerhalb von zwei Monaten zu begründen ist, wobei die Frist mit der Einlegung der Rechtsbeschwerde beginnt und vom Vorsitzenden des Rechtsbeschwerdegerichts verlängert werden kann (§ 66 Abs. 3 GWB), dass die Rechtsbeschwerdebegründung die Erklärung enthalten muss, inwieweit die Entscheidung des Beschwerdegerichts angefochten und ihre Abänderung oder Aufhebung beantragt wird (§ 66 Abs. 4 Nr. 1 GWB), dass die Rechtsbeschwerde – sofern sie nicht von der Kartellbehörde eingelegt worden ist – von einem in Deutschland zugelassenen Rechtsanwalt unterzeichnet sein muss (§ 66 Abs. 5 GWB), dass am Rechtsbeschwerdeverfahren der gleiche Personenkreis beteiligt ist wie am Beschwerdeverfahren (§ 67 GWB), dass für die Beteiligten mit Ausnahme der Kartellbehörde Anwaltszwang besteht (§ 68 GWB), dass über die Rechtsbeschwerde mündlich verhandelt werden muss (§ 69 GWB), dass das Rechtsbeschwerdegericht bei Spruchreife dieselben Entscheidungen treffen kann, die auch dem Beschwerdegericht nach § 71 GWB möglich sind, dass im Rechtsbeschwerdeverfahren dasselbe Akteneinsichtsrecht wie im Beschwerdeverfahren besteht (§ 72 GWB), dass auch im Rechtsbeschwerdeverfahren der Sonderrechtsbehelf des § 71a GWB gilt und dass schließlich zur Lückenfüllung ergänzend die in § 73 GWB genannten Vorschriften des GVG und der ZPO gelten. Wegen der Einzelheiten der in Bezug genommenen Vorschriften wird auf die dortige Kommentierung verwiesen.

18 Was den Erlass einstweiliger Anordnungen betrifft, ist ebenso wie beim Verfahren der Nichtzulassungsbeschwerde zu unterscheiden: Über **einstweilige Anordnungen nach § 65 GWB** hat das Rechtsbeschwerdegericht und nicht das Beschwerdegericht zu entscheiden. Für die **einstweiligen Anordnungen nach §§ 64 Abs. 3 Satz 1, 60 GWB** verbleibt es demgegenüber gemäß § 76 Abs. 5 Satz 2 GWB bei der Zuständigkeit des Beschwerdegerichts.[19]

2. Einlegung

19 Die vom Beschwerdegericht **zugelassene Rechtsbeschwerde** ist innerhalb eines Monats ab Zustellung der angefochtenen Beschwerdeentscheidung beim Beschwerdegericht

[19] Ebenso: *Karsten Schmidt* in: Immenga/Mestmäcker, GWB, § 76 Rn. 13.

einzulegen (§ 76 Abs. 3 Satz 1 GWB). Ist die Rechtsbeschwerde erst **auf Nichtzulassungsbeschwerde** hin vom Rechtsbeschwerdegericht **zugelassen** worden, beginnt die Monatsfrist mit Zustellung der Zulassungsentscheidung des Bundesgerichtshofs (§ 75 Abs. 5 Satz 2 GWB). In beiden Fällen wahrt die Einreichung der Rechtsbeschwerdeschrift beim Bundesgerichtshof die Frist.[20]

3. Begründung

20 Für die Begründung der Rechtsbeschwerde gewährt das Gesetz in §§ 76 Abs. 5 Satz 1, 66 Abs. 3 Satz 1 GWB eine Frist von **zwei Monaten.** Sie beginnt mit Einlegung der Rechtsbeschwerde, d. h. mit dem Eingang der Rechtsbeschwerde beim Beschwerdegericht (oder Bundesgerichtshof).

21 Der Begründung muss inhaltlich zu entnehmen sein, inwieweit die Beschwerdeentscheidung angegriffen wird. Soweit die Verletzung von Verfahrensvorschriften gerügt wird, müssen sowohl die missachtete Verfahrensvorschrift genannt als auch die **Tatsachen** vorgetragen werden, **die den Verfahrensmangel begründen** sollen. Ebenso sind bei der Rüge einer unterlassenen Amtsermittlung durch die Kartellbehörde und/oder das Beschwerdegericht die Tatsachen genau zu bezeichnen, deren **Aufklärung unterblieben** sein soll. Dazu gehört auch die Darlegung, aufgrund welchen Sachvortrags sich das Beschwerdegericht hätte veranlasst sehen müssen, von Amts wegen ergänzend zu ermitteln.[21] Wird beanstandet, dass das Beschwerdegericht die **richterliche Hinweispflicht** des § 70 Abs. 2 GWB verletzt habe, ist diese Verfahrensrüge aus § 76 Abs. 2 Satz 1 GWB nur dann ordnungsgemäß erhoben, wenn mit der Rüge im Einzelnen angegeben wird, was auf einen entsprechenden Hinweis vorgebracht worden wäre; der zunächst unterbliebene Vortrag muss dabei vollständig nachgeholt werden.[22]

4. Entscheidung

22 Der Bundesgerichtshof entscheidet über die Rechtsbeschwerde ohne mündliche Verhandlung[23] durch Beschluss. Ist die Rechtsbeschwerde **unzulässig,** wird sie verworfen. Dies kann in analoger Anwendung von §§ 523 Abs. 1, 552 Abs. 1 Satz 2, Abs. 2 ZPO ohne mündliche Verhandlung geschehen.[24]

23 Ist die Rechtsbeschwerde **unbegründet**, wird sie aufgrund mündlicher Verhandlung zurückgewiesen. Richtet sich die Rechtsbeschwerde gegen eine Entscheidung des Beschwerdegerichts nach **§ 65 Abs. 3 Nr. 2 GWB,** ist zu beachten, dass nur eine **eingeschränkte Rechtskontrolle** stattfindet. Das Rechtsbeschwerdegericht prüft die angegriffene Beurteilung des Beschwerdegerichts, ob ernstliche Zweifel an der Rechtmäßigkeit der angefochtenen kartellbehördlichen Verfügung bestehen, nur auf seine rechtliche Plausibilität.[25]

24 Hat die Rechtsbeschwerde **Erfolg,** ist zu unterscheiden: Sofern die Sache zur Entscheidung reif ist, wird die Entscheidung des Beschwerdegerichts aufgehoben und der Bundesgerichtshof entscheidet in der Sache selbst. Er kann – wie sich aus § 76 Abs. 5 GWB ergibt, der § 71 GWB für entsprechend anwendbar erklärt – dabei alle Entscheidungen treffen, die auch dem Beschwerdegericht möglich sind. Liegt noch keine Spruchreife vor, weil zum Beispiel noch ergänzende Ermittlungen erforderlich sind, wird die Entscheidung

---

[20] BGH, WRP 2003, 1131 – *Verbundnetz.*

[21] BGH, WRP 2005, 1278 – *Arealnetze* m. w. N.

[22] BGH, WRP 2005, 1278 – *Arealnetze* m. w. N.

[23] BGH, WuW/E DE-R 2879, 2884 – *Kosmetikartikel;* BGH, WuW/E DE-R 2732 – *Versicherergemeinschaft.*

[24] BGH, Beschl. v. 23.11.2004 – *KVZ 7/03.*

[25] BGH, WuW/E DE-R 2035, 2037/2038 – *Lotto im Internet;* BGH, WM 2007, 2213, 2215 – *Anteilsveräußerung.*

des Beschwerdegerichts aufgehoben und die Sache in entsprechender Anwendung von § 563 Abs. 1 ZPO an das Beschwerdegericht zur erneuten Verhandlung und Entscheidung zurückverwiesen. Gleiches muss erfolgen, wenn eine zulassungsfreie Rechtsbeschwerde Erfolg hat.[26]

Die Möglichkeit einer **Anschlussrechtsbeschwerde** ist in analoger Anwendung des 25
§ 554 ZPO anerkannt.[27]

Auch im Rechtsbeschwerdeverfahren gilt das Verbot der **Schlechterstellung** des 26
Rechtsmittelführers. Dieser Verfahrensgrundsatz schließt es allerdings nicht aus, dass in der Rechtsbeschwerdeinstanz ein Antrag, der in der Vorinstanz als unzulässig angesehen wurde, als unbegründet abgewiesen wird.[28]

IV. Gemeinsame Bestimmungen

§ 77 Beteiligtenfähigkeit

Fähig, am Verfahren vor der Kartellbehörde, am Beschwerdeverfahren und am Rechtsbeschwerdeverfahren beteiligt zu sein, sind außer natürlichen und juristischen Personen auch nichtrechtsfähige Personenvereinigungen.

Übersicht

I. Sinn und Zweck der Vorschrift

§ 77 GWB definiert einheitlich für das kartellbehördliche Verfahren und das sich gege- 1
benenfalls daran anschließende Beschwerde- und Rechtsbeschwerdeverfahren den Begriff des Verfahrensbeteiligten. Aus Praktikabilitätsgrundsätzen geht die Vorschrift von einem **weiten Begriffsverständnis** aus, um Kartelle, Unternehmenszusammenschlüsse und Missbrauchsverfahren betreffende Kartellverwaltungsverfahren nicht mit Abgrenzungsfragen zu belasten. § 77 GWB findet auf andere Verfahren, namentlich auf Kartellzivilverfahren im Sinne von §§ 87ff., 91ff. GWB und Kartellordnungswidrigkeiten nach § 81 GWB, keine Anwendung. Insoweit kommen vielmehr die Vorschriften des **§ 50 ZPO** und der **§§ 30, 9 OWiG** zur Anwendung.

Unter der Beteiligtenfähigkeit ist die Fähigkeit zu verstehen, an dem betreffenden kar- 2
tellrechtlichen Verfahren beteiligt – d.h. Subjekt des Verfahrens – zu sein. Zu unterscheiden ist die Beteiligtenfähigkeit von der **Prozess- oder Handlungsfähigkeit.** Sie ist im behördlichen Verfahren nach Maßgabe von § 12 VwVfG und im Beschwerdeverfahren analog § 62 VwGO zu definieren und meint die Fähigkeit, selbst oder durch bevollmächtigte Dritte Verfahrenshandlungen wirksam vornehmen oder entgegennehmen zu können. Die Prozess- oder Handlungsfähigkeit wiederum ist von der **Postulationsfähigkeit** zu unterscheiden. Jene beschreibt die Fähigkeit, eine Verfahrenshandlung wirksam vornehmen zu können. Im Geltungsbereich des § 68 GWB (Anwaltszwang) ist nur ein bei einem deutschen Gericht zugelassener Rechtsanwalt postulationsfähig.

---

[26] Etwas anderes gilt nur dann, wenn neben der zulassungsfreien Rechtsbeschwerde erfolgreich eine Nichtzulassungsbeschwerde betrieben worden ist und die zulassungsfreie Rechtbeschwerde sodann als zugelassene Rechtsbeschwerde weiter betrieben worden ist.

[27] BGH, WuW/E BGH 2271, 2274 – *Taxi-Gemeinschaft.*

[28] BGH, WuW/E BGH 3021 – *Stadtgaspreise.*

II. Regelungsgehalt

3 § 77 GWB bestimmt, dass **natürliche** und **juristische Personen** am kartellrechtlichen Verfahren beteiligt sein können. Die Vorschrift unterscheidet nicht danach, ob es sich um inländische oder ausländische (natürliche oder juristische) Personen handelt.[1] Sie differenziert bei den juristischen Personen ebenso wenig danach, ob es sich um solche des privaten oder des öffentlichen Rechts handelt. Sie alle sind deshalb gleichermaßen beteiligtenfähig.

4 Die Beteiligtenfähigkeit wird darüber hinaus den **nichtrechtsfähigen Personenvereinigungen** zuerkannt. Von der Beteiligung an einem kartellrechtlichen Verfahren sollen lediglich Vermögensmassen, Sachgesamtheiten und Gemeinschaften ausgeschlossen sein. Damit sind u.a. beteiligungsfähig nichtrechtsfähige Vereine, Gesellschaften bürgerlichen Rechts, Erbengemeinschaften, Offene Handelsgesellschaften, Kommanditgesellschaften, nichteingetragene Genossenschaften, Partenreedereien, europäische wirtschaftliche Interessenvereinigungen, Vorgesellschaften bei der Entstehung juristischer Personen wie der GmbH und der AG.

III. Verfahrensfragen

5 Die Beteiligtenfähigkeit ist sowohl im kartellbehördlichen Verfahren wie auch im Beschwerde- und Rechtsbeschwerdeverfahren **von Amts wegen** zu prüfen. Durch den Tod endet die Verfahrensbeteiligung einer natürlichen Person nicht. An ihre Stelle tritt vielmehr automatisch der Rechtsnachfolger in das (behördliche oder gerichtliche) Verfahren ein. Demgegenüber führt die Beendigung und Auflösung einer juristischen Person oder Personenvereinigung zum Wegfall ihrer Beteiligtenstellung. Die Verfahrensbeteiligung bleibt lediglich insoweit bestehen, wie dies zur Beendigung und Abwicklung des Verfahrens erforderlich ist. Die aufgelöste juristische Person oder Personenvereinigung bleibt mithin zur Abgabe einer Erledigungserklärung, zur Stellung etwaig erforderlicher Kosten- oder Kostenfestsetzungsanträge sowie zur Anfechtung von Kosten- oder Streitwertentscheidungen verfahrensbeteiligt.

§ 78 Kostentragung und -festsetzung

[1]Im Beschwerdeverfahren und im Rechtsbeschwerdeverfahren kann das Gericht anordnen, dass die Kosten, die zur zweckentsprechenden Erledigung der Angelegenheit notwendig waren, von einem Beteiligten ganz oder teilweise zu erstatten sind, wenn dies der Billigkeit entspricht. [2]Hat ein Beteiligter Kosten durch ein unbegründetes Rechtsmittel oder durch grobes Verschulden veranlasst, so sind ihm die Kosten aufzuerlegen. [3]Im Übrigen gelten die Vorschriften der Zivilprozessordnung über das Kostenfestsetzungsverfahren und die Zwangsvollstreckung aus Kostenfestsetzungsbeschlüssen entsprechend.

Übersicht

[1] Vgl. dazu im Einzelnen: *Bracher* in: Frankfurter Kommentar, § 77 GWB 2005 Rn. 12 ff.

I. Sinn und Zweck der Vorschrift

§ 78 GWB behandelt die Kostentragungspflicht im **Beschwerde- und Rechtsbeschwerdeverfahren** der §§ 63 ff., 74 ff. GWB sowie – über den Wortlaut der Norm hinaus – auch im Verfahren der **Nichtzulassungsbeschwerde** gemäß § 75 GWB. Die Vorschrift findet keine Anwendung in Kartellzivilsachen (§§ 87 ff. GWB) und im Kartellbußgeldverfahren (§§ 81 ff. GWB). Sie gilt ebenso wenig im kartellbehördlichen Verfahren. Die dort geltenden Gebührentatbestände ergeben sich vielmehr aus § 80 GWB. Die sich aus jener Vorschrift ergebende Gebührenzahlungspflicht ist von der Kartellbehörde im Verfügungswege festzusetzen (§ 8 Abs. 3 KartKostVO). Die Entscheidung kann sodann mit der Beschwerde nach §§ 63 ff. GWB angefochten werden. 1

§ 78 GWB betrifft ausschließlich die **Kostengrundentscheidung,** also die Frage, welcher Verfahrensbeteiligter in welchem Umfang mit den im Beschwerde-, Rechtsbeschwerde- oder Nichtzulassungsbeschwerdeverfahren angefallenen Kosten zu belasten ist. Die Vorschrift orientiert sich – anders als zum Beispiel §§ 91, 97 ZPO oder §§ 154 ff. VwGO – nicht am Verfahrensausgang, sondern stellt in Satz 1 maßgeblich auf die **Billigkeit** ab. § 78 Satz 2 GWB ergänzt den Grundsatz der billigkeitsorientierten Kostenverteilung dahin, dass demjenigen, der durch ein erfolgloses Rechtsmittel oder grobes Verschulden Kosten veranlasst, diese auch zu tragen hat.

Für das **Kostenfestsetzungsverfahren** und die **Zwangsvollstreckung** aus Kostenfestsetzungsbeschlüssen des Beschwerde- oder Rechtsbeschwerdegerichts verweist § 78 Satz 3 GWB auf die entsprechenden Vorschriften der Zivilprozessordnung, mithin auf die §§ 103 bis 107 ZPO und § 21 Abs. 1 Nr. 1 RPflG hinsichtlich des Festsetzungsverfahrens und auf die §§ 794 Abs. 1 Nr. 2, 795, 798 ZPO hinsichtlich der Vollstreckung. Die Normen der Zivilprozessordnung (§§ 114 bis 127 ZPO) kommen auch zur Anwendung, soweit es um die Bewilligung von Prozesskostenhilfe geht. Von vornherein keine Aussage trifft § 78 GWB darüber, welche Verfahrenshandlungen überhaupt Kosten auslösen und wie hoch die jeweils anzusetzenden Gebühren sind. Diese Fragen beantworten sich vielmehr nach dem Gerichtskostengesetz (vgl. § 3 GKG i. V. m. dessen Anlage 1) und dem Rechtsanwaltsvergütungsgesetz, die für die Gebührenhöhe wiederum nach § 12a Abs. 1 Satz 1 GKG i. V. m. § 3 ZPO maßgeblich auf den Gegenstandswert abstellen. 2

II. Grundsätze der Kostenregelung

1. § 78 Satz 1 GWB

Gemäß § 78 Satz 1 GWB kann das Gericht im Beschwerde- und Rechtsbeschwerdeverfahren sowie im Verfahren der Nichtzulassungsbeschwerde anordnen, dass die zur zweckentsprechenden Erledigung der Angelegenheit notwendigen Kosten von einem Beteiligten ganz oder teilweise zu erstatten sind, wenn dies der Billigkeit entspricht. 3

a) Kosten. Der Begriff der **„Kosten"** meint sowohl die außergerichtlichen Kosten der Verfahrensbeteiligten als auch die Gerichtskosten. Das ist – wenngleich hinsichtlich der Gerichtskosten von einer Erstattung im eigentlichen Sinne nicht gesprochen werden kann – heute außer Streit.[1] Zur **zweckentsprechenden Rechtsverfolgung notwendig** sind die nach den einschlägigen Bestimmungen des Gerichtskostengesetzes berechneten Gerichtskosten, ferner bei anwaltlicher Vertretung die sich aus dem Rechtsanwaltsvergütungsgesetz ergebenden Gebühren- und Auslagensätze sowie schließlich die darüber hinausgehenden außergerichtlichen Aufwendungen der Verfahrensbeteiligten, wenn und soweit sie ein vernünftiger und verständiger Verfahrensbeteiligter bei einer typisierenden Betrachtungsweise ex ante als eine sachdienliche Maßnahme der Rechtsverfolgung betrachten 4

[1] *Stockmann* in: Immenga/Mestmäcker, GWB, § 78 Rn. 4; *Lembach* in: Langen/Bunte, Kommentar zum deutschen und europäischen Kartellrecht, § 78 Rn. 21; *Bracher* in: Frankfurter Kommentar, § 78 GWB 2005 Rn. 7.

durfte. Zu den danach erstattungsfähigen Aufwendungen können insbesondere Reisekosten, Dolmetscherkosten und Kopierkosten der Partei gehören.

5 **b) Billigkeit.** Die Kostenverteilung hat unter dem Gesichtspunkt der **Billigkeit** zu erfolgen. Der daraus resultierende Verteilungsmaßstab ist maßgeblich durch zwei Entscheidungen des Bundesverfassungsgerichts[2] Ende der 80iger Jahre geprägt worden. Danach widerspricht es dem – sowohl aus dem Gleichheitssatz des Art. 3 Abs. 1 GG als auch aus dem Rechtsstaatsprinzip des Art. 20 Abs. 3 GG abzuleitenden – Prinzip der prozessualen Waffengleichheit, wenn dem im Beschwerdeverfahren siegreichen Beschwerdeführer trotz der aus dem einseitigen Anwaltszwang (§ 68 GWB) resultierenden ungleichen Kostenbelastung im Beschwerdeverfahren im Normalfall ein Kostenerstattungsanspruch versagt werde. Vielmehr sei es von Verfassung wegen geboten, dass im Rahmen der zu treffenden Billigkeitsentscheidung **alle Umstände des konkreten Falles** einschließlich des **Verfahrensausgangs** berücksichtigt werden. Vor dem Hintergrund dieser verfassungsrechtlichen Ausgangslage ist in der Rechtsprechung der Kartellgerichte seither anerkannt, dass die gerichtlichen Kosten des Beschwerde- oder Rechtsbeschwerdeverfahrens der unterliegenden Kartellbehörde zur Last fallen und zugleich dem obsiegenden Beschwerde- oder Rechtsbeschwerdeführer ein Anspruch auf Erstattung seiner notwendigen außergerichtlichen Aufwendungen gegen die Kartellbehörde zuzuerkennen ist. Nur ausnahmsweise scheidet ein Kostenerstattungsanspruch des erfolgreichen Rechtsmittelführers aus. In Betracht kommt dies beispielsweise dann, wenn über Rechtsfragen von grundsätzlicher Bedeutung zu entscheiden ist und es bei Abwägung aller Umstände unbillig erscheint, die Kartellbehörde mit den außergerichtlichen Kosten der beschwerdeführenden Partei zu belasten.[3]

6 Für die Kostentragungspflicht des **Beigeladenen** und dessen Kostenerstattungsansprüche ist zu unterscheiden: Ist der Beigeladene **selbst Beschwerdeführer,** gelten die vorstehenden Rechtsgrundsätze des § 78 Satz 1 GWB uneingeschränkt. Obsiegt er im Beschwerde- oder Rechtsbeschwerdeverfahren, fallen ihm die Gerichtskosten nicht zur Last; außerdem ist ihm ein Kostenerstattungsanspruch gegen die unterlegene Partei zuzubilligen. Ist der Beigeladene **nicht** selbst **Rechtsmittelführer,** gilt der Grundsatz, dass er weder mit den gerichtlichen Kosten noch mit den Verfahrenskosten anderer Verfahrensbeteiligter zu belasten ist. Andererseits ist ihm aber auch ein Anspruch auf Erstattung seiner außergerichtlichen Kosten nur unter besonderen Umständen zuzuerkennen. Über die Erstattungsfähigkeit seiner eigenen außergerichtlichen Kosten ist unter Heranziehung des **§ 162 Abs. 3 VwGO** nach Billigkeitsgesichtspunkten zu entscheiden. Danach genügt es für die Zubilligung eines Kostenerstattungsanspruchs nicht, dass der Beigeladene im Verfahren mit seinem Standpunkt durchgedrungen ist. Eine Kostenerstattungspflicht durch den unterlegenen Verfahrensbeteiligten – sei es der Beschwerdeführer oder die Kartellbehörde – kommt aus Billigkeitsgründen vielmehr nur dann in Betracht, wenn der Beigeladene am Ausgang des Verfahrens **besonders interessiert** war und er die **Angelegenheit** durch (schriftsätzlichen oder mündlichen) Vortrag oder auf andere Weise **wesentlich gefördert** hat.[4]

7 **c) Erledigung der Hauptsache.** Tritt **Erledigung der Hauptsache** ein, ohne dass ein Fortsetzungsfeststellungsantrag nach § 71 Abs. 3 GWB gestellt wird, hat sich die zu treffende isolierte Kostenentscheidung gemäß § 78 GWB i.V.m. § 161 Abs. 2 Satz 1 VwGO, § 91a Abs. 1 Satz 1 ZPO nach folgenden Grundsätzen auszurichten: Die Kostenverteilung ist nach billigem Ermessen unter Berücksichtigung des bisherigen Sach- und Streitstandes vorzunehmen. Im Rahmen der Kostenentscheidung sind zwar grundsätzlich alle Umstände des jeweiligen Einzelfalles zu berücksichtigen, wobei dem voraussichtlichen Ausgang des Verfahrens wesentliche Bedeutung zukommt. Der vermutliche Verfahrensaus-

---

[2] BVerfG, WuW/E VG, 313, 319, 342; BVerfG, WuW/E VG 339, 342.

[3] BGH, WuW/E BGH 3128, 3131 – *NJW auf CD-ROM.*

[4] BGH, WuW/E BGH 2627 – *Sportübertragungen;* KG, WuW/E OLG 4363, 4365; *Stockmann* in: Immenga/Mestmäcker, GWB, § 78 Rn. 10.

gang kann aber im Falle einer übereinstimmenden Erledigungserklärung nur dann ausschlaggebende Bedeutung erlangen, wenn er bei der allein angezeigten summarischen Prüfung[5] nach dem bisherigen Sach- und Streitstand mit hinreichender Sicherheit festzustellen ist. Steht nämlich allein noch die Entscheidung über die Kosten des Verfahrens aus, besteht – wie bei § 91a ZPO – keine Verpflichtung, einem rechtlich oder tatsächlich schwierigen Sachverhalt in allen aufgeworfenen Fragen nachzugehen oder Fragen von grundsätzlicher Bedeutung zu klären. Das Verfahren über die Verteilung der Kosten dient auch im Kartellverfahren nicht einer abschließenden Klärung von Rechtsfragen. Es soll lediglich zu einer dem jeweiligen Sach- und Streitstand entsprechenden Kostenverteilung führen. Deshalb widerspräche eine abschließende Prüfung und Entscheidung der rechtlichen und tatsächlichen Schwierigkeiten, die kartellrechtliche Verfahren regelmäßig aufweisen, dem Grundsatz der Prozessökonomie.[6] Folgerichtig geht der Bundesgerichtshof – in Abkehr von seiner früheren Rechtsprechung – davon aus, dass die Gerichtskosten in solchen Fällen einer ungeklärten Sach- und/oder Rechtslage hälftig zu teilen sind und eine Erstattung der außergerichtlichen Kosten nicht stattfindet.[7]

8 **d) Rücknahme des Rechtsmittels.** Auch im Falle der Rücknahme der Beschwerde, Rechtsbeschwerde oder Nichtzulassungsbeschwerde regelt sich die Kostentragungspflicht nach § 78 GWB (und nicht in analoger Anwendung des § 516 Abs. 3 ZPO oder des § 155 Abs. 2 VwGO). Nach der ständigen Rechtsprechung des BGH[8] sind im Falle der Rücknahme des Rechtsmittels die **Gerichtskosten** demjenigen aufzuerlegen, der in der Hauptsache unterlegen ist oder ohne die Rücknahme der Beschwerde unterlegen wäre. Dies hat grundsätzlich auch zu gelten, wenn die Beschwerde, Rechtsbeschwerde oder Nichtzulassungsbeschwerde zurückgenommen wird, ohne dass eine Sachprüfung erfolgt ist.[9] Da sich der Rechtsbeschwerdeführer mit der Rücknahme in die Rolle des Unterlegenen begeben hat, sind indessen bei offenem Verfahrensausgang – insbesondere wenn eine Sachprüfung bisher nicht erfolgt ist – die Gerichtskosten anders als im Falle der übereinstimmenden Erledigungserklärung regelmäßig nicht hälftig zu teilen, sondern dem Rechtsmittelführer aufzuerlegen. Ob **außergerichtliche Kosten** zu erstatten sind, beurteilt sich gemäß § 78 GWB nach Billigkeitserwägungen, wobei die Umstände des konkreten Falles einschließlich des Verfahrensausgangs abzuwägen sind. Danach sind die außergerichtlichen Auslagen des Gegners jedenfalls dann zu erstatten, wenn sich der Rechtsmittelführer durch die Rücknahme des Rechtsmittels selbst in die Rolle des Unterlegenen begeben hat, durch das Gericht noch keine Sachprüfung erfolgt ist und keine sonstigen Gesichtspunkte hervortreten, die im Rahmen von Billigkeitserwägungen eine abweichende Kostenverteilung rechtfertigen könnten. Denn die Entscheidung über die Kostenerstattung dient im Kartellverwaltungsverfahren ebenso wenig der abschließenden Klärung von Rechtsfragen wie im Zivilprozess; sie soll lediglich zu einer dem jeweiligen Sach- und Streitstand entsprechenden Kostenverteilung führen.

2. Ausnahmen gemäß § 78 Satz 2 GWB

9 Nach § 78 Satz 2 GWB sind einem Beteiligten diejenigen Kosten aufzuerlegen, die durch ein unbegründetes Rechtsmittel oder durch grobes Verschulden veranlasst sind. Für

[5] BGH, WuW/E DE-R 3465, 3466 – *Universitätsklinikum Greifswald.*

[6] BGH, WuW/E DE-R 3465, 3466 – *Universitätsklinikum Greifswald;* BGH, WuW/E DE-R 1783, 1786 – *Call-Option;* BGH, WuW/E DE-R 420 – *Erledigte* Beschwerde; KG, WuW/E OLG 4147, 148 – *VEW-Ruhrkohle.*

[7] BGH, WuW/E DE-R 3465, 3466 – Universitätsklinikum Greifswald; BGH, WuW/E DE-R 1783, 1786 – *Call-Option;* BGH, WuW/E DE-R 420 – *Erledigte* Beschwerde; BGH, WuW/E BGH 2620, 2621 – *Springer-Kieler-Zeitung.*

[8] BGH, WuW/E DE-R 1982/1983 – *Kostenverteilung nach Rechtsbeschwerderücknahme;* BGH, WuW/E BGH 1947, 1948 – *Anzeigenraum;* BGH, WuW/E BGH 2084.

[9] BGH, WuW/E DE-R 1982/1983 – *Kostenverteilung nach Rechtsbeschwerderücknahme.*

beide Tatbestände trifft das Kartellgesetz abweichend vom Grundsatz des § 78 Satz 1 GWB selbst eine Kostengrundentscheidung. Die Vorschrift findet nicht nur Anwendung auf die **Rechtsbeschwerde** und die **Nichtzulassungsbeschwerde,** sondern nach zutreffender Ansicht auch auf die **Beschwerde** nach §§ 63 ff. GWB.[10]

10 Neben der Einlegung eines erfolglosen – d. h. **unzulässigen oder unbegründeten** – Rechtsmittels verpflichtet auch ein **grobes Verschulden** zur Kostentragung. Jenes ist gegeben, wenn ein Verfahrensbeteiligter die im konkreten Verfahren erforderliche prozessuale Sorgfalt in besonders grober Weise missachtet. Anknüpfungspunkt für ein grobes Verschulden kann ein Verhalten oder Versäumnis im Verwaltungsverfahren, im Beschwerdeverfahren oder im Rechtsbeschwerdeverfahren sein. Es kann auf Seiten der Kartellbehörde in einer gänzlich unterbliebenen oder bloß oberflächlichen Sachverhaltsaufklärung[11] oder in dem Erlass einer offensichtlich rechtswidrigen Entscheidung liegen. Als ein grobes Verschulden können überdies gravierende Verfahrensverstöße gewertet werden, sofern sie im anschließenden Beschwerdeverfahren nicht mehr heilbar sind, ferner die Versäumung von Fristen oder Terminen. Das Verteidigen einer unzutreffenden Rechtsansicht erfüllt nur ausnahmsweise die Voraussetzungen des groben Verschuldens. Zu denken ist etwa an Fälle, in denen eine gefestigte höchstrichterliche Judikatur ignoriert wird.[12]

3. Verfahren

11 Die Entscheidung über die Kostentragungspflicht erfolgt – entgegen dem Wortlaut, der ein Ermessen nahe legt *(„kann")* – **von Amts wegen,** und zwar im Allgemeinen zusammen mit der Sachentscheidung in der Hauptsache. Ein Kostenantrag ist also nicht erforderlich.[13] Das gilt auch für die nach Rechtsmittelrücknahme oder übereinstimmender Erledigungserklärung zu treffende **isolierte Kostenentscheidung.** Diese kann überdies ohne mündliche Verhandlung getroffen werden. Denn § 69 GWB gilt nur für die Sachentscheidung. Die isolierte Kostenentscheidung des Beschwerdegerichts ist mit der **Rechtsbeschwerde** oder – sofern diese nicht zugelassen worden ist – mit der **Nichtzulassungsbeschwerde anfechtbar.**[14] Gegen die isolierte Kostenentscheidung des Rechtsbeschwerdegerichts besteht die Möglichkeit der Gegenvorstellung, die vom Gericht beschieden werden muss.[15] Das gleiche gilt für die isolierte Kostenentscheidung des Beschwerdegerichts, sofern die gegen die Nichtzulassung der Rechtsbeschwerde eingelegte Nichtzulassungsbeschwerde erfolglos bleibt.[16] Ergeht die Kostenentscheidung zusammen mit der Sachentscheidung, kann sie auch nur gemeinsam mit dieser angefochten werden.

4. Verweisungen

12 § 78 Satz 3 GWB verweist auf die Vorschriften der Zivilprozessordnung über das **Kostenfestsetzungsverfahren** (§§ 103 bis 107) und die **Zwangsvollstreckung** aus Kostenfestsetzungsbeschlüssen (§ 794 Abs. 1 Nr. 2, 795, 798). Das Kostenfestsetzungsgesuch ist bei der Geschäftsstelle des Beschwerdegerichts einzureichen. Über das Gesuch entscheidet

---

[10] Ebenso: *Stockmann* in: Immenga/Mestmäcker, GWB, § 78 Rn. 11; *Lembach* in: Langen/Bunte, Kommentar zum deutschen und europäischen Kartellrecht, § 78 Rn. 2; *Bechtold,* GWB, § 78 Rn. 6; a. A.: KG, WuW/E OLG 1776 – *Spezialbrot-Hersteller; von Rethe* in: GK, § 77 Rn. 15; *Sauter* in: Immenga/Mestmäcker, GWB, 3. Aufl., § 78 Rn. 13, mit dem Argument, dass die Beschwerde ihrer Natur nach nur der verwaltungsgerichtlichen Klage entspreche und deshalb kein Rechtsmittel sei.

[11] KG, WuW/E OLG 1321, 1322 – *Zahnbürsten;* KG, WuW/E OLG 1443, 1444 – *Erledigung.*

[12] Vgl. zu Allem: *Stockmann* in: Immenga/Mestmäcker, GWB, § 78 Rn. 15 m. w. N.

[13] *Stockmann* in: Immenga/Mestmäcker, GWB, § 78 Rn. 16; *Bechtold,* GWB, § 78 Rn. 11; *Bracher* in: Frankfurter Kommentar, § 78 GWB 2005 Rn. 31.

[14] BGH, Beschl. v. 19.6.2007 – *KVZ 9/07.*

[15] BGH, WuW/E BGH 2478, 2479 – *Coop-Wandmaker; Bracher* in: Frankfurter Kommentar, § 78 GWB 2005 Rn. 32.

[16] OLG Düsseldorf, Beschl. v. 17.1.2007 – *VI-Kart 12/06 (V)* Umdruck Seite 3.

der Rechtspfleger (§ 21 Abs. 1 Nr. 1 RPflG). Gegen die Entscheidung ist die Erinnerung an das Oberlandesgericht (§ 104 Abs. 3 ZPO) möglich.

III. Kostenvorschriften außerhalb des GWB

1. Gerichtskosten

Für die **Gerichtskosten** gilt das GKG. Die **Höhe** der anzusetzenden Gebühren richtet sich gemäß § 3 ZPO nach dem Wert des Streitgegenstands. Es ist von den wirtschaftlichen Interessen desjenigen auszugehen, der das Verfahren betreibt. Bei Beschwerden, die sich gegen Wettbewerbsbeschränkungen Dritter richten, ist danach von dem Interesse des Beschwerdeführers an der Beseitigung dieser Beeinträchtigung auszugehen. Ein Anhaltspunkt sind die durch die Wettbewerbsbeschränkung betroffenen Umsätze, die Intensität der Wettbewerbsbeschränkungen oder auch die Vorteile der Wettbewerbsbeschränkungen. 13

2. Außergerichtliche Kosten

Für die **außergerichtlichen Kosten** ist das RVG maßgeblich. Die Gebühren bemessen sich gemäß § 13 nach dem Gegenstandswert. Für dessen Höhe gelten die in der vorstehenden Anmerkung 12 gemachten Ausführungen. 14

§ 78a Elektronische Dokumentenübermittlung

[1]Im Beschwerdeverfahren und im Rechtsbeschwerdeverfahren gelten § 130a Absatz 1 und 3 sowie § 133 Absatz 1 Satz 2 der Zivilprozessordnung mit der Maßgabe entsprechend, dass die Beteiligten nach § 67 am elektronischen Rechtsverkehr teilnehmen können. [2]Die Bundesregierung und die Landesregierungen bestimmen für ihren Bereich durch Rechtsverordnung den Zeitpunkt, von dem an elektronische Dokumente bei den Gerichten eingereicht werden können, sowie die für die Bearbeitung der Dokumente geeignete Form. [3]Die Landesregierungen können die Ermächtigung durch Rechtsverordnung auf die Landesjustizverwaltungen übertragen. Die Zulassung der elektronischen Form kann auf einzelne Gerichte oder Verfahren beschränkt werden.

§ 78a GWB eröffnet die Möglichkeit, im Beschwerde- und Rechtsbeschwerdeverfahren nach dem GWB den elektronischen Rechtsverkehr nach Maßgabe der §§ 130a Abs. 1 und 3, 133 Abs. 1 Satz 2 ZPO einzuführen. Die Vorschrift hat noch keine praktische Bedeutung, weil die zur Einführung erforderlichen Rechtsverordnungen (§ 78a Satz 2 GWB) bislang nicht erlassen worden sind.

§ 79 Rechtsverordnungen

Das Nähere über das Verfahren vor der Kartellbehörde bestimmt die Bundesregierung durch Rechtsverordnung, die der Zustimmung des Bundesrates bedarf.

Von dieser für das Verfahren vor den Kartellbehörden gegebenen Möglichkeit hat die Bundesregierung bisher mit der Kartellregisterverordnung vom 10. August 1975 (BGBl. I Seite 2294) und mit der Verordnung über das Verfahren bei der Eintragung von Wettbewerbsregeln und über das Register von Wettbewerbsregeln vom 26. April 1982 (BGBl. I Seite 513) Gebrauch gemacht. Im Übrigen gilt seit dem 1. Januar 1977 subsidiär das Verwaltungsverfahrensgesetz.

§ 80 Gebührenpflichtige Handlungen

(1) [1]Im Verfahren vor der Kartellbehörde werden Kosten (Gebühren und Auslagen) zur Deckung des Verwaltungsaufwandes erhoben. [2]Gebührenpflichtig sind (gebührenpflichtige Handlungen)

1. **Anmeldungen nach § 31a Absatz 1 und § 39 Absatz 1; bei von der Europäischen Kommission an das Bundeskartellamt verwiesenen Zusammenschlüssen stehen der Verweisungsantrag an die Europäische Kommission oder die Anmeldung bei der Europäischen Kommission der Anmeldung nach § 39 Absatz 1 gleich;**
2. **Amtshandlungen auf Grund der §§ 26, 30 Absatz 3, § 31b Absatz 3, §§ 32 bis 32d, § 34 – auch in Verbindung mit den §§ 50 bis 50b –, §§ 36, 39, 40, 41, 42 und 60;**
3. **Einstellungen des Entflechtungsverfahrens nach § 41 Absatz 3;**
4. **Erteilung von beglaubigten Abschriften aus den Akten der Kartellbehörde.**

[3]Daneben werden als Auslagen die Kosten der Veröffentlichungen, der öffentlichen Bekanntmachungen und von weiteren Ausfertigungen, Kopien und Auszügen sowie die in entsprechender Anwendung des Justizvergütungs- und -entschädigungsgesetzes zu zahlenden Beträge erhoben. [4]Auf die Gebühr für die Freigabe oder Untersagung eines Zusammenschlusses nach § 36 Absatz 1 sind die Gebühren für die Anmeldung eines Zusammenschlusses nach § 39 Absatz 1 anzurechnen.

(2) [1]Die Höhe der Gebühren bestimmt sich nach dem personellen und sachlichen Aufwand der Kartellbehörde unter Berücksichtigung der wirtschaftlichen Bedeutung, die der Gegenstand der gebührenpflichtigen Handlung hat. [2]Die Gebührensätze dürfen jedoch nicht übersteigen

1. **50 000 Euro in den Fällen der §§ 36, 39, 40, 41 Abs. 3 und 4 und § 42;**
2. **25 000 Euro in den Fällen des § 31b Absatz 3, der §§ 32 und 32b Absatz 1 sowie der §§ 32c, 32d, 34 und 41 Absatz 2 Satz 1 und 2;**
3. **weggefallen**
4. **5000 Euro in den Fällen des § 26 Absatz 1 und 2, § 30 Absatz 3 und § 31a Absatz 1;**
5. **17,50 Euro für die Erteilung beglaubigter Abschriften (Absatz 1 Satz 2 Nummer 4);**
6. **a) in den Fällen des § 40 Absatz 3a auch in Verbindung mit § 41 Absatz 2 Satz 3 und § 42 Absatz 2 Satz 2 den Betrag für die Freigabe, Befreiung oder Erlaubnis,**
   b) 250 Euro für Verfügungen in Bezug auf Vereinbarungen oder Beschlüsse der in § 28 Absatz 1 bezeichneten Art,
   c) im Falle des § 26 Absatz 4 den Betrag für die Entscheidung nach § 26 Absatz 1 (Nummer 4),
   d) in den Fällen der §§ 32a und 60 ein Fünftel der Gebühr in der Hauptsache.

[3]Ist der personelle oder sachliche Aufwand der Kartellbehörde unter Berücksichtigung des wirtschaftlichen Werts der gebührenpflichtigen Handlung im Einzelfall außergewöhnlich hoch, kann die Gebühr bis auf das Doppelte erhöht werden. [4]Aus Gründen der Billigkeit kann die unter Berücksichtigung der Sätze 1 bis 3 ermittelte Gebühr bis auf ein Zehntel ermäßigt werden.

(3) Zur Abgeltung mehrfacher gleichartiger Amtshandlungen oder gleichartiger Anmeldungen desselben Gebührenschuldners können Pauschgebührensätze, die den geringen Umfang des Verwaltungsaufwandes berücksichtigen, vorgesehen werden.

(4) Gebühren dürfen nicht erhoben werden

1. **für mündliche und schriftliche Auskünfte und Anregungen;**
2. **wenn sie bei richtiger Behandlung der Sache nicht entstanden wären;**
3. **in den Fällen des § 42, wenn die vorangegangene Verfügung des Bundeskartellamts nach § 36 Absatz 1 oder § 41 Absatz 3 aufgehoben worden ist.**

(5) [1]Wird ein Antrag zurückgenommen, bevor darüber entschieden ist, so ist die Hälfte der Gebühr zu entrichten. [2]Das Gleiche gilt, wenn eine Anmeldung innerhalb von drei Monaten nach Eingang bei der Kartellbehörde zurückgenommen wird.

(6) [1]Kostenschuldner ist

1. in den Fällen des Absatzes 1 Satz 2 Nummer 1, wer eine Anmeldung oder einen Verweisungsantrag eingereicht hat;
2. in den Fällen des Absatzes 1 Satz 2 Nummer 2, wer durch einen Antrag oder eine Anmeldung die Tätigkeit der Kartellbehörde veranlasst hat, oder derjenige, gegen den eine Verfügung der Kartellbehörde ergangen ist;
3. in den Fällen des Absatzes 1 Satz 2 Nummer 3, wer nach § 39 Absatz 2 zur Anmeldung verpflichtet war;
4. in den Fällen des Absatzes 1 Satz 2 Nummer 4, wer die Herstellung der Abschriften veranlasst hat.

[2]Kostenschuldner ist auch, wer die Zahlung der Kosten durch eine vor der Kartellbehörde abgegebene oder ihr mitgeteilte Erklärung übernommen hat oder wer für die Kostenschuld eines anderen kraft Gesetzes haftet. [3]Mehrere Kostenschuldner haften als Gesamtschuldner.

(7) [1]Der Anspruch auf Zahlung der Gebühren verjährt in vier Jahren nach der Gebührenfestsetzung. [2]Der Anspruch auf Erstattung der Auslagen verjährt in vier Jahren nach ihrer Entstehung.

(8) [1]Die Bundesregierung wird ermächtigt, durch Rechtsverordnung, die der Zustimmung des Bundesrates bedarf, die Gebührensätze und die Erhebung der Gebühren vom Kostenschuldner in Durchführung der Vorschriften der Absätze 1 bis 6 sowie die Erstattung von Auslagen nach Absatz 1 Satz 3 zu regeln. [2]Sie kann dabei auch Vorschriften über die Kostenbefreiung von juristischen Personen des öffentlichen Rechts, über die Verjährung sowie über die Kostenerhebung treffen.

(9) Durch Rechtsverordnung der Bundesregierung, die der Zustimmung des Bundesrates bedarf, wird das Nähere über die Erstattung der durch das Verfahren vor der Kartellbehörde entstehenden Kosten nach den Grundsätzen des § 78 bestimmt.

Übersicht

I. Sinn und Zweck der Vorschrift

1 § 80 GWB behandelt unter der Gesetzesüberschrift „gebührenpflichtige Handlungen" die Kostentatbestände zur Deckung des mit dem kartellbehördlichen Tätigwerden verbundenen Verwaltungsaufwandes. Die Vorschrift ist Ausfluss des verwaltungsrechtlichen Kostendeckungsprinzips und ordnet an, dass im Verwaltungsver-fahren der Kartellbehörde sowohl Gebühren als auch Auslagen erhoben werden. Der Katalog der gebührenpflichtigen Amtshandlungen in § 80 Abs. 1 GWB ist dabei abschließend. Die Höhe der Gebühren ergibt sich aus § 80 Abs. 2 bis 5 GWB. Ergänzende Regelungen enthält die – auf der Grundlage der in § 80 Abs. 8 und 9 GWB normierten Ermächtigung erlassene – Verordnung über die Kosten der Kartellbehörden (KartKostVO), die ihrerseits auf das Verwaltungskostengesetz verweist. Im Ergebnis ergibt sich dadurch eine eingehende Regelung der Gebührentatbestände für Amtshandlungen der Kartellbehörden.

II. Kostentatbestände (Abs. 1)

1. Gebühren

2 Gebührenpflichtig sind nach § 80 Abs. 1 GWB im Verfahren vor der Kartellbehörde **Anmeldungen** im Rahmen der Zusammenschlusskontrolle nach § 39 Abs. 1 GWB (Nr. 1), ferner **Amtshandlungen** der Kartellbehörden nach §§ 26, 30 Abs. 3, 32 bis 32d, 36, 39 bis 42 und 60 GWB, mithin insbesondere der Erlass aller Erlaubnis-, Missbrauchs- und Untersagungsverfügungen, unabhängig davon, ob sie zugunsten oder gegen das gebührenpflichtige Unternehmen erlassen worden sind (Nr. 2), außerdem die Erteilung von Abschriften aus den Amtsakten (Nr. 3). Die Aufzählung der in § 80 Abs. 1 GWB genannten Gebührenvorschriften ist **abschließend,** wie sich insbesondere auch aus § 80 Abs. 4 GWB ergibt. Der Tatbestand einer gebührenpflichtigen Fusions-Anmeldung nach § 80 Abs. 1 Nr. 1 GWB ist noch nicht bei einer bloßen Anfrage verwirklicht, ob die Kartellbehörde das beabsichtigte Vorhaben für anmeldebedürftig hält.[1] Die Gebührenpflicht entsteht andererseits bereits mit der Anmeldung selbst, und zwar auch bei einer lediglich vorsorglichen Anmeldung.[2] Ein Tätigwerden der Kartellbehörde ist für die Verwirklichung des Gebührentatbestandes nicht erforderlich. Nach § 80 Abs. 1 Satz 4 GWB sind im Fusionskontrollverfahren auf die Gebühr für die Untersagung eines Zusammenschlusses die Gebühren für die Anmeldung anzurechnen.

3 Bei den Amtshandlungen nach § 80 Abs. 1 Nr. 2 GWB sind **vorbereitende Maßnahmen** (wie beispielsweise der Erlass von Auskunftsbeschlüssen zur Aufklärung des Sachverhalts) oder **Zwischenverfügungen** als solche nicht gebührenpflichtig. Wenn die Kartellbehörde nach Abschluss ihrer Ermittlungen, in deren Verlauf sie Zwischenentscheidungen erlassen hat, keine Endentscheidung trifft, sondern das Verfahren einstellt, entstehen deshalb keine Gebühren.[3] Eine Ausnahme gilt gemäß § 80 Abs. 1 Nr. 3 GWB seit der 8. Kartellrechtsnovelle für die Einstellung des Entflechtungsverfahrens nach § 41 Abs. 3 GWB.

2. Die Auslagen (Satz 3)

4 Sie werden auch dann erhoben, wenn an sich Gebührenfreiheit nach § 1 Abs. 1 Satz 2 KartKostVO i. V. m. § 8 Abs. 1 VwKostG besteht oder von einer Gebührenerhebung abgesehen wird (§ 1 Abs. 2 KartKostVO, Abs. 2). Sie umfassen nach der Neufassung des Gesetzes durch die Verweisung auf die Justizkostengesetze auch Entschädigungen für Sachverständige und Zeugen.

3. Gebührenhöhe

5 Die **Höhe** der Gebühren ist in § 80 Abs. 2 bis 5 GWB geregelt. Die in § 80 Abs. 2 Satz 2 GWB genannten **Höchst**gebühren stehen dem in § 80 Abs. 2 Satz 1 GWB genannten allgemeinen Maßstab, wonach die Gebühren nach dem personellen und sachlichen Aufwand der Kartellbehörde unter Berücksichtigung der wirtschaftlichen Bedeutung, die der Gegenstand der gebührenpflichtigen Handlung hat, zu bemessen sind, gegenüber. Die Staffelung der Höchstsätze in § 80 Abs. 2 Satz 2 GWB gibt Hinweise auch für die Bemessung der Gebühren nach § 80 Abs. 2 Satz 1 GWB, insbesondere unter dem Gesichtspunkt der wirtschaftlichen Bedeutung. Die Praxis geht deshalb davon aus, dass innerhalb der einzelnen Fallgruppen bei durchschnittlicher wirtschaftlicher Bedeutung und dem entsprechenden Aufwand der Kartellbehörde eine Gebühr jedenfalls in Höhe der Hälfte des

---

[1] *Kollmorgen* in: Langen/Bunte, Kommentar zum deutschen und europäischen Kartellrecht, § 80 Rn. 5.
[2] KG, WuW/E OLG 4995 – *Geringe Anmeldegebühr.*
[3] *Stockmann* in: Immenga/Mestmäcker, GWB, § 80 Rn. 7.

Höchstbetrages nach § 80 Abs. 2 Satz 2 GWB angemessen ist.[4] Die Kartellbehörde hat bei der Festsetzung der Gebührenhöhe einen gerichtlich nur eingeschränkt überprüfbaren **Beurteilungs- und Ermessensspielraum.**[5] Dabei hat sie auch den **Gleichbehandlungsgrundsatz** zu beachten mit der Folge, dass gleichgelagerte Fälle mit in etwa gleichen Gebühren berechnet werden müssen.[6] Bei Fusionskontrollverfahren ist zur Gebührenbemessung regelmäßig auf die „wirtschaftliche Tragweite" des jeweiligen Verfahrens abzustellen, wobei in diesem Zusammenhang die Umsätze, Beteiligungen, Finanzbeteiligungen sowie die Gewinnsituation der Beteiligten mit dem Unternehmen von Bedeutung sein können.[7] In die Gebührenbemessung fließt regelmäßig auch der Grad des Abweichens von den Vorschriften des GWB ein. Neben den dargestellten Grundsätzen zur wirtschaftlichen Bedeutung der Angelegenheit (Äquivalenzprinzip) ist nach dem Kostendeckungsprinzip der personelle und sachliche Aufwand der Kartellbehörde von Bedeutung. Dementsprechend ist die sich aus der wirtschaftlichen Bedeutung der Sache rechtfertigende Gebührenhöhe zu reduzieren, wenn die Kartellbehörde auf Ergebnisse anderer Verfahren zurückgreifen konnte und deshalb einen **unterdurchschnittlichen Ermittlungsaufwand** hatte.[8] Nicht zu berücksichtigen ist der Umfang des Vortrags des Antragstellers, da dies die Prüfungspflicht der Kartellbehörde nicht beeinflusst.

§ 80 Absatz 2 Satz 3 GWB räumt der Kartellbehörde die Möglichkeit ein, **besondere** 6
Umstände gebührenerhöhend oder gebührenmindernd zu berücksichtigen. Bei einem im Vergleich zur wirtschaftlichen Bedeutung der Sache außergewöhnlichen hohen personellen oder sachlichen Aufwand der Kartellbehörde kann die Gebühr bis auf das Doppelte erhöht werden (§ 80 Absatz 2 Satz 3 GWB). Umgekehrt kann gemäß § 80 Abs. 3 Satz 4 GWB aus Billigkeitsgründen (z. B. mit Rücksicht auf die schlechte wirtschaftliche Lage des Kostenschuldners) die Gebühr bis auf ein Zehntel ermäßigt werden.

Die in § 80 Abs. 4 GWB aufgeführten **Ausnahmen** von der Gebührenpflicht im 7
Fall von mündlichen und schriftlichen Auskünften und Anregungen, wenn sie bei richtiger Behandlung der Sache nicht entstanden wären oder wenn im Falle einer Ministererlaubnis (§ 42 GWB) die vorangegangene Verfügung des Bundeskartellamts aufgehoben wird, belegen, dass die Aufzählung der Gebührentatbestände in § 80 Abs. 1 GWB abschließend ist; die Ausnahmetatbestände entsprechen allgemeinen verwaltungsrechtlichen Grundsätzen.

Die in § 80 Abs. 5 GWB für den Fall der **Antragsrücknahme** vorgesehene Ermäßi- 8
gung der Gebühr auf die Hälfte trägt dem Umstand Rechnung, dass der vorzeitige Abschluss des Verfahrens im Allgemeinen mit einem deutlich geringeren Verwaltungsaufwand einhergeht.

III. Behandlung der Kosten

1. Kostenschuldner

Kostenschuldner ist nach § 80 Abs. 6 GWB, wer die kostenpflichtige Anmeldung ein- 9
gereicht oder die entsprechende Amtshandlung veranlasst hat. Dabei haftet auch derjenige als Kostenschuldner, der nur den Anschein erweckt, dass die Anmeldung auch in seinem Namen erfolgt sei. Mehrere Personen haften als **Gesamtschuldner** im Sinne von §§ 421 ff. BGB. Aus § 80 Abs. 6 Satz 2 GWB folgt, dass auch Rechtsnachfolger für die entstandenen Kosten haften. Kostenschuldner ist ferner derjenige, gegen den sich die Verfügung in der Hauptsache richtet. Neben demjenigen, der nach § 80 Abs. 6 Satz 1 GWB

---

[4] OLG Düsseldorf, Beschl. v. 19.8.2008 – *VI-Kart 6/08 (V)* Umdruck Seite 3 ff. m. w. N.; KG, WuW/E OLG 5003 – *Joint-Venture-Gebühr;* KG, WuW/E OLG 4764 – *Kostenbeschluss.*

[5] OLG Düsseldorf, Beschl. v. 19.8.2008 – *VI-Kart 6/08 (V)* Umdruck Seite 3/4 m. w. N.

[6] OLG Düsseldorf, Beschl. v. 19.8.2008 – *VI-Kart 6/08 (V)* Umdruck Seite 4/5; KG, WuW/E DE-R 34 – *Bekleidungsfutterstoff.*

[7] OLG Düsseldorf, Beschl. v. 19.8.2008 – *VI-Kart 6/08 (V)* Umdruck Seite 4.

[8] KG, WuW/E OLG 5291, 5293 – *Angaben des Anmelders.*

Kostenschuldner ist, haftet auch derjenige, der durch die Erklärung gegenüber der Kartellbehörde die Haftung übernommen hat (§ 80 Abs. 6 Satz 2 GWB). Ferner ist nach § 80 Abs. 6 Satz 3 GWB Kostenschuldner, wer für die Gebührenschuld eines anderen aufgrund allgemeiner Vorschriften haftet, also etwa der Gesellschafter neben der Gesellschaft (§ 128 HGB).

10 Die Kostenschuld entsteht bei Einreichung eines Antrags oder einer Anmeldung, sonst mit der Beendigung der gebührenpflichtigen Amtshandlung (§ 2 Abs. 1 KartKostVO). Die Durchsetzung der Kostenschuld erfolgt von Amts wegen durch die Kartellbehörde, regelmäßig zusammen mit der Sachentscheidung (§ 4 Abs. 1 KartKostVO).

2. Veränderungen

11 Die Kostenschuld unterliegt **Veränderungen** dadurch, dass sie gemäß § 80 Abs. 7 GWB in 4 Jahren nach der Festsetzung **verjährt.** Nach § 80 Abs. 7 Satz 2 KartKostVO kann die Kostenforderung gestundet werden, wenn gegen eine Kostenentscheidung Beschwerde eingelegt wird; auch eine Niederschlagung oder der Forderungserlass in besonderen Fällen sind möglich.[9]

3. Erstattung

12 Auf Grund der Ermächtigung in § 80 Abs. 9 GWB sieht § 8 KartKostVO die Anordnungsbefugnis der Kartellbehörde vor, dass die einem Beteiligten entstandenen Kosten, soweit sie zur zweckentsprechenden Erledigung der Angelegenheit notwendig waren, von einem anderen Beteiligten ganz oder teilweise zu **erstatten** sind, wenn dies der Billigkeit entspricht. Auch in Fällen, in denen ein Beteiligter Kosten durch grobes Verschulden veranlasst hat, sind ihm die Kosten aufzuerlegen. Damit sind im Ergebnis die Grundsätze, die nach § 78 GWB für die Verteilung der Kosten des Beschwerdeverfahrens gelten, auch im kartellbehördlichen Verfahren anzuwenden.[10] Da die Kartellbehörden keine „Beteiligten" sind, gibt es keine Rechtsgrundlage für die Erstattung der Kosten durch die Kartellbehörden.[11] Über eine Kostenerstattung wird nur auf Antrag entschieden.

4. Rechtsmittel

13 Die Gebühren- und Auslagenentscheidung der Kartellbehörde ist mit der Beschwerde nach § 63 Abs. 1 GWB anfechtbar (vgl. § 7 Abs. 1, 8 Abs. 3 KartKostVO). Wird gegen die Entscheidung in der Hauptsache Beschwerde eingelegt, erstreckt sich das Rechtsmittel kraft § 22 Abs. 1 KartKostVO auch auf die Gebühren- und Auslagenentscheidung. Hat das Rechtsmittel in der Hauptsache Erfolg und wird die kartellbehördliche Verfügung aufgehoben, entfällt auch die Gebührenforderung; wird das Rechtsmittel zurückgewiesen und hat der behördliche Verwaltungsakt Bestand, besteht die Gebührenforderung fort. Das gilt selbst dann, wenn diese getrennt ergangen ist.

14 Aus der gesetzlichen Ausgestaltung als Rahmengebühr folgt, dass die Kartellbehörde bei der Festsetzung der Gebührenhöhe ein Ermessen besitzt. Demzufolge ist die gerichtliche Kontrolle der Gebührenfestsetzung auf das Vorhandensein von Ermessensfehlern beschränkt.[12] Darüber hinaus besitzt die Kartellbehörde im Rahmen des § 80 Abs. 2 Satz 1

---

[9] *Stockmann* in: Immenga/Mestmäcker, GWB, § 80 Rn. 30.

[10] *Lembach* in: Langen/Bunte, Kommentar zum deutschen und europäischen Kartellrecht, § 80 Rn. 59.

[11] KG, WuW/E OLG 4113, 4117; BVerfG, WuW/E VG 389; *Lembach* in: Langen/Bunte, Kommentar zum deutschen und europäischen Kartellrecht, § 80 Rn. 58.

[12] OLG Düsseldorf, WuW/E DE-R 2495 – *Solarenergieunternehmen.*

GWB bei dem Kriterium der „wirtschaftlichen Bedeutung" der Sache über einen gerichtlich nur eingeschränkt überprüfbaren Beurteilungsspielraum.[13]

Gegen die Beschwerdeentscheidung gegen den Gebührenbescheid der Kartellbehörde ist die Rechtsbeschwerde oder – sofern sie vom Beschwerdegericht nicht zugelassen worden ist – die Nichtzulassungsbeschwerde eröffnet. 15

Zum **Verhältnis von Gebührenbeschwerde und Hauptsachenbeschwerde** gilt dabei Folgendes: Das Bundeskartellamt darf eine Verwaltungsgebühr nach § 80 Abs. 1 GWB festsetzen, wenn sie eine der dort genannten Verfügungen erlässt und diese Verfügung in einem etwaigen Beschwerde- oder Rechtsbeschwerdeverfahren auch Bestand hat. Wird die kartellbehördliche Anordnung im gerichtlichen Verfahren aufgehoben, ist damit zugleich der korrespondierenden **Gebührenfestsetzung** die **Grundlage entzogen.** Sie wird – ohne dass es einer dahingehenden gerichtlichen Aufhebungsentscheidung bedarf – hinfällig. Dies gilt selbst dann, wenn die Gebührenfestsetzung der Kartellbehörde nicht angefochten worden und deshalb (scheinbar) bestandskräftig ist. Denn der Rechtsbehelf gegen die Sachentscheidung erstreckt sich gemäß § 22 Abs. 1 2. Halbsatz KartKostVO auch auf die Gebührenfestsetzung. Umgekehrt berührt alleine die Rechtswidrigkeit der in der Hauptsache ergangenen Verfügung den Gebührenausspruch der Kartellbehörde nicht. Wird die **Hauptsachenverfügung bestandskräftig** oder durch Verwerfung oder Zurückweisung der Beschwerde **gerichtlich bestätigt,** trägt sie die Gebührenfestsetzung auch dann, wenn sie nicht rechtmäßig gewesen sein sollte. Voraussetzung für den Gebührenanspruch nach § 80 Abs. 1 GWB ist insoweit nur der rechtliche Bestand und nicht auch die Rechtmäßigkeit der ihm zugrunde liegenden kartellbehördlichen Entscheidung.[14] Dementsprechend kann der Gebührenausspruch in einem solchen Fall nicht mit dem Argument angegriffen werden, die korrespondierende Sachentscheidung sei rechtswidrig. Geltend gemacht werden können mit der Gebührenbeschwerde vielmehr nur gebührenrechtliche Einwendungen (einschließlich des Einwands der gänzlich fehlenden Hauptsachenverfügung). Eine Rechtmäßigkeitskontrolle der zugrunde liegenden Hauptsachenverfügung findet demgegenüber nicht statt.[15] 16

Leistet die beschwerdeführende Partei der kartellbehördlichen Anordnung Folge und führt hierdurch die **Erledigung ihrer Hauptsachenbeschwerde** herbei, bleibt die korrespondierende Gebührenfestsetzung gleichwohl bestehen.[16] Denn die Erledigung ist für sich genommen kein Grund, den Beschwerdeführer von der Gebührenpflicht für die von ihm befolgte kartellbehördliche Anordnung zu befreien. Der Gebührenzahlungspflicht kann in diesem Fall auch nicht entgegen gehalten werden, dass die Hauptsachenbeschwerde kraft Gesetzes keine aufschiebende Wirkung entfaltet habe und deshalb der angefochtenen kartellbehördlichen Verfügung habe Folge geleistet werden müssen. Das gilt jedenfalls dann, wenn mit Aussicht auf Erfolg ein Antrag nach § 65 Abs. 3 Satz 3 GWB auf Anordnung der aufschiebenden Wirkung hätte gestellt werden können, um auf diesem Wege eine Erledigung des Rechtsmittels zu verhindern.[17] 17

Bleibt die Entscheidung in der Hauptsache offen, weil die Verfahrensbeteiligten das Rechtsmittel übereinstimmend für erledigt erklärt haben, ist grundsätzlich die Hälfte der Gebühr zu entrichten.[18] 18

---

[13] OLG Düsseldorf, WuW/E DE-R 2495 – *Solarenergieunternehmen.*

[14] OLG Düsseldorf, Beschl. v. 12.11.2008 – *VI-Kart 5/08 (V)* Umdruck Seite 36–37.

[15] OLG Düsseldorf, Beschl. v. 12.11.2008 – *V-Kart 5/08 (V)* Umdruck Seite 37.

[16] BGH, WuW/E BGH 2207, 2208 – *Lufthansa-f. i. r. s. t. Reisebüro;* OLG Düsseldorf, Beschl. v. 12.11.2008 – *VI-Kart 5/08 (V)* Umdruck Seite 37; *Lagemann* in: Münchener Kommentar Europäisches und Deutsches Wettbewerbsrecht, § 80 Rn. 64; *Bracher* in: Frankfurter Kommentar, § 80 Rn. 45.

[17] OLG Düsseldorf, Beschl. v. 12.11.2008 – *VI-Kart 5/08 (V)* Umdruck Seite 38.

[18] OLG Düsseldorf, Beschl. vom 25.11.2013, *VI-Kart 9/12 (V)* Rn. 27; KG, WuW/E OLG 4569, 4571 – *Berliner Erklärung.*

Zweiter Abschnitt. Bußgeldverfahren

§ 81 Bußgeldvorschriften

(1) **Ordnungswidrig handelt, wer gegen den Vertrag über die Arbeitsweise der Europäischen Union in der Fassung der Bekanntmachung vom 9. Mai 2008 (ABl. C 115 vom 9.5.2008, S. 47) verstößt, indem er vorsätzlich oder fahrlässig**

**1. entgegen Artikel 101 Absatz 1 eine Vereinbarung trifft, einen Beschluss fasst oder Verhaltensweisen aufeinander abstimmt
oder**

2. entgegen Artikel 102 Satz 1 eine beherrschende Stellung missbräuchlich ausnutzt.

(2) **Ordnungswidrig handelt, wer vorsätzlich oder fahrlässig**

1. einer Vorschrift der §§ 1, 19, 20 Absatz 1 bis 3 Satz 1 oder Absatz 5, § 21 Absatz 3 oder 4, § 29 Satz 1 oder § 41 Absatz 1 Satz 1 über das Verbot einer dort genannten Vereinbarung, eines dort genannten Beschlusses, einer aufeinander abgestimmten Verhaltensweise, der missbräuchlichen Ausnutzung einer marktbeherrschenden Stellung, einer Marktstellung oder einer überlegenen Marktmacht, einer unbilligen Behinderung oder unterschiedlichen Behandlung, der Ablehnung der Aufnahme eines Unternehmens, der Ausübung eines Zwangs, der Zufügung eines wirtschaftlichen Nachteils oder des Vollzugs eines Zusammenschlusses zuwiderhandelt,

2. einer vollziehbaren Anordnung nach

a) § 30 Absatz 3, § 31b Absatz 3 Nummer 1 und Nummer 3, § 32 Absatz 1, § 32a Absatz 1, § 32b Absatz 1 Satz 1 oder § 41 Absatz 4 Nummer 2, auch in Verbindung mit § 40 Absatz 3a Satz 2, auch in Verbindung mit § 41 Absatz 2 Satz 3 oder § 42 Absatz 2 Satz 2, oder § 60 oder

b) § 39 Absatz 5 oder

c) § 47d Absatz 1 Satz 2 in Verbindung mit einer Rechtsverordnung nach § 47f Nummer 1 oder

d) § 47d Absatz 1 Satz 5 erster Halbsatz in Verbindung mit einer Rechtsverordnung nach § 47f Nummer 2

zuwiderhandelt,

3. entgegen § 39 Absatz 1 einen Zusammenschluss nicht richtig oder nicht vollständig anmeldet,

4. entgegen § 39 Absatz 6 eine Anzeige nicht, nicht richtig, nicht vollständig oder nicht rechtzeitig erstattet,

5. einer vollziehbaren Auflage nach § 40 Absatz 3 Satz 1 oder § 42 Absatz 2 Satz 1 zuwiderhandelt,

5a. einer Rechtsverordnung nach § 47f Nummer 3 Buchstabe a, b oder c oder einer vollziehbaren Anordnung auf Grund einer solchen Rechtsverordnung zuwiderhandelt, soweit die Rechtsverordnung für einen bestimmten Tatbestand auf diese Bußgeldvorschrift verweist,

5b. entgegen § 47k Absatz 2 Satz 1, auch in Verbindung mit Satz 2, jeweils in Verbindung mit einer Rechtsverordnung nach § 47k Absatz 8 Satz 1 Nummer 1 oder Nummer 2, eine dort genannte Änderung nicht, nicht richtig, nicht vollständig oder nicht rechtzeitig übermittelt oder

6. entgegen § 59 Abs. 2, auch in Verbindung mit § 47d Absatz 1 Satz 1 oder § 47k Absatz 7, eine Auskunft nicht, nicht richtig, nicht vollständig oder nicht rechtzeitig erteilt, Unterlagen nicht, nicht vollständig oder nicht rechtzeitig herausgibt, geschäftliche Unterlagen nicht, nicht vollständig oder nicht rechtzeitig zur Einsichtnahme und Prüfung vorlegt oder die Prüfung dieser geschäftlichen Unterlagen sowie das Betreten von Geschäftsräumen und -grundstücken nicht duldet oder

7. entgegen § 81a Absatz 1 Satz 1 eine Auskunft nicht, nicht richtig, nicht vollständig oder nicht rechtzeitig erteilt oder eine Unterlage nicht, nicht richtig, nicht vollständig oder nicht rechtzeitig herausgibt.

(3) **Ordnungswidrig handelt, wer**

1. entgegen § 21 Absatz 1 zu einer Liefersperre oder Bezugssperre auffordert,
2. entgegen § 21 Absatz 2 einen Nachteil androht oder zufügt oder einen Vorteil verspricht oder gewährt oder
3. entgegen § 24 Absatz 4 Satz 3 oder § 39 Absatz 3 Satz 5 eine Angabe macht oder benutzt.

(4) **Die Ordnungswidrigkeit kann in den Fällen des Absatzes 1, des Absatzes 2 Nummer 1, 2 Buchstabe a und Nummer 5 und des Absatzes 3 mit einer Geldbuße bis zu einer Million Euro geahndet werden. Gegen ein Unternehmen oder eine Unternehmensvereinigung kann über Satz 1 hinaus eine höhere Geldbuße verhängt werden; die Geldbuße darf 10 vom Hundert des im der Behördenentscheidung vorausgegangenen Geschäftsjahr erzielten Gesamtumsatzes des Unternehmens oder der Unternehmensvereinigung nicht übersteigen. Bei der Ermittlung des Gesamtumsatzes ist der weltweite Umsatz aller natürlichen und juristischen Personen zugrunde zu legen, die als wirtschaftliche Einheit operieren. Die Höhe des Gesamtumsatzes kann geschätzt werden. In den übrigen Fällen kann die Ordnungswidrigkeit mit einer Geldbuße bis zu hunderttausend Euro geahndet werden. Bei der Festsetzung der Höhe der Geldbuße ist sowohl die Schwere der Zuwiderhandlung als auch deren Dauer zu berücksichtigen.**

(5) **Bei der Zumessung der Geldbuße findet § 17 Abs. 4 des Gesetzes über Ordnungswidrigkeiten mit der Maßgabe Anwendung, dass der wirtschaftliche Vorteil, der aus der Ordnungswidrigkeit gezogen wurde, durch die Geldbuße nach Absatz 4 abgeschöpft werden kann. Dient die Geldbuße allein der Ahndung, ist dies bei der Zumessung entsprechend zu berücksichtigen.**

(6) **Im Bußgeldbescheid festgesetzte Geldbußen gegen juristische Personen und Personenvereinigungen sind zu verzinsen; die Verzinsung beginnt zwei Wochen nach Zustellung des Bußgeldbescheides. § 288 Abs. 1 Satz 2 und § 289 Satz 1 des Bürgerlichen Gesetzbuchs sind entsprechend anzuwenden.**

(7) **Das Bundeskartellamt kann allgemeine Verwaltungsgrundsätze über die Ausübung seines Ermessens bei der Bemessung der Geldbuße, insbesondere für die Feststellung der Bußgeldhöhe als auch für die Zusammenarbeit mit ausländischen Wettbewerbsbehörden, festlegen.**

(8) **Die Verjährung der Verfolgung von Ordnungswidrigkeiten nach den Absätzen 1 bis 3 richtet sich nach den Vorschriften des Gesetzes über Ordnungswidrigkeiten auch dann, wenn die Tat durch Verbreiten von Druckschriften begangen wird. Die Verfolgung der Ordnungswidrigkeiten nach Absatz 1, Absatz 2 Nummer 1 und Absatz 3 verjährt in fünf Jahren.**

(9) **Ist die Europäische Kommission oder sind die Wettbewerbsbehörden anderer Mitgliedstaaten der Europäischen Union auf Grund einer Beschwerde oder von Amts wegen mit einem Verfahren wegen eines Verstoßes gegen Artikel 101 oder 102 des Vertrages über die Arbeitsweise der Europäischen Union gegen dieselbe Vereinbarung, denselben Beschluss oder dieselbe Verhaltensweise wie die Kartellbehörde befasst, wird für Ordnungswidrigkeiten nach Absatz 1 die Verjährung durch die den § 33 Absatz 1 des Gesetzes über Ordnungswidrigkeiten entsprechenden Handlungen dieser Wettbewerbsbehörden unterbrochen.**

(10) **Verwaltungsbehörden im Sinne des § 36 Absatz 1 Nummer 1 des Gesetzes über Ordnungswidrigkeiten sind**

1. die Bundesnetzagentur als Markttransparenzstelle für Strom und Gas bei Ordnungswidrigkeiten nach Absatz 2 Nummer 2 Buchstabe c und d, Nummer 5a und

Nummer 6, soweit ein Verstoß gegen § 47d Absatz 1 Satz 1 in Verbindung mit § 59 Absatz 2 vorliegt,

2. das Bundeskartellamt als Markttransparenzstelle für Kraftstoffe bei Ordnungswidrigkeiten nach Absatz 2 Nummer 5b und Nummer 6, soweit ein Verstoß gegen § 47k Absatz 7 in Verbindung mit § 59 Absatz 2 vorliegt, und

3. in den übrigen Fällen der Absätze 1, 2 und 3 das Bundeskartellamt und die nach Landesrecht zuständige oberste Landesbehörde jeweils für ihren Geschäftsbereich.

Übersicht

Schrifttum: *Achenbach,* Verbandsgeldbuße und Aufsichtspflichtverletzung (§§ 30 und 130 OWiG) – Grundlagen und aktuelle Probleme, NZWiSt 2012, 321; *ders.,* Grauzement, Bewertungseinheit und Bußgeldobergrenze, Bemerkungen zu BGH, Beschl. v. 26.2.2013, KRB 20/12 – Grauzementkartell, WuW 2013, 688; *ders.,* Die 8. GWB-Novelle und das Wirtschaftsstrafrecht, Wistra 2013, 369; *ders.,* Die Kappungsgrenze und die Folgen – Zweifelsfragen des § 81 Abs. 4 GWB, ZWeR, 2009, 3; *ders.,* Einspruchsrücknahme und steuerfreie Mehrerlösabschöpfung bei Kartellverstoß, NStZ 2006, 233; *ders.,* Bonusregelung bei Kartellstraftaten?, NJW 2001, 2232; *Achenbach/Wegner,* Probleme der reinen Ahndungsgeldbuße im Kartellrecht (§ 81 Abs. 5 GWB), ZWeR 2006, 49; *Ackermann,* Kartellgeldbußen als Instrument der Wirtschaftsaufsicht, ZWeR 2012, 3; *Barth/Budde,* „Die Strafe soll nicht größer sein als die Schuld", Zum Urteil des BGH in Sachen Grauzement und den neuen Leitlinien für die Bußgeldzumessung, NZKart 2013, 311; *Bauer/Wrage-Molkenthien,* Zur rechtlichen Bewertung des Irrtums über normative Tatbestandsmerkmale im Kartellrecht, WuW 1988, 586; *Bayer,* Legalitätspflicht der Unternehmensleitung, nützliche Gesetzesverstöße und Regress bei verhängten Sanktionen – dargestellt am Beispiel von Kartellverstößen, in: FS K. Schmidt, 2009, 85; *Bechtold/Bosch,* GWB, 8. Auflage 2015; *Biermann,* Neubestimmung des deutschen und europäischen Kartellsanktionenrechts: Reformüberlegungen, Determinanten und Perspektiven einer Kriminalisierung von Verstößen gegen das Kartellrecht, ZWeR 2007, 1; *Bohnert,* OWiG, 3. Auflage 2010; *Bosch/Colbus/Harbusch,* Berücksichtigung von Compliance-Programmen in Kartellbußgeldverfahren, WuW 2009, 740; *Brenner,* „Settlements" in Kartellverfahren des Bundeskartellamtes – Perspektiven und Grenzen, WuW 2011, 590; *Brettl/Thomas,* Unternehmensbußgeld, Bestimmtheitsgrundsatz und Schuldprinzip, ZWeR 2009, 25; *Brinker,* Ein Zinssignal im Kartellrecht, NZKart 2013, 45; *Dannecker/Dannecker/N. Müller,* ZWeR 2013, 417; *Dierlamm,* Die Verfolgung von Submissionsabsprachen nach GWB/OWiG und Strafrecht (§ 298 StGB) – Praktische und rechtliche Schnittstellenprobleme aus Sicht der Verteidigung, ZWeR 2013, 192; *Dreher,* Die kartellrechtliche Bußgeldverantwortlichkeit von Vorstandsmitgliedern. Vorstandshandeln zwischen aktienrechtlichem Legalitätsprinzip und kartellrechtlicher Unsicherheit, in: FS Konzen, 2006, 85; *Dück/Schultes,* Bußgeldhaftung und Rechtsnachfolge – Schlupfloch für Kartellsünder?, WM 2013, 9; *Eilers,* Steuerliche Abzugsfähigkeit von Kartellrechtsbußen, SteuK 2014, 120; *Fabisch,* Managerhaftung für Kartellrechtsverstöße, ZWeR 2013, 91; *Fleischer,* Regresshaftung von Geschäftsleitern wegen Verbandsgeldbußen, DB 2014, 345; *ders.,* Verbotsirrtum und Vertrauen auf Rechtsrat im europäischen Wettbewerbsrecht, EuZW 2013, 326; Frankfurter Kommentar zum Kartellrecht, Loseblatt 84. Ergänzungs-Lfg.; *Friedl/Titze,* Der Sanktionszweck heiligt den Regressausschluss – zur Haftung von Vorstandsmitgliedern für Verbandsgeldbußen, ZWeR 2015, 318; *Göhler,* OWiG, 16. Auflage 2012; *Goette,* Zu den vom Aufsichtsrat zu beachtenden Abwägungskriterien im Rahmen seiner Entscheidung nach den ARAG/GARMENBECK Kriterien – dargestellt am Beispiel des Kartellrechts, in: FS Hoffmann-Becking, 2013, 377; *Hauger/Palzer,* Kartellbußen und gesellschaftsrechtlicher Innenregress, ZGR 2015, 33; *Haus,* „Flucht in die Rechtsnachfolge" – zu den „Risiken und Nebenwirkungen" des § 30 Abs. 2a OWiG, WuW 2015, 892; *ders.* Verfassungsprinzipien im Kartellbußgeldrecht – ein Auslaufmodell? Zu den anwendbaren Maßstäben bei der Bemessung umsatzbezogener Geldbußen nach § 81 Absatz 4 GWB, NZKart 2013, 183; *Heinichen,* Auslegung des Kartellrechts – zugleich Anmerkung zu BGH, Beschl. v. 26.2.2013 – KRB 20/12, NZWiSt 2013, 161; *ders.,* Rechtsnachfolge im deutschen Kartellordnungswidrigkeitenrecht, WRP 2012, 159; *ders.,* Anm. zum Beschluss des BGH v. 10.8.2011 – Versicherungsfusion – Zur Erstreckung der kartellbußgeldrechtlichen Haftung auf den Gesamtrechtsnachfolger, EWiR 2011, 821; *Herrlinger,* Die Entscheidung „Grauzementkartell" des BGH und ihre Folgen für die kartellrechtliche Bußgeldberechnung, in: FIW, Schwerpunkte des Kartellrechts, 2013, 85; *Hetzel,* Kronzeugenregelungen im Kartellrecht, 2004; *Heuking,* Kommentar zu Grauzement: Prozentualer Abschlag bei Kartellgeldbußen wegen rechtsstaatswidriger Verfahrensverzögerung, BB 2013, 1298; *Heuking/von Coelln,* Die aktuelle Diskussion um Buße oder Strafe für Unternehmen, BB 2014, 3016; *Ignor/Bertheau,* Die so genannte Vollstreckungslösung des Großen Senats für Strafsachen – wirklich eine Lösung?, NJW 2008, 2209; *Immenga/Mestmäcker,* Wettbewerbsrecht, Band 2 (GWB), 5. Auflage 2014; *dies.,* Wettbewerbsrecht, Band 1 (EU), 5. Auflage 2012; *Karbaum,* Kartellrechts-Compliance – Mehr Fragen als Antworten nach einer Dekade intensiver Diskussion der Compliance-Verantwortung des Vorstands?, AG 2013, 863; Karlsruher Kommentar zum Gesetz über Ordnungswidrigkeiten, 4. Auflage 2014; *Kellerbauer/Weber,* Die gesamtschuldnerische Haftung für Kartellgeldbußen und ihre Grenzen: Das Urteil Siemens VA Tech, EuZW 2011, 666; *Kersting,* Behandlung des unvermeidbaren Verbotsirrtums im europäischen Kartellrecht, WuW 2013, 845; *Kindler,* Pflichtverletzung und Schaden bei der Vorstandshaftung wegen unzureichender Compliance, in: FS G.H. Roth, 2011, 367; *Kling,* Wirtschaftliche Einheit und Gemeinschaftsunternehmen – Konzernprivileg und Haftungszurechnung, ZWeR 2011, 169; *Koch,* Beschränkungen des gesellschaftsrechtlichen Innenregresses bei Bußgeldzahlungen, in: Liber amicorum Martin Winter, 2011, 327; *ders.,* Der kartellrechtliche Sanktionsdurchgriff im Unternehmensverbund, ZHR 171 (2007) 554; *ders.,* Beschränkungen des gesellschaftsrechtlichen Innenregresses bei Bußgeldzahlungen, in: Liber amicorum für Martin Winter, 2011, 327; *Kokott/Dittert,* Die Verantwortlichkeit von Muttergesellschaften für Kartellvergehen ihrer Tochtergesellschaften im Lichte der Rechtsprechung der Unionsgerichte, WuW 2012, 670; *Krebs/Eufinger/Jung,* Bußgeldminderung durch Compliance-Programme im deutschen Kartellbußgeldverfahren?, CCZ 2011, 213; *Krieger/Schneider,* Handbuch Managerhaftung, 2. Aufl., 2010; *Kuck,* Die Anerkennung des Grundsatzes ne bis in idem im europäischen Kartellrecht und seine Anwendung in internationalen Kartellverfahren, WuW 2002, 689; *Langen/Bunte,* Kartellrecht, Band 1, 12. Auflage 2014; *Leipold,* Unternehmensstrafrecht – Eine rechtspolitische Notwendigkeit?, ZRP 2013, 34; *Lotze,* Haftung von Vorständen und Geschäftsführern für gegen Unternehmen verhängte Geldbußen, NZKart 2014, 162; *Lüdeke/Skala,* Bildung von Rückstellungen für EU-Geldbußen, BB 2004, 1436; *Meinhold-Heerlein/Engelhoven,* Verzinsung von Kartellbußgeldern, NZKart 2013, 104; *dies.,* Anm. zum Beschluss des OLG Düsseldorf vom 30.5. 2011, Az. V-1 Kart 1/11 – Zur Verfassungswidrigkeit der Verzinsungspflicht in § 81 Abs. 6 GWB, EWiR 2013, 51; *Meyer-Lindemann,* Anm. zur Entscheidung des EuGH vom 18.6.2013 (Az. C-681/ 11) – Zur Frage der subjektiven Vorraussetzungen für die Verhängung von Geldbußen bei Kartellrechtsverstößen, EuZW 2013, 626; *ders.,* Anm., Bußgeldbemessung in Kartellsachen – Grauzementkartell, NJW 2013, 1976; Durchsetzung des Kartellverbots durch Bußgeld und Schadenersatz, WuW 2011, 1235; *Meyring,* Uferlose Haftung im Bußgeldverfahren? – Neueste Theorien der Kommission zur Zurechnung von Kartellverstößen, WuW 2010, 157; *Möschel,* Erweiterter Privatrechtsschutz im Kartellrecht?, WuW 2006, 115; *ders.,* Behördliche oder private Durchsetzung des Kartellrechts?, WuW 2007, 483; *Moosmayer/Gropp-Stadler,* Der Diskussionsentwurf des Bundesministeriums der Justiz zur Änderung der §§ 30, 130 OWiG: Ein Zwischenruf, NZWiSt 2012, 241; *Mühlhoff,* Lieber der Spatz in der Hand ... oder: Nach der Novelle ist vor der Novelle! Zu den wesentlichen Änderungen des allgemeinen Ordnungswidrigkeitenrechts und des Kartellordnungswidrigkeitenrechts durch die 8. GWB-Novelle, NZWiSt 2013, 321; Münchener Kommentar zum Europäischen und Deutschen Wettbewerbsrecht, Band 2 (GWB), 2. Auflage 2015; *Nickel,* Submissionskartelle zwischen Kartell- und Strafrecht – Reichweite und Bedeutung der Bonusregelung des Bundeskartellamts, wistra 2014, 7; *Ohle/Albrecht,* Die neue Bonusregelung des Bundeskartellamtes in Kartellsachen, WRP 2006, 866; *Ost,* Die Regelung der Rechtsnachfolge und weitere Neuerungen im Kartellordnungswidrigkeitenrecht durch die 8. GWB-Novelle, in: Bien, Das deutsche Kartellrecht nach der 8. GWB-Novelle, 2013, 305; *ders.,* Kartellbußgelder, Grundrechte und europäische Konvergenz: der Nebel lichtet sich..., NZKart 2013, 173; *Pahlke,* Risikomanagement nach KonTraG – Überwachungspflichten und Haftungsrisiken für den Aufsichtsrat, NJW 2002, 1680; *Palzer,* Unternehmensstrafrecht – Eine rechtspolitische Notwendigkeit?, ZRP 2013, 122; *ders.,* Kartellbußen als Insolvensauslöser – Oder: Was tun, wenn's brennt?, NZI 2012, 67; *Palzer/Titze,* Anm., EuGH-Urteil vom 18.6.2013 – Zur Frage des Bestehens eines Vertrauensschutzes infolge abweichender anwaltlicher Beratung bei einem Verstoß gegen EU-Wettbewerbsregeln und Kartellbuße, RIW 2013, 544; *Pampel,* Die Bedeutung von Compliance-Programmen im Kartellordnungswidrigkeitenrecht, BB 2007, 1636; *Panizza,* Ausgewählte Probleme der Bonusregelung des Bundeskartellamtes vom 7. März 2006, ZWeR 2006, 58; *Polley/Heinz,* Settlements bei der Europäischen Kommission und beim Bundeskartellamt – ein Praxisvergleich, WuW 2012, 14; *Preußner/Becker,* Ausgestaltung von Risikomanagementsystemen durch die Geschäftsleitung, NZG 2002, 846; *Reichling,* Anm. zum Beschluss des BGH v. 10.8.2011 (KRB 55/ 10) – Zur Möglichkeit der Verhinderung von Bußgeldern durch Fusion, NJW 2012, 166; *Ritter,* Regierungsentwurf zum Gesetz zur Bekämpfung von Preismissbrauch im Bereich der Energieversorgung und des Lebensmittelhandels, WuW 2008, 142; *Säcker,* Kronzeugenregelung – Weiter so „pragmatisch“ wie bisher?, WuW 2009, 3; *Schönfeld/Haus/Bergmann,* Die steuerliche Abzugsfähigkeit von Kartellbußen – einige Überlegungen aus kartell- und steuerrechtlicher Sicht, DStR 2014, 2323; *Schönke/Schröder,* Strafgesetzbuch, 29. Auflage 2014; *Schroeder,* Kronzeugenregelungen im Kartellrecht, in: FS Bechtold, 2006, 437; *Schultze,* Compliance-Handbuch Kartellrecht, 1. Auflage 2014; *Schwalbe,* Kronzeugenregelungen und die Struktur von Kartellen – Anmerkungen aus ökonomischer Sicht, in: FS Canenbley, 2012, 422; *Schwintowski/Klaue,* Kartellrechtliche und gesellschaftsrechtliche Konsequenzen des Systems der Legalausnahme für die Kooperationspraxis der Unternehmen, WuW 2005, 370 ff.; *Stockmann,* Ziele und Zielkonflikte bei Kartellsanktionen, in: FS Bechtold, 2006, 559; *Tessin,* Verletzung der Aufsichtspflicht bei Kartellverstößen, BB 1987, 984; *Tiedemann,* Strafrechtliche Grundprobleme im Kartellrecht, NJW 1979, 1849; *Többens,* Die Bekämpfung der Wirtschaftskriminalität durch die Troika der §§ 9, 130 und 30 des Gesetzes über Ordnungswidrigkeiten, NStZ 1999, 1; *Twele,* Die Haftung des Vorstandes für Kartellrechtsverstöße, 2013; *Voet van Vormizeele,* Kartellrecht und Verfassungsrecht, NZKart 2013, 386; *ders.,* Kartellrechtliche Compliance-Programme im Rahmen der Bußgeldbemessung de lege lata und de lege ferenda, CCZ 2009, 41; *ders.,* Die neue Bonusregelung des Bundeskartellamtes, wistra 2006, 292; *Vollmer,* Zinsen auf Geldbußen gemäß § 81 Abs. 6 GWB – Zugleich Anmerkung zu BVerfG, wistra 2013, 289; *Wabnitz/Janovsky,* Handbuch des Wirtschafts- und Steuerstrafrechts, 4. Auflage 2014; *Wachs,* Haftungsnachfolge in Kartellbußgelder? – Möglichkeiten zur Verringerung der wirtschaftlichen Folgen kartellrechtlicher Zuwiderhandlungen durch Umstrukturierungen –, ZVertriebsR 2014, 90; *Wagner-von Papp,* Kriminalisierung von Kartellen, WuW 2010, 268; *Waßmer,* Versicherungsfusion, Geldbuße bei Gesamtrechtsnachfolge aber fehlender Identität oder „Nahezu-Identität“, NZWiSt 2012, 184; *Wegner,* Anm. zum Beschluss des BGH v. 25.4.2005, Az. KRB 22/04 – Zur Notwendigkeit einer Festlegung des der Ahndung und des der Abschöpfung dienenden Teils einer wegen eines Kartellrechtsverstoßes verhängten Geldbuße, wistra 2005, 386; *ders.,* Die Auswirkungen fehlerhafter Organisationsstrukturen auf die Zumessung der Unternehmensgeldbuße, wistra 2000, 361; *ders.,* Die Systematik der Zumessung unternehmensbezogener

Geldbußen, 2000; *M. P. Weller,* Die Anrechnung pönaler Schadensersatzleistungen gemäß § 33 GWB auf Kartellbußen, ZWeR 2008, 170; *Wiedemann,* Handbuch des Kartellrechts, 2. Auflage 2008; *Yomere,* Die Novellierung des Kartellbußgeldverfahrens durch die 8. GWB-Novelle, WuW 2013, 1187.

I. Einführung

Seit der 6. GWB-Novelle von 1998 ist § 81 die zentrale Bestimmung zur Regelung des materiellen Bußgeldrechts des GWB. Unter dieser Vorschrift haben die vom Bundeskartellamt in den letzten Jahren verhängten Bußgelder weitere Rekordhöhen erreicht. Im Jahr 2014 allein überschritten die für **Hardcore-Kartelle** festgesetzten Bußgelder den Betrag von 1 Milliarde Euro.[1] Dies kommt den auf EU-Ebene durch die Europäische Kommission festgesetzen Bußgeldern schon recht nahe. Diese bewegten sich in den Jahren 2012 bis 2014 jeweils in einem Bereich zwischen einer Milliarde und zwei Milliarden Euro.[2] Dagegen erscheinen die in den USA vom US Department of Justice im gleichen Zeitraum verhängten Bußgelder als relativ gering. Sie lagen umgerechnet im Durchschnitt unter dem Betrag von einer Milliarde Euro. Allerdings wurden dort auch Gefängnisstrafen verhängt.[3] **1**

Die steigenden Bußgeldhöhen sind nicht unmittelbar auf neuere Gesetzesänderungen zurückzuführen. Im Bußgeldbereich hielten sich solche ohnehin in Grenzen. Durch das **Markttransparenzstellen-Gesetz**[4] wurden 2012 die Regelungen des § 81 Abs. 2 Nr. 5a und b eingeführt. Weitere Änderungen brachte die 8. GWB-Novelle vom 26.6.2013[5] mit sich. Abs. 1 ist an die Terminologie des AEUV angepasst worden. Abs. 2 Nr. 1 stellt eine Folgeänderung wegen der Neuregelungen der §§ 19 und 20 dar, Abs. 2 Nr. 2a berücksichtigt die Neuregelung des § 31b und Abs. 2 Nr. 6 das Markttransparenzstellen-Gesetz. Schließlich wurde Abs. 2 Nr. 7 eingeführt, um den neuen § 81a mit einer Bußgeldsanktion zu versehen. **2**

Wichtiger im Verhältnis zu den neueren Änderungen bei § 81 sind Neuregelungen des **Ordnungswidrigkeitengesetzes (OWiG).** § 30 Abs. 2a OWiG regelt nunmehr – allerdings in unzureichender Form – Fragen der Verbandshaftung im Fall einer Rechtsnachfolge, § 30 Abs. 6 OWiG die Sicherung der Verbandsgeldbuße im Wege des dinglichen Arrests. Durch § 30 Abs. 2 OWiG wurde der Bußgeldrahmen deutlich erhöht. **3**

Bedeutender als die jüngsten Gesetzesänderungen sind für die neuere Entwicklung des deutschen Bußgeldrechts jedoch einige **Entscheidungen der höchsten Bundesgerichte,** die fast parallel zum Gesetzgebungsverfahren für die 8. GWB-Novelle wichtige noch offene Fragen zur 7. GWB-Novelle beantwortet haben. **4**

Entgegen vieler kritischer Stimmen in der Literatur[6] erklärte das Bundesverfassungsgericht die in § 81 Abs. 6 angeordnete Pflicht, im Bußgeldbescheid festgesetzte Geldbußen zu **verzinsen,** für verfassungsgemäß.[7] **5**

In praktischer Hinsicht kommt jedoch die größte Bedeutung der *Grauzement*-Entscheidung des Bundesgerichtshofes[8] zu. In dieser Entscheidung nahm der BGH etwa zur Frage **6**

---

[1] Die Bußgelder wurden u. a. gegen die Mitglieder des Zucker-, Bier- und Wurstkartells verhängt. Im Vorjahr hat das Bundeskartellamt Bußgelder i. H. v. 240 Mio. Euro in zwölf Verfahren gegen insgesamt 54 Unternehmen und 52 Privatpersonen verhängt. Vgl. auch BKartA, Jahresbericht 2014, S. 20.

[2] Vgl. die Statistiken der EU-Kommission (abrufbar unter http://ec.europa.eu/competition). Zur Problematik der bisherigen Entwicklung vgl. *Meyer-Lindemann* WuW 2011, 1235, 1236 f.

[3] Statistiken zu verhängten Bußgeldern und Gefängnisstrafen sind abrufbar unter http://www.justice.gov/atr/public/division-update/2014/criminal-program.html. Siehe auch Shearman Act § 1, 15 U.S.C. § 2.

[4] Gesetz zur Errichtung einer Markttransparenzstelle für den Großhandel mit Strom und Gas v. 5.12.2012, BGBl. I, S. 2403.

[5] BGBl. I, S. 1750.

[6] *Meinhold-Heerlein/Engelhoven* EWiR 2013, 51, 52; *Dannecker/Biermann* in: Immenga/Mestmäcker, GWB, § 81 Rn. 570; *Cramer/Pananis* in der Voraufl., Rn. 78; *Bechtold/Bosch,* GWB, § 81 Rn. 46.

[7] BVerfG WuW/E DE-R 3765 ff. – *Verzinsungspflicht.*

[8] BGH WuW/E DE-R 3861 ff. – *Grauzementkartell.*

Stellung, wann § 81 in seiner im Rahmen der 7. GWB-Novelle vorgesehenen Fassung in Kraft getreten ist. Da die Novelle vom 7.7.2005 erst am 12.7.2005 im Bundesgesetzblatt verkündet wurde, jedoch schon am 1.7.2005 in Kraft treten sollte, wurde in der Literatur teilweise ein Verstoß gegen das verfassungsrechtlich garantierte Rückwirkungsverbot angenommen.[9] Nach der weitestgehenden Ansicht konnte die 7. GWB-Novelle damit erst nach einem sanktionslosen Zustand mit ihrer Neubekanntmachung im Rahmen der zum 22.12. 2007 in Kraft getretenen Preismissbrauchsnovelle (BGBl. I S. 2966) wirksam werden.[10] Dieser Ansicht ist der BGH entgegen getreten: Bei verfassungskonformer Auslegung könne nur davon auszugehen sein, dass die Novelle zum Zeitpunkt der Verkündung in Kraft gesetzt wurde. Ein Verstoß gegen das **Rückwirkungsverbot** habe demnach nicht vorgelegen.[11]

7 Die Entscheidung *Grauzement* hat zwei weitere folgenreiche Klärungen herbeigeführt: Bei verfassungskonformer Auslegung – so judiziert der BGH – komme man zum Ergebnis, dass § 81 Abs. 4 Satz 2 nicht, wie im europäischen Recht als Kappungsgrenze, sondern als **Obergrenze des Bußgeldrahmens** anzusehen sei und dass das aus Umsätzen hergeleitete Bußgeld dem **verfassungsrechtlichen Bestimmtheitsgrundsatz** genüge.[12] Weiterhin kommt der BGH zum Ergebnis, dass gemäß § 81 Abs. 4 Satz 3 bei der Ermittlung des Gesamtumsatzes nicht nur der Umsatz des unmittelbar am Kartell beteiligten Rechtsträgers heranzuziehen sei, sondern auch Umsätze von Konzerngesellschaften zu berücksichtigen seien. Dieses Ergebnis wird jedoch nicht, wie im europäischen Recht, über eine sehr weitreichende Vermutungsregelung hinsichtlich der Veranwortlichkeit von konzernangehörigen Unternehmen erreicht.[13] Vielmehr soll sich der Gesamtumsatz aus den Umsätzen der Gesellschaften ergeben, die als wirtschaftliche Einheit verbunden sind.[14] Als Folge der Rechtsprechung des Bundesgerichtshofes musste das Bundeskartellamt seine Bußgeldleitlinien völlig neu überarbeiten.[15] Daneben hat es zum ersten Mal seine Verwaltungsgrundsätze zum Settlement veröffentlicht.[16]

8 Im Ergebnis haben die neueren Entwicklungen der Bußgeldhaftung in Deutschland wie z. B. die gesetzliche Regelung der Verbandshaftung im Fall der Rechtsnachfolge aber auch die durch die Rechtsprechung erfolgte Ablehnung der Kappungsgrenze und die neu definierte Bezugsgröße des Gesamtumsatzes das deutsche Bußgeldrecht in dogmatischer Hinsicht vom europäischen Recht weiter entfernt. Vor diesem Hintergrund wird von zahlreichen Kritikern eine stärkere Berücksichtigung des **europarechtlichen Effektivitätsgrundsatzes** eingefordert.[17]

9 Zudem fallen bei den Diskussionen um das Bußgeldrecht in Deutschland neben den Stimmen, die wieder eine stärkere Ausrichtung der deutschen Bußgeldpraxis an der europäischen Dogmatik fordern, in jüngerer Zeit insbesondere jene Stimmen auf, die sich für eine **Kriminalisierung des Kartellrechts** aussprechen.[18] Auch gibt es Bestrebungen, ein originäres Unternehmensstrafrecht einzuführen. In diesem Zusammenhang hat das Land Nordrhein-Westfalen den „Entwurf eines Gesetzes zur Einführung der strafrechtlichen Verantwortlichkeit von Unternehmen und sonstigen Verbänden"[19] vorgelegt.

---

[9] *Bechtold/Bosch,* GWB § 81 Rn. 2.
[10] So *Cramer/Pananis* in der Voraufl., Rn. 2.
[11] BGH WuW/E DE-R 3861, 3870 – *Grauzementkartell.*
[12] BGH WuW/E DE-R 3861, 3871 – *Grauzementkartell.*
[13] Vgl. EuGH, 10.9.2009, Rs. C-97/08 – *Akzo Nobel,* ECLI:EU:C:2009:536, Rn. 60.
[14] BGH WuW/E DE-R 3861, 3874 f. – *Grauzementkartell.*
[15] *BKartA,* Leitlinien für die Bußgeldbemessung in Kartellordnungswidrigkeitenverfahren vom 25.6. 2013. Siehe dazu unter Rn. 115 ff.
[16] *BKartA,* Das Settlement-Verfahren des Bundeskartellamtes in Bußgeldsachen vom 23.12.2013. Siehe dazu unter Rn. 119 ff.
[17] Siehe dazu unter Rn. 47 ff.
[18] *Wagner-von Papp* WuW 2010, 268, 281; *Säcker* WuW 2009, 3; *Biermann* ZWeR 2007, 1, 47. Siehe dazu unter Rn. 142 ff.
[19] Dazu etwa *Heuking/von Coelln* BB 2014, 3016 ff. Siehe dazu unter Rn. 145.

II. Allgemeine Grundlagen des kartellrechtlichen Ordnungswidrigkeitenrechts

Die in § 81 genannten Bußgeldtatbestände sind **Ordnungswidrigkeiten.** Ergänzend zu 10
den Regelungen des GWB kommen somit im Rahmen der Durchsetzung des Kartellrechts im Kartellbußgeldverfahren die Vorschriften des OWiG zur Anwendung.

Gem. § 3 OWiG können Ordnungswidrigkeiten nur **auf gesetzlicher Grundlage** be- 11
bußt werden. Daraus leiten sich das Verbot des Gewohnheitsrechts, das Bestimmtheitsgebot, das Analogieverbot und das Rückwirkungsverbot ab.[20] Die §§ 10, 11 und 12 OWiG sind Ausfluss des Schuldprinzips. § 24 OWiG normiert den Verhältnismäßigkeitsgrundsatz. Gem. § 47 OWiG gilt das Opportunitätsprinzip. Die Verfolgung von Ordnungswidrigkeiten liegt im pflichtgemäßen Ermessen der Verfolgungsbehörde. Solange das Verfahren bei ihr anhängig ist, kann sie es einstellen (§ 47 Abs. 1 OWiG). Die Einstellung darf jedoch nicht von der Zahlung eines Geldbetrages abhängig gemacht oder damit in Zusammenhang gebracht werden (§ 47 Abs. 3 OWiG).

Für das kartellrechtliche Bußgeldverfahren sind insbesondere auch die folgenden **„all-** 12
gemeinen Vorschriften" des OWiG von erheblicher Bedeutung:[21] § 9 OWiG regelt die sog. **Organ- und Vertreterhaftung.** Dieser kommt eine zentrale Bedeutung dadurch zu, dass sich in § 81 der Bußgeldtatbestand meist als Sonderdelikt darstellt, bei dem die bußgeldbewehrten Pflichten lediglich juristischen Personen und Personenvereinigungen auferlegt sind. Diese können jedoch nicht selbst in sanktionsrechtlich relevanter Weise handeln. Bei den für die juristischen Personen und Personenvereinigungen als natürliche Personen Handelnden ist dies anders. Ihnen fehlen jedoch ahndungsbegründende besondere persönliche Merkmale wie die des in den kartellrechtlichen Bestimmungen genannten „Unternehmens". § 9 OWiG beseitigt dieses Defizit, indem den handelnden natürlichen Personen in ihrer Rolle als Organ oder Vertreter die besonderen persönlichen Merkmale der juristischen Personen und Personenvereinigungen zugerechnet werden. § 14 OWiG erfasst darüberhinaus die **Mittäter, Gehilfen und Anstifter.** Sie handeln selbst dann ordnungswidrig, wenn ihnen die in § 9 Abs. 1 OWiG definierten besonderen persönlichen Merkmale nicht zugerechnet werden können. § 130 OWiG erweitert den Kreis der möglicherweise zu sanktionierenden natürlichen Personen darüber hinaus um die Personen, die zwar in erlaubter Weise ihre persönlichen Pflichten an einen Dritten **delegiert,** jedoch dann durch mangelnde Aufsicht nicht dafür gesorgt haben, dass der Dritte sie erfüllt hat. § 30 OWiG, verfahrensrechtlich ergänzt durch § 88 OWiG und § 444 StPO, löst das Problem, dass juristische Personen und Personenvereinigungen nicht selbst in sanktionsrechtlich erheblicher Weise handeln können. Ihre **Haftung als Verband** – in der Terminologie des Ordnungswidrigkeitenrechts als „Nebenbetroffene" im Gegensatz zur Haftung der natürlichen Personen als „Betroffene"[22] – wird dadurch begründet, dass ihnen das Handeln ihrer Organe und Vertreter zugerechnet wird. Das Bedürfnis für eine solche Zurechnung ergibt sich daraus, dass sich die Schwere der Sanktion, insbesondere die Höhe einer Geldstrafe oder Geldbuße, nach den wirtschaftlichen Verhältnissen des Täters zu richten hat. Eine Strafe oder Geldbuße gegen den als natürliche Person handelnden Täter alleine reicht jedoch oft nicht aus, um den Verstoß angemessen zu ahnden. Auch führt der Verstoß häufig – oft auch fast ausschließlich – zu wirtschaftlichen Vorteilen bei dem von ihm vertretenen Unternehmen. Dann muss dieses als Nebenbetroffener eine Geldbuße zahlen, die ein Vielfaches der Geldbußen der Betroffenen ausmachen kann. § 10 OWiG regelt die Ahndung für **Vorsatz und Fahrlässigkeit,** § 11 OWiG den **Irrtum.** Der durch die 8. GWB-Novelle neu eingeführte § 30 Abs. 6 OWiG ermöglicht die Anordnung eines **dinglichen Arrests** schon zum Zeitpunkt des Bußgeldbescheides, so dass nicht bis zur erstinstanzlichen Ge-

---

[20] *Rogall* in: KK-OWiG, § 3 Rn. 7.
[21] Einen Überblick über die Troika der §§ 9, 130, 30 OWiG gibt *Többens* NStZ 1999, 1 ff.
[22] Vgl. *Mitsch* in: KK-OWiG, § 88 Rn. 3.

richtsentscheidung gewartet werden muss. Dadurch soll das Risiko von Vermögensverschiebungen reduziert werden. § 29a OWiG regelt die **Gewinnabschöpfung** für den Fall, dass weder eine Geldbuße verhängt noch der strafrechtliche Verfall angeordnet werden kann.

1. Zurechnung nach § 9 OWiG

13 § 9 OWiG regelt die Haftung der in dieser Bestimmung definierten Organe und Vertreter für den Fall, dass bei ihnen besondere persönliche Merkmale des jeweils Vertretenen, wie die des **„Unternehmens“**, nicht vorliegen. In Abs. 1 werden wie in § 14 StGB die gesetzlichen Vertreter, in Abs. 2 die Substituten, d.h. die gewillkürten Vertreter, und in Abs. 3 die Wirksamkeit des jeweiligen Bestellungsaktes erfasst.

14 **a) § 9 Abs. 1 OWiG.** § 9 Abs. 1 Nr. 1 OWiG bezeichnet die für die Organ- und Vertreterhaftung in Betracht kommenden Fälle einer gesetzlichen Vertretung bei juristischen Personen sowohl des Privatrechts als auch des öffentlichen Rechts. Die juristische Person muss rechtswirksam entstanden sein.[23] Auch muss die Vertretungsberechtigung wirksam bestellt sein und darf nicht – etwa in Folge der Eröffnung des Insolvenzverfahrens – fortgefallen sein. Die Frage der Vertretungsberechtigung bei juristischen Personen des Privatrechts richtet sich nach den zivil- und handelsrechtlichen Vorschriften.[24] Rechtsfähige Vereine, Aktiengesellschaften, rechtsfähige Stiftungen und Genossenschaften werden im Rechtsverkehr durch den **Vorstand** (bzw. den Notvorstand) vertreten (§§ 26, 29, 86, 88 BGB; §§ 76, 84, 85 AktG; § 24 GenG). Bei der KGaA ist der **persönlich haftende Gesellschafter** vertretungsberechtigtes Organ (§§ 278 Abs. 2, 285 AktG). Bei der GmbH ist – auch im Fall einer sog. Ein-Mann-GmbH – der **Geschäftsführer** (§ 35 GmbHG) und nicht der Gesellschafter oder dessen Generalbevollmächtigter vertretungsberechtigtes Organ.[25] Im Abwicklungsverfahren treten die **Liquidatoren** an die Stelle des jeweiligen Organs (vgl. z.B. §§ 48 BGB; 269 AktG). Bei juristischen Personen des öffentlichen Rechts bestimmt sich die Organschaft nach dem jeweils maßgeblichen Organisationsrecht.[26] Bei **mehrgliedrig verfassten Organen** ist die interne Geschäftsverteilung nur bei Unterlassungsdelikten relevant, sofern diese einen entsprechenden Vertrauenstatbestand geschaffen hat.[27]

15 Unter § 9 Abs. 1 Nr. 2 OWiG fallen die vertretungsberechtigten Gesellschafter aller Personengesellschaften i.S.d. § 14 Abs. 2 BGB, die mit der Fähigkeit ausgestattet sind, Rechte zu erwerben und Verbindlichkeiten einzugehen. Hierzu gehören die Offene Handelsgesellschaft (OHG), die Kommanditgesellschaft (KG), die Europäische Wirtschaftliche Interessenvereinigung (EWIV), die Partnerschaftsgesellschaft nach dem PartGG und die nach der Rechtsprechung des BGH[28] – zumindest teilrechtsfähige – Gesellschaft bürgerlichen Rechts.[29] Ein **bloßes Geschäftsführungsrecht** (§ 114 HGB) oder der Ausschluss bzw. die Einschränkung der Vertretungsbefugnis durch den Gesellschaftsvertrag schließen (insoweit) eine Anwendung des § 9 Abs. 1 Nr. 2 OWiG aus.[30]

16 Gesetzliche Vertreter[31] im Sinne von § 9 Abs. 1 Nr. 3 OWiG finden sich insbesondere im Familien- und Erbrecht. Dazu zählen auch die **Parteien Kraft Amtes** wie der Insol-

---

[23] *Perron* in: Schönke/Schröder, StGB, § 14 Rn. 15; *Rogall* in: KK-OWiG, § 9 Rn. 42; *Gürtler* in: Göhler, OWiG, § 9 Rn. 8; offen *Rebmann/Roth/Herrmann,* OWiG, § 9 Rn. 13.

[24] *Rogall* in: KK-OWiG, § 9 Rn. 44.

[25] *Rogall* in: KK-OWiG, § 9 Rn. 44; *Binz* NJW 1978, 802.

[26] *Perron* in: Schönke/Schröder, StGB, § 14 Rn. 17.

[27] Zu Einzelheiten vgl. *Rogall* in: KK-OWiG, § 9 Rn. 45.

[28] BGH NJW 2001, 1056.

[29] *Bohnert,* OWiG, § 9 Rn. 12; *Gürtler* in: Göhler, OWiG, § 9 Rn. 10.

[30] *Rogall* in: KK-OWiG, § 9 Rn. 54; *Bohnert,* OWiG, § 9 Rn. 13.

[31] Dazu *Rogall* in: KK-OWiG, § 9 Rn. 55.

venzverwalter[32] (§ 80 Abs. 1 InsO) und der Zwangsverwalter (§ 152 ZVG).[33] Ein Pflichtenübergang auf den gesetzlichen Vertreter erfolgt allerdings nur, wenn und soweit dieser in seiner Eigenschaft **als** gesetzlicher Vertreter handelt, d. h. sein Handeln muss einen **Vertretungsbezug** aufweisen.[34] Dies ist der Fall, wenn der Vertreter (jedenfalls auch) im Interesse des Vertretenen gehandelt hat[35] und das Handeln des Vertreters objektiv erkennbar als Wahrnehmung der Angelegenheiten des Vertretenen erscheint.[36] Ein (deliktisches) Handeln **bei Gelegenheit** der Vertretung reicht nicht aus.[37]

b) § 9 Abs. 2 OWiG. § 9 Abs. 2 OWiG regelt die Substitutenhaftung und damit die Pflichtendelegation an gewillkürte Vertreter. § 9 Abs. 2 Nr. 1 OWiG umfasst neben dem **Betriebsleiter** auch die Leiter von räumlich und organisatorisch abgegrenzten Betriebsteilen (Zweigstelle, Filiale, Nebenstelle)[38] oder einer sachlich abgegrenzten Abteilung (z. B. Verkaufsleiter, Leiter der Rechtsabteilung), sofern diese eine gewisse Selbständigkeit besitzen.[39] 17

Sonstige **Beauftragte ohne Leitungsbefugnisse** unterliegen der Vertreterhaftung nach § 9 Abs. 2 Nr. 2 OWiG, wenn sie ausdrücklich beauftragt sind, in eigener Verantwortung Aufgaben wahrzunehmen, die dem Inhaber des Betriebes obliegen. In diesen Fällen bedarf es eines **ausdrücklichen,** jedoch nicht formgebundenen **Auftrags** zur Aufgabenwahrnehmung. Eine bloß stillschweigende Bestellung oder eine konkludente Billigung der tatsächlichen Wahrnehmung der Aufgabe reicht nicht aus. Beauftragte müssen nicht dem Betrieb angehören. So können beispielsweise auch Rechtsanwälte als Täter erfasst werden, wenn sie ausdrücklich damit beauftragt werden, die nach dem GWB erforderlichen Anzeigen oder Mitteilungen zu machen und sie dabei verbotswidrig handeln. 18

c) § 9 Abs. 3 OWiG. Nach § 9 Abs. 3 OWiG lässt auch ein unwirksamer Bestellungsakt die bußgeldrechtliche Verantwortlichkeit der Organe und Vertreter nicht entfallen. Darüber hinaus soll nach der Rechtsprechung bereits eine faktische Dominanz in der und über die Gesellschaft ausreichen, um eine Pflichtendelegation nach § 9 OWiG zu begründen (sog. **faktisches Organ**).[40] Eine derartige Auslegung dürfte jedoch die Wortlautgrenze überschreiten, weil § 9 Abs. 3 OWiG ausdrücklich eine Rechtshandlung im Sinne eines wenigstens versuchten Bestellungsakts voraussetzt und dieses Erfordernis nicht im Wege einer faktischen Betrachtungsweise überspielt werden kann.[41] 19

2. Erweiterung des Täterkreises gem. § 14 OWiG

Im Ordnungswidrigkeitenrecht gilt der **Einheitstäterbegriff.** Es wird also nicht zwischen Täterschaft, Anstiftung und Beihilfe unterschieden. Dies gilt auch dann, wenn besondere persönliche Merkmale (§ 9 OWiG), welche die Möglichkeit der Ahndung begründen, nur bei einem Beteiligten vorliegen (§ 14 Abs. 1 S. 2 OWiG).[42] Folglich können auch Personen, auf die die Merkmale des § 9 OWiG nicht zutreffen, wegen Beteiligung bußgeldrechtlich verfolgt werden, sofern jedenfalls einer der Beteiligten diese Voraussetzung erfüllt. Durch diese Regelung soll die Rechtsanwendung vereinfacht werden, weil 20

[32] Nicht aber der vorläufige Insolvenzverwalter, dessen Tätigkeit sich auf die Vermögenssicherung und die Vorbereitung des Insolvenzverfahrens beschränkt.
[33] Diese und weitere Beispiele bei *Rogall* in: KK-OWiG, § 9 Rn. 56; *Gürtler* in: Göhler, OWiG, § 9 Rn. 12.
[34] *Rogall* in: KK-OWiG, § 9 Rn. 58.
[35] BGHSt 28, 371, 372.
[36] *Ebenda.*
[37] BGH NStZ 1997, 31; *Gürtler* in: Göhler, OWiG, § 9 Rn. 15a.
[38] OLG Düsseldorf wistra 1991, 275.
[39] Zu Einzelheiten vgl. *Gürtler* in: Göhler, OWiG, § 9 Rn. 17; *Rogall* in: KK-OWiG, § 9 Rn. 83 ff.
[40] Vgl. z. B. BayObLG NZV 1994, 82.
[41] Zum Streitstand *Rogall* in: KK-OWiG, § 9 Rn. 46 ff. m. w. N.
[42] *Tiedemann* NJW 1979, 1849, 1850.

ohnehin für alle Beteiligten der gleiche Bußgeldrahmen gilt. Handelt ein Beteiligter nicht vorwerfbar, so schließt dies die Verfolgung der anderen Beteiligten nicht aus. Hervorzuheben ist, dass nach der Rechtsprechung ebenso wie im Strafrecht nur die vorsätzliche Beteiligung an einer vorsätzlichen Bezugstat ahndbar ist, weil das Vereinfachungskonzept des Einheitstäters nicht zu einer weitergehenden Ahndung der Tatbeteiligten im Ordnungswidrigkeitenrecht führen soll als im Strafrecht.[43]

3. Aufsichtspflichtverletzung gem. § 130 OWiG

21 Das echte Unterlassungsdelikt[44] des § 130 OWiG ist ein **Auffangtatbestand.** Er setzt eine Bezugstat und die Verletzung von Aufsichtspflichten voraus. Dies wirft im Ergebnis die Frage auf, ob § 130 OWiG eine Konzernhaftung begründen kann.

22 **a) Bezugstat.** Bezugstat ist eine in einem Betrieb oder Unternehmen mit Strafe oder Geldbuße bedrohte **Zuwiderhandlung,** durch die **gegen Pflichten verstoßen** wurde, die den Inhaber, d. h. das Unternehmen als solches treffen und die ohne Verletzung der Aufsichtspflicht durch den entsprechend Verantwortlichen hätte verhindert oder erschwert werden können. Damit ist § 130 OWiG nicht anwendbar, wenn der Aufsichtspflichtige die Bezugstat selbst begeht oder daran beteiligt ist. Die Vorschrift erkennt an, dass die Inhaber von Betrieben und Unternehmen bzw. die vertretungsberechtigten Organe juristischer Personen bei der persönlichen Erfüllung der sie in ihrer Eigenschaft als Betriebsinhaber usw. treffenden Verbote und Gebote in aller Regel überfordert sind und deswegen Pflichten delegieren müssen. Sanktioniert wird diese Pflichtendelegation jedoch für den Fall, dass der Betriebsinhaber sich durch die Delegation seiner Pflichten entledigt, ohne durch entsprechende Aufsichtsmaßnahmen (Leitungs-, Koordinations-, Organisations- und Kontrollpflichten)[45] dafür zu sorgen, dass sie auch eingehalten werden und die für § 130 OWiG notwendige Bezugstat eines Dritten verhindern. Daraus folgt, dass die Bezugstat nur objektive Bedingung der Ahnbarkeit ist und sich Vorsatz oder Fahrlässigkeit des Betriebsinhabers nur auf seine Aufsichtspflichtverletzung beziehen.[46] Damit ist eine Sanktionierung des Betriebsinhabers schon wegen fahrlässiger Aufsichtspflichtverletzung auch für den Fall möglich, dass die Bezugstat nur vorsätzlich begangen werden kann. Unabhängig davon hat die Bezugstat indizielle Bedeutung für die Schwere der Aufsichtspflichtverletzung. Dies zeigt sich unter anderem daran, dass bei bußgeldbedrohten Zuwiderhandlungen die Geldbuße des § 130 OWiG der Höhe nach durch das Höchstmaß der für die Zuwiderhandlung angedrohten Geldbuße limitiert ist.

23 **b) Verletzung der Aufsichtspflicht.** Der objektive Tatbestand des § 130 OWiG setzt die **Nichtvornahme** der zur Verhinderung von Zuwiderhandlungen gegen betriebs- und unternehmensbezogene Pflichten erforderlichen und zumutbaren **Aufsichtsmaßnahmen** voraus. Betriebsbezogen sind in erster Linie solche gesetzlichen Pflichten, welche sachlich den Wirkungsbereich der juristischen Person oder Personenvereinigung betreffen. Insoweit sind alle Kartellordnungswidrigkeiten des § 81 Abs. 1–3 betriebsbezogen, so dass jede der dort sanktionsrechtlich erfassten Pflichten als tauglicher Anknüpfungspunkt einer Aufsichtspflichtverletzung anzusehen ist.

24 Inhalt und Grenzen der Aufsichtspflicht sind im Einzelfall nur schwer zu bestimmen. § 130 Abs. 1 S. 2 erwähnt lediglich beispielhaft die **Bestellung, sorgfältige Auswahl und Überwachung von Aufsichtspersonen,** lässt aber offen, welche weiteren Maßnahmen erforderlich sein können, um in geeigneter Weise Zuwiderhandlungen zu unterbinden oder deren Begehung wesentlich zu erschweren. Im Grundsatz ist davon auszugehen, dass die Aufsicht so auszuüben ist, dass die betriebsbezogenen Pflichten aller Voraus-

[43] BGH WuW/E BGH 2036 – *Gütertransporte ohne Genehmigung.*
[44] *Gürtler* in: Göhler, OWiG, § 130 Rn. 9.
[45] Vgl. *Voet van Vormizeele* CCZ 2009, 41, 45; *Achenbach* NZWiSt 2012, 321, 324.
[46] BGH WuW/E BGH 2100, 2101 – *Schlußrechnung,* vgl. auch *Rogall* in: KK-OWiG, § 130 Rn. 119.

sicht nach erfüllt werden.[47] Für den Umfang der Maßnahmen ist nach der Rechtsprechung die Sorgfalt maßgebend, die von einem ordentlichen Angehörigen des jeweiligen Tätigkeitsbereichs verlangt werden kann.[48]

Danach lassen sich folgende allgemeine Grundsätze aufstellen: Der Unternehmensleitung obliegt eine **Organisationspflicht,** die sich nicht allein in einer genauen Aufteilung der Verantwortlichkeit unter den einzelnen Aufsichtspersonen erschöpft, sondern bereits mit der Auswahl des Personals bei der Einstellung beginnt. Dabei ist darauf zu achten, dass der Beauftragte von seiner Vorbildung, seinen Fähigkeiten und seiner Zuverlässigkeit her Gewähr dafür bietet, dass er die Unternehmenspflichten gewissenhaft erfüllt. Bei größeren Unternehmen wird es notwendig sein, eine **Revisionsabteilung** einzurichten und sie personell hinreichend auszustatten.[49] **25**

Spätestens seit Inkrafttreten des KonTraG[50] ist die Geschäftsleitung zudem zur Einrichtung eines Überwachungssystems verpflichtet, um Entwicklungen, die den Fortbestand des Unternehmens gefährden, frühzeitig zu erkennen. Diese **Organisationspflicht** ist für die Aktiengesellschaft ausdrücklich normiert (§ 91 Abs. 2 AktG), trifft jedoch grundsätzlich jedes Unternehmen unabhängig von seiner gesellschaftsrechtlichen Organisationsform.[51] Wie dieses **Risikomanagementsystem** im Einzelnen ausgestaltet werden muss, ist bislang noch nicht abschließend geklärt. Unstreitig ist jedoch, dass auch kartellrechtliche Risiken von diesem System erfasst und überwacht werden müssen.[52] Nach wohl herrschender Meinung beruht ein funktionsfähiges Risikomanagementsystem auf mindestens vier Säulen: Den Maßnahmen zur Früherkennung von Risiken (Frühwarnsystem), der Einrichtung eines Risikoüberwachungssystems, der Vorsorge für ein Krisenmanagement sowie den Maßnahmen zur Krisennachsorge.[53] Ein solches System wird in der Regel ohne die Einrichtung eines angemessen ausgestatteten Unternehmenscontrollings und einer internen Revision nicht zu implementieren sein.[54] **26**

Im Ergebnis bedarf es eines effektiven kartellrechtlichen **Compliance**[55]-Systems.[56] Der Begriff der Kartellrechts-Compliance erfasst erstens die regelmäßige gegenstands- und tätigkeitsbezogene sowie konkrete **Instruktion** der Unternehmensmitarbeiter, zweitens effektive Überwachungsmaßnahmen **(Präventivkontrolle)** und drittens repressiv die unternehmensinterne **Sanktionierung** kartellrechtswidrigen Verhaltens.[57] Die Anforderungen, die an die Compliance-Maßnahmen zu stellen sind, werden durch die Umstände des Einzelfalls determiniert.[58] **27**

Die Instruktionspflicht, d. h. die Pflicht, das **Personal** fortlaufend über die **kartellrechtliche Verbotsmaterie** zu **unterrichten,** besteht auch dann, wenn dazu kein konkreter Anlass gegeben ist und es sich um langjährig qualifizierte Mitarbeiter handelt, denen die **28**

---

[47] Vgl. BGHSt 9, 319, 322; 25, 158, 163; OLG Stuttgart NJW 1977, 1410.

[48] OLG Düsseldorf VRS 63, 286.

[49] BGH wistra 1982, 34, 35.

[50] Gesetz zur Kontrolle und Transparenz im Unternehmensbereich v. 27.4.1998, BGBl. I, S. 786.

[51] Vgl. *Preußner/Becker* NZG 2002, 846, 846 ff. m. w. N.

[52] *Schwintowski/Klaue* WuW 2005, 370, 377.

[53] Zu den Einzelheiten vgl. *Preußner/Becker* NZG 2002, 846, 848 ff.; *Pahlke* NJW 2002, 1680, 1681.

[54] *Pahlke* NJW 2002, 1680, 1682.

[55] Zum Compliance-Begriff siehe Deutscher Corporate Governance Kodex, Nr. 4.1.3; *Bosch/Colbus/Harbusch,* WuW 2009, 740, 740. Zu den Elementen einer effektiven Kartellrechts-Compliance überblicksartig *Voet van Vormizeele* CCZ 2009, 41, 42 f.; *Pampel* BB 2007, 1636, 1637 f.; *Krebs/Eufinger/Siegen* CCZ 2011, 213, 216 f.; weiterführend *Kübler* in: Schultze, Compliance Hdb. Kartellrecht, 2014, passim. Zur Debatte über die Berücksichtigung von Compliance Systemen i. R. d. Bußgeldzumessung siehe unter Rn. 100 ff.

[56] OLG Düsseldorf WuW/E DE-R 1893, 1896 – *Transportbeton.*

[57] Vgl. dazu *Dreher* in: Krieger/Schneider, Hdb. Managerhaftung, § 31 Rn. 62 ff.

[58] OLG Düsseldorf WuW/E DE-R 1893, 1896 – *Transportbeton.* Zu den einzelnen Anforderungen siehe *Karbaum* AG 2013, 863, 869 ff.

Kartellverbote an sich bekannt sind.[59] Dabei kann sich diese Verpflichtung jedoch nur auf solche Personen beziehen, die überhaupt für Pflichtverletzungen in Betracht kommen. Da die Schwierigkeit der Materie berücksichtigt werden muss, wird es hinsichtlich der Belehrung nicht genügen, den Gesetzestext weiterzuleiten oder nur allgemeine Hinweise auf kartellrechtliche Fragestellungen zu geben; vielmehr sind gesetzliche Pflichten in eine den Betriebsangehörigen zugängliche Sprache umzusetzen und gegebenenfalls etwa durch Aufführung typischer Fälle unzulässiger Kartellabsprachen zu erläutern.[60] Zu beachten ist, dass der Aufsichtspflichtige die Aufsicht nach § 130 Abs. 1 S. 2 OWiG zwar seinerseits an Dritte **delegieren** kann, in diesem Fall allerdings Kontrollvorkehrungen treffen muss und sich von dem Dritten über dessen Entscheidungen zu unterrichten hat. Gegebenenfalls muss er anordnen, dass Rechtsauskünfte eingeholt werden.[61]

29 Effektive Überwachungsmaßnahmen erfordern eine **laufende Kontrolle,** deren Intensität sich unter anderem danach richtet, ob es in dem Unternehmen bereits zu Kartellrechtsverstößen gekommen ist, wobei allerdings nicht auf die absolute Zahl der Zuwiderhandlungen abzustellen ist, sondern diese in Relation zur Größe des Unternehmens und dessen Geschäftsumfang gesetzt werden muss.[62] Besondere Umstände – etwa der konkrete Verdacht, dass Preisabsprachen angedacht oder durchgeführt werden – können im Einzelfall zu einer **gesteigerten Aufsichtspflicht** führen.

30 Schließlich ist über die allgemeine Kontrolle hinaus durch **stichprobenartige** Überprüfungen sicherzustellen, dass Betriebsangehörige bei Verstößen ernsthaft mit einer Entdeckung und daraus resultierenden Konsequenzen rechnen müssen.[63] Eine **Grenze** findet das Ausmaß der Überwachung in dem Korrektiv der Zumutbarkeit. So wird eine Aufsichtsmaßnahme im Einzelfall nicht mehr als zumutbar angesehen werden können, wenn sie zu einer übermäßigen Bürokratisierung des Unternehmens führen würde oder dadurch – z. B. bei Einsichtnahme in private Terminkalender oder persönlich adressierte Post – eine ernstliche Störung des Betriebsfriedens zu besorgen wäre.[64]

31 **c) Konzernhaftung.** Streitig und durch die Rechtsprechung bisher nicht entschieden ist die Frage, ob § 130 OWiG eine Konzernhaftung begründen kann.[65] Das Bundeskartellamt kommt zu diesem Schluss,[66] indem es den Konzern als Unternehmen im Sinne des § 130 OWiG qualifiziert, deren Inhaber die Konzernmutter ist. Die **Konzernmutter** habe dann für die Konzerntöchter eine **Aufsichtspflicht,** die, etwa bei mangelnder Compliance im Konzern, verletzt werden könne.[67] Schon begrifflich jedoch dürfte es ausgeschlossen sein, unter den Sanktionsadressaten „Inhaber des Unternehmens" die Muttergesellschaft zu subsumieren, die damit „Inhaber" der rechtlich selbständigen Tochtergesellschaft sein soll. Die Tochtergesellschaft ist wie die Konzernmutter Rechtsträger eines eigenen Unternehmens. Auch muss der **Normzweck** von § 130 OWiG beachtet werden. Dieser besteht darin, die Sanktionslücke zu schließen, die dadurch entsteht, dass Pflichten des Betriebsinhabers auf Mitarbeiter im Unternehmen delegiert werden, die vom OWiG nicht erfasst sind. Damit resultiert die Aufsichtspflicht des „Inhabers" aus der Delegation betriebsbezogener Pflichten, nicht aber beliebiger Aufsichtspflichten hinsichtlich von etwaigen Tochtergesellschaften.[68] Sollte es derartige Aufsichtspflichten überhaupt geben, so folgen diese

---

[59] *Raum* in: Langen/Bunte, GWB, § 81 Rn. 26 m. N. zur Rspr.
[60] KG WuW/E OLG 2330, 2332 – *Revisionsabteilung; Tessin* BB 1987, 984, 986.
[61] KG WuW/E OLG 3169, 3174 – *Nordmende.*
[62] *Tessin* BB 1987, 984, 988.
[63] BGHSt 9, 319, 323; 25, 158, 163.
[64] BGH WuW/E BGH 2262, 2264 – *Aktenvermerke; Tessin* BB 1987, 984, 988; *Leube* wistra 1987, 42, 44 f.
[65] Meinungsstand bei *Achenbach* NZWiSt 2012, 321, 325 ff. (insb. Fn. 34).
[66] Vgl. *Karbaum* AG 2013, 863, 865.
[67] Vgl. Fallbericht des Bundeskartellamts v. 12.4.2012, Az. B1–200/06-P2 – *Dachziegel.*
[68] *Koch* ZHR 171 (2007) 554, 572.

nicht aus einer Delegation. Die 8. GWB-Novelle hat keine Klarstellung im Hinblick auf die Aufsichtspflichtverletzung im Unternehmensverbund im OWiG vorgenommen. Nach Auffassung der Bundesregierung ist die bestehende Regelung ausreichend.[69]

4. Verbandshaftung gem. § 30 OWiG

Da juristische Personen und Personenvereinigungen nicht selbst in sanktionsrechtlich erheblicher Weise handeln können, muss ihnen für eine eigene Haftung das **Handeln natürlicher Personen** zugerechnet werden. Das schafft besondere Probleme im Fall einer beim Verband eintretenden Rechtsnachfolge. Streitig ist darüber hinaus, ob der Verband seinerseits die Person in Regress nehmen kann, durch die ihm die Haftung zugerechnet wird. 32

a) Voraussetzungen. Die **Normadressaten** sind in § 30 OWiG abschließend aufgeführt: Juristische Personen des privaten oder öffentlichen Rechts, rechtsfähige Personenhandelsgesellschaften i. S. d. § 14 Abs. 2 BGB, zu denen nach der BGH-Rechtsprechung[70] auch die (teilrechtsfähigen) Gesellschaften bürgerlichen Rechts gehören[71] sowie der nicht rechtsfähige Verein i. S. d. § 54 BGB, zu dem z. B. auch Syndikate[72] zu zählen sind. § 30 ist auch auf sog. faktische Gesellschaften anzuwenden, wenn sie sich in einer vergleichbaren Organisationsform wie die in Abs. 1 genannten Verbände am Geschäftsverkehr beteiligen.[73] Entsprechendes gilt nach h. M. für Vorgesellschaften.[74] 33

Die Ahndung gegenüber dem betroffenen Personenverband setzt eine **Bezugstat** voraus. **Täter** der Bezugstat sind neben den Organen juristischer Personen, den Mitgliedern des Vorstands eines nicht rechtsfähigen Vereins und den vertretungsberechtigten Gesellschaftern einer Personenhandelsgesellschaft auch Generalbevollmächtigte, Prokuristen und Handlungsbevollmächtigte in leitender Stellung oder auch Personen, denen, wie etwa Aufsichtsräten,[75] nur bestimmte Leitungs- und Kontrollbefugnisse zustehen. Die Bezugstat muss **tatbestandsmäßig**, **rechtswidrig** und **schuldhaft** (bzw. vorwerfbar) begangen worden sein. Zudem muss die Tat verfolgbar sein, d. h. bei (absoluten) Antragsdelikten muss ein Strafantrag gestellt worden sein.[76] Es ist jedoch nicht erforderlich, dass die Bezugstat tatsächlich geahndet wird. Auch ist die Feststellung des Täters nach h. M. entbehrlich.[77] 34

Durch die Bezugstat müssen entweder **betriebsbezogene Pflichten verletzt** worden sein oder es muss die Voraussetzung erfüllt sein, dass die vertretene juristische Person oder Personenvereinigung bereichert worden ist oder werden sollte. Zu den betriebsbezogenen Pflichten gehört insbesondere die Aufsichtspflicht.[78] So kommt ein Durchgriff auf die Gesellschaft dann in Betracht, wenn das Organ die Ordnungswidrigkeit oder Straftat nicht selbst begangen hat, diese aber durch gehörige Aufsicht hätte verhindern oder erschweren können. Da das Fehlverhalten von Personen unterhalb der Leitungsebene als Bezugstat nicht ausreicht, ist die **Aufsichtspflichtverletzung** sogar die praktisch wichtigste Bezugstat des § 30 OWiG.[79] Wurde durch die Bezugstat die juristische Person oder Personenvereinigung bereichert oder sollte sie bereichert werden, so bedarf es keiner betriebsbezogenen 35

---

[69] Vgl. BT-Drs. 17/9852, S. 49. Die Bundesregierung lehnte die Forderung, im GWB klarzustellen, dass die jeweiligen Konzernobergesellschaften kartellrechtlich zur Aufsicht über die Konzernunternehmen verpflichtet sind, ab. Vgl. *Wiedmann/Funk* BB 2015, 2627, 2630 zur Bedeutung der Konzernhaftung nach § 130 GWB in Umstrukturierungsfällen.

[70] BGH NJW 2001, 1056.

[71] *Gürtler* in: Göhler, OWiG, § 130 Rn. 3.

[72] *Bohnert,* OWiG, § 30 Rn. 13.

[73] *Bohnert,* OWiG, § 30 Rn. 16.

[74] *Bohnert,* OWiG, § 30 Rn. 16.

[75] *Bohnert,* OWiG, § 30 Rn. 30.

[76] *Bohnert,* OWiG, § 30 Rn. 7.

[77] BGH NStZ 1994, 346; OLG Düsseldorf wistra 1996, 77.

[78] BGH NStZ 1986, 79; OLG Köln GewArch 1974, 141, 143; *Gürtler* in: Göhler, OWiG, § 30 Rn. 17.

[79] *Leube* wistra 1987, 42, 44; *Többens* NStZ 1999, 1, 6.

Pflichtverletzung. Der Sanktionierungszweck besteht dann in der Abschöpfung der **Bereicherung** sowie der Verhinderung von Manipulationen. Die Bezugstat muss jedoch in Beziehung zur betrieblichen Stellung des Repräsentanten stehen.[80]

36 Die **Höhe der Geldbuße** bestimmt sich gem. § 30 Abs. 2 Satz 2 OWiG nach dem für die Ordnungswidrigkeit angedrohten Höchstmaß der Geldbuße.[81] Dabei ist allerdings § 17 Abs. 4 OWiG zu beachten, wonach die Geldbuße den aus der Tat gezogenen wirtschaftlichen Vorteil überschreiten soll. Dies ermöglicht es, dem Gesichtspunkt Rechnung zu tragen, dass die Folgen der Aufdeckung einer Straftat oder Ordnungswidrigkeit exakt kalkuliert sind.[82]

37 **b) Probleme der Bußgeldhaftung bei der Rechtsnachfolge. aa) Rechtsträgerhaftung als Ausgangslage.** Das deutsche Ordnungswidrigkeitenrecht geht strikt von der Rechtsträgerhaftung aus. Wenn ein gem. § 30 OWiG Verantwortlicher verbotswidrig für eine juristische Person oder Personenvereinigung handelt, führt dies dazu, dass grundsätzlich nur der **vertretene Rechtsträger haftet.** Ändert dieser seine Firma oder die Rechtsform, so ändert dies nichts an seiner Haftung als Rechtsträger. Gleiches gilt, wenn er im Rahmen eines Anteilskaufs („share sale") veräußert wird. Kommt es zu einem Verkauf von Vermögensgegenständen („assets") des Rechtsträgers, bleibt es bei seiner Haftung, ohne dass diese den assets folgt. Bei der alleinigen ursprünglichen Haftung des Rechtsträgers bleibt es auch, wenn durch Abspaltung ein neuer Rechtsträger entsteht oder assets ausgegliedert werden. Das kann dann problematisch werden, wenn dem haftenden Rechtsträger durch die Übertragung von assets die Haftungsgrundlage ganz oder teilweise entzogen wird.

38 Besonders problematisch aber sind die Fälle, in denen der Rechtsträger wie im Fall der **Verschmelzung** oder der **Aufspaltung** untergeht. Bis zur 8. GWB-Novelle hat die Rechtsprechung, zuletzt durch die BGH-Entscheidungen *Versicherungsfusion*[83] und *Transportbeton,*[84] für einen solchen Fall eine kartellbußgeldrechtliche Haftungserstreckung auf Rechtsnachfolger nur in engen Grenzen anerkannt.[85] Das ermöglichte sogar den „Freispruch durch Fusion".[86] Eine Haftungserstreckung auf den Rechtsnachfolger erkannte der BGH unter Verweis auf den Wortlaut von § 30 OWiG und das verfassungsrechtlich garantierte Analogieverbot des Art. 103 Abs. 2 GG in Verbindung mit § 3 OWiG nur an, wenn (i) dieser **Gesamtrechtsnachfolger** der Organisation geworden war, deren Organ die Tat begangen hatte und wenn (ii) zwischen der früheren und der neuen Vermögensverbindung nach wirtschaftlicher Betrachtungsweise **nahezu Identität** angenommen werden konnte. Letzteres sollte nur dann der Fall sein, wenn das haftende Vermögen weiterhin vom Vermögen des gem. § 30 OWiG Verantwortlichen getrennt, in gleicher oder ähnlicher Weise wie bisher eingesetzt wurde und in der neuen juristischen Person einen wesentlichen Teil des Gesamtvermögens ausmachte. Eine Fusion unter Gleichen oder nahezu Gleichen etwa konnte diese Voraussetzungen nicht erfüllen.[87] Allerdings hat das OLG Düsseldorf in der Kartellsache *Kaffeeröster*[88] eine wirtschaftliche Identität auch für den Fall angenommen, dass

---

[80] *Bohnert,* OWiG, § 30 Rn. 38; a. A. *Gürtler* in: Göhler, OWiG, § 30 Rn. 27.

[81] Zu den Einzelheiten der Bußgeldzumessung vgl. unter Rn. 86 ff.

[82] Vgl. noch zu § 13 Abs. 4 OWiG a. F.: BGH NJW 1975, 269, 270; OLG Karlsruhe NJW 1975, 793 f.

[83] BGH, WuW DE-R 3455 ff. – *Versicherungsfusion*; bestätigt durch BGH WuW 2015, 741, 742 f. – *Grenzen der Verbandsgeldbuße;* vgl. Anm. *Heinichen* EWiR 2011, 821 f.; *Reichling* NJW 2012, 166 f.; *Waßmer* NZWiSt 2012, 187 f.; *Dück/Schultes* WM 2013, 9 ff.

[84] BGH wistra 2012, 152 ff. – *Transportbeton.*

[85] Kritisch etwa *Heinichen* WRP 2012, 159, 161 ff.

[86] *Ost* in: Bien, Das deutsche Kartellrecht nach der 8. GWB-Novelle, S. 305, 309.

[87] Vgl. *Dannecker/N. Müller* in: Wabnitz/Janovsky Hdb. Wirtschafts- und Steuerstrafrecht, 18. Kap., Nat. Kartellordnungswidrigkeitenrecht, Rn. 144.

[88] OLG Düsseldorf BeckRS 2014, 21756; bestätigt durch BGH WuW/E DE-R 4686 ff. – *Haftungsnachfolge;* vgl. auch BVerfG, Nichtannahmebeschluss, WuW/E DE-R 4835 ff.; zu den erheblichen Unsicherheiten in der Unternehmenspraxis vgl. *Mäger/von Schreitter* DB 2015, 1581 ff.

nach der Verschmelzung durch Aufnahme die Geschäftsbereiche der verschmolzenen und der aufnehmenden Gesellschaft getrennt fortgeführt wurden und diese annähernd gleich groß waren.

Während der BGH seine restriktive Linie weiterverfolgte, erkannte er zugleich das unbefriedigende Ergebnis seiner Rechtsprechung, die kartellrechtswidrig handelnden Unternehmen **Umgehungsmöglichkeiten** eröffnet. Zur Lückenfüllung verwies er indes auf den Gesetzgeber.[89] **39**

bb) Erweiterung der Rechtsträgerhaftung durch § 30 Abs. 2a OWiG. Im Rahmen der 8. GWB-Novelle schuf der Gesetzgeber in Anlehnung an § 45 AO, § 133 UmwG eine Neuregelung in § 30 Abs. 2a OWiG,[90] die die **Gesamtrechtsnachfolge** und die **partielle Gesamtrechtsnachfolge** durch **Aufspaltung** erfasst. Die gegen den Rechtsnachfolger festgesetzte Bußgeldhöhe darf jedoch weder die gegen den Rechtsvorgänger angemessene Geldbuße noch den Wert des übernommenen Vermögens übersteigen.[91] Nach dieser bedeutenden Einschränkung würde in dem vom BGH noch unter altem Recht entschiedenen Fall *Versicherungsfusion* unter neuem Recht im Ergebnis keine Haftungserweiterung erfolgen, da der untergegangene Unternehmensträger zum Zeitpunkt der Verschmelzung kein nennenswertes Vermögen mehr hatte. **40**

Das neue Recht sieht für den Rechtsnachfolger den **Eintritt in die Verfahrensstellung** des Rechtsvorgängers vor, was z. B. bei der Frage der Verjährungsunterbrechung relevant sein kann. § 30 Abs. 2a OWiG umfasst auch die **wiederholte** bzw. **mittelbare** Rechtsnachfolge bei Umstrukturierungsmaßnahmen, die aufeinander folgen.[92] **41**

Während anfangs noch angestrebt wurde, sämtliche gesetzlichen Lücken bei der Rechtsnachfolge zu schließen,[93] erfasst die Neuregelung tatsächlich nur – und das trotz vielfältiger kritischer Stellungnahmen[94] – einen Teil der einschlägigen Konstellationen. Es verbleiben gravierende **Sanktionslücken.** Nicht geregelt sind die Fälle der **Abspaltung** und **Ausgliederung,** der **Einzelrechtsnachfolge** beim asset deal und der Fall, in dem **eine natürliche Person** in die Rechtsnachfolge involviert ist wie beispielsweise beim Wechsel eines einzelkaufmännischen Unternehmens in die Rechtsform einer juristischen Person. **42**

Dafür wurde der Gesetzgeber insbesondere mit Verweis auf die hohen zweistelligen Millionenbeträge, die durch Umstrukturierungsmaßnahmen nicht als Bußgelder realisiert werden konnten,[95] vielfach **kritisiert.**[96] Die Bundesregierung hat aber bereits mit der Novelle angekündigt, weiteren Handlungsbedarf zu prüfen.[97] **43**

Wird in der anwaltlichen Praxis im Rahmen einer kartell- und strafrechtlichen Verteidigung nicht auf *de lege lata* bestehende gesellschaftsrechtliche Gestaltungsmöglichkeiten zur Umgehung der Bußgeldhaftung hingewiesen, stellt dies einen **Beratungsfehler** dar.[98] Gleichsam sieht sich ein **Organ einer Schadensersatzpflicht** ausgesetzt, wenn es diesen Weg nicht nutzt, um die Zahlungspflicht von dem Unternehmen abzuwenden. **44**

---

[89] Einen Vorschlag für eine Gesetzesänderung formulierten *Dück/Schultes* WM 2013, 9, 14.

[90] BT-Drs. 17/11053, S. 21 f.; zu den Risiken und Nebenwirkungen des § 30 Abs. 2a OWiG siehe *Hans* WuW 2015 982 ff.

[91] Die Bemessung bereitet praktische Schwierigkeiten, vgl. *Mühlhoff* NZWiSt 2013, 321, 326 f.

[92] BT-Drs. 17/11053, S. 22 (linke Spalte).

[93] Vgl. *BMWi,* Eckpunkte einer 8. GWB-Novelle v. 1.8.2011, S. 8, vgl. auch *Mundt* FAZ v. 24.11.2011, „Die Schlupflöcher für Kartellsünder müssen geschlossen werden".

[94] Nachweise bei *Mühlhoff* NZWiSt 2013, 321, 322 (Fn. 5).

[95] Jeweils m. w. N. *Mühlhoff* NZWiSt 2013, 321, 322 (Fn. 11); *Yomere* WuW 2013, 1187, 1193 (Fn. 35); siehe jüngst BKartA, Pressemitteilung v. 15.6.2015 „Bußgelder für Tondachziegel-Kartell: 66 Millionen Euro rechtskräftig – 70 Millionen Euro entfallen wegen Rechtsnachfolgelücke."

[96] *Achenbach* wistra 2013, 369, 372 ff.; *Mühlhoff* NZWiSt 2013, 321, 326 ff.; *Ost* in: Bien, Das deutsche Kartellrecht nach der 8. GWB-Novelle, S. 305, 313 f.; die Gesetzeslücke wurde auch vom BKartA angemahnt vgl. WuW 2012, 257, 262.

[97] Siehe BKartA, Tätigkeitsbericht 2013/2014, BT-Drs. 18/5210, S. IV (rechte Spalte).

[98] Vgl. *Reichling* NJW 2012, 164, 167; *Mühlhoff* NZWiSt 2013, 321, 327.

45 Hat der Rechtsnachfolger eine Geldbuße gezahlt, obwohl er dazu gar nicht verpflichtet gewesen wäre, so kann dies dazu führen, dass eine **Rückerstattung versagt** wird.[99] In der vom OLG Düsseldorf zu entscheidenden Konstellation wurde der Einspruch gegen den Bußgeldbescheid von der Rechtsnachfolgerin wirksam zurückgenommen. Erst nach den Beschlüssen *Transportbeton*[100] und *Versicherungsfusion*[101] war klar, dass die Rechtsnachfolgerin nach der BGH-Rspr. gar keine Haftung getroffen hätte, der Einspruch also berechtigt gewesen wäre. So argumentierten die Parteien mit einem Vollstreckungshindernis gem. § 101 OWiG. Dieses wurde jedoch abgelehnt, da sich der Sachverhalt bei der Vollstreckung einer Geldbuße in das Vermögen des Gesamtrechtsnachfolgers einer durch Verschmelzung erloschenen juristischen Person deutlich von dem in § 101 OWiG geregelten Lebenssachverhalt, bei dem die Ahndungsfunktion mit dem Tod der natürlichen Person verloren geht, unterscheide.

46 In **zeitlicher** Hinsicht ist die Anwendbarkeit der neuen Rechtsnachfolgeregelung umstritten. Zwar besteht Einigkeit, dass das verfassungsrechtlich garantierte Rückwirkungsverbot dazu führt, dass bei Kartellen, die vor Inkrafttreten der neuen Regelung beendet wurden und bei denen Umstrukturierungen noch vor diesem Zeitpunkt abgeschlossen wurden, nicht unter die neue Regelung fallen können.[102] Umstritten ist jedoch, ob das Rückwirkungsverbot auch dann zu beachten ist, wenn vor dem Inkrafttreten der neuen Regelung nur das Kartell beendet wurde, die Umstrukturierung jedoch danach erfolgt. Gegen die Beachtung des Rückwirkungsverbots in einem solchen Fall wird angeführt, dass dies schon aus der Parallele zu § 45 AO und des europarechtlich zu beachtenden „effet utile" folge und in einem solchen Fall Vertrauensschutz nicht gewährt werden müsse.[103] Zum gegensätzlichen Ergebnis kommt man jedoch dann, wenn man die Haftung des Rechtsnachfolgers nicht als eine bei diesem durch Gesetz neu konstituierte Haftung, sondern als bloße Erweiterung der Verbandshaftung des ursprünglich handelnden Verbandes qualifiziert.[104]

47 **cc) Rechtsnachfolgeregelung vor dem Hintergrund des EU-Rechts.** Die lückenhafte deutsche Regelung der Rechtsnachfolge-Problematik wird insbesondere vor dem Hintergrund des europarechtlichen **Effektivitätsgebots** (effet utile) kritisiert. Sie vertrage sich nicht mit dem Grundsatz, dass es aufgrund der dezentralen Durchsetzung des Kartellrechts überall in der Europäischen Union wirksamer mitgliedstaatlicher Sanktionen bedürfe, um eine kohärente Anwendung der Wettbewerbsregeln zu sichern („europarechtliches Untermaßverbot").[105] Die nationale Rechtsordnung werde den europarechtlichen Anforderungen nur gerecht, wenn auch bei Veränderungen der wirtschaftlichen Einheit eine hinreichend effektive Bebußung zur Verfügung stehe und sich die Unternehmen nicht mittels gezielter Umstrukturierungen einer Sanktion entziehen könnten. Die in diesem Zusammenhang bisher unter Bezugnahme auf das europäische Recht diskutierten und im Ansatz verfolgten Lösungswege können jedoch nicht überzeugen:

48 **(1) Ausweitung der Haftung des Rechtsnachfolgers über den Unternehmensbegriff?** Unternehmen werden sowohl nach europäischem als auch nach deutschem Recht

---

[99] OLG Düsseldorf NZKart 2013, 254 ff. – *Rückerstattung einer Geldbuße.*

[100] BGH wistra 2012, 152, 153 – *Transportbeton.*

[101] BGH WuW/E DE-R 3455, 3456 f. – *Versicherungsfusion.*

[102] *Dannecker/Dannecker/N. Müller* ZWeR 2013, 417, 427; *Ost* in: Bien, Das deutsche Kartellrecht nach der 8. GWB-Novelle, S. 305, 311.

[103] *Ost* in: Bien, Das deutsche Kartellrecht nach der 8. GWB-Novelle, S. 305, 311.

[104] Vgl. *Dannecker/Dannecker/N. Müller* ZWeR 2013, 417, 428 f. m. w. N.; vgl. auch *Wachs* ZVertriebsR 2014, 90, 97.

[105] *Ackermann* ZWeR 2012, 3, 5 f., 16; *Mühlhoff* NZWiSt 2013, 321, 324; *Italianer* Schreiben v. 18.6.2012, veröffentlicht als Anhang zur Stellungnahme des BKartA zum Regierungsentwurf zur 8. GWB-Novelle v. 22.6.2012, abrufbar unter www.bundeskartellamt.de; *Ost* in: Bien, Das deutsche Kartellrecht nach der 8. GWB-Novelle, S. 305, 314 ff.

definiert als rechtlich selbständige Einheiten, die eine wirtschaftliche Tätigkeit von gewisser Dauer ausüben, unabhängig von der Rechtsform und Art der Finanzierung.[106] Dieser faktisch-wirtschaftliche Begriff führt nach europäischem Recht dazu, dass Konzerngesellschaften als gemeinsame Rechtsträger eines einheitlichen Unternehmens angesehen werden, das grundsätzlich als Einheit haftet.[107] Dies wird als Kehrseite des Konzernprivilegs gesehen, wonach Wettbewerbsbeschränkungen innerhalb eines Konzerns nicht unter das Kartellverbot fallen.[108] Diese weitreichende Definition allein führt jedoch noch nicht zur Haftung aller Konzerngesellschaften und auch nicht des Rechtsnachfolgers eines kartellrechtswidrig handelnden Rechtsträgers. Die strafrechtsähnliche Situation im Kartellbußgeldverfahren erfordert die Beachtung des Grundsatzes der **persönlichen Verantwortlichkeit.**[109] Eine solche ist bei der Muttergesellschaft einer kartellrechtswidrig handelnden Tochtergesellschaft anzunehmen, wenn die Muttergesellschaft einen bestimmenden Einfluss auf die Tochtergesellschaft hat.[110] Da dieser Einfluss im europäischen Recht zumindest bei einer Beteiligung von nahezu 100% vermutet wird[111] und diese **Vermutung** in der Praxis kaum zu widerlegen ist, führt dieser Ansatz zumindest faktisch zu einer Konzernhaftung. Zwar können auch im europäischen Recht Sanktionen und Vollstreckungsmaßnahmen nur gegen konkrete juristische Personen und Personenvereinigungen gerichtet werden, was in einem Spannungsverhältnis zur Unternehmenshaftung steht, doch wird dieses Spannungsverhältnis dadurch aufgelöst, dass die einzelnen Rechtsträger der verantwortlichen Unternehmen als **Gesamtschuldner** haften.[112] Kommt es somit zur Rechtsnachfolge bei einem kartellrechtswidrig handelnden Rechtsträger, so ist zwar im europäischen Recht grundsätzlich die Möglichkeit gegeben, für den Fall, dass die Rechtsnachfolge dazu führt, dass das Bußgeld des kartellrechtswidrig handelnden Rechtsträgers nicht eingetrieben werden kann, gegen weitere Konzerngesellschaften vorzugehen. Das eigentliche Rechtsnachfolgeproblem beim Kartellanten aber wird dadurch nicht gelöst: Kommt es beim Kartellanten zum asset deal, zur Abspaltung oder auch Ausgliederung, so bleibt es bei der Haftung des persönlich verantwortlichen Rechtsträgers, die zwar durch den weiten Unternehmensbegriff auf andere Gesellschaften innerhalb eines Konzerns erweitert werden kann. Sie erstreckt sich jedoch nicht – wie auch im deutschen Recht – auf die verkauften assets, den abgespaltenen Unternehmensteil oder die ausgegliederten assets. Damit kann der Unternehmensbegriff nicht direkt zur Lösung der Rechtsnachfolgeproblematik beitragen. Er hilft allenfalls indirekt, indem er **Vollstreckungsdefizite,** die bei der Rechtsnachfolge entstehen können, möglicherweise durch die gesamtschuldnerische Inanspruchnahme von Konzerngesellschaften **kompensiert.** Das jedoch ist mit der strikten Rechtsträgerhaftung im deutschen Recht nicht zu vereinbaren.

(2) Haftung wegen wirtschaftlicher Kontinuität. Der Grundsatz der persönlichen 49
Verantwortlichkeit für die kartellrechtliche Bußgeldhaftung gilt im europäischen Recht nicht ausnahmslos. Geht der kartellrechtswidrig handelnde Rechtsträger durch Verschmelzung oder Aufspaltung unter, so haftet der Gesamt- oder Teilrechtsnachfolger aufgrund der **Ausnahme der wirtschaftlichen Kontinuität.**[113] Von dieser Ausnahme bei wirtschaftlicher Kontinuität werden – wesentlich weitergehend – auch die Fälle erfasst, bei denen zwischen dem kartellrechtswidrig handelnden Rechtsträger und einem anderen Rechtsträger

---

106 EuGH, Urt. 19.7.2012, Rs. C-628/10 P – *Alliance One,* ECLI:EU:C:2012, 479, Rn. 42.
107 Vgl. *Kling* ZWeR 2011, 169 ff.
108 *Kokott/Dittert* WuW 2012, 670, 672.
109 *Kokott/Dittert* WuW 2012, 670, 673; vgl. auch EuG, Urt. V. 17.5.2013, Rs. T-146/09 – *Parker ITR u. Parker – Hannifin,* noch nicht in der amtl. Slg. veröffentlicht, Rn. 85 m. w. N.
110 EuGH, Urt. v. 14.7.1972, Rs. C-48/69 – *ICI/Kommission,* ECLI:EU:C:1972:70, Rn. 132–141.
111 EuGH, Urt. v. 10.9.2009, Rs. C-97/08 P – *Akzo Nobel,* ECLI:EU:C:2009:536, insb. Rn. 60 ff.
112 *Kellerbauer/Weber* EuZW 2011, 666 ff.
113 EuGH, Urt. V. 11.12.2007, Rs. C-280/06 – *ETI u. a.,* ECLI:EU:C:2007:775, Rn. 40; Urt. v. 29.3.2011, Rs. C-352/09 –*ThyssenKrupp Nirosta,* ECLI:EU:C:2011:191, Rn. 144.

auch nach dem Übergang der kartellrechtlich relevanten assets auf letzteren gewisse „strukturelle Verbindungen" bestehen[114] wie etwa bei der Übertragung der kartellrechtlich relevanten assets durch eine Gesellschaft auf ein Gemeinschaftsunternehmen als Rechtsnachfolger, an dem sie beteiligt ist.

50 Die allein wirtschaftlich begründete Haftung des Rechtsnachfolgers lässt sich im hier relevanten Ordnungswidrigkeitenrecht mit dem deutschen Recht jedoch in keiner Weise vereinbaren. Schon im Fall der Gesamtrechtsnachfolge hat der BGH zu Recht angesichts des Analogieverbotes für eine wirtschaftliche Begründung der Haftung des Rechtsnachfolgers nur engsten Raum gelassen.[115] Auch der Gesetzgeber sah sich im Rahmen der 8. GWB-Novelle genötigt, die wirtschaftliche Betrachtungsweise bei der **Gesamt- und Teilrechtsnachfolge** weiter zu **begrenzen.** Erst recht würde eine aus rein wirtschaftlicher Sicht begründete Haftung für den Fall nicht genau definierter struktureller Verbindungen mit der gesetzlich und höchstrichterlich vorgegebenen Rechtslage in Deutschland nicht vereinbar sein.

51 Im Übrigen bleibt festzustellen, dass der Gedanke der Haftung des Rechtsnachfolgers wegen wirtschaftlicher Kontinuität allenfalls für **Umstrukturierungen** innerhalb von Gebilden, in denen die einzelnen Rechtsträger strukturell miteinander verbunden bleiben, greifen kann. Keine Lösung aber hält er für die problematischen Fälle des asset deals, der Abspaltung oder auch der Ausgliederung bereit.

52 **(3) Art. 5 S. 2 VO 1/2003.** Zur Herleitung einer fortgesetzen Bußgeldhaftung im Fall der Rechtsnachfolge wird (bei Verstößen gegen das Unionskartellrecht) auch auf Art. 5 S. 2, 4. Spiegelstrich VO 1/2003 als **eigenständige Rechtsgrundlage** verwiesen.[116] Dies führte im Fall *Silostellgebühren II* dazu, dass die Generalstaatsanwaltschaft Düsseldorf in enger Abstimmung mit dem Bundeskartellamt beim OLG Düsseldorf beantragte, gem. Art. 267 AEUV dem EuGH zur Vorabentscheidung die Frage vorzulegen, ob „Art. 5 *Satz 2, 4. Spiegelstrich der Verordnung (EG) Nr. 1/2003 des Rates vom 16.12.2002 […] iVm Art. 81 EG bzw. nunmehr Art. 101 AEUV dahingehend auszulegen [sei], dass die Wettbewerbsbehörden der Mitgliedstaaten dem Grunde nach zur Verhängung von Geldbußen gegen* ***Unternehmen im Sinne der Rechtsprechung des Europäischen Gerichtshofes*** *(einschließlich deren Rechtsnachfolger) unmittelbar befugt sind, ohne dass es insoweit noch einer gesonderten nationalen Ermächtigungsnorm bedarf?*"[117] Das OLG Düsseldorf hat dies in einem ausführlichen *obiter dictum* – es ging von der alleinigen Anwendbarkeit deutschen Rechts aus – abgelehnt.[118] Die Norm verschaffe den nationalen Wettbewerbsbehörden lediglich die Befugnis, Verstöße gegen das europäische Kartellrecht nach den Regeln ihres eigenen nationalen Rechts – vorliegend unter Beachtung von § 30 Abs. 1 OWiG – bußgeldrechtlich zu ahnden. Sie übertragen jedoch den Kartellbehörden der Mitgliedstaaten nicht auch die Handlungs- und Entscheidungskompetenz, die die Kommission bei der bußgeldrechtlichen Ahndung von Kartellverstößen nach Art. 23 VO 1/2003 besitzt. Dafür sprechen nach der sehr sorgfältigen Begründung des OLG Düsseldorf Wortlaut, Regelungsziel, Entstehungsgeschichte und Systematik von Art. 5 VO 1/2003.[119]

53 Die Generalstaatsanwaltschaft hat dagegen, u. a. unter Berufung auf die Entscheidungen des EuGH in den Sachen *Tele2 Polska* und *Schenker,* Rechtsbeschwerde zum BGH eingelegt. In der Rs. *Tele2 Polska* wird bekräftigt, dass das Unionsrecht und damit auch Art. 5

---

[114] EuG, Urt. v. 17.5.2013, Rs. T-146/09 – *Parker ITR u. Parker – Hannifin,* noch nicht in der amtl. Slg. veröffentlicht, Rn. 91 f.

[115] BGH WuW/E DE-R 3455, 3456 f. – *Versicherungsfusion;* wistra 2012, 152, 153 – *Transportbeton.*

[116] *Ost* in: Bien, Das deutsche Kartellrecht nach der 8. GWB-Novelle, S. 305, 314 ff. mit Verweis auf EuGH, Urt. v. 3.5.2011, Rs. C-375/09 – *Tele2 Polska,* ECLI:EU:C:2011:270, Rn. 26; vgl. auch *Mühlhoff* NZWiSt 2013, 321, 325 f.

[117] Siehe *Mühlhoff* NZWiSt 2013, 321, 325.

[118] Vgl. OLG Düsseldorf WuW/E DE-R 3907, 3909 ff. – *Silostellgebühren II.*

[119] OLG Düsseldorf, WuW/E DE-R 3907, 3909 ff. – *Silostellgebühren II.*

VO 1/2003 Vorrang vor dem Recht der Mitgliedstaaten hat.[120] Die Kartellverfahrensordnung gilt also unmittelbar. Ihr Regelungsgehalt im Zusammenhang mit einem nationalen Bußgeldverfahren wird durch den EuGH jedoch nicht näher bestimmt. In der Rs. *Schenker* hat der EuGH entschieden, dass die „Mitgliedstaaten für den Fall, dass sie im Rahmen der Anwendung von Art. 5 der Verordnung Nr. 1/2003 im allgemeinen Interesse einer einheitlichen Anwendung der Art. 101 AEUV und 102 AEUV in der Union subjektive Voraussetzungen einführen, diese Voraussetzungen, damit die Wirksamkeit des Unionsrechts nicht in Frage gestellt wird, mindestens genauso streng sein müssen wie die in Art. 23 der Verordnung Nr. 1/2003 vorgesehenen."[121] Daraus zu folgern, dass Art. 5 VO 1/2003 in sich die Definition für die Reichweite nationaler Rechtsnachfolgeregelungen trägt, sprengt den Rahmen der schon vom OLG Düsseldorf bemühten Auslegungsregeln klar. Im Ergebnis teilt auch der deutsche Gesetzgeber der 8. GWB-Novelle diese Ansicht. Sonst hätte er die Einführung der Rechtsnachfolgeregelung durch § 30 Abs. 2a OWiG nicht mit einer in Satz 2 aufgeführten Haftungsbegrenzung versehen können.

c) Regress. In jüngerer Vergangenheit wird vermehrt die Regresshaftung von Vorständen und **Geschäftsführern** für gegen Unternehmen verhängte Bußgelder diskutiert,[122] etwa im Zusammenhang mit dem *Schienen-Kartell.*[123] Es ist also zu unterscheiden zwischen dem Verhältnis Staat/Unternehmen (Bußgeldhaftung) einerseits und Unternehmen/Vorstand (aktienrechtliche Haftung) andererseits. Die Verletzung im Außenverhältnis bedeutet in der Regel auch eine Verletzung der organschaftlichen **Legalitätspflichten** im Innenverhältnis (vgl. Vorstand gem. § 93 Abs. 2 AktG; Aufsichtsrat gem. §§ 116, 93 Abs. 2 AktG; Geschäftsführung gem. § 43 Abs. 2 GmbHG). 54

Kommt es zu einer Pflichtverletzung – entweder in Form der unmittelbaren Beteiligung an einem Kartellrechtsverstoß oder der Vernachlässigung der Überwachungspflichten – stellt sich die Frage, ob das Organ auch für das dem Unternehmen auferlegte und teils in exorbitanter Höhe verhängte Bußgeld in Anspruch genommen werden kann.[124] Daneben kommen die Einforderung von Zinsschäden, Schadenersatzforderungen Dritter und Kosten der Rechtsverteidigung im Kartellverfahren in Betracht. Mag auch die Rechtspflicht zur Geltendmachung von Schadenersatzforderungen gegenüber den Mitgliedern des Vorstandes durch den Aufsichtsrat im Grundsatz[125] höchstrichterlich bejaht sein und die Tatbestandsvoraussetzungen keine großen Fragen aufwerfen, stellt sich in der Praxis derzeit insbesondere die Frage nach dem **Umfang** dieser Ersatzpflicht bzw. einer sachgemäßen **Begrenzung**. Auch wird ein **Regressausschluss**[126] unter den Gesichtspunkten diskutiert, dass ein Rückgriff auf die Leitungsorgane den Sanktionszweck verfehle und das Unternehmen von einem Bußgeld nicht getroffen werde, wenn sich ihm die Möglichkeit der Schadensabwälzung biete.[127] Ferner wird eine Einschränkung der Legalitätspflicht dahingehend angedacht, dass in Sonderfällen die Begehung einer Ordnungswidrigkeit nicht zugleich die Verletzung der Sorgfaltspflicht gegenüber dem Unternehmen darstellt (bspw. wenn bei unklarer Rechtslage ein Entscheidungsspielraum besteht).[128] 55

[120] EuGH, Urt. v. 3.5.2011, Rs. C-375/09 – *Tele2 Polska,* ECLI:EU:C:2011:270.

[121] EuGH, Urt. v. 18.6.2013, Rs. C-681/11 – *Schenker,* ECLI:EU:C:2013:404, Rn. 26.

[122] Vgl. *Hauger/Palzer* ZGR 2015, 33 ff.; *Fleischer* DB 2014, 345 ff.; *Lotze* NZKart 2014, 162 ff.; *Twele* Die Haftung des Vorstandes für Kartellrechtsverstöße, 2013, passim; *Wilsing* in: Krieger/Schneider, Hdb. Managerhaftung, § 27, Rn. 20 ff.; früher bereits *Dreher* in: FS Konzen, S. 85, 103 ff.

[123] Jüngst LAG Düsseldorf, Urt. v. 20.1.2015, Az. 16 Sa 458 bis 460/14.

[124] Insofern bestünde ein doppeltes Haftungsrisiko, da der Vorstand auch selbst mit einem Bußgeld belegt werden kann.

[125] Zur Entschließung über die (Nicht-)Verfolgung der als bestehend und eintreibbar angesehenen Ansprüche vgl. *Goette* in: FS Hoffmann-Becking, S. 377, 386 ff.

[126] Ausführlich *Fabisch* ZWeR 2013, 91, 100 ff.; *Koch* in: Liber amicorum Martin Winter, S. 327, 333 ff.

[127] Zur Beachtlichkeit dieser Einwände vgl. *Goette,* FS Hoffmann-Becking, S. 377, 380 f.

[128] Vgl. *Wilsing* in: Krieger/Schneider, Hdb. Managerhaftung, § 27 Rn. 27 ff.

56 (Kartell-)Bußgelder werden überwiegend als zivilrechtlich **ersatzfähige Vermögenschäden** (§§ 249ff. BGB) qualifiziert.[129] Soweit von einer grundsätzlichen Ersatzfähigkeit ausgegangen wird, steht allerdings eine **Begrenzung des Schadensumfangs** auf den Anteil des Bußgeldes im Raum, der **nicht** der **Mehrerlösabschöpfung** dient.[130] Umstritten ist, ob sich der Schädiger auf den Grundsatz der **Vorteilsausgleichung** berufen kann, wenn das Unternehmen aufgrund des Gesetzesverstoßes wirtschaftliche Vorteile erlangt hat (sog. nützliche Pflichtverletzungen).[131] Darüber hinaus wird eine **höhenmäßige Begrenzung** des Rückgriffs befürwortet, droht dem Vorstand/Geschäftsführer doch die Existenzvernichtung in Anbetracht exorbitanter Bußgelder. So wird ein Verstoß gegen den Grundsatz der Verhältnismäßigkeit angenommen, weil die Leistungsfähigkeit des Geschäftsführers bei der Bußgeldberechnung gegenüber dem Unternehmen nicht berücksichtigt wurde[132] und selbst finanziell leistungsstarke Manager eine derartige Buße nicht zu tragen vermögen[133] – sog. „wirtschaftliche Todesstrafe“.[134] Die erforderliche Vornahme einer **Begrenzung** wird dogmatisch unterschiedlich[135] begründet. Vorgeschlagen wird eine Haftungsmilderung in Anlehnung an Grundsätze der Arbeitnehmerhaftung[136] oder eine Anknüpfung an die Geldbuße, wie sie im Fall einer Ahndung der Bezugstat der natürlichen Person berechnet worden wäre. Der Schadenersatz ist dann begrenzt auf **1 Mio. Euro** (§ 81 Abs. 4 S. 1), da der deutsche Gesetzgeber die Angemessenheit der persönlichen Bußgelder in eben dieser Bußgeldobergrenze zum Ausdruck gebracht hat.[137] Jedenfalls verstößt der Rückgriff nicht gegen das Verbot der Doppelbestrafung, wenn der Geschäftsführer bereits persönlich durch die Kartellbehörde sanktioniert wurde.

57 Ein **Verzicht** auf den Regress kommt nur in den Grenzen des § 93 Abs. 4 S. 3 AktG in Betracht. Von der Verfolgung grundsätzlich durchsetzbarer Schadenersatzansprüche kann abgesehen werden, wenn gewichtige Gründe des Gesellschaftswohls gegen eine Geltendmachung sprechen (Bsp.: Sicherstellung der Kooperation des Vorstandes/Geschäftsführers bei der Sachverhaltsaufklärung im Kartellrechtsverfahren). Der Rückgriff auf die **D&O-Versicherung** dürfte bei vorsätzlichem kartellrechtswidrigem Verhalten regelmäßig **ausscheiden.**[138]

58 Aus Sicht der Rechtsprechung sind die Konturen für die Frage des gesellschaftsrechtlichen Innenregresses bei Kartellbußgeldern noch nicht abschließend beantwortet. Jüngst haben das LAG Düsseldorf und als Vorinstanz das ArbG Essen[139] die Schadenersatzklagen gegen mehrere Geschäftsführer nach § 43 Abs. 2 GmbHG abgelehnt. Das ArbG Essen hatte bereits den Pflichtverstoß verneint. Denn trotz der Allzuständigkeit eines Geschäftsfüh-

---

[129] Zum Streitstand *Fleischer* DB 2014, 345, 347 mit umfangreichen Nachweisen.

[130] Nachweise bei *Fleischer* DB 2014, 345, 348; für das Aktienrecht auch *Wilsing* in: Krieger/Schneider, Hdb. Managerhaftung, § 27 Rn. 34.

[131] Dazu *Goette* in: FS Hoffmann-Becking, S. 377, 382f.; *Kindler* in: FS G.H. Roth, S. 367, 373ff.; *Palzer* ZGR 2015, 33, 56ff.; *Wilsing* in: Krieger/Schneider, Hdb. Managerhaftung, § 27 Rn. 35ff.

[132] *Bayer* in: FS K. Schmidt, S. 85, 97.

[133] Siehe nur *Fabisch* ZWeR 2013, 91, 109.

[134] *Bayer,* FS K. Schmidt, S. 85, 97.

[135] Zur Herleitung *Fabisch* ZWeR 2013, 91, 109ff.

[136] Vgl. *Koch* in: Liber amicorum Winter, S. 327, 339ff. Als wenig zielführend abgelehnt von *Fabisch* ZweR 2013, 91, 110, da auch ein Arbeitnehmer für vorsätzliches Verhalten in vollem Umfang einzustehen hat.

[137] Etwa *Fabisch* ZWeR 2013, 91, 110f.; anders *Bayer,* der die öffentlich-rechtlichen Maßstäbe i.R.v. zivilrechtlichen Regressansprüchen für völlig irrelevant erachtet, vgl. in: FS K. Schmidt, S. 85, 97. M.w.N. zu Begrenzungsmöglichkeiten *Fleischer* DB 2014, 345, 348ff. Für *Dreher* in: FS Konzen, S. 85, 106f. liegen Regressansprüche wegen Unternehmensgeldbußen außerhalb des Schutzbereichs der Norm.

[138] Zur Versicherbarkeit des Regressrisikos *Hauger/Palzer* ZGR 2015, 33, 61ff.

[139] LAG Düsseldorf BB 2015, 907ff. mit Anm. *Bachmann* BB 2015, 910; siehe auch die Anm. *Friedl/Titze* ZWeR 2015, 318ff. ArbG Essen NZKart 2014, 193ff. Die Revision zum BAG wurde zugelassen und wird unter dem Az. 8 AZR 189/15 geführt.

rers einer GmbH haftet ein Geschäftsführer nicht für Kartellverstöße, die Mitarbeiter der GmbH begangen haben, wenn diese entweder von der im Konzern zuständigen Compliance-Abteilung geprüft und nicht beanstandet worden sind oder sie außerhalb seiner internen Zuständigkeit lagen und ihm nicht bekannt waren. Weiter geht das Gericht davon aus, dass die Inanspruchnahme eines Geschäftsführers für die dem Unternehmen auferlegte Geldbuße, die bis zu 10% des Umsatzes betragen kann, auch angesichts der Tatsache rechtsmissbräuchlich wäre, dass nach § 81 Abs. 4 die Geldbuße gegen eine natürliche Person höchstens 1 Mio. Euro betragen kann. Hingegen geht das LAG Düsseldorf von einem **vollständigen Ausschluss der Haftung** des Organvertreters im Innenverhältnis für Kartellbußgelder seiner Gesellschaft aus. Denn die bezweckte Sanktionswirkung könne nur eintreten, wenn die finale Bußgeldbelastung bei der Gesellschaft verbleibt. Mit dem LAG wäre ein anderes Ergebnis auch mit Blick auf die Systematik des Kartellbußgeldrechts verfehlt, da diese in Bezug auf den Bußgeldrahmen zwischen natürlichen und juristischen Personen differenziert und die natürliche Person privilegiert.[140] Der englische *Court of Appeal* hat den Rückgriff auf einen Geschäftsführer wegen eines erlittenen Kartellbußgeldes unter Berufung auf den *ex turpi causa non oritur actio*[141]-Einwand versagt.[142]

5. Vorsatz, Fahrlässigkeit

59 **a) Vorsatz.** Gem. § 10 OWiG kann als Ordnungswidrigkeit nur vorsätzliches Handeln geahndet werden, außer wenn das Gesetz fahrlässiges Handeln ausdrücklich mit Geldbuße bedroht. Letzteres gilt im Rahmen von § 81 für die in Abs. 1 und 2 genannten Tatbestände, nicht jedoch diejenigen des Abs. 3. Selbst wenn die fahrlässige Begehungsform ausdrücklich genannt wird, ist zu beachten, dass sich bei einzelnen Bußgeldtatbeständen aus der konkreten Tatbestandsfassung der jeweiligen Bezugsnorm **Einschränkungen der Fahrlässigkeitshaftung** ergeben. So ist beispielsweise ein bloß fahrlässiger Verstoß gegen das Verbot abgestimmter Verhaltensweisen, die eine Wettbewerbsbeschränkung „bezwecken" (Abs. 2 Nr. 1 i. V. m. § 1) aufgrund des dieser Tatbestandsalternative innewohnenden **subjektiv-finalen** Elements ausgeschlossen.[143] Entsprechendes gilt beispielsweise für den Tatbestand des Abs. 2 Nr. 1 i. V. m. § 21 Abs. 3 Nr. 3, der voraussetzt, dass der Täter in der Absicht handelt, den Wettbewerb zu beschränken, so dass eine fahrlässige Begehungsweise von vornherein nicht ahndbar ist. Die Unterscheidung der Begehungsformen ist insbesondere im Hinblick auf die Bußgeldzumessung (§ 17 Abs. 2 OWiG)[144] und die Beteiligung (§ 14 OWiG)[145] von Bedeutung.

60 **Vorsatz** setzt die Kenntnis aller Tatumstände und den Willen zur Tatbestandsverwirklichung voraus und wird üblicherweise, wenn auch unzulänglich, als „**Wissen und Wollen** der zum gesetzlichen Tatbestand gehörenden objektiven Merkmale" definiert. Damit enthält der Vorsatz ein intellektuelles und ein voluntatives Element.[146] Da es sich bei den Bußgeldvorschriften des § 81 um Blankettnormen handelt, sind die Tatbestandsmerkmale, auf die sich der Vorsatz beziehen muss, der jeweiligen Grundvorschrift als Ausfüllungsnorm zu entnehmen.[147] Bei den sogenannten normativen Tatbestandsmerkmalen, deren Feststellung nur durch ein (Wert-)Urteil erfolgen kann (z. B. die Verhinderung, Einschränkung oder

---

[140] LAG Düsseldorf BB 2015, 907, 909 f.; zustimmend etwa *Friedl/Titze* ZWeR 2015, 318, 325 f.; früher bereits *Dreher* in: FS Konzern, S. 85, 97, 106.

[141] Vgl. im dt. Recht § 817 S. 2 BGB.

[142] *Safeway Stores v Twigger* [2011] 2 All ER 841, 853; Beschreibung der Entscheidung bei *Fabisch* ZWeR 2013, 91, 100 f.

[143] *Dannecker/Biermann* in: Immenga/Mestmäcker, GWB, § 81 Rn. 82; *Achenbach* in: FK-Kartellrecht, § 81 Rn. 279.

[144] Vgl. dazu unter Rn. 87.

[145] Vgl. dazu bereits unter Rn. 20.

[146] BGH NStZ 1988, 175.

[147] BGH WuW/E BGH 726, 732 – *Klinker.*

Verfälschung des Wettbewerbs in § 1), muss sich der Täter den unrechtstypisierenden Charakter des Merkmals durch einen Akt geistigen Verstehens verdeutlicht und damit **Bedeutungskenntnis** erlangt haben (sog. Parallelwertung in der Laiensphäre).[148] Legt der Täter das normative Merkmal dagegen bei voller Kenntnis des Sachverhalts und seiner sachlichen Bedeutung lediglich unrichtig aus, ist ein bloßer Subsumtionsirrtum gegeben, der den Vorsatz unberührt lässt.[149]

61 Vorwiegend nach der Art und Beschaffenheit des voluntativen Vorsatzelements wird zwischen verschiedenen Arten des Vorsatzes unterschieden. Soweit einzelne Tatbestände wie etwa die Boykottaufforderung (Abs. 3 Nr. 1 i. V. m. § 21) **absichtliches Handeln** erfordern, ist zielgerichtetes Verhalten erforderlich.[150] **Eventualvorsatz** (dolus eventualis) liegt vor, wenn der Täter die Erfüllung des Tatbestandes nicht erstrebt oder als sicher voraussieht, sondern nur für möglich hält und aus Gleichgültigkeit in Kauf nimmt.[151]

62 **b) Fahrlässigkeit.** Fahrlässig handelt, wer die im Verkehr erforderliche und ihm mögliche Sorgfalt außer Acht lässt und dadurch die Tatbestandsverwirklichung nicht erkennt (unbewusste Fahrlässigkeit) oder zwar als möglich ansieht, aber ernsthaft darauf vertraut, diese werde nicht eintreten (bewusste Fahrlässigkeit).[152] Zu beachten ist dabei, dass im Sanktionsrecht von Fahrlässigkeit nur gesprochen werden kann, wenn dem Täter ein persönlicher Vorwurf gemacht werden kann. Anders als nach § 276 BGB ist im Bußgeldrecht zur Fahrlässigkeit erforderlich, dass der Täter nach seinen persönlichen Fähigkeiten in der Lage ist, den an ihn gerichteten Sorgfaltsanforderungen gerecht zu werden.

6. Irrtum

63 § 11 OWiG regelt den Irrtum und unterscheidet zwischen Tatbestandsirrtum (Abs. 1) und Verbotsirrtum (Abs. 2). Die Abgrenzung zwischen beiden Irrtumsarten stößt in der Praxis auf nicht unerhebliche Schwierigkeiten: Ein **Tatbestandsirrtum** liegt vor, wenn der Täter in Unkenntnis eines in Wirklichkeit vorhandenen Umstands gehandelt hat, der zum gesetzlichen Tatbestand gehört. Der Tatbestandsirrtum schließt den Vorsatz aus; allerdings bleibt die Möglichkeit der Ahndung wegen eines fahrlässigen Verstoßes bestehen, sofern die Unkenntnis nicht selbst auf Fahrlässigkeit beruht.

64 Von erheblich größerer Bedeutung ist in der kartellrechtlichen Praxis der **Verbotsirrtum,** von dem auszugehen ist, wenn der Täter ohne das Bewusstsein handelt, etwas Unerlaubtes zu tun, namentlich weil er das Bestehen oder die Anwendbarkeit einer Rechtsvorschrift nicht kennt. Dabei ist zwischen dem vermeidbaren (vorwerfbaren) und dem unvermeidbaren Verbotsirrtum zu unterscheiden. Ist der Irrtum nicht vorwerfbar, so ist eine Ahndung mangels Schuld ausgeschlossen.

65 Die Rechtsprechung legt hier einen **strengen Maßstab** an. Ein Verbotsirrtum wird nur dann als **unvermeidbar** angesehen, wenn der Täter trotz der ihm nach den Umständen des Einzelfalls, seiner Persönlichkeit sowie seinem Lebens- und Berufskreis zuzumutenden Anspannung seines Gewissens nicht in der Lage war, das Unerlaubte seines Handelns zu erkennen.[153] Dabei werden weitreichende **Prüfungspflichten** statuiert, die im Kartellrecht grundsätzlich an die der unternehmerischen Stellung folgende Berufspflicht anknüpfen, sich über die Vorschriften des GWB zu unterrichten und sich darüber auf dem Laufenden zu halten.[154]

---

[148] *Bauer/Wrage-Molkenthien* WuW 1988, 586; *Tiedemann* NJW 1979, 1849, 1854.

[149] *Gürtler* in: Göhler, OWiG, § 11 Rn. 7 f. m. w. N. zur Rspr.

[150] BGH NJW 1966, 460, 463; BGH WuW/E BGH 1786 – *ARA*.

[151] Vgl. *Sternberg-Lieben/Schuster* in: Schönke/Schröder, StGB, § 15 Rn. 84.

[152] *Gürtler* in: Göhler, OWiG, § 10 Rn. 6.

[153] BGH NJW 1966, 842, 842; OLG Frankfurt WuW/E OLG 4484, 4486 f. – *Gießener Modell;* OLG Frankfurt OLG WuW/E 4944, 4946 f. – *Fahrschullehrerabsprache.*

[154] OLG Frankfurt OLG WuW/E 4484, 4486 f. – *Gießener Modell;* vgl. auch *Gürtler* in: Göhler, OWiG, § 11 Rn. 25; *Raum* in: Langen/Bunte, GWB, § 81 Rn. 62.

Nach diesen Grundsätzen ist ein Verbotsirrtum jedenfalls dann als unvermeidbar anzusehen, wenn der Täter keinerlei Zweifel an der Rechtmäßigkeit seines Verhaltens hatte und auch ein mit dem gleichen Fall zuvor befasstes Gericht einen Kartellrechtsverstoß nicht einmal in Betracht gezogen hatte.[155] Auch sonst darf sich der Täter auf **Entscheidungen höherer Gerichte** grundsätzlich verlassen.[156] Dies gilt auch dann, wenn der Täter die bisherige Rechtsprechung nicht gekannt hat, weil ein Verbotsirrtum in diesem Fall durch entsprechende Erkundigungen nicht ausgeräumt worden wäre und es mithin an der für den Schuldvorwurf notwendigen Kausalität zwischen der mangelnden Informationserlangung und dem Verbotsirrtum fehlt.[157] **66**

In Zweifelsfällen darf sich der Rechtsunkundige nicht auf sein eigenes Urteil verlassen, sondern muss Auskünfte einholen. Dabei kann nur die **Auskunft einer verlässlichen Person** die Vermeidbarkeit des Irrtums ausschließen. Ein Verschulden kann bereits in der Auswahl der Auskunftsperson liegen.[158] Auf die ihm bekannte Äußerung eines Sachbearbeiters des BKartA, dass ein Vertrag kartellrechtlich unproblematisch sei, darf sich der Betroffene grundsätzlich verlassen.[159] Wenn das BKartA dies vermeiden möchte, muss es ggf. auf seine mangelnde Kompetenz hinweisen.[160] Anderes soll jedoch für Meinungsäußerungen anderer Behörden gelten, wenn diese den Lebenssachverhalt aufgrund ihrer Spezialzuständigkeit beurteilen und dabei das Kartellrecht außer Betracht lassen.[161] Somit werden als verlässliche Auskunftspersonen im Wesentlichen qualifizierte Rechtskundige in Betracht kommen, die über kartellrechtliche Erfahrung oder jedenfalls über eine wirtschaftsrechtliche Spezialisierung verfügen. Zu denken ist hier an Rechtsanwälte, Firmen- und Verbandsjustiziare sowie Rechtsprofessoren.[162] **Ausnahmen** gelten dann, wenn die Auskunft erkennbar aufgrund einer unvollständigen Sachverhaltsdarstellung erteilt worden ist,[163] die Anfrage lediglich eine Feigenblattfunktion erfüllt oder der Rechtskundige selbst Zweifel äußert, insbesondere auf entgegenstehende gerichtliche Stellungnahmen hinweist, weil hier regelmäßig bereits bedingtes Unrechtsbewusstsein vorliegen wird.[164] In allen Fällen einer Erkundigungspflicht ist schließlich die Feststellung erforderlich, dass eine pflichtgemäße Erkundigung zu einer richtigen Auskunft und damit zu einem anderen Ergebnis geführt hätte. Lässt sich das nicht feststellen, so kann die Unvermeidbarkeit des Irrtums nicht ausgeschlossen werden.[165] Unvermeidbar kann der Irrtum deshalb auch dann sein, wenn der Erkundigungspflichtige zwar keinen (Rechts-)Rat eingeholt hat, er von einer zuverlässigen Auskunftsperson jedoch den (objektiv falschen) Rat erhalten hätte, dass das von ihm beabsichtigte Verhalten nicht ordnungswidrig ist.[166] **67**

Bei der **Auslegung neuer Gesetze** ist ein Verbotsirrtum regelmäßig nur dann vermeidbar, wenn sich der Sinn der Vorschrift eindeutig aus ihrem Wortlaut ergibt. Daher kann dem Täter grundsätzlich kein Vorwurf gemacht werden, sofern sich seine Rechtsauffassung noch im Rahmen der Auslegungsmöglichkeiten hält. Umgekehrt trifft den Täter **68**

---

[155] KG WuW/E OLG 2321, 2324 – *Luftfotografie.*

[156] *Gürtler* in: Göhler, OWiG, § 11 Rn. 27 m. w. N.

[157] Zum Streitstand und der älteren Rspr. vgl. *Achenbach* in: FK-Kartellrecht, § 81 Rn. 62; *Rengier* in: KK-OWiG, § 11 Rn. 97ff.

[158] *Rengier* in: KK-OWiG, § 11 Rn. 76.

[159] KG WuW/E OLG 3387, 3391 – *Altölpreise.*

[160] BGH NStZ 2000, 364, 364.

[161] OLG Frankfurt WuW/E OLG 4484, 4486f. – *Gießener Modell;* OLG Frankfurt WuW/E OLG 4944, 4947 – *Fahrschullehrerabsprache; Raum* in: Langen/Bunte, GWB § 81 Rn. 64.

[162] *Thomas* WuW 1974, 20, 25ff. Vgl. auch BGH WuW/E DE-R 2579, 2580f. – *G+J/RBA.*

[163] *Raum* in: Langen/Bunte, GWB, § 81 Rn. 65 m. w. N.

[164] *Sternberg-Lieben* in: Schönke/Schröder, StGB, § 17 Rn. 18 a. E.

[165] OLG Braunschweig StV 1998, 492; OLG Hamburg NStZ 1996, 102.

[166] Vgl. dazu LG Düsseldorf NJW 2004, 3275, 3285 – *Mannesmann/Vodafone.*

allerdings die Verpflichtung, sich bei Kenntnis einer sich abzeichnenden Änderung der Rechtslage über den Inhalt einschlägiger Novellierungen zu unterrichten.[167]

69 Besondere Probleme ergeben sich in diesem Zusammenhang aus der im Zuge der 7. GWB-Novelle erfolgten Einführung des Systems der Legalausnahme, durch das es den Unternehmen überlassen ist, im Wege einer **„kartellrechtlichen Selbsteinschätzung"** zu prüfen, ob die Freistellungsvoraussetzungen bei wettbewerbsbeschränkenden Vereinbarungen vorliegen. Durch den normativen und in hohem Maße ausfüllungsbedürftigen Charakter der einzelnen Voraussetzungen der Freistellungstatbestände (vgl. § 2: „angemessene Beteiligung der Verbraucher", „nicht unerlässlich" usw.; zum europäischen Recht vgl. Art. 101 Abs. 3 AEUV) ergeben sich **erhebliche Haftungsrisiken.** Ob etwa eine Vereinbarung beteiligten Unternehmen die Möglichkeit eröffnet, für einen „wesentlichen Teil der betreffenden Waren den Wettbewerb auszuschalten" (§ 2 Abs. 1 Nr. 2), mag eine Prognose erfordern, die mit erheblichen Unsicherheiten behaftet ist, und damit eine Einschätzung der Wettbewerbssituation, wie sie namentlich kleinere und mittlere Unternehmen kaum leisten können.[168]

70 Zur Vermeidung der mit einer fehlerhaften Einschätzung der Freistellungsvoraussetzungen verbundenen Sanktionsrisiken wird es in der Regel erforderlich sein, **externen Sachverstand** einzuholen. Darüber hinaus kann es sich empfehlen, in diesen Fällen mit den Kartellbehörden abzuklären, ob die angedachte Vereinbarung die Freistellungsvoraussetzungen erfüllt. In eher seltenen Fällen von grundsätzlicher Bedeutung mag es sinnvoll sein, von der sich aus **§ 32c** ergebenden Möglichkeit Gebrauch zu machen und den **Erlass einer Verfügung** zu beantragen, wonach kein Anlass zum Tätigwerden besteht.

71 Insbesondere im Hinblick auf Fragen der kartellrechtlichen Selbsteinschätzung, die **Art. 101 AEUV** betreffen, ist bei der Einholung externen Rechtsrates Vorsicht geboten. Nach der Rechtsprechung des EuGH genügt es für die Annahme einer schuldhaften kartellrechtswidrigen Tat, die gem. Art. 23 Abs. 2 Unterabs. 1 VO 1/2003 mit einer Geldbuße geahndet werden kann, dass das betreffende Unternehmen über die Wettbewerbswidrigkeit seines Verhaltens nicht im Unklaren sein kann, gleichviel, ob ihm dabei bewusst ist, dass es gegen die Wettbewerbsregeln des Vertrags verstößt.[169] Wenn ein Unternehmen vor diesem Hintergrund noch externen Rechtsrat einhole und darauf vertraue, so könne die Fehlerhaftigkeit dieses Rates nur berücksichtigt werden, wenn das Vertrauen darauf berechtigt war. Dies könne nur der Fall sein bei präzisen Zusicherungen der zuständigen Verwaltung. Da nationale Wettbewerbsbehörden nicht befugt seien, eine negative Entscheidung zu erlassen, mit der das Fehlen eines Verstoßes gegen Art. 101 AEUV festgestellt wird, könnten sie bei Unternehmen kein berechtigtes Vertrauen darauf begründen, dass ihr Verhalten nicht gegen diese Bestimmung verstößt. Vor diesem Hintergrund könne erst recht nicht der Rechtsrat eines Anwalts ein berechtigtes Vertrauen darauf begründen, dass ein bestimmtes Verhalten nicht gegen Art. 101 AEUV verstößt.[170] Wichtig ist jedoch, dass sich diese Schlussfolgerungen des EuGH allein auf die abschließende rechtliche Einstufung einer Tat beziehen, nicht jedoch darauf, ob sich ein Unternehmen über die Wettbewerbswidrigkeit seines Verhaltens im Unklaren sein durfte. Schon letzteres braucht keineswegs evident zu sein und dürfte in vielen Fällen berechtigten und gegen Fehlerhaftigkeit geschützten externen Rat beanspruchen.[171]

---

[167] BGH NStZ 1996, 237, 237 f.

[168] Vgl. auch *Schwintowski/Klaue* WuW 2005, 370 ff.

[169] EuGH, Urt. v. 18.6.2013, Rs. C-681/11 – *Schenker,* ECLI:EU:C:2013:404, Rn. 37 m. w. N.

[170] *Ebenda,* Rn. 38 ff.

[171] Vgl. *Meyer-Lindemann* EuZW 2013, 626 f.; siehe auch die Anm. von *Fleischer* EuZW 2013, 326, 327 ff., *Kersting* WuW 2013, 845 ff.; *Palzer/Titze* RIW 2013, 544, 545.

7. Dinglicher Arrest gem. § 30 Abs. 6 OWiG

Gemäß § 30 Abs. 6 OWiG kann, um Vermögensverschiebungen und eine Flucht in Rechtsnachfolgetatbestände zu vermeiden, ein dinglicher Arrest schon auf der Grundlage eines **Bußgeldbescheides** angeordnet werden. Damit muss nicht bis zu einer erstinstanzlichen Gerichtsentscheidung gewartet werden. Die Anordnung erfolgt gem. § 46 Abs. 1 OWiG i.V.m. §§ 111e Abs. 1 und 162 StPO durch das Gericht, bei Gefahr im Verzug jedoch gem. §§ 35ff. OWiG i.V.m. § 81 Abs. 10 auch durch die Verwaltungsbehörde, deren Anordnung gem. § 111e Abs. 2 StPO dann spätestens innerhalb einer Woche vom Gericht bestätigt werden muss. Ob mit der Neuregelung allerdings das gesetzgeberische Ziel erreicht werden kann, darf bezweifelt werden, da der Arrest ja erst „bei Erlass eines Bußgeldbescheides" angeordnet werden kann, also nach einem oft mehrere Jahre dauernden Verfahren.[172] Damit verbleibt eine lange Zeit, um Vermögensverschiebungen unerkannt vorzunehmen. Die gelegentliche Praxis des Bundeskartellamtes, Schutzschriften an örtlich zuständige Amtsgerichte zu versenden, um in der Folge von diesen Informationen über Umstrukturierungsmaßnahmen zu erhalten, kann von vornherein nur bei publizitätspflichtigen Verschiebungen erfolgreich sein. Auch dürfte es schwer sein, den **Arrestgrund** einwandfrei zu belegen oder zu erkennen.[173] Dafür gibt es zu viele **legitime Gründe** für Vermögensverschiebungen. Ein am 3.6.2014 ergangener Beschluss des BGH[174] bestätigt dies. Während das OLG Düsseldorf als Vorinstanz einen ausreichenden Arrestgrund schon darin sah, dass der zu einer Kartellbuße verurteilte Nebenbetroffene Vorrats- oder Mantelgesellschaften bereithielt, betonte der BGH, dass sich weder daraus noch aus der Präsenz von ausländischen Konzerngesellschaften allein Anhaltspunkte für einen Arrestgrund ergeben könnten. Das Tatgericht habe alle Umstände zu würdigen, die geeignet seien, Anhaltspunkte für oder gegen eine drohende Vereitelung oder Erschwerung der Vollstreckung zu geben, wobei das Gewicht der zugrunde liegenden Tat nur in besonderen Ausnahmefällen ausreiche. Es bedürfe vielmehr regelmäßiger Erkenntnisse auch aus dem Verhalten nach der Tat, insbesondere unter dem Eindruck des laufenden Bußgeldverfahrens. Dies lässt für die Anordnung des dinglichen Arrests nur wenig Raum. Das ist auch richtig, wenn man bedenkt, dass ein dinglicher Arrest – immerhin vor dem Hintergrund eines gerichtlich noch voll zu überprüfenden Bußgeldbetrages – ein Unternehmen über Jahre hinweg in seiner wirtschaftlichen Betätigung beschränken kann. Eine gegenteilige Sicht dürfte unverhältnismäßig und mit der Unschuldsvermutung nicht zu vereinbaren sein. Mithin dürfte die Neuregelung nur in seltenen Einzelfällen in Betracht kommen. Eine *de lege ferenda* erwogene anfechtungsrechtliche Lösung dürfte ähnliche Probleme aufwerfen. 72

8. Verfall nach § 29a OWiG

Der Regelung zur Gewinnabschöpfung gem. § 29a OWiG kommt lediglich subsidiärer Charakter zu, weil der wirtschaftliche Vorteil, den der Täter oder ein Dritter aus der Ordnungswidrigkeit gezogen hat, in der Regel bereits nach § 17 Abs. 4 bzw. § 30 Abs. 3 OWiG abgeschöpft wird. Auch ist § 34 OWiG zu beachten. § 29a OWiG schließt die Lücken, die entstehen, wenn weder eine Geldbuße verhängt noch der strafrechtliche Verfall (§ 73 StGB) angeordnet werden kann.[175] Das ist etwa der Fall, wenn der Täter zwar rechtswidrig, nicht jedoch in nachweisbarer Weise schuldhaft gehandelt hat. Auch umfasst er die Fälle, in denen von Dritten erlangte Vermögenswerte weder über § 73 Abs. 3 StGB noch gemäß §§ 30, 130 OWiG abgeschöpft werden können. Schließlich geht es um die 73

[172] Kritisch *Mühlhoff* NZWiSt 2013, 321, 328; *Ost* in: Bien, Das deutsche Kartellrecht nach der 8. GWB-Novelle, S. 305, 313.

[173] Das BKartA geht seit dem *Flüssiggas I*-Verfahren mittels sog. Schutzschriften vor; dazu *Mühlhoff* NZWiSt 2013, 321, 328.

[174] BGH WuW/E DE-R 4320, 4321 – *Arrestanordnung.*

[175] *Mitsch* in: KK-OWiG, § 29a Rn. 2f.

Fälle, in denen wegen einer Einstellung nach dem Opportunitätsprinzip[176] oder aufgrund eines tatsächlichen Verfolgungshindernisses die Festsetzung einer Geldbuße unterbleibt.[177]

74 Gegenstand der Verfallsanordnung ist dasjenige, was der Täter aus der von ihm begangenen Tat erlangt hat. Damit sind alle **Vermögensvorteile** im weitesten Sinne gemeint wie Gewinne, Einsparungen, Nutzungen, Dienstleistungen, Besitz sowie der Gewahrsam an beweglichen sowie unbeweglichen Sachen. Der **Umfang** des Erlangten, der – ebenso wie dessen Wert – nach § 29a Abs. 3 OWiG geschätzt werden kann, bestimmt sich nach dem sog. **Bruttoprinzip,**[178] d.h. dem Betroffenen wird das aus der oder für die mit Geldbuße bedrohte Handlung Erlangte vollständig entzogen, ohne dass die hierfür getätigten Aufwendungen abgezogen werden können. Allerdings können **Ersatzansprüche Dritter** den Vermögensvorteil mindern oder sogar ausschließen.[179] **Immaterielle Güter** unterliegen nicht dem Verfall, weil sie sich weder zuweisen noch abschöpfen lassen.[180]

75 Das Erlangte muss dem Täter entweder als **Entgelt** für die Tat oder unmittelbar **aus ihrer Begehung** zugeflossen sein. Dabei sind alle Stadien der Tatbegehung zu berücksichtigen, also sowohl Vorbereitungshandlungen als auch spätere Sicherungsmaßnahmen. **Künftige Vorteile** unterliegen nicht dem Verfall, ebensowenig Vorteile, die lediglich mittelbar erwirtschaftet wurden.[181] § 29a Abs. 2 OWiG lässt auch die Anordnung des Verfalls **gegenüber Dritten** zu, wenn der Täter für diese gehandelt hat und diese dadurch etwas erlangt haben. Diese Regelung betrifft in erster Linie juristische Personen oder sonstige Verbände, für die der Täter rechtswidrige Vorteile erwirtschaftet hat, sofern gegen diese keine Geldbuße verhängt wird (vgl. § 30 Abs. 5 OWiG). Der Dritte braucht nicht bösgläubig zu sein;[182] handelt es sich bei diesem um eine natürliche Person, soll die Verfallsanordnung unter analoger Anwendung des § 23 OWiG auf Fälle reduziert werden, in denen der Dritte wenigstens leichtfertig bei der Erreichung des Vorteils mitgewirkt oder den Vorteil in Kenntnis der Umstände, die beim Täter den Verfall ausgelöst hätten, erworben hat.[183]

76 Ob und in welcher Höhe der Verfall bei Vorliegen der tatbestandlichen Voraussetzungen angeordnet wird, ist nach **pflichtgemäßem Ermessen** zu entscheiden. Es gilt – wie bei der Geldbuße – das **Opportunitätsprinzip.** Bei der Ausübung des Ermessens muss der Grundsatz der Verhältnismäßigkeit berücksichtigt werden. Dieser ist auf jeden Fall verletzt, wenn das Erlangte **doppelt abgeschöpft** werden soll.[184] Ebenfalls unverhältnismäßig ist die Verfallsanordnung, wenn sie für den Betroffenen eine **unbillige Härte** darstellen würde. Dieser in § 73c Abs. 1 S. 1 StGB normierte Grundsatz gilt auch im Ordnungswidrigkeitenrecht.[185] Eine unbillige Härte liegt insbesondere dann vor, wenn der Vorteil bei dem Betroffenen nicht mehr vorhanden ist. In diesem Fall ist nach dem Rechtsgedanken des § 818 Abs. 3 BGB die **Entreicherung** zu berücksichtigen.[186] Gleiches gilt, wenn sich der Betroffene Ansprüchen auf Herausgabe des Vorteils gegenübersieht oder Schadensersatzansprüche gegen ihn geltend gemacht worden sind.[187]

77 § 29 Abs. 4 OWiG stellt klar, dass der Verfall auch **selbständig angeordnet** werden kann. Im Verfahren vor der Verwaltungsbehörde wird der Verfall durch Bescheid angeord-

---

176 Siehe dazu bereits unter Rn. 11.

177 Zusammenfassend *Rönnau,* Vermögensabschöpfung in der Praxis, Rn. 28.

178 BGH NStZ 1996, 539, 539; NJW 2002, 3339, 3340; BayObLG NStZ-RR 1997, 339, 339f.; OLG Hamburg wistra 1997, 72ff.; vgl. auch BVerfG NJW 2004, 2073, 2075f.

179 BayObLG NStZ 2000, 537, 537.

180 BGH NStZ 1994, 123, 124.

181 *Mitsch* in: KK-OWiG, § 29a Rn. 19.

182 *Bohnert,* OWiG § 29a Rn. 18.

183 Vgl. dazu BGH NJW 2000, 297, 299; vgl. auch *Mitsch* in: KK-OWiG, § 29a Rn. 34ff.

184 *Bohnert,* OWiG, § 29a Rn. 11.

185 *Bohnert,* OWiG, § 29a Rn. 11.

186 BGH NStZ-RR 2000, 365f.; vgl. auch *Eser* in: Schönke/Schröder, StGB, § 73c Rn. 4 m.w.N.

187 BayObLG NStZ 2000, 536.

net (§ 87 Abs. 6 i.V.m. Abs. 3 OWiG). Verfahrenstechnisch ist der Verfallsbescheid dem Bußgeldbescheid gleichgestellt (§ 87 Abs. 3 S. 2 OWiG). Dies gilt sowohl für die Zuständigkeit der Verwaltungsbehörde als auch für das weitere Verfahren, insbesondere das Einspruchsverfahren. Im **amtsgerichtlichen Verfahren** wird der Verfall gegen den Täter entweder im abschließenden **Beschluss** (§ 72 Abs. 3 OWiG) oder durch **Urteil** (u.U. neben der Freisprechung in der Hauptsache) angeordnet. Gegen die gerichtliche Entscheidung ist – soweit die übrigen Voraussetzungen vorliegen – die **Rechtsbeschwerde** (§§ 79, 80 OWiG) statthaft. Dies gilt auch für den verfallsbeteiligten Dritten.[188]

III. Die Bußgeldtatbestände des § 81 im Einzelnen

Die Bußgeldtatbestände des § 81 sind als **Blankettnormen** ausgestaltet: Sie verweisen **78** auf das materielle Kartellrecht. Durch die 8. GWB-Novelle wurde der Ordnungswidrigkeiten-Katalog des § 81 an die Neugliederung der Missbrauchsregeln, die Regelung der Verträge der Wasserwirtschaft (§§ 31–31b) und die Auskunftspflicht in § 81a angepasst, was die Komplexität der Norm eher gesteigert hat. Die Anordnung der einzelnen Bußgeldtatbestände ist zu Recht schon als **„chaotisch"** bezeichnet worden.[189] Immerhin lässt sich differenzieren zwischen den seit 2005 in Abs. 1 geregelten Verstößen gegen das europäische und die in Abs. 2 und 3 geregelten Verstöße gegen das deutsche Wettbewerbsrecht. Zudem lässt sich unterscheiden zwischen den in den Absätzen 1 und 2 geregelten Verstößen, die vorsätzlich oder fahrlässig, und den in Abs. 3 geregelten Verstößen, die (wegen § 10 OWiG) nur vorsätzlich begangen werden können. Eine weitere Differenzierung ergibt sich aus Abs. 4: Während die in Satz 1 genannten Fälle des Abs. 1, des Abs. 2 Nr. 1, 2 Buchstabe a und Nr. 5 sowie des Abs. 3 als besonders schwerwiegende Verstöße mit einer Geldbuße bis zu einer Million Euro und, sofern die Voraussetzungen von Abs. 4 Satz 2 vorliegen, auch mit einem (viel) höheren Betrag geahndet werden können, beträgt der Bußgeldhöchstbetrag für die übrigen, leichteren Verstöße gem. Abs. 4 Satz 5 100000 Euro. Innerhalb der Gruppe der schwerwiegenden Verstöße differenziert dann noch Abs. 8 Satz 2 hinsichtlich der maßgeblichen Verjährung: Die in Abs. 1, Abs. 2 Nr. 1 und Absatz 3 genannten Ordnungswidrigkeiten verjähren in 5 Jahren, die übrigen, in Abs. 2 Nr. 2 Buchstabe a und Nr. 5 genannten, gem. Abs. 8 in Verbindung mit § 31 Abs. 2 OWiG in den auch sonst für Ordnungswidrigkeiten üblichen 3 Jahren. Zusammenfassend kann man folgern: Verstöße gegen gesetzliche Verbote werden als besonders schwerwiegend mit langer Verjährungsdauer eingestuft. Verstöße gegen behördliche Verfügungen werden wie im Falle von Abs. 2 Nr. 2 Buchstabe a und Nr. 5 teilweise als schwer und im Übrigen wie Verstöße gegen Anmelde-, Anzeige- und Mitteilungspflichten als leichtere behandelt.

1. Schwere Verstöße mit längerer Verjährung

a) Abs. 1. Die Verweisung in Abs. 1 bezieht sich auf sämtliche Tatbestandsmerkmale **79** von Artt. 101 und 102 AEUV. Vor dem Hintergrund der deutschen Dogmatik des Ordnungswidrigkeitengesetzes ist dabei an Handlungen natürlicher Personen anzuknüpfen. Werden die objektiven Tatbestandsmerkmale von Artt. 101 und 102 AEUV erfüllt, so erfolgt die **Sanktionierung allein nach deutschem Recht.**[190] Das gilt sowohl für den Begriff der Einheitstäterschaft gem. § 14 OWiG, als auch im Hinblick auf die subjektiven Voraussetzungen von Vorsatz und Fahrlässigkeit, die Rechtsfolgen oder auch das Ermittlungs- und Erkenntnisverfahren. Angesichts einer Protokollnotiz der Bundesregierung zur VO 1/2003, die der grundgesetzlich abgesicherten Unschuldsvermutung Rechnung trägt,

---

[188] BayObLGSt 1994, 49.
[189] *Achenbach* wistra 1999, 241, 243 in Bezug auf § 81 Abs. 1 a.F.
[190] *Dannecker/Biermann* in: Immenga/Mestmäcker, GWB, § 81 Rn. 17, vgl. auch Art. 5 Satz 2 VO 1/2003.

gilt die Beweislastregel des Art. 2 VO 1/2003 nicht.[191] Die gem. Artt. 101 und 102 AEUV tatbestandlich vorausgesetzte Beeinträchtigung des zwischenstaatlichen Handels ändert nichts daran, dass eine Sanktionierung nur die Auswirkungen in Deutschland berücksichtigen kann.[192] Angesichts der Identität des geschützen Rechtsgutes führt dies angesichts des Grundsatzes von *ne bis in idem* dazu, dass ein Verstoß mit Auswirkungen in Deutschland nicht noch einmal auf europäischer Ebene sanktioniert werden kann.[193]

80 **b) Abs. 2 Nr. 1.** Die Verweisung auf § 1 stellt den wohl wichtigsten Bußgeldtatbestand des § 81 dar. Seit der 6. GWB-Novelle umfasst die Vorschrift sowohl den Abschluss einer verbotenen Vereinbarung oder den entsprechenden Beschluss als auch die jeweilige Durchführung. Eine **isolierte Durchführung** ist etwa denkbar, wenn die anfangs festgestellten Freistellungsvoraussetzungen des § 2 später wegfallen. Konkretisieren Absprachen oder Akte zur Durchführung lediglich eine Grundabsprache, so sind sie zu einer Bewertungseinheit zusammenzufassen.[194] Beeinträchtigen die verbotenen Handlungen auch den zwischenstaatlichen Handel, so besteht eine Gesetzeskonkurrenz zur Verweisung auf Art. 101 AEUV, die jedoch, da die Rechtsfolgen gleich sind, nach § 19 Abs. 1 OWiG keine bußgelderhöhende Wirkung haben kann.[195]

81 Die übrigen in Abs. 2 Nr. 1 aufgeführten Verweisungen auf Missbrauchs-, Diskriminierungs- und Behinderungsverbote sowie auf das fusionskontrollrechtliche Vollzugsverbot betreffen **Verstöße durch einseitiges Verhalten.** Soweit die Verweisungen auch gesetzliche Vermutungen umfassen, sind diese nicht anzuwenden. Damit kann die in § 19 erforderliche marktbeherrschende Stellung eines Unternehmens, für das eine gem. § 9 OWiG qualifizierte Person handelt, nicht aufgrund der Vermutungen des § 18 Abs. 4 bis 6 begründet werden. Die marktbeherrschende Stellung ist vielmehr aus den allgemeinen Kriterien des § 18 Abs. 1 bis 3 abzuleiten. Entsprechendes gilt im Rahmen der Verweisung auf § 20 für die Vermutung in § 20 Abs. 1 Satz 2. Bei einer Beeinträchtigung zwischenstaatlichen Handels können die in Abs. 2 Nr. 1 aufgeführten Verbote, soweit sie einseitiges Verhalten sanktionieren, in Gesetzeskonkurrenz zur Verweisung des Abs. 1 auf Art. 102 AEUV stehen. Das führt zu den gleichen Folgen wie bei der entsprechenden Gesetzeskonkurrenz im Rahmen des Kartellverbots. Eine solche Gesetzeskonkurrenz ist jedoch wegen Art. 3 Abs. 2 Satz 2 VO 1/2003 nicht zwingend. Mitgliedstaaten können strengere innerstaatliche Vorschriften als im EU-Recht erlassen. Das führt dazu, dass eine Gesetzeskonkurrenz nicht anzunehmen ist, wenn die Verbote, wie das bei den §§ 20 Abs. 1 bis 3 und 21 Abs. 1 bis 4 der Fall ist, weiter als die von Art. 102 AEUV umfassten Tatbestände reichen.[196]

82 **c) Abs. 3.** Der Grund für die Zusammenfassung der in Abs. 3 aufgeführten Tatbestände der Aufforderung zum Boykott (Nr. 1 i. V. m. § 21 Abs. 1), der Anwendung von Druck- und Lockmitteln zur Veranlassung von Wettbewerbsbeschränkungen (Nr. 2 i. V. m. § 21 Abs. 2) sowie der Täuschung der Kartellbehörde zur Erschleichung der Anerkennung einer Wettbewerbsregel oder der Freistellung im Zusammenschlussverfahren (Nr. 3 i. V. m. § 24 Satz 3 oder § 39 Abs. 3 Satz 5) liegt allein darin, dass in diesen Fällen ausschließlich **vorsätzliches Handeln sanktioniert** wird.[197]

---

[191] Rat der Europäischen Union, Dokument 15 435/02 ADD 1 v. 10.12.2002, S. 8; *Dannecker/Biermann* in: Immenga/Mestmäcker, GWB, § 81 Rn. 27 m. w. N.

[192] Zum Auswirkungsprinzip auch *Bechtold/Bosch,* GWB, § 81 Rn. 9.

[193] So bereits *Cramer/Pananis* in der Voraufl., Rn. 89.

[194] *Dannecker/Biermann* in: Immenga/Mestmäcker, GWB, § 81 Rn. 24 m. N. zur Rspr.

[195] So auch *Bechtold/Bosch,* GWB, § 81 Rn. 8.

[196] *Bechtold/Bosch,* GWB, § 81 Rn. 8.

[197] BT-Drs. 15/3640, S. 66 (rechte Spalte).

2. Sonstige schwere Verstöße gem Abs. 2 Nr. 2a und Nr. 5

Als sonstige schwere Verstöße werden in Abs. 2 Nr. 2 lit. a Verstöße gegen die dort aufgeführten vollziehbaren Anordnungen sowie in Abs. 2 Nr. 5 die im Rahmen der Fusionskontrolle erlassenen vollziehbaren Auflagen angesehen. Sind die Anordnungen oder Auflagen jedoch nichtig im Sinne von § 44 VwVfG, so können sie **nicht zu einer Sanktionierung führen.**[198] Praktisch relevant kann in diesem Zusammenhang insbesondere der Fall der mangelnden Bestimmtheit werden.[199] Vollziehbarkeit einer Anordnung liegt neben dem Fall der Rechtskraft der Verfügung vor, bei der Anordnung gem. § 65 Abs. 1, im Rechtsbehelfsverfahren als Folge der Entscheidungen gem. § 65 Abs. 3 bis 5 oder auch im Rahmen von Anordnungen gem. §§ 32a und 60. 83

3. Leichte Verstöße

Als leichte Verstöße im Sinne von Abs. 4 Satz 5 sind die in den Abs. 2 Nr. 2 Buchstabe b bis d sowie Nr. 6 und 7 genannten Verstöße **gegen behördliche Verfügungen** anzusehen. Das sind in den Fällen des Abs. 2 Nr. 2 Verstöße gegen vollziehbare Anordnungen und in den Fällen der Nr. 6 und 7 Verstöße bei Auskunfts-, Duldungs- und Nachprüfungsentscheidungen. Zu den leichten Verstößen im Sinne von Abs. 4 Satz 5 sind auch die in Abs. 2 Nr. 3, 4, 5a und 5b aufgeführten Verstöße gegen Anmelde-, Anzeige- und Mitteilungspflichten anzusehen. 84

IV. Höhe der Geldbußen

Für die Zwecke der Bußgeldverhängung ist zunächst der geltende Bußgeldrahmen zu bestimmen, bevor in einem zweiten Schritt die Zumessung der konkreten Geldbuße im Einzelfall erfolgt. Beides wird durch die Verwaltungsgrundsätze des Bundeskartellamts konkretisiert. Die **endgültige Höhe der Geldbuße** hängt jedoch auch von der Möglichkeit ab, den wirtschaftlichen Vorteil der kartellrechtswidrigen Tat abzuschöpfen, der Möglichkeit einer etwaigen steuerrechtlichen Geltendmachung der Geldbuße, ihrer Verzinsung, den Fragen, inwieweit bei der Einlegung von Rechtsmitteln eine *reformatio in peius* möglich ist oder auch ob geleisteter Schadenersatz oder eine anderweitig verhängte Sanktion die Buße mindern kann. 85

1. Bußgeldrahmen (§ 81 Abs. 4 GWB)

Abs. 4 stellt je nach Unrechtsgehalt und -gewicht **zwei** unterschiedliche Bußgeldrahmen zur Verfügung: Einen durch Festbeträge begrenzten starren Bußgeldrahmen und einen durch Umsatz begrenzten Rahmen, der im Ergebnis die durch den starren Rahmen begrenzte Bußgeldhöhe weit übertreffen kann. 86

a) Starrer Bußgeldrahmen. Die in Abs. 4 Satz 1 genannten **besonders schwerwiegenden Ordnungswidrigkeiten,** also die Fälle des Abs. 1, des Abs. 2 Nr. 1, 2 lit. a und Nr. 5 und des Abs. 3 können mit einer Geldbuße bis zu einer Million Euro geahndet werden. Die nicht in Satz 1 genannten **weniger schwerwiegenden Ordnungswidrigkeiten** können gem. Satz 5 mit einer Geldbuße bis zu 100 000 Euro geahndet werden. Im Gegensatz zu Abs. 3 (vgl. § 10 OWiG) können die in Abs. 1 und 2 aufgeführten Ordnungswidrigkeiten nicht nur vorsätzlich sondern auch fahrlässig begangen werden. Bei **fahrlässigem** Handeln darf die Geldbuße gem. § 17 Abs. 2 OWiG die Hälfte der angedrohten Höchstbeträge nicht überschreiten. Diese sind also bei den in Satz 1 genannten Fällen auf einen Betrag von 500 000 Euro und bei den weniger schwerwiegenden Ordnungswidrigkeiten auf einen Betrag von 50 000 Euro begrenzt. 87

---

[198] Vgl. *Vollmer* in: Münchener Kommentar, GWB, § 81 Rn. 65.
[199] Dazu auch *Vollmer* in: Münchener Kommentar, GWB, § 81 Rn. 24.

88 Durch den durch die 8. GWB-Novelle eingeführten § 30 Abs. 2 Satz 3 OWiG **verzehnfachen** sich die jeweils genannten Höchstbeträge, wenn das Gesetz auf diese neue Vorschrift verweist. Da der durch die 8. GWB-Novelle ebenfalls neu eingeführte § 130 Abs. 3 Satz 2 OWiG eine solche Verweisung enthält, scheint eine an eine Aufsichtspflichtverletzung geknüpfte Verbandsgeldbuße die in § 81 Abs. 4 genannten Bußgeldrahmen um ein Zehnfaches zu erhöhen.[200] Dies ist jedoch nicht der Fall. § 130 OWiG setzt eine Aufsichtspflichtverletzung und darüber hinaus die pflichtwidrige Tat eines anderen voraus. Eine Verzehnfachung des Bußgeldrahmens ist vor dem Hintergrund der Gesetzesgeschichte, von Sinn und Zweck sowie des Wortlautes und der systematischen Stellung der neuen Regelung, wie Achenbach nachweist,[201] nur dann einschlägig, wenn die pflichtwidrige Tat, die der Aufsichtspflichtverletzung zugrunde liegt, eine Straftat ist. Um eine solche aber kann es sich bei kartellrechtlichen Ordnungswidrigkeiten nicht handeln.

89 **b) Bußgeldrahmen nach Umsatz.** Abs. 4 Satz 2 GWB gibt einen umsatzbezogenen Bußgeldrahmen vor. Die Regelung wurde durch die 7. GWB-Novelle eingeführt. Sie löste die bis dahin geltende Mehrerlösregelung ab, wonach der starre Bußgeldrahmen bis zur dreifachen Höhe des durch die Zuwiderhandlung erzielten Mehrerlöses übertroffen werden konnte. Diese Regelung stieß in der Praxis schon angesichts der Schwierigkeit, den Mehrerlös zu bestimmen, auf **große Probleme.** Die die Mehrerlösregelung ersetzende Bestimmung über den umsatzbezogenen Bußgeldrahmen orientierte sich an der europäischen Regelung des Art. 23 Abs. 2 VO 1/2003, der Nachfolgeregelung von Art. 17 Abs. 2 VO 17 17/62. Die europäische Regelung ist nach Ansicht des EuG und des EuGH mit höherrangigem Recht vereinbar. Die deutsche Regelung wurde jedoch in der Literatur vielfach als verfassungswidrig eingestuft.[202] Ein nach oben offener und nur durch die 10%- Grenze limitierter Bußgeldrahmen sei zu unbestimmt und daher mit Art. 103 Abs. 2 GG nicht zu vereinbaren. Eine solche Einschätzung habe das Bundesverfassungsgericht schon durch seine Vermögensstrafen-Entscheidung zu § 43a StGB vorweggenommen.

90 In seinem Beschluss zum *Grauzementkartell*[203] vom 26.2.2013 hat der BGH die Verfassungswidrigkeit der Regelung des umsatzbezogenen Bußgeldrahmens verneint.[204] Bei vorzunehmender verfassungskonformer Auslegung und in Übereinstimmung mit der Vorinstanz des OLG Düsseldorf sei der umsatzbezogene Bußgeldrahmen nicht wie im europäischen Recht als ein nach oben völlig offener Rahmen, der durch die 10%-Grenze nur gekappt wird,[205] sondern als **absolute Bußgeldobergrenze** anzusehen,[206] die damit auch ausreichend bestimmt sei. Nur so sei die im deutschen Ordnungswidrigkeitenrecht notwendige vollständige gerichtliche Überprüfbarkeit des Bußgeldrahmens möglich. Ein anderer, dem europäischen Recht folgender, Ansatz würde im Ergebnis einen Paradigmenwechsel für das deutsche Ordnungswidrigkeitenrecht bedeuten, der in den Gesetzesmaterialien als solcher keinerlei Niederschlag gefunden habe. Innerhalb des so definierten Rahmens sei der Umsatz zur Bemessung der Geldbuße gut geeignet. Er schaffe Transparenz und sei besser als ein starrer Bußgeldrahmen geeignet, der jeweiligen Größe der Kartellanten Rechnung zu tragen. Dies trage zur notwendigen Ahndungsempfindlichkeit bei.

---

200 So wohl *Bechtold/Bosch* GWB, § 81 Rn. 27.

201 *Achenbach* wistra 2013, 369, 371 f.; zustimmend *Raum* in: Langen/Bunte, GWB, § 81 Rn. 171.

202 Umfangreiche Auseinandersetzung mit Blick auf Bestimmtheitsgrundsatz und Schuldprinzip bei *Brettl/Thomas* ZWeR 2009, 25, 28 ff. m. w. N.

203 BGH WuW/E DE-R 3861 ff. – *Grauzementkartell.*

204 Inzident bereits BGH wistra 2012, 152, 154 – *Transportbeton II;* offen gelassen von BVerfG WuW/E DE-R 3765, 3783 – *Verzinsungspflicht.*

205 So das BKartA, Hintergrundpapier: Kartellbußgeldverfahren zwischen deutschem Systemdenken und europäischer Konvergenz, 2012, S. 16.

206 OLG Düsseldorf WuW/E DE-R 3889, 3896 – *Silostellgebühren I;* sowie die Vorinstanz OLG Düsseldorf BeckRS 2010, 4805.

91 Die Entscheidung des BGH hat zum Teil scharfe **Kritik** erfahren.[207] Angesichts der gesetzgeberischen Intention, sich an den europäischen Regelungen zu orientieren,[208] könne die 10%-Grenze nicht einfach als eine Bußgeldobergrenze interpretiert werden. Für eine verfassungskonforme Auslegung sei kein Raum. Der BGH habe contra legem entschieden, da das gesetzgeberische Ziel in einem wesentlichen Teil begrenzt oder verfälscht worden sei. Ein solcher Schluss aber scheint zu weit gegriffen, wenn man bedenkt, dass hinsichtlich der Problematk der 10%-Grenze nur die Auslegung des BGH zu einer Lösung führt, die mit der Dogmatik des deutschen Ordnungswidrigkeitenrechts zu vereinbaren ist. Sie stellt eher ein Minus zu der ursprünglich angestrebten Rezeption des europäischen Rechts dar, nicht aber ein contra legem erzieltes aliud.[209] Damit sind jedoch keineswegs alle Zweifel an der Verfassungsmäßigkeit des umsatzbezogenen Bußgeldrahmens beseitigt. Wirklich vorhersehbar sind die Geldbußen nicht. Sie bleiben gleich in mehrfacher Hinsicht in bedenklichem Ausmaß **unbestimmt.** Schließlich ist fraglich, ob eine weitgehend auch durch nicht kartellbefangene Umsätze definierte Bußgeldhöhe dem **Schuldprinzip** entsprechen kann, wonach Bußgelder sich an der Qualität der individuell vorwerfbaren Handlung zu orientieren haben.

92 Der Bezug von § 81 Abs. 4 zu Schuld und Tatschwere bleibt offen. Der maßgebliche Umsatz ist nicht der tatbezogene Umsatz, d.h. der Umsatz, der mit den Produkten bzw. Dienstleistungen, die mit der Zuwiderhandlung in Zusammenhang stehen, erzielt wurde, sondern der **„Gesamtumsatz".** Dessen Umfang war unmittelbar nach Einführung der 7. GWB-Novelle umstritten. Nach h.M. war bei konzernangehörigen Unternehmen allein auf den Sanktionsadressaten abzustellen. Allein das war mit der Dogmatik des deutschen Ordnungswidrigkeitenrechts zu vereinbaren. Danach können nur natürliche Personen ordnungwidrig handeln, deren Handlungen dann einem bestimmten Rechtsträger, nicht jedoch einem ganzen Konzern, zugerechnet werden können. Die Preismissbrauchsnovelle aus dem Jahr 2007 versuchte den Streit durch die „klarstellende" Einfügung von Abs. 4 Satz 3 zu lösen: Der „Gesamtumsatz" soll die Umsätze all der natürlichen oder juristischen Personen einbeziehen, die „als wirtschaftliche Einheit operieren". Auch damit aber bleibt der Begriff unbestimmt. Aus dem europäischen Recht, worauf diese Formel Bezug nehmen soll, lässt sich zur Deutung nichts ableiten.

93 In der Entscheidung *Grauzement* kommt der BGH zum Schluss, dass der „Gesamtumsatz" auf eine Bezugseinheit verweist, die über die Rechtsfigur der juristischen Person hinausgreift. Nur dies könne im Sinne der Regelung sein, eine Ahndung in Abhängigkeit zur wirtschaftichen Leistungsfähigkeit sicher- und damit bei entsprechend großen juristischen Personen die notwendige **Ahndungsempfindlichkeit** herzustellen.[210] Als Folge stimmt der BGH der Vorgehensweise der Vorinstanz zu, sämtliche Umsätze der im Sinne des **§ 36 Abs. 2** verbundenen Unternehmen einzubeziehen. Gleichwohl betont er, dass der Fall in dieser Hinsicht zu keiner vertiefenden Betrachtung nötige, da es bei allen Konzernbeziehungen mit der Ausnahme einer 89%-prozentigen Beteiligung nur um 100%ige Beteiligungen ging. Allein das schon macht deutlich, dass § 36 Abs. 2 nicht zwingend als Zurechnungsvorschrift herangezogen werden kann. Abgesehen davon, dass diese Bestimmung im Gesetz dann wohl ausdrücklich genannt worden wäre, kann eine Haftung für Ordnungswidrigkeiten nicht aus Vermutungen resultieren. Als wirtschaftliche Einheit operierende Personen wird man somit nur diejenigen Rechtsträger in die Berechnung des Gesamtumsatzes einbeziehen können, die kapitalmäßig eng und über das in § 36 Abs. 2

---

[207] *Haus* NZKart 2013, 183, 185ff., 190; *Barth/Budde* NZKart 2013, 311, 319f.; *Achenbach* WuW 2013, 688, 692ff.; *Heinichen* NZWiSt 2013, 161, 164ff.; *Herrlinger* in: FIW Schwerpunkte des Kartellrechts, S. 85, 91ff.; zu den verfassungsrechtlichen Bedenken der derzeitigen Kartellverfahrenspraxis *Voet van Vormizeele* NZKart 2013, 386, 391ff.

[208] Wille zur Angleichung an Art. 23 Abs. 2 VO 1/2003, BT-Drs. 15/5049, S. 50.

[209] Vgl. *Meyer-Lindemann* NJW 2013, 1976, 1976.

[210] BGH WuW/E DE-R 3861, 3875 – *Grauzementkartell.*

definierte Mindestmaß hinaus verflochten sind und tatsächlich im Einflussbereich einer **einheitlichen Leitung** liegen, die einen Bezug zur ordnungswidrigen Handlung hat. Eine weitergehende Einbeziehung von Konzerngesellschaften würde systemwidrig die Problematik, dass eine Geldbuße nur noch zum kleinen Teil das vorwerfbare Handeln eines kartellrechtswidrig handelnden Rechtsträgers zu reflektieren braucht, in unerträglicher Weise verschärfen.

94 Der für die Umsatzberechnung **maßgebliche Zeitpunkt** ist vor dem Hintergrund des Bestimmtheitsgrundsatzes problematisch. Gem. Abs. 4 Satz 2 ist bei der Ermittlung des für das Bußgeld maßgeblichen Umsatzes abzustellen auf das der **Behördenentscheidung vorausgegangene Geschäftsjahr.** Bei der langen Dauer von Kartellverfahren kann damit jeglicher Bezug zur Tathandlung verloren gehen. Im Übrigen kann die Behörde durch die Wahl des Entscheidungszeitpunktes direkt auf die Höhe des für die Bußgeldobergrenze maßgeblichen Umsatzbetrages Einfluss nehmen, was durch die lange Dauer der Verfahren erleichtert wird. Mit dem Argument der Praktikabilität ist dies nicht zu rechtfertigen. Nachdem das Bundeskartellamt schon in seinen Bußgeldleitlinien von 2006 davon ausgegangen ist, dass der Gesamtumsatz der Unternehmen oder Unternehmensvereinigungen **geschätzt** werden kann, wurde durch die Preismissbrauchsnovelle vom 18.12.2007 in Abs. 4 Satz 4 auch eine entsprechende gesetzliche Regelung geschaffen. Praktisch relevant kann diese Regelung vor allem bei kleineren Unternehmen werden, die nicht der Publizitätspflicht unterliegen.[211] Allerdings ist fraglich, ob diese Relevanz vor dem Hintergrund des neuen § 81a mit der darin geregelten einschlägigen Auskunftspflicht auch zukünftig noch gegeben sein wird.[212] Gegen den Bestimmtheitsgrundsatz und den rechtsstaatlichen Grundsatz „in dubio pro reo" verstößt die Regelung nach allgemeiner Ansicht nicht.[213]

2. Bemessungskriterien

95 Nach Festlegung des Bußgeldrahmens hat die Zumessung der konkreten Geldbuße zu erfolgen. Gem. Abs. 4 Satz 6 sind **Schwere** und **Dauer der Zuwiderhandlung** Grundlage für die Zumessung der Geldbuße. Gem. § 17 Abs. 3 OWiG sind **tat- und täterbezogene Kriterien** sowie die wirtschaftliche Leistungsfähigkeit der Betroffenen zu berücksichtigen. Die **Verfahrensdauer** und ein langer **zeitlicher Abstand** zwischen Zuwiderhandlung und Ahndung stellen ebenfalls wichtige Zumessungskriterien dar.

96 **a) Schwere und Dauer der Zuwiderhandlung (Abs. 4 Satz 6).** Die Zumessungskriterien der Schwere und Dauer der Zuwiderhandlung gem. Abs. 4 Satz 6 lehnen sich an das Europäische Recht an. Die Regelung ist wörtlich aus Art. 23 Abs. 3 VO 1/2003 übernommen worden. Die Übernahme dieser durch die Gemeinschaftsrechtsprechung näher konkretisierten Kriterien legt es nahe, die im **europäischen Kartellrecht entwickelten Auslegungsgrundsätze** auch bei der Auslegung des deutschen Rechts **heranzuziehen**. In den Blick zu nehmen sind dabei auch die von der Kommission veröffentlichten Leitlinien für das Verfahren zur Festsetzung von Geldbußen,[214] in denen die Zumessungskriterien der Schwere und Dauer unter Berücksichtigung erschwerender und mildernder Umstände fallgruppenspezifisch konkretisiert werden.[215] Zu beachten ist allerdings, dass die für das europäische Recht geltenden Leitlinien nicht unbesehen auf das deutsche Recht übertragen werden können und insbesondere die allgemeinen Zumessungskriterien des § 17 Abs. 3 OWiG durch die Regelung des Abs. 4 Satz 6 nicht suspendiert werden.

---

[211] *Ritter* WuW 2008, 142, 145.

[212] *Bechtold/Bosch* GWB, § 81 Rn. 34; *Dannecker/Biermann* in: Immenga/Mestmäcker, GWB, § 81 Rn. 432.

[213] *Dannecker/Biermann* in: Immenga/Mestmäcker, GWB, § 81 Rn. 432 m. w. N.

[214] ABl. 2006, Nr. C 210/2.

[215] Dazu näher *Dannecker/Biermann* in: Immenga/Mestmäcker, EU-WettbR, Art. 23 VO 1/2003 Rn. 188ff., 202ff.

Bei der Beurteilung der **Schwere der Zuwiderhandlung** ist zunächst die Art der Zuwiderhandlung, ihre tatsächliche **Auswirkung auf den Markt** sowie die Größe und Bedeutung des relevanten Marktes zu berücksichtigen.[216] Von maßgeblicher Bedeutung ist des Weiteren die **konkrete Rolle** des einzelnen Beteiligten, weil die Zuwiderhandlung umso schwerer wiegt, wenn es sich bei dem Betroffenen um den Drahtzieher oder Rädelsführer der wettbewerbswidrigen Absprachen handelt, während es mildernd zu berücksichtigen ist, wenn der Betroffene weitgehend passiv geblieben ist und lediglich eine Mitläuferrolle bei der Zuwiderhandlung gespielt hat.[217] Da sich der Begriff der Schwere der Zuwiderhandlung weitgehend mit dem Merkmal der „Bedeutung der Tat" i. S. d. § 17 Abs. 3 S. 1 OWiG deckt, können auch die zum allgemeinen Ordnungswidrigkeitenrecht entwickelten Grundsätze herangezogen werden. Insoweit ist maßgeblich auf den Unrechtsgehalt der Handlung abzustellen. Bedeutsam ist insbesondere die **Art des betroffenen Marktes.** So ist zu unterscheiden, ob die Absprachen oder etwa abgestimmten Verhaltensweisen einen Markt von erheblicher wirtschaftlicher Bedeutung und Größenordnung betreffen oder sie sich lediglich auf einen eng begrenzten und kleinen Markt beziehen.[218] Des Weiteren ist das Ausmaß des durch die Zuwiderhandlung verursachten **Schadens** zu berücksichtigen, so z. B. der Umfang von Preiserhöhungen aufgrund erfolgter Absprachen. Besonders schwerwiegend ist in der Regel schließlich der Eingriff in die Marktverhältnisse durch Quotenkartelle, insbesondere wenn sich diese auf lebenswichtige Produkte beziehen.[219] 97

Bei dem Zumessungskriterium der **Dauer der Zuwiderhandlung** ist in Anlehnung an die zum Europäischen Wettbewerbsrecht entwickelten Grundsätze zu unterscheiden zwischen Verstößen von kurzer Dauer (in der Regel weniger als einem Jahr), Verstößen von mittlerer Dauer (in der Regel zwischen einem und fünf Jahren) und Verstößen von langer Dauer (in der Regel mehr als fünf Jahre). Dabei ist zu beachten, dass die Dauer der Zuwiderhandlung kein Kriterium ist, mit dem sich deren Schwere beurteilen ließe; diese stellt neben der Schwere der Zuwiderhandlung vielmehr einen eigenständigen Zumessungsfaktor dar.[220] Zur Berechnung der Dauer der Zuwiderhandlung ist festzustellen, wie lange die jeweilige Vereinbarung **bestanden** hat bzw. tatsächlich **praktiziert** worden ist.[221] 98

b) Weitere Zumessungskriterien (§ 17 Abs. 3 OWiG). aa) Tat- und täterbezogene Kriterien. Ergänzend sind bei der Bemessung der Geldbuße die Zumessungskriterien des § 17 Abs. 3 OWiG heranzuziehen, die sich hinsichtlich des Merkmals der Bedeutung der Tat weitgehend mit den Kriterien decken, nach denen sich auch die Schwere der Zuwiderhandlung beurteilt.[222] Von Bedeutung sind hier daher in erster Linie die in der Person des Täters liegenden Umstände, die den „den Täter treffenden **Vorwurf**" (§ 17 Abs. 3 S. 1 OWiG) kennzeichnen. Zwar bemisst sich auch der (Schuld-)Vorwurf zunächst nach der Bedeutung bzw. Schwere der Zuwiderhandlung. Darüber hinaus ist jedoch maßgeblich auf den **Grad der Vorwerfbarkeit** abzustellen. So kann erschwerend gewertet werden, wenn der Täter bereits in der Vergangenheit Kartellrechtsverstöße begangen hat, also **rückfällig** geworden ist. Entsprechend können auch sonstige einschlägige **Vorstrafen**, 99

---

[216] Zum europäischen Recht vgl. EuG WuW/E EU-R 673, 675 – *Lysinkartell;* Kommission WuW/E EU-V 791, 800 – *Vitamine.*

[217] Kommission, WuW/E EU-V 791, 802 – *Vitamine;* vgl. auch Nrn. 28 und 29 (jew. 3. Spiegelstr.) der Leitlinien der Kommission, ABl. 2006, Nr. C 210/4.

[218] *Dannecker/Biermann* in: Immenga/Mestmäcker, GWB, § 81 Rn. 373; *Achenbach* in: FK-Kartellrecht, § 81 Rn. 493; KG WuW/E DE-R 228, 232 – *Osthafenmühle;* OLG Frankfurt WuW/E OLG 4944 – *Fahrschullehrerabsprachen.*

[219] *Dannecker/Biermann* in: Immenga/Mestmäcker, GWB, § 81 Rn. 373.

[220] EuG WuW/E EU-R 923, 925 – *SAS/Kommission.*

[221] Vgl. dazu *Dannecker/Biermann* in: Immenga/Mestmäcker, EU-WettbR, Art. 23 VO 1/2003 Rn. 179 ff.

[222] Vgl. dazu bereits unter Rn. 97.

etwa nach §§ 298, 263 StGB, zu einer schärferen Ahndung führen, wenn sich zeigt, dass sich der Täter die früheren Sanktionen nicht zur Warnung hat dienen lassen.[223] Schließlich ist auch das Verhalten nach der Tat, insbesondere auch das Prozessverhalten, zu berücksichtigen. Ein Geständnis wirkt sich regelmäßig bußgeldmindernd aus.[224] Auf der anderen Seite darf es dem Betroffenen nicht zu seinem Nachteil gereichen, wenn er von seinen prozessualen Rechten, insbesondere seinem Schweigerecht, Gebrauch macht. Schließlich sind zur Bemessung des Schuldvorwurfes und damit zur Bemessung der Höhe der Geldbuße auch die **Motive und Ziele** des Täters von Bedeutung.[225] Dabei ist insbesondere mildernd zu berücksichtigen, wenn aus wirtschaftlicher Not oder einer Zwangslage heraus gehandelt wurde und nur deshalb eine Beteiligung an Preisabsprachen erfolgt ist, um dem in der Krise befindlichen Unternehmen durch die Erlangung des Auftrags die Überlebensfähigkeit zu sichern.

100 Streitig ist, ob im Rahmen der Bußgeldzumessung gegenüber Verbänden die Qualität von **Compliance-Programmen** oder die Effektivität des Controlling berücksichtigt werden sollte.

101 Auf EU-Ebene wird es nach den jüngsten Aussagen der EU-Kommission zumindest nicht mehr als **erschwerender Umstand** im Rahmen der Bußgeldzumessung bewertet, wenn ein Kartellrechtsverstoß trotz vorhandener Compliance-Programme verwirklicht wurde.[226]

102 In einer Beschlussempfehlung zur 8. GWB-Novelle heißt es: *„Was die konkrete Höhe einer nach § 30 Absatz 2 OWiG zu bemessenden Geldbuße im Einzelfall angeht, so ist es bereits nach bisherigem Recht möglich, das Vorhandensein eines effektiven Compliance-Systems als unternehmensbezogenen Umstand bei der Bußgeldbemessung zu berücksichtigen (…). Die Frage, unter welchen Umständen und in welchem Umfang ein entsprechendes Compliance-System bußgeldmindernd wirkt, ist durch die Behörde bzw. das Gericht im Einzelfall zu beurteilen“.*[227]

103 Das **Bundeskartellamt** hält es indes nicht für geboten, Compliance-Programme bei der Bußgeldbemessung zu berücksichtigen. Damit würden durch die Gefahr der Belohnung ineffektiver und materiell nicht wirksamer Programme falsche Anreize gesetzt.[228]

104 In der **Literatur** ist lebhaft umstritten, ob (überobligatorische) Compliance-Programme im deutschen Kartellverfahren bußgeldmindernd zu berücksichtigen sind,[229] insbesondere vor dem Hintergrund, dass **andere Mitgliedstaaten** wie Frankreich.[230] Großbritannien[231] und Italien – aber auch die USA,[232] Australien, Brasilien und Kanada – Präventivbemühungen in Form von Compliance-Programmen positiv berücksichtigen.[233] Im Jahr 2012 hatte der Strafrechtsausschuss des DAV in einer Stellungnahme – unter Verweis auf Sec. 7 UK

---

[223] *Achenbach* in: FK-Kartellrecht, § 81 Rn. 501; *Dannecker/Biermann* in: Immenga/Mestmäcker, GWB, § 81 Rn. 459 m. w. N. zur Praxis.

[224] *Achenbach* in: FK-Kartellrecht, § 81 Rn. 508.

[225] *Achenbach* in: FK-Kartellrecht, § 81 Rn. 502.

[226] Vgl. EU-Kommission, Compliance Matters – What companies can do better to respect EU competition rules, 2012, S. 21; enttäuscht *Soyez* CCZ 2012, 25 ff.

[227] BT-Drs. 17/11053, S. 21 (rechte Spalte).

[228] BKartA, TB 2011/2012, S. 31 f.

[229] Für eine Berücksichtigung: *Bosch/Colbus/Harbusch* WuW 2009, 740, 747 f.; *Krebs/Eufinger/Siegen* CCZ 2011, 213, 215 (aber ohne Exkulpationsmöglichkeit, wenn Mitglieder der Unternehmensführung an der Zuwiderhandlung beteiligt sind); *Moosmayer/Gropp-Stadler* NZWiSt 2012, 241, 242; *Voet van Vormizeele* CCZ 2009, 41, 46, 48; *Wegner,* Die Systematik der Zumessung unternehmensbezogener Geldbußen, S. 90; dagegen *Pampel* BB 2007, 1636, 1638 f.

[230] Die Autorité de la Concurrence stellt in ihren Compliance-Leitlinien eine Reduzierung des Bußgeldes um bis zu 10% in Aussicht.

[231] Zum „Compliance-Package“ des UK-Office of Fair Trading vgl. *Soyez* CCZ 2011, 189 ff.

[232] Vgl. 8. Abschnitt der Sentencing Guidelines.

[233] Überblick bei *Moosmayer/Gropp-Stadler* NZWiSt 2012, 241, 243; *Voet van Vormizeele* CCZ 2009, 41, 47.

Bribery Act – vorgeschlagen, § 30 OWiG um Exkulpationsmöglichkeiten zu erweitern und dies insbesondere im Hinblick auf die Einführung von Compliance-Maßnahmen.[234]

In **Kanada** wird erwogen, als Lohn für ein „credible and effective program" die Geldbuße in einer Größenordnung von 10 bis 15% zu reduzieren und von weiteren Sanktionen, die nach kanadischem Straf- und Zivilrecht möglich sind, abzusehen. Dies sieht das Draft Updated Corporate Compliance Bulletin vor, das die Kartellbehörde am 18. September 2014 zu Konsultationszwecken veröffentlicht hat. Die Hürden sind jedoch nicht niedrig. So kann die Berücksichtigung von Compliance Programmen bei der Gesamtabwägung über die angemessene Sanktion ein zweischneidiges Schwert sein, wenn sich herausstellen sollte, dass sich die Zuwiderhandlungen in Kenntnis eines Compliance Programms ereignet haben oder das Programm nur zu einer bloß bürokratischen Routine verkommen ist. 105

In Anbetracht des Streits über die bußgeldmindernde Berücksichtigung von Compliance-Maßnahmen im deutschen Recht sollte nicht aus den Augen verloren werden, dass diese letztlich nichts anderes als der Ausfluss erforderlicher und zumutbarer Aufsichtsmaßnahmen sind, die dazu dienen, Rechtsverstöße unterhalb der Organ- und Leitungsebene zu vermeiden. Damit aber dürfte deren Qualität – und das gilt auch bei deren völligem Fehlen[235] – **dogmatisch** primär im Rahmen der Frage zu prüfen sein, inwieweit es zu einer **Aufsichtspflichtverletzung gem. § 130** OWiG gekommen ist. Gelingt dem Aufsichtspflichtigen dabei durch ein effektives Compliance-System die Enthaftung, fehlt es für die Verbandsgeldbuße (§ 30 GWB) und die Frage nach der bußgeldmindernden Berücksichtigung der Compliance-Maßnahmen bereits an einem Anknüpfungspunkt.[236] Dies allerdings hindert nicht,[237] zumindest das **Nachtatverhalten**, d. h. die Errichtung eines Compliance-Systems nach der Zuwiderhandlung, als bußgeldminderndes Kriterium zu berücksichtigen.[238] 106

bb) Wirtschaftliche Leistungsfähigkeit des Betroffenen. Ergänzend sind schließlich die **wirtschaftlichen Verhältnisse des Betroffenen** zu berücksichtigen. Die Ausschlussklausel des § 17 Abs. 3 S. 2, 2. Halbsatz OWiG, wonach die wirtschaftlichen Verhältnisse bei „geringfügigen Ordnungswidrigkeiten" in der Regel unberücksichtigt bleiben, spielt im Bereich des Kartellordnungswidrigkeitenrechts keine Rolle. Die Ermittlung der wirtschaftlichen Verhältnisse dient dem Zweck, die finanzielle Belastbarkeit des Betroffenen zu bestimmen, wobei die aus generalpräventiven Gründen gebotene Höhe einer Geldbuße auch die aktuelle Leistungsfähigkeit übersteigen kann. Dem kann in der Vollstreckung durch Nachlass von **Ratenzahlung** Rechnung getragen werden.[239] Unter den wirtschaftlichen Verhältnissen i. S. d. § 17 Abs. 3 S. 2 OWiG sind alle Umstände zu verstehen, die die Fähigkeit des Täters, eine bestimmte Geldbuße aufzubringen, beeinflussen, also insbesondere Einkommen jeder Art, sonstige Erträge, Renten, Sachbezüge sowie Erwerbsmöglichkeiten,[240] auf der anderen Seite allerdings auch die Verbindlichkeiten des Täters, insbesondere Unterhaltsleistungen. Bei der Bußgeldzumessung sind nur die wirtschaftlichen Verhältnisse des individuell Betroffenen heranzuziehen, so dass die wirtschaftlichen Verhältnisse des Unternehmens bzw. der Unternehmensvereinigung, für die dieser tätig ist, außer Betracht zu bleiben haben. Diese sind vielmehr allein im Rahmen der Festsetzung einer Geldbuße 107

---

[234] „Von der Festsetzung einer Geldbuße soll abgesehen werden, wenn die juristische Person oder die Personenvereinigung vor Tatentdeckung angemessene Verfahren eingerichtet hatte, Straftaten oder Ordnungswidrigkeiten von Personen i. S. d. § 30 Abs. 1 Nr. 5 OWiG vorzubeugen oder zu vermeiden", vgl. Stellungnahme Nr. 75/12, September 2012, S. 6.

[235] A. A. wohl *Dannecker/Dannecker/N. Müller* ZWeR 2013, 417, 424.

[236] Vgl. *Bosch/Colbus/Harbusch* WuW 2009, 740, 748; *Palzer* ZRP 2013, 122.

[237] A. A. *Palzer* ZRP 2013, 122, 123.

[238] Vgl. dazu auch KG Berlin WuW/E OLG 4572, 4574; *Voet van Vormizeele* CCZ 2009, 41, 45; a. A. *Pampel* BB 2007, 1636, 1637.

[239] Vgl. KG wistra 1999, 196, 197 f.

[240] Umfassend dazu *Mitsch* in: KK-OWiG, § 17 Rn. 87 ff.

gegen eine juristische Person oder Personenvereinigung nach § 30 OWiG zu beachten. Bei der Bestimmung der wirtschaftlichen Verhältnisse ist in diesem Zusammenhang insbesondere zu prüfen, ob die Geldbuße für das Unternehmen bzw. die Unternehmensvereinigung zu einer **Existenzgefährdung** führen kann. Im Anschluss an die Verhängung von Kartellgeldbußen können die Adressaten durchaus in Liquidationsschwierigkeiten geraten.[241]

108 In den **Bußgeldleitlinien (2013)** finden sich keine Ausführungen mehr zu Zahlungserleichterungen im Fall der Existenzgefährdung (Stundung bzw. Ratenzahlung) und zur Reduzierung der Geldbuße für den Fall, dass ein Unternehmen auch langfristig nicht zahlen kann, ohne seine Existenz zu gefährden.[242] Nach wie vor kann das BKartA aber eine Stundung oder Ratenzahlung im Vollstreckungsverfahren aussprechen (§ 18 Abs. 1 OWiG i. V. m. § 92 OWiG). Ein Bußgelderlass bzw. die Herabsetzung der Geldbuße aufgrund unzureichender wirtschaftlicher Verhältnisse wird in der Literatur teilweise als systemwidrig eingestuft.[243]

109 Unter Berücksichtigung des Verhältnismäßigkeitsgrundsatzes muss bußgeldmindernd berücksichtigt werden, wenn anderenfalls **Arbeitsplätze** gefährdet würden oder ein **Insolvenzverfahren** eingeleitet werden müsste. Bei konzernangehörigen Unternehmen bleiben die wirtschaftlichen Verhältnisse der Konzernmutter bei der Bußgeldbemessung jedenfalls dann außer Betracht, wenn keine Beherrschungs- oder Gewinnabführungsverträge abgeschlossen wurden.[244]

110 **cc) Verfahrensdauer und langer zeitlicher Abstand zwischen Zuwiderhandlung und Ahndung.** Liegt zwischen dem Kartellrechtsverstoß und seiner Ahndung ein erheblicher zeitlicher Abstand, so ist dies bei der Bußgeldzumessung **mildernd** in Ansatz zu bringen, weil wegen des langen Zeitraums zwischen dem Verstoß und seiner Aburteilung ein geringeres Bedürfnis besteht, das ordnungswidrige Verhalten zu ahnden.[245] Daher kann allein der **erhebliche zeitliche Abstand zwischen den Taten und dem gerichtlichen Urteil** zu einem Milderungsgrund führen.[246] Unabhängig davon wird auch einer überdurchschnittlich **langen Verfahrensdauer** regelmäßig eine eigenständige Bedeutung im Sinne eines Milderungsgrundes zukommen. Dabei sind insbesondere die mit dem Verfahren selbst verbundenen Belastungen des Betroffenen zu berücksichtigen, wie sie sich etwa aus einer erheblich rufschädigenden Presseberichterstattung ergeben können. Von einem Milderungsgrund ist hier auch dann auszugehen, wenn die außergewöhnlich lange Verfahrensdauer sachliche Gründe hatte, also nicht von den Kartellbehörden oder den mit der Sache befassten Gerichten zu vertreten ist.[247] Von besonderer Bedeutung ist es schließlich, wenn es zu einer gegen Art. 6 Abs. 1 Satz 1 EMRK verstoßenden Verfahrensverzögerung gekommen ist. Die Gewährleistungen der Menschenrechtskonvention, zu denen auch das Beschleunigungsgebot zählt, gelten ebenso wie für das Strafverfahren gleichermaßen auch für das Bußgeldverfahren.[248] Daher müssen auch Bußgeldsachen in einer unter rechtsstaatlichen Gesichtspunkten noch angemessenen Zeit erledigt werden.[249] Zwar sind die Anforderungen an die Feststellung einer rechtsstaatswidrigen Verfahrensverzögerung im Ordnungswidrigkeitenverfahren wegen der im Verhältnis zum Strafverfahren grundsätzlich geringeren

---

[241] Im Feuerwehrlöschfahrzeuge-Kartell meldete der Hersteller Ziegler nach der Verhängung eines Bußgeldes i. H. v. 8 Mio. Euro Liquiditätsschwierigkeiten. Die Ursächlichkeit der Buße für die spätere Insolvenz ist freilich nicht erwiesen.

[242] Anders noch Bußgeldleitlinien (2006), Rn. 24.

[243] Vgl. *Palzer* NZI 2012, 67 ff.

[244] *Dannecker/Biermann* in: Immenga/Mestmäcker, GWB, § 81 Rn. 475.

[245] BGH WuW/E DE-R 1233, 1235 – *Frankfurter Kabelkartell;* BGH WuW 1987 520 ff. – *U-Bahn-Bau Frankfurt.*

[246] BGH NJW 1999, 1198, 1198 – *Verfahrensverzögerung.*

[247] BGH NJW 1999, 1198, 1199 – *Verfahrensverzögerung.*

[248] EGMR NJW 1985, 1273, 1274.

[249] BVerfG NJW 1992, 2472, 2472.

psychischen Belastung der Beteiligten abgemildert. Gleichwohl ist eine **rechtsstaatswidrige Verfahrensverzögerung** auch im Bereich des Bußgeldverfahrens zu beachten. Nach bisheriger Rechtsprechung sollte dies durch eine spezielle Zumessung der Geldbuße erfolgen, in der das Maß der hierfür zugebilligten **Kompensation** genau bestimmt wird.[250] Mit seinem Beschluss vom 17.1.2008 hat der Große Strafsenat des BGH jedoch einen Systemwechsel vollzogen und das bislang geltende sog. „Strafabschlagsmodell" zu Gunsten eines **Vollstreckungsmodells** aufgegeben.[251] Danach ist zunächst die schuldangemessene, die die rechtsstaatswidrige Verfahrensverzögerung außer Acht lassende Sanktion festzusetzen und sodann die Kompensation dadurch vorzunehmen, dass in der Urteilsformel ausgesprochen wird, dass ein bezifferter Teil der verhängten Strafe als vollstreckt gilt. Für das Bußgeldverfahren bedeutet dies, dass bei der Zumessung der Geldbuße der zeitliche Abstand zwischen Tat und Urteil sowie die besonderen Belastungen, denen der Betroffene wegen der überlangen Verfahrensdauer ausgesetzt war, in den Grenzen des eröffneten Sanktionsrahmens mildernd zu berücksichtigen sind. Ob eine rechtsstaatswidrige Verfahrensverzögerung vorliegt, bestimmt sich nach den besonderen Umständen des Einzelfalls, die im Rahmen einer umfassenden Gesamtwürdigung gegeneinander abgewogen werden müssen.[252] Zu berücksichtigen sind dabei insbesondere der durch die Verzögerung verursachte Zeitraum der Verfahrensverlängerung, die Gesamtdauer des Verfahrens, die Schwere der Zuwiderhandlung, der Umfang und die Schwierigkeit des Verfahrensstoffs sowie das Ausmaß der mit dem schwebenden Verfahren für den Betroffenen verbundenen Belastungen.[253]

Im Verfahren *Grauzement*[254] kam es zu einer zweijährigen **Verzögerung des Revisionsverfahrens.** Diese war dadurch verursacht worden, dass die Generalstaatsanwaltschaft Düsseldorf und das Bundeskartellamt auf die Rechtsbeschwerdebegründungen hin eine über 800 Seiten umfassende Gegenerklärung ausgearbeitet hatten, für die die lange Bearbeitungszeit nach Ansicht des BGH unter keinem denkbaren Gesichtspunkt zu rechtfertigen war. Er stellte deshalb eine Verletzung des im Bußgeldverfahren zu beachtenden Beschleunigungsgebots (Art. 6 Abs. 1 EMRK) fest und hielt im Hinblick auf die Dauer und das Gewicht der Verfahrensverzögerung eine Anrechnung von 5% der festgelegten Geldbuße für angemessen.[255] **111**

Im Verfahren *Silostellgebühren III*[256] ist der BGH zum Schluss gekommen, dass in einem Verfahren, bei dem es zu einem außergewöhnlichen Abstand zwischen Tat und Urteil kommt, **drei unterschiedliche Strafmilderungsgründe** zu bedenken sind: Allein der zeitliche Abstand an sich, die Belastungen durch die lange Verfahrensdauer und schließlich die Verletzung des Beschleunigungsgebots nach Art. 6 Abs. 1 Satz 1 EMRK. **112**

3. Verwaltungsgrundsätze (Abs. 7)

Der neue Abs. 7 stellt klar, dass das BKartA zur Festlegung von allgemeinen Verwaltungsgrundsätzen über die Ausübung seines Ermessens bei der Bemessung von Geldbußen befugt ist. Dazu gehören Leitlinien für die Festlegung der Bußgeldhöhe und Grundsätze über die bußgeldmindernde oder -ausschließende Berücksichtigung der Aufklärungsbereit- **113**

[250] BGH WuW/E DE-R 1233, 1236 – *Frankfurter Kabelkartell;* BGH NJW 2000, 748, 749; BGH NJW 1999, 1198, 1199 – *Verfahrensverzögerung;* BGH wistra 2002, 420f. So ist in der jüngeren Rspr. zur Kompensation einer justizbedingten Verfahrensverzögerung von 18 Monaten eine Herabsetzung der an sich verwirkten Geldbuße um 15% für sachgerecht erachtet worden (vgl. OLG Düsseldorf WuW/E DE-R 1315, 1321 – *Berliner Transportbeton I;* OLG Düsseldorf WuW/E DE-R 1433, 1434 – *Transportbeton in C.*), ohne dass sich daraus jedoch eine Faustformel ableiten ließe.

[251] BGH NStZ 2008, 234, 234ff.; krit. Bespr. bei *Ignor/Bertheau* NJW 2008, 2209ff.

[252] BVerfG NJW 1981, 1499, 1500.

[253] BVerfG NJW 2003, 2897, 2897f.

[254] BGH WuW/E DE-R 3861, 3878f. – *Grauzementkartell.*

[255] Kritisch: *Heuking* BB 2013, 1298.

[256] BGH WuW/E DE-R 4317, 4319 – *Silostellgebühren III.*

schaft einzelner Kartellanten, wie sie das BKartA mit der sog. Bonusregelung veröffentlicht hat. Den vom BKartA festzulegenden Verwaltungsgrundsätzen kommt eine **ermessenskonkretisierende** Wirkung zu, die aber weder das Ermessen der Landeskartellbehörden beschränkt noch die Festlegung entsprechender Verwaltungsgrundsätze durch die Landeskartellbehörden ausschließt.[257] Die sich aus Abs. 7 ergebende Befugnis erstreckt sich ausdrücklich auf die Festlegung allgemeiner Verwaltungsgrundsätze, die die Zusammenarbeit mit ausländischen Wettbewerbsbehörden regeln, um die Effektivität einzelstaatlicher Bonusregelungen bzw. „Leniency"-Programme im Zusammenwirken mit anderen europäischen Wettbewerbsbehörden sicherzustellen.[258]

114 **a) Bonusregelung.** In Anlehnung an die auf europäischer Ebene im Jahr 1996 eingeführte Kronzeugenregelung in Gestalt der „Mitteilung über die Nichtfestsetzung oder die niedrigere Festsetzung von Geldbußen in Kartellsachen",[259] die zwischenzeitlich durch die Mitteilung „über den Erlass und die Ermäßigung von Geldbußen in Kartellsachen" ersetzt worden ist,[260] hat das BKartA zunächst im Jahr 2000[261] eine Bonusregelung eingeführt, die mit der Bekanntmachung Nr. 9/2006 vom 7.3.2006 neu geregelt worden ist.[262] Durch die Bonusregelung soll ein **Anreiz** zur Anzeige von Kartellen und zur Mitwirkung an der Aufklärung geschaffen werden, wobei unter bestimmten Voraussetzungen sogar ganz von der Festsetzung eines Bußgeldes abgesehen werden kann. Für den Erlass der Geldbuße ist unter anderem erforderlich, dass der Täter, der im Rahmen des Kartells keine entscheidende Rolle gespielt haben darf, also weder „alleiniger Anführer des Kartells war oder andere zur Teilnahme an dem Kartell gezwungen hat", sich als **erster Kartellbeteiligter** an das BKartA wendet, er einen **entscheidenden Beitrag** zu dessen Aufklärung leistet und seine Teilnahme an dem Kartell nach Aufforderung durch das BKartA, mit dem er „ununterbrochen und uneingeschränkt" kooperieren muss, einstellt.[263] Darüber hinaus sieht die Regelung eine Ermäßigung der Geldbußen um bis zu 50% vor, wenn Beiträge zur Aufklärung geleistet werden, ohne dass die Voraussetzungen für einen Erlass der Geldbuße vorliegen.[264] Der nach der Regelung vorgesehene Bonus gilt auch für die Festsetzung von Geldbußen gegen **Unternehmen** nach § 30 OWiG, wenn der Aufklärungsbeitrag von einer für das Unternehmen vertretungsberechtigten Person geleistet wurde.[265] Den bestmöglichen Erfolg unter der Bonusregelung hat ein Kartellbeteiligter dann, wenn er sich schneller als andere Kartellbeteiligte dem Bundeskartellamt anvertraut, er insofern also einen besseren Rang als die anderen erlangt. Das kann dadurch geschehen, dass der Kartellbeteiligte schon zu einem möglichst frühen Zeitpunkt gegenüber dem Amt seine Bereitschaft zur Zusammenarbeit durch Setzung eines „Markers" erklärt und dann innerhalb einer Frist von 8 Wochen einen ausführlichen Bonusantrag ausarbeitet.[266] Wenn die Gefahr besteht, dass das Kartell in mehreren Jurisdiktionen verfolgt wird, so empfiehlt es sich gegebenenfalls, auch in diesen Rechtsordnungen einen Marker zu setzen, wenn es die entsprechende Rechtsordnung erlaubt.[267] Zu beachten ist, dass die Bonusregelung allein den Bereich des Kartellordnungs-

---

[257] BR-Drs. 441/04, S. 119.

[258] *Ebenda.*

[259] ABl. 1996, Nr. C 207/4.

[260] ABl. 2002, Nr. C 45/3.

[261] BKartA, Bekanntmachung Nr. 68/2000 v. 17.4.2000; dazu im Einzelnen *Hetzel,* Kronzeugenregelungen im Kartellrecht, *passim*; Anm. aus ökonomischer Sicht bei *Schwalbe* in: FS Canenbley, S. 422 ff.

[262] BAnz Nr. 52 v. 15.3.2006, S. 1667; dazu *Engelsing* ZWeR 2006, 179 ff.; *Ohle/Albrecht* WRP 2006, 866 ff.; *Panizza* ZWeR 2008, 58 ff.

[263] Vgl. Rn. 3 f. der Bonusregelung (2006).

[264] Vgl. Rn. 5 der Bonusregelung (2006); zu „Risiken und Nebenwirkungen" *Stockmann* in: FS Bechtold/Bosch, S. 559, 564 ff.

[265] Vgl. *Ohle/Albrecht* WRP 2006, 866, 868.

[266] Vgl. Bonusregelung (2006), Rn. 11.

[267] Vgl. für den Fall eines möglicherweise europaweit verfolgten Kartells Rn. 13 der Bonusregelung (2006).

widrigkeitenrechts erfasst, eine mögliche Strafbarkeit nach §§ 298, 263, 266 StGB usw. jedoch unberührt lässt, sodass der tatsächliche Anreiz, sich zu offenbaren und aus dem Kartell auszusteigen, in den Fällen mit strafrechtlicher Relevanz beschränkt sein dürfte.[268]

b) Bußgeldleitlinien. Die Bußgeldleitlinien von 2006, die auf der Auslegung von Art. 81 Abs. 4 S. 2 GWB als Kappungsgrenze beruhten, waren nach dem *Grauzement*-Beschluss des BGH unanwendbar. So veröffentlichte das Bundeskartellamt am 25.6.2013 neue Leitlinien, die der neuen Rechtsprechung Rechnung tragen sollen. Nach der neu definierten Praxis sind für die Festsetzung der Bußgelder zwei Rahmen zu beachten. Den äußeren Rahmen bildet die vom BGH als solche bestimmte gesetzliche **Bußgeldobergrenze**, die bei vorsätzlicher Zuwiderhandlung 10% und bei fahrlässiger Zuwiderhandlung 5% des im Geschäftsjahr vor der Behördenentscheidung erzielten Gesamtumsatzes des Unternehmens beträgt.[269] Innerhalb des äußeren Rahmens wird ein **individueller Bußgeldrahmen** ermittelt. Dieser ergibt sich aus der Multiplikation des **pauschalierten Gewinn- und Schadenspotentials,** das mit 10% des tatbezogenen Umsatzes angesetzt wird, mit einem **Unternehmensfaktor,** der sich aus der Höhe des Gesamtumsatzes des zu bebußenden Unternehmens ergibt. Letzterer liegt etwa bei einem Gesamtumsatz von bis zu 100 Mio. EUR bei 2–3 oder bei einem Gesamtumsatz von mehr als 100 Mrd. EUR bei mindestens 6. Der Unternehmensfaktor soll bei wachsender Größe der Unternehmen die angestrebte ausreichende **„Ahndungsempfindlichkeit"** gewährleisten.[270] Wenn das Gewinn- und Schadenspotential im konkreten Fall 10% des tatbezogenen Umsatzes nicht offensichtlich wesentlich übersteigt, gibt der individuelle Bußgeldrahmen die Obergrenze für den Bußgeldbetrag vor.[271] In jedem Fall darf die gesetzliche Bußgeldobergrenze nicht überschritten werden. **115**

Innerhalb des relevanten Bußgeldrahmens erfolgt die Einordnung der Tat anhand der gesetzlichen **Zumessungskriterien** des § 81 Abs. 4 S. 6 und § 17 Abs. 3 OWiG. Einerseits geht es um die tatbezogenen Kriterien wie Art und Dauer der Tat, andereseits um die täterbezogenen wie etwa die Rolle im Kartell.[272] Nach dem *Grauzement*-Beschluss des BGH kann etwa auch ein kartellrechtswidriges Verhalten des Rechtsvorgängers bußgelderhöhend berücksichtigt werden, wenn die aufnehmende Gesellschaft die Kartellabsprache fortsetzt.[273] Schließlich kann das BKartA den erzielten Vorteil **abschöpfen.**[274] Im Fall der Inanspruchnahme der **Bonusregelung** und bei **einvernehmlichen Verfahrensbeendigungen**[275] sind **Bußgeldreduktionen** vorgesehen. **116**

Von großer Bedeutung wird sein, mit welcher Häufigkeit Entscheidungen des Bundeskartellamts der oberen gesetzlichen Bußgeldgrenze nahekommen. Die Logik dieser Grenze fordert, dass das **Höchstmaß von 10%** nur für die denkbar schwersten Fälle gelten kann und der praktisch vorkommende Regelfall wohl im unteren Drittel des Sanktionsrahmens einzuordnen sein wird.[276] **117**

Das für den individuellen Bußgeldrahmen u. a. **maßgebliche Gewinn- und Schadenspotential** wird mit pauschal 10% des tatbezogenen Umsatzes in den Bußgeldleitlinien relativ gering bewertet. *Barth/Budde*[277] verweisen in diesem Zusammenhang auf die Studien von *Connor/Lande,* wonach der betriebswirtschaftliche Schaden bei 25,8% (international) **118**

---

[268] *Schroeder* in: FS Bechtold/Bosch, S. 437, 452f.; zu den Schnittstellenproblemen aus Sicht der Verteidigung vgl. *Dierlamm* ZWeR 2013, 192ff.; siehe dazu unter Rn. 159.
[269] *BKartA* Bußgeldleitlinien (2013), Rn. 8.
[270] *BKartA* Bußgeldleitlinien (2013), Rn. 9ff.
[271] *BKartA* Bußgeldleitlinien (2013), Rn. 14.
[272] *BKartA* Bußgeldleitlinien (2013), Rn. 16, 18.
[273] BGH WuW/E DE-R 3861, 3877 – *Grauzementkartell.*
[274] *BKartA* Bußgeldleitlinien (2013), Rn. 17.
[275] Siehe dazu unter Rn. 119.
[276] Vgl. *Achenbach* WuW 2013, 688, 704.
[277] *Barth/Budde* NZKart 2013, 311, 317.

bzw. 20% (national, Median) liegt. Dieses Ergebnis wird jedoch durch die Multiplikation mit dem Unternehmensfaktor mehr als kompensiert, wird doch z.B. bei einem Großunternehmen mit 100 Mrd. Euro Umsatz das pauschalisierte Gewinn- und Schadenpotential gleich mit dem Faktor 6 multipliziert. Auf diese Weise kann der gleich hohe tatbezogene Umsatz bei einem Großunternehmen und einem mittelständischen Unternehmen ohne weiteres zu einem Bußgeld führen, das beim Großunternehmen 25 Mal höher als beim mittelständischen Unternehmen ausfällt.[278] Dies kann allein nur mit der vom Bundeskartellamt gewünschten Ahndungsempfindlichkeit erklärt werden, nicht jedoch mit dem dem Ordnungswidrigkeitenrecht zentral zugrundeliegenden und verfassungsrechtlich gebotenen Schuldprinzip. Damit werden umsatzstarke Unternehmen unverhältnismäßig belastet. Auch führt die Methodik der individuell errechneten Obergrenze zur Diskriminierung von diversifizierten gegenüber weniger diversifizierten Unternehmen.[279] All dies mag letztlich rechtsschutzdämpfende Wirkung haben, da Unternehmen in Anbetracht steigender Bußgelder eher gewillt sein mögen, Verfahrensabschlüsse durch Vergleich zu erzielen. Problematisch ist zudem, dass das Bundeskartellamt davon ausgeht,[280] in Fällen, in denen – etwa wegen eines planwidrigen Tatverlaufes – kein entsprechender Umsatz erzielt wurde, einen tatbezogenen Umsatz ohne entsprechende Ermächtigungsgrundlage[281] einfach schätzen zu können. Im Ergebnis könnte dies gegen den Grundsatz des „in dubio pro reo“ verstoßen.

119 **c) Settlement.** Zur schnelleren Abwicklung des Bußgeldverfahrens durch eine einvernehmliche Verfahrensbeendigung wendet das Bundeskartellamt das sogenannte Settlement-Verfahren an, wie es in ähnlicher Form auch durch die Europäische Kommission praktiziert wird.[282] Am 23.12.2013 hat das Bundeskartellamt dazu ein Merkblatt veröffentlicht. Die Möglichkeit, ein **Verfahren vorzeitig einvernehmlich zu beenden,** ergibt sich schon aus dem Opportunitätsgrundsatz gem. § 47 Abs. 1 OWiG. Das Bundeskartellamt führt als Vorteil vor allem die durch die Verkürzung des Verfahrens erreichte Ressourcenschonung und die Tatsache an, dass dadurch eine Minderung der Geldbuße erreicht werden kann. In sogenannten hybriden Fällen, d.h. in Konstellationen, bei denen ein Settlement-Verfahren nur mit einigen der Beteiligten eines Kartells durchgeführt wird, kann das Bundeskartellamt zudem die in den vorzeitig abgeschlossenen Verfahren festgestellten Tatsachen als Beweis für die noch laufenden Verfahren nutzen.

120 Settlement-Gespräche können jederzeit sowohl vom Bundeskartellamt als auch von den Kartellanten angeregt werden. Wenn das Bundeskartellamt für ein Settlement bereit ist, erläutert es den Beteiligten den zur Last gelegten Sachverhalt und stellt einen bestimmten Geldbußenbetrag in Aussicht. Wenn der Betroffene oder Nebenbetroffene den maßgeblichen Tathergang und den maximal vom Bundeskartellamt veranschlagten Bußgeldbetrag in einer **Settlement-Erklärung** bestätigt sowie auf eine vollständige Akteneinsicht verzichtet, erlässt das Bundeskartellamt einen Kurzbescheid mit den nach § 66 OWiG erforderlichen Angaben. Die Kooperation der Kartellanten wird als mildernder Umstand gewertet und führt zu einer Bußgeldminderung um bis zu 10%. Eine schon gewährte Reduktion aufgrund der Bonusregelung steht dem nicht im Wege.

121 Für die Kartellanten erschöpft sich der Vorteil eines Settlements nicht allein in der zu erwartenden Bußgeldminderung und der Beschleunigung des Verfahrens. Für die Kartell-

---

[278] *Ebenda,* 318.

[279] *Ebenda;* vgl. auch *BKartA,* Fallbericht v. 27.5.2013, Az. B11–13/06, S. 3 – *Mühlen* (vor Erlass der neuen Bußgeldleitlinien). Das Verfahren betraf Ein-Produkt-Unternehmen bei denen sämtlich die Geldbuße 10% des Gesamtumsatzes betragen hätte. Ausnahmsweise wurde eine Ermäßigung der Geldbuße vorgenommen, um eine Differenzierung nach Schwere und Dauer der Kartellbeteiligung zu ermöglichen.

[280] *BKartA* Bußgeldleitlinien (2013), Rn. 11.

[281] *Barth/Budde* NZKart 2013, 311, 318.

[282] Siehe dazu *Brenner* WuW 2011, 590ff.; zur Settlement-Praxis beider Behörden *Polley/Heinz* WuW 2012, 14ff.

anten fast noch wichtiger dürfte der Vorteil sein, dass das Verfahren sich meist auf die wesentlichen und weitgehend unstreitigen Aspekte konzentriert, was schon dadurch die tatsächliche Grundlage für die Höhe der Geldbuße schmälert. Auch bietet der Kurzbescheid eine **geringere Angriffsfläche** für mögliche spätere zivilrechtliche Schadenersatzpozesse. Die Settlement-Erklärung bedeutet keinen Verzicht auf Rechtsschutz. Bei einem Einspruch wird der Kurzbescheid aufgehoben und entsprechend § 69 Abs. 2 Satz 1 OWiG durch eine ausführliche Entscheidung ersetzt.

4. Abschöpfung des wirtschaftlichen Vorteils (Abs. 5)

Nach den allgemeinen Regelungen des Ordnungswidrigkeitenrechts kommt der Geldbuße eine **Doppelfunktion** zu: Sie dient der Ahndung und der Abschöpfung wirtschaftlicher Vorteile, die als Folge der Ordnungswidrigkeit entstanden sind.[283] Angesichts dieser doppelten Zielsetzung soll gem. § 17 Abs. 4 S. 1 OWiG die Geldbuße den wirtschaftlichen Vorteil, den der Täter aus der Ordnungswidrigkeit gezogen hat, übersteigen. Zu diesem Zweck kann gegebenenfalls sogar das gesetzliche Höchstmaß der Bußgeldandrohung überschritten werden (§ 17 Abs. 4 S. 2 OWiG). Dadurch soll verhindert werden, dass sich die Zuwiderhandlung für den Täter in irgendeiner Hinsicht lohnt. Auch nach der Ahndung soll ihm kein wirtschaftlicher Vorteil aus der Zuwiderhandlung verbleiben. 122

Im Gegensatz zum allgemeinen Ordnungswidrigkeitenrecht regelt Abs. 5 speziell für den kartellrechtlichen Bereich, dass die Geldbußen, die im Rahmen des § 81 zu verhängen sind, die Doppelfunktion, die Geldbußen im allgemeinen Ordnungswidrigkeitenrecht zukommt, nicht zu erfüllen brauchen. Dies geschieht dadurch, dass § 17 Abs. 4 OWiG nur noch zur bloßen **Kann-Regelung** erklärt wird. Dadurch kann mit der für eine Kartellordnungswidrigkeit verhängten Geldbuße entsprechend dem europäischen Vorbild[284] auch **allein** ein **Ahndungszweck** verfolgt werden. Zwar ist der erzielte wirtschaftliche Vorteil nach wie vor als Bemessungsfaktor heranzuziehen. Er muss jedoch nicht mehr abgeschöpft werden. Damit entfällt die nach früher geltendem Recht bestehende Notwendigkeit, die Geldbuße in einen Sanktions- und einen Abschöpfungsanteil aufzuteilen und dem Betroffenen entsprechend bekannt zu geben. Die Höhe der einen reinen Sanktionszweck verfolgenden Geldbuße ist um den Betrag zu mindern, der nach früherem Recht der Abschöpfung des wirtschaftlichen Vorteils diente.[285] 123

Ob und gegebenenfalls in welchem Umfang innerhalb des zu verhängenden Bußgeldes neben einer Ahndung auch eine Abschöpfung vorgenommen wird, liegt im **Ermessen des Tatrichters.**[286] Angesichts der berechtigten Förderung des „private enforcement" sollte es jedoch grundsätzlich allein Sache der tatsächlich durch die Ordnungswidrigkeit Geschädigten sein, die beim Täter entstandenen wirtschaftlichen Vorteile herauszuverlangen. Soll § 17 Abs. 4 OWiG Anwendung finden, so stellt sich die wegen der Höhe des Sonderbußgeldrahmens von Abs. 4 S. 2 eher theoretische Frage, ob auch der variable Bußgeldrahmen des Abs. 4 S. 2 als gesetzliches Höchstmaß im Sinne von § 17 Abs. 4 S. 2 OWiG überschritten werden kann. Dies wurde in der Vorauflage im Einklang mit anderen Autoren bejaht.[287] Spätestens seit der *Grauzement*-Entscheidung des BGH dürfte sich diese Ansicht jedoch nicht halten lassen. Danach stellt Abs. 4 S. 2 ohne Einschränkung die 124

---

[283] BGH WuW DE-R 1487, 1489 – *Steuerfreie Mehrerlösabschöpfung*, vgl. auch die Anm. von *Wegner* wistra 2005, 386ff. u. *Achenbach* NStZ 2006, 233ff.

[284] So ausdrücklich BT-Drs. 15/3640, S. 42, 67 (jew. linke Spalte); krit. *Achenbach/Wegner* ZWeR 2006, 49, 51ff.

[285] BR-Drs. 441/04, S. 118; *Achenbach/Wegner* ZWeR 2006, 49, 56.

[286] Vgl. hierzu auch *Achenbach/Wegner* ZWeR 2006, 49, 62f., wonach § 81 Abs. 5 in der Weise verfassungskonform zu interpretieren sei, dass eine reine Ahndungsgeldbuße ohne weiteres nur dort in Betracht komme, wo der wirtschaftliche Vorteil nach § 34 abgeschöpft wird.

[287] *Cramer/Pananis* in der Voraufl., Rn. 72; *Dannecker/Biermann* in: Immenga/Mestmäcker, GWB, § 81 Rn. 410; *Vollmer* in: Münchener Kommentar, GWB, § 81 Rn. 96.

Obergrenze des Sanktionsrahmens dar. Er schafft einen Fixpunkt für die tatrichterliche Entscheidung im konkreten Einzelfall und damit für die richterliche Abwägung einen unverzichtbaren Orientierungsrahmen.[288]

125 Wirtschaftlicher Vorteil i. S. d. § 17 Abs. 4 OWiG ist jeder auf die Ordnungswidrigkeit zurückführbare **vermögenswerte Nutzen,** der dem Täter aus der konkreten Zuwiderhandlung erwächst.[289] Bei der Ermittlung des wirtschaftlichen Vorteils ist eine **faktische Betrachtungsweise** zugrunde zu legen, die nach rein wirtschaftlichen Gesichtspunkten verfährt.[290] Da auf den Nettovorteil abzustellen ist, sind nicht nur die durch die Zuwiderhandlung erzielten Vorteile (z. B. Entgelte, Einnahmen, Gewinne, Erlangung einer verbesserten Marktposition usw.), sondern auch die von dem Betroffenen getätigten Aufwendungen zu berücksichtigen (sog. **Nettoprinzip**). Gegenstand des wirtschaftlichen Vorteils ist also nur der Reingewinn, der nach Abzug sämtlicher Aufwendungen verbleibt. Nicht berücksichtigungsfähig sind „hypothetische" Gewinne, denen als rein spekulative Gewinnaussichten noch kein Vermögenswert zukommt.[291] Demgegenüber sind aufgrund der maßgeblichen faktischen Betrachtungsweise selbst Aufwendungen vorteilsmindernd zu berücksichtigen, die – wie insbesondere Schmiergelder – von der Rechtsordnung missbilligt werden. Nach verbreiteter Ansicht soll es dem Tatgericht und damit auch der Kartellbehörde nicht verwehrt sein, die Höhe des wirtschaftlichen Vorteils zu schätzen.[292] Dagegen spricht jedoch, dass es insoweit an einer gesetzlichen Grundlage nach dem Vorbild des § 29a Abs. 3 S. 1 OWiG bzw. des § 81 Abs. 4 S. 4 hinsichtlich des Gesamtumsatzes des zu bebußenden Unternehmens fehlt.[293] Vorzugswürdig ist daher eine konkrete Berechnung des wirtschaftlichen Vorteils, die gegebenenfalls die Hinzuziehung eines Sachverständigen erfordert. Hält man eine **Schätzung** für zulässig, sind jedenfalls konkrete Feststellungen zu den Schätzgrundlagen erforderlich.[294]

126 Wird eine Geldbuße festgesetzt und auf eine Abschöpfung des wirtschaftlichen Vorteils nach § 17 Abs. 4 OWiG verzichtet, kann eine Vermögensabschöpfung auch nach Maßgabe des § 34 im **Verwaltungsverfahren** erfolgen.

127 Unter den Voraussetzungen des **§ 29a OWiG** kann auch durch Anordnung des Verfalls eine Vermögensabschöpfung erfolgen, die sich – anders als im Bereich des § 17 Abs. 4 OWiG – nach dem **Bruttoprinzip** bestimmt. Der Verfall nach § 29a OWiG kann jedoch nur anstelle einer Geldbuße angeordnet werden.

5. Steuerliche Abzugsfähigkeit

128 Inwieweit Kartellrechtsbußen steuerlich abzugsfähig sind, richtet sich nach § 4 Abs. 5 S. 1 Nr. 8 S. 4 EStG, der nach § 8 Abs. 1 KStG, § 7 GewStG auch für die Körperschaftsteuer und die Gewerbesteuer gilt.[295] Die Regelung geht auf eine Entscheidung des BVerfG aus dem Jahr 1990 zurück, in der das Gericht klargestellt hat, dass es mit Art. 3 Abs. 1 GG[296] unvereinbar wäre, wenn für eine Abschöpfungsmaßnahme der Bruttobetrag des erlangten Gewinns zugrunde gelegt, gleichzeitig aber der volle Bruttobetrag besteuert

---

[288] BGH, WuW/E DE-R 3861, 3872 – *Grauzementkartell.*

[289] *Mitsch* in: KK-OWiG, § 17 Rn. 114 m. w. N.

[290] *Mitsch* in: KK-OWiG, § 17 Rn. 117.

[291] *Mitsch* in: KK-OWiG, § 17 Rn. 119.

[292] Vgl. z. B. *Bohnert,* OWiG, § 17 Rn. 27; *Dannecker/Biermann* in: Immenga/Mestmäcker, GWB, § 81 Rn. 562 m. w. N.

[293] Vgl. auch *Achenbach* in: FK-Kartellrecht, § 81 Rn. 584.

[294] *Mitsch* in: KK-OWiG, § 17 Rn. 124.

[295] *Achenbach/Wegner* ZWeR 2006, 49, 61 weisen zutreffend darauf hin, dass auch die Berücksichtigung des wirtschaftlichen Vorteils bei der Zumessung der Geldbuße nach § 17 Abs. 3 OWiG der Sache nach dessen Abschöpfung bedeutet und mithin auch der darauf entfallene Anteil steuerlich abzugsfähig ist.

[296] BVerfG NStZ 1990, 393, 394.

würde. Daher muss stets sichergestellt werden, dass **keine Doppelbelastung** durch das Bußgeld einerseits und die Besteuerung andererseits eintritt. Diese Grundsätze gelten auch für die Anordnung des Verfalls nach § 29a OWiG, § 73 StGB.[297]

Ist der wirtschaftliche Vorteil, der durch den Gesetzesverstoß erlangt wurde, abgeschöpft worden und sind die Steuern vom Einkommen und Ertrag, die auf den wirtschaftlichen Vorteil entfallen, nicht abgezogen worden, so ist die **Abzugsfähigkeit** gegeben. Differenziert die Bußgeldentscheidung jedoch wie meist nicht zwischen dem Ahndungscharakter der Buße und deren abschöpfender Funktion, so stellt sich die Frage der Abzugsfähigkeit als besonders problematisch dar. **129**

Hinsichtlich einer durch die EU-Kommission nach europäischem Recht verhängten Geldbuße ist der 4. Senat des BFH[298] am 7.11.2013 in Abweichung von einer durch den 1. Senat des BFH am 24.3.2004[299] ergangenen Entscheidung und im Einklang mit einer Stellungnahme der Europäischen Kommission zum Schluss gekommen, dass der gem. Art. 23 Abs. 2 und 3 der VO 1/2003 in Verbindung mit den entsprechenden Bußgeldleitlinien festgesetzte **Grundbetrag** der Kartellbuße **keinen Abschöpfungsanteil** enthalte und damit in der Steuerbilanz nicht rückstellungsfähig sei.[300] Eine Gewinnabschöpfung könne allenfalls dann vorliegen, wenn der Grundbetrag durch die Berücksichtigung erschwerender Umstände erhöht worden sei. Diese Ansicht ist in der Literatur auf Ablehnung gestoßen.[301] Auch der Grundbetrag sei doppelfunktional und habe nicht nur eine Ahndungs- und Sanktionierungs-, sondern auch eine Abschöpfungsfunktion. **130**

Vor dem Hintergrund des deutschen Rechts vertritt das Bundeskartellamt die Ansicht, dass die Kartellbuße ausschließlich **ahnenden Charakter** habe.[302] Das Ermessen nach § 81 Abs. 5 i. V. m. § 17 Abs. 4 OWiG werde dahingehend ausgeübt, dass ein wirtschaftlicher Vorteil nicht abgeschöpft wird. Diese Ansicht verträgt sich jedoch nicht mit dem vom Bundeskartellamt bei der Festsetzung der Geldbuße berücksichtigten Gewinn- und Schadenspotential, wie es durch das Konzept des tatbezogenen Umsatzes ermittelt wird – selbst dann nicht, wenn gem. Ziff. 6 der Bußgeldleitlinien eine Berechnung der konkreten Auswirkungen der Tat auf den Markt nicht erforderlich ist. Von letzterem ist im Übrigen gar nicht ausnahmslos auszugehen. So kann gem. Ziff. 15 der Bußgeldleitlinien der nach Ziff. 13 berechnete Wert der Geldbuße insbesondere wegen eines offensichtlich wesentlich höheren Gewinn- und Schadenspotentials im konkreten Fall überschritten werden. Das dürfte den zumindest teilweisen Abschöpfungscharakter der Buße und deren Doppelfunktion ausreichend klar zum Ausdruck bringen. Unabhängig davon ist für die steuerrechtliche Relevanz zu beachten, dass sich das Bundeskartellamt entsprechend Ziff. 17 der Bußgeldleitlinien vorbehält, neben der Ahndung im Rahmen des Bußgeldverfahrens Vorteile zu entziehen. **131**

6. Verzinsung

§ 81 Abs. 6 sieht die Pflicht vor, im Bußgeldbescheid festgesetzte Geldbußen zu verzinsen. Diese Pflicht beginnt **zwei Wochen** nach **Zustellung** des Bußgeldbescheides. Die praktische Relevanz dieser Pflicht ist hoch. Das liegt an der oft langen Dauer der Kartellbußgeldverfahren. Im Fall *Industrieversicherer* machte allein die Zinslast fast 30% der Buß- **132**

---

[297] BGH NJW 2002, 2257, 2259.

[298] BFH IStR 2014, 181 ff.; vgl. auch die krit. Anm. *Eilers* SteuK 2014, 120 f.; *Eilers/Klusmann,* NZKart 2014, 294 ff.; *Hageböke,* Die steuerrechtliche Abzugsfähigkeit von EU-Kartellbußen nach dem BFH-Urteil vom 7.11.2013 – IV R 4/12, Forum Unternehmensrecht am 22.5.2014 in Düsseldorf.

[299] BFH IStR 2004, 802 ff.; mit Anm. *Hahn* IStR 2004, 786 ff.

[300] Vgl. auch FG Rheinland Pfalz BB 2004, 1442 ff.; krit. Anm. *Lüdeke/Skala* BB 2004, 1436 ff.

[301] *Eilers* SteuK 2014, 120, 120 m. w. N.

[302] Anders das Fazit von *Schönfeld/Haus/Bergmann* DStR 2014, 2323, 2327.

geldsumme aus.[303] Die deutsche Regelung entspricht grundsätzlich auch der Praxis der Europäischen Kommission. Sie legt die Verzinsung sogar ohne ausdrückliche Gesetzesgrundlage in ihren Bußgeldentscheidungen fest. Der Europäische Gerichtshof hat diese Praxis für rechtmäßig befunden.[304] Bezweckt wird mit der Pflicht zur Verzinsung des Bußgeldbetrages, dass Unternehmen nicht allein dadurch einen erheblichen Zinsgewinn erzielen können, dass sie gegen den Bußgeldbescheid Einspruch einlegen und diesen kurz vor der gerichtlichen Entscheidung wieder zurücknehmen.[305] Eine Sanktion ist damit nicht verbunden.

133 Die Verzinsungspflicht gilt nicht unbegrenzt. Sie ist auf Kartellordnungswidrigkeiten beschränkt und gilt damit nicht für andere Ordnungswidrigkeiten[306] oder etwa kartellrechtliche Straftaten. Auch bezieht sie sich nur auf **juristische Personen** und **Personenvereinigungen,** nicht aber auf natürliche Personen ohne Unternehmenseigenschaft. Schließlich gilt sie nur für **Bußgeldbescheide** und nicht für Gerichtsentscheidungen.

134 Der Bundesrat hat die Einführung der Verzinsungspflicht im Gesetzgebungsverfahren als **systemwidrig** abgelehnt und gewichtige verfassungsrechtliche Bedenken angemeldet.[307] Diese wurden von der herrschenden Literaturmeinung geteilt.[308] Das OLG Düsseldorf hat in dieser Differenzierung einen Verstoß gegen den verfassungsrechtlich garantierten Gleichheitsgrundsatz gesehen.[309] In dem anschließenden konkreten Normenkontrollverfahren bestätigte das BVerfG jedoch die Verfassungsmäßigkeit der Vorschrift.[310]

135 Das BVerfG sah in der Regelung des § 81 Abs. 6 keinen Verstoß gegen den **Gleichheitssatz.** Die sektorspezifische Regelung im Kartellrecht führe gegenüber anderen Rechtsmaterien nicht zu einer relevanten Ungleichbehandlung, da es in den anderen Bereichen keine vergleichbaren Anreize zum Rechtsmissbrauch gebe.[311] Die **Differenzierung** zwischen juristischen Personen und Personenvereinigungen einerseits und natürlichen Personen andererseits sei sachlich gerechtfertigt, da die Gefahr einer **rechtsmissbräuchlichen Einspruchseinlegung** zur Erlangung finanzieller Vorteile bei juristischen Personen besonders groß, bei natürlichen Personen die Einspruchseinlegung hingegen mit einer besonderen persönlichen Belastung verbunden sei.[312] Auch die Differenzierung zwischen kartellbehördlich verhängten und gerichtlich festgesetzten Geldbußen sei willkürfrei und naheliegend,[313] da der Grund für die gesetzliche Regelung, die rechtsmissbräuchliche Einlegung von Einsprüchen zur Erlangung finanzieller Vorteile zu vermeiden, bei gerichtlichen Enscheidungen nicht gegeben sei. Eine Missachtung der **Rechtsweggarantie** (Art. 19 Abs. 4 GG) liege schon deswegen nicht vor, da ein zweckwidriger und rechtsmissbräuchlicher Einspruch bereits vom Schutzbereich der Garantie nicht erfasst sei. Zwar könne im Fall eines ernsthaft verfolgten Einspruchs die drohende Zinsbelastung **rechtsschutzhemmende Wirkung** entfalten. Damit aber werde der Zugang zu den Gerichten

---

303 Vgl. OLG Düsseldorf WuW/E DE-R 3308 – *Zinsverpflichtung.*

304 EuGH, Urt. v. 25.10.1983, Rs. C-107/82 – *AEG,* ECLI:EU:1983:293 Rn. 141 ff.; *Dieckmann* in: Wiedemann, Hdb. Kartellrecht, § 46 Rn. 37 m. w. N.

305 BT-Drs. 15/3640, S. 42 (rechte Spalte); *Burrichter* in: Festschrift Bechtold/Bosch, S. 97, 100.

306 Vgl. aber *Brinker* NZKart 2013, 45.

307 BT-Drs. 15/3640, S. 82 (linke Spalte).

308 Vgl. *Meinhold-Heerlein/Engelhoven* EWiR 2013, 51, 52; *Dannecker/Biermann* in Immenga/Mestmäcker, GWB (4. Aufl.), § 81 Rn. 462 ff.; *Cramer/Pananis* in der Voraufl., § 81 Rn. 78; *Bechtold/Bosch,* GWB (6. Aufl.) § 81 Rn. 43; *Burrichter* in: Festschrift Bechtold/Bosch, S. 97, 101 ff.

309 OLG Düsseldorf WuW 2011, 744 ff.

310 BVerfG NZKart 2013, 62 ff., mit. Anm. *Brinker* NZKart 2013, 45; kritisch *Vollmer* wistra 2013, 289, 294 ff. (Vorschlag für teleologische Reduktion des § 81 Abs. 6); *Meinhold-Heerlein/Engelhoven* NZKart 2013, 104, 107 f. üben Kritik daran, dass das BVerfG die Systemwidrigkeit lediglich am Willkürverbot gemessen hat.

311 BVerfG NZKart 2013, 62, 65.

312 *Ebenda,* 64.

313 *Ebenda,* 65.

nicht in unzumutbarer Weise erschwert. Es sei erkennbar, dass und in welchen Fällen ein Zinsrisiko besteht. Auch könnten die Unternehmen mit der Geldbuße einen Gewinn erwirtschaften. Schließlich könnten sie die Buße auch unter Vorbehalt zahlen und damit der Verzinsung entgehen.[314] Eine Missachtung der **Unschuldsvermutung** scheide ebenfalls aus, da die Zinsen nur Auswirkungen auf die letztlich zu zahlende Summe hätten. Die Zahlungspflicht werde damit jedoch nicht auf einen Zeitpunkt vor einer rechtskräftigen Entscheidung über die Täterschaft und Schuld des Betroffenen vorverlagert.[315] Schließlich sei auch dem Gesetzesvorbehalt aus Art. 103 Abs. 2 GG in ausreichender Form Genüge getan.[316]

Die Begründungen des BVerfG sind in der Literatur im Einzelnen mit gewichtigen Argumenten **kritisiert** worden.[317] Besonders schwer wiegt der Einwand, dass die Entscheidung des BVerfG zu häufigeren und längeren Gerichtsverfahren und damit einer zusätzlichen Belastung aller daran Beteiligten führe. Das folge daraus, dass es selbst in den Fällen, in denen die Ziele der Einspruchseinlegung ohne missbräuchliches Verhalten erreicht werden, es keinen Anreiz gebe, einen Einspruch zurückzunehmen. Deswegen sei die Regelung des § 81 Abs. 6, deren Zweck ja darin besteht, eine missbräuchliche Einlegung eines Einspruches zu vermeiden, auf die Fälle **teleologisch zu reduzieren,** in denen tatsächlich ein **Missbrauch** anzunehmen ist.[318] 136

Über den **zeitlichen Geltungsbereich** der Norm hat das OLG Düsseldorf mit Beschluss vom 25.9.2013 entschieden.[319] Die Verzinsungspflicht sei auch auf Bußgeldbescheide anwendbar, die vor Inkrafttreten der 7. GWB-Novelle erlassen und zugestellt wurden, da es sich bei der Festsetzung des Zinsbetrages um eine **Maßnahme der Zwangsvollstreckung** und nicht um die Verhängung einer bußgeldähnlichen Sanktion handele. Damit verstoße die Regelung nicht gegen das Rückwirkungsverbot des Art. 103 Abs. 2 GG.[320] 137

Die Qualifizierung als Maßnahme der Zwangsvollstreckung führt dazu, dass der statthafte **Rechtsbehelf** gegen die Zinsfestsetzung der Antrag auf gerichtliche Entscheidung nach **§ 103 Abs. 1 Nr. 3 OWiG** ist.[321] 138

7. ne bis in idem

Aus dem Rechtsstaatsprinzip folgt, dass eine wiederholte Ahndung derselben Handlung als Ordnungswidrigkeit – allerdings, bei zunächst erfolgter Ahndung als Ordnungswidrigkeit, nicht als Straftat[322] – verboten ist.[323] Somit stellt die Rechtskraft eines Bußgeldbescheides oder eines Urteils über eine Ordnungswidrigkeit ein **Verfahrenshindernis** für ein Zweitverfahren in Deutschland über dieselbe Tat dar. Gleiches gilt grundsätzlich im europäischen Recht.[324] Die Bestandskraft einer ersten Bußgeldentscheidung hindert die Einleitung eines weiteren Verfahrens und die Verhängung einer weiteren Geldbuße selbst für den Fall, dass im Nachhinein Umstände zu Tage treten, die bei der Festsetzung der Geldbuße unberücksichtigt geblieben sind.[325] In der Vergangenheit sollten diese Grundsätze jedoch 139

---

[314] *Ebenda,* 67.
[315] *Ebenda,* 68.
[316] *Ebenda,* 68 f.
[317] *Meinhold-Heerlein/Engelhoven* NZKart 2013, 104, 107 f.; *dies.* EWiR 2013, 51, 52; m. w. N. *Bechtold/Bosch,* GWB, § 81 Rn. 47.
[318] *Vollmer* wistra 2013, 289, 296.
[319] *OLG Düsseldorf* WuW/E DE-R 4014 ff. – *Verzinsung von Geldbußen.*
[320] Anders wegen Qualifizierung als Nebenfolge i. S. d. § 4 Abs. 5 OWiG *Burrichter* in: Festschrift Bechtold/Bosch, S. 97, 117 f.
[321] *BGH* WuW/E DE-R 3607 f. – *Zinszahlungsanordnung; OLG Düsseldorf* WuW/E DE-R 4014, 4015 – *Verzinsung von Geldbußen.*
[322] Vgl. § 84 Abs. 1 OWiG.
[323] NJW 1974 1651.
[324] EuG, Urteil v. 20.4.1999, Rs. T-305/94 – *LVM/Kommission,* ECLI:EU:1999:80, Rn. 95 ff.
[325] *Kuck* WuW 2002, 689, 690.

im Verhältnis zwischen dem europäischen und dem nationalen Kartellordnungswidrigkeitenrecht der Mitgliedstaaten keine Anwendung finden. Das wurde damit begründet, dass die Verfahren nach dem unterschiedlichen Recht auch unterschiedlichen Zielen dienten, nämlich einerseits der Bekämpfung von Beeinträchtigungen des zwischenstaatlichen Handels sowie andererseits der Bekämpfung nationaler Wettbewerbsbeschränkungen.[326] Kam es zu einer doppelten Sanktionierung, so sollte als Kompensation lediglich eine Anrechnung unter Billigkeitsgesichtspunkten erfolgen.[327] Spätestens seit der Anpassung des deutschen Rechts an das europäische Wettbewerbsrecht und insbesondere das europäische Kartellordnungswidrigkeitenrecht der VO 1/2003 überzeugt diese restriktive Sichtweise nicht mehr. Dies gilt umso mehr, als mit Abs. 1 auch Verstöße gegen das europäische Wettbewerbsrecht unmittelbar bußgeldbewehrt sind und die hier erfassten Verhaltensweisen sowohl in den Anwendungsbereich des nationalen wie auch des europäischen Kartellordnungswidrigkeitenrechts fallen.[328] Bei der gleichen Zielrichtung des europäischen und deutschen Kartellbußgeldrechts muss der Grundsatz *ne bis in idem* somit uneingeschränkt gelten. Daran können auch unterschiedliche Rechtsfolgen im europäischen und deutschen Kartellbußgeldrecht oder eine auch von Ermessensgesichtspunkten beeinflusste Regelung darüber, ob europäisches oder deutsches Kartellbußgeldrecht Anwendung findet,[329] nichts ändern. Sollte das Kartellbußgeldrecht eines Drittstaates tatsächlich eine andere Zielrichtung als das deutsche Recht verfolgen, so dürfte im Ergebnis zumindest eine Anrechnung der von dem Drittstaat verhängten Buße angemessen sein.[330]

8. Schadenersatzanrechung

140 Eine Anrechnung von Schadenersatzleistungen dürfte unter Berücksichtigung des *ne bis in idem*-Grundsatzes für den Fall gelten, dass in einem Drittstaat **Strafschadenersatz** zu leisten ist.[331] Für den Fall, dass § 33 Abs. 3 auch pönale Elemente enthalten sollte, wird, falls die Bußgeldsanktion der Verpflichtung zur Schadenersatzleistung vorausgeht, sogar ein öffentlich-rechtlicher Erstattungsanspruch bzw. ein gemeinschaftsrechtlicher Rückerstattungsanspruch vorgeschlagen.[332] Auch Schadenersatzzahlungen ohne pönalen Charakter aber werden zukünftig bei der Bemessung der Bußgeldhöhe verstärkt zu berücksichtigen sein. Nicht zuletzt durch die Schadenersatzrichtlinie[333] kommt diesen eine immer wichtigere Rolle zu, die bei der Ermessensentscheidung über das Bußgeld nicht mehr außer Acht gelassen werden kann. Wenn im Rahmen der Bußgeldfindung die Ahndungsempfindlichkeit eine zentrale Rolle spielen soll, dann muss sich dies auch durch die Berücksichtigung immer größerer Schadenersatzsummen niederschlagen.

---

[326] Grundlegend EuGH, Urteil v. 13.2.1969, Rs. 14/68 – *Walt Wilhelm,* ECLI:EU:C:1969:4, Rn. 11.

[327] EuGH, Urteil v. 18.5.2006, Rs. C-397/03 – *ADM/Kommission („Lysinkartell“),* ECLI:EU:C:2006:328, Rn. 50.

[328] Ausführlich dazu *Kuck* WuW 2002, 689, 693 f. m. w. N.; *Dannecker/Biermann* in: Immenga/Mestmäcker, GWB, Vorb. § 81 Rn. 225 m. w. N.

[329] Vgl. dazu unter Rn. 170.

[330] Vgl. *Dannecker/Biermann* in: Immenga/Mestmäcker, GWB, Vorb. § 81 Rn. 226 m. w. N.

[331] Vgl. *Dannecker/Biermann* in: Immenga/Mestmäcker, EU-WettbR, Vor Art. 23 VO 1/2003, Rn. 259 ff.

[332] Vorschlag von *Weller* ZWeR 2008, 170, 182 ff.

[333] Richtlinie 2014/104/EU betreffend Schadensersatzklagen wegen Zuwiderhandlungen gegen Artt. 101 und 102 AEUV, ABl. V. 5.12.2014, L 349/1; zur Umsetzung siehe *Kersting/Preuß,* Umsetzung der Kontrollschadensersatzrichtlinie (2014/104/EU) – Ein Gesetzgebungsvorschlag aus der Wissenschaft v. 11.9.2015.

9. Reformatio in peius

141 Das Verbot der *reformatio in peius* gilt im Bußgeldbeschwerdeverfahren **nicht**, da es sich vor den Gerichten um ein **eigenständiges Erkenntnisverfahren** handelt.[334] So hat das OLG Düsseldorf im Verfahren um das *Flüssiggas*-Kartell mit Entscheidungen v. 15.4.2013 und 19.6.2013[335] die Bußgelder (um bis zu 85%) deutlich erhöht. Dies hat in jüngster Zeit dazu geführt, dass allein die Tatsache, dass der Vorsitzende des zuständigen OLG-Senats vor dem Hintergrund des *Grauzement*-Urteils des BGH eine Erhöhung der Bußgelder in Aussicht stellte, Parteien ihre Einsprüche zurücknahmen.[336]

V. Bußgeldrecht im Verhältnis zum Strafrecht

1. Allgemeiner Überblick

142 Kartellrechtsverstöße sind Ordnungswidrigkeiten und keine Straftaten. Zwar ist eine Submissionsabsprache als Straftat zu qualifizieren, doch sind dafür nicht in erster Linie kartellrechtliche Erwägungen relevant. Die Qualifizierung der kartellvergaberechtlichen Submissionsabsprache als Straftat ist vielmehr vorrangig durch das gesetzgeberische Ziel der **Korruptionsbekämpfung** zu erklären.[337] Auch nach europäischem Recht haben Kartellverstöße gem. Art. 23 Abs. 5 VO 1/2003 keinen strafrechtlichen Charakter. Sonst ergäbe sich auch keine Zuständigkeit des europäischen Rechts. In der Diskussion scheinen sich jedoch die Stimmen zu mehren, die unter Verweis auf das amerikanische Antitrust-Recht und einige mitgliedstaatliche Rechtsordnungen[338] insbesondere für die **Hardcore-Kartelle** eine strafrechtliche Sanktionierung einfordern.[339] Die **Strafwürdigkeit** ergebe sich aus der Sozialschädlichkeit von Kartellen für Wettbewerb und Volkswirtschaft.

143 Die Folgen einer Kriminalisierung wären **einschneidend:** Das strafrechtliche **Legalitätsprinzip** würde das im Ordnungswidrigkeitenrecht geltende Opportunitätsprinzip verdrängen. Täter wären ausschließlich **natürliche Personen,** wenn man nicht zusätzlich ein Verbandsstrafrecht einführte. Die Verfolgungszuständigkeit läge bei der Staatsanwaltschaft und der Strafgerichtsbarkeit und nicht mehr bei den auf das Kartellrecht spezialisierten Behörden. Das stößt beim Bundeskartellamt auf große Ablehnung.[340] Die strafrechtlichen Verbotsnormen müssten schließlich, um zweifelsfrei dem verfassungsrechtlichen Bestimmtheitsgebot zu genügen, einen Grad der Präzisierung erfahren, der weit entfernt von dem Wortlaut der jetzigen Blankettverweisungen des § 81 GWB zu sein hätte.

144 Zwar scheint die oft extreme Höhe der Bußgelder bei einer rein quantitativen Betrachtung eine strafrechtliche Qualifizierung zu rechtfertigen. Eine entsprechende Sozialschädlichkeit kartellrechtswidriger Handlungen mit empfindlichen Schädigungen der Volkswirtschaft mag festzustellen sein. Bei einer **qualitativen Betrachtung** allerdings sieht das Ergebnis anders aus.[341] Sozialethisch dürfte die Beeinträchtigung des Wettbewerbs als sol-

---

[334] Kritisch *Ost* NZKart 2013, 173, 174.

[335] *OLG Düsseldorf* Urteil v. 15.4.2013, Az. VI-4 Kart 2–6/10 (OWi).

[336] Vgl. BKartA, Fallbericht v. 16.9.2014, B11–24/05 – *Luxuskosmetik*.

[337] *Dreher* WuW 2011, 232, 235.

[338] Vgl. *Wagner-v. Papp* WuW 2010, 268f. m. w. N. zum Vereinigten Königreich, zu Irland, Griechenland und Australien. Gleichwohl gibt es in den Mitgliedstaaten auch eine Tendenz zur Dekriminalisierung, vgl. *Monopolkommission* 20. Hauptgutachen (2012/2013), S. 100 (Fn. 211).

[339] Dafür etwa *Wagner-v. Papp* WuW 2010, 268, 281 und *ders.* bzgl. neuerer Entwicklungen WuW 2014, 1155; *Säcker* WuW 2009, 3; *Biermann* ZWeR 2007, 1, 12ff.; vgl. auch *OECD* Roundtables 2003, Cartel Sanctions against Individuals, DAF/COMP (2004)39 v. 10.1.2005; widersprüchlich *Möschel* WuW 2006, 115 und WuW 2007, 483; wider die Kriminalisierung des Kartellrechts und zu den Kernpunkten der Kriminalisierungsdebatte auch *Dreher* WuW 2011, 232, 235ff.; ebenso zur Praktikabilität und Effektivität einer kartellrechtlichen Kriminalstrafe, 240ff. Vgl. auch 20. Hauptgutachen der Monopolkommission (2012/2013), S. 86ff.

[340] Vgl. zu diesem Punkt auch 20. Hauptgutachen der Monopolkommission (2012/2013), S. 100.

[341] Vgl. *Dannecker/Biermann* in: Immenga/Mestmäcker, GWB, Vorb. § 81 Rn. 43ff. m. w. N.

chem bei weitem nicht so negativ einzustufen sein wie die strafrechtlich sanktionierten Verbrechen gegen das Vermögen oder erst recht die Kapitalverbrechen.[342] Zudem ist angesichts der in den USA und in näher liegenden europäischen Jurisdiktionen ausgeübten kartellrechtlichen Praxis fraglich, ob eine Kriminalstrafe – und diese womöglich in der Form einer Haftstrafe – tatsächlich ein höheres Maß von Abschreckung herbeiführt[343] und die optimale Lösung bietet, Personen, die als Vertreter eines Unternehmens kartellrechtswidrig handeln und diesem damit letztlich den Schaden der Bußgeld- und Schadenersatzzahlungen zufügen, ihrerseits in ausreichendem Maß zu bestrafen.[344] Das Bundeskartellamt sieht die Kriminalisierung des Kartellrechts in Form von Haftstrafen als nicht konsensfähig und auch nicht sinnvoll an.[345]

145 Die Diskussion über eine allgemeine Kriminalisierung von Kartellverstößen wird in jüngster Zeit noch überlagert durch die, teilweise sehr kritisch gesehenen, Vorschläge zu einem neu zu schaffenden **Unternehmensstrafrecht,**[346] die das Land Nordrhein-Westfalen am 18.9.2013 durch den „Entwurf eines Gesetzes zur Einführung der strafrechtlichen Verantwortlichkeit von Unternehmen und sonstigen Verbänden" bereits weitgehend konkretisiert hat. Dagegen stehen alternative Vorschläge wie die des Bundesverbandes der Unternehmensjuristen[347] oder des Deutschen Instituts für Compliance,[348] die sich darauf beschränken, das Ordnungswidrigkeitengesetz, etwa durch bessere Anreize für Compliance-Maßnahmen, weiter zu entwickeln. Kartellverstöße beruhen letztlich immer auf dem Versagen von natürlichen Personen und nicht von durch sie vertretenen Verbänden.[349] Das sollte Grund genug sein, das Verhalten der natürlichen Personen in den Vordergrund zu stellen. Das leistet das Ordnungswidrigkeitengesetz grundsätzlich.

146 Nach gegenwärtigem Stand kommen ergänzend zu den in Abs. 1 bis 3 geregelten Bußgeldtatbeständen des Ordnungswidrigkeitenrechts für kartellrechtswidrige Verhaltensweisen strafrechtliche Bestimmungen nur selten zur Anwendung. Werden sie relevant, so ist § 41 OWiG zu beachten, wonach die Kartellrechtsbehörden die Sache an die (Schwerpunkts-) **Staatsanwaltschaften abzugeben** haben. Auch sind sie zur engen **Zusammenarbeit** verpflichtet (Nr. 242 RiStBV). Bei den in diesem Zusammenhang meist relevanten strafrechtlichen Bestimmungen stehen wettbewerbsbeschränkende Absprachen bei Ausschreibungen im Mittelpunkt.

2. Kartellrechtsverstöße als Straftaten

147 **a) Wettbewerbsbeschränkende Absprachen bei Ausschreibungen (§ 298 StGB).** Durch den durch das Gesetz zur Bekämpfung der Korruption[350] vom 13.8.1997 in das StGB eingefügten Tatbestand der wettbewerbsbeschränkenden Absprachen bei Ausschreibungen (§ 298 StGB) ist ein Teilbereich der Ordnungswidrigkeiten nach Abs. 2 Nr. 1 i.V.m. § 1 wegen seines „qualifizierten Unrechtsgehalts" zu einer Straftat hochgestuft worden.[351] Die Vorschrift dient vorrangig dem Schutz des freien Wettbewerbs. Obwohl es

---

[342] Vgl. *Dreher* WuW 2011, 232, 236.

[343] Siehe aber auch das 20. Hauptgutachten der Monopolkommission (2012/2013), S. 97 f.

[344] Vgl. *Dreher* WuW 2011, 232, 237 ff. m. w. N.

[345] BKartA Hintergrundpapier: Kartellbußgeldverfahren zwischen deutschem Systemdenken und europäischer Konvergenz, 2012, S. 26.

[346] Siehe dazu etwa *Heuking/von Coelln* BB 2014, 3016 ff.

[347] Abrufbar unter www.buj.net/resources/Server/BUJ-Stellungnahmen/BUJ_Gesetzgebungsvorschlag_OWiG.pdf; dazu auch *Beulke/Moosmeyer* CCZ 2014, 146 ff.

[348] *DICO* Compliance-Anreiz-Gesetz (Comp AG), Vorschlag v. 21.7.2014, abrufbar unter: https://dico-ev.de/fileadmin/PDF/PDF_Intranet_2013/Unternehmensstrafrecht/CompAG_21_07_2014.pdf.

[349] Vgl. *Leipold* ZRP 2013, 34, 37.

[350] BGBl. I, 2038.

[351] BT-Drs. 13/5584, S. 9, 13; *König* JR 1997, 397, 402; *Dannecker/N. Müller* in: Wabnitz/Janovsky, Hdb. Wirtschafts- und Steuerstrafrecht, 18. Kap. Rn. 10 ff.

sich bei § 298 StGB regelungstechnisch um ein **abstraktes Gefährdungsdelikt** handelt, bei dem ein Vermögensschaden nicht festgestellt werden muss, soll das Vermögen des Veranstalters einer Ausschreibung und der (möglichen) Mitbewerber mitgeschützt werden.[352]

Tathandlung ist die **Abgabe eines Angebots,** das auf einer rechtswidrigen Absprache beruht, welche darauf abzielt, den Ausschreibenden von Waren oder Dienstleistungen zur Annahme eines bestimmten Angebots zu veranlassen. Sämtliche Tatbestandsmerkmale müssen vom Vorsatz umfasst sein. **148**

Als Absprachen kommen nur diejenigen in Betracht, die gegen die Bestimmungen des GWB verstoßen, nicht hingegen kartellrechtlich zulässige Verhaltensweisen wie die Bildung von Bietergemeinschaften. Ob auch Personen unter § 298 StGB fallen, die an der Absprache, also dem Kartell, gar nicht beteiligt waren, insbesondere Personen auf Seiten des **Veranstalters**, wurde früher allgemein verneint. Inzwischen jedoch hat der BGH entschieden,[353] dass auch derjenige sich gem. § 298 StGB strafbar machen kann, der sich als Veranstalter an einer auf einer Absprache beruhenden Angebotsabgabe beteiligt. **149**

Während früher wegen der kartellrechtlichen Akzessorietät[354] nur **horizontale Absprachen** als strafrechtlich relevant angesehen wurden,[355] änderte sich dies infolge der 7. GWB-Novelle.[356] Nach Ansicht des BGH sollten nunmehr auch **vertikale Absprachen** von § 298 StGB erfasst sein.[357] Die neuere Rechtsprechung ist zu Recht stark kritisiert worden.[358] Die kartellrechtsakzessorische Ausgestaltung könne nicht einfach als Blankettverweisung[359] angesehen werden, die die Norm jeder grundsätzlichen und strukturellen Veränderung unterwerfe. Dies entspreche nicht dem gesetzgeberischen Willen.[360] Vielmehr sei § 298 StGB nur asymmetrisch kartellrechtsakzessorisch zu bestimmen. Damit entstehe keine Gesetzeslücke, da vertikale Absprachen bereits über §§ 266, 263, 299, 331 ff. StGB angemessen geahndet werden können. Schließlich fehle vertikalen Absprachen die Tendenz zur Wiederholung, was zu einem geringen Unrechtsgehalt derartiger Absprachen führe. **150**

Da das Angebot auf der Absprache beruhen muss, ist zwischen ihr und dem Angebot ein **Ursachenzusammenhang** erforderlich. Daran wird es meist beim bloßen Ausnutzen der Situation durch ein Nichtkartellmitglied fehlen. Das Gleiche gilt, wenn das Angebot nicht mehr auf die Absprache, sondern auf andere Ursachen – z. B. einen neuen selbständigen Entschluss – zurückzuführen ist, sofern dessen Inhalt nicht von den Kenntnissen der Absprache geprägt ist.[361] **151**

Als Tatsituation erfasst § 298 StGB **Ausschreibungen** zu allen Arten von Waren oder gewerblichen Leistungen. Einbezogen sind zunächst alle Vergabeverfahren der **öffentlichen Hand** (§§ 97 ff. i. V. m. VgV usw.), für welche die Anwendung der Verdingungsordnungen für Bauleistungen und sonstige Leistungen (VOB/A und VOL/A) vorgeschrieben ist; das sind neben den unbeschränkten auch die beschränkten Ausschreibungen. Erfasst werden darüber hinaus Ausschreibungen **privater Unternehmen,** wenn das Verfahren den Bestimmungen der VOB/A, VOL/A und VOF wettbewerbsrechtlich entspricht.[362] **152**

---

352 BT-Drs. 13/5584, S. 12 f.; *König* JR 1997, 397, 402; *Dannecker/N. Müller* in: Wabnitz/Janovsky, Hdb. Wirtschafts- und Steuerstrafrecht, 18. Kap. Rn. 32 f.

353 BGH NStZ 2013, 42 ff.; zuvor offen gelassen von BGH NJW 2004, 2761, 2764.

354 Dazu *Wunderlich* Die Akzessorietät des § 298 StGB zum Gesetz gegen Wettbewerbsbeschränkungen, 2009, passim.

355 BGH NJW 2004, 2761, 2763.

356 Vgl. BT-Drs. 15/3640, S. 44.

357 BGH WuW/E DE-R 3691, 3693 – *Submissionsabsprachen.*

358 Siehe nur *Greeve* NZWiSt 2013, 139, 140 ff.

359 *Heine/Eisele* in: Schönke/Schröder, StGB, § 298, Rn. 17.

360 Vgl. BT-Drs. 13/5584, S. 13 f.

361 *Heine/Eisele* in: Schönke/Schröder, StGB, § 298 Rn. 20 m. w. N.

362 BT-Drs. 13/5584, S. 14; *Heine/Eisele* in: Schönke/Schröder, StGB, § 298 Rn. 4.

Nach Abs. 2 steht schließlich die freihändige Vergabe eines Auftrags nach vorausgegangenem Teilnahmewettbewerb der Ausschreibung gleich.

153 § 298 Abs. 3 StGB enthält eine Regelung der **tätigen Reue,** die dem Täter zur Straffreiheit verhilft, wenn er freiwillig verhindert, dass der Veranstalter das Angebot annimmt oder seine Leistung erbringt. Unterbleibt dies ohne sein Zutun, so genügt zur Erlangung von Straflosigkeit bereits sein freiwilliges und ernsthaftes Bemühen.

154 **b) Betrug (§ 263 StGB).** Submissionsabsprachen können darüber hinaus den Tatbestand des Betrugs (§ 263 StGB) zum **Nachteil des Ausschreibenden** erfüllen. Während eine Täuschungshandlung in der Regel ohne Weiteres vorliegt, weil die Abgabe eines Angebots im Rahmen einer Ausschreibung jedenfalls konkludent die Erklärung enthält, dass keine Preisabsprachen getroffen wurden, und auch die Tatbestandsmerkmale der Irrtumserregung und der Vermögensverfügung keine Schwierigkeiten bereiten, sieht sich die Praxis bei der Feststellung eines Vermögensschadens allerdings vor erhebliche Probleme gestellt.

155 Während in der früheren Rechtsprechung ein Vermögensnachteil zumeist mit der Begründung verneint wurde, dass die Verhinderung der Abgabe günstigerer Angebote unmittelbar nichts dafür besage, dass die angebotene Leistung der geforderten Gegenleistung nicht gleichwertig sei,[363] hat der Bundesgerichtshof in der Entscheidung *Rheinausbau I* vom 8.1.1992 eine Kehrtwendung in der Beurteilung der Fälle des sog. Ausschreibungsbetruges vollzogen. Dabei geht der Bundesgerichtshof von einem Vermögensschaden aus, wenn der **tatsächliche Angebotspreis** über dem **hypothetischen Wettbewerbspreis** liegt und der Wert der angebotenen Leistung daher niedriger sei als der Wert der ausbedungenen Vergütung. Der Umfang der beeinträchtigten Preisbildung werde nicht durch Vergleich des unter Ausschaltung oder Beschränkung des Wettbewerbs erzielten mit dem geschätzten angemessenen Preis festgestellt, „sondern durch den Vergleich der geforderten Preise mit den Marktpreisen, die bei funktionsfähigem Wettbewerb erzielt worden wären".[364] Der Vermögensschaden liegt nach Ansicht des Bundesgerichtshofs also in der **Differenz** zwischen vereinbartem Entgelt und dem „hypothetischen Marktpreis". Die Feststellung dieses hypothetischen Wettbewerbspreises soll im Einzelfall durch eine Schadensschätzung aufgrund von **Indiztatsachen** erfolgen. Hier führt der Bundesgerichtshof namentlich den Umstand an, dass bei sog. Submissionskartellen regelmäßig Ausgleichszahlungen an Mitbewerber von demjenigen gezahlt werden, der durch den manipulierten Wettbewerb den Zuschlag erhalten hat.

156 Nachdem die Entscheidung in der Praxis kaum zu Verurteilungen wegen Betrugs führte, weil sich die Tatgerichte bei der Feststellung des Schädigungserfolges auch weiterhin erheblichen Schwierigkeiten ausgesetzt sahen, hat der Bundesgerichtshof diese Grundsätze in einer Entscheidung vom 11.7.2001 nochmals präzisiert und zugleich die **Ermittlung** des Vermögensschadens vereinfacht.[365] So hält der Bundesgerichtshof zunächst an seiner Rechtsprechung fest, dass die Schadensfeststellung im Einzelfall durch eine Schadensschätzung erfolgen soll, wobei die auf der Grundlage von Indizien gewonnene Überzeugung des Tatrichters ausreiche, dass ohne die Wettbewerbsbeschränkung ein nur geringeres Entgelt hätte gezahlt werden müssen. Hatte er in seiner früheren Rechtsprechung hinsichtlich der Anforderungen an die richterliche Überzeugungsbildung noch zurückhaltend formuliert, dass „eine absolute, das Gegenteil denknotwendig ausschließende, von niemandem anzweifelbare Gewissheit von einem solchen Sachverhalt"[366] nicht erforderlich sei, heißt es nunmehr, dass Schmiergeldzahlungen und Ausgleichszahlungen **„nahezu zwingende Be-**

---

[363] Vgl. BGHSt 16, 361, 367; anders aber RGSt 63, 187; OLG Hamm NJW 1958, 1151, 1152.

[364] BGHSt 38, 186 ff.; zur überwiegenden Kritik im Schrifttum *Perron* in: Schönke/Schröder, StGB, § 263 Rn. 137a; *Cramer* Zur Strafbarkeit von Preisabsprachen in der Bauwirtschaft, 1995, S. 11 ff.; *Joecks* wistra 1992, 247; *Mitsch* JZ 1994, 877, 888.

[365] BGHSt 47, 83, 88 f.

[366] BGHSt 38, 186.

weisanzeichen" dafür sind, dass der ohne Preisabsprache erzielbare Preis den tatsächlich vereinbarten Preis unterschritten hätte. Damit wird der **Schadensnachweis** für die Strafverfolgungspraxis wesentlich **erleichtert.** Die Feststellung eines Vermögensnachteils wird von den Tatgerichten daher künftig auch ohne Einholung von Sachverständigengutachten im Wege der freien Beweiswürdigung erfolgen können.

c) Sonstige Straftatbestände. Strafrechtlich zu erfassen sind weiterhin Fälle, in denen **157** Angestellte oder Beauftragte eines geschäftlichen Betriebes sich im geschäftlichen Verkehr einen Vorteil als Gegenleistung dafür versprechen lassen, fordern oder annehmen, dass sie einen anderen bei dem Bezug gewerblicher Leistungen im Wettbewerb in unlauterer Weise bevorzugen. Eine derartige Bevorzugung kann in der freihändigen Vergabe ohne vorherige Ausschreibung liegen und den Tatbestand des **§ 299 StGB** (Bestechlichkeit und Bestechung im geschäftlichen Verkehr) erfüllen. Soweit es sich um Amtsträger (§ 11 Nr. 2 StGB) handelt, zu denen auch Bedienstete einer privatrechtlichen juristischen Person, der die Wahrnehmung öffentlicher Aufgaben übertragen ist, gehören[367] kann auch der Tatbestand der Bestechungsdelikte nach §§ 331 ff. StGB gegeben sein. In diesen Fällen liegt häufig auch eine Untreue gemäß **§ 266 StGB** vor, wenn die unlautere Bevorzugung dazu führt, dass die Auftragsvergabe zu einem höherem als dem hypothetischen Wettbewerbspreis erfolgt.[368]

d) Berücksichtigung der Bonusregelung im Strafverfahren. Der Umstand, dass **158** bei Vorliegen von Submissionskartellen sowohl eine Ordnungswidrigkeit als auch ein Straftatbestand erfüllt ist, führt dazu, dass hinsichtlich desselben Sachverhalts **zwei Verfahren** geführt werden.[369] Bezüglich der Verfolgung der handelnden Person ist die **Staatsanwaltschaft** zuständig, bezüglich der Bebußung des Unternehmens das **Bundeskartellamt.**

Für die natürliche Person besteht das **Dilemma** darin, dass die Bonusregelung des **159** BKartA nur im Ordnungswidrigkeitenverfahren anwendbar ist. Zwar kennt auch das Strafverfahren mit § 46b StGB eine Kronzeugenvorschrift. Diese ist auf Submissionskartelle jedoch nicht anwendbar, da die Tat nicht schwerwiegend genug ist.[370] Mitunter handelt es sich auch um ein Dilemma für die Behörden. So hat man festgestellt, dass in Fällen von Submissionsabsprachen beim Bundeskartellamt seltener Bonusanträge als bei kartellrechtlichen Ordnungswidrigkeiten gestellt werden, da das **Verfolgungsrisiko** für natürliche Personen **nicht abschätzbar** sei.[371] Bei Submissionskartellen besteht also nur eine relativ geringe Anreizwirkung, als „whistleblower" zu agieren und das Kartell aufzubrechen. Im Strafverfahren stehen für den Täter, sich den Behörden gegenüber zu offenbaren, nur folgende Anreize zur Verfügung: (i) die Berücksichtigung des Nachtatverhalten bzw. tätige Reue i. S. v. § 298 Abs. 3 StGB, wenn das Angebot noch nicht angenommen ist; (ii) eine Einstellung des Verfahrens nach § 153a StPO (Auflagen und Weisungen), wenn bei dem individuell Beschuldigten bezüglich der Tat nur eine geringe oder mittlere Schuld zugrunde liegt und er sich auch im staatsanwaltlichen Ermittlungsverfahren kooperativ zeigt, wobei ein Bonusantrag allein nicht ausreichend ist; (iii) die Berücksichtigung im Rahmen der Strafzumessung bei entsprechender Kooperation.[372] Vor diesem Hintergrund wäre es zu begrüßen, wenn die unterschiedliche Behandlung des kooperativen Täters je nachdem, ob man aus ordnungswidrigkeitenrechtlicher oder strafrechtlicher Sicht urteilt, beseitigt wird, zumal die Unterschiede erst seit der Einführung der ersten Bonusregelung durch das Bun-

---

[367] Vgl. BGHSt 43, 370 m. Anm. *Ransiek* NStZ 98, 564; BGH NStZ 2006, 628.

[368] Zu weiteren Berührungspunkten zwischen Straf- und Kartellrecht vgl. *Dannecker/Biermann* in: Immenga/Mestmäcker, GWB, Vorb. § 81 Rn. 168 ff.; ferner *Baumann/Arzt* ZHR 134 (1970) 24, 43 ff. (zu §§ 240, 253 StGB).

[369] Die gespaltene Zuständigkeit ergibt sich aus § 82 GWB, §§ 21, 41 OWiG.

[370] Es muss sich um eine Tat handeln, die im Mindestmaß mit einer erhöhten Freiheitsstrafe oder mit lebenslanger Freiheitsstrafe bedroht ist.

[371] Vgl. *Nickel* wistra 2014, 7, 10.

[372] *Ebenda,* 11 ff.

deskartellamt im Jahr 2000 bestehen und somit bei der Einführung des Gesetzes zur Bekämpfung der Korruption noch nicht berücksichtigt werden konnten.[373]

3. Konkurrenzen Strafrecht/Ordnungswidrigkeitenrecht

160 Liegen mehrere Gesetzesverletzungen vor, so ist gem. §§ 19 bis 21 OWiG zu unterscheiden: Verletzt eine Handlung **gleichzeitig** den Tatbestand einer **Straftat** und **Ordnungswidrigkeit,** so wird nur das Strafgesetz angewendet. Das schließt gem. § 21 Abs. 1 OWiG Nebenfolgen aus anderen verletzten Gesetzen nicht aus. Wird eine Strafe nicht verhängt, so kann die Tat gem. § 21 Abs. 2 OWiG als Ordnungswidrigkeit geahndet werden. Stellt die Staatsanwaltschaft das Verfahren wegen der Straftat ein oder übernimmt sie die Verfolgung nicht, sind aber Anhaltspunkte dafür vorhanden, dass die Tat als Ordnungswidrigkeit verfolgt werden kann, so gibt sie die Sache gem. § 43 OWiG an die Verwaltungsbehörde ab. So kann die Verwaltungsbehörde eine Tat unter dem rechtlichen Gesichtspunkt einer Kartellordnungswidrigkeit weiter verfolgen, wenn das wegen des Verdachts wettbewerbsbeschränkender Absprachen bei Ausschreibungen gem. § 298 StGB eingeleitete Ermittlungsverfahren mangels hinreichenden Tatverdachts gem. § 170 Abs. 2 StPO oder unter Opportunitätsgesichtspunkten gem. §§ 153, 153b, 154 StPO eingestellt worden ist.[374] Eine Ausnahme gilt für Verfahrenseinstellungen gegen (Geld-)Auflage gem. § 153a StPO, so dass eine Ahndung der Tat als Ordnungswidrigkeit hier ausgeschlossen ist.[375]

161 Verletzt dieselbe Handlung einen Bußgeldtatbestand mehrfach oder zugleich mehrere Bußgeldtatbestände, also im Fall der **Tateinheit,** so wird nur eine einzige Geldbuße verhängt, in letzterem Fall gem. § 19 Abs. 2 OWiG nach dem Gesetz, welches die höchste Geldbuße androht. Sind durch mehrere Handlungen mehrere Geldbußen verwirkt, also im Fall der **Tatmehrheit,** so wird gem. § 20 OWiG jede gesondert festgesetzt. Dies gilt nach Aufgabe des Rechtsinstituts des Fortsetzungszusammenhangs durch die Rechtsprechung[376] generell auch bei Tatserien, die früher als sog. fortgesetzte Tat zu einer einzigen Tat zusammengefasst wurden.[377]

VI. Verjährung und Unterbrechung

162 Die **Verfolgungverjährung** von Kartellordnungswidrigkeiten richtet sich grundsätzlich nach § 31 OWiG, das Ruhen und die Unterbrechung der Verfolgungsverjährung richten sich nach den §§ 32 und 33 OWiG. Gem. § 31 Abs. 2 Nr. 1 OWiG gilt grundsätzlich eine Verjährungsfrist von **3 Jahren.** Abs. 8 S. 1 sieht vor, dass die Vorschriften des OWiG auch dann gelten, wenn die Tat durch die Verbreitung von Druckschriften begangen wurde. Somit kommen die kurzen presserechtlichen Verjährungsvorschriften nicht zur Anwendung. Abs. 8 S. 2 verlängert die Verjährungsfrist für die **besonders schwerwiegenden Ordnungswidrigkeiten,** die durch das Gesetz zur Bekämpfung der Korruption vom 13.8. 1997[378] in § 38 Abs. 5 a. F. eingefügt wurden. Kartellordnungswidrigkeiten nach Abs. 1, Abs. 2 Nr. 1 und Abs. 3 verjähren damit in **fünf Jahren.** Die Verjährungsfristen gelten unabhängig davon, ob die kartellrechtswidrigen Handlungen vorsätzlich oder fahrlässig begangen wurden.

163 Die Verjährung **beginnt,** sobald das tatbestandsmäßige Verhalten beendet ist (§ 31 Abs. 3 S. 1 OWiG). Werden die einzelnen Ausführungshandlungen bzgl. derselben Kartell-

---

[373] Siehe Vorschlag von *Nickel* wistra 2014, 7, 14.

[374] BGH WuW/E BGH 3043, 3047 – *Fortgesetzte Ordnungswidrigkeit;* anders noch die Vorinstanz OLG Frankfurt wistra 1996, 279 m. abl. Anm. *Göhler* wistra 1996, 132; vgl. auch *Bangard* wistra 1997, 161, 164.

[375] *König* in: Göhler, OWiG, § 21 Rn. 27; *Bangard* wistra 1997, 161, 164.

[376] BGHSt 40, 138.

[377] Zu den praktischen Folgen *Klusmann* WuW 1995, 271, 280.

[378] BGBl. I, 2038.

vereinbarung zu einer **Bewertungseinheit** zusammengefasst, sind die Grundabsprache und deren Konkretisierung also als einheitliche prozessuale Tat anzusehen, fällt der Zeitpunkt des Verjährungsbeginns auf den Zeitpunkt der Beendigung des letzten Teilaktes.[379] Die Zusammenfassung von mehreren Teilakten zu einer Bewertungseinheit führt im Übrigen dazu, dass die **partielle Rücknahme** eines Einspruchs unwirksam ist. Eine Rechtsmittelbeschränkung ist nur zulässig, soweit der abgetrennte Teil noch selbständig überprüfbar bleibt. Mithin muss die Einspruchsrücknahme materiell-rechtlich selbständige Taten betreffen.[380] In der Konsequenz führt eine missglückte Teilanfechtung dazu, dass der Einspruch als unbeschränkt eingelegt anzusehen ist.

Bei **Submissionsabsprachen** beginnt die Verjährung nach der Rechtsprechung erst mit **Erstellung der Schlussrechnung.**[381] Bei der Aufsichtspflichtverletzung nach § 130 OWiG beginnt die Verjährung grundsätzlich mit Beendigung der Zuwiderhandlung;[382] dies soll jedoch nicht gelten, wenn nach einer bestimmten Zuwiderhandlung in nächster Zeit weitere Verstöße zu befürchten sind.[383] Im Verfahren zur Festsetzung einer Unternehmensgeldbuße gemäß § 30 OWiG gelten die für die Bezugstat maßgeblichen Vorschriften.[384] **164**

Abs. 9 regelt die **Verjährungsunterbrechung** für den Fall, dass sich die Europäische Kommission oder Wettbewerbsbehörden anderer Mitgliedstaaten der Europäischen Union gemäß Art. 101 oder 102 AEUV mit einem Bußgeldverfahren gegen dieselbe Vereinbarung, denselben Beschluss oder dieselbe Verhaltensweise wie die deutsche Kartellbehörde befasst. Durch die Vorschrift wird der Katalog verjährungsunterbrechender Handlungen in § 33 Abs. 1 OWiG erweitert. Erforderlich wurde diese Ergänzung aufgrund der vergleichsweise kurzen Verjährungsfristen des Abs. 8 S. 2 bzw. des § 31 OWiG, weil die Kartellbehörde das Verfahren anderenfalls nicht, wie es im **Netzwerk der europäischen Wettbewerbsbehörden** vorgesehen ist, aussetzen und abwarten könnte, bis die Kommission oder eine ausländische Wettbewerbsbehörde ihr Verfahren abgeschlossen hat. **165**

VII. Zuständigkeit

Für die **Verfolgung** von Ordnungswidrigkeiten ist gem. § 35 Abs. 1 OWiG die **Verwaltungsbehörde** zuständig, soweit nicht nach OWiG die Staatsanwaltschaft oder an ihrer Stelle für einzelne Verfolgungshandlungen der Richter berufen ist. Auch für die **Ahndung** von Ordnungswidrigkeiten ist die Verwaltungsbehörde zuständig, soweit hierzu nicht nach OWiG das Gericht berufen ist (§ 35 Abs. 2 OWiG). Im Bußgeldverfahren ist gem. § 36 Abs. 1 Nr. 1 OWiG die Verwaltungsbehörde sachlich zuständig, die durch Gesetz bestimmt wird. Insofern ist bei kartellrechtlichen Bußgeldverfahren Abs. 10 einschlägig. Während seit der Ergänzung von 2013 zum Markttransparenzstellengesetz von 2012 für die unter Nr. 1 aufgeführten Ordnungswidrigkeiten die **Bundesnetzagentur** als Markttransparenzstelle für **Strom und Gas** zuständig ist, ist für die unter Nr. 2 aufgeführten Ordnungwidrigkeiten das **Bundeskartellamt** als Markttransparenzstelle für **Kraftstoffe** zuständig. Damit sind gem. Nr. 3 für alle **Kartellordnungswidrigkeiten** mit Ausnahme von § 81 Abs. 2 Nr. 2 lit. c und d, Nr. 5a, 5b und Nr. 6 i. V. m. §§ 47d und 47k das **Bundeskartellamt** und die nach Landesrecht zuständigen obersten **Landesbehörden** jeweils für den Geschäftsbereich zuständig, wie dieser sich aus den §§ 48 ff. ergibt. Ausnahmsweise ist un- **166**

---

[379] BGH WuW/E DE-R 3861, 3865 – *Grauzementkartell.*

[380] Zustimmend *Achenbach* WuW 2013, 688 ff.; aber kritisch zur Bewertungseinheit.

[381] BGH WuW/E BGH 2100, 2102 – *Schlußrechnung;* a. A. *Achenbach* in: FK-Kartellrecht, § 81 Rn. 292 („Abgabe des Angebots und ggf. Teilnahme am Eröffnungstermin"); *Dannecker* NStZ 1985, 49, 55 („Eröffnungszeitpunkt der Angebote").

[382] *König* in: Göhler, OWiG, § 130 Rn. 30.

[383] BGH WuW/E BGH 2100, 2102 – *Schlußrechnung;* a. A. *Dannecker* NStZ 1985, 49, 56; *Rogall* in: KK-OWiG, § 130 Rn. 128.

[384] BGH NJW 2001, 1436.

ter den Voraussetzungen des § 82 den Kartellbehörden die Zuständigkeit zur Verhängung einer Verbandsgeldbuße gem. § 30 OWiG auch in den Fällen zugewiesen, in denen der zum Leitungsbereich der juristischen Person gehörende Unternehmensangehörige eine Straftat begangen hat.

VIII. Rückwirkungsverbot und Milderungsgebot bei Gesetzesänderungen

167 Der zeitliche Geltungsbereich der Bußgeldtatbestände wird durch **§ 4 OWiG** geregelt, wonach sich die Geldbuße nach dem Gesetz bestimmt, das zur Zeit der Handlung gilt. Die Bestimmung nimmt damit das in Art. 103 Abs. 2 GG verankerte Rückwirkungsverbot auf, das alle Umstände umfasst, von denen das Gesetz die Ahndung mit einer Geldbuße abhängig macht, also neben den Tatbestandsmerkmalen auch die objektiven Bedingungen der Ahndung (z. B. die konkrete Zuwiderhandlung bei § 130 OWiG) sowie persönliche Gründe, welche die Ahndung ausschließen oder aufheben. Hierzu gehören auch die Ausfüllungsnormen von Bußgeldblanketten, weil diese – wie in den Fällen des Abs. 1–3 – lediglich Verstöße gegen anderweitig normierte Verhaltenspflichten bewehren und die Sanktionsvorschrift daher erst durch die sie ausfüllende Verhaltensnorm vervollständigt wird. Die Änderung der Bezugsnorm bewirkt damit stets auch eine Änderung der Sanktionsnorm.[385]

168 Von erheblicher praktischer Bedeutung ist das sich aus § 4 Abs. 3 OWiG ergebende **Milderungsgebot.** Danach ist für den Fall, dass zwischen dem Zeitpunkt der Begehung und dem Zeitpunkt der Ahndung eine Änderung des Gesetzes vorgenommen worden ist, das mildeste Gesetz anzuwenden. Auf diese Weise wird ein Rückwirkungsgebot für das mildeste Gesetz begründet. Soweit Tatbestände wie z. B. der Verstoß gegen das Empfehlungsverbot weggefallen sind, die Handlung also nach neuem Recht nicht mehr ahndbar ist, darf keine Sanktionierung erfolgen.[386] Darüber hinaus bezieht sich das Milderungsgebot auch auf **Änderungen des Bußgeldrahmens.** Dies bedeutet, dass die durch die Neufassung erheblich verschärften Sanktionsrahmen nur auf Taten Anwendung finden, die nach Inkrafttreten des § 81 n. F.[387] begangen wurden.

169 Nicht vom Rückwirkungsverbot erfasst wird die Änderung verfahrensrechtlicher Vorschriften. Dies gilt insbesondere für die **Verjährungsvorschriften.** So hat die Rechtsprechung im Zusammenhang mit der durch das Korruptionsbekämpfungsgesetz vom 13.8. 1997[388] erfolgten Verlängerung der Verjährungsfristen für einzelne Kartellordnungswidrigkeiten von drei auf fünf Jahre ausdrücklich klargestellt, dass die Verlängerung der Verjährungsvorschriften auch für Taten gilt, die vor Inkrafttreten des Verlängerungsgesetzes begangen wurden, soweit sie zu diesem Zeitpunkt noch nicht verjährt waren.[389]

IX. Verhältnis von nationalem und europäischem Kartellordnungswidrigkeitenrecht

170 Gem. Artt. 3 und 5 VO 1/2003 und § 22 GWB sind die kartellrechtlichen Bestimmungen des Art. 101 AEUV und des Art. 102 AEUV auch nach nationalem Recht anwendbar. Zumindest im Anwendungsbereich dieser materiell-rechtlichen Normen sind EU-Recht und nationales Recht also deckungsgleich. Der insofern in weiten Bereichen gleichen materiellen Ausgangsbasis entspricht ein **System paralleler Zuständigkeiten** der Europäischen Kommission und der nationalen Wettbewerbsbehörden für das Kartellordnungswidrigkeitenrecht. Die Europäische Kommission hat dieses System in der Bekanntmachung der Kommission über die Zusammenarbeit innerhalb des Netzwerks der Wettbewerbsbe-

---

385 Vgl. *Rogall* in: KK-OWiG, § 4 Rn. 9 m. w. N.

386 *Rogall* in: KK-OWiG, § 4 Rn. 20 ff.

387 Siehe dazu unter Rn. 2.

388 BGBl. I, S. 2038.

389 Vgl. zuletzt BGH WuW/E DE-R 1490, 1493 – *Einspruchsrücknahme:* Anm. *Achenbach* NStZ 2006, 233 f.

hörden[390] näher **konkretisiert,** was eine Selbstbindung der Kommission zur Folge hat, die Mitgliedstaaten jedoch nicht verpflichten kann.[391] Nationale Wettbewerbsbehörden sollen dann zuständig sein, wenn die kartellrechtsrelevante Handlung **Auswirkungen im Hoheitsgebiet** des betreffenden Mitgliedstaats hat, sie dort umgesetzt oder ihren Ursprung hat, sie auch dort wirksam beendet und geahnet werden kann und dort schließlich auch die erforderlichen Beweise erhoben werden können. Die Bekanntmachung belässt damit einen relativ weiten Ermessensspielraum im Hinblick darauf, ob im konkreten Fall die Europäische Kommission den Fall übernimmt oder nationale Behörden zuständig sind. Gleichlaufend bleibt auch unbestimmt, ob die Ahndung der auf europäischer und nationaler Ebene zunächst nach gleichen Kriterien zu beurteilenden kartellrechtswidrigen Handlung nach europäischem oder nach nationalem Kartellbußgeldrecht zu verfolgen ist. Das ist besonders problematisch, wenn die Ahndungsfolgen nach europäischem Recht erheblich von den Ahndungsfolgen nach nationalem Recht abweichen, wie es nach den jüngsten Entwicklungen im deutschen Kartellordnungswidrigkeitenrecht der Fall ist.

Die einschlägigen Bußgeldbestimmungen des Art. 23 VO 1/2003 und des § 81 unterscheiden sich hinsichtlich der **Haftungsfolgen** grundlegend. Während die 10%-Umsatzschwelle des Art. 23 Abs. 4, 5. UA VO 1/2003 als Kappungsgrenze für die zu verhängende Geldbuße angesehen wird, stellt die 10%-Umsatzschwelle des § 81 Abs. 4 S. 2 nach dem vom BGH entschiedenen Fall *Grauzement* die obere Bußgeldgrenze dar.[392] Während der Unternehmensbegriff im europäischen Recht in Verbindung mit der *Akzo*-Vermutung zu einer umfassenden gesamtschuldnerischen Haftung von Konzernunternehmen führt, hält das deutsche Recht strikt an der Rechtsträgerhaftung fest; Umsätze im Konzern können allenfalls über den noch nicht abschließend geklärten Begriff der „wirtschaftlichen Einheit" zusammengefasst werden. Und während im europäischen Recht Lücken der Verbandshaftung im Rahmen der Rechtsnachfolge durch die gesamschuldnerische Haftung als Folge des weiten Unternehmensbegriffs, das Konstrukt der wirtschaftlichen Kontinuität oder die Annahme eines Umgehungstatbestandes weitgehend geschlossen wurden,[393] sind im deutschen Recht auch nach der 8. GWB-Novelle noch gravierende Sanktionslücken zu beobachten.[394] Die Verwaltungsgrundsätze unterscheiden sich nicht nur hinsichtlich der Kronzeugen- und Settlementregelungen, sondern insbesondere auch hinsichtlich der voneinander stark abweichenden Bußgeldleitlinien. 171

Die gravierenden dogmatischen Unterschiede zwischen dem europäischen und deutschen Recht können im Extremfall – so etwa bei der Verbandshaftung im Rahmen der Rechtsnachfolge – dazu führen, dass kartellrechtswidriges Verhalten, das nach europäischem Recht sanktioniert werden kann, **im deutschen Recht sanktionslos** bleibt.[395] Damit könnte der europarechtliche Effektivitätsgrundsatz in Frage gestellt sein. Da sich die Europäische Kommission in der Bekanntmachung über die Zusammenarbeit innerhalb des Netzwerks der Wettbewerbsbehörden ihre Zuständigkeit für den Fall reserviert hat, dass die Behörde eines Mitgliedstaats die Zuwiderhandlung nicht „angemessen ahnden" kann,[396] könnte sie das System der parallelen Zuständigkeiten dazu nutzen, gerade bei Fällen unter deutschem Kartellordnungswidrigkeitenrecht die Zuständigkeit vermehrt an sich zu ziehen. Im Fokus wird in diesem Zusammenhang auch Art. 5 S. 2, 4. Spiegelstrich VO 1/2003 mit der Frage bleiben, ob diese Norm angesichts möglicher Haftungslücken im deutschen Recht als eigenständige und von nationalen Ermächtigungen unabhängige Rechtsgrundlage fungieren kann.[397] 172

[390] ABl. EU Nr. C 101 v. 27.4.2004, S. 43.
[391] Vgl. *Blake/Schnichels* EuZW 2004, 551, 554.
[392] Siehe dazu Rn. 90 ff.
[393] Siehe dazu bereits unter 47 ff.
[394] Siehe dazu bereits unter Rn. 42.
[395] Siehe dazu bereits unter Rn. 40 ff.
[396] Vgl. Ziff. 8 (2) der Bekanntmachung.
[397] Siehe dazu bereits unter Rn. 52 f.

§ 81a Auskunftspflichten

(1) **Kommt die Festsetzung einer Geldbuße nach § 81 Absatz 4 Satz 2 und 3 gegen eine juristische Person oder Personenvereinigung in Betracht, muss diese gegenüber der Verwaltungsbehörde nach § 81 Absatz 10 auf Verlangen Auskunft erteilen über**
1. den Gesamtumsatz des Unternehmens oder der Unternehmensvereinigung in dem Geschäftsjahr, das für die Behördenentscheidung nach § 81 Absatz 4 Satz 2 voraussichtlich maßgeblich sein wird oder maßgeblich war, sowie in den vorausgehenden fünf Geschäftsjahren,
2. die Umsätze des Unternehmens oder der Unternehmensvereinigung, die mit allen, mit bestimmten oder nach abstrakten Merkmalen bestimmbaren Kunden oder Produkten innerhalb eines bestimmten oder bestimmbaren Zeitraums erzielt wurden,

und Unterlagen herausgeben. Bei der Ermittlung des Gesamtumsatzes und der Umsätze gilt § 81 Absatz 4 Satz 3. § 136 Absatz 1 Satz 2 und § 163a Absatz 3 und 4 der Strafprozessordnung finden insoweit keine sinngemäße Anwendung.

(2) **Absatz 1 gilt für die Erteilung einer Auskunft oder die Herausgabe von Unterlagen an das Gericht entsprechend.**

(3) **Die für die juristische Person oder für die Personenvereinigung handelnde natürliche Person kann die Auskunft auf solche Fragen verweigern, deren Beantwortung sie selbst oder einen der in § 52 Absatz 1 der Strafprozessordnung bezeichneten Angehörigen der Gefahr aussetzen würde, wegen einer Straftat oder einer Ordnungswidrigkeit verfolgt zu werden; hierüber ist die für die juristische Person oder Personenvereinigung handelnde natürliche Person zu belehren. § 56 der Strafprozessordnung ist entsprechend anzuwenden. Die Sätze 1 und 2 gelten in Ansehung der Herausgabe von Unterlagen entsprechend.**

Schrifttum: *Achenbach,* Die 8. GWB-Novelle und das Wirtschaftsstrafrecht, wistra 2013, 369; *Barth/dos Santos Goncalves,* Anm. zu BGH Beschluss v. 23.1.2014 – KRB 48/13, GWR 2014, 154; *Bechtold/Bosch,* GWB, 8. Auflage 2015; *Bechtold/Bosch/Brinker,* EU-Kartellrecht, 3. Auflage 2014; *Haus,* Möglichkeiten und Grenzen der Anwendung des Konzepts der wirtschaftlichen Einheit im deutschen Kartellbußgeldverfahren, Der Konzern 2014, 204; *Immenga/Mestmäcker,* Wettbewerbsrecht, Bd. 1 (EU), 5. Auflage 2012; *dies.,* Wettbewerbsrecht, Bd. 2 (GWB), 5. Auflage 2014; Karlsruher Kommentar zum OWiG, 4. Auflage 2014; Karlsruher Kommentar zur StPO, 7. Auflage 2013; *Langen/Bunte,* Kartellrecht, Bd. 1 (GWB), 12. Auflage 2014; *Mühlhoff,* Lieber der Spatz in der Hand … oder: Nach der Novelle ist vor der Novelle! Zu den wesentlichen Änderungen des allgemeinen Ordnungswidrigkeitenrechts und des Kartellordnungswidrigkeitenrechts durch die 8. GWB-Novelle, NZWiSt 2013, 321; *Rübenstahl,* Die 8. GWB-Novelle und das Kartellbußgeldverfahren, WiJ 2013, 186; *Yomere,* Die Novellierung des Kartellbußgeldverfahrens durch die 8. GWB-Novelle, WuW 2013, 1187.

Übersicht

I. Einführung

1 Seit der 8. GWB-Novelle verpflichtet § 81a juristische Personen im Kartellordnungswidrigkeitenverfahren zur Auskunft und Herausgabe von Informationen gegenüber **Kar-**

tellbehörden (Abs. 1) und **Gerichten** (Abs. 2).[1] Während die EU-Kommission mit Art. 18 VO 1/2003 längst über ein wirksames Instrument zur Sachverhaltsaufklärung verfügt,[2] ist eine gesetzlich festgeschriebene Auskunfts- und Herausgabepflicht für die deutschen Wettbewerbsbehörden ein Novum. Inhaltlich bleibt die Neuregelung allerdings weit hinter dem europäischen Ermittlungsinstrument zurück: Die EU-Kommission darf bereits vor der förmlichen Eröffnung eines Verfahrens konkrete Fragen zu Vorwürfen, Abläufen und Sachverhalten[3] stellen. Hingegen dürfen die nationalen Behörden lediglich **Umsatzdaten** abfragen[4] und diese für die Rechtsfolgenbemessung relevanten Auskünfte auch erst zu einem Zeitpunkt verlangen, in dem der Nachweis des Kartellverstoßes bereits gelungen ist.[5] Denn mit der Neuregelung sollen keine Informationen generiert werden können, die zur Verhängung eines Bußgeldes führen, sondern nur solche, die für die **Bemessung der Bußgeldhöhe** relevant sind.[6]

Mit der **bußgeldbewehrten**[7] Kooperationspflicht bezweckt der Gesetzgeber einen **beschleunigten Verfahrensabschluss** unter **Wahrung der Verteidigungsinteressen.**[8] Mit Blick auf eine **effektive und effiziente Ahndung** von Kartellrechtsverstößen[9] verweist die Gesetzesbegründung auf das **Einsparpotential,** das die Neuregelung sowohl auf Seiten der Unternehmen[10] als auch der Kartellbehörden erzielen kann. Dem liegt die Rechnung zugrunde, dass künftig kosten- und personalintensive Durchsuchungen nicht mehr zu Buche schlagen und die Aufwendungen der Auskunftserfüllung marginal ausfallen werden.[11] Gerade bei mehrstufigen Konzernen habe es in der Vergangenheit langwieriger Ermittlungen, auch über das ECN und im Rechtshilfeweg,[12] bedurft. 2

Allerdings blieb den Unternehmen auch vor Einführung des § 81a unbenommen, die erforderlichen Informationen ohne großen Aufwand **freiwillig preiszugeben.** Nutzen die Unternehmen im Rahmen der Kronzeugenregelung ohnehin die Kooperationsmöglichkeit zur Erlangung einer Bußgeldreduktion, werden sie auch die umsatzbezogenen Daten an die Wettbewerbsbehörden übermitteln. Ohnehin eröffnet die freiwillige Übergabe der Informationen den Unternehmen die Möglichkeit, auf die Präsentation der Informationen Einfluss zu nehmen und deren Aussagekraft zu erläutern.[13] 3

II. Verhältnis zu § 46 OWiG i. V. m. §§ 102, 103 ff. StPO

Mit der neuen **Auskunfts- und Herausgabepflicht** wird den Verfolgungsbehörden grundsätzlich nicht die Befugnis genommen – bei Vorliegen der entsprechenden Voraussetzungen 4

---

[1] Positiv *Mühlhoff* NZWiSt 2013, 321, 329.

[2] Zur großen praktischen Bedeutung siehe bei Art. 18 VO 1/2003, Rn. 3. Zur praktischen Relevanz auch *Burrichter/Hennig* in: Immenga/Mestmäcker, EU-WettbR, Art. 18 VO 1/2003 Rn. 5 ff.

[3] *Bechtold/Bosch/Brinker,* EU-Kartellrecht, Art. 18 VO 1/2003 Rn. 4.

[4] Vgl. BT-Drs. 17/9852, S. 34 (rechte Spalte); BGH BeckRS 2014, 5858.

[5] *Dannecker/Biermann* in: Immenga/Mestmäcker, GWB, § 81a Rn. 10. In Kartellverwaltungsverfahren steht den Kartellbehörden hingegen bereits nach Einleitung des Verfahrens ein Auskunftsverlangen zu, siehe dazu § 59 GWB, Rn. 9 ff.

[6] Zur Bemessung der Bußgeldhöhe siehe bei § 81 Rn. 85 ff.

[7] § 81 Abs. 2 Nr. 7 GWB.

[8] Vgl. BT-Drs. 17/9852, S. 34 (rechte Spalte).

[9] *Ebenda,* S. 34 f.

[10] Das Einsparpotential für Unternehmen wird in der Gesetzesbegründung mit 2050 Euro pro Durchsuchung beziffert, vgl. BT-Drs. 17/9852, S. 18 (linke Spalte).

[11] Ggf. sind Streitfragen aber in einem zweiten Ordnungswidrigkeitenverfahren unter Anfall zusätzlicher Gebühren zu klären.

[12] *Mühlhoff* NZWiSt 2013, 321, 329.

[13] Deswegen von einem nur begrenzten praktischen Nutzen ausgehend *Yomere* WuW 2013, 1187, 1189.

zungen – Durchsuchungen bei den Nebenbetroffenen durchzuführen (gem. § 102 StPO),[14] um die für die Rechtsfolgenbemessung erforderlichen Informationen zu gewinnen.

5 Die Durchsuchungsanordnung muss stets einer **Verhältnismäßigkeitsprüfung** (Art. 20 Abs. 3 GG)[15] standhalten. Im Rahmen der Erforderlichkeit stellt sich dabei die Frage, ob der Behörde mit § 81a eine grundrechtsschonendere Ermittlungsmaßnahme zur Verfügung steht und damit ein milderes aber gleich wirksames Mittel.[16] Dann wäre eine Durchsuchung ohne vorausgehendes Herausgabeverlangen unverhältnismäßig. Ob die Verfolgungsbehörden auf ein Auskunfts- und Herausgabeverlangen beschränkt werden können, ist aber letztlich immer abhängig von den Umständen des **Einzelfalls.** Für die Beurteilung, ob die mildere Maßnahme auch geeignet ist, gilt es etwa zu berücksichtigen, inwieweit auf die **Vollständigkeit, Verlässlichkeit und Wahrhaftigkeit** der Auskünfte und Unterlagen Verlass ist. Indizwirkung haben hier die **frühere Kooperationsbereitschaft** des Unternehmens und die **Konkretisierbarkeit**[17] der erforderlichen **Dokumente.** Die Verhältnismäßigkeit einer Durchsuchung wird also dann wahrscheinlicher, wenn stichhaltige Anhaltspunkte dafür vorliegen, dass dem Auskunfts- und Herausgabeverlangen der Verfolgungsbehörden nicht nachgekommen wird, weil der Nebenbetroffene bereits während des Kartellverfahrens die Kooperation verweigert hat und berechtigte Zweifel an der Vollständigkeit und Richtigkeit der übermittelten Informationen bestehen und damit Beweisvereitelungshandlungen drohen.[18]

6 Der Gesetzgeber hat die neue Rechtsgrundlage für Auskunfts- und Herausgabeverlangen mit der Intention geschaffen, **Durchsuchungen zu vermeiden.**[19] Somit spricht die Motivation des Gesetzgebers tendenziell dafür, **strenge Anforderungen** an die Verhältnismäßigkeitsprüfung zu stellen und das Instrumentarium des § 81a GWB zunächst auszuschöpfen.

III. Auskunftsverpflichtete und -berechtigte

1. Auskunftsberechtigte

7 Auskunfts*berechtigt* sind **Verwaltungsbehörden** i. S. v. § 81 Nr. 10, d. h. das Bundeskartellamt, die Landeskartellbehörden sowie die Bundesnetzagentur. § 81a Abs. 1 gilt für die Erteilung einer Auskunft bzw. Herausgabe von Unterlagen an das **Gericht** entsprechend (Abs. 2). Umstritten ist, ob auch die **Staatsanwaltschaft** auskunftsberechtigt ist.[20]

2. Auskunftsverpflichtete

8 Die Auskunfts- und Herausgabe*pflicht* trifft **juristische Personen** und **Personenvereinigungen,** nicht aber natürliche Personen. Erfüllt werden kann das Auskunfts- und Herausgabeverlangen freilich nur von den für die juristische Person handelnden natürlichen Personen. Dieser Personenkreis könnte etwa – wie auch bei Vorliegen eines Durchsuchungsbeschlusses – aus Verantwortlichen für Einkauf, Disposition, Vertrieb und Controlling bestehen.

---

[14] Vgl. BGH BeckRS 2014, 5858.

[15] *Bruns* in: KK-StPO, § 102 Rn. 12 m. w. N.

[16] *Rübenstahl* WiJ 2013, 186, 188, 190.

[17] Vgl. BGH BeckRS 2014, 05858. In diesem Fall konnten die Transaktionsdaten zur Ermittlung des kartellbedingten Mehrerlöses nicht benannt werden.

[18] Vgl. *ebenda; Barth/dos Santos Goncalves* GWR 2014, 154, 154; *Rübenstahl* WiJ 2013, 186, 190.

[19] Vgl. BT-Drs. 17/9852, S. 18 (linke Spalte).

[20] Ablehnend etwa *Raum* in: Langen/Bunte, GWB, § 81a Rn. 12; a. A. *Mühlhoff* NZWiSt 2013, 321, 330.

Natürliche Personen, die auch Unternehmer sind, werden nicht von § 81a verpflichtet. In diesen Fällen kommen die freiwillige Kooperation oder, in Ermangelung einer solchen, eine Durchsuchungsanordnung in Betracht.[21] 9

IV. Auskunft und Herausgabe „tatferner" Informationen

1. Allgemeines

Die in § 81a statuierte Kooperationspflicht bezieht sich allein auf die Auskunft und Herausgabe sog. **„tatferner"** Informationen. Mithin handelt es sich um Auskünfte, die nicht die Zuwiderhandlung selbst, sondern die sich anschließende **Bußgeldbemessung** i. S. v. § 81[22] betreffen. Dazu gehören der **Gesamtumsatz** eines Unternehmens bzw. einer Unternehmensvereinigung (Nr. 1) sowie der **tatbefangene Umsatz** (Nr. 2). Diese unternehmens- und marktbezogenen Daten werden relevant, wenn das Bundeskartellamt entsprechend der Bußgeldleitlinien die gesetzliche **Bußgeldobergrenze** sowie den **individuellen Bußgeldrahmen** ermittelt. Vergangene Umsätze können zur Beurteilung der **Leistungsfähigkeit** eines Unternehmens genutzt werden. Praktisch ist indes nicht ausgeschlossen, dass die im Rahmen des Auskunftsverlangens eingeholten Dokumente auch für einen Tatnachweis selbst von Belang sind. 10

Das Auskunfts- und Herausgabeverlangen muss die angeforderten Informationen **konkret bezeichnen.** Hierbei erscheint eine Orientierung an den Anforderungen für einen Durchsuchungsbeschluss geboten.[23] Auch ist davon auszugehen, dass die Neuregelung nicht weiter geht als eine Durchsuchung und damit ausschließlich bereits **existierende** Dokumente erfasst. Eine Pflicht zur Anfertigung von Unterlagen wird durch die Neuregelung nicht begründet.[24] 11

2. Gesamtumsatz

§ 81a Abs. 1 S. 1 Nr. 1 ermächtigt Behörden und Gerichte, den Gesamtumsatz eines Unternehmens oder einer Unternehmensvereinigung für das **Geschäftsjahr** abzufragen, das der Bußgeldentscheidung **vorausgegangen** ist. Zusätzlich dürfen Auskünfte zu den Umsätzen der vorausgehenden **fünf Jahre** eingeholt werden. Dabei wird der Gesamtumsatz wie in § 81 Abs. 4 S. 3 verstanden und meint damit den **weltweiten** Umsatz aller natürlichen und juristischen Personen, die als **wirtschaftliche Einheit** operieren.[25] 12

Die Abfrage des Gesamtumsatzes dürfte erst dann zulässig sein, wenn die Behörde **verlässlich prognostizieren** kann, welches Geschäftsjahr „voraussichtlich" maßgeblich ist.[26] Da nicht nur die Auskunft, sondern auch die Herausgabe verlangt werden kann, haben die Unternehmen den Verfolgungsbehörden etwa **Jahresabschlüsse,**[27] **Gesellschaftsverträge** und **Gesellschafterbeschlüsse** herauszugeben.[28] 13

3. Tatbezogener Umsatz

Das auf § 81a Abs. 1 S. 1 Nr. 2 gestützte Auskunftsverlangen bezieht sich auf Informationen, die zur Bestimmung des tatbezogenen Umsatzes erforderlich sind.[29] In Anlehnung an die Bußgeldleitlinien ist hier der Umsatz gemeint, den die Unternehmen mit den **Pro-** 14

---

[21] *Barth/dos Santos Goncalves* GWR 2014, 154, 154.
[22] Zur Bußgeldbemessung siehe § 81 Rn. 85 ff.
[23] *Rübenstahl* WiJ 2013, 186, 191.
[24] *Bechtold/Bosch* GWB, § 81a Rn. 6.
[25] Siehe auch § 81 Rn. 92f.
[26] So *Achenbach* wistra 2013, 369, 370.
[27] *Bechtold/Bosch,* GWB, § 81a Rn. 6.
[28] So auch *Haus* Der Konzern 2014, 204, 213; *Raum* in: Langen/Bunte, GWB, § 81a Rn. 10.
[29] *Raum* in: Langen/Bunte, GWB, § 81a Rn. 9.

dukten bzw. Dienstleistungen erzielt haben, die mit der **Zuwiderhandlung** in Zusammenhang stehen. Soweit in S. 2 für die Ermittlung des tatbezogenen Umsatzes auch auf § 81 Abs. 4 S. 3 verwiesen wird, ist dies missverständlich, da der tatbezogene Umsatz gerade nicht den weltweiten Umsatz einer wirtschaftlichen Einheit umfasst.[30] Hinsichtlich des tatbezogenen Umsatzes können die Verfolgungsbehörden beispielsweise die Herausgabe von **Verträgen** und **Rechnungen** verlangen.[31]

15 Durch die Bezugnahme auf den tatbezogenen Umsatz erkennt der Gesetzgeber indirekt die **Verwaltungspraxis** des Bundeskartellamtes an, das in seinen normativ unverbindlichen Bußgeldleitlinien ebenfalls auf den tatbezogenen Umsatz abstellt. So wird § 81a teilweise auch als Bestrebung des Gesetzgebers zu einem stärkeren Tatbezug bei der Bußgeldbemessung interpretiert.[32]

V. Uneingeschränkte Kooperationspflicht für juristische Person

16 § 81a Abs. 3 S. 1, 3 stellt klar, dass sich die für die juristische Person oder Personenvereinigung handelnde **natürliche Person** auf ihr **Auskunftsverweigerungsrecht** berufen kann (vgl. § 55 StPO). Die befragte Person muss über das Auskunftsverweigerungsrecht **belehrt** werden.

17 Hingegen trifft die **Nebenbetroffenen** als juristische Person eine **uneingeschränkte** Auskunfts- und Herausgabepflicht. § 81a Abs. 1 S. 3 schließt die sinngemäße Anwendung der § 136 Abs. 1 S. 2 und § 163a Abs. 3, 4 StPO aus. Die Gesetzesbegründung verweist diesbezüglich auf die Rechtsprechung des BVerfG, wonach das Recht, sich nicht selbst einer Straftat bezichtigen zu müssen, als Ausfluss der Garantie der Menschenwürde[33] auf juristische Personen und Personenvereinigungen **nicht wesensgleich anwendbar** ist.[34] Dogmatisch entspringt der nemo tenetur-Grundsatz zwar auch dem **Rechtstaatsprinzip** in Form des Rechts auf ein **faires Verfahren,** so dass auch juristische Personen im Bußgeldverfahren grundsätzlich ein Schweigerecht für sich beanspruchen können.[35] Eine **Einschränkung** dieses Rechts wäre jedoch denkbar, wenn die Verfolgung sozialschädlicher Ordnungswidrigkeiten das Schweigerecht überwiegt.[36] Da sich die Vorschrift allein auf die der Zuwiderhandlung **nachgelagerte Auskunft** und Herausgabe tatferner Informationen bezieht und die Unternehmen damit nicht zur aktiven Mitwirkung an ihrer eigenen Überführung gezwungen werden, ist dies wohl anzunehmen, zumal der Kernbereich dieses Rechts durch die Einschränkung nicht betroffen sein dürfte.[37]

18 **Relevanz** dürfte das Auskunftsverweigerungsrecht ohnehin nur bei **tatbezogenen** Umsätzen erlangen, da sich diesbezügliche Informationen auch zu Lasten der natürlichen Person auswirken können. Die Behörde kann diesem Konflikt allerdings ausweichen, indem sie dazu übergeht, die erforderliche Auskunft bei einer anderen Person einzuholen, der kein Auskunftsverweigerungsrecht zusteht.[38] Damit wird auch die Möglichkeit unterbun-

---

[30] *Bechtold,* GWB, § 81a Rn. 5; anders *Raum* in: Langen/Bunte, GWB, § 81a GWB Rn. 9.

[31] So *Raum* in: Langen/Bunte, GWB, § 81a Rn. 10.

[32] *Haus* Der Konzern 2014, 204, 213.

[33] BVerfG NStZ 1995, 555, 555.

[34] NJW 1997, 1841, 1843; siehe auch BT-Drs. 17/9852, S. 35 (linke Spalte).

[35] Ausführlich dazu *Dannecker/Biermann* in: Immenga/Mestmäcker, GWB, Vorb. § 81 Rn. 251 ff.; *Rogall* in: KK-OWiG, § 30 Rn. 209 f.

[36] Vgl. *Dannecker/Biermann* in: Immenga/Mestmäcker, GWB, § 81a Rn. 2.

[37] Vgl. *Rogall* in: KK-OWiG, § 30 Rn. 210; *Mühlhoff* NZWiSt 2013, 321, 330; a. A. *Yomere* WuW 2013, 1187, 1192, die einen Verstoß gegen den nemo tenetur-Grundsatz feststellt. Zur Rechtsprechung der europäischen Gerichte zum Bestehen und Umfang eines Auskunftsverweigerungsrechts instruktiv *Burrichter/Hennig* in: Immenga/Mestmäcker, EU-WettbR, Vorb. zu Art. 17–22 VO 1/2003 Rn. 25 ff.

[38] So *Raum* in: Langen/Bunte, GWB, § 81a Rn. 13; *Bechtold/Bosch,* GWB, § 81a Rn. 9.

den, eine für die juristische Person handelnde natürliche Person vorzuschieben, die zur Auskunftsverweigerung berechtigt ist.

VI. Pflichtverletzung und Sanktion

19 Eine gegenüber der Behörde unterlassene, unrichtige, unvollständige oder nicht rechtzeitig erteilte Auskunft bzw. Herausgabe kann als **leichtere Kartellordnungswidrigkeit** mit einer Geldbuße von bis zu 100 000 Euro (bei Vorsatz) bzw. 50 000 Euro (bei Fahrlässigkeit) geahndet werden (§ 81 Abs. 2 Nr. 7 i. V. m. § 81 Abs. 4 S. 5, § 17 Abs. 2 OWiG). Hingegen ergibt sich aus dem Wortlaut von § 81 Abs. 2 Nr. 7, dass die nicht ordnungsgemäße Erfüllung der gerichtlichen Anordnung kein Kartellbußgeld nach sich zieht.

VII. Rechtsbehelf

20 Durch das Auskunfts- und Herausgabeverlangen der **Behörde** liegt eine selbständige Beschwer vor. Richtiger Rechtsbehelf ist der Antrag auf gerichtliche Entscheidung gem. **§ 62 Abs. 1 S. 1 OWiG.**[39] Die Ausnahme nach dessen S. 2 greift nicht ein, da diese nur Maßnahmen zur Vorbereitung der Entscheidung betrifft, d. h. **„ob"** ein Bußgeldbescheid erlassen wird oder das Verfahren eingestellt wird. Bei dem hier in Rede stehenden Auskunftsverlangen steht das „Ob" aber bereits fest.[40]

21 Die **Zuständigkeit** ist umstritten. Zum Teil wird das **Amtsgericht** gemäß § 68 Abs. 1 OWiG für zuständig erachtet und dies damit begründet, dass es um die Rechtskontrolle von **Ermittlungshandlungen** geht.[41] Wird der Rechtsbehelf hingegen als Einspruch gegen einen **Bußgeldbescheid** qualifiziert, ergibt sich die Zuständigkeit des **OLG** aus § 68 Abs. 1 OWiG i. V. m. § 83 GWB.[42]

22 Im **Gerichtsverfahren** ist **kein Rechtsmittel** gegen das Auskunfts- und Herausgabeverlangen vorgesehen, da die Entscheidungen des erkennenden Gerichts, die der Urteilsfällung vorausgehen, gemäß § 305 S. 1 StPO nicht der Beschwerde unterliegen.[43]

§ 82 Zuständigkeit für Verfahren wegen der Festsetzung einer Geldbuße gegen eine juristische Person oder Personenvereinigung

(1) [1]**Die Kartellbehörde ist für Verfahren wegen der Festsetzung einer Geldbuße gegen eine juristische Person oder Personenvereinigung (§ 30 des Gesetzes über Ordnungswidrigkeiten) in Fällen ausschließlich zuständig, denen**

1. **eine Straftat, die auch den Tatbestand des § 81 Absatz 1, 2 Nummer 1 und Absatz 3 verwirklicht, oder**
2. **eine vorsätzliche oder fahrlässige Ordnungswidrigkeit nach § 130 des Gesetzes über Ordnungswidrigkeiten, bei der eine mit Strafe bedrohte Pflichtverletzung auch den Tatbestand des § 81 Absatz 1, 2 Nummer 1 und Absatz 3 verwirklicht,**

zugrunde liegt. [2]**Dies gilt nicht, wenn die Behörde das § 30 des Gesetzes über Ordnungswidrigkeiten betreffende Verfahren an die Staatsanwaltschaft abgibt.**

---

[39] So *Raum* in: Langen/Bunte, GWB, § 81a Rn. 14.
[40] *Bechtold/Bosch,* GWB, § 81a Rn. 7.
[41] *Raum* in: Langen/Bunte, GWB, § 81a GWB Rn. 14.
[42] So *Bechtold/Bosch,* GWB, § 81a Rn. 7.
[43] Eine Durchsuchungsanordnung ist allerdings gem. § 305 S. 2 StPO mittels isolierter Beschwerde anfechtbar.

Übersicht

Schrifttum: *Bechtold/Bosch,* GWB, 8. Auflage 2015; Frankfurter Kommentar zum Kartellrecht, Loseblatt, 84. Ergänzungs-Lfg.; *Immenga/Mestmäcker,* Wettbewerbsrecht, Bd.2 (GWB), 5. Auflage 2014; Karlsruher Kommentar zum OWiG, 4. Auflage 2014; Karlsruher Kommentar zur StPO, 7. Auflage 2013; Münchener Kommentar zum Kartellrecht, 2. Auflage 2015; *Wiedemann,* Handbuch des Kartellrechts, 2. Auflage 2008.

I. Entstehungsgeschichte und Zielsetzung

1 Die Vorschrift entsprach dem durch das „Gesetz zur Bekämpfung der Korruption" vom 13.8.1997 (BGBl. S. 2038) eingeführten früheren § 81 a. Bezweckt war in Anlehnung an Art. 15 der VO (EWG) Nr. 17/62 (jetzt: Art. 23 VO 1/2003) eine **„stärkere Verselbständigung der Unternehmensgeldbuße".**[1] Nach der durch die Einführung des § 298 StGB für Absprachen im Zusammenhang mit Ausschreibungen bewirkten Zuständigkeitsverlagerung auf die Staatsanwaltschaft sollte auf diesem Wege ermöglicht werden, die besondere Sachkompetenz der Kartellbehörden bei der Verfolgung von Wettbewerbsverstößen dort einzusetzen, wo gegenüber einer effektiven Verfolgung durch die Staatsanwaltschaft eine besondere Skepsis bestand,[2] nämlich bei der Anwendung von § 30 OWiG.

2 Die **ausschließliche Zuständigkeit der Kartellbehörde** zur Verhängung von Unternehmensgeldbußen besteht seit der 7. GWB-Novelle auch dann, wenn sie auf der Grundlage des Unionskartellrechts (Artt. 101, 102 AEUV) einschreitet. Ursprünglich war eine tiefergreifende Änderung der Vorschrift beabsichtigt. So sollte die Geltung des § 30 Abs. 4 OWiG für das GWB ausgeschlossen und die selbständige Festsetzung von Unternehmensgeldbußen ohne Einschränkung zulässig sein.

3 Die **8. GWB-Novelle** hat die Zuständigkeitsregelung unangetastet gelassen. Allerdings wurde versucht, die Position der Kartellbehörde bei der Sanktionierung von Kartellordnungswidrigkeiten durch das Instrument des dinglichen Arrests (§ 30 Abs. 6 OWiG)[3] zu stärken.

II. Selbständiges Verfahren

4 § 30 OWiG erlaubt die Verhängung von Sanktionen gegen Unternehmen, die als juristische Person (insbes. als AG oder GmbH) oder als Personenvereinigung (KG, oHG, nicht rechtsfähiger Verein) organisiert sind. Materiell bedarf es dafür einer – noch verfolgbaren[4] – Anknüpfungstat durch eine natürliche Person in leitender Position.[5] Über die Sanktionen gegen Täter und Unternehmen ist grundsätzlich in einem **einheitlichen Verfahren** zu entscheiden.[6] Diese Verbindung ist prozessökonomisch sinnvoll, weil die Feststellungen zum Tathergang auch für die Unternehmensgeldbuße unabdingbar sind und so die Wiederholung der Beweisaufnahme und daraus resultierende mögliche Divergenzen vermieden werden. Ein nur gegen das **Unternehmen** gerichtetes **selbständiges Verfahren** ist aber ausnahmsweise dann zulässig, wenn aus Opportunitätsgründen (§ 47 OWiG) gegen die Leitungsperson wegen der Anknüpfungstat keine Sanktion verhängt wird (§ 30 Abs. 4 S. 1

---

[1] Vgl. Gegenäußerung der BReg, BT-Drs. 13/6424 S. 12 (rechte Spalte).
[2] Vgl. Bericht des Rechtsausschusses, BT-Drs. 13/8079, S. 16 f.
[3] Vgl. § 81, Rn. 72.
[4] Zur Verjährung vgl. BGH NJW 2001, 1436, 1437.
[5] Für Einzelheiten vgl. § 81 Rn. 34.
[6] *Rogall* in: KK-OWiG, § 30 Rn. 162; *W. Schmidt* in: KK-StPO, § 444 Rn. 1.

OWiG) oder wenn die Möglichkeit einer selbständigen Festsetzung der Geldbuße gesetzlich vorgesehen ist (§ 30 Abs. 4 S. 2 OWiG). § 82 regelt eine derartige Ausnahme.

III. Sonderzuständigkeit

Die Vorschrift bewirkt darüber hinaus für das Kartellrecht eine **Abweichung** von den **Zuständigkeitsregeln** des OWiG. Treffen bei einer Tat im verfahrensrechtlichen Sinne (§ 264 StPO) Verstöße gegen Straf- und OWi-Tatbestände zusammen, liegt die Verfolgungszuständigkeit **grundsätzlich** bei der **Staatsanwaltschaft** (§ 40 OWiG). Die Verwaltungsbehörde hat das Verfahren an die Staatsanwaltschaft abzugeben, wenn sich in einem von ihr eingeleiteten Bußgeldverfahren Anhaltspunkte für eine Straftat ergeben (§ 41 OWiG). Die Verfolgungskompetenz der Staatsanwaltschaft erstreckt sich dann nicht nur auf die tatverdächtigen natürlichen Personen, sondern – wegen der gebotenen Verfahrenseinheit – auch auf involvierte juristische Personen und Personenvereinigungen. § 82 kehrt diesen Verfolgungsvorrang der Staatsanwaltschaft zugunsten der **Kartellbehörde** für einen Teilbereich um: Diese erhält die **ausschließliche Zuständigkeit zur Verfolgung** der im § 30 Abs. 1 OWiG genannten Verbände bei Verstößen gegen § 81 Abs. 1, 2 Nr. 1, Abs. 3 **(Nr. 1)** und gegen § 130 OWiG, wenn der Vorwurf der Aufsichtspflichtverletzung an einen Verstoß gegen § 81 Abs. 1, 2 Nr. 1 und Absatz 3 anknüpft **(Nr. 2).**[7] Allerdings steht es im **Ermessen** der Kartellbehörden, ihre Zuständigkeit nicht wahrzunehmen und das Verfahren nach § 30 OWiG an die Staatsanwaltschaft abzugeben (§ 82 S. 2).[8] 5

IV. Anwendungsprobleme

In ihrer praktischen Bedeutung ist die Vorschrift jedoch gering. Bis heute hat sie das Bundeskartellamt nur äußert zögerlich angewendet. Grund dafür dürfte – neben dogmatischen Bedenken – der verfahrensökonomisch kaum zu rechtfertigende **Aufwand von Parallelverfahren** sein. Mag es im Stadium des Ermittlungsverfahrens möglich sein, dass Staatsanwaltschaft und Kartellbehörde einander unterrichten, unterstützen und sogar eine rationelle Aufgabenverteilung vornehmen (vgl. hierzu Nr. 242 RiStBV), so entsteht spätestens in den sich anschließenden Gerichtsverfahren – einerseits beim **Strafgericht,** andererseits beim **Kartellsenat** des OLG – auf Grund der Aufspaltung des Verfahrens die Notwendigkeit doppelter **Beweisaufnahmen** mit möglicherweise **divergierenden Ergebnissen** bezüglich der Anknüpfungstaten. 6

Die **praktischen Anwendungsprobleme** dürften die Zulässigkeit der getroffenen Regelung[9] nicht in Frage stellen. Soweit die dahingehende Kritik[10] geltend macht, der Kartellbehörde fehle schon die Ermittlungsbefugnis für die Anknüpfungstat und eine getrennte Ahndungskompetenz von Kartellbehörde und Strafgericht sei unzulässig, ist dem entgegenzuhalten: Wenn der Gesetzgeber den Kartellbehörden durch § 82 die ausschließliche Befugnis zur Festsetzung der Unternehmensgeldbuße verleiht, sind diese zuständige Verfolgungsbehörde i. S. von § 46 Abs. 2 OWiG. Damit steht ihnen die volle **Ermittlungskompetenz** hinsichtlich **aller Voraussetzungen** des § 30 Abs. 1 OWiG zu,[11] nicht nur bezüglich der „spezifischen Voraussetzungen der Unternehmensgeldbuße".[12] Dazu gehört auch – 7

[7] *Rogall* in: KK-OWiG, § 30 Rn. 175; *Bechtold/Bosch,* GWB, § 82 Rn. 4; *Klusman* in: Wiedemann, Hdb. Kartellrecht, § 57 Rn. 68.

[8] *Raum* in: Langen/Bunte, GWB, § 82 Rn. 5; *Dannecker/Biermann* in: Immenga/Mestmäcker, GWB, § 82 Rn. 7; vgl. auch OLG Celle BeckRS 2012, 11986.

[9] Vgl. die ausführliche Darstellung zum Meinungsstand bei *Dannecker/Biermann* in: Immenga/Mestmäcker, GWB, § 82 Rn. 9 ff.

[10] Nachweise bei *Dannecker/Biermann* in: Immenga/Mestmäcker, GWB, § 81, Rn. 9.

[11] Etwa auch *Vollmer* in: Münchener Kommentar, GWB, § 82 Rn. 14; *Dannecker/Biermann* in: Immenga/Mestmäcker, GWB, § 81, Rn. 13.

[12] So aber *Achenbach* in: FK-Kartellrecht, § 82 GWB Rn. 9.

und in erster Linie – die Anknüpfungstat selbst. Dass diese zugleich Gegenstand eines staatsanwaltschaftlichen und gegebenenfalls strafgerichtlichen Verfahrens ist, kann die Durchführung des selbständigen Verfahrens nicht hindern. Die Anwendung von Strafvorschriften ist kein Monopol der Strafgerichte. Es gehört zum zivilprozessualen Alltag, über die Verwirklichung von Straftatbeständen im Rahmen von Schadenersatzklagen (§ 823 Abs. 2 BGB) zu entscheiden. Davon zu unterscheiden ist die den Strafgerichten vorbehaltene Strafgewalt. Diese nehmen Kartellbehörden und -gerichte im Rahmen von § 82 aber auch nicht in Anspruch.

8 **Materielle Rechtskraftwirkungen** von einem Verfahren auf das andere treten schon deshalb nicht auf, weil das kartellbehördliche Verfahren sich nicht gegen die strafrechtlich belangte Leitungsperson richtet. Auf die Entscheidungsgründe eines Erkenntnisses beziehen sich die Wirkungen der Rechtskraft ohnehin nicht.[13]

9 Das Verfahren gegen die juristische Person ist beim Strafgericht nicht anhängig. Es kann auch nicht vom Gericht durch die **Anordnung der Beteiligung** nach § 444 StPO einbezogen werden, wenn die Kartellbehörde es nicht zuvor an die Staatsanwaltschaft abgegeben hatte. Fehlt es daran, besteht weder Anlass noch Berechtigung, die Beteiligung der juristischen Person anzuordnen, weil die Geldbuße nach § 30 OWiG nur einmal festgesetzt werden kann und die Befugnis hierzu nach § 82 ausschließlich den Kartellbehörden zusteht.

10 Die **prozessökonomischen Nachteile** der Regelung lassen sich am ehesten dadurch vermeiden, dass die Kartellbehörde das bei ihr wegen der Unternehmensgeldbuße anhängige Verfahren nach § 82 S. 2 an die zuständige Staatsanwaltschaft **abgibt.** Stellt diese dann das Ermittlungsverfahren wegen der Straftat – mangels hinreichenden Verdachts oder wegen Geringfügigkeit – ein, so hat sie das Verfahren insgesamt nach Maßgabe von § 43 OWiG an die Kartellbehörde zurückzugeben.

V. Anwendungsbereich

11 Die Einbeziehung der Artt. 101, 102 AEUV in den Verbotskatalog des § 81 beruht auf der **Verpflichtung zur parallelen Anwendung** der europäischen und nationalen Vorschriften (Art. 3 Abs. 1 VO Nr. 1/2003; § 22). Damit dürfte jedoch eine **prozessuale Einschränkung** verbunden sein: Es steht nicht im Ermessen der Kartellbehörde, von der Anwendung der Artt. 101, 102 AEUV aus Opportunitätsgründen abzusehen (§ 47 OWiG); etwa um den Ermittlungsaufwand für den Nachweis grenzüberschreitender Wirkungen zu vermeiden. Welche Strafnorm durch die Tat verletzt worden ist, ist unerheblich. Im Vordergrund stehen die §§ 298,[14] 263 StGB im Zusammenhang mit Submissionsabsprachen, in Betracht kommen aber auch andere Delikte (§§ 240, 253 StGB).

§ 82a Befugnisse und Zuständigkeiten im gerichtlichen Bußgeldverfahren

(1) **Im gerichtlichen Bußgeldverfahren kann dem Vertreter der Kartellbehörde gestattet werden, Fragen an Betroffene, Zeugen und Sachverständige zu richten.**

(2) [1] **Sofern das Bundeskartellamt als Verwaltungsbehörde des Vorverfahrens tätig war, erfolgt die Vollstreckung der Geldbuße und des Geldbetrages, dessen Verfall angeordnet wurde, durch das Bundeskartellamt als Vollstreckungsbehörde auf Grund einer von dem Urkundsbeamten der Geschäftsstelle des Gerichts zu erteilenden, mit der Bescheinigung der Vollstreckbarkeit versehenen beglaubigten Abschrift der Urteilsformel entsprechend den Vorschriften über die Vollstreckung von Bußgeldbescheiden.** [2] **Die Geldbußen und die Geldbeträge, deren Verfall angeordnet wurde, fließen der Bundeskasse zu, die auch die der Staatskasse auferlegten Kosten trägt.**

---

[13] BGH NJW 1982, 1239, 1240.

[14] Vgl. etwa BGH WuW/E DE-R 3691, 3693 f. – *Submissionsabsprachen;* OLG Celle BeckRS 2012, 11986; vgl. ferner § 81 Rn. 147 ff.

Übersicht

Schrifttum: *Barth/Budde,* Die Stellung des Bundeskartellamtes im gerichtlichen Verfahren, WuW 2010, 377 ff.; *Immenga/Mestmäcker,* Wettbewerbsrecht, Bd. 2 (GWB), 5. Auflage 2014; *Langen/Bunte,* Kartellrecht, Bd. 1 (GWB), 12. Auflage 2014; *Ost/Brenner,* Das deutsche Kartellbußgeldverfahren nach der Entscheidung des EuGH in der Rechtssache VEBIC: Vereinbar mit Unionsrecht? in: Festschrift Canenbley, Kartellrecht in Theorie und Praxis, 2012, 368 ff.; *v. Wallenberg,* Kartellgeldbußen – kein Finanzierungsinstrument für die Verbraucherarbeit, WuW 2012, 555 ff.

I. Entstehungsgeschichte und Zielsetzung

Die mit der **7. Novelle** eingeführte Vorschrift behandelt zwei Aspekte, die zwar das gerichtliche Verfahren betreffen, sachlich aber allenfalls insofern zusammenhängen, als sie Zuständigkeiten zwischen Kartellbehörde und Staatsanwaltschaft abgrenzen. Absatz 1 behandelt die **Befugnisse** der Kartellbehörde in der **Hauptverhandlung,** und Absatz 2 regelt Modalitäten der **Vollstreckung.** Die ursprünglichen **Novellierungsintentionen** hatten sehr viel weiter gereicht. Noch in der vorläufigen Gesamtfassung des Entwurfs[1] war in § 82a Abs. 1 eine einschneidende Änderung vorgesehen: Das Bundeskartellamt sollte im gerichtlichen Verfahren an die **Stelle der Staatsanwaltschaft** treten. Deren Befugnisse sollten auf ein **Anhörungsrecht** reduziert werden. In seiner Stellungnahme vom 16. Januar 2004 zum Referentenentwurf hatte das Bundeskartellamt diese Änderung mit der Begründung gefordert, die geltende Regelung könne zu einer Spaltung der Zuständigkeiten führen, unnötige Doppelarbeit verursachen und ein reibungsloses Funktionieren der in der VO Nr. 1/2003 vorgesehenen Netzwerkstrukturen beeinträchtigen. 1

Der Gesetzgeber ist dieser Argumentation nicht gefolgt. Die Beteiligung der Staatsanwaltschaft dürfte sachgerecht sein, weil sie nicht nur über die nötige **verfahrensrechtliche Kompetenz** verfügt, sondern auch eher in der Lage ist, die **strafrechtliche Relevanz** eines Verhaltens zu erkennen. Die Arbeitsteilung zwischen beiden Behörden hat sich in der Vergangenheit bewährt.[2]

Der Vorstoß im Referentenentwurf zur **8. GWB-Novelle,**[3] dem Vertreter der Kartellbehörde im Verfahren ein eigenständiges Fragerecht einzuräumen, wie es den Finanzbehörden im Steuerstrafverfahren zusteht (§ 407 Abs. 1 AO), wurde nicht Gesetz.[4] Die allgemeinen Regelungen zur Einbringung der kartellrechtlichen Kompetenz schienen **ausreichend** zu sein. Auch wurden sachdienliche Fragen in der Praxis nicht durch die Gerichte unterbunden.[5]

Es war auch angedacht, einen neuen Absatz 2 S. 3 einzufügen, um einen bestimmten Prozentsatz der Bußgeldeinnahmen für den **Verbraucherschutz** zu reservieren. Dies ist jedoch nicht mit der Flexibilität und Dispositionsfreiheit des Haushaltsgesetzgebers zu vereinbaren.[6] 2

---

[1] Stand: 17. Dezember 2003.

[2] Vgl. auch *Ost/Brenner* in: FS Canenbley, S. 368, 375 f.; gegen den Übergang der Verfolgungszuständigkeit argumentieren *Barth/Budde* WuW 2010, 377, 386.

[3] Referentenentwurf (2011), S. 18, 51 f. mit Verweis auf EuGH, Urt. v. 7.12.2010, Rs. C-439/08 – *VEBIC,* ECLI:EU:C:2010:739 und die Forderung einer starken und eigenständigen Stellung der Wettbewerbsbehörden im gerichtlichen Verfahren. Vgl. zur Europarechtskonformität *Ost/Brenner* in: FS Canenbley, S. 368 ff.

[4] Kritisch *Raum* in: Langen/Bunte, GWB, § 82a Rn. 3.

[5] BT-Drs. 17/9852, S. 53 (linke Spalte); vgl. auch *Ost/Brenner* in: FS Canenbley, S. 368, 373.

[6] BT-Drs. 17/9852, S. 53 (linke Spalte); dazu auch *v. Wallenberg* WuW 2012, 555.

3 Die **Übergangsregelung** des § 131 Abs. 5 S. 2, wonach § 82a Abs. 2 nur für Urteile Geltung beansprucht, die nach dem 30. Juni 2009 ergangen sind, wurde mit der jüngsten Novelle **aufgehoben.**

II. Befragung durch Vertreter der Kartellbehörde

4 § 76 OWiG verleiht der Verwaltungsbehörde **Anwesenheits-, Informations- und Anhörungsrechte,**[7] die im Ermessen der Gerichts stehen. Die Befugnis, Betroffene, Zeugen und Sachverständige selbst zu befragen, wurde ihr aber nicht zugebilligt. Dies führte häufig zu einem zeitraubenden und unwürdigen Hin und Her zwischen Staatsanwaltschaft und Behördenvertreter: Ein Zettel mit der Fragestellung wurde dem Staatsanwalt übermittelt, der sich Sinn und Zweck erläutern ließ und schließlich selbst die Frage stellte. Das Gericht kann eine unmittelbare Befragung von Betroffenen, Zeugen und Sachverständigen gestatten. Die Vorschrift verschafft der Kartellbehörde zwar **kein formelles Fragerecht** im Sinne von § 240 StPO; aus der gerichtlichen Verantwortung für eine umfassende Sachaufklärung erwächst aber nunmehr die Pflicht, **sachdienliche Fragen** des Vertreters der Kartellbehörde stets **zuzulassen.** Bei Missachtung kommt eine **Rechtsbeschwerde** in Betracht mit der Begründung, das Gericht habe seine Aufklärungspflicht verletzt (§ 244 Abs. 2 StPO i. V. m. § 46 Abs. 1 OWiG).[8] Die Entscheidung über die Zulassung von Fragen trifft der Vorsitzende (§ 241 StPO), der eine eventuelle Nichtzulassung zu begründen hat. Gegebenenfalls kann der Vertreter der Kartellbehörde über die Rechtmäßigkeit einer die Befragung verweigernden Anordnung eine Entscheidung des Gerichts herbeiführen (§ 238 Abs. 2 StPO i. V. m. § 46 Abs. 1 OWiG). Die in § 82a statuierte Mitwirkung der Kartellbehörde beansprucht keine Geltung im Strafverfahren.[9]

5 Nach wie vor steht der Kartellbehörde mangels formeller Verfahrensbeteiligung **kein Beweisantragsrecht** zu, sondern lediglich die Möglichkeit, die Beweiserhebung anzuregen. Ebenso wenig bedarf es einer Zustimmung der Kartellbehörde zur Rücknahme eines Einspruchs; die Zustimmung liegt allein in der Hand der Staatsanwaltschaft.[10]

III. Vollstreckungszuständigkeit

6 Die Vollstreckung gerichtlicher Bußgeldentscheidungen obliegt grundsätzlich der Staatsanwaltschaft (§ 91 OWiG, § 451 Abs. 1 StPO). Als Folge daraus fließt die Geldbuße dem betreffenden Bundesland zu. Im **Kartellbußgeldverfahren** ist dies jedoch nur der Fall, wenn eine Landesbehörde den Bußgeldbescheid erlässt. Ist das **Bundeskartellamt** die zuständige Verwaltungsbehörde, obliegt diesem die Vollstreckung der „Geldbuße und des Geldbetrages, dessen Verfall angeordnet wurde". Damit fließen der Bundeskasse erhebliche Geldmittel zu. Da für die Beitreibung der **Verfahrenskosten** jedoch weiterhin die **Staatsanwaltschaft** zuständig bleibt, wird die Vollstreckungsaufgabe geteilt. Die den Betroffenen auferlegten Verfahrenskosten dürften allerdings kaum den großen Sach- und Personalkostenaufwand des Landes Nordrhein-Westfalen decken, die durch die oft mehrwöchigen Hauptverhandlungen entstehen.

§ 83 Zuständigkeit des OLG im gerichtlichen Verfahren

(1) [1]**Im gerichtlichen Verfahren wegen einer Ordnungswidrigkeit nach § 81 entscheidet das Oberlandesgericht, in dessen Bezirk die zuständige Kartellbehörde ihren**

---

[7] Vgl. hierzu § 83 Rn. 14. Zu den wesentlichen Mitwirkungsmöglichkeiten vgl. *Barth/Budde* WuW 2010, 377, 380 ff.

[8] *Dannecker/Biermann* in: Immenga/Mestmäcker, GWB, § 82a Rn. 5; zu den praktischen Schwierigkeiten vgl. *Raum* in: Langen/Bunte, GWB, § 82a Rn. 6.

[9] Kritisch *Raum* in: Langen/Bunte, GWB, § 82a Rn. 3.

[10] Kritisch *Ost/Brenner* in: FS Canenbley, S. 370, 373.

Sitz hat; es entscheidet auch über einen Antrag auf gerichtliche Entscheidung (§ 62 des Gesetzes über Ordnungswidrigkeiten) in den Fällen des § 52 Absatz 2 Satz 3 und des § 69 Absatz 1 Satz 2 des Gesetzes über Ordnungswidrigkeiten. [2] § 140 Absatz 1 Nummer 1 der Strafprozessordnung in Verbindung mit § 46 Absatz 1 des Gesetzes über Ordnungswidrigkeiten findet keine Anwendung.

(2) **Das Oberlandesgericht entscheidet in der Besetzung von drei Mitgliedern mit Einschluss des vorsitzenden Mitglieds.**

Übersicht

Schrifttum: *Achenbach,* Grauzement, Bewertungseinheit und Bußgeldobergrenze, WuW 2013, 688; *Bohnert,* OWiG, 3. Auflage 2010; *Immenga/Mestmäcker,* Wettbewerbsrecht, Bd. 2 (GWB), 5. Auflage 2014; *Katholnigg,* Das Gesetz zur Änderung des Gesetzes über Ordnungswidrigkeiten und anderer Gesetze, NJW 1998, 568; Karlsruher Kommentar zum OWiG, 4. Auflage 2014; Münchener Kommentar zum Kartellrecht, 2. Auflage 2015; *Petzold,* Interessenkonflikte bei der anwaltlichen Vertretung in Kartellbußgeldsachen, NZKart 2014, 170; *Rieß,* Die sachliche Zuständigkeit beim Wechsel von Kartellordnungswidrigkeit und Straftat, NStZ 1993, 513; *Wiedemann,* Handbuch des Kartellrechts, 2. Auflage 2008.

I. Verfahrensrechtlicher Rahmen

Die Möglichkeit, Verstöße gegen das GWB als Ordnungswidrigkeit zu verfolgen und fühlbare Sanktionen zu verhängen, ergänzt das Instrumentarium zur Durchsetzung der Wettbewerbsregeln. Das GWB enthält – sieht man einmal von § 83 Abs. 1 S. 2 ab – keine eigenständigen prozessualen Bestimmungen, sondern nur Zuständigkeitszuweisungen und Besetzungsvorschriften. Einschlägige Verfahrensordnung ist das **OWiG** mit den darin einbezogenen (§§ 46 Abs. 1, 71 Abs. 1, 79 Abs. 3, 85 Abs. 1 OWiG) Vorschriften der StPO und des GVG. Das gilt sowohl für das Verfahren vor der Kartellbehörde,[1] als auch für das gerichtliche Verfahren (§§ 67 ff. OWiG). 1

II. Zielsetzung und Geltungsbereich

Abweichend von seiner Überschrift enthält § 83 nur im Abs. 1 S. 1 Regelungen der Zuständigkeit. Abs. 1 S. 2 und Abs. 2 behandeln Fragen der Verteidigung und der Gerichtsbesetzung. Schon bei der Einführung des GWB war es ein Anliegen des Gesetzgebers, die **gerichtliche Zuständigkeit** für Kartellsachen zu **konzentrieren** und spezialisierten Spruchkörpern zu übertragen. Die Aufteilung der Zuständigkeit auf verschiedene Gerichtszweige während der Geltung der KartellVO von 1923 hatte zu Entscheidungs- und Beurteilungsdivergenzen geführt, die der Fortentwicklung des Kartellrechts hinderlich waren. Da die Bewältigung der komplexen Materie sowohl „hohes juristisches Können" als auch ein besonders „Einfühlungsvermögen in wirtschaftliche Tatbestände" voraussetzt, fiel die Wahl auf Spruchkörper der Oberlandesgerichte.[2] Diese Zuordnung hat sich bewährt und wurde auch nach Inkrafttreten des OWiG 1968 beibehalten. Die darin begründete allgemeine Zuständigkeit des Amtsgerichts am Sitz der betreffenden Verwaltungsbehörde (§ 68 OWiG) wird von Abs. 1 S. 1 durchbrochen. 2

---

[1] Vgl. dazu § 81 Rn. 10, 12.

[2] Begr. zum RegEntw. BT-Drs. 1158, Anlage 1, S. 29 (rechte Spalte).

III. Zuständigkeitsabgrenzung

3 § 83 Abs. 1 S. 1 weist dem für den **Sitz der Kartellbehörde** zuständigen OLG die sachliche und zugleich örtliche Zuständigkeit für das gerichtliche Verfahren zu. Besteht Streit über die Kompetenz der Kartellbehörde, ist die den Bußgeldbescheid erlassende Behörde maßgeblich.[3] Sachlich handelt es sich um eine **ausschließliche** Zuständigkeit (§ 95). Modifiziert wird diese Regelung durch § 92: Verfügt ein Bundesland über **mehrere Oberlandesgerichte,** kann die betreffende Regierung das zuständige Gericht bestimmen. Dies ist in Nordrhein-Westfalen zugunsten des OLG Düsseldorf geschehen.[4] § 92 Abs. 2 erlaubt ferner, länderübergreifende Zuständigkeiten zu begründen. Konkretisiert wird § 83 durch § 91. Dort ist klargestellt, dass bei dem OLG der **Kartellsenat** (nicht etwa ein Bußgeldsenat) zur Entscheidung berufen ist. Seine Zuständigkeit ist allerdings nicht allumfassend. Sie beschränkt sich auf das **„gerichtliche Verfahren“,** also den Verfahrensabschnitt nach Einlegung des Einspruchs. Dazu gehört nicht nur die Entscheidung über den Einspruch selbst außerhalb (§ 70 Abs. 1 OWiG) und im Rahmen des Hauptverfahrens (§§ 71, 72 OWiG), sondern auch die Kontrolle von Entscheidungen der Kartellbehörde, die unmittelbar oder mittelbar die Zulässigkeit des Einspruchs betreffen: Die Verwerfung eines Gesuchs auf Wiedereinsetzung in den vorigen Stand wegen Versäumung der Einspruchsfrist (§ 52 Abs. 3 S. 3 OWiG) und die Verwerfung des Einspruchs selbst als verspätet, formwidrig oder als aus anderen Gründen unwirksam (§ 69 Abs. 1 S. 2 OWiG).

4 § 83 ist nicht nur in Bußgeldverfahren des Bundeskartellamtes und der Bundesnetzagentur als Markttransparenzstelle anwendbar, sondern seit der 8. GWB-Novelle verweist auch § 172a Abs. 1 SGB V bezüglich der freiwilligen Vereinigung von **Krankenkassen** auf die hier vorgesehene Zuständigkeitskonzentration. Diesbezüglich rückt das jeweilige OLG an die Stelle des LSG.[5]

5 Im Übrigen gilt auch im Kartellbußgeldverfahren die **amtsgerichtliche Zuständigkeit.** Das für den Sitz der Kartellbehörde örtlich zuständige Amtsgericht entscheidet nicht nur über die Rechtmäßigkeit von Maßnahmen der Kartellbehörde nach § 62 OWiG; es ist auch zuständig für richterliche **Untersuchungshandlungen** (§ 162 StPO) und die Anordnung von **Zwangsmaßnahmen** (Vorführung, Ordnungshaft, Ordnungsgeld, Durchsuchungen, Beschlagnahmen) während des Ermittlungsverfahrens. Die Beteiligung des Amtsgerichts widerspricht zwar dem Konzentrations- und Spezialisierungsgedanken, sie ist aber deshalb vertretbar, weil es in diesem Verfahrensstadium nicht vorrangig um kartellrechtsspezifische, sondern um verfahrensrechtliche Fragen geht oder die Eilbedürftigkeit der richterlichen Handlung im Vordergrund steht.

IV. Ablauf des gerichtlichen Verfahrens

1. Einspruch

6 Der Adressat des Bußgeldbescheids kann innerhalb von **zwei Wochen** nach Zustellung Einspruch gegen den Bescheid einlegen (§ 67 Abs. 1 OWiG, „Rechtsbehelf eigener Art“[6]). Hält die Behörde den Einspruch für zulässig, übersendet sie die Akten über die Staatsanwaltschaft an das OLG (§ 69 Abs. 3 OWiG). Legt die Staatsanwaltschaft die Akten dem Kartellsenat vor (§ 69 Abs. 4 S. 2 OWiG), prüft dieser zunächst die **Zulässigkeit** des Ein-

[3] Vgl. KG WuW/E OLG 1733, 1734 – *Brotpreisempfehlung;* enger BGH NJW 1977, 1784, 1785. Wie hier auch *Dannecker/Biermann* in: Immenga/Mestmäcker, GWB, § 83 Rn. 7; *Klusmann* in: Wiedemann, Hdb. Kartellrecht, § 58 Rn. 1; anders *Vollmer* in: Münchener Kommentar, GWB, § 83 Rn. 4.

[4] Vgl. GV NRW v. 23.9.2011, 467 ff.

[5] Die in § 202 Abs. 3 SGG geregelte Zuständigkeit der LSG bezieht sich auf das Beschwerdeverfahren. Siehe *Bechtold* GWB, § 83 Rn. 1.

[6] OLG Düsseldorf NStZ 2000, 42, 43.

spruchs.[7] Er verwirft ihn, wenn es daran fehlt, durch Beschluss (§ 70 Abs. 1 OWiG). Diese Entscheidung ist mit der **sofortige Beschwerde** zum **BGH** anfechtbar. § 304 Abs. 4 StPO, der die Beschlussentscheidungen des OLG grundsätzlich einer Anfechtung entzieht, tritt insofern hinter die Spezialregelung des § 70 Abs. 2 OWiG zurück.[8] Zulässig ist die sofortige Beschwerde auch, wenn damit die Unwirksamkeit einer Einspruchsrücknahme geltend gemacht wird.[9] Der Einspruch muss sich nicht gegen den Bußgeldbescheid insgesamt richten, er kann auf bestimmte – **abtrennbare**[10] – Beschwerdepunkte, insbesondere auf den Rechtsfolgenausspruch[11] **beschränkt** werden (§ 67 Abs. 2 OWiG). Dies kann noch nachträglich bis zur Verkündung des Urteils im ersten Rechtszug geschehen (§ 411 Abs. 3 StPO). Nach Beginn der Hauptverhandlung bedarf es dafür allerdings der Zustimmung der Staatsanwaltschaft (§ 303 StPO). Bei einer **missglückten Teilanfechtung** gilt der Einspruch als insgesamt wirksam; dementsprechend kann er aber auch insgesamt zurückgenommen werden.[12]

2. Einstellung

7 Steht der Durchführung des Verfahrens ein **Hindernis** entgegen – Nichtigkeit[13] oder Unwirksamkeit[14] des Bußgeldbescheides,[15] Strafklageverbrauch,[16] Verjährung[17] – stellt das Gericht das Verfahren außerhalb der Hauptverhandlung ein (§ 206a StPO). Das geschieht – deklaratorisch – auch nach dem Tode des Betroffenen und dem – damit vergleichbaren – Erlöschen einer juristischen Person.[18]

3. Zurückverweisung

8 Wird mit dem zulässigen Einspruch ein Bußgeldbescheid angegriffen, dem **unzureichende Tatsachenfeststellungen** zugrunde liegen, kann das Gericht die Sache – mit Zustimmung der Staatsanwaltschaft – zur weiteren Aufklärung des Sachverhalts an die Kartellbehörde zurückverweisen (§ 69 Abs. 5 OWiG). Ist auch danach noch ein hinreichender Tatverdacht zu verneinen, kann das Verfahren durch unanfechtbaren[19] Beschluss endgültig an die Kartellbehörde zurückgegeben werden. Diese Entscheidung ist dem Beschluss über die Ablehnung der Eröffnung des Hauptverfahrens im Strafprozess (§ 204 StPO) vergleichbar. Wie diese entfaltet sie keine umfassende Sperrwirkung.[20] Die Kartellbehörde ist nicht gehindert, den Vorgang wieder aufzugreifen, wenn ihr neue Tatsachen oder Beweismittel zur Verfügung stehen. „Endgültig" wirkt die Rückgabe nur für das anhängige Verfahren.

4. Überleitung in das Strafverfahren

9 § 81 Abs. 1 S. 1 OWiG verpflichtet das Gericht, die dem Bußgeldbescheid zugrunde liegende Tat[21] unter allen in Betracht kommenden rechtlichen Gesichtspunkten zu prüfen

---

[7] Zu den formellen Anforderungen an den Einspruch vgl. *Ellbogen* in: KK-OWiG, § 67 Rn. 62 ff.
[8] BGH NJW 1987, 451, 452.
[9] BGH WuW/E DE-R 1490, 1492 – *Einspruchsrücknahme.*
[10] Der abgetrennte Teil muss noch selbständig überprüfbar sein, vgl. BGH WuW/E DE-R 3862, 3865 – *Grauzementkartell; Achenbach* WuW 2013, 688, 688 ff.
[11] *Katholnigg* NJW 1998, 568, 570.
[12] *Ellbogen* in: KK-OWiG, § 67 Rn. 97.
[13] HansOLG NStZ-RR 1998, 370 ff.; zur Nichtigkeit *Kurz* in: KK-OWiG, § 66 Rn. 77.
[14] *Kurz* in: KK-OWiG, § 66 Rn. 42 ff.
[15] Zu den Mindestanforderungen vgl. etwa *Bohnert,* OWiG, § 66 Rn. 33 ff.
[16] KG WuW/E DE-R 227 – *Strafklageverbrauch bei juristischen Personen.*
[17] KG WuW/E DE-R 758 – *Verfolgungsverjährung bei Ordnungswidrigkeiten.*
[18] KG WuW/E DE-R 255 – *Straßenmarkierung;* zur Rechtsnachfolge vgl. § 81 Rn. 37 ff.
[19] 69 Abs. 5 S. 2, 3 OWiG.
[20] A. A. *Ellbogen* in: KK-OWiG, § 69 Rn. 126.
[21] Zum Tatbegriff BGH WuW/E BGH 3043, 3046 – *Fortgesetzte Ordnungswidrigkeit;* BGH WuW/E DE-R 3861, 3866 – *Grauzementkartell.*

(„umfassende Kognitionspflicht"). Ergibt sich dabei der **hinreichende Verdacht** auf eine **Straftat**, so ist der Betroffene auf die Veränderung des rechtlichen Gesichtspunktes hinzuweisen (§ 81 Abs. 2 OWiG), was auch außerhalb der Hauptverhandlung geschehen kann. Gegenüber einem entsprechenden Antrag der Staatsanwaltschaft kann der Kartellsenat zwar Bedenken erheben; er hat dem Antrag aber stattzugeben, wenn die Staatsanwaltschaft ihn gleichwohl aufrechterhält. War die Tat bereits Gegenstand staatsanwaltschaftlicher Ermittlungen und hat die Staatsanwaltschaft aus Opportunitätsgründen (§§ 154, 154a StPO) von der strafrechtlichen Verfolgung abgesehen, besteht für den Kartellsenat nur eine **eingeschränkte Kognitionspflicht.** Er kann die von der Staatsanwaltschaft durch Einstellung ausgeschiedene Gesetzesverletzung nach pflichtgemäßem Ermessen wieder in das Verfahren einbeziehen, muss es aber nicht.[22] Nach einer Einstellung des Strafverfahrens gemäß § 153a StPO, die die gesamte Tat und nicht nur eine bestimmte Gesetzesverletzung umfasst, gilt dieser Grundsatz nicht. Mit ihr ist ein Verbrauch der Strafklage eingetreten (§ 153a Abs. 1 S. 5 StPO), der auch einer Verfolgung der Tat als Ordnungswidrigkeit entgegensteht.[23]

10 Durch den Hinweis des Gerichts wird das Bußgeldverfahren in ein **Strafverfahren übergeleitet,** der Betroffene erhält die Rechtsstellung eines Angeklagten (§ 81 Abs. 2 S. 2 OWiG). Im Hinblick auf diese einschneidenden Wirkungen erscheint es angemessen, ihn vor Erteilung des Hinweises über die drohenden Konsequenzen zu **belehren.** Er hat es dann in der Hand, die Überleitung durch eine Rücknahme oder Beschränkung des Einspruchs auf den Rechtsfolgenausspruch abzuwenden.

11 Mit der Überleitung in das Strafverfahren endet die Zuständigkeit des Kartellsenats, der als Spruchkörper eigener Art **keine Strafgewalt** hat. Er muss das Verfahren dann in entspr. Anwendung von § 270 StPO an ein zuständiges Strafgericht, in der Regel an eine Wirtschaftsstrafkammer (§ 74c Abs. 1 Nr. 5a GVG), verweisen.[24] Da eine Rückverweisung ausscheidet,[25] muss dem Strafgericht auch die Entscheidungskompetenz bezüglich der ursprünglich angenommenen Ordnungswidrigkeit zukommen.[26]

5. Beschlussentscheidung

12 Ist der Sachverhalt so weit **aufgeklärt,** dass es weiterer Beweiserhebungen nicht bedarf, kann die Entscheidung in der Sache durch Beschluss getroffen werden, wenn zuvor ein entsprechender Hinweis an die Verfahrensbeteiligten ergangen ist und diese nicht fristgerecht widersprochen haben (§ 72 Abs. 1, 2 OWiG). Im Beschlussverfahren gilt das **Verschlechterungsverbot** (§ 72 Abs. 3 S. 2 OWiG).[27]

6. Hauptverhandlung

13 § 71 OWiG verweist für die Durchführung der Hauptverhandlung auf die Vorschriften des Strafbefehlsverfahrens (§§ 407 ff. StPO). Der Betroffene ist zum **Erscheinen verpflichtet** (§ 73 Abs. 1 OWiG), kann aber von dieser Pflicht auf **Antrag entbunden** werden, wenn er sich bereits zur Sache geäußert oder angekündigt hat, sich nicht äußern zu wollen und seine Anwesenheit für die Aufklärung wesentlicher Gesichtspunkte nicht erforderlich ist (§ 73 Abs. 2 OWiG). Unzulässig ist jedoch seine kommissarische Vernehmung.[28]

---

[22] WuW/E BGH 3043, 3048.

[23] *Schmitt* in: Meyer-Goßner/Schmitt, StPO, § 153a Rn. 35.

[24] BGH WuW/E BGH 2865, 2865 f. – *Verweispflicht;* KG NStZ 1997, 138, 139; zur durchaus kritischen Literaturansicht vgl. die Darstellung bei *Dannecker/Biermann* in: Immenga/Mestmäcker, GWB, § 83 Rn. 25.

[25] BGH WuW/E BGH 2865, 2866 – *Verweispflicht.*

[26] *Rieß* NStZ 1993, 513, 516.

[27] Anders bei Durchführung einer Hauptverhandlung, vgl. BVerfG WuW/E DE-R 3765, 3779 – *Verzinsungspflicht.*

[28] BGH NJW 1999, 961, 961.

Bleibt der – ordnungsgemäß geladene (§ 217 StPO, § 74 Abs. 3 OWiG) – anwesenheitspflichtige Betroffene unentschuldigt aus, ist sein **Einspruch zu verwerfen** (§ 74 Abs. 2 OWiG). Dies gilt auch dann, wenn er durch seinen erschienenen Verteidiger erklären lässt, er werde zur Sache keine Angaben machen.[29] War der Betroffene von der Anwesenheitspflicht entbunden, wird ohne ihn verhandelt. Seine schriftlichen oder protokollierten Erklärungen dürfen verwertet werden (§ 74 Abs. 1 OWiG).

Die **Staatsanwaltschaft** – seit dem Akteneingang bei ihr **Verfolgungsbehörde** (§ 69 Abs. 4 OWiG) – ist zur Teilnahme an der Hauptverhandlung nicht verpflichtet (§ 75 OWiG), allerdings wird ihre Mitwirkung in Kartellsachen, bei denen es meist um überdurchschnittlich strenge Rechtsfolgen (§ 81 Abs. 2) geht, sachdienlich und angemessen sein. Die **Kartellbehörde** ist am gerichtlichen Verfahren grundsätzlich zu beteiligen. Ihre **besondere Sachkunde** ist selten entbehrlich (§ 76 Abs. 2 OWiG), die Teilnahme daher insbesondere dann geboten, wenn die Staatsanwaltschaft nicht mitwirkt. Mit der Beteiligung erlangt die Behörde ein Anhörungsrecht (§ 76 Abs. 1 OWiG), jedoch **keine Antragsrechte.**[30] Ihre Stellungnahme ist nicht Teil der Beweisaufnahme und in jedem Fall vor dem Schlussvortrag der Staatsanwaltschaft abzugeben. Diese Form der Beteiligung schließt es nicht aus, einzelne Bedienstete der Behörde – etwa über die Modalitäten behördlicher Vernehmungen oder Wahrnehmungen bei Beschlagnahmen und Durchsuchungen – als Zeugen zu vernehmen. In Betracht kommt daneben auch, kartellbehördliche Erklärungen nach Maßgabe von § 77a OWiG einzuholen und zu verwerten. **14**

Der Ablauf der Hauptverhandlung richtet sich nach § 243 StPO. Von der Staatsanwaltschaft zu verlesen ist der dem Anklagesatz entsprechende Passus des Bußgeldbescheides, also der Tatvorwurf einschließlich der anzuwendenden Rechtsvorschriften. Mithin behält der Bußgeldbescheid nur noch die **Funktion einer Anklageschrift,** d.h. er konkretisiert Tatvorwurf und Verfahrensgegenstand.[31] Nimmt die Staatsanwaltschaft nicht teil, ist dies Aufgabe des Vorsitzenden. Für die **Beweisaufnahme** sieht das OWiG gegenüber der StPO einige Vereinfachungen vor, die, soweit sie dafür auch auf die Bedeutung der Sache abstellen (§ 77 OWiG) oder die Zustimmung aller Verfahrensbeteiligten voraussetzen (§ 77a OWiG), nur in Bagatellfällen eine Erleichterung bringen. Eine nennenswerte Zeitersparnis ermöglicht jedoch die **vereinfachte Einführung** von **Schriftstücken** nach § 78 OWiG, wonach umfangreiche Zahlenwerke, wie Leistungsverzeichnisse und Angebote nicht verlesen werden müssen, wenn die Verfahrensbeteiligten (einschließlich aller Richter) Gelegenheit zur Einsicht hatten.[32] **15**

Die Hauptverhandlung endet mit dem **Urteil** (Freispruch, Verurteilung oder Einstellung), dessen schriftliche Begründung innerhalb der – von der Verfahrensdauer abhängigen – Frist des § 275 Abs. 1 StPO zu den Akten zu bringen ist. Wird die Frist überschritten, führt dies allein nicht zur Zulassung der Rechtsbeschwerde. Erforderlich ist ferner eine Prüfung der Zulassungsvoraussetzungen des § 80 OWiG.[33] Wenn das Urteil durch Rechtsmittelverzicht oder Fristablauf Rechtskraft erlangt, bedarf es keiner schriftlichen Begründung (§ 77b Abs. 1 OWiG). Rechtskräftige Verurteilungen werden im **Gewerbezentralregister** eingetragen und können so bei der handelsregisterrechtlichen Zuverlässigkeitsprüfung Bedeutung erlangen. Die gerichtliche Sachentscheidung entfaltet – soweit Tatidentität gegeben ist – volle Rechtskraft und steht auch einer Verfolgung als Straftat entgegen (§ 82 Abs. 2 OWiG). **16**

---

[29] BGH NStZ 1992, 390 ff.
[30] Siehe auch § 82a Rn. 4.
[31] Vgl. OLG Düsseldorf NStZ 2000, 42, 43.
[32] Vgl. BGH WuW/E BGH DE-R 3861, 3868 – *Grauzementkartell.*
[33] BGH NJW 1996, 3157, 3157.

V. Verteidigung

17 Abs. 1 S. 2 der Vorschrift durchbricht den Grundsatz des § 140 Abs. 1 Nr. 1 StPO über die **notwendige Verteidigung** in erstinstanzlichen Hauptverhandlungen vor dem OLG. Über § 46 Abs. 1 OWiG entsprechend anwendbar ist aber § 140 Abs. 2 StPO, wonach die Mitwirkung eines Verteidigers wegen der Schwierigkeit der Sach- oder Rechtslage geboten sein kann. Wird die Notwendigkeit der Verteidigung verkannt, liegt ein absoluter Grund für die Rechtsbeschwerde vor (§ 338 Nr. 5 StPO i. V. mit § 79 Abs. 3 OWiG). Schon die Kartellbehörde hat gegebenenfalls einen Verteidiger zu bestellen (§ 60 OWiG). In der Praxis tritt ein derartiger Bedarf nicht auf, weil die Betroffenen regelmäßig selbst schon frühzeitig einen Verteidiger wählen.[34]

18 Auch im Bußgeldverfahren dürfen für den Betroffenen (und die Nebenbetroffene) nur maximal drei Verteidiger tätig werden (§ 137 Abs. 1 S. 2 StPO). Daneben gilt das **Verbot der Mehrfachverteidigung** (§ 146 StPO). Unzulässig ist aber nur die Verteidigung mehrerer Betroffener. Die gleichzeitige Verteidigung eines Betroffenen und einer beteiligten juristischen Person verletzt dieses formale Verbot nicht,[35] kann aber ebenso zu einer Interessenkollision führen und sollte besser vermieden werden. Der Einhaltung der Verbote ist durch Zurückweisung der Verteidiger nach dem Prioritätsgrundsatz Rechnung zu tragen.[36] Der von einem nach § 146 StPO zurückgewiesenen Verteidiger eingelegte Einspruch ist dennoch wirksam.[37]

VI. Richterbank

19 Die Besetzung des OLG-Kartellsenats in Bußgeldsachen entspricht seiner **Besetzung in Zivil- und Verwaltungssachen** und damit der Regelung des § 122 GVG. § 83 Abs. 2 schließt die im § 80a Abs. 2 OWiG vorgesehene Möglichkeit der Entscheidung durch den Einzelrichter für das Kartellbußgeldverfahren aus. Die Sonderregelung des § 122 Abs. 2 GVG, die eine Besetzung mit fünf Richtern vorsieht, gilt nur für Strafsenate. Der Kartellsenat ist jedoch ein spezialisierter **Spruchkörper eigener Art.**[38] Das trifft auch für den Kartellsenat des BGH zu, der gemäß § 94 Abs. 2 nur „im Sinne des § 132 GVG", also für die Anrufung und bei der Besetzung der Großen Senate als Strafsenat gilt. Die Verpflichtung zur namentlichen Ankündigung der mitwirkenden Richter (§ 222a StPO) besteht für den Kartellsenat nicht.[39]

§ 84 Rechtsbeschwerde zum BGH

[1] Über die Rechtsbeschwerde (§ 79 des Gesetzes über Ordnungswidrigkeiten) entscheidet der Bundesgerichtshof. [2] Hebt er die angefochtene Entscheidung auf, ohne in der Sache selbst zu entscheiden, so verweist er die Sache an das Oberlandesgericht, dessen Entscheidung aufgehoben wird, zurück.

[34] Der Umstand, dass erstinstanzlich vor dem OLG verhandelt wird, kann bei der Bemessung der Gebührenhöhe eine Rolle spielen, vgl. WuW/E DE-R 3621, 3623 – *Wahlverteidigergebühren.*

[35] BVerfG NJW 1977, 1629, 1629; vgl. zu Interessenkonflikten bei der anwaltlichen Vertretung in Kartellbußgeldsachen *Petzold* NZKart 2014, 170 ff.

[36] BGH NJW 1977, 1206, 1207.

[37] BGH NStZ 1986, 513, 514.

[38] BGH WuW/E BGH 2865, 2866 – *Verweispflicht;* KG WuW/E OLG 4983, 4987 – *Übergang zum Strafverfahren.*

[39] BGH NStZ 1986, 518, 518.

Übersicht

Schrifttum: *Immenga/Mestmäcker,* Wettbewerbsrecht, Bd. 2 (GWB), 5. Auflage 2014; Karlsruher Kommentar zum OWiG, 4. Auflage 2014.

I. Sinn und Zweck

Als Tatgericht kann der Kartellsenat des OLG naturgemäß nicht zugleich Rechtsbeschwerdegericht i. S. von § 79 OWiG sein. § 84 überträgt diese Kompetenz auf den **BGH**. S. 1 wird ergänzt und präzisiert durch § 94 Abs. 1 Nr. 2, der den Konzentrationsgedanken auch auf der BGH-Ebene verwirklicht. Hierbei gilt der Kartellsenat des BGH als Strafsenat i. S. d. § 132 GVG (§ 94 Abs. 2). Seinem Wortlaut nach regelt § 84 ausschließlich die Zuständigkeit zur Entscheidung über die Rechtsbeschwerde (§ 79 OWiG) gegen **Urteile** und **Beschlüsse** des OLG nach § 72 OWiG. Darüber hinaus ist es aber sachlich geboten, die Spezialzuständigkeit des Kartellsenats auch dort anzunehmen, wo andere Entscheidungen des OLG ausnahmsweise der Anfechtung unterliegen (§§ 304 Abs. 4 S. 2, 2. Halbsatz, 305 S. 2 StPO), etwa die Verwerfung des Einspruchs außerhalb der Hauptverhandlung,[1] die Einstellung wegen eines Verfahrenshindernisses,[2] die Versagung von Akteneinsicht[3] oder die Verweigerung der Fortsetzung des Verfahrens.[4] Seit der 8. GWB-Novelle ordnet § 172a Abs. 1 SGB V bezüglich der freiwilligen Vereinigung von Krankenkassen die entsprechende Anwendung von § 84 an und damit die Zuständigkeit des BGH. 1

II. Zulässigkeitsrestriktionen

Für das Rechtsbeschwerdeverfahren gelten die Vorschriften über die **Revision in Strafsachen** (§§ 336–358 StPO) entsprechend (§ 79 Abs. 3 S. 1 OWiG).[5] Hiervon abweichend sehen § 79 Abs. 1 Nrn. 1, 2 u. 3 OWiG **Bagatellschwellen** vor: Statthaft ist die Rechtsbeschwerde nur, wenn die vom OLG festgesetzte Geldbuße 250 Euro übersteigt, oder – bei Freispruch oder Einstellung – eine Geldbuße von mehr als 600 Euro von der Kartellbehörde festgesetzt oder von der Staatsanwaltschaft beantragt worden war. Da in Kartellbußgeldsachen regelmäßig höhere Geldbußen ausgeworfen werden, kommt den übrigen Rechtsbeschwerdegründen (§ 79 Abs. 1 Nrn. 4 u. 5 OWiG) und der Möglichkeit, die Rechtsbeschwerde zuzulassen (§ 80 OWiG), keine praktische Bedeutung zu. 2

III. Beschwerdebefugnis

Zur Rechtsbeschwerde befugt sind neben der Staatsanwaltschaft die von der Entscheidung betroffenen **natürlichen** und **juristischen Personen** (Nebenbetroffene), nicht aber die Kartellbehörde. Dem Verteidiger steht ein eigenes Beschwerderecht zu, das nur gegen den ausdrücklichen Willen des Mandanten nicht ausgeübt werden darf (§ 297 StPO). Die Rechtsbeschwerde eines Betroffenen wirkt nicht zugunsten von Mitbetroffenen oder einer 3

---

[1] BGH NStZ 1986, 518, 518.

[2] BGH WuW/E BGH 2865 ff. – *Verweispflicht.*

[3] Keine Beschwerdemöglichkeit besteht für Verfahrensunbeteiligte, vgl. BGH WuW/E BGH 2625, 2625. Zur Staathaftigkeit auch BGH NZKart 2014, 235, 236 – *Kaffeekartell.*

[4] BGH WuW/E DE-R 1490, 1491 – *Einspruchsrücknahme.* Die Beschwerde ist aber unstatthaft, wenn das OLG im Verfahren nach § 62 OWiG den Antrag auf gerichtliche Entscheidung gegen den Verwerfungsbeschluss des Bundeskartellamtes zurückgewiesen hat, vgl. BGH WuW/E DE-R 3607 ff. – *Zinszahlungsanordnung.*

[5] Zu den Einschränkungen vgl. *Senge* in: KK-OWiG, § 79 Rn. 47.

Nebenbetroffenen.[6] Insofern entspricht die Lage den für die Reichweite des Einspruchs entwickelten Grundsätzen.[7]

IV. Zulässigkeitsvoraussetzungen

4 Gerügt werden können nur – dem strafrechtlichen Revisionsverfahren entsprechend – für die angefochtene Entscheidung **kausale Rechtsverletzungen** (§ 337 StPO). Die Kausalität wird beim Vorliegen eines absoluten Revisionsgrundes (§ 338 StPO) gesetzlich vermutet und ist im Übrigen darzulegen. Die **Frist** für die Einlegung der Rechtsbeschwerde beträgt eine Woche (§ 341 Abs. 1 StPO). Sie beginnt bei einer Entscheidung nach Hauptverhandlung in Anwesenheit des Betroffenen mit der Verkündung, bei Verkündung in seiner Abwesenheit (§ 341 Abs. 2 StPO) und bei einer Entscheidung durch Beschluss (§ 72 OWiG) mit Zustellung der Entscheidung (§ 79 Abs. 4 OWiG). Für den Beginn der Frist zur Einlegung der Rechtsbeschwerde durch den in der Hauptverhandlung anwesenden Betroffenen ist es ohne Bedeutung, wenn das Urteil nicht mit Gründen versehen ist.[8] Einzulegen ist die Rechtsbeschwerde beim **OLG** (§ 341 StPO), was schriftlich oder zu Protokoll der Geschäftsstelle zu geschehen hat. **Anwaltszwang** besteht insoweit nicht, gilt jedoch für die Begründung der Rechtsbeschwerde (§ 344 StPO), wenn diese schriftlich eingereicht wird (§ 345 Abs. 2 StPO). Die Frist für die **Begründung** der Rechtsbeschwerde beträgt einen Monat. Sie beginnt grundsätzlich am Tag nach Ablauf der Einlegungsfrist, wenn die angefochtene Entscheidung in diesem Zeitpunkt bereits zugestellt war, andernfalls mit deren Zustellung (§ 345 Abs. 1 StPO).

5 Die Rechtsbeschwerdebegründung muss in jedem Fall die Rechtsbeschwerdeanträge (§ 344 Abs. 1 StPO) enthalten. Beschränkt sie sich auf die sog. **Sachrüge**, wird dem Begründungserfordernis bereits mit der Formulierung genügt: „Es wird die Verletzung materiellen Rechts gerügt".[9] Die **Verfahrensrüge** erfordert hingegen eine dezidierte, **umfassende Darlegung** der Tatsachen, aus denen sich der Verfahrensverstoß auch ohne Rückgriff auf die Akte ergibt (vgl. § 344 Abs. 2 S. 2 StPO i. V. m. § 79 Abs. 3 S. 1 OWiG).[10]

V. Rechtsbeschwerdegründe

6 Nicht alle **absoluten** Revisionsgründe des § 338 StPO sind im OWi-Verfahren von Bedeutung. Die Abwesenheit der Staatsanwaltschaft (Nr. 5) ist vorgesehen (§ 75 OWiG) und daher grundsätzlich kein Verfahrensmangel. Dieser liegt aber dann vor, wenn die Staatsanwaltschaft teilnahmewillig ist und planwidrig – etwa mangels ordnungsgemäßer Benachrichtigung – ausbleibt.[11] Die **Kartellbehörde** ist an der Hauptverhandlung **nicht notwendig beteiligt** (§ 76 OWiG). Wird in ihrer Abwesenheit verhandelt, ist dies kein absoluter Rechtsbeschwerdegrund. Die unterlassene oder verspätete Absetzung der Urteilsgründe (§ 338 Nr. 7 StPO) erlangt nur dann Bedeutung, wenn die Pflicht zur schriftlichen Begründung nicht nach § 77b Abs. 1 S. 1 OWiG (Rechtsmittelverzicht oder Ablauf der Rechtsmittelfrist) entfallen ist. In Bezug auf die Besetzungsrüge (§ 338 Nr. 1 StPO) lehnt der BGH die entsprechende Anwendung von §§ 222a und 222b StPO im Bußgeldverfahren ab.[12]

---

[6] BGH WuW/E BGH 2662, 2663.

[7] KG NJW-RR 1987, 637, 639.

[8] BGH NJW 2004 3643, 3644.

[9] *Senge* in: KK-OWiG, § 79 Rn. 119.

[10] Vgl. WuW/E DE-R 3861, 3867 – *Grauzementkartell;* BGH WuW/E BGH 3015, 3017 – *Unternehmens-Geldbuße;* 3006, 3007 – *Handelsvertretersperre.*

[11] OLG Karlsruhe NJW 1972, 1384.

[12] BGH NStZ 1986, 518; kritisch *Dannecker/Biermann* in: Immenga/Mestmäcker, GWB, § 84 Rn. 11.

VI. Entscheidungskompetenz

7 Das Vorliegen der **formalen** Voraussetzungen (Frist- und Formgerechtigkeit) der Rechtsbeschwerde wird vom OLG geprüft. Fehlen sie, verwirft es die Rechtsbeschwerde als unzulässig (§ 346 Abs. 1 StPO). Der Rechtsbeschwerdeführer kann dann binnen einer Woche einen Antrag auf Entscheidung durch den BGH stellen (§ 346 Abs. 2 StPO i. V. mit § 84). Erachtet das OLG die Rechtsbeschwerde für zulässig, richtet sich das weitere Verfahren nach den §§ 347 ff. StPO. Das **Rechtsbeschwerdegericht** prüft die Zulässigkeit des Rechtsmittels in eigener Verantwortung und kann es gegebenenfalls durch Beschluss verwerfen (§ 349 Abs. 1 StPO). Eine Überleitung in das Strafverfahren ist auch noch im Stadium der Rechtsbeschwerde möglich. Das Verfahren ist dann als Revisionsverfahren fortzusetzen.[13]

8 Auch für eine **Sachentscheidung** bedarf es nicht stets der Durchführung einer Hauptverhandlung (§ 350 StPO); vielmehr sieht § 79 Abs. 5 S. 1 OWiG für den Normalfall eine Entscheidung durch **Beschluss** vor. Ist die Rechtsbeschwerde offensichtlich unbegründet (§ 349 Abs. 2 StPO) oder hält der Kartellsenat sie einstimmig für begründet, kann er ebenfalls durch Beschluss entscheiden.

9 Für den (eher seltenen) Fall der **Zurückverweisung** enthält § 84 S. 2 eine sowohl von § 354 Abs. 2 S. 2 StPO als auch von § 79 Abs. 6 OWiG abweichende eigenständige Regelung. Adressat der Zurückverweisung ist nicht das OLG als Organisationseinheit, sondern dessen **Kartellsenat.** Eine OLG-interne Geschäftsverteilungskompetenz besteht insoweit nicht, sie hätte ohnehin die ausschließliche Zuständigkeit (§§ 91, 95) zu berücksichtigen und könnte bestenfalls beim Bestehen mehrerer Kartellsenate an einem OLG zum Zuge kommen. Der Gesetzgeber hat hier dem Konzentrationsinteresse Vorrang eingeräumt und weder eine Rückverweisung an andere Spruchkörper oder Gerichte nach § 354 Abs. 2 StPO, noch die freigestellte Verweisung nach § 79 Abs. 6 OWiG zugelassen.

10 Unabhängig davon, ob eine Sachentscheidung oder eine Rückverweisung vorgenommen wird, gilt bei einer Rechtsbeschwerde zugunsten des Betroffenen das Verbot der **reformatio in peius.**[14]

§ 85 Wiederaufnahmeverfahren gegen Bußgeldbescheid

Im Wiederaufnahmeverfahren gegen den Bußgeldbescheid der Kartellbehörde (§ 85 Absatz 4 des Gesetzes über Ordnungswidrigkeiten) entscheidet das nach § 83 zuständige Gericht.

Übersicht

Schrifttum: *Göhler,* OWiG, 16. Auflage 2012; *Immenga/Mestmäcker,* Wettbewerbsrecht, Bd. 2 (GWB), 5. Auflage 2014; *Langen/Bunte,* Kartellrecht, Bd. 1 (GWB), 12. Auflage 2014; *Meyer-Goßner/Schmitt,* StPO, 58. Auflage 2015; Münchener Kommentar zum Kartellrecht, 2. Auflage 2015.

I. Sinn und Zweck

1 § 85 Abs. 1 OWiG sieht die Möglichkeit der Wiederaufnahme des Verfahrens für alle rechtskräftigen behördlichen und gerichtlichen Bußgeldentscheidungen vor. Wird ein

[13] BGH NStZ 1988, 463, 464.
[14] *Dannecker/Biermann* in: Immenga/Mestmäcker, GWB, § 84 Rn. 7 m. w. N.

rechtskräftiger Bußgeldbescheid angegriffen, ergibt sich die sachliche Zuständigkeit für das Wiederaufnahmeverfahren aus § 85 Abs. 4 OWiG. Abweichend von dem Grundsatz, dass das Wiederaufnahmeverfahren auf derselben Ebene durchzuführen ist, auf der die rechtskräftige Entscheidung ergangen ist (§ 140a Abs. 1 S. 1 GVG), was an sich die Zuständigkeit der Verwaltungsbehörde begründen würde, wird darin die Zuständigkeit des Gerichts begründet, das zur Entscheidung über einen Einspruch berufen gewesen wäre. § 85 übernimmt diese Regelung und stellt klar, dass bei rechtskräftigen Bußgeldbescheiden der Kartellbehörden das **OLG** auch im Wiederaufnahmeverfahren (an Stelle des Amtsgerichts) zuständig ist.

II. Zuständigkeit nach gerichtlicher Bußgeldentscheidung

2 Liegt eine rechtskräftige **gerichtliche Bußgeldentscheidung** vor, gilt gemäß § 367 Abs. 1 S. 1 StPO die allgemeine Regelung des § 140a Abs. 6 GVG.[1] Danach ist bei erstinstanzlichen OLG-Entscheidungen ein **anderer Senat** als der, dessen Entscheidung angegriffen wird, zuständig. Da in aller Regel am OLG – sieht man einmal vom OLG Düsseldorf ab – jeweils nur ein Kartellsenat eingerichtet ist, der soweit erforderlich durch die Einrichtung eines Hilfssenates vorübergehend entlastet werden kann,[2] muss hier ausnahmsweise – nach Bestimmung durch den Geschäftsverteilungsplan – ein anderer Spruchkörper des betreffenden Gerichts tätig werden („Auffangsenat").[3] Diese Handhabung widerspricht zwar dem Anliegen nach **Zuständigkeitskonzentration** und stößt deshalb auf Bedenken in der Literatur.[4] Sie ist aber ebenso hinzunehmen wie die Durchbrechung dieses Prinzips bei gerichtlichen Entscheidungen im Ermittlungsstadium. Der Gesetzgeber hatte mehrfach Gelegenheit, diese Lücken im Sinne einer einheitlichen Zuständigkeit der Kartellgerichtsbarkeit zu schließen. Er sieht hierfür offenbar kein Bedürfnis.

3 Für das Wiederaufnahmeverfahren sind im Übrigen die personellen Konsequenzen zu berücksichtigen, die sich aus § 23 Abs. 2 StPO ergeben: Die vorher mit der Sache befassten **Richter** sind von der Mitwirkung **ausgeschlossen,** weitere Mitglieder stehen dem Kartellsenat selten zur Verfügung. Es müssten daher ohnehin Richter aus anderen Senaten eingesetzt werden. Der Kartellsenat wäre dann nur formal mit der Sache befasst.

4 Ein anderer Gesichtspunkt kommt hinzu: Wird die Wiederaufnahme zuungunsten des Betroffenen mit dem Ziel der **Bestrafung** betrieben, könnte der Kartellsenat mangels strafprozessualer Zuständigkeit ohnehin nicht nach § 373 StPO entscheiden, sondern müsste das Verfahren nach der vorläufigen Beweiserhebung (§ 369 StPO) an ein zuständiges Strafgericht verweisen.[5]

III. Zulässigkeitsvoraussetzungen

5 Die Zulässigkeitsvoraussetzungen der Wiederaufnahme regelt § 85 OWiG. Die Vorschrift verweist zunächst auf die strafprozessualen Bestimmungen (§§ 359–373a StPO). Damit gilt auch im OWi-Verfahren das Verbot der Wiederaufnahme zur bloßen Milderung des Rechtsfolgenausspruchs (§ 363 StPO). Im Übrigen bestehen einige Besonderheiten: Für den in der Praxis häufigsten Wiederaufnahmegrund **zugunsten** des Betroffenen, der Beibringung neuer Tatsachen oder Beweismittel (§ 359 Nr. 5 StPO), gilt zunächst eine **Ausschlussfrist:** Er kann nicht mehr geltend gemacht werden, wenn seit Rechtskraft der Bußgeldentscheidung mehr als **3 Jahre** verstrichen sind (§ 85 Abs. 2 S. 1 Nr. 2 OWiG).

---

[1] BGH BeckRS 1987, 31094621.
[2] BGH WuW/E BGH 2295 – *Hilfskartellsenat.*
[3] BGH BGH BeckRS 1987, 31094621; vgl. auch *Raum* in: Langen/Bunte, GWB, § 85 Rn. 3.
[4] Vgl. *Dannecker/Biermann* in: Immenga/Mestmäcker, GWB, § 85 Rn. 3.
[5] BGH WuW/E BGH 2865, 2866 – *Verweispflicht.*

Maßgebend für die Einhaltung dieser Frist ist der Eingang des Antrags bei Gericht.[6] Ferner gilt – wie für die Zulässigkeit der Rechtsbeschwerde – eine **Bagatellschwelle:** Die festgesetzte Geldbuße muss mehr als **250 Euro** betragen (§ 85 Abs. 2 S. 1 Nr. 1 OWiG). Hat der Verurteilte, die Staatsanwaltschaft zu seinen Gunsten oder sein gesetzlicher Vertreter die Wiederaufnahme des Verfahrens beantragt, greift gemäß § 373 Abs. 2 S. 1 StPO das Verbot der **reformatio in peius.** Zumindest in der Literatur wird zugunsten des Betroffenen auch eine Wiederaufnahme für möglich gehalten, die sich auf § 79 Abs. 1 BVerfGG stützt.[7]

Eine Wiederaufnahme **zuungunsten** des Betroffenen ist nur mit dem Ziel statthaft, seine Bestrafung herbeizuführen (§ 85 Abs. 3 OWiG) und schließt damit eine Wiederaufnahme mit dem Ziel der Verurteilung wegen einer Kartellordnungswidrigkeit aus. Da ein rechtskräftiger Bußgeldbescheid mangels umfassender Sperrwirkung (§ 84 Abs. 1 OWiG) eine spätere strafrechtliche Verfolgung nicht hindert und seine Aufhebung im Strafverfahren (§ 86 Abs. 1 OWiG) oder nach dessen Abschluss (§ 102 Abs. 2 OWiG) vorgesehen ist, kommt eine Wiederaufnahme zuungunsten des Betroffenen nur nach einer **gerichtlichen** Bußgeldentscheidung in Betracht.[8] 6

Allerdings ist insoweit der strafprozessuale Katalog der Wiederaufnahmegründe (§ 362 StPO) **erweitert:** Der Antrag kann auch auf neue Tatsachen oder Beweismittel gestützt werden, wenn sie die Verurteilung wegen eines **Verbrechens** begründen (§ 85 Abs. 3 S. 2 OWiG). Die im Zusammenhang mit Kartellordnungswidrigkeiten relevanten Straftatbestände (§§ 263, 298, 299 StGB) sind jedoch, sieht man einmal vom Bandenbetrug (§ 263 Abs. 5 StGB) ab, durchweg nur als Vergehen konzipiert, so dass einer Wiederaufnahme unter diesem Blickwinkel kaum praktische Bedeutung zukommt. 7

IV. Verfahrensablauf

Das Wiederaufnahmeverfahren besteht aus drei Abschnitten. Zunächst ist nach § 368 StPO über die **Zulässigkeit** des Antrags zu befinden (Additionsphase). Wird die Zulässigkeit bejaht, schließt sich die Prüfung der **Begründetheit** nach § 369 StPO an (Probationsphase). Findet der geltend gemachte Wiederaufnahmegrund hier seine Bestätigung, wird die Wiederaufnahme des Verfahrens angeordnet (§ 370 Abs. 2 StPO) und damit eine neue **Sachentscheidung** nötig. 8

Grundsätzlich bedarf es dafür einer **Hauptverhandlung** (§§ 371, 373 StPO), es sei denn der Betroffene wird freigesprochen (§ 371 Abs. 2 StPO). Ob auch nach § 72 OWiG durch Beschluss entschieden werden kann, ist zweifelhaft. Der Wortlaut des § 370 StPO, der eine „Erneuerung der Hauptverhandlung" vorschreibt, kann hierfür nicht ausschlaggebend sein, weil die Vorschrift auf das Strafverfahren mit obligatorischer Hauptverhandlung zugeschnitten ist. Nach § 85 Abs. 1 OWiG sind die strafprozessualen Vorschriften nur entsprechend, also unter Berücksichtigung der Besonderheiten des OWi-Verfahrens, anzuwenden. Sie sind also dem Instrumentarium des Bußgeldverfahrens sachgerecht anzupassen. Dieser Spielraum ermöglicht nicht nur die Wiederaufnahme nach einer Beschlussentscheidung, bei der eine „erneute" Hauptverhandlung an sich begrifflich ausscheidet,[9] sondern auch die **Beschlussentscheidung im Wiederaufnahmeverfahren,** sofern die Voraussetzungen des § 72 OWiG vorliegen. Wenn das Gericht und alle Beteiligten eine Hauptverhandlung für entbehrlich halten, wäre deren Durchführung eine prozessunökonomische 9

---

[6] BGH WuW/E BGH 2662, 2663; zustimmend etwa *Dannecker/Biermann* in: Immenga/Mestmäcker, GWB, § 85 Rn. 7 m. w. N.

[7] *Dannecker/Biermann* in: Immenga/Mestmäcker, GWB, § 85 Rn. 12; *Vollmer* in: Münchener Kommentar, GWB, § 85 Rn. 6; anders aber KG WuW/E OLG 4701, 4702; offen gelassen von BGH NJW-RR 1992, 1130 f.

[8] *Seitz* in: Göhler, OWiG, § 85 Rn. 3, 18 f.

[9] *Seitz* in: Göhler, OWiG, § 85 Rn. 29.

Förmelei. Die abweichende Handhabung im Strafbefehlsverfahren nach § 373a StPO[10] steht dem schon deshalb nicht entgegen, weil es dort an einem Widerspruchsrecht des Angeklagten im Sinne von § 72 S. 1 OWiG fehlt.

10 **Antragsbefugt** sind die von der rechtskräftigen Entscheidung **betroffenen** natürlichen und juristischen Personen sowie die **Staatsanwaltschaft,** nicht jedoch die Kartellbehörde. Sie kann auch bei rechtskräftigem Bußgeldbescheid nur einen Antrag der Staatsanwaltschaft anregen (§ 85 Abs. 4 S. 2 OWiG). Wegen der Antragserfordernisse im Einzelnen muss auf die Kommentierung der einschlägigen StPO-Vorschriften verwiesen werden.

11 In der kartellgerichtlichen Praxis haben **Wiederaufnahmeverfahren** bisher nur eine geringe Rolle gespielt. Zuungunsten von Betroffenen hat es – soweit ersichtlich – bisher überhaupt noch keine Anträge gegeben und die wenigen Anträge zugunsten von Betroffenen sind entweder schon an der Zulässigkeitshürde gescheitert oder sie blieben mangels Begründetheit ohne durchschlagenden Erfolg.[11]

§ 86 Gerichtliche Entscheidungen bei der Vollstreckung

Die bei der Vollstreckung notwendig werdenden gerichtlichen Entscheidungen (§ 104 des Gesetzes über Ordnungswidrigkeiten) werden von dem nach § 83 zuständigen Gericht erlassen.

Übersicht

Schrifttum: *Bechtold/Bosch,* GWB, 8. Auflage 2015; *Burrichter,* Die Verzinsungspflicht von Geldbußen gemäß § 81 Abs. 6 GWB n. F., in: Recht und Wettbewerb, Festschrift für Rainer Bechtold zum 65. Geburtstag, 2006, 97; *Immenga/Mestmäcker,* Wettbewerbsrecht, Bd. 2 (GWB), 5. Auflage 2014; Karlsruher Kommentar zum OWiG, 4. Auflage 2014; Münchener Kommentar zum Kartellrecht, 2. Auflage 2015.

I. Sinn und Zweck

1 Die **Vollstreckung** von Bußgeldentscheidungen ist keine gerichtliche Aufgabe. Sie obliegt bei Bußgeldbescheiden insgesamt der **Kartellbehörde** und bei gerichtlichen Bußgeldentscheidungen hinsichtlich der Verfahrenskosten der Staatsanwaltschaft (§§ 90, 91, 92 OWiG), im Übrigen der Kartellbehörde (§ 82a Abs. 2). Dies trifft auch auf Bußgeldentscheidungen zu, die im Zusammenhang mit der Fusionskontrolle bei Krankenkassen erlassen wurden.[1] Maßnahmen der Vollstreckungsbehörden sind aber der **gerichtlichen Überprüfung** zugänglich oder bedürfen der **gerichtlichen Anordnung.** Grundlage hierfür ist § 104 OWiG. Diese Vorschrift unterscheidet für die gerichtliche Zuständigkeit nach der Art der vollstreckbaren Entscheidung. Handelt es sich um einen Bußgeldbescheid, ist das nach § 68 OWiG zuständige Amtsgericht berufen (Abs. 1 Nr. 1); wird aus einer gerichtlichen Entscheidung vollstreckt, ist das Gericht des ersten Rechtszuges zuständig (Abs. 1 Nr. 2). Damit ist nicht nur die Entlastung der Rechtsmittelgerichte von diesen Aufgaben sichergestellt. Es wird auch dem Umstand Rechnung getragen, dass Geldbußen nicht nur von den Spruchkörpern des OWi-Verfahrens, sondern auch im Strafverfahren verhängt werden können und dass deren Vollstreckung sich ebenfalls nach den §§ 89 ff. OWiG richtet.[2]

2 § 86 nimmt diese Unterscheidung nicht auf, sondern begründet für beide Fälle die **Zuständigkeit des OLG-Kartellsenats** (§ 83). Dies führt – möglicherweise versehentlich –

---

[10] *Meyer-Goßner/Schmitt,* StPO, § 373a Rn. 3.
[11] BGH WuW/E BGH 2511 ff.; 2597 ff.; 2662 ff.; KG WuW/E OLG 4471 ff. – *Bußgeldverfahren.*
[1] *Bechtold/Bosch* GWB, § 86 Rn. 1.
[2] Vgl. *Nestler* in: BeckOK-OWiG, § 89 Rn. 6 ff.

dazu, dass der Kartellsenat auch im Rahmen der Vollstreckung von Bußgeldentscheidungen der Strafgerichte, soweit ihnen GWB-Verstöße zugrunde liegen, tätig werden muss. Hat eine unzuständige Behörde gehandelt, ist umstritten, ob die Zuständigkeit des OLG begründet ist, in dessen Bezirk diese Behörde ihren Sitz hat,[3] oder ob es auf den Sitz der tatsächlich zuständigen Behörde ankommt.[4]

II. Anwendungsbereich

3 Aus dem Katalog des § 104 Abs. 1 OWiG haben die Anordnung von Erzwingungshaft (§ 96 OWiG) und die Aussetzung ihrer Vollziehung (§ 97 OWiG) sowie die Kontrolle der Vollstreckungsbehörde nach Maßgabe von § 103 OWiG für Kartellbußgeldsachen praktische Bedeutung.

4 Die **Erzwingungshaft** hat Beugecharakter.[5] Sie soll den zahlungsfähigen aber zahlungsunwilligen Betroffenen zur Leistung veranlassen. Sie ist auf sechs Wochen pro Geldbuße und drei Monate pro Bußgeldbescheid begrenzt und darf nicht wiederholt werden (§ 96 Abs. 3 OWiG). Wenngleich § 96 Abs. 1 OWiG die Anordnung nicht von einem vorherigen Vollstreckungsversuch abhängig macht, ergibt sich die Pflicht hierzu in der Regel aus dem Verhältnismäßigkeitsgrundsatz.[6] Antragsberechtigt ist die jeweilige Vollstreckungsbehörde (§§ 91, 92 OWiG). Voraussetzung für die Anordnung von Erzwingungshaft ist die zweifelsfreie Rechtskraft des Vollstreckungstitels[7] und sein Bestand.

5 Bei den **Einwendungen** gegen die Zulässigkeit der Zwangsvollstreckung (§ 103 Abs. 1 Nr. 1 OWiG) geht es vorrangig um Angriffe gegen die Wirksamkeit oder Vollstreckungsfähigkeit der Bußgeldentscheidung. Diese kann zwar nicht mehr inhaltlich korrigiert werden, der Betroffene kann aber geltend machen, sie sei nichtig (§ 44 VwVfG),[8] noch nicht rechtskräftig,[9] nachträglich aufgehoben (§§ 86, 102 Abs. 2 OWiG) oder es sei Vollstreckungsverjährung eingetreten (§ 34 OWiG).

6 § 103 Abs. 1 Nr. 2 OWiG eröffnet die Möglichkeit, **Entscheidungen** der Vollstreckungsbehörde über Zahlungserleichterungen (§ 93 OWiG) **überprüfen zu lassen.** § 103 Abs. 1 Nr. 3 OWiG lässt bei der Vollstreckung von Bußgeldbescheiden auch Einwendungen zu, die vom Geltungsbereich der Nrn. 1 und 2 nicht erfasst sind.[10]

7 Einwendungen hemmen die Vollstreckung nicht, können aber das Gericht veranlassen, auf Antrag die Vollstreckung – im Wege vorläufigen Rechtsschutzes – **auszusetzen** (§ 103 Abs. 2 OWiG). Dies gilt auch, wenn es um die kartellbehördliche Festsetzung des nach § 81 Abs. 6 geschuldeten Zinsbetrages geht.[11] Die endgültige Entscheidung setzt die Anhörung der Beteiligten voraus (§ 104 Abs. 2 OWiG) und ist **unanfechtbar** (§ 304 Abs. 4 StPO).[12] Die Aussetzung der Vollstreckung kann angeordnet werden, wenn ernstliche Zweifel an der Rechtmäßigkeit der angefochtenen Vollstreckungsmaßnahme bestehen oder aber die Vollziehung eine unbillige Härte für den Vollstreckungsschuldner bedeutet, die auch überwiegende öffentliche Interessen nicht gebieten.[13]

---

[3] So *Dannecker/Biermann* in: Immenga/Mestmäcker, GWB, § 86 Rn. 3; *Bechtold/Bosch,* GWB, § 86 Rn. 1; *Mitsch* in: KK-OWiG, § 104 Rn. 2. Vgl. auch die Kommentierung zu § 83 Rn. 1.

[4] So *Vollmer* in: Münchener Kommentar, GWB, § 86 Rn. 2.

[5] *Mitsch* in: KK-OWiG, § 96 Rn. 1 m. w. N.

[6] AG Lüdinghausen NZV 2008, 418, 419; *Mitsch* in: KK-OWiG, § 96 Rn. 16.

[7] KG WuW/E OLG 5469; 5469 – *OWi-Rechtskraft; Mitsch* in: KK-OWiG, § 96 Rn. 6, 23.

[8] KG WuW/E OLG 3953 – *Doppelbestrafung.*

[9] KG WuW/E OLG 3953 – *Doppelbestrafung.*

[10] KG WuW/E OLG 3827 – *Vollstreckung von Geldbußen.*

[11] OLG Düsseldorf WuW/E DE-R 3308, 3309 – *Zinsverpflichtung.*

[12] Eine Beschwerde ist nur in engen Ausnahmefällen möglich, vgl. *Dannecker/Biermann* in: Immenga/Mestmäcker, GWB, § 86 Rn. 9 m. w. N.

[13] OLG Düsseldorf WuW/E DE-R 3308, 3311 – *Zinsverpflichtung.*

8 Zu den Maßnahmen der Zwangsvollstreckung zählt auch der **Zinsanforderungsbescheid,**[14] da die Zinsen als Folge nicht fristgerechter Zahlung der Geldbuße kraft Gesetzes entstehen und es sich nicht um die Verhängung einer bußgeldähnlichen Sanktion handelt. Folglich ist die Zinsfestsetzung im gerichtlichen Verfahren nach den §§ 103, 104 OWiG[15] und nicht im bußgeldrechtlichen Einspruchsverfahren gemäß § 67 OWiG zu überprüfen. Ein Vorgehen nach § 103 OWiG erscheint im Vergleich zum Einspruchsverfahren sachgerechter und gewährt zudem ausreichenden Rechtsschutz. Die Entscheidung der Oberlandesgerichte i. S. d. § 103 Abs. 1 Nr. 3 OWiG ist nicht beschwerdefähig (§ 104 Abs. 3 OWiG).[16]

Dritter Abschnitt. Vollstreckung

§ 86a Vollstreckung

Die Kartellbehörde kann ihre Anordnungen nach den für die Vollstreckung von Verwaltungsmaßnahmen geltenden Vorschriften durchsetzen. Die Höhe des Zwangsgeldes beträgt mindestens 1 000 Euro und höchstens 10 Millionen Euro.

Schrifttum: *Bechtold/Bosch,* GWB, 8. Auflage 2015; Frankfurter Kommentar zum Kartellrecht, Loseblatt, 84. Ergänzungs-Lfg.; *Langen/Bunte,* Kartellrecht, Bd. 1 (GWB), 12. Auflage 2014; Münchener Kommentar zum Kartellrecht, 2. Auflage 2015.

1 § 86a S. 1 stellt klar, dass kartellbehördliche Verfügungen, die auf ein Tun, Dulden oder Unterlassen gerichtet sind, mangels spezieller Bestimmungen im GWB grundsätzlich nach den Vorschriften des **Verwaltungsvollstreckungsgesetzes** (VwVG) bzw. des jeweiligen Landesvollstreckungsgesetzes durchgesetzt werden. Kartellrechtliche Verfügungen – nur für diese gilt die Norm – umfassen im Wesentlichen Untersagungen, Abstellungs- und Feststellungsentscheidungen, Freigabeentscheidungen sowie Auskunfts- und Beiladungsentscheidungen,[1] nicht aber Bußgeldbescheide.[2] Die Kartellbehörde wird meist im sog. gestreckten Vollstreckungsverfahren tätig[3] und kann auf die Zwangsmittel Ersatzvornahme, Zwangsgeld und unmittelbaren Zwang zurückgreifen.[4] Bedeutung in der kartellrechtlichen Praxis erlangt aber allein das **Zwangsgeld.**[5]

2 Bedeutsamer als Satz 1 ist § 86a S. 2. Dieser statuiert einen kartellrechtlichen **Zwangsgeldrahmen,** der deutlich über den in § 11 Abs. 3 VwVG vorgesehenen allgemeinen Höchstbetrag von 25 000 Euro hinausgeht.[6] Damit ist die Festsetzung eines Zwangsgeldes zwischen 1 000 Euro und 10 Millionen Euro möglich. Die **Summe** der einzelnen Zwangsgelder kann indes höher sein. Diese Änderung wurde notwendig, da der im VwVG vorgesehene moderate Zwangsgeldrahmen sich in der Praxis der Kartellbehörden – insbesondere gegenüber finanzstarken Unternehmen[7] – als unzulänglich erwies.[8] Die Höhe des

---

[14] Anders *Burrichter* in: FS Bechtold, S. 97, 117.

[15] BGH WuW/E DE-R 3607, 3608 – *Zinszahlungsanordnung,* instruktiv auch die Vorinstanz OLG Düsseldorf WuW/E DE-R 3308, 3309 ff. – *Zinsverpflichtung.*

[16] BGH BeckRS 2012, 5389.

[1] Zum vgl. § 61 Rn. 1.

[2] Vgl. dazu §§ 89 ff. OWiG; §§ 83, 86 GWB.

[3] D. h. Androhung, Festsetzung und Anwendung des Zwangsmittels. Ausführlich dazu etwa *Vollmer* in: Münchner Kommentar, GWB, § 86a Rn. 13 ff.

[4] Siehe § 9 VwVG.

[5] Ist dieses uneinbringlich und sind alle anderen Zwangsmittel erschöpft, kann es aber ausnahmsweise auch zur Beugehaft kommen.

[6] Bis zum 28.11.2014 sah § 11 Abs. 3 VwVG gar nur einen Höchstbetrag von 2 000 DM vor.

[7] Vgl. BT-Drs. 15/3640, S. 68 (rechte Spalte); BT-Drs. 441/04, S. 121.

[8] So konnte das Bundeskartellamt im Fall *Lufthansa/Eurowings* aufgrund der Nichtbefolgung der Auflage, interessierten Wettbewerbern Start- und Landerechte für bestimmte Flughäfen und Fluglinien im Nachgang an den Erwerb von Eurowings aus ihrem Bestand bereitzustellen, gegen das Luftfahrtunternehmen lediglich auf den Bußgeldrahmen des § 11 VwVG zurückgreifen. In Anbetracht

konkreten Zwangsgeldes ist in das Ermessen der Kartellbehörde gestellt, die etwa das wirtschaftliche Interesse des Betroffenen an der Nichtbefolgung des Verwaltungsaktes bei der Festsetzung berücksichtigt.[9] Befürwortet man eine Annexkompetenz, gilt die Spezialregelung nicht nur für die Vollstreckung durch das Bundeskartellamt bzw. das Bundeswirtschaftsministerium, sondern auch für die Vollstreckung durch die Landeskartellbehörden nach dem jeweiligen Landesvollstreckungsgesetz.[10]

Das europäische Wettbewerbsrecht sieht in Art. 24 Abs. 1 VO Nr. 1/2003 und Art. 15 **3**
Abs. 1 FKVO vor, dass Zwangsgelder für jeden Tag der Nichtbefolgung auferlegt werden können. Diese Möglichkeit existiert im deutschen Recht auch nach der 8. GWB-Novelle nicht. Dies hat zur Folge, dass Zwangsgelder in der Praxis jedesmal vorab anzudrohen sind und die Kartellbehörden vor ständigen Neufestsetzungen stehen. Eine solche Regelung beschwört die Gefahr herbei, dass die Kartellbehörden auf der Grundlage des § 86a von Anfang an besonders hohe Zwangsgelder festsetzen.

Vierter Abschnitt. Bürgerliche Rechtsstreitigkeiten

§ 87 Ausschließliche Zuständigkeit der Landgerichte

[1]Für bürgerliche Rechtsstreitigkeiten, die die Anwendung dieses Gesetzes, des Artikels 101 oder 102 des Vertrages über die Arbeitsweise der Europäischen Union oder des Artikels 53 oder 54 des Abkommens über den Europäischen Wirtschaftsraum betreffen, sind ohne Rücksicht auf den Wert des Streitgegenstands die Landgerichte ausschließlich zuständig. [2]Satz 1 gilt auch, wenn die Entscheidung eines Rechtsstreits ganz oder teilweise von einer Entscheidung, die nach diesem Gesetz zu treffen ist, oder von der Anwendbarkeit des Artikels 101 oder 102 des Vertrages über die Arbeitsweise der Europäischen Union oder des Artikels 53 oder 54 des Abkommens über den Europäischen Wirtschaftsraum abhängt.

Übersicht

Schrifttum: *Glöckner,* Individualschutz und Funktionenschutz in der privaten Durchsetzung des Kartellrechts – Der Zweck heiligt die Mittel nicht; er bestimmt sie! WRP 2007, 490; *Möschel,* Behördliche oder privatrechtliche Durchsetzung des Kartellrechts? WuW 2007, 483; *Winkler,* Kartellrechtliche Belieferungsklagen im Gerichtsstand der unerlaubten Handlung, BB 1979, 402.

---

der sich durch die Verweigerung für die Lufthansa ergebenden Vorteile konnte selbst der Ausschöpfung des Bußgeldrahmens nur symbolischer Charakter beigemessen werden. Nun aber VG Arnsberg BeckRS 22/13/15/12V.

[9] Vgl. VG Arnsberg BeckRS 22/13/15/12V.

[10] So *Bracher* in: FK-Kartellrecht, § 86a GWB, Rn. 11; *Stockmann* in: Immenga/Mestmäcker, GWB, § 86a Rn. 3; *Vollmer* in: MünchenerKommentar, GWB, § 86a Rn. 1; *Raum* in: Langen/Bunte, GWB, § 86a Rn. 1. Nach *Bechtold/Bosch,* GWB, § 86a Rn. 3 fehlt es dem Bundesgesetzgeber bereits an der Kompetenz zur Regelung der Vollstreckung nach dem LVwVG.

I. Sinn und Zweck der Vorschrift

1 Zweck der die **bürgerlichen Kartellrechtsstreitigkeiten** betreffenden Norm ist – aus Gründen der Rechtssicherheit und der Zuverlässigkeit des Rechtsschutzes durch Sicherung einer einheitlichen Rechtsprechung – die **Konzentration** der Kartellrechtsstreitigkeiten bei solchen erstinstanzlichen Gerichten, die in der Rechtsmaterie besonders erfahren und sachkundig sind. § 87 Abs. 1 regelt deshalb den Rechtsweg zu den bei der ordentlichen Gerichtsbarkeit eingerichteten Kartellgerichten und die ausschließliche (s. auch § 95) sachliche und von der Höhe des Streitwerts unabhängige Zuständigkeit der Landgerichte.

2 Nach der bis zum 31.12.1998 geltenden Fassung des § 87 unterfielen nur solche Streitigkeiten, in denen der Hauptgegenstand der Klage kartellrechtlicher Natur war, der Zuständigkeit der Kartell-LG. Kartellrechtliche **Vorfragen** in hauptsächlich nicht-kartellrechtlichen Prozessen vor Nicht-Kartellgerichten erforderten gemäß § 96 Abs. 2 S. 1 a. F. eine **Aussetzung** des Rechtsstreits, um den Parteien die Möglichkeit zu geben, die kartellrechtliche Vorfrage durch Anrufen der Kartell-LG klären zu lassen. Dieses umständliche Vorgehen (denn entweder waren zwei Prozesse zu führen oder es war eine die kartellrechtliche Vorfrage betreffende Feststellungsklage mit der Hauptklage zu verbinden)[1] ist entbehrlich geworden, seitdem § 87 S. 2 n. F.[2] in Rechtsstreitigkeiten über kartellrechtliche Vorfragen Satz 1 der Vorschrift für ohne weiteres anwendbar erklärt, mit der Folge, dass nunmehr die Kartell-LG unabhängig davon, ob über kartellrechtliche Vor- oder Hauptfragen zu befinden ist, ausschließlich zur Entscheidung berufen sind.

3 Zu Gesetzesänderungen der jüngeren Vergangenheit: Mit dem am 1.1.2000 in Kraft getretenen Gesetz zur Reform der gesetzlichen Krankenversicherung **(GKV-Gesundheitsreformgesetz 2000)** vom 22.12.1999[3] ist § 87 Abs. 1 um S. 3 erweitert worden (inzwischen wieder gestrichen; dazu unten Rn. 13). Durch das am 1.7.2005 in Kraft getretene **Siebte Gesetz zur Änderung des Gesetzes gegen Wettbewerbsbeschränkungen**[4] sind (auch) im Anwendungsbereich der §§ 87 ff. die Vorgaben der Verordnung (EG) Nr. 1/2003 des Rates vom 16.12.2002 zur Durchführung der in den Art. 81 und 82 des Vertrags zur Gründung der Europäischen Gemeinschaft (EG)[5] niedergelegten Wettbewerbsregeln in nationales Recht umgesetzt worden. Dies hat auch zu einer redaktionellen Vereinfachung von § 87 geführt. Die Vorschrift umfasst ihrem Wortlaut nach nunmehr die bürgerlichen Rechtsstreitigkeiten, welche die Anwendung dieses Gesetzes, der Art. 101 oder 102 des Vertrages über die Arbeitsweise der Europäischen Union (AEUV) oder der Art. 53 oder 54 des EWR-Abkommens betreffen. Eine sachliche Änderung ist dadurch nicht eingetreten.[6] Rechtsstreitigkeiten „aus Kartellvereinbarungen" und „aus Kartellbeschlüssen" (so die frühere Gesetzesfassung) sind vom Wortlaut der Norm miterfasst. Allerdings konnte infolge der Neufassung § 96 a. F. gestrichen werden.[7] Schon § 96 a. F. trug aber der europäischen

---

[1] Vgl. BGH WuW/E BGH 244, 249 = NJW 1958, 1395, 1396 – *Abitz;* OLG Düsseldorf WuW/E OLG 507, 508; 705, 706; OLG Frankfurt WuW/E OLG 5149, 5150 – *Kartellrechtliche Feststellungsklage.* Siehe dazu auch § 88 Rn. 2.

[2] Seinerzeit noch als Abs. 1 S. 2 eingefügt durch die am 1.1.1999 in Kraft getretene 6. GWB-Novelle, BGBl. I 1999, S. 2546.

[3] BGBl. I 1999, S. 2626 ff.

[4] BGBl. I 2005, S. 1954 in der Fassung des Beschlusses des Bundestages vom 16.6.2005 und des Beschlusses des Bundesrates vom 17.6.2005. Wegen der insgesamt umfangreichen Änderungen durch dieses Gesetz hat das Bundesministerium für Wirtschaft und Arbeit von der Neubekanntmachungserlaubnis Gebrauch gemacht. Die Zitierweise ist nunmehr: Gesetz gegen Wettbewerbsbeschränkungen in der Fassung der Bekanntmachung vom 15.7.2005, BGBl. I 2005, S. 2114.

[5] ABl. EG Nr. L v. 4.1.2003, S. 1.

[6] Vgl. auch die Entwurfsbegründung der Bundesregierung BT-Drucks. 15/3640, S. 68.

[7] § 96 a. F. entsprach (mit Ausnahme seines S. 2) dem im Zuge der 5. GWB-Novelle eingefügten § 97. Bis dahin hatten die Kartellgerichte kraft der ihnen zugewiesenen Zuständigkeit nur in bürgerlichen Rechtsstreitigkeiten zu entscheiden, die sich aus nationalem Kartellrecht ergaben (§ 87 Abs. 1 a. F.) oder in denen nationales Kartellrecht eine Vorfragezuständigkeit begründete (§ 96 Abs. 2 a. F.).

Dimension des Kartellrechts Rechnung, indem er die §§ 87 bis 90 und 91 bis 95 in bürgerlichen Rechtsstreitigkeiten für entsprechend anwendbar erklärte, die sich aus den Art. 85 oder 86 des EG-Vertrages (EGV)[8] oder aus den Art. 53 oder 54 des EWR-Abkommens[9] ergaben. § 87 ist in diesen Sachen nunmehr unmittelbar anzuwenden. **Abs. 2** ist durch Gesetz vom 29.12.2006[10] aufgehoben worden. Die Regelung, wonach Kartellrechtsstreitigkeiten Handelssachen sind, befindet sich nunmehr in § 95 Abs. 2 GVG. Seit der 8. GWB-Novelle v. 26.6.2013 sind kartellrechtliche Schadensersatzansprüche (z.B. nach § 33 Abs. 3 GWB) von dieser Regelung ausgenommen. Diese sollen aufgrund ihrer Komplexität vor den allgemeinen Zivilkammern verhandelt werden.[11]

II. Praktische Bedeutung

Die Vorschrift ist (vor allem i.V.m. der Ermächtigung der Landesregierungen in § 89 Abs. 1, bürgerliche Kartellrechtsstreitigkeiten einem LG oder einigen wenigen LG für die Bezirke mehrerer LG durch Rechtsverordnung zuzuweisen) im System des kartellrechtlichen Rechtsschutzes auf eine weit reichende praktische Bedeutung angelegt (Private Enforcement).[12] Durch den kartellzivilrechtlichen Rechtsschutz wird (trotz seiner faktisch immer noch weniger bedeutsamen Rolle und nicht zu leugnender Missbrauchsgefahren) nicht nur dem Individualinteresse der Betroffenen, sondern mittelbar auch dem Allgemeinbelang an der Erhaltung eines funktionsfähigen Wettbewerbs praktische Wirksamkeit verliehen.[13] Beispielhaft sei auf die Bekämpfung von Missbräuchen marktbeherrschender oder marktstarker Unternehmen, insbesondere auf die Möglichkeit von Unterlassungs- und Belieferungsklagen sowie auf die Geltendmachung von Durchleitungsansprüchen zu angemessenen Netznutzungsentgelten bei Strom und Gas verwiesen. Die zivilrechtliche Schadensersatzhaftung bei Kartellrechtsverstößen steht hingegen erst noch am Anfang einer infolge ihres Abschreckungseffekts nicht zu vernachlässigen Entwicklung.[14] Gerade deswegen: Wenn die Prozesse von wenigen, dafür aber sachkundigen und erfahrenen Kollegialgerichten entschieden werden, sind bessere Voraussetzungen dafür gegeben, dass die Entscheidungen in der Sache zutreffend sind, widersprüchliche Judikate vermieden werden und der oft umfangreiche Prozess-Stoff einigermaßen zügig bewältigt werden kann. Die Zuständigkeitskonzentration hat sich bewährt. § 87 gilt im Übrigen uneingeschränkt auch in Verfahren auf Erlass **einstweiliger Verfügungen** (s. dazu auch Rn. 18) und in **Beschwerdeverfahren.** 4

Der mit der Konzentration verbundene Vorrang der kartellrechtlichen Zuständigkeit führt dazu, dass die Kartellgerichte sich nicht selten mit Sonderrechtsmaterien zu befassen haben, in die das Kartellrecht hineinwirken kann (z.B. Abfallwirtschafts-, Energiewirtschafts-, Patent-, Personenbeförderungs-, Telekommunikations- oder Vertragshändlerrecht).[15] Dies 5

[8] Art. 85 und 86 EGV sind durch den Vertrag von Amsterdam vom 2.10.1997 in Art. 81 und 82 EG umbenannt worden (Vertrag von Amsterdam zur Änderung des Vertrags über die Europäische Union, der Verträge zur Gründung der Europäischen Gemeinschaften sowie einiger damit zusammenhängender Rechtsakte, ABl. EG Nr. C 340 v. 10.11.1997, S. 1). Sie sind durch den Vertrag von Lissabon zu Art. 101, 102 AEUV geworden.

[9] Art. 53 und 54 EWR-Abkommen sind mit Art. 101 und 102 AEUV (Art. 81 und 82 EG; Art. 85 und 86 EGV) inhaltlich identisch.

[10] Verbraucherschutzdurchsetzungsgesetz, BGBl. I S. 3367.

[11] Vgl. BT-Drs. 17/9852, S. 38 (rechte Spalte).

[12] Vgl. zusammenfassend *K. Schmidt* in: Immenga/Mestmäcker, GWB, Vorbemerkung vor § 87 Rn. 1ff. m.w.N.

[13] So auch *Glöckner,* WuW 2007, 490, 497.

[14] Vgl. dazu das Weißbuch der EU-Kommission zu Schadensersatzklagen wegen Verletzungen des EU-Wettbewerbsrechts vom 2.4.2008, KOM (2008), 165 endgültig; kritisch gegenüber einer privatrechtlichen Durchsetzung des Kartellrechts hingegen *Möschel,* WuW 2007, 483, 488f., 491f.

[15] Vgl. z.B. BGH GRUR 2004, 966 – Standard-Spundfass, wegen einer Verbindung mit dem Patentrecht.

kann den Fallbearbeitungsaufwand beträchtlich erhöhen, was fragwürdig ist, wenn die zuständigkeitsbegründende kartellrechtliche Frage geklärt oder einfach zu beantworten ist, wohingegen den Hauptgegenstand des Prozesses ein sonderrechtliches Problem (oder deren Mehrheit) bildet. Dergleichen Spannungslagen wird mit unterschiedlichen Lösungsansätzen begegnet (vgl. dazu unten Rn. 21).[16]

III. Tatbestand

6 Die ausschließliche Zuständigkeit der Kartell-LG setzt eine bürgerliche Rechtsstreitigkeit (d. h. die Zulässigkeit des Rechtsweges zu den ordentlichen Gerichten) sowie im Besonderen eine **kartellrechtliche Streitigkeit** voraus. Kartellsachen sind Rechtsstreitigkeiten, die die Anwendung von Normen des GWB, der Art. 101 oder 102 AEUV oder der Art. 53 oder 54 des EWR-Abkommens[17] betreffen (Fälle des § 87 S. 1). Sachlich hat sich infolge des Achten Gesetzes zur Änderung des Gesetzes gegen Wettbewerbsbeschränkungen am Anwendungsbereich der Norm nichts geändert. Rechtsstreitigkeiten „aus diesem Gesetz", „aus Kartellvereinbarungen" oder „aus Kartellbeschlüssen" (so frühere Fassungen) betreffen zugleich „die Anwendung dieses Gesetzes".[18] Dem Anwendungsbereich der Vorschrift unterfallen zusätzlich solche Streitigkeiten, deren Entscheidung ganz oder teilweise von einer Entscheidung abhängt, die nach dem GWB zu treffen ist (Fälle des § 87 S. 2). Damit sind auch nichtkartellrechtliche Streitigkeiten, die eine kartellrechtliche Vorfrage aufwerfen, von Gesetzes wegen als Kartellstreitigkeiten qualifiziert. Das Merkmal der **bürgerlichen Rechtsstreitigkeit** ist i. S. von § 13 GVG zu verstehen,[19] wobei der darin geregelte Vorbehalt zu Gunsten von Sonderzuweisungen an bestimmte Gerichte im Rahmen von § 87 nicht gilt.[20] Bei Vorliegen einer bürgerlichen Rechtsstreitigkeit ist (dies vor allem im Unterschied zum Verwaltungsgerichtsweg) der Rechtsweg zu den ordentlichen Gerichten eröffnet.

1. Verfahrensfragen

7 Die Zulässigkeit des Rechtswegs ist vom Gericht (wie bei sämtlichen Sachenscheidungsvoraussetzungen) von Amts wegen unabhängig davon zu überprüfen, ob der Prozessgegner die Zulässigkeit rügt.[21] Grundlage der Prüfung ist der Tatsachenvortrag des Klägers (im Fall einer negativen Feststellungsklage sowie bei kartellrechtlichen Vorfragen auch der Vortrag des Beklagten), ungeachtet dessen, wie er selbst den Vortrag rechtlich bewertet.[22] Auch im Fall des § 87 S. 1 kommt es weder auf einen schlüssigen oder substantiierten Vortrag[23] noch darauf an, ob ein bürgerlich-rechtlicher Anspruch wirklich gegeben ist (dies ist eine Frage der Begründetheit der Klage). Entscheidend ist, ob aus dem Tatsachenvortrag des Klägers (oder des Beklagten im Fall einer negativen Feststellungsklage und kartellrechtlicher, die Vorfragezuständigkeit nach S. 2 begründender Einreden; dazu im Einzelnen Rn. 20) – seine Richtigkeit unterstellt – objektiv Rechtsbeziehungen oder Rechtsfolgen hervorgehen, für die die Zu-

[16] *K. Schmidt* in: Immenga/Mestmäcker, GWB, § 87 Rn. 34ff.: Teleologische Reduktion des Abs. 1 Satz 2; *Bornkamm* in: Langen/Bunte, Kommentar zum deutschen und europäischen Kartellrecht, § 87 GWB Rn. 35: Kongruenz der Spezialzuständigkeiten; *ders.*, a. a. O., § 87 GWB Rn. 16ff.: Praxis der geklärten Kartellrechtsfragen; ablehnend hinsichtlich letzterer: *Bechtold,* GWB, § 87 Rn. 7; *Meyer-Lindemann* in: Frankfurter Komm., § 87 GWB Rn. 50 – jeweils m. w. N.

[17] Art. 53 und 54 EWR-Abkommen sind mit Art. 101, 102 AEUV inhaltlich identisch.

[18] Vgl. insoweit auch die Entwurfsbegründung der Bundesregierung zur Siebten Novelle des GWB, BT-Drucks. 15/3640, S. 69.

[19] Vgl. BGHZ 41, 194, 197 = WuW/E BGH 582, 585f. – *Apothekerkammer.*

[20] Vgl. BGHZ 34, 53, 56 = WuW/E BGH 419ff. – *Apotheke.*

[21] Vgl. BGH NJW 1969, 1574; 1970, 1683. BGHZ 97, 312, 313f. = WuW/E BGH 2301, 2302 = NJW 1986, 2359 – *Orthopädische Hilfsmittel;* BGHZ 101, 72, 75 = WuW/E 2399, 2401 – *Krankentransporte.*

[22] Vgl. GmS-OGB NJW 1988, 2295, 2296 = BGHZ 102, 280 – *Rollstühle;* BGH NJW 1990, 1527.

[23] Vgl. z. B. OLG Koblenz WuW/E OLG 2307, 2308 – *Apotheker-Werbung.*

ständigkeit der Kartell-Zivilgerichte gegeben ist.[24] Die Prüfung hat sich nicht nur auf einzelne Anspruchsgrundlagen zu erstrecken, sondern betrifft den gesamten von der kartellrechtlichen Fragestellung betroffenen Streitgegenstand.[25] Der zuständigkeitsbegründende Vortrag muss im Streitfall nicht nachgewiesen werden. Über die Zuständigkeit ist auf der Grundlage des einseitigen Parteivortrags zu entscheiden.[26]

Hält es den Rechtsweg zu den ordentlichen Gerichten für nicht gegeben, spricht das angerufene Gericht dies nach Anhörung der Parteien von Amts wegen aus und verweist den Rechtsstreit durch Beschluss an das zuständige Gericht des zulässigen Rechtsweges (§ 17a Abs. 2 S. 1 GVG). Sind mehrere Gerichte zuständig, hat der Kläger/Antragsteller ein Wahlrecht (§ 17a Abs. 2 S. 2 GVG). Der **Verweisungsbeschluss** ist für das Gericht, an das der Rechtsstreit verwiesen worden ist, hinsichtlich des Rechtsweges bindend (§ 17a Abs. 2 S. 3 GVG).[27] Ausgenommen ist Willkür.[28] Wird ein Verweisungsantrag nicht gestellt oder unter mehreren zuständigen Gerichten nicht gewählt, ist die Klage nicht als unzulässig abzuweisen. **8**

Die Absätze 3 und 4 von § 17a GVG regeln das – vom Verfahren der Sachentscheidung abgetrennte – sog. **Vorabentscheidungsverfahren,** welches zwingend ist, wenn der Prozessgegner die Zulässigkeit des Rechtsweges ausdrücklich und fristgemäß im Sinne von § 282 Abs. 3 ZPO rügt. Das Vorabentscheidungsverfahren ist aber auch dann statthaft, wenn das erstinstanzliche Gericht eine Vorabentscheidung (bei objektiv zweifelhafter Zulässigkeit des Rechtsweges) von sich aus für sachdienlich hält. Das LG spricht im Rahmen dieses Verfahrens entweder die Zulässigkeit des beschrittenen Rechtsweges aus oder es verneint diese und verweist den Rechtsstreit an das Gericht des zulässigen Rechtsweges. Unter mehreren für eine Verweisung in Betracht kommenden Gerichtsständen kann der Kläger sein Wahlrecht nach § 17a Abs. 2 S. 2 GVG in mündlicher Verhandlung oder nach Anhörung ausüben (gemäß § 17a Abs. 2 S. 1 GVG, jedenfalls aber nach Art. 103 Abs. 1 GG). Der zu begründende Beschluss unterliegt sofortiger Beschwerde an das OLG (§§ 17a Abs. 4 S. 2 und 2 GVG, 567 ff. ZPO). Die Beschwerdemöglichkeit korreliert mit der Vorschrift des § 17a Abs. 5 GVG, wonach in den mit der Hauptsacheentscheidung des erstinstanzlichen Gerichts befassten Rechtsmittelinstanzen die bestandskräftig festgestellte Zulässigkeit des beschrittenen Rechtsweges nicht mehr zu prüfen ist. Eine Prüfung in der Rechtsmittelinstanz ist indes geboten, wenn das erstinstanzliche Gericht unter Verstoß gegen seine Vorabentscheidungspflicht nach § 17a Abs. 3 S. 2 GVG in der Sache entschieden hat.[29] In einem derartigen Fall hat das durch Berufung angerufene OLG über den Rechtsweg vorab durch Beschluss zu entscheiden, wenn gegen diese Entscheidung die Rechtsbeschwerde an den BGH zuzulassen ist (§ 17a Abs. 4 S. 4 und 5 GVG). Anderenfalls hat das Berufungsgericht über die Zulässigkeit des Rechtsweges zusammen mit der Sachentscheidung zu befinden.[30] Eine Zurückverweisung der Sache an die erste Instanz kommt nur unter den engen Voraussetzungen von § 538 Abs. 2 ZPO in Betracht. **9**

Die Bestimmungen über das Vorabentscheidungsverfahren gelten für alle bei den Kartellzivilgerichten anfallenden selbständigen Verfahren, grundsätzlich also auch in Verfahren auf **10**

---

[24] Vgl. BGH WuW/E BGH 1383, 1384 f. = BGHZ 64, 342 – *Abschleppunternehmen (Abschleppaufträge);* GmS-OGB NJW 1988, 2295, 2296 = BGHZ 102, 280, 284 – *Rollstühle;* OLG Stuttgart WuW/E OLG 4001, 4002 – *Fiat-Bonus; K. Schmidt* in: Immenga/Mestmäcker, GWB, § 87 Rn. 12; *Bornkamm* in: Langen/Bunte, § 87 Rn. 10; nur in einer Nuance in dem Sinn anders, als der Kläger – in vertretbarer Weise, wenn auch möglicherweise objektiv falsch – seinen Anspruch auch auf Kartellrecht stützen müsse: *Bechtold,* GWB, § 87 Rn. 6.

[25] Vgl. BGH Urteil vom 6.2.2013 – I ZR 13/12, Basic3, Rn. 21.

[26] LG Braunschweig, Bechl. v. 19.6.2013 – 5 O 552/12, WuW/E DE-R 4468.

[27] Vgl. dazu auch OLG Celle, Beschl. v. 9.7.2014 – 4 AR 35/14.

[28] Vgl. zu einem solchen Fall (Willkür freilich verneint): OLG Hamm, Beschl. v. 29.7.2011 – 32 SA 57/11, WuW/E DE-R 3402, 3405 f.

[29] Vgl. BGH NJW 1991, 1686; 1993, 1799 f. – jeweils m. w. N.

[30] Vgl. BGH NJW 1993, 389, 390; 1996, 591; WuW/E DE-R 352 = NJW 2000, 866 – *Kartenlesegerät.*

Erlass **einstweiliger Verfügungen.**[31] Dennoch ist gerade hier eine Ausnahme angezeigt, denn das die Sachentscheidung verzögernde Vorabentscheidungsverfahren läuft – weil es alsbaldige Gewährung von Rechtsschutz verhindert – dem Zweck des Eilverfahrens in der Regel zuwider. Deshalb darf das erstinstanzliche Gericht in solchen Verfahren von einer Vorabentscheidung nach § 17a Abs. 3 S. 2 GVG absehen und den Rechtsweg zusammen mit der Sachentscheidung bejahen.[32] Diese Entscheidung bindet das Berufungsgericht jedoch nicht. Vielmehr ist – sofern die Rüge der Zulässigkeit des Rechtsweges in zweiter Instanz erneuert wird – diese Frage vom OLG erneut zu prüfen.[33] Dabei ist in kein Vorabentscheidungsverfahren einzutreten, weil beim einstweiligen Rechtsschutz der die Zulässigkeit des beschrittenen Rechtsweges betreffende Rechtsmittelweg nicht weiter geht als der Rechtsmittelzug in der Sache selbst. In der Sache selbst endet der Rechtsweg bei den OLG (vgl. § 542 Abs. 2 S. 1 ZPO).

2. Bürgerliche Rechtsstreitigkeiten

11 Ob eine Streitigkeit bürgerlich-rechtlicher (oder öffentlich-rechtlicher) Art ist, richtet sich nach der Natur des Rechtsverhältnisses, aus dem der Klageanspruch hergeleitet wird,[34] es sei denn, der Gesetzgeber hat eine anderweitige Rechtswegzuweisung vorgenommen. Maßgebend ist der Gegenstand der Streitigkeit, der sich aus der Rechtsnatur des behaupteten Anspruchs ergibt.[35]

12 **a)** Von besonderer Bedeutung sind insoweit die Ansprüche gegen einen **Träger hoheitlicher Gewalt.** Insoweit liegt ein bürgerlich-rechtlicher Streit vor, wenn die Parteien zueinander nicht in einem hoheitlichen Verhältnis der Über- und Unterordnung stehen, und sich der Träger hoheitlicher Gewalt nicht der besonderen, ihm zugeordneten Rechtssätze des öffentlichen Rechts bedient, sondern er sich – wie dann, wenn er als Konkurrent privater Unternehmen am Wettbewerb teilnimmt oder fremden Wettbewerb fördert – den für jedermann geltenden zivilrechtlichen Regelungen unterwirft.[36] Allerdings kann bei Vorliegen eines Gleichordnungsverhältnisses noch nicht ohne weiteres auf eine bürgerlich-rechtliche Streitigkeit geschlossen werden, weil sich auch bei öffentlich-rechtlichen Verträgen die Vertragspartner grundsätzlich gleichgeordnet gegenüber stehen. Deshalb ist dann auf den Gegenstand und Zweck des Vertrages abzustellen,[37] wobei nicht entscheidend ist, ob der Abschluss zweckgerichtet einer Erfüllung hoheitlicher Aufgaben dient.[38] Bürgerlich-rechtlicher Natur sind hiernach namentlich Streitigkeiten über **Beschaffungsvorhaben** der öffentlichen Hand.[39] Beschaffung ist sog. Fiskalhaneln der öffentlichen Hand, mithin Privatrecht. Der Umstand, dass der Anspruch sich gegen eine (schlicht) **hoheitliche Verwaltungstätigkeit** richtet, schließt eine bürgerliche Rechtsstreitigkeit nicht aus, wenn dieses Handeln nach dem Klagevortrag jedenfalls zivilrechtliche Auswirkungen hat.[40] Die Rspr. differenziert das

---

[31] Vgl. BGH NJW 1999, 3785; *Zöller/Lückemann,* ZPO Vorbem. zu §§ 17–17b GVG, Rn. 12 m. w. N.

[32] Wie hier OLG Düsseldorf, Urt. v. 15.11.2000, Az. U (Kart) 6/00, Urteilsabdruck S. 12f.; Urt. v. 29.7.1997, Az. U (Kart) 13/97, Urteilsabdruck S. 5.

[33] Vgl. auch OLG Hamburg WuW/E DE-R 600, 601 – *Arzneimittel-Richtlinien.*

[34] GmS-OGB BGHZ 97, 312, 313f. = WuW/E BGH 2301 = NJW 1986, 2359 – *Orthopädische Hilfsmittel;* BGHZ 101, 72, 75 = WuW/E 2399. 2401 – *Krankentransporte.*

[35] GmS-OGB BGHZ 102, 280, 283 = NJW 1988, 2295, 2296 – *Rollstühle;* BGH WuW/E BGH 2813, 2816 – *Selbstzahler.*

[36] GmS-OGB BGHZ 102, 280, 283 = NJW 1988, 2295, 2296 – *Rollstühle.*

[37] GmS-OGB BGHZ 97, 312, 314 = WuW/E BGH 2301 = NJW 1986, 2359 – *Orthopädische Hilfsmittel.*

[38] Vgl. BGH WuW/E BGH 1581 – *Bundeswehrheime.*

[39] Vgl. GmS-OGB BGHZ 97, 312 = WuW/E BGH 2301 = NJW 1986, 2359 – *Orthopädische Hilfsmittel;* BGH NJW 1988, 2297, 2298; BGHZ 101, 72 = WuW/E BGH 2399 – *Krankentransporte;* BGHZ 114, 218 = WuW/E BGH 2707 – *Krankentransportunternehmen II (Einzelkostenerstattung);* BGH WuW/E BGH 2721 = NJW 1992, 1561 – *Krankenpflege;* BGHZ 119, 93 = WuW/E BGH 2813 – *Selbstzahler,* auch: BVerwG NJW 2007, 2275 = NVwZ 2007, 820 = NZBau 2007, 389.

[40] BGHZ 101, 72, 75 = WuW/E BGH 2399, 2401 – *Krankentransporte;* GmS-OGB BGHZ 102, 280, 285f. = NJW 1988, 2295, 2296 – *Rollstühle.*

Verwaltungshandeln insoweit zu Recht je nach Blickrichtung, beanspruchter Klagegrundlage und Rechtsfolge, woraus sich ergeben kann, dass es sich (anders als im Verhältnis zu den sog. Gewaltunterworfenen) Dritten – namentlich anderen Marktteilnehmern – gegenüber als ein privatrechtliches (und damit auch als ein unternehmerisches) Handeln darstellt.[41] Die Rspr. des BGH, wonach für die Frage des Rechtswegs auf die Rechtsnatur des behaupteten Anspruchs abzustellen sei,[42] hat mit zu der Auslegung beigetragen, privatrechtliche Ansprüche „aus diesem Gesetz" (nämlich Unterlassungs-, Schadensersatz- und Feststellungsansprüche auf der Grundlage von Normen des GWB) seien, wenn sie sich gegen die öffentliche Hand richten, als Anwendungsfälle des § 87 S. 1 immer bürgerlich-rechtliche Streitigkeiten i. S. d. § 13 GVG (eine Ausnahme ist freilich für den Fall des § 87 S. 2 geboten).[43] Dem ist – sofern das Rechtsverhältnis sich nicht nach Rechtsvorschriften bestimmt, die dem öffentlichen Recht zuzuordnen sind[44] – zuzustimmen, ungeachtet dessen, dass im Allgemeinen (wie aus § 17 Abs. 2 S. 1 GVG zu folgern ist) die privatrechtliche Zuordnung des behaupteten Anspruchs über die Zulässigkeit des Rechtsweges zu den ordentlichen Gerichten endgültig noch nichts aussagt. Anders verhält es sich dagegen bei den bürgerlichen Rechtsstreitigkeiten mit kartellrechtlichem Streitgegenstand, die – mit Vorrang vor den in anderen Gesetzen geregelten Zuweisungen bürgerlicher Rechtsstreitigkeiten[45] – der ausschließlichen sachlichen Zuständigkeit der Zivilgerichte unterliegen.[46]

b) Zuweisung von Rechtsstreitigkeiten an die Sozialgerichte. Durch das GKV-Gesundheitsreformgesetz 2000[47] sind Rechtsstreitigkeiten aus dem Bereich der gesetzlichen Krankenversicherung mit kartellrechtlichem Einschlag den Sozialgerichten zugewiesen worden (vgl. § 51 Abs. 2 S. 2 SGG, § 69 SGB V und S. 3 von § 87). Im selben Zug hat der Gesetzgeber solche Streitigkeiten im Wege einer **Bereichsausnahme** einer Anwendung des nationalen Kartellrechts entzogen.[48] Inzwischen, und zwar durch Gesundheitsrechtsreformen in den Jahren 2007, 2008 und zuletzt durch das Gesetz zur Neuordnung des Arzneimittelmarktes in der gesetzlichen Krankenversicherung – AMNOG aus dem Jahr 2010, ist dies zurückgenommen worden.[49] Der frühere Satz 3 des § 87 ist gestrichen worden („Satz 1 gilt nicht für Rechtsstreitigkeiten aus den in § 69 des Fünften Buches Sozialgesetzbuch genannten Rechtsbeziehungen, auch soweit hierdurch Rechte Dritter betroffen sind"). Stattdessen lautet § 69 Abs. 2 Satz 1 SGB V nunmehr: Die §§ 1, 2, 3 Absatz 1, §§ 19, 20, 21, 32 bis 34a, 48 bis 80, 81 Absatz 2 Nummer 1, 2a und 6, Absatz 3 Nummer 1 und 2, Absatz 4 bis 10 und §§ 82 bis 95 des Gesetzes gegen Wettbewerbsbeschränkungen gelten für die in Absatz 1 genannten Rechtsbeziehungen entsprechend. Zudem nimmt § 51 Abs. 3 SGG, ebenfalls durch das AMNOG eingefügt, Streitigkeiten in Verfahren nach dem GWB, die Rechtsbeziehungen nach § 69 SGB V betreffen, von der Zuständigkeit der Sozialgerichtsbarkeit aus. Die zeitweise Suspension des Gesundheitswesens vom 13

---

[41] GmS-OGB BGHZ 102, 280, 284 f. = NJW 1988, 2295, 2296 – *Rollstühle;* vgl. auch BGH WuW/E BGH 352 = NJW 2000, 866, 868 – *Kartenlesegerät;* ausführlich: *Köhler*/Bornkamm, § 4 UWG Rn. 13.17 ff. m. w. N.

[42] GmS-OGB BGHZ 102, 280, 283 = NJW 1988, 2295, 2296 – *Rollstühle;* BGH WuW/E BGH 2813, 2816 – *Selbstzahler.*

[43] So *K. Schmidt* in: Immenga/Mestmäcker, GWB, § 87 Rn. 6.

[44] Vgl. BGHZ 41, 194, 197 f. = WuW/E BGH 582 – *Apothekerkammer;* OLG Koblenz WuW/E OLG 2307, 2309 – *Apotheker-Werbung;* OLG Düsseldorf WuW/E OLG 2151 f. – *Zahntechniker.*

[45] Vgl. BGHZ 114, 218, 220 ff. = WuW/E BGH 2707 – *Krankentransportunternehmen II (Einzelkostenerstattung);* BGH WuW/E BGH 2721, 2725 f. = NJW 1992, 1561 – *Krankenpflege* – sowie unten Rn. 23.

[46] Vgl. BGH NJW 1998, 825, 826; 826, 827.

[47] BGBl. I S. 2626.

[48] Ebenso OLG Düsseldorf, Urt. v. 30.4.2003 – U (Kart) 39/01 (soweit ersichtlich unveröffentlicht); *K. Schmidt* in Immenga/Mestmäcker, § 87 Rn. 7 bis 10; *Bornkamm* in Langen/Bunte, § 87 GWB Rn. 2 bis 6.

[49] Gesetz vom 22.12.2010, BGBl. I S. 2262.

Kartellrecht hat sich aufgrund dessen einstweilen **erledigt.** Hinzuweisen bleibt freilich darauf, dass auf Vorabentscheidungsersuchen des BGH[50] und des OLG Düsseldorf[51] der EuGH entschieden hat, die Bundesverbände der gesetzlichen Krankenkassen (und mithin wohl auch die gesetzlichen Krankenkassen selbst) seien nicht als Unternehmen anzusehen.[52]

3. Kartellrechtsstreitigkeiten

14 Kartellstreitsachen sind Streitigkeiten, welche die Anwendung des GWB, der Art. 101 oder 102 AEUV oder der Art. 53 oder 54 des EWR-Abkommens[53] betreffen (Satz 1). Die Regelung umfasst Rechtsstreitigkeiten „aus diesem Gesetz" sowie „aus Kartellvereinbarungen und aus Kartellbeschlüssen" (so der frühere Wortlaut der Norm). Ferner zählen dazu auch nichtkartellrechtliche Streitigkeiten, deren Entscheidung ganz oder teilweise von der Beantwortung einer kartellrechtlichen Vorfrage abhängt (Satz 2). Maßgebend ist der Streitgegenstand,[54] der sich aus Antrag und Vortrag der klagenden (u. U. auch aus dem Vortrag der beklagten) Partei ergibt (s. dazu Rn. 7).

15 **a)** Streitigkeiten betreffen ihrem Hauptgegenstand nach die **Anwendung dieses Gesetzes** (und ergeben sich i. S. der a. F. „aus diesem Gesetz", **Satz 1**), sofern der zugrunde liegende bürgerlich-rechtliche (auf Untersagung eines kartellrechtswidrigen Verhaltens gerichtete) **Unterlassungs-, Beseitigungs-** oder **Schadensersatzanspruch** (jener namentlich in den Formen einer Aufnahme, Belieferung, Dienstleistung oder Zulassung) – nicht notwendig ausschließlich – aus Normen des GWB i. V. m. § 33 abgeleitet wird.[55] Dazu zählen auch Klagen auf **Vorteilsabschöpfung** nach § 34a. Bei der Sachentscheidung ist das Gericht nicht daran gebunden, Kartellrecht tatsächlich anzuwenden; es kann den Klageanspruch nach jedem Rechtssatz zuerkennen. Hat das Kartellgericht dem Grunde nach über eine Schadensersatzverpflichtung entschieden, wurde (anzweifelbar) vertreten, das folgende **Höheverfahren** sei keine Kartellsache mehr.[56] Für **Feststellungsklagen** hat unter Beachtung der zu § 256 ZPO entwickelten Grundsätze zu gelten: Positive Feststellungsklagen, die sich auf Normen des GWB stützen (z. B. auf § 20) sind Kartellrechtsstreitigkeiten.[57] Jedoch darf die Klage nicht lediglich der Klärung einer abstrakten Rechtsfrage gelten (z. B. Kartellrechtskonformität einer bestimmten Vertragsklausel), sondern muss – gestützt auf kartellrechtliche Normen – auf Feststellung des Bestehens oder Nichtbestehens eines Rechtsverhältnisses gerichtet sein (ungeachtet einer möglichen Auslegung, dass ein abstrakt formulierter Feststellungsantrag nicht doch ein konkretes Rechtsverhältnis zum Gegenstand hat).[58] Nur unter der Geltung von § 96 Abs. 2 a. F. (in diesem Licht sind vor allem ältere Entscheidungen zu verstehen) war es zulässig, durch Feststellungsklage abstrakte Rechtsfragen klären zu lassen (dazu § 88 Rn. 2). Auch Klagen auf Feststellung der Kartellrechtswidrigkeit eines bestimmten Verhaltens sind Kartellrechtsstreitigkeiten.[59] Dies gilt gleichermaßen für negative Feststellungsklagen, zu deren Begründung Kartellrechtsverlet-

---

[50] WuW/E DE-R 747.

[51] Beschl. v. 18.5.2001 – U (Kart) 28/00; Beschl. v. 11.7.2001 – U (Kart) 44/00 (soweit ersichtlich nicht veröffentlicht).

[52] EuGH EuZW 2004, 241 = WuW/E EU-R 801; kritisch dazu *Jaeger,* ZWeR 2005, 31, 50 m. w. N.

[53] Art. 53, 54 EWR-Abkommen entsprechen Art. 101, 102 AEUV.

[54] Zum Begriff des Streitgegenstandes vgl. *Zöller/Vollkommer,* Einleitung Rn. 70 ff. m. w. N.

[55] Vgl. OLG Hamburg, Beschl. v. 13.9.2011 – 3 W 50/11, GRUR 2012, 126 hinsichtlich einer Klage auf Beseitigung; *v. Gamm,* § 87 Rn. 10; *Bornkamm* in: Langen/Bunte, § 87 GWB Rn. 10 bis 12; *Bechtold,* GWB, § 87 Rn. 4 bis 6.

[56] Vgl. OLG Köln WuW/E OLG 1383, 1384 = BB 1973, 577, 578; dagegen nunmehr *Meyer-Lindemann* in: Frankfurter Kommentar, § 87 GWB Rn. 38.

[57] Vgl. BGH WuW/E DE-R 1051 – *Vorleistungspflicht.*

[58] Vgl. BGH GRUR 2002, 915, 917 = WuW/E DE-R 909, 911 – *Wettbewerbsverbot in Realteilungsvertrag;* OLG Düsseldorf WuW/E DE-R 854 – *Stadtwerke Aachen;* OLG Celle WuW/E DE-R 864 – *Kfz-Vertragshändler;* LG Düsseldorf WuW/E DE-R 769 – *Sportartikeleinkaufsgesellschaft.*

[59] Vgl. BGH WuW/E DE-R 1011 – *Wertgutscheine für Asylbewerber.*

zungen herangezogen werden (z. B. Verstöße gegen §§ 14, 19 a. F.).[60] Erhebt die beklagte Partei gegen das aus allgemeinem Recht abgeleitete Feststellungsbegehren kartellrechtliche Einwendungen, ist die Vorfragezuständigkeit der Kartellgerichte nach Abs. 1 S. 2 begründet (dazu sogleich Rn. 17ff.). Streitigkeiten nach Satz 1 sind auch **Gestaltungsklagen,** mit denen z. B. die Unwirksamerklärung eines Gesellschafterbeschlusses wegen Verstoßes gegen § 1, die Aufhebung eines Schiedsspruchs oder die Aufhebung einer Vollstreckbarerklärung geltend gemacht wird (vgl. zu Letztgenanntem § 91 Rn. 23). Der Norm unterfallen an sich ebenso Schadensersatzklagen aus **Vergabeverfahren,** sofern die Vergabe des öffentlichen Auftrags den Schwellenwert nach § 2 Vergabeverordnung (VgV) erreicht oder überschreitet und Schadensersatzansprüche auf §§ 125, 126 GWB gestützt werden.[61] Über einen Schadensersatzanspruch nach c. i. c. (nach Kodifizierung nunmehr: §§ 280 Abs. 1, 241 Abs. 2, 311 Abs. 2 BGB) entscheidet das Kartellgericht kraft Sachzusammenhangs mit. Die praktische Rechtsentwicklung ist gegenläufig. Schadensersatzansprüche werden in der Regel vor den Zivilgerichten erhoben, die im Sinn der „Acte-clair"-Regel über Forderungen nach §§ 125, 126 GWB mit entscheiden.

Kartellvereinbarungen und -beschlüsse sind in der Norm nicht erwähnt. In der frü- 16
heren Fassung von Satz 1 waren damit (entsprechend der Reichweite von § 1 a. F.) nur „horizontale" (sog. institutionalisierte) Kartelle nach den §§ 1 bis 8 a. F. (unabhängig von ihrer Legalisierung) gemeint, nicht hingegen im Vertikalverhältnis getroffene Individualabreden i. S. d. §§ 14f., 17f. a. F.[62] Die Unterscheidung zwischen horizontalen und vertikalen Vereinbarungen war faktisch jedoch unbedeutend, weil die Frage der kartellrechtlichen Wirksamkeit vertikaler Abreden – sofern sie entscheidungserheblich war – jedenfalls die Vorfragezuständigkeit gemäß Satz 2 begründete.[63] Durch die Neufassung des § 1 ist die Unterscheidung zwischen horizontalen und vertikalen Wettbewerbsbeschränkungen aufgegeben und sind die §§ 2 bis 18 a. F. geändert oder aufgehoben worden (m. A. der Regelung betreffend Mittelstandskartelle, § 3). § 87 ist daran angepasst worden. Infolge der Erweiterung des Anwendungsbereichs sind Kartellvereinbarungen und -beschlüsse von den Rechtsstreitigkeiten, die „die Anwendung dieses Gesetzes ... betreffen," mit umfasst.

b) Kartellrechtliche Vorfragen (Satz 2) werden typischerweise durch Einwendungen 17
des Beklagten aufgeworfen. Sie müssen sich in einem Rechtsstreit (Rn. 18) in der Weise stellen, dass die Entscheidung von ihrer Beantwortung abhängt (Rn. 19). Anwendungsfälle stellen z. B. dar: Ein vertraglicher Erfüllungsanspruch begegnet dem Einwand eines Verstoßes gegen §§ 1 bis 3 oder gegen Art. 101 AEUV; dem auf Vertragserfüllung gerichteten Klagebegehren wird eine unbillige Behinderung oder Diskriminierung i. S. v. § 20 entgegengehalten. Im Rahmen einer Klage ist über die kartellrechtliche Wirksamkeit eines Vertrages zu entscheiden.[64] Im angesprochenen Zusammenhang stellt sich ebenfalls die Frage, wie mit geklärten kartellrechtlichen Fragen umzugehen ist (Rn. 21).

aa) Die Zuständigkeit der Kartellgerichte setzt voraus, dass zwischen den Streitparteien 18
ein bürgerlich-rechtlicher **Rechtsstreit** – und zwar vor einem staatlichen (nicht einem

[60] Vgl. BGH WuW/E DE-R 692 – *Kabel-Hausverteileranlagen.*

[61] Ebenso *Bornkamm* in: Langen/Bunte, § 87 Rn. 9; OLG Düsseldorf, Urt. v. 25.6.2003, Az. U (Kart) 36/02, VergabeR 2003, 594, sowie auf Revision: BGH, Urt. v. 22.2.2005, Az. KZR 36/03, VergabeR 2005, 339; LG Bonn, Beschl. v. 24.6.2004, Az. 1 O 112/04, VergabeR 2004, 665f.; a. A. *Scharen* in: Willenbruch/Wieddekind, Kompaktkommentar Vergaberecht, 3. Aufl., 14. Los, § 125 GWB Rn. 15; § 126 GWB Rn. 27; *Verfürth* in Kulartz/Kus/Portz (Hrsg.), Kommentar zum GWB-Vergaberecht, 3. Aufl., § 125 Rn. 35.

[62] Vgl. BGH WuW/E BGH 244, 246 = NJW 1958, 1395, 1396 – *Abitz;* 1525 – *Fertighäuser.* Letztgenannte konnten der Zuständigkeit der Kartellgerichte nur unterfallen, sofern ihre kartellrechtliche Wirksamkeit unmittelbar den Streitgegenstand bildete; *v. Gamm,* § 87 Rn. 11.

[63] Vgl. auch *Meyer-Lindemann* in: Frankfurter Komm., § 87 GWB Rn. 32; *K. Schmidt* in: Immenga/Mestmäcker, GWB, § 87 Rn. 20.

[64] Vgl. OLG Oldenburg WuW/E DE-R 393, 394; vgl. als weiteren Beispielsfall auch: OLG Düsseldorf WuW/E DE-R 187, 188 – *Überlange Sozietätsbindung.*

Berufs- oder Schieds-)Gericht[65] – anhängig ist, in dem sich die kartellrechtliche Vorfrage stellt. Rechtsstreitigkeiten in diesem Sinn sind auch Verfahren auf Erlass **einstweiliger Verfügungen** vor den ordentlichen Gerichten.[66] Kartellrechtliche Vorfragen in Rechtsstreitigkeiten vor den Gerichten der Finanz-, Sozial- und Verwaltungsgerichtsbarkeit fallen (da nicht bürgerlich-rechtlicher Natur) nicht unter Satz 2.[67] Dies gilt genauso für Beschwerdeverfahren, in denen es lediglich noch um die Kostenentscheidung nach übereinstimmender Hauptsacheerledigung geht.[68] Satz 2 ist auch auf **arbeitsgerichtliche** Streitigkeiten nicht anzuwenden, weil § 48 ArbGG n. F. einen Sonderrechtsweg eröffnet.[69]

19 **bb)** Der Wortlaut von Satz 2 („abhängt") macht deutlich, dass die kartellrechtliche Vorfrage **entscheidungserheblich** sein muss und der Rechtsstreit ohne Beantwortung dieser Frage vom angerufenen **Nicht-Kartellgericht** nicht entschieden werden kann. Schlüssiger und substantiierter Vortrag hinsichtlich der kartellrechtlichen Vorfrage ist nicht erforderlich (vgl. auch Rn. 7). Anderenfalls hätte ein Nicht-Kartellgericht in eine kartellrechtlkche Prüfung einzutreten. Umgekehrt folgt daraus, dass die Kartellgerichte nicht zuständig sind, wenn der Streit ohne Entscheidung der kartellrechtlichen Vorfrage, und zwar im Sinn einer Abweisung der Klage oder eines Stattgebens, aus anderen Gründen entscheidungsreif ist. Die kartellrechtliche Frage muss sich keineswegs bei allen in Betracht zu ziehenden Anspruchsgrundlagen stellen. Umgekehrt sind nicht nur einzelne Anspruchsgrundlagen zu betrachten, sondern der gesamte von der kartellrechtlichen Fragestellung betroffene Streitgegenstand.[70] Das Nicht-Kartellgericht kann und muss einer auf mehrere Rechtsgrundlagen gestützten Klage – auch sofern es sich prozessual um unterschiedliche Streitgegenstände handelt[71] – daher aus dem Rechtssatz stattgeben, der die kartellrechtliche Vorfrageprüfung nicht erfordert.[72] Vice versa kann die Frage der kartellrechtlichen Wirksamkeit eines Vertrages offen bleiben, wenn ein Vertrag – mit der Folge einer Klageabweisung – aus anderen als kartellrechtlichen Gründen nicht wirksam zustande gekommen ist. Kartellrechtliche Nichtigkeit einzelner Vertragsbestimmungen führt nach § 139 BGB nicht notwendig zur Unwirksamkeit des gesamten Vertrags;[73] sofern Gesamtnichtigkeit zu verneinen ist, ist die kartellrechtliche Vorfrage nicht entscheidungserheblich und sind die Kartellgerichte nicht zuständig. Satz 2 beschreibt insofern eine doppelrelevante Sachentscheidungsvoraussetzung (ähnlich wie § 32 ZPO),[74] welche die Behauptung einer kartellrechtserheblichen Vorfrage erfordert, dies für die Zuständigkeit der Kartellgerichte aber auch ausreichen lässt. Die Prüfung der Entscheidungserheblichkeit der kartellrechtlichen Vorfrage obliegt dem angerufenen Nicht-Kartellgericht. Dabei ist es an übereinstimmende Rechtsansichten der Parteien nicht gebunden. Um den Prozess nach einer anderen nichtkartellrechtlichen Anspruchsgrundlage spruchreif zu machen oder die Erheblichkeit der

---

[65] Vgl. BGH WuW/E BGH 523, 527 – *Schotter;* 823, 827 – *Schweißbolzen.*

[66] Wie hier *Bechtold,* § 87 Rn. 9; *Meyer-Lindemann* in: Frankfurter Komm., § 87 Rn. 50; a. A. *K. Schmidt* in: Immenga/Mestmäcker, GWB, § 87 Rn. 23, der in Verfahren des einstweiligen Rechtsschutzes auch Nicht-Kartellgerichte für sachlich zuständig erachtet.

[67] Ebenso *K. Schmidt* in: Immenga/Mestmäcker, GWB, § 87 Rn. 23; a. A. *Meyer-Lindemann* in: Frankfurter Komm., § 87 GWB Rn. 47f.

[68] Vgl. BGH WuW/E BGH 415, 417 – *IG Bergbau;* 547, 549; OLG Köln WuW/E OLG 1715, 1716f. – *Wimpy Hamburger.*

[69] So auch *K. Schmidt* in: Immenga/Mestmäcker, GWB, § 87 Rn. 23; *Zöller/Lückemann,* Vorbem. vor §§ 17–17b GVG Rn. 10; a. A.: *Bechtold,* GWB, § 87 Rn. 8; *Meyer-Lindemann* in: Frankfurter Komm., § 87 GWB Rn. 47.

[70] Vgl. BGH, Urt. v. 6.2.2013 – I ZR 13/12, *Basic3,* Rn. 21.

[71] Vgl. grundsätzlich zu Anspruchsnormenkonkurrenz und verschiedenem Streitgegenstand: *Zöller/Vollkommer,* Einleitung Rn. 70ff. m. w. N.

[72] Vgl. BGHZ 30, 186, 188 = WuW/E BGH 318, 321 – *Schokolade; Meyer-Lindemann* in: Frankfurter Komm., § 87 GWB Rn. 42.

[73] Vgl. BGH WuW/E DE-R 1031, 1032 – *Tennishallenpacht.*

[74] Vgl. dazu BGHZ 124, 237, 240f.; 132, 110f., 114.

kartellrechtlichen Vorfrage für die Entscheidung zu klären, muss keine **Beweisaufnahme** durchgeführt werden.[75] Eine solche Sachprüfung ist mit dem prozessualen Vorrang[76] der Zuständigkeitsfrage nicht zu vereinbaren.[77] Treten kartellrechtliche **Vorfragen** erst **im Laufe des Rechtsstreits** (z. B. erst im Berufungsrechtszug) auf, ist – wie bei anfänglich aufgeworfenen Vorfragen – ebenfalls eine Verweisung an das Kartellgericht geboten (entsprechend § 281 ZPO).[78] Die Verweisung ist für das Kartellgericht auch dann bindend, wenn das Nicht-Kartellgericht die Entscheidungserheblichkeit der Vorfrage unzutreffend beurteilt hat (analog § 281 Abs. 2 S. 4 ZPO).[79]

Für das **Kartellgericht** stellen sich – wenn sich im Rahmen eines bei ihm anhängig 20 gemachten Rechtsstreits eine kartellrechtliche Vorfrage erhebt – ähnliche Rechtsfragen. Indes ist die Zuständigkeit des Kartellgerichts schon dann gegeben, wenn die Abhängigkeit des Klageanspruchs von der Entscheidung einer kartellrechtlichen Vorfrage – ohne Rücksicht auf Schlüssigkeit des Vortrags – geltend gemacht wird. Das Kartellgericht kann den Prozess dann nicht an ein Nicht-Kartellgericht verweisen (analog § 281 ZPO), und zwar selbst dann nicht, wenn es ihn auch nach einer nicht-kartellrechtlichen Anspruchsgrundlage für entscheidungsreif hält – es sei denn, die kartellrechtliche Vorfrage stellt sich nur bei einem mit der Klage erhobenen Hilfsantrag. Ansonsten hat das Kartellgericht über den Klageanspruch umfassend unter Berücksichtigung aller in Betracht zuziehenden Anspruchsgrundlagen zu befinden (vgl. auch § 17 Abs. 2 S. 1 GVG).[80]

cc) Gemäß der zur früheren (bis zum 31.12.1998 geltenden) Rechtslage ergangenen 21 Rspr. musste das angerufene Nicht-Kartellgericht den Rechtsstreit wegen einer kartellrechtlichen Vorfrage nicht aussetzen (§ 96 Abs. 2 a. F.), sondern durfte über die Vorfrage selbst entscheiden, wenn diese sich rechtlich zweifelsfrei beantworten ließ, insbesondere deswegen, weil sie durch höchstrichterliche Rspr. bereits geklärt war.[81] Beispielhaft hierfür lassen sich anführen: Die Formwirksamkeit eines kartellrechtlich relevanten Vertrages nach den §§ 34 a. F., 125 S. 1 BGB, die kartellrechtliche Unbedenklichkeit eines Wettbewerbsverbots oder die Suspendierung einer unter Art. 81 EG fallenden Wettbewerbseinschränkung durch Gruppenfreistellungsverordnung. Im Anschluss daran wird i. S. einer **„acte-clair"-Doktrin**[82] vertreten, in Rechtsstreitigkeiten mit kartellrechtlicher Vorfrage, die durch die Rspr. geklärt oder ohne weiteres eindeutig lösbar sei, habe das angerufene Nicht-Kartellgericht ohne Verweisungsmöglichkeit die Vorfrage selbst zu beantworten und in der Sache zu entscheiden.[83] Dies wird damit begründet, dass der angestrebten Konzentration kartellrechtlicher Streitigkeiten nicht gedient sei, würden die Kartellgerichte in jeder Sache mit noch so selbstverständlich zu beantwortender kartellrechtlicher Vorfrage als zuständig angesehen.[84] Neben einer vermittelnden Auffassung, die im Wege teleologischer Reduktion vorschlägt, die Zuständigkeit der Kartellgerichte bei zweifelsfreier Vorfrage

---

[75] Im Ergebnis wie hier: *Meyer-Lindemann* in: Frankfurter Komm., § 87 GWB Rn. 56.

[76] Vgl. dazu *Zöller/Greger,* vor § 253 ZPO Rn. 10 m. w. N.

[77] Die Rspr. zur Zulässigkeit einer prozessualen Aussetzung ist darauf nicht übertragbar. Die Aussetzung nach § 148 ZPO erfordert selbstverständlich zunächst eine Sachprüfung des Klageanspruchs; vgl. OLG Düsseldorf GRUR 1993, 994, 996 f.

[78] Wie hier: *Bechtold,* GWB, § 87 Rn. 3.

[79] Vgl. auch OLG Celle, Beschl. v. 9.7.2014 – 4 AR 35/14.

[80] Vgl. hierzu auch den Beispielsfall LG Köln RdE 2003, 42; vgl. auch *Meyer-Lindemann* in: Frankfurter Komm., § 87 GWB Rn. 46; *Bornkamm* in: Langen/Bunte, § 87 GWB Rn. 15; zum Verhältnis von Haupt- und Hilfsantrag siehe *Zöller/Vollkommer,* ZPO, Einleitung Rn. 70 ff.

[81] Vgl. BGHZ 30, 186, 191 ff. = WuW/E BGH 318 – *Schokolade;* BGHZ 64, 342, 345 f. = WuW/E BGH 1383, 1385 = GRUR 1975, 610 – *Abschleppunternehmen (Abschleppaufträge);* OLG Stuttgart WuW/E DE-R 121, 122 f.

[82] Begriffsprägung (soweit ersichtlich) durch *Bechtold,* GWB, 2. Aufl., § 87 Rn. 4, nunmehr (7. Aufl.) Rn. 7.

[83] So *Bornkamm* in: Langen/Bunte, § 87 GWB Rn. 16 bis 21.

[84] *Bornkamm* a. a. O. Rn. 17.

nicht als eine ausschließliche zu verstehen,[85] wird der „acte clair"-Gedanke von anderen abgelehnt.[86] Dies ist vorzuziehen. Denn trotz der praktischen Vorteile, welche die vermittelnde Ansicht aufweist, sind die Kartellgerichte nach dem Wortlaut der Norm bei Streitigkeiten nach den Sätzen 1 und 2 unterschiedslos zuständig. Anderes ist in der Praxis der Instanzgerichte weder durchsetzbar noch erforderlich. Auch ist die Besorgnis, die Kartellgerichte könnten ungerechtfertigt mit Prozessen überzogen werden, nach praktischer Erfahrung unbegründet. Vor leichtfertiger Anrufung der Kartellgerichte schützt nach der hier befürworteten Auffassung demnach ausreichend eine stringente Prüfung der Entscheidungserheblichkeit der kartellrechtlichen Vorfrage durch das Nicht-Kartellgericht (s. o. Rn. 19). Bejahendenfalls ist ungeachtet dessen, ob die kartellrechtliche Vorfrage einfach oder schwierig zu beantworten ist, hinzunehmen, dass die Sache an ein Kartellgericht gelangt. Der Normzweck erschöpft sich nicht in der Zuständigkeitskonzentration bei kartellrechtlichen Rechtsfragen. Auch bei der Tatsachenfeststellung und Subsumtion kann der Sachverstand der Kartellgerichte gefordert sein.

22 **c)** Rechtsstreitigkeiten betreffen die **Anwendung der Art. 101, 102 AEUV/Art. 53, 54 EWR-Abkommen**[87] **(Satz 1),** wenn Leistungs-, Feststellungs- oder Gestaltungsklagen ihrem Hauptgegenstand nach auf eine Verwirklichung der genannten Normtatbestände gestützt werden.[88] Die Erweiterung um die Art. 101, 102 AEUV (seinerzeit Art. 81, 82 EG) entspricht der Erweiterung des Anspruchstatbestandes in § 33. Freilich ist zu beachten, dass nach bisheriger Rspr. aus einer Verletzung von Art. 81, 82 EG (und genauso von Art. 53, 54 EWR-Abkommen) bürgerlich-rechtliche Ansprüche nicht unmittelbar entstanden. Diese Bestimmungen waren lediglich Schutzgesetze und konnten nur i. V. mit § 823 Abs. 2 BGB Ansprüche begründen.[89] Anders war nur der Fall zu beurteilen, dass die Nichtigkeit einer wettbewerbsbeschränkenden Vereinbarung geltend gemacht wurde; die Nichtigkeit ergab sich unmittelbar aus Art. 81 Abs. 2 EG. Sowohl das Schutzgesetzerfordernis als auch die weitere Anspruchsvoraussetzung, dass sich das wettbewerbsschädigende Verhalten gezielt gegen den Anspruchsteller richtete,[90] sind infolge der Neufassung von § 33 jedoch entfallen.[91] Streitigkeiten aus Kartellvereinbarungen und -beschlüssen waren in der Vorläufernorm § 96 S. 1 a. F. und sind auch jetzt nicht ausdrücklich aufgeführt. Die Rechtslage wurde jedoch auch damals schon so verstanden, dass solche Streitigkeiten von § 96 S. 1 2. Hs. a. F.[92] erfasst wurden und infolgedessen der Vorfragezuständigkeit der Kartellgerichte unterfielen. Nichts anderes hat nach dem 1.7.2005 zu gelten. **Satz 2** stellt klar, dass die Kartellgerichte auch in Rechtsstreitigkeiten zuständig sind, in denen der Erfolg mittelbar davon abhängt, ob – i. S. einer entscheidungserheblichen Vorfrage – dem Kartellverbot (Art. 101 AEUV/Art. 53 EWR-Abkommen) oder dem Missbrauchsverbot (Art. 102 AEUV/Art. 54 EWR-Abkommen) zuwider gehandelt worden ist. Die Vorschrift ist gleichermaßen anzuwenden, wenn Vorfragen anhand sekundärer gemeinschaftsrechtlicher Vorschriften (z. B. Gruppenfreistellungsverord-

---

[85] So *K. Schmidt* in: Immenga/Mestmäcker, GWB, § 87 Rn. 34 bis 36 m. w. N.

[86] *Bechtold,* GWB, § 87 Rn. 7; *Meyer-Lindemann* in: Frankfurter Komm., § 87 GWB Rn. 52f.

[87] Die Art. 53, 54 EWR-Abkommen sind mit Art. 81, 82 EG wortlautidentisch.

[88] Ebenso *K. Schmidt* in: Immenga/Mestmäcker, GWB, § 87 Rn. 16 bis 18; *Bornkamm* in: Langen/Bunte, § 87 GWB Rn. 11.

[89] Vgl. BGH WuW/W BGH 1643, 1645 – *BMW-Importe;* WuW/E DE-R 206 – *Depotkosmetik.*

[90] Dies wurde aus § 33 S. 1, 1. Hs a. F. entnommen („den Schutz eines anderen bezweckt"). Vgl. dazu aus der Rspr. auch LG Mainz WuW/E DE-R 1349, 1351 – *Vitaminpreise Mainz;* LG Mannheim GRUR 2004, 182, 183f.

[91] § 33 Abs. 1 S. 3 n. F. setzt bei der Definition der Betroffenheit eine zielgerichtete Schädigung nicht mehr voraus.

[92] § 96 S. 1 2. Hs. a. F.: ...; hängt die Entscheidung eines Rechtsstreits ganz oder teilweise von der Anwendbarkeit des Artikels 85 oder des Artikels 86 des Vertrages zur Gründung der Europäischen Gemeinschaft (Bem.: durch den Amsterdamer Vertrag umbenannt in Art. 81, 82 EG) oder des Artikels 53 oder des Artikels 54 des Abkommens über den Europäischen Wirtschaftsraum ab, so gilt § 87 Abs. 1 entsprechend.

nungen) zu beurteilen sind. Davon abgesehen ist die kartellgerichtliche Vorfragezuständigkeit hier genauso, wie vorstehend erörtert worden ist, zu behandeln (Rn. 17 bis 21).

IV. Rechtsfolgen

1. Vorrang der Zuständigkeit der Kartellgerichte

Entsprechend dem Zweck des Gesetzes geht die Zuweisung der sachlichen Zuständigkeit in § 87 (ausgenommen den Fall des S. 3) anderen Zuständigkeitsregelungen vor, und zwar auch solchen ausschließlichen Charakters (s. auch § 88 2. Hs.).[93] Dies gilt einschränkungslos für Satz 1, mit der Folge, dass bei einem Zusammentreffen von Anspruchsnormen aus GWB und anderen Rechtssätzen die Zuständigkeit der Kartellgerichte vorrangig ist – selbst wenn es auf die kartellrechtliche Anspruchsgrundlage nicht ankommt oder das Schwergewicht des Rechtsstreits beim nichtkartellrechtlichen Anspruch liegt.[94] Dies ist auch in Verfahren auf Erlass **einstweiliger Verfügungen** nicht anders.[95] Für die Fälle des Satzes 2 hat dasselbe zu gelten, wenn eine kartellrechtliche Vorfrage entscheidungserheblich ist (s. dazu Rn. 19). § 87 verdrängt andere Sonderzuständigkeiten (z. B. §§ 143 Abs. 1 PatG, 140 MarkenG; s. auch Rn. 5). 23

2. Zuständigkeit der Kartell-Landgerichte

§ 87 begründet i. V. m. § 95 unabhängig vom Streitwert die ausschließliche **sachliche Zuständigkeit** der Kartell-LG[96] – so auch bei Vorliegen der Voraussetzungen des Abs. 1 S. 2.[97] Gerichtsstandsvereinbarungen sind unzulässig (§ 40 Abs. 2 S. 1 Nr. 2 ZPO). Rügeloses Verhandeln (§ 39 ZPO) lässt das unzuständige Gericht nicht zuständig werden (§ 40 Abs. 2 S. 2 ZPO). Wird ein Klagebegehren bei einheitlichem Streitgegenstand in 1. Instanz sowohl auf kartellrechtliche wie auf außerkartellrechtliche Anspruchsgrundlagen gestützt (Fall des S. 1), ist der Rechtsstreit insgesamt eine Kartellsache.[98] Weder darf ein Nicht-Kartellgericht den Rechtsstreit in einem solchen Fall allein unter außerkartellrechtlichen Aspekten behandeln, noch hat ein Kartellgericht den Fall nur kartellrechtlich zu prüfen (zur Mehrheit von Klagegegenständen s. § 88 Rn. 3). Kartellrechtliche **Widerklagen** in 1. Instanz gehören ebenfalls vor ein Kartell-LG[99] (zur nicht-kartellrechtlichen Widerklage s. § 88 Rn. 3). 24

Die nicht ausschließliche **örtliche Zuständigkeit** bestimmt sich nach den allgemeinen Vorschriften; es bestehen die Wahlmöglichkeiten nach den §§ 12 ff. ZPO. Praktisch relevant sind neben dem allgemeinen Gerichtsstand insbesondere die Gerichtsstände des Erfüllungsorts (§ 29 ZPO)[100] und der unerlaubten Handlung (§ 32 ZPO – Kartellrechtsverstöße haben deliktsrechtlichen Charakter).[101] Eine Zuständigkeitsderogation (§§ 38 ff. ZPO) ist 25

---

[93] BGHZ 114, 218, 220 ff. = WuW/E BGH 2707 – *Krankentransportunternehmen II (Einzelkostenerstattung);* BGH WuW/E BGH 2721, 2725 f. = NJW 1992, 1561 – *Krankenpflege;* OLG Karlsruhe WuW/E OLG 2300, 2302 – *Fach-Tonbandkassetten;* vgl. auch *v. Gamm,* § 87 Rn. 2; *Meyer-Lindemann* in: Frankfurter Komm., § 87 GWB Rn. 57.

[94] Vgl. OLG Karlsruhe WuW/E OLG 2300, 2302, 2306 = GRUR 1980, 323 – *Fach-Tonband-Kassetten;* OLG Hamm WuW/E 2043, 2044 – *Badebetrieb.*

[95] S. hierzu die Fundstellen unter Fn. 63.

[96] Vgl. *v. Gamm,* § 87 Rn. 2; *K. Schmidt* in: Immenga/Mestmäcker, GWB, § 87 Rn. 37; *Meyer-Lindemann* in: Frankfurter Komm., § 87 GWB Rn. 57. Zur Abgrenzung von § 89 s. dort Rn. 6.

[97] Die von *K. Schmidt* in: Immenga/Mestmäcker, GWB, § 87 Rn. 36, vertretene Fortschreibung des „acte-clair"-Gedankens in der Weise, wonach S. 2 bei zweifelsfreien kartellrechtlichen Fragen keine ausschließliche Zuständigkeit begründe, wird hier nicht geteilt; vgl. oben Rn. 21.

[98] Vgl. OLG Hamm WuW/E 2043, 2044 – *Badebetrieb;* OLG Karlsruhe WuW/E OLG 2300, 2302 – *Fach-Tonband-Kassetten;* OLG Stuttgart WuW/E 4001, 4002 – *Fiat-Bonus.*

[99] Vgl. OLG Hamm WuW/E OLG 2710, 2711 f. – *Karl-May-Ausgabe.*

[100] Weiterführend: *Winkler* BB 1979, 402 f.

[101] Vgl. OLG Stuttgart BB 1979, 390, 391; OLG Frankfurt WuW/E OLG 3984; OLG München NJW 1996, 2382 (LS) sowie *Winkler* BB 1979, 402.

statthaft. Die in Rspr. und Schrifttum unterschiedlich beantwortete Frage, ob im Rahmen der örtlichen Zuständigkeit nach § 32 ZPO – abgesehen von Ansprüchen aus unerlaubter Handlung – eine Prüfung sachzusammenhängender konkurrierender Ansprüche geboten ist,[102] wirkt sich im Kartellrecht wegen der Vorrangigkeit der Zuständigkeit der KartellG und ihrer daraus folgenden und durch § 17 Abs. 2 S. 1 GVG gegebenen Befugnis, einen Klageanspruch unter allen nach dem Sachverhalt in Betracht kommenden rechtlichen Gesichtspunkten zu prüfen, praktisch nicht aus. Einschränkungen kann die Wahl des örtlichen Gerichtsstandes allerdings mit Blick auf die durch Rechtsverordnungen nach § 89 eingetretene Zuständigkeitskonzentration unterliegen. Die Zuständigkeit eines anderen als eines Kartell-LG kann nicht wirksam vereinbart werden. Eine danach verfehlte Gerichtsstands-standsabrede, die als solche freilich auch in Allgemeinen Geschäftsbedingungen getroffen werden kann,[103] ist u. U. jedoch dahin auszulegen, dass die Vereinbarung für das im Bezirk bestimmte Kartell-LG gelten soll.[104]

26 Der frühere Abs. 2, nunmehr § 95 Abs. 2 GVG, betrifft die **funktionelle Zuständigkeit,** soweit Rechtsstreitigkeiten nach Satz 1 und 2 als Handelssachen i. S. der §§ 93 ff. GVG bezeichnet werden. Der Kläger hat – ausgenommen kartellrechtliche Schadensersatzansprüche, die nach § 95 Abs. 2 Nr. 1 GVG (eingefügt durch die 8. GWB-Novelle) keine Handelssachen (mehr) sind – demnach die Wahl, an Stelle einer Zivilkammer (§ 94 GVG) durch Bestimmung in der Klageschrift eine **Kammer für Handelssachen** (KfH) anzurufen (§ 96 Abs. 1 GVG). Ist dies unterblieben und die Klage vor einer Zivilkammer anhängig gemacht worden, hat jene auf Antrag des Beklagten die Sache an die Kammer für Handelssachen zu verweisen (vgl. §§ 98 Abs. 1 S. 1, 101 Abs. 1 GVG).

27 § 87 bestimmt – im Gegensatz zu den die OLG und den BGH betreffenden Regelungen (§§ 91, 94) – alle Kammern des LG zu Kartellspruchkörpern.[105] Erst der **Geschäftsverteilungsplan** des LG (§ 21e Abs. 1 GVG) weist die Kartellzivilsachen bestimmten (Kartell-) Zivilkammern und Kammern für Handelssachen zu. Gelangt eine Kartellsache zu einer nach dem Geschäftsverteilungsplan unzuständigen Kammer, kann dies in der Instanz nur bei Willkür mit Erfolg gerügt werden (zur Rüge mittels Berufung/Revision s. Rn. 30).[106]

28 Zur **internationalen Zuständigkeit:** Die deutschen Gerichte haben auch die Bestimmungen des europäischen Kartellrechts anzuwenden (insbesondere Art. 101, 102 AEUV). Die Zuständigkeit deutscher Gerichte kann wirksam vereinbart werden.[107] Hingegen ist die Abrede der Zuständigkeit eines ausländischen Gerichts für eine allein dem deutschen Kartellrecht unterliegende Streitigkeit nach nationalem Recht weiterhin unzulässig (Derogationsverbot). Anders ist dies im Fall einer Derogation der deutschen internationalen Zuständigkeit zu sehen.[108] Dazu ist auch Art. 25 Abs. 1 der Verordnung (EU) Nr. 121544/2012 des Europäischen Parlaments und des Rates vom 12.12.2012 über die gerichtliche Zuständigkeit und die Anerkennung und Vollstreckung von Entscheidungen in Zivil- und Handelssachen (sog.

---

[102] Vgl. zum Meinungsstand: *Zöller/Vollkommer,* § 32 ZPO Rn. 20 sowie *K. Schmidt* in: Immenga/Mestmäcker, GWB, § 87 Rn. 40 – jeweils m. w. N. Die Frage ist durch Urteil des BGH v. 10.12.2002 = MDR 2003, 345 f. zu Gunsten einer unter allen in Betracht kommenden rechtlichen Gesichtspunkten stattfindenden Prüfung, wenn im Gerichtsstand der unerlaubten Handlung im Rahmen der Darlegung eines Anspruchs aus unerlaubter Handlung ein einheitlicher prozessualer Anspruch geltend gemacht wird, im Übrigen höchstrichterlich bejahend entschieden.

[103] Vgl. KG WuW/E OLG 5843, 5847 – *Gerichtsstandsklausel in AGB.*

[104] Vgl. hierzu auch *Bornkamm* in: Langen/Bunte, § 87 GWB Rn. 29 m. w. N.; *Meyer-Lindemann* in: Frankfurter Komm., § 87 GWB Rn. 60.

[105] Vgl. KG WuW/E DE-R 165, 167.

[106] Vgl. BVerfGE 13, 132, 144; *Zöller/Lückemann,* § 21e GVG Rn. 53; *K. Schmidt* in Immenga/Mestmäcker, GWB, § 87 Rn. 41 – jeweils m. w. N.

[107] Vgl. *K. Schmidt* in: Immenga/Mestmäcker, GWB, § 87 Rn. 46 f. m. w. N.

[108] S. die Übersicht über den Meinungsstand bei *K. Schmidt* in: Immenga/Mestmäcker, GWB, § 87 Rn. 46 m. w. N.

Brüssel Ia-VO) heranzuziehen.[109] Die darin getroffene Regelung der ausschließlichen internationalen und örtlichen Zuständigkeit gemäß einer auf konkrete Rechtsverhältnisse bezogenen Parteivereinbarung geht dem Derogationsverbot nach nationalem Recht vor.[110]

3. Verfahren und Rechtsmittel bei Unzuständigkeit

Die bei einem sachlich oder örtlich unzuständigen (Nicht-Kartell-)LG angebrachte Klage ist auf Antrag des Klägers gemäß § 281 ZPO (in unmittelbarer[111] oder entsprechender[112] Anwendung) an das zuständige Kartell-Landgericht zu **verweisen.** Ohne Verweisungsantrag ist die Klage als unzulässig abzuweisen. Erklären sich ein Nicht-Kartell-LG und ein Kartell-LG eines OLG-Bezirks für unzuständig (negativer Kompetenzkonflikt), erfolgt entsprechend § 36 Abs. 1 Nr. 6 ZPO[113] eine Zuständigkeitsbestimmung durch das übergeordnete gemeinsame OLG, und zwar durch den dort ggf. eingerichteten Kartellsenat. Die gesetzliche Zuständigkeit des Kartellsenats geht in Kartellsachen analog § 87 S. 1, § 91 derjenigen der allgemeinen Zivilsenate auch in Fragen der Zuständigkeitsbestimmung vor. Deswegen hat der Kartellsenat jenes OLG, bei dem die Kartellzivilsachen durch Rechtsverordnung nach § 92 Abs. 1 (oder durch Staatsvertrag nach § 92 Abs. 2) i. V. m. § 93 in einem Land konzentriert sind, als das nächst höhere Gericht i. S. v. § 36 Abs. 1 ZPO auch in solchen Konfliktfällen zu entscheiden, in denen ein Nicht-Kartell-LG und ein Kartell-LG über die Zuständigkeit streiten, die demselben OLG-Bezirk angehören, wobei aber das übergeordnete (gemeinsame) OLG keinen Kartellsenat hat.[114] § 36 Abs. 2 ZPO, wonach das zuständige LG von dem OLG bestimmt wird, zu dessen Bezirk das zuerst mit der Sache befasste Gericht gehört, hat danach nur in den (theoretischen) Ausnahmefällen Relevanz, in denen der negative Kompetenzkonflikt zwischen verschiedenen LG in unterschiedlichen Ländern entsteht, die nicht durch einen Staatsvertrag i. S. v. § 92 Abs. 2 verbunden sind.[115] Festzustellen bleibt, dass es im Bereich der entsprechenden Anwendung von § 36 Abs. 1 ZPO keiner „rechtskräftigen" (so der Wortlaut der Norm) Unzuständigerklärung bedarf. Das Kartell-OLG ist schon dann zur Zuständigkeitsbestimmung berufen, wenn die ver- 29

---

[109] ABl. 2012 I. S. 351, S. 1. Die am 10.1.2015 in Kraft getretene Verordnung ersetzt die VO (EG) Nr. 44/2001 des Rates über die gerichtliche Zuständigkeit und die Anerkennung und Vollstreckung von Entscheidungen in Zivil- und Handelssachen v. 22.12.2000 (ABl. 2001 L 12 S. 1).

[110] Vgl. OLG Stuttgart WuW/E OLG 4716, 4718 – *Ferrari; Bornkamm* in: Langen/Bunte, Kommentar zum deutschen und europäischen Kartellrecht, § 87 Rn. 37; s. hierzu ebenfalls *Zöller/Geimer,* Anh. I, Art. 23 EuGVVO Rn. 7 bis 12.

Vgl. im Übrigen zur negativen Feststellungsklage einer schweizer Klägerin gegen eine italienische Beklagte betreffend angebliche wettbewerbsbeschränkende Auswirkungen von Verhaltensweisen der Klägerin auf dem deutschen Markt (siehe Art. 7 Nr. 2 Brüssel Ia-VO): BGH, Urt. vom 29.1.2013 – KZR 8/10, NZKart 2013, 202, *Trägermaterial für Kartenformulare,* unter Bezugnahme auf die Rspr. des EuGH.

Zu derselben Bestimmung (Art. 7 Nr. 2 Brüssel Ia-VO), zur Zuständigkeitskonzentration bei einer Mehrzahl von Beklagten (Art. 8 Nr. 1 Brüssel Ia-VO) sowie zur Nachrangigkeit des Derogationsverbots (Art. 25 Abs. 1 Brüssel Ia-VO) ferner: EuGH, Urt. vom 21.5.2015 – C-352/13, *CDC Hydrogen Peroxide.*

[111] Betreffend die örtliche Zuständigkeit.

[112] In Bezug auf die sachliche Zuständigkeit.

[113] § 36 ZPO regelt – so die Systematik des Gesetzes – unmittelbar nur die Bestimmung des Gerichtsstandes, mithin die örtliche Zuständigkeit. Hier – darum entsprechende Anwendung – ist indes die sachliche Zuständigkeit betroffen.

[114] Vgl. OLG Düsseldorf, 1. Kartellsenat, Beschl. v. 18.7.2005, Az. VI – W (Kart) 6/05 im Fall eines negativen Kompetenzkonflikts zwischen dem LG Köln (Kartell-Landgericht gemäß der VO v. 8.2.2002, GVBl. NW S. 22 im OLG-Bezirk Köln mit übergeordnetem Kartell – OLG Düsseldorf) und dem LG Bonn (Nicht-Kartellgericht im Bezirk des Oberlandesgerichts Köln, welches aufgrund der genannten VO in Kartellsachen unzuständig ist). Siehe freilich auch OLG Düsseldorf, Beschl. v. 1.6.2011 – Az. VI-W (Kart) 1/11, WuW/E DE-R 3329: Keine verdrängende Sonderzuständigkeit von Kartellgerichten bei der Entscheidung über negativen Kompetenzkonflikt zwischen Nicht-Kartell-LG und Kartell-LG.

[115] Von der in § 92 Abs. 2 enthaltenen Konzentrationsermächtigung ist bislang kein Gebrauch gemacht worden.

schiedenen LG ihre Entscheidungskompetenz verneinen.[116] Nach allgemeinen Grundsätzen ist dabei allerdings die von einem Verweisungsbeschluss ausgehende Bindungswirkung zu beachten (vgl. § 281 Abs. 2 S. 3 u. 4 ZPO), die – kurz zusammengefasst – namentlich dann abzulehnen ist, wenn die Verweisung bei verständiger Würdigung im Prozess-Stoff keine vernünftige Grundlage hat.[117] Die Zuständigkeit des BGH bei der Bestimmung des zuständigen Gerichts ist – abgesehen von den unter § 36 Abs. 3 ZPO zu fassenden Sonderfällen – aufgegeben worden.[118] Tritt der Zuständigkeitskonflikt zwischen verschiedenen Zivilkammern eines Landgerichts auf, ist die Sache an die zuständige Zivilkammer **abzugeben.** Bei Meinungsverschiedenheiten über die Zuständigkeit nach dem Geschäftsverteilungsplan hat das Präsidium des LG zu entscheiden (§ 21e GVG).[119] Die in diesem Bereich anders gelagerte Konfliktlösung hängt damit zusammen, dass § 87 die LG insgesamt (also alle ihnen angehörenden Spruchkörper) zu Kartellgerichten erklärt, und erst die Geschäftsverteilungspläne darüber Aufschluss geben, welche Zivilkammern oder Kammern für Handelssachen mit den Kartellrechtsstreitigkeiten befasst sind (s. auch Rn. 27).

30 Die **Berufung** kann nach § 513 Abs. 2 ZPO n. F. nicht mehr mit Erfolg darauf gestützt werden, das Gericht des ersten Rechtszuges habe seine Zuständigkeit zu Unrecht angenommen.[120] Nach § 545 Abs. 2 ZPO n. F. kann auch die **Revision** nicht damit gerechtfertigt werden, das erstinstanzliche Gericht habe seine Zuständigkeit zu Unrecht bejaht oder verneint.[121] Dasselbe gilt bei Beschwerden (§ 571 Abs. 2 S. 2 ZPO n. F.). Hat eine Zivilkammer oder eine Kammer für Handelssachen unter irrtümlich (nicht willkürlich) falscher Anwendung des Geschäftsverteilungsplans entschieden, so kann dies im Rechtsmittelweg ebenso wenig mit Erfolg gerügt werden.[122]

V. Verhältnis zu anderen Vorschriften

31 Die Zuständigkeit der Kartellgerichte erstreckt sich nach der Neufassung der Norm durch das Siebte Gesetz zur Änderung des Gesetzes gegen Wettbewerbsbeschränkungen nunmehr ausdrücklich und unmittelbar auch auf Klagen aus Art. 101, 102 AEUV (vgl. Rn. 22). Dem entspricht die gleichzeitige Erweiterung des Tatbestandes von § 33. Kartellrechtliche Vorfragen, die sich nach den genannten Vorschriften stellen, begründeten die Zuständigkeit auch schon nach bisherigem Recht. Die Verordnung (EG) Nr. 1/2003 des Rates vom 16.12.2002 zur Durchführung der in Art. 81 und 82 des Vertrags niedergelegten Wettbewerbsregeln[123] hat insoweit zu einer Angleichung des Gesetzes an die EG-kartellrechtliche Rechtslage geführt. Solche **Rechtsänderungen** sind von den Gerichten zu berücksichtigen und der Entscheidung zugrunde zu legen.[124] Nach Art. 1 Abs. 2 der Verordnung (EG) Nr. 1/2003 sind Vereinbarungen, Beschlüsse und aufeinander abge-

---

[116] Vgl. BGHZ 104, 363, 366.

[117] Wegen der Einzelheiten ist auf die Kommentarliteratur zur ZPO zu verweisen, s. z. B. *Zöller/Greger,* § 281 ZPO Rn. 17 f. m. w. N.

[118] Siehe das Gesetz zur Neuregelung des Schiedsverfahrens vom 22.12.1997, BGBl. I, S. 3224, dort Art. 1 Nr. 1.

[119] *Zöller/Lückemann,* § 21e GVG Rn. 38 m. w. N.

[120] Zu Besonderheiten bei der internationalen Zuständigkeit im Rahmen der EuGVVO vgl. *Zöller/Heßler,* § 513 ZPO Rn. 8.

[121] Vgl. BGH NJW 2005, 1660, 1661 f.

[122] Vgl. *K. Schmidt* in: Immenga/Mestmäcker, GWB, § 87 Rn. 53; *Zöller/Lückemann,* § 16 GVG Rn. 2; § 21e GVG Rn. 53. Zu den bei Verstoß gegen den Grundsatz des gesetzlichen Richters möglichen Rechtsbehelfen vgl. *Zöller/Lückemann,* § 16 GVG Rn. 3.

[123] ABl. (EG) Nr. L 1/1 vom 4.1.2003.

[124] Vgl. BGH, Urt. v. 29.9.1998, Az. KZR 3/97, WuW/E DE-R 197, 198 – *Röntgenbilder;* Urt. v. 8.12.1998, Az. KZR 26/97, WuW/E DE-R 217 – *Postbeförderungsvorbehalt;* Urt. v. 14.3.2000, Az. KZR 15/98, WuW/E DE-R 487, 489 – *Zahnersatz aus Manila;* Urt. v. 24.6.2003, Az. KZR 32/02, WuW/E DE-R 1125, 1126, GRUR 2003, 807 – *Buchpreisbindung;* BGHZ 141, 329, 336, GRUR 1999, 923 – *Tele-Info-CD.*

stimmte Verhaltensweisen im Sinne von Art. 81 Abs. 1 EG, welche die Voraussetzungen des Art. 81 Abs. 3 EG erfüllen, nicht (mehr) verboten, auch wenn sie nicht durch eine ausdrückliche Freistellung (z.B. durch eine Gruppenfreistellungsverordnung) vom Verbot des Art. 81 Abs. 1 EG ausgenommen sind. Das Verhältnis des nationalen Kartellrechts zum EG-Kartellrecht ist mit dem Siebten Gesetz zur Änderung des Gesetzes gegen Wettbewerbsbeschränkungen neu definiert worden.[122] Dadurch sind die von den nationalen Gerichten wahrzunehmenden Prüfungsobliegenheiten erheblich erweitert worden. Daraus folgt z.B., dass Vertragsklauseln, die mit Gruppenfreistellungsverordnungen nicht zu vereinbaren sind, gemäß Art. 81 Abs. 2 EG nicht zwingend nichtig sind, sondern gleichwohl wirksam sein können, sofern die von den nationalen Gerichten zu prüfenden Tatbestandsvoraussetzungen der Legalausnahme in Art. 81 Abs. 3 EG gegeben sind.[123]

§ 88 Klageverbindung

Mit der Klage nach § 87 Abs. 1 kann die Klage wegen eines anderen Anspruchs verbunden werden, wenn dieser im rechtlichen oder unmittelbaren wirtschaftlichen Zusammenhang mit dem Anspruch steht, der bei dem nach § 87 zuständigen Gericht geltend zu machen ist; dies gilt auch dann, wenn für die Klage wegen des anderen Anspruchs eine ausschließliche Zuständigkeit gegeben ist.

Übersicht

I. Sinn und Zweck der Vorschrift

1 Die Vorschrift gestattet aus Gründen der Verfahrensvereinfachung, kartellrechtliche Klagen im ersten Rechtszug mit solchen zu verbinden, die keinen kartellrechtlichen Streitgegenstand haben.[1] Mit dem am 1.7.2005 in Kraft getretenen Siebten Gesetz zur Änderung des Gesetzes gegen Wettbewerbsbeschränkungen[2] ist die Norm sprachlich und gesetzestechnisch bereinigt worden. Sie verweist hinsichtlich ihres Anwendungsbereichs auf § 87 (unnötigerweise auf den nicht mehr existenten Abs. 1). § 88 ist stets so verstanden worden, dass auch mit der Klage, die lediglich eine kartellrechtliche Vorfrage betraf, ein „anderer Anspruch" verbunden werden konnte.[3]

II. Praktische Bedeutung

2 § 88 trifft eine Sonderbestimmung für die objektive und die subjektive **Klagenhäufung** vor den Kartell-LG.[4] Die §§ 59ff., 260 ZPO machen die Zulässigkeit einer Klageverbin-

[122] S. oben Fn. 4.

[123] Vgl. BGH, Urt. v. 13.7.2004, Az. KZR 10/03, GRUR Int. 2005, 152, 154f., 160 = WRP 2005, 1378 = WuW/E DE-R 1213.

[1] *K. Schmidt* in: Immenga/Mestmäcker, GWB, § 88 Rn. 1; *Meyer-Lindemann* in: Frankfurter Komm., § 88 Rn. 1.

[2] BGBl. I 2005, S. 1954 in der Fassung des Beschlusses des Bundestages vom 16.6.2005 und des Beschlusses des Bundesrates vom 17.6.2005. Wegen der insgesamt umfangreichen Änderungen durch dieses Gesetz hat das Bundesministerium für Wirtschaft und Arbeit von der Neubekanntmachungserlaubnis Gebrauch gemacht. Die Zitierweise des Gesetzes war nunmehr: Gesetz gegen Wettbewerbsbeschränkungen in der Fassung der Bekanntmachung vom 15.7.2005, BGBl. I 2005, S. 2114.

[3] So auch *Bechtold,* GWB, § 88 Rn. 1; *K. Schmidt* in: Immenga/Mestmäcker, GWB, § 88 Rn. 1; *Meyer-Lindemann* in: Frankfurter Kommentar, § 88 GWB Rn. 7; *Bornkamm* in: Langen/Bunte, § 88 GWB Rn. 2.

[4] Zur objektiven Klagenhäufung vgl. *Bornkamm* in: Langen/Bunte, § 88 GWB Rn. 4; *Meyer-Lindemann* in: Frankfurter Kommentar, § 88 GWB Rn. 13f.; *K. Schmidt* in: Immenga/Mestmäcker,

dung davon abhängig, dass für sämtliche verbundenen Ansprüche dasselbe Prozessgericht zuständig und dieselbe Prozessart zulässig ist.[5] § 88 lässt – sofern die besondere Voraussetzung eines rechtlichen oder unmittelbaren wirtschaftlichen Zusammenhangs vorliegt – demgegenüber eine Verbindung mehrerer prozessualer Ansprüche und/oder Klagen gegen verschiedene Beklagte auch dann zu, wenn für sämtliche Ansprüche und/oder Beklagten nicht dasselbe Prozessgericht zuständig ist. Er begründet die Zuständigkeit der Kartell-LG selbst in dem Fall, dass für den weiteren prozessualen Anspruch an sich eine andere (sogar eine ausschließliche) gerichtliche Zuständigkeit gegeben ist. Darin erschöpft sich die praktische Bedeutung der Vorschrift, deren Berücksichtigung für den Kläger freilich kostenrechtlich geboten sein kann.[6] Nach der bis zum 31.12.1998 geltenden Rechtlage half § 88 dabei, die bei kartellrechtlichen Vorfragen bestehende Notwendigkeit, den Nicht-Kartellprozess nach § 96 Abs. 2 a. F. bis zur Klärung einer kartellrechtlichen Vorfrage durch isolierte Feststellungsklage vor dem zuständigen Kartellgericht **auszusetzen,** zu umgehen.[7] Diese Bedeutung hat § 88 heute nicht mehr, weil § 87 S. 2 die Vorfragestreitigkeiten in die Zuständigkeit der KartellG einbezieht (vgl. dazu § 87 Rn. 17 ff.). Infolge dessen fehlt es einer isolierten Feststellungsklage im vorgenannten Sinn heute am Rechtsschutzbedürfnis.

III. Tatbestand

1. Allgemeine Voraussetzungen

3 Wegen der Tatbestandselemente und der Auslegung der Norm ist die Rspr. und Literatur zu den §§ 59 ff. und 260 ZPO heranzuziehen.[8] § 88 betrifft von seinem Regelungsgehalt her objektive (§ 260 ZPO) und subjektive Klagenhäufungen (§§ 59 ff. ZPO)[9] im ersten Rechtszug. Die **objektive Klagenhäufung** erfordert nach allgemeinem Verständnis eine Mehrheit von Streitgegenständen.[10] Daran fehlt es, wenn ein einheitliches Klagebegehren lediglich mehrfach rechtlich begründet wird (sog. Anspruchsgrundlagenkonkurrenz) oder dieses auf ein Hilfsvorbringen gestützt ist. Solche Fallgestaltungen sind bereits von § 87 erfasst. § 88 lässt – wie § 260 ZPO – Klageverbindungen in den Formen einer kumulativen und eventuellen Anspruchshäufung zu.[11] Zugelassen ist auch eine nachträgliche Klagenhäufung durch Erheben eines prozessualen Anspruchs nicht-kartellrechtlicher Art im Laufe des Prozesses; hierauf ist § 263 ZPO entsprechend anzuwenden.[12] § 88 gilt gleichermaßen für eine nicht-kartellrechtliche **Widerklage** der beklagten Par-

GWB, § 88 Rn. 5. Hinsichtlich subjektiver Klagenhäufung vgl. *Bornkamm* in: Langen/Bunte, § 88 GWB Rn. 6; *Meyer-Lindemann* in: Frankfurter Kommentar, § 88 GWB Rn. 15 f. *Schmidt* in: Immenga/Mestmäcker, GWB, § 88 Rn. 6.

[5] Vgl. für die subjektive Klagenhäufung *Zöller/Vollkommer,* § 60 ZPO Rn. 9; *ders./Greger,* vor § 253 ZPO Rn. 17. Für die objektive Klagenhäufung ergibt sich dies unmittelbar aus § 260 ZPO.

[6] Vgl. zur Erstattungsfähigkeit der durch getrennte Prozesse entstehenden Mehrkosten: *Zöller/Herget,* § 91 ZPO Rn. 13 „Mehrheit von Prozessen".

[7] Dies geschah so, dass vor dem nach § 87 zuständigen Gericht die kartellrechtliche Vorfrage in einen Feststellungsantrag gekleidet und mit diesem der nicht-kartellrechtliche Klageanspruch – das eigentliche Klagebegehren – verbunden wurde; vgl. BGH WuW/E BGH 244, 249 – *Abitz;* OLG Düsseldorf WuW/E OLG 507, 508; 705, 706; OLG Frankfurt WuW/E OLG 5149 – *Kartellrechtliche Feststellungsklage.*

[8] Vgl. z. B. *Zöller/Vollkommer,* § 60 ZPO Rn. 4 ff.; *ders./Greger,* § 260 ZPO Rn. 2 ff. m. w. N.

[9] Siehe die Fundstellen unter Fn. 3.

[10] Vgl. zum Streitgegenstandsbegriff z. B. *Zöller/Vollkommer,* Einleitung Rn. 70 ff. m. w. N.

[11] Vgl. hierzu auch *Zöller/Greger,* § 260 ZPO Rn. 4, 6, 6a; wie hier im Übrigen auch: *Bornkamm* in: Langen/Bunte, § 88 GWB Rn. 4.

[12] Vgl. BGH NJW 1985, 1841, 1842 sowie hinsichtlich einer nachträglichen eventuellen Klagenverbindung BGH NVwZ-RR 2006, 109, 110, 112: § 88 GWB sagt nichts darüber aus, ob die nach § 263 ZPO zu behandelnde nachträgliche Klagenverbindung i. S. v. § 263 ZPO als sachdienlich zuzulassen ist. *Zöller/Greger,* § 260 ZPO Rn. 3; § 263 Rn. 2 m. w. N.; a. A.: *Rosenberg/Schwab/Gottwald,* Zivilprozessrecht, § 99 I 2b; *Stein/Jonas/Schumann,* § 264 ZPO Rn. 11.

tei.[13] Das geht aus dem Wortlaut der Vorschrift zwar nicht ausdrücklich hervor, entspricht aber einer am Normzweck orientierten Auslegung. Stets müssen die zu verbindenden Klagen jedoch bürgerlich-rechtliche Rechtsstreitigkeiten sein (s. dazu § 87 Rn. 6, 11 f.). Unzulässig ist eine Verbindung mit arbeitsrechtlichen Ansprüchen (s. auch § 87 Rn. 18). Darüber hinaus müssen die Parteien identisch sein (sonst subjektive Klagenhäufung) und muss der Anspruch in derselben **Prozessart** erhoben werden können (vgl. § 260 ZPO). Eine Verbindung von Klagen, für die unterschiedliche Verfahrensvorschriften bestehen, ist unzulässig (z. B. keine Verbindung von im Urkundenprozess und im gewöhnlichen Erkenntnisverfahren sowie von in jenem Verfahren und im Verfahren des einstweiligen Rechtsschutzes zu verfolgenden Ansprüchen).[14] § 88 ist auch in Verfahren auf Erlass **einstweiliger Verfügungen** anzuwenden.[15]

2. Besondere Voraussetzungen

Bei dem prozessualen Anspruch, mit dem ein anderer Anspruch verbunden werden soll, 4
muss es sich um eine **Kartellrechtsstreitigkeit** handeln, die entweder die Anwendung des GWB, des EG oder des EWR-Abkommens betrifft (vgl. § 87 Rn. 15 f., 22) oder eine sog. Vorfragestreitigkeit ist (dazu § 87 Rn. 17 ff.). Der **„andere Anspruch"** kann nicht-kartellrechtlicher Natur sein und an sich (sogar ausschließlich) vor ein anderes Gericht der ordentlichen Gerichtsbarkeit gehören. Verbindungsfähig sind Leistungs-, Feststellungs- und/oder Gestaltungsklagen.

Das weitere Erfordernis eines **rechtlichen oder unmittelbaren wirtschaftlichen Zu-** 5
sammenhangs ist – gemessen an dem mit der Vorschrift verfolgten Zweck – nicht eng auszulegen. Beim Merkmal des unmittelbaren wirtschaftlichen Zusammenhangs sind in etwa dieselben, nicht allzu strengen Anforderungen anzuwenden, die auch für § 33 Abs. 1 ZPO („im Zusammenhang")[16] gelten.[17] Es genügt, wenn die verbundenen Ansprüche aus einem zusammengehörenden Lebenssachverhalt erwachsen. Beim Element des rechtlichen Zusammenhangs können die im Rahmen von § 273 Abs. 1 BGB („aus demselben rechtlichen Verhältnis") entwickelten Rechtsgrundsätze herangezogen werden.[18]

IV. Rechtsfolgen

Bei **Vorliegen der Voraussetzungen von § 88** ist das gemäß § 87 zuständige Kartell- 6
LG gleichfalls zur Entscheidung über den verbundenen Klageanspruch (ggf. auch über eine Mehrheit) örtlich, sachlich und international zuständig.[19] Gegenüber einer anderweitigen ausschließlichen oder auch Spezialzuständigkeit (vgl. z. B. § 143 PatG) setzt sich die Zuständigkeit des Kartellgerichts kraft ihres Vorrangs (vgl. § 87 Rn. 23) durch. In der Regel wird über die verbundenen Ansprüche gleichzeitig verhandelt und entschieden werden. Abgesonderte Verhandlung (§ 146 ZPO), Teilurteil (§ 301 ZPO) und Prozesstrennung (§ 145 ZPO) sind zulässig. Eine Trennung hebt die Zuständigkeit des (zulässig angerufenen) Kartellgerichts nicht auf.

---

[13] Vgl. OLG Koblenz WuW/E OLG 3263 = GRUR 1984, 903 – *Landesapothekerkammer; Bornkamm* in: Langen/Bunte, § 88 GWB Rn. 4; *Meyer-Lindemann* in: Frankfurter Komm., § 88 GWB Rn. 17; *K. Schmidt* in: Immenga/Mestmäcker, GWB, § 88 Rn. 7.

[14] Vgl. auch BGHZ 82, 200, 207 = NJW 1982, 523, 524; BGH NJW 1982, 2258.

[15] Vgl. OLG Düsseldorf WuW/E OLG 5115, 5116 – *Gericht der Hauptsache; Bechtold,* GWB, § 88 Rn. 2; *Bornkamm* in: Langen/Bunte, § 88 GWB Rn. 6; *K. Schmidt* in: Immenga/Mestmäcker, GWB, § 88 Rn. 2.

[16] Vgl. hierzu etwa *Zöller/Vollkommer,* § 33 ZPO Rn. 15 f. m. w. N.

[17] So auch: *Bornkamm* in: Langen/Bunte, § 88 GWB Rn. 7; *K. Schmidt* in: Immenga/Mestmäcker, GWB, § 88 Rn. 8, jeweils m. w. N.

[18] Ebenso: *Bornkamm* in: Langen/Bunte, § 88 GWB Rn. 7; zu dem angesprochenen Tatbestandsmerkmal vgl. statt Vieler: *Palandt/Grünebergs,* § 273 BGB Rn. 9 bis 11 m. w. N.

[19] Vgl. in Bezug auf die örtliche Zuständigkeit OLG Karlsruhe WuW/E OLG 2340, 2341 sowie im Übrigen auch *Bornkamm* in: Langen/Bunte, § 88 GWB Rn. 8; *Meyer-Lindemann* in: Frankfurter Kommentar, § 88 GWB Rn. 22; *K. Schmidt* in: Immenga/Mestmäcker, GWB, § 88 Rn. 10.

7 Sind die **Tatbestandsvoraussetzungen von § 88 zu verneinen,** trennt das Gericht die nicht-kartellrechtliche Streitigkeit ab (§ 145 ZPO) und verweist jene auf Antrag entsprechend § 281 ZPO an das zuständige Gericht. Eine Verbindung gemäß § 147 ZPO ist nicht zulässig. Unterbleibt ein Verweisungsantrag, wird die Klage durch Prozessurteil in diesem Punkt als unzulässig abgewiesen. Hinsichtlich der nicht-kartellrechtlichen Streitigkeit kann – soweit kein ausschließlicher Gerichtsstand gegeben ist – die Zuständigkeit des Kartellgerichts jedoch durch rügeloses Verhandeln (§ 39 ZPO) oder durch Gerichtsstandsvereinbarung im konkreten Fall (vgl. §§ 38, 40 ZPO) begründet werden.[20] Nimmt das Gericht eine unzulässige Klageverbindung hin und entscheidet es in der Sache, kann ein Rechtsmittel allein darauf nicht gestützt werden (vgl. § 87 Rn. 30).

§ 89 Zuständigkeit eines Landgerichts für mehrere Gerichtsbezirke

(1) [1]**Die Landesregierungen werden ermächtigt, durch Rechtsverordnung bürgerliche Rechtsstreitigkeiten, für die nach § 87 ausschließlich die Landgerichte zuständig sind, einem Landgericht für die Bezirke mehrerer Landgerichte zuzuweisen, wenn eine solche Zusammenfassung der Rechtspflege in Kartellsachen, insbesondere der Sicherung einer einheitlichen Rechtsprechung, dienlich ist.** [2]**Die Landesregierungen können die Ermächtigung auf die Landesjustizverwaltungen übertragen.**

(2) **Durch Staatsverträge zwischen Ländern kann die Zuständigkeit eines Landgerichts für einzelne Bezirke oder das gesamte Gebiet mehrerer Länder begründet werden.**

(3) **Die Parteien können sich vor den nach den Absätzen 1 und 2 bestimmten Gerichten auch anwaltlich durch Personen vertreten lassen, die bei dem Gericht zugelassen sind, vor das der Rechtsstreit ohne die Regelung nach den Absätzen 1 und 2 gehören würde.**

Übersicht

I. Sinn und Zweck der Vorschrift; praktische Bedeutung

1 Die Vorschrift betrifft die erstinstanzlichen Kartellzivilsachen. Normzweck (in Abs. 1 S. 1 ausdrücklich genannt) ist die Sicherung einer einheitlichen Rechtsprechung in Kartellrechtssachen durch die den Landesregierungen zu diesem Zweck eröffnete Möglichkeit, die nach § 87 i.V.m. § 95 begründete ausschließliche Zuständigkeit für kartellrechtliche Streitigkeiten (vgl. § 87 Rn. 24) bei einem Kartell-LG für mehrere Landgerichtsbezirke zu bündeln.[1] Diese über § 87 hinaus gehende Konzentrationsmöglichkeit wird durch Abs. 2 nochmals erweitert, ohne dass jene Ermächtigung bislang allerdings praktische Bedeutung erlangt hat. Abs. 3 soll durch Ausweitung der Postulationsfähigkeit eine Benachteiligung solcher Rechtsanwälte (und der von ihnen vertretenen Parteien) vermeiden, die beim angerufenen Kartell-LG nicht zugelassen sind. Abs. 3 hat infolge des Gesetzes zur Neuregelung des Berufsrechts der Rechtsanwälte und der Patentanwälte v. 2.9.1994 (RABerufsR-

---

[20] Ebenso *Bornkamm* in: Langen/Bunte, § 88 GWB Rn. 8; *K. Schmidt* in: Immenga/Mestmäcker, GWB, § 88 Rn. 11.

[1] Vgl. *K. Schmidt* in: Immenga/Mestmäcker, GWB, § 89 Rn. 1 m. w. N.

NeuOG)[2] und durch das Gesetz zur Änderung des RABerufsRNeuOG v. 17.12.1999[3] indes keine praktische Bedeutung mehr (s. auch Rn. 5).

II. Tatbestand

1. Ermächtigung zum Erlass von Rechtsverordnungen

Die Länder haben aufgrund der Ermächtigung in Abs. 1 überwiegend Konzentrationsverordnungen erlassen. Ausnahmen bilden das Saarland, Thüringen und die Stadtstaaten Berlin, Bremen und Hamburg (dazu nachfolgend Rn. 3). Im Einzelnen sind durch landesrechtliche Verordnung wie folgt Zuständigkeitskonzentrationen vorgenommen worden: 2

In **Baden-Württemberg:**[4] beim LG Mannheim für den OLG-Bezirk Karlsruhe, beim LG Stuttgart für den OLG-Bezirk Stuttgart. 3

In **Bayern:**[5] beim LG München I für den OLG-Bezirk München; beim LG Nürnberg-Fürth für die OLG-Bezirke Bamberg und Nürnberg.

In **Berlin:** keine Zuständigkeitskonzentration; das LG Berlin ist einziges LG.

In **Bremen:** keine Konzentration erforderlich; das LG Bremen ist einziges LG.

In **Brandenburg:**[6] beim LG Potsdam für das gesamte Land (was dem Bezirk des Brandenburgischen OLG in Brandenburg entspricht).

In **Hamburg:** keine Zuständigkeitskonzentration; das LG Hamburg ist einziges LG.

In **Hessen:**[7] beim LG Frankfurt am Main für die Bezirke der Landgerichte Darmstadt, Frankfurt am Main, Gießen, Hanau, Limburg und Wiesbaden; beim LG Kassel für die LG-Bezirke Fulda, Kassel und Marburg.

In **Mecklenburg-Vorpommern:**[8] beim LG Rostock für das gesamte Land (deckungsgleich mit dem OLG-Bezirk Rostock).

In **Niedersachsen:**[9] beim LG Hannover für das gesamte Land (OLG-Bezirke Braunschweig, Celle und Oldenburg).

In **Nordrhein-Westfalen:**[10] beim LG Düsseldorf für den OLG-Bezirk Düsseldorf, beim LG Dortmund für den OLG-Bezirk Hamm und beim LG Köln für den OLG-Bezirk Köln.

In **Rheinland-Pfalz:**[11] beim LG Mainz für das gesamte Land (mit den OLG-Bezirken Koblenz und Zweibrücken).

Im **Saarland:** keine Konzentration; das LG Saarbrücken ist einziges LG.

In **Sachsen:**[12] beim LG Leipzig für das Land (entsprechend dem OLG-Bezirk Dresden).

---

[2] BGBl. I S. 2278.

[3] BGBl. I S. 2448.

[4] § 13 Abs. 1 VO v. 20.11.1998 (BW GBl. S. 680), zuletzt geändert durch VO v. 26.6.2012 (BW GBl. S. 492).

[5] § 33 Abs. 1 VO v. 11.6.2012 (Bay. GVBl. S. 295), zuletzt geändert durch VO v. 9.9.2013 (Bay. GVBl. S. 604).

[6] § 3 Zweite GerichtszuständigkeitsVO v. 8.5.2007 (BRB GVBl. II S. 113), zuletzt geändert durch VO v. 18.7.2012 (BRB GVBl. II S. 60).

[7] § 42 VO v. 3.6.2013 (Hess. GVBl. I S. 386), zuletzt geändert durch VO v. 11.10.2013 (Hess. GVBl. I S. 569).

[8] § 4 VO v. 28.3.1994 (GVOBl. M-V S. 514), zuletzt geändert durch Gesetz vom 11.11.2013 (GVOBl. M-V S. 609).

[9] § 7 VO v. 18.12.2009 (Nds. GVBl. S. 506), zuletzt geändert durch VO v. 21.9.2012 (Nds. GVBl. S. 358).

[10] VO v. 30.8.2011 (GVBl. NRW S. 469).

[11] VO v. 22.11.1985 (RP GVBl. S. 267), zuletzt geändert durch VO v. 6.3.2012 (RP GVBl. S. 117).

[12] § 12 VO v. 14.12.2007 (Sächs. GVBl. S. 600), zuletzt geändert durch VO v. 13.12.2012 (Sächs.GVBl. S. 782).

In **Sachsen-Anhalt:**[13] beim LG Magdeburg für das Land (entsprechend dem OLG-Bezirk Naumburg).

In **Schleswig-Holstein:**[14] beim LG Kiel für das gesamte Land (zugleich für die weiteren LG Flensburg, Itzehoe, und Lübeck; deckungsgleich mit dem Bezirk des OLG Schleswig).

In **Thüringen:** keine Zuständigkeitskonzentration. Infolgedessen ist jedes LG für seinen Bezirk in Kartellstreitsachen zuständig (LG Erfurt, Gera, Meiningen und Mühlhausen).

2. Staatsverträge

4 Abs. 2 ermöglicht eine die Bundesländer übergreifende Zuständigkeitskonzentration durch Staatsvertrag, und zwar bei einem Kartell-Landgericht für einzelne Bezirke oder für das gesamte Gebiet mehrerer Bundesländer. Davon ist bislang kein Gebrauch gemacht worden.

3. Anwaltliche Vertretung

5 Nach Abs. 3 konnten die Parteien sich nicht nur von den beim Kartell-LG zugelassenen, sondern auch von solchen Rechtsanwälten vertreten lassen, die bei dem LG zugelassen waren, vor das der Rechtsstreit ohne die Konzentration nach Abs. 1 oder Abs. 2 gehörte. Dies erweiterte die Postulationsfähigkeit[15] (nicht hingegen die Zulassung i. S. v. § 18 Abs. 1 BRAO). Abs. 3 ist durch Art. 22 Abs. 2 **RABerufsR-NeuOG**[16] in den alten Bundesländern zum 1.1.2000 und in den neuen Bundesländern zum 1.1.2005 aufgehoben worden, da es dieser Regelung wegen Wegfalls des Lokalisationsprinzips im neu gefassten § 78 Abs. 1 ZPO nicht mehr bedurfte. Das BVerfG hat die zeitliche Aufspaltung für verfassungswidrig erklärt und bis zum Wirksamwerden einer Neuregelung eine Übergangsregelung längstens bis zum 31.12.2004 in Kraft gesetzt.[17] Darauf ist durch das **Gesetz zur Änderung des RABerufsRNeuOG** mit Wirkung zum 1.1.2000 die Postulationsfähigkeit bundesweit ausgedehnt worden.[18] Seither ist jeder bei einem deutschen LG zugelassene Rechtsanwalt vor jedem LG (und mithin auch vor den Kartell-LG) postulationsfähig. Infolgedessen ist auch bei Verweisung ein Anwaltswechsel nicht mehr notwendig. Durch das Gesetz zur Änderung des Rechts der Vertretung durch Rechtsanwälte vor den OLG (**OLGVertrÄndG)** vom 23.7.2002[19] ist § 78 ZPO (Anwaltsprozess) mit Wirkung vom 1.8.2002 neu gefasst worden. Danach können sich die Parteien vor den OLG durch jeden bei einem AG oder LG zugelassenen Rechtsanwalt vertreten lassen.

III. Rechtsfolgen

1. Zuständigkeit

6 Eine Konzentration nach Abs. 1 (oder 2) lässt ein Kartell-LG wie nach § 87 zuständig werden (zur Zuständigkeit einer Kammer für Handelssachen vgl. § 87 Rn. 26 f.). Ihrer

---

[13] § 6 VO v. 1.9.1992 (LSA GVBl. S. 664), zuletzt geändert durch VO v. 28.7.2008 (LSA GVBl. S. 287).

[14] § 1 VO v. 11.2.1958 (GVOBl. S-H S. 118).

[15] Ebenso: OLG Frankfurt MDR 2000, 1215, 1216; OLG Düsseldorf NJW-RR 2001, 998; 1000, 1001; *Bornkamm* in: Langen/Bunte, §§ 92, 93 GWB Rn. 8; *Bumiller* in: Wiedemann, Handbuch des Kartellrechts, § 60 Rn. 13; vgl. zum Begriff der Postulationsfähigkeit: *Zöller/Vollkommer,* Vor § 50 ZPO Rn. 16, § 78 Rn. 6 ff. m. w. N.

[16] Ges. v. 2.9.1994, BGBl. I S. 2278.

[17] Vgl. BVerfGE 93, 362 = NJW 1996, 1882, 1883.

[18] Ges. v. 17.12.1999, BGBl. S. 2448; dieses Gesetz änderte in Art. 1 Nr. 3 den Art. 22 Abs. 2 RABerufsRNeuOG ab.

[19] BGBl. I, S. 2850.

Rechtsqualität nach handelt es sich um eine sachliche Zuständigkeit i. w. S., die zugleich Elemente einer funktionellen Zuständigkeit aufweist.[20]

Wird eine **kartellrechtliche Klage vor einem Nicht-Kartell-Gericht** erhoben, so ist die Sache entweder auf entsprechenden Antrag der klagenden Partei an das Kartell-LG zu verweisen (entsprechend § 281 ZPO). Oder die Klage ist mangels eines Verweisungsantrags als unzulässig abzuweisen (s. dazu § 87 Rn. 24 bis 27, 29; für Berufungs- und Revisionsrügen § 87 Rn. 30). Wird in einer **Nicht-Kartellsache vor einem Kartell-LG** geklagt, kann es an der örtlichen und/oder sachlichen Zuständigkeit mangeln. Das Kartellgericht kann aber gemäß den §§ 38 bis 40 ZPO zuständig werden. Anderenfalls ist die Sache zu verweisen oder die Klage als unzulässig abzuweisen (s. dazu auch § 87 Rn. 24 bis 27). 7

2. Anwaltskosten

Für die obsiegende Partei wurden **Mehrkosten** (namentlich Reisekosten), die durch die Beauftragung eines Rechtsanwalts entstanden, der beim Kartell-LG nur infolge von Abs. 3 postulationsfähig war, abweichend von § 91 Abs. 2 S. 1 ZPO[21] früher als erstattungsfähig angesehen.[22] Wegen der derzeitigen Rechtslage ist auf die Kostenrechtsprechung des BGH zu verweisen.[23] 8

IV. Verhältnis zu anderen Vorschriften

Infolge der Bezugnahme auf § 87 umfasst die Zuständigkeit der Kartell-LG nach Abs. 1 auch solche Streitigkeiten, die die Anwendung der **Art. 101 oder 102 AEUV** oder der **Art. 53 oder 54 des EWR-Abkommens** betreffen. 9

§ 89a Streitwertanpassung

(1) [1]**Macht in einer Rechtsstreitigkeit, in der ein Anspruch nach § 33 oder § 34a geltend gemacht wird, eine Partei glaubhaft, dass die Belastung mit den Prozesskosten nach dem vollen Streitwert ihre wirtschaftliche Lage erheblich gefährden würde, so kann das Gericht auf ihren Antrag anordnen, dass die Verpflichtung dieser Partei zur Zahlung von Gerichtskosten sich nach einem ihrer Wirtschaftslage angepassten Teil des Streitwerts bemisst.** [2]**Das Gericht kann die Anordnung davon abhängig machen, dass die Partei glaubhaft macht, dass die von ihr zu tragenden Kosten des Rechtsstreits weder unmittelbar noch mittelbar von einem Dritten übernommen werden.** [3]**Die Anordnung hat zur Folge, dass die begünstigte Partei die Gebühren ihres Rechtsanwalts ebenfalls nur nach diesem Teil des Streitwerts zu entrichten hat.** [4]**Soweit ihr Kosten des Rechtsstreits auferlegt werden oder soweit sie diese übernimmt, hat sie die von dem Gegner entrichteten Gerichtsgebühren und die Gebühren seines Rechtsanwalts nur nach dem Teil des Streitwerts zu erstatten.** [5]**Soweit die außergerichtlichen Kosten dem Gegner auferlegt oder von ihm übernommen werden, kann der Rechtsanwalt der begünstigten Partei seine Gebühren von dem Gegner nach dem für diesen geltenden Streitwert beitreiben.**

---

[20] Vgl. für den Fall des § 143 PatG: BGHZ 14, 72, 75 – *Autostadt;* BGHZ 49, 99, 102 – *Haftbinde;* näher zu den im Zusammenhang damit dogmatisch anzustellenden Erwägungen: *K. Schmidt* in: Immenga/Mestmäcker, GWB, § 89 Rn. 4 m. w. N.

[21] § 91 Abs. 2 ZPO: Die gesetzlichen Gebühren und Auslagen des Rechtsanwalts der obsiegenden Partei sind in allen Prozessen zu erstatten, Reisekosten eines Rechtsanwalts, der nicht bei dem Prozessgericht zugelassen ist und am Ort des Prozessgerichts auch nicht wohnt, jedoch nur insoweit, als die Zuziehung zur zweckentsprechenden Rechtsverfolgung oder Rechtsverteidigung notwendig war.

[22] Vgl. *v. Gamm,* § 89 Rn. 4; *Bumiller* in: Wiedemann, Handbuch des Kartellrechts, § 60 Rn. 13 sowie aktuell auch *K. Schmidt* in: Immenga/Mestmäcker, GWB, § 89 Rn. 9.

[23] Vgl. exemplarisch BGH GRUR 2007, 726, 912 = NJW-RR 2007, 1561.

(2) [1]**Der Antrag nach Absatz 1 kann vor der Geschäftsstelle des Gerichts zur Niederschrift erklärt werden.** [2]**Er ist vor der Verhandlung zur Hauptsache anzubringen.** [3]**Danach ist er nur zulässig, wenn der angenommene oder festgesetzte Streitwert später durch das Gericht heraufgesetzt wird.** [4]**Vor der Entscheidung über den Antrag ist der Gegner zu hören.**

Übersicht

Schrifttum: *Zuck,* Verfassungsrechtliche Bedenken zu § 53 PatG, § 23a UWG, § 31a WZG, § 17a Gebrauchsmustergesetz, § 247 AktG, GRUR 1966, 167.

I. Sinn und Zweck der Vorschrift

1 Die Vorschrift ist durch das Siebte Gesetz zur Änderung des Gesetzes gegen Wettbewerbsbeschränkungen[1] eingefügt worden. Vergleichbare Regelungen bestehen in § 247 Abs. 2 AktG, § 26 Gebrauchsmustergesetz, § 54 Geschmacksmustergesetz, § 142 MarkenG und § 143 PatG sowie in § 23b UWG a. F.[2] (vgl. aber auch § 12 Abs. 4 UWG n. F.). Darum sollten bei der Auslegung der Norm die Rspr. und die Kommentierungen zu jenen Vorschriften herangezogen werden. Die in den 1950er Jahren (§ 53 PatG a. F.) aufgebrachte,[3] mit dem Begriff „Streitwertbegünstigung" belegte und nun in das GWB übernommene Regelung bezweckt, wirtschaftlich schwächere Parteien (auch Verbände bei einer Vorteilsabschöpfung, vgl. § 34a) darin zu bestärken, kartellrechtliche Forderungen (im Sinn des sog. Private Enforcement) vor den Zivilgerichten durchzusetzen oder ungerechtfertigten Ansprüchen entgegenzutreten.[4] Bedenken[5] haben sich dagegen nicht durchgesetzt. So soll die bedürftige Partei im Fall einer Belastung mit den Prozesskosten (Abs. 1 S. 1), mithin bei einem Unterliegen, kostenrechtlich begünstigt werden; Abs. 1 S. 4 ordnet an, dass die unterlegene Partei die vom Gegner verauslagten Gerichtskosten und seine Rechtsanwaltskosten nur nach dem festgesetzten Teilstreitwert zu erstatten hat. Zumal der gegnerische Rechtsanwalt gegenüber seiner Partei nach dem vollen Streitwert abrechnen kann, trägt infolgedessen der obsiegende Gegner zu den Prozesskosten bei. Obsiegt hingegen die begünstigte Partei, soll ihr Rechtsanwalt kostenrechtlich atypisch die Vergütung nach dem vollen Streitwert vom Gegner beitreiben können (Abs. 1 S. 5).[6] Die Vorschrift legalisiert ein Erfolgshonorar für den Anwalt der begünstigten Partei. Außerdem entwertet sie die

[1] BGBl. I 2004, S. 1954.

[2] In der am 8.7.2004 in Kraft getretenen Neufassung des UWG vom 3.7.2004 (BGBl. I 2004, S. 1414) ist die Regelung gestrichen worden, weil ihr – so die Entwurfsbegründung der Bundesregierung (BT-Drucks. 15/1487, S. 15) – neben der in § 23a UWG a. F. vorgesehenen Streitwertminderung in einfach gelagerten Sachen sowie bei Untragbarkeit der Belastung mit den Prozesskosten nach dem vollen Streitwert (nunmehr § 12 Abs. 4 UWG n. F.) ein eigenständiger Anwendungsbereich nicht mehr zuzumessen sei.

[3] Damals noch in § 17a Gebrauchsmustergesetz, § 53 PatG, § 23a UWG und § 31a WZG; vgl. u. a. das Gesetz zur Änderung des Gesetzes gegen den unlauteren Wettbewerb, des Warenzeichengesetzes und des Gebrauchsmustergesetzes v. 21.7.1965 (BGBl. I, S. 625).

[4] Vgl. die Entwurfsbegründung der Bundesregierung, BT-Drucks. 15/3640, S. 69, in der das bislang bestehende Kostenrisiko als Grund für eine geringe praktische Bedeutung des privaten Kartellrechtsschutzes genannt wird.

[5] Vgl. dazu *Bornkamm* in: Langen/Bunte, § 89a GWB Rn. 3; *K. Schmidt* in: Immenga/Mestmäcker, GWB, § 89a Rn. 3 – jeweils m. w. N.

[6] So auch Benkard/*Grabinski/Zülch,* § 144 PatG Rn. 12.

Prozesskostenhilfe. Die Vorschriften über die Streitwertbegünstigung sind vom BVerfG jedoch für verfassungsmäßig erklärt worden.[7]

II. Praktische Bedeutung

2 Nach § 89a kann das Gericht den Gebührenstreitwert in bürgerlich-rechtlichen Rechtsstreitigkeiten (betreffend die Anwendung des GWB, der Art. 101, 102 AEUV oder der Art. 53, 54 EWR-Abkommen) herabsetzen. Der geltend gemachte Anspruch darf zugleich auf nicht-kartellrechtliche Normen gestützt[8] oder mit einem nichtkartellrechtlichen Anspruch i.S. des § 88 verbunden sein.[9] Die Vorschrift gilt – weil es sich dabei um eine „Rechtsstreitigkeit" i.S.d. Abs. 1 S. 1 handelt – auch in **Verfügungsverfahren**[10] und – i.V.m. den §§ 91 S. 2, 94 Abs. 1 Nr. 3 – in Verfahren vor den **OLG** und dem **BGH.** Da das GWB den Streitwert in bürgerlich-rechtlichen Streitigkeiten nicht weiter regelt, gelten die Vorschriften des Gerichtskostengesetzes (GKG).[11] Nach § 48 Abs. 1 GKG richten sich die Gebühren des Gerichts in bürgerlich-rechtlichen Rechtsstreitigkeiten nach den für die Zuständigkeit des Prozessgerichts oder die Zulässigkeit des Rechtsmittels geltenden Vorschriften über den Wert des Streitgegenstandes. Gemäß § 3 ZPO setzt das Gericht den Wert des Streitgegenstandes nach freiem Ermessen fest. Maßgebend ist das wirtschaftliche Interesse des Klägers am Klageerfolg.[12] Bei Zahlungsklagen entscheidet der Betrag der Forderung. Der Rechtsmittelstreitwert bemisst sich nach dem wirtschaftlichen Interesse des Rechtsmittelklägers an einer Abänderung der angefochtenen Entscheidung.[13] Nach § 39 Abs. 2 GKG ist der Streitwert grundsätzlich auf höchstens 30 Millionen Euro begrenzt. § 89a Abs. 1 S. 1 ermöglicht dem Gericht, den Streitwert auf einen Teilbetrag des an sich richtigen Betrages zu ermäßigen, wenn dies nach pflichtgemäßem Ermessen („kann") angezeigt ist. Die praktische Bedeutung der Vorschrift ist bislang gering.

III. Tatbestand

1. Materielle Voraussetzungen

3 **Abs. 1 S. 1 und 2** regeln, welche Verfahrensbeteiligten durch eine Streitwertherabsetzung begünstigt werden können und unter welchen Voraussetzungen der Streitwert – ohne dass im Prinzip darauf ein Anspruch besteht – herabgesetzt werden darf.

4 **a) Erhebliche Gefährdung der wirtschaftlichen Lage. Abs. 1 S. 1** macht eine Streitwertanpassung von der Glaubhaftmachung (§ 294 ZPO) abhängig, dass die Belastung mit den Prozesskosten nach dem vollen Streitwert die wirtschaftliche Lage des Antragstellers erheblich gefährdet. Der Wortlaut der Norm („Belastung") macht deutlich, dass zur Feststellung einer erheblichen Gefährdung **in methodischer Hinsicht** zunächst die nach dem vollen Streitwert voraussichtlich eintretende Belastung mit den gerichtlichen und außergerichtlichen Kosten der Instanz[14] (einschließlich von Auslagen) konkret auszurechnen und danach – nicht pauschal oder schematisch, sondern fallbezogen – zu ermitteln ist, bis zu welchem Teilstreitwert eine Begleichung der Prozesskosten ohne eine Gefährdung der

---

[7] NJW-RR 1991, 1134 (zu § 23b UWG).

[8] Vgl. BGH GRUR 1968, 333, 334 – *Faber* (zum WZG).

[9] Ebenso *Bechtold,* GWB, § 89a Rn. 3.

[10] Ebenso *Bornkamm* in: Langen/Bunte, § 89a GWB Rn. 5; *K. Schmidt* in: Immenga/Mestmäcker, GWB, § 89 Rn. 4.

[11] In der Fassung der Bekanntmachung vom 27.2.2014 (BGBl. I S. 154), zuletzt geändert durch Art. 12 des Gesetzes vom 29.6.2015 (BGBl. I S 1042).

[12] Vgl. BGH GRUR 1990, 1052, 1053 – *Streitwertbemessung.*

[13] Vgl. BGHZ 23, 205. Zum Streitwert im Fall der Einlegung eines Rechtsmittels gegen die Verurteilung zur Erteilung einer Auskunft vgl. BGH GRUR 2002, 915, 916 (in erster Linie der zur Erfüllung des Anspruchs erforderliche Aufwand an Zeit und Kosten).

[14] Die Kosten eines Rechtsmittelzuges bleiben außer Ansatz.

wirtschaftlichen Lage erwartet werden kann. Es sind nicht die Streitwerte, sondern die Kostenbelastungen gegenüberzustellen. Die rechtliche Beurteilung enthält prognostische und abwägende[15] Elemente; sie unterliegt darum dem Ermessen des Gerichts. Der festgesetzte Teilstreitwert muss (i. S. einer Kontrollüberlegung) in einem angemessenen Verhältnis zum vollen Streitwert stehen. Die Vorschrift ermächtigt deshalb nicht dazu, das Kostenrisiko unter eine Fühlbarkeitsschwelle abzusenken oder einen ohnehin schon geringen Streitwert nochmals zu ermäßigen. Sie lässt ferner ersehen, dass die Entscheidung aus einer Gesamtbetrachtung der wirtschaftlichen Lage des Antragstellers heraus zu treffen ist. Dies kann eine Streitwertanpassung z. B. auch mit Rücksicht auf die aus mehreren parallelen Gerichtsverfahren zusammentreffende Kostenbelastung veranlassen.[16] Hingegen kommt es auf den Gegner treffende Kostennachteile nach dem Wortlaut der Norm nicht an. Der **Begriff** der erheblichen Gefährdung der wirtschaftlichen Lage ist weiter zu fassen als Untragbarkeit (i. S. von Unmöglichkeit),[17] aber tendenziell enger als Unzumutbarkeit (i. S. von besonderer Härte), stellt insofern also (theoretisch) höhere Anforderungen, auch wenn die maßgebenden Erwägungen sich weitgehend decken werden. Mit der Feststellung von Unzumutbarkeit hat die Streitwertanpassung überdies gemeinsam, dass die Entscheidung das Ergebnis einer **Abwägung** der wirtschaftlichen Lage des Antragstellers gegen die aus der Höhe der Kostenbelastung folgenden Nachteile ist.[18] Eine erhebliche Gefährdung der wirtschaftlichen Lage tritt danach nicht ein, wenn die Prozesskosten durch eine zumutbare Darlehensaufnahme gedeckt werden können.[19] Ungünstige wirtschaftliche Verhältnisse oder eine Verschlechterung der Liquidität rechtfertigen für sich allein genommen keine Streitwertanpassung. Nimmt der Antragsteller wegen Vermögenslosigkeit nicht mehr am Wirtschaftsleben teil, tritt durch die Belastung mit den Prozesskosten keine zusätzliche Gefährdung der wirtschaftlichen Lage ein und ist eine Streitwertherabsetzung abzulehnen.[20] Andererseits wird eine erhebliche Gefährdung der wirtschaftlichen Lage nicht erst dann anzunehmen sein, wenn unmittelbar Zahlungsunfähigkeit droht oder der Antragsteller einen notwendigen Unterhalt nicht mehr bestreiten kann. Die Norm lässt eine Anpassung des Streitwerts an die wirtschaftliche Situation zu, wenn sich die Kostenbelastung bei vorausschauender Betrachtung auf die wirtschaftliche Lage so auswirken wird, dass der Antragsteller außerstande ist, seine Unternehmensangelegenheiten im Wettbewerb weiterhin nachhaltig wahrzunehmen.[21] § 89a fordert nicht, dass die Rechtsverfolgung oder -verteidigung (wie bei der Gewährung von Prozesskostenhilfe) **Aussicht auf Erfolg** bietet.[22] Bei pflichtgemäßer Ermessensausübung ist eine Wertanpassung nur in Missbrauchsfällen zu versagen, insbesondere dann, wenn die Rechtsverfolgung oder -verteidigung mutwillig oder offensichtlich aussichtslos ist.[23] Aussichtslosigkeit kann sich aus der Ablehnung eines Prozesskostenhilfegesuchs ergeben.[24] **Rücknahme der Klage,** ihre anderweitige **Erledigung** (namentlich durch einen **Vergleich** – s. auch Abs. 1 S. 4: „übernimmt", S. 5: „übernommen") oder ein **Versäumnisurteil** stehen einer Streitwertanpassung grundsätzlich nicht entgegen.[25]

---

[15] Vgl. BGH GRUR 1994, 385 – *Streitwertherabsetzung* (zum UWG): Abzuwägen ist zwischen der wirtschaftlichen Lage der Partei und der Höhe der Kostenbelastung.

[16] Vgl. OLG Koblenz GRUR 1996, 139, 140 (zum MarkenG).

[17] So § 12 Abs. 4 2. Alt. UWG n. F. (= § 23a UWG a. F.) für den Fall einer Streitwertminderung.

[18] Vgl. auch BGH GRUR 1994, 385 (zum UWG).

[19] Ebenso Benkard/*Grabinski/Zülch,* § 144 PatG Rn. 6; *K. Schmidt* in: Immenga/Mestmäcker, GWB, § 89a Rn. 9; zweifelnd *Bechtold,* GWB, § 89a Rn. 6.

[20] Vgl. BGH GRUR 1953, 284 (zum PatG).

[21] So auch *K. Schmidt* in: Immenga/Mestmäcker, GWB, § 89a Rn. 9.

[22] Ebenso *Bechtold,* GWB, § 89a Rn. 6.

[23] Vgl. OLG Koblenz GRUR 1996, 139, 140 (zum MarkenG).

[24] Vgl. RG GRUR 1938, 325; Benkard/*Grabinski/Zülch,* § 144 PatG Rn. 7.

[25] Vgl. BGH GRUR 1965, 562; KG WRP 1982, 530; OLG Hamburg WRP 1985, 281.

5 **Abs. 1 S. 2** soll u.a. verhindern, dass als Kläger eine wirtschaftlich schwache Partei vorgeschoben oder der Streitwert zu Gunsten einer juristischen Person oder einer parteifähigen Personenvereinigung herabgesetzt wird, obwohl liquide **Dritte,** die an ihr oder am Gegenstand des Rechtsstreits wirtschaftlich beteiligt sind, gehalten sind, die Prozesskosten zu übernehmen oder dies – unmittelbar oder mittelbar – tatsächlich tun. Um derartige Umgehungen auszuschließen, kann das Gericht vom Antragsteller Glaubhaftmachung verlangen (§ 294 ZPO). Infolgedessen verknüpft die Norm eine Streitwertanpassung faktisch mit denselben Voraussetzungen, die für eine Prozesskostenhilfebewilligung zugunsten juristischer Personen und parteifähiger Personenvereinigungen gelten (vgl. § 116 S. 1 Nr. 2 ZPO).

6 **b) Begünstigte Parteien.** Eine Streitwertanpassung kann zu Gunsten des Klägers oder des Beklagten sowie natürlicher oder juristischer Personen[26] und parteifähiger Personenvereinigungen erfolgen. Theoretisch sind auch Fälle denkbar, in denen beide Parteien begünstigt werden. Der Sache nach setzt die Streitwertbegünstigung nach dem Wortlaut der Norm aber voraus, dass – durch **Leistungs- oder Feststellungsklage,**[27] ggf. auch in der Form einer **Widerklage** – von einem betroffenen Unternehmen, das Mitbewerber des Verletzers oder sonstiger Marktbeteiligter ist, Unterlassungs-, Schadensersatz- oder Beseitigungsansprüche gerichtlich geltend gemacht werden **(§ 33 Abs. 1, 3),** oder dass von einem Verband zur Förderung gewerblicher oder selbständiger beruflicher Interessen ein Unterlassungsanspruch **(§ 33 Abs. 2)** oder ein Anspruch auf Herausgabe des wirtschaftlichen Vorteils **(§ 34a)** rechtshängig gemacht worden ist. Infolgedessen bleibt dem praktisch bedeutsamen Bereich der Vorfragestreitigkeiten (vgl. § 87 Rn. 17ff.) eine Streitwertherabsetzung vorenthalten.[28] In Bezug auf **Verbände** ist zu klären, in welchem Verhältnis das Tatbestandselement einer erheblichen Gefährdung der wirtschaftlichen Lage zu dem Umstand steht, dass Verbände ohnedies nur klagebefugt sind, soweit sie nach ihrer personellen, sachlichen und *finanziellen* Ausstattung imstande sind, ihre satzungsgemäßen Aufgaben tatsächlich wahrzunehmen (vgl. § 33 Abs. 2). Daraus folgt, dass Verbände wirtschaftlich in der Lage sein müssen, im Rahmen ihres Satzungszwecks gegen Kartellrechtsverstöße gerichtlich vorzugehen, ohne auf eine Streitwertherabsetzung angewiesen zu sein. Sie müssen daher grundsätzlich auch fähig sein, die Prozesskosten in Verfahren mit hohen Streitwerten zu tragen[29] und haben selbst oder durch ihre Träger alles Erforderliche und Zumutbare dazu beizutragen.[30] Bei ungewöhnlich hohen, namentlich die frühere Revisionssumme (60000 DM) übersteigenden Streitwerten kann vor allem aus der Überlegung heraus, dass Verbänden zur Förderung gewerblicher oder selbständiger beruflicher Interessen die Prozessführungsbefugnis zur Verfolgung von Kartellrechtsverstößen im öffentlichen Interesse verliehen ist,[31] dennoch eine Anwendung des § 89a angebracht sein.[32]

2. Verfahren

7 **Abs. 2** erfordert einen **Antrag** der Partei, der – weil er zur Niederschrift des Urkundsbeamten der Geschäftsstelle gestellt werden kann (§ 78 Abs. 5 ZPO) – keinem Anwaltszwang unterliegt. Die Partei kann auch selbst einen schriftlichen Antrag stellen. Aus der Obliegenheit zur Glaubhaftmachung folgt (Abs. 1 S. 1), dass die aktuelle wirtschaftliche

---

[26] Vgl. BGH GRUR 1953, 284 (zum PatG).

[27] So *Bornkamm* in: Langen/Bunte, § 89a GWB Rn. 5; *K. Schmidt* in: Immenga/Mestmäcker, GWB, § 89a Rn. 6.

[28] Ebenso *Bornkamm* in: Langen/Bunte, § 89a GWB Rn. 4; *K. Schmidt* in: Immenga/Mestmäcker, GWB, § 89a Rn. 5.

[29] Vgl. BGH GRUR 1994, 385; 1998, 958, 959 (beide zum UWG).

[30] OLG Düsseldorf BB 1977, 360; OLG Frankfurt am Main WRP 1980, 271, 272; GRUR 1989, 133, 134.

[31] Vgl. BGH GRUR 1990, 282, 284 = WRP 1990, 255, 257 – *Wettbewerbsverein IV;* GRUR 1994, 304f. – *Zigarettenwerbung in Jugendzeitschriften* (jeweils zum UWG).

[32] So auch BGH GRUR 1994, 385 – *Streitwertherabsetzung* (zum UWG).

Lage von der Partei ungefragt und lückenlos darzustellen und (durch Vorlage von Bilanzen, Gewinn- und Verlustrechnungen, einer Erklärung über die Herkunft der finanziellen Betriebsmittel, eines Nachweises betreffend den Gesellschafterstatus oder dergleichen) zu belegen ist. Wer das versäumt, riskiert allein deswegen eine Ablehnung des Antrags. Der Antrag ist gesondert für jede Instanz zu stellen.[33] Er bedarf entsprechend § 61 GKG einer Angabe des Teilstreitwerts, den der Antragsteller für angemessen hält. Unterbleibt die Angabe, ist der Antrag aber nicht unzulässig. Genauso wenig treten für den Antragsteller Kostennachteile ein, wenn das Gericht den Teilstreitwert höher festsetzt, als von ihm angeregt worden ist. Die dem Gericht obliegende Streitwertfestsetzung zählt zur Instanz und löst keine besondere Gebühr aus.

8 Die Antragstellung unterliegt bestimmten Maßgaben in zeitlicher Hinsicht, bei deren Nichtbeachtung der Antrag unzulässig ist. Der Antrag ist grundsätzlich **vor der Verhandlung zur Hauptsache** anzubringen (Abs. 2 S. 1 – d. h. vor Stellung der Sachanträge, vgl. § 137 Abs. 1 ZPO). In **Verfügungsverfahren** kann der Antrag bis zu der auf den Widerspruch des Antragsgegners stattfindenden mündlichen Verhandlung gestellt werden.[34] Dagegen kann der Antrag nur in wenigen Fällen auch noch **nach der mündlichen Verhandlung** angebracht werden. Ein Fall ist in Abs. 2 S. 3 geregelt: Der Antrag ist auch nach einer Verhandlung zur Hauptsache noch zulässig, wenn der angenommene oder festgesetzte Streitwert später durch das Gericht heraufgesetzt wird. Er muss dann aber innerhalb angemessener Frist gestellt werden,[35] wobei die Angemessenheit sich nach den Umständen des Einzelfalls richtet. In der Regel wird eine Partei nach Zugang der gerichtlichen Wertfestsetzung i. S. einer zeitlichen Obergrenze innerhalb von zwei Wochen das Kostenrisiko in Relation zu ihrer wirtschaftlichen Lage abschätzen können. Sind weitere Ermittlungen geboten, verlängert sich die Frist. Die Sechs-Monats-Frist des § 63 Abs. 3 GKG besagt im Übrigen nichts über die Frist, innerhalb der der Antrag nach § 89a anzubringen ist, sondern regelt nur, innerhalb welcher Frist das Gericht eine Streitwertfestsetzung abändern darf.[36] Ein Streitwert ist **„angenommen“**, wenn er (auf richterliche Veranlassung) einer Maßnahme des Gerichts (z. B. einer Vorschussanforderung) zugrunde gelegt worden ist.[37] In der gerichtlichen Praxis ist in vielen Fällen (vor allem in den Rechtsmittelinstanzen) hingegen üblich, dass der **Streitwert** erst **nach** der **Urteilsverkündung** festgesetzt wird. In diesen Fällen, in denen die Partei durch keine (vorläufige) Annahme oder Festsetzung des Streitwerts in die Lage versetzt worden ist, die sie treffenden Kostenrisiken zu veranschlagen, kann der Antrag auf Streitwertanpassung ebenfalls noch innerhalb angemessener Frist nach Schluss der mündlichen Verhandlung angebracht werden.[38] Eine erstmalige Streitwertfestsetzung nach Beendigung der Instanz, der keine (vorläufige) Annahme eines Gegenstandswerts vorausgegangen ist, ist dem in Abs. 2 S. 3 normierten Fall durch entsprechende Anwendung daher gleichzustellen. Schließlich wird Antragstellung nach mündlicher Verhandlung ebenso wenig dann schaden, wenn die **wirtschaftliche Lage** der Partei sich im Laufe des Prozesses (ggf. auch nach Ablehnung des Antrags) so **verschlechtert** hat, dass eine Streitwertherabsetzung jetzt in Frage kommt.[39] Auch dann ist jedoch vorauszusetzen, dass der Antrag innerhalb angemessener Frist nach Eintritt der Verschlechterung ge-

---

[33] OLG Karlsruhe GRUR 1962, 586 (zum PatG); Benkard/*Grabinski/Zülch,* § 144 PatG Rn. 9.

[34] Vgl. KG WRP 1982, 530 (zum UWG); *Bornkamm* in: Langen/Bunte, § 89a GWB Rn. 11; *K. Schmidt* in: Immenga/Mestmäcker, GWB, § 89a Rn. 12.

[35] BGH GRUR 1965, 562 – *Teilstreitwert* (zum PatG); OLG Koblenz GRUR 1996, 139, 140 (zum MarkenG); *Bornkamm* in: Langen/Bunte, § 89a GWB Rn. 11; *K. Schmidt* in: Immenga/Mestmäcker, GWB, § 89a Rn. 12.

[36] BGH GRUR 1965, 562 – *Teilstreitwert* (zum PatG).

[37] OLG Stuttgart WRP 1982, 489 (zum UWG).

[38] BGH GRUR 1953, 284; 1965, 562 – *Teilstreitwert* (beide zum PatG); OLG Koblenz GRUR 1996, 139, 140 (zum MarkenG).

[39] Ebenso Benkard/*Grabinski/Zülch,* § 144 PatG Rn. 11.

stellt wird. Hat sich – nachdem ein Teilstreitwert festgesetzt worden ist – während des Verfahrens umgekehrt die wirtschaftliche Situation der Partei **verbessert,** hat das Gericht auf Bekanntwerden die Sache amtswegig wieder aufzugreifen und – je nach Lage der Dinge – die Festsetzung des Teilstreitwerts aufzuheben oder abzuändern.[40] Nach rechtskräftigem Abschluss des gerichtlichen Verfahrens ist eine abändernde Entscheidung allerdings nicht mehr zugelassen.[41]

Über den Antrag auf Streitwertanpassung entscheidet das Gericht nach Anhörung des Gegners (Abs. 2 S. 4) durch zu begründenden **Beschluss** (vgl. § 329 Abs. 3 ZPO), mit dem eine Streitwertanpassung entweder abgelehnt oder angeordnet wird.[42] Die Entscheidung ergeht gesondert für jede Instanz. Sie steht im pflichtgemäßen Ermessen des Gerichts. Im Hinblick auf Kostenerstattungsansprüche (Rn. 11) kann daneben der volle Streitwert festzusetzen sein. **9**

Gegen die Anordnung oder Ablehnung einer Streitwertanpassung ist – sofern der Wert der Beschwer 200 Euro übersteigt, anderenfalls nur nach besonderer Zulassung – innerhalb von sechs Monaten **Streitwertbeschwerde** gegeben (§§ 68 Abs. 1, 63 Abs. 3 S. 2 GKG).[43] Beschwerdebefugt sind beide Parteien und – aus eigenem Recht – die Anwälte der Parteien, namentlich auch der Rechtsanwalt der Gegenpartei, dessen Vergütung, sofern die begünstigte Partei den Prozess verliert, sich nur nach dem Teilstreitwert bemisst.[44] Gegen die Beschwerdeentscheidung des OLG ist weitere Beschwerde möglich (§ 68 Abs. 1 S. 5 GKG). Entscheidungen des BGH über eine Streitwertanpassung sind nicht anfechtbar. **10**

IV. Rechtsfolgen

Abs. 1 S. 3 bis 5. Abhängig von der Entscheidung des Gerichts in der Hauptsache sind nach Festsetzung eines Teilstreitwerts folgende Fallgruppen zu unterscheiden: **Verliert** die begünstigte Partei den Prozess, hat sie die Gerichtskosten (Abs. 1 S. 1), die Vergütung ihres eigenen Rechtsanwalts (Abs. 1 S. 3), die vom Gegner verauslagten Gerichtskosten sowie die Vergütung des gegnerischen Rechtsanwalts (Abs. 1 S. 4) nur nach dem herabgesetzten Streitwert zu tragen oder zu erstatten. Jedoch kann der Rechtsanwalt des Gegners diesem gegenüber im Innenverhältnis nach dem vollem Gegenstandswert abrechnen. **Obsiegt** der durch die Festsetzung des Teilstreitwerts begünstigte Kläger, trifft ihn im Fall, dass die Gerichtskosten beim Gegner uneinbringlich sind, die sog. Zweitschuldnerhaftung (§ 22 Abs. 1 GKG) nur nach Maßgabe des herabgesetzten Gegenstandswerts. Der Rechtsanwalt der begünstigten Partei kann im Fall eines Obsiegens seine nach dem vollen Gegenstandswert zu berechnende Vergütung im eigenen Namen[45] beim Gegner beitreiben (Abs. 1 S. 5). Ist der Gegner zahlungsunfähig, kann er diesen Vergütungsanspruch allerdings nicht durchsetzen. Er trägt dann durch einen faktischen Teilverzicht auf Vergütungsansprüche zur Pro- **11**

---

[40] Genauso Benkard/*Grabinski/Zülch,* § 144 PatG Rn. 11.

[41] Ähnlich Benkard/*Gabinski/Zülch,* § 144 PatG Rn. 11.

[42] Im letztgenannten Fall kann die Beschlussformel lauten: „Der (Kläger oder Beklagte = die begünstigte Partei) hat die Gerichtskosten und die außergerichtlichen Kosten des (Klägers oder Beklagten = Gegners) nach einem Teilstreitwert von … zu tragen."

[43] Wie hier: *Bechtold,* GWB, § 89a Rn. 9; *Meyer-Lindemann,* Frankfurter Kommentar, § 89a GWB Rn. 32; a. A. (sofortige Beschwerde nach § 567 Abs. 1 Nr. 2 ZPO): *Bornkamm* in: Langen/Bunte, § 89a GWB Rn. 15; *K. Schmidt* in: Immenga/Mestmäcker, GWB, § 89a Rn. 18. Demgegenüber wird an der schon in der Vorauflage vertretenen Auffassung festgehalten. § 68 Abs. 1 GKG ist als lex specialis gegenüber § 567 ZPO einschlägig, weil sich das Gericht auch bei einer Streitwertherabsetzung in dem durch § 63 GKG gegebenen rechtlichen Rahmen verhält. Dies wird an § 89a Abs. 2 S. 3 deutlich, der von dem nach § 63 GKG „angenommenen oder festgesetzten Streitwert" spricht. Auch sollte nicht bezweifelt werden, dass nach Ablauf der Sechs-Monats-Frist des § 63 Abs. 3 S. 2 GKG eine Streitwertanpassung nicht mehr zulässig ist (so wohl auch BGH GRUR 1965, 562 – *Teilstreitwert*).

[44] KG WRP 1978, 134; 300; a. A. Benkard/*Grabinski/Zülch,* § 144 PatG Rn. 10.

[45] So auch Benkard/*Grabinski/Zülch,* § 144 PatG Rn. 12.

zessführung seines Mandanten wirtschaftlich bei. Werden die **Kosten geteilt,** kann der Rechtsanwalt der begünstigten Partei die auf die Quote des Obsiegens entfallende Vergütung nach dem ungekürzten Streitwert vom Gegner beanspruchen (Abs. 1 S. 5: „soweit"). In Höhe ihres Unterliegens schuldet die begünstigte eigene Partei ihrem Rechtsanwalt nur die nach dem Teilstreitwert zu bemessende Vergütung. Gemäß der Quote seines Obsiegens sind dem Gegner die Kosten des eigenen Rechtsanwalts und verauslagte Gerichtskosten nur nach dem Teilstreitwert zu erstatten (Abs. 1 S. 4). Mit den nach Maßgabe des vollen Streitwerts darüber hinaus verauslagten Gerichtskosten bleibt der Gegner belastet, womit auch er den Prozess teilweise mitzufinanzieren hat. Die von der begünstigten Partei entsprechend der Quote ihres Unterliegens zu tragenden Gerichtskosten sind nach dem Teilstreitwert zu berechnen (Abs. 1 S. 1).

Fünfter Abschnitt. Gemeinsame Bestimmungen

§ 90 Benachrichtigung und Beteiligung der Kartellbehörden

(1) [1] **Das Bundeskartellamt ist über alle Rechtsstreitigkeiten nach § 87 Abs. 1 durch das Gericht zu unterrichten. [2] Das Gericht hat dem Bundeskartellamt auf Verlangen Abschriften von allen Schriftsätzen, Protokollen, Verfügungen und Entscheidungen zu übersenden. [3] Die Sätze 1 und 2 gelten entsprechend in sonstigen Rechtsstreitigkeiten, die die Anwendung des Artikels 101 oder 102 des Vertrages über die Arbeitsweise der Europäischen Union betreffen.**

(2) [1] **Der Präsident des Bundeskartellamts kann, wenn er es zur Wahrung des öffentlichen Interesses als angemessen erachtet, aus den Mitgliedern des Bundeskartellamts eine Vertretung bestellen, die befugt ist, dem Gericht schriftliche Erklärungen abzugeben, auf Tatsachen und Beweismittel hinzuweisen, den Terminen beizuwohnen, in ihnen Ausführungen zu machen und Fragen an Parteien, Zeugen und Sachverständige zu richten. [2] Schriftliche Erklärungen der vertretenden Person sind den Parteien von dem Gericht mitzuteilen.**

(3) **Reicht die Bedeutung des Rechtsstreits nicht über das Gebiet eines Landes hinaus, so tritt im Rahmen des Absatzes 1 Satz 2 und des Absatzes 2 die oberste Landesbehörde an die Stelle des Bundeskartellamts.**

(4) **Die Absätze 1 und 2 gelten entsprechend für Rechtsstreitigkeiten, die die Durchsetzung eines nach § 30 gebundenen Preises gegenüber einem gebundenen Abnehmer oder einem anderen Unternehmen zum Gegenstand haben.**

Übersicht

Schrifttum: *Brose/Helmcke,* Zur Kollision von Kartellzivilprozess (§ 90 GWB) und Auskunftsverfahren (§ 46 GWB), WuW 1981, 845; *Hitzler,* Die Beteiligung der Kartellbehörden an Kartellrechtsstreiten nach § 90 GWB, WuW 1982, 509.

I. Sinn und Zweck der Vorschrift; Anwendungsbereich

1 Die Vorschrift soll die Kartellbehörden in die Lage versetzen, sich von den sie interessierenden wettbewerbsrelevanten Sachverhalten unterrichtet zu halten, um auch in Kartellzivilprozessen das **öffentliche Interesse** am funktionsfähigen Wettbewerb wahrnehmen zu

können.[1] Die Information soll der Kartellbehörde die Entscheidung ermöglichen, ob sie sich gemäß Abs. 2 aktiv am Prozess beteiligt oder nicht. Nimmt sie daran teil, kann sie ihre speziellen tatsächlichen und rechtlichen Kenntnisse in das Verfahren einführen.[2] Hingegen bezweckt die Beteiligung nicht, dem Gericht die Entscheidung zu erleichtern oder dem Begehren einer Prozesspartei zur Durchsetzung zu verhelfen.[3] Mit dem **Siebten Gesetz zur Änderung des Gesetzes gegen Wettbewerbsbeschränkungen**[4] ist die amtliche Überschrift aktualisiert worden (sie erfasst nunmehr auch die Landeskartellbehörden) und – zum Zweck einer Umsetzung der Vorgaben der **Verordnung (EG) Nr. 1/2003** des Rates vom 16.12.2002 zur Durchführung der in den Artikeln 81 und 82 des Vertrages zur Gründung der Europäischen Gemeinschaft (EG)[5] (nunmehr Art. 101 und 102 des Vertrages über die Arbeitsweise der Europäischen Union – AEUV) niedergelegten Wettbewerbsregeln – in Abs. 1 der S. 3 eingefügt worden. Durch Art. 1 Nr. 18 des Gesetzes zur Bekämpfung von Preismissbrauch im Bereich der Energieversorgung und des Lebensmittelhandels vom 18.12.2007[6] sind in Abs. 2 S. 1 die Wörter „und, wenn der Rechtsstreit eines der in § 29 bezeichneten Unternehmen betrifft, auch aus den Mitgliedern der zuständigen Aufsichtsbehörde" gestrichen worden – eine redaktionelle Berichtigung mit Blick auf die Streichung des § 29 a. F. durch die Siebte GWB-Novelle. Indes sind weiterhin die Rechtsstreitigkeiten nach § 87 „Abs. 1" in Bezug genommen, obwohl die Norm nicht über mehrere Absätze verfügt.

II. Praktische Bedeutung

Das BKartA ist nach **Abs. 1 S. 1** zwingend über alle Kartellrechtsstreitigkeiten zu unterrichten, und zwar auch in Verfahren auf Erlass einstweiliger Verfügungen.[7] Von seinem Informationsrecht nach **Abs. 1 S. 2** macht das BKartA häufig Gebrauch, wobei überwiegend lediglich Abschriften von den instanzabschließenden Entscheidungen verlangt werden. Von einer aktiven Mitwirkung nach **Abs. 2** sehen die Kartellbehörden in den Tatsacheninstanzen hingegen praktisch ausnahmslos ab. Die Beteiligung der Kartellbehörden an Zivilprozessen steht im Übrigen in keiner Verbindung mit der Einleitung eines Kartellverwaltungs- (§§ 54 ff.) oder Bußgeldverfahrens (§§ 81 ff.), etwa in der Weise, dass zuvor das Ergebnis des Zivilprozesses abzuwarten sei.[8] **Abs. 4** ist 1965 in das Gesetz aufgenommen worden. Nachdem die Preisbindung für Markenwaren 1973 entfallen ist, hat die Vorschrift auch bei der Preisbindung für Verlagserzeugnisse (§ 30) kaum mehr Bedeutung, da die angesprochenen Prozesse ohnedies vor den Kartellgerichten zu führen sind und dann die Unterrichtung nach Abs. 1 greift.[9] 2

[1] Vgl. die Regierungsbegründung zum Entwurf eines Gesetzes gegen Wettbewerbsbeschränkungen, BT-Drucks. II/1158 C § 65 Ziff. 1.
[2] Vgl *Hitzler* WuW 1982, 511 f.
[3] Vgl. *Hitzler* WuW 1982, 509; *Meyer-Lindemann* in: Frankfurter Kommentar, § 90 GWB Rn. 1.
[4] BGBl. I 2005, S. 1954 in der Fassung des Beschlusses des Bundestages vom 16.6.2005 und des Beschlusses des Bundesrates vom 17.6.2005. Wegen der insgesamt umfangreichen Änderungen durch dieses Gesetz hat das Bundesministerium für Wirtschaft und Arbeit von der Neubekanntmachungserlaubnis Gebrauch gemacht. Die Zitierweise des Gesetzes ist nunmehr: Gesetz gegen Wettbewerbsbeschränkungen in der Fassung der Bekanntmachung vom 15.7.2005, BGBl. I 2005, S. 2114.
[5] ABl. EG Nr. L v. 4.1.2003, S. 1.
[6] BGBl. I S. 2966.
[7] Vgl. KG WRP 1980, 332.
[8] Vgl. KG WuW/E OLG 2446, 2447 f. – *Heizölhandel.*
[9] Siehe auch *Bornkamm* in: Langen/Bunte, § 90 GWB Rn. 5; *Meyer-Lindemann* in: Frankfurter Kommentar, § 90 Rn. 7.

III. Tatbestand und Rechtsfolgen

1. Unterrichtung des BKartA nach Abs. 1

3 Das Gericht hat das BKartA nach Eingang der Klage ausnahmslos über alle Rechtsstreitigkeiten nach § 87 Abs. 1 amtswegig zu unterrichten **(Abs. 1 S. 1).** Die Benachrichtigungspflicht gilt nicht im Verhältnis zu den LKartB, weil Abs. 3 nicht auf Abs. 1 S. 1 verweist. Die Benachrichtigung hat – soweit nicht schon in einem früheren Rechtszug erfolgt – in jeder Instanz stattzufinden.[10] Sie obliegt auch einem Nicht-Kartellgericht, vor dem der Kartellrechtsstreit anhängig ist,[11] nicht jedoch Schiedsgerichten.[12] Die Benachrichtigung lässt sich am einfachsten vornehmen, indem das Gericht dem BKartA eine – von der Partei ggf. anzufordernde weitere – Abschrift der Klage übersendet und das Aktenzeichen mitteilt. Abschriften weiterer Schriftsätze (einschließlich der Anlagen), von Protokollen, Verfügungen und Zwischen- sowie Endentscheidungen sind dem BKartA nur auf Verlangen zu übersenden **(Abs. 1 S. 2).** Auch dies sollte praktisch so zu handhaben sein, dass das Gericht den Parteien (schon nach der ersten Unterrichtung des BKartA) aufgibt, Schriftsätze mit einer zusätzlichen Abschrift für das BKartA einzureichen. Sind zum Zweck der Übersendung an das BKartA Fotokopien zu fertigen (z. B. von Verfügungen oder Entscheidungen), hat wegen des zugrunde liegenden öffentlichen Interesses an sich die Staatskasse (nicht die im Prozess unterliegende Partei) die Auslagen zu tragen.[13]

3a Der durch das Siebte Gesetz zur Änderung des Gesetzes gegen Wettbewerbsbeschränkungen in **Abs. 1** eingefügte **S. 3** überträgt u. a. die Bestimmung des Art. 15 Abs. 3 S. 5 der VO (EG) Nr. 1/2003 in deutsches Recht.[14] Durch die Worte „die Sätze 1 und 2 gelten entsprechend in sonstigen Rechtsstreitigkeiten" soll klargestellt werden, dass die Benachrichtigungspflicht nicht auf bürgerliche Rechtsstreitigkeiten beschränkt ist, sondern in jedem Verfahren gilt, in denen ein deutsches Gericht mit einer Anwendung der **Art. 101 oder 102 AEUV** (früher: Art. 81 oder 82 EG) befasst ist.[15] Auf **Art. 53, 54 EWR-Abkommen** ist weder in Art. 15 VO Nr. 1/2003 noch in Abs. 1 S. 3 verwiesen. Daraus folgt, dass das Amt bei (praktisch kaum vorstellbarer) isolierter Berührung des EWR-Abkommens nicht zu benachrichtigen ist.[16]

2. Beteiligung des BKartA nach Abs. 2

4 Die in der Vorschrift im Einzelnen geregelten und im öffentlichen Interesse dem Ermessen des BKartA unterliegenden Mitwirkungsbefugnisse nimmt dem Gericht gegenüber die Prozessabteilung des BKartA wahr. Das BKartA kann Tatsachenvortrag und/oder Rechtsausführungen anbringen. Es erlangt wegen des öffentlich-rechtlichen Zwecks seiner Beteiligung jedoch keine parteigleiche oder einem Intervenienten (§§ 64 ff. ZPO) vergleichbare rechtliche Stellung. Ihm steht ebenso wenig das damit verknüpfte Beweisantragsrecht oder

---

[10] Vgl. *Bechtold,* GWB, § 90 Rn. 2; *K. Schmidt* in: Immenga/Mestmäcker, GWB, § 90 Rn. 4; *Meyer-Lindemann* in: Frankfurter Komm., § 90 Rn. 9.

[11] Ebenso: *Bechtold,* GWB, § 90 Rn. 2; *Bornkamm* in: Langen/Bunte, § 90 GWB Rn. 6; *Meyer-Lindemann* in: Frankfurter Kommentar, § 90 Rn. 9.

[12] *Bornkamm* in: Langen/Bunte, § 90 GWB Rn. 6; *K. Schmidt* in: Immenga/Mestmäcker, GWB, § 90 Rn. 5.

[13] Ebenso: *Meyer-Lindemann* in: Frankfurter Kommentar, § 90 GWB Rn. 8; *K. Schmidt* in: Immenga/Mestmäcker, GWB, § 90 Rn. 9.

[14] Danach können die Wettbewerbsbehörden der Mitgliedsstaaten die nationalen Gerichte in Rechtsstreitigkeiten, die die Anwendung der Art. 81 oder 82 EG (nunmehr Art. 101 oder 102 AEUV) betreffen, zum Zweck der Ausarbeitung einer Stellungnahme ersuchen, ihnen alle zur Beurteilung des Falles notwendigen Schriftstücke zu übermitteln.

[15] Vgl. die Entwurfsbegründung der Bundesregierung zum Siebten Gesetz zur Änderung des Gesetzes gegen Wettbewerbsbeschränkungen, BT-Drucks. 15/3640, S. 69.

[16] Vgl. auch *Bechtold,* GWB, § 90 Rn. 3.

die Befugnis, Rechtsmittel einzulegen, zu.[17] Seine **Rechtsausführungen** sind für das Gericht nicht bindend.[18] **Tatsachenvortrag** ist bei der Entscheidungsfindung im Prozess nur verwertbar, sofern eine Partei sich diesen Vortrag (zumindest hilfsweise und – woran ebenfalls zu denken ist – ggf. nach Erklärungsaufforderung durch das Gericht, § 139 ZPO) zu eigen macht.[19] Die Äußerungen des BKartA sind nicht wie sachverständige Erklärungen nach § 144 ZPO zu behandeln,[20] weil das BKartA nicht als „Gehilfe" des Gerichts, sondern allein im Wettbewerbsinteresse am Prozess beteiligt ist. Die bloße Prozessbeteiligung verschafft dem BKartA genuin keine **Ermittlungsbefugnisse.**[21] Freilich darf es – soweit es sich nicht um Betriebs- oder Geschäftsgeheimnisse handelt – Erkenntnisse, die es aus Auskünften nach § 59 gewonnen hat, dem Gericht mitteilen.[22] Darin ist keine unzulässige Parteinahme des BKartA zu sehen.[23] Eine tatsächliche Unterstützung ist im Rechtssinn nur als ein Reflex des im öffentlichen Interesse gegebenen Beteiligungsrechts des BKartA zu werten.[24]

3. Zuständigkeit der Landeskartellbehörden nach Abs. 3

Die LKartB ist vom Gericht nicht amtswegig zu unterrichten, was daraus folgt, dass in Abs. 3 auf Abs. 1 S. 1 nicht verwiesen ist. Der LKartB sind gemäß Abs. 1 S. 2 Abschriften von Aktenbestandteilen und Entscheidungen nur auf Verlangen zu übersenden. Im Übrigen stehen der LKartB dieselben Mitwirkungsbefugnisse zu wie dem BKartA. Ihre Beteiligung steht freilich unter dem Vorbehalt, dass die Bedeutung des Rechtsstreits über das Gebiet des Landes nicht hinaus reicht. Anderenfalls ist die Zuständigkeit des BKartA begründet. Bei der Abgrenzung ist (ausgehend von der amtlichen Begründung zum Entwurf des GWB)[25] zu berücksichtigen, dass das BKartA immer zu beteiligen ist, wenn seine Zuständigkeit aufgrund von § 48 Abs. 2 S. 1 zu bejahen ist, weil die Wirkung des streitgegenständlichen oder eine Vorfrage bildendenden Kartellrechtsverstoßes oder der Wettbewerbsregel über das Gebiet eines Bundeslandes hinausreicht.[26] Der Begriff der Bedeutung des Rechtsstreits ist jedoch weiter als der der Wirkung des kartellrechtlich relevanten Verhaltens in § 48 Abs. 2 S. 1. Ein Rechtsstreit kann i. S. v. § 90 Abs. 3 über das Gebiet eines Landes hinausweisend auch unterhalb der Schwelle bedeutend sein, ab der (länderübergreifende) Marktauswirkungen konkret feststellbar sind.[27] Es genügt demnach für eine Beteiligung des BKartA, dass im Rahmen seiner Aufgabenerfüllung und der durch § 48 Abs. 2 S. 1 eröffneten Zuständigkeit ein Informationsinteresse objektiv nicht zu verneinen ist. Dabei ist dem BKartA eine Einschätzungsprärogative zuzuerkennen.[28] In den Tatsachenin- 5

---

[17] Vgl. *Meyer-Lindemann* in: Frankfurter Kommentar, § 90 GWB Rn. 15; *K. Schmidt* in: Immenga/Mestmäcker, GWB, § 90 Rn. 8.

[18] Siehe die in der vorstehenden Fußnote genannten Fundstellen sowie *Bornkamm* in: Langen/Bunte, § 90 GWB Rn. 11.

[19] Ebenso: *Bornkamm* in: Langen/Bunte, § 90 GWB Rn. 11; *Meyer-Lindemann* in: Frankfurter Kommentar, § 90 Rn. 15; *K. Schmidt* in: Immenga/Mestmäcker, GWB, § 90 Rn. 8.

[20] In diese Richtung allerdings gehend: *Meyer-Lindemann* in: Frankfurter Kommentar, § 90 GWB Rn. 2.

[21] So auch KG WuW/E OLG 2446, 2447 – *Heizölhandel; Bechtold,* GWB, § 90 Rn. 2; *Bornkamm* in: Langen/Bunte, § 90 GWB Rn. 11; *K. Schmidt* in: Immenga/Mestmäcker, GWB, § 90 Rn. 8; *Meyer-Lindemann* in: Frankfurter Kommentar, § 90 GWB Rn. 15.

[22] Vgl. KG WuW/E OLG 2446, 2447 f. – *Heizölhandel; Hitzler* WuW 1982, 509, 512.

[23] So jedoch *Brose/Helmcke* WuW 1981, 845, 848.

[24] Vgl. dazu auch KG a. a. O. 2447 f.; *Hitzler* WuW 1982, 512 f.; *Bornkamm* in: Langen/Bunte, § 90 GWB Rn. 11; *Meyer-Lindemann* in: Frankfurter Kommentar, § 90 GWB Rn. 15.

[25] BT-Drucks. II/1158 C § 65 Ziff. 2.

[26] So auch *Hitzler* WuW 1982, 509, 513.

[27] Vgl. *Meyer-Lindemann* in: Frankfurter Kommentar, § 90 GWB Rn. 17; so i. Erg. auch *Hitzler* WuW 1982, 509, 513 f.

[28] I. Erg. ähnlich *Meyer-Lindemann* in: Frankfurter Komm., § 90 Rn. 17; *K. Schmidt* in: Immenga/Mestmäcker, GWB, § 90 Rn. 6.

stanzen wird die Beteiligung des BKartA in einem entsprechend weit zu verstehenden Sinn praktiziert. Theoretisch ist danach auch eine Doppelbeteiligung (von BKartA und LKartB) denkbar. Sie kommt faktisch indes nicht vor, weil das BKartA und die LKartB sich über eine Ausübung der Beteiligungsrechte gegenüber dem Gericht in der Regel (zulässigerweise) verständigen. Sollte gleichwohl der Fall eintreten, dass sich das BKartA und die LKartB am Prozess beteiligen wollen (obwohl Abs. 3 an sich die Vorstellung zugrunde liegt, dass entweder das BKartA oder die LKartB zu beteiligen ist), sollte dies aus praktischen Erwägungen heraus zugelassen werden.[29]

IV. Verhältnis zu anderen Vorschriften

6 Die im früheren **§ 20 Abs. 1 AGB-Gesetz** normierte Mitteilungspflicht der Gerichte ist mit Ablauf des 31.12.2001 entfallen. Die im Gesetz über Unterlassungsklagen bei Verbraucherrechts- und anderen Verstößen (Unterlassungsklagengesetz – UKlaG) vom 26.11. 2001[30] aufgegangen verfahrensrechtlichen Regelungen des AGB-Gesetzes enthalten keine entsprechende Vorschrift mehr.

7 Gemäß § 14c Abs. 3 des Gesetzes über die Wahrnehmung von Urheberrechten und verwandten Schutzrechten (**Urheberrechtswahrnehmungsgesetz** – UrhWG)[31] ist in Verfahren auf Abschluss oder Änderung eines Gesamtvertrages (vgl. § 14 Abs. 1 Nr. 1 Buchst. b) UrhWG) das BKartA nach näherer Maßgabe zu unterrichten.

8 Das BKartA ist auch von Rechtsstreitigkeiten zu benachrichtigen (und kann dann seine Beteiligungsrechte wahrnehmen), in denen die **Art. 101 oder 102 AEUV** anzuwenden sind (s. o. Rn. 3a).

§ 90a Zusammenarbeit der Gerichte mit der Europäischen Kommission und den Kartellbehörden

(1) **[1]In allen gerichtlichen Verfahren, in denen der Artikel 101 oder 102 des Vertrages über die Arbeitsweise der Europäischen Union zur Anwendung kommt, übermittelt das Gericht der Europäischen Kommission über das Bundeskartellamt eine Abschrift jeder Entscheidung unverzüglich nach deren Zustellung an die Parteien. [2]Das Bundeskartellamt darf der Europäischen Kommission die Unterlagen übermitteln, die es nach § 90 Absatz 1 Satz 2 erhalten hat.**

(2) **[1]Die Europäische Kommission kann in Verfahren nach Absatz 1 aus eigener Initiative dem Gericht schriftliche Stellungnahmen übermitteln. [2]Das Gericht übermittelt der Europäischen Kommission alle zur Beurteilung des Falls notwendigen Schriftstücke, wenn diese darum nach Artikel 15 Abs. 3 Satz 5 der Verordnung (EG) Nr. 1/2003 ersucht. [3]Das Gericht übermittelt dem Bundeskartellamt und den Parteien eine Kopie einer Stellungnahme der Europäischen Kommission nach Artikel 15 Abs. 3 Satz 3 der Verordnung (EG) Nr. 1/2003. [4]Die Europäische Kommission kann in der mündlichen Verhandlung auch mündlich Stellung nehmen.**

(3) **[1]Das Gericht kann in Verfahren nach Absatz 1 die Europäische Kommission um die Übermittlung ihr vorliegender Informationen oder um Stellungnahmen zu**

---

[29] Ebenso *Hitzler* WuW 1982, 509, 514, 516; *Meyer-Lindemann* in: Frankfurter Kommentar, § 90 GWB Rn. 17; a. A. *K. Schmidt* in: Immenga/Mestmäcker, GWB, § 90 Rn. 6.

[30] BGBl. I S. 3138, 3173.

[31] Gesetz v. 9.9.1965 (BGBl. I S. 1294), geändert u. a. durch Ges. v. 24.6.1985 (BGBl. I S. 1137), zuletzt geändert durch Ges. v. 8.5.1998 (BGBl. I S. 902).

§ 14c Abs. 3 UrhWG: [1]Die Schiedsstelle hat das Bundeskartellamt über das Verfahren zu unterrichten. [2]Die Bestimmungen in § 90 Abs. 1 Satz und Abs. 2 des Gesetzes gegen Wettbewerbsbeschränkungen sind mit der Maßgabe entsprechend anzuwenden, dass der Präsident des Bundeskartellamts keinen Angehörigen der Aufsichtsbehörde (§ 18 Abs. 1) zum Vertreter bestellen kann.

Fragen bitten, die die Anwendung des Artikels 101 oder 102 des Vertrages über die Arbeitsweise der Europäischen Union betreffen. [2] Das Gericht unterrichtet die Parteien über ein Ersuchen nach Satz 1 und übermittelt diesen und dem Bundeskartellamt eine Kopie der Antwort der Europäischen Kommission.

(4) **In den Fällen der Absätze 2 und 3 kann der Geschäftsverkehr zwischen dem Gericht und der Europäischen Kommission auch über das Bundeskartellamt erfolgen.**

Übersicht

I. Sinn und Zweck der Regelung

1 Mit § 90a wird die Bestimmung des **Art. 15 EG-VerfVO,** der die Zusammenarbeit der Kommission mit den Gerichten der Mitgliedstaaten bei der Anwendung des EG-Wettbewerbsrechts regelt, für das deutsche Recht **konkretisiert und ergänzt.** Einer „Umsetzung" des Art. 15 EG-VerfVO durch den deutschen Gesetzgeber bedurfte es dabei nicht,[1] da die Regelungen des Art. 15 EG-VerfVO auch ohne Übernahme in das GWB unmittelbar anwendbar sind.[2] § 90a konkretisiert jedoch, wen die verschiedenen Informationspflichten des Art. 15 EG-VerfVO im innerstaatlichen Recht treffen und erweitert die Befugnisse der Kommission zur mündlichen Stellungnahme vor deutschen Gerichten, die nach der EU-rechtlichen Regelung in Art. 15 Abs. 3 S. 4 EG-VerfVO nur mit Erlaubnis des Gerichts möglich sein sollte.

2 § 90a regelt ausschließlich das **Verhältnis** zwischen **deutschen Gerichten** und **Kommission;** die Pflichten und Befugnisse der deutschen Kartellbehörden in gerichtlichen Verfahren, die die Anwendung europäischen Kartellrechts betreffen, sind dagegen Gegenstand des § 90.

II. Praktische Bedeutung

3 Schon vor Einführung des § 90a und des Art. 15 EG-VerfVO gab es in einzelnen Fällen bereits eine **Beteiligung der Kommission an deutschen Kartellzivilprozessen,** zumeist auf der Basis der Kommissionsbekanntmachung von 1993 über die Zusammenarbeit mit den nationalen Gerichten.[3] Im Rahmen dieser Bekanntmachung hatte die Kommission allerdings noch nicht die Möglichkeit, sich aus eigenem Antrieb an Gerichtsverfahren zu beteiligen, sondern konnte nur auf **Anfragen von Gerichten** reagieren. In einzelnen Fällen hat jedoch das Bundeskartellamt schon früher Stellungnahmen gemäß § 90 (und § 96 a. F.) zu Fragen des europäischen Rechts mit der Kommission abgestimmt.[4] Die praktische Bedeutung der Beteiligung der Kommission an deutschen Gerichtsverfahren zu kartellrechtlichen Fragen war bislang eher gering.[5]

[1] Vgl. Immenga/Mestmäcker/*K. Schmidt,* 5. Aufl., § 90a GWB Rn. 1.

[2] Einschränkungen der Anwendbarkeit des § 90a durch den deutschen Gesetzgeber wie z. B. in § 69 Abs. 2 SGB V haben damit keine Auswirkungen auf die Anwendbarkeit des Art. 15 EG-VerfVO.

[3] ABl. 1993 C 39/6.

[4] Vgl. BKartA WuW/E BKartA 337 – *Trockenrasierer.*

[5] Zu Beispielen vgl. § 15 EG-VerfVO Rn 4; MüKoGWB/*Nothdurft,* 2. Aufl., § 90a Rn. 4; *Topel* GRUR 2000, 985, 987.

III. Tatbestand

4 § 90a bezieht sich nicht lediglich auf Kartellzivilverfahren. Durch § 90a werden **alle gerichtlichen Verfahren,** in denen Art. 101 oder 102 AEUV zur Anwendung kommen, erfasst. Die Pflichten und Rechte aus § 90a treffen somit neben den Zivilgerichten auch alle anderen Gerichte, soweit EG-Wettbewerbsrecht im Rahmen ihrer Verfahren zur Anwendung kommt. Praktisch bedeutsam werden hier insbesondere die **Verwaltungsgerichte und Sozialgerichte**[6] sein. Durch § 90a werden zudem auch die Kartellgerichte verpflichtet und berechtigt, soweit sie – im Rahmen der Beschwerde oder Rechtsbeschwerde – über die Rechtmäßigkeit von Entscheidungen der deutschen Kartellbehörden zur Anwendung der Art. 101, 102 AEUV entscheiden. Die Kommission erhält somit die Möglichkeit, sich an Verfahren zu beteiligen, in denen die Anwendung der Art. 101, 102 AEUV durch das Bundeskartellamt in Frage steht.

IV. Rechtsfolgen

1. Pflicht zur Übermittlung von Entscheidungen

5 Die Gerichte trifft gem. § 90a Abs. 1 die Verpflichtung, **alle Entscheidungen** in gerichtlichen Verfahren, die die Anwendung der Art. 101, 102 AEUV betreffen, unverzüglich **an die Kommission** – über das Bundeskartellamt – **zu übersenden.** Damit wird die entsprechende Verpflichtung der Mitgliedstaaten aus Art. 15 Abs. 2 EG-VerfVO konkretisiert. Da das Bundeskartellamt im Rahmen der Ausübung seiner Befugnisse gem. § 90 ohnehin zumeist um die Übersendung von Entscheidungen bittet, bedeutet § 90a Abs. 1 keine wesentliche Mehrbelastung der betroffenen Gerichte. Darüber hinaus wird dem Bundeskartellamt die Übermittlung weiterer Unterlagen, die es aufgrund von § 90 Abs. 1 Satz 2 erhalten hat, gestattet.

2. Recht der Kommission zur Beteiligung an Gerichtsverfahren

6 Das grundsätzliche Recht der Kommission zur Beteiligung an Gerichtsverfahren, in denen Art. 101, 102 AEUV zur Anwendung kommen, ergibt sich bereits direkt aus Art. 15 Abs. 3 EG-VerfVO; die Regelung in § 90a Abs. 2 ist insoweit nur deklaratorisch. Sie **ergänzt und erweitert** jedoch die Befugnisse der Kommission in zweierlei Hinsicht. Das Beteiligungsrecht der Kommission gem. Art. 15 Abs. 3 EG-VerfVO steht unter dem Vorbehalt, dass die Stellungnahme zur kohärenten Anwendung der Art. 101, 102 AEUV erforderlich ist. Eine entsprechende Einschränkung findet sich in § 90a Abs. 2 zumindest in Bezug auf das Recht zur Stellungnahme nicht. Jedoch wird das Recht der Kommission, weitere Informationen zu verlangen, an die Voraussetzungen des Art. 15 Abs. 3 Satz 5 EG-VerfVO geknüpft. Des Weiteren stellt Art. 15 Abs. 3 Satz 4 EG-VerfVO **das Recht zur mündlichen Stellungnahme** unter den Vorbehalt der Erlaubnis des jeweiligen Gerichts, während § 90a Abs. 2 der Kommission ein solches Recht unabhängig von der Zustimmung des Gerichts verleiht. Die Befugnisse der Kommission werden damit an die des Bundeskartellamts angeglichen.[7]

---

[6] In § 69 Abs. 2 S. 1 SGB V wird eine entsprechende Anwendung des § 90a GWB angeordnet, die allerdings in Bezug auf Verträge und sonstige Vereinbarungen von Krankenkassen oder deren Verbänden mit Leistungserbringern oder deren Verbänden, zu deren Abschluss die Krankenkassen oder deren Verbände gesetzlich verpflichtet sind, und Beschlüsse, Empfehlungen, Richtlinien oder sonstige Entscheidungen der Krankenkassen oder deren Verbände, zu denen sie gesetzlich verpflichtet sind, sowie für Beschlüsse, Richtlinien und sonstige Entscheidungen des Gemeinsamen Bundesausschusses, zu denen er gesetzlich verpflichtet ist, wieder aufgehoben wird. Auch wenn damit auf bestimmte Verfahren § 90a aufgrund § 69 Abs. 2 S. 2 und 3 SGB V nicht anwendbar ist, bleibt es doch bei der unmittelbaren Anwendbarkeit des Art. 15 EG-VerfVO, die der deutsche Gesetzgeber nicht aufheben kann.

[7] Immenga/Mestmäcker/*K. Schmidt,* 5. Aufl., § 90a GWB Rn. 15.

7 Der Verweis auf Bestimmungen des Bundesdatenschutzgesetzes in Abs. 2 Satz 3 bezieht sich auf den Fall, dass die Übermittlung von Schriftstücken durch das Gericht an die Kommission auch **personenbezogene Daten i. S. des BDSG** umfasst. Gem. § 4b Abs. 5 BDSG trägt die übermittelnde Stelle die Verantwortung für die Zulässigkeit der Übermittlung personenbezogener Daten; d. h. das übermittelnde Gericht hat die Voraussetzungen des Art. 15 Abs. 3 S. 5 EG-VerfVO zu überprüfen. Gem. § 4b Abs. 6 BDSG hat das übermittelnde Gericht die Kommission auf den Zweck hinzuweisen, zu dessen Erfüllung die personenbezogenen Daten übermittelt werden. Die Übermittlung personenbezogener Daten i. S. des BDSG wird aber in den meisten Fällen der Zusammenarbeit von Kommission und nationalen Gerichten keine Rolle spielen.

3. Recht der Gerichte, Stellungnahmen oder Übermittlung von Informationen zu verlangen

8 Mit § 90a Abs. 3 wird die Befugnis der Gerichte, gem. Art. 15 EG-VerfVO die Kommission um Stellungnahmen oder Informationen zu bitten, die sich in ihrem Besitz befinden, noch einmal aufgeführt. Die Regelung im GWB ist rein **deklaratorisch** und von der Regelung in der EG-VerfVO abhängig, da der deutsche Gesetzgeber die Kommission nicht zu einem entsprechenden Handeln verpflichten kann. Zu Umfang und Inhalt der Verpflichtung der Kommission verweisen wir auf die Kommentierung zu Art. 15 EG-VerfVO.

§ 91 Kartellsenat beim OLG

[1] Bei den Oberlandesgerichten wird ein Kartellsenat gebildet. [2] Er entscheidet über die ihm gemäß § 57 Abs. 2 Satz 2, § 63 Abs. 4, §§ 83, 85 und 86 zugewiesenen Rechtssachen sowie über die Berufung gegen Endurteile und die Beschwerde gegen sonstige Entscheidungen in bürgerlichen Rechtsstreitigkeiten nach § 87 Abs. 1.

Übersicht

I. Sinn und Zweck der Vorschrift

1 § 91 soll zur Konzentration der Kartellsachen bei den Kartellgerichten beitragen (vgl. § 87 Rn. 1). Er erstreckt sich auf Kartellverwaltungs-, Kartellbußgeld- und Kartellzivilsachen und entspricht dem durch die 6. GWB-Novelle[1] geänderten § 92 a. F. Von der Vorläufernorm unterscheidet § 91 sich dadurch, dass die frühere Regelung, wonach der beim

[1] BGBl. I 1998 S. 2546.

OLG einzurichtende Kartellsenat über die Berufung und Beschwerde „gegen Entscheidungen der nach den §§ 87, 89 zuständigen Landgerichte" befand (formell-rechtlicher Ansatz), dahin geändert worden ist, dass er nunmehr bei Rechtsmitteln „gegen Entscheidungen in bürgerlichen Rechtsstreitigkeiten nach § 87 Abs. 1" („Abs. 1" überflüssig) zu entscheiden hat (materiell-rechtlicher Ansatz).

II. Praktische Bedeutung

2 § 91 ordnet an, dass bei den OLG Kartellsenate einzurichten sind **(S. 1),** denen – mit Auswirkung auf die gerichtsinterne Senatszuständigkeit und die Selbstverwaltung der Gerichte (vgl. § 21e Abs. 1 GVG) – kraft Gesetzes die Kartellverwaltungs-, die Kartellbußgeld- und die Kartellzivilsachen sachlich zugewiesen sind **(S. 2).** Die genannten Kartellsachen dürfen also nicht durch den Geschäftsverteilungsplan (§ 21e Abs. 1 GVG) aufgeteilt und verschiedenen Senaten übertragen werden.[2] In der Praxis sind auch die §§ 92 u. 93 zu beachten, die den Ländern eine Konzentration der Kartellsachen bei bestimmten OLG ermöglichen. Bei Anrufung eines unzuständigen OLG ist die Sache entsprechend § 281 ZPO an den Kartellsenat des zuständigen OLG zu **verweisen.** Innerhalb des OLG sind die bei einem unzuständigen Senat eingegangenen Kartellsachen an den Kartellsenat **abzugeben.**[3] Eine Bestimmung im Geschäftsverteilungsplan, wonach ein Senat die Sache nach mündlicher Verhandlung (oder Terminierung) nicht mehr abgeben kann, ist in Kartellsachen nicht anzuwenden, da die gesetzliche Zuständigkeit einer Regelung durch die Geschäftsverteilung entzogen ist.[4]

III. Tatbestand

3 Nach S. 2 unterliegen der sachlichen Zuständigkeit der Kartellsenate bei den OLG:

1. In **Kartellverwaltungssachen** die Entscheidung über die Beschwerde gegen Verfügungen der Kartellbehörde (§ 63 Abs. 4 – kartellverwaltungsrechtlicher Rechtsschutz i. e. S.) und die Entscheidung bei sofortiger Beschwerde gegen Zeugen und Sachverständige betreffende Maßnahmen der Kartellbehörde (§ 57 Abs. 2 S. 2 – z. B. bei Verhängung von Ordnungsgeldern).

4 **2.** In **Kartellbußgeldsachen** die Entscheidung über den Einspruch gegen einen Bußgeldbescheid der Kartellbehörde (§ 83 Abs. 1 – insofern abweichend von § 68 Abs. 1 OWiG) sowie über Anträge auf gerichtliche Entscheidung gegen die Verwerfung eines Wiedereinsetzungsgesuchs (§ 83 Abs. 1 i. V. m. §§ 62, 52 Abs. 2 S. 3 OWiG) und gegen die Verwerfung eines Einspruchs gegen einen Bußgeldbescheid durch die Kartellbehörde (§ 83 Abs. 1 i. V. m. §§ 62, 69 Abs. 1 S. 2 OWiG). Darüber hinaus sind die Kartellsenate zuständig in Wiederaufnahmeverfahren gegen einen Bußgeldbescheid (§ 85) und in Vollstreckungsverfahren (§ 86). Treten Anhaltspunkte dafür hervor, dass die Tat eine Straftat ist, hat der mit dem Einspruch gegen den Bußgeldbescheid befasste Kartellsenat die Sache an das Strafgericht abzugeben.[5]

5 **3.** In **Kartellzivilsachen** entscheiden die Kartellsenate über Berufungen gegen Endurteile und über (sofortige) Beschwerden gegen Beschlüsse der LG (§§ 119 Abs. 1 Nr. 2

---

[2] Zu einem Hilfskartellsenat bei Überlastung des Kartellsenats des OLG (hier des KG) vgl. BGH WuW/E BGH 2295 f. Auch ist zulässig, beim OLG weitere Kartellsenate einzurichten, wenn der Geschäftsanfall die Kapazität des vorhandenen Senats (oder einer Mehrzahl) übersteigt.

[3] Vgl. OLG Karlsruhe WuW/E OLG 2300, 2306 – *Fach-Tonband-Kassetten.* Anders OLG München, Beschl. v. 10.11.2004, Az. 7 U 5728/03: Verweisung. Eine solche scheidet bei dem gerichtsinternen Vorgang der (formlosen) Abgabe an einen anderen Spruchkörper jedoch aus.

[4] Vgl. OLG München, Beschl. v. 7.1.2005, Az. 7 U 5728/03.

[5] Vgl. BGH WuW/E 2865, 2866 ff. – *Verweispflicht.*

GVG, 511 ff., 567 ff. ZPO) in bürgerlichen Rechtstreitigkeiten nach § 87. Davon umfasst sind Streitigkeiten mit kartellrechtlichem Hauptgegenstand sowie Vorfragestreitigkeiten (§ 87 S. 1 u. 2; s. dazu § 87 Rn. 15 f., 17 ff.).

a) Die am 1.1.1999 in Kraft getretene 6. GWB-Novelle hat bei der Bestimmung der Zuständigkeit der Kartellsenate den formell-rechtlichen Ansatz (Berufung und Beschwerde „gegen Entscheidungen der nach den §§ 87, 89 zuständigen Landgerichte") zu Gunsten des **materiell-rechtlichen Ansatzes** („gegen Entscheidungen in bürgerlichen Rechtsstreitigkeiten nach § 87") aufgegeben.[6] Bis dahin wurde gemäß § 92 S. 2 a. F. die Zuständigkeit des Kartellsenats mehrheitlich nur angenommen, wenn die angefochtene Entscheidung – eindeutig erkennbar – von einem Kartell-LG getroffen worden war.[7] Diesem Ansatz ist *K. Schmidt* unter Hinweis auf den Widerspruch zu den Konzentrationsbestrebungen des Gesetzes früh entgegen getreten.[8] Seither hat die Rspr. hat die Zuständigkeit zunehmend danach bestimmt, ob im zweiten Rechtszug materiell kartellrechtliche Probleme angefallen waren.[9] Der materiellrechtliche Ansatz ist auf Anregung des Wirtschaftsausschusses in das Gesetz aufgenommen worden.[10] 6

b) Die Kartellsenate der OLG sind danach in allen zweitinstanzlichen Rechtsstreitigkeiten zur Entscheidung berufen, die der Sache nach § 87 unterfallen, also ihrem Hauptgegenstand nach kartellrechtlicher Art sind (s. § 87 Rn. 15 f.), oder in denen sich kartellrechtliche Vorfragen stellen (s. § 87 Rn. 17 ff.). Dabei ist im Grundsatz (schon wegen des Vorrangs der kartellrechtlichen Zuständigkeit; s. § 87 Rn. 23) eine **einheitliche rechtliche Einordnung** vorzunehmen, was *K. Schmidt* prägnant so formuliert, die Berufung sei entweder insgesamt Kartellsache, oder sie sei es insgesamt nicht.[11] Dies kann ohne weiteres freilich nur gelten, sofern man es mit einem einheitlichen Streitgegenstand, also mit einer allenfalls mehrfachen rechtlichen Klagebegründung (Anspruchsnormenkonkurrenz), nicht aber mit einer objektiven Klagenhäufung zu tun hat. Letztgenanntes ist z. B. der Fall, wenn mit einem Anspruch auf Aufnahme in das selektive Vertriebssystem eines Markenherstellers ein Anspruch auf Erfüllung eines einzelnen und im Vorgriff auf eine „Konzession" angeblich bereits geschlossenen Kaufvertrages, hilfsweise auch auf Schadensersatz wegen enttäuschten Vertrauens, verbunden wird. Bei verschiedenen Streitgegenständen können sich die Sachen durch Prozesstrennung (§ 145 ZPO) und/oder Teilurteil (§ 301 ZPO) prozessual unterschiedlich entwickeln. Sofern das LG über beide Streitgegenstände einheitlich entschieden hat, sprechen aber praktische Gründe dafür, dass die Sache durch die Berufung einheitlich beim Kartellsenat des OLG angefallen ist.[12] 7

c) Über den nach dem Wortlaut von S. 2 gebotenen materiell-rechtlichen Ansatz hinaus spricht sich *K. Schmidt*[13] i. S. eines Doppeltatbestandes (neben dem materiell-rechtlichen Ansatz) für eine Beibehaltung des formell-rechtlichen Ansatzes aus. Danach soll der Kartellsenat zur Entscheidung über die Berufung generell weiter auch zuständig sein, sofern das LG – obwohl eine Kartellstreitigkeit objektiv nicht vorgelegen hat – eindeutig in seiner Eigenschaft als Kartellgericht entschieden hat.[14] Die der Auslegung von *K. Schmidt* zugrun- 8

---

[6] Vgl. BGH WuW/E DE-R 485 ff., 486 – *Aussetzungszwang.*

[7] Vgl. statt Vieler: BGHZ 71, 367 = WuW/E BGH 1553 – *Pankreaplex I;* OLG Hamm WuW/E OLG 3515 – *Abfall-Brennstoff;* OLG Köln VersR 1991, 1060, 1061; 1992, 585.

[8] BB 1976, 1051 ff.; 1285 f. sowie *K. Schmidt* in: Immenga/Mestmäcker, GWB, § 91 Rn. 10 ff.

[9] Vgl. aus jüngerer Zeit: BGH WuW/E BGH 3017, 3020 = NJW 1996, 311, 312 – *Jutefilze;* OLG Düsseldorf WuW/E DE-R 187, 188 f. – *Überlange Sozietätsbindung.*

[10] BT-Drucks. 13/10 633, S. 53, 73.

[11] *K. Schmidt,* in: Immenga/Mestmäcker, GWB, § 91 Rn. 9 m. w. N.; bestätigend: BGHZ 49, 33, 37 f. = WuW/E BGH 873, 875 – *Kugelschreiber;* OLG Karlsruhe WuW/E OLG 2300, 2302 f. – *Fach-Tonband-Kassetten.*

[12] So auch *K. Schmidt* in: Immenga/Mestmäcker, GWB, § 91 Rn. 9.

[13] *K. Schmidt,* in: Immenga/Mestmäcker, GWB, § 91 Rn. 10, 14 ff. m. w. N.

[14] A. A. wohl *Bumiller* in: Wiedemann, Handbuch des Kartellrechts, § 60 Rn. 19 f. sowie *Bracher* in: Frankfurter Kommentar, § 91 GWB Rn. 13.

de liegenden Gedanken der Vereinfachung und Rechtssicherheit haben sich in der Praxis durchgesetzt. Auch kann ein entsprechendes praktischesBedürfnis nicht verneint werden. Entscheidungsmerkmale festzustellen, die den Schluss auf eine Inanspruchnahme der kartellgerichtlichen Zuständigkeit durch das LG rechtfertigen, dürfte im Übrigen weniger schwer fallen.[15]

IV. Rechtsfolgen

9 Die eigentlichen Schwierigkeiten liegen in der praktischen Anwendung des S. 2, vor allem in der Bestimmung der Berufungszuständigkeit in Zivilsachen. Sie sind darin begründet, dass in einem Rechtsstreit kartellrechtliche und nicht-kartellrechtliche Ansprüche auf unterschiedliche Weise miteinander kombiniert sein können. So kann ein Unterlassungsbegehren z.B. gleichzeitig auf eine den Vereinbarungsbegriff (§ 1) erfüllende Empfehlung (§ 22 GWB a.F.) oder auf unbillige Behinderung (§ 20 Abs. 3GWB) und zugleich auf die Generalklausel des § 3 UWG gestützt sein. Die verschiedenen rechtlichen Ansätze können im Verhältnis einer Anspruchsgrundlagenmehrheit oder einer objektiven Klagenhäufung stehen (s. auch den Beispielsfall oben Rn. 7). Eine solche Dualität muss im Prozess keineswegs von Anfang an vorliegen. Denkbar sind auch Fallkonstellationen, in denen ein Nicht-Kartellgericht eine kartellrechtliche und ein Kartellgericht eine nicht-kartellrechtliche Entscheidung getroffen hat. Die Probleme können sich verschärfen, wenn von der Konzentrationsbefugnis nach § 93 i.V.m. § 92 Gebrauch gemacht worden ist. Es lassen sich folgende Fallgruppen unterscheiden:

10 **1.** Ist der Rechtsstreit, weil er schon **im ersten Rechtszug** dem Hauptgegenstand nach (§ 87 Rn. 15f., 22) oder deswegen, weil eine kartellrechtliche Vorfrage entscheidungserheblich war (§ 87 Rn. 17ff.), eine **Kartellsache,** vor einem Kartell-LG anhängig gemacht und von diesem entschieden worden, dann ist er Kartellsache auch in der Berufungsinstanz. Es kommt nicht darauf an, ob der Klage aus kartellrechtlichen oder aus anderen Rechtsgründen stattgegeben worden ist. Genauso wenig ist von Belang, ob Kartellrecht bei der Berufungsentscheidung eine Rolle spielt. Die Berufung ist bei dem Kartellsenat des Oberlandesgerichts einzulegen. Ist von der Konzentrationsermächtigung (§ 93) Gebrauch gemacht worden, ist die Berufung an den Kartellsenat des OLG zu richten, dem die Sachen durch Rechtsverordnung zugewiesen sind. Die Berufung kann in solchen Fällen fristwahrend aber auch bei dem im allgemeinen Rechtsmittelzug zuständigen OLG (§ 119 Abs. 1 Nr. 2 GVG) eingelegt werden, welches die Sache in entsprechender Anwendung von § 281 ZPO (auf Antrag) an den Kartellsenat verweist.[16]

11 **2.** Handelte es sich im ersten Rechtszug um keine Kartellsache und ist mit der Klage auch kein Kartell-LG angerufen worden, kann sich in der Berufungsinstanz gleichwohl ein kartellrechtlicher Bezug herausstellen **(nachträgliche Kartellsache).**

12 **a)** Wird neben einem außerkartellrechtlichen Klageanspruch im Sinne einer mehrfachen Klagebegründung (Mehrheit von Anspruchsgrundlagen bei **einheitlichem Streitgegenstand**) mit der Berufung ein kartellrechtlicher Anspruch erhoben,[17] ist von einer „nachträglichen Kartellberufungssache" zu sprechen, welche die Zuständigkeit des Kartellsenats begründet.[18] Gleiches hat zu gelten, wenn vom Berufungsführer eine kartellrechtliche Vor-

---

[15] Vgl. dazu *K. Schmidt* in: Immenga/Mestmäcker, GWB, § 91 Rn. 15ff. m. w. N.

[16] Vgl. BGHZ 71, 367, 374 = WuW/E BGH 1553, 1555 – *Pankreaplex I;* OLG Köln WuW/E OLG 5335, 5337; *K. Schmidt* in: Immenga/Mestmäcker, GWB, §§ 92, 93 Rn. 7; *Bornkamm* in: Langen/Bunte, § 91 GWB Rn. 20, §§ 92, 93 GWB Rn. 6.

[17] Vgl. den der Entscheidung des OLG Köln NJWE-WettbR 2000, 224 = OLGR Köln 2000, 402f. zugrundeliegenden Fall.

[18] Vgl. auch *K. Schmidt* in: Immenga/Mestmäcker, GWB, § 91 Rn. 13, *Bornkamm* in: Langen/Bunte, § 91 GWB Rn. 12.

frage erst im zweiten Rechtszug zur Entscheidung gestellt wird.[19] In diesen Fällen kann die Berufung auch sogleich beim Kartellsenat des OLG eingelegt werden, bei dem die Kartellsachen konzentriert sind.[20] Ebenso kann das im Instanzenzug allgemein übergeordnete OLG angerufen werden. Dieses hat die Sache auf Antrag des Berufungsführers an den Kartellsenat zu verweisen (entsprechend § 281 ZPO).[21] Eine Verweisung ist ebenfalls geboten, wenn kartellrechtliche Fragen erst im Laufe des Berufungsverfahrens aufgeworfen werden.[22]

b) Erweitert der Kläger die nicht-kartellrechtliche (und vom Nicht-Kartell-LG abgewiesene) Klage mit der Berufung im Wege objektiver – kumulativer oder eventueller – Klagenhäufung (§ 260 ZPO) um einen kartellrechtlichen oder um einen von einer kartellrechtlichen Vorfrage abhängigen Anspruch, und führt er damit einen **neuen Streitgegenstand** in den Prozess ein, kann die Rechtslage nach der hier vertretenen Ansicht anders zu beurteilen sein. Denn mit dem neuen Vorbringen und/oder Antrag macht der Berufungskläger nicht eine materielle Beschwer durch das Urteil des Landgerichts geltend, sondern erhebt einen völlig anderen Anspruch. Das mag an dem Beispiel deutlich werden, dass der Kläger vor einem Nicht-Kartellgericht in 1. Instanz Zahlung der Vergütung für Stromlieferungen nach dem Kraft-Wärme-Kopplungsgesetz verlangte und nach Klageabweisung mit der Berufung neben dem aufrechterhaltenen Hauptantrag die auf Kartellrecht gestützten Hilfsanträge stellt, die Beklagte im Wege einer Stufenklage zur Auskunfterteilung über die durch seine, des Klägers, Stromlieferungen vermiedenen Energie- und Netzkosten und danach zu entsprechender Zahlung zu verurteilen.[23] 13

Durch eine solche nachträgliche Klagenhäufung kann – zumindest im Zeitpunkt der Einlegung der Berufung – die gerichtliche Rechtsmittelzuständigkeit vom Berufungskläger nicht verändert werden. Das ist aus § 260 ZPO (der Kartellsenat ist als Prozessgericht für die Entscheidung über den nicht-kartellrechtlichen Anspruch nicht zuständig) und aus § 88 zu schließen (eine kartellrechtliche Klage kann mit einer Klage wegen eines anderen Anspruchs nur in 1. Instanz verbunden werden). Der Kläger muss die Berufung folglich bei dem im allgemein zuständigen OLG (§ 119 Abs. 1 Nr. 2 GVG) einlegen. Die Einlegung der Berufung bei dem durch Zuständigkeitskonzentration geschaffenen Kartell-OLG wahrt die Berufungsfrist an sich nicht,[24] es sei denn, das Kartell-OLG ist zugleich das nach § 119 GVG allgemein zuständige Berufungsgericht. Der Befund ist unbefriedigend, weil er dem Konzentrationszweck des Gesetzes widerspricht. Abhilfe ist nur durch eine Gesetzesänderung oder eine nach den Umständen zu befürwortende extensive Auslegung des § 88 möglich. 14

Das OLG hat in einem solchen Fall nach Maßgabe von § 533 ZPO indes zunächst über die Zulässigkeit der als Klageänderung zu behandelnden[25] Klageerweiterung zu entscheiden.[26] An dieser Hürde wird die Mehrzahl solcher Klageerweiterungen im Berufungsrechtszug scheitern, weil § 533 Nr. 2 ZPO die Zulassung einer Klageänderung mit der Zulässigkeit einer Berücksichtigung neuen Tatsachenvorbringens verknüpft (vgl. §§ 529, 530, 531 ZPO). Bei kumulativer Klagenhäufung hat das allgemein zuständige OLG nur bei 15

---

[19] Vgl. den Fall in OLG Düsseldorf WuW/E DE-R 187, 188f. – *Überlange Sozietätsbindung; Bornkamm* in: Langen/Bunte, § 91 GWB Rn. 13.

[20] Vgl. OLG Düsseldorf WuW/E DE-R 187, 188f. – *Überlange Sozietätsbindung; K. Schmidt* in: Immenga/Mestmäcker, GWB, § 91 Rn. 13; *Bechtold,* GWB, § 91 Rn. 3; *Bornkamm* in: Langen/Bunte, § 91 GWB Rn. 19, §§ 92, 93 GWB Rn. 6; *Bracher* in: Frankfurter Kommentar, § 91 GWB Rn. 14.

[21] Vgl. z.B. OLG Köln NJWE-WettbR 2000, 224 = OLGR Köln 2000, 402f.

[22] So auch *Bechtold,* GWB, § 91 Rn. 3.

[23] Vgl. zu einer derartigen Konstellation: OLG Düsseldorf WuW/E DE-R 156, 157f. – *Wuppertaler Zusatzstrom* sowie auch BGH NVwZ-RR 2006, 109, 110, 112.

[24] Ebenso *Bracher* in: Frankfurter Kommentar § 91 GWB Rn. 14.

[25] Vgl. *Zöller/Greger,* § 263 ZPO Rn. 7 m. w. N.

[26] Vgl. BGH WuW/E BGH 3053, 3054 – *Vertragshändlerausgleich;* lesenswert: NVwZ-RR 2006, 109, 112.

Zulässigkeit der Klageerweiterung die ganze Sache auf Antrag des Berufungsklägers an das Kartell-OLG zu **verweisen** (entsprechend § 281 ZPO).[27] Bei eventueller Klagenhäufung hat das OLG allein zum Hauptanspruch zu judizieren; eine Verweisung des kartellrechlichen Überhangs an das Kartell-OLG kommt erst nach Abweisung des Hauptanspruchs in Betracht. Ist entsprechend einer Zuweisung nach den §§ 92, 93 der Kartellsenat bei dem im Rechtsmittelzug übergeordneten OLG eingerichtet, ist die Berufung beim Zivilsenat einzulegen. Der Zivilsenat kann die Sache im Umfang einer Verweisung an den Kartellsenat formlos **abgeben.** Führt der Berufungskläger den neuen Streitgegenstand während des Rechtsmittelverfahrens in den Prozess ein, stehen die genannten Handlungsalternativen ebenso zur Verfügung. Vergleichbare Problemlagen treten bei Aufrechnung und Widerklage des Beklagten auf, sofern diese kartellrechtliche Ansprüche oder kartellrechtliche Vorfragen zum Gegenstand haben (§ 87; s. insoweit aber auch § 533 ZPO).

16 **3.** Die Behandlung solcher Fälle, in denen in 1. Instanz ein **Nicht-Kartellgericht** in einer **kartellrechtlichen Streitigkeit** i. S. d. von § 87 Abs. 1 entschieden hat, gestaltet sich vergleichsweise einfach: Über die Berufung entscheidet der Kartellsenat des OLG ungeachtet dessen, ob das Urteil von einem AG oder LG stammt. Das LG, bei dem die Berufung gegen das Urteil des AG fristwahrend angebracht worden ist, verweist den Rechtsstreit auf Antrag des Berufungsklägers an den Kartellsenat des OLG (entsprechend § 281 ZPO).[28] Das allgemein zuständige OLG, zu dem die Berufung gegen die Entscheidung des LG zulässig und fristwahrend eingelegt werden kann,[29] **verweist** die Sache auf Antrag des Berufungsklägers (in entsprechender Anwendung von § 281 ZPO)[30] an den Kartellsenat des Kartell-OLG. Der Zivilsenat des Kartell-OLG **gibt** den Rechtsstreit an den Kartellsenat desselben Gerichts formlos **ab.**

17 **4.** Schließlich ist der Fall denkbar, in denen ein **Kartell-LG** in einer objektiv **nicht-kartellrechtlichen Streitigkeit** entschieden hat. Sofern nach außen hin eindeutig ein Kartellgericht geurteilt hatte, führte dies vor dem Inkrafttreten der 6. GWB-Novelle zur Rechtsmittelzuständigkeit des Kartellsenats. Nunmehr knüpft die Zuständigkeit materiell an das Vorliegen einer kartellrechtlichen Streitigkeit an (s. o. Rn. 6, 8). Danach und vor dem Hintergrund der vom Gesetz bezweckten Konzentration der Kartellsachen ist die Rechtsmittelzuständigkeit des Kartellsenats in einem tendenziell weiten Sinn zu verstehen. Sie ist gegeben, wenn bei vertretbarer Auslegung des § 87 eine Kartellberufungssache anzunehmen ist.[31] Indes hat der Kartellsenat seine Zuständigkeit unabhängig von der lediglich formalen Anknüpfungstatsache, dass in 1. Instanz ein Kartell-LG entschieden hat, von Amts wegen zu prüfen.[32] Ergibt die Prüfung, dass der Rechtsstreit objektiv keine Kartellberufungssache ist, hat der Kartellsenat die Sache auf Antrag des Berufungsführers an den Zivilsenat desselben OLG **abzugeben** oder entsprechend § 281 ZPO an das im Rechtsmittelzug allgemein zuständige OLG zu **verweisen** (ob dies z. B. in auch dem Fall zu gel-

[27] Vgl. BGHZ 49, 33, 38 = WuW/E BGH 873, 876 – *Kugelschreiber;* BGHZ 71, 367, 374 = WuW/E BGH 1553, 1556 – *Pankreaplex I;* OLG Köln WuE/E OLG 5335.

[28] Ebenso *Bornkamm* in: Langen/Bunte, § 91 Rn. 11.

[29] Vgl. zum Rechtszustand bis zum 31.12.1998 BGHZ 71, 367 = WuW/E BGH 1553 – *Pankreaplex I;* im Übrigen auch *K. Schmidt* in: Immenga/Mestmäcker, GWB, § 93 Rn. 7; *Bechtold,* GWB, § 91 Rn. 3; *Bornkamm* in: Langen/Bunte, § 91 GWB Rn. 11, 20; § 92, 93 GWB Rn. 6; *Bracher* in: Frankfurter Kommentar § 91 GWB Rn. 14; *Bumiller* in: Wiedemann, Handbuch des Kartellrechts, § 60 Rn. 21.

[30] Vgl. BGHZ 49, 33, 38 = WuW/E BGH 873, 876 – *Kugelschreiber;* BGHZ 71, 367, 374 = WuW/E BGH 1553, 1555 – *Pankreaplex I;* OLG Köln WuE/E OLG 5335, 5337.

[31] Vgl. auch *Bornkamm* in: Langen/Bunte, § 91 GWB Rn. 15, der – ungeachtet dessen, ob über eine Einordnung als Kartellsache nach § 87 gestritten werden kann – die Anlegung eines großzügigen Prüfungsmaßstabs für angebracht hält, um eine Verweisung an ein anderes Berufungsgericht zu vermeiden. Wesentlich enger hingegen *Bracher* in: Frankfurter Kommentar § 91 GWB Rn. 13.

[32] Vgl. OLG Karlsruhe WuW/E 2300, 2303 – *Fach-Tonband-Kassetten.*

ten hat, in dem ein Kartellgericht über die Schadensersatzverpflichtung dem Grunde nach rechtskräftig erkannt hat, und die Berufung sich gegen das zur Anspruchshöhe ergangene Urteil eines Kartell-Landgerichts richtet, ist zweifelhaft. Die Auffassung, das **Höheverfahren** sei keine Kartellsache mehr und folglich auch keine Kartellberufungssache, ist mit Recht zu hinterfragen).[33] Zu bedenken ist, dass in solchen Fällen nach der Rspr. zu dem bis zum 31.12.1998 geltenden Rechtszustand die Berufungseinlegung bei dem Kartell-OLG keine fristwahrende Wirkung hatte.[34] Der Berufungskläger war danach gezwungen, die Berufung beim allgemein zuständigen OLG einzulegen,[35] wollte er nicht die Verwerfung des Rechtsmittels riskieren. Dies ist auf der Grundlage der aus der Entscheidung *Pankreaplex I* des BGH[36] abzuleitenden Forderung, dass zur Gewährleistung staatlichen Rechtsschutzes auch in Kartellzivilsachen klare und von Abgrenzungsschwierigkeiten freie Regelungen über die Rechtsmittelinstanzen gehören, nicht sachgerecht. Der Berufungskläger kann die Berufung fristwahrend alternativ beim allgemein zuständigen OLG oder beim Kartell-OLG einlegen.[37]

5. Die vorstehend behandelten Fallgestaltungen zeigen, dass es für den Berufungskläger 18
in Einzelfällen zweifelhaft sein kann, bei welchem Gericht er das Rechtsmittel richtigerweise anzubringen hat. Im Sinne des „sichersten Weges" sollte die **Einlegung der Berufung** in Zweifelsfällen stets bei dem im Instanzenzug allgemein übergeordneten OLG (§ 119 Abs. 1 Nr. 2 GVG) erfolgen und sollte hilfsweise schon mit der Berufungsbegründung eine Verweisung an den Kartellsenat des Kartell-OLG beantragt werden. Dies hat der BGH in der Entscheidung *Pankreaplex I*[38] gutgeheißen.[39] Davon, zwei Berufungen (und zwar beim allgemein zuständigen OLG und beim Kartell-OLG) einzulegen, ist nichts zu halten. Dies führte nur zu vermeidbaren prozessualen Schwierigkeiten, weil dann ein Berufungsverfahren (naheliegend das vor dem Kartell-OLG) ausgesetzt (§ 148 ZPO) oder zum Ruhen gebracht (§ 251 ZPO) oder in diesem Verfahren ein Zwischenurteil über die Zulässigkeit der Berufung ergehen muss (§§ 303, 522 ZPO).[40]

6. Bei Abgabe eines Rechtsstreits durch einen Zivilsenat an den am selben OLG einge- 19
richteten Kartellsenat (aber auch in umgekehrte Richtung) kann es zu **Zuständigkeitskonflikten** über die Senatszuständigkeit kommen. Diese sind vom Präsidium des OLG (§ 21e GVG, u. U. auch vom Präsidenten, § 21h Abs. 2 GVG) nur zu entscheiden, soweit sie die Auslegung des Geschäftsverteilungsplans betreffen. Die in § 91 gesetzlich geregelte Zuständigkeit des Kartellsenats (dazu Rn. 2) ist der Entscheidungskompetenz des Präsidiums jedoch entzogen. Entsteht darüber Kompetenzstreit zwischen einem Zivilsenat und dem am selben Gericht bestehenden Kartellsenat, ist die Zuständigkeitsbestimmung in ent-

---

[33] Vgl. einerseits OLG Köln WuW/E OLG 1383, 1384 = BB 1973, 577, 578, andererseits *Meyer-Lindemann* in: Frankfurter Kommentar, § 87 GWB Rn. 38.

[34] Vgl. OLG Celle WuW/E OLG 1869, 1871; OLG Düsseldorf WuW/E OLG 1305, 1306; 1617 f. – *Klosterfrau-Melissengeist;* OLG Köln WuW/E OLG 1383, 1384 = BB1973, 577; VersR 1991, 1060.

[35] A. A. *K. Schmidt* in: Immenga/Mestmäcker, GWB, § 93 Rn. 9: „Der Berufungskläger kann die Berufung in jedem Fall mit fristwahrender Wirkung entweder bei dem allgemein zuständigen OLG oder bei dem Kartell-OLG einlegen." Diese Auffassung liegt wohl auch der Kommentierung von *Bornkamm* in: Langen/Bunte, § 91 GWB Rn. 16 f., zugrunde.

[36] BGHZ 71, 367 = WuW/E BGH 1553.

[37] So auch *K. Schmidt* in: Immenga/Mestmäcker, GWB, § 93 Rn. 9; *Bornkamm* in: Langen/Bunte, § 91 GWB Rn. 16 f., §§ 92, 93 GWB Rn. 6.

[38] BGHZ 71, 367 = WuW/E BGH 1553.

[39] Hierfür spricht sich übereinstimmend auch das Schrifttum aus: vgl. *K. Schmidt* in: Immenga/Mestmäcker, GWB, § 93 Rn. 9; *Bechtold,* GWB, § 91 Rn. 3; *Bornkamm* in: Langen/Bunte, §§ 92, 93 GWB Rn. 6; *Bracher* in: Frankfurter Kommentar § 91 GWB Rn. 14; *Bumiller* in: Wiedemann, Handbuch des Kartellrechts, § 60 Rn. 21.

[40] Hinsichtlich des Zwischenurteils vgl. *Zöller/Heßler,* § 522 ZPO Rn. 7.

sprechender Anwendung der §§ 36 Abs. 1 Nr. 6, 37 ZPO, aber nicht vom Gerichtspräsidium zu treffen.[41]

20 Der **Mangel der Zuständigkeit** nach § 91 S. 2 konnte früher nach den §§ 529 Abs. 2, 566 ZPO a. F. mit der Berufung und/oder Revision gerügt werden, sofern nicht rügelos mündlich verhandelt worden war. Durch das am 1.1.2002 in Kraft getretene Zivilprozessreformgesetz vom 27.6.2001[42] ist § 529 Abs. 2 ZPO a. F. gestrichen worden. Nach den §§ 513 Abs. 2, 565 ZPO n. F. können Berufung und Revision nicht mehr darauf gestützt werden, das Berufungsgericht habe seine Zuständigkeit zu Unrecht angenommen oder verneint.[43]

21 Die vorstehenden Ausführungen sind sinngemäß in **Verfahren auf Erlass einer einstweiligen Verfügung** (§§ 935 ff. ZPO) und **Beschwerdeverfahren** (§§ 567 ff. ZPO) anzuwenden. War der Rechtsstreit eine Kartellsache, so hat (bei Überschreiten des Beschwerdewerts, § 567 Abs. 2 ZPO) das Kartell-OLG über auch über eine sofortige Beschwerde gegen Kostenfestsetzungsbeschlüsse zu entscheiden (§§ 104 Abs. 3 ZPO, 11 Abs. 1 RPflG). Auch in Beschwerdeverfahren darf nach § 281 ZPO verwiesen werden.[44]

7. Anwaltliche Vertretung

22 In den verschiedenen Verfahren, die der sachlichen Zuständigkeit der Kartellsenate unterliegen, ist zu unterscheiden:

23 **a) Kartellverwaltungsverfahren.** Bei (sofortigen) Beschwerden von Zeugen und Sachverständigen (vgl. §§ 380 Abs. 3, 387 Abs. 3, 390 Abs. 3, 409 Abs. 2 ZPO) herrscht kein Anwaltszwang (vgl. §§ 78 Abs. 3, 569 Abs. 3 Nr. 3 ZPO).[45] In Verfahren über die Beschwerde gegen Verfügungen der Kartellbehörde müssen die Beteiligten sich durch einen bei einem deutschen Gericht zugelassenen Rechtsanwalt vertreten lassen (§ 68 S. 1), der auch die Beschwerdeschrift und die Beschwerdebegründung zu unterzeichnen hat (§ 66 Abs. 5).

24 **b) Kartellbußgeldverfahren.** Der Betroffene kann sich eines bei einem deutschen Gericht zugelassenen Rechtsanwalts oder eines Rechtslehrers an einer deutschen Hochschule als Verteidiger bedienen – unter Umständen eine notwendige Verteidigung (zwar nicht nach § 83 Abs. 1 S. 2 GWB, § 140 Abs. 1 Nr. 1 StPO, § 46 Abs. 1 OWiG, aber möglicherweise wegen der Schwierigkeit der Sach- oder Rechtslage nach § 140 Abs. 2 StPO, § 46 Abs. 1 OWiG).

25 **c) Kartellzivilverfahren.** Anwaltliche Vertretung ist wegen § 78 Abs. 1 ZPO geboten. Nachdem das BVerfG die Singularzulassung beim OLG für unwirksam erklärt hat,[46] und die lokale Beschränkung der Zulassung entfallen ist, kann aber jeder zugelassene Rechtsanwalt vor jedem OLG auftreten.

V. Verhältnis zu anderen Vorschriften

26 **1.** Die Zuständigkeit der Kartellsenate der OLG ist auch bei der **Vollstreckung** von **Schiedssprüchen** zu beachten. Nach § 1062 Abs. 1 Nr. 4 ZPO sind die OLG zuständig für die Entscheidung über Anträge betreffend die Aufhebung (§ 1059 ZPO) oder die Vollstreckbarerklärung von inländischen und ausländischen Schiedssprüchen (§§ 1060 f. ZPO). Die Vollstreckbarerklärung ist abzulehnen, wenn die Anerkennung und Vollstreckung des Schiedsspruchs der öffentlichen Ordnung („ordre public" – § 1059 Abs. 2 Nr. 2 Buchst. b)

---

[41] So auch *Zöller/Lückemann,* § 21e GVG Rn. 38.

[42] BGBl. I S. 1887.

[43] Vgl. BGH NJW 2005, 1660, 1661 f. = WuW/E DE-R 1449 – *Bezugsbindung; Zöller/Heßler,* § 545 ZPO Rn. 15.

[44] Vgl. OLG Düsseldorf WuW/E OLG 1683, 1684 – *Wimpy.*

[45] Vgl. *Zöller/Greger,* § 380 ZPO Rn. 10; § 387 ZPO Rn. 6; § 409 ZPO Rn. 3.

[46] NJW 2001, 353.

ZPO; Art. 5 Abs. 2 Buchst. b) des UN-Übereinkommens vom 10.6.1958 über die Anerkennung und Vollstreckung ausländischer Schiedssprüche) widerspricht.[47] Die zwingenden Verbotsnormen des nationalen und des EU-Kartellrechts (wie z.B. § 1 GWB; Art. 101 AEUV) regeln die staatliche Wirtschaftsordnung und sind daher Elemente des „ordre public".[48] Sofern der Antragsgegner geltend macht, die Anerkennung und Vollstreckung des Schiedsspruchs verstoße gegen zwingende Normen des Kartellrechts, handelt es sich bei dem gerichtlichen Verfahren auf Anerkennung und Vollstreckbarerklärung um eine Kartellrechtsstreitigkeit i. S. v. § 87 S. 2.[49] Dieser Befund führt kraft unmittelbarer (nicht notwendig erst entsprechender) Anwendung des §§ 91 S. 2 dazu, dass – ausschließlich (§ 95) – der Kartellsenat des Oberlandesgerichts (ggf. auch der Kartellsenat des nach § 93 bestimmten Kartell-OLG) zur Entscheidung berufen ist.[50] § 1062 Abs. 1 ZPO enthält nur insoweit eine Spezialregelung gegenüber § 87, als darin das OLG (und nicht das LG) zur Eingangsinstanz bestimmt ist.[51]

2. § 91 gilt unmittelbar auch in bürgerlichen Rechtsstreitigkeiten, die sich aus Art. 101 oder 102 AEUV ergeben (vgl. § 87 S. 1), oder in denen sich kartellrechtliche Vorfragen nach den genannten Artikeln stellen (§ 87 S. 2 – zur rechtlichen Behandlung kartellrechtlicher Vorfragen allgemein: § 87 Rn. 17 ff.). **27**

§ 92 Zuständigkeit eines OLG oder des ObLG für mehrere Gerichtsbezirke in Verwaltungs- und Bußgeldsachen

(1) [1]**Sind in einem Land mehrere Oberlandesgerichte errichtet, so können die Rechtssachen, für die nach § 57 Abs. 2 Satz 2, § 63 Abs. 4, §§ 83, 85 und 86 ausschließlich die Oberlandesgerichte zuständig sind, von den Landesregierungen durch Rechtsverordnung einem oder einigen der Oberlandesgerichte oder dem Obersten Landesgericht zugewiesen werden, wenn eine solche Zusammenfassung der Rechtspflege in Kartellsachen, insbesondere der Sicherung einer einheitlichen Rechtsprechung, dienlich ist.** [2]**Die Landesregierungen können die Ermächtigung auf die Landesjustizverwaltungen übertragen.**

(2) **Durch Staatsverträge zwischen Ländern kann die Zuständigkeit eines Oberlandesgerichts oder Obersten Landesgerichts für einzelne Bezirke oder das gesamte Gebiet mehrerer Länder begründet werden.**

Übersicht

[47] BGBl. 1961 II S. 121.

[48] Vgl. BGHZ 46, 365, 367 = WuW/E BGH 823, 826 – *Schweißbolzen;* OLG Düsseldorf WuW/E DE-R 1647; *K. Schmidt* in: Immenga/Mestmäcker, GWB, § 87 Rn. 75 m. w. N.

[49] Vgl. OLG Düsseldorf WuW/E DE-R 997, 998 – *Züricher Schiedsspruch; K. Schmidt* in: Immenga/Mestmäcker, GWB, § 87 Rn. 72 – freilich soll eine Kartellsache nach § 87 S. 1 GWB vorliegen. Die Frage S. 1 oder S. 2 (obwohl letztlich entscheidungsunerheblich) wird danach zu beurteilen sein, ob es dabei um die Vorausetzungen für eine Vollstreckbarerklärung oder um eine Einrede des Betroffenen geht, bei der inzident eine Übereinstimmung mit der Kartellrechtsordnung zu prüfen ist. M. E. ist Letzteres der Fall.

[50] Vgl. OLG Düsseldorf WuW/E DE-R 997, 998 – *Züricher Schiedsspruch* (wobei nur eine unmittelbare oder entsprechende Anwendung der §§ 91 offen gelassen wurde); *K. Schmidt* in: Immenga/Mestmäcker, GWB, § 87 Rn. 73 (für analoge Anwendung des § 91, weil sich die Zuständigkeit des OLG aus § 1062 Abs. 1 ZPO ergebe).

I. Zweck der Vorschrift; praktische Bedeutung

1 Die in § 92 enthaltene Ermächtigung zur Konzentration gerichtlicher Zuständigkeiten auf der Ebene der OLG zielt (genauso wie § 89 – s. dort Rn. 1 – und wie die Vorschrift besagt) darauf ab, in Kartellsachen eine einheitliche Rechtsprechung sicherzustellen. Zur bisherigen Regelung in § 93 a. F. besteht kein sachlicher Unterschied. Die Ermächtigung (genauso die Befugnis zum Abschluss von Staatsverträgen nach Abs. 2) erstreckt sich ausschließlich auf die **Kartellverwaltungs-** und die **Kartellbußgeldsachen** (zu deren Gegenstand s. § 91 Rn. 3 u. 4). Das geht daraus hervor, dass Abs. 1 S. 1 ausdrücklich nur auf § 57 Abs. 2 S. 2, § 63 Abs. 4 sowie §§ 83, 85 und 86 verweist. Auf die Kartellzivilsachen bezieht sich § 93.

II. Tatbestand und Rechtsfolgen

1. Ermächtigung zum Erlass von Rechtsverordnungen

2 Eine Zusammenfassung der gerichtlichen Zuständigkeit nach Abs. 1 S. 1 setzt voraus, dass eine derartige Maßnahme der Rechtpflege in Kartellsachen, insbesondere der Sicherung einer einheitlichen Rechtsprechung, dienlich ist. Diese Voraussetzung ist bislang nur im Land Nordrhein-Westfalen angenommen worden, das über drei OLG verfügt (Düsseldorf, Hamm und Köln). Davon wären ohne eine Konzentration in Kartellverwaltungs- und Bußgeldsachen sowohl das OLG Düsseldorf (am Sitz der LKartB) als auch das OLG Köln (in dessen Bezirk, nämlich nach Bonn, das BKartA am 1.10.1999 seinen Sitz verlegt hat)[1] zuständig gewesen. Jedoch hat schon die Landes-Verordnung über die Bildung gemeinsamer Kartellgerichte vom 22.11.1994[2] (nebst Vorläuferverordnungen)[3] alle Rechtssachen, für die das GWB die OLG für zuständig erklärt, dem OLG Düsseldorf für das gesamte Land Nordrhein-Westfalen zugewiesen. Davon sind auch jene Rechtssachen umfasst, die (seit der Sitzverlegung) vom BKartA kommen.[4] In anderen Bundesländern bestand keine Notwendigkeit, von der Ermächtigung Gebrauch zu machen,[5] weil infolge natürlicher Konzentration das nach dem Gesetz für den Sitz der LKartB zuständige OLG in Kartellverwaltungs- und Bußgeldsachen ohnedies zur Entscheidung berufen ist (§§ 63 Abs. 4, 83 Abs. 1, 85, 86).

2. Staatsverträge

3 Die Ermächtigung in Abs. 2, die Zuständigkeiten in Kartellverwaltungs- und Kartellbußgeldsachen durch Staatsvertrag zusammenzulegen, ist bislang nicht ausgeübt worden.

3. Anwaltliche Vertretung

4 Hinsichtlich des Erfordernisses, sich als Beteiligter in Kartellverwaltungssachen durch einen Rechtsanwalt vertreten zu lassen, oder als Betroffener in einer Kartellbußgeldsache einen Verteidiger zu bestellen, wird auf die Erläuterungen zu § 91 Rn. 22 verwiesen.

---

[51] OLG Düsseldorf WuW/E DE-R 997, 998 – *Züricher Schiedsspruch.*

[1] Siehe § 3 Abs. 2, § 7 Abs. 1 Nr. 1 Buchst. a), Abs. 4; § 9 Nr. 3 des Berlin/Bonn-Gesetzes v. 26.4.1994 (BGBl. I S. 918), die Bekanntmachung des Bundeskanzlers über den Vollzug der Sitzentscheidung der Bundesregierung v. 22.7.1999 (BGBl. I S. 1725) und die Bekanntmachung des Bundesministeriums für Wirtschaft und Technologie vom 10.9.1999 (BGBl. I S. 1917) über die Sitzverlegung des BKartA.

[2] Siehe § 2 dieser Verordnung (GVBl. NW 1994, 1067). Zur aktuellen Verordnungslage in Nordrhein-Westfalen s. § 89 Rn. 3.

[3] GVBl. NW 1958, 17; 1966, 76; 1974, 220; 1990, 579.

[4] OLG Düsseldorf WuW/E DE-R 514 – *Tequila* – in einer Kartellverwaltungssache nach § 63 Abs. 4.

[5] Die in Bayern geltende VO v. 11.6.2012 (Bay. GVBl. S. 295) bezieht sich lediglich auf die Kartellzivilsachen (s. dort § 16).

III. Verhältnis zu anderen Vorschriften

Die Zuständigkeit nach § 92 ist auch in Verfahren gegeben, welche die Anwendung EU-kartellrechtlicher Normen betreffen. 5

§ 93 Zuständigkeit für Berufung und Beschwerde

§ 92 Abs. 1 und 2 gilt entsprechend für die Entscheidung über die Berufung gegen Endurteile und die Beschwerde gegen sonstige Entscheidungen in bürgerlichen Rechtsstreitigkeiten nach § 87 Abs. 1.

Übersicht

I. Zweck der Vorschrift; praktische Bedeutung

Zum Normzweck siehe die Erläuterungen zu § 92 Rn. 1 und zu § 89 Rn. 1. Die Vorschrift stimmt sachlich mit § 94 a. F. überein. Der frühere S. 2 von § 93 ist entfallen (dazu unten Rn. 4). § 93 bezieht sich – unter Verweisung auf den die Kartellverwaltungs- und die Kartellbußgeldsachen betreffenden § 92 – nur auf die zweitinstanzlichen **Kartellzivilsachen** (s. zu deren Gegenstand § 91 Rn. 5). Die entsprechende Regelung für die Kartellzivilsachen erster Instanz enthält § 89. 1

II. Tatbestand und Rechtsfolgen

1. Ermächtigung zum Erlass von Rechtsverordnungen

Die Ausübung der Ermächtigung ist – wie § 92 Abs. 1 S. 1 verdeutlicht – daran gebunden, dass eine Zusammenfassung der gerichtlichen Zuständigkeiten der Rechtspflege in Kartellsachen, insbesondere der Sicherung einer einheitlichen Rechtsprechung, dient. Zu diesem Zweck sind in drei Bundesländern Rechtsverordnungen erlassen worden. 2

a) Bundesländer, in denen von der Ermächtigung Gebrauch gemacht worden ist: 3

Bayern:[1] In Kartellzivilsachen ist Kartell-OLG das OLG München, zu dem auch die Sachen aus den OLG-Bezirken Bamberg und Nürnberg gelangen (s. auch § 89 Rn. 3).

Niedersachen:[2] Landesweit zuständiges Kartell-OLG ist das OLG Celle. Beim OLG Celle kommt es jedoch bereits zu einer faktischen Konzentration, weil für die Kartellzivilsachen das im Bezirk des OLG Celle gelegene LG Hannover landesweit erstinstanzlich zuständig ist (s. § 89 Rn. 3).

Nordrhein-Westfalen:[3] Dem OLG Düsseldorf ist die Zuständigkeit für die von den erstinstanzlichen Kartell-LG Dortmund (OLG-Bezirk Hamm), Düsseldorf (OLG-Bezirk Düsseldorf) und Köln (OLG-Bezirk Köln) entschiedenen Kartellzivilsachen zugewiesen (s. dazu auch § 89 Rn. 3).

b) Bundesländer, in denen eine Konzentration nicht erforderlich ist: 4

---

[1] VO v. 11.6.2012 (Bay. GVBl. S. 295), zuletzt geändert durch VO v. 9.9.2013 (Bay. GVBl. S. 604).
[2] VO v. 18.12.2009 (Nds. GVBl. S. 506), zuletzt geändert durch VO v. 21.9.2012 (Nds. GVBl. S. 358).
[3] VO v. 30.8.2011 (NRW GVBl. S. 469).

In den meisten Ländern (insbesondere in den Stadtstaaten **Berlin, Bremen und Hamburg**) stellt sich die Frage einer Zusammenfassung der gerichtlichen Zuständigkeit in der Berufungsinstanz nicht, weil entweder im betreffenden Land nur ein OLG eingerichtet ist oder die Kartellzivilsachen im ersten Rechtszug bei einem LG konzentriert sind, und der Rechtsmittelzug darum zwingend zu einem bestimmten OLG führt, das dann zugleich für die zweitinstanzlichen Kartellzivilsachen zuständig ist. Dies trifft auf folgende Länder zu (s. dazu jeweils auch § 89 Rn. 3):

Brandenburg: Zuständigkeit des OLG Brandenburg (da einziges OLG);

Hessen: Zuständigkeit des OLG Frankfurt am Main als einzigem OLG (zwar bestehen auswärtige Senate in Darmstadt und Kassel; doch ist durch VO bestimmt, dass auch für die vom Kartell-LG Kassel entschiedenen Kartellzivilsachen im zweiten Rechtszug das OLG Frankfurt am Main zuständig ist);[4]

Mecklenburg-Vorpommern: Zuständigkeit des OLG Rostock (einziges OLG);

Rheinland-Pfalz: Zuständigkeit des OLG Koblenz, weil die erstinstanzlichen Kartellzivilsachen beim im Bezirk liegenden LG Mainz konzentriert sind;

Saarland: Zuständigkeit des OLG Saarbrücken (einziges OLG);

Sachsen: Kartell-OLG ist das OLG Dresden (mit dem Kartell-LG Leipzig);

Sachsen-Anhalt: Zuständigkeit des OLG Naumburg (einziges OLG);

Schleswig-Holstein: Zuständigkeit des Schleswig-Holsteinischen OLG in Schleswig (einziges OLG);

Thüringen: Zuständigkeit des Thüringischen OLG in Jena (einziges OLG).

5 **c)** Mehrere Kartell-Oberlandesgerichte: Als einziges Bundesland unterhält mangels Zuständigkeitskonzentration **Baden-Württemberg** zwei Kartell-Oberlandesgerichte, nämlich das OLG Karlsruhe (mit dem Kartell-LG Mannheim) und das OLG Stuttgart (Kartell-LG Stuttgart).

6 **2. Staatsverträge** gemäß der Verweisung auf § 92 Abs. 2 sind bislang nicht geschlossen worden.

3. Berufungseinlegung

7 Im Zusammenhang mit der Darstellung der Zuständigkeit der Kartellsenate nach § 91 ist die Frage der Einlegung der Berufung bereits behandelt worden; darauf wird verwiesen (§ 91 Rn. 9 bis 18). Die Berufung sollte im Zweifel stets bei dem im allgemeinen Rechtszug nach § 119 Abs. 1 Nr. 2 GVG zuständigen OLG eingelegt werden, wobei – bereits mit der Antragstellung zur Hauptsache – hilfsweise eine Verweisung an das Kartell-OLG beantragt werden sollte.

4. Anwaltliche Vertretung

8 Eine Anwaltliche Vertretung ist wegen § 78 Abs. 1 ZPO erforderlich. Nachdem das BVerfG die Singularzulassung beim OLG für unwirksam erklärt hat,[5] und die lokale Beschränkung der Zulassung seit dem 1.1.2002 entfallen ist, ist jeder bei einem OLG zugelassene Rechtsanwalt vor jedem OLG postulationsfähig. Der frühere S. 2 von § 93, wonach die Parteien sich vor den gemäß § 92 Abs. 1 und 2 bestimmten OLG auch durch Rechtsanwälte vertreten lassen konnten, die bei dem OLG zugelassen sind, das ohne die Konzentration der Zuständigkeit für das Rechtsmittel zuständig gewesen wäre, ist deshalb aufgehoben worden.

---

[4] VO vom 12.1.1999 (Hess. GVBl. I S. 92).

[5] NJW 2001, 353.

III. Verhältnis zu anderen Vorschriften

Die Zuständigkeit nach § 93 gilt unmittelbar auch in bürgerlichen Rechtsstreitigkeiten, die sich aus Art. 101 oder 102 AEUV oder aus Art. 53 oder 54 EWR-Abkommen ergeben, oder in denen sich diesbezügliche Vorfragen stellen (zur rechtlichen Behandlung kartellrechtlicher Vorfragen allgemein: § 87 Rn. 18 ff.). 9

§ 94 Kartellsenat beim BGH

(1) **Beim Bundesgerichtshof wird ein Kartellsenat gebildet; er entscheidet über folgende Rechtsmittel:**

1. in Verwaltungssachen über die Rechtsbeschwerde gegen Entscheidungen der Oberlandesgerichte (§§ 74, 76) und über die Nichtzulassungsbeschwerde (§ 75);

2. in Bußgeldverfahren über die Rechtsbeschwerde gegen Entscheidungen der Oberlandesgerichte (§ 84);

3. in bürgerlichen Rechtsstreitigkeiten nach § 87 Abs. 1

a) über die Revision einschließlich der Nichtzulassungsbeschwerde gegen Endurteile der Oberlandesgerichte,

b) über die Sprungrevision gegen Endurteile der Landgerichte,

c) über die Rechtsbeschwerde gegen Beschlüsse der Oberlandesgerichte in den Fällen des § 574 Abs. 1 der Zivilprozessordnung.

(2) **Der Kartellsenat gilt im Sinne des § 132 des Gerichtsverfassungsgesetzes in Bußgeldsachen als Strafsenat, in allen übrigen Sachen als Zivilsenat.**

Übersicht

I. Zweck der Vorschrift; praktische Bedeutung

§ 94 Abs. 1 Hs. 1 schreibt die Einrichtung eines Kartellsenats beim BGH vor und wirkt 1 deswegen (wie § 91 S. 1 für die OLG) auch auf die gerichtsinterne Geschäftsverteilung ein, die an sich eine Selbstverwaltungsangelegenheit der Gerichte ist (§ 21e Abs. 1 GVG). Dies erklärt sich durch die der Sicherung der Einheitlichkeit der Rechtsprechung in Kartellsachen geltende Zielsetzung der Norm. § 94 weist im Übrigen (von redaktionellen Angleichungen der Bezugsnormen sowie von der Aufnahme der Nichtzulassungsbeschwerde abgesehen) wörtliche Übereinstimmung mit § 95 a. F. auf. Sachlich entspricht Abs. 1 dem § 91 S. 2, indem er (übertragen auf die Revisions- und Rechtsbeschwerdeinstanz) die Zuständigkeit des Kartellsenats beim BGH für die Rechtsmittel gegen die Entscheidungen der OLG in **Kartellverwaltungssachen**, in **Kartellbußgeldsachen** und in **Kartellzivilsachen** konstituiert (dazu: § 91 Rn. 3 ff.). Die Regelung in Abs. 2 ist mit Blick auf die Besetzung der beim BGH bestehenden Großen Senate für Zivil- und Strafsachen getroffen worden (vgl. § 132 Abs. 1, Abs. 5 S. 1 GVG). Mit dem Siebten Gesetz zur Änderung des Gesetzes gegen Wettbewerbsbeschränkungen (s. § 87 Rn. 3) ist § 94 Abs. 1 Nr. 3 der Änderung von § 87 angepasst worden.

II. Tatbestand und Rechtsfolgen

Abs. 1 Hs. 2 nennt die Zuständigkeiten des Kartellsenats beim BGH in Kartellverwaltungssachen, in Kartellbußgeldsachen und in Kartellzivilsachen. Den Begriff der **bürgerlichen Kartellrechtsstreitigkeiten** definiert § 94 Abs. 1 Nr. 3 genauso wie § 87 und § 91 S. 2. 2

3 Gleichwohl wendet der BGH § 87 weniger stringent an als die Tatsacheninstanzen, sondern folgt i. S. einer Begrenzung der Aufgaben des Kartellsenats daneben bestimmten, durch langjährige Praxis hervorgebrachten Prinzipien.[1] Einen jener Grundsätze bildet die sog. „acte-clair"-Doktrin (s. dazu § 87 Rn. 21), die in den Tatsacheninstanzen so nicht durchsetzbar erscheint (s. dazu auch § 87 Rn. 29; § 91 Rn. 19).

4 Die Zuständigkeit des Kartellsenats beim BGH ist – da § 95 sich auch auf § 94 erstreckt – **ausschließlicher Natur.** Indes sind die Parteien prozessual ohnedies nicht befugt, die gesetzlich geregelten Zuständigkeiten in den höheren Rechtszügen kraft Vereinbarung zu modifizieren.

III. Verhältnis zu anderen Vorschriften

5 Die Zuständigkeit nach § 94 erstreckt sich auch auf die Anwendung der Art. 101 oder 102 AEUV und der Art. 53 oder 54 des EWR-Abkommens.

§ 95 Ausschließliche Zuständigkeit

Die Zuständigkeit der nach diesem Gesetz zur Entscheidung berufenen Gerichte ist ausschließlich.

Übersicht

I. Zweck der Vorschrift; praktische Bedeutung

1 § 95 hält die Regelung des bisherigen § 96 Abs. 1 a. F. aufrecht, behält also den durchgehenden Normzweck der Sicherung einer einheitlichen Rechtsprechung durch Konzentration der Kartellrechtspflege bei. § 96 Abs. 2 a. F., der die Gerichte in bürgerlichen Rechtsstreitigkeiten, die ihrem Hauptgegenstand nach keine Kartellsachen waren, dem Zwang zu einer Aussetzung der Prozesse unterwarf, sofern die Entscheidung des Rechtsstreits ganz oder teilweise von der Entscheidung einer kartellrechtlichen Vorfrage abhing, ist durch die 6. GWB-Novelle mit Wirkung zum 1.1.1999 aufgehoben worden. Im Gegenzug sind den Kartell-Landgerichten durch Einfügen des Satzes 2 in § 87 auch die ihrem Hauptgegenstand nach nicht-kartellrechtlichen Rechtsstreitigkeiten, in denen sich aber eine kartellrechtliche Vorfrage stellt (s. zum Begriff § 87 Rn. 17 ff.), zur Entscheidung zugewiesen worden. § 95 ist praktisch allein für die bürgerlichen Kartellrechtsstreitigkeiten erster Instanz bedeutsam, wohingegen die gerichtliche Zuständigkeit in Kartellverwaltungs- und Kartellbußgeldsachen und – generell – die Rechtsmittelzuständigkeiten einer Herrschaft der Verfahrensbeteiligten ohnehin nicht unterliegen. So betrachtet gehört – worauf *Bechtold* in diesem Zusammenhang mit Recht hinweist[1*] – § 95 der Sache nach an sich in den vierten Abschnitt über die bürgerlichen Rechtsstreitigkeiten (§§ 87 bis 89a).

II. Tatbestand und Rechtsfolgen

2 Dem Anwendungsbereich von § 95 unterfallen alle bürgerlichen Rechtsstreitigkeiten, die die Anwendung des GWB, der Art. 101 oder 102 AEUV oder der Art. 53 oder 54 EWR-Abkommen betreffen (s. § 87 sowie dort Rn. 14 bis 21). Dazu zählen ebenfalls Verfahren auf Erlass einstweiliger Verfügungen (s. § 87 Rn. 18, § 91 Rn. 21). Die Regelung

---

[1] Vgl. *Bornkamm* in: Langen/Bunte, § 94 GWB Rn. 5 bis 7; *K. Schmidt* in: Immenga/Mestmäcker, GWB, § 94 Rn. 9 bis 12.

[1*] *Bechtold,* GWB, § 95 Rn. 1.

betrifft die **sachliche Zuständigkeit** der Kartell-Landgerichte nach §§ 87, 89, der Kartellsenate bei den OLG nach §§ 91, 93 und des Kartellsenats beim BGH nach § 94 (zu den Rechtsfolgen im Einzelnen vgl. § 87 Rn. 24, § 91 Rn. 20). Die **örtliche Zuständigkeit** ist von § 95 nicht erfasst (s. dazu § 87 Rn. 25).

Wird die Klage beim unzuständigen LG erhoben oder die Berufung beim unzuständigen 3 OLG eingelegt, ist der Rechtsstreit auf Antrag entsprechend § 281 ZPO an das zuständige Gericht zu **verweisen.** Anderenfalls erfolgt nach allgemeinen Grundsätzen Klageabweisung durch ein Prozessurteil oder wird das Rechtsmittel verworfen. Gerichtsintern sind die Kartellsachen an den zuständigen Kartell-Spruchkörper **abzugeben** (vgl. näher § 91 Rn. 2). Zur Frage, ob auf Unzuständigkeit des Gerichts die Berufung oder Revision gestützt werden kann, vgl. § 87 Rn. 30, § 91 Rn. 20.

§ 96 (weggefallen)

Vierter Teil. Vergabe öffentlicher Aufträge

§§ 97–129b
(VergabeR)

nicht kommentiert

Fünfter Teil. Anwendungsbereich des Gesetzes*

§ 130 Unternehmen der öffentlichen Hand, Geltungsbereich

(1) [1]**Dieses Gesetz findet auch Anwendung auf Unternehmen, die ganz oder teilweise im Eigentum der öffentlichen Hand stehen oder die von ihr verwaltet oder betrieben werden.** [2]**Die §§ 19, 20 und 31 b Absatz 5 finden keine Anwendung auf öffentlich-rechtliche Gebühren und Beiträge.** [3]**Die Vorschriften des Ersten bis Dritten Teils dieses Gesetzes finden keine Anwendung auf die Deutsche Bundesbank und die Kreditanstalt für Wiederaufbau.**

(2) Dieses Gesetz findet Anwendung auf alle Wettbewerbsbeschränkungen, die sich im Geltungsbereich dieses Gesetzes auswirken, auch wenn sie außerhalb des Geltungsbereichs dieses Gesetzes veranlasst werden.

(3) Die Vorschriften des Energiewirtschaftsgesetzes stehen der Anwendung der §§ 19, 20 und 29 nicht entgegen, soweit in § 111 des Energiewirtschaftsgesetzes keine andere Regelung getroffen ist.

Übersicht

* Mit Inkrafttreten des Vergaberechtsmodernisierungsgesetzes (2016) wird § 130 ohne inhaltliche Änderungen zu § 185. Die Überschrift des Fünften Teils wird geändert in: „Anwendungsbereich des Ersten bis Dritten Teils dieses Gesetzes“.

Schrifttum – Kartellrecht: *Bechtold,* EU-rechtliche Beschränkungen in der Ausgestaltung und Anwendung des GWB, NZKart 2015, 331; *Bornkamm,* Hoheitliches und unternehmerisches Handeln der öffentlichen Hand im Visier des europäischen Kartellrechts, in: Festschrift Hirsch, 2008, S. 231; *Bornkamm,* Der Unternehmensbegriff im europäischen und deutschen Kartellrecht – „FENIN" Revisited, in: Festschrift Blaurock, 2013, S. 41; *Bunte,* Die Anwendung des Kartellrechts auf gesetzliche Krankenkassen nach dem AMNOG, in: Festschrift Canenbley, 2012, S. 97; *Bunte,* Anmerkung zum Urteil des BGH vom 6. 11. 2013, Az. KZR 58/11 – Zum Unternehmensbegriff nach deutschem Kartellrecht, EWiR 2013, 777; *Coenen/Haucap,* Kommunal- statt Missbrauchsaufsicht, WuW 2014, 356; *Engelsing,* Flucht in die Gebühren leicht gemacht! – Verbraucher und Wettbewerb haben das Nachsehen, EnWZ 2013, 481; *Hellriegel,* Anmerkung zum Beschluss des BGH vom 18. Oktober 2011 – Az. KVR 9/11, N&R 2012, 118; *Jungbluth,* Was lange währt … 8. GWB-Novelle verabschiedet, NZKart 2013, 261; *Kersting/Faust,* Krankenkassen im Anwendungsbereich des Europäischen Kartellrechts, WuW 2011, 6; *Klees,* Welcher Unternehmensbegriff gilt im GWB?, EWS 2010, 1; *Koch,* Das Verhältnis der Kartellvorschriften des EWG-Vertrages zum GWB, BB 1959, 241; *Möschel,* Gesetzliche Krankenversicherung und das Kartellrecht, JZ 2007, 601; *Podszun/Palzer,* Machtprobe zwischen Markt und Staat? – Rekommunalisierung und Kartellrecht, NJW 2015, 1496; *Roth,* Europäisches Recht und nationales Recht, in: Festschrift 50 Jahre Bundesgerichtshof, Bd. 2, 2000, S. 847; *Roth,* Zum Unternehmensbegriff im europäischen Kartellrecht, in: Festschrift Bechtold, 2006, S. 393; *Roth,* Anmerkung zu EuGH, U. v. 11. 7. 2006 FENIN ./. Kommission Slg. I-6295, CMLRev. 2007, 1131; *Roth,* Zum Unternehmensbegriff im deutschen Kartellrecht, in: Festschrift Loewenheim, 2009, S. 545; *Roth,* Zur Anwendbarkeit des GWB auf Unternehmen der öffentlichen Hand, in: Festschrift 50 Jahre FIW, 2010, S. 253; *Säcker,* Die kartellrechtliche Missbrauchskontrolle über Wasserpreise und Wassergebühren, NJW 2012, 1105; *Säcker,* Gespaltener Unternehmensbegriff im Wettbewerbs- und Lauterkeitsrecht?, WuW 2014, 3; *Scheffler,* Zur Frage des Unternehmensbegriffs im Sinne des Art. 82 EG, EuZW 2006, 601; *Schmidt/Weck,* Kartellrechtliche Effizienzkontrolle kommunaler Gebühren nach der 8. GWB-Novelle – ein Schlag ins Wasser?, NZKart 2013, 343; *Slot,* The application of EU Merger Control Rules to State owned Enterprises, E.C.L.R. 2015, 484; *Strohn,* Die Rechtsprechung des Bundesgerichtshofs zum Wasserkartellrecht, in: Festschrift Tolksdorf, 2014, S. 563; *Temme,* 8. GWB-Novelle und Krankenkassen, ZWeR 2013, 402; *Wehage,* Missbrauchsaufsicht über Wasserpreise und Wassergebühren nach deutschem und europäischem Kartellrecht, 2015; *C. Weiß,* Der Unternehmensbegriff im deutschen und europäischen Kartellrecht, 2012; *Wissel,* Der Unternehmensbegriff im deutschen und europäischen Kartellrecht – Auswirkungen des FENIN-Urteils des EuGH auf das deutsche Recht, in: Festschrift Doepner, 2008, S. 99; *Wolf,* Kartellrechtliche Grenzen der öffentlich-rechtlichen Gebührenerhebung, NZKart 2013, 17; *Wolf,* Zu den verfassungsrechtlichen Grenzen für eine kartellrechtliche Kontrolle von Gebühren, WuW 2013, 246; *Wolfers/B. Wollenschläger,* Kartellrechtliche Kontrolle von Gebühren, WuW 2013, 237; *Wolfers/B. Wollenschläger,* Gebühren- oder Kartellrecht: Was gilt?, DVBl. 2012, 273; **Öffentliches Recht:** *Altmeppen,* Die Einflussrechte der Gemeindeorgane in einer kommunalen GmbH, NJW 2003, 2561; *Bauer,* Zukunftsthema Rekommunalisierung, DÖV 2012, 329; *Blessing,* Öffentlich-rechtliche Anstalten unter Beteiligung Privater, 2008; *Breuer,* Zersplitterung und Bedeutungsverlust des Gemeindewirtschaftsrechts, WiVerw 2015, 150; *Britz,* Funktion und Funktionsweise öffentlicher Unternehmen im Wandel, NVwZ 2001, 380; *Brüning,* [Re-]Kommunalisierung von Aufgaben aus privater Hand – Maßstäbe und Grenzen, VerwArch 100 (2009), 453; *Brüning,* Zur Reanimation der Staatsaufsicht über die Kommunalwirtschaft, DÖV 2010, 553; *Burgi,* Funktionale Privatisierung und Verwaltungshilfe, 1999; *Burgi,* Privatisierung und Rekommunalisierung aus rechtswissenschaftlicher Sicht, NdsVBl. 2012, 225; *Cronauge/G. Westermann,* Kommunale Unternehmen. Eigenbetriebe – Kapitalgesellschaften – Zweckverbände, 5. Aufl. 2006; *Czaplik,* Die öffentliche Beteiligung an Gesellschaften des Privatrechts, 2013; *Ehlers,* Empfiehlt es sich, das Recht der öffentlichen Unternehmen im Spannungsfeld von öffentlichem Auftrag und Wettbewerb national und gemeinschaftsrechtlich neu zu regeln? Gutachten E zum 64. Deutschen Juristentag Berlin 2002, 2002; *Fabry/Augsten* (Hrsg.), Unternehmen der öffentlichen Hand, 2. Aufl. 2011; *Fischerhof,* Öffentliche Versorgung mit Wasser, Gas, Elektrizität und öffentliche Verwaltung, DÖV 1957, 305; *Frenz,* Liberalisierung und Privatisierung der Wasserwirtschaft, ZHR 166 (2002), 307; *Früchtl,* Die Aktiengesellschaft als Rechtsform für die wirtschaftliche Betätigung der öffentlichen Hand, 2009; *Gersdorf,* Öffentliche Unternehmen im Spannungsfeld zwischen Demokratie- und Wirtschaftlichkeitsprinzip, 1997; *Gramm,* Privatisierung und notwendige Staatsaufgaben, 2001; *Guckelberger,* Die Rekommunalisierung privatisierter Leistungen in Deutschland, VerwArch 104 (2013), 161; *Gurlit,* Grundrechtsbindung von Unternehmen, NZG 2012, 249; *Heidel,* Zur Weisungsgebundenheit von Aufsichtsratsmitgliedern bei Beteiligung von Gebietskörperschaften und Alleinaktionären, NZG 2012, 48; *Heise,* Die Deutsche Bahn AG zwischen Wirtschaftlichkeit und Gemeinwohlverantwortung, 2013; *Hochhuth* (Hrsg.), Rückzug des Staates und Freiheit des Einzelnen, 2012; *Hoppe/Uechtritz/Reck* (Hrsg.), Handbuch Kommunale Unternehmen, 3. Aufl. 2012; *Jarass,* Kommunale Wirtschaftsunternehmen im Wettbewerb, 2002; *Kämmerer,* Privatisierung, 2001; *Knauff,* Zurück zur kommunalen Daseinsvorsorge in der Energieversorgung?, EnWZ 2015, 51; *Knauff,* Die wirtschaftliche Betätigung der öffentlichen Hand, in: Schmidt/F. Wollenschläger (Hrsg.), Kompendium Öffentliches Wirtschaftsrecht, 4. Aufl., 2016, § 6; *Korioth,* Finanzen, in: Hoffmann-Riem/Schmidt-Aßmann/Voßkuhle, Grundlagen des Verwaltungsrechts, Bd. 3, 2. Aufl. 2013, § 44; *Kraft,* Das Verwaltungsgesellschaftsrecht, 1982; *Krölls,* Grundrechtliche Schranken der wirtschaftlichen Betätigung der öffentlichen Hand, GewArch 1992, 281; *Lange,* Die Beteiligung Privater an rechtsfähigen Anstalten des öffentlichen Rechts, 2008; *Leisner-Egensperger,* Rekommunalisierung und Grundgesetz, NVwZ 2013, 1110; *Löwer,* Energieversorgung zwischen Staat, Gemeinde und Wirtschaft, 1989; *Löwer,* Der Staat als Wirtschaftssubjekt und Auftraggeber, VVDStRL 60 (2001), S. 416; *Mann,* Die öffentlich-rechtliche Gesellschaft, 2002; *Möstl,* Grundrechtsbindung öffentlicher Wirtschaftstätigkeit, 1999; *Musil,* Wettbewerb in der staatlichen Verwaltung, 2005; *Otting,* Neues Steuerungsmodell und rechtliche Betätigungsspielräume der Kommunen, 1997; *Peter,* Rechtliche Grenzen der gemeindlichen Wirtschaftsbetätigung durch die kommunale Selbstverwaltungsgarantie, 2012; *Pielow,* Grundstrukturen öffentlicher Versorgung, 1999; *Pieroth/Hartmann,* Grundrechtsschutz gegen wirtschaftliche Betätigung der öffentlichen Hand, DVBl. 2002, 421; *Püttner/Mann* (Hrsg.), Handbuch der kommunalen Wissenschaft und Praxis, Bd. 2, 3. Aufl. 2011; *Rennert,* Kommunalwirtschaft und Selbstverwaltungsgarantie, Verw. 35 (2002), 319; *Ruthig/Storr,* Öffentliches Wirtschaftsrecht, 4. Aufl. 2015; *Schliesky,* Öffentliches Wirtschaftsrecht, 4. Aufl. 2014; *Schneider,* Der Staat als Wirtschaftssubjekt und Steuerungsakteur, DVBl. 2000, 1250; *Schoch,* Privatisierung von Verwaltungsaufgaben, DVBl. 1994, 962; *Schuppert,* Geändertes Staatsverständnis als Grundlage des Organisationswandels öffentlicher Aufgabenwahrnehmung, in: Budäus (Hrsg.), Organisationswandel öffentlicher Aufgabenwahrnehmung, 1998, S. 19; *Stamm,* Eisenbahnverfassung und Bahnprivatisierung, 2010; *Storr,* Der Staat als Unternehmen, 2001; *Suerbaum,* Kommunale und sonstige öffentliche Unternehmen, in: Ehlers/Fehling/Pünder (Hrsg.), Besonderes Verwaltungsrecht, Bd. 1, 3. Aufl. 2012, § 13; *Tettinger,* Rechtsschutz gegen kommunale Wettbewerbsteilnahme, NJW 1998, 3473; *Tiemann,* Privatisierung öffentlicher Unternehmen in Deutschland und Frankreich, 2009; *Tietje,* Die Neuordnung des Rechts der wirtschaftlichen Betätigung und privatrechtlicher Beteiligung der Gemeinden, 2002; *Waldmann,* Das Kommunalunternehmen als Rechtsformalternative für die wirtschaftliche Betätigung von Gemeinden, NVwZ 2008, 284; *Wallerath* (Hrsg.), Kommunen im Wettbewerb, 2001; *W. Weiß,* Privatisierung und Staatsaufgaben, 2002; *F. Wollenschläger,* Wettbewerbliche Vorgaben für öffentliche Unternehmen, in: Kirchhof/Korte/Magen (Hrsg.), Öffentliches Wettbewerbsrecht, 2014, § 6; *Zeiß,* Die Versorgungs- und Verkehrsbetriebe als wirtschaftliche Unternehmen der Gemeinden nach den deutschen Gemeindeordnungen, DÖV 1958, 201; *Ziekow,* Öffentliches Wirtschaftsrecht, 3. Aufl. 2013.

A. Unternehmenseigenschaft der öffentlichen Hand (§ 130 Abs. 1)

I. Überblick

§ 130 Abs. 1 Satz 1 legt die **Anwendbarkeit des GWB auch auf öffentliche Unternehmen** fest und ist nach verbreiteter, aber seit der 7. GWB-Novelle überholter Ansicht allein deklaratorischer Natur[1]. Die Anwendbarkeit des EU-Kartellrechts bleibt von dieser Regelung unberührt; die Vorschrift korrespondiert inhaltlich teilweise mit Art. 106 Abs. 1 AEUV. Eine parallele Vorschrift enthält § 109 EnWG. 1

§ 130 Abs. 1 Satz 1 ist bereits seit Schaffung des GWB dessen Bestandteil.[2] Erscheint die Regelung heute als Selbstverständlichkeit, so ist sie historisch vor dem Hintergrund des noch nicht konturierten Unternehmensbegriffs bei Einführung des GWB zu sehen. Dieser war 2

[1] BGH, B. v. 18.10.2011, KVR 9/11, WuW/E DE-R 3497 Rn. 10 – Niederbarnimer Wasserverband; vgl. *Bosch* in Bechtold/Bosch Rn. 4; *Klees* in KölnKomm KartR, Rn. 5; *Säcker* in MünchKommKartR, Rn. 1.

[2] § 98 Abs. 1 a. F.; vgl. ausführlich *Weisser* in FK, Rn. 2 ff.

darauf angelegt worden, erst von der Praxis in Kartellverwaltungs- wie in Kartellzivilverfahren entwickelt zu werden; die Regelung **diente der Klarstellung,** dass öffentliches Eigentum etc. für den Unternehmensbegriff aus sich heraus kein Kriterium sein sollte; ausweislich der Begründung war eine Anwendung auch auf die Verwaltung selbst klar intendiert.[3]

3 Die 6. GWB-Novelle (1998)[4] und weitergehend die 7. GWB-Novelle (2005)[5] bewirkten eine **teilweise verdrängende Überformung** der deutschen Regelungen zum Kartellverbot durch die entsprechenden Normen des europäischen Kartellrechts, um einen inhaltlichen Gleichlauf der jeweiligen Regelungen zum Kartellverbot herzustellen[6] und zwar auch insoweit, als aufgrund der Zwischenstaatlichkeitsklausel der Anwendungsbereich des Kartellverbots nach Art. 101 Abs. 1 AEUV nicht eröffnet ist. Um diesen Gleichlauf herzustellen, ist der überkommene Unternehmensbegriff des GWB ggf. entsprechend zu erweitern;[7] Beschränkungen des europäischen Unternehmensbegriffs sind allerdings nach vorzugswürdiger Auffassung nicht zu übernehmen, insbesondere im Hinblick auf eine bloße Nachfragetätigkeit am Markt. Dies betrifft vor allem die Beschaffungstätigkeit öffentlicher Unternehmen. Genuin hoheitliche Tätigkeiten werden allerdings von beiden Unternehmensbegriffen nicht erfasst, mit Abweichungen im Detail.

4 Ausdrückliche **Ausnahmen** zur Anwendbarkeit des Kartellrechts auf unternehmerisches Handeln der öffentlichen Hand enthalten insbesondere § 130 Abs. 1 Satz 3 zur Deutschen Bundesbank und zur Kreditanstalt für Wiederaufbau sowie seit der 8. GWB-Novelle (2013)[8] der systemwidrige § 130 Abs. 1 Satz 2 für öffentlich-rechtliche Gebühren und Beiträge. Anderweitige Ausnahmen sind in den letzten Jahren durch Streichung der Ausnahmebereiche[9] deutlich zurückgeführt worden.

5 Bei der Kartellrechtsanwendung auf unternehmerisches Handeln der öffentlichen Hand ergeben sich aus ihrer öffentlich-rechtlichen Organisationsform einige **Besonderheiten** im Hinblick auf Sachnormen, Verfahren und Sanktionen.

II. Öffentliche Unternehmen

1. Begriff, Bedeutung und Entwicklung

6 Öffentliche Unternehmen sind seit Jahrhunderten eine **bedeutsame Ausprägung deutscher Staatlichkeit.** Bund, Länder und Gemeinden nehmen eine Vielzahl von Verwaltungsaufgaben, insbesondere in den Bereichen der Daseinsvorsorge, in wirtschaftlicher Form und damit zumeist durch öffentliche Unternehmen als Leistungsanbieter wahr.[10] Teilweise – wenn auch nicht stets in Übereinstimmung mit den relevanten öffentlich-rechtlichen Vorgaben – werden sie auch in gleicher Weise wie Private erwerbswirtschaftlich tätig. Eine Marktteilnahme des Staates erfolgt zudem in erheblichem Umfang als Nachfrager von Gütern und Leistungen.

7 Der **Begriff** des öffentlichen Unternehmens wird in § 130 Abs. 1 weder verwendet noch legaldefiniert, sondern in spezifischer Weise umschrieben. Er weist deutliche Parallelen mit

[3] Bericht Langen zu BT-Drs. 2/3644, 40; RegBegr, BT-Drs. 2/1158, 17 und 55.

[4] BGBl. I 1998, 2521; Neubekanntmachung BGBl. I 1998, 2546.

[5] BGBl. I 2005, 1954; Neubekanntmachung BGBl. I 2005, 2114.

[6] Zur zuvor herrschenden Zweischrankentheorie *Koch,* BB 1959, 241; *Bunte* in Langen/Bunte, Einl. GWB Rn. 121 ff.; vgl. zu einseitigen Verhaltensweisen auch oben *Meessen/Kersting,* Einführung, Rn. 92.

[7] Das betrifft auch die im europäischen Unternehmensbegriff enthaltenen Kriterien für die Verbindung von Unternehmen als Zurechnungssubjekt (ausführlich oben *Grave,* Art. 101 AEUV, Rn. 153 ff.; *Hengst* in Langen/Bunte, Art. 101 AEUV Rn. 30 ff.; vgl. auch EuGH, U. v. 18.6.2013, C-681/11, WuW/E EU-R 2754, Rn. 36 – Schencker).

[8] BGBl. I 2013, 1738.

[9] Vgl. die Streichung von §§ 99 a. F. bis 103 a. F. mit der 6. GWB-Novelle, § 98 Abs. 1, Gesetz v. 26.8.1998 BGBl. I 1998, 2521.

[10] Näher *Knauff* in Schmidt/F. Wollenschläger, Kompendium, § 6 Rn. 1 ff.

der identischen Begrifflichkeit des Europarechts (vgl. insb. Art. 106 AEUV) auf, ohne dass jedoch eine völlige inhaltliche Übereinstimmung bestünde.[11] Generell sind öffentliche Unternehmen im Sinne des deutschen Rechts wirtschaftlich tätige Einheiten, deren zentrales Kennzeichen die Trägerschaft und die dadurch bedingte Steuerungsmöglichkeit durch die öffentliche Hand ist. Korrespondierend damit stellt § 130 Abs. 1 Satz 1 auf deren Eigentum ab. Unproblematisch ist dabei die Qualifikation vollständig im Eigentum der öffentlichen Hand stehenden Unternehmer.[12] Gemischtwirtschaftliche Unternehmen, an denen neben der öffentlichen Hand auch Private beteiligt sind, werden im Öffentlichen Recht als öffentliche Unternehmen angesehen, wenn erstere über eine Mehrheitsbeteiligung verfügt.[13] Auf Grundlage des Wortlauts von § 130 Abs. 1 Satz 1 werden in der kartellrechtlichen Literatur zudem Unternehmen bereits dann als öffentliche qualifiziert, wenn die öffentliche Hand nur über eine Minderheitsbeteiligung verfügt.[14] Diese Erweiterung des Begriffsverständnisses ist allerdings weder zwingend notwendig im Hinblick auf die Erreichung der kartellrechtlichen Regelungsziele noch in Anbetracht ihres spezifischen Kontexts von allgemeiner Bedeutung und daher abzulehnen. Die Wahrnehmung wirtschaftlicher Tätigkeiten durch die öffentliche Hand erfolgt typischerweise durch Organisationseinheiten, die in öffentlich- oder privatrechtlicher Rechtsform über juristische Selbstständigkeit verfügen; notwendig ist dies jedoch nicht. Dem Bedürfnis, auch juristisch unselbstständige Regie- und Eigenbetriebe (insbesondere) der Gemeinden kartellrechtlich zu erfassen,[15] trägt § 130 Abs. 1 Satz 1 dadurch Rechnung, dass auch unmittelbar von der öffentlichen Hand betriebene Unternehmen erfasst werden.[16] Dadurch wird die Eigenwahrnehmung einer wirtschaftlichen Tätigkeit durch die öffentliche Hand ohne eigenständige Rechtsform dem Agieren unter Verwendung einer solchen gleichgestellt.[17] Nach dem Wortlaut von § 130 Abs. 1 Satz 1 werden zudem (rechtlich selbstständige) Unternehmen erfasst, die von der öffentlichen Hand nur verwaltet werden, ohne dass ihr daran das Eigentum auch nur teilweise zukommt. Es handelt sich dabei um von der öffentlichen Hand aufgrund anderweitiger rechtlicher Konstruktionen gesteuerte Unternehmen,[18] denen in der Praxis allerdings keine zentrale Bedeutung zukommt. Ihre Einbeziehung in § 130 Abs. 1 Satz 1 bezweckt vor allem, eine Umgehung der kartellrechtlichen Bindungen öffentlicher Unternehmen durch deren Substitution durch Unternehmen in scheinbar privater Trägerschaft zu umgehen; diese sind allerdings ohnehin zur Beachtung des GWB verpflichtet, so dass § 130 Abs. 1 Satz 1 insoweit nur deklaratorischer Natur ist. Letztlich zielt die kartellrechtliche Umschreibung öffentlicher Unternehmen darauf ab, jegliches wirtschaftliches Tätigwerden der öffentlichen Hand zu erfassen und diese den allgemeinen wettbewerbsrechtlichen Anforderungen zu unterstellen.[19] Dies betrifft den Staat (Bund und Länder), Gemeinden wie auch sonstige Körperschaften, Anstalten und Stiftungen des öffentlichen Rechts. Für ausländische öffentliche Unternehmen gilt nichts anderes, wenn sich ihre Tätigkeit auf dem Inlandsmarkt auswirkt.[20]

Die Bedeutung öffentlicher Unternehmen hat während der letzten Jahrzehnte infolge 8
zahlreicher **Privatisierungen** abgenommen. Insbesondere der Bund hat sich seit den

[11] *Stadler* in Langen/Bunte, Rn. 11; *W.-H. Roth* in FS Loewenheim, S. 545, 563/Fn. 89.

[12] Siehe nur *Weisser* in FK, Rn. 30.

[13] Vgl. BVerfG, U. v. 22.2.2011, 1 BvR 699/06, BVerfGE 128, 226, 246 f. – Fraport.

[14] *Stadler* in Langen/Bunte, Rn. 9.

[15] Vgl. *Emmerich* in Immenga/Mestmäcker, Rn. 19.

[16] Vgl. die weitergehende, besondere Anordnung in § 46 Abs. 4 EnWG, die zur Gewährleistung einer diskriminierungsfreien und damit nicht marktmachtmissbräuchlichen Auswahlentscheidung erforderlich ist.

[17] *Klees* in KölnKomm KartR, Rn. 40; *Weisser* in FK, Rn. 31.

[18] *Klees* in KölnKomm KartR, Rn. 40; *Weisser* in FK, Rn. 31.

[19] Vgl. Bericht Langen zu BT-Drs. 2/3644, 40.

[20] OLG Karlsruhe, U. v. 14.11.1979, 6 U 161/78 (Kart), WuW/E OLG 2215; *Stadler* in Langen/Bunte, Rn. 16.

1980er Jahren von zahlreichen Unternehmen(sbeteiligungen) getrennt. Die von derartigen materiellen Privatisierungen betroffenen Unternehmen haben dadurch ihren Charakter als öffentliche Unternehmen verloren. Anders ist dies in den Fällen bloß formeller Privatisierungen, die sich allein durch eine Änderung der Rechtsform bei gleichbleibender Trägerschaft auszeichnen.[21] Der Wechsel eines staatlichen oder kommunalen Unternehmens von öffentlich-rechtlicher zu privatrechtlicher Organisationsform hat keine Konsequenzen für dessen Qualifikation als öffentliches Unternehmen. Insbesondere die zahlreichen kommunalen Stadtwerke-Gesellschaften mbH sind daher unabhängig von Selbstverständnis und weitgehender wirtschaftlicher Eigenständigkeit öffentliche Unternehmen. Die in der öffentlich-rechtlichen Literatur diskutierte dritte und neueste Ausprägung von Privatisierungen, die funktionale Privatisierung, spielt in kartellrechtlichem Kontext keine Rolle, da sich diese nicht auf den Charakter der Unternehmen, welche durch die öffentliche Hand (zu bestimmten Konditionen) garantierte Leistungen erbringen,[22] als öffentliche oder private auswirkt. Aktuell tritt allerdings eine den bisherigen Privatisierungsprozessen zumindest teilweise entgegengesetzte Tendenz zu Tage: Privatisierungen werden gestoppt, so etwa der Börsengang der Deutschen Bahn AG; in den Gemeinden werden Rekommunalisierungen vormals privatisierter Bereiche zunehmend als attraktiv angesehen.[23] In Anbetracht dessen ist zu erwarten, dass öffentliche Unternehmen auch in kartellrechtlichem Zusammenhang künftig eine eher wieder zunehmende Bedeutung entfalten werden.

2. Zulässigkeit

9 In noch weitaus stärkerem Maße als die private wird die öffentliche Wirtschaft reglementiert. Zu den für alle Unternehmen relevanten Vorgaben treten spezifische öffentlich-rechtliche Vorgaben hinzu, welche an die Zugehörigkeit öffentlicher Unternehmen zum Staat im weitesten Sinne anknüpfen. Damit geht notwendig eine partielle Überlagerung der allgemeinen gesellschaftsrechtlichen Vorgaben durch öffentlich-rechtliche Wertungen einher.[24] Wenngleich daraus keine wettbewerbsrechtliche Sonderstellung folgt, formen sie doch den rechtlichen Rahmen aus, innerhalb dessen sich kartellrechtliche Fragen insbesondere in Bezug auf öffentliche Unternehmen stellen können.

10 **a) Verfassungsrechtliche Vorgaben.** Auf Grundlage der vom BVerfG erkannten **wirtschaftspolitischen Neutralität des Grundgesetzes**[25] kann dieses weder umfassende Grundlage für eine öffentliche Wirtschaft sein noch steht es einer solchen grundsätzlich entgegen. Allerdings wirken sich die grundgesetzlichen Einzelgewährleistungen in jeweils spezifischer Weise auf öffentliche Unternehmen aus.[26] Anders als Unternehmen in privater Trägerschaft sind öffentliche Unternehmen wegen ihrer Zugehörigkeit zur öffentlichen

---

[21] Siehe nur *Tietje,* Neuordnung, S. 36; *W. Weiß,* Privatisierung und Staatsaufgaben, S. 30.

[22] Siehe nur *Gramm,* Privatisierung und notwendige Staatsaufgaben, S. 109; *Schoch,* DVBl. 1994, 962, 963; *Schuppert* in Budäus, Organisationswandel, S. 19, 23f.; umfassend *Burgi,* Funktionale Privatisierung und Verwaltungshilfe, 1999.

[23] Dazu *Brüning,* VerwArch 100 (2009), 453; *Bauer,* DÖV 2012, 329; *Burgi,* NdsVBl. 2012, 225; *Guckelberger,* VerwArch 104 (2013), 161; *Leisner-Egensperger,* NVwZ 2013, 1110; in energierechtlichem Kontext *Knauff,* EnWZ 2015, 51; *Podszun/Palzer,* NJW 2015, 1496; *Breuer,* WiVerw 2015, 150, 153.

[24] Näher *Mann* in Püttner/Mann, Handbuch, § 46; zum umstrittenen „Verwaltungsgesellschaftsrecht" siehe zusammenfassend *Mann,* Öffentlich-rechtliche Gesellschaft, S. 269ff.; *Peter,* Rechtliche Grenzen, S. 343ff.; *Ruthig/Storr,* Rn. 741ff.; ausführlich *Kraft,* Das Verwaltungsgesellschaftsrecht, 1982; vgl. auch BGH, U. v. 5.4.1984, III ZR 12/83, BGHZ 91, 84, 96: „Nimmt die Verwaltung in den Formen des Privatrechts Aufgaben der öffentlichen Verwaltung wahr, so werden die Normen des Privatrechts durch Bestimmungen des öffentlichen Rechts ergänzt, überlagert und modifiziert".

[25] BVerfG, U. v. 20.7.1954, 1 BvR 459/52 et al., BVerfGE 4, 7 – Investitionshilfe.

[26] Ausführlich zu den verfassungsrechtlichen Wertungen *Mann,* Öffentlich-rechtliche Gesellschaft, S. 16ff.

Gewalt umfassend nach Art. 1 Abs. 3 GG an die **Grundrechte** gebunden,[27] ohne selbst grundrechtsberechtigt zu sein.[28] Das Agieren öffentlicher Unternehmen am Markt greift nach herrschender Auffassung allerdings nicht in die Berufsfreiheit der privaten Wettbewerber ein.[29] Anderes gilt nur, wenn dieser Wettbewerb, etwa durch qualitative oder quantitative Relevanz oder die Bevorzugung öffentlicher Unternehmen,[30] erdrückend wirkt[31] und damit zugleich eine objektiv berufsregelnde Tendenz aufweist.[32] Fehlt es daran, berührt deren Wettbewerbsteilnahme die Berufsfreiheit ihrer privaten Wettbewerber nicht.[33] Anderes gilt jedoch in den Fällen eines Anschluss- und Benutzungszwangs, der zugunsten eines öffentlichen Unternehmens vorgegeben wird. Der in diesem Falle gegebene Grundrechtseingriff ist jedoch regelmäßig einer Rechtfertigung zugänglich.[34]

Öffentliche Unternehmen unterliegen zudem als Bestandteil des Staates i. w. S. stets einer **Gemeinwohlbindung.**[35] Mag dieser Maßstab auch schwer bestimmbar[36] und in der Praxis in den Hintergrund getreten[37] sein, ist er zumindest auch verfassungsrechtlich begründet.[38] Dies wirkt sich notwendig auf die Ausgestaltung der Geschäftspolitik öffentlicher Unternehmen und damit auf ihr Marktverhalten aus.[39] Ziel muss stets die Realisierung von Gemeinwohlzwecken sein, nicht die bloße Gewinnerwirtschaftung. Eine gezielte Verdrängung privater Wettbewerber ist nicht nur grundrechtlich bedenklich, sondern aufgrund der Folgewirkungen auch nicht als gemeinwohlverträglich zu qualifizieren. Das Verhältnis öffentlicher Unternehmen untereinander stellt sich schließlich nicht rein wettbewerblich dar. Zwar ist eine punktuelle Konkurrenz unter öffentlichen Unternehmen nicht per se ausgeschlossen. Aufgrund ihrer Zugehörigkeit zur staatlichen Exekutive sind aber sowohl die für diese geltenden Kompetenzgrenzen als auch die Gebote gegenseitiger Rücksichtnahme zu beachten, die für das Verwaltungshandeln generell bestehen, da diese gerade der Realisierung des (unteilbaren) Gemeinwohls dienen. 11

---

[27] Siehe nur *Dreier* in Dreier (Hrsg.), GG, Bd. 1, 3. Aufl. 2013, Art. 1 Abs. 3 Rn. 68 ff.; *Gurlit,* NZG 2012, 249, 251 ff.; ausführlich *Gersdorf,* Öffentliche Unternehmen, S. 47 ff.; *Möstl,* Grundrechtsbindung, insb. S. 89 ff.

[28] Zum Konfusionsargument *Kempen* in Merten/Papier (Hrsg.), Handbuch der Grundrechte, Bd. 2, 2006, § 54 Rn. 48 ff.; *F. Wollenschläger* in Kirchhof/Korte/Magen, Öffentliches Wettbewerbsrecht, § 6 Rn. 60; vgl. auch *Ziekow,* § 7 Rn. 32.

[29] BVerwG, U. v. 22.2.1972, 1 C 24/69, BVerwGE 39, 329, 336 f.; BVerwG, U. v. 18.4.1985, 3 C 34/84, BVerwGE 71, 183, 193; BayVGH, U. v. 23.7.1976, 32 V 75, JZ 1976, 641, 642; *Pieroth/Hartmann,* DVBl. 2002, 421, 427; a. A. etwa *Krölls,* GewArch 1992, 281, 283 f.; *Tettinger,* NJW 1998, 3473, 3474; *Nierhaus* in Püttner/Mann, Handbuch, § 40 Rn. 48; *Ruthig/Storr,* Rn. 714 f.; ausführlich zur Problematik *Storr,* Staat, S. 152 ff.; näher auch *F. Wollenschläger* in Kirchhof/Korte/Magen, Öffentliches Wettbewerbsrecht, § 6 Rn. 64 ff.

[30] *Schneider,* DVBl. 2000, 1250, 1255 f.; ähnlich *Kämmerer,* Privatisierung, S. 223; *Otting,* Neues Steuerungsmodell, S. 158.

[31] BVerwG, U. v. 18.4.1985, 3 C 34/84, BVerwGE 71, 183, 191; VGH BW, U. v. 15.8.1994, 1 S 1613/93, VBlBW 1995, 99.

[32] VerfGH RP, U. v. 28.3.2000, VGH N 12/98, NVwZ 2000, 801, 802; *Schneider,* DVBl. 2000, 1250, 1255; dahingehend auch *Pieroth/Hartmann,* DVBl. 2002, 421, 426; kritisch *Pielow,* Grundstrukturen, S. 511 ff.

[33] Siehe auch zusammenfassend *Tiemann,* Privatisierung öffentlicher Unternehmen, S. 146 ff.

[34] Vgl. für einen Anschluss- und Benutzungszwang in Bezug auf die öffentliche Fernwärmeversorgung BVerwG, U. v. 25.1.2006, 8 C 13/05, BVerwGE 125, 68, 70 f., 74 ff.

[35] Zutreffend *Britz,* NVwZ 2001, 380, 382; *Löwer,* VVDStRL 60 (2001), S. 416, 419; *Schliesky,* Öffentliches Wirtschaftsrecht, S. 183.

[36] *Musil,* Wettbewerb, S. 380 ff.

[37] *Fehling* in Hochhuth, Rückzug des Staates, S. 93, 103.

[38] Näher *Knauff* in Schmidt/F. Wollenschläger, Kompendium, § 6 Rn. 26 ff.

[39] Siehe dazu etwa *Münch* in Püttner (Hrsg.), Handbuch der kommunalen Wissenschaft und Praxis, Bd. 5, 2. Aufl. 1984, § 94A; *Püttner,* Verwaltungslehre, 4. Aufl. 2007, § 15 Rn. 25, spricht allerdings zu Recht von einer „Konzeptionslosigkeit" im Hinblick auf die Existenz allgemeiner Führungsgrundsätze.

12 In Bezug auf **staatliche Unternehmen,** die also mehrheitlich im Eigentum des Bundes oder der Länder stehen, enthält das Grundgesetz nur wenige bereichsspezifische Vorgaben. Für die Eisenbahnen des Bundes enthält Art. 87e Abs. 3 GG sowohl Privatisierungsgebote als auch -schranken.[40] Zudem sieht die Norm eine Aufgabenwahrnehmung „als Wirtschaftsunternehmen“, mithin (auch) gemäß den allgemeinen Marktmechanismen vor.[41] Die in Art. 87f GG in Bezug genommenen Telekommunikations- und Postleistungen werden infolge der Privatisierungen der Deutschen Telekom AG und der Deutschen Post AG ungeachtet verbleibender Minderheitsbeteiligungen des Bundes[42] nicht mehr durch staatliche Unternehmen ausgeübt. **Kommunale Unternehmen** unterfallen dagegen dem Anwendungsbereich von Art. 28 Abs. 2 GG. Es ist anerkannt, dass die wirtschaftliche Betätigung der Gemeinden grundsätzlich als Teilbereich der kommunalen Selbstverwaltung von Art. 28 Abs. 2 Satz 1 GG erfasst wird und somit einen verfassungsrechtlichen Schutz genießt.[43] Damit geht jedoch weder eine Bestands- oder Wertgarantie für bestehende kommunale Unternehmen[44] noch eine Verpflichtung zu deren Einsatz einher.[45] Auch vermittelt Art. 28 Abs. 2 Satz 1 GG keinen Schutz vor privater Konkurrenz.[46] Das in der Norm verankerte Prinzip der Allzuständigkeit beinhaltet eine Kompetenz-Kompetenz auf lokaler Ebene,[47] die sich aber nur auf potenziell öffentliche Aufgaben[48] der Ortsstufe[49] bezieht. Aus dem in Verbindung damit normierten Örtlichkeitsprinzip folgt zudem eine grundsätzliche territoriale Begrenzung kommunalen Handelns einschließlich der Kommunalwirtschaft auf das eigene Gemeindegebiet.[50]

13 **b) Haushaltsrechtliche Vorgaben.** Das Haushaltsrecht ist sowohl für die Staats- als auch für die Kommunalwirtschaft relevant. § 65 Abs. 1 BHO/LHO normieren einige grundlegende Anforderungen in Bezug auf **Gründung und Beteiligung** von Bund und Ländern an Unternehmen in privater Rechtsform. Weithin dieselben Anforderungen gelten für eine unternehmerische Betätigung des Bundes oder Landes in der Rechtsform einer bundes- bzw. landesunmittelbaren juristischen Person des öffentlichen Rechts nach § 112 Abs. 2 Satz 1 BHO/LHO. Für deren Mehrheitsbeteiligungen an privatrechtlichen Unternehmen gelten nach § 112 Abs. 2 Satz 2 BHO/LHO sämtliche Voraussetzungen des § 65 BHO/LHO entsprechend. Begrenzende Wirkungen sind damit kaum verbunden.

14 Der Erwerb und die Veräußerung von Unternehmensanteilen sind zudem gemäß § 10 Abs. 3 HGrG und § 13 Abs. 3 BHO/LHO in den **Haushaltsplan** aufzunehmen. Für den

---

[40] Ausführlich zu den Verfassungsfragen der Bahnprivatisierung *Heise,* Die Deutsche Bahn AG, S. 76ff.; *Stamm,* Eisenbahnverfassung und Bahnprivatisierung, S. 66ff.

[41] Siehe nur *Möstl* in Maunz/Dürig (Begr.), GG, Stand 5/2015, Art. 87e Rn. 80ff.

[42] Die Bundesrepublik Deutschland war an der Deutschen Telekom AG am 31.3.2015 mit nur noch 31,7% der Anteile unmittelbar oder mittelbar beteiligt, die übrigen Aktien befinden sich in Streubesitz, http://www.telekom.com/aktionaersstruktur. An der Deutschen Post AG hält die staatliche KfW-Bankengruppe 21% der Anteile, die im Übrigen frei gehandelt werden, http://www.dpdhl.com/de/investoren/aktie/aktionaersstruktur.html (26.10.2015).

[43] Siehe nur *Nierhaus* in Püttner/Mann, Handbuch, § 40 Rn. 22ff.

[44] *Rennert,* Die Verwaltung 35 (2002), 319, 330.

[45] So schon *Zeiß,* DÖV 1958, 201, 202, in Bezug auf kommunale Pflichtaufgaben.

[46] *Frenz,* ZHR 166 (2002), 307, 319.

[47] *Oebbecke* in Wallerath, Kommunen im Wettbewerb, S. 13, 18; *Rennert,* Die Verwaltung 35 (2002), 319, 322.

[48] VerfGH RP, U. v. 28.3.2000, VGH N 12/98, NVwZ 2000, 801, 802; dahingehend auch *Löwer,* VVDStRL 60 (2001), 416, 424; *Pielow,* Grundstrukturen, S. 688f. Zu Recht verweist *Fischerhof,* DÖV 1957, 305, 314, daher darauf, dass die Allzuständigkeit keine Generalermächtigung zu wirtschaftlicher Tätigkeit enthalte.

[49] *Löwer,* Energieversorgung, S. 223; dahingehend auch BVerfG, U. v. 21.6.1988, 2 BvR 975/83, BVerfGE 78, 344, 348 – Kommunaler Mandatsträger.

[50] Siehe nur *Ehlers,* Gutachten E zum 64. DJT, S. 43; *Jarass,* Kommunale Wirtschaftsunternehmen, S. 32; *Nierhaus* in Püttner/Mann, Handbuch, § 40 Rn. 24ff.; *Rennert,* Die Verwaltung 35 (2002), 319, 338 f.; *Schink,* NVwZ 2002, 129, 133; *Breuer,* WiVerw 2015, 150, 163f.

Fall, dass dies nicht geschehen ist, und „Anteile an Unternehmen besondere Bedeutung" haben, „so dürfen sie" nach § 65 Abs. 7 Satz 1 BHO „nur mit Einwilligung des Bundestages und des Bundesrates veräußert werden, soweit nicht aus zwingenden Gründen eine Ausnahme geboten ist."

Beteiligungen des Bundes und der Länder an privatrechtlichen Unternehmen unterliegen einer besonderen parlamentarischen **Kontrolle** nach § 69a BHO/LHO sowie der Prüfung durch den Bundes- bzw. Landesrechnungshof nach § 44 HGrG und § 92 BHO/LHO. Dieser ist zudem nach § 102 Abs. 1 Nr. 3 BHO/LHO unverzüglich zu unterrichten, wenn „unmittelbare Beteiligungen des Bundes (bzw. Landes) oder mittelbare Beteiligungen im Sinne des § 65 Abs. 3 an Unternehmen begründet, wesentlich geändert oder aufgegeben werden". § 53 HGrG sieht zudem für Unternehmen mit öffentlicher Mehrheitsbeteiligung eine Erweiterung der Abschlussprüfung vor. 15

c) Besondere Anforderungen an die Kommunalwirtschaft. Die Kommunalwirtschaft wird zusätzlich durch die Gemeindeordnungen der Länder rechtlich ausgestaltet.[51] Diese enthalten sämtlich Vorschriften, welche die Zulässigkeit der Neuaufnahme oder Erweiterung einer wirtschaftlichen[52] Betätigung von Gemeinden, also einer solchen, die grundsätzlich auch von einem Privaten mit der Absicht der Gewinnerzielung vorgenommen werden könnte,[53] mittels der **Schrankentrias** aus öffentlichem Zweck, Leistungsfähigkeit der Gemeinde und Subsidiaritätsprinzip einschränken.[54] Deren Geltungsbereich ist jedoch vielfach gegenständlich auf Bereiche außerhalb der Daseinsvorsorge begrenzt und erstreckt sich daher nicht auf die gesamte Kommunalwirtschaft.[55] Gleiches gilt für die Konkretisierungen des bereits verfassungsrechtlich vorgegebenen **Örtlichkeitsprinzips,**[56] das einer gemeinsamen Aufgabenerfüllung durch mehrere Gemeinden im Wege der interkommunalen Zusammenarbeit allerdings nicht entgegensteht. Einige Gemeindeordnungen enthalten zudem ein grundsätzliches **Veräußerungsverbot** für kommunale Unternehmen.[57] 16

---

[51] Im Überblick dazu *Knauff* in Schmidt/F. Wollenschläger, Kompendium, § 6 Rn. 69f., 73ff.; für eine vergleichende Analyse des Gemeindewirtschaftsrechts der Länder siehe *Breuer,* WiVerw 2015, 150, 154ff.

[52] Legaldefinitionen in § 91 Abs. 1 BbgKVerf; § 107 Abs. 1 S. 3 GO NRW; Negativabgrenzungen in § 102 Abs. 4 GO BW; § 91 Abs. 7 BbgKVerf; § 121 Abs. 2 S. 1 Nr. 1, 2 HGO; § 136 Abs. 3 Nr. 1, 2 NKomVG; sehr umfassend und detailliert § 107 Abs. 2 S. 1 Nr. 2–4 GO NRW; § 85 Abs. 4 S. 1 Nr. 1–6 GO RP; § 108 Abs. 2 Nr. 1 SaarlKSVG; § 94a Abs. 3 Nr. 1, 2 SächsGO; § 101 Abs. 4 Nr. 1, 2 GO SH; unternehmensbezogen § 121 Abs. 2 S. 1 Nr. 1 HGO; § 136 Abs. 3 Nr. 1, 2 NKomVG; § 107 Abs. 2 S. 1 Nr. 1 GO NRW; § 94a Abs. 3 S. 1 Nr. 1 SächsGO; § 101 Abs. 4 Nr. 1 GO SH. Näher *Ronellenfitsch* in Hoppe/Uechtritz/Reck, Handbuch, § 4; *Breuer,* WiVerw 2015, 150, 154ff.

[53] *Cronauge* in Rehn/Cronauge/v. Lennep/Knirsch (Hrsg.), Gemeindeordnung Nordrhein-Westfalen, Stand 3/2014 § 107 S. 27.

[54] § 102 Abs. 1 Nr. 1–3 GO BW; Art. 87 Abs. 1 S. 1 Nr. 1, 2, 4 BayGO; § 91 Abs. 2 Nr. 1, 2, Abs. 3 S. 1 BbgKVerf; § 121 Abs. 1 S. 1 Nr. 1–3 HGO; § 68 Abs. 2 S. 1 Nr. 1–3 KV MV; § 136 Abs. 1 S. 2 Nr. 1–3 NKomVG; § 107 Abs. 1 S. 1 Nr. 1–3 GO NRW; § 85 Abs. 1 S. 1 Nr. 1–3 GO RP; § 108 Abs. 1 Nr. 1–3 SaarlKSVG; § 94a Abs. 1 S. 1 Nr. 1–3 SächsGO; § 128 Abs. 1 S. 1 Nr. 1–3 KVG LSA; § 101 Abs. 1 Nr. 1–3 GO SH; § 71 Abs. 2 Nr. 1, 2, 4 ThürKO.

[55] § 102 Abs. 4 GO BW; § 91 Abs. 7 BbgKVerf; § 121 Abs. 2 S. 1 Nr. 1, 2 HessGO; § 136 Abs. 3 Nr. 1, 2 NdsKomVG; sehr umfassend und detailliert § 107 Abs. 2 S. 1 Nr. 2–4 GO NRW; § 85 Abs. 4 S. 1 Nr. 1–6 GO RP; § 108 Abs. 2 Nr. 1 SaarlKSVG; § 94a Abs. 3 Nr. 1, 2 SächsGO; § 101 Abs. 4 Nr. 1, 2 GO SH; unternehmensbezogen § 121 Abs. 2 S. 1 Nr. 1 HessGO; § 136 Abs. 3 Nr. 1, 2 NdsKomVG; § 107 Abs. 2 S. 1 Nr. 1 GO NRW; § 94a Abs. 3 S. 1 Nr. 1 SächsGO; § 101 Abs. 4 Nr. 1 GO SH; kritisch *Breuer,* WiVerw 2015, 150, 154ff., 161.

[56] § 102 Abs. 7 S. 1, 2 GO BW; Art. 87 Abs. 2 S. 1 BayGO; § 121 Abs. 5 Nr. 2 HGO; § 107 Abs. 3 S. 1 GO NRW; § 85 Abs. 2 S. 1 GO RP; § 108 Abs. 4 Nr. 2 SaarlKSVG; § 128 Abs. 4 S. 1 KVG LSA; § 101 Abs. 2 S. 1 GO SH.

[57] § 124 Abs. 1 S. 2 HGO; § 134 Abs. 1 KVG LSA; § 103 Abs. 1 S. 2 GO SH; gegenstandsbezogen § 79 Abs. 1 S. 2 BbgKVerf; Genehmigungspflicht bei Veräußerung von Eigenbetrieben § 56 Abs. 4 Nr. 2 KV MV; § 113 SaarlKSG; unspezifisch § 106 GO BW.

17 **Sonderregeln** bestehen vielfach im Hinblick auf bestimmte Wirtschaftsbereiche, insbesondere für die Energieversorgung,[58] teilweise auch für kommunale Telekommunikations-[59] und Verkehrsunternehmen.[60] Die Errichtung von und die Beteiligung an Bankunternehmen sind den Kommunen verboten;[61] Sparkassen werden dagegen als Erscheinungsform kommunaler Daseinsvorsorge qualifiziert und unterfallen den besonderen sparkassenrechtlichen Regeln.[62]

18 Die **Wirtschaftsführung** kommunaler Unternehmen muss stets primär auf die Erfüllung des öffentlichen Zwecks gerichtet sein.[63] Die Erwirtschaftung von Gewinnen wird gleichwohl von einigen Gemeindeordnungen explizit gefordert.[64] Im Übrigen sind betriebswirtschaftliche Grundsätze und diejenigen der Sparsamkeit und Wirtschaftlichkeit zu beachten.[65] Einige Gemeindeordnungen sehen vor, dass gemeindliche Unternehmen bei ihrer Tätigkeit keine wesentliche Schädigung und keine Aufsaugung selbstständiger Betriebe in Landwirtschaft, Handwerk, Handel, Gewerbe und Industrie bewirken dürfen.[66] Die **Kontrolle** kommunaler Unternehmen erfolgt vor allem durch ihre Trägergemeinde,[67] darüber hinaus durch die staatliche Kommunalaufsicht.[68] Letztere ist umfassend angelegt und bezieht sich auf die Beachtung jeglichen geltenden Rechts einschließlich des Kartellrechts.[69] In der Praxis erweist sie sich allerdings als nur eingeschränkt effektiv. Hinzu treten die Rechnungshofkontrolle und die Prüfung des Jahresabschlusses durch einen Abschlussprüfer.[70] Drittschutz vermitteln die öffentlich-rechtlichen Vorgaben über die öffentliche

---

[58] Normierung des Vorliegens eines gegebenen öffentlichen Zwecks in § 68 Abs. 2 S. 3 KV MV; § 107a Abs. 1 GO NW; § 85 Abs. 1 S. 2 GO RP; § 128 Abs. 2 S. 1 KVG LSA; § 71 Abs. 2 Nr. 4 ThürKO; Einschränkungen der Subsidiaritätsklausel in § 121 Abs. 1a S. 1 HGO; § 136 Abs. 1 S. 1 Nr. 3 NKomVG; § 107a Abs. 1 GO NRW; § 85 Abs. 1, 3, 4 GO RP; § 71 Abs. 2 Nr. 4 S. 2 ThürKO; Modifikationen des Örtlichkeitsprinzips in Art. 87 Abs. 2 S. 2 BayGO; § 107a Abs. 3 S. 2 GO NRW; näher dazu *Pielow* in Püttner/Mann, Handbuch, § 54.

[59] § 136 Abs. 1 S. 1 Nr. 3 NKomVG; § 107 Abs. 1 S. 2 GO NRW; § 85 Abs. 1 S. 1 Nr. 3 GO RP.

[60] § 136 Abs. 1 S. 1 Nr. 3 NKomVG; § 107 Abs. 1 S. 1 Nr. 3 GO NRW; § 85 Abs. 1 S. 1 Nr. 3 GO RP; § 128 Abs. 2 S. 1 KVG LSA.

[61] § 102 Abs. 5 S. 1 GO BW; Art. 87 Abs. 4 S. 1 BayGO; § 92 Abs. 4 S. 1 BbgKVerf; § 121 Abs. 9 S. 1 HGO; § 68 Abs. 5 S. 1 KV MV; § 136 Abs. 5 S. 1 NKomVG; § 107 Abs. 4 GO NRW; § 85 Abs. 5 S. 1 GO RP; § 108 Abs. 7 S. 1 SaarlKSVG; § 94a Abs. 5 S. 1 SächsGO; § 128 Abs. 6 S. 1 KVG LSA; § 101 Abs. 4 S. 1 GO SH; § 71 Abs. 4 S. 1 ThürKO.

[62] § 102 Abs. 5 S. 2 GO BW; Art. 87 Abs. 4 S. 2 BayGO; § 92 Abs. 4 S. 2 BbgKVerf; § 121 Abs. 9 S. 2 HGO; § 68 Abs. 5 S. 2 KV MV; § 136 Abs. 5 S. 2 NKomVG; § 107 Abs. 7 GO NRW; § 85 Abs. 5 S. 2 GO RP; 116 Abs. 4 S. 2 LSA; § 108 Abs. 7 S. 2 SaarlKSVG; § 94a Abs. 5 S. 2, 3 SächsGO; § 101 Abs. 4 S. 2 GO SH; § 71 Abs. 4 S. 2 ThürKO. Ausführlich *Henneke* und *Gerlach* in Püttner/Mann, Handbuch, § 53 (a und b).

[63] § 102 Abs. 3 Hs. 1 GO BW; Art. 95 Abs. 1 S. 1 BayGO; § 91 Abs. 2 Nr. 1 BbgKVerf; § 121 Abs. 8 HGO; § 75 Abs. 1 S. 1 KV MV; § 149 Abs. 1 NKomVG; § 109 Abs. 1 GO NRW; § 85 Abs. 3 S. 1 Hs. 1 GO RP; § 116 S. 1 SaarlKSVG; § 94a Abs. 4 Hs. 1 SächsGO; § 107 S. 1 GO SH.

[64] § 102 Abs. 3 Hs. 2 GO BW; § 121 Abs. 8 HGO; § 75 Abs. 1 S. 1 KV MV; § 149 Abs. 1 NKomVG; § 109 Abs. 1 S. 2 GO NRW; § 85 Abs. 3 S. 1 Hs. 2, S. 2 Nr. 3 GO RP; § 116 S. 2 SaarlKSVG; § 94a Abs. 4 Hs. 2 SächsGO; § 107 S. 2 GO SH; § 75 Abs. 1 ThürKO.

[65] Art. 95 Abs. 1 S. 1 BayGO; § 68 Abs. 3 KV MV; vgl. § 91 Abs. 3 S. 1 BbgKVerf.

[66] Art. 95 Abs. 2 BayGO; § 71 Abs. 3 ThürKO.

[67] Auf eine umfassende Information des Gemeinderats über Angelegenheiten des kommunalen Unternehmens durch die kommunalen Aufsichtsratsmitglieder zielen Art. 93 Abs. 2 S. 2 BayGO; § 97 Abs. 7 BbgKVerf; § 125 Abs. 1 S. 5 HGO; § 71 Abs. 4 KV MV; § 138 Abs. 4 NKomVG; § 113 Abs. 5 GO NRW; § 115 Abs. 1 SaarlKSVG; § 98 Abs. 3 SächsGO; § 104 Abs. 1 S. 3 GO SH ab.

[68] Näher *Brüning*, DÖV 2010, 553.

[69] Vgl. aus der jüngsten Vergangenheit zu einem energiekartellrechtlichen Fall betreffend die Auswahl eines Wegerechtsinhabers durch eine Kommune OVG Lüneburg, B. v. 11.9.2013, 10 ME 87/12 und 10 ME 88/12, WuW/E DE-R 4128 – Landkreis Leer; vgl. auch VG Sigmaringen, U. v. 5.11.2014, 2 K 521/12, IR 2015, 92.

[70] § 103 Abs. 1 Nr. 5b) GO BW; Art. 91 Abs. 1 BayGO; § 122 Abs. 1 S. 1 Nr. 4 HGO; §§ 70b Abs. 1, 73 Abs. 1 S. 1 Nr. 2 KV MV; § 108 Abs. 1 Nr. 8 GO NRW; § 87 Abs. 3 Nr. 2, Abs. 7 Nr. 1

Wirtschaftstätigkeit grundsätzlich nicht; anderes gilt in Abhängigkeit von seiner konkreten normativen Ausgestaltung allein für das kommunalrechtliche Subsidiaritätsprinzip.[71]

3. Rechtsformen

Öffentliche Unternehmen können aufgrund der **Formenwahlfreiheit der Verwaltung** in öffentlich-rechtlicher oder privatrechtlicher Rechtsform auftreten.[72] Letztere überwiegen trotz der restriktiven haushalts- und kommunalrechtlichen[73] Anforderungen deutlich. Für die kartellrechtliche Bewertung spielt die Rechtsform keine Rolle.[74] 19

Öffentliche Unternehmen in **privater Rechtsform** sind zumeist als GmbH organisiert. Die GmbH-rechtlich bestehenden Ausgestaltungsspielräume ermöglichen eine Realisierung des gebotenen Einflusses der öffentlichen Gesellschafter auf die Geschäftspolitik.[75] Weitaus schwieriger ist dies rechtsformbedingt bei der AG,[76] die daher für kommunale Unternehmen nicht uneingeschränkt zur Verfügung steht.[77] Andere privatrechtliche Organisationsformen kommen wegen der gebotenen Haftungsbegrenzung der öffentlichen Gesellschafter kaum in Betracht.[78]

Öffentlich-rechtlichen Organisationsformen kommt im Wesentlichen in der Kommunalwirtschaft eine gewisse praktische Relevanz zu, zumal diese auch öffentlich-rechtlich handeln können. Als rechtlich unselbstständige Ausprägungen stehen insoweit Regie- und Eigenbetriebe zur Verfügung. Regiebetriebe sind in die allgemeine Verwaltungsstruktur der Gemeinde eingegliederte Einheiten, die wirtschaftlich tätig werden.[79] Eigenbetriebe sind 20

GO RP; § 110 Abs. 1 Nr. 4 SaarlKSVG; § 96a Abs. 1 Nr. 8, Abs. 3 SächsGO; § 75 Abs. 4 S. 1 Nr. 1 ThürKO. Bei Mehrheitsbeteiligungen der Gemeinde an Unternehmen in Privatrechtsform gelten zudem die zusätzlichen Vorgaben für die Abschlussprüfung nach § 53 HGrG, § 105 Abs. 1 Nr. 1 GO BW; Art. 94 Abs. 1 S. 1 Nr. 3 BayGO; § 123 Abs. 1 Nr. 1 HGO; § 73 Abs. 1 S. 1 Nr. 3 KV MV; § 112 Abs. 1 Nr. 1 GO NRW; § 89 Abs. 4 S. 1 Nr. 3 GO RP; § 111 Abs. 1 Nr. 4a) SaarlKSVG; § 96a Abs. 1 Nr. 7, Abs. 3 SächsGO; § 133 Abs. 1 Nr. 3, Abs. 3 KVG LSA.

[71] Anerkannt jedenfalls für § 102 Abs. 1 Nr. 3 GO BW; § 121 Abs. 1b S. 1, 2 HGO; 85 Abs. 1 S. 1 Nr. 3 GO RP; vgl. auch OVG Koblenz, U. v. 21.3.2006, 2 A 11124/05, ZUR 2006, 320 Rn. 17 (juris) m. w. N.; OVG Münster, U. v. 13.8.2003, NVwZ 2003, 1520; vgl. unter Bezugnahme auf den öffentlichen Zweck OVG Münster, B. v. 1.4.2008, 15 B 122/08 NVwZ 2008, 1031, 1032 m. w. N.; Näher hierzu *Schoch* in FS Wahl, S. 573 ff.; *Breuer,* WiVerw 2015, 150, 167 ff.

[72] Zu den maßgeblichen Motiven *Blessing,* Öffentlich-rechtliche Anstalten, S. 61 ff.; zur Organisationsentscheidung auf kommunaler Ebene *Pitschas/Schoppa* in Püttner/Mann, Handbuch, § 43; siehe zum Ganzen auch *Cronauge/G. Westermann,* Kommunale Unternehmen, Rn. 86 ff.; *Fabry* in ders./Augsten, Unternehmen, S. 37 ff.

[73] § 103 Abs. 1 Nr. 2, 3, 4 GO BW; Art. 92 Abs. 1 S. 1 Nr. 1–3 BayGO; § 96 Abs. 1 S. 1 Nr. 1–3 BbgKVerf; § 122 Abs. 1 S. 1 Nr. 1–3 HGO; § 69 Abs. 1 Nr. 3–5 KV MV; § 137 Abs. 1 Nr. 2, 5, 6 NKomVG; § 108 Abs. 1 S. 1 Nr. 1, 3, 5–6 GO NRW; § 87 Abs. 1 S. 1 Nr. 1–3 GO RP; § 110 Abs. 1 Nr. 2, 3 SaarlKSVG; § 96 Abs. 1 Nr. 1–3 SächsGO; § 129 Abs. 1 Nr. 2–4 KVG LSA; § 102 Abs. 3, Abs. 1 Nr. 2, 3 GO SH; § 73 Abs. 1 S. 1 Nr. 1, 2, 3–5 ThürKO.

[74] BGH, U. v. 26.10.1961, KZR 1/61, BGHZ 36, 91, 101 und 103 – Gummistrümpfe; BGH, B. v. 22.3.1976, GSZ 1/75, BGHZ 66, 229, 323 – Studentenversicherung; GmS-OGB, B. v. 19.10.1987, GmS-OGB 1/86, BGHZ 102, 280, 286; *Bechtold* 6.

[75] *Suerbaum* in Ehlers/Fehling/Pünder, § 13 Rn. 85; *Altmeppen,* NJW 2003, 2561; näher zu den Steuerungsmöglichkeiten *Gersdorf,* Öffentliche Unternehmen, S. 313 ff.; *Peter,* Rechtliche Grenzen, S. 371 ff.

[76] Vgl. auch *Suerbaum* in Ehlers/Fehling/Pünder, § 13 Rn. 86 ff. Ausführlich *Früchtl,* Die Aktiengesellschaft als Rechtsform für die wirtschaftliche Betätigung der öffentlichen Hand, 2009.

[77] Eine Subsidiarität der Rechtsform der AG ordnen § 103 Abs. 2 GO BW; § 96 Abs. 4 BbgKVerf; § 122 Abs. 3 HGO; § 108 Abs. 4 GO NRW; § 87 Abs. 2 GO RP; § 96 Abs. 2 SächsGO an. Nach § 68 Abs. 4 S. 2 KV MV ist die „Errichtung einer Aktiengesellschaft […] ausgeschlossen."

[78] *Cronauge/G. Westermann,* Kommunale Unternehmen, Rn. 116; *Ziekow,* § 7 Rn. 36; zu denkbaren Ausnahmen und ihren Voraussetzungen *Czaplik,* Beteiligung, S. 75 ff.

[79] Art. 88 Abs. 4 S. 1 BayGO; § 129 Nr. 10 ThürKO; *Suerbaum* in Ehlers/Fehling/Pünder, § 13 Rn. 91; ausführlich *Brüning* in Püttner/Mann, Handbuch, § 44 Rn. 1 ff.

dagegen organisatorisch verselbstständigt.[80] Das Grundmodell für eine wirtschaftliche Betätigung in öffentlich-rechtlicher Form mit eigenständiger Rechtspersönlichkeit ist die Anstalt des öffentlichen Rechts, die als mit Personal- und Sachmitteln ausgestattete Organisation, die über Teil- oder Vollrechtsfähigkeit verfügt, ihre Leistungen den Benutzern anbietet.[81] Für die kommunalwirtschaftliche Betätigung wird dieses Grundmodell teils spezifisch ausgestaltet („Kommunalunternehmen"[82]).[83]

III. Anwendbarkeit des Kartellrechts

21 § 130 Abs. 1 Satz 1 ordnet – vorbehaltlich der insbesondere in den beiden nachfolgenden Sätzen vorgesehenen Ausnahmen – eine **uneingeschränkte Anwendbarkeit des Kartellrechts des GWB** auf unternehmerisches Handeln der öffentlichen Hand an,[84] die teilweise spezialgesetzlich aufgegriffen wird, vgl. § 9 BörsG. Dies umfasst alle Regelungen des GWB-Kartellrechts. Anwendbar sind das Kartellverbot und insbesondere auch die Missbrauchsaufsicht über marktbeherrschende und marktmächtige Unternehmen. Auch unterliegen Unternehmenszusammenschlüsse unter Beteiligung öffentlicher Unternehmen der Fusionskontrolle nach §§ 35 ff.;[85] etwas anderes gilt aber nach § 35 Abs. 2 Satz 2, wenn ein Zusammenschluss ausschließlich kommunaler Unternehmen im Zuge einer kommunalen Gebietsreform erfolgt.[86] Dies geht notwendig mit umfassenden Kontroll- und Anordnungsbefugnissen der Kartellbehörden einher.[87] Öffentliche Unternehmen verfügen mithin grundsätzlich über keine kartellrechtliche Sonderstellung. Vielmehr ist ihr Agieren anhand derselben rechtlichen Maßstäbe nach dem GWB[88] zu beurteilen wie dasjenige privater Unternehmen.

22 Auf staatliche Nachfragetätigkeit ist in vielen Fällen **ergänzend Vergaberecht** anwendbar. Dessen Anwendbarkeit beschränkt indes nicht den Anwendungsbereich der übrigen

---

[80] Art. 88 Abs. 1 BayGO; § 95a Abs. 1 S. 1, 2 SächsGO; § 76 Abs. 1 S. 1 ThürKO; vgl. auch § 96 Abs. 1 Nr. 3 GO BW; § 86 Abs. 1 Nr. 1 BbgKVerf; §§ 127 Abs. 1, 115 Abs. 1 Nr. 3 HGO; § 64 Abs. 1 S. 1 KV MV; §§ 140, 130 Abs. 1 Nr. 3 NKomVG; §§ 114 Abs. 1, 97 Abs. 1 Nr. 3 GO NRW; § 86 Abs. 1 GO RP; § 109 Abs. 1 S. 1 SaarlKSVG; §§ 106, 97 Abs. 1 S. 1 GO SH. Ergänzend bestehen zudem Eigenbetriebsgesetze bzw. -verordnungen. Dazu ausführlich *Brüning* in Püttner/Mann, Handbuch, § 44 Rn. 25 ff.

[81] Im Überblick dazu *Erbguth,* Allgemeines Verwaltungsrecht, 8. Aufl. 2016, § 6 Rn. 19 f.

[82] Art. 89 Abs. 1 S. 1 BayGO; § 70 Abs. 1 KV MV; § 106a Abs. 1 S. 1 GO SH; siehe dazu *Waldmann,* NVwZ 2008, 284.

[83] Art. 90 Abs. 2 S. 4 BayGO; § 95 Abs. 2 S. 3 BbgKVerf; § 126a Abs. 4 S. 7 Alt. 1 HGO; § 71 Abs. 1 S. 5, § 70a Abs. 3 S. 5 KV MV; § 145 Abs. 3 S. 5 NKomVG; § 114a Abs. 7 S. 4 GO NRW; § 76b Abs. 2 S. 5 Hs. 1 ThürKO; siehe auch BVerwG, U. v. 31.8.2011, 8c 16/10, BVerwGE 140, 300; *Heidel,* NZG 2012, 48 ff.; näher *Schraml* in Püttner/Mann, Handbuch, § 45; zu den Vor- und Nachteilen gegenüber anderen Organisationsformen *Lange,* Beteiligung Privater, S. 52 ff.

[84] Zur Anwendung der einzelnen Vorschriften im Einzelnen *Weisser* in FK, Rn. 109 ff.; *Stadler* in Langen/Bunte, Rn. 80 ff.

[85] BGH, B. v. 7.2.2006, KVR 5/05, WuW/E DE-R 1681 Rn. 18 – DB Regio/üstra = BGHZ 166, 165, 171 ff.; BGH, B. v. 11.7.2008, KVR 28/05, WuW/E DE-R 1797 Rn. 21 = BGHZ 168, 295 – Deutsche Bahn/KVS Saarlouis; BGH, B. v. 16.1.2008, KVR 26/07, WuW/E DE-R 2327 Rn. 21 = BGHZ 175, 333 – Kreiskrankenhaus Bad Neustadt; BGH, B. v. 8.11.2011, KVZ 14/11, AG 2013, 31 Rn. 7.

[86] Dazu oben *Neuhaus,* § 35 GWB, Rn. 32 ff.

[87] Näher *Emmerich* in Immenga/Mestmäcker, Rn. 91 ff.

[88] Zur Bedeutung des UWG für öffentliche Unternehmen siehe im Überblick *F. Wollenschläger* in Kirchhof/Korte/Magen, Öffentliches Wettbewerbsrecht, § 6 Rn. 88 ff.; siehe auch BGH, U. v. 25.4. 2002, I ZR 250/00, BGHZ 150, 343, 348 – Elektroarbeiten; BGH, U. v. 26.9.2002, I ZR 293/99, WRP 2003, 262, 264 (unter II. 1.) – Altautoverwertung; BGH, U. v. 4.11.2003, KZR 16/02, WRP 2004, 376, Rn. 39 (juris) – Strom und Telefon I; BGH, U. v. 4.11.2003, KZR 38/12, WRP 2004, 382, Rn. 33 (juris) – Strom und Telefon II.

kartellrechtlichen Vorschriften des GWB bzw. des AEUV;[89] dies setzt § 104 Abs. 3 voraus, wenn er klarstellend die Zuständigkeit der Kartellbehörden für durch die vergaberechtliche Prüfzuständigkeit der Vergabekammern unberührt erklärt.

Einige Begrenzungen der Anwendbarkeit des GWB folgen unmittelbar aus dem Unter- 23
nehmensbegriff. Im nicht öffentlichen Rahmen betreffen diese im Wesentlichen die private Nachfrage, Arbeitnehmer und ihre Vereinigungen.[90] Dabei kommt es auf die Rechtsform des Unternehmens ebenso wenig an[91] wie auf die Ausgestaltung der Leistungsbeziehungen zu Dritten.[92] Entscheidend ist die Teilnahme am Wirtschaftsleben[93] in einer Weise, die auch durch Private erfolgen könnte.[94] Ob Gewinne erwirtschaftet werden (sollen), ist unerheblich.[95] Für ausländische öffentliche Unternehmen gilt nichts anderes, wenn sich ihre Tätigkeit auf dem Inlandsmarkt auswirkt.[96]

Mit Blick auf die öffentliche Hand und ihre Unternehmungen hat der **Unternehmens-** 24
begriff einige **besondere Facetten.** Diese betreffen den unternehmerischen Charakter staatlicher Angebote, den unternehmerischen Charakter staatlicher Nachfrage und generell die Abgrenzung zwischen hoheitlichem und wirtschaftlichem Handeln. Die inhaltliche Beurteilung dieser Facetten des Unternehmensbegriffs hängt nahezu vollständig von der umstrittenen und höchstrichterlich nicht geklärten Frage ab, welche Wirkungen von der Angleichung des Kartellverbots des GWB an sein europäisches Pendant im Zuge der 6. und der 7. GWB-Novelle auf den Unternehmensbegriff des GWB ausgegangen sind. Diese unvorhergesehenen Komplikationen beim Unternehmensbegriff machen in der Praxis vertiefte Ausführungen selbst bei solchen staatlichen Unternehmungen erforderlich,[97] die dem historischen Gesetzgeber gerade als Beispiel unternehmerischer Tätigkeit der öffentlichen Hand gedient haben.[98]

Der **Unternehmensbegriff des GWB** entwickelte sich in einer über 50-jährigen Pra- 25
xis hin zu einem funktional relativen Unternehmensbegriff. Nach dem Willen des Gesetzgebers[99] sollte das GWB auf jegliche Unternehmen Anwendung finden, die sich am „geschäftlichen Verkehr mit Waren" beteiligen, unabhängig von einer Gemeinnützigkeit oder von den Eigentumsverhältnissen, und zwar sowohl im Verhältnis zu Wettbewerbern als auch im allgemeinen Verhalten am Markt.[100] Ausnahmebereiche für viele überkommene staatswirtschaftliche Betätigungsfelder waren besonders normiert; die Gesetzesbegründung warnte ausdrücklich davor, hieraus auf eine allgemeine Ausnahme für jede wirtschaftliche Tätigkeit des Staates vom Kartellrecht zu schließen.[101] Nach dem funktional relativen Unternehmensbegriff ist Unternehmen jede selbstständige Tätigkeit im geschäftlichen Verkehr, die auf den Austausch von Waren oder gewerblichen Leistungen gerichtet ist, und sich

---

[89] *W.-H. Roth* in FS Bechtold, S. 393, 407; *C. Weiß,* Unternehmensbegriff, S. 157 ff.; EuGH, U. v. 10.11.1998, C-360/96, Slg. 1998, I-6821, Rn. 45 – BFI.

[90] Oben *Nordemann,* § 1 GWB, Rn. 24.

[91] BGH, U. v. 27.4.1999, WuW/E DE-R 303 – Sitzender Krankentransport.

[92] *Klees* in KölnKomm KartR, Rn. 10; *Emmerich* in Immenga/Mestmäcker, Rn. 18 f.; im Einzelnen zur Unterscheidung von Wettbewerbsbeziehungen *Weisser* in FK, Rn. 38 ff.

[93] BGH, U. v. 26.10.1961, KZR 1/61, BGHZ 36, 91, 103 = WuW/E BGH 442 ff. – Gummistrümpfe; BGH, B. v. 22.3.1976, GSZ 2/75, BGHZ 67, 81, 91 = WuW/E 1469 – Auto-Analyzer; OLG Düsseldorf, U. v. 22.12.2004, VI-Kart 1/04, WuW/E DE-R 1397, 1402; *Bechtold,* Rn. 5.

[94] OLG Düsseldorf, U. v. 9.11.1993, U (Kart) 2/93, WuW/E OLG 5213, 5218; OLG München, U. v. 14.10.2005, W (K) 2385/05, WuW/E DE-R 1657.

[95] EuGH, U. v. 21.9.1999, C-67/96, Slg. 1999, I-5863, Rn. 85 – Albany; *Weisser* in FK, Rn. 23 a.E.

[96] OLG Karlsruhe, U. v. 14.11.1979, 6 U 161/78 (Kart), WuW/E OLG 2215; *Stadler* in Langen/Bunte, Rn. 16.

[97] Vgl. BKartA v. 9.7.2015, B 1–72/12, Rn. 199–367 – Rundholz.

[98] Bericht Langen zu BT-Drs. 2/3644, 40.

[99] Vgl. *Autenrieth* in GK Kartellrecht, 4. Aufl. 1985, § 98 Rn. 10 ff.

[100] RegBegr, BT-Drs. 2/1158, 17 und 55; Bericht Langen zu BT-Drs. 2/3644, 40.

[101] RegBegr, BT-Drs. 2/1158, 23.

nicht auf die Deckung des privaten Lebensbedarfs beschränkt.[102] Dazu zählt auch die staatliche Nachfragetätigkeit mit Mitteln des Privatrechts.[103] Auf eine Gewinnerzielungsabsicht kommt es nicht an,[104] auch nicht auf die Rechtsform des Unternehmensträgers.[105] Vor dem Hintergrund des so entwickelten Unternehmensbegriffs wiesen relativ jüngere Kommentierungen § 130 Abs. 1 nur noch eine deklaratorische Funktion zu.[106]

26 Der **Unternehmensbegriff des europäischen Kartellrechts**[107] ist **eigenständig;**[108] er wird von § 130 Abs. 1 nicht berührt. Er ist nicht legaldefiniert.[109] Nach der Rechtsprechung umfasst er grundsätzlich jede eine wirtschaftliche Tätigkeit ausübende Einheit unabhängig von ihrer Rechtsform und der Art ihrer Finanzierung;[110] das können auch Hoheitsträger,[111] öffentliche Unternehmen[112] und Einzelpersonen sein.[113] Auch der Unternehmensbegriff des europäischen Kartellrechts ist relativ zur jeweiligen abgrenzbaren wirtschaftlichen Tätigkeit.[114] Er ist unabhängig von nationalen Unternehmensbegriffen und den darüber bestimmten Anwendungsbereichen der korrespondierenden Regelungen nationaler Kartellrechte.

27 **Wesentliche Unterschiede** zwischen den Unternehmensbegriffen ergeben sich in Bezug auf hoheitliches Handeln – hier ist grundsätzlich der europäische Unternehmensbegriff weiter,[115] es sei denn, es handelt sich um soziale Tätigkeiten im weiteren Sinne[116] – und in Bezug auf die Akzessorietät des unternehmerischen Charakters der Nachfrage zum unternehmerischen Charakter des Angebots[117] – hier ist der europäische Unternehmensbegriff enger.

28 Welchen **Einfluss** die normhierarchisch vorrangigen Regelungen des europäischen Kartellrechts in ihrem jeweiligen Anwendungsbereich auf die entsprechenden Regelungen nationaler Kartellrechte haben, ist in Art. 3 VO 1/2003 und Art. 21 FKVO für die verschiedenen Regelungsbereiche nicht einheitlich bestimmt; § 22 bildet dies ab. So sind im Anwendungsbereich des europäischen Missbrauchsverbots strengere nationale Missbrauchs-

---

[102] BGH, B. v. 9.3.1999, KVR 20/97, WuW/E DE-R 289, 291 Rn. 20 ff. – Lottospielgemeinschaft.

[103] BGH, U. v. 26.10.1961, KZR 1/61, BGHZ 36, 91, 103 = WuW/E BGH 442 ff. – Gummistrümpfe; BGH, U. v. 12.3.1991, KZR 26/89, WuW/E BGH 2707, 2714 – Krankentransportunternehmen II; BGH, U. v. 12.11.2002, KZR 11/01, BGHZ 152, 347, 351 f. – Ausrüstungsgegenstände für Feuerlöschzüge; BGH, U. v. 24.6.2003, KZR 32/01, WuW/E DE-R 1144, 1145 – Schülertransporte.

[104] RegBegr, BT-Drs. 2/1158, 55; BGH, B. v. 11.12.1997, KVR 7/96, WuW/E DE-R 17, Rn. 42 (juris) – Europapokalheimspiele.

[105] BGH, B. v. 22.3.1976, GSZ 2/75, BGHZ 67, 81 = WuW/E 1469, 1470 – Auto-Analyzer; BGH, B. v. 9.3.1999, KVR 20/97, WuW/E DE-R 289, 291 – Lottospielgemeinschaft.

[106] Oben Rn. 1 mit Fn. 1.

[107] Vgl. oben *Grave,* Art. 101 Abs. 1 AEUV, Rn. 131 ff. und *Huttenlauch/Lübbig,* Art. 102 AEUV, Rn. 17 ff.

[108] Oben *Huttenlauch/Lübbig,* Art. 102 AEUV, Rn. 17.

[109] Vgl. aber Art. 1 des Protokoll Nr. 22 zum EWR-Vertrag vom 2.5.1992.

[110] EuGH, U. v. 23.4.1991, C-41/90, Slg. 1991, I-1979, Rn. 21 – Höfner und Elser; EuGH, U. v. 12.7.2012, C-138/12, WuW/E EU-R 2472, Rn. 35 – Compass-Datenbank.

[111] EuGH, U. v. 20.3.1985, 41/83, Slg. 1985, 873, Rn. 16 ff. – Italien/Kommission.

[112] Vgl. die Nachweise oben bei *Huttenlauch/Lübbig,* Art. 102 AEUV, Rn. 19 f.

[113] EuGH, U. v. 18.7.2006, C-519/04, Slg. 2006, I-6991, Rn. 47 – Meca-Medina.

[114] EuGH, U. v. 16.6.1987, 118/85, Slg. 1987, 2619, Rn. 7 – Kommission/Italien; EuGH, U. v. 24.10.2001, C-82/01 P, Slg. 2002, I-9334, Rn. 74 ff. – Aeroports de Paris; EuGH, U. v. 1.7.2008, C-49/07, Slg. 2008, I-4863, Rn. 25 – MOTOE; EuG, U. v. 12.9.2013, T-347/09, EWS 2013, 389, Rn. 34 – Deutschland/Kommission; EuG, U. v. 16.7.2014, T-309/12, DVBl. 2014, 1526, Rn. 53 und 64 – Zweckverband Tierkörperbeseitigung.

[115] Z. B. EuG, U. v. 16.7.2014, T-309/12 – Zweckverband Tierkörperbeseitigung, DVBl. 2014, 1526.

[116] Z. B. EuGH, U. v. 16.3.2004, C-264/01 u. a., Slg. 2004, I-2493 – AOK Bundesverband.

[117] Z. B. EuGH, U. v. 11.7.2006, C-205/03, Slg. 2006, I-6295, Rn. 26 – FENIN.

verbote zulässig (Art. 3 Abs. 1 Satz 1, Abs. 2 Satz 2 VO 1/2003),[118] die Anwendbarkeit der europäischen Fusionskontrolle schließt – vorbehaltlich der Verweisungsregeln – die Anwendbarkeit nationaler Fusionskontrollregeln der EU-Mitgliedsstaaten aus (Art. 21 Abs. 3 FKVO, vgl. § 35 Abs. 3 GWB).[119] Indes gehen die Regelungen zum europäischen Kartellverbot betreffend Wettbewerbsbeschränkung[120] und Freistellung in seinem Anwendungsbereich nationalen Kartellverboten inhaltlich umfassend vor (Art. 3 Abs. 1 Satz 1, Abs. 2 Satz 1 VO 1/2003).[121]

1. Schicksal des Unternehmensbegriffs nach der 6. bzw. 7. GWB-Novelle

Hatte § 130 Abs. 1 durch die Entwicklung der Praxis zum Unternehmensbegriff des GWB zeitweilig den **eigenständigen Regelungsgehalt** eingebüßt, so wurde seine Verdeutlichungsfunktion[122] durch die Angleichung der Regelungen zum Kartellverbot des GWB an die parallelen Vorgaben des europäischen Rechts wieder aktuell. Nach vorzugswürdiger Auffassung enthält § 130 Abs. 1 GWB den Nukleus[123] für einen gegenüber dem europäischen Unternehmensbegriff erweiterten Unternehmensbegriff des GWB, der also den überkommenen Unternehmensbegriff des GWB durch den europäischen erweitert, zugleich aber dessen Beschränkungen nicht übernimmt. 29

a) Hintergrund der Novellen. Der Vorrang des europäischen Kartellverbots in dessen Anwendungsbereich gegenüber dem Kartellverbot des GWB bewirkte bei abweichenden Sachregeln Diskontinuitäten im Regelungsregime und die Unschärfe der Zwischenstaatlichkeitsklausel als Abgrenzungskriterium schuf eine nicht unerhebliche Rechtsunsicherheit. Darum erfolgte im Zuge der 6. und insbesondere der 7. GWB-Novelle die **Angleichung der Regelungen des GWB zum Kartellverbot an das europäische Recht.**[124] Dementsprechend seien die „Tatbestandsmerkmale des § 1, wie etwa die Definition von Unternehmen und Unternehmensvereinigungen oder das Merkmal der Verhinderung, Einschränkung oder Verfälschung des Wettbewerbs […] *im Lichte* der zu [Art. 101 Abs. 1 AEUV] ergangenen Rechtsprechung und Rechtsanwendungspraxis auszulegen und anzuwenden (vgl. auch § 23)."[125] 30

Obwohl hier auch ausdrücklich auf den Unternehmensbegriff Bezug genommen wurde, fehlt jede Andeutung zu möglichen Wirkungen einer Anpassung des Unternehmensbegriffs. Dies ist vor dem damaligen Erkenntnishintergrund einsichtig, der von einem völligen Gleichlauf der Unternehmensbegriffe ausging.[126] Die folgenden **Probleme** betreffend der inhaltlichen Abweichungen der Unternehmensbegriffe waren so vom Gesetzgeber **nicht vorhergesehen.**[127] 31

b) Meinungsstand. Der **Meinungsstand** ist **vielschichtig;** eine vorherrschende Ansicht hat sich noch nicht herausgebildet. Nach einer Auffassung sind mit der Angleichung des GWB-Kartellverbots an das EU-Kartellverbot dessen Wertungen bezüglich aller Maß- 32

---

[118] Eingehend *Rehbinder* in Immenga/Mestmäcker, Art. 3 VO 1/2003, Rn. 32 ff.

[119] Siehe oben *Meessen/Kersting,* Einführung, Rn. 93, *Simon,* Einf FKVO, Rn. 46 ff., *K. Westermann,* Art. 21 FKVO, passim und *Neuhaus,* § 35 GWB, Rn. 38.

[120] Hierauf weist *Rehbinder* ausdrücklich hin in Immenga/Mestmäcker, Art. 3 VO 1/2003, Rn. 24.

[121] Eingehend *Rehbinder* in Immenga/Mestmäcker, Art. 3 VO 1/2003, Rn. 19 ff.

[122] *Autenrieth* in GK Kartellrecht, 4. Aufl. 1985, § 98 Rn. 23.

[123] Ähnlich oben *Ost,* Einf VerfVO, Rn. 7.

[124] Ausführlich RegBegr, BT-Drs. 15/3640, 22 ff.

[125] RegBegr, BT-Drs. 15/3640, 44, Hervorhebung nur hier.

[126] Vgl. statt aller *Wiedemann* in Wiedemann (Hrsg.), Handbuch des Kartellrechts, 1. Aufl. 2003, § 5 Rn. 1 und Rn. 9; *Bunte* in FS Canenbley, S. 97, 101; vgl. auch EuGH, U. v. 28.3.1985, 298/83, Slg. 1985, 1105 – CICCE; EuGH, U. v. 12.9.2000, C-180 bis 184/98, Slg. 2000, I-6451, Rn. 78 ff. – Pavlov.

[127] *W.-H. Roth* in FS Loewenheim, S. 545, 562; *C. Weiß,* Unternehmensbegriff, S. 178; vgl. auch die widersprüchlichen Aussagen in RegBegr, BT-Drs. 15/3640, 21 gegenüber *ebda.,* 22.

stäbe einschließlich des Unternehmensbegriffs auf das deutsche Recht zu übertragen.[128] Nach einer Gruppe anderer Ansichten ist der Unternehmensbegriff für das GWB nicht einheitlich zu bestimmen, wobei teils nach der jeweiligen Sachnorm,[129] teils danach differenziert wird, ob zwischenstaatlicher Bezug besteht;[130] teils wird von einem europäisch geprägten Unternehmensbegriff ausgegangen, aber unter Beibehaltung der Einordnung bloßer Nachfrage als unternehmerisch,[131] dies wiederum teilweise nur unterhalb der Zwischenstaatlichkeitsklausel.[132] Schließlich wird weiterhin vertreten, dass der Unternehmensbegriff des GWB unverändert geblieben sei.[133]

33 Der **BGH** konnte in drei Anläufen in den vergangenen zehn Jahren die Frage nicht entscheiden, ob die 7. GWB-Novelle den Unternehmensbegriff des GWB modifiziert hat. In der Tariftreueerklärung II-Entscheidung berief er sich auf den summarischen Charakter der Prüfung beim Kostenbeschluss und ließ die Frage offen.[134] In der Sache Autobahnschilder[135] verwies der Kartellsenat die Sache an den Vergabesenat, der aufgrund vergaberechtlicher Erheblichkeiten an das Oberlandesgericht zurückverwies, ohne[136] zuvor durch den insoweit allein zuständigen Kartellsenat die Frage klären zu lassen, ob aufgrund des Unternehmensbegriffs die Sache kartellrechtlich durchentschieden hätte werden können. Im Urteil VBL-Gegenwert bejahte der BGH die Unternehmenseigenschaft schließlich aufgrund des europäischen und des überkommenen deutschen Unternehmensbegriffs wegen – insoweit – wettbewerblichen Angebotsverhaltens, es lag also keine bloße Nachfragetätigkeit vor;[137] dabei ließ der BGH in einem obiter dictum[138] erkennen, dass er an dem deutschen Unternehmensbegriff festhalten wolle.[139]

34 **c) Keine europarechtlichen Vorgaben.** Aus **Art. 3 Abs. 1 Satz 1 VO 1/2003** ergibt sich keine europarechtliche Notwendigkeit, den Unternehmensbegriff des GWB im Sinne des Unternehmensbegriffs des europäischen Kartellrechts einzuschränken.[140] Durch die Regelungen des Art. 3 Abs. 1 Satz 1 VO 1/2003 soll ein Gleichlauf zwischen europäischem und nationalem Kartellrecht erreicht werden, d. h. der Regelungsgehalt[141] des europäischen Rechts überformt den Regelungsgehalt nationalen Kartellrechts vollumfänglich, allerdings nur soweit das europäische Kartellrecht anwendbar ist.[142] Die gegenteilige Auffas-

---

[128] *Bechtold,* NZKart 2015, 331, 332; *Bosch* in Bechtold/Bosch, Rn. 7; *Klees* in KölnKomm KartR, Rn. 32 f.; *ders.,* EWS 2010, 1, 7; siehe auch *Stadler* in Langen/Bunte, Rn. 25 ff.; OLG München, U. v. 11.11.2010, U (K) 2872/10, Rn. 27 ff. (juris), aufgehoben von BGH, U. v. 5.6.2012, X ZR 161/11, CR 2012, 645, Rn. 17 = WM 2013, 1140 – Fachpersonalklausel.

[129] Etwa *C. Weiß,* Unternehmensbegriff, S. 179 f.; jedenfalls für die Fusionskontrolle die Möglichkeit einer Differenzierung andeutend *W.-H. Roth* in FS Loewenheim, S. 545, 546 f.; vorsichtig auch *Bechtold,* Rn. 7.

[130] *Säcker* in MünchKomm KartR, Rn. 3 ff.; *ders.,* WuW 2014, 3.

[131] So inzwischen *Nordemann,* oben § 1 GWB Rn. 24 und 27.

[132] *Zimmer* in Immenga/Mestmäcker, § 1 GWB Rn. 31; *Emmerich* in Immenga/Mestmäcker, Rn. 22 ff.; vgl. auch *Bosch* in Bechtold/Bosch, § 19 Rn. 2.

[133] *Bunte* in FS Canenbley, S. 97, 104 f.; *Scheffler,* EuZW 2006, 601, 602; *Nothdurft* in Langen/Bunte, § 19 Rn. 63.

[134] BGH, B. v. 19.6.2007, KVR 23/98, WuW/E Verg 2161, Rn. 12 – Tariftreueerklärung III.

[135] BGH, U. v. 5.6.2012, X ZR 161/11, CR 2012, 645, Rn. 17 = WM 2013, 1140 – Fachpersonalklausel.

[136] *Bornkamm* in FS Blaurock, S. 41, 49 Fn. 39.

[137] BGH WuW/E DE-R 4037, Rn. 42 ff.

[138] Ebenda, Rn. 59.

[139] *Bunte,* EWiR 2013, 777.

[140] Im Ergebnis auch oben *Ost,* Einf VerfVO, Rn. 7, *Nothdurft* in Langen/Bunte, § 20 Rn. 22; *Jaeger* in FK, § 22 Rn. 14; *Bardong* in MünchKomm KartR, Art. 3 VO 1/2003 Rn. 55; *Wissel* in FS Doepner, S. 99, 103; *Jaeger* in FK, § 22 Rn. 14; *Klees,* EWS 2010, 1, 4; *Scheffler,* EuZW 2006, 601, 602; in der Tendenz auch oben *Nordemann,* § 1 GWB Rn. 25.

[141] Art. 3 statuiert keine Pflicht zu einem nationalen Kartellrecht. Wenn es ein solches gibt, darf es aber im Anwendungsbereich von Art. 101 AEUV zu keinen widersprechenden Ergebnissen führen.

[142] *Bornkamm* in FS Blaurock, S. 41, 50; siehe auch oben *Nordemann,* § 1 GWB Rn. 25.

sung – der Anwendungsvorrang umschließe auch den Unternehmensbegriff – unterscheidet unzureichend zwischen Anwendungs- und Regelungsbereich.[143] Der Unternehmensbegriff definiert den Anwendungsbereich des Kartellrechts, nicht dessen Regelungsbereich. Wäre auch der Unternehmensbegriff des Art. 101 AEUV in nationales Recht in dem Sinne zu übernehmen, dass keine Nicht-Unternehmen gleichen Regelungen wie denen des Kartellverbots unterworfen werden dürften, könnten die Mitgliedstaaten beispielsweise die Verhältnisse ihrer öffentlichen Einrichtungen untereinander nicht mehr frei bestimmen; Topoi, die auch von Art. 101 AEUV aufgegriffen werden, wären von Europarechts wegen außerhalb seines Anwendungsbereichs nicht mehr regelbar.[144] Dies widerspräche dem Prinzip der begrenzten Einzelermächtigung, Art. 5 Abs. 1 Satz 1, Abs. 2 EUV,[145] und ginge offensichtlich über den Regelungszweck von Art. 3 Abs. 1 Satz 1 VO 1/2003 hinaus,[146] den effet utile von Art. 101 AEUV bei dessen Anwendung durch nationale Kartellbehörden zu stärken.

Weiter gibt es **kein Abstandsgebot:**[147] Begriffe, die auch das Unionsrecht verwendet, können im rein nationalen Anwendungsbereich eine abweichende Bedeutung haben.[148] Dass der EuGH Vorlagefragen für zulässig erachtet, wenn europäisches Recht durch eine explizite Verweisung in der nationalen Norm[149] oder durch wortlautidentische Regelungen[150] auf rein nationale Sachverhalte für anwendbar erklärt wird, und zur Begründung auf ein „Gemeinschaftsinteresse" an einer gleichlaufenden Interpretation verweist,[151] ist der Begrenzung seiner Kompetenz auf die Auslegung des Unionsrechts und dem Zweck des Vorlageverfahrens, die einheitliche Anwendung des europäischen Rechts zu flankieren, geschuldet. Auch nach dieser EuGH-Rechtsprechung bleibt es allein Sache des nationalen Gerichts und damit des nationalen Rechts, die Reichweite einer solchen Verweisung und deren Bedeutung im Rahmen der Systematik des nationalen Rechts zu bestimmen;[152] ergeben sich aus den nationalen Normen Zweifel daran, ob das europäische Recht außerhalb seines originären Anwendungsbereichs anwendbar gemacht worden ist, so ist eine Vorlagefrage sogar unzulässig.[153] Aus dieser erweiternden Auslegung seiner Rechtsprechungskompetenz durch den EuGH folgt indes kein materielles[154] Gebot für nationale Normsetzung außerhalb des Anwendungsbereichs des Unionsrechts. 35

Selbst ein gegenüber dem EU-Kartellrecht erweiterter Unternehmensbegriff des GWB führte zu **keiner Gefahr für die einheitliche Anwendung europäischen Rechts** in 36

---

[143] Vgl. *W.-H. Roth* in FS Loewenheim, S. 545, 554; inkonsequent *Bornkamm* in FS Hirsch, S. 231, 238 und *Bornkamm* in FS Blaurock, S. 41, 56, der eine Parallele zwischen einem erweiterten Anwendungsbereich und einem erweiterten Regelungsbereich zieht; undifferenziert *Bosch* in Bechtold/Bosch, § 1 Rn. 7; dies verkennend *Bechtold,* NZKart 2015, 331, 332.

[144] Jedenfalls nicht durch „entsprechende" Anwendbarerklärung, so *Bechtold,* NZKart 2013, 331, 333.

[145] *Nothdurft* in Langen/Bunte, § 19 Rn. 63.

[146] EuGH, U. v. 14.12.2012, C-17/10, WuW/E EU-R 2304, Rn. 82 – Toshiba.

[147] So aber *W.-H. Roth* in FS Loewenheim, S. 545, 555 ff. sowie 558 f.; „Distanzierungsgebot" bei *C. Weiß,* Unternehmensbegriff, S. 170.

[148] Anders *W.-H. Roth* in FS 50 Jahre BGH, Band II, S. 847, 883 f.

[149] EuGH, U. v. 18.10.1990, C-297/88 und C-197/89, Slg. 1990, I-3763, Rn. 39 ff. – Dzodzi; EuGH, U. v. 8.11.1990, C-231/89, Slg. 1990, I-4003, Rn. 24 f. – Gmurzynska-Bscher; EuGH, U. v. 3.12.1998, C-247/97, Slg. 1998, I-8095, Rn. 14 f. – Schoonbrodt.

[150] EuGH, U. v. 17.7.1997, C-130/95, Slg. 1997, I-4291, Rn. 28 – Giloy; EuGH, U. v. 17.7.1997, C-28/95, Slg. 1997, I-4161, Rn. 32 – Leur-Bloem.

[151] EuGH, U. v. 8.11.1990, C-231/89 – Gmurzynska-Bscher, Slg. 1990, I-4003, Rn. 24; EuGH, U. v. 3.12.1998, C-247/97, Slg. 1998, I-8095, Rn. 14 – Schoonbrodt.

[152] EuGH, U. v. 18.10.1990, C-297/88 und C-197/89, Slg. 1990, I-3763, Rn. 41 f. – Dzodzi; EuGH, U. v. 17.7.1997, C-28/95, Slg. 1997, I-4161, Rn. 33 – Leur-Bloem.

[153] EuGH, U. v. 28.3.1995, C-346/93, Slg. 1995, I-615, Rn. 16 ff. – Kleinwort Benson.

[154] Ebenso wenig folgt ein prozessuales Gebot, da die teleologisch erweiternde Auslegung seiner Rechtsprechungskompetenzen durch den EuGH eine Vorlagepflicht nicht trägt; anders *Bechtold,* NZKart 2013, 331, 336.

dessen Anwendungsbereich. Beim Unternehmensbegriff geht es – im Gegensatz zu den zuvor zitierten Rechtssachen – überdies nicht um den Regelungsgehalt nationaler Normen, sondern um die Bestimmung deren Anwendungsbereichs. Geht es aber nicht um Unternehmen im Sinne von Art. 101 Abs. 1 AEUV, führt auch die Zwischenstaatlichkeitsklausel nicht zur Eröffnung dessen Anwendungsbereichs. Dies bliebe ein nationaler Sachverhalt.

37 Aus der „entsprechenden" Anwendung der **Gruppenfreistellungsverordnungen** nach § 2 Abs. 2 „auch" unterhalb der Zwischenstaatlichkeitsschwelle folgt keine Aussage zum Anwendungsbereich von § 1, wohl aber zum Regelungsbereich.[155] § 2 setzt auch kein europäisches Recht in nationales um,[156] da die Gruppenfreistellungsverordnungen keinen Umsetzungsbefehl enthalten. Auch aus dem Regelungsgehalt der Gruppenfreistellungsverordnungen folgt nichts anderes,[157] da sie die Eröffnung des Anwendungsbereichs des Kartellverbots voraussetzen und nicht bestimmen. Werden ihre Regelungen durch nationales Recht entsprechend auf Vereinbarungen etc. zwischen Einheiten angewandt, die keine Unternehmen im Sinne des europäischen Kartellrechts sind, betrifft dies lediglich Vorgänge, die auch außerhalb des Anwendungsbereichs des europäischen Kartellrechts liegen.

38 **d) Keine Modifizierung durch den nationalen Gesetzgeber.** Weiter hat der Gesetzgeber in der 7. GWB Novelle **nicht autonom den bisherigen Unternehmensbegriff kassiert.** Die Änderungen des Gesetzestextes im Gesetzgebungsverfahren unterstreichen dies:[158] § 23 des Regierungsentwurfs,[159] nach dem die „Grundsätze des europäischen Wettbewerbsrechts bei der Anwendung von §§ 1 bis 4 und 19 maßgeblich zugrunde zu legen" gewesen sein sollten, ist auf Drängen des Bundesrates nicht Gesetz geworden;[160] der Bundesrat wollte insbesondere die nationale Initiative bei der Rechtsfortbildung nicht schwächen. Dadurch wird auch die Aussage in der Regierungsbegründung relativiert, die Gesetzesänderungen hätten Auswirkungen auf den Unternehmensbegriff. Allerdings sind – eine Selbstverständlichkeit[161] – die neu übernommenen Vorschriften „im Lichte" der europäischen Verwaltungs- und Gerichtspraxis auszulegen.[162] Diese ist also zu würdigen, aber ihr ist nicht unter allen Umständen zu folgen;[163] insbesondere darf sie fortentwickelt werden. Das Hauptziel der 7. GWB-Novelle war insoweit, einen Gleichlauf der Regelungen zum Kartellverbot unterhalb und oberhalb der Zwischenstaatlichkeitsschwelle herzustellen, um Unternehmen die mit der Beurteilung dieses wenig trennscharfen Begriffs[164] im System der Legalausnahme[165] verbundene Rechtsunsicherheit zu ersparen.[166] Damit einher ginge ggf. eine Ausdehnung des Unternehmensbegriffs des GWB, um den Unternehmensbegriff des Art. 101 AEUV und damit dessen Anwendungsbereich voll zu umschließen; so wäre ein Gleichlauf der Regelungen innerhalb und außerhalb dieses Anwendungsbereichs von Art. 101 AEUV zu gewährleisten. Einer Einschränkung des Unternehmensbegriffs des GWB bedürfte es dafür aber nicht, denn im erweiterten Anwendungsbereich des Kartellverbots gälten dieselben Regelungen wie nach Art. 101 AEUV, nur eben kraft nationalen Rechtsanwendungsbefehls. Der Feststellung abweichender Regelungszwecke des europäi-

---

[155] Dies verkennt *Bechtold,* NZKart 2013, 331, 332.
[156] So aber *C. Weiß,* Unternehmensbegriff, S. 170 f.
[157] Anders *W.-H. Roth* in FS Loewenheim, S. 545, 557 ff.
[158] *Wissel* in FS Doepner, 99, 102.
[159] RegBegr, BT-Drs. 15/3640, 9, Begr. 32.
[160] RegBegr, BT-Drs. 15/5735, 2.
[161] RegBegr, BT-Drs. 15/3640, 75; vgl. BR-Drs. 210/1/05, 2.
[162] BR-Drs. 210/1/05, 2 f.; demgegenüber zwingende Kongruenz bei *C. Weiß,* Unternehmensbegriff, S. 174.
[163] *Bornkamm* in FS Blaurock, S. 41, 54.
[164] Vgl. zu dessen Auslegung oben *Grave,* Art. 101 AEUV, Rn. 324 ff.
[165] Vgl. oben *Nordemann,* Vor §§ 1–3 GWB, Rn. 8 f.
[166] RegBegr, BT-Drs. 15/3640, 21 f.

schen Kartellrechts bedarf es nicht, um Beschränkungen des europäischen Unternehmensbegriffs nicht auf den Unternehmensbegriff des GWB zu übertragen.[167]

e) Ergebnis. Nach alledem erfolgte im Zuge der 6. und 7. GWB-Novelle keine vollständige Angleichung des Unternehmensbegriffs des GWB an den europarechtlichen Begriff. Um rechtlichen Gleichlauf herzustellen, erfolgte lediglich eine **Erweiterung des überkommenen Unternehmensbegriffs des GWB um überschießende Bereiche des europarechtlichen Begriffs;** dies betrifft – soweit hier relevant – vor allem die Abgrenzung wirtschaftlicher Tätigkeit zum hoheitlichen Bereich im weiteren Sinne. Demgegenüber sind Beschränkungen des europäischen Unternehmensbegriffs nicht auf den Unternehmensbegriff des GWB übertragbar; dies betrifft insbesondere die Akzessorietät des wirtschaftlichen Charakters bloßer Nachfragetätigkeit zu der mit ihr zusammenhängenden Angebotstätigkeit. 39

Der **Kristallisationspunkt** dieses teilweise eigenständigen Unternehmensbegriffs des GWB findet sich in § 130 Abs. 1:[168] in Satz 1 wird die Nicht-Privilegierung der öffentlichen Hand bei wirtschaftlicher Betätigung festgeschrieben, die Sätze 2 und 3 enthalten auf den Unternehmensbegriff des GWB beschränkte Ausnahmen; weitere besondere Einschränkungen bzw. Erstreckungen finden sich in §§ 69 und 172 a SGB V. 40

2. State action defense

Ein unternehmerisches Verhalten setzt dessen Selbstständigkeit voraus, mithin einen Handlungsspielraum, ist also ausgeschlossen, wenn ein Verhalten vollständig normativ determiniert ist (sog. **state action defense**).[169] Dabei wird ein strenger Maßstab angelegt. Ob ein Verhalten staatlich veranlasst oder erleichtert worden ist, ist unerheblich; so genügt etwa selbst die regulatorische Genehmigung eines Verhaltens nicht, sofern ein anderer Antrag hätte gestellt werden können.[170] 41

Von der Frage nach der Reichweite unternehmerischer Freiheit ist zu trennen, inwieweit der **Gesetzgeber** regelnd in das Wirtschaftsleben eingreifen darf. So ist es insbesondere dem Gesetzgeber unbenommen, etwa einen Anschluss- und Benutzungszwang oder bestimmte Tarife vorzuschreiben.[171] Aus europäischem Recht ergeben sich allerdings Grenzen der Handlungsfreiheit für alle staatlichen Stellen; das gilt gerade auch im Anwendungsbereich des europäischen Kartellrechts. So verpflichtet das Gebot der Unionstreue aus Art. 4 Abs. 3 EUV die Mitgliedstaaten, bei der Normsetzung die Kartellvorschriften der Art. 101 ff. AEUV zu beachten.[172] Als Ausdruck des Anwendungsvorrangs obläge es im Konfliktfall nicht nur den nationalen Gerichten,[173] sondern auch nationalen Behörden,[174] 42

---

[167] So aber oben *Nordemann*, § 1, Rn. 11 und 24.

[168] Andeutend oben *Ost*, Einf. VerfVO, Rn. 7; *Krauß* in Langen/Bunte, § 1 Rn. 35; nur de lege ferenda nach *W.-H. Roth* in FS Loewenheim, S. 545, 564.

[169] EuGH, U. v. 17.2.2011, C-52/09, Slg. 2011, I-527, Rn. 49 ff. – Telia Sonera; EuGH, U. v. 11.11.1997, C-359/95, Slg. 1997, I-6265, Rn. 33 – Ladbroke Racing; EuGH, U. v. 3.5.2013, C-1/12, WuW/E EU-R 2676, Rn. 49 ff. – Ordem; BGH, U. v. 14.8.2008, KVR 54/07, WuW/E DE-R 2408, Rn. 83 – Lottoblock; grundlegend EuGH, U. v. 21.9.1988, Slg. 1988, 4769.

[170] EuGH, U. v. 16.12.1975, 40/73 u. a., Slg. 1975, 1663, Rn. 36 ff. – Suiker Unie; EuG, U. v. 10.4.2008, T-271/03, Slg. 2008, II-477, Rn. 89 und 122 ff. – Deutsche Telekom; EuGH, U. v. 3.5.2013, C-1/12, WuW/E EU-R 2676, Rn. 49 ff. – Ordem.

[171] *Emmerich* in Immenga/Mestmäcker, Rn. 14, 39, 62 ff.

[172] Speziell mit Blick auf Feststellungen durch nationale Kartellbehörden EuGH, U. v. 9.9.2003, C-198/01, Slg. 2003, I-8055, Rn. 51, 55 – CIF; BGH, U. v. 14.8.2008, KVR 54/07, WuW/E DE-R 2408, Rn. 83 – Lottoblock.

[173] EuGH, U. v. 9.3.1978, 106/77, Slg. 1978, 629, Rn. 21 und 24 – Simmenthal, EuGH, U. v. 19.11.2009, C-314/08, Slg. 2009, I-11 049, Rn. 81 – Filipiak sowie EuGH, U. v. 22.6.2010 C-188/10 und C-189/10, Slg. 2010, I-5667, Rn. 43 – Melki und Abdeli.

[174] Speziell mit Blick auf Feststellungen durch nationale Kartellbehörden EuGH, U. v. 9.9.2003, C-198/01, Slg. 2003, I-8055, Rn. 51, 55 – CIF.

mit dem höherrangigen, europäischen Kartellrecht unvereinbares nationales Recht unangewendet zu lassen.[175] Dies begrenzt den Umfang möglicher, die unternehmerische Tätigkeit ausschließender hoheitlicher Handlungen.

3. Privatrechtliche Angebotstätigkeit

43 Eine Angebotstätigkeit ist sowohl nach dem überkommenen Unternehmensbegriff des GWB als auch nach dem europäischen Unternehmensbegriff als unternehmerisches Handeln zu qualifizieren, die tätige Einheit mithin insoweit als Unternehmen sowohl für das Kartellrecht des GWB als auch für das EU-Recht.[176] Für den Unternehmensbegriff des GWB ergibt sich dies unproblematisch, solange ein Angebot in **privater Rechtsform** erfolgt, worauf sich die Möglichkeiten von Privaten und von bloß materiell öffentlichen Unternehmen regelmäßig beschränken. Bedient sich der Staat privatrechtlicher Mittel und begibt sich so in ein Verhältnis der Gleichordnung, hat dies die Anwendbarkeit der dieses Verhältnis bestimmenden Regeln zur Folge.[177] Für den Unternehmensbegriff des EU-Rechts ergibt sich der wirtschaftliche Charakter einer Tätigkeit definitionsgemäß aus dem Angebot von Waren oder Dienstleistungen am Markt.[178] Insoweit sind die Unternehmensbegriffe deckungsgleich. Für Angebote in öffentlicher Rechtsform ist dies nicht zuletzt in Folge der 6. und 7. GWB-Novelle streitig geworden.

4. Öffentlich-rechtliche Angebote

44 Hoheitliches Handeln[179] öffentlicher Unternehmen unterfällt – zur Sonderregelung des § 35 Abs. 2 Satz 2 oben[180] – nicht dem Unternehmensbegriff und ist daher nicht an kartellrechtlichen Maßstäben zu messen.[181] Dies gilt grundsätzlich ebenso im europäischen Kartellrecht.[182] Allerdings unterscheiden sich die Maßstäbe, nach denen der überkommene Unternehmensbegriff des GWB bzw. der Unternehmensbegriff des AEUV abgrenzen, was eine Tätigkeit als hoheitliche qualifiziert.

45 Die **Reichweite** der Ausnahme für hoheitliche Tätigkeiten von der Anwendung einzelner Vorschriften des **GWB** ist durch eine weit zurückreichende, differenzierte Rechtsanwendungspraxis geformt.[183] Grundsätzlich gilt, dass Leistungsbeziehungen zu Abnehmern,

---

[175] Weitergehend – Kartellbehörde darf von Europarechts wegen solche Feststellungen tenorieren – Monopolkommission, HG XIX, BT-Drs. 17/2600, Rn. 407.

[176] Zahlreiche Beispiele bei *Weisser* in FK, Rn. 66f.; *Emmerich* in Immenga/Mestmäcker, Rn. 24, 26f., 65ff.; *Stadler* in Langen/Bunte, Rn. 39f., 42, 45ff.; auch zur obergerichtlichen Rechtsprechung *Nothdurft* in Langen/Bunte, § 19 Rn. 64f.; *C. Weiß,* Unternehmensbegriff, S. 282ff.; einige Beispiele auch bei *Klees* in KölnKomm KartR, Rn. 9ff.

[177] BGH, B. v. 8.11.2011, KVZ 14/11, NZS 2012, 464 = AG 2013, 31 Rn. 7; BGH, B. v. 11.7.2006, KVR 28/05, BGHZ 168, 295 = WuW/E DE-R 1797 Rn. 21 – Deutsche Bahn/KVS Saarlouis je m. w. N.

[178] EuGH, U. v. 12.7.2012, C-138/12, WuW/E EU-R 2472, Rn. 35 – Compass-Datenbank; EuGH, U. v. 24.10.2001, C-82/01 P, Slg. 2002, I-9334, Rn. 79 – Aeroports de Paris; EuGH, U. v. 1.7.2008, C-49/07, Slg. 2008, I-4863, Rn. 22 – MOTOE.

[179] Hierzu können auch öffentlich-rechtliche Verträge zählen, vgl. *Nothdurft* in Langen/Bunte, § 19 Rn. 48 a.E.; *Emmerich* in Immenga/Mestmäcker, Rn. 9.

[180] Vgl. oben *Neuhaus,* § 35 GWB, Rn. 32ff.

[181] BGH, B. v. 9.3.1999, KVR 20/97, WuW/E DE-R 289 Rn. 22 (juris) – Lottospielgemeinschaft; *Klees* in KölnKomm KartR, Rn. 9; Gleiches gilt für ordnungsrechtliche Entscheidungen des Staates gegenüber privaten Unternehmen, auch wenn dieser zugleich Eigentümer eines öffentlichen Unternehmens ist, welches mit diesem (potenziell) im Wettbewerb steht, BGH, U. v. 24.9.2013, KZR 62/11, NZKart 2013, 508 = WuW/E DE-R 4007, Rn. 29ff. – Anybet.

[182] EuGH, U. v. 12.7.2012, C-138/12, WuW/E EU-R 2472, Rn. 42 – Compass-Datenbank; EuG, U. v. 16.7.2014, T-309/12 – Zweckverband Tierkörperbeseitigung, DVBl. 2014, 1526, Rn. 53ff.

[183] Siehe im Überblick insbesondere *Wolf,* NZKart 2013, 17ff. und *ders.,* WuW 2013, 246ff.

die öffentlich-rechtlich organisiert sind, dem Anwendungsbereich des GWB entzogen sind.[184] Steht eine Körperschaft daneben mit ihren hoheitlich organisierten Tätigkeiten im Wettbewerb zu anderen Unternehmen, so ist sie insoweit – im Sinne einer **Doppelqualifikation** – als Unternehmen anzusehen;[185] dies verhindert insbesondere eine Aufspaltung des Rechtswegs in Abhängigkeit davon, ob der öffentlich-rechtlich handelnde oder der privatrechtlich handelnde Wettbewerber gegen den je anderen vorgeht.[186] Zugleich hat der BGH offengelassen, ob die Ausnahme für hoheitliches Handeln auch gilt, wenn die öffentlich-rechtliche und die privatrechtliche Leistungsbeziehung weitestgehend austauschbar sind;[187] für den Anlass der Ausführungen – die „Flucht in die Gebühren" durch marktbeherrschende Wasserversorger – greift im Anwendungsbereich des GWB nunmehr allerdings die Spezialvorschrift des § 130 Abs. 2 Satz 2. Die Frage der Anwendbarkeit des GWB stellt sich auch anderweitig mit Blick auf die öffentlich-rechtliche Satzungsgebung; nach der Rechtsprechung von BGH und BVerwG scheidet die Überprüfung einer Satzung am GWB nicht von vornherein aus; ihr Umfang wird aber durch die Grenzen der öffentlich-rechtlichen Ermächtigung beschränkt.[188]

Für die Zwecke des **europäischen Kartellrechts**[189] hat die Ausübung hoheitlicher Be- 46
fugnisse keinen wirtschaftlichen Charakter und ist daher nicht unternehmerisch;[190] dies betrifft alle Tätigkeiten, die nach ihrer Art, ihrem Gegenstand und den für sie geltenden Regeln mit der Ausübung hoheitlicher Befugnisse zusammenhängen.[191] Dabei bedingt nicht schon die öffentlich-rechtliche Ausgestaltung der Leistungsbeziehung durch nationales Recht[192] oder das Vorliegen einer öffentlichen Aufgabe[193] die Einordnung als hoheitliche Tätigkeit. Gleichfalls ist die Verwendung erwirtschafteter Gelder für öffentliche Zwecke irrelevant,[194] ebenso, ob die Tätigkeit im Allgemeininteresse liegt.[195] Für die Einordnung als hoheitlich ist dabei nicht maßgeblich, dass der Tätigkeit eine politische Entscheidung für

---

[184] BGH, U. v. 26.10.1961, KZR 1/61, BGHZ 36, 91, 101 = WuW/E BGH 442 ff. – Gummistrümpfe; BGH, U. v. 25.6.1964, KZR 4/63, GRUR 1965 110, 114 – EU-MED; BGH, U. v. 25.9.2007, KZR 48/05, WuW/E DE-R 2144, 2145 – Rettungsleitstelle.

[185] BGH, U. v. 26.10.1961, KZR 1/61, BGHZ 36, 91, 101 = WuW/E BGH 442 ff. – Gummistrümpfe; BGH, B. v. 22.3.1976, GSZ 2/75, BGHZ 67, 81, 91 = WuW/E 1469 – Auto-Analyzer; BGH, U. v. 23.10.1979, KZR 22/78, WuW/E 1661, 1662 = NJW 1980, 1046 – Berliner Musikschule; BGH, B. v. 14.3.1990, KVR 4/88, BGHZ 110, 371, 380 f. = WuW/E BGH 2627 – Sportübertragungen.

[186] BGH, B. v. 22.3.1976, GSZ 2/75, BGHZ 67, 81, 91 = WuW/E 1469 – Auto-Analyzer.

[187] BGH, B. v. 18.10.2011, KVR 9/11, WuW/E DE-R 3497, Rn. 11 – Niederbarnimer Wasserverband; BGH, B. v. 22.3.1976, GSZ 2/75, BGHZ 67, 81, 91 = WuW/E 1469 – Auto-Analyzer.

[188] BGH, U. v. 15.1.1985, KZR 17/83, GRUR 1985, 986, 987 f. = WuW/E 2141 – Guten Tag Apotheke; BVerwG, U. v. 22.8.1985, 3 C 49/84, NJW 1986, 1558, 1559 f. = BVerwGE 72, 73; BVerwG, B. v. 5.9.1991, 3 N 1/89, BVerwGE 89, 30, 34 = NJW 1992, 720.

[189] Vgl. auch ausführlich *W.-H. Roth/Ackermann* in FK, Grundfragen Art. 81 Abs. EG, Rn. 90 ff.

[190] EuGH, U. v. 11.7.1985, 107/84, Slg. 1985, 2663, Rn. 14 und 15 – Kommission/Deutschland; EuGH, U. v. 19.1.1994, C-364/92, Slg. 1994, I-43, Rn. 30 – SAT; EuGH, U. v. 1.7.2008, C-49/07, Slg. 2008, I-4863, Rn. 24 – MOTOE; EuGH, U. v. 26.3.2009, C-113/07 P, Slg. 2009, I-2207, Rn. 70 – Selex Sistemi Integrati/Kommission und Eurocontrol; EuG, U. v. 16.10.2012, T-231 und 237/06, Slg. 2010, II-5993, Rn. 93 – NOS; EuG, U. v. 12.9.2013, T-347/09, EWS 2013, 389, Rn. 27 – Deutschland/Kommission.

[191] EuGH, U. v. 19.1.1994, C-364/92, Slg. 1994, I 43, Rn. 30 – SAT; EuGH, U. v. 18.3.1997, C-343/95, Slg. 1997, I-1547, Rn. 23 – Diego Calì; EuG, U. v. 16.7.2014, T-309/12, DVBl. 2014, 1526, Rn. 56 – Zweckverband Tierkörperbeseitigung.

[192] Z. B. EuGH, U. v. 18.6.1998, C-35/96, Slg. 1998, I-3851, Rn. 40 – Kommission/Italien.

[193] EuG, U. v. 16.7.2014, T-309/12, DVBl. 2014, 1526, Rn. 59 – Zweckverband Tierkörperbeseitigung.

[194] EuG, U. v. 12.9.2013, T-347/09, EWS 2013, 389, Rn. 50 – Deutschland/Kommission.

[195] EuGH, U. v. 25.10.2001, C-475/99, Slg. 2001, I-8089 – Ambulanz Glöckner, Rn. 21; EuGH, U. v. 23.6.2006, C-237/04, Slg. 2006, I-2843, Rn. 34 – Enirisorse.

oder gegen öffentliche Erfüllung zugrundeliegt,[196] dass Gebühren erhoben werden können,[197] oder dass ein Anschluss- und Benutzungszwang besteht.[198] Als Indizien gegen eine hoheitliche und für eine wirtschaftliche Tätigkeit wurden herangezogen, dass die betreffende Aufgabe privaten Unternehmen übertragen werden könnte bzw. wird,[199] sowie die Anwendung des Kostendeckungsprinzips für die Festlegung der Höhe der Gebühren.[200] Hingegen sprechen für eine hoheitliche Tätigkeit ein gesetzlich vorgesehenes und nicht von dem tätigen Rechtsträger oder mittelbar von ihm bestimmtes Entgelt[201] oder dass die Betätigung Solidaritätsanforderungen umsetzt.[202] Kriterien für die Einordnung einer Tätigkeit als hoheitlich sind etwa die Ausübung hoheitlicher Befugnisse,[203] allerdings nicht bei offensichtlicher Überschreitung der Ermächtigungsgrundlage[204] oder bei offensichtlich missbräuchlicher Anwendung von Hoheitsbefugnissen zur Umgehung des Kartellrechts.[205] Hoheitliche Befugnisse werden etwa auch bei der Erfassung von Daten aufgrund von Meldepflichten ausgeübt.[206]

47 Für die öffentliche Hand kommt der Frage besonderes wirtschaftliches Gewicht[207] zu, ob und inwieweit Tätigkeiten der **Sozialversicherungsträger** als unternehmerisch zu qualifizieren sind.[208] Die Rechtsprechung des EuGH verneint den wirtschaftlichen Charakter einer Tätigkeit, wenn diese der Erfüllung einer ausschließlich sozialen Aufgabe dient (was für sich allein nicht ausreichend ist[209]), durch den Grundsatz der Solidarität geprägt ist und ohne Gewinnerzielungsabsicht ausgeführt wird,[210] sowie staatlicher Aufsicht unterliegt.[211] Im Rahmen einer Gesamtbetrachtung zu würdigende[212] Indizien für ein vom Grundsatz der Solidarität geprägtes Angebot sind etwa, dass sich Beiträge nicht proportional zum versicherten Risiko verhalten, dass der Leistungsumfang nicht von den geleisteten Beiträgen

---

[196] EuG, U. v. 16.7.2014, T-309/12, DVBl. 2014, 1526, Rn. 63 – Zweckverband Tierkörperbeseitigung.

[197] EuG, U. v. 16.7.2014, T-309/12, DVBl. 2014, 1526, Rn. 65ff. – Zweckverband Tierkörperbeseitigung.

[198] EuG, U. v. 16.7.2014, T-309/12, DVBl. 2014, 1526, Rn. 67 – Zweckverband Tierkörperbeseitigung.

[199] EuGH, U. v. 23.4.1991, C-41/90, Slg. 1991, I-1979, Rn. 22 – Höfner und Elser; EuGH U. v. 11.12.1997, C-55/96, Slg. 1997, I-7119, Rn. 22 – Job Centre coop. arl; EuG, U. v. 16.7.2014, T-309/12, DVBl. 2014, 1526, Rn. 59 – Zweckverband Tierkörperbeseitigung.

[200] EuG, U. v. 16.7.2014, T-309/12, DVBl. 2014, 1526, Rn. 66 – Zweckverband Tierkörperbeseitigung.

[201] EuGH, U. v. 19.1.1994, C-364/92, Slg. 1994, I-43, Rn. 28ff. – SAT; EuGH, U. v. 18.3.1997, C-343/95, Slg. 1997, I-1547, Rn. 22 bis 25 – Diego Calì; EuGH, U. v. 12.7.2012, C-138/12, WuW/E EU-R 2472, Rn. 42 – Compass-Datenbank; EuG, U. v. 12.9.2013, T-347/09, EWS 2013, 389, Rn. 30, 39ff. – Deutschland/Kommission.

[202] EuGH, U. v. 16.3.2004, C-264, 306, 354 und 355/01, Slg. 2004, I-2493, Rn. 47 – AOK Bundesverband; EuG, U. v. 12.9.2013, T-347/09, EWS 2013, 289, Rn. 42 – Deutschland/Kommission.

[203] EuG, U. v. 16.12.2010, T-231 und 237/06, Slg. 2010, II-5993, Rn. 99 – NOS.

[204] EuG, U. v. 10.12.2014, T-90/11, Rn. 344ff. – ONP.

[205] EuG, U. v. 10.12.2014, T-90/11, Rn. 36, 197 und 207 – ONP.

[206] EuGH, U. v. 12.7.2012, C-138/12, WuW/E EU-R 2472, Rn. 40 – Compass-Datenbank.

[207] Vgl. hierzu *Bunte* in FS Canenbley, S. 97, 100.

[208] Vgl. bejahend BGH, U. v. 11.12.2001, KZR 5/00, WuW/E DE-R 839 – Privater Pflegedienst; zur Anwendbarkeit von Kartellrecht auf Krankenkassen im Überblick *Kersting/Faust,* WuW 2011, 6, 7ff.; detailliert zur jüngeren Entwicklung *Temme,* ZWeR 2013, 402; ausführlich auch *Kaeding* in MünchKomm KartR, Anhang zu § 130 GWB, Rn. 18ff.; siehe auch oben *Grave,* Art. 101 AEUV, Rn. 337ff. und *Huttenlauch/Lübbig,* Art. 102 AEUV, Rn. 30ff.; Monopolkommission, HG XVIII, BT-Drs. 17/2600, Rn. 1034ff., die Unternehmenseigenschaft befürwortend 1203f.

[209] EuGH, U. v. 22.1.2002, C-218/00, Slg. 2002, I-691, Rn. 37 m.w.N. – Cisal; EuGH, U. v. 5.3.2009, C-350/07, Slg. 2009, I-1513, Rn. 42 – Kattner Stahlbau.

[210] EuGH, U. v. 17.2.1993, C-159 und C-160/91, Slg. 1993, I-637, Rn. 18 – Poucet Pistre.

[211] EuGH, U. v. 22.1.2002, C-218/00, Slg. 2002, I-691, Rn. 43ff. – Cisal; EuGH, U. v. 5.3.2009, C-350/07, Slg. 2009, I-1513, Rn. 60ff. – Kattner Stahlbau.

[212] Insoweit EuGH, U. v. 5.3.2009, C-350/07, Slg. 2009, I-1513, Rn. 50 – Kattner Stahlbau.

abhängig ist[213] und dass zwischen verschiedenen Versicherungsträgern ein Kosten- und Risikoausgleich stattfindet.[214] Der Grundsatz der Solidarität kann dabei als Gegenbegriff zum Kapitalisierungsprinzip verstanden werden;[215] dies ist jedoch abhängig von der Versicherungsart. Diese Rechtsprechung ist allerdings in den beschränkten Kompetenzzusammenhang der EU eingebettet, der einen Einfluss auf die nationalen Systeme der sozialen Sicherheit explizit stark beschränkt (Art. 153 Abs. 4 AEUV).[216] Konkret für die deutsche Sozialversicherung hatte der EuGH im Urteil AOK-Bundesverband[217] eine unternehmerische Tätigkeit verneint, im jüngeren Urteil BKK-Mobil vor dem Hintergrund der inzwischen verstärkt eröffneten, wettbewerblichen Verhaltensspielräume und im Kontext des Lauterkeitsrechts eine solche aber angenommen.[218]

Der hoheitliche Charakter einer Tätigkeit ist in jedem **Einzelfall,** d. h. für jede einzelne 48
Tätigkeit gesondert zu bestimmen.[219] Für die Abgrenzung einer potenziell wirtschaftlichen Tätigkeit zu anderen, hoheitlichen Tätigkeiten des gleichen Rechtsträgers ist maßstäblich, ob die fragliche Tätigkeit von der hoheitlichen Tätigkeit losgelöst werden kann oder ob sie mit ihr untrennbar verbunden ist.[220] Die Frage nach der **Abgrenzung** privatrechtlicher von öffentlich-rechtlichen Angeboten stellt sich besonders im Hinblick auf die Grenzen einer Beleihung Privater[221] (Vermutung privatrechtlichen Handelns[222]) oder in Bezug auf ein unternehmerisches Handeln öffentlicher Stellen bei Gelegenheit der Wahrnehmung hoheitlicher Aufgaben.[223] Zwar ist eine Überschreitung des öffentlich-rechtlichen Ermächtigungsrahmens notwendige Voraussetzung für die Anwendbarkeit des Kartellrechts,[224] hier ist allerdings mindestens eine wettbewerbsregelnde Tendenz zu fordern.[225]

---

[213] EuGH, U. v. 17.2.1993, C-159 und C-160/91, Slg. 1993, I-637, Rn. 18 – Poucet Pistre; EuGH, U. v. 22.1.2002, C-218/00, Slg. 2002, I-691, Rn. 39 ff. – Cisal; EuGH, U. v. 5.3.2009, C-350/07, Slg. 2009, I-1513, Rn. 44 ff. und 55 ff. – Kattner Stahlbau.

[214] EuGH, U. v. 5.3.2009, C-350/07, Slg. 2009, I-1513, Rn. 48 m. w. N. – Kattner Stahlbau.

[215] Vgl. auch oben *Huttenlauch/Lübbig,* Art. 102 AEUV, Rn. 31.

[216] EuGH, U. v. 28.4.1998, C-158/96, Slg. 1998, I-1931, Rn. 17 – Kohll; EuGH, U. v. 12. Juli 2001, C-157/99, Slg. 2001, I-5473, Rn. 44 – Smits und Peerbooms; EuGH, U. v. 16.5.2006, C-372/04, Slg. 2006, I-4325, Rn. 92 – Watts; EuGH, U. v. 5.3.2009, C-350/07, Slg. 2009, I-1513, Rn. 37 und 53 – Kattner Stahlbau; eine „Rücksichtnahme" nach *Roth/Ackermann* in FK, Grundfragen Art. 81 Abs. 1 EG, Rn. 96.

[217] EuGH, U. v. 16.3.2004, C-264/01 u. a., Slg. 2004, I-2493, Rn. 47 ff. – AOK Bundesverband; vgl. aber die Schlussanträge von GA Jacobs in C-264/01 u. a., Slg. 2004, I-2493 Rn. 106 – AOK Bundesverband.

[218] EuGH, U. v. 3.10.2013, C-59/12, EuZW 2013, 241 = WRP 2013, 1454 – BKK Mobil.

[219] EuGH, U. v. 16.6.1987, 118/85, Slg. 1987, 2619, Rn. 7 – Kommission/Italien; EuGH, U. v. 24.10.2001, C-82/01 P, Slg. 2002, I-9334, Rn. 74 ff. – Aeroports de Paris; EuGH, U. v. 1.7.2008, C-49/07, Slg. 2008, I-4863, Rn. 25 – MOTOE; EuG, U. v. 12.9.2013, T-347/09, EWS 2013, 389, Rn. 34 – Deutschland/Kommission; EuG, U. v. 16.7.2014, T-309/12, DVBl. 2014, 1526, Rn. 53 und 64 – Zweckverband Tierkörperbeseitigung; vgl. auch oben *Huttenlauch/Lübbig,* Art. 102 AEUV, Rn. 29.

[220] EuGH, U. v. 26.3.2009, C-113/07 P, Slg. 2009, I-2207, Rn. 72 – Selex Sistemi Integrati/Kommission und Eurocontrol; EuG, U. v. 12.9.2013, T-347/09, EWS 2013, 389, Rn. 29 – Deutschland/Kommission.

[221] Vgl. EuGH, U. v. 18.3.1997, C-343/95, Slg. 1997, I-1547 – Diego Cali.

[222] BGH, U. v. 25.9.2007, KZR 48/05, WuW/E DE-R 2144, Rn. 10 – Rettungsleitstelle.

[223] Vgl. BGH, U. v. 25.9.2007, KZR 48/05, WuW/E DE-R 2144, Rn. 17 – Rettungsleitstelle; *Nothdurft* in Langen/Bunte, § 19, Rn. 51.

[224] Vgl. insb. GmS-OGB, B. v. 10.7.1989, NJW 1990, 1527 – AOK Mitgliederwerbung; GmS-OGB, B. v. 29.10.1987, BGHZ 102, 280, 283 = NJW 1988, 1170; sowie BGH, U. v. 15.1. 1985, KZR 17/83, GRUR 1985, 986 = WuW/E BGH 2141 – Guten Tag Apotheke I; BVerwG, U. v. 22.8.1985, 3 C 49/84, NJW 1986, 1558, 1559 f.; BVerwG, U. v. 5.9.1991, 3 N 1/89, BVerwGE 89, 30, 34; BGH, U. v. 21.10.1986, KZR 28/85, NJW-RR 1987, 485 f. – Guten Tag Apotheke II.

[225] Weitergehend fordert *Nothdurft* in Langen/Bunte, § 19 Rn. 52, eine „eindeutig wettbewerbsbezogene Zielsetzung".

49 Eine mögliche, beschränkende Übernahme des europäischen Unternehmensbegriffs im Zuge der 6. und 7. GWB-Novelle in den Unternehmensbegriff des GWB ist im **Verfahren Zusatzbeiträge** relevant geworden.[226] Hier bestand der Verdacht eines Angebotskartells, der sich auf die Bekanntgabe einiger deutscher gesetzlicher Krankenversicherungen in einer gemeinsamen Pressekonferenz stützte, sogenannte Zusatzbeiträge einführen zu wollen. Die folgenden Auskunftsbeschlüsse wurden vor den Sozialgerichten angegriffen, die ihre Zuständigkeit unter Verneinung des Unternehmensbegriffs annahmen.[227] Ein gesetzgeberischer Vorstoß zur Klarstellung im Sinne der Anwendbarkeit des Kartellrechts scheiterte,[228] obwohl der Verweis auf das enge AOK-Urteil des EuGH[229] zwischenzeitlich durch das wettbewerbsoffenere BKK-Mobil-Urteil[230] überholt sein mag.

50 Im Sinne der oben vertretenen Auffassung – einer bloß erweiternden Übernahme des europäischen Unternehmensbegriffs – können die jüngeren Andeutungen des BGH gelesen werden, wonach Kartellrecht auch bei öffentlich-rechtlicher Ausgestaltung im Leistungsverhältnis zu den Abnehmern anwendbar sein könnte.[231] Weitere Entwicklungen im Hinblick auf Gebühren und Beiträge wurden mit der Regelung in § 130 Abs. 1 Satz 2 eher grobschlächtig unterbunden.[232] Mögliche **verbliebene Fragestellungen** beschränken sich auf (vermeintlich) hoheitliche Wettbewerbsregelungen und Absprachen, insbesondere im Rahmen von (berufsständischen) Selbstverwaltungskörperschaften.

5. Bloße Nachfragetätigkeit nach der 6. bzw. 7. GWB-Novelle

51 Öffentliche Unternehmen wie auch Staat und Kommunen nehmen seit jeher auch als Nachfrager am Markt teil. **Staatliche Nachfrage** macht einen erheblichen Teil der deutschen Wirtschaftsleistung aus und ihre Nachfragemacht ist in bestimmten Märkten ganz erheblich. Marktmachtmissbräuchliches Verhalten der öffentlichen Hand diente als wesentliche Grundlage für die Entwicklung der Kasuistik zu §§ 19 ff.,[233] was nicht zuletzt an den der öffentlichen Hand im Laufe der deutschen Geschichte zugewachsenen Monopolen gelegen haben dürfte.[234] Die Wettbewerbswirkungen des Nachfrageverhaltens der öffentlichen Hand wurden vor Einführung des Vergaberechts allein und später gemäß § 104 Abs. 3 GWB ergänzend an kartellrechtlichen Maßstäben gemessen, insbesondere dem Verbot des Missbrauchs einer marktbeherrschenden Stellung.[235]

52 Es entspricht ständiger kartellbehördlicher und gerichtlicher Praxis, die Nachfragetätigkeit der öffentlichen Hand mit den Mitteln des Privatrechts unter den funktional-relativen **Unternehmensbegriff des GWB** zu fassen.[236] Dabei hielt es der BGH für unerheblich, ob die Nachfrage unmittelbar hoheitlichen Zwecken diente oder ob die betreffende staatliche Stelle insoweit Endverbraucher ist; auch ist das haushaltsrechtliche Sparsamkeitsgebot

---

226 Vgl. hierzu ausführlich *Temme,* ZWeR 2013, 402, 410 f.

227 Hess. LSG, U. v. 15.9.2011, L 1 KR 89/10 KL, NZS 2010, 177 ff. = SGb 2012, 112 – Zusatzbeiträge.

228 Dazu ausführlich *Temme,* ZWeR 2013, 402, 411 ff.

229 EuGH, U. v. 16.3.2004, C-264/01 u. a., Slg. 2004, I-2493, Rn. 47 ff. – AOK Bundesverband entgegen den Schlussanträgen von GA Jacobs in C-264/01 u. a., Slg. 2004, I-2493 Rn. 106 – AOK Bundesverband.

230 EuGH, U. v. 3.10.2013, C-59/12, EuZW 2013, 241 = WRP 2013, 1454 – BKK Mobil (zum UWG).

231 BGH, B. v. 18.10.2011, KVR 9/11, WuW/E DE-R 3497 Rn. 11 ff. – Niederbarnimer Wasserverband.

232 Dazu detailliert unten, Rn. 61 ff.

233 *Emmerich* in Immenga/Mestmäcker, Rn. 74 ff. mit unzähligen Nachweisen und Beispielen.

234 *Emmerich* in Immenga/Mestmäcker, Rn. 70; vgl. *Autenrieth* in GK Kartellrecht, 4. Aufl. 1985, § 98 Rn. 4.

235 Siehe nur GmS-OGB, B. v. 10.4.1986, GmS-OGB 1/85, BGHZ 97, 312.

236 Vgl. *Nordemann,* oben § 1 GWB, Rn. 27 m. w. N.

dem Kartellverbot nachgelagert.[237] Seit der 7. GWB-Novelle fehlt es an einschlägigen Urteilen.[238] Nicht-einvernehmliche Formen der Nachfrage[239] staatlicher Stellen sind regelmäßig Teil der Eingriffsverwaltung, setzten daher regelmäßig hoheitliche Sonderrechte voraus und unterfallen schon deshalb nicht dem Unternehmensbegriff.

53 Mit Blick auf bloße staatliche Nachfragetätigkeit wurde zeitlich nach der 7. GWB-Novelle eine Divergenz des europäischen Unternehmensbegriffs von dem des GWB zunehmend[240] deutlicher. Nach der **FENIN-Rechtsprechung** des EuGH sind Nachfragetätigkeiten nur dann als unternehmerisch einzuordnen, wenn die nachgefragten Produkte anschließend wiederum wirtschaftlich verwendet werden;[241] demnach ist eine **Nachfragetätigkeit lediglich akzessorisch-unternehmerisch** zu einer unternehmerischen Angebotstätigkeit. Inzwischen hat der EuGH diese Grundsätze vom damals zugrundeliegenden sozialrechtlichen Verwendungskontext auf einen anderen nichtwirtschaftlichen Zweck, der allerdings durch eine internationale Organisation wahrgenommen wird,[242] übertragen.[243]

54 **Praktisch** ergibt sich eine nichtwirtschaftliche Verwendung am Markt nachgefragter Güter besonders häufig bei öffentlichen Unternehmen mit z. B. sozialem oder kulturellem Zweck, insb. Krankenkassen; hinzu kommt die Nachfrage nach Gütern für originär hoheitliche Aufgabe des Staates.[244] Eine nichtwirtschaftliche Verwendung am Markt nachgefragter Güter kann sich aber auch bei privaten, gemeinnützigen Vereinen ergeben.[245]

55 Die FENIN-Rechtsprechung begegnet unverändert **fundamentaler Kritik.**[246] Hervorzuheben ist, dass im Ergebnis die Nachfrage nach den gleichen Gütern nur für einzelne Akteure unter das Kartellrecht fällt; die FENIN-Rechtsprechung sorgt damit für eine Verwerfung des level-playing-field, obwohl Art. 101 Abs. 1 lit. a AEUV und Art. 102 Abs. 2 lit. a 2. HS AEUV Regelungen für die Nachfrage ausdrücklich vorsehen.[247] Im europäischen

---

[237] Zuletzt BGH, U. v. 12.11.2002, KZR 11/01, WuW/E DE-R 1087, Rn. 13 f. (juris) = BGHZ 152, 347 – Ausrüstungsgegenstände für Feuerwehrlöschzüge m. w. N.; zahlreiche Nachweise auch bei BGH, U. v. 12.11.1991, KZR 12/90, WuW/E BGH 2749, Rn. 10 ff. (juris) m. w. N. – Pflegesatzvereinbarung I; BGH, U. v. 12.11.1991, KZR 22/90, BGHZ 116, 339, Rn. 8 ff. (juris) m. w. N. – Pflegesatzvereinbarung II.

[238] Siehe oben Rn. 21 ff.

[239] Eine konsensuale Nachfrage als öffentlich-rechtlich einordnend BGH, U. v. 12.11.1991, KZR 12/90, WuW/E BGH 2749, Rn. 10 ff. (juris) m. w. N. – Pflegesatzvereinbarung I; BGH, U. v. 12.11.1991, KZR 22/90, BGHZ 116, 339, Rn. 8 ff. (juris) m. w. N. – Pflegesatzvereinbarung II; vgl. aber abgrenzend BGH, U. v. 7.7.1992, KZR 15/91, WuW/E BGH 2813, Rn. 30 (juris) = BGHZ 119, 93 – Selbstzahler.

[240] Zuvor bereits EuG, U. v. 4.3.2003, T-319/99, Slg. 2003, II-357, Rn. 38 ff. – FENIN; EuGH, U. v. 16.3.2004, C-264/01 u. a., Slg. 2004, I-2493, Rn. 47 ff. – AOK Bundesverband; vgl. aber die Schlussanträge von GA Jacobs in C-264/01 u. a., Slg. 2004, I-2493 Rn. 106 – AOK Bundesverband.

[241] EuGH, U. v. 11.7.2006, C-205/03 P, Slg. I 2006, 6295, Rn. 26 – FENIN.

[242] Siehe bezogen auf den Vorläufer zu Eurocontrol mit Ausschluss der Unternehmenseigenschaft aus diesem Grunde EuGH, U. v.19.1.1994, C-364/92, Slg. 1994, I-43, Rn. 18 und 30 ff. – SAT/Eurocontrol.

[243] EuGH, U. v. 26.3.2009, C-113/07 P, Slg. 2009, I-2207 – SELEX/Kommission und Eurocontrol, Rn. 70 ff.

[244] Vgl. nur die Sachverhalte zu BGH, U. v. 12.11.2002, KZR 11/01, WuW/E DE-R 1087 = BGHZ 152, 347 – Ausrüstungsgegenstände für Feuerlöschzüge; OLG Düsseldorf, U. v. 12.5.1998, U (Kart) 11/98, WuW/E DE-R 150 – Feuerlöschzüge.

[245] Vgl. *W.-H. Roth* in FS Loewenheim, S. 545, 548 ff. m. w. N.

[246] *W.-H. Roth* in FS Bechtold, S. 393, 399 ff.; *ders.* in FS Loewenheim, S. 545, 547 ff.; *ders.,* CMLRev. 2007, 1131, 1138 – argumentum ad horendum; *ders./Ackermann* in FK, Grundfragen Art. 81 Abs. 1 EG, Rn. 44 f.; *Bornkamm* in FS Hirsch, S. 231, 237 ff.; *Möschel,* JZ 2007, 601, 602; *Wissel* in FS Doepner, S. 98, 101 ff.; *C. Weiß,* Unternehmensbegriff, S. 135 ff., insb. S. 144 ff.; *Bornkamm* in FS Blaurock, S. 41, 42 und 48; oben *Nordemann,* § 1, Rn. 27; *Hengst* in Langen/Bunte, Art. 101, Rn. 10.

[247] *W.-H. Roth,* CMLRev. 2007, 1131, 1139 und 1141; weitere Kritikpunkte bei *Bornkamm* in FS Blaurock, S. 41, 54 f. Dies scheint GA Maduro in seinen Schlussanträgen verkannt zu haben, EuGH, Schlussanträge zu C-205/03 P, Slg. I 2006, 6295, Rn. 66 – FENIN; *Bunte* in FS Canenbley, S. 97, 102, spricht von einem geänderten wettbewerbspolitischen Verständnis.

Rechtsrahmen mag die FENIN-Rechtsprechung der Kompetenzschonung[248] geschuldet sein oder – anders ausgedrückt – den sachlichen Grenzen des Binnenmarktziels, ohne dass dies explizit gemacht worden wäre. Im deutschen Rechtsrahmen führte eine Übertragung der FENIN-Rechtsprechung in das GWB zu einer **Schutzlücke,** weil die entsprechende Nachfrage bei Entfallen der Unternehmenseigenschaft nicht öffentlich-rechtlich würde.[249]

56 Nach hier vertretener Auffassung sind die beschränkenden Wirkungen der FENIN-Rechtsprechung **nicht auf den Unternehmensbegriff des GWB zu übertragen.**[250] Für diese Nicht-Übertragung muss indes nicht nachgewiesen werden, dass die europäische Auslegung von Kriterien getragen wird, die dem deutschen Recht fremd sind;[251] dieser Nachweis dürfte angesichts der Begründungsdichte von Entscheidungen europäischer Gerichte regelmäßig nicht führbar sein. Soweit die Zielsetzungen des europäischen Unternehmensbegriffs und dem des GWB übereinstimmen, ist letzterer ohnehin „im Lichte" der europäischen Anwendungspraxis auszulegen.

57 In einem einzelnen, aber wesentlichen möglichen Anwendungsbereich der FENIN-Rechtsprechung, der Nachfragetätigkeit der gesetzlichen Krankenversicherungen, hat der **Gesetzgeber** die mangels gerichtlicher Klärung bestehende Rechtsunsicherheit durch eine „entsprechende" Anwendbarerklärung weiter Teile des GWB in § 69 Abs. 2 Satz 1 SGB V[252] im Sinne der hier vertretenen Auffassung korrigiert. Diese Sonderregelung eignet sich aufgrund ihrer besonderen Geschichte[253] nicht zur Verallgemeinerung.[254]

58 Diese Interpretation wird schließlich auch im Anwendungsbereich des EU-Vergaberechts im Zuge der Umsetzung der Richtlinien 2014/23, 24 und 25/EU[255] nicht in Frage gestellt, sondern vielmehr gestützt. Zwar soll § 120 Abs. 4 GWB-E (i.d.F. des Vergaberechtsmodernisierungsgesetzes) anknüpfend an das Europarecht eine Beschaffung durch zentrale Beschaffungsstellen ermöglichen. Allerdings lässt die Vorschrift explizit die Teile 1 bis 3 des GWB unberührt, da „[d]ie Zusammenführung und Zentralisierung von Beschaffungen … keine unzulässige Konzentration der Kaufkraft herbeiführen [darf]".[256]

IV. Ausnahmen

59 § 130 Abs. 1 **Sätze 2 und 3** normieren Ausnahmen von dessen Satz 1. Den Vorschriften liegt dabei eine unterschiedliche Regelungstechnik zugrunde. Während Satz 2 hinsichtlich der erfassten öffentlichen Unternehmen keine Einschränkungen vorsieht, sich aber auf die Freistellung öffentlich-rechtlicher Gebühren und Beiträge nur von §§ 19, 20 und 31b Abs. 5 beschränkt, nimmt Satz 3 das Handeln zweier Institutionen, der Deutschen Bundesbank und der Kreditanstalt für Wiederaufbau (KfW), nach seinem Wortlaut vollständig von der Anwendung des Kartellrechts aus.

60 **Jenseits dieser Vorschriften** unterfallen auch öffentliche Unternehmen zudem vereinzelt in Abhängigkeit von ihren Tätigkeitsbereichen kartellrechtlichen Ausnahmen und Sonderregeln. Für die Annahme des Bestehens zusätzlicher ungeschriebener Ausnahmen neben den gesetzlich vorgesehenen besteht keine Veranlassung.[257]

---

[248] *Kersting/Faust,* WuW 2011, 6, 15; *Nordemann,* oben § 1, Rn. 26; *Bunte* in FS Canenbley, S. 97, 102.

[249] *Nothdurft* in Langen/Bunte, § 19 Rn. 63.

[250] Siehe oben Rn. 29ff.

[251] So aber oben *Nordemann,* oben § 1, Rn. 11.

[252] Ausgenommen sind insbesondere die Fusionskontrolle zwischen Krankenkassen und Leistungserbringern sowie die Regelungen zur Monopolkommission. Die Regelungen im heutigen § 18 GWB fanden sich zum Zeitpunkt der letzten Änderung von § 69 SGB V noch in § 19 GWB.

[253] Dazu ausführlich *Temme,* ZWeR 2013, 402; *Kaeding,* MünchKomm KartR, Anhang zu § 130 GWB, Rn. 1ff.

[254] *Nothdurft* in Langen/Bunte, § 19, Rn. 61; vgl. *Bunte* in FS Canenbley, S. 97, 108f.

[255] ABl. L 94 v. 28.3.2014, S. 1, 65 und 243.

[256] RegBegr, BT-Drs. 18/6281, 96f.

[257] Dazu *Klees* in KölnKomm KartR, Rn. 59f.; *Stadler* in Langen/Bunte, Rn. 36f.; mit tendenziell a.A. *Weisser* in FK, Rn. 50ff.

1. Gebühren und Beiträge (Satz 2)

Der im Zuge der 8. GWB-Novelle eingefügte § 130 Abs. 1 Satz 2 stellt öffentlich-rechtliche Gebühren und Beiträge **von bestimmten Missbrauchsvorschriften des GWB frei.**[258] Die Änderung geht auf einen Meinungsstreit zurück, ob der öffentlich-rechtliche Charakter von Gebühren die Anwendbarkeit von Kartellrecht von vornherein ausschließe,[259] der in Folge der Anwendung des Missbrauchsverbots auf zivilrechtliche Wasserpreise[260] entbrannt war. 61

Im **Gesetzgebungsverfahren** hatte sich der Bundesrat das Ansinnen seines Innenausschusses[261] zu eigen gemacht,[262] dass die kartellrechtliche Missbrauchsaufsicht über Gebühren und Beiträge generell auszuschließen sei, und sich damit gegen die antagonistische Auffassung seines Wirtschaftsauschusses[263] gestellt, der einer Flucht in die Gebühren gesetzgeberisch vorbeugen wollte. Die Bundesregierung wies das Ersuchen des Bundesrates zurück und wollte zunächst die Entwicklung der Rechtsprechung abwarten.[264] Im Vermittlungsausschuss konnte sich der Bundesrat mit Hilfe seiner informellen Vertagungsmehrheit durchsetzen,[265] ohne einen von der Verfassung vorgesehenen, mit Kanzlermehrheit überstimmbaren Einspruch zu erheben.[266] 62

Mit § 130 Abs. 1 Satz 2 hat sich der Gesetzgeber von einem Grundprinzip des GWB abgekehrt, wonach jegliche Unternehmenstätigkeit gleichermaßen dem Kartellrecht unterliegt. Mit der sowohl beim Anwendungsbereich als auch bei den Ausschlusswirkungen begrenzten Spezialregelung hat er diesen Bereich von der weiteren Entwicklung der differenzierten, von Zivil-, Verwaltungs- und Verfassungsgerichten im ständigen Dialog entwickelten Praxis zur Wechselwirkung von Kartellrecht und Verwaltungsrecht[267] ausgenommen. Damit wird eine **dogmatisch fundierte Rechtsentwicklung behindert,** die den Belangen des öffentlichen Rechts wie auch denen des Kartellrechts Rechnung trägt,[268] in diesem, angesichts der gewichtigen kommunalen Monopole, auch für den Schutz der Verbraucher ökonomisch bedeutsamen Bereich,[269] der nur theoretisch aber nicht praktisch bzw. wirksam öffentlich-rechtlich kontrolliert wird.[270] 63

---

[258] Zu den Hintergründen siehe auch *Stadler* in Langen/Bunte, Rn. 109 ff.

[259] Grundsätzlicher Ausschluss: *Wolfers/B. Wollenschläger,* DVBl. 2012, 273; *dies.,* WuW 2013, 237; kein grundsätzlicher Ausschluss *Wolf,* NZKart 2013, 17; ders., WuW 2013, 246; vgl. das vom BGH zurückgewiesene Vorbringen des BKartA in BGH, B. v. 18.10.2011, KVR 9/11, WuW/E DE-R 3497, Rn. 9 – Niederbarnimer Wasserverband; *Engelsing,* EnWZ 2013, 481, 482.

[260] BGH, U. v. 2.2.2010, KVR 66/08 – WuW/E DE-R 2841 – Wasserpreise Wetzlar; BKartA, TB 2011/2012, BT-Drs. 17/13675, 106 ff.; BGH, B. v. 18.10.2011, KVR 9/11, WuW/E DE-R 3497 – Niederbarnimer Wasserverband, Rn. 14 bejaht die Anwendung von § 59, nach Rn. 10 f. besteht ein grundsätzlicher Ausschluss von § 19 bei öffentlich-rechtlicher Ausgestaltung der Leistungsbeziehung, aber mit der Möglichkeit einer eventuellen Gegenausnahme bei Austauschbarkeit der Organisationsform; dazu *Hellriegel,* N&R 2012, 118; vgl. auch BGH, B. v. 19.6.2012, KVZ 53/11, ZNER 2012, 487.

[261] BR-Drs. 176/1/12, 30.

[262] BR PlPr. 896, 226; BR-Drs. 176/12 (B), 19.

[263] BR-Drs. 176/1/12, 10 f.

[264] RegBegr, BT-Drs. 17/9852, 53.

[265] Beschlussempfehlung BT-Drs. 17/13720, 3.

[266] Vgl. *Engelsing,* EnWZ 2013, 481; *Jungbluth,* NZKart 2013, 261, 262.

[267] Dazu die umfassenden Nachweise bei *Wolf,* NZKart 2013, 17, passim.

[268] Vgl. insb. GmS-OGB, B. v. 10.7.1989, NJW 1990, 1527 – AOK Mitgliederwerbung; GmS-OGB, B. v. 29.10.1987, BGHZ 102, 280, 283 = NJW 1988, 1170; sowie BGH, U. v. 15.1.1985, KZR 17/83, GRUR 1985, 986 = WuW/E BGH 2141 – Guten Tag Apotheke I; BVerwG, U. v. 22.8.1985, 3 C 49/84, NJW 1986, 1558, 1559 f.; BVerwG, U. v. 5.9.1991, 3 N 1/89, BVerwGE 89, 30, 34; BGH, U. v. 21.10.1986, KZR 28/85, NJW-RR 1987, 485 f. – Guten Tag Apotheke II.

[269] Vgl. so schon BGH, U. v. 26.10.1961, KZR 1/61, BGHZ 36, 91, 103 = WuW/E BGH 442 ff. – Gummistrümpfe; *Coenen/Haucap,* WuW 2014, 356, 357.

[270] *Nothdurft* in Langen/Bunte, § 19 Rn. 55; *Säcker,* NJW 2012, 1105, 1109.

64 § 130 Abs. 1 Satz 2 hat indes **keine Einschränkung des Anwendungsbereichs von Art. 102 AEUV** zur Folge,[271] anders als der insoweit europarechtswidrige Vorschlag des Innenausschusses des Bundesrates,[272] wohl aber eine speziell angeordnete Zurücknahme des Anwendungsbereichs des GWB gegenüber dem des AEUV. Entgegen den Zielen der 6. und 7. GWB-Novelle wird so die Zwischenstaatlichkeitsschwelle[273] wieder maßgeblich.

65 Den **Anwendungsbereich von § 130 Abs. 1 Satz 2** bestimmen die Begriffe Gebühren und Beiträge. Sowohl Gebühren als auch Beiträge finden ihre Grundlage stets in öffentlich-rechtlichen Normen, vielfach in sog. Gebühren- bzw. Beitragsordnungen.

66 **Gebühren** sind öffentlich-rechtliche Entgelte für vom Gebührenschuldner tatsächlich in Anspruch genommene Leistungen, die von der öffentlichen Hand in Erfüllung der ihr zugewiesenen öffentlichen Aufgaben angeboten werden.[274] In der Formulierung der Legaldefinition des § 3 Abs. 4 des Gesetzes über Gebühren und Auslagen des Bundes (BGebG): „Gebühren sind öffentlich-rechtliche Geldleistungen, die der Gebührengläubiger vom Gebührenschuldner für individuell zurechenbare öffentliche Leistungen erhebt." Grundsätzlich kann zwischen Verwaltungs- und Benutzungsgebühren unterschieden werden, wobei nur Letzteren eine potenzielle kartellrechtliche Relevanz zukommt.[275] Ihre Höhe muss nach den einschlägigen verwaltungsrechtlichen Vorgaben des Bundes und der Länder in einem angemessenen Verhältnis zum Wert der in Anspruch genommenen Leistung stehen, wobei entweder das Kostendeckungs-[276] oder das Äquivalenzprinzip[277] zugrunde zu legen ist, vgl. § 9 Abs. 1 und 2 BGebG. Eine Staffelung der Gebührenhöhe nach sozialen Kriterien ist nach Auffassung des BVerfG gleichwohl zulässig.[278] Gleiches gilt für die Verfolgung von verhaltenslenkenden Zielsetzungen.[279]

67 **Beiträge** sind öffentlich-rechtliche Entgelte für die (bloße) Möglichkeit der Inanspruchnahme einer Leistung der öffentlichen Hand.[280] Sie sind in gleicher Weise wie Gebühren verfassungs- und verwaltungsrechtlich determiniert.[281]

68 Sowohl Gebühren als auch Beiträge sind **hoheitlicher Natur** und können daher nur von öffentlich-rechtlich organisierten Entitäten festgesetzt und erhoben werden. Als Gläubiger kommen daher neben Staat und Kommunen nur andere Körperschaften, Anstalten und Stiftungen des öffentlichen Rechts und somit auch nur öffentliche Unternehmen mit einer solchen Rechtsform in Betracht; hinzu kommen beliehene Private. Funktional entsprechen Gebühren und Beiträge gleichwohl vielfach privatrechtlichen Entgelten.[282] Vorbehaltlich spezialgesetzlicher Vorgaben verfügen die leistungsanbietenden Verwaltungen

---

[271] *Stadler* in Langen/Bunte, Rn. 113.

[272] Vgl. BR-Drs. 176/1/12, 30.

[273] Zur Zwischenstaatlichkeitsschwelle siehe oben *Grave,* Art. 101 AEUV, Rn. 324 ff.

[274] BVerfG, U. v. 24.1.1995, 1 BvL 18/93 et al., BVerfGE 92, 91, 115 – Feuerwehrabgabe.

[275] *Weck/Schmid,* NZKart 2013, 343, 344.

[276] BVerfG, B. v. 6.2.1979, 2 BvL 5/76, BVerfGE 50, 217, 226; BVerfG, B. v. 10.3.1998, 1 BvR 178/97, BVerfGE 97, 332, 345 – gestaffelte Kindergartenbeiträge.

[277] BVerfG, B. v. 7.2.1991, 2 BvL 24/84, BVerfGE 83, 363, Rn. 98 (juris) – Krankenhausfinanzierungsumlage; BVerfG, B. v. 11.10.1966, 2 BvR 179/64 u.a., BVerfGE 20, 257, 270 – Berlin-Vorbehalt III.

[278] BVerfG, B. v. 10.3.1998, 1 BvR 178/97, BVerfGE 97, 332, 348 – gestaffelte Kindergartenbeiträge; BVerfG, U. v. 19.3.2003, 2 BvL 9/98, BVerfGE 108, 1, 18.

[279] BVerfG, B. v. 6.2.1979, 2 BvL 5/76, BVerfGE 50, 217, 226 ff.; BVerfG, B. v. 11.10.1988, 1 BvR 777/85, BVerfGE 79, 1, 28; zum Ganzen *Korioth* in Hoffmann-Riem/Schmidt-Aßmann/Voßkuhle, Grundlagen, § 44 Rn. 37 f.

[280] BVerfG, B. v. 20.5.1959, 1 BvL 1/58, BVerfGE 9, 291, 297; BVerfG, U. v. 24.1.1995, 1 BvL 18/93 et al., BVerfGE 92, 91, 115 – Feuerwehrabgabe.

[281] Zusammenfassend *Korioth* in Hoffmann-Riem/Schmidt-Aßmann/Voßkuhle, Grundlagen, § 44 Rn. 39 f.

[282] Vgl. BGH, B. v. 18.10.2011, KVR 9/11, WuW/E DE-R 3497, Rn. 11 und 14 – Niederbarnimer Wasserverband.

über ein Ermessen hinsichtlich der öffentlich- oder privatrechtlichen Ausgestaltung der Gegenleistung. Damit nehmen sie zugleich Einfluss auf den bei deren Überprüfung anzuwendenden rechtlichen Maßstab.

Angesichts der Vorgeschichte der Ausnahmeregelung sind bereits einzelne Stimmen laut **69** geworden, welche die Begriffe von Gebühren und Beiträgen in § 130 Abs. 1 Satz 2 **kartellrechtsspezifisch einschränkend auslegen** wollen, um eine Umgehung des Kartellrechts durch bloß formale Gebühren und Beiträge zu vermeiden und das Vorliegen materieller Gebühren bzw. Beiträge fordern.[283] Dies überzeugt aber weder vor dem Hintergrund der Entstehung der Vorschrift noch im Hinblick auf die Einheit der Rechtsordnung, wenngleich diese einer entsprechenden Interpretation nicht zwingend entgegen stünde. Zudem erscheint überaus zweifelhaft, ob die dann erforderliche Abgrenzung rechtssicher erfolgen könnte.

Für öffentlich-rechtliche Gebühren und Beiträge beschränkt § 130 Abs. 1 Satz 2 die **70** Anwendung des Kartellrechts insoweit, als die **Missbrauchskontrolle nach §§ 19, 20 und 31b Abs. 5 ausgeschlossen** wird. Im Hinblick auf die Kontrolle von Preishöhenmissbräuchen nach §§ 19 Abs. 2 Nr. 2 oder 31b Abs. 5 entzieht diese gesetzgeberische Entscheidung einer zuvor vertretenen anderweitigen Ansicht[284] die Grundlage, unabhängig von der Frage, ob eine hinreichend effektive Kontrolle auf diesem Wege sichergestellt ist (was zumindest in Bezug auf die Kommunalaufsicht zweifelhaft erscheint).[285]

Jenseits der Kontrolle des Preishöhenmissbrauchs im Leistungsverhältnis spricht der be- **71** schränkte Anlass der Gesetzgebung für eine **enge Auslegung** des Ausschlusses von §§ 19, 20 und 31b Abs. 5, der daher mittels Gebühren oder Beiträgen herbeigeführte Behinderungen nicht erfasst.[286] Jedenfalls nicht unmittelbar von § 130 Abs. 1 Satz 2 erfasst werden privatrechtliche Preisstellungen von Unternehmen gegenüber Hoheitsträgern – regelmäßig Gebietskörperschaften oder Zweckverbände, auch wenn diese Unternehmen mit dem betroffenen Hoheitsträger im Sinne von § 36 Abs. 2 verbundene Unternehmen bilden. Das Innenverhältnis verbundener Unternehmen wird regelmäßig als kartellrechtlich kontrollfrei angesehen, allerdings vor dem Hintergrund, dass das Verhalten der verbundenen Unternehmen im Außenverhältnis Kartellrecht unterliegt.

Zwar legt die Beschränkung der Ausnahme von der Anwendbarkeit des Kartellrechts auf **72** die benannten Normen nahe, dass öffentlich-rechtliche Gebühren und Beiträge **im Übrigen** an dessen Maßstäben zu messen sind;[287] hier gelten allerdings die allgemeinen, einschränkenden Grundsätze betreffend die Anwendung von Kartellrecht auf hoheitliches Handeln.[288] In Frage kommen daher vorrangig Auskunftsverpflichtungen nach § 59 Abs. 1, ggf. im Rahmen von Sektoruntersuchungen.[289]

---

[283] Etwa *Säcker* in MünchKomm GWB, Rn. 2; *Nothdurft* in Langen/Bunte, § 19 Rn. 55; *Strohn* in FS Tolksdorf, S. 563, 564; vgl. *Säcker,* NJW 2012, 1105, 1109.

[284] Monopolkommission, HG XIX, BT-Drs. 17/2600, 51; vorsichtig positiv die Stellungnahme der Bundesregierung hierzu, BT-Drs. 17/4305, 4; siehe auch *Wolf,* NZKart 2013, 17 ff.

[285] Kritisch *Emmerich* in Immenga/Mestmäcker, Rn. 10; *Schmidt/Weck,* NZKart 2013, 343, 347 m. w. N.; *Säcker,* NJW 2012, 1105, 1108; *Wolfers/B. Wollenschläger,* WuW 2013, 237, 244 f.; *dies.,* DVBl 2012, 273, 276 f.; *Coenen/Haucap,* WuW 2014, 356, 360; vgl. *Engelsing,* EnWZ 2013, 481, 482 a.E. In der Gegenäußerung der Bundesregierung zur Stellungnahme des Bundesrates wird eine „Flucht in die Gebühren" vor der kartellrechtlichen Missbrauchskontrolle angeführt, BT-Drs. 17/9852, S. 53. Zu den verwaltungsrechtlichen Kontrollmechanismen näher *Brüning,* Ver 46 (2013), 413.

[286] Vgl. *Wehage,* Missbrauchsaufsicht, S. 97 f.

[287] Vgl. *Emmerich* in Immenga/Mestmäcker, Rn. 10; *Coenen/Haucap,* WuW 2014, 356, 357; für eine erweiternde Auslegung allerdings *Bechtold,* Rn. 13.

[288] Siehe oben Rn. 44 ff.

[289] *Schmidt/Weck,* NZKart 2013, 343, 346; vgl. dazu die vor Inkrafttreten der 8. GWB-Novelle ergangene Rechtsprechung BGH, B. v. 18.10.2011, KVR 9/11, WuW/E DE-R 3497 Rn. 12 – Niederbarnimer Wasserverband; dazu *Breder,* NVwZ 2012, 940 ff.; *Säcker,* NJW 2012, 1105 ff.

73 Eine originäre **Anwendung von § 31b Abs. 3** wäre vom Wortlaut der Gesetz gewordenen Ausnahme in § 130 Abs. 1 Satz 2 nicht erfasst[290] und daher grundsätzlich möglich.[291] Angesichts der in der Wasserwirtschaft anzutreffenden natürlichen Monopolstrukturen dürfte ihr aber ohnehin nur geringe praktische Bedeutung zukommen.[292]

2. Deutsche Bundesbank und Kreditanstalt für Wiederaufbau (Satz 3)

74 § 130 Abs. 1 Satz 3 normiert eine dem Wortlaut nach uneingeschränkte Ausnahme vom Anwendungsbereich des Kartellrechts für die Deutsche Bundesbank und die KfW. Es handelt sich um eine **singuläre Ausnahmeregelung,** die einer analogen Anwendung nicht zugänglich ist und in den besonderen Aufgaben der beiden Institutionen wurzelt.[293] Soweit die Ausnahmen vom (deutschen) Kartellrecht reichen, sind sie umfassend und beziehen sich auf Marktmachtmissbrauch, Absprachen und Zusammenschlüsse. Allerdings gilt dies allein für die Deutsche Bundesbank und die KfW. Das Verhalten bzw. die Marktanteile sonstiger beteiligter Unternehmen sind mangels Erstreckung der Freistellung am Kartellrecht zu messen.[294]

75 Die **Deutsche Bundesbank** ist nach § 3 BBankG „als Zentralbank der Bundesrepublik Deutschland integraler Bestandteil des Europäischen Systems der Zentralbanken. Sie wirkt an der Erfüllung seiner Aufgaben mit dem vorrangigen Ziel mit, die Preisstabilität zu gewährleisten, hält und verwaltet die Währungsreserven der Bundesrepublik Deutschland, sorgt für die bankmäßige Abwicklung des Zahlungsverkehrs im Inland und mit dem Ausland und trägt zur Stabilität der Zahlungs- und Verrechnungssysteme bei. Sie nimmt darüber hinaus die ihr nach diesem Gesetz oder anderen Rechtsvorschriften übertragenen Aufgaben wahr." Zu letzteren zählen hoheitliche Aufgaben wie die Notenausgabe und die Falschgeldbekämpfung, §§ 14, 35ff. BBankG, aber auch die in den §§ 19ff. BBankG genannten Bankgeschäfte. Gemäß § 12 Satz 1 BBankG ist sie bei der Ausübung der ihr nach dem BBankG zustehenden Befugnisse „von Weisungen der Bundesregierung unabhängig."

76 Die **KfW** hat nach § 2 Abs. 1 KredAnstWiAG „die Aufgabe, 1. im staatlichen Auftrag Fördermaßnahmen, insbesondere Finanzierungen, in folgenden Bereichen durchzuführen: a) Mittelstand, freie Berufe und Existenzgründungen, b) Risikokapital, c) Wohnungswirtschaft, d) Umweltschutz, e) Infrastruktur, f) technischer Fortschritt und Innovationen, g) international vereinbarte Förderprogramme, h) entwicklungspolitische Zusammenarbeit, i) in anderen in Gesetzen, Verordnungen oder veröffentlichten Richtlinien zur staatlichen Wirtschaftspolitik präzise benannten Förderbereichen, die der Anstalt vom Bund oder von einem Land übertragen werden. Die jeweilige Förderaufgabe muss in Regelwerken konkretisiert sein; 2. Darlehen und andere Finanzierungsformen an Gebietskörperschaften und öffentlich-rechtliche Zweckverbände zu gewähren; 3. Maßnahmen mit rein sozialer Zielsetzung sowie Maßnahmen zur Bildungsförderung zu finanzieren; 4. sonstige Finanzierungen im Interesse der deutschen und europäischen Wirtschaft zu gewähren. Dabei gehören zu den Aufgaben der Anstalt a) Projekte im Gemeinschaftsinteresse, die von der Europäischen Investitionsbank oder ähnlichen europäischen Finanzierungsinstitutionen mitfinanziert werden, b) Exportfinanzierungen außerhalb der Mitgliedstaaten der Europäischen Union, der anderen Vertragsstaaten des Abkommens über den Europäischen Wirtschaftsraum und der Staaten mit offiziellem Status als Beitrittskandidat zur Europäischen Union aa) auf konsortialer Basis oder bb) in Staaten, in denen kein ausreichendes Finanzierungs-

---

[290] Anders der Vorschlag des Bundesrates, der auf die Vorlage von dessen Innenausschuss zurückgeht, BR-Drs. 176/1/12, 30.

[291] *Schmidt/Weck,* NZKart 2013, 343, 345f.; *Emmerich* in Immenga/Mestmäcker, Rn. 10.

[292] *Engelsing,* EnWZ 2013, 481, 482.

[293] Von „rein hoheitliche[m]" Tätigwerden spricht insoweit *Säcker* in MünchKomm KartR, Rn. 2.

[294] BKartA, B. v. 17.4.1989, B7-137/88, WuW/E BKartA 2335, 2338 – Daimler Benz/MBB; *Bosch* in Bechtold/Bosch, Rn. 15.

angebot besteht. Alle übrigen Finanzierungen im Interesse der deutschen und europäischen Wirtschaft sind durch ein rechtlich selbstständiges Unternehmen ohne öffentliche Unterstützung durchzuführen, an dem die Anstalt mehrheitlich beteiligt ist. Nähere Bestimmungen enthält die Satzung." Es handelt sich bei diesen Aufgaben im Wesentlichen um solche, bei denen mit wirtschaftlichen Mitteln öffentliche Zwecke erreicht werden sollen. Die in Abs. 1 lit. a bis f genannten Geschäfte sind nach § 3 Abs. 1 KredAnstWiAG grundsätzlich über andere Finanzierungsinstitutionen, nicht unmittelbar mit den Empfängern der Fördermaßnahmen abzuwickeln.

Im Hinblick auf diese gesetzlichen Aufgabenzuweisungen nimmt § 130 Abs. 1 Satz 3 sowohl die Deutsche Bundesbank als auch die KfW von der Anwendung des deutschen Kartellrechts aus. Dies gilt zweifellos für diejenigen Betätigungen, die in Erfüllung hoheitlich zugewiesener Aufgaben wahrgenommen werden und die zugleich die Existenz der Ausnahme begründen.[295] **Umstritten** ist jedoch, ob diese Ausnahme auch sog. **Jedermann-Geschäfte,** vgl. § 22 BBankG, erfasst. Spricht gegen deren Einbeziehung auch der primäre Zweck der Ausnahmeregelung,[296] so legen nicht nur der Wortlaut, sondern auch die Problematik ihrer Abgrenzbarkeit und die in § 22 BBankG jedenfalls für die Deutsche Bundesbank explizit hervorgehobene und vom KredAnstWiAG ausweislich der Aufgabenbeschreibung vorausgesetzte Berechtigung zu deren Durchführung, die in § 130 keinen Widerhall findet, für eine Erstreckung der kartellrechtlichen Freistellung auch auf diese Geschäfte nahe.[297] Insoweit wirkt die Freistellung zugleich konstitutiv.[298] **77**

3. Weitere spezialgesetzliche Ausnahmen und Erstreckungen

Nach §§ 4 ff. **Branntweinmonopolgesetz**[299] gilt das GWB nur, soweit das Gesetz das Marktverhalten nicht festlegt. Weitere Ausnahmen und einige Sonderregeln sind in den Bereichen Energie (§ 29), Wasser (§§ 31 ff.) und Verkehr[300] (§ 12 Abs. 7 AEG, § 8 Abs. 3b PBefG) bundesgesetzlich normiert. **78**

Nimmt man, entgegen der oben vertretenen Auffassung,[301] keine unternehmerische Tätigkeit der **gesetzlichen Krankenkassen** an, ergibt sich aus § 69 Abs. 2 und § 172a SGB V die spezialgesetzliche Ausdehnung des deutschen Kartellrechts auf die Beziehungen der gesetzlichen Krankenversicherungen zu Leistungserbringern und auf freiwillige Zusammenschlüsse gesetzlicher Krankenversicherungen.[302] Des ungeachtet beschränkt § 69 Abs. 1 SGB V jedenfalls den Anwendungsbereich des GWB. Flankierend enthält § 51 Abs. 1 Nr. 2 SGG[303] eine abdrängende Sonderzuweisung des Rechtswegs an die Sozialgerichtsbarkeit für alle gesetzlichen Krankenkassen betreffenden Streitigkeiten, von der nach § 51 Abs. 3 SGG die Beziehungen der gesetzlichen Krankenversicherung zu Leistungserbringern ausgenommen sind. **79**

Verschiedentlich wird darüber hinaus § 9 BörsG konstitutive Wirkung im Sinne einer Erstreckung der Vorschriften des GWB auf die öffentlich-rechtlichen (§§ 2 Abs. 1, 16 BörsG) Satzungen von **Börsen** zuerkannt;[304] dem ist zuzustimmen, da die Vorschrift sonst weitgehend leer liefe. Außerdem dürfte beim Börsenhandel regelmäßig der Anwen-

---

[295] Vgl. *Bosch* in Bechtold/Bosch, Rn. 14; *Klees* in KölnKomm KartR, Rn. 49.
[296] *Weisser* in FK, Rn. 45; *Emmerich* in Immenga/Mestmäcker, Rn. 95.
[297] *Bosch* in Bechtold/Bosch, Rn. 14; *Stadler* in Langen/Bunte, Rn. 115.
[298] *Klees* in KölnKomm KartR, Rn. 50.
[299] Branntweinmonopolgesetz in der im Bundesgesetzblatt Teil III, Gliederungsnummer 612-7, veröffentlichten bereinigten Fassung, das zuletzt durch Artikel 1 des Gesetzes vom 21. Juni 2013 (BGBl. I S. 1650) geändert worden ist.
[300] Siehe dazu auch *Emmerich* in Immenga/Mestmäcker, Rn. 37 ff.
[301] Siehe oben Rn. 47.
[302] Europarechtswidrig nach *Bechtold,* NZKart 2013, 331, 333.
[303] Vgl. auch § 202 Satz 3 SGG.
[304] *Emmerich* in Immenga/Mestmäcker, Rn. 48 ff. m. w. N.; *Krauß* in Langen/Bunte, § 1 Rn. 46.

dungsbereich von Art. 101 AEUV eröffnet sein; in diesem Rahmen wäre die Einordnung der Satzungsautonomie als öffentlich-rechtlich ohnehin unbeachtlich.[305]

80 Aus der Stellung der öffentlichen Hand können sich **Weiterungen für die Anwendung** insbesondere der Vorschriften zur Missbrauchsaufsicht ergeben. Kommt der öffentlichen Hand aufgrund ihrer hoheitlichen Aufgaben eine marktbeherrschende Stellung zu, darf sie diese nicht ohne weiteres zum eigenen Vorteil verwenden, sondern muss sie diskriminierungsfrei auch Dritten öffnen.[306] Diese Grundsätze wurden zur Vermietung von Geschäftsräumen an Schilderpräger im Landratsamt entwickelt.[307] Heute finden sie ihre wichtigste Anwendung bei der Vermarktung kommunaler Wegerechte für die Verlegung von Versorgungsleitungen;[308] in diesem Spezialgebiet ist sie auch in § 46 Abs. 4 EnWG kodifiziert.

81 Die sogenannte **Flick-Klausel** (§ 36 Abs. 3) hat für die öffentliche Hand besonderes Gewicht, da durch sie alle Unternehmen desselben Verwaltungsträgers für die Zwecke des gesamten Kartellrechts,[309] nicht nur der Fusionskontrolle, zusammengefasst werden, ohne dass diese Unternehmen tatsächlich einer gemeinsamen Leitung unterliegen müssten.

V. Verfahren und Sanktionen

82 Im Hinblick auf öffentliche Unternehmen gelten zwar die Vorschriften des GWB einschließlich der Verfahrensvorschriften. Bei deren Anwendung ergeben sich allerdings **einige Besonderheiten.**

83 Die Kartellbehörden können auch gegen **Rechtsträger** von Unternehmen vorgehen, die in öffentlich-rechtlicher Rechtsform verselbstständigt verfasst sind, und zwar sowohl im Verwaltungs- als auch im Bußgeldverfahren. Dasselbe gilt, wenn die handelnde Kartellbehörde gegen einen anderen Verwaltungsträger vorgeht, z.B. das Bundeskartellamt gegen eine Kommune[310] oder eine Landeskartellbehörde gegen den Bund. Geht sie gegen den eigenen Verwaltungsträger vor, also etwa eine Landeskartellbehörde gegen das Land, kämen mangels **Außenwirkung** des Rechtsverhältnisses als Mittel innerdienstliche Weisungen in Betracht;[311] vorzugswürdig erschiene aber, auch insoweit Verfügungen zuzulassen,[312] etwa durch Übertragung der Grundgedanken zum Kommunalverfassungsstreit.

84 Die **Vollstreckung** von Entscheidungen der Kartellbehörden erfolgt gemäß § 86a nach den für die Vollstreckung von Verwaltungsmaßnahmen geltenden Vorschriften, für das Bundeskartellamt also nach dem VwVG und für die Landeskartellbehörden nach dem jeweiligen, regelmäßig dem VwVG nachgebildeten[313] Landesrecht. Gemäß § 17 VwVG sind Zwangsmittel gegen Behörden und juristische Personen des öffentlichen Rechts unzulässig;

---

[305] Siehe oben Rn. 46.

[306] *Nothdurft* in Langen/Bunte, § 19 Rn. 37f., 318 und 323ff., spricht von einem Parallelvergaberecht.

[307] BGH, U. v. 24.9.2002, KZR 4/01, WuW/E DE-R 1003, Rn. 26 m.w.N. – Kommunaler Schilderprägebetrieb; BGH, U. v. 8.11.2005, KZR 21/04, WuW/E DE-R 1724, Rn. 14 – Hinweis auf konkurrierende Schilderpräger; BGH, U. v. 7.11.2006, KZR 2/06, WuW/E DE-R 1951, Rn. 16 – Bevorzugung einer Behindertenwerkstatt; vgl. ausführlich, BKartA, Beschl. v. 30.11.2012, B8–101/11 – Kreisstadt Mettmann, Rn. 79.

[308] BKartA und BNetzA v. 21.5.2015, Gemeinsamer Leitfaden zur Vergabe von Strom- und Gaskonzessionen und zum Wechsel des Konzessionsnehmers, 2. Aufl., Rn. 22; BGH, U. v. 17.12.2013, KZR 65/12, WuW/E DE-R 4139, passim – Heiligenhafen; vgl. auch BKartA, B. v. 24.5.2013, B7–30/07-1, S. 41ff. des Umdrucks – Brandmeldeanlagenkonzession.

[309] BR-Drs. 852/97, 58; vgl. entsprechend für die Verbundklausel BGH, U. v. 23.6.2009, KZR 21/08, WuW/E DE-R 2739, Rn. 15 – Entega I.

[310] BGH, U. v. 6.11.2012, KVR 54/11, WuW/E DE-R 3879, Rn. 19f. – GAG Ahrensburg.

[311] BKartA, TB 1975, BT-Drs. 7/5390, 83.

[312] In diesem Sinne auch *Emmerich* in Immenga/Mestmäcker, Rn. 93; *Weisser* in FK Rn. 157f.

[313] Vgl. *Troidl* in Engelhard/App/Schlatmann (Hrsg.), VwVG VwZG, 10. Aufl. 2014, Einführung Rn. 3.

§ 86a bestimmt auch nichts anderes. Bei der Durchsetzung seiner Verfügungen sind die Kartellbehörden also insoweit auf den Verwaltungsrechtsweg und die allgemeine Leistungsklage verwiesen.[314] Zur Durchsetzung gegen Unternehmen des Bundes wäre eine Übertragung der Grundgedanken zum Kommunalverfassungsstreit denkbar.

Die Kartellbehörden haben nach § 90 **Beteiligungsrechte als amicus curiae** in bürgerlichen Rechtsstreitigkeiten, welche die Anwendung des Kartellrechts betreffen. Das unternehmerische Handeln öffentlicher Stellen kann aber auch Gegenstand von Verfahren vor den Verwaltungsgerichten werden, z.B. in Verfahren betreffend Maßnahmen der Kommunalaufsicht,[315] oder vor den Sozialgerichten in Fällen, die nicht die Beziehungen der Krankenkassen zu Leistungserbringern nach § 69 SGB V betreffen und damit nicht von § 51 Abs. 3 SGG erfasst werden. Das Stellungnahmerecht des Bundeskartellamts als amicus curiae nach § 90 Abs. 1 Satz 1 bezieht sich nach dem Wortlaut nur auf bürgerliche Rechtsstreitigkeiten, ist allerdings teleologisch erweiternd auszulegen und erfasst alle Rechtswege.[316] Diese Beschränkung gilt gemäß § 90 Abs. 1 Satz 3 indes nicht bei Rechtsstreitigkeiten, die (auch) das europäische Kartellrecht betreffen; insoweit sind schon vom Wortlaut her Verfahren aller Rechtswege erfasst.[317] **85**

§ 130 Unternehmen der öffentlichen Hand, Geltungsbereich

(1) [1]Dieses Gesetz findet auch Anwendung auf Unternehmen, die ganz oder teilweise im Eigentum der öffentlichen Hand stehen oder die von ihr verwaltet oder betrieben werden. [2]Die §§ 19, 20 und 31b Absatz 5 finden keine Anwendung auf öffentlich-rechtliche Gebühren und Beiträge. [3]Die Vorschriften des Ersten bis Dritten Teils dieses Gesetzes finden keine Anwendung auf die Deutsche Bundesbank und die Kreditanstalt für Wiederaufbau.

(2) **Dieses Gesetz findet Anwendung auf alle Wettbewerbsbeschränkungen, die sich im Geltungsbereich dieses Gesetzes auswirken, auch wenn sie außerhalb des Geltungsbereichs dieses Gesetzes veranlasst werden.**

(3) Die Vorschriften des Energiewirtschaftsgesetzes stehen der Anwendung der §§ 19, 20 und 29 nicht entgegen, soweit in § 111 des Energiewirtschaftsgesetzes keine andere Regelung getroffen ist.

Übersicht

Schrifttum: *Bach,* Deutsche Fusionskontrolle bei inlandswirksamen Auslandszusammenschlüssen, WuW 1997, S. 291; *Baetge,* The Extraterritorial Reach of Antiturust Law between Legal Imperialism and Harmonious Coexistence, in: Gottschalk/Michaels/Rühl/von Hein, Conflict of Laws in a Goba-

[314] Vgl. VGH München, B. v. 2.4.2011, 8 C 01.587, NVwZ 2001, 822 f.
[315] Siehe oben Rn. 16 ff.
[316] Vgl. *Bosch* in Bechtold/Bosch, § 90, Rn. 2.
[317] Vgl. oben *Dicks,* § 90 GWB, Rn. 3 a.

lized World, 2007, S. 320; *ders.*, Globalisierung des Wettbewerbsrechts, 2009; *Barthelmeß/Schulz*, Extraterritoriale Anwendung der deutschen Fusionskontrolle und das völkerrechtliche Abwägungsgebot, WuW 2003, S. 1176; *Basedow*, Entwicklungslinien des internationalen Kartellrechts, NJW 1989, S. 627; *ders.*, Weltkartellrecht, 1998; *Bechtold*, Zum Referenten-Entwurf der 6. GWB-Novelle, BB 1997 S. 1853 ff.; *Beck*, Die extraterritoriale Anwendung nationalen Wettbewerbsrechts unter besonderer Berücksichtigung länderüberreifender Fusionen, 1986; *Bornkamm*, Globalisierung der Märkte und deutsche Fusionskontrolle – „Backofenmarkt" – Revisited, in: Europäisches Wettbewerbsrecht im Zeichen der Globalisierung 2002, S. 117 ff.; *Deville*, Die Konkretisierung des Abwägungsgebots im internationalen Kartellrecht, 1990; *Dlouhy*, Extraterritoriale Anwendung des Kartellrechts im europäischen und US-amerikanischen Recht, 2003; *Dreher*, Anmerkung zu der kartellrechtlichen Entscheidung des BGH, Beschluß v. 24.10.1995 – KVR 17/94 (KG Berlin), JZ 1996, S. 1022 ff.; *Friess*, Die internationale Zusammenarbeit der EU und der USA – Austausch von Informationen, in: Konvergenz der Wettbewerbsrechte, 2002, S. 69; *Gerber*, The Extraterritorial Application of the German Antitrust Laws, AJIL 77 (1983) S. 756; *ders.*, Beyond Balancing International Law Restraints on the Reach of National Laws, Yale Journal of International Law 1983; *Georgieff*, Kollisionen durch extraterritoriale staatliche Regelungen im internationalen Wirtschaftsrecht, 1989; *Griffin*, Foreign Governmental Reactions to U.S. Assertions of Extraterritorial Jurisdiction, George Mason L. Rev. 6 (1988), S. 505; *Immenga*, Zur extraterritorialen Anwendung der europäischen Fusionskontrolle, in: FS Zäch, 1999, S. 347; *ders.*, MünchKomm Bd. 11, 5. Aufl. 2010, Internationales Wettbewerbs- und Kartellrecht; *Juenger*, The „Extraterritorial" Application of American Antitrust Law and the New Foreign Relations Law Restatement, WuW 1990, S. 602; *Kaffanke*, Nationales Wirtschaftsrecht und internationalen Wirtschaftsordnung, 1990; *Kahlenberg*, Novelliertes deutsches Kartellrecht, BB 1997, S. 1593 ff.; *Kegel/Schurig*, Internationales Privatrecht, 9. Aufl. 2004; *Kevekordes*, Auslandszusammenschlüsse im internationalen Kartellrecht, 1986; *Kment*, Grenzüberschreitendes Verwaltungshandeln, 2010; *Kramp*, Die Begrenzung der Ausübung staatlicher Zuständigkeit für das Verbot länderübergreifender Fusionen nach dem geltenden Völkerrecht, 1993; *Kronstein*, Das Recht der internationalen Kartelle, 1967; *Kunig*, Völkerrecht und Fusionskontrolle, WuW 1984, S. 500; *Lange*, Räumliche Marktabgrenzung in der deutschen Fusionskontrolle, BB 1996, S. 1998 ff.; *Lowenfeld*, US-Extraterritorial Jurisdiction: The Helm-Burton and d'Amato Acts, ICLQ 1997, S. 378; *Mäger*, Abgrenzung des geographisch relevanten Marktes in der deutschen Fusionskontrolle – Abkehr von der „Backofenmarkt" – Entscheidung in der Verwaltungspraxis, BB 2001, S. 1105 ff.; *Mann, F. A.*, The Doctrine of International Jurisdiction Revisited After 20 Years, RC 1984 III, S. 9; *Markert*, German Antitrust Law and the Internationalization of Markets, World Competition Vol. 13 (1990) No. 3 S. 23; *Meessen*, Völkerrechtliche Grundsätze des internationalen Kartellrechts, 1975; *ders.*, Zusammenschlußkontrolle in auslandsbezogenen Sachverhalten, ZHR 143 (1979) S. 273; *ders.*, Kollisionsrecht der Zusammenschlußkontrolle, 1984; *ders.*, Antitrust Jurisdiction under Customary International Law, Am. J. Int. L. 1984, S. 783; *ders.*, Conflicts of Jurisdiction under the New Restatement, Law and Contemporary Problems, 1987; *ders.*, Völkerrechtliche Pflicht zur Beachtung ausländischen Kartellrechts, FS Folz, 2003, S. 231 ff.; *ders.*, Economic Law in Globalizing Markets, 2004; *Meng*, Völkerrechtliche Zulässigkeit und Grenzen wirtschaftsverwaltungsrechtlicher Hoheitsakte mit Auslandswirkungen, ZaöVR 1984, S. 675; *ders.*, Regeln über die Jurisdiktion der Staaten im Amerikanischen Restatement (Third) of Foreign Relations Law, ArchVR 1989, S. 156; *ders.*, Extraterritoriale Jurisdiktion im öffentlichen Wirtschaftsrecht, 1994; *Mestmäcker*, Staatliche Souveränität und offene Märkte, RabelsZ 1988, S. 205; *Mestmäcker/Schweitzer*, Europäisches Wettbewerbsrecht, 2. Aufl. 2003; *Mozet*, Internationale Zusammenarbeit der Kartellbehörden, 1991; *Niederleithinger*, Zur Problematik einer Präventivkontrolle bei Auslandszusammenschlüssen, WuW 1981, S. 469; *Paschke*, Die räumliche Marktabgrenzung in der GWB-Fusionskontrolle nach dem Backofenmarktbeschluß des BGH vom 24.10.1995, ZHR 160 (1996), S. 673 ff.; *Pearce*, The Comity Doctrine as a Barrier to Judicial Jurisdiction, Stanford Journal of International Law 30 (1994) S. 525; *Rehbinder, E.*, Extraterritoriale Wirkungen des deutschen Kartellrechts, 1965; *Reimers*, Probleme und Perspektiven der Internationalisierung des Wettbewerbsrechts, 2007; *Roth*, Die Fusionskontrolle internationaler Unternehmenszusammenschlüsse, RabelsZ 1981, S. 501; *Sandrock*, Internationales Wirtschaftsrecht in Recht und Praxis, 1985; *Schäfer, H.*, Der internationale Anwendungsbereich der präventiven Zusammenschlußkontrolle im deutschen und europäischen Recht, 1993; *Schirmer*, Die Konkretisierung des Auswirkungsprinzips im internationalen Kartellrecht, 1997; *Schmidt-Preuß*, Grenzen internationaler Unternehmensakquisition, 1983; *Schuetz*, Der räumlich relevante Markt in der Fusionskontrolle, WuW 1996, S. 286; *Schwartz/Basedow*, Restrictions on Competition, in: International Encyclopedia of Comparative Law, vol. III chapter 35, 1995; *Schwarze*, Die Jurisdiktionsabgrenzung im Völkerrecht, 1994; *ders.*, Die extraterritorale Anwendbarkeit des EG-Wettbewerbsrechts – vom Durchführungsprinzip zum Prinzip der qualifizierten Auswirkung, in: ders. (Hrsg.), Europäisches Wettbewerbsrecht in Zeiten der Globalisierung, 2002, S. 37; *Stockmann*, Die Einflußnahme ausländischer Regierungen auf das Zustandekommen privatrechtlicher

Wettbewerbsbeschränkungen und ihre völkerrechtliche Bedeutung für die Anwendbarkeit des GWB, WuW 1973, S. 419; *ders.* Kartellbehördliche Ermittlungen im Ausland, WuW 1975, S. 243 ff.; *Tepaß,* Extraterritoriale Anwendung nationalen Kartellrechts und Möglichkeiten zur Lösung zwischenstaatlicher Konflikte, 1992; *Tzakas,* Die Haftung für Kartellrechtsverstöße im internationalen Rechtsverkehr, 2010; *Veelken,* Interessenabwägung im Wirtschaftskollisionsrecht, 1988; *Werner,* Internationaler Wettbewerb und Marktabgrenzung, FS Lieberknecht 1997, S. 607 ff.; *Wertenbruch,* Die Phonak-Entscheidung des BKartA – Untersagung eines Zusammenschlusses wegen oligopolistischer Marktbeherrschung (Phonak/Resound), ZWeR 2008, S. 109; *Wiedemann,* Drittstaaten-Zusammenschlüsse und EG-Fusionskontrollverordnung, FS Lieberknecht 1997, S. 625 ff.; *Zimmer, D. J.,* Konkretisierung des Auswirkungsprinzips bei Hard-core-Kartellrechtsverstößen, 2013.

1. Allgemeines

1 § 130 Abs. 2 ist keine Sachnorm, sondern die generelle, einseitige und zwingende **Kollisionsnorm** des GWB.[1] Nach ihr ist das Gesetz auf von in- und ausländischen Unternehmen veranlasste Wettbewerbsbeschränkungen ohne Rücksicht auf den Ort der Veranlassung immer, aber auch nur dann anwendbar, wenn sich diese im Inland auswirken. Einen eigenen Begriff der Wettbewerbsbeschränkung führt das Gesetz an dieser Stelle nicht ein. Als Kollisionsnorm ist die Bestimmung für die materiellrechtlichen Normen des Kartellverwaltungs- und Kartellordnungswidrigkeitenrechts zwingend und weder abdingbar noch vereinbar. Soweit es um außervertragliche Schuldverhältnisse aus einem den Wettbewerb einschränkenden Verhalten geht, gilt für das internationale Privatrecht seit Januar 2009 diese Bestimmung allerdings nicht mehr, sondern eine europäische Regelung nach dem Auswirkungsprinzip.[2] Aus dem Wortlaut und den insoweit eindeutigen Gesetzesmaterialien folgt, dass § 130 Abs. 2 nicht nur die Funktion hat, die Anwendbarkeit des Gesetzes auf von ausländischen Unternehmen veranlasste Inlandswirkungen sicherzustellen, sondern generell dessen Anwendungsbereich für ausländische und inländische Unternehmen abzugrenzen.[3]

2 Die praktische Bedeutung der Kollisionsnorm ist, soweit Art. 101 AEUV anwendbar ist, infolge der europarechtlichen Vorrangsregelung in Art. 3 Abs. 2 VO 1/2003 und der Kommissionsrechte nach Art. 9 VO 1/2003 im Bereich der vertraglichen Wettbewerbsbeschränkungen nicht nur im Verhältnis der EU Mitgliedstaaten, sondern auch gegenüber Drittländern rückläufig.[4] Das gilt in geringerem Maße auch für die Missbrauchsaufsicht und die Zusammenschlusskontrolle.[5] Bei der Missbrauchsaufsicht hat das EG-Recht nur dann den Vorrang, wenn es strenger als das deutsche Recht ist, Art. 3 Abs. 2 Satz 2 VO 1/2003. Bei der deutschen Fusionskontrolle behält die Kollisionsnorm ihre Bedeutung, soweit das nationale Recht nicht durch die Exklusivität der europäischen Zusammenschlusskontrolle ausgeschlossen wird, also unterhalb der Anwendungsschwellen dieser Kontrolle, und soweit die Kommission einen Fall nach Art. 9 VO 1/2003 an das Bundeskartellamt verweist.

3 Im Übrigen geht § 130 Abs. 2 als **generelle** kartellrechtliche Kollisionsnorm den allgemeinen Kollisionsnormen des Privat-, Ordnungswidrigkeiten- und Verwaltungsrechts vor. Erfasst sie Sachverhalte insgesamt, so ist die Anwendbarkeit dieser allgemeinen Kollisions-

[1] Unstr., BGH v. 12.7.1973, WuW/E BGH 1276 f., 1279 – *Ölfeldrohre;* BGH v. 29.5.1979, WuW/E BGH 1614 – *Organische Pigmente;* KG v. 5.4.1978, WuW/E OLG 1997 – *Organische Pigmente;* OLG Karlsruhe v. 4.11.1979, WuW/E OLG 2215 f. – *Nuklearpharmaka;* KG v. 26.11.1980, WuW/E OLG 2419 f. – *Synthetischer Kautschuk II;* KG v. 1.7.1983, WuW/E OLG 3051, 3053, 3061 f. – *Morris/Rothmans;* OLG Frankfurt/Main v. 5.12.1991, WRP 1992, 331 ff. – *Alleinvertrieb alte Bundesländer; Immenga* in: MünchKomm BGB IntWettbR/IntKartR Rn. 3; *Rehbinder* in: Immenga/Mestmäcker Rn. 286 ff. m. w. N.; *Stadler* in: Langen/Bunte Rn. 123.

[2] VO (EG) Nr. 864/2007 vom 11. Juli 2007 über das auf außervertragliche Schuldverhältnisse anzuwendende Recht („Rom II"), ABl. EG Nr. L 199 S. 40, Art. 6 Abs. 3a; vgl. hierzu *Immenga* in: MünchKomm BGB IntWettbR/IntKartR Rn. 1, 64 ff.

[3] BGH v. 12.7.1973, WuW/E BGH 1276 ff. – *Ölfeldrohre.*

[4] *Rehbinder* in: Immenga/Mestmäcker Rn. 112. Vgl. auch *Stadler* in: Langen/Bunte Rn. 124.

[5] *Rehbinder* in: Immenga/Mestmäcker a. a. O.; *Stadler* in: Langen/Bunte a. a. O.

normen überhaupt ausgeschlossen. Erfasst sie diese nur zum Teil, so können die allgemeinen Kollisionsnormen auf die nicht erfassten Teilsachverhalte anwendbar bleiben. Die Kollisionsnorm des § 130 Abs. 2 ist **einseitig,** d.h. sie regelt nur die Frage, ob und unter welchen Voraussetzungen deutsches Kartellrecht anwendbar ist, und nicht, ob und unter welchen Voraussetzungen ausländisches Kartellrecht angewendet werden kann bzw. angewendet werden muss. § 130 Abs. 2 ist nicht nur für das Verwaltungs- und Ordnungswidrigkeitenrecht **zwingend,** wo dies schon aus allgemeinen Grundsätzen folgen würde, sondern auch für das Kartellprivatrecht. Durch private Rechtsgeschäfte lässt sich die Anwendbarkeit des deutschen Kartellrechts daher zwar vereinbaren, sofern sich der Vertrag im Inland auswirkt,[6] nicht aber ausschließen.[7]

2. Tatbestand des § 130 Abs. 2

4 **a) Anwendbarkeit des Gesetzes.** § 130 Abs. 2 ordnet beim Vorliegen von Inlandswirkungen die **Anwendbarkeit „dieses Gesetzes"** für alle Wettbewerbsbeschränkungen an. Erfasst werden damit zunächst jedenfalls **alle Sachnormen** des GWB.[8] Anwendbar sind darüber hinaus grundsätzlich auch die **Form- und Folgeregelungen** des Gesetzes[9] sowie das **Verfahrensrecht.**[10] Ob es sich um belastende oder begünstigende Bestimmungen handelt, spielt keine Rolle. Insbesondere gelten die Schutzbestimmungen des Gesetzes, etwa das Diskriminierungsverbot, auch für ausländische Personen und Unternehmen.[11] Ohne dass dies dem Wortlaut des Gesetzes zu entnehmen wäre, findet § 130 Abs. 2 nach h.M. beim Vorliegen von Inlandswirkungen nur insoweit Anwendung als diese reichen.[12] Das folgt aus der auf den Schutz des inländischen Wettbewerbs begrenzten Funktion der Sachnormen des GWB. Bei wettbewerbsbeschränkenden Rechtsgeschäften, die sich auf das Aus- und Inland beziehen, bestimmt sich deren Wirksamkeit ggf. nach § 139 BGB.[13]

5 Fraglich ist, ob § 130 Abs. 2 die Anwendbarkeit des Gesetzes auch für das **Verfahrensrecht** anordnet. Die Frage wird von der Praxis zu Recht grundsätzlich bejaht. So haben das BKartA etwa die Anwendbarkeit bei der Bestimmung der internationalen Zuständigkeit[14] und das KG[15] bei Auskunftsersuchen nach § 46 a.F. ohne weiteres angenommen. Der Praxis ist zuzustimmen.[16] Hinsichtlich der internationalen Zuständigkeit könnte die Ant-

---

[6] OLG Karlsruhe v. 31.7.2002, WuW/E OLG 2340ff., 2342 – *Ausgleichsanspruch; Rehbinder* in: Immenga/Mestmäcker Rn. 288; *Stadler* in: Langen/Bunte Rn. 128; differenzierend hinsichtlich der erforderlichen Inlandswirkung *Immenga* in: MünchKomm BGB IntWettbR/IntKartR Rn. 4.

[7] Vgl. Art. 34 EGBGB; TB 1970, 94; 1971, 96; 1977, 90; 1978, 100; OLG Frankfurt v. 5.12.1991, WRP 1992, 331; KG v. 8.6.1999, WuW/E DE-R 384, 385 – *Show-Produktions-Vertrag;* LG Düsseldorf v. 31.7.2002, WuW/E DE-R 999, 1001 – *Lüneburger Quick-Service.*

[8] Unstr., vgl. BGH v. 29.5.1979, WuW/E BGH 1613f. – *Organische Pigmente; Rehbinder* in: Immenga/Mestmäcker Rn. 107 m.w.N.

[9] *Rehbinder* in: Immenga/Mestmäcker Rn. 108; *Stadler* in: Langen/Bunte Rn. 125.

[10] S. unten Rn. 5.

[11] BKartA v. 10.9.1971, WuW/E BKartA 1361ff., 1366 – *Fernost-Schiffahrtskonferenz;* BKartA v. 4.8.1967 WuW/E BKartA 1170f. – *Gütezeichengemeinschaft;* BKartA v. 28.12.1971, WuW/E BKartA 1376ff. – *Linoleum;* BKartA v. 15.3.1972, WuW/E BKartA 1407f. – *Exportförderung Zellwolle;* BKartA v. 15.3.1972, WuW/E BKartA 14131f. – *Exportförderungen Festzellwolle;* BKartA v. 18.7.1978, WuW/E BKartA 1741, 1744 – *Straßenkanalguß;* TB 1970, 18; 1971, 72; 1974, 68, 70; KG v. 7.11.1969, WuW/E OLG 1071, 1072f. – *Triest-Klausel;* OLG Stuttgart v. 22.12.1980, WuW/E OLG 2376 – *CRP-Umzüge; Stadler* in: Langen/Bunte Rn. 127; *Rehbinder* in: Immenga/Mestmäcker Rn. 109.

[12] Vgl. zu § 98 Abs. 2 a.F. KG v. 1.7.1983, WuW/E OLG 3051, 3061 – *Morris/Rothmans.*

[13] KG v. 1.7.1983, WuW/E OLG 3051, 3061 – *Morris/Rothmans.*

[14] BKartA v. 15.7.1963, WuW/E BKartA 704ff., 707 – *Verwertungsgesellschaften.*

[15] KG v. 14.5.1974, WuW/E OLG 1467ff., 1469 – *BP.*

[16] Vgl. zu §§ 34, 35 a.F. OLG Frankfurt/Main v. 5.12.1991, WRP 1992, 331ff. – *Alleinvertrieb alte Bundesländer; Stadler* in: Langen/Bunte Rn. 125; für eine nur mittelbare Bedeutung *Rehbinder* in: Immenga/Mestmäcker Rn. 110, 348.

wort für das Verwaltungs- und Ordnungswidrigkeitenverfahren letztlich offen bleiben, da auch nach dem Grundsatz der Sachrechtsanknüpfung die Zuständigkeit gegeben wäre.

b) Wettbewerbsbeschränkungen. Der Begriff der „Wettbewerbsbeschränkung" in § 130 Abs. 2 ist nicht materiell selbständig, sondern als Oberbegriff für die einzelnen Tatbestände des Gesetzes zu verstehen.[17] Ob eine Wettbewerbsbeschränkung vorliegt, ist daher nach der jeweils in Betracht kommenden Norm unter Berücksichtigung ihres Sinns und Zwecks zu entscheiden. Obwohl § 130 Abs. 2 nur von der Anwendbarkeit des Gesetzes auf „Wettbewerbsbeschränkungen" spricht, bezieht sich diese auch auf die nach der jeweiligen Norm beteiligten Personen und Unternehmen, und zwar grundsätzlich unabhängig davon, ob es sich um Inländer oder Ausländer handelt. 6

Auf welche Weise, wo und von wem die Wettbewerbsbeschränkung veranlasst wird, ist, vorbehaltlich der jeweiligen Sachnorm, ohne Bedeutung. Entscheidend ist allein die „Auswirkung" im Inland. Ob die Veranlassung von inländischen oder ausländischen Unternehmen im Inland oder Ausland ausgeht, ist daher grundsätzlich ebenso unerheblich wie der Umstand, ob der ausländische Veranlasser einen Sitz im Inland hat oder dort eine Geschäftstätigkeit ausübt.[18] Wie auch sonst im GWB müssen die veranlassten Wettbewerbsbeschränkungen allerdings privater Natur sein. Im Ausland durch Hoheitsakt veranlasste „Wettbewerbsbeschränkungen" erfüllen diesen Begriff nicht, wohl aber von ausländischen Hoheitsträgern lediglich angeregte oder erlaubte Beschränkungen des Wettbewerbs.[19] 7

c) Inlandswirkungen – Allgemeines. Von zentraler Bedeutung für die kollisionsrechtliche Regelung des § 130 Abs. 2 ist der Begriff der Auswirkungen im Geltungsbereich des Gesetzes. Unabhängig vom – umstrittenen – völkerrechtlichen Ausgangspunkt hat sich die dieses **Wirkungsprinzip – „effects doctrine"** oder **„effects principle"** – grundsätzlich rechtfertigende Theorie der **sinnvollen Anknüpfung** zu Recht durchgesetzt.[20] Die weltweite Anerkennung des Wirkungsprinzips bedeutet allerdings nicht, dass diesem in allen Rechtsordnungen derselbe Inhalt zugemessen wird. Umstritten war und ist insbesondere die sehr weite Auslegung des Begriffs der kartellrechtsrelevanten Wirkung durch die Behörden und Gerichte der USA. Die Theorie der sinnvollen Anknüpfung hat gegenüber konventionelleren Ansätzen, insbesondere der Anknüpfung an die Grundsätze des internationalen Strafrechts,[21] den Vorzug, den Besonderheiten des Kartellrechts gerechter zu werden. Abgesehen davon sind selbst in Staaten mit einem entwickelten Kartellstrafrecht häufig wesentliche Teile des Kartellrechts, wie etwa die Fusionskontrolle in den USA, nichtstrafrechtlicher Natur. 8

Zur näheren Bestimmung der Inlandswirkung im Sinne des deutschen Kartellrechts hat sich in der Verwaltungspraxis, der Rechtsprechung und im Schrifttum die **Schutzzwecktheorie** durchgesetzt.[22] Entscheidend ist danach für das Vorliegen einer Inlandswirkung i. S. von § 130 9

---

[17] BGH v. 29.5.1979, WuW/E BGH 1613ff., 1614 – *Organische Pigmente;* KG v. 5.4.1978, WuW/E OLG 1997 – *Organische Pigmente. Stadler* in: Langen/Bunte Rn. 129; *Rehbinder* in: Immenga/Mestmäcker Rn. 107 m. w. N.

[18] Vgl. BGH v. 5.5.1967, WuW/E BGH 844 – *Fischbearbeitungsmaschinen;* BKartA v. 15.7.1963, WuW/E BKartA 707 – *Verwertungsgesellschaften;* TB 1960, 40; 1962, 41; 1965, 47; 1966, 56.

[19] TB 1975, 66. *Meessen* S. 182ff., 370, 374; *Immenga,* RabelsZ 1985, 306f., 317f.; *Rehbinder* in Immenga/Mestmäcker Rn. 118 m. w. N.

[20] KG v. 27.11.1980, WuW/E OLG 2420 – *Synthetischer Kautschuk II;* KG v. 1.7.1983, WuW/E OLG 3052f. – *Morris/Rothmans;* KG v. 6.12.1995, WuW/E OLG 5580 – *Selektive Exklusivität; Meessen,* S. 149ff.; *ders.* Am.J. Int.L 1984, 800; *Immenga* in: MünchKomm BGB IntWettbR/IntKartR Rn. 13f.; *Rehbinder* in Immenga/Mestmäcker Rn. 116ff. m. w. N.

[21] Dafür *Kunig,* WuW 1984, 704f.

[22] Vgl. BGH v. 12.7.1973, WuW/E BGH 1276, 1279 – *Ölfeldrohre;* BGH v. 29.5.1979 WuW/E BGH 1613f. – *Organische Pigmente;* BGH v. 20.6.1989 WuW/E BGH 2596 – *Eisenbahnschwellen; BGH v.* 25.9.2007, BGHZ 174, 12 Rn. 18 – *Sulzer/Kelmix;* OLG Düsseldorf v. 8.7.1969, WuW/E OLG 1061 – *Kundenschutzvereinbarung;* KG v. 1.7.1983, WuW/E OLG 3051, 3061 – *Morris/Rothmans;* OLG Frankfurt v. 2.10.2001, WuW DE-R 801ff., 802 – *Brüsseler Buchhandlung;* OLG

Abs. 2, ob eine Wettbewerbsbeschränkung den Schutzbereich der jeweils in Betracht kommenden Sachnorm des GWB berührt. In diesem Sinne bestimmen die Sachnormen des GWB ihren Geltungsbereich letztlich jeweils selbst. Die Schutzzwecklehre hat vor allen verallgemeinernden Versuchen zur Bestimmung der Inlandswirkung den Vorzug, dass sie eine präzisere, die gesetzgeberischen Zwecke und Schutzfunktionen der unterschiedlichen Normen weitestmöglich berücksichtigende Abgrenzung ihrer Anwendungsbereiche erlaubt.

10 Die entscheidende, grundsätzliche Begrenzung der Inlandswirkung ergibt sich danach aus dem Erfordernis ihrer **Tatbestandsmäßigkeit.** Wirkungen, die nicht vom Wortlaut einer der nach § 130 Abs. 2 anwendbaren Normen erfasst werden, scheiden, vorbehaltlich einer etwaigen analogen Anwendbarkeit, von vornherein aus. Das Erfordernis der Tatbestandsmäßigkeit bedeutet ferner, dass auch solche Wirkungen ausscheiden, die zwar unter den Wortlaut einer Norm fallen, das in dieser **geschützte Rechtsgut** aber entweder überhaupt nicht berühren oder dies nur ohne Verstoß gegen den **spezifischen Schutzzweck** der Norm tun. Nur wenn eine Auswirkung das in der Rechtsnorm geschützte Rechtsgut berührt und auch ihrer Schutzrichtung zuwiderläuft, kann sie relevant sein. Eine Auswirkung im Sinne von § 130 Abs. 2 setzt mit anderen Worten die Erfüllung des nach den allgemeinen Regeln, also insbesondere unter Berücksichtigung des geschützten Rechtsguts und des jeweiligen **Schutzumfangs** interpretierten Tatbestandes einer der nach dieser Bestimmung anwendbaren Normen voraus.[23]

11 Die Frage nach den **völkerrechtlichen Grenzen** des Auswirkungsprinzips stellt sich, weil durch die Anwendung des Gesetzes auf im Ausland veranlasste Wettbewerbsbeschränkungen Interessen anderer Staaten berührt sein können. Aus den hier in Betracht kommenden **Verboten** des **Rechtsmissbrauchs** und der **Einmischung** ergeben sich für den Anwender deutschen Rechts jedoch praktisch kaum Einschränkungen, nämlich nur im Fall krasser Interessenungleichgewichte und in seltenen Ausnahmefällen.[24]

12 Das Kammergericht[25] und ein erheblicher Teil der Lehre[26] gehen allerdings davon aus, dass aus dem Einmischungsverbot ein völkerrechtliches **Gebot zur Abwägung der Interessen** des handelnden Staates an der Durchsetzung der eigenen Rechtsordnung mit den durch diese Durchsetzung betroffenen Interessen anderer Staaten folgt, das zu einer Einschränkung des Anwendungsbereiche des GWB führen könne. Soweit ein solches Gebot nur zur Lösung „extremer" Fälle eingesetzt werden soll,[27] ist ein Bedürfnis nicht recht zu erkennen, da solche Sachlagen mit dem Rechtsmissbrauchsverbot angemessen lösbar sind. Zudem fehlt es bislang an einer entsprechenden gleichmäßigen und auf Rechtsüberzeugung beruhenden Staatenpraxis.[28]

13 In der deutschen Kartellrechtsprechung hat bislang nur das Kammergericht in einem obiter dictum auf ein Gebot zur Interessenabwägung Bezug genommen.[29] Auch das Bundeskartellamt hat bislang kein völkerrechtlich verbindliches Abwägungsgebot anerkannt. In

---

Düsseldorf v. 26.11.2008, WuW/E DE-R 2477, 2482 – *Phonak/Resound; Stadler* in: Langen/Bunte Rn. 133; *Rehbinder* in: Immenga/Mestmäcker Rn. 123 ff. m. w. N.

[23] Ähnlich *Rehbinder* in: Immenga/Mestmäcker Rn. 127. A.A. *Immenga* in: MünchKomm BGB IntWettbR/IntKartR Rn. 17: es sei nicht erforderlich, dass ein Tatbestandsmerkmal der Schutznorm erfüllt ist, ausreichend sei vielmehr, dass die Wettbewerbsbeschränkung geeignet sei, den Schutzzweck der Norm zu verletzen.

[24] Ähnlich *Immenga* in: MünchKomm BGB IntWettbR/IntKartR Rn. 19 f.; *Rehbinder* in Immenga/Mestmäcker Rn. 262 zur Zusammenschlusskontrolle.

[25] KG v. 1.7.1983, WuW/E OLG 3051, 3053, 3061 f. – *Morris/Rothmans* [obiter dictum].

[26] So vor allem *Meessen,* Völkerrechtliche Grundsätze des internationalen Kartellrechts S. 231 f.; *ders.* Kollisionsrecht der Zusammenschlusskontrolle S. 26 f. und in 9. Teil Rn. 56 ff. mit zahlr. w. N. Vgl. auch *Rehbinder* in: Immenga/Mestmäcker Rn. 118 m. w. N.

[27] *Rehbinder* in: Immenga/Mestmäcker Rn. 118 m. w. N., 120.

[28] Gegen die völkerrechtliche Begründbarkeit eines Interessenabwägungsgebots auch *Immenga* in: MünchKomm BGB IntWettbR/IntKartR Rn. 56.

[29] KG v. 1.7.1983, WuW/E OLG 3051, 3053, 3061 f. – *Morris/Rothmans.*

der Entscheidungspraxis amerikanischer Gerichte haben Abwägungsüberlegungen allerdings wiederholt eine Rolle gespielt, so vor allem im Timberlane – Fall,[30] der das Restatement (Third) of Foreign Relations Law beeinflusste, doch stützten sich diese z. T. auf materielles amerikanisches Recht oder auf Erwägungen der „comity“ (Völkersitte – Comitas Gentium), die gerade keine Rechtsregeln enthält, und gelegentlich haben die Gerichte eine Interessenabwägung sogar ausdrücklich abgelehnt.[31] Das Fehlen einer auf Rechtsüberzeugung beruhenden Staatenpraxis hinsichtlich eines völkerrechtlich begründeten Abwägungsgebots in der amerikanischen Rechtsprechung dokumentiert insbesondere die Entscheidung des US Supreme Court im Hartford Fire Insurance Fall. An dieser Lage hat sich seither nichts Entscheidendes geändert.

Für das deutsche Kartellrecht ergäben sich bei einem völkerrechtlichen Interessenabwä- 14
gungsgebot daraus zusätzliche Probleme, dass die deutschen Kartellbehörden vom Gesetzgeber gezielt auf die Beurteilung wettbewerblicher Gesichtspunkte beschränkt worden sind. Das gilt grundsätzlich, wird aber auf dem für § 130 Abs. 2 praktisch wichtigsten Gebiet, dem der Fusionskontrolle, besonders deutlich. Die Kompetenzverteilung zwischen dem Bundeskartellamt und dem Bundesminister für Wirtschaft und Technologie ist in diesem Bereich so geregelt, dass das Bundeskartellamt sich ausschließlich mit den wettbewerblichen Aspekten eines Zusammenschlusses befassen darf und eine Berücksichtigung aller darüber hinausgehenden Gesichtspunkte dem Bundesminister vorbehalten ist. Zu einer solchen kommt es aber nur, wenn ein Antrag auf Ministererlaubnis gestellt wird. Welche Bedeutung der Gesetzgeber der Beschränkung des Bundeskartellamtes auf rein wettbewerbliche Funktionen zumisst, wird dadurch weiter verdeutlicht, dass die 6. GWB-Novelle auch das letzte dem Bundeskartellamt noch verbliebene metawettbewerbliche Prüfungskriterium in § 5 Abs. 3 Satz 1 GWB a. F., nämlich das „Interesse der Allgemeinheit“ an einer Rationalisierungsabrede, ersatzlos und ausdrücklich unter Hinweis auf seine nicht wettbewerbliche Natur gestrichen hat.[32]

Ein Kriterium, das dagegen bei der Anwendung der einzelnen Sachnormen im Zusam- 15
menhang mit § 130 Abs. 2 generell erfüllt sein muss, ist das der **Vorhersehbarkeit,**[33] auf das auch die Guidelines des U. S. Justizministeriums für internationale Fälle[34] abstellen. Im Rahmen der kartellrechtlichen Steuerungsfunktion ist dieses Kriterium im Gegensatz zu den anderen im Schrifttum vorgeschlagenen, zusätzlichen Abgrenzungskriterien zur Vermeidung einer uferlosen Ausdehnung in Ergänzung des Erfordernisses der Tatbestandlichkeit nicht nur völkerrechtlich begründbar, sondern auch sachgerecht und praktikabel. Es entspricht auch dem deutschen Kartellrecht, das durchgängig nur an vorhersehbare Folgen anknüpft.[35] Allerdings bedarf das generelle Erfordernis der Vorhersehbarkeit der weiteren Konkretisierung im Zusammenhang mit der jeweils in Betracht kommenden Norm. So liegt es auf der Hand, dass die Vorhersehbarkeit im Rahmen der Fusionskontrolle einen anderen Inhalt hat als etwa beim Diskriminierungs- oder Kartellverbot. Inhaltlich hat die Vorhersehbarkeit sich auf die tatbestandsrelevante Inlandswirkung der jeweils in Betracht kommenden Sachnorm zu beziehen. Die Vorhersehbarkeit ist nach objektiven Maßstäben zu beurteilen. Ein tatsächliches Vorhersehen ist nicht erforderlich, sofern nicht die in Betracht kommende Norm selbst höhere Anforderungen stellt.

---

[30] Timberlane Lumber Co. v. Bank of America, 549 F. 2nd 597 (9th Cir. 1976).

[31] Vgl. z. B. Laker Airways Ltd. v. Sabena Belgian World Airlines, 731 F. 2nd 909 (D. C. Civ 1984), und insbesondere Federal Supreme Court, Hartford Fire Insurance Co. v. California (509 U. S. 764 [1993]; United States v. Nippon Paper Industries C 109 F. 3rd 1/1st Cir. 1997) Cert. denied, 18 S. Ct 685 (1998).

[32] Vgl. Begr. RegE v. 29.1.1998, BT-Drucks. 13/9720, Zu § 5 Abs. 2.

[33] *Rehbinder* in: Immenga/Mestmäcker Rn. 117; *Stadler* in: Langen/Bunte Rn. 152.

[34] US Department of Justice, Antitrust Enforcement Guidelines for International Operations, 1995, 3.1.

[35] *Meng* ZaöRV 41 (1981) S. 505 m. w. N.

16 Der Begriff der Inlandswirkung ist über das Erfordernis der Tatbestandlichkeit hinaus nur insoweit weiter generell einzuschränken, als bei den Beteiligten die im Zusammenhang mit der jeweils in Betracht kommenden Sachnorm nach objektiven Maßstäben festzustellende Vorhersehbarkeit der tatbestandsrelevanten Inlandswirkung vorliegen muss. Inlandswirkungen müssen somit **generell weder spürbar,**[36] **unmittelbar,**[37] **tatsächlich**[38] oder **beabsichtigt**[39] sein, **doch** können sich diese Voraussetzungen aus der **einzelnen Sachnorm** ergeben. Normgelöst und generalisiert würden diese Kriterien jeweils bei bestimmten Tatbeständen deren Schutzzwecke gefährden. Beim Kriterium der Tatsächlichkeit liegt dies mit Blick auf die Gefährdungsdelikte auf der Hand. Auch der Begriff der Spürbarkeit ist bei Gefährdungsdelikten, die sich nicht an Marktanteils- und Ressourcenzuwächsen messen lassen, wegen seiner Unbestimmtheit ungeeignet, eine ihm zugeschriebene Abgrenzungsfunktion zu erfüllen. Mit einem Unmittelbarkeitserfordernis würde man alle Tatbestände, die auch Fernwirkungen erfassen, entgegen ihrem Schutzzweck verengen. Ein Absichtserfordernis würde dem objektiven Begriff der Wirkung ein subjektives, kollisions- und völkerrechtlich nicht zu begründendes Element hinzufügen. Anders liegt es selbstverständlich, wenn sich ein solches Erfordernis aus einer konkreten Sachnorm ergibt. Da auch der **„Schutzzweck des GWB im allgemeinen"** mangels eines eigenen, normgelöst definierbaren Inhalts nicht zur weiteren Konkretisierung des Auswirkungsbegriffs geeignet ist, entscheidet letztlich der ganz **spezifische Schutzzweck der jeweils in Betracht kommenden Sachnorm,** der durch das geschützte Rechtsgut, den eingeräumten Schutzumfang und die Schutzrichtung bestimmt wird.

17 **d) Inlandswirkungen im Sinne einzelner Sachnormen. aa) Beschränkungen nach § 1.** Seit der 7. GWB-Novelle sind nach **§ 1** ebenso wie nach Art. 101 Abs. 1 AEUV wettbewerbsbeschränkende Vereinbarungen zwischen Unternehmen, Beschlüsse von Unternehmensvereinigungen und aufeinander abgestimmte Verhaltensweisen dann tatbestandlich und verboten, wenn sie **im Inland** eine spürbare Verhinderung, Einschränkung oder Verfälschung des **Wettbewerbs** bezwecken oder bewirken. Die Tatbestandlichkeit hängt nach dem durch die 7. GWB-Novelle zwar von **horizontalen** auf **vertikale** Beschränkungen erweiterten, im Übrigen aber **unveränderten Schutzzweck** dieser Norm nicht davon ab, ob an der Vereinbarung, dem Beschluss oder der abgestimmten Verhaltensweise nur inländische, ausländische und inländische, oder nur ausländische Unternehmen oder Unternehmensvereinigungen beteiligt sind. Das gilt unabhängig davon, ob die beteiligten ausländischen Unternehmen inländische Niederlassungen oder sonst inländische Geschäftstätigkeiten haben.[40] Zwar hat sich das BKartA in den ersten Jahren seiner Tätigkeit bei Kartellen mit inländischer und ausländischer oder nur ausländischer Beteiligung meist auf die Verfolgung der inländischen Beteiligten be-

---

[36] Hierfür aber, offenbar normgelöst, OLG Frankfurt v. 2.10.2001, WuW DE-R 801 ff., 802 – *Brüsseler Buchhandlung,* und weite Teile des Schrifttums. Andere Entscheidungen in der Rechtsprechung prüfen die Spürbarkeit im Zusammenhang mit den in Betracht kommenden Sachnormen. Für ein allgemeines Spürbarkeitserfordernis: Meessen, S. 158 f.; *Immenga* in: MünchKomm BGB IntWettbR/IntKartR Rn. 27 ff. *Stadler* in: Langen/Bunte Rn. 151.

[37] Gegen ein generelles Unmittelbarkeitserfordernis auch *Rehbinder* in: Immenga/Mestmäcker Rn. 142 ff., 156 ff.; *Immenga* in: MünchKomm BGB IntWettbR/IntKartR Rn. 24 ff.; a. A. *Stadler* in: Langen/Bunte Rn. 150.

[38] Gegen ein generelles Erfordernis tatsächlicher Auswirkungen *Rehbinder* in: Immenga/Mestmäcker Rn. 148 ff. m. w. N.; *Stadler* in: Langen/Bunte Rn. 139, 152; *Immenga* in: MünchKomm BGB IntWettbR/IntKartR Rn. 21 ff.

[39] Gegen ein generelles Absichtserfordernis auch *Schwartz* S. 31; *Koenigs* in: GK § 98 Abs. 2 Rn. 44; *Rehbinder* in: Immenga/Mestmäcker Rn. 153; *Stadler* in: Langen/Bunte Rn. 132.

[40] Vgl. zu § 98 Abs. 2 a. F. z. B. BKartA v. 28.10.1965, WuW/E BKartA 704, 707 – *Saba;* BKartA v. 15.3.1972, WuW/E BKartA 1393 – *Polyamid;* vgl. auch TB 1960, 19; 1963, 52 f.; 1965, 47; 1966, 56; 1970,17, 72; 1971, 26; 1972, 30 f., 63; 1975, 28, 56, 66; 1976, 37; 1978, 53; OLG Stuttgart v. 22.12.1980, WuW/E OLG 2376 – *CRP-Umzüge.*

schränkt,[41] doch beruhte diese Zurückhaltung nie auf einer einschränkenden Auslegung des Kartelltatbestandes, sondern auf praktischen Erwägungen und Überlegungen im Zusammenhang mit der Ausübung des kartellbehördlichen Ermessens.[42] Nach einer intensiveren Verfolgung internationaler Kartelle in den 70er Jahren ging die Tätigkeit des BkartA auf diesem Gebiet zwar stark zurück, doch lagen die Gründe hierfür vor allem in der zunehmenden Beanspruchung durch die 1973 eingeführte, ressourcenintensive Fusionskontrolle und die intensivere Tätigkeit der EU Kommission auf diesem Bereich, nicht aber in einer engeren Interpretation des § 98 Abs. 2 a. F. oder des § 130 Abs. 2.[43]

Spürbare Wirkungen im Inland i. S. v. § 1 müssen **weder unmittelbar und erheblich, noch tatsächlich oder beabsichtigt** sein.[44] Das KG hat, in Übereinstimmung mit der hier vertretenen Auffassung, auch mittelbare Auswirkungen im Inland für die Anwendbarkeit des § 1 genügen lassen.[45] Der BGH hat in seiner „Ölfeldrohre-Entscheidung[46] die Frage der Unmittelbarkeit ebenfalls nicht als relevant behandelt. Das Gesagte gilt nach dem neuen Recht auch für **Lizenzverträge,** für die das deutsche Kartellrecht allerdings nur noch geringe Bedeutung hat.[47] 18

Bis zur 6. GWB-Novelle enthielt das deutsche Kartellrecht in § 6 a. F. Ausnahmen für Exportkartelle. **Gemischte Exportkartelle** i. S. v. § 6 Abs. 2 a. F. enthielten neben den auslandsbezogenen Wettbewerbsbeschränkungen auch solche, die sich auf das Inland bezogen, so etwa über das Marktverhalten der Kartellteilnehmer gegenüber ihren inländischen, als Exporthändler tätigen Abnehmern.[48] Für solche Kartelle galt die Freistellung von § 6 Abs. 1 a. F. nicht und eine nach geltendem Recht unzweifelhafte relevante Inlandswirkung war auch schon damals gegeben. **Reine Exportkartelle,** also Kartelle, die nur auslandsbezogene Wettbewerbsbeschränkungen enthielten, waren nach § 6. Abs. 1 a. F. vom Kartellverbot freigestellt. Führte die Zusammenarbeit der Kartellmitglieder auf den Auslandsmärkten auch zu einer Verhaltenskoordinierung im Inland, so blieb das Verbot anwendbar.[49] Das geltende Recht führt zu denselben Ergebnissen. 19

Eine Überdehnung des Anwendungsbereichs des § 1 ist auch dann nicht zu befürchten, wenn man bei ausschließlich ausländischer Beteiligung nicht verlangt, dass die Vereinbarung, der Beschluss oder die abgestimmte Verhaltensweise den „inländischen Markt regeln" müsse. Schon nach altem Recht musste die Wettbewerbsbeschränkung nicht Gegenstand, sondern nur Zweck des Vertrages oder Beschlusses sein, und nach geltendem Recht reicht sogar ein Bewirken der Beschränkung aus. Ist die Wettbewerbsbeschränkung Zweck in diesem Sinne, dann ist auch die völkerrechtlich erforderliche Vorhersehbarkeit gegeben und die Anwendbarkeit des § 1 auf bloße inländische Reflexwirkungen ausländischer Kartellverträge und -beschlüsse ausgeschlossen. 20

Nach § 81 Abs. 2 Nr. 1 handelt **ordnungswidrig,** wer vorsätzlich oder fahrlässig der Vorschrift des § 1 zuwiderhandelt. Erfüllt ein ausländischer Beteiligter diese Voraussetzungen, d. h. erfüllt er auch den vollen subjektiven Tatbestand dieser Ordnungswidrigkeit, so ist diese Bestimmung auf ihn wie auf inländische Beteiligte anwendbar. Angesichts der weltweiten Verbreitung von Rechtsordnungen, die diese „hard core" Verstöße selbst sanktionieren, wird der subjektive Tatbestand regelmäßig erfüllt sein. Dem steht nicht entgegen, dass sich das BKartA im Einzelfall bei internationalen Kartellen u. a. auch wegen der Be- 21

---

[41] Vgl. TB 1961, 37, 52; 1963, 25.

[42] Vgl. TB 1963, 52 f.; TB 1965, 47; TB 1966, 56; BKartA v. 15.7.1963, WuW/E BKartA 704, 707 *Verwertungsgesellschaft; Rehbinder* in: Immenga/Mestmäcker Rn. 171.

[43] Ausführlicher und zutreffend hierzu m. w. N. *Rehbinder* in: Immenga/Mestmäcker Rn. 172 ff.

[44] Differenzierend *Koenigs* in: GK § 98 Abs. 2 Rn. 61.

[45] KG v. 28.11.1972, WuW/E OLG 1339, 1346 – *Linoleum.*

[46] BGH v. 12.7.1973, WuW/E BGH 1276, 1279 – *Ölfeldrohre.*

[47] *Rehbinder* in: Immenga/Mestmäcker Rn. 211 ff.

[48] Ausführlicher und m. w. N. *Rehbinder* in: Immenga/Mestmäcker Rn. 178 ff.

[49] Ausführlicher und m. w. N. *Rehbinder* in: Immenga/Mestmäcker Rn. 185 ff.

weisschwierigkeiten hinsichtlich des subjektiven Tatbestandes bei ausländischen Beteiligten schon früher oft auf die Verfolgung der inländischen Beteiligten beschränkt hat.[50]

22 Die **Freistellung nach § 2 Abs. 1** entspricht der **Generalklausel** des Art. 101 Abs. 3 AEUV und ist nach dem Willen des Gesetzgebers wie das Verbot selbst entsprechend seinem europäischen Vorbild zu behandeln. Dasselbe gilt nach § 2 Abs. 2 Satz 1 auch für die **Gruppenfreistellungsverordnungen** des europäischen Rechts. Im Bereich des auf vertikale Beschränkungen erweiterten Kartellverbots nach deutschem Recht sollte es demgemäß zu einem völligen Gleichlauf mit dem europäischen Vorbild kommen. Eine solche Entwicklung entspräche dem wohlverstandenen Interesse der grenzüberschreitend tätigen Wirtschaft an einer europaweit möglichst homogenen, die nationalen Rechte einschließenden Rechtslage. Mit umfasst von diesem Ziel ist die Bestimmung des jeweiligen territorialen Anwendungsbereichs. Das bedeutet u. a., dass die Frage nach den relevanten Inlandswirkungen bei Ausschließlichkeitsbindungen, Lizenzverträgen und Empfehlungen wie bei Art. 101 AEUV und den anwendbaren Gruppenfreistellungsverordnungen zu beurteilen sind.[51]

23 Die beibehaltene Ausnahme für **Mittelstandskooperationen nach § 3,** deren Freistellungszweck sich aus der inlandswirksamen Verbesserung der Wettbewerbsfähigkeit kleiner und mittlerer Unternehmen ergibt, erreichen diesen Zweck in aller Regel schon unter Beteiligung ausschließlich inländischer Unternehmen. Eine Beteiligung ausländischer Unternehmen kann aber dann in Betracht kommen, wenn dies für die Erreichung des Rationalisierungserfolges erforderlich oder wenigstens förderlich ist.[52] Die Freistellung von **Wettbewerbsregeln** nach §§ 24 ff. und die Sonderregelungen für bestimmte Wirtschaftsbereiche, insbesondere **Verlagserzeugnisse,** §§ 28 ff., gelten auch für ausländische Unternehmen.[53]

24 **bb) Missbrauch marktbeherrschender Stellungen.** Das **Verbot** des Missbrauchs einer marktbeherrschenden Stellung, § 19, dient dem Schutz des inlandsrelevanten Wettbewerbs als Institution und der hierfür relevanten Handlungsfreiheit der Marktteilnehmer auf allen Marktstufen. Eine Inlandswirkung i. S. v. § 130 Abs. 2 i. V. m. § 19 liegt daher dann vor, wenn der Missbrauch von Marktmacht durch in- oder ausländische Unternehmen den inlandsrelevanten Wettbewerb oder die hierfür relevante Handlungsfreiheit von Marktteilnehmern beeinträchtigt. Nach dem die wirtschaftlichen Gegebenheiten berücksichtigenden Schutzzweck des § 19 muß eine die **Normadressatenposition** i. S. dieser Bestimmung begründende, seit der 8. GWB-Novelle in § 18 geregelte Marktstellung **nicht unbedingt im Inland** bestehen.[54] Ein im Ausland stattfindender Missbrauch einer dort bestehenden marktbeherrschenden Stellung eines inländischen oder ausländischen Unternehmens verletzt diesen Schutzzweck, wenn auf dem räumlich relevanten, nach § 18 Abs. 2 unter Umständen über die Grenzen des Geltungsbereichs des GWB hinausgehenden Markt spürbare Auswirkungen eintreten.[55] Das gilt unabhängig davon, ob die im Ausland bestehende marktbeherrschende Stellung auf dem außerhalb der Grenzen des Geltungsbereichs des GWB liegenden, aber innerhalb des dem relevanten Markt zuzurechnenden Auslands besteht, oder im außerhalb dieses Bereichs liegenden Ausland.

---

[50] Vgl. z. B. TB 1961, 37, 52; 1963, 25.

[51] Vgl. zu den nach Art. 101 AEUV relevanten Wirkungen *Meessen,* 9. Teil Rn. 26 ff.

[52] Vgl. TB 1959, 44; 1963, 29; 1977, 56f, 67; differenzierend *Rehbinder* in: Immenga/Mestmäcker Rn. 190.

[53] Vgl. TB 1960, 40; 1962, 41; 1978, 84; *Rehbinder* in: Immenga/Mestmäcker Rn. 197.

[54] Ebenso *Koenigs* in: GK § 98 Abs. 2 Rn. 99; *Immenga* in: MünchKomm BGB IntWettbR/IntKartR Rn. 37; *Rehbinder* in: Immenga/Mestmäcker Rn. 222; *Stadler* in: Langen/Bunte Rn. 180; anders noch TB 1971, 52.

[55] Enger *Koenigs* in: GK § 98 Abs. 2 Rn. 102, und *Stadler* in: Langen/Bunte Rn. 181; ähnlich *Rehbinder* in: Immenga/Mestmäcker Rn. 223 und *Immenga* in: MünchKomm BGB IntWettbR/IntKartR Rn. 37.

Marktbeherrschend ist ein Unternehmen, soweit es als Anbieter oder Nachfrager einer bestimmten Art von Waren oder gewerblichen Leistungen auf dem sachlich und räumlich relevanten Markt entweder ohne Wettbewerber bzw. keinem wesentlichen Wettbewerb ausgesetzt ist, § 18 Abs. 1 Nr. 1 und Nr. 2, oder eine im Verhältnis zu seinen Wettbewerbern überragende Marktstellung hat, § 18 Abs. 1 Nr. 3. Bei der Feststellung einer überragenden Marktstellung nach § 18 Abs. 3 ist hinsichtlich des Marktanteils räumlich auf den wirtschaftlich relevanten Markt abzustellen, auch wenn dieser größer ist als der Geltungsbereich des GWB.[56] Das gilt entsprechend auch hinsichtlich der daneben zu berücksichtigenden Kriterien wie der Finanzkraft, des Zugangs zu den Beschaffungs- oder Absatzmärkten, die Verflechtungen mit anderen Unternehmen und der rechtlichen und tatsächlichen Marktzutrittsschranken anderer Unternehmen, sofern sie für die Marktposition von Bedeutung sind.[57] Bei den Vermutungen des § 18 Abs. 4, 6 und 7 und bei dem in § 18 Abs. 5 definierten Oligopol sind dieselben Maßstäbe anzulegen. Die mit der 7. GWB-Novelle eingeführte und durch die 8. Novelle in § 18 Abs. 2 übernommene „Klarstellung", wonach der „räumlich relevante Markt im Sinne dieses Gesetzes" weiter sein kann als der Geltungsbereich des GWB, entspricht der neueren Rechtsprechung des BGH.[58] 25

Nach dem Schutzzweck des § 19 liegen Inlandswirkungen i. S. dieser Bestimmung dann vor, wenn ein auf dem sachlich und räumlich relevanten Markt beherrschender inländischer oder ausländischer Anbieter oder Nachfrager gegenüber Nachfragern oder inländischen oder ausländischen Anbietern seine Marktmacht **missbraucht** und dies im Inland zumindest auch wettbewerbsrelevante Auswirkungen hat.[59] Da § 19 die wettbewerbsrelevante Handlungsfreiheit inländischer Unternehmen auch in Bezug auf ihre Exportaktivitäten schützt, kann eine Inlandswirkung i. S. v. § 130 Abs. 2 i. V. m. § 19 auch dann vorliegen, wenn ein im Inland marktbeherrschendes Unternehmen seine Stellung dazu missbraucht, inländische Unternehmen in Bezug auf ihre Exporttätigkeit zu behindern oder auszubeuten.[60] 26

cc) Diskriminierungen. Das Diskriminierungsverbot des § 20 Abs. 1 und 2 dient sowohl dem Schutz des inlandsrelevanten Wettbewerbs als Institution als auch dem Individualschutz. Eine Inlandswirkung i. S. v. § 130 Abs. 2 i. V. m. § 20 Abs. 1 und 2 liegt daher dann vor, wenn die Diskriminierung durch in- oder ausländische Unternehmen den inländischen Wettbewerb oder die wettbewerbsrelevante Position von Marktteilnehmern im Inland beeinträchtigt. Nach dem die wirtschaftlichen Gegebenheiten berücksichtigenden Schutzzweck des § 20 Abs. 1 und 2 muss eine die Normadressatenposition i. S. dieser Bestimmung begründende Marktstellung nicht unbedingt im Inland bestehen.[61] So wie beim Verbot des Missbrauchs marktbeherrschender Stellungen fallen auch Diskriminierungen durch Unternehmen mit im Ausland bestehenden Adressatenpositionen, die sich im Inland spürbar[62] auswirken, unter diese Bestimmung. § 20 Abs. 1 und 2 schützt ebenso wie § 19 die wettbewerbsrelevante Handlungsfreiheit inländischer Unternehmen auch in Bezug auf 27

---

[56] BGH v. 5.10.2004, WuW/E DE-R 1355 – *Staubsaugerbeutelmarkt;* unter Aufgabe von BGH v. 24.10.1995, WuW/E BGH 3026 – *Backofenmarkt.*

[57] *Rehbinder* in: Immenga/Mestmäcker Rn. 228. Vgl. auch Begr. 1971 S. 26; Bericht 1973 S. 6; BGH v. 21.2.1978, WuW/E BGH 1501 – *Kfz-Kupplungen;* BKartA v. 3.7.1981. WuW/E BKartA 189 – *IHB/Wibau.*

[58] BGH v. 5.10.2004, WuW/E DE-R 1355 – *Staubsaugerbeutelmarkt;* WuW/E BGH 3026 – *Backofenmarkt.* Ebenso *Rehbinder* in: Immenga/Mestmäcker Rn. 227 ff.; *Stadler* in: Langen/Bunte Rn. 208.

[59] Ebenso *Koenigs* in: GK § 98 Abs. 2 a. F. Rn. 99; *Rehbinder* in: Immenga/Mestmäcker Rn. 221; *Stadler* in Langen/Bunte Rn. 180.

[60] Vgl. TB 1971, 52 f.; 1972, 63; TB 1971, 52 f.; 1972, 63. Ebenso *Koenigs* in: GK § 98 Abs. 2 Rn. 101; *Rehbinder* in: Immenga/Mestmäcker Rn. 230; a. A. *Lindemann* im FK Rn. 46.

[61] So noch TB 1971, 52. Wie hier *Rehbinder* in Immenga/Mestmäcker Rn. 236; *Stadler* in: Langen/Bunte Rn. 185f; a. M. *Koenigs* in: GK § 98 Abs. 2 Rn. 125; *Schnyder* S. 352.

[62] Vgl. oben Rn. 22. Anders noch OLG Frankfurt v. 2.10.2001, WuW DE-R 801 ff., 802 – *Brüsseler Buchhandlung.*

ihre Exportaktivitäten. Deshalb kann eine Inlandswirkung i. S. v. § 130 Abs. 2 i. V. m. § 20 Abs. 1 und 2 auch dann vorliegen, wenn ein im Inland marktbeherrschendes Unternehmen inländische Unternehmen in Bezug auf ihre Exporttätigkeit diskriminiert.[63]

28 Das zu § 20 Abs. 1 und 2 Gesagte gilt für § 20 Abs. 3 und 4 entsprechend. Erlangt ein in- oder ausländisches Unternehmen in Adressatenposition gegenüber auf dem relevanten Markt tätigen in- oder ausländischen Unternehmen Vorzugsbedingungen, so liegen Inlandswirkungen i. S. von § 20 Abs. 3 vor. Nach der Schutzfunktion des § 20 Abs. 4 kann in Fällen, in denen der räumlich relevante Markt größer als der Geltungsbereich des GWB ist, die Adressatenposition auch gegenüber kleinen und mittleren ausländischen, im relevanten Markt tätigen Unternehmen begründet sein.

29 § 20 Abs. 5 dient neben dem Institutionsschutz gleichrangig auch dem Individualschutz, und zwar auch ausländischer Unternehmen, die auf dem relevanten Markt tätig sind. Diskriminiert ein in Deutschland tätiger deutscher oder internationaler Verband gegenüber einem in- oder ausländischen Unternehmen, so kann die Kartellbehörde dessen Aufnahme anordnen, sofern die übrigen Voraussetzungen dieser Norm erfüllt sind.[64] Eine entgegen § 20 Abs. 5 die Mitgliedschaft auf inländische Unternehmen beschränkende Satzungsbestimmung ist unwirksam. Eine sachliche Rechtfertigung der Aufnahmeverweigerung lässt sich regelmäßig auch nicht damit begründen, dass inländischen Unternehmen der Beitritt zu entsprechenden ausländischen Organisationen verwehrt werde. Die entgegenstehende Auffassung[65] übersieht, dass die Bestimmung auch dem Schutz des Wettbewerbs als Institution dient und insoweit nicht unter Gegenseitigkeitsgesichtspunkten eingeschränkt werden darf.

30 **dd) Boykott.** § 21 Abs. 1 dient wie das Diskriminierungsverbot gleichermaßen dem Institutionsschutz und dem Individualschutz. Da der Wettbewerb und die wettbewerbliche Handlungsfreiheit bei Boykottaufrufen mit Auslandsbeteiligung sowohl auf dem relevanten Primärmarkt (Markt, auf dem die Boykottmaßnahme erfolgt), wie auf dem relevanten Sekundärmarkt (Markt, auf dem Verrufer und Boykottierter im Wettbewerb stehen) beeinträchtigt sein kann, reicht eine Beeinträchtigung auf einem dieser Märkte zur Feststellung einer Inlandswirkung aus.[66] Eine Inlandswirkung liegt deshalb dann vor, wenn ein ausländisches Unternehmen zur Liefer- oder Bezugssperre aufgefordert wird und Verrufer und Boykottierter auf dem Inlandsmarkt Wettbewerber sind. Eine Inlandsauswirkung ist auch dann gegeben, wenn ein mit einem anderen inländischen Unternehmen auf einem Exportmarkt im Wettbewerb stehendes Unternehmen einen ausländischen Lieferanten auffordert, das andere inländische Unternehmen nicht zu beliefern. Fordert dagegen ein ausländisches Unternehmen ein anderes ausländisches Unternehmen auf, von einem inländischen Unternehmen nicht zu beziehen, so ist kein inländischer Markt berührt und es fehlt an einer Inlandswirkung.

31 **ee) Sonstiges Wettbewerbsbeschränkendes Verhalten.** Durch die in § 21 Abs. 2 geregelten Tatbestände soll die Umgehung von Primärverboten des deutschen und europäischen Kartellrechts und auf solchen beruhender kartellbehördlicher Verfügungen durch Druckausübung ausgeschlossen werden. Insofern bestimmt sich der Begriff der Inlandsauswirkung bei diesen Tatbeständen vorbehaltlich weiterer Tatbestandselelemente „anzillarisch" zu den Primärnormen.[67] Eine Inlandswirkung im Sinne des § 21 Abs. 2 liegt deshalb

---

[63] *Koenigs* in: GK § 98 Abs. 2 Rn. 126; *Rehbinder* in: Immenga/Mestmäcker Rn. 235 f.; *Stadler* in Langen/Bunte Rn. 182.

[64] *Rehbinder* S. 238 f. und in Immenga/Mestmäcker Rn. 250; *Stadler* in: Langen/Bunte Rn. 187.

[65] BKartA v. 4.8.1967, WuW/E BKartA 1170 – *Gütezeichengemeinschaft; Benisch* in: GK § 27 a. F. Rn. 17; *Rehbinder* in: Immenga/Mestmäcker Rn. 250; *Stadler* in: Langen/Bunte Rn. 187.

[66] BGH v. 23.10.1979, WuW/E BGH 1643 – *BMW-Importe; Schwartz* S. 230 f.; *Bär* S. 388 ff.; *Koenigs* in: GK § 98 Abs. 2 Rn. 122 ff.; *Rehbinder* in: Immenga/Mestmäcker Rn. 239 ff.; *Stadler* in: Langen/Bunte Rn. 184.

[67] *Rehbinder* in: Immenga/Mestmäcker Rn. 231 ff.

dann vor, wenn sich die **Nachteilsandrohung**, das **Vorteilsversprechen** oder die **Vorteilsgewährung** auf ein Verhalten richten, auf das eine der in Nr. 1 – 3 genannten Verbotsnormen des deutschen oder europäischen Kartellrechts anwendbar wäre. Bei der Ausübung von **Zwang** im Sinne des § 21 Abs. 3 liegt eine Inlandswirkung vor, wenn eine Beteiligung an einer der vom Gesetz genannten legalen Wettbewerbsbeschränkungen im Inland erzwungen werden soll.[68]

Bei dem Verbot des § 21 Abs. 4, anderen wirtschaftliche **Nachteile** zuzufügen, weil diese ein **kartellbehördliches Einschreiten** beantragt oder angeregt haben, spielt es keine Rolle, ob und auf welcher Seite ausländische und inländische Unternehmen beteiligt sind. Als Kartellbehörden kommen nur die in diesem Gesetz als solche vorgesehenen Behörden in Betracht. Aus der auf das Inland beschränkten Schutzfunktion des Gesetzes folgt, dass die Sicherung des ungefährdeten Zugangs zu ausländischen Kartellbehörden Sache des betreffenden Staates ist. Dasselbe gilt für die Europäische Kommission.[69] Anwendbar ist diese Bestimmung aber nicht nur dann, wenn die Einleitung eines Verfahrens nach deutschem Kartellrecht beantragt oder angeregt wurde, sondern auch dann, wenn es um die Anwendung europäischen Rechts durch deutsche Kartellbehörden geht. 32

ff) Fusionskontrolle. (1) Allgemeines. Die nähere Bestimmung des Begriffs der Inlandswirkung hat für die Fusionskontrolle schon wegen der hohen Zahl von Zusammenschlüssen mit Auslandsbeteiligung große praktische Bedeutung. Die Schutzzwecke der verschiedenen Sachbestimmungen der Fusionskontrolle sind normbezogen zu bestimmen. Zu unterscheiden ist dabei zwischen den Regelungen der Anmeldepflicht und der materiellen Fusionskontrolle. Um der Wirtschaft das Verständnis zu erleichtern, hatte das BKartA bereits im Januar 1999 ein Merkblatt über Inlandswirkungen im Sinne des § 130 Abs. 2 bei Zusammenschlüssen veröffentlicht. Am 5. Dezember 2013 legte das BkartA den Entwurf eines überarbeiteten Merkblatts des Bundeskartellamtes zu den Inlandswirkungen bei der Fusionskontrolle vor. Der Entwurf, der neben der deutschen Entscheidungs- und Rechtsprechungspraxis auch die Empfehlung des International Competition Network (ICN) zu Anmeldeverfahren in der Fusionskontrolle[70] berücksichtigte, sollte nach einer öffentlichen Konsultation, zu der das Amt eingeladen hatte, verabschiedet werden. Dieses Merkblatt ist vom BKartA am 30. September 2014[71] veröffentlicht worden und soll, wie sein Vorgänger, den Unternehmen und ihren Beratern die Einschätzung erleichtern, ob ein Zusammenschluss Inlandsauswirkungen i. S. v. § 130 Abs. 2 hat und eine Anmeldepflicht auslöst. In der Folge beschreibt das Merkblatt typische Fallkonstellationen, in denen Inlandsauswirkungen offensichtlich vorliegen oder klar ausgeschlossen werden können. Außerdem werden nach Auffassung des BkartA maßgebliche Kriterien für die notwendige Einzelfallbewertung in den übrigen Fällen identifiziert. Nach wie vor liegt dem BkartA auch daran, in seinem als auch dem Interesse der beteiligten Unternehmen wettbewerblich unproblematische Fälle im Rahmen einer Anmeldung einfach und rasch abzuschließen, dabei die möglicherweise komplexe Frage von Inlandswirkungen offen zu lassen und so deren genauere Prüfung entbehrlich zu machen. 33

(2) Anmeldepflicht – Inlands- und Auslandszusammenschlüsse. Seit dem 1. Januar 1999 sind die Vorschriften über die deutsche Zusammenschlusskontrolle, einschließlich ihrer Regelungen zur **Anmeldepflicht** nach § 39 als selbständiger Sachnorm,[72] 34

[68] *Rehbinder* in: Immenga/Mestmäcker Rn. 233; *Lindemann* in: FK Rn. 247; *Stadler* in: Langen/Bunte Rn. 188.

[69] *Bechtold* Rn. 22.

[70] ICN, Recommended Practices for Merger Notification Procedures, abrufbar unter www.internationalcompetitionnetwork.org/uploads/library/doc588.pdf.

[71] Merkblatt Inlandsauswirkungen in der Fusionskontrolle.

[72] Vgl BGH v. 25.5.1979, WuW/E BGH 1613, 1615 – *Organische Pigmente;* KG v. 1.7.1983, WuW/E OLG 3051 – *Morris/Rothmans* (beide Entscheidungen noch zu § 23 a. F.); *Rehbinder* in: Immenga/Mestmäcker Rn. 253.

überhaupt nur anzuwenden, wenn wenigstens eins der am Zusammenschluss beteiligten Unternehmen, einschließlich verbundener Unternehmen im Sinne des § 36 Abs. 2, im letzten Geschäftsjahr vor dem Zusammenschluss im Inland **Umsatzerlöse** von mehr als 25 Mio. € erzielt hat, § 35 Abs. 1 Nr. 2. In welcher Eigenschaft dieses Unternehmen an dem Zusammenschlußvorhaben beteiligt ist, spielt keine Rolle. Es kann sich also um das erwerbende, um das zu erwerbende oder um ein gemeinsam gegründetes Unternehmen handeln. Unerheblich ist auch, ob ein inländisches oder ein ausländisches beteiligtes Unternehmen das Erfordernis erfüllt. Erfüllt keines der beteiligten Unternehmen das Kriterium, so ist der Zusammenschluss insgesamt nicht kontrollpflichtig und es bedarf keiner weiteren Prüfung der Inlandsauswirkung. Streitig ist, ob umgekehrt regelmäßig dann eine Inlandswirkung anzunehmen ist, wenn das erworbene Unternehmen den Mindestumsatz in Deutschland erreicht. Das BKartA nimmt dies an. Nach Ansicht des BKartA hat die Prüfung der Inlandsauswirkung im Sinne von § 130 Abs. 2 regelmäßig nur dann eigenständige Bedeutung, wenn der Erwerber im Inland einen Umsatz von mindestens 25 Mio. € erzielt hat und das zu erwerbende Unternehmen oder das Gemeinschaftsunternehmen im Ausland ansässig ist. Für weitere Einschränkungen des Anwendungsbereiches der Anmeldepflicht, wie sie im alten Recht mit den Voraussetzungen inländischen unternehmerischen Potentials und der Spürbarkeit[73] verbunden waren, besteht mit Blick auf die hoch angesetzte Umsatzgrenze kein Grund mehr.[74] Nach einer anderen, allerdings nicht zwischen erwerbenden und zu erwerbenden Unternehmen unterscheidenden Meinung ist das Vorliegen von Inlandswirkungen dagegen in jedem Fall zu prüfen.[75]

35 Nach ganz herrschender und zutreffender Ansicht ist bei der Prüfung relevanter Inlandswirkungen auch bei Beteiligung ausländischer Unternehmen zwischen im Inland und im Ausland realisierten Zusammenschlüssen zu unterscheiden.[76] **Im Inland durchgeführte** Zusammenschlüsse (z. B. der Erwerb des Vermögens oder der Anteile an einem inländischen Unternehmen, die Gründung eines Gemeinschaftsunternehmens im Inland), haben – unabhängig vom Sitz der beteiligten Mutterunternehmen und vorbehaltlich der Erfüllung der Aufgreifkriterien des § 35 Abs. 1 immer Inlandsauswirkungen und eine besondere Spürbarkeitsprüfung ist nicht erforderlich.[77] Obwohl das BKartA in seinen neuen Richtlinien eine solche Prüfung grundsätzlich für erforderlich hält,[78] geht es bei Zusammenschlüssen, an denen nur zwei Unternehmen beteiligt sind, die die Umsatzkriterien des § 35 Abs. 1 Nr. 2 erfüllen, stets von relevanten Inlandswirkungen aus.[79] Dies gilt auch dann, wenn der Erwerber oder der Gründer einem ausländischen Konzern angehört. Ein im Ausland realisierter Zusammenschluss gilt deshalb hinsichtlich der inländischen Tochterunternehmen der beteiligten Unternehmen als im Inland realisierter Zusammenschluss, da die sog. Verbundklausel des § 36 Abs. 2 unabhängig davon gilt, ob der Unternehmenssitz im Inland oder im Ausland ist.

36 **Im Ausland durchgeführte** Zusammenschlüsse haben Inlandsauswirkungen, wenn die strukturellen Voraussetzungen für den Wettbewerb im Inland beeinflusst werden. Solche

---

[73] BGH v. 29.5.1979, WuW/E BGH 1613, 1615 – *Organische Pigmente.*

[74] Die EG-Kommission hält die europäische Fusionskontrolle ebenfalls auch dann für anwendbar, wenn die Beteiligten kein Potential innerhalb der Europäischen Union haben, vgl. *Boeing/Mac Donnell Douglas; Fiebig,* (1998) E.C.L.R. S. 323 ff.

[75] *Kahlenberg,* Novelliertes deutsches Kartellrecht, BB 1997 S. 1593 ff. und *Bechtold,* Zum Referenten-Entwurf der 6. GWB-Novelle, BB 1997 S. 1853, 1856.

[76] *Rehbinder* in: Immenga/Mestmäcker 264.

[77] Zutreffend Monopolkommission Hauptgutachten 2006/2007, S. 239, Tz. 526; *Rehbinder* in: Immenga/Mestmäcker 264.

[78] Merkblatt Inlandsauswirkungen in der Fusionskontrolle des BKartA vom 30 September 2014, Rz. 6.

[79] Merkblatt Inlandsauswirkungen in der Fusionskontrolle des BKartA vom 30 September 2014, Rz. 12; zustimmend hierzu *Stadler* in: Langen/Bunte Rn. 190.

Wirkungen liegen insbesondere dann vor, wenn beide Unternehmen schon vor dem Zusammenschluss im Inland als Wettbewerber tätig waren. Dafür reicht eine Betätigung über Importeure aus.[80] Wenn nur ein Beteiligter bislang im Inland tätig war, aber infolge des Zusammenschlusses Lieferungen in das Inland wahrscheinlich sind, der Zusammenschluss das Know-how eines im Inland tätigen beteiligten Unternehmens vergrößert, gewerbliche Schutzrechte an dieses übertragen werden oder die Finanzkraft des im Inland tätigen Unternehmens verstärkt wird, sind ebenfalls Inlandsauswirkungen anzunehmen. Zukünftige Lieferungen ausländischer Beteiligter in das Inland sind wahrscheinlich, wenn produktionstechnische oder sortimentsmäßige Beziehungen zum inländischen Beteiligten bestehen. Ob zukünftige Lieferungen in das Inland wahrscheinlich sind, richtet sich regelmäßig auch danach, ob gleichartige oder ähnliche Erzeugnisse bereits Gegenstand des Handelsverkehrs zwischen den beteiligten Ländern sind und diesem keine technischen oder sonstigen Handelshemmnisse entgegenstehen. Ein im Ausland durchgeführter Zusammenschluss zwischen Unternehmen mit Sitz im Ausland und ohne inländische Tochterunternehmen oder Niederlassungen kann ebenfalls Inlandsauswirkungen haben, wenn er die inländische Marktstruktur verändert.

Bei der Gründung eines **Gemeinschaftsunternehmens** hängt die Inlandsauswirkung 37 in erster Linie von dem sachlichen und räumlichen Markt ab, auf dem das Gemeinschaftsunternehmen tätig werden soll. Inlandsauswirkungen liegen nicht nur vor, wenn das Gemeinschaftsunternehmen im Inland tätig werden soll, sondern auch dann, wenn es im Ausland tätig wird, der räumlich relevante Markt aber welt- bzw. europaweit abzugrenzen ist.[81]

Das zuvor Gesagte gilt nicht nur für die Zusammenschlusstatbestände, sondern auch für 38 die durch die **Verbundklausel** des § 36 Abs. 2 fingierten Zusammenschlüsse, und zwar unabhängig davon, ob es sich um Inlands- oder Auslandssachverhalte handelt.[82]

Sofern der Sitz eines der beteiligten Unternehmen sich nicht im Inland befindet, muss 39 die Anmeldung auch eine **zustellungsbevollmächtigte Person im Inland** benennen, § 39 Abs. 3 Satz 2 Nr. 6. Um eine vermeidbare Belastung der Beteiligten bei wettbewerblich unbedenklichen Auslandszusammenschlüssen möglichst auszuschließen, hatte der Bundesminister für Wirtschaft und Technologie das BKartA schon früher angewiesen, die beteiligten Unternehmen nach der Anmeldung unverzüglich entsprechend zu unterrichten.[83] Wird das Vorhaben eines Auslandszusammenschlusses angemeldet und dabei glaubhaft dargelegt, dass die Unternehmen aufgrund der für den Zusammenschluss geltenden ausländischen Rechtsvorschriften oder aufgrund sonstiger Umstände daran gehindert sind, vor dem Vollzug des Zusammenschlusses alle erforderlichen Angaben zu beschaffen, so wird das BKartA die Freigabe des Zusammenschlusses nicht von der Vollständigkeit der eingereichten Anmeldung abhängig machen, sofern sich bereits aus den vorgelegten bzw. vorliegenden Unterlagen ergibt, dass eine Untersagung des Zusammenschlussvorhabens erkennbar nicht in Betracht kommt.[84] Das ändert jedoch nichts daran, dass auch in diesem Fall bei Vollzug des Zusammenschlussvorhabens gemäß § 39 Abs. 6 eine vollständige Anzeige zu erstatten ist. § 39 Abs. 3 Satz 4 bleibt unberührt.

---

[80] Vgl. BGH v. 29.5.1979, WuW/E BGH 1613, 1615 – *Organische Pigmente;* KG v. 20.2.1979, WuW/E OLG 1206f – *Straßenbaugeräte;* KG v. 1.7.1983, KG WuW/E OLG 3051, 3063 – *Morris/Rothmans;* BKartA v. 3.5.1978, WuW/E BKartA 1716 – *Kartoffelstärke.*

[81] Vgl. zur Problematik bei der Gründung oder dem Erwerb von Gemeinschaftsunternehmen auch Merkblatt Inlandsauswirkungen in der Fusionskontrolle des BKartA vom 30 September 2014, Rz. 13, 15f., 18ff., *Rehbinder* in: Immenga/Mestmäcker Rn. 271; *Stadler* in: Langen/Bunte Rn. 201ff.

[82] Vgl. Merkblatt Inlandsauswirkungen in der Fusionskontrolle des BKartA vom 30 September 2014, Rz. 12; *Rehbinder* in: Immenga/Mestmäcker Rn. 264.

[83] Allgemeine Weisung des Bundesministers für Wirtschaft vom 30. Mai 1980, BAnz Nr. 103/80 vom 7. Juni 1980, die Weisung gilt unverändert fort.

[84] Merkblatt zur deutschen Fusionskontrolle, neu gefasst im Juli 2005, unter IV. 3.

40 **(3) Materielle Fusionskontrolle.** Sinn und Zweck der dem BKartA eingeräumten **Untersagungsbefugnis** ist es, wettbewerbliche Strukturen im Geltungsbereich des GWB zu schützen. Hieran hat sich durch die sprachliche Anpassung und Straffung des Gesetzeswortlauts zur materiellen Fusionskontrolle durch die 6. GWB-Novelle nichts geändert. Unter diesem Aspekt kommt als für den abstrakten Gefährdungstatbestand des § 36 Abs. 1 Satz 1 relevante Inlandswirkung auch nur die durch den Zusammenschluss begründete Erwartung in Betracht, durch diesen könnte der Wettbewerb erheblich behindert werden. Das wäre insbesondere der Fall, wenn der Zusammenschluss die Entstehung oder Verstärkung einer marktbeherrschenden Stellung im Geltungsbereich des GWB erwarten ließe. Einer besonderen Spürbarkeit bedarf es im Hinblick auf diese Kriterien auch bei Auslandszusammenschlüssen nicht.

41 Die frühere Verwaltungspraxis des BKartA, dem die frühere Rechtsprechung und die Monopolkommission gefolgt waren, nach der rechtlich von dem Geltungsbereich des GWB als dem größtmöglichen nach § 36 **relevanten Markt** auszugehen war,[85] ist durch die neuere Rechtsprechung und die mit der 7. GWB-Novelle in § 19 Abs. 2 Satz 3 eingeführte und mit der 8. GWB-Novelle in § 18 Abs. 2 übernommene, für das GWB insgesamt geltende Klarstellung überholt. Allerdings sollten die praktischen Folgen dieser konsequent auf die wirtschaftlichen Realitäten abstellenden und ggf. die Berücksichtigung des über das Inland hinausreichenden Gesamtmarkts erforderlich machenden Änderung nicht überschätzt werden. In Bezug auf die letztlich entscheidende Frage, ob ein nicht hinreichend vom Wettbewerb kontrollierter Handlungsspielraum durch einen Zusammenschluss entsteht, hat das BKartA schon immer und zunehmend deutlicher grenzüberschreitende Wirkungen einschließlich des jetzt vom Gesetz ausdrücklich erwähnten potentiellen Wettbewerbs berücksichtigt.[86]

42 Ob **Marktbeherrschung** durch den Zusammenschluss begründet oder verstärkt wird, ist im Lichte der Schutzfunktion des § 36 zu entscheiden. Das bedeutet, dass es bei den **marktbezogenen Kriterien** der Marktbeherrschung und bei der Abwägungsklausel nach der neueren Rechtsprechung und dem klarstellenden Wort des Gesetzgebers in der 7. GWB-Novelle nicht mehr, wie früher angenommen wurde,[87] allein auf den Geltungsbereich des Gesetzes ankommen kann, weil dieser sonst weiter „relevant“ wäre. Maßgeblich sind jetzt nach § 18 Abs. 2 die Kriterien, die sich bei der Betrachtung des gesamten Marktes ergeben auch dann, wenn dieser größer als der Geltungsbereich des GWB ist.[88]

43 Bei den **unternehmensbezogenen Kriterien** der Marktbeherrschung bei der materiellen Fusionskontrolle wurde früher schon, ebenso wie bei den diese Kontrolle einschränkenden Größenkriterien des § 35 Abs. 2 Satz 1, zu Recht grundsätzlich auf das gesamte Unternehmen unter Berücksichtigung seiner in- und ausländischen Aktivitäten abgestellt. Dies folgt aus der für die materielle Fusionskontrolle maßgeblichen Ressourcenbetrachtung. Das bedeutet u. a., dass bei der Beurteilung der Finanzkraft i. S. von § 18 Abs. 3 Nr. 2 ebenso wie bei § 35 Abs. 2 Satz 1 in- und ausländische Umsätze zu berücksichtigen sind, es sei denn, diese könnten ausnahmsweise und aus besonderen Gründen an der Entstehung oder Verstärkung einer beherrschenden Stellung auf dem relevanten Markt nicht mitwirken. Ebenso sind bei dem Kriterium des Zugangs zu den Beschaffungs- und Absatzmärkten i. S. von § 18 Abs. 3 Nr. 3 alle inländischen und ausländischen Märkte in die Betrachtung einzubeziehen, soweit der Zugang auf dem relevanten Markt wirksam ist. So kann etwa der Zusammenschluss mit einem ausländischen Hersteller von Vormaterial als verbesserter Zu-

---

[85] Ausführlich schon TB 1985/1986, 16f.; vgl. auch Monopolkommission Hauptgutachten 1978/79 Tz. 594, 601, 620f.

[86] Vgl. BGH v. 24.10.1995, WuW/E BGH 3026 – *Backofenmarkt;* Monopolkommission Hauptgutachten 1978/1979 Tz. 598, 605ff.; Hauptgutachten 1980/1981 Tz. 594; BReg Stellungnahme zum TB 1969 S. 2f.

[87] Vgl. BGH v. 21.2.1978, WuW/E BGH 1501 – *Kfz-Kupplungen.*

[88] Ebenso *Rehbinder* in: Immenga/Mestmäcker Rn. 253; *Stadler* in: Langen/Bunte Rn. 191.

gang zu einem Beschaffungsmarkt strukturverschlechternd im Sinne der materiellen Fusionskontrolle sein.[89] Ebenso kann ein Zusammenschluss mit ausländischen Abnehmern den Zugang zu Absatzmärkten verbessern und für inländische Wettbewerber zugleich verschlechtern. Auch bei der Verflechtung mit anderen Unternehmen i. S. von § 18 Abs. 3 Nr. 4 kommt es nicht darauf an, ob es sich bei diesen um in- oder ausländische Firmen handelt, sondern darauf, ob für die Unternehmen auf dem relevanten Markt ein wettbewerblich nicht hinreichend kontrollierter Verhaltensspielraum entsteht. Die Staatsangehörigkeit der am Zusammenschluss beteiligten Unternehmen ist ebenso ohne Bedeutung wie der Umstand, ob die Fusion im In- oder Ausland vollzogen wird.[90]

Nach § 36 Abs. 1 Satz 2 Nr. 1 ist ein Zusammenschlussvorhaben dann nicht zu untersagen, wenn die Unternehmen nachweisen, dass das Vorhaben auch zu Verbesserungen der Wettbewerbsbedingungen führt und diese die Behinderung des Wettbewerbs überwiegen **(Abwägungsklausel).** Nach der Schutzfunktion der deutschen Fusionskontrolle können Verbesserungen der Wettbewerbsbedingungen auf ausländischen Märkten nicht zur Anwendung der Klausel führen. Führt der Zusammenschluss zu einer erheblichen Behinderung des Wettbewerbs auf für die Fusion relevanten, ggf. auch über den Geltungsbereich des GWB hinausgehenden Märkten, zugleich aber auch zu Verbesserung der Wettbewerbsbedingungen auf inländischen Märkten, dann ist die Klausel ohne weiteres anwendbar. Das gleiche muss aber auch gelten, wenn sich die Verbesserung der Wettbewerbsbedingungen nicht schon bei einer reinen Inlandsbetrachtung, sondern erst bei der Gewichtung der wettbewerblichen Vor- und Nachteile auf dem gesamten relevanten Markt ergibt.[91] **44**

Bei der **Bagatellmarktklausel** des § 35 Abs. 2 Satz 1 Nr. 2 a. F., die die Kontrolle für das Inland von vornherein bedeutungsloser Fusionen ausschließen sollte, war nach dem Sinn und Zweck dieser Sachnorm, anders als bei den anderen marktbezogenen Kriterien, weiter nur auf die Inlandsumsätze abzustellen.[92] Durch die Zuordnung der Bagatellmarktklausel zur materiellen Fusionskontrolle durch die 8. GWB-Novelle in § 36 Abs. 1 Satz 2 Nr. 2 sind die Gründe für eine einschränkende Interpretation nicht entfallen, so dass es bei einem die Inlandsgrenzen überschreitenden relevanten Markt weiter auf dessen Inlandssegment ankommt.[93] **45**

Bei den **Vermutungstatbeständen** des § 19 Abs. 3 a. F. wurde, soweit diese sich auf Marktanteile bezogen, von der h. M. auf das Inland abgestellt.[94] Diese konnte sich auf die allgemeinen, für den relevanten räumlichen Markt geltenden Überlegungen stützen, wurde aber auch von der Mehrheit der für eine weitere Marktabgrenzung eintretenden Lehrmeinungen hier mit der Begründung angenommen, die Funktion der Vermutungen erfordere Kriterien, die an ohne weiteres verfügbaren Daten zu messen sind. Nach der durch die 7. GWB-Novelle eingeführten, mit der 8. GWB-Novelle in § 18 Abs. 2 übernommenen gesetzgeberischen Klarstellung ist auch bei den jetzt in § 18 Abs. 4, 6 und 7 geregelten Vermutungstatbeständen auf den gesamten, einheitlich zu bestimmenden, relevanten Markt abzustellen.[95] **46**

Umstritten ist, ob beim Vorliegen der Untersagungsvoraussetzungen bei Auslandszusammenschlüssen die Möglichkeit oder die Verpflichtung besteht, nur den Teil des Zusammenschlusses zu untersagen, der sich im Inland auswirkte. Während **Teiluntersa-** **47**

---

[89] TB 1979/1980 S. 73f, 131 ff.

[90] BKartA v. 23.9.1980, WuW/E 1873 – *Bayer France – Firestone France;* BKartA v. 24.2.1982, WuW/E 1943 – *Morris/Rothmans;* a. A. *Rehbinder* in: Immenga/Mestmäcker Rn. 170.

[91] *Rehbinder* in: Immenga/Mestmäcker Rn. 273; a. A. *Stadler* in: Langen/Bunte Rn. 221.

[92] BGH v. 25.9.2007, BGHZ 174, 12, Rn. 14 ff. – *Sulzer/Kelmix;* OLG Düsseldorf v. 15.5.2013, WuW/DE-R 3949 – *Inlandsumsatz; Rehbinder* in: Immenga/Mestmäcker Rn. 275 m. w. N.

[93] *Rehbinder* in: Immenga/Mestmäcker Rn. 275; *Stadler* in: Langen/Bunte Rn. 205.

[94] A. A. schon früher *Harms* in GK § 24 Rn. 224.

[95] Ebenso *Rehbinder* in: Immenga/Mestmäcker Rn. 274; *Stadler* in: Langen/Bunte Rn. 208.

gungen bei Inlandszusammenschlüssen von der ganz überwiegenden Meinung abgelehnt werden, hat sich das KG[96] und ein erheblicher Teil des Schrifttums mit im Einzelnen unterschiedlicher Begründung bei Auslandszusammenschlüssen für diese Möglichkeit ausgesprochen. Nach einem Teil des Schrifttums soll eine Teiluntersagung dann geboten sein, wenn der Zusammenschluss teilbar ist, eine Untersagung des gesamten Zusammenschlusses aber zulässig bleiben, wenn es an der Teilbarkeit fehlte.[97] Nach einer weitergehenden Auffassung soll bei Unteilbarkeit des Zusammenschlusses eine Untersagung insgesamt unzulässig sein.[98]

48 Das BKartA lehnte in früheren Entscheidungen ein Teiluntersagung ab,[99] folgte dann vorübergehend der wohl h. M.,[100] kehrte dann aber im Wesentlichen zu seiner ursprünglichen Praxis zurück[101] und behält die notwendige Einschränkung auf den Schutz der wettbewerbsrelevanten Marktstruktur heute wieder dem Entflechtungsverfahren vor.[102] Auch der BGH hat sich in seiner Entscheidung zum Fall Linde/Lansing gegen die Möglichkeit einer Teiluntersagung ausgesprochen.[103] Dem ist zuzustimmen. Gegen die Möglichkeit einer Teiluntersagung spricht neben dem Wortlaut des § 36 Abs. 1 vor allem, dass sie auf die vom Gesetzgeber sicher nicht gewollte Abschaffung der präventiven Fusionskontrolle bei Zusammenschlüssen ausländischer Unternehmen hinausliefe, weil die wettbewerblichen Probleme von Auslandszusammenschlüssen regelmäßig nicht bei einer Beschränkung auf die inländischen Tochtergesellschaften gelöst werden können.[104] Eine Verletzung des verfassungsrechtlichen Übermaßverbots oder völkerrechtlicher Grundsätze ist auch bei einer den gesamten Zusammenschluss erfassenden Untersagung nicht gegeben, sofern sich die in Aussicht genommenen Entflechtungsmaßnahmen auf die zur Beseitigung der den relevanten Markt betreffenden Auswirkungen beschränkten. Sind in einem Fall mit Auslandsbezug mehrere Zusammenschlusstatbestände erfüllt und genügt eine Untersagung der inlandsrelevanten Zusammenschlüsse, so ergeben sich keine Probleme; die Untersagung ist auf diese Zusammenschlüsse zu beschränken.

49 Wird das Vorhaben eines Auslandszusammenschlusses angemeldet und dabei glaubhaft dargelegt, dass die Unternehmen aufgrund ausländischer Rechtsvorschriften oder aufgrund sonstiger Umstände daran gehindert sind, vor dem Vollzug des Zusammenschlusses alle erforderlichen Angaben zu beschaffen, so macht das BKartA unter bestimmten Voraussetzungen die Freigabe des Zusammenschlusses nicht von der Vollständigkeit der eingereichten Anmeldung abhängig.[105]

50 **(4) Entflechtungsverfahren.** Im Entflechtungsverfahren nach § 41 Abs. 3 und 4 ist, anders als im Untersagungsverfahren, eine Begrenzung auf die im relevanten Markt entste-

---

[96] KG v. 1.7.1983, KG WuW/E OLG 3051, 3063 – *Morris/Rothmans;* KG v. 22.3.1990, WuW/E OLG 4537, 4538 f. – *Linde-Lansing.*

[97] *Rehbinder* in: Immenga/Mestmäcker Rn. 278 ff., 280 ff. m. w. N.

[98] *Kersten* WuW 1979 S. 723 ff.; FK § 24 Rn. 69 ff., 164.

[99] BKartA v. 24.2.1982 WuW/E BKartA 1943, 1955 – *Morris/Rothmans;* BKartA v. 9.7.1985 WuW/E BKartA 2204, 2210 ff. – *Philip/Morris;* BKartA v. 15.4.1993 WuW/E BKartA 2521 – *Zahnradfabrik Friedrichshafen/Allison;* TB 1979/1980, 71 – *Pilkington/BSN – Gervais – Danone.*

[100] BKartA v. 3.9.1989, WuW/E BKartA 2363, 2369 – *Linde/Lansing.*

[101] BKartA v. 23.8.1989,WuW/E BKartA 2405 – *MAN/Sulzer;* BKartA v. 13.7.1990,WuW/E BKartA 2445 – *Enasa;* BKartA v. 23.7.1992, AG 1992, 363, 367 – *Gillette/Wilkinson;* BkartA v. 15.4. 1993, WuW/E BKartA 2521 – *Zahnradfabrik Friedrichshafen/Allison;* BKartA v. 2.5.2003, WuW/E DE-V 777, 785 – *Ajinomoto/Orsan;* BKartA v. 24.3.2004, WuW/E DE-V 931, 934 – *Synthes-Stratec/Mathys;* BKartA v. 14.2.2007, WuW/E DE-V 1340, 1343 – *Sulzer/Kelmix;* BKartA v. 24.8.2007, WuW/E DE-V 1452, 1453 – *Kalmar/CVS Ferrara.*

[102] BKartA v. 24.2.1982 WuW/E BKartA 1943, 1955 – *Morris/Rothmans;* BKartA v. 9.7.1985 WuW/E BKartA 2204, 2210 ff. – *Philip/Morris;* BKartA v. 15.4.1993 WuW/E BKartA 2521 – *Zahnradfabrik Friedrichshafen/Allison;* TB 1979/1980, 71 – *Pilkington/BSN – Gervais – Danone.*

[103] BGH v. 10.12.1991, WuW/E BGH 2731 – *Inlandstochter.*

[104] *Rehbinder* in: Immenga/Mestmäcker Rn. 278.

[105] Vgl. oben Rn. 39.

henden Wirkungen geboten.[106] Diese Begrenzung ergibt sich nicht aus völker- oder kollisionsrechtlichen Gründen, sondern schon aus dem Zweck der Fusionskontrolle, der sich auf den Schutz wettbewerblicher Strukturen auf diesem Markt beschränkt. Auch für die Entflechtung von Auslandszusammenschlüssen gilt § 41 Abs. 3 und 4. Wird die Entflechtungsanordnung nicht befolgt, dann stehen dem BKartA die Maßnahmen des § 41 Abs. 4 und die Instrumente der Verwaltungsvollstreckung zur Verfügung. Zu beachten hat das BKartA dabei, dass es hoheitliche Maßnahmen bei Auslandszusammenschlüssen nur mit Wirkung für den Anwendungsbereich des GWB anordnen darf[107] und auch bei solchen Zusammenschlüssen Maßnahmen, die auf eine laufende Verhaltenskontrolle hinausliefen, unzulässig wären.

(5) Ministererlaubnis. Eine allgemeine, völkerrechtlich begründete Pflicht zur Interes- 51
senabwägung kommt auch bei der Ministererlaubnis nicht in Betracht.[108] Zu berücksichtigen ist im Rahmen des § 42 Abs. 1 Satz 2 die Wettbewerbsfähigkeit der beteiligten deutschen Unternehmen auf ausländischen Märkten. Abzustellen ist dabei auf die Steigerung der Wettbewerbsfähigkeit der beteiligten deutschen Unternehmen und nicht auf die Gesamtwirtschaft.[109] Die gesamtwirtschaftlichen Vorteile sind vielmehr nach § 42 Abs. 1 Satz 1 bei deren Abwägung mit der Wettbewerbsbeschränkung zu berücksichtigen. Bei der Prüfung, ob der Zusammenschluss eine solche Steigerung der Wettbewerbsfähigkeit herbeiführt, hat der Bundesminister für Wirtschaft und Technologie zu ermitteln, ob sich dieser Vorteil auch auf den nach dem Gesetz relevanten Märkten auswirkt, da grundsätzlich nur solche Wirkungen dem Schutzzweck des Gesetzes entsprechen. Das bei der Erteilung der Ministererlaubnis gemäß § 42 Abs. 1 Satz 1 neben den gesamtwirtschaftlichen Vorteilen zu beachtende „überragende Interesse der Allgemeinheit" ist das Interesse der deutschen Allgemeinheit. In diesem Interesse kann es allerdings auch liegen, ausländische Interessen zu berücksichtigen.[110]

3. Internationales Kartellverfahrensrecht

a) Allgemeines. Die Durchführung eines Kartellverfahrens im Geltungsbereich des 52
GWB setzt, unabhängig davon, ob es sich um ein Verwaltungs-, Ordnungswidrigkeiten- oder Zivilverfahren handelt, deutsche Jurisdiktion und deutsche Zuständigkeit voraus. Die generelle Jurisdiktion der Kartellbehörden und -gerichte wird bei Kartellverfahren auch in Auslandsfällen nur ausnahmsweise zweifelhaft sein. Das gilt auch dann, wenn ein anderer Staat an einer Wettbewerbsbeschränkung mit Inlandswirkungen beteiligt ist. Ein Ausschluss deutscher behördlicher oder gerichtlicher Jurisdiktion kommt unter dem Aspekt der Staatenimmunität in solchen Fällen nur in Betracht, wenn die Beteiligung des fremden Staates hoheitlicher Natur ist. Solange der fremde Staat wie ein Privater handelt oder soweit er Wettbewerbsbeschränkungen Privater nur anregt oder duldet ist, ist deutsche Jurisdiktion gegeben.[111] Vom Staat beherrschte juristische Personen des Privatrechts können sich daher nicht auf die Immunität berufen.[112]

---

[106] BKartA v. 24.2.1982, WuW/E BKartA 1943, 1944, 1955 – *Morris/Rothmans.* Vgl. auch *Rehbinder* in: Immenga/Mestmäcker Rn. 284; *Stadler* in: Langen/Bunte Rn. 222.

[107] BKartA v. 24.2.1982, WuW/E BKartA 1943, 1944 – *Morris/Rothmans.*

[108] Vgl. Rn. 12 ff.

[109] Monopolkommission Sondergutachten 3 – *Kaiser/VAW,* Tz. 100.

[110] *Kevekordes* S. 187 ff.; *Rehbinder* in: Immenga/Mestmäcker Rn. 285.

[111] Vgl. Europäisches Abkommen über die Staatenimmunität Art. 4 ff. (BGBl. 1990 II, S. 34); BVerfG v. 30.4.1963, BVerfGE 16, 27, 33f, 61 f.; BVerfGE v. 13.12.1977, 46, 342; OLG Karlsruhe v. 14.11.1979, WuW/E OLG 2215 – *Nuklearpharmaka.* Vgl. auch *Rehbinder* in: Immenga/Mestmäcker Rn. 313 m. w. N.; *Immenga* in: MünchKomm BGB IntWettbR/IntKartR Rn. 58.

[112] A. A. die Vertreter einer „funktionalen" Betrachtung, nach der sich juristischen Personen des Privatrechts dann auf die Staatenimmunität berufen können, wenn sie hoheitliche Aufgaben wahrnehmen, vgl. *Schack* § 6 Rn. 181 ff.; *Geimer* IZPR Rn. 624 a.

53 **b) Internationale Zuständigkeit aa) Verwaltungsverfahren.** Internationale Zuständigkeit in Kartellverwaltungssachen bedeutet die Befugnis deutscher Behörden und Gerichte, in Fällen mit Auslandsbezug ihre Jurisdiktion auszuüben. Diese folgt nach ganz h. M. dem Prinzip der Sachrechtsanknüpfung, d. h. sie ist dann gegeben, wenn zu prüfen ist, ob materielles deutsches Kartellrecht anwendbar ist.[113] Die Anwendbarkeit materiellen deutschen Kartellrechts braucht nicht sicher, sondern nur aufgrund eines plausiblen Anfangsverdachts möglich zu sein.[114] Eine Einschränkung dieses „Gleichlaufs zwischen internationaler Zuständigkeit in Kartellverwaltungssachen und der Anwendbarkeit materiellen Kartellrechts" ist unter keinem rechtlichen Gesichtspunkt geboten,[115] kann sich aber im Einzelfall aus Ermessenserwägungen ergeben.[116]

54 **bb) Ordnungswidrigkeitenverfahren.** Das zur internationalen Zuständigkeit in Kartellverwaltungssachen Gesagte gilt grundsätzlich auch für Kartellordnungswidrigkeitenverfahren, d. h. die internationale Zuständigkeit deutscher Behörden und Gerichte ist dann gegeben, wenn im Verfahren festgestellt werden soll, ob deutsches Ordnungswidrigkeitenrecht anwendbar ist.[117] Wie bei Verwaltungssachen besteht auch in Ordnungswidrigkeitenverfahren kein Anlass zu einer generellen Einschränkung der Zuständigkeit. Während im Verwaltungsverfahren aber unter Fairness- und Zumutbarkeitsaspekten eher selten einschränkend vom Eingreifermessen im Einzelfall Gebrauch zu machen ist, können bei Ordnungswidrigkeitenverfahren häufiger Einzelfallkorrekturen geboten sein.[118] Das gilt namentlich für ausländische Beteiligte und Nebenbetroffene und entspricht der Praxis des BKartA.

55 **cc) Zivilverfahren.** Für das Zivilverfahren gilt, anders als für das Verwaltungs- und Ordnungswidrigkeitenverfahren, nicht das Prinzip der Sachrechtsanknüpfung, sondern das der Anknüpfung an die innerstaatliche örtliche Zuständigkeit. Dieser allgemein für das Zivilverfahren geltende Grundsatz[119] ist unstr. auch im Kartellzivilprozess anzuwenden. Der Ausschluss eines nach deutschem Zivilprozessrecht gegebenen Gerichtsstandes und damit eine Einschränkung der daraus folgenden internationalen Zuständigkeit deutscher Gerichte in Kartellzivilsachen ist unzulässig. Letztlich entscheidend hierfür ist, dass es sich bei § 130 Abs. 2 um eine zwingende, nicht zur Disposition der Parteien stehende Kollisionsnorm handelt, die durch Derogation inländischer Gerichtsstände zu umgehen wäre.[120] Gegen die Vereinbarung eines Gerichtsstandes im Geltungsbereich des GWB und damit der Begründung der internationalen Zuständigkeit eines deutschen Gerichts bestehen dagegen keine Bedenken.[121] Auch gegen die Vereinbarung einer schiedsgerichtlichen Streitentscheidung bestehen nach der Streichung des § 91 a. F. durch die 6. GWB-Novelle keine rechtlichen Bedenken.[122]

---

[113] Vgl. BKartA v. 15.7.1963, WuW/E BKartA 704, 707 – *Verwertungsgesellschaften; Koenigs* in: GK § 98 Abs. 2 Rn. 137; *Lindemann* in: FK Rn. 269; *Wiedemann* Rn. 25; *Immenga* in: MünchKomm BGB, IntWbR Rn. 8; *Stadler* in: Langen/Bunte Rn. 220; *Rehbinder* in: Immenga/Mestmäcker Rn. 333 ff. m. w. N. auch zur Gegenmeinung; a. A. *Schwartz,* S. 158 ff.

[114] KG v. 18.6.1971, WuW/E 1189 – *Import – Schallplatten;* KG v. 14.5.1975, WuW/E 1467 – *BP.*

[115] *Meessen* S. 242 ff.; *Rehbinder* in: Immenga/Mestmäcker Rn. 335 m. w. N. auch zur Gegenmeinung; *Immenga* in: MünchKomm BGB IntWettbR/IntKartR Rn. 60.

[116] OLG Düsseldorf v. 8.6.2000, WuW/DE-R 545, 546 ff. – *Herzklinik; Stockmann* WuW 1973, 428f; *Koenigs* in: GK § 98 Abs. 2 Rn. 137; *Rehbinder* S. 345 f. und in: Immenga/Mestmäcker Rn. 335 m. w. N.;

[117] *Rehbinder* in: Immenga/Mestmäcker Rn. 333 ff. m. w. N.

[118] *Rehbinder* in: Immenga/Mestmäcker Rn. 335.

[119] Vgl. u. a. BGH v. 30.10.1974, BGHZ 63, 219.

[120] Vgl. oben Rn. 1. Etwas anderes gilt, soweit die EuGVVO oder das Lugano – Abkommen von 2007 anwendbar sind, vgl. unten Rn. 60 ff., 63.

[121] OLG Karlsruhe v. 14.11.1979, WuW/E OLG 2215 – *Nuklearpharmaka; Rehbinder* in: Immenga/Mestmäcker Rn. 327 f.

[122] Vgl. *Rehbinder* in: Immenga/Mestmäcker Rn. 329 m. w. N.

Die internationale Zuständigkeit deutscher Gerichte für Klagen aus wettbewerbsbeschränkenden Verträgen gegen Ausländer kann sich aus dem Gerichtsstand der **Niederlassung** ergeben, § 21 ZPO.[123] Die Niederlassung eines ausländischen Unternehmens i. S. von § 21 ZPO liegt bei deren rechtlicher Selbständigkeit auch dann vor, wenn das Mutterunternehmen diese Selbständigkeit nicht respektiert und die inländische Tochter deshalb nur als verlängerter Arm der Muttergesellschaft erscheint. Weitere Voraussetzung des Gerichtsstandes der Niederlassung und damit der deutschen internationalen Zuständigkeit ist, dass der wettbewerbsbeschränkende Vertrag, auf den sich die Klage stützt, zum Geschäftsbetrieb der Niederlassung gehört. 56

Die internationale Zuständigkeit nach dem Gerichtsstand des **Erfüllungsortes** i. S. von § 29 ZPO ist dann gegeben, wenn der wettbewerbsbeschränkende Vertrag nach deutschem Recht im Geltungsbereich des GWB zu erfüllen ist.[124] Regelmäßig wird dies nur dann der Fall sein, wenn entweder auf Erfüllung eines nach deutschem Recht legalisierten Vertrages oder aber auf die Feststellung der Unwirksamkeit eines nicht legalisierten, gegen das GWB verstoßenden Vertrages geklagt wird, da von § 29 ZPO abweichende Vereinbarungen unzulässig sind und ansonsten der Sitz des Anspruchsgegners entscheidet. 57

Eine weitere Grundlage für die internationale Zuständigkeit deutscher Gerichte in Kartellzivilsachen ergibt sich aus den Gerichtsständen der **unerlaubten Handlung,** §§ 21 und 32 ZPO.[125] Der Sonderfall des § 21 ZPO setzt voraus, dass das Kartelldelikt von der inländischen Niederlassung eines ausländischen Unternehmen durchgeführt wird oder ihr zugutekommt. Der allgemeine Gerichtsstand der unerlaubten Handlung, § 32 ZPO, ist dann gegeben, wenn die Handlung im Inland begangen wird. Das ist der Fall, wenn dort zur Erfüllung des Deliktstatbestandes gehandelt worden oder der tatbestandsmäßige Erfolg eingetreten ist. Als Inlandshandlungen sind alle Tätigkeiten anzusehen, die sich unmittelbar auf einen Inlandsmarkt beziehen. Das ist z. B. der Fall, wenn ein ausländisches Unternehmen ein in- oder ausländisches Unternehmen zum Boykott eines inländischen Wettbewerbers auffordert oder ein inländisches Unternehmen diskriminiert.[126] 58

Auch der Gerichtstand des **Vermögens,** § 23 ZPO, begründet die internationale Zuständigkeit deutscher Gerichte in Kartellzivilsachen.[127] Voraussetzung ist, dass das beklagte Unternehmen im Inland nicht völlig bedeutungslose Vermögensgegenstände besitzt. Ob es sich um Inlandsvermögen handelt, richtet sich nach dessen Lageort und bei Forderungen nach dem Sitz des Schuldners. Beteiligungen an einer inländischen Gesellschaft sind inländisches Vermögen.[128] 59

Im Verhältnis der **EU-Mitgliedstaaten** untereinander gilt hinsichtlich der Zuständigkeiten anstelle der Vorschriften der ZPO die **VO (EU) 1215/2012 über die gerichtliche Zuständigkeit und die Anerkennung und Vollstreckung von Entscheidungen in Zivil- und Handelssachen (Neufassung) – EuGVVO.**[129] Anwendbar ist die EuGVVO wenn der Beklagte seinen Wohnsitz in einem EU-Mitgliedstaat hat, der Streitgegenstand einen besonderen Bezug zu einem EU-Mitgliedstaat aufweist oder eine entsprechende, nach der EuGVVO zulässige Gerichtsstandsvereinbarung getroffen wurde, Art. 4, 24, 19 60

[123] Vgl. hierzu *Rehbinder* in: Immenga/Mestmäcker Rn. 316 m. w. N.

[124] Vgl. hierzu *Rehbinder* in: Immenga/Mestmäcker Rn. 317 m. w. N.

[125] Vgl. hierzu *Rehbinder* in: Immenga/Mestmäcker Rn. 318 ff. m. w. N.

[126] Vgl. BGH v. 23.10.1987, WuW/E 1643 – *BMW – Importe;* OLG Stuttgart v. 1.10.1978, WuW/E 2018.

[127] *Rehbinder* in: Immenga/Mestmäcker Rn. 321 m. w. N.

[128] *Rehbinder* in: Immenga/Mestmäcker Rn. 321 m. w. N. auch zur Gegenmeinung

[129] Die VO (EU) 1215/2012 vom 12. Dezember 2012, ABl. EU Nr. L 351/1, gilt seit dem 10. Januar 2015 und löst damit die zuvor geltende Verordnung (EG) 44/2001 vom 22. Dezember 2000, ABl. EG Nr. L 12/1, mit für die hier interessierenden Punkte inhaltlich unveränderten Regelungen ab.

und 25 EuGVVO; Berührungspunkte zu mehr als einem Mitgliedstaat sind nicht erforderlich.[130] Kartellzivilstreitigkeiten sind Rechtsstreitigkeiten i. S. der EuGVVO.[131]

61 Abgesehen davon, dass der Gerichtsstand des Vermögens außer im Arrestverfahren nach Art. 35 EuGVVO ausgeschlossen ist, entsprechen die Regeln der EuGVVO, wenn auch mit bestimmten Modifikationen, weitgehend dem Recht der ZPO, sehen also auch die Gerichtsstände des Wohnsitzes und Sitzes,[132] des Erfüllungsortes,[133] der unerlaubten Handlung[134] und der Niederlassung und Agentur[135] vor.[136]

62 Unter den EU-Mitgliedstaaten erlaubt Art. 25 EuGVVO **Gerichtsstandsvereinbarungen,** die die Zuständigkeit eines ausländischen Gerichts begründen. Die Vorschriften der ZPO sind insoweit ausgeschlossen. Nach dem Wortlaut und dem Sinn der Bestimmung gilt das auch für den Fall der Derogation internationaler Zuständigkeiten.[137] Da die EuGVVO auf die Schiedsgerichtsbarkeit nicht anwendbar ist, Art. 1 Abs. 2 lit. d) EuGVVO, gilt für **Schiedsvereinbarungen** nationales Recht.[138] Nach § 1030 Abs. 1 ZPO ist die Vereinbarung der ausschließlichen Zuständigkeit eines ausländischen Schiedsgerichts zulässig. Allerdings hat das ausländische Schiedsgericht bei einer solchen Vereinbarung deutsches Kartellrecht zu beachten.

63 Das **Lugano-Übereinkommen**[139] bezieht die EFTA-Staaten in das Regelungssystem der EuGVVO ein. Unter anderem sind daher auch insoweit Gerichtsstandsvereinbarungen möglich, die die Zuständigkeit eines ausländischen Gerichts begründen.[140] Das Lugano-Übereinkommen gilt zurzeit im Verhältnis der EU Mitgliedstaaten zu Island, Norwegen und der Schweiz.

64 **c) Verfahren. aa) Verwaltungsverfahren.** Im Verwaltungsverfahren bedarf gemäß § 61 nur ein Teil der kartellbehördlichen Maßnahmen der förmlichen **Zustellung** nach dem VwZustG. Insbesondere können rechtliches Gehör und Abmahnungen, soweit kein inländischer Vertreter oder Bevollmächtigter des ausländischen Unternehmens oder sonst Beteiligten bestellt worden ist, diesen auch direkt schriftlich gewährt und zur Kenntnis gebracht werden. Bei der Gewährung rechtlichen Gehörs kann bei einer ausländischen Beteiligten auch deren Tochtergesellschaft bei entsprechender Bereitschaft als Adressat in Betracht kommen.[141] Soweit es um Entscheidungen geht, die förmlich zuzustellen sind, ist nach § 61 Abs. 1 Satz 3 dem inländischen Zustellungsbevollmächtigten des ausländischen Unternehmens zuzustellen. Hat dieses keinen Zustellungsbevollmächtigten bestellt, so ist durch Bekanntmachung im Bundesanzeiger zuzustellen, § 61 Abs. 1 Satz 4. Ist natürlichen Personen im Ausland zuzustellen, die nicht zugleich Unternehmen sind, so kann nur nach § 9 VwZustG zugestellt werden und nicht durch Bekanntmachung im Bundesanzeiger.[142]

---

[130] EuGH v. 13.7.2000, Rs. C-412/98, Slg. 2000, I-5925 Tz. 33ff. – *Group Josi;* EuGH v. 1.3.2005, Rs. C-281/02, Slg. 2005, I-1383 Tz. 23ff. – *Owusu/Jackson*"; BGH v. 1.2.2011, WuW/E DE-R 3228 Rn. 8 – *Trägermaterial für Kartenformulare; Rehbinder* in: Immenga/Mestmäcker Rn. 322 m. w. N.

[131] BGH v. 1.2.2011, WuW/E DE-R 3228 Rn. 10 – *Trägermaterial für Kartenformulare; Rehbinder* in: Immenga/Mestmäcker Rn. 323 m. w. N.

[132] Art. 4 Abs. 1 EuGVVO.

[133] Art. 7 Nr. 1 EuGVVO.

[134] Art. 7 Nr. 3 EuGVVO.

[135] Art. 7 Nr. 5 EuGVVO.

[136] Zu weiteren Einzelheiten und m. w. N. *Rehbinder* in: Immenga/Mestmäcker Rn. 324 f.

[137] *Rehbinder* in: Immenga/Mestmäcker Rn. 328 m. w. N. auch zur Gegenmeinung.

[138] BGH v. 28.3.1979, RIW 1979, 710, 712. *Rehbinder* in: Immenga/Mestmäcker Rn. 332 m. w. N. auch zur Gegenmeinung.

[139] Übereinkommen über die gerichtliche Zuständigkeit und die Anerkennung und Vollstreckung von Entscheidungen in Zivil- und Handelssachen (Lugano-Übereinkommen, LugÜ) vom 30. Oktober 2007, BGBl. 2008 I S. S. 2399.

[140] Art. 23 LugÜ.

[141] KG v. 26.11.1980, WuW/E OLG 2417 – *Synthetischer Kautschuk I.*

[142] *Bechtold* § 61 Rn. 9.

Für **Fusionskontrollverfahren** nach den §§ 35ff. gilt die besondere Regelung des § 39 Abs. 3 Nr. 6, nach der ausländische Unternehmen einen inländischen Zustellungsbevollmächtigten zu benennen haben. Wird ein solcher Zustellungsbevollmächtigter nicht benannt, so kann das BkartA auch noch nach Ablauf der Fristen eine Untersagung aussprechen, § 40 Abs. 2 Satz 4 Nr. 3. Im Übrigen bleibt es in diesem Fall bei der allgemeinen Regel, nach der das BKartA die Verfügungen gem. § 61 Abs. 1 S. 4 durch Bekanntmachung im Bundesanzeiger zustellt.[143] Zweifelsfragen können sich ergeben, soweit es um Zustellungen an beigeladene Unternehmen geht.[144] 65

Da eine direkte Zustellung als Hoheitsakt auf fremdem Territorium völkerrechtlich unzulässig wäre, bleiben für die **Zustellung im Ausland** nur noch der Weg der **Rechtshilfe** und die **öffentliche Zustellung.** Ob in Ausnahmefällen und beim Vorliegen besonderer Umstände einer inländischen Tochtergesellschaft mit Wirkung für die Muttergesellschaft zugestellt werden darf, ist sehr zweifelhaft und im Hinblick auf die streng formale Ausgestaltung des deutschen Zustellungsrechts wohl zu verneinen.[145] Gemäß § 61 Abs. 1 Satz 3, der insofern die §§ 14 und 15 VwZustG verdrängt, braucht vor der öffentlichen Zustellung durch Bekanntmachung im Bundesanzeiger nicht mehr die Durchführbarkeit einer Zustellung im Wege der Rechtshilfe erwogen zu werden. Rechtshilfeverfahren in Kartellsachen sind erfahrungsgemäß zeitraubend und selten erfolgreich. Das in der Bundesrepublik seit dem 1. Januar 1983 geltende Europäische Übereinkommen vom 24. November 1977 über die Zustellung von Schriftstücken in Verwaltungssachen im Ausland könnte theoretisch zwar größere Bedeutung gewinnen, hat in Kartellverwaltungssachen aber praktisch noch keine Rolle gespielt.[146] 66

Die Grenzen der kartellbehördlichen **Ermittlungsbefugnisse** sowie der Auskunfts- und Vorlageverpflichtungen Beteiligter und Dritter in Fällen mit Auslandsbezug waren bis zur 7. GWB-Novelle und der durch die Verordnung (EG) 1/2003 bedingten, damit verbundenen Einführung eines „Netzwerks" der europäischen Kartellbehörden und dessen Regelung in den §§ 50ff. nur zum Teil geklärt und in vielen Punkten streitig.[147] Eine umfangreichere behördliche und gerichtliche Entscheidungspraxis fehlte, was vor allem daran lag, dass die Kartellbehörden in solchen Fällen regelmäßig mit großer Behutsamkeit vorgegangen sind. Hinsichtlich der Neureglungen fehlt es, obwohl die ersten Anzeichnen für eine positive Entwicklung sprechen, noch an einer entsprechenden Praxis. Eine Änderung der bisherigen Verwaltungspraxis, die weitgehend der OECD – Empfehlung über die Kooperation von OECD-Mitgliedstaaten in Kartellsachen entspricht, maßvoll und unter Rücksichtnahme auf die Interessen anderer Staaten vorzugehen, zeichnet sich nicht ab. Im Übrigen sind Ermittlungen hoheitlicher Natur im Ausland nur im Wege der Rechtshilfe völkerrechtlich zulässig. Auch „nicht hoheitliche" Ermittlungen im Ausland werden von der ganz h. M. generell für unzulässig gehalten.[148] 67

Unbeschadet der weitergehenden Regelungen zum „Netzwerk" der europäischen Kartellbehörden in den §§ 50ff. stehen den Kartellbehörden außerhalb des Anwendungsbereichs dieser neuen Bestimmungen die Rechte aus § 59 Abs. 1 Nr. 2 auch gegenüber Ausländern immer dann zu, wenn ihre internationale Zuständigkeit begründet ist. Soweit es dabei um Vorlagen geht, können diese allerdings nur im Inland verlangt werden.[149] Zu den geschäftlichen Verhältnissen können auch solche gehören, die sich auf das Ausland bezie- 68

---

[143] *Rehbinder* in: Immenga/Mestmäcker Rn. 359.
[144] Vgl. hierzu *Bechtold* § 39 Rn. 18.
[145] Großzügiger *Rehbinder* in: Immenga/Mestmäcker Rn. 353.
[146] BGBl. 1981 II S. 533; vgl. auch Denkschrift BT-Drucks. 8/3922 S. 29ff.
[147] Vgl. zu den Neuregelungen die Anmerkungen zu den §§ 50ff.
[148] Vgl. *Rehbinder* in: Immenga/Mestmäcker Rn. 373ff. m. w. N.; a. A. *Stockmann* WuW 1975 S. 243ff.
[149] KG vom 14.5.1974, WuW/E OLG 1467, 1469 – *BP; Rehbinder* in: Immenga/Mestmäcker Rn. 360 m. w. N.

hen.[150] Ob und inwieweit den Kartellbehörden die Rechte aus § 57 bei internationalen Konzernen zustehen, bei denen entweder die Muttergesellschaft oder die Tochtergesellschaft nicht ihren Sitz im Inland hat, war bis zur Novellierung des § 59 Abs. 1 Nr. 1 und 2 streitig.

69 Nach einer verbreiteten Meinung waren **Konzernunternehmen** grundsätzlich als dritte Unternehmen anzusehen, so dass insbesondere nicht über ein inländisches Tochterunternehmen Auskünfte über die wirtschaftlichen Verhältnisse der ausländischen Mutter dieses Unternehmens verlangt werden konnten.[151] Etwas anderes sollte gelten, wenn es sich um Informationen und Unterlagen über die wirtschaftlichen Verhältnisse der Tochter selbst handelte, die dieser auch zustanden, unabhängig davon, ob sich die Informationen und Unterlagen im In- oder Ausland befanden. Die Gegenmeinung[152] verdiente schon vor der Novellierung des § 59 Abs. 1 Nr. 2 den Vorzug, und zwar nicht nur für den Fall, dass sich die inländische Tochter auf Weisung der ausländischen Muttergesellschaft an einem Kartellverstoß beteiligt hatte. Anders als bei dem streng formalen Recht der Zustellung folgen im Kartellverwaltungsverfahren die prozessualen Befugnisse zur Feststellung des entscheidungserheblichen Sachverhalts über die internationale Zuständigkeit dem materiellen Recht. Nach materiellem Recht aber werden Konzernunternehmen grundsätzlich mit der Folge als Einheit angesehen, dass auf konzerninterne Vorgänge weder das Kartellverbot, noch die Vorschriften der Fusionskontrolle Anwendung finden. Konsequenterweise sollten Konzernunternehmen deshalb auch unter dem Aspekt kartellbehördlicher Ermittlungsbefugnisse als Einheit angesehen werden.

70 Für eine Einschränkung der den Kartellbehörden nach diesen Grundsätzen zustehenden Auskunfts- und Vorlagerechte besteht unter völkerrechtlichen Aspekten kein Anlass,[153] sieht man von den allenfalls in seltenen Fällen eingreifenden völkerrechtlichen Verboten des Rechtsmissbrauchs und der Einmischung ab. Das schließt nicht aus, dass die Kartellbehörden im Rahmen ihres Ermessens zur Vermeidung unzumutbarer Härten und unter anderen Zumutbarkeitsaspekten, insbesondere wenn der Betroffene sich zur Erfüllung seiner Auskunftspflichten über ausländische Verbotsgesetze hinwegsetzen müsste, andere Wege zur Beschaffung der notwendigen Informationen suchen. Vorauszusetzen ist allerdings auch in diesen Fällen, dass der Betroffene sich ernsthaft, soweit dies nach der Rechtslage in dem betreffenden Ausland möglich ist, um eine Befreiung von dem Verbot bemüht. Nach einer strengeren Auffassung sind Auskunfts- und Vorlageverlangen, die sich an am Verfahren nicht beteiligte Ausländer richten, nur zulässig, soweit diese eine nähere Inlandbeziehung haben.[154]

71 Die **Vollstreckung** kartellbehördlicher Entscheidungen in Verwaltungssachen richtet sich nach den allgemeinen Regeln. Vollstreckungshandlungen sind im Ausland nach Völkerrecht unzulässig und können daher nur im Inland vorgenommen werden. Mit einer Anerkennung kartellbehördlicher Entscheidungen durch den betreffenden ausländischen Staat, der ihnen Wirksamkeit im Ausland verschaffen würde, ist nicht zu rechnen. Anzuwenden ist das VwVG, das, soweit es um die Vollstreckung von Geldforderungen, z. B. aus Kostenentscheidungen geht, auf Vorschriften der Abgabenordnung verweist, § 5 Abs. 1 VwVG. Im Übrigen kommt insbesondere die Festsetzung von Zwangsgeldern zur Erzwingung von Handlungen, Duldungen und Unterlassungen in Betracht, § 6 ff. VwVG. Vollstreckungsbehörde ist bei Entscheidungen des BKartA das Amt selbst und bei Entscheidun-

---

[150] KG v. 18.6.1971, WuW/E OLG 1189 – *Importschallplatten; Rehbinder* in: Immenga/Mestmäcker Rn. 361 m. w. N.

[151] KG v. 30.11.1977, WuW/E OLG 1961 – *Flugunion;* KG v. 13.11.1981, WuW/E OLG 2607 – *Raffinerie – Abnahmepreise;* KG v. 28.2.1986, WuW/E OLG 3734 – *Französische Muttergesellschaft, Rehbinder* in: Immenga/Mestmäcker Rn. 363 f. m. w. N.

[152] Vgl. KG v. 14.5.1974, WuW/E OLG 1467, 1469 – *BP.*

[153] Vgl. *Rehbinder* in: Immenga/Mestmäcker Rn. 355 f.

[154] *Rehbinder* in: Immenga/Mestmäcker Rn. 371.

gen der LKartB die jeweilige Landeskartellbehörde. Die Vollstreckung kann sich nur gegen Inlandsvermögen richten. Ob es sich um Inlandsvermögen handelt, richtet sich, wie beim Gerichtsstand des Vermögens, nach dessen Lageort und bei Forderungen nach dem Sitz des Schuldners. Beteiligungen an einer inländischen Gesellschaft sind inländisches Vermögen.[155]

bb) Ordnungswidrigkeitenverfahren. Wie im Verwaltungsverfahren bedarf auch im Ordnungswidrigkeitenverfahren nur ein Teil der kartellbehördlichen Maßnahmen der förmlichen **Zustellung** nach dem VwZustG, so etwa die Bekanntmachung nach § 50 OWiG. Soweit eine ausländische Nebenbetroffene eine inländische Zweigniederlassung hat, können nach h. M. Zustellungen bei dieser mit Wirkung für die Mutter ausgeführt werden. Die h. M. ist im Hinblick auf die streng formale Ausgestaltung des Zustellungsrechts auch im Ordnungswidrigkeitenverfahren abzulehnen. 72

Fehlt es an einem inländischen Stützpunkt der ausländischen Betroffenen oder Nebenbetroffenen, gegen die ein Ordnungswidrigkeitenverfahren durchgeführt wird, so kann, da die Zustellung im Ausland als Hoheitsakt auf fremdem Territorium völkerrechtlich unzulässig wäre und die analoge Anwendung des § 61 Abs. 1 Satz 3 ausscheidet, nur im Wege der Rechtshilfe oder öffentlich zugestellt werden. Das in der Bundesrepublik seit dem 1. Januar 1983 geltende Europäische Übereinkommen vom 24. November 1977 über die Zustellung von Schriftstücken in Verwaltungssachen im Ausland[156] könnte, wie theoretisch im Verwaltungsverfahren,[157] auch im Ordnungswidrigkeitenverfahren Bedeutung gewinnen. Das Übereinkommen findet zwar nach Art. 1 II Satz 1 unmittelbar keine Anwendung auf Ordnungswidrigkeitenverfahren, doch hat die Bundesrepublik die nach Art. 1 II Satz 2 und 3 mögliche Erklärung der Erstreckung auf solche Verfahren (ausgenommen Steuerordnungswidrigkeiten) unter dem Vorbehalt der Gegenseitigkeit abgegeben.[158] Entsprechende Erklärungen haben Italien, Luxemburg und Österreich abgegeben, so dass Zustellungsersuchen in Kartellordnungswidrigkeitenverfahren an die von diesen Ländern bestimmten zentralen Behörden, Art. 21 des Übereinkommens, möglich sind. Eine öffentliche Zustellung kommt in Betracht, wenn die Zustellung im Wege der Rechtshilfe unausführbar ist oder keinen Erfolg verspricht, §§ 14 Abs. 1, 5 Abs. 1 lit. c) VwZustG. Nicht erfolgversprechend ist eine Zustellung im Wege der Rechtshilfe auch dann, wenn sie nur unter Überschreitung gesetzlicher Fristen durchführbar wäre. 73

Für **Ermittlungen im Ordnungswidrigkeitenverfahren** gilt grundsätzlich das zum Verwaltungsverfahren Gesagte.[159] Ob von der Bundesrepublik abgeschlossene bilaterale Rechtshilfeabkommen in Strafsachen auch generell bei Ordnungswidrigkeiten und speziell bei Kartellordnungswidrigkeiten anwendbar sind, hängt vom einzelnen Abkommen ab, wird aber meist nicht der Fall sein. Das Deutsch – Schweizerische Abkommen über die Rechtshilfe in Strafsachen wird von der Schweiz auch in behördlichen und gerichtlichen Ordnungswidrigkeitenverfahren angewandt, ist bislang von deutscher Seite im Kartellordnungswidrigkeitenverfahren aber noch nicht in Anspruch genommen worden. Das Europäische Übereinkommen über die Rechtshilfe in Strafsachen vom 20. April 1959[160] gilt nicht für Ordnungswidrigkeiten soweit nicht die Anwendbarkeit in Zusatzverträgen besonders vereinbart wurde. 74

Zwischen den USA und Deutschland ist wiederholt **Rechtshilfe** in Kartellstrafverfahren bzw. Ordnungswidrigkeitenverfahren beantragt und gewährt worden.[161] Eine neue Dimen- 75

---

[155] *Rehbinder* in: Immenga/Mestmäcker Rn. 321 m. w. N. auch zur Gegenmeinung beim Gerichtsstand des Vermögens, zweifelnd bei der Vollstreckbarkeitsfrage im Verwaltungsverfahren in 377.

[156] BGBl. 1981 II S. 533; 1982 II S. 1057; 1983 II S. 55; 1984 11 S. 265; 1985 II S. 310.

[157] Vgl. oben Rn. 66.

[158] BGBl. 1982 II S. 1052.

[159] Vgl. Rn. 67 ff.

[160] BGBl. 1964 II S. 1369, 1386; 1976 II S. 1799.

[161] Vgl. TB 1997/98 S. 74, TB 1999/2000 S. 86 f., 2003/04 S. 78; *Rehbinder* in: Immenga/Mestmäcker Rn. 381.

sion hat diese im Frühjahr 2014 erreicht, als Deutschland den USA auf ihr Ersuchen einen italienischen Staatsangehörigen zum Zwecke der Strafverfolgung in einer Kartellsache auslieferte.[162] Vorgeworfen wurde dem Ausgelieferten die Beteiligung an einem internationalen Hardcore Kartell mit Preis-, Quoten- und Gebietsabsprachen.

76 Zuständig für die **Vollstreckung von Bußgeldbescheiden** ist die den Bescheid erlassende Kartellbehörde, also entweder das BKartA oder die jeweilige LKartB, §§ 90 Abs. 1, 92 OWiG. Die Vollstreckung richtet sich nach dem VwVG. Vollstreckungsmaßnahmen im Ausland sind völkerrechtlich grundsätzlich unzulässig und mit einer Anerkennung durch das betreffende Ausland ist nicht zu rechnen. In Betracht kämen vor allem Vollstreckungsmaßnahmen in inländische Forderungen und andere Vermögenswerte ausländischer Betroffener und Nebenbetroffener, für die § 5 Abs. 1 VwVG auf die einschlägigen Bestimmungen der Abgabeordnung verweist. Praktisch haben diese Möglichkeiten bislang keine Rolle gespielt, da ausländische Betroffene und Nebenbetroffene rechtskräftig gewordene Bußgeldbescheide, vor allem wohl aus ihrem Interesse an der Erhaltung ihres Inlandsgeschäfts, freiwillig bezahlt haben.

77 **cc) Zivilverfahren.** Im Zivilverfahren erforderliche **Zustellungen** an ausländische Unternehmen können an inländische Zustellungsbevollmächtigte und auch an den Leiter einer inländischen Niederlassung des betroffenen ausländischen Unternehmens vorgenommen werden, wenn der Gerichtsstand und damit die internationale Zuständigkeit gegeben ist. Eine Zustellung an eine inländische Tochtergesellschaft des ausländischen Unternehmens reicht dagegen, wie im Verwaltungs- und Bußgeldverfahren, wegen der streng formalen Zustellungsregelungen grundsätzlich nicht aus.

78 Anders als im Verwaltungs- und Bußgeldverfahren bestehen im Zivilverfahren für den Fall, dass eine Zustellung an inländische Adressaten nicht möglich ist, zahlreiche Möglichkeiten der Zustellung im Wege der Rechtshilfe. Von zentraler Bedeutung ist dabei für Zustellungen zwischen den EU-Mitgliedstaaten die VO (EG) 1348/2000 über die Zustellung gerichtlicher und außergerichtlicher Schriftstücke in Zivil- und Handelssachen (EuZVO). Nach der EuZVO kann eine Zustellung unmittelbar durch die Post oder durch Amtspersonen des Empfangsmitgliedstaates erfolgen, soweit der Empfangsmitgliedstaat dies zulässt, Art. 14, 15 EuZVO.

79 Im Verhältnis zu anderen wichtigen Staaten gilt das Haager Übereinkommen vom 15.11.1965 über die Zustellung gerichtlicher und außergerichtlicher Schriftstücke in Zivil- und Handelssachen (HZÜ).[163] In Zusatzabkommen zum HZÜ hat die Bundesrepublik mit den meisten Vertragsstaaten den unmittelbaren Verkehr über die jeweils zuständige zentrale Behörde vereinbart.[164] Zu den zivilrechtlichen Streitigkeiten i. S. von Art. 21 HZÜ zählen auch Kartellsachen. Neben dem HZÜ gelten weitere bilaterale Abkommen, aufgrund deren ebenfalls Rechtshilfe bei der Zustellung in Kartellzivilsachen gewährt werden kann.[165] Inwieweit die Zustellung in Kartellzivilsachen vom ersuchten Staat unter Berufung auf die Gefährdung seiner Hoheitsrechte verweigert werden kann, ist streitig.[166] Ist die Zustellung im Wege der Rechtshilfe nicht durchführbar, so kann auch in Kartellzivilsachen öffentlich zugestellt werden. Ob zur Gewährung rechtlichen Gehörs eine formlose Mitteilung ausreicht, ist wiederum streitig. Die h. M., die dies für zulässig hält,[167] verdient den Vorzug, da

---

[162] Pressemitteilung des US Department of Justice vom 4. April 2014, Subject: First ever extradition on antitrust charge.

[163] BGBl. 1977 II S. 1453, in der Bundesrepublik in Kraft seit dem 26.6.1979, BGBl. 1979 II S. 780; Ausführungsgesetz zum HZÜ v. 22.12.1977, BGBl. 1977 I S. 3105.

[164] Denkschrift BT-Drucks. 7/4892, S. 41.

[165] Denkschrift BT-Drucks. 7/4892, S. 41; *Rehbinder* in: Immenga/Mestmäcker Rn. 339f. m. w. N.

[166] Vgl. *Rehbinder* in: Immenga/Mestmäcker Rn. 341 m. w. N.

[167] *Rehbinder,* S. 354 und in: Immenga/Mestmäcker Rn. 342 m. w. N.; a. A. *Schmitz,* S. 168ff., 177f.

auch sie eine angemessene Berücksichtigung der Interessen der ausländischen Beteiligten gewährleistet. Urteile in Kartellzivilsachen können ausländischen Adressaten nach h. M., der zuzustimmen ist, auch durch Aufgabe zur Post zugestellt werden.[168]

Soweit sich für **Ermittlungen** relevantes Beweismaterial im Inland befindet und dort Auskünfte zu erteilen sind, gelten die allgemeinen Regeln auch für ausländische Beteiligte. 80
Zur Frage, inwieweit ausländische Beteiligte in Bezug auf Beweismaterial aus der Sphäre mit ihnen verbundener inländischer Unternehmen in Anspruch genommen werden können, gilt das zum Kartellverwaltungsverfahren Gesagte. Förmliche Beweiserhebungen im Ausland, insbesondere die Vernehmung von Zeugen und die Vorlage im Ausland belegener Dokumente, ist nur im Wege der Rechtshilfe völkerrechtlich zulässig.

Wie bei der Zustellung gibt es für das Kartellzivilverfahren auch bei Ermittlungen wei- 81
terreichendere vertragliche Grundlagen als beim Verwaltungs- oder Ordnungswidrigkeitenverfahren. Von besonderer Bedeutung ist dabei das Haager Übereinkommen vom 18.3. 1970 über die Beweisaufnahme im Ausland in Zivil- und Handelssachen (HBÜ).[169] Dieses Übereinkommen gilt auch für Kartellzivilsachen. Da nach Art. 11 HBÜ Bestimmungen sowohl des ersuchenden wie des ersuchten Staates über Zeugnis- und Vorlageverweigerungsrechte gültig bleiben, sind die sich aus den Abwehrgesetzen ergebenden Ermittlungsverbote einiger Staaten, die auch zu den Signatarstaaten des HBÜ zählen, zu beachten. Inwieweit die Rechtshilfe im Einzelfall vom ersuchten Staat unter Berufung auf eine Gefährdung seiner Hoheitsrechte verweigert werden kann, ist streitig.[170] Zwischen den EU-Mitgliedstaaten gilt die EG-Beweisverordnung 1206/2001.[171]

Auch bei der Anerkennung und **Vollstreckung** kartellzivilrechtlicher Entscheidungen 82
bestehen weitergehende Möglichkeiten als im Verwaltungs- oder Ordnungswidrigkeitenverfahren. Im **Verhältnis der EU-Mitgliedstaaten** untereinander gilt hinsichtlich der Vollstreckung kartellzivilrechtlicher Entscheidungen die **VO (EU) 1215/2012 über die gerichtliche Zuständigkeit und die Anerkennung und Vollstreckung von Entscheidungen in Zivil- und Handelssachen (Neufassung) – EuGVVO.**[172] Nach Art. 33 EuGVVO werden kartellzivilrechtliche Entscheidungen eines Vertragsstaates in einem anderen ohne besonderes Verfahren anerkannt. Der Anwendungsbereich der VO ergibt sich aus Art. 4, 24, 19 und 25 EuGVVO.[173] Außerhalb dieses Anwendungsbereichs ist Deutschland noch Partei einer Reihe bilateraler Verträge, die jeweils besondere Auslegungsfragen aufwerfen und nicht in gleichem Maße zu einer sicheren Anerkennung führen.[174] Neben der vertraglichen Vollstreckungshilfe kommt auch eine Hilfe auf vertragsloser Grundlage in Betracht.

§ 130 Unternehmen der öffentlichen Hand, Geltungsbereich

(1) [1]Dieses Gesetz findet auch Anwendung auf Unternehmen, die ganz oder teilweise im Eigentum der öffentlichen Hand stehen oder die von ihr verwaltet oder betrieben werden. [2]Die §§ 19, 20 und 31b Absatz 5 finden keine Anwendung auf öffentlich-rechtliche Gebühren und Beiträge. [3]Die Vorschriften des Ersten bis Dritten Teils dieses Gesetzes finden keine Anwendung auf die Deutsche Bundesbank und die Kreditanstalt für Wiederaufbau.

---

[168] BGH v. 24.9.1986, BGHZ 98, 263; OLG München v. 30.11.1986, NJW 1987, 3086.

[169] BGBl. 1977 II S. 1472, in der Bundesrepublik in Kraft seit dem 26.6.1979, BGBl. II 1979 S. 780; Ausführungsgesetz v. 22.12.1977, BGBl. 1977 I S. 3105.

[170] Vgl. *Rehbinder* in: Immenga/Mestmäcker Rn. 346, 341 m. w. N.

[171] Die Ausführung ist in den §§ 1072 ff. ZPO geregelt. Vgl. auch *Rehbinder* in: Immenga/Mestmäcker Rn. 344 m. w. N.

[172] Die VO (EU) 1215/2012 vom 12. Dezember 2012, ABl. EU Nr. L 351/1, gilt seit dem 10. Januar 2015.

[173] Vgl. oben Rn. 60.

[174] *Rehbinder* in: Immenga/Mestmäcker Rn. 385 f., 389 ff. m. w. N.

(2) Dieses Gesetz findet Anwendung auf alle Wettbewerbsbeschränkungen, die sich im Geltungsbereich dieses Gesetzes auswirken, auch wenn sie außerhalb des Geltungsbereichs dieses Gesetzes veranlasst werden.

(3) **Die Vorschriften des Energiewirtschaftsgesetzes stehen der Anwendung der §§ 19, 20 und 29 nicht entgegen, soweit in § 111 des Energiewirtschaftsgesetzes keine andere Regelung getroffen ist.**

§ 111 EnWG – Verhältnis zum Gesetz gegen Wettbewerbsbeschränkungen

(1) **Die §§ 19, 20 und 29 des Gesetzes gegen Wettbewerbsbeschränkungen sind nicht anzuwenden, soweit durch dieses Gesetz oder auf Grund dieses Gesetzes erlassener Rechtsverordnungen ausdrücklich abschließende Regelungen getroffen werden. Die Aufgaben und Zuständigkeiten der Kartellbehörden bleiben unberührt.**

(2) **Die Bestimmungen des Teiles 3 und die auf Grundlage dieser Bestimmungen erlassenen Rechtsverordnungen sind abschließende Regelungen im Sinne des Absatzes 1 Satz 1.**

(3) **In Verfahren der Kartellbehörden nach den §§ 19, 20 und 29 des Gesetzes gegen Wettbewerbsbeschränkungen, die Preise von Energieversorgungsunternehmen für die Belieferung von Letztverbrauchern betreffen, deren tatsächlicher oder kalkulatorischer Bestandteil Netzzugangsentgelte im Sinne des § 20 Abs. 1 sind, sind die von Betreibern von Energieversorgungsnetzen nach § 20 Abs. 1 veröffentlichten Netzzugangsentgelte als rechtmäßig zugrunde zu legen, soweit nicht ein anderes durch eine sofort vollziehbare oder bestandskräftige Entscheidung der Regulierungsbehörde oder ein rechtskräftiges Urteil festgestellt worden ist.**

Übersicht

Schrifttum: *Antweiler/Nieberding,* Rechtsschutz im neuen Energiewirtschaftsrecht, NJW 2005, 3673; *Baur,* Kooperative Wirtschaftslenkung und Kartellrecht, in: FS v. Gamm, 1990, S. 525 ff.; *Baur,* Zur künftigen Rolle der Kartellbehörden in der Energiewirtschaft, RdE 2004, 277; *Becker/Blau,* Die Preismissbrauchsnovelle in der Praxis, 2010; *Britz/Hellermann/Hermes* (Hrsg.), EnWG, 3. Auflage 2015; *Götz,* Anmerkung zum Urteil des BGH vom 15.5.2012 – EnZR 105/10, N&R 2012, 286; *Götz,* Anmerkung zum Urteil des BGH vom 15.5.2012 – EnZR 105/10, ZNER 2012, 484; *Grigoleit,* LG Stuttgart, U. v. 30.4.2015, 4/093/10, Indizwirkung der Genehmigungen im Sinne der Entscheidung NetznutzungsentgelteV des BGH, EWeRK 2015, 205; *Jacob/Mussaeus,* Anmerkung zum Beschluss des OLG Düsseldorf v. 19.10.2011 – VI-3 Kart 1/11 (V) – GAG Ahrensburg, RdE 2012, 72; *Kermel* (Hrsg.), Praxishandbuch der Konzessionsverträge und Konzessionsabgaben, 2012; *Kling,* Die Rechtskontrolle von Netzentgelten im Energiesektor, 2013; *Kment* (Hrsg.), EnWG (Kommentar), 2015; *Kühne,* Gerichtliche Entgeltkontrolle im Energierecht, NJW 2006, 654; *Kühne,* Das Verhältnis zwischen Energiewirtschaftsrecht und Kartellrecht im Wandel der Ordnungsrahmen, in: FS Salje, 2013, S. 295; *Lange,* Anmerkung zum Beschluss des BGH vom 6.11.2012 – KVR 54/11, RdE 2013, 229; *Lecheler,* Wettbewerbsbehinderung durch Konzessionsabgaben, WuW 2009, 1249; *Linsmeier,* Anmerkung zum Urteil des BGH vom 15.5.2012 – EnZR 105/10, NJW 2012, 3095; *Ludwigs,*

Die Rolle der Kartellbehörden im Recht der Regulierungsverwaltung, WuW 2008, 534; *Markert,* Kartellrecht und sektorspezifische Regulierung im Strom- und Gassektor nach dem neuen Energiewirtschaftsgesetz (EnWG 2005), in: FS Jens, 2005, S. 147; *Petersen,* Wettbewerbsbehörden als subsidiäre Regulierungsbehörden, Verw 2015, 29; *Quellmalz,* Die Justiziabilität des Art. 81 Abs. 3 EG und die nichtwettbewerblichen Ziele des EG-Vertrages, WRP 2004, 461; *Rosin/Pohlmann/Gentzsch/Metzenthin/Böwing* (Hrsg.), Praxiskommentar zum EnWG, Loseblatt; *Säcker,* Der Referentenentwurf zum Energiewirtschaftsgesetz – ordnungspolitische und rechtsdogmatische Grundsatzbemerkungen, N&R 2004, 46; *Säcker,* Das Regulierungsrecht im Spannungsfeld zwischen öffentlichem und privatem Recht, AöR 2005, 180; *Säcker/Mohr/Wolf,* Konzessionsverträge im System des europäischen und deutschen Wettbewerbsrechts, 2011; *Säcker* (Hrsg.), Berliner Kommentar zum Energierecht, Bd. 1 Hbbd. 2 3. Auflage 2014 (zit. als BerlKommEnR); *Salje,* EnWG, 2006; *Schray,* Anmerkung zum Beschluss des BGH vom 6.11.2012 – KVR 54/11, EnWZ 2013, 267; *Schreiber,* Die Zuständigkeit in energierechtlichen Verfahren mit Kartellrechtsbezug, RdE 2015, 236; *Topel,* Das Verhältnis zwischen Regulierungsrecht und allgemeinem Wettbewerbsrecht nach dem europäischen Rechtsrahmen in der Telekommunikation und dem TKG, ZWeR 2006, 27; *Weyer,* Die Regulatorische Missbrauchskontrolle nach § 30 EnWG, N&R 2007, 14; *Weyer,* Grenzen der kartellrechtlichen Missbrauchskontrolle im Energiebereich, RdE 2012, 354; *Wolf,* Anmerkung zum Beschluss des OLG Düsseldorf v. 19.10.2011 – VI-3 Kart 1/11 (V) – GAG Ahrensburg, VersorgW 2012, 53; *Zapfe/Mecke,* Evaluierung der Beschlüsse zu langfristigen Gaslieferverträgen, WuW 2011, 944.

Grenzen der kartellrechtlichen Missbrauchskontrolle im Energiebereich (§ 130 Abs. 3)

1. Überblick

§ 130 Abs. 3 regelt, wie schon seine Vorgängernormierungen, das Verhältnis der nationalen kartellrechtlichen Missbrauchsnormen und -verfahren zum Energiewirtschaftsrecht und dessen Verfahren; dies geschieht im Zusammenhang mit § 111 EnWG, der die eigentlichen inhaltlichen Aussagen zur Abgrenzung der Sach- und Zuständigkeitsbereiche enthält. Demnach sind im Kern die energiewirtschaftlichen Regelungen über die Netzzugangsbedingungen gegenüber den Missbrauchsvorschriften des GWB speziell; genehmigte Netzentgelte sind in kartellbehördlichen Missbrauchsverfahren nach GWB nicht zu hinterfragen. Durch diesen Regelungskomplex sollen Doppelzuständigkeiten von Kartell- und Regulierungsbehörden vermieden und der Anwendungsbereich von Kartell- und Regulierungsrecht sinnvoll abgegrenzt werden.[1] Die Zuständigkeiten und Aufgaben der Kartellbehörden bleiben unberührt, also insbesondere Kartellverfolgung und Fusionskontrolle; dies gilt auch für die Missbrauchsaufsicht nach dem GWB, soweit sie nicht gerade ausgeschlossen ist, und vollumfänglich für die Missbrauchsaufsicht nach Art. 102 AEUV. Im Einklang mit der von § 130 Abs. 3 eingeräumten, beschränkten Derogationsmöglichkeit für das EnWG stellt dies § 111 Abs. 1 Satz 2 EnWG auch noch einmal klar. Im Übrigen sind die Regulierungsbehörden – anders als in anderen Mitgliedsstaaten der EU – nicht auch zugleich Kartellbehörden.[2] Den Kartellbehörden verbleibt damit vor allem die Missbrauchsaufsicht über die Energieerzeugung, den Bezug, den Handel,[3] den Vertrieb einschließlich der Endkundenpreise, die Auswahl von Inhabern von Wegenutzungsrechten sowie über das Konzessionsabgabenregime.[4] 1

Neben § 130 Abs. 3 i. V. m. § 111 EnWG regeln noch weitere Normen die Zusammenarbeit zwischen Kartell- und Regulierungsbehörden, insbesondere § 50c Abs. 1 und § 58 EnWG, im Sinne einer Koordinierung bei der Fallbearbeitung und eines Austausches ver- 2

---

[1] RegBegr BT-Drs. 15/3917, 75; BGH, U. v. 15.5.2012, EnZR 105/10, WuW/E DE-R 3625 = RdE 2013, 382 Rn. 18 – Stromnetznutzungsentgelt V; BGH WuW/E DE-R 3879 Rn. 16 – GAG Ahrensburg.

[2] Zu den Hintergründen *Säcker,* N&R 2004, 46, 52; *ders.,* AöR 2005, 180, 216.

[3] Auch VO 1227/2011 REMIT geht Kartellrecht nicht vor (Art. 1 Abs. 2).

[4] *Säcker* in BerlKommEnR, 3. Auflage 2014, § 111 Rn. 18; zur Zuständigkeit betreffend Objektnetzte und neue Infrastrukturen i. S. d. § 28 EnWG *ebda.* Rn. 19 f.

traulicher Informationen. Eine mit § 49 Abs. 3 und 4 vergleichbare Möglichkeit der Fallallokation fehlt.

Die formale Strenge des Regelungskomplexes suggeriert eine sinnvolle[5] und klare[6] Abgrenzung der Zuständigkeiten und damit Rechtssicherheit.[7] Bei näherer Betrachtung ergeben sich jedoch gerade aus der strengen Abgrenzung der Zuständigkeiten schwierige Abgrenzungsfragen,[8] die ganz überwiegend noch einer gerichtlichen Klärung harren. Außerdem wird hierdurch der Rechtsschutz erheblich verkompliziert.

2. Gesetzgebungsgeschichte

3 Die Gesetzgebungsgeschichte von § 130 Abs. 3 folgt der Entwicklung des Energiewirtschaftsrechts[9] und ist heute von der Netzregulierung geprägt. Die heutige Fassung der Norm als doppelte Verneinung und die Verweissystematik lassen sich nur historisch erklären.

4 Der heutige 1. HS von § 130 Abs. 3 wurde als § 104a mit der 2. GWB-Novelle 1973 eingefügt; vorausgegangen war ein Streit um die Spezialität bestimmt Vorschriften des EnWG gegenüber dem GWB, den der Gesetzgeber dahingehend entschied, dass das Energiewirtschaftsrecht der kartellrechtlichen Missbrauchsaufsicht nicht entgegensteht.[10] Das EnWG 1998 ließ die Anwendung des Kartellrechts in § 6 Abs. 1 Satz 4 EnWG a. F. darüber hinaus ausdrücklich unberührt.[11] Auch der mit der 1. EnWG-Novelle in § 6 Abs. 1 EnWG a. F. bzw. § 6a Abs. 1 EnWG a. F. eingefügte Verweis auf die Verbändevereinbarungen führte nicht zu einem inhaltlichen Ausschluss der Missbrauchsaufsicht nach GWB.[12] Die 6. GWB-Novelle verschob § 104a sinngemäß in § 130 Abs. 3.[13]

5 Die 2. EnWG-Novelle 2005 ergänzte § 130 Abs. 3 um den heutigen 2. HS, nach dem die Idealkonkurrenz der Missbrauchsaufsicht nach GWB nur noch insoweit gilt, als § 111 EnWG nicht etwas anderes bestimmt, und erlies u. a. § 111 EnWG.[14] Schließlich fügte die Preismissbrauchsnovelle 2007 sowohl § 29 ein als auch diesen den Listen der Vorschriften des § 130 Abs. 3 und des § 111 Abs. 1 EnWG hinzu.[15] 2008 wurde schließlich § 111 Abs. 2 EnWG klarstellend[16] neu gefasst.[17]

3. Regelungsgehalt des verweisenden § 130 Abs. 3

6 Nach § 130 Abs. 3 1. HS stehen die Vorschriften des Energiewirtschaftsgesetzes[18] der Anwendung der §§ 19, 20 und 29 nicht entgegen. Dieser Aussage ist nicht etwa im Gegenschluss zu entnehmen, dass das EnWG der Anwendung der übrigen Vorschriften des GWB entgegenstehen würde.[19] Mit der Einfügung von § 130 Abs. 3 1. HS als damaliger

---

[5] *Säcker,* N&R 2004, 46, 52.

[6] *Baur,* RdE 2004, 277, 283.

[7] *Ludwigs,* WuW 2008, 534, 536.

[8] So auch *Weyer,* RdE 2012, 354; *Lange,* RdE 2013, 229, 230; *Kühne* in FS Salje, S. 295, 300 f.

[9] Zur Vorgeschichte vgl. detailliert *Kühne* in FS Salje, S. 295, 297 ff.

[10] Zu den historischen Hintergründen *Markert* in Immenga/Mestmäcker, Rn. 397.

[11] BGBl. I 1998, 730.

[12] BGH, U. v. 4.11.2003, KZR 16/02 WuW/E DE-R 1206, 1208 = BGHZ 156, 379 – Strom und Telefon I; a. A. *Bosch* in Bechtold/Bosch, Rn. 28.

[13] RegBegr BT-Drs. 13/9720, 70.

[14] BGBl. I 2005, 1970.

[15] BGBl. I 2007, 2966.

[16] RegBegr BT-Drs. 16/8305, 22; zur vorigen Rechtslage *Salje,* EnWG, § 111 Rn. 15; *Stadler* in Langen/Bunte Rn. 267 a. E.

[17] BGBl. I 2008, 2101.

[18] Vgl. zum Verhältnis des GWB zu der Regulierungsverwaltung in den anderen Bereichen Post, Telekommunikation und Eisenbahn *Ludwigs,* WuW 2008, 534, 537 ff.; *Petersen,* Verw 2015, 29, 31 ff.; vgl. zum Verhältnis zum TKG im Besonderen *Topel,* ZWeR 2006, 27.

[19] *Säcker,* AöR 2005, 180, 215.

§ 104a entschied der Gesetzgeber vielmehr eine heute nicht mehr relevante Streitfrage zur Abgrenzung der Anwendungsbereiche von EnWG und GWB zugunsten der Idealkonkurrenz. Die Anwendbarkeit der übrigen Vorschriften des GWB betrifft § 130 Abs. 3 also nicht; praktisch relevant sind insbesondere das Kartellverbot und die Fusionskontrolle aber auch das (Sektoren)-Vergaberecht.

Der Kern der Regelung von § 130 Abs. 3 liegt im 2. HS, der die Anordnung der Idealkonkurrenz im 1. HS einschränkt, indem er möglichen abweichenden Regelungen in § 111 EnWG den Vorrang einräumt. Jedenfalls enthält § 111 EnWG in der Tat ganz wesentliche abweichende Regelungen. 7

4. Systematik des verwiesenen § 111 EnWG

§ 111 EnWG enthält im Wesentlichen drei ineinandergreifende Regelungskomplexe betreffend das Verhältnis des Energiewirtschaftsrechts zum Kartellrecht sowie zum Verhältnis der zugehörigen Verwaltungsverfahren. 8

Zunächst schreiben § 111 Abs. 1 Satz 1 zusammen mit Abs. 2 EnWG eine beschränkte Spezialität des Energiewirtschaftsrechts gegenüber §§ 19, 20 und 29 GWB formal fest. Dies betrifft im wesentlichen Netzanschluss, Netzzugang sowie diskriminierungsfreie Netznutzung. Zusätzliche Spezialitätsverhältnisse könnten sich allerdings im Wege der Auslegung nach allgemeinen Methoden ergeben.[20] 9

Weiter normiert § 111 Abs. 3 EnWG eine Bindungswirkung veröffentlichter Netzentgelte – mittelbar damit regulierungsbehördlicher Verfahrensergebnisse – für kartellbehördliche Verfahren bei der Anwendung von §§ 19, 20 und 29. Verzahnungen der Verfahren zwischen Regulierungs- und Kartellbehörden und insbesondere zwischen BNetzA und BKartA finden sich in § 50c und § 58 EnWG; § 29 Abs. 3 Satz 2 EnWG enthält eine Verordnungsermächtigung mit gleicher Zielrichtung. 10

Schließlich bleiben nach § 111 Abs. 1 Satz 2 EnWG die Aufgaben und Zuständigkeiten der Kartellbehörden unberührt.[21] Die gleiche Regelung findet sich zudem wiederholend in § 46 Abs. 5 EnWG zu Wegenutzungsrechten. 11

5. Beschränkte Spezialität des EnWG gegenüber dem GWB

§ 111 Abs. 1 Satz 1 EnWG etabliert einen Formalismus, nach dem solche Regelungen des EnWG und der auf seiner Grundlage erlassenen Rechtsverordnungen die Anwendung von §§ 19, 20 und 29 GWB ausschließen, für die dies ausdrücklich festgeschrieben ist. Die zentrale derartige Festschreibung findet sich in § 111 Abs. 2 EnWG, nach dem die Bestimmungen von Teil 3 des EnWG und die auf Grundlage dieser Bestimmungen erlassenen Rechtsverordnungen solche abschließenden Regelungen sind. Dass sich die Stromnetzzugangsverordnung[22] in ihrem § 1 Abs. 1 Satz 2 und die Kraftwerks-Netzanschlussverordnung[23] in ihrem § 1 Abs. 2 Satz 1 ebenfalls für abschließend erklären, ist jedenfalls nach der Neufassung von § 111 Abs. 2 EnWG 2008[24] ohne sachliche Konsequenz. 12

Teil 3 des EnWG umfasst insbesondere Regelungen zu den Netzzugangsbedingungen und -entgelten. Der für das nationale Recht abschließende Charakter der energiewirtschaftlichen Vorschriften wurde für Netzentgelte bereits in mehreren Zivilverfahren bestätigt.[25] 13

---

[20] *Salje,* EnWG, § 111 Rn. 7; *Weyer,* RdE 2012, 354, 355; *Hölscher* in Britz/Hellermann/Hermes, EnWG, 3. Auflage 2015, § 111 Rn. 4.
[21] Zu den Hintergründen *Säcker,* N&R 2004, 46, 52; *ders.,* AöR 2005, 180, 216.
[22] BGBl. I 2005, 2243.
[23] BGBl. I 2007, 1187.
[24] BGBl. I 2008, 2101.
[25] OLG Celle, U. v. 17.10.2010, 13 U 155/09 (Kart), ZNER 2010, 394, Rn. 72; OLG München, U. v. 20.5.2010, U (K) 4653/10, WuW/E DE-R 3031, Rn. 41.; OLG Sachsen-Anhalt,

14 Teil 3 des EnWG umfasst aber auch Regelungen zu Aufgaben der Netzbetreiber, zum Netzanschluss sowie zu Befugnissen der Regulierungsbehörde und Sanktionen. Insoweit ist die Bestimmung des 3. Teils des EnWG als abschließend zu pauschal. So ist etwa im Bereich der Monitorings nach § 35 EnWG eine Anwendung von §§ 19, 20 und 29 offensichtlich nicht denkbar,[26] der ausdrücklich festgeschriebene, abschließende Charakter eine unschädliche Kuriosität.

15 Praktisch relevante Abgrenzungsprobleme und mögliche Aufsichtslücken ergeben sich aber daraus, dass der 3. Teil des EnWG auch die Vorschriften zur regulierungsbehördlichen Missbrauchsaufsicht über Betreiber von Energieversorgungsnetzen erfasst. Die Beispieltatbestände des § 30 EnWG sind den beispielhaften Missbrauchstatbeständen der §§ 19 und 20 GWB nachgebildet. § 30 EnWG enthält insbesondere ein Behinderungs-, ein Diskriminierungs- und ein Ausbeutungsverbot; er geht allerdings über seine Vorbilder auf Tatbestands- und auf Rechtsfolgenseite hinaus. So kann an die zu den damaligen §§ 19 und 20 GWB entwickelte Praxis[27] angeknüpft und diese regulierungsspezifisch fortentwickelt werden.[28] Während die allgemeine regulierungsbehördliche Aufsicht nach § 65 neben der kartellrechtlichen Missbrauchsaufsicht steht, bildet die regulierungsbehördliche Missbrauchsaufsicht nach § 30 über die Betreiber von Versorgungsnetzen die Grundlage für den Ausschluss der Anwendbarkeit von §§ 19, 20 und heute auch § 29.[29]

16 Die Reichweite von § 30 EnWG[30] ist daher entscheidend für die Reichweite der Spezialität. Dass § 30 EnWG Sachverhalte erfasst, die ihren Kern im 3. Teil des EnWG haben, steht außer Frage. Offen ist hingegen,[31] ob die kartellrechtliche Missbrauchsaufsicht über Vorgänge ausgeschlossen ist, an denen auch ein Netzbetreiber beteiligt ist, die ihren sachlichen Kern aber außerhalb des 3. Teils des EnWG haben.

17 Der auch für Energieregulierung zuständige 3. Kartellsenat des OLG Düsseldorf hat in einem obiter dictum einen formalen Ansatz gewählt und einen losen Bezug zu Fragen des Netzzugangs für eine Spezialität genügen lassen.[32] Hiergegen spricht, dass § 111 Abs. 1 Satz 1 EnWG nur einem beschränkten Teil des Energiewirtschaftsrechts Spezialität gegenüber der kartellrechtlichen Missbrauchsaufsicht einräumt. Nach der Auslegung des OLG würde aber § 30 EnWG als „Scharnier"[33] fungieren, Sachverhalte der kartellrechtlichen Missbrauchsaufsicht zu entziehen, die im Anwendungsbereich energiewirtschaftsrechtlicher Normen außerhalb von Teil 3 des EnWG liegen und einen Bezug zum Netzbetreiber aufweisen. Insoweit bestehen aber keine regulierungsbehördliche Vorbefassung, keine besondere Regulierungstiefe und keine Aufgabenschwerpunkte, mithin kein besonders schützenswertes Spezialwissen der Regulierungsbehörden.[34] Die besseren Argumente sprechen

---

U. v. 9.1.2010, 1 U 40/10, RdE 2011, 233, Rn. 68 ff.; LG Düsseldorf, U. v. 29.12.2011, 37 O 34/10 (Kart), IR 2012, 113, 114 bzw. Juris-Rn. 32; in einem obiter dictum angedeutet auch von BGH, B. v. 23.6.2009, KZR 43/08, GWF/Recht und Steuern 2009, 47 Rn. 3 = RdE 2010, 143.

[26] *Salje,* EnWG, § 111 Rn. 14; *Säcker* in BerlKommEnR, 3. Auflage 2014, § 111 Rn. 11; *Hölscher* in Britz/Hellermann/Hermes, EnWG, 3. Auflage 2015, § 111 Rn. 7; *Schütze* in PraxKomm EnWG, Stand 01–11, § 111 Rn. 21; *Schex* in Kment, EnWG, § 111 Rn. 2 Fn. 6.

[27] Insbesondere BGH, B. v. 31.5.1972, KVR 2/71, WuW/E BGH 1221 – Stromtarif; BGH, B. v. 21.10.1986, KVR 7/85, WuW/E BGH 2309 – Glockenheide; BGH B. v. 21.2.1995, KVR 4/94, WuW/E BGH 2967 Strompreis Schwäbisch-Hall; BGH, B. v. 6.5.1997, KVR 9/96, WuW/E BGH 3140 – Gaspreis; BGH, B. v. 28.6.2005, KVR 17/04, WuW/E DE-R 1513 = BGHZ 163, 282 – Stadtwerke Mainz.

[28] RegBegr BT-Drs. 15/3917, 46 und 63.

[29] RegBegr BT-Drs. 15/3917, 63.

[30] Vgl. dazu grundsätzlich *Weyer,* N&R 2007, 14 ff.

[31] *Schray,* EnWZ 2013, 267; *Weyer,* RdE 2012, 354, 358.

[32] OLG Düsseldorf, RdE 2012, 65 Rn. 50 f. – GAG Ahrensburg; zustimmend *Wolf,* VersorgW 2012, 53, 54; *Jacob/Mussaeus,* RdE 2012, 72.

[33] *Weyer,* RdE 2012, 354, 357.

[34] *Weyer,* RdE 2012, 354, 358.

also dafür, die Spezialität auf materielle Regelungen des 3. Teils des EnWG zu beschränken,[35] nach der Gesetzesbegründung sogar auf dessen Abschnitte 2 und 3 betreffend Netzanschluss und -zugang.[36] Der BGH hat diese Grundsatzfrage ausdrücklich offengelassen,[37] den kartellrechtlichen Missbrauch allerdings dennoch bejaht, indem er auf die mit dem Netzbetreiber nach § 36 Abs. 2 verbundene Gemeinde abstellte, deren Verhalten auf einem nicht der Regulierung nach Teil 3 des EnWG unterfallenden Markt den Schwerpunkt der Vorwerfbarkeit trug, während der Netzbetreiber nur die Rolle eines passiven Zwischengliedes innehatte.[38] Daraus lässt sich jedenfalls ablesen, dass nicht schon die Unternehmensverbindung mit einem Netzbetreiber gemäß § 36 Abs. 2 die Spezialität der regulatorischen Missbrauchsaufsicht auslöst, jedenfalls dann nicht, wenn ein Markt betroffen ist der nicht Gegenstand der Regelungen des 3. Teils des EnWG ist.

6. Keine kartellbehördliche Überprüfung von Netzzugangsentgelten

Gemäß § 111 Abs. 3 EnWG sind in Verfahren der Kartellbehörden nach §§ 19, 20 und 29, die Preise von Energieversorgungsunternehmen für die Belieferung von Letztverbrauchern betreffen, deren tatsächlicher oder kalkulatorischer Bestandteil Netzzugangsentgelte im Sinne von § 20 Abs. 1 EnWG sind,[39] die von Betreibern von Energieversorgungsnetzen nach § 20 Abs. 1 EnWG veröffentlichten Netzzugangsentgelte[40] als rechtmäßig zugrunde zu legen, soweit nicht ein anderes durch eine sofort vollziehbare oder bestandskräftige Entscheidung der Regulierungsbehörde oder ein rechtskräftiges Urteil festgestellt worden ist. Nähere Bestimmungen zur Veröffentlichung enthalten § 27 StromNEV bzw. GasNEV. Die Regelung des § 111 Abs. 3 EnWG erfasst nur Missbrauchsverfahren betreffend Lieferungen an Letztverbraucher,[41] nicht aber an Händler, Speichernutzer oder Verteilernetzbetreiber. **18**

a) Verfahren der Kartellbehörden. Personell grenzt die Vorschrift die behördlichen Zuständigkeiten zur Prüfung von Netzzugangsentgelten zwischen Regulierungsbehörden und deutschen Kartellbehörden im Sinne von § 48 Abs. 1 trennscharf ab.[42] Sie erstreckt sich mittelbar auch auf die Gerichte als Beschwerde- und Rechtsbeschwerdeinstanz;[43] der Amtsermittlungsgrundsatzes nach § 70 Abs. 1 beschränkt sich auf den Streitgegenstand: die Rechtmäßigkeit der kartellbehördlichen Verfügung. **19**

Sachlich bezieht sich die Abgrenzung der Behördenzuständigkeiten allerdings nur auf Missbrauchsverfahren nach dem GWB. Sowohl die Kartellbehörden als auch die Kommission könnten Netzzugangsentgelte in Verfahren nach Art. 102 AEUV inzident überprüfen. **20**

Praktisch wurden in den Verfahren zu missbräuchlich überhöhten Gaspreisen die Netzzugangsentgelte beim Vergleich der Versorgungsunternehmen ohne weitere Prüfung vollständig abgezogen, weil sie von den Regulierungsbehörden geprüft und genehmigt worden **21**

[35] BKartA, B. v. 16.9.2009, B10–11/09, WuW/E DE-V 1803, Rn. 27 ff. – GAG Ahrensburg; *Lecheler,* WuW 2009, 1249, 1252 f.; *Weyer,* RdE 2012, 354, 357; *Schebstadt* in KölnKomm KartellR Rn. 383; jetzt auch *Hölscher* in Britz/Hellermann/Hermes, EnWG, 3. Auflage 2015, Rn. 13a.

[36] RegBegr BT-Drs. 15/3917, 63.

[37] BGH, U. v. 6.11.2012, KVR 54/11, WuW/E DE-R 3879 Rn. 16 = RdE 2013, 224 – GAG Ahrensburg.

[38] BGH, U. v. 6.11.2012, KVR 54/11, WuW/E DE-R 3879 Rn. 17 und 19 = RdE 2013, 224 – GAG Ahrensburg.

[39] Detailliert zum Umfang des Begriffs Netzzugangsentgelte *Säcker* in BerlKommEnR, 3. Auflage 2014, § 111 Rn. 24 ff.

[40] Vgl. zum Verhältnis von Veröffentlichung und Entgeltgenehmigung *Hölscher* in Britz/Hellermann/Hermes, EnWG, 3. Auflage 2015, § 111 Rn. 21 ff.; *Salje,* EnWG, § 111 Rn. 26 und 31.

[41] *Salje,* EnWG, § 111 Rn. 21.

[42] Kritisch – konkurrierende Zuständigkeit ein funktionales Desiderat – *Petersen,* Verw 2015, 29, 30 und passim.

[43] *Hölscher* in Britz/Hellermann/Hermes, EnWG, 3. Auflage 2015, § 111 Rn. 17; *Schex* in Kment, EnWG, § 111 Rn. 8.

waren und außerdem gebietsstrukturelle Unterschiede abbildeten.[44] Genauso wurde in den Preismissbrauchsverfahren Heizstrom vorgegangen.[45] Theoretisch denkbare drittbelastende Wirkungen überhöhter Netzentgelte[46] sind in der Rechtmäßigkeitsfiktion nach § 111 Abs. 3 EnWG notwendig angelegt; beim Erlösvergleich träfen sie Wettbewerber und nicht Abnehmer.

22 Im Rahmen einfacher Preismissbrauchsverfahren (Predatory-Pricing) werden durch diese Regelung die Kartellbehörden zur Verstärkung der Wirksamkeit der Netzentgeltregulierung instrumentalisiert, weil überhöhte Netzentgelte nicht mit niedrigen Energiepreisen zu einem (kartellrechtlich) angemessenen Gesamtpreis verrechnet werden könnten. Zuständigkeitsprobleme ergäben sich allerdings im Hinblick auf Preis-Kosten-Scheren,[47] deren Missbräuchlichkeit sich im Bereich der Energieversorgung unter Umständen weder allein aus einer Überhöhung der Netznutzungsentgelte als Vorleistung, noch allein aus zu niedrigen Energiepreisen ergäbe, sondern spezifisch aus deren Verhältnis zueinander. Den Kartellbehörden wäre die Prüfung der Netzentgelte verwehrt und den Regulierungsbehörden die Prüfung der Energiepreise.

23 **b) Kartellzivilverfahren.** Netzentgeltgenehmigungen der Regulierungsbehörden entfalten nach der Rechtsprechung des BGH auch im Kartellzivilverfahren eine Indizwirkung für deren Richtigkeit mit Blick auf Art. 102;[48] in der Folge sind Netznutzer einer erheblichen Darlegungslast ausgesetzt, die sie praktisch kaum bewältigen können dürften.[49] Eine Auseinandersetzung mit der EuGH-Rechtsprechung zu Art. 102 AEUV, die eine Überprüfung genehmigter Entgelte gerade zulässt,[50] fehlt.[51]

24 In § 111 Abs. 3 EnWG liegt kein Verstoß gegen Art. 3 Abs. 1 Satz 2 VO 1/2003, denn er schließt nur die Anwendung der Missbrauchsvorschriften des GWB aus. Damit läuft er auch dem Zweck dieser Regelung nicht entgegen, die den effet utile von Art. 102 AEUV absichert, indem er eine Prüfung durch die nationalen Kartellbehörden von Amts wegen anordnet, allerdings lediglich eine akzessorische Prüfung zu den nationalen Missbrauchsvorschriften im Anwendungsbereich von Art. 102.[52]

7. Sonstige Einwirkungen des EnWG auf das Kartellrecht

25 Das Energiewirtschaftsrecht hat auch außerhalb des Regelungsbereichs von § 111 EnWG Einwirkungen auf das Kartellrecht. Trotz der teils gleichlaufenden Ziele von Energieregulierung und Kartellrecht stellt dies keine systematische Besonderheit des Energierechts dar,[53] sondern ist Ausfluss allgemeiner, kartellrechtlicher Grundsätze.[54] § 130 Abs. 3 steht einer solchen Einwirkung auch nicht entgegen.[55]

26 **a) Missbrauchsverbote.** Die Missbrauchstatbestände in §§ 19 und 20 enthalten teils explizite Verweis auf außerwettbewerbliche Maßstäbe, etwa „unbillig" oder „ohne sachlich

---

[44] BKartA Fallbericht v. 26.8.2009 zu B10–16/08 bis B10–56/08, 2 – Gaspreisverfahren.

[45] Z. B. BKartA B. v. 19.2.2012 B10–16/09 – Entega, Rn. 45.

[46] *Schebstadt* in KölnKomm KartellR Rn. 349 ff.; vgl. *C. Becker/Blau,* Die Preismissbrauchsnovelle in der Praxis, 2010, Rn. 146 ff.

[47] Vgl. die Fallillustration bei Kommission v. 18.3.2008, COMP/39.402, Rn. 31 – RWE.

[48] BGH, U. v. 15.5.2012, EnZR 105/10, WuW/E DE-R 3625, Rn. 41 = RdE 2013, 382 – *Stromnetznutzungsentgelt V.*

[49] *Linsmeier,* NJW 2012, 3095; *Götz,* N&R 2012 286, 288, *dies.,* ZNER 2012, 484.

[50] EuGH, U. v. 14.10.2010, C-280/08 P, WuW/E EU-R 1779 = Slg. 2010, I-9585 – Deutsche Telekom.

[51] *Linsmeier,* NJW 2012, 3095.

[52] Vgl. *Stadler* in Langen/Bunte Rn. 270 f.

[53] So aber – „einwirkende Anspruchskonkurrenz" – *Kühne* zuletzt in FS Salje, S. 295, 302 ff.; so aber auch *Schebstadt* in KölnKomm KartellR Rn. 321 ff.

[54] *Markert* in Immenga/Mestmäcker, Rn. 400.

[55] *Kühne,* NJW 2006, 654, 656.

gerechtfertigten Grund". Bei der Prüfung dieser Merkmale erfolgt eine Abwägung der Interessen des marktmächtigen Normadressaten mit den Interessen der beeinträchtigten Unternehmen, unter besonderer Berücksichtigung der Zielsetzung des Gesetzes, die Freiheit des Wettbewerbs zu sichern.[56] Im Rahmen diese Abwägung sind anderweitige normative Wertungen einzustellen, jedenfalls sofern sie mit dem GWB normhierarchisch mindestens gleichrangig sind[57] und einen hinreichenden Wettbewerbsbezug aufweisen, und zwar sowohl für die Begründung der Missbräuchlichkeit als auch zur Rechtfertigung.[58]

Verstößt ein Verhalten gegen anderweitige Normen ist ein Verhalten schon nicht zu rechtfertigen, also unbillig und eines sachlichen Grundes entbehrend.[59] Im Bereich der Energiewirtschaft gründete in der rechtswidrigen Überhöhung von vereinnahmten Konzessionsabgaben die Missbräuchlichkeit der resultierenden Behinderung.[60] Im Rahmen der Auswahlverfahren von Wegerechtsinhabern begründen Verstöße gegen die Verfahrensvorschriften des § 46 EnWG regelmäßig die Missbräuchlichkeit,[61] gleiches gilt, wenn die von der Kommune aufgestellten Auswahlkriterien im Widerspruch zu den Zielen des § 1 EnWG stehen.[62] **27**

Energiewirtschaftliche Wertungen haben zunächst insoweit rechtfertigende Wirkung, als dies spezialgesetzlich ausdrücklich vorgesehen ist.[63] Entgegen einer Literaturmeinung[64] ist § 30 Abs. 2 Nr. 5 EnWG kein solcher Fall; nach dieser Norm gelten genehmigte Entgelte als sachlich gerechtfertigt.[65] Eine Übertragung dieser Fiktion aus dem EnWG auf die Missbrauchstatbestände nach GWB würde die Konkurrenzregel in § 111 Abs. 2 EnWG – trotz kleiner, formaler Differenzen der Sachnormen – letztlich leerlaufen lassen, die eine Bindung an Entscheidungen der Regulierungsbehörde nur für kartellbehördliche Verfahren aber nicht für gerichtliche Kartellverfahren vorsieht; eine Bindung im Rahmen des Art. 102 AEUV kommt aus Gründen des Vorrangs des Gemeinschaftsrechts ohnehin nicht **28**

---

[56] Siehe oben *Loewenheim,* § 19 Rn. 18 ff. und 47 f.

[57] *Nothdurft* in Langen/Bunte, § 19 Rn. 128 und 229 ff.; *Säcker/Mohr/Wolf,* Konzessionsverträge im System des europäischen und deutschen Wettbewerbsrechts, 2011, S. 165; *Lecheler* WuW 2009, 1249, 1260; a. A. – bloßes „sachliches Gewicht" genügt – *Kühne* in FS Salje, S. 295, 313. Strenger oben *Loewenheim,* § 19 Rn. 21 und 24.

[58] *Weyer* in FK § 19 Rn. 67.

[59] BGH, U. v. 29.6.2010, KZR 50/07 n. v., Rn. 35 – Basisdaten; BGH, U. v. 11.11.2008, KZR 43/07, WuW/E DE-R 2581 Rn. 19 = RdE 2009, 378 – Neue Trift; BGH, U. v. 6.11.2012, KVR 54/11, WuW/E DE-R 3879 Rn. 38 = RdE 2013, 224 – GrAG Ahrensburg.

[60] BKartA, B. v. 16.9.2009, B10–11/09, WuW/E DE-V 1803, Rn. 52 ff. – GAG Ahrensburg, OLG Düsseldorf, B. v. 19.10.2012, VI-3 Kart 1/11 (V), RdE 2012, 65 Rn. 62 ff. – GAG Ahrensburg; BGH, U. v. 6.11.2012, KVR 54/11, WuW/E DE-R 3879 Rn. 38 = RdE 2013, 224 – GAG Ahrensburg.

[61] BKartA, B. v. 18.10.2011, B10-6/11, Rn. 23 – Dinkelsbühl; BKartA, B. v. 30.11.2012, B8–101/11, Tenor – Mettmann; BGH, U. v. 17.12.13, KZR 65/12, WuW/E DE-R 4139 Rn. 50 = RdE 2014, 191 – Heiligenhafen; BGH, U. v. 7.10.2014, EnZR 86/13, WuW/E DE-R 4499 = RdE 2015, 122, Rn. 53 – Stromnetz Olching; BKartA und BNetzA v. 21.5.2015, Gemeinsamer Leitfaden zur Vergabe von Strom- und Gaskonzessionen und zum Wechsel des Konzessionsnehmers, 2. Auflage, Rn. 20.

[62] *Schwensfeier* in Kermel (Hrsg.), Handbuch Konzessionen, Kap. 5 Rn. 199 ff.; a. A. „vorrangig" BGH, U. v. 17.12.2013, KZR 66/12, WuW/E DE-R 4159, Rn. 36 – Stromnetz Berkenthin; vgl. BKartA und BNetzA v. 21.5.2015, Gemeinsamer Leitfaden zur Vergabe von Strom- und Gaskonzessionen und zum Wechsel des Konzessionsnehmers, 2. Auflage, Rn. 29 ff.

[63] RegBegr BT-Drs. 13/9720, 36.; vgl. auch die historischen Beispiele zur Energiewirtschaft bei *Weyer* in FK § 19 Rn. 69.

[64] *Markert* in FS Jens, S. 147, 164 Fn. 40.

[65] Vergleiche zur historischen Rechtslage unter der Verbändevereinbarung je m. w. N. *Kühne* in FS Salje, 295, 299; *Markert* in Immenga/Mestmäcker, Rn. 401 f.; sowie OLG Düsseldorf, B. v. 17.3. 2004, VI-Kart 18/03 (V), WuW/E DE-R 1439, 1444 und BGH, B. v. 28.6.2005, KVR 17/04, WuW/E DE-R 1513 unter II 3b – Stadtwerke Mainz.

in Betracht.[66] Allerdings billigen Gerichte der Entgeltgenehmigung zumindest eine Indizwirkung auch im Hinblick auf die Prüfung nach Art. 102 AEUV zu.[67]

29 Die allgemeinen und in ihrer Wirkung teils gegenläufigen Zielvorgaben des § 1 EnWG sind so breit gefasst, dass sie als Rechtfertigung jedenfalls nicht pauschal in Betracht kommen,[68] sondern allenfalls, wenn ihre Verwirklichung sonst frustriert würde.[69]

30 **b) Kartellverbot.** Die Einwirkung abstrakter außerwettbewerblicher Ziele wird zwar auch für das Kartellverbot des Art. 101 AEUV[70] bzw. § 1 GWB diskutiert; sie begegnet aber letztlich durchgreifenden Bedenken.[71] Diese Frage war im Bereich der Energieversorgung vor Einführung der Regulierung 2005 besonders relevant.[72] In der jüngeren Vergangenheit[73] war die Frage in den Verfahren zu langfristigen Gaslieferverträgen erheblich geworden, ob Erwägungen zur Versorgungssicherheit die Anwendung von § 1 GWB bzw. Art. 101 AEUV verdrängen. Dies lehnten BKartA[74] und die Beschwerdeinstanz[75] ab; in der Rechtsbeschwerdeinstanz[76] spielte die Frage keine Rolle mehr. Das Wettbewerbsziel steht in § 1 Abs. 1 und 2 EnWG gleichranging neben den vielschichtigen energiewirtschaftsrechtlichen Zielen. Der Aspekt der Versorgungssicherheit wurde sodann mit Blick auf die Verbesserung der Warengewinnung und -verteilung bzw. des technischen Fortschritts im Rahmen der Freistellung nach Art. 101 Abs. 3 AEUV thematisiert; die beanstandeten Klauseln waren aber nicht unerlässlich.[77]

31 In Folge der wesentlichen Verdichtung der energiewirtschaftsrechtlichen Vorgaben mit Einführung der Regulierung 2005 könnten die gesetzlichen Kooperationspflichten des EnWG im Rahmen des Kartellverbots nach § 1 bzw. Art. 101 AEUV zu berücksichtigen sein, konkret die Kooperationspflichten der Netzbetreiber mit Blick auf die Gewährleistung des Netzzugangs nach § 20 Abs. 1 Satz 3, Abs. 1b Sätze 5 bis 8 EnWG, die sich in der „Vereinbarung über die Kooperation gemäß § 20 Abs. 1b EnWG zwischen den Betreibern von in Deutschlang gelegenen Gasversorgungsnetzen" niedergeschlagen haben.[78] Deren kartellrechtliche Unbedenklichkeit kann – soweit sie keine überschießenden Wettbewerbsbeschränkungen enthält – nach §§ 1, 2 GWB bzw. Art. 101 AEUV begründet werden.[79]

32 **c) Fusionskontrolle.** Bei Fusionsfällen können außerwettbewerbliche Gesichtspunkte im Ministererlaubnisverfahren nach § 42 als gesamtwirtschaftliche Vorteile oder als überragende Interessen der Allgemeinheit berücksichtigt werden, ohne dass es ihrer normativen

---

[66] *Schebstadt* in KölnKomm KartellR Rn. 343 f.

[67] OLG Sachsen-Anhalt, U. v. 9.11.2010, 1 U 40/10, RdE 2011, 233, Rn. 68 ff.; BGH, U. v. 15.5.2012, EnZR 105/10, WuW/E DE-R 3625 = RdE 2013, 382 Rn. 41 – Stromnetznutzungsentgelt V.

[68] *Nothdurft* in Langen/Bunte § 19 Rn. 128.

[69] Vgl. die Überlegungen im Rahmen von Art. 101 Abs. 3 in OLG Düsseldorf, B. v. 20.6.2006, VI-2 Kart 1/06 (V), WuW/E DE-R 1757 Rn. 91 und OLG Düsseldorf, B. v. 4.10.2007, VI-2 Kart 1/06 (V), WuW/E DE-R 2197 Rn. 130.

[70] Vgl. *Quellmalz,* WRP 2004, 461 ff.; oben *Nordemann,* Art. 101 Abs. 3 AEUV Rn. 5, 26, 50 und insb. 59 ff.

[71] Siehe oben *Nordemann* § 2 Rn. 20 und Art. 101 Abs. 3 AEUV Rn. 59 ff.

[72] Vgl. für die Zeit vor 1990 *Baur* in FS v. Gamm, S. 525 ff.; vgl. für die spätere Zeit *Kühne* in FS Salje, S. 291, 304 f.

[73] Vgl. *Zapfe/Mecke,* WuW 2011, 944.

[74] BKartA, B. v. 13.1.2006, B8–113/03, WuW/E DE-V 1147, 1154 f.

[75] OLG Düsseldorf, B. v. 20.6.2006, VI-2 Kart 1/06 (V), WuW/E DE-R 1757 und OLG Düsseldorf, B. v. 4.10.2007, VI-2 Kart 1/06 (V), WuW/E DE-R 2197.

[76] BGH, B. v. 10.2.2009, KVR 67/07, WuW/E DE-R 2679 = RdE 2010, 13.

[77] OLG Düsseldorf, B. v. 20.6.2006, VI-2 Kart 1/06 (V), WuW/E DE-R 1757 Rn. 91 und OLG Düsseldorf, B. v. 4.10.2007, VI-2 Kart 1/06 (V), WuW/E DE-R 2197 Rn. 130.

[78] Abrufbar unter https://www.bdew.de/internet.nsf/id/DE_Kooperationsvereinbaru-Gas.

[79] *Markert* in Immenga/Mestmäcker, Rn. 401; *Kühne* in FS Salje, S. 291, 305 f.

Verankerung bedürfte.[80] Hier ist die Sicherung der Energieversorgung im Sinne des § 1 EnWG einschlägig geworden.[81]

8. Verhältnis des EnWG zu § 315 BGB

Für die Rechtslage vor Einführung der Netzregulierung 2005 war nach ständiger Recht- 33
sprechung die Billigkeitskontrolle gemäß § 315 BGB neben den kartellrechtlichen Missbrauchstatbeständen auf Netzzugangsbedingungen und -entgelte anwendbar.[82] Auch nach Einführung der Netzregulierung gibt es weiterhin keinen generellen[83] gesetzlichen Ausschluss der Billigkeitskontrolle nach § 315 BGB, etwa entsprechend den Regelungen in § 130 Abs. 3 bzw. § 111 EnWG. Dennoch war die Frage der Anwendbarkeit umstritten.[84] Im Jahre 2012 entschied der BGH den ersten Fall zur Billigkeitskontrolle von regulierten Netznutzungsentgelten;[85] demnach sei § 315 BGB auch auf regulierte Netznutzungsentgelte anwendbar, allerdings komme der Netzentgeltgenehmigung eine erhebliche Indizwirkung zu. Diese dürfte für Netznutzer ohne Kenntnis der Antrags- bzw. Genehmigungsunterlagen praktisch nur schwerlich zu erschüttern sein.[86] Die Reichweite der Indizwirkung unter der Anreizregulierung ist bisher nicht höchstgerichtlich geklärt.[87]

9. Keine Spezialität des EnWG gegenüber Art. 102 AEUV

Nach der ursprünglichen Fassung von § 111 Abs. 3 EnWG sollten die veröffentlichten 34
Entgelte der Netzbetreiber auch in Verfahren nach dem heutigen Art. 102 AEUV als rechtmäßig zugrundezulegen sein. Diese Beschränkung der materiellen Anwendung von Art. 102 AEUV durch deutsche Kartellbehörden wurde weithin als europarechtswidrig angesehen.[88] Im Falle von materiellen Wertungskonflikten wäre der Vorrang des Europarechts durchbrochen worden;[89] außerdem hätte es für den Bereich der Netzentgelte keine nach Art. 5 VO 1/2003 zuständige nationale Kartellbehörde gegeben.[90] Dies wurde im Rahmen der Preismissbrauchsnovelle 2007[91] durch den Gesetzgeber als „Klarstellung des Gewollten" korrigiert.[92]

---

[80] Vgl. die Beispiele bei § 42, passim und bei *Kuhn* in FK § 42 Rn. 27 ff. und 37 f.

[81] BWM v. 1.2.1974, IB5–810607, WuW/E BWM 147 – VEBA/Gelsenberg; BMWT v. 5.7.2002, IB1–220840/129, WuW/E DE-V 573, 584 f., 589 ff. – E.ON/Ruhrgas; BMWT v. 18.9.2002, IB1–220840/129, WuW/E DE-V 643, 650 – E.ON/Ruhrgas.

[82] BGH U. v. 18.10.2005, KZR 36/04, BGHZ 164, 336 = NJW 2006, 684 = WuW/E DE-R 1617 – Stromnetznutzungsentgelt I; BGH, U. v. 7.2.2006, KZR 8/05, WuW/E DE-R 1730 = RdE 2006, 242 – Stromnetznutzungsentgelt II; BGH, U. v. 4.3.2008, KZR 29/06, WuW/E DE-R 2279 = NJW 2008, 2175 – Stromnetznutzungsentgelt III; BGH, U. v. 20.7.2010, EnZR 23/09, NJW 2011, 212 = RdE 2010, 385 – Stromnetznutzungsentgelt IV; hierzu auch *Säcker* in BerlKommEnR, 3. Auflage 2014, § 111 Rn. 38.

[83] Spezialgesetzliche Normen können den Billigkeitsmaßstab konkretisieren, BGH, U. v. 8.7.2009, VIII ZR 314/07, NJW 2009, 2894, 2895.

[84] Zum Streitstand vgl. je m. w. N. *Kühne,* NJW 2006, 654, 655 f.; *Götz,* N&R 2012 286, 287.

[85] BGH, U. v. 15.5.2012, EnZR 105/10, WuW/E DE-R 3625 = RdE 2013, 382 – Stromnetznutzungsentgelt V.

[86] *Linsmeier,* NJW 2012, 3095; *Götz,* N&R 2012 286, 288, *dies.,* ZNER 2012, 484; vgl. BGH, U. v. 22.7.2014, KZR 27/13, WuW/E DE-R 4328 = RdE 2014, 449 – Stromnetznutzungsentgelt VI; vgl. OLG Düsseldorf, U. v. 13.8.2014, VI-2 U (Kart) 2/13, RdE 2015, 38; vgl. aber auch LG Stuttgart, U. v. 30.4.2015, 41 O 95/10 KfH, n. v.; KG, U. v. 30.5.2015, 2 U 124/11, ER 2015, 167; *Grigoleit,* EWeRK 2015, 205.

[87] *Götz,* N&R 2012 286, 288.

[88] *Säcker,* N&R 2004, 46, 52; *ders.,* AöR 2005, 180, 216; vgl. *Ludwigs,* WuW 2008, 534, 536 f. m. w. N.

[89] *Markert* in FS Jens, S. 147, 165.

[90] *Baur,* RdE 2004, 277, 283.

[91] Art. 2 Nr. 7 lit. b der Preismissbrauchsnovelle, BGBl. I 2007, 2966.

[92] RegBegr BT-Drs. 16/5847, 13.

Nach inzwischen eindeutigem Wortlaut wird die Anwendung von Art. 102 AEUV in Verfahren der deutschen Kartellbehörden durch § 130 Abs. 3 GWB i. V. m. § 111 EnWG nicht berührt.[93] Der kartellrechtliche Anwendungsbereich wird also nur zurückgenommen, soweit die Zwischenstaatlichkeit nach Art. 102 AEUV nicht gegeben ist[94] oder eine Fallgestaltung nur in Konflikt mit den strengeren Regeln für einseitige Verhaltensweisen des GWB im Sinne von Art. 3 Abs. 2 Satz 2 VO 1/2003 steht.

35 Der Anwendungsbereich von Art. 102 AEUV auf Energienetze beschränkt sich jedoch auf grenzüberschreitende Leitungsnetze und europarechtlich relevante marktbeherrschende Stellungen weniger, großer Netzbetreiber.[95]

36 Überlegungen, die Regulierung schlösse einen Handlungsspielraum des Netzbetreibers und damit die Anwendbarkeit von Art. 102 AEUV tatbestandlich aus,[96] gehen fehl. Auch unter der Regulierung haben die Netzbetreiber Verhaltensspielräume, die sie wettbewerblich nutzen können. Bei der Einzelgenehmigung von Netzentgelten bestand der Verhaltensspielraum schon in der entsprechenden Antragstellung;[97] außerdem waren die genehmigten Entgelte gemäß § 23a Abs. 2 Satz 2 EnWG Höchstpreise. Seit Einführung der Anreizregulierung erstreckt sich der Verhaltensspielraum weitergehend auf die Bestimmung des konkreten Netzentgelts.[98]

37 Auch wurde Art. 102 AEUV nicht im Sinne einer Verdrängung von den sekundärrechtlichen Vorgaben der Strom- und Gasrichtlinien überlagert, die das EnWG umsetzt. Diese sehen vielmehr dessen Anwendbarkeit ausdrücklich vor;[99] nach Art. 37 Abs. 13 RL 2009/72[100] und Art. 41 Abs. 13 RL 2009/73[101] hat die Regulierung Art. 102 AEUV Rechnung zu tragen. Verfahren auf Grundlage von Art. 102 AEUV führen also nicht zu anderen Ergebnissen als die Regulierung,[102] jedenfalls soweit es der Regulierung in jedem Einzelfall gelingt, Art. 102 AEUV abzubilden.[103]

10. Koordinierungsmechanismen

38 Die Netzregulierung ist aus der kartellrechtlichen Missbrauchsaufsicht über die alten energiewirtschaftlichen Gebietsmonopole hervorgegangen. Sie setzt die kartellrechtlichen Ansätze mit regulatorischen, weitergehenden Mitteln[104] fort; dieser innere Zusammenhang wird in § 58 Abs. 3 EnWG normativ statuiert; er erfasst mittelbar auch Art. 102 AEUV.[105] Die Abgrenzungen der Anwendungsbereiche von nationalem Kartellrecht und Energiewirtschaftsrecht in § 130 Abs. 3 i. V. m. § 111 EnWG sowie, daraus folgend, der behördlichen Zuständigkeiten zwischen Kartell- und Regulierungsbehörden könnten zu einer Gefährdung des inneren Zusammenhangs von Kartellrecht und Regulierung führen. Dem versuchen der nationale und der europäische Normgeber mit einer Reihe von Koordinierungsmechanismen zu begegnen.

---

[93] Zur Anwendung von Art. 102 AEUV auf Netznutzungsentgelte ausführlich *Kling* 2013, S. 51 f.

[94] Vgl. OLG München, U. v. 20.5.2010, U (K) 4653/09, WuW/E DE-R 3031, Rn. 44 ff.

[95] *Baur,* RdE 2004, 277, 281; *Antweiler/Nieberding,* NJW 2005, 3673, 3675.

[96] Kritisch insbesondere auch *Säcker,* AöR 2005, 180, 218.

[97] Vgl. BGH, U. v. 10.2.2004, KZR 7/02, WuW/E DE-R 1254, 1256; EuGH, U. v. 14.10.2010, C-280/08 P, WuW/E EU-R 1779, 1784 ff. = Slg. 2010, I-9585 – Deutsche. Telekom.

[98] *Säcker* in BerlKommEnR, 3. Auflage 2014, § 111 Rn. 36.

[99] *Ludwigs,* WuW 2008, 534, 537; vorsichtiger noch *Salje,* EnWG, § 111 Rn. 18 f.

[100] ABl. L 2009 Nr. 211, 55; Vorgängernorm Art. 23 Abs. 8 RL 2003/54, ABl. L 2003 Nr. 176, 37.

[101] ABl. L 2009 Nr. 211, 94.

[102] *Schütze* in PraxKomm EnWG, Stand 01–11, § 111 Rn. 26.

[103] Vorsichtig auch *Säcker,* AöR 2005, 180, 216.

[104] RegBegr BT-Drs. 15/3917, 46 und 63. Siehe auch den Vergleich bei *Schütze* in PraxKomm EnWG, Stand 01–11, § 111 Rn. 14 ff.

[105] *Säcker* in BerlKommEnR, 3. Auflage 2014, § 111 Rn. 15.

Darauf hinzuwirken, den Zusammenhang des Energiewirtschaftsrechts mit dem Kartellrecht zu wahren, schreibt § 58 Abs. 3 EnWG BNetzA und BKartA als Aufgabe vor. Im gleichen Sinne ist nach Art. 37 Abs. 13 RL 2009/72[106] und Art. 41 Abs. 13 RL 2009/73[107] der Zusammenhang der Energieregulierung mit Art. 102 AEUV zu wahren. Hier sehen § 58 Abs. 1 Satz 2 EnWG und § 58 Abs. 2 EnWG zunächst wechselseitige Stellungnahmerechte zwischen BKartA und BNetzA vor. Außerdem arbeitet die BNetzA mit der Kommission in Wettbewerbssachen im Rahmen des § 58 Abs. 2b EnWG zusammen. Bei bestimmten Verfügungen der BNetzA ist darüber hinaus das Einvernehmen des BKartA erforderlich. Dies ergibt sich aus § 58 Abs. 1 Satz 1 EnWG; nach § 29 Abs. 3 Satz 2 EnWG können im Verordnungswege weitere Bereiche ergänzt werden.

Zu diesem Zweck und zur Erfüllung ihrer anderen Aufgaben können Kartell- und Regulierungsbehörden vertrauliche Informationen austauschen und in Verfahren verwerten (§ 50c Abs. 1 und insoweit gleichlautend § 58 Abs. 4 EnWG). 39

Unsicherheiten im Hinblick auf die Grenzen des abschließenden Charakters des Energiewirtschaftsrechts im Verhältnis zum nationalen Kartellrecht wirken sich auch auf die sachliche Zuständigkeit der Kartellbehörden und damit auf die formelle Rechtmäßigkeit von deren Entscheidungen aus. Im Verhältnis der Kartellbehörden zu den Regulierungsbehörden fehlt es jedoch an einem flexiblen Fallzuweisungsmechanismus, wie er zwischen Landeskartellbehörden und Bundeskartellamt mit § 49 Abs. 3 und 4 vorliegt und durch die Rügeobliegenheit des § 55 verfahrensmäßig abgesichert ist. Zwar ist nach Auffassung des 3. Kartellsenats des OLG Düsseldorf § 55 bzw. der wechselgleiche § 66a EnWG im Verhältnis der Kartellbehörden zu den Regulierungsbehörden entsprechend anwendbar.[108] Diesen konstruktiven Ansatz hat der BGH in der Rechtsmittelentscheidung indes nicht aufgegriffen, mangels Entscheidungserheblichkeit aber auch nicht diskutieren müssen.[109] 40

11. Spezialität und Rechtsschutz

Die Kontrolle ein und desselben Preises durch heute zwei Behörden mit anschließenden Klagewegen ist zwar verfassungsgemäß,[110] aber sicher nicht leicht zugänglich.[111] Zwar verbleibt die gerichtliche Zuständigkeit in jedem Fall bei den ordentlichen Gerichten (§ 63 Abs. 4, § 75 Abs. 4 EnWG). Es können aber unterschiedliche Senate zuständig sein. 41

Bürgerliche Streitigkeiten über Kartellrecht und über Energiewirtschaftsrecht sind zwar auch beide den Zivilgerichten zugewiesen (§ 87 bzw. § 102 EnWG); auch können gerichtsbezirksübergreifend Zuständigkeiten konzentriert werden (§ 89 bzw. § 103 EnWG). Ein Gleichlauf der Zuständigkeiten ist hierdurch aber nicht zwingend gewährleistet.[112] 42

§ 131 Übergangsbestimmungen

(1) **§ 29 ist nach dem 31. Dezember 2017 nicht mehr anzuwenden.**

(2) **Vergabeverfahren, die vor dem 24. April 2009 begonnen haben, einschließlich der sich an diese anschließenden Nachprüfungsverfahren sowie am 24. April 2009**

---

[106] ABl. L 2009 Nr. 211, 55; Vorgängernorm Art. 23 Abs. 8 RL 2003/54, ABl. L 2003 Nr. 176, 37.

[107] ABl. L 2009 Nr. 211, 94.

[108] OLG Düsseldorf, B. v. 19.10.2012, VI-3 Kart 1/11 (V), RdE 2012, 65, 67 bzw. Rn. 52 – GAG Ahrensburg; *Karsten Schmidt* in Immenga/Mestmäcker, GWB, § 55 Rn. 1; a. A. *Schneider* in Langen/Bunte, § 55 Rn. 6; *Bracher* in FK, § 55 Rn. 5.

[109] BGH, U. v. 6.11.2012, KVR 54/11, WuW/E DE-R 3879 = RdE 2013, 224 – GAG Ahrensburg.

[110] *Säcker,* AöR 2005, 180, 219.

[111] „Ineffizient" *Schütze* in PraxKomm EnWG, Stand 01–11, § 111 Rn. 49.

[112] Vgl. OLG Frankfurt, B. v. 11.8.2014, 11 SV 54/14, RdE 2015, 146; *Schreiber,* 2015, 236.

anhängige Nachprüfungsverfahren sind nach den hierfür bisher geltenden Vorschriften zu beenden.

(3) **Vergabeverfahren, die vor dem 14. Dezember 2011 begonnen haben, sind nach den für sie bisher geltenden Vorschriften zu beenden; dies gilt auch für Nachprüfungsverfahren, die sich an diese Vergabeverfahren anschließen, und für am 14. Dezember 2011 anhängige Nachprüfungsverfahren.**

Übersicht

Siehe die Nachweise zum Schrifttum bei § 29.

I. Überblick

1 Mit der 8. GWB-Novelle sind die in § 131 Abs. 1 bis 5 a. F. niedergelegten Übergangsvorschriften außer Kraft getreten.[1] Die in § 131 Abs. 6 a. F. über eine Verweisung für den Wasserbereich in Geltung gehaltenen Missbrauchsvorschriften des GWB in der Fassung vor der 6. GWB-Novelle sind in §§ 31 bis 31b überführt, und die Übergangsvorschrift ist entsprechend gestrichen worden. Die früheren Abs. 8 und 9 gelten als Abs. 2 und 3 fort und betreffen allein Vergaberecht.

II. Zweck und Entstehungsgeschichte des Abs. 1

2 Der heutige § 131 Abs. 1 wurde als § 131 Abs. 7 zusammen mit § 29 durch die sogenannte Preismissbrauchsnovelle[2] mit Wirkung zum 22.12.2007 in das Gesetz eingefügt. Die Anwendung von § 29 war demnach bis zum 31.12.2012 befristet. Erst mit Wirkung zum 30.6.2013 wurde mit der 8. GWB-Novelle[3] die Anwendung von § 29 neuerlich bis zum 31.12.2017 befristet und die Regelung zugleich in Abs. 1 verschoben.

3 § 131 Abs. 1 befristet § 29, der eine verschärfte Missbrauchsaufsicht über Energieversorgungsunternehmen begründet. Hierin erblickt der Gesetzgeber die „nötige flankierende kartellrechtliche Maßnahme, um ein effektives Vorgehen gegen Preismissbräuche zu gewährleisten, bis die vom Gesetzgeber im Übrigen ergriffenen strukturellen Maßnahmen zur Verbesserung der Wettbewerbsbedingungen im Energiebereich ihre Wirkung entfalten konnten".[4] Aus dem Zweck der befristeten Norm ergibt sich auch der Zweck der Befristung der Norm.[5] Die Liberalisierung der Energiemärkte stellt sich als ein Prozess dar mit dem Ziel der Veränderung der Marktstrukturen der Energiewirtschaft weg von den überkommenen Gebietsmonopolen der Energieversorgungsunternehmen hin zu effektiven Wettbewerbsmärkten.[6] Er ist als ein endlicher Prozess gedacht; daher wurde die diesen Prozess flankierende, aber nicht konstitutive Regelung des § 29 befristet.

4 Die Evaluierung von § 29 im Rahmen des Gesetzgebungsverfahrens zur 8. GWB-Novelle ergab, dass es zwar viele positive Wettbewerbsentwicklungen gegeben hatte; allerdings verblieben Bereiche, in denen der Übergang zu wettbewerblich geprägten Märkten

---

[1] Zu diesen und den früheren Übergangsregelungen vgl. z. B. *Zuber* in der Vorauflage, Rn. 1 bis 5.

[2] BGBl. I 2007, 2966.

[3] BGBl. I 2013, 1738.

[4] RegBegr BT-Drs. 17/9852, 35.

[5] RegBegr BT-Drs. 16/5847, 12.

[6] Vgl. die maßgebliche Berücksichtigung dieser dynamischen, prozesshaften Struktur bei der fusionskontrollrechtlichen Prognoseentscheidung in BKartA, B. v. 23.10.2014, B8–69/14, Rn. 162 und 197 – EWE/VNG.

noch immer nicht gelungen war, vor allem bei Heizstrom.[7] Anlässlich der Verlängerung von § 29 verwies der Gesetzgeber darauf, dass dieser nicht flächendeckend eingesetzt worden sei und es selbst im Bereich Gasendkunden, dem bedeutendsten Anwendungsfall von § 29, zum Markteintritt vieler neuer Anbieter gekommen sei. Damit erkannte der Gesetzgeber ausdrücklich an, dass § 29 von den Kartellbehörden fokussiert im Rahmen seiner Zielrichtung eingesetzt worden ist, nämlich gegen Missbrauchspotentiale verbliebener (beinahe)-Monopolstellungen, die aus den überkommenen Gebietsmonopolen resultieren. Die von der Monopolkommission massiv[8] auch nach Erfahrungen mit der Anwendung von § 29 durch die Kartellbehörden[9] geäußerten Befürchtungen, die Kartellbehörden könnten § 29 flächendeckend einsetzen und so aufkommenden Wettbewerb im Keim ersticken, entbehrten also auch im Rückblick der Grundlage.

III. Regelungsgehalt des Abs. 1

Laut § 131 Abs. 1 in seiner aktuellen Fassung ist § 29 nach dem 31.12.2017, laut § 29 in der alten Fassung nach dem 31.12.2012 nicht mehr anzuwenden. 5

Mit dem Gesetzeswortlaut „nicht mehr anzuwenden" könnte etwas anderes gemeint sein, als ein Außerkrafttreten. Nach einer Auffassung ist § 131 Abs. 1 eng am Wortlaut auszulegen und § 29 nach dem in der Norm genannten Zeitpunkt auch auf Sachverhalte nicht mehr anzuwenden, die vor diesem Zeitpunkt liegen, und zwar weder in kartellbehördlichen noch in gerichtlichen Verfahren, und kann damit nicht zur Grundlage einer Verfügung oder eines Urteils gemacht werden.[10] Nach anderer Auffassung bedeutet die Regelung nichts anderes als ein Außerkrafttreten.[11] Die Frage ist mit Blick auf das laufende Gerichtsverfahren zur Entega-Entscheidung des BKartA[12] und zu den rechtskräftigen Verfügungen des BKartA in den Gaspreisverfahren[13] praktisch relevant. 6

Der Regelungsgehalt ist durch Auslegung unter Berücksichtigung von Sinn und Zweck der Norm zu ermitteln.[14] Nach der Gesetzesbegründung soll die Sonderregelung des § 29 nur solange in Kraft bleiben, wie sie zur Erreichung des Gesetzeszweckes unbedingt erforderlich ist.[15] Die Übergangsregelung steht also im Lichte der Sachregelung. Insoweit nimmt der Gesetzeszweck auf die Wettbewerbsentwicklung in der liberalisierten Energiewirtschaft Bezug. Ob diese Entwicklung zwischenzeitlich den Bedarf für eine verschärfte Missbrauchsregeln hat entfallen lassen, weist keinerlei Bezug zu der zeitlich vorhergehenden Marktsituation auf. Es fehlt also jeder Bezug zu Durchsetzungsverfahren, die sich in Regelungen dieser vergangenen Marktsituation erschöpfen. Dies gilt besonders für das Verbot des Ausbeutungsmissbrauchs, das Letztverbraucher als Marktgegenseite[16] schützt. So würde eine Wettbewerbsverbesserung vergangenen Schaden nicht entfallen lassen. Etwas anderes wäre auch mit dem Charakter des Missbrauchsverbots als Verbotsgesetz nicht vereinbar. 7

---

[7] RegBegr BT-Drs. 17/9852, 35 f.

[8] Monopolkommission, SG 47, 8 ff.

[9] Monopolkommission, SG 54, Rn. 503 ff. – Strom und Gas 2009; Monopolkommission, SG 59, Rz. 710 ff. – Energie 2011; Monopolkommission, SG 63, Rn. 92 ff. – Die 8. GWB-Novelle aus wettbewerbspolitischer Sicht; Monopolkommission, HG 2010/2011, BT-Drs. 17/10365, Rn. 626 ff.; Monopolkommission, SG 65, Rn. 511 f. – Energie 2013.

[10] *Lücke* in Langen/Bunte, § 29 Rn. 59; *Baron* in FK, § 29 Rn. 163; Bechtold Rn. 2 a. E. und § 29 Rn. 4; *Brand* in FK Rn. 49c; *Scholz* in KölnKomm KartR Rn. 2; *Just* in Schulte/Just Rn. 10.

[11] *Markert* in MünchKomm § 29 Rn. 74; etwas undeutlich *Kahlenberg/Haellmigk,* BB 2008, 174, 176.

[12] BKartA, B. v. 19.3.2012 – B10–16/09; Beschwerdeverfahren anhängig unter OLG Düsseldorf, VI-2 Kart 2/12 (V).

[13] BKartA, Fallbericht v. 26.8.2012 – B10–16/08 bis B10–56/08 – Gaspreisverfahren.

[14] Vgl. BSG U. v. 14.12.1998 B 5/4 RA 23/97 R n. v.

[15] RegBegr BT-Drs. 16/5847, 12.

[16] Vgl. RegBegr BT-Drs. 17/9852, 35 f.

Auch der Umfang der Wirksamkeit zivilrechtlicher Verträge kann sich nicht nachträglich-rückwirkend ändern. Bei Preismissbrauchsverfügungen handelt es sich nicht um Verfügungen mit Dauerwirkung. Sie regeln vielmehr einen Sachverhalt der Vergangenheit.

8 Dieses Ergebnis findet sich so auch in der Begründung der Preismissbrauchsnovelle[17] und der Verlängerung von § 29,[18] die von befristeter Geltungsdauer sprechen.[19] Der Gesetzgeber hat also gerade keine bewusste Entscheidung gegen eine Anwendbarkeit durch Behörden und Gerichte nach dem genannten Termin getroffen. Ansonsten wäre die Rechtgrundlage für die kartellverwaltungs- oder kartellordnungsrechtliche Verfügung entfallen und der festgestellte Wettbewerbsverstoß könnte nicht mehr geahndet werden;[20] ein entsprechender Wille ist der Gesetzesbegründung aber nicht zu entnehmen. Vor Fristablauf getroffene Entscheidungen bleiben wirksam und sind folglich auch nicht aufzuheben.[21]

IV. Wirkungen zwischen 31.12.2012 und 29.6.2013

9 § 29 war seinem Wortlaut zufolge zunächst nach dem 31.12.2012 nicht mehr anwendbar, in Folge der Neuregelung der Übergangsvorschrift zum 29.6.2013 wäre § 29 aber für die Zeit nach dem 31.12.2012 wieder in Anwendung gesetzt, allerdings wiederum befristet bis zum 31.12.2017. Für diese Zeit gelten keine wesentlich anderen Wertungen, sondern der Grundsatz „tempus regit actum". Nach der Auslegung der Übergangsregel des § 131 Abs. 1 am Wortlaut wäre § 29 also für den gesamten Zeitraum bis 31.12.2017 anwendbar, also auch für die Zeit zwischen 31.12.2012 und 29.6.2013; indem der Gesetzgeber der 8. GWB-Novelle § 29 ohne weitere Übergangsregelungen wieder in Geltung gesetzt hat, könnte er von einer Kontinuität dieser Regelung ausgegangen sein. Angesichts der zivilrechtsgestaltenden Wirkungen der Vorschrift wäre diese als echte Rückwirkung nicht haltbar; der maßgebliche endgültige Gesetzesbeschluss[22] erfolgte erst im Jahre 2013.[23] Solche Schlüsse werden aber nicht gezogen.[24] Nach der hier vertretenen Auffassung[25] zu § 131 Abs. 1 – Geltungsdauer – ergeben sich insoweit keine Probleme. Marktverhalten zwischen dem 31.12.2012 und dem 29.6.2013 sind nicht an § 29 zu messen, Marktverhalten davor und danach schon.

---

[17] RegBegr BT-Drs. 16/5847, 12.
[18] RegBegr BT-Drs. 17/9852, 35.
[19] *Stadler* in Langen/Bunte Rn. 5.
[20] *Mohr* in Säcker, HdB Energierecht, 3. Auflage 2014, § 29 Rn. 193.
[21] *Mohr* in Säcker, HdB Energierecht, 3. Auflage 2014, § 29 Rn. 193; *Körber* in Immenga/Mestmäcker, § 29 Rn. 8.
[22] BVerfG, B. v. 3.12.1997, 2 BvR 882/97, BVerfGE 97, 67, 78 f. m. w. N.
[23] BT-PlPr 17/243 v. 6.6.2013, 30737 A bzw. BR-PlPr 910 v. 7.6.2013, 282 D.
[24] Vgl. *Baron* in FK, § 29 GWB Rn. 163; *Bosch* in Bechtold/Bosch, § 29 Rn. 36 f.
[25] Vgl. so auch BR-PlPr 910 v. 7.6.2013, 282 C.

Sachverzeichnis

Die halbfetten Zahlen bezeichnen den jeweiligen Artikel bzw. den jeweiligen Paragraphen, die mageren Zahlen die jeweilige Randnummer.